二十四史（附《清史稿》）

（第十一卷）

中州古籍出版社

清史稿（上）

赵尔巽等撰

清史稿(上)目录

清 史 稿(上)

卷一　　本纪一

太祖本纪

太祖承天广运圣德神功肇纪立极仁孝睿武端毅钦安弘文定业高皇帝，姓爱新觉罗氏，讳努尔哈齐。其先盖金遗部。始祖布库里雍顺，母曰佛库伦，相传感朱果而孕。稍长，定三姓之乱，众奉为贝勒，居长白山东俄漠惠之野俄朵里城，号其部族曰满洲。满洲自此始。元於其地置军民万户府，明初置建州卫。

越数世，布库里雍顺之族不善抚其众，众叛，族被戕，幼子范察走免。又数世，至都督孟特穆，是为肇祖原皇帝，有智略，谋恢复，歼其仇，且责地焉。於是肇祖移居苏克苏浒河赫图阿喇。有子二：长充善，次褚宴。充善子三：长妥罗，次妥义谟，次锡宝齐篇古。

锡宝齐篇古子一：都督福满，是为兴祖直皇帝。兴祖有子六：长德世库，次刘阐，次索长阿，次觉昌安，是为景祖翼皇帝，次包朗阿，次宝实。

景祖承祖业，居赫图阿喇。诸兄弟各筑城，近者五里，远者二十里，环卫而居，通称宁古塔贝勒，是为六祖。景祖有子五：长礼敦，次额尔衮，次界堪，次塔克世，是为显祖宣皇帝，次塔察篇古。时有硕色纳、加虎二族为暴於诸部，景祖率礼敦及诸贝勒攻破之，尽收五岭东苏克苏浒河西二百里诸部，由此遂盛。

显祖有子五，太祖其长也。母喜塔喇氏，是为宣皇后。孕十三月而生。是岁已未，明嘉靖三十八年也。

太祖仪表雄伟，志意阔大，沈几内蕴，发声若钟，睹记不忘，延揽大度。邻部古勒城主阿太为明总兵李成梁所攻，阿太，王杲之子，礼敦之女夫也。景祖挈子若孙往视。有尼堪外兰者，诱阿太开城，明兵入歼之，二祖皆及於难。太祖及弟舒尔哈齐没於兵间，成梁妻奇其貌，阴纵之归。途遇额亦都，以其徒九人从。

太祖既归，有甲十三。五城族人龙敦等忌之，以畏明为辞，屡谋侵害，遣人中夜狙击，侍卫帕海死焉。额亦都、安费扬古备御甚谨，尝夜获一人，太祖曰：“纵之，毋植怨也。”使人诉於明曰：“我先人何罪而歼於兵？”明人归其丧。又曰：“尼堪外兰，吾仇也，愿得而执之。”明人不许。会萨尔虎城主诺米纳、嘉木瑚城主噶哈善哈思虎、沾河城主常书率其属来归，太祖与之盟，并妻以女，於是有用兵之志焉。是岁癸未，明万历十一年也，太祖年二十五。

癸未夏五月，太祖起兵讨尼堪外兰，诺米纳兵不至，尼堪外兰遁之甲版。太祖兵克图伦城，尼堪外兰遁之河口台。兵逐之，近明边，明兵出，尼堪外兰遁之鹅尔浑。兵出无功，由於诺米纳之背约，且泄师期也。杀诺米纳及其弟奈喀达。五城族人康嘉、李岱等纠哈达兵来劫瑚济寨，太祖使安费扬古、巴逊率十二人追之，尽夺所掠而返。

甲申春正月，攻兆佳城，报瑚济寨之役也。途遇大雪，众请还。太祖曰：“城主李岱，我同姓兄弟，乃为哈达导，岂可恕耶！”进之，卒下其城。先是龙敦唆诺米纳背约，又使人杀噶哈善哈思虎，太祖收其骨归葬。六月，讨萨木占，为噶哈善哈思虎复仇也。又攻其党讷申於马儿墩寨，攻四日歼之。九月，伐董鄂部，大雪，师还，城中师出，以十二骑败之。王甲部乞师攻翁克洛城，中道赴之，焚其外郭。太祖乘屋而射，敌兵鄂尔果尼射太祖，贯胄中首，拔箭反射，殪其一人。罗科射太祖，穿甲中项，拔箭镞卷，血肉迸落，拄弓徐下，饮水数斗，创甚，驰归。既愈，复往攻，克之。求得鄂尔果尼、罗科。太祖曰：“壮士也。”授之佐领，户三百。

乙酉春二月，太祖略界凡，将还，界凡、萨尔浒、东佳、把尔达四城合兵四百人来追，至太兰冈，城主讷申、巴穆尼策马并进，垂及，太祖返骑迎敌，讷申刃断太祖鞭，太祖挥刀斫其背坠马，回射巴穆尼，皆殪之。敌不敢逼，徐行而去。夏四月，征哲陈部，大水，令诸军还，以八十骑前进。至浑河，遥见敌军八百凭河而阵。包朗阿之孙扎亲桑古里惧，解甲与人。太祖斥之曰：“尔平日雄族党间，今乃畏葸如是耶！”去之。独与弟穆尔哈齐、近侍颜布禄、武陵噶直前冲击，杀二十余人，敌争遁，追至吉林冈而还。太祖曰：

“今日之战，以四人败八百，乃天祐也。”秋九月，攻安土瓜尔佳城，克之，斩其城主诺一莫浑。

丙戌夏五月，征浑河部播一混寨，下之。秋七月，征服哲陈部托谟河城。闻尼堪外兰在鹅尔浑，疾进兵，攻下其城，求之弗获。登城遥望，一人毡笠青棉甲，以为尼堪外兰也，单骑逐之，为土人所围，被创力战，射杀八人，斩一人，乃出。既知尼堪外兰入明边，使人向边吏求之，使斋萨就斩之。以罪人斯得，始与明通贡焉。明岁犒银币有差。

丁亥春正月，城虎阑哈达南冈，始建宫室，布教令於部中，禁暴乱，戢盗窃，立法制。六月，攻哲陈部，克山寨，杀寨主阿尔太。命额亦都帅师取把尔达城。太祖攻洞城，城主扎海降。

戊子夏四月，哈达贝勒扈尔干以女来归，苏完部索尔果率其子费英东等、雅尔古寨扈拉虎率子扈尔汉、董鄂部何和礼俱率所部来归，皆厚抚之。秋九月，取完颜部王甲城。叶赫贝勒纳林布禄以女弟那拉氏来归，宴飨成礼，是为孝慈高皇后。

己丑春正月，取兆佳城，斩其城主宁古亲。冬十月，明以太祖为建州卫都督佥事。辛卯春正月，遣师略长白山诸路，尽收其众。叶赫求地，弗与。叶赫以兵劫我东界洞寨。

壬辰冬十月二十五日，第八子皇太极生，高皇后出也，是为太宗。

癸巳夏六月，叶赫、哈达、辉发，乌拉四部合兵侵户布察，遣兵击败之。秋九月，叶赫以不得志於我也，乃纠约扈伦三部乌拉、哈达、辉发，蒙古三部科尔沁、锡伯、卦尔察，长白二部讷殷、朱舍里，凡九部之兵三万来犯。太祖使武里堪侦敌，至浑河，将以夜渡河，逾岭驰以告。太祖曰：“叶赫兵果至耶？其语诸将以旦日战。”及旦，引兵出，谕於众曰：“解尔蔽手，去尔护项，毋自拘絷，不便於奋击。”又申令曰：“乌合之众，其志不一，败其前军，军必反走，我师乘之，靡弗胜矣。”众皆奋。太祖令额亦都以百人挑战。叶赫贝勒布斋策马拒战，马触木而踣，我兵吴谈斩之。科尔沁贝勒明安马陷淖中，易骣马而遁，敌大溃，我军逐北，俘获无算，擒乌拉贝勒之弟布占泰以归。冬十月，遣兵征朱舍里路，执其路长舒楞格，遣额亦都等攻讷殷路，斩其路长搜稳塞克什，以二路之助敌也。

甲午春正月，蒙古科尔沁贝勒明安、喀尔喀贝勒老萨遣使来通好，自是蒙古通使不绝。

乙未夏六月，征辉发，取多壁城，斩其城主。

丙申春二月，明使至，从朝鲜官二人，待之如礼。秋七月，遣布占泰归乌拉，会其贝勒为部人所杀，遂立布占泰为贝勒。

丁酉春正月，叶赫四部请修好，许之，与盟。九月，使弟舒尔哈齐贡於明。

戊戌春正月，命弟巴雅拉、长子褚英率师伐安褚拉库，以其贰於叶赫也。冬十月，太祖入贡於明。十一月，布占泰来会，以弟之女妻之。

己亥春正月，东海渥集部虎尔哈路路长王格、张格来归，献貂狐皮，岁贡以为常。二月，始制国书。三月，开矿，采金银，置铁冶。哈达与叶赫构兵，送质乞援，遣费英东、噶盖戍之。哈达又私於叶赫，戍将以告。秋九月，太祖伐哈达，攻城克之，以其贝勒孟格布禄归。孟格布禄有逆谋，噶盖未以告，并诛之。

辛丑春正月，明以灭哈达来责，乃遣孟格布禄之子吴尔古岱归主哈达。哈达为叶赫及蒙古所侵，使诉於明，明不应；又使哈达以饥告於明，亦不应。太祖乃以吴尔古岱归，收其部众，哈达亡。十二月，太祖复入贡於明。是岁定兵制，令民间养蚕。

癸卯春正月，迁於赫图阿喇，肇祖以来旧所居也。九月，妃那拉氏卒，即孝慈高皇后也。始妃有病，求见其母，其兄叶赫贝勒不许来，遂卒。

甲辰春正月，太祖伐叶赫，克二城，取其寨七。明授我龙虎将军。

乙巳，筑外城。蒙古喀尔喀巴约忒部恩格德尔来归。

丙午冬十二月，恩格德尔会蒙古五部使来朝贡，尊太祖为神武皇帝。是岁，限民田。

丁未春正月，瓦尔喀斐悠城长穆特黑来，以乌拉侵暴，求内附。命舒尔哈齐、褚英、代善及费英东、扬古利率兵徙其户五百。乌拉发兵一万遮击，击败之，斩首三千，获马五千匹。师还，优赉褚英等。夏五月，命弟巴雅拉、额亦都、费英东、扈尔汉征渥集部，取二千人还。秋九月，太祖以辉发屡负约，亲征，克之，遂灭辉发。

戊申春三月，命褚英、阿敏等伐乌拉，克宜罕阿林城。布占泰惧，复通好，执叶赫五十人以来，并请婚。许之。是岁，与明将盟，各守境，立石於界。

己酉春二月，遗明书，谓：“邻朝鲜而居瓦尔喀者乃吾属也，其谕令予我。”明使朝鲜归千余户。冬十月，命扈尔汉征渥集呼野路，尽取之。

庚戌冬十一月，命额亦都率师招渥集部那木都鲁诸路路长来归。还击雅揽路，为其不附，又劫我属人也，取之。

辛亥春二月，赐国中无妻者二千人给配，与金有差。秋七月，命子阿巴泰及费英东、安费扬古取渥集部乌尔古宸、木伦二路。八月，弟舒尔哈齐卒。冬十月，命额亦都、何和里、扈尔汉率师征渥集部虎尔哈，俘二千人，并招旁近各路，得五百户。

壬子秋九月，太祖亲征乌拉，为其屡背盟约，又以鸣镝射帝女也。布占泰御於河。驻师河东，克六城，焚积聚。布占泰亲出乞和。太祖切责之，许其纳质行成，而戍以师。师还。

癸丑春正月，布占泰复贰於叶赫，率师往征。布占泰以兵三万来迎。太祖躬先陷阵，诸将奋击，大败之，遂入其城。布占泰至城，不得入，代善追击之，单骑奔叶赫，遂灭乌拉。使人索布占泰，叶赫不与。秋九月，起兵攻叶赫，使告明，降兀苏城，焚其十九城寨。叶赫告急於明，明遣使为解。师还，经抚顺，明游击李永芳来迎。与之书曰：“与明无嫌也。”

甲寅夏四月，帝八子皇太极娶於蒙古，科尔沁部莽古思之女也，行亲迎礼。明使来，称都督。上语之曰：“吾识尔，尔辽阳无赖萧子玉也。吾非不能杀尔，恐贻大国羞。语尔巡抚，勿复相诈。"冬十一月，遣兵征渥集部雅揽、西临二路，得千人。

乙卯夏四月，明总兵张承胤使人来求地，拒之。令各佐领屯田积谷。秋闰八月，帝长子褚英卒。先是太祖将授政於褚英，褚英暴伉，众心不附，遂止。褚英怨望，焚表告天，为人所告，自缢死。冬十月，遣将征渥集部东格里库路，得万人。是岁，釐定兵制，初以黄、红、白、黑四旗统兵，至是增四镶旗，易黑为蓝。置理政听讼大臣五，以扎尔固齐十人副之。於是归徕日众，疆域益广，诸贝勒大臣乃再三劝进焉。

天命元年丙辰春正月壬申朔，上即位，建元天命，定国号曰金。诸贝勒大臣上尊号曰覆育列国英明皇帝。命次子代善为大贝勒，弟子阿敏为二贝勒，五子莽古尔泰为三贝勒，八子皇太极为四贝勒。命额亦都、费英东、何和里、扈尔汉、安费扬古为五大臣，同听国政。谕以秉志公诚，励精图治。扈尔汉巡边，执杀盗葠者五十余人。明巡抚李维翰止我使者纲古里、方吉讷。乃取狱俘十人戮於境上，纲古里等得归。

秋七月，禁五大臣私家听讼。命扈尔汉、安费扬古伐东海萨哈连部，取三十六寨。

八月，渡黑龙江，江冰已合，取十一寨，徇使犬路、诺洛路、石拉忻路，并取其人以归。

二年丁巳春正月，蒙古科尔沁贝勒明安来朝，待之有加礼。

是岁，遣兵取东海散居诸部负险诸岛，各取其人以归。

三年戊午二月，诏将士简军实，颁兵法。壬寅，上伐明，以七大恨告天，祭堂子而行。分兵左四旗趋东州、马根单二城，下之。上帅右四旗兵趋抚顺。明抚顺游击李永芳降，以为总兵官，辖辑降人，毁其城。明总兵张承胤等来追，回军击斩承胤等，班师。

五月，复伐明，克抚安等五堡，毁城，以其粟归。

七月，入雅鹘关，明将邹储贤等战死。

冬十月，东海虎尔哈部部长纳哈哈来归，赐赉有差。使犬各部路长四十人来归，赐宴赏赉，并授以官。

四年己未春正月，伐叶赫，取二十余寨。闻有明师，乃还。明经略杨镐遣使来议罢兵，覆书拒之。杨镐督师二十万来伐，并征叶赫、朝鲜之兵，分四路进。杜松军由东路渡浑河出抚顺、萨尔浒，刘綎军由南路入董鄂。侦者以告。上曰："明兵由南来者，诱我南也。其北必有重兵，宜先破之。"命诸贝勒先行。

三月甲申朔，清旦，师行。大贝勒代善议师行所向。四贝勒皇太极言："宜趋界凡，我有筑城万五千人，役夫多而兵少，虑为所乘。"额亦都曰："四贝勒之言是也。"遂趋界凡。向午，至太兰冈，望见明兵，分千人援界凡。界凡之骑兵已乘明师半渡谷口，击其尾，回守吉林崖。杜松留师壁萨尔浒，而自攻吉林崖。我军至，役夫亦下击，薄明军。是时，上至太兰察兵势，命大军攻萨尔浒，垂暮堕其垒，入夜夹攻松军。松不支，及其副王宣、赵梦麟等皆死。追北至勺琴山，西路军破。是日，马林军由东北清河、三岔至尚间崖。乙酉，代善闻报，以三百骑赴之。马林敛军入壕，外列火器，护以骑兵，别将潘宗颜屯飞芬山相犄角。上率四贝勒逐杜松后队，歼其军，闻马林军驰至。上趋登山下击，代善陷阵，阿敏、莽古尔泰麾兵继进，上下交击，马林遁，副将麻岩战死，全军奔溃。移攻飞芬，上率骑突入，斩宗颜，西北路军破，叶赫兵遁。是时刘綎南路之军由宽甸间道败我戍将五百人，乘势深入。上命扈尔汉将千兵往援，戍将托保以余兵会之。丙戌，复命阿敏将二千人继往。上至界凡，刲八牛祭纛。丁亥，命大贝勒代善、四贝勒皇太极南御，遇綎精骑万余前进。四贝勒以突骑三十夺阿布达里冈，代善冒杜松衣帜入其军，军乱，四贝勒驰下会战，斩綎，又败其后军。乘胜至富察，綎监军道康应乾以火器迎战，大风起，烟焰返射，复大破之，应乾遁，朝鲜兵降。凡四日而破三路明兵。其北路李如柏之军，为杨镐急檄引还，至虎栏，遇我游骑二十人，登山鸣螺，呼噪逐之，如柏军奔迸，践毙又千余人。甲辰，释朝鲜降将姜弘立归，以书谕其国主。

四月，遂筑界凡。遣兵徇铁岭，略千人。

五月，朝鲜使来报谢。

六月，先是遣穆哈连收抚虎尔哈部遗民，至是得千户，上出城抚之，赐以田庐牛马。上率兵攻开原，克之，斩马林等，歼其军，还驻界凡。

秋七月，明千总王一屏等五人来降，暨前降守备阿布图，各予之官。上攻铁岭，克之。是夕，蒙古喀尔喀部来援叶赫，败之，追至辽河，擒其贝勒介赛。

八月己巳，征叶赫。叶赫有二城，贝勒金台什守东城，其弟布扬古、布尔杭古守西城。分军围之，隳其郛，穴城，城摧，我军入城。命四贝勒领金台什之子德尔格勒谕降再四，金台什终不从，乃执而缢之。布尔杭古降。布扬古不逊，杀之。叶赫亡。师还驻界凡。

冬十月，蒙古察哈尔林丹汗使来，书辞多嫚，执其使。喀尔喀五部来使约伐明，上使大臣希福等五人莅盟。旋有五部下属人来归，上却之。

是岁，明以熊廷弼为经略。

五年庚申春正月，上报书林丹汗，斥其嫚。执我使臣。上亦杀其使。

二月，赐介赛子克什克图、色特希尔裘马，令其更代为质。

三月，论功，更定武爵。丙戌，左翼都统总兵官、一等大臣费英东卒，上临哭之。

夏六月，谕树二木於门，欲诉者悬其辞於木，民情尽达。

秋八月，上伐明，略沈阳，明兵不战而退，乃还。

九月甲申，皇弟穆尔哈齐卒，车驾临奠，因过费英东墓赐奠。

冬十月，自界凡迁于萨尔浒。

是岁，明神宗崩，光宗立，复崩，熹宗立，罢经略熊廷弼，以袁应泰代之。

六年辛酉春二月，上伐明，略奉集堡，至武靖营。

三月壬子，上大举攻明沈阳，以舟载攻具，自浑河下。沈阳守御甚备，环濠植签，我军拔签猛进，明军殊死战，阵斩总兵贺世贤以下。乙卯，入沈阳。复败其援军总兵陈策等於浑河，败总兵李秉诚於白塔铺，援军尽走。庚申，乘胜趋辽阳。袁应泰引水注濠，环城列炮，督军出战，不支而退，守城楼。壬戌，我右翼军毁闸，左翼军毁桥，右翼傅西城升陴，左翼闻之，毕登。明军犹列炬巷战，达旦皆溃，袁应泰自焚死，御史张铨被执，不屈死。癸亥，入辽阳。辽人具乘舆鼓乐迎上，夹道呼万岁。命皇子德格类徇辽以南，所至迎降，兵宿城上，不入民舍。

六月，左翼总兵官、一等大臣额亦都卒，上临奠，哭之恸。

秋七月壬寅，宴有功将士，酌酒赐衣。镇江城人杀守将佟养真，降於明将毛文龙。

十一月乙卯，命阿敏击毛文龙，败之。喀尔喀部台吉古尔布什来降。明复以熊廷弼为经略。

七年壬戌春正月甲寅，上伐明，攻广宁。丙辰，克西平堡。明军三万来御，击败之，斩其总兵刘渠、祁秉忠，巡抚王化贞遁，游击孙得功以城降。庚申，上入广宁，降其城堡四十，进兵山海关，熊廷弼尽焚沿途村堡而走。乃移军北攻义州，克之，还驻广宁。蒙古厄鲁特部十七贝勒来附，上宴劳之，授职有差。喀尔喀五部同来归。

二月癸未，上还辽阳。辽阳城圮，迁於太子河滨。

秋七月乙未朔，一等大臣安费扬古卒。

八年癸亥春正月壬辰朔，蒙古扎鲁特部巴克来朝，遣与质子俱还。

夏四月癸酉，遣皇子阿巴泰、德格类、皇孙岳託率师讨扎鲁特贝勒昂安，以其杀我使人也。昂安携孥遁。达穆布逐之，中枪卒。我军愤，进杀昂安父子，并以别部桑土妻子归。

六月，戒诸女已嫁毋淩其夫，违者必以罪。

冬十月丁丑，一等大臣扈尔汉卒，上临哭之。

九年甲子春正月，喀尔喀贝勒恩克格尔来朝，求内迁，许之，以兵迁其民。

二月庚子，皇弟贝勒巴雅拉卒。上遣库尔缠等与科尔沁台吉奥巴盟，勿与察哈尔通。

四月，营山陵於东京城东北阳鲁山，奉景祖、显祖迁葬焉，是曰永陵。

五月，毛文龙寇辉发，戍将楞格礼、苏尔东安追击歼之。

秋八月壬辰，总兵官、一等大臣何和里卒，上闻之恸，曰："天何不遗一人送朕老耶！"毛文龙之众屯田於鸭绿岛，使楞格礼袭其众，歼之。

十年乙丑春正月癸亥，命皇子莽古尔泰率师至旅顺，击明戍兵，隳其城。

二月，科尔沁贝勒寨桑以女来归四贝勒皇太极为妃，大宴成礼。

三月庚午，迁都沈阳，凡五迁乃定都焉，是曰盛京。遣喀尔达等征瓦尔喀，归，降其众三百。

夏四月己卯，宗室王善、副将达朱户、车尔格征瓦尔喀，凯旋，宴劳备至。

六月癸卯，毛文龙兵袭耀州，戍将扬古利击败之。

秋八月，遣土穆布城耀州，明师来攻，击走之，获马七百。命博尔晋征虎尔哈，降其户五百，雅护征卦尔察部，获其众二千。毛文龙袭海州张屯寨，戍将戒沙击走之。上著《酒戒》颁於国中。

十月己卯，皇子阿拜、塔拜、巴布泰征虎尔哈，以千五百人归。

十一月庚戌，科尔沁奥巴告有察哈尔之师，遣四贝勒皇太极及阿巴泰以精骑五千赴之，林丹汗遁。

是年，明使高第为经略，驱锦西人民入山海关。宁前道袁崇焕誓守不去。

十一年丙寅春正月戊午，上起兵伐明宁远。至右屯，守将遁，收其积谷。至锦州，戍将俱先遁。丁卯，至宁远。宁前道袁崇焕偕总兵满桂、副将祖大寿婴城固守。天寒土冻，凿城不隳，城上放西洋炮，颇伤士卒，乃罢攻。遣武讷格将蒙古兵攻觉华岛，夺舟二千，尽焚其军储，班师。

二月壬午，上还沈阳，语诸贝勒曰："朕用兵以来，未有抗颜行者。袁崇焕何人，乃能尔耶！"

夏四月丙子，征喀尔喀五部，为其背盟也，杀其贝勒囊奴克，进略西拉木轮，获其牲畜。

五月，毛文龙兵袭鞍山驿及萨尔浒，戍将巴布泰、巴笃礼败之，擒其将李良美。丁巳，科尔沁贝勒奥巴来朝，谢援师也。上优礼之，封为土谢图汗。

六月，上书训辞与诸贝勒。

秋七月，上不豫，幸清河汤泉。

八月丙午，上大渐，乘舟回。庚戌，至爱鸡堡，上崩，入宫发丧。在位十一年，年六十有八。天聪三年葬福陵。初谥武皇帝，庙号太祖，改谥高皇帝，累谥承天广运圣德神功肇纪立极仁孝睿武端毅钦安弘文定业高皇帝。

论曰：太祖天锡智勇，神武绝伦。蒙难艰贞，明夷用晦。迨归附日众，阻贰潜消。自摧九部之师，境宇日拓。用兵三十余年，建国践祚。萨尔浒一役，翦商业定。迁都沈阳，规模远矣。比於岐、丰，无多让焉。

卷二 本纪二

太宗本纪一

太宗应天兴国弘德彰武宽温仁圣睿孝敬敏昭定隆道显功文皇帝，讳皇太极，太祖第八子，母孝慈高皇后。上仪表奇伟，聪睿绝伦，颜如渥丹，严寒不栗。长益神勇，善骑射，性耽典籍，谘览弗倦，仁孝宽惠，廓然有大度。

天命元年，太祖以上为和硕贝勒，与大贝勒代善、二贝勒阿敏、三贝勒莽古尔泰为四大贝勒。上居四，称四贝勒。

太祖崩，储嗣未定。代善与其子岳託、萨哈廉以上才德冠世，与诸贝勒议请嗣位。上辞再三，久之乃许。

天命十一年丙寅九月庚午朔，即位於沈阳。诏以明年为天聪元年。初，太祖命上名，臆制之，后知汉称储君曰“皇太子”，蒙古嗣位者曰“黄台吉”，音并暗合。及即位，咸以为有天意焉。

辛未，誓告天地，以行正道，循礼义，敦友爱，尽公忠，勗诸大贝勒等。甲戌，谕汉官民有私计遁逃及令奸细往来者，虽首告勿论，后惟已逃被获者论死。丙子，谕曰：“工筑之兴，有妨农务，前以城郭边墙，事关守御，有劳民力，良非得已。兹后止葺颓坏，不复兴筑，俾民专勤南亩。满洲、汉人，毋或异视，讼狱差徭，务使均一。贝勒属下人，毋许边外行猎。市税为国费所出，听其通商贸易，私往外国及漏税者罪之。”丁丑，令汉人与满洲分屯别居。先是汉人十三壮丁为一庄，给满官为奴。至是，每备御止留八人，余悉编为民户，处以别屯，择汉官廉正者理之。设八固山额真，分领八旗。以纳穆泰为正黄旗固山额真，额驸达尔汉为镶黄旗固山额真，额驸和硕图为正红旗固山额真，博尔晋为镶红旗固山额真，额驸顾三泰为镶蓝旗固山额真，托博辉为正蓝旗固山额真，彻尔格为镶白旗固山额真，喀克笃礼为正白旗固山额真。又设十六大臣，赞理庶政，听八旗讼狱。又设十六大臣，参理讼狱，行军驻防则遣之。乙未，蒙古科尔沁土谢图汗奥巴遣使来吊。

冬十月己酉，以蒙古喀尔喀札鲁特部败盟杀掠，私通於明，命大贝勒代善等率精兵万人讨之，先贻书声其罪，上送至蒲河山而还。癸丑，别遣楞额礼、阿山率轻兵六百入喀尔喀巴林地，以张军势。丙辰，科尔沁土谢图汗奥巴及代达尔汉等十四贝勒各遣使来吊。达朱户征卦尔察部，获其人口牲畜以归。明宁远巡抚袁崇焕遣李喇嘛及都司傅有爵等来弔，并贺即位。甲子，大贝勒代善等大破札鲁特，斩其贝勒鄂尔斋图，获贝勒巴克及其二子并拉什希布等十四贝勒而还。

十一月辛未，上发沈阳迎大贝勒代善，师次铁岭樊河界。癸酉，行饮至礼，论功，颁赉将士。戊寅，上还沈阳。察哈尔阿喇克绰忒部贝勒图尔济率百户来归。乙酉，遣方吉纳、温塔石偕李喇嘛往报袁崇焕，且遗书曰：“顷停息干戈，遣使弔贺，来者以礼，故遣官陈谢。昔皇考往宁远时，曾致玺书言和，未获回答。如其修好，答书以实，勿事文饰。”崇焕不以闻，而令我使赍还。卓礼克图贝勒之子卫征巴拜携其家属来归。科尔沁贝勒青巴图鲁桑阿尔斋、台吉满珠什哩各赍鞍马牛羊来弔。

十二月庚子，禁与蒙古诸藩售卖兵仗。壬戌，黑龙江人来朝贡。

天聪元年春正月丙子，命二贝勒阿敏，贝勒济尔哈朗、阿济格、杜度、岳託、硕托率兵征朝鲜。上曰：“朝鲜累世得罪，今明毛文龙近彼海岛，纳我叛民，宜两图之。”复遣方吉纳、温塔石遗书明袁崇焕，言兴师由七大恨，并约其议和，及每岁馈报之数。

二月己亥，以书招谕蒙古奈曼部衮出斯巴图鲁。

三月壬申，阿敏等克朝鲜义州，别遣兵捣铁山，明守将毛文龙遁走。又克安州，进至平壤城，渡大同江。朝鲜国王李倧遣使迎师。阿敏等数其七罪，仍遣使趣和。倧惧，率妻子遁江华岛，其长子李浬遁全州。阿敏复遣副将刘兴祚入岛面谕倧。倧遣其族弟原昌君李觉献马百匹、虎豹皮百、绵苧各四百、布一万五千。庚子，与朝鲜盟，定议罢兵。壬申，明袁崇焕遣杜明忠偕方吉纳等以书来，并李喇嘛书，欲释恨修好，惟请减金币之数，而以我称兵朝鲜为疑。辛巳，阿敏等遣使奏捷。乙酉，命留满洲兵一千、蒙古兵二千防义州，满洲兵三百、蒙古兵一千防镇江城。并谕李倧曰：“我留兵义州者，防毛文龙耳。”阿敏等旋师，以李觉归。

夏四月甲辰，遗袁崇焕书曰：“释恨修好，固所愿也。朝鲜自尊轻我，纳我叛亡，我迟之数年，彼不知悔，是以兴讨。天诱其衷，我军克捷。今已和矣，而尔诡言修好，仍遣哨兵侦视，修葺城堡。我国将帅，实以此致疑。夫讲信修睦，必藉物以成礼，我岂贪而利此，使尔国力不支？可减其半。岁时馈答，当如前议，则两国之福也。”书成，闻崇焕方筑塔山、大凌河、锦州等城，遂罢遣使，而以书付杜明忠还。更责崇焕曰：“两国修好，当分定疆域。今又修葺城垣，潜图侵逼。倘战争不息，天以燕、云畀我，尔主不幸奔窜，身败名裂，为何如也。自古文臣不更事者徒为大言，每丧师殃民，社稷倾覆。前者辽左任用非人，而河东西土地尽失，今尚谓不足戒而谋动干戈耶？”癸丑，阿敏等自朝鲜凯旋，上迎於武靖营，赐阿敏御衣一袭，余各赐马一匹。乙卯，论征朝鲜将士功，擢赏有差。戊辰，上还沈阳。乙丑，以书谕察哈尔台吉济农及奈曼衮出斯巴图鲁来和。

五月戊辰，遣朝鲜国王弟李觉归国，设宴饯之，并赐鞍马裘带等物。辛未，上闻明人於锦州、大凌河、小凌河筑城屯田，而崇焕无报书，亲率师往攻之。乙亥，至广宁，乘夜进兵。丙子，明大凌河、小凌河兵弃城遁，遂围锦州。明台堡兵二千余人来降，悉纵之归。丁丑，明镇守辽东太监纪用、总兵赵率教遣人诣师请命。上开诚谕之，并许纪用亲来定议。用不答，遂攻锦州。垂克，明援兵至，退五里而营，遣人调沈阳兵益师。庚寅，固山额真博尔晋等以兵至。

癸巳，攻宁远城，歼其步卒千余人。既，明总兵满桂出城而阵，上欲击之，三大贝勒均谏止。上怒，趣诸将戴兜鍪，率阿济格疾驰而进，败其前队，追至宁远城下，尽殪之。诸贝勒不及胄而从，济尔哈朗、萨哈廉、瓦克达俱被创。锦州守兵亦出城合战，我军复迎击之。游击觉罗拜山、备御巴希阵殁，上临其丧，哭而酹之。我军远驻双树铺。乙未，复至锦州。

六月己亥，攻锦州，值天溽暑，士卒死伤甚众。庚子，班师。丁未，上还沈阳。是岁，大饥，斗米值银八两，银贱物贵，盗贼繁兴。上恻然曰："民饥为盗，可尽杀乎！"令鞭而释之，仍发帑赈民。

秋七月己巳，蒙古敖汉琐诺木杜稜、塞臣卓礼克图、奈曼衮出斯巴图鲁举国来附。朝鲜国王李倧遣使报谢，并献方物，命阿什达尔汉等往报之，寻以义州归朝鲜。是月，明袁崇焕罢归。

八月辛亥，察哈尔阿喇克绰忒部贝勒巴尔巴图鲁、诺门达赉、吹尔扎木苏率众来归。是月，明熹宗崩，其弟信王嗣位，是为庄烈帝。

九月甲子朔，谕国家大祀大宴用牛外，其屠宰马骡牛驴者悉禁之。

冬十一月庚午，察哈尔大贝勒昂坤杜稜来降。辛巳，萨哈尔察部来朝贡。

十二月甲午朔，察哈尔阿喇克绰忒贝勒图尔济伊尔登来降。

二年春正月戊子，格伊克里部长四人率其属来朝。

二月癸巳朔，以额亦都子图尔格、费英东子察哈尼俱为总兵官。朝鲜国王李倧遣其总兵官李兰等来献方物，并米二千石，更以一千石在中江平粜。庚子，以往喀喇沁使臣屡为察哈尔多罗特部所杀，上率师亲征。丁未，进击多罗特部，败之，多尔济哈谈巴图鲁被创遁，获其妻子，杀台吉古鲁，俘万一千二百人还。丁巳，以战胜，用八牛祭天。

三月戊辰，上还沈阳，贝勒阿敏等率群臣郊迎，行抱见礼。以弟多尔衮、多铎从征有功，赐多尔衮号墨尔根戴青，多铎号额尔克楚虎尔。庚寅，以赐名之礼宴之。戊子，给国人无妻者金，使娶。以贝勒多尔衮为固山贝勒。

夏四月丙辰，巴林贝勒塞特尔，台吉塞冷、阿玉石、满朱习礼率众来归。明复以袁崇焕督师蓟、辽。崇焕素弗善毛文龙。时文龙据皮岛，招集辽民，有逃亡则杀以冒功，遂得擢总兵，便宜行事。后更致书与我通好。上遣科廓等赍书往报。既，文龙执科廓等送燕京。崇焕以文龙私通罪给杀之。

五月辛未，明人弃锦州。贝勒阿巴泰等率兵三千略其地，隳锦州、杏山、高桥三城，毁十三站以东墩台二十一。先是顾特塔布囊以其众自察哈尔逃匿蒙古地，遇归附者辄杀之。辛巳，命贝勒济尔哈朗、豪格率兵讨顾特塔布囊。乙酉，顾特伏诛，俘其人口牲畜以万计。长白山迤东滨海虎尔哈部头目里佛塔等来朝。

八月辛卯，与喀喇沁部议和定盟。乙未，赐奈曼贝勒衮出斯号达尔汉，札鲁特喀巴海号卫征。乙卯，朝鲜来贡。

九月庚申，征外沈兵共征蒙古察哈尔。癸亥，上率大军西发。丙寅，次辽阳。敖汉、奈曼、喀尔喀、札鲁特、喀喇沁诸贝勒、台吉各以兵来会。己巳，驻师绰洛郭尔。甲戌，宴来会诸贝勒。科尔沁诸贝勒不至。土谢图汗额驸奥巴、哈谈巴图鲁、满朱习礼如约，请先侵掠而后合军。上怒，遣使趣之。时奥巴违命，径归。满朱习礼及台吉巴敦以所俘来献，上赐满朱习礼号达尔汉巴图鲁，巴敦号达尔汉卓礼克图，厚赉之。丙子，进兵击席尔哈、席伯图、英、汤图诸处，克之，获人畜无算。

冬十月辛卯，还师。丙申，谕敖汉、奈曼、巴林、札鲁特诸贝勒，毋得要杀降人，违者科罚。壬寅，上还沈阳。以刘兴祚诈称缢死，逃归明，系其母及妻子於狱。

十二月丁亥朔，遣土谢图汗额驸奥巴书，数其罪。巴牙喇部长伊尔彪等来朝贡。蒙古郭畀尔图、札鲁特贝勒塞本及其弟马尼各率部来归。

三年春正月庚申，土谢图汗奥巴来请罪，宥而遣之。辛未，敕科尔沁、敖汉、奈曼、喀尔喀、喀喇沁诸部悉遵国制。丁丑，谕诸贝勒代理三大贝勒直月机务。

二月戊子，谕三大贝勒、诸贝勒、大臣毋得科敛民间财物，犯者治罪。己亥，合葬太祖高皇帝、孝慈高皇后於沈阳之石嘴头山，妃富察氏祔。喀尔喀札鲁特贝勒戴青、桑土、桑古尔、桑噶尔寨等率众来附。甲辰，上南巡，阅边境城堡，圮薄者修筑之。戊申，次海州，有老人年一百三岁，妻一百五岁，子七十三岁，召见赐牛种。辛亥，上还沈阳。

三月戊午，申蒙古诸部军令。

夏四月丙戌朔，设文馆，命巴克什达海及刚林等翻译汉字书籍，库尔缠及吴巴什等记注本朝政事。

五月丁未，奈曼、札鲁特诸贝勒越界驻牧，自请议罚。上宥之。

六月乙丑，议伐明，令科尔沁、喀尔喀、札鲁特、敖汉、奈曼诸部会兵，并令预采木造船以备转饷。丁卯，喀喇沁布尔噶都戴青、台吉卓尔毕，土默特台吉阿玉石等遣使朝贡。辛巳，土默特台吉卓尔毕泰等来朝贡。

秋七月辛卯，喀尔喀台吉拜浑岱、喇巴泰、满朱习礼自科尔沁来朝。甲午，孟阿图率兵征瓦尔喀。乙未，库尔喀部来朝贡。

八月庚午，颁八旗临阵赏罚令。乙亥，谕曰："自古及今，文武并用，以文治世，以武克敌。今欲振兴文教，试录生员。诸贝勒府及满、汉、蒙古所有生员，俱令赴试。中式者以他丁偿之。"

九月壬午朔，初试生员，拔二百人，赏缎布有差，免其差徭。癸未，贝勒济尔哈朗等略明锦州、宁远诸路还，俘获以三千计。丙戌，阿鲁部杜思噶尔济农始遣使来通好。癸卯，喀喇沁布尔噶都来朝贡。

冬十月癸丑，上亲征明，征蒙古诸部兵以次来会。庚申，次纳里特河，察哈尔五千人来归。壬戌，次辽河。丙寅，科尔沁奥巴以二十三贝勒来会。上集诸贝勒大臣议征明与征察哈尔孰利，皆言察哈尔远，於是征明。辛未，次喀喇沁之青城。大贝勒代善、三贝勒莽古尔泰止诸贝勒帐外，入见密议班师。既退，岳託等入白诸将在外候进取。上不怿，因曰："两兄谓我兵深入，劳师袭远，若粮匮马疲，敌人环攻，无为归计。若等见及此，而初不言，朕既远涉，乃以此为辞。我谋且隳，何候为！"岳託坚请进师。八固山额真诣代善、莽古尔泰议，夜半议定。谕曰："朕承天命，兴师伐明，拒者戮，降者勿扰。俘获之人，父母妻子勿使离散。勿淫人妇女，勿褫人衣服，勿毁庐舍器皿，勿伐果木，勿酗酒。违者罪无赦。固山额真等不禁，罪如之。"乙亥，次老河，命济尔哈朗，岳託率右翼兵攻大安口，阿巴泰、阿济格率左翼兵攻龙井关。上与大贝勒代善、三贝勒莽古尔泰率大兵继之。丁丑，左翼兵克龙井关，明副将易爱、参将王遵臣来援，皆败死。汉儿庄、潘家口守将俱降。戊寅，上督兵克洪山口。辛巳，上至遵化。莽古尔泰率左翼兵自汉儿庄来会。遗书明巡抚王元雅劝降。

十一月壬午朔，右翼诸贝勒率师来会。先是济尔哈朗等克大安口，五战皆捷，降马兰营、马兰口、大安营三城，明罗文峪守将李思礼降。山海关总兵赵率教以兵四千来援，阿济格迎击斩之。甲申，诸贝勒攻遵化，正白旗小校萨木哈图先登，大兵继之，遂克其城。明巡抚王元雅自经死。上亲酌金卮赐萨木哈图，擢备御，世袭罔替，赐号巴图鲁，有过赦免，家固贫，恤之。蒙古兵扰害罗文峪民。令曰："凡贝勒大臣有掠归降城堡财物者斩，擅杀降民者抵罪，强取民物，计所取倍偿之。"己丑，叙克城功，将士赏赉有差。壬辰，参将英俄尔岱、文馆范文程留守遵化，大军进逼燕京。有蒙古兵杀人而褫其衣，上命射杀之。甲午，徇蓟州。乙未，徇三河。丙申，左翼贝勒赴通州视渡口。明大同、宣府二镇援兵至顺义，贝勒阿巴泰、岳託击败之。顺义降。上至通州，谕明士民曰："我国夙以忠顺守边，叶赫与我同一国耳，明主庇叶赫而陵我，大恨有七。我知终不相容，故告天兴师。天直我国，赐我河东地。我太祖皇帝犹愿和好，与民休息。尔国不从，天又赐我河西地。及朕即位，复徇尔国之请，遂欲去帝称汗，趣制国印，而尔国不从。今我兴师而来，顺者抚，逆者诛。是尔君好逞干戈，犹尔之君杀尔也。天运循环，无往不复，有天子而为匹夫，亦有匹夫而为天子者。天既佑我，乃使我去帝号。天其鉴之！"辛丑，大军逼燕京。上营於城北土城关之东，两翼营於东北。明大同总兵满桂、宣府总兵侯世禄屯德胜门，宁远巡抚袁崇焕、锦州总兵祖大寿屯沙窝门。上率右翼大贝勒代善，贝勒济尔哈朗、岳託、杜度、萨哈廉等，领白甲护军、蒙古兵进击桂、世禄，遣左翼大贝勒莽古尔泰、阿巴泰、阿济格、多尔衮、多铎、豪格等，领白甲护军、蒙古兵迎击崇焕、大寿，俱败之。癸卯，遣明归顺王太监赍书与明议和。乙巳，屯南海子。戊申，袁崇焕、祖大寿营於城东南隅，树栅为卫，我军逼之而营。上率轻骑往视。诸贝勒请攻城，谕曰："路隘且险，若伤我士卒，虽得百城不足多也。"因止弗攻。初，获明太监二人，令副将高鸿中，参将鲍承先、宁完我等受密计。至是，鸿中、承先坐近二太监耳语云："今日撤兵，乃上计也。顷上单骑向敌，敌二人见上语良久乃去。意袁都堂有约，此事就矣。"时杨太监佯卧窃听。翌日纵之归，以所闻语明帝，遂下崇焕於狱。大寿惧，率所部奔锦州，毁山海关而出。诸贝勒大臣请攻城，上曰："攻则可克，但恐伤我良将劲卒，余不忍也。"遂止。

十二月辛亥朔，大军经海子而南，且猎且行，趣良乡，克其城。壬子，总兵吴纳格克固安。辛酉，遣贝勒阿巴泰、萨哈廉以太牢祀金太祖、世宗陵。丙寅，复趋燕京，败明兵於卢沟桥，歼其众。明总兵满桂、孙祖寿、黑云龙、麻登云以兵四万栅永定门之南。丁卯黎明，师毁栅入，斩桂、祖寿及副将以下三十余人，擒黑云龙、麻登云，获马六千，分赐将士。戊辰，遣达海赍书与明议和。壬申，贝勒阿巴泰、济尔哈朗略通州，焚其舟，攻张家湾，克之。达海赍议和书二分置安定、德胜门外。乙亥，复遣人赍书赴安定门。俱不报。丙子，驻师通州。丁丑，岳託、萨哈廉、豪格率兵四千围永平。遂克香河、马兰峪诸城，复叛去。己卯，大军趣永平。

四年春正月辛巳朔，大军至榛子镇、沙河驿，俱降。壬午，至永平。先是，刘兴祚自我国逃归，匿崇焕所。至是，率所携满州兵十五人、蒙古兵五百欲往守沙河。闻大兵至，改趣永平之太平寨，袭杀喀喇沁兵於途。上怒其负恩，遣贝勒阿巴泰等禽斩之，裂其尸以徇。癸丑，上授诸将方略，乘夜攻城。城中火药自发，敌军大乱，黎明克之。贝勒济尔哈朗等入城安抚。丙戌，上率诸将入城，官民夹道呼万岁。贝勒济尔哈朗、萨哈廉守永平。以降官白养粹为永平巡抚，孟乔芳、杨文魁为副将，纵乡民还其家。是日，上率大军趣山海关。敖汉、奈曼、巴林、札鲁特诸部兵攻昌黎，不克。台头营、鞍山堡、迁安、滦州以次降。建昌参将马光远来归。丁酉，明兵攻遵化，贝勒杜度击败之。明兵入三屯营，先所下汉儿庄、喜峰口、潘家口、洪家口复叛。庚子，达海等复汉儿庄，贝勒阿巴泰守之。辛丑，喀喇沁布尔噶都为明兵所围，遣军往救，未至，布尔噶都自击败之。其帅明兵部尚书刘之纶领兵至，树栅。我军炮毁其栅。之纶屯山中。大贝勒代善围之，劝之纶降，不从。破其营，之纶被箭死。壬寅，移师马兰峪，毁其近城屯堡。丙午，喀喇沁苏布地上书明帝，论和好之利，且劝以爱养边民、优恤属国之道。不报。乐亭复叛。

二月辛亥朔，谕贝勒诸臣，凡将士骁勇立功者，勿与攻城之役。甲寅，宴明降将麻登云等於御幄，谓之曰："明主视尔等将士之命如草芥，驱之死地。朕屡遣使议和，竟无一言相报，何也？"登云对曰："明帝幼冲，大臣各图自保，议和之事，倘不见听，罪且不测，故惧不敢奏。"上曰："若然，是天赞我也，岂可弃之而归。但驻兵屯守，妨农时为可悯耳。且彼山海关、锦州防守尚坚，今但取其无备城邑可也。"己未，遗书明帝，仍申和好，并致书明诸臣，劝其急定和议，至是凡七致书矣。甲子，明榆林副将王世选来降。上班师，贝勒阿巴泰、济尔哈朗、萨哈廉及文臣索尼、宁完我等守永平，鲍承先守迁安，固山额真图尔格、那木泰等守滦州，察喀喇、范文程等守遵化。驻滦三日，论功行赏。壬申，谕曰："天以明土地人民予我，其民即吾民，宜饬军士勿加侵害，违者治罪。"上至永平，降官郎中陈此心谋遁，事觉论斩，上赦之，听其所往。

三月壬午，上还沈阳。庚寅，遣二贝勒阿敏、贝勒硕託率兵五千往守永平四城，贝勒阿巴泰等还。庚子，阿鲁四子部遣使来盟。

夏四月壬子，明兵攻滦州，不克。己卯，贝勒阿巴泰、济尔哈朗等自永平还。上问是役俘获较前孰多，对曰："此行所获人口甚多。"上曰："财帛不足喜，惟多得人为可喜耳。"

五月己丑，谕诸臣厚抚俘众。壬辰，阿敏、硕託等弃永平四城归。时明监军道张春、锦州总兵祖大寿等合兵攻滦州。那穆泰、图尔格、汤古代等出战，屡败明兵，然兵少，阿敏、硕托畏不往援，明兵用炮攻滦州，那穆泰等不能支，弃城奔永平。会天雨，我军溃围出，无马被创者死四百余人。阿敏、硕托闻之恐，遂杀降官白养粹等，尽屠城中士民，收其金币，乘夜出冷口。察哈喇等亦弃遵化归。上方命贝勒杜度趋永平协守，且敕阿敏善抚官民，无侵暴，将整兵亲往。庚子，闻阿敏弃城，且大肆屠戮，乃止。

六月甲寅，收系弃城诸将，数其罪。乙卯，御殿宣阿敏十六罪。众议当诛。上不忍致法，幽之。硕託、汤古代、那穆泰、巴布泰、图尔格等各夺爵、革职有差。诸将中有力战杀敌者释之。先是阿敏既屠永平官民，以其妻子分给士卒。上曰："彼既屠我归顺良民，又奴其妻子耶！"命编为民户，以房舍衣食给之。

秋九月戊戌，申谕诸大臣满、汉官各勤职业。

冬十月辛酉，谕编审各旗壮丁，隐匿者罚之。

十一月甲午，那堪泰部虎尔噶率家属来归，阿鲁四子部诸贝勒来归。壬寅，阿鲁伊苏忒部闻上善养民，留所部於西拉木轮河，而偕我使臣察汉喇嘛来朝。

十二月戊辰，科尔沁贝勒图美卫征来朝。

五年春正月庚辰，谕已故功臣无后者，家产给其妻自赡。壬午，铸红衣大炮成，镌曰"天祐助威大将军"。军中造炮自此始。乙未，以额驸佟养性总理汉人军民事，汉官听其节制。己亥，幸文馆，入库尔缠直房，问所修何书。对曰："记注所行政事。"上曰："如此，朕不宜观。"又览达海所译《武铨》，见投醪饮河事，曰："古良将体恤士卒，三军之士乐为致死。若额驸顾三台对敌时，见战士殁者，以绳曳之归，安能得人死力乎！"庚子，朝鲜贡物不及额，却之，以书责其罪。

二月庚申，敕边臣谨斥堠。甲戌，孟阿图征瓦尔喀，奏捷。

三月乙亥朔，镶蓝旗固山额真、额驸顾三台罢，以太祖弟之子篇古代之。书谕大贝勒代善、三贝勒莽古尔泰及贝勒诸大臣，求直言过失。丁亥，阅汉兵。甲午，诛刘兴祚、兴治家属，赦其母。丁酉，朝鲜复遣使来贡。辛丑，遣满达尔汉、董讷密遗朝鲜王书，索战船助攻明。不许。

六月癸亥，定功臣袭职例。黑龙江伊札讷、萨克提、伽期讷、俄力喀、康柱等五头目来朝。

秋七月甲戌，黑龙江虎尔哈部四头目来朝贡。庚辰，始设六部，以墨勒根戴青贝勒多尔衮，贝勒德格类、萨哈廉、岳託、济尔哈朗、阿巴泰等管六部事。每部满、汉、蒙古分设承政官，其下设参政各八员，启心郎各一员，改巴克什为笔帖式，其尚称巴克什者仍其旧。更定讦告诸贝勒者准其离主例，其以细事讦诉者禁之。谕贝勒审事冤抑不公者坐罪。除职官有罪概行削职律，嗣后有罪者，分别轻重降罚有差。并禁官民同族嫁娶，犯者男妇以奸论。又谕贝勒诸大臣省过改行，求极谏。甲申，阔雷虎尔哈部四头目来朝贡。癸巳，定小事赏罚例，令牛录额真审理，大者送部。明总兵祖大寿等筑大凌河。檄诸蒙古各率所部来会征之。己亥，大军西发，命贝勒杜度、萨哈廉、豪格留守。庚子，渡辽河，申诫诸将恤士卒。

八月壬寅朔，次旧辽河而营，蒙古诸部率兵来会。癸卯，集蒙古诸贝勒，申前令，无擅杀掠。於是分兵两路，贝勒德格类、岳託、阿济格以兵二万由义州入屯锦州、大凌河之间，上自白土场入广宁。丁未，会於大凌河，乘夜攻城。令曰："攻城恐伤士卒，当掘壕筑垒困之。彼若出，与之战，外援至，迎击之。"乃分八旗兵合围，令蒙古兵承其隙。辛亥，明马步兵五百人出城，达尔哈击败之。壬子，射书城中，招蒙古人出降。癸丑，明兵出城诱战。图赖先入，达尔哈继之，四面环攻，贝勒多尔衮亦率兵入。城内炮矢俱发，图赖被创，副将孟坦、屯布禄、备御多贝、侍卫戈里战殁。上以图赖等轻进，切责之。以红衣炮攻明台，兵降者相继。乙卯，遗祖大寿书曰："往者我欲和，尔国君臣以宋为鉴，不我应。尔国非宋，我亦非金，何不达若此。朕今厌兵革，更以书往，惟将军裁之。"大寿不答。丁巳，明松山兵二千来援，阿山、劳萨、土鲁什击败之。甲子，贝勒阿济格、硕託遮击明援兵。丁卯，明锦州兵六千来攻阿济格营。会大雾，觌面不相识。忽有青气冲敌营，辟若门，我军乘雾进，大战，败之，擒游击一，尽获其甲仗马匹。辛未，上诣贝勒阿济格营，酌金卮劳诸将。明兵突出，师夹击，又大败之。

九月丁亥，上以兵趋锦州，见尘起，上命诸军勿行，自率摆牙喇兵二百，与贝勒多铎缘山潜进。明锦州兵七千突出进上前。上甫擐甲，从者不及二百人，渡河冲敌军。敌不能当，溃走。诸军继至，又大败之，斩一副将而还。己丑，复以书招祖大寿。庚寅，上设伏山内，诱大寿出，将擒之，大寿惊遁，自是闭城不出。时城中谷止百石，马死尽，煮马肉为食，以鞍代爨。乙未，明太仆寺卿监军道张春，总兵吴襄、钟纬等，以马步兵四万来援，壁小凌河。戊戌，明援兵趋大凌河，距城十五里。上率两翼骑兵冲击之，不动。右翼兵猝入张春营，敌遂败，吴襄及副将桑阿尔寨先奔。张春等复集溃兵立营，会大风，敌乘风纵火，将及我军，天忽雨，反风，复战，遂大破之，生擒张春及副将三十三人。春不屈，乞死，上赦不杀。是役也，祖大寿仍以我为诱敌，故城中无应者。是夕黑云龙遁去。

冬十月丁未，以书招祖大寿、何可刚、张存仁己酉，再遗大寿书。壬子，以红衣炮攻于子章台。台最固，三日台毁，守台将王景降，於是远近百余台俱下。甲寅，遣降将姜新招祖大寿。大寿亦遣游击韩栋来会。癸亥，议三贝勒莽古尔泰上前持刃罪，降贝勒，夺所属五牛录。乙丑，祖大寿约我副将石廷柱议降。丙寅，大寿遣其子可法为质。戊辰，大凌河举城降，独副将何可刚不从。大寿掖可刚至军前杀之，夜至御营，上优遇之，大寿遂献取锦州策。己巳，遣兵随大寿夜袭锦州，会大雾，失伍，还。

十一月庚午朔，纵大寿还锦州。戊寅，毁大凌河城。己卯，班师。乙酉，上还沈阳。丙戌，察哈尔侵阿鲁西拉木轮地，贝勒萨哈廉、豪格移师征之，会察哈尔已去，乃还。

闰十一月庚子朔，谕曰："我兵之弃永平四城，皆贝勒等不学无术所致。顷大凌河之役，城中人相食，明人犹死守，及援尽城降，而锦州、松、杏犹不下，岂非其人读书明理尽忠其主乎？自今凡子弟年十五岁以下、八岁以上，皆令读书。"遣库尔缠等责朝鲜违约罪。庚戌，禁国中不得私立庙寺，喇嘛僧违律者还俗，巫觋星士并禁止之。

十二月壬辰，参将宁完我请设言官，定服制。上嘉纳之。丙申，用礼部参政李伯龙言，更定元旦朝贺行礼班次。

六年春正月癸亥，阅汉兵。

二月壬申，定仪仗制。丁丑，谒太祖陵，行时享礼。戊子，谕海州等处城守官三年一赴沈阳考察。丁酉，谕户部贝勒德格类以大凌河汉人分隶副将以下，给配抚养。给还贝勒莽古尔泰所罚人口。

三月戊戌，赉大凌河诸降将有差。命达海分析国书音义。庚戌，定讦告诸贝勒者轻重虚实坐罪例，禁子弟告父兄、妻告夫者，定贝勒大臣赐祭葬例。丁巳，征察哈尔，征蒙古兵，颁军令。

夏四月戊辰朔，上率大军西发，阿巴泰、杜度、扬古利、伊尔登、佟养性留守。己巳，次辽河。丙子，次西拉木轮河。己卯，次札滚乌达，诸蒙古部兵以次来会。乙酉，次哈纳崖。察哈尔汗林丹闻我师至，大惧，驱归化城富民牲畜渡河西奔，尽委辎重而去。庚寅，次都勒河，闻察哈尔林丹远遁，上趋归化城。丙申，大军自阿济格和尔戈还趋察哈尔。

五月癸卯，谕诸部贝勒大臣勿轻进，勿退缩，勿杀降，勿分散人妻子，勿夺人衣服财物。甲辰，次布龙图布喇克。丁未，劳萨奏报察哈尔遁去已久，逐北三日无所见。上自布龙图旋师。戊申，定议征明。丙辰，次朱儿格土。时粮尽，忽逢黄羊遍野，遂合围杀数万，脯而食之。无水，以一羊易杯水而饮。上命各牛录持水迎给之。庚申，次木鲁哈喇克沁，贝勒阿济格率左翼略宣府、大同，贝勒济尔哈朗率右翼略归化城，上与大贝勒代善、贝勒莽古尔泰统大军继进。甲子，上至归化城，两翼兵来会。是日，大军驰七百里，西至黄河木纳汉山，东至宣府，自归化城南至明边境，所在察哈尔部民悉俘之。

六月丁卯朔，蒙古部民窜沙河堡，上以书谕明守臣索之。明归我男妇三百二十、牲畜千四百有奇。辛未，宁完我、范文程、马国柱合疏言："伐明之策，宜先以书议和，俟彼不从，执以为辞，乘衅深入，可以得志。"上嘉纳之。甲戌，大军发归化城，趋明边。丁丑，明沙河堡守臣使赍牲币来献。已卯，库尔缠等自得胜堡，爱巴礼等由张家口，分诣大同、宣府议和。书曰："我之兴兵，非必欲取明天下也。辽东守臣贪黩昏罔，劝叶赫陵我，遂婴七恨。屡诉尔主，而辽东壅不上闻。我兵至此，欲尔主察之也。及攻抚顺，又因十三省商贾各遗以书，虑其不克径达，则各以书进其省官吏，冀有一闻。乃纵之使去，寂焉不复。语云：'下情上达，天下罔不治；下情上壅，天下罔不乱。'今所在征讨，争战不息，民死锋镝，虽下情不达之故，抑岂天意乎？我今开诚相告，国虽褊小，惟欲两国和好，互为贸易，各安畋猎，以享太平。若言不由衷，天其鉴我。前者屡致书问，愤疾之词，固所不免。此兵家之常，不足道也。幸速裁断，实国之福。我驻兵十日以待。"庚辰，驻大同边外。库尔缠偕明得胜堡千总赍牲币来献。上不纳。复遗书明守臣曰："我仰体天意，愿申和好。尔果爱民，宜速定议。若延时不报，纵欲相待，如军中粮尽何。至书中称谓，姑勿论，我逊尔国，我居察哈尔之上可耳。"癸未，趋宣府，守臣以明主所给察哈尔缎布皮币一万二千五百归我。庚寅，驻张家口外，列营四十里。癸巳，明巡抚沈棨、总兵董继舒遣人赍牛羊食物来献。上宴之，遂定和议，大市於张家口。科尔沁部兵三人潜入明边，盗牛驴，斩其首者，鞭二人，贯耳以徇。甲午，明巡抚沈棨遣使来请盟。命大臣阿什达尔哈等莅之，刑白马乌牛，誓告天地。礼成，遣棨心郎祁充格送明使归。明以金币来献。晋封皇子豪格为和硕贝勒。是月，辽东大水。

秋七月丁酉朔，复以书约明张家口守臣信誓敦好，善保始终，且谓和议辽东地方在内，尔须遣官往告。上率大军还。庚子，至上都河，明以和议成，来馈礼物，酌纳之。辛丑，蒙古诸贝勒辞归。庚戌，次摆斯哈儿。游击巴克什达海卒。庚申，上还沈阳。

八月丁卯，召明诸生王文奎、孙应时、江云入宫，问以和事成否。三人皆言，明政日紊，和议难必。且中原盗贼蜂起，人民离乱。劝上宣布仁义，用贤养民，乘时吊伐，以应天心。癸酉，六部署成，颁银印各一。甲午，命固山额真察民疾苦，清理刑狱。察哈尔祷纳楚虎尔来归。

九月癸卯，修复盖州城，移民实之。甲寅，命户部贝勒德格类、兵部贝勒岳託展耀州旧界至盖州迤南。

冬十月乙丑朔，幸开原。甲戌，还沈阳。遣卫征囊苏喇嘛赴宁远，赍书致明帝曰："我国称兵，非不知足而冀大位，因边臣欺侮，致启兵衅。往征察哈尔时，过宣府定和议，我遂执越境盗窃之人戮之塞下，我之诚心可谓至矣。前边臣未能细述，今欲备言，又恐疑我不忘旧怨，如遣信使来，将尽告之。若谓已和，不必语及往事，亦惟命。"又与明诸臣书曰："宣府守臣与我盟时，约我毋侵辽东，誓诸天地。今尔乃有异议，天可欺乎？执政大臣宜通权变，慎勿徒事大言，坐失事机。若坚执不从，惟寻师旅，生灵荼毒，咎将谁归？"

十一月壬寅，明宁远守臣以我所遗书封固，不敢以陈，请露封，许之。辛亥，阿禄部都思噶尔济农所属祁他特吹虎尔台吉来附。壬子，遣使往朝鲜定岁贡额。

十二月乙丑，定朝服及官民常服制。三贝勒莽古尔泰卒。乙亥，吴巴海征兀札喇遣使告捷。

七年春正月庚子，谕各牛录额真以恤贫训农习射。辛丑，朝鲜来贡，不及额。丁未，复书责之。戊申，皇长女下嫁敖汉部贝勒都喇尔巴图鲁子台吉班第。乙卯，征兀札喇师还。

二月癸亥朔，阿鲁科尔沁汗车根率固木巴图鲁、达尔马代衮等举国来附。己卯，库尔缠有罪，诛。癸未，土鲁什、劳萨等略宁远。

三月丁酉，筑䃀场、揽盘、通远堡、岫岩四城。辛丑，郭尔罗斯部台吉固木来朝。丙辰，明故总兵毛文龙部将孔有德、耿仲明遣使来约降。

夏四月乙丑，察哈尔两翼大总管塔什海虎鲁克寨桑来附。乙亥，使参将英俄尔岱等借粮朝鲜济孔有德军，不从。

五月乙未，吴喇忒台吉土门达尔汉等来朝。壬子，贝勒济尔哈朗、阿济格、杜度率兵迎孔有德、耿仲明於镇江，命率所部驻东京。

六月壬戌，谕将士毋侵扰辽东新附人民，违者孥戮之。癸亥，召孔有德、耿仲明入觐，厚赉之。丙寅，遣英俄尔岱遗朝鲜王书曰："往之借粮，贵国王以孔有德等昔隶毛氏，无输粮养敌之理。今有德归我，粮已足给。惟兵卒守船，輓运维艰，近距贵国，以粮给之甚便。朕思王视明为父，视朕为兄，父兄相争数年，而王坐观成败，是外有父兄之名，而内 怀幸祸之意。若力为解劝，息兵成好，不惟我两国乐见太平，即贵国亦受其福。若仍以兵助明，合而御我，则构兵实自王始。"己巳，谕官民冠服遵制画一。癸酉，以孔有德为都元帅，耿仲明为总兵官，并赐敕印。戊寅，英俄尔岱奏报朝鲜用明人计，借兵倭国，又於义州南岭筑城备我。集诸贝勒大臣议之，皆言宜置朝鲜而伐明。己卯，贝勒岳託、德格类率右翼楞额礼、叶臣，左翼伊尔登、昂阿喇及石廷柱、孔有德、耿仲明将兵取明旅顺口。甲申，东海使犬部额驸僧格来朝贡。丁亥，谕曰："凡进言者，如朕所行未协於义，宜直言勿讳。政事或有愆忌，宜开陈无隐。六部诸臣，奸伪贪邪，行事不公，宜行纠劾。诸臣有艰苦之情，亦据实奏闻。苟不务直言，远引曲喻，剿袭纷然，何益於事？"

秋七月辛卯朔，谕满洲各户有汉人十丁者授棉甲一，以旧汉军额真马光远统之。壬辰，阿禄部孙杜稜子台吉古木思辖布，寨桑吴巴什、阿什图、巴达尔和硕齐等，吴喇忒部台吉阿巴噶尔代皆来朝贡。甲辰，贝勒岳託等奏克旅顺口。

八月庚申朔，英俄尔岱等自朝鲜还，以复书允粮济我守船军士。壬戌，贝勒阿巴泰、阿济格、萨哈廉、豪格等略明山海关外。庚辰，贝德德格类、岳託师还。丁亥，以副将石廷柱为总兵官。

九月庚子，贝勒阿巴泰等师还。上以其不深入，责之。癸卯，英俄尔贷等往朝鲜互市。庚戌，明登州都司蔡宾等来降。

冬十月壬戌，遣使外藩蒙古各部，宣布法令。丙寅，大阅。丁卯，发帑赉八旗步兵。己巳，谕曰："置官以来，吏、户、兵三部办事尽善，刑部讯狱稽延，罔得实情，礼部、工部皆有缺失。夫启心郎之设，欲其随事规谏，启乃心也。乃有差谬而不闻开导，何耶？"又曰："尔等动以航海取山东攻山海关为言。航海多险，攻坚易伤，是以空言相赚，不啻为敌计耳。兵事无藉尔言，惟朕与诸贝勒有过，当极言耳。"又谕文馆诸儒臣曰："太祖始命巴克什额尔德尼造国书，后库尔缠增之。虑有未合，尔等职司纪载，宜悉心订正。朕嗣大位，凡皇考行政用兵之大，不一一详载，后世子孙何由而知，岂朕所以尽孝道乎？"丙子，授明降将马光远为总兵官，王世选、麻登云为三等总兵官，马光先、孟乔芳等各授职有差。癸未，明广鹿岛副将尚可喜遣使来约降。

十一月甲辰，英俄尔岱复赍书往朝鲜，责以违约十事。戊申，遣季思哈、吴巴海往征朝鲜接壤之虎尔哈部。辛亥，上猎於叶赫。

十二月辛未，上还沈阳。

八年春正月庚寅，谕蒙古诸贝勒令遵我国定制。黑龙江羌图里、嘛尔干率六姓来朝贡。癸巳，诏宗人自兴祖直皇帝出者为六祖后，免其徭役。乙未，正黄旗都统、一等总兵官楞额礼卒。癸卯，汉备御诉汉人徭役重於满洲，户部贝勒德格类以闻。上命礼部贝勒萨哈廉集众谕其妄。汉总兵官石廷柱等执备御八人请罪，上曰："若加以罪，则后无复言者。"并释之。戊申，塔布囊等征察哈尔溃众於席尔哈、席伯图。己酉，蒿齐忒部台吉额林臣来归。丁巳，免功臣身故无嗣者丁之半，妻故始应役，著为令。

二月壬戌，定丧祭例，妻殉夫者听，仍予旌表；逼妾殉者，妻坐死。遣贝勒多尔衮、萨哈廉往迎降将尚可喜，使驻海州。丁卯，都元帅孔有德劾耿仲明不法状，谕解之。戊辰，遣阿山等略锦州。

三月丁亥朔，日有食之，绿虹见。辛卯，命谭泰、图尔格略锦州。壬辰，副将尚可喜率三岛官民降，驻海州。己亥，大阅。甲辰，遣英俄尔岱往朝鲜互市。令孔有德、耿仲明、尚可喜帜用白镶皂，以别八旗。壬子，考试汉生员。

夏四月辛酉，升授太祖诸子汤古代等副将、参将、备御有差。又以哈达、乌喇二部之后无显职，授哈达克什内为副将，乌喇巴彦为三等副将。诏以沈阳为"天眷盛京"，赫图阿喇城为"天眷兴京"。改定总兵、副将、参将、游击、备御满字官名。丁丑，尚可喜来朝，命为总兵官。乙亥，以太祖弟之子拜尹图为总管。辛巳，初命礼部考试满洲、汉人通满、汉、蒙古书义者，取刚林等十六人为举人，赐衣一袭，免四丁。乙酉，金继孟等自明石城岛来降，以隶尚可喜。

五月丙戌朔，黑龙江巴尔达齐来贡。庚寅，察哈尔台吉毛祁他特来朝。定满、汉马步军名。丙申，议征明，诸贝勒请从山海关入。上曰："不然，察哈尔为我军所败，其贝勒大臣将归我，宜直趋宣、大以逆之。"乃集各都统部署军政，遣国舅阿什达尔哈征科尔沁兵，以书招抚遗众之在明境者。壬寅，定百官功次，赐敕书，其世袭及官止本身者，分别开载有差。甲辰，季思哈、吴巴海征虎尔哈部奏捷。命贝勒济尔哈朗留守盛京，贝勒杜度守海州，吏部承政图尔格等渡辽河，沿张古台河驻防，并扼敌兵，俱授方略。毕，上率大军前发。己酉，次都尔鼻，诸蒙古外藩兵以次来会。甲寅，次讷里特河。

六月辛酉，颁军令於蒙古诸贝勒及孔有德、耿仲明、尚可喜，曰："行军时勿离纛，勿喧哗，勿私出劫掠。抗拒者诛之，归顺者字之。勿毁庙宇，勿杀行人，勿夺人衣服，勿离人夫妇，勿淫人妇女。违者治罪。"先是，察哈尔林丹西奔图白特，其部众苦林丹暴虐，逗遛者什七八，食尽，杀人相食，屠劫不已，溃散四出。至是，络绎来附者前后数千户。辛未，次库黑布里都，议觉罗布尔吉、英俄尔岱擅杀察哈尔布颜图部众罪，并夺其赐。甲戌，次喀喇拖落木，命贝勒德格类率兵入独石口，侦居庸关，期会师於朔州。戊寅，谕蒙古诸贝勒曰："科尔沁噶尔珠塞特尔等叛往索伦，为其族兄弟等追获被杀，朕心恻然。朕欲宣布德化，使人民共登安乐。今诸贝勒虽以罪诛，亦朕教化所未洽也。"又命减阿鲁部达喇海等越界驻牧罪。壬午，察哈尔土巴济农率其民千户来归。喀尔喀部巴噶达尔汉来归。甲申，命大贝勒代善等率兵入得胜堡，略大同，西至黄河，副都统土鲁什、吴拜等径归化抚察哈尔逃民，俱会师朔州。

秋七月己丑，命贝勒阿济格、多尔衮、多铎等入龙门，会宣府，上亲统大军自宣府趋朔州，期四路兵克期并进。辛卯，毁边墙。壬辰，入上方堡，至宣府右卫，以书责明守臣负盟之罪，仍谕其遣使议和。癸巳，驻城东南。时阿济格攻龙门，未下，令略保安。丁酉，营东城，遗明代王书，复约其遣使议和。代善攻得胜堡，克之。明参将李全自缢死。进攻怀仁、井坪，皆不克，遂驻朔州。丙午，上围应州，令代善等趣马邑。土鲁什至归化城，察哈尔林丹之妻率其八寨桑以一千二百户来降。庚戌，阿济格等攻保安州，克之。壬子，德格类入独石口，取长安岭，攻赤城，不克，俱会师於应州。

八月乙卯，命诸将略代州。萨哈廉袭崞县，拔之。丙辰，硕托入圆平驿。甲子，阿巴泰等取灵丘县之王家庄，克之。礼部承政巴都礼战殁。又攻应州之石家村堡，克之。丙寅，上发应州，闻明阳和总督张宗衡、大同总兵曹文诏驻怀仁，度是夜必奔大同，令土鲁什、吴拜伏兵邀之。师行迟，宗衡等逸去。上怒责之。戊辰，上至大同，遗书文诏，令赞和议。又遗书众官，索察哈尔余孽之在明者。文诏挑战，击败之。贝勒阿巴泰等拔灵丘。明代王母杨氏与张宗衡、曹文诏以书来请和。辛未，遣使以书报之。壬申，代善率师来会。癸酉，驻师大同，遣明宗室朱乃廷及俘获僧人入城。三索报书，俱不答。纵乃廷妻子及朱乃振还。丁丑，营四十里铺，得明间谍书北楼口，为书报之曰："来书以满洲为属国，即予亦未尝以为非也。惟辽东之官欺凌我国，皇帝惑于臣下之诳，虽干戈十数年来，无一言询及，使我国之情不达，若遣一信使判白是非，则兵戈早息矣。欲享太平，只且暮间事。不然，尔国臣僚壅蔽欺罔，虚报斩伐，以吾小国果受伤夷，讵能数侵，岂皇帝之聪明独不能一忖度耶？愿和之诚，黑云龙自知之，虑其恐结怨於大臣不尽告耳。"己卯，大军至阳和。明总兵曹文诏诡以书诳张宗衡，伪言炮伤我兵，得纛一杆等语，为我逻者所获。上乃遗宗衡书曰："予谓尔明当有忠臣义士实心谋国者，乃一旦虚诳至此，岂不愧於心乎？今与公等约，我兵以一当十，能约期出战，当勒兵以俟。若诳言欺君，贻害生灵，祸孽将无穷矣。"壬午，次怀远。癸未，驻左卫。

闰八月丙戌，以书责明宣府太监欺君误国罪。丁亥，副都统土鲁什被创卒。攻万全左卫，克之。庚寅，班师。察哈尔噶尔马济农等遣使乞降，言其汗林丹病殂，汗子及国人皆欲来归，於是命阿什达尔哈等往侦之。丁酉，移军旧上都城。庚戌，移军克蚌。辛亥，察哈尔寨桑噶尔马济农等率其国人六千奉豆土门福金来归。

九月戊辰，留守贝勒济尔哈朗疏报季思哈、吴巴海征虎尔哈俘一千三百余人。阿鲁部毛明安举国来附。辛未，渡辽河。壬申，上还盛京。

冬十月己丑，建太祖陵寝殿，树松，立石兽。壬辰，论征宣、大将士功罪。己亥，科尔沁台吉吴克善来归其妹，纳之。庚戌，以八年征讨克捷，为文告太祖。壬子，朝鲜国王李倧遣使以书来。上以其言不逊，复书切责之。

十一月乙丑，六部官考绩升授有差。

十二月癸未朔，朝鲜国王以书来谢罪。壬辰，命副都统霸奇兰、参领萨木什喀征黑龙江未服之地。丙申，分定宗室、额驸等专管佐领有差。丁酉，墨勒根喇嘛以嘛哈噶喇金像来贡，遣使迎至盛京。癸卯，察哈尔祁他特车尔贝、塞冷布都马尔等各率所部人民来归。遣吴巴海、荆古尔代征瓦尔喀。甲辰，佐领刘学诚疏请立郊坛，勤视朝。上曰："疏中欲朕视朝勤政是也。至建立郊坛，未知天意所在，何敢遽行，果成大业，彼时议之未晚也。"

九年春正月丁卯，上亲送科尔沁土谢图济农等归国。癸酉，免功臣徭役。丁丑，诏太祖庶子称"阿格"，六祖子孙称"觉罗"，觉罗系红带以别之。有詈其祖父者罪至死。

二月壬午，令诸臣荐举居心公正及通晓文艺可任使者。丁亥，编喀喇沁部蒙古壮丁为十一旗，每旗设都统一员，下以副都统、参领二员统之。戊子，谕曰："迩来进言者皆请伐明，朕岂不以为念。然亦须相机而行。今察哈尔新附，人心未辑，城郭未修，而轻於出师，何以成大业。且大兵一举，明主或弃而走，或惧而请和，攻拒之策，何者为宜？其令高鸿中、鲍承先、宁完我、范文程等酌议以闻。"己丑，沈佩瑞请屯田广宁、闾阳，造舟輓粟，为进取计。上嘉纳之。乙未，范文程、宁完我请荐举不实宜行连坐法。丁未，命多尔衮、岳託、豪格、萨哈廉将精骑一万，收察哈尔林丹之子额尔克孔果尔额哲。

三月戊辰，谕曰："顷民耕耨愆期，盖由佐领有事筑城，民苦烦役所致。嗣有滥役妨农者治其罪。"庚午，察哈尔寨桑巴赖都尔等一千四百余人来归。

五月乙卯，霸奇兰、萨木什喀征黑龙江虎尔哈部，尽克其地，编所获人口以归，论功升赏有差。癸亥，上以西征诸贝勒经宣、大境，度明必调宁、锦兵往援，遣贝勒多铎率师入宁、锦挠之。己巳，命文馆译宋、辽、金、元四史。壬申，贝勒多铎奏报歼明兵五百人於锦州松山城外，杀其副将刘应选。丙子，贝勒多尔衮、岳託、萨哈廉、豪格等奏报兵至西喇朱尔格，遇察哈尔囊囊太妃暨台吉琐诺木等以一千五百户降，遂抵额尔克孔果尔额哲所居，其母率额哲迎降。

六月乙酉，贝勒多铎凯旋，赐良马五，赏从征将士有差。丁酉，吴巴海、荆古尔代师还，论功亦如之。明登州黄城岛千总李进功来降。辛丑，谕曰："太祖以人民付朕，当爱养之。诸贝勒非时修缮，劳苦百姓，民不得所，寖以逃亡，是违先志而长敌寇也。今朝鲜宾服，察哈尔举国来附，苟不能抚辑其众，后虽拓地，何以处之？贝勒大臣其各戢骄纵以副朕意！”壬寅，察哈尔台吉琐诺木率其属六千八百人来归。癸卯，谕曰：“太祖禁贝勒子弟郊外放鹰，虑其践田园、扰牲畜也。今违者日众。语曰：‘涓涓不塞，将成江河。’其严禁之。”

秋七月癸酉，论汉人丁户增减，擢参领李思忠等六员官，高鸿中等十一员黜罚有差。

八月庚辰，贝勒多尔衮、岳託、萨哈廉、豪格以获传国玉玺闻。先是元顺帝北狩，以玺从，后失之。越二百余年，为牧羊者所获。后归於察哈尔林丹汗。林丹亦元裔也。玺在苏泰太妃所。至是献之。时岳託以疾留归化城，多尔衮等率兵略明山西，自平虏卫入边，毁长城，略忻州、代州，至崞县。甲申，绘《太祖实录图》成。乙巳，上率大贝勒代善及诸贝勒多尔衮等师次平虏堡。丁未，渡辽河，阅巨流河城堡。

九月癸丑，贝勒多尔衮等师还，献玉玺，告天受之。额尔克孔果尔额哲及其母来朝。庚午，上还宫。壬申，召诸贝勒大臣数代善罪。众议削大贝勒号及和硕贝勒，夺十佐领，其子萨哈廉夺二佐领，哈达公主降庶人，褫其夫琐诺木济农爵号。上皆免之。

冬十月己卯，以明议和不成，将进兵，遣使赍书谕明喜峰口、董家口诸边将。管户部事和硕贝勒德格类卒。癸未，命吴巴海、多济里、札福尼、吴什塔分将四路兵征瓦尔喀。

十一月丁未朔，命额尔克孔果尔额哲奉母居孙岛习尔哈。

十二月辛巳，哈达公主莽古济之仆冷僧机首告贝勒莽古尔泰生时与女弟莽古济、弟德格类谋逆，公主之夫琐诺木及屯布禄、爱巴礼与其事。会琐诺木亦自首。讯得实，莽古济、莽古尔泰子额必伦及屯布禄、爱巴礼皆伏诛。莽古尔泰余子、德格类子俱为庶人。琐诺木自首免罪。授冷僧机三等副将。丁酉，谒太祖陵。甲辰，贝勒萨哈廉与诸贝勒及大贝勒代善盟誓，请上尊号。上不许。会蒙古贝勒复来请。上曰：“朝鲜兄弟国，宜告之。”

十年春正月壬戌，皇次女下嫁额尔克孔果尔额哲。

二月丁丑，八和硕贝勒与外藩四十九贝勒各遗书朝鲜，约其国王劝进尊号。戊子，遣使至明边松棚路、潘家口、董家口、喜峰口，赍书致明帝，索其报书。定诸臣帽顶饰。庚寅，宁完我以罪免。

三月丙午朔，清明节，谒太祖陵。辛亥，改文馆为内国史、内秘书、内弘文三院。乙卯，遣贝勒阿济格、阿巴泰筑噶海城。庚申，吴什塔等征瓦尔喀，遣使奏捷。谕曰：“蒙古深信喇嘛，实乃妄人。嗣后有悬转轮结布旛者，宜禁止之。”乙丑，英俄尔岱等自朝鲜还，言国王李倧不接见，亦不纳书，以其报书及所获倧谕边臣书进。诸贝勒怒，欲加兵。上曰：“姑遣人谕以利害，质其子弟，不从，兴兵未晚也。”丁卯，外藩蒙古十六国四十九贝勒及孔有德、耿仲明、尚可喜俱以请上尊号至盛京。

夏四月己卯，大贝勒代善，和硕贝勒济尔哈朗、多尔衮、多铎、岳託、豪格、阿巴泰、阿济格、杜度率满、汉、蒙古大臣及蒙古十六国四十九贝勒以三体表文诣阙请上尊号曰：“恭维我皇上承天眷祐，应运而兴。当天下昏乱，修德体天，逆者威，顺者抚，宽温之誉，施及万姓。征服朝鲜，混一蒙古。遂获玉玺，受命之符，昭然可见，上揆天意，下协舆情。臣等谨上尊号，仪物俱备，伏愿俞允。”上曰：“尔贝勒大臣劝上尊号，历二年所。今再三固请，朕重违尔诸臣意，弗获辞。朕既受命，国政恐有未逮，尔等宜恪恭赞襄。”群臣顿首谢。庚辰，礼部进仪注。壬午，斋戒，设坛德盛门外。

卷三 本纪三

太宗本纪二

崇德元年夏四月乙酉，祭告天地，行受尊号礼，定有天下之号曰大清，改元崇德，君臣上尊号曰宽温仁圣皇帝，受朝贺。始定祀天太牢用熟荐。遣官以建太庙追尊列祖祭告山陵。丙戌，追尊始祖为泽王，高祖为庆王，曾祖为昌王，祖为福王，考谥曰承天广运圣德神功肇纪立极仁孝武皇帝，庙号太祖，陵曰福陵；妣谥曰孝慈昭宪纯德贞顺成天育圣武皇后。追赠族祖礼敦巴图鲁为武功郡王，追封功臣费英东为直义公，额亦都为弘毅公，配享。丁亥，群臣上表贺。谕曰：“朕以凉德，恐负众望。尔诸臣宜同心匡辅，各共厥职，正己率属，克殚忠诚，立纲陈纪，抚民恤众，使君明臣良，政治咸熙，庶克荷天之休命。”群臣顿首曰：“圣谕及此，国家之福也。”以受尊号礼成，大赦。己丑，多济里、扈习征瓦尔喀师还，赏赉有差。朝鲜使臣归国。初，上受尊号，朝鲜使臣罗德宪、李廓独不拜。上曰：“彼国王将构怨，欲朕杀其使臣以为词耳，其释之。”至是遣归，以书谕朝鲜国王责之，命送子弟为质。丁酉，叙功，封大贝勒代善为和硕兄礼亲王，贝勒济尔哈朗为和硕郑亲王，多尔衮为和硕睿亲王，多铎为和硕豫亲王，豪格为和硕肃亲王，岳託为和硕成亲王，阿济格为多罗武英郡王，杜度为多罗安平贝勒，阿巴泰为多罗饶余贝勒；诸蒙古贝勒巴达礼为和硕土谢图亲王，吴克善为和硕卓礼克图亲王，固伦额驸额哲为和硕亲王，布塔齐为多罗札萨克图郡王，满朱习礼为多罗巴图鲁郡王，衮出斯巴图鲁为多罗达尔汉郡王，孙杜稜为多罗杜稜郡王，固伦额驸班第为多罗郡王，孔果尔为冰图王，东为多罗达尔汉戴青，俄木布为多罗达尔汉卓礼克图，古鲁思辖布为多罗杜稜，单把为达尔汉，耿格尔为多罗贝勒，孔有德为恭顺王，耿仲明为怀顺王，尚可喜为智顺王。辛丑，朝鲜使臣置我书於通远堡，不以归。札福尼征瓦尔喀师还。

五月丙午，以希福为内弘文院大学士，范文程、鲍承先俱为内秘书院大学士，刚林为内国史院大学士。壬子，贝勒萨哈廉卒，辍朝三日。癸丑，始荐樱桃於太庙。丁巳，设都察院，谕曰："朕或奢侈无度，误诛功臣；或畋猎逸乐，不理政事；或弃忠任奸，黜陟未当；尔其直陈无隐。诸贝勒或废职业，黩货偷安，尔其指参。六部或断事偏谬，审谳淹迟，尔其察奏。明国陋习，此衙门亦贿赂之府也，宜相防检。挟仇劾人，例当加罪。余所言是，即行，所言非，不问。"壬戌，追封萨哈廉为和硕颖亲王。己巳，以张存仁为都察院承政，祖泽洪为吏部承政，韩大勋为户部承政，姜新为礼部承政，祖泽润为兵部承政，李云为刑部承政，裴国珍为工部承政。都统伊尔登罢。以图尔格为镶白旗都统。庚午，武英郡王阿济格、饶余贝勒阿巴泰、公扬古利等率师征明。上御翔凤阁面授方略，且诫谕之。癸酉，师行。

六月甲戌朔，授蒙古降人布尔噶都等世职有差。己卯，命豫亲王多铎管礼部事，肃亲王豪格管户部事。甲申，封萨哈廉子阿达礼为多罗郡王。丙戌，以国舅阿什达尔汉为都察院承政，尼堪为蒙古承政。

秋七月己未，檄外藩蒙古兵征明。辛酉，阿济格等会师出延庆州，俘人畜一万五千奇。

八月丁丑，遣官祭孔子。辛巳，成亲王岳託、肃亲王豪格以罪降多罗贝勒。癸未，睿亲王多尔衮，豫亲王多铎，贝勒岳託、豪格举师征明。

九月戊申，明兵入鹻场，命吴善、季思哈率兵御之。己酉，阿济格等奏我军经保定至安州，克十二城，五十六战皆捷，生擒总兵巢丕昌等人畜十八万。庚申，伊勒慎等追明兵至娘娘宫渡口，见敌船甚众，不敢进，奏闻。命宜荪往援，复遣杜度率师助之。辛酉，蒙古达赖、拜贺、拜音代等自塔山来降。己巳，阿济格等师还。

冬十月癸酉，多尔衮等师还。丁亥，遣大学士希福等往察哈尔、喀尔喀、科尔沁诸部稽户口，编佐领，谳庶狱，颁法律，禁奸盗。戊戌，朝鲜国王李倧以书来。却之。

十一月戊申，复命岳託管兵部事，豪格管户部事。己酉，卫寨桑等自蒙古喀尔喀部还，偕其使卫徵喇嘛等来贡。辛亥，征兵外藩。癸丑，谕曰："朕读史，知金世宗真贤君也。当熙宗及完颜亮时，尽废太祖、太宗旧制，盘乐无度。世宗即位，恐子孙效法汉人，谕以无忘祖法，练习骑射。后世一不遵守，以讫於亡。我国娴骑射，以战则克，以攻则取。往者巴克什达海等屡劝朕易满洲衣服以从汉制。朕惟宽衣博袖，必废骑射，当朕之身，岂有变更。恐后世子孙忘之，废骑射而效汉人，滋足虑焉。尔等谨识之。"乙卯，《太祖实录》成。乙丑冬至，大祀天於圜丘。以将征朝鲜告祭天地、太庙。己巳，颁军令，传檄朝鲜。

十二月辛未朔，外藩蒙古诸王贝勒率兵会於盛京。郑亲王济尔哈朗留守，武英郡王阿济格驻牛庄备边，饶余贝勒阿巴泰驻噶海城收集边民防敌。壬申，上率礼亲王代善等征朝鲜，大军次沙河堡，睿亲王多尔衮、贝勒豪格分兵自宽甸入长山口。癸酉，遣马福塔等率兵三百为商贾装，潜往围朝鲜国都，多铎及贝子硕託、尼堪以兵千人继之，郡王满朱习礼、布塔齐引兵来会。己卯，贝勒岳託、公扬古利以兵三千助多铎军。上率大军距镇江三十里为营，令安平贝勒杜度、恭顺王孔有德等护辎重居后。庚辰，渡镇江至义州。壬午，上至郭山城。其定州游击来援，度不敌，自刎死。郭山降。癸未，至定州。定州亦降。乙酉，至安州，以书谕朝鲜守臣劝降。己丑，多铎等进围朝鲜国都。朝鲜国王李倧遁南汉山城。多铎等复围之，并败其诸道援兵。辛卯，瓦尔喀叶辰、麻福塔居朝鲜，闻大军至，以其众来归。丁酉，上至临津江，会天暖冰泮，不可渡，忽骤雨，冰结，大军毕渡。己亥，命都统谭泰等搜剿朝鲜国都，留蒙古兵与俱。上以大军合围南汉城。

是岁，土默特部古禄格楚虎尔，鄂尔多斯部额林臣济农、台吉土巴等俱来朝。

二年春正月壬寅，朝鲜全罗道总兵来援，岳託击走之。遣英俄尔岱、马福塔赍敕谕朝鲜阁臣，数其前后败盟之罪。甲辰，大军渡汉江，营於江浒。丁未，朝鲜全罗、忠清二道合兵来援，多铎、扬古利击走之。扬古利被创卒。庚戌，多尔衮、豪格军克长山，连战皆捷，以兵来会，杜度等运炮车亦至。朝鲜势益蹙，李倧以书数乞和。上许其出降。倧上书称臣，逡巡不敢出。壬戌，多尔衮军入江华岛，得倧妻子，护至军前。复谕倧曰："来则室家可完，社稷可保，朕不食言，否则不能久待。"倧闻江华岛陷，妻子被俘，南汉城旦夕且下，乃请降。庚午，朝鲜国王李倧率其子溰及群臣朝服出降於汉江东岸三田渡，献明所给敕印。上慰谕赐坐，还其妻子及群臣家属，仍厚赐之。命英俄尔岱、马福塔送倧返其国都，留其子溰、淏为质。

二月壬申，班师。贝子硕託、恭顺王孔有德等率朝鲜舟师取明皮岛。朝鲜国王李倧表请减贡额。诏免丁丑、戊寅两年贡物，自己卯秋季始，仍贡如额。甲戌，谕多尔衮等禁掠降民，违者该管官同罪。辛卯，上还盛京。癸巳，谕户部平粜劝农。

三月甲辰，杀朝鲜台谏官洪翼汉、校理尹集、修撰吴达济，以败盟故。丁未，武英郡王阿济格率师助攻皮岛。戊午，罢盖州城工。

夏四月己卯，睿亲王多尔衮以朝鲜质子李溰、李淏及朝鲜诸大臣子至盛京。辛巳，阿济格师克皮岛，斩明总兵沈世魁、金日观。甲申，安平贝勒杜度率大军后队还。丁酉，命固山贝子尼堪、罗託、博洛等预议国政。增置每旗议政大臣三人，集群臣谕之曰："向者议政大臣额少，或出师奉使，而朕左右无人，卑微之臣，又不可使参国议。今特择尔等置之议政之列，当以民生休戚为念，慎毋怠惰，有负朝廷。前蒙古察哈尔林丹悖谬不道，其臣不谏，以至失国。朕有过失，尔诸臣即当面诤。使面从而退有后言，委过於上，非纯臣也。"又谕曰："昔金熙宗循汉俗，服汉衣冠，尽忘本国言语，太祖、太宗之业遂衰。夫弓矢我之长技，今不亲骑射，惟耽宴乐，则武备寖弛。朕每出猎，冀不忘骑射，勤练士卒。诸王贝勒务转相告诫，使后世无变祖宗之制。"

闰四月癸卯，蒙古贡异兽，名齐赫特。壬子，武英郡王阿济格师还。

五月庚午，朝鲜国王李倧遣使奉表谢恩赎俘获。丁亥，遣朝鲜从征皮岛总兵林庆业归国，以敕奖朝鲜王。丁酉，章京尼堪等征瓦尔喀，降之，师行径朝鲜咸镜道，凡两月始达，至是还。

六月辛丑，授喀喇沁归附人阿玉石等官。明千总王国亮、都司胡应登、百总李忠国等自海岛来降。莽古尔泰子光衮获罪，伏诛。乙卯，谕曰："顷朝鲜之役，兵行无纪，见利即前，竟忘国宪。自今宜思所以宣布法纪修明典制者。"丙辰，以臣朝鲜，克皮岛，祭告太庙、福陵。丁巳，朝鲜国王李倧请平值赎俘，不许。甲子，论诸将征朝鲜及皮岛违律罪。礼亲王代善论革爵，宥之。郑亲王济尔哈朗以下论罚有差。

秋七月己巳，遣喀凯等分道征瓦尔喀。癸酉，户部参政恩克有罪，伏诛。辛巳，诫谕汉官以空言欺饰者。智顺王尚可喜自皮岛师还。壬午，大赦。癸未，优恤朝鲜、皮岛阵亡将士扬古利等，赠官袭职有差。乙酉，明都司高继功等自石城岛来降。庚寅，追封皇后父科尔沁贝勒莽古思为和硕福亲王。壬辰，以朝鲜及皮岛之捷宣谕祖大寿。乙未，分汉军为两旗，以总兵官石廷柱、马光远为都统，分理左右翼。

八月丙申朔，再恤攻皮岛、朝鲜阵亡将士洪文魁等，赠官袭职有差。癸丑，贝勒岳託以罪降贝子，罚金，解兵部任。丙长，命睿亲王多尔衮、饶余贝勒阿巴泰筑都尔鼻城。己未，遣阿什达尔汉等往蒙古巴林、札鲁特、喀喇沁、土默特、阿鲁诸部会理刑狱。

九月辛未，出猎抚安堡，以书招明石城岛守将沈志祥。己丑，兵部参政穆尔泰以罪褫职。贝勒豪格以逼勒蒙古台吉博洛罪，罚金，罢管部务。

冬十月乙未朔，初颁满州、蒙古、汉字历。丙午，厄鲁特顾实车臣绰尔济遣使来贡，厄鲁特道远，以元年遣使，是年冬始至。庚申，遣英俄尔岱、马福塔、达云赍敕册封李倧为朝鲜国王。

十一月庚午，祀天於圜丘。朝鲜国王李倧遣使来贡，复表请归其世子，并陈国中灾变困穷状。上不许，敕谕赐赉之。癸丑，乌朱穆秦济农闻上善养民，率贝勒等举国来附。丁未，追封扬古利为武勳王。庚寅，出猎打草滩。

十二月甲辰，叶克书、星讷率师征卦尔察。癸丑，征瓦尔喀诸将奏捷。戊午，蒿齐忒部贝勒博罗特、托尼洛率属来归。阿济格遣丹岱等败明兵於清河。

是岁，虎尔哈部托科罗氏、克益克勒氏、糯野勒氏，黑龙江索伦部博穆博果尔，黑龙江巴尔达齐，精格里河扈育布禄俱来朝。

三年春正月辛未，命贝子岳託仍为多罗贝勒，管领旗务。丁亥，以德穆图为户部承政。甲午，皇第九子生，是为世祖章皇帝。

二月丁酉，亲征喀尔喀，豫亲王多铎、武英郡王阿济格从，礼亲王代善、郑亲王济尔哈朗、睿亲王多尔衮、安平贝勒杜度居守。丁未，次喀尔占，外藩诸王贝勒等以师来会。喀尔喀闻之，遁去。上行猎达尔那洛湖西，驻跸。乙卯，次奎屯布喇克。庚申，明东江总兵沈志祥率石城岛将佐军民来降。壬戌，遣劳萨以书告明宣府守臣趣互市，且以岁币归我。

三月甲子朔，次博硕堆，命留守诸王筑辽阳城。甲戌，次义奚里。庚辰，至登努苏特而还。壬午，次上都河源，河西平地涌泉高五尺。

夏四月甲午朔，次布克图里，叶克书等征黑龙江告捷。乙未，至辽河。丁酉，次杜稜城，明山海关太监高起潛遣人诡议和。戊戌，次札哈纳里忒。己亥，次察木哈。庚子，次俄岳博洛。都尔鼻城工竣，改名屏城。辛丑，杜尔伯特部卦尔察札马枀等来朝贡。壬寅，至辽阳，阅新城。乙巳，上还盛京。叶克书、星讷征黑龙江师还。癸丑，命明降将沈志祥以其众居抚顺。甲寅，尼噶里等征虎尔哈师还。

五月癸酉，修盛京至辽河道路，以睿亲王多尔衮、饶馀贝勒阿巴泰董其役。乙亥，礼亲王代善属下人觉善有罪，郑亲王济尔哈朗等请诛之，议削代善爵。以细故不许，并贷觉善。

六月庚申，始设理藩院，专治蒙古诸部事。

秋七月壬戌朔，谕诸王大臣曰："自古建国，皆立制度，辨等威。今亲王、郡王、贝勒、贝子、公主、额驸名号等级，均有定制，乃皆不遵行，违弃成宪，诚何心耶？昔金太祖、太宗兄弟一心，克成大统。朕当创业之时，尔等顾不能同心体国恪守典常乎？"诸王皆引罪。丁卯，喀尔喀使臣达尔汉囊苏喇嘛归，谕之曰："朕以兵讨不庭，以德抚有众。天以蒙古诸部与朕，尔喀尔喀乃兴兵犯归化，甚非分也。尔不获已，有逃窜偷生耳。尔所能至，我军岂不能至？其速悔罪来归，否则不尔宥也。"壬申，达雅齐等往明张家口议岁币及互市。丁丑，谕礼部曰："凡有不遵定制变乱法纪者，王、贝勒、贝子议罚，官系三日，民枷责乃释之。出入坐起违式，及官阶名号已定而仍称旧名者，戒饬之。有效他国衣冠、束发裹足者，治重罪。"又谕大学士希福等曰："朕不尚虚文，惟务实政。今国家殷富，政在养民。凡新旧人内穷困无妻孥马匹者，或勇敢可充伍、以贫不能披甲者，许各陈诉，验实给与。"禁以阵获良家子女鬻为乐户者。丙戌，更定部院官制，专设满洲承政，以阿拜为吏部承政，英俄尔岱为户部承政，满达尔汉为礼部承政，宜荪为兵部承政，郎球为刑部承政，萨木什喀为工部承政，贝子博洛为理藩院承政，阿什达尔汉为都察院承政。命布颜为议政大臣。

八月甲午，礼部承政祝世昌以罪褫职，谪戍边外。丙申，吴拜、沙尔虎达连击败明兵於红山口、罗文峪，又败其密云兵，歼之。丁酉，地震。戊申，授中式举人罗硕等十名佐领品级，免四丁，一等至三等秀才授护军校品级，免二丁，各赐朝衣绸布有差，未入部者免一丁。庚戌，阿鲁阿霸垓部额齐格诺颜等、蒿齐忒部博洛特诺木齐等并来朝贡。癸丑，以睿亲王多尔衮为奉命大将军，统左翼兵，贝勒豪格、阿巴泰副之，贝勒岳託为扬武大将军，统右翼兵，贝勒杜度副之，分道伐明。谕之曰："主帅为众所瞻，自处以礼，而济之以和，则蒙古、朝鲜、汉人之来附者，自心悦而诚服。若计一己之功，而不恤国之名誉，非所望焉。"丁巳，岳託、杜度师行。己未，以巴图鲁准塔为蒙古都统。

九月癸亥，多尔衮、豪格、阿巴泰师行。壬申，上亲向山海关以挠明师。征孔有德、耿仲明、尚可喜兵。丁丑，定优免人丁例。丁亥，幸演武场，阅兵较射。

冬十月丁酉，岳託师自墙子岭入，遇明兵。明总兵官吴国俊败走。戊戌，多尔衮军入青山关。己亥，上统大军发盛京。甲辰，次浑河，科尔沁、喀喇沁各率兵来会。丙午，遣沙尔虎达等率师趣义州。己酉，命济尔哈朗、多铎各率师分趣前屯卫、宁远、锦州，上亲向义州。辛亥，索海率师围大凌河两岸十四屯堡。壬子，上次义州，遣孔有德、耿仲明、尚可喜、石廷柱、马光远以炮克其五台。乙卯，次锦州。丙辰，多铎克桑噶尔寨堡，杀其守将。孔有德等攻石家堡、戚家堡，并克之。戊午，孔有德等攻锦州西台，台中炮药自发，台坏，克之。

十一月己未朔，多铎将与济尔哈朗合师径中后所，会祖大寿往援北京，乘夜袭我师。庚申，多铎、济尔哈朗还至中后所。大寿惧，不敢出。石廷柱、马光远攻李云屯、柏士屯、郭家堡、开州、井家堡，俱克之。孔有德招降大福堡，又攻大台，克之。辛酉，大军入山海关。壬戌，上次连山。癸亥，攻五里河台，明守备李计友等率众降。丁卯，上至中后所，遇祖大寿收兵入城。使告之曰："别将军数载，甚思一见。至於去留，终不相强。将军与我角胜，为将之道应尔。朕不以此介意，亦愿将军勿疑。"戊辰，再遣使谕大寿，皆不答。己巳，济尔哈朗克摸龙关及五里堡屯台。庚午，班师。庚辰，次图尔根河，遣蒙古军各归其部。丙戌，上还京。丁亥，地震。

十二月戊戌，刑部承政郎球有罪解任，以都察院参政索海代之。

是岁，土默特部古禄格，杜尔伯特部卦尔察札马奈，席北部阿拜、阿闵，兀札喇部井瑙、马考、札奈、桑吉察，鄂尔多斯部额林臣济农，阿鲁阿霸垓部额齐格诺颜，蒿齐忒部博洛特诺木齐，黑龙江博穆博果尔、瓦代噶凌阿均来朝贡。

四年春正月乙丑，贝子硕託以罪降辅国公。甲戌，皇第三女固伦公主下嫁科尔沁额驸祁他特。己卯，封沈志祥为续顺公。蒙古喇克等自锦州来归。丁亥，苏尼特部台吉噶布褚等率部人来归。是月，明以洪承畴总督蓟、辽。

二月丁酉，命武英郡王阿济格率师征明。壬寅，上亲统大军继之。丙午，次翁启尔浑。阿济格遣使奏捷。蒙古奈曼等部率十三旗兵来会。庚戌，营松山。孔有德、耿仲明、尚可喜、石廷柱、马光远以炮击城外诸台，克之。遣塔布囊布颜率师防乌欣河口。壬子，上登松山南冈，授诸将方略。癸丑，列炮攻城，雉堞悉毁。明副将金国凤拒守不下。上命竖云梯急攻之。代善请俟明日，上从之。明人复完城堞，我军不得入。乙卯，命阿济格、尼堪、罗托等师围塔山、连山。

三月戊午朔，明军援杏山，我兵邀击之，斩五十人。己未，穿地道攻松山城。乙丑，命纳海等驰略杏山。石廷柱、马光远攻观民山台，降之。丙寅，多尔衮、杜度等疏报自北京至山西界，复至山东，攻济南府破之，蹂躏数千里，明兵望风披靡，克府一州三县五十七，总督宣、大卢象昇战死，擒德王朱由樞、郡王朱慈颓、奉国将军朱慈党、总督太监冯允昇等，俘获人口五十余万，他物称是。是役也，扬武大将军贝勒岳託、辅国公玛瞻卒於军。上闻震悼，辍饮食三日。乙亥，多尔衮、杜度又报自迁安县出青山关，遇明兵，二十四战皆胜。己卯，复攻松山城。明太监高起潜、总兵祖大寿自宁远遣副将祖克勇、徐昌永等率兵趋锦州。阿尔萨兰等击败之。上闻，驰赴锦州督师，斩徐昌永於阵，擒祖克勇。甲申，解松山围。乙酉，驻锦州。多尔衮等师还盛京。

夏四月戊子朔，阿济格略连山。壬辰，会於锦州。癸巳，渡大凌河驻跸。己亥，杜度等师还。辛丑，上还盛京，哭岳託而后入，辍朝三日。戊申，以库鲁克达尔汉阿赖、马喇希为蒙古都统。甲寅，以索浑、萨璧翰为议政大臣。丙辰，追封多罗贝勒岳託为多罗克勤郡王。

五月戊午，以贝子篇古有罪，削爵。己未，郑亲王济尔哈朗率兵略锦州、松山、杏山。辛酉，苏尼特台吉莽古斯、俄尔寨率众来归。丁卯，席特库、沙尔虎达等败明兵於锦州。辛未，济尔哈朗奏入明边，九战皆捷。丙子，济尔哈朗师还。庚辰，以镇国公艾度礼为都统。辛巳，召豫亲王多铎数其罪，宥之，惟坐其征明失利，及不亲送睿亲王出师，降多罗贝勒。

六月戊子，蒙古阿兰柴、桑噶尔寨等告岳託生前与其妻父琐诺木谋不轨。代善、济尔哈朗、多尔衮皆请穷治。上以岳託已死，不问，并贷琐诺木勿冶。庚寅，遣马福塔、巴哈纳册封朝鲜国王李倧妻赵氏为朝鲜王妃，其长子溰为世子。丙申，分汉军为四旗，以石廷柱、马光远、王世选、巴颜为都统，改纛色。辛亥，焚哈达、叶赫、乌喇、辉发前所受明敕书於笃恭殿。壬子，以伊尔登、噶尔马为议政大臣，星讷兼议政大臣。

秋七月丁巳，遣官赍书与明帝议和，并令朱由樞等各具疏进，许其议成释还。辛未，朝鲜国王李倧克熊岛，执加哈禅来献。乙亥，谕满、汉、蒙古有能冲锋陷阵先登拔城者，以马给之。

八月己丑，授宗室固山贝子、镇国公、辅国公、镇国将军、奉国将军等爵有差。甲午，命贝勒豪格管户部事，杜度管礼部事，多铎管兵部事，萨尔纠等率兵征库尔喀部。乙巳，归化城土默特诸章京以所得明岁币来献。

九月乙卯朔，以孙达理等八十三人从睿亲王入关有功，各授官有差，赐号巴图鲁。乙丑，都统杜雷有罪，褫职。己巳，复封贝勒豪格为和硕肃亲王。癸酉，阿济格、阿巴泰、杜度率兵略锦州、宁远。甲戌，封岳託子罗洛宏为多罗贝勒。丙子，以宗室赖慕布、杜沙为议政大臣，英俄尔岱为都统，马福塔为户部承政。

冬十月丙戌，豪格、多铎率兵复略锦州、宁远。庚寅，苏尼特部墨尔根台吉腾机思等率诸贝勒、阿霸垓部额齐格诺颜等各率部众，自喀尔喀来归。辛卯，出猎哈达。癸丑，以刘之源为都统，喀济海为议政大臣。

十一月甲寅朔，豪格疏报参领阿蓝泰率蒙古人来归，遇明兵於宁远北冈，击败之，斩明总兵金国凤。辛酉，遣索海、萨木什喀等征索伦部。丁卯，出猎叶赫。

十二月甲午，上还京。

是岁，黑龙江额纳布、墨音、额尔盆等，喀尔喀部土谢图、俄木布额尔德尼等，喀尔喀、苏尼特、乌朱穆秦、科尔沁、克西克腾、土默特诸部,遣使俱来朝贡。

五年春正月甲子,命朝鲜质子李溰归省父疾,仍令遣别子及溰子来质。遣翁阿岱、多济里等戍锦州。

闰正月癸未朔,令各旗都统分巡所属屯堡,察穷民,理冤狱。

二月丙辰,遣多济里以宁古塔兵三百往征兀札喇部。丁巳,户部承政马福塔卒,以车尔格代之,觉罗锡翰为工部承政。丙寅,朝鲜国王第三子淯来质。

三月丙戌,遣劳萨、吴拜等略广宁。己丑,劳萨、吴拜以逗遛议罚有差。萨木什喀等征虎尔哈部,克雅克萨城。己亥,命济尔哈朗、多铎筑义州城,驻兵屯田,进逼山海关。辛丑,户部参政硕詹征朝鲜水师粮米赴大凌、小凌二河。乙巳,索海、萨木什喀征索伦部奏捷。

夏四月壬子朔,罢元旦、万寿诸王贝勒献物。乙亥,索海、萨木什喀征索伦师还,上宴劳於实胜寺。庚长,上视师义州。

五月癸未,渡辽河。乙酉,硕詹以朝鲜水师至。癸巳,上至义州。丁酉,蒙古多罗特部人苏班代等自杏山遣人约降。上命济尔哈朗等率军迎之,戒曰:"此行勿领多人,敌见我兵少,必来拒战。我分兵为三,以前队拒战,后二队为援。"至杏山,祖大寿果遣刘周智、吴三桂列阵逼我。济尔哈朗等伪却,纵兵反击,大败之。戊戌,命劳萨、吴拜等略海边。索伦部三百三十七户续来降。壬寅,上率师攻克五里台。乙巳,以红衣炮攻锦州。丁未,刈其禾而还。庚戌,驾还京。

六月乙丑,多尔衮、豪格、杜度、阿巴泰、济尔哈朗等屯田义州。戊辰,朝鲜世子李溰至。先是,朝鲜遣总兵官林庆业等载米同我使洪尼喀等自大凌河运三山岛,遇风,覆没者半,与明兵战又失利,乃命陆輓至盖州、耀州,留其兵千五百人於海州。癸酉,多济里、喀柱征兀札喇部师还。遣朝鲜王次子李淏归省。

秋七月庚辰朔,叙征索伦功,索海等赏赉进秩有差。癸未,定征索伦违律罪,萨木什喀等黜罚有差。乙酉,多尔衮等奏克锦州十一台,请分兵为两翼屯驻。癸巳,明总督洪承畴以兵四万壁杏山,遣骑挑战,多尔衮等击败之。乙未,遣吴拜往助多尔衮军。丙午,席特库、济席哈等率师征索伦部。上幸安山温泉。己酉,多尔衮奏败明兵於锦州,杜度又败之宁远。

八月己未,遣希福等至张家口互市。乙亥,多尔衮奏败明兵於锦州,又败之大凌河。

九月乙酉,上还宫。丙戌,命济尔哈朗、阿济格、阿达礼、多铎、罗洛宏代围锦州、松山。辛卯,多尔衮奏败明兵於松山。癸卯,重修凤凰城。

冬十月壬戌,遣英俄尔岱等往朝鲜责罪。壬申,万寿节,大赦。

十一月戊寅朔,诏免朝鲜岁贡米十之九。乙酉,济尔哈朗奏败明兵於塔山、杏山及锦州城下。癸巳,阿敏卒於幽所。戊戌,朝鲜国王次子李淏来质。

十二月庚戌,命多尔衮、豪格、杜度、阿巴泰代围锦州。己未,遣朝鲜国王三子李淯归。席特库、济席哈征索伦部,擒博穆博果尔,俘九百余人。壬申,英俄尔岱等至自朝鲜,械系其尚书金声黑尼等四人以归。

是岁,喀尔喀部查萨克图遣使来朝贡。

六年春正月庚辰,朝鲜国王李倧上表谢罪。壬辰,席特库、济席哈等师还。癸巳,晋席特库为三等总兵官。甲午,皇四女固伦公主雅图下嫁科尔沁卓礼克图亲王吴克善子弼尔塔噶尔额驸。丁酉,二等副将劳萨有罪,革硕翁科罗巴图鲁号,降一等参将。

二月己未,以八旗佐领下人多贫乏,令户部察明奏闻。谕佐领毋沉缅失职。其有因饮酒失业者四十八人并解任。谕诸王大臣教子弟习射。丙寅,多尔衮等奏败明兵。

三月己卯,济尔哈朗等代围锦州。丁酉,降和硕睿亲王多尔衮、肃亲王豪格为多罗郡王,多罗贝勒阿巴泰、杜度以下罚银有差。是时,祖大寿为明守锦州,屡招之不应。上令诸王迭出困之。而多尔衮等驻营锦州三十里外,又时遣军士还家,故有是命。己亥,遣朝鲜总兵柳琳等率兵助济尔哈朗军。壬寅,济尔哈朗奏克锦州外城。初,我军环锦州而营,深沟高垒,绝明兵出入,城中大惧。蒙古贝勒诸木齐、台吉吴巴什等请降,且约献东关为内应。祖大寿觉之,谋执吴巴什等。於是诸蒙古大噪,与明兵搏战。我军自外应之,遂克其外城。大寿退保内城。甲辰,诸木齐、吴巴什等以蒙古六千余人来归,至盛京。

夏四月丁未,遣阿哈尼堪等率兵诣锦州助济尔哈朗军。济尔哈朗奏败明援兵於松山。庚戌,遣孔有德、尚可喜助围锦州。多尔衮等闻锦州蒙古降,请效力赎罪。不许。

五月丁丑,明总督洪承畴以兵六万援锦州,屯松山北岗。济尔哈朗等击走之,斩首二千级。丁亥,索伦部巴尔达齐降。己丑,遣希福等阅锦州屯营濠堑。壬寅,谕驻防归化城都统古禄格等增筑外城,建敌楼,浚深濠,以备守御。

六月丁未,命多尔衮、豪格代围锦州。辛酉,济尔哈朗、多尔衮等合军败明援兵於松山。丙寅,遣学士罗硕以祖泽润书招祖大寿。庚午,多尔衮等又奏败明援兵於松山。

秋七月戊寅,赐中式举人满洲鄂谟克图、蒙古杜当、汉人崔光前等朝衣各一袭,一二三等生员缎布有差。甲申,遣孔有德、耿仲明、尚可喜下副都统率兵助围锦州。乙酉,议围锦州功罪,亲王以下赏罚有差。

八月甲辰朔,叙克锦州外城诸将功,晋鳌拜、劳萨、伊尔登等秩,复劳萨硕翁科罗巴图鲁号。乙巳,我军与明合战,明阳和总兵杨国柱败死。祖大寿自锦州分所部为三,突围不得出。丁未,封乌朱穆秦部多尔济济农为和硕苏勒亲王,阿霸垓部多尔济额齐格诺颜为卓礼克图郡王。丁巳,上以明洪承畴、巡抚邱民仰等援锦州兵号十三万,壁松山,上亲率大军御之。济尔哈朗留守。诸王、贝勒、大臣以明兵势众,劝上缓行。上笑曰:"但恐彼闻朕至,潜师遁耳。若不去,朕破之如摧枯拉朽也。"遂疾驰而进。戊午,渡辽河。洪承畴以兵犯我右翼,豪格击败之。壬戌,上至戚家堡,将赴高桥,召多尔衮以兵来会。多尔衮请驻跸松、杏间。上从之，幸松山。明以一军驻乳峰山，由乳峰至松山，列步军七营，骑兵则环城东西北，壁垒甚坚。我师自乌欣河南山至海，横截大路而军。上谓诸将曰："敌众，食必不足，见我断其饷道，必无固志，设伏待之，全师可覆也。"癸亥，明兵来犯，击却之。又败之塔山，获其积粟十二屯。甲子，明兵再犯，又却之。时承畴以饷乏，欲就食宁远。上知其将遁，分路设伏，戒诸将严阵以待，扼其归宁远及奔塔山、锦州路。是夜，明吴三桂等六总兵果潜师先奔，昏黑中为我伏兵所截，大溃。惟曹变蛟、王廷臣返松山。乙丑，又克其四台。王朴、吴三桂奔杏山。曹变蛟弃乳峰山，乘夜袭上营，力战，变蛟中创走。己巳，吴三桂、王朴自杏山奔宁远，遇我伏兵，又大败之，三桂、朴仅以身免。是役也，斩首五万，获马七千，军资器械称是。承畴收败兵万余人入松山，婴城守，不能战。我军遂掘壕围之。是日，札鲁特部桑噶尔以兵至。

九月乙亥，科尔沁卓礼克图亲王吴克善以兵至。命多尔衮、豪格分兵还守盛京。戊寅，略宁远。乙酉，关雎宫宸妃疾。上将还京，留杜度、阿巴泰等围锦州，多铎、阿达礼等围松山，阿济格等围杏山。丙戌，驾还。庚寅，宸妃薨。辛卯，上还京。

冬十月癸卯朔，日有食之。甲辰，遣阿拜驻锦州南乳峰山。丁未，遣孔有德，耿仲明、尚可喜等助围锦州。己巳，追封宸妃为元妃，谥敏惠恭和。壬申，封苏尼特墨尔根台吉腾机思为多罗墨尔根郡王。

十一月乙亥，命多尔衮、罗託、屯齐驻锦州，豪格、满达海等驻松山。

十二月甲寅，济尔哈朗、多尔衮奏败洪承畴於松山。

七年春二月癸卯，上出猎叶赫。戊申，明德王朱由枢卒，以礼葬之。戊午，阿济格奏败明兵於宁远。辛酉，豪格、阿达礼、多铎、罗洛宏奏拔松山，擒明总督洪承畴，巡抚邱民仰，总兵王廷臣、曹变蛟、祖大乐，游击祖大名、大成等。先是，承畴援绝，屡突围不得出，其副将夏承德约降，且请为内应，以子夏舒为质。戊午夜半，豪格等梯城破之。捷闻，上以所俘获分赉官军，收军器贮松山城。壬戌，上还宫。

三月癸酉，杀邱民仰、王廷臣、曹变蛟。谕洪承畴、祖大乐来京，而纵大名、大成入锦州。己卯，克锦州，祖大寿以所部七千余人出降。乙酉，阿济格等奏明遣职方郎中马绍愉来乞和，出明帝敕兵部尚书陈新甲书为验。上曰："明之笔札多不实，且词意夸大，非有欲和之诚。然彼真伪不可知，而和好固朕夙愿。朕为百万生灵计，若事果成，各君其国，使民安业，则两国俱享太平之福。尔等以朕意传示之。"乙未，谕多尔衮、豪格驻杏山、塔山，济尔哈朗、阿济格、阿达礼等还京。

夏四月丁未，敕谕吴三桂等降。庚戌，大小二日并出，大者旋没。辛亥，济尔哈朗、多尔衮、豪格等奏克塔山。甲子，奏克杏山。毁松山、杏山、塔山三城。济尔哈朗等班师。以阿巴泰守锦州。

五月己巳朔，济尔哈朗等奏明遣马绍愉来议和，遣使迓之。癸酉，洪承畴、祖大寿等至，入见请死。上赦之，谕以尽忠报效，承畴等泣谢。上问承畴曰："明帝视宗室被俘，置若罔闻。阵亡将帅及穷蹙降我者，皆孥戮之。旧规乎？抑新例乎？"承畴对曰："昔无此例，近因文臣妄奏，故然。"上曰："君暗臣蔽，枉杀至此。夫将士被擒乞降，使其可赎，犹当赎之，奈何戮其妻子！"承畴曰："皇上真仁主也。"戊寅，禁善友邪教，诛党首李国梁等十六人。壬午，明使马绍愉等始至。

六月辛丑，都察院参政祖可法、张存仁言："明寇盗日起，兵力竭而仓廪虚，征调不前，势如瓦解。守辽将帅丧失八九，今不得已乞和，计必南迁。宜要其纳贡称臣，以黄河为界。"上不纳。以书报明帝曰："向屡致书修好，贵国不从，事属既往，其又何言。予承天眷，自东北海滨以讫西北，其间使犬、使鹿产狐产貂之地，暨厄鲁特部、斡难河源，皆我臣服，蒙古、朝鲜尽入版图，用是昭告天地，正位改元。迩者兵入尔境，克城陷阵，乘胜长驱，亦复何畏。余特惓惓为百万生灵计，若能各审祸福，诚心和好，自兹以往，尽释宿怨，尊卑之分，又奚较焉。古云：'情通则明，情蔽则暗。'使者往来，期以面见，情不壅蔽。吉凶大事，交相庆吊。岁各以地所产互为馈遗，两国逃亡亦互归之。以宁远双树堡为贵国界，塔山为我国界，而互市於连山适中之地。其自海中往来者，则以黄城岛之东西为界。越者各罪其下。贵国如用此言，两君或亲誓天地，或遣大臣莅盟，唯命之从。否则后勿复使矣。"遂厚赉明使臣及从者，遣之。后明议中变，和事竟不成。癸卯，谕诸王贝勒，凡行兵出猎，践田禾者罪之。甲辰，设汉军八旗，以祖泽润等八人为都统。以贝子罗託为都察院承政，吴达海为刑部承政，郎球为礼部承政。乙巳，多罗安平贝勒杜度卒。

秋七月庚午，谕诸王、贝勒、大臣曰："尔等於所属贤否，当已详悉。知而不举，何以示劝？太祖时，苏完札尔固齐费英东等见人有善，先自奖励，然后举之；见人不善，先自斥责，然后劾之。故人无矜色，无怨言。今未有若斯之公直者矣。"王贝勒等皆谢罪。辛未，承政索海以罪褫职。壬申，以纽黑为议政大臣。丙子，叙功，晋多罗睿郡王多尔衮、肃郡王豪格复为和硕亲王，多罗贝勒多铎为多罗郡王，郑亲王济尔哈朗以下赏赉有差。戊寅，遣辅国公博和託代戍锦州。乙酉，议济尔哈朗以下诸将征锦州违律罪。上念其久劳，悉宥之。谕刑部慎谳狱。己丑，命多罗郡王阿达礼管礼部事。

八月己亥，铸炮於锦州。癸卯，镇国将军巴布海有罪，废为庶人。癸丑，论克锦州、松山、杏山、塔山诸将功，晋秩有差。

九月，叙外藩诸王、贝勒、大臣从征锦州功，赏赉有差。丁丑，遣贝子罗託等代戍锦州。壬午，命沙尔虎达等征虎尔哈部。

冬十月癸卯，遣英俄尔岱等鞫朝鲜阁臣崔鸣吉等罪。辛亥，以阿巴泰为奉命大将军，与图尔格率师伐明。壬子，师行。丁巳，上不豫，赦殊死以下。己未，令多铎、阿达礼驻兵宁远。以敕谕吴三桂降。又命祖大寿以书招之。三桂，大寿甥也。甲子，命郑亲王济尔哈朗、睿亲王多尔衮、肃亲王豪格、武英郡王阿济格裁决庶政，其不能决者奏闻。

十一月丁丑，多铎奏击败吴三桂兵。丙申，阿巴泰奏自墙子岭入克长城，败明兵於蓟州。

闰十一月甲辰，上还京。已酉，沙尔虎达等降虎尔哈部一千四百余人。丙辰，遣巴布泰等更戍锦州。己未，以宗室韩岱为兵部承政。定围猎误射人马处分例。

十二月丁卯，上出猎叶赫。乙亥，遣金维城率师戍锦州。丁丑，驻跸开库尔。上不豫，诸王贝子请罢猎，不许。丙戌，月晕生三珥。丁亥，日晕生三珥。癸巳，上还京。

是岁，杜尔伯特部札萨克塞冷来朝。

八年春正月丙申朔，上不豫，命和硕亲王以下，副都统以上，诣堂子行礼。辛亥，沙尔虎达等师还，论功赏赉有差。甲寅，明宁远总兵吴三桂答祖大寿书，犹豫未决，於是复降敕谕之。乙卯，遣谭布等更戍锦州。辛酉，多罗贝勒罗洛宏以罪削爵。

二月乙丑朔，日有食之。甲戌，葬敏惠恭和元妃。庚寅，禁建寺庙。

三月丙申，敕朝鲜臣民毋与明通。丙午，地震，自西隅至东南有声。庚戌，上不豫，赦死罪以下。遣阿尔津等征黑龙江虎尔哈部，叶臣等更戍锦州。辛酉，更定六部处分例。

夏四月癸酉，遣金维城等更戍锦州。甲戌，多铎请暂息军兴，辍工作，务农业，以足民用。

五月丙申，复封罗洛宏为多罗贝勒。先是，图白忒部达赖喇嘛遣使修聘问礼，留京八月，至是，遣还，并赉其来使。庚子，努山败明兵界岭口。癸卯，阿巴泰奏我军入明，克河间、顺德、兖州三府、州十八、县六十七，降州一、县五，与明大小三十九战，杀鲁王朱衣珮及乐陵、阳信、东原、安丘、滋阳五郡王，暨宗室文武凡千余员，俘获人民、牲畜、金币以数十万计，籍数以闻。丁巳，阿尔津征虎尔哈奏捷。

六月癸酉，多罗饶余贝勒阿巴泰师还，郑亲王济尔哈朗、睿亲王多尔衮、武英郡王阿济格郊迎之。甲戌，赐阿巴泰及从征将士银缎有差。己卯，谕诸王贝勒曰："治生者务在节用，治国者重在土地人民。尔等勿专事俘获以私其亲。其各勤农桑以敦本计。"艾度礼代戍锦州。丁亥，朝鲜国王李倧请戍锦州兵岁一更。庚寅，谕户、兵二部清察蒙古人丁，编入佐领，俱令披甲。

秋七月戊戌，阿尔津等师还，论功赏赉有差。谕诸王勿以黄金饰鞍勒。定诸王、贝勒、贝子、公第宅制。壬寅，定诸王贝勒失误朝会处分例。丙辰，定外藩王、贝勒、贝子、公等与诸王、贝勒、贝子、公相见礼。丁巳，以征明大捷，宣谕朝鲜。辛酉，命满达海掌都察院事。

八月丙寅，贝子罗託有罪论辟，免死，幽之。戊辰，以宗室巩阿岱为吏部承政，郎球为礼部承政，星讷为工部承政。庚午，上御崇政殿。是夕，亥时，无疾崩，年五十有二，在位十七年。九月壬子，葬昭陵。冬十月丁卯，上尊谥曰应天兴国弘德彰武宽温仁圣睿孝文皇帝，庙号太宗，累上尊谥曰应天兴国弘德彰武宽温仁圣睿孝敬敏昭定隆道显功文皇帝。

论曰：太宗允文允武，内修政事，外勤讨伐，用兵如神，所向有功。虽大勋未集，而世祖即位期年，中外即归於统一，盖帝之诒谋远矣。明政不纲，盗贼凭陵，帝固知明之可取，然不欲亟战以剿民命，七致书於明之将帅，屈意请和。明人不量强弱，自亡其国，无足论者。然帝交邻之道，实与汤事葛、文王事昆夷无以异。呜呼，圣矣哉！

卷四　　本纪四

世祖本纪一

世祖体天隆运定统建极英睿钦文显武大德弘功至仁纯孝章皇帝，讳福临，太宗第九子。母孝庄文皇后方娠，红光绕身，盘旋如龙形。诞之前夕，梦神人抱子纳后怀曰："此统一天下之主也。"寤，以语太宗。太宗喜甚，曰："奇祥也，生子必建大业。"翌日上生，红光烛宫中，香气经日不散。上生有异禀，顶发耸起，龙章凤姿，神智天授。

八年秋八月庚午，太宗崩，储嗣未定。和硕礼亲王代善会诸王、贝勒、贝子、文武群臣定议，奉上嗣大位，誓告天地，以和硕郑亲王济尔哈朗、和硕睿亲王多尔衮辅政。丙子，阿济格尼堪等率师防锦州。丁丑，多罗郡王阿达礼、固山贝子硕託谋立和硕睿亲王多尔衮。礼亲王代善与多尔衮发其谋。阿达礼、硕託伏诛。乙酉，诸王、贝勒、贝子、群臣以上嗣位期祭告太宗。丙戌，以即位期祭告郊庙。丁亥，上即皇帝位於笃恭殿。诏以明年为顺治元年，肆赦常所不原者。颁哀诏於朝鲜、蒙古。

九月辛丑，地震，自西北而南有声。壬寅，济尔哈朗、阿济格征明，攻宁远卫。丙午，颁即位诏於朝鲜、蒙古。以太宗遗诏减朝鲜岁贡。辛亥，昭陵成。乙卯，大军攻明中后所，丁巳拔之。庚申，攻前屯卫。

冬十月辛酉朔，克之。阿济格尼堪等率师至中前所，明总兵官黄色弃城遁。丁丑，济尔哈朗、阿济格师还。壬午，篇古、博和托、伊拜、杜雷代戍锦州。

十二月壬戌，明守备孙友白自宁远来降。辛未，朝鲜来贺即位。乙亥，罢诸王、贝勒、贝子管部院事。鄂罗塞臣、巴都礼率师征黑龙江。壬午，谭泰、准塔代戍锦州。

是岁，朝鲜暨土默特部章京古禄格，库尔喀部赖达库及炎楮库牙喇氏二十六户，索伦部章京崇内，喀尔喀部土谢图汗、马哈撒嘛谛塞臣汗、查萨克图汗，图白忒部甸齐喇嘛俱来贡。

顺治元年春正月庚寅朔，御殿受贺，命礼亲王代善勿拜。甲午，沙尔虎达率师征库尔喀。己亥，来达哈巴图鲁等代戍锦州。郑亲王济尔哈朗谕部院各官，凡白事先启睿亲王，而自居其次。

二月辛巳，艾度礼戍锦州。戊子，祔葬太妃博尔济锦氏於福陵，改葬妃富察氏於陵外。富察氏，太祖时以罪赐死者。

三月丙申，地震。戊戌，复震。甲寅，大学士希福等进删译《辽、金、元史》。是月，流贼李自成陷燕京，明帝自经。自成僭称帝，国号大顺，改元永昌。

夏四月戊午朔，固山额真何洛会等讦告肃亲王豪格悖妄罪，废豪格为庶人，其党俄莫克图等皆论死。己未，晋封多罗饶馀贝勒阿巴泰为多罗饶馀郡王。辛酉，大学士范文程启睿亲王入定中原。甲子，以大军南伐祭告太祖、太宗。乙丑，上御笃恭殿，命和硕睿亲王多尔衮为奉命大将军，赐敕印便宜行事，并赐王及从征诸王、贝勒、贝子等服物有差。丙寅，师行。壬申，睿亲王多尔衮师次翁后，明山海关守将吴三桂遣使致书，乞师讨贼。丁丑，师次连山，三桂复致书告急，大军疾驰赴之。戊寅，李自成率众围山海关，我军逆击之，败贼将唐通於一片石。己卯，师至山海关，三桂开关出迎，大军入关。自成率众二十余万，自北山横亘至海，严阵以待。是日，大风，尘沙蔽天。睿亲王多尔衮命击贼阵尾，以三桂居右翼，大呼薄之。风旋定，贼兵大溃，追奔四十余里，自成遁还燕京。封三桂为平西王，以马步军一万隶之，直趋燕京。誓诸将勿杀不辜，掠财物，焚庐舍，不如约者罪之。谕官民以取残不杀之意，民大悦，窜匿山谷者争还乡里迎降。大军所过州县及沿边将吏皆开门款附。乙酉，自成弃燕京西走，我军疾追之。

五月戊子朔，以捷书宣示朝鲜、蒙古。己丑，大军抵燕京，故明文武诸臣士庶郊迎五里外。睿亲王多尔衮入居武英殿。令诸将士乘城，断养人等毋入民家，百姓安堵如故。庚寅，令兵部传檄直省郡县，归顺者官吏进秩，军民免迁徙，文武大吏籍户口钱粮兵马亲赍至京，观望者讨之。故明诸王来归者，不夺其爵。在京职官及避贼隐匿者，各以名闻录用，卒伍欲归农者听之。辛卯，令官吏军民为明帝发丧，三日后服除，礼部太常寺具帝礼以葬。壬辰，俄罗塞臣、巴都礼、沙尔虎达等征黑龙江师还。故明山海关总兵官高第来降。癸巳，令故明内阁、部院诸臣以原官同满洲官一体办理。乙未，阿济格等追击李自成於庆都，败之。谭泰、准塔等追至真定，又破走之。燕京迤北各城及天津、真定诸郡县皆降。辛丑，征故明大学士冯铨至京。己酉，葬故明庄烈帝后周氏、妃袁氏，熹宗后张氏，神宗妃刘氏，并如制。

六月丁巳朔，令洪承畴仍以兵部尚书同内院官佐理机务。己未，以骆养性为天津总督。庚申，遣户部右侍郎王鳌永招抚山东、河南。壬戌，故明大同总兵官姜瓖斩贼首柯天相等，以大同来降。丙寅，遣巴哈纳、石廷柱率师定山东。免京城官用庐舍赋税三年，与同居者一年，大军所过州县田亩税之半，河北府州县三之一。丁卯，睿亲王多尔衮及诸王、贝勒、贝子、大臣定议建都燕京，遣辅国公屯齐喀、和託、固山额真何洛会奉迎车驾。庚午，遣固山额真叶臣率师定山西。甲戌，胡明三边总督李化熙降。壬午，上遣使劳军。癸未，艾度礼有罪，伏诛。甲申，迁故明太祖神主於历代帝王庙。乙酉，铸各官印兼用国书。

秋七月丁亥，考定历法，为时宪历。戊子，巴哈纳、石廷柱会叶臣军定山西。壬辰，以吴孳昌为宣大山西总督，方大猷为山东巡抚。癸巳，以迁都祭告上帝、陵庙。丁酉，故明德王朱由檕降。时故明福王朱由崧即位江南，改元弘光，以史可法为大学士，驻扬州督师，总兵刘泽清、刘良佐、黄得功、高傑分守江北。己亥，山东巡按朱朗镃启新补官吏仍以纱帽圆领临民莅事。睿亲王多尔衮谕："军事方殷，衣冠礼乐未遑制定。近简各官，姑依明式。"庚子，设故明长陵以下十四陵官吏。辛丑，免盛京满、汉额输粮草布疋。壬寅，大赦，除正额外一切加派。癸卯，罢内监征收涿州、宝坻皇庄税粮。甲辰，以杨方兴为河南总督，马国柱为山西巡抚，陈锦为登莱巡抚。免山东税，如河北例。壬子，睿亲王以书致史可法，劝其主削号归藩。可法答书不屈。以王文奎为保定巡抚，罗绣锦为河南巡抚。裁六部蒙古侍郎。癸丑，雨雹。是月，建乾清宫。

八月丙辰朔，日有食之。丁巳，以何洛会为盛京总管，尼堪、硕詹统左右翼，镇守盛京。辛酉，大学士希福有罪，免。癸亥，行总甲法。戊辰，免景州、河间、阜城、青县本年额赋。己巳，定在京文武官薪俸。乙亥，车驾发盛京。庚辰，次苏尔济，察哈尔固伦公主及蒙古王贝勒等朝行在。壬午，征故明大学士谢陞入内院办事。癸未，次广宁，给故明十三陵陵户祭田，禁樵牧。

九月甲午，车驾入山海关。丁酉，次永平。始严稽察逃人之令。己亥，建堂子於燕京。庚子，贼将唐通杀李自成亲族乞降。辛丑，遣和託、李率泰、额孟格等率师定山东、河南。癸卯，车驾至通州。睿亲王多尔衮率诸王、贝勒、贝子、文武群臣朝上於行殿。甲辰，上自正阳门入宫。己酉，太白昼见。庚戌，初定郊庙乐章。睿亲王多尔衮率诸王及满、汉官上表劝进。故明福王遣其臣左懋第、马绍愉、陈洪范赍白金十余万两、黄金千两、币万匹求成。壬子，奉安太祖武皇帝、孝慈武皇后、太宗文皇帝神主於太庙。

冬十月乙卯朔，上亲诣南郊告祭天地，即皇帝位，遣官告祭太庙、社稷。初颁时宪历。丙辰，以孔子六十五代孙允植袭封衍圣公，其《五经》博士等官袭封如故。丁巳，以睿亲王多尔衮功最高，命礼部建碑纪绩。辛酉，上太宗尊谥，告祭郊庙社稷。壬戌，流贼余党赵应元伪降，入青州，杀招抚侍郎王鳌永，和託等讨斩之。甲子，上御皇极门，颁诏天下，大赦。诏曰："我国家受天眷佑，肇造东土。列祖创兴宏业，皇考式廓前猷，遂举旧邦，诞膺新命。迨朕嗣服，越在冲龄，敬念绍庭，永绥厥位。顷缘贼氛洊炽，极祸中原，是用倚任亲贤，救民涂炭。方驰金鼓，旋奏澄清，用解倒悬，非富天下。而王公列辟文武群臣暨军民耆老合词劝进，恳请再三。乃以今年十月乙卯朔，祗告天地宗庙社稷，定鼎燕京，仍建有天下之号曰大清，纪元顺治。缅维峻命不易，创业尤艰。况当改革之初，爰沛维新之泽。亲王佐命开国，济世安民，有大勋劳，宜加殊礼。郡王子孙弟侄应得封爵，所司损益前典以闻。满洲开国诸臣，运筹帷幄，决胜庙堂，汗马著勋，开疆拓土，应加公、侯、伯世爵，锡以诰券。大军入关以来，文武官绅，倡先慕义，杀贼归降，亦予通行察叙。自顺治元年五月朔昧爽以前，官吏军民罪犯，非叛逆十恶死在不赦者，罪无大小，咸赦除之。官吏贪贿枉法,剥削小民,犯在五月朔以后,不在此例。地亩钱粮,悉照前明《会计录》,自顺治元年五月朔起,如额征解。凡加派辽饷、新饷、练饷、召买等项,俱行蠲免。大军经过地方,仍免正粮一半,归顺州县非经过者,免本年三分之一。直省起存拖欠本折钱粮,如金花、夏税、秋粮、马草、人丁、盐钞、民屯、牧地、灶课、富户、门摊、商税、鱼课、马价、柴直、枣株、钞贯、果品及内供颜料、蜡、茶、芝麻、棉花、绢、布、丝绵等项,念小民困苦已极,自顺治元年五月朔以前,凡属逋征,概予豁除。兵民散居京城,实不获已,其东中西三城已迁徙者,准免租赋三年;南北二城虽未迁徙,亦免一年。丁银原有定额,年来生齿凋耗,版籍日削,孤贫老弱,尽苦追呼,有司查核,老幼废疾,并与豁免。军民年七十以上者,许一丁侍养,免其徭役;八十以上者,给与绢绵米肉;有德行著闻者,给与冠带;鳏寡孤独、废疾不能自存者,官与给养。孝子顺孙义夫节妇,有司谘访以闻。故明建言罢谪诸臣及山林隐逸怀才抱德堪为世用者,抚按荐举,来京擢用。文武制科,仍於辰戌丑未年举行会试,子午卯酉年举行乡试。前明宗室首倡投诚者,仍予禄养。明国诸陵,春秋致祭,仍用守陵员户。帝王陵寝及名臣贤士坟墓毁者修之,仍禁樵牧。京、外文武职官应得封诰荫叙,一体颁给。北直、河南、山东节裁银,山西太原、平阳二府新裁银,前明已经免解,其二府旧裁银,与各府新旧节裁银两,又会同馆马站、驴站馆夫及递运所车站夫价等银,又直省额解工部四司料银、匠价银、砖料银、綠蔴银、车价银、苇夫银、苇课银、渔课银、野味银、翎毛银、活鹿银、大鹿银、小鹿银、羊皮银、弓箭撒袋折银、扣剩水脚银、牛角牛筋银、鹅翎银、天鹅银、民夫银、桩草子粒银、状元袍服银、衣粮银、砍柴夫银、搬运木柴银、抬柴夫银、芦课等折色银,盔甲、腰刀、弓箭、弦条、胖袄、裤、鞋、狐麂兔狸皮、山羊毛课、铁、黄栌、榔、桑、胭脂、花梨、南枣、紫榆、杉条等木、椴木、桐木、板枋、冰窨物料、芦席、蒲草、榜纸、瓷罈、槐花、乌梅、栀子、笔管、芒帚、竹扫帚、席草、粗细铜丝、铁线、镀白铜丝、铁条、碌子、青花棉、松香、光叶书籍纸、严漆、罩漆、桐油、毛、笙、紫、水斑等竹、实心竹、棕毛、白圆藤、翠毛、石磨、川二硃、生漆、沙叶、广胶、焰硝、螺壳等本色钱粮,自顺治元年五月朔以前逋欠在民,尽予蠲免,以苏民困。后照现行事例,分别蠲除。京师行商车户等役,每遇佥役,顿至流离,嗣后永行豁除。运司盐法,递年增加,有新饷、练饷杂项加派等银,深为厉商,尽行豁免,本年仍免额引三分之一。关津抽税,非欲困商,准免一年,明末所增,并行豁免。直省州县零星税目,概行严禁。曾经兵灾地方应纳钱粮,已经前明全免者,仍与全免,不在免半、免一之例。直省报解屯田司助工银两,亦出加派,准予豁除。直省领解钱粮被贼劫失,在顺治元年五月朔以前,一并豁免。山、陕军民被流寇要挟,悔过自新,概从赦宥,胁从自首者前罪勿论。巡按以访拿为名,听信衙蠹,诬罚良民,最为弊政,今后悉行禁革。势家土豪,重利放债,致民倾家荡产,深可痛恨,今后有司勿许追比。越诉诬告,败俗伤财,大赦以后,户婚小事,俱就有司归结,如有讼师诱陷愚民入京越诉者,加等反坐。赎锾之设,劝人自新,追比伤生,转为民害,今后并行禁止,不能纳者,速予免追。惟尔万方,与朕一德。播告遐迩,咸使闻知。"加封和硕睿亲王多尔衮为叔父摄政王。乙丑,以雷兴为天津巡抚。丁卯,加封和硕郑亲王济尔哈朗为信义辅政叔王,复封豪格为和硕肃亲王,进封多罗武英郡王阿济格为和硕英亲王,多罗豫郡王多铎为和硕豫亲王,贝勒罗洛宏为多罗衍禧郡王,封硕塞为多罗承泽郡王。叶臣等克太原。故明副将刘大受自江南来降。辛未,封贝子尼堪、博洛为多罗贝勒,辅国公满达海、吞齐、博和託、吞齐喀、和託、尚善为固山贝子。定诸王、贝勒、贝子岁俸。癸酉,以英亲王阿济格为靖远大将军,率师西讨李自成。戊寅,定摄政王冠服宫室之制。己卯,以豫亲王多铎为定国大将军,率师征江南。檄谕故明南方诸臣,数其不能灭贼复仇,拥众扰民,自生反侧,及无明帝遗诏擅立福王三罪。

十一月乙酉朔,设满洲司业、助教,官员子孙有欲习国书、汉书者,并入国子监读书。故明福王使臣陈洪范南还,中途密启请留左懋第、马绍愉,自欲率兵归顺,招徕南中诸将。许之。壬辰,石廷柱、巴哈纳、席特库等败贼於平阳,山西悉平。庚子,封唐通为定西侯。甲辰,罢故明定陵守者,其十二陵仍设太监二名,量给岁时祭品。丁未,祀天於圜丘。庚戌,封勒克德浑为多罗贝勒。遣朝鲜质子李溰归国,并制减其岁贡。

十二月丁巳,出故明府库财物,赏八旗将士及蒙古官员。叶臣等大军平直隶、河南、山西府九、州二十七、县一百四十一。丁卯,以太宗第六女固伦公主下嫁固山额真阿山子夸扎。戊辰,多铎军至孟津,贼将黄士欣等遁走,滨河十五寨堡望风纳款,睢州贼将许定国来降。己巳,多铎军至陕州,败贼将张有曾於灵宝。丁丑,谕户部清查无主荒地给八旗军士。己卯,遣何洛会等祭福陵,巩阿岱等祭昭陵,告武成。辛巳,有刘姓者自称明太子,内监杨玉引入故明嘉定侯周奎宅,奎以闻。故明宫人及东宫旧僚辨视皆不识。下法司勘问,杨玉及附会之内监常进节、指挥李时荫等十五人皆弃市。仍谕中外,有以故明太子来告者给赏,太子仍加恩养。

是岁,朝鲜暨虎什喀里等八姓部,鄂尔多斯部济农,索伦部章京敖尔拖木尔,归化城土默特部古禄格,喀尔喀部塞臣绰尔济、古伦地瓦胡土克图、馀古折尔喇嘛、土谢图汗,苏尼特部腾机思阿喇海,乌朱穆秦部台吉满瞻俱来贡。

二年春正月戊子,图赖等破李自成於潼关,贼倚山为阵,图赖率骑兵百人掩击,多所斩获。至是,自成亲率马步兵迎战,又数败之,贼众奔溃。己未,大军围潼关,贼筑重壕,坚壁以守。穆成格、俄罗塞臣先登,诸军继进,复大败之。自成遁走西安。丙申,阿济格、尼堪等率师抵潼关,贼将马世尧降,旋以反侧斩之。丁酉,命多罗饶馀郡王阿巴泰为总统,固山额真准塔为左翼,梅勒章京谭泰为右翼,代豪格征山东。庚子,以太宗第七女固伦公主下嫁内大臣鄂齐尔桑子喇玛思。河南孟县河清二日。壬寅,多铎师至西安,自成奔商州。癸卯,大学士谢陞卒。乙巳,真定、大名、顺德、广平山贼悉平。丙午，命房山县岁以太牢祭金太祖、世宗陵。丁未，免山西今年额赋之半。更国子监孔子神位为大成至圣文宣先师孔子。庚戌，禁包衣大等私收投充汉人，冒占田宅，违者论死。壬子，免济源、武陟、孟、温四县今年额赋及磁、安阳等九州县之半。癸丑，免修边民壮八千余人。

二月丙辰，阿巴泰败贼於徐州。己未，修律例。以李鉴为宣大总督，冯圣兆为宣府巡抚。降将许定国袭杀明兴平伯高傑於睢州。辛酉，谕豫亲王多铎移师定江南，英亲王阿济格讨流寇余党。丙寅，禁管庄拨什库毁民坟茔。己巳，以祁充格为内弘文院大学士。庚午，阿济格剿陕西余寇，克四城，降三十八城。丁丑，多铎师至河南，贼将刘忠降。

三月甲申朔，始祀辽太祖、金太祖、世宗、元太祖、明太祖於历代帝王庙，以其臣耶律曷鲁、完颜粘没罕、斡离不、木华黎、伯颜、徐达、刘基从祀。庚寅，多铎师出虎牢关，分遣固山额真拜伊图等出龙门关，兵部尚书韩岱、梅勒章京宜尔德、侍郎尼堪等由南阳合军归德，所过迎降，河南悉平。辛卯，免山东荒赋。庚子，故明大学士李建泰来降。乙巳，遣八旗官军番戍济宁。丙午，朝鲜国王次子李淏归。己酉，免蓟州元年额赋。壬子，太行诸贼悉平。

夏四月丙辰，遣汉军八旗官各一员驻防盛京。辛酉，以王文奎为陕西总督，焦安民为宁夏巡抚，黄图安为甘肃巡抚，故明尚书张忻为天津巡抚，郝晋为保定巡抚，雷兴为陕西巡抚。甲子，葬故明殉难太监王承恩於明帝陵侧，给祭田，建碑。己丑，多铎师至泗州。阿山等取泗北淮河桥，明守将焚桥遁，我军遂夜渡淮。丁卯，谕曰："流贼李自成杀君虐民，神人共愤。朕诞膺天命，抚定中华，尚复窃据秦川，抗阻声教。爰命和硕豫亲王移南伐之众，直捣崤、函，和硕英亲王秉西征之师，济自绥德，旬月之间，全秦底定。悯兹黎庶，咸与维新，其为贼所胁误者，悉赦除之，并蠲一切逋赋。大军所过，免今年额赋之半，余免三之一。"庚午，豫亲王多铎师至扬州，谕故明阁部史可法、翰林学士卫胤文等降。不从。甲戌，以孟乔芳为陕西三边总督。以太宗第八女固伦公主下嫁科尔沁土谢图亲王巴达礼子巴雅斯护朗。丁丑，拜尹图、图赖、阿山等克扬州，故明阁部史可法不屈，杀之。辛巳，初行武乡试。

五月壬午朔，河道总督杨方兴进瑞麦。上曰："岁丰民乐，即是祯祥，不在瑞麦。当惠养元元，益加抚辑。"癸未，以旱谕刑部虑囚。命内三院大学士冯铨、洪承畴、李建泰、范文程、刚林、祁充格等纂修《明史》。丙戌，多铎师至扬子江，故明镇海伯郑鸿逵等以舟师分守瓜洲、仪真，我军在江北，拜尹图、图赖、阿山率舟师自运河潜济，梅勒章京李率泰乘夜登岸，黎明，我军以次毕渡，敌众咸溃。丁亥，以王志正为延绥巡抚。免高密元年额赋。赐诸王以下及百官冰，著为令。己丑，宣府妖民刘伯泗谋乱伏诛。庚寅，以王文奎为淮扬总督，赵福星为凤阳巡抚。丙申，多铎师至南京，故明福王朱由崧及大学士马士英遁走太平，忻城伯赵之龙、大学士王铎、礼部尚书钱谦益等三十一人以城迎降。兴平伯高杰子元照、广昌伯刘良佐等二十三人率马步兵二十三万余人先后来降。丁酉，以郝晋为保定巡抚。免平度、寿光等六州县元年额赋。戊戌，命满洲子弟就学，十日一赴监考课，春秋五日一演射。故明中书张朝聘输木千章助建宫殿，自请议叙。谕以用官惟贤，无因输纳授官之理，令所司给直。庚子，免章丘、济阳京班匠价，并令直省除匠籍为民。甲辰，定叔父摄政王仪注，凡文移皆曰皇叔父摄政王。乙巳，免皇后租，并崇文门米麦税。庚戌，宣平定江南捷音，乾清宫成，复建太和殿、中和殿、位育宫。

六月癸丑，免兴济县元年额赋。甲寅，免近畿圈地今年额赋三之二。乙卯，以丁文盛为山东巡抚。丙辰，谕南中文武军民薙发，不从者治以军法。是月，始谕直省限旬日薙发如律令。辛酉，豫亲王多铎遣军追故明福王朱由崧於芜湖。明靖国公黄得功逆战，图赖大败之，得功中流矢死。总兵官田雄、马得功执福王及其妃来献，诸将皆降。免永宁等四县元年荒赋。丙寅，申薙发之令。免深、衡水等七州县元年荒赋。丁卯，陕西妖贼胡守龙倡乱，孟乔芳讨平之。戊辰，皇太妃薨。辛未，何洛会率师驻防西安。命江南於十月行乡试。己卯，诏曰："本朝立国东陲，历有年所，幅员既广，无意并兼。昔之疆埸用兵，本冀言归和好。不幸寇凶极祸，明祚永终，用是整旅入关，代明雪愤。犹以贼渠未殄，不遑启居，爰命二王，誓师西讨。而南中乘衅立君，妄窃尊号，亟行乱政，重虐人民。朕夙夜祗惧，思拯穷黎，西贼既摧，乃事南伐。兵无血刃，循汴抵淮。甫克维扬，遂平江左。金陵士女，昭我天休。既俘福藩，南服略定，特弘大赉，嘉与维新。其河南、江北、江南官民诖误，咸赦除之。所有横征逋赋，悉与蠲免。大军所过，免今年额赋之半，余免三之一。"

闰六月甲申，阿济格败李自成於邓州，穷追至九江，凡十三战，皆大败之。自成窜九宫山，自缢死，贼党悉平。故明宁南侯左良玉子梦庚、总督袁继咸等率马步兵十三万、船四万自东流来降。丙戌，定群臣公以下及生员耆老顶戴品式。己丑，河决王家园。庚寅，诏阿济格等班师。辛卯，改江南民解漕、白二粮官兑官解。壬辰，谕曰："明季台谏诸臣，窃名贪利，树党相攻，眩惑主心，驯致丧乱。今天下初定，百事更始，诸臣宜公忠体国，各尽职业，毋蹈前辙，自贻颠越。"定满洲文武官品级。癸巳，命大学士洪承畴招抚江南各省。甲午，定诸王、贝勒、贝子、宗室公顶戴式。乙未，除割脚筋刑。癸卯，命吴惟华招抚广东，孙之獬招抚江西，黄熙允招抚福建，江禹绪招抚湖广，丁之龙招抚云、贵。多铎遣贝勒博洛及拜尹图、阿山率师趣杭州，故明潞王出降，淮王自绍兴来降。嘉兴、湖州、严州、宁波诸郡悉平。分遣总兵官吴胜兆克庐州、和州。乙巳，改南京为江南省，应天府为江宁府。命陕西於十月行乡试。

秋七月庚戌朔，享太庙。壬子，命贝勒勒克德浑为平南大将军，同固山额真叶臣等往江南代多铎。设明太祖陵守陵太监四人，祀田二千亩。癸丑，故明东平侯刘泽清率所部降。乙卯，以刘应宾为安庐巡抚，土国宝为江宁巡抚。丙辰，命谢弘仪招抚广西。戊午，禁中外军民衣冠不遵国制。己未，以何鸣銮为湖广巡抚，高斗光为偏沅巡抚，潘士良抚治郧阳。甲子，上太祖武皇帝、孝慈武皇后、太宗文皇帝玉册玉宝於太庙。乙丑，免西安、延安本年额赋之半，余免三之一。戊辰，西平贼首刘洪起伏诛，汝宁州县悉平。河决兖西新筑月堤。己巳，诏自今内外章奏由通政司封进。丁丑，以陈锦提督操江，兼管巡抚。故明总漕田仰陷通州、如皋、海门，凤阳巡抚赵福星、梅勒章京谭布等讨平之。己卯，以杨声远为登莱巡抚。

八月辛巳，免霸、顺义等八州县灾赋。乙酉，免彰德、卫辉、怀庆、河南各府荒赋。己丑，英亲王阿济格师还，赐从征外藩王、台吉、将佐金帛有差。癸巳，免真定、顺德、广平、大名灾额赋。丙午，降将金声桓讨故明益王，获其从官王养正等诛之，并获钟祥王朱孳礐等九人。丁未，以英亲王阿济格出师有罪，降郡王，谭泰削公爵，降昂邦章京，鳌拜等议罚有差。

九月庚戌，故明鲁王将方国安、王之仁犯杭州，张存仁击走之。癸丑，命镇国公傅勒赫、辅国公札喀纳等率师协防江西。丁巳，故明怀安王来降。辛酉，故明新昌王据云台山，攻陷兴化，准塔讨斩之。甲子，以河间、滦州、遵化荒地给八旗耕种，故明勋戚内监余地并分给之。庚午，田仰寇福山，土国宝击败之。丁丑，江西南昌十一府平。

冬十月癸未，以马国柱为宣大总督。戊子，故明翰林金声受唐王敕起兵於徽州，众十余万。洪承畴遣提督张天禄连破之於绩溪，获金声，不屈，杀之。是时，故明唐王朱聿钊据福建，鲁王朱彝垓据浙江，马士英等兵渡钱塘结营拒命。庚寅，免宝坻县荒赋。壬辰，免太原等府州灾赋。癸巳，豫亲王多铎师还，上幸南苑迎劳之。丙申，以苗胙土为南赣巡抚。乙巳，以太宗次女固伦公主下嫁察哈尔汗子阿布鼐。丙午，以申朝纪为山西巡抚，李翔凤为江西巡抚，萧起元为浙江巡抚。戊申，加封和硕豫亲王多铎为和硕德豫亲王，赐从征王、贝勒、贝子、公及外藩台吉、章京金币有差。命孔有德、耿仲明还盛京。

十一月壬子，以张存仁为浙闽总督，罗绣锦为湖广四川总督。癸丑，故明大学士王应熊、四川巡抚龙文光请降。甲寅，以吴景道为河南巡抚，命巴山、康喀赖为左右翼，同洪承畴驻防江宁，朱玛喇驻防杭州，贝勒勒克德浑率巩阿岱、叶臣讨湖广流贼二只虎等。己未，朝鲜国王李倧请立次子淏为世子，许之。丁卯，朱玛喇败马士英於余杭，和託败方国安於富阳。士英、国安复窥杭州，梅勒章京济席哈等击走之。戊辰，以何洛会为定西大将军，遣巴颜、李国翰帅师会之，讨四川流贼张献忠。戊寅，以陈之龙为凤阳巡抚。

十二月己卯朔，日有食之。乙酉，故明阁部黄道周寇徽州，洪承畴遣张天禄击败之。故明总兵高进忠率所部自崇明来降。癸巳，佟养和、金声桓进讨福建，分兵攻南赣，败故明永宁王、罗川王、阁部黄道周等数十万众。丙午，更定朝仪，始罢内监朝参。丁未，朱玛喇等败方国安、马士英於浙东。固原贼武大定作乱，总兵官何世元等死之。

是岁，朝鲜，归化城土默特部章京古禄格，鄂尔多斯部喇嘛塔尔尼齐，乌朱穆秦部车臣亲王，席北部额尔格讷，喀尔喀部土谢图汗、古伦迪瓦胡土克图喇嘛、石勒图胡土克图、嘛哈撒马谛塞臣汗，厄鲁特部顾实汗子多尔济达赖巴图鲁台吉及回回国，天方国俱来贡。朝鲜四至。

三年春正月戊午，贝勒勒克德浑遣将败流贼於临湘，进克岳州。辛酉，固山额真阿山、谭泰有罪，阿山免职，下谭泰於狱。流贼贺珍、孙守法、胡向化犯西安，何洛会等击败之。金声桓遣将攻故明永宁王於抚州，获之，并获其子朱孳荣等，遂平建昌。丙寅，故明潞安王、瑞昌王率众犯江宁，侍郎巴山等击败之。戊辰，以宋权为国史院大学士。己巳，以肃亲王豪格为靖远大将军，暨多罗衍禧郡王罗洛宏、贝勒尼堪、贝子屯齐喀、满达海等帅师征四川。故明唐王朱聿钊兵犯徽州，洪承畴遣张天禄等击败之，获其阁部黄道周杀之，进克开化。

二月己卯，贝勒勒克德浑破流贼於荆州，奉国将军巴布泰等追至襄阳，斩获殆尽。大军进次夷陵，李自成弟李孜等以其众来降。辛巳，免密云荒赋。甲申，罢江南旧设部院，差在京户、兵、工三部满、汉侍郎各一人驻江宁，分理部务。乙酉，明鲁王将刘福援抚州，梅勒章京屯泰击败之。何洛会遣将破流贼刘文炳於蒲城，贼渠贺珍莽武功。戊子，以柳寅东为顺天巡抚。命肃亲王豪格分兵赴南阳，讨流贼二只虎、郝如海等。丙申，遣侍郎巴山、梅勒章京张大猷率师镇守江宁，甲喇章京傅夸蟾、梅勒章京李思忠率师镇守西安。潛山、太湖贼首石应琏拥故明樊山王朱常巛为乱，洪承畴遣将击斩之。丙午，命贝勒博洛为征南大将军，同图赖率师征福建、浙江。

三月辛亥，译《洪武宝训》成，颁行中外。乙卯，免近京居民田宅圈给旗人别行拨补者租赋一年。丁巳，何洛会败贼刘体纯於山阳。己未，以王来用总督山、陕、四川粮饷，马鸣佩总督江南诸省粮储。乙丑，赐傅以渐等进士及第出身有差。己巳，何洛会击贼二只虎於商州，大败之。昌平民王科等盗发明帝陵，伏诛。壬申，多罗饶馀郡王阿巴泰薨。癸酉，封乌朱穆秦部塞冷、蒿齐忒部薄罗特为贝勒，阿霸垓部多尔济为贝子。豪格师抵西安，遣工部尚书兴能败贼于邠州，固山额真杜雷败贼於庆阳。故明大学士张四知自江南来降。

夏四月己卯，诏贝勒勒克德浑班师，孔有德、耿仲明、尚可喜、沈志祥各统所部来京。甲申，免钱塘、仁和间架税。乙酉，命今年八月再行乡试，明年二月再行会试。丁亥，免睢州、祥符等四州县灾赋。戊子，除贯耳穿鼻之刑。癸巳，除明季加征太平府姑溪桥米税、金柱山商税、安庆府盐税。乙未，免静海、兴济、青县荒赋。丙申，江西浮梁、余干贼合闽贼犯饶州，副将邓云龙等击败之。戊戌，摄政王多尔衮谕停诸王大臣启本。己亥，以张尚为宁夏巡抚。罢织造太监。辛丑，谕曰："比者蠲除明季横征苛税，与民休息。而贪墨之吏，恶其害己而去其籍，是使朝廷德意不下究，而明季弊政不终釐也。兹命大臣严加察核，并饬所司详 定《赋役全书》，颁行天下。"谕汰府县冗员。甲辰，修盛京孔子庙。

五月丁未，苏尼特部腾机思、腾机特、吴班代、多尔济思喀布、蟒悟思、额尔密克、石达等各率所部叛奔喀尔喀部硕雷。命德豫亲王多铎为扬威大将军，同承泽郡王硕塞等率师会外藩蒙古兵讨之。四子部温卜、达尔汉卓礼克图、多克新等追斩吴班代等五台吉。庚戌，申隐匿逃人律。戊午，金声桓克南赣，获其帅刘广胤。辛酉，豪格遣巴颜、李国翰败贼於延安。壬戌，故明鲁王、荆王、衡王世子等十一人谋乱，伏诛。癸亥，以叶克书为昂邦章京，镇守盛京。豪格遣贝勒尼堪等败贼贺珍於鸡头关，遂克汉中，珍走西乡。乙丑，贝勒博洛遣图赖等击败故明鲁王将方国安於钱塘。鲁王朱彝垓遁保台州。庚午，官军至汉阴，流贼二只虎奔四川，孙守法奔岳科寨。巴颜、李国翰追延安贼至张果老崖败之。辛未，免沛、萧二县元、二年荒赋之半。

六月戊寅，免怀柔县荒赋。丙戌，禁白莲、大成、混元、无为等教。壬辰，以高士俊为湖广巡抚。乙未，张存仁遣将擒故明大学士马士英及长兴伯吴日生等斩之。

秋七月甲寅，贝勒勒克德浑师还。丁巳，多铎破腾机思等於毁特克山，斩其台吉毛害，渡土喇河击斩腾机思子多尔济等，尽获其家口辎重。又败喀尔喀部土谢图汗二子於查济布喇克上游。戊午，硕雷子阵查济布喇克道口，贝子博和托等复大败之。硕雷以余众走塞冷格。庚申，李国翰、图赖等拔张果老崖。壬戌，江西巡抚李翔凤进正一真人符四十幅。谕曰："致福之道，在敬天勤民，安所事此，其置之。"戊辰，豪格遣贝子满达海、辅国公哈尔楚浑、固山额真准塔趋徽州、阶州分讨流贼武大定、高如砺、蒋登雷、石国玺、王可臣等，破之。如砺遁，登雷、国玺、可臣俱降。

八月丙子，多罗衍禧郡王罗洛宏薨於军。丁丑，豪格遣纛章京哈宁阿攻武大定於三台山，拔之。丁亥，博洛克金华、衢州，杀故明蜀王朱盛浓、乐安王朱谊石及其将吴凯、项鸣斯等，其大学士谢三宾、阁部宋之普、兵部尚书阮大铖、刑部尚书苏壮等降。浙江平。戊子，以孔有德为平南大将军，同耿仲明、沈志祥、金砺、佟代率师征湖广、广东、广西。免太湖、潜山二年及今年荒赋。癸巳，命尚可喜率师从孔有德南讨。

九月己酉，故明瑞昌王朱谊汸谋攻江宁，官兵讨斩之。甲子，免夷陵、石首等十三州县荒赋十之七，荆门、江陵等四州县十之五，兴国、广济等十六州县十之三。丙寅，故明崇阳王攻歙县，副将张成功等败之。丁卯，故明督师何腾蛟等攻岳州，官军击败之。

冬十月丙子，郑四维等克夷陵、枝江、宜都，改湖广承天府为安陆府。己卯，和硕德豫亲王多铎师还，上郊劳之。辛巳，金声桓遣将擒故明王朱常洊及其党了悟等，诛之。甲申，以胡全才为宁夏巡抚，章于天为江西巡抚。金声桓遣将克赣州，获故明阁部杨廷麟杀之。癸巳，以李棲凤为安徽巡抚。丁酉，免怀宁等四县灾赋。己亥，免延绥、庄浪灾赋。壬寅，太和宫、中和宫成。

十一月癸卯朔，贝勒博洛自浙江分军进取福建，图赖等败故明阁部黄鸣骏於仙霞关，遂克浦城、建宁、延平。故明唐王朱聿钊走汀州，阿济格尼堪等追斩之，遂定汀州、漳州、泉州、兴化，进克福州，悉降其众。福建平。癸丑，免河间、任丘及大同灾赋。丁巳，祀天於圜丘。己巳，豪格师至南部，时张献忠列寨西充，鳌拜等兼程进击，大破之，斩献忠於阵，复分兵击余贼，破一百三十余营。四川平。

十二月癸酉朔，故明遂平王朱绍鲲及其党杨权等拥兵太湖，结海寇为乱，副将詹世勳等讨斩之。庚戌，山东贼谢迁攻陷高苑，总兵官海时行讨平之。壬午，故明高安王朱常淇及其党江于东等起兵婺源，张天禄讨平之。丙戌，以于清廉为保定巡抚，刘武元为南赣巡抚，免蓟、丰润等五州县灾赋。甲午，位育宫成。庚子，明金华王朱由榩起兵饶州，官军击斩之。

是岁，朝鲜，蒙古及归化城土默特部古禄格，厄鲁特部多尔济达来巴图鲁、顾实汗，喀尔喀部买达里胡土克图、额尔德尼哈谈巴图鲁、戴青哈谈巴图鲁、青台吉，科尔沁部多罗冰图郡王塞冷，蒿齐忒部多罗贝勒额尔德尼，索伦部、使鹿部喇巴奇，鄂尔多斯部济农台吉查木苏，库尔喀部赖达库及达赖喇嘛，吐鲁番俱来贡。朝鲜、厄鲁特顾实汗、达赖喇嘛皆再至。

四年春正月戊申，辅国公巩阿岱、内大臣吴拜等征宣府。壬子，命副都统董阿赖率师驻防杭州。兴国州贼柯抱冲结故明总督何腾蛟攻陷兴国。总兵官柯永盛遣将擒抱冲及其党陈珩玉斩之。乙卯，以杨声远为淮扬总督，黄尔性为陕西巡抚。辛酉，以朱国柱为登莱巡抚。壬戌，陕西官军击延庆贼郭君镇、终南贼孙守法，败之。洪承畴遣将击贼帅赵正，大破之。

二月癸酉，以张儒秀为山东巡抚。乙亥，佟养甲平梧州。丁丑，副将王平等击贺珍、刘二虎贼党於兴安，败之。癸未，诏曰："朕平定中原，惟浙东、全闽尚阻声教，百姓辛苦垫隘，无所控诉，爰命征南大将军贝勒博洛振旅而前。既定浙东，遂取闽越。先声所至，穷寇潜逋。大军掩追，及于汀水。聿钊授首，列郡悉平。顾惟僭号阻兵，其民何罪，用昭大赉，嘉与维新。一切官民罪犯，咸赦除之。横征逋赋，概予豁免。山林隐逸，各以名闻录用。民年七十以上，给绢米有差。"己丑，洪承畴擒故明瑞昌王朱议贵及湖贼赵正，斩之。乙未，朱聿钊弟聿𨨗僭号绍武，据广州，佟养甲、李成栋率师讨之，斩聿𨨗及周王肃𤣱、益王思炎、辽王术雅、邓王器𡾊、钜野王寿𨨏、通山王蕴越、高密王弘椅、仁化王慈納、鄢陵王肃汭、南安王企垄等。广州平。戊戌，以佟国鼐为福建巡抚。

三月戊午，赐吕宫等进士及弟出身有差。己未，以耿焞为顺天巡抚，周伯达为江宁巡抚，赵兆麟抚治郧阳。庚申，谕京官三品以上及督、抚、提、镇各送一子入朝侍卫，察才任使，无子者以弟及从子代之。壬戌，免崇明县盐课、马役银。乙丑，《大清律》成。丙寅，佟养甲克高、雷、廉三府。丁卯，命祀郊社太牢仍用腥。己巳，禁汉人投充满洲。庚午，罢圈拨民间田宅，已圈者补给。

夏四月丁丑，田仰率所部降。己卯，高士俊克长沙，昂邦章京傅喀蟾讨刘文炳、郭君镇，歼之。乙酉，贝勒博洛班师。是役也，贝子和託、固山额真公图赖皆卒於军。甲午，陕西官军斩孙守法。

五月壬寅，舟山海贼沈廷扬等犯崇明，官军讨擒之。己酉，故明在籍通政使侯峒曾遣谍致书鲁王，伪许洪承畴、土国宝以公、侯，共定江南，为反间计，柘林游击获之以闻。上觉其诈，命江宁昂邦章京巴山等同承畴穷治其事。庚戌，免兴国、江夏等十州县上年灾赋。癸丑，以佟养甲为两广总督，兼广东巡抚。辛酉，投诚伯常应俊、总兵李际遇等坐通贼，伏诛。癸亥，上幸南苑。乙丑，班代、峨齐尔、胡巴津自苏尼特来降。

六月壬申，免成安等七县上年灾赋。丙子，朝鲜国王李倧遣子淯来朝。庚辰，故明赵王朱由棪来降。戊子，免绥德卫上年灾赋。己丑，封贝勒博洛为多罗郡王。癸巳，陕西贼武大定陷紫阳，总兵官任珍击败之。湖广官军克衡州、常德及安化、新化等县。甲午，苏松提督吴胜兆谋叛，伏诛。丁酉，免山东上年荒赋。

秋七月辛丑，加封和硕德豫亲王多铎为辅政叔德豫亲王。癸卯，建射殿於左翼门外。甲辰，免徐州上年荒赋。己酉，封敖汉部额驸班第子墨尔根巴图鲁为多罗郡王。癸丑，以申朝纪为宣大总督。丁巳，郧阳贼王光代用永历年号，聚众作乱，命侍郎喀喀木等剿之。戊午，改马国柱为江南江西河南总督。甲子，诏曰："中原底定，声教遐敷。惟粤东尚为唐藩所阻，岭海怨咨，已非一日。用移南伐之师，席卷惠、潮，遂达省会。念尔官民，初非后至，一切罪犯，咸赦除之。逋赋横征，概与豁免。民年七十以上，加锡粟帛。所在节孝者旌，山林有才德者录用。南海诸国能向化者，待之如朝鲜。"丙寅，以祝世昌为山西巡抚。丁卯，上幸边外阅武。是日，驻沙河。

八月庚午，金声桓擒故明宗室麟伯王、霭伯王於泸溪山，诛之。甲戌，次西巴尔台。丙子，次海流土河口。壬午，次察汉诺尔。乙酉，豪格遣贝勒尼堪等先后克遵义、夔州、茂州、内江、荣昌、富顺等县，斩故明王及其党千余人。四川平。丙戌，次胡苏台。辛卯，以张文衡为甘肃巡抚。丙申，上还宫。

九月辛丑，京师地震。辛亥，淮安贼张华山等用隆武年号，啸聚庙湾。丁巳，以李犹龙为天津巡抚。辛酉，官军讨庙湾贼，破之。

冬十月庚午，以王懩为安徽巡抚。壬申，喀喇沁部卓尔弼等率所部来降。癸未，以吴惟华为淮扬总督，线缙为偏沅巡抚。戊子，定直省官三年大计。壬辰，以广东采珠病民，罢之。

十一月庚戌，以陈泰为靖南将军，同梅勒章京董阿赖征福建余寇。辛亥，免山西代、静乐等十四州县，宁化等六所堡，山东德、历城等十五州县灾赋。裁山东明季牙、杂二税。戊午，五凤楼成。癸亥，祀天于圜丘。

十二月戊辰，免保定、河间、真定、顺德灾赋。壬申，以陈锦为闽浙总督。己卯，以太宗十一女固伦公主下嫁喀尔吗索纳木。甲申，苏尼特部台吉吴巴什等来归。丙戌，大军自岳州收长沙，故明总督何腾蛟等先期遁。次湘潭，败桂王将黄朝选众十三万於燕子窝，又败之於衡州，斩之，遂克宝庆，斩鲁王朱鼎兆等。进击武冈，桂王由郴走，追至靖州，下其城。复克沅州，岷王朱埏峻以黎平降。湖南平。庚寅，故明将郑彩犯福州，副将邹必科等败走之。

是岁，科尔沁、喀喇沁、乌朱穆秦、敖汉、翁牛特、苏尼特、札鲁特、郭尔罗斯、蒿齐忒、阿霸垓诸部来朝。朝鲜暨喀尔喀部札萨克图汗、墨尔根绰尔济、额尔德尼绰尔济、迈达礼胡土克图、额尔德尼顾锡、伊拉古克三胡土克图、嘛哈撒马谛塞臣汗、俄木布额尔德尼、塞勒胡土克图、满朱习礼胡土克图，札萨克图汗下俄木布额尔德尼、巴颜护卫、舍晋班弟、迈达礼胡土克图，诺门汗下丹津胡土克图，土谢图汗下泽卜尊丹巴胡土克图，硕雷汗下伊赫额木齐格隆、额参德勒哈谈巴图鲁，厄鲁特部台吉吴霸锡、顾实汗，罗布藏胡土克图下巴汉格隆、盆苏克扎穆苏，阿布赉诺颜下讷门汗、巴图鲁诺颜、达云绰尔济、鄂济尔图台吉，苏尼特部台吉魏正，札鲁特部台吉桑图，鄂尔多斯部济农，归化城土默特部章京托博克、诺尔布，唐古忒部及喇布札木绰尔济、喇嘛班第达等俱来贡。

五年春正月辛亥，故明宜春王朱议衍据汀州为乱，总兵官于永绶擒斩之。癸丑，免太原、平阳、潞安三府，泽、沁、辽三州灾赋。癸亥，和硕肃亲王豪格师还。衍禧郡王罗洛宏卒於军，至是丧归，辍朝二日。

二月甲戌，金声桓及王得仁以南昌叛。辛巳，江南官军复无为州，福建官军复连城、顺昌、将乐等县。癸未，免济南、兖州、青州、莱州上年灾赋。辛卯，以固伦公主下嫁巴林部塞卜腾。壬辰，以吕逢春为山东巡抚，李鉴为宁夏巡抚。故明贵溪王朱常彪、恢武伯向登位寇沅州，纛章京线国安等讨斩之。

三月己亥，贝子吞齐、尚善等讦告和硕郑亲王济尔哈朗，罪连莽加、博博尔岱、鳌拜、索尼等，降济尔哈朗为多罗郡王，莽加等降革有差。辛丑，和硕肃亲王豪格有罪，论死。上不忍置之法，幽系之。庚戌，命谭泰为征南大将军，同何洛会讨金声桓。辛酉，以耿焞为宣大山西总督。甲子，武大定犯宁羌，游击张德俊等大破之。

四月丁卯，以杨兴国为顺天巡抚。戊辰，免渭原、金县、兰州卫灾赋。壬申，官军复建宁，斩故明郧西王朱常湖等。己卯，封科尔沁杜尔伯特镇国公色冷为贝子。庚辰，遣固山额真阿赖等驻防汉中。壬午，大军克辰州，遂破永宁，至全州，故明督师何腾蛟遁，获贵溪王朱长标、南威王朱寅卫、长沙王朱由枬等。铜仁、兴安、关阳诸苗、瑶来降。丙戌，命刘之源、佟图赖为定南将军，驻防宝庆，李国翰为定西将军，驻防汉中。丁亥，吴三桂自锦州移镇汉中。

闰四月戊戌，复济尔哈朗爵为和硕郑亲王。癸卯，以李国英为四川巡抚。己未，以迟日益为湖广巡抚。癸亥，命贝子吞齐为平西大将军，同韩岱讨陕西叛回。

五月己丑朔，日有食之。戊辰，官军破叛回於巩昌，复临洮、兰州。辛未，游击张勇破叛回於马家坪，获故明延长王朱识铧，斩之。壬午，以赵福星为凤阳巡抚。癸未，以朱延庆为江西巡抚。甲申，官军破金声桓，复九江、饶州。己丑，以刘弘遇为安徽巡抚。

六月甲午朔，免西安、延安、平凉、临洮、庆阳、汉中上年灾赋。癸卯，以周文业为甘肃巡抚。甲辰，额塞等大破叛回於兰州，余党悉平。丙辰，京师地震有声。癸亥，太庙成。

秋七月丁丑，初设六部汉尚书、都察院左都御史，以陈名夏、谢启光、李若琳、刘余祐、党崇雅、金之俊为六部尚书，徐起元为左都御史。

八月癸巳朔，金声桓、王得仁寇赣州，官军击走之。己亥，陈泰、李率泰等败郑彩於长乐，又败之於连江，复兴化。己巳，命和硕英亲王阿济格、多罗承泽郡王硕塞等讨天津土贼。丁未，禁民间养马及收藏军器。己酉，以王一品为凤阳巡抚。壬子，令满、汉官民得相嫁娶。乙卯，以夏玉为天津巡抚，张学圣为福建巡抚。

九月壬戌朔，官军获故明巡抚吴江等於南康湖口，斩之。甲子，和硕英亲王阿济格讨曹县土贼，平之。己巳，封贝勒勒克德浑为多罗顺承郡王，博洛为多罗端重郡王。壬申，和硕郑亲王济尔哈朗为定远大将军，讨湖广贼李锦。丁丑，封贝勒尼堪为多罗敬谨郡王。

冬十月壬寅，和硕礼亲王代善薨。甲辰，佟图赖复宝庆。丙辰，降将刘泽清结曹县贼叛，泽清及其党李洪基等俱伏诛。

十一月甲子，广东叛将李成栋据南雄，结峒蛮犯赣州，巡抚刘武元等击走之。丙寅，总兵官任珍击贺珍，破之。戊辰，祀天於圜丘，以太祖武皇帝配。追尊太祖以上四世：高祖泽王为肇祖原皇帝，曾祖庆王为兴祖直皇帝，祖昌王为景祖翼皇帝，考福王为显祖宣皇帝；妣皆为皇后。上诣太庙上册宝。辛未，以配天及上尊号礼成，御殿受贺，大赦。辛未，和硕英亲王阿济格、多罗端重郡王博洛、多罗承泽郡王硕塞等帅师驻大同，备喀尔喀。

十二月辛卯朔，命郡王瓦克达，贝子尚善、吞齐等诣阿济格军。调八旗游牧蒙古官军之半，戍阿尔齐土苏门哈达。癸巳，姜瓖以大同叛，总督耿焞走阳和。丙申，免平山、隆平、清丰灾赋。戊戌，阿济格围大同。辛丑，复遣梅勒章京阿喇善、侍郎噶达浑诣阿济格军。癸卯，免大同灾赋。壬子，杨捷等复都昌，获故明兵部尚书馀应桂，斩之。丁巳，以佟养量为宣大总督。

是岁，苏尼特、扎鲁特等部来朝。朝鲜，喀尔喀部俄木布额尔德尼、戴青讷门汗喇嘛、塞尔济额尔德尼魏正、硕雷汗、迈达理胡土克图、扎萨克图汗下额尔德尼哈谈巴图鲁，厄鲁特部顾实汗、锡勒图绰尔济、诺门汗，索伦部阿济布，鄂尔多斯部单达，苏尼特部腾机忒，科尔沁贝勒张继伦，归化城固伦第瓦胡土克图、丹津喇嘛额尔德尼寨桑，土默特部古禄格，乌思藏阐化王王舒克，汤古特达赖喇嘛俱来贡。朝鲜、厄鲁特顾实汗、汤古特达赖喇嘛再至。

六年春正月壬戌，官军复罗源、永春、德化等县。癸亥，命多罗敬谨郡王尼堪等征太原。戊辰，谕曰："朕欲天下臣民共登衽席，日夕图维，罔敢怠忽。往年流寇作乱，惨祸已极，入关讨贼，士庶归心。乃迩年不轨之徒，捏作洗民讹言。小民无知轻信，惶惑逃散，作乱者往往而有。朕闻不嗜杀人，能一天下。《书》云：'众非元后何戴，后非众罔与守邦。'君残其民，理所蔑有。自元年来，今六年矣，宁有无故而屠戮民者。民苟思之，疑且冰释。至於自甘为贼，乐就死地，必有所迫以致此。岂督、抚、镇、按不得其人，有司朘削，民难自存欤？将蠲免赋税，有名无实欤？内外各官其确议兴利除弊之策，朕次第酌行之。"辛未，姜瓖党姚举等杀冀宁道王昌龄，陷忻州，固山额真阿赖破走之。乙亥，谕曰："设关征税，原以讥察奸宄，非与商贾较锱铢也。其各以原额起税，毋得横征以充私橐，违者罪之。"谕山西大同军民，无为姜瓖胁诱，来归者悉予矜免。戊寅，行保举连坐之法。庚辰，谕言官论事不实者，廷臣集议，毋辄下刑部。辛巳，以金廷献为偏沅巡抚。壬午，谭泰、何洛会复南昌，金声桓投水死，王得仁伏诛，九江、南康、瑞州、临江、袁州悉平。癸未，山西贼党刘迁寇代州，阿济格遣军破走之。

二月癸卯，摄政王多尔衮征大同。免直隶省六年以前荒赋、四川商民盐课。辛亥，故明宗室朱森釜等犯阶州，吴三桂击斩之。

三月癸亥，多尔衮拔浑源州。丙寅，汉羌总兵官张天福平贼渠覃一涵，获故明山阴王等斩之。丁卯，土贼王永强陷延安、榆林等十九州县，延绥巡抚王正志等死之。己巳，应州、山阴降，多尔衮旋师，留阿济格於大同。辛未，进封多罗承泽郡王硕塞、多罗端重郡王博洛、多罗敬谨郡王尼堪为亲王。王永强陷同官。壬申，广信府知府杨国桢等复玉山县。宁夏官军克临河等堡。乙亥，甘、凉逆回米喇印、丁国栋复作乱，甘肃巡抚张文衡等死之。丁丑，辅政和硕德豫亲王多铎薨，摄政王多尔衮师次居庸，还京临丧。甲申，减隐匿逃人律。谭泰、何洛会破贼於南康，进克信丰，叛将李成栋走死，复抚州、建昌。江西平。丙戌，博洛遣鳌拜等大破姜瓖於大同北山。吴三桂击败王永强，复宜君、同官。

夏四月庚寅，遣罗硕、卦喇驻防太原。癸巳，阿济格复左卫。乙未，命贝子吴达海等代征大同。丙申，吴三桂克蒲县。癸卯，福建官军复平和、诏安、漳平、宁洋。甲辰，赐刘子壮等进士及第出身有差。乙巳，皇太后崩。壬子，谕曰："兵兴以来，地荒民逃，流离无告。其令所在有司广加招徕，给以荒田，永为口业，六年之后，方议征租。各州县以招民劝耕之多寡、道府以责成催督之勤惰为殿最。岁终，抚按考核以闻。"癸丑，以董宗圣为延绥巡抚。官军克福宁，福建平。乙卯，贼党陷汾州，命和硕端重亲王博洛为定西大将军，帅师讨之。和硕敬谨亲王尼堪移师大同。丁巳，封贝子满达海为和硕亲王。

五月辛酉，遣屠赖率师赴太原军。丙子，以李棲凤为广东巡抚，郭肇基为广西巡抚。免太原、平阳、汾州三府，辽、泽二州灾赋。丁丑，改封孔有德为定南王，耿仲明为靖南王，尚可喜为平南王。命孔有德征广西，耿仲明、尚可喜征广东，各挈家驻防。裁直隶、江南、山东、浙江、陕西同知十，直隶、江南、河南、湖广、江西、浙江通判二十一。免宝坻、顺义五年灾赋。辛巳，吴三桂、李国翰复延安。壬午，四川边郡平。乙酉，和硕端重亲王博洛复清源、交城、文水、徐沟、祁等县。

六月庚子，朝鲜国王李倧薨。壬子，免沧州、清苑六年以前荒赋。癸丑，封张应京为正一嗣教大真人。乙卯，免江西四年、五年逋赋。

秋七月戊午朔，摄政王多尔衮复征大同。乙丑，满达海、瓦克达征朔州、宁武。丁卯，免开封等府灾赋。辛未，多尔衮至阿鲁席巴尔台，校猎而还。遣纛章京索洪等益满达海军。癸酉，官军平黄州贼三百余砦，斩故明王朱蕴𨱇等。甲申，广东余寇犯南赣，官军击却之。丙戌，吴三桂、李国翰复延绥镇城。

八月癸巳，摄政王多尔衮还京。山西贼党陷蒲州及临晋、河津，孟乔芳讨平之。甲午，免真定、顺德、广平、大名灾赋。满达海复朔州、马邑。丁酉，端重亲王博洛拔孝义。丙午，郑亲王济尔哈朗等克湘潭，获何腾蛟，不屈，杀之。辰州、宝庆、靖州、衡州悉平。进克全州。丁未，封朝鲜世子李淏为朝鲜国王。辛亥，以张孝仁为直隶、山东、河南总督。壬子，遣英亲王阿济格、贝子巩阿岱等征大同。癸丑，梅勒章京根特等拔猗氏。乙卯，大同贼被围久，饥死殆尽，伪总兵杨震威斩姜瓖及其弟琳来献。丙辰，宁武关伪总兵刘伟等率众降，静乐、宁化山寨悉平。

九月戊午，封鄂穆布为多罗达尔汉卓礼克图郡王，苏尼特部噶尔麻为多罗贝勒。甲子，鄂尔多斯部额林臣、布达岱、顾禄、阿济格札穆苏等来降，封额林臣为多罗郡王，布达岱子伊廪臣、顾禄子色冷为固山贝子，阿济格札穆苏为镇国公。丙寅，以夏玉为山东巡抚。癸酉，封固伦额驸祁他特为多罗郡王。甲戌，满达海、博洛克汾州、平阳。

冬十月戊子，封多尼为和硕亲王，傑书为多罗郡王。壬辰，京师地震。甲午，封劳亲为亲王。官军复郓城。戊戌，降将杨登州叛，陷山阴。己亥，免山东东平、长山等十八州县五年灾赋，江西六年以前明季辽饷。辛丑，摄政王多尔衮征喀尔喀部二楚虎尔。乙巳，陕西总兵官任珍击故明将唐仲亨於屠油坝，斩之，并诛故明王朱常湨、朱由杠等。丙午，官军复潞安。丁未，官军克榆林。己酉，满达海等拔沁、辽二州。庚戌，命满达海还京，留瓦克达等定山西。

十一月丙寅，免直隶开、元城等县徭赋，陕西岷州灾赋。甲戌，多尔衮自喀吞布喇克旋师。免宣府灾赋。壬午，耿仲明军次吉安，畏罪自杀。

十二月乙酉朔，山西兴、芮城、平陆三县平。戊子，故明桂王将焦琏寇全州，勒克德浑等击败之，进克道州。努山等拔乌撒城。宜尔都齐等克黎平。己酉，官军复邻水、大竹二县。庚戌，宁波、绍兴、台州土寇平。

是年，朝鲜、阿霸垓、乌朱穆秦、土默特诸部，厄鲁特部阿巴赖诺颜、绩克什虎巴图鲁台吉、顾实汗子下达赖乌巴什温布塔布囊，鄂尔多斯部郡王额林臣，喀尔喀部土谢图汗、硕雷汗、戴青诺颜，归化城土默特部古禄格等，伊喇古克三胡土克图下戴青温布达尔汉囊苏及达赖喇嘛俱来贡。朝鲜、喀尔喀土谢图汗再至。

七年春正月庚申，官军复永宁、宁乡。壬戌，官军复南雄。癸酉，封鄂尔多斯部单达为贝勒，沙克查为贝子。甲戌，故明德化王朱慈业、石城王朱议涉陷大田，官军讨平之。丁丑，和硕郑亲王济尔哈朗师还。

二月丁亥，上太后谥曰孝端正敬仁懿庄敏辅天协圣文皇后。甲午，以刘弘遇为山西巡抚，王一品为广西巡抚。李建泰据太平叛，官军围之，出降，伏诛。平阳、潞安、泽州属境俱平。

三月己未，日赤色如血。

夏四月甲午，孔有德擒故明将黄顺、林国瑞於兴宁，降其众五万。丙申，封科尔沁贝勒张继伦为郡王。甲辰，多罗谦郡王瓦克达师还。

六月乙酉，保德州民崔耀等擒故明将牛化麟，斩之，以城降。癸卯，官军复宁都、石城。

秋七月壬子朔，享太庙。乙卯，摄政王多尔衮议建边城避暑，加派直隶、山西、浙江、山东、江南、河南、湖广、江西、陕西九省钱粮二百五十万两有奇。辛酉，幸摄政王多尔衮第。多尔衮以贝子锡翰等擅请临幸，下其罪，贝子锡翰降镇国公，冷僧机、鳌拜等黜罚有差。壬戌，以马之先为陕西巡抚。辛未，免西宁各堡寨五年灾赋。

八月丁亥，降和硕端重亲王博洛、和硕敬谨亲王尼堪为多罗郡王。己丑，封巴林部塞卜腾、蒿齐忒部孛罗特为多罗郡王，科尔沁国顾穆、喀喇沁部古禄思喜布为多罗贝勒，改承泽亲王硕塞、亲王劳亲为多罗郡王。

九月甲寅，故明将郑成功寇潮州，总兵官王邦俊击走之。丙子，免蕲、麻城等七州县五、六两年荒赋。

冬十月辛巳朔，日有食之。己亥，定陕西茶马例。庚子，官军克邵武，获故明阁部揭重熙等，斩之。己酉，免桐城等六县荒赋。

十一月甲寅，免甘肃去年灾赋。乙卯，吴三桂复府谷，斩故明经略高友才等，余众降。壬戌，摄政王多尔衮有疾，猎於边外。乙丑，尚可喜复广州，余众降。戊寅，祀天於圜丘。

十二月戊子，摄政和硕睿亲王多尔衮薨於喀喇城。壬辰，赴闻，上震悼，臣民为制服。丙申，丧至，上亲奠於郊。己亥，诏曰："太宗文皇帝升遐，诸王大臣吁戴摄政王。王固怀抝让，扶立朕躬，平定中原，至德丰功，千古无二。不幸薨逝，朕心摧痛。中外丧仪，合依帝礼。"庚子，收故摄政王信符，贮内库。甲辰，尊故摄政王为懋德修道广业定功安民立政诚敬义皇帝，庙号成宗。乙巳，谕曰："国家政务，悉以奏闻。朕年尚幼，暗於贤否，尚书缺员，其会推贤能以进。若诸细务，理政三王理之。"

是年，喀尔喀、厄鲁特、乌斯藏诸部巴郎和罗齐、达尔汗囊素、盆挫坚挫等来朝。朝鲜，喀尔喀部硕雷汗、札萨克图汗、土谢图汗、绰克图魏正诺颜、戴青诺颜、那穆齐魏正诺颜、察哈尔墨尔根台吉、索那穆，厄鲁特部巴图鲁贝勒、台吉鄂齐尔图、干布胡土克图、噶木布胡土克图、舒虎儿戴青、乌斯藏部阐化王，索伦、使鹿诸部，归化城土默特部古禄格俱来贡。朝鲜再至。

卷五　　本纪五

世祖本纪二

八年春正月己酉朔，蒿齐忒部台吉噶尔马撒望、储护尔率所部来归。辛亥，以布丹为议政大臣。甲寅，和硕英亲王阿济格谋乱，幽之。其党郡王劳亲降贝子，席特库等论死。乙卯，以苏克萨哈、詹岱为议政大臣。丙辰，罢汉中岁贡柑及江南橘、河南石榴。戊午，罢诸处织造督进官役及陕西岁贡羢褐皮革。命和硕睿亲王多尔衮子多尔博袭爵。己未，罢临清岁造城砖。庚申，上亲政，御殿受贺，大赦。诏曰："朕躬亲大政，总理万机。天地祖宗，付托甚重。海内臣庶，望治甚殷。自惟凉德，夙夜祗惧。天下至大，政务至繁，非朕躬所能独理。凡我诸王贝勒及文武群臣，其各殚忠尽职，洁己爱人，利弊悉以上闻，德意期於下究。百姓亦宜咸体朕心，务本乐业，共享泰宁之庆。"孔有德克桂林，斩故明靖江王及文武官四百七十三人，余党悉降。壬戌，罢江西岁进龙碗。丙寅，以夏一鹗为江西巡抚。丁卯，升祔孝端文皇后於太庙。追尊故摄政王多尔衮为成宗义皇帝，祔于太庙。移内三院於禁城。己巳，以伊图为议政大臣。免安州芝棉税。丁丑，复封端重郡王博洛、敬谨郡王尼堪为和硕亲王。以巩阿岱、鳌拜为议政大臣。戊寅，以巴图鲁詹、杜尔玛为议政大臣。

二月庚辰，进封满达海为和硕巽亲王，多尼为和硕信亲王，罗可铎为多罗平郡王，瓦克达为多罗谦郡王，傑书为多罗康郡王。更定钱制，每百文准银一钱。辛巳，免朔州、浑源、大同荒赋。癸未，罗什、博尔惠有罪，论死。上欲宥其死，群臣执奏不可，遂伏诛。戊子，上昭圣慈寿皇太后尊号。己丑，大赦。免汶上等五县六、七两年灾赋。辛卯，罢边外筑城之役，加派钱粮准抵八年正赋，官吏捐输酌给议叙并免之。癸巳，苏克萨哈、詹岱、穆济伦首告故摄政王多尔衮逆节皆实，籍其家，诛其党何洛会、胡锡。甲午，免山西荒赋。戊戌，封贝勒岳乐为多罗安郡王。己亥，暴多尔衮罪於中外，削其尊号及母妻追封，撤庙享。庚子，调陈泰为吏部尚书，以韩岱为刑部尚书。辛丑，上幸南苑。壬寅，命孔有德移驻桂林。癸卯，上还宫。乙巳，封和硕肃亲王豪格子富寿为和硕显亲王。

闰二月戊申朔，湖南余寇牛万才率所部降。庚戌，封和硕郑亲王济尔哈朗子济度为多罗简郡王，勒度为多罗敏郡王。甲寅，谕曰："国家纪纲，首重廉吏。迩来有司贪污成习，百姓失所，殊违朕心。总督巡抚，任大责重，全在举劾得当，使有司知所劝惩。今所举多冒滥，所劾多微员，大贪大恶乃徇纵之，何补吏治？吏部其详察以闻。"调党崇雅为户部尚书，金之俊为兵部尚书，刘馀祐为刑部尚书，谢启光为工部尚书。免祥符等六县七年灾赋。乙卯，进封硕塞为和硕承泽亲王。谕曰："榷关之设，国家藉以通商，非苦之也。税关官吏，扰民行私，无异劫夺。朕灼知商民之苦。今后每关设官一员，悉裁冗滥，并不得妄咨勤劳，更与铨补。"丙辰，谕督抚甄别有司才德并优兼通文义者擢之，不识文义任役作奸者黜之，吏部授官校试文义不通者除名。己未，总兵官许尔显克肇庆、罗定，徐成功克高州。禁喇嘛贡佛像、铜塔及番犬。壬戌，幽阿济格於别室，籍其家，削贝子劳亲爵为庶人。乙丑，大学士冯铨、尚书谢启光等以罪免。谕曰："国家设官，必公忠自矢，方能裨益生民，共襄盛治。朕亲政以来，屡下诏令，嘉与更始。乃部院诸臣因仍前弊，持禄养交。朕亲行黜陟，与天下见之。自今以后，其淬砺前非，各尽厥职。若仍上下交欺，法必不贷。"丙寅，谕曰："各省土寇，本皆吾民，迫於饥寒，因而为乱。年来屡经扑剿，而管兵将领，杀良冒功，真盗未歼，民乃荼毒，朕深痛之。嗣后各督抚宜剿抚并施，勿藉捕扰民，以称朕意。"丁卯，孔有德克梧州、柳州。戊辰，大学士洪承畴兼都察院左都御史，陈之遴为礼部尚书，张凤翔为工部尚书。己巳，裁江南、陕西督饷侍郎，淮安总理漕运侍郎。庚午，固山额真阿喇善等剿山东贼。壬申，免涿、良乡等十三州县圈地。乙亥，定阿附多尔衮诸臣罪，刚林、祁充格俱坐罪。丁丑，谕曰："故明宗藩，前以恣行不轨，多被诛戮，朕甚悯焉。自后有流移失所甘心投诚者，有司礼送京师，加恩畜养。镇国将军以下，即其地占籍为民，各安厥业。"免宛平灾赋。

三月壬午，端重亲王博洛、敬谨亲王尼堪以罪降郡王。癸未，命诸王、贝勒、贝子分管六部、理藩院、都察院事。乙酉，湖南保、靖、永顺等土司来归。丙戌，免武强上年灾赋。己丑，以希福为弘文院大学士，陈泰为国史院大学士。改李率泰为弘文院大学士，宁完我为国史院大学士。以噶达浑为都察院承政，朱玛喇为吏部尚书，雅赖为户部尚书，谭布为工部尚书，蓝拜为镶蓝旗满洲固山额真。辛卯，定王公朝集例。壬辰，定袭爵例。癸巳，谕曰："御史巡方，职在安民察吏。向来所差御史，苞苴请托，身已失检，何由察吏？吏不能察，民何以安？今后各宜洗濯自新，务尽职事，并许督抚纠举，都察院考核以闻。"癸卯，定斋戒例。丙午，许满洲、蒙古、汉军子弟科举，依甲第除授。

夏四月庚戌，诏行幸所过，有司不得进献。遣官祭岳镇海渎、帝王陵寝、先师孔子阙里。土贼罗荣等犯虔州，副将杨遇明讨擒之。乙卯，幸沙河。辛酉，次赤城。以王文奎总督漕运。甲子，次上都。丙寅，翁牛特部杜稜郡王等来朝。己巳，次俄尔峒。庚午，免朝鲜岁贡柑、柚、石榴。巴林部固伦额驸色布腾郡王等来朝。命故靖南王耿仲明子继茂袭爵。辛未，还次上都河。壬申，次俄尔峒河。

五月丁丑朔，次谟护里伊札里河。夏一鹗击明唐王故将傅鼎铨等，追入福建，擒鼎铨等斩之。辛巳，次库尔奇勒河。壬午，乌朱穆秦部贝勒塞稜额尔德尼等来朝。乙酉，次西喇塔。调噶达浑为户部尚书。以党善为都察院承政，绰贝为镶白旗蒙古固山额真。壬辰，次孙河。癸巳，还宫。丙申，免英山五年至七年荒逋赋。庚子，复博洛、尼堪亲王爵。甲辰，御史张煊以奏劾尚书陈名夏论死。

六月丙午朔，幸南苑。官军破陕西贼何柴山等於雒南。丁巳，阿喇善击山东盈河山贼，平之。壬戌，罢太和山贡符篆、黄精。乙丑，定诸陵坛庙祀典。庚午，谕曰："朕以有司贪虐，命督抚察劾。乃阅四五月之久而未奏闻。毋乃受赇徇私，为有司所制，或势要挟持，不敢弹劾欤？此盗贼所由滋，而黎民无起色也。其即奉行前诏，直陈无隐。"辛未，诏故明神宗陵如十二陵，以时致祭，仍设守陵户。广东官军复廉州及永安等十二县。壬申，命修缮祖陵，设守户，定祭礼，复朝日、夕月礼。

秋七月丙子朔，谕曰："比者投充汉人，生事害民，朕甚恨之。夫供赋役者编氓也，投充者奴隶也。今反厚奴隶而薄编氓，如国家元气及法纪何？其自朕包衣牛录，下至王公诸臣投充人，有犯法者，严治其罪，知情者连坐。前有司责治投充人，至获罪谴。今后与齐民同罚，庶无异视。使天下咸知朕意。”又谕曰：“大小臣工，皆朝廷职官，待之以礼，则朝廷益尊。今在京满、汉诸臣犯罪，有未奉旨革职辄提取审问者，殊乖大体。嗣后各衙门遇官员有犯，或被告讦，皆先请旨革职，然后送刑部审问，毋得径行提审，著为令。”戊子，大学士陈泰、李率泰以罪免。以雅秦为内国史院大学士，杜尔德为议政大臣。乙未，幸南苑。己亥，以陈名夏为内弘文院大学士。

八月丙午朔，上还宫。丁未，科尔沁卓礼克图亲王吴克善来朝。己酉，副将许武光请括天下藏金充饷。上曰：“帝王生财之道，在节用爱民。掘地求金，自古未有。”命逐去之。乙卯，以赵开心为左都御史。定顺天乡试满洲、蒙古为一榜，汉军、汉人为一榜，会试、殿试如之。戊午，册立科尔沁卓礼克图亲王吴克善女博尔济锦氏为皇后。壬戌，更定马步军经制。吏部尚书谭泰有罪，伏诛，籍其家。乙酉，大婚礼成，加上太后尊号为昭圣慈寿恭简皇太后。丙寅，御殿受贺，颁恩赦。戊辰，追复肃亲王豪格爵。己巳，诏天下岁贡物产不便於民者悉罢之。癸酉，陈锦、金砺等追故明鲁王於舟山，获其将阮进。

九月庚辰，定朝仪。壬午，命平西王吴三桂征四川。陈锦、金砺克舟山，故明鲁王遁走。丙戌，雅赖、谭布、觉善免，以卓罗为吏部尚书，车克为户部尚书，蓝拜为工部尚书，俄罗塞臣为都察院左都御史，赵国祚为镶红旗汉军固山额真。封阿霸垓部都司噶尔为郡王。固山额真噶达浑征鄂尔多斯部多尔济。丁亥，除永平四关荒屯赋。壬辰，改承天门为天安门。癸巳，上猎於近郊。辛丑，还宫。癸卯，喀尔喀部土谢图汗、车臣汗、塞臣汗等来贡。

冬十月己酉，以和硕承泽亲王硕塞、多罗谦郡王瓦克达为议政王。辛亥，免宣府灾赋。丁巳，以额色黑为国史院大学士。庚申，赐阿济格死。辛酉，李国翰会吴三桂征四川。以马光辉为直隶、山东、河南总督。甲子，免诸王三大节进珠、貂、鞍马及衍圣公、宣、大各镇岁进马。乙丑，封肇祖、兴祖陵山曰启运山，景祖、显祖陵山曰积庆山，福陵山曰天柱山，昭陵山曰隆业山。是日，启运山庆云见。

十一月乙亥朔，皇第一子牛钮生。丙子，於大海率所部至夷陵请降。丙戌，尚可喜克雷州。乙未，免平阳、潞安二府，泽、辽、沁三州上年灾赋。戊戌，以伊尔德为正黄旗满洲固山额真，佟图赖为正蓝旗汉军固山额真。庚子，免阳曲等四县上年灾赋。壬寅，免宁晋荒赋。

十二月丙午，免桐城等四县上年荒赋。丁卯，以周国佐为江宁巡抚。

是年，朝鲜，厄鲁特部额尔德尼台吉、昆都伦吴巴什、阿巴赖，喀尔喀部土谢图汗、车臣汗、塞臣汗、顾实汗、台吉吴巴什，达赖喇嘛俱来贡。

九年春正月癸酉朔，上幸南苑。辛巳，以陈泰为礼部尚书。壬午，大学士陈名夏以罪免。雪张煊冤，命礼部议邺。京师地震。乙酉，以陈维新为广西巡抚。壬寅，皇第一子牛钮薨。

二月丁未，以祜锡布为镶红旗满洲固山额真。噶达浑等讨鄂尔多斯部多尔济等於贺兰山，歼之。戊申，和硕巽亲王满达海薨，追封和硕简亲王。庚戌，颁六谕卧碑文于天下。庚申，加封郑亲王济尔哈朗为叔和硕郑亲王。辛酉，以陈之遴为弘文院大学士，孙茂兰为宁夏巡抚。

三月乙亥，以王铎为礼部尚书，房可壮为左都御史。赠张煊太常寺卿，仍录其子如父官。庚辰，定官员封赠例。丙戌，罢诸王、贝勒、贝子管理部务。追降和硕豫亲王多铎为多罗郡王。丁亥，和硕端重亲王博洛薨，追封和硕定亲王。己丑，以陈泰为镶黄旗满洲固山额真。癸巳，以遏必隆、额尔克戴青、赵布泰、赖塔库、索洪为议政大臣，觉罗郎球、胡世安为礼部尚书。巩阿岱、锡翰、西讷布库、冷僧机以罪伏诛，籍其产。拜尹图免死，幽系。戊戌，多罗顺承郡王勒克德浑薨，追封多罗恭惠郡王。己亥，赐满洲、蒙古贡士麻勒吉，汉军及汉贡士邹忠倚等进士及第出身有差。

夏四月丙午，以蔡士英为江西巡抚。丁未，裁登莱、宣府巡抚。乙卯，以韩岱为吏部尚书，蓝拜为刑部尚书，星讷为工部尚书，阿喇善为都察院左都御史。戊午，孔有德克广西南宁、庆远、思恩，故明将陈邦傅以浔州降。己未，免府州县官入觐。庚申，定诸王以下官名舆服之制。乙丑，允礼部议，一月三朝，春秋一举经筵。设宗人府官。

五月丁丑，诏京察六年一举行。己卯，免江阴、青浦牛税。壬午，以喀喀木为昂邦章京，镇守江宁。庚子，幸南苑。

六月丁未，裁并直隶诸卫所。戊申，上还宫。庚戌，以和硕敬谨亲王尼堪掌宗人府事，贝勒尚善、贝子吴达海为左右宗正。官军讨肇庆、高州贼，平之。丁巳，诏军政六年一举行。丙寅，设詹事府官。追谥图尔格为忠义公，图赖为昭勳公，配享太庙。

秋七月癸酉，故明将孙可望陷桂林，定南王孔有德死之。丙子，名皇城北门为地安门。浙闽总督陈锦征郑成功，至漳州，为其下所杀。庚辰，免淮安六年、七年牙行逋税。甲申，以和硕敬谨亲王尼堪为定远大将军，征湖南、贵州。定满官丧制。丁亥，以巴尔处浑为镶红旗满洲固山额真。免磁、祥符等八州县及怀庆卫上年灾赋。吴三桂、李国翰定漳腊、松潘、重庆。遣梅勒章京戴都围成都，故明帅刘文秀举城降。己丑，免临邑四县荒徭赋。辛卯，天全六番、乌思藏等土司来降。戊戌，以祖泽远为湖广、四川总督。

八月乙巳，更定王公以下婚娶礼。丙午，多罗谦郡王瓦克达薨。丁巳，命尼堪移师讨广西余寇。

九月庚午朔，以朱孔格、阿济赖、伊拜为议政大臣。辛巳，更定王以下祭葬礼。癸未，以纛章京阿尔津为定南将军，同马喇希征广东余寇。甲申，以刘清泰为浙江、福建总督，王来用为顺天巡抚。辛卯，幸太学释奠。癸巳，赉衍圣公、《五经》博士、四氏子孙、祭酒、司业等官有差。敕曰：“圣人之道，如日中天，上之赖以致治，下之资以事君。学官诸生当共勉之。”

冬十月庚子，免沛县六年至八年灾赋。尚可喜、耿继茂克钦州、灵山，故明西平王朱聿鈇缚贼渠李明忠来降，高、雷、廉、琼诸郡悉平。壬寅，官军复梧州。癸卯，以岁饥，诏所在积谷，禁遏籴，旌输粟。丙午，免三水等三县六年灾赋。壬子，以刘馀祐为户部尚书。癸丑，免霸州、东安、文安荒赋。甲寅，孙可望寇保宁，吴三桂、李国翰大败之。以希福、范文程、额色黑、车克、觉罗郎球、明安达礼、济席哈、星讷为议政大臣，巴哈纳为刑部尚书，蓝拜罢。戊午，命和硕郑亲王世子济度，多罗信郡王多尼，多罗安郡王岳乐，多罗敏郡王勒都，贝勒尚善、杜尔祜、杜兰议政。辛酉，以阿尔津为安西将军，同马喇希移镇汉中。丙寅，以李化熙为刑部尚书。丁卯，尊太宗大贵妃为懿靖大贵妃，淑妃为康惠淑妃。

十一月庚午，以卓罗为靖南将军，同蓝拜等征广西余寇。己丑，祀天於圜丘。庚寅，故明将白文选寇辰州，总兵官徐勇、参议刘昇祚、知府王任杞死之。辛卯，尼堪抵湘潭，故明将马进忠等遁宝庆，追至衡山，击败之，又败之於衡州。尼堪薨於军。追封尼堪为和硕庄亲王。乙未，免忻、乐平等州县灾赋。

十二月辛丑，免太原、平阳、汾州、辽、沁、泽灾赋。壬寅，诏还清苑民三百余户所拨投充人地，仍免地租一年。官军复安福、永新。丙午，撤卓罗等军回京。庚戌，幸南苑。戊午，还宫。广东贼犯香山，官军讨平之。己未，复命阿尔津为定南将军，同马喇希等讨辰、常余寇。甲子，免长武灾赋。

是年，达赖喇嘛来朝。朝鲜，厄鲁特部顾实汗、巴图鲁诺颜，喀尔喀部土谢图汗下戴青诺颜、喇吗达尔达尔汉诺颜，索伦部索郎阿达尔汉及班禅胡土克图、第巴、巴喀胡土克图喇嘛俱来贡。厄鲁特顾实汗三至。

十年春正月庚午，谕曰："朕自亲政以来，但见满臣奏事。大小臣工，皆朕腹心。嗣凡章疏，满、汉侍郎、卿以上会同奏进，各除推诿，以昭一德。"辛未，谕："言官不得捃摭细务，朕一日万几，岂无未合天意、未顺人心之事。诸臣其直言无隐。当有必旌，戆者不罪。"癸酉，免庄浪、红城堡、洮州卫灾赋。丁丑，改洪承畴为弘文院大学士，陈名夏为秘书院大学士。庚辰，以贝勒吞齐为定远大将军，统征湖南军，授以方略。丙戌，以多罗额驸内铎为议政大臣。诏三品以上大臣各举所知，仍严连坐法。庚寅，调金之俊为左都御史，以刘昌为工部尚书。癸巳，更定多罗贝勒以下岁俸。丙申，幸内苑，阅《通鉴》。上问汉高祖、文帝、光武及唐太宗、宋太祖、明太祖孰优。陈名夏对曰："唐太宗似过之。"上曰："不然，明太祖立法可垂永久，历代之君皆不及也。"

二月庚子，封蒿齐忒部台吉噶尔玛萨望为多罗郡王。壬子，大学士陈之遴免。甲寅，以陈之遴为户部尚书。乙卯，以沈永忠为剿抚湖南将军，镇守湖南。己未，裁各部满尚书之复者。庚申，以高尔俨为弘文院大学士，费扬古为议政大臣。辛酉，明安达礼、刘馀祐有罪，免。甲子，喀尔喀部土谢图汗下贲塔尔、衮布、奔巴世希、扎穆苏台吉率所部来归。

三月戊辰，幸南台较射。上执弓曰："我朝以此定天下，朕每出猎，期练习骑射。今综万几，日不暇给，然未尝忘也。"赐太常寺卿汤若望号通玄教师。免山西岢岚、保德七十四州县六年逋赋，代、榆次十二州县十之七。己巳，封喀尔喀部贲塔尔为和硕达尔汉亲王，衮布为卓礼克图郡王，奔巴世希为固山贝子。免蓟、丰润等十一州县九年灾赋。庚午，幸南苑。甲戌，免五台县逋赋及八年额赋之半。己卯，免江西六年荒地逋赋。辛巳，设宗学，亲王、郡王年满十岁，并选师教习。乙酉，还宫。丙戌，济席哈免。以噶达浑为兵部尚书。甲午，复以冯铨为弘文院大学士。

夏四月丁酉，亲试翰林官成克巩等。庚子，御太和殿，召见朝觐官，谕遣之。谕曰："国家官人，内任者习知纪纲，外任者谙於民俗，内外扬历，方见真才。今亲试词臣，其未留任者，量予改授，照词臣外转旧例，优予司、道各官。"始谕吏部、都察院举京察。甲辰，免湖南六年至九年逋赋、山西夏县荒赋。丙午，以佟国器为福建巡抚。丁未，以图海为弘文院大学士。壬子，以旱，下诏求直言，省刑狱。甲寅，命提学御史、提学道清釐学政。定学额，禁冒滥。改折民间充解物料，行一条鞭法。丁巳，定满官离任持服三年例。己未，以成克巩为吏部尚书。癸亥，免福州等六府九年以前荒赋三之一。

五月甲戌，停御史巡按直省。免祥符等七县九年灾赋，沔阳、潜江、景陵八年灾赋。乙亥，封郑芝龙为同安侯，子成功为海澄公，弟鸿逵为奉化伯。以喀喀木为靖南将军，征广东余寇。免历城等六十九州县八、九年灾赋。丁丑，定旌表宗室节孝贞烈例。己卯，诏曰："天下初定，疮痍未复，频年水旱，民不聊生，饥寒切身，迫而为盗。魁恶虽多，岂无冤滥，胁从沈陷，自拔无门。念此人民，谁非赤子，摧残极易，生聚綦难，概行诛锄，深可悯恻。兹降殊恩，曲从宽宥，果能改悔，咸与自新。所在官司，妥为安插，兵仍补伍，民即归农，不愿还乡，听其居住，勿令失所。咸使闻知。"庚辰，定热审例。乙酉，追封舒尔哈齐为和硕亲王，额尔衮、界堪、雅尔哈齐、祜塞为多罗郡王。免武昌、汉阳、黄州、安陆、德安、荆州、岳州九年灾赋。庚寅，加洪承畴太保，经略湖广、广东、广西、云南、贵州。壬辰，以张秉贞为刑部尚书。甲午，免霸、保定等三十一州县九年灾赋。

六月乙未朔，追封塔察篇古、穆尔哈齐为多罗贝勒。丁酉，谕曰："帝王化民以德，齐民以礼，不得已而用刑。法者天下之平，非徇喜怒为轻重也。往者臣民获罪，必下部议，以士师之任，职在明允。乃或私心揣度，事经上发，则重拟以待亲裁；援引旧案，又文致以流刻厉。朕群生在宥，临下以宽。在饥寒为盗之民，尚许自首，遐方未服之罪，亦予招携。况於甿庶朝臣，岂忍陷兹冤滥？自后法司务得真情，引用本律，钩距罗织，悉宜痛革，以臻刑措。"大学士高尔俨免。癸卯，复秋决朝审例。乙巳，命祖泽远专督湖广，孟乔芳兼督四川。丙午，免慈谿等五县八年灾赋。辛亥，赐故明殉难大学士范景文、户部尚书倪元璐等及太监王承恩十六人谥，并给祭田，所在有司致祭。改折天下本色钱粮，行一条鞭法。癸丑，贝勒吞齐等败孙可望於宝庆。庚申，以李率泰为两广总督。慈宁宫成。辛酉，增置内三院汉大学士，院各二人。癸亥，谕曰："唐、虞、夏、商未用寺人，至周仅具其职，司阍闼洒扫、给令而已。秦、汉以来，始假事权，加之爵禄，典兵干政，贻祸后代。小忠小信，固结主心；大憝大奸，潜持国柄。宫庭邃密，深居燕闲，淆是非以溷贤奸，刺喜怒而张威福，变多中发，权乃下移。历览覆车，可为鉴戒。朕酌古准今，量为设置，级不过四品。非奉差遣，不许擅出皇城。外官有与交结者，发觉一并论死。”

闰六月丙寅，以成克巩为秘书院大学士，张端为国史院大学士，刘正宗为弘文院大学士。乙亥，以金之俊为吏部尚书。庚辰，谕曰：“考之《洪范》，作肃为时雨之征，天人感应，理本不爽。朕朝乾夕惕，冀迓天休。乃者都城霖雨匝月，积水成渠，坏民庐舍，穷黎垫居艰食，皆朕不德有以致之。今一意修省，祗惧天戒。大小臣工，宜相儆息。”

秋七月甲午朔，上以皇太后谕，发节省银八万两赈兵民潦灾。辛丑，以宜永贵为南赣巡抚。庚戌，皇第二子福全生。辛酉，以安郡王岳乐为宣威大将军，率师驻防归化城。

八月壬午，以太宗十四女和硕公主下嫁平西王吴三桂子应熊。尚可喜克化州、吴川。甲申，定武职品级。丙戌，以雷兴为河南巡抚。己丑，废皇后为静妃。辛卯，李定国犯平乐，府江道周永绪，知府尹明廷，知县涂起鹏、华钟死之。

九月壬子，复刑部三覆奏例。丙辰，耿继茂、喀喀木克潮州。丁巳，孟乔芳讨故明宜川王朱敬馑於紫阳，平之。

冬十月癸亥朔，命田雄移驻定海。乙丑，马光辉等讨叛将海时行於永城，时行伏诛。丙寅，遣济席哈讨山东土寇。乙酉，设粥厂赈京师饥民。免通、密云等七州县灾赋。戊子，命大学士、学士於太和门内更番入直。

十一月甲午，祀天於圜丘。戊戌，郑成功不受爵，优谕答之。戊申，以亢得时为河南巡抚。己酉，官军讨西宁叛回，平之。乙卯，朱玛喇、金之俊免。丙辰，免江南灾赋。戊午，刘清泰剿九仙山贼，平之。己未，免江西五十四州县灾赋。

十二月丙寅，以陈泰为宁南靖寇大将军，同蓝拜镇湖南。丁卯，以吕宫为弘文院大学士，博博尔代为议政大臣，冯圣兆为偏沅巡抚。辛未，幸南苑。甲戌，免金华八县九年灾赋。癸未，设兵部督捕官。以罗毕为议政大臣。甲申，免开封、彰德、卫辉、怀庆、汝宁九年、十年灾赋。丙戌，郑成功犯吴淞，官军击走之。丁亥，还宫。是夜，地震有声。

是年，朝鲜，琉球，喀尔喀部土谢图汗下索诺额尔德尼、额尔德尼哈谈巴图鲁，厄鲁特部顾实汗、顾实汗下台吉诺穆齐，索伦部巴达克图，富喇村宜库达，黑龙江乌默忒、额尔多科，乌思藏达赖喇嘛俱来贡。朝鲜再至。

十一年春正月辛丑，罢织造官。戊申，免江宁、安徽、苏、松、常、镇、庐、凤、淮、徐、滁上年灾赋。己酉，以袁廓宇为偏沅巡抚，胡全才抚治郧阳。庚戌，广东仁化、月峒贼平。癸丑，郑成功犯崇明、靖江、泰兴，官军击走之。甲寅，以金砺为川陕、三边总督。乙卯，郑成功犯金山。丁巳，免顺德、广平、大名、天津、蓟州上年灾赋。辛酉，官军击贼於桃源，诛伪总兵李阳春等。

二月癸亥，朝日於东郊。丙寅，谕曰：“言官为耳目之司，朕屡求直言，期遇綦切。乃每阅章奏，实心为国者少，比党徇私者多，朕甚不取。其涤肺肠以新政治。”以金之俊为国史院大学士。庚午，甄别直省督抚，黜陟有差。丙子，始耕耤田。戊寅，免江西缺额丁赋。辛巳，命尚可喜专镇广东，耿继茂移驻桂林。壬午，以马鸣珮为宣大、山西总督，耿焞为山东巡抚，陈应泰为山西巡抚，林天擎为湖广巡抚，黄图安为宁夏巡抚。癸未，官军复平远县。甲申，谕曰：“比年以来，军兴未息，供亿孔殷，益以水旱，小民艰食，有司失於拊循，流离载道。朕心恻然，不遑寝处。即核库储，亟图赈抚。”己丑，免河南州县卫所十年灾赋。庚寅，以李荫祖为直隶、山东、河南总督。

三月壬辰，官军击桂东贼，擒其渠赖龙。戊戌，免湖广襄阳、黄州、常德、岳州、永州、荆州、德安及辰、常、襄三卫，山东济南、东昌十年灾赋。辛丑，宁完我劾陈名夏罪，鞫实，伏诛。乙巳，以王永吉为左都御史。戊申，皇第三子玄烨生，是为圣祖。以蒋赫德为国史院大学士。乙卯，以多罗慧哲郡王额尔衮、多罗宣献郡王界堪、多罗通达郡王雅尔哈齐配享太庙。以孟明辅为兵部尚书。

夏四月壬戌，贼渠曹志攀犯饶州，官军击败之，志攀降。庚午，四川贼魏勇犯顺庆，官军击败之。壬申，地震。官军击故明将张名振等于崇明，败之。癸酉，免洛南上年灾赋三之一。己卯，幸南苑，赉所过农民金。乙酉，免保康等四县上年被寇灾赋。丁亥，以王永吉为秘书院大学士，秦世桢为浙江巡抚。戊子，江南寇徐可进、朱元等降。

五月壬辰，上还宫。甲午，幸西苑，赐大臣宴。庚子，以胡图为议政大臣。甲辰，免平凉卫上年灾赋。丙午，起党崇雅为国史院大学士，以龚鼎孳为左都御史。丁未，遣官录直省囚。庚戌，免兴安、汉阴、平利等州县上年灾赋。辛亥，太白昼见。丙辰，以杨麒祥为平南将军，驻防杭州。

六月己未朔，河决大王庙。丙寅，陕西地震。丁卯，以朱玛喇为靖南将军，征广东余寇。甲戌，立科尔沁镇国公绰尔济女博尔济锦氏为皇后。庚辰，大赦。

秋七月戊子朔，封琉球世子尚质为中山王。壬辰，免秦州、朝邑、安定灾赋。戊申，免镇原、广宁二县灾赋。丙辰，以佟代为浙闽总督。

八月戊午朔，免延安府荒赋。己未，官军剿瑞金余寇，诛伪都督许胜可等。庚申，罢直省恤刑官，命巡抚虑囚。辛酉，免真宁县十年灾赋。壬戌，山东濮州、阳谷等县地震有声。甲戌，以张中元为江宁巡抚。丙子，以张秉贞为兵部尚书。庚辰，以傅以渐为秘书院大学士，任濬为刑部尚书。壬午，故明乐安王朱议溯谋反，伏诛。

九月己丑，范文程以病罢。免西安、平凉、凤翔三府十年灾赋。庚寅，封线国安为三等伯。壬辰，申严隐匿逃人之禁。癸巳，免宣府、万全右卫灾赋。丙申，以董天机为直隶巡抚。壬子，以冯圣兆为延绥巡抚。

冬十月丁巳朔，享太庙。辛未，免庐、凤、淮、扬四府，徐、滁、和三州灾赋。丁丑，命重囚犯罪三法司进拟，仍令议政王、贝勒、大臣详议。壬午，赈畿辅被水州县。免祁阳等七县逋赋。李定国陷高明，围新会，耿继茂请益师。

十一月丁亥，以陈泰为吏部尚书，阿尔津为正蓝旗满洲固山额真。尚可喜遣子入侍。壬寅，诏曰：“朕缵承鸿绪，十有一年，治效未臻，疆圉多故，水旱叠见，地震屡闻，皆朕不德之所致也。朕以眇躬托於王公臣庶之上，政教不修，疮痍未复，而内外章奏，辄以‘圣’称，是重朕之不德也。朕方内自省抑，大小臣工亦宜恪守职事，共弭灾患。凡章奏文移，不得称‘圣’。大赦天下，咸与更始。”癸卯，幸南苑。甲辰，耿继茂遣子入侍。

十二月辛酉，和硕承泽亲王硕塞薨。戊辰，免荆门、钟祥等六州县灾赋。己巳，免磁、祥符等三十六州县灾赋。壬申，以济度为定远大将军，征郑成功。尚可喜、耿继茂、朱玛喇败李定国于新会，定国遁走。乙亥，郑成功陷漳州，围泉州。丁丑，命明安达礼征罗刹。免西安五卫荒赋。江西贼霍武等率众降。

是年，朝鲜，琉球，厄鲁特部阿巴赖诺颜、诺门汗、额尔德尼达云绰尔济，索伦部索朗噶达尔汉，汤古忒部达赖喇嘛、谛巴班禅胡土克图均来贡。

十二年春正月戊子，官军败贼於玉版巢，又击藤县贼，破之。庚寅，免东平、济阳等十八州县上年灾赋。乙未，免直隶八府，河南彰德、卫辉、怀庆上年灾赋。戊戌，诏曰：“亲政以来，五年於兹。焦心劳思，以求治理，日望诸臣以嘉谟入告，匡救不逮。乃疆圉未靖，水旱频仍，吏治堕污，民生憔悴，保邦制治，其要莫闻。诸王大臣皆亲见祖宗创业艰难，岂无长策，而未有直陈得失者，岂朕听之不聪，虚怀纳谏有未尽欤?天下之大，几务之繁，责在一人，而失所辅导。朕虽不德，独不念祖宗培养之泽乎!其抒忠荩，以慰朕怀。”辛丑，以韩岱为吏部尚书，伊尔德、阿喇善为都统。癸卯，以于时跃为广西巡抚。甲辰，命在京七品以上，在外文官知府、武官副将以上，各举职事及兵民疾苦，极言无隐。辛亥，修《顺治大训》。

二月庚申，复遣御史巡按直省。壬戌，大学士吕宫以疾免。癸亥，免成安等六县上年灾赋。己巳，赈旗丁。免平凉、汉阴二县上年灾赋。丙子，封博穆博果尔为和硕襄亲王。免滨、宁阳等二十一州县上年灾赋。己卯，免滁、和二州上年灾赋。庚辰，以陈之遴为弘文院大学士，王永吉为国史院大学士。癸未，耿继茂、尚可喜败李定国於兴业。广东高、雷、廉三府，广西横州平。

三月戊子，免湖广石门县上年灾赋。以戴明说为户部尚书。庚子，以佟国器为南赣巡抚，宜永贵为福建巡抚。壬寅，免郧阳、襄阳二府上年被寇荒赋。甲辰，赐图尔宸、史大成等进士及第出身有差。丁未，削续顺公沈永忠爵。壬子，谕曰：“自明末扰乱，日寻干戈，学问之道，阙焉弗讲。今天下渐定，朕将兴文教，崇儒术，以开太平。直省学臣，其训督士子，博通古今，明体达用。诸臣政事之暇，亦宜留心学问，佐朕右文之治。”癸丑，设日讲官。

夏四月乙丑，免沈丘及怀庆卫上年灾赋。丁丑，进封尼思哈为和硕敬谨亲王，齐克新为和硕端重亲王。癸未，诏修《太祖、太宗圣训》。

五月乙酉，以图海兼刑部尚书。辛卯，和硕郑亲王济尔哈朗薨，辍朝七日。丁酉，以石廷柱为镇海将军，驻防京口。戊戌，以胡沙为镶黄旗固山额真。庚子，以觉罗巴哈纳为弘文院大学士。辛丑，灵丘县地震有声。乙巳，以觉罗郎球为户部尚书。丙午，以李际期为兵部尚书。丁未，以恩格德为礼部尚书。己酉，以卫周祚为工部尚书。

六月甲寅，免杭州、宁波、金华、衢州、台州灾赋。丁卯，谕曰：“朕览法司章奏，决囚日五、六人，或十余人。念此愚氓，兵戈灾祲之后，复罹法网，深可悯恻。有虞之世，民不犯於有司。汉文帝、唐太宗亦几致刑措。今犯法日众，岂风俗日偷欤?抑朝廷德教未敷，或谳狱者有失入欤?嗣后法司其明慎用刑，务求平允。”戊辰，免房山县上年灾赋。桂王将刘文秀寇常德，遣其党犯岳州、武昌，官军击走之。己卯，封博果铎为和硕庄亲王。辛巳，命内十三衙门立铁牌。谕曰：“中官之设，自古不废。任使失宜，即贻祸乱。如明之王振、汪直、曹吉祥、刘瑾、魏忠贤辈，专权擅政，陷害忠良，出镇典兵，流毒边境，煽党颂功，谋为不轨，覆败相寻，深可鉴戒。朕裁定内官职掌，法制甚明。如有窃权纳贿，交结官员，越分奏事者，凌迟处死。特立铁牌，俾世遵守。”

秋七月癸未朔，日有食之。壬辰，复遣廷臣恤刑。辛亥，命直省绘进舆图。

八月丙辰，免灵丘县灾赋。癸亥，以阿尔津为宁南靖寇大将军，同卓罗驻防荆州，祖泽润防长沙。乙丑，以多罗安郡王岳乐为左宗正，贝勒杜兰为右宗正。癸酉，谕曰：“畿辅天下根本，部臣以运河决口，议征逋赋。朕念畿内水旱相仍，人民荼苦，复供旧税，其何以堪。今悉与蠲免。工筑之费，别事筹画。”免曹、城武等七州县及临清卫、齐河屯上年灾赋。

九月癸未，免凤阳灾赋。壬寅，定武会试中式殿试如文进士。朱玛喇、敦拜师还。丙午，颁御制《资政要览》、《范行恒言》、《劝善要言》、《儆心录》，异姓公以下，文三品以上各一部。戊申，免两当、宁远二县灾赋。

冬十月辛亥朔，设尚宝司官。壬子，免蔚州及阳和、阳高二卫灾赋。己未，免甘州、肃州、凉州、西宁灾赋。辛酉，命每年六月虑囚，七月覆奏，著为令。癸亥，免磁、获嘉等八州县灾赋。甲子，免隆平十一年以前逋赋、淄川等八县灾赋。丙寅，免宣府、大同灾赋。戊辰，诏曰：“帝王以德化民，以刑辅治。苟律例轻重失宜，官吏舞文出入，政平讼理，其道曷由。朕览谳狱本章，引用每多未惬。其以现行律例缮呈，朕将亲览更定之。”辛未，以祝世允为镶红旗满洲固山额真。癸酉，以孙廷铨为兵部尚书。乙亥，修玉牒。丙子，龚鼎孳以罪免。

十一月壬午，免滨、堂邑等十三州县灾赋。癸未，郑成功将犯舟山。乙酉，巡按御史顾仁坐纳贿，弃市。丁亥，谕曰：“国家设督抚巡按，振纲立纪，剔弊发奸，将令互为监察。近来积习，乃彼此容隐。凡所纠劾止末员，岂称设官之意。嗣有瞻顾徇私者，并坐其罪。”郑成功将陷舟山，副将把成功降於贼。戊子，幸南苑。免郧阳、襄阳逋赋，汲、淇、胙城等县灾赋。戊申，免临漳灾赋。

十二月丙辰，免耀州、同官、雒南灾赋。癸亥，免安吉、仁和等十州县，宣化八卫灾赋。乙丑，颁《大清满字律》。免临清、齐河等十州县，东昌卫灾赋。丙寅，於时跃、祖泽远平九团两都瑶、僮一百九十二寨。己巳，多罗敏郡王勒度薨。癸酉，免涿、庆云等三十三州县，永平卫灾赋。甲戌，以宜尔德为宁海大将军，讨舟山寇。以秦世祯为安徽巡抚，提督操江，陈应泰为浙江巡抚，白如梅为山西巡抚。免临海等十八县，祥符、兰阳二县，怀庆、群牧二卫灾赋。

是年，喀尔喀部额尔德尼诺穆齐台吉、门章墨尔根楚虎尔台吉、伊世希布额尔德尼台吉、额尔克戴青台吉来朝。朝鲜，喀尔喀部毕席勒尔图汗、俄木布额尔德尼、泽卜尊丹巴胡土克图、丹津喇嘛、车臣汗、土谢图汗、土谢图汗下喇嘛塔尔达尔汉诺颜，厄鲁特部杜喇尔浑津台吉、都喇尔浑津阿里录克三拖因、阿巴赖诺颜、鄂齐尔图台吉、噶尔丹霸，索伦部马鲁凯，讷墨礼河头目伊库达，黑龙江头目库拜，班禅胡土克图，俄罗斯察幹汗遣使均来贡。朝鲜三至。厄鲁特阿巴赖、鄂齐尔图台吉再至。

十三年春正月庚辰朔，幸南苑。癸未，谕修《通鉴全书》、《孝经衍义》。丙申，免汉中、凤翔、西安上年灾赋。已亥，郑成功将犯台州，副将马信以城叛，降於贼。庚子，免广德上年灾赋十之一。甲辰，免富阳等六县上年灾赋。乙巳，免江西八年逋赋。

二月戊午，免荆州、安陆、常德、武昌、黄州上年灾赋。庚申，免广平上年灾赋。丙寅，免岢岚、五台上年灾赋。戊辰，命两广总督移驻梧州。官军败李定国於南宁。庚午，定部院满官三年考满、六年京察例。以李率泰为浙闽总督，王国光为两广总督。甲戌，以赵布泰为镶黄旗固山额真。丙子，幸南苑，较射。免东平、濮、长山上年灾赋。已卯，大学士冯铨致仕。

三月庚辰，幸瀛台。癸未，免景陵等九县上年灾赋。癸巳，以费雅思哈为议政大臣，马之先为川陕、三边总督。乙未，陈之遴有罪，以原官发盛京闲住。癸卯，谕曰："朝廷立贤无方，比来罢谴虽多南人，皆以事论斥，非有所左右也。诸臣毋歧方隅，毋立门户，毋挟忿肆诬，毋摭嫌苛讦，庶还荡平之治。"丙午，谕曰："朕亲政以来，夙夜兢业，每期光昭祖德，蚤底治平，克当天心，以康民物。方睿王摄政，斥忠任奸，百姓怨嗟，望朕亲政。乃者冬雷春雪，陨石雨土，所在见告。六载之中，康乂未奏，灾祲时闻。是朕有负於百姓也。用是恐惧靡宁，冀昭告於上帝祖宗，实图省戒，有司其涓日以闻。"

夏四月辛亥，广西故明永安王朱华堧及土司等来降。乙卯，以灾变祭告郊庙。辛酉，官军破贼姚黄於夷陵。壬戌，太原阳曲地震。丁卯，以觉罗科尔坤为吏部尚书。庚午，免麟游荒赋。壬申，以梁清标为兵部尚书。丁丑，尚可喜复揭阳、普宁、澄海三县。

五月辛卯，免大宁荒赋。癸巳，幸南苑。已亥，以罗託为镶蓝旗满洲固山额真。觉罗郎球免。命明安达礼为理藩院尚书。以张悬锡为宣大总督。免荆门、京山等十一州县，襄阳卫上年灾赋。

闰五月戊申，幸瀛台。丙辰，广西都康等府土官来降。已未，乾清宫、坤宁宫、交泰殿及景仁、永寿、承乾、翊坤、钟粹、储秀宫成。以郎廷佐为江南、江西总督，刘汉祚为福建巡抚。丙寅，以张朝璘为江西巡抚。

六月已丑，谕曰："满洲家人皆征战所得，故立严法以儆逋逃。比年株连无已，朕心恻焉。念此仆隶，亦皆人子。苟以恩结，宁不知感。若任情困辱，虽严何益。嗣后宜体朕意。"壬辰，莒州地震有声。庚子，免桃源上年荒赋。辛丑，容美土司田吉麟降。癸卯，命固山额真郎赛驻防福建。撤直省督催税粮满官。宁化贼帅黄素禾来降。

秋七月丁未朔，享太庙。戊申，官军败明桂王将龙韬于广西，斩之。已酉，和硕襄亲王博穆博果尔薨。庚戌，郑成功将黄梧等以海澄来降。壬子，上初御乾清宫。癸丑，大赦。戊午，以佟延年为甘肃巡抚。

八月戊寅，免广信、饶州、吉安上年灾赋。已丑，免莆田、仙游、兴平卫十一、十二两年灾赋。辛卯，赈畿辅。壬辰，封黄梧为海澄公。停满官榷关。癸巳，郑成功军陷闽安镇，进围福州，官军击却之。丁酉，免顺天比年灾赋。已亥，免靖远、洮岷等卫灾赋。辛丑，命三年大阅，著为令。乙巳，免大同上年灾赋。

九月丙午，官军败郑成功将於夏关，又败之於衡水洋，遂复舟山。癸亥，郑成功将官顾忠来降。壬申，追封和硕肃亲王豪格为和硕武肃亲王。

冬十月丁丑，以蒋国柱为安徽巡抚，提督操江。戊寅，设登闻鼓。已卯，免宣府灾赋，延绥镇神木县十之三。庚辰，四川贼帅邓希明、张元凯率众降。甲午，以胡全才为湖广总督。乙未，幸南苑。丙申，以张尚抚治郧阳。辛丑，官军复辰州。壬寅，免和顺县灾赋十之三。永顺土司彭弘澍率所属三州六司三百八十峒来降。癸卯，命陈之遴还京。

十一月丙午，还宫。丁未，兴京陵工成。庚戌，祀天於圜丘。辛亥，幸南苑。申严左道之禁。戊午，免清水县、凤翔所灾赋。丙寅，以张长庚为湖广巡抚。免海州荒赋。辛未，免洛川灾赋。

十二月已卯，册内大臣鄂硕女董鄂氏为皇贵妃，颁恩赦。戊子，还宫。已丑，封盆挫监挫为阐化王。乙未，以李荫祖为湖广总督。丁酉，加上皇太后尊号曰昭圣慈寿恭简安懿章庆皇太后。戊戌，颁恩赦。

是年，土谢图亲王巴达礼、卓礼克图亲王吴克善、达尔汉巴图鲁郡王满朱习礼、固伦额驸阿布鼐亲王来朝。朝鲜，荷兰，吐鲁番，乌斯藏阐化王，喀尔喀部索特拔、宜尔登诺颜、喇嘛塔尔多尔济达尔汉诺颜、车臣汗、土谢图汗，土谢图汗下丹津喇嘛、戴青、额尔德尼喇嘛，厄鲁特部达赖吴巴什台吉、讷穆齐台吉、阿巴赖诺颜、察罕台吉、马赖台吉、什虎儿戴青、额尔德尼台吉、顾实汗下色稜诺颜，索伦部达尔巴均来贡。喀尔喀土谢图汗、宜尔登诺颜再至。

十四年春正月辛亥，祈谷於上帝，以太祖武皇帝配。癸丑，以魏裔介为左都御史。甲寅，宜尔德师还。乙卯，以张悬锡为直隶、山东、河南总督。官军败郑成功将于乌龙江，又败之於惠安县。戊午，谕曰："制科取士，计吏荐贤，皆朝廷公典。臣子乃以市恩，甚无谓也。师生之称，必道德相成，授受有自，方足当之。岂可攀援权势，无端亲暱。考官所得，及荐举属吏，辄号门生。贿赂公行，径窦百出，钻营党附，相煽成风。朕欲大小臣工杜绝弊私，恪守职事，犯者论罪。"修金陵寝。庚申，以卢崇峻为宣大总督。甲子，谕曰："我国家之兴，治兵有法。今八旗人民，怠於武事，遂至军旅隳敝，不及曩时。皆由限年定额，考取生童，乡会两试，即得录用，及各衙门考取他赤哈哈番、笔帖式，徒以文字得官，迁转甚速，以故人乐趋之。其一切停止。”丁卯，封猛峨、塔尔纳为多罗郡王，多尔博为多罗贝勒，皇贵妃父鄂硕为三等伯。

二月戊寅，祭社稷。命儒臣纂修《易经》。癸未，故明崇阳王朱蕴钤等来降。丁酉，祭历代帝王庙。己亥，宽隐匿逃人律。以赛音达理为正白旗汉军固山额真。壬寅，山西云镇地震有声。癸卯，免沔阳、益阳上年灾赋。

三月己酉，奉太宗文皇帝配享圜丘及祈谷坛。多罗郡王塔尔纳薨。壬子，奉太祖武皇帝、太宗文皇帝配享方泽。癸丑，以配享礼成，大赦天下。甲寅，诏求遗书。丙辰，复孔子位号曰至圣先师。丁卯，定远大将军济度师还。

夏四月甲戌，兴宁县雷连十二峒瑶官庞国安等来降。丁丑，流郑芝龙於宁古塔。癸未，四川保宁府威、茂二州地大震。乙酉，以济席哈为正红旗满洲都统。丁亥，以久旱，恤刑狱。辛卯，祷雨於郊坛，未还宫，大雨。丁酉，幸南苑。戊戌，置盛京奉天府。

五月癸卯朔，日有食之。丙午，以道喇为正红旗蒙古固山额真。甲寅，封济度为和硕简亲王。丁巳，以觉罗伊图为兵部尚书。戊午，还宫。

六月辛巳，免彰德、卫辉二府上年灾赋。壬午，免武陵县上年灾赋。辛丑，洪承畴以疾解任。

秋七月丙辰，削左都御史魏裔介职，仍戴罪办事。庚申，以朱之锡为河道总督。

八月壬申，命敦拜为总管，驻防盛京。己丑，免山西荒地逃丁徭赋。丙申，郑成功犯台州，绍台道蔡琼枝叛，降於贼。丁酉，赉八旗贫丁。

九月辛丑，以亢得时为漕运总督，李国英为川陕、三边总督。丙午，初御经筵。以贾汉复为河南巡抚。癸丑，以高民瞻为四川巡抚。停直省秋决。丙寅，官军复闽安镇。丁卯，京师地震有声。戊辰，诏曰：“自古变不虚生，率由人事。朕亲政七载，政事有乖，致灾谴见告，地震有声。朕躬修省，文武群臣亦宜协心尽职。朕有阙失，辅臣陈奏毋隐。”

冬十月壬申，以开日讲祭告先师孔子于弘德殿。免新乐上年灾赋。癸酉，命固山额真赵布泰驻防江宁。丙子，皇第四子生。修《赋役全书》。辛巳，幸南苑。乙酉，阅武。丁亥，修孔子庙。戊子，还宫。庚寅，改梁化凤为水师总兵官，驻防崇明。甲午，顺天考官李振邺、张我朴等坐受贿弃市。乙未，昭事殿、奉先殿成。

十一月壬寅，幸南苑。皇第五子常宁生。丙午，进安郡王岳乐为亲王。庚戌，免吉水等八县灾赋。戊午，免霸、宝坻等二十八州县，保安等四卫灾赋。辛酉，荆州贼田国钦等来降。壬戌，明桂王将孙可望来降。固山贝子吞齐喀以罪削爵。

十二月癸酉，复命洪承畴经略五省，同罗託等取贵州。免新建、丰城灾赋。甲戌，封孙可望为义王。癸未，命吴三桂自四川，赵布泰自广西，罗託自湖南取贵州。丙戌，明桂王将谭新传等降。丙申，以皇太后疾愈，赉旗兵，赈贫民。

是年，朝鲜，喀尔喀部毕席勤尔图汗、冰图台吉、额尔德尼韦征诺颜、吴巴什诺颜、土谢图汗下完书克诺颜，厄鲁特部敖齐尔图台吉子伊拉古克三、班第大胡土克图、绰克图台吉、巴图鲁台吉、达赖乌巴什台吉，索伦部马鲁喀、虎尔格吴尔达尔汉，东夷託科罗氏、南迪欧，达赖喇嘛、班禅胡土克图均来贡。朝鲜三至。

十五年春正月庚子，大赦。诏曰：“帝王孝治天下，礼莫大乎事亲。比者皇太后圣躬违和，朕夙夜忧惧。赖荷天眷，今已大安。遘兹大庆，宜沛殊恩。其自王公以下，中外臣僚，并加恩赉。直省逋赋，悉与豁免。吏民一切诖误，咸赦除之。”壬寅，停祭堂子。以多罗信郡王多尼为安远靖寇大将军，率师征云南。戊午，祀圜丘，己未，祀方泽，辛酉，祀太庙社稷，以太后疾愈故。皇第四子薨。丙寅，以周召南为延绥巡抚。

二月甲戌，赈畿辅。甲申，免武清、漷上年灾赋。己丑，减辽阳税额。辛卯，川东贼帅张京等来降。甲午，命部院官各条陈事宜。乙未，御经筵。

三月辛丑，李定国党闫维龙等陷横州，官军击走之。甲辰，内监吴良辅以受贿伏诛。壬子，免襄阳、郧阳荒赋。戊午，追封科尔沁巴图鲁王女为悼妃。甲子，追封皇第四子为和硕荣亲王。

夏四月辛未，赐孙承恩等进士及第出身有差。丙子，官军败贼於合州，克重庆。癸未，免江夏等七县十三年灾赋。丙戌，较射於景山。辛卯，免淳化荒赋。大学士王永吉以罪免。壬辰，大学士陈之遴复以罪流盛京。

五月丁酉朔，日有食之。癸卯，调卫周祚为吏部尚书。戊申，以刘昌为工部尚书。更定铨选法。辛亥，郑成功将犯澄海，游击刘进忠以城叛，降於成功。壬子，免山东十一年以前灶丁逋课。己未，较射於景山。辛酉，裁詹事府官。壬戌，广西贼将贺九仪犯宾州，官兵击败之。癸亥，以胡世安、卫周祚、李霨为内院大学士。甲子，官军复沅靖，进取贵阳、平越、镇远等府，南丹、那地、独山等州，抚宁土司俱降。

六月戊辰，吴三桂等败李定国将刘正国於三坡，克遵义，拔开州。辛未，以赵廷臣为贵州巡抚。壬申，以佟国器为浙江巡抚，苏弘祖为南赣巡抚。丙子，官军败海寇於白沙。辛巳，以李棲凤为两广总督。甲申，以王崇简为礼部尚书。壬辰，免靖、沅陵等十五州县及平溪九卫所额赋。癸巳，郑成功犯温州，陷平阳、瑞安。

秋七月己亥，裁宣大总督。己酉，以潘朝选为保定巡抚。庚戌，沙尔虎达击罗刹，败之。改内三院大学士为殿阁大学士。设翰林院及掌院学士官。增各道御史三十人。己未，免桂阳、衡阳等十州县上年灾赋。甲子，以巴哈、费扬古、郭迈、屠禄会、马尔济哈、鄂莫克图、坤巴图鲁、邬布格德墨尔根袍、喀兰图、鄂塞、博洛塞冷、巴特玛、巴泰俱为内大臣，赵国祚为浙江总督，李率泰专督福建。

八月癸酉，以李显贵为镶白旗汉军固山额真。丙子，敕谕多尼等，授以方略。李定国将王兴及水西宣慰使安坤等来降。癸巳，御经筵。

九月丁酉，以孙塔为镶蓝旗蒙古固山额真。庚戌，更定理藩院大辟条例。己酉，以能图为左都御史。壬子，赐镶黄、正黄、正白三旗官校金。甲寅，改内院大学士觉罗巴哈纳、金之俊为中和殿大学士，额色黑、成克巩为保和殿大学士，蒋赫德、刘正宗为文华殿大学士，洪承畴、傅以渐、胡世安为武英殿大学士，卫周祚为文渊阁大学士，李霨为东阁大学士。己未，免福州、兴化、建宁三府，福宁州十二、十三两年荒赋。癸亥，发帑赐出征军士家。

冬十月壬午，以祖重光为顺天巡抚。荆州、襄阳、安陆霪雨，江溢，漂没万余人。

十一月甲午朔，海寇犯洛阳内港，官军击败之。乙未，免郧阳、襄阳荒赋。庚子，定宫中女官员额品级。辛丑，免林县灾赋十之三。江南考官方犹、钱开宗等坐纳贿弃市。

十二月壬申，以索浑为镶白旗满洲固山额真。甲戌，免五台灾赋。壬午，故明宗室朱议滃率众降。乙酉，以郎赫为礼部尚书。免山阴等八县上年灾赋。戊子，以明安达礼为安南将军，率师驻防贵州。已丑，谕曰："川、湖、云、贵之人，皆朕臣庶，寇乱以来，久罹汤火。今大军所至，有来归者，加意拊循，令其得所。能效力建功者，不靳爵赏。"

是年，朝鲜，喀尔喀部窦尔格齐诸颜、噶尔当台吉、土谢图汗、毕席勒尔图汗、丹津喇嘛，厄鲁特部阿巴赖诸颜，车臣台吉下车臣俄木布、鄂齐尔图台吉，索伦部达把代，库尔喀部塔尔善，使犬国头目替尔库，达赖喇嘛俱来贡。朝鲜、喀尔喀土谢图汗、厄鲁特阿巴赖诸颜再至。

十六年春正月甲午，桂王将谭文犯重庆，其弟谭诣杀之，及谭弘等来降。丁酉，以徐永正为福建巡抚。庚子，多尼克云南，以捷闻。初，多尼、吴三桂、赵布泰会师於平越府之杨老堡，分三路取云南。多尼自贵阳入，渡盘江至松岭卫，与白文选遇，大败之。三桂自遵义至七星关，不得进，乃由水西间道趋乌撒。赵布泰自都匀至盘江之罗颜渡，败守将李成爵於山谷口，又败李定国於双河口，所向皆捷，遂俱抵云南，入省城。李定国、白文选奉桂王奔永昌。癸卯，以林天擎为云南巡抚。甲辰，以巴海为昂邦章京，驻防宁古塔。辛亥，赐外藩蒙古诸王贫乏者马牛羊。癸丑，以赵廷臣为云贵总督，卞三元为贵州巡抚。

二月丙寅，免潼关卫辛庄等屯上年灾赋。丁卯，海寇犯温州，官军击败之。庚午，以云、贵荡平，命今秋举会试。辛未，免荆州、潜江等九州县及沔阳、安陆二卫上年灾赋。丙子，命罗託等班师，明安达礼驻防荆州。壬午，以许文秀为山东巡抚。

三月丙申，以蒋国柱为江宁巡抚。己亥，以张仲第为延绥巡抚。戊申，以朱衣助为安徽巡抚。郑成功犯浙江太平县，官军击败之。己酉，御经筵。甲寅，命吴三桂镇云南，尚可喜镇广东，耿继茂镇四川。丁巳，免襄阳等六县灾赋。

闰三月壬戌，大学士胡世安以疾解任。丁卯，定犯赃例，满十两者流席北，应杖责者不准折赎。甲申，免钟祥县上年灾赋。图海有罪，免。丙戌，封谭弘为慕义侯，谭诣为向化侯。丁亥，以张自德为陕西巡抚。

夏四月甲寅，多尼、吴三桂军克镇南州，白文选纵火烧澜沧江铁桥遁走。我军进克永昌，李定国奉桂王走腾越，伏兵於磨盘山，我军力战，复克腾越。

五月壬戌，广西南宁、太平、思恩诸府平。己巳，以刘秉政为宁夏巡抚。晋封满朱习礼为和硕达尔汉巴图鲁亲王。戊寅，官军击成功於定关，败之，斩获甚众。辛巳，发内帑银三十万两，以其半赈云、贵穷黎，其半给征兵饷。

六月庚子，朝鲜国王李淏薨。壬子，郑成功陷镇江府。

秋七月丁卯，以达素为安南将军，同索洪、赖塔等率师征郑成功。丙子，郑成功犯江宁。庚辰，幸南苑。甲申，还宫。

八月己丑朔，江南官军破郑成功於高山，擒提督甘辉等，烧敌船五百余艘。成功败遁，我军追至瓜州，敌兵大溃。先是，成功拥师十余万，战舰数千，抵江宁城外，列八十三营，络绎不绝，设大炮、地雷、云梯、木栅，为久困之计，军容甚盛。我军噶褚哈、马尔赛等自荆州以舟师来援，会苏松水师总兵官梁化凤及游击徐登第、参将张国俊等各以军至，总督郎廷佐合军会战，水陆并进，遂以捷闻。庚寅，御经筵。癸巳，幸南苑。以刘之源为镇海大将军，同梅勒章京张元勳等驻防镇江。以蔡士英为凤阳巡抚，总督漕运；宜永贵为安徽巡抚，提督操江。丙申，安南国都将武公恣遣使纳款於洪承畴军前。戊戌，还宫。甲辰，郑成功复犯崇明，官军击败之。乙巳，幸南苑。丙午，还宫。

九月庚申，免台州四年至十年被寇税赋。乙亥，赐陆元文等进士及第出身有差。丁丑，以杜立德为刑部尚书。戊寅，予故朝鲜国王李淏谥，封世子棩为国王。庚辰，以海尔图为镶蓝旗汉军固山额真。辛巳，尊兴京祖陵为永陵。甲申，幸南苑。

冬十月庚戌，洪承畴以疾解经略任。甲寅，奈曼部达尔汉郡王阿汉以罪削爵为庶人。

十一月己未，论故巽亲王满达海、端重亲王博洛、敬谨亲王尼堪前罪，削巽亲王、端重亲王爵，降其子为多罗贝勒。敬谨亲王独免。壬戌，以公遏赫、公朴尔盆为内大臣。丙寅，上猎於近畿。壬申，次昌平州，上酹酒明崇祯帝陵，遣学士麻勒吉祭王承恩墓。甲戌，遣官祭明帝诸陵，并增陵户，加修葺，禁樵采。戊寅，皇第六子奇授生。己卯，次汤泉。甲申，次三屯营。追谥明崇祯帝为庄烈愍皇帝。丙辰，吴三桂取沅江。

十二月戊戌，还京。乙巳，定世职承袭例。庚戌，加公主封号。壬子，命耿继茂移驻广西。

是年，朝鲜，喀尔喀部丹津喇嘛、土谢图汗、车臣汗、毕席勒尔图汗、鲁布臧诸颜、车臣济农、昆都伦託音、土谢图汗下多尔济台吉，厄鲁特部阿布赖诸颜、达来吴霸西诸颜、俄齐尔图台吉，黑龙江能吉勒屯头目韩批理，索伦部胡尔格乌尔达尔汉俱来贡。朝鲜，喀尔喀部土谢图汗、丹津喇嘛再至。

十七年春正月丙寅，以朱国治为江宁巡抚。庚辰，京师文庙成。以能图为刑部尚书。辛巳，诏曰："自古帝王，统御寰区，治效已臻，则乐以天下；化理未奏，则罪在朕躬。

敬天勤民，道不越此。朕续承祖宗鸿绪，兢兢图治，十有七年。乃民生犹未尽遂，贪吏犹未尽除，滇、黔伏戎未靖，征调时闻。反复思维，朕实不德，负上天之简畀，忝祖宗之寄托，虚太后教育之恩，孤四海万民之望。每怀及此，罔敢即安。兹以本年正月，祭告天地、太庙、社稷，抒忱引责。自今以后，元旦、冬至及朕寿令节庆贺表章，俱行停止。特颁恩赦，官民除十恶死罪外，悉减一等，军流以下，咸赦除之。直省逋赋，概予豁免。有功者录，孝义者旌。诞告中外，咸使闻知。”免洮州卫上年灾赋。甲申，免莒、宁阳十二州县上年灾赋。

二月戊子，诏京官大学士、尚书自陈。其三品以下，亲加甄别。吴三桂军破贼於普洱。征南将军赵布泰师还。壬辰，尚书刘昌自陈年老，致仕。癸巳，免贵阳等六府及土司上年灾赋。复设凤阳巡抚，驻泰州。戊戌，甄察直省督抚及京职三品以上汉官，石申、冯溥等录叙黜降有差。壬寅，以林起龙为凤阳巡抚。免淮、扬、凤三府，徐州上年灾赋。定每年孟春合祭天地日月及诸神於大享殿。癸卯，谕礼部：“向来孟春祈谷礼於大享殿举行，今既行合祭礼於大享殿，以后祈谷礼於圜丘举行。”壬子，免梁城所上年灾赋。

三月癸亥，定平西、靖南二藩兵制。甲子，以史纪功为浙江巡抚。辛未，谕礼部：“朕载稽旧制，岁终祫祭之外，有奉先殿合祭之礼。自后元旦、皇太后万寿及朕寿节，合祀於奉先殿。其详议礼仪以闻。”论陷镇江罪，革巡抚蒋国柱、提督管效忠职，免死为奴，协领费雅柱等弃市。甲戌，定固山额真汉称曰都统，梅勒章京曰副都统，甲喇章京曰参领，牛录章京曰佐领，昂邦章京曰总管。满仍其旧。以袁懋功为云南巡抚。丙子，御经筵。癸未，定王、贝勒、贝子、公妻女封号。甲申，更定民公、侯、伯以下，章京以上盔缨制。

夏四月丙戌，免宝坻、丰润、武清上年灾赋。甲午，以张长庚为湖广总督。丙申，以刘祚远为保定巡抚，张椿为陕西巡抚。辛丑，诏定匿灾不报罪。癸卯，以白秉贞抚治郧阳。丙午，皇第七子隆禧生。己酉，合祀天地於大享殿。

五月乙卯朔，以觉罗伊图为吏部尚书。庚申，免绥德、肤施五州县上年灾赋。甲子，以阿思哈为兵部尚书，苏纳海为工部尚书。甲戌，以佟壮年为正蓝旗汉军都统，郭尔泰为镶白旗蒙古都统。免沅州、镇远二卫上年灾赋。己卯，诏曰：“前者屡诏引咎责躬，由今思之，皆具文而鲜实益。且十二、十三年间，时有过举，经言官指陈，虽加处分，而此心介然未释。今上天示儆，亢旱疠疫，灾眚叠至。寇盗未息，民生困悴。用是深自刻责，夙夜靡宁。从前以言获罪者，吏部列名具奏。凡国计民生利害，及朕躬阙失，各直言无隐。”庚辰，以张天福为正黄旗汉军都统。壬午，觉罗巴哈纳等以旱引罪自陈。上曰：“朕以旱灾迭见，下诏责躬。卿等合辞引罪，是仍视为具文，非朕实图改过意也。卿等职司票拟，仅守成规，未能各出所见，佐朕不逮。是皆朕不能委任大臣之咎。自后专加委任，其殚力赞襄，秉公持正，以副朕怀。”多罗信郡王多尼师还。癸未，云南土司那嵩来降。

六月乙酉，始命翰林官于景运门入直。以阿思哈兼摄左都御史事。戊子，遣官省狱，以杨茂勳为湖广巡抚。免澧、巴陵十二州县及岳州等卫上年灾赋。己丑，增祀商中宗、高宗、周成王、康王、汉文帝、宋仁宗、明孝宗於历代帝王庙。罢辽太祖、金太祖、元太祖庙祀及宋臣潘美、张浚从祀。以苏纳海为兵部尚书。癸巳，以穆里玛为工部尚书，白色纯署河道总督。丙申，上以祷雨步至南郊斋宿。是日，大雨。戊戌，祀天於圜丘，又雨。己亥，大学士刘正宗、成克巩、魏裔介以罪免。辛丑，命修举天下名山大川、古帝王圣贤祀典。

秋七月甲寅朔，以霍达兼摄左都御史事。和硕简亲王济度薨。戊午，编降兵为忠勇、义勇等十营，隶吴三桂，以降将马宝等统之。丁卯，移祀北岳於浑源州。己巳，免荆州、祁阳十三州县及衡州等卫上年灾赋。庚午，免均、保康七州县及郧、襄二卫上年荒赋。以杨义为工部尚书。丁丑，命耿继茂移驻福建。宁古塔总管巴海败罗刹於使犬部地，招抚费牙喀十五村一百二十余户。改徙席北流犯於宁古塔。庚辰，停遣御史巡按直省。壬午，以罗託为安南将军，率师征郑成功。癸未，能图免。

八月丁亥，以彭有义为河南巡抚。己丑，免化、茂名四州县及高州所上年灾赋。庚寅，免武冈上年灾赋。丙申，云南车里土司刀木祷来降。戊戌，以沈永忠为挂印将军，镇守广东。辛丑，以爱星阿为定西将军，征李定国。壬寅，皇贵妃董鄂氏薨，辍朝五日，甲辰，追封董鄂氏为皇后。己酉，降将郝承裔叛，陷邛州，围嘉定，官军击败之。辛亥，以穆里玛为镶黄旗满洲都统。

九月癸丑朔，安南国王黎维祺奉表来降。甲子，以佟凤彩为四川巡抚。丁卯，伪将邓耀据海康，官军击走之。壬申，以王登联为保定巡抚。甲戌，免保昌六县及南、韶二所十四年灾赋。戊寅，幸昌平，观故明诸陵。己卯，还宫。

冬十月丁亥，以觉罗雅布兰为刑部尚书。戊子，罢朝鲜贡鹰。辛卯，幸近郊。甲午，还宫。己亥，以郭科为工部尚书。丁未，免睢、商丘十一州县及归德、睢阳二卫上年灾赋。

十一月甲寅，免赵、柏乡四州县及真定卫上年灾赋。乙卯，免宁、上饶四十六州县上年灾赋。丁巳，撤直省恤刑官。安南将军明安达礼师还。辛酉，大学士刘正宗以罪免。壬戌，复遣御史巡按直省。乙丑，敬谨亲王尼思哈薨。戊寅，免睢、虞城六州县灾赋。庚辰，免五河、安东上年灾赋。

十二月癸巳，免邳、宿迁四州县灾赋。戊戌，免庆都灾赋。甲辰，皇第八子永幹生。

是岁，朝鲜，喀尔喀部丹津喇嘛，土谢图汗下万舒克诺颜、七旗，厄鲁特部鄂齐里汗，达赖喇嘛、班禅胡土克图，阿里禄克山托因，虎尔哈部宜讷克，俄罗斯部察罕汗，使鹿索伦部头目布勒、苏定噶、索朗阿达尔汉子查木苏来贡。朝鲜再至。

十八年春正月壬子，上不豫。丙辰，大渐。赦死罪以下。丁巳，崩於养心殿，年二十四。遗诏曰：“朕以凉德，承嗣丕基，十八年於兹矣。自亲政以来，纪纲法度，用人行政，不能仰法太祖、太宗谟烈，因循悠忽，苟且目前。且渐习汉俗，於淳朴旧制，日有更张。以致国治未臻，民生未遂，是朕之罪一也。朕自弱龄，即遇皇考太宗皇帝上宾，教训抚养，惟圣母皇太后慈育是依。隆恩罔极，高厚莫酬，朝夕趋承，冀尽孝养。今不幸子道不终，诚悃未遂，是朕之罪一也。皇考宾天，朕止六岁，不能服衰绖行三年丧，终天抱憾。惟侍奉皇太后顺志承颜，且冀万年之后，庶尽子职，少抒前憾。今永违膝下，反上廑圣母哀痛，是朕之罪一也。宗室诸王贝勒等，皆太祖、太宗子孙，为国藩翰，理宜优遇，以示展亲。朕於诸王贝勒，晋接既疏，恩惠复鲜，情谊睽隔，友爱之道未周，是朕之罪一也。满洲诸臣，或历世竭忠，或累年效力，宜加倚托，尽厥猷为。朕不能信任，有才莫展。且明季失国，多由偏用文臣。朕不以为戒，委任汉官，即部院印信，间亦令汉官掌管。致满臣无心任事，精力懈弛，是朕之罪一也。朕夙性好高，不能虚己延纳。於用人之际，务求其德与己侔，未能随才器使，致每叹乏人。若舍短录长，则人有微技，亦获见用，岂遂至於举世无才，是朕之罪一也。设官分职，惟德是用，进退黜陟，不可忽视。朕於廷臣，明知其不肖，不即罢斥，仍复优容姑息。如刘正宗者，偏私躁忌，朕已洞悉於心，乃容其久任政地。可谓见贤而不能举，见不肖而不能退，是朕之罪一也。国用浩繁，兵饷不足。而金花钱粮，尽给宫中之费，未尝节省发施。及度支告匮，每令诸王大臣会议，未能别有奇策，止议裁减俸禄，以赡军饷。厚己薄人，益上损下，是朕之罪一也。经营殿宇，造作器具，务极精工。无益之地，糜费甚多。乃不自省察，罔体民艰，是朕之罪一也。端敬皇后於皇太后克尽孝道，辅佐朕躬，内政聿修。朕仰奉慈纶，追念贤淑，丧祭典礼，过从优厚。不能以礼止情，诸事太过，逾滥不经，是朕之罪一也。祖宗创业，未尝任用中官。且明朝亡国，亦因委用宦寺。朕明知其弊，不以为戒。设立内十三衙门，委用任使，与明无异。致营私作弊，更逾往时，是朕之罪一也。朕性耽闲静，常图安逸，燕处深宫，御朝绝少。致与廷臣接见稀疏，上下情谊否塞，是朕之罪一也。人之行事，孰能无过？在朕日理万机，岂能一无违错？惟听言纳谏，则有过必知。朕每自恃聪明，不能听纳。古云：'良贾深藏若虚，君子盛德，容貌若愚。'朕於斯言，大相违背。以致臣工缄默，不肯进言，是朕之罪一也。朕既知有过，每自刻责生悔。乃徒尚虚文，未能省改，过端日积，愆戾愈多，是朕之罪一也。太祖、太宗创垂基业，所关至重。元良储嗣，不可久虚。朕子玄烨，佟氏妃所生，岐嶷颖慧，克承宗祧，兹立为皇太子。即遵典制，持服二十七日，释服即皇帝位。特命内大臣索尼、苏克萨哈、遏必隆、鳌拜为辅臣。伊等皆勋旧重臣，朕以腹心寄托。其勉矢忠荩，保翊冲主，佐理政务。布告中外，咸使闻知。"

三月癸酉，上尊谥曰体天隆运英睿钦文大德弘功至仁纯孝章皇帝，庙号世祖，葬孝陵。累上尊谥曰体天隆运定统建极英睿钦文显武大德弘功至仁纯孝章皇帝。

论曰：顺治之初，睿王摄政。入关定鼎，奄宅区夏。然兵事方殷，休养生息，未遑及之也。迨帝亲总万几，勤政爱民，孜孜求治。清赋役以革横征，定律令以涤冤滥。蠲租贷赋，史不绝书。践阼十有八年，登水火之民於衽席。虽景命不融，而丕基已巩。至於弥留之际，省躬自责，布告臣民。禹、汤罪己，不啻过之。《书》曰："亶聪明作元后，元后为民父母。"其世祖之谓矣。

卷六　　本纪六

圣祖本纪一

圣祖合天弘运文武睿哲恭俭宽裕孝敬诚信功德大成仁皇帝，讳玄烨，世祖第三子也。母孝康章皇后佟佳氏，顺治十一年三月戊申诞上於景仁宫。天表英俊，岳立声洪。六龄，偕兄弟问安。世祖问所欲。皇二子福全言："愿为贤王。"帝言："愿效法父皇。"世祖异焉。

顺治十八年正月丙辰，世祖崩，帝即位，年八岁，改元康熙。遗诏索尼、苏克萨哈、遏必隆、鳌拜四大臣辅政。

二月癸未，上释服。乙未，诛有罪内监吴良辅，罢内官。丙申，以嗣简亲王济度子德塞袭爵。

三月丙寅，诏曰："国家法度，代有不同。太祖、太宗创制定法，垂裕后昆。今或满、汉参差，或前后更易。其详考成宪，勒为典章，集议以闻。"

四月，予殉葬侍卫傅达理祭葬。甲申，命湖广总督驻荆州。乙酉，命将军线国安统定南部军镇广西。丙戌，以拉哈达为工部尚书。癸卯，安南国王黎维祺遣使入贡。丙午，大学士洪承畴乞休，允之，予三等轻车都尉世职。戊申，赐马世俊等三百八十三人进士及第出身有差。

五月，罢各省巡按官。己巳，以高景为工部尚书，刘良佐为江安提督。乙亥，安南叛臣莫敬耀来归，封归化将军。

六月己卯，江苏巡抚朱国治疏言苏省逋赋绅衿一万三千五百十七人，下部斥黜有差。辛巳，黑龙江飞牙喀部十屯来归。庚寅，以嗣信郡王铎尼子鄂扎袭爵。癸巳，大学士傅以渐乞休，允之。丁酉，罢内阁，复内三院。戊戌，吴三桂进驯象五，却之。诏停直省进献。

闰七月庚辰，以车克为吏部尚书，阿思哈为户部尚书。甲午，以傅维鳞为工部尚书。壬寅，予苏松提督梁化凤男爵。

八月甲寅，达赖喇嘛请通市，许之。

九月丁未，以卞三元为云南总督，李棲凤为广东总督，郎廷佐为江南总督，梁化凤为江南提督。

十月己酉，以林起龙为漕运总督。诛降将郑芝龙及其子世恩、世廕。辛酉，裁顺天巡抚。山东民于七作乱，逮问巡抚许文秀，总兵李永盛、范承宗，命靖东将军济世哈讨平之。

十一月丙子朔，上亲祀天於圜丘。己亥，世祖章皇帝升祔太庙。甲辰，湖南巡按御史仵劭昕坐赃弃市。

十二月丙午，平西王吴三桂、定西将军爱星阿会报大军入缅，缅人执明永历帝朱由榔以献。明将白文选降。班师。丁卯，宗人府进玉牒。

是岁免直隶、江南、河南、浙江、湖广、陕西各州县被灾额赋有差。朝鲜遣使进香入贡。

康熙元年壬寅春正月乙亥朔。乙酉，享太庙。庚寅，录大学士范文程等佐命功，官其子承谟等俱内院学士。

二月壬子，太皇太后万寿节，上率群臣朝贺。

三月，以滇南平，告庙祭陵，赦天下。辛卯，万寿节。己亥，遣官安辑浙江、福建、广东新附官民。

夏四月丙辰，上太祖、太宗尊谥。

五月戊寅，夏至，上亲祭地於方泽。

六月丁未，命礼部考定贵贱等威。

秋七月壬申朔，以车克为大学士，宁古礼为户部尚书，张杰为浙江提督，施琅为福建提督。

八月辛丑朔，大学士金之俊罢。

九月，裁延绥巡抚。

冬十月壬寅，以成克巩为大学士。癸卯，尊皇太后为太皇太后。尊皇后为仁宪皇太后，母后为慈和皇太后。

十一月辛巳，冬至，祀天於圜丘，免朝贺。

十二月辛酉，命吴三桂总管云南、贵州两省。

是岁，天下户丁一千九百一十三万七千六百五十二，征银二千五百七十二万四千一百二十四两零。盐课银二百七十二万一千二百一十二两零。铸钱二万九千万有奇。免直隶、江南各州县灾赋有差。朝鲜入贡。

二年癸卯春正月己亥，广东总督卢崇峻请封民船济师。斥之。

二月庚戌，慈和皇太后佟佳氏崩。

三月，荷兰国遣使入贡，请助师讨台湾，优赉之。

五月丙子，以孙廷铨为大学士。乙酉，云南开局铸钱。丙戌，诏天下钱粮统归户部，部寺应用，俱向户部关领，著为令。戊子，以魏裔介为吏部尚书。甲午，恭上大行慈和皇太后尊谥曰孝康慈和庄懿恭惠崇天育圣皇后。

六月，葬世祖章皇帝於孝陵，孝康皇后、端敬皇后祔焉。戊申，以龚鼎孳为左都御史。乙卯，故明将李定国子嗣兴来降。乙丑，以哈尔库为浙江提督。

八月癸卯，诏乡、会试停制义，改用策论，复八旗翻译乡试。甲寅，命穆里玛为靖西将军，图海为定西将军，率禁旅会四川、湖广、陕西总督讨郧阳逋贼李来亨、郝摇旗等。

冬十月壬寅，耿继茂、施琅会荷兰师船剿海寇，克厦门，取浯屿、金门二岛，郑锦遁于台湾。

十一月，诏免诸国贡使土物税。乙酉，冬至，祀天於圜丘。

十二月壬戌，祫祭太庙。

是岁，免直隶、江南、江西、河南、陕西、浙江、湖广、四川、云南、贵州等省二百七十余州县灾赋。朝鲜入贡进香。

三年甲辰春正月，赐朝正外藩银币鞍马。

二月壬寅，巡盐御史张吉午请增长芦盐引。斥之。

三月丙子，耿继茂等拔铜山。丙戌，赐严我斯等一百九十九人进士及第出身有差。

夏四月己亥，辅臣等诬奏内大臣飞扬古子侍卫倭赫擅骑御马，飞扬古怨望，并弃市，籍其家，鳌拜以予其弟穆里玛。遣尚书喀兰图赴科尔沁四十七旗涖盟。戊申，裁郧阳抚治。

五月甲子，诏州县私派累民，上官容隐者并罪之。

六月庚申，诏免顺治十五年以前逋赋。

闰六月乙酉，以王弘祚为刑部尚书。丙戌，以汉军京官归入汉缺升转。

秋七月丁未，以施琅为靖海将军，征台湾。

八月甲戌，浙江总督赵廷臣疏报擒获明臣张煌言。己卯，穆里玛、图海疏报进剿郧阳茅麓山李来亨、郝摇旗，俱自焚，贼平。

九月癸丑，发仓粟赈给八旗庄田。乙卯，以查克旦为领侍卫内大臣。

十一月壬辰，冬至，祀天於圜丘。丁未，以魏裔介为大学士，杜立德为吏部尚书，王弘祚为户部尚书，龚鼎孳为刑部尚书。

十二月戊午朔，日有食之。丙戌，祫祭太庙。是月，彗星见张宿、井宿、胃宿、奎宿，金星见，给事中杨雍建请修省。

是岁，免直隶、江南、江西、山东、陕西、浙江、福建、湖广、贵州等省一百二十一州县被灾额赋有差。朝鲜入贡。

四年乙巳春正月壬辰，以郝惟讷为左都御史。己亥，停榷关溢额奖叙。辛丑，封承泽亲王硕色子博翁果诺为惠郡王。致仕大学士洪承畴卒，予祭葬，谥文襄。

二月乙丑，太皇太后圣寿，免朝贺。己巳，吴三桂疏报剿平水西乌撒土司，擒其酋安坤、安重圣。丙戌，以星变诏臣工上言阙失。御史董文骥疏言大臣更易先皇帝制度，非是，宜一切复旧。

三月戊子，京师地震有声。辛卯，金星昼见。以星变地震肆赦，免逋赋。山西旱，有司不以闻，下吏部议罪，免其积逋及本年额赋。壬辰，诏禁州县预征隔年税粮。丙申，诏曰："郡县灾荒，有司奏请蠲赋，而小民先期已完，是泽不下逮也。自今被灾者，预缓征额赋十之三。"甲辰，万寿节，免朝贺。丙午，修历代帝王庙。太常寺少卿钱綎请简老成耆德博通经史者数人，出入侍从，以备顾问。

夏四月丙寅，诏凡灾伤免赋者并免丁徭。戊辰，诏卿贰督抚员缺，仍廷推。

五月丁未，置直隶总督，兼辖山东、河南。裁贵州总督归云南，广西总督归广东，江西总督归江南，山西总督归陕西，凤阳、宁夏、南赣巡抚悉裁之。

六月乙丑，诏父子兄弟同役，给复一年。

秋七月己酉，吏部以山西征粮如额，请议叙。诏曰："曩以太原诸处旱灾饥馑，督抚不以闻，议罪。会赦得原。岂可仍以催科报最。惟未被灾之地方官，仍予纪录。"

八月庚午，诏赃官遇赦免罪者，不许复职。

九月辛卯，册赫舍里氏为皇后，辅臣索尼之孙女也。上太皇太后、皇太后尊号，加恩中外。

冬十月癸亥，上幸南苑校射行围。甲戌，还宫。

十一月丁酉，祀天于圜丘。

十二月庚辰，祫祭太庙。

是岁，免直隶、江南、江西、山东、河南、浙江、广东、贵州等省一百二十一州县卫灾赋有差。朝鲜、琉球、暹罗入贡。索伦、飞牙喀人来归。

五年丙午春正月庚寅，以广东旱，发仓谷七万石赈之。以承泽亲王硕色子恩克布嗣爵。

二月壬子朔，置平远、大定、黔西三府。丁巳，以十二月中气不应，诏求明历法者。乙丑，诏自今汉军官丁忧，准解任持三年丧。

三月，以胡拜为直隶总督。

五月丙午，以孙延龄为广西将军，接统定南部军驻桂林。

六月庚戌朔，日有食之。癸酉，傅维鳞病免，以郝惟讷为工部尚书。辛未，诏崇文门凡货物出京者弛其税。

秋七月庚辰朔，以朱之弼为左都御史。辛巳，琉球来贡，并补进漂失前贡。上嘉其恭顺，命还之，自今非其国产勿以贡。

八月己酉，给事中张维赤疏请亲政。

九月丁亥，上行围南苑。癸卯，还宫。礼部尚书沙澄免。以梁清标为礼部尚书，龚鼎孳为兵部尚书，郝惟讷为刑部尚书，朱之弼为工部尚书。

冬十月，诏起范承谟为秘书院学士。

十一月丙申，辅臣鳌拜以改拨圈地，诬奏大学士管户部尚书苏纳海、直隶总督朱昌祚、巡抚王登联等罪，逮下狱。四大臣之辅政也，皆以勋旧。索尼年老，遏必隆暗弱，苏克萨哈望浅，心非鳌拜所为而不能争。鳌拜横暴，又宿将多战功，叙名在末，而遇事专横，屡兴大狱，虽同列亦侧目焉。

十二月丙寅，鳌拜矫旨杀苏纳海、朱昌祚、王登联。甲戌，祫祭太庙。

是岁，免直隶、江南、江西、河南、陕西、浙江、湖广等省八十六州县灾赋有差。朝鲜、琉球入贡。

六年丁未春正月己丑，封世祖第二子福全为裕亲王。丁酉，上幸南苑行围。以明安达礼为礼部尚书。

二月癸亥，晋封故亲王尼堪子贝勒兰布为郡王。丁卯，以宗室公班布尔善为大学士。起图海复为大学士。锡故总督李率泰一等男爵。

三月己亥，赐缪彤等一百五十人进士及第出身有差。

夏四月甲戌，加索尼一等公。甲子，江南民人沈天甫撰逆诗诬告人，诛之。被诬者皆不论。御史田六善言奸民告讦，於南人不曰“通海”，则曰“逆书”，北人不曰“于七党”，则曰“逃人”，请鞫诬反坐。从之。

五月辛酉，吴三桂疏辞总理云南、贵州两省事。从之。

六月己亥，禁采办楠木官役生事累民。

秋七月己酉，上亲政，御太和殿受贺，加恩中外，罪非殊死，咸赦除之。是日，始御乾清门听政。甲寅，命武职官一体引见。己未，辅臣鳌拜擅杀辅臣苏克萨哈及其子姓。癸亥，赐辅臣遏必隆、鳌拜加一等公。

九月丙午，命修《世祖实录》。

冬十月己卯，盛京地震有声。

十一月丁未，冬至，祀天於圜丘。奉世祖章皇帝配飨。丁巳，加上太皇太后、皇太后徽号。

十二月丙戌，以塞白理为广东水师提督。戊子，以马尔赛为户部增设尚书。戊戌，祫祭太庙。

是岁，免直隶、江南、江西、山东、山西、陕西、甘肃、浙江、福建、湖广等省一百六十州县灾赋有差。朝鲜、荷兰入贡。

七年戊申春正月戊申，以莫洛为山西、陕西总督，刘兆麒为四川总督。戊午，加鳌拜、遏必隆太师。

二月辛卯，上幸南苑。

三月丁未，诏部院官才能卓越，升转毋拘常调。

夏四月庚辰，浙江嘉善民郁之章有罪遣戍，其子褒、广叩阍请代。上并宥之。

五月壬子，以星变地震，下诏修省，谕戒臣工。

六月癸酉，金星昼见。丁亥，平南王尚可喜遣子之信入侍。

秋七月戊午，前漕运总督吴维华请征市镇间架钱，洲田招民出钱佃种。上恶其言利，下刑部议罪。庚申，以夸岱为满洲都统。

八月壬申，户部尚书王弘祚坐失察书吏伪印盗帑免。

九月庚子，以吴玛护为奉天将军，额楚为江宁将军，瓦尔喀为西安将军。壬寅，上将巡边，侍读学士熊赐履、给事中赵之符疏谏。上为止行，仍令遇事直陈。

冬十月，定八旗武职人员居丧百日，释缟任事，仍持服三年。庚午，上幸南苑。

十一月癸丑，冬至，祀天於圜丘。

十二月癸酉，以麻勒吉为江南总督，甘文焜为云南、贵州总督，范承谟为浙江巡抚。癸巳，祫祭太庙。

是岁，免奉天、直隶、江南、山东、河南、浙江、陕西、甘肃等省二百十六州县灾赋有差。朝鲜、安南、暹罗入贡。

八年己酉春正月戊申，修乾清宫，上移御武英殿。

二月庚午，命行南怀仁推算历法。庚午，上巡近畿。

三月辛丑，以直隶废藩田地予民。

夏四月癸酉，卫周祚免，以杜立德为大学士。丁丑，上幸太学，释奠先师孔子，讲《周易》、《尚书》。丁巳，给事中刘如汉请举行经筵。上嘉纳之。

五月乙未，以黄机为吏部尚书，郝惟讷为户部尚书，龚鼎孳为礼部尚书，起王弘祚为兵部尚书。戊申，诏逮辅臣鳌拜交廷鞫。上久悉鳌拜专横乱政，特虑其多力难制，乃选侍卫、拜唐阿年少有力者为扑击之戏。是日，鳌拜入见，即令侍卫等掊而絷之。於是有善扑营之制，以近臣领之。庚申，王大臣议鳌拜狱上，列陈大罪三十，请族诛。诏曰：“鳌拜愚悖无知，诚合夷族。特念效力年久，迭立战功，贷其死，籍没拘禁。”其弟穆里玛、塞本得，从子讷莫，其党大学士班布尔善，尚书阿思哈、噶褚哈、济世，侍郎泰璧图，学士吴格塞皆诛死。余坐谴黜。其弟巴哈宿卫淳谨，卓布泰有军功，免从坐。嗣敬谨亲王兰布降镇国公。褫遏必隆太师、一等公。

六月丁卯，诏曰："朕夙夜求治，念切民依。迩年水旱频仍，盗贼未息，兼以贪吏朘削，民力益殚，朕甚悯焉。部院科道诸臣，其以民间疾苦，作何裨益，各抒所见以闻。"戊辰，敕改造观象台仪器。壬申，诏复辅臣苏克萨哈官及世职，其从子白尔图立功边徼，被枉尤酷，复其世职，均令其子承袭。戊寅，诏满兵有规占民间房地者，永行禁止，仍还诸民。以米思翰为户部尚书。戊子，诏宗人有罪，遽绝属籍，心有不忍。自顺治十八年以来，宗人削籍者，宗人府详察以闻。

秋七月壬辰朔，裁直隶、山东、河南总督。壬寅，诏复大学士苏纳海、总督朱昌祚、巡抚王登联原官，并予谥。

八月甲申，以索额图为大学士，明珠为左都御史。

九月甲午，京师地震有声。丁未，以勒贝为满洲都统，塞白理为浙江提督，毕力克图为蒙古都统。

冬十月甲子，上幸南苑，诏行在勿得借用民物。卢沟桥成，上为文勒之石。

十一月己亥，先是山西、陕西总督莫洛、陕西巡抚白清额均坐鳌拜党罢。至是，西安百姓叩阍称其清廉，乞还任。诏特许之。壬子，太和殿、乾清宫成，上御太和殿受贺，入居乾清宫。

十二月己卯，显亲王福寿薨。丁亥，祫祭太庙。

是岁，免直隶、江南、河南、山西、陕西、湖广等省四十五州县灾赋有差。朝鲜、琉球入贡。

九年庚戌春正月丙申，予宋儒程颢、程颐后裔《五经》博士。丁酉，飨太庙。辛丑，祈谷於上帝，奉太祖高皇帝、太宗文皇帝、世祖章皇帝配飨。起遏必隆公爵，宿卫内廷。己酉，诏明藩田赋视民田输纳。壬子，上幸南苑。

二月癸酉，以金光祖为广东、广西总督，马雄镇为广西巡抚。癸未，诏尚阳堡、宁古塔流徙人犯，值十月至正月俱停发。

三月辛酉，赐蔡启僔等二百九十二人进士及第出身有差。

夏四月己丑，以蔡毓荣为四川、湖广总督。己亥，上幸南苑。

五月丙辰朔，加上孝康章皇后尊谥，升祔太庙，颁发恩诏，访隐逸，赐高年，赦殊死以下。丙子，纂修《会典》。

六月丙戌朔，以席卜臣为蒙古都统。丁酉，以故显亲王福寿子丹臻袭爵。己酉，命大学士会刑部录囚。

秋七月丁巳，以王辅臣为陕西提督。丁巳，奉祀孝康章皇后於奉先殿。

八月戊子，祭社稷坛。诏都察院纠察陪祀王大臣班行不肃者。乙未，复内阁，复翰林院。丁酉，上奉太皇太后、皇太后有事于孝陵。壬子，车驾还宫。

九月庚申，以简亲王济度子喇布袭爵。

冬十月庚巳，颁《圣谕》十六条。甲午，改内三院，复中和殿、保和殿、文华殿大学士。丁酉，谕礼部举经筵。

十一月癸酉，以艾元徵为左都御史。壬午，以中和殿大学士魏裔介兼礼部尚书。

十二月癸卯，以莫洛为刑部尚书。辛亥，祫祭太庙。

是岁，免河南、湖广、江南、福建、广东、云南等省二百五十三州县卫灾赋有差。朝鲜入贡。

十年辛亥春正月丁卯，蒙古苏尼特部、四子部大雪饥寒，遣官赈之。癸酉，封世祖第五子常宁为恭亲王。庚辰，大学士魏裔介罢。以曹申吉为贵州巡抚。

二月丁酉，以冯溥为大学士，以梁清标为刑部尚书。乙巳，召宗人觉罗年七十以上赵班等四人入见，赐朝服银币。戊甲，命编纂《孝经衍义》。庚戌，以尼雅翰为满洲都统。

三月壬子朔，诰诫年幼诸王读书习骑射，勿恃贵纵恣。癸丑，置日讲官。庚午，以无雨风霾，下诏修省。

夏四月乙酉，命纂修《太祖、太宗圣训》。诏宗人闲散及幼孤者，量予养赡，著为令。丙戌，诏清理庶狱，减矜疑一等。辛卯，始开日讲。壬辰，上诣天坛祷雨。甲午，雨。

五月庚申，理藩院尚书喀兰图乞休，加太子太保，以内大臣奉朝请。癸酉，上幸南苑。

六月丁亥，以靳辅为安徽巡抚。甲午，金星昼见。是月，靖南王耿继茂卒，子精忠袭封，仍镇福建。

八月己卯朔，日有食之。丁未，上御经筵。戊申，以王之鼎为江南提督。

九月庚戌，上以寰宇一统，告成於二陵。辛亥，上奉太皇太后、皇太后启銮。蒙古科尔沁、喀喇沁、土默特、敖汉诸部王、贝勒、公朝行在。丁卯，谒福陵、昭陵。戊辰，祭福陵，行告成礼。庚午，祭昭陵，行告成礼。辛未，上幸盛京，御清宁宫，赐百官宴，八十以上召前赐酒。大赉奉天、宁古塔甲士及於伤废老病者白金，民间高年亦如之。曲赦死罪减一等，军流以下释之。山海关外跸路所经，勿出今年明年租赋。遣官祭诸王诸大臣墓。壬申，上自盛京东巡。

冬十月辛巳，驻跸爱新。召宁古塔将军巴海，谕以新附瓦尔喀、虎尔哈宜善抚之。己丑，上回跸盛京，再赐老人金。辛卯，谒福陵、昭陵。命文武官较射。命来朝外藩较射。壬辰，上奉太皇太后、皇太后回銮。

十一月庚戌，还京。壬申，以明珠为兵部尚书。

十二月丙午，祫祭太庙。

是岁，免直隶、江南、江西、浙江、山东、河南、陕西、湖广等省三百二州县卫灾赋逋赋有差。朝鲜、琉球入贡。

十一年壬子春正月辛未，上奉太皇太后幸赤城汤泉，过八达岭，亲扶慈辇，步行下山。

二月戊寅，奉太皇太后至汤泉。辛卯，上回京。丙申，亲耕耤田。丁酉，朝日於东郊。戊戌，上诣赤城。

三月戊辰，上奉太皇太后还宫。

夏四月乙巳，命侍卫吴丹、学士郭廷祚巡视河工。

五月乙丑，《世祖实录》成。丙寅，上出德胜门观麦。

六月庚寅，命更定《赋役全书》。

秋七月己酉，论征缅甸、云南、贵州功，予何建忠等一百二十七人世职。丙辰，上观禾。御史孟雄飞疏言孙可望穷蹙来归，滥膺王封。及伊身死，已袭二次。今孙徵淳死，宜令降袭。诏降袭慕义公。

闰七月，复封尚善为贝勒。丁亥，诏治狱勿用严刑轻毙人命，违者罪之。

八月壬子，上幸南苑行围。癸丑，诏曰："帝王致治，在维持风化，辨别等威。比来官员服用奢僭，竞相效尤。其议禁之。"庚申，上御经筵。壬戌，上奉太皇太后幸遵化汤泉。甲子，阅蓟州官兵较射。丁卯，上谒孝陵。

九月丁丑，阅遵化兵、三屯营兵。

冬十月甲辰，上奉太皇太后还宫。壬子，命范承谟为福建总督。

十一月辛丑，上幸南苑，建行宫。

十二月丁未，裕亲王福全、庄亲王博果铎、惠郡王博翁果诺、温郡王孟峨疏辞议政。允之。戊午，上召讲官谕曰："有人请令言官风闻言事。朕思切中事理之言，患其不多。若借端生事，倾陷扰乱，深足害政。与民休息，道在不扰。虚耗元气，则民生蹙矣。"己未，康亲王傑书、安亲王岳乐疏辞议政。不许。庚午，袷祭太庙。

是岁，免直隶、江南、浙江、山东、山西、河南、湖广等省一百四十一州县卫灾赋有差。朝鲜入贡。

十二年癸丑春正月庚寅，上幸南苑，大阅。

二月辛亥，以吴正治为左都御史。壬子，上御经筵，命讲官日直。戊辰，赐八旗官学翻译《大学衍义》。

三月丁丑，上视麦。壬午，平南王尚可喜请老，许之；请以其子之信嗣封镇粤，不许，令其撤藩还驻辽东。癸巳，赐韩菼等一百六十六人进士及第出身有差。

夏四月丁巳，遣官封暹罗国王。

五月壬申，学士傅达礼等请以夏至辍讲。上曰："学问之道，宜无间断。其勿辍。"

六月壬寅，起张朝珍为湖广巡抚，李之芳为浙江总督。丁未，上御瀛台，召群臣观荷赐宴。乙卯，禁八旗以奴仆殉葬。

秋七月庚午，平西王吴三桂疏请撤藩。许之。丙子，嗣靖南王耿精忠疏请撤藩。许之。壬午，命重修《太宗实录》。

八月丁未，试汉科道官於保和殿，不称职者罢。壬子，遣侍郎折尔肯、学士傅达礼往云南，尚书梁清标往广东，侍郎陈一炳往福建，经理撤藩。丁巳，谕礼部："祭祀大典，必仪文详备，乃可昭格。其稽古典礼酌议以闻。"

九月戊辰，礼部尚书龚鼎孳乞休。允之。乙亥，京师地震，诏修省。

冬十月壬寅，以王之鼎为京口将军。己酉，上幸南苑行围。

十一月丁卯，故明宗室朱议滃以蓄发论死。得旨免死入旗，给与妻室房地。庚午，诏民间垦荒田亩，以十年起科。

十二月壬子，以姚文然为左都御史。吴三桂反，杀云南巡抚朱国治，贵州提督李本深、巡抚曹申吉俱降贼，总督甘文焜死之。丙辰，反问至，命前锋统领硕岱率禁旅守荆州。丁巳，召梁清标、陈一炳还，停撤二藩。命加孙延龄抚蛮将军，线国安为都统，镇广西。命西安将军瓦尔喀进守四川。京师民杨起隆伪称朱三太子，图起事。事发觉，起隆逸去。捕诛其党。诏奸民作乱已平，勿株连，民勿惊避。己未，命顺承郡王勒尔锦为宁南靖寇大将军，讨吴三桂。执三桂子额驸吴应熊下之狱。庚申，命副都统马哈达帅师驻兖州，扩尔坤驻太原，备调遣。辛酉，命直省巡抚仍管军务。壬戌，诏削吴三桂爵，宣示中外。命都统赫业为安西将军，会瓦尔喀守汉中。以倭内为奉天将军。吴三桂陷辰州。甲子，袷祭太庙。

是岁，免直隶、山东、安徽、浙江、湖广等省二十六州县卫灾赋有差。朝鲜、安南入贡。

十三年甲寅春正月乙亥，勒尔锦师行。庚辰，吴三桂陷沅州。丁亥，偏沅巡抚卢震弃长沙遁。己丑，以提督佟国瑶守郧阳。总兵吴之茂以四川叛，巡抚罗森、提督郑蛟麟降之。命总兵徐治都还守夷陵。庚寅，封世祖第七子隆禧为纯亲王。以席卜臣为镇西将军，守西安。

二月乙未朔，太皇太后颁内帑犒军。丁酉，钦天监新造仪象成。壬寅，贼犯澧州，守卒以城叛，提督桑峨退荆州，陷常德。命镇南将军尼雅翰率师守武昌。癸丑，上御经筵。以赵赖为贵州提督。甲寅，吴三桂陷长沙，副将黄正卿叛应之，旁陷衡州。命都统觉罗朱满守岳州，未至，岳州失。辛酉，命刑部尚书莫洛加大学士衔，经略陕西。孙延龄以广西叛，杀都统王永年，执巡抚马雄镇幽之。

三月乙丑，命整饬驿站，每四百里置一笔帖式，接递军报，探发塘报。命左都御史多诺等军前督饷。戊辰，吴三桂将犯夷陵，勒尔锦遣兵击败之。庚午，以额驸华善为安南将军，镇京口。庚辰，耿精忠反，执福建总督范承谟幽之，巡抚刘秉政降贼。癸未，郧阳副将洪福叛，提督佟国瑶击败之。壬辰，襄阳总兵杨来嘉以谷城叛。命希尔根为定南将军，尚书哈尔哈齐副之。命舒恕、桑遏、根特、席布率师赴江西。甲午，西安将军瓦尔喀克阳平关。

夏四月癸卯，调西安副都统德业立守襄阳。丁未，吴三桂子应熊、孙世霖伏诛。初，三桂仓卒起兵，而名义不扬，中悔。至澧州，颇前却。至是，方食闻报，惊曰："上少年乃能是耶？事决矣！"推食而起。诏削孙延龄职。以阿密达为扬威将军，驻江宁，赖塔为平南将军，赴杭州。甲寅，潮州总兵刘进忠以城叛。戊午，以根特为平寇将军，赴广西讨孙延龄。河北总兵蔡禄谋叛，命阿密达袭诛之。辛酉，诏削耿精忠爵。癸亥，诏以分调禁旅遣将分防情形寄示平南王尚可喜。

五月丙寅，皇子胤礽生，皇后赫舍里氏崩。戊寅，安西将军赫业等败吴之茂於剳阁堡，复朝天关。壬午，浙江平阳兵变，执总兵蔡朝佐，应耿精忠将曾养性，围瑞安。命赖塔进兵讨之。壬辰，副都统德业立败洪福於武当。

六月丙午，命贝勒尚善为安远靖寇大将军，率师赴岳州，贝子准达赴荆州。庚戌，总兵祖弘勳以温州叛。金华副将牟大寅败耿精忠将於常山。壬子，命将军喇哈达守杭州。乙卯，命康亲王傑书为奉命大将军赴浙江，贝勒洞鄂为定西大将军赴四川。浙江温州、黄岩、太平诸营相继叛。命喇哈达守台、宁。

七月辛未，以郎廷佐为福建总督，段应举为提督。癸酉，赖塔败耿精忠将於金华。是时精忠遣其大将马九玉、曾养性犯浙江，白显忠犯江西，所至土匪蜂应，江西尤甚。南瑞总兵杨富应贼，董卫国诛之。丁亥，贝勒察尼大战贼将吴应麒於岳州七里山，败之。

八月壬寅，平寇将军根特卒於军，以哈尔哈齐代之。海澄公黄梧卒，子芳度袭爵，守漳州。乙巳，金光祖报孙延龄陷梧州，督兵复之。丙午，上幸南苑。

九月壬戌，上御经筵，命每日进讲如常。耿精忠将以土寇陷清谿、徽州，江宁将军额楚，统领巴尔堪击走之，连战入江西，复乐平等县。命硕塔等驻安庆。辛未，麻城土寇邹君升等作乱，知府於成龙讨平之。命简亲王喇布为扬威大将军，率师赴江西，侍卫坤为振武将军副之。广西提督马雄叛，命安亲王岳乐为定远平寇大将军，率师赴广东，宗室瓦山、觉罗画特副之。

冬十月壬辰，喇布师行。丙申，岳乐师行。壬寅，上奉太皇太后幸南苑。辛亥，还宫。

十一月庚申朔，莫洛报吴之茂兵入朝天关，饷路中阻，洞鄂退守西安。命移西安军守汉中，河南军守西安。

十二月庚寅朔，傑书大败曾养性於衢州，又败之於台州。王辅臣叛，经略莫洛死之。上议亲征。王大臣以京师根本重地，太皇太后年高，力谏乃止。征盛京兵、蒙古兵分诣军前。丁未，命尚可喜节制广东军事。戊午，祫祭太庙。

是岁，免直隶、江南、山东、河南、陕西等省七十八州县灾赋有差。朝鲜、琉球入贡。

十四年乙卯春正月辛酉，尚可喜报贼犯连州，官兵击败之。戊辰，晋封尚可喜平南亲王，命其子之孝佩大将军印讨贼。

二月癸巳，下诏切责贝勒洞鄂退缩失机，饬令速定平凉、秦州以通栈道。乙巳，康亲王傑书遣兵复处州，进复仙居。王辅臣陷兰州。西宁总兵王进宝大战於新城，围兰州。洞鄂复陇州关山关。

三月己未朔，叛将杨来嘉犯南漳，总兵刘成龙击走之。戊辰，饶州贼犯祁门，巡检张行健被执不屈，死之。丁丑，命张勇为靖逆将军，会总兵孙思克等讨王辅臣。贼陷定边城，命提督陈福驻宁夏讨贼。丁亥，蒙古布尔尼反，命信郡王鄂扎为抚远大将军，大学士图海为副将军，讨平之。戊子，以熊赐履为大学士。

夏四月己丑，以勒德洪为户部尚书。署护军统领郎肃等剿耿寇於五桂寨，斩级二万，复馀干。乙未，封张勇靖逆侯，王进宝一等男。戊戌，以左都督许贞镇抚州、建昌、广信。戊申，王辅臣遣兵援秦州，官兵迎击败之。辛亥，上谕："侍臣进讲，朕乃覆讲，互相讨论，庶有发明。"癸丑，王进宝复临洮，孙思克复靖远。戊午，绍兴知府许弘勋招抚降众五万人。

五月庚午，察哈尔左翼四旗来归。庚辰，命毕力克图援榆林。王辅臣兵陷延安、绥德。甲申，张勇复洮、河二州。

闰五月癸巳，上幸玉泉山观禾。杨来嘉、洪福陷谷城。斩守城不力之副将马郎阿以徇，削总兵金世需职，随军效力。壬子，额楚复广信。乐平土寇复陷饶州，将军希尔根击之，复饶州。

六月，毕力克图复吴堡，复绥德。丁丑，命将军舒恕援广东。己卯，命振武将军佛尼勒开栈道援汉中。庚辰，上幸南苑行围。壬午，张勇攻巩昌。江西官军攻石峡，失利，副都统雅赖战死。甲申，克兰州。毕力克图复延安。以军兴停陕西、湖广乡试。

七月乙巳，陈福剿定边，斩贼将朱龙。庚戌，江西官兵复浮梁、乐平、宜黄、崇仁、乐安诸县。

八月戊午，上幸南苑行围。洞鄂、毕力克图、阿密达会攻王辅臣，斩贼将郝天祥。傅喇塔复黄岩。壬申，上奉太皇太后幸汤泉。甲申，上还京，御经筵。

九月，上次昌平，诣明陵，致奠长陵，遣官分奠诸陵。丙申，上奉太皇太后还宫。辛丑，诏每岁正月停刑，著为令。

冬十月癸亥，康亲王兵复太平、乐清诸县。丙寅，上谒孝陵。戊辰，祭孝陵。乙亥，还宫。陈福及王辅臣战於固原，不利，副将太必图战没。论平布尔尼功，封赏有差，及助顺蒙古王贝勒沙津以次各晋爵，罚助逆奈曼等部。

十一月癸巳，贝勒察尼复兴山。丁酉，复设詹事府官。壬寅，叛将马雄纠吴三桂兵犯高州，连陷廉州。命简亲王喇布自江西援广东。是月，郑锦攻陷漳州，海澄公黄芳度死之，戕其家。

十二月丙寅，立皇子胤礽为皇太子，颁诏中外，加恩肆赦。乙亥，以勒尔锦师久无功，夺其参赞巴尔布以下职。宁夏兵变，提督陈福死之。壬午，祫祭太庙。

是岁，免湖广、河南七府五州县灾赋有差。朝鲜入贡。

十五年丙辰春正月丁亥，以王进宝为陕西提督，驻秦州。甲午，以建储恭上太皇太后、皇太后徽号。乙未，升宁夏总兵官为提督，以赵良栋为之。辛丑，上幸南苑行围。

二月丁巳，诏军中克城禁杀掠。壬戌，命大学士图海为抚远大将军，统辖全秦，自贝勒洞鄂以下咸受节制。癸酉，上如巩华城，谕扈从勿践春田。乙亥，吴三桂将高大傑陷吉安。戊寅，安亲王岳乐击三桂将於萍乡，败之，复萍乡。辛巳，上御经筵。赠死事副将张国彦太子太保，予世职。

三月癸未，赠海澄公黄芳度郡王。丙戌，王进宝、佛尼勒大败吴之茂於北山。庚寅，傅喇塔围温州，曾养性、祖弘勳悉众来犯，副都统纪尔他布击走之。辛卯，岳州水师克君山。庚子，勒尔锦渡江与三桂之众战，迭败之。乙巳，赐彭定求等二百九人进士及第出身有差。己酉，勒尔锦与三桂之众战於太平街，不利，退宁荆州。壬子，移赵赖提督江西。

夏四月辛丑，马雄、祖泽清纠滇贼犯广东。尚可喜老病不能军，屡疏告急，援兵不时至。至是，贼逼广州，尚之信劫其父以降贼。总督金光祖，巡抚佟养钜、陈洪明，提督严自明俱从降。福建巡抚杨熙、总兵拜音达夺门出。舒恕、莽依图退至江西。上闻广东变作，命移兵益江西。

五月壬午朔，日有食之。乙酉，复设郧阳抚治，以杨茂勳任之。丙戌，鄂罗斯察汉汗使人来贡。己亥，抚远大将军图海败王辅臣於平凉。

六月壬子朔，王辅臣降，图海以闻。诏复其官，授靖寇将军，立功自效，诸将弁皆原之。己卯，耿继善弃建昌遁。上谕傑书曰："耿精忠自撤其兵，显为海寇所逼。其乘机速进。"

七月辛巳朔，赐鄂罗斯使臣鞍马服物。大学士熊赐履免。以慕天颜为江苏巡抚。庚子，以姚文然为刑部尚书，郎廷相为福建总督。振武将军佛尼勒会张勇、王进宝击吴之茂於秦州，大败之，贼众宵遁。

八月甲寅，穆占复礼县。壬戌，上奉太皇太后幸汤泉。乙亥，赖塔击马九玉於衢州，复江山，九玉弃军遁。

九月庚辰朔，赖塔进击马九玉，破之，复常山。进攻仙霞关，贼将金应虎迎降，复浦城，连下建宁。癸未，张勇复阶州。乙未，耿精忠戕前总督范承谟。山西巡抚达尔布有罪免。丙午，命穆占为征南将军，移军湖广。

冬十月辛酉，上奉太皇太后还宫。乙丑，康亲王傑书师次延平，贼将耿继美以城降。耿精忠遣子显祚献伪印乞降，傑书入福州，疏闻。上命复其爵，从征海寇自效。其将曾养性、叛将祖弘勳俱降。浙江官兵复温、处二府。撤兖州屯兵。癸酉，命讲官进讲《通鉴》。

十一月丙戌，海寇犯福州，都统喇哈达击败之。丙申，官兵围长沙。宁海将军贝子傅拉塔卒於军。

十二月壬子，遣耿昭忠为镇平将军，驻福州，分统靖南藩军。叛将严自明犯南康，舒恕击走之。丁巳，尚之信使人诣简亲王军前乞降，且乞师，疏闻。许之。吴三桂将吴世琮杀孙延龄，踞桂林。庚申，海澄公黄芳世自贼中脱归。上嘉之，加太子太保，与其弟黄蓝并赴康亲王大军讨贼。建威将军吴丹复山阳。辛未，颁赏诸军军士金帛。丙子，祫祭太庙。耿继善弃邵武，海寇据之。副都统穆赫林击之，贼将彭世勳以城降。

是岁，免直隶、江南、江西、陕西各省三十四州县灾赋有差。朝鲜入贡。

十六年丁巳春正月丙申，将军额楚攻吉安失利，命侍郎班迪驰勘军状。

二月己未，上幸南苑行围。甲子，大阅於南苑。免福建今年租赋，招集流亡。丙寅，以鄂内为讨逆将军，赴岳州。丁卯，康亲王傑书败郑锦於兴、泉，贼弃漳州遁，复海澄。遣郎中色度劳军岳州，察军状。辛未，以勒辅为河道总督。癸酉，论花马池剿寇功，蒙古鄂尔多斯贝勒索诺木等晋爵有差。乙亥，上御经筵。是月江西官军复瑞金、铅山。

三月甲申，以莽依图为镇南将军，督兵广东。己丑，谕礼部："帝王克谨天戒，凡有垂象，皆关治理。设立专官，谨司占候。今星辰凌犯，霜露非时，钦天监不以实告，有辜职掌。其察议以闻。"庚寅，命翰林长於词赋书法者，以所业进呈。乙未，原任总兵刘进忠、苗之秀诣康亲王军降，命随大军剿贼。癸未，诏："军兴以来，文武官身殉封疆，克全忠节，其有旅榇不能归，妻子不得养者，深堪轸恻。所在疆吏察明，妥为资送，以昭褒忠至意。"甲辰，含誉星见，庆云见。乙巳，吴三桂聚兵守长沙。命勒尔锦进临江，图海守汉中，喇布镇吉安，莽依图进韶州，额楚驻袁州，舒恕防赣州。

夏四月己未，康亲王傑书疏言处州府庆元县民人吴臣任等不肯从贼，结寨自固，守义杀贼，实为可嘉。已交浙江督抚，效力者录用，归农者奖赏，其阵亡札委守备吴受南等并请恩恤。从之。辛酉，上幸霸州行围。以伊桑阿为工部尚书，宋德宜为左都御史。丁卯，提督赵赖败土寇於泰和，擒贼目萧元。戊辰，予死事温处道、陈丹赤等官荫。辛未，上制《大德景福颂》，书屏，上太皇太后。乙亥，莽依图师至同安，严自明以城降，遂克南雄，入韶州。

五月己卯，尚之信降，命复其爵，随大军讨贼。特擢谪戍知府傅弘烈为广西巡抚。先是，弘烈以首吴三桂反状谪梧州。及兵起，弘烈上书陈方略，故有是命。旋加授抚蛮灭寇将军，与莽依图规取广西。甲午，额鲁特噶尔丹攻败喀尔喀车臣汗，来献军实，却之。

六月丁巳，祖泽清以高州降。

秋七月庚子，郑锦将刘国轩自惠州犯东莞，尚之信大败之，贼将陈琏以惠州降。甲辰，上御便殿，召大学士等赐坐，论经史，因及前代朋党之弊，谕加警戒。以明珠、觉罗勒德洪为大学士。

八月丁未，明宗人朱统锠起兵陷贵溪、泸溪。己未，上御经筵。丙寅，册立贵妃钮祜禄氏为皇后，佟佳氏为贵妃。戊辰，傅弘烈等复梧州。

九月丙子，命宗室公温齐、提督周卜世赴湖广协剿。癸未，命额驸华善率师益简亲王军，科尔科代接驻江宁。丁亥，上发京师，谒孝陵，巡近边。丙申，次喀拉河屯。庚子，次达希喀布秦昂阿，近边蒙古敖汉部札穆苏等朝行在，献驼马，赐金币。吴三桂将胡国柱、马宝寇韶州，将军莽依图、额楚夹击破之，贼遁，追之过乐昌，复仁化。

冬十月甲辰，上次汤泉。癸丑，还宫。傅弘烈败吴世琮於昭平，复浔州。福建按察使吴兴祚败朱统锠於光泽，其党执统锠降。癸亥，始设南书房，命侍讲学士张英、中书高士奇入直。

十一月己卯，吴三桂将韩大任陷万安，护军统领哈克山击败之。庚子，封长白山神，遣官望祭。是月，官兵复茶陵、攸县。

十二月乙巳，海寇犯泉州，提督段应举等御之。辛亥，海寇犯钦州，游击刘士贵击败之。命参赞勒贝、将军额楚进取郴、永。己巳，以冯甦为刑部侍郎。辛酉，金星昼见。辛未，祫祭太庙。

是岁，免直隶、江南、江西、陕西、湖广等省七十州县灾赋有差。朝鲜入贡。

十七年戊午春正月己丑，副都统哈当、总兵许贞击韩大任於宁都，大任遁之汀州，诣康亲王军前降，命执送京师。壬辰，以郭四海为左都御史。乙未，诏曰："一代之兴，必有博学鸿儒振起文运，阐发经史，以备顾问。朕万几余暇，思得博通之士，用资典学。其有学行兼优、文词卓越之士，勿论已仕未仕，中外臣工各举所知，朕将亲试焉。"於是大学士李霨等荐曹溶等七十一人，命赴京齐集请旨。

二月甲辰，傅弘烈疏言吴三桂兵犯广西，诏额楚、勒贝守梧州。己未，上御经筵，制《四书讲疏义序》。丁卯，皇后钮祜禄氏崩，谥曰孝昭皇后。辛未，莽依图及吴世琮战於平乐，失利，退守梧州。命尚之信及都统马九玉会师守梧州。

三月丙子，湖广官兵击杨来嘉、洪福，败之，复房县。丁丑，海寇犯石门，黄芳世击败之。癸巳，祖泽清复叛应吴三桂。

闰三月癸卯，上巡近畿。乙丑，命内大臣喀代、尚书马喇往科尔沁四十九旗涖盟。丁卯，吴三桂将林兴珠诣安亲王军前降，诏封建义侯，随军剿贼。逮问副都统甘度海、阿进泰，以在江西剿贼失机也。

夏四月庚午，海寇蔡寅陷平和，进逼潮州。甲戌，祖泽清犯电白，尚之信、额楚击之，泽清遁。庚寅，庆阳土贼袁本秀作乱，官兵击斩之。

五月庚子朔，海澄公黄芳世卒於军，命其弟芳泰袭爵。戊申，福建总督郎廷相、巡抚杨熙、提督段应举俱免，以姚启圣为福建总督，吴兴祚为福建巡抚，杨捷为福建水陆提督。甲寅，上幸西郊观禾。额鲁特部济农为噶尔丹所逼，入边，张勇逐出之。

六月壬申，尚善遣林兴珠败三桂舟师於君山。丁亥，上以盛夏亢旱，步祷於天坛。是日，大雨。壬辰，吴三桂将犯永兴，都统伯宜理布、统领哈克山与战，败殁。海寇犯廉州，总兵班绍明等击走之。吴三桂兵犯郴州，副都统硕岱与战，不利，奔永兴。丁酉，诏曰："军兴以来，将士披坚执锐，盛暑祁寒，备极劳苦，朕甚悯焉。其令兵部察军中有负债责者，官为偿之，战殁及被创者恤其家。"

秋七月，郑锦陷海澄，前锋统领希佛、副都统穆赫林、提督段应举死之。甲辰，郑锦犯泉州。甲寅，以安珠护为奉天将军。壬戌，以魏象枢为左都御史。丙寅，召翰林院学士陈廷敬、侍读学士叶方蔼入直南书房。是月，吴三桂僭号於衡州。

八月己卯，安远靖寇大将军、贝勒尚善卒於军，命贝勒察尼代之。庚午，西洋国王阿丰肃使臣入贡。癸未，上御经筵，以《御制诗集》赐陈廷敬等。乙未，吴三桂死，永兴围解。颁行《庚熙永年历》。丙申，诏曰："逆贼倡乱，仰服天诛。诖误之徒，宜从宽典。其有悔悟来归者，咸与勿治。"

九月，上奉太皇太后幸汤泉，晋谒孝陵。姚启圣、拉哈达大败海寇於蜈蚣山，刘国轩遁，泉州围解。

冬十月癸未，上巡近边，次滦河，阅三屯营兵。己丑，将军鄂内败吴应麒於石口。丁酉，皇四子胤禛生，是为世宗，母曰吴雅氏。

十一月己亥，拉哈达疏言海贼断江东桥，兵援泉州难进。在籍侍读学士李光地为大军向导，修通险路，接济军需，请议叙。得旨："李光地前当变乱之初，密疏机宜。兹又迎接大兵，备办粮米，深为可嘉。即升授学士。"辛酉，上奉太皇太后还宫。癸亥，命福建陆路提督杨捷加昭武将军，王之鼎为福建水师提督。

十二月丁亥，额楚、傅弘烈及吴世琮战於藤县，不利，退守梧州。乙未，袷祭太庙。

是岁，免直隶、江南、江西、湖广等省七十州县灾赋有差。朝鲜、西洋入贡。

十八年己未春正月戊申，遣官分赈山东、河南。甲寅，贝勒察尼督水师围岳州，贼将吴应麒遁，复岳州。上御午门宣捷。设随征总兵官以处降将，旋裁之。壬戌，刘国轩犯长乐，总督姚启圣偕纪尔他布、吴兴祚击败之。甲子，岳乐复长沙。

二月丙寅，傅弘烈战吴世琮於梧州，贼遁。己巳，诏数江西奸民从逆之罪，仍免其逋赋。甲戌，顺承郡王勒尔锦督兵过江，分复松滋、枝江、宜都、澧州，叛将洪福以舟师降。戊寅，简亲王喇布遣前锋统领希佛复衡州，贼将吴国贵、夏国相遁。庚辰，诏军前王大臣议进取云、贵事宜。以周有德为云贵总督，桑峨为云南提督，赵赖为贵州提督，并随王师进讨。以杨雍建为贵州巡抚。癸未，以夸扎为蒙古都统。

三月丙申朔，御试博学鸿词於保和殿，授彭孙遹等五十人侍读、侍讲、编修、检讨等官。修《明史》，以学士徐元文、叶方蔼、庶子张玉书为总裁。丁酉，上幸保定县行围。甲辰，以徐治都为湖广提督。将军穆占击吴国贵於永州，败之，复永州、道州、永明。己酉，上还宫。戊午，赐归允肃等百五十一人进士及第出身有差。庚申，岳州阵殁诸将丧至，遣侍卫迎奠。福建阵没将士丧至亦如之。

夏四月丙寅，以杨茂勳为四川总督，驻郧阳。戊辰，以万正色为福建水师提督。己卯，旱甚，上步祷於天坛。是日，大雨。莽依图击吴世琮於浔州，败走之。壬寅，上出阜成门观禾。

五月庚戌，刘国轩犯江东桥，赖塔大战败之。

六月辛未，诏曰："盛治之世，余一余三。盖仓廪足而礼教兴，水旱乃可无虞。此闻小民不知积蓄，一逢歉岁，率致流移。夫兴俭化民，食时用礼，惟良有司是赖。督抚等其选吏教民，用副朕意。"己卯，以希佛为蒙古都统。

秋七月甲午，靳辅疏报淮扬坝工成，涸出田地，招民种之。丁未，上视纯亲王隆禧疾。隆禧薨。乙卯，额楚败吴世琮於南宁，世琮遁。庚申，京师地震，诏发内帑十万赈恤，被震庐舍官修之。壬戌，召廷臣谕曰："朕躬不德，政治未协，致兹地震示警。悚息靡宁，勤求致灾之由。岂牧民之官苛取以行媚欤？大臣或朋党比周引用私人欤？领兵官焚掠勿禁欤？蠲租给复不以实欤？问刑官听讼或枉平民欤？王公大臣未能束其下致侵小民欤？有一於此，皆足致灾。惟在大法而小廉，政平而讼理，庶几仰格穹苍，弭消沴戾。用是昭布朕心，愿与中外大小臣工共勉之。"

八月癸亥朔，将军穆占复新宁。甲子，傅弘烈复柳城、融县。庚辰，提督赵国祚、将军林兴珠大破吴国贵於武冈，国贵死，复武冈州。

九月庚戌，以地震祷於天坛。辛亥，命简亲王喇布守桂林。甲寅，金光祖执叛镇祖泽清送京，及其子良楩磔诛之。

冬十月辛未，诏将军张勇、王进宝，提督赵良栋、孙思克取四川。王进宝、赵良栋行。癸未，王进宝克武关，复凤县。赵良栋复两当。

十一月戊戌，王进宝击叛将王屏藩，遁之广元，复汉中。庚子，赵良栋复略阳，进克阳平关。丁酉，以许贞为江西提督。

十二月壬戌，以蔡毓荣为绥远将军，进定云、贵。将军佛尼勒、吴丹克梁河关，贼将韩晋卿遁，复兴安、平利、紫阳、石泉、汉阴、洵阳、白河及郧阳之竹山、竹溪。丁卯，上幸南苑。辛未，诏安亲王岳乐率林兴珠班师。壬午，授赵良栋勇略将军。乙丑，祫祭太庙。

是岁，免顺天、江南、山东、山西、河南、浙江、湖广等省二百六十一州县灾赋有差。朝鲜、琉球、安南入贡。

十九年庚申春正月甲午，赵良栋复龙安府，进至绵竹，伪巡抚张文等迎降，遂入成都。诏以良栋为云贵总督。王进宝克朝天关，复广元，王屏藩缢死，生擒吴之茂。壬子，上幸巩华城，遣内大臣赐奠昭勋公图赖墓。

二月辛酉朔，诏吴丹会赵良栋进取云南，王进宝镇四川，勒尔锦取重庆，徐治都守荆州。乙丑，佛尼勒收顺庆府，潼川、中江、南部、蓬县、广安、西充诸县悉下。丁卯，诏莽依图督马九玉、金光祖、高承荫进兵云南。已巳，上幸南苑。丙子，大阅。以于成龙为直隶巡抚。徐治都大败叛将杨来嘉，复巫山，进取夔州。杨茂勋复大昌、大宁。癸未，万正色败海寇於海坛。

三月辛卯，吴丹复重庆，达州、奉乡诸州县悉定。杨来嘉降，送京。乙未，以伊闢为云南巡抚。丁酉，安亲王岳乐师旋，上劳於芦沟桥。辛丑，马承荫诱执傅弘烈。先是，马雄踞柳州，死，其子承荫以柳州降。至是，复叛，执弘烈送贵阳，不屈，死之。平南将军赖塔复铜山，命守潮州备承荫。万正色击海寇於平海屿，克之，进克湄州、南日、崇武诸屿。朱天贵降。拉哈达击刘国轩，败之，遁厦门。伪将苏堪迎降，进平玉洲、石马、海澄、马州等十九寨，复借吴兴祚取金门。已酉，察尼下辰龙关，蔡毓荣复铜仁。

夏四月庚申朔，以赖塔为满洲都统。癸亥，穆占、董卫国败吴应麒，复沅州、靖州，进复黎平。丁卯，上以学士张英等供奉内廷，日备顾问，下部优叙，高士奇、杜讷均授翰林官。已巳，命南书房翰林每日晚讲《通鉴》。丙子，上祈雨天坛，翌日，雨。己卯，颁行《尚书讲义》。王进宝以病回固原，以其子总兵用予统军驻保宁。庚辰，宗人府进玉牒。

五月壬辰，命甘肃巡抚治兰州。乙巳，莽依图会军讨马承荫，复降，命执送京师。已酉，山海关设关收税。

六月甲子，蔡毓荣复思南。丁丑，命五城粥厂再展三月，遣太医官三十员分治饥民疾疫。壬午，副都统马尔哈齐、营总马顺德以纵兵杀人论罪。

秋七月甲午，停捐纳官考选科道。褒邺福建总督范承谟、广西巡抚马雄镇，赠官予谥荫。乙巳，以折尔肯为左都御史。己酉，解顺承郡王勒尔锦大将军，撤还京。

八月戊辰，上御经筵。已巳，命赖塔移驻广州，以博济军益之。戊寅，大学士索额图免。壬午，将军莽依图卒於军，以勒贝代之。甲申，尚之信以属人王国光讦告其罪，擅杀之，诏赐之信死。其弟之节，其党李天植，皆伏诛，家口护还京师。

闰八月乙未，命各将帅善抚绿旗军士。壬子，以王永誉为广东将军。

九月癸亥，吴世璠使其将夏国柱、马宝潜寇四川，谭弘复叛应之，连陷泸州、永宁，夔州土匪应之。命将军吴丹、噶尔汉，提督范达理、徐治都分道讨之。乙丑，以赖塔为平南大将军，率师进云南。戊寅，吴丹复泸州。

冬十月，仁怀失守，罢吴丹，以鄂克济哈领其军。戊戌，以阿密达为蒙古都统。噶尔汉复巫山。壬寅，大将军康亲王傑书师旋，上郊劳之。戊申，彰泰、穆占败吴世璠於镇远。噶尔汉击谭弘於铁开峡，败之。是月，王大臣议上师行玩误之王贝勒大臣罪。得旨，勒尔锦革去王爵，籍没羁禁。尚善、察尼均革去贝勒。兰布革去镇国公。朱满革去都统，立绞。余各褫官、夺世职、鞭责、籍没有差。

十一月丙辰朔，冬至，祀天於圜丘。彗星见，诏求直言。甲子，贝子彰泰进复平越，遂入贵阳。逆渠吴世璠及吴应麒等夜遁。安顺、石阡、都匀三府皆下。庚午，以达哈里为蒙古都统。丙子，川北总兵高孟败彭时亨於南溪桥，复营山，进围灵鹫寨，斩伪将魏卿武。甲申，提督周卜世复思南。

十二月壬辰，以徐元文为左都御史。甲午，高孟复渠县。乙未，提督桑峨大败吴世璠於永宁，追至铁索桥，贼焚桥遁。土官龙天祐、沙起龙造盘江浮桥济大军。壬寅，高孟复广安州。庚戌，以郝浴为广西巡抚。癸丑，祫祭太庙。

是岁，免直隶、江南、山东、山西、陕西、江西、福建、湖广等省一百八十六州县灾赋有差。朝鲜、琉球入贡。

二十年辛酉春正月壬申，叛将李本深降，械送京师。癸酉，总兵高孟复达州。甲戌，将军噶尔汉复云阳，谭弘死，进复忠州、万县、开县。乙亥，命侍郎温代治通州运河。丙子，将军穆占、提督赵赖击夏国相等，走之，复平远。辛巳，增置讲官。诏法司慎刑。是月，郑锦死，其子克塽继领所部。

二月己丑，贝子彰泰师至安南卫，击贼将线緎于江西坡。贼列象阵拒战。官兵分三队奋击，大破之。贼遁，公图、达汉泰追击，复败之，复普安州、新兴所。壬辰，副都统莽奕禄败贼张足法等於三山。甲午，诏凡三藩往事为民害者悉除之。蠲奉天盐引。大将军赖塔师至广西，大破贼於黄草坝，复安笼，入曲靖。高孟复东乡，败彭时亨於月城寨。戊戌，增钦天监满监副一员。都统希福、马绎、硕塔复马龙州、杨林城，入嵩明州，贼遁。穆占复黔西、大定，斩其伪将张维坚。乙巳，贝子彰泰、大将军赖塔、将军蔡毓荣先后入滇。贼将胡国柄、刘起龙迎拒，官军分击败之，斩国柄、起龙。辛亥，谒孝陵。

三月甲辰，宣威将军鄂克济哈以失援建昌自劾。诏以觉罗纪哈里代之。辛酉，葬仁孝皇后、孝昭皇后於昌瑞山陵。诏行在批阅章奏，令大学士审校。壬戌，胡国柱犯建昌，将军佛尼勒击走之，复马湖。癸亥，马宝弃遵义，犯泸、叙。诏佛尼勒、赵良栋急击滇贼，勿令回援。丙寅，赠邮福建死事运使高天爵、知府张瑞午等官荫。戊辰，土官陆道清以永宁降。癸酉，上奉太皇太后幸遵化汤泉。

夏四月甲辰朔，王用予复纳谿、江安、仁怀、合江。己酉，贝子彰泰遣使招抚诸路，武定、大理、临安、永顺、姚安皆降。壬子，上奉太皇太后还宫。

五月癸丑朔，提督周卜世取遵义，降伪官金仕俊等，复真安州、仁怀、桐梓、绥阳等县。己未，遣官察阅蒙古苏尼特等旗被旱灾状。乙丑，诏行取州县曾陷贼中者勿选科道。辛巳，大将军贝子彰泰报抵云南省城，伪将李发美以鹤庆、丽江二府降。

六月戊子，除山西、陕西房号银。

秋七月丁巳，以礼部尚书郭四海兼管刑部。庚申，诏四川民田为弁兵所占者察还之。辛酉，都统希福、提督桑峨击马宝於乌木山，大败之。马宝降，械送京师诛之。乙丑，赵良栋遣总兵李芳述击败胡国柱，复建昌，入云南。戊辰，诏图海率王辅臣还京。壬申，赐宴瀛台，员外郎以上皆与焉，赐彩币。己卯，以施琅为福建水师提督，规取台湾，改万正色陆路提督。

八月辛巳朔，日有食之。乙巳，上御经筵。

九月辛亥，上巡幸畿甸。故平南王尚可喜丧至通州，赐银八千两，遣官奠茶果。戊午，上次雄县，召见知州吴鉴，问浑河水决居民被灾状。丙寅，上还京。诏停本年秋决。壬申，复运丁工银。

冬十月癸未，偏沅巡抚韩世琦败贼将黄明於古州。甲申，额鲁特噶尔丹入贡。乙酉，大学士图海师旋，上嘉劳之。壬辰，诏撤平南、靖南两藩弁兵还京。癸卯，诏免吐鲁番贡犬马。

十一月辛亥，诏从贼诸人，除显抗王师外，余俱削官放还。以诺迈为汉军都统。癸亥，定远平寇大将军贝子彰泰、平南大将军都统赖塔、勇略将军总督赵良栋、绥远将军总督蔡毓荣疏报王师於十月二十八日入云南城，吴世璠自杀，传首，吴三桂析骸，示中外，诛伪相方光琛，余党降，云南平。是日，以昭告孝陵，车驾次蓟州。丁卯，祭孝陵。辛未，召贝子彰泰、将军赵良栋还京。乙亥，上猎於南山，发矢殪三虎。己卯，回銮。

十二月戊子，设满洲将军驻荆州，汉军将军驻汉中。癸巳，群臣请上尊号。敕曰："自逆贼倡乱，莠民响应，师旅疲於征调，闾阎敝於转输。加以水旱频仍，灾异叠见。此皆朕躬不德所致。赖宗社之灵，削平庶孽。方当登进贤良，与民休息，而乃侈然自足，为无谓之润色，能勿恧乎！其勿行。"补广西乡试。戊戌，大学士图海卒。己亥，上御太和门受贺，宣捷中外。癸卯，加上太皇太后、皇太后徽号，颁发恩诏，赐宗室，赉外藩，予封赠，广解额，举隐逸，旌节孝，恤孤独，罪非常赦不原者悉赦除之。以于成龙为江南、江西总督，吴兴祚为广东、广西总督。丁未，祫祭太庙。

是岁，免直隶、江南、江西、山东、山西、浙江、福建等省七十五州县灾赋有差。丁户一千七百二十三万，征银二千二百一十八万三千七百六十两有奇。盐、茶课银二百三十九万九千四百六十八两。铸钱二万三千一百三十九万。朝鲜、厄鲁特入贡。

卷七　本纪七

圣祖本纪二

二十一年壬戌春正月壬戌，上元节，赐廷臣宴，观灯，用柏梁体赋诗。上首唱云："丽日和风被万方。"廷臣以次属赋。上为制《昇平嘉宴诗序》，刊石於翰林院。丙寅，调蔡毓荣为云贵总督。戊辰，王大臣奏曰："耿精忠累世王封，甘心叛逆，分扰浙、赣，及於皖、徽，设非师武臣力，蔓延曷极。李本深、刘进忠等多年提镇，高官厚禄，不能革其鸮音，俯首从贼，抑有何益。均宜从严惩治，大为之防，以为世道人心之范。谨拟议请旨。"得旨：耿精忠、曾养性、白显中、刘进忠、李本深均磔死枭首。耿精忠之子耿继祚，李本深之孙李象乾、李象坤，其侄李济祥、李济民，暨祖弘勋等俱处斩。为贼诖误之陈梦雷、李学诗、金境、田起蛟均减死一等。己巳，特封安亲王岳乐子岳希为僖郡王。

二月庚辰，以达都为左都御史。癸未，以平滇遣官告祭岳渎、古帝陵、先师阙里。甲申，上御经筵。丙戌，以佟国维为领侍卫内大臣。辛卯，上斋居景山，为太皇太后祝釐。癸巳，上东巡，启銮。皇太子胤礽从。蒙古王贝勒等请上尊号，不许。以穆占为蒙古都统。妖人朱方旦伏诛。戊戌，次山海关，遣大臣祭伯夷、叔齐庙。

三月壬子，上谒福陵、昭陵，驻跸盛京。甲寅，告祭於福陵。丙辰，告祭於昭陵。大赉将军以下，至守陵官、年老致仕官及甲兵废闲者。曲赦盛京、宁古塔。蠲跸路所过租税。己未，上谒永陵，行告祭礼。上具启太皇太后、皇太后进奉鲢鱼、鲟鱼。庚申，上由山道幸乌拉行围。辛酉，望祭长白山。乙亥，泛舟松花江。

夏四月辛巳，上回銮。赐宁古塔将军、副都统宴，赉致仕官及甲士。乙巳，次中后所。流人王廷试子德麟叩阍乞代父戍，部议不准。上谕："王德麟所言情甚可悯。遇朕来此，亦难得之遭。其父子俱读书人，可均释回。"

五月辛亥，上还京。壬子，诏宁古塔地方苦寒，流人改发辽阳。己未，大学士杜立德乞休，温旨允之。丙寅，免吉林贡鹰，减省徭役。戊辰，以王熙为大学士。

六月乙酉，以佟国瑶为福州将军。庚寅，以公倭赫为蒙古都统。甲辰，大学士冯溥乞休，温旨允之，差官护送，驰驿回籍。

秋七月庚戌，以杭艾为左都御史。甲寅，命刑部尚书魏象枢、吏部侍郎科尔坤巡察畿辅，豪强虐民者拘执以闻。乙卯，以三逆荡平宣示蒙古。

八月丙子，诏内阁学士参知政事。癸卯，谭弘之子谭天祕、谭天伦伏诛。

九月戊申，赐蔡升元等一百七十六人进士及第出身有差。甲子，诏每日御朝听政，春夏以辰初，秋冬以辰正。

冬十月甲申，定远大将军贝子彰泰、征南大将军都统赖塔凯旋，上郊劳之。己丑，以黄机、吴正治为大学士。辛卯，诏重修《太祖实录》，纂修《三朝圣训》、《平定三逆方略》。

十一月甲寅，以李之芳为兵部尚书，希福为西安将军，瓦岱为江宁将军。戊午，诏广西建双忠祠，祀巡抚马雄镇、傅弘烈。庚申，以赵赖为汉军都统。戊辰，以施维翰为浙江总督，以噶尔汉为满洲都统。

十二月己卯，前广西巡抚陈洪起从贼论死，命流宁古塔。癸未，以许贞为广东提督。戊子，录达海之孙陈布禄为刑部郎中。癸巳，论行军失律罪，简亲王喇布夺爵，余遣戍降黜有差。庚子，郎谈使黑龙江还，上罗刹犯边事状。命宁古塔将军巴海、副都统萨布素率师防之。建木城於黑龙江、呼马尔，分军屯田。

是岁，免直隶、江南、江西、山东、山西、浙江、湖广等省七十八州县卫被灾额赋有差。朝鲜、安南入贡。

二十二年癸亥春正月乙卯，宴赉廷臣。己未，上阅官校较射。

二月癸酉，帅颜保罢，以介山为礼部尚书，喀尔图为刑部尚书。甲申，上幸五台山。

三月戊申，还京。戊午，以噶尔汉为荆州将军，彭春为满洲都统。

夏四月乙亥，命提镇诸臣以次入觐。庚辰，命巴海回驻乌拉，萨布素、瓦礼祜帅师驻额苏里备边。辛卯，以公坡尔盆为蒙古都统。

五月丙午，设汉军火器营。甲子，命施琅征台湾。

六月丁丑，上阅内库，颁赉廷臣币器。戊寅，以伊桑阿为吏部尚书，杭艾为户部尚书。癸未，上奉太皇太后避暑古北口。

闰六月戊午，施琅克澎湖。庚申，谕饬刑官勘狱勿淹系。

秋七月，车驾次胡图克图，赐随围蒙古王公冠服，兵士银币。甲午，上奉太皇太后还宫。

八月庚子，命经筵大典，大学士以下侍班。戊申，以哈占为兵部尚书，科尔坤为左都御史。戊辰，施琅疏报师入台湾，郑克塽率其属刘国轩等迎降，台湾平。诏锡克塽、国轩封爵，封施琅靖海侯，将士擢赉有差。

九月癸酉，以丁思孔为偏沅巡抚。己卯，上奉太皇太后幸五台山。壬辰，次长城岭，太皇太后以道险回銮。上如五台山。限额鲁特入贡人数。

冬十月，上至五郎河行宫，奉太皇太后还京。丁未，群臣以台湾平，请上尊号，不许。癸亥，以萨布素为新设黑龙江将军。乙丑，诏沿海迁民归复田里。

十一月癸未，授罗刹降人宜番等官。戊子，上以海寇平，祭告孝陵。癸巳，上巡幸边界。

十二月甲辰，上还京。丁未，从逆土司陆道清伏诛。壬子，以纪尔他布为蒙古都统。乙卯，《易经日讲》成，上制序颁行。尚书朱之弼、左都御史徐元文以荐举非人免。乙丑，祫祭太庙。

是岁，免山东、山西、甘肃、江西、湖广、广西等省二十州县灾赋有差。朝鲜、琉球入贡。

二十三年甲子春正月辛巳，上幸南苑行围。丙戌，加封安亲王岳乐子袁端为勤郡王。壬辰，命整肃朝会礼仪。罗刹踞雅克萨、尼布潮二城，饬断其贸易，萨布素以兵临之。

二月乙巳，上御经筵。癸丑，上巡幸畿甸。丙寅，还驻南苑。大学士黄机罢。乙丑，给事中王承祖疏请东巡，命查典礼以闻。

三月壬申，以刘国轩为天津总兵官，陛辞，赐白金二百、缎匹三十、内厩鞍马一。丁亥，上制五台山碑文，召示廷臣。谕之曰："近人每一文出，不乐人点窜，此文之所以不工也。"

夏四月己酉，设台湾府县官，隶福建行省。壬子，刑部左侍郎宋文运乞休，命加太子少保致仕。庚申，谕凡一事经关两部，俱会同具奏。乙丑，谕讲官："讲章以精切明晰为 尚，毋取繁衍。朕阅张居正《尚书、四书直解》，义俱精实，无泛设之词，可为法也。"江南、江西总督于成龙卒，予祭葬，谥清端。

五月丁卯，裁浙江总督。以公瓦山为满洲都统。己巳，修《大清会典》。丙子，以孙思克为甘肃提督。辛巳，命廷臣察举清廉官。九卿举格尔古德、苏赫、范承勋、赵崙、崔华、张鹏翮、陆陇其。癸未，起巴海为蒙古都统。甲申，上幸古北口，诏跸路所经勿践田禾。乙未，惠郡王博翁果诺坐陪祀不谨削爵。王大臣议奏侍郎宜昌阿、巡抚金儁查看尚之信家产，隐蚀银八十九万，并害杀商人沈上达，应斩。郎中宋俄託、员外郎卓尔图及审谳不实之侍郎禅塔海应绞。从之。诏追银勿入内务府，交户部充饷。

六月丁未，琉球请遣子弟入国子监读书。许之。甲寅，暹罗国王森列拍腊照古龙拍腊马呼陆坤司由提呀菩挨遣陪臣言贡船到虎跳门，阻滞日久，每致损坏。乞谕粤省官吏准其放入河下，早得登岸，贸易采办，勿被拦阻。从之。谕一等侍卫阿南达曰："朕视外旗蒙古与八旗一体。今巡行之次，见其衣食困苦，深用恻然。尔即传谕所过地方蒙古无告者，许其来见，询其生计。"於是蒙古扶老携幼，叩首行宫门。上详问年齿生计，给与银两布疋。乙卯，上阅牧群，赐从臣马。刑部尚书魏象枢再疏乞休。允之。丁巳，以汤斌为江苏巡抚。

七月乙亥，以宋德宜为大学士。辛巳，上驻跸英尼汤泉。以佟佳为蒙古都统。

八月戊申，上还京。甲寅，大学士李霨卒，遣官奠茶酒，赐祭葬，谥文勤。甘肃提督靖逆侯张勇卒，予祭葬，谥襄壮。

九月甲子朔，停本年秋决。丙寅，以张士甄为刑部尚书，博济为满洲都统。以钱贵，更铸钱，减四分之一。听民采铜铅，勿税。丁卯，改梁清标为兵部尚书，余国柱为户部尚书。庚午，以蒙古都统阿拉尼兼理藩院尚书。癸酉，以陈廷敬为左都御史，莽奕禄为蒙古都统。丁亥，诏南巡车驾所过，赐复一年。辛卯，上启銮。

冬十月壬寅，上次泰安，登泰山，祀东岳。辛亥，次桃源，阅河工，慰劳役夫，戒河吏勿侵渔。临视天妃闸。与河臣靳辅论治河方略。壬子，上渡淮。甲寅，次高邮湖，登岸行十余里，询耆老疾苦。丙辰，上幸焦山、金山，渡扬子江，舟中顾侍臣曰："此皆战舰也。今以供巡幸，然艰难不可忘也。"丁巳，弛海禁。戊午，上驻苏州。庚申，幸惠山。谕巡抚：百姓远道来观，其不能归者资遣之。

十一月壬戌朔，上驻江宁。癸亥，诣明陵致奠。乙丑，回銮。泊舟燕子矶，读书至三鼓。侍臣高士奇请曰："圣躬过劳，宜少节养。"上曰："朕自五龄受书，诵读恒至夜分，乐此不为疲也。"丁卯，命伊桑阿、萨穆哈视察海口。谕曰："海口沙淤年久，遂至壅塞。必将水道疏通，始免昏垫。即多用经费，亦所不惜。"辛未，临阅高家堰。次宿迁。过白洋河，赐老人白金。戊寅，上次曲阜。己卯，上诣先师庙，入大成门，行九叩礼。至诗礼堂，讲《易经》。上大成殿，瞻先圣像，观礼器。至圣迹殿，览图书。至杏坛，观植桧。入承圣门，汲孔井水尝之。顾问鲁壁遗迹，博士孔毓圻占对甚详，赐官助教。诣孔林墓前酹酒。书"万世师表"额。留曲柄黄盖。赐衍圣公孔毓埏以次日讲诸经各一。免曲阜明年租赋。庚寅，上还京。以马哈达为满洲都统。

十二月壬辰朔，以石文炳为汉军都统。癸卯，命公瓦山视师黑龙江，佟宝、佛可托副之，备罗刹。甲辰，赐公郑克塽、伯刘国轩、冯锡范田宅，隶汉军。丙午，命流人值冬令，过严寒时乃遣。丙辰，上谒陵，赐守陵官兵牛羊。己未，还宫。

是岁，免直隶、江南、江西、河南、湖广等省二十六州县灾赋有差。朝鲜、暹罗入贡。

二十四年乙丑春正月癸酉，享太庙。谕曰："赞礼郎读祝，读至朕名，声辄不扬，失父前子名之义。自今俱令宣读。"癸未，命公彭春赴黑龙江督察军务。命侯林兴珠率福建籐牌兵从之。以班达尔沙、佟宝、马喇参军事。乙丑，试翰詹官於保和殿，上亲定甲乙，其不称者改官。戊子，命蒙古科尔沁十旗所贡牛羊送黑龙江军前。

二月庚子，命周公后裔东野氏为《五经》博士，予祀田。以额赫纳为满洲都统。癸卯，上御经筵。乙卯，上巡幸畿甸。庚申，还京。再赐刘国轩第宅。以范承勋为广西巡抚。

三月壬戌，上撰孔子庙碑文成，亲书立碑。重修《赋役全书》。辛巳，赐陆肯堂等一百二十一人进士及第出身有差。

夏四月辛卯，予宋儒周敦颐裔孙《五经》博士。丙申，授李之芳轻车都尉世职。戊戌，马喇以所俘罗刹上献，命军前纵遣之。辛丑，诏以直隶连年旱灾，逋赋六十余万尽免之，并免今年正赋三分之一。诏医官博采医林载籍，勒成一书。庚戌，设内务府官学。

五月癸未，诏厄鲁特济农违离本部，向化而来，宜加爱养，予之田宅。修《政治典训》。甲申，以原广西巡抚郝浴历官廉洁，悉免应追帑金。彭春等攻雅克萨城，罗刹来援，林兴珠率籐牌兵迎击於江中，破之，沉其船，头人额里克舍乞降。

六月庚寅朔，上巡幸塞外，启銮。戊戌，上还京。癸卯，诏曰："鄂罗斯入我边塞，侵扰鄂伦春、索伦、赫哲、飞牙喀等处人众，盘踞雅克萨四十年。今克奏厥绩，在事人员，咸与优叙。应於何地永驻官兵，即会议具奏。"上试汉军笔帖式、监生，曳白八百人，均斥革，令其读书再试。乙巳，上巡幸塞外。

秋七月壬申，设吉林、黑龙江驿路，凡十九驿。

八月丙午，上驻跸拜巴哈昂阿，赐朝行在蒙古王贝勒冠服银币。

九月戊午朔，上闻太皇太后违豫，回銮。己未，上驰回京，趋侍医药，旋即康复。辛巳，陕西提督王进宝卒，赠太子太保，予祭葬，谥忠勇。甲申，命副都统温代、纳秦驻防黑龙江，博定修筑墨尔根城，增给夫役，兼令屯田。乙酉，以吴英为四川提督。

冬十月甲午，上幸南苑。戊戌，厄鲁特使人伊特木坐杀人弃市。己亥，以瓦代为满洲都统。庚子，定外藩王以下，岁贡羊一只、酒一瓶。丙午，庆云见。己酉，靳辅请下河涸出田亩，佃民收价偿工费。上曰："如是则累民矣。其勿取。"甲寅，以博霁为江宁将军。

十一月丁巳朔，日有食之。庚申，以莽奕禄为满洲都统，塔尔岱为蒙古都统。甲戌，上大阅於卢沟桥。丙子，靳辅、于成龙遵召至京，会议治河方略。靳辅议开六河建长堤。于成龙请开浚海口故道。大学士以闻。上云："二说俱有理，可询高、宝七州县京官，孰利民。"侍读乔莱奏，从于成龙议，则工易成，而百姓有利。上令于成龙兴工。旋以民情不便而止。己卯，上赐鄂内、坤巴图鲁散秩大臣，听其家居，二人皆太宗朝旧臣也。乙酉，诏曰："日蚀於月朔，越十六日月食。一月之中，薄蚀互见。天象示儆，宜亟修省。廷臣集议以闻。"

十二月庚寅，以察尼为奉天将军。己亥，谒孝陵。癸卯，上还宫。甲寅，祫祭太庙。

是岁，免江南、江西、山东、山西、湖广等省七十四州县卫灾赋有差。朝鲜、琉球、噶尔丹入贡。

二十五年丙寅春正月丙申，命马喇督黑龙江屯田。鄂罗斯复据雅克萨，命萨布素率师逐之。

二月甲辰，重修《太祖实录》成。丁未，诏曰："国家削平逆孽，戡定遐荒，惟宜宣布德意，动其畏怀。近见云、贵、川、广大吏，不善抚绥，颇行苛虐，贪黩生事，假借邀功。朕思土司苗蛮，既归王化，有何杌陧，格斗靡宁。其务推示诚信，化导安辑，以副朕抚驭遐荒至意。"停四川采运木植。己酉，文华殿成。壬子，告祭至圣先师於传心殿。癸丑，上御经筵。以津进为领侍卫内大臣。

三月戊午，命修栖流所。己未，命纂修《一统志》。甲戌，以汤斌为礼部尚书，兼管詹事府。

夏四月乙酉朔，命阿拉尼往喀尔喀七旗莅盟。庚寅，诏曰："赵良栋前当逆贼盘踞汉中，首先入川，功绩懋著。复领兵直抵云南，攻克省城之后，独能恪守法纪，廉洁自持，深为可嘉。今已衰老解任，应复其勇略将军、兵部尚书、总督以示眷注。”命郎谈、班达尔沙、马喇赴黑龙江参赞军务。赠陕西死事平逆将军毕力克图、参赞阿尔瑚世职。甲午，诏求遗书。戊申，调万正色云南提督，以张云翼为福建陆路提督。辛亥，始令顺天等属旗庄屯丁，编查保甲，与民户同。

闰四月辛未，以范承勋为云南、贵州总督。

五月丁亥，诏毁天下淫祠。

六月乙亥，录平南大将军赖塔、都统赵赖以次功，各予世职有差。戊寅，以阿兰泰为左都御史。

秋七月己酉，锡荷兰国王耀汉连氏甘勃氏文绮白金，命其使臣赍书致鄂罗斯。吏部奏定侍读、庶子以下各官学问不及者，以同知、运判外转。从之。辛亥，上巡幸塞外。

八月辛未，上驻跸乌尔格苏台。丙子，上还京。以索额图为领侍卫内大臣。丁丑，诏萨布素围雅克萨城，遏其援师，以博定参军事。戊辰，诏天下学宫崇祀先儒。庚辰，诏增孔林地十一顷有奇，从衍圣公孔毓埏请也，除其赋。

九月己丑，以班达尔沙为蒙古都统。乙巳，以图纳为四川、陕西总督。丁未，以陈廷敬为工部尚书，马齐为山西巡抚。己酉，鄂罗斯察汉汗使来请解雅克萨之围。许之。是月，内大臣拉笃祜奉诏与罗卜藏济农及噶尔丹定地而还。

冬十月丙辰，调张士甄为礼部尚书，以胡昇猷为刑部尚书。

十一月庚子，上谒孝陵。赏蒙古喀喇沁兵征浙江、福建有功者。

十二月癸丑，上还宫。丙辰，命侍郎萨海督察凤凰城屯田。癸亥，谕：“纠仪御史纠察必以严，设朕躬不敬，亦当举奏。”戊寅，祫祭太庙。

是岁，免直隶、江南、浙江、湖广、甘肃等省二十七州县被灾额赋有差。朝鲜、安南、荷兰、吐鲁番入贡。

二十六年丁卯春正月戊子，遣医官往治雅克萨军士疾，罗刹愿就医者并医之。丙申，蒙古土谢图汗、车臣汗及济农合疏请上尊号。不许。乙巳，大学士吴正治乞休。允之。

二月癸丑，上大阅於卢沟桥。原任湖广总督蔡毓荣隐藏吴三桂孙女为妾，匿取逆财，减死鞭一百，枷号三月，籍没，并其子发黑龙江。原谳尚书禧佛等坐隐庇，黜革有差。甲寅，以余国柱为大学士。庚申，命八旗都统、副都统更番入值紫禁城。丁卯，以张玉书为刑部尚书。壬申，户部奏浒墅关监督桑额溢征银二万一千余两。得旨：“设立榷关，原为稽察奸宄。桑额多收额银，乃私封便民桥，以致扰害商民。著严加议处。嗣后司榷官有额外横征者，该部其严饬之。”

三月己丑，以董讷为江南、江西总督。癸巳，以王鸿绪为左都御史。癸卯，上御太和门视朝，谕大学士等详议政务阙失，佥以无弊可陈对。上曰：“尧、舜之世，府修事和，然且兢兢业业，不敢谓已治已安。汉文帝亦古之贤主，贾谊犹指陈得失，直言切谏。今但云主圣臣贤，政治无阙，岂国家果无一事可言耶？大小臣工，各宜尽心职业，视国事如家事，有所见闻，入陈无隐。”以马世济为贵州巡抚。

夏四月己未，上谕大学士曰：“纂修《明史》诸臣，曾参看前明实录否？若不参看实录，虚实何由悉知。《明史》成日，应将实录并存，令后世有所考证。”丙寅，以田雯为江苏巡抚。癸酉，罢科道侍班。

五月己亥，宗人府奏平郡王纳尔都打死无罪属人，折伤手足，请革爵圈禁。得旨：“革爵，免圈禁。”庚辰，诏曰：“今兹仲夏，久旱多风，阴阳不调，灾孰大焉。用是减膳撤乐，斋居默祷。虽降甘霖，尚未沾足。皆朕之凉德，不能上格天心。政令有不便於民者更之。罪非常赦不原者咸赦除之。”戊子，上召陈廷敬、汤斌十二人各试以文。谕曰：“朕间与熊赐履讲论经史，有疑必问。继而张英、陈廷敬以次进讲，大有裨益。德格勒每好评论时人学问，朕心以为不然，故兹召试，兹判然矣。”壬辰，上制周公、孔子、孟子庙碑文，御书勒石。

六月丁酉，上素服步行，祈雨於天坛。是夜，雨。辛丑，改祀北海於混同江。以杨素蕴为安徽巡抚。

秋七月戊子，鄂罗斯遣使议和，命萨布素退兵。丙午，户部请裁京员公费。得旨勿裁。

八月己酉，上巡幸塞外。癸丑，次博洛和屯行围。甲戌，赐外藩银币。

九月己卯，上还京。辛巳，于成龙进嘉禾。上曰：“今夏干旱，幸而得雨，未足为瑞也。”壬午，以李之芳为大学士。乙未，调汤斌为工部尚书。起徐元文为左都御史。

冬十月癸丑，上巡幸畿甸。甲子，上还驻畅春园。

十一月甲申，以李正宗为汉军都统。丙申，太皇太后不豫。上诣慈宁宫侍疾。

十二月乙巳朔，上为太皇太后不豫，亲制祝文，步行祷于天坛。癸亥，以王永誉为汉军都统。乙丑，湖广巡抚张汧为御史陈紫芝劾其贪婪，侍郎色楞额初按不实。至是，命于成龙、马齐、开音布驰往提拿，究拟论死，陈紫芝内升。己巳，太皇太后崩。上哭踊视敛，割辫服衰，居慈宁宫庐次。甲戌除夕，群臣请上还宫。不允。

是岁，免直隶、山东、山西、江西等省四州县灾赋有差。朝鲜入贡。

二十七年戊辰春正月戊子，上居乾清门外左幕次。乙未释服。丁酉听政。

二月壬子，大学士勒德洪、明珠、余国柱有罪免，李之芳罢御史，郭琇具疏论列也。尚书科尔昆、佛伦、熊一潇俱罢。甲寅，以梁清标、伊桑阿为大学士，李天馥为工部尚书，张玉书为兵部尚书，徐乾学为刑部尚书。定宗室袭封年例。

三月乙亥，以马齐为左都御史。辛巳，上召廷臣及董讷、靳辅、于成龙、佛伦、熊一潇等议河务。次日亦如之。乙酉，色楞额以按张汧狱欺罔论死，总督徐国相以徇庇，侍郎王遵训等以滥举，俱免官。己丑，以王新命为河道总督。辛卯，裁湖广总督。丁酉，论河工在事互讦诸臣，董讷、熊一潇、靳辅、慕天颜、孙在丰俱削官，并赵吉士、陈潢罪之。己亥，增遣督捕理事官张鹏翮、兵科给事中陈世安，会内大臣索额图与鄂罗斯议约定界。壬寅，赐沈廷文等一百四十六人进士及第出身有差。李光地坐妄举德格勒议处。得旨："李光地前於台湾一役有功，仍以学士用。"

夏四月癸卯朔，日有食之。戊申，以傅拉塔为江南、江西总督。己酉，上躬送太皇太后梓宫奉安暂安奉殿。其后起陵，是曰昭西陵。回跸至蓟州除发。甲寅，以厄鲁特侵喀尔喀，使谕噶尔丹。戊辰，上还宫。庚午，命侍郎成其范、徐廷玺查阅河工。

五月己卯，吏部尚书陈廷敬、刑部尚书徐乾学以疾罢。甲午，以纪尔他布为兵部尚书。丙申，上谒祭暂安奉殿。

六月甲辰，湖广督标裁兵夏逢龙作乱，踞武昌，巡抚柯永昇投井死，署布政使粮道叶映榴骂贼遇害。命瓦岱佩振武将军印讨之。庚申，阿喇尼奏噶尔丹侵厄尔德尼招，哲卜尊丹巴、土谢图汗遁。发兵防边。戊辰，起熊赐履为礼部尚书，徐元文为左都御史。以翁叔元为工部尚书。

秋七月癸酉，以辅国公化善为蒙古都统。乙酉，湖广提督徐治都大败夏逢龙於应城，於鲤鱼套焚贼舟，贼遁黄冈。丙戌，上巡幸塞外。戊子，南阳总兵史孔华复汉阳。庚寅，瓦岱复黄州，获夏逢龙，磔诛之，贼平。壬午，云南提督万正色侵冒兵饷，按律论死。上念其前陷贼时抗志不屈，行间血战劳绩甚多，免死，革提督，仍留世职。壬辰，上驻喀尔必哈哈达，有峰旧名纳哈里，高百数十丈，上发数矢皆过峰顶，赐今名。

八月癸卯，上驻巴颜沟行围。叶映榴遗疏至，赠工部侍郎，下部优恤。乙卯，张玉书奏查阅河工，多用靳辅旧议。

九月壬申，遣彭春、诺敏率师驻归化城防边。是时喀尔喀为噶尔丹攻破，徙近边内。遣阿喇尼往宣谕之，并运米赈抚。辛卯，上还京。癸巳，复设湖广总督，以丁思孔为之。

冬十月癸卯，移杨素蕴为湖广巡抚。庚戌，以辅国公绰克託为奉天将军。乙卯，上大行太皇太后尊谥曰孝庄文皇后。辛酉，升祔太庙，颁诏中外。

十一月辛卯，荆州将军噶尔汉等坐讨贼逗遛夺职，鞭一百，官吏从贼受官者逮治，余贷之。

十二月庚子，以希福为蒙古都统。甲辰，建福陵、昭陵圣德神功碑，御制碑文。上谒孝庄山陵。乙巳，以尼雅翰为西安将军。己酉，进张玉书为礼部尚书；徐元文刑部尚书，再进户部尚书。丙寅，上还京。兵部、工部会疏福建前造炮船核减工料银二万余两，应著落故总督姚启圣名下追赔。上以姚启圣经营平台甚有功绩，毋庸著追。

是岁，免江南、江西、湖广、云南、贵州等省三十三州县灾赋有差。朝鲜、琉球入贡。

二十八年己巳春正月庚午，诏南巡临阅河工。丙子启銮。诏所过勿令民治道。献县民献嘉禾。壬午，诏免山东地丁额赋。甲申，上驻济南。乙酉，望祀泰山。庚寅，次剡城，阅中河。壬辰，次清河。癸巳，诏免江南积欠二十余万。乙未，上驻扬州。诏曰："朕观风问俗，卤薄不设，扈从仅三百人。顷驻扬州，民间结彩盈衢，虽出自爱敬之诚，不无少损物力。其前途经过郡邑，宜悉停止。"

二月辛丑，上驻苏州。丁未，驻杭州。诏广学额，赉军士，复因公降谪官，赐扈从王大臣以次银币，赐驻防耆民金。辛亥，渡钱塘江，至会稽山麓。壬子，祭禹陵，亲制祭文，书名，行九叩礼，制颂刊石，书额曰"地平天成"。癸丑，上还驻杭州。阅骑射，赐将军以及官兵大酺。丁巳，次苏州。故湖广粮道叶映榴之子敷迎銮，为其父请谥。上书"忠节"二大字赐之。松江百姓建碑祈寿，献进碑文。江南百姓吁留停跸，献土物为御食，委积岸上。令取米一撮，果一枚，为留一日。浙江巡抚金鋐有罪，削职遣戍。以张鹏翮为浙江巡抚。增设武昌、荆州、常德、岳州水师。癸亥，上驻跸江宁。甲子，祭明陵。赐江宁、京口驻防高年男妇白金。乙丑，上阅射，赐酺。上诣观星台，与学士李光地咨论星象，参宿在觜宿之先，恒星随天而动，老人星合见江南，非隐见也。江宁士民吁留圣驾。为留二日。

三月戊辰朔，发江宁。甲戌，阅高家堰，指授治河方略。丙戌，上还京。闻安亲王岳乐之丧，先临其第哭之，乃还宫。丁亥，命八旗科举先试骑射。戊子，诏靳辅治河劳绩昭然，可复原官。丁酉，增设八旗火器营，副都统领之。

闰三月壬子，予安亲王岳乐祭葬立碑，谥曰和。己未，上谒陵。丙午，谒孝庄皇后山陵，谒孝陵。辛酉，上还京。

夏四月乙亥朔，上制《孔子赞序》及颜、曾、思、孟四赞，颁於学宫。壬辰，复命索额图等赴尼布楚，与鄂罗斯定边界。喀尔喀外蒙古内附告饥。命内大臣伯费扬古往赈抚之。命台湾铸钱。

五月乙巳，以阿兰泰、徐元文为大学士，顾八代为礼部尚书，郭琇为左都御史。壬戌，颁行《孝经衍义》。癸亥，命归化城屯兵备边。

六月乙亥，以佟宝为宁古塔将军。两广总督吴兴祚以鼓铸不实黜官。

秋七月，以石琳为两广总督。癸卯，册立贵妃佟氏为皇后。甲辰，皇后崩，谥曰孝懿。

八月癸酉，上巡幸边外。戊寅，驻博洛和屯，赐居民银米。

九月癸卯，上还京。戊午，以倭赫为蒙古都统，额驸穆赫为汉军都统。

冬十月丙寅，以郎谈为满洲都统。辛未，增设喀尔喀两翼扎萨克，招集流亡，编置旗队。癸酉，左都御史郭琇以致书本省巡抚请托降官。甲戌，葬孝懿皇后，上临送。是月，岷州生番内附。

十一月丙申，上还宫。辛酉，孝懿皇后祔奉先殿。

十二月乙丑，诏免云南二十一年至二十三年民欠。丙寅，上朝皇太后於慈宁新宫。戊辰，以张英为工部尚书。乙亥，内大臣索额图疏报与鄂罗斯立约，定尼布楚为界，立碑界上，以五体文书碑。

是岁，免直隶、浙江、湖北等省十一州县灾赋有差。朝鲜入贡。

二十九年庚午春正月癸丑，上幸南苑。庚申，遣官赈蒙古喀尔喀。

二月甲子，以岳乐子马尔浑嗣封安郡王。乙丑，遣大臣巡视直隶灾区流民。五城粥厂宽期，倍发银米，增置处所。己巳，上谒孝庄山陵，谒孝陵。庚午，大雨。癸酉，上还京。甲戌，上御经筵。戊子，起陈廷敬为左都御史。

三月壬辰朔，除长芦新增盐课。乙未，诏修三朝国史。癸卯，命都统额赫纳、护军统领马赖、前锋统领硕鼐率师征厄鲁特。先是，噶尔丹兵侵喀尔喀，迭诏谕解不从，兵近边塞。至是，命额赫纳等莅边御之。辛亥，除云南黑井加增盐课。以张思恭为京口将军。

夏四月丁丑，以旱赦殊死以下系囚。甲申，建子思子庙於阙里。《大清会典》成。

五月辛卯朔，命九卿保举行取州县堪为科道者。

六月癸酉，大学士徐元文免。戊寅，噶尔丹追喀尔喀侵入边。命内大臣苏尔达赴科尔沁征蒙古师备御。命康亲王傑书、恪慎郡王岳希师驻归化城。

秋七月庚寅朔，以张英为礼部尚书，以董元卿为京口将军。辛卯，噶尔丹入犯乌珠穆秦。命裕亲王福全为抚远大将军，皇子胤禔副之，出古北口。恭亲王常宁为安远大将军，简亲王喇布、信郡王鄂扎副之，出喜峰口。内大臣佟国纲、索额图、明珠、彭春等俱参军事，阿密达、阿拉尼、阿南达俱会军前。己亥，以陈廷敬为工部尚书，于成龙为左都御史。癸卯，上亲征，发京师。己酉，上驻博洛和屯，有疾回銮。

八月乙未朔，日有食之。抚远大将军裕亲王福全大败噶尔丹於乌阑布通，噶尔丹以喇嘛济隆来请和，福全未即进师。上切责之。乙丑，上还京。丙子，噶尔丹以誓书来献。上曰："此虏未足信也。其整师待之。"

九月癸巳，先是，乌阑布通之战，内大臣公佟国纲战殁於阵。至是，丧还，命皇子率大臣迎之。凡阵亡官咸赐奠赐恤有差。戊申，停今年秋决。壬子，弛民间养马之禁。

冬十月己未，上疾少愈，召大学士诸臣至乾清宫轮对。乙亥，以鄂伦岱为汉军都统。辛巳，领翰林院学士张英失察编修杨瑄撰拟佟国纲祭文失当，削礼部尚书，杨瑄褫官戍边入旗。

十一月己亥，以熊赐履为礼部尚书。甲辰，达赖喇嘛请上尊号。不许，并却其贡。己酉，裕亲王福全等至京听勘。王大臣议上。上薄其罪，轻罚之。将士仍叙功。

十二月丁丑，上谒陵，行孝庄文皇后三年致祭礼。庚辰还京。

是岁，免直隶、江南、浙江、甘肃等省三十二州县卫灾赋有差。朝鲜入贡。

三十年辛未春正月戊申，封阿禄科尔沁贝勒楚依为郡王，以与厄鲁特力战受伤被执不屈而脱归也。其十二旗阵亡台吉俱赠一等台吉，赐号达尔汉，子孙承袭。噶尔丹复掠喀尔喀。命瓦岱为定北将军，驻张家口，郎谈为安北将军，驻大同，川陕总督会西安将军驻兵宁夏备之。命在籍勇略将军赵良栋参军事。乙卯，以马齐为兵部尚书。

二月丁巳朔，日有食之。乙丑，上御经筵。命步军统领领巡捕三营，兼辖五城督捕。戊午，厄鲁特策旺阿拉布坦使来，噶尔丹之侄也，厚赉其使，比旋，遣郎中桑额护其行。

三月戊子，翻译《通鉴纲目》成，上制序文。己酉，赐戴有祺等一百四十八人进士及第出身有差。

夏四月戊午，左都御史徐乾学致私书於山东巡抚钱钰，事发，并褫职。丁卯，上以喀尔喀内附，躬莅边外抚绥。是日，启銮。

五月丙戌，上驻多罗诺尔。喀尔喀来朝。先是，喀尔喀土谢图汗听哲卜尊丹巴唆，杀其同族扎萨克图汗得克得黑墨尔根阿海，内乱迭兴，为厄鲁特所乘。至是，遣大臣按其事。土谢图汗、哲卜尊丹巴具疏请罪。上赦之。以扎萨克图汗，七旗之长，饬其弟策旺扎布袭汗号，封为亲王。丁亥，上御行幄，土谢图汗、哲卜尊丹巴入觐，俯伏请罪。大臣宣赦，泣涕谢恩。赐茶赐宴赐坐，大合乐，九叩首而退。戊子，复召土谢图汗、哲卜尊丹巴、策旺扎布、车臣汗及喀尔喀诸部济农、伟征、诺颜、阿玉锡诸大台吉三十五人赐宴。谕曰："朕欲熟识尔等，故复飨宴。"赐之冠服。策旺扎布年幼，以皇子衣帽数珠赐之。以车臣汗之叔扎萨克济农纳穆扎尔前劝车臣汗领十万众归顺，身为之倡，请照四十九旗一例，殊为可嘉，许照旧扎萨克，去其济农之号，封为郡王。余各封爵有差。传谕喀尔喀曰："尔等困穷至极，互相偷夺，朕已拯救爱养。今与四十九旗一体编设各处扎萨克，管辖稽察，其各遵守。如再妄行，则国法治之矣。"己丑，上御甲胄乘马，遍阅各部。下马亲射，十矢九中。次大阅满洲兵、汉军兵、古北口兵，列阵鸣角，鸟枪齐发，声动山谷。众喀尔喀环瞩骇叹曰："真神威也！"科尔沁、喀尔喀各蒙古王贝勒请上尊号。不许。庚寅，上按阅喀尔喀营寨，赉牛羊及其穷困者。辛卯，遣官往编喀尔喀佐领，予之游牧。乌珠穆秦台吉车根等以降附厄鲁特，按实罪之。壬辰，上回銮。癸卯，还京。辛亥，分会试中卷南左、南右、北左、北右、中左、中右，从御史江蘩之言也。壬子，群臣请上尊号。不许。

六月乙卯，以李天馥为吏部尚书，陈廷敬为刑部尚书，高尔位为工部尚书。

秋七月甲申，西安将军尼雅翰奉诏督兵迁巴图尔额尔克济农於察哈尔，济农惮行遁去，尼雅翰追之不及，按问论死。命总督葛思泰追讨之。朝鲜使人以买《一统志》发其国论罪。致仕大学士杜立德卒，予祭葬，谥文端。

闰七月丙辰，葛思泰疏报济农之弟博济在昌宁湖，经总兵柯彩派兵剿败，生擒博济及前禁之格隆等，均斩之。乙亥，上巡幸边外。

九月辛酉，上回銮，道遵化，谒孝庄山陵，谒孝陵。乙丑，还京。庚午，以公阿灵阿为蒙古都统。甲戌，命侍郎博济、李光地、徐廷玺偕靳辅视河。

冬十月庚寅，谢尔素番盗杀参将朱震，西宁总兵官李芳述擒盗首华木尔加诛之。癸巳，以巴德浑为满洲都统，杭奕禄为荆州将军。丁未，甘肃提督孙思克讨阿奇罗卜藏，斩之。先是，使於厄鲁特之侍读学士达虎还及嘉峪关，为阿奇罗卜藏所害，命思克讨之。至是，捷闻。

十一月丁巳，以索诺和、李振裕为工部尚书，以伊勒慎为满洲都统。己未，诏曰："朕崇尚德教，蠲涤烦苛，大小诸臣，咸被恩礼。即因事罢退，仍令曲全乡里。近来交争私怨，纠结不已，颇有党同伐异之习，岂欲酿明季门户之祸耶？其各蠲私忿，共矢公忠。有怙终者，朕必穷治之。"是时徐元文、徐乾学、王鸿绪既罢，而傅腊塔等抉摘琐隐，钩连兴狱，故特诏儆饬焉。甲戌，诏曰："钦天监奏来岁正月朔日食。天象示儆，朕甚惧焉。其罢元日筵宴诸礼。诸臣宜精白供职，助朕修省。"

十二月甲申，诏曰："朕抚驭区宇，惟以爱养苍生，俾臻安阜为念。比岁地丁额赋，迭经蠲免，而岁运漕米，尚在输将，时切轸念。除河南已经蠲免外，其湖广、江苏、浙江、安徽、山东漕米，以次各免一年，用纾民力。"丁亥，移旗庄壮丁赴古北口外达尔河垦田。遣侍郎阿山、德珠等往陕西监赈。壬辰，谕督、抚、提、镇保举武职堪任用及曾立功者，在内八旗旗员，令都统等举之。

是岁，免直隶、江南、江西、河南、山东、陕西、湖广、云南等省一百八十八州县灾赋有差。朝鲜、安南、琉球入贡。

三十一年壬申春正月辛亥朔，日有食之，免朝贺。甲寅，上御乾清门，出示《太极图》、《五音八声八风图》，因言："《律吕新书》径一围三之法，用之不合。径一尺围当三尺一寸四分一厘，积至百丈，所差至十四丈外矣。宁可用邪？惟隔八相生之说，试之悉合。"又论河道闸口流水，昼夜多寡，可以数计。又出示测日晷表，画示正午日影至处，验之不差。诸臣皆服。庚午，上幸南苑行围。

二月辛巳，以靳辅为河道总督。乙酉，以陕西旱灾，发山西帑银、襄阳米石赈之。丁亥，上巡幸畿甸。辛卯，陕西巡抚萨弼以赈灾不实褫职。戊戌，上还京。己亥，上御经筵。乙巳，以马齐为户部尚书。

三月丙辰，遣内大臣阿尔迪、理藩院尚书班迪赴边外设立蒙古驿站。乙丑，命府丞徐廷玺协理河工。加甘肃提督孙思克太子少保，予世职。致仕大学士冯溥卒，予祭葬，谥文敏。以阿席坦为满洲都统。置云南永北镇。

夏四月庚辰朔，以希福为满洲都统，护巴为蒙古都统。己丑，发帑银百万赈陕西，尚书王骘、沙穆哈往视加赈。戊戌，上幸瀛台，召近臣观稻田及种竹。河道总督靳辅请建新庄、仲家浅各一闸，下部议行。

五月庚寅，谕户部，山西平阳丰收，可遣官购买备荒。命王维珍董其事。癸卯，定喀尔喀部为三路，土谢图为北路，车臣为东路，扎萨克图为西路，属部各从其分地画为左右翼。

六月庚辰，以宋荦为江宁巡抚。乙未，蒙古科尔沁进献锡伯、卦尔察、打虎尔一万余户，给银酬之。

秋七月乙亥，上巡幸塞外。

八月己丑，以翁叔元为刑部尚书，以博济为西安将军，李林隆为固原提督，李芳述为贵州提督。

九月戊申，噶尔丹属人执我使臣马迪戕之。庚戌，上还次汤泉。己未，还京。丁卯，上御经筵。壬申，上大阅於玉泉山。

冬十月己卯，诏曰："秦省比岁凶荒，加以疾疫，多方赈济，未苏积困。所有明年地丁税粮，悉予蠲免。从前逋欠，一概豁除。用称朕子惠元元至意。"庚辰，以李天馥为大学士。壬午，上谒陵。曲赦陕西，非十恶及军前获谴者，皆免死减一等。以佛伦为川陕总督，宗室董额为满洲都统。庚寅，上还京。癸巳，以熊赐履为吏部尚书，张英为礼部尚书。庚子，停直省进鲜茶暨赍送表笺。

十一月庚戌，以阿灵阿为满洲都统。甲寅，命熊赐履勘察淮、扬滨河涸田。丙寅，加孙思克振武将军。以觉罗席特库为蒙古都统。

十二月壬午，河道总督靳辅卒，予祭葬，谥文襄。以于成龙为河道总督，董讷为左都御史。壬辰，以郎化麟为汉军都统。辛丑，以西安饥，运襄阳米平粜。加希福建威将军，移戍右卫。召科尔沁蒙古王沙津入京，面授机宜，使诱噶尔丹。

是岁，免陕西、江南、四川等省十三州县灾赋有差。朝鲜入贡。

三十二年癸酉春正月甲子，诏朝鲜岁贡黄金木棉永行停止。

二月乙亥朔，发帑金，招商贩米西安平市价。丙子，遣内大臣坡尔盆等往督归化城三路屯田。诏修南河周桥堤工，往年靳辅与陈潢所经度者，至是阅河大臣绘图进呈，特诏修之。策旺阿拉布坦遣使入贡，报告使臣马迪被害及噶尔丹密事，以彩缎赉之。癸未，上御经筵。改宣府六厅十卫为一府八县。戊子，命郎谈为昭武将军，偕阿南达、硕鼐帅师赴宁夏，将军博济、孙思克参军事。庚寅，上巡幸畿甸，阅霸州苑家口堤工，谕巡抚郭世隆修之。庚子，上还京。贵州巡抚卫既齐疏报剿办土司失实，夺职戍黑龙江。

三月丙午，遣皇子胤禔祭华山。丁未，移饶州府驻景德镇。乙卯，置广东运司、潮州运同。庚午，诏赵良栋系旧臣，可暂领宁夏总兵。

夏四月丙戌，喀尔喀台吉车凌扎布自鄂罗斯来归，赉之袍服，赐克鲁伦游牧。癸巳，命检直省解送物料共九十九项，减去四十项免解。丁酉，以心裕为蒙古都统。

五月庚戌，命内大臣伯费扬古为安北将军，驻归化城。

六月乙亥，广八旗乡、会中额。

八月甲戌，免广西、四川、贵州、云南四省明年地丁税粮。癸未，上巡幸塞外行围。蒙古科尔沁诸部朝行在，赐冠服银币。

九月丁未，修盛京城。丙寅，琉球来贡，遣其质子还国。丁卯，上还京。

冬十月壬申，诏曰："给事中彭鹏奏劾顺天考官，请朕亲讯，是大臣皆不可信矣。治天下当崇大体，若朕事事躬亲，则庶务何由毕理乎？"壬辰，上大阅於玉泉山。丁酉，鄂罗斯察汉汗来贡。上谕大学士曰："外藩朝贡，固属盛事，传至后世，未必不因而生事。惟中国安宁，则外患不生，当培养元气为根本耳。"

十一月辛丑，上奉皇太后谒孝庄山陵、孝陵。庚申，还宫。甲子，诏免顺天、河间、保定、永平四府明年税粮。

十二月辛未，以宗室公杨岱为蒙古都统。丁亥，上幸南苑行围。谕："满洲官兵近来不及从前之精锐，故比年亲加校阅，间以行围。顷见诸士卒行列整齐，进退娴熟，该军校等赏给一个月钱粮，该管官赏给缎疋，以激戎行。"丁酉，祫祭太庙。

是岁，免直隶、江南、江西、浙江、山西、湖广等省六十九州县灾赋有差。朝鲜、琉球入贡。

三十三年甲戌春正月乙卯，盛京歉收，命马齐驰往，以仓谷支给兵丁，海运山东仓谷济民食。丙辰，召见河道总督于成龙，问曰："尔前言减水坝不宜开，靳辅糜费钱粮，今竟何如？"成龙曰："臣前诚妄言。今所办皆照靳辅而行。"上曰："然则尔所言之非，靳辅所行之是，何以不明白陈奏，尚留待排陷耶？"因谕大学士曰："于成龙前奏靳辅未曾种柳河堤，朕南巡时，指河干之柳问之，无辞以对。又奏靳辅放水淹民田，朕复至其地观之，断不至淹害麦田。而王骘、董讷等亦附和于成龙言之。"下部议，将于成龙革职枷责。上曰："伊经手之工未完，应革职留任。"王骘休致，董讷革职。

二月辛未，上御经筵。癸酉，大学士请间三四日一御门听政。上曰："昨谕六十以上大臣间日奏事，乃优礼老臣耳。若朕躬岂敢暇逸，其每日听政如常。"丁丑，以诸穆图为汉军都统。庚辰，上巡幸畿甸。敕修通州至西沽两岸堤工。

三月辛丑，上还京。礼部尚书沙穆哈以议皇太子祀奉先殿仪注不敬免官。辛酉，赐胡任舆等一百六十八人进士及第出身有差。以范承勋为左都御史。

夏四月庚午，理藩院奏编审外藩蒙古四十九旗人丁二十二万六千七百有奇。辛巳，以査木扬为杭州将军。

五月戊寅，步军统领凯音布奏天坛新修之路，勿令行人来往。上曰："修路以为民也。若不许行，修之何益。后若毁坏，令步兵随时葺治。"顺天学政李光地丁母忧，令在京守制。甲辰，命翰林院、詹事府、国子监日轮四员入直南书房。辛亥，以纪尔他布为满洲都统，噶尔玛为蒙古都统。甲寅，诏修《类函》。丁巳，上巡幸畿甸，阅视河堤，谕扈从卫士鱼贯而行，勿践田禾。戊午，上阅龙潭口。己未，阅化家口、黄须口、八百户口、王家甫口、筐儿港口、白驹场口，薄弱之处，咸令增修。庚申，阅桃花口、永安口、李家口、信艾口、柳滩口等处新堤。上曰："观新堤甚属坚固，百姓可免数年水患矣。"壬戌，上还京。

闰五月庚午，上试翰林出身官於丰泽园。

六月辛丑，加湖广提督徐治都镇平将军。丙辰，以范承勋为江南、江西总督。

秋七月丁卯，以蒋弘道为左都御史，转王士禛户部左侍郎，王掞户部右侍郎。巴图尔额尔克济农奏报降人祁齐克逃遁，遣兵追斩之。丁亥，上求文学之臣。大学士举徐乾学、王鸿绪、高士奇及韩菼、唐孙华以对。上曰："韩菼非谪降之人，当以原官召补。徐乾学、王鸿绪、高士奇可起用修书。并召徐秉义来。"他日试唐孙华诗佳，授礼部主事、翰林院行走。己丑，江南、江西总督傅拉塔卒，赠太子太保，予祭葬，谥清端。庚寅，上巡幸塞外。

八月己未，上驻跸拜巴哈昂阿。喀尔喀哲布尊丹巴来朝，赐之冠服。

九月己巳，广八旗入学学额。己卯，上还京。壬午，以石文炳为汉军都统，以王继文为云南、贵州总督。

冬十月丙申，以吴赫为四川、陕西总督。乙巳，以金世荣为福州将军。

十一月丁卯，温僖贵妃钮祜禄氏薨。癸酉，以张旺为江南提督。戊寅，起陈廷敬为户部尚书。

十二月庚戌，以觉罗席特库为满洲都统，杜思噶尔为蒙古都统。

是岁，免直隶、山东等省十二州县灾赋有差。朝鲜入贡。

三十四年乙亥春正月丁亥，以护巴为满洲都统。

二月己亥，以郭世隆为浙江、福建总督。丁巳，太和殿工成。休致大学士李之芳卒，予祭葬，谥文襄。

三月丙戌，以石文英为汉军都统。

夏四月丁酉，平阳府地震。甲辰，遣使册立班禅胡土克图。己酉，追叙赵良栋平蜀、滇功，授一等子世职。其部将升赏有差。己未，以李辉祖为河南巡抚。

五月壬寅朔，遣尚书马齐察赈地震灾民。巡抚噶世图以玩灾免。辛未，命在京八旗分地各造屋二千间住兵。壬申，上巡幸畿甸，阅新堤及海口运道，建海神庙。戊子，还京。

六月丁酉，策封皇太子胤礽妃石氏。庚子，以久雨诏廷臣陈得失，礼部祈晴。庚申，漕运总督王樑奏参卫千总杨奉漕船装带货物。谕曰："商人装带货物，于运何妨。王樑乃将货物搜出弃置两岸，所行甚暴，即解任。"

秋七月己丑，以觉罗舒恕为宁夏将军，鄂罗顺为江宁将军。赵良栋告赴江南就医，命给与南巡旧船。

八月壬辰，上巡幸塞外。辛丑，博济奏报噶尔丹属下回子五百人阑入三岔河汛界，肃州总兵官潘育龙尽俘之，拘於肃州。丙午，次克勒和洛。命宗室公苏努、都统阿席坦、护巴领兵备噶尔丹。己酉，次克勒乌理雅苏台。调董安国为河道总督，桑额为漕运总督。

九月辛巳，上还京。癸未，诏顺天、保定、河间、永平四府水潦伤稼，免明年地丁钱粮，仍运米四万石前往平粜。

冬十月丁未，命内大臣索额图、明珠视察噶尔丹。

十一月己未朔，日有食之。壬戌，命大军分三路备噶尔丹，裹八十日粮，其驼马米粮，令侍郎陈汝器、前左都御史于成龙分督之。丙寅，停今年秋决。庚午，命李天馥复为大学士。庚辰，上大阅於南苑。戊子，命安北将军伯费扬古为抚远大将军。遣大臣如蒙古征师，示师期。

十二月己亥，命将军博济、孙思克师出镇彝。乙巳，平阳地震，命蠲本年粮额，并免山西、陕西、江南、浙江、江西、湖广、广东、福建等省逋赋，赦殊死以下，其政令有不便於民者，令督抚以闻。以齐世为满洲都统。

是岁，免直隶、山西、江西、福建、广东等省十二州县灾赋有差。朝鲜、琉球入贡。

三十五年丙子春正月甲午，下诏亲征噶尔丹。赉随征大臣军校宴。甲申，命公彭春参赞西路军务。

二月丁亥朔，上谒陵。辛卯，上还京。壬辰，以硕鼐为蒙古都统。癸丑，告祭郊庙社稷。甲寅，命皇太子胤礽留守。丙辰，上亲统六师启行。

三月戊辰，上出行宫观射。辛未，次滚诺，大雨雪，上露立，俟军士结营毕，乃入行幄。军中毕炊，乃进膳。以行帐粮薪留待后至者。庚辰，予故巡抚王维珍祭葬，谥敏悫。

夏四月辛卯，上次格德尔库。壬辰，上驻塔尔奇拉。谕："兹已抵边界，自明日始，均列环营。"前哨报噶尔丹在克鲁伦，命蒙古兵先进据河。

五月丙辰朔，上驻跸拖陵布拉克。辛酉，次枯库车尔。壬戌，侦知噶尔丹所在，上率前锋先发，诸军张两翼而进。至燕图库列图驻营。其地素乏水，至是山泉涌出，上亲临视。癸亥，次克鲁伦河。上顾大臣曰："噶尔丹不知据河拒战，是无能为矣。"前哨中书阿必达探报噶尔丹不信六师猝至，登孟纳尔山，望见黄幄网城，大兵云屯，漫无涯际，大惊曰："何来之易耶！"弃其庐帐宵遁。验其马矢，似遁二日矣。上率轻骑追之。沿途什物、驼马、妇孺委弃甚众。上顾谓科尔沁王沙津曰："虏何仓皇至是？"沙津曰："为逃生耳。"喀尔喀王纳木扎尔曰："臣等当日逃难，即是如此。"上上书皇太后，备陈军况，并约期回京。追至拖纳阿林而还，令内大臣马思喀追之。戊辰，上班师。是日晨，五色云见。癸酉，次中拖陵。抚远大将军伯费扬古大败噶尔丹於昭莫多，斩级三千，阵斩其妻阿奴。噶尔丹以数骑遁。癸未，次察罕诺尔。召见蒙古诸王，奖以修道凿井监牧之劳，各赐其人白金。

六月癸巳，上还京。是役也，中路上自将，走噶尔丹，西路费扬古大败噶尔丹，唯东路萨布素以道远后期无功。甲午，论喀尔喀郡王善巴尽以马匹借军功，晋封亲王，贝子盆楚克侦敌有劳，封为郡王。诸臣行庆贺礼。乙未，赐察哈尔护军月饷加一金，喀尔喀人六金，限给三年。诏停本年秋审。壬子，以吴琠为左都御史，调张旺为福建水师提督，张云翼为江南提督。

秋七月戊午，以平定朔漠勒石太学。以李辉祖为湖广总督。癸亥，广直省乡试解额。戊辰，改吴英福建陆路提督，岳昇龙为四川提督。

八月丁酉，索诺和以乏军需免，以凯音布为兵部尚书。

九月甲寅朔，回回国王阿卜都里什克奏："臣仗天威，得以出降。遣臣回国叶尔钦，请敕策旺阿拉布坦勿加虐害。"乙卯，赐厄鲁特降人官秩衣粮。壬申，上巡幸塞外。丙子，次沙城。诏："年来宣化所属牧养军马，供亿甚繁，深劳民力，其悉蠲明年额赋。"丁丑，副都统祖良璧败噶尔丹部人丹济拉於翁金。

冬十月甲申朔，遣官赍赐西路军士衣裘牛羊。丁亥，次昭哈。赐右卫、大同阵亡军士白金。庚寅，大将军费扬古献俘至。赐银赎出，令其完聚。戊申，上临视右卫军士，赐食。传谕曰："昭莫多之役，尔等乏粮步行而能御敌，故特赐食。悉免所借库银。其伤病之人，另颁赐之。"众叩首欢谢。庚戌，上驻跸丽苏。上皇太后书，谢赐裘服。

十一月戊寅，噶尔丹遣使乞降，其使格垒沽英至，盖微探上旨也。上告之曰："俟尔七十日，过此即进兵矣。"庚辰，回銮。

十二月壬寅，上还京。以宗室费扬固为右卫将军，祁布为满洲都统，雷继尊为汉军都统。庚戌，诏："陕、甘沿边州县卫所，当师行孔道，供亿繁多，闾阎劳苦，其明年地丁银米悉行蠲免。"

是岁，免江南、江西等省三十二州县灾赋有差。朝鲜入贡。

三十六年丁丑春正月丙辰，上幸南苑行围。戊辰，哈密回部擒噶尔丹之子塞卜腾巴尔珠尔来献。己巳，遣官存问勇略将军赵良栋，赐人参鹿尾。甲戌，谕："朕观明史，一代并无女后预政，以臣陵君之事。我朝事例，因之者多。朕不似前人辄讥亡国也。现修《明史》，其以此谕增入敕书。"

二月丁亥，上亲征噶尔丹，启銮。是日，次昌平。阿必达奏哈密擒获厄鲁特人土克齐哈什哈，系害使臣马迪之首犯。命诛之，子女付马迪之家为奴。戊戌，上驻大同。丁未，次李家沟。戊申，诏免师行所过岢岚、保德、河曲等州县今年额赋。是日，次犨鄢村，山泉下涌，人马沾足。庚戌，遣官祭黄河之神。

三月丙辰，上驻跸屈野河。厄鲁特人多尔济、达拉什等先后来降。赐哈密回王金币冠服。丁巳，赵良栋卒，上闻之，嗟悼良久，语近臣曰："赵良栋，伟男子也。"辛酉，次榆林。戊辰，次安边城。宁夏总兵王化行请上猎於花马池。上曰："何如休养马力以猎噶尔丹乎？"辛未，次花马池。丙子，上自横城渡河。遣皇长子胤禔赐奠赵良栋及前提督陈福。丁丑，上驻跸宁夏。察恤昭莫多、翁金阵亡弁兵。己卯，祭贺兰山。庚辰，上阅兵。命侍卫以御用食物均赐战士。

闰三月辛未巳朔，日有食之。庚寅，康亲王傑书薨。宁夏百姓闻上将行，恳留数日。上曰："边地硗瘠，多留一日，即多一日之扰。尔等诚意，已知之矣。"

夏四月辛亥，上次狼居胥山。甲寅，回銮。庚申，命直省选文行兼优之士为拔贡生，送国子监。甲子，费扬古疏报闰三月十三日噶尔丹仰药死，其女钟齐海率三百户来降。上率百官行拜天礼。敕诸路班师。是日，大雨。厄鲁特降人请庆贺。止之。先是，上将探视宁夏黄河，由横城乘舟行，至湖滩河朔，登陆步行，率侍卫行猎，打鱼射水鸭为粮，至包头镇会车骑。

五月乙未，上还京。丁酉，以傅拉塔为刑部尚书，席尔达左都御史，翁叔元罢，以吴琠为刑部尚书，张鹏翮左都御史。癸卯，礼部请上尊号。不许。

六月甲寅，礼部请於师行所过名山磨崖纪功。从之。予故勇略将军一等子赵良栋祭葬，谥襄忠。

秋七月癸未，群臣请上皇太后徽号，三上，不允。乙未，以朔漠平定，遣官祭告郊庙、陵寝、先师。赐李蟠等一百五十人进士及第出身有差。晋封大将军伯费扬古一等公,参赞以下各授世职。辛丑,免旗兵借帑。乙巳,遣官赉外藩四十九旗兵。丁未,上巡幸塞外。

八月乙亥,上驻巴图舍里,赐蒙古王、公、台吉银币。

九月癸未,厄鲁特丹济拉来归。上独御毡幄召见之。丹济拉出语人曰:"我罪人也,上乃不疑,真神人也。"甲午,上还京。庚子,以都统凯音布兼步军统领。壬寅,上御经筵。乙巳,振平将军、湖广提督徐治都卒,赠太子少保,予祭葬,谥襄毅。赈黑龙江被水居民。以席尔达为兵部尚书,哈雅尔为左都御史。

冬十月己巳,始令宗室应乡、会试。壬戌,诏曰:"比年师行出入,皆经山西地方,有行赍居送之劳。其免山西明年额赋。"叙从征镇国公苏努功,晋封贝子。庚午,上谒陵。甲戌,内监刘进朝以讹诈人论死。

十一月辛巳,上还京。丙戌,和硕恪靖公主下嫁喀尔喀郡王敦多布多尔济。戊戌,朝鲜告粜,命运米三万石往赈。甲辰,诏直省报灾即察实以闻。

十二月丁卯,改宗室董额为满洲都统。乙亥,祫祭太庙。

是岁,免直隶、江南、安徽、江西等省五十九州县灾赋有差。朝鲜、琉球、安南入贡。

三十七年戊寅春正月庚寅,策旺阿拉布坦奏陈第巴匿达赖喇嘛圆寂之事,斥班禅而自尊,垦请睿鉴。上答之曰:"朕曾敕责第巴具奏认罪,若怙终不悛,朕不轻恕也。"并遣侍读学士伊道等赍敕往。癸卯,上巡幸五台山。甲辰,次涿州。命皇长子胤禔、大学士伊桑阿祭金太祖、世宗陵。

二月辛亥,诏免山西三十六年逋赋。癸丑,上驻跸菩萨顶。乙丑,遣官赈山东。戊辰,上还京。

三月丙子朔,上御经筵。丁丑,封皇长子胤禔为直郡王,皇三子胤祉为诚郡王,皇四子胤禛、皇五子胤祺、皇七子胤祐、皇八子胤禩俱为贝勒。戊子,禁造烧酒。辛卯,直隶巡抚于成龙奏偕西洋人安多等履勘浑河,帮修挑浚,绘图呈进。得旨:"於六月内完工。"

夏四月癸亥,减广东海关税额。己巳,诏温郡王延寿行止不端,降为贝勒,贝子袁端削爵。壬申,以贝子苏努管盛京将军。癸酉,上阅漕河。

五月甲戌,武清民请筑外堤。上曰:"筑外堤恐损民田。"民曰:"河决之害,更甚於损田。"上曰:"水潦将降,暂立木桩护堤,开小河泄水,俟明春雨水前为尔等成之。"癸未,上还京。壬寅,裁上林苑。以李林盛为陕西提督,张旺为广西提督。是月,策旺阿拉布坦上言与哈萨克构兵,及将丹津鄂木布拘禁各缘由。命示议政大臣。

六月辛亥,移吴英为福建水师提督。丁巳,改四川梁万营为化林营,设参将以下官。己未,云南巡抚石文晟奏三藩属人奉旨免缉者,准其垦田应试。从之。

秋七月癸酉朔,张玉书丁母忧,以吴琠为大学士,王士禛为左都御史。辛卯,命吏部月选同、通、州、县官引见。癸巳,霸州新河成,赐名永定河,建河神庙。己亥,以卢崇耀为广州将军,殷化行为广东提督。庚子,以苏尔发为满洲都统。辛丑,上奉皇太后东巡,取道塞外。

八月癸丑,上奉皇太后临幸喀拉沁端静公主第,赐金币及其额驸噶尔臧。甲子,皇太后望祭父母於发库山。己巳,赐端敏公主及其额驸达尔汉亲王班第金币。湖南山贼黄明犯靖州,陈丹书犯茶陵州。官兵讨平之。

九月壬申,上次克尔苏,临科尔沁故亲王满珠习礼墓前酹酒,孝庄皇后之父也。癸巳,上驻扎星阿。赐黑龙江将军萨布素等金币冠服。庚子,停盛京、乌拉本年决囚。

冬十月癸卯,上行围,射殪二虎,其一虎,隔涧射之,穿其胁。丁未,上行围,枪殪二熊。是日,驻跸辉发。己酉,裁云南永宁府,置永北府。癸巳,上驻跸兴京。甲寅,上谒永陵。遣官赐奠武功郡王礼敦墓。改贵州水西土司,置大定、平远、黔西三流官。丁巳,上谒福陵、昭陵、临奠武勋王扬古利、直义公费英东、弘毅公额亦都墓。免奉天今年米豆。壬戌,上奉皇太后回銮。

十一月癸未,上奉皇太后还宫。丙戌,诏曰:"朕巡幸所经,敖汉、奈曼、阿禄科尔沁、扎鲁特诸蒙部水草甚佳,而生计窘迫,盖因牲畜被盗,不敢夜牧耳。朕即遣郎中李学圣等往为料理,盗窃衰止。其他处蒙古亦宜照此差遣。旗员有愿往蒙古教导者,准其前往。命盗各案,同听决之。"庚寅,以张鹏翮为江南、江西总督。

十二月辛丑朔,命徐廷玺协理河务,命尚书马齐,侍郎喻成龙、常绶察视河工。庚戌,谕宗人府:"闲散宗室,材力干济,精於骑射,及贫无生计者,各察实以闻。"诏官民妻女缘事牵连,勿拘讯,著为令。改四川东川土司为东川府,设知府以下官。戊午,诏八旗察访孝子节妇。己未,以巴锡为云南、贵州总督,马自德为京口将军。己巳,祫祭太庙。

是岁,免直隶、江南、福建、浙江、湖广等省三十五州县灾赋有差。朝鲜入贡。

三十八年己卯春正月辛卯,诏:"朕将南巡察阅河工,一切供亿,由京备办。预饬官吏,勿累闾阎。"

二月壬寅,詹事尹泰以不职解任。癸卯,上奉皇太后南巡启銮。戊申,以天津总兵潘育龙训练有方,赐御服貂裘。

三月庚午,上次清口,奉皇太后渡河。辛未,上御小舟,临阅高家堰、归仁隄、烂泥浅等工。截漕粮十万石,发高邮、宝应等十二州县平粜。壬申,上阅黄河堤。丙子,车驾驻扬州。谕随从兵士勿践麦禾。壬午,诏免山东、河南逋赋。曲赦死罪以下。癸未,车驾次苏州。辛卯,车驾驻杭州。丙申,上阅兵较射。戊戌,上奉皇太后回銮。

夏四月庚子朔,回次苏州。诏免盐课、关税加增银两,特广江、浙二省学额。乙巳,以丹岱为杭州将军。己酉,车驾次江宁。上阅兵。庚申,次扬州。辛酉,以彭鹏为广西巡抚。丙寅,渡黄河,上乘小舟阅新埽。

五月辛未,次仲家闸,书"圣门之哲"额,悬先贤子路祠。乙酉,上奉皇太后还宫。丁亥,以马尔汉为左都御史,王鸿绪为工部尚书。

六月戊戌朔，起郭琇为湖广总督，以镇国公英奇为蒙古都统。

秋七月甲申，河决淮、扬。

闰七月戊戌，敏妃张佳氏薨。诚郡王胤祉其所出也，不及百日薙发，降贝勒。癸丑，先是，苗贼黄明屡报获报死，仍报犯事。至是，遣官按鞫，并其彩陈丹书、吴思先等三十余人诛之。其奏报不实之督抚麻勒吉等降黜有差。上巡幸塞外。

九月丙午，上还京。丙辰，上御经筵。改扬岱为满洲都统，鲁伯赫、拖伦、崇古礼俱为蒙古都统。戊午，大学士阿兰泰卒，上悼惜之，遣皇长子胤禔视疾，赐奠加祭，谥文清。

冬十月癸酉，上巡视永定河工。庚辰，上还宫。大学士李天馥卒，予祭葬，谥文定。

十一月乙巳，上谒陵。壬辰，以马齐、佛伦、熊赐履、张英为大学士，陈廷敬为吏部尚书，李振裕为户部尚书，杜臻为礼部尚书，马尔汉、范承勋为兵部尚书，王士禛为刑部尚书。壬寅，命满、汉给事中各四员侍班。丙午，令宝源局收买废钱。

十二月戊辰，上还京。癸巳，袷祭太庙。

是岁，免直隶、江南、江西、浙江、福建、陕西、湖广等省七十三州县灾赋有差。朝鲜、琉球入贡。

三十九年庚辰春正月己未，朝鲜国王李焞以遣回难民进方物，上还之。癸亥，上阅永定河工。

二月甲戌，上乘舟阅郎城、柳岔诸水道，水浅，易艇而前，指示修河方略。壬午，还京。己丑，命内大臣费扬古、伊桑阿考试宗室子弟骑射。

三月甲午，上御经筵。吏部奏安徽巡抚李钠被参一案，请交将军、提督查按。上曰："将军、提督不与民事，部议不合。"严饬之。尚书库勒纳旋罢。癸卯，改张鹏翮为河道总督。鹏翮请撤协理官及效力员，部臣宽文法，以责成功。从之。甲寅，以宗室特克新为蒙古都统。丙辰，赐汪绎等三百一人进士及第出身有差。四川巡抚于养志、提督岳昇龙互讦，遣官按鞫，俱削职。

夏四月庚辰，上阅永定河。命八旗兵丁协助开河，以直郡王胤禔领之，僖郡王岳希等五人偕往。壬午，上阅子牙河。壬辰，还京。

五月丁未，以阿山为江南江西总督。甲寅，以阿灵阿为蒙古都统。

六月癸亥，张鹏翮报修浚海口工成，河流畅遂，改拦黄坝为大通口，建海神庙。杜臻罢，以王泽弘为礼部尚书，李柟为左都御史。丁亥，停宗室科举。

秋七月甲午，理藩院议覆喇嘛商南多尔济所奏策旺阿拉布坦遣兵往青海一事，毋庸议。上曰："此事目前甚小，将来关系甚大。该部拟以勿庸议，倘青海问商南多尔济，何以答之？策旺阿拉布坦为人狡猾，素行奸恶，邻近诸部，俱与仇雠。其称往征第巴，道远险多，或虚张声势以恫吓青海，未可知也。要使不敢构衅为是。"乙巳，定翰林官编、检、庶吉士月给银三两例，学道缺出，较俸派出。壬子，故振武将军孙思克卒，命皇长子胤禔奠酒，赐鞍马二匹，银一千两，谥襄武。丁巳，上巡幸塞外。命李光地、张鹏翮、郭琇、彭鹏详议科场事宜。

八月辛未，上次齐老图。

九月癸巳，停今年秋决。诏张鹏翮专理河工，范成勋等九人撤回。给事中穆和伦请禁服用奢侈，阁臣票拟申饬。上曰："言官耳目之职，若因言而罪之，谁复言者。惟其言奢侈在康熙十年后则非，乃在辅臣时耳，今少息矣。"

冬十月辛酉，皇太后六旬万寿节，上制《万寿无疆赋》，亲书围屏进献。癸酉，上巡阅永定河。戊寅，上还京。己卯，命本年行取科道未补官者，作为额外御史，随班议事。

十一月庚寅，命青海鄂尔布图哈滩巴图尔移驻宁夏。诏侍郎温达查视陕、甘驿站。王泽弘免，以韩菼为礼部尚书。命大臣及清要官子弟应试者，编为官号，限额取中。辛亥，上巡幸边外。命卓异官如行取例引见。戊午，四川打箭炉土蛮作乱，遣侍郎满丕偕提督唐希顺讨之。

十二月己未朔，上驻跸煖泉，赐外藩王以下至官兵白金。戊辰，上还京。癸酉，移萧永藻为广西巡抚，彭鹏为广东巡抚。壬午，故安亲王岳乐坐前审拟贝勒诺尼一案失入，追降郡王，子僖郡王岳希、贝子吴尔占俱降镇国公。丁亥，袷祭太庙。

是岁，免直隶、江南、安徽、陕西、浙江等省五十七州县灾赋有差。朝鲜入贡。

四十年辛巳春正月辛亥，以河伯效灵，封金龙四大王。甲寅，以心裕为满洲都统。

二月己未朔，上巡阅永定河。谕李光地曰："河水涸必致淤塞，此甚难治，当徐议之。"乙丑，满丕、唐希顺讨打箭炉土蛮平之，蛮民万二千户内附。庚辰，上还宫。

三月戊子，上御经筵。丁酉，张鹏翮请以治河方略纂集成书。上斥之曰："朕於河务之书，罔不披阅，大约坐言则易，实行则难。河性无定，岂可执一法以绳之。编辑成书，非但后人难以仿行，即揆之己心，亦难自信。张鹏翮试编辑之！"给事中马士芳劾湖北布政使任风厚年老。调来引见，年尚未衰。上因谕曰："坐而办事，必得老成练达者，方能得当，州县官则不可耳。"

夏四月己未，调李林盛为甘肃提督，擢潘育龙为固原提督，移蓝理为天津总兵官，以曹秉桓为汉军都统。丙子，刑部尚书王士禛请假回籍。上谕大学士曰："山东人性多偏执，好胜寻仇，惟王士禛无之。其诗甚佳，居家惟读书。若令回籍，殊为可惜。给假五月，不必开缺。"丁丑，上阅永定河。谕李光地："隆冬冰结，可照常开泄。清水流於冰下，为冰所逼，冲刷河底愈深。"阅大湾口，谕："石堤尚未兴工，可以南来杉木排桩，尔等勿忽。"阅子牙河。乙酉，上还京。

五月癸巳，黑龙江管水手官员缺，部臣拟补遣戍道员周昌。上曰："周昌既遣戍矣，又补官乌拉，是终身不得归也。可令八旗官愿效力者为之。"戊申，御史张瑗请毁前明内监魏忠贤墓。从之。丙辰，上巡幸塞外。

六月庚辰，授宋儒邵雍后裔《五经》博士。

秋七月丁亥，领侍卫内大臣公费扬古随扈患病，上为停銮一日，亲往视疾。随以不起闻，赐鞍马三匹，散马四匹，银五千两，遣大臣护送还京，予祭葬，谥襄壮。

八月乙丑，上幸索岳尔济山。诏曰："此山形势崇隆，允称名胜。嗣后此处禁断行围。"甲申，上次马尼图行围，一矢穿两黄羊，并断拉哈里木，蒙古皆惊。

九月辛丑，简亲王雅布随扈薨，命大臣送还京，皇长子胤禔、皇三子胤祉出迎，遣官治丧，赐银四千两，皇子合助银三千两。发引时，皇子侍卫往送，予祭葬立碑，谥曰修。乙巳，上还京。庚戌，上御经筵。大学士王熙以衰疾乞休，温旨慰谕，加少傅致仕。噶尔丹之女钟齐海到京，命与其兄一等侍卫色卜腾巴尔珠尔同居，配二等侍卫蒙古沙克都尔。

冬十月戊午，以宗室特克新为满洲都统，迓图佈尔塞为蒙古都统。己未，召大学士张玉书还朝。诏免甘肃来年额赋。庚申，以梁鼐为福建陆路提督。辛酉，免江苏明年额赋。起岳昇龙为四川提督。辛未，改普奇为满洲都统，孙渣齐为蒙古都统，以华显为四川、陕西总督。癸酉，大学士张英乞休，温旨慰谕令致仕。御史靳让疏言为州县者，须令家给人足，方为良吏。命改靳让通州知州。诏总督郭琇、张鹏翮、桑额、华显、巡抚李光地、彭鹏、徐潮各举贤能。平悼郡王讷尔福薨，子讷尔素袭爵。

十一月甲午，诏："朕详阅秋审重案，字句多误。廷臣竟未察出一二，刑部尤为不慎，其议罚之。"

十二月壬申，广东连山瑶匪作乱，命都统嵩祝讨之。辛巳，祫祭太庙。

是岁，免直隶、江南、河南、陕西、广东等省四十二州县灾赋有差。朝鲜、琉球入贡。

卷八　　本纪八

圣祖本纪三

四十一年壬午春正月壬寅，诏修国子监。丙午，诏系囚经缓决者减一等。以雅尔江阿袭封简亲王。庚戌，上巡幸五台山。

二月庚申，次射虎川。士民请於菩萨顶建万寿亭祝釐。不许。丁卯，上巡视子牙河。

三月壬午，上还京。以瓦尔岱为满洲都统，吴达禅、马思哈、满丕为蒙古都统。丁亥，上御经筵。

夏四月甲戌，赐致仕大学士王熙御书匾对，传旨曰："卿先朝旧臣，其强餐食，慎医药，以慰朕念。"

五月癸巳，定发配人犯归籍佥遣，流犯死配所，妻子许还乡里。辛丑，显亲王丹臻薨，遣皇子及大臣治丧，赐银万两，谥曰密，子衍璜袭。壬寅，先是，廉州府连山瑶人作乱，御史参奏，命都统嵩祝率禁旅会讨，并命尚书范承勋勘状。至是，嵩祝奏官兵一到，瑶人乞降，先后投出瑶人一万九千余名。献出戕官黎贵等九人，即於军前正法。降瑶安插，交总督料理。范承勋奏瑶人滋事，副将杜芳伤死，总兵刘虎先行退回，应拟斩，提督殷化行应革职。得旨："殷化行有战功，改原品致仕。刘虎免死。"丙午，召廷臣至保和殿，颁赐御书。

六月壬子，贵州葛彝寨苗人为乱，官军讨平之。戊午，上制《训饬士子文》，颁发直省，勒石学宫。乙未，上奉皇太后幸热河。乙丑，四川提督岳昇龙疏报大凉山倮目马比必率众内附，请授土千户，给印信。

闰六月辛丑，木鸦番民万九千余户内附，请置安抚使、副使、土百户等职，均从之。

八月庚辰朔，增顺天、浙江、湖广乡试中额。戊申，上奉皇太后还宫。

九月辛亥，以李正宗、卢崇耀、冯国相为汉军都统。壬子，定《五经》中式例。癸丑，停本年秋决。辛酉，以齐世、嵩祝为满洲都统，莽喀为汉军都统，车纳福为蒙古都统。甲子，诏："南巡阅河，所过停供张，禁科敛。官吏无相馈遗，百姓各守本业。督抚布告，使明知朕意。"己巳，以席哈纳为大学士，敦拜为吏部尚书，席尔达为礼部尚书，温达为左都御史，管源忠为广州将军。镇筸诸生李丰等叩阍言红苗杀人，有司不问。诏侍郎傅继祖、甘国枢，巡抚赵申乔驰驿按问。癸酉，上南巡启銮。

冬十月壬午，次德州。皇太子胤礽有疾，上回銮。癸卯，上还宫。丙午，以郭世隆为广东、广西总督，金世荣为浙江、福建总督。

十一月丙辰，诏免陕西、安徽明年额赋。甲子，大学士伊桑阿乞休，命致仕。壬申，广西巡抚萧永藻疏劾布政使教化新亏空仓谷，应令赔补。上曰："米谷必有收贮之地，乃可经久。若无仓廒，积於空野，难免朽烂，况南方卑湿之地乎？其别定例以闻。"命修禹陵。

十二月壬辰，廷臣以明年五旬万寿，请上尊号。上不许。户部议驳奉天报灾。上曰："晴雨原无一定，始者雨水调和，其后被灾，亦常事耳。可准其奏。"乙未，改赵申乔为偏沅巡抚，以赵弘灿为广东提督，王世臣为浙江提督，孙征灏为汉军都统。壬寅，厄鲁特丹津阿拉布坦来朝，厚赉之，封为郡王，赐地游牧。

是岁，免江南、河南、浙江、湖广、甘肃等省十州县灾赋有差。朝鲜、琉球入贡。

四十二年癸未春正月壬子，大学士诸臣贺祝五旬万寿，恭进"万寿无疆"屏。却之，收其写册。壬戌，上南巡阅河。丁卯，以俞益谟为湖广提督。庚午，次济南，观珍珠泉，赋《三渡齐河诗》。壬申，次泰安，登泰山。诏免跸路所经及歉收各属去年逋赋。

二月丁丑，运漕米四万石赈济宁、泰安。阅宿迁堤工。己卯，自桃源登舟，遍阅河堤。甲申，渡江登金山。丙戌，次苏州。遣官奠大学士宋德宜墓。庚寅，上驻杭州阅射。辛丑，次江宁。

三月戊申，上阅高家堰、翟家坝堤工。己酉，上阅黄河南龙窝、烟墩等堤。庚申，上还京。癸亥，万寿节，上朝皇太后宫，免廷臣朝贺。颁恩诏，锡高年，蠲额赋，察孝义，恤困穷，举遗逸，罪非常赦所不原者，咸赦除之。颁赐亲王、郡王以下文武百官有差。庚午，以洞鄂袭封信郡王。辛未，上御经筵。赐内廷修书举人汪灏、何焯、蒋廷锡进士，一体殿试。

夏四月辛巳，赐王式丹等一百六十三人进士及第出身有差。四川威州龙溪十八寨生番归化纳粮。丁亥，大学士熊赐履乞休，命解官食俸，留备顾问。傅继祖等察审湖广红苗抢掠一案。得旨："总督郭琇、提督杜本植隐匿不报，均革职。巡抚金玺降官。"以喻成龙为湖广总督。癸巳，致仕大学士王熙卒，予祭葬，谥文靖。丙申，以陈廷敬为大学士兼吏部尚书。戊戌，诏原任侍郎任克溥年逾九十，洵为耆硕，加尚书衔。以李光地为吏部尚书，仍巡抚直隶。以莽喀为荆州将军，诸罗布为杭州将军，宗室爱音图为汉军都统，孙渣齐、翁俄里为蒙古都统。己亥，谕八旗人等："朕不惜 数百万帑金为旗丁偿逋赎地，筹画生计。尔等能人人以孝弟为心，勤俭为事，则足仰慰朕心矣。倘不知爱惜，仍前游荡饮博，必以严法处之。亲书宣谕，其尚钦遵！"

五月壬子，裕亲王福全有疾，上连日视之。癸亥，内大臣索额图有罪，拘禁於宗人府。己巳，上巡幸塞外。

六月辛巳，恭亲王常宁薨，命皇子每日齐集，赐银一万两，遣官造坟立碑。壬寅，裕亲王福全薨，上闻之，兼程回京。

秋七月乙巳朔，上临裕亲王丧，哭之恸，自苍震门入居 景仁宫。王大臣请还乾清宫，上曰："居便殿乃 祇遵成宪也。"居五日，命皇长子等持服，命御史罗占造坟建碑，谥曰宪。子保泰嗣爵。戊申，以山东大雨，遣官分赈。庚戌，上巡幸塞外。己巳，发帑金三十万两，截漕五十万石赈山东。山东有司不理荒政，停其升转。

八月癸巳，停本年秋审。

九月壬子，予故侍郎高士奇、励杜讷祭葬。己巳，命尚书席尔达督办红苗。

冬十月癸未，上西巡启銮。命给事中满普、御史顾素在后行，查仆从生事，即时锁拿。庚寅，喇嘛请广洮州卫庙，上曰："取民地以广庙宇，有碍民生。其永行禁止。"癸巳，过井陉，次柏井驿。驿向乏泉，至是井泉涌溢。丁酉，驻太原。戊戌，诏免山西逋赋。百姓集行宫前吁留车驾，上为再停一日。

十一月乙巳，上次洪洞。遣官祭女娲陵。壬子，渡黄河，次潼关。遣官祭西岳。赐迎驾百岁老人白金。甲寅，次渭南。阅固原标兵射，赐提督潘育龙以下加一级。丙辰，上驻西安。丁巳，阅驻防官兵射。遣官祭周文王、武王，祭文书御名。遣官奠提督张勇、梁化凤墓。己未，上大阅於西安，赐将军博济御用弓矢。赐官兵宴。军民集行宫前吁留，上为留一日。赐盩厔征士李颙御书"操志清洁"匾额。免陕、甘逋赋。癸亥，上回銮。己巳，次陕州。命皇三子胤祉往阅三门底柱。

十二月乙亥，上次修武。阅怀庆营伍不整，逮总兵官王应统入京论死。庚辰，次磁州。御书"贤哲遗休"额悬先贤子贡墓。庚寅，上还京。辛卯，定外任官在本籍五百里内者回避。封常宁子海善为贝勒。

是岁，免直隶、江南、山东、河南、陕西、浙江、湖广等省九十一州县灾赋有差。朝鲜、琉球、安南入贡。

四十三年甲申春正月辛酉，诏曰："朕谘访民瘼，深悉力作艰难。耕三十亩者，输租赋外，约余二十石。衣食丁徭，取给於此。幸逢廉吏，犹可有余。若诛求无艺，则民无以为生。是故察吏所以安民，要在大吏实心体恤也。"戊辰，诏汉军一家俱外任者，酌改京员。己巳，上谒陵。

二月甲戌，封淮神为长源佑顺大淮之神，御书"灵渎安澜"额悬之。癸巳，上还宫。以李基和为江西巡抚，能泰为四川巡抚。

三月辛丑，上御经筵。己酉，诏停热审。辛酉，以吴洪为甘肃提督。资送山东饥民回籍。丙寅，以温达为工部尚书。

夏四月癸酉，命侍卫拉锡察视河源。己卯，上幸雩髻山，遂阅永定河、子牙河。丙申，上还京。

五月辛酉，以于准为贵州巡抚。

六月乙亥，上巡幸塞外。

秋九月癸卯，诏督抚调员违例者罪之。侍郎常授招抚广东海盗阿保位等二百三十七名，就抚为兵。戊午，刑部尚书王士禛以失出降官。癸亥，上还宫。丁卯，侍卫拉锡察视河源，还自星宿海，绘图以进。

冬十月戊辰朔，浚杨村旧河。甲戌，诏免顺天、河间二府及山东、浙江二省明年税粮。庚辰，以李振裕为礼部尚书，徐潮为户部尚书，屠粹忠为兵部尚书，王掞为刑部尚书，吴涵为左都御史。癸未，颁内制铜斗铜升於户部，命以铁制颁行。戊子，以赵弘爕为河南巡抚。己丑，命浚汾、渭、贾鲁诸河。辛卯，上阅永定河。

十一月丁酉朔，日有食之。上还宫。上以仪器测验与七政历不符，钦天监官请罪，免之。郎中费仰嘏以贪婪弃市。辛亥，定吏部行取知县例，停督抚保荐。戊午，湖广巡抚刘殿衡建御书楼，上斥其糜费，并严禁藉修建侵帑累民者。四川、陕西总督博霁疏参凉州总兵官魏勋年老，上曰："魏勋前有军功，兵民爱戴，与师帝宾、麦良玺、潘育龙俱系旧臣，难得，何可参耶？"壬戌，诫修《明史》史臣核公论，明是非，以成信史。

十二月乙酉，天津总兵官蓝理请沿海屯田，从之。甲午，以御制诗集赐廷臣。

是岁，免直隶、江南、山东、湖广、广东等省一百九州县灾赋有差。朝鲜入贡。

四十四年乙酉春正月戊午，《古文渊鉴》成，颁赐廷臣，及於官学。癸亥，上幸汤泉。

二月乙丑朔，上还宫。癸酉，上南巡阅河。诏曰："朕留意河防，屡行阅视，获告成功。兹黄水畅流，尚须察验形势，即循河南下。所至勿缮行宫，其有科敛累民者，以军法治罪。"壬午，次静海。遣官奠故侍郎励杜讷墓，予谥文恪。

三月己亥，谕山东抚臣曰："百姓欢迎道左者日数十万人，计日回銮，正当麦秀，其各务稼穑，毋致妨农。”乙巳，上驻扬州。授河臣张鹏翮方略。辛亥，上驻苏州。命选江南、浙江举、贡、生、监善书者入京修书。赐公福善，大学士张玉书、陈廷敬，在籍大学士张英，都统爱音图白金。赐大学士马齐等《皇舆表》。己未，次松江阅射。上书“圣迹遗徽”额赐青浦孔氏。赐故侍郎高士奇谥文恪。

夏四月丙寅，上驻杭州阅射。庚午，诏赦山东、江苏、浙江、福建死罪减一等。戊寅，御书“至德无名”额悬吴太伯祠，并书季札、董仲舒、焦先、周敦颐、范仲淹、苏轼、欧阳修、胡安国、米芾、宗泽、陆秀夫各匾额悬其祠。乙酉，上驻江宁。

闰四月癸卯，上阅高家堰堤工。辛酉，上还京。

五月戊寅，上亲鞫郎中陈汝弼一案，原汝弼罪。刑部尚书安布禄、左都御史舒辂以失狱免职。庚辰，以贝和诺为云南、贵州总督。丙戌，上巡幸塞外。

六月甲午，命行取知县非再任者不得考选科道。庚戌，停广东开矿。丙辰，上驻跸热河。

秋七月壬申，河决清水沟、韩庄，命河臣察居民田舍以闻。

八月甲午，免八旗借支兵饷银七十万两。戊午，喻成龙免，以石文晟为湖广总督。庚申，上发博洛河屯，阅牧群。

九月己巳，进张家口。丙子还京。甲申，以希福纳为左都御史，达佳为江宁将军。

冬十月辛卯朔，重修华阴西岳庙成，上制碑文。丙午，以富宁安为汉军都统。

十一月辛酉，命蒙古公丹济拉备兵推河，察视策旺阿拉布坦。己巳，以李光地为大学士，宋荦为吏部尚书，调赵弘燮为直隶巡抚。癸酉，诏免湖广明年额赋及以前逋赋。甲戌，国子监落成，御书“彝伦堂”额。庚辰，以汪灏为河南巡抚。乙酉，上谒陵。巡幸近塞。戊子，设云南广南、丽江二府学官，许土人应试。

十二月壬寅，上临裕亲王福全葬。以阿灵阿兼理藩院尚书。己酉，上还宫。丙辰，以祖良璧为福州将军。

是岁，免直隶、江南、湖广、广东等省四十六州县灾赋有差。朝鲜、琉球入贡。

四十五年丙戌春正月乙酉，命孙渣齐、徐潮督浚淮扬引河。顺天考官户部侍郎汪霦、赞善姚士藟以取士不公褫职。

二月癸巳，上巡幸畿甸。丁未，次静海，阅子牙河。壬子，还驻南苑。以诸满为江宁将军。以王然为浙江巡抚。江南、江西总督阿山劾江宁知府陈鹏年安奉《圣训》不敬，部议应斩。先是，乙酉年南巡，陈鹏年遵旨不治行宫，阿山故假他事劾之。上命入京修书。戊午，上还宫。

三月庚申，上御经筵。辛巳，赐施云锦等二百八十九人进士及第出身有差。诏直省建育婴堂。

夏四月戊子朔，日有食之。加贵州提督李芳述镇远将军。乙未，吴涵罢，以梅鋗为左都御史。

五月己未，以金世荣为兵部尚书。甲戌，诏免直隶、山东逋赋。丁丑，以梁鼐为福建浙江总督。戊寅，上巡幸塞外。

六月丁亥朔，诏修《功臣传》。癸巳，命梅鋗、二鬲按容美土司田舜年狱。壬寅，命凡部寺咨取钱粮非由奏请者，户部月会其数以闻。在蓝理为福建陆路提督。辛亥，四川巡抚能泰疏报安乐铁索桥告成，移化林营千总驻守。

秋七月庚申，上驻跸热河。甲子，以德昭嗣封信郡王。

八月壬辰，高家堰、车逻坝、涧河河堤告成。

九月己亥，上还京。

冬十月乙酉朔，敦拜罢，以温达为吏部尚书，希福纳为工部尚书。庚寅，武殿试。谕曰：“今天下承平日久，曾经战阵大臣已少，知海上用兵者益少。他日台湾不无可虑。朕甲子南巡，由江宁登舟，至黄天荡，江风大作，朕独立船头射江豚，了不为意。迨后渡江，渐觉心动。去岁渡江，则心悸矣。皆年为之也。问之宿将亦然。今使高年奋勇效命，何可得耶？”壬寅，命大学士席哈纳、侍郎张廷枢、萧永藻覆按土司田舜年狱。丁未，以迓图为满洲都统。己酉，诏免山西、陕西、江苏、安徽、江西、浙江、福建、湖北、湖南、广东十省逋赋。

十一月癸酉，命尚书金世荣、侍郎巴锡、范承烈督浚清河。免八旗官兵贷官未归银三百九十五万六千六百两有奇。甲戌，以阿山为刑部尚书。庚辰，上谒陵。辛巳，以邵穆布为江南、江西总督。癸未，以山东私铸多，听以小钱完正赋，责有司运京鼓铸。甲申，上巡幸塞外。西藏达赖喇嘛卒，其下第巴匿之，又立伪达赖喇嘛。拉藏汗杀第巴而献其伪喇嘛。西宁喇嘛商南多尔济以闻。

十二月壬寅，上还宫。诏罪囚缓决至三四年者减一等。辛亥，郭世隆罢，以赵弘灿为广东、广西总督。

是岁，免直隶、江南、福建、江西、湖广等省三十二州县灾赋有差。朝鲜入贡。

四十六年丁亥春正月丁卯，诏：“南巡阅河，往返舟楫，不御室庐。所过勿得供亿。”丁巳，梅鋗免，以萧永藻为左都御史。

二月戊戌，次台庄，百姓来献食物。召耆老前，详询农事生计，良久乃发。癸卯，上阅溜淮套，由清口登陆，如曹家庙，见地势毗连山岭，不可疏凿，而河道所经，直民庐舍坟墓，悉当毁坏。诘责张鹏翮等，遂罢其役，道旁居民欢呼万岁。命别勘视天然坝以下河道。

三月己未，上驻江宁。乙巳，上驻苏州。

夏四月甲申，上驻杭州。诏曰：“朕顷因视河，驻跸淮上。江、浙二省官民吁请临幸，朕勉徇群情，涉江而南。方今二麦垂熟，百姓沿河拥观，不无践踏。其令停迎送，示朕重农爱民至意。”戊申，以鄂克逊为江宁将军，殷泰为甘肃提督。

五月壬子朔，上次山阳，示河臣方略。癸酉，上还京。丙子，解阿山尚书，削张鹏翮宫保。戊寅，赠故河道总督靳辅太子太保，予世职。加福建提督吴英威略将军。赠死难运司高天爵官，予谥忠烈。以达尔占为荆州将军。

六月丁亥，上巡幸塞外。以巢可託为左都御史，起郭世隆为湖广总督。

七月壬子，上驻跸热河。丁卯，车驾发喀拉河屯，巡幸诸蒙古部落。外藩来朝，各赐衣币。

八月甲辰，次洮尔毕拉，赐迎驾索伦总管塞音察克、杜拉图及打牲人银币。贵州三江苗人作乱，讨平之。

九月癸亥，上驻和尔博图噶岔。甲子，阅察哈尔、巴尔虎兵丁射。

冬十月辛巳，以江苏、浙江旱，发帑市米平粜，截漕放赈，免逋赋。外藩献驼马，却之。戊戌，上还京。己亥，户部议增云南矿税，命如旧额。庚子，金世荣免，以萧永藻为兵部尚书。

十一月己酉朔，诏曰："顷以江、浙旱灾，随命减税、蠲逋、截漕。其江、浙两省明年应出丁钱，悉予蠲免。被灾之处，并免正赋。使一年之内，小民绝迹公庭，优游作息，副朕惠爱黎元至意。"己未，诏台湾客民乏食，愿归者听附公务船内渡。以汪悟礼为汉军都统。己亥，诏江、浙诸郡县兴修水利备旱涝。

十二月丙戌，以温达为大学士，马尔汉为吏部尚书，耿额为兵部尚书，巢可託为刑部尚书，富宁安、王九龄为左都御史。丙午，赐亲王以次内大臣、侍卫白金有差。

是岁，免直隶、江南、江西、福建、湖广等省三十二州县卫灾赋有差。朝鲜、琉球入贡。

四十七年戊子春正月庚午，浙江大岚山贼张念一、朱三等行劫慈谿、上虞、嵊县，官兵捕平之。辛未，重修南岳庙成，御制碑文。以觉罗孟俄洛为奉天将军。乙亥，诏截留湖广、江西漕粮四十万石，留於江南六府平粜。

二月庚寅，上御经筵。壬辰，遣侍郎穆丹按大岚山狱，学士二鬲按红苗狱。甲午，上巡畿甸。丙午，诏暹罗使臣挈带土货，许随处贸易，免征其税。

三月丙辰，上还驻畅春园。戊午，以希思哈、李绳宗为汉军都统。

闰三月戊寅朔，重修北镇庙成，御制碑文。乙未，以施世骠为广东提督，席柱为西安将军。

夏四月己酉，宋荦罢，以徐潮为吏部尚书，以齐世武为四川、陕西总督。戊午，山东巡抚赵世显报捕获朱三父子，解往浙江。上曰："朱三父子游行教书，寄食人家。若因此捕拿，株连太多，可传谕知之。"辛酉，湖广提督俞益谟密请剿除红苗。上以红苗无大罪，不许。以阿喇衲为蒙古都统，李林盛为汉军都统。内大臣明珠卒，命皇三子胤祉奠茶酒，赐马四匹。

五月甲申，以王鸿绪为户部尚书，富宁安为礼部尚书，穆和伦为左都御史。丙戌，上巡幸塞外。乙未，诏免大岚山贼党太仓人王昭骏伯叔兄弟连坐罪。

六月丁未，上驻跸热河。丁巳，九卿议覆大岚山狱上，得旨："诛其首恶者，朱三父子不可宥，缘坐可改流徙。巡抚王然、提督王世臣俱留任，受伤官兵俱议叙。"丁卯，《清文鉴》成，上制序文。

秋七月丁丑，谕刑部，免死流人在配犯罪者按诛之。癸未，《平定朔漠方略》成，上亲制序文。壬辰，上行围。二鬲奏按红苗杀人之廖老宰等斩枭，擅自遣兵前往苗寨之守备王应瑞遣戍，从之。

八月甲辰朔，日有食之。壬戌，上回銮，驻永安拜昂阿。

九月乙亥，上驻布尔哈苏台。丁丑，召集廷臣行宫，宣示皇太子胤礽罪状，命拘执之，送京幽禁。己丑，上还京。丁酉，废皇太子胤礽，颁示天下。

冬十月甲辰，削贝勒胤禩爵。乙卯，以王掞为工部尚书，张鹏翮为刑部尚书。辛酉，上幸南苑行围。以辛泰为蒙古都统。

十一月癸酉朔，削直郡王胤禔爵，幽之。己卯，致仕大学士张英卒，予祭葬，谥文端。辛巳，副都御史劳之辨奏保废太子，夺职杖之。丙戌，召集廷臣议建储贰。阿灵阿、鄂伦岱、揆叙、王鸿绪及诸大臣以皇八子胤禩请。上不可。戊子，释废太子胤礽。己丑，王大臣请复立胤礽为皇太子。丙申，以宗室发度为黑龙江将军。庚子，复胤禩贝勒。

十二月甲辰，褒恤死生难生员嵇永仁、王龙光、沈天成、范承谱，附祀范承谟祠，承谟子巡抚范时崇请之也。丁巳，以陈诜为湖广巡抚，蒋陈锡为山东巡抚，黄秉中为浙江巡抚，刘荫枢为贵州巡抚。

是岁，免山东、福建、湖广等省六十州县灾赋有差。朝鲜入贡。

四十八年己丑春正月癸巳，召集廷臣问举立胤禩，孰为倡议者。群臣皇恐莫敢对，乃进大学士张玉书而问之，对曰："先闻之马齐。"上切责之。次日，列马齐罪状，宥死拘禁。已而上徐察其诬，释之。丙申，上幸南苑。己亥，命侍郎赫寿驻藏，协办藏事。初拉藏汗与青海争立达赖喇嘛，不决，特命大臣往监临之。王鸿绪、李振裕免。

二月己酉，上巡幸畿甸。以宗室杨福为黑龙江将军，觉罗孟俄洛为宁古塔将军，王文义为贵州提督。戊午，以嵩祝署奉天将军。戊辰，上还宫。庚午，以张鹏翮为户部尚书，张廷枢为刑部尚书。

三月辛巳，复立胤礽为皇太子，昭告宗庙，颁诏天下。甲午，赐赵熊诏等二百九十二人进士及第出身有差。

夏四月甲辰，以富宁安为吏部尚书，穆和伦为礼部尚书，穆丹为左都御史。移禁胤禔於公所，遣官率兵监守。丁卯，上巡幸塞外。

五月甲戌，上驻跸热河。

六月戊午，康亲王椿泰薨，谥曰悼，子崇安袭封。

秋七月庚寅，以殷泰为四川、陕西总督，噶礼为江南、江西总督，江琦为甘肃提督，师懿德为江南提督。戊戌，上行围。

八月己亥朔，日有食之。加陕西提督潘育龙镇绥将军。

九月庚寅，上还京。以年羹尧为四川巡抚。

冬十月壬寅，诏福建、广东督抚保举深谙水性熟知水师者。戊午，册封皇三子胤祉诚亲王，皇四子胤禛雍亲王，皇五子胤祺恒亲王，皇七子胤祐淳郡王，皇十子胤䄉敦郡王，皇九子胤禟、皇十二子胤祹、皇十四子胤禵俱为贝勒。壬戌，诏免江苏被灾之淮、扬、徐、山东之兖州，河南之归德明年地丁额赋。

十一月丙子，诏各省解部之款过多，可酌量截留，以备急需。安郡王马尔浑薨，谥曰悫，子华玘袭。己卯，加漕运总督桑额太子太保。庚寅，上与大学士李光地论水脉水源，泰、岱诸山自长白山来。泲水伏流，黄河未到积石亦是伏流，蒙古人有书言之甚详。江源亦自昆仑来，至於岷山乃不伏流耳。遣张鹏翮、噶敏图按江南宜思恭亏帑狱。

十二月己亥，上谒陵。己未，上还宫。命马齐管鄂罗斯贸易事。刑部尚书巢可托免。

是岁，免直隶、江苏、安徽、山东、河南、湖广等省五十三州县灾赋有差。朝鲜、琉球入贡。

四十九年庚寅春正月庚寅，命修《满蒙合璧清文鉴》。

二月丁酉，上巡幸五台山。吏部尚书徐潮乞休，允之。

三月己巳，上还京。乙亥，命编纂《字典》。诏以故大学士李霨嫡孙主事李敏启擢补太常寺少卿。戊寅，敕封西藏胡必尔汗波克塔为六世达赖喇嘛。辛巳，诏免浙江杭、湖二府未完漕米三万九千余石。

夏四月乙巳，调萧永藻为吏部尚书，王掞为兵部尚书。

五月己酉朔，上巡幸塞外。癸酉，次花峪沟。阅吉林、黑龙江官兵。丁丑，上驻跸热河。

六月己亥，命诸皇子恭迎皇太后至热河避暑。戊午，刑部尚书张廷枢免。

秋七月壬午，按事湖南尚书萧永藻等疏报巡抚提督互讦案，查审俱实。得旨："俞益谟休致，赵申乔革职留任。"

闰七月甲寅，上行围。

八月乙亥，诏福建、漳、泉二府旱，运江、浙漕粮三十万石赈之，并免本年未完额赋。丙戌，上还驻热河。庚寅，以范时崇为福建、浙江总督，额伦特为湖南提督。

九月辛丑，上奉皇太后还宫。辛亥，希福纳免。时户部亏蚀购办草豆银两事觉，积十余年，历任尚书、侍郎凡百二十人，亏蚀至四十余万。上宽免逮问，责限偿完，希福纳现任尚书，特斥之。以穆和伦为户部尚书，贝和诺为礼部尚书。

冬十月甲子，诏曰："朕临御天下垂五十年，诚念民为邦本，政在养民。迭次蠲租数万万，以节俭之所余，为涣解之弘泽。惟体察民生，未尽康阜，良由生齿日繁，地不加益。宜沛鸿施，藉培民力。自康熙五十年始，普免天下钱粮，三年而遍。直隶、奉天、浙江、福建、广东、广西、四川、云南、贵州九省地丁钱粮，察明全免。历年逋赋，一体豁除。其五十一年、五十二年应蠲省分，届时候旨。地方大吏以及守令当体朕保乂之怀，实心爱养，庶几升平乐利有可征矣。文到，其刊刻颁布，咸使闻知。"丁卯，谕外藩已朝行在，勿庸朝正。丙子，以郭瑮为云南、贵州总督，以郭世隆为刑部尚书，鄂海为湖广总督。癸未，谕大学士："江南亏空钱粮多至数十万两，此或朕数次南巡，地方挪用。张鹏翮谓俸工可以抵补。牧令无俸，仍以累民，莫若免之为善。其会议以闻。"

十一月辛卯朔，诏凡遇蠲赋之年，免业主七分，佃户三分，著为令。大学士陈廷敬以老乞休，温旨慰谕，命致仕。乙巳，上谒陵。以萧永藻为大学士，王掞为礼部尚书，徐元正为工部尚书。丁未，以孙徵灏为兵部尚书。乙卯，以桑额为吏部尚书。

十二月癸酉，以赫寿为漕运总督。戊寅，上还京。辛巳，诏曰："朕因朝列旧臣渐次衰谢，顺治年间进士去职在籍者，已无多人。王士禛、江皋、周敏政、叶矫然、徐淑嘉皆以公过屏废，俱复还原官。"以赵申乔为左都御史。

是岁，免直隶、江南等省七州县灾赋有差。朝鲜、安南入贡。

五十年辛卯春正月癸丑，上巡畿甸，视通州河堤。

二月辛酉，以班迪为满洲都统，善丹为蒙古都统。丁卯，阅筐儿港，命建挑水坝。次河西务，上登岸步行二里许，亲置仪器，定方向，钉桩木，以纪丈量之处。谕曰："用此法可以测量天地、日月交食。算法原於《易》。用七九之奇数，不能尽者，用十二、二十四之偶数，乃能尽之，即取象十二时、二十四气也。"庚午，上还京。辛巳，上御经筵。

三月庚寅，王大臣以万寿节请上尊号。自平滇以来，至是凡四请矣。上谦挹有素，终不之许。

夏四月庚申，徐元正养亲回籍，以陈诜为工部尚书。庚辰，上奉皇太后避暑热河。乙未，命礼部祈雨。庚子，大雨。丙午，留京大学士张玉书卒，上悼惜，赋诗一篇，遣官治丧，赐银一千两，加祭葬，谥文贞。己酉，诏免江苏无著银十万两有奇。丙辰，召致仕大学士陈廷敬入阁办事。增乡、会试《五经》中额。

六月戊辰，设广西西隆州儒学训导。

秋七月丙辰，上行围。

八月庚午，高宗纯皇帝生。以王原祁为掌院学士。设先贤子游后裔《五经》博士。

九月戊申，上奉皇太后还宫。蓝理有罪免，以杨琳为福建陆路提督，马际伯为四川提督。停本年秋决。

冬十月丙辰，诏免台湾五十一年应征稻谷。贝和诺免，以嵩祝为礼部尚书。戊午，诏前旨普免天下钱粮，五十一年轮及山西、河南、陕西、甘肃、湖北、湖南六省，地丁钱粮及逋欠俱行蠲免。庚午，以硕鼐为满洲都统，瑚世巴、马尔赛为蒙古都统。戊寅，免朝鲜白金豹皮岁贡。庚辰，诏举孝义。辛巳，命张鹏翮置狱扬州，按江南科场案。壬午，鄂缮、耿额、齐世武、悟礼等有罪，褫职拘禁。赵申乔疏劾新科编修戴名世恃才放荡，语多悖逆，下部严审。

十一月丙戌，以殷特布为汉军都统，隆科多为步军统领，张谷贞为云南提督。丁未，上谒陵，赐守陵官役马匹白金。

十二月癸酉，上还宫。癸未，祫祭太庙。

是岁，免直隶、安徽等省八州县灾赋有差。朝鲜、琉球入贡。丁户二千四百六十二万一千三百二十四，田地六百九十三万三百四十四顷三十四亩，征银二千九百九十万四千六百五十二两八钱。盐课银三百七十二万九千二百二十八两。铸钱三万七千四百九十三万三千四百有奇。

五十一年壬辰春正月丙午，擢编修张逸少为翰林院侍读学士，故大学士张玉书之子也。壬子，命内外大臣具折陈事。折奏自此始。癸丑，上巡幸畿甸。诏右卫将军宗室费扬古办事诚实，供职年久，且系王子，可封为辅国公。

二月丁巳，诏宋儒朱子配享孔庙，在十哲之次。江苏巡抚张伯行与总督噶礼互讦，俱解任，交张鹏翮、赫寿查审。福建、浙江总督范时崇疏陈沿海渔船，只许单桅，不许越省行走，交地方文武钤束。上曰："此事不可行。渔户并入水师营，则兵弁侵欺之矣。盗贼岂能尽除，窃发何地无之？只视有益於民者行之，不当以文法为捕具也。"戊寅，命卓异武官照文职引见。庚辰，上还京。壬午，诏曰："承平日久，生齿日繁。嗣后滋生户口，勿庸更出丁钱，即以本年丁数为定额，著为令。"

三月辛卯，谕大学士："翻译本章，甚有关系。昨见本内'假官'二字，竟译作'伪官'，舛错殊甚。其严饬之。"丁酉，上御经筵。

夏四月丁巳，赐王世琛等百七十七人进士及第出身有差。甲子，以康泰为四川提督。定会试分省取中例。壬申，谕："故大学士熊赐履夙学旧臣，身殁以后，时轸於怀。闻其子已长成，可令来京录用。"壬戌，予故一等侍卫海青副都统衔，予祭葬，谥果毅。致仕大学士陈廷敬卒，命皇三子奠茶酒，御赋挽诗，命南书房翰林励廷仪、张廷玉赍焚，予治丧银一千，谥文贞。诏明年六旬万寿，二月特行乡试，八月会试。以嵩祝为大学士，黑硕咨为礼部尚书，满笃为工部尚书，以王掞为大学士，陈诜为礼部尚书，起张廷枢为工部尚书。丙子，上奉皇太后避暑热河，启銮。壬午，上驻跸热河。

五月壬寅，命有司稽察流民徙边种地者。以穆丹为左都御史，鄂代为蒙古都统。

六月癸丑朔，日有食之。丁巳，命穆和伦、张廷枢覆按江南督抚互讦案。湖广镇筸红苗吴老化率毛都塘等五十二寨内附。辛酉，以张朝午为广西提督。

秋八月癸丑，上行围。戊寅，诏朝鲜遇有中国渔船违禁至界汛，许拘执以闻。镇筸苗民续内附八十三寨。

九月庚戌，上奉皇太后还宫。皇太子胤礽复以罪废，锢於咸安宫。

冬十月壬戌，穆和伦等覆按江南狱上，上命夺噶礼职，张伯行复任。以揆叙为左都御史，赫寿为江南、江西总督。

十一月乙酉，前福建提督蓝理狱上，应死。上念征台湾功，特原之。己亥，群臣以万寿六旬请上奠号，不许。丁未，以复废皇太子胤礽告庙，宣示天下。己酉，上谒陵，赐守陵大臣白金。

十二月甲戌，上还京。

是岁，免直隶、江南、山东、浙江等省二十三州县灾赋有差。朝鲜入贡。

五十二年癸巳春正月戊申，诏封后藏班禅胡土克图喇嘛为班禅额尔得尼。

二月庚戌，赵申乔疏言太子国本，应行册立。上以建储大事，未可轻定，宣谕廷臣，以原疏还之。乙卯，上巡幸畿甸。编修戴名世以著述狂悖弃市。进士方苞以作序干连，免死入旗，旋赦出之。乙亥，上还驻畅春园。

三月戊寅朔，谕王大臣："朕昨还京，见各处为朕保釐乞福者，不计其数，实觉愧汗。万国安，即朕之安，天下福，即朕之福，祝延者当以兹为先。朕老矣，临深履薄之念，与日俱增，敢满假乎？"又谕："各省祝寿老人极多，倘有一二有恙者，可令太医看治。朕於十七日进宫经棚，老人已得从容瞻觐。十八日正阳门行礼，不必再至龙棚。各省汉官传谕知悉。"甲午，上还宫，各省臣民夹道俯伏欢迎，上驻辇慰劳之。乙未，万寿节，上朝慈宁宫，御太和殿受贺，颁诏覃恩，锡高年，举隐逸，旌孝义，蠲逋负，鳏寡孤独无告者，官为养之，罪非殊死，咸赦除焉。壬寅，召直省官员士庶年六十五以上者，赐宴於畅春园，皇子视食，宗室子执爵授饮。扶掖八十以上老人至前，亲视饮酒。谕之曰："古来以养老尊贤为先，使人人知孝知弟，则风俗厚矣。尔耆老当以此意告之乡里。昨日大雨，田野沾足。尔等速回，无误农时。"是日，九十以上者三十三人，八十以上者五百三十八人，各赐白金。加祝釐老臣宋荦太子少师，田种玉太子少傅。甲辰，宴八旗官员、兵丁、闲散於畅春园，视食授饮、视饮赐金同前。是日，九十以上者七人，八十以上者一百九十二人。

夏四月甲寅，以鄂海为陕西、四川总督，额伦特为湖广总督，高其位为湖广提督。四川提督岳昇龙请入籍四川，许之。丁卯，遣官告祭山川、古陵、阙里。五月丙戌，上奉皇太后避暑热河。调张廷枢为刑部尚书，王顼龄为工部尚书。颁赉蒙古老人白金。辛丑，诏停本年秋决。

闰五月乙卯，赉热河老人白金。御史陈汝咸招抚海寇陈尚义入见，询海上情势及洋船形质，命於金州安置，置水师营。

六月丁丑，修律算书。

秋七月壬子，诏宗人削属籍者，子孙分别系红带、紫带，载名玉牒。丙寅，上行围。

八月丁丑，蒙古鄂尔多斯王松阿拉布请於察罕託灰游牧，不许，命游牧以黄河为界，从总兵范时捷请也。

九月甲子，上奉皇太后还宫。辛未，以江南漕米十万石分运广东、福建平粜。

冬十月丙子，以张鹏翮为吏部尚书。乙酉，赐王敬铭等一百四十三人进士及第出身有差。

十一月己酉，诏免广东、福建、甘肃二十一州县卫明年税粮。癸亥，上谒陵。

十二月己卯，以赫奕为工部尚书。辛卯，令文武科目愿兼应者，许改试一科。壬辰，上还京。甲午，以五离为蒙古都统。辛丑，祫祭太庙。

是岁，免浙江十州县灾赋有差。朝鲜、琉球入贡。

五十三年甲午春正月己未，命修坛庙殿廷乐器。癸亥，户部请禁小钱。上曰："凡事必期便民，若不便於民，而惟言行法，虽厉禁何益。”戊辰，上巡幸畿甸。丁卯，以何天培为京口将军。

二月甲戌，诏停今年秋审，矜疑人犯，审理具奏，配流以下，减等发落。乙酉，上还京。癸丑，命侍郎常泰、少卿陈汝咸赴甘肃赈抚灾民。丁巳，前尚书王鸿绪进《明史列传》二百八十卷，命付史馆。

夏四月戊子，改师懿德为甘肃提督。辛卯，上奉皇太后避暑热河。六月乙亥，诏：“拉藏汗年近六十，二子在外，宜防外患，善自为谋。”癸未，以炎暑免从臣晚朝。

秋七月辛卯，诏以江南暵旱，浙江米贵，河南歉收，截漕三十万石，分运三省平粜。

八月乙亥，上行围。

九月丙寅，上奉皇太后还宫。

冬十月己巳朔，命张鹏翮、阿锡鼐往按江南牟钦元狱。己丑，命大学士、南书房翰林考定乐章。

十一月，敕户部截漕三十余万石，於江南、浙江备赈。戊申，免甘肃靖边二十八州县卫明年额赋。诚亲王胤祉等以御制《律吕正义》进呈，得旨：“律吕、历法、算法三书共为一部，名曰《律历渊源》。”甲寅，冬至，祀天於圜丘，奏新乐。丙辰，上巡幸塞外。贝勒胤禩属下人雅齐布有罪伏诛。遣何国栋测量广东、云南等省北极出地及日景。

十二月癸酉，上驻特布克，赐随围蒙古兵银币。己丑，上还京。辛卯，洮、岷边外生番喇子等一十九族内附。

是岁，免江南、河南、甘肃、浙江、湖广等省百二十二州县灾赋有差。朝鲜入贡。

五十四年乙未春正月甲子，停《五经》中式例。封阿巴垓台吉德木楚克为辅国公。诏贝勒胤禩、延寿溺职，停食俸。

二月戊辰朔，张伯行缘事解任，交张鹏翮审理。己巳，以施世纶为漕运总督。辛未，上巡幸畿甸，谕巡抚赵弘燮曰：“去年腊雪丰盈，今年春雨应节，民田想早播种。但虑起发太盛，或有二疸之虞。可示农民芸耨宜疏，以防风霾。”又谕：“朕时巡畿甸，见民生差胜於前。但诵读者少，风俗攸关。宜令穷僻乡壤广设义学，劝令读书。尔有司其留意。”甲午，以杜呈泗为江南提督，穆廷栻为福建陆路提督。

三月己亥，以蒙古吴拉忒等部十四旗雪灾，命尚书穆和伦运米往赈，教之捕鱼为食。庚子，以赵弘燮为直隶总督，任巡抚事。以睦森为宁古塔将军。

夏四月庚午，赐徐陶璋等一百九十人进士及第出身有差。己卯，师懿德奏策旺阿拉布坦兵掠哈密，游击潘至善击败之。命尚书富宁安、将军席柱率师援剿，祁里德赴推河，谕喀尔喀等备兵。庚辰，征外藩兵集归化城，调打牲索伦兵赴推河。己丑，谕议政大臣：“朕曾出塞亲征，周知要害。今讨策旺阿拉布坦进兵之路有三：一由噶斯直抵伊里河源，趋其巢穴；一越哈密、吐鲁番，深略敌境；一取道喀尔喀，至博克达额伦哈必尔汉，度岭扼险。三路并进，大功必成。”壬午，漕运总督郎廷极卒，上称其抚恤运丁，历运无阻，予祭葬，谥温勤。辛卯，上奉皇太后避暑热河。乙未，命富宁安分兵戍噶斯口，总兵路振声驻防哈密。

五月丙午，黑龙江将军宗室杨福卒，赐银一千两，命侍卫尚崇义、傅森驰驿赐奠，谥襄毅，命其子三官保暂署父任。戊午，内阁侍读图理琛使于鄂罗斯，使备兵。

六月壬申，命都统图斯海等赴湖滩河朔运粮。甲戌，富宁安、席柱疏报进兵方略。得旨，明年进兵。丁亥，兵部尚书孙徵灏卒，赐鞍马二、散马二、银五百两，谥清端。

秋七月甲午朔，命和托辉特公博贝招抚乌梁海。辛酉，命公傅尔丹往乌兰古等处屯田。

八月辛未，大学士李光地乞假归，上赋诗送之。癸酉，上行围。壬辰，撤噶斯口戍兵还肃州。

九月己酉，博贝招抚乌梁海部来归。

冬十月丙寅，上谕大学士：“朕右手病不能写字，用左手执笔批答奏折，期於不泄漏也。”辛巳，上奉皇太后还宫。诏顺天、保定、河间、永平、宣化今岁雨溢，谷耗不登，所有五府应完五十五年税粮，悉蠲除之。

十一月甲午，以范时崇为左都御史，觉罗满保为浙江、福建总督，宗室巴塞为蒙古都统。庚子，停京师决囚。辛丑，以宋臣范仲淹从祀孔庙。己未，冬至，祀天於圜丘，始用御定雅乐。

十二月己巳，以塔拜为杭州将军。命护军统领晏布帅师驻西宁。甲申，张伯行以疑赃诬参论罪应死，上原之，起为仓场侍郎。

是岁，免江南、湖南二省二十四州县卫灾赋有差。朝鲜、琉球入贡。

五十五年丙申春正月壬子，上幸汤泉。

二月乙丑，命副都统苏尔德经理图呼鲁克等处屯田。癸酉，上还驻畅春园。丙子，诏免安南岁贡犀角、象牙。己卯，上巡幸畿甸。庚寅，定丁随地出例。

三月丁酉，恤赠广西右江剿瑶伤亡参将王启云官荫。庚子，上还宫。乙巳，召席柱还，以晏布代之，路振声参军事。癸丑，蒙古图尔胡特贝子阿拉布珠尔请从军。命率蒙古兵戍噶斯口。贵州巡抚刘荫枢疏请罢兵，命乘传诣军周阅议奏。

闰三月癸亥，以额伦特署西安将军，满丕署湖广总督。丁丑，以左世永为广西提督。壬午，发京仓米二十万石赈顺天、永平。五城粥厂展期至秋。命礼部祈雨。

夏四月癸卯，上奉皇太后避暑热河。

五月庚申，上驻热河，斋居祈雨。起马齐为大学士，穆和伦为户部尚书。壬戌，发仓米平粜。预发八旗兵粮。甲子，雨。上曰：“宋儒云：‘求雨得雨，旱岂无因。’此言可味也。”己巳，京师远近雨足，上复常膳。乙酉，赫奕免，以孙渣齐为工部尚书。

六月丙辰，上幸汤泉。

秋七月辛未，命移噶斯口防军分戍察罕乌苏、噶顺。癸未，上行围。

八月乙卯，前奉天府尹董弘毅坐将承德等九州县米豆改征银两，致仓储阙乏，黜官。

九月庚午，以蒋陈锡为云南、贵州总督。甲申，上奉皇太后还宫。

冬十月丁亥朔，诏刑部积岁缓决长系人犯，分别减释之。停本年秋决。戊子，以托留为黑龙江将军，赵弘灿为兵部尚书。癸巳，诏："近以策旺阿拉布坦侵入哈密，征兵备边，一切飞刍輓粟经过边境，不无借资民力。所有山西、陕西、甘肃四十八州县卫应征明年银米谷草及积年逋欠，悉与蠲除。"丁酉，诏肃州与布隆吉尔毗连迤北西吉木、达里图、金塔寺等处，招民垦种。以杨琳为广东、广西总督。以宗室巴赛为满洲都统，晏布为蒙古都统。丙午，策旺阿拉布坦执青海台吉罗卜藏丹济布，犯噶斯口，官兵击走之。命额伦特驻师西宁，分兵戍噶斯口，布隆吉尔散秩大臣阿喇衲赴巴尔库尔参赞军事。

十一月乙丑，以傅尔丹、额尔锦为领侍卫内大臣。戊辰，上谒陵。甲申，上巡行塞外。盗发明陵，命置之法。

十二月己酉，上还京。诏免顺天、永平三十五州县明年地丁税粮，其积年逋赋并除之。

是岁，免直隶、江南、山东、浙江、江西、湖广等省六十三州县灾赋有差。朝鲜、安南入贡。

五十六年丁酉春正月丁卯，修《周易折中》成，颁行学宫。壬午，以徐元梦为左都御史，朱轼为浙江巡抚。

二月丙戌朔，上巡幸畿甸。乙未，征奉天、吉林兵益祁里德军。癸卯，上还驻畅春园。丁未，定盗案法无可宽、情有可原例。顺承郡王诺罗布薨，谥曰忠，子锡保袭封。左都御史揆叙卒，予祭葬，谥文端。

三月丁巳，上御经筵。戊寅，以富宁安为靖逆将军，傅尔丹为振武将军，祁里德为协理将军，视师防边。壬午，上巡视河西务堤。

夏四月乙酉，上还驻畅春园。乙未，发通州仓米分贮直隶州县备赈。丙申，碣石镇总兵陈昂奏天主教堂各省林立，宜行禁止，从之。以孙柱、范时崇为兵部尚书。辛丑，上奉皇太后避暑热河。

五月庚申，九卿议王贝勒差人出外，查无勘合，即行参究。

六月壬子，傅尔丹袭击厄鲁特博罗布尔哈苏，斩俘而还。兵部尚书赵弘灿卒，予祭葬，谥清端。

秋七月丙辰，策旺阿拉布坦遣其将策零敦多布侵掠拉藏。癸亥，富宁安袭击厄鲁特於通俄巴锡，进及乌鲁木齐，毁其田禾，还军遇贼毕留图，击败之。阵亡灰特台吉扎穆毕，追封辅国公。

八月壬午朔，上行围。

九月辛未，以路振扬署四川提督。河南奸民亢斑滋事，官兵捕之，斑走死。命尚书张廷枢、学士勒什布往鞫，得前巡抚李锡贪虐激变状以闻。李锡褫职论死，贼党伏诛。

冬十月乙酉，命侍郎梁世勋、海寿往督巴尔库尔屯田。庚子，上奉皇太后还宫。乙巳，命内大臣公策旺诺尔布、将军额伦特、侍卫阿齐图等率师戍青海。以宗室公吞珠为礼部尚书，蔡升元为左都御史。

十一月壬子，命停决囚。乙丑，皇太后不豫，上省疾慈宁宫。辛未，诏曰："帝王之治，必以敬天法祖为本。合天下之心以为心，公四海之利以为利，制治于未乱，保邦于未危，夙夜兢兢，所以图久远也。朕八龄践祚，在位五十余年，今年近七旬矣。当二十年时，不敢逆计至三十。三十年时，不敢逆计至四十。赖宗社之灵，今已五十七年矣，非凉德所能致也。齿登耆寿，子孙众多。天下和乐，四海乂安。虽未敢谓家给人足，俗易风移，而欲使民安物阜之心，始终如一。殚竭思虑，耗敝精力，殆非劳苦二字所能尽也。古帝王享年不永，书生每致讥评。不知天下事烦，不胜其劳虑也。人臣可仕则仕，可止则止，年老致仕而归，犹得抱子弄孙，优游自适。帝王仔肩无可旁委，舜殁苍梧，禹殂会稽，不遑宁处，终鲜止息。《洪范》五福，终于考终命，以寿考之难得也。《易遯》六爻，不及君主，人君无退藏之地也。岂当与臣民较安逸哉！朕自幼读书，寻求治理。年力胜时，挽强决拾。削平三藩，绥辑漠北，悉由一心运筹，未尝妄杀一人。府库帑金，非出师赈饥，未敢妄费。巡狩行宫，不施采缋。少时即知声色之当戒，佞幸之宜远，幸得粗致谧安。今春颇苦头晕，形渐羸瘦。行围塞外，水土较佳，体气稍健，每日骑射，亦不疲乏。复以皇太后违和，头晕复作，步履艰难。倘一时不讳，不得悉朕衷曲。死者人之常理，要当於明爽之时，举平生心事一为吐露，方为快耳。昔人每云帝王当举大纲，不必兼综细务。朕不谓然，一事不谨，即贻四海之忧；一念不谨，即贻百年之患。朕从来莅事无论巨细，莫不慎之又慎。惟年既衰暮，祗惧五十七年忧勤惕励之心，隳於末路耳。立储大事，岂不在念。但天下大权，当统於一，神器至重，为天下得人至难，是以朕垂老而惓惓不息也。大小臣工能体朕心，则朕考终之事毕矣。兹特召诸子诸卿士详切言之。他日遗诏，备於此矣。"甲戌，免八旗借支银二百万两。丙子，诏免直隶、安徽、江苏、浙江、湖广、陕西、甘肃等省积年逋赋，江苏、安徽并免漕项银米十分之五。

十二月甲申，皇太后病势渐增，上疾七十余日矣，脚面浮肿，扶掖日朝宁寿宫。丙戌，皇太后崩，颁遗诰，上服衰割辫，移居别宫。己酉，上还宫。

是岁，朝鲜入贡。

五十七年戊戌春正月乙卯，上有疾，幸汤泉。戊寅，赐防边军士衣二万袭。

二月庚寅，拉藏乞师，命侍卫色楞会青海兵往援。癸卯，以路振声为甘肃提督。检讨朱天保上疏请复立胤礽为皇太子，上於行宫亲讯之曰："尔何知而违旨上奏？"朱天保曰："臣闻之臣父，臣父令臣言之。"上曰："此不忠不孝之人也。"命诛之。丁未，上还宫。碣石镇陈昂疏请洋船入港，先行查取大炮，方许进口贸易。部议不行。

三月癸丑，减大兴、宛平门厂房税。辛酉，上大行皇后谥曰孝惠仁宪端懿纯德顺天翊圣章皇后。丙寅，以颜寿为右卫将军，黄秉钺为福州将军。戊辰，裁起居注官。甄别不职学政丛澍等七员，俱褫职。丁丑，命浙江南北新关税交同知管理。戊寅，浙江巡抚朱轼请修海宁石塘。从之。

夏四月乙酉，葬孝惠章皇后於孝东陵。丁亥，赐汪应铨等一百七十一人进士及第出身有差。辛卯，上幸热河。穆和伦免，以孙渣齐为户部尚书。

五月癸丑，以徐元梦为工部尚书。丁巳，额伦特奏拉藏汗被陷身亡，二子被杀，达赖、班禅均被拘。己未，浙江、福建总督满保疏台湾一郡有极冲口岸九处，次冲口岸十五处，派人修筑，酌移员弁，设淡水营守备。从之。

六月壬辰，遣使册封琉球故王曾孙尚敬为中山王。己丑，大学士李光地卒，命皇五子恒亲王胤祺往奠茶酒，赐银一千两，徐元梦还京护其丧事，谥文贞。丁未，赐哈密军士衣四百袭。

秋七月己未，打箭炉外墨里喇嘛内附。甲戌，修《省方盛典》。

八月壬子，索伦水灾，遣官赈之。孟光祖伏诛。戊子，上行围。甲午，礼部尚书吞珠卒，予祭葬，谥恪敏。总兵官仇机有罪伏诛。

闰八月戊辰，诏曰："夷虏跳梁，大兵远驻西边，一切征缮，秦民甚属劳苦。所有陕西、甘肃明年地丁粮税俱行蠲免，历年逋赋亦尽除之。"

九月己卯，命都统阿尔纳、总兵李耀率师赴噶斯口、柴旦木驻防。丙戌，以王顼龄为大学士，陈元龙为工部尚书。甲辰，上还京。将军额伦特、侍卫色楞会师喀喇乌苏，屡败贼，贼愈进，师无后继，矢竭力战，殁於阵。

冬十月甲寅，停本年决囚。丙辰，命皇十四子贝子胤禵为抚远大将军，视师青海。命殉难总督甘文焜、知府黄庭柏建祠列祀。甲子，诏四川巡抚年羹尧，军兴以来，办事明敏，即升为总督。命翰林、科道轮班入直。戊辰，上驻汤泉。命皇七子胤祐、皇十子胤䄉、皇十二子胤祹分理正黄、正白、正蓝满、蒙、汉三旗事务。

十一月丙子，上还驻畅春园。福建巡抚陈瑸卒，赠礼部尚书，谥清端。以宜兆熊为汉军都统。

十二月丙辰，上谒陵。己未，孝惠章皇后升祔太庙，位於孝康章皇后之左，颁诏天下。云南撒甸苗人归顺。己巳，上还宫。

是岁，免江南、福建、甘肃、湖广等省二十六州县卫灾赋有差。朝鲜、琉球、安南入贡。

五十八年己亥春正月甲戌朔，日有食之。诏曰："日食三始，垂象维昭。宜修人事，以儆天戒。臣工其举政事阙失以闻。"乙未，上幸汤泉。庚子，上还驻畅春园。辛丑，诏立功之臣退闲，世职准子弟承袭。若无应袭之人，给俸终其身。壬寅，命截漕米四十三万石，留江苏、安徽备荒。

二月己巳，上巡幸畿甸。己卯，学士蒋廷锡表进《皇舆全览图》，颁赐廷臣。庚申，上还驻畅春园。辛未，命都统法喇抚辑里塘、巴塘，护军统领噶尔弼同理军事。

三月乙未，侍郎色尔图以运饷迟延罢，命巡抚噶什图接管。

夏四月乙巳，命抚远大将军胤禵驻师西宁。癸丑，上巡幸热河。

五月戊寅，以麦大熟，命民间及时收贮。庚辰，以扬都为蒙古都统。浙江正考官索泰贿卖关节，在籍学士陈恂说合，陈凤墀贪缘中式，均论死，并罪其保荐索泰为考官者。南阳标兵执辱知府沈渊，总兵高成革职，游击王洪道论死，兵处斩。

六月甲辰，以贝勒满笃祜为满洲都统。丁未，年羹尧、噶尔弼、法喇先后奏副将岳钟琪招辑里塘、巴塘就抚。命法喇进驻巴塘，年羹尧拨兵接应。丙寅，以马见伯为固原提督。

秋七月癸未，以宗查木为西安将军。

八月庚戌，上行围。庚申，振威将军傅尔丹奏鄂尔斋图二处筑城设站。命尚书范时崇往董其役。

九月乙未，谕西宁现有新胡毕勒罕，实系达赖后身，令大将军遣官带兵前往西藏安禅。戊戌，安郡王华玘薨，谥曰节。

冬十月丁未，上还京。壬子，命蒙养斋举人王兰生修《正音韵图》。甲寅，固原提督潘育龙卒，赠太子少保，予祭葬，谥襄勇。

十一月丙子，礼部尚书陈诜致仕。庚寅，增江西解额。

十二月壬寅，以蔡升元为礼部尚书，田从典为左都御史。戊申，西安将军额伦特之丧至京，命皇五子恒亲王胤祺、皇十二子贝子胤祹迎奠。庚申，命截湖广漕粮十万石留於本省备荒。辛酉，诏曰："比年兴兵西讨，远历边陲，居送行赍，民力劳瘁。所有沿边六十六州县卫所明年额征银米，俱行蠲免。"

是岁，免江苏、安徽等省十三州县灾赋有差。朝鲜、琉球入贡。

五十九年庚子春正月丁酉，命抚远大将军胤禵移师穆鲁斯乌苏。以宗室延信为平逆将军，领兵进藏，以公策旺诺尔布参赞军务。命西安将军宗查木驻西宁，平郡王讷尔素驻古木。

二月甲辰，上巡幸畿甸。癸丑，命噶尔弼为定西将军，率四川、云南兵进藏，册封新胡毕勒罕为六世达赖喇嘛。辛酉，上还驻畅春园。

三月己丑，命云南提督张谷贞驻防丽江、中甸。丙申，命靖逆将军富宁安进师乌鲁木齐，散秩大臣阿喇衲进师吐鲁番，祁里德领七千兵从布娄尔，傅尔丹领八千兵从布拉罕，同时进击准噶尔。

夏四月戊申，上巡幸热河。

五月辛巳，以旱求言。壬午，雨。

六月己亥，陕西饥，运河南积谷往赈。丙辰，保安、怀来地震，遣官赈之。

秋七月丙寅朔，日有食之。癸酉，富宁安击贼于阿克塔斯、伊尔布尔和韶，败之，擒其台吉垂木拍尔。阿喇衲师至齐克塔木，遇贼，击破之，尽虏其众。进击皮禅城，降之。师至吐鲁番，番酋阿克苏尔坦率众迎降。丙戌，傅尔丹击贼於格尔厄尔格，斩获六百，阵擒寨桑贝肯，焚其积聚而还，贝肯送京。祁里德败贼於铿额尔河，降其寨桑色布腾等二千余人。

八月戊戌，上行围。庚子，琉球请令其陪臣子弟入国子监读书，许之。癸丑，平逆将军延信连败贼众於卜克河。

丁巳，又败贼众於绰马喇，贼将策零敦多布遁。定西将军噶尔弼率副将岳钟琪自拉里进兵。戊午，克西藏，执附贼喇嘛百余，斩其渠五人，抚谕唐古特、土伯特，西藏平。以高其倬为广西巡抚。

九月壬申，平逆将军延信以兵送达赖喇嘛入西藏坐床。富宁安兵入乌鲁木齐，哈西哈回人迎降，军回至乌兰乌苏。戊寅，云贵总督蒋陈锡、巡抚甘国璧以馈饷后期褫职，仍令运米入藏。

冬十月癸卯，上还京。诏再以河南积谷运往陕西放赈。明年，河南漕粮照数补还仓谷，其余漕粮留贮河南。甲辰，朝鲜国王李焞薨。诏曰："李焞袭封五十年，奉藩恭谨，抚民慈爱。兹闻溘逝，恻悼实深，即令王子李昀袭封。所进贡物悉数带回，仍查邮典具奏。"诏陕西、甘肃两省康熙六十年地丁银一百八十八万两零，通行蠲免。沿边歉收，米价昂贵，兵力拮据，并豫发本年兵饷。赉进藏官兵。甲寅，户部尚书赵申乔卒，予祭葬，谥恭毅。丁巳，诏抚远大将军胤禵会议明年师期。戊午，以陕西、甘肃歉收，命银粮兼赈，以麦收为止。

十一月辛未，遣官致祭朝鲜国王李焞，特谥僖顺，册封世子李昀为朝鲜国王。戊寅，以田从典为户部尚书，朱轼为左都御史，以杨名时为云南巡抚。辛巳，诏："大兵入藏，其地俱入版图，山川名号番、汉异同，应即考订明核，传信后世。"上因与大学士讲论河源、江源，及於《禹贡》三危。庚寅，以隆科多为理藩院尚书，仍兼步军统领。

十二月甲辰，廷臣再请行六十年庆贺礼。不允。壬子，授先贤子夏后裔《五经》博士。甲寅，以诚亲王胤祉子弘晟、恒亲王胤祺子弘昇为世子。辛酉，祫祭太庙。

是岁，免直隶、江苏、陕西、浙江、四川等省五十六州县卫灾赋有差。朝鲜、琉球入贡。

六十年辛丑春正月乙亥，上以御极六十年，遣皇四子胤禛、皇十二子胤祹、世子弘晟告祭永陵、福陵、昭陵。

二月乙未，上谒孝庄山陵、孝陵、孝东陵，行告祭礼。遣官告祭郊庙社稷。乙卯，上还京。山东盐徒王美公等作乱，捕斩之。己未，命公策旺诺尔布驻防西藏。论取藏功，封第巴阿尔布巴、康济鼐为贝子，第巴隆布奈为辅国公。

三月乙丑，群臣请上万寿节尊号，上不许，曰："加上尊号，乃相沿陋习，不过将字面上下转换，以欺不学之君耳。本朝家法，惟以爱民为事，不以景星、庆云、芝草、甘露为瑞，亦无封禅改元之举。现今西陲用兵，兵久暴露，民苦转输。朕方修省经营之不暇，何贺之有？"庚午，赐举人王兰生、留保进士，一体殿试。甲戌，先是，大学士王掞密疏复储。至是御史陶彝、任坪、范长发、邹图云、陈嘉猷、王允晋、李允符、范允锜、高玢、高怡、赵成穮、孙绍曾疏请建储，上不悦，并掞切责之，命其子詹事王奕清及陶彝等十二人为额外章京，军前效力。

夏四月甲午，以李麟为固原提督。乙未，赐邓钟岳等一百六十三人进士及第出身有差。丙申，诏釐定历代帝王庙崇祀祀典。丁酉，命张鹏翮、陈鹏年赴山东阅河。以赖都为礼部尚书，托赖为刑部尚书。丙午，上幸热河。戊午，命定西将军噶尔弼驻藏。

五月壬戌，命抚远大将军胤禵移师甘州。丙寅，台湾奸民朱一贵作乱，戕总兵官欧阳凯。癸酉，以署参将管永宁协副将岳钟琪为四川提督。乙亥，改思明土州归广西太平府。戊寅，诏停本年进兵。以常授为理藩院额外侍郎，办事西宁。乙酉，以年羹尧为四川、陕西总督，赐弓矢。发帑金五十万赈山西、陕西，命朱轼、卢询董其事。

六月壬辰，改高其位为江南提督，魏经国为湖广提督。丙申，诏曰："平逆将军延信，朕之侄也。统兵历从古未到之烟瘴绝域，歼灭巨虏，平定藏地，允称不辱宗支，可封为辅国公。"乙卯，吐鲁番回人拖克拖麻穆克等来归，命散秩大臣阿喇衲率兵护之。福建水师提督施世骠平台湾，擒朱一贵解京。诏奖淡水营守备陈策固守功，超擢台湾总兵。

闰六月庚申朔，日有食之。丙寅，令刑部弛轻系。戊辰，以噶尔弼为蒙古都统。

秋七月己酉，上行围。

八月甲戌，命副都统庄图率兵二千进驻吐鲁番，益阿喇衲军。丙戌，河决武陟入沁水。

九月辛卯，命副都统穆克登将兵二千赴吐鲁番。甲午，噶尔弼以病罢，命公策旺诺尔布署定西将军，驻藏，以阿宝、武格参军事。丙申，策旺阿拉布坦犯吐鲁番，阿喇衲击走之。丙午，赈河南、山东、直隶水灾。乙卯，上还京。丙辰，命副都御史牛钮、侍讲齐苏勒、员外郎马泰筑黄河决口，引沁水入运河。丁巳，以阿喇衲为协理将军。上制平定西藏碑文。

冬十月壬戌，置巡察台湾御史。诏："本年秋审俱已详览，其直省具题缓决之案，九卿已加核定，朕不忍覆阅，恐审求之或致改重也。"丙寅，召抚远大将军胤禵来京。辛未，诏："大学士熊赐履服官清正，学问博通，朕久而弗忘，常令周恤其家。今其二子来京，观其气质，尚可读书，宜加造就，可传谕九卿知之。"以钟世臣为浙江提督，姚堂为福建水师提督，冯毅署广东提督。

十一月辛卯，以陈鹏年署河道总督。戊戌，以马武、伊尔哈岱为蒙古都统。己酉，上幸南苑。诏将军额伦特、侍卫色楞、副都统查礼浑、提督康泰等，杀敌殉国，俱赐恤。

十二月壬申，四川提督岳钟琪征郭罗克番人，平之。丁丑，上还驻畅春园。遣鄂海、永泰往视吐鲁番屯田。

是岁，免江南、河南、陕西、甘肃、福建、浙江、湖广等省一百二十三州县灾赋有差。朝鲜、琉球、安南入贡。丁户二千九百一十四万八千三百五十九，又永不加赋后滋生人丁四十六万七千八百五十，征银二千八百七十九万零。盐课银三百七十七万二千三百六十三两零。铸钱四万三千七百三十二万五千八百有奇。

六十一年壬寅春正月戊子，召八旗文武大臣年六十五以上者六百八十人，已退者咸与赐宴，宗室授爵劝饮。越三日，宴汉官年六十五以上三百四十人亦如之。上赋诗，诸臣属和，题曰《千叟宴诗》。戊申，上巡幸畿甸。

二月庚午，以高其倬署云南、贵州总督。丙子，上还驻畅春园。

三月丙戌，以阿鲁为荆州将军。

夏四月甲子，遣使封朝鲜国王李均弟昑为世弟。丁卯，上巡幸热河。己巳，抚远大将军胤禵复莅军。癸未，福州驻防兵哗，将军黄秉钺不能约束，褫职，斩为首者。

五月戊戌，施世纶卒，以张大有署漕运总督。

六月，以奉天连岁丰稔，弛海禁。暹罗米贱，听入内地，免其税。辛未，命直隶截漕二十万石备赈。丙子，赵弘燮卒，以其兄子郎中赵之垣加佥都御史衔，署直隶巡抚。

秋七月丁酉，征西将军祁里德上言乌兰古木屯田事宜，请益兵防守。命都统图拉率兵赴之。壬寅，命色尔图赴西藏统四川防兵。戊申，以蔡珽为四川巡抚。予故直隶总督赵弘燮祭葬，谥肃敏。

八月丙寅，停今年决囚。故提督蓝理妻子先以有罪入旗，至是，上念平台湾功，贯还原籍，交款免追。己卯，上驻跸汗特木尔达巴汉昂阿。赐来朝外藩银币鞍马，随围军士银币。

九月甲申，上驻热河。乙酉，谕大学士曰："有人谓朕塞外行围，劳苦军士。不知承平日久，岂可遂忘武备？军旅数兴，师武臣力，克底有功，此皆勤於训练之所致也。"甲午，年羹尧、噶什图请量加火耗，以补有司亏帑。上曰："火耗只可议减，岂可加增？此次亏空，多由用兵。官兵过境，或有馈助。其始挪用公款，久之遂成亏空，昔年曾有宽免之旨。现在军需正急，即将户部库帑拨送西安备用。"戊戌，上回銮。丁未，次密云，阅河堤。庚戌，上还京。

冬十月辛酉，命雍亲王胤禛、弘昇、延信、孙渣齐、隆科多、查弼纳、吴尔占察视仓廒。壬戌，以觉罗德尔金为蒙古都统，安鲐为杭州将军。辛未，以查弼纳为江南、江西总督。癸酉，上幸南苑行围。以李树德为福州将军，黄国材为福建巡抚。

十一月戊子，上不豫，还驻畅春园。以贝子胤祹、辅国公吴尔占为满洲都统。庚寅，命皇四子胤禛恭代祀天。甲午，上大渐，日加戌，上崩，年六十九。即夕移入大内发丧。雍正元年二月，恭上尊谥。九月丁丑，葬景陵。

论曰：圣祖仁孝性成，智勇天锡。早承大业，勤政爱民。经文纬武，寰宇一统，虽曰守成，实同开创焉。圣学高深，崇儒重道。几暇格物，豁贯天人，尤为古今所未觏。而久道化成，风移俗易，天下和乐，克致太平。其雍熙景象，使后世想望流连，至於今不能已。《传》曰："为人君，止於仁。"又曰："道盛德至善，民之不能忘。"於戏，何其盛欤！

卷九　本纪九

世宗本纪

世宗敬天昌运建中表正文武英明宽仁信毅睿圣大孝至诚宪皇帝讳胤禛，圣祖第四子也。母孝恭仁皇后乌雅氏。生有异征，天表魁伟，举止端凝。康熙三十七年封贝勒。四十八年封雍亲王。

六十一年十一月，圣祖在畅春园不豫，命代祀圜丘。甲午，圣祖大渐，召於斋宫，宣诏嗣位。圣祖崩。辛丑，上即位，以明年为雍正元年。命贝勒胤禩、皇十三弟胤祥、大学士马齐、尚书隆科多总理事务。召抚远大将军胤禵来京。命兵部尚书白潢协理大学士。以杨宗仁为湖广总督，年希尧署广东巡抚。

十二月戊午，停止直省贡献方物。壬戌，封贝勒胤禩为廉亲王，胤祥为怡亲王，胤祹为履郡王，废太子胤礽之子弘皙为理郡王。更定历代帝王庙祀典。癸亥，诏《古今图书集成》一书尚未竣事，宜速举渊通之士编辑成书。以辅国公延信为西安将军，署抚远大将军事。甲子，诏直省仓库亏空，限三年补足，逾限治罪。命富宁安为大学士，隆科多为吏部尚书，廉亲王胤禩管理藩院尚书事。壬申，以张廷玉为礼部尚书。予大学士马齐二等伯爵，赐名敦惠。

雍正元年癸卯春正月辛巳朔，颁诏训饬督、抚、提、镇，文吏至於守、令，武将至於参、游，凡十一道。丙戌，时享太庙。辛卯，祈谷於上帝。壬寅，颁赐提、镇、副将大行遗念弓矢櫜鞬。刑部尚书陶赖、张廷枢坐审讯陈梦雷一案释其二子，降官。甲辰，封淳郡王子弘曙为长子、弘春为贝子。乙巳，大学士王掞乞休，允之。

二月辛亥朔，以佛格、励廷仪为刑部尚书。壬子，以张鹏翮为大学士。乙卯，以皇十六弟胤禄出嗣庄亲王博果铎，袭其爵。以博果铎之侄球琳为贝勒。庚申，训饬贝子胤禟。乙丑，封辅国公延信为贝子。定部院书吏考满回籍听选例。敕科道官每日一人具折奏事。辛未，以宜兆熊为福州将军。赵之垣免，以李维钧为直隶巡抚。己卯，副将军阿喇衲奏罗卜脑儿回人投顺。

三月甲申，罢西藏防兵戍察木多。加隆科多、马齐、年羹尧太保。命督抚疏荐幕宾。封年羹尧三等公。壬辰，命故安和亲王岳乐之孙吴尔占、色亨图、经希及其子移居盛京，除属籍。

夏四月辛亥，大行梓宫奉安飨殿，命贝子胤禵留护。丙辰，命怡亲王胤祥总理户部，封其子弘昌为贝子。设乡、会试繙译科。乙丑，复置起居注官。封皇十七弟胤礼为果郡王。丁卯，初御乾清门听政。制诏训饬大学士、领侍卫内大臣、文武大臣凡三道。丙子，晋封淳郡王胤祐为亲王。敕总兵官具折言事。

五月庚辰，诏免云南入藏兵丁应补倒毙马匹。癸卯，御太和殿视朝。李维钧请以州县岁入弥补积亏。上曰："州县官令少从容，方可责之尽心兴举，岂可勒为他人补亏缺耶！"乙酉，敕理郡王弘皙移住郑家庄。丁酉，命尚书徐元梦署大学士。辛丑，仁寿皇太后崩，帝之生母也，奉安梓宫於宁寿宫。封贝子胤禵为恂郡王。

六月丁巳，以左世永为汉军都统。己未，加封孔子五世王爵。辛酉，命八旗无恒产者移居热河垦田。壬戌，青海郡王额尔得尼为罗卜藏丹津所破，率属来投，遣官抚之。

其侄噶尔丹达锡续来归附，命同居於苏油。壬申，敕李维钧："畿甸之内，旗民杂处，旗人暴横，颇苦小民。尔当整饬，不必避忌旗、汉形迹，畏惧王公勋戚，皆密奏以闻。"丙子，敕八旗人员有为本旗都统、本管王公刁难苛索者，许其控诉。

秋七月己卯，命侍郎常寿谕和罗卜藏丹津。乙酉，遣官赴盛京、江西、湖广粜米运京。己丑，诏免江西漕粮脚耗运费误追者。壬辰，改国语固山额真为固山昂邦，伊都额真为伊都章京。辛巳，停本年秋决。除绍兴惰民丐籍。颁行《孝经衍义》。壬寅，命隆科多、王顼龄监修《明史》，徐元梦、张廷玉为总裁。

八月丁巳，以杨琳为广东总督，孔毓珣为广西总督。甲子，召王大臣九卿面谕之曰："建储一事，理宜夙定。去年十一月之事，仓卒之间，一言而定。圣祖神圣，非朕所及。今朕亲写密封，缄置锦匣，藏於正大光明匾额之后，诸卿其识之。"庚午，常寿疏报行抵青海，谕和罗卜藏丹津，不从。诏年羹尧备兵。辛未，上谒陵。

九月丁丑朔，葬圣祖仁皇帝於景陵，孝恭皇后祔焉。是日，五色云见。己卯，上还京。辛巳，以郝玉麟为云南提督。壬午，以张廷玉为户部尚书，张伯行为礼部尚书。癸巳，以裕亲王保泰管镶黄旗事务。命纂修律例。丙申，以阿喇衲为蒙古都统。

冬十月戊申，敕授年羹尧抚远大将军，改延信为平逆将军。癸亥，罗卜藏丹津执我使臣常寿，笔帖式多尔济死之。癸酉，以阿尔松阿为礼部尚书，尹泰为左都御史。

十一月丁丑，赐于振等二百四十六人进士及第出身有差。戊寅，罗卜藏丹津入寇西宁，守备马有仁、参将宋可进败之於申中堡，贼遁。丙戌，年羹尧奏总兵杨尽信进剿番贼於庄浪椅子山，斩贼数百。得旨嘉奖。辛丑，冬至，祀天於圜丘，奉圣祖仁皇帝配享。

十二月丙午朔，以吴尔占等怨望，不准承袭安郡王，并撤所属佐领。辛酉，年羹尧奏贼人来犯，参将孙继宗击败之。安插洋人於澳门，改天主堂为公所，严禁入教。丁卯，册嫡妃那拉氏为皇后，封年氏为贵妃，钮祜禄氏为熹妃，耿氏为裕嫔。甲戌，祫祭太庙。

是岁，免直隶、江南等省四十九州县灾赋有差。朝鲜、琉球入贡。丁户二千五百三十二万六千二百七十，又永不加赋后滋生人丁四十八万五百五十七。田赋征银三千二十二万三千九百四十三两有奇。盐课银四百二十六万一千九百三十三两有奇。铸钱四十九万九千二百有奇。

二年甲辰春正月辛巳，祈谷於上帝，奉圣祖仁皇帝配享。诏大学士图海配享太庙。常寿自罗卜藏丹津处回，命监禁西安。丁亥，命岳钟琪为奋威将军，专征青海。丁酉，以高其佩为汉军都统。庚子，建孔子庙於归化城。

二月丙午，御制《圣谕广训》，颁行天下。戊午，岳钟琪兵至青海，擒阿尔布坦温布等三虏，收抚逃散部落。诏以青海军事将竣，策旺阿拉布坦恭顺，罢阿尔泰及乌兰古木兵。辛酉，诏临雍大典，改幸学为诣学。癸亥，上耕耤田，三推毕，复加一推。甲子，敕州县举老农，予顶戴。年羹尧奏凉庄道蒋洞剿平阿冈部落，加按察使衔。丙寅，高其倬奏中甸番夷就抚。庚午，上祈雨於黑龙潭。

三月乙亥朔，上诣太学释奠，御彝伦堂讲《尚书》、《大学》，广太学乡试中额。丁丑，祭历代帝王庙。庚辰，上谒陵。岳钟琪师抵贼巢，罗卜藏丹津遁，获其母阿尔泰喀屯，青海平。封年羹尧一等公，岳钟琪三等公，发帑金二十万犒军。乙酉，清明节，上诣景陵行敷土礼。丁亥，还宫。

夏四月丁未，以孔毓珣为两广总督，李绂为广西巡抚。庚戌，召王大臣训饬廉亲王胤禩，令其改行，并令王大臣察其善恶，据实奏闻。己巳，敦郡王胤䄉有罪，削爵拘禁。

闰四月丁丑，续修《会典》。丙戌，以嵇曾筠为河道副总督。丁酉，以苏丹为蒙古都统。癸未，青海叛虏阿尔布坦温布、吹拉克诺木齐、藏巴扎布械系至京，上御午门受俘。

五月癸卯朔，夏至，祭地於方泽，奉圣祖仁皇帝配享。贝勒阿布兰复降为辅国公。丙辰，贝子苏努坐廉亲王党削爵，并其子俱发右卫。辛酉，诏川、陕、湖广、云、贵督、抚、提、镇："朕闻各处土司，鲜知法纪，苛待属人，生杀任性。方今海宇乐利，而土民独切向隅，朕心不忍。宜严饬土司，勿得肆为残暴，以副朕子惠元元至意。"壬戌，以那敏为满洲都统。戊辰，贝子弘春削爵。

六月癸未，敕八旗勿擅殴死家人。乙酉，以青海平定，勒石太学。戊戌，上以阙里庙灾，致祭先师，遣官监修。降贝子胤祹为镇国公。李光复罢，以李永始为工部尚书。

秋七月丁巳，御制《朋党论》，颁示诸臣。壬戌，以丁寿为阿尔泰驻防将军。癸亥，副将军阿喇衲卒於军，上念其久劳於外，加予世职。

八月甲戌，命乡、会试回避士子一体考试，别派大臣阅取。壬午，停本年秋决。庚寅，以田文镜署河南巡抚。

九月辛丑朔，以阿尔泰军功予丁寿世职。停户部捐纳事例。甲寅，命山西丁银摊入地粮征收，其后各省以渐行之。

冬十月乙亥，赐陈惪华等二百九十九人进士及第出身有差。戊寅，封明裔朱之琏为一等侯，世奉明祀。癸未，诏京师建忠义祠。乙未，诏厄鲁特郡王额驸阿宝赐往青海游牧。设宁夏驻防。丙申，刑部尚书阿尔松阿以无心效力，夺职削爵，发往盛京，以其伯音德袭果毅公。暹罗国贡稻种果树。设直隶布政司、按察司，以巡抚李维钧为总督。庚子，以音德、夸岱俱为领侍卫内大臣。丁未，以苏丹为宁夏将军。

十一月庚戌，弘晟有罪削爵。乙卯，以绰奇为蒙古都统，噶尔弼为汉军都统。丁巳，高其倬奏官兵进剿仲苗，平之。辛酉，定称孝庄文皇后山陵为昭西陵。

十二月癸酉，命太学立进士题名碑。癸未，废太子胤礽薨，封理亲王，谥曰密。以绰奇为奉天将军。己丑，裕亲王保泰有罪削爵，以其弟子广宁袭封裕亲王。设湖南学政。戊戌，祫祭太庙。

是岁，免江南、浙江等省五十七州县卫灾赋有差。朝鲜、安南、暹罗入贡。

三年乙巳春正月癸丑，诏以固安官地二百顷为井田，遣八旗闲散受耕。壬戌，以蔡珽为左都御史。癸亥，以阿齐图为步军统领。

二月庚午，日月合璧，五星联珠。庚辰，上以三年服阕，行祫祭礼。丁亥，诏责年羹尧未能抚恤青海残部，倘有一二人逃入准噶尔者，必重罪之。乙未，鄂伦岱坐廉亲王党夺职削爵，发往盛京，以其弟夸岱袭一等公。丁酉，召廷臣宣示胤禟罪状，并及胤禩、胤䄉、胤禵。

三月丁未，以马 会伯为贵州提督。策旺阿拉布坦遣使入贡。设安徽学政。癸丑，大学士张鹏翮卒。礼部尚书张伯行卒。丁巳，蠲苏、松浮粮四十五万两。满保奏台湾生番七十四社归化。辛酉，年羹尧表贺日月合璧，五星联珠，将"朝乾夕惕"写作"夕惕朝乾"。诏切责之曰："年羹尧非粗心者，是直不以朝乾夕惕许朕耳。则年羹尧青海之功，亦在朕许与不许之间，未可知也。显系不敬，其明白回奏。"乙丑，叙总理王大臣、怡亲王胤祥予一子郡王，隆科多、马齐加予世职。廉亲王胤禩不与，并严诏训责之。

夏四月己卯，调年羹尧为杭州将军。以岳钟琪为川陕总督。遣学士众佛保、副都统查史往准噶尔定界。以董吉那为江宁将军。辛卯，以田从典为大学士。

五月癸亥，以左都御史尹泰为盛京礼部侍郎，兼理奉天府尹。

六月癸酉，诏年羹尧之子年富、年兴，隆科多之子玉柱俱褫职。乙亥，命上三旗世职及登城巴图鲁之子，二十以下，十四以上，拣选引见录用。削年羹尧太保，寻褫其一等公。

秋七月丁未，削隆科多太保。壬戌，大学士白潢罢，以高其位为大学士，张廷玉署大学士。命隆科多往阿兰善山修城。壬戌，杭州将军年羹尧黜为闲散旗员。癸亥，贝子胤禟有罪削爵。

八月辛未，李维钧以党年羹尧逮鞫，以李绂为直隶总督。壬辰，上驻圆明园。加怡亲王胤祥俸，果郡王胤礼护卫。

九月甲寅，以朱轼为大学士，改蔡珽为吏部尚书，仍管兵部、都察院事。丙辰，逮系年羹尧下刑部。

冬十月戊辰，命巡抚不与总督同城者，参劾属员，自行审结。丙子，封恒亲王胤祺子弘晊辅国公。庚寅，以杨名时为云贵总督，管巡抚事，鄂尔泰为云南巡抚，管总督事。

十一月庚子，上谒陵。戊申，还宫。癸亥，以噶尔弼为奉天将军。

十二月丁卯，降郡王胤禵为贝子。甲戌，廷臣议上年羹尧罪九十二款。得旨："年羹尧赐死，其子年富立斩，余子充军，免其父兄缘坐。"辛巳，汪景祺以谤讪处斩。癸未，以觉罗巴延德为天津水师营都统。壬辰，祫祭太庙。

是岁，免直隶、江苏、河南、浙江、广东等省二十七州县灾赋有差。朝鲜、琉球、西洋国入贡。

四年丙午春正月甲午，上御太和殿受朝贺。朝正外藩，依先朝例，赉予银币。丁酉，宣诏罪状皇九弟胤禟。戊戌，集廷臣宣诏罪状皇八弟胤禩，易亲王为民王，褫黄带，绝属籍，革其妇乌雅氏 福 晋 ，逐回母家，复革民王，拘禁宗人府，敕令易名，名曰阿其那，名其子弘旺曰菩萨保。甲寅，削隆科多职，仍令赴鄂罗斯议界。乙卯，赠故尚书顾八代太傅，谥文端，上之授读师也。

二月甲子，以孙柱为吏部尚书，兼管兵部。以法海为兵部尚书，福敏为左都御史。贝子鲁宾、镇国公永谦俱以议胤禩狱依违削爵，寻起鲁宾为辅国公。大学士朱轼有母丧，赐白金四千庀葬事。乙酉，简亲王雅尔江阿削爵，以其弟神保住袭封。庚寅，以张廷玉为大学士，蒋廷锡为户部尚书，以申穆德为右卫将军。

三月丁丑，命丁寿屯兵特斯，备策旺阿拉布坦。壬戌，侍讲钱名世投诗年羹尧事发，革去职衔，上亲书"名教罪人"四字悬其门，并令文臣作为文诗刺恶之。

夏四月己卯，以范时绎为两江总督。

五月癸巳，禁锢皇十四弟胤禵及其子白起于寿皇殿侧，以子白敦为镇国公。诛鄂伦岱、阿尔松阿于戍所。乙巳，改胤禟名为塞思黑，拘于保定。己酉，命顺承郡王锡保食亲王俸。封皇十五弟胤禑为贝勒，皇二十弟胤祎为贝子。

六月癸亥，以辅国公巴赛为振武将军，备边。乙丑，以查弼纳为兵部尚书。

秋七月癸巳，释回军前御史陶彝等十三人。辛亥，命蔡珽专管都统。以查弼纳、杨名时为吏部尚书。平郡王纳尔素有罪削爵，以其子福彭袭封。

八月丙寅，停本年秋决。丁亥，李绂奏塞思黑卒于保定。

九月壬辰，以宜兆熊为湖广总督，寻命福敏代之。以蔡良为福州将军。贝子满都护降为辅国公，撤出佐领。丁酉，辅国公阿布兰以违例谢恩削爵，撤出佐领。戊戌，重九节，上御乾清宫，赐宴廷臣，赋柏梁体诗。己亥，锡保奏阿其那卒于禁所。癸丑，起复大学士朱轼在内阁行走。乙卯，侍郎查嗣庭以谤讪下狱。

冬十月甲子，设浙江观风整俗使。命乡试《五经》取中之副榜及两次取中副榜，准作举人。戊辰，诏廷臣："皇考临御六十余年，躬节行俭。宫 廷地毯用至三四十年，犹然整洁。服御之物，一惟质朴，绝少珍奇。昨检点旧器，及取回避暑山庄陈设，思慕盛德，实无终已。用特书此，以诏我子孙。"辛巳，裕亲王广宁削爵，永锢宗人府。甲申，以普雄苗地，界连川、滇，命川陕总督移驻成都。以鄂尔泰为云贵总督，宪德为湖北巡抚。丙戌，琉球国谢赐匾额，贡方物。

十一月己亥，大学士高其位罢。壬子，叙富宁安久戍功，封一等侯。乙卯，诏浙江士习敝坏，工为怀挟，停其乡会试。

十二月庚申，王大臣请将阿其那、塞思黑妻子正法。谕曰："阿其那、塞思黑虽大逆不道，而反叛事迹未彰，免其缘坐。塞思黑之妻逐回母家禁锢。其余眷属，交内务府养赡。"辛酉，命河南、陕西、四川均摊丁银入地并征。乙丑，御史谢济世疏劾田文镜十罪，诏褫职遣戍。壬申，鄂尔泰奏剿办仲苗就抚者二十一寨，查出熟地荒地三万余亩。壬午，以李绂为工部右侍郎，以宜兆熊为直隶总督，刘师恕协办，以毛文铨为京口将军。丙戌，祫祭太庙。

是岁，免直隶、山东、安徽、江西、湖广等省六十三州县卫灾赋有差。朝鲜、琉球、苏禄入贡。

五年丁未春正月戊子朔，时享太庙。壬寅，赦年羹尧之子之戍边者。甲辰，王大臣奏黄河清，请朝贺，上不许。加文武官一级。敕八旗交纳铜器，三年限满，隐匿者罪之。乙巳，以孙柱署大学士。丙辰，以沈近思为左都御史兼吏部侍郎。

二月丁卯，上谒陵。甲辰，广州驻防兵丁滋事，将军李杕以徇庇论死。甲戌，上还京。甲申，上御经筵。丙戌，命李绂往广西擒捕逸犯罗文纲。文纲自投来归。

三月庚寅，敕本年会试於三月举行，给与姜汤木炭。以广禄袭裕亲王。戊戌，上宣示蔡珽罪状，下刑部拘讯。辛丑，开闽省洋禁。丙午，鄂罗斯察罕汗遣使臣萨瓦表贺登极，进贡方物，赏赉如例。内大臣马武卒。大学士高其位卒。

闰三月乙丑，拣选下第举人，分发直省，以州县用。戊辰，以宜兆熊为吏部尚书，迈柱为湖广总督。癸酉，乌蒙、镇雄两土府改设流官。己卯，以觉罗伊礼布为奉天将军，常寿为江宁将军。丙戌，弘昇有罪削爵。

夏四月戊子，吐鲁番回酋请进贡，不许，为已撤兵，又以其地许策旺阿拉布坦也。以福敏为吏部尚书，黄国材署兵部尚书。辛卯，赐彭启丰等二百二十六人进士及第出身有差。癸巳，命州县会学官举优行生。乙巳，设宗室御史二员。

五月戊午，以拉锡为满洲都统。查嗣庭死於狱，戮其尸。乙亥，叙乌蒙、镇雄功，予鄂尔泰世职。

六月庚子，移盛京副都统一员驻锦州，设熊岳副都统。封诚亲王胤祉子弘景为镇国公。隆科多以罪削爵，以其弟庆复袭一等公。

秋七月乙卯，以富宁安为汉军都统。己未，李永绍罢，以黄国材为工部尚书。加田文镜尚书，为河南总督。己巳，以夸岱为工部尚书。丙子，晋封辅国公弘晊、鄂齐、熙良为镇国公。已革贝勒苏努涂抹圣祖硃谕，经王、大臣、刑部参奏。得旨："苏努怙恶不悛，竟令其子苏尔金、库尔陈、乌尔陈信从西洋之教。谕令悛改，伊竟抗称：'愿甘正法，不能改教。'今又查出昔年圣祖硃批奏折，敢於狂书涂抹，见者发指。即应照大逆律概行正法。但伊子孙多至四十人，悉行正法，则有所不忍。倘分别去留，又何从分别。暂免其死，仍照前禁锢。"

八月己丑，上御经筵。庚寅，赖都罢，以常寿为礼部尚书。癸卯，追封故平南大将军赖塔为一等公，其孙博尔屯袭。乙巳，喀尔喀郡王额驸策凌与鄂罗斯使臣萨瓦定界，以恰克图为贸易之所，理藩院派员管理。

九月丙寅，定官员顶戴之制。以孙柱为大学士，查弼纳为兵部尚书。己巳，鄂尔泰奏花苗内附，剿办蒗蕖，平之，威远倮苗内附。戊寅，刑部议上蔡珽狱，大罪十八，应立斩，妻子入辛者库。得旨，改监候。

冬十月乙酉，命科道及吏部司官不必专用科目。丁亥，王大臣会审隆科多狱上，大罪五十，应斩立决，妻子入辛者库，财产入官。得旨，隆科多著禁锢。以博尔屯为蒙古都统。

十一月癸丑，命查郎阿、迈禄备边。丁巳，加浙江巡抚李卫为总督。丁卯，复鳌拜一等公，令其孙达福袭。敕修执中成宪。戊辰，鄂尔泰奏贵州长寨后路克猛等一百八十四寨生苗内附。乙亥，守护景陵大学士萧永藻坐失察公衔广善越分请安，褫职，仍依前守陵。庚辰，遣官清丈四川地亩。顺承郡王锡保以徇庇延信夺亲王俸，仍停郡王俸三年。

十二月壬午朔，以那苏图为黑龙江将军。乙酉，命直省学政每六年拔取生员一次。王大臣审拟贝勒延信大罪二十，应斩决。得旨，延信免死，与隆科多一处监禁。辛丑，范时绎奏太仓州属之七浦士民愿自行修浚。上不许，曰："民间之生计，即国计也。国用不敷之时，不得不藉资民力。方今国用充裕，仍发帑银给之。"戊戌，左都御史沈近思卒。壬寅，以唐执玉为左都御史。庚戌，祫祭太庙。

是岁，免直隶、江苏、江西、浙江、福建、湖广、广东等省三十四州县灾赋有差。朝鲜、鄂罗斯入贡。

六年戊申春正月己未，高其倬疏陈闽省械斗情形。得旨："此等处须鼓舞属员实心尽力，方能有济。设遇一二有为者，甫欲整理，辄目为多事。属员窥见其隐，谁肯任怨向前。须知其难而终任之，二三年后始有成效也。"乙丑，晋封贝勒球琳为惠郡王，镇国公弘春为贝子。己卯，命杭奕禄、任兰枝使安南。

二月丙戌，晋封果郡王胤礼为亲王。癸巳，上御经筵。庚子，以来文为江宁将军。壬寅，赐归流永顺土司彭肇槐世职，并白金万两。庚戌，以嵇曾筠为兵部尚书，仍办河工。

三月丁巳，大学士田从典罢，以蒋廷锡为大学士。庚午，以进藏官兵驻扎西宁，命巡抚杭奕禄督之。

夏四月甲申，以陈泰为满洲都统。予告大学士田从典卒。癸卯，以查郎阿、稽曾筠为吏部尚书。壬寅，诏："地方官私征耗羡，难以裁革。惟在督抚审慎用之，不可以归公。若归公，则地方官又重复取民矣。"

五月癸丑，以郭鉷为广西巡抚。鄂尔泰奏剿办东川逆苗禄天祐、禄世豪，平之。壬戌，诏："八法内年老一条，义有未尽。凡年老而能办事者，勿入八法。"丁卯，削富宁安侯爵，仍为大学士。命马尔赛在大学士内办事。乙亥，以田文镜为河东总督，兼辖山东。以耿化祚为汉军都统。

六月庚辰，诏六部员外郎、主事作为公缺，勿庸按旗升转。癸未，置先贤仲弓后裔《五经》博士。丙戌，以蔡良为广州将军，石礼哈为福州将军，尹继善协办江南河工。癸巳，以张广泗为贵州巡抚，岳濬署山东巡抚。己亥，诚亲王胤祉有罪降郡王，拘其子弘晟於宗人府。封理密亲王子弘曣为辅国公。

秋七月辛亥，命李卫兼理江苏缉捕。戊午，鄂尔泰奏遣兵剿平川境米贴逆苗。命以其事属四川提督黄廷桂。辛酉，岳钟琪奏颇罗鼐兵至西藏，喇嘛擒献阿尔布巴、隆布奈、扎尔鼐等，西藏平。戊辰，以纪成斌为固原提督。壬申，大学士富宁安卒。赐故大学士宁完我三世孙宁兰骁骑校，房一所，银五百，四世孙宁邦玺拜唐阿。

八月甲申，上御经筵。以尹继善署江苏巡抚。乙酉，改湖广桑植、保靖二土司为流官。以马尔赛为大学士。甲午，以祖秉衡为京口将军。丁未，诏复浙江乡会试。

九月癸丑，命八旗勋旧子孙有犯法亏帑者，察实以闻。汉员中阵亡尽节及居官清正之子孙，同此察报。天津水师营都统公鄂齐以失察兵丁伤官削爵，降三等侍卫。丁卯，查郎阿奏领兵至藏，会同副都统马喇、学士僧格讯明逆首阿尔布巴等，立时正法，余众处置讫。

冬十月丁亥，以鄂尔泰剿平广西八达寨逆苗，兼督云、贵、广西三省，发帑银十万犒滇、黔兵。辛卯，发内帑九十四万代西征军士赔偿追款。以石文焯为礼部尚书，路振扬为兵部尚书。乙未，岳钟琪奏建昌喇汝窝番贼作乱，讨平之。诏："湖广土司甚多，供职输将，与流官无异，该督抚勿得轻议改流。"以蔡仕舢为浙江观风整俗使。癸巳，谕停诸王管理旗务。

十一月丙辰，设咸安宫官学，包衣子弟肄业。庚申，停本年决囚。戊辰，江西巡抚布兰泰以不职免。添设钦天监西洋人监副一。

十二月甲午，免四川崇庆州七年额赋。丙申，《大清律集解附例》成。丁酉，以定藏功封颇罗鼐为贝子，理后藏事，拣选噶隆二人理前藏事，赏其兵丁银三万两。庚子，命侍郎王玑、彭维新往江南清查逋赋。甲辰，祫祭太庙。

是岁，免直隶、江南、陕西、四川等省二十六州县灾赋有差。朝鲜入贡。

七年己酉春正月辛亥，鄂尔泰奏万寿节日，云南庆云见。命宣付史馆。丁巳，命陈元龙、尹泰为大学士。壬申，复蒙古恩格德尔侯爵为三等公，以其曾孙噶尔萨袭。蒙古二等伯明安晋封一等侯，令其孙马兰泰袭。都统伯四格有罪监禁，上念其祖莽固尔岱之功，释之。癸酉，命侍郎法保等察修直隶至江南大道。

二月丁丑，命出征官兵行粮外仍给坐粮。以尹继善为河道总督。戊寅，以多索礼为奉天将军。甲申，上谒陵。庚寅，还京。设直隶巡农御史。己亥，命怡亲王等查八旗世职有以绝嗣除爵者，许以族人绍封。乙未，上御经筵。以李杕为汉军都统。蠲浙江本年额赋六十万两。

三月乙巳朔，以孔毓珂为江南河道总督，郝玉麟为广东总督。岳钟琪奏剿平雷波叛苗一百余寨。戊申，鄂尔泰奏剿平丹江、九股等处生苗。蠲河南本年额赋四十万两。辛亥，以嵇曾筠为河南、山东总督。丙申，上以准噶尔噶尔丹策零稔恶藏奸，终为边患，命傅尔丹为靖边大将军，北路出师，岳钟琪为宁远大将军，西路出师，征讨准噶尔。甲子，以鄂善、莽鹄立俱为蒙古都统。辛酉，诏公巴赛为副将军，顺承郡王锡保为振武将军，陈泰、衮泰、石礼哈、岱豪、达福、海兰为参赞，旗兵六千，三省兵八千，蒙古兵八百，归北路，驻扎阿尔泰；总兵官魏麟、闪文绣领车骑营兵八千，赴西路布尔库。

夏四月甲午，以查郎阿署川陕总督，史贻直署福建总督。敕建云、雨、风、雷坛庙。四川天全土司改流设州。高其倬劾海澄公黄应缵行贿承袭，应革职衔。诏宽免之。

五月戊午，湖南保靖、桑植、永顺三土司改流设府县。甲子，令漕船顺带商货，於旧例六十石外，许至百石。乙丑，先是，岳钟琪疏言有湖南人张熙投递逆书，讯由其师曾静所使。命提曾静、张熙至京。九卿会讯，曾静供因读已故吕留良所著书，陷溺狂悖。至是，明诏斥责吕留良，并令中外臣工议罪。

六月己卯，以唐执玉署直隶总督。乙酉，以甘肃、四川、云南、贵州、广西转输劳费，免庚戌全年额赋，陕西免十分之三。

秋七月丙午，贵州都匀生苗及侬、仲生苗内附。甲寅，以果亲王胤礼管工部，庄亲王胤禄管满洲都统。己巳，减暹罗国贡赋。

闰七月乙酉，以阿里衮为杭州将军。

八月癸卯，以王钛为京口将军。己酉，上御经筵。

九月戊子，改广西镇安为流。

冬十月庚戌，赐汉大臣子蒋溥等十三人举人。甲子，诏曰："江南清查逋赋一案，历降谕旨甚明，重在分别官侵民欠。乃派往之员办理不善，有以绅衿带征之项指为官侵者，有吏书侵蚀之项议令富户摊赔者。又有将带征钱粮加增火耗者，甚且以停徵之项概令征收者。惠民之政，转而扰民，岂非司其事者之咎乎？其恪遵前旨妥办。倘再犯诸弊，从重治罪。"戊辰，以内外诸臣勤慎奉职，加怡亲王仪仗一倍，张廷玉少保，蒋廷锡太子太傅，励廷仪太子少傅，傅尔丹、岳钟琪、鄂尔泰俱少保，田文镜太子太保，李卫、查郎阿、席伯俱太子少保。

十一月甲戌，发帑金百万两修高家堰石工。以马会伯为兵部尚书，仍留军前。戊寅，免功臣子孙施世骅等赃银五十余万，以内库银拨补，其应得遣戍、监追、籍没及妻子入官等罪，咸赦除之。戊子，停本年决囚。

十二月戊申，设广东观风整俗使及肇高学政。戊辰，祫祭太庙。

是岁，免江南、江西、浙江、福建、湖南、云南、甘肃等省二十四州县灾赋有差。朝鲜、琉球入贡。

八年庚戌春正月丁丑，以总理陵寝事务领侍卫内大臣尚崇廙为盛京五部尚书。以那苏图为奉天将军，常德为宁古塔将军，卓尔海为黑龙江将军。以庆复为汉军都统。甲午，景陵瑞芝生。丁酉，唐执玉奏正月二十日凤凰见於房山。得旨："此事已据府尹孙家淦奏报。又据尚崇廙报称天台山中见一神鸟，高五六尺，毛羽如锦，群鸟环绕，向北飞去。朕躬德薄，未足致此上瑞。"发国子监膏火银六千两，岁以为常。

二月庚子朔，定外戚锡爵曰承恩公。甲辰，上御经筵。己酉，复赖士公爵。丁巳，复诚郡王胤祉为诚亲王，贝勒胤禑为愉郡王，贝子胤祎为贝勒，皇二十一弟胤禧、皇二十二弟胤祜为贝子，皇二十三弟胤祁为镇国公。戊辰，南掌国遣使来贡，请定贡期。上优诏答之，命五年一贡。

三月丁亥，命张廷玉、蒋廷锡管理三库事务。甲午，以史贻直署两江总督，颁行圣祖御纂《书经传说》，上制序文。

夏四月，淳亲王胤祐薨，谥曰度，以子弘暻袭郡王。癸卯，赐周澍等三百九十九人进士及第出身有差。丁未，定大学士为正一品，左都御史为从一品。癸亥，以嵇曾筠署江南河道总督，田文镜兼理东河总督。

五月辛未，怡亲王胤祥薨，上痛悼之，亲临其丧，谥曰贤，配享太庙。丁丑，噶尔丹策零遣使通问。命暂缓师期，召傅尔丹、岳钟琪来京。移高其倬为两江总督，刘世明为福建总督。壬午，上再临怡贤亲王丧。诏曰："朕诸兄弟之名，皆皇考所赐。即位之初，胤祉援例陈请更改上一字，奏明母后，勉强行之。今怡亲王薨逝，王名仍书原字，志朕思念。"辛卯，先是，诚亲王胤祉会怡贤亲王之丧，迟到早散，面无戚容，交宗人府议处。至是，议上，请削爵正法。得旨，削爵拘禁。癸巳，以岳超龙为湖广提督。乙未，晋封贝子胤禧为贝勒，理郡王弘晳为亲王，公弘景为贝子。复胤祹郡王。

六月戊戌朔，日有食之。壬寅，赐怡贤亲王"忠敬诚直勤慎廉明"八字加於谥上。戊申，鄂尔泰奏黎平、都匀生苗内附。癸亥，马会伯免，以唐执玉为兵部尚书，史贻直为左都御史。

秋七月戊寅，命建贤良祠。壬辰，遣官赈江南、湖南、直隶、山东等处被水灾民。癸巳，命巡抚班次在副都统之上。

八月丙午，以山东被水较重，特免通省漕粮。辛亥，命怡贤亲王子弘晓袭封亲王，弘晈别封郡王，均世袭。乙卯，京师地震。康亲王崇安停管宗人府事，以裕亲王广禄管宗人府。

九月丁卯，以京师地震，赐百官半俸，赐八旗银各三万两。乙酉，以高其倬相视太平峪吉地，予世职。辛卯，鄂尔泰奏猛弄白氏、孟连、怒子内附。

冬十月庚子，再定百官帽顶，一品官珊瑚顶，二品官起花珊瑚顶，三品官蓝色明玻璃顶，四品官青金石顶，五品官水晶顶，六品官砗磲顶，七品官素金顶，八品官起花金顶，九品、未入流起花银顶。辛亥，命查弼纳为副将军，往北路军营。壬子，鄂尔泰奏恢复乌蒙府城，苗党平。甲寅，以马尔赛、张廷玉、蒋廷锡久参机务，各予伯爵世袭。阙里文庙成，命皇五子弘昼、淳郡王弘暻前往告祭。

十一月己巳，设孔庙执事官。乙亥，命各省落地税、契税勿苛索求盈。丙子，明诏申饬汉军勋裔获咎大员范时绎、尚崇廙、李永陞等。戊子，敕各省解部银两，留其半以充公用。

十二月丁酉，命傅尔丹、岳钟琪各回本军。乙卯，纪成斌奏准噶尔贼众犯阔舍图卡伦，总兵樊廷击败之。予樊廷世职，银一万两。其张朝佐等并予世职，赏银有差。

是岁，免直隶、江南、山西、湖南、贵州等省十八州县卫灾赋。又免直隶、江南、山东、河南漕粮各有差。朝鲜、安南、南掌入贡。

九年辛亥春正月庚寅，诏拨扬州盐义仓积谷二十万石，加赈上年邳、宿被水灾民。

二月乙未，愉郡王胤禑薨，谥曰恪，子弘庆袭郡王。拨通仓米十五万石，奉天米二十万石，采买米五万石，运往山东备赈。戊戌，命常赉为镇安将军，率甘、凉兵驻安西。戊午，以田文镜年老多病，命侍郎王国栋前往河南赈济被水灾民。壬戌，专设四川总督，以黄廷桂补授。

三月乙酉，以三泰为礼部尚书，鄂尔奇为左都御史。戊子，命拣选八旗家人二千，以伊礼布统之，为西路副将军。

夏四月庚子，命史贻直、杭奕禄前往陕西宣谕化导。丙辰，鄂弥达奏琼山、儋州生黎内附。

五月甲子，以石云倬为西路副将军。命赵之垣、马龙督运西路粮饷。

六月丙午，傅尔丹奏准噶尔入寇扎克赛河，率兵迎击。辛亥，岳钟琪奏准噶尔犯吐鲁番，率兵赴援，贼遁，留兵屯戍。甲寅，上祈雨，是日，雨。

秋七月丁卯，召鄂尔泰来京。以高其倬为云贵总督，尹继善为两江总督。己巳，黄廷桂奏瞻对番贼作乱，遣兵剿平之。癸酉，傅尔丹奏官兵进击准噶尔不利，退至科布多。是役也，轻进中伏，傅尔丹弃大军先退，至於大败。副将军查弼纳、公巴赛、参赞公达福等均死之。甲戌，命马尔赛为抚远大将军，敕锡保固守察罕瘦尔。岳钟琪奏督兵进乌鲁木齐。

八月己亥，以鄂弥达为青州将军。丙午，移科布多兵驻察罕瘦尔。己酉，晋封锡保为顺承亲王。甲寅，岳钟琪奏兵至纳邻河，距乌鲁木齐二日程，探知贼遁，大兵即旋。命从优议叙。

九月乙亥，命康亲王崇安前往军营，给备装银万两。戊子，以刘於义为直隶总督，沈廷玉为直隶河道总督，朱藻为河东河道总督。己巳，皇后那拉氏崩，册谥曰孝敬皇后。

冬十月丙午，钱以垲乞休，以魏廷珍为礼部尚书。准噶尔入寇克鲁伦，侵掠游牧，亲王丹津多尔济、额驸郡王策凌合兵击之，擒斩无算。上嘉之，各赐银万两，晋策凌为亲王。

十一月癸亥，命顺承亲王锡保为靖边大将军，降傅尔丹为振武将军，降马尔赛为绥远将军。命康亲王崇安摄抚远大将军。乙丑，以史贻直为兵部尚书，彭维新为左都御史。

十二月庚寅朔，日有食之。己酉，《圣祖实录》、《圣训》告成。甲寅，以马士杰署广州将军，准泰署福州将军。丁巳，祫祭太庙。

是岁，免直隶、江南、河南、福建、陕西、湖南、广西、甘肃等省九十三州县卫灾赋有差。朝鲜、琉球入贡。

十年壬寅春正月癸亥，孟春享太庙，皇四子弘历行礼。壬午，命鄂尔泰为大学士。甲申，以军前统领达尔济为建勋将军，驻兵白格尔。

二月，以王朝恩为直隶河道总督，魏廷珍为漕运总督。己亥，封鄂尔泰一等伯，世袭。庚子，岳钟琪奏准噶尔犯哈密，遣总兵曹勷往援，败之，贼由无克克岭遁。副将军石云倬坐不遮击，逮问。癸丑，以张广泗为西路副将军，刘世明参军事。

三月丁丑，大学士等疏劾岳钟琪奏报不实，情词互异。下部严议。

夏四月辛卯，置贵州古州镇、清江镇总兵各一员。乙巳，以海寿为户部尚书，性桂为刑部尚书。降三等公岳钟琪为三等侯，仍护大将军。丙午，以张大有为礼部尚书，范时绎为工部尚书。乙卯，诏修云南嵩明州、寻甸州水利。

五月戊辰，以武格为扬武将军，刘世明副之。

闰五月甲辰，恒亲王胤祺薨，谥曰温，子弘晊袭恒亲王。原诚亲王胤祉卒於景山禁所，赐银五千两，照郡王例殡葬。吏部尚书励廷仪卒。庚戌，台湾北路西番滋事，官兵讨平之。癸丑，以李卫署刑部尚书。

六月丙辰，以莽鹄立为汉军都统。壬申，高其倬奏云南思茅土夷勾结元江夷人寇普洱郡城，遣总兵董芳率兵剿之。辛巳，办理军机大臣议奏恤赠战殁喀尔喀台吉策勒克辅国公，其子密什克袭。军机大臣之设始於此。

秋七月丙戌，马喇免，以武格为工部尚书。丁亥，山东钜野牛产瑞麟。己丑，赐顾八代子孙银一万两。丁酉，命鄂尔泰经略军务。召岳钟琪来京。以刘於义为陕西总督，李卫为直隶总督。辛丑，准噶尔入犯乌孙珠尔，傅尔丹迎击失利，下大将军锡保核败状以闻。乙巳，大学士蒋廷锡卒。己酉，以福敏协理大学士，唐执玉兼理刑部尚书。

八月丙辰，复恭亲王之子海善贝勒原衔。庚午，西藏边外巴尔布国雅木布、叶楞、库库穆三汗遣使进贡，优敕答之。壬申，北路副将军亲王丹津多尔济、额驸亲王策凌奏追击准夷至额尔得尼招，杀贼万余，贼向推河遁去。甲申，拨帑银二百万两解赴北路军前备赏。

九月乙酉朔，论击准夷功，加丹津多尔济智勇名号，加策凌超勇名号，封其子车布登扎布为辅国公，余升授有差。以马尔赛纵贼失机，褫爵职处斩。己酉，削傅尔丹爵职。

冬十月壬戌，停本年决囚。削岳钟琪爵职，逮京交兵部拘禁。

十一月丙戌，以常德为靖边左副将军。乙未，封吐鲁番额敏和卓为辅国公。赐七世同居湖南沅江县生员谯衿御书匾额。

十二月乙卯，赐恤北路阵亡诸臣查弼纳、马尔萨、海兰、达福等有差。侍郎孙嘉淦有罪论死，命在银库处行走。乙丑，治吕留良罪，与吕葆中、严鸿逵俱戮尸，斩吕毅中、沈在宽，其孙发边远为奴，朱羽采等释放。丙寅，武格以造言撤兵，逮问。辛巳，祫祭太庙。

是岁，免直隶、江南、山东、湖南等省七十五州县灾赋有差。丁户二千五百四十一万二千二百八十九，永不加赋后滋生人丁九十三万六千四百八十六。田地八十九万四百十六顷四十亩，征银二千九百八十七万二千三百三十二两六钱。茶三十四万二千三百五十一引。盐课银三百九十八万八千八百五十一两。铸钱六万八千四百三十六万二千有奇。朝鲜、巴尔布国入贡。

十一年癸丑春正月戊子，命海望、李卫察勘浙江海塘。修范公隄。壬辰，颁直省书院膏火银各千两。以高其倬为两江总督，尹继善为云贵总督。庚子，命鄂尔泰巡阅北路军务。丁未，上谒陵。

二月壬子，上见沿道安设水缸，蓄水洒道。上谕之曰："跸路所经，虽有微尘河碍。地方官当以牧养生民为重。若移奉上之心以抚百姓，岂不善乎？"癸丑，上还京。丙辰，以保明、查尔泰、伊勒慎俱为满洲都统。己未，上御经筵。封皇二十四弟胤祕为诚亲王，皇四子弘历为宝亲王，皇五子弘昼为和亲王。贝勒弘春晋封泰郡王。壬戌，命彭维新协办内阁。以吴士玉为礼部尚书，涂天相为左都御史。

夏四月壬子，特赐任启运翰林，在阿哥书房行走。癸丑，赐陈倓等三百二十八人进士及第出身有差。乙卯，以嵇曾筠为大学士，仍管河督。以刘於义为吏部尚书，涂天相为刑部尚书，张照为左都御史。己未，征举博学鸿词。

五月甲申，高其倬奏普思苗人刁兴国叛，讨平之。命编修张若霭，庶吉士鄂容安、鄂伦俱在办理军机处行走。乙未，命额驸策凌为靖边左副将军，常德副之，塔尔岱为靖边右副将军，永福副之，同戍科布多。续修《会典》成。壬寅，黑龙江将军杜赉奏海岛特门、奇图山等处绰敏六姓内附，岁贡貂皮。己酉，诛前提督纪成斌。

六月戊午，苏禄国王臣毋汉未毋拉律林奏伊远祖东王于明永乐年间来朝，归至山东德州病殁。长子归国嗣王，次子安都禄，三子温哈喇留守坟墓。其子孙分为安、温二姓，岁领额设祭祀银八两，请以其后裔为奉祀生。从之。戊寅，哈元生奏讨平九股逆苗。

秋七月乙酉，大学士陈元龙以年逾八旬乞休，加太子太傅致仕。李徽以越职言事褫职。裁湖南观风整俗使。戊子，顺承亲王锡保削爵，子熙良仍袭郡王。以平郡王福彭为定边大将军。降亲王丹津多尔济为郡王，撤去勇号。

八月丁卯，以顾琮为直隶河道总督，赵弘恩为两江总督，高其倬为江苏巡抚。己巳，置顺天府四路捕盗同知。

九月辛丑，鄂尔奇革职查讯。以庆復为户部尚书，鄂长署步军统领。

冬十月辛酉，以扣娄为蒙古都统，忠达公马礼善为刑部尚书。

十一月甲辰，命果毅公讷亲在办理军机处行走。

十二月戊午，诏曰："前鄂弥达条奏台湾建城。郝玉麟奏称台湾莰竹，栽植可以成城。台湾变乱，率自内生。贼匪无城可踞，乃易荡平。惟鹿耳门为台郡门户，于此建筑炮台，足资备御。栽植莰竹，相为藩篱。其淡水等处炮台，并应建造，以时增修。"己未，以史贻直为户部尚书，张照为刑部尚书，徐本为左都御史。壬戌，以高斌为江南河道总督。丙子，祫祭太庙。

是岁，免直隶、江苏、安徽、江西、山东等省二十九州县卫灾赋，又免江苏盐场二十五引盐课各有差。朝鲜、安南、苏禄入贡。

十二年甲寅春正月辛丑，平郡王福彭进马五百匹，解军备用。壬寅，侍郎查克旦办理车臣汗部落诸务得宜，加尚书衔，赐银五千两，入官房地人口给还。

二月癸丑，上御经筵。己未，晋封贝子胤祐为贝勒。乙丑，命侍读春山、给事中李学裕册封安南国王。壬申，命额驸策凌总理前敌军务。癸酉，元展成奏坡东、坡西苗寨一百六十内附。旌广东兴宁县老民幸登运年一百二岁，其子五人，各七八十岁，一门眉寿，加赐上用缎一匹。

三月丁丑，工部尚书范时绎免。戊戌，河南学政俞鸿图以婪赃处斩，其父侍郎俞兆晟褫职。尹继善奏剿平普思叛苗，招抚投诚人众。得旨："凡事懈於垂成，忽於既定。勉之。"

夏四月丁未，湖广容美土司田民如有罪革退，改土归流。康亲王崇安薨，以伊叔巴尔图袭爵，封其子永恩为贝勒。庚午，禁广东象牙席，并禁民间购用。

五月己卯，施南宣抚司改设流官。癸巳，以李禧为汉军都统。乙未，以准噶尔使来，停止进兵。己亥，命内务府总管来保前赴车臣汗部，协同查克旦办事。

六月丁未，湖广忠峝等十五土司改设流官。

秋七月癸巳，命果亲王胤礼经理达赖喇嘛驻藏，并至直隶、山西、陕西、四川阅兵。诏西北二路用兵年久，或乘此兵力直进贼境，或遣使往彼谕以利害，廷臣集议以闻。康亲王巴尔图等一议进兵，大学士张廷玉等一议遣使。上乃宣示用兵始末，从后议遣使。

八月丙午，遣傅鼐、阿克敦往准噶尔宣谕。壬戌，降贝子胤祎为公，泰郡王弘春降为贝子。

九月甲申，命侍郎吕耀曾、卿德福往贵州宣谕苗蛮。命云南开炉鼓铸。

冬十月丙午，果亲王胤礼疏言："臣工条奏，宜据实敷陈，不当摭拾塞责。"得旨："所言甚是，晓谕轮班条奏官知之。"丁未，以鄂弥达署天津都统，阿里衮为青州将军，傅森为杭州将军。戊午，以郝玉麟为浙闽总督。以三泰、徐本俱协办内阁事。己巳，景陵瑞芝生。

十一月壬申朔，前直郡王胤禔卒，命照贝子治丧，封其子弘昉为镇国公。丙寅，敕续修《皇清文颖》。壬午，特诏福建漳、泉二府，化其强悍，勿再聚族械斗。戊子，封理密亲王子弘晀为辅国公。

十二月癸丑朔，敕广西仍归广东总督兼辖。丁巳，以魏廷珍为兵部尚书，顾琮为漕运总督，朱藻为直隶河道总督，白钟山为河东河道总督，高斌为江南河道总督。庚午，祫祭太庙。

是岁，免直隶、安徽等省十四州县灾赋，又直隶盐场十四引盐课各有差。朝鲜、琉球入贡。

十三年乙卯春正月己丑，以觉罗柏修为盛京将军，那苏图为黑龙江将军，赫星为宁夏将军。

二月己酉，上御经筵。庚戌，以魏廷珍为礼部尚书。癸丑，上谒陵。己未，还京。甲子，以巴泰协办大学士。

三月丁巳，上亲耕耤田。戊子，诏曰："地方编立保甲，必须俯顺舆情，徐为劝导。若过於严急，则善良受累矣。为政以得人为要，不得其人，虽良法美意，徒美观听，於民无济也。"

夏四月乙巳，圣祖《文集》刊成，颁赐廷臣。丁巳，停止广东开采。

闰四月丁酉，准噶尔遣使臣纳木喀赉表进贡。敕令定界。己亥，建先蚕坛於北郊。

五月戊申，给三姓八旗兵丁饷银。丁巳，以贵州古州、台拱逆苗滋事，命哈元生为扬威将军，统领四省官兵讨之。甲子，命果亲王、皇四子、皇五子，大学士鄂尔泰、张廷玉等办苗疆事务。工部尚书巴泰褫职。命刑部尚书张照、副都御史德希寿稽勘苗疆事务。丁卯，哈元生奏剿办逆苗，黄平、施秉悉平。

六月乙亥，敕户部清查各省耗羡。癸未，以查克旦为工部尚书。甲申，准土司由生员出身者一体应试。辛卯，减各省进献方物。吕宋国饥，请粜。许之。丙申，命董芳为副将军，协剿苗匪。

秋七月乙卯，鄂尔泰请辞伯爵、大学士。许之，给假养病，仍食俸。署甘州提督刘世明以失察兵丁抢劫论斩。丙辰，命朱轼往勘浙江海塘。辛酉，以迈柱、查郎阿为大学士，张广泗为湖广总督。

八月己巳，诏曰："从前经理苗疆，本为乂安民生。乃经理不善，以致逆苗肆出，勾结熟苗，抢劫居民。是以安民之心，成虐民之政。返之初心，能勿愧乎？所有贵州本年钱粮，通行蠲免。其被贼州县，蠲免三年，以示抚绥 抹恤之意。"

丁亥，上不豫。戊子，上大渐，宣旨传位皇四子宝亲王弘历。己丑，上崩，年五十八。是岁十一月丁未，恭上尊谥曰敬天昌运建中表正文武英明宽仁信毅睿圣大孝至诚宪皇帝，庙号世宗。乾隆二年三月，葬泰陵。

论曰：圣祖政尚宽仁，世宗以严明继之。论者比於汉之文、景。独孔怀之谊，疑於未笃。然淮南暴伉，有自取之咎，不尽出於文帝之寡恩也。帝研求治道，尤患下吏之疲困。有近臣言州县所入多，宜厘剔。斥之曰："尔未为州县，恶知州县之难？"至哉言乎，可谓知政要矣！

卷十　本纪十

高宗本纪一

高宗法天隆运至诚先觉体元立极敷文奋武钦明孝慈神圣纯皇帝，讳弘历，世宗第四子，母孝圣宪皇后，康熙五十年八月十三日生於雍亲王府邸。隆准颀身，圣祖见而钟爱，令读书宫中，受学於庶吉士福敏，过目成诵。复学射於贝勒允禧，学火器於庄亲王允禄。木兰从狝，命侍卫引射熊。甫上马，熊突起。上控辔自若。圣祖御枪殪熊。入武帐，顾语温惠皇太妃曰："是命贵重，福将过予。"

雍正元年八月，世宗御乾清宫，密书上名，缄藏世祖所书正大光明扁额上。五年，娶孝贤皇后富察氏。十一年，封和硕宝亲王。时准噶尔役未竟，又有黔苗兵事，命上综理军机，谘决大计。

十三年八月丁亥，世宗不豫。时驻跸圆明园，上与和亲王弘昼朝夕谨侍。戊子，世宗疾大渐，召庄亲王允禄，果亲王允礼，大学士鄂尔泰、张廷玉，领侍卫内大臣丰盛额、讷亲，内大臣户部侍郎海望入受顾命。己丑，崩。王大臣请奉大行皇帝还宫。庄亲王允禄等启雍正元年立皇太子密封，宣诏即皇帝位。寻谕奉大行皇帝遗命，庄亲王允禄、果亲王允礼、鄂尔泰、张廷玉辅政，并令鄂尔泰复任，以鄂尔泰因病请假也。以遗命尊奉妃母为皇太后，复奉懿旨以上元妃为皇后。召大学士朱轼回京。命大学士嵇曾筠总理浙江海塘工，赵弘恩署江南河道总督。大行皇帝大殓，命以乾清宫南庑为倚庐。庚寅，命总理事务王大臣议行三年丧。命履郡王允祹暂管礼部事务。召张照回京，以张广泗总理苗疆事务，大学士迈柱署湖广总督。谕大将军查郎阿驻肃州，与刘於义同掌军务，北路大将军平郡王福彭坚守。饬扬威将军哈元生等剿抚苗疆。癸巳，颁大行皇帝遗诏。

九月丁酉朔，日食。高起、宪德俱罢，仍带尚书衔。以鄂尔泰总理兵部事，果亲王允礼总理刑部事，庄亲王允禄总理工部事，甘汝来为汉兵部尚书，傅鼐署满兵部尚书。己亥，上即位於太和殿，以明年为乾隆元年。庚子，定三年丧制，却群臣以日易月之请。命大学士朱轼协同总理事务王大臣办事。辛酉，召史贻直来京。壬寅，止进献方物。禁内廷行走僧人招摇。颁乾隆元年时宪书。铸乾隆通宝。遣官颁诏朝鲜。丙辰，赈甘肃兰州、平凉等处旱灾。丙午，命庆復往北路军营，代回福彭。手敕额驸策凌勿离军营。丁未，大行皇帝梓宫安奉雍和宫。戊申，上诣雍和宫行礼。自是日至乙卯以为常。己酉，赏庄亲王允禄、果亲王允礼双俸，鄂尔泰、张廷玉世袭一等轻车都尉，朱轼世袭骑都尉。庚戌，召杨名时来京。辛亥，命海望署户部尚书，傅鼐署刑部尚书。乙卯，上诣雍和宫行大祭礼。奉皇太后居永仁宫。是日，上移居养心殿。命廷臣轮班条奏，各举所知。戊午，赏李绂侍郎衔，命管户部三库事。己未，上诣雍和宫梓宫前行月祭礼。自是迄奉移，每月如之。再免民欠丁赋，并谕官吏侵蚀者亦免之。逮傅尔丹下狱。庚申，开乡会试恩科。免贵州被扰州县之额赋，未扰者停征。辛酉，上诣田村孝敬皇后梓宫前致祭。以本年乡试弊多，逮治考官顾祖镇、戴瀚。大学士马齐乞休，允之。癸亥，召署河东盐政孙家淦来京，以侍郎用。

冬十月丙寅朔，飨太庙，遣裕亲王广保代行。命副将军常德赴北路军营。丁卯，申禁各省贡献。以张广泗为征苗经略，扬威将军哈元生、副将军董芳以下俱听节制。庚午，命履郡王允祹管礼部，召原任尚书涂天相来京。辛未，以任兰枝为礼部尚书。壬申，免江南等省漕粮芦课及学租杂税。命治曾静、张熙罪。加左都御史福敏太子太保。以王大臣办事迟延疏纵，申谕严明振作，毋与用宽之意相左。调徐本为刑部尚书，涂天相为工部尚书。丙子，以刘勷为直隶河道总督。丁丑，起彭维新为左都御史。命徐本军机处行走。癸未，停诸王兼管部院事。甲申，授海望户部尚书。己丑，命来保署工部尚书，兼管内务府。癸巳，傅尔丹、岳钟琪、石云倬、马兰泰论斩。甲午，改讷亲、海望、徐本为协办总理事务，纳延泰行走，如班第等例。丰盛额、莽鹄立罢。庚子，张照下狱鞫治。壬寅，湖北忠峝等十五土司改土归流，分置一府五县，於恩施县建府治，名曰施南府，分设县治，名曰宣恩、来凤、咸丰、利川。乙巳，申谕荐举博学鸿词。丁未，上大行皇帝尊谥曰敬天昌运建中表正文武英明宽仁信毅大孝至诚宪皇帝，庙号世宗，次日颁诏覃恩有差。免四川巴县等旱灾额赋。戊申，召迈柱来京，以史贻直署湖广总督。庚戌，以孙嘉淦为左都御史。癸丑，命庆复为定边大将军，赴北路军营。命孙嘉淦仍兼管吏部。谕赦降苗罪。免贵州三年内耗羡。丙辰，上诣田村上孝敬宪皇后尊谥曰孝敬恭和懿顺昭惠佑天翊圣宪皇后，次日颁诏覃恩有差。改河东总督仍为河南巡抚，以傅德为之。丁巳，授钟保湖南巡抚，俞兆岳江西巡抚。命岱林布为右卫将军。己未，以平郡王福彭协办总理事务。董芳、元展成、德希寿褫职逮问，夺哈元生扬威将军，命经略张广泗兼贵州巡抚。癸亥，赏阿其那、塞思黑子孙红带，收入玉牒。甲子，以王大臣会刑部夹讯李禧、耿韬，命审讯大臣宜存大体。

十二月丙寅朔，以博第为吉林将军，吴礼布为黑龙江将军。复设川陕总督，裁四川总督。戊辰，赈安徽泗州、湖北潜江水灾。癸酉，免浙江、山东、福建、广东盐场欠课。戊寅，上皇太后徽号曰崇庆皇太后，次日颁诏覃恩有差。己卯，以准噶尔遣使请和，命喀尔喀扎萨克等详议定界事宜。庚辰，调傅鼐为刑部尚书，仍兼管兵部。甲申，磔曾静、张熙於市。都统李禧以赃，尚书高起以欺罔，俱论斩。丙戌，命嵇曾筠兼管浙江巡抚。以高斌为江南河道总督。设归化城将军及副都统。辛卯，晋封讷亲一等公，世袭。

乾隆元年春正月丙申朔，上诣堂子行礼。至观德殿更素服，诣雍和门行礼毕，率诸王大臣诣慈宁宫行礼。御太和殿受朝，不作乐，不宣表。戊戌，命北路参赞大臣萨木哈回京。辛丑，祈谷於上帝，亲诣行礼。自是每年如之。癸卯，建京师先蚕坛。准噶尔台吉噶尔丹策零遣使贡方物。丁未，准噶尔贡使吹纳木喀入觐。召大将军庆復回京。命伊勒慎、阿成阿、哈岱为参赞大臣，协同额驸策凌办事，驻鄂尔坤。命都统王常、侍郎柏修往鄂尔坤勘屯田。丙辰，以顾琮署江苏巡抚。己未，署湖南永州镇总兵崔起潛妄劾鄂尔泰、张广泗，褫职逮治。南掌入贡。庚辰，上启跸谒陵。癸亥，上谒昭西陵、孝陵、孝东陵、景陵。赈台湾诸罗县地震灾民。赈甘肃固原、四川忠州等州县旱灾。

二月丙寅，上还京师。戊辰，祭大社、大稷，上亲诣行礼。自是每年如之。以补熙署漕运总督。甲戌，遣准噶尔来使归，诏以遵皇考谕旨，酌定疆界，赍示噶尔丹策零。乙卯，赐准噶尔台吉噶尔丹策零敕书，斥所请以哲尔格西喇呼鲁苏为界，及专令喀尔喀内徙。庚辰，命迈柱兼管工部。申饬陈奏谬妄之谢济世、李徽、陈世倌等。加杨名时礼部尚书衔，管国子监祭酒事。辛酉，朝鲜国王李昑遣使进香，赏赉如例。甲申，命改嵇曾筠为浙江总督，兼管两浙盐政。郝玉麟以闽浙总督专管福建事。戊子，定世宗山陵名曰泰陵。己丑，达赖喇嘛及贝勒颇罗鼐遣使贡方物。辛卯，以程元章为漕运总督。癸巳，尹继善奏克空稗、台雄等寨。张广泗奏克大小丹江等处。

三月庚子，释汪景琪、查嗣庭亲族回籍。乙巳，加上太祖尊谥曰太祖承天广运圣德神功肇纪立极仁孝睿武端毅钦安弘文定业高皇帝，孝慈皇后尊谥曰孝慈昭宪敬顺仁徽懿德庆显承天辅圣高皇后；太宗尊谥曰太宗应天兴国弘德彰武宽温仁圣睿孝敬敏昭定隆道显功文皇帝，孝端皇后尊谥曰孝端正敬仁懿哲顺慈僖庄敏辅天协圣文皇后，孝庄皇后尊谥曰孝庄仁宣诚宪恭懿至德纯徽翊天启圣文皇后；世祖尊谥曰世祖体天隆运定统建极英睿钦文显武大德弘功至仁纯孝章皇帝，孝惠皇后尊谥曰孝惠仁宪端懿慈淑恭安纯德顺天翼圣章皇后，孝康皇后尊谥曰孝康慈和庄懿恭惠温穆端靖崇天育圣章皇后；圣祖尊谥曰圣祖合天弘运文武睿哲恭俭宽裕孝敬诚信中和功德大成仁皇帝，孝诚皇后尊谥曰孝诚恭肃正惠安和淑懿俪天襄圣仁皇后，孝昭皇后尊谥曰孝昭静淑明惠正和安裕钦天顺圣仁皇后，孝恭皇后尊谥曰孝恭宣惠温肃定裕慈纯赞天承圣仁皇后。丁未，免四川凉山等处番民额赋。己酉，免肃州威鲁堡回民旧欠。庚戌，以固原提督樊廷为驻哈密总督。乙卯，免广东归善等四县加增渔税及通省逋赋。

夏四月丙寅，免江南阜宁等州县缓征漕粮。壬申，命王常、海澜为参赞大臣，协同额驸策凌办事。以高其倬为湖北巡抚，暂署湖南巡抚。戊寅，以王士俊为四川巡抚。辛巳，贵州提督哈元生褫职逮问。裁直隶副总河，以总督兼管河务。戊子，赐金德瑛等三百三十四名进士及第出身有差。壬辰，布鲁克巴部诺颜林沁齐垒喇布济至西藏请上安，并贡方物。

五月丁未，赈河南永城县水灾。壬子，命江南副总河移驻徐州。甲寅，免四川南溪等州县被风雹额赋。乙卯，朝鲜国王李昑表贺登极及尊崇皇太后，并进方物。乙巳，暹罗国王参立拍照广拍马嘑六坤司尤提雅菩挨表谢赐扁，并贡方物。庚辰，免甘肃伏羌怀羌等州县地震伤亡缺额丁银。

六月戊辰，赈江苏萧县等州县水灾。己巳，以庆復署吏部尚书，仍兼署户部事。癸酉，授张广泗贵州总督，兼管巡抚事。以尹继善为云南总督。

秋七月癸巳朔，以贵州流民多就食沅州，免沅州额赋。甲午，召总理事务王大臣九卿等，宣谕密书建储谕旨，收藏於乾清宫正大光明扁额上。己亥，免贵州通省本年额赋。辛丑，除古州等处苗赋。甲辰，免崔起潜罪。丙午，赈江西安福水灾。辛亥，追谥明建文皇帝为恭闵惠皇帝。赈江南萧、砀等州县卫水灾。丁巳，赈甘肃陇西等州县水雹灾。戊午，调钟保为湖北巡抚，高其倬为湖南巡抚。赈湖北汉川等五州县卫水灾。癸酉，逮问王士俊，寻论斩。赈广东南海、潮阳等县水灾。

八月戊辰，祭大稷、大社，上亲诣行礼。自是每岁如之。准噶尔部人孟克来降。庚午，尚书傅鼐有罪免。乙卯，赈河南南阳等五县水灾。乙酉，赈喀喇沁饥。丁亥，兵部尚书通智免，以奉天将军那苏图代之。调博第为奉天将军。以吉尔党阿为宁古塔将军。赈陕西神木、府谷雹灾。辛卯，赈浙江兰溪等六县、江南溧水等二十四州县、湖北潜江等九州县卫水灾。

九月丙申，免张照、哈元生、董芳、元展成、德希寿贻误苗疆罪。丁酉，礼部尚书杨名时卒。戊戌，以庆復为刑部尚书，兼管吏部。命傅鼐暂署兵部尚书。庚子，停本年秋决。癸卯，赈浙江安吉等四县水灾。丙午，上临大学士朱轼第视疾。免江西安福水灾额赋。庚戌，大学士朱轼卒，上亲临赐奠。壬子，赈安徽宿州等二十州县卫水灾。致仕大学士陈元龙卒。乙卯，赈江苏萧县等三州县水灾。己未，御试博学鸿词一百七十六人於保和殿，授刘纶等官。赈江苏无锡等十三州卫水灾。准噶尔台吉车林等来降。

冬十月壬戌，以邵基为江苏巡抚。乙丑，除浙江仁和等州县水灾额赋。庚午，调岳濬为江西巡抚，以法敏为山东巡抚。辛未，上奉皇太后送世宗梓宫至泰陵。庚辰，上奉皇太后还京师。

十一月甲午，上始御乾清门听政。加嵇曾筠太子太傅。命徐本为东阁大学士，仍兼管刑部。以孙家淦为刑部尚书，杨汝穀为左都御史。以额尔图为黑龙江将军。丙申，免云南楚雄等四府州县额赋。丁酉，赈安徽霍丘等三县卫、湖北汉川等十三县卫水灾。己酉，冬至，祀天於圜丘，上亲诣行礼。自是每年如之。己未，赈陕西定边雹灾，江南长洲等十二州县卫水灾。

十二月辛酉，赈巴林郡王等四旗旱灾。甲子，赈江苏娄、溧水等十三州县水灾。乙丑，改江南寿春协为镇，设总兵。己巳，免陕西府谷、神木本年雹灾额赋。移南河副总河驻徐州。丁丑，免安徽泗州卫屯田、长芦、广云灶地水灾额赋。丁亥，岱林布改江宁将军。以王常为建威将军，雅尔图为参赞大臣。免两淮莞渎等三场水灾额赋。

是岁，朝鲜、南掌、暹罗、安南来贡。

二年春正月庚寅朔，免朝贺。庚子，召赵弘恩来京。以庆復为两江总督。调那苏图为刑部尚书。以讷亲为兵部尚书。乙巳，以杨超曾为广西巡抚。丙午，释王士俊。戊子，李卫劾治诚亲王府护卫嘱托。上嘉之，赏四团龙褂。

二月丙寅，安南国王黎维祜卒，嗣子黎维祎遣使告哀，并贡方物。癸酉，赈江苏高邮水灾。戊寅，遣翰林院侍读嵩寿、修撰陈倓册封黎维祎为安南国王。庚辰，孝敬宪皇后发引，上奉皇太后送至泰陵。

三月庚寅，葬世宗於泰陵，孝敬宪皇后祔。壬辰，上还京师。癸巳，世宗宪皇帝、孝敬宪皇后升祔太庙，颁诏覃恩有差。辛丑，命保德等颁升祔诏於朝鲜。甲辰，涂天相罢。以赵弘恩为工部尚书。以顾琮协办吏部尚书。戊申，命翰林、科道轮进经史奏议。庚戌，移右卫将军驻归化新城，增副都统二。辛亥，调硕色为四川巡抚。壬子，调杨永斌为湖北巡抚。

四月甲子，以旱命刑部清理庶狱。乙卯，训饬建言诸臣。己巳，疏浚清口并江南运河。赈江苏江宁、常州二府旱灾。甲戌，祀天於圜丘，奉世宗配飨，次日颁诏覃恩有差。是日，雨。释傅尔丹、陈泰、岳钟琪。丙子，免顺天直隶额赋。己卯，召尹继善来京。以张允随署云南总督。甲申，免湖北汉川等五州县卫水灾额赋。南掌入贡。丁亥，免江苏萧、砀二县水灾额赋。

五月壬辰，赐于敏中等三百二十四人进士及第出身有差。癸巳，免湖北荆州、安陆二府水灾额赋。乙未，赈河南南阳等十二州县水灾。戊戌，御试翰林、詹事等官，擢陈大受等三员为一等，余各升黜有差。准本年新进士条奏地方利弊。戊申，免山东正项钱粮一百万两。辛亥，祭地於方泽，奉世宗配飨。除广东开建、恩平二县米税。乙卯，除湖南永州等处额外税。免安徽宿州水灾额赋。免浙江仁和等四州县水灾额赋。赈陕西商南、肤施等县雹灾。甲戌，以御门听政，澍雨优渥，赐执事诸臣纱疋有差。辛酉，命直隶试行区田法。戊戌，赈安徽石埭等六州县水灾。

秋七月戊子，以永定河决，遣侍卫策楞等分赴卢沟桥、良乡抚恤灾民。癸卯，命侍卫松福等往文安、霸州等处抚恤灾民。乙未，命顾琮勘永定河冲决各工。丙申，赈山东德平、阳谷等州县旱雹各灾。壬寅，赈顺直宛平、清苑等八十一州县卫旱灾。御试续到博学鸿词於体仁阁，授万松龄等官。丙辰，命各省蠲免额赋，已输者抵作次年正赋，著为令。赈安徽黟县等十四州县水灾。

八月丁巳朔，赈陕西安塞等三县雹灾。湖南城步县瑶匪平。赈抚甘肃平番等四县旱灾。命巡漕御史四员分驻淮安、济宁、天津、通州。甲戌，命鄂尔泰详勘直隶河道水利。丙子，以顾琮署直隶河道总督。丁丑，免江苏砀山水灾未完额赋十分之七。壬午，复设贵州威宁镇总兵官。筑浙江鱼鳞大石海塘。免山东历城等二十八州县卫本年旱灾额赋。甲申，赈甘肃会宁旱灾，福建霞浦等州县水灾。

九月辛卯，调北路参赞大臣哈岱回京，以玛尼代之。乙未，准噶尔回民米尔哈书尔来降。乙未，以杨永斌为江苏巡抚。己亥，赈福建闽县等沿海风灾。甲辰，训饬科道毋挟私言事。召史贻直入都。以德沛为湖广总督，元展成为甘肃巡抚。赈山西兴县等十二州县旱灾。辛亥，赈甘肃宁夏县水灾。癸丑，免云南宁州上年夏税。乙卯，以那苏图署兵部尚书。

闰九月癸亥，免河南西华等四县本年水灾额赋。丁卯，以尹继善为刑部尚书，兼办兵部事。调庆復为云南总督。以那苏图为两江总督。甲戌，赈长芦、芦台等场水灾灶户。除江西袁州、饶州二府杂税。丙子，马兰峪陵工竣。辛巳，赈福建霞浦等二县风灾。壬午，赈奉天小清河驿水灾。以云南布政使陈宏谋渎奏本省垦务，下部严议。赈江苏上元等二十五州县水灾，并加赈有差。赈贵州安顺等府厅县雹灾。

冬十月乙酉朔，赈山西永济等三县霜灾。丁亥，修盛京三陵。戊子，上谒东陵。辛卯，上诣昭西陵、孝陵、孝东陵。乙未，上还京师。丙申，安西镇总兵张嘉翰坐剥削军需论斩。以崔纪为陕西巡抚，尹会一为河南巡抚，张楷为湖北巡抚。己亥，大学士尹泰乞休，温谕留之。癸卯，赈山东齐河等二十八州卫水灾。免江南淳县本年虫灾额赋，桃源等三县未完银米。丁未，赈黑龙江水灾。戊申，修奉先殿。辛亥，免甘肃平番旱灾额赋。

十一月乙卯，赈安徽寿州、霍丘旱灾。免陕西靖边等八州县本年水灾额赋。丁巳，朝鲜国王李昑请封世子李愃，礼部言年未及岁，上特允之。癸亥，赈贵州郎岱等三厅县雹灾。乙丑，除山西河津被水额赋。丙寅，赈安徽太平等十一州县卫水灾。辛未，上诣泰陵，改总管为副都统。免江南铜山、砀山二县逋赋。壬寅，祭告泰陵，上释服。乙亥，赈甘肃环县、兰州，广东三水等十县旱灾。上还京师。戊寅，皇太后圣寿节，御慈宁宫，上率诸王大臣行庆贺礼。自是每年如之。己卯，免山西兴县等四州县旱灾丁银。庚辰，命仍设军机处，以大学士鄂尔泰、张廷玉，尚书讷亲、海望，侍郎纳延泰、班第为军机大臣。

十二月甲申朔，漕运总督补熙免，以查克丹代之。以来保为工部尚书。免江南阜宁上年水灾额赋。丁亥，上御太和殿，册立嫡妃富察氏为皇后。戊子，奉皇太后御慈宁宫，上率诸王大臣行庆贺礼毕，上御太和殿，群臣庆贺，颁诏覃恩有差。辛卯，免江苏溧水等十二州县水灾额赋。壬辰，赈陕西府谷等三县雹灾。甲午，以册立皇后礼成，加上皇太后徽号曰崇庆慈宣皇太后。奉皇太后御慈宁宫，上率诸王大臣行庆贺礼，次日颁诏覃恩有差。己亥，免直隶本年旱灾灶课。免甘肃宁夏水灾额赋。壬寅，鄂尔泰封三等伯。赈福建闽县等六县、广东海康等七县风潮灾。大学士迈柱乞病，许之。琉球贡方物。癸卯，张廷玉封三等伯。辛亥，赈涿州水灾。

三年春正月甲寅朔，上初举元正朝贺，率王以下文武大臣诣寿康宫庆贺皇太后，礼成，御太和殿受贺。自是每年元正如之。乙卯，以福敏为武英殿大学士，马尔泰为左都御史。辛酉，祈谷於上帝，奉世宗配享。癸亥，命举行经筵。甲子，上初幸圆明园，奉皇太后居畅春园。戊辰，御正大光明殿，赐朝正外藩及内大臣、大学士宴。癸酉，以朱藻为直隶河道总督，顾琮协理河道事。丁丑，准噶尔噶尔丹策零遣使奉表至京，并进貂皮。遣侍郎阿克敦充正使，御前侍卫旺扎尔、乾清门台吉额默根充副使，赍敕往准噶尔议定界。己卯，上自圆明园还宫。辛巳，以谒泰陵，命鄂尔泰在京总理事务。

二月丁亥，释奠先师孔子。戊子，幸圆明园。癸巳，准噶尔使入觐，赏银币有差。戊戌，上谒泰陵。己亥，上祭泰陵。辛丑，上幸南苑行围。壬寅，上还京师。丙午，举行经筵。自是每季仲月举行一次，岁以为常。丁未，免山东齐河等三十二州县卫水灾额赋。辛亥，上亲耕耤田，加一推。自是每年如之。壬子，赵弘恩以纳贿夺职，以高其倬为工部尚书，张渠为湖南巡抚。

三月癸丑朔，赈福建闽县等八县飓风灾。甲寅，上诣太学释奠，御彝伦堂，命讲《中庸》、《尚书》。乙卯，调崔纪为湖北巡抚，张楷为西安巡抚。己未，免江苏六合等十二州县水灾额赋，广东三水等十州县旱灾额赋。辛酉，赈江苏上元等二十五州县卫水灾，并免额赋。丁卯，上诣黑龙潭祈雨。辛未，免甘肃兰州等处旱灾额赋。壬申，以旱命刑部清理庶狱。癸酉，免安徽太平等十一州县卫水灾额赋。丁丑，免湖北沔阳州逋赋。

夏四月甲申，以旱申命求言。停督抚贡献。理藩院尚书僧格休致，以纳延泰代之。己丑，调孙嘉淦为吏部尚书，以赵国麟为刑部尚书，孙国玺为安徽巡抚。壬辰，命顾琮往直隶会同朱藻办理河工。免长芦芦台等场、衡水等州县水灾额赋。

五月癸丑，赈陕西蒲城等十州县雹灾。己未，赈山东章丘等州县卫雹灾。庚申，赈陕西雒南等八州县雹灾。壬戌，贵州定番州苗阿沙等作乱，张广泗讨平之。辛未，调额尔图为奉天将军，博第为黑龙江将军。乙亥，免江南松江府额赋。辛巳，赈陕西靖边等八州县旱灾。

六月庚寅，赈山东东平等四州县雹灾。丙午，左都御史杨汝穀乞休，允之。

秋七月壬子，起前左都御史彭维新为原官。丁巳，免福建诏安县旱灾额赋。癸亥，免浙江温州等卫漕欠。乙丑，调史贻直为工部尚书，高其倬为户部尚书。丁卯，命查郎阿入阁办事。调鄂弥达为川陕总督。以马尔泰为两广总督，查克丹为左都御史，託时为漕运总督。大学士尹泰乞休，允之。

八月丙戌，江苏海州、山东郯城等州县蝗。赈湖南石门县、甘肃武威等三县水灾。己丑，海望丁忧，以讷亲暂署户部尚书。己亥，奉皇太后谒泰陵。癸卯，上诣泰陵行三周年祭礼。丙午，上奉皇太后驻跸南苑，上行围。戊申，赈安徽望江等四十八州卫旱灾。

九月庚戌朔，上奉皇太后还宫。免陕西长安等十五州县雹灾额赋。赈山东招远县雹灾。戊午，免福建漳浦上年旱灾额赋。辛酉，命稽曾筠入阁办事，兼理永定河务。裁浙江总督，复设巡抚，以郝玉麟仍为闽浙总督，卢焯为浙江巡抚。甲子，朱藻解任，遣讷亲、孙嘉淦往鞫之。以顾琮管总河印务。安南入贡。己巳，大学士尹泰卒。编修彭树葵进《十思箴》，上嘉赉之。赈甘肃碾伯等处旱灾。丁丑，免江苏江宁等五十二州县卫水灾额赋，并赈之。戊寅，赈台湾旱灾。

冬十月庚辰朔，赈陕西安定等六州县雹灾。辛巳，免山东邹平等八州县本年雹灾额赋。壬午，免直隶被水州县逋赋。免江苏、安徽被灾各州县逋赋。辛卯，皇次子永琏薨，辍朝五日，以御极后，亲书永琏为皇太子密旨，一切典礼如皇太子仪。赈安徽怀宁等五十州县卫旱灾。壬辰，户部尚书高其倬卒。丙申，调任兰枝为户部尚书，赵国麟为礼部尚书，史贻直为刑部尚书，以赵殿最为工部尚书。丁酉，谥皇太子永琏为端慧皇太子。直隶总督李卫以病免，命孙嘉淦署之。己亥，赈浙江吉安等州县旱灾。庚子，朝鲜国王李昑表贺上皇太后徽号并册封皇后，又表谢恩封世子，附进方物。壬寅，上幸田村，奠端慧皇太子。癸卯，免江南、江西、河南漕欠。乙巳，授孙嘉淦直隶总督，以甘汝来为吏部尚书兼兵部，杨超曾为兵部尚书。丙午，授顾琮直隶河道总督。

十一月己酉朔，复广东海南道为雷琼道，改高雷道为高廉道。庚戌，以孙嘉淦劾贝勒允祜，上嘉之，予议叙。允祜下宗人府严议。壬子，赈江苏华亭等六县卫旱灾。赈湖南石门县旱 灾。癸丑，免奉天宁远等四州县虫灾额赋。赈浙江归安、乌程，陕西绥德等四州县雹灾，湖北孝感等六州县旱灾。癸丑，免河南信阳等八州县旱灾额赋。赈湖北应山、四川忠州等三州县旱灾。乙丑，免江南淮安、徐州二府湖滩额租。免山东招远县雹灾额赋。庚午，大学士嵇曾筠以病乞休，允之。壬申，甘肃宁夏地震，水涌新渠，宝丰县治沈没，发兰州库银二十万两，命兵部侍郎班第往赈之。乙亥，吏部尚书性桂乞休，允之。丁丑，免直隶宣化各府州逋赋。

十二月乙卯朔，调讷亲为吏部尚书。庚辰，赈四川射洪等六县水灾。赈两淮盐场本年旱灾。丙戌，彭维新褫职，以魏廷珍为左都御史。丁亥，甘肃宁夏地震。甲午，赈甘肃平番虫灾。命大理寺卿汪漋往江南总办河工。琉球国王尚敬遣使表贺登极，入贡。戊戌，准噶尔台吉噶尔丹策零遣哈柳等从侍郎阿克敦等至京师，进表。乙巳，准噶尔使哈柳等入觐，谕曰："所奏游牧不越阿尔台，朕甚嘉之。托尔和、布延图卡伦内移，不可行。"

四年春正月己酉，上御乾清宫西暖阁，召王、大臣、翰林、科道及督、抚、学政在京者九十九人赐宴，赋柏梁体诗。丁卯，免甘肃宁夏等五县地震被灾额赋。壬申，大学士嵇曾筠卒。赵国麟为大学士，调任兰枝为礼部尚书，以陈悳华为户部尚书。

二月己卯，调张渠为江苏巡抚，以冯光裕为湖南巡抚。丙戌，免直隶沧州等三州县、兴国等四场水灾灶地额赋。免贵州郎岱等四厅州县雹灾额赋。乙未，免甘肃靖远风灾额赋。丙申，准噶尔部人孟克特穆尔等来降。免陕西咸宁、镇安水灾，甘肃柳沟卫虫灾额赋。戊戌，免湖南永顺、永绥新辟苗疆盐课。免浙江上虞等县逋赋。庚子，准噶尔台吉噶尔丹策零请以阿尔泰山为界，许之。免湖北钟祥等五县卫旱灾额赋。

三月丁未朔，己酉，召雅尔图来京，以阿兰泰为北路参赞大臣。免安徽宿州等四州县逋赋。吏部奏行取届期，上命尚书、都御史、侍郎保举如陆陇其、彭鹏者。免湖北应山上年旱灾额赋。甲子，设热河兵备道，驻承德州。命讷亲协办大学士。戊辰，以旱灾特免直隶、江苏、安徽三省额赋。壬申，以魏廷珍为工部尚书。赈直隶文安等六县水灾。

夏四月丁卯，免安徽寿州上年旱灾额赋。戊寅，免江苏丹阳等七县旱灾额赋。辛巳，赐庄有恭等三百二十八人进士及第出身有差。壬午，免长芦上年旱灾逋赋。丙戌，以旱申命求言。命刑部清理庶狱，减徒以下罪。甲午，免四川忠州等三州县旱灾额赋。乙未，以陈世倌为左都御史。癸卯，西藏巴勒布部库库木、颜布、叶楞三汗入贡。

五月甲子，朝鲜国王李昑谢赐本国列传，进方物。戊辰，改筑浙江海宁石塘。辛未，致仕大学士马齐卒。癸酉，加鄂尔泰、张廷玉、福敏太保，徐本、讷亲太子太保，甘汝来、海望、鄂善、尹继昌、徐元梦、孙嘉淦、庆復太子少保。

六月庚辰，调硕色为山东巡抚，方显为四川巡抚。甲辰，免甘肃赤金所上年被灾额赋。山东济南等七府蝗。曹县河决，仍赈被水六州县灾民。甘肃秦安等六州县雹灾。

秋七月戊申，额驸策凌奏率兵驻鄂尔海西拉乌苏，并分兵驻鄂尔坤河、齐齐尔里克、额尔德尼招、塔密尔、乌里雅苏台附近，防范准噶尔。庚戌，以甘肃秦安等十五州县雹灾，命无论已未成灾，悉免本年额赋。辛酉，赈河南祥符等四十七州县水灾。壬戌，赈山东海丰等县场灶户。甲子，赈江苏睢宁等十三州县卫水雹各灾，湖北房县旱灾。丙寅，吏部尚书甘汝来卒。以郝玉麟为吏部尚书，宗室德沛为闽浙总督，以班第为湖广总督。己巳，赈安徽宿州雹灾。庚申，安南马郎叛人矣长等来降。赈山东利津等二县雹灾。壬申，赈直隶开州等州县、江苏海州等州县水灾。江苏淮安、安徽凤阳等府州蝗。

八月丙子，御史张湄劾诸大臣阻塞言路。上斥为渐染方苞亚习，召见满、汉奏事大臣谕之。辛巳，赈河南商丘等州县水灾。壬午，叙张广泗经理苗疆功，授三等轻车都尉，黄廷桂等加衔、加级有差。戊子，赈山东历城等六十六州县卫所水灾，停征新旧额赋。庚寅，江苏金坛县贡生蒋振生进手钞《十三经》，赐国子监学正衔。

九月乙巳朔，署广西提督谭行义以安南郑氏专柄，清化镇郃郡公及黎鹫起兵与郑氏内哄，奏闻。丙午，免江苏海州、赣榆二州被水漕粮。戊申，赈河南祥符等三十七州县水灾有差。丁巳，上奉皇太后谒陵。庚申，上谒昭西陵、孝陵、孝东陵、景陵。赈山东临邑等县水灾。癸亥，赈甘肃张掖东乐堡水灾。赈河南邓州等四州县水灾，山西榆次等三县旱灾。命停征江苏、安徽漕粮。上奉皇太后还宫。庚午，上以疾命和亲王弘昼代行孟冬时飨礼。免甘肃秦安等十五州县粮草三分之一，及灵州、碾伯等州县本年水雹各灾额赋。

冬十月丁丑，准噶尔回人伊斯拉木定来降。庚辰，以江苏海州等四州县水灾，免逋赋。甲申，端慧皇太子周年，上幸田村奠酒。乙酉，赈山东历城等六十六州县水灾，给葺屋银。丁亥，免陕西兴平等十六州县雹灾额赋。己丑，庄亲王允禄、理亲王弘皙等缘事，宗人府议削爵圈禁。上曰："庄亲王宽免。理亲王弘皙、贝勒弘昌、贝子弘普俱削爵。弘昇永远圈禁。弘晈王爵，系奉皇考特旨，从宽留王号，停俸。"丙申，释马兰泰。己亥，额鲁特札萨克多罗郡王、和硕额驸阿宝之妻和硕格格进顾实汗所传玉玺，谕还之。壬寅，召定边左副将军额驸策凌来京。封弘昍郡王，袭理亲王爵。癸卯，上幸南苑行围。

十一月丙午，上行大阅礼，连发五矢皆中的，赐在事王大臣银币有差。戊申，以郝玉麟署两江总督。庚戌，召尹会一来京，以雅尔图为河南巡抚。赈江苏安东等十五州县水灾有差。壬申，免宁夏次年额赋。

十二月癸酉朔，免山东金乡等六州卫水灾额赋。丙子，免浙江安吉等州县漕粮，河南罗山旱灾额赋。戊寅，弘皙坐问安泰"准噶尔能否到京，上寿算如何"，拟立绞。谕免死，永远圈禁，安泰论绞。免陕西榆林等十一州县逋赋。癸未，免河南祥符等四十四州县水灾额赋。乙酉，晋封贝勒颇罗鼐为郡王。庚寅，免河南商丘等十州县水灾额赋。壬辰，哈柳等入觐。甲午，召车臣汗达玛林等赐茶。

五年春正月丁未，赈安徽宿州等八州县，庐江等十州县卫旱灾有差。丁卯，朝鲜入贡。辛未，命乌赫图、巴灵阿护准噶尔人赴藏熬茶。湖南绥宁苗作乱，命冯光裕等剿之。

二月，琉球入贡。乙亥，命额驸策凌等定各部落接准噶尔游牧边界。哈柳归，召入赐茶，以和议成，嘉奖之。辛巳，以伊勒慎为绥远城将军。癸未，工部尚书魏廷珍罢。申谕九卿，毋蹈模棱覆辙。免山东章丘等六十州县卫水灾额赋。戊子，免湖北襄阳县卫上年额赋。壬辰，免上年安徽宿州雹灾、山东滕县等五县水灾额赋。戊戌，以韩光基为工部尚书。辛丑，免湖北汉阳等四县上年旱灾额赋。

三月庚戌，以尹继善为川陕总督，鄂善署刑部尚书。壬子，免直隶雄县上年水灾额赋。甲子，免山东霑化等县场水灾额赋。庚午，湖南栗林、鬼冲各寨苗匪平。

夏四月丙戌，赈两淮板浦等场灾。戊子，御史褚泰坐受贿论斩。免陕西葭州、怀远旱灾额赋。己丑，以那苏图为刑部尚书。甲午，以旱召九卿面谕，直陈政事阙失。改山东河道为运河道，兖沂曹道为分巡兖、沂、曹三府，管河工。戊戌，任兰枝及太常寺卿陶正靖坐朋比，下部严议。

五月甲寅，上诣黑龙潭祈雨。丙辰，命刑部清理庶狱。甲子，以杨超曾署两江总督。丁卯，谕冯光裕及湖广提督杜恺剿捕城步、绥宁瑶匪。

六月癸酉，命阿里衮、朱必堦查勘山东沂州等处水旱灾。戊寅，命山东、江苏、安徽捕除蝻子。召张广泗来京。壬辰，赈甘肃秦州水灾。戊戌，福州将军隆昇坐收馈遗，褫职鞫治。

闰六月甲辰，广西义宁苗作乱，谕马尔泰赴桂林调度兵事。辛亥，以喀尔吉善为山西巡抚。命杜恺统率湖南兵至军前。乙卯，命张广泗赴湖南会办军务。甲子，准噶尔台吉噶尔丹策零遣使进表。

秋七月癸酉，调张渠为湖北巡抚。以徐士林为江苏巡抚。调方显为广西巡抚，硕色为四川巡抚，朱定元为山东巡抚。乙亥，赐噶尔丹策零敕书，谕准噶尔使以阿尔泰山为界，山南游牧之人，仍居旧地。设甘肃安西提督，驻哈密。丁丑，以补熙为绥远城将军。辛巳，诏停今年秋决。甲申，张广泗留办湖南善后。赈安徽宣城卫饥。己丑，免安徽凤阳等十九州县卫水灾、无为等四州县旱灾额赋。甲午，赈山西徐沟饥。丁酉，赈甘肃武威等三县饥。戊戌，班第奏总兵刘策名等连克长坪各苗寨，获首倡妖言黎阿兰等。

八月己亥朔，广西宜山县蛮匪平。庚子，谕曰："朕阅江省岁额钱粮杂办款目，沿自前明，《赋役全书》亦未编定，官民交受其累，其悉予豁免。"庚戌，班第奏剿平盐井口苗匪各寨。壬戌，上奉皇太后驻南苑。赈福建永定饥。免河南中牟等十四州县水灾额赋。戊辰，谭行义奏安南人立龙彪为王，僭元景兴。癸酉，调杨超曾为吏部尚书，仍署两江总督，史贻直为兵部尚书，韩光基为刑部尚书，陈世倌为工部尚书。辛巳，协办大学士礼部尚书三泰乞休，慰留之。赈福建上杭饥。赈浙江馀杭等十六州县厅卫所水灾。丙戌，江苏宿迁县朱家闸河决，命筑挑水坝。丁亥，筑江苏宝山县吴家滨海塘石坝。赈陕西葭州等州县饥。以王安国为左都御史。永定河复归故道。

冬十月戊戌朔，以常安为漕运总督。壬寅，上谒泰陵。

乙巳，上还京师。赈四川绵竹等三县水灾。甲寅，免甘肃平罗本年水灾额赋，仍免宁夏、宁朔半赋。丙辰，佥都御史刘藻奏请停减圆明园营造，上嘉纳之。赈福建台湾、诸罗风灾。丁卯，张广泗奏获苗匪栗贤宇等，及附瑶匪之戴名扬等，克平溪等寨。

十一月己巳，以那苏图署湖广总督。庚午，调来保为刑部尚书，哈达哈为工部尚书。丙子，杨超曾劾江西巡抚岳濬，命高斌往会鞫之。己卯，召王謩来京。命王安国以左都御史管广东巡抚事。命阿里衮同高斌勘鞫岳濬。以刘吴龙为左都御史。乙酉，命廷臣各举所知，如汤斌、陆陇其、陈瑸、彭鹏诸人。赈陕西葭州等六州县饥。

十二月壬寅，张广泗进剿湖南城步、绥宁，广西义宁苗、瑶，悉平之。免安徽宣城、宣州二县卫雹灾额赋。免托克托城等处雹灾额赋。壬子，免山东蒲台逋赋。

六年春正月甲戌，裁安西总兵，设提督。丙子，免福建闽县等五县逋赋。甲申，命鄂尔泰、讷亲会同孙嘉淦、顾琮勘视永定河工。命参赞大臣阿岱驻乌里雅苏台。以庆泰为北路军营参赞大臣。戊子，免霸州、雄县额赋。甲午，命班第仍在军机处行走。

二月，御史丛洞请暂息行围，上以饬兵怀远之意训之。丙午，以完颜伟为南河副总河。免湖北钟祥等四县卫水灾额赋。甲寅，免陕西葭州等三州县雹灾额赋。庚申，增设山西归化城分巡道。

三月壬申，命侍郎杨嗣璟往山西会鞫山西学政喀尔钦贿卖生员之狱。甲申，以御史仲永檀劾鄂善受贿，命怡亲王等鞫之。鄂善褫职逮问。辛卯，擢仲永檀为佥都御史。

夏四月乙未朔，大学士赵国麟乞休，不允。免江苏丰县等十州县卫水灾、虫灾、民屯芦课。甲辰，免顺天、直隶、霸州等十州县上年水灾额赋。以庆復署两广总督，张允随署云贵总督。己酉，赐鄂善自尽。

五月戊寅，免福建台湾逋赋。赈江西兴国等县水灾，贵州仁怀、平越水灾。

六月甲午朔，免陕西葭州等六州县上年水灾额赋。丙申，江苏巡抚徐士林给假省亲，调陈大受署之。改张楷为安徽巡抚。庚子，命王安国勘广东征粮积弊。乙巳，以御史李㥄劾甘肃匿灾，命会同尹继善勘之。己酉，浙江巡抚卢焯解任，命德沛及副都统汪扎勒鞫之。赈安徽宿州等十二州县水灾，江苏山阳等州县水灾。赵国麟以荐举非人，降调。

秋七月，免江苏苏州等府属逋赋。甲子，喀尔钦处斩。丙子，萨哈谅论斩。戊寅，甘肃巡抚元展成以御史胡定劾，解任，命副都统新柱往会尹继善鞫之。癸未，诏停今年秋决。戊子，上初举秋狝。奉皇太后幸避暑山庄，免经过额赋十分之三。自是每年皆如之，减行围所过州县额赋。辛卯，赈江西武宁等二县水灾。壬辰，上至古北口阅兵。赈广东永安、归善二县饥。

八月癸巳，赈安徽宿州等十九州县卫水灾。庚子，上驻跸张三营。辛丑，上行围。赈江苏山阳等十八州县、莞渎等场水灾。己酉，召杨超曾回京。调那苏图为两江总督，孙嘉淦为湖广总督。以高斌为直隶总督，完颜伟为江南河道总督。裁直隶河道总督，命高斌兼理直隶河务。辛亥，召宁古塔将军吉党阿来京，以鄂尔达代之。

九月癸亥朔，以陈宏谋为甘肃巡抚。乙丑，上奉皇太后回驻避暑山庄。赈广东南海等二十六州县厅饥。上奉皇太后回跸。壬申，授王恕福建巡抚，杨锡绂广西巡抚。甲戌，调陈宏谋为江西巡抚，黄廷桂为甘肃巡抚。免江苏、安徽乾隆三四年被灾漕粮。己卯，调韩光基为工部尚书。以刘吴龙为刑部尚书。辛巳，原任江苏巡抚徐士林卒。授陈大受江苏巡抚，张楷安徽巡抚。赈福建福清等八县及长福等镇营饥。丁亥，以刘统勋为左都御史。

冬十月庚子，赈广东琼山等二十四州县飓灾。丁未，赈安徽宿州等三十一州县卫水灾，并免宿州等三州县额赋漕粮。己酉，赈甘肃灵州等处饥。丙辰，赈热河四旗丁水灾。

十一月甲子，赈两淮灶户饥。乙丑，南掌国王岛孙遣使入贡。丙寅，赈甘肃平番等十四州县雹水灾。己巳，御史李㥄陈奏甘肃饥馑情形不实，部议革职。上曰："与其惩言官而开讳灾之端，宁从宽假以广耳目。"命革职留任。戊寅，免江苏山阳等十五州县卫水灾额赋。赈句容等三十四州县卫饥。丙戌，皇太后五旬圣寿节，御慈宁宫，上率诸王大臣等行庆贺礼。

十二月乙未，刘统勋请停张廷玉近属升转，减讷亲所管事务，上嘉之。丙申，大学士张廷玉请解部务，不许。辛丑，免甘肃武威等二县五年被水额赋。赈江苏江浦等州县旱灾。免湖南湘乡等二县被水额赋。乙巳，免浙江仁和等十九州县本年额赋。丁未，免山东历城等十六州县卫旱灾额赋。庚戌，免甘肃永昌等三县旱灾额赋。琉球入贡。调常安为浙江巡抚，顾琮为漕运总督。命刘统勋往浙江会勘海塘。赈浙江嵊县等十七州县、仁和等场水旱灾。

七年春正月壬戌，调史贻直为吏部尚书，任兰枝为兵部尚书。以赵国麟为礼部尚书。庚午，定绥远城、右卫、归化城土默特、察哈尔共挑兵四千名，内札萨克首队兵四千五百名、二队兵六千五百名，援应北路军营，并於额尔德尼昭沿途置驼马备用。戊寅，以那克素三十九部番民备办准噶尔进藏官兵驼马，免本年额赋。甲申，赈安徽凤阳、颍州二府，泗州一州属饥民。庚寅，准噶尔入贡。

二月辛卯朔，上诣泰陵。乙未，上谒泰陵。是日，回跸。丙申，朝鲜入贡。戊戌，上幸南苑行围。己亥，琉球入贡。己酉，礼部尚书赵国麟乞休，不允。乙卯，以吉党阿为归化城都统。

三月庚申朔，上忧旱，申命求言，并饬九卿大臣体国尽职。丁卯，命大学士、九卿、督、抚举如马周、阳城者为言官。乙亥，以旱命刑部清理庶狱，各省如之。以晏斯盛为山东巡抚。辛巳，准噶尔台吉噶尔丹策零遣使吹纳木喀等奉表贡方物，乞勿限年贸易。壬午，以噶尔丹策零表奏狡诈，谕西北两路军营大臣加意防之。戊子，上诣黑龙潭祈雨。以两江总督那苏图办赈遗漏，切责之。

夏四月庚寅朔，准噶尔贡使吹纳木喀等入觐。裁八沟、独石口副都统各一，增天津副都统一。以古北口提督管独石口外台站。免河南永城等三县上年被水额赋。甲午，赐金甡等三百二十三人进士及第出身有差。调德沛为两江总督，那苏图为闽浙总督。乙未，拨安徽赈银三十万两有奇，并准采买湖广米备粜。辛丑，赈安徽宿州等州县卫水灾。甲辰，赐准噶尔台吉噶尔丹策零敕书，申诫以追论旧事，屡违定约，并谕将此次奏请贸易、改道噶斯等事停止，仍赏赉如例。甲寅，除河南洧川等十一县水冲地赋。免福建福清等七县飓灾额赋。丙辰，刑部尚书刘吴龙卒，以张照为刑部尚书。

五月己未朔，以顺天、保定等八府，易州等五州缺雨，命停征新旧钱粮。定移驻满兵屯垦拉林、阿勒楚喀事宜，设副都统，以巴灵阿为之。戊辰，以御史胡定劾，寝赵弘恩补刑部侍郎之命。癸酉，定雩祭典礼，御制乐章。免江苏沛县昭阳湖水沈田亩额赋。丙戌，禁奏章称蒙古为"夷人"。以琉球国王资送江南遭风难民，嘉奖之。张允随奏猛遮界外孟艮酋长召贺罕被逐，遁入缅甸。

六月甲寅，谕督抚董率州县经画地利。戊申，训饬地方官实心经理平粜。

秋七月己未，命资送日本遭风难民归国。免广西梧州等三府属逋赋。辛酉，除山西繁峙、广西武缘荒地额赋。乙丑，礼部尚书赵国麟乞休，上责其矫饰，褫职。调任兰枝为礼部尚书，陈悳华为兵部尚书，徐本兼管户部尚书。丙寅，命大学士鄂尔泰兼领侍卫内大臣。命赈江苏山阳等州县水灾。命抚恤江苏阜宁等州县水灾。癸未，命高斌、周学健往江南查办灾赈、水利。甲申，赈湖北汉川、襄阳等州县卫水雹灾，并停征额赋。丙戌，赈江苏江浦等十八州县卫、安徽临淮等州县卫。抚恤江西兴国等州县、浙江淳安等州县、湖南醴陵等八州县、山东峄县等十州县卫、甘肃狄道等四州县厅灾民。

八月戊子，江南黄、淮交涨，命疆吏拯救灾黎，毋拘常例。训饬慎重军政。拨江苏、安徽赈银二百五十万两有奇。庚寅，免江苏、安徽被水地方本年额赋。辛卯，定皇后亲蚕典礼。戊戌，免直隶、江苏、安徽、福建、甘肃、广东等省雍正十三年逋赋，并免江南、浙江未完雍正十三年漕项。庚子，谕河南等省抚恤江南流民。壬寅，上奉皇太后幸南苑，上行围。癸卯，赈江西兴国水灾。乙巳，上奉皇太后幸晾鹰台阅围。

九月丁巳朔，拨江苏运山东截留漕米十万石，备淮、徐、凤、颖各属赈粜。赈湖北潜江等十州县水灾。辛酉，免广东崖州等二州县风灾额赋。免安徽凤、颍、泗三府州本年水灾地方漕赋，不成灾者折征之。赈湖南湘阴等九县水灾。丁卯，上诣东陵。庚午，上谒昭西陵、孝陵、孝东陵、景陵。免江苏山阳等二十一州县本年被水漕赋。壬申，上幸盘山。赈恤江苏、安徽灾银二百九十万两、米谷二百二十万石各有奇。命再拨邻省银一百万两备明春接济。乙亥，上幸雩髻山。戊寅，上回跸。

冬十月丙戌，拨山东、河南明年运漕米各五万石备江南赈，仍由直隶赴古北口外如数采买补运。己丑，免山东历城等十九州县旱灾额赋。庚寅，命江南截留癸亥年漕粮二十万石，仍拨山东漕粮二十万石，河南仓米二十万石，运江南备赈。癸巳，浙江提督裴鉽等以侵欺褫职鞫治。壬辰，赈江苏山阳等二十八州县卫饥。甲午，命清理滞狱。乙未，命拨山东沿河仓谷十万石运江南备赈。丁酉，赈安徽凤阳二十四州县卫水灾。甲辰，朝鲜国王李昑表谢国人金时宗等越境犯法，屡荷宽典。上曰："此朕柔远之恩。若恃有宽典，犯法滋多，非朕保全外藩之本意。王其严加约束，毋俾干纪。"以塞楞额为陕西巡抚。己酉，赈河南永城等十三州县饥。辛亥，上诣顺懿密太妃宫问疾。壬子，赈江苏山阳等七州县卫水灾。

十一月丙辰朔，大学士等奏纂辑《明史》体例。上曰："诸卿所见与朕意同。继《春秋》之翼道，昭来兹之鉴观，我君臣其共勉之。"赈湖北汉川等十二州县水灾饥。戊午，赈浙江瑞安等县厅场、湖南湘阴等九县水灾。庚申，福建漳浦县会匪戕杀知县，命严治之。壬戌，赈山东胶州十州县卫水灾。癸亥，赈甘肃狄道等州县水雹灾。乙亥，命持法宽严，务归平允。命陈世倌会同高斌查勘江南水利。戊寅，谕明春奉皇太后诣盛京谒陵。庚辰，以初定斋宫礼，是日诣斋宫。

十二月丙戌朔，赈山东济宁等七州县卫饥。丁亥，命考试荐举科道人才。周学健举三人皆同乡，谕饬之。命左副都御史仲永檀会同周学健查赈。壬辰，上奉皇太后幸瀛台。丙子，仲永檀、鄂容安以漏泄机密，逮交内务府慎刑司，命庄亲王等鞫治。免福建尤溪等四县荒田溢额银。己亥，召安徽巡抚张楷来京，调喀尔吉善代之。命宽鄂尔泰党庇仲永檀罪。免直隶蓟州等三州县水灾额赋。丁未，拨运吉林乌拉仓粮接济齐齐哈尔等处旱灾。庚戌，赈奉天承德等五州县饥。免山东胶州等十州县卫水灾额赋。辛亥，调完颜伟为河东河道总督，白钟山为江南河道总督。乙卯，谕曰："江南水灾地亩涸出，耕种刻不容缓。疆吏其劝灾民爱护田牛，或给资饲养，毋得以细事置之。"

八年春正月丁巳，免鄂容安发军台，命仍在上书房行走。仲永檀死於狱。召孙嘉淦来京。以阿尔赛为湖广总督。甲子，陈世倌等奏修江苏淮、徐、扬、海，安徽凤、颍、泗各属河道水利，下大学士鄂尔泰等大臣议行之。己卯，命军机大臣徐本、班第、那彦泰随往盛京。辛巳，召参赞大臣阿岱、塔尔玛回京，以拉布敦、乌尔登代之。壬辰，内阁学士李绂致仕陛辞，以慎终如始对，赐诗嘉之。辛卯，以考选御史，杭世骏策言内满外汉，忤旨褫职。调刘於义为山西巡抚。命孙嘉淦署福建巡抚。丙申，命尹继善署两江总督，协同白钟山料理河务。癸卯，命侍讲邓时敏、给事中倪国琏为凤、颍、泗宣谕化导使，编修涂逢震、御史徐以升为淮、徐、扬、海宣谕化导使。乙巳，免湖北汉川等十一州县卫水灾额赋。准赵国麟回籍。癸丑，遣和亲王弘昼代祀先农坛用《中和韶乐》，与上亲祭同，著为例。赈山东滕县等六州县饥。庚午，调喀尔吉善为山东巡抚，晏斯盛为湖北巡抚，范璨为安徽巡抚。丙子，上诣寿祺皇太妃宫问疾。

夏四月甲申朔，寿祺皇太妃薨，辍朝十日。上欲持服，庄亲王等祈免。训饬九卿勤事。申命各督抚陈奏属员贤否。乙酉，上诣寿祺皇贵太妃宫致奠。辛卯，命奉宸苑试行区田法。丁酉，赈安徽凤阳六府州属水灾饥。免湖北襄阳等三县水灾额赋。庚子，裁江苏海防道，设淮徐海道，驻徐州府。以苏松巡道兼管塘工。扬州府隶常镇道。原设淮徐、淮扬二道专管河工。

闰四月甲寅朔，琉球入贡。丁巳，御试翰林、詹事等官，擢王会汾等三员为一等，余各升黜有差。辛酉，免河南郑州等十三州县本年水灾额赋。甲戌，除江苏吴江等二县坍没田荡额赋。

五月癸未朔，谕銮舆巡幸，令扈从护军等加意约束，不得践踏田禾。乙酉，御史沈懋华以进呈经史讲义召见，已去，下部严议。丁亥，命河南停征上年被水地方钱粮。己亥，免江苏山阳等十三州县牙税。免临清商民运征米船料及铜补商补。辛丑，赈山东历城等十八州县卫饥。丙午，以硕色为河南巡抚，纪山为四川巡抚。戊申，调庆復为川陕总督。以马尔泰为两广总督。授张允随为云南总督，兼管巡抚事。辛酉，苏禄国王麻喊末阿稟勝宁表请三年一修职贡。命仍遵五年旧例。

六月壬子朔，御史陈仁请以经史考试翰詹，不宜用诗赋，上嘉之。甲寅，改南掌为十年一贡。乙卯，除江苏沛县水沈地赋。丙辰，以旱求言。戊午，命阿里衮暂署河南巡抚。丁卯，以御史胡定劾湖南巡抚许容一案，究出督抚诬陷扶同，予叙。壬申，谕督抚率属重农。

秋七月乙酉，上诣顺懿密太妃宫问疾。丙戌，以安南不靖，扰及云南开化都竜厂，命张允随等严防之。开化镇总兵赛都请讨安南，不许。戊子，上奉皇太后由热河诣盛京谒陵，免经过之直隶、奉天地方钱粮。拨通仓米四十万石赈直隶旱灾。壬辰，免山东历城等十六州县卫旱灾额赋。乙未，停今年勾决。上奉皇太后驻避暑山庄。丙申，除福建连江等二县水冲地赋。己亥，上奉皇太后诣盛京。癸卯，上行围於永安莽喀。乙巳，上行围於爱里。丙午，上行围於锡拉诺海。命严除州县征漕坐仓之弊。戊申，免直隶沧州被雹灶户额赋。上奉皇太后驻跸鸣呜塔喇。己酉，上行围，至己卯皆如之。严督抚等漏泄密奏之禁。赈湖北兴国等三州县水灾，并免额赋。癸亥，万寿节，上诣皇太后行幄行礼。御行幄，扈从诸王以下大臣官员暨蒙古王以下各官庆贺。赐诸王、大臣、蒙古王等宴。甲子，上驻跸巴雅尔图塔剌。乙丑，上行围。戊辰，上行围。壬申，上驻跸伊克淖尔，上行围，至丙子如之。甲戌，赈四川西昌水灾。定直隶被旱州县赈恤事宜。赈广东始兴等十六州县水灾。己卯，上行围於巴彦，亲射殪虎。

九月庚辰朔，上行围於伍什杭阿，亲射殪虎。辛巳，上行围威准。壬午，上行围黄科。癸未，上行围阿兰。以哲布尊丹巴呼图克图未奏往额尔德尼招礼拜，土谢图汗敦丹多尔济均下理藩院议处。甲申，赈陕西商州水灾饥。乙酉，上行围舍里。丙戌，上行围善颜倭赫。丁亥，上行围巴彦。鄂弥达改荆州将军。调博第为吉林将军，富森为黑龙江将军。戊子，上行围尼雅满珠。己丑，上行围珠敦。庚寅，上行围英额边门外。是日，驻跸乌苏河。甲午，许容以劾谢济世贪纵各款皆虚，孙嘉淦以扶同定案，均褫职。署粮道仓德以通揭鞫实，予叙。上驻跸穆奇村。乙未，上奉皇太后谒永陵。丙申，行大飨礼。命停顾琮议限民田。赈河南祥符等二十一州县、山东齐东等十八州县卫旱灾，并免额赋有差。辛丑，谒福陵。壬寅，行大飨礼。谒昭陵。癸卯，行大飨礼。上奉皇太后驻跸盛京。朝鲜国王李昑遣陪臣至盛京贡方物。甲辰，上率群臣诣皇太后宫行庆贺礼。御崇政殿受贺。赐群臣及朝鲜使臣宴。御大政殿赐酺。颁诏覃恩有差。乙巳，上诣文庙释奠。幸讲武台大阅。谕王公宗室大臣等洁蠲礼典，训导兵民，毋忘淳朴旧俗。丙午，上亲奠克勤郡王岳託及武勋王扬古利墓。遣官望祭长白山、北镇医巫闾山及辽太祖陵。戊申，上亲奠弘毅公额宜都、直议公费英东墓。免河南带征乾隆七年以前民欠。

冬十月庚戌朔，上御大政殿，赐扈从王大臣宴於凤凰楼前。谕王公宗室等革除陋习，恪守旧章。免盛京、兴京等十五处旗地本年额赋及乾隆七年逋赋。御制《盛京赋》。辛亥，上奉皇太后回跸。乙丑，赈广东南海等七县水灾。是日，上登望海楼，驻文殊庵。丁卯，命直隶被灾各属减价平粜。己巳，命部院大臣京察各举贤自代。以刘於义为户部尚书，阿里衮为山西巡抚。命徐本仍兼管户部。调陈宏谋为陕西巡抚，塞楞额为江西巡抚。庚午，赈河南祥符等十四州县旱灾。甲戌，上奉皇太后还京师。丁丑，上以谒陵礼成，率群臣诣皇太后宫行庆贺礼。御太和殿，王大臣各官进表朝贺。

十一月，赈安徽无为水灾，并免额赋。壬午，赈甘肃狄道等二十四州县水虫风雹灾。庚寅，安南国王黎维祎表谢赐祭及袭封恩，进贡方物。辛丑，赈广东万州等十四州县水灾，福建台湾等三县旱灾。壬寅，贷黑龙江被旱被霜兵丁等仓粮。赈山西曲沃等十一州旱灾。癸卯，赈直隶天津等二县旱灾。丁未，赈安徽寿州等九州县卫旱灾。己酉，免谒陵经过额赋十分之三。

十二月庚戌朔，赈广东吴川县旱灾。辛亥，命史贻直协办大学士。乙卯，赈山东陵县等十二州县卫旱灾。葬端慧皇太子於朱华山寝园。辛酉，大学士福敏乞退。温谕慰留。甲子，准噶尔遣贡使图尔都等至京，谢进藏人由噶斯路行走，赐助牲畜恩，并贡方物。乙丑，以陈悳华隐匿其弟陕西按察使陈悳正申辨参案密奏，下部严议。悳正褫职鞫治。丁卯，以星变示儆，诏修省。

九年春正月辛巳，以徐本病，命史贻直为大学士。以刘於义为吏部尚书、协办大学士，张楷为户部尚书。陈悳华罢，以王安国为兵部尚书。壬午，幸瀛台。御大幄次，赐准噶尔使图尔都宴，命立首班大臣末。以噶尔丹策零恭顺，图尔都诚敬可嘉，召图尔都近前，赐饮三爵，锡赉有加。训饬各省州县教养兼施。丁亥，赈直隶天津等十一州县灾。庚子，王安国忧免，以彭维新为兵部尚书。以许容署湖北巡抚。授史贻直文渊阁大学士。朝鲜入贡。给讷亲钦差大臣关防。癸卯，上奉皇太后诣泰陵。丙午，上诣泰陵。是日，奉皇太后回跸。

二月，上奉皇太后幸南苑。丙辰，以给事中陈大玠等奏，寝许容署湖北巡抚之命，留晏斯盛任，仍申诫言官扶同纠论。免安徽桐城等九州县上年水灾额赋。免福建台湾等三县旱灾额赋，并赈之。甲子，陈悳华降调。丁卯，赈云南霑、益二州县水灾。丁丑，户部尚书张楷卒，以阿尔赛代之，鄂弥达为湖广总督。

三月癸未，以汪由敦为工部尚书。丁亥，免江苏沛县、河南中牟等六县旱灾额赋。丁酉，调博第为西安将军。以巴灵阿为宁古塔将军。乙巳，赈山东德州等五州县卫旱灾。以讷亲奏查阅河南、江南营伍废弛，上曰："可见外省大吏无一不欺朕者，不可不惩一儆百。"

四月戊申朔，始建先蚕坛成。乙卯，上诣圜丘行大雩礼，特诏贬损仪节，以示虔祷。以旱命省刑宽禁。辛未，赈山东德平等八州县旱灾。己卯，谕曰："一春以来，雨泽稀少。皇太后以天时久旱，忧形於色，今日从寝宫步行至园内龙神庙虔祷。朕惶恐战栗，即刻前往请安，谆恳谢罪，特谕内外臣工知之。"戊子，祭地於方泽，不乘辇，不设卤簿。庚寅，雨。壬寅，大学士、九卿议覆御史柴潮生请修直隶水利，命协办大学士刘於义往保定会同高斌筹画。

六月己酉，大学士徐本以病乞休，允之。癸丑，赈山东历城等三十二州县旱灾，兰山等六州县雹灾。

秋七月丙子朔，谕直隶灾重之天津等十六州县，本年停征新旧钱粮。丙戌，免江苏、安徽雍正十三年逋赋。壬辰，额尔图以不职免，以达勒党阿为奉天将军。

八月己酉，抚恤安徽歙县等二十州县水灾。戊申，免江苏淮安、安徽凤阳二府雍正十三年逋赋。癸丑，赈四川成都等州县水灾。乙丑，予告大学士徐本回籍，上赐诗宠行，赏赉有加，并谕行幸南苑之日，亲临慰问。丙寅，免直隶天津等三十一州县上年逋赋。己巳，上奉皇太后幸南苑，上行围。

九月己亥朔，以翰林院编修黄体明进呈讲章，牵及搜检太严，隐含讽刺，下部严议褫职。乙未，免山西清水河本年雹灾额赋。癸卯，赈山东博兴等县旱灾。丁未，改明年会试於三月举行。己酉，以陈世倌假满，命入阁办事。赈山西文水等县水灾。庚戌，以四川学政蒋蔚实心教士，命留任。乙卯，上奉皇太后幸汤山。江南、河南、山东蝗。癸亥，上幸盘山。丁卯，上奉皇太后还宫。庚午，重修翰林院工竣。上幸翰林院赐宴，分韵赋诗，复御制柏梁体诗首句，群臣以次赓续。赐掌院大学士鄂尔泰、张廷玉御书扁额，及翰林、詹事诸臣书币有差。是日，幸贡院，赐御书联额。复幸紫微殿、观象台。赈直隶保定等十八州县水虫雹等灾。赈江苏靖江等十二州县卫潮灾，安徽歙县二十一州县卫水灾。庚辰，起孙嘉淦为宗人府府丞。辛巳，除直隶涿州等三州县水冲地赋。丙戌，山东登州镇总兵马世龙以科派兵丁，鞫实论绞。赈甘肃河州等三十五州县卫雹水各灾。辛卯，以江西学政金德瑛取士公明，命留任。己亥，以贵州学政佟保守洁士服，命留任。丙午，鄂尔泰议覆刘於义奏勘直隶水利，命拨银五十万两兴修。丁未，免浙江仁和等三十一州县所旱灾额赋，并赈之。辛亥，赈成都等三十州县水灾。壬子，允准噶尔贡使哈柳等随带牛羊等物在肃州贸易。甲子，免山东历城等三十二州县卫本年旱雹等灾额赋。乙丑，免直隶保定等十一州县厅本年水旱虫雹灾额赋。丙寅，赏雷鋐额外谕德，食俸。戊辰，张照丁忧，调汪由敦为刑部尚书，以赵弘恩为工部尚书。免安徽歙县等二十一州县卫水灾额赋。辛未，以福建闽县等县火灾，谕责疆吏不严火备。罗卜藏丹怎就获。

十年春正月丙子，召大学士、内廷翰林於重华宫联句。改会试於三月，著为令。乙未，大学士鄂尔泰以病乞解任，温谕慰留。己亥，准噶尔遣使哈柳贡方物。庚子，召高斌来京，以刘於义署直隶总督。己酉，赈浙江淳安等四县上年水灾。朝鲜入贡。辛亥，上幸内右门直庐视鄂尔泰疾。己未，上谒昭西陵、孝陵、孝东陵、景陵。庚申，免广东海阳等二县上年水灾额赋。甲子，免江苏丹徒等十州县卫上年水灾额赋。丁卯，上还京师。己巳，免山东博兴等二县乾隆九年旱灾额赋。庚午，高斌回直隶总督。

三月癸酉朔，日食。乙亥，改殿试於四月，著为令。赈云南白盐井水灾。庚辰，上幸鄂尔泰第视疾。辛巳，加鄂尔泰太傅。己丑，协办大学士、礼部尚书三泰乞休，允之。庚寅，命讷亲协办大学士，调来保为礼部尚书，以盛安为刑部尚书。癸巳，免浙江仁和等三十州县上年旱灾额赋。甲午，以安南莫康武作乱，攻陷太原、高平等处，命那苏图等严防边隘。乙未，加史贻直、陈世倌、来保、高斌太子太保，刘於义、张允随、张广泗太子少保。

夏四月癸卯朔，发江南帑银五十六万两浚河道。己巳，免山东海丰等二县被旱额征灶课。乙卯，大学士鄂尔泰卒，上临奠，辍朝二日，命遵世宗遗诏，配飨太庙。召那苏图来京，以策楞为两广总督。调准泰为广东巡抚。以魏定国为安徽巡抚。庚申，召蒋溥来京，以杨锡绂为湖南巡抚。壬戌，饬沿海各省训练水师。癸亥，以旱命刑部清理庶狱。戊辰，策试贡士，诏能深悉时政直言极谏者听。己巳，庆復、纪山奏进剿瞻对番。

五月壬申朔，赐钱维城等三百三十三人进士及第出身有差。丁亥，除江苏苏州等九府坍没芦课。颁御制《太学训饬士子文》於各省学宫，同世祖《卧碑文》、圣祖《圣谕广训》、世宗《朋党论》朔望宣讲。命讷亲为保和殿大学士。辛卯，户部尚书阿尔赛为家奴所害，磔家奴於市。以高斌为吏部尚书，那苏图为直隶总督。命高斌、刘於义仍办直隶水利河道。以梁诗正为户部尚书。己亥，命刘於义兼管户部事务。

六月丁未，普免全国钱粮。谕曰："朕临御天下，十年於兹。抚育蒸黎，躬行俭约，薄赋轻徭，孜孜保治，不敢稍有暇逸。今寰宇敉宁，左藏有余，持盈保泰，莫先足民。天下之财，止有此数，不聚於上，即散於下。我皇祖在位六十一年，蠲租赐复之诏，史不绝书，普免天下钱粮一次。我皇考无日不下减赋宽征之令，如甘肃一省，正赋全行豁免者十有余年。朕以继志述事之心，际重熙累洽之后，欲使海澨山陬，俱沾大泽，为是特颁谕旨，丙寅年直省应征钱粮，其通蠲之。"庚戌，免安徽凤阳等州府连年被灾地方耗羡。命户部侍郎傅恒在军机处行走。辛酉，御史赫泰请收回普免钱粮成命。上斥其悖谬，褫职。癸亥，上诣黑龙潭祈雨。

秋七月辛未朔，免甘肃宁夏等三县逋赋。癸酉，以顺直宛平等六十四厅州县缺雨，命停征钱粮。乙酉，命高斌仍兼直隶河道总督。戊子，赈安徽寿州等十八州县卫水灾雹灾。壬辰，上奉皇太后幸多伦诺尔，免经过州县额赋十分之四。戊戌，上奉皇太后驻避暑山庄。赈安徽宿州等州县卫水灾。

八月癸卯，赈两淮莞渎等三场水灾。停征湖北汉川等十七州县水灾、光化等二县雹灾额赋，并赈之。上奉皇太后幸木兰行围。甲辰，上驻波罗河屯。赐青海蒙古王公宴，并赉之。丁未，上行围永安莽喀。戊申，上行围毕雅喀拉。己酉，上行围温都里华。辛亥，上行围额尔衮郭。赐蒙古王、额驸、台吉等宴。癸丑，上行围布尔噶苏台。甲寅，上行围巴彦沟。乙卯，上行围乌里雅苏台。赐王、大臣、蒙古王、额驸、台吉等宴。丙辰，上行围毕图舍尔。赈直隶宣化府属旱灾。丁巳，上行围阿济格鸠和洛。戊午，上行围僧机图。己未，上行围永安湃。庚申，上行围英图和洛。辛酉，上行围萨达克图口。壬戌，赈湖北宜城等三州县卫水灾。癸亥，上行围老图博勒齐尔。乙丑，上行围库尔奇勒。丙寅，赈甘肃安定等三县、广东电白等二县旱灾，海丰虫灾，南澳风灾。上驻多伦诺尔。丁卯，赐王、大臣、蒙古王、额驸、台吉等宴。赈山西曲沃等十二州县水灾。

九月庚午朔，上行围额尔托昂色钦。辛未，上行围多伦鄂博图。壬申，遣祭明陵。上行围古哲诺尔。癸酉，张允随以猛缅土司奉廷微等通缅莽，请改土归流，命详议。上行围塔奔陀罗海。乙亥，赈河南永城等五县水灾。上行围札玛克图。丙子，上行围唵尔呼。丁丑，赈直隶故城等十五州县卫旱灾。癸未，上驻宣化府。甲申，上阅宣化镇兵。丁亥，赈山东济宁等六州县卫水灾，海丰旱灾。癸巳，上奉皇太后还京师。甲午，授鄂弥达湖广总督。赈两淮庙湾场水灾。丁酉，以普免钱粮，命查各省历年存余银，以抵岁需。戊戌，授尹继善两江总督。命修明愍帝陵。赈江苏淮、徐、海被灾州县。庆復奏收抚上瞻对，进剿下瞻对班滚，克加社丫等卡及南路各寨。赈陕西长安等六县水灾。

冬十月丁未，以甘肃甘山道归并肃州道。戊申，赈河南商丘等五县水灾。辛亥，裁通政使司汉右通政一。丙辰，命塞陈家浦决口。戊午，命四川严查啯匪。礼部尚书任兰枝乞休，允之。癸亥，免江苏海州等七州县漕粮。甲子，给江南灾民葺屋银。赈江苏江浦等二十一州县卫水灾。乙丑，赈湖南湘阴等三县、湖北汉川等二十一州县卫旱灾。丙寅，除湖北当阳等二县卫水冲地赋。

十一月庚午，赈顺直香河等四十八州厅县旱灾，陕西兴平等六县水灾。辛未，赈山东滕县等七州县卫水灾。壬申，以王安国为礼部尚书。甲戌，赈两淮庙湾等场水灾。乙亥，傅清奏准噶尔台吉噶尔丹策零与阿卜都尔噶里木汗构兵。丁丑，赈山西大同等十八州县旱霜雹灾。湖北巡抚晏斯盛乞养，以开泰代之。辛巳，赈广西思恩等县旱灾。壬午，准噶尔台吉噶尔丹策零卒。命西北两路筹备边防。乙酉，赈广东海陞等四场风灾。戊子，免安徽宿州等五州县水灾地方漕粮。庚寅，陈家浦决口合龙。癸巳，赈直隶宣化府属及庆云县旱灾。

十二月辛亥，大学士福敏乞休，优诏允之，加太傅。壬子，命庆復为文华殿大学士，留川陕总督任。命高斌协办大学士。赈陕西陇西等州县旱灾。赈淮北板浦等场水灾。乙卯，命协办大学士高斌、侍郎蒋溥均在军机处行走。

卷十一　本纪十一

高宗本纪二

十一年春正月庚午，以纪年开袠，命减刑。癸未，命庆复进剿瞻对，为李质粹声援。辛卯，赈江苏铜山、安徽宿州等州县饥。甲午，朝鲜入贡。李质粹进攻灵达，班滚之母赴营乞命，仍纵归。上饬其失机。谕庆復督兵前进。

二月戊戌，赈山西大同等十二州县饥。辛丑，召北路军营参赞大臣拉布敦、乌勒来京，以塔尔玛善、努登代之。癸卯，上幸南苑行围。丁未，免广东新宁等州县、云南鹤庆府水灾额赋。辛亥，以三月朔日食，诏修省以实。定皇后不行亲蚕礼之年遣妃代行。丙辰，免河南永城等五县水灾额赋。庚申，西藏台吉冷宗鼐以攻瞻对擅撤兵，论斩。谕宥其死。

三月己巳，免直隶盐山等八州县水灾额赋。甲戌，赈云南白盐井水灾。乙亥，准噶尔台吉策旺多尔济那木札勒以新立，遣使哈柳贡方物，请派人往藏熬茶。戊寅，庆復至打箭炉，劾李质粹等老师玩寇，请续调官兵进剿，允之。辛巳，遣内大臣班第等赴瞻对军营。壬午，赐哈柳等宴。召见，允其往藏熬茶，颁如意赉之。甲申，赐准噶尔台吉策旺多尔济那木札勒敕。予故台吉噶尔丹策零布施。丙申，免湖北潜江等州县上年水灾额赋。庆復奏进驻灵雀。

闰三月丁酉朔，饬陕西修列代陵墓。庚子，召白钟山来京，命顾琮署江南河道总督，高斌暂管之，以刘统勋署漕运总督。赈直隶宣化府饥。赈甘肃陇西等十二州县水旱雹霜灾。丙午，命汪由敦署左都御史。癸丑，左都御史杭奕禄休致，以阿克敦代之。

夏四月丁丑，白钟山褫职，发南河效力。戒军机处漏泄机密。以鄂昌署广西巡抚。丁亥，免湖南湘阴等五县水灾额赋。己丑，免广东新宁等四州县水灾额赋。

五月丙申朔，以盛安为左都御史，阿克敦为刑部尚书。丁酉，谕顾琮查明南河虚縻之款，令白钟山赔补。壬寅，免山西大同等十八州县上年旱霜各灾额赋。丙午，庆復奏进攻瞻对，番酋班滚计日授首。加庆復太子太保。戊申，免甘肃靖远等三县上年旱灾额赋。己酉，永除直隶庆云县每年额赋十分之三。乙卯，达赖喇嘛等请宥班滚，不许。以傅清代奏，严饬之。

六月丙寅，庆復、班第等会攻丫鲁尼日寨，克之。班滚自焚死。丁卯，以打箭炉口内外番从征效力，再免贡赋二年。丙子，京城地震。壬辰，命送还俄罗斯逃人於恰克图。

秋七月丙申，加那苏图、策楞太子少傅衔，周学健太子少保衔。丁酉，命高斌赴江苏察看黄、运工程，刘於义署直隶河道总督。壬寅，四川大乘教首刘奇以造作逆书，磔於市。庚戌，周学健奏捕天主教二千余人。上以失绥远之意，宥之。壬戌，赈湖北汉川等七县水灾。癸亥，以云南张保太传邪教，蔓延数省，谕限被诱之人自首，其仍立教堂者捕治之。丁卯，召吉林将军巴灵阿来京，命阿兰泰代之。赈直隶庆云等七县场旱灾。己巳，以四川提督李质粹进剿瞻对欺饰，罢之。免广宁等处旗地水灾赋。辛未，赈湖南益阳等四州县水灾。癸酉，加赏江苏、安徽被水灾民修葺房屋银。乙酉，赈山东金乡等十一州县卫水灾。庚寅，上御瀛台，赐宗室王公等宴。改崇雅殿为敦叙殿。辛卯，上御瀛台，赐大学士、九卿、翰林、科道等宴，宣示七言律诗四章。壬辰，福建上杭县民罗日光等纠众请均佃租滋事，捕治之。癸巳，允朝鲜国王请，停奉天设牤牛哨汛兵。

九月甲午朔，除浙江归安等三县沙积坍卸地赋。戊戌，训督抚实心行政。赈山东滕县等三州县、两淮板浦等六场水灾。己亥，命高斌往奉天疏浚河道。辛丑，停今年秋决。以周学健为江南河道总督。调陈大受为福建巡抚，以安宁署江苏巡抚。定钦差大臣巡阅各省营伍例。赈河南郑州等三州县水灾。壬寅，命讷亲兼管户部。免甘肃陇西等九州县水灾额赋。癸卯，上奉皇太后启跸诣泰陵，并巡幸五台山。丁未，上谒泰陵。己酉，阿里衮患病，以班第署山西巡抚。庚戌，赉经过直隶州县耆民。甲寅，赈江苏丰县等三州县雹灾。乙卯，上驻跸五台山射虎。以山西风俗醇朴，谕疆吏教养兼施，小民崇习礼让。丙辰，免山西五台县明年额赋十分之三。丁巳，召马尔泰来京，以喀尔吉善为闽浙总督。调塞楞额为山东巡抚，陈宏谋为江西巡抚，以徐杞为陕西巡抚。庚申，上奉皇太后回跸。壬戌，召鄂弥达来京，以塞楞额为湖广总督。调阿里衮为山东巡抚，爱必达为山西巡抚。赈河南鄢陵等二十六州县水灾。

冬十月甲子，赈山西阳曲等二十二州县水雹各灾。丁卯，上阅滹沱河堤。赈湖北汉川等九州县卫水灾。庚午，上奉皇太后驻跸保定府。壬申，上阅兵，赐银币有差。甲戌，以张广泗发摘逆犯魏王氏、刘奇等，予叙。定加山西归绥道兵备衔，稽查靖远营。戊寅，上奉皇太后还京师。调开泰为江西巡抚，陈宏谋为湖北巡抚。庚辰，免张廷玉带领引见，并谕不必向早入朝及勉强进内。壬午，命汪由敦军机处行走。癸未，御史万年茂以劾学士陈邦彦等献媚傅恒不实，褫职。戊子，免安徽寿州等二十三州县水灾额赋。辛卯，拨赈江苏淮、扬、徐、海各属灾民银粮二百二十万两石有奇。

十一月癸巳，寝甄别科道之命。御史李兆钰下部议处。乙未，以河南学政汪士锽考试瞻徇，褫职。免江苏山阳等二十四州县卫水灾额赋，并分别蠲缓漕粮有差。乙巳，除奉天锦县等二县冲压地赋。己酉，予故内阁学士张若霭治丧银，并谕张廷玉节哀自爱。辛亥，李质粹发军前效力。戊午，庆复奏大金川土司莎罗奔扰小金川，倘不遵剖断，惟有用番力以收功。上是之。

十二月癸亥，召班第来京，以陶正中护山西巡抚。甲子，赈湖北潜江等七州县卫水灾。乙丑，以傅清奏达赖喇嘛看茶之绥绷喇嘛镇压郡王颇罗鼐，赐手敕慰解之，并谕以与达赖喇嘛同心协力，保安地方。戊辰，以瑚宝为驻防哈密总兵。甲戌，免直隶静海虫灾额赋，并赈之。丁丑，以张廷玉年老，命其子庶吉士张若澄在南书房行走，俾资扶掖。戊寅，赈甘肃安定等州县旱灾。免山东金乡等八州县水灾额赋。庚辰，除广西永福水冲地赋。癸未，准噶尔台吉策旺多尔济那木札勒遣使玛木特等入觐，召见於太和斋。己丑，赈苏尼特、阿巴噶等旗灾。陈大受奏，苏禄国遣番官赍谢恩表番字、汉字二道，与例不符，却之，仍优给番官令回国。上嘉为得体。

十二年春正月壬辰，命玉保办理准噶尔使赴藏事务。甲午，免山西太原等六府八州及归化城额征本色十分之三，大同、朔平二府全蠲之。乙未，赐玛木特宴於丰泽园。戊戌，免江苏海州等三州县及板浦等六场民灶旧欠。丁未，赈山东寿光等十三州县饥。乙卯，赐准噶尔台吉策旺多尔济那木札勒敕，允所遣西藏念经人在哈集尔得卜特尔过冬及贸易。

二月辛酉朔，免吉林上年旱灾应交租谷。壬申，上谒昭西陵、孝陵、孝东陵、景陵。纪山奏大金川土司侵革布什咱土司，诱夺小金川土司泽旺印信。谕饬修守御，毋轻举动。甲戌，上幸盘山。庚辰，赈山东兰山饥。壬午，除河南孟县冲坍卫地额赋。癸未，上还京师。戊子，原任内务府大臣丁皂保年届百龄，赐御书扁额朝服彩币。免湖北枣阳上年水灾额赋。

三月，免山西阳曲等二县上年水灾额赋。辛丑，召庆复入阁办事，调张广泗为川陕总督。复设云贵总督，以张允随为之。命图尔炳阿为云南巡抚，孙绍武为贵州巡抚。赈河南水灾。以大金川土司掠革布什咱、明正各土司，扰及汛地，命庆復留四川，同张广泗商进剿，并饬张广泗抚驭郭罗克、曲曲乌、瞻对、巴塘诸番。免江苏淮安等四府州属上年水灾额赋。大学士查郎阿乞休，允之。乙巳，西藏郡王颇罗鼐卒，以珠尔默特那木札勒袭封郡王。丙午，以高斌为文渊阁大学士，来保为吏部尚书。调海望为礼部尚书，傅恒为户部尚书。命索拜驻藏，协同傅清办事。免安徽寿州等二十三州县卫上年水灾额赋。丁未，命副都统罗山以原衔管阿尔泰军台，并商都达布逊诺尔马厂事务。己酉，命张广泗进剿大金川土司莎罗奔。西路军营参赞大臣保德期满，以那兰泰代之。庚戌，免直隶蓟州等十四州县厅上年水灾额赋。戊辰，命高斌往江南会同周学健查勘河工，并清理钱粮积弊。己巳，以那苏图署直隶河道总督。壬午，给讷亲钦差大臣关防，命往山西会同爱必达谳安邑等二县聚众之狱。甲申，召雅尔图回京。

五月辛卯，召准泰来京，以策楞兼管广东巡抚。丙申，赈山东安丘等二县饥。甲辰，祭地於方泽，以旱屏卤簿。乙巳，命刑部清理庶狱，减徒以下罪。己酉，上诣黑龙潭祈雨。辛亥，爱必达免，调准泰为山西巡抚。壬子，以福建、山东、江南、广东、山西迭出挟制官长之狱，谕："顽民聚众，干犯刑章，不得不引为己过。各督抚其谆切化导，使愚民知敬畏官长，服从教令。"

六月庚申朔，谕来春奉慈舆东巡，亲奠孔林，命各衙门豫备事宜。辛未，命贵州巡抚节制通省军务。霍备以不查劾州县亏空褫职，发军台效力。壬申，赈山东益都等七州县饥。丙子，小金川土司泽旺率众降，并归沃日三寨。官兵进剿大金川，攻毛牛及马桑等寨，克之。召庆復回京。

秋七月己丑朔，抚恤山东历城等二十州县卫水雹各灾。命高斌等疏浚江苏六塘等河。丙申，命纳延泰赈苏尼特等六旗旱灾。癸卯，停刘於义兼管户部，以讷亲代之。丙午，赈顺直固安等七十五厅州县水旱雹灾。戊申，上奉皇太后幸避暑山庄。癸丑，张广泗进驻小金川美诺寨，分路攻剿，受小金川降。乙卯，上奉皇太后驻避暑山庄。戊午，赈长芦永利等三场旱灾灶户。

八月辛酉，上奉皇太后幸木兰行围。丙寅，赈长芦、海丰等二县灶户。戊辰，上行围温都尔华。赐蒙古王、公、台吉等宴。辛未，采买热河八沟等处米，赈苏尼特六旗旱灾。癸酉，赈江苏苏、松等属潮灾。丙子，命赈苏尼特六旗银，均用库帑，免扣王贝勒等俸。辛巳，庆復奏进攻刮耳厓，连战克捷。谕："小小破碉克寨，何以慰朕。"壬午，赈浙江寿昌等三县水灾。乙酉，赈顺直霸州等十五州县厅水灾。赈湖南耒阳等九县、陕西朝邑、广东顺德等三县水灾。

九月戊子朔，免经过地方额赋十分之三。赈甘肃伏羌等十县、云南安宁等三州县旱灾。上奉皇太后回驻避暑山庄。癸巳，以江苏崇明潮灾，淹毙人民一万二千余口，免明年额赋，仍赈之。乙巳，赈安徽歙县等八州县卫、河南通许等二十七州县、山东齐河等八十七州县水灾。丁酉，上奉皇太后回跸。乙巳，拨奉天粮十万石赈山东。丁未，致仕大学士查郎阿卒。戊申，谕江苏清查积欠，以陈维新与侍郎陈惪华规避，均褫职。壬子，赈河南许州水灾。甲寅，以顾琮为浙江巡抚，蕴著为漕运总督。乙卯，赈两淮吕田等二十场水灾。丁巳，以陈大受为兵部尚书，调潘思榘为福建巡抚，以纳敏为安徽巡抚。

冬十月辛酉，以苏禄复遣番人至福建申理吕宋番目劫夺贡使事，谕："岛夷互争，可听其自办，不必有所袒护。"乙丑，以上皇太后疾，诣慈宁宫问安视药。是日，宿慈宁宫。每日视药三次，至辛未皆如之。庚午，赈江苏阜宁等二十州县卫水灾。丁丑，免吉林被水地方额赋。戊寅，赈浙江海宁等十一县水灾。己卯，以准噶尔赴藏熬茶，宰桑巴雅斯瑚朗等至得卜特尔交易，召庆復回京。壬午，赈江苏常熟等十九州县卫潮灾，上元等十五州县卫旱灾，命江苏复截明岁漕粮四十万石备赈。癸未，谕张广泗勿受莎罗奔降。

十一月丁亥朔，上诣皇太后视药，日三次，至己丑皆如之。召阿里衮来京，以赫赫护山东巡抚。癸巳，赈浙江寿昌等三县饥，补豁被灾额赋。己酉，额驸策凌陛见，以塔尔玛善暂署定边副将军。庚戌，赈江苏崇明等县灾民有差。癸丑，赈山东东平等州县卫灾民。辛酉，赈安徽歙县等州县卫水灾。己巳，召徐杞来京，调陈宏谋为陕西巡抚，以彭树葵署湖北巡抚。赈山东齐河等八十五州县水灾。辛未，予告大学士徐本卒。乙亥，以张广泗进剿大金川，命黄廷桂署陕甘总督。赈直隶天津等六州县水灾。张广泗奏莎罗奔请降，告以此次用兵，不灭不已。上以"用卿得人"勉之。

己卯，以大学士庆復进剿瞻对，奏报班滚自焚不实，命褫职待罪。以班第、努三均奏班滚自焚，罢御前行走。庚辰，以来保为武英殿大学士。

十三年春正月壬辰，赈江苏阜宁等县、安徽宿州等五州县水灾。庚子，命傅恒兼管兵部尚书事。辛丑，命讷亲赴浙江同高斌会鞫巡抚常安。乙巳，命阿克敦协办大学士，傅恒协办巡幸内阁事务。戊申，上至曹八屯。甲寅，大学士张廷玉乞休，温谕慰留之，停兼理吏部，以来保代之。

二月戊午，上东巡，奉皇太后率皇后启銮。癸亥，上驻跸赵北口，奉皇太后阅水围。朝鲜、琉球入贡。甲子，赈直隶天津等十五州县水灾。丙寅，常安坐婪收褫职。壬申，福建瓯宁会匪作乱，总兵刘启宗捕剿之。癸酉，加经过山东被灾州县赈一月。罢奇通阿领侍卫内大臣，以阿里衮代之。乙亥，免直隶、山东经过州县额赋十分之三。戊寅，上驻跸曲阜县，免驻跸之山东曲阜、泰安、历城三县已巳年额赋。己卯，上释奠礼成，谒孔林。诣少昊陵、周公庙致祭。命留曲柄黄伞供大成殿，赐衍圣公孔昭焕及博士等宴。壬午，上驻跸泰安府。癸未，上祭岱岳庙，奉皇太后登岱。

三月乙酉，减直隶、山东监候、缓决及军流以下罪。丁亥，命班第赴金川军营协商军务。谕张广泗、班第调岳钟琪赴军营，以总兵用。戊子，上至济南府，幸趵突泉。己丑，上奉皇太后阅兵，谒帝舜庙。庚寅，上阅城，幸历下亭。免浙江馀姚等五县潮灾本年漕粮。壬辰，上奉皇太后率皇后回跸。癸巳，免安徽歙县等七州县卫上年被水额赋。乙未，上至德州登舟，皇后崩，命庄亲王允禄、和亲王弘昼奉皇太后回京，上驻跸德州。召完颜伟回京，以顾琮为河东河道总督，爱必达为浙江巡抚。协办大学士、吏部尚书刘於义卒。辛丑，还京师。大行皇后梓宫至京，奉安於长春宫。上辍朝九日。壬寅，四川成都等二十三州县厅地震。甲辰，皇太后至京师，上迎还寿康宫。乙巳，上至长春宫大行皇后梓宫前致奠。丙午，上亲定大行皇后谥曰孝贤皇后。以皇长子届丧未能尽礼，罚师傅、谙达等俸有差。丁未，上至长春宫大行皇后梓宫前行殷奠礼。命高斌、刘统勋查办山东赈务。己酉，大行皇后梓宫移观德殿。颁大行皇后敕谕於各省。遣官赍敕谕于朝鲜及内札萨克、喀尔喀、哈密、青海等处。辛亥，调爱必达为贵州巡抚，以方观承为浙江巡抚。丁巳，加傅恒、那苏图、张广泗、班第太子太保，喀尔吉善太子少保。庚申，召驻藏副都统傅清来京，以拉布敦代之。正白旗领侍卫内大臣伊勒慎卒，以那苏图、旺札勒署。来保免兼领侍卫内大臣，以丰安代之。壬戌，上至观德殿祭大行皇后。甲子，命讷亲经略四川军务。协办大学士阿克敦免，以傅恒代之，并兼管吏部尚书。哈达哈署兵部尚书。免上年江苏常熟等十六州县卫潮灾、上元等十四州县卫旱灾额赋。乙丑，调梁诗正为兵部尚书，以蒋溥为户部尚书。免江苏山阳等十八州县卫上年被灾额赋。丁卯，军机大臣蒋溥免，以陈大受代之。癸酉，以陈大受协办大学士，达勒当阿为刑部尚书。乙亥，起原任川陕总督岳钟琪赴金川军营，赏提督衔。调阿兰泰为盛京将军，以索拜为宁古塔将军。丙子，起傅尔丹为内大臣，赴金川军营。加赈福建台湾等二县旱灾。戊寅，晋一等侯富文为一等公。庚辰，裁都察院佥都御史、通政司右通政、大理寺少卿、詹事府少詹事、太仆寺少卿、国子监司业汉缺各一。改通政司满参议一缺为右，满、汉左通政为通政副使。

五月甲申朔，赐梁国治等二百六十四人进士及第出身有差。乙酉，免直隶文安等三十二州县厅上年被水额赋。丙戌，命傅恒署户部三库事。庚寅，阿克敦论斩。辛卯，张广泗奏克戎布寨之捷。丁酉，免河南通许等二十八州县水灾额赋。壬寅，免安徽旌德等七州县卫上年旱灾额赋。甲辰，上至观德殿册谥大行皇后曰孝贤皇后，颁诏。丙午，释阿克敦於狱，命署工部侍郎。戊申，免山东永利等八场上年水灾额赋。壬子，免山西永济等十二州县上年水雹灾额赋。

六月丙辰，李坦以祭祀久不到班，夺伯爵。申诫旗员。庚申，御试翰林、詹事等官，擢齐召南等三员为一等，余升黜有差。御试由部院入翰林、詹事等官，擢少詹事世贵记名升用。癸亥，赈陕西耀州等二十二州县旱灾。戊辰，四川汶川县典史谢应龙驻沃日土司，阻镇将移营。上嘉之，予州同衔。己巳，命兆惠兼管户部事。庚午，裁归化城土默特左右翼副都统。甲戌，谕禁廷臣请立皇太子，并责皇长子於皇后大事无哀慕之诚。上至观德殿孝贤皇后梓宫前奠酒，行百日致祭礼。

秋七月癸未朔，皇太后懿旨："娴贵妃那拉氏继体坤宁，先册立为皇贵妃，摄行六宫事。"丁亥，免福建长乐等二县上年旱灾额赋。戊子，谕讷亲等速奏进兵方略。壬辰，贷山东农民籽种银。免江苏宿迁上年水灾额赋。甲午，命高斌会周学健勘河、湖疏泄事宜。乙未，以山西永济等五县歉收，抚恤之。戊戌，德沛免，调达勒党阿为吏部尚书，以盛安为刑部尚书。辛丑，赈直隶青县等二十九州县旱灾。癸卯，阿里衮请减饥民掠夺罪，谕斥为宽纵养奸，不许。赈山东历城等二十九州县水雹等灾。丙午，常安论绞。

闰七月癸丑朔，以阿克敦署刑部尚书，德通为左都御史。丙辰，免直隶霸州、固安水灾额赋。赈湖南益阳等八州县水灾。戊午，以彭树葵为湖北巡抚。戊辰，周学健以违制薙发，逮下狱。命高斌管南河总督。尹继善以瞻徇，褫职留任。己巳，上幸盘山，以新柱署湖广总督。召安宁来京，以尹继善兼理江苏巡抚。宁古塔将军索拜迁古北口提督，以永兴代之。辛未，以讷亲奏金川进剿持两议，谕斥之，并申饬傅尔丹、岳钟琪、班第等。壬申，上驻跸盘山。癸酉，调准泰为山西巡抚，阿里衮为山东巡抚，鄂昌为江苏巡抚，舒辂为广西巡抚。塞楞额以违制薙发，逮下狱。丁丑，赈云南昆阳等州县水灾。戊寅，召阿里衮来京，以唐绥祖护山东巡抚。己卯，免江苏元和等十县本年雹灾额赋。庚辰，上还宫。

八月甲申，以班第署四川巡抚。乙酉，以谒泰陵，命庄亲王允禄等总理在京事务。癸巳，追议征瞻对诳奏罪，下庆復於狱，许应虎论斩。庚子，谕抚恤四川打箭炉地震灾民。命来保兼管工部尚书。辛丑，上诣泰陵。甲辰，召安宁来京。乙巳，上谒泰陵。丙午，免直隶庆云等二县九年逋赋。丁未，命户部侍郎兆惠赴四川军营督运。讷亲请调兵三万进剿，不许。戊申，命仓场侍郎张师载往江南随高斌学习河务。己酉，上还京师。

九月壬子朔，调鄂昌为四川巡抚。命策楞、高斌会鞫周学健。戊午，赐塞楞额自裁。己未，召北路参赞大臣塔尔玛善、努三来京，以穆克登额、萨布哈善代之。讷亲等奏克申札、申达诸城。调策楞为两江总督，尹继善为两广总督。辛酉，召讷亲、张广泗来京。命傅尔丹护四川总督，与岳钟琪相机进讨。甲子，起董邦达在内廷行走。命尚书班第赴军营，同傅尔丹、岳钟琪办理军务。命军营内大臣以下听傅尔丹节制。丁卯，召黄廷桂来京，以瑚宝署甘肃巡抚，兼办陕甘总督事。己巳，上幸静宜园阅兵。壬申，简亲王神保住以凌虐兄女，夺爵。癸酉，命德沛袭简亲王。丁丑，谕责讷亲、张广泗老师糜饷，饬讷亲缴经略印。己卯，命傅恒暂管川陕总督事，赴军营。命侍郎舒赫德军机处行走。庚辰，讷亲、张广泗以贻误军机，褫职逮问。召张广泗来京，发讷亲北路军营效力。以傅恒为经略，统金川军务。辛巳，命来保暂管户部。

冬十月壬午朔，调满洲兵五千名赴金川军营。诸王大臣请治讷亲罪。谕责讷亲负国负恩，候回奏再行降旨。乙酉，召尹继善来京，以硕色为两广总督，鄂容安署河南巡抚。赈湖南新宁县水灾。丙戌，班第以不劾讷亲罪，降调。以舒赫德为兵部尚书。丁亥，命傅恒为保和殿大学士，兼管户部。戊子，移孝贤皇后梓宫於静安庄，上如静安庄奠酒。乙丑，赈山东邹平等三十州县卫水灾。以尹继善为户部尚书。辛卯，上幸丰泽园，赐经略傅恒并从征将士宴。岳钟琪奏克跟杂之捷。壬辰，调开泰为湖南巡抚，以唐绥祖为江西巡抚。甲午，赈山西阳曲等十五州县旱灾。戊戌，上幸宝谛寺，阅八旗演习云梯兵。丁未，赈安徽阜阳等州县卫灾。己酉，命尹继善协办大学士。壬子，幸重华宫，赐经略傅恒宴。癸丑，上诣堂子行祭告礼，及祭吉尔丹纛。甲寅，赈江苏铜山县、湖北汉川等八州县卫水灾。丙辰，命各省巡抚皆兼右副都御史衔。丁巳，上幸南苑行围。戊午，上阅兵。戊辰，赐周学健自裁。平郡王福彭卒，辍朝二日。己巳，命尹继善在军机处行走。赈福建晋江等十四县旱潮等灾。庚午，免直隶文安等三县水灾地租。癸酉，上幸丰泽园，赐东三省兵队宴，并赏赉有差。以策楞为川陕总督，雅尔哈善署两江总督。以傅恒日驰二百余里，嘉劳之。甲戌，给尹继善钦差大臣关防，署川陕总督。丁丑，以讷亲请命张广泗、岳钟琪分路进兵，责以前后矛盾，逮治之。己卯，以用兵金川劳费，密谕傅恒息事宁人。庚辰，分设四川、陕甘总督，以尹继善为陕甘总督，策楞为四川总督，管巡抚事，鄂昌为甘肃巡抚。调舒赫德为户部尚书，瑚宝为兵部尚书。

十二月甲申，定内阁大学士满、汉各二员，协办大学士满、汉一员或二员，改所兼四殿二阁为三殿三阁。乙酉，加傅恒太保。命阿克敦协办大学士。丁亥，以黄廷桂为两江总督。上御瀛台，亲鞫张广泗。戊子，遣舒赫德逮讷亲赴军营，会傅恒严鞫之。以海望署户部尚书，哈达哈署兵部尚书、步军统领。辛卯，庆復、李质粹论斩。大学士陈世倌罢。壬辰，张广泗处斩。丙寅，密谕傅恒，明年三月不能奏功，应受降撤兵。丁酉，命川、陕督抚皆听傅恒节制，班第专办巡抚事务，兆惠专办粮运。免高斌大学士，仍留南河总督任。癸卯，命傅恒等讯明讷亲，以其祖遏必隆刀於军前斩之。甲辰，赈陕西耀州等二十五州县旱灾。

十四年春正月辛亥，谕傅恒、岳钟琪由党坝进剿，傅尔丹办理卡撒一路。癸丑，以大学士张廷玉年老，命五日一进内备顾问。谕傅恒以四月为期，纳降班师。乙卯，赈山东金乡等州县灾。丁巳，命傅尔丹、达勒党阿、舒赫德、尹继善、策楞参赞大金川军务。戊午，命瑚宝署陕甘总督，侍郎班第褫职，仍署四川巡抚。甲子，召傅恒还京。命尚书达勒党阿、舒赫德、尹继善均回任，策楞、岳钟琪办理大金川军务。丙寅，以傅尔丹请深入，严饬之。丁卯，以大金川莎罗奔、郎卡乞降，命傅恒班师，特封忠勇公。丙子，谕傅恒受莎罗奔等降。丁丑，南掌国王岛孙进牙象。

二月乙酉，唐绥祖请率属捐廉助饷。上以不知政体，严饬之。丙戌，加来保太子太傅，陈大受、舒赫德、策楞、尹继善太子太保，汪由敦、梁诗正太子太师，达勒党阿、纳延泰、阿克敦、哈达哈太子少师。壬辰，傅恒奏，於二月初五日设坛除道，宣诏受大金川土司莎罗奔、土舍郎卡降。赐傅恒四团龙补服，加赐豹尾枪二、亲军二，岳钟琪加太子少保。癸巳，以岳钟琪亲至勒乌围招莎罗奔等来降，谕特嘉之。丙申，召拉布敦、众佛保来京。庚子，命舒赫德查阅云南等省营伍，会同新柱勘金沙江工程，以瑚宝署湖广总督。乙巳，上幸丰泽园演耕。莎罗奔进番童番女各十人，诏却之。

三月癸丑，命皇长子及裕亲王等郊迎傅恒。乙卯，上奉皇太后至静安庄孝贤皇后梓宫前临奠。丁巳，上率经略、大学士、公傅恒诣皇太后宫问安。封岳钟琪为三等公，加兵部尚书衔。己未，命傅恒兼管理藩院，来保兼管兵部。命那木札勒、德保仍为总管内务府大臣。辛酉，上诣东陵。甲子，上谒昭西陵、孝陵、孝东陵、景陵。丁卯，上至南苑行围。癸酉，上谒泰陵。甲戌，赈湖北汉川等六州县水灾。乙亥，免直隶保安等十州县厅旱灾额赋。丁丑，裁直隶河道总督，兼理加入关防敕书。富森改西安将军。以傅尔丹为黑龙江将军。

四月壬午，上御太和殿，奉皇太后命，册封娴贵妃那拉氏为皇贵妃，摄六宫事。甲申，改来保兼管刑部。召蕴著来京，以顾琮署漕运总督。命纳延泰等勘察哈尔灾。乙酉，加上皇太后徽号曰崇庆慈宣康惠皇太后，次日颁诏覃恩有差。辛卯，免山东邹平等二十州县水灾、甘肃皋兰等十二厅州县雹灾额赋。召彭树葵来京，调唐绥祖为湖北巡抚，以阿思哈为江西巡抚。命仓场侍郎张师载以原衔协办江南河务。戊戌，以瑚宝为漕运总督，命唐绥祖署湖广总督。调哈达哈为兵部尚书，以三和为工部尚书。免山东王家冈等四场额赋。己亥，命江西巡抚兼提督衔。庚子，召纳敏来京，以卫哲治为安徽巡抚。乙巳，赈福建台湾等三县灾。免湖南新宁上年水灾额赋。

五月乙卯，免甘肃皋兰等十三厅州县旱灾额赋。丙辰，免安徽阜阳等十三州县卫上年旱灾额赋。辛酉，上至黑龙潭祈雨。

六月丙申，赈甘肃渭源等州县旱灾。己亥，广西学政胡中藻以裁缺怨望，命来京候补，仍下部严议。

秋七月戊申，赈福建光泽等二县水灾。庚戌，免湖北汉川等六州县上年水灾额赋。辛亥，直隶总督那苏图卒。免福建晋江等九县潮灾额赋。壬子，以方观承为直隶总督，陈大受署之，永贵署山东巡抚。命来保兼管吏户二部，阿克敦兼署步军统领。庚申，上奉皇太后驻避暑山庄。辛酉，命傅恒、陈大受译西洋等国番书。丁卯，上奉皇太后木兰行围。乙亥，补蠲山西永济等六州县被灾额赋。

八月庚辰，上行围巴颜沟，蒙古诸王等进筵宴。壬午，赈湖北罗田等二县水灾。癸卯，赈河南延津等七县水灾。甲辰，赈湖北潜江等十三州县水灾。

九月乙卯，上奉皇太后回跸。乙丑，授鄂容安河南巡抚。丙寅，瞻对番目班滚降。赐庆復自裁。

冬十月甲午，赈浙江钱塘等二十二州县厅、鲍郎等十八场水灾。赏傅清都统衔，同纪山驻藏，掌钦差大臣关防。丁酉，召八十五来京，以卓鼐为归化城都统。戊戌，饬四川严缉啯匪。以珠尔默特那木札勒纵恣，谕策楞、岳钟琪、傅清、纪山防之。喀尔喀台吉额林沁之子旺布多尔济获额鲁特逃人，上嘉赉之。免江苏阜宁等二十三州县漕粮有差。己亥，免直隶蓟州等十八州县厅水灾额赋，并赈之。甲辰，召原任左副都御史孙嘉淦来京。

十一月丁未，命梁诗正兼管吏部尚书。癸亥，命刑部尚书汪由敦署协办大学士。戊辰，大学士张廷玉乞休，允之。庚辰，以刘统勋为工部尚书。辛巳，起彭维新为左都御史。癸未，赐张廷玉诗，申配飨之命。丁亥，汪由敦以漏泄谕旨，免协办大学士，留尚书任。以梁诗正协办大学士。辛卯，削致仕大学士张廷玉宣勤伯爵，以大学士原衔休致，仍准配享太庙。调哈达哈为工部尚书，舒赫德为兵部尚书，海望为户部尚书。以木和兰为礼部尚书，新柱为吉林将军，永兴为湖广总督。乙未，召卫哲治来京，调图尔炳阿为安徽巡抚，岳浚为云南巡抚。以苏昌为广东巡抚。

十五年春正月丙午，免直隶、山西、河南、浙江未完耗羡。免江苏、安徽、山东耗羡十分之六。丁未，命张允随为东阁大学士，硕色为云贵总督，陈大受为两广总督，梁诗正为吏部尚书，李元亮为兵部尚书。甲寅，上幸瀛台紫光阁，赐准噶尔使尼玛宴。乙卯，召纪山回京，命拉布敦同傅清驻藏办事。壬戌，命工部侍郎刘纶在军机处行走。李质粹处斩，王世泰、罗于朝论斩。

二月乙亥，上奉皇太后西巡五台，免经过地方额赋三分之一。庚辰，朝鲜入贡。丙戌，上奉皇太后驻跸五台山菩萨顶。己丑，定边左副将军喀尔喀超勇亲王策凌卒，命贝勒罗布藏署定边左副将军。丁酉，再免山西蒲县等二县上年被灾额赋十分之三。戊戌，上驻赵北口行围。辛丑，采访经学遗书。癸卯，上阅永定河堤工。

三月丙午，加张允随太子太保，蒋溥、方观承、黄廷桂太子少保。再免直隶蓟州等十七州县额赋十分之三。己酉，上奉皇太后还京师。甲寅，孝贤皇后二周年，上诣静安庄致奠。乙卯，致仕大学士张廷玉回籍，优赉有加，令散秩大臣领侍卫十员护送之。戊午，免安徽贵池等三十州县十四年水灾额赋，并赈之。乙丑，免湖北潜江等四州县十四年水灾额赋。庚午，免山东邹平等二十七州县卫十四年水灾额赋。

夏四月丙子，云南省城火药局灾。壬辰，起阿桂在吏部员外郎上行走。乙未，罢致仕大学士张廷玉配享。免安徽贵池等三十州县卫十四年水灾额赋。戊戌，召拉布敦来京，命班第驻西藏，纪山驻青海。

五月庚戌，上诣黑龙潭祈雨。辛亥，命刑部清理庶狱，减徒杖以下罪，直隶亦如之。癸丑，谕九卿科道直陈阙失。甲寅，召新柱来京，以卓鼐为吉林将军，众佛保为归化城都统。庚午，上诣黑龙潭祈雨。

六月丙子，以喀尔喀亲王成衮札布为定边左副将军。丙申，赈直隶乐亭水灾。以保德为北路军营参赞大臣。

秋七月丙午，广东巡抚岳濬褫职。命图尔炳阿、卫哲治仍留云南、安徽巡抚任。己酉，命刘统勋赴广东查折米收仓积弊。庚申，汪由敦降兵部侍郎。以刘统勋为兵部尚书，孙嘉淦为工部尚书。乙丑，缅甸入贡。

八月壬申，上御太和殿，奉皇太后懿旨，册立皇贵妃那拉氏为皇后。癸酉，以册立皇后，上率王大臣奉皇太后御慈宁宫行庆贺礼，加上皇太后徽号曰崇庆慈宣康惠敦和皇太后。丁亥，上奉皇太后率皇后谒陵，并巡幸嵩、洛。戊子，命纪山赴西宁办事，班第赴藏办事，代拉布敦回京。庚寅，上奉皇太后谒昭西陵、孝陵、、孝东陵、景陵。甲午，左都御史德通、彭维新，左副都御史马灵阿以瞻徇傅恒议处，降革有差。丁酉，赈山东峄县等七州县水灾。

九月庚子朔，以梅瑴成为左都御史。壬寅，上奉皇太后率皇后谒泰陵。癸卯，御史索禄等以劾蒋炳矫饰，谕斥其有心乱政，褫职。丙午，吏部奏原任大学士张廷玉党援门生，又与朱荃联姻，应革职治罪。上特免之。己酉，上驻正定府阅兵。辛亥，以拉布敦为左都御史。丙辰，免河南经过地方额赋十分之三。丁巳，上驻跸彰德府，幸精忠庙。辛酉，上驻跸百泉，奉皇太后幸白露园。准噶尔台吉策旺多尔济那木札勒为部人所弑，立其兄喇嘛达尔札。癸卯，再免河南歉收地方额赋十分之五。乙丑，赈福建闽县等九县水灾。己巳，免河南祥符等县明年额赋。云南河阳地震。

冬十月辛未，幸嵩山。丙子，上奉皇太后驻跸开封府。戊寅，上幸古吹台。加鄂容安为内大臣。赈浙江淳安水灾。甲申，调爱必达为云南巡抚、开泰为贵州巡抚，以杨锡绂为湖南巡抚。乙酉，免江苏清河等九州县水灾额赋。戊子，免山西应州等三州县水灾额赋。甲午，免顺直固安等四十六厅州县水雹各灾额赋，仍赈贷有差。戊戌，赈江苏溧阳等州县水灾。

十一月辛丑，上奉皇太后率皇后还京师。己酉，赈甘肃平凉二十八厅州雹旱 灾。壬子，免山东兰山等县旱灾额赋，并赈之。癸丑，珠尔默特那木扎勒谋作乱，驻藏都统傅清、左都御史拉布敦诱诛之。其党卓呢罗卜藏扎什等率众叛，傅清、拉布敦遇害。甲寅，命策楞、岳钟琪率兵赴藏，调尹继善赴四川经理粮饷，命侍郎那木扎勒同班第驻藏。逮纪山来京，命舒明驻青海，众佛保署之。乙卯，宣谕珠尔默特那木扎勒戕其兄车布登及悖逆诸状。追赠傅清、拉布敦为一等伯，封傅清子明仁、拉布敦子根敦为一等子，世袭。命侍郎兆惠赴藏，同策楞办善后事宜。丙辰，命舒赫德仍在军机处行走。调穆和蔺为左都御史，以伍龄安为礼部尚书。召雅尔哈善来京，以王师为江苏巡抚。丁巳，命策楞择藏番目与班第协办噶布伦事务。乙丑，以阿里衮为湖广总督，调阿思哈为山西巡抚，卫哲治为广西巡抚，以定长为安徽巡抚。戊辰，以捕获卓呢罗布藏扎什等，乱已定，止岳钟琪进藏，命驻打箭炉。

十二月庚午朔，赈盛京高丽堡等六站水灾。壬申，始命汉大臣梁诗正等恩荫分部学习。戊寅，赈两淮莞渎等三场水灾。庚辰，命舒赫德勘浙江海塘。壬午，乌里雅苏台参赞大臣萨布哈沙褫职，以宝德代之。戊子，赈盛京辽阳等七城、承德等六州县水灾，并蠲缓额赋有差。癸巳，唐绥祖被劾免，以严瑞龙护湖北巡抚。

十六年春正月庚子，以初次南巡，免江苏、安徽元年至十三年逋赋，浙江本年额赋，减直省缓决三次以上人犯罪。以上年巡幸嵩、洛，免河南十四年以前逋赋。辛丑，赈安徽宿州等州县上年水灾。癸卯，以江苏逋赋积至二百二十余万，谕釐革催征积弊。丙午，免甘肃元年至十年逋赋。以严瑞龙署湖北巡抚。辛亥，上奉皇太后南巡。癸丑，免经过直隶、山东地方本年额赋十分之三。自是南巡皆如之。壬戌，卓呢罗布藏札什等伏诛。癸亥，赈安徽歙县等十五州县旱灾。甲子，免山东邹平等县逋赋及仓谷。

二月辛未，赈山东兰山等七州县旱灾。癸酉，免两淮灶户逋赋。乙亥，命喀尔喀亲王德沁扎布为喀尔喀副将军，公车布登扎布为参赞大臣。丙子，上奉皇太后渡河，阅天妃闸。丁丑，阅高家堰。辛巳，免山东峄县等七州县水灾额赋有差。乙酉，上幸焦山。丙戌，调定长为广西巡抚。己丑，上驻跸苏州，谕三吴士庶，各敦本业，力屏浮华。辛卯，宣布珠尔默特那木札勒叛逆罪状，惩办如律。严瑞龙褫职，命阿里衮兼湖北巡抚。壬辰，免江苏武进等县新旧田租，免兴化县元年至八年逋赋。癸巳，准噶尔使额尔钦等觐於苏州行宫。

三月戊戌朔，上奉皇太后幸杭州府。贷黑龙江呼兰地方水灾旗民，免官庄本年额赋。免浙江淳安县水灾本年漕粮。己亥，以张师载为安徽巡抚。庚子，上幸敷文书院，幸观潮楼阅兵。甲辰，裁杭州汉军副都统。乙巳，上祭禹陵。丙午，上奉皇太后还驻杭州府。丁未，阅兵。戊申，命高斌仍以大学士衔管河道总督事。庚戌，谕浙江士庶崇实敦让，子弟力田。命班第掌驻藏钦差大臣关防。辛亥，东阁大学士张允随卒。癸丑，上奉皇太后驻跸苏州府。甲寅，赈广东海康等县水灾。乙卯，幸宋臣范仲淹祠，赐园名曰高义，赏后裔范宏兴等貂币。辛酉，上奉皇太后幸江宁府。壬戌，上祭明太祖陵。乙丑，赐纪山自裁。丁卯，起陈世倌为文渊阁大学士。免江苏江浦等十五州县被灾额赋有差。

夏四月辛未，吉林将军卓鼐改杭州将军，以永兴代之。免甘肃皋兰等九厅州县十三年被灾额赋。癸酉，上阅蒋家坝。免江南沛县九年以前逋赋。甲戌，赈浙江永嘉等十州县场卫水灾。赈广东龙川等十二州县十五年水灾。丙子，赈江苏山阳等二十四州县卫十五年水灾。己卯，免甘肃狄道等二十厅州县十四年被水旱雹霜灾额赋有差。以恒文为湖北巡抚。癸未，免河南鄢陵等十六州县十四年水灾额赋。乙酉，永兴褫职逮问，吉林将军卓鼐降调，以傅森代之。丙戌，上驻跸泰安府，祀东岳。戊子，诏以五月朔日食，行在彻悬、斋戒。己丑，遣履亲王允祹代行常雩礼。

五月丁酉朔，日食。丁未，上临奠都统傅清、左都御史拉布敦。戊申，以永兴等诬劾唐绥祖，给还籍产，召来京。辛亥，赐吴鸿等二百四十三人进士及第出身有差。丁巳，免广东海康等十一州县十五年风灾额赋。己未，严瑞龙以诬告唐绥祖，论斩。癸亥，赈山东掖县等六州县潮灾。

闰五月戊寅，调黄廷桂为陕甘总督，尹继善为两江总督。戊子，以永贵为浙江巡抚。壬辰，命保举经学之陈祖范、吴鼎、梁锡玙、顾栋高进呈著述，愿赴部引见者听。癸巳，直隶河间等州县蝗。是月，免山西太原等十九州县上年水雹等灾额赋有差。赈山东寿光等六县、官台等三场，福建宁化等二县水灾，云南剑川等七州县地震灾。

六月己亥，起唐绥祖为山西按察使。壬子，赈江苏靖江县雹灾。赈广东英德等四州县水灾。赈山西凤台、高平水灾。甲寅，免江苏沛县上年水灾额赋。丙辰，免浙江永嘉等七厅州卫上年旱灾额赋。赈福建宁化等县水灾。庚申，缅甸入贡。辛酉，免安徽寿州等二十五州县水灾额赋。甲子，准噶尔部人布图逊林特古斯来降。

秋七月庚午，赈福建归化等县水灾。壬申，上奉皇太后秋狝木兰。戊寅，上奉皇太后驻跸避暑山庄。己卯，河南阳武十三堡河决。庚辰，上奉皇太后巡幸木兰，行围。乙卯，免山西清水河厅雹灾额赋。丙戌，赈陕西朝邑县水灾。己丑，赈山东平度等州县水灾。壬辰，赈山西凤台等九县水灾。

八月乙未，赈浙江海宁等六十五州县卫所及大嵩等场旱灾。赈江西上饶等七县被旱灾。赈湖北天门旱灾。丙申，赐陈祖范、顾栋高国子监司业衔。戊戌，以硕色举发伪撰孙嘉淦奏稿，假造硃批，谕方观承等密缉之。己酉，上奉皇太后回驻避暑山庄。辛亥，命修房山县金太祖陵、世宗陵。丁巳，上奉皇太后还京师。己未，赈河南商丘等十四县水灾。庚寅，准泰以徇隐伪奏，褫职逮问。调鄂容安为山东巡抚、舒辂为河南巡抚、鄂昌为江西巡抚，以杨应琚为甘肃巡抚。命高斌赴河南办阳武河工。辛酉，以庄有恭为江苏巡抚。癸亥，免甘肃平凉等五州县雹灾额赋。乙丑，定明年二月各省举行恩科乡试。诏停本年秋决。癸酉，赈山东邹平等五十三州县水灾。丙子，上奉皇太后诣泰陵。丁丑，赈福建福安等二县水灾。庚辰，上奉皇太后谒泰陵。是日，回跸。甲申，命舒赫德赴江南查办伪撰孙嘉淦奏稿事。庚寅，命陈世倌兼管礼部。两广总督陈大受卒，调阿里衮代，以永常为湖广总督。辛卯，赈河南上蔡等州县水灾。癸巳，赈福建霞浦等四县潮灾。

冬十月戊戌，以范时绶署湖南巡抚。壬寅，赈长芦属富国等七场、山东王家冈等三场水灾。甲寅，赈安徽歙县等十八州卫旱灾。丙辰，赈江苏铜山等八州县水灾。调陈宏谋为河南巡抚，舒辂为陕西巡抚。赈山东齐东等七州县本年水灾、荣成县雹灾。戊午，赈直隶武清等二十六州县水雹灾。癸亥，赈山东官台二场灶潮灾。

十一月甲戌，赈河南祥符等五县水灾。乙亥，赈直隶东明等三州县本年水灾。庚辰，阳武决口合龙。乙酉，以皇太后六旬万寿，上徽号曰崇庆慈宣康惠敦和裕寿皇太后，颁诏覃恩有差。丙戌，命高斌、汪由敦会勘天津河工。戊子，皇太后圣寿节，上奉皇太后御慈宁宫，率王公大臣行庆贺礼。

十二月癸巳朔，以乌尔登为北路军营参赞大臣。丁酉，浚永定河引河。戊戌，赈吉林珲春地方本年水灾。庚子，赈山东邹平等五十五州县水灾。壬寅，以雅尔哈善为浙江巡抚。甲辰，浚直隶南北两运减河。命多尔济代班第驻藏办事。辛亥，赈浙江鄞县等六十州县厅卫所、大嵩等八场旱虫灾。

十七年春正月乙亥，赐准噶尔使图卜济尔哈朗等宴。庚戌，设盛京总管内务府大臣，以将军兼管。甲申，以准噶尔达瓦齐、阿睦尔撒纳内讧，增兵阿尔泰边隘。命舒赫德、玉保查阅北路军营。丙戌，以阿巴齐、达清阿为北路参赞大臣。丁亥，赈江苏铜山等六州县、安徽歙县等九州县被灾贫民。辛卯，修直隶永定河下口及凤堤。

二月乙未，以钟音为陕西巡抚。己亥，释准泰。甲寅，上诣东陵。丙辰，布鲁克巴之额尔德尼第巴贡方物。丁巳，上谒昭西陵、孝陵、孝东陵、景陵。戊午，上驻跸盘山。己未，赈山西山阴、虞乡被灾贫民。辛酉，修房山县金太祖、世宗陵。

三月戊辰，以浙东灾重，谕雅尔哈善加赈，毋令流移。庚午，上还宫。壬申，以莫尔欢为归化城都统。戊寅，福建巡抚潘思榘卒，调陈宏谋为福建巡抚，以蒋炳为河南巡抚。

夏四月甲午，免山东齐东等十二州县卫上年水灾额赋。乙巳，免直隶武清等二十三厅州县上年水灾额赋。庚戌，免浙江海宁等七十三州县卫及大嵩等十三场上年水灾额赋。丁巳，免直隶永利等四场、山西山阴等县上年水灾额赋。

五月辛未，直隶东光、武清等四十三州县蝗。庚辰，赈河南祥符等十四县水灾。己丑，赈甘肃狄道等十四州县上年水灾。山东济南等八府蝗，江南上元等十二州县生蝻。

六月甲午，准噶尔部人呢雅斯来降。丁未，御试翰林、詹事等官，擢汪廷玙等三员为一等，余升黜有差。试满洲由部院改入翰林、詹事等官，擢德尔泰为一等，余降用有差。丙辰，以鄂乐舜为甘肃巡抚。

秋七月丁丑，上奉皇太后秋狝木兰。己卯，免所过州县钱粮十分之三。癸未，上奉皇太后驻避暑山庄。丁亥，赈江苏铜山等县水灾。

八月丙申，顺天乡试内帘御史蔡时田、举人曹泳祖坐交通关节，处斩。壬寅，抚赈福建晋江等厅县风灾。甲辰，上奉皇太后巡幸木兰，行围。丙午，命黄廷桂查办陕西赈恤。乙卯，赈陕西咸宁等二十一州县旱灾。

九月辛酉，西洋波尔都噶尔亚国遣使入贡。四川杂谷土司苍旺作乱，命岳钟琪率兵剿之。庚午，苏禄番目所赍入贡国书不合，饬喀尔吉善等遣回国。甲戌，四川官军克杂谷脑，降番寨一百有六。予策楞、岳钟琪优叙。戊寅，减甘肃张掖等五县偏重额赋。赈河南被灾饥民。己卯，上奉皇太后还京师。庚辰，协办大学士、吏部尚书梁诗正请终养，许之。以孙嘉淦为吏部尚书、协办大学士，汪由敦为工部尚书。辛巳，准噶尔喇嘛根敦林沁等来降。丁亥，召尹继善来京，以庄有恭署两江总督。苍旺伏诛。

冬十月戊子朔，赐秦大士等一百四十一人进士及第出身有差。召鄂昌来京，以鄂容安署江西巡抚，杨应琚署山东巡抚。壬寅，阿思哈奏平阳绅民捐赈灾银。谕不忍令灾地富民出资，饬还之。调定长为山西巡抚，以李锡泰为广西巡抚。己酉，上诣东陵，并送孝贤皇后安地宫。壬子，上谒昭西陵、孝陵、孝东陵、景陵。丁巳，赈江苏上元等十九州县、山西临晋等十州县、湖北钟祥等二十五州县卫旱灾。四川杂谷、黑水后番上下寨来降。

十一月庚申，上还京师。甲子，命刑部尚书刘统勋在军机处行走。戊辰，赈山西闻喜等五州县旱灾。庚辰，以鄂容安为江西巡抚。

十二月戊子，赈甘肃皋兰等二十一厅州县水灾雹灾。己丑，修陕西永寿等九县城，以工代赈。赈河南武陟县水灾。黑龙江将军富尔丹卒，以绰尔多代之。乙巳，御史书成请释传钞伪奏稿人犯忤旨，褫职。谕陈宏谋毋究捕天主教民。

十八年春正月戊午，赈陕西耀州等三十七州县、山西永济等十一州县旱灾。丙寅，广东东莞县匪莫信丰等、福建平和县匪蔡荣祖等作乱，捕治之。戊寅，调黄廷桂署四川总督，尹继善署陕甘总督，以鄂容安兼署两江总督，班第署两广总督。辛巳，鄂昌等褫职逮问。乙酉，免山东章丘等三十一州县卫积年逋赋。

二月丁亥朔，以岳钟琪请用兵郭罗克，谕黄廷桂议奏。丙申，上谒泰陵。丁酉，上祭金太祖、世宗陵。江南千总卢鲁生坐伪撰孙嘉淦奏稿，磔於市。己亥，皇太后自畅春园启跸至涿州，上诣行宫请安。壬寅，上奉皇太后御舟至莲花淀阅水围。丙午，免河南夏邑等五县十六年被水额赋。丁未，命兆惠赴藏办事。戊申，上阅永定河工。庚戌，上幸南苑行围。辛亥，免江苏上元等十州县十七年水灾额赋。

三月癸亥，以雅尔哈善於查办伪奏稿不加详鞫，下部严议。戊寅，赈安徽寿州等十一州县卫上年旱灾饥民。己卯，以开泰署湖广总督，定常署贵州巡抚。辛巳，赈湖北十九州县卫上年旱灾。

夏四月丁亥，钱陈群谏查办伪奏稿，上斥以沽名，并饬勿存稿，以"尔子孙将不保首领"谕之。己丑，西洋博尔都噶里雅遣使贡方物，优诏答之。以恒文署湖广总督。甲午，赐西洋博尔噶都里雅贡使宴。乙未，免云南剑川州十六、七年地震水灾额赋有差，并赈恤之。辛丑，赐西洋博尔都噶里雅国王敕，加赉文绮珍物。丙午，以旱命刑部清理庶狱，减徒以下罪，直隶亦如之。丁未，上诣黑龙潭祈雨。壬子，命永常、努三往安西，给钦差大臣关防。

五月癸亥，减秋审、朝审缓决三次以上罪。丁卯，山东济宁、汶上等州县蝻。免广东丰顺等三县上年水灾额赋。辛未，免浙江仁和等六县、仁和场上年水灾额赋，并赈恤之。辛未，准噶尔台吉喇嘛达尔札与达瓦齐相攻被执，达瓦齐自为台吉。

六月癸巳，以策楞署兵部尚书。乙未，浙江上虞人丁文彬以衍圣公孔昭焕发其造作逆书，鞫实，磔之。丙申，天津等州县蝗。

秋七月甲子，顺天宛平等三十二州县卫蝗。壬申，江南邵伯湖减水二闸及高邮车逻坝同时并决，命策楞、刘统勋会同高斌查办水灾。赈安徽歙、太湖等县水灾。庚辰，命庄有恭赈高邮、宝应水灾。壬午，停各省分巡道兼布政使司参政、参议，按察使司副使、佥事等衔，及升用鸿胪寺少卿。

八月戊子，命履亲王允裪代祭大社、大稷。赈两淮板浦等场水灾。戊戌，上奉皇太后秋狝木兰。庚子，高斌免，以策楞署南河河道总督，同刘统勋查办河工侵亏诸弊。辛丑，命永常、开泰各回本任。甲辰，上奉皇太后驻跸避暑山庄。乙巳，拨江西、湖北米各十万石赈江南灾。丁未，上奉皇太后巡幸木兰，行围。庚戌，高斌、张师载褫职，留河工效力，以卫哲治为安徽巡抚。辛亥，赈江苏铜山十二州县水灾、山东兰山等县水灾。

九月庚申，赈湖北潜江等三县水灾。壬戌，河南阳武十三堡河决。丁卯，以扈从行围畏葸不前，褫丰安公爵、田国恩侯爵，阿里衮罢领侍卫内大臣。以弘昇为正白旗领侍卫内大臣。庚午，以皇后至盘山，命舒赫德为领侍卫内大臣管理内务府大臣随往。江苏铜山河决。壬申，命舒赫德协办江南河工，以阿里衮署领侍卫内大臣，随扈盘山。以尹继善为江南河道总督，鄂容安为两江总督，调永常为陕甘总督，开泰为湖广总督，黄廷桂为四川总督，以定常为贵州巡抚，胡宝瑔为山西巡抚，范时绶为江西巡抚，杨锡绂为湖南巡抚。召班第来京，以策楞为两广总督。癸酉，上奉皇太后驻避暑山庄。甲戌，左都御史梅瑴成休致。丙子，谕将贻误河工之同知李焞、守备张宾斩於铜山工次。命策楞等缚高斌、张师载令目睹行刑讫释放。丁丑，赈山东利津等县水灾。

冬十月庚寅，苏禄国王遣使劳独万查剌请内附，下部议。辛卯，召刘统勋来京。乙未，赈山东海丰等六县本年潮灾。命钟音署陕甘总督。辛丑，以杨锡绂为左都御史，调胡宝瑔为湖南巡抚，恒文为山西巡抚，以张若震为湖北巡抚。癸卯，免江苏阜宁等二十六州县卫新旧额赋有差。乙巳，赈安徽太湖等三十州县卫水灾。庚戌，免浙江钱塘等二十八州县厅卫所旱灾额赋有差。

十一月己未，召苏昌来京，以鹤年为广东巡抚。癸亥，江西生员刘震宇以所著《治平新策》有"更易衣服制度"等语，处斩。甲子，赈甘肃皋兰等二十九州县卫所水雹灾，并免额赋有差。甲戌，以杨应琚为山东巡抚。准噶尔杜尔伯特台吉车凌乌巴什等率所部来降。丙子，赈浙江玉环厅旱灾。庚辰，安徽池州府知府王岱因亏空褫职，潜逃拒捕，处斩。

十二月丙戌，赈两淮富安等场旱灾。命归降杜尔伯特台吉车凌等移居呼伦贝尔。丁亥，协办大学士、吏部尚书孙嘉淦卒。命玉保、努三、萨喇勒为北路参赞大臣。命舒赫德赴鄂尔坤军营。庚寅，命户部尚书蒋溥协办大学士，以黄廷桂为吏部尚书，仍管四川总督，鄂尔达署之。丙申，江南张家马路及邵伯湖二闸决口同日合龙。庚子，以准噶尔台吉达瓦齐未遣使来京，谕永常暂停贸易。

十九年春正月壬子，赈安徽宿州等十五州县卫、江苏阜宁等十五州县卫上年水灾。壬戌，命萨喇勒等讨入卡之准噶尔乌梁海。乙亥，命杨锡绂署吏部尚书，罢鄂弥达兼管。丁丑，琉球入贡。己卯，准噶尔台吉车凌等入觐。

二月丙申，赈山东兰山十八年水灾。戊戌，苏禄入贡，命广东督、抚檄国王毋以内地商人充使。赈山东昌邑等四县、永丰等五场潮灾。癸卯，召策楞来京。乙巳，准噶尔乌梁海库本来降。己酉，命策楞赴北路军营。

三月辛亥朔，以白钟山为河东河道总督，杨应琚署之。准噶尔台吉阿睦尔撒纳等与达瓦齐内哄。戊午，命舒赫德、成衮札布、萨喇勒来京。喀尔喀亲王额琳沁多尔济管理喀尔喀兵事。庚申，四川提督岳钟琪卒。赈湖北潛江等四州县卫水灾，并蠲赋有差。癸亥，免直隶大城等十厅州县十八年水雹旱灾额赋。庚午，免安徽太平等二十五州县卫十八年水灾额赋，并赈之。乙亥，赈两淮富安等十二场灶户。

夏四月庚辰朔，加刘统勋、汪由敦太子太傅，方观承、喀尔吉善、黄廷桂太子太保，鄂容安、开泰太子少傅，永常、硕色太子少保。命准噶尔台吉车凌等入觐。庚寅，成衮札布降喀尔喀副将军，以策楞为定边左副将军。辛卯，召班第回京。以杨应琚署两广总督。丙午，命都统德宁、准噶尔台吉色布腾为北路军营参赞大臣。是月，免长芦沧州等二场上年旱灾灶户、直隶沧州等二州上年水灾灶户额赋。赈甘肃皋兰等十五州县上年旱灾。赈安徽宿州等十二州县、江苏阜宁等二十三州县上年水灾。

闰四月庚戌朔，赐庄培因等二百三十三人进士及第出身有差。己未，免湖北潛江等四州县卫上年水灾额赋。辛未，色布腾入觐，命大学士傅恒至张家口傅旨迎劳，封贝勒。壬申，京师雨。

五月辛巳，命清保为黑龙江将军。以准噶尔内乱，谕两路进兵取伊犁。召永常、策楞来京，面授机宜。甲申，上奉皇太后巡幸盛京。戊子，免安徽太平等二十五州县卫上年水灾额赋。庚寅，上奉皇太后驻跸避暑山庄。封准噶尔台吉车凌为亲王，车凌乌巴什为郡王，车凌孟克为贝勒，孟克特穆尔、班珠尔、根敦为贝子。癸巳，免浙江庙湾等十一场十八年被水灶户额赋，灾重者赈之。丁酉，免长芦属永阜等三场上年水灾灶户额赋。戊戌，召陈宏谋来京。命刘统勋协同永常办理陕甘总督事务。调陈宏谋为陕西巡抚，钟音为福建巡抚。己亥，召雅尔哈善来京，调鄂乐舜为浙江巡抚，以鄂昌为甘肃巡抚。

六月壬子，赈福建龙溪等州县水灾。庚申，赈甘肃皋兰等五州县旱灾。壬戌，阿睦尔撒纳等为达瓦齐所败，奔额尔齐斯夔博和硕之地。谕策楞等接应归附。壬申，命雅尔哈善署户部侍郎，在军机处行走。

秋七月辛巳，赈直隶蓟州等州县水灾。壬午，上奉皇太后诣盛京。癸未，命护军统领塔勒玛善、副都统扎勒杭阿为北路军营参赞大臣。丙戌，以乌梁海人巴朗逃，降车布登为贝子，参赞大臣安崇阿、德宁论斩。丁酉，阿睦尔撒纳率部众来降，命萨喇勒迎劳。己亥，上驻跸彰武台河东大营，奉皇太后御行幄。庚子，以喀尔喀台吉丹巴札布失机，命处斩。召策楞、舒赫德、色布腾、萨喇勒来京，以额琳沁多尔济署将军，兆惠为参赞大臣。壬寅，命阿睦尔撒纳入觐。丙午，以班第为兵部尚书，署定边左副将军。以阿里衮为步军统领。赈江苏兴化等州县水灾。

八月辛亥，授杨应琚两广总督。癸丑，命达勒党阿为黑龙江将军。甲寅，上驻跸吉林。乙卯，上诣温德亨山望祭长白山、松花江。丁巳，召鄂容安赴行在，以尹继善署两江总督。己未，赈齐齐哈尔等三城水灾。庚申，赈甘肃皋兰等五州县旱灾。丙寅，上阅辉发城。丁卯，命阿睦尔撒纳游牧移鄂尔坤、塔密尔。癸酉，以车凌孟克及车凌乌巴什、讷默库为西路参赞大臣。乙亥，北路以达勒党阿、乌勒登、努三、兆惠为参赞大臣，西路以萨喇勒、阿兰泰、玉保为参赞大臣。

九月丁丑朔，赈两淮角斜等场灶潮灾。辛巳，上奉皇太后率皇后谒永陵。萨喇勒等征乌梁海。甲申，免甘肃皋兰等十五州县被水被雹额赋。丙戌，谒昭陵、福陵。丁亥，上奉皇太后驻跸盛京。戊午，上率群臣诣皇太后行庆贺礼。御崇政殿受贺。免奉天府所属本年丁赋。自山海关外及宁古塔等处，已结、未结死罪均减等，军流以下悉免之。朝鲜国王李昑遣使诣盛京贡献。己丑，停本年秋决。辛卯，上谒文庙。癸巳，上御大政殿，盛京宗室、觉罗、将军等进御膳。甲午，上奉皇太后率皇后自盛京回跸。己亥，减直隶武清等四县额赋。辛丑，以班第为定边左副将军，鄂容安为参赞大臣。癸卯，命车凌乌巴什、讷默库、车凌孟克等赴西路，在参赞大臣上行走，喀尔喀王巴雅尔什第等在北路军营领队上行走。

冬十月癸丑，赈山东惠民等十六州县卫、永和等三场水灾。甲寅，调卫哲治为广西巡抚，鄂乐舜为安徽巡抚，以周人骥为浙江巡抚。乙卯，赈安徽寿州等十九州县卫本年水灾、山西马邑雹灾。丙辰，上奉皇太后还宫。戊午，上御太和殿，受 王以下文武百官进表朝贺。己未，以工部尚书汪由敦管刑部尚书。辛酉，赈江苏阜宁等十六州县卫水灾，并蠲赋有差。辛未，移京城满洲兵三千驻阿勒楚喀等处屯垦，增副都统一、协领一。庚午，以鄂弥达署吏部尚书。

十一月戊寅，赈福建诸罗等二县风灾。上幸南苑。苏禄国王苏老丹嘛喊味麻安柔律噒遣使贡方物。准噶尔克尔帑特台吉阿布达什来降。庚辰，赈顺天直隶武清等十五州县被水被雹饥民，并免额赋有差。乙酉，上幸避暑山庄。

丁亥，辉特台吉阿睦尔撒纳、杜尔伯特台吉讷默库等率降众於广仁岭迎驾。是日，上召见阿睦尔撒纳等赐宴，赏赉有差。戊子，封阿睦尔撒纳为亲王，讷默库、班珠尔为郡王；杜尔伯特台吉刚多尔济、巴图博罗特，辉特台吉札木参、齐木库尔为贝勒；杜尔伯特台吉布图克森、额尔德尼、罗垒云端，辉特台吉德济特、普尔普、克什克为贝子；辉特台吉根敦札布等，杜尔伯特台吉布颜特古斯等为公；杜尔伯特台吉乌巴什等，辉特台吉伊什等为一等台吉。以辉特亲王阿睦尔撒纳为北路参赞大臣，郡王讷默库为西路参赞大臣。命额琳沁多尔济为西路参赞大臣，召班第来京。命阿睦尔撒纳署将军，额驸色布腾巴勒珠尔协办。命车凌同车凌乌巴什往西路军营，讷默库同阿睦尔撒纳、班珠尔往北路军营。戊戌，上还京师。

十二月戊申，以班第为定北将军，阿睦尔撒纳为定边左副将军，永常为定西将军，萨喇勒为定边右副将军。辛亥，上幸大学士来保、予告大学士福敏第视疾。以亲王固伦额驸色布腾巴勒珠尔、亲王衔琳沁、郡王讷默库、班珠尔、郡王衔青滚杂卜、尚书公达勒党阿、总督伯鄂容安、护军统领乌勒登为北路参赞大臣，亲王额琳沁多尔济、车凌、郡王车凌乌巴什、贝勒车凌孟克、色布腾、贝子扎拉丰阿、公巴图孟克、玛什巴图、将军阿兰泰为西路参赞大臣。癸亥，安南国王黎维祎进方物。赈甘肃河州等十五厅州县卫水灾。丙寅，调鄂容安为西路参赞大臣，命阿兰泰、库克新玛木特为北路参赞大臣。

二十年春正月丁丑，命定边左副将军阿睦尔撒纳率参赞大臣额驸色布腾巴勒珠尔、郡王品级青滚杂卜、内大臣玛木特、奉天将军阿兰泰由北路进征，定边右副将军萨喇勒率参赞大臣郡王班珠尔、贝勒品级札拉丰阿、内大臣鄂容安由西路进征。癸未，以阿里衮署刑部尚书。癸卯，免乌梁海、札哈沁、包沁等贡赋一年。

二月乙巳朔，日食。命兆惠留乌里雅苏台协办军务，在领队大臣上行走。丙午，朝鲜贡方物。乙卯，上谒东陵。戊午，上谒昭西陵、孝陵、孝东陵、景陵，至孝贤皇后陵奠酒。己未，召范时绶来京，调胡宝瑔为江西巡抚，以杨锡绂署湖南巡抚，蒋溥署吏部尚书。赈山东惠民等十二州县卫水灾。庚申，准噶尔噶勒杂特部人齐伦来降。丁卯，赈云南易门、石屏地震灾民。己巳，赈江苏高邮等州县卫上年灾民。

三月丙子，永常等奏额鲁特业克明安巴雅尔来降。戊寅，免江苏江浦等二十二州县卫十九年水灾额赋。己卯，上诣泰陵。召鄂昌来京，调陈宏谋为甘肃巡抚，以台柱署陕西巡抚。壬午，上谒泰陵。乙酉，上驻跸吴家庄，阅永定河堤。丙戌，上幸晾鹰台行围，殪熊一虎二。召大学士、九卿、翰詹、科道，谕胡中藻诗悖逆，张泰开刊刻，鄂昌唱和诸罪，命严鞫定拟。庚寅，上还京师。鄂昌褫职逮问。壬辰，高斌卒。释张师载回籍。乙未，扎哈沁得木齐巴哈曼集、宰桑敦多克等来降。庚子，免直隶霸州等六州县厅本年旱灾额赋。壬寅，准噶尔台吉噶勒藏多尔济等来降。

夏四月丙午，额林哈毕尔噶宰桑阿巴噶斯等来降。壬子，致仕太保、大学士张廷玉卒，命遵世宗遗诏，配飨太庙。甲寅，胡中藻处斩。乙丑，吐鲁番伯克莽噶里克来降。免长芦永利等三场、海丰一县水灾额赋。丙寅，免山东惠民等十六州县水灾额赋。丁卯，绰罗斯台吉衮布扎布等并叶尔羌等回部和卓木来降。戊辰，琉球国世子尚穆遣使入贡请封，允之。壬申，集赛宰桑齐巴汗来降。

五月甲戌朔，免安徽寿州等十九州县卫水灾额赋。喀尔喀车臣汗副将军公格勒巴木丕勒褫爵，留营效力，以扎萨克郡王得木楚克代之。戊寅，赈奉天承德等七州县水灾。庚辰，命翰林院侍讲全魁、编修周煌往琉球册封。辛巳，和通额默根宰桑鄂哲特等来降。壬午，库图齐纳尔宰桑萨赉来降。甲申，准噶尔宰桑乌鲁木来降。戊子，阿勒闼沁鄂拓克宰桑塔尔巴来降。己丑，达瓦齐遁特克斯。庚寅，史贻直原品休致。赐鄂昌自尽。辛卯，命黄廷桂为武英殿大学士，仍留四川总督任。调王安国为吏部尚书，以杨锡绂为礼部尚书，何国宗为左都御史。调陈宏谋为湖南巡抚，以吴达善为甘肃巡抚，图尔炳阿为河南巡抚。壬辰，阿睦尔撒纳奏克定伊犁，赏阿睦尔撒纳亲王双俸，封其子为世子。晋封班第、萨喇勒为一等公，玛木特为三等公。赏色布腾巴勒珠尔亲王双俸。封扎拉丰阿为郡王，车布登扎布、普尔普为贝勒。赏车凌亲王双俸。封车凌乌巴什、班珠尔、讷默库为亲王，策楞孟克为郡王。再授傅恒一等公爵。军机大臣等俱优叙有差。赈江苏清河、铜山等州县水灾。癸巳，召达勒党阿来京协办大学士，以绰勒多署黑龙江将军。大学士傅恒辞公爵，允之。封班第为诚勇公，萨喇勒为超勇公，玛木特为信勇公。

六月癸卯朔，以平定准部告祭太庙，遣官告祭天、地、社、稷、先师孔子。命四卫喇特如喀尔喀例，每部落设盟长及副将军各一人。丙午，阿睦尔撒纳奏兵至格登山，大败达瓦齐之兵。封喀喇巴图鲁阿玉锡、巴图济尔噶勒、察哈什等男爵，并授散秩大臣，余赏赉有差。己酉，加上皇太后徽号曰崇庆慈宣康惠敦和裕寿崇禧皇太后，颁诏覃恩有差。癸丑，阿克敦免，以鄂弥达为刑部尚书，仍署吏部尚书，阿里衮署兵部尚书，降永常为侍郎。命大学士黄廷桂为陕甘总督，调开泰为四川总督。召刘统勋来京，以硕色署湖广总督，爱必达署云贵总督。己未，罗卜藏丹津等解送京师，遣官告祭太庙，行献俘礼。庚申，上御午门受俘，宥罗卜藏丹津罪，巴朗、孟克特穆尔伏诛。甲子，以班第等奏阿睦尔撒纳与各头目往来诡秘，擅杀达瓦齐众宰桑，图据伊犁。温旨令即行入觐。戊辰，获达瓦齐，准部平。

秋七月戊寅，杜尔伯特台吉伯什阿噶什等来降。丁亥，乌兰泰以获达瓦齐封男爵。黑龙江将军绰勒多改荆州将军，以达色代之。

八月丙午，赈江苏海州等七州县水灾雹灾。丁未，上奉皇太后巡幸木兰。壬子，上奉皇太后驻跸避暑山庄。甲寅，赈山东金乡等二十二州县卫水灾。封准噶尔台吉伯什阿噶什为亲王。丁巳，上奉皇太后至木兰行围。庚申，召尹继善来热河。

九月壬申朔，免福建台湾等三县上年被水额赋。甲戌，上御行殿，绰罗斯噶勒藏多尔济等入觐，赐宴。阿睦尔撒纳入觐，至乌陇古，叛，掠额尔齐斯台站。丙子，准噶尔头目阿巴噶斯等叛。起永常为内大臣，仍办定西将军事，策楞、玉保、扎拉丰阿为参赞大臣。命哈达哈留乌里雅苏台，会同阿兰泰办事。丁丑，阿睦尔撒纳犯伊犁。庚辰，颁招抚阿睦尔撒纳谕。壬午，上奉皇太后回驻避暑山庄。癸未，赐噶勒臧多尔济等冠服，封噶勒臧多尔济为绰罗斯汗，车凌为杜尔伯特汗，沙克都尔曼济为和硕特汗，巴雅尔为辉特汗。晋封喀尔喀郡王桑斋多尔济为亲王。命哈达哈等讨阿睦尔撒纳。丁亥，命策楞为定西将军。以喀尔喀郡王巴雅尔什第等捕诛包沁叛贼台拉克等，晋封巴雅尔什第为亲王，沙克都尔扎布为贝勒，达尔扎诺尔布扎布为贝子。赈浙江山阴等十五州县、曹娥等五场、湖州一所，云南剑川一州本年被水灾民。赈湖北江陵等八州县卫本年被水灾民。庚寅，逮永常来京，降策楞为参赞大臣，以扎拉丰阿为定西将军。刘统勋舍巴里坤退驻哈密，切责之。丙申，逮刘统勋来京，命方观承往军营办理粮饷，以鄂弥达署直隶总督。噶勒臧多尔济之子诺尔布琳沁讨阿巴噶斯，败之，获得木齐班咱，加封郡王。封贝勒齐木库尔为郡王。以阿里衮署刑部尚书，调汪由敦为刑部尚书。戊戌，户部尚书海望卒。

冬十月辛丑朔，策楞褫职逮问，命副都统莽阿纳、喀宁阿为西路领队大臣。甲辰，以卫哲治为工部尚书，鄂宝署广西巡抚。戊申，赈浙江会稽等州县场所水灾。命富德为参赞大臣。壬子，宥刘统勋、策楞发军营，以司员效力。癸丑，赈山东邹县等十九州县卫、官台等四场水灾。丁巳，达瓦齐等解至京，遣官告祭太庙社稷，行献俘礼。戊午，上御门楼受俘，释达瓦齐等。赈安徽无为等三十二州县被水饥民。命李元亮署工部尚书。辛酉，起策楞为参赞大臣，署定西将军，命进剿阿睦尔撒纳。甲子，将军班第、尚书鄂容安败绩於乌兰库图勒，死之。副将军萨喇勒被执。丙寅，命哈达哈为定边左副将军，雅尔哈善为参赞大臣，达勒党阿为定边右副将军，阿兰泰为乌里雅苏台参赞大臣。

十一月辛未，以杜尔伯特贝勒色布腾为北路参赞大臣。癸酉，以策楞为内大臣兼定西将军，扎拉丰阿为定边右副将军，达勒党阿为参赞大臣。宥青滚杂卜罪。甲戌，以鄂勒哲依、哈萨克锡喇为参赞大臣，尼玛为内大臣兼参赞大臣。云南剑川州地震。壬午，调鄂乐舜为山东巡抚，高晋为安徽巡抚，锡特库为巴里坤都统。癸未，宥达瓦齐罪，封亲王，赐第京师。甲午，噶勒杂特得木齐丹毕来降。

十二月癸卯，起乌勒登为领队大臣。以卢焯署陕西巡抚。丙午，命侍郎刘纶往浙江查办前巡抚鄂乐舜，并查江南、浙江赈务。戊申，免伊犁本年贡赋。以吉林将军傅森为兵部尚书，额勒登代之。己未，赈索伦、达呼尔水灾霜灾。赈湖北潜江等六州县卫水灾。赈两淮徐渎等十二场、山西岢岚州本年水灾各有差。

卷十二　　本纪十二

高宗本纪三

二十一年春正月庚午，以额驸科尔沁亲王色布腾巴勒珠尔贻误军机，褫爵禁锢。喀尔喀亲王额琳沁多尔济以疏纵阿睦尔撒纳，处斩。己卯，以准噶尔故总台吉达什达瓦之妻率众来降，封为车臣默尔根哈屯。命尹继善往浙江会审鄂乐舜。丁亥，阿巴噶斯得木齐哈丹等来降。乙未，命哈达哈由阿尔泰进兵协剿。原任副将军萨喇勒由珠勒都斯来归，命与鄂勒哲依同掌副将军印。命协办大学士达勒党阿由珠勒都斯进兵协剿。丁酉，致仕协办大学士阿克敦卒。

二月癸卯，授巴里坤办事大臣和起钦差大臣关防。戊申，以杨廷璋为浙江巡抚。辛亥，上启跸谒孔林。以策楞奏报获阿睦尔撒纳，命改谒泰陵。甲寅，上谒泰陵。免直隶、山东经过州县钱粮十分之三，歉收地方免十分之五。乙卯，上幸山东，诣孔林。免山东海丰等三县潮灾额赋。壬辰，赈山东兰山等州县水灾。癸亥，赈浙江仁和等十五州县场水灾。甲子，工部尚书卫哲治病免，以赵弘恩代之。策楞以误传获阿睦尔撒纳奏闻。丁卯，命萨喇勒以副将军驻特讷格尔。戊辰，授硕色为湖广总督，郭一裕为云南巡抚。

三月己巳朔，上至曲阜，谒先师孔子庙。授清保为盛京将军。庚午，释奠礼成。谒孔林、少昊陵、元圣周公庙。免曲阜丁丑年额赋。辛未，赈山东邹县等十七州县卫水灾。丙戌，免江苏宿迁被灾河租，湖北潜江等五州县上年水灾额赋。丁亥，命哈达哈进兵乌梁海布延图，以青滚杂卜、车布登为参赞大臣。策楞等奏复伊犁。戊子，免安徽宿州等二十一州县卫、江苏阜宁等七十二州县卫上年水灾额赋。壬辰，上谒昭西陵、孝陵、景陵，诣孝贤皇后陵奠酒。丙申，赐鄂乐舜自尽。丁酉，上还京师。

夏四月壬子，免山东邹县等十九州县卫上年潮灾额赋。命达勒党阿由西路、哈达哈由北路进征哈萨克，以哈宁阿、鄂实为参赞大臣。癸丑，命大学士傅恒赴额林哈毕尔噶整饬军务。策楞、玉保逮问。以乌勒登疏纵阿睦尔撒纳处斩。甲寅，命尚书阿里衮在军机处行走。丁巳，召傅恒回京。富德奏败哈萨克於塞伯苏台。壬戌，免山西岢岚州二十年霜灾额赋。癸亥，军机大臣雅尔哈善、刘纶罢。命裘曰修在军机处行走。乙丑，召刘统勋回京。

五月戊辰朔，玉保降领队大臣，以达勒党阿为定边右副将军，巴禄为参赞大臣。乙亥，免浙江仁和等十三州县上年被灾额赋。庚辰，上诣黑龙潭祈雨。乙酉，以莽阿纳、达什车凌为参赞大臣。丁亥，免甘肃甘州等三府本年民屯额赋。赈甘肃皋兰等二十厅州县上年霜雹灾。辛丑，噶勒杂特宰桑根敦等来降。壬子，以莽阿纳为归化城都统。癸丑，何国宗降调，以赵弘恩为左都御史，调汪由敦为工部尚书，刘统勋为刑部尚书。丙辰，伯什阿噶什属宰桑赛音伯克来降。癸亥，杜尔伯特台吉伯什阿噶什遣使来降，命封亲王。乙丑，封杜尔伯特台吉乌巴什为贝子。

秋七月戊辰，免安徽无为等三十二州卫上年水灾额赋。壬申，特楞古特宰桑敦多克及古尔班和卓等於济尔玛台诈降，哈达哈等率兵殄之。授哈达哈领侍卫内大臣，车布登扎布郡王，唐喀禄、舒赫德副都统，三都布多尔济公爵，余议叙有差。庚辰，漕运总督瑚宝卒，以张师载代之。丁亥，上幸清河，至班第、鄂容安丧次赐奠。壬辰，以青滚杂卜叛迹已著，谕舒明、成衮扎布等捕剿之。癸巳，库车伯克鄂对等来降。

八月壬寅，以绰尔多为黑龙江将军。乙巳，命喀尔喀亲王成衮扎布为定边左副将军，舒明、阿兰泰、桑斋多尔济、德沁扎布、塔勒玛善为参赞大臣。辛亥，命纳木扎勒、德木楚克为参赞大臣。以保德署绥远城将军。癸丑，上奉皇太后秋狝木兰。磔阿巴噶斯等於市。戊午，赈车臣汗部落扎萨克辅国公成衮等六旗旱灾。额鲁特达玛琳来降。庚申，上奉皇太后巡幸木兰，行围。授瑚图灵阿、富昌、保德、哲库纳、阿尔宾为参赞大臣，随成衮扎布办事。以保云署绥远城将军。壬戌，台吉伯什阿噶什入觐，召见行殿，赐宴。癸亥，予成衮扎布等议叙。甲子，以喀尔喀贝勒品级车木楚克扎布接续台站，封为贝勒。乙丑，哈达哈等征哈萨克，大败之。授扎拉丰阿为贝子，明瑞为副都统。赈陕西长安等十三厅州县雹灾。

九月甲戌，达瓦齐近族台吉巴里率人户来降，命附牧扎哈沁地方。丁丑，土尔扈特台吉敦多布达什遣使臣吹扎布入贡，上召见於行幄，赐宴。戊子，免甘肃乾隆元年至十五年积年欠赋，及宁夏安西等二十二州县卫本年额赋有差。庚寅，上奉皇太后回驻避暑山庄。授杜尔伯特亲王伯什阿噶什为盟长。乙未，暹罗国王遣使贡方物。赈山东鱼台等县水灾

闰九月癸卯，封罗卜藏车楞之子塔木楚克扎布为贝勒。戊申，上奉皇太后回跸。庚戌，授阿桂为北路参赞大臣。准借黑龙江被水人户籽种口粮。甲寅，上奉皇太后还京师。赈安徽宿州等十二州县卫水灾。辛酉，免江苏清河十二州县卫被灾漕项。

冬十月戊辰，命哈达哈以参赞大臣随同成衮扎布办事，阿里衮、富德回京。壬申，以富勒赫未能豫防河决，召来京。命爱必达为河道总督，刘统勋署之。调鹤年为山东巡抚，授尹继善两江总督，兼管河务。癸酉，以满福为巴里坤都统。丙子，兆惠以回部霍集占叛状闻，遣阿敏道等进兵。戊寅，辉特台吉巴雅尔叛掠洪霍尔拜、扎哈沁，命宁夏将军和起讨之。己卯，赈直隶延庆等八州县卫本年水灾雹灾。乙酉，致仕大学士福敏卒。

十一月丁未，赈甘肃皋兰等二十六厅州县水雹灾。辛亥，调陈宏谋为陕西巡抚，图勒炳阿为湖南巡抚。甲寅，命仍逮问策楞、玉保。降封扎拉丰阿公爵。以达勒党阿为定西将军，兆惠为定边右副将军，永贵为参赞大臣。庚申，哈萨克锡喇巴玛及回人莽噶里克率众袭将军和起於辟展。和起力战死之，命如傅清、拉布敦例恤。己未，黄廷桂奏备马三万匹，增兵驻哈密等处。上以"明决担当"嘉之。赏黄廷桂双眼花翎、骑都尉世职。壬戌，王安国病免。以汪由敦署吏部尚书，赵弘恩署工部尚书，何国宗署左都御史。

十二月甲子朔，策楞、玉保逮京，途次为额鲁特人所害。庚午，赈山西汾阳等县水灾。辛未，谕哲布尊丹巴胡图克图加号敷教安众喇嘛。壬申，以卢焯为湖北巡抚。赈山东金乡等二十一州县卫水灾。甲戌，免陕西盩厔等四县本年水灾民屯额赋、马厂地额赋之半。戊寅，获青滚杂卜于杭噶奖噶斯，赏成衮扎布黄带，封子一人为世子，封纳木扎勒一等伯。己卯，召瑚图灵阿等回京。以获青滚杂卜功，晋贝勒车木楚克扎布郡王品级，赏贝勒旺布多尔济等双眼花翎。丙戌，达勒党阿罢协办大学士，以鄂弥达代之。

二十二年春正月甲午，以南巡免江苏、安徽、浙江累年逋赋。以成衮扎布为定边将军，由巴里坤进剿，车布登扎布署北路定边左副将军，舒赫德、富德、鄂实为参赞大臣，色布腾巴勒珠尔、阿里衮、明瑞等为领队大臣。乙未，赈江苏清河等十九州县水灾。戊戌，命嵩椿为荆州将军。以莽古赉为参赞大臣，赴北路军营。己亥，命哈达哈为参赞大臣，驻科布多。庚子，以哈宁阿、永贵为参赞大臣。癸卯，上奉皇太后南巡。甲辰，授汪由敦吏部尚书，调何国宗为礼部尚书，秦蕙田为工部尚书，赵弘恩仍回左副都御史，白钟山为江南河道总督，张师载为河东河道总督，杨锡绂为漕运总督，授爱必达江苏巡抚。丙午，免直隶静海等三州县逋赋。丁未，免经过直隶、山东地方本年钱粮十分之三，被灾地方十分之五。壬子，赈山东济宁五州县卫水灾。癸丑，以阿思哈为北路参赞大臣。己未，以嵇璜为江南副总河。命阿桂留乌里雅苏台办事。壬戌，噶勒藏多尔济、达什车凌等叛。

二月癸亥朔，免经过江南、浙江地方本年钱粮十分之三，被灾地方十分之五。甲子，赈江苏清河十四州县卫、安徽宿州等四州县卫灾民。丙寅，兆惠全师至乌鲁木齐，封一等伯，世袭。丁卯，上奉皇太后渡河至天妃闸，阅木龙。免江南乾隆十年以前漕项积欠。免两淮灶户乾隆十七年至十九年未完折价银两。乙亥，上奉皇太后渡江。癸未，幸宋臣范仲淹高义园。甲申，上奉皇太后幸苏州府。乙酉，上奉皇太后临视织造机房。调富森为吏部尚书，以纳木札勒为工部尚书。降阿里衮为侍郎，以兆惠为户部尚书、领侍卫内大臣，舒赫德为兵部尚书。命成衮扎布、兆惠分路捕剿额鲁特叛众。丙戌，上阅兵于嘉兴府后教场。丁亥，上阅兵于石门镇。已丑，上奉皇太后幸杭州府。庚寅，上阅兵。辛卯，免山东齐河等三州县民欠，及山西汾阳等二县、江苏清河等十二州县水灾额赋。

三月丁酉，噶勒藏多尔济陷伊犁，命成衮扎布讨之。庚子，上奉皇太后驻跸苏州府。己酉，上奉皇太后幸江宁府。免江南之江宁、苏州，浙江之杭州三府附郭诸县本年额赋。庚戌，上奠明太祖陵。辉特台吉车布登多尔济叛，哈达哈讨获之。命尽诛丁壮，以女口赏喀尔喀。辛亥，以哈达哈为兵部尚书。癸丑，上奉皇太后渡江。甲寅，召原任大学士史贻直入阁办事，黄廷桂仍以大学士兼管陕甘总督。丙

辰，免陕西潼关等厅州县上年水雹灾额赋。召刘统勋赴行在。己未，上奉皇太后渡河。

夏四月壬戌朔，直隶总督方观承劾奏巡检张若瀛擅责内监僧人。上斥为不识大体，仍谕内监在外生事者听人责惩。乙丑，免江苏淮安等三府州地亩额赋。命刘统勋督修徐州石工，侍郎梦麟督修六塘以下河工，副总河嵇璜督修昭关滚坝支河，均会同督、抚、总河筹办。召成衮扎布、兆惠、舒赫德等来京，以雅尔哈善为参赞大臣，掌定边右副将军印，命阿里衮驻巴里坤办事。丙寅，上至孙家集阅堤工。唐喀禄获车布登多尔济，以普尔普部人赏乌梁海。丁卯，上渡河，至荆山桥、韩庄闸阅河工。戊辰，免直隶延庆等州县卫二十一年雹灾水灾额赋。庚午，减山东海丰县属黎敬等五庄粮额，并免十一年至二十年逋赋。以松阿里为绥远城将军。获普尔普。辛未，上至阙里释奠先师孔子。上奉皇太后驻跸灵岩。命史贻直仍以文渊阁大学士兼吏部尚书。乙亥，改松阿里为凉州将军，以保德为绥远城将军。戊寅，免山东济宁等五州县逋赋。己卯，调蒋炳为河南巡抚，以阿思哈为湖南巡抚。庚辰，免河南夏邑等四县逋赋。辛巳，以夏邑生员段昌绪藏吴三桂伪檄，命方观承赴河南会同图勒炳阿严鞫之。乙酉，何国宗罢。丁亥，上还京师。命秦蕙田署礼部尚书。戊子，以前布政使彭家屏藏明末野史，褫职逮问。以归宣光为礼部尚书。庚寅，福建厦门火。丁酉，上诣蓝靛厂迎皇太后居畅春园。乙巳，赐蔡以台等二百四十二人进士及第出身有差。丁未，霍集占叛，副都统阿敏道死之。

六月辛酉朔，以胡宝瑔为河南巡抚，阿思哈署江西巡抚。壬戌，免甘肃及河南夏邑等四县明年额赋。癸亥，以爱必达为云贵总督，调陈宏谋为江苏巡抚，明德为陕西巡抚，定长为山西巡抚。甲子，赈河南鄢陵等州县水灾。戊辰，彭家屏论斩。丁丑，赏达什达瓦部落两月口粮。癸未，喀尔喀达玛琳叛，命桑寨多尔济讨之。己丑，赈安徽宿州等十六州县卫水灾、甘肃碾伯等三十八州县厅水雹灾。

秋七月辛卯朔，赈山东馆陶等州县水灾。壬辰，以刘藻为云南巡抚。癸卯，赐彭家屏自尽。命史贻直仍兼工部。乙巳，赈安徽宿州等十州县水灾雹灾。丙午，赈山东东平州等五州县水灾。以获巴雅尔授富德内大臣，封贝勒罗布藏多尔济为郡王。丁未，以杨应琚为闽浙总督，以鹤年为两广总督，蒋洲为山东巡抚，塔永宁为山西巡抚。哈萨克汗阿布赉遣使入贡。戊申，上奉皇太后巡幸木兰。癸丑，额鲁特台吉浑齐等杀札那噶尔布，以其首来降。戊午，赈山东济宁等三十二州县卫水灾、福建龙严等二州县水灾。

八月丙寅，哈萨克霍集伯尔根等降。丁卯，以萨喇善为吉林将军，傅森署之。戊辰，赈甘肃柳沟等三卫旱灾。乙亥，上奉皇太后巡幸木兰，行围。赈山西汾阳水灾。辛巳，巴雅尔、达什车凌伏诛。

九月癸巳，克埒特、乌噜特各部俱平。甲午，上御行殿，哈萨克阿布赉等使臣入觐，赐宴。戊戌，以富勒浑为湖南巡抚。珲齐等复叛。庚子，额鲁特沙喇斯、玛呼斯二宰桑叛，命都统满福讨之。以雅尔哈善为兵部尚书。辛丑，上奉皇太后回驻避暑山庄。壬寅，傑尼玛等于故将军和起墓前。丁未，命刘统勋赴山东、江南办理河工。辛亥，上奉皇太后还京师。

冬十月壬戌，上幸南苑，行围 。癸亥，琉球入贡。乙丑，以雅尔哈善署定边右副将军。丁卯，召车布登扎布来京，以纳木扎勒署定边左副将军。阿桂赴科布多，以莽古赉为北路参赞大臣。辛未，以兆惠为定边将军，车布登扎布为定边右副将军。丙戌，以永贵为陕西巡抚。

十一月丙申，以喀尔喀亲王德沁扎布为北路参赞大臣。壬子，以吴拜为左都御史。戊午，赈甘肃皋兰等二十二厅州县霜雹等灾。

十二月癸亥，以陈宏谋为两广总督，李侍尧署之，託恩多为江苏巡抚，阿尔泰为山东巡抚。己巳，大学士陈世倌乞休，许之。乙亥，封车木楚克扎布为郡王。丁丑，赈扎噜特、阿噜、科尔沁三旗灾。庚辰，舒赫德以失机褫职。甲申，加史贻直、陈世倌太子太傅，鄂弥达、刘统勋太子太保。

是岁，朝鲜、暹罗、琉球入贡。

二十三年春正月己丑，赈河南卫辉等府属灾民一月。免甘肃乾隆十六年至二十二年逋赋。庚寅，命兆惠、车布登扎布剿沙喇伯勒，雅尔哈善、额敏和卓征回部。辛卯，赈江苏清河等十八州县、安徽宿州等十州县灾民有差。癸酉，赈直隶大名等州县灾民。丙午，以俄罗斯呈验阿睦尔撒纳尸及哈萨克称臣纳贡，宣谕中外。己酉，吏部尚书汪由敦卒，上亲临赐奠。壬子，以刘统勋为吏部尚书，调秦蕙田为刑部尚书，以嵇璜为工部尚书，调钟音为广东巡抚，周琬为福建巡抚，周人骥署贵州巡抚。癸丑，命雅尔哈善为靖逆将军，额敏和卓、哈宁阿为参赞大臣，顺德讷、爱隆阿、玉素布为领队大臣，征回部。命永贵、定长以钦差大臣关防办理屯田事务。

二月庚申，朝鲜入贡。癸亥，赈陕西葭州等八州县旱灾。乙丑，赈德州等三十七州县卫所灾民。

三月庚寅，上谒西陵。癸巳，上谒昭西陵、孝陵、孝东陵、景陵。庚子，上谒泰陵。辛丑，兆惠等进兵沙喇伯勒，获扎哈沁哈拉拜，尽歼其众。舍楞遁，命和硕齐、唐喀禄追捕之。壬寅，免江苏山阳等二十五州县卫额赋有差。乙巳，御试翰林、詹事等官，擢王鸣盛等三员为一等，余升黜有差。试由部院改入翰林等官，擢德尔泰为一等，余升黜有差。丁未，以吴士功为福建巡抚，钟音为陕西巡抚，托恩多为广东巡抚，庄有恭署江苏巡抚，冯钤为湖北巡抚。

夏四月壬戌，免甘肃兰州等六府州县乾隆三年至十年逋赋。戊辰，复封额驸色布腾巴勒珠尔为亲王。免直隶霸州等三十三州县厅乾隆十年至二十年逋赋。庚午，致仕大学士陈世倌卒。壬申，命李元亮兼署户部尚书。免直隶魏县等二十九州县厅上年水灾额赋。丙子，命陈宏谋回江苏，以总督衔管巡抚事。以冯钤为湖南巡抚，庄有恭署湖北巡抚，李侍尧署两广总督。庚辰，上诣黑龙潭祈雨。壬午，以旱命刑部清理庶狱，减徒以下罪，直隶如之。

五月戊子，免甘肃通省二十四年额赋。癸丑，赈陕西延安等三府州旱灾。

六月辛未，免陕西榆林等八州县逋赋。癸未，免陕西靖边等八州县上年额赋。直隶元城等州县蝗。

秋七月丁亥，免甘肃安西等三厅卫二十二年风灾额赋。己丑，毛城铺河决。庚寅，霍集占援库车，雅尔哈善等击败之。免福建台湾县旱灾额赋。丙申，加黄廷桂少保，杨应琚、开泰太子太保，杨锡绂太子少师，陈宏谋、高晋、胡宝瑔太子少傅，白钟山、爱必达、吴达善太子少保。戊戌，赈山西静乐等州县水雹灾。庚子，上奉皇太后秋狝木兰。壬寅，舍楞奔俄罗斯。召阿桂还。癸卯，右翼布鲁特玛木特呼里比米隆遣其弟舍尔伯克入觐。谕缚献哈萨克锡喇。乙巳，以纳木札勒为靖逆将军，三泰为参赞大臣。谕兆惠赴库车。丙午，上奉皇太后驻避暑山庄。戊申，赏车布登扎布亲王品级。壬子，赈陕西延安等十七州县旱雹灾。

八月丙寅，雨。己巳，上奉皇太后幸木兰行围。甲戌，以都赉为兵部尚书。丁丑，赈甘肃皋兰等二十四州县厅旱灾。壬午，缅甸国王莽达喇为得楞野夷所害，木梳铺土官甕藉牙自立。

九月己丑，赐布鲁特使臣舍尔伯克宴。提督马得胜以攻库车失机，处斩。庚寅，右部哈萨克图里拜及塔什干回人图尔占等来降。丙申，奉皇太后驻避暑山庄。戊戌，调归宣光为左都御史，以嵇璜为礼部尚书，命梁诗正署工部尚书。命驻防伊犁大臣兼理回部事务。己亥，赈浙江仁和等县水灾。甲辰，哈喇哈勒巴克回部来降。庚戌，和阗城伯克霍集斯等来降。壬子，乌什城降。

冬十月癸亥，赈浙江钱塘等十六县场水灾，山西朔平府属霜灾。丁卯，赈直隶大城等九县水雹霜灾。兆惠自巴尔楚克进兵叶尔羌。甲戌，吴拜病免，以德敏为左都御史。赈直隶沧州等六州县场水灾。

十一月甲申朔，右部哈萨克遣使来朝，赐宴。乙酉，上回跸。丙戌，上幸南苑行围。戊子，上大阅。己丑，以阿里衮为参赞大臣，赴兆惠军营。辛卯，赈江苏海州等五州县水旱潮灾。丁酉，兆惠至叶尔羌城外，陷贼围中。授富德为定边右副将军，阿里衮、爱隆阿、福禄、舒赫德为参赞大臣，往叶尔羌策应。己亥，以十二月朔望日月并蚀，谕修省。辛丑，克里雅伯克阿里木沙来降。甲辰，以兆惠深入鏖战，封一等武毅谋勇公，晋额敏和卓郡王品级，霍集斯贝子加贝勒品级。丁未，纳木扎勒、三泰、奎玛岱策应兆惠，途次遇贼，死之。加赠纳木扎勒公爵、三泰子爵、奎玛岱世职。以舒赫德为工部尚书。庚戌，富德赴叶尔羌。

十二月癸丑朔，日蚀。左副都御史孙灏奏请明年停止巡幸，上斥其识见舛缪，改用三品京堂，并以“效法皇祖练武习劳”谕中外。赈福建台湾等四县风灾。加赈浙江仁和等七县所水灾。壬戌，裘曰修罢军机处行走。丁卯，除甘肃张掖等四厅县水冲田亩额赋。戊辰，晋封喀尔喀扎萨克郡王齐巴克雅喇木丕勒为亲王。壬申，免浙江钱塘等七县本年水灾额赋。

二十四年春正月甲申，免甘肃通省明年额赋及积年各项积欠。癸巳，雅尔哈善处斩。己亥，大学士伯黄廷桂卒，以吴达善为陕甘总督，明德为甘肃巡抚，暂护总督。授李侍尧两广总督。癸卯，命蒋溥为大学士，仍管户部尚书，梁诗正为兵部尚书，归宣光为工部尚书，陈惪华为左都御史，李元亮兼管兵部满尚书，苏昌署满工部尚书。

二月壬戌，哈宁阿论斩。癸亥，赈车都布等三旗旱灾。甲子，富德、阿里衮与霍集占战呼尔璊，大败之。封富德为三等伯，予舒赫德、阿里衮、豆斌等世职。命舒赫德回阿克苏办事。己巳，富德兵至叶尔羌，会兆惠兵进攻。晋封富德一等伯。命车布登扎布为副将军，福禄、车木楚克扎布为参赞大臣。鄂斯满等陷克里雅。谕巴禄援和阗。庚辰，以兆惠、富德回阿克苏，严责之。

三月癸未，命舒赫德同霍集斯驻和阗，截贼窜路。己丑，以头等侍卫乌勒登、副都统齐努浑为北路参赞大臣。壬辰，召杨应琚来京，以杨廷璋署闽浙总督。甲午，彗星见。己亥，明瑞晋封承恩毅勇公。江苏淮安等三府州蝗。

夏四月辛亥，富德等援和阗。癸丑，以阿桂为富德军营参赞大臣。丁巳，常雩，祀天於圜丘。上以农田望泽，命停止卤簿，步行虔祷。以杨应琚为陕甘总督，吴达善以总督衔管巡抚事。戊午，以杨廷璋为闽浙总督，庄有恭为浙江巡抚。庚申，免浙江钱塘等十六县场上年风灾额赋。辛酉，展赈甘肃河州等处旱灾。命刑部清狱减刑，甘肃亦如之。甲子，赈甘肃狄道等二十三厅州县卫旱灾雹灾。丁卯，上临原任大学士黄廷桂丧。癸酉，免山西阳曲等五州县上年水灾雹灾额赋。丁丑，禁织造贡精巧绨绣。命舒赫德仍回驻阿克苏。

五月辛巳，免陕西潼关等六十五厅州县本年额赋有差。辛卯，上诣黑龙潭祈雨。丁酉，赈陕西咸宁等州县旱灾。己亥，诏诸臣修省，仍直言得失。辛丑，上素服诣社稷坛祈雨。丁未，上以雨泽未沛，不乘辇，不设卤簿，由景运门步行祭方泽。己酉，赈甘肃皋兰等州县被旱灾民。

六月庚戌，缓常犯奏请处决。甲寅，以恒禄为绥远城将军。戊午，赈陕西榆林等十一州县旱灾。庚申，上以久旱，步至圜丘行大雩礼。是日，大雨。命兆惠进兵喀什噶尔，富德进兵叶尔羌。甲戌，江苏海州等州县、山东兰山等县蝗，谕裘曰修、海明捕蝗。丙子，英吉利商船赴宁波贸易，庄有恭奏却之。谕李侍尧传集外商，示以禁约。

闰六月丙戌，免福建台湾等三县上年风灾额赋。丁酉，赈甘肃皋兰等州县旱灾。庚子，布拉呢敦弃喀什噶尔遁。甲辰，霍集占弃叶尔羌遁。丙午，以刘纶为左都御史。戊申，以甘肃旱，停发本年巴里坤等处遣犯。

秋七月己酉朔，兆惠等奏喀什噶尔、叶尔羌回众迎降。布拉呢敦、霍集占遁巴达克山。命阿里衮等率兵攻巴尔楚克。庚戌，谕兆惠等追捕布拉呢敦、霍集占。命车布登扎布驻伊犁，防霍集占等入俄罗斯。辛亥，以捕蝗不力，夺陈宏谋总督衔。壬子，上奉皇太后启跸，秋狝木兰。己未，上奉皇太后驻跸避暑山庄。停征山西阳曲等三十九厅州县旱灾额赋。丁丑，改西安总督为川陕总督，四川总督为四川巡抚，甘肃巡抚为甘肃总督管巡抚事。以开泰为川陕总督，杨应琚为甘肃总督。山西平定等州县蝗。

八月己卯，明瑞追剿霍集占等于霍斯库鲁克岭，大败之。壬午，赈甘肃皋兰等四十厅州县本年旱灾。己丑，申禁英吉利商船逗遛宁波。壬辰，富德等奏追剿霍集占於阿勒楚尔，大败之。癸巳，上奉皇太后幸木兰，行围。庚子，富德奏兵至叶什勒库勒诺尔，霍集占窜巴达克山。

九月庚戌，赈浙江江山等县水灾。论剿贼功，晋封回人鄂对为贝子，阿什默特、哈岱默特为公，复敏珠尔多尔济公爵。癸丑，定西域祀典。命阿桂赴阿克苏办事。晋封玉素布为贝勒。丙寅，改甘肃安西镇为安西府。上奉皇太后还京师。以苏昌为湖广总督。除回城霍集占等苛敛。

冬十月己卯，颁给阿桂钦差大臣关防。癸未，赈山西阳曲等五十六厅州县旱灾。丁亥，赐哈宁阿自尽。戊子，禁州县捕蝗派累民间。癸巳，免山西助马口庄头本年旱灾额赋十分之七。乙未，以鄂弼为山西巡抚。赈盛京开原等城、承德等七州县旱灾，抚恤长芦沧州等六州县、严镇等五场被水灶户，均蠲额赋有差。免甘肃狄道等二十二厅州县上年水灾雹灾额赋。丙申，赈顺天直隶固安等四十七州县厅水霜雹虫灾，并蠲额赋有差。丁酉，谕："国家承平百年，休养滋息，生齿渐繁。今幸边陲式廓万有余里，以新辟之土疆，佐中原之耕凿，又化凶顽之败类为务本之良民，一举而数善备。各督抚其通饬所属，安插巴里坤各城人犯，分别惩治，勿以纵释有罪为仁，使良法不行。"己亥，赈江苏上元等十九州县厅卫水虫风潮灾。庚子，富德奏巴达克山素勒坦沙献霍集占首级，全部投诚。命宣谕中外。将军兆惠加赏宗室公品级鞍辔。将军富德晋封侯爵，并赏戴双眼花翎。参赞大臣公明瑞、公阿里衮赏戴双眼花翎。舒赫德以下，均从优议叙。晋封额敏和卓为郡王，赏玉素布郡王品级。辛丑，以平定准、回两部用兵本末，制《开惑论》，宣示中外。赈浙江嘉兴等二十州县卫所、双穗等九场水灾虫灾。壬寅，却诸王大臣请上尊号。赈陕西定边等九县旱雹霜灾。癸卯，召喀尔喀、杜尔伯特诸部落汗、王、公等赴太平嘉宴。

十一月辛亥，以平定回部，上率诸王大臣诣皇太后寿康宫庆贺。御太和殿受朝贺。颁诏中外，覃恩有差。辛酉，杨应琚加太子太师。乙丑，除山东济宁州、鱼台县水淹地赋。癸酉，命各回城伯克等轮班入觐。哈尔塔金布鲁特来降。

十二月甲子，赈甘肃皋兰等十四厅州县及东乐县丞属本年旱灾。癸巳，免两淮丁溪等七场被灾应纳折价十分之七。甲午，赈山东海丰等十六州县卫、永阜等三场本年水灾潮灾。丁酉，免浙江江山等三县本年水灾额赋。

二十五年春正月戊申，以西师凯旋，再免来岁甘肃额赋。己酉，赈甘肃皋兰等州县旱灾。庚戌，命乌鲁木齐屯田。乙卯，霍罕额尔德尼伯克遣使陀克塔玛特等入觐。丙辰，巴达克山素勒坦沙遣使额穆尔伯克等及齐哩克、博罗尔使入觐。定边将军兆惠等以霍集占首级来上，并俘酋扪多索丕等至京。丁巳，上御午门行献俘礼。命霍集占首级悬示通衢，宥扪多索丕等罪。己未，布鲁特阿济比遣使锡喇噶斯等入觐。

二月丁丑，命侍郎裘曰修、伊禄顺清查甘肃各州县办理军需。赈扎萨克图汗等四旗部落饥。癸未，上启跸诣东陵。乙酉，赈山西阳曲等州县上年旱灾。丙戌，上谒昭西陵、孝陵、孝东陵、景陵。丁亥，以清馥迁延讳匿，命正法。辛卯，免盛京等十九驿旱灾额赋，并赈之。癸巳，上还京师。丙申，命车布登扎布以副将军统兵剿捕哈萨克巴鲁克巴图鲁，以玛瑺、车木楚克扎布为参赞大臣。上诣泰陵。己亥，上诣泰陵。以兆惠、富德为御前大臣。壬寅，兆惠等凯旋，上至良乡郊劳。癸卯，上还京师。甲辰，赐哈密扎萨克郡王品级、贝勒玉素布等冠服有差。

三月丙午朔，上御太和殿受凯旋朝贺。丁未，试办伊犁海努克等处屯田。设乌鲁木齐至罗克伦屯田村庄。免安徽怀宁等十七州县卫上年水虫灾额赋。壬子，以阿布都拉为乌什阿奇木伯克，阿什默特为和阗阿奇木伯克，噶岱默特为喀什噶尔阿奇木伯克，鄂对为叶尔羌阿奇木伯克。甲寅，颁阿桂关防，驻伊犁办事，常亮等协同办事。丁巳，免浙江仁和等十州县卫所、双穗等九场上年水灾虫灾额赋。辛酉，赈江苏上元等五十五州县卫上年水灾。甲子，上临和硕和婉公主丧次，赐奠。丙寅，上幸皇六子永瑢第。戊辰，命新柱往叶尔羌办事。己巳，晋封纯贵妃为皇贵妃。以巴图济尔噶勒为内大臣。庚午，免山东海丰等十六州县、永阜等三场上年潮水灾额赋。

夏四月戊子，以山东兰山等县蝻生，命直隶豫防之。己亥，内大臣萨喇勒卒。

五月甲辰朔，日食，诏修省。丙午，谕陕甘总督辖境止乌鲁木齐，饬杨应琚仍回内地。壬子，诏曰："内地民人往蒙古四十八部种植，设禁之，是厉民。今乌鲁木齐各处屯政方兴，客民前往，各成聚落，污莱辟而就食多，大裨国家牧民本图。无识者又疑劳民。特为宣谕。"癸丑，赐毕沅等一百六十四人进士及第出身有差。丁巳，免安徽怀宁等十七州县卫上年水灾虫伤额赋。乙丑，裁陕西榆葭道，改延绥道为延榆绥道，移驻榆林府，以鄜州隶督粮道。己巳，哈萨克阿布勒巴木比特遣使入觐，赐敕书，却所请游牧伊犁，及居住巴尔鲁克等地。前掠乌梁海之巴鲁克巴图鲁服罪，献还所获，仍锡赉之。

六月乙亥，免甘肃征本年及来年耗羡。丁酉，召阿里衮回京。命海明赴喀什噶尔办事。

秋七月癸卯朔，谕热河捕蝗。甲辰，山西宁远等厅、直隶广昌等州县蝗。甲寅，伯什克勒木等庄回人迈喇木呢雅斯叛，阿里衮剿平之。以阿思哈为江西巡抚。乙卯，赈江苏高邮等州县水灾。戊辰，以杨宁为喀什噶尔提督。己巳，以俄罗斯驻兵和宁岭、喀屯河、额尔齐斯、阿勒坦诺尔四路，声言分界，谕阿桂、车布登扎布等来岁以兵逐之。

八月丙戌，命乌鲁木齐驻扎大臣安泰、定长、永德为总办，列名奏事。其大臣侍卫等，均如领队大臣例，专任一事，咨安泰等转奏。己丑，上奉皇太后秋狝木兰。壬辰，以阿桂总理伊犁事务，授为都统。丙申，上奉皇太后驻避暑山庄。戊戌，上奉皇太后幸木兰，行围。己亥，增设江苏江宁布政使，驻江宁府，分辖江、淮、扬、徐、通、海六府州。以苏州布政使分辖苏、松、常、镇、太五府州，安徽布政使回驻安庆。命託庸调补江宁布政使。命户部侍郎于敏中在军机处行走。

九月乙卯，喀尔喀车臣汗札萨克旺沁扎布，以不能约束属人，革札萨克，降贝子为镇国公。丙辰，恒禄引见，以舒明署绥远城将军。丁巳，三姓副都统巴岱以挖参人众滋事，不能捕治，反给牌票，上以畏懦责之，命正法。庚申，命德尔格驻辟展办事。癸亥，哈萨克汗阿布赉使都勒特克埒入觐。

冬十月壬申朔，上奉皇太后回驻避暑山庄。乙亥，以苏州布政使苏崇阿刑求书吏，妄奏侵蚀七十余万，刘统勋等鞫治皆虚，革发伊犁。戊寅，以恒禄为吉林将军，如松为绥远城将军。乙酉，赈安徽宿州等十三州县卫本年水灾。辛卯，上奉皇太后还京师。以阿里衮为领侍卫内大臣。癸巳，免直隶宣化等七州县本年水雹灾额赋。己亥，赈湖南常宁等十二州县卫旱灾。

十一月癸卯，免江苏山阳等二十五州县卫本年水灾额赋有差。丁未，除山东永利等二场并海丰县潮冲灶地额赋。庚申，赈甘肃洮州等二十七厅州县卫本年水灾。丙寅，以常钧署江西巡抚。庚午，允垦肃州邻边荒地，开渠溉田。

十二月丙戌，西安将军松阿哩以受属员馈遗，褫职论绞。命甘肃总督仍改为陕甘总督。以伊犁、叶尔羌等处均驻大臣，无须更置道员，归总督辖。停四川总督兼管陕西。调胡宝瑔为江西巡抚，吴达善为河南巡抚，以明德为甘肃巡抚。丁亥，大学士蒋溥以病乞休，温谕慰留。壬辰，上幸瀛台，赐入觐叶尔羌诸城伯克萨里等食，至重华宫赐茶果。壬辰，阿思哈论绞。丙申，德敏迁荆州将军。以永贵为左都御史，命赴喀什噶尔办事，代舒赫德回京。

是年，朝鲜、南掌入贡。

二十六年春正月壬寅，紫光阁落成，赐画像功臣并文武大臣、蒙古王公等宴。赈湖南零陵等七州县、江苏清河等六州县水灾。丙午，以爱必达、刘藻两年所出属员考语相同，下部严议。浙江提督马龙图以挪用公项，解任鞫治。甲寅，尹继善陛见，高晋护两江总督。调海明赴阿克苏办事。命舒赫德赴喀什噶尔办事，永贵赴叶尔羌办事。癸亥，以傅森署左都御史。癸酉，上临大学士蒋溥第视疾。鄂宝以回护陆川县纵贼一案，下部严议。以託庸为广西巡抚，永泰署湖南巡抚。庚辰，上奉皇太后西巡五台。壬午，免所过州县额赋十分之三。甲申，上奉皇太后谒泰陵。乙酉，安南国王黎维祎卒，封其侄黎维褍为安南国王。丁亥，免直隶宣化、万全等八州县乾隆八年至十八年逋赋。癸巳，上奉皇太后驻台麓寺。己亥，免山东济宁等三州县上年水灾额赋。贷甘肃渊泉等三县农民豌豆籽种，令试种。

三月庚子，希布察克布鲁特额穆尔比自安集延来归，遣使入觐。乙巳，上幸正定府阅兵。戊申，江南河道总督白钟山卒，以高晋代之。调託庸为安徽巡抚，以熊学鹏为广西巡抚。己酉，设喀什噶尔驻扎办事大臣，命伊勒图协同永贵办事。庚戌，赈安徽宿州等十三州县卫水灾。壬子，上幸平阳淀行围。乙卯，免直隶宣化等二县上年雹灾额赋。丁卯，授阿桂内大臣。改绥远城建威将军曰绥远城将军。己巳，南掌国王苏吗喇萨提拉准第驾公满遣使表贺皇太后圣寿、皇上万寿，并贡方物。

夏四月庚午，上临庄亲王第、大学士蒋溥第视疾。辛未，庄有恭奏劾参将安廷召，不以保举在前，姑容於后，谕嘉之。己卯，大学士蒋溥卒。命旌额理、阿思哈赴乌鲁木齐办事，达桑阿赴阿克苏办事，代安泰、定长、纳世通回京。戊子，免湖南常宁等十二州县上年旱灾额赋有差。庚寅，上阅健锐营兵。壬辰，以李侍尧为户部尚书，调苏昌为两广总督，爱必达为湖广总督。以吴达善为云贵总督，常钧为河南巡抚。癸巳，命刘藻暂署云贵总督。甲午，赐王杰等二百一十七人进士及第出身有差。

五月丁未，以刘统勋为东阁大学士，兼管礼部事，梁诗正为吏部尚书、协办大学士，刘纶为兵部尚书，金德瑛为左都御史。戊午，以定长为福建巡抚，杨廷璋兼署之。

六月癸未，赈云南新兴等二州县地震灾。壬辰，免江苏句容等十八州县卫坍地额赋。

秋七月辛丑，协办大学士鄂弥达卒，命兆惠协办大学士。调舒赫德为刑部尚书，兆惠署。以阿桂为工部尚书，阿里衮署。癸丑，上启跸，秋狝木兰。命诚亲王允祕扈皇太后驾。壬戌，上驻避暑山庄。以皇太后巡幸木兰，直隶沿途地方文武玩忽规避，饬下部严议。丙寅，河南祥符等州县河溢。

八月丁丑，赈湖北汉川等十三州县卫水灾。戊寅，以汤聘为湖北巡抚，胡宝瑔为河南巡抚，常钧为江西巡抚。庚辰，命高晋赴河南协办河工。辛卯，上奉皇太后幸木兰。壬辰，察噶尔、萨尔巴噶什两部伯克之兄子孟克及雅木古尔齐入觐。

九月丁酉，停今年勾决。辛丑，命明瑞赴伊犁办事，代阿桂回京。癸卯，山东曹县二十堡黄河及运河各漫口均合龙。丙午，赈湖南武陵等州县水灾。戊申，河南怀庆府丹、沁二河溢入城，冲没人口千三百有奇，赈被灾人民。壬子，赈湖北沔阳等十一州县卫水灾。乙卯，以窦光鼐於会谳大典，纷呶谩詈，下部严议。己未，命素诚赴乌什办事，代永庆回京。以札拉丰阿为乌里雅苏台参赞大臣，雅郎阿赴科布多办事，代札隆阿、福禄回京。庚申，命傅景赴西藏办事，代集福回京。乙丑，赈山东齐河等四十五州县水灾，河南祥符等五十四州县本年水灾。

冬十月戊辰，除甘肃皋兰等三十二厅州县水冲田亩额赋，并免山丹等五县水冲拨运粮米。辛未，上奉皇太后还京师。壬辰，召裘曰修回京。赈江苏铜山等县水灾。周人骥奏仁怀等处试织茧绸，各属仿行，上嘉之。

十一月乙未朔，赈顺直固安等六十九州县本年水灾。丁酉，以英廉为总管内务府大臣。己亥，河南杨桥漫口合龙。辛丑，调嵩椿为察哈尔都统，以舒明为绥远城将军。癸卯，免山西阳曲等三十八州县、大同管粮等十四厅二十四年水灾随征耗银。丁未，免河南祥符等四十三州县漕粮漕项有差。辛亥，减江苏山阳等二十一州县卫水沈地亩，并除民屯、学田、湖荡、草滩额赋。癸丑，礼部尚书五龄安以读表错误，褫职。甲寅，上奉皇太后御慈宁宫，加上徽号曰崇庆慈宣康惠敦和裕寿纯禧恭懿皇太后，翌日颁诏覃恩有差。以永贵为礼部尚书，阿里衮署之。丙辰，上奉皇太后御慈宁宫，率王大臣行庆贺礼。进制圣母七旬万寿连珠，奉皇太后懿旨，停止进献。以勒尔森为左都御史。

十二月丁卯，以云南江川等二州县地震成灾，命加倍赈之，仍免本年额赋。辛未，免江苏南汇等六州县二十三年水旱灾额赋。甲戌，赈山西文水等十三州县水灾。甲申，赈湖北汉川等二县卫水灾。

二十七年春正月丙申，以奉皇太后巡省江、浙，诏免江苏、安徽、浙江逋赋。赈河南祥符等州县灾民有差。丁酉，以科尔沁敏珠尔多尔济旗灾，贷仓谷济之。丙午，上奉皇太后南巡，发京师，免直隶、山东经过地方本年钱粮十分之三，上年被灾处十分之五。戊申，左都御史金德瑛卒，以董邦达代之。赈顺、直、文安等二十八州县上年水灾。甲寅，赈山东东曹、齐河等二县水灾有差。召多尔济回京，命容保驻西宁办事。丁巳，绥远城将军舒明卒，调蕴著代之。戊午，免山东惠民等十五州县卫历年民欠谷银。己未，以周人骥固执开南明河，荒农累民，罢之。命乔光烈为贵州巡抚。癸亥，命清查俄罗斯疆界。

二月己巳，赈江苏高邮等十一州县、安徽太和等五州县水灾。庚午，命尹继善为御前大臣。壬申，上奉皇太后渡河，阅清口东坝、惠济闸。命阿里衮为御前大臣，高晋为内大臣。丙子，朝鲜入贡。丁丑，哈萨克使策伯克等入觐行在，赐冠服有差。庚辰，上奉皇太后渡江，阅京口兵。辛巳，上幸焦山。乙酉，上奉皇太后临幸苏州府。丙戌，免河南祥符等四十三州县上年水灾额赋。戊子，上谒文庙。

三月甲午朔，上奉皇太后临幸杭州府。乙未，上幸海宁阅海塘。丁酉，赈湖北潜江等九州县卫水灾。戊戌，上阅兵。庚子，免江、浙节年未完地丁屯饷、漕项，并水乡灶课银。辛丑，赈山东齐河等五州县上年水灾。壬寅，上幸观潮楼。赐浙江召试贡生沈初等二人举人，与进士孙士毅等二人并授内阁中书。癸卯，上奉皇太后临视织造机房。丙午，回跸。丁未，加钱陈群刑部尚书衔。甲寅，上奉皇太后渡江。乙卯，命浚筑直隶各河堤，以工代赈。丙辰，移山西归绥道驻绥远城。己未，上祭明太祖陵。阅兵。幸两江总督尹继善署。庚申，免江苏江宁、苏州，杭州附郭诸县本年额赋。辛酉，赐江南召试诸生程晋芳等五人举人，与进士吴泰来等三人并授内阁中书。壬戌，上奉皇太后渡江。

夏四月庚午，上阅高家堰，谕济运坝至运口接建砖工。上奉皇太后渡河。以大理寺少卿顾汝修奉使安南，擅移书诘责国王，褫职。癸酉，命庄亲王允禄等由水程奉皇太后回跸。上登陆由徐州阅河。甲戌，免浙江仁和等十县、湖州一所、仁和等五场上年水灾额赋。庚辰，上祭孟子庙，谒先师庙。辛巳，上谒孔林。赈甘肃安定等十州县上年雹灾。壬午，免山东齐河等四十四州县卫所上年水灾额赋。戊子，皇太后登陆，驻跸德州行宫。己丑，上送皇太后登舟。庚寅，命刘统勋会勘景州疏筑事宜。辛卯，免顺直大兴等十州县厅逋赋。

五月甲午，以乾清门行走额鲁特鄂尔奇达逊奋勉勇往，赏三等伯爵。赈安徽寿州等十州县卫上年水灾。乙未，上至涿州。哈萨克陪臣阿塔海等入觐，赐冠服有差。赈长芦属沧州等七州县及严镇等七场上年水灾灶户，并免赋有差。辛丑，上诣黄新庄迎皇太后居畅春园。赈湖南武陵等四州县上年水灾，并免额赋有差。癸卯，除安徽虹县等四州县卫水占洼地额赋。戊申，调鄂弼为陕西巡抚。以扎拉丰阿为正白旗领侍卫内大臣。癸丑，以倭和为总管内务府大臣。

闰五月癸亥朔，以清保年老，召来京。调格舍图为盛京将军，朝铨署之。丁卯，免湖北潜江等九州县卫上年水灾额赋。辛巳，籍没纳延泰财产。辛卯，命西安将军如松袭封信郡王，以德昭之子修龄袭如松公爵。改察哈尔都统嵩椿为西安将军，以巴尔品代之。

六月丁酉，免直隶固安七十四州县厅上年水灾额赋。壬寅，召此次南巡接驾休致之编修沈齐礼来京，及因事降革之冯镐等十三员引见。乙巳，以库尔勒伯克等进贡，谕计直颁赏，仍通谕各城，非盛典进方物者皆止之。己酉，以原任将军班第、参赞大臣鄂容安在伊犁竭忠全节，命於伊犁关帝庙后设位致祭。

秋七月壬戌，以朝鲜三水府滋事逃人越境，命恒禄等赴边境查勘。癸亥，免安徽寿州等十六州县卫上年水灾额赋。戊辰，上奉皇太后巡幸木兰，免经过地方本年钱粮十分之五。乙亥，霍罕侵据额德格讷阿济毕布鲁特之鄂斯等处，谕永贵檄霍罕还之。

八月庚子，建伊犁之固勒札、乌哈尔里克两城，赐名绥定、安远。上奉皇太后回驻避暑山庄。甲辰，託恩多丁忧，调明山署广东巡抚，苏昌兼署，汤聘为江西巡抚，以宋邦绥为湖北巡抚，爱必达兼署。壬子，免顺、直、文安等十七州县厅逋赋及宁河等五县本年水灾额赋。丙辰，赐察哈尔都统敕书。黑龙江将军绰勒多卒，调国多欢代之。

九月癸亥，赏自哈萨克来投之塔尔巴哈沁额鲁特巴桑银绮。庚午，上奉皇太后回跸。辛未，巴达克山素勒坦沙遣使入觐。丁丑，命乾清门侍卫明仁带御医驰视胡宝瑔疾。赈山东齐河等三十五州县卫水灾，并免额赋。甲申，建乌鲁木齐城堡，赐城名曰宁边、辑怀，堡名曰宣仁、怀义、乐全、宝昌、惠徕、屡丰。戊子，理藩院尚书、领侍卫内大臣富德以索取蒙古王公马畜，褫职逮问。己丑，以新柱为理藩院尚书，明瑞为正白旗领侍卫内大臣。

冬十月辛卯，调陈宏谋为湖南巡抚，宋邦绥署之，庄有恭为江苏巡抚，熊学鹏为浙江巡抚，冯钤为广西巡抚，顾济美护之。癸巳，缅目宫里雁以焚杀孟连土司刀派春全家，命处斩，传首示众。癸卯，以爱乌罕汗爱哈默特沙遣使入贡，谕沿途督抚预备筵宴，并命额勒登额护送。乙巳，设总管伊犁等处将军，以明瑞为之。命筑科布多城。己酉，赈顺、直、霸州等六十三州县厅水雹霜灾，免江苏清河等十七州县卫本年水灾额赋。甲寅，赈浙江仁和等二十八州县卫场水灾。丁巳，奉天府府尹通福寿以徇纵治中高锦勒索商人，解任鞫治。

十一月己未朔，浚山东德州运河。庚申，设伊犁参赞大臣，以爱隆阿、伊勒图为之。辛酉，设伊犁领队大臣。命明瑞等率兵驱逐塔尔巴哈台山阴之哈喇巴哈等处越牧哈萨克。戊辰，以萨鲁布鲁特头目沙巴图交还所掠霍罕贸易人等马匹，谕永贵等酌赏之。呼什齐布鲁特为霍罕所侵来投，命移於阿拉克图呼勒等处游牧。庚午，命博斯和勒为杜尔伯特盟长，设副将军二员，以车凌乌巴什为右翼副将军，巴桑为左翼副将军。辛未，建喀什噶尔新城。壬申，改山西平鲁营参将为都司，裁原设中军守备及井坪营都司。丙子，哈萨克努尔赉、乌尔根齐城哈雅克等遣使入觐。甲申，谕方观承仿河南浚道路沟洫。赈甘肃皋兰等二十厅州县本年冰雹霜雪灾。戊子，浚山东寿张等州县河道沟渠。

十二月庚寅，大学士史贻直以老病乞休，优诏慰留，命不必兼摄工部，以示体恤。丙申，克什密尔呢雅斯伯克请入觐，允之。霍罕呈书，以布鲁特鄂斯故地为己有，谕永贵等严檄令给还。辛丑，以霍罕伯克复永贵等书谓前遣使人奉旨称为汗，欲以喀什噶尔为界，谕严檄斥驳之。丁未，工部尚书归宣光卒，以董邦达代之。壬子，命纳世通赴喀什噶尔办事，代永贵回京。癸丑，巴达克山侵围博罗尔，谕新柱等严檄责令息兵，并索献布拉尼敦妻孥。

二十八年春正月庚申，赈顺直属之霸州等三十五州县、山东齐河等三十州县卫水灾有差。甲子，上御紫光阁，赐爱乌罕、巴达克山、霍罕、哈萨克各部使人宴。丁卯，上大阅畅春园之西厂，命各部使人从观。以法起为归化城都统。壬申，命阿桂在军机处行走。壬午，河南巡抚胡宝瑔卒，以叶存仁为河南巡抚。甲申，以纳世通为参赞大臣，驻喀什噶尔，总理回疆事务。壬辰，命方观承赴河南会勘漳河工程。戊戌，改西安满洲、汉军副都统为左右翼副都统。壬寅，裁西宁办事大臣。庚戌，上谒昭西陵、孝陵、孝东陵、景陵。是日，回跸。改乌鲁木齐副将为总兵。乙卯，命侍郎裘曰修督办直隶水利。

三月己未，上还京师。壬戌，免山东齐河等三十一州县卫水灾额赋。丁卯，上谒泰陵。是日，回跸。赏宁津县百有三岁寿民李友益及其子侄孙银牌缎疋有差。丁丑，设伊犁额鲁特总管三员，副总管以下员额有差。戊寅，命福德赴库伦，同桑斋多尔济办事。丙戌，免江苏清河等十四州县卫水灾额赋。

夏四月壬辰，赈浙江钱塘等十七州县场上年水灾。癸卯，上诣黑龙潭祈雨。乙巳，雨。戊申，法起以赃免。以傅良为归化城都统。壬子，赐秦大成等一百八十八人进士及第出身有差。甲寅，裁归化城都统。

五月辛酉，圆明园火。癸亥，命尚书阿桂往直隶霸州等处，会同侍郎裘曰修、总督方观承督办疏浚事。以舒赫德署工部尚书。甲子，封朝鲜国王孙李祘为世孙。己巳，果亲王弘瞻以干与朝政削王爵，仍赏给贝勒。和亲王弘昼以仪节僭妄，罚俸三年。庚午，大学士史贻直卒。壬申，上试翰林、詹事等官，擢王文治等三员为一等，余各升黜有差。甲戌，上奉皇太后秋狝木兰。以李侍尧为湖广总督，辅德为湖北巡抚，陈宏谋兼署之。调刘纶为户部尚书，仍兼署兵部。以陈宏谋为兵部尚书。调乔光烈为湖南巡抚，来朝署之。乙亥，以崔应阶为贵州巡抚。己卯，调明德为江西巡抚。以和其衷为山西巡抚。丙戌，命福德往库伦办事，仍带署理藩院侍郎衔。以额尔景额为参赞大臣，往叶尔羌办事。

六月庚寅，山东历城等州县蝗。壬辰，赈甘肃狄道等三十厅州县水旱霜雹灾。戊戌，开泰以恇怯规避免。以鄂弼为四川总督，明山为陕西巡抚，阿里衮署之，阿思哈为广东巡抚，苏昌兼署，命阿思哈先署广西巡抚。壬寅，四川总督鄂弼卒。以阿尔泰为四川总督，崔应阶为山东巡抚，图勒炳阿为贵州巡抚，吴达善兼署云南巡抚。以梁诗正为东阁大学士，刘纶协办大学士。调陈宏谋为吏部尚书，彭启丰为兵部尚书，张泰开为左都御史。甲辰，上幸简亲王第视疾。壬子，简亲王奇通阿卒。

秋七月庚申，英廉丁忧，命舒赫德兼署户部尚书，刘纶留部治事。戊辰，仍设西宁办事大臣，以七十五为之。己巳，顺直、大城、沧州等州县蝗。庚辰，履亲王允祹卒。

八月癸巳，赐乌鲁木齐城名曰迪化，特讷格尔城名曰阜康。辛丑，上奉皇太后幸木兰，行围。

九月乙卯朔，日食。乙丑，上奉皇太后回驻避暑山庄。庚午，上奉皇太后回跸。癸酉，改甘肃临洮道为驿传道，兼巡兰州府，洮岷道为分巡巩秦阶道。丙子，上奉皇太后还京师。

冬十月甲申，加梁诗正、高晋太子太傅，兆惠、刘纶、阿里衮、舒赫德、秦蕙田、阿桂、陈宏谋、杨锡绂、杨廷璋、李侍尧、苏昌、阿尔泰太子太保，庄有恭、刘藻太子少保。丙戌，上临奠履亲王允祹。丁未，免江苏铜山等九州县水灾额赋。

十一月甲寅朔，召成衮扎布来京，以扎拉丰阿署乌里雅苏台将军，雅郎阿留科布多。辛酉，河东河道总督张师载卒，以叶存仁代之。调阿思哈为河南巡抚，明山为广东巡抚，明德为陕西巡抚，辅德为江西巡抚，常钧为湖北巡抚。以杨应琚兼署甘肃巡抚。丁卯，大学士梁诗正卒。己卯，以杨廷璋为体仁阁大学士，仍留闽浙总督任。

十二月乙酉，免直隶延庆等十州县雹旱灾额赋。丁亥，赈甘肃皋兰等十二厅县旱灾饥民。辛卯，赈山东济宁等八州县卫水灾。乙未，召国多欢来京，调富僧阿为黑龙江将军。庚子，休致左都御史梅瑴成卒。丁未，命绰克托赴乌鲁木齐办事，代旌额里回京。

二十九年春正月癸丑朔，赈山东济宁等七州县卫、甘肃永昌等二十四厅州县灾民。甲戌，加赈云南江川等五州县地震灾民，并免额赋。己卯，朝鲜入贡。

二月丁亥，命阿敏尔图驻藏办事，代福鼐回京。甲午，上谒泰陵。乙未，命观音保赴伊犁，代爱隆阿回京。己亥，上还京师。己酉，免上年直隶蔚州雹灾、万全县旱灾额赋。辛亥，免湖北沔阳等三州县卫上年水灾额赋。

三月癸丑，太子太傅、大学士来保卒。乙卯，移陕甘总督驻兰州，兼管甘肃巡抚事，裁甘肃巡抚。移固原提督回驻西安。改河州镇总兵为固原镇总兵。免山东济宁等七州县卫上年水灾额赋。庚申，上临故大学士来保第赐奠。免江苏铜山等二十八州县卫上年水灾额赋。壬戌，命兆惠署工部尚书，阿桂赴西宁会同七十五及章嘉呼图克图选派郭罗克头目。

夏四月甲午，赈甘肃金县等县旱灾。

五月壬子朔，谕粤海关官贡毋进珍珠等物。辛酉，以託恩多署兵部尚书。

六月癸未，赈湖南武冈等州县水灾。甲申，命玉桂赴北路，代扎拉丰阿回京。丁亥，河东河道总督叶存仁卒，以李宏代之。庚寅，奉天宁远等州县蝗。丁酉，赈广东英德等县水灾。甲辰，调苏昌为闽浙总督，李侍尧为两广总督，明山署之。调吴达善为湖广总督。以刘藻为云贵总督。乙巳，调常钧为云南巡抚。以王检为湖北巡抚。丁未，命阿尔泰回四川总督。

秋七月辛亥朔，以杨应琚为大学士，留陕甘总督任，陈宏谋协办大学士。壬子，命常钧暂兼署湖广总督，刘藻兼署云南巡抚。甲子，湖北黄梅等州县江溢，命抚恤灾民。丙寅，湖南湘阴等州县湖水溢，命赈恤灾民。丁卯，上奉皇太后秋狝木兰。癸酉，上奉皇太后驻跸避暑山庄。丁丑，赈安徽当涂等州县水灾。

八月辛巳，免甘肃皋兰等三十二州县厅本年旱灾额赋。壬辰，谕阿尔泰等晓谕绰斯甲布九土司会攻金川。戊戌，上奉皇太后巡幸木兰，行围。秦蕙田以病解任，以刘纶兼署礼部尚书。庚子，增伊犁、雅尔等处领队大臣各二员。以绰克托为塔尔巴哈台参赞大臣。命伍弥泰等仍留乌鲁木齐办事。

九月己未，命刑部侍郎阿永阿会同吴达善谳湖南新宁县民传帖罢市狱。癸亥，赈江西南昌等八县水灾，并免额赋。丙寅，刑部尚书秦蕙田卒，以庄有恭代之，暂留江苏巡抚任。己巳，上奉皇太后回驻避暑山庄。

冬十月癸巳，乔光烈以新宁罢市狱褫职，调图勒炳阿为湖南巡抚。以方世俊为贵州巡抚。丙申，以託恩多为理藩院尚书。辛丑，山东进牡丹。壬寅，赈江苏上元等六州县灾民。癸卯，召钟音回京。调富明安赴叶尔羌办事。甲辰，赈安徽怀宁等十九州县卫水灾。

十一月壬子，赈甘肃皋兰等二十厅州县旱灾。癸丑，筑呼图壁城成，赐名曰景化。丙辰，免湖南武冈等二州县水灾额赋。赈甘肃皋兰等十五厅州县水雹灾。乙丑，协办大学士、户部尚书兆惠卒，上临奠。丁卯，以阿里衮为户部尚书、协办大学士。调託恩多为兵部尚书。以五吉为理藩院尚书，兆德为正黄旗领侍卫内大臣。

十二月戊寅朔，以常復为乌里雅苏台参赞大臣。戊子，赈湖北黄梅等州县水灾。甲午，礼部尚书陈悳华病免，调董邦达代之。以杨廷璋为工部尚书。

三十年春正月戊申，以皇太后四巡江、浙，免江苏、安徽、浙江历年因灾未完丁漕。赈甘肃皋兰等二十九厅州县旱灾、湖北监利等四县水灾有差。癸丑，刘纶丁忧，命庄有恭以刑部尚书协办大学士。以于敏中为户部尚书。调明德为江苏巡抚，和其衷为陕西巡抚。以彰宝为山西巡抚，文绶护之。壬戌，上奉皇太后启跸南巡。癸亥，免直隶、山东经过州县额赋十分之三。

二月戊子，上奉皇太后渡河。阅清口东坝木龙、惠济闸。命阿桂赴伊犁办事。壬辰，免江苏州县乾隆二十八年以前熟田地丁杂款旧欠，并经过州县本年额赋之半。丙申，上奉皇太后渡江。己亥，朝鲜入贡。

闰二月丙午朔，上奉皇太后临幸苏州府。上谒文庙。己酉，免江宁、苏州、杭州附郭诸县本年丁银。免浙江经过州县本年额赋之半。辛亥，丑达改叶尔羌办事。命索琳赴库伦办事。以额尔景额为喀什噶尔参赞大臣。壬子，上奉皇太后临幸杭州府。乙卯，乌什回人作乱，戕办事大臣素诚。丁巳，加沈德潜、钱陈群太子太傅。命明瑞进剿乌什。庚申，命明瑞、额尔景额总理乌什军务，明瑞节制各军。命阿桂、明亮赴伊犁办事。辛酉，舒赫德留京办事。以託恩多署工部尚书。戊辰，调明山为江西巡抚，王检为广东巡抚，李侍尧兼署。以李因培为湖北巡抚。己巳，赐伊犁新筑驻防城名曰惠远，哈什回城曰怀顺。乙亥，免江苏上元等五县上年水旱灾额赋。

三月丙子朔，赈湖北汉阳等七州县上年水灾。上幸焦山。戊寅，上奉皇太后驻江宁府。壬午，上诣明太祖陵奠酒。幸尹继善署。观音保剿乌什逆回失利。甲申，以冯钤为湖南巡抚，宋邦绥为广西巡抚。丙戌，上奉皇太后渡江。丁亥，果郡王弘瞻卒。甲午，以京察予大学士傅恒等叙。乙未，上阅高家堰堤，奉皇太后渡河。召尹继善入阁办事。以高晋为两江总督。调李宏为江南河道总督，以李清时为河东河道总督。壬寅，追论素诚贪淫激变罪，籍产，戍其子于伊犁。以纳世通、卡塔海讳匿败状，籍产治罪。命永贵赴喀什噶尔办事。以託恩多署礼部尚书。癸卯，上渡河。

夏四月丙午朔，赈甘肃河州等三十六厅州县上年雹水旱霜灾。庚戌，免湖北汉阳等十二州县卫上年水灾额赋。辛亥，追予故刑部尚书王士祯谥文简。丁巳，上奉皇太后驻德州。庚申，裁江苏淮徐海道。丙寅，上还京师。庚午，上迓皇太后居畅春园。辛未，哈萨克使臣鄂托尔济等入觐。

五月乙亥，晋封喀尔喀郡王罗布藏多尔济为亲王。乙酉，上临果郡王弘瞻殡所，及简勤亲王奇通阿园寝赐奠。以和阗办事大臣和诚婪索回人，夺职逮问。命伊勒图赴塔尔巴哈台办事。辛卯，京师地震。丁酉，免安徽怀宁等十九州县卫上年水灾额赋。甲辰，纳世通、卡塔海贻误军务，正法。

六月己酉，以杨廷璋署两广总督，明山暂署，董邦达署工部尚书。乙卯，晋封令贵妃魏氏为皇贵妃。己巳，谕明瑞勿受乌什逆回降。

秋七月辛巳，上奉皇太后秋狝木兰。戊子，以官保为左都御史。乙未，前和阗办事大臣和诚以贪婪鞫实，正法。丁酉，夺喀尔喀亲王桑斋多尔济爵。

八月甲辰朔，减朝审、秋审缓决三次以上刑。己未，上幸木兰行围。庚申，赈甘肃靖远等十一厅县旱灾。甲子，甘肃宁远等州县地震，命赈恤，并免本年额赋。

九月丙子，赈山东章丘等二十一州县水灾。戊寅，命尹继善管兵部，刘统勋管刑部。乌什叛回以城降。乙酉，以高恒为总管内务府大臣。辛卯，以明瑞等未将乌什叛人殄诛，送往伊犁，下部严议。辛丑，以李侍尧署工部尚书。

冬十月己酉，明瑞、阿桂以办乌什事务错缪，褫职留任。赈长芦属沧州等三场水灾。己巳，杨应琚陛见。命和其衷署陕甘总督，汤聘署陕西巡抚。

十一月癸酉，免江苏海州等六州县本年旱灾额赋。乙酉，以吏部尚书傅森年老，授内大臣，调託恩多代之。以託庸为兵部尚书。调冯钤为安徽巡抚。庚寅，丑达以扶同桑斋多尔济私与俄罗斯贸易，正法。明瑞等以尽诛乌什附逆回众奏闻。辛卯，赈山东章丘等十八州县水灾，甘肃狄道等十二州县雹霜灾。甲午，以阿桂为塔尔巴哈台参赞大臣，代安泰回京。丁未，解阿桂工部尚书，以蕴著代之。以嵩椿为绥远城将军。戊申，赈甘肃靖远等十一厅县旱灾，并免额赋。乙卯，赈山东齐河等十五州县水灾。丁卯，命託恩多兼署兵部尚书。壬辰，封皇五子永祺为荣亲王。

十二月戊午，以陕西泾阳县贡生张璘七世同居，赐御制诗章、缎匹。

卷十三　本纪十三

高宗本纪四

三十一年春正月壬申朔，诏以御宇三十年，函夏谧宁，寰宇式辟，自本年始，普免各省漕粮一次。甲戌，免甘肃靖远等十四厅州县、陕西延安等三府州属积年逋赋。丙戌，云南官军剿莽匪於猛住，失利。调杨应琚为云贵总督，吴达善为陕甘总督，以和其衷护之。调刘藻为湖广总督，汤聘署陕西巡抚 。癸巳，刑部尚书庄有恭以谳段成功劾案不实，褫职下狱，籍产。调李侍尧为刑部尚书，以张泰开为礼部尚书，范时绶为左都御史。

二月壬寅，刘藻降湖北巡抚，仍与云南提督达启下部严议。以定长为湖广总督，调李因培为福建巡抚，常钧为湖南巡抚，汤聘为云南巡抚。庚戌，上谒东陵。辛亥，和其衷以弥补段成功亏空，褫职逮问。以舒赫德署陕甘总督。命四达赴陕西会彰宝审办段成功亏空一案。调明山为陕西巡抚，以吴绍诗为江西巡抚。庚申，上还京师。辛酉，庄有恭论斩。壬戌，上谒泰陵。癸亥，刘藻褫职，留滇效力。甲子，以鄂宁为湖北巡抚。戊辰，上还京师。

三月丁亥，刘藻畏罪自杀。乙丑，杨应琚以复猛笼等土司内附奏闻。

夏四月辛丑，杨应琚奏大猛养头人内附，官军进取整欠、孟艮。壬寅，以莽匪整欠平，宣谕中外。丙午，和其衷论斩，段成功处斩。丁未，免云南普藤等十三土司本年额赋及猛笼逋赋。甲子，赐张书勋等二百一十三人进士及第出身有差。

五月甲戌，上诣黑龙潭祈雨。戊寅，命正一真人视三品秩。丙戌，上诣黑龙潭祈雨。

六月丙午，杨应琚奏猛勇头目召斋及猛龙沙头目叭护猛等内附。戊申，予故三品衔西洋人郎世宁侍郎衔。

秋七月丙子，上奉皇太后秋狝木兰。己卯，以阿里衮、于敏中扈从，命舒赫德兼署户部尚书。壬午，上奉皇太后驻跸避暑山庄。是日，皇后崩。癸未，谕以皇后上年从幸江、浙，不能恪尽孝道，丧仪照皇贵妃例。癸巳，御史李玉鸣奏皇后丧仪未能如例，忤旨，戍伊犁。丁酉，杨应琚奏补哈大头目噶第牙翁、猛撒头目鲊喇细利内附。

八月己亥，赈湖南湘阴等十三县卫水灾。癸丑，上幸木兰行围。宥庄有恭罪，起为福建巡抚。甲寅，伊犁蝗。乙卯，江苏铜山县韩家堂河决。癸亥，裁察哈尔副都统，留一员驻张家口。

九月壬申，免甘肃靖远等九县，红水、东乐二县被旱额赋。己卯，赈山东历城等五十五县、东昌等五卫所水灾，并蠲新旧额赋。乙未，杨应琚赴永昌受木邦降。

冬十月己亥，上奉皇太后还京师。戊申，杨应琚奏整卖、景线、景海各部头人内附。辛亥，韩家堂决口合龙。兵部尚书彭启丰降补侍郎。甲寅，以陆宗楷为兵部尚书。壬戌，增设云南迤南道。

十一月乙亥，杨应琚奏，缅甸大山、猛育、猛笞各部头人内附。戊寅，以杨应琚病，命杨廷璋赴永昌接办缅匪。癸巳，命侍卫福灵安带御医往视杨应琚病。

十二月乙巳，调鄂宁为湖南巡抚，以鄂宝为湖北巡抚。癸丑，以巴禄为绥远城将军。

是岁，朝鲜、琉球入贡。

三十二年春正月乙亥，云南官军剿缅匪於新街，失利，谕杨廷璋回广东。

二月乙未，以杨应琚病，命其子江苏按察使杨重英赴永昌襄理军务。丙午，云南官军与缅匪战於底麻江，失利，逮提督李时升下狱。戊申，调鄂宁为云南巡抚。甲寅，庄亲王允禄卒。丙辰，上临奠。己未，上巡幸天津。癸亥，赈奉天承德等五州县及兴京凤凰城灾民。

三月乙丑朔，上阅子牙河堤。召杨应琚入阁办事，以明瑞为云贵总督。丙寅，调託庸为工部尚书，以明瑞为兵部尚书。己巳，免直隶全省逋赋。庚午，上阅天津驻防满洲兵。以阿桂为伊犁将军。壬申，上阅绿营兵。庚辰，上还京师。辛巳，大学士杨应琚褫职。壬午，以缅匪入寇盏达、陇川，宣示杨应琚贻误罪状。癸未，命鄂宁赴普洱办军务。庚寅，以李侍尧为两广总督，召杨廷璋为刑部尚书。癸巳，以鄂宁署云贵总督。

夏四月己酉，上诣黑龙潭祈雨。庚戌，以云南边境瘴盛，命暂停进兵。庚申，命张泰开以礼部尚书管左都御史事，嵇璜署礼部尚书。

五月己巳，以鄂宝为贵州巡抚，定长兼署湖北巡抚。庚午，以范时绶为湖北巡抚。调张泰开为左都御史，嵇璜为礼部尚书。壬申，命陈宏谋管工部。丙子，云南官军失利於木邦，杨宁等退师龙陵。庚寅，李时升、朱仑处斩。

六月辛酉，以额尔景额为参赞大臣，遣赴云南。

秋七月，福建巡抚庄有恭卒，调崔应阶代之。以李清时为山东巡抚，裘曰修为礼部尚书。壬午，上奉皇太后秋狝木兰。戊子，上奉皇太后驻避暑山庄。己丑，盛京将军舍图肯免，以新柱代之。

闰七月甲寅，赐杨应琚自尽。丙辰，缅匪渡小猛仑江入寇云南茨通。

八月癸酉，调裘曰修为工部尚书，董邦达为礼部尚书。丁丑，上幸木兰。乙酉，以钟音为广东巡抚。己丑，谕明瑞以额勒登额代谭五格分路进兵。

九月庚子，赈湖北江夏等二十七县、武昌等七卫水灾。甲寅，命託恩多署兵部尚书。

冬十月壬戌，赐李因培自尽。己卯，谕明瑞以将军管总督。

十一月壬寅，赈甘肃平凉等三十四厅州县被雹灾民。壬子，调鄂宝为湖北巡抚。丁巳，密谕明瑞，以阿瓦不能遽下，退师木邦。

十二月甲戌，杨宁褫职戍伊犁。戊寅，明瑞奏渡大叠江进军锡箔，波龙等处土司头人罗外耀特等内附。

三十三年春正月辛卯，明瑞奏克蛮结。壬辰，封明瑞一等诚毅嘉勇公，赐黄带、红宝石顶、四团龙补服。丁酉，明瑞进军宋赛。庚子，调彰宝为山东巡抚，以苏尔德为山西巡抚。丙午，盛京将军新柱卒，调明福代之。闽浙总督苏昌卒。丁未，命阿里衮为参赞大臣，往云南军营。以崔应阶为闽浙总督，富尼汉为福建巡抚。甲寅，缅人围木邦。

二月丙寅，谕用兵缅甸，轻敌致衄，引为己过，令明瑞等班师。额勒登额、谭五格褫职逮问。命鄂宁回云南，阿里衮署云贵总督，驻永昌。缅人陷木邦，珠鲁讷死之。戊寅，上还圆明园。丙戌，明瑞等败绩於猛育，死之。召阿桂来京，以伊勒图署伊犁将军。命傅恒为经略，阿里衮、阿桂为副将军，舒赫德为参赞大臣，赴云南。以鄂宁为云贵总督，调明德为云南巡抚。以福隆安为兵部尚书，命在军机处学习行走。以永德为浙江巡抚，调彰宝为江苏巡抚，富尼汉为山东巡抚，鄂宝为福建巡抚，程焘为湖北巡抚。

三月癸巳，免山东高苑等三县三十二年被水额赋。乙巳，调鄂宝为广西巡抚，钟音为福建巡抚，良卿为广东巡抚，钱度为贵州巡抚，巴禄为察哈尔都统，傅良为绥远城将军。癸丑，免江西南昌等十三县三十二年被水额赋。

夏四月丁卯，调钱度为广东巡抚。己巳，免安徽安庆等七府州属三十二年被水额赋。壬申，御试翰林、詹事等官，擢吴省钦等三员为一等，余升黜有差。试由部院入翰林等官，擢觉罗巴彦学为一等，余升擢有差。甲申，磔额勒登额於市，谭五格处斩。乙酉，上临奠明瑞、扎拉丰阿、观音保。

五月庚申，命明德赴永昌。乙丑，色布腾巴勒珠尔病免，以伊勒图为理藩院尚书。庚午，改命官保署理藩院尚书。辛巳，以范时绶为左都御史。壬午，以阿桂为云贵总督。尹继善、高晋以两淮盐务积弊匿不以闻，均下部严议。

秋七月癸巳，上奉皇太后秋狝木兰。甲午，调託庸为兵部尚书。以官保为刑部尚书，仍兼署理藩院尚书。己亥，上奉皇太后驻避暑山庄。辛丑，以伊勒图为伊犁将军，仍兼理藩院尚书。壬子，纪昀以漏泄籍没前运使卢见曾谕旨，褫职，戍乌鲁木齐。

八月丁卯，允俄罗斯于恰克图通商。辛未，上幸木兰行围。壬申，直隶总督方观承卒，以杨廷璋代之。调裘曰修为刑部尚书，以蔡新为工部尚书。甲戌，李侍尧奏，暹罗为缅人所破，其国王之孙诏萃奔安南河仙镇，土官莫士麟留养之，内地人甘恩敕据暹罗，乞封敕。嘉奖莫士麟，命甘恩敕求其主近支立之，不得自王乞封号。己卯，加託恩多、于敏中、崔应阶太子太保，託庸、杨廷璋太子少保。

九月戊子，以嵩椿署伊犁将军。乙未，上回驻避暑山庄。戊戌，高恒、普福论斩。丁未，上奉皇太后还京师。以鄂宝为山西巡抚。黑龙江将军富僧阿改西安将军，以傅玉代之。

冬十月己未，免甘肃平凉等十二州县三十二年被灾额赋。辛未，以宫兆麟为广西巡抚。辛巳，高恒、普福、达色处斩，改海明等缓决。

十一月戊戌，以缅人来书不逊，谕阿里衮筹进剿。

十二月己未，以富明安为山东巡抚，揆义署湖北巡抚。漕运总督杨锡绂卒，以梁翥鸿署之。乙丑，湖广总督定长卒，调吴达善代之，彰宝兼署两江总督，明山为陕甘总督。调阿思哈为陕西巡抚，以文绶为河南巡抚。丁卯，召明福来京，以额尔德蒙额署盛京将军。甲戌，赈奉天、承德等四州县水灾。壬午，留阿思哈为河南巡抚，改文绶为陕西巡抚。

三十四年春正月丙戌，免云南官兵所过地方及永昌等三府州本年额赋。其非经过地方，免十分之五，并免湖北、湖南、贵州三省官兵经过地方本年额赋十分之三。庚寅，以缅人书词桀骜，命副将军阿桂与副将军阿里衮协助傅恒征剿。辛卯，命明德为云贵总督，驻永昌，喀宁阿为云南巡抚。壬辰，阿里衮等败缅人於南底坝。拨运通仓米二十万石赈霸州等十二州县灾。甲午，右部哈萨克阿勒比斯子卓勒齐等来朝。乙未，调恒禄为盛京将军，傅良为吉林将军，常在为绥远城将军。辛丑，傅恒赴云南。命官保署户部尚书。裁宁夏右翼副都统、吉林拉林副都统。命常青署绥远城将军。癸卯，赐傅恒御用盔甲。戊申，命官保协办大学士，以福隆安署刑部尚书。癸丑，以南掌国王之弟召翁遣使请兵复仇，谕阿桂等预备由南掌分路进兵。

二月甲寅朔，嵇璜缘事降调，以程景伊为工部尚书。乙丑，以富尼汉为安徽巡抚。癸未，命傅恒整饬云南马政。以诺伦为绥远城将军。

三月乙酉，命伊犁将军伊勒图往云南军营。乙丑，命伊尔图为乌里雅苏台参赞大臣。辛丑，正白旗领侍卫内大臣福禄罢，以阿桂代之。丙午，命阿桂署云贵总督。丁未，右部哈萨克斡里苏勒统等入觐，命坐赐茶，赉冠服有差。戊申，赈甘肃皋兰等二十九州县厅上年灾民。蠲安徽合肥等十六州县及庐州等五卫上年额赋。

夏四月己未，以温福为福建巡抚。壬申，傅恒进兵老官屯，阿桂进兵猛密。丁丑，赐陈初哲等一百五十一人进士及第出身有差。

五月己丑，裁江宁副都统一。

六月丙辰，以阿思哈为云贵总督，喀宁阿为河南巡抚。丁巳，傅恒奏猛拱土司内附。戊寅，湖北黄梅江堤决，命湖广总督吴达善、湖北巡抚揆义勘之。

秋七月丁亥，以明德署云贵总督，移驻腾越，经理军务。辛卯，设伊犁巴彦岱城领队大臣一。傅恒奏猛密土司内附。甲午，李侍尧奏暹罗仍为甘恩敕所踞。丁酉，礼部尚书董邦达卒。己亥，调陆宗楷为礼部尚书，蔡新为兵部尚书。以吴绍诗为刑部尚书，海明为江西巡抚，梁国治为湖北巡抚。己酉，李侍尧檄莫士麟会暹罗土目讨甘恩敕。

八月乙丑，上幸木兰行围。己巳，以蔡琛自缢狱中，褫福建按察使孙孝愉职，发军台。

九月丙戌，阿桂进抵蛮暮。己丑，上回驻避暑山庄。乙未，上奉皇太后回銮。己亥，命阿桂、伊勒图自蛮暮迓傅恒会师。壬寅，命刘统勋会勘山东运河。癸卯，傅恒奏猛拱土司浑觉率众来降。上嘉之，特赏三眼孔雀翎。戊申，傅恒进抵猛养。阿桂奏克哈坎，渡江。命阿桂据新街剿贼。

冬十月乙卯，命彰宝署云贵总督，明德署云南巡抚。调永德为江苏巡抚。起熊学鹏署浙江巡抚。以增海署伊犁将军。丁巳，傅恒奏攻克猛养。癸亥，梁国治兼署湖广总督。甲子，以阿桂不能克老官屯，夺副将军，为参赞大臣。命伊勒图为副将军。调喀宁阿为贵州巡抚，富尼汉为河南巡抚。以胡文伯为安徽巡抚。乙丑，傅恒奏进抵新街。命彰宝驻老官屯。壬申，调永贵为礼部尚书，託庸为吏部尚书，伊勒图为兵部尚书，以託庸兼署。调吴绍诗为礼部尚书。以裘曰修为刑部尚书。

十一月乙酉，副将军、户部尚书阿里衮卒於军。命阿桂仍在副将军上行走，并以伊勒图为副将军，乌三泰、长青为参赞大臣。调官保为户部尚书。以素尔纳为刑部尚书，託恩多署左都御史。戊子，傅恒等进攻老官屯。癸巳，以黄登贤为漕运总督。丙申，以缅地烟瘴，官军损失大半，命班师屯野牛坝，召经略傅恒还，阿桂留办善后。己亥，起观保署左都御史。丁未，傅恒等攻老官屯不克。其土官以缅酋猛驳蒲叶书诣军营乞降。上命班师。

十二月辛亥，免云南办理军需地方及永昌等三府州明年钱粮十分之五。其直隶、河南、湖北、湖南、贵州等省官兵经过州县并免十分之三。调宫兆麟为湖南巡抚，以德保为广东巡抚，陈辉祖为广西巡抚。乙卯，傅恒等奏缅酋猛驳称臣纳贡。谕俟来京时降旨。己巳，上以来年奉皇太后谒东陵，巡幸天津，免经过地方及天津府属乾隆三十五年钱粮十分之三。以阿桂为礼部尚书。

三十五年春正月己卯朔，以上六十寿辰，明岁皇太后八十万寿，诏普蠲各省额征地丁钱粮一次。辛卯，以增海为理藩院尚书。丁未，授喀尔喀和硕亲王成衮扎布世子拉旺多尔济为固伦额驸。

二月乙丑，上奉皇太后谒东陵。庚午，上奉皇太后回銮，驻盘山。壬申，以缅酋猛驳贡表不至，谕彰宝备之，并严禁通市。

三月己卯，上奉皇太后还京师。起吴绍诗为刑部郎中。辛巳，调宫兆麟为贵州巡抚，吴达善以湖广总督兼署湖南巡抚。壬午，上奉皇太后谒泰陵，巡幸天津。丙戌，上谒泰陵。己丑，免经过州县及天津府属乾隆三十一年至三十三年积欠地粮银及常借灾借谷石，直隶乾隆三十一年至三十三年积欠地粮银及折色银两。减直隶军流以下罪。免直隶乾隆三十一年至三十三年因灾缓征银谷。甲午，上奉皇太后驻跸天津府。丙申，上阅驻防兵。经略大学士傅恒还京师，命与福隆安俱仍为总管内务府大臣。戊戌，调永德为河南巡抚，萨载署江苏巡抚。癸卯，上奉皇太后还京师。己酉，以缅酋索木邦土司线甕团等，谕责哈国兴粉饰迁就，召来京，以长青代为云南提督。己未，召傅良来京，命富椿为吉林将军。丙寅，天津蝗，命杨廷璋督捕。庚午，上诣黑龙潭祈雨。是月，蠲浙江仁和等八州县，杭严、嘉湖二卫，陕西定远县三十四年被水被雹额赋。

五月丁丑朔，日食。壬午，以皇八子擅自进城，褫上书房行走观保、汤先甲职，并戒谕之。乙未，以祈雨命刑部清理庶狱，减军流以下罪。

闰五月丙午朔，命裘曰修赴蓟州、宝坻一带捕蝗。戊申，京师大雨。己未，命温福为吏部侍郎，在军机处行走。甲子，裘曰修以捕蝗不力免，调程景伊为刑部尚书。以范时绶为工部尚书，张若淮为左都御史。

六月甲申，谕阿桂等调海兰察、哈国兴进兵。丙戌，河南永城、江苏砀山、安徽宿州等州县蝗。丁亥，调官保为刑部尚书，素尔纳为户部尚书。壬辰，命丰昇额署兵部尚书。甲午，贵州古州苗香要等伏诛。命侍郎伍纳玺往古北口会同提督王进泰查勘水灾，发帑银二万两恤之，并开仓赈粜。

秋七月乙巳朔，李侍尧奏，河仙镇土官莫士麟请宣谕缅番恢复暹罗，不许。丙午，以增海为黑龙江将军，温福为理藩院尚书。命和尔精额、伍纳玺往古北口筹办河工。壬子，以小金川与沃克什土司构衅，命四川总督阿尔泰传集小金川土司劝谕之。癸丑，上临和亲王弘昼第视疾。丁巳，和亲王弘昼卒。太保大学士傅恒卒。戊午，赏来京祝嘏之百十二岁原任浙江遂昌县学训导王世芳国子监司业衔，并在籍食俸。辛酉，以裴宗锡为安徽巡抚。甲子，截漕粮二十万石赈武清等六县水灾。以诺穆亲为云南巡抚。

八月戊寅，以副将军阿桂办事取巧，褫领侍卫内大臣、礼部尚书、镶红旗汉军都统，以内大臣革职留任办副将军事。己卯，以永贵为礼部尚书，观保为左都御史。阿尔泰奏僧格桑伏罪，交出达木巴宗地方及所掠番民。辛巳，命刘统勋兼管吏部。丙戌，万寿节，上诣皇太后宫行礼。御太和殿，王以下文武各官进表，行庆贺礼，奉旨停止筵宴。命丰昇额在军机处行走。己丑，上奉皇太后幸热河。乙未，上奉皇太后驻跸避暑山庄。己亥，上幸木兰。

九月丙午，命阿尔泰为武英殿大学士，仍留办四川总督事。戊午，上回驻避暑山庄。甲子，命高晋兼署漕运总督。

冬十月癸酉朔，上奉皇太后回銮。辛巳，召崔应阶来京，命钟音署闽浙总督。壬午，召阿尔泰来京，以德福署四川总督，吴达善兼署湖南巡抚。召萨载来京，命李湖署江苏巡抚。甲午，阿桂等奏老官屯缅目遣使致书，请停今岁进兵，允之。丁酉，大学士陈宏谋以衰病乞休，温旨慰留。

十二月甲戌，免新疆本年额粮十分之三。丙子，以崔应阶为漕运总督。丙戌，谕阿桂、彰宝密议进剿缅匪。庚寅，以李湖为贵州巡抚。

三十六年春正月甲辰，免福建台湾府属本年额征粟米。乙巳，免广东广州、韶州等府州属本年官租十分之一，广西桂林七府州属本年官租及桂林平乐等府州学租十分之三。丁未，免四川宁远等四府州属、建昌镇标各营、雷波等厅民番本年额粮。己未，调德福署云贵总督，命阿尔泰回四川总督任。

二月甲戌，上奉皇太后东巡。庚辰，命内大臣巴图济尔噶勒会同集福谳乌梁海副都统莫尼扎布等互控之案。辛巳，大学士陈宏谋以病乞休，允之，加太子太傅。免直隶沧州等十五州县民欠借谷，并武清县本年钱粮十分之五。癸未，命侍郎裘曰修会同杨廷璋、周元理筹办直隶河工。丙戌，免山东经过州县本年额赋十分之三、灾地十分之五。免山东泰安等二县本年地丁钱粮。庚寅，免山东济南各属民欠借谷及东平州、东平所逋赋。以阿桂请大举征缅，申饬之。辛卯，免山东济南等六府属民欠麦本银两。命刘纶为大学士，兼管工部，于敏中协办大学士。调程景伊为吏部尚书，范时绶为刑部尚书，以裘曰修为工部尚书。丙申，上奉皇太后谒岱狱庙，上登泰山。乙巳，上至曲阜谒先师孔子庙。丙午，上释奠先师孔子。丁未，上谒孔林。祭少昊陵、元圣周公庙。赐衍圣公孔昭焕族人银币有差。戊申，上奉皇太后回銮。乙卯，予大学士尹继善等、尚书官保等、总督杨廷璋等、巡抚钟音等议叙。内阁学士陆宗楷等原品休致。戊午，以富明安为闽浙总督，周元理为山东巡抚。庚申，以甘肃比岁偏灾，免通省民欠籽种口粮仓谷。甲子，上至捷地阅堤。乙丑，纳逊特古斯处斩。己巳，以阿桂奏辨非於本年大举征缅，下部严议。

夏四月辛未朔，以李侍尧为内大臣。甲戌，命户部侍郎桂林在军机处行走。丁丑，上奉皇太后还京师。乙酉，以旱命刑部清理庶狱，减军流以下罪，直隶亦如之。丙戌，上诣黑龙潭祈雨。壬辰，大学士尹继善卒。乙未，赐黄轩等一百六十一人进士及第出身有差。

五月辛丑朔，调吴达善为陕甘总督，文绶署之，勒尔谨护陕西巡抚。调富明安为湖广总督，永德为湖南巡抚。以何煟为河南巡抚，兼管河务，钟音为闽浙总督，余文仪为福建巡抚。癸卯，命减秋审缓决三次人犯罪。甲辰，谕立决人犯当省刑之际，暂缓行刑，著为令。乙巳，阿桂以畏葸褫职，降兵丁效力。命温福驰赴云南署副将军事。壬戌，以高晋为文华殿大学士，兼礼部尚书，仍留两江总督任。召阿尔泰入阁办事，以德福为四川总督。

六月辛未，直隶北运河决。甲戌，以努三为正黄旗领侍卫内大臣。戊寅，命巴图济尔噶勒赴伊犁办土尔扈特投诚事宜。己卯，谕土尔扈特投诚大台吉均令来避暑山庄朝觐，命额驸色布腾巴勒珠尔驰驿迎之。壬午，致仕大学士陈宏谋卒。癸巳，命土尔扈特部众暂驻博罗博拉。以金川土舍索诺木请赏给革布什咱土司人民，命阿尔泰详酌机宜，毋姑息。

秋七月壬寅，阿尔泰等奏小金川土舍围攻沃克什，命剿之。乙巳，命侍郎桂林带银一万两赴古北口会同提督王进泰赈水灾。丙午，永定河决。丁未，命舒赫德署伊犁将军。戊申，上秋猕木兰。以小金川复侵明正土司，谕阿尔泰等进剿。丁巳，上奉皇太后启銮。癸亥，上奉皇太后驻避暑山庄。丙寅，以此次巡幸木兰，沿途武职懈忽，杨廷璋、王进泰等均下部严议。

八月己丑，定边左副将军、喀尔喀扎萨克和硕亲王成衮扎布卒，以车布登扎布为定边左副将军，额驸拉旺多尔济袭扎萨克和硕亲王。罢德福军机处行走。庚寅，召大学士两江总督高晋来京，查勘永定河工。命萨载兼署两江总督。壬辰，永定河决口合龙。癸巳，上幸木兰行围。丁酉，命阿尔泰仍管四川总督事，召德福回京。

九月戊戌朔，停本年勾决。癸卯，命理藩院侍郎庆桂在军机处行走。乙巳，土尔扈特台吉渥巴锡等入觐，赏顶戴冠服有差。命副将军温福、参赞大臣伍岱赴四川军营，会商进剿。辛亥，封渥巴锡为乌纳恩素珠克图旧土尔扈特部卓哩克图汗，策伯克多尔济为乌纳恩素珠克图旧土尔扈特部布延图亲王，舍楞为青塞特奇勒图新土尔扈特部弼哩克图郡王，巴木巴尔为毕锡呼勒图郡王，余各锡爵有差。甲寅，上回驻避暑山庄。丁卯，以文绶为四川总督，勒尔谨为陕西巡抚。调永德为广西巡抚，梁国治为湖南巡抚，陈辉祖为湖北巡抚。

冬十月戊辰朔，以三宝为山西巡抚。己巳，上奉皇太后回銮。以舒赫德为总统伊犁等处将军，伊勒图为塔尔巴哈台参赞大臣，安泰为乌什参赞大臣。甲戌，宥纪昀，赏翰林院编修。乙亥，上奉皇太后还京师。己卯，高晋等奏桃源厅陈家道口河工合龙，上嘉之。命高晋、裘曰修、杨廷璋查勘南运河。丁亥，召杨廷璋为刑部尚书，以周元理为直隶总督，徐绩为山东巡抚。甲午，陕甘总督吴达善卒，调文绶代之。

十一月己酉，董天弼奏攻取小金川牛厂。丙辰，上奉皇太后御慈宁宫，恭上徽号曰崇庆慈宣康惠敦和裕寿纯禧恭懿安祺皇太后，颁诏覃恩有差。以温福为武英殿大学士，兼兵部尚书，桂林为四川总督。丁巳，调素尔纳为理藩院尚书，以舒赫德为户部尚书。辛酉，皇太后万寿圣节，上诣寿康宫，率王大臣行庆贺礼。壬戌，董天弼进攻达木巴宗，失利。甲子，小金川番复陷牛厂。

十二月庚午，温福奏进驻向阳坪，攻小金川巴朗拉山碉卡，不克。桂林奏克小金川约咱寨。褫四川提督董天弼职，以阿桂署之。乙亥，蠲甘肃陇西等三十三州县三十三年被水旱雹霜等灾额赋。丙戌，以大金川酋僧格桑遣土目赴桂林军营献物，命给赏遣归。己丑，温福奏克巴朗拉碉卡。癸巳，温福奏进驻日隆宗地方，董天弼收复沃克什土司各寨。

三十七年春正月辛丑，免奉天锦州二府额征米豆。免浙江玉环、海宁两厅县额征银谷。免山西大同等二府额征兵饷米豆谷麦，并太原等十四府州及归化城各属十分之三。壬寅，免和林 格尔等处及太仆寺牧厂地亩额征银，并清水河厅额征银及太仆寺牧厂地亩额徵米豆十分之三。癸卯，刑部尚书杨廷璋卒，以崔应阶为刑部尚书，嘉谟署漕运总督。乙巳，温福奏攻克小金川曾头沟、卡丫碉卡。丁未，桂林奏克郭松、甲木各碉卡。庚戌，以恒禄为内大臣。癸丑，建乌鲁木齐城，驻兵屯田。癸亥，命尚书裘曰修协同直隶总督周元理浚永定河、北运河。

二月丁卯，以阿桂为四川军营参赞大臣。甲戌，上幸盘山。丙戌，上回銮，幸圆明园。丁亥，以色布腾巴勒珠尔为四川军营参赞大臣。乙未，免陕西西安等十二府州上年额征本色租粮。

三月丙申朔，免江苏金坛等十一州县六年至十年逋赋。戊戌，以索诺木策凌为乌鲁木齐参赞大臣，德云为领队大臣，命俱受伊犁将军节制。乙巳，以丰昇额为四川军营参赞大臣。己酉，河南罗山县在籍知县查世柱，以藏匿《明史辑要》，论斩。壬子，桂林奏攻克大金川所据革布什咱土司之木巴拉等处。乙卯，温福奏攻克小金川资哩碉寨。丁巳，桂林奏攻克吉地官寨。温福奏攻克小金川阿克木雅寨。桂林奏攻克革布什咱土司之党哩等寨，及小金川扎哇窠崖下碉卡。

夏四月丙寅朔，桂林奏攻克小金川阿仰东山梁等寨。豁甘肃节年民欠仓粮三百七十六万石有奇。壬申，桂林奏尽复革布什咱土司之地，及攻克小金川格乌等处。谕温福、桂林进剿索诺木。乙亥，授李湖云南巡抚，图思德贵州巡抚。壬午，改安西道为巴里坤屯田粮务兵备道，甘肃道为安肃兵备道，凉庄道为甘凉兵备道。裁乌鲁木齐粮道。庚寅，赐金榜等一百六十二人进士及第出身有差。甲午，桂林攻小金川达乌东岸山梁，失利。

五月乙未朔，以温福劾色布腾巴勒珠尔贻误军务，褫爵职。丙申，免直隶沧州等十五州县厅积年逋赋。丁酉，以舒赫德为领侍卫内大臣。命福隆安赴四川查办阿尔泰劾桂林乖张捏饰一案。命託庸暂兼管兵部尚书，索尔讷署工部尚书。壬寅，命户部侍郎福康安在军机处行走。癸卯，命海兰察等赴四川西路军营，鄂兰等赴四川南路军营。调容保为绥远城将军。桂林以隐匿挫衄，褫职逮问。以阿尔泰署四川总督。己未，上奉皇太后幸避暑山庄。甲子，湖广总督富明安卒，以海明为湖广总督，海成为江西巡抚。免直隶大兴等十五州县额赋有差。

六月乙丑朔，上奉皇太后驻避暑山庄。温福等攻克小金川东玛寨。谕阿桂督上中下杂谷及绰斯甲布各土司进剿金川。丁丑，蠲甘肃皋兰等二十五厅县旱灾额赋。辛巳，盛京将军恒禄卒，调增海代之。以傅玉为黑龙江将军。甲申，调文绶为四川总督，海明为陕甘总督，以勒尔谨署之。命阿尔泰署湖广总督。丙戌，阿尔泰罢，调海明为湖广总督。以勒尔谨署陕甘总督，调富勒浑为陕西巡抚。命仓场侍郎刘秉恬赴四川西路军营督饷。辛卯，湖广总督海明卒，以富勒浑代之，陈辉祖署。命巴延三为陕西巡抚。

秋七月乙未，命刑部侍郎鄂宝赴四川南路军营督饷，授勒尔谨陕甘总督。

八月己巳，阿桂奏攻克小金川甲尔木山梁碉卡。以阿桂为内大臣。赏布拉克底土司安多尔"恭顺"名号，巴旺土妇伽让"恭懿"名号。壬申，温福等奏小金川贼袭玛尔迪克运路，海兰察等败之。己丑，小金川犯党坝官寨，阿桂遣董天弼援之。

九月壬寅，温福奏进至木兰坝，贼毁南北两山碉卡，聚守路顶宗山梁。谕严防后路。阿桂奏绰斯甲布土司分兵进攻勒乌围。上送皇太后回銮。戊申，上自避暑山庄回銮。甲寅，上奉皇太后还京师。

冬十月壬申，董天弼奏攻克穆阳冈等卡。壬午，阿桂奏攻克小金川甲尔木山梁。

十一月乙未，温福等奏攻克路顶宗及喀木色尔碉寨。丙申，除四川乐山等九州县三十五年坍废盐井额赋。辛丑，广州将军秦璜以纳仆妇为妾，褫职逮讯。设凉州副都统。裁西安副都统一。丙午，温福等奏克博尔根山等碉寨。戊申，阿桂奏攻克翁古尔垄等城寨。己酉，命富勒浑赴四川，以陈辉祖兼署湖广总督。癸丑，阿桂奏攻克得里等碉寨。丁巳，阿桂奏攻克邦甲、拉宗等处，拉约各寨番人降。

十二月癸亥，阿桂奏攻克僧格宗碉寨。癸酉，以温福为定边将军，阿桂、丰昇额俱为副将军，舒常、海兰察、哈国兴俱为参赞大臣，福康安为领队大臣，复兴等为温福一路领队大臣，兴兆等为阿桂一路领队大臣，董天弼等为丰昇额一路领队大臣。赏给绰斯甲布土司工噶诺尔布"尊追归丹"名号。丙子，温福奏攻克明郭宗等碉卡。丁丑，阿桂奏攻克美诺碉寨。庚辰，温福奏彭鲁尔等寨番人就抚。辛巳，温福等奏克布朗郭宗、底木达碉寨，泽旺降，僧格桑逃往金川。乙酉，秦璜以婪赃论斩。丙戌，授萨载江苏巡抚。丁亥，文绶以袒徇褫职，命刘秉恬为四川总督，仍督饷，以富勒浑署之。

三十八年春正月壬辰，召永德来京，调熊学鹏为广西巡抚，三宝为浙江巡抚。鄂宝仍授山西巡抚。以小金川平，缓四川官兵经过之成都等五十一厅州县三十八年额赋及分办夫粮之温江等九十厅州县三十七年蠲剩额赋。番民赋贡，一体缓之。温福等进剿金川，分由喀尔萨尔、喀拉依、绰斯甲布三路进兵。甲辰，哈萨克博罗特使臣入觐。以阿尔泰婪赃，赐自尽。戊午，调永贵署户部尚书，以阿桂为礼部尚书。

二月庚申朔，谕温福等檄索诺木擒献僧格桑。

三月庚寅朔，日食。壬辰，上诣泰陵。奉皇太后巡幸天津，免所过地方及天津府属本年钱粮十分之三。癸巳，上阅永定河堤。丁酉，上谒泰陵。戊戌，上命简亲王丰讷亨奉皇太后自畅春园启銮，免跸路所经之宛平等二十州县及天津府属各州县三十三年至三十六年逋赋。己亥，免直隶三十三年至三十五年逋赋。庚子，上阅淀河。乙巳，上奉皇太后驻跸天津。己酉，上奉皇太后回銮。免通州、宝坻等九州县三十六年逋赋。壬子，上阅永定河。丙辰，上奉皇太后还京师。

闰三月己巳，以扎拉丰阿为御前大臣。命刘统勋等充办理《四库全书》总裁。乙酉，以素尔讷署工部尚书。

夏四月戊戌，以绰克托为乌什参赞大臣。庚戌，命索琳以署礼部侍郎在军机处行走。辛亥，命庆桂以理藩院侍郎、副都统为伊犁参赞大臣。丙辰，谕高晋赈清河等州县及大河、长淮二卫被水灾民。戊午，加大学士温福、户部尚书舒赫德、工部尚书福隆安太子太保，礼部尚书王际华、工部尚书裘曰修太子少傅，礼部尚书阿桂、署兵部尚书丰昇额、直隶总督周元理、闽浙总督钟音、四川总督刘秉恬太子少保。

五月辛酉，工部尚书裘曰修卒，以嵇璜代之。丙寅，上奉皇太后启銮，免经过地方本年钱粮十分之三。壬申，上奉皇太后驻跸避暑山庄。乙亥，盛京将军增海卒，调弘晌代之。丁丑，改乌鲁木齐参赞大臣为都统，以索诺木策凌为之，仍听伊犁将军节制。己卯，猛遮土目叭立斋等内附。癸未，召车布登扎布来京，命拉旺多尔济署乌里雅苏台将军。乙巳，阿桂等奏金川番贼陷喇嘛寺粮台，袭据底木达、布朗郭宗。己酉，鄂宝奏金川番贼袭据大板昭。壬子，定边将军温福、四川提督马全、署贵州提督牛天界败绩於木果木，俱死之。癸丑，以阿桂为定边将军，赠温福一等伯。小金川酋僧格桑父泽旺伏诛。大学士刘纶卒。甲寅，以富勒浑为四川总督，起文绶为湖广总督。丙辰，阿桂奏剿洗小金川番贼，尽毁碉寨，谕嘉之。

秋七月戊午朔，召舒赫德来京，以伊勒图为伊犁将军，庆桂为塔尔巴哈台参赞大臣。己未，金川番贼陷美诺、明郭宗，海兰察退师日隆。谕阿桂由章谷退师，丰昇额退驻巴拉朗等处。癸亥，命富德为参赞大臣赴军营，命阿桂撤噶尔拉之师。甲子，命舒赫德为武英殿大学士。调阿桂为户部尚书，永贵为礼部尚书。丙寅，齐齐哈尔蝗。丁卯，以温福乖方偾事，革一等伯爵，仍予恤典。褫刘秉恬职。命议恤木果木阵亡提督马全、牛天界，副都统巴朗、阿尔素纳，总兵张大经及各文武员弁。丙戌，谕阿桂先复小金川，分三路进剿。

八月戊子，以阿桂为定西将军。命于敏中为文华殿大学士，舒赫德管刑部，刘统勋专管吏部。己丑，命程景伊协办大学士。调王际华为户部尚书，蔡新为礼部尚书，嵇璜为兵部尚书。以阎循琦为工部尚书。戊戌，以明亮为定边右副将军，富德为参赞大臣。壬寅，上幸木兰行围。

九月壬戌，降海兰察为领队大臣。甲子，上回驻避暑山庄。戊辰，上送皇太后回銮。己巳，索诺木挟僧格桑归大金川，以其兄冈达克往美诺。谕阿桂乘机收复。允户部请开金川军需捐例。壬申，上自避暑山庄回銮。甲戌，以多敏为科布多参赞大臣，车木楚克扎布为乌里雅苏台参赞大臣。戊寅，上奉皇太后还京。庚辰，吏部尚书託庸致仕，调官保为吏部尚书。以英廉为刑部尚书，仍兼管户部侍郎事。

冬十月乙巳，和硕诚亲王允祕卒。己酉，褫车布登扎布定边左副将军职，仍留亲王衔，以瑚图灵阿代之。

十一月丁卯，阿桂等奏进剿小金川，攻克资哩山梁等处，收复沃克什官寨。戊辰，命福禄往西宁办事。召伍弥泰回京。己巳，阿桂等奏克复美诺，命进剿金川。辛未，军机大臣、大学士刘统勋卒，上亲临赐奠，赠太傅。壬申，召梁国治来京，在军机处行走。调巴延三为湖南巡抚。以毕沅为陕西巡抚。癸酉，明亮等奏克复僧格宗等碉寨。

十二月癸巳，以彰宝为云贵总督。辛丑，命李侍尧为武英殿大学士，仍管两广总督事。

是岁，朝鲜、安南来贡。

三十九年春正月丙子，以姚立德为河东河道总督。丁丑，阿桂等克赞巴拉克等山梁。

二月甲申朔，命丰昇额等助阿桂进攻勒乌围。丁亥，明亮等奏克木谿等山梁。戊戌，丰昇额等克莫尔敏山梁。乙巳，蠲江苏山阳等十州县卫三十八年水灾额赋有差。丁未，上谒东陵，并巡幸盘山。庚戌，谒昭西陵、孝陵、孝东陵、景陵，至孝贤皇后陵奠酒。临故大学士公傅恒茔赐奠。辛亥，上驻跸盘山。

三月庚申，阿桂等克罗博瓦山梁，加阿桂太子太保，以海兰察为内大臣，额森特为散秩大臣。甲子，上幸南苑行围。辛未，阿桂等克得斯东寨。庚辰，明亮等克喀咱普等处，上嘉赉之。

夏四月乙酉，顺天大兴等州县蝗。辛亥，以京师及近畿地方旱，命刑部清理庶狱，减军流以下罪，直隶如之。戊戌，以御史李漱芳劾福隆安家人滋事，上嘉之，予叙。

五月癸丑朔，命刑部减秋审、朝审缓决一二次以上罪。丙寅，彰宝以病解任，以图思德署云贵总督。戊辰，上奉皇太后秋狝木兰。甲戌，上奉皇太后驻跸避暑山庄。

六月癸卯，阿桂等奏克穆尔浑图碉卡。

秋七月甲寅，阿桂等克色淜普山碉卡。己未，阿桂等克喇穆喇穆山等碉卡。壬戌，阿桂等克日则雅口等处寺碉。乙丑，乌鲁木齐额鲁特部蝗。庚午，明亮等克达尔图山梁碉卡。甲戌，以于敏中未奏太监高云从嘱托公事，下部严议。以阿思哈为左都御史。乙亥，命阿思哈在军机处行走。太监高云从处斩。辛巳，阿桂等克格鲁瓦觉等处碉寨。

八月壬午朔，日食。壬辰，富德等克穆当噶尔、羊圈等处碉卡。丁酉，上幸木兰行围。癸卯，金川头人绰窝斯甲降，献贼目僧格桑尸。

九月乙卯，山东寿张县奸民王伦等谋逆，命山东巡抚徐绩剿捕之。丁巳，命大学士舒赫德赴江南，同高晋塞决口。戊午，上回驻避暑山庄。命舒赫德先赴山东剿捕王伦。庚申，命额驸拉旺多尔济、左都御史阿思哈带侍卫章京及健锐、火器二营兵，往山东会剿王伦。辛酉，王伦围临清，屯闸口。壬戌，上送皇太后回銮。癸亥，以天津府七县旱，命拨通仓米十万石备赈。丙寅，上自避暑山庄回銮。丁卯，山东兖州镇总兵惟一、德州城守尉格图肯以临阵退避，处斩。庚午，以江苏山阳等四县水灾，命免明年额赋。壬申，上奉皇太后还京师。丙子，山东临清贼平，王伦自焚死。

冬十月辛巳朔，以杨景素为山东巡抚。壬辰，免临清新城本年未完额赋，并旧城未完额赋十分之五。丙午，以徐绩为河南巡抚。

十一月癸丑，明亮等克日旁等碉寨。甲寅，以舒赫德为御前大臣。阿桂等克日尔巴当噶碉寨。以阿桂为御前大臣，海兰察为御前侍卫。丙辰，以四川成都等一百四十府厅州县行军运粮，免历年额赋有差。戊辰，阿桂克格鲁古丫口等处碉寨。

是岁，朝鲜、琉球来贡。

四十年春正月甲戌，阿桂等克康尔萨山梁。

二月己卯，阿桂等克甲尔纳等处碉寨。丙戌，阿桂克斯莫思达碉寨。癸巳，以李瀚为云南巡抚。

三月辛亥，上幸盘山。甲寅，上驻跸盘山。蠲江南句容等十九州县，淮安、大河二卫三十九年水旱灾额赋。壬申，蠲长芦属沧州等六州县、严镇等六场，河南信阳等五州县三十五年旱灾额赋。

夏四月戊寅朔，蠲安徽合肥等十四州县、庐州等四卫三十九年旱灾额赋。丙戌，四川军营参赞大臣、领侍卫内大臣、和硕亲王、固伦额驸色布腾巴勒珠尔卒。己丑，命明山为乌里雅苏台参赞大臣。壬寅，赐吴锡龄等一百五十八人进士及第出身有差。癸卯，阿桂等克木思工噶克丫口等处城碉。明亮等克甲索、宜喜。乙巳，明亮等克达尔图等处碉寨。以明亮、福康安为内大臣。

五月己酉，蠲直隶霸州、保定等三十九州县三十九年旱灾额赋。甲寅，阿桂等奏克巴木通等处碉卡。丁巳，明亮奏克茹寨、甲索等处碉卡。戊辰，阿桂等奏克噶尔丹等碉寨。壬申，上幸木兰，奉皇太后驻汤山行宫。明亮等奏克巴舍什等处碉寨。乙亥，阿桂等奏克逊克尔宗等处碉寨。加封定边右副将军、果毅公丰昇额为果毅继勇公。

六月丁丑朔，蠲湖北汉阳等十五州县、武昌等六卫一所三十九年旱灾额赋。戊寅，上驻避暑山庄。癸未，上诣广仁岭万寿亭迎皇太后驻跸避暑山庄。壬辰，以丰昇额为兵部尚书。丙申，领队大臣额尔特褫职逮治。庚子，设管理乌鲁木齐额鲁特部落领队大臣，以全简为之。

秋七月壬戌，阿桂等奏攻克昆色尔等处山梁碉寨。丁卯，阿桂等克章噶等碉寨。额洛木寨头人革什甲木参等率众来降。庚午，蠲甘肃皋兰等七厅州县三十九被水被旱额赋。阿桂等克直古脑一带碉寨。

八月丙子朔，日食。丁丑，阿桂等克隆斯得寨。明亮等克扎乌古山梁。己卯，以霸州等三十余州县被水，拨直隶藩库银五十万两赈之。辛卯，上幸木兰行围。己亥，阿桂等奏克勒乌围之捷，进剿噶喇依贼寨。上命优叙将军阿桂，副将军丰昇额，参赞大臣海兰察、额森特等功。辛丑，召舒赫德赴热河行在。癸卯，封罗卜藏锡喇布为贝子。乙巳，命侍郎袁守侗等赴贵州，谳知府苏㶷禀揭总督、藩、臬袒护同知席缵一案。

九月庚戌，蠲湖北钟祥等十二州县并武昌等七卫三十九年旱灾额赋。癸丑，上回驻避暑山庄。丁巳，上送皇太后回銮。辛酉，以图思德劾苏㶷浮收勒索，命袁守侗等严鞫之。丙寅，以明亮请赴西路失机，严斥之，仍夺广州将军。丁卯，上奉皇太后还京师。阿桂等克当噶克底等处碉寨。

冬十月己卯，召驻藏办事伍弥泰，以留保住代之。己丑，以霸州等六州县被灾较重，命即於闰十月放赈。庚寅，蠲甘肃皋兰等十七州县厅水雹霜灾额赋。壬辰，上还宫。丙申，调裴宗锡为贵州巡抚，命袁守侗暂署，图思德署云南巡抚，李质颖为安徽巡抚。

闰十月壬子，苏㶷以侵税诬讦，处斩。壬戌，明亮等奏克扎乌古山梁。甲子，阿桂等奏克西里山、黄草坪等处碉卡，总兵曹顺死之。命袁守侗赴四川，同阿扬阿谳冀国勋一案。复封庆恒为克勤郡王。壬申，明亮等克耳得谷寨。

十一月，明亮等克甲索诸处碉卡。乙酉，福禄以立塔尔一案未能鞫实，革，戍伊犁。己丑，阿桂克西里第二山峰，并进围鸦玛朋寨落。壬辰，明亮等奏攻得克尔甲尔古等处碉卡。壬寅，阿桂等奏克舍勒固租鲁、科思果木、阿尔古等处碉寨。

十二月甲辰朔，日食。丁未，工部尚书阎循琦卒，调嵇璜为工部尚书，蔡新为兵部尚书，以曹秀先为礼部尚书。阿桂等克萨尔歪等寨落。丙辰，以阿桂为镶黄旗领侍卫内大臣。调熊学鹏为广东巡抚，以吴虎炳为广西巡抚。甲子，明亮等由达撒谷进兵，连克险要山梁及沿河格尔则寨落。丙寅，阿桂等克格隆古等处寨落。庚午，阿桂等由索隆古进据噶占山梁，直捣噶喇依。其头人色木里雍中及布笼普阿纳木来降。壬申，明亮等克甲杂等隘口，并后路巴布里、日盖古洛，进抵独松隘口，克日会捣噶喇依。其头人达固拉得尔瓦等来降。

卷十四　　本纪十四

高宗本纪五

四十一年春正月癸酉朔，富德克打噶咱普德尔窝、马尔邦等碉卡。明亮等克独松等碉卡。甲戌，定郡王绵德以交结礼部司员削爵，命绵恩承袭。阿桂克喇乌喇等碉卡及舍齐等寺。己卯，阿桂率诸军进围噶喇依，索诺木之母及其姑姊妹出降。命封阿桂一等诚谋英勇公，予四团龙补服、金黄带。加赏果毅继勇公丰昇额一等子。封明亮一等襄勇伯，海兰察一等超勇侯，额森特一等男，和隆武三等果勇侯，福康安、普尔普三等男。加赏奎林一等男。丰昇额、明亮、海兰察、奎林、和隆武仍各予双眼花翎，赏于敏中一等轻车都尉，均世袭。阿桂请安插降众於绰斯甲布十二土司地方，从之。壬午，赏阿桂紫缰。甲申，调明善为科布多参赞大臣。以法福里为乌里雅苏台参赞大臣。己丑，吏部尚书、协办大学士官保以病乞休，允之。以阿桂为吏部尚书、协办大学士。调丰昇额为户部尚书，福隆安为兵部尚书。以绰克托为工部尚书。庚寅，嘉谟迁仓场侍郎。命阿思哈署漕运总督，永贵署吏部尚书，英廉署户部尚书。

二月己酉，授文绶四川总督，调富勒浑为湖广总督。庚戌，命嗣后社稷坛祭时，或值风雨，於殿内致祭。蠲江苏上元等三十九州县、镇江等五卫四十年旱灾额赋。辛亥，上谒东陵。以祇谒两陵，并巡幸山东，免经过州县本年额赋十分之三。甲寅，上谒昭西陵、孝陵、孝东陵、景陵，诣孝贤皇后陵奠酒。阿桂等奏索诺木等出降，槛送京师，两金川平。乙卯，命永贵回礼部尚书，仍兼署吏部事。丙辰，命图平定金川前后五十功臣像於紫光阁。命新设将军驻雅州，四川提督桂林驻金川。丁巳，上还京师。戊午，上谒泰陵。命袁守侗赴四川，会同阿桂查办参赞大臣富德。壬戌，上谒泰陵。设云南腾越镇总兵官。丁卯，上奉皇太后巡幸山东。己巳，免顺天直隶通州等二十八州县未完地粮仓谷。庚午，停湖北勘丈湖地。免直隶霸州等二十一州县未完地粮仓谷。辛未，减直隶军流以下人犯罪。

三月丁丑，免山东泰安、曲阜二县本年额赋。戊寅，免山东邹平等三十九州县卫各项民欠额赋。己卯，增设成都将军，以明亮为之。辛巳，减山东军流以下人犯罪。壬午，免山东德州等十一州县缓征漕米漕项。癸未，以萨载为江南河道总督，杨魁为江苏巡抚。甲申，勒尔谨陛见，命毕沅署陕甘总督。丙戌，上驻跸泰安，谒岱庙。命还督抚贡物，仍严饬之。设金川勒乌围总兵。丁亥，上登泰山。辛卯，户部尚书王际华卒，以袁守侗代之。免四川通省上年额赋及本年夷赋有差。蠲河南武陟县四十年水灾额赋。乙未，上至曲阜，谒孔子庙。蠲安徽怀宁等三十二州县、建阳等七卫四十年水旱额赋。丙申，释奠先师孔子，告平两金川功。丁酉，上谒孔林。调李质颖为广东巡抚，以闵鹗元为安徽巡抚。戊戌，富德褫职逮治。己亥，云南车里逃夷刀维屏等悔罪自归，谕免死，锢之。庚子，命户部侍郎和坤军机处行走。辛丑，上奉皇太后自济宁登舟。

夏四月癸卯，以平定金川，遣官祭告天地、太庙、社稷。以英廉兼署户部尚书。命刘墉会同陈辉祖查勘湖北沔阳州冲溃堤工。甲辰，予告协办大学士、吏部尚书官保卒。丁未，上阅临清州旧城。辛亥，命阿桂仍在军机处行走。癸丑，蠲直隶霸州等五十二州县四十年水灾额赋有差。乙卯，以平定金川，遣官告祭昭西陵、孝陵、孝东陵、景陵、泰陵、孝贤皇后陵。丙辰，遣官告祭孔子阙里。壬戌，遣官告祭永陵、福陵、昭陵。甲子，以阿思哈为漕运总督，素尔讷为左都御史，索琳为理藩院尚书，仍留库伦办事，命丰昇额署理藩院尚书。乙丑，上送皇太后自宝稼营还京师。丙寅，献金川俘馘於庙社。丁卯，定西将军阿桂等凯旋。戊辰，上幸良乡城南行郊劳礼，赐将军及随征将士等宴，并赏阿桂等御用鞍马各一。上还京师。己巳，受俘。上御瀛台，亲鞫俘囚。索诺木等皆磔於市。上御紫光阁，行饮至礼，赐凯旋将士及王大臣等宴，赐将军阿桂以下银币有差。庚午，斩番目布笼普占巴、雅玛朋阿库鲁等於市。

五月辛未朔，上奉皇太后御慈宁宫，上徽号曰崇庆慈宣康惠敦和裕寿纯禧恭懿安祺宁豫皇太后，颁诏覃恩有差。戊寅，富德以诬讦阿桂悖逆，处斩。辛巳，豁山西石楼等三县丁徭虚额银。癸未，上奉皇太后启銮，秋狝木兰。己丑，上驻跸避暑山庄。

六月庚子朔，定文渊阁官制。壬子，以甘肃皋兰等二十九州县厅旱灾，命多留市米以供民食。庚申，黄邦宁论斩，逮治前护广西巡抚苏尔德、署按察使广德。

秋七月庚申，索琳以不职镌级，以伍弥泰为理藩院尚书。丁亥，授巴延三山西巡抚，调鄂宝为湖南巡抚。

八月丁未，召瑚图灵阿，以巴林王巴图为定边左副将军，以额驸拉旺多尔济为伊犁参赞大臣。乙卯，上幸木兰行围。

九月丙子，上回驻避暑山庄。庚辰，上送皇太后回銮。庚寅，上奉皇太后还京师。

冬十月己亥朔，命丰昇额为步军统领，福隆安仍兼管。壬寅，绥远城将军容保罢，以伍弥泰代之。甲辰，命英诚公阿克栋阿在领侍卫内大臣上行走，以奎林为理藩院尚书。戊申，左都御史张若溎病免。辛亥，调崔应阶为左都御史，以余文仪为刑部尚书。壬子，阿思哈病免，以鄂宝为漕运总督。癸丑，以敦福为湖南巡抚。丙辰，命三宝查浙江漕粮积弊。甲子，以甘肃皋兰等二十九厅州县旱灾，豁历年积欠仓粮四百万有奇。

十一月甲申，命四库全书馆详核违禁各书，分别改毁。谕曰："明季诸人书集词意抵触本朝者，如钱谦益等，均不能死节，妄肆狂狺，自应查明毁弃。刘宗周、黄道周立朝守正，熊廷弼材优干济，诸人所言，若当时采用，败亡未必若彼其速，惟当改易字句，无庸销毁。又直臣如杨涟等，即有一二语伤触，亦止须酌改，实不忍并从焚弃。"

十二月庚子，命戊戌年八月举行繙译乡试，次年三月举行会试。丙午，命明亮军机处行走，伍弥泰迁西安将军，博成署绥远城将军。戊申，以雅朗阿为绥远城将军。甲寅，蠲山东德州等三十州县卫所本年被灾额赋。丙辰，缅目得鲁蕴请送还内地官人，准其入贡。谕令进京乞恩。戊午，上幸瀛台。库车阿奇木伯克、哈萨克使人，及四川明正土司等瞻觐，各赐冠服有差。

四十二年春正月戊辰朔，蠲甘肃乾隆二十三年至三十五年民欠银八十四万两有奇。丙子，上御阅武楼阅兵，命诸王、大臣、外藩蒙古及回部、库车、哈萨克使臣、金川土司等从观。辛巳，以皇太后不豫，诣长春仙馆问安，奉皇太后幸同乐园，侍晚膳。自是每日诣长春仙馆请安。乙酉，以图思德奏缅番内附，命阿桂往云南筹办。调李侍尧为云贵总督，以杨景素为两广总督，郝硕为山东巡抚，图思德为贵州巡抚，裴宗锡回云南巡抚。己丑，宥熊学鹏罪，苏尔德、广德论斩。庚寅，皇太后崩，奉安於慈宁宫正殿，上以含清斋为倚庐，颁大行皇太后遗诏。谕穿孝百日，王大臣官员等二十七日除服。辛卯，尊大行皇太后谥号为孝圣宪皇后，推恩普免钱粮一次。壬辰，定二十七日内郊庙社稷遣官致祭用乐之制。乙未，尊大行皇太后陵曰泰东陵。丙申，移大行皇太后梓宫於畅春园，奉安於九经三事殿。上居圆明园。

二月丁酉朔，上诣安佑宫行告哀礼。上居无逸斋苫次。己亥，上还居圆明园。庚子，上诣九经三事殿大行皇太后梓宫前供奠。诸王大臣请间一二日行礼，不允。甲辰，谕二十七月内停止元旦朝贺。其百日后，寻常御殿视朝，届日请旨。乙巳，定百日内与二十七月内御用服色及臣下服色制。甲寅，高晋会同阿扬阿赴安徽查案，杨魁兼署两江总督。蠲安徽宿州等八州县、凤阳等三卫四十一年水灾额赋。丁巳，上诣九经三事殿大行皇太后梓宫前行月祭礼。以颜希深为湖南巡抚。

三月辛未，左都御史素尔讷、大理寺卿尹嘉铨休致。壬申，以萨载赴京，命德保兼署江南河道总督。戊寅，以迈拉逊为左都御史。壬午，上大行皇太后尊谥曰孝圣慈宣康惠敦和敬天光圣宪皇后。戊子，以恒山保为乌里雅苏台参赞大臣。

夏四月戊戌，以缅番投诚反覆，召阿桂回京，留缅目所遣孟幹等。戊申，上诣九经三事殿孝圣宪皇后梓宫前行祖奠礼。己酉，孝圣宪皇后发引，上送往泰东陵，免经过州县本年额赋十分之七。癸丑，上谒泰陵。是日，孝圣宪皇后梓宫至泰东陵，奉安於隆恩殿。丙辰，上诣泰东陵孝圣宪皇后梓宫前行百日祭礼。丁巳，大学士舒赫德卒。戊午，命永贵署大学士兼吏部尚书。辛酉，蠲安徽宿州等八州县、长河等三卫四十一年水灾额赋。壬戌，命福隆安兼署吏部尚书。甲子，上还京师。

五月乙丑朔，孝圣宪皇后神牌升祔太庙。翌日，颁诏覃恩有差。戊辰，上临舒赫德丧次赐奠。壬申，蠲直隶清苑等十州县逋赋。戊寅，以普蠲全国钱粮，免福建台湾府属官庄租息十分之三。甲申，马兰镇总兵满斗於东陵掘墙通路，论斩。丁亥，命阿桂为武英殿大学士，兼管吏部事，英廉协办大学士。命尚书果毅继勇公丰昇额之父阿里衮原袭果毅公爵号，亦加"继勇"二字。调永贵为吏部尚书，以富勒浑为礼部尚书，三宝为湖广总督，王亶望为浙江巡抚。蠲顺天直隶大兴等三十三厅州县被灾额赋。

六月乙卯，以吉林将军富椿调杭州将军，命福康安代之。己未，上诣黑龙潭祈雨。

秋七月，蠲甘肃皋兰等二十九厅州县四十一年被灾额赋。丙戌，命甘肃应征各属番粮草束免十分之三。暹罗头目郑昭进贡，送所获缅番，谕杨景素以请封檄谕之。

八月庚子，免乌鲁木齐各州县户民额粮十分之三。庚申，命侍郎金简赴吉林，会同福康安查办事件。

九月丙子，上谒泰陵、泰东陵。壬午，上还京师。

冬十月戊戌，户部尚书果毅继勇公丰昇额卒，调英廉为户部尚书，仍兼管刑部，命德福为刑部尚书。乙巳，诏陕西民屯租粮草束届轮免钱粮之年，一体蠲免。庚申，设密云副都统一，驻防兵二千。辛酉，命袁守侗赴浙江查审归安县知县刘均被控案。命侍郎周煌、阿扬阿赴四川查审大足县知县赵宪高被控案。

十一月丙寅，广德处斩。戊辰，海成以纵庇王锡侯褫职，以郝硕为江西巡抚，国泰为山东巡抚。壬申，刑部尚书余文仪乞休，允之。甲戌，调袁守侗为刑部尚书，梁国治为户部尚书。乙酉，蠲甘肃宁夏等七厅县本年被灾额赋。

十二月丁酉，蠲甘肃皋兰等十七州县四十一年被灾额赋。癸丑，赈甘肃皋兰等三十二厅州县被旱灾民。

四十三年春正月壬戌朔，免朝贺。癸亥，以郑大进为河南巡抚。辛未，追复睿亲王封爵及豫亲王多铎、礼亲王代善、郑亲王济尔哈朗、肃亲王豪格、克勤郡王岳託原爵，并配享太庙。己卯，上谒西陵，免经过地方本年额赋十分之三。癸未，上谒泰陵、泰东陵。甲申，上谒泰东陵行期年礼。

二月丁酉，朝鲜、琉球入贡。己酉，以特成额为礼部尚书。调绰克托为吏部尚书，富勒浑为工部尚书。特成额迁成都将军，以钟音为礼部尚书。调杨景素为闽浙总督，桂林为两广总督，李质颖护之。戊午，以諴亲王弘畅为正白旗领侍卫内大臣。

三月甲子，上诣西陵。戊辰，上谒泰陵、泰东陵。己巳，上亲祭泰东陵。乙亥，上阅健锐营兵。乙丑，以李湖为湖南巡抚。

夏四月辛卯，以河南旱，命减开封等五府军流以下罪。壬寅，命先免河南四十五年田赋。癸卯，肃亲王蕴著卒。乙巳，上诣黑龙潭祈雨。辛亥，命减河南军流以下罪。乙卯，赐戴衢亨等一百五十七人进士及第出身有差。

五月庚申朔，以山东荒歉，命预免四十五年钱粮。丁卯，命山西巡抚兼理河东盐政。戊辰，怡亲王弘晓卒。

六月乙未，以九江关监督全德浮收，逮治之。

闰六月癸亥，河南祥符河决。

秋七月癸巳，河南仪封、考城河决。乙未，命袁守侗往河南，会同河督姚立德、巡抚郑大进查办河工。戊戌，命高晋督办堤工。丁未，上诣盛京谒陵，免经过直隶、奉天各州县本年额赋十分之三。

八月癸酉，以仪封决河下注安徽凤阳各州县，谕萨载等赈灾民。甲戌，上谒永陵。乙亥，行大飨礼。己卯，上谒福陵。免奉天所属府州县明年丁赋。庚辰，行大飨礼。上谒昭陵。辛巳，行大飨礼。命奉天、吉林、黑龙江各属已结未结死罪均减等，军流以下悉宥之。癸未，上临奠克勤郡王岳託墓。甲申，上临奠武勋王扬古利、弘毅公额亦都、直义公费英东墓。乙酉，上诣文庙行礼。

九月甲午，锦县生员金从善，以上言建储立后，纳谏施德，忤旨，论斩。戊戌，礼部尚书钟音卒。金从善以妄肆诋斥，处斩。己亥，以德保为礼部尚书。丁未，申谕立储流弊，及宣明归政之期。壬子，上还京师。甲寅，高朴以婪赃论斩。绰克托以失察高朴褫职。命永贵为吏部尚书。乙卯，命迈拉逊署吏部尚书。

冬十月己未，以庚子年七旬万寿，巡幸江、浙，命举恩科乡会试，并普蠲钱粮。甲戌，江苏布政使陶易以徇纵徐述夔，褫职论斩。丙子，免甘肃皋兰等三十二厅州县四十二年旱灾额赋。

十一月戊子，禁贡献整玉如意及大玉。壬辰，定驿务归巡道分管，裁甘肃驿传道。赈广西兴安等九州县本年旱灾。庚子，免甘肃、宁夏等七厅州县四十二年被灾额赋。

十二月庚申，河南仪封堤工塌坏，高晋等下部严议。丙寅，谕国泰严治山东冠县义和拳教匪。甲戌，赈安徽当涂等三十四州县卫本年水旱灾、湖南湘阴等十五州县卫旱灾，并蠲额赋有差。

四十四年春正月丙戌朔，调陈辉祖为河南巡抚，郑大进为湖北巡抚。乙未，大学士、两江总督高晋卒。命三宝为东阁大学士，仍留湖广总督任，萨载为两江总督，李奉翰为江南河道总督。癸卯，上诣西陵，免经过地方本年丁赋十分之三。裁福州副都统。乙巳，命阿桂赴河南查勘河工。丁未，上谒泰陵、泰东陵。辛亥，上还京师。

二月癸亥，左都御史迈拉逊病免。丙子，以增福为福建巡抚，申保为左都御史。庚辰，命辑明季诸臣奏疏。谕曰："各省送到违碍应毁书籍，如徐必达《南州草》，萧近高《疏草》，宋一韩《掖垣封事》，切中彼时弊病者，俱无悖骨鲠。虽其君置若罔闻，而一时废驰瞀乱之迹，痛切敷陈，足资考镜。联以为不若择其较有关系者，别加编录，名为《明季奏疏》，勒成一书，永为殷鉴。诸臣在胜国言事，於我国家间有干犯之语，不宜深责，应量为改易选录，余仍分别撤毁。"壬午，建江南龙泉庄等处行宫。

三月丙申，命英廉署直隶总督。丁酉，命德福署协办大学士。调杨景素为直隶总督，三宝为闽浙总督。以图思德为湖广总督，舒常为贵州巡抚。乙巳，以谭尚忠署山西巡抚。己酉，赈湖北江夏等三十九州县卫上年旱灾。

夏四月己未，改辟展办事大臣为吐鲁番领队大臣。戊辰，上诣西陵。壬申，上谒泰陵、泰东陵。丁丑，改甘肃驿传道为分巡兰州道。戊寅，以袁守侗为河东河道总督，胡季堂为刑部尚书。己卯，上阅健锐营兵。庚辰，上还京师。

五月乙未，上秋狝木兰，免经过地方本年丁赋十分之三。丙申，以李世杰为广西巡抚。辛丑，上驻避暑山庄。丙午，以富纲为福建巡抚。丁未，上诣文庙行释奠礼。

六月丁卯，免甘肃乾隆二十七年至三十七年逋赋银二十三万五千两、粮一百零五万石各有奇。戊辰，河南武陟、河内沁河决。庚辰，建吐鲁番满城。

秋七月乙未，以孙士毅为云南巡抚。

八月戊辰，上幸木兰行围。辛未，命和坤在御前大臣上学习行走。甲戌，以宗室永玮为黑龙江将军。乙亥，宁寿宫成。

九月庚子，上还京师。

冬十月壬戌，免陕西延安等三府州属乾隆二十年至三十七年民欠社仓谷。免西藏那克舒三十九族番子等应交马银。乙亥，免甘肃庄浪等十七厅州县被灾额赋。

十一月甲申，免安徽亳州等十一州县额赋。戊戌，杭州将军嵩椿坐耽於逸乐褫职，仍通谕申儆。癸卯，赈甘肃皋兰等十二厅州县灾民，并蠲本年额赋。丙午，以姚成烈为广西巡抚。以伍弥泰护送班禅至热河，给钦差大臣关防。

十二月癸丑，命侍郎德成至河南会办河工。甲寅，命户部侍郎董诰在军机处行走。乙卯，两广总督桂林卒，以巴延三代之，雅德为山西巡抚。戊午，大学士于敏中卒。湖广总督图思德卒，以富勒浑代之，绰克托代为工部尚书。丙寅，赈湖北沔阳等七州县卫本年水灾。己巳，命程景伊为文渊阁大学士，调嵇璜为吏部尚书、协办大学士，周煌为工部尚书。辛未，直隶总督杨景素卒，以袁守侗代之。调陈辉祖为河东河道总督，荣柱为河南巡抚。

四十五年春正月庚辰朔，以八月七旬万寿，颁诏覃恩有差。辛巳，免河南仪封等十三州县被灾额赋。辛卯，上巡幸江、浙，免直隶、山东经过地方本年额赋十分之三。壬辰，免直隶顺德等四府属逋赋。己亥，免山东历城等二十八州县逋赋及仓谷。己酉，朝鲜国王李祘表贺万寿，优诏答之。修浙江仁和、海宁塘工。

二月癸丑，命舒常同和坤、喀宁阿查办海宁劾李侍尧各款。甲寅，免江南、浙江经过地方本年额赋十分之三。免两江所属四十三年以前逋赋。丙辰，调李奉翰为河东河道总督，陈辉祖为江南河道总督。丁巳，免台湾府属本年额谷，免两淮灶户灾欠及川饷未缴银。己未，上渡江，阅清口东坝堤工。甲子，免江南、浙江省会附郭诸州县本年额赋。戊辰，上幸焦山。壬申，上幸苏州府。仪封决口合龙。己卯，免浙江仁和等县逋赋。

三月辛巳，上幸海宁州观潮。壬午，上幸尖山。召索诺木策凌来京，以奎林为乌鲁木齐都统。癸未，上幸杭州府。甲申，上幸秋涛宫阅水师。以博清额为理藩院尚书。壬辰，调李质颖为浙江巡抚，李湖为广东巡抚，以刘墉为湖南巡抚。以京察届期，予阿桂等议叙，左都御史崔应阶等原品休致。癸巳，以罗源汉为左都御史。丁酉，李侍尧褫职逮问。孙士毅褫职，发伊犁效力。以福康安为云贵总督，索诺木策凌为盛京将军。辛丑，命英廉为东阁大学士，和珅为户部尚书。丙午，上诣明太祖陵奠酒。

夏四月己酉朔，上渡江。壬子，山东寿光人魏塾以著书悖妄，处斩。丁巳，上至武家墩，阅高家堰堤工，渡河。免山西太原等十六府州并归化城等厅应征额赋十分之三，大同、朔平及和林格尔等属全免之。辛酉，调杨魁为陕西巡抚，刘秉恬署云南巡抚，颜希深为贵州巡抚，吴坛为江苏巡抚。丁卯，调杨魁为河南巡抚，雅德为陕西巡抚，喀宁阿为山西巡抚。

五月甲申，以大学士、九卿改和珅所拟李侍尧监候为斩决，谕各督抚各抒所见，定拟题奏。丁亥，上还京师。癸巳，赐汪如洋等一百五十五人进士及第出身有差。丁酉，宥孙士毅罪。己亥，上秋狝木兰。乙巳，上驻跸避暑山庄。甲寅，免湖北沔阳等五州县本年水灾额赋。乙卯，召大学士三宝入阁办事。调富勒浑为闽浙总督，舒常为湖广总督。丁卯，以和珅为正白旗领侍卫内大臣。庚午，江苏睢宁郭家渡河决。

秋七月丁丑，起孙士毅为编修。丁酉，班禅额尔德尼自后藏入觐，上御清旷殿，赐坐，赐茶。戊戌，顺天良乡永定河决。庚子，上御万树园，赐班禅额尔德尼及王、公、大臣，蒙古王、贝勒、贝子、公、额驸、台吉等宴，并赐冠服金币有差。辛丑，山东曹县及河南考城河决。壬寅，以李本为贵州巡抚。

八月戊申，赈河南宁陵等四县水灾。乙卯，大学士程景伊卒。丁巳，永定河决口合龙。湖北巡抚郑大进贡金器，不纳，切责之。己未，上七旬万寿节，御澹泊敬诚殿，王、公、大臣及蒙古王、贝勒、贝子、额驸、台吉等行庆贺礼。癸酉，调闵鹗元为江苏巡抚，农起为安徽巡抚。甲戌，上诣东西陵，免经过地方本年额赋十分之三。赈浙江诸暨等七县水灾。

九月，以嵇璜为文渊阁大学士，蔡新为吏部尚书、协办大学士。调周煌为兵部尚书，以周元理为工部尚书。壬午，上谒昭西陵、孝陵、孝东陵、景陵，诣孝贤皇后陵奠酒。辛卯，上谒泰陵、泰东陵。睢宁郭家渡决口合龙。乙未，上还京师。乙巳，赈吉林珲春水灾。

冬十月戊申，定李侍尧斩监候。调雅德为河南巡抚。

辛酉，免河南仪封等六县本年水灾额赋。壬戌，免直隶霸州等六十三州县本年水灾额赋。免江苏清河等八州县卫本年水旱额赋。免甘肃皋兰等三十五厅州县四十四年水灾额赋。甲戌，命博清额署左都御史，和珅仍兼署理藩院尚书。

十一月庚辰，命博清额为钦差大臣，护送班禅额尔德尼往穆鲁乌苏地方。壬午，以庆桂为乌里雅苏台将军。癸未，班禅额尔德尼卒於京师。

十二月乙卯，赈甘肃皋兰等十八厅州县饥民。庚申，以会同四译馆屋坏，压毙朝鲜人，礼部尚书等下部严议。丁卯，命阿桂会同陈辉祖、富勒浑、李质颖勘视海塘。

四十六年春正月己卯，定蒙古喀尔喀，青海杜尔伯特、土尔扈特、和硕特，回部王、公、札萨克、台吉等世袭爵秩。丙申，朝鲜国王李祘表谢赐缎匹，仍贡方物，温谕受之。癸卯，召富勒浑、李质颖来京。以陈辉祖为闽浙总督，兼管浙江巡抚，督办塘工。调李奉翰为江南河道总督，韩𬭁为河东河道总督。

二月丙辰，免浙江诸暨水灾额赋。癸亥，命阿桂勘视江南、河南河工。乙丑，上西巡五台山，免经过地方本年额赋十分之三。丙寅，免顺天保定七府州县逋赋。己巳，调雅德为山西巡抚。庚午，以富勒浑为河南巡抚。王燧论绞。

三月甲戌朔，上幸正定府阅兵。乙亥，免安徽亳州等九州县、凤阳等三卫水灾额赋有差。丙子，免江苏清河等八州县卫水灾额赋有差。戊寅，召庆桂来京，以巴图署乌里雅苏台将军。辛巳，上驻跸五台山。己丑，免甘肃皋兰等十五厅州县雹灾额赋有差。甲午，以宗室嵩椿为绥远城将军。庚子，上还京师。壬寅，甘肃循化厅撒拉尔回匪苏四十三等作乱，陷河州，命西安提督马彪同勒尔谨剿之。癸卯，回匪犯兰州，命阿桂往甘肃调度剿贼机宜。

夏四月甲申朔，命尚书和珅、额驸拉旺多尔济、领侍卫内大臣海兰察，并巴图鲁侍卫等，赴甘肃剿贼。乙巳，命安徽巡抚农起往甘肃办理军需，宥李侍尧罪，赏三品顶戴赴甘肃。己酉，甘肃官军收复河州，仁和进援省城。庚申，休致大理寺卿尹嘉铨坐妄请其父从祀孔庙及著书狂悖，处绞。免直隶霸州等五十厅州县水灾额赋。戊辰，赐钱棨等一百六十九人进士及第出身有差。庚午，逮勒尔谨，以李侍尧管理陕甘总督事，未至，以阿桂兼管之。召和珅回京。辛未，免安徽寿州等十二州县卫、河南仪封等五县水灾额赋。

五月辛卯，谕阿桂等除回民新教。

闰五月癸卯朔，勒尔谨论斩。己酉，免江苏阜宁等七县卫逋赋。庚戌，上秋狝木兰。丙辰，上驻跸避暑山庄。

六月庚辰，江苏睢宁魏家庄河决。己丑，以甘肃累年冒赈，命刑部严鞫勒尔谨，逮王亶望至都。壬辰，免陕西西安等十二府州民欠仓谷。癸巳，甘肃回匪苏四十三等伏诛。

秋七月壬寅朔，江苏崇明、太仓等州县海溢。甘肃布政使王廷赞，以冒赈浮销，褫职逮治。丙午，以奎林为乌里雅苏台将军，明亮为乌鲁木齐都统。己酉，河南万锦滩及仪封曲家楼河决。庚申，暹罗国长郑昭遣使赍表贡方物。辛酉，命阿桂阅视河南、山东河工。乙丑，南掌国王弟召翁贡方物。庚午，王亶望处斩，赐勒尔谨自尽，王廷赞论绞。免江苏崇明县本年额赋。赈江苏崇明等九厅州县、河南仪封县水灾。

八月甲戌，赈甘肃陇西等四县水灾。免金县等七县额征半赋。己卯，袁守侗等坐查监粮失实，下部严议。壬午，调福康安为四川总督，以富纲为云贵总督，杨魁署福建巡抚。乙酉，赈湖北潜江等四州县水灾。丙戌，上幸木兰行围。魏家庄决口合龙。

九月戊申，王廷赞处绞。丁卯，赈山东金乡水灾。

冬十月丙子，赈江苏铜山等县水灾。丁丑，赈山东邹平等二十九州县、济宁等三卫、永阜等三场水灾。乙酉，赈直隶沧州等四州县、严镇等四场水灾。戊子，赈河南祥符十三县水灾。庚寅，赈湖北江夏等十七州县水旱灾。癸巳，赈安徽灵璧等二十四州县卫水旱灾。丁酉，上以御史刘天成奏，谕曰："均田之法，势必致贫者未富，富者先贫。我君臣惟崇俭尚朴，知愧知惧，使四民则效而已。"罢陕西贡皮。

十一月庚子，工部尚书周元理予告，以罗源汉代之。以刘墉为左都御史，仍暂管湖南巡抚。丙午，以李世杰为湖南巡抚。戊辰，以郑大进为直隶总督。

十二月己巳朔，调姚成烈为湖北巡抚。以朱椿为广西巡抚。丁丑，以雅德为广东巡抚，谭尚忠为山西巡抚。戊子，大学士等议驳嵇璜请复黄河故道，上韪之。庚寅，毕沅以御史钱沣劾，降三品顶戴留任。辛卯，调农起为山西巡抚，谭尚忠为安徽巡抚。

四十七年春正月庚子，陈辉祖、闵鹗元降三品顶戴留任。乙卯，建盛京文溯阁。丙寅，《四库全书》成。

二月己巳，上御文渊阁，赐《四库全书》总裁等官宴，赏赉有差。丁亥，命乾清门侍卫阿弥达致祭河神。

三月庚子，上幸盘山。壬寅，上驻跸盘山。癸丑，调雅德为福建巡抚，以尚安为广东巡抚。甲寅，上还京师。乙卯，免甘肃积年逋赋粮二百四十五万石、银三十万两各有奇。戊午，免江苏常熟等二十八厅州县卫水灾额赋。癸亥，免直隶天津等三十九州县厅水灾额赋。

夏四月戊辰，命和珅、刘墉同御史钱沣查办山东亏空。戊寅，免山东寿光等五县水灾额赋。己卯，山东巡抚国泰褫职逮问，以明兴代之。辛巳，上阅火器营兵。甲申，免山西永济县水灾额赋。丁亥，上阅健锐营兵。壬辰，协办大学士、吏部尚书蔡新乞假，允之。以刘墉署吏部尚书。甲午，罗源汉罢，以刘墉为工部尚书，王杰为都察院左都御史，庆桂为盛京将军。

五月丁酉，召阿桂来京，命韩𬭁、富勒浑筹办河工。己亥，赈山东曹州、兖州、济宁等府州，江苏徐州、丰、沛等县水灾。辛丑，免河南祥符等六县水灾额赋。定新建巴尔噶逊城名曰嘉德。戊申，上幸木兰。庚戌，免安徽怀宁等十八州县、安庆等五卫水灾额赋。甲寅，上驻跸避暑山庄。

六月丙子，国泰、于易简论斩。以富躬为安徽巡抚。

秋七月丙申朔，命阿桂仍督办河工。戊戌，索诺木策凌论斩。癸卯，国泰、于易简赐自尽。甲辰，以李侍尧、国泰所办贡物过优，皆致罪戾，谕各督抚等惟当洁清自矢，毋专以进献为能。己未，以何裕城署河东河道总督。癸亥，免甘肃陇西等四县四十六年水灾额赋。

八月丁卯，以福康安为御前大臣。癸酉，以宗室永玮为吉林将军，宗室恒秀为黑龙江将军。甲戌，加英廉、嵇璜、和珅、李侍尧、福康安太子太保，梁国治、郑大进太子少傅，萨载太子少保。壬午，赈江苏沛县等州县，山东邹、峄二县被水灾民。癸未，上幸木兰行围。乙酉，赐索诺木策凌自尽。壬辰，赈山东兖州等府县被水灾民。

九月丙申，建浙江文澜阁。壬寅，上回驻避暑山庄。癸卯，刑部尚书德福卒，以喀宁阿代之。命英廉暂管刑部。乙巳，调宗室永玮为盛京将军，庆桂为吉林将军。辛亥，陈辉祖褫职逮问，调富勒浑为闽浙总督，福长安署之。调李世杰为河南巡抚，以查礼为湖南巡抚。己未，赈浙江玉环等处海溢灾民。辛酉，免奉天承德等五厅县水灾额赋。

冬十月癸酉，新建库尔喀喇乌苏城名曰庆绥，晶河城名曰安阜。丁卯，赈河南汝阳等十六县水灾。甲申，直隶总督郑大进卒，以袁守侗署之。以福崧为浙江巡抚。赈安徽寿州等十六州县卫水旱灾。

十二月癸亥朔，陈辉祖及国栋等论斩。甲申，常青迁杭州将军。以乌尔图纳逊为察哈尔都统。

四十八年春正月甲午，以伊星阿为湖南巡抚。戊申，以萨载为两江总督，毕沅为陕西巡抚，刘秉恬为云南巡抚。

二月甲子，赐陈辉祖自尽，王燧处斩。乙丑，以毓奇为漕运总督。丙寅，以拉旺多尔济为御前大臣。戊辰，命建辟雍於太学。辛未，上诣西陵，免经过地方额赋十分之三。乙亥，上诣泰陵、泰东陵。戊子，赐明辽东经略熊廷弼五世孙泗先为儒学训导。

三月辛丑，予大学士阿桂等议叙。礼部侍郎钱载等原品休致。予总督袁守侗等、巡抚农起等议叙。召朱椿来京，以刘峩为广西巡抚。甲寅，免江苏铜山等十九州县、淮安等三卫水旱灾额赋。

夏四月乙丑，御前大臣喀喇沁郡王札拉丰阿卒，以拉旺多尔济为御前大臣。乙亥，上阅火器营兵。辛巳，召福康安来京。

五月壬辰，以福康安为正黄旗领侍卫内大臣。予李奉翰兵部尚书、右都御史衔。甲辰，以朱椿为左都御史。丙午，协办大学士、吏部尚书永贵卒。免安徽寿州等十一州县上年水灾额赋。丁未，直隶总督袁守侗卒，以刘峩代之。以孙士毅为广西巡抚，伍弥泰为吏部尚书、协办大学士。己酉，上有疾，命永瑢代祀方泽。癸丑，上幸木兰。庚申，上驻跸避暑山庄。

六月乙丑，体仁阁火。乙酉，免山东永阜等五场上年水灾额赋。丁亥，赈湖北广济等六州县水灾。

秋七月戊戌，命海禄署伊犁将军，图思义署乌鲁木齐都统。乙卯，命蔡新为文华殿大学士，梁国治协办大学士，刘墉为吏部尚书。

八月甲午，赐达赖喇嘛玉册玉宝。甲戌，明亮、巴林泰等褫职逮问，以海禄为乌鲁木齐都统。乙亥，上自避暑山庄诣盛京谒陵，免经过地方本年额赋十分之五。庚辰，太子太保、大学士英廉卒。辛巳，上驻跸哈那达大营。喀喇沁郡王喇特纳锡第等迎驾，赏赉有差。丁亥，上驻五里屯大营，科尔沁亲王恭格喇布坦、巴林郡王巴图等迎驾，赏赉有差。戊子，予明辽东经略袁崇焕五世孙炳以八九品官选补。

九月己丑朔，上驻跸四堡子东大营阅射。命皇十一子永瑆等迎册宝至盛京，藏於太庙。癸巳，上驻老边大营阅射。朝鲜国王遣使贡方物。乙未，免奉天各属乾隆四十九年额赋。戊戌，上谒永陵。己亥，行大飨礼。阅兴京城。免盛京户部各庄头仓粮。免盛京等处旗地应纳米豆草束十分之五。减奉天等处死罪，免军流以下罪。癸卯，上谒福陵。甲辰，行大飨礼。上谒昭陵，临奠武勋王扬古利墓。乙巳，行大飨礼。丙午，上临奠克勤郡王岳託墓。丁未，上临奠弘毅公额亦都、直义公费英东墓。戊申，上御崇政殿受庆贺。御大政殿赐扈从皇子、王、公、大臣等宴，赏赉有差。己酉，上诣清宁宫祭神，赐皇子、王、公、大臣等食胙。庚戌，上回跸。戊午，申谕詹事府备词臣升转之阶，及建储之必不可行。

冬十月壬戌，赈陕西榆林八州县等旱灾。癸亥，上驻跸文殊菴行宫。壬申，上谒昭西陵、孝陵、孝东陵、景陵。乙亥，上还京师。

十一月己亥，释国栋。庚子，以福隆安病未痊，命福康安协同办理兵部尚书。辛丑，命刘峩饬玉田附近州县掘蝗蝻。壬寅，命刘峩查办南宫县义和拳邪教。己酉，以阿克栋阿为乌里雅苏台参赞大臣，那尔瑚善为塔尔巴哈台参赞大臣。

十二月丙寅，命福康安赴广东，会同永德谳盐商狱。

四十九年春正月丁未，上南巡，免直隶、山东经过地方本年钱粮十分之三。戊申，免直隶顺天等十二府州属逋赋。甲寅，调孙士毅为广东巡抚，以吴垣为广西巡抚。丙辰，免山东利津等二十一州县卫逋赋。召巴延三来京，调舒常为两广总督。以特成额为湖广总督，保宁为成都将军。

二月壬戌，上幸泰安府，诣岱庙行礼。丙寅，上谒少昊陵。至曲阜谒先师庙。丁卯，释奠先师，诣孔林酹酒。祭元圣周公庙。壬申，免江宁、苏州、安徽各属逋赋。免江南、浙江经过地方本年钱粮十分之三。以永保为贵州巡抚。赉江南、浙江耆民。戊寅，祭河神。上渡河。减江苏、安徽、浙江三省军流以下罪。壬午，免江南江宁、苏州，浙江杭州等附郭诸县额赋。甲申，免两淮灶户四十五、六两年逋赋。

三月丙戌朔，祭江神。上渡江，幸金山。丁亥，上幸焦山。调周煌为左都御史。己丑，以王杰为兵部尚书，俟服阕后供职。辛卯，上幸苏州府。壬辰，免湖北江夏等二十四州县卫三十年至四十四年逋赋。乙未，上诣文庙行礼。丁酉，再免浙江杭州、嘉兴、湖州三府属额赋十分之三。己亥，上幸海宁州祭海神。以福建钦赐进士郭钟岳年届一百四岁，来浙迎銮，赏国子监司业。庚子，上幸尖山观潮。阅视塘工。辛丑，上幸杭州府。癸卯，上诣圣因寺祭圣祖神御。戊申，上阅福建水师。庚戌，上自杭州回銮。改庆桂为福州将军。以都尔嘉为吉林将军。增西安副都统一。甲寅，上驻跸苏州府。巴延三褫职。

闰三月丙辰朔，兵部尚书福隆安卒，以福康安为兵部尚书，复兴署工部尚书。壬戌，上幸江宁府。甲子，祭明太祖陵。乙丑，上阅江宁府驻防兵。戊辰，上渡江。丙子，上祭河神，渡河。以伊龄阿为总管内务府大臣。是月，免江苏上元等八州县卫，安徽怀宁等十州县、安庆等三卫上年水旱灾额赋。

夏四月丙戌，免直隶宛平等五州县上年水灾额赋。庚寅，上祭禹庙。壬寅，以李绶为江西巡抚。甲辰，以河南卫辉等属旱，免汲县等十六县逋赋。乙巳，免直隶大名等七州县逋赋。丙午，甘肃新教回人田五等作乱，命李侍尧、刚塔剿之。丁未，上还京师。以海禄为乌什参赞大臣。庚戌，免陕西、甘肃三十八年至四十六年逋赋。辛亥，调李绶为湖南巡抚，以伊星阿为江西巡抚。甲寅，赐茹棻等一百十二人进士及第出身有差。是月，免湖北黄梅等四县、武昌等三卫上年水灾额赋。

五月丙辰，绰克托以缘事褫职逮问，以庆桂为工部尚书。调常青为福州将军，以永铎为杭州将军。己未，命庆桂在军机处行走。壬戌，上秋狝木兰。癸亥，免陕西延安等三府州逋赋。戊辰，上驻跸避暑山庄。己巳，命福康安、海兰察赴甘肃剿捕回匪。甲戌，命阿桂领火器、健锐两营兵往甘肃剿叛回。以阿桂为将军，福康安、海兰察、伍岱并为参赞大臣。乙亥，甘肃回匪陷通渭县，寻复之。以舒亮为领队大臣。庚辰，李侍尧坐玩误褫职，以福康安为陕甘总督。刚塔以失机褫职逮问。辛巳，调庆桂为兵部尚书，复兴为工部尚书。以阿扬阿为左都御史。癸未，江南巡抚郝硕坐贪婪逮问。是月，免山东兖州等三府州属上年水灾额赋。

六月庚寅，免甘肃本年额赋。甲午，赈湖南茶陵、攸县水灾。壬寅，东阁大学士三宝卒。戊申，以书麟为安徽巡抚。是月，免安徽怀宁等十三州县卫上年水旱额赋。

秋七月甲寅朔，日食。丁巳，礼部尚书曹秀先卒，以姚成烈为礼部尚书。调李绶为湖北巡抚，以陆燿为湖南巡抚。己未，赐郝硕自裁。甲子，甘肃石峰堡回匪平，俘贼首张文庆等。予阿桂轻车都尉，晋封福康安嘉勇侯，擢海兰察子安禄二等侍卫，授伍岱都统，俱给骑都尉，和珅再给轻车都尉，余各甄叙有差。丙寅，以常青为乌鲁木齐都统。癸酉，以伍弥泰为东阁大学士。调和珅为吏部尚书、协办大学士，兼管户部。以福康安为户部尚书，仍留陕甘总督任。戊寅，命颁行军纪律。癸未，李侍尧论斩。宥刚塔罪，戍伊犁。是月，免陕西榆林等八州县上年旱灾额赋。

八月己丑，河南睢州河决，命阿桂督治之。癸巳，免甘肃积年逋赋银三十五万两、粮四十七万石各有差。乙未，以河南偃师县任天笃九世同居，赐御制诗御书扁额。己亥，上幸木兰行围。辛丑，张文庆等伏诛。甲辰，暹罗国长郑华遣陪臣贡方物，乞封。

九月癸丑朔，赈安徽宿州等处水灾。乙卯，以回匪平，封和珅一等男。庚申，上驻跸避暑山庄。甲子，调乌尔图纳逊为察哈尔都统，积福为绥远城将军。甲戌，上还京师。丙子，宥绰克托罪。庚辰，命内大臣西明、翰林院侍读学士阿肃使朝鲜，册封世子。是月，赈陕西华州等三州县水灾。冬十月辛卯，命重举千叟宴。戊戌，赈江西南昌等六县水灾。己酉，减京师朝审情实句到逾三次人犯罪。

十一月乙丑，谕秋审、朝审各犯缓决至三次者，分别减等。壬申，睢州河工合龙。庚辰，命留保住为驻藏大臣，以福禄为西宁办事大臣。

十二月甲辰，谕预千叟宴官民年九十以上者，许其子孙一人扶掖；大臣年逾七十者，如步履稍艰，亦许其子孙一人扶掖。

是岁，朝鲜、琉球、暹罗、安南来贡。

五十年春正月辛亥朔，上以五十年国庆，颁诏覃恩有差。丙辰，举千叟宴礼，宴亲王以下三千人於乾清宫，赏赉有差。丁巳，左都御史周煌致仕，以纪昀为左都御史。调吴垣为湖北巡抚，以孙永清为广西巡抚。戊辰，召奎林来京，以拉旺多尔济署乌里雅苏台将军。甲戌，喀什噶尔阿奇木伯克阿里木以潜与萨木萨克交通事觉，处斩。乙酉，赈江西萍乡等三县水灾。丁亥，上释奠先师，临辟雍讲学。戊子，免河南汲县等十四县逋赋。己丑，御试翰林院、詹事府官，擢陆伯焜、吴璥为一等，余升黜有差。试六部升用翰詹等官，擢庆龄为一等，余升黜有差。辛卯，调毕沅为河南巡抚，何裕城为陕西巡抚。甲辰，免江南江宁等六府州逋赋。是月，赈江西萍乡等三县、福建建安等二县水灾，河南汲县等十四县旱灾。

三月壬子，上幸盘山。甲寅，上诣明长陵奠酒。丁巳，上驻跸盘山。辛酉，裁河南、山东漕粮三十万石，赈河南卫辉旱灾。甲子，免江苏安东、阜宁逋赋。丙寅，上还京师。丁卯，以永铎为伊犁参赞大臣，常青为西安将军，奎林为乌鲁木齐都统，復兴为乌里雅苏台将军。以舒常为工部尚书，孙士毅兼署两广总督。乙亥，免直隶霸州等四十九州县逋赋。丙子，免河南商丘等六州县上年水灾额赋。

夏四月甲申，甘肃肃州等处地震，赈恤之。壬辰，上阅健锐营兵。丁酉，刑部尚书喀宁阿、胡季堂，侍郎穆精阿、姜晟以检验失实，降四品顶戴。戊戌，大学士蔡新致仕。是月，免河南汲县等旱灾额赋。赈祥符等州县旱灾。

五月壬子，免河南祥符等十六州县、郑州等三十二州县新旧额赋积欠。甲寅，调永保为江西巡抚，陈用敷为贵州巡抚。己未，拨两淮运库银一百万两交河南备赈。丙寅，上秋狝木兰。丁卯，山西平阳等属饥，给贫民两月粮。壬申，上驻跸避暑山庄。丙子，命梁国治为东阁大学士，兼户部尚书，刘墉协办大学士。以曹文埴为户部尚书。丁丑，柘城盗匪平。是月，赈江苏铜山等十六州县、山东陵县等四十州县旱灾。

六月壬午，以漕运迟误，萨载等下部严议，分别赔偿。乙酉，理藩院尚书博清阿卒。丙戌，以留保住为理藩院尚书。辛丑，以奎林署伊犁将军，永铎署乌鲁木齐都统。乙巳，命再截留江西漕粮十万石於安徽备赈。是月，赈安徽亳州等八州县旱灾。

秋七月己酉，调富勒浑为两广总督，以雅德为闽浙总督，浦霖为福建巡抚。庚戌，调浦霖为湖南巡抚，以徐嗣曾为福建巡抚。辛酉，以李庆棻为贵州巡抚。乙丑，拨户部银一百万两交河南备赈。辛未，赈山西代州等六州县水灾。乙亥，以奎林为伊犁将军，永铎为乌鲁木齐都统。

八月乙酉，命阿桂赴河南勘灾，兼赴江南、山东查办河运。癸巳，上幸木兰行围。庚子，赈陕西朝邑县水灾。癸卯，以伊桑阿为山西巡抚。

九月己酉，命福康安赴阿克苏安辑回众。以庆桂为乌什参赞大臣，署陕甘总督。降海禄为伊犁领队大臣。命明亮以伊犁参赞大臣署乌什参赞大臣。甲寅，上驻跸避暑山庄。戊午，调永保为陕西巡抚，何裕城为江西巡抚。戊辰，上还京师。壬申，赈江苏长洲等五十六州县卫旱灾。

冬十月丁丑朔，召勒保、松筠回京，命佛住驻库伦，会同蕴端多尔济办事。庚辰，赈湖南巴陵等十州县旱灾。辛丑，赈安徽亳州五十一州县并凤阳等九卫旱灾。是月，免甘肃皋兰等十二厅州县卫本年雹水灾额赋。赈直隶平乡等十六州县水旱灾，河南永城等十二州县旱灾。

十一月乙亥，以乾隆六十年乙卯正旦推算日食，宣谕定次年归政。是月，赈山东峄县等九州县旱灾，甘肃河州等七州县水雹灾。

十二月丁丑，以御史富森阿条陈地丁钱粮请收本色，谕斥为断不可行，罢之。丙戌，以明亮为乌什参赞大臣，庆桂为塔尔巴哈台参赞大臣。壬寅，禁广东洋商及粤海关监督贡献。是月，赈陕西朝邑等三县水灾。

是岁，朝鲜来贡。

卷十五　　本纪十五

高宗本纪六

五十一年春正月丙午朔，日食，免朝贺。戊申，命户部拨银一百万两解往安徽备赈。辛酉，礼部尚书姚成烈卒，以彭元瑞代之。丙寅，以普福为驻藏大臣。庚午，江西巡抚何裕城奏粮价日昂，由江、楚贩运过多所致。上以意存遏籴，切责之。命范建中往哈密办事。

二月庚辰，上御经筵赐宴，命工歌新谱《抑戒诗》，岁为例。加福建水师提督黄仁简太子太保。乙酉，上幸南苑行围。辛卯，命尚书曹文埴，侍郎姜晟、伊龄阿往浙省盘查仓库。壬辰，上诣西陵，巡幸五台山，免经过地方额赋十分之三。丙申，上谒泰陵、泰东陵。丁酉，免直隶顺德、广平、大名三府属上年灾欠银米。己亥，以图萨布为湖北巡抚。癸卯，免山西忻州等六州县逋赋。

三月丙午，上驻跸五台山。丙辰，两江总督萨载卒，调李世杰代之。以保宁为四川总督，鄂辉为成都将军。己未，上阅滹沱河，阅正定镇兵。壬戌，上祭帝尧庙。癸亥，命李侍尧署户部尚书。甲子，赈陕西朝邑等三县灾民。庚午，上还京师。辛未，以伊龄阿为浙江巡抚。

夏四月己卯，命大学士阿桂往江南筹办河工。乙酉，浙江学政窦光鼐奏嘉兴、海盐、平阳三县亏空各逾十万，郡县采买仓储，俱折收银两，以便挪移。命曹文埴等严查覆奏。赈山西代州等六州县水灾。己丑，命窦光鼐会同曹文埴等查办浙江亏空。

五月丙午，命阿桂赴浙，会同曹文埴等查办亏空，并勘海塘。丙辰，富勒浑褫职，交阿桂等审讯。丁巳，以孙士毅为两广总督，调图萨布为广东巡抚，以李封为湖北巡抚。己未，以李侍尧署湖广总督。辛未，上秋狝木兰。赈四川打箭炉等地震灾。是月，免江苏上元等五十六州县卫上年旱灾额赋。

六月丁丑，上驻跸避暑山庄。乙酉，以福崧署山西巡抚。丁亥，湖南常德府沅江溢。辛丑，调富纲为闽浙总督，以特成额为云贵总督。以毕沅为湖广总督，江兰为河南巡抚。

秋七月戊申，免河南商丘等十二州县上年旱灾额赋。壬子，江苏清河李家庄河溢。丁巳，命阿桂由浙江赴清口，会同李世杰等办理堵筑事宜。己巳，曹锡宝劾和珅家人刘全，不能指实，加恩革职留任。

闰七月庚辰，大学士、伯伍弥泰卒。召刘秉恬来京，以谭尚忠为云南巡抚。己丑，浙江学政、吏部右侍郎窦光鼐褫职。庚寅，富勒浑论斩。乙未，命和珅为文华殿大学士，管理户部事。福康安为吏部尚书、协办大学士，仍留陕甘总督任。福长安为户部尚书，绰克托署兵部尚书。戊戌，赈湖南武陵、龙阳水灾。

八月丙辰，上幸木兰行围。庚申，调嵩椿为绥远城将军，积福为宁夏将军。

九月戊寅，上驻跸避暑山庄。丁亥，以勒保为山西巡抚。戊子，以永保为塔尔巴哈台参赞大臣。以巴延三为陕西巡抚。壬辰，上还京师。甲午，调福长安署兵部尚书，以绰克托署户部尚书。乙未，以琅玕为浙江巡抚。乙亥，皇长孙贝勒绵德卒。赈安徽五河等十七州县并凤阳等五卫水灾。

冬十月辛丑朔，调富纲为云贵总督，以常青为闽浙总督。丁未，降毕沅仍为河南巡抚，江兰仍为河南布政使，授李侍尧湖广总督。丁巳，免直隶安州等四州县被灾额赋有差。

十一月，赈 安徽合肥等十七州县水灾。

十二月辛丑，福建南靖县匪徒陈荐等作乱，捕治之。壬子，大学士梁国治卒。命兵部尚书王杰在军机处行走。戊午，封郑华为暹罗国王。丙寅，福建彰化县贼匪林爽文作乱，陷县城，知县俞峻死之。命常青、徐嗣曾等剿办。

是岁，朝鲜、琉球、暹罗来贡。

五十二年春正月辛未，林爽文陷诸罗竹堑。癸酉，命鄂辉署四川总督。乙亥，宥富勒浑罪。丁丑，调李侍尧为闽浙总督，常青为湖广总督，仍留福建督办军务，命舒常署之。癸未，林爽文陷凤山，知县汤大全死之。甲申，常青以守备陈邦光督义民守鹿仔港，收复彰化奏闻。丁亥，命王杰为东阁大学士，管礼部事。调彭元瑞为兵部尚书，以纪昀为礼部尚书。庚寅，允户部尚书曹文埴终养，以董诰代之。辛卯，命松筠往库伦办事。丁酉，命常青渡台剿匪。

二月壬寅，林爽文复陷凤山，犯台湾府，柴大纪督兵民御之。癸卯，以李绶为左都御史。乙巳，以长麟为山东巡抚。壬子，免台湾府属本年额赋。丙辰，复诸罗。甲子，上诣东陵。丁卯，上谒昭西陵、孝陵、孝东陵、景陵。

三月癸酉，上回跸。丙子，以重修明陵成，上临阅，申禁樵采。辛巳，复凤山。辛卯，以姜晟为湖北巡抚。黄仕简以贻误军机褫职，令其长孙嘉谟袭公爵。乙未，逮黄仕简下狱。

夏四月辛丑，以常青为将军，恒瑞、蓝元枚为参赞。调蓝元枚为福建水师提督，柴大纪署陆路提督。戊午，上诣黑龙潭祈雨。壬戌，赐史致光等一百三十七人进士及第出身有差。甲子，上阅火器营兵。

五月丁卯朔，乌里雅苏台参赞大臣贡楚克扎布病免，以三丕勒多尔济代之。戊辰，授兰第锡河东河道总督。甲戌，上秋狝木兰。庚辰，上驻跸避暑山庄。湖南凤凰厅苗作乱，总兵尹德禧讨平之。

六月庚戌，免浙江仁和场潮冲荡地额课。壬子，授柴大纪福建陆路提督，兼管台湾总兵事。丙辰，召福康安赴行在，以勒保署陕甘总督。

秋七月壬辰，以海兰察为参赞大臣，舒亮、普尔普为领队大臣，率侍卫、章京等赴台湾剿贼。癸巳，赈安徽怀远、凤阳等州县水灾。赈山西丰镇等九厅州县旱灾。

八月，常青免，命福康安为将军，赴台湾督办军务。辛亥，上幸木兰行围。

九月壬申，上回驻避暑山庄。庚辰，上回跸。壬午，调柴大纪为福建水师提督，以蔡攀龙为福建陆路提督，并授参赞。辛卯，以诸罗仍未解围，催福康安径剿大里杙贼，并分兵进大甲溪。

冬十月丁未，命福长安署工部尚书。戊申，修福陵。丁未，睢州下汛决口合龙。丙辰，命阿桂赴江南勘高堰等处堤工。戊午，免江苏清河等二十三州县及淮安等五卫本年水灾漕项漕米有差。辛酉，以福州将军恒瑞剿贼怯懦，召来京，调鄂辉代之。赈直隶保安等七州县旱灾。壬戌，命江苏、浙江拨济福建军需钱各五万贯。

十一月甲子朔，加李侍尧、孙士毅太子太保，柴大纪太子少保。赐台湾广东庄、泉州庄义民御书扁额。壬申，以柴大纪固守嘉义，封一等义勇伯，世袭。免台湾嘉义县五十四年额赋。以巴延三奏达赖喇嘛遣使称"夷使"，申饬之。乙酉，奎林以婪赃，褫职逮问，以保宁为伊犁将军。调李世杰为四川总督，以书麟为两江总督，陈用敷为安徽巡抚。

十二月丁未，福康安等败贼於峇仔顶庄等处，解嘉义围，晋封福康安、海兰察公爵，各赏红宝石顶、四团龙补褂。己酉，迁常青福州将军。以舒常为湖广总督，福长安为工部尚书。以福康安劾柴大纪、蔡攀龙战守之功多不确实，谕："柴大纪坚持定见，竭力固守。蔡攀龙奋勇杀贼，竟抵县城。或在福康安前礼节不谨，致为所憎。岂可转没其功，遽加无名之罪？"以孙士毅调兵运械，不分畛域，赏双眼花翎。戊午，以德成奏称柴大纪贪纵废弛，命福康安、李侍尧据实参奏，并以喀什噶尔办事大臣雅德在福建时徇隐，逮之。庚申，伍拉纳护福建巡抚。以永铎为盛京将军，尚安为乌鲁木齐都统。

五十三年春正月丁卯，免兵差经过之福建晋江等二十县本年额赋有差。辛未，明兴奏山西永宁等处河清。丙戌，柴大纪褫职逮问。福州将军常青以徇隐柴大纪褫职。

二月甲午朔，获林爽文，赏福康安、海兰察御用佩囊，议叙将弁有差。晋封大学士和珅三等伯爵。大学士阿桂、王杰，尚书福长安、董诰议叙。予孙士毅轻车都尉世职。乙未，释黄仁简、任承恩。壬寅，伊犁参赞大臣海禄以劾奎林失实褫职，与奎林俱罚在拜唐阿上效力。乙巳，立先贤有子后裔《五经》博士。辛亥，上巡幸天津。庚申，获台湾贼首庄大田，护叙提督许世亨等有差。辛酉，免天津府属逋赋。壬戌，上御阅武楼阅兵。

三月戊辰，命侍郎穆精阿赴湖北，会同舒常查案。壬申，林爽文伏诛。癸未，再赏福康安、海兰察紫缰、金黄辫珊瑚朝珠及福康安金黄腰带。

夏四月辛丑，以旱命刑部减徒以下罪。丙午，上阅健锐营兵。庚戌，免江苏清河等十八州县、淮安等五卫上年水灾额赋有差。己未，富勒浑、雅德以失察柴大纪论绞。

五月丁卯，蠲河南商丘等六州县上年水灾额赋有差。癸酉，蠲直隶保安等七州县上年水灾民田旗地额赋。庚辰，上秋狝木兰。癸未，宥常青罪。庚寅，赈台湾难民。

六月丙申，富纲奏缅甸孟陨差头目业渺瑞洞等赍金叶表文进贡，谕护送迅来行在。戊戌，赈湖南溆浦县水灾。免安徽凤阳等四府州卫上年水灾额赋有差。辛丑，赈湖北长阳县水灾。丁未，免陕西华州等三州县五十一年水灾额赋。戊申，安南入阮惠等叛逐其国王黎维祁，维祁来求援。命孙士毅赴广西抚谕之。免山西大同等九州县上年旱灾额赋。

秋七月辛酉朔，以安南牧马官阮辉宿奉黎维祁之母及子来奔，谕孙士毅等抚恤之。壬戌，赈山东胶州、寿光水灾。湖北荆州江溢，府城及满城均浸没，谕舒常等查勘抚恤。丁丑，赏还闽浙总督李侍尧伯爵，予现袭之李奉尧提督衔。戊寅，湖北武昌、汉阳江溢。以毕沅为湖广总督，伍拉纳为河南巡抚，明兴为乌什办事大臣。赈安徽怀宁等州县水灾。柴大纪处斩。召姜晟来京，以惠龄为湖北巡抚。戊子，廓尔喀据后藏济咙、聂拉木，命成德与穆克登阿剿之。

八月甲辰，赈湖北监利、石首水灾。丙午，上幸木兰。庚戌，以木兰大水，停行围。癸丑，廓尔喀复陷宗喀，以鄂辉为将军、成德为参赞大臣剿之。丙辰，安南阮岳等遁，命孙士毅督许世亨进剿，命富纲统兵进驻蒙自。戊午，上回驻避暑山庄。

九月壬戌，缅甸番目细哈觉控等入觐，谕暹罗、缅甸现均内附，二国应修好，不得仍前构兵。戊辰，赈湖北沔阳、黄冈水灾。癸酉，免安徽宿州等二十一州县卫上年水灾额赋。

冬十月庚寅，廓尔喀侵后藏萨喀。命孙士毅出关督剿。甲午，赈湖北潛江水灾。丙申，赈湖北江夏等三十六州县水灾。己亥，以黎维祁暗弱，谕孙士毅选择黎裔入京朝贡。庚子，命云南提督乌大经统兵出关，檄谕阮惠等来归。癸卯，调舒濂为驻藏大臣，以恒瑞为伊犁参赞大臣。调都尔嘉为盛京将军，恒秀为吉林将军。改嵩椿为西安将军，以兴兆代之。琳宁为黑龙江将军。乙卯，李侍尧病，命福康安署闽浙总督。

十一月辛酉，免安徽望江等二十六州县卫本年被水额赋有差。癸亥，李侍尧卒，以福康安代之。以勒保为陕甘总督，海宁为山西巡抚。丙子，修湖北江陵、公安各堤。免湖北江陵等三十六州县本年水灾额赋有差。

十二月己丑，释富勒浑、雅德。孙士毅奏败贼於寿昌江。癸巳，又败贼於市球江。丙申，收复黎城，复封黎维祁安南国王，封孙士毅为一等谋勇公，许世亨为一等子。戊申，命孙士毅班师。

五十四年春正月己未，以元旦受贺，朝班不肃，褫纠仪御史等职，尚书德保摘翎顶，都察院、鸿胪寺堂官均下部严议。庚申，成德以收复宗喀、济咙，克聂拉木奏闻。癸酉，礼部尚书德保卒，以常青代之。甲戌，以缅甸孟陨悔罪投诚，谕令睦邻修好，并赐暹罗国王郑华彩币，令其解仇消衅。免福建淡水等六厅县灾欠额赋。癸未，阮惠复陷黎城，广西提督许世亨等死之。召孙士毅来京，削公爵。调福康安为两广总督。以伍拉纳为闽浙总督，梁肯堂为河南巡抚。以海禄为广西提督。甲申，安南国王黎维祁复来奔，命安插广西。丙戌，褫孙士毅职，命仍以总督顶戴在镇南关办事。

二月庚寅，以京察届期，予大学士阿桂等议叙，内阁学士谢墉等下部议处，理藩院侍郎福禄原品休致，予总督福康安等议叙。丁酉，勒保陛见，以巴延三署陕甘总督。和阗领队大臣格绷额以婪索鞫实，处斩。甲寅，调兰第锡为江南河道总督，李奉翰为河东河道总督。乙卯，以安南瘴疠炎荒，不值用兵，详谕福康安。

三月甲子，免甘肃积年逋赋及未完籽种口粮。免陕西延安等三府州未完仓谷。谕福康安檄阮惠缚献戕害提镇之匪。乙丑，刘墉以上书房师傅旷职，降侍郎衔。以彭元瑞为吏部尚书，孙士毅为兵部尚书。丁卯，上幸盘山。

夏四月戊子，免奉天广宁、凤凰二城属上年水灾额赋，仍赈恤有差。丙申，晋赠许世亨伯爵，令其子承谟袭。召孙士毅回京。庚子，以恒瑞为乌里雅苏台将军，福长安署兵部尚书。谕福康安安插安南黎氏宗族旧臣。予从军出力之谅山都督潘启德以都司用。壬寅，命阿桂覆勘荆州堤工。丁未，寅谕："安南水土恶劣，决计不复用兵。阮惠已三次乞降，果赴阙求恩，可量加封号。朕抚驭外夷，无不体上天好生之德，从未敢穷兵黩武。"辛亥，赐胡长龄等九十八人进士及第出身有差。调都尔嘉为黑龙江将军，嵩椿为盛京将军，恒秀为绥远城将军，琳宁为吉林将军。癸丑，以阮惠不亲来吁恳，遣阮光显入关进贡，谕福康安却之。丙辰，豁直隶宣化等四县上年旱灾额赋。

五月己未，免官兵经过之广西柳州等五府属本年额赋。福康安等奏安南阮惠遣其侄阮光显赍表贡乞降，并吁恳入觐。许之，却其贡。乙酉，增伊犁惠远城、惠宁城官。

闰五月庚寅，上秋狝木兰。辛卯，免奉天广宁等七城上年水灾额赋。甲午，赈云南通海等五州县地震灾民。

六月，免安徽安庆等七府州五十三年水灾额赋。甲子，以管幹贞为漕运总督。戊辰，赈直隶蠡县水灾。庚午，命兵部尚书孙士毅军机处行走。壬申，以郭世勋为广东巡抚。癸酉，以陈步瀛为贵州巡抚。丙子，福康安奏，阮惠即阮光平，因赦其前罪，准令降附，具表谢恩进贡，并求於明年到京祝厘。上以其情词肫切，册封为安南国王，并赐敕谕。免湖北江夏等二十四州县上年水灾额赋。

秋七月乙酉朔，以决河下注泗州一带，谕赈恤灾民。丁酉，赈直隶安州等八州县水灾。庚子，户部尚书绰克托卒。丙午，以巴延三为户部尚书，秦承恩为陕西巡抚。戊申，安南贡使阮光显等入觐。

八月乙丑，赈河南永城、临漳等县水灾。戊辰，赈安徽宿州水灾。己巳，上幸木兰行围。甲戌，赈直隶清苑等三十四州县水灾。

九月己丑，廓尔喀贡使入觐，封拉特纳巴都尔王爵，巴都尔萨野公爵。庚寅，上回驻避暑山庄。辛卯，赈江苏铜山等十一州县水灾。丙申，赈吉林属珲春水灾，豁应交义仓粮石及上年借给仓谷。丁酉，上回跸。丙午，安南黎维祁自保乐袭牧马，为阮光平所败。谕福康安，如黎维祁来奔，收纳之。辛亥，左都御史阿扬阿卒，以舒常代之。

冬十月癸丑，察哈尔都统乌尔图纳逊罢，以保泰代之。命伍尔伍逊为科布多参赞大臣。乙卯，以佛住为乌里雅苏台参赞大臣。赈吉林打牲乌拉等处水灾。己未，睢宁决口合龙。辛酉，赈湖南华容等县水灾。

十一月乙酉，安南国王阮光平以受封进谢恩贡物，允之。丙戌，免安徽宿州等十四州县卫逋赋。庚寅，命福康安将黎维祁及其属人送京师，隶汉军旗籍，以黎维祁为世管佐领。癸巳，四川总督李世杰病，命侍卫庆成带医诊视，以孙士毅署之，彭元瑞署兵部尚书。戊戌，免盛京等五城借仓谷。

十二月庚申，追夺故大学士冯铨等谥。辛未，上以来年八旬万寿，命镌八征耄念之宝。

五十五年春正月壬午朔，以八旬万寿，颁诏覃恩有差，普免各直省钱粮。己丑，颁恩诏於朝鲜、安南、琉球、暹罗等国。壬辰，赏大学士和珅黄带、四开禊袍。赐安南国王阮光平金黄鞓带。乙巳，朝鲜国王李祘表贺万寿，贡方物。己酉，琉球国王尚穆进表谢恩，贡方物。

二月壬子朔，以河南考城城工错缪，降江兰道员，毕沅等褫职，仍留任。癸丑，免直隶永清、武清五十四年水灾额赋。己未，上诣东陵、西陵，巡幸山东，免经过直隶州县钱粮十分之三。壬戌，上谒昭西陵、孝陵、孝东陵。庚午，上谒泰陵、泰东陵。辛未，免直隶各属节年因灾缓征钱粮。壬申，命福康安带同阮光平入觐，郭世勋兼署两广总督。乙亥，免云南通海等五州县五十四年分地震灾田额赋，并除傍海震没田赋。免经过山东钱粮十分之三。降直隶总督刘峩侍郎，以梁肯堂为直隶总督，调穆和蔺为河南巡抚。戊寅，免山东各属因灾缓征银两。以福崧为安徽巡抚。

三月乙酉，上登岱。甲午，上谒少昊陵。至曲阜谒先师庙。乙未，释奠。赐衍圣公孔宪培及孔氏族人等章服银币有差。丙申，上谒孔林。庚子，免乌鲁木齐各州县额征地粮十分之一。乙巳，缅甸国长孟陨遣使表贺万寿，贡驯象，请封号。命封为缅甸国王。免直隶昌平等七州县水灾旗地租银。南掌国王召温猛表贺万寿，贡驯象。己酉，免直隶长芦等五场上年水灾灶课。

夏四月丁巳，上幸天津府。谕伍拉纳查浙江浮收漕粮情弊。己未，大学士嵇璜重与恩荣宴，御制诗章赐之。辛酉，命吉庆会同嵩椿勘明英额边至叆阳边。乙丑，免安徽宿州、灵壁等八州县卫上年水灾额赋。上还京师。丙寅，上诣黑龙潭祈雨。闵鹗元罢，调福崧为江苏巡抚，何裕城为安徽巡抚。庚午，以书麟覆奏欺饰，下部严议，仍留任。闵鹗元褫职逮问。壬申，免河南永城五十四年水灾额赋。癸酉，以孙士毅为四川总督，李世杰为兵部尚书。乙亥，赐石韫玉等九十七人进士及第出身有差。己卯，免山西太原、辽州等十六府州并归化城等处额赋十分之三。

五月庚寅，上幸避暑山庄。庚子，赏黎维祁三品职衔。壬寅，免西藏所属三十九部落钱粮。己酉，书麟褫职逮问，福崧兼署两江总督。韩鑅赴江南帮办河工。

六月壬子，调孙士毅为两江总督，保宁署四川总督，永保署伊犁将军。乙卯，以陈用敷为广西巡抚。闵鹗元论斩。丁巳，免直隶霸州等五十四厅州县并各属旗地上年水灾额赋。戊午，除湖南乾州等五厅县苗民杂粮。

秋七月己丑，安南国王阮光平入觐。庚寅，以朱珪为安徽巡抚。甲午，赈直隶朝阳、天津水灾。丙申，赈奉天锦州九关台，山东平原、禹城等县水灾。丁酉，兵部尚书李世杰以失察书吏休致。己亥，起刘峩为兵部尚书。戊申，上还京师。赈江苏砀山等县，安徽宿州，河南永城、夏邑水灾。江苏砀山王平庄河决。命福崧赴宿州办河工。丁未，赈山东临清水灾。

八月庚戌，暹罗国王郑华表贺万寿，贡方物。琅玕以失察漕粮自劾，罢之。调海宁为浙江巡抚，书麟为山西巡抚。辛酉，上八旬万寿节，御太和殿，王、贝勒、贝子、公、文武大臣，蒙古汗、王、贝勒、贝子、公、额驸、台吉，回部王、公、台吉、伯克，哈萨克、安南国王、朝鲜、缅甸、南掌贡使，各省土司，台湾生番等行庆贺礼。礼成，宁寿宫、乾清宫赐宴如仪。己巳，刑部尚书喀宁阿卒，以明亮代之，命舒常兼署。

九月戊寅，赈安徽泗州水灾。癸未，命安南国王阮光平归黎维祁亲属及旧臣之在其国者。己丑，上阅健锐营兵。甲午，赈山东平原等二十七州县水灾。庚子，长麟以谳狱不实褫职，调惠龄为山东巡抚，以福宁为湖北巡抚，毕沅兼署之。

冬十月丙辰，赈山东平原等二十七州县水灾。甲子，命保宁回伊犁将军，以鄂辉为四川总督。壬申，以福崧为浙江巡抚，起长麟署江苏巡抚。赈甘肃皋兰等三县雹灾。

十一月丁丑朔，以浦霖为福建巡抚，冯光熊为湖南巡抚。丙戌，加大学士王杰太子太保，尚书彭元瑞、董诰、胡季堂、福长安、将军保宁太子少保。乙未，释富勒浑、雅德。戊戌，命庆成同尹壮图往山西盘查仓库。壬戌，赈奉天锦县等三州县水灾。戊辰，命吏部尚书彭元瑞协办大学士。

五十六年春正月丁丑，赈江苏萧县等三县、安徽宿州等三州县上年水灾。己卯，赈直隶文安等三十州县、山东平原等二十七州县水灾。乙酉，以尹壮图覆奏欺罔，褫职治罪。戊戌，袁凤鸣处斩。朝鲜、暹罗、缅甸均遣使谢恩，贡方物。赏赉筵宴如例。己亥，以保宁为御前大臣。甲辰，调刘墉为礼部尚书，纪昀为左都御史。

二月己酉，谕："朕孜孜求治，兢惕为怀。尹壮图逞臆妄言，亦不妨以谤为规。加恩免尹壮图治罪，以内阁侍读用。"戊午，御试翰林詹事等官，擢阮元等二员为一等，余升黜有差。

三月乙亥，赈奉天锦州等处上年水灾旗地人户，并蠲租有差。戊寅，上幸盘山。甲申，免甘肃皋兰等三县上年雹灾额赋。丁酉，以永保为内大臣。

夏四月丁卯，免山东临清等三十州县卫上年水灾额赋。辛未，彭元瑞以瞻徇降侍郎，命孙士毅为吏部尚书。以书麟为两江总督，长麟暂署。调冯光熊为山西巡抚。以姜晟为湖南巡抚。

五月庚寅，以长麟为江苏巡抚。乙未，上秋狝木兰。辛丑，上驻跸避暑山庄。

六月甲辰朔，免直隶霸州等六十九厅州县上年水灾额赋。

秋七月庚辰，免江苏江宁等五府州属因灾积逋半赋。甲申，以缅甸国王孟陨资送羁留内地人民，嘉赉之。己亥，蠲安徽宿州等十九州县卫上年水灾额赋。辛丑，蠲陕西朝邑等二县逋赋。

八月丁未，命喇特纳锡第为喀喇沁札萨克一等塔布囊。戊午，上幸木兰行围。甲子，上行围。廓尔喀以逋欠诱围喇嘛、噶布伦，扰西藏。命四川总督鄂辉、将军成德剿之。命孙士毅署四川总督。己巳，命福康安来京祝其母生辰，郭世勋署两广总督。廓尔喀陷西藏定日各寨，据济咙。

九月丙子，上回驻避暑山庄。庚辰，召嵩椿回京，以琳宁为盛京将军，调恒秀为吉林将军。丙戌，上回跸。戊子，唐古忒兵与达木蒙古兵御廓尔喀失利，唐古忒公札什纳木札勒及达木协领泽巴杰等死之。命乾清门侍卫额勒登保等赴西藏军营。壬辰，以保泰懦怯褫职，命奎林赴藏办事，赏舒濂副都统衔，协同办理。以达赖喇嘛等坚守布达拉，嘉奖之。命刘墉署吏部尚书。甲午，以廓尔喀围扎什伦布，谕鄂辉等进剿。辛丑，豁奉天广宁县逋赋。

冬十月乙巳，宥闵鹗元罪。丁未，廓尔喀入扎什伦布，寻遁去。癸丑，户部尚书巴延三以浮估城工褫职，调福长安代之。以金简、彭元瑞为满、汉工部尚书。丙辰，以安南开关通市，改广西龙州通判为同知。乙丑，谕王大臣不必兼议政虚衔。

十一月癸酉，授福康安为将军，海兰察、奎林为参赞，征廓尔喀。辛巳，鄂辉、成德褫职，以惠龄为四川总督，奎林为成都将军，吉庆为山东巡抚。癸未，以陈淮为贵州巡抚。

十二月辛亥，命海兰察等及索伦、达呼尔兵由西宁进藏。丁卯，召都尔嘉回京。以明亮为黑龙江将军，明兴为喀什噶尔参赞大臣。

五十七年春正月壬申，赏七代一堂致仕上驷院卿李质颖御书扁额。免奉天、直隶、安徽、湖南、广东逋赋。乙亥，以达赖喇嘛复遣丹津班珠尔等私与廓尔喀议和，谕止之。丙子，追论巴忠与廓尔喀议和擅许岁银罪。甲午，以苏凌阿为刑部尚书。

二月壬寅，成德奏败贼於拍甲岭。癸卯，予大学士阿桂等、尚书福长安等、侍郎德明等、总督福康安等、巡抚长麟等叙。裁河东盐政、盐运使等官。移山西河东道驻运城。丁未，命皇十五子嘉亲王祭先师孔子。免奉天锦州府属上年旱灾额赋。己巳，命侍郎和琳管理藏务。鄂辉等奏收复聂拉木，谕以迟延斥之。

三月丁丑，上诣西陵，巡幸五台山，免经过地方本年钱粮十分之三。戊寅，允济咙呼图克图"慧通禅师"法号。以帕克哩营官番众收复哲孟雄、宗木，赉之。辛巳，上谒泰陵、泰东陵。壬午，免直隶大兴等八州县积欠米谷。甲申，加福康安大将军。庚寅，免五台本年钱粮十分之五，大同、朔平二府属未完逋赋。辛卯，上驻跸五台山。

夏四月己亥朔，以和阗办事大臣李侍政失察迈玛特尼杂尔，下部严议。甲辰，上阅滹沱河。以贡楚克扎布为乌里雅苏台参赞大臣。丁未，上祭帝尧庙。甲寅，上还京师。乙卯，上诣黑龙潭祈雨。命刑部清理庶狱，减徒以下罪。

闰四月甲申，以久旱，谕台湾及沿海各省详鞫命盗各案，毋有意从严。蠲河南汤阴等五县上年旱灾额赋。丙申，以久旱，下诏求言。丁酉，雨。以失陷札什伦布，治仲巴呼图克图及孜仲喇嘛等罪。命和琳、鄂辉宣谕达赖喇嘛等。

五月辛丑，定安南国两年一贡，六年遣使一朝。丁未，上幸避暑山庄，免经过地方钱粮十分之五。戊申，调长麟为山西巡抚，以奇丰额为江苏巡抚。辛亥，允霍罕额尔德尼伯克那尔巴图遣使入贡。癸丑，上驻跸避暑山庄。

六月甲戌，福康安奏克廓尔喀所踞擦木要隘。丁丑，赈江西南丰、广昌水灾。福康安奏殄玛噶尔辖尔甲山梁之贼。己卯，福康安等奏克济咙。辛巳，调陈淮为江西巡抚，冯光熊为贵州巡抚。丙戌，福康安等奏攻克热索桥。丁酉，福康安等奏攻克协布鲁寨。

秋七月甲辰，赈直隶河间等处旱灾，顺直宛平、玉田等州县蝗。己酉，福康安等克廓尔喀东觉山梁，并雅尔赛拉等处营卡，成德等克扎木、铁索桥等处。

八月辛未，成德克多洛卡、陇冈等处。命孙士毅驻前藏督粮运。癸酉，命福康安为武英殿大学士，孙士毅为文渊阁大学士。调金简、刘墉为吏部尚书，和琳为工部尚书，纪昀为礼部尚书，窦光鼐为左都御史。庚辰，以博兴为库伦办事大臣。丙戌，福康安等奏克噶勒拉、堆补木城卡，阿满泰、墨尔根保阵亡。成德等克利底、大山贼卡。戊子，福康安奏廓尔喀酋拉特纳巴都尔等乞降。上以其悔罪乞降，许之，命班师。丙申，赈陕西咸宁等六州县旱灾。

九月丁酉，上还京师。己亥，论征廓尔喀功，赏福康安一等轻车都尉，晋海兰察二等公为一等，议叙孙士毅等各有差。丙午，上命福康安、孙士毅等会商西藏善后事宜。命御前侍卫惠伦等赍金奔巴瓶往藏，贮呼毕勒罕名姓，由达赖喇嘛等对众拈定。壬子，复廓尔喀王公封爵，定五年一贡。

冬十月戊辰，廓尔喀贡使入觐。己巳，赈河南安阳等十六县灾民，蠲缓新旧额赋有差。己卯，免嵇璜、阿桂翰林院掌院学士，以和珅、彭元瑞代之。壬午，赈直隶河间、任丘五州县旱灾，并免顺天等十三府州属被灾旗民额赋。乙酉，郭世勋奏英吉利遣使，请由天津进贡，允之。丁亥，以鄂辉隐匿廓尔喀谢恩表贡褫职，交福康安等严鞫之。赈陕西咸阳等十四州县旱灾。癸巳，调图桑阿为绥远城将军。

十一月丙午，赈山东德州等二十州县旱灾。

十二月庚午，定唐古忒番兵训练事宜。铸银为钱，文曰"乾隆宝藏"。甲戌，免长芦兴国等五场并沧州等七州县被灾灶地额赋。丙子，以长麟为浙江巡抚，蒋兆奎为山西巡抚。以伊犁回民地亩雪灾，免本年额谷。癸未，赈河南安阳等二十五县旱灾。辛卯，命永远枷号鄂辉等於西藏。

五十八年春正月丙申，赈河南林县等五县、陕西咸宁等三州县旱灾。己亥，赈直隶保定等二十一州县旱灾。庚子，改杭州织造为盐政兼管织造事，改盐道为运司，南北两关税务归巡抚管理。以全德为两浙盐政。恒秀回吉林将军。乙巳，敕谕安南国王阮光平睦邻修好，慎守封疆，赐以彩币。丙辰，安南国王阮光平卒，以世子阮光缵嗣。乙亥，免河南安阳等二十五县上年旱灾额赋。壬午，命喀什噶尔阿奇木伯克作为喀什噶尔协办大臣。

三月丁酉，上幸盘山。庚子，上驻跸盘山。甲辰，礼部尚书常青卒，以德明代之。戊申，谕於雍和宫设金奔巴瓶，饬理藩院堂官、掌印札萨克喇嘛等，公同掣蒙古所出之呼毕勒罕。丁未，上回跸。乙卯，调冯光熊为云南巡抚，以英善为贵州巡抚。戊午，领侍卫内大臣海兰察卒。

夏四月壬申，命松筠为内务府总管大臣，在御前侍卫上行走。辛巳，通谕设金奔巴瓶於前藏大昭及雍和宫，公同掣报出呼毕勒罕，以除王公子弟私作呼毕勒罕陋习。乙酉，删除大学士兼尚书衔、翰林院掌院学士兼礼部侍郎衔、顺天府府丞兼提督学政衔。丁亥，赐潘世恩等八十一人进士及第出身有差。戊子，命於乾隆五十九年秋特开乡试恩科，六十年春为会试恩科。庚寅，廓尔喀归西藏底玛尔宗地方。以西藏卡外之拉结、撒党两处归廓尔喀。

五月乙未，命广西按察使成林赴安南昇隆城，赐奠册封。丁未，上幸避暑山庄。己酉，以明兴未奏遣回人赴霍罕等处办理外藩事件，罢喀什噶尔参赞大臣，调永保代之。以伍弥伍逊为塔尔巴哈台参赞大臣，贡楚克札布为科布多参赞大臣。以特成额为乌里雅苏台参赞大臣。辛酉，加封福康安为一等忠锐嘉勇公。癸丑，上驻跸避暑山庄。

六月己卯，赈四川泰宁地震灾。乙酉，英吉利贡船至天津。戊子，於通州起陆。命在天津筵宴之。

秋七月癸巳，命和琳稽核藏商出入。壬寅，命英吉利贡使等住宏雅园，金简、伊龄阿於圆明园分别安设贡件。己酉，以旱命刑部清理庶狱，减徒以下罪。庚午，上御万树园大幄，英吉利国正使马戛尔尼、副使斯当东等入觐。辛未，调福康安为四川总督，以惠龄暂代，长麟为两广总督，调吉庆为浙江巡抚，惠龄为山东巡抚。壬午，免长芦官台等二场潮灾灶地额赋。丙戌，上还京师。戊子，以庆桂为兵部尚书。庚寅，谕英吉利贡使由内河水路赴广东澳门附船回国。

九月丁酉，加长麟太子少保。命松筠护送英吉利使臣等至浙江定海。甲辰，调福宁为山东巡抚，惠龄为湖北巡抚。丙午，以安徽无为等三州县水灾，赏口粮有差。

冬十月癸亥，安南国王阮光缵表进谢恩，贡物二分，纳其一。戊子，以长麟奏英吉利使称再进表章贡物，呈总督转奏，谕："系援例而行，并无他意，国王可安心，再来表贡，亦不拘定年限。"

十一月甲午，命和宁赴藏帮同和琳办事。戊午，以上年各省奏报民数三万七百四十六万有奇，较康熙四十九年增十五倍，谕："生之者寡，食之者众，势必益形拮据。各省督抚及有牧民之责者，务当劝谕化导，俾皆俭朴成风，服勤稼穑，惜物力而尽地利，共享升平之福。"己未，以安南等国进象已多，谕云贵、两广督抚檄却象贡。

十二月癸未，伍拉纳陛见，命吉庆署闽浙总督。

五十九年春正月庚寅，免直隶、山东、河南逋赋十分之三。庚戌，管幹贞病免，命书麟兼署漕运总督。乙卯，恒秀以侵帑褫职，调宝琳为吉林将军，松筠署之。戊午，安置安南内附人黎维治於江南。

二月庚申，以明年元旦上元值日月食，谕修省，毋举行庆典。癸亥，廓尔喀遣使进表贡。丁亥，增造广东水师战船。

三月己丑，恒秀论绞。庚子，上巡幸天津，免经过地方及天津府属额赋十分之三，免天津府属逋赋，免大兴等十三州县逋赋十分之四。壬子，上驻跸天津府。

夏四月壬戌，常雩，命皇八子仪郡王永璇代行礼。癸亥，上还京师。丁丑，上诣黑龙潭祈雨。

五月丙申，京师雨。甲辰，郭世勋病免，调朱珪为广东巡抚，陈用敷为安徽巡抚。丙午，以直隶保定等八十三州县旱，命赏给一月口粮。减奉天商贩豆麦等项经过直隶、山东关津税。辛亥，上幸避暑山庄，免经过地方钱粮有差。

六月丙辰朔，以山东历城等五十一州县旱，给贫民一月口粮，除山东临清州水冲地亩田赋。丁巳，上驻跸避暑山庄。庚午，设唐古忒西南外番布鲁克巴、哲孟雄、作木朗、洛敏汤、廓尔喀各交界鄂博。

秋七月戊子，永定河决。庚寅，河南丹、沁二河决。辛卯，赈山西平定等处水灾。己亥，赈山东临清等州县水灾。辛丑，赈直隶天津等处水灾。癸卯，河南丰北厅曲家庄河决。甲辰，书麟以徇隐盐政巴宁阿交结商人褫职，调富纲为两江总督，命苏凌阿署之。调福康安为云贵总督。以和琳为四川总督，孙士毅署之。以驻藏办事松筠为工部尚书。乙巳，命冯光熊署云贵总督。大学士嵇璜卒，召孙士毅入阁办事。癸丑，停本年及明年木兰行围。免直隶保定等府属、河南卫辉等府属、山东临清等五州县、山西代州等三州县被水额赋。

八月丁巳，以直隶天津、河间二府水灾重，免因灾缓征额赋。戊午，永定河南工决口合龙。己巳，以明岁御宇届六十年，普免各省漕粮一次。甲戌，上回跸。调福宁为河南巡抚，穆和蔺为山东巡抚，江兰护之。福康安奏四川大宁教匪谢添秀等传习邪教，蔓延陕西、湖北、河南，谕严为捕治。丁丑，免直隶通州等二十三州县逋赋。甲申，毕沅降山东巡抚，罚缴湖广总督养廉五年。以福宁为湖广总督，穆和蔺留为河南巡抚。

九月己丑，赈湖北沔阳等州县水灾。丙申，以秀林为吉林将军。己亥，赈福建漳、泉二府水灾。减直隶遵化内务府官地租。命福宁驻襄阳，督缉邪教案犯。辛丑，以校正《石经》，加彭元瑞太子少保衔。癸卯，赈广东高要等县水灾。以湖北来凤县教匪段汉荣等纠众拒捕，谕责毕沅废驰。戊申，免齐齐哈尔等三城水灾逋赋。

冬十月丙辰，免河南汲县等九县、山东临清等十州县逋赋。壬戌，勒保奏获邪教首犯刘松。命安徽严缉其徒刘之协。癸亥，荷兰入贡。乙丑，免福建漳州府属四厅州县本年水灾额赋。戊辰，命将科布多、威豁尔等七卡移驻原处北界，余地赏杜尔伯特汗玛克素尔札布等游牧。己卯，调陈用敷为湖北巡抚，惠龄为安徽巡抚。辛巳，释恒秀罪。

十一月丙戌，以河南扶沟县知县刘清鼐疏防刘之协潜逃，革逮，穆和蔺下部严议。壬辰，免山东临清等州县本年漕赋。壬寅，命富纲署刑部尚书。甲辰，穆和蔺褫职，发乌鲁木齐效力。以阿精阿为河南巡抚。

十二月丙辰，普免各省积年逋赋。丙子，吏部尚书金简卒，以保宁代之。以明亮为伊犁将军。戊寅，命舒亮为黑龙江将军。改绥远城将军图桑阿为西安将军，以永琨代之。

六十年春正月甲申朔，日食，免朝贺。乙酉，赈直隶天津等二十州县、河南汲县等十四县、山东临清等十州县上年被水贫民有差。丙戌，召苏凌阿来京，调福宁为两江总督，复以毕沅为湖广总督，玉德为山东巡抚。戊子，调陈用敷为贵州巡抚，英善为湖北巡抚，毕沅兼署。乙未，以固伦额驸丰绅殷德为内务府大臣。辛丑，免山东积年逋赋。庚戌，免江苏积年逋赋。免江西应缓征银谷。

二月癸丑朔，免广东积年逋赋。陈用敷以查拿要犯刘之协办理错谬，褫职逮问。调姚棻为贵州巡抚，以成林为广西巡抚。丙辰，免陕西积年逋赋。贵州松桃厅苗匪石柳邓等、湖南永绥苗匪石三保等作乱。戊午，湖南苗匪陷乾州厅，同知宋如椿等死之。命福康安往剿，毕沅驻常德筹办粮饷。庚申，以大学士阿桂等书上谕不能称旨，停甄叙，侍郎成策等下部议处。予总督福康安议叙。辛酉，贵州苗匪围镇远镇总兵珠隆阿於正大营。免奉天广宁、锦州旗地逋赋。免甘肃皋兰等四十五州县积年逋赋。丙寅，命四川总督和琳赴酉阳州备苗，孙士毅仍留四川办理报销。丁卯，免浙江积年民地灶地逋赋。己巳，苗匪陷永绥厅鸦酉寨，镇筸镇总兵明安图等死之。辛未，湖南永顺苗匪张廷仲等作乱，扰保靖、泸溪。丙子，免安徽积年逋赋。壬午，贵州苗匪扰思南、印江一带，窜入四川秀山。福康安赴铜仁督剿。命德楞泰领巴图鲁侍卫等赴贵州军营。

闰二月乙酉，福康安奏解正大营之围。壬辰，冯光熊留为贵州巡抚，调姚棻为云南巡抚。以苗匪乱，免贵州铜仁府属松桃、正大等处额赋。乙未，上诣东陵，免经过地方钱粮十分之三。戊戌，上谒昭西陵、孝陵、孝东陵、景陵。乙亥，福康安奏解嗅脑围。乙巳，福康安奏攻克石城，剿除岩洞苗匪。丁未，上谒泰陵、泰东陵，奠孝贤皇后陵。免两淮场灶积欠。戊申，福康安奏解松桃之围。

三月乙卯，和琳奏肃清秀山后路，命往松桃与福康安会剿。以孙士毅署四川总督。己未，福康安奏殄除长冲、卡落苗匪，进兵楚境。命额勒登保迅赴福康安军营。己卯，福康安奏解湖南永绥匪围。

夏四月辛卯，台湾彰化匪徒陈周全等作乱，陷县城，寻复之。癸巳，窦光鼐以会试衡文失当，降调。以朱珪为左都御史，仍留广东巡抚任。己亥，以魁伦劾洋盗肆行，命浦霖来京候旨，调姚棻为福建巡抚，以魁伦署之，江兰为云南巡抚。庚子，赐王以衔等一百十一人进士及第出身有差。癸卯，赏会试荐卷文理较优之举人徐炘、傅淦、李端内阁中书。戊申，上诣广润祠祈雨。是夜，雨。丁未，免贵州官兵经过地方本年额赋有差。福康安等奏克黄瓜寨。己酉，以福宁、惠龄经理湖南军务未竣，命苏凌阿仍署两江总督，费淳为安徽巡抚。庚戌，免福建龙溪等四县上年水灾额赋有差。匪首陈周全等伏诛。

五月丙辰，上幸避暑山庄。伍拉纳、浦霖以办理灾赈不善，褫职鞫治。命魁伦兼署闽浙总督。免经过地方本年钱粮十分之三。丁巳，调费淳为江苏巡抚，仍留惠龄为安徽巡抚。福康安等奏克构皮寨及苏皮寨等处。调福康安为闽浙总督，勒保为四川总督。以宜绵为陕甘总督。壬戌，上驻跸避暑山庄。甲子，以福建仓库亏缺查实，申饬科道无人奏及，并命嗣后陈奏地方重大事件，毋忝言责。召阿精阿来京，以景安为河南巡抚。丁卯，召惠龄来京，以汪新为安徽巡抚。戊辰，命苏凌阿驻清江浦，兼署江苏巡抚。辛未，以于敏中营私玷职，褫轻车都尉世职。

六月壬午，以湖南苗匪扰镇筸后路，谕责福宁怯懦，刘君辅株守。命惠龄仍署湖北巡抚。戊子，以旱命刑部清理庶狱，减徒以下罪，承德府如之。庚寅，福康安等奏克沙兜、多喜等处苗寨。乙未，赈广东南海等县水灾。戊申，姚棻以质讯解任，命魁伦兼署福建巡抚，长麟署闽浙总督。

秋七月庚申，德明以罣累滋阳县知县陈照自缢，论绞。乙丑，免湖北江陵等十二州县卫上年水灾额赋。丙寅，以福康安等奏连克苗寨，渡大乌草河，赉珍物。壬申，哲布尊丹巴呼图克图等入觐，召见赐茶。

八月壬午，调永琨为乌里雅苏台将军，恒瑞为绥远城将军。癸未，赐南掌国王召温猛、缅甸国王孟陨敕谕，均赉文绮。丙申，允兵部尚书刘峩乞休，以朱珪代之，仍留广东巡抚任。以金士松为左都御史。丁未，免直隶通州等五十二州县积欠旗租。福康安等进驻杨柳坪。

九月辛亥，上御勤政殿，召皇子、皇孙、王、公、大臣等入见，宣示立皇十五子嘉亲王为皇太子，明年为嗣皇帝嘉庆元年。抚恤江苏海州等七州县水灾。壬子，皇太子及王、公、内外文武大臣，蒙古王、公等各奏吁请俟寿跻期颐，再举行归政典礼，不允。丙辰，富勒浑、雅德以前为总督婪赃，均褫职，分别发热河、伊犁效力。己未，上阅健锐营兵。晋封福康安忠锐嘉勇贝子，和琳一等宣勇伯。庚申，上命皇太子谒东陵、西陵。乙丑，黑龙江将军舒亮以婪索，褫职鞫治，调永琨代之。命图桑阿为乌里雅苏台将军。改恒瑞为西安将军，以乌尔图纳逊代之。命博兴为察哈尔都统。调特克慎为库伦办事大臣，策巴克为西宁办事大臣。丙寅，明亮以任黑龙江将军时侵渔貂皮褫职，命保宁为伊犁将军。己巳，舒亮论绞。明亮留乌鲁木齐效力。癸酉，以奉天、山西、四川、湖南、贵州、广西赋无逋欠，免明年正赋十分之二。乙亥，免福建龙溪等六县，华封、罗溪二县上年被水额赋。

冬十月戊寅朔，颁嘉庆元年时宪书。庚辰，福康安等奏擒匪首吴半生。赏福康安之子德麟副都统衔，和琳黄带，余议叙赏赉有差。甲申，以伍拉纳等贪黩败检，戍其子於伊犁。长麟以徇庇伍拉纳、浦霖褫职，命来京。以魁伦署闽浙总督，姚棻署福建巡抚。乙酉，普免天下嘉庆元年地丁钱粮。丙戌，伍拉纳、浦霖处斩。壬辰，以额勒登保、德楞泰剿捕苗匪奋勇，授内大臣。乙未，命定丙辰年传位典礼。癸卯，命明年正月初吉，重举千叟宴。

十一月丁巳，福康安等奏克天星寨等处。加和琳太子少保衔，赏福康安、和琳上用黄裹玄狐端罩各一。庚申，赈奉天金州、熊岳、锦州三城，宁海等三州县旱灾旗民，免额赋有差。乙丑，上命皇太子居毓庆宫。

十二月戊寅朔，谕曰："朕於明年归政后，凡有缮奏事件，俱书太上皇帝。其奏对称太上皇。"戊子，赈贵州铜仁被扰难民。福康安等奏克天星等苗寨。壬寅，允朱珪收英吉利国王表贡，赐敕嘉赉，交英商波郎赍回，并以其表言劝廓尔喀投顺，於赐敕内以无须英国兵力告之。甲辰，赐琉球国王尚温敕谕。丁未，以来岁元旦，传位皇太子为嗣皇帝，前期遣官告祭天地宗社。

是岁，缅甸、南掌、暹罗、安南、英吉利、琉球、廓尔喀来贡。

嘉庆元年正月戊申朔，举行授受大典，立皇太子为皇帝。尊上为太上皇帝，军国重务仍奏闻，秉训裁决，大事降旨敕。宫中时宪书用乾隆年号。

三年冬，上不豫。四年正月壬戌崩，寿八十有九。是年，四月乙未，上尊谥曰法天隆运至诚先觉体元立极敷文奋武孝慈神圣纯皇帝，庙号高宗。九月庚午，葬裕陵。

论曰：高宗运际郅隆，励精图治，开疆拓宇，四征不庭，揆文奋武，於斯为盛。享祚之久，同符圣祖，而寿考则逾之。自三代以后，未尝有也。惟耄期倦勤，蔽於权幸，上累日月之明，为之叹息焉。

卷十六　　本纪十六

仁宗本纪

仁宗受天兴运敷化绥猷崇文经武孝恭勤俭端敏英哲睿皇帝，讳颙琰，高宗第十五子也。母魏佳氏，追尊孝仪皇后。乾隆二十五年十月初六日生。五十四年，封嘉亲王。六十年九月，策立为皇太子，高宗将传位焉，以明年为嘉庆元年。

嘉庆元年丙辰春正月戊辰朔，举行内禅，上侍高宗遍礼於堂子、奉先殿、寿皇殿。高宗御太和殿，授玺。上即位，尊高宗为太上皇帝，训政。颁诏天下，赐宴宗藩。庚戌，立皇后喜塔拉氏。宁寿宫举行千叟宴，太上皇帝莅焉。九十以上者，召至御座，赐卮酒如故事。辛酉，祈谷於上帝。癸亥，上奉太上皇帝赐廷臣宴於正大光明殿。凡赐宴皆如之。办理苗疆大学士福康安等奏攻克朗坡，进攻平陇。湖北枝江、宜都教匪起。

二月丁丑朔，释奠先师孔子。戊寅，祭社稷。庚辰，初举经筵。辛巳，敕甘肃贵德厅建文庙。戊子，春分，朝日於东郊。己丑，上御乾清门听政，园居则御勤政殿，以为常。己亥，湖北当阳教匪起，戕官。西安将军恒瑞率兵二千剿之。辛丑，祭历代帝王庙。丙午，湖北巡抚惠龄奏获教匪聂杰人。

三月庚戌，停四川续征军需银两。辛亥，上耕耤田，四推。壬子，上奉太上皇帝谒陵。丁卯，车驾还京。己巳，皇后祀先蚕。癸酉，恒瑞奏收复湖北竹山。壬申，留保住免。以乌尔图纳逊为理藩院尚书，富锐为绥远城将军，永庆为蒙古都统。

夏四月丙子朔，时享太庙。命宜绵、永保、恒瑞、孙士毅等分剿湖北教匪。辛巳，常雩，祀天於圜丘。以剿来凤功，晋四川总督孙士毅三等男。敕伊犁贡马由草地行。丁酉，上侍太上皇帝祈雨黑龙潭。是日，雨。庚子，赐赵文楷等一百一人进士及第出身有差。

五月戊申，诏额鲁特来京有出痘者，嗣后由草地赴热河觐见。辛酉，祭地於方泽。壬戌，上奉太上皇帝避暑木兰。乙丑，以富纲为漕运总督。壬申，大学士、贝子福康安卒於军。

六月乙亥朔，日有食之。以魁伦为闽浙总督，朱珪为两广总督。以纪昀为兵部尚书，金士松为礼部尚书，沈初为左都御史。丙子，调福昌为福州将军。以明亮署广州将军。丁丑，除山西代州三州县水沖田赋。戊寅，和琳奏获苗匪石三保，解京诛之。癸巳，江南丰汛河决。

秋七月辛亥，明亮奏剿平孝感县教匪。大学士、四川总督、三等男孙士毅卒於军。

八月丙子，以雨停秋狝。壬寅，和琳卒於军，命明亮、鄂辉接统军务。

九月乙巳，车驾还京。

冬十月戊寅，上万寿节，诣太上皇帝行礼。礼成，受廷臣贺。己卯，以董诰为大学士。王杰以足疾疏辞军机处、南书房、礼部事，允之。命沈初为军机大臣。辛巳，赠征苗阵亡提督花连布太子少保，予世职。丙戌，调沈初为兵部尚书，以纪昀为左都御史。

十一月庚戌，丰汛河工合龙复决。予湖北死事巡检王翼孙、训导甘杜、典史浦宝光世职。甲子，冬至，祀天於圜丘。乙丑，江西巡抚陈淮有罪，逮问遣戍。己巳，以湖北教匪偷渡滚河入秦，褫永保职逮问，以惠龄统其军。

十二月戊子，湖南苗匪平，封明亮伯爵，额勒登保侯爵，及德楞泰等世职有差。庚子，袷祭太庙。辛丑，上奉太上皇帝御太和殿，赐宴朝正外藩。

是岁，免顺天、江苏、山西、湖南、福建等省三十九厅州县灾赋逋赋各有差。会计天下民数二万七千五百六十六万二千四十四名口，谷数三千七百二十万六千五百三十九石一升二合七勺。朝鲜入贡。

二年丁巳春正月丁卯，贵州南笼仲苗夷妇王囊仙作乱，命总督勒保剿之。庚午，观成奏四川教匪徐添德侵扰达州、东乡，命总兵朱射斗等剿之。

二月癸酉，上御经筵。江南丰汛复报合龙。戊寅，皇后崩，奉太上皇帝诰，素服七日，不摘缨。廷臣如之，近臣常服不挂珠。辛巳，叙景安剿擒教匪功，晋三等伯。戊戌，册谥大行皇后曰孝淑皇后。惠龄奏获匪首刘起等，解京诛之。

三月戊申，上谒西陵。丁巳，还京。癸亥，以刘墉为大学士，调沈初为吏部尚书，朱珪为兵部尚书。以福长安、庆桂为满洲都统，德楞泰为汉军都统。巴克坦布、庆成奏，由应山追贼入豫，查明贼首李全、王廷诏、姚之富均在其内。谕令擒捕。

夏四月壬申，设湖南镇筸镇总兵官，改保靖土县为流官。辛巳，追赠侍郎奉宽太师、礼部尚书，上受书师也。

五月戊辰，上奉太上皇帝避暑木兰。己巳，惠龄奏教匪姚之富等由白马石抢渡汉江入川。诏罢总统庆成、恒瑞等，各降官，以宜绵为总统，明亮、德楞泰为帮办。

六月癸酉，勒保奏，剿办南笼仲苗，迭克水烟坪、卡子河等处。得旨：亟将苗首仙姑等擒获。

闰六月庚子，吉庆奏克西隆州亚稿苗寨。丙午，勒保奏进克普坪，枪毙匪首，解南笼围。诏奖绅民坚守危城，深明大义，改南笼府为兴义府。勒保续报解黄草坝围，滇、黔路通。壬戌，军机章京吴熊光、戴衢亨均加三品卿衔，与侍郎傅森一体在军机大臣上学习行走。

秋七月己巳，永定河决。己卯，命喀什噶尔、英吉沙尔二回城储粮备荒。癸未，都统巴克坦布卒於军。乙酉，免四川运送军糈奉节六州县明年额赋。

八月甲辰，永定河合龙。丙辰，范宜恒卒，调沈初为户部尚书，纪昀为礼部尚书。己未，大学士诚谋英勇公阿桂卒。丙寅，上奉太上皇帝还京。

九月戊辰，勒保奏攻克仲苗贼巢，获贼首王囊仙等，解京诛之。封勒保三等侯。丁丑，上临奠故大学士阿桂。甲申，以苏凌阿为大学士，李奉翰为两江总督。庚寅，诏宜绵、勒保、秦承恩、景安等分募乡勇入伍剿贼。癸巳，诏曰："闻贼每逼平民入伙，迎拒官军。官军报捷，所称杀贼，多系平民，非真贼也。故日久无功。领兵大员尚其设法解散，勿令玉石俱焚。"甲午，以湖北恩施、利川，四川奉节士民奋勇杀贼，再免一年钱粮。

冬十月戊戌，明亮、德楞泰请广修民堡，以削贼势。诏斥其迂缓。丙辰，乾清宫交泰殿灾。辛酉，命勒保总统四川军务。

十一月丙寅朔，予阵亡散秩大臣佛住、护军统领阿尔萨朗世职。

十二月戊申，以康基田为江南河道总督，司马騊为东河河道总督。予阵亡总兵明安图，副将曾攀桂、伊萨纳等世职。甲子，祫祭太庙。

是岁，免顺天、湖广、陕西、云南、甘肃等省五十七州县灾赋有差。朝鲜、琉球、暹罗入贡。

三年戊午春正月庚午，以梁肯堂为兵部尚书，胡季堂为直隶总督。甲申，调勒保为四川总督。乙丑，额勒登保奏获贼首覃加耀。上责其迟延，夺额勒登保爵职。并以疏防夺明亮、德楞泰爵职，夺舒亮、穆克登阿职，籍其家，均随军自效。

二月丁未，上释奠文庙，临雍讲学。以鄂奇泰为黑龙江将军，庆霖为江宁将军。辛亥，柯藩、乌尔图纳逊坐纵陕贼渡汉入楚，褫职。壬子，以吴省钦为左都御史。乙卯，命内阁学士那彦成在军机处学习行走。

三月丁丑，德楞泰奏，追剿贼首齐王氏、姚之富，投崖死。予明亮副都统衔。己丑，以剿贼迟延，褫观成、刘君辅职。以富成为成都将军。

夏五月丙寅，免福建全省远年逋赋。己巳，截留江西漕粮，接赈山东曹县等十三州县被水灾民。甲戌，上奉太上皇帝避暑木兰。

六月己酉，以剿贼迟延，尽夺德楞泰爵职，予副都统衔自效。甲寅，云贵总督、三等男鄂辉卒。

秋七月庚午，富楞泰卒。以德勒格楞贵为宁夏将军。以雨停秋狝。

八月，以获教匪王三槐功，晋勒保及和珅公爵，福长安侯爵。己酉，张诚基奏江西西宁州教匪作乱，剿平之。

九月癸亥，上奉太上皇帝还京。己卯，祀明总制袁崇焕於贤良祠。

冬十月庚子，新建乾清宫交泰殿成。

十一月丁亥，左都御史舒常卒。

十二月乙巳，惠龄奏获贼首罗其清、罗其书。戊午，祫祭太庙。

是岁，免陕西、贵州等省四十八厅州县灾赋有差。朝鲜、琉球、暹罗入贡。

四年己未春正月壬戌，太上皇帝崩，上始亲政。丁卯，大学士和珅有罪，及尚书福长安俱下狱鞫讯。晋仪郡王永璇亲王，具勒永璘为庆郡王，绵亿封履郡王，奕纶、奕绅在上书房读书，绵志等各封赏有差。诏："中外陈奏直达朕前，不许副封关会军机处。"命成亲王永瑆、大学士董诰、尚书庆桂在军机处行走。沈初免直。成亲王永瑆管户部。丁丑，和珅赐死於狱，福长安论斩。己卯，特诏申明军纪。命勒保为经略，明亮、额勒登保为参赞，并查询刘清居官，具实保奏。吴省钦免，以刘权之为左都御史。以保宁为大学士，仍管伊犁将军，庆桂协办大学士，书麟为吏部尚书，松筠为户部尚书。叙斩贼首冉文俦功，奖叙惠龄、德楞泰。丙戌，宜绵解任，以恒瑞为陕甘总督。丁亥，赠原任御史曹锡宝副都御史，荫一子。召前内阁学士尹壮图来京。

二月己丑，以松筠为陕甘总督，布彦达赉为户部尚书。辛卯，诏曰："自教匪滋事以来，迫胁良民，焚毁田舍。民非甘心从贼，欲逃无归，归亦无食。亟宜招抚解散，而非空言所能收效。应如何绥辑安插，令勒保询之刘清及其他良吏，筹议良法，俾可施行，速具以闻。"甲午，弛私售和阗玉禁。辛丑，秦承恩以贻误军事，褫职逮问。李奉翰卒，以费淳为两江总督。乙巳，复宗室乡会试例，增部院郎官宗室额缺。壬子，释回徐述夔、王锡侯子孙缘坐发遣者。丁巳，录用故大学士朱轼、孙嘉淦子孙。

三月己未朔，苏凌阿免，以庆桂为大学士，成德为刑部尚书，傅森为左都御史。庚申，户部尚书沈初卒，以范建中为户部尚书。癸亥，以书麟为闽浙总督、协办大学士。甲子，调庆霖为福州将军，福昌为江宁将军。戊辰，许直省道员密摺上奏。庚午，解景安任，以倭什布为湖广总督，吴熊光为河南巡抚。丙子，额勒登保奏剿灭教匪萧占国、张长更，上嘉之，予二等男。叙奖裨将朱射斗、杨遇春等。戊寅，定侍卫军政。壬午，追赠皇四兄履端郡王永城为亲王，皇七兄悼敏皇子永琮为哲亲王，皇十二兄永玑为贝勒。癸未，勒保奏剿灭教匪冷天禄。得旨："旬日之内，连翦三酋，深为可嘉，额勒登保晋一等男。"免河南被匪之邓州二十州县新旧额赋。甘肃布政使广厚奏剿毙贼目张世龙。

夏四月己丑朔，钦天监言四月朔日，日月合璧，五星联珠。上曰："躔度偶逢，兵戈未息，何足言瑞。"予尹壮图给事中，准回籍养亲。丙申，恭上大行皇帝尊谥，礼成，颁诏覃恩。丁酉，免陕西被贼之孝义等三十五厅州县新旧额赋。己亥，免四川被贼之奉节等三十六厅州县新旧额赋。辛酉，诏遵奉皇考敕旨，於庚申、辛酉举乡会恩科。癸丑，赐姚文田等二百二十人进士及第出身有差。丙辰，以庆成为成都将军。

五月戊午朔，停本年秋决。甲子，免湖北被贼之孝感等四十七州县卫新旧额赋。庚午，江兰罢，以初彭龄为云南巡抚。庚辰，以傅森为兵部尚书，阿迪斯为左都御史。辛巳，克勤郡王恒谨以不谨削爵。甲申，以董诰为大学士。丁亥，敕费淳访劾贪吏。诏免伯德尔格回民增纳金钱及葡萄折价。

六月己丑，增设步军统领左右翼总兵官。庚寅，诏曰："朕闻湖北随州未被贼扰，因民人掘沟垒山，足资捍御。民间村堡，尽可照办。勒保、松筠、吴熊光即晓谕百姓知之。"辛卯，吴熊光、吴璥请加征河工稭料运费银。得旨申饬，下部议处。庚戌，恤陕西阵亡总兵官保兴等世职。

秋七月辛酉，调山西兵三千赴湖北，盛京兵二千，额勒亨额统之，赴四川剿贼。癸亥，勒保奏获贼首包正洪，予朱射斗骑都尉世职。壬申，经略勒保以玩误军务夺职逮问，以明亮为经略，魁伦为四川总督。乙亥，削景安伯爵，遣戍伊犁。免甘肃被贼陇西等四十八州县新旧额赋。辛巳，停中秋节贡。

八月己丑，富俊免，以兴奎为乌鲁木齐都统。壬辰，调盛京兵二千，吉林、黑龙江兵各一千，赴湖北剿贼。癸巳，以长麟为云贵总督。乙未，勒保奏德楞泰生擒贼目龚文玉，给骑都尉世职。癸卯，罢明亮经略，命额勒登保以都统衔为经略。乙巳，命修撰赵文楷、中书李鼎元册封琉球国王尚温。己酉，庆成、永保以督军不力逮问，命那彦成往陕西督办。癸丑，编修洪亮吉致书成亲王私论国政，遣戍伊犁。

九月丙辰朔，恤阵亡贵州副将孙大猷世职。丙寅，怡亲王永琅薨。庚午，大行梓宫发引，上恭送启銮。庚午，葬高宗纯皇帝於裕陵。癸酉，还京。甲戌，高宗纯皇帝、孝贤纯皇后、孝仪纯皇后升祔太庙，颁诏覃恩。辛巳，故湖广总督毕沅坐滥用军需削世职，夺荫官。壬午，明亮以剿贼不力罢参赞，褫都统，予副都统剿贼。

冬十月壬辰，调朱珪为户部尚书，刘权之为吏部尚书，范建中为左都御史。丁酉，明亮奏获贼首张汉潮。湖北道员胡齐仑以侵盗钱粮处斩。壬寅，德楞泰奏获贼首高均德、高二。予德楞泰二等男。丁未，成亲王永瑆免值军机处。命傅森仍为军机大臣。辛亥，命廷臣保举贤良。壬子，勒保论斩，解京监候。

十一月，甲子，故超勇公海兰察子公安禄於四川剿贼阵亡，诏优恤之，名其子恩特赫默扎拉芬，袭超勇公。癸酉，免直隶积年逋赋。戊寅，兴肇、庆成以带兵不力遣戍。赏额勒登保银一万两，德楞泰银五千两。庚辰，冬至，祀天於圜丘，奉高宗纯皇帝配享，颁诏覃恩。

十二月壬辰，漕运总督蒋兆奎以率请加赋济运罢。恤阵亡副将丁有成、德亮等世职。甲午，福宁以杀降报捷，景安以纵贼殃民，俱褫职逮问。丙申，额勒登保奏获教匪王登廷。辛丑，姜晟奏获湖南苗匪吴陈受。得旨嘉奖，加太子少保。壬子，袷祭太庙。

是岁，免河南、湖北被兵六十七州县新旧额赋，征兵经过直隶、河南、湖北田赋。又除江苏、湖北各一县坍田额赋，吉林三姓、黑龙江、云南石屏州灾赋。普免天下积年逋赋。朝鲜、暹罗入贡。

五年庚申春正月甲寅朔，上谒陵。丙辰，诣裕陵行初期祭礼。庚申，上还京。命额勒登保剿办陕西教匪，德楞泰、魁伦剿办四川教匪。辛酉，以松筠为伊犁将军，仍留陕西剿贼。调长麟为陕甘总督，以玉德为闽浙总督，阮元为江苏巡抚。壬戌，诏清查库款，从容弥补，勿以严急而致累民。金士松卒，以张若渟为兵部尚书。辛未，祈谷於上帝，奉高宗纯皇帝配享。解倭什布任，以姜晟为湖广总督，移松筠剿湖北贼。戊寅，以景熠为黑龙江将军。

二月丁亥，命那彦成参赞甘肃军务。辛卯，以汪承霈为左都御史。癸巳，敕新疆铸乾隆钱。壬寅，恤四川阵亡副将关联陞等世职。丁未，追论纵贼诸臣，秦承恩、宜绵戍伊犁。庚戌，予告大学士蔡新卒。

三月庚申，上谒陵。辛酉，解七十五任，逮京治罪。甲子，清明节，上行敷土礼。乙丑，阿迪斯以拥兵玩误逮问，起勒保护成都将军。丁卯，上幸南苑。德楞泰奏截剿渡江教匪，获匪首冉添元，晋三等子。壬申，上谒西陵。乙亥，还京。辛巳，甄录贤良祠大臣后裔。以纵贼渡嘉陵江，复过潼河，夺魁伦职逮问。以勒保署四川总督，起明亮蓝翎侍卫从军。

夏四月癸未朔，日有食之。乙酉，阿迪斯遣戍伊犁，以德楞泰为成都将军。庚子，云南倮夷平，加书麟太子太保。

闰四月甲寅，命刑部查久禁官犯及禁锢子孙与久戍者宽减之。丙午，上步祷祈雨。乙卯，释洪亮吉回籍。丙辰，释安南人黎侗等於狱，安置火器营，给月饩。是日，雨。丙寅，恤四川阵亡提督达三泰世职。戊辰，以那彦成不任戎务，罢直军机处，召回京。

五月壬戌朔，夏至，祀地於方泽，奉高宗纯皇帝配享。己丑，经略额勒登保以剿办匪目刘允恭等功，晋三等子。丙午，那彦成到京，奏对无状，降为翰林院侍讲。

六月壬戌，额勒登保奏获贼首杨开甲。丁卯，以张若渟为刑部尚书，汪承霈为兵部尚书，冯光熊为左都御史。甲戌，赐魁伦自尽，戍其子扎拉芬於伊犁。

秋七月辛卯，命右翼总兵长龄统吉林、黑龙江兵赴湖北协剿教匪。琅玕奏青苗杨文泰作乱，剿平之。马慧裕奏获传教首犯刘之协，解京诛之。丙申，礼部尚书德明卒，以达椿为礼部尚书。己酉，额勒登保奏获贼目陈杰。

八月丙辰，固原提督王文雄剿贼阵亡，予三等子。

九月壬午，上谒东陵。戊子，还京。丁未，恤四川阵亡副将李锡命世职。

冬十月戊辰，胡季堂卒，以姜晟为直隶总督，书麟为湖广总督，琅玕为云贵总督。

十一月乙酉，睿亲王淳颖薨。己亥，恤阵亡革职将军富成等世职。

十二月甲寅，陕西教匪徐添德窜湖北，湖北教匪冉学胜窜陕西，降责德楞泰、勒保等。丁巳，德楞泰奏获教匪杨开第等。丙子，袷祭太庙。

是岁，免顺天、江苏、四川、云南、甘肃等省七十厅州县灾赋，及兵差经过、坍田额赋各有差。朝鲜、琉球入贡。

六年辛酉春正月壬午，以傅森为户部尚书，明安为步军统领。辛卯，遣少卿窝星阿、裘行简犒额勒登保、德楞泰军。丁酉，德楞泰以剿山阳教匪功，复一等子。甲辰，德楞泰奏获贼首高二、王儒。乙巳，勒保奏获黄、蓝、白三号贼目徐万富等。

二月乙卯，勒保奏获贼首王士虎。丙辰，书麟奏明亮获贼目卜兴昂。戊午，赐贤良后裔尚书魏象枢六世孙煜、尚书杨名时曾孙景曾、巡抚徐士林孙从旭举人。戊辰，上谒陵，行敷土礼。壬申，上还京。改湖广提督为湖南提督。置湖北提督，驻襄阳。改襄阳镇总兵为郧阳镇总兵。癸酉，傅森卒，以成德为户部尚书、军机大臣。乙亥，额勒登保奏获贼首王廷诏。

三月庚辰，诏："被贼裹胁匪徒多系良民，凡投出者悉贷其死。军前大臣仰体朕意，广为宣示，务使周知。"恤阵亡总兵多尔济扎布、李绍祖等世职。丁酉，赐贤良后裔大学士李光地四世孙维翰、尚书汤斌四世孙念曾举人，巡抚傅弘烈六世孙县丞征珑知县。己亥，诏："朕将谒陵，春苗畅发，令大臣监护民田，勿许践踏禾苗。"叙江西士民协剿教匪刘联登功，改江西宁州为义宁州。辛丑，上谒陵。乙巳，行释服礼。

夏四月丁未朔，上还京。己未，以四川民人输资急公，免遂宁等八十六厅州县明年额赋。辛酉，册立皇后钮祜禄氏。壬戌，协办大学士、湖广总督书麟卒，以吴熊光为湖广总督。德楞泰奏获贼首张允寿。丙寅，以获王廷诏、高二、马五功，晋额勒登保二等子，杨遇春骑都尉。戊辰，以两广总督吉庆协办大学士。辛未，赐顾皋等二百七十五人进士及第出身有差。

五月己卯，赐贤良后裔大学士王熙曾孙元洪举人。甲申，上祭文昌庙，始命列入祀典。乙酉，恤四川阵亡总兵朱射斗视提督，予世职。丙戌，命总兵官轮班入觐。奉天府丞视学政，三年更任。乙巳，以额勒登保为理藩院尚书。

六月壬子，大雨。永定河决，分遣卿员抚恤被水灾民。以水灾停本年秋狝。姜晟免，发永定河效力。起陈大文署直隶总督。丙辰，复雨。西安将军恒瑞卒。辛未，上步祷社稷坛祈晴。是日，晴。勒保奏东乡青、蓝号匪悉数歼除。

七月庚辰，特发在京兵丁口粮一月。甲申，命那彦宝、巴宁阿修筑永定河工。勒保奏获匪目徐添寿、王登高。戊戌，赈热河水灾。

八月丁巳，额勒登保奏获匪首王士虎、冉添泗。勒保奏七十五获贼目刘清选、汤步武等。甲子，勒保奏获贼首冉学胜等，封三等男。

九月己丑，续修《大清会典》。

冬十月丙午，永定河合龙。癸丑，额勒登保奏获贼首辛斗。德楞泰奏毙贼首龙绍周。癸亥，诏甄叙川、陕军劳，晋额勒登保三等伯，德楞泰二等伯，赛冲阿骑都尉，温春云骑尉。

十一月甲申，贵州巡抚伊桑阿以骄黩欺罔赐死。癸巳，诏曰："军务即日告蒇，安插乡勇为善后要事。其通筹详议以闻。"乙未，额勒登保奏获贼首高见奇。戊戌，七十五以纵贼，夺职逮问。己亥，升四川达州为绥定府，太平营为太平协。

十二月癸卯朔，庆成奏获苟文明股匪。丁未，诏曰："前奉皇考特旨，查考本朝殉节诸臣未得世职者，业经查出一百四十余员，补给恩骑尉世职。兹又续查得九百九十余员，开单呈览，均系抗节效忠之臣。其子孙俱即给与恩骑尉世职，支给俸饷。除投标当差外，有愿应试者，准作文武生员，一体应试。"癸亥，诏奖刘清，特授四川建昌道。壬申，额勒登保奏剿办通江贼匪，毙匪目苟朝献。辛未，祫祭太庙。

是岁，免直隶、山西、浙江、安徽、四川、云南、甘肃等省二百三十一厅州县卫额赋有差。朝鲜，暹罗入贡。

七年壬戌春正月癸酉朔，上谒裕陵，行三期祭礼。赐所过贫民棉衣。甲戌，定祭社稷坛用上戊。戊寅，上还京。壬午，以松筠为伊犁将军。甲午，额勒登保奏获首逆辛聪，余党悉平。吴熊光奏获匪首张允寿子得贵，扑灭蓝号贼股。明安以贪黩褫职，遣戍伊犁。以禄康为步军统领，解刑部尚书。额勒登保以疏防苟文明窜渡汉江，降男爵。庚子，上御经筵。

二月癸卯，以苟文明窜南山老林，饬领兵大臣堵剿，地方官严密查拿，勿令蔓延。丁未，释奠先师孔子。壬戌，优恤阵亡副将韩自昌与其弟副将韩加业，饬地方官为建双烈祠，赐其母银三百两。丙寅，额勒登保奏刘清获贼首李彬、辛文，加按察使衔花翎。

三月癸酉，勒保奏获贼首张添伦、魏学盛、陈国珠。丁丑，德楞泰奏获菲首龚其尧、李世汉、李国珍，余党悉平。壬午，上谒泰陵。庚寅，还京。壬辰，成德卒，以禄康为户部尚书。

夏四月戊申，以颜检为直隶总督。乙丑，赐吴廷琛等二百四十八人进士及第出身有差。丁卯，庆成奏获贼首魏洪升、张喜、白庸。

五月己卯，睿亲王宝恩薨。琅玕奏获倮匪首逆腊者布。壬午，勒保奏获匪首庹向瑶、徐添陪、张思从。甲午，庆成奏搜捕余匪，获康二麻、张昌元，加太子太保。

六月己酉，德楞泰奏教匪樊人杰溺水死，俘其妻孥，余匪歼尽，晋封三等侯。甲寅，命刘权之、德瑛为军机大臣。乙卯，达椿卒，以长麟为礼部尚书。命保宁管理兵部。以禄康、恭阿拉为汉军都统。

秋七月辛未，勒保奏剿歼黄、白、青、蓝四号贼匪，晋一等男。庚辰，陕西贡生何泰条陈黜奢崇俭，挽回风气。得旨可采，赏大缎二匹。甲申，大学士王杰致仕，加太子太傅，在籍食俸。戊子，上秋狝木兰。癸巳，诏曰："广东博罗监犯越狱一案，经朕硃谕查询，始据该督抚据实陈奏。则天下事之不发觉者多矣，殊堪感叹，更深懔畏。除分别惩治外，尚其大法小廉，用副澄叙官方至意。"以兴奎为西安将军，明亮为乌鲁木齐都统。甲午，额勒登保奏获逆首苟文明。谕："适到木兰，便闻捷音。教匪起事诸犯，只余此贼。今既授首，不难肃清。额勒登保晋一等伯，杨遇春以下，各优予叙赉。"张若渟卒，以熊枚为刑部尚书。转汪承霈为左都御史，戴衢亨为兵部尚书。

八月己亥朔，日有食之。诏曰："月朔日食，月望月食，天象示儆，兢惕时深。朕躬有阙失欤？剿捕邪匪，余孽未尽，其应靖以兵威，或迪以德化欤？政事有不便於民者，或一时行之，日久则滋流弊欤？其各谠言无隐。至月食修刑，惟当於明法敕罚，力求详慎，所当与内外诸臣交勉焉。"以朱珪协办大学士。癸卯，以嵇承志为东河河道总督，以刘清为四川按察使。乙卯，上行围。越南农耐、阮福映率属内附，缴前藩敕印。诏许其入贡。辛酉，德楞泰奏获贼首蒲添宝。

九月庚辰，上回銮。戊子，上谒陵。辛卯，还京。丙申，吴熊光奏毙黄号匪首唐明万。

冬十月己酉，杭州将军弘丰卒，以张承勋为杭州将军。壬子，勒保奏获白号贼首张简、蓝号贼首汤思蛟。丁巳，德楞泰奏毙贼首戴四，获贼目赵鉴。

十一月戊辰朔，德楞泰奏获贼首陈传学。庚午，诏以吉庆办理博罗会匪，奏报不实，免协办大学士，命那彦成查办。寻解总督，敕瑚图理署理。丙戌，额勒登保奏获贼首景英，晋三等侯。

十二月戊戌朔，安徽宿州盗匪作乱，费淳等讨平之。癸丑，诏额勒登保、德楞泰、勒保、惠龄、吴熊光会报川、陕、楚教匪荡平。封额勒登保、德楞泰一等侯，勒保一等伯，明亮一等男，赛冲阿、杨遇春以次封赉。并推恩成亲王永瑆等、军机大臣庆桂、董诰等。乙丑，祫祭太庙。

是岁，免直隶、陕西、江西、四川等省五十六厅州县灾赋。除江苏、福建、山东十县卫坍田额赋。朝鲜入贡。

八年癸亥春正月庚午，以倭什布为两广总督。丁丑，命伊犁广开民田。张诚基以剿办义宁州土匪陈奏不实，论绞。乙酉，赐贫民棉衣。甲午，上御经筵。

二月己未，上谒东陵。

闰二月戊寅，上还驻圆明园。乙酉，还宫，入顺贞门，奸人陈德突出犯驾。定亲王绵恩、额驸拉旺多尔济及丹巴多尔济等擒获之，交廷臣严鞫。奖赉绵恩等有差。丁亥，祀先农，上亲耕耤田。己丑，诏曰："陈德之事，视如猘犬，不必穷鞫。所惭愳者，德化未昭，始有此警予之事耳。即按律定拟。"是日，陈德及其二子伏诛。予告大学士王杰陛辞，赐玉鸠杖，御书诗章，驰驿回籍。庚寅，严申门禁。

三月丙申，御试翰林。甲辰，甘肃提督穆克登布以剿捕余匪阵亡，赠二等男。恤湖北阵亡总兵王懋赏等世职。庚申，皇后行躬桑礼。

四月丙戌，上祈雨。丁亥，雨。

五月乙未，建宗室、觉罗住房。癸丑，以富俊为吉林将军。

六月戊子，尚书彭元瑞乞休，允之，仍总裁《高宗实录》。以费淳为兵部尚书，陈大文为两江总督。己丑，封阮福映为越南国王。

秋七月乙巳，以那彦成为礼部尚书。丁未，以三省余匪肃清，优叙额勒登保、德楞泰及军机大臣。壬申，上巡幸木兰。

八月壬午，调富俊为盛京将军。以停止行围回銮。辛卯，上还京。

九月戊申，致仕尚书、前协办大学士彭元瑞卒。

冬十月壬申，琅玕奏获首犯恒乍纲，傈僳匪平。癸未，葬孝淑皇后於山陵。

十一月戊戌，朱珪等请磨敬一亭明代碑文，上不许。

十二月己丑，祫祭太庙。

是岁，免直隶、山东、河南、江苏、安徽、陕西、湖北、四川、云南、甘肃等省四百十八厅州县卫灾赋逋赋有差。朝鲜、越南入贡。

九年甲子春正月丁未，调兴奎为宁夏将军，赛冲阿为西安将军。

二月壬戌，上御经筵。癸亥，上临幸翰林院，赐宴，赋柏梁体诗。戊子，上谒东陵。

三月壬辰，幸盘山。壬寅，诣明陵，奠酒长陵。甲辰，上还京。

夏四月己巳，上阅健锐营兵。丙子，召嵇承志来京，以徐端署河东河道总督。

五月甲午，上祈雨黑龙潭。丁酉，雨。丁未，铁保奏进八旗诗一百三十四卷，赐名《熙朝雅颂集》。

六月壬戌，玉德等奏海盗蔡牵扰及鹿耳门，突入汕木寨。得旨：追擒务获。戊辰，以禄康协办大学士，明亮为工部尚书，长麟为刑部尚书，费淳为吏部尚书。德瑛罢直军机处，以那彦成、英和为军机大臣。乙亥，惠龄卒，以那彦成为陕甘总督。恤捕海盗阵亡总兵胡振声，赠提督，予世职，录用其子。

秋七月丙午，上巡幸木兰。庚子，初彭龄以诬参吴熊光褫职。癸丑，以岁周浃甲，停本年决囚。

八月己未，清查湖北滥支军需，追罚福康安、和珅之子并毕沅等。丁丑，上回銮谒陵。

九月庚寅，上幸南苑行围。辛卯，以搜捕三省余匪净尽，甄叙额勒登保以次有差。甲午，上还京。

冬十月癸酉，广西武缘知县孙廷标匿伤纵凶，特旨处绞，臬司公峩遣戍乌鲁木齐。己卯，上御惇叙殿，赐宴宗室诸王。

十一月戊申，调那彦成为两广总督，倭什布为陕甘总督。

十二月丁卯，调徐端为江南河道总督。庚辰，大学士刘墉卒。甲申，祫祭太庙。

是岁，免直隶、湖北、四川等省二十一厅州县灾赋有差。朝鲜、暹罗入贡。

十年乙丑春正月乙未，予告大学士王杰因赐寿来京卒，优诏恤赠。辛亥，以朱珪为大学士，纪昀协办大学士，以铁保为两江总督。诏内务府大臣严行约束内监，稽其出入，纂入《宫史》，著为令。

二月己未，上御经筵。己巳，礼亲王永恩薨，子昭梿袭。协办大学士纪昀卒，调刘权之礼部尚书、协办大学士。

三月己丑，上幸南苑行围。己亥，上谒泰陵。丙午，回銮，阅健锐营兵。戊申，上还京。以弘康为广州将军。

夏四月辛巳，御史蔡维钰疏请查禁西洋人刻书传教。得旨：一体查禁。戊寅，赐彭浚等二百四十三人进士及第出身有差。

五月甲申朔，诏内务府大臣管理西洋堂，未能严切稽查，任令传教，下部议处。其经卷检查销毁，习教之佟澜等罪之。戊申，追叙削平教匪清野功，加勒保太子太保，明亮一等子。

六月庚申，颜检以失察亏帑黜免，调吴熊光为直隶总督，百龄为湖广总督。丁丑，永定河决。

闰六月癸未，刘权之免，以费淳协办大学士，秦承恩为左都御史。戊戌，永定河合龙。乙巳，以清安泰为浙江巡抚。

秋七月壬辰，上诣盛京谒陵启銮。

八月丙戌，上祭北镇庙。乙未，上谒永陵。丙申，行大飨礼。阅吉林官兵射。庚子，上谒福陵，行大飨礼。辛丑，上谒昭陵，行大飨礼。临奠克勤郡王岳託、武勋王扬古利、弘毅公额亦都、直义公费英东墓。上驻跸盛京，诣宝册前行礼。甲辰，诣天坛、地坛行礼。乙巳，上御崇政殿受贺。御前大臣、三等公额勒登保卒，建祠京师。以庆成为成都将军。丙午，上御大政殿，赐扈从王大臣及朝鲜陪臣宴。御制《盛京颂》八章。赐朝鲜国王李松御书匾额。戊申，上回銮。

九月己巳，上谒东陵。壬申，还京。丙子，临奠额勒登保。

冬十月甲午，命戴均元驰赴南河勘工。丙申，英吉利国王入贡，赐敕并文绮。辛丑，那彦成免，调吴熊光为两广总督，裘行简署直隶总督。癸卯，以赛冲阿为广州将军。

十一月丙辰，百龄免，以全保为湖广总督。己未，以庆溥为湖北提督。

十二月丁未，祫祭太庙。

是岁，免直隶、山西、陕西等省三十四州县灾赋及两淮十一场额课有差。会计天下民数三万三千二百一十八万一千四百三名口，谷数 二千九百四十一万一千九百九十九石七升三合二勺。朝鲜、英吉利入贡。

十一年丙寅春正月壬子，海盗蔡牵陷凤山县，命玉德剿办，调广州将军赛冲阿驰往督办。丙子，那彦成以在署演戏，滥收海盗，夺职，戍伊犁。

二月癸未，上御经筵。辛卯，上谒东陵。甲辰，上幸南苑行围。戊申，还京。

三月己丑，台湾总兵爱新泰克复凤山县，予世职。

夏四月辛卯，上阅健锐营兵。癸巳，李亨特免，以吴璥为河东河道总督。丙申，续编《皇清文颖》。

五月丙寅，玉德罢，以阿林保为闽浙总督。

六月戊寅，调姜晟为工部尚书，秦承恩为刑部尚书。庚辰，庆成以奏对失实削职，戍黑龙江。以特清额为成都将军。庚寅，以戴均元为江南河道总督，徐端为副总河。庚子，命德楞泰管理兵部。

秋七月癸亥，宁陕镇新兵陈逢顺纠党戕官，陷洋县，扰及宁羌。命德楞泰统巴图鲁侍卫、索伦兵剿之。丁卯，上巡幸木兰。

八月庚寅，上行围。甲辰，李长庚奏剿歼蔡牵匪党多名，蔡牵逸。

九月乙巳，发巴图鲁侍卫、索伦等兵赴陕西。癸丑，论直隶失察侵帑案，颜检戍乌鲁木齐，降姜晟、陈大文、熊枚四品京堂。起初彭龄为安徽巡抚。庚申，起刘权之为左都御史。癸亥，上还京。

冬十月丁丑，德楞泰奏剿平洋县叛兵。甲申，以全保为陕甘总督，汪志伊为湖广总督，曹振镛为工部尚书。丁亥，以温承惠为直隶总督。起阮元署福建巡抚，以病辞。调张师诚为福建巡抚。金光悌为江西巡抚。癸巳，以和宁为乌鲁木齐都统。大学士保宁乞休，优诏致仕，予食全俸。

十一月庚申，以禄康为大学士，长麟协办大学士，文宁为步军统领。诏以德楞泰剿办叛兵，宽大受降，切责之，降杨遇春宁陕镇总兵，杨芳遣戍伊犁，即押降兵赴戍。

十二月戊寅，大学士朱珪卒。己卯，上临第赐奠。庚辰，特诏旗民力求节俭。辛丑，祫祭太庙。

是岁，免直隶、四川等省三十五厅州县灾赋有差。朝鲜、琉球入贡。

十二年丁卯春正月丙午，以费淳为大学士，戴衢亨协办大学士。癸亥，诏曰："从前剿办邪匪，乡勇过多。迨事平遣散为难，多令入伍充兵。今陕之宁陕，川之绥定，迭报新兵滋事，随时剿平。此等犷悍之徒，必须随时惩创，勿令别生事端。"戊辰，陕西瓦石坪新兵滋事，讨平之。

二月甲戌，上御经筵。戊子，积拉堪罢，削爵。壬辰，上谒东陵。

三月壬辰，上幸南苑行围。辛亥，谒西陵。甲寅，还京。丁巳，《高宗实录》、《圣训》成。辛巳，上祈雨。甲子，雨。

夏四月丙戌，上阅健锐营兵。庚子，上祈雨。

五月己丑，雨。己未，以长龄为陕甘总督，萨彬图为漕运总督。丙寅，增定河工料价。雍正以来，常年工费率六十万。自此驯增百六十万。

六月乙未，禁督抚幕友朦保入官。

秋七月乙巳，命编修齐鲲、给事中费锡章册封琉球国王。戊午，上巡幸木兰。

八月乙酉，上行围。

九月丙午，上还驻木兰。暹罗私招商人贸易，降敕训止之。辛亥，上回銮。甲寅，阅古北口兵。丙辰，还京。

冬十月乙未，令武乡、会试内场罢策论，默写《武经》。

十一月辛丑，塞陈家浦坝口，导黄河由故道入海。

十二月癸未，调清安泰为河南巡抚，以阮元为浙江巡抚。癸巳，祫祭太庙。是岁，免直隶、江苏、四川、甘肃等省四十七州县灾赋监课。除江苏、福建、山西五县水冲坍田额赋。朝鲜、琉球、南掌入贡。

十三年戊辰春正月戊午，浙江提督李长庚追击海盗，卒於军，赠伯爵。以部将王得禄为浙江提督。

二月丁卯，命皇次子释奠先师孔子。庚午，上御经筵。丙子，予告大学士保宁卒。戊寅，特诏奖叙湖南辰沅永靖道傅鼎，加按察使衔。

三月庚子，上谒东陵。壬午，上巡阅天津长隄。丙辰，以徐端为南河河道总督。己未，上阅天津镇兵。丙寅，上幸南苑行围。命长麟、戴衢亨勘察南河。

夏四月戊辰，上还京。辛卯，赐吴信中等二百六十一人进士及第出身有差。

五月癸卯，长麟、戴衢亨奏查勘河工，请用一百三十余岁张姓老民指出靳辅旧於天然闸东建闸二座，验有坝基，拟请修复。得旨照准，赏老民银缎。庚申，修阙里孔庙。

闰五月壬午，湖南提督仙鹤翎以表贺生皇长孙失辞，罢。

六月甲辰，御制《耕织图诗》，刊於《授时通考》。乙巳，秦承恩免，以吴璥为刑部尚书。

秋七月庚辰，上巡幸木兰。

八月己酉，上行围。甲寅，恤广东捕盗被戕总兵林国良世职。

九月己卯，上还京。

冬十月癸巳朔，日有食之。

十一月壬午，吴熊光罢，以永保为两广总督。庚寅，以兴肇为杭州将军。

十二月午辰朔，命皇次子诣大高殿祈雪。己亥，上祈雪。乙巳，雪。以周兴岱为左都御史。己未，祫祭太庙。

是岁，免直隶、四川等省十三厅州县灾赋逋赋。除直隶、江苏、浙江、福建、云南、甘肃等省十一厅州县冲田额赋，浙江、福建二场坍地额课。朝鲜、琉球入贡。

十四年己巳春正月辛酉朔，上五旬万寿节，颁诏覃恩，加封仪亲王永璇子绵志、成亲王永瑆孙奕纶为贝勒，加恩藩臣、廷臣有差。丁卯，以百龄为两广总督。壬申，广兴有罪处斩，子蕴秀戍吉林，籍其家。缘以降黜者多人，长龄戍伊犁。以和宁为陕甘总督。

二月壬辰，上御经筵。壬寅，上制《崇俭诗》、《义利辨》，颁示廷臣。丁未，上谒东陵。丁巳，福建总兵许松年歼毙海盗朱渍，予世职。己未，上还京。

三月癸亥，上谒西陵。丙子，还京。西安将军、三等公德楞泰卒。己卯，松筠奏遣戍叛兵蒲大芳、马友元等一百余人在戍不法，均分起诛讫。上责基滥杀，夺职。以晋昌为伊犁将军，兴肇为荆州将军。

夏四月甲寅，赐洪莹等二百四十一人进士及第出身有差。吴熊光戍伊犁，百龄劾之也。孙玉庭罢。

五月丁丑，特诏切责廷臣泄沓。戊寅，巡漕御史英纶以贪婪卑污处绞。

六月乙未，仓场黑档盗米事发，责黜历任侍郎有差。丁未，以松筠为陕甘总督。

秋七月戊辰，诏停本年秋决。江苏查赈知县李毓昌为山阳知县王伸汉毒毙，下部鞫实，王伸汉立斩，知府王毂立绞，家丁李祥等均极刑，总督铁保夺职遣戍，巡抚汪日章夺职。上制《悯忠诗》，赐其嗣子李希佐举人、控诉得申武生李清泰武举。调阿林保为两江总督，以方维甸为闽浙总督。壬申，给事中花杰以参劾军机大臣戴衢亨徇私不得直降官。乙亥，诏曰："朕痌瘝在抱，每直省报灾，无不立霈恩施，多方赈恤。乃督抚不加查察，致有冒赈之事。如近日宝坻、山阳二案，竟谋毙持正委员，岂可不加以惩治，非有所靳惜也。御史周钺因请报灾之处，另委道府详查。不知道府又安尽贤能。现在宝坻一案，该管东路同知归恩燕即曾索银三千两。山阳一案，该管知府王毂收银二千两。设遇此类道府，又可信乎！道府亦不能遍历村庄，仍委之委员，益不足凭矣。其要惟在督抚得人耳。至若以查灾为难，因而相率讳灾，则其咎更重矣。将此通谕知之。"壬午，上巡幸木兰。

八月庚戌，浙江学政、侍郎刘凤诰以监临舞弊褫职，戍黑龙江。巡抚阮元以徇隐夺职。

九月己未，以庆成为福州将军。庚申，上还京。己巳，张师诚疏报王得禄、邱良功合剿海盗蔡牵，紧逼贼船，冲断船尾，蔡牵落海淹毙。予王得禄子爵，邱良功男爵。壬申，百龄疏请粤盐改陆运，从之。

冬十月癸巳，上万寿节，御太和殿受贺，赐宴。庚戌，阿林保疏请漕粮加折收纳，上严斥之。

十一月壬辰，以松筠为两江总督，那彦成为陕甘总督。

十二月戊戌，以失察工部书吏冒领户部、内务府官银，禄康、费淳以次降黜。甲寅，祫祭太庙。

是岁，免直隶、江苏等省二十四州县灾赋。除顺天文安洼地、浙江钱清场、湖南茶州坍地田赋。朝鲜、琉球、暹罗、越南、南掌入贡。

十五年庚午春正月丙子，以刘权之为协办大学士。

二月己丑，上御经筵。壬辰，长麟以疾免，以瑚图礼为刑部尚书，托津为工部尚书。丙申，召勒保来京，以常明为四川总督。丙子，诏以鸦片烟戕生，通饬督抚断其来源。

三月甲子，上谒东陵。戊寅，上幸南苑行围。癸未，还京。

夏四月丁酉，上阅健锐营兵。

五月癸亥，勒保以不奏匿名书，罢大学士，降工部尚书。复以禄康为大学士，明亮协办大学士。以戴衢亨为大学士，费淳为工部尚书。

六月戊戌，改热河副都统为都统，以积拦堪补授。壬子，百龄以擒解海盗乌石二功，予轻车都尉世职。

秋七月甲寅，永定河溢。壬申，上巡幸木兰。辛巳，以徐端为南河河道总督。修改云梯关海口，命马慧裕督办。

八月戊戌，上行围。壬子，以皂保为蒙古都统。设广东水师提督，阳江镇水师总兵。

九月己未，以汪志伊为闽浙总督，马慧裕为湖广总督，恭阿拉为工部尚书。甲子，永定河漫口合龙。己巳，上还京。乙亥，增南河秸料价银。

冬十月甲午，江南高堰、山盱两堤决坝。丁酉，定部院直日例。

十一月壬戌，前吉林将军秀林以盗用参银，赐死。

十二月丙申，广西疏报寿民蓝祥一百四十二岁，特赐御制诗章、御书匾额、六品顶戴、银五十两。丁酉，马慧裕奏云梯关大工合龙，河归正道入海。得旨嘉奖。己亥，以陈凤翔为江南河道总督。壬寅，调兴肇察哈尔都统。己酉，祫祭太庙。

是岁，免直隶七州县灾赋。除江苏丹徒、上海坍田，安徽无为州废田田赋。朝鲜、暹罗入贡。

十六年辛未春正月戊午，以云梯关、马港新筑长堤，增设淮海道，海安、海阜二厅同知。癸酉，以百龄为刑部尚书，松筠调两广总督，勒保为两江总督。

二月壬午，上御经筵。丁亥，释奠先师孔子。诏曰："朕因连年南河河工糜费至四千余万，特命托津、初彭龄前往查察。兹据奏覆，查勘工帐银款出入尚属相符，而工程未尽坚固。此实历任河臣之咎，吴璥、徐端俱降革有差。在工人员一并斥革。其未发银六十万，并著停发。"

三月丙寅，上谒西陵。壬午，谒陵礼成，西巡五台山。乙亥，工部尚书费淳卒，赠大学士。以肃亲王永锡为蒙古都统。

闰三月庚辰，上驻跸五台山。乙酉，上回銮。丙申，上谒尧母陵、帝尧庙行礼。戊戌，上阅直隶绿营兵，幸莲池书院，遣官祭明臣杨继盛祠。癸卯，上还京。

夏四月戊申，大学士戴衢亨卒。甲子，上祈雨。致仕协办大学士长麟卒。壬申，赐蒋立镛等二百三十七人进士及第出身有差。以福庆为汉军都统，崇禄为蒙古都统。

五月辛巳，以刘权之为大学士，邹炳泰协办大学士，刘镮之兵部尚书。丁亥，上再诣天神坛祈雨。庚寅，雨。

六月壬午，明亮以覆奏不实，降副都统。以松筠为协办大学士。癸丑，禄康以覆奏不实，降副都统。以勒保为大学士，管理吏部，吉纶为工部尚书、步军统领。乙丑，湖南按察使傅鼒卒，赠巡抚，许建专祠。

秋七月戊寅，命光禄寺少卿卢荫溥入直军机处，加四品卿衔。壬辰，禁西洋人潜居内地。丙申，上巡幸木兰。癸丑，江南李家楼河决。乙巳，兴肇以老免，起贡楚克扎布为察哈尔都统。

八月壬戌，上行围。

九月己卯，建兴安大岭神祠，春秋致祀。戊子，上回銮。乙未，以松筠为吏部尚书，蒋攸铦为两广总督。丁酉，上谒陵。庚子，上还京。辛丑，四川十二支岭夷向化，改土归流。

十一月庚子，敕改运河邳、宿工程复归河员管理。

十二月癸丑，以和宁为盛京将军。癸酉，祫祭太庙。

是岁，免顺天、江苏、河南等省八州县灾赋。除甘肃逋赋，又除喀什噶尔回庄田赋。朝鲜、琉球、暹罗、缅甸入贡。

十七年壬申春正月壬午，时享太庙，命皇次子行礼。

二月甲辰朔，上御经筵。

三月丙子，上谒东陵。乙丑，上幸南苑行围。辛卯，以明亮为西安将军。壬辰，上御晾鹰台，大阅八旗官兵。丙申，上还京。

夏四月甲辰，诏曰："八旗生齿日繁，亟宜广筹生计。朕闻吉林土膏沃衍，地广人稀。柳条边外，参场移远，其间空旷之地，不下千有余里，多属腴壤，流民时有前往耕植。应援乾隆年间拉林成案，将闲散旗丁送往吉林，拨给地亩，或耕或佃，以资养赡。农暇仍可练习骑射，以备当差，教养两得其益。该将军等尽心筹画，区分栖止，详度以闻。"丙辰，上阅健锐营兵。癸亥，护军统领扎克塔尔卒，予银三百两。

五月戊子，温承惠奏滦州拿获金丹、八卦邪教董怀信等。得旨：从严惩办。

六月乙巳，移闲散宗室於盛京居住，筑室给田给银。

秋七月戊子，上巡幸木兰。

八月壬子，陈凤翔以不职免，以黎世序为江南河道总督。甲寅，以阮元为漕运总督。丙辰，上行围。

九月戊子，上还京。甲午，庆桂以年老罢，以松筠为军机大臣。

冬十月丁卯，以恭阿拉为礼部尚书。

十一月辛未，以景安为理藩院尚书兼汉军都统。

十二月壬子，以铁保为礼部尚书，潘世恩为工部尚书。甲寅，以兴肇为江宁将军。

是岁，免顺天、奉天、直隶、河南、安徽等省二十七州县灾赋、逋赋、旗租，台湾噶玛兰水冲田赋。朝鲜、暹罗入贡。

十八年癸酉春正月乙亥，军机大臣松筠罢为御前大臣，以勒保为军机大臣。

二月庚子，上御经筵。

三月丁丑，上幸南苑行围。丙戌，上谒西陵。丙申，上还京。

夏四月己亥，以明亮为蒙古都统。甲寅，上祈雨。癸亥，以富俊为黑龙江将军。

五月庚辰，上祈雨。壬辰，雨。

六月乙卯，赐进书生员鲍廷博举人。庚申，以松筠为伊犁将军。

秋七月甲戌，申严贩运鸦片烟律，食者并罪之。丁丑，御史冯大中疏言中外臣工办事迟延怠缓，请旨稽核，上是之。壬午，上巡幸木兰。

八月庚戌，上行围。

九月甲子，上以阴雨减围。癸酉，上回銮。乙亥，河南睢州河溢。河南滑县八卦教匪李文成纠众谋逆，知县强克捷捕系狱。其党冯克善、牛亮臣陷县城，克捷死之。直隶长垣、山东曹县贼党咸应。上命高杞、同兴防堵，温承惠佩钦差大臣关防剿之。召杨遇春统兵北上。贼党徐安帼陷长垣，戕知县赵纶。金乡知县吴阶捕贼崔士俊等。戊寅，上行次白涧。是日，奸人陈爽数十人突入紫禁城，将逼内宫。皇次子用枪殪其一人。一贼登月华门墙，执旗指挥，皇次子再用枪击之坠，贝勒绵志续殪其一。王大臣率健锐、火器营兵入，尽捕斩之。己卯，诏封皇次子为智亲王，绵志郡王衔。论捕贼功，各予奖叙。夺吉纶职，以英和为步军统领。庚辰，诏曰："朕绍承大统，不敢暇逸，不敢为虐民之事。自川、楚教匪平后，方期与吾民共享承平之福，乃昨九月十五日，大内突有非常之事。汉、唐、宋、明之所未有，朕实恧焉。然变起一朝，祸积有素。当今大患，惟在因循怠玩。虽经再三诰诫，舌敝笔秃，终不足以动诸臣之听，朕惟返躬修省耳。诸臣愿为忠良，即尽心力，匡朕之咎，正民之志，切勿依前尸位，益增朕失。通谕知之。"命那彦成为钦差大臣，剿贼河南。以提督杨遇春、副都统富僧德、总兵杨芳带兵协剿。辛巳，首逆林清就擒。壬午，上还京。癸未，以松筠、曹振镛为大学士，托津、百龄协办大学士，铁保、章煦为吏部尚书。丙戌，首逆林清、通逆内监刘进亨等伏诛。

冬十月丙申，祖之望免，以韩崶为刑部尚书。癸卯，山东盐运使刘清大破贼於扈家集，侍卫苏尔慎复定陶、曹县。御史张鹏展疏陈，百姓不敢出首邪匪，由於地方官规避处分，不为受理，或反坐诬。上是之。己酉，那彦成奏各路调兵，再行进剿。上严斥之。甲寅，命托津往督河南军务，桂芳入直军机处。丁巳，恤禁城拒贼伤亡侍卫那伦等世职。己未，禄康、裕瑞失察属人从逆，发盛京禁锢。辛酉，谪降汉军籍、直隶籍之科道官。壬戌，以明亮为兵部尚书。

十一月甲子朔，那彦成奏攻克道口贼巢，进围滑城。丙寅，敕删减公罪则例。壬申，通逆都司曹纶伏诛。戊子，那彦成奏杨芳等攻克司寨山贼寨，歼毙首犯李文成。

十二月丙申，命松筠、长龄筹议新疆经费。丙午，那彦成奏攻克滑城，贼渠宋元成等伏诛，生擒牛亮臣等。予那彦成三等男，杨遇春等以次奖叙有差。命托津留办长垣贼匪。

是岁，免直隶、河南、湖南等省二十六州县灾赋。除江苏、河南、湖南废田田赋。朝鲜、琉球、越南、暹罗入贡。

十九年甲戌春正月壬午，以吴璥为河东河道总督。

二月甲午，上御经筵。乙未，以晋昌为盛京将军。壬寅，成都将军赛冲阿以剿陕西贼匪苗小一等，予三等男，长龄轻车都尉，杨遇春晋一等男。壬子，以富俊为吉林将军，特依顺保为黑龙江将军。丙辰，铁保免，以英和为吏部尚书，奕绍为汉军都统。以戴均元为左都御史。

闰二月甲子，以和宁为礼部尚书。己丑，予死事滑县知县强克捷、教谕吕秉钧、巡检刘斌等世职。

四月乙亥，上阅健锐营兵。豫亲王裕丰失察属人祝现入教，谋逆已发觉，不入奏，削爵。以其弟裕兴袭封。以兴肇为汉军都统。壬午，漕运总督桂芳卒。丙戌，赐龙汝言等二百二十六人进士及第出身有差。

五月癸亥，以和宁为热河都统。

六月庚申朔，日有食之。庚辰，以刘镮之为户部尚书，初彭龄为兵部尚书，署江苏巡抚。

八月甲子，上御经筵。辛未，大学士、威勤伯勒保再乞致仕，许之，命食伯俸。以托津为大学士，明亮协办大学士。戊寅，上谒陵。甲申，上还京。

九月乙未，以景安为户部尚书。

冬十月乙丑，以庆溥为左都御史。己巳，江西巡抚阮元以擒捕土匪，加太子少保。

十一月癸丑，命开垦伊犁、吉林荒地。

十二月癸未，百龄罢协办大学士，以章煦为协办大学士。乙酉，祫祭太庙。

是岁，免直隶二县、河南二县、黑龙江各城灾赋。除奉天岫岩、浙江西安四县废田田赋。朝鲜、琉球入贡。

二十年乙亥春正月甲午，时享太庙，命智亲王行礼。

二月己未，上御经筵。

三月庚寅，上谒东陵。戊申，上还京。甲午，初彭龄以参劾百龄不实，又代茅豫乞病，降官。旋经百龄查覆参奏，夺职。己酉，两广总督蒋攸铦疏陈查禁鸦片烟章程。得旨："洋船到澳门时，按船查验，杜绝来源。官吏卖放及民人私贩者，分别治罪。"

夏四月己巳，上阅健锐营兵。壬午，上制《官箴》二十六章，宣示臣工。

五月丁亥，刑部疏，审明知府王树勋即僧明心，朦混捐保职官。得旨：枷号两个月，遣戍黑龙江。入教侍郎蒋予蒲褫职。

六月戊辰，上制《勤政爱民论》，宣示中外。己卯，常明奏中瞻对土番洛布七力滋事，改委总兵罗思举由下瞻对前往剿办。其剿办不力之总兵罗声皋及捏禀之都司图棠阿均褫职逮问。

秋七月甲午，总兵罗思举办剿瞻对土番洛布七力竣事，下部议叙。癸卯，上巡幸木兰。

八月戊辰，上行围。百龄以捕获编造逆词首犯方荣升功，晋三等男。

九月己亥，上还京。

冬十月庚申，召松筠来京，以长龄为伊犁将军。癸亥，命侍郎那彦宝往勘山西地震灾。

十一月丁亥，礼亲王昭梿以刑比佃丁欠租，削爵圈禁，以麟趾袭。

十二月己卯，祫祭太庙。

是岁，免直隶宁晋二县灾赋。除江苏宝山、靖江，山西静乐废田田赋。会计天下民数三万二千六百五十七万四千八百九十五名口，存仓谷数三千八十万二千八百六十九石九斗一升七合五勺。朝鲜、琉球、暹罗入贡。

二十一年丙子春正月丙戌，特诏诸亲王、郡王勿令内监代为奏事，致开交结之端。

二月壬子，上御经筵。甲戌，上谒东陵。庚辰，上还京。

三月庚寅，上谒西陵。辛丑，上临故大学士朱珪墓赐奠。丁未，上还宫。

夏四月丙子，张师诚以父疾具奏，不候旨即回籍，罢。以胡克家为江苏巡抚。

五月辛卯，以马慧裕为左都御史，孙玉庭为湖广总督。丁未，以鄂勒哲依图为御前大臣。

六月丁丑，休致大学士庆桂卒。戊寅，那彦成缘事褫职逮问，以方受畴为直隶总督。

闰六月戊戌，释昭梿於禁所。壬寅，以戴均元为吏部尚书。

秋七月乙卯，和世泰、穆克登额、苏楞额以带领英吉利国使臣，不谙事体，不克入觐，俱黜降。以松筠为满洲都统，和宁为工部尚书。乙丑，上巡幸木兰。

八月壬辰，上行围。九月戊午，上回銮。阅古北口兵。壬戌，上还京。

冬十月戊子，命松筠署两江总督，章煦为军机大臣。

十一月壬子，百龄卒，调孙玉庭为两江总督，阮元为湖广总督。丙辰，以绵志为领侍卫内大臣。

十二月癸卯，祫祭太庙。

是岁，免直隶、河南、浙江、湖南等省五十六州县灾赋有差。朝鲜、琉球、英吉利入贡。

二十二年丁丑春正月壬申，上御经筵。

二月丁丑，释奠先师孔子。癸未，以长龄为陕甘总督，晋昌为伊犁将军，富俊为盛京将军。

三月甲辰朔，以董教增为闽浙总督。戊申，增设天津水师营总兵官，专辖水师两营。壬子，上谒东陵。己巳，上还京。辛未，章煦免，以戴均元协办大学士，卢荫溥为兵部尚书，汪廷珍为左都御史。

夏四月丁亥，上阅健锐营兵。庚寅，停伊犁仲夏进马。辛卯，云南夷匪平，加伯麟太子少保。戊戌，赐吴其濬等二百五十五人进士及第出身有差。

五月辛酉，上祈雨。壬戌，雨。以玉麟为驻藏大臣。丁卯，福建布政使李赓芸被诬自缢，遣熙昌、王引之鞫其事，得实。奉旨：总督汪志伊、巡抚王绍兰俱夺职。壬申，上制《望雨省愆说》。

六月甲戌，松筠疏请停止明年奉谒祖陵。奉旨严斥，罢大学士，黜为察哈尔都统。以明亮为大学士，伯麟协办大学士，和宁为兵部尚书。以赛冲阿为御前大臣，德宁阿为成都将军。

秋七月庚申，上巡幸木兰。以苏楞额为工部尚书，和世泰为理藩院尚书。

八月丁亥，上行围。壬辰，积拉堪罢，以毓秀为杭州将军。

九月癸丑，常明卒，以蒋攸铦为四川总督，阮元为两广总督，庆保为湖广总督。庚申，上还京。庚午，上制《谏臣论》，颁都察院。

冬十月辛未朔，日有食之。

十一月乙丑，以伊冲阿为热河都统。

十二月甲戌，免云南铜厂逋银。丁酉，祫祭太庙。

是岁，免直隶八县、黑龙江三城灾赋。除奉天承德，直隶定州，江苏丹徒、江阴，江西丰城，河南孟县，福建侯官等县水冲、河压田赋。朝鲜、琉球、越南入贡。

二十三年戊寅春正月戊申，特诏松筠勿沽名市惠，以保桑榆。甲寅，诏明亮年逾八旬，宜节劳颐养，勿庸常川入直，并免带领引见承旨。

二月庚午，命戴均元、和宁为军机大臣。大学士董诰致仕，命食全俸。庚辰，上御经筵。己丑，上阅火器营兵。

三月庚子，上谒西陵。庚戌，以章煦为大学士，汪廷珍为礼部尚书，吴芳培为左都御史。戊午，上还京。

四月戊辰朔，日有食之。乙亥，风霾。丙子，诏曰："昨日酉初三刻，暴风自东南来，尘霾四塞，燃烛始能辨色。其象甚异。朕心震惧惕，思上苍示警之因，稽诸《洪范》咎征，蒙恒风若之义，皆朕莅事不明、用人不当之所致也。有言责者，体朕遇灾而惧之心，剀切论列，无有所隐。即下民有冤抑者，亦可据事代为直陈，以副朕修德弭灾之意。"给事中卢浙疏言，风沙示警，请禁员弁贪功妄捕，扰累平民。得旨："所奏甚是。林清案内逸犯饬缉，承缉员弁辄以他犯塞责。番役兵丁，乘机肆虐，诬陷索拷，无所不至。比到官审明，业已皮骨仅存，资产荡尽，甚有因而殒命者。冤苦莫诉，宜致斯灾。所有次要五十余犯，概令停缉。即祝现等六犯，亦只交刑部存记，获日办理。嗣后捕役有犯前情，该管官严刑重惩，以其家产付诸被诬之家，庶可儆恶习而安良懦。"己卯，钦天监疏言："谨按《天文正义》，天地四方昏濛，若下尘雨，名曰霾。故曰天地霾，君臣乖，大旱，又主米贵。"得旨："初八日之事，正与《正义》之象相同。惟朕恪遵成宪，日日召见臣工，前席周谘，似不致於乖离。但此其迹也，其实与朕同心望治，有几人哉！不敢面诤，退有后言，貌合而情暌，是即乖也。其於同僚，不为君子之和而为小人之同，是亦乖也。我君臣其交儆焉。"庚辰，上祈雨。戊子，上再祈雨。辛卯，雨。

五月戊戌，诏曰："馆臣呈进敕修《明鉴》，於万历、天启载入先朝开创之事，又加按语颂扬，於体例均为未合。副总裁侍郎秀宁降为侍卫，前往新疆换班。正总裁曹振镛等各予薄罚，另行纂辑。"

六月壬申，武陟沁河溢，旋报合龙。

七月甲子，上东巡启銮。

八月丁卯朔，诏以取道民田，免经过奉天、承德四州县额赋。戊子，颁行《皇朝通礼》。壬午，上祭北镇。辛卯，谒永陵，行大飨礼。

九月丙申朔，谒福陵。丁酉，谒昭陵，均行大飨礼，诣宝册前行礼。上制《再举东巡庆成记》。临奠克勤郡王岳託、武勋王扬古利、弘毅公额亦都、直义公费英东墓。加恩额亦都后裔五人，费英东后裔一人。庚子，上诣天坛、堂子行礼。辛亥，上回銮。丁巳，以富俊为吉林将军，赛冲阿为盛京将军。

冬十月庚午，上驻跸兴隆寺。辛未，万寿节，行宫受贺。癸酉，上谒东陵。丙子，上还京。辛巳，予告大学士董诰卒，上临第赐奠。

十一月戊申，以奕灏为蒙古都统。辛亥，诏曰："国家临御年久，宜加意於人心风俗。而人心之正，风俗之醇，则系於政教之得失。其间消息其微，系於国脉甚重，未可视为迂图也。天下事有万殊，理归一是。从严、从宽，必准诸理。施行所及，乃能大畏民志。民志定，民心正矣。凡我君臣，当以忧盛危明之心，不为苟且便安之计。其於风俗之淳薄，尤当时时体察，潜移默化，整纲饬纪，正人心以正风俗。亮工熙绩，莫重於斯。期与内外臣工交勉之。"

十二月戊辰，上祈雪。戊子，以八十六为广州将军，松筠为礼部尚书。以刘镮之为左都御史。壬辰，祫祭太庙。

是岁，免顺天、直隶、山东、安徽、甘肃、云南等省七十九州县灾赋有差。朝鲜、琉球入贡。

二十四年乙卯春正月甲午朔，上六旬万寿，颁诏覃恩，赐廷臣宴。封皇三子绵恺为惇亲王，皇四子绵忻为瑞亲王，皇长孙奕纬为贝勒。晋封绵志、奕绍等有差。丁巳，和宁免直军机，以侍郎文孚为军机大臣。

二月甲子，上御经筵。

三月己亥，上谒东陵。壬子，上幸南苑行围。己未，上谒西陵。

夏四月甲子，上还京。庚辰，上阅健锐营兵。丙戌，赐陈沆等二百二十四人进士及第出身有差。戊子，罢凤阳、九江两关监督，由巡道兼理。己巳，上祈雨。庚寅，以松筠为内大臣。

闰四月己酉，上诣天神坛祈雨。是日，雨。

五月乙酉，成亲王永瑆以告祭礼愆，罢职削俸归第。以英和、和世泰俱为满洲都统。

六月癸卯，调松筠为工部尚书。

秋七月壬戌，以郑亲王乌尔恭阿为汉军都统。庚申，上巡幸木兰。壬午，永定河决，命吴璥、那彦宝勘筑。

八月辛卯，河南兰阳北岸河溢。予告大学士、威勤伯勒保卒，赠一等侯。

九月壬戌，上还京。癸酉，罢松筠御前大臣为盛京将军。

冬十月乙未，万寿节，上御太和殿受贺。侍郎周系英因参劾湖南客民焚杀，兼致私书，革职，并斥革其子举人。

十一月乙巳，晋封明亮三等侯。

十二月庚子，吴邦庆以奏覆湖南客民焚杀案不实，降官。丙午，董教增疏请洋船准贩茶叶，得旨斥驳。丙辰，祫祭太庙。

是岁，免直隶、浙江、湖南等省三十九州县卫灾赋旗租有差。除江苏川沙厅、宝山县废地田赋。朝鲜、琉球、越南、暹罗、南掌入贡。

二十五年庚辰春正月壬申，诏优恤老臣明亮、和宁等，毋庸来园带领引见。

二月己丑，上御经筵。癸卯，章煦以疾致仕，以戴均元为大学士，吴璥协办大学士。戊申，上阅火器营兵。乙卯，庆郡王永璘有疾，上临视，晋封亲王。

三月甲子，上谒东陵。兵部遗失行印，事闻，明亮以次罚降有差。乙丑，上诣明成祖、宣宗、孝宗陵奠酒。己巳，庆亲王永璘薨。戊寅，上还京。临故庆亲王第赐奠，命其子绵慜袭郡王。

夏四月甲午，上诣八里庄庆僖亲王殡所赐奠。庚戌，赐陈继昌等二百四十六人进士及第出身有差。

六月癸卯，禁王公私设谙达及买民女为妾。松筠黜为骁骑校。

秋七月壬申，上巡幸木兰。方受畴等疏呈嘉禾。戊寅，驻跸避暑山庄。己卯，上不豫，向夕大渐。宣诏立皇次子智亲王为皇太子。日加戌，上崩於行宫，年六十有一。

八月乙巳，奉移梓宫还京。十月甲辰，恭上尊谥曰受天兴运敷化绥猷崇文经武孝恭勤俭端敏英哲睿皇帝，庙号仁宗。道光元年三月癸酉，葬昌陵。

论曰：仁宗初逢训政，恭谨无违。追躬莅万几，锄奸登善。削平逋寇，捕治海盗，力握要枢，崇俭勤事，辟地移民，皆为治之大原也。诏令数下，谆切求言。而吁咈之风，未遽睹焉，是可慨已。

卷十七　　本纪十七

宣宗本纪一

宣宗效天符运立中体正至文圣武智勇仁慈俭勤孝敏宽定成皇帝，讳旻宁，仁宗次子。母孝淑睿皇后，乾隆四十七年八月初十日，生上於撷芳殿。幼好学，从编修秦承业、检讨万承风先后受读。又与礼部右侍郎汪廷珍、翰林侍读学士徐颋朝夕讲论。

乾隆五十六年八月，高宗行围威逊格尔，上引弓获鹿，高宗大喜，赐黄马褂、花翎。嘉庆元年，娶孝穆成皇后。四年四月戊戌，仁宗遵建储家法，亲书上名，缄藏鐍匣。十三年正月，孝穆成皇后薨，继娶孝慎成皇后。

十八年九月，从幸秋狝木兰，上先还京师，而教匪林清党犯阙之变作。是月，戊寅，贼入内右门，至养心殿南，欲北窜。上御枪毙二贼，余贼溃散，乱始平。飞章上闻。仁宗欣慰，封上为智亲王，号所御枪曰"威烈"。谕内阁曰："忠孝兼备，岂容稍靳恩施。"上谦冲不自满假，谢恩奏言："事在仓猝，又无御贼之人，势不由己，事后愈思愈恐。"其不矜不伐如此。

二十五年秋七月，仁宗秋狝热河，上随扈。戊寅，仁宗不豫，己卯，大渐，御前大臣赛冲阿、索特纳木多布斋，军机大臣托津、戴均元、卢荫溥、文孚，总管内务府禧恩、和世泰公启鐍匣，宣示嘉庆四年御书，立上为皇太子。仁宗崩，即日奉大行皇帝梓宫回京。辛巳，尊母后为皇太后，晋封惇郡王绵恺为惇亲王，绵愉为惠郡王。癸未，奉皇太后懿旨："大行皇帝龙驭上宾，皇次子智亲王仁孝聪睿，英武端醇，见随行在，自当上膺付托，抚驭黎元。但恐仓卒之中，大行皇帝未及明谕，而皇次子秉性谦冲，予所深知。为降谕旨，传谕留京王大臣，驰寄皇次子，即正尊位。"上奉懿旨，恭折覆奏，并将御前大臣等启鐍匣所藏嘉庆四年四月立皇太子朱谕进呈。召在籍翰林院侍讲秦承业来京。

八月乙酉，命遵古制行三年之丧，臣民仍照定例持服。免直隶承德府属及经过宛平等五州县明年额赋。癸巳，允王大臣请，持服百日。乙未，大行皇帝梓宫还京师。御史袁铣疏陈定规模、正好恶七事。上优诏嘉纳之。加方受畴太子太保。戊申，大学士、九卿等奏上大行皇帝庙号尊谥曰仁宗受天兴运敷化绥猷崇文经武孝恭勤俭端敏英哲睿皇帝。颁大行皇帝遗诏於朝鲜、琉球、暹罗、越南、缅甸诸国。庚戌，上即皇帝位於太和殿，告祭天地、太庙、社稷，颁诏天下，以明年为道光元年。加恩中外，非常赦不原者，咸赦除之。加黄钺、刘镮之、赛冲阿、孙玉庭、蒋攸铦太子少保。辛亥，停本年秋决。是月，赈河南许州地震灾。贷盛京彰武台边门等处被淹兵丁一年钱粮，并给修屋费。贷巨流河等处一月口粮。

九月己未，尊大行皇帝陵曰昌陵。庚申，切责军机大臣，以拟遗诏错误，罢托津、戴均元军机大臣，文孚、卢荫溥仍留军机大臣，均下部严议。斌静奏沖巴噶什爱曼布鲁特比苏兰奇纠萨木萨克之子张格尔作乱。命庆祥兼程赴喀什噶尔剿之。命大学士曹振镛，尚书黄钺、英和在军机大臣上行走。壬戌，以那彦成为理藩院尚书。命吏部尚书、协办大学士吴璥督理河南仪封河工。调刘镮之为吏部尚书，茹棻为兵部尚书，卢荫溥为工部尚书，黄钺为户部尚书，汪廷珍为礼部尚书，顾德庆为左都御史。起松筠为左副都御史。戊辰，以秦承业为翰林院侍讲学士，命在上书房行走。庚午，上始御西厂幄次，引见廷臣。诏开乡会试恩科。命臣工切实言事。丁丑，豫亲王裕兴以罪夺爵圈禁。壬午，加提督杨遇春太子少保，赏双眼花翎。是月，赈河南睢州等七州县水灾，并给睢州等四州县一月口粮。

冬十月戊子，调英和为户部尚书，那彦成为吏部尚书，穆克登额为工部尚书，普恭为礼部尚书，和世泰为理藩院尚书，松筠为左都御史。辛丑，上大行皇帝尊谥庙号。翌日，颁诏天下，覃恩有差。甲辰，赈江苏被水江宁等八州县、安徽被水凤阳等府所属州县。戊申，以德英阿为乌鲁木齐都统。是月，赈江南海州、安徽泗州等八州县及屯卫水旱灾。给浙江萧山等三十三县贫民口粮。

十一月丙辰，上奉皇太后居寿康宫。戊辰，以魏元煜为江苏巡抚，左辅为湖南巡抚。庚午，冬至，祀天於圜丘。自是每岁如之。癸酉，以诚安为左都御史，松筠为热河都统。甲戌，诚安改镶黄旗汉军都统。以文孚为左都御史。丁丑，翰林院侍讲学士顾莼奏松筠宜置左右，忤旨，下部严议。

十二月甲申，上皇太后徽号曰恭慈皇太后。翌日，颁诏天下，覃恩有差。谕奉皇太后懿旨，立皇帝继妃佟佳氏为皇后。丙戌，和世泰改福州将军。以晋昌为理藩院尚书。调庆保为闽浙总督。以史致光为云贵总督，韩克均为云南巡抚，颜检为福建巡抚。庚寅，河南仪封决口合龙。癸巳，加上孝敬宪皇后、孝圣宪皇后、高宗纯皇帝、孝贤纯皇后、孝仪纯皇后尊谥。英和罢军机大臣，照旧供尚书等职。丙申，以汪廷珍、汤金钊、方受畴、蒋攸铦言查陋规不便予议叙，孙玉庭奏尤为剀切，温谕褒之。起李鸿宾为安徽巡抚。召张映汉来京，以陈若霖为湖广总督，帅承瀛为浙江巡抚。

是岁，朝鲜、琉球来贡。

道光元年春正月癸丑，御太和殿受朝，乐设而不作，不读贺表。丙辰，赏刑部员外郎初彭龄礼部侍郎衔。裁浙江盐政，以巡抚兼管。己未，以文孚为礼部尚书，那清安为左都御史。丁卯，越南进香，表贺，贡方物，诏止之。丙子，朝鲜国王李玜奉表慰唁；廓尔喀王热尊达尔毕噶尔玛萨野奏仁宗升遐成服，贡金缎，赐敕嘉赉之。

二月壬午朔，日食。班禅额尔德尼进贡物，赐敕褒嘉赉之。戊戌，协办大学士吴璥予告。庚子，命孙玉庭为协办大学士，仍留两江总督。加陕甘总督长龄太子少保。甲辰，免江西丰城等六县民借籽种口粮逋谷。

三月辛亥朔，钦天监奏，本年四月初一日，日月合璧，五星联珠。诏："益励寅恭，与内外臣工共图上理，不必宣付史馆。"壬子，以送仁宗睿皇帝梓宫至山陵，命庄亲王绵课等留京办事。癸丑，再免经过地方本年旗租，并给麦田籽种。辛酉，仁宗睿皇帝发引，上奉皇太后送至昌陵。壬戌，廓尔喀进登极表贡，命与道光二年例贡同进。丙寅，上谒泰陵、泰东陵、昌陵、隆恩殿，上孝淑睿皇后尊谥曰孝淑端和仁庄慈懿光天佑圣睿皇后。丁卯，命成都将军呢玛善赴云南帮办军务。癸酉，葬仁宗睿皇帝於昌陵。加托津、曹振镛太子太傅。丁丑，上奉皇太后还京师。戊寅，仁宗睿皇帝、孝淑睿皇后升祔太庙。己卯，以升祔礼成，颁诏天下，覃恩有差。命贵州提督罗思举赴云南军营协剿。是月，贷山西岢岚等十州县、甘肃狄道等五州县上年灾民仓谷口粮。

夏四月丙戌，常雩，祀天於圜丘，仁宗睿皇帝配享，自是岁以为常。庚寅，授呢玛善为钦差大臣，督办云南永北军务。授那清安左都御史。大学士、三等侯明亮致仕。命戴均元、穆克登额、阿克当阿相度万年吉地。甲辰，云南大姚拉古贼平。丁未，上诣大高殿祈雨。戊午，拨江苏海州等州县赈银四十五万六千两。命伯麟为大学士管兵部。以长龄为协办大学士，仍留陕甘总督任。癸亥，诏停本年秋决。甲子，授伯麟体仁阁大学士，曹振镛武英殿大学士。丙寅，封阮福晈为越南国王。以松筠为兵部尚书，庆惠为热河都统。壬申，夏至，祭地于方泽，仁宗睿皇帝配享，自是岁以为常。癸酉，云南永北大姚贼平。

六月辛巳，以张师诚为广东巡抚。甲申，安定门灾。庚寅，上御太和门，命郑亲王乌尔恭阿、顺承郡王伦柱赍册宝诣孝穆皇后殡宫行册谥礼。戊戌，召成龄来京，以李鸿宾为漕运总督，孙尔准为安徽巡抚。除河南新乡县地赋。以琦善为山东巡抚。

秋七月庚戌，刑部尚书和瑛卒，调那彦成为刑部尚书，松筠为吏部尚书，晋昌为兵部尚书。以穆克登布为理藩院尚书。己未，严烺以三品顶戴署河东河道总督。丁卯，调毓岱为江西巡抚。以杨懋恬为湖北巡抚。庚午，上奉皇太后谒西陵，免经过地方额赋十分之三。壬申，上奉皇太后还京师。是月，赈甘肃宁夏等四县水旱灾，并免上年额赋。

八月庚辰，展顺天乡试於九月举行。丁亥，命松筠在军机大臣上行走。以特依顺保为乌里雅苏台将军。癸巳，兵部尚书茹棻卒，以初彭龄代之。乙未，霍罕遣使请入觐，却之。丙午，调张师诚为安徽巡抚，孙尔准为广东巡抚。

九月戊辰，暹罗国王郑佛遣使进香、贡方物，温谕止之。己巳，召长龄来京，以朱勋署陕甘总督。是月，赈安徽宿州等三州县水灾。

冬十月己卯，上御乾清门听政，自是岁以为常。丁亥，调孙尔准为安徽巡抚，嵩孚为广东巡抚。

十一月己未，贵州巡抚陈若霖奏请岁减民、苗佃租二万二千石，给苗疆会试举人川费，允之。壬戌，以河防功加黎世序太子太保衔。

十二月戊子，以邱树棠为山西巡抚。癸巳，吏部尚书刘镮之卒，调卢荫溥为吏部尚书，免军机大臣。调初彭龄为工部尚书。以戴联奎为兵部尚书。

是岁，朝鲜、越南、琉球来贡。

二年春正月丁未朔，方受畴病免，以颜检为直隶总督，长龄署之。以叶世倬为福建巡抚。辛酉，祈谷於上帝，仁宗睿皇帝配享，自是每岁如之。庚午，召特依顺保来京，调奕颢为乌里雅苏台将军，松筠为黑龙江将军。以晋昌为盛京将军，那清安署兵部尚书。辛未，以三载考绩，予曹振镛等议叙，罢侍郎那彦宝、善庆、吴芳培，降左都御史顾德庆。以王鼎为左都御史。命长龄回陕甘总督。以松筠署直隶总督，那彦成署吏部尚书。

二月丁亥，以谒陵命庄亲王绵课等留京办事。癸巳，兵部尚书戴联奎卒，以王宗诚代之。

三月丙午，拨江苏上元等二十州县赈银五十四万两。丁未，上谒东陵，免经过地方额赋十分之三。庚戌，上谒昭西陵、孝东陵、景陵、裕陵，诣端慧皇太子园寝奠酒。调穆克登额为礼部尚书，文孚为工部尚书。癸丑，上还京师。甲寅，上奉皇太后谒西陵，免经过地方额赋十分之三。乙卯，以裕陵工程不慎，降庄亲王绵课为郡王，解戴均元太子太保及管刑部，褫苏楞额职，令在工次听差，仍分成赔缴有差。戊午，上谒泰陵、泰东陵、昌陵。己未，清明节，上诣昌陵行敷土礼。壬戌，上诣孝穆皇后殡宫前奠酒。奉皇太后还京师。

闰三月戊寅，穆克登布免理藩院尚书。乙酉，以禧恩为理藩院尚书。庚子，赐戴兰芬等二百二十二人进士及第出身有差。是月，蠲缓奉天宁远等三州厅额赋。

夏四月辛未，上孝敬宪皇后、孝圣宪皇后、高宗纯皇帝、孝贤纯皇后、孝仪纯皇后尊谥，藏册宝於太庙，盛京太庙，并藏仁宗睿皇帝、孝淑睿皇后册宝於盛京太庙。壬午，青海番贼平。以阿霖为江西巡抚。乙酉，以仓场侍郎莫晋奏事妄言，硃批驳斥，降内阁学士。是月，蠲缓河南睢州等十六州厅县沙压、堤占、水占地赋，直隶沧州等五州县并严镇、海丰二被水赋课。

六月癸丑，大学士伯麟原品休致。命戴均元仍管刑部。己未，命那彦成署陕西巡抚。调嵩孚为贵州巡抚。以罗含章为广东巡抚。以那清安署刑部尚书。壬戌，褫松筠吏部尚书、军机大臣，命以六部员外郎候补。戊辰，命长龄为大学士兼管理藩院。以英和协办大学士。调文孚为吏部尚书，禧恩为工部尚书。以那清安为兵部尚书，玉麟为左都御史。己巳，以富俊为理藩院尚书，松箖为吉林将军，德英阿为黑龙江将军，英惠为乌鲁木齐都统。是月，赈山西兴县水灾。

秋七月，以程祖洛为河南巡抚，王鼎署之。以程国仁为陕西巡抚。是月，赈直隶霸州等二十一州县水灾。

八月癸卯，召云贵总督史致光来京，以明山代之。河南新蔡县教匪朱麻子作乱，命程祖洛捕诛之。戊申，召庆保来京，以赵慎畛为闽浙总督，卢坤为广西巡抚。庚戌，以卢坤署陕西巡抚。戊辰，赏廓尔喀国王宝石顶戴，噶箕毕穆兴塔巴三品顶戴。辛未，召长龄、松廷来京，以那彦成署陕甘总督。是月，给河南安阳等三县，直隶霸州等十二州县，山西归化城、萨拉齐二厅，山东恩县等三县水灾口粮。贷土默特被水蒙古口粮。蠲缓山东高唐等四十一州县卫，云南鹤庆、剑川二州灾歉赋课。

九月壬申朔，允暹罗进本年例贡。甲戌，拨通仓米十万石赈直隶被水灾民。乙酉，四川果洛克番贼平。授严烺河东河道总督。庚寅，以蒋攸铦署刑部尚书。调陈若霖为四川总督，李鸿宾为湖广总督。以魏元煜为漕运总督，韩文绮为江苏巡抚。庚子，调卢坤为陕西巡抚。以成格为广西巡抚。是月，给江西瑞昌县，河南武陟、原武二县灾民口粮。

冬十月丙午谒陵，命庄亲王绵课等留京办事。授那彦成陕甘总督，蒋攸铦刑部尚书。乙卯，上以释服奉皇太后谒西陵，免经过地方额赋十分之三。己未，上谒泰陵、泰东陵、昌陵。庚申，上谒昌陵行释服礼。癸亥，上奉皇太后还京师。是月，赈甘肃河州、安徽宿州、直隶霸州等四十三州县，江苏海州、湖北天门二县水灾。贷给盛京广宁县，山东濮州等五州县，黑龙江城库木尔等二站水灾口粮。蠲缓甘肃静宁等六州县、河南仪封等二十三厅县、湖北沔阳等十三州县、山东濮州等五十一州县卫、直隶通州等十八州县、江苏海州等三十四厅州县卫被水灾新旧额赋，墨尔根、布特哈旧欠粮石，长芦及江苏松江府属正溢盐课。

十一月辛未朔，以玉麟署礼部尚书。癸未，抚恤广东省城火灾贫民蛋户。乙酉，以玉麟为礼部尚书，庆保为左都御史。丙戌，立继妃佟佳氏为皇后。翌日，颁诏天下，覃恩有差。戊子，起松筠为光禄寺少卿。壬辰，上诣大高殿祈雪。丁酉，以册立皇后礼成，上皇太后徽号曰恭慈康豫皇太后。翌日，颁诏天下，覃恩有差。是月，赈安徽宿州等七州县及屯坐各卫、河南武陟县水灾旱灾。给安徽泗州等八州县、甘肃河州等十一州厅县灾民口粮。蠲缓安徽宿州等十七州县及屯坐各卫，河南武陟、阳武二县，甘肃狄道等六州厅县，江西南昌等七县并南昌、九江二卫，湖南澧州、浙江海宁等四州县被灾新旧额赋，长芦被水引地、两淮板浦等九场被水新旧额赋。

十二月丙午，上诣大高殿祈雪。癸丑，上以祈雪未应，命再祷七日。热河都统成德卒，以庆保代之。赏松筠二品顶戴为左都御史。调程含章为山东巡抚。以陈中孚为广东巡抚。甲寅，河南虞城县匪徒卢照常等作乱，捕诛之。庚申，免江苏、安徽嘉庆二十三年以前民欠摊征银。调德英阿为绥远城将军，禄成为黑龙江将军。乙丑，内阁汉票签处火。是月，给直隶大城县水灾口粮。贷直隶驻扎灾区兵丁饷银。蠲缓直隶隆平等三县、江苏山阳等四县水灾旱灾额赋。

是岁，朝鲜、暹罗、琉球来贡。

三年春正月壬申，御重华宫，宴群臣及内廷翰林。调孙尔准为福建巡抚。以陶澍为安徽巡抚。以廓尔喀额尔德尼王遣噶箕达纳彭咱邦礼等来贺登极进表贡，赐诏嘉勉，仍优赉之。壬午，幸圆明园。乙未，命大学士长龄在军机大臣上行走。以史致光为左都御史。是月，赈奉天小黑山白旗堡旗户、直隶霸州等三十六州县、江苏海州水灾。给江苏邳州等八州县卫水灾、安徽宿州等十二州县卫水灾旱灾、河南武陟县水灾、山东濮州等六州县灾民一月口粮。

贷浙江海盐、长兴二县旱灾，陕西留坝等十一厅州县雹灾水灾，甘肃静宁等十七州县地震灾，两淮板浦等九场水灾，河南武陟等三县，黑龙江齐齐哈尔、墨尔根城旗丁水灾籽种粮石。

二月辛丑朔，命以原任大学士阿桂配飨太庙。调嵩孚为湖南巡抚。以程国仁为贵州巡抚。丁未，释奠先师孔子。辛亥，以原任尚书汤斌从祀文庙。癸丑，上诣文庙释奠，临辟雍讲学，加礼部尚书汪廷珍太子太保衔。是月，加给直隶大城县口粮。

三月壬申，上御勤政殿听政。乙亥，上亲耕耤田，加一推。丙子，上奉皇太后幸南苑。上行围。辛巳，上奉皇太后还宫。甲午，上奉皇太后阅健锐营兵。戊戌，调程含章为江西巡抚，以琦善署山东巡抚。是月，加给直隶文安县灾民一月口粮。

夏四月甲辰，召颜检来京，以蒋攸铦为直隶总督。调那清安为刑部尚书，玉麟为兵部尚书。以户部左侍郎穆克登额为礼部尚书。癸亥，上祷雨於觉生寺。甲子，赐林召棠等二百四十六人进士及第出身有差。

五月辛未，赈直隶霸州等州县灾。是月，赈直隶霸州等三十六州县灾民。

六月，命署工部侍郎张文浩会同蒋攸铦查勘南北运河并永定、大清、滹沱各河。戊午，以果勒丰额为乌里雅苏台将军。永定河决。壬戌，北运河决。是月，加给直隶静海、青县二县灾民两月口粮。贷河南汝阳、正阳二县仓谷。

秋七月戊辰，以陆以庄为左都御史。己巳，以直隶霸州等十州县被淹较重，饬拨银米先行抚恤。饬琦善扑蝗。壬午，以江苏水灾，免各关商米税银。免河南应摊川楚及卫案军需四百六十万两。是月，给江西德化县、湖北黄梅县、江苏太仓等十七州厅县水灾一月口粮。加赈直隶通州等二十一州县水灾。

八月己亥，初举经筵。乙卯，以浙江杭州等三府属水灾，免海运商米船税，并留各关税银备赈。是月，赈安徽无为等十六州县水灾。给河南浚县等十三县水灾一月口粮。

九月壬申，以谒陵命托津、英和、卢荫溥、汪廷珍留京办事。丁丑，永定河决口合龙。壬午，上奉皇太后谒西陵。丙戌，谒泰陵、泰东陵、昌陵。丁亥，免直隶通州二十七州县水灾额赋。己丑，奉皇太后还京师。壬辰，以松筠为吉林将军，穆彰阿为左都御史。是月，赈直隶通州等四十州县、山东临清等五州县水灾。加赈江西德化县、湖北黄梅县、河南武陟等五县水灾。给江苏仪徵等四县、湖北江陵等三县水灾口粮。蠲缓山东临清等十六州县卫、直隶蓟州五十州县水灾新旧额赋，河南武陟县、湖北黄梅县水灾额赋及屯坐各卫应征新旧额赋，并给修屋费。

冬十月，赈湖北江陵等三县卫水灾，并免新旧额赋，给修屋费。贷奉天锦州旗民、山东武城县水灾一月口粮，直隶天津镇三营及紫荆关各汛被水兵丁银米。乙亥，以毓岱为广西巡抚。是月，贷甘肃静宁等十六州县灾民口粮。蠲缓湖南澧州等五州县等水灾，甘肃宜禾县旱灾新旧额赋。癸丑，以缉盗功，加陕西陕安道严如煜按察使衔。是月，贷江苏苏州等五府驻扎灾区兵丁银米。

是岁，朝鲜、琉球、暹罗、缅甸来贡。

四年春正月壬申，命停今岁木兰秋狝。癸酉，享太庙，命皇子奕纬代行礼。癸未，拨户部银八万两贷直隶贫民口粮。是月，赈直隶通州等三十八州县上年雹灾，河南武陟县、浚县旱灾各一月。给江苏太仓等三十州县卫，安徽无为等十七州县卫，浙江海宁等十二州县、横浦等四场，两淮安丰等九场水灾，山东临清等五州县雹灾一月口粮。贷河南武陟等十二县上年水灾籽种口粮仓谷，江西德化等十四县、湖北黄梅等三县及各屯卫、湖南澧州等四州县、甘肃秦州等十州县、齐齐哈尔等三城被灾军民籽种口粮，江苏泰兴营兵丁两月钱粮。

二月丁酉，召松筠为都察院左都御史。以富俊为吉林将军，穆彰阿为理藩院尚书、军机大臣。江南河道总督黎世序卒，以张文浩代之。己亥，御经筵。甲寅，上奉皇太后幸南苑。丁巳，上行围。己未，上奉皇太后还宫。是月，给江苏铜山县灾民一月口粮。调毓岱为江西巡抚，以康绍镛为广西巡抚。丁亥，上阅健锐营兵。初彭龄罢，以陈若霖为工部尚书。

夏四月壬戌，贷湖北武昌府属道士洑营、荆州城守等营兵丁仓谷，江南徐州镇标中营等驻扎灾区两月钱粮。

五月己巳，上诣黑龙潭祈雨。甲戌，雨。增致祭堂子礼。戊寅，增皇太后万寿告祭太庙后殿礼。

六月癸巳朔，日食。乙巳，以张师诚为山西巡抚。甲寅，暹罗国王郑佛卒。

秋七月丙子，韩葑免，以陈若霖为刑部尚书，陆以庄为工部尚书，姚文田为左都御史。辛巳，大学士戴均元致仕。是月，贷湖北卫昌、德安二营兵丁仓谷。

闰七月辛丑，江苏巡抚韩文绮降调，调张师诚为江苏巡抚，以朱桂桢为山西巡抚。壬寅，以韩克均兼署云贵总督。丁未，命孙玉庭为大学士，以蒋攸铦为协办大学士，均仍留总督任。成都将军呢玛善卒。以奕颢为绥远城将军。辛亥，以福绵为山西巡抚。乙卯，免安徽无为等三十一州县上年水灾旱灾额赋。是月，贷江南二营银米。

八月壬戌，命江苏按察使林则徐浚浙江水道。己巳，御试翰林、詹事等官，擢朱方增五员一等，余升黜有差。戊寅，御经筵。庚辰，以苏明阿为贵州巡抚。丙戌，予告大学士伯麟卒。丁亥，以成格为江西巡抚。是月，蠲缓长芦兴国等七场、沧州等七州县上年水灾灶课，甘肃宜禾县旱灾额赋。

九月壬寅，以黄鸣杰为浙江巡抚。癸卯，免安徽无为等十一州县被灾学田租银。是月，给陕西宁羌等四州县灾民口粮。贷江苏瓜州营被灾兵丁银米，陕西安定等县水灾雹灾仓谷。

冬十月乙丑，回酋张格尔入乌鲁克卡伦，官军失利，侍卫花山布等阵亡。丙子，巴彦巴图等率兵剿张格尔，败之。张格尔奔喀拉提锦。甲申，予告大学士章煦卒。以孙玉庭奏开王营减水坝，命相机速办。

十一月己酉，以高堰十三堡决口，张文浩交部严议。辛亥，命文孚、汪廷珍往江南查看高堰决口。调严烺为江南河道总督。以张井署河东河道总督。甲寅，孙玉庭坐徇隐张文浩，免两江总督，以魏元煜署。命兵部尚书玉麟在军机大臣上行走。是月，给安徽宿州、灵壁县及屯坐各卫灾民口粮。贷江宁八旗、两江督标协标兵丁饷银，甘肃静宁等十三州县及东乐县丞所属灾民口粮。

十二月己未朔，上复诣大高殿祈雪。戊辰，授魏元煜两江总督，以颜检为漕运总督。己卯，召明山来京，以长龄为云贵总督。高堰决口合龙。以庆保为乌里雅苏台将军，那清安为热河都统，明山为刑部尚书，穆彰阿署。是月，给云南太和等三县灾民、景东厅属盐井灶户一月口粮及修屋费，江苏高邮等五州县灾民并清河厅灾民一月口粮。

是岁，朝鲜、琉球来贡。

五年春正月，授戴三锡四川总督。辛亥，以三载考绩，予托津、长龄、曹振镛、黄钺、英和、汪廷珍、蒋攸铦、那彦成、严烺议叙，加琦善总督衔。是月，给江苏高邮等四州县，安徽天长县、泗州卫上年水灾旱灾军民口粮。贷直隶文安、大城二县，河南汝阳、淮宁二县，陕甘宁羌等七州县，甘肃狄道等四十州厅县及肃州州同、庄浪等县丞所属水灾旱灾雹灾籽种口粮，两淮中正场水灾灶户口粮，云南景东厅被水盐井修费，并免上年额课。

二月庚申，御经筵。甲子，以谒陵命庄亲王、托津、卢荫溥、汪廷珍留京办事。戊寅，上奉皇太后谒陵，免经过地方额赋十分之三。上谒昭西陵、孝陵、孝东陵、景陵、裕陵，至宝华峪阅视万年吉地，回銮。甲申，幸南苑行围。是月，给安徽天长县灾民一月口粮。

三月戊子朔，上还京师。以琦善为山东巡抚。甲辰，以程含章为浙江巡抚。壬子，王鼎以一品衔署户部左侍郎。丙辰，免河南积年民欠并河工加价摊银。是月，贷直隶宝坻、静海二县，甘肃洮州厅十七厅州县及庄浪县丞所属灾隶籽种口粮，齐齐哈尔被灾旗人耕牛银。

夏四月乙丑，免直隶积年逋赋。辛未，以伊里布为陕西巡抚。是月，贷驻扎歉区山西宁武等二营，湖北安陆等三营，荆州水师营、提标后营兵丁仓谷。

五月甲午，太监马进喜以在浒墅关伪称奉旨进香，交刑部治罪。谕各督抚，凡遇通缉太监，当认真缉捕。有伪称奉差者，迅即奏办。丁酉，黄钺以年老免军机大臣，专办部务，仍直南书房。命王鼎在军机大臣上行走。调张师诚为安徽巡抚，陶澍为江苏巡抚。戊申，孙玉庭、颜检罢，调魏元煜为漕运总督，以琦善为两江总督。调伊里布为山东巡抚，以鄂山为陕西巡抚。甲寅，以本年漕运迟误，谕切责孙玉庭等。玉庭交部严议，魏元煜、颜检议处。是月，赈贵州镇远府属州县水灾，并免额赋，贷兵丁饷银，给城衙修费。贷湖北荆州驻守等四营驻扎灾区兵丁仓谷。

六月，命蒋攸铦为大学士，仍留直隶总督任。以礼部尚书汪廷珍协办大学士。丁卯，降魏元煜三品顶戴，仍留漕运总督任。孙玉庭、颜检均交琦善督令挑浚运河，工费命玉庭、检、元煜分偿。甲戌，魏元煜卒，以理藩院尚书穆彰阿署漕运总督，前江宁将军普恭署理藩院尚书。乙酉，以陶澍奏，停江南折漕，仍议河海并运。是月，贷福建提标五营、泉州城守营谷价。

秋七月丁未，以德英阿为乌里雅苏台将军，和世泰为察哈尔都统。是月，减免直隶等七州县积水地额赋。

八月，以嵩孚为刑部尚书，调康绍镛为湖南巡抚，以苏成额为广西巡抚。己未，御经筵。以陈中孚为漕运总督，调成格为广东巡抚，以武隆阿为江西巡抚。

九月乙酉，召那彦成，以鄂山署陕甘总督。调长龄为陕甘总督，赵慎畛为云贵总督，以孙尔准为闽浙总督。调韩克均为福建巡抚，以伊里布署云南巡抚。调武隆阿为山东巡抚，韩文绮为江苏巡抚，以嵩溥为贵州巡抚。庚子，以张井为河东河道总督。甲辰，以德英阿署伊犁将军，松筠署乌里雅苏台将军，普恭署左都御史。喀什噶尔帮办大臣巴彦巴图等率兵剿张格尔，妄杀布鲁特部人。其酋汰列克纠众围巴彦巴图等于喀什噶尔，庆祥使穆克登布等援之。命庆祥缓来京。是月，赈陕西绥德等四州县雹灾。蠲直隶开州等十五州县旱灾雹灾新旧额赋。

冬十月庚辰，以长龄署伊犁将军，杨遇春署陕甘总督，鄂山回陕西巡抚。命德英阿赴乌里雅苏台。召松筠来京。辛巳，召蒋攸铦，以那彦成为直隶总督。是月，赈陕西榆林等三县雹灾。

十一月壬辰，以暹罗国贡船漂没，诏免其补贡，封世子郑福为暹罗国王。庚子，免托津管刑部，以蒋攸铦代之，并命为军机大臣。乙巳，上诣大高殿祈雪。丙午，除直隶昌黎县捍御滦河地额赋。丁未，雪。命庆祥以将军衔署喀什噶尔参赞大臣。壬子，以庆祥为喀什噶尔参赞大臣兼镶黄旗汉军都统，未任前，以穆克登布署之。授长龄伊犁将军。是月，赈甘肃岷州等六州县水灾雹灾。

十二月己巳，免山东章丘、邹平二县被水逋赋。戊寅，命科尔沁郡王僧格林沁御前行走。是月，赈奉天锦州府旱灾虫灾。

是岁，朝鲜、琉球、暹罗、越南入贡。

六年春正月甲申，以双城堡屯田，加富俊太子太保。是月，赈奉天锦州、中前所等处旗户水灾。给江苏沛县灾民口粮。贷奉天宁远州旗民，河南鄢陵等七县，甘肃岷州等十二州县，山西襄垣县，直隶宝坻等三县水灾旱灾雹灾籽种口粮仓谷。

二月戊午，以谒陵命托津、英和、汪廷珍、卢荫溥留京办事。甲戌，上谒西陵，免经过地方额赋十分之三。戊寅，谒泰陵、泰东陵、昌陵。辛巳，上还圆明园。

三月癸巳，调张井为江南河道总督。庚戌，赏潘锡恩三品顶戴，为南河副总河。是月，贷山西灵丘县、湖北荆州等五营被灾兵丁仓谷。

夏四月甲子，上诣黑龙潭神祠祈雨。甲戌，以邓廷桢为安徽巡抚。丙子，赐朱昌颐等二百六十五人进士及第出身有差。是月，给江苏沛县灾民口粮。贷江苏徐州镇三营，湖北德安、宜都二营灾区兵丁钱谷。

五月乙未，礼部尚书穆克登额免，以松筠代之。以那清安为左都御史。以明山为热河都统。戊戌，云贵总督赵慎畛卒，调阮元代之。以嵩孚为湖广总督，明山为刑部尚书，庆惠为热河都统。壬寅，免直隶河间等五县积水地亩逋赋。是月，给山东堂邑等十二县旱灾口粮。贷直隶广平等五县、山东堂邑等十二县、河南临漳等十二县、山西隰州营口粮籽种仓谷。

六月，赈湖北江陵、当阳二县水灾。给河南临漳等七县旱灾口粮。贷直隶大名镇标等七营被旱兵饷。

秋七月癸巳，张格尔纠安集延、布鲁特回众入卡。喀什噶尔回众响应之。命杨遇春为钦差大臣剿之，鄂山署陕甘总督。命武隆阿为钦差大臣赴台湾。己亥，以德英阿为伊犁参赞大臣，伦布多尔济署乌里雅苏台将军。庚子，张格尔陷和阗城，领队大臣奕湄、帮办大臣桂斌等死之。甲辰，命长龄为扬威将军，以武隆阿为钦差大臣，与杨遇春参赞军务。乙巳，以德英阿署伊犁将军。是月，赈江苏高邮等六州县水灾。给湖南醴陵等三州县、山西归化城水灾口粮。贷陕西西乡、盩厔二县水灾籽种，奉天锦州府属各驿马干银。

八月，回酋巴布顶等陷英吉沙尔。甲戌，张格尔陷喀什噶尔城，参赞大臣庆祥、帮办大臣舒尔哈善等死之。进陷叶尔羌，办事大臣音登额、帮办大臣多隆武等死之。是月，赈江苏海州等五州县水灾。给萨拉齐厅水灾口粮。贷山西绥远城浑津黑河水灾口粮。

九月己卯朔，黄钺免，以王鼎为户部尚书。辛巳，幸南苑。命固原提督杨芳、甘肃提督齐慎赴阿克苏军营。丁亥，还圆明园。戊子，以博启图为察哈尔都统。辛卯，召穆彰阿来京，以杨懋恬署漕运总督。乙未，以长清为阿克苏办事大臣。己亥，庆廉奏败贼於阿察他克台。辛丑，免阿克苏附近回庄本年应交麦石。癸卯，调格布舍为乌里雅苏台将军。是月，给贵州松桃厅，山西归化厅，江苏山阳、盐城二县，江西莲花等七厅县水灾口粮银谷。

冬十月庚申，赠喀什噶尔死事参赞大臣庆祥太子太保。壬戌，免两淮富安等十四场水灾灶课。甲子，拨江苏藩关道库银一百四十五万两赈高邮等二十州县水灾。是月，给安徽宿州等八州县卫被灾口粮。蠲缓江苏高邮等四十七州厅县卫灾民新旧额赋。

十一月戊子，长龄等奏败贼於阿克苏之柯尔坪。己丑，以台湾平，加孙尔准太子少保。是月，赈湖南茶陵等三州县灾民。贷甘肃秦州等十三州县灾民口粮。蠲缓盛京牛庄等处水灾粮租，湖南茶陵等五州县水灾新旧额赋。

十二月戊申朔，以杨健为湖北巡抚。以讷尔经额为漕运总督。丙辰，四子部扎萨克亲王伊什楚克鲁布以僭妄削爵。戊午，调英和为理藩院尚书，禧恩为户部尚书，穆彰阿为工部尚书。

是岁，琉球、朝鲜入贡。

七年春正月丁酉，和阗回众降，命优赉之。寻复为张格尔所陷。庚子，以惠显为驻藏办事大臣。是月，展赈江苏高邮等二十三州县卫军民、两淮丁谿等九场灶户水灾。给安徽泗州、五河县及屯坐各卫，奉天白旗堡、小黑山二处灾歉口粮。贷直隶开州等十州县、甘肃秦州等十七州厅县、河南原武等四县、两淮富安等五场、江西莲花等五厅县灾歉口粮籽种，河南修武、封丘二县，山西萨拉齐厅灾民仓谷，江苏川沙厅等三营、青村等八营银米。

二月甲戌，上诣黑龙潭祈雨。是月，贷江苏狼山等三营毗连灾区兵饷。

三月己丑，赈江苏高邮等州县水灾。丙申，长龄等奏败贼於洋阿尔巴特。晋长龄太子太保。丁酉，上诣黑龙潭祈雨。己亥，长龄等败贼于沙布都尔，获安集延回目色提巴尔第。命蒋攸铦、穆彰阿查勘南河。以那清安署工部尚书。癸卯，以惠显为驻藏大臣。甲辰，雨。是月，赈江苏高邮等州县灾民。贷甘肃张掖等三县、直隶开州等六州县贫民口粮。

夏四月丙午朔，日食。戊申，长龄等奏败贼于阿克瓦巴特。予长龄紫缰，加杨遇春太子太傅，武隆阿太子少保。壬子，长龄等克喀什噶尔，张格尔遁。辛酉，进克英吉沙尔。以张格尔未获，褫长龄紫缰、杨遇春太子太傅、武隆阿太子少保。

五月庚辰，杨芳克和阗，获回目噶尔勒等，诛之。壬午，陆以庄免，以王引之为工部尚书，癸未，琦善、张井、潘锡恩严议。琦善免两江总督，以蒋攸铦代之。以托津管刑部。丁亥，命穆彰阿在军机大臣上学习行走。

闰五月乙巳朔，免回疆八城新旧额赋。丙午，命杨遇春回，以杨芳为参赞大臣。戊申，调奕颢为盛京将军，晋昌为绥远城将军。是月，贷湖北黄州协道士洑营兵丁谷石。

六月壬午，上诣黑龙潭祈雨。丙戌，雨。

秋七月壬子，协办大学士、礼部尚书汪廷珍卒。晋昌免正黄旗领侍卫内大臣，以郑亲王乌尔恭阿代之。丙辰，以姚文田为礼部尚书，汤金钊为左都御史。丁巳，命卢荫溥协办大学士。己未，英和以失察家丁，褫协办大学士、理藩院尚书、紫缰。召富俊为理藩院尚书、协办大学士。以博启图为吉林将军。以安福为察哈尔都统。辛酉，热河都统昇寅免，以那清安代之。癸亥，那清安仍为左都御史。英和褫太子太保，降二品顶戴，为热河都统。乙丑，以武隆阿为喀什噶尔参赞大臣。以卢坤为山东巡抚。戊辰，免甘肃兵差过境之各州县额赋，协济军需之甘肃、陕西各州县额赋十分之六。庚午，论喀什噶尔等四城收复功，复杨遇春太子太保，加鄂山、卢坤太子少保。壬申，以再定回疆，晋曹振镛太子太师，蒋攸铦、文孚太子太保，加王鼎、玉麟太子少保。是月，给奉天锦州等三府州县水灾旗民口粮。

八月癸未，万寿节，停筵宴。丙申，调卢坤为山西巡抚，以琦善为山东巡抚。是月，赈陕西略阳县，湖北江陵、监利二县水灾。给江淮等处被灾帮丁月粮。蠲缓江苏高邮等四十七州县卫厅被水新旧额赋。

九月癸丑，以孝穆皇后梓宫移宝华峪，命皇长子奕纬祖奠。丙辰，上诣孝穆皇后梓宫前奠酒。授伊里布云南巡抚。戊午，免兵差过境之陕西华州等二十二州厅县额赋十分之六。庚申，上谒东陵，免经过地方本年额赋十分之五。癸亥，谒昭西陵、孝陵、孝东陵、景陵、裕陵。召长龄，以德英阿为伊犁将军。晋戴均元太子太师。是日，回銮。庚午，以杨国桢为河南巡抚。免兵差过境之盛京省城及所属开原等十四处旗民额赋十分之四。是月，加赈陕西略阳县水灾。

冬十月庚辰，免嘉庆二十五年至道光五年各省民欠正杂钱粮。壬午，皇太后万寿圣节，奉懿旨停筵宴。丙戌，礼部尚书姚文田卒，以汤金钊代之。以潘世恩为都察院左都御史。庚寅，巴绷阿免，以额勒津为科布多参赞大臣。丁酉，以纶布多尔济为库伦蒙古办事大臣。是月，赈湖北江陵、监利二县及屯坐各卫水灾。给奉天广宁县被水站丁口粮。贷山西定襄、潞城二县旱灾雹灾仓谷，黑龙江墨尔根城歉收口粮。

十一月乙巳，命长龄督同杨芳办理回疆善后事宜。丙午，召那彦成。庚戌，授那彦成钦差大臣，会同长龄筹办回疆善后事宜。以屠之申署直隶总督。己巳，免奉天辽阳等七州厅县地丁银十分之四。是月，赈甘肃岷州等六州县水灾雹灾。

十二月，以彦德为乌里雅苏台将军。

是岁，朝鲜、琉球、暹罗入贡。

八年春正月丙午，以松筠署热河都统，那清安署礼部尚书。戊申，授刘彬士浙江巡抚。壬戌，长龄奏获张格尔。癸亥，封长龄威勇公，授御前大臣。封杨芳果勇侯。调果齐斯欢为绥远城将军。乙丑，晋曹振镛太傅，文孚太子太傅，玉麟太子太保。加穆彰阿太子少保，并充军机大臣。授杨遇春陕甘总督。丙寅，晋蒋攸铦太子太傅。复英和太子太保。命那彦成仍以钦差大臣赴喀什噶尔，偕杨芳办善后。丁卯，加禧恩太子少保。是月，给江苏沛县贫民口粮。贷直隶沧州等九州县灾歉口粮，湖北江陵、监利二县及屯坐各卫籽种，山西定襄等四县仓谷，江苏江宁、京口驻防修屋费。

二月乙亥，群臣以再定回疆，上尊号，却之，命议上皇太后徽号。都察院左都御史史致光卒。

三月庚子朔，日食。乙巳，上行围，至丁巳皆如之。戊申，上还宫。是月，贷直隶开州等六州县贫民口粮。

夏四月，调果齐斯欢为黑龙江将军，以特依顺保为绥远城将军。是月，贷山西代州等二十四州县歉收、湖北驻兵灾区、荆州水师各营仓谷。

五月己酉，以获张格尔，遣官告祭太庙、社稷，行献俘礼。庚戌，御午门受俘。晋长龄太保。加杨芳太子太保。壬子，上廷讯张格尔罪，磔於市。丁巳，命图平定回疆四十功臣及军机大臣曹振镛、文孚、王鼎、玉麟像於紫光阁。是月，贷湖北驻扎歉区黄州协兵丁仓谷。

六月癸酉，扬威将军、大学士长龄凯旋，命郑亲王乌尔恭阿等迎劳。丙子，命长龄管理藩院。

秋七月甲辰，朝鲜国王李玜以回疆平定，遣使表贺进方物。丙午，以升寅为热河都统，以那清安署礼部尚书。

八月丁丑，万寿节，停止筵宴。己卯，以成格为热河都统。调卢坤为广东巡抚。以徐炘为山西巡抚。甲申，命奕绍、托津、富俊、陈若霖留京办事。是月，给浙江淳安等四县水灾口粮。贷长芦被淹灶户工本。蠲缓浙江淳安等四县新旧额赋。

九月戊戌朔，日食。丙午，上谒东陵，免经过地方额赋十分之三。丁未，以宝华峪工程不慎，褫英和职，降戴均元三品顶戴。己酉，谒昭西陵、孝陵、孝东陵、景陵、裕陵，并祭孝穆皇后殡宫。褫戴均元职。庚戌，谒裕陵，行大飨礼。辛亥，下英和于狱，籍其家。癸丑，上还圆明园。甲寅，上谒西陵，免经过地方额赋十分之三。丁巳，谒泰陵、泰东陵、昌陵。戊午，谒昌陵，行大飨礼。庚申，逮戴均元下狱，籍其家。辛酉，上还圆明园。调特依顺保为黑龙江将军。以那彦宝为绥远城将军，达凌阿为塔尔巴哈台参赞大臣。是月，赈两淮海州属中正等三场灶户水灾。贷回疆西四城兵丁茶价银。

冬十月庚午，英和遣戍黑龙江。甲午，复惇郡王绵恺为惇亲王。是月，赈江苏海州等三州县卫、浙江建德等五县水灾。给江苏高邮等九州县、安徽泗州等二十六县水灾旱灾一月口粮。贷奉天广宁等处水灾旗民口粮，浙江富阳县贫民谷石，齐齐哈尔等处旗营官庄银粮。蠲缓江苏海州等三十六州厅县卫、安徽泗州等二十六州县、浙江海宁等十三州县旱灾水灾新旧额赋。

十一月甲辰，上皇太后徽号曰恭慈安豫康成皇太后。乙巳，以加上皇太后徽号礼成，颁诏天下，覃恩有差。己未，释戴均元。是月，赈浙江富阳县水灾。给盛京宁古塔等处水灾口粮。

十二月辛巳，那彦成奏招降附霍罕之额提格讷部落。谕嘉之，令妥为抚驭。

是岁，琉球、朝鲜入贡。

九年春正月丁未，希皮察克爱曼布鲁特阿仔和卓来降。壬子，杨芳加太子太傅。是月，给安徽泗州等五州县并屯坐卫、江苏海州等十五州县卫灾民口粮。赈两淮板浦等三场被灾贫丁。贷山西代州、解州水灾籽种，河南上蔡县水灾仓谷。

二月己巳，御经筵。庚午，上奉皇太后幸圆明园。霍罕西南达尔瓦斯部落遣使内附，谕嘉奖却之。甲午，命吉林将军博启图为御前大臣，以瑚松额代之。

三月丙午，上幸南苑。丁未。上行围，至辛亥皆如之。辛亥，西藏徼外拉达克部长呈进奏表。壬子，上还圆明园。甲寅，上御阅武楼阅京营兵。戊午，召琦善，以讷尔经额为山东巡抚，朱桂桢为漕运总督。

夏四月癸酉，召戴三锡，以琦善为四川总督。壬午，屠之申以谳狱错误降，松筠署直隶总督。丙戌，奉皇太后御含辉楼阅皇子及侍卫等骑射。戊子，赐李振钧等二百二十一人进士及第出身有差。是月，贷湖南乾州等五厅州县上年旱灾口粮籽种、山西朔州等二十三州厅县歉收仓谷。

五月丁酉，移孝穆皇后梓宫於宝华峪正殿，神牌於东配殿。是月，贷湖北荆州城守、水师二营及宜都营被水仓谷。

六月乙丑，以福绵为科布多参赞大臣。己巳，免西藏喀喇乌苏等处雪灾番族贡马银，并抚恤达木八旗被灾官兵户口。甲戌，伊犁将军德英阿卒，以玉麟代之。调松筠为兵部尚书。以博启图为礼部尚书。丁丑，召安福，以福克精额署察哈尔都统。是月，贷三姓地方上年被水仓谷。

七月己亥，申严粤海关官银出洋、私货入口禁。以扎隆阿为喀什噶尔参赞大臣。丁巳，越南国王以母老乞参芪，上嘉赉之。是月，赈广西雒容、永福二县水灾。免安徽泗州五河县，凤阳、泗州二卫上年被水钱粮十分之一。

八月癸亥，以谒盛京祖陵，命奕绍、托津、汤金钊、明山留京办事。庚辰，上奉皇太后谒盛京祖陵。

九月壬辰朔，日食。免跸路经过之承德等五厅州县本年额赋，及帮办差务之岫岩等九厅州县额赋十分之五。壬寅，朝鲜贡使李相璜等迎觐。乙巳，上亲射，并阅盛京官兵等骑射。丁未，上谒永陵。戊申，行大飨礼。阅兴京城。己酉，博启图降调，以耆英为礼部尚书。上谒福陵，临奠弘毅公额亦都墓，加恩后裔博克顺等。癸丑，行大飨礼。上至盛京，诣太庙宝册前行礼。乙卯，上诣地坛、堂子。奉皇太后幸嘉荫堂。临奠克勤郡王岳託墓。朝鲜国王李玜遣使贡方物。戊午，诣地坛。临奠直义公费英东墓。己未，上御大政殿，赐扈从王、公、大臣，蒙古王、贝勒、贝子、公及盛京文武官员宴赏有差。

十月，以潘世恩署礼部尚书。辛未，皇太后圣寿节，上率扈从王、公、大臣诣皇太后行宫行庆贺礼。上奉皇太后幸澄海楼。壬午，谒裕陵。甲申，以吴光悦为江西巡抚。乙酉，上奉皇太后还宫。是月，给安徽泗州等五州县卫一月口粮。

十一月丁巳，召英惠，调成格为乌鲁木齐都统。以裕恩为热河都统。是月，赈奉天辽阳等五处被灾旗民口粮。

十二月甲子，缅甸国王孟既遣使表贺。乙亥，抚恤西藏三十九族成灾番民。是月，赈山东益都、临朐二县地震灾。蠲直隶隆平、宁晋二县洼地额赋之五。

十年春正月丁巳，暹罗国王郑福遣使表贺，并贡方物。是月，赈江苏沛县、安徽盱眙等六州县卫旱灾水灾。贷直隶沧州、盐山二州县，甘肃皋兰等十四州县旱灾水灾银谷。

二月壬戌，上御经筵。丁卯，命缉捕河南枭匪、捻匪。丁丑，命缉捕江西上犹县会匪。

三月庚寅，以谒西陵，命奕绍、托津、长龄、卢荫溥留京办事。己亥，免湖南澧州滨湖淤田额赋并前借籽种银。壬寅，上奉皇太后谒西陵。以昇寅为绥远城将军。甲辰，调瑚松额为盛京将军，以福克精阿为吉林将军，武忠额为察哈尔都统。丙午，上谒泰陵、泰东陵、昌陵。己酉，上幸南苑。庚戌，上行围，至壬子如之。壬子，以哈萨克汗阿勒坦沙喇等请遣其子入觐，命至热河陛见。

四月辛未，申禁外省才不胜任之员改京职。

五月辛酉，河南、直隶毗连十四州县地震，命加意抚恤。

六月辛卯，蒋攸铦有疾，以陶澍署两江总督。乙未，以程祖洛为湖南巡抚。

七月丙子，暹罗遣使贺万寿贡方物。免江苏海州四州县旧欠额赋。

八月乙未，万寿节，停筵宴。庚戌，召蒋攸铦来京，授陶澍两江总督。调卢坤为江苏巡抚。以朱桂桢为广东巡抚。命吴邦庆以三品衔署漕运总督。是月，加赈湖北监利等四县水灾。

九月戊午，安集延回匪复入喀什噶尔，帮办大臣塔斯哈战败，死之，遂围喀什噶尔城。命玉麟等往剿。命杨遇春驻肃州，杨芳、胡超率陕甘兵协剿。以鄂山署陕甘总督。徐炘署陕西巡抚，阿勒精阿署山西巡抚。己未，以杨遇春为钦差大臣，督办军务。以英惠署黑龙江将军。丁卯，命长龄为钦差大臣，率桂轮、阿勒罕保等赴新疆。辛未，以玉英署黑龙江将军。乙亥，上阅火器营兵。丁丑，大学士蒋攸铦以谳狱误，降侍郎。如徐炘来京，以颜伯焘署陕西巡抚。以卢荫溥为大学士，李鸿宾协办大学士，仍留两广总督任。调汤金钊为吏部尚书，王引之为礼部尚书，潘世恩为工部尚书，朱士彦为左都御史。是月，赈直隶磁州等三州县地震灾、四川彭城等二县水灾。

十月，以卢荫溥为体仁阁大学士。戊子，以富呢扬阿为浙江巡抚。乙未，仍授长龄为扬威将军，命哈哴阿、杨芳参赞军务。庚子，以乐善为乌里雅苏台将军。辛丑，以军事迟误，褫伊犁参赞大臣容安职并所袭子爵。壬寅，以恩铭为乌里雅苏台参赞大臣。癸卯，回匪犯叶尔羌，壁昌等击败之。丁未，逮容安。壬子，召富呢扬阿来京。是月，赈直隶大城、文安二县灾民。给安徽芜湖等五州县卫口粮。贷黑龙江等三处旗民仓谷、甘肃皋兰等十一州县贫民口粮。

十一月，以杨怿曾为湖北巡抚。乙亥，申谕李鸿宾等查办广东会匪。丁丑，谕吴光悦查办江西赣南会匪。壬午，嵩孚降调，以卢坤为湖广总督。调程祖洛江苏巡抚，苏成额湖南巡抚。以祁埙为广西巡抚。以阿勒精阿为江西巡抚。是月，赈河南安阳等三县地震灾。给江西庐陵县水灾修屋费。

十二月癸巳，托津免管刑部，以卢荫溥代之。丙申，喀什噶尔、英吉沙尔回匪平。予死事喀什噶尔帮办大臣塔斯哈都统衔。是月，赈云南嶍峨县水灾。贷江苏苏州等四府州属驻近灾区兵丁银米。

卷十八 本纪十八

宣宗本纪二

十一年春正月辛酉，扎隆阿免，以哈哴阿、杨芳护理喀什噶尔参赞大臣。乙丑，容安论斩。丙子，以魏元烺为福建巡抚。朝鲜国王李玜请封其孙奂为世孙，贡方物。是月，给江苏沛县、安徽芜湖等八州县卫、浙江富阳县被灾口粮。贷三姓、双城堡兵民，直隶磁州等九州县，湖南安乡、华容二县，河南武安县，甘肃会宁等五县被灾口粮、屋费、籽种。蠲缓吉林等四处兵民新旧额赋。

二月己丑，御经筵。辛卯，以谒西陵，命奕绍等留京办事。那彦成以驱逐安集延回民启衅，褫太子太保，并褫其子容照侍郎。乙未，褫那彦成职，调琦善为直隶总督，王鼎署。以鄂山为四川总督，那彦宝署，史谱为陕西巡抚。戊戌，申禁各省种罂鸦片。辛丑，上谒西陵。乙巳，谒泰陵、泰东陵、昌陵。上阅视万年吉地，赐名龙泉峪。丙午，上再谒昌陵，行敷土礼。御隆恩殿行大飨礼。是月，贷湖北荆门营上年被水兵丁仓谷。

三月癸丑朔，释英和并其子奎照、奎耀回京。广东黎匪作乱，命李鸿宾剿之。辛酉，以广东贸易英吉利人违禁令，命李鸿宾等查覆。是月，贷湖北督标、抚标暨武昌、黄州各营兵丁仓谷。

夏四月戊子，上阅健锐营兵。癸卯，上诣黑龙潭神祠祈雨。广东黎匪平。

五月丙寅，汤金钊缘事降，并罢上书房总师傅。调潘世恩为吏部尚书，朱士彦工部尚书，白镕都察院左都御史。戊辰，命长龄赴喀什噶尔商办剿抚及善后事宜。辛未，雨。

六月丙申，申定官民买食鸦片烟罪例。己亥，赈安徽泗州等二十五州县水灾。庚戌，以湖北沔阳等二十州县水灾，命平粜仓谷，免湖北关津米税。是月，给江苏上元等九县卫水灾口粮。贷江苏淮安卫灾屯籽种。

秋七月戊午，命陶澍偕程祖洛办江苏灾赈。以安徽水灾，准邓廷桢买邻省米麦平粜，并备兵糈。癸酉，以诬陷回王伊萨克叛逆，扎隆阿论斩。辛未，移回疆参赞大臣及和阗领队大臣驻叶尔羌，添设总兵驻巴尔楚克。己卯，命穆彰阿、朱士彦往江南查办赈务。是月，给湖南武陵等五州县，贵州桐梓县、石岘卫水灾口粮。贷江苏江宁等六营灾区兵饷。

八月己丑，万寿节，上诣皇太后宫行礼。御正大光明殿，王以下文武各官，蒙古王公、外藩使臣等行庆贺礼，停筵宴。辛卯，晋长龄太傅。乙未，松筠病免，调穆彰阿兵部尚书，富俊工部尚书。以博启图为理藩院尚书。辛丑，暹罗国王遣贡使载内地遭风官民回广东，温谕奖赉之。癸卯，以保昌为热河都统。以吴荣光为湖南巡抚。是月，给江苏甘泉等十一州县、湖北江夏等十六州县、江西德化等二十县水灾口粮籽种。贷江南江宁驻防及溧阳营兵米。

九月甲子，福克精阿缘事褫职，以宝兴为吉林将军。丁丑，越南国王遣使送遭风难民回福建，温谕奖赉之。

冬十月，严烺病免，以林则徐为河东河道总督。己丑，改喀什噶尔帮办大臣为领队大臣。乙未，命截留江西漕米八万石赈南昌、九江饥民。是月，赈安徽无为等二十三州县卫、江苏上元等二十六州县、浙江仁和等七县卫、两淮丁谿等六场水灾。给安徽桐城等十州县，湖南武陵等五县，江西德化县口粮、修屋费。贷甘肃皋兰等十八州厅县口粮，湖南武陵、龙阳二县民堤修费。

十一月丙辰，大学士托津病免。授吴邦庆漕运总督。己巳，松筠罢内大臣，降三品顶戴休致。是月，贷奉天铁岭等五州厅及巨流河四处口粮，江西南昌等六县修堤费。蠲缓宁古塔、双城堡雹灾霜灾新旧额赋。

十二月乙酉，以富俊为大学士，管兵部，文孚协办大学士。调穆彰阿为工部尚书。以那清安为兵部尚书，昇寅为都察院左都御史，彦德为绥远城将军。乙巳，以吴邦庆为江西巡抚，苏成额为漕运总督。是月，展赈湖北江夏等十六州县水灾。给江苏上元等二十五州县卫及丁谿十五场水灾口粮。贷江苏镇江等二十七营，湖南常德、澧州各营水灾兵饷。

十二年春正月辛酉，免浙江杭州等三府商船米税。丁卯，陈若霖免，以戴敦元署刑部尚书。癸酉，王引之丁忧，以汪守和为礼部尚书。是月，赈安徽怀宁等二十一州县水灾旱灾，并给怀宁等十七县卫贫民口粮。贷直隶大名等四州县、河南商丘等三县灾民米谷，陕西葭州等四州县、江西南昌等十六县、湖北江夏等二十州县卫、湖南武陵等十州厅县卫、甘肃渭源等七州县、贵州桐梓县灾民口粮籽种。

二月戊寅，湖南江华县瑶贼赵金龙作乱，命卢坤等剿之。己卯，御经筵。甲申，梁中靖奏查办邪教株连冤抑，谕斥之。辛卯，钟昌降调。授戴敦元刑部尚书。乙未，闽浙总督孙尔准卒，以程祖洛为闽浙总督，林则徐为江苏巡抚，吴邦庆为河东河道总督，周之琦为江西巡抚。丙申，命李鸿宾剿瑶贼。壬寅，以谒东陵，命奕绍等留京办事。

三月己酉，湖南提督海陵阿、副将马韬等剿瑶贼于宁远，失利，死之。壬子，上谒东陵，免经过地方额赋十分之三。乙卯，上谒昭西陵、孝陵、孝东陵、景陵、裕陵。丙辰，召瑚松额，以奕颢署盛京将军。己未，上幸南苑行围。庚申，召长龄。癸亥，上还京师。庚午，命户部尚书禧恩赴湖南剿瑶贼，以文孚署户部尚书。是月，展赈湖北江夏、汉川二县水灾。给安徽青阳县灾民口粮。贷甘肃皋兰等七州县灾民、湖南乾州等五州县屯丁口粮籽种，湖北督标、提标及武昌城守营被灾兵丁仓谷。

夏四月癸巳，祈雨。戊戌，雨。辛丑，赐吴钟骏等二百六人进士及第出身有差。乙巳，卢坤等败瑶贼於羊泉，尽歼之，获赵金龙子及贼首五十余人。是月，再给江苏扬州水灾仓谷。

五月丁未，减福建水陆各营及浙江马步兵有差。壬子，以赵金龙已毙，余贼悉平，赏卢坤、罗思举双眼花翎、一等轻车都尉世职，加湖南提督余步云太子少保。乙卯，教匪尹老须等伏诛。庚申，上祈雨於黑龙潭。戊辰，上诣天神坛祈雨。己巳，诏刑部清釐庶狱。是月，贷山西大同等三县被灾兵民仓谷。

六月庚辰，上步诣社稷坛祈雨。壬午，求直言。丁亥，上诣黑龙潭祈雨。壬辰，以广东提督刘荣庆剿连州瑶贼失利，褫职，李鸿宾褫职留任。癸巳，上步诣方泽祈雨。乙未，富俊以旱乞罢。不允。丙申，霍罕遣使进表，归所掳喀什噶尔回民。丁酉。复松筠头品顶戴。癸卯，上自斋宫步诣圜丘行大雩礼。是日，雨。甲辰，命禧恩、瑚松额自湖南赴广东剿瑶贼。是月，贷江苏淮安卫水灾屯田籽种。

秋七月丁未，宥容安，遣戍吉林。戊申，以钟昌为科布多参赞大臣。命程祖洛清理浙江盐政。和阗回塔瓦克等纠众作乱，捕诛之。乙丑，广西贺县瑶盘均华等作乱，祁𡎴剿平之。是月，赈福建澎湖厅风灾。给湖北天门县水灾口粮。

八月，陶澍奏英船再入内洋，或不遵约束，当严惩。谕以启衅斥之。甲午，李鸿宾褫职，并提督刘荣庆逮问。调卢坤为两广总督。命阮元协办大学士，仍留云贵总督任。以讷尔经额为湖广总督，钟祥为山东巡抚。是月，赈山西朔州水灾。蠲缓安徽怀宁等二十九州县卫上年水灾旱灾额赋。

九月甲辰朔，以尹济源为山西巡抚。丙午，南河龙窝汛堤盗决，命穆彰阿会同陶澍查办，张井褫职留任。丁未，以英吉利船阑入内洋，命沿海整饬水师。甲寅，以特依顺保为伊犁将军。戊午，广东连州瑶平。湖南瑶赵幅金等伏诛。是月，给江苏桃源县、湖北天门县等七县卫水灾口粮。贷山西山阴县歉收仓谷。

闰九月丁亥，上简阅健锐营兵。壬寅，以朝鲜国王李玜却英吉利贸易，下诏褒奖之。是月，赈直隶阜平等十州县灾民。贷河南祥符等七州县、陕西兴安府水灾口粮。贷齐齐哈尔等处被旱兵丁银谷。

冬十月乙巳，广东曲江、乳源两县盗匪作乱，剿平之。丙午，命朱士彦、敬徵往江南查办事件。乙丑，命穆彰阿至湖北会同讷尔经额查办事件。是月，赈直隶吴桥、东光二县，江苏桃源等三州县，湖北汉川等四县卫，安徽五河县，两淮板浦等三场水灾旱灾。给江苏海州等四州县，安徽五河等十一县卫，湖南安乡、华容二县，奉天锦州府属旗民口粮。贷山西大同镇灾区驻防仓谷。蠲缓直隶吴桥等十七州县，江苏桃源等六十三州厅县卫，安徽五河等三十九州县卫，浙江海宁等二十二州县卫、仁和场，两淮富安等十四场，湖南安乡等七州县卫，山西隰州等六州县，湖北汉川等二十六州县卫水灾旱灾雹灾新旧额赋。

十一月戊寅，命署福州将军瑚松额为钦差大臣，都统哈哴阿为参赞大臣，赴台湾剿匪。丙申，拨京仓米一万石赈顺天府武清等八州县灾民。丁酉，李鸿宾遣戍乌鲁木齐，刘荣庆遣戍伊犁。是月，贷陕西汉中等五府州厅属、甘肃宜禾县被灾口粮，吉林等七处籽种。蠲缓甘肃宜禾县逋租。

十二月甲辰，拨浙江、江西仓谷二十万石济福建民食。丙午，卢荫溥予假，命王鼎管刑部。己巳。以孝顺岱为科布多参赞大臣。是月，贷直隶灾区各营兵饷，山西丰镇等六州厅县灾民仓谷。

是岁，朝鲜、南掌、琉球、暹罗入贡。

十三年春正月丁丑，台湾嘉义匪首陈办伏诛。己卯，昇寅等查覆西安将军徐锟赃款属实，褫职。丁酉，以麟庆为湖北巡抚。桃南厅决口合龙。

二月甲辰，上御经筵。己未，四川越嶲等处夷匪作乱，命那彦宝、桂涵剿之。庚申，赈被灾多伦诺尔租种蒙古地贫民，并谕此后口外偏灾不得援请。壬戌，以汪守和兼署吏部尚书。是月，赈直隶蓟州等七州县灾民。贷陕西汉中等五府州厅贫民仓谷。

三月丙子，大学士卢荫溥致仕。辛巳，上阅火器营兵。丙申，卢坤奏获越南盗陈加海等，洋面肃清。戊戌，以麟庆为江南河道总督。以鄂顺安为湖北巡抚。庚子，雨。是月，贷直隶紫荆关营兵，奉天锦州府属兵丁，湖南乾州等五厅县屯丁、苗佃仓谷。

夏四月壬寅，调鄂顺安为山西巡抚，尹济源为湖北巡抚。乐善迁福州将军。调庆山为乌里雅苏台将军。丁未，雨。戊申，瑚松额迁成都将军。调宝兴为盛京将军，保昌为吉林将军。以苏成额为热河都统，贵庆为漕运总督。己酉，命潘世恩为体仁阁大学士，管户部。调朱士彦为吏部尚书。以白镕为工部尚书，汤金钊为左都御史。乙卯，免道光十一年十二年喀什噶尔、叶尔羌额贡。己巳，皇后佟佳氏崩。是月，贷盛京义州兵米、湖南新田县民瑶籽种。

五月辛未朔，赐汪鸣相等二百二十人进士及第出身有差。丁丑，杨芳剿越嶲夷匪，大败之，进剿峩边夷匪。己丑，峩边匪首桑树格等伏诛。丁酉，禧恩免御前大臣、户部尚书，改为理藩院尚书。命大学士长龄管户部，潘世恩管工部。调穆彰阿为户部尚书，博启图为工部尚书。己亥，四川峩边夷匪平。

六月庚子朔，日食。是月，贷直隶博野等三县雹灾籽种。

七月甲申，御试翰林、詹事官，擢田嵩年三员为一等，余升黜有差。壬辰，册谥大行皇后为孝慎皇后。调祁𡎴广东巡抚，以惠吉为广西巡抚。是月，赈贵州古州等四厅县水灾。

八月，是月，赈贵州都江等二厅水灾。

九月庚午，移孝慎皇后梓宫于田村，上临送。乙亥，晋杨芳一等侯。壬辰，以贵庆为热河都统。调嵩溥为漕运总督。调史谱为贵州巡抚。以杨名飏为陕西巡抚。甲午，免云南昆明等十州县地震灾本年额赋，并赈之。是月，赈江苏上元等六县水灾。

十月戊午，调布彦泰为伊犁参赞大臣，常德为塔尔巴哈台参赞大臣。己未，以汤金钊为工部尚书，史致俨为左都御史。是月，赈江苏上元等十二县卫，湖南安乡、华容二县，直隶曲阳县，黑龙江三处灾民。赈湖北武昌等六县水灾。给安徽怀远等六县灾民口粮。

十一月丙戌，上诣大高殿祈雪。以裕泰为贵州巡抚。丁亥，以武忠额为热河都统。以凯音布署察哈尔都统。

十二月丁巳，减免直隶河间等五县水淹地赋。是月，赈江苏上元等十二县卫水灾。

是岁，朝鲜、越南、琉球、缅甸入贡。

十四年春正月丁卯朔，辛未，文孚免正黄旗领侍卫内大臣，以载铨代之。丁丑，缅甸贡使聂纽耶公那牙卒於京师。庚辰，广东儋州黎匪作乱，饬卢坤剿之。甲申，以浙江杭州等府灾，免外商及浙民运米关税。福建永安等县土匪掳人勒赎，捕治之。允浙江杭州、湖州两府所属漕粮红白兼收，籼粳并纳。丁亥，命潘世恩在军机大臣上行走。戊子，以三载考绩予长龄等议叙。命松筠以都统衔休致。祁𡎴奏越南谅山解围，七泉夷州知州阮文泉等求入关，拒之。是月，赈直隶曲阳县贫民。给江苏上元等八县、浙江海宁等四州县、江西南昌等二十二县上年灾歉口粮籽种。贷山西朔州等十州县、陕西葭州等十四州厅县、江西南昌等六县、湖北武昌等十八州县卫、湖南澧州等四州县、甘肃皋兰等九州厅县上年被灾仓谷口粮籽种。

二月丙申朔，朱士彦给假省亲，以汤金钊署吏部尚书。改巴尔楚克换防总兵为副将。己亥，上御经筵。癸卯，昇寅等查办山东、河南事件，以敬徵署左都御史。乙巳，释李鸿宾、刘荣庆回籍。丙午，以江苏粮价增昂，免四川、湖广商米各关船税。戊申，以广东学政李泰交自缢，命卢坤彻查。己酉，定山东运河查泉章程。庚戌，以谒西陵，命奕绍等留京办事。壬子，命凯音布查办乌里雅苏台事件。以苏勒通阿署察哈尔都统。辛酉，朱士彦忧免，调汤金钊为吏部尚书，以汪守和为工部尚书，史致俨为礼部尚书，何凌汉为左都御史。乙丑，大学士富俊卒。是月，给江苏上元等八县卫上年被灾口粮。贷贵州古州厅上年被灾籽种。

三月庚午，明山病免，以成格为刑部尚书，那清安兼署。以长清为乌鲁木齐都统，兴德为叶尔羌参赞大臣。癸酉，上谒西陵，诣田村孝慎皇后梓宫前奠酒，免经过额赋十分之三。丁丑，上谒泰陵、泰东陵、昌陵。庚辰，上还京师。壬午，上临故大学士富俊第赐奠。乙酉，以喀尔喀游牧被灾，准凯音布请，缓勘地界。免四川夷匪滋扰之清溪等三厅县，并宁越、越嶲两营上年额赋。

夏四月丁酉，以给事中黄爵滋奏，命各省督抚兴复书院，选择山长，查保甲，修水利，筹积贮，严禁扣饷派兵积弊，查究偷漏洋税，并禁纹银出洋及私铸洋银。戊戌，除直隶乐亭县水冲官地租赋。丁未，仪郡王绵志卒。甲寅，临故仪顺郡王绵志第赐奠。以其子奕絪袭贝勒。丁巳，命侍郎赵盛奎、在籍前河督严烺会同富呢扬阿查勘浙江塘工。辛酉，以苏清阿为伊犁参赞大臣。甲子，上诣田村孝慎皇后梓宫前行周年祭礼。是月，贷山西岳阳等十二州厅县歉收民屯仓谷。

五月己巳，以恩铭署漕运总督。壬申，授凯音布察哈尔都统。癸酉，免云南昆明等十州县上年地震灾赋。辛巳，上至田村孝慎皇后梓宫前奠酒。丙戌，命卢坤等驱逐英吉利贩鸦片趸船，勿任停泊。庚寅，修山东阙里至圣孔子林、庙。甲午，申谕多尔济喇布坦等与俄罗斯交涉事件务遵旧章。是月，贷淮安、大河二卫歉收屯田籽种。

六月戊申，以福建省城水灾，准运古田、福清二县仓谷及厦门商贩米平粜。癸丑，以鄂尔多斯、达拉特旗私租蒙地民人拒捕伤台吉，命鄂顺安捕治之。壬戌，实授恩铭漕运总督。是月，蠲缓叶尔羌等三城回户逋粮。

秋七月乙丑，饬查漕运亏短积弊，并申禁京城私贩接济回漕。丁卯，博启图给假，以奕颢署工部尚书。戊辰，霍罕伯克以准通商免税，遣使表贡，并请年班入觐，允之。庚午，命苏清阿查勘巴尔楚克、喀什噶尔垦田。免福建台匪滋扰之四县，暨淡水厅抄叛各产租谷。壬申，命特依顺保等妥议沿边会哨章程。程祖洛奏获洋盗刘四等诛之。甲戌，四川峩边厅支夷作乱，命瑚松额、杨芳等查办。赈江西水灾。丙子，工部尚书博启图卒，调耆英为工部尚书，昇寅为礼部尚书，敬徵为左都御史。壬午，以桂良为河南巡抚。戊子，东河朱家湾决口。是月，赈江西南昌等十三县水灾。给湖南武陵等七县卫被水军民口粮并修屋费。

八月己酉，改建浙江北海塘为石塘。癸丑，以武忠额为乌里雅苏台将军，伦布多尔济署。以嵩溥为热河都统。庚申，四川峩边支夷平。卢坤奏英商律劳卑来粤，致书称大英国，请暂停贸易。谕是之。辛酉，上诣孝慎皇后梓宫前奠茶酒。是月，赈盛京盖州等三处，浙江建德、淳安二县，江西南昌等二十五县水灾。贷甘肃皋兰等六县旱灾仓谷。蠲缓江西南昌等二十五州县新旧额赋。

九月乙丑，英吉利兵船入广东内河，褫卢坤职留任。庚午，上阅健锐营兵。癸酉，英吉利兵船出口，复卢坤太子少保，仍革职留任。是月，赈直隶宛平等七州县水灾，奉天新民等四州县厅水灾。贷广东广州、肇庆二府水灾籽种，打牲乌拉被水旗民仓谷。蠲缓直隶大城等五十一州县、山西太原县水灾新旧额赋。

十月己酉，立皇贵妃钮祜禄氏为皇后，颁诏加恩有差。壬子，上皇太后徽号曰恭慈安豫康成庄惠皇太后，颁诏覃恩有差。辛酉，那清安病免，以敬徵为兵部尚书，奕颢为左都御史。是月，赈湖北黄梅等三县卫、湖南安乡等四县卫水灾。贷甘肃皋兰等八州县旱灾雹灾口粮。

十一月乙丑，调汪守和为礼部尚书，史致俨为工部尚书。壬申，礼部尚书昇寅卒，以奕颢为礼部尚书，恩铭为左都御史。调朱为弼为漕运总督。丙子，以棍楚克策楞为塔尔巴哈台参赞大臣。己卯，刑部尚书戴敦元卒，调史致俨代之。以王引之为工部尚书。庚辰，以乌尔恭额为浙江巡抚。丙戌，以文孚为大学士管吏部。调穆彰阿为吏部尚书、协办大学士，耆英为户部尚书，敬徵为工部尚书，奕颢为兵部尚书。以载铨为礼部尚书。工部尚书王引之卒。丁亥，以何凌汉为工部尚书，吴椿为左都御史。是月，赈浙江丽水县水灾。蠲缓浙江建德等十六州县卫水灾新旧额赋。

十二月癸巳，霍罕复侵色埒库勒，命兴德等谕之。命文孚为东阁大学士。丙申，四川峩边夷匪复叛，降杨芳二等侯，褫御前侍卫，以总兵候补。甲辰，黑龙江将军富僧德调西安将军，以奕经代之。癸丑，上诣大高殿祈雪。是月，贷直隶灾区各营兵饷，江宁八旗官兵银米，广东南海等九县籽种并围基修费。

是岁，朝鲜、琉球、缅甸、暹罗入贡。

十五年春正月甲子，大学士曹振镛卒。壬午，长龄以受霍罕馈送，罢御前大臣管户部事。丙戌，陕甘总督杨遇春致仕，仍温谕来京。以瑚松额为陕甘总督。调宝兴成都将军。以奕经为盛京将军，保昌为黑龙江将军，苏清阿为吉林将军。是月，赈奉天牛庄等三处被灾旗户。给江西南昌等九县，甘肃靖远等六州县口粮。贷山西太原等三州县，江西南昌等二十六州县，湖南安乡等四州县，甘肃秦州、靖远县被灾仓谷籽种。

二月丙申，以阮元为大学士管刑部，王鼎协办大学士，伊里布为云贵总督，何煊为云南巡抚。庚子，以奇明保署黑龙江将军。丁未，命长龄管理藩院，文孚管户部，潘世恩管工部，阮元改管兵部，王鼎管刑部。以朝鲜世孙李奂袭封朝鲜国王。戊午，吉林将军苏清阿卒，调保昌代之。以祥康为黑龙江将军。

三月，山西赵城县匪曹顺作乱，知事杨延亮死之，遂围霍州。命鄂顺安剿办。乙亥，上亲耕耤田。幸南苑行围。庚辰，上还京师。是月，给甘肃皋兰等五州县厅灾歉口粮。

夏四月，四川峩边支夷平，晋鄂山太子太保，赏双眼花翎。甲寅，赐刘绎等二百七十六人进士及第出身有差。丁巳，上诣黑龙潭神祠祈雨。

五月丁卯，致仕陕甘总督杨遇春晋封一等侯，予食全俸。辛未，赵城县匪首曹顺等伏诛。丁丑，上复诣黑龙潭神祠祈雨。以栗毓美为河东河道总督。庚辰，雨。是月，贷山西凤台、沁水二县被旱仓谷。

六月丙午，减江苏丹徒被水芦田额赋。

闰六月丁卯，敬徵降调，以载铨为工部尚书，恩铭为礼部尚书，武忠额为左都御史。调保昌为乌里雅苏台将军，祥康为吉林将军，哈丰阿为黑龙江将军。己巳，停本年秋决。

秋七月甲辰，文孚免军机大臣，仍命以大学士管吏部。改潘世恩管户部，穆彰阿管工部。命刑部右侍郎赵盛奎、工部右侍郎赛尚阿在军机大臣上学习行走。是月，给陕西沔县、洛川县被水，湖南华容等三县卫被旱口粮。

八月甲子，以皇太后六旬万寿，普免各省逋赋。庚辰，谕："科道中冯赞勋、金应麟、黄爵滋、曾望颜擢任京卿，所以广开忠谏，务当不避嫌怨，於民生国计用人行政阙失，仍随时据实直陈，以资采纳。"两广总督卢坤卒，以邓廷桢为两广总督，祁𡊮署，色卜星额为安徽巡抚。甲申，上谒西陵。是日，移孝慎皇后梓宫由田村启行，免经过地方额赋十之五。是月，给陕西府谷县雹灾口粮。

九月己丑，孝穆皇后、孝慎皇后梓宫至龙泉峪，上临奠。庚寅，上回銮。戊戌，授麟庆江南河道总督。丙午，朱为弼病免，以恩特亨额为漕运总督。是月，给两淮板浦、中正二场被水灶丁口粮。缓征陕西榆林县、葭州雹灾，江西金谿等九县旱灾额赋。

冬十月戊午，以毓书为科布多参赞大臣。甲子，以皇太后六旬圣寿，上徽号曰恭慈康豫安成庄惠寿禧皇太后。乙丑，皇太后六旬圣寿节，上率王、公、大臣诣寿康宫行庆贺礼。上御太和殿，群臣进表行庆贺礼。诏天下覃恩有差。以富呢扬阿为乌鲁木齐都统。癸未，御史汤鹏以劾载铨忤旨罢。予告大学士托津卒。是月，给山西阳曲等五州县、湖南岳州卫、浙江海宁等十三州县被灾口粮。贷奉天金州水师营兵谷。蠲缓湖南华容等十四州县卫、浙江海宁等三十一州县卫被灾新旧额赋杂款。

十一月戊戌，临大学士托津第赐奠。是月，给吉林等三处歉区口粮。

十二月己未，上再诣大高殿祈雪。乙丑，孝穆皇后、孝慎皇后梓宫奉安地宫。乙亥，以乐善为吉林将军。是月，贷江苏抚标及城守、刘河二营灾区兵饷。蠲缓贵州松桃厅被水额赋。

是岁，朝鲜、琉球入贡。

十六年春正月乙未，以车伦多尔济为库伦蒙古办事大臣。壬寅，拨山东司库银五万两赈登、莱、青三府饥。乙巳，调裕泰为湖南巡抚。以贺长龄为贵州巡抚。是月，赈浙江义乌等三县水旱灾。给奉天广宁等处水灾旗民口粮。贷甘肃金州等十四州县、江西莲花等五十一厅县、陕西葭州等九州厅县、湖南澧州等四州县、山西保德等十五州县水旱雹灾口粮籽种仓谷。

二月丙辰，调周之琦为湖北巡抚。以陈銮为江西巡抚。己未，以谒东陵，命肃亲王等留京办事。己巳，上阅火器营兵。癸酉，上谒东陵，免经过地方额赋十分之三。丙子，上谒昭西陵、孝陵、孝东陵、景陵、裕陵。湖南武冈州匪蓝正樽等作乱，命吴荣光会同讷尔经额剿之。戊寅，免四川峩边厅逋赋。己卯，上还京师。

夏四月癸亥，以梁章钜为广西巡抚。丁丑，赐林鸿年等一百七十二人进士及第出身有差。是月，贷甘肃秦州等八州县被灾口粮。

五月丙申，上诣黑龙潭祈雨。戊戌，礼部尚书汪守和卒，以吴椿为礼部尚书，李宗昉为左都御史。丁未，上诣静明园龙王庙祈雨。是月，贷直隶宝坻县歉收口粮。

秋七月癸未，以钟祥为闽浙总督，经额布为山东巡抚。乙酉，以哈丰阿举发都统高喀鼐干预公事书信，加太子太保。己丑，高喀鼐褫职，遣戍热河。丙申，大学士文孚致仕。庚子，命穆彰阿为大学士管工部，琦善协办大学士，仍留直隶总督任。调耆英为吏部尚书，奕颢为户部尚书，禧恩为兵部尚书，武忠额为理藩院尚书，凯音布为左都御史，乐善为察哈尔都统。壬寅，恩铭免尚书、都统，赵盛奎免军机大臣及侍郎。以贵庆为礼部尚书。

九月壬辰，以富呢扬阿为陕西巡抚，廉敬为乌鲁木齐都统。庚子，上阅健锐营兵。戊申，圆明园三殿灾。己酉，以耆英受太监属托，褫尚书、都统、内务府大臣。以奕经为吏部尚书，宝兴为盛京将军。左都御史凯音布迁成都将军。以敬徵代之。是月，赈盛京白旗堡等处、山西朔州等十一州厅县、贵州松桃厅灾民。展赈陕西神木县灾民。蠲免山西朔州等十一州厅县、陕西榆林府属被灾新旧额赋。

冬十月丙辰，加长清太子太保。贷甘肃泾州等八州县、山西山阴县灾歉口粮仓谷籽种。蠲缓直隶景州等十二州县水旱灾新旧额赋。

十一月壬午，以敬徵为工部尚书，调武忠额为左都御史，以奕纪为理藩院尚书。癸卯，上诣大高殿祈雪。是月，给陕西府谷等四县霜雹灾口粮。蠲缓直隶安州等三州县水灾额赋。

十二月丁巳，上再诣大高殿祈雪。癸亥，雪。

是岁，朝鲜、暹罗来贡。

十七年春正月己卯朔，命奕纪为御前大臣。赏长龄四开禊袍。加潘世恩太子太保。壬辰，兵部尚书王宗诚卒，以朱士彦代之。丁酉，山东潍县教匪马刚等作乱，捕获之。庚子，降讷尔经额湖南巡抚，以林则徐为湖广总督，调陈銮为江苏巡抚，裕泰为江西巡抚。是月，贷山西朔州等十一州厅县、陕西葭州等九州县、甘肃金州等十三州县水灾旱灾蝗灾雹灾霜灾仓谷口粮籽种。

二月乙卯，福建嘉义县教匪沈知等作乱，捕诛之。是月，贷山西吉州等七州县仓谷。

三月戊寅朔，以诣雩髻山，命惇亲王绵恺等留京办事。庚寅，上奉皇太后幸雩髻山，免经过地方本年额赋十分之三。甲午，上奉皇太后还圆明园。以耆英为热河都统。乙未，上诣明陵。丙申，上诣明长陵、献陵、泰陵、景陵、永陵奠酒。以明裔延恩侯书桂为散秩大臣。丁酉，上还圆明园。

夏四月庚申，命彦德鞫治茂明安署札萨克贝勒丹丕勒等讦控盟长之狱。甲子，以颜伯焘为云南巡抚。是月，贷山东濮州等二十四州县卫、山西宁武县仓谷。

五月戊寅，贵庆病免，调奕纪为礼部尚书，以武忠额为理藩院尚书，奎照为左都御史。以周天爵署漕运总督。

六月庚戌，以御史朱成烈奏广东海口每岁出银三千余万，福建、浙江、江苏各海口出银不下千万，天津海口出银亦二千余万，命沿海各督抚及各监督严饬稽查。戊午，命左都御史奎照、户部侍郎文庆在军机大臣上学习行走。己未，命琦善署直隶总督。壬申，四川马边厅夷匪作乱，命鄂山剿之。甲戌，奕山等奏获霍罕贼目阿达那等诛之。是月，贷江苏淮安、大河二卫被灾籽种。

秋七月丙子朔，命侍郎倭什纳等册封朝鲜王妃。壬午，乐善迁荆州将军，以赛尚阿为察哈尔都统。辛卯，谕栗毓美，东河砖工改办碎石。丁巳，西宁办事大臣德楞额迁荆州将军，以苏勒芳阿代之。甲戌，廓尔喀年贡逾例，温谕却之。

九月庚寅，授周天爵漕运总督。癸巳，召讷尔经额来京。甲午，以钱宝琛为湖南巡抚。甲辰，免直隶邢台、阜城二县被旱额赋十分之五。

冬十月丙午，上临大学士长龄第视疾。辛未，停吉林珠贡。是月，给陕西保安县被灾籽种口粮，并贷绥德等四州县仓谷。蠲缓山西应州等十州县、齐齐哈尔等三城被灾新旧额赋。

十一月辛卯，晋封长龄一等威勇公。是月，贷甘肃金州等九州县贫民、江西南昌等十三县、陕西葭州等五州县被灾籽种口粮仓谷。

十二月丁未，凉山夷匪平。己巳，李宗昉忧免，以卓秉恬为左都御史。庚午，彦德以年老留京，以棍楚克策楞为绥远城将军。是月，贷陕西定边、安定二县来春口粮籽种。

是岁，朝鲜、琉球、暹罗、越南来贡。

十八年春正月甲戌朔，命奎照、文庆为军机大臣。乙亥，太傅、大学士、一等公长龄卒。丙子，上临长龄第赐奠。乙酉，四川夷匪平。是月，贷甘肃固原等十四州厅县、山西平定等五州县灾民口粮籽种仓谷。

二月癸卯朔，命琦善为大学士，仍署直隶总督。以云贵总督伊里布协办大学士，仍留任。乙巳，史致俨病免，以祁𡎴为刑部尚书，怡良为广东巡抚。壬戌，修喀喇沙尔城。戊辰，修浙江海塘。是月，贷陕西怀远、府谷二县歉收籽种。

三月乙亥，以谒陵命肃亲王等留京办事。戊子，上奉皇太后谒西陵，免经过地方额赋十分之三。壬辰，上谒泰陵、泰东陵、昌陵，诣孝穆皇后、孝慎皇后陵寝奠酒。乙未，上奉皇太后还京师。丙申，上幸南苑行围，至戊戌皆如之。庚子，上还京师。辛丑，噶勒丹锡埒图萨玛第巴克什入贡。是月，贷山西辽州等十二州厅县上年歉收仓谷。

夏四月庚申，以富呢扬阿等建乌鲁木齐书院，议处有差。申命新疆将军、都统、大臣认真教练，使人人习於战阵，毋务实政务虚名。甲子，以伍长华为湖北巡抚。丙寅，赐钮福保等一百九十四人进士及第出身有差。辛未，以奕山为伊犁将军，湍多布为伊犁参赞大臣。

闰四月丙子，上诣黑龙潭祈雨。辛巳，雨。鸿胪寺卿黄爵滋奏请将内地吸食鸦片者俱罪死。命盛京、吉林、黑龙江将军，直省督抚各抒所见议奏。己丑，褫禧恩太子太保衔兵部尚书，调成格为兵部尚书，以鄂山为刑部尚书，宝兴为四川总督，耆英为盛京将军，惠吉为热河都统。庚寅，调奕纪为户部尚书，成格为礼部尚书，奕颢为兵部尚书。

五月丙午，上诣黑龙潭祈雨。己酉，雨。癸丑，大学士阮元致仕。命王鼎为大学士，仍管刑部，汤金钊为户部尚书、协办大学士，朱士彦为吏部尚书，卓秉恬为兵部尚书，姚元之为左都御史。戊辰，惇亲王绵恺免内廷行走、宗令，罚亲王俸三年。

六月辛未，免四川马边、雷波二厅逋赋及各厂应解铜铅。丁丑，降惇亲王绵恺为郡王。己卯，命湍多布为塔尔巴哈台参赞大臣，关福为伊犁参赞大臣。是月，给贵州镇远府属被水兵民口粮。

秋七月戊申，刑部尚书鄂山卒，以宝兴为刑部尚书，苏廷玉署四川总督。

八月丙戌，以林则徐等奏查获烟贩收缴烟具情形，谕嘉之。己丑，成格免，以奎照为礼部尚书，恩铭为左都御史。命奕纪管理藩院。以赛尚阿署理藩院尚书，布彦泰为察哈尔都统。是月，给陕西安定、府谷二县灾民口粮。

九月丙午，庄亲王奕賨等坐食鸦片革爵。丁未，上阅健锐营兵。己酉，太常寺少卿许乃济请弛鸦片禁。命休致。召林则徐来京，以伍长华署湖广总督。辛酉，调钱宝琛为江西巡抚，裕泰为湖南巡抚。吏部尚书朱士彦卒，调汤金钊为吏部尚书，吴椿为户部尚书，以龚守正署礼部尚书。是月，给山东潍县灾民口粮。

冬十月庚寅，以盛贵为乌里雅苏台参赞大臣。是月，蠲缓直隶深州等十三州县、江西南昌等二十二县、安徽寿州等三十四州县卫、河南内黄等十一县、湖南澧州等八州县卫、奉天宁远州被灾新旧额赋。

十一月壬寅，命伊里布等查禁云南种罂粟。壬子，以宝兴为四川总督，恩铭为刑部尚书，裕诚为左都御史。癸丑，命林则徐为钦差大臣，查办广东海口事件，节制该省水师。以周天爵署湖广总督，铁麟署漕运总督。丁巳，上诣大高殿祈雪。以固庆为科布多参赞大臣。乙丑，兵部尚书奕颢褫职，调裕诚为兵部尚书，以隆文为左都御史。丙寅，召哈丰阿来京，以舒伦保署黑龙江将军。是月，赈陕西怀远、安定二县，宁古塔三姓地方兵民口粮。

十二月戊辰朔，贵州仁怀县匪谢法真等作乱，命伊里布剿之。辛未，惇郡王绵恺卒，追复亲王爵。上亲临其丧三次赐奠。乙亥，上再诣大高殿祈雪。丙戌，上复诣大高殿祈雪。庚寅，移库伦帮办大臣驻科布多，为科布多帮办大臣。辛卯，授赛尚阿理藩院尚书。乙未，左都御史姚元之免，以龚守正代之。以匪乱平，赏伊里布双眼花翎，晋余步云太子太保。

是岁，朝鲜、琉球、暹罗来贡。

十九年春正月戊戌朔，晋封惠郡王绵愉为亲王。戊午，召奕山来京，以关福署伊犁将军。是月，贷湖南武陵县、陕西葭州等九州县、甘肃固原等五州县水旱灾雹灾口粮籽种。

二月壬午，御试翰林、詹事等官，擢李国杞四员为一等，余升黜有差。丙戌，以谒东陵，命肃亲王敬敏等留京办事。命林则徐赴虎门、澳门，防外海洋船进口及内匪出洋。

三月庚子，上谒东陵，免经过地方额赋十分之三。辛丑，吴椿病免，调何凌汉为户部尚书，以陈官俊为工部尚书，龚守正为礼部尚书，廖鸿荃为左都御史。癸卯，上谒昭西陵、孝陵、孝东陵、景陵、裕陵，诣端慧太子园寝奠酒。乙巳，陶澍病免，调林则徐为两江总督，以陈銮署之，裕谦署江苏巡抚，以桂良为湖广总督，朱树为河南巡抚。丙午，上幸南苑行围。辛亥，上还京师。乙卯，林则徐等奏趸船呈缴烟土，谕嘉之，予奖叙。准林则徐等奏，暂缓议断互市。乌鲁木齐都统廉敬迁成都将军，以惠吉代之，以恩铭为热河都统，隆文为刑部尚书。丙辰，以铁麟为左都御史。

夏四月辛未，以吴文镕为福建巡抚。丁丑，调周天爵为河南巡抚，朱树为漕运总督。戊子，上诣万寿山殿祈雨。丁酉，以直隶旱，免奉天、山东、河南来直米税。

五月辛丑，雨。予告大学士卢荫溥卒。是月，赈云南浪穹、邓川二州县地震灾额赋。

六月丙寅，闽浙总督钟祥以关防被窃褫职，以周天爵代之，以牛鉴为河南巡抚。丁亥，太子少保前两江总督陶澍卒。辛卯，调周天爵为湖广总督。

秋七月壬子，命林则徐以禁贩鸦片檄谕英吉利国及各国在粤洋商。是月，给湖南华容县水灾口粮。

八月庚午，经额布迁成都将军，以托浑布为山东巡抚。召乌里雅苏台将军保昌来京，以廉敬代之。是月，给陕西葭州等三州县被灾口粮。

九月庚子，命托浑布查办山东登州海贼，整顿水师。辛丑，上阅健锐营兵。己酉，哈丰阿迁广州将军，调棍楚克策楞为黑龙江将军，德克金布为绥远城将军。

冬十月，山西巡抚申启贤卒，赐恤如尚书例。以杨国桢为山西巡抚。是月，赈安徽无为等十一州县及屯坐各卫水灾。赈湖北黄梅等三县灾民。给湖北沔阳等九州县，山东蒙阴县，陕西府谷、神木二县，湖南华容县九州卫水灾旱灾口粮。蠲缓安徽无为等三十二州县、湖北沔阳等二十六州县、河南睢州等二十一州县、湖南澧州等九州县卫水灾新旧额赋。

十一月庚子，英船入广东海港，林则徐督官军击走之，停其贸易。以程楙来为安徽巡抚。戊申，德克金布迁广州将军，以松溥为绥远城将军，舒伦保为黑龙江将军。庚戌，命济克默特赴库伦，迎哲布尊丹巴呼图克图来觐。是月，给江西德化等七县、山西应州等四州县灾民口粮。蠲免江西南昌等二十三县、山西应州等八州县、直隶安州等五州县被灾新旧额赋。

十二月癸亥，署两江总督陈銮卒，调邓廷桢为两江总督，林则徐为两广总督，裕谦为江苏巡抚。癸酉，哲布尊丹巴呼图克图等觐见。调伊里布为两江总督，邓廷桢为云贵总督。癸未，命刑部尚书隆文在军机大臣上行走。调邓廷桢为闽浙总督，桂良为云贵总督。戊子，陈官俊免，以廖鸿荃为工部尚书。军机大臣文庆免。

是岁。朝鲜、琉球入贡。

二十年春正月壬辰朔，加王鼎太子太保。戊戌，以阿勒精阿为热河都统。己亥，理藩院禁哲布尊丹巴呼图克图用旗伞，并未奏明，奕纪褫御前大臣、户部尚书、总管内务府大臣并紫缰，免管理藩院。赛尚阿降二品顶戴。调隆文为户部尚书。壬寅，皇后钮祜禄氏崩。戊申，谥大行皇后为孝全皇后。庚戌，奕纪逮问。庚申，以奕纪收沙布朗馈送银，遣戍黑龙江，赛尚阿等均下部严议。

二月癸亥，以阿勒精阿为刑部尚书，讷尔经额为热河都统，哈丰阿为西宁办事大臣。丁卯，户部尚书何凌汉卒，以卓秉恬代之。以祁寯藻为兵部尚书，沈岐为左都御史。丁丑，河东河道总督栗毓美卒，以文冲为河东河道总督。是月，给安徽桐城县贫民口粮。贷山西河保等营兵丁谷石。

三月，命何汝霖在军机大臣上学习行走。召奕山来京，以布彦泰为伊犁将军。辛亥，以璧昌为察哈尔都统。是月，贷山西吉州等九州厅县仓谷。

夏四月辛酉朔，册谥孝全皇后，翼日颁诏。己巳，调经额布为吉林将军。丙子，以祥康为库伦办事大臣。戊寅，上诣黑龙潭祈雨。乙酉，赐李承霖等一百八十人进士及第出身有差。戊子，上诣广润祠祈雨。是月，贷直隶紫金关及所属浮图峪等三营弁兵仓谷。

六月丁卯，以色克津阿为绥远城将军。丁丑，林则徐等奏击毁载烟洋艇。庚辰，英船入浙洋，围定海县城。命余步云会乌尔恭额等援之。甲申，英人陷定海县，知县姚怀祥等死之。褫乌尔恭额及浙江提督祝廷彪职，仍留任。调瑚松额为热河都统，讷尔经额为陕甘总督。

秋七月癸巳，英船犯浙江乍浦海口。命奇明保率兵御之。英师犯福建厦门炮台，参将陈胜元等击却之。丙申，褫浙江巡抚乌尔恭额职，以刘韵珂代之。丁酉，命伊里布为钦差大臣，赴浙江剿办。以裕谦兼署两江总督。以湍多布为伊犁参赞大臣，花山太为塔尔巴哈台参赞大臣。甲辰，英船泊天津口外，递信与琦善诉屈。命琦善接收，仍饬勿进口。丙午，花山太迁喀什噶尔办事领队大臣，调湍多布为塔尔巴哈台参赞大臣，以福兴阿为伊犁参赞大臣。庚戌，林则徐等奏续获贩烟人犯。谕以空言搪塞，切责之。乙卯，英船至山海关等处。丙辰，命伊里布等，英人如有投递书信，即接受驰奏。是月，赈湖北沔阳等三州县水灾。

八月甲子，以邵甲名署浙江巡抚。丙子，英人复侵福建厦门，提督陈阶平等击走之。己卯，命琦善为钦差大臣，赴广东查办，并谕伊里布及沿海督抚防守要隘，洋船停泊外洋勿问。调讷尔经额署直隶总督，以瑚松额署陕甘总督。庚辰，廉敬迁成都将军，以德楞额为乌里雅苏台将军。辛巳，裕谦奏英人呈递原书，不敢上闻。谕切责之。是月，给江苏上元等十四县水灾口粮并修屋费。

九月庚寅，林则徐、邓廷桢命交部严加议处。以琦善署两广总督。辛卯，以托浑布奏英船南去，命耆英、托浑布酌撤防兵。召邓廷桢来京，以颜伯焘为闽浙总督，张澧中为云南巡抚。甲午，谕周天爵等恤湖北各州县水灾。乙未，褫林则徐、邓廷桢职，命赴广东候查问。己亥，英船入浙江慈谿、馀姚二县内洋，伊里布等击走之。以乌尔恭额不代奏英人书信，逮问。是月，给江苏泰兴县水灾口粮。

十月壬申，以谒陵命庄亲王等留京办事。壬午，以孝全皇后梓宫奉安龙泉峪，上诣观德殿行祖奠礼。乙酉，调禄普为乌里雅苏台将军。是月，赈直隶沧州等三州县灾民。给安徽东流、含山二县军民口粮。贷奉天白旗堡、小黑山水灾口粮。蠲缓直隶沧州等三十三州县、湖北沔阳等八州县卫水灾新旧正杂额赋。

十一月庚寅，上谒西陵，免经过地方额赋十分之五。甲午，上谒泰陵、泰东陵、昌陵，并诣孝穆皇后、孝慎皇后陵寝奠酒，孝全皇后梓宫前行迁奠礼。乙未，孝全皇后梓宫奉安地宫，上临视，命皇子行礼。己亥，上还京师。癸卯，禄普改荆州将军，调奕湘为乌里雅苏台将军。英人陷定海。戊申，乌尔恭额论绞。壬子，伊里布奏英人要求澳门、定海贸易。谕琦善令英人退还定海。癸丑，以周天爵擅用非刑，褫职，遣戍伊犁。以裕泰为湖广总督，以吴其濬为湖南巡抚。是月，赈江苏上元等十六县、直隶天津县水旱灾。贷江苏江宁驻防及督协各营驻扎灾区兵饷、黑龙江墨尔根城水灾屯丁口粮屋费。蠲缓江苏泰州等七十二州县卫、直隶天津县、山西河曲县新旧额赋。

十二月，以孝全皇后升祔奉先殿，上亲诣告祭。翼日，命皇四子行礼。戊辰，调余步云为浙江提督。以铁麟为察哈尔都统，恩桂为左都御史。以壁昌为伊犁参赞大臣。己卯，调吴文镕为湖北巡抚，以刘鸿翱为福建巡抚。癸未，召瑚松额来京，以恩特亨额署陕甘总督。是月，给福建龙谿、南靖二县水灾口粮屋费。贷江苏江阴等三营兵饷。蠲缓浙江长兴等四县水旱灾新旧正杂额赋。

是岁，朝鲜入贡。

卷十九　　本纪十九

宣宗本纪三

二十一年春正月己丑，英人寇广东虎门，副将陈连陞及其子举鹏死之。庚寅，以奕山为御前大臣。辛卯，琦善以虎门陷，下部严议，褫提督关天培顶戴。命奕山为靖逆将军，隆文、杨芳为参赞大臣，督办广东海防。命赛尚阿在军机大臣上行走。庚子，命讷尔经额驻天津，督办海防。命哈哴阿赴山海关，督办海防。命耆英等勤哨探。己巳，命伊里布回两江总督任，以裕谦为钦差大臣，办浙江军务。辛亥，琦善褫大学士，仍下部严议。是月，赈奉天白旗堡水灾旗户。给江苏江都、丹徒二县水灾仓谷，奉天小黑山站丁，江苏庙湾场灶丁，安徽东流、繁昌二县水旱灾口粮。贷湖北沔阳等八州县卫、湖南武陵县、甘肃金州等五州厅县水灾籽种，江苏上元等十一县、甘肃皋兰县水灾口粮，山西河曲县雹灾仓谷。

二月庚申，以伊里布迁延不进，下部严议。辛酉，琦善逮问，仍籍其家。以祁𡎴为两广总督，怡良兼署，李振祜署刑部尚书，授讷尔经额直隶总督，恩特亨额陕甘总督。丙寅，越南国王阮福晈卒，诏停贡方物。戊辰，英人去定海，以伊里布庸懦，褫协办大学士，留两江总督任。命宝兴为大学士，仍留四川总督。以奕经协办大学士。戊寅，命齐慎为参赞大臣，赴广东会剿。壬午，英人陷广东虎门炮台及乌涌卡座，广东水师提督关天培、署湖南提督祥福等死之。是月，展赈江苏江宁、通州二府州灾民。

三月丙戌朔，释周天爵赴广东军营。甲午，上谒西陵，免经过地方额赋十分之三。乙未，致仕大学士文孚卒。丙申，英人兵船入广东内港，杨芳等击走之。戊戌，上谒泰陵、泰东陵、昌陵，至龙泉峪孝穆皇后、孝慎皇后、孝全皇后陵寝奠酒。己亥，上再谒昌陵，行敷土礼。诣隆恩殿行大飨礼。壬寅，上还京师。丙午，上临故大学士文孚第赐奠。戊申，准米里坚等国通商。庚戌，以裕谦奏，命沿海通商口岸照旧准商民贸易。壬子，杨芳等请仍准英国商船在广东贸易。不许，命将杨芳、怡良严议。

闰三月乙卯朔，褫杨芳、怡良职，仍留任。丙寅，汤金钊降调，调卓秉恬为吏部尚书、协办大学士，祁寯藻为户部尚书，以许乃普为兵部尚书。丁卯，召伊里布来京，以裕谦为两江总督，命定海防务交刘韵珂办理。调梁章钜为江苏巡抚，以周之琦为广西巡抚。乙亥，谕奕山等抚恤各国洋商。是月，贷山西吉州等十州县暨和林格尔厅上年歉收仓谷。蠲缓江苏宿迁县被水滩租。

夏四月己丑，命裕谦仍为钦差大臣，督办浙江海防。英人陷广东城外炮台。甲辰，礼部尚书奎照病免，以色克精额为礼部尚书。赐龙启瑞等二百二人进士及第出身有差。辛亥，命睿亲王等、大学士、军机大臣、各部尚书会同刑部讯伊里布。癸丑，以广东省城围急，准奕山等奏，令英人通商。是月，缓征山西朔州等六州厅县逋赋。

五月丙辰，英船入浙洋，命裕谦申严各海口兵备。癸亥，邓廷桢、林则徐遣戍伊犁。癸酉，英船去广东虎门。穆彰阿免管理藩院，命赛尚阿代之。参赞大臣、户部尚书隆文卒于军。庚辰，调敬徵为户部尚书，赛尚阿为工部尚书，恩桂为理藩院尚书。壬午，调吴文镕为江西巡抚，钱宝琛为湖南巡抚。以奕兴为绥远城将军。

六月，准祁𡎴等奏定商船赴天津等处章程。庚寅，褫伊里布职，发军台效力赎罪。准奕山等奏，分期撤兵。戊戌，琦善论斩。癸卯，河南下南厅河决。辛卯，褫文冲职，仍留河东河道总督任，牛鉴下部严议。

七月丙辰，命王鼎等赴东河督工。壬戌，以李振祜为刑部尚书。丁卯，以达赖喇嘛于四月坐床，颁敕书。戊辰，命前宁夏将军特依顺为参赞大臣，赴广东。辛未，以河水泛滥，命牛鉴移民赈恤。己卯，南掌入贡。庚辰，英人陷福建厦门，总兵江继芸等死之。以故越南国王阮福晈子阮福暶为越南国王，命广西按察使宝清往册封。

八月癸未，以桂轮为热河都统。丁亥，英人寇浙江。庚寅，以朱襄为河东河道总督。辛卯，万寿节，上诣皇太后宫行礼。御正大光明殿，皇子及王以下文武大臣，蒙古使臣、外藩王公行庆贺礼。褫文冲职，枷号河干。以王鼎署河东河道总督。英人去厦门。丁酉，英人寇浙江双澳、石浦等处，裕谦督兵击走之。命怡良赴福建查办军务。以梁宝常署广东巡抚。庚子，以赵炳言为湖北巡抚。辛丑，英人复大举寇浙江。戊申，英人再陷定海，总兵王锡朋、郑国鸿、葛云飞等死之。裕谦、余步云下部严议。是月，免陕西华州、大荔二州县，河南睢州等八州厅县水灾额赋。

九月乙卯，英人陷镇海，钦差大臣裕谦死之，提督余步云遁。命奕经为扬威将军，哈哴阿、胡超为参赞大臣，督办浙江海防。命怡良为钦差大臣，会同颜伯焘、刘鸿翱督办浙江海防。以牛鉴署两江总督，鄂顺安署河南巡抚。丁巳，命文蔚为参赞大臣，赴浙江，胡超仍驻天津。命特依顺为参赞大臣，赴浙江，哈哴阿仍驻山海关。命祁寯藻在军机大臣上行走。授牛鉴两江总督。辛酉，英人陷浙江宁波府。己巳，上阅火器营兵。是月，赈奉天辽阳等六州县水灾。

冬十月戊子，命僧格林沁等巡视天津海口，辛卯，英船入台湾海口。达洪阿等击退之。命王得禄赴台湾协剿。是月，赈湖南华容县、岳州卫，江西德化等十县水灾。加赈湖北沔阳等九州县、山西萨拉齐厅灾民、江苏上元等十五县卫灾民，并免额赋。给安徽无为等十二州县水灾口粮屋费，并免额赋。

十一月庚午，以程矞采署江苏巡抚。以青海玉树番族雪灾，免应征银二年。戊寅，英人陷浙江馀姚县，复入慈谿。是月，赈江苏上元、江宁二县灾民。

十二月戊子，褫颜伯焘职，以杨国桢为闽浙总督。己丑，以梁萼涵为山西巡抚。癸巳，英人陷浙江奉化县。壬寅，湖北崇阳县匪钟人杰作乱，攻陷县城，命裕泰等督兵讨之。以程矞采为江苏巡抚。丙午，英船寇浙江乍浦。戊申，英船寇台湾淡水、鸡笼，达洪阿等击退之。是月，赈江苏新阳县灾民。展赈河南祥符等六县、江苏上元等十县灾民。贷河南睢州、柘城县贫民籽种口粮，并平粜淮宁县仓谷。缓征江西南昌等二十二县逋赋，浙江横浦、浦东二场灶课。

是岁，朝鲜、琉球、南掌入贡。

二十二年春正月丙辰，杨国桢病免，以怡良为闽浙总督，梁宝常为广东巡抚。甲子，盛京将军耆英改广州将军，以禧恩署之。己巳，湖北崇阳贼匪陷通山，裕泰遣兵击败之。丁丑，克复湖北崇阳县，获匪首钟人杰。是月，赈安徽无为等十二州县卫，奉天辽阳等六处、新民等四厅县灾民。给安徽泗州等二十二州县卫、浙江海宁等七州县水灾口粮。贷江西德化等七县、湖南武陵县、湖北嘉鱼等九县卫、陕西葭州等五州县水灾籽种口粮，山西萨拉齐厅歉收仓谷，江苏灾区京右等营兵饷。蠲缓浙江海宁等九州县卫水灾新旧额赋。

二月丙戌，命林则徐仍戍伊犁。丙申，奕经等进攻宁波失利。释伊里布赴浙江军营。命耆英署杭州将军。王鼎乞假。命齐慎仍为参赞大臣，办理浙江军务。丙午，命耆英为钦差大臣，会同特依顺守浙江省城，并命刘韵珂会办防务，责成奕经等守沿海各口岸。是月，赈盛京辽阳等处、江苏上元等八县灾民。

三月壬子，上幸南苑。癸丑，上行围，翼日如之。丁巳，上还圆明园。恩特亨额卒，以富呢扬阿为陕甘总督，壁昌为陕西巡抚。以庆昌为伊犁参赞大臣。是月，蠲缓河南郑州积涝地亩逋赋。

夏四月癸未，英人复寇台湾，达洪阿等击走之。加达洪阿太子太保。己丑，英人去宁波府。甲午，上诣黑龙潭神祠祈雨。乙未，英人陷浙江乍浦，同知韦逢甲死之。庚子，褫余步云职逮问。丙午，钟人杰伏诛。是月，贷湖南凤凰等五厅县屯丁苗佃籽种口粮，山西吉州等十四州县仓谷。缓征山西阳曲县、萨拉齐厅逋谷。

五月己酉，大学士王鼎暴卒。丙辰，降汤金钊为光禄寺卿。丁巳，汤金钊乞休，允之。戊午，奕山以查奏不实，褫左都御史，并祁埙、梁宝常褫职留任。己未，礼部尚书色克精额卒，以恩桂代之。以吉伦泰为理藩院尚书。以奎照为左都御史。壬戌，英人陷江苏宝山县，提督陈化成死之。命耆英、伊里布赴江苏，会同牛鉴防剿。丁卯，英人陷上海县，典史杨庆恩死之。命赛尚阿为钦差大臣，会同讷尔经额防剿。是月，贷江苏山阳县及淮安等二县卫歉收籽种。

六月戊寅朔，日食。蠲缓湖北被匪滋扰之崇阳等五县卫新旧额赋。辛卯，以文庆为库伦办事大臣。壬辰，蠲缓浙江被扰之定海等十二县新旧额赋。癸巳，英船寇京口。丙申，英船寇镇江，齐慎等遁。丁酉，英人陷镇江，副都统海龄死之。

秋七月甲寅，英船寇江宁省城。命伊里布等议款。命奕经进驻常州。己未，耆英奏与英兵官玛礼逊等议罢兵。谕"朕以民命为重"，令妥行定议。癸亥，耆英等请与英兵官定约，钤御宝。谕"朕因亿万生灵所系"，允所请。庚午，江南桃北厅河决。是月，赈巴里坤地震灾。

八月戊寅，耆英奏广州、福州、厦门、宁波、上海各海口，与英国定议通商。戊子，麟庆以贻误河防，褫职留任。命敬徵、廖鸿荃赴江南查勘河工。是月，贷巴里坤地震灾修屋费。

九月丁未，沈岐乞终养，允之。以李宗昉为左都御史。己酉，授禧恩盛京将军。戊午，朱树乞终养，允之。命周天爵以二品顶戴署漕运总督。己未，两江总督牛鉴褫职逮问，命耆英代之。召奕山来京。以伊里布为钦差大臣、广州将军，办理善后事宜。辛酉，河东河道总督朱襄卒，以慧成署之。癸亥，召奕经、文蔚来京。命齐慎回四川提督。甲戌，命伊里布议通商税课事宜。乙亥，壁昌迁福州将军，以李星沅为陕西巡抚。

冬十月庚辰，上阅圆明园八旗枪兵。丙戌，奕山、奕经、文蔚交刑部治罪，特依顺、齐慎下部严议。庚寅，减免江苏滨海被兵太仓等四十厅州县卫新旧额赋有差。甲午，奕山、奕经、文蔚均夺职论斩，特依顺、齐慎褫职留任。乙未，命户部尚书敬徵协办大学士，调恩桂为吏部尚书，以麟魁署礼部尚书。戊戌，庆郡王奕䌽缘事夺爵，不入八分辅国公绵性夺爵发盛京。是月，赈江苏桃源、沭阳二县水灾。给湖北江陵等四县、山西保德等三州厅县灾民口粮。贷奉天牛庄等处灾民口粮。蠲缓江苏海州等五州县、湖南澧州等八州县卫新旧额赋。

十一月丁未，召科布多参赞大臣固庆来京，以果勒明阿代之。召乌里雅苏台参赞大臣盛贵来京，以乐斌代之。召驻藏大臣孟保来京，以海朴代之。以潘锡恩为江南河道总督。授慧成河东河道总督。丙辰，允周天爵回籍守制，以廖鸿荃署漕运总督。甲子，命怡良查办达洪阿等妄杀被难洋人。丁卯，牛鉴论斩。甲戌，给江苏滨江被兵等丹徒六县贫民口粮屋费，并免通州等十三州县厅额赋有差。是月，给江苏萧县、徐州卫水灾口粮。蠲缓浙江淳安等三县新旧额赋。

十二月辛巳，召廖鸿荃来京，以李湘棻署漕运总督。己丑，设通永镇总兵，驻芦台，以向荣为通永镇总兵。庚寅，召程矞采来京，以孙善宝为江苏巡抚。乙未，托浑布病免，以程矞采为山东巡抚。戊戌，申命大学士、九卿、科道议余步云罪，处斩。己亥，调梁宝常为山东巡抚，程矞采为广东巡抚。是月，给福建峰市等三县厅水灾口粮屋费。

是岁，廓尔喀、朝鲜、琉球来贡。

二十三年春正月辛亥，命李僡、成刚赴南河，会同潘锡恩督工。壬子，英兵官朴鼎查回香港，留马礼逊等候议约。命伊里布等筹办通商事宜。命李湘棻会同耆英筹办江北善后事宜。是月，赈江苏萧县、桃源县灾，并给沭阳等六县卫口粮。贷湖北江陵等三县卫，湖南澧州、洞庭二营水灾籽种口粮。

二月乙未，钦差大臣、广州将军伊里布卒，命祁𡊎接办通商税则。丁酉，乌里雅苏台将军奕湘改广州将军，以禄普代之。辛丑，调奕兴为乌里雅苏台将军，禄普为绥远城将军。是月，贷湖北荆州被水驻防仓谷。

三月庚戌，命耆英为钦差大臣，办理江浙通商事宜。壁昌署两江总督。丁巳，御试翰林、詹事等官，擢万青藜五员为一等，余升黜有差。乙丑，禄普迁镶红旗蒙古都统，调奕兴为绥远城将军，以桂轮为乌里雅苏台将军，起琦善为热河都统。丙寅，起文蔚为古城领队大臣。起奕经为叶尔羌帮办大臣。丁卯，怡良奏达洪阿、姚莹并无战功，命褫职逮问。寻免达洪阿、姚莹治罪。是月，贷山西绛州等六州县、湖北荆州驻防被灾仓谷，江宁驻防暨督协各营灾歉兵丁银，湖南凤凰等五厅县苗佃屯丁籽种口粮。

夏四月甲戌朔，以惟勤为乌鲁木齐都统。丙子，授麟魁礼部尚书。丁丑，以御史陈庆镛劾，仍夺琦善、文蔚、奕经职。奎照病免，以特登额为左都御史，萨迎阿为热河都统。庚子，命耆英与英人会议通商。戊辰，怡良病免，以刘韵珂为闽浙总督，调吴其濬为浙江巡抚，以陆费瑔为湖南巡抚。

六月乙亥，湖南武冈州贼匪曾如炷作乱，戕知州徐光弼，命吴其濬讨捕之。甲午，曾如炷伏诛。

秋七月乙巳，河决东河中牟九堡，慧成下部严议。允耆英奏，定通商税则，先在广州市易。改命敬徵、何汝霖赴东河查勘。丙午，命鄂顺安赈沿河被水灾民。

闰七月戊寅，直隶永定河决。乙酉，中牟决口未塞，命枷慧成河干。以钟祥为河东河道总督。丙戌，召法丰阿来京，以德兴为西宁办事大臣。丁亥，命廖鸿荃往河南，会同督办河工。己丑，起麟庆赴东河督办河工。庚寅，命敬徵等议制纸钞。甲午，调吴其濬为云南巡抚，以管遹群为浙江巡抚。

八月乙巳，申谕程楙采抚恤安徽被水各州县灾民。是月，赈陕西汧县等三县水灾雹灾。

九月甲午，命李湘棻以三品顶戴署漕运总督。是月，赈山东福山县水灾。蠲缓直隶景州等二十七州县、山东福山县水灾雹灾正杂额赋。

冬十月己酉，耆英奏通商事竣，命回两江总督任，办善后及上海通商事宜，祁𡊎等办粤省未尽事宜。庚戌，起琦善为驻藏办事大臣。甲子，起达洪阿为哈密办事大臣。是月，赈安徽太和等三县、山西岢岚州水灾雹灾。贷安徽太和等四县、齐齐哈尔等四处歉收口粮。蠲缓奉天辽阳等六州厅县、沈阳等三处，齐齐哈尔等四处，山东临清等二十七州县卫，安徽泗州等三十七州县卫，山西岢岚等七州县，湖南澧州等六州县卫被灾新旧正杂额赋。

十一月己巳朔，日食。己卯，以王植为浙江巡抚。壬午，调程楙采为浙江巡抚，以王植为安徽巡抚。丁酉，上诣大高殿祈雪。是月，赈江苏沭阳县、大河卫灾民。贷江西南昌等十五县、陕西绥德等九州县籽种口粮仓谷。蠲缓直隶新河等四县、江苏高邮等六十八州厅县卫水旱灾新旧额赋。

十二月辛丑，议定意大利亚国通商章程。甲辰，调梁宝常为浙江巡抚，以崇恩为山东巡抚。丙午，雪。丁巳，命刘韵珂办宁波通商事宜。礼部尚书龚守正病免，以陈官俊代之。是月，蠲缓河南睢州等十六州县被水新旧正杂额赋。

是岁，朝鲜、缅甸、暹罗入贡。

二十四年春正月辛卯，贷陕西葭州等四州县、山西大同等三县水灾雹灾籽种。

二月戊戌朔，祁𡊎病免，调耆英为两广总督，以壁昌署两江总督。庚子，以谒东陵命肃亲王敬敏等留京办事。庚戌，以中牟坝工复蛰，褫麟魁、廖鸿荃职，给七品顶戴，仍留河工，钟祥褫职，留东河总督任，鄂顺安降三品顶戴。以特登额为礼部尚书，文庆为左都御史，调陈官俊为工部尚书，以李宗昉为礼部尚书，杜受田为左都御史。甲寅，命穆彰阿留京办事。以程矞采奏米利坚使欲来天津朝觐，并议通商章程，命耆英赴广东，会同程矞采妥办米利坚等国通商事宜。丁卯，免经过地方田赋十分之三。是月，给江苏海州等三州县卫民屯口粮。

三月壬申，命耆英为钦差大臣，办理通商善后事宜，仍令程矞采谕止米里坚使来京。丙戌，钟祥等奏河工善后事宜，谕："一夫失所，罪在朕躬。卿等善为之。"是月，贷山西平定等十一州厅县歉收仓谷。

夏四月己酉，修广东虎门各内洋炮台。壬子，台湾匪平。辛酉，赐孙毓溎等二百有九人进士及第出身有差。是月，加给河南睢州等十五州县水灾三月口粮。

六月丁酉，直隶永定河决。壬寅，湖南耒阳县匪杨大鹏等作乱，命陆费瑔等讨捕之。己酉，定米利坚通商条约。是月，缓征山东临清等二十二州县并德州东昌二卫被灾新旧额赋有差。

秋七月辛巳，富呢扬阿及提督周悦胜下部严议。甲申，湖南耒阳县匪平，匪首杨大鹏伏诛。戊子，湖北荆州万成隄决。辛卯，召奕兴来京，以铁麟署绥远城将军，阿彦泰署察哈尔都统。是月，加给河南中牟等九县水灾三月口粮。贷陕西葭州雹灾籽种。

八月，赈山西汾阳县水灾雹灾，并蠲缓汾阳等三县额赋。

九月，给河南淮宁等三县三月水灾口粮。

冬十月甲午朔，准布鲁特阿希木袭四品翎顶。己酉，叶尔羌参赞大臣奕经改伊犁领队大臣，以麟魁代之。壬戌，伊犁参赞大臣达洪阿病免。命林则徐赴阿克苏、乌什、库车、和阗等处勘议开垦事宜。癸亥，以舒兴阿为伊犁参赞大臣。是月，赈直隶霸州、永清二州县旗民。给奉天锦州等八州厅县水灾口粮。蠲缓直隶霸州等三十七州县、奉天金州等八州县厅、湖北沔阳等二十九州县卫水旱灾雹灾新旧额赋。

十一月乙丑，允桂良来觐，以吴其濬兼署云贵总督。前刑部侍郎黄爵滋以员外郎等官用。甲申，上诣大高殿祈雪。是月，贷盛京金州水师营歉收口粮。

十二月癸巳朔，上再诣大高殿祈雪。庚子，申命林则徐赴喀什噶尔查勘开荒。辛丑，上诣大高殿祈雪。命卓秉恬为大学士，以陈官俊为礼部尚书、协办大学士，杜受田为工部尚书，祝庆蕃为左都御史。是月，加给河南睢州等十五州县被灾口粮，并贷籽种仓谷。贷江宁驻防兵丁、江苏各营兵匠银米。

是岁，朝鲜、暹罗入贡。

二十五年春正月乙丑，河南中牟河工合龙。庚午，调李星沅为江苏巡抚，惠吉为陕西巡抚，以程矞采为漕运总督，黄恩彤为广东巡抚。戊子，召容照来京，以麟庆为库伦办事大臣。是月，给直隶霸州、永清二州县灾民口粮。贷江西德化等五县，湖北江陵等六县卫，湖南沅江、安乡二县军民籽种。庚戌，以福济为总管内务府大臣。癸丑，睿亲王仁寿坐滥保海朴，褫宗人府左宗正、领侍卫内大臣、内廷行走。敬微坐滥保孟保，褫协办大学士、户部尚书。命两广总督耆英协办大学士。调赛尚阿为户部尚书，裕诚为工部尚书。以文庆为兵部尚书，成刚为左都御史。调僧格林沁为镶黄旗领侍卫内大臣。以车登巴咱尔为正黄旗领侍卫内大臣。甲寅，调惠吉为福建巡抚，以邓廷桢为陕西巡抚。乙丑，颁发《五口通商章程》。己巳，上阅圆明园八旗枪兵。癸未，麟庆病免，以成凯为库伦办事大臣。是月，贷山西忻州等十七州县厅歉收仓谷。

夏四月癸卯，桂良留京，以贺长龄为云贵总督。甲辰，调吴其濬为福建巡抚，惠吉为云南巡抚，以乔用迁为贵州巡抚。丙午，上诣黑龙潭祈雨。壬子，富呢扬阿卒，以惠吉为陕西巡抚，邓廷桢署之，以郑祖琛为云南巡抚。乙卯，赐萧锦忠等二百十七人进士及第出身有差。丙辰，裕诚、许乃普降调，以敬微为工部尚书，何汝霖为兵部尚书。

五月丙戌，雨。丁亥，上再诣黑龙潭祈雨。是月，给山东乐安等六县水灾口粮。

六月甲午，允比利时国通商。诏停本年秋决。丙申，命崇恩剿捕濮州、郓城等处捻匪。辛丑，赈台湾彰化县地震灾民。癸丑，阿克苏办事大臣辑瑞以垦荒未奏率即兴工，褫职。己未，江苏中河厅桃源汛河决。甘肃西宁镇总兵庆和遇番贼於金羊岭，死之。命惠吉剿捕番贼。是月，缓征山东滨州等四十二州县卫被灾逋赋。

秋七月辛未，允丹麻尔国通商。命大学士卓秉恬管兵部。丙戌，命达洪阿赴甘肃查办番贼。

八月壬辰，诏皇太后七旬万寿，免道光二十年以前实欠正杂田赋。辛丑，调郑祖琛为福建巡抚，梁萼涵为云南巡抚，吴其濬为山西巡抚。敬微病免，调特登额为工部尚书，以保昌为礼部尚书。丙戌，召林则徐回京，以四五品京堂候补。禧恩病免，调奕湘为盛京将军。

冬十月甲午，加上皇太后徽号曰恭慈康裕安成庄惠寿禧崇祺皇太后。上进册宝，率皇子及王、公、大臣等行庆贺礼。戊戌，皇太后七旬圣寿，上率皇子、王、公、大臣行庆贺礼。辛丑，李宗昉病免，以祝庆蕃为礼部尚书，魏元烺为左都御史。癸卯，以上皇太后徽号礼成，颁诏覃恩有差。丙午，免直隶道光二十年以前民欠各项旗租。是月，赈直隶宝坻等四县灾民。

十一月辛酉，陕甘总督惠吉卒，以布彦泰为陕甘总督，林则徐署之，萨迎阿为伊犁将军，桂良为热河都统。癸亥，御史陈庆镛降调。是月，贷热河围场歉收兵丁银。

十二月辛卯，上诣大高殿祈雪。戊戌，免台湾道光二十年以前民欠租谷粮米。癸卯，上再诣大高殿祈雪。癸丑，上复诣大高殿祈雪。

是岁，朝鲜、越南入贡。

二十六年春正月庚辰，命赛尚阿、周祖培查勘江防。辛巳，弛天主教禁。以陆建瀛为云南巡抚。是月，给奉天凤凰城、岫岩厅旗民，直隶宝坻等四县口粮。贷甘肃静宁等十三县灾民籽种。

二月己丑，云南永昌回匪作乱，命提督张必禄剿之。乙卯，以谒陵命定郡王载铨等留京办事。

三月癸亥，上谒西陵，免经过地方额赋十分之三。丁卯，上谒泰陵、泰东陵、昌陵，至孝穆皇后、孝慎皇后、孝全皇后陵奠酒。庚午，上幸南苑行围。辛未，上行围，翌日如之。乙亥，上还京师。兴平仓火。乙酉，上诣黑龙潭祈雨。以林则徐为陕西巡抚。是月，贷山西平定等九州县歉收仓谷。

夏四月辛丑，以云南永昌回民藉端寻衅，命贺长龄查办。丙午，上诣黑龙潭祈雨。庚戌，以瑞元为科布多参赞大臣。

五月壬戌，上诣黑龙潭祈雨。乙丑，张必禄败回匪於永昌。以上年杀永昌内应回民过多，贺长龄下部议处。丁卯，上复诣黑龙潭祈雨。英人退出舟山。

闰五月乙酉朔，青海黑错四沟番作乱，命布彦泰剿之。癸巳，永昌回匪遁入猛庭，贺长龄督兵剿之。戊申，以麟魁为乌里雅苏台参赞大臣

六月戊午，命祁寯藻、文庆查办天津盐务。壬午，以予告大学士阮元重逢乡举，晋太傅，食全俸。癸未，达洪阿剿窜匿果岔番贼，败之。

秋七月辛卯，禧恩以失察奸民，褫公爵，降镇国将军。壬寅，上阅吉林、黑龙江官兵马步射。癸卯，以云南汉、回积嫌未释，命贺长龄持平办理，勿分畛域。辛亥，申严门禁。是月，赈三姓及宁古塔等处水灾。

八月壬申，命盛京、直隶、江南、浙江、福建、山东、广东七省将军、督、抚筹办练兵储饷。癸酉，上阅火器营兵。乙亥，贺长龄以防剿无功，降河南布政使。命李星沅为云贵总督，调陆建瀛为江苏巡抚，以张日晸为云南巡抚。丙子，布鲁特匪入喀什噶尔卡伦，命赛什雅勒泰剿之。

九月己亥，湖南新田县匪王棕献等作乱，捕诛之。戊申，以杨殿邦署漕运总督。辛亥，江苏昭文县匪金得顺等作乱，捕诛之。是月，赈山东东平、莱芜二州县灾民。赈三姓、珲春水灾旗民。给山东汶上等四县灾民口粮。蠲缓奉天辽阳等十三州厅县、直隶霸州等三十五州县、山东东平等四州县灾歉新旧额赋。

十月丁巳，免黑错四沟番民额赋。丙寅，以徐继畬为广西巡抚。是月，给河南汲县等八县，陕西府谷、神木二县灾民口粮。蠲缓湖南澧州等五州县暨岳州卫被灾额赋。

十一月乙酉，桂轮改荆州将军，以特依顺为乌里雅苏台将军。乙未，上诣大高殿祈雪。丙午，命壁昌等筹议江苏漕粮酌分海运。己酉，黄恩彤以奏请赐应试年老武生职衔，下部严议。辛亥，命山东严缉虏人勒赎匪。是月，赈山西垣曲县灾民。蠲缓山西保德等六州县暨归化城等三处、浙江馀杭等四十四县卫、直隶安州等六州县被灾新旧额赋。

十二月癸丑，黄恩彤褫职，调徐广缙为广东巡抚，以程矞采为云南巡抚，杨殿邦为漕运总督。癸亥，云南猛统回匪窜入缅宁，命陆建瀛查办。甲子，西宁办事大臣达洪阿病免，以哈勒吉那代之。戊辰，以王兆琛为山西巡抚。庚午，命清厘刑部及直隶、山东、山西、河南、陕西、甘肃各省庶狱。命宝兴留京管刑部。赏琦善二品顶戴，为四川总督。丙子，调郑祖琛为广西巡抚，徐继畬为福建巡抚。是月，给浙江缙云、宣平二县水灾口粮。

是岁，朝鲜、琉球入贡。

二十七年春正月癸未，调成凯为塔尔巴哈台参赞大臣。乙酉，铁麟迁荆州将军，以裕诚为察哈尔都统。是月，给浙江富阳等六县卫、安徽五河等三县、江苏桃源等五县卫上年灾歉口粮，河南河内等十三县水旱灾口粮籽种，并贷辉县等八县仓谷。贷陕西葭州等三州县、直隶霸州等三十九州县灾歉籽种口粮仓谷。

二月己未，云南云州回匪作乱，命李星沅剿之。癸亥，以谒陵，命载铨等留京办事。丙子，以福建海盗劫杀洋商，命刘韵珂等搜捕。戊寅，上谒东陵，免经过地方额赋十分之三。是月，给河南汲县等五县被灾口粮。乙未，壁昌迁内大臣，调李星沅为两江总督，以林则徐为云贵总督，杨以增为陕西巡抚。戊戌，英船退出虎门。乙巳，以魏元烺为礼部尚书，贾桢为左都御史。

夏四月戊午，布鲁特匪复攻色埒库勒，伯克巴什等击走之。赛什雅勒泰等奏英人据音底、努普尔，各部咸附之。丙寅，免热河丰宁县逋赋及旗租银。癸酉，赐张之万等二百三十一人进士及第出身有差。是月，贷江西上高、新昌二县，湖南凤凰等五厅县屯丁苗佃籽种口粮。

五月丙戌，御试翰林、詹事等官，擢王庆云四员为一等，余升黜有差。何汝霖忧免，调魏元烺为兵部尚书，以贾桢为礼部尚书，孙瑞珍为左都御史。丁亥，命文庆、陈孚恩在军机大臣上行走。辛卯，以广东民情与洋人易启衅端，命择绅士襄办交涉事宜。丁未，擢曾国藩为内阁学士。

六月，理藩院奏俄罗斯达喇嘛请在塔尔巴哈台、伊犁、喀什噶尔通商，不许。

秋七月己卯，命林则徐谳云南回民控诉香匪杀无辜一万余人之狱。乙未，命林则徐谳云南回民杜文秀控诉被诬从逆之狱。癸卯，以河南旱灾，发库银十万两，并拨邻省银二十万两赈之。

八月己酉，安集延匪犯喀什噶尔，吉明等击走之。赛什雅勒泰自杀，调奕山为叶尔羌参赞大臣。癸亥，以布彦泰赴肃州调度，命杨以增署陕甘总督，恒春署陕西巡抚。甲子，以喀什噶尔卡外布鲁特、安集延匪作乱，命布彦泰为定西将军，奕山为参赞大臣，讨之。以善焘为乌里雅苏台参赞大臣。以吉明署叶尔羌参赞大臣。戊辰，奕湘改杭州将军，调奕兴为盛京将军，以英隆为绥远城将军。以河南灾广，再拨内帑银三十万两，并命户部拨银三十万两赈之。丙子，安集延匪围英吉沙尔城，命布彦泰驻肃州，遣兵讨之。是月，赈甘肃西宁县水灾。缓征山东乐安等六县被水额赋，并永利等四场灶课。

九月丁丑朔，日食。戊寅，命文庆、张澧中赴河南查赈。辛巳，吉明等遣兵援喀什噶尔，击安集延匪，大败之。乙巳，以法兰西兵船入朝鲜，命耆英言於法使，令其退兵。是月，给河南禹州等四十一州县旱灾口粮。蠲缓直隶安州等三十六州县水旱灾雹灾新旧额赋。

冬十月辛酉，湖南新宁县瑶人雷再浩等作乱，陆费瑔等捕讨之。乙丑，上阅健锐营兵。戊辰，奕山等剿安集延匪于叶尔羌之科科热依瓦特，大败之。庚午，又败之於英吉沙尔。壬申，安集延匪遁走。喀什噶尔办事领队大臣开明阿等褫职逮问。是月，蠲缓安徽泗州等三十九州县水旱灾

新旧额赋。

十一月甲申，调英隆为黑龙江将军，成玉为绥远城将军。壬辰，以张澧中为山东巡抚。乙未，湖南新宁贼平。庚子，湖南道州匪窜广西灌阳县，命郑祖琛剿捕之。是月，给山西绛州等十一州厅县口粮。蠲缓直隶安州等三州县、山西绛州等十一州厅县、河南禹州等六十四州县被灾新旧正杂额赋。

十二月戊午，湖南乾州厅苗匪作乱，命裕泰等剿捕之。甲戌，召耆英还，以徐广缙署两广总督及钦差大臣，办理通商。是月，给河南祥符等十七县水灾口粮，并贷郑州等仓谷。

是岁，朝鲜、琉球来贡。

二十八年春正月丁丑，加潘世恩太傅，宝兴太保，保昌、阿勒清阿、李振祜、成刚太子太保。甲申，湖南乾州厅苗匪降，命裕泰分别惩办，仍搜余匪。辛卯，命廓尔喀使附朝鲜、暹罗使筵宴。戊戌，越南国王阮福曕卒，停本年例贡。免喀什噶尔民、回各户正杂逋赋。是月，展赈直隶盐山等五县灾民。给安徽凤阳等三县水旱灾口粮。贷湖南安乡县、山西宁远等四厅县、甘肃皋兰等七县灾民口粮籽种。

二月壬子，吏部尚书恩桂卒，文庆罢军机大臣，调为吏部尚书。以麟魁为礼部尚书，桂良改正白旗汉军都统。以惠丰代为热河都统，以保昌为兵部尚书。壬戌，江西长宁、崇义两县匪作乱，命吴文镕剿捕之。甲子，以谒陵命睿亲王仁寿等留京办事。

三月戊寅，云南赵州匪作乱，命林则徐剿捕之。以奕山为伊犁参赞大臣，吉明为叶尔羌参赞大臣。壬午，上谒西陵，免经过地方额赋十分之三。丙戌，上谒泰陵、泰东陵、昌陵，诣孝穆皇后、孝慎皇后、孝全皇后陵寝奠酒。庚寅，上还京师。癸卯，裕诚迁荆州将军，以双德为察哈尔都统。是月，贷山西吉州等七州县歉收仓谷。

夏四月戊辰，云南保山匪平。辛未，广西灌阳、平乐、阳朔等县匪平。

六月癸卯朔，以徐泽醇为山东巡抚。丙午，命耆英留京管礼部，授徐广缙两广总督、钦差大臣，办理通商。以叶名琛为广东巡抚。癸丑，调耆英管兵部。甲寅，上诣黑龙潭祈雨。戊辰，以傅绳勋为江西巡抚。庚午，调吴文镕为浙江巡抚。

秋七月庚寅，加林则徐太子太保，赏花翎。

八月丁巳，河南巡抚鄂顺安褫职，以潘铎代之。辛酉，俄罗斯商船请在上海贸易，却之。

九月甲戌，潘锡恩免，以杨以增为江南河道总督，陈士枚为陕西巡抚。召成玉来京，以盛壎署绥远城将军。赈江宁等三府水灾。乙酉，赈湖北水灾。癸巳，召乔用迁来京，以罗绕典署贵州巡抚。是月，给湖南武陵等四县水灾口粮屋费。

冬十月甲寅，文华殿大学士宝兴卒。丁卯，修巴尔楚克城。是月，赈直隶通州等七州县、安徽无为等十六州县水灾。给安徽和州等十四州县，湖南华容县、岳州卫灾民口粮。贷湖南安乡县、澧州灾民籽种。蠲缓直隶通州等五十二州县、湖北沔阳等三十九州县卫、湖南澧州等九州县、安徽泗州等二十四州县被灾新旧额赋。

十一月乙亥，封故越南国王阮福曕子福时为越南国王。己卯，命耆英为大学士，管兵部。以琦善为协办大学士，仍留四川总督任。召瑞元来京，以慧成为科布多参赞大臣。御史张鸿升请铸大钱，下部议。辛巳，命定郡王载铨、侍郎季芝昌查办直隶盐务，大学士耆英、侍郎朱凤标查办山东盐务。丁亥，授耆英文渊阁大学士。丁酉，以托明阿为绥远城将军。是月，给江西德化等二十县水灾口粮。贷湖南提标及常德等协营灾区兵饷。蠲缓江苏泰州等七十七州厅县卫、两淮吕泗等二十场、江西德化等二十二县、直隶安州等六州县水灾新旧额赋。

十二月丙午，上诣大高殿祈雪。甲寅，上诣大高殿祈雪。辛酉，上诣天坛祈雪。壬戌，以侍郎陈孚恩前署山东巡抚不收公费，赏一品顶戴，并御书扁额。乙丑，以倭什讷为吉林将军，成刚为礼部尚书，柏葰为左都御史。丙寅，以张祥河为陕西巡抚。是月，赈直隶通州等十四州县灾民。

是岁，朝鲜、琉球、暹罗、越南入贡。

二十九年春正月癸未，以奕格为乌里雅苏台将军。辛卯，命耆英、季芝昌查阅浙江营伍及仓库。是月，加赈安徽无为等十四州县卫水灾。给湖南澧州等六州县、安徽和州等十三州县水灾口粮。贷江西南昌等十二县、湖南澧州等六州县水灾籽种。

二月庚子朔，日食。辛丑，命刘韵珂抚恤台湾北路水灾震灾。丙午，谕李星沅办江苏赈务。辛亥，穆彰阿、潘世恩、陈官俊免上书房总师傅。命祁寯藻、杜受田为上书房总师傅，受田仍授皇四子读。丙辰，四川中瞻对番工布朗结作乱，命琦善剿之。以裕诚兼署四川总督。是月，贷江苏灾区京左等八营一季兵饷。

三月庚寅，徐广缙等奏，兵民互相保卫，内河外海，现饬严防，英人进省城一事，万不可行。谕嘉纳之。

夏四月壬寅，李星沅病免，以陆建瀛为两江总督，调傅绳勋为江苏巡抚，以费开绶为江西巡抚。丙午，陆建瀛等奏南漕毋庸改折，从之。丁未，徐广缙奏英人罢议进城。封徐广缙子爵、叶名琛男爵，均一等世袭。谕嘉奖粤人深明大义。

闰四月辛未，以颜以燠署河东河道总督。癸酉，调赵炳言为湖南巡抚，以罗绕典为湖北巡抚。辛巳，琦善剿中瞻对番，败之。壬午，以德龄为叶尔羌参赞大臣。

五月乙巳，移广东澳门税口於黄埔。己酉，云南腾越厅野夷作乱，林则徐讨平之。己未，山西巡抚王兆琛以受赇褫职逮问，以季芝昌为山西巡抚。是月，贷山东滕县雹灾仓谷。

六月丙子，广东阳山、英德等县匪平。己丑，礼部尚书成刚卒。庚寅，调毓书为乌鲁木齐都统，以惟勤为热河都统。

秋七月丙申朔，福建闽县匪林仕等作乱，捕诛之。戊戌，协办大学士、吏部尚书陈官俊卒，调贾桢为吏部尚书。以孙瑞珍为礼部尚书，王广荫为左都御史。以冯德馨为湖南巡抚。己亥，命祁寯藻协办大学士。辛亥，命湖南布政使万贡珍赈武陵等县被水灾民。丙辰，王兆琛遣戍新疆。己未，林则徐病免，以程矞采为云贵总督，张日晸为云南巡抚。降侍郎戴熙三品顶戴休致。是月，给江西德化等五县、湖南澧州等九州县卫水灾口粮。蠲缓江苏川沙等二十二厅县新旧额赋。

八月丁丑，陆建瀛奏办赈及水退情形。谕："臣民之福，即朕之福。"丙戌，召季芝昌来京，以龚裕署山西巡抚。是月，给奉天锦州旗民、江西鄱阳等九县、湖南澧州等十州县卫水灾口粮。

九月甲辰，布彦泰病免，以琦善署陕甘总督，裕诚署四川总督。丙午，授颜以燠河东河道总督。戊申，命署吏部右侍郎季芝昌在军机大臣上行走。已酉，授琦善陕甘总督。以徐泽醇为四川总督，陈庆偕为山东巡抚。癸丑，云南保山界外小宇江等处野夷作乱，程矞采剿平之。戊午，命服阕尚书何汝霖仍在军机大臣上行走。是月，给贵州桐梓县水灾口粮，并蠲缓额赋。

冬十月庚午，以故朝鲜国王李烉子昪袭爵，命瑞常、和色本往册封。甲申，大学士潘世恩请开缺，命免军机大臣。庚寅，以赓福署热河都统。是月，给湖南澧州等七州县、山西徐沟县被灾口粮。蠲缓直隶蓟州等三十七州县、浙江富阳等二十一县、山西萨拉齐等三厅县被灾新旧额赋。

十一月甲午朔，湖南新宁县匪李沅发作乱，命冯德馨剿之。丙申，太傅、予告大学士阮元卒。甲辰，调龚裕为湖北巡抚，以兆那苏图为山西巡抚。乙巳，阿哥所火。庚戌，台湾嘉义县匪徒吴吮等作乱，捕诛之。是月，赈江西德化等十四县水灾。给齐齐哈尔等六城旗民、浙江仁和等八场灶丁口粮。蠲缓江苏泰州等七十三州厅县卫、江西德化等二十一县被灾新旧额赋，浙江海沙等十四场灶课。

十二月庚午，湖南道州匪黄三等作乱，命裕泰剿之。以扎拉芬泰为塔尔巴哈台参赞大臣。辛未，皇太后不豫，上诣慈宁宫问安，自是每日如之。甲戌，皇太后崩。乙亥，奉安大行皇太后梓宫於慈宁宫。上居倚庐，席地寝苫。诸王大臣请还宫，不允。甲申，移皇太后梓宫於绮春园迎晖殿。自是上居慎德堂苫次。乙酉，李振祜病免，以陈孚恩为刑部尚书。丁亥，湖南新宁贼分窜广西，郑祖琛遣兵防剿。

是岁，朝鲜、琉球、越南入贡。

三十年春正月甲午朔，日食。丙申，以祁寯藻等查覆陕甘总督布彦泰清查关防不密，下部严议。丁酉，以王大臣再请停止亲送大行皇太后梓宫，谕从之。戊戌，上大行皇太后尊谥曰孝和恭慈康豫安成熙圣睿皇后。庚子，上诣迎晖殿孝和睿皇后梓宫前行大祭礼。甲辰，上诣梓宫前行周月祭礼。乙巳，尊孝和睿皇后陵曰昌西陵。

丙午，上不豫。丁未，上疾大渐。召宗人府宗令载铨，御前大臣载垣、端华、僧格林沁，军机大臣穆彰阿、赛尚阿、何汝霖、陈孚恩、季芝昌，总管内务府大臣文庆公启鐍匣，宣示御书"皇四子立为皇太子"。是日，上崩於圆明园慎德堂苫次。朱谕"封皇六子奕䜣为亲王"。

四月甲戌，上尊谥曰效天符运立中体正至文圣武智勇仁慈俭勤孝敏成皇帝，庙号宣宗。咸丰二年二月壬子，葬慕陵。

论曰：宣宗恭俭之德，宽仁之量，守成之令辟也。远人贸易，构衅兴戎。其视前代戎狄之患，盖不侔矣。当事大臣先之以操切，继之以畏葸，遂遗宵旰之忧。所谓有君而无臣，能将顺而不能匡救。国步之濒，肇端於此。呜呼，悕矣！

卷二十　　本纪二十

文宗本纪

文宗协天翊运执中垂谟懋德振武圣孝渊恭端仁宽敏显皇帝，讳奕詝，宣宗第四子也，母孝全成皇后钮祜禄氏，道光十一年六月初九日生。二十六年，用立储家法，书名缄藏。

三十年正月丁未，宣宗不豫，宣召大臣示朱笔，立为皇太子。宣宗崩，己未，上即位，颁诏覃恩，以明年为咸丰元年。尊皇贵妃为孝慈皇贵妃。追封兄贝勒奕纬、奕纲、奕继为郡王。封弟奕䜣恭亲王，奕譞醇郡王，奕詥钟郡王，奕譓孚郡王。定缟素百日，素服二十七月。

二月戊辰，命左都御史柏葰、内务府大臣基溥营建昌西陵，为孝和皇后山陵。初宣宗遗诏，毋庸升配、升祔。交廷臣议。议上。诏曰："先帝谦让，所不敢从。曲体先怀，宜定限制。即以三祖五宗为断，嗣后不复举行。"湖南土匪李沅发作乱。诏："惠亲王系朕之叔，免叩拜礼，示敬长亲亲。"庚辰，敕沿海整顿水师，认真巡缉。壬辰，大理寺卿倭仁应诏陈言，上嘉其直谏。

三月癸巳朔，保昌卒，以柏葰为兵部尚书，花沙纳为左都御史。壬寅，通政使罗惇衍应诏陈言，上优诏答之。癸卯，左副都御史文瑞疏陈四事，并录进乾隆元年故大学士孙嘉淦《三习一弊疏》，礼部侍郎曾国藩疏陈用人三事，均嘉纳之。辛亥，浚江苏白茅河，移建海口石闸於老闸桥。壬戌，礼亲王全龄薨，子世铎袭。

夏四月乙丑，俄罗斯请於塔尔巴哈台通商，允之。己巳，内阁学士车克慎疏陈敬天继志、用人行政凡十条，优诏答之。癸酉，户部疏陈整顿财政，胪陈各弊，得旨：实力革除。庚辰，英吉利国船至江苏海口递公文，却之。乙酉，船至天津。

五月丙申，起碇南旋。丁酉，诏曰："州县亲民之官，责任綦重。近年登进冒滥，流品猥杂，多倚胥吏而朘闾阎，民生何赖焉。督抚大吏其加意考察，荐进廉平，锄斥贪茸，庶民困渐苏，以副朕望。"获湖南逆首李沅发，解京诛之。诏郑祖琛"广西会匪四起，应时捕剿，疏报勿得讳饰。"辛亥，改山东登州镇为水师总兵，兼辖陆路。癸丑，诏东南两河勘筹民堰。甲寅，以固庆为吉林将军。

六月癸亥，永定河溢。大学士潘世恩致仕，食全俸。以祁寯藻为大学士，杜受田协办大学士，孙瑞珍为户部尚书，王广荫为兵部尚书，季芝昌为左都御史。甲戌，除甘肃民、番升科畸零地银。甲申，敕督抚举劾属员，胪列事实，勿以空言。是月，广东花县人洪秀全在广西桂平县金田起事。

秋七月辛卯，敕沿海督抚筹防海口。丙辰，尚书文庆坐延请妖人薛执中治病，免。

八月丁卯，洪秀全窜修仁、荔浦，敕郑祖琛剿之。调向荣为广西提督剿贼。甲申，诏曰："各省纠众滋事，重案层见叠出，该地方官所司何事？即如河南捻匪结党成群，甚至扰及邻省，横行劫掠，自应合力捕治，净绝根株。若封疆大吏玩纵於前，复讳饰於后，以致酿成巨患，朕必将该督抚从重治罪。凛之！"

九月丙申，以广西贼势蔓延，调湖南、云南、贵州兵各二千赴剿，并劝谕绅民举办团练。辛丑，命林则徐为钦差大臣，剿贼广西。甲辰，以广东游匪滋事，命徐广缙剿之。丙午，大行梓宫发引。辛亥，暂安宣宗成皇帝於隆恩殿。

冬十月壬午，以弥缝酿患，夺郑祖琛职，林则徐署广西巡抚。甲子，永定河漫口合龙。丙戌，诏曰："大学士穆彰阿柔佞窃位，倾排异己，沮格戎机，罔恤国是，即行褫职。协办大学士耆英无耻无能，降员外郎。颁示中外。"以赛尚阿协办大学士。

十一月戊戌，以奕山为伊犁将军。庚子，钦差大臣林则徐道卒，以周天爵署广西巡抚，命前两江总督李星沅为钦差大臣，赴广西剿贼。乙巳，敕各省藩库积存杂款，拨充军需，暂缓开捐。刘韵珂免，以裕泰为闽浙总督，程矞采为湖广总督，吴文熔为云贵总督。获广西匪首钟亚春，诛之。

十二月己巳，孝德皇后册谥礼成，追封后父富泰为三等公。敕奕山酌定俄罗斯通商条例以闻。庚午，敕江苏四府漕粮暂行海运。甲戌，向荣剿贼横州，败之。己卯，恤广西阵亡副将伊克坦布等世职。丙戌，祫祭太庙。

是岁，免直隶、浙江、湖南等省六十七州县灾赋有差。朝鲜、琉球入贡。

咸丰元年辛亥春正月戊子朔，御太和殿受朝贺。诏直省查明道光三十年以前正耗钱粮实欠在民者，开单请旨。命赛尚阿为大学士。壬寅，上谒慕陵，行周年大祭礼。庚戌，还京。辛亥，诏翰、詹诸臣分撰讲义进呈。给事中苏廷魁疏请推诚任贤，慎始图终。上嘉纳之。

二月乙丑，诏免直省民欠钱粮已入奏销者，及於江苏民欠漕粮，悉予蠲免。杜受田疏陈整军威、募精勇、劝乡团、察地形四事，发军前大臣。庚午，李星沅奏剿贼金田获胜。己卯，诏曰："今年节过春分，寒威未解。朕返躬内省，未能上感天和。因思去冬礼部汇题烈妇一本，内阁票拟双签，遂用不必旌表之签发下。该烈妇等舍生取义，足激薄俗而重纲常，所有烈妇彭氏等三十七口，准其一体旌表，以慰贞魂。"命广州副都统乌兰泰带所制军械赴广西剿贼。

三月丙申，命大学士赛尚阿佩钦差大臣关防，驰往湖南办理防堵，都统巴清德、副都统达洪阿随往。庚子，上御紫光阁阅射。辛丑，御拱辰殿步射，阅大臣、侍卫射。己酉，河南巡抚潘铎奏拿获捻匪姚经年二百余名。庚戌，调广东、湖南、四川兵赴广西助剿。壬子，发内帑银一百万两备广西军储，发四川仓谷碾运湖南。

夏四月戊午，命赛尚阿驰赴广西接办军务。己未，命户部左侍郎舒兴阿为军机大臣。庚申，上御乾清门听政。恤广西中伏阵亡副将齐清阿等世职。诏以李星沅等毫无成算，中贼奸计，切责之。以郑祖琛养痈贻患，遣戍伊犁。丙寅，周天爵奏洪秀全等众皆散处，山险路熟，伺间冲突，即败不足以大创。此时兵力不足，专饬防守。须兵有余力，乃可连营逼剿。得旨："务当严防，勿令窜逸。"赛尚阿师行，赐遏必隆刀，命天津镇总兵长瑞、凉州镇总兵长寿从征。庚午，免直隶道光三十年民欠钱粮。周天爵奏劾右江镇总兵惠庆、右江道庆吉剿贼不力，均夺职。丙子，李星沅奏剿灭上林墟会匪。癸未，李星沅卒。乌兰泰奏，四月初三日，抵武宣军营。查询贼势，类皆乌合。惟武宣东乡会匪有众万余，蓄发易服，有伪王、伪官名目，实广西腹心之患。得旨："贼情狡狯，务当持重。"

五月戊子，周天爵奏，武宣东乡逸贼窜入象州。诏切责之，各予薄谴。诏湖南提督余万清协同堵剿。庚寅，卓秉恬奏请行坚壁清野之法，下赛尚阿及督抚知之。甲午，周天爵奏剿平泗城股匪，陈亚等投诚，追贼入合浦。丁酉，乌兰泰奏，四月十七日，驰至象州，堵截逸贼。甲辰，陕甘总督琦善以剿办番族，率意妄杀，夺职逮问。乙巳，以季芝昌为闽浙总督，以户部尚书裕诚协办大学士。己酉，诏停中外一切工程。命工部右侍郎彭蕴章为军机大臣。乙卯，上诣大高殿祈雨。

六月丁巳，赛尚阿报抵长沙。诏曰："象州之贼，宜重兵合围。分窜南宁、太平之贼，应分兵追剿。其尚审度地势人材，联络布置。粮台尤关紧要，并宜分置，以利转输。"丙寅，乌兰泰奏，五月初十日，贼陷贵州兵营，当日夺回。其南山屯集之贼，亦经迎击南窜。阵亡官十五员，兵二百余名，附单请恤。首先败退之贵州参将佟攀梅等褫职。辛未，拨江海关税银十五万两，解备湖北过境兵差。乙亥，赛尚阿奏，六月初四日，驰抵桂林，通筹全局。上嘉其均合机宜。丁丑，河南南阳捻匪四出滋扰，诏所司捕之。辛巳，西宁番匪抢掠，敕萨迎阿遣将剿捕。

秋七月丙戌，赛尚阿奏，贼由象州回窜东乡，派兵堵剿。庚寅，御史焦友瀛疏言吏治因循，宜综核名实。得旨："如果牧令得人，何至奸宄潜聚，酿成巨患？嗣后有似此者，惟督抚是问。"庚子，赛尚阿奏，进剿新墟贼匪，七战皆捷。赏还乌兰泰、秦定三花翎。命湖广、四川督抚严查会匪、教匪。丁未，敕南河岁修工程，以三百万为率。己酉，赛尚阿奏："查明军将功过，乌兰泰先胜后败，由於猛追中伏，贼人壅流设伏，后军死流湍者百余。向荣初到桂时，连获胜仗，每胜赏兵银人各一两。李星沅既至，减为三钱。众兵哗然，誓不出战。现已分别汰除，务知持重。"安徽巡抚蒋文庆奏，寿州匪犯程六麻与合肥捻匪高四八作乱。庚戌，调鲍起豹为湖南提督，荣玉材为云南提督，重纶为贵州提督。

八月乙卯，赛尚阿奏，进剿新墟贼巢，夺占猪牙峡、双髻山。得旨嘉奖。乙丑，山东巡抚陈庆偕奏，登州水师船被贼掳，副将落水。得旨："速往追剿。"并敕奕兴、讷尔经额严防海口。礼部尚书惠丰卒。

闰八月甲申朔，新墟众首洪秀全陷永安州，踞之，僭号太平天国。陆建瀛奏请禁天主教。得旨："与外夷交涉，当慎之於始。原约所有者，仍应循守旧章。"戊子，程矞采奏，阳山贼匪窜扑宜章、乳源，饬总兵孙应照往剿。予广西殉难巡检冯元吉世职，建祠，其子澍溥附祀。甲午，南河丰北三堡河决。庚子，定考试军机章京例。壬寅，赛尚阿奏新墟贼翻山窜出，陷永安州。诏切责之，下部议处。己酉，命河北镇总兵董光甲、郧阳镇总兵邵鹤龄驰赴广西剿贼。庚戌，常大淳奏盗船在石浦肆劫，知府罗镛击走之。辛亥，以舒兴阿为陕甘总督。

九月庚午，赛尚阿奏巴清德、向荣托病诿卸，进兵迟延。得旨，均夺职自效。丙子，诏议河海并运漕米章程。

冬十月戊戌，敕建定海阵亡总兵葛云飞、郑国鸿专祠。

十一月己卯，叶名琛奏，剿办英德贼匪净尽。加太子少保。

十二月丁酉，赛尚阿奏，向荣进扎龙眼塘。己酉，陆建瀛奏，海盗布兴有缴械投诚，拨营安插。庚戌，祫祭太庙。

是岁，普免道光三十年以前民欠钱粮。又免直隶六十一州县民欠旗租，浙江五十一州县带征银米。又免奉天十五厅州县，吉林四城，黑龙江一城，湖南七厅州县灾赋。又免浙江、福建盐场欠课。又免广西被贼八十六州县额赋。朝鲜、琉球入贡。

二年壬子春正月壬子朔，封奕劻贝子，奉庆亲王永璘祀。乙卯，以裕诚为大学士，讷尔经额协办大学士，禧恩为户部尚书。壬戌，赛尚阿奏，距永安州城三里安营督战。辛未，命侍郎全庆、副都统隆庆册封朝鲜国王妃。

二月丁亥，陈庆偕病免，以李僡为山东巡抚。辛丑，上诣西陵。

三月壬子，大葬宣宗成皇帝於慕陵。丁巳，上还京，恭奉宣宗成皇帝，孝穆、孝慎、孝全三皇后神牌升祔太庙，颁诏覃恩。庚申，邹鸣鹤奏永安踞匪全数东窜，乌兰泰追贼不利，总兵长瑞、长寿、董光甲、邵鹤龄均死之。得旨，赛尚阿等下部议处，敕程矞采派兵在湖南防堵，恤长瑞等四总兵世职，建祠。广州副都统乌兰泰卒於军，赠都统，照阵亡例赐恤。丙子，恤广西死事副将阿尔精阿等世职。庚辰，内阁学士胜保疏言："游观之所，焕然一新。小民窃议，有累主德。"上优容之。

夏四月壬午，常雩，祀天於圜丘，恭奉宣宗成皇帝配享。甲申，府尹王庆云疏陈河东盐务，永禁签商，可募钜款。下部议行。丙戌，上谒慕陵，行释服礼。命徐广缙为钦差大臣，接办广西军务。辛卯，程矞采奏郴州匪徒刘代伟作乱，参将积拉明捕诛之。癸巳，常大淳奏，盐枭拒捕，戕毙副将张蕙、知县德成，经提督善禄、知府毕承昭派兵攻击，斩擒百余，余匪逃散。予张蕙、德成世职。太仆寺少卿徐继畬疏陈释服之后，宜防三渐：一、土木之渐，一、宴安之渐，一、壅蔽之渐。得旨："置诸座右，时时省览。"己亥，减乾隆朝所增名粮兵六万六千余名。庚子，程矞采奏，洪秀全扑全州，进扑永州，分股窜永福、义宁，檄提督鲍起豹、刘长清分御之，并咨照赛尚阿一同堵御。辛丑，特登额免，以桂良为兵部尚书。乙巳，赐章鋆等二百三十九人进士及第出身有差。琦善遣戍吉林。丙午，邹鸣鹤以留兵守城，不令追贼，夺职。以劳崇光为广西巡抚。己酉，命截留漕米六十万石，分运江苏、山东备赈。

五月辛亥，布彦泰奏，库存回布四十万匹，请变通折征，允之。甲寅，夏至，祭地於方泽，恭奉宣宗成皇帝配享。庚申，贼陷湖南道州。赛尚阿留守桂林，檄江忠源、张国樑移兵湖南。

六月甲申，查办山东赈务。杜受田、怡良疏言漕船入东，先行起卸，以资散放。丙戌，命赛尚阿赴湖南督办军务，徐广缙接办广西军务。丁亥，策立皇后钮祜禄氏。癸巳，僧格林沁奏劾御前大臣郑亲王端华修改大考侍讲学士保清试卷，阻止不听，骄矜亢愎，难与共事。诏端华退出御前大臣，保清褫职。戊戌，以慧成为河东河道总督。

秋七月己未，广东罗镜凌十八股匪剿平，上嘉奖之。乌什办事大臣春熙奏，回匪铁完库里霍卓窜扰乌什，官兵击退。诏参赞详查以闻。甲子，诏军务未竣，需材孔亟，其有知兵之人，所在保举录用。诏直省修整城垣。丙寅，协办大学士杜受田卒。丁卯，罗绕典奏，行抵长沙，闻知贼由道州窜出江华、永明、桂阳、嘉禾，诚恐衡郡有失，省垣亦应预防。得旨，即妥筹办理。戊辰，给事中袁甲三劾定郡王载铨、尚书恒春、侍郎书元，迭查有迹，各予谴责，其题咏载铨《息肩图》各员，并下部议处。庚午，奕山、布彦泰奏，回匪倭里罕纠约布鲁特突入卡伦，官兵击却之。壬申，洪秀全攻陷郴州。甲戌，常大淳奏岳州宜筹防堵，诏徐广缙拨兵前往。以麟魁为刑部尚书。

八月己卯朔，向荣以称病规避夺职，遣戍新疆，寻留军自效。以福兴为广西提督。癸未，初举经筵。甲申，诏湖广督抚："湖南之洞庭湖、湖北之大江，均有捕鱼小船及经商大船数千百只，亟宜收集，免为贼用。其各船水手习於风涛，堪充水勇，其即留心招集。"己丑，罗绕典、骆秉章奏，贼匪陷安仁、攸县，进图省城。敕赛尚阿速解省围。庚寅，命廷臣会筹军储。调常大淳为山西巡抚，以罗绕典为湖北巡抚，张芾署江西巡抚。甲辰，命暂免四川、江西商贩运往湖北米税。调福建、浙江兵一千名赴江西防堵。

九月己酉，诏赛尚阿视师无功，贻误封疆，褫职逮问，籍其家。辛亥，以载铨为步军统领，以讷尔经额为大学士，禧恩协办大学士。甲寅，获西宁番贼阿里克公住，斩之。命骆秉章暂留湖南会办。戊午，上谒东陵。恤湖南阵亡总兵福诚等世职。己未，常大淳奏贼将北窜，防御兵单。命徐广缙拨兵赴岳州助防。丁卯，上还京。

冬十月辛巳，上临赠大学士杜受田第赐奠，加其父杜堮礼部尚书衔。甲申。黄宗汉奏请浙江新漕改由海运，从之。壬辰，季芝昌免，以吴文镕为闽浙总督。

十一月丁未朔，日有食之。丁巳，贼陷岳州。戊午，起琦善署河南巡抚。辛酉，诏徐广缙分兵防守武昌、汉阳、荆州，陆建瀛、蒋文庆各就地势扼要严防。癸亥，以贼近湖北，敕琦善严防河南边境，诏张芾严防沿江要隘。甲子，以文庆为户部尚书。癸酉，贼陷汉阳，命陆建瀛驰赴上游防堵。乙亥，复向荣提督衔。诏在籍侍郎曾国藩督办团练。调福珠洪阿为江南提督。

十二月丁丑，敕各省绅士在籍办理团练。命四品京堂胜保从军河南。癸巳，贼陷武昌，巡抚常大淳死之。上切责督军大臣不筹全局，拥兵自卫，逮徐广缙治罪。以向荣为钦差大臣，督办军务，张亮基署湖广总督。以叶名琛为两广总督，柏贵为广东巡抚。癸卯，向荣奏贼连陷武、汉，搭有浮桥，必须多备炮船，将桥焚毁，方可进剿。得旨："刑部郎中卢应翔所带炮船，曾在长沙击贼，即迅赴军前。"甲辰，吉林、黑龙江征兵到京。得旨："每起间二日起行，带兵官严守纪律，不得多索车辆，骚扰驿站。"祫祭太庙。

是岁。免直隶四十二州县、山西一府灾赋，浙江四十八州县缓征银米各有差。朝鲜、暹罗入贡。

三年癸丑春正月丁未，调青州副都统常青兵移防豫、楚。戊申，张亮基奏，贼目萧朝贵实在长沙城外轰毙，起获尸身，验明枭戮。己酉，蒋文庆奏城薄兵单，移调东西梁山兵勇来城防御。癸丑，向荣奏，武昌踞贼抬炮上船，意欲逃窜。陆应穀奏，侦得贼匪开年有东窜安庆、江宁之信。敕向荣多方侦备，迎击兜剿。甲寅，敕步军统领、前锋统领整备军实，盘诘奸宄。甲子，贼陷九江，陆建瀛退守江宁。赛尚阿论斩，革其子崇绮等官职。丁卯，命工部左侍郎吕贤基回安徽办防，加周天爵侍郎衔，会办防务。壬申，陆建瀛褫职逮问，以祥厚为钦差大臣。癸酉，以山西、陕西、四川三省绅民捐输军饷，加乡试中额、生员学额。甲戌，贼陷安庆，蒋文庆死之，命周天爵署安徽巡抚。予江西阵亡总兵恩长世职。

二月丙子朔，诏："京师八旗营兵十五万之多，该管大臣勤加训练。"赠恤湖北殉难学政冯培元加侍郎，谥文介，布政使梁星源谥敏肃，按察使瑞元谥端节，及知府以下官各予世职、建专祠，提督双福、总兵官王锦绣附常大淳祠。丁丑，释奠先师孔子。遣少卿雷以諴、侍讲学士晋康往南河，少詹事王履谦赴东河，会办防务。癸未，上临雍讲学，加衍圣公孔繁灏太子太保。丁亥，敕文臣三品以上养廉以四成、武臣二品以上以二成充军饷。户部请办商捐、户输，上不许。壬辰，贼陷江宁，将军祥厚、提督福珠洪阿等死之。以怡良为两江总督，命慧成驰赴江南防剿。调托明阿为江宁将军，文斌为绥远城将军，瑞昌为杭州将军，邓绍良为江南提督。丙申，命琦善会防淮扬。敕湖北行盐暂用川盐二千引。敕李僡查拿山东兖、沂、曹三府捻匪。命内阁学士胜保帮办江北防务。

三月乙巳，贼陷镇江、扬州。丙午，孝和睿皇后升祔太庙。辛亥，上耕耤田。壬子，命湖北按察使江忠源帮办江南军务。丙辰，敕侍郎奕经统密云兵赴山东会防。丁巳，敕各省团练格杀土匪勿论。以骆秉章复为湖南巡抚。敕江宁布政使陈启迈在徐州设立粮台。庚申，向荣击贼於江宁，败之。以施得高为福建水师提督。壬戌，以庐州为安徽省会。周天爵剿贼妥速，琦善进攻连获胜仗，均嘉赉之。敕直隶、奉天备防海口。丙寅，向荣奏迭胜城贼，进据钟山。上优奖之。命奕经、托明阿赴清江防剿。命瑞昌统盛京兵赴淮、徐会防，恩华统吉林兵驻防直隶。辛未，敕广东招募红单船，遴将带赴江南剿贼。以福济为漕运总督。

夏四月庚辰，日见黑晕。己丑，贼陷浦口、滁州。甲午，命琦善统制江北诸军。逮治杨文定。库伦喀尔喀蒙古哲布尊丹巴喇嘛进马三千匹，及西林盟长进马，均温谕止之。己亥，赐孙如仅等二百二十二人进士及第出身有差。癸卯，贼陷凤阳。安徽捻匪窜扰蒙城。

五月戊申，始制银钞。壬子，王懿德奏海澄会匪陷同安、安谿、厦门，严饬之。周天爵奏收复凤阳。癸丑，李嘉端奏金陵贼船上窜。得旨，此与向荣疏报不同，令确切查探。骆秉章奏，江西上犹县匪首刘洪义聚众在桂东滋扰，毗连广东、湖南。得旨，三省会剿。丙辰，陆应穀奏亳州失守，贼扑汴梁。敕江忠源驰赴河南剿贼。王懿德奏漳州镇、道被贼戕害，永安、沙县先后失守。丁巳，命胜保统兵驰赴河南。戊午，释赛尚阿、徐广缙於狱，从军自效，杨殿邦、但明伦均留清江浦办防。周天爵奏凤阳逸匪窜扰而西，即日赴援。得旨："周天爵素称勇敢，所保臧纡青练勇可当一面，独不能与贼决一死战耶？"陆应穀、恩华奏窜贼由曹河抢渡，犯及山东。得旨，调陕西兵应援，仍令固守潼关门户。贼陷归德。己未，贼复陷安庆。诏江忠源防守九江。征蒙古兵及其所进马五千匹集於热河。壬戌，诏以贼匪北窜，劝谕北地绅民练团自卫，如能杀贼出力，并与论功。命僧格林沁、花沙纳、达洪阿、穆荫督办京城巡防。癸亥，以许乃普为刑部尚书，翁心存为工部尚书。甲子，以河南兵民固守省城，优诏嘉勉。丁卯，命讷尔经额防守河北。桂良赴保定办理防守。己巳，开封解严，贼南窜中牟、朱仙镇，敕托明阿等追之。辛未，始铸当十大钱。

六月乙亥，福建绅商克复漳州，优诏嘉之，查明给奖。戊寅，河南贼犯汜水，分股渡河陷温县。托明阿击之，复汜水。己卯，金陵贼船上陷南康，进围南昌。辛巳，温县绅勇败贼，复其城，复会官军败贼於武陟。命讷尔经额为钦差大臣，督办河南、河北军务，恩华、托明阿副之。黄河再决丰北。甲申，云南东川回匪作乱。福建台湾土匪作乱。戊子，美国使人求入觐，诏止之。河南贼围怀庆。官军解许州围，贼走罗山。福建官军收复永安、沙县。托明阿等败贼於怀庆。乙未，镇江官军失利，夺提督邓绍良职，以和春署江南提督。戊戌，优恤扬州攻城伤亡总兵双来世职银两。广西全州土匪作乱。

秋七月甲辰朔，广西土匪陷兴安、灵川，分扑桂林，官军败之，复灵川、兴安。丙午，敕慧成回清江浦防剿。丁未，命胜保帮办河南军务。丙辰，敕东南河臣收撤渡船，防贼偷渡。恤江西阵亡总兵马济美世职。丁巳，诏江西、湖广新漕折价解京。辛酉，贼窜湖北、安徽。敕怡良於上海设关收税。癸亥，恤提督福珠洪阿世职。甲子，诏绅士办团御贼捐躯者，一体恩恤。乙丑，福建官军复尤谿。

八月丙子，官军解怀庆围，贼窜山西。戊寅，调吴文镕为湖广总督，裕瑞为四川总督，乐斌为成都将军。庚辰，贼陷垣曲。癸未，李僡卒，以张亮基为山东巡抚，骆秉章授湖南巡抚。甲申，江西贼陷饶州郡城，吉安土匪遥应之。丙戌，贼陷绛县、曲沃，进围平阳。哈芬免，以恒春为山西巡抚。庚寅，贼陷平阳，胜保兵至，败之，复平阳。贼由洪洞东窜。癸巳，命胜保为钦差大臣，赐神雀刀，恩华、托明阿副之。丁酉，托明阿败贼於陈留。

九月癸卯朔，再败之潞城、黎城，贼窜直隶，入临洺关。夺讷尔经额职逮问，以桂良为直隶总督。丙午，贼陷柏乡。江西南昌围解，贼复窜踞安庆。丁未，调魁麟为礼部尚书，花沙纳为工部尚书，以胜保为汉军都统。江苏土匪陷青浦、宝山，官军复之。戊申，命截留漕粮备山东灾赈。以军务方急，缓修丰北河工。辛亥，命惠亲王为奉命大将军，赐锐捷刀，科尔沁郡王僧格林沁为参赞大臣，赐讷库尼素刀，恭亲王奕䜣、定郡王载铨、内大臣壁昌会办巡防。乙卯，贼由赵州、稿城陷深州。命於河间、涿州、通州设防。辛酉，李嘉端罢，以江忠源为安徽巡抚。甲子，僧格林沁复深州。丙寅，陆应穀罢，以英桂为河南巡抚。己巳，周天爵卒於军。辛未，贼陷献县、交河、沧州，进扑天津，知县谢子澄督带练勇迎击，死之，所部败贼三十里。特赠谢子澄布政使，并建祠，优奖练勇。警闻，京师戒严，僧格林沁驻军於武清。

冬十月甲戌，命曾国藩督带练勇赴湖北剿贼。丙子，贼陷黄州，汉黄德道徐丰玉死之，连陷汉阳，进围武昌。丁丑，贼踞独流镇，胜保督军至，连击败之。戊寅，命恭亲王奕䜣在军机处行走，解麟魁军机大臣，以瑞麟、穆荫为军机大臣。乙卯，加给事中袁甲三三品卿衔，剿办安徽捻匪。壬辰，武昌解严，江忠源赴皖。命署臬司唐树义江面剿贼。癸巳，贼陷桐城。戊戌，豫征山西、陕西、四川三省粮赋，寻止之。

十一月壬寅朔，以王庆云为陕西巡抚。丙午，福建官军克复厦门。安徽贼陷舒城，办团大臣侍郎吕贤基死之。庚戌，贼陷仪徵。癸丑，命侍郎曾国藩督带水师剿贼安徽。丁卯，胜保剿贼独流，不利，阵歿副都统佟鉴，赠将军赐恤。

十二月甲戌，扬州贼溃围出，官军复其城，琦善、慧成等均褫职从军。乙亥，诏以黄州贼艓麕集，饬吴文熔出省剿贼。戊子，琦善复仪徵。己丑，贼陷庐州，江忠源死之。以福济为安徽巡抚，邵灿为漕运总督。丙申，以侍郎杜翰为军机大臣。翁心存罢，以赵光为工部尚书。己亥，祫祭太庙。

是岁，免奉天、直隶、山东、山西、浙江、湖北、湖南、广西、云南、甘肃等省三百四十四厅州县卫灾赋。又免甘肃中卫地震银粮、草束各有差。朝鲜、琉球、暹罗、越南、缅甸、南掌入贡。

四年甲寅春正月辛丑朔，蒙古各盟长亲王、郡王迭次报效军需银两，温旨嘉奖，均却还之。乙巳，拨内库银三十万两解赴胜保军营。庚戌，官军克独流镇，踞匪回窜。壬子，张芾罢，以陈启迈为江西巡抚。王履谦疏陈河南吏治废弛，军需浮冒，河工糜费。下英桂查覆。丙辰，浙江海运漕米改由刘河口放洋，命江苏派员设局。己未，命福济经理淮北盐务。以王懿德为闽浙总督，吕佺孙为福建巡抚。辛酉，袁甲三疏请事关筹饷，由军机处径交所司，勿发内阁，从之。乙丑，命广东购办夷炮运赴武昌。丙寅，贼踞束城村，严诏僧格林沁、胜保迅速剿擒。丁卯，湖北进攻黄州兵溃，总督吴文镕，署按察使、前布政使唐树义死之。户部议覆四川学政何绍基捐廉疏上违式用骈文，上责祁寯藻曰："当阅何绍基疏时，卿亦议其迂拘，何为尤而效之？大学士管部，乃不能动司官稿一字乎！"贼窜献县东城庄，僧格林沁、胜保合军击之。贼窜陷阜城，分股窜山东。己巳，江苏六合县绅团力保危城，诏嘉之，免一年钱粮。

二月丁丑，上御经筵。己卯，许乃普罢直南书房，降内阁学士。以朱凤标为刑部尚书，周祖培为左都御史。起翁心存为吏部左侍郎。辛巳，以台湧为湖广总督。壬午，曾国藩奏统带水陆师万七千人，自衡州起程驰赴湖北。癸巳，奕兴罢，以英隆为盛京将军。曾国藩疏请前巡抚杨健之孙杨江捐银二万两，准杨健入祀乡贤祠。得旨："杨健系休致之员，乡贤巨典，非可以捐纳得之。曾国藩不应遽为陈请，下部议处。"军兴以来，饷空事棘，而帝於名器犹慎之如此。予殉难安徽布政使刘裕钤世职，谥勤壮。癸未，前协办大学士汤金钊、兵部尚书特登额重宴鹿鸣，加宫衔，赐御书匾额。丙戌，张亮基奏获戕害大员之贼目王小湧，摘心遥祭。得旨，即传知佟鉴、谢子澄家属告祭。命托明阿帮办僧格林沁军务。癸巳，以青麐为湖北巡抚，崇纶丁忧，仍同守城。戊戌，张亮基奏捻贼渡河由丰县窜入单县，官兵迎击获胜，复陷金乡。

三月庚子朔，张亮基奏贼陷钜野、郓城。辛丑，命载龄带兵一千驻防河间，桂龄、台禄带马步兵千五百驻防德州。骆秉章奏贼陷岳州，曾国藩回省防堵，留候补道胡林翼楚南剿贼。壬寅，贼陷阳谷，知县文颖莅任五日，死之，优恤建祠。甲辰，贼由阳穀、冠县窜至清河之小滩，又分窜至临清之李官庄。乙巳，命胜保迎击山东窜贼，布政使崇恩奏带兵扼守临清州。辛亥，上耕耤田。丁巳，贼陷临清。越十日，官军复之，溃匪南窜，胜保追击。曾国藩奏剿贼岳州失利，回守长沙。下部议处。

夏四月庚辰，顺承郡王春山薨。阜城贼窜连镇，僧格林沁追击围之。壬午，胜保奏马队追剿临清溃匪，全数殄灭。得旨嘉奖，加太子少保，德勒克色楞、善禄黄马褂。己丑，予告大学士潘世恩卒。内大臣壁昌卒。辛卯，鲍起豹罢，以塔齐布署湖南提督，曾国藩夺职剿贼。曾国藩克复湘潭，塔齐布、彭玉麟、杨载福剿贼大胜，靖港贼退。

五月己亥朔，葛云飞祠成，赐御书匾额。廓尔喀国王表请出兵剿贼。温诏止之。辛丑，孙瑞珍免，以朱凤标为户部尚书，赵光为刑部尚书，彭蕴章为工部尚书。副都统绵洵追贼於丰县，败之，赐巴图鲁勇号。乙巳，连镇贼首李开方窜陷高唐州，胜保督兵追之。壬申，上祈雨大高殿。丁巳，祈雨天神坛。庚申，荆州将军官文奏官军收复监利县、宜昌府城。敕塔齐布统军赴湖北剿贼。前湖北巡抚崇纶以托病夺职。壬戌，雨。癸亥，和春、福济奏收复安徽六安州城。

六月戊辰朔，赐临清、冠县被贼难民一月口粮。江西贼窜湖北德安。庚辰，许乃钊免，以吉尔杭阿为江苏巡抚。诏曰："中国海口，除通商五口外，夷船向不驶入。近日乃有阑入金陵、镇江之事，意欲何为？叶名琛即向各国夷酋正言阻止。"辛巳，诏直省团练杀贼者，建立总坊，入祀忠义祠，妇女遇难捐躯者，入祀节孝祠。癸未，贼陷武昌。台涌罢，以杨霈为湖北巡抚，署总督。命曾国藩由岳州进剿，英桂赴信阳防堵。副都统达洪阿卒於军，赠都统。辛卯，敕叶名琛剿捕广东会匪盗船。铸铁钱、铅钱。

秋七月辛丑，湖北贼陷岳州，连陷常德。壬子，诏："青麐弃城逃走，远赴长沙，饬官文传旨正法。"副都统特尔清额卒於军。庚申，湖南水师克复岳州，予革职侍郎曾国藩三品衔。命道员胡林翼攻剿常德。壬戌，杨霈奏克复沔阳，贼陷安陆。

闰七月戊辰，湖北官军克复安陆。丁丑，钦差大臣琦善卒於军，以托明阿为钦差大臣，督办扬州军务。庚辰，杨霈奏克复京山、孝感、天门、黄陂、麻城等城。向荣奏官军收复高淳。丙申，和春奏克复太平。

八月庚子，官文奏连复嘉鱼、蒲圻。癸卯，广东土匪陷肇庆，调湖南、福建兵剿之。甲寅，湖南官军由城陵矶进攻通城。癸亥，英、美二国兵船抵天津海口，命桂良莅事。

九月辛未，湖北、湖南官军攻克武昌、汉阳。授杨霈湖广总督，曾国藩以二品衔署湖北巡抚，塔齐布赐黄马褂，李孟群、罗泽南、李续宾并升叙有差。殉难布政使岳兴、署按察使李卿穀均予谥建祠。壬午，湖北官军克复黄州。命曾国藩以兵部侍郎衔会塔齐布督军东下。甲申，裕瑞罢，以黄宗汉为四川总督，何桂清为浙江巡抚。戊子，安徽官军收复庐江。乙未，魏元烺卒，以翁心存为兵部尚书。

冬十月丙辰，以花沙纳为吏部尚书，全庆为工部尚书，领国子监。调文庆为满州都统，奕兴为汉军都统，奕山为内大臣。丁巳，曾国藩奏水陆军攻半壁山贼，毙贼万余。戊午，以扎拉芬泰为伊犁将军。甲子，曾国藩等奏攻克田家镇，予杨载福、彭玉麟升叙。湖北军收复蕲州。

十一月丁丑，上诣大高殿祈雪。庚辰，杨霈奏克复广济、黄梅。戊子，罗绕典卒，以恒春为云贵总督，王庆云为山西巡抚，吴振棫为陕西巡抚。绥远城将军善禄卒於军。庚寅，大学士、军机大臣祁寯藻致仕。以贾桢为大学士，翁心存为吏部尚书，周祖培为兵部尚书，许乃普为左都御史。癸巳，湖北贼陷安徽英山。安庆贼窜九江，湖口，及於吴城。

十二月乙未，曾国藩奏攻克小池口，上嘉奖之，赐狐腿黄马褂。戊戌，和春奏克复英山。以克复英、霍两县均资民力，免三年漕粮。辛丑，袁甲三奏举人臧纡青进攻桐城，力竭阵亡，赠三品衔，予世职。乙卯，封奕纪之子载中贝勒，嗣隐志郡王，改名载治。贵州官兵击贼，败之，解兴义城围。辛酉，安徽官军克复含山。僧格林沁奏攻毁西连镇贼巢。癸亥，袷祭太庙。

是岁，免河南、山东、山西、福建、湖南、广西等省一百二十九州县，又广西土州县十二灾赋有差。朝鲜、琉球入贡。

五年乙卯春正月己巳，四川官军克复贵州桐梓。壬申，贵州官军剿匪雷台山，擒匪首陈良模。甲戌，以江、浙漕米不敷京仓支放，命怡良开办米捐解京。戊寅，吉尔杭阿奏克复上海县城。诏嘉奖之。辛巳，湖北贼由黄梅回窜汉口，杨霈退守德安，夺职，仍留任。癸未，江西官军克复武宁。乙酉，僧格林沁奏攻克连镇，首逆林凤祥就擒。封僧格林沁亲王，移军山东，攻剿高唐踞匪。钦差大臣胜保师久无功，褫职逮问。丙戌，浙江乐清土匪滋事，剿平之。叙连镇功，西凌阿、瑞麟、庆祺、绵洵、拉木棍布扎布、棍楚克林沁各予优赉。

二月甲午朔，王懿德奏夷商来闽贩茶，租赁民房久居，藉收茶税，从之。以法将剌尼乐助攻上海，赉绸四端、银一万两，从吉尔杭阿请也。己亥，上御经筵。僧格林沁奏克复高唐州，余匪窜入冯官屯。辛丑，福建匪徒作乱，剿平之。戊午，鄂贼北窜，敕僧格林沁调拨马步兵三四千赴河南助防。

三月甲子，广东官军复海丰。皖贼陷徽州。乙丑，上谒西陵。贼陷武昌，巡抚陶恩培死之，以胡林翼署湖北巡抚。辛未，上还京。辛卯，贵州匪首杨凤捕诛，余匪平。

夏四月乙未，安徽官军收复婺源。以额驸景寿为御前大臣。丁未，江西贼陷广信。庚戌，僧格林沁等奏攻克冯官屯贼巢，擒获首逆李开芳，余匪尽歼。得旨：欣慰，僧格林沁即以亲王世袭，许乘肩舆，德勒克色楞加贝勒衔，余各升叙。江西官军复弋阳。浙江贼陷开化。己未，西安将军扎拉芬在湖北剿贼阵亡，优恤之。褫杨霈职，以官文为湖广总督，绵洵为荆州将军，瑞麟为西安将军。以西凌阿为钦差大臣，赴湖北剿贼。庚申，江西官军复饶州、广信及兴安。辛酉，广东官军剿匪获胜，水陆股匪悉平。

五月丙寅，恤福建阵亡知县高鸿飞，入祀京师昭忠祠，并於台湾建祠。丁卯，向荣奏剿贼三山，胜之。戊辰，广东官军复河源等县，歼贼於三水。辛未，上御乾清门，奉命大将军惠亲王绵愉、参赞大臣亲王僧格林沁恭缴大将军印、参赞关防。壬申，诏曰："兴办团练，原以保卫乡间。而河南迭有抗粮、抗官之事。似此相率效尤，流弊甚大。各督抚其尚加意整顿，勿令日久酿患。"是时，山东已有黑团之害，尚未上闻。其后卒以兵力平之。乙亥，以柏葰为热河都统。戊寅，杨霈军复随州。癸未，河南军收复光山。丁亥，胡林翼奏分督水陆各军力攻武、汉，四战四胜。得旨，迅图克复。诏曰："朕闻云南回民易滋事端，屡有聚众抗粮之事。恒春、舒兴阿务将首要各犯惩处，勿令日久蔓延。"以李钧为东河河道总督。

六月乙未，江西贼陷义宁。丁酉，提督邓绍良克复休宁。乙巳，广东官军收复封川，歼贼於虎门洋面。丙辰，河南兰阳河溢。己未，敕安徽徽宁池广道照台湾道专折奏事。辛酉，官文奏官军克复云梦、应城。

秋七月壬戌朔，尊皇贵太妃为康慈皇太后。广东贼陷湖南郴州、宜章。癸亥，陈启迈夺职，以文俊为江西巡抚。己巳，向荣奏克复芜湖。庚午，皇太后崩。丁丑，西凌阿进剿德安贼匪不利，退守随州。命都兴阿自冯官屯移军剿之。辛巳，恭亲王奕䜣罢直军机，回上书房读书。以文庆为军机大臣。癸未，广东官军收复肇庆府、德庆州。甲申，山西阳城土匪滋事，剿平之。丁亥，官文奏克复汉川。

八月辛卯朔，胡林翼督军攻克汉镇，进围汉阳。甲午，英桂奏邱联恩擒获捻首易添富、王党等诛之。己亥，湖南提督塔齐布卒於军，赠将军。庚子，上大行皇太后尊谥曰孝静康慈皇后。喀什噶尔回匪入卡，倭什珲布派兵逐出之。戊申，广东官军连复连州、三江、连山，解永安城围。

九月甲子，大学士卓秉恬卒。乙丑，以刘钲为汉军都统。庚午，命文庆、叶名琛协办大学士。癸酉，发内帑十万两续赈直隶、山东灾民。壬午，四川马边厅夷匪滋事，官军剿平之。癸未，捻首张洛行由归德南窜，命提督武隆额剿之。乙酉，命官文为钦差大臣，督办湖北军务。浙军克复安徽休宁、石埭。戊子，调邓绍良为固原提督。

冬十月丁酉，和春、福济奏克复庐州府城。得旨嘉奖，赐和春黄马褂，福济太子少保，免合肥三年额赋。辛丑，贵州苗匪陷都江。壬寅，官文奏克复德安。戊申，石达开回窜湖北，胡林翼堵剿之。壬子，永免河南摊征河工加价银四十万两。

十一月甲子，胡林翼奏，罗泽南、李续宾迎击石达开、韦俊於羊楼峒，败之；请购洋炮击贼。敕叶名琛采购洋炮六百尊，由湖南水运湖北应用。辛未，廓尔喀夷人占踞后藏济咙。德兴卒，调麟魁为刑部尚书，以瑞麟为礼部尚书。戊子，官文奏攻克咸宁、金口，并报江西贼陷义宁，檄饬罗泽南回剿。得旨："罗泽南正在攻剿，武汉吃紧，不可回剿。"诏令曾国藩等遣周汝筠前赴崇、通，为罗泽南后路援应。和春等奏捻匪李兆受窜踞英山，道员何桂珍密谋会捕，不克，死之。

十二月辛卯，上诣大高殿祈雪。丙申，江西贼陷临江、瑞州，敕曾国藩拨兵剿之。戊戌，留江苏漕米二十万石济江南军。癸卯，广西官军收复兴安。贵州贼徐廷杰陷镇箄，分陷思南。乙巳，命文庆、叶名琛为大学士，桂良、彭蕴章协办大学士，柏葰为户部尚书，奕湘为盛京将军，英隆为热河都统。丙午，以郑亲王端华为满州都统，奕山为黑龙江将军。命西凌阿赴河南防剿。庚戌，捻匪张洛行回窜归德。癸丑，命英桂督剿豫、东、皖三省捻匪。景淳奏陈防夷情形，上嘉奖之。驻藏大臣赫特贺奏驰抵后藏筹御大略。得旨："江孜、定日汛、马布加各地，均属中道要害，即宜扼守。噶布伦中择其为夷情信仰者，令协同办事，以辅兵力之不及。生擒夷人，暂留营中，令来往通信，以示羁縻。乐斌等所拟六条，下该大臣知之。"丁巳，袷祭太庙。

是岁，免直隶、山东、湖北、广西、贵州等省二府一百五十八州县，又广西三十八土州县灾赋，江苏盐场场课各有差。朝鲜、琉球入贡。

六年丙辰春正月己未朔，惇郡王奕誴复亲王。以奕山为御前大臣，贝勒载治御前行走。壬戌，杨以增卒，以庚长为江南河道总督。壬申，贼扰湖南晃州、麻阳，官军击走之，斩贼首何禄。乙亥，诏骆秉章檄知府刘长佑赴江西剿贼。戊寅，广东提督昆寿剿归善贼，平之。辛巳，提督秦定三攻克舒城。

二月壬辰，诏湖南苗弁剿匪出力，准其留营序补。戊戌，上御经筵。辛丑，顺天府尹蒋琦淳疏进《克己》、《复礼》二箴，上嘉纳之。丙午，英、美二国求改条约，下叶名琛知之。丁未，调吉林、黑龙江、察哈尔、绥远城兵赴山东、河南剿贼。己酉，酌增直省文员减成养廉。壬子，命福兴帮办江南军务。丙辰，廓尔喀请罢兵。丁巳，贵州官军攻克铜仁。

三月己未，瓜州贼出窜运河，托明阿追剿之。奕湘免，以庆祺为盛京将军。壬戌，湖南官军克复永明、江华。刘长佑军入江西，复萍乡。江西贼陷吉安。癸亥，上耕耤田。甲子，江南贼再陷扬州，夺托明阿、雷以諴职，授德兴阿钦差大臣，少詹事翁同书副之。乙丑，石达开陷瑞州，诏广东堵剿。丁卯，释赛尚阿、讷尔经额於戍所。乙亥，提督邓绍良力攻扬州，克之，命帮办德兴阿军务。贼窜江浦。丁丑，罗泽南力攻武昌，阵亡，赠巡抚，赐恤予谥。戊寅，贼陷江西建昌。命浙江学政万青藜、布政使晏端书督办三衢防务。庚辰，穆宗生母懿嫔那拉氏晋封懿妃。曾国藩攻贼樟树失利，下部议处。癸未，恒春奏军务省分督抚，请许单衔奏事，从之。丙戌，张国梁军攻克浦口。

夏四月戊子，粤贼复陷仪徵，官军寻复之。甲午，贵州军复郎岱。丙申，云南楚雄汉、回构衅。己亥，江西军复进贤。辛丑，奉天金州地震。癸卯，安徽贼陷宁国。丙午，前协办大学士、致仕光禄寺卿汤金钊卒，赠尚书。辛亥，赐翁同龢等二百一十六人进士及第出身有差。丙辰，德兴阿奏官军攻贼三汊河，毁其巢。

五月辛酉，以穆克德讷为广州将军，都兴阿为江宁将军。壬戌，湖北通城官军失利，道员江忠济死之。江苏巡抚吉尔杭阿击贼镇江之黄泥州，不胜，死之，赠总督。以赵德辙署江苏巡抚。甲子，江南贼扑九华山营盘，陷之。河南军复光州。复西凌阿都统。袁甲三复三品卿。丁丑，贼陷溧水。

六月丙戌朔，金陵贼扑陷大营，官军退守丹阳，夺向荣、福兴职。戊子，以按察使徐宗干帮办安徽防务。命怡良雇募火轮船入江剿贼。敕河南、广东拨兵，和春、傅振邦赴援江南。丁未，叶名琛奏英、美、法各国公使以定约十二年，请赴京重修条约。诏酌允变通，阻止来京。辛亥，永定河溢。江西贼陷饶州。

秋七月辛酉，广东援军连复江西上犹、雩都，解赣州城围。王懿德呈进美国国书，得旨："更换条约，难以准行，仍令回广东商订。"丁卯，命总兵张国樑帮办向荣军务。壬申，江西官军连复南康、饶州。癸酉，钦差大臣向荣卒於军。丙子，甘肃撒拉回匪滋事，官军剿平之。命和春驰赴丹阳剿贼，郑魁士接办安徽军务。湖北援军克复江西新昌、上高。赫特贺奏廓尔喀与唐古忒和成，撤回戍兵。

八月戊子，黄宗汉罢，以吴振棫为四川总督，谭廷襄为陕西巡抚。癸巳，命舒兴阿严办回匪，举行乡团。癸卯，广西官军复上思州、贵县。丁未，贵州贼陷都匀、施秉，进陷古州。戊申，安徽官军攻克三河。己酉，江西会匪攻陷广昌、南丰、新昌、泸溪。

九月乙卯朔，日有食之。戊午，京师米贵，开五城饭厂，并拨仓谷制钱赈固安六州县饥民。己巳，云南土匪陷浪穹。庚午，江南官军攻高淳，克之。癸酉，安徽官军复无为州。丁丑，文庆等疏进孟保翻译《大学衍义》，命校刊颁行。壬午，西宁黑番族滋事，提督索文剿平之。易棠病免，以乐斌为陕甘总督，有凤为成都将军，东纯为福州将军。

冬十月丙戌，贵州贼陷台拱、黄平。庚寅，官文剿襄阳匪徒，平之。甲午，命英桂、秦定三会剿涡河、蒙城捻匪。丁酉，安徽官军克复和州。云南大理回匪戕官踞城。壬寅，襄樊贼犯邓州。河南贼由夏邑趋扰徐州。甲辰，浙江官军再复休宁。予前巡抚张芾三品卿。丁未，广西右江镇标兵变，劳崇光讨平之。壬子，何桂清奏浙军进克黟县，徽州肃清。邵灿奏官军击退捻匪，徐州解围。以常清为伊犁将军。

十一月乙卯朔，《宣宗实录》成。以彭蕴章为大学士，翁心存协办大学士，许乃普为工部尚书，朱嶟为左都御史。辛酉，云南官军克复姚州。乙丑，升文昌入中祀。命郑魁士移军会英桂剿捻匪，秦定三会福济剿皖匪。丙寅，命胜保赴安徽军营。辛未，大学士文庆卒。英人在广东以查船构衅，放炮攻城。绅团愤击之，歼数百人。敕叶名琛相机办理。壬申，命柏葰为军机大臣。乙亥，江西贼陷抚州。戊寅，楚军道员刘长佑连复江西袁州、分宜，加按察使衔，予其父母三品封典，予巡抚骆秉章花翎。英桂奏攻破雉河集贼巢。庚辰，上临大学士文庆第赐奠。壬午，胡林翼克复武昌，癸未，官文克复汉阳，均得旨嘉奖。贵州军攻克都匀。

十二月乙酉，湖北官军攻克老河口。丙戌，上祈雪。戊子，以肃亲王华丰为内大臣。己丑，诏曰："湖北累为贼踞，小民兵燹余生，疮痍可念。现在武、汉既复，亟宜援救民瘼。钱粮分别蠲缓，灾黎作何抚恤，其速筹议以闻。"湖北官军连复武昌县、黄州府城。甲午，胡林翼奏陈湖北兵政吏治。得旨："既能确有所见，即当实力举行。"丙申，官文奏剿办随州土匪，匪首就擒。续报官军连复兴国、大冶、蕲水、蕲州、广济。辛丑，皖、浙官军克复宁国，赐何桂清花翎。癸卯，以湖南官军剿除湖北崇、通贼匪，加候选道王鑫按察使衔。甲辰，官文奏官军在九江焚毁贼船。诏曾国藩激厉将士，由湖出江，以便合剿。戊申，山东官军剿毙捻首王方云。湖北官军克复黄梅。己酉，命桂良为大学士，柏葰协办大学士。以谭廷襄为直隶总督，曾望颜为陕西巡抚。壬子，祫祭太庙。

是岁，免直隶、江苏、山东、山西、河南、湖南、贵州等省一百六十五州县被灾、被贼额赋，又免江苏六场盐课各有差。朝鲜入贡。

七年丁巳春正月庚午，怡良奏傅振邦克复高淳，张国樑进取句容。何桂清奏浙省援剿，内防本境，外保邻封。得旨嘉奖。调全庆为兵部尚书，文彩为工部尚书，肃顺为左都御史。广西太平府土匪平。丙子，召西凌阿、崇安回京。加胜保副都统衔，帮办剿匪事宜。王履谦回籍，命李钧接办河防。己卯，叶名琛奏防剿英夷获胜。得旨："控制外夷，非内地可比。定海前事，可取为鉴。其务操纵得宜，勿贻后悔，朕不为遥制也。下苏、直、闽、浙各督抚知之。"

二月乙酉，曾国藩奏克复建昌。丙戌，上御经筵。辛卯，湖北官军收复宜昌。甲午，云南宾川回匪作乱。甲辰，湖北贼陷远安、荆门，官军击走之。丁未，安徽贼匪上犯黄梅，都兴阿击败之。安徽匪陷六安。壬子，英桂、胜保奏剿办捻匪，夺回乌龙集，进规固始。

三月癸巳朔，曾国藩丁父忧，给假治丧，命杨载福暂统水军，彭玉麟副之。丙辰，湖北官军唐训方、巴扬阿剿南彰匪徒，败之，贼首刘尚义降。贵州提督孝顺兵溃於都匀，死之。己未，襄樊贼陷河南内乡，官军击复之。诏怡良"密查张国樑是否与和春意见不合。军中统帅，全在能得人心，倘驾驭无方，使健将不肯出力，贻误非轻"。癸亥，上耕耤田。丁卯，以耆龄为江西巡抚。庚午，叙克复武、汉功，协领多隆阿以副都统用。辛未，恒春奏回匪滋扰，将领乏员，请调郧阳镇总兵王国材来滇协剿，从之。壬申，江西官军攻景德镇，不利，都司毕金科战歿，刘长佑复败於新喻。辛巳，广西横州土匪滋事，广东官军剿平之。叶名琛奏英船退出省河。得旨："总宜弭此衅端，不可使生边患。"

夏四月甲申，恒春奏迤西回匪降。德勒克多尔济奏俄国请遣使来京，诏止之。丁亥，江西贼窜福建，陷邵武、光泽。癸巳，怡良以病免，命何桂清为两江总督。乙未，贵州贼陷永从。丁酉，湖南援军刘长佑攻克江西新喻。

五月丙辰，萨迎阿卒，以刘钲署西安将军。湖北官军克复江西奉新、靖安、安义。癸亥，李孟群奏赴援庐州，克复英山。福建贼陷汀州。丙子，德勒克多尔济奏俄使由天津来京，敕谭廷襄羁縻之。

闰五月甲申，和春奏克复溧水。乙酉，曾国藩奏请终制，温旨留之，仍令迅赴江西视师。庚寅，云南武定州回匪滋事，官军剿平之。李孟群奏击败霍丘窜贼，得旨嘉奖。丁酉，胜保攻正阳关，不利，道员金光筯死之，赠布政使。庚子，俄人以兵至海兰泡，建营安炮，要求通商。命奕山拒之。辛丑，何桂清奏请知府温绍原复官，办理六合乡团。诏吉林、黑龙江兵久劳於外，酌量撤回。壬寅，庆英奏浩罕勾结回匪，占踞英吉沙尔城，集兵剿之。以张国樑为湖南提督。癸卯，福建官军收复兴泽、汀州，踞匪出窜连城，击败之。

六月壬子，召舒兴阿来京，以桑春荣为云南巡抚。癸丑，福建官军收复邵武。乙卯，江南官军克复句容，加和春太子少保，赐张国樑黄马褂。辛酉，王鑫援江西吉安，连战胜之，赐巴图鲁勇号。丁卯，河南南阳土匪平。癸酉，福建官军收复泰宁、建宁。俄夷至天津递国书，命文谦却之。永定河决。乙亥，云南回匪犯省城，恒春自尽。事闻，调吴振棫为云贵总督，以王庆云为四川总督，恒福为山西巡抚。丙子，江西官军收复龙泉。戊寅，命许乃钊帮办江南军务，张亮基予五品衔，帮办云南剿匪事宜。

秋七月乙酉，李孟群奏收复霍山。己丑，河南官军收复邓州。癸巳，命奕山会集俄使勘定黑龙江两岸边界。甲午，贵州官军收复锦屏。湖北官军攻剿黄梅大胜，总兵王国材力战阵歿，赠提督，赐恤建祠。甲辰，命都兴阿帮办官文军务。

八月己酉朔，日有食之。壬子，福建官军收复宁化。癸丑,江西官军克复瑞州。丁丑,法福理奏克复英吉沙尔回城,解汉城围。戊寅,官文、胡林翼奏湖北全境肃清。得旨:“胡林翼亲督所部攻克小池口贼城,即乘此声威规复九江,以振全局。”先是,林翼密奏欲保鄂省而复金陵,惟有先取九江,次复安庆,始握要领,故明诏从之。

九月庚辰,湖南援赣道员王鑫卒於军,赠布政使。壬午,胜保奏克复正阳关,又奏凤台生员苗沛霖藉团聚众。得旨:“正当示之不疑,藉消反侧。”丙戌,法福理奏收复喀什噶尔回城。庚寅,湖北贼陷舒城。河南捻匪陷南阳。丙申,江西官军克复东乡。丁未,湖南援黔官军克复黎平。

冬十月戊申朔,官文、胡林翼奏,李续宾等水陆齐进,攻克江西湖口县城。胜保、袁甲三奏,总兵朱连泰、史荣椿等攻剿捻匪,平毁韩圩贼巢。蒋霨远、佟攀梅奏,剿办苗匪、教匪,斩擒多名,都匀贼退。河南官军败贼於南召,进剿裕州、泌阳余匪。己未,李孟群剿捻匪於独山,不利,兵溃。乙丑,湖北援军李续宾等攻克彭泽。广西官军收复南宁。戊辰,胡林翼奏漕粮积弊,请改章征收,以济军需,从之。庚午,河南贼入武胜关,直扑商南,陕西官军击走之。甲戌,以杨载福为福建陆路提督。以李续宾为浙江布政使。

十一月戊寅朔,英桂奏德楞泰败贼於卢氏,邱联恩败贼於淅川。安徽贼陷和州、霍山。杨载福克复望江、东流、铜陵。乙酉,骆秉章奏蒋益澧、江忠濬援剿广西,连战获胜,进围平乐。戊子,胡林翼疏荐布衣万斛泉、宋鼎、邹金粟等。甲午,廓尔喀奉表输诚,颁赏珍物。丙申,德兴阿等奏克复瓜州。得旨嘉勉,赐双眼花翎、骑都尉世职。翁同书以侍郎用,鞠殿华加提督衔。戊戌,和春奏同张国樑克复镇江,赐和春双眼花翎、轻车都尉世职,张国樑骑都尉世职,何桂清太子太保。庚子,英桂奏败贼於汝州,豫西肃清。辛丑,永定河合龙。

十二月辛亥,耆龄奏曾国荃攻克吉水。骆秉章、劳崇光会奏官军攻克平乐。广西贼陷庆远。丙辰,督办三省剿匪副都统胜保奏请皖兵悉归节制。得旨:“胜保尚属勇敢,若平其躁气,敛其骄心,可为有用之材,何庸自行渎请。”庚申,英人入广东省城,劫总督叶名琛以去。诏革名琛职,以黄宗汉为两广总督,柏贵署理。乙亥,李孟群奏粤、捻合股东窜,逼近商、固。命胜保严防之。丙子,袷祭太庙。

是岁,免直隶、江苏、山东、山西、河南、陕西、湖南、广西等省二百三十五厅州县卫,广西四土县被灾、被贼额赋有差。朝鲜、琉球入贡。

八年戊午春正月己卯,佟攀梅罢,以蒋玉龙为贵州提督。丙戌,敕王懿德筹备海防。庚寅,江西官军收复临江。

二月庚午,官军克复秣陵关,进围金陵,加和春太子太保,张国樑双眼花翎,阵亡总兵虎坤元优恤世职。

三月丁丑朔,胜保奏剿贼获胜,固始解围。得旨嘉奖。戊寅,俄船至天津。敕谭廷襄防堵。癸未,江北官军克复江浦,道员温绍原复官。庚寅,福济奏收复和州。贵州贼陷都匀,前提督佟攀梅死之。

夏四月丙午朔,谭廷襄奏俄人不守兴安旧约,请以乌苏里河、绥芬河为界,使臣仍请进京。得旨:“分界已派大员会勘,使臣非时不得入京,驳之。”丁未,江西贼窜入福建,陷政和、松谿。戊申,俄人请由陆路往来,英人、法人请隔数年进京一次,诏不许。胜保奏捻首李兆受乞降,许之。己酉,安徽贼陷麻城,另股陷蒙、亳、怀、宿,诏袁甲三剿之。诏许俄人通商,不许进京。庚戌,贼陷和州。云南大理回匪陷顺宁。戊申,诏谭廷襄告知英人、法人,减税增市,俟之粤事结日,彼时再议来京。庚戌,江西贼陷常山、开化,命总兵周天受加提督衔,专办浙防,道员饶廷选防守衢州。辛亥,谭廷襄呈进美国国书,诏许减税率、增口岸,仍不许入京。乙卯,英、法兵船入大沽,官军退守。命僧格林沁备兵通州。戊午,江西官军复雩都、乐安、崇化、宜黄。辛酉,英、法船抵津关。命大学士桂良、尚书花沙纳往办夷务。江西贼窜浙江,陷处州及永康。壬戌,湖北官军克复九江,加官文、胡林翼太子少保,李续宾加巡抚衔。乙丑,英、法兵退三汊河,与俄、美来文,请求议事大臣须有全权便宜行事,始可开议。桂良等以闻,诏许便宜行事。丙寅,命僧格林沁佩带钦差大臣关防,办理防务。戊辰,胜保奏克复六安。乙巳,敕各省军营挑练马队。庚午,命和春兼办浙江军务。英船开出大沽。桂良等奏英人之约于镇江、汉口通商,长江行轮,择地设立领事,国使驻京。上久而许之。

五月丙子,皖匪陷湖北黄安。桂良、花沙纳奏,英使坚逼立约,不见耆英。耆英请回京,诏止之。戊寅,捻匪陷怀远。己卯,奕山奏请黑龙江左岸旷地割界俄人。甲申,桂良等奏俄允代转圜,先允俄人陆行。丁亥,命廷臣集议和战二者,两害取其轻。戊子,桂良等奏英人谓我徒事迁延,即弃和言战。大学士裕诚卒,上亲临赐奠。庚寅,桂良等奏进英、法订约五十一款,并请先订俄、美条约。壬辰,湖北官军复黄安、麻城。福建官军复光泽。广东官军复广西梧州。敕耆龄檄调萧启江、张运兰、王开化各军由祁门进援浙江。癸巳,耆英擅回京,赐自尽。太傅杜堮卒,上亲临赐奠。乙未,命曾国藩办理浙江军务。丁酉,桂良、花沙纳奏进俄、美、英、法四国条约。得旨:“既已盖用关防,今复朱批依议,宜示四国照此办理。至通商税则,在上海议之。”庚子,江北官军克复江浦、来安。甲辰,夷船全数退出内河。命吏部侍郎匡源、内阁学士文祥在军机大臣上行走。

六月己酉,命桂良、花沙纳、侍郎基溥、武备院卿明善前往江苏会议通商税则。江西官军复新城、金谿。癸丑,福建匪陷建宁。福兴罢,以周天受统其军赴援福建。召桑春荣来京,以张亮基为云南巡抚。甲寅,广西军复象州。丁巳,浙江贼陷寿昌,官军寻复之。福济以不职,夺官衔,解任。以翁同书为安徽巡抚。庚申,论天津失事状,谭廷襄解任,提督张殿元遣戍。以庆祺为直隶总督,玉明为盛京将军。丁卯,福建道员赵印川剿匪,死之。浙江官军复常山、开化。江西援军复浙江武义、永康、衢州,绍兴城围解严。瑞麟请筹款修筑天津营垒炮台,下僧格林沁办理。辛未,俄人请停办驿站羊只,诏库伦大臣援旧事拒之。壬申,赏刑部员外郎段承实五品卿衔,帮办会议税则。曾国藩奏由九江登陆赴浙,诏嘉勉之。浙江军复缙云。

秋七月甲戌朔,奕山、景淳奏俄人闯越黑河口,欲入松花江，於乌苏里建屋安炮。诏勘明吉、黑地界，据理拒绝。乙亥，以李孟群署安徽巡抚。丁丑，从法福理请，升喀什噶尔领队大臣为办事大臣。周天受攻复浙江处州，移军福建。癸未，诏曾国藩衢、严肃清，改援福建。乙酉，杨载福收复安徽建德。癸巳，湖北巡抚胡林翼丁母忧，诏在任守制，给假、给银治丧。丙申，贼陷庐州，李孟群夺职留军，以胜保为钦差大臣，督办安徽军务，袁甲三援剿三省捻匪。丁酉，福建军复建阳、光泽，贼陷宁化。庚子，召晏端书来京，以胡兴仁为浙江巡抚。壬寅，张芾军复龙泉，赐花翎。

八月癸卯朔，复设天津水师。甲辰，福建军复政和、松谿。胜保奏发逆伪英王陈玉成窜店埠、梁园，直扑定远。庚戌，李定太剿贼玉山，胜之，解其围。辛亥，蒋益澧援军复广西庆远，擢按察使。丙辰，周天受援福建，克复浦城，进克宁化。捻匪陷丰县。辛酉，捻匪窜山东，陷单县。调英桂为山西巡抚，恒福为河南巡抚。乙丑，官军复丰县。捻匪陷曹县，寻复之。何桂清请以海关盈余用充军饷，允之。壬申，江北军在浦口失利，夺德兴阿、鞠殿华职。和春奏："浦口失利，已飞调援浙之师径赴六合。探闻闽省回窜之贼，将由宁、太以援金陵，明系城贼围急，令其部众到处窜扰，以分我兵力。请饬各路自行援剿，勿致掣动全局。"上是之。

九月癸酉朔，湖北官军多隆阿克复太湖。乙亥，诏以"天长、仪徵相继失陷，六合危急，温绍原虽素得民心，日久亦恐难支。即调周天培一军分援六合、德安，一军前往援应。"辛巳，官文、胡林翼奏李续宾、都兴阿分路克复桐城、潜山，多隆阿进攻石牌，鲍超力攻雷公埠，均属得手。诏令联络水师进规安庆。湖南官军克复吉安，予同知曾国荃等升叙有差。壬午，明谊奏俄案议结，互换文凭，开办通商。贼陷扬州，夺德兴阿世职。命柏葰、翁心存为大学士，官文、周祖培协办大学士。调瑞麟为户部尚书，肃顺为礼部尚书，朱凤标为户部尚书，陈孚恩为兵部尚书，瑞常为理藩院尚书，绵森为左都御史。敕总兵毛三元、成明帮办德兴阿军务。甲午，张国樑攻克扬州，续复仪徵。庆端奏克邵武，闽省肃清。戊戌，荆州将军绵洵卒，调都兴阿为荆州将军，和春为江宁将军，张国樑为江南提督。己亥，贼陷六合，知县温绍原死之。绍原孤守危城，数年百余战，力竭而陷。上悼惜之，赠布政使，优恤，建祠予谥。

冬十月癸卯朔，浙江宁海土匪滋事，提督阿麟保剿平之。乙巳，胜保奏克复天长，李兆受在事出力。得旨："李兆受赐名李世忠，予三品衔、花翎，以参将补用。"己酉，御史孟传金奏劾举人平龄朱墨不符，派载垣、端华认真查办。丁巳，僧格林沁奏天津炮台工竣。上嘉之，赐御服。己未，江南官军复溧水。壬戌，命李续宾帮同胜保办理安徽军务。戊辰，诏本年乡试主考、同考官荒谬已极，覆试应议之卷，竟有五十本之多，正考官柏葰先革职，副考官朱凤标、程庭桂暂行解任，听候查办。命庄亲王奕仁在御前大臣上学习行走。

十一月壬申朔，移吉林马队益袁甲三军。乙亥，袁甲三请於山东东三府抽厘助饷，许之。己卯，徐泽醇卒，以朱嶟为礼部尚书，张祥河为左都御史。乙酉，援闽、浙军复浦城、顺昌，予周天培提督衔。丙戌，恒福奏官军剿捻大胜，豫境肃清，总兵傅振邦擢提督，编修袁保恒赐巴图鲁勇号。丁酉，内阁副本库被盗。己亥，吴振棫以病免，以张亮基为云贵总督，徐之铭为云南巡抚。庚子，予阵亡提督邓绍良优恤建祠。

十二月丁未，以宋丞相陆秀夫从祀文庙。庚辰，提督李朝斌收复安徽东流、建德，赐巴图鲁勇号。永州镇总兵樊燮以乘肩舆劾免。丙辰，以郑魁士为浙江提督，督办宁国军务。己未，李续宾进剿安徽，败绩於三河集，死之，赠总督，建祠予谥。同知曾国华赠道员，予谥。丁卯，以何桂清为钦差大臣，办理通商事宜。赵德辙免，以徐有壬为江苏巡抚。庚午，以瑞麟为大学士，调肃顺为户部尚书，麟魁为礼部尚书，瑞常为刑部尚书。袷祭太庙。

是岁，免直隶、安徽、福建、湖北、贵州等省九十二厅州县被灾、被贼额赋，又免江苏六场盐课各有差。朝鲜、琉球入贡。

九年己未春正月壬申朔，桂良等奏英人藉口广东有事，罢议回粤。乙亥，召袁甲三来京，以傅振邦督剿三省捻匪，伊兴阿副之。壬午，江西官军复瑞金，解安远围，别贼陷南安。桂良等奏和约四事。敕俟英使回沪妥议。庚寅，福建匪周灯爔等降，遂复连城。乙未，安徽官军复建德。丁酉，敕湖北采买马匹训练马队。戊戌，桂良等奏英使坚欲进京。敕僧格林沁严防海口。辛丑，都兴阿请假，以多隆阿接统其军。诏海运漕船探避夷轮。

二月丁未，捻匪薛之元举江浦降，会李世忠攻克浦口，赐名薛成良，予花翎、三品衔，擢李世忠副将。癸丑，筑奉天沿海炮台。郑魁士攻克湾沚、黄池贼垒。甲寅，上召廷臣宣示戊午科场舞弊罪状，依载垣、端华所拟，主考官大学士柏葰坐家人掉换中卷批条，处斩。同考官浦安坐听从李鹤龄贿属，罗鸿绎行贿得中，均处斩。乙卯，张芾奏官军攻克婺源，贼目张淙相等乞降。丁巳，翁同书奏贼陷六安。庆祺卒，以恒福为直隶总督，瑛棨为河南巡抚。癸亥，张国樑奏攻克扬州、仪徵，回军连克溧水。特诏嘉奖，予轻车都尉世职，李若珠赐黄马褂。乙丑，曾国藩奏军抵南康，萧启江克复南安。得旨嘉奖，予萧启江巴图鲁勇号。诏编修李鸿章交伊兴阿差委。

三月辛未朔，前布政使李孟群兵溃於官亭，死之，复官予恤。甲戌，奕山、景淳奏俄人径至乌苏里江、绥芬河择地建屋，并请会勘，诏不许。丙子，捻匪犯河南西华、舞阴，前总兵邱联恩死之，赠提督，予恤。丁丑，桂良等奏英使兵船北上，阻止不听。己卯，四川里塘头人作乱，恩庆讨平之，诛其夷目邓珠。甲申，上祈雨。庚寅，以旱求言。辛卯，李钧卒，以黄赞汤为东河河道总督。乙未，俄人在黑龙江通商，许免征税，不许阑入乌苏里、绥芬。

夏四月辛丑朔，胜保奏克复六安。伊兴阿解帮办，以关保帮办傅振邦军务。壬寅，调王庆云为两广总督，黄宗汉为四川总督。江西贼窜湖南郴州、桂阳，刘长佑击走之。癸卯，胜保奏捻匪张元龙降，收复凤阳府县，并复临淮关。筑宁河炮台。戊申，浙江馀姚土匪作乱，讨平之。甲寅，俄使赛善由察哈尔陆路入京，请助枪炮，致於恰克图。丙辰，上再祈雨。己未，邵灿病免，以袁甲三署漕运总督。调劳崇光为广东巡抚，兼署总督。贼陷天长，前提督德安死之，复官予恤。辛酉，奕山奏俄船由黑龙江入松花江东驶入海。得旨，不许入绥芬，令特普钦派员阻之。壬戌，王懿德免，以庆端为闽浙总督，罗遵殿为福建巡抚。癸亥，雨。乙丑，赐孙家鼐等一百八十人进士及第出身有差。戊辰，广东官军复嘉应，窜贼扰连平，陷乐昌。

五月丙子，诏骆秉章仍令田兴恕回援贵州，兆琛一军撤回。己卯，敕奕山更正俄人条约。辛巳，敕庆昀密查张家口、白城居住俄人。壬午，以周天受督办宁国军务。甲申，俄人请赴三姓贸易。诏责奕山办理软弱，革副都统吉拉明阿职，枷号乌苏里地方。庚寅，官文奏探闻石达开将犯四川，诏曾国藩移军夔州。辛卯，桂良、花沙纳奏英酋於本月十三日起碇入京，桂良等即日驰驿回京。大学士翁心存乞休，允之。复以贾桢为大学士。调许乃普为吏部尚书，张祥河为工部尚书，沈兆霖为左都御史。癸巳，骆秉章奏石达开窜湖南，刘长佑、江忠义、田兴恕诸军击走之。丙申，僧格林沁奏英船鸣炮闯入大沽，我军开炮轰击，击沉多船，并有步队上岸搦战，我军径前奋击，击毙数百名，其兵头赫姓并被炮伤。我军亦伤亡提督史荣椿、副将龙汝元等。夷船即时出口。得旨："将弁齐心协力，异常奋勇，先奖赏银五千两，并查明保奏。"戊戌，诏夷人虽经惩创，仍宜设法抚驭，即派恒福专办抚局，僧格林沁仍办防务。

六月己亥朔，赐僧格林沁御用珍服。庚子，捻匪陷盱眙，官军寻复之。壬寅，特普钦奏俄人在三姓者，倔强不肯折回。命景淳前往查办。癸卯，广西官军复上林，匪陷宾州。甲辰，张亮基奏回匪马凌汉伏诛。丙午，恒福奏美人进京换约，许之。癸巳，英、法兵船全数开行。庚申，以李若珠为福建陆路提督。辛酉，何桂清奏英、法陆续回沪。乙丑，陈玉成陷定远。丙寅，和春奏水师剿贼获胜。

秋七月庚午，曾国藩奏克景德镇，复浮梁。戊寅，胜保奏翁同书溃败情形。得旨："汝为统帅，只知炫己之长，不愿援人之失。日日聚讼，庸何济乎！"己卯，美使华若翰递国书，和约用宝，在北塘交换。庚辰，诏曰："朕闻胜保专以招降为能事。降众未尽薙发，张元瀶且四外打粮。又报克复盱眙，该县并无城池，贼因无粮退出，虚报邀功。此次姑不深究。即约束反侧，力改前非。凛之！"癸未，御史赵元模奏黄河北流，涸出滨河田亩三四千顷，请办屯田，寓兵於农，较胜团练。上是之，下袁甲三、庚长议奏。乙酉，诏曰："王大臣续陈审明科场舞弊之大员父子，及递送关节之职员，分别定拟。此案程炳采于伊父程庭桂入闱后，接收关节，令家人转递场内，程庭桂并不举发。程炳采处斩，程庭桂免死，遣戍军台。谢森墀、潘祖同、潘敦俨等俱免死，发遣新疆。"己丑，骆秉章奏石达开围宝庆，李续宜援之，立解城围。癸巳，命李若珠帮办江南军务。

八月戊戌朔，崇恩罢，以文煜为山东巡抚。己亥，上御经筵。乙巳，敕恒祺留办广东通商。胜保奏李世忠剿贼获胜，解定远、滁州围。诏擢李世忠总兵。广东官军复连山、开建。庚戌，命曾国藩驻军湖口。命都兴阿莅江宁将军视事，多隆阿接统所部，总理前敌事务。甲寅，景淳奏俄人船在三姓者，现令折回。在乌苏里者，未肯听命。诏体察舆情，妥为办理。己未，美人请先开市，以英、法约议未定，却之。辛酉，骆秉章奏石达开南陷江华、永明，将入广西。现饬刘长佑统军追剿。得旨，田兴恕一军援黔，李续宜一军回湖北备调。壬戌，发逆、捻匪会攻寿州，官军击却之。御史陈庆松奏科场案内大员子弟陈景彦等赎罪太骤，请仍发遣，严旨斥之。甲子，广东官军复灵山。

九月戊辰，安徽贼陷霍山、盱眙，胜保击退之。胜保丁母忧，留营视军。甲戌，胡兴仁罢，调罗遵殿为浙江巡抚。戊寅，王庆云病免，以劳崇光为两广总督。庚辰，官文、胡林翼奏多隆阿攻破安徽石牌，击破援贼，获贼目霍天燕、石廷玉，得旨嘉奖。己丑，傅振邦奏追剿捻匪，败之。甲午，曹澍钟奏石达开围广西省城，萧启江、苏凤文会合蒋益澧分途剿击，败之，立解城围。

冬十月丁酉朔，时享太庙，上亲诣行礼。骆秉章奏贼中投出难民，给予免死护照，资遣回籍，愿效力者，准其留营，得旨，各省均可照办。戊戌，云南官军克复嵩明，阵斩贼首孙汉鼎。庚子，以曾望颜署四川总督，谭廷襄署陕西巡抚。辛丑，以袁甲三为钦差大臣，督办安徽军务。以侍郎匡源、内阁学士文祥为军机大臣。癸卯，河南捻匪陷兰仪，围考城、通许，扰尉氏，分窜直隶、山东。戊申，命总兵田在田帮办傅振邦军务。乙卯，授袁甲三漕运总督。丙辰，胜保克复怀远。江苏官军剿六合失利，夺李若珠职。戊午，美使请开潮州、台湾通商口岸。庚申，河南官军剿平鄢陵捻匪，西路肃清。壬戌，以明谊为乌里雅苏台将军，景廉为伊犁参赞大臣，崇实为驻藏大臣。乙丑，命官文、曾国藩、胡林翼妥筹四路规皖。

十一月戊辰，滇匪犯叙州，夺万福职，以阜陞为四川提督。辛未，何桂清奏，探闻英、法明春必来寻衅。恒祺奏英兵续行至粤。诏僧格林沁加意津防。丁丑，贼陷浦口，总兵周天培死之，予世职。癸未，特普钦奏俄人在黑龙江左岸占踞五十余屯，请调西丹墨尔根、布特哈兵交那尔胡善训练，联络旗民参夫，有事抵御，从之。丙戌，命张芾督办皖南军务。己丑，曾国藩奏韦志俊以池州降。滇匪陷叙州，另股陷酉阳、秀山。庚寅，四川官军复筠连、庆符、高县。乙未，户部灾。

十二月丙申朔，蒋霨远奏石达开纠党十余万由桂犯黔，将以窥蜀。诏田兴恕剿之。戊戌，上诣大高殿祈雪。云南丘北土匪滋事戕官，官军讨平之。庚子，和春奏官军攻破江浦贼垒，扬州西界肃清。壬寅，吏部尚书花沙纳卒。丙午，何桂清报英、法兵船到沪。以田兴恕为贵州提督。辛未，援黔湘军攻复镇远。庚申，景淳奏请招集流民参夫，给地设卡，以助边防，从之。壬戌，袁甲三奏攻克临淮关，得旨嘉勉，下部议叙，穆腾阿加都统衔。甲子，祫祭太庙。

是岁，免直隶、河南、山东、浙江、贵州等省一百五十七州县被灾、被贼额赋有差。朝鲜、琉球入贡。

十年庚申春正月丙寅，上三旬万寿，颁诏覃恩。诏先朝寿节有告祭之礼，升殿之仪，本年勿庸举行，外吏、外藩并停来京祝嘏。加恩亲藩，惇郡王奕誴晋亲王，贝子奕劻晋贝勒，余各封赉，及於廷臣、疆臣。戊辰，前宁夏将军托云保卒。己巳，解胜保钦差大臣，专办河南剿匪，袁甲三专办安徽。丁丑，瑛棨以迟解京饷降官，以庆廉为河南巡抚。己丑，刑部主事何秋涛呈进所纂《北徼汇编》八十卷，上嘉与之，赐名《朔方备乘》，入直懋勤殿。壬辰，有凤免，以全亮为成都将军，占泰为四川提督。甲午，御史白恩佑言津防重大，请预筹后路，以保万全。得旨："所奏固是，然驻兵筹饷，其觉为难。现在津防周备，可勿庸议。"特普钦奏请召集鄂伦春人入伍。从之。扎拉芬泰奏请与俄、廓合攻印度。上曰："俄非和好也。廓岂英敌？"

二月丁酉，上御经筵。庚子，以刘源灏为贵州巡抚。袁甲三奏克复凤阳，赐黄马褂。辛丑，何桂清奏上海英人经华商开导，索兵费一百万。津约不能更易，入京换约。如不见许，即开船北驶。诏僧格林沁严备津防后路。海运漕粮，暂缓放洋。丙午，湖南官军克复贵州镇远。庚戌，捻匪陷桃源，上窜清江，庚长退守淮安。壬子，援桂湘军克复柳州、柳城，加道员刘坤一按察使衔。甲寅，张芾奏官军复建德，匪陷泾县、旌德，连陷太平。己巳，以倭什珲布为礼部尚书，春佑为热河都统。辛酉，诏和春分兵援浙。

三月乙丑朔，袁甲三奏官军复清江。庚子，命提督张玉良统军援浙。丙子，贼陷杭州，巡抚罗遵殿死之。越六日，将军瑞昌复其城。重赉瑞昌、张玉良等。以王有龄为浙江巡抚。丁亥，上耕耤田。辛卯，浙江官军克复长兴、临安、孝丰。甲午，何桂清奏夷船北犯。

闰三月癸卯，四川官军克复蒲江，贼陷名山。丙午，命曹澍钟督军四川，以刘长佑为广西巡抚。丁未，贼陷溧水，连陷句容。以张玉良为广西提督，留苏督军，寻令折回杭州。庚申，和春等奏陈玉成率众突犯大营，城贼出而合犯，官军力不能支，退守镇江。壬戌，以王梦龄为漕运总督。

夏四月丙寅，以明儒曹端从祀文庙。癸酉，贼陷丹阳，张国梁死之，和春走常州。戊寅，诏直省举办团练。命都兴阿督办江北军务。癸未，诏两江总督何桂清屡失城池，褫职逮问。以曾国藩署两江总督。擢兵部郎中左宗棠四品京堂，襄办曾国藩军务。乙酉，贼犯常州，和春迎战受伤，卒。以魁玉署江宁将军，会巴栋阿扼守镇江。辛卯，贼陷建平，张玉良兵溃於无锡。壬辰，赐钟骏声等一百八十三人进士及第出身有差。癸巳，贼陷苏州，巡抚徐有壬死之。

五月甲午朔，以薛焕为江苏巡抚，暂署总督。己亥，江苏常熟县知县周沐润招募沙勇，克复江阴。辛丑，贼陷浙江长兴，围湖州，萧翰庆赴援失利，死之。甲辰，曾国藩奏陈三路进兵，规苏保浙，并调沈葆桢差遣。上嘉允之。以东纯兼署四川总督。丙午，贼陷吴江、昆山及浙之嘉兴。玉明奏金州、岫岩海口有洋船六十余停泊，劫掠牲畜。庚戌，敕王梦龄督同乔松年开办江北粮台。辛亥，恤殉难在籍侍郎戴熙，赠尚书，予世职，建专祠，谥文节。甲寅，命毛昶熙办河南团练，杜翻办山东团练。戊午，李若珠奏薛成良投诚复叛，捕诛之。己未，曾国藩奏随调鲍超、朱品隆进驻祁门，鄂军不宜再调。从之。玉明奏洋船到金州海面一百余艘，文煜奏英、法兵到烟台者约有万人，探闻有由海丰大山北犯之说，均下僧格林沁知之。

六月癸亥朔，敕准巴尔虎旗人一体考试。甲子，英船驶入北塘。丙寅，贼陷青浦、松江。己巳，刘长佑奏复庆远，石达开南窜。庚午，瑞昌奏复广德。辛未，万寿节，御殿受贺。壬申，大学士彭蕴章罢直军机。命邵灿、刘绎、晏端书、庞钟璐各在原籍举办团练。戊寅，王有龄奏在籍道员赵景贤克复湖州。薛焕奏克复松江。庚辰，英、法兵登岸，遂踞北塘。裁南河河道总督暨淮海道各官。壬午，僧格林沁奏英、法势大志骄，难望议和。得旨，以抚事责之恒福，以顾大局。丙戌，命曾国藩为钦差大臣，实授两江总督。己丑，夷人犯新河，官军退守塘沽。命骆秉章驰赴四川督办军务。辛卯，手诏僧格林沁曰："握手言别，倏逾半载。大沽两岸危急，谅汝忧心如焚。惟天下大本在京师不在海口。若有挫失，总须退保津、通，万不可寄身命於炮台，为一身之计。握管凄怆，汝其勉遵！"敕西凌阿固守天津，瑞麟、伊勒东阿赴通州防堵。

秋七月癸巳，命巴栋阿援金坛。戊戌，大沽炮台失守，提督乐善死之，优恤建祠。庚子，僧格林沁退守通州。辛丑，英人陷天津。浙江贼陷临安、馀杭。四川贼陷邛、蒲、新津。甲辰，江苏贼复陷松江。丁未，以崇实署四川总督。己酉，裕瑞奏浩罕请依前通商，许之。以常清为伊犁将军。辛酉，金坛陷，知县李淮守三年，援兵不至，力竭死之，绅民从死者逾千人。命胜保督马队守通州。

八月癸亥，洋兵至通州，载垣诱擒英使巴夏礼解京。戊辰，瑞麟等与洋兵战於八里桥，不利。命恭亲王奕䜣为钦差大臣，办理抚局。己巳，上幸木兰，自圆明园启銮。丁丑，上驻跸避暑山庄。李世忠以擒叛将薛成良擢授江南提督。戊寅，诏曰："江南提督张国樑谋勇兼优，忠义奋发。在军十年，战功卓著，东南半壁，倚为长城。本年大营溃散，回援击贼，受伤没水。先后奏报，朕犹冀其不确。迄今数月，其为效死捐躯无疑。若使张国樑尚在，苏、常一带，何至糜烂若此。追念荩劳，益深怆恻。赠太子太保，入祀昭忠祠，分建专祠。子孙几人，送部录用。"己卯，命都兴阿带兵入卫，从官文请也。命玉明、成凯、乐斌、文煜、英桂督兵入卫。辛巳，命恒福驻古北口备防，吴廷栋接转文报。壬午，浙江官军克复平湖、嘉善。广东官军克复乐昌、仁化。癸未，江苏贼陷常熟。圆明园灾，常嫔薨，内务府大臣、尚书文丰死之。庚寅，恭亲王奏请还巴夏礼於英军。薛焕奏劾冯子材赴援金坛，拥兵不进，致令城陷。诏薄谴之。

九月壬辰，命胜保为钦差大臣，总统援军。敕恭亲王奕䜣照会英人，勿修城北炮台，速行议约。甲午，英使、法使入城。大学士彭蕴章、尚书许乃普以病乞免，许之。己亥，命庆廉、英桂兵驻直备调。辛丑，贼陷宁国，周天受死之。甲辰，命左宗棠督办浙江军务。乙巳，抚局成。恭亲王奕䜣奏请宣示中外，如约遵行。许俄人驻乌苏里、绥芬。停各省援兵。敕英桂来京。议西巡。戊申，李若珠奏克复江阴。辛亥，贼陷徽州，守城道员李元度弃城走。癸丑，直隶、山东、河南贼匪并起，命僧格林沁讨之。庚申，恭亲王奕䜣奏洋人退至天津，吁请回銮。

冬十月辛酉朔，诏天气渐寒，暂缓回銮。以田兴恕为贵州提督。予阵亡提督周天受、周天培世职，建祠予谥，附祀道员福咸等。壬戌，以刘源灏为云贵总督，邓尔恒为贵州巡抚。甲子，敕文谦、恒祺办理通商事宜，吴廷栋督办防务。以文安为湖南提督。以冯子材督办镇江军务。丙寅，恭亲王奕䜣奏换俄人和约，请用御宝，从之。辛未，俄罗斯致枪炮。癸酉，敕乐斌、英桂回任。庚辰，以严树森为河南巡抚，毛昶熙督办河南捻匪。辛巳，命都兴阿督办江北军务，李若珠副之。以总兵田在田接办徐、宿剿匪，淮徐道吴棠帮同办理。

十一月辛卯，胜保奏以大顺广道联英专办河防，准其奏报，从之。癸巳，翁同书奏陈谨天戒，固邦本，收人才，练京营，争形势。得旨："收人才一条，利少弊多。余留览。"甲午，浙江贼陷新城、临安、富阳。乙未，王梦龄奏剿贼获胜，三河肃清，并请节制黄开榜水师，从之。庚子，曾国藩奏鲍超等克复黟县。辛丑，李若珠乞养亲，以曾秉忠代之。癸卯，以杭州解严，优赉瑞昌、王有龄等。瑞昌奏陈庆端力保浙疆，请加优奖。得旨："不分畛域，皆尔大吏分内之事。甄叙督抚，出自朝旨，非汝所得擅请。"戊申，命成琦会景惇查勘俄罗斯东界。癸卯，浙军张玉良攻复严州。甲寅，官文、胡林翼奏陈玉成图犯怀、桐，多隆阿会合李续宜迎剿，大败之，杀贼万余。多隆阿赐黄马褂，李续宜加二品衔。

十二月辛酉，命西凌阿、国瑞帮办僧格林沁军务。丙寅，命张亮基留办云南军务。己巳，始置总理各国通商事务衙门，命恭亲王奕䜣、桂良、文祥管理。以崇厚充三口通商大臣，薛焕兼办上海等处通商事务。准旗人学习外国语言文字。已巳，以田兴恕为钦差大臣，督办贵州军务。丙子，左宗棠奏督军克复江西德兴、安徽婺源，予三品京卿。乙酉，以官文、周祖培为大学士，肃顺协办大学士，沈兆霖为户部尚书，朱凤标为兵部尚书。戊子，袷祭太庙。

是岁，免江苏、浙江、安徽三省额赋逋赋，又直隶、山东、河南、江西、湖北、湖南、福建、广西等省四百一州县卫被灾、被贼额赋有差。会计天下民数二万六千零九十二万四千六百七十五名口，存仓谷数五百二十三万一千九百二十石四斗六升五合一勺。朝鲜入贡。

十一年辛酉，上在木兰。春正月庚寅朔，上御绥成殿受贺。辛酉，诏二月十三日回銮。乙未，曾国藩奏杨载福剿贼，克都昌，解南陵围。田在田奏捻匪犯砀山，击走之，加提督衔。丙申，召翁同书来京，以李续宜为安徽巡抚。丁酉，以福济为成都将军。辛丑，贼陷孝丰，杭州戒严。壬寅，诏："纪年开秩，应予特赦，非常赦所不原者咸减除之。"癸卯，左宗棠兵复饶州暨都梁。乙巳，恒福以病免，以文煜为直隶总督，谭廷襄为山东巡抚，邓尔恒为陕西巡抚，何冠英署贵州巡抚。丁未，僧格林沁奏捻匪窜入山东，派队追剿，及於菏泽，失利。得旨："僧格林沁督带重兵，北地倚为屏障。乃以饥疲之卒，追方张之寇，旁无援应，宜其败也。勇往有余，未能持重。尚其汰兵选将，扼要严防，谋定后动，勿再轻进。"戊申，诏袁甲三等："捻匪裹胁良民，未便概行诛戮，可剀切晓谕，设法解散。投诚者免罪，杀贼者叙功。并传知李世忠一体招抚。"辛亥，贵州官军克复独山。壬子，翁同书奏陈抚练苗沛霖劫扰寿州，跋扈异常。诏李续宜酌办。河南捻匪窜扰东明、长垣。

二月己未朔，云南官军克复晋宁。壬戌，复置奉天金州水师营。丙寅，诏准山东抵还法国教堂地基，并敕直省遇有交涉，即行酌办请旨，勿许推诿。丁卯，张玉良军克复江山、常山。庚午，曾国藩奏左宗棠败贼於景德镇，鲍超败贼於石门、洋塘。壬甲，浙军克复富阳。热河朝阳盗匪陷城，命克兴阿剿之。命明谊、明绪会勘俄界，英蕴、奎英办理俄人通商。捻匪扑汶河，副都统伊兴阿、总兵滕家胜逆战阵殁。乙亥，陈玉成纠合捻匪由英山犯湖北蕲水，诏胡林翼回兵击之。庚辰，诏曰："前经降旨，订日回銮。旬日以来，体气未复。缓俟秋间再降谕旨。"壬午，朝鲜国王遣使朝觐行在。温谕止之，颁赐文绮、珍器，及其使臣。癸未，诏挑选兵丁演习俄国送到枪炮。甲申，裁撤黑龙江团丁归农。

三月己丑朔，诏派办约大臣崇纶、崇厚给与全权便宜行事。敕侍郎成琦赴兴凯湖会勘俄人分界事宜。予道员联捷四品京卿，办理河防。壬辰，恭亲王奕䜣请赴行在祗叩起居。上手诏答之曰："别经半载，时思握手而谈。惟近日咳嗽不止，时有红痰，尚须静摄，未宜多言。且俟秋间再为面话。"丙申，诏皇长子於四月七日入学，以李鸿藻充师傅。戊戌，都兴阿奏镇、扬水师船只年久损坏，请饬广东购运红单船应用，从之。庚子，命胜保督办直隶、山东剿匪。以贾臻署安徽巡抚。庚戌，英、法两国兵退出广东省城。辛亥，以前大学士彭蕴章署兵部尚书。甲寅，浙江贼陷海盐、平湖、乍浦，副都统锡龄阿死之。丙辰，广西土匪陷太平府、养利州。

夏四月己未朔，严树森奏贼犯汝宁，道员张曜击走之。戊辰，山东捻匪、教匪连陷馆陶七县。僧格林沁入滕县固守，诏胜保分兵援之。甲戌，诏曰："朕闻各处办捐，有指捐、借捐、炮船捐、亩捐、米捐、饷捐、堤工捐、船捐、房捐、盐捐、板捐、活捐，名目滋多，员司猥杂。其实取民者多，归公者寡。近年军饷浩繁，不得已而借资民力商力。然必涓滴归公，撙节动用，始得实济。若似此征求无艺，朘薄民生，尚复成何政体。各大臣、督抚，尚其严密稽查，剔除奸蠹，以副朕意。"乙亥，左宗棠败贼於乐平。庚辰，山东教匪扑围大名，联捷击走之。癸未，皖贼复窜浙江，陷常山、江山，进逼衢州。

五月癸巳，田在田奏苗练犯符离，敕僧格林沁分兵援之。甲午，邓尔恒被戕於曲靖。饬刘源灏查办。以瑛棨为陕西巡抚。庚子，胜保奏克复馆陶。辛丑，命贾臻、李世忠帮办袁甲三军务。甲辰，命多隆阿帮办官文、胡林翼军务。乙巳，贼陷浙江寿昌、金华、龙游、汤谿、长兴，进陷兰谿、武义。诏催左宗棠赴援。

六月戊午朔，日有食之。庚申，曾国藩、胡林翼奏："安庆省城自我军长围，逆酋陈玉成率党回援安庆，於集贤关外赤冈岭坚筑四垒。经鲍超、成大吉会合多隆阿马队奋力进剿，昼夜轰击。五月初一日，三垒俱降。释去胁从，将长发老贼概行正法。其踞第一垒之贼刘沧琳，乘夜潜遁。经鲍超歼於马踏石，余为水师斩戮殆尽，并将刘沧琳验明支解枭示。”得旨嘉奖。布鲁斯亚国换约通商。辛酉，许俄人在库伦、恰克图通商。乙丑，钦天监奏八月初一日，日月合璧，五星联珠。得旨，不必宣付史馆。甲戌，贼陷浙江遂昌、松阳、永康。丙子，回匪扑扰喀什噶尔。诏景廉赴阿克苏防剿。丙戌，浙江官军克复长兴。

秋七月丁亥，诏每年秋间王公致祭两陵，如遇山水涨发，可在途守候道路通时，即行前往。届期不到，由守护之贝勒、公等行礼。甲午，曾国藩奏收复安徽徽州。戊戌，予四川阵亡侍卫昭勇侯杨炘建祠。

辛丑，上不豫。壬寅，上大渐，召王大臣承写朱谕，立皇长子为皇太子。癸卯，上崩於行宫，年三十一。十月，奉移梓宫至京。十二月，恭上尊谥。同治四年九月，葬定陵。

论曰：“文宗遭阳九之运，躬明夷之会。外强要盟，内孽竞作，奄忽一纪，遂无一日之安。而能任贤擢材，洞观肆应。赋民首杜烦苛，治军慎持驭索。辅弼充位，悉出庙算。向使假年御宇，安有后来之伏患哉？

卷二十一　本纪二十一

穆宗本纪一

穆宗继天开运受中居正保大定功圣智诚孝信敏恭宽毅皇帝，讳载淳，文宗长子，母孝钦显皇后那拉氏，咸丰六年三月二十三日，生於储秀宫。

十一年，就学，编修李鸿藻授读。七月，文宗不豫，壬寅，疾大渐，召御前大臣载垣、端华、景寿、肃顺，军机大臣穆荫、匡源、杜翰、焦佑瀛宣谕立为皇太子。命载垣、端华、景寿、肃顺、穆荫、匡源、杜翰、焦佑瀛赞襄政务。

癸卯，文宗崩，召陈孚恩、文煜赴行在。甲辰，尊皇后及圣母并为皇太后。谕军机处於各折片后署赞襄政务王大臣。乙巳，免惇亲王、恭亲王、醇郡王、钟郡王、孚郡王寻常召对及宴赉叩拜。停各省贡献方物。

丙午，展顺天文乡试於九月举行，恩科武会试於十月，顺天武乡试於十一月。授骆秉章四川总督，督办军务。召云贵总督刘源灏来京，以福济代之。以崇实为成都将军，旋命协办四川军务。湖北官军复武昌、咸宁、通城等县及江西义宁州。戊申，以景纹为驻藏办事大臣。己酉，允恭亲王赴行在叩谒梓宫。庚戌，薛焕请招商试运淮盐济饷。议行。辛亥，粤匪陷吉安。广西官军复宾州。癸丑，加上宣宗帝后尊谥。甲寅，粤匪陷靖安、武宁、义宁各州县。乙卯，定年号祺祥。

八月丁巳朔，日月合璧，五星联珠。粤匪陷严州，旋复之。戊午，官军复新昌、奉新、瑞州、上高。己未，命景廉赴叶尔羌查办英蕴敛钱擅杀事。允曾国藩请，以上海现船轮船驶往皖江，归其军练习。辛酉，湖北官军复德安。壬戌，江西官军复武宁、靖安。癸亥，颁大行皇帝遗诏。胜保军复濮州。丁卯，捻匪渡运河，谕胜保与僧格林沁等截剿，毋任北窜。戊辰，胡林翼以疾乞假，命李续宜暂署湖北巡抚。庚午，御史董元醇请皇太后权理朝政，简亲王一二人辅弼。载垣等拟旨驳饬。甲戌，曾国荃军复安庆。戊寅，广西官军复浔州。庚辰，四川番贼陷松潘。辛巳，论复安庆功，加官文、曾国藩太子少保，胡林翼太子太保，并予骑都尉世职，赏李续宜黄马褂，杨载福、多隆阿云骑尉世职。癸未，上大行皇帝尊谥曰协天翊运执中垂谟懋德振武圣孝渊恭端仁宽敏显皇帝，庙号文宗。苗沛霖陷正阳、霍丘，围寿州。

九月丙戌朔，上母后皇太后徽号曰慈安，圣母皇太后徽号曰慈禧。辛卯，杨载福军复池州。壬辰，捻匪窜汜水、巩县，官军击退之。召张亮基来京。金州地震。甲午，川军剿平会理回匪。丁酉，允乐斌等奏，撤拉回匪降，撤回官军。庚子，川军复名山。壬寅。多隆阿、曾国荃等复桐城、宿松、蕲州、黄梅、广济。彭玉麐、成大吉等复黄州。湖北巡抚胡林翼卒，调李续宜为湖北巡抚，仍驻鄂、皖交界，督办军务。擢彭玉麐为安徽巡抚。癸卯，浙江官军复於潜、昌化。粤匪窜严州，张玉良等军溃。甲辰，英、法撤广州驻兵，英撤驻天津马队。乙巳，僧格林沁剿平青州等处窜捻，赏还御前大臣并黄缰。戊申，上奉大行皇帝梓宫返京师，免承德及宛平各府县田赋。己酉，苗沛霖反，命袁甲三会贾臻诸军讨之。甲寅，上奉母后皇太后、圣母皇太后还宫。乙卯，以擅改谕旨，力阻垂帘，解载垣、端华、肃顺任，罢景寿、穆荫、匡源、杜翰、焦佑瀛军机。命恭亲王会同大学士、六部、九卿、翰、詹、科道按律核奏。贾桢、周祖培、沈兆霖、赵光疏请政权操之自上，并议皇太后召见臣工礼节及办事章程。胜保疏请皇太后亲理大政，并简亲王辅政。命王大臣、大学士等定议以闻。召醇郡王奕譞来京。是日夺载垣、端华、肃顺爵职，逮问议罪。命睿亲王仁寿、醇郡王奕譞逮肃顺解京。诏文武各衙门自十月十六日以后轮班值日。鲍超军复铅山。是月，免西宁碾伯被扰额赋。

冬十月丙辰朔，命恭亲王奕䜣为议政王，在军机处行走，大学士桂良、户部尚书沈兆霖、侍郎宝鋆、文祥并为军机大臣，鸿胪寺少卿曹毓瑛在军机大臣上学习行走。召盛京户部侍郎倭仁来京。丁巳，谕求言，申严门禁。戊午，大行皇帝梓宫至京，奉安於乾清宫。庚申，诏改祺祥为同治。辛酉，恭亲王等拟请载垣、端华、肃顺照大逆律凌迟。诏赐载垣、端华自尽，肃顺处斩，褫景寿、穆荫、匡源、杜翰、焦佑瀛职，穆荫遣戍军台。壬戌，褫陈孚恩、黄宗汉、刘崐、成琦、德克津太、富绩职。谕不究既往，诸臣毋再请察办党援。申诫王公、内外文武大臣招权纳贿。甲子，上御太和殿即皇帝位，受朝。颁诏天下，以明年为同治元年，加恩中外，罪非常赦所不原者，咸赦除之。免惇亲王、恭亲王、醇郡王、钟郡王、孚郡王谕旨及奏疏称名。乙丑，懿旨以物力维艰，诫内务府，宫闱器用，力行节俭。赏还僧格林沁博多勒噶台亲王。命刑部核结五宇钞票案。通谕中外清理庶狱。丙寅，苗沛霖陷寿州。东南方有声如雷。谕热河未竟工程即时停止。丁卯，申诫各路统将粉饰迁延，纵寇殃民。补行咸丰十年恩科武会试。己巳，命总兵冯子材督办镇江军务。庚午，谕议政王等赞理庶务，毋避小嫌。壬申，谕统兵大臣实核功罪，信赏必罚。癸酉，粤匪陷严州、馀杭。命曾国藩统辖苏、皖、赣、浙军务，节制巡抚、提督以下各官；瑞昌帮办浙江军务，太常寺少卿左宗棠赴浙江剿贼，调遣提、镇以下官。丙子，申谕郊配仍以三祖五宗为定，皇考祔庙称宗。起用予告大学士祁寯藻、翁心存、前太常寺卿李棠阶。籍陈孚恩家，下狱治罪。官军复无为及随州。丁丑，申诫廷臣遇事因循。谕官文、曾国藩等妥筹剿抚苗练。粤匪陷萧山、绍兴及江山、常山，趣左宗棠军速援。己卯，释贝子德勒克色楞於狱。辛巳，廷臣议上垂帘章程，懿旨依议。诏开恩科。初，乌拉停捕珠八年。至是，谕仍停办。壬午，陈孚恩戍新疆。命侍郎宝鋆、董恂在总理各国事务衙门办事。甲申，法兵去天津。

十一月乙酉朔，上奉慈安皇太后、慈禧皇太后御养心殿垂帘听政。丙戌，谕各省习教交涉，分别良莠，持平办理。丁亥，谕定户部五宇钞票侵款者罪。复熙麟等官。庚寅，命各军保荐将才。壬辰，山东教匪作乱，成禄等剿平之，匪首廷秀轮伏诛。甲午，先是张亮基言云南副将何有保戕邓尔恒，疑徐之铭主使。至是，之铭饰奏军功，为有保请奖，谕福济察办，撤任严参。乙未，石达开窜绥宁。庚子，谕中外举人才，以曾国藩、胡林翼、骆秉章为法。辛丑，粤匪陷绍兴、诸暨，褫王履谦职逮问。壬寅，福济以畏葸取巧褫职。赏潘铎二品顶戴，署云贵总督。僧格林沁剿寿张等处会匪，大捷。癸卯，命彭玉麐帮办袁甲三军务。官军复来安。乙巳，给事中高延祜劾徐之铭贪淫荒谬，及滇省练党纵恣。谕潘铎查办。丁未，诏各省察举循良，并访学行该备之士。庚戌，以吴棠为江宁布政使，兼署漕运总督，督办江北粮台。癸丑，粤匪陷处州。

十二月甲寅朔，谕曾国藩通筹进剿机宜。乙卯，谕谭廷襄赴东昌筹河防。濮、范教匪平。丁巳，胜保奏收抚匪首刘占考、宋景诗。戊午，国瑞军复范县。粤匪陷宁波、镇海暨绍兴各属。己未，谕整顿盐务。辛酉，命左宗棠迅速援杭，张运兰归调遣，得专奏军事。壬戌，命江宁副都统魁玉帮办镇江军务。以毛鸿宾言，谕督抚及统兵大臣因地选将，毋专恃楚勇。袁甲三军复定远。允廓尔喀例贡改丁卯年呈进。乙丑，福建会匪陷福鼎，寻复之。河南捻匪窜枣阳。丁卯，曾国藩辞节制四省军务，不允。己巳，上孝德皇后尊谥曰孝德温惠诚顺慈庄恭天赞圣显皇后。兵部侍郎庆英有罪褫职，戍新疆。以青海札萨克贝勒纲僧却多布为左翼盟长。辛未，褫毓科职，擢沈葆桢为江西巡抚。命恭亲王、醇亲王督瑞麟、文祥等管理神机营。曾国藩奏派道员李鸿章统水陆军赴镇江规复苏、常，允之。定登莱青道驻烟台，监督东海关税务。壬申，降端华、载垣世爵为不入八分辅国公。甲戌，免安徽、江苏、浙江被贼来年额赋。乙亥，允江忠义终制，田兴恕兼署贵州巡抚，旋以韩超署任。命张亮基督办云南军务，徐之铭免云南巡抚，以亮基署之。丁丑，多隆阿军进攻庐州。石达开窜沅江、黔阳，逼川境，谕骆秉章、田兴恕合击之。两淮粤匪陷杭州，瑞昌、王有龄死之。褫闽浙总督庆端职，留任。以左宗棠为浙江巡抚。彭玉麐辞巡抚，请专办贼，许之，以为水师提督。调李续宜为安徽巡抚，严树森为湖北巡抚。以郑元善为河南巡抚。戊寅，祁寯藻以大学士衔为礼部尚书。改彭玉麐以兵部侍郎候补。庚辰，捻匪围颍州。胜保论劾严树森，谕令"反躬自责，保全名节，副皇考委任之意"。以薛焕言，谕总理各国事务衙门与英、法筹商借兵剿贼。壬午，追封皇弟二阿哥为悯郡王。趣左宗棠进取浙江。命胜保率部赴颍州。癸未，僧格林沁击窜匪於曹州河南岸，殄之。

同治元年壬戌春正月甲申朔，慈安皇太后、慈禧皇太后御慈宁宫，上率王大臣行礼。御乾清宫受贺。自是每岁皆如之。命麟魁、曾国藩协办大学士。乙酉，诏酌撤亩捐、厘捐，拊循从征将士家室，抚慰伤亡兵勇子孙。以江西肃清，赏鲍超黄马褂。李世忠复六合，赏亦如之。丙戌，谕曾国藩、左宗棠保衢州进解徽州围。命曾国藩选将保上海。调蒋益澧部赴左宗棠军。庚寅，胜保移军颍州，命副都统遮克敦布、道员王榕吉接办防务。辛卯，川军复丹棱，匪首蓝潮鼎伏诛。官军复平越。壬辰，李世忠军复天长。癸巳，粤匪李秀成陷奉贤、南汇、川沙。命都兴阿以艇师厄吴淞口。丙申，乐斌以纵匪殃民，解任讯办。命麟魁署陕甘总督，与沈兆霖剿抚撤回。粤匪窜逼上海。薛焕言英、法各员协同防剿。上嘉之。丁酉，初，绵性请改征回赋，景廉赴阿克苏勘办之。及是，景廉覆劾，绵性坐褫职，寻戍吉林。回子郡王爱玛特解回库车管束。申诫回疆各大臣勿再摊征。命英蕴察禁私典阿克苏各城回地。戊戌，粤匪犯镇江，冯子材军击退之。捻匪窜沭阳。谕僧格林沁南北兼顾。官军复莘县。己亥，麟魁卒。李世忠军克江浦、浦口。撤庆端任，命耆龄赴闽接办援浙军务。庚子，擢鲍超为浙江提督，冯子材为广西提督。癸卯，命乔松年督办沿江团练。丙午，前安徽巡抚翁同书以失寿州、定远，褫职逮问，寻论斩。丁未，加铸阿克苏钱。戊申，文煜等上北塘防守事务，允行。英、法留兵驻大沽炮台。云南官军复丽江，回匪窜昆明。庚戌，粤匪窜松江，官军合外兵迎剿，大败之。洋将美人华尔愿隶中国籍，赏四品顶戴、花翎。壬子，命张亮基募军赴滇。癸丑，谕遮克敦布等会剿河套捻匪。

二月甲寅朔，官军复来凤。乙卯，懿旨皇帝在弘德殿入学读书，祁寯藻、翁心存授读。丙辰，擢曾国荃江苏布政使，并令办理军务，毋庸回避。丁巳，粤匪陷黄岩。官军解镇江、徽州围。辛酉，西宁办事大臣多慧、提督成瑞以饰言撤匪投诚，并褫职议罪，寻论斩。乐斌以庇护褫职，戍新疆。壬戌，命都兴阿遣兵驻天长、六合，李世忠移军江浦、浦口，和衷共济。粤匪陷安义，旋复之。癸亥，捻匪围杞县。甲子，以倭仁所进古帝王事迹及古今臣工奏议，陈弘德殿讲肄。乙丑，僧格林沁军击捻匪大捷，贼由杞县窜通许，追剿之。戊辰，石达开窜酆都。允田兴恕请解钦差大臣，率部赴川，归骆秉章节制。命韩超筹贵州防剿事。己巳，薛焕言会英、法军剿高桥贼垒，克之。美人白齐文愿入华籍，赏四品顶戴、花翎。壬申，金陵粤匪渡江扰江浦等处。谕曾国藩、都兴阿抽调师船截击之。癸酉，多隆阿军进攻庐州。丙子，以上海泖泾陷，褫提督曾秉忠职。上海官军会英、法军剿除萧塘贼垒。命崇厚、成明督办天津海防。丁丑，复郑亲王、怡亲王世爵。谕李续宜安集皖北流亡。是月，免汀州等处被扰额赋。

三月癸未朔，捻匪窜太和。甲申，允英、法派师船往长江协同防剿。丙戌，粤匪窜上海，薛焕军击败之。戊子，贼陷青田。允郑元善请，以丁忧布政使张曜专办剿匪。庚寅，自正月以来不雨，诏修省，求直言。左宗棠复遂安。宋景诗降众叛於兰仪。壬辰，粤匪犯庐、和及江浦。甲午，胜保军进援颍州，大捷。丙申，郑元善言招回宋景诗，令带罪图效，允之。戊戌，命李续宜、郑元善帮办胜保军务。辛丑，前府尹蒋琦龄应召，陈崇正学，疏通正途，限制津贴、抽厘，筹军实等十二策。议行，惟停养廉、查陋规，以妨政体不许。诏各省举孝廉方正，务求真儒。癸卯，命沈兆霖督军赴西宁剿撒匪。乙巳，万寿节，停受贺。丙午，趣曾国藩分军援湖州。丁未，汇纂帝王政治及前史垂帘事迹书成，名《治平宝鉴》。己酉，命副都御史晏端书赴广东督办厘金，吴棠督办江北团练。命薛焕以头品顶戴充通商大臣。以李鸿章署江苏巡抚。京口副都统海全剿贼失利，死之。壬子，免回疆新旧应进贡物。是月，上躬诣大高殿祈雨者三。

四月甲寅，谕统兵大臣慎重饷糈，汰除浮费。景其濬上《历代君鉴》，上嘉纳之。乙卯，允骆秉章奏留田兴恕仍办贵州军务。丁巳，粤匪陷宜阳，寻复之。戊午，雨。鲍超军复青阳。曾国荃军复巢县、含山、和州。己未，普承尧戍军台。曾国藩等言苏绅请借英、法兵规复苏、常，断不可行。上韪其议。令李鸿章裁制华尔常胜军。粤匪李世贤窜江西，沈葆桢赴广信督办防剿。比利时请换约，谕薛焕妥酌筹办。庚申，上孝静成皇后尊谥曰孝静康慈懿昭端惠弼天抚圣成皇后。壬戌，命薛焕为全权大臣，办理比国通商事务。癸亥，贼陷汉中。乙丑，川军复青神。左宗棠解衢州、江山围。丙寅，捻首张洛行北窜，谕僧格林沁等筹防。以闽军失利，庆端讳报，切责之。戊辰，曾贞干复繁昌，鲍超复石埭、太平、泾县。上海军会英、法军平南翔贼垒，复嘉定。庚午，都兴阿击败扬州窜匪。官军复颍上。粤匪陷孝义、镇安。豫军复永宁。辛未，以叶尔羌阿奇木伯克郡王阿克拉伊都违例摊捐，擅杀回众，夺郡王，治英蕴罪。壬申，西安副都统乌兰都剿贼失利，谕官文、郑元善分兵赴陕。丙子，台湾会匪陷彰化。粤匪窜逼西安，趣官文、郑元善饬兵会剿。丁丑，上慈安皇太后、慈禧皇太后徽号，颁诏覃恩有差。戊寅，多隆阿军克庐州，匪首陈玉成遁至寿州境，苗沛霖诱擒之。命免沛霖罪。己卯，张运兰军复旌德。曾贞干军复南陵。撤回图攻巴燕戎格，沈兆霖援剿之。上海官军复青浦。庚辰，何桂清逮至京，命大学士会刑部审拟。是月，免安州等州县被水逋赋。

五月壬午朔，官军复宁波、镇海。癸未，郑元善移军汝宁。粤匪陷陕西山阳。命多隆阿督办陕西军务。甲申，雨。命吴振棫趣山西协办防剿。乙酉，命明谊速赴塔城与俄会勘地界，徐宗干剿台湾匪。丙戌，赐徐郙等一百九十三人进士及第出身有差。丁亥，以诸暨农民包立身练勇杀贼，谕左宗堂酌用之。李世忠军截剿江南援贼，大捷。己丑，广西官军复太平，刘长佑赴浔州督剿。粤匪陷渭南。壬辰，戍王履谦新疆。粤匪围温州、瑞安，谕庆端等进援，并令左宗棠兼顾。粤匪犯潼关，谕沈兆霖檄马德昭援陕。乙未，彭玉麐、曾国荃各军复太平暨芜湖城、金柱关、东梁山各隘，赏李成谋黄马褂。官军会英、法军克南桥、柘林、奉贤各城。南桥攻克时，法提督卜罗德阵没，上嘉悼之，赐祭，赏其家属珍物。丙申，粤匪窜陕州。以铜仁、石阡苗、教各匪猖獗，谕毛鸿宾、韩超会剿。戊戌，命侍郎恒祺会崇厚办理葡国通商事务。时英国拟调印度兵助剿，谕曾国藩等迅克金陵、苏、常，以杜觊觎。己亥，粤匪陷兴义，官军复霍丘。庚子，前太常寺少卿李棠阶疏请於师傅匡弼之余，预杜左右近习之渐，并讲《御批通鉴辑览》及《大学衍义》，优诏答之。辛丑，官军复台州府仙居、黄岩等六县。贼目吴建瀛等以南汇降。官军复川沙。贼陷嘉定。免直隶积欠旗租。壬寅，官军进攻雨花台。甲辰，允曾国藩议，仍以安庆为省治，设长江水师提督，驻芜湖。命恒祺为办理葡国通商全权大臣。总理各国事务衙门言法使照会，田兴恕虐害教民，命骆秉章、劳崇光查办。乙巳，陈玉成解京师，诏於中途磔之。汝州练目李瞻谋叛，官军剿灭之。丙午，李世忠军渡江克龙潭等处贼垒，进攻九洑洲，谕曾国藩节制。谕明谊按条约地图与俄剖析界务，锡霖襄办北路分界事宜。丁未，官军复陕西山阳。戊申，踞山阳贼窜郧西。戍英蕴盛京。川匪陷太平厅，窜扰陕西定远。张芾抚叛回于临潼县，被执，死之。辛亥，彭玉麐、曾国荃等军克秣陵关诸隘，进逼金陵。粤匪陷湖州，在籍福建粮道赵景贤死之。

六月壬子朔，耆龄以援浙逗留，褫职，仍留任。乙卯，谕李续宜调度淮北剿捻事，并约束苗沛霖。丙辰，僧格林沁等军克金楼贼垒。戊午，命六部、九卿再议何桂清罪。庚申，川匪陷西乡。官军复定远。李鸿章督程学启等军剿粤匪，大败之。西安、同州汉、回械斗，烧杀渭北村镇。谕分别剿抚，但辨曲直，不论汉、回。壬戌，川军复太平。癸亥，粤匪陷郧西。甲子，何桂清论斩。乙丑，直隶蝗。丙寅，粤匪由伊、洛南窜，命胜保督剿之。陕回扑西安及同州，趣雷正绾入关。戊辰，申诫统兵大臣欺饰滥保，督抚严禁州县藉灾请缓，仍复私征。庚午，贼匪陷天柱。癸酉，大学士桂良卒，赠太傅。颁廓尔喀王奖励敕书。甲戌，诏难民陷贼来归者，概予免罪。申严失守城池律。定比利时通商条约。常清等言俄人称哈萨克汗阿勒坦沙拉已属俄。谕查实酌办，令各台吉别举袭汗爵者。乙亥，严谕文煜等缉直隶马贼。谕谭廷襄赴兖、沂督剿各匪及窜捻。丙子，官军复青田。丁丑，允僧格林沁请，收抚苗沛霖。己卯，石达开窜綦江，官军大败之，遂窜珙、高等县。庚辰，趣多隆阿援西安剿回匪，毋为抚议所误，仍解散被胁良回。是月，免直隶、河南逋欠及杂粮。

秋七月壬午朔。甲申，安集延匪倭里罕入喀什噶尔卡滋扰，官军剿败之。浩罕乱，伯克迈里被杀。丁亥，命景纹调达木蒙古兵及夥尔等族番兵赴藏。己丑，以陕回惨杀汉民，促多隆阿等入关。寻谕责其迁延，令胜保分军援陕。袁甲三以病免，命李续宜为钦差大臣，督办军务。庚寅，李鸿章军克金山卫。辛卯，甘肃撒回降。安集延贼遁出卡。俄人称哈萨克、布鲁特为其国地，命常清察核，总理各国事务衙门剖理，明绪会明谊勘西界事宜。壬辰，命倭仁协办大学士。甲午，川匪陷洋县。戊戌，川军复长宁。命爱仁、王茂荫密察陕西吏治。擢知州秦聚奎大顺广道，会遮克敦布办直、东防务。己亥，以纵兵劫掠，褫总兵田在田职。庚子，沈兆霖督剿撤回，还至平番，山水暴发，卒。粤匪窜南阳，命胜保入陕督办军务，节制各军。命熙麟为陕甘总督。允冯子材请，简汰镇江军。癸卯，毛鸿宾剿黔匪连捷，谕韩超规复失地，刘长佑解散瑶人，毛鸿宾会剿黔、桂各匪。甲辰，闽军复宣平、松阳、瑞安。以庆端为福州将军，耆龄为闽浙总督。乙巳，李续宜母丧，诏夺情署安徽巡抚。丙午，彗星见西北方。中、葡商约成。命僧格林沁统豫、鲁军务，节制督抚以下，与李续宜商办安徽剿匪事宜。总理各国事务衙门请设同文馆，习外国语言文字，允之。丁未，鲍超军复宁国。官军复景宁、云和。鄂军复郧西。谕刑部清理庶狱。初，广东恩平、阳春、新兴等县土、客互斗，九年未解。至是，谕劳崇光谕止之，豫筹善后。戊申，以星变诏求直言。庚戌，林福祥、米兴朝以失守逃避处斩。谕都兴阿实核沿江厘税。云南回匪陷永昌、龙陵、腾越。是月，免江西义宁等州县逋赋芦课。

八月辛亥朔，以台州民团克复郡县，诏蠲同治元、二年钱粮。壬子，李鸿章军克青浦。申谕督抚痛除捐输、抽厘、逼勒诸弊。癸丑，准京官俸减成搭放现金。甲寅，回匪围咸阳等城，谕胜保入潼关督剿。乙卯，褫呼徵呼图克图名号及黄缰。以藏事敉平，停调番兵及川饷。诏顺直捕蝗。己未，徐之铭请阻张亮基带兵入滇。谕责其为回人挟制，不允。辛酉，谕严防陕匪句结甘回。壬戌，谕胜保分兵赴山西，英桂筹晋省防务。癸亥，谕胜保剿渭北，多隆阿剿渭南回匪，兼顾镇平。甲子，资遣林自清练众回滇。乙丑，陕回围朝邑。特普钦等言呼兰垦民日众，请设理事同知等职，议行。命傅振邦襄办谭廷襄军务。丙寅，谕各省清查流品。丁卯，李续宜给假治丧，以唐训方暂代。命福济会景纹办理藏事。命僧格林沁节制淮北军，剿抚苗、捻。辛未，陕回西窜同州，朝邑路通。逆酋洪容海诣鲍超军降，率所部克广德。壬申，北新泾围解，沪防肃清。癸酉，甘回窜凤翔。粤、捻合犯淅川，陷竹谿、竹山。甲戌，允王大臣请，停送奉移山陵，命议近支亲王恭代典礼。镇江设关征洋税。丙子，谕胜保檄马德昭军驻长武一带，防回匪窜甘。擢雷正绾陕西提督。丁丑，台湾军解嘉义围。官军复处州及缙云。命总兵黄开榜接统田在田军。戊寅，允直隶增募马勇缉马贼。官军复青谿。命耆龄专办援浙军务。己卯，山东军剿捻匪大捷。胜保奏败回匪於斜口，西安解围，匪窜渭北。谕以自便责之。命雷正绾襄办胜保军务。复浙江馀姚，广西阳朔。以粤匪窜阕乡，促郑元善军赴河、洛。

闰八月辛巳朔，庆端军复缙云。甲申，多隆阿军克荆紫关。乙酉，鄂军复竹山、竹谿。黔军复天柱、邛水。粤匪窜老河口。回匪围泾阳，饬雷正绾军进剿。西安解严。丁亥，法库门回民互斗，玉明等解散之。趣文煜、谭廷襄捕直、东界马贼。戊子，回匪复攻西安。滇匪由川窜墉坪。粤匪由阕乡窜永宁。允河南收长芦盐厘济饷。己丑，洪容海降众复叛，踞广德。辛卯，多隆阿军剿捻匪大捷，解商南围。调驻南苑吉、黑马队赴山西。壬辰，谕韩超与提督江忠义商办贵州军务，堵截林自清拥众入黔。命李棠阶为军机大臣。以德勒克多尔济等增兵巡河防。甲午，谕各省裁革州县浮费。命京控案件专责按察使讯鞫。乙未，诏荐举人才。命薛焕、李鸿章办理普国换约事宜。饬各省迅解京饷。丙申，命倭仁为大学士。谕多隆阿扼守武关。戊戌，多隆阿剿亳、颍西窜捻匪大捷，赏黄马褂。粤匪复陷慈谿，官军合英、法军复之，华尔没於阵。庚子，谕劳崇光等筹济京仓米谷，江苏等省新漕征收本色解京。张亮基劾徐之铭、岑毓英跋扈。允法将勒伯勒东留防宁波。谕潘铎安抚云南汉、回。辛丑，允袁甲三回籍，命唐训方赴临淮接办军务，马新贻暂统甲三军。曾国藩请简大臣会办军务，上不许，仍慰勉之，并传旨存问疾疫将士。谕景纶等严缉吉林教匪。壬寅，命富明阿驰赴扬州襄办都兴阿军务。癸卯，胜保请抚三原等处回匪。不许。甲辰，以刘长佑为两广总督。允田兴恕暂留贵州剿匪。乙巳，石达开窜綦江等处，官军剿击败之。回匪窜邠州、宝鸡等处。丙午，河南捻匪李如英降。戊申，石达开窜仁怀。己酉，命官文为文华殿大学士，倭仁为文渊阁大学士。

九月辛亥，孝静成皇后升祔太庙，颁诏覃恩有差。豫捻窜内乡、新野。壬子，御史刘庆请以招流亡、垦地亩课州县治绩，从之。甲寅，允沈葆桢请，挑练额兵，酌筹津贴。乙卯，以文宗奉移山陵，蠲经过州县额赋。谕文煜选良有司筹办畿辅水利。丙辰，直隶妖人王守青等编造逆书，事发伏诛。丁巳，谕郑元善、毛昶熙夹剿西南两路捻匪。曾国藩言驭苗沛霖，宜赦其罪而不资其力，韪之。戊午，广东土匪黄金笼、李植槐等倡乱，官军讨平之。趣多隆阿督所部入陕，其窜随、枣之匪，令穆图善军剿之。己未，胜保请调苗沛霖入陕助剿，不许。川匪窜宁陕，官军败之於子午谷。庚申，石达开窜桐梓。癸亥，以闽、粤、鲁省玩视军饷，予疆臣严议，并严定欠解京饷处分。甲子，粤酋李秀成大举援金陵。陈得才陷应城、孝感，官军复之。安徽军克湖沟贼巢。丙寅，僧格林沁军克亳州捻巢。陕回围凤翔。庚午，冯子材克汤冈贼巢。灵州回乱。趣李续宜赴军。壬申，回众扑同、朝，谕胜保亲往督剿，雷正绾督剿咸阳以北。癸酉，浙军复寿昌。甲戌，以勒索回商，褫库伦大臣色克通额职，戍新疆。革库伦茶票陋规。李鸿章军合英、法军复嘉定。允荷兰立约通商。乙亥，鄂军复京山。粤匪窜黄陂、黄安。谕曾国藩等选武弁在上海、宁波习外国兵法，令闽、粤等省仿行。丙子，豫军克龙井贼巢。召苏廷魁、曾望颜、刘熙载、黄彭年、朱琦等来京，仍命各省举行团练。丁丑，诏几辅行坚壁清野法。谕曾国藩等豫选将弁演习外国船炮。己卯，享太庙。

冬十月庚辰朔，川军克龙究场，匪首李永和等伏诛，赏提督胡中和黄马褂。辛巳，粤匪大股围南翔等处沪军。胜保赴潼关剿匪。癸未，湖南援军会复修仁。命劳崇光赴黔察办田兴恕杀教民案。以张凯嵩接办广西军务。丙戌，文宗显皇帝、孝德显皇后升祔奉先殿，上亲诣行礼。戊子，命瑞常协办大学士。己丑，命曹毓瑛为军机大臣。庚寅，豫军剿捻胜之，解临颍围。趣胜保赴同、朝剿匪。胜保仍请调苗沛霖赴陕，谕严斥之。官军复奉化。徐之铭言招抚兴义回匪。谕称其为滇回所制。令潘铎截回委员，毋俾之铭预黔事。辛卯，延安回匪作乱。英桂办河曲、保德团防。命李鸿章选将统常胜军，实授江苏巡抚。甘回窜逼花马池。癸巳，黔军剿败石达开，遵义围解。石达开窜仁怀。乙未，谕奉天严缉盗匪。裁故洋将华尔所部兵勇。准俄兵船在上海助剿，毋入江。定嗣后外人领兵毋易服色例。德楞额军溃于山东，诏褫职查办。丙申，宁夏军剿回失利。陕回窜清水。戊戌，命僧格林沁剿山东幅匪。己亥，江南军击退金柱关贼。庚子，谭廷襄罢。命丁忧按察使阎敬铭署山东巡抚，办理军务。癸卯，命穆腾阿襄办胜保军务。乙巳，谕刑部："今年例停句决，何桂清统兵失律，仅予斩候，已属法外之仁。兹已届期，若因停句再缓，久稽显戮，何以谢死事者暨亿万生灵，著即处决。自后如遇停句之年，情罪重大之犯，仍特奏闻取旨。"初，徐之铭委回人马联升署安义镇，回匪因踞普安城。至是，事闻。谕之铭撤回马聊升，迅查酿变情形具奏。

十一月己酉朔，日有食之。以沈宏富署贵州提督，接办田兴恕军务。庚戌，擢长沙知府丁宝桢署山东按察使。壬子，郑元善以废弛，降道员。命张之万署河南巡抚。谕毛昶熙裁所部兵勇。台湾会匪陷斗六门。甲寅，褫黄彬职，撤其帮办，命吴全美接统水师，归曾国藩、都兴阿节制。丙辰，翁心存卒，赠太保。曾国荃军剿金陵援贼大捷，赏国荃及萧孚泗黄马褂。戊午，官军合英、法军复上虞、嵊、新昌。己未，彭蕴章卒。庚申，金陵粤匪窜扰高资，冯子材军击退之。壬戌，胜保坐骄恣欺罔，褫职逮问。谕直隶举行保甲。谕瑞麟严缉热河匪徒。癸亥，秦聚奎剿匪冠县没於阵。九洑洲贼复陷和州、含山、巢县。乙丑，宣示胜保罪状，籍其赀，赏所部兵勇。授多隆阿钦差大臣，接统胜保所部各军。丙寅，川匪陷佛坪，官军复之。川匪复陷略阳。己巳，粤匪窜陷祁门。平罗回匪乱。辛未，阎敬铭请终制，不允。乙亥，山东降众叛，陷濮州。命张亮基以总督衔署贵州巡抚，兼署提督，撤署巡抚韩超、署提督田兴恕任，候查办。丙子，石达开陷筠连。川匪陷两当，旋复之。丁丑，法使以教士被戕，责田兴恕抵偿，不许。

十二月戊寅朔，谕江、浙等处被贼胁从，诚心归顺者，无论从贼久暂，均许投诚。谕曾国藩、唐训方分军驻正阳关、寿州。庚辰，白齐文有罪褫顶带，逮治之。辛巳，多隆阿破回匪于同州。壬午，命荆州副都统萨萨布赴直、鲁剿贼。癸未，江南军复绩溪、祁门。鲍超丁母忧，命改为署职，仍留营。官军复濮州。乙酉，左宗棠军复严州。丙戌，命雷正绾办多隆阿军务，将军穆腾阿会瑛棨办理省城防守事宜。丁亥，谕左宗棠等保举湘籍人才。广西匪陷西宁。戊子，回匪陷泾阳。宋景诗叛於山西。调阿拉善、鄂尔多斯蒙部兵助剿宁夏平罗回匪。申谕举孝廉方正。粤匪窜平利。河州回匪肆扰，恩麟剿之。允普鲁士换约。滇匪陷景东。改令席宝田军援江西。谕江忠义节制援桂各军。山东窜匪扰冀州、枣强，谕文煜等合剿。甲午，广东举人桂文灿进《经学业书》，诏嘉勉。丙申，官军复新宁，复霍丘。石达开再陷高县，旋复之。丁酉，命侍郎崇厚帮办直隶防剿。召刘长佑来京，命晏端书、晁寿商办广东军务。戊戌，粤匪由郧阳窜兴安，谕多隆阿等会剿。庚子，贼目骆国忠等以常熟、昭文降。壬寅，谕穆腾阿、瑛棨办理西安防剿，多隆阿兼顾省防。甘匪窜陷陇州，知州邵辅死之。癸卯，召薛焕来京，以李鸿章暂署通商大臣。甲辰，贼匪窜永年、邯郸等处，以迁延贻误褫文煜、遮克敦布职，并遣戍。以刘长佑为直隶总督，晏端书署两广总督。谕提督宝山接办直、东交界事务。乙巳，祫祭太庙。丙午，粤匪复窜宁陕。丁未，粤匪围兴安，分窜汉中。是月，免四川荣昌等县、福建瓯宁等县被扰额赋，江南湖滩积欠地租。

是岁，朝鲜、琉球入贡。

二年癸亥春正月戊申朔，免朝贺。授张之万河南巡抚。辛亥，予绍兴伤亡洋将勒伯勒东优恤。甲寅，诏曾国藩、都兴阿等举堪胜水师总兵者。匪陷武邑，官军旋复之。广西军复莲塘。戊午，粤匪陷兴安府、镇两城。陕西回匪窜鄠县，从瑛棨请，留马德昭办省防。丙寅，鲍超等军复青阳。戊辰，命李桓赴陕，接办汉南军务。庚午，瞻对酋纠德尔格忒土司扰巴塘、里塘。辛未，畿南窜匪平。甲戌，以凤翔困守半年，诏责瑛棨贻误，趣雷正绾驰救解围。

二月丁丑朔，左宗棠军复金华、汤溪、龙游、兰豁。戊寅，以李鸿章言，谕两湖用漕折购米运京，免其税。庚辰，李秀成等渡江北犯，官军击败之。川军剿石达开，破之。贵州回匪陷安南、兴义。辛巳，吉林军败朝阳流匪於兴凯湖，谕毋令窜入俄界。多隆阿剿回匪大捷，克羌白镇等贼巢。壬午，陕西团勇复兴安。粤匪窜汉阴、紫阳。李世忠请褫职赎胜保罪，不许。粤匪窜陷褒城，旋复之。癸未，复永康、武义。乙酉，谭廷襄赴东昌剿匪。丁亥，左宗棠移军兰豁。东阳、义乌、浦江踞贼均遁。己丑，僧格林沁军克雉河集贼巢，捻首张洛行伏诛。得旨嘉奖，仍以亲王世袭罔替。免蒙、亳等属钱漕二年。庚寅，宁夏平罗回匪投诚。辛卯，以庆昀为宁夏将军。癸巳，畿南匪张锡珠窜大名，以崇厚失机切责之，趣刘长佑赴直隶。冯子材败贼於镇江。乙未，左宗棠军复绍兴、桐庐。丙申，满庆等剿办瞻对逆匪。黄国瑞军克郯城县长城匪巢。以追贼迟延，褫崇厚职，留任。东匪窜曲周、平乡。庚子，谕恩麟等，甘肃回匪毋轻议抚。壬寅，允平瑞请，垦乌鲁木齐等处闲荒马厂，升科济饷，以屯田之地，分给屯兵。癸卯，粤匪陷江浦。广东匪踞信宜，晁寿剿之。甲辰，浙东肃清，蠲新复各府州县钱漕二年。乙巳，趣阎敬铭赴东昌办理军务。回匪马化龙纠党围灵州，旋赴固原投诚。石达开由滇窜叙永。丙午，诏疆臣慎选牧令，薄赋轻徭，删除烦苛，与民更始。是月，免青神兵扰二年逋赋。

三月戊申，申禁河南豫征钱粮。辛亥，命崇厚回三口通商大臣任。壬子，命刘长佑节制直隶诸军。谕沈葆桢办交涉当持平，毋令绅民生衅。癸丑，谕曾国藩统筹江北军务。乙卯，陕南粤匪陷紫阳，旋复之。云南迤西逆匪犯昆明，潘铎死之。以贾洪诏为云南巡抚。丙辰，李鸿章军克福山口。命英将戈登约束常胜军。丁巳，捻匪陷麻城，戊午，逼武昌省垣。饬楚、豫合军攻剿。己未，蠲浙江西安钱粮二年。庚申，丹国遣使拉斯那弗议立商约。洋将达耳第福阵亡，优恤。回匪围平凉。以甘肃剿贼迁延，褫署提督定安职，逮问。甲子，耆龄迁福州将军。以左宗棠为闽浙总督，节制两省军务。以曾国荃为浙江巡抚，仍统兵规金陵，宗棠兼署之。停福建本年例贡。乙丑，命王大臣覆核胜保情罪。宁国粤匪窜东流、建德。予秦儒毛亨、明儒吕柟从祀文庙。丙寅，蒙城捻首贾文彬伏诛。陕南粤匪陷沔县。贵州总兵罗孝连军复定番、长寨、独山、荔波。丁卯，曾国藩以失守江浦等城镌级，褫李世忠帮办。实授吴棠漕运总督，仍节制江北军务。谕拊循江北难民。己巳，万寿节，停受贺。庚午，苗沛霖复叛。官文等截剿蕲州窜贼。癸酉，褫徐之铭职，逮问。予潘铎世职。以雨泽稀少，诏清理庶狱。甲戌，命福济、景纹查办西藏启衅事。乙亥，李鸿章军复太仓。隆德回匪乱。黄国瑞军平沂州棍匪。丙子，诏察恤陕、甘殉难被害良善回众，寻诏云南亦如之。是月，上连诣大高殿祈雨。

夏四月戊寅，御史吴台寿以疏奏袒胜保，褫职。苗沛霖陷怀远。山东匪刘得培踞淄川。己卯，官军剿畿南匪，张锡珠等窜高唐，寻伏诛。庚辰，粤、捻各匪窜扰庐江、桐、舒及黄州。谕曾国藩驻守安庆，勿撤金陵之围。壬午，多隆阿军克孝义匪巢。饬刘蓉统军援陕。免浙江被陷各地额粮。甲申，苗沛霖围寿州、六安，趣僧格林沁讨之。粤匪踞太平、石埭，左宗棠、沈葆桢会防。多隆阿军克仓头匪巢，陕东肃清。苗沛霖陷颍上，犯蒙城。命刘长佑督办直、鲁、豫交界剿匪事务。乙酉，刘典军复黟县。命侍郎薛焕在总理各国事务衙门办事。戊子，允英桂回驻太原。庚寅，刘长佑言匪首杨明岭等投诚。甘肃回匪陷盐茶，犯静宁，马德昭赴庆阳进剿。壬辰，赣军败贼祁门，逆酋胡鼎文伏诛。癸巳，李续宜请开署缺，允之。以唐训方为安徽巡抚。李鸿章遣程学启等军薄崑山。泾州军击回匪，胜之。甲午，礼部议定先贤、先儒祀典位次，颁行各省。乙未，开垦直隶新城一带稻田。阎敬铭赴淄川督剿。捻匪回窜河南，总兵余际昌等死之，命张曜接统其军。丁酉，以皖匪纷窜江、鄂，安庆可虞，诏曾国藩措拄艰难，倍加谨慎。左宗棠军复黟县。以劳崇光为云贵总督。逮治田兴恕以谢法人。庚子，粤、捻各匪犯凤台、定远，官军击退之。辛丑，赐翁曾源等二百人进士及第出身有差。停四川亩捐。癸卯，程学启等军复崑山、新阳。官军败贼酋李秀成於石涧埠。乙巳，回匪复犯西安，击退之。是月，连祈雨。免太仓等州县额赋。

五月戊申，苗沛霖围蒙城。己酉，鲍超军复巢县。庚戌，赏郎中李云麟京卿，节制汉南防兵及川省援兵。壬子，粤、捻合犯天长，官军击败之。甲寅，命江忠义统军援江西。丁巳，邹县教匪平，获匪首刘双印。粤匪陷古州。戊午，俄兵入科布多境，执台吉。壬戌，雨。癸亥，粤匪扰富阳，官军击退之，总兵熊建益等阵没。官军援平凉失利，趣多隆阿分军速援。乙丑，宁夏抚回再叛。鲍超军复克巢、和、含山。召晏端书来京，以毛鸿宾为两广总督，恽世临为湖南巡抚。予明臣方孝孺从祀文庙。戊辰，谕购置轮船归曾国藩、李鸿章节制。己巳，曾国藩为弟国荃辞浙江巡抚，上褒勉，不允所辞。西宁回勾结撒匪攻丹噶尔厅。惠远回匪乱，官军捕诛之。定丹国通商条约。壬申，彭玉麟等军复江浦、浦口及九洑洲。乙亥，广西军复浔州。

六月丙子朔，黔军复普安、安南。丁丑，命明谊赴塔城会明绪等办分界事。戊寅，诏曾国藩、左宗棠等议减江苏常、镇，浙江杭、嘉、湖属漕粮。庚辰，以复城池功，赏李朝斌等及宋国永等黄马褂。停陕西例贡。丁亥，川军剿贼於大渡河，获石达开，诛之。晋骆秉章太子太保衔，擢总兵唐友耕提督。辛卯，平罗回众复叛。瓦亭回匪围隆德，击退之。河决开州、考城、菏泽。甲午，苗沛霖陷寿州，知州毛维翼死之。乙未，陕军复宁羌。己亥，以俄人强占住牧，趣常清等定界，劝俄兵撤回，抚绥求内附之哈萨克、布鲁特。壬寅，官军复淄川，获刘得培等诛之。甲辰，宝庆土匪平。命四川布政使刘蓉督办汉南军务。是月，免福建顺昌等县属被扰额赋，江西义宁等州县属逋赋杂课。

秋七月乙巳，苗沛霖逼临淮，唐训方击之。丙午，李鸿章军复吴江、震泽。豫军克张冈匪巢。瑛棨有罪，褫职。命刘蓉为陕西巡抚，张集馨署之。甲寅，命李鸿章暂兼南洋通商大臣。戊午，黔军复古州。辛酉，袁甲三卒於军。壬戌，赐胜保自尽。甲子，官军克沙窝等处匪巢。允江北漕米仍征折色。乙丑，命刘蓉并节制湖北援军。丁卯，官军击退狼山苗众，蒙城路通。命崇厚为全权大臣，办理荷兰通商条约。滇回陷平彝，岑毓英军复之。癸酉，命明谊等会同俄使办分界诸务。山东白莲池教匪平。文煜予释。捻匪逼开封。是月，免都匀等府厅州县属被扰新旧额赋，并凤凰等厅县滩地积欠租银。

八月丙子，程学启等军大破贼於太湖、枫泾等处，进逼苏州。丁丑，陕西曹克忠军克附省等处贼巢。戊寅，西宁、狄道、河州汉、回互斗。哈萨克勾结俄兵扰伊犁。趣四川何胜必军援甘。庚辰，皖军克长淮卫。辛巳，以畏葸褫马德昭职。多隆阿军抵西安，渭南肃清。命陈国瑞帮办吴棠军务。丙戌，苏军克江阴。丁亥，戍瑛棨新疆。都兴阿遣军援临淮。己丑，以剿办台湾贼匪调度乖方，褫吴鸿源职，逮问。辛卯，李鸿章赴江阴督剿。谕陈国瑞援蒙城。调善庆部马队援临淮。熙麟遣军援平凉。乙未，允多隆阿请，以曹克忠补河州总兵，并令嗣后提镇缺勿擅请简。宋景诗窜开州。命张集馨会穆腾阿筹办西安防守。丁酉，黔军克桐梓贼巢。普安陷，旋复之。命刘蓉节制毛震寿、李云麟各军。调乌鲁木齐、阿克苏兵助伊犁军御俄。允哈萨克绰坦承袭汗爵。己亥，趣林文察渡台剿匪。庚子，回匪陷平凉。辛丑，阎敬铭移军东昌。定荷兰换约。刘长佑赴景州督剿。是月，免沁州等州厅县属逋赋。

九月乙巳朔，命马德昭赴庆阳营。沈葆桢乞病，慰留给假。戊申，允李鸿章调知县丁日昌来沪督制火器。石泉知县陆堃联团剿贼，诏嘉之。庚戌，浙军克富阳。辛亥，粤军克广海寨城。癸丑，谕僧格林沁以炮队赴蒙城助剿。甲寅，粤匪陷城固。捻首张总愚等由汝州南窜。乙卯，多隆阿军复高陵。丙辰，穆隆阿以覆奏失宝褫职。调多隆阿为西安将军。以富明阿为荆州将军。辛酉，多隆阿军克苏家沟、渭城贼巢。甲子，粤匪陷会同、绥宁，旋复之。陕西兵团复沔县。乙丑，李秀成援无锡，程学启等击退之。己巳，僧格林沁剿宋景诗股匪悉平。景诗遁。以援陕川军败，褫提督萧庆高职，留营。以汉中失事，褫布政使毛震寿职。谕刘长佑、阎敬铭办直、鲁善后。庚午，御史马元瑞条陈薄赋税、慎讼狱、善拊循、勤晓谕四事，如所请行。是月，免直隶沧州等州县，山东海丰等场未完灶课。

冬十月乙亥，阎敬铭请终制，不许。官军获直、东股匪朱登峰等，悉诛之。丙子，捻首张总愚由鲁山、南召南窜。己卯，陶茂林军解凤翔围，实授茂林甘肃提督。命丁忧总兵成禄留营。撤退李泰国，以赫德办理总税务司。辛巳，粤匪窜龙胜，总兵胡元昌死之。甲申，谕骆秉章分军剿瞻对，疏通藏路。谕阻法教士入藏传教。丁亥，朝阳余匪窜扰昌图。诏臣工力求节俭。趣贾洪诏赴昭通。以捐备马匹赏扎萨克台吉明珠尔多尔济贝子衔。戊子，李云麟军失利，粤匪陷陕西山阳。张总愚窜邓州。赖、曹诸酋窜凤县、两当。庚寅，左宗棠军击败杭州、馀杭踞贼。壬辰，蓝逆陷盩厔。癸巳，上释服逾期，祁寯藻、倭仁、李鸿藻请黜浮靡以固圣德。懿旨："屏斥玩好游观兴作诸务，祁寯藻等其各朝夕纳诲，养成令德，以端治本而懋躬行。"逆酋古隆贤就抚，收复石埭、太平、旌德。曾国荃等军复秣陵关。丙申，桂军复容县。丁酉，程学启等军攻克浒墅关。己亥，官军剿昌图匪失机，谕责玉明讳饰。辛丑，英桂迁福州将军，以沈桂芬署山西巡抚。癸卯，李秀成援苏州，李鹤章等军击败之。命富明阿帮办僧格林沁军务。是月，免广西永安等州厅县被扰新旧额赋。

十一月丙午，奉天匪窜吉林，玉明等会剿。皖军复怀远及蚌埠。丁未，僧格林沁督诸军攻剿苗沛霖，诛之。李鸿章督军复苏州，粤酋郜云官等降。加鸿章太子少保衔，程学启世职，并赏黄马褂。戊申，逆酋杨友清等以高淳、宁国、建平、溧水降。李云麟等复山阳。粤军复信宜。己酉，刘典等军复昌化。庚戌，蓝逆窜商南。癸丑，张总愚窜淅川。甲寅，僧格林沁军复下蔡、寿州。丙辰，李鸿章诛郜云官等，遣散降众。丁巳，李鹤章军克无锡、金匮。庚申，李续宜卒。丘县匪张本功等纠众抗粮，捕诛之。实授阎敬铭山东巡抚。沂阳回众降。壬戌，官军复颍上、正阳。癸亥，马化龙陷宁夏、灵州。论平苗逆功，复李世忠职。曾国荃军克淳化等隘，进驻孝陵。丙寅，官军克嘉善张泾汇。丁卯，逆回围宁夏满城。庚午，苏军复平湖。贼目以乍浦、嘉善降。是月，免山东泗水等州县灾扰钱粮，直隶武清等州县被灾额赋。赈吉林打牲乌拉灾。

十二月丁丑，提督江忠义卒於江西军次。庚辰，苏军克平望。辛巳，唐训方罢，以乔松年为安徽巡抚。戊子，以唐友耕为云南提督，令赴昭通。辛卯，谭廷襄言统筹黄河下游地势，请浚支渠以减涨水，培土埝以卫民田。谕刘长佑、阎敬铭会同筹办。癸巳，陕回、粤匪纷窜甘境。甲午，允苏、松、太漕粮减价折征。乙未，上御抚辰殿大幄，赐蒙古王公宴，赏赉有差。每岁皆如之。复彰化，台湾两路贼平。丙申，翁同书加恩遣戍。命左宗棠剔除浙东地丁积弊。饬陕、鄂、川会剿汉南逆匪。是月，免山东、陕西被扰州县新旧额赋，并孝义等厅县仓粮。

是岁，朝鲜入贡。

三年甲子春正月癸卯朔，上率王大臣庆贺两宫皇太后，礼成，御太和殿受朝。自是每岁皆如之。甲辰，李鸿章军击常州援贼於奔牛镇，大捷。丙午，凤翔回民乞抚，许之。商南匪窜郧西。调湖北石清吉军赴陕。援陕川军失利於青石关。庚戌，河南捻匪窜随州。癸丑，豫军剿张总愚於赵庄山口，失利。己未，官军复修文及册亨。庚申，调直、晋兵援宁夏。谕阿拉善旗禁蒙民与回匪勾结。甲子，李世贤窜绩溪。丙寅，命都兴阿赴绥远会办防务。富明阿赴扬州接办军务。己巳，浙军复海宁。彰化匪首戴万生伏诛。粤匪窜石泉、汉阴、宁陕。是月，免安州等处歉收逋赋。

二月壬申朔，官军复汉中留坝。黔军复龙里。乙亥，粤匪窜广信、建昌。庚辰，宁夏回匪犯中卫等处，熙麟分兵援之。壬午，广东三山土匪平。癸未，粤匪陷镇安，旋复之。丁亥，多隆阿围盩厔久未下，切责之。停山东亩捐，从阎敬铭请也。戊子，桂军克苍梧等县。庚寅，曾国荃等军克钟山石垒，合围金陵。蒋益澧军复桐乡。粤匪逼闽境，张运兰军援之。壬辰，豫军克息县、光州贼寨。甲午，粤匪窜广丰、弋阳。庚子，陕南匪窜内乡。

三月壬寅，程学启等军克嘉兴。赣军复金谿。江南军复溧阳。陕军克盩厔，多隆阿以伤赐假，穆图善暂督军务。雷正绾等军进剿逆回。川匪蓝二顺窜洵阳。丙午，僧格林沁统全军赴豫，进至许州。江南军复广德。嘉义匪首林赣晟伏诛。己酉，戈登攻金坛受创，命慰问。岑毓英等军克他郎、镇沅。庚戌，命多隆阿督办陕、甘军务。壬子，蒋益澧各军克复杭州及馀杭。加左宗棠太子少保衔，赏益澧黄马褂，寻予世职。甲寅，免杭、嘉新复各地钱粮二年。命穆图善帮办多隆阿军务，暂署钦差大臣。川军攻松潘匪，复叠溪营城。丁巳，滇军复景东、元谋及楚雄。癸亥，赣匪窜福建。乙丑，逆首蓝大顺伏诛。丙寅，浙军复武康、德清、石门。谕左宗棠收养杭州难民。己巳，提督程学启卒於军。庚午，张总愚窜镇平。甘肃回匪马三娃陷赤金堡，官军剿平之。是月，免贵州各府厅州县被扰逋赋。

夏四月辛未朔，日有食之。壬申，鲍超军复句容。丙子，命都兴阿赴定边接统讷钦所部各军，进剿宁灵踞匪。丁丑，李世贤等窜江西。鲍超军复金坛。捻、粤各匪合窜枣阳。陕南匪窜河南，陷荆子关。戊寅，湘军会复古州。辛巳，核减绍兴浮收钱粮，著为永例。甲申，李鸿章督军克常州。冯子材等军复丹阳。以故朝鲜王李昪世子㷩袭爵，命侍郎阜保、副都统文谦往封。丙戌，以侍郎薛焕、通政使王拯互讦，均予降调，并申诫臣工。官文赴安陆督师，严树森办省城防守。庚寅，多隆阿卒於军。命都兴阿督办甘肃军务，雷正绾帮办之。辛卯，赣军解玉山围。癸巳，严树森以官文劾降，以吴昌寿为湖北巡抚，唐训方署之。命杨岳斌督办江西、皖南军务。辛卯，僧格林沁会楚军剿粤、捻於随州，大败之。丁酉，以江防下游肃清，裁汰师船，并弛封江之禁。戊戌，粤匪陷弋阳。陕南粤逆窜德安府，僧格林沁军追剿之。己亥，申诫统兵大臣奏报粉饰。是月，免武进、阳湖本年额赋。

五月庚子朔，黔匪陷长寨、定番、广顺，旋复之。甲辰，粤匪窜天门、应城、德安、随州。乙巳，粤匪陷宁化，旋复之。熙麟病免，以杨岳斌为陕甘总督，都兴阿署之。丁未，允日斯巴尼亚立约通商，命薛焕、崇厚充全权大臣，妥为办理。谕李鸿章拨劲旅助攻金陵。己酉，李世贤犯抚州，官军击走之，复弋阳。赏戈登黄马褂、花翎，并提督章服，汰留常胜军，撤遣外国兵官。辛亥，官军复都江、上江等城。粤匪窜逼西安。癸丑，褫刘蓉、李云麟职，留任。命穆图善留西安会筹防剿。黔匪窜秀山。戊午，鲍超乞假葬亲，诏慰留。李世贤陷宜黄、崇仁，南昌戒严。庚申，回匪陷狄道，旋复之。壬戌，粤匪窜黄陂，官文移军孝感。癸亥，懿旨瑞常、宝鋆、载龄、单懋谦、徐桐轮直进讲《治平宝鉴》。粤匪再陷建宁、宁化，旋复之。丁卯，雷正绾军复平凉。戊辰，谕疆吏不分畛域，会缉边匪。命李恒嵩、刘郇膏与丹使璧勒在上海换约。己巳，桂军克贵县贼巢，浔州肃清。

六月壬申，申诫各部院大臣毋得仍前泄沓。癸酉，粤匪窜麻城、黄冈。丁丑，雨。苏军复长兴。黔军复普安。马如龙、岑毓英各军剿迤西回匪，复中甸、维西、思茅、威远及石膏井等贼巢。戊寅，库车汉、回乱，办事大臣文艺、回子郡王爱默特死之。安置哈萨克众于斋桑淖尔东南。戊子，赣军克贵溪贼垒。曾国荃军克金陵外城。辛卯，雨。回匪陷布古尔、库尔勒。谕撤讷钦等军。癸巳，浙军复孝丰。戊戌，官军克复江宁，洪秀全先自尽，其子福瑱遁，获贼酋洪仁达、李秀成，江南平。遣醇郡王诣文宗几筵代祭告。上诣两宫贺捷。论功，晋封曾国藩一等侯；曾国荃一等伯，加太子少保衔；提督李臣典一等子，赏黄马褂；萧孚泗一等男：均赏双眼花翎。按察使刘连捷等赏世职，升叙有差。命戮洪秀全尸，传首各省。论各路剿贼功，封僧格林沁子伯彦讷谟祜为贝勒，官文一等伯，李鸿章一等伯，骆秉章一等轻车都尉，均赏双眼花翎，加杨岳斌、彭玉麐太子少保，并鲍超均一等轻车都尉，都兴阿、富明阿、冯子材骑都尉，魁玉云骑尉。回逆陷喀喇沙尔，办事大臣依奇哩等均死之。是月，免福建建宁等县属被扰逋赋。

秋七月庚子，以江南平论功，晋封议政王恭亲王子载澂贝勒，载濬不入八分辅国公，载滢不入八分镇国公，加军机大臣文祥太子太保衔，宝鋆，李棠阶太子少保衔，加恩宗亲及御前大臣、内务府大臣，余赉录有差。辛丑，以岁逢甲子，诏停句情实人犯。谕："江南新复，民生雕敝，有司招徕抚恤之。其军务未靖诸省，统兵大臣、督抚等须激厉将士，奋勉图效。"俄兵入科布多卡伦，执委员及扎萨克。壬寅，禁宗室、觉罗潜住外城。甲辰，追论附苗沛霖罪，总兵博崇武等戍新疆，按察使张学醇戍军台。粤匪窜踞罗田。桂匪陷归顺。己酉，诏修明太祖陵。裁江北厘金。复两淮鹾务。庚戌，实授沈桂芬山西巡抚。以郑敦谨为河东河道总督。辛亥，丹国换约成。壬子，洪仁达、李秀成伏诛。汪海洋窜踞许湾。癸丑，洪福瑱入湖州。盐茶、固原回匪复叛，北窜宁灵，扰中卫、靖远，撒回勾结陷循化厅，吐鲁番属托克逊汉、回亦变乱。甲寅，户部侍郎吴廷栋言金陵告捷，请益加敬惧，嘉纳之。丁巳，以广西道梗，止越南入贡。奇台汉、回作乱，古城、乌鲁木齐同时不靖。文光等军进援库车，失利，覆於乌沙塔克拉，死之。庚申，狄、河回匪结撒回扰河州。赣军复崇仁、东乡。辛酉，复金谿。壬戌，祁寯藻因病乞休，命仍以大学士衔直弘德殿。官军获昌图盗匪刘发好等，诛之。癸亥，复郑亲王、怡亲王袭爵。录已故诸臣功，予胡林翼一等轻车都尉，李续宾二等轻车都尉，塔齐布、张国樑、江忠源、程学启三等轻车都尉，加赏江忠济、罗泽南、多隆阿、曾国华一云骑尉。赣军复宜黄，甲子，克许湾。乙丑，僧格林沁败贼麻城。曾国荃乞病，温谕止之。李臣典以伤卒於军。是月，免江苏、安徽各属被扰逋赋。

八月己巳朔，定诸王位次，著为令。赣军复南丰。庚午，乌鲁木齐参将反，提督业普沖额死之。伊犁危急，调塔尔巴哈台喀尔喀蒙兵援之。谕刘蓉专办陕西军务，穆图善统所部赴甘，与雷正绾筹办军务。趣杨岳斌即赴陕甘任。辛未，谕张集馨赴固原、盐茶办抚回事宜。癸酉，苏、浙官军会克湖州及安吉。乙亥，赣军复新城，陈炳文降。辛巳，官军复广德。赏郭松林世职，杨鼎勋、周盛波黄马褂。贵县匪平。擢刘铭传为直隶提督。壬午，回匪陷古城汉城。癸未，雷正绾军克张家川贼巢。甲申，僧格林沁剿罗山窜贼失利，都统舒通额等死之。丁亥，云南巡抚贾洪诏以藉病规避，褫职。己丑，调土谢图汗、车臣汗蒙兵赴乌鲁木齐等处助剿。壬辰，浙军追贼於昌化、淳安，擒贼酋黄文金等诛之。以林鸿年为云南巡抚。癸巳，诏新疆各路大臣分别剿抚。以回郡王伯锡尔联络各城杀贼，嘉奖之。库尔喀喇乌苏等处回匪乱，官军失利。甲午，命麟兴办乌里雅苏台立界事宜。乙未，僧格林沁剿贼失利，总兵巴扬阿等死之。丙申，雷正绾攻莲花城不利，回匪复陷固原。丁酉，河、狄回匪窜犯兰州及金县。

九月己亥朔，刘铭传各军击败宁国等处窜匪。庚子，赣军复雩都。以李云麟乞病规避，褫职，撤所统陇军。壬寅，曾国荃以疾乞免，允之。命马新贻为浙江巡抚，留办安庆防守事宜。癸卯，命穆图善帮办都兴阿军务。甲辰，杨岳斌乞病，温谕止之。李世贤犯南安，官军击走之。乙巳，回匪陷叶尔羌，署参赞奎栋死之，喀什噶尔、英吉沙尔武弁同叛。己酉，西宁回众降。庚戌，张家川回匪犯庆阳。辛亥，赣贼窜南雄。壬子，粤匪陷开化，窜江西。黄、麻匪窜商城。乙卯，日斯巴尼亚换约。丙辰，谕内务府力求撙节。命札克通阿署哈密大臣。丁巳，西宁回匪复叛。戊午，粤匪蔡得荣等窜陷阶州。庚申，诏修曲阜圣庙及各省学宫。辛酉，修浙江海塘。甲子，捻匪窜蕲水，鄂军失利，总兵石清吉死之。乙丑，俄兵阑入阿尔泰淖尔。丁卯，沈桂芬请筹费移屯以恤旗民。

冬十月戊辰朔，允杨岳斌回籍省亲，并募勇赴甘。命刑部尚书绵森、户部侍郎吴廷栋往治察哈尔狱。己巳，改乌鲁木齐提督文祥名为文祺。辛未，褫将军常清职，命明绪代之，以联捷为参赞大臣。命武隆阿统援救乌鲁木齐各军，节制领队大臣以下。壬申，鲍超军击贼大捷，赏双眼花翎。席宝田军获贼酋洪仁玕等。皖南北肃清。乙亥，回匪陷乌鲁木齐满城及绥来，都统平瑞等死之。哈密汉、回乱。命保恒署乌鲁木齐都统，李鸿章署两江总督，吴棠署江苏巡抚，富明阿署漕运总督。戊寅，获洪福瑱於石城，诛之。赏沈葆桢一等轻车都尉。封鲍超一等子。论恢复全浙功，封左宗棠一等伯，赏蒋益澧骑都尉。粤匪陷瑞金，旋复之。

庚辰，粤匪陷漳州、龙岩、南靖、武平，按察使张运兰等死之。刘蓉分军守邠州等处。乙酉，明谊与俄使换分界约，科布多城卡外蒙古，阿尔泰淖尔乌梁海均属俄。给鲍超假，所部宋国永等军援闽，归左宗棠节制。丁亥，雷正绾军克莲花城，赏曹克忠黄马褂。僧格林沁剿贼大捷，赏郭宝昌等黄马褂，贼首马融和以众降。己丑，四川援军复仁怀。庚寅，粤匪陷平和。辛卯，陷嘉应、大埔。丙寅，谕曾国藩仍驻金陵，李鸿章等回本任。是月，免河南信阳等处被扰额赋，浙江西安等县逋赋。

十一月己亥，豁江宁所属粮赋三年。壬寅，回匪陷河州。癸卯，筑濮州金堤。乙巳，文祺、伯锡尔剿平哈密回。己酉，免江苏历年州县摊赔银两，永禁派摊名目。壬子，沈葆桢请饬援闽，兼防贼回窜。甲寅，粤军复武平，命闽、浙、赣军会剿，毋纵入海。回匪陷阿克苏、乌什，办事大臣富珠哩、文兴等死之。癸亥，僧格林沁击襄、枣窜匪不利，发、捻各匪遂窜邓州。甲子，谕饬刘连捷、刘铭传各军前进，归僧格林沁调遣。乙丑，雷正绾等军剿败固原回匪。丙寅，文祺等剿巴里坤回匪，平之。回匪陷库尔喀喇乌苏，伊犁戒严。丁卯，满庆言汪曲结布卒，请赏青饶汪曲诺们罕名号，协理西藏商上事务，允之。是月，免江苏上元等县被扰逋赋。

十二月戊辰朔，闽军剿漳州匪失利，林文察等死之。己巳，命吴棠仍兼管江北事务。庚午，肇庆客匪平。都兴阿等军克清水堡。甲戌，停河南例贡枣实。筑浙江海塘。乙亥，回匪陷金县。曹克忠军克盐关。戊寅，伊犁官军败绩，领队大臣托克托奈等死之。允明绪请借俄兵助剿。己卯，济木萨官军失利。庚辰，予诸暨义民包立身等优恤。允吴棠请，试行河运。乙酉，陶茂林军复金县。丙戌，戍李元度军台。己丑，僧格林沁移军宝丰剿贼，胜之。甲午，官军剿回匪大捷，伊犁解围，赏明绪黄马褂。是月，免浙江瑞安被扰逋赋，江苏太仓等州厅县，淮安等卫被扰灾赋。

是岁，朝鲜、琉球入贡。

四年乙丑春正月丁酉朔，官军克静宁贼巢。回匪陷古城汉城。庚子，巴彦岱城被围，官军不利。释陈孚恩、乐斌，命襄办伊犁兵饷事。壬寅，从曾国藩请，调刘铭传军赴闽，鲍超募川军赴甘。追予死事道员何桂珍、知州刘腾鸿、游击毕金科谥。甲辰，乌鲁木齐提督文祺卒于巴里坤。回匪陷木垒等处。丁未，张集馨以罪褫职。复已革提督马德昭原官。平、固回匪窜扰灵台及汧阳、陇州。戊申，命伯锡尔署哈密帮办大臣。辛亥，台湾会匪平。甲寅，粤匪陷永定、云霄。丙辰，复设淮扬河务兵备道，改设徐海河务兵备道。丁巳，粤、捻并窜鲁山，护军统领恒龄等死之。癸亥，回匪陷济木萨。甲子，黔匪陷定番，旋复之，又陷黔西。乙丑，回匪窜永昌。

二月辛未，以蒙兵援古城，战不利，谕撤已调各兵均回旗。壬申，陕军败回匪於醴泉，命胡中和总统进剿。戊寅，以云南临安官绅不附回逆，谕嘉之。己卯，允沈葆桢假归省。癸未，以直隶诸省雷雹灾异，诏修省。雷正绾军复克固原等处。贵州参将曹元兴谋逆，伏诛。甲申，长阳土匪平。丙戌，复永定、龙岩。武隆额等军援巴彦岱城，失利。己丑，黔西匪陷大定。苗匪陷天柱、古州。以马如龙、岑毓英肃清曲靖、寻甸，擒斩逆首马联陞等，奖叙有差。癸巳，福建官军剿李世贤、汪海洋各股於古田、漳州，大捷。

三月丁酉，以田兴恕玩视军务，惨杀教民，遣戍新疆。辛丑，陶茂林剿平郭家驿等处回匪。谕僧格林沁"驻军指挥调度，勿轻临前敌，致蹈危机"。壬寅，恭亲王罢军机，撤议政。命文祥等办总理各国事务衙门事宜。粤匪陷诏安，知县赵人成死之。癸卯，凉州回众叛，剿平之。允英、法在江宁通商。命鲍超筹备西征，准专奏。惇亲王言恭亲王被参不实，下王公、大学士等详议以闻。乙巳，塔城回乱。锡霖乞病，罢之，命赴伊犁，由明绪调遣。提督谭胜达以克扣勇粮褫职，仍命赴鲍超军。以武隆额署塔尔巴哈台参赞大臣。丁未，巴里坤领队大臣色普诗新以兵援古城，遇贼，失利，死之。己酉，闽军败汀州、连城踞贼。庚戌，甘军击退古浪、平番回匪。辛亥，从王大臣请，命恭亲王仍在内廷行走，并管总理各国事务衙门。丙辰，谕官文简汰兵、勇。己未，命杨岳斌赴甘。沈葆桢丁母忧，诏夺情署江西巡抚。辛酉，西宁回匪复叛，陷大通。壬戌，桂军复永淳。癸亥，命毛昶熙回京。是春，免直、苏、皖、赣灾扰诸处额赋及逋课。

夏四月乙丑朔，禁热河围场垦红桩内地。肃州回匪踞嘉峪关，围州城，抚彝回匪亦起。丁卯，彭玉麟疏辞漕督，请专办水师，允之。留吴棠漕运总督任，办清、淮防务。己巳，官军复盐茶厅，免已革提督成瑞罪。庚午，回匪陷古城，领队大臣惠庆等死之。乙亥，台湾肃清。丁丑，黔军复玉屏、天柱。命恭亲王仍直军机，毋复议政。甘州回匪陷永固堡。壬午，粤匪再陷沭、宿。霆军十八营不愿西征，溃於金口。止鲍超西征，命招集溃勇赴闽剿贼。乙酉，宁夏官军剿贼大捷。丙戌，粤、捻并回窜兖、济，命刘铭传赴直隶设防。己丑，赐崇绮等二百六十五人进士及第出身有差。壬辰，以山东贼势蔓延，命曾国藩出省督师，会僧格林沁军南北合击。癸巳，僧格林沁剿贼於菏泽南吴家店，失利，与内阁学士全顺、总兵何建鳌等均死之。事闻，辍朝三日，特予配飨太庙。命曾国藩督师剿贼，李鸿章署两江总督。

五月乙未朔，谕成禄进剿肃州踞匪。霆营叛勇由江西窜福建。粤、捻并窜开州、东明。丙申，陶茂林军溃，回匪围安定，兰州戒严。戊戌，命曾国藩节制直、豫、鲁三省军防。甘肃溃勇窜扰陕西。乙巳，免李元度遣戍。丁未，粤、捻并渡运河，东窜济宁、兖、泰。戊申，严谕盛京、吉林剿办马贼。己酉，以剿贼无功，褫官文、张之万、毛昶熙职，均留任，并撤官文宫衔。趣鲍超赴江西。辛亥，命侍读学士卫荣光赴东昌督办沿河民团。壬子，官军克漳州、南靖。允沈葆桢终制。曾国藩辞节制三省军务，不许。回匪陷肃州。粤、捻分窜丰、沛。谕整顿沿海水师。窜陕溃勇平。谕刘长佑驻直境，崇厚驻东昌，部署沿河防务。黔匪陷广顺，旋复之。甲寅，雨。粤匪围永定。乙卯，苏军复漳浦。以刘坤一为江西巡抚。庚申，以防剿迟延，褫提督刘铭传职，仍留任。杨岳斌请开缺，不允，仍命赴甘。壬戌，奇台官军复济木萨。癸亥，官军复阶州。

闰五月甲子朔，起沈葆桢督办江西防剿。乙丑，粤匪由福建窜嘉应。戊辰，粤军复平和、诏安。川军复正安。壬申，泗城匪平。甲戌，减杭、嘉、湖属漕米二十六万石。丁丑，汪海洋回窜永定，官军失利，总兵丁长胜等死之。己卯，回匪踞阜康。张总愚南窜至雉河集，谕刘铭传、吴棠等会剿。粤匪陷广东镇平。遵义匪降。丙戌，鄂尔多斯蒙兵击退花马池回匪。黔匪陷绥阳。己丑，上临僧忠亲王丧，赐奠。赏其孙那尔苏贝勒、温苏都辅国公。曾国藩驻军临淮。特克慎卒，命阜保查巴尔虎争界事，恩合为吉林将军。庚寅，以久旱，谕修省求言。癸巳，谕耆英获咎，毋庸昭雪。禁肃顺之子出仕。以耆英子庆锡鸣冤，谓其死由肃顺也。

六月甲午朔，增设安徽安庐滁和道。改凤庐颍道为凤颍六泗道，仍兼凤阳关监督。命刘长佑回保定，潘鼎新军驻济宁。丙申，甘肃民勇复嘉峪关。以安西、玉门诸县回乱，谕杨岳斌进驻兰州。己亥，申谕各省甄别牧令。壬寅，塔尔巴哈台回匪诱戕参赞锡霖等，围城，为喇嘛棍噶札拉参兵击退。调武隆额为塔尔巴哈台参赞大臣。以额腾额为叶尔羌参赞大臣。丙午，雨。论载华等办工侵蚀罪，夺载华贝子、恩弼辅国公，仍圈禁二年。己酉，沈桂芬以忧免，命曾国荃为山西巡抚。黔匪复陷天柱，扰湖南会同，劳崇光、李瀚章合剿之。黔军复黔西，在独山失利。壬子，岷州回匪乱，戕知州增启等，扰洮州。乙卯，援黔川军复正安。丁巳，奇台、哈密陷，哈密办事大臣札克当阿死之。文麟退巴里坤。谕杨岳斌、成禄、联捷军进击肃州匪。回子台吉陆布沁投诚。丁巳，御史穆缉香阿请慎选侍御仆从。谕内务府稽察有便僻侧媚者，举实严惩。是夏，免陕西、浙江、福建等州县被扰额赋，及哈密兵扰粮课。

秋七月癸亥朔，谕刘蓉严防定边、鄜、延、邠、陇，杨岳斌防范回酋赫明堂。甲子，回匪陷巴燕岱，伊犁领队大臣穆克登额等死之。褫助逆伯克都鲁素等职。官军复库尔喀喇乌苏。命布尔和德署领队大臣，援塔城。雷正绾各军攻金积堡失利，退至韦州。丁卯，武隆额剿礼拜寺回逆，平之。黔匪陷石阡，知府严谨阵没，官军旋复其城。癸酉，命董恂、崇厚为全权大臣，办理商约事务。己卯，赏科尔沁亲王伯彦那谟祜世袭博多勒噶台亲王号。壬午，御史蔡寿祺以妄言褫职。黔匪陷大定，旋复之。己丑，奉天马贼扰遵化、蓟州，罢玉明，予严议。以恩合署盛京将军。换荷兰约。庚寅，谕禁法教士干预军事。壬辰，陈国瑞罢帮办军务。

八月庚子，以议抚贻误，褫恩麟职，戍成瑞黑龙江。祁寯藻致仕。粤、捻各逆窜皖、豫境。壬寅，设机器局于上海。癸卯，回匪犯巴里坤，讷尔济击走之。文麟军于奎苏失利。甲辰，里塘夷务竣。予四川总督骆秉章假，命崇实署之。严谕麟兴亲勘唐努乌梁海立界。乙巳，命左宗棠驻粤，节制赣、粤、闽三省各军。丙午，命曾国藩进驻许州，会剿豫捻。辛亥，令伊犁捕诛从逆官兵。予剿贼出力额鲁特总管蒙库巴雅尔等奖叙有差。癸酉，褫玉明职。郭嵩焘请开缺，以语多负气，严饬之。减江西丁漕浮收。裁州县捐摊繁费。粤酋汪海洋杀李世贤。乙卯，粤匪陷广东长乐。英、法还天津海口炮台。丙辰，都兴阿辞督办军务，不许。丁巳，谕李鸿章等妥议江北新漕河海并运。庚申，苏、松、杭、嘉、湖属水，赈恤之。予龙溪乡团殉难男妇建祠，赐名忠义乡。辛酉，谕崇实等查办酉阳教案。

九月甲子，上躬送定陵奉安，命肃亲王华丰等留京办事。长乐贼以城降粤军。丙寅，免定陵奉安经过地方田赋。戊辰，以捻首张总愚及赖、任各逆窜扰豫、鲁，命李鸿章会剿，吴棠署两江总督，李宗羲署漕运总督。命曾国藩仍驻徐州。己巳，允招商办云南铜厂。庚午，调江南炮船赴山西河防教习水战。壬申，好水川回众降。官军解南阳围。陶茂林军再溃。甲戌，官军复镇平。丙子，雷军部将胡大贵、雷恒叛，围泾州，提督周显承击退之。马化龙与胡大贵等分窜陕境。授张之万河东河道总督。己卯，上奉两宫皇太后启銮。粤匪犯龙南，刘坤一赴赣州督剿。甲申，葬文宗於定陵。乙酉，回銮。奇台知县恒颐以民勇复奇台、济木萨、古城三城。丁亥，上还宫。戊子，文宗帝后升袝太庙，翼日颁诏覃恩有差。庚寅，褫甘肃提督陶茂林职，以曹克忠代之，逮治总兵陶生林等。左宗棠辞节制三省，不允。是秋，免陕西孝义、浙江兰谿等处被扰逋赋。

冬十月壬辰朔，藏兵克瞻对。回匪犯庆阳，官军击退之。癸巳，定比利时条约。甲午，命徐继畬以三品京堂在总理各国事务衙门行走。命廓尔喀例贡俟六年并进。庚子，减浙江漕米南米浮收。壬寅，粤匪陷和平。乙巳，王榕吉言潞盐壅滞，请分别停减续加课票，议行。丁未，回匪围巩昌、宁远。己酉，浙军克南田贼垒。辛亥，命刘蓉署陕西巡抚。壬子，以升袝礼成，祫祭太庙。醇亲王辞八旗练兵。谕仍稽察校阅，勤加训练。甲寅，马贼逼奉天，官军失利。庚申，命福兴统吉、黑马队及神机营兵赴剿。辛酉，释绵性。十一月癸亥，赖、任各匪窜舞阳、郾城，与张总愚股合，谕鄂、豫夹击。丙寅，减征苏、松、常、镇、太仓米豆五十四万石有奇。壬寅，奉军剿马贼失利。李棠阶卒。命李鸿藻在军机大臣上学习行走。湖北巡抚郑敦谨入为户部侍郎，以李鹤年代。乙亥，治不顾主将罪，成保论斩，戍郭宝昌新疆。丙子，奉天匪首徐点复叛于广宁。庚辰，粤匪陷嘉应。巩昌解围。丙戌，官军失利于济木萨，恒颐死之。丁亥，谕刘长佑驻边隘督剿马贼。己丑，川军剿松潘番贼，平之。黔匪犯叙永、綦江。庚寅，命左宗棠亲往嘉应视师。

十二月壬辰朔，曾国藩移军周家口。允明绪遣荣全如俄借兵贷粮。甲午，黔匪陷清镇县城，旋复之。命周达武为贵州提督。乙未，联捷坐贪扰，撤帮办军务，以侍卫隶成禄军。己亥，黎献军溃於肃州。辛丑，马贼回窜昌图。允户部请，拨盐课诸款增内廷用费三十万。壬寅，热河军复朝阳。癸卯，命伯彦讷谟祜回旗会各盟长檄蒙兵协剿马贼。以文麟为哈密办事大臣。乙巳，瞻对逆酋工布朗结等伏诛，三瞻均归达赖管理。丙午，金州匪伪降，窜铁岭，命文祥等办奉天防守事宜。壬子，以雪泽愆期，诏清理庶狱，瘗暴露骸骨。乙卯，恩合以贻误军事褫职。提督成大吉军溃於麻城。丙辰，粤军会复越南宁海府城。调都兴阿为盛京将军。命穆图善督办甘肃军务，接统都兴阿所部各军。庚申，上御保和殿，赐朝正外藩等宴。自是每岁皆如之。滇军复丽江、鹤庆。

是冬，免四川松潘、湖南茶陵等厅州县被扰逋赋。

五年丙寅春正月辛酉朔，停筵宴。甲子，捻匪扰鄂，曾国藩檄刘铭传援黄州。马化龙乞抚，献宁夏汉城。乙丑，桂军复那檀。免福建例贡。己巳，命穆图善办抚回善后事宜。庚午，云南巡抚林鸿年赴昭通。乙亥，马贼入踞伯都讷，旋及双城堡，吉林危急。文祥、宝善檄黑龙江兵暨马队援之。己卯，黄岩总兵刚安泰巡洋，遇艇匪，死之。癸未，林鸿年坐畏葸贻误褫职，刘嶽昭代之。左宗棠督诸军复嘉应，粤匪平。左宗棠以次论功赏叙。丙戌，马贼窜陷阿勒楚喀及拉林城，富明阿往吉林剿之。命特普钦回黑龙江布防守。吴昌寿降调，调李鹤年为河南巡抚，以曾国荃为湖北巡抚。戊子，奉军复八面城。己丑，谕严缉军营哥老会匪。

二月辛卯朔，诏左宗棠等缓撤江、闽各军，备调北路助剿捻、回诸匪。黔回陷永宁，旋复之。壬辰，命兆琛赴镇远办军务。辛丑，官军复黄陂。丁未，都兴阿坐部勇肆杀，褫职留任。戊申，命广东陆路提督高连陞赴任剿办土匪。伯彦讷谟祜剿马贼于郑家屯，大捷。谕马新贻筹办海塘。辛亥，定安军剿马贼於长春，胜之，诏复副都统。壬子，德英忧免，以富明阿为吉林将军。丙辰，召郭嵩焘来京，以蒋益澧署广东巡抚。己未，湖南军击退黔苗。

三月壬戌，曾国藩移军济宁，督剿张总愚。乙丑，复阿勒楚喀、伯都讷、双城堡三城。己巳，奉军剿南北路马贼，大败之。蠲奉天、吉林被扰诸地银米。庚午，明谊乞病，命麟兴统蒙兵援伊犁。乙亥，赖文光等窜逼开封。戊寅，免随征黑龙江牲丁贡貂。谕内外臣工讲求律例。己卯，马贼窜扰热河。庚辰，允马化龙等投诚。甲申，张总愚窜濮、范，赖文光等由豫窜郓城、钜野，谕曾国藩等守运河，乔松年军截剿。乙酉，马贼陷牛庄。丙戌，曹毓瑛卒。丁亥，闽军复崇安、建阳。戊子，命李鸿藻为军机大臣，胡家玉在军机学习。是春，免河南积欠钱粮，直隶安州、奉天新民等州县被水、被扰额赋。

夏四月己丑朔，奉天北路匪首马傻子伏诛，降其余众。官军复牛庄。粤、捻犯直隶河岸，击退之。辛卯，允曾国荃请裁兵并饷，并调刘联捷、彭毓橘、朱南桂、郭松林赴湖北。丙申，回目以洮州降曹克忠军。戊戌，命马如龙署云南提督。庚子，召文祥、福兴回京，命都兴阿接办奉天军务，节制各军。辛丑，讷尔济复木垒、奇台、古城，招募民勇防守。癸卯，官军复绥阳。甲辰，回匪陷靖远。戊申，谕奉天、吉林会剿山内外贼匪。己酉，谭玉龙军溃，命曹克忠兼统其军。壬子，回匪回窜庆阳。披楞大举悉兵众迫布鲁克巴，命景纹赴边隘查办。甲寅，武缘匪平。丙辰，粤、捻扰铜、沛及泗州、灵壁。劳崇光进驻昆明。杜文秀复陷丽江、鹤庆、剑川。戊午，回匪犯兰州，官军击退之。

五月壬戌，黔匪复陷兴义、贞丰、永宁。俄使坚请黑龙江内地通商。谕特普钦整顿营伍。乙丑，大考翰、詹，擢孙毓汶四人一等，余升黜有差。戊辰，马朝清降，灵州复。辛未，回匪霍三等回窜凤、岐，官军击退之，谕杨岳斌、刘蓉合击，毋再任入陕。甲戌，回匪陷塔尔巴哈台，武隆额死之。以德兴阿为参赞大臣，奎昌署科布多参赞。严谕成禄迅速出关。乙亥，回匪陷伊犁，明绪等死之。以荣全署伊犁将军。命库克吉泰督办新疆军务。丁丑，诏清庶狱。壬午，以久不雨，诏求直言，禁凌虐罪囚。甲申，谕保举尽心民事官吏。丁亥，官军复荔波。是月，免广东嘉应等处被扰逋赋。

六月庚寅，雨。允左宗棠请，在闽建厂试造轮船。壬辰，谕内外大臣勤职。辛丑，成禄军进围肃州。壬寅，谕富明阿搜捕山场余匪。甲辰，灵山匪平。戊申，乌里雅苏台将军明谊病免。己酉，以德勒克多尔济为乌里雅苏台将军，福兴为绥远城将军。庚戌，盐、固回匪投诚。辛亥，凌云、阳万土匪平。乙卯，谕杨岳斌剿狄、河回匪。

秋七月庚申，褫广凤、图尔库职，逮讯。命侍郎魁龄等使朝鲜，册封王妃。壬戌，官军复哈密。甲子，谕整顿广东吏治、军务、厘税。乙丑，李鸿藻丁母忧，懿旨令百日后仍直弘德殿、军机处。庚午，湘军克思南贼巢。壬申，李鸿藻请终制，不许。癸酉，减苏、松、常、太浮收米三十七万余石，浮收钱百六十七万余贯。丙子，崇厚会日斯巴尼亚使换约。己卯，黔匪陷石阡，旋复之。庚辰，免乌梁海七旗应纳半贡。乙酉，河南河决胡家屯。

八月戊子，刘蓉病免，调乔松年为陕西巡抚，以英翰为安徽巡抚。己丑，濮州河决。庚寅，浔、鬱匪平。裁山海关监督，改设奉锦山海关道。辛丑，赏李云麟头等侍卫，帮办新疆军务。癸卯，杨岳斌病免，调左宗棠为陕甘总督，吴棠为闽浙总督，张之万为漕运总督。实授瑞麟两广总督。甲辰，官军克大孤山贼巢，徐宗礼伏诛。乙巳，官军剿败张、牛诸捻。以月食示儆，饬廷臣修省。丁未，从御史庆福请，积粟张家口、绥远城，转运新疆，以济民食。

九月丁巳朔，命谭廷襄会崇厚办义国商约事务。癸亥，福建兴化土匪平。甲子，谕李云麟与麟兴等整顿北路防军。命阜保赴归化督运新疆饷款。回匪陷阜康。祁寯藻卒。辛未，滇回陷安宁等州县。癸未，左宗棠请将闽、浙绿营减兵加饷，就饷练兵。允之。是秋，免贵州、广东、山东、福建被扰，江西被灾等处额赋，浙江等县逋赋。

冬十月辛卯，命刘长佑严核畿辅兵额。癸巳，张总愚由陕州窜平陆，官军击退之。乙未，命沈葆桢总司福建船政事务。命刘典帮办左宗棠军务。己亥，张总愚西窜，陷华阴、渭南。甘回窜宜君、三水。诏责曾国藩任贼蔓延。辛丑，允李鸿藻病假。命富明阿办吉林善后事宜，汪元方为军机大臣。壬寅，黔回陷兴义，旋复之，并复安平、镇宁。乙巳，曾国藩乞病，请开各缺，在营效力，并注销侯爵，谕慰之，命病痊陛见。谕穆图善援应陕西。丙午，修海宁石塘。是月，免安徽、寿州等州县被水新旧额赋。

十一月丙辰，命曾国藩回两江总督，署通商大臣。授李鸿章钦差大臣，节制湘、淮各军，专任剿匪。戊午，予山东巡抚阎敬铭假，以丁宝桢署之。庚申，刘铭传等剿任、赖各匪於金乡，大捷。乙丑，三札、两盟西征蒙兵溃，李云麟回乌城。谕库克吉泰统吉、黑军速进。丁卯，川军克桐梓贼巢。丁酉，曾国荃劾官文贪庸骄蹇。命撤任查办。己卯，定福建船政章程。

十二月丁亥，以给事中寻銮炜参劾失实，切责之，因谕科道慎重言事。己丑，郭松林等大破任、赖诸匪於德安。庚寅，以黄河趋北，谕苏廷魁周历履勘，并会同直、鲁、豫三省筹办堤工。甘回复陷哈密。罢胡家玉军机，褫职留任，以受官文贿也。甲午，曾国藩复疏请开缺。温旨慰留。己亥，雷正绾军复平凉。呼兰匪平。庚子，援黔湘军剿苗匪于铜仁，大捷。己酉，回匪围庆阳，提督周显承等力战死之。甲寅，陕军剿张总愚，失利於灞桥，总兵萧德阳等死之。以捻势披猖，命曾国藩等广筹方略。

是岁，朝鲜、琉球入贡。

卷二十二　　本纪二十二

穆宗本纪二

六年丁卯春正月己未，任、赖诸匪窜孝感、德安，官军失利，总兵张树珊死之。壬戌，复靖远。丙寅，革官文总督，召来京。以李鸿章为湖广总督，调李瀚章为江苏巡抚，以刘崐为湖南巡抚。己巳，张锡嵘剿捻匪於西安鱼化镇，死之。刘松山军大捷。命乔松年专办陕西军务。辛未，命左宗棠为钦差大臣，督办陕、甘军务，赏刘典三品卿衔，帮办军务。乙亥，哈密回匪窜巴里坤，官军击退之。讷尔济病免，以伊勒屯为巴里坤领队大臣。丙子，命徐继畬仍在总理各国事务衙门行走，管新设同文馆事务。己卯，官军复镇雄。

二月乙酉朔，刘铭传追剿任、赖于钟祥，失利。鲍超进击，大败之。庚寅，命李鸿章督军赴豫。壬辰，京师疫。甲午，擢刘松山为广东陆路提督。丁酉，陕回马生彦等降。减广州属征收米折银十九万有奇，著为令。乙巳，桂军复泗城。庚戌，以丁宝桢为山东巡抚。辛亥，洮州复陷。壬子，云贵总督劳崇光卒，以张凯嵩代之。

三月丁巳，鄂军剿贼于蕲水，失利，道员彭毓橘等死之。癸亥，总兵段步云军溃於郿州。戊辰，鲍超累乞病，谕仍赴黄州。乙亥，命倭仁在总理各国事务衙门行走，辞，不允。丁丑，谕李云麟等安顿新疆难民。辛巳，曹克忠军复洮州。壬午，回匪马占鳌等犯西宁。是春，免浙江仁和等场被扰逋课、山西平定等处民欠仓谷。

夏四月丁亥，允琉球国子弟入监读书。予鲍超病假。戊子，何琯军复哈密。己丑，周祖培卒。癸巳，吉林马贼平。丙申，日斯巴尼亚使来换约。壬寅，刘松山大破捻、回于同州。丙午，赠哈密殉难扎萨克郡王伯锡尔亲王，建祠。德勒克多尔济病免，命麟兴为乌里雅苏台将军，调荣全为参赞。丁未，瞻对番目大盖折布伏诛。庚戌，贵德回匪叛，陷厅城。

五月甲寅，哈密回匪窜玉门，官军击退之。以旱，命恤难民、育婴孩、掩暴露、赡阵亡者家属。戊午，谕广购书籍，并重刊御纂钦定经史，颁发各学。己未，郭宝昌、刘松山两军破张总愚於朝邑。免郭宝昌遣戍。辛酉，命曾国藩为大学士，骆秉章协办大学士。丙寅，诏清理庶狱。丁卯，桂军复荔波、义宁。戊辰，诏求直言，核减宫廷用款。己巳，捻匪渡运河，予丁宝桢严议。庚午，贼窜长垣，官军击退之。癸酉，以剿贼无功，褫曾国荃顶戴，与李鹤年下部严议。谕李鸿章戴罪图功。京师地震。庚辰，董福祥陷陕西甘泉。

六月甲申，总理各国事务衙门言俄人窥伺新疆，下大学士、尚书、左都御史会总理王大臣妥议。丙戌，申禁州县浮收漕粮。甲午，倭仁乞病，罢职务，仍以大学士直弘德殿。乙未，官军败捻匪於即墨。庚子，顺直久旱，饥，赈恤之。允鲍超回籍。辛丑，李鸿章檄刘铭传、潘鼎新等军防运河，扼胶、莱。命成禄节制黄祖淦、王仁和两军。以畿内亢旱，拨闽、广、赣厘捐三十万，浙、闽海关洋税三十五万备赈需。癸卯，甘回陷陕西华亭，旋复之。丁未，免昌平例贡果品。己酉，自三月不雨以来，上频祈雨。至是日雨。是月，免陕西乾州等属灾扰额赋。

秋七月己未，雨。陕军复甘泉。庚午，永定河决。己卯，以捻匪过胶莱河，谕各路扼守河、运两防，夺丁宝桢职，仍留任。是月，免湖南晃州被扰逋赋。

八月丙戌，停奉天冬围。戊子，湖北匪首刘汉忠伏诛。庚寅，命黎培敬会办贵州剿抚及屯田事宜。壬辰，奉军剿平孤山、法库等处贼匪。辛卯，署贵州提督赵德光剿贼於安平，死之。丙申，穆隆阿等军剿枭匪於文安，失利。济阳土匪作乱，剿平之。丁酉，迤西回犯姚州。戊戌，贵州巡抚张亮基开缺严议，命曾璧光署之，布政使严树森以逗留褫职。壬寅，召陈国瑞来京。丙午，以淮、楚各军所至骚扰，谕李鸿章严申军律。己酉，裁热河木税。庚戌，创建福建船坞。

九月壬子，允左宗棠调曹克忠赴陕。丙辰，赖、任诸匪犯运河，牛师韩军击退之。丁巳，河、狄、西宁回众投诚。庚申，停山东例贡。辛酉，安置额鲁特游牧于额尔齐斯河。甲子，总理各国事务衙门言预筹修约事。谕曾国藩等各抒所见以闻。己巳，命丁日昌赴上海办理义国换约。壬申，抚恤巫山被水灾民。丁丑，命荣全与棍噶札拉参筹办哈萨克剿抚机宜。己卯，命冯子材赴左江，专办南、太军务。赈襄阳等府灾民。

冬十月癸未，谕各路统兵大臣及各督抚严申军律。甲申，察哈尔都统色尔固善卒，以库伦办事大臣文盛代之。乙酉，以张廷岳为库伦办事大臣。丙戌，陕军复宁条梁及宜君。饬席宝田军赴沅州，统援黔军务。壬辰，迤西回陷定远、大姚。癸巳，汪元方卒。命沈桂芬在军机大臣上学习行走。丙申，曾国荃病免，以郭柏荫为湖北巡抚，苏凤文为广西巡抚。赈山东被水灾民。乙巳，派美前使蒲安臣往有约各国办理中外交涉。己酉，回匪陷宝鸡、正宁，旋复之。

十一月庚戌朔，命道员志刚、郎中孙家榖往有约各国充办理交涉事务大臣。壬子，刘铭传等军剿贼赣榆，大捷，任柱伏诛。癸丑，以枭匪蔓延，褫刘长佑职，仍责自效。命官文署直隶总督。丙辰，陕军剿捻洛川，遇回匪，失利，提督李祥和死之。癸亥，张总愚陷延川、绥德。甲子，增设布伦托海办事大臣，以李云麟为之，明瑶为帮办，福济为科布多帮办。甲寅，刘铭传军剿贼於诸城，大捷。丁丑，陕军复延川、绥德。

十二月壬午，张总愚窜吉州，左宗棠、赵长龄均褫职留任。成禄剿回匪於肃州，失利，总兵黄祖淦死之。癸未，赏陈国瑞头等侍卫，隶左宗棠军。刘铭传等剿贼於寿光，大捷。逦西回陷禄丰、广通、元谋。己丑，官军复吉州。壬辰，直隶枭匪平。甲午，赏刘长佑三品顶戴，命率所部回籍。永定河堤工合龙。丙申，命蒋益澧以按察使候补，隶左宗棠军，率楚勇回籍。丁酉，骆秉章卒。刘松山等败张总愚於洪洞。调吴棠为四川总督，以马新贻为闽浙总督，李瀚章调浙江巡抚，丁日昌为江苏巡抚。戊戌，淮军剿贼高邮大捷，获赖文光等，诛之。辛丑，东捻平，加赉李鸿章、曾国藩世职，赏刘铭传、英翰及郭松林、杨鼎勋、善庆世职有差，复曾国荃顶戴。壬寅，以左宗棠督师入晋，命库克吉泰、乔松年、刘典督办陕西军务。甲辰，命杨占鳌署甘肃提督，接办西路军务。戊申，左宗棠檄喜昌、刘松山等赴磁州迎剿。谕张曜、刘铭传等会剿。己酉，命郑敦谨往山西查办事件。是月，免浙江仁和等场未垦灶课、云南嵩明等属歉收额粮。

是岁，朝鲜、琉球入贡。

七年戊辰春正月庚戌朔，捻首李允等率众降於盱眙，诏诛之，遣散余众。命朱凤标协办大学士。乙卯，回匪复陷正宁。丙辰，喜昌等击张总愚於河内，大捷。西宁回陷北川。李云麟乞病，不许。以锡纶为布伦托海帮办大臣。辛酉，张总愚北窜定州，保定戒严，官文、左宗棠均褫职留任。谕玉亮统神机营兵剿贼。壬戌，张总愚犯清苑，刘松山、郭宝昌等军绕贼前剿之，予优叙。陈国瑞、宋庆、张曜均以军至保定。达赖请宥里塘犯东登工布死罪，允之。命贾桢等设团防总局。癸亥，谕令天津洋枪、练军各队赴河间，与山东军联络防剿。甲子，李鸿章遣周盛波等军北援。趣左宗棠赴保定北方督剿。命恭亲王会同神机营王大臣办巡防。壬申，允英翰入卫畿疆，命统牛师韩军驻黄河以南。饬程文炳军赴河间会剿。癸酉，张总愚陷饶阳，旋复之。贾桢以病致仕。乙亥，命左宗棠总统各路官军。

二月辛巳，官军复渭源。癸未，命恭亲王节制各路统兵大臣。戊子，回匪复陷宁条梁。己丑，回匪窜伊克沙巴尔，官军击退之。褫赵长龄、陈湜职，遣戍。壬辰，陕军复宝鸡。癸巳，滇军解镇雄围。逦西回陷楚雄。乙未，豫、皖各军败张总愚于束鹿。庚子，左宗棠、李鸿章等军剿贼，迭破之。回匪陷怀远、神木。壬寅，白泥凿苗匪降。乙巳，以朝鲜请严边禁，命延煦、奕榕赴奉天，会都兴阿勘展边事宜。

三月壬子，张凯嵩乞病，谕责其逗留规避，褫职。回匪陷鄜州，刘典驻三原督剿。癸丑，以刘嶽昭为云贵总督，岑毓英为云南巡抚。乙卯，陕军复鄜州。癸亥，谕庶吉士散馆仍试诗赋。戊辰，张总愚窜延津、封丘，刘松山、郭宝昌击败之。辛未，命沈桂芬为军机大臣。乙亥，命朱凤标为大学士。丙子，逦西回陷易门。丁丑，张总愚窜滑县，击败之。是月，免直隶安州等处涝地逋赋。

夏四月己卯朔，哈密回陷五堡，官军击退之。甲申，张总愚陷南皮。丁亥，谕左宗棠、李鸿章、丁宝桢等，督各军于运河东西分路防剿。己丑，苗匪何正观降。庚寅，陕军剿回匪于邠州，失利，谭玉龙死之。己巳，永定河决。乙未，召都兴阿来京。戊戌，黎平苗犯晃、沅各境，官军击退之。辛丑，宁条梁回扰鄂尔多斯游牧，贝子札那格尔济击退之。回匪犯哈密，伊勒屯等会击退之。癸卯，赐洪钧等二百七十人进士及第出身有差。是月，免四川各土司三年租赋。

闰四月戊申朔，逦西回窜陷昆阳、新兴、晋宁、呈贡、嵩明。戊午，回匪复陷神木。癸亥，陕军复延长。甲子，董福祥投诚，谕立功自赎。乙丑，回匪踞乌绅旗，分扰准噶尔旗，逼托克托城。丁卯，程文炳、陈国瑞、刘松山等军击张总愚于高唐、茌平、博平，大捷。贼窜东光。己巳，回匪再陷庆阳及宁州、合水，知县杨炳华死之。辛未，命都兴阿为钦差大臣，会同左宗棠、李鸿章剿捻，调遣春喜、陈国瑞、张曜、宁庆四军，崇厚帮办军务。

五月戊寅，刘松山等军剿张总愚於盐山、海丰，大捷。己卯，创设长江水师，置岳州、汉阳、湖口、瓜州四镇总兵官。癸未，陕军击退窜邠、凤回匪。壬辰，北山土匪犯延安，官军失利，副将刘文华等阵没。庚子，滇军复元谋、武定、禄劝、罗次。是月，免湖南晃州被扰逋赋。

六月己未，郭松林等剿捻於临邑、滨州、阳信，大捷。谕水师严扼运防。辛酉，桂军复归顺。癸亥，金匪窜宁古塔界，官军剿平之。甲子，陕军克宜川。丙寅，张总愚犯运河岸，官军击败之，捻众多降。戊辰，又击之於商河，大捷。乙亥，李云麟褫职查办。命明瑞为布伦托海办事大臣。浙江海塘工竣。

秋七月丁丑，蠲直、鲁、豫被扰各州县田赋。己卯，春寿以欺饰褫职。壬午，抚恤沧州等处被扰难民。乙酉，张总愚赴水死，捻匪平。加李鸿章、左宗棠太子太保衔，鸿章以湖广总督协办大学士，丁宝桢、英翰、崇厚并加太子少保衔，复官文衔翎，晋刘铭传一等男，郭松林一等轻车都尉，赏宋庆、善庆二等轻车都尉，刘松山黄马褂、三等轻车都尉，郭宝昌、张曜、温德勒克西骑都尉，黄翼升加一云骑尉，复陈国瑞提督世职，余升叙有差。命惇亲王祭告定陵。允彭玉麟回籍终制。丙戌，召左宗棠、李鸿章入觐。丁亥，荥泽河决。辛卯，毛昶熙言军务渐平，宜益思寅畏，旋御史张绪楷疏请保泰持盈，及时讲学，并嘉纳之。壬辰，允左宗棠请，资遣降众回籍。癸巳，武陟沁河堤决。乙未，调曾国藩为直隶总督，马新贻为两江总督，以英桂为闽浙总督。命彭玉麟赴江、皖会筹长江水师事宜。戊戌，谕苏、皖、豫、鲁各属修圩寨，饬乡团。庚子，予宋儒袁燮从祀文庙。援黔川军复龙里、贵定。川军剿越嶲夷匪，胜之，俘其酋勒乌立。授曾璧光贵州巡抚。辛丑，布伦托海变民窜乌陇古河。德勒克多尔济卒。癸卯，抚恤荥、郑灾民。甘回扰白水、郃阳，陕军击退之。甲辰，援黔湘军复瓮安。

八月乙巳朔，褫御史德泰职，以奏请修理园庭也。库守贵祥妄陈希利，发黑龙江为奴。永定河决。己酉，谕明瑞等规复布伦托海旧制。命马新贻兼办理通商事务大臣。壬子，延安土匪扈彰降。癸亥，谕左宗棠兼顾山西军务。戊辰，谕吉林严定开垦围荒界限。辛未，谕金顺专办援陕军务。是月，免皖、苏、鲁、豫、鄂被扰积年逋赋。

九月壬午，官军复庆阳。甲申，肃州回攻敦煌，官军击退之。谕伊勒屯等筹办巴里坤屯田。乙酉，援黔川军会复平越。辛卯，命延煦出关查办奉天展边事宜。癸巳，滇军复晋宁、呈贡。是月，免浙江横浦等场歉收灶课。

冬十月丁未，回匪犯泾州、灵台，击退之。乙卯，文麟抵哈密，谕兴办蔡巴什湖等处屯田。丙辰，穆图善克河州。赈济南、武定水灾。丁巳，戍李云麟黑龙江。戊午，命李鸿藻仍直弘德殿及军机。庚申，以守科布多功，加土尔扈特郡王凌札栋鲁布亲王衔。己巳，黔苗复陷兴义，旋复之。

十一月甲戌，援黔川军复麻哈。丁亥，凉州总兵周盛波以不戢所部，褫职。回匪扰鄂尔多斯等旗，窜榆林。谕定安等截剿。壬辰，谕除吏胥积弊。己亥，黔军克都匀，赏张文德黄马褂。庚子，台湾英领事纵洋将掠船，踞营署，焚局库，勒兵费。谕总署诘办，饬英桂等遴员交涉。壬寅，热河匪平。免吉林双城堡被水屯田租赋。

十二月甲辰朔，川军剿西昌夷匪，连捷，各夷部降。援黔湘军复天柱。丙午，回匪犯包头，蒙军失利。丁未，热河匪首弥勒僧格伏诛。甲寅，以曾国藩言川私病楚，谕筹止川盐济楚章程，撤局停税。丁巳，滇军复澂江。庚申，申谕各省禁种罂粟。壬戌，黔苗窜扰河池，官军击退之。乙丑，谕朝审缓决三次以上者并减等。永定河工竣。戊辰，麒庆罢，以庆春为热河都统。庚午，刘松山剿贼大理川，大捷。壬申，截鄂饷二十一万赈河南灾。是月，免江苏荒地粮赋，山东泰安、河南汝宁等属被扰逋粮。

是岁，朝鲜入贡。

八年己巳春正月癸酉朔，停筵宴。丁丑，川、湘、黔、桂各军会剿苗匪，黔军复长寨。戊寅，滇军克富民。己丑，刘松山等军击土、回各匪，败之於清涧。成禄克肃州，与杨占鳌并赏黄马褂。甲午，荥工合龙。丙申，刘松山军败贼于靖边，董侍有等以镇静堡及靖边降。迤西回犯昆明，岑毓英等击退之。辛丑，雷正绾克泾州董家堡。

二月戊申，命袁保恒督办西征粮饷。

三月癸酉朔，林自清戕兴义知县，提督陈希祥诱诛之，赏希祥黄马褂。甲戌，援黔湘军复镇远府、卫两城。己卯，甘肃提督高连陞部兵变，戕连陞，部将周绍濂击逆党於同官，殄之。乙酉，谕督抚於克复州县慎选牧令，拊循流亡。庚寅，回匪陷磴口。甲午，吐鲁番回匪犯哈密，官军迭败之。乙未，桂军克凭祥。己亥，懿旨，大婚典礼，力崇节俭。

是春，免江苏山阳、直隶安州等属灾、扰额赋，两淮富安等场逋欠灶课。

夏四月癸卯朔，迤西回陷杨林营，刘嶽昭退守曲靖，严责之。乙巳，麟兴以畏事褫职。以福济为乌里雅苏台将军，文硕为布伦托海办事大臣。己酉，雷正绾、黄鼎军复镇原、庆阳。援黔川军复瓮安。己未，援黔湘军会复清江。庚申，允刘铭传乞病。辛酉，免陈湜遣戍。是月，免山东东昌等属逋赋。

五月庚辰，援黔湘军复施秉，进攻黄飘贼垒，失利，按察使黄润昌、道员邓子垣、提督刘长槐死之。壬午，回匪陷澂江。甲申，杜嘎尔等军大破贼於杭锦旗。辛卯，命李鸿章赴四川察办吴棠劾案。申诫岑毓英任用通贼练目，苛敛民捐。以马如龙为云南提督。丙申，官军剿匪於保安，大捷，匪首袁大魁等伏诛。自春正月不雨至於是月，上频祷祈。丁酉，雨。

六月辛亥，援军会克寻甸。壬子，命董恂、崇厚办理奥斯马加换约。甲寅，永定河决。戊午，予黄飘死事提督荣惟善、总兵罗志宏等世职加等。辛酉，武英殿灾。癸亥，倭仁、徐桐、翁同龢请勤修圣德，以弭灾变，上嘉纳之。丙寅，谕督抚考课农桑。庚午，回匪犯阿拉善定远营，蒙兵失利。

秋七月辛未朔，日有食之。癸酉，张曜等军败回匪于察汉淖尔。命吴坤修赴沿江各属抚恤灾民。甲戌，滇军复嵩明，克白盐井。甲申，桂军会越南军克九葑、洛阳等隘。乙酉，谕锡纶赈恤额鲁特人众。丙戌，朝鲜请鸭绿江北禁游民建屋垦田。趣都兴阿等妥办。壬辰，何琯军败贼于木垒河等处。是月，免晃州被扰逋赋。

八月庚子朔，俄商船泊呼兰河口，求吉、黑内地通商，谕总署按约止之，禁军民私与贸易。癸卯，内监安得海出京，丁宝桢奏诛之。黔匪复陷都匀。丙午，桂军会复越南高平。庚戌，申谕约束太监。壬子，官军剿平杭锦旗属窜回。癸丑，宁夏官军剿贼失利，副将方大顺阵亡。戊午，棍噶札拉参军复布伦托海，贼首张愚等伏诛。己未，官军剿达拉特旗窜匪，殄之。是月，赈浙江杭、湖各属，湖南安乡等县水灾。

九月庚午，高台勇溃，褫成禄职，留任。壬申，拨京饷三十万济武、汉等属工赈。甲戌，马化龙复叛，袭陷灵州。官军复威戎堡、水洛城。戊寅，滇军复易门。壬午，免暹罗补历年贡品。庚寅，乌鲁木齐匪窜哈密，何琯等击败之。乙未，福建新造第一轮船成，命崇厚勘验。戊戌，谕福济等额鲁特各安旧居，僧众居阿尔泰山南，俗众居青格里河。

冬十月庚子，刘松山败回匪於吴忠堡等处。辛丑，金顺又败之於纳家牐。命杨占鳌署甘肃提督，办肃州善后事宜。法使罗淑亚与其水师提督以兵船赴赣、鄂、川省查教案，谕所在按约待之。乙巳，雷正绾、黄鼎败回匪於固原、盐茶。丁未，命毛昶熙、沈桂芬在总理各国事务衙门行走。辛丑，命文硕等会勘布伦托海分界事宜，董恂办理美国换约。甲寅，滇军复楚雄、南安、定远。刘嶽昭移军昆明。己未，哈密官军剿西路回匪，大捷。甲子，凤凰城匪首王庆等伏诛。乙丑，刘松山军复灵州。是月，赈云南水灾，直隶旱灾。

十一月丙子，茌平教匪孙上汶等谋逆，逋诛之。丁丑，裁新设布伦托海办事大臣。庚辰，赈江宁水灾。癸未，免科布多属贡貂。甲申，滇军复昆阳。丙戌，甘军复靖远。庚寅，永定河口合龙。乙未，命文硕来京，改奎昌办理分界。是月，免直隶东明被淹、被扰，安徽无为等州县卫被水逋赋。

十二月庚子，援滇川军克鲁甸。乙巳，刘松山军攻金积堡，总兵简敬临等死之。乙卯，披楞侵占哲孟雄各地，廓尔喀与唐古特构嫌，谕恩麟防维开导。布鲁克巴内哄，并谕恩麟解释抚绥。丁巳，越南匪平。谕苏凤文严申边禁。癸亥，赈畿南灾。

是岁，朝鲜、越南、琉球入贡。

九年庚午春正月丁卯朔，停筵宴。癸酉，滇军复禄丰。

甲戌，甘军击败援贼於王家疃。己卯，回匪陷定边。癸未，神武门木库火，诏修省。庚寅，回匪陷安定。陕军复定边。甲午，马德昭留办潼关防务。

二月辛丑，刘松山督剿金积堡回匪，中炮卒。赏道员刘锦棠三品卿衔，接统其军。以俄官往齐齐哈尔、吉林商界务，谕富明阿、德英据约待之，毋迁就。乙巳，回匪分窜安边、清涧，陕军击走之。丙午，又分窜花马池、榆林，宋庆军剿之。戊申，官军击败米脂窜匪。壬子，命李鸿章赴陕西督办军务。甲寅，回匪窜同官、宜君，陕军剿败之。丙辰，法使因教案藉兵要挟，谕各疆吏通商大臣迅结交涉事宜。辛酉，宁夏各堡降回复叛。

三月丁卯朔，回匪窜准噶尔旗，马玉崑击败之。辛巳，雷正绾以疏防峡口，褫职留营。谕诫西征各军贪功锐进。乙酉，滇军复弥渡、宾川、丽川、缅宁。辛卯，回匪分扰岐、凤，李辉武击败之。

夏四月甲辰，谭廷襄卒。

五月庚午，命崇实赴贵州，会同曾璧光查办教案。癸酉，始允英国设置沿海各口电线。甲戌，援黔川军克黄飘、白堡等苗寨。庚寅，天津人与天主教启衅，焚毁教堂，殴毙法领事。命曾国藩与崇厚会商办理。乙未，谕疆吏饬禁播谣惑众，保护通商传教各区。李鸿章督军入关，请调郭宝昌军，允之。命崇厚为出使法国大臣。以成林署三口通商大臣。是月，免直隶安州等属逋赋。

六月戊戌，奎昌赴塔尔巴哈台，与俄使勘办立界。壬寅，赛音诺颜部蒙兵剿回匪失利。丁未，滇军复威远。己酉，命彭玉麟赴江南，会同沿江督抚整顿长江水师。庚戌，甘军败回匪於巩昌。乙卯，永定河决。庚申，以疏防民教启衅，褫天津知府张光藻、知县刘杰职，下部治罪。辛酉，滇军复姚州。癸亥，命毛昶熙会同曾国藩查办教案。曾国藩言："善全和局，为保民之道。备御不虞，为立国之基。"谕旨嘉勉。命丁日昌赴天津帮办洋务。

秋七月戊辰，以珲春边务事繁，加协领副都统衔，为定制。丙子，法使罗淑亚以曾国藩不允府、县论抵，回京。谕国藩迅缉原凶，从速办结。丁丑，召崇厚还。命毛昶熙署三口通商大臣。甲申，周盛传等剿散北山余匪。丙戌，谕曰："海上水师，与江上水师截然不同。欲捍外侮图自强，非二十年之久，未易收效。然因事端艰巨，畏缩不为，则永无自强之日。近年内外臣工，值事急时，徒事张皇。祸患略平，又为苟安之计。即创立战守章程，而奉行不力，使朝廷谋议均属具文。积习因循，焦忧曷释。兹闽、沪两厂轮船告成，马新贻、丁日昌、英桂、沈葆桢各择统将出洋，穷年练习，以备不虞。广东亦应筹备轮船，瑞麟、李福泰务切实办理。将校有熟谙风涛沙线者，随时择保，即山野中或长於海战，亦当随时物色，量材超擢。各督抚其统筹全局，以副委任。"庚寅，南路甘军复渭源、狄道。是月，免晃州被扰逋赋。

八月丁酉，汝阳人张汶祥刺杀马新贻。命曾国藩为两江总督，李鸿章调直隶总督，李瀚章为湖广总督。戊戌，设黄河水师。庚子，北山匪首李凡党伏诛。壬寅，命张之万会同魁玉讯张汶祥。己酉，召毛昶熙还。命李鸿章会曾国藩查办天津教案。癸丑，桂军剿平安边、河阳贼匪，梁添锡伏诛。允越南进方物及驯象。己未，命李成谋为新设轮船统领。

九月戊辰，滇军复新兴。庚午，谕崇实仍赴遵义办教案。甲戌，治天津民教启衅罪，张光藻、刘杰遣戍，诛逞凶杀害之犯十五人。

是秋，川东、荆州、热河被水，赈抚之。

冬十月乙未，沈葆桢丁忧，命百日后仍经理船政。丙申，命刘铭传督办陕西军务。谕严禁四川州县苛派。拨款续赈北山难民。辛丑，以江北漕船阻浅，由陆路转运临清。甲辰，天津制造局成。庚戌，日本请立约通商，允总署遴员议约。辛亥，免科布多贡貂。壬子，裁三口通商大臣，命直隶总督经理，如南洋大臣例，给钦差大臣关防。严谕疆吏慎密交涉，有漏泄者立诛之。丙辰，以水旱叠见，诏修省。戊午，移周盛传军卫畿辅。陕回禹生彦等窜平番，官军失利，提督张万美等死之。庚申，设直隶津海关道。刘锦棠各军克汉伯等堡，合围金积堡。

闰十月乙丑，俄使倭良嘎哩来京。庚午，湘潭会匪平。乙亥，滇军复永北、鹤庆、镇南、楚雄。回匪陷乌里雅苏台。丙子，永定河合龙。谕曾国藩筹河运。戊寅，越南吴亚终等伏诛。

十一月癸巳，命郑敦谨会鞫张汶祥狱。寻定谳，磔张汶祥于江宁。丁酉，回匪窜凉州，副将谢元兴阵没，王仁和击退之。辛丑，援黔湘军复台拱。戊申，福济、荣全以匪入乌里雅苏台，褫职留任。命曾国藩兼通商大臣。庚戌，甘肃总兵周东兴侵赈，命斩於军前。庚申，刘坤一以漏泄密谕，褫职留任。

十二月甲子，谕严禁河工偷减侵蚀诸弊。辛未，滇军复邓川、浪穹。回目马源发戕提督丁贤发等，捕诛之。

是冬，免贵州兴义等州县卫、陕西绥德等州县灾扰逋赋。

是岁，朝鲜入贡。

十年辛未春正月辛卯朔，停筵宴。壬辰，官军克河西王疃贼垒，赏金顺黄马褂，加张曜一云骑尉。乙未，黔军平贵定等处贼垒，克都匀，赏提督林从泰、总兵何雄辉黄马褂。己亥，谕冯子材赴太平进剿牧马、谅山匪。壬寅，官文卒。是月，免直隶安州等属被水额赋。

二月壬戌，刘锦棠等军克金积堡，匪首马化龙等伏诛，加左宗棠一骑都尉，赏刘锦棠云骑尉、黄马褂，开复雷正绾处分，及陈湜原官，赏黄鼎、金运昌黄马褂。置就抚陕回於华亭之化平川，设通判、都司以绥靖之。前知灵州彭庆章坐为贼主谋，处斩。壬午，获叛将宋景诗，诛之。丁亥，调江苏按察使应宝时赴津，筹办日本通商事。命瑞常为大学士，文祥协办大学士。

三月癸巳，金顺等军克宁夏，匪首马万选伏诛。己丑，滇军复澂江，克江那土城，匪首马和等伏诛。辛丑，普使李福斯致国书，以德意志各国及自主之三汉谢城共复一统，受尊称为德意志皇帝，复书贺之。丁未，以倭仁为文华殿大学士，瑞常为文渊阁大学士。自春初至于是月，上连祈雨。庚戌，雨。

夏四月丙寅，援黔湘军复新城、岩门司等城，克高坡等苗寨。己巳，宁夏纳家牖回众降。己卯，陕回窜扰平番、碾伯，官军击退之。辛巳，倭仁卒。甲申，赐梁耀枢等三百二十三人进士及第出身有差。筑大沽、北塘炮台。乙酉，福济革职，以金顺为乌里雅苏台将军。丙戌，回匪复窜扰赛音诺颜部，焚掠固尔班赛汗等处。

五月庚寅朔，雨。乙未，左宗棠请禁绝回民新教，不许。戊戌，苗酋闻国兴等降，八寨等城俱复。壬寅，回匪扰乌拉特，杜嘎尔、萨萨布军合击之。丙午，援黔湘军复丹江、凯里等城，赏苏元春黄马褂。己酉，以李世忠寻仇斗很，陈国瑞演剧生事，褫世忠职，降国瑞都司，并勒回籍，畀有司管束。辛亥，郑亲王承志有罪，褫爵逮讯。命李鸿章办日本商约，应宝时、陈钦为帮办。乙卯，金顺乞假守制葬亲。不许。己未，滇军复云龙。

六月壬戌，太白昼见。益阳等处会匪平。己巳，陕回白彦虎结西宁回众扰河州。庚午，黔军克永宁、镇宁、归化苗寨，破郎岱、水城各峒寨。乙亥，命瑞麟为大学士，仍留两广总督任。已卯，阜阳匪扰沈丘、汝阳，官军捕诛之。辛巳，以广东盗贼横行，谕饬严缉。丁亥，德宗生於醇邸。戊子，赈天津灾。

秋七月己丑朔，桂军剿越南窜匪，克长庆，斩匪首赵雄才。壬辰，杜嘎尔军剿贼於布拉特，胜之。甲午，永定河复决。丙申，穆图善赴北山剿贼。金运昌军剿乌拉特窜匪，胜之。丁未，河内沁河决。乙卯，昌图贼匪窜扰，都兴阿遣军剿平之。

八月壬申，以副都统庆至袭封郑亲王。甲戌，桂军克安世贼寨，追剿太原窜匪，苏国汉赴广东乞降。丁丑，诏各省设局收养流寓孤寡。

九月丙申，革高邮征粮弊习。丁酉，甘军克康家崖要隘。趣荣全赴伊犁。给刘铭传假三月。壬寅，谕奉、吉整顿吏治，严缉盗贼。命恩锡往上海办奥国换约。丁未，乔松年等会堵侯家林决口。

是秋，赈顺直各属及菏泽等州县灾，免濮州被水、晃州被扰逋赋。

冬十月戊午朔，达尔济以撤营纵贼，褫职逮治。命曹克忠接统刘铭传军，赴肃州防剿。庚申，以湖南匪变，命李鸿章查办。壬辰，命景廉为乌鲁木齐都统。癸未，诏免伊犁被胁官吏军民等罪。以参领贡果尔接统达尔济军。

十一月癸巳，甘军克河州，禹得彦等降。丁未，西宁回匪窜乌拉特及中卫，张曜军击退之。乙卯，肃州回匪复犯敦煌，文麟援剿之。

十二月辛未，予先儒张履祥从祀文庙。丁丑，香山匪徒曾大鹅幅等作乱，捕诛之。

是岁，朝鲜、琉球、越南入贡。

十一年壬申春正月丙戌朔，停筵宴。己丑，以纪年开秩谕减刑。文硕以乞病褫职。辛卯，桂军复越南从化，克镇山。癸巳，甘军连破甘坪、大贝坪等处贼垒，进攻太子寺。庚子，黔军克清平、黄平、重安。辛丑，援黔湘军克黄飘、白堡苗寨。辛亥，命侍郎崇厚、太常寺少卿夏家镐在总理各国事务衙门行走。

二月庚申，允江苏办米试行河运，漕白二粮仍由海运。丙寅，曾国藩卒，赠太傅。戊辰，褫刘铭传职，以前功仍留一等男爵。庚午，起彭玉麟巡阅长江水师。甲申，侯家林决口合龙。越南匪首苏国汉等伏诛。是月，赈四川各属灾。

三月乙酉朔，黔军复贞丰。丙戌，甘军剿太子寺回匪失利，提督傅先荣、徐文秀死之。褫提督杨世俊黄马褂，降参将。甲午，免达尔济等罪，仍褫职效力。丁酉，以奉匪扰朝鲜境，严缉之。辛丑，瑞常卒。

是春，免湖北黄陂、直隶安州、甘肃河州等处被扰逋赋。

夏四月丙辰，回匪窜定边、靖边，陕军击退之。己未，西宁回目马占鳌、陕回崔三、米拉沟回目治成林等，先后乞降。丙寅，停淮关传办活计。谕内务府力求撙节。己卯，通政司副使王维珍疏陈先意承志，孝思维则。予严议，寻褫职。是月，免贵州兴义等属被扰逋赋。

五月甲申朔，日有食之。免热河腾围旗民租课三年。乙酉，自三月初旬，慈禧太后弗豫，月余不视朝。至是，御史李宏谟请勤召对。谕责其冒昧，严饬之。癸巳，徐占彪军剿肃回屡捷。左宗棠劾成禄糜帑迁延，命穆图善查办。乙未，贵州苗匪平，赏席宝田骑都尉。丙申，陕回宋全德等降。予伊犁殉难已革尚书陈孚恩暨其眷属旌恤加等。庚子，命李鸿章为大学士，仍留直隶总督任。乙巳，滇军克永平及云南。

六月甲午，朱凤标致仕。命文祥为大学士，全庆协办大学士。丁卯，谕停本年秋审、朝审句决。以单懋谦协办大学士。

秋七月癸未朔，滇军会克兴义。己丑，免廓尔喀例贡。赈达木蒙古及三十九族被灾兵民。戊戌，回匪窜扰宁夏西路及阿拉善旗，官军击退之。己亥，直隶呈进瑞麦，御史边宝泉疏论之。谕李鸿章勤恤民隐，补救偏灾，毋铺张瑞应。庚子，永定河北下汛溢。是月，免湖南晃州被扰逋赋。

八月庚午，截江北漕米十万余石赈畿辅被水灾民。癸酉，金顺以迁延罢，常顺署乌里雅苏台将军。辛巳，以单懋谦为大学士。

九月癸未，滇军克赵州、蒙化并大理上下关，赏杨玉科、李维述黄马褂。左宗棠言地产瑞麦瑞谷，谕却之。乙未，册立皇后阿鲁特氏，自王大臣以次推恩加赉，颁诏天下，覃恩有差。永定河工合龙。丙午，允彭玉麟乞病回籍，仍命每年巡阅长江水师。庚戌，荣全请令庆符招抚缠、民，英廉等马队驻库尔喀喇乌苏，酌募民勇，允之。

十月丁巳，甘肃溃勇首犯冯高山等伏诛。己未，加上两宫皇太后徽号。戊辰，广西隆安、岑溪土匪，西隆苗匪平。壬寅，谕统兵大臣约束委员，治骚扰逾限者罪。允恭亲王请，复军机处旧制。丙子，何璟忧免，以张树声署两江总督。

十一月乙酉，朝鲜匪船越境侵扰，都兴阿等水师缉剿之。回匪扰哈密东山，官国剿胜之。禁殿廷、乡、会考试请托冒替。己卯，琼州土匪平，诛匪首何亚万等。辛卯，滇军剿馆驿等踞匪，迤东、迤南肃清。乙未，肃回窜扎萨克汗各旗，官军击走之。黔军会克新城。下江苗匪乱，张文德军剿除之。全黔底定。丙申，捻匪窜扰太湖，水师剿平之。允军民入哥老会者自首免罪。丁酉，申禁各省种罂粟。辛丑，刘锦棠等军剿回匪，大捷。丁未，陕军剿陕北二道河等处窜匪，殄之。李鸿章奏设招商局，试办轮船分运江、浙漕粮。

十二月己未，驻藏帮办德泰坐事褫职回旗。丙辰，谕吏部、兵部、理藩院，亲政后，各署有请旨及军务摺片，均用汉文。丁卯，释田兴恕回。丙子，左宗棠乞病，温旨不许，已卯，祫祭太庙。

是岁，朝鲜入贡。

十二年癸酉春正月辛巳朔。癸未，官军击回匪於那玛特吉幹昭，败之。丙戌，以李宗羲为两江总督，兼通商大臣。辛丑，成禄以苛捐诬叛，褫职逮问，趣金顺接统其军。甲辰，滇军克大理，回酋杜文秀、杨荣、蔡廷栋等伏诛。赏岑毓英黄马褂、骑都尉世职，开复刘嶽昭处分，赏杨玉科骑都尉。乙巳，两宫皇太后以亲政届期，懿旨勉上"只承家法，讲求用人行政，毋荒典学"。勖廷臣及中外臣工"公忠尽职，宏济艰难"。丙午，上亲政，诏"恪遵慈训，敬天法祖，勤政爱民"。己酉，谕内务府核实撙节，於岁费六十万外，不得借支。

二月庚戌朔，军机大臣、六部九卿会议黄、运两河办法。谕李鸿章悉心筹办奏闻。下诏修省，求直言。谕直省举贤才，杜侵蠹。戊午，加上两宫皇太后徽号，翌日颁诏覃恩有差。刘锦棠军克大通向阳堡。庚午，以谒东陵，命惇亲王等留京办事。乙亥，金顺军抵肃州剿回匪，败之。

三月癸未，上奉两宫皇太后谒东陵。丁亥，回銮。免跸路经过本年额赋。己丑，大通、巴燕戎格及五工撒拉各回众降。西宁匪首马桂源等伏诛。庚寅，上奉两宫皇太后还宫。丙申，回匪白彦虎等窜甘州。命议定各国公使觐见礼节。荣全乞病，不许。庚子，以英廉为塔尔巴哈台参赞大臣。丁未，滇军克顺宁。

是春，免江苏邳州、陕西鄜州等属被扰逋赋。

夏四月乙卯，设廉州北海关。丙辰，日本换约成。乙丑，回匪窜阿拉善旗及阿毕尔米特，谕定安遣军会防兵夹击。己巳，官军克肃州塔尔湾贼巢。

五月庚寅，滇军克云州。丁酉，允各国公使觐见。癸卯，成禄交刑部治罪。丙午，命成瑞署乌鲁木齐提督。

六月壬子，上幸瀛台，日使副岛种臣、俄使倭良嘎哩、美使镂斐迪、英使威妥玛、法使热福哩、荷使费果荪觐见于紫光阁，呈递国书。庚申，严趣金顺出关。丁卯，甘军复循化，匪目马玉连等伏诛。

闰六月甲申，李鸿章覆陈黄、运两河淮、徐故道难复，请仍海运。其旧河涸地，酌量升课。议行。丙戌，朱凤标卒。滇军克腾越，予岑毓英一等轻车都尉，赏刘嶽昭黄马褂，杨玉科一等轻车都尉。以云南军兴十有八年，郡县多为贼蹂躏，诏免十一年以前积欠粮赋，并永远停征济军厘谷。谕刘嶽昭慎选牧令，察吏安民。甲午，京畿久雨，上祈晴。丙申，诏查各省亩捐、厘捐及丁漕违制者，次第豁除。庚子，甘军剿白彦虎等于敦煌，失利，副将李天和等死之。永定河决。免阿尔泰乌梁海七旗贡貂。

秋七月辛亥，桂军剿西林、西隆匪，平之。甲子，赈顺天灾。是月，免山东青城被水新旧额赋。

八月丁丑朔，都兴阿乞病，慰留之。辛巳，直隶运河堤决。荣全复以病乞免，不许。富和有罪褫职。戊子，白彦虎等陷马莲井营堡。召刘嶽昭入觐，以岑毓英兼署云贵总督。壬辰，白彦虎等围哈密，犯巴里坤，官军失利。乙未，谕景廉督军赴援，调锡纶为乌鲁木齐领队大臣，以明春为哈密帮办大臣。是月，赈直隶各属、永顺府属暨公安水灾。

九月丙寅，命军机大臣会刑部审拟成禄罪。癸酉，永定河合龙。

冬十月丙子朔，御史沈淮疏请缓修圆明园。谕令内务府仅治安佑宫为驻跸殿宇，余免兴修。己亥，官军克肃州，匪逆马文禄伏诛。上诣两宫皇太后贺捷。庚子，论功，命左宗棠以陕甘总督协办大学士，加一等轻车都尉；复金顺职，赏还黄马褂；予徐占彪、穆图善云骑尉。

十一月己未，越南王疏请会剿河阳、兴化、山西、宣光边地诸匪。谕刘长佑、冯子材议奏。辛酉，法、越构衅，法兵破河内省城，越匪扰北宁。越人求援。谕瑞麟饬军由钦州出关，会桂军援剿之。甲子，御史吴可读请将成禄明正典刑。己巳，岑毓英奏整顿吏治营伍，并请撤勇停捐，自云南始。诏嘉之。庚午，疏浚运河。壬申，成禄论斩。吴可读坐刺听朝政降调。

十二月甲申，回匪窜扰乌梁海等部，锡纶军追剿，败之。戊子，以磨勘顺天举人徐景春试卷荒谬，考官尚书全庆、都御史胡家玉等降黜有差。辛卯，命额勒和布赴乌里雅苏台查办事件。丙申，赏故提督刘松山一等轻车都尉。命张曜、金顺分军西进。壬寅，以慈禧皇太后四旬庆典，推恩近支王公及中外大臣，赉叙有差。

是岁，朝鲜入贡。

十三年甲戌春正月乙巳朔，停筵宴。甲寅，湘军剿古州苗匪，平之。丙辰，命编修张英麟、检讨王庆祺直弘德殿。辛酉，以刘坤一、胡家玉互参，降坤一三品顶带，褫职留任，家玉镌五级调用。癸亥，谕筑东明长堤。己巳，官军援沙山子击回匪，胜之，赏福珠哩黄马褂。

二月己卯，回匪扰巴里坤境，明春等会剿之。丙申，以法取越南地，越匪扰山西，逼滇疆，谕岑毓英部署边防。禁京师私铸。丁酉，上奉两宫谒西陵。

三月甲辰，还宫。乙巳，赈奉天灾民。丙午，命宝鋆协办大学士。己酉，修海宁石塘。辛酉，论肃清贵州功，复陶茂林提督，赏提督何世华等世职。辛未，日本兵舰泊厦门，谕沈葆桢统兵轮往，相机筹办。命李鸿章与秘鲁公使会议华工事宜。

夏四月甲戌，诏拨帑十万抚恤乌里雅苏台灾扰部落。丁丑，上幸瀛台。单懋谦因病乞休，允之。觐见俄使布策等于紫光阁。辛巳，上幸圆明园还宫。癸未，玛那斯回匪犯奎屯等处，官军进剿失利，景廉兵援之。丙戌，日本兵船抵台湾登岸，与生番寻衅。命沈葆桢办海防，兼理各国事务大臣，江、广沿海各口轮船，以时调遣。辛卯，常顺缘事褫职，命额勒和布为乌里雅苏台将军，庆春为察哈尔都统，托伦布为科布多参赞大臣。丁酉，赐陆润庠等三百三十七人进士及第出身有差。辛丑，景廉再乞病，不许。

五月壬寅朔，法、越和议定，谕边将安辑内迁难民。壬子，上幸圆明园还宫。日本攻台湾番社。丁巳，以慈禧太后圣节，予在京旗官六十以上者恩赏，停本年秋审、朝审人犯句决。己未，彗星见。乙丑，诏赈奉天灾民。丙辰，允沈葆桢请，建台湾海口炮台，抚番社，撤疲兵。戊辰，日本师船游弋福建各海口。日使柳原前光与总署王大臣商台湾兵事。

六月乙亥，谕饬总兵孙开华接办厦门防务。己卯，召杨岳斌、曾国荃、阎敬铭、赵德辙、丁日昌、鲍超、蒋益澧、郭嵩焘来京。壬午，乌索寨降众复叛，滇军剿平之。癸未，允李鸿章请，以徐州唐定奎军渡海赴台。乙酉，谕户部撙节不急之需，豫筹海防经费。谕沈葆桢部署南北路防守。丁酉，命翁同龢仍直弘德殿。

秋七月丁未，李鹤年请闽省陆路选立练军，议行。庚戌，玛纳斯回匪犯西湖，官军击退之。壬子，命左宗棠为大学士，仍留陕甘总督任，景廉为钦差大臣，督办新疆军务，金顺帮办军务。庚申，觐见比使谢恩施等于紫光阁。甲子，内务府大臣贵宝以任郎中时，于知府李光昭报效木植，欺罔奏陈，严议褫职。乙丑，马贼陷宁古塔，旋复之。允福建军饷借用洋款二百万，由海关税分年抵还。己巳，停修圆明园工程。庚午，谕责恭亲王召对失仪，夺亲王世袭，降郡王，仍为军机大臣，并革载澂贝勒郡王衔。白彦虎等犯济木萨，官军击败之。

八月辛未朔，懿旨复恭亲王世袭及载澂爵衔，训勉之。谕修葺三海工程，力求撙节。丙戌，河南蝗。戊子，李光昭论斩。庚寅，谕各省整顿捕务。乙未，命左宗棠督办西征粮台转运事宜，以内阁学士袁保恒为帮办。诏各省酌裁厘局，禁种罂粟。丁酉，上幸南苑。戊戌，阅御前王大臣、乾清门侍卫射。己亥，上行围。

九月庚子朔，上幸晾鹰台，撒围。辛丑，上幸晾鹰台，阅神机营兵。壬寅，阅王大臣、侍卫等射。丁未，瑞麟卒，以英翰为两广总督。庚戌，日本续遣大久保利通来，与总署王大臣论台湾番社兵事。丙辰，宁古塔匪首王文拴伏诛。辛酉，王大臣与日使成议，退兵回国，给日本难民恤金及台湾军费共五十万。乙丑，贾桢卒。丙寅，谕李鸿章等于总署条奏海防、练兵、简器、造船、筹饷、用人、持久诸事，详议以闻。

十月辛未，以慈禧皇太后四旬万寿，复刘铭传提督。己卯，上庆贺礼成，赏废员职衔，免王公、文武官处分，余进叙有差。庚辰，恤广东飓灾。癸巳，命广寿、夏同善赴陕西查事。己亥，上不豫，命李鸿藻代阅章奏。

十一月甲辰，命恭亲王代缮批答清文摺件。丁未，赈徐、海水灾。己酉，命内外奏牍呈两宫披览。以宝鋆为大学士。壬子，日本退兵。癸丑，冬至，祀天圜丘，遣醇亲王代。颁部帑百五十万筑石庄户堤工。甲寅，上以两宫调护康吉，崇上徽号，诏刑部及各省罪犯分别减等。庚申，议行河南练军。甲子，以石庄户堤难就，允丁宝桢请，於贾庄一带建坝筑堤。

十二月辛未，诏蠲免云南被扰荒地钱粮十年。甲戌，李宗羲病免，以刘坤一署两江总督。上疾大渐，崩於养心殿，年十九。

慈安皇太后、慈禧皇太后召惇亲王奕誴、恭亲王奕䜣、醇亲王奕譞、孚郡王奕譓、惠郡王奕详、贝勒载治、载澂、公奕谟、御前大臣伯彦讷谟祜、奕劻、景寿，军机大臣宝鋆、沈桂芬、李鸿藻，内务府大臣英桂、崇纶、魁龄、荣禄、明善、贵宝、文锡，直弘德殿徐桐、翁同龢、王庆祺，南书房黄钰、潘祖荫、孙诒经、徐郙、张家骧入奉懿旨，以醇亲王之子承继文宗为嗣皇帝。

光绪元年二月戊子，皇后阿鲁特氏崩。三月己亥，上尊谥曰继天开运受中居正保大定功圣智诚孝信敏恭宽毅皇帝，庙号穆宗。五年三月庚午，葬惠陵。

论曰：穆宗冲龄即阼，母后垂帘。国运中兴，十年之间，盗贼划平，中外乂安。非夫宫府一体，将相协和，何以臻兹？洎帝亲裁大政，不自暇逸。遇变修省，至勤也。闻灾蠲恤，至仁也。不言符瑞，至明也。藉使蕲至中寿，日新而光大之，庸讵不与前古媲隆。顾乃奄弃臣民，未竟所施，惜哉！

卷二十三　　本纪二十三

德宗本纪一

德宗同天崇运大中至正经文纬武仁孝睿智端俭宽勤景皇帝，讳载湉，文宗嗣子，穆宗从弟也。本生父醇贤亲王奕譞，宣宗第七子。本生母叶赫那拉氏，孝钦皇后女弟。同治十年六月，诞於太平湖邸第。

十三年，食辅国公俸。十二月癸酉，穆宗崩，无嗣。慈安皇太后、慈禧皇太后召惇亲王奕誴、恭亲王奕䜣、醇亲王奕譞、孚郡王奕譓、惠郡王奕详，贝勒载澂，镇国公奕谟，暨御前大臣、军机大臣、内务府大臣，弘德殿、南书房诸臣等定议，传懿旨，以上继文宗为子，入承大统，为嗣皇帝。俟嗣皇帝有子，即承继大行皇帝。

乙亥，王大臣等以遗诏迎上於潜邸，谒大行皇帝几筵。丙子，上奉慈安皇太后居钟粹宫，慈禧皇太后居长春宫。从王大臣请，两宫皇太后垂帘听政。皇太后训敕称懿旨，皇帝称谕旨。诏停三海工程。乙卯，停各省贡方物。壬午，颁大行皇帝遗诏。懿旨，醇亲王奕譞以亲王世袭罔替。翰林院侍讲王庆祺有罪，褫职。定服制，缟素百日，仍素服二十七月。伯彦讷谟祜、景寿俱管理神机营。癸未，诏惇亲王、恭亲王、孚郡王谕旨章奏勿书名，召对宴赉免叩拜。甲辰，诏以明年为光绪元年。

丁亥，上大行皇帝尊谥曰继天开运受中居正保大定功圣智诚孝信敏恭宽毅皇帝，庙号曰穆宗。戊子，懿旨封皇后为嘉顺皇后，皇贵妃为敦宜皇贵妃。谕中外臣工，于用人行政，据实直陈。饬臣民去奢崇实。敕各督抚求民疾苦，慎选牧令，考核属吏，并修明武备。壬辰，颁遗诏於朝鲜。甲午，禁内务府官结纳太监。乙未，内务府大臣贵宝、文锡褫职。丙申，谕左宗棠督剿河州叛回。丁酉，祫祭太庙。

是月，免浙江被灾盐场灶课。

光绪元年乙亥春正月己亥朔，免朝贺。命吏部尚书英桂、兵部尚书沈桂芬并协办大学士。戊申，予明故藩朱成功建祠台湾，追谥忠节。庚戌，敕沈葆桢勘办琅琊筑城建邑，筹开山抚番事宜。辛亥，祈谷於上帝。清江设厂，收养徐、海被水饥民。内阁侍读学士广安疏请廷臣会议大行继嗣颁铁券，斥之。丙辰，越南匪党窜滇边，巡抚岑毓英剿平之，戊午，上御太和殿，即皇帝位，颁赦诏，开恩科。辛酉，申谕督抚进贤惩贪，除贪缘奔竞。

二月丁丑，谕刑部清厘积案。戊寅，祭大社、大稷，豫亲王本格摄行。由是大祀皆遣代，至十二年冬至圜丘祀天始亲诣。壬午，英缯译官马嘉礼被戕於云南。刘锦棠等复河州。甲申，台湾生番乱，提督唐定奎剿之。丙戌，赐琉球国王缎匹文绮及贡使缎匹。戊子，嘉顺皇后崩。

三月戊戌朔，日有食之。己亥，上大行皇帝尊谥庙号。壬子，山东贾庄河工合龙。丙辰，越南匪党苏亚邓等伏诛。乙丑，召景廉回京，授左宗棠钦差大臣，督办新疆军务，以金顺为乌鲁木齐都统副之。是月，普免各省欠粮，免江西、山西同治六年以前逋赋。

夏四月丁卯朔，享太庙。庚午，命穆图善调所部马队来京，隶神机营，驻南苑。己卯，唐定奎克台湾南路番社。壬辰，以沈葆桢为两江总督，兼通商大臣，督南洋海防，李鸿章督北洋海防。

五月戊戌，兴直隶水利，防军垦鹹水沽稻田。庚子，大考翰、詹，擢吴宝恕、瞿鸿禨、钮玉庚、孙诒经一等，余升黜有差。甲辰，停浙江贡绿玉簪镯，并停各织造传制诸品。刘嶽昭督攻越南，复同文土州等城。戊申，上嘉顺皇后尊谥曰孝哲嘉顺淑慎贤明宪天彰圣毅皇后。辛亥，工部神库火。壬子，刑部科房火。命李瀚章往云南查马嘉礼案，薛焕继往会按之。乙卯，夏至，祭地於方泽。

六月戊辰，吉林将军奕榕褫职遣戍。庚午，奉天匪据大东沟作乱，崇实讨平之。停甘肃例贡。甲午，免直隶同治十年以前民欠旗租并补征税。懿旨命醇亲王与御前大臣举各署谙绿营、勇营纪律，及侍卫可任统兵者。壬午，以穆宗帝后梓宫奉移山陵，预戒有司毋备御道，旋禁苛扰。

秋七月戊戌，免直隶同治六年以前逋赋并税粮。庚子，永定河决。谕各省详理京控诸狱。贷太原等县仓谷济民食。癸卯，赏刘典三品京堂，帮办陕、甘军务。免湖北米谷釐金。甲辰，秘鲁换约成。谕总署会筹保护华工。丙午，慈安皇太后圣寿节，停筵宴。壬戌，命李鸿章、丁日昌与英使威妥玛就商马嘉礼案。候补侍郎郭嵩焘、候补道许钤身充出使英国大臣。

八月戊寅，免陕西被兵额赋。庚辰，免长芦、两淮盐政应进物品。庚寅，命丁日昌督福建船政。

九月丁酉，谕穆图善整饬吉林吏治、旗营。甲辰，申定外人游历内地条约。吴棠督剿叙永厅窜匪。辛亥，免梓宫经过大兴等州县额赋十之五，遵化十之七，赏平毁麦田籽种银，并免蠲剩钱粮及旗租。甲寅，奉安梓宫於隆福寺。乙卯，上谒诸陵。阅普祥峪、菩陀峪工程。丙辰，阅惠陵工程。丁巳，奉两宫皇太后还宫。庚申，至自隆福寺。辛酉，谕王凯泰区处台湾生番。癸亥，刘长佑剿败越南匪，匪首黄崇英、周建新伏诛。

冬十月甲子朔，享太庙。癸酉，慈禧皇太后圣寿，停筵宴。甲戌，允丁宝桢请，於烟台、威海卫、登州府筑炮台，设机器局。己卯，弛浙江南田岛禁，听民耕作。庚辰，赏京师贫民棉衣银，每岁皆如之。叙永匪李增元等为乱，提督李有恒剿平之。癸未，赏八旗各营一月钱粮，岁以为常。湖南新化、衡、永匪乱，总兵谢晋钧、提督赵联壁剿平之。丁亥，委散秩大臣吉和、内阁学士乌拉喜崇阿使朝鲜，封李熙子拓为世子。

十一月戊戌，岑毓英克镇雄大寨，匪首鞠占能伏诛。刘嶽昭以玩泄褫职。丁未，予郎中陈兰彬以京堂候补，充出使美、日、祕大臣。乙卯，奉天大通沟匪平。戊午，冬至，祀天於圜丘。己未，免朝贺。庚申，祫穆宗帝后神牌於奉先殿。

十二月丙寅，奉安神御于寿皇殿。丁卯，除盛京养息牧碱地额赋。甲戌，懿旨："皇帝典学，内阁学士翁同龢、侍郎夏同善授读于毓庆宫，御前大臣教习国语满、蒙语言文字及骑射。"大学士文祥请解机务，慰留之。戊寅，免浙江被灾新旧赋课。甲申，祈雪坛庙。辛卯，祫祭太庙。

是岁，朝鲜、琉球、缅甸入贡。

二年丙子春正月癸巳朔，免朝贺。戊戌，谕各省宣讲《圣谕广训》。癸卯，免仁和等场未垦灶荡课粮。癸丑，黔匪陷下江，寻复之。丙辰，祈雨。自是频祈雨。辛酉，四川蛮匪平。

二月乙丑，诏自本年孟夏始，未亲政以前，太庙时享及祫祭大祀，俱前一日亲诣行礼。己卯，免海沙、芦沥等场灶额课。壬午，邓川匪首罗洪昌、项和伏诛。免浙江逋赋。庚寅，阳万土州判岑润清作乱，严树森剿平之。壬辰，东乡匪聚众抗官。

三月丙申，以旱故，诏清庶狱。己亥，予吴赞诚三品京堂，督办福建船政。甲寅，已革都司陈国瑞遣戍黑龙江。丙午，免陕西六十六州县逋赋。丁未，诏以慈安皇太后四旬万寿，停本年秋决。贵州四脚牛贼巢及六峒匪平。戊申，以雨泽愆期，谕内外臣工直言阙失。

夏四月乙亥，停陕西进方物，免淮、扬等属同治六年以前逋赋。壬午，上始御毓庆宫读书。丙戌，赐曹鸿勋等三百二十四人进士及第出身有差。戊子，苏热达热毕噶尔玛萨哈进哀表，颁敕答之，并赐缎匹。

五月乙未，文祥卒。乙巳，以近畿亢旱，直隶、山东暨河南、河北等府小民艰食，谕长官抚恤，并捕蝗蝻。丙辰，御史潘敦俨请更上孝哲皇后谥号。予严议，寻褫职。

闰五月辛酉朔，赈近畿旱灾。庚午，赈福建水灾。辛未，以旱敕修省。壬申，孝陵大碑楼灾。自春正月不雨，至于是日雨。甲申，阶州斋匪平。乙酉，谕刘坤一防海练兵，亟图整顿。

六月庚寅朔，谕文煜等严惩传习邪术。壬辰，腾越练军踞城作乱，并陷顺宁、云州。丁酉，以李鸿章为全权大臣，赴烟台与英使威妥玛议结马嘉礼案。庚子，安徽蝗。戊申，开云南实官捐例。辛亥，以江、皖、鲁、豫匪扰，谕沈葆桢等分兵搜剿，解散胁从。丁巳，总兵孔才进攻玛纳斯，斩匪首马得明等。是月，赈南丰、南昌、福建水灾。

是夏，免淮、扬等属逋赋，盛京同治六年以前逋赋，长芦各场同治十年以前灶课，直隶同治十年以来逋赋。

秋七月辛酉，上两宫皇太后徽号。辛未，复淮盐楚岸引地。甲戌，东乡匪首袁廷蛟伏诛。辛巳，刘长佑、潘鼎新复腾越各城，匪首苏开先伏诛。戊子，马嘉礼案议结，免案内官所坐罪。

八月辛卯，刘锦棠、金顺击败回酋白彦虎，复乌鲁木齐、迪化城，寻复昌吉、呼图壁、景化各城。辛丑，许钤身改出使日本大臣。丁未，赈浙江水灾。辛亥，赈江西水灾。孔才等复玛纳斯北城。

九月戊午朔，予上元、江宁两县一门殉难三十五家百九十五人旌恤建坊。壬戌，顺天增设粥厂。己巳，定出使各国章程。以四川州县民、教讼阋，谕魁玉等持平讯断。壬申，谕文煜等严缉福建、江西、安徽等省邪教匪党。

冬十月丙午，赈皖北旱灾。命景廉、李鸿藻在总理各国事务衙门行走。甲寅，召荣全来京，以金顺为伊犁将军。丁巳，赈口北、山东、安徽、江北饥。

十一月丁卯，金顺、锡纶克玛纳斯南城，匪首何碌、马有财伏诛。壬午，以新疆北路平，发帑汰遣金顺军。甲申，截漕一万石，并提仓谷济苏、常留养灾民。

十二月戊子，命侍讲何如璋充出使日本大臣。甲辰，命督抚严查州县，毋匿灾，各省民、教案持平审理。戊申，赈江北淮、海灾。己酉，回匪窜扰科布多，参赞大臣保英派兵迟缓，切责之。乙卯，免杭、嘉、松各场未垦地灶课。

三年丁丑春正月丁巳朔，免朝贺。戊午，命以左都御史景廉为军机大臣。庚申，命前藏济咙呼图克图於达赖未出世以前掌商上事务，给"达善"名号。癸亥，以英桂为体仁阁大学士，载龄以吏部尚书协办大学士。丙寅，免洪泽湖滩欠租。

二月戊子，穆坪夷匪伏诛。己丑，申谕各省垦荒田，禁械斗，慎举劾，整营规。赈直隶、山东、山西、河南、安徽、江西、福建还籍饥民。己亥，免湖北逋赋。庚子，懿旨："梓宫在殡，皇帝冲龄，除朝贺大典外，其颁庆赏宴外典礼暂缓举行。"辛丑，复淮盐引地。壬寅，刑部平反浙江民人葛品连狱，巡抚杨昌濬、侍郎胡瑞澜褫职，知府以下论罪有差。申谕各省理刑，期情真罪当，毋轻率。

三月丁巳朔，上释服。以山陵未安，仍禁官中宴会演剧。辛未，免华阴被水粮课三年。癸酉，以刘锡鸿充出使德国大臣。赈沭阳灾民。辛巳，除台湾府属杂饷，赈内山饥番。

夏四月辛卯，常雩，祀天於圜丘。甲午，马边倮夷结野番、黑夷出扰，魁玉等剿之。乙未，免鄗县被水逋赋。戊戌，刘锦棠等克七克腾木、辟展，复吐鲁番满、汉两城。寻攻克达坂及託克逊贼垒，安集延酋帕夏自杀。己亥，总兵张其光攻台湾率芒番社，克之。庚子，贷义州旗户籽种银。辛丑，赈贵阳地震灾。壬寅，昭通、广南匪作乱，官军讨平之。癸卯，以灾区缓征，吏胥舞弊，谕各省整顿。旌安贫乐道高邮增生韦弼谐。甲辰，越南遣使进方物，赉其国王缎匹。庚戌，赐王仁堪等三百二十九人进士及第出身有差。是月，江苏、安徽蝗。

五月戊辰，日本阻琉球入贡，遣来使归国。癸酉，山西旱，留京饷二十万赈之。甲戌，监利会匪王溁漳等作乱，伏诛。拨帑银一百二十万解西征粮台。戊寅，赈福州水灾。壬午，懿旨以皇上万寿值斋戒期，更定六月二十六日行庆贺礼，著为令。山西大旱，巡抚曾国荃请颁扁额为祷。以非故事，不许。谕曰："祷惟其诚，当勤求吏治，清理庶狱，以迓和甘。"

六月戊子，诏工噶仁青之子罗布藏塔布克甲木错即作为达赖喇嘛之呼毕勒罕，毋庸掣瓶。辛卯，广东北江堤决，连州大水，诏赈抚灾民。戊戌，先是穆宗祔庙位次，懿旨命大臣会议，醇亲王复请定久远至计，少詹事文治、鸿胪寺卿徐树铭、少卿文硕、内阁侍读学士钟佩贤、司业宝廷并有陈奏。至是，仍命王大臣等详议以闻，并命李鸿章妥议。丙午，以灾祲叠见，诫臣工修省。庚戌，上万寿，御乾清宫受贺。

秋七月丁巳，拨海防经费助山西赈。己未，惇亲王等议上穆宗帝后神牌位次，请于太庙中殿东西各四楹，遵道光初增奉先殿后殿龛座，修葺改饰，并从醇亲王请，自今以往，不援百世不祧之例。戊辰，免江宁、上元等县被灾额赋十之三。己巳，留京饷漕折银赈河南饥。

八月丁亥，谕各省修农田水利。壬辰，拨天津练饷十万济山西赈。甲午，免台湾同治十年供粟及糯米易谷。庚子，谕刘坤一等整顿广东捕务。戊申，拨银四十万赈山西、河南灾，并留江安漕粮输山西、河南各四万石备赈。

九月甲寅，罗田匪首陈子鳌伏诛。戊午，命前侍郎阎敬铭往山西查赈。己未，申禁山西种罂粟，改植桑、棉。辛酉，拨山东冬漕各八万石续赈山西、河南灾。甲子，予汉儒河间献王刘德从祀文庙。乙丑，诏求直言。丁卯，命李鹤年往河南查赈。戊辰，减缓山西、河南应协西征军饷。庚辰，加赈祥符等县灾民口粮。辛巳，赈兴化府属风灾。

冬十月壬辰，赈三姓雹灾。庚子，谕各省安抚转徙饥民。甲辰，免三姓被灾银谷。加赈阳曲等县灾民口粮。乙巳，增设内城粥厂。庚戌，刘锦棠进复喀喇沙尔、库车两城，寻复阿克苏及乌什城。

十一月癸丑，诏戒各部院玩愒因循。乙卯，开山东运漕新河。丁巳，谕督、抚、府尹讲求吏治。

十二月辛卯，缓赫哲贡貂。庚子，豫免山西、河南被灾州县来岁粮。

是冬，连祈雪。拨来年江、鄂漕米凡十二万石赈山西，发帑金赈陕西。

是岁，山、陕大旱，人相食。

四年戊寅春正月辛未，赈河南饥。命郭嵩焘兼出使法国大臣。西军复叶尔羌、喀什噶尔，和阗回众降。己卯，谕各省清理词讼。

二月辛巳朔，修成都都江堰。壬午，谕兴北方水利。乙酉，命署兵部左侍郎王文韶为军机大臣。庚寅，谕举州县能实行荒政者。壬辰，新疆平，匪首白彦虎遁入俄罗斯。论功，进左宗棠二等侯，刘锦棠二等男，予提督余虎恩等世职有差。甲午，谕清庶狱。丁酉，赈呼兰灾。己亥，下诏罪己。赈山西、河南饥。丙午，瘗灾地遗骸。庚戌，免侯官被水丁粮。

三月甲寅，谕被灾各省试行区田法。壬申，赈直隶饥，拨察哈尔牧群马三千匹给贫民耕作。甲戌，谕内务府，减经费，除浮冒。戊寅，英桂致仕。是月，河南雨。

四月壬午，沈葆桢请罢武科，斥之。壬辰，赈广东风灾。

五月庚戌朔，谕直省广植桑、茶。命载龄为体仁阁大学士，管工部事，全庆以刑部尚书协办大学士。辛未，以崇厚为出使俄国大臣。

六月丙戌，免陕西逋赋。庚寅，严私铸禁。甲午，赈台湾风灾。庚子，谕刑部严定州县侵赈罪。

秋七月乙卯，云南官军复耿马土城。辛未，命礼部右侍郎王文韶、顺天府府尹周家楣在总理各国事务衙门行走。壬申，严命案延玩处分。甲戌，以曾纪泽为出使英、法大臣。丁丑，免平阳、蒲、解、绛今岁秋赋。是月，赈金、衢、严等府，浮梁等县水灾。

八月己卯，永定河决。丙戌，沁河决。戊子，赈崇安、浦城水灾。

九月丁巳，谕东南疆吏豫救水患，清釐保甲，防会匪煽惑灾民。癸亥，赈山西旱，免阳曲等县逋赋，及徐沟等县秋粮。戊辰，赈蓝田水灾。丙子，修樊口江堤。

冬十月壬午，广西在籍总兵李扬才叛，命冯子材剿之。免通、海各处，淮安四卫逋赋并杂课。丁亥，赈濮、范、寿阳水灾。癸巳，沁河复决。赈奉天水灾。乙未，北新仓火。戊戌，台湾后山加礼宛等社就抚，缚献番目，诛之。免贵州被兵新旧额赋。

十一月丙辰，修北运河堤。辛酉，白彦虎寇边，刘锦棠击败之。癸亥，李扬才踞越南长庆，杨重雅剿之。己巳，诏督抚整躬率属。责军机大臣勿避嫌怨，院部大臣力戒因循。甲戌，冬至，祀天於圜丘。乙亥，停朝贺。

十二月己丑，诏永罢捐输事例。

是岁，免仁和盐场逋课者二。朝鲜、廓尔喀入贡。

五年己卯春正月乙巳朔，停筵宴。乙丑，申谕停筹饷捐例。修高淳堤。辛未，赈山西饥。

二月壬午，吉州知州段鼎耀以吞赈处斩。癸未，诏复河运。甲午，谕山西清理荒田，编审丁口，均差徭。乙亥，梓宫奉安山陵，禁有司科派扰累。赈文安等州县水灾。

三月丙午，贼目钟万新与李扬才合犯宣光，冯子材会师越南击之。壬子，免梓宫所过大兴、通、三河、蓟、遵化额赋。庚申，颁吉咙呼图克图敕书，并赉哈达、蟒缎。布鲁特回酋合安集延贼酋寇边，刘锦棠败之。乙丑，奉两宫皇太后谒东陵。己巳，谒昭西、孝东诸陵。庚午，葬穆宗于惠陵，孝哲后祔。癸酉，至自东陵。

闰三月乙亥，穆宗神主祔太庙，颁诏天下。丁亥，李扬才踞者岩。己丑，修襄阳、沔阳、天门江堤。庚寅，吏部主事吴可读於东陵仰药自尽，遗疏请豫定大统。懿旨，王大臣等集议以闻。乙未，命三品卿衔李凤苞为出使德国大臣。

夏四月戊申，修通州北运河。癸丑，予吴可读恤典。懿旨，以可读原疏及会议摺，徐桐、宝廷、张之洞等摺，并前后谕旨均录存毓庆宫。免河南被灾州县漕银及逋课。己巳，先是峄县知县朱永康以谋杀委员高文保论戍，寻下廷议。至是，奏上，诏以罪浮于法，改论死。

五月丙子，夏至，祭地於方泽。己卯，免两淮、泰、海各场逋课。壬午，河南蝗。己亥，官军剿平者岩贼。是月，赈清河、安东风灾。山西雨。阶、文、西和地震历十有三日。

六月壬子，刑部言东乡狱事，诬叛妄杀，已革知县孙定扬、提督李有恒论死。寻文格、丁宝桢并坐夺职。命发帑二十万，拨丁厘银三十万，济山西赈需。己未，谕言事诸臣，交部议奏之事，不得搀越陈奏，亦不得雷同附和，相率渎陈。普免山西积年民欠仓谷。乌拉特、阿拉善等旗蝗。甲子，懿旨允醇亲王奕譞家居养疾，解职务。赈邠、乾、汉、凤地震灾。

七月庚辰，赈直隶水灾。戊子，以星变、地震求直言。谕各省积谷。免绛、蒲、阳城被灾夏课盐税。庚寅，复海运。

八月戊申，祭大社、大稷。诏各省举文武堪备任使者。壬子，致仕大学士单懋谦卒。癸丑，赈博山等州县水灾。乙卯，江、皖各属蝗。乙丑，赈阶、文、西和地震及水灾。

九月甲戌，赈直隶水灾。壬辰，加上文宗、穆宗尊谥。己亥，重庆等府县地震，赈之。

冬十月辛丑朔，免曲沃等州县歉收额赋。乙卯，免奉天旗民站丁地课抵例赈口粮。丁巳，谕水师并习陆战。癸亥，赈秀山等处水灾。己巳，英桂卒。免齐齐哈尔、黑龙江、墨尔根屯粮，并原贷籽种。

十一月乙亥，李扬才伏诛。己卯，冬至，祀天於圜丘。庚辰，停朝贺。壬午，沈葆桢卒。甲申，以刘坤一为两江总督，兼南洋大臣。庚寅，诏责崇厚与俄人定伊犁约，擅自回京，所议条约，廷臣集议。壬辰，免山西灾重州县税契银。

十二月己酉，懿旨，廷议俄约覆奏，下王大臣等再议，醇亲王并预议以闻。乙卯，褫崇厚职，下狱。辛酉，谕修社仓，兴社学。己未，免永济等州县秋粮。丙寅，袷祭太庙。诏洗马张之洞会商俄约。戊辰，修山东运河。

是岁，朝鲜、廓尔喀入贡。

六年庚辰春正月己巳朔，停筵宴。辛未，命曾纪泽为出使俄国大臣，改议条约。甲戌，谕查营伍虚额占役。乙亥，西林苗匪平。丙子，命前工部尚书李鸿藻仍为军机大臣。壬午，寻甸匪乱，官军讨平之。己丑，诏中外举人才，疆吏饬边备海防。命河北道吴大澂帮办吉林军务，通政使刘锦棠帮办新疆军务。辛卯，定崇厚罪，论斩。癸巳，户部奏筹饷十条，诏各省推行。是月，除山西各属荒地丁银，免仁和等场荒荡夏税。

二月乙巳，永免榆次贡瓜。壬戌，甘肃总兵萧兆元侵蚀军粮，论斩。

三月甲戌，赈顺直水灾。乙亥，左宗棠出屯哈密，金顺扼精河，张曜、刘锦棠分进伊犁。己卯，免山西洪洞、忻州各属荒赋三年或四年。

四月庚子，祀天於圜丘。复设科布多昌吉斯台、霍呢迈拉扈等八卡伦官兵。丙午，三姓设厂造轮船。甲寅，阶州番匪哈力等作乱，伏诛。壬戌，赐黄思永等三百三十三人进士及第出身有差。乙丑，调李长乐为直隶提督，统武毅四营，鲍超为湖南提督，召来京。

五月丙子，赈洛阳等县雹灾。乙酉，阶州番匪古旦巴等伏诛。丙戌，以徇俄人请，贷崇厚死，仍系狱。

六月丁酉朔，赈福建水灾。癸卯，畀李鸿章全权大臣，与巴西议约。甲辰，禁征粮浮收勒折。丙辰，赈广州等处水灾。丁巳，免交城等县荒地缺课。命曾国荃督办山海关防务。

七月壬申，召左宗棠来京，督办关外事宜。癸酉，出崇厚於狱。癸未，赈扬州风灾。甲申，命前浙江提督黄少春办理浙江防务。

八月己亥，巴西商约成。戊申，召刘铭传来京。庚戌，南北洋初置电线。壬子，江苏捕蝗。癸亥，朝鲜来告与日本交聘。

九月己巳，命浙江提督吴长庆帮办山东防务，节制防军。庚午，免永济贡柿霜。辛未，允朝鲜派工匠来天津学造器械。壬申，赈蒲城等处灾。壬午，给曾国荃病假，命岐元节制各军。癸未，减凉、肃番族马贡。己丑，赈资阳、清溪灾。庚寅，印度进乐器并所撰《乐记》，赉以金宝星。癸巳，除拉林旗佃租赋。

冬十月丙午，察木多帕克巴拉胡图克图进贡物，以哈达、大缎赐之。己酉，东明河决。辛亥，命前吏部尚书毛昶熙在总理各国事务衙门行走。甲寅，赈围场海龙城及菏泽水灾。甲子，懿旨醇亲王管理神机营事务。

十一月乙丑朔，命侍讲许景澄为出使日本大臣。己巳，以全庆为体仁阁大学士，灵桂以吏部尚书协办大学士。甲申，冬至，祀天圜丘。丙戌，江华瑶匪平。癸巳，免永平等属逋赋。

十二月丙午，命杨昌濬会办新疆善后。丙辰，免文安被水额赋。庚申，懿旨神机营选弁兵赴天津学制外洋火器。辛酉，浚漕运河道。

是冬，数祈雪。

是岁，朝鲜、廓尔喀入贡。

七年辛巳春正月甲子朔，停筵宴。沈桂芬卒。癸酉，敕各省慎举孝廉方正。乙亥，达赖喇嘛遣人进哈达、佛香，命献惠陵，赉以哈达、缎匹。戊寅，免浙江仁和等场荒坍灶荡，各府州县卫荒地新垦地六年逋课及额粮。辛卯，越南请官兵助剿积匪，不许。免海阳六年逋赋。壬辰，命左宗棠为军机大臣，管兵部，兼总理各国事务衙门行走。除贵筑、兴义、八寨水银等厂逋课。

二月癸巳朔，命李鸿章筹山海关防务，节制诸军。以曾国荃为陕甘总督。戊戌，日本使臣宍户玑来议琉球条款，不协，敕海疆戒备。己酉，修襄阳老龙石堤。辛亥，修济阳坝工。甲寅，通政司参议刘锡鸿以诬劾李鸿章褫职。

三月甲子，除锦州官田租赋。丁卯，改筑焦山都天庙炮台。己巳，命李凤苞兼出使义和奥大臣，黎庶昌为出使日本大臣。辛未，慈安皇太后不豫，壬申，崩於钟粹宫。癸未，上大行皇太后尊谥曰孝贞慈安裕庆和敬仪天祚圣显皇后。

夏四月癸巳，雷波夷匪平。己亥，命吴大澂督办吉林三姓、宁古塔、珲春防务兼屯垦。免陕西咸宁等六十二厅州县逋赋。辛丑，颁孝贞显皇后遗诰於朝鲜。己酉，曾纪泽与俄国改订新约成。丙辰，永禁明陵私垦。己未，懿旨，恭亲王、醇亲王会同左宗棠、李鸿章议兴畿辅水利。初置珲春副都统。庚申，赈台北地震灾。

五月壬戌朔，日有食之。官军击散越南积匪。丁卯，诏疆臣于命盗重狱按月册报，迟逾者罪之。戊寅，罢乌里雅苏台屯田。己丑，赈盐源水灾。赏郑藻如三品卿衔，为出使美、日、祕大臣。

六月己亥，彗星见，诏修省。丙辰，万寿节，停朝贺。己未，命李鸿藻协办大学士。

秋七月癸亥，赏学行纯笃广东在籍知县朱次琦、举人陈澧并五品卿衔。戊子，召刘坤一来京，以彭玉麐署两江总督兼南洋大臣。赈阶州等处地震灾。

闰七月壬辰，谕各省统核厘卡出入，酌定撤留。癸巳，赈两淮、泰州各场灶灾。甲午，免榆社等县五年逋赋。己亥，命金顺督办交收伊犁事宜，锡纶为特派大臣，与俄人会商界务。寻命升泰并为特派大臣。甲辰，命鲍超复裁所部营伍。乙巳，初置呼伦贝尔副都统。庚戌，禁州县讳饰重狱。是月，赈江苏、福建、四川水灾，陕西雹灾。

八月甲子，颁帑金二万给养霍硕特流民。辛巳，以皇太后疾愈，命刑部停秋决。其缓决届三次与未届三次，分别差减之。癸未，孝贞显皇后奉安，免所过州县租赋。命刘锦棠为钦差大臣，督办新疆军务，张曜副之。丙戌，除伯都讷硗地赋额。全庆致仕。

九月甲午，赈宁海等县水灾。乙未，允彭玉麐解职，仍巡阅长江。刘坤一罢，以左宗棠为两江总督，兼南洋大臣。丙午，葬孝贞显皇后於定东陵。丁未，汝宁、光州捻匪平。己酉，再减金坛漕额十分之一分四釐。赏附居青海番众八族青稞岁八百余石。辛未，孝贞显皇后神牌祔太庙。丙辰，赈台湾飓风灾。是月，甘肃、台湾地震。

冬十月己巳，皇太后圣寿节，停筵宴。庚午，昭通匪陆松山等作乱，官军讨斩之。癸酉，以灵桂为体仁阁大学士，以刑部尚书文煜协办大学士。甲戌，法人踞越南北境，谕滇、粤合筹弭衅。甲申，诏举行察典，勿有举无劾。赈泰和等县水灾。丁亥，安徽已革提督李世忠擅絷贡生吴廷鉴等，裕禄上其状，诏处斩。

十一月庚寅，免吉林被水官庄及伯都讷地租。丙申，施南会匪杨登峻伏诛。丁酉，浚吴淞淤沙。戊戌，广西果化土州匪首赵苏奇伏诛。赈贵县等处水灾。甲辰，赈台湾、澎湖灾。

十二月乙亥，赏恭亲王子载潢不入八分公，醇亲王子载洸奉恩辅国公。是月，免浙江各府州县卫荒废及新种赋课，仁和等场灶课。免安州、任县、文安涝地额粮。除吉林荒地租赋。

是冬，频祈雪。

是岁，朝鲜、越南入贡。

八年壬午春正月戊子朔，免朝贺。辛卯，修洞庭西湖堤。自去年十一月不雨至於是月。己亥，雪。庚戌，修滹沱新河及子牙河堤。

二月己未，江苏文庙火。壬戌，以朝鲜占种吉林边地开垦历年，令其领照纳租隶籍。癸丑，申严门禁，更定稽察守卫章程。壬午，申禁私伐明陵树木。乙酉，先是江宁疑狱，命麟书、薛允升往勘之。至是讯明，委员胡金传以酷刑论斩。谕疆吏详核重狱，勿冤滥。

三月乙未，命左副都御史陈兰彬在总理各国事务衙门行走。庚戌，李鸿章母忧，连疏请终制，许之；命百日后驻天津练军，仍权理通商事务。辛亥，法、越构兵，谕李鸿章、左宗棠、张树声、刘长佑筹边备。乙卯，筑浙江海口炮台。是月，俄人归我伊犁。

是春，免阳曲逋粮、大城额赋及累年逋赋。

夏四月丙辰朔，永免山西荒地税粮。戊午，免陕西前岁逋赋。已巳，法人入越南东京。起曾国荃署两广总督。甲戌，全庆卒。甲申，朝鲜请遣使来驻京师，不许，惟予已开口岸贸易。

五月丙戌朔，谕金顺经画伊犁，西北边界以长顺勘分，西南以沙克都林札布勘分。戊子，赈汀州风灾。壬辰，召刘长佑来京，以岑毓英署云贵总督。乙巳，初置吉林分巡道。庚戌，直隶蝗。

六月丁巳，翰林院侍读温绍棠奏称时事多艰，请皇太后励精勤政。诏以皇太后尚未康复，饬之。命整顿八旗官学。乙亥，清安言俄兵至哈巴河。谕长顺详慎勘界，以杜觊觎。戊寅，朝鲜匪乱，命张树声剿平之。寻提督丁汝昌往援，吴长庆率师东渡。癸未，朝鲜焚日本使馆，日本以兵船至。命李鸿章赴天津部署水陆军前往察办。是月，赈安徽水灾，浙江、江西水灾。

秋七月乙酉朔，三岩野番就抚。乙巳，懿旨损秋节宫费，赈安徽、浙江、江西三省灾。丁未，吴长庆军入朝鲜，执其大院君李昰应。初置新疆阿克苏、喀什噶尔分巡道。癸丑，朝鲜乱平。

八月丙辰，谕："科布多界务，崇厚贻误於前，曾纪泽力争於后。兹订新约，应就原图指办，酌定新界。清安等当与俄官量议推展，期后来彼此相安。"丁巳，谕有司慎核秋审。甲子，诏云南布政使唐炯出关视边防。乙丑，安置李昰应於保定。寻朝鲜国王乞释归，不许。丁丑，彗星复见东南，诏内外臣工修省。

九月乙酉，河决山东惠民、商河、滨州。癸巳，郁林匪乱，官军剿平之。

是秋，赈四川、浙江、山东、陕西、福建、江西、贵州水灾，资州火灾，台湾风灾水灾。

冬十月乙卯，谕京师严缉捕，毋讳饰扰累。壬戌，河决历城。甲子，谕捕啯匪。丁丑，王文韶连疏乞罢。温旨慰留。

十一月丁亥，王文韶仍以养亲乞罢，许之。命翁同龢为军机大臣。戊子，命潘祖荫为军机大臣。台州匪首王金满日久逋诛，下所司严缉。乙未，允朝鲜互市。辛丑，开天津塌河淀南新河。壬寅，以地震诏臣工勤职察吏。庚戌，诏中外保荐人才。是月，开铜山县煤铁矿。

十二月辛酉，命游百川赴山东勘河工。壬戌，设沪、粤沿海电线。乙丑，诏中外清理积案。壬申，自上月连祈雪，至是雪。

是冬，赈直隶地震灾，四川、陕西雹灾。免齐齐哈尔、墨尔根歉地，浙江州县卫新旧屯地，仁和等场灶荡额赋。

是岁，朝鲜入贡。

九年癸未春正月癸未朔，停筵宴。丙申，刘锦棠言沙克都林札布与俄使勘分新疆南界，不符旧约，谕长顺等按约诘之。寻谕曾纪泽力争重勘。戊戌，命宗人府丞吴廷芬在总理各国事务衙门行走。庚子，谕蠲免钱粮，民已输官者，得抵翌年正赋，勿重征。乙巳，拨鄂漕三万石备赈顺、直饥。是月，越南匪覃四娣等降。

二月甲寅，直、鲁流民纷集京师，谕有司抚恤。戊午，山东河决历城，齐河诸县民埝坏，命游百川等赈抚灾民。己未，先是马兰镇总兵景瑞修缮营房，为营兵匿控，总兵桂昂请兵激变，遣伯彦讷谟祜、阎敬铭查办。至是覆陈，褫景瑞职，桂昂寻并褫职。禁各省酷吏非刑。命广西布政使徐延旭出关筹防。戊辰，福建按察使张梦元督办福建船政。癸酉，高州都司莫毓林聚乱，伏诛。庚辰，刑部言河南胡体洝一狱，原谳舛误，覆审回护。诏褫巡抚李鹤年、河东河道总督梅启照职，原审官谴戍有差。

三月戊子，镇国公溥泰收受禁垦淀地，坐削爵，圈禁一年。法人陷南定。乙未，命唐炯统防军守云南边境。谕倪文蔚保北圻。

是春，免潜山等县夏粮，陕西被旱丁粮米折。赈济南、武定水灾，台湾地震灾。

夏四月己未，俄撤伊犁驻兵。甲子，谕严缉畿辅盗贼。甲戌，刘长佑以病免，授岑毓英云贵总督。乙亥，赐陈冕等三百八人进士及第出身有差。

五月辛巳，诏李鸿章回北洋署任，部署海防。壬午，命升泰与俄使勘分塔尔巴哈台西南界。丁亥，湖南会匪方雪敖倡乱，擒斩之。辛卯，禁私铸钱。庚子，谕岑毓英等选募边民，与官军扼守滇、越要隘。戊申，懿旨醇亲王会筹法、越事宜。先是，御史陈启泰奏太常寺卿周瑞清包揽云南报销，御史洪良品、给事中邓承修以事涉枢臣景廉、王文韶，相继论劾。先后命惇亲王、阎敬铭、潘祖荫、张之万、麟书、翁同龢、薛允升会同察办。至是覆陈，瑞清等罪如律，户部尚书景廉，前侍郎王文韶、奎润，前尚书董恂，与前云贵总督刘长佑俱镌三级，余处罚有差。

六月庚戌，山东河决，坏历城、齐东、利津民埝，谕堵塞赈抚并行。越将刘永福及法兵战於河内，败之。乙卯，修沁河堤。戊午，法国遣使托利古来议和约。太监王永和盗御用衣物，诏刑部按律拟罪，勿株连。丁卯，浚山东小清河。庚午，山东以水灾开办赈捐事例。

是夏，免云南土司地租，甘肃旧欠粮赋。又免懋功被灾、铜仁被水额粮。留漕粮凡十万石、京饷十六万两赈山东灾。

秋七月己卯，留京饷二十万给广西军。壬午，谕令吴全美、方耀分巡廉、琼洋面及钦州边境。戊子，诏开云南矿。辛卯，台州匪首王金满率众降，诏免死，与余众留营效力。

八月庚戌，法人破顺化河岸炮台，越人停战议和。壬子，永定河决。乙卯，考察部院官。谕修筑沿海堤塘各工，并抚恤灾户。丙寅，诏举谋勇兼优堪备任使者。己巳，诏彭玉麐赴广东，会同张树声布置防务。

九月辛巳，法、越议和，立新约。丙戌，命何如璋督办福建船政，倪文蔚为广东巡抚，徐延旭为广西巡抚。己亥，拨广西库银十万济刘永福军。丁未，唐炯以率行回省褫职，仍留任。

是秋，拨京仓及漕米五万余石，库帑凡十万，赈顺天直隶。留漕五万石，赈山东。赈热河、长阳、崞县等处水灾。赈江南灾。

冬十月戊辰，诏南北洋及沿江沿海诸省严戒备。辛未，河决齐东、蒲台、利津。丙子，诏李鸿章举将才。命岑毓英出关驻山西，唐炯回滇筹饷。

十一月辛巳，命署左副都御史张佩纶在总理各国事务衙门行走。壬午，趣徐延旭出关策应。辛卯，严内外城门禁。壬辰，越南民变，杀嗣王阮福时，命张树声戡定之，寻改命岑毓英往平乱。庚子，懿旨，清江设厂收养灾民，命户部发帑一万接济，并给顺直、山东各四万，湖北三万，安徽二万。壬寅，法人陷山西，刘永福退走。癸卯，诏以尚书文煜被劾，回奏积俸至三十六万，命捐银十万充公。林肇元坐库储空虚夺职。

十二月戊申，祈雪。庚戌，法人进攻北宁，图犯琼州。命彭玉麐檄湘楚军会合吴全美师船严防，起杨岳斌往福建会办海防。官军大败法人于谅山。己未，以山东、淮、徐灾民聚集清江等处，命所司抚恤，并随时资遣。庚申，谕江西筹饷二万济王德榜军。丁丑，追复故总兵陈国瑞世职。

是冬，免顺天、直隶等州县秋赋，浙江被灾州县卫所额赋。除山西凤台等州县荒地租粮。

是岁，朝鲜、越南入贡。

十年甲申春正月庚寅，岑毓英出镇南关赴兴化，节制边外诸军。

二月丁未朔，法人攻兴化，官军击却之。岑毓英与徐延旭进图山西。谕严约束，勿扰越境。留江、浙漕米各五万石赈通州、天津水灾。寻拨京仓粟米三万石赈顺天灾。丁丑，法人陷北宁，官军退守太原。戊辰，命湖南巡抚潘鼎新赴广西筹防。乙亥，法人陷太原，徐延旭、唐炯褫职逮问。

三月丁亥，岑毓英请免节制楚、粤诸军，不许。以太原陷，提督黄桂兰、道员赵沃并褫职逮问。戊子，懿旨以因循贻误罢军机大臣恭亲王奕䜣家居养疾，大学士宝鋆原品休致，协办大学士李鸿藻、景廉俱降二级，工部尚书翁同龢褫职仍留任。命礼亲王世铎，户部尚书额勒和布、阎敬铭，刑部尚书张之万并为军机大臣。工部侍郎孙毓汶在军机学习。己丑，懿旨军机处遇重要事，会同醇亲王商榷行之。壬辰，授潘鼎新广西巡抚，张凯嵩云南巡抚。总兵陈得贵失守炮台，副将党敏宣临阵退缩，诏并斩於军前。以怡亲王载敦为阅兵大臣。命贝勒奕劻管总理各国事务衙门事，内阁学士周德润在总理各国事务衙门行走。癸巳，左庶子盛昱、右庶子锡钧、御史赵尔巽各疏陈醇亲王不宜与闻机务，不报。命刑部侍郎许庚身在军机学习。甲午，诏李鸿章、左宗棠、曾国荃、岑毓英举部将中沈毅勇敢有谋略者。己亥，阎敬铭、许庚身并在总理各国事务衙门行走。命潘鼎新赴镇南关接统徐延旭军。庚子，法人进据兴化。

是春，免仁和荒芜灶荡上年逋课，陕西咸宁等处逋赋及杂欠。免穆坪土司马匹粮草十年。

夏四月丙午，勘分新疆南界事竣。以侍讲许景澄充出使法、德、义、和、奥大臣。庚戌，先是，法、越战事亟，法水师将福禄诺属税务司德璀琳献议媾和息兵。李鸿章以闻，许之，敕其筹定。至是，覆陈"当审势量力，持重待时。"诏集廷议。懿旨醇亲王并与议。允吴长庆兵还。辛亥，利津等决口合龙。癸丑，罢开马颊河，浚宣惠河，修德州运河堤。戊午，命通政使吴大澂会办北洋事宜，内阁学士陈宝琛会办南洋事宜，侍讲学士张佩纶会办福建海疆事宜，皆许专奏。寻加佩纶三品卿衔。福禄诺出私议五条，因李鸿章上闻。敕鸿章"力杜狡谋，常存戒惧"。诏户部裁冗费。庚申，授李鸿章全权大臣，与法使议约。癸亥，免襄城濒江地亩额赋。乙丑，祈雨。丙寅，再发仓米赈顺天。戊辰，吴大澂辞北洋会办。上责其饰词，不许。壬申，张树声以疾请免本职，专治军事，许之。

五月丙子，命李成谋总统江南兵轮。己卯，岑毓英辞节制粤、楚各军，许之。丁亥，授文煜武英殿大学士。戊子，额勒和布、阎敬铭并以户部尚书协办大学士。己丑，京师久旱，谕有司平粜。赏徽宁太广道张荫桓三品卿衔，在总理各国事务衙门学习行走。辛卯，诏中外保荐文武人才。甲午，诏皇太后五旬万寿，停秋决。丁酉，诏中外大臣"率属尽职，勿耽逸乐、尚浮华"。戊戌，诏左宗棠仍为军机大臣，毋庸常川入直，并管理神机营。免武昌、黄州二卫额粮。壬寅，诏举宗室及旗、汉世职人才。

闰五月乙巳，命工部尚书福锟、理藩院尚书崑冈、左都御史锡珍、工部侍郎徐用仪、内阁学士廖寿恒并在总理各国事务衙门行走。丁未，命前提督刘铭传督办台湾事务，锡珍、廖寿恒、陈宝琛、吴大澂往天津会商法约。庚戌，命太常卿徐树铭勘献县新开横河。法人犯观音桥，潘鼎新击败之。辛亥，山东河堤工成。甲寅，以法使言和，调潘鼎新诸军回谅山，岑毓英军仍驻保胜。乙卯，自四月不雨，至于是日始雨。颁定蠲缓钱粮章程。庚申，思恩匪首莫梦弼伏诛。丙寅，法舰犯闽海。丁卯，谕曰："法使延不议约，孤拔要求无理，我军当严阵以待。彼如犯我，并力击之。敢退缩者，立置军法。"庚午，授曾国荃为全权大臣，与法使于上海议约，命陈宝琛会办。

六月癸酉朔，以郧西余琼芳狱事谳不实，下总督卞宝第、巡抚彭祖贤部议，承审各官贬斥有差。甲戌，河决历城等县。以乞援守城，追予沈葆桢妻林氏附祀广信葆桢专祠。丙子，建昌、多伦匪首杨长清伏诛。丁丑，吴长庆卒，旌其子主事保初孝行。己卯，谕直省考察州县官。壬辰，法人陷基隆。诏集廷臣议和战。乙未，刘铭传复基隆。己亥，懿旨，神机营选马步军三千，巡捕五营选练军二千，以都统善庆为总统，前锋统领托伦布为帮统，分防畿东，并抽调直隶练军协守。命曾国荃、陈宝琛回江宁布防。是月，赈顺德、青浦风灾，叶县水灾。

秋七月乙巳，命吴元炳勘山东河工、海防。授张之洞两广总督。丙午，法人袭马尾炮台及船厂，陆军击退之。戊申，醇亲王奏延煦劾左宗棠，斥为蔑礼不臣，肆口妄陈，任情颠倒。懿旨坐延煦夺职留任，罚俸一年。诏与法人宣战，杨昌濬赴福建督师。癸丑，法人毁长门炮台。丁巳，谕穆图善、张佩纶毋退驻省城。诏授左宗棠为钦差大臣，督办福建军务，福州将军穆图善、漕运总督杨昌濬副之，张佩纶以会办大臣兼署船政大臣。授曾国荃两江总督，兼南洋大臣。丙寅，论北宁失守罪，已革道员赵沃、提督陈朝纲并论斩。戊辰，以杨昌濬为闽浙总督。普赈历城等县灾民。是月，赈浮梁及齐河、长安等处水灾。

八月壬申，命鸿胪寺卿邓承修在总理各国事务衙门行走。论马尾战事功罪，褫何璟职及张佩纶卿衔，下部议，提督黄超群等颁赏进秩有差。建、邵匪首张廷源等伏诛。甲戌，河决东明。赈南海等县水灾。丙子，授李鸿章直隶总督、北洋大臣。戊寅，懿旨赏醇亲王子载沣不入八分辅国公。文煜以病免。命崇厚、崇礼、文锡、文铦输财助饷。庚辰，赈台湾风灾。丁亥，法人复陷基隆。戊子，命道员徐承祖充出使日本大臣。己丑，诏刑部本年情重各案及秋、朝审官犯，并停查办。癸巳，苏元春及法人战於陆岸，败之。命杨岳斌帮办左宗棠军务。赈星子水灾。戊戌，法人犯沪尾，提督孙开华击败之。

九月癸卯，逮唐炯下狱廷讯。乙巳，出帑金五万赉刘永福军。辛亥，严谕南北洋轮船悉援台湾。壬子，刘铭传为福建巡抚，驻台湾督防，苏元春帮办潘鼎新军务，杨昌濬等分防澎湖，张兆栋、何如璋并褫职。诏免云南田税，暂荒缓三年，永荒蠲十年。甲寅，刘铭传自请治罪，诏原之。戊午，留新漕十万备山东冬赈。庚申，以沪尾战胜，予总兵孙开华世职，发帑银一万犒军。授额勒和布体仁阁大学士。乙丑，以刑部尚书恩承协办大学士。丙寅，赈凤凰城潦灾。庚午，官军及法人战於陆岸，又败之，予苏元春世职。辛未，新疆改建行省，置巡抚、布政使各一，裁南北路都统、参赞、办事、领队诸职。

冬十月壬申朔，懿旨晋封奕劻庆郡王，奕谟固山贝子。癸酉，以刘锦棠为甘肃、新疆巡抚。戊寅，赈江北厅等处水灾雹灾。辛巳，皇太后五旬圣寿，上率王以下文武大臣等诣慈宁宫庆贺。辛卯，鲍超屡误师期，切责之。癸巳，以托疾规避，夺提督王洪顺职。甲午，张树声卒。乙未，朝鲜复乱，吴大澂往察办，续昌副之。文煜卒。庚子，刘永福及法人战於宣光，败绩。

十一月丁未，命提督孙开华帮办台湾军务。戊申，逮徐延旭下狱廷讯。壬子，李鸿章调军发朝鲜。癸丑，普洱地震。丙辰，禁州县捏报灾荒。丁巳，东明决口合龙。戊午，李秉衡赴龙州部署防军。己未，祈雪。云南巴蛮降。戊辰，谕各省积谷。

十二月戊寅，官军败法人於纸作社。壬午，唐炯、徐延旭并论斩。乙酉，官军复宣光、兴化、山西三省，安平府暨二州五县。壬辰，禄劝夷匪平。丙申，雨雪。张佩纶、何如璋并褫职遣戍。

是岁，免镇西厅荒地逋赋，文安四州县涝地额赋。朝鲜入贡。越南国王阮膺登自杀，法人立其弟为国王。

十一年乙酉春正月癸卯，命冯子材襄办广西关外军务。乙巳，法人陷谅山。丙午，官军围宣光，复美良城。甲寅，法人犯镇南关，总兵杨玉科死之。乙卯，赐英将戈登恤金。甲子，法舰去台湾。左宗棠等兵援浙江。乙丑，命李鸿章为全权大臣，偕吴大澂与日使议朝鲜事。庚午，朝鲜乱平，使来表谢，赉之。

二月甲戌，浙江提督欧阳利见败法人於镇海口。戊寅，褫潘鼎新职，以李秉衡署广西巡抚，苏元春督办广西军务。辛巳，秦州地震。癸未，冯子材、王孝祺大败法人於镇南关外，遂复谅山。予杨玉科等世职。辛卯，法人请和。允之。壬辰，诏停战撤兵。缅匪平。戊戌，岑毓英奏官军大捷於临洮。

三月乙巳，命李鸿章为全权大臣，与法使议约，刑部尚书锡珍、鸿胪卿邓承修往津会商。丙午，朝鲜订约成。庚戌，岑毓英复缅旺与清水、清山诸寨，获越南叛臣黄协等诛之。癸丑，命吴大澂、依克唐阿会勘吉林东界。丙辰，免永平、张家口、顺天等十府州积年民欠租赋。癸亥，命冯子材督办钦、廉防务。乙丑，免陕西咸宁等处前岁逋粮。

夏四月己卯，祈雨。丙戌，趣岑毓英撤军，毋爽约开衅。辛卯，谕除江西丁漕积弊。壬辰，趣刘永福撤回保胜军。天津会订《中法新约》成。

五月丁未，懿旨勘修南北海工程。诏整海军，大治水师，下南北洋大臣等筹议。基隆法兵退，命杨岳斌等部署全台事宜。除福建光绪初年逋赋。辛亥，许乍丫随察木多入贡。癸丑，予苏元春、冯子材三等轻车都尉，王孝祺、岑毓英云骑尉，复王德榜原官优叙。辛酉，复祈雨。壬戌，雨。丁卯，以张曜为广西巡抚。是月，赈基隆兵灾、桐城等县及镇筸水灾。

六月己巳，诏停秋决。庚午，懿旨命文铦、崇礼、崇厚、文锡修建三海工程。许景澄兼出使比利时大臣。辛未，定内附越南民籍。甲戌，曾纪泽订《烟台约》成。丁丑，谕岑毓英察云南铜矿。通谕曾国荃等勘东南各矿。赈裕州水灾。癸未，命工部侍郎孙毓汶、顺天府尹沈秉成、湖南按察使续昌均在总理各国事务衙门行走。召曾纪泽来京，命江西布政使刘瑞芬充出使英、俄大臣，张荫桓充出使美、日、秘大臣。法兵去澎湖。命左宗棠等选将吏调轮船策应。辛卯，《越南新约》成，宣谕中外。诏诫建言诸臣挟私攻讦。追论御史吴峋劾阎敬铭、编修梁鼎芬劾李鸿章俱诬谤大臣，予严议。寻各降五级。甲午，授孙毓汶军机大臣。是月，赈河南、广东、广西、江南、安徽、江西水灾。

秋七月丁酉朔，设广西南宁电线达云南。己亥，懿旨发帑银六万赈两广水灾。庚子，左宗棠连乞病，许之。丙辰，命周德润往云南，邓承修往广西，会同岑毓英、张凯嵩勘中、越界。壬戌，河决山东长清。甲子，开川、滇铜铁矿。是月，赈黔阳、湘潭、辉县、清江、当涂、汾阳等处水灾。

八月丁卯朔，赈奉天水灾。己巳，截漕粮十万石充顺直赈需。赈皋兰等处雹灾水灾。乙亥，赈长沙等处水灾。丁丑，山东历城、章丘等处水，发帑五万赈之。以水灾故，停三海工作。李鸿章与法使议滇、粤陆路通商。戊寅，释李昰应归朝鲜。辛巳，命苏元春存抚越南入关流民。赈襄城水灾。乙酉，左宗棠卒，赠太傅。辛卯，赈福建风灾。

九月庚子，懿旨，醇亲王总理海军事务，奕劻、李鸿章会办，汉军都统善庆、兵部侍郎曾纪泽帮办。改福建巡抚为台湾巡抚，归福建巡抚事於闽浙总督。英使来议印度、西藏通商。谕丁宝桢、色楞额等开导藏番毋生事。壬寅，灵桂卒。甲辰，裁伊犁参赞大臣，改设副都统二。裁塔尔巴哈台满洲领队大臣，仍留额鲁特领队大臣。甲寅，赈宾川、恩安等处雹灾。

冬十月丙寅朔，朝鲜王李熙以伏莽未除，来请镇抚。李鸿章遣军防卫之。戊辰，赈朝阳灾。庚辰，截来年京饷银五万充山东冬赈。辛巳，命奕劻、许庚身与法使互换条约，刘瑞芬于英京互换《烟台条约》，并议洋药专条。丁亥，授穆图善为钦差大臣，会同东三省将军办理练兵，节制副都统以下。甲午，拨年节宫用银五万赈给山东灾区。严紫禁城门禁。

十一月壬寅，祈雪。乙巳，云南地震。庚申，裁新疆各城回官。癸亥，懿旨，八旗都统厘剔旗营诸弊。授恩承体仁阁大学士，阎敬铭东阁大学士，户部尚书福锟、刑部尚书张之万并协办大学士。以英人灭缅甸，严四川边备。

十二月丙寅，续设三姓、黑龙江陆路电线。丙子，诏内务府禁止浮冒虚糜。己卯，赵庄决口合龙。

是冬，赈潮州、万县水灾，台湾风灾。免永宁被水丁银，浙江各州县卫荒废并新种地课。减文安、天津洼地粮赋。除徐沟、汾阳被水银税。

十二年丙戌春正月乙未朔，停筵宴。庚子，免湖北逋赋。辛丑，山东溼沟决口合龙。免台湾旧欠供粟。癸卯，免奇台被旱额赋。丙辰，命特尔庆阿等随同穆图善练兵。甲子，诏以谒陵，本年会试改三月十日入场。

二月乙丑朔，山东黄河南岸决。甲戌，张曜往勘何王庄决口。己卯，除溆浦积年被水额赋。戊子，设黑龙江绥化厅。辛卯，上奉皇太后谒东陵，免经过州县税粮十分之四。

三月乙未，谒诸陵。上诣定东陵。庚子，至自东陵。癸丑，赈广宁灾。是月，留山东新漕十万石赈何王庄暨章丘、济阳、惠民被水灾民。

夏四月戊子，赐赵以炯等三百三十九人进士及第出身有差。是月，丘北地震及广西州火，赈之。

五月庚子，台湾生番归化四百馀社，七万余人。赈临潼等县风雹灾。壬寅，裁阳江镇水师总兵，置北海镇水陆总兵。改高州镇陆路总兵为水陆总兵。

六月壬申，懿旨，钦天监于明年正月择皇帝亲政日期。甲戌，修复海盐石塘。丙子，醇亲王暨王大臣等合词疏请皇太后仍训政，不许。皇帝亲政定于明年正月十五日举行，命枢臣集议，整齐圜法。庚辰，醇亲王暨礼亲王等复申训政之请，尚书锡珍、御史贵贤并以为言，懿旨勉从之。命醇亲王仍措理诸务。

七月甲午，木邦土司请内附，却之。丁酉，金顺卒。辛丑，留江苏漕米五万石备顺、保赈需。乙巳，钱法议定奏上。允行。甲寅，赈太原等县水灾。

八月壬戌，以色楞额为伊犁将军。赈热河水灾。乙丑，礼亲王暨廷臣请加上皇太后徽号，懿旨不许。丁卯，再拨江北漕米五万石赈顺天通州水灾，并发帑金二万散给灾民，免陕西咸宁等处荒田逋赋。戊辰，以北运河决口漫溢，拨库帑十万充永平各府急赈，再发内帑二万济之。丙子，增设广西太平归顺道，移提督驻龙州。增设柳庆镇总兵驻柳州。庚辰，筑怀柔白河漫口。乙酉，御史朱一新奏遇灾修省，豫防宦寺流弊，言醇亲王巡阅北洋，总管太监李莲英随往，恐蹈唐代监军覆辙。懿旨命回奏。寻奏入，以执谬降主事。

九月辛卯朔，赈奉天、浙江水灾。癸巳，赈甘肃雹灾水灾，留坝、南郑水灾。丁酉，以顺直水灾减各府各旗庄田租及其他租额。庚子，鲍超卒。乙巳，赈光山雹灾。丙午，刘铭传剿苏鲁马那邦叛番。甲寅，赈上饶等县水灾。

十一月庚寅朔，寿张决口合龙。乙巳，宥徐延旭、唐炯罪，延旭戍新疆，炯戍云南。丁未，命曾纪泽在总理各国事务衙门行走。庚戌，再拨京仓粟米三万石备顺天春赈。丙辰，冬至，祀天於圜丘，始亲诣。除隆科城额赋。

十二月甲子，减安州、河间、隆平涝地粮赋。丁卯，祈雪。庚辰，懿旨再敕曾国荃等详议两江河道治法。丁亥，祫祭太庙。

是岁，朝鲜入贡。

十三年丁亥春正月己丑朔，停筵宴。辛丑，以亲政遣官告天地、宗庙、社、稷，祈谷於上帝。癸卯，上始亲政，颁诏天下，覃恩有差。壬子，拨江苏漕米十万石赈顺直灾民。懿旨购置机器於天津鼓铸，一文以一钱为率，京、外毋得参差。

二月壬戌，雨雪。辛酉，责恭镗严剿马贼，整顿见有练军。川、滇接修电线成。戊辰，祭大社、大稷。辛巳，赏唐炯巡抚衔，督办云南矿务。是月，懿旨醇亲王以亲王世袭罔替，朝廷大政事，仍备顾问。

三月己丑朔，上初诣奉先殿行礼。乙未，上奉皇太后谒西陵，免经过州县额赋十分之三。己亥，谒陵。甲辰，至自西陵。辛巳，祀先农，亲耕耤田，三推毕，加一推，自是岁以为常。甲寅，刘锦棠请解职省亲就医，不许；给假三月，在任调理。拨直藩库帑八万赈所属饥民。除文安等处无粮地租。

夏四月戊午朔，享太庙。丁卯，命内阁侍读学士林维源督办台湾铁路及商务。己巳，祈雨。丙子，常雩，祀天於圜丘。

闰四月己酉，免江苏各州县卫逋赋逋课。壬子，赈昆明等县水灾。

五月戊午，夏至，祭地於方泽。己未，命前内阁学士洪钧充出使俄、德、奥、和大臣，大理卿刘瑞芬充出使英、法、义、比大臣。癸未，赈陇州等处水灾。甲申，雨。

六月丁亥朔，赈富阳各属水灾。乙巳，赈怀宁等县水灾。丁未，开州大辛庄河溢，灌山东境，截留新漕五万石赈濮州等处灾民。庚戌，赈罗田、石首水灾。壬子，赈温宿、乌什水灾。癸丑，赈凌云风雹灾。

秋七月丙辰朔，日有食之。庚申，永定河、潮白河先后并溢。甲子，增设福建澎湖镇总兵。乙丑，赈南阳等处水灾。丁卯，除甘肃积年民欠银粮暨杂赋。赈洮州等属雹灾。乙亥，增设云南临安开广道。丁丑，黎匪平。辛巳，命道员黎庶昌充出使日本大臣。

八月戊子，祭大社、大稷。甲辰，沁河决。赈平彝水灾。丙午，沔阳等州县被水，留冬漕三万石赈之。郑州河决，南入於淮，褫河督成孚职，留任。己酉，拨京仓漕米五万石赈顺天通州各属。截留京饷漕折银三十万赈河南。癸丑，懿旨发内帑银十万赈济水灾。

九月乙卯朔，免陕西各府厅州县前岁逋赋。辛酉，以郑州河决，豫留明年江北、江苏河运米粮并运费充赈。辛未，准呼徵胡图克图入贡。乙亥，命薛允升赴河南察郑工。丁丑，李鸿藻往河南会察河工。是月，赈武陟、安县、云阳、皖北水灾，汉口、龙州水灾，建水、通海雹灾。

冬十月甲申朔，赈融县火灾。丁亥，冯子材以疾辞职，命留粤办钦、廉防务；乞休，不许。己丑，赈惠、高、廉、雷、琼、赤溪、阳江风灾。己亥，穆图善卒。赈给郑州等灾区贫民口粮。壬寅，以善庆为福州将军，襄办海军事，并管神机营。免顺直被水各州县秋赋。乙巳，赈镇西厅雪灾。戊申，上侍皇太后临视醇亲王疾，自是频视疾，至于明年七月有瘳。庚戌，赈长安等属水灾。癸丑，赈绥来霜灾。

十一月乙卯，授定安钦差大臣，会同东三省将军办理练兵，节制副都统以下。辛酉，冬至，祀天於圜丘。壬戌，谕文硕访呼毕勒罕，依制掣定。壬申，祈雪。

十二月丁亥，命李鸿藻督办郑州河工。己丑，除恩隆、百色等处荒田额赋。赈桂林等处火灾。壬辰，免阳城等县灾缓税租。丁酉，雨雪。戊戌，懿旨复阎敬铭、福锟、翁同龢、嵩申、孙诒经、景善、孙家鼐处分。庚子，以皖北被灾，拨安徽漕折、芜湖关常税共银十万，备来年春赈。辛丑，置新疆伊塔道、伊犁府、霍尔果斯厅、塔城厅，设道、府、抚民通判、同知等官。壬寅，石屏、建水地震。己酉，拨山东冬漕五万石备河南来年冬赈。

是岁，朝鲜入贡。

十四年戊子春正月癸丑朔，上亲诣堂子行礼。丙辰，雪。免安徽被淹太和等州县夏粮。己未，开黑龙江漠河金矿。庚申，开广东昌化石绿铜矿。辛酉，展接腾越至云南省垣电线。乙亥，刘锦棠乞疾，慰留，再给假四月。壬午，谕官铸当十大钱，每文重至二钱以上者，一律行用。是月，拨留京仓及海运漕米凡十三万石赈顺、直灾。

二月乙酉，赈梧州火灾。丙戌，赏裴荫森三品京堂，督办福建船政。庚寅，文硕以擅行密疏稿於都察院，褫职。辛亥，祀先农，亲耕耤田。是月，诏修葺颐和园，备皇太后临幸。

三月丙辰，免浙江光绪五年以前逋赋。丙寅，赉班禅额尔德尼转世呼毕勒罕哈达、念珠、如意。

夏四月庚寅，永定河决口合龙。辛卯，上奉皇太后始幸西苑。甲午，展接广东电线自九江至大庾岭。丁酉，雨雹。辛亥，命张曜帮办海军事务。赈惠州等属水灾。

五月乙卯，京师、奉天、山东地震。癸亥，夏至，祀地於方泽。丁卯，祈雨。

六月癸巳，雨。己亥，懿旨，皇帝大婚典礼，明年正月举行。甲辰，彭玉麐以疾免兵部尚书，巡阅长江水师如故。壬寅，懿旨，明年二月初三日归政。

七月庚申，以河工贻误，褫李鸿藻、倪文蔚职，仍留任，李鹤年、成孚并戍军台。甲子，永定河复决。丙寅，阎敬铭罢。丁丑，谕吴大澂察核河工。是月，津、沽铁路成。

八月丁亥，赈奉天各厅州县，安徽怀宁等县水灾。己丑，诏直省清庶狱。壬辰，赈苍梧等处水灾。丁酉，截留江北漕米备苏、皖赈。乙巳，醇亲王以归政有日，请解职务。懿旨：海军署、神机营依前管理，归政后奏事勿列衔。

九月丙辰，除陕西去年逋赋。甲戌，永定河决口合龙。

冬十月己卯朔，享太庙。癸未，懿旨立叶赫那拉氏为皇后。癸巳，拨京漕二万石备顺天冬赈。甲午，免水城等处丁粮。赈丹徒旱灾、南昌等县水灾。庚子，免朝鲜红参厘税。

十一月壬戌，滇越边界联接中法电线成。初置北洋海军提督，以丁汝昌任之。丙寅，冬至，祀天於圜丘。丁卯，免朝贺。戊辰，免静海积水淀地租。

十二月壬午，赈阿迷、蒙自等处疫灾。乙酉，诏光绪十五年举行恩科乡试，十六年恩科会试。辛卯，增设吉林水师营总管各官。癸巳，太和门灾。甲午，诏修省，敕臣工勤职。乙未，免陕西前岁民欠钱粮。丁酉，懿旨，以水灾停减颐和园工作。御史余联沅、屠仁守、洪良品各疏请罢铁路，徐会沣等条奏，同下海军署与军机大臣议。旋翁同龢、奎润、游百川、文治等并言铁路不当修，亦并下议。命太仆少卿林维垣襄办台湾开垦抚番事。庚子，赈威远厅水灾。辛丑，道员徐承祖前使日本，坐浮冒，褫职听勘，籍其家。丙午，郑州决口合龙。授吴大澂河东河道总督，复李鸿藻、倪文蔚原官，并优叙，释成孚、李鹤年还。

十五年己丑春正月丁未朔，停筵宴。庚申，靖远、皋兰地震。辛酉，以张之万为东阁大学士，徐桐以吏部尚书协办大学士。海军署会同军机议驳停铁路诸疏，覆请详议。懿旨："庆裕、定安、曾国荃、张之洞、黄彭年等，按切时势，各抒所见以闻。"乙丑，惇亲王薨。上奉皇太后临奠。丁卯，御史屠仁守上言："归政伊迩，时事孔殷，密摺封奏，请仍书皇太后圣鉴，披览后施行。"懿旨斥其乖谬，罢御史，下部议，原摺掷还。戊辰，御史林绍年请禁督抚报效。懿旨斥之。癸酉，大婚礼成。

二月戊寅，吴大澂请敕议尊崇醇亲王典礼，懿旨斥之，通谕中外臣民。己卯，皇太后归政。上御太和殿受贺，颁诏天下。丙戌，免江、淮光绪初年灾熟各项税粮。己丑，以齐东等州县水灾，拨山东库帑五万备赈。壬辰，加上皇太后徽号，颁诏覃恩有差。甲午，朝鲜庆贺归政，进方物，赉其国王及王妃缎匹。

三月丙午朔，命侍讲崔国因充出使美、日、秘大臣。丁未，彭玉麐辞巡阅职，温谕慰留。濮州河决。癸丑，以布鲁克巴部长归化，予封号印敕。甲寅，拨黑龙江库帑二万加赈呼兰属灾民。丁巳，皇后祀先蚕。己未，再加上皇太后徽号。庚午，免云南被匪村寨钱粮。戊辰，上奉皇太后幸颐和园，阅水陆操。允阎敬铭回籍养病。

夏四月戊寅，拨南漕十万石备山东赈。己卯，赈奉天、吉林灾民。辛卯，赏湖南按察使薛福成三品京堂，充出使英、法、义、比大臣。懿旨发内帑银十万备山东赈。庚子，赐张建勋等三百三十一人进士及第出身有差。

五月癸丑，停秋决。庚申，赈泸州火灾。

六月丙子，岑毓英卒。丁丑，以王文韶为云贵总督。己卯，重修太和门。丁亥，赈周家口火灾。壬辰，永定河道缺，李鸿章举堪任之员。上疑於魁柄下移，予申斥。

秋七月丁未，章丘河决。己酉，除贵州西良山额课。庚午，齐河决。辛未，沁河决。是月，赈莒州、沂水雹灾，周家口水灾，长安、西乡、鄜州水灾雹灾。赈云南昆阳、太和，安徽霍丘等州县水灾。

八月乙亥，命李鸿章、张之洞会同海军署筹办芦汉铁路。丁亥，留新漕十万石备山东赈。壬辰，以四川水灾，捐款五万赈灾民。丁酉，天坛祈年殿灾。庚子，赈伊犁、绥定等处地震灾。辛丑，免贵州被贼府厅州县卫未征并民欠税粮。

九月壬子，重修祈年殿。赈温州等处风灾水灾。癸丑，免陕西各属前岁逋赋。赈咸宁等处水灾雹灾。乙卯，赈皋兰等处水灾。壬辰，长垣堤决，黄水浸入滑县。丙寅，谕定安等除东三省练兵弊习。丁卯，定明年祈谷暂於圜丘举行。

冬十月乙亥，赈阳曲等处雹灾水灾。戊寅，设西安至嘉峪关电线。赈杭、嘉、湖属水灾。丁亥，以江、浙雨水为灾，各拨库储五万，并发内帑五万赈济。以张之洞订购机器，遽立契约，诏切责之，嗣后凡创设之事，未先奏明，毋轻举。己丑，拨武昌库储十万备湖北赈需。壬辰，诏各省两司仍专摺奏事。台湾社番乱，副将刘朝带等阵没，敕刘铭传剿办之。甲午，再拨浙江库储十五万赈杭、嘉、湖灾。己亥，山东大寨河工合龙。壬寅，拨苏、皖赈捐余款修运河。赈绥德等属雹灾水灾。

十一月丙辰，允海军署请，户部岁拨二百万开办铁路。丁巳，诏汰冗员，删浮费。戊午，拨安徽漕折银三万备安庆、宁国、泗州赈需。丙寅，浙江发常平仓谷赈天台、仙居等处难民。

十二月壬申朔，免杭、嘉、湖应征漕白粮并地丁税。甲戌，留山东漕米四万石备赈。丁丑，再拨武昌库储五万备湖北赈需。丁亥，山东西纸坊漫口合龙。癸巳，申禁办理蠲缓积弊。免云南匪扰村寨钱粮。丁酉，免郑州、淮宁、尉氏等州县税粮。免仁和等县，杭、严卫所粮课。

是岁，朝鲜入贡。

十六年庚寅春正月壬寅朔，停筵宴。辛酉，免直隶十三年以前灶课。丁卯，谕本年万寿毋庸告祭，停升殿礼，免各省文武大员来京祝嘏。

二月乙酉，张曜言统核山东河工需费二百八十八万有奇。命所司筹给。壬辰，台湾内山番社酋有敏等伏诛。是月，免榆林等州县十三年逋赋。除东川被水官田税粮。免文安、静海、霸州淀泊逋租及伯都讷地课。

闰二月壬寅，赈桂林各属火灾。己酉，命太仆寺卿张荫桓在总理各国事务衙门行走。乙卯，上奉皇太后谒东陵，免所过地额赋十分之三。庚申，上临奠端慧皇太子园寝。癸亥，至自东陵。乙丑，曾纪泽卒，寻予特谥。谕李鸿章整顿北洋水陆军，定安等训练东三省兵。

三月辛未，懿旨，刘铭传帮办海军事务。西宁地震，赈恤之。辛卯，以二旬万寿，颁诏天下，覃恩有差。乙未，浚馀杭南湖。瞻对番目撒拉雍珠与巴宗喇嘛结野番作乱，官军剿平之。

夏四月庚寅，彭玉麐卒。庚戌，谕整顿土药税厘。命刚毅详察徐州土药出产及征税实额，严定整理章程。丁卯，赐吴鲁等三百三十六人进士及第出身有差。

五月己巳朔，日有食之。辛未，色楞额卒，以长庚为伊犁将军。丙子，以升泰为驻藏大臣。己卯，上诣大高殿祈雨。乙酉，御画舫斋阅侍卫步射，至壬辰皆如之。己丑，雨。筑阌乡沿河石坝。赈淮宁等县风灾。

六月己亥朔，徙齐东各州县濒河村民二千余户。丁未，开三姓金矿。戊申，以藏事平，颁给布鲁克巴部长敕印。自癸卯至己酉连祈晴。辛亥，近畿霪雨成灾，京师六门外增设粥厂，命拨京仓米万五千石煮赈，并发内帑五万充赈需。壬子，永定河决口。癸丑，永北属土司章天锡谋逆，官军讨斩之。丁巳，拨奉天运京粟米，并留江北漕米，备天津灾赈。甲子，万寿节，御乾清宫受贺。

秋七月乙亥，镇康土族乱，剿平之。诏责李鸿章堵合永定河决口。己卯，发帑五万两，大钱五十万贯，米十万石，赈顺天各属灾。壬午，谕严惩领放赈款侵冒克扣。庚寅，分拨部库及海关银凡三十万，济水定河工。癸巳，命翰林院侍读许景澄充出使俄、德、和、奥大臣，道员李经方充出使日本大臣。赈湖北、广西、陕西、云南水灾。

八月壬寅，再拨京仓米十万石备顺天赈需。乙巳，上诣醇亲王邸视疾。己酉，刘锦棠乞归，仍予假。壬子，以刘铭传擅兴商矿，章程纰缪，谕止之，予部议。丁巳，留漕米五万石，拨库帑十万，备山东赈。壬戌，以顺、直水患，谕王公各府京旗庄田并减租。是月，免陕西、江西逋赋。赈陕西水灾雹灾，云南水灾，台湾风灾。

九月乙亥，户部言禄米仓亏十五万石，仓场侍郎兴廉、游百川下部议，寻并夺职。丙子，赈珲春、宁古塔潦灾。壬午，御史吴兆泰请停颐和园工程，予严议。永定河决口合龙。甲申，赈甘肃雹灾。壬辰，石埭会匪乱，剿定之。癸巳，拨部帑及仓米於顺天备赈。

冬十月丁未，以刘坤一为两江总督兼南洋大臣。庚戌，曾国荃卒，赠太傅。辛亥，再拨京仓米五万石备顺天赈。免奉、直、鲁、豫商贩杂粮税捐。

十一月乙亥，赈湖南被水州县灾。乙酉，上奉皇太后临醇亲王邸视疾。丁亥，醇亲王薨，辍朝七日，上奉皇太后临邸视殓，皇太后赐奠。命王子镇国公载沣即日袭王爵。上成服，懿旨定称号曰"皇帝本生考"，己丑，懿旨赐谥曰贤。皇帝持服一年。

十二月壬子，懿旨晋封辅国公载洵入八分镇国公，镇国将军载涛不入八分辅国公。乙卯，醇贤亲王金棺奉移园寓，上送至适园。壬戌，缓南苑工程。甲子，免浙江各厅州县场光绪初年逋赋。

十七年辛卯春正月癸巳，四川雷波夷匪就抚。

二月癸卯，留海运漕米十六万石备顺、直春抚。己巳，御史高燮曾请举行日讲，诏以有名无实，不纳。辛亥，命李鸿章、张曜会阅北洋海军。刘锦棠以忧去，以陶模为新疆巡抚。云南匪乱，陷富民、禄劝县城，讨平之。是月，免湖北、山西十三年以前逋赋。

三月丁卯，谕资遣难民归籍。己巳，皇后祀先蚕。壬申，修宝坻、通、蓟诸州县河工。丁丑，命李鸿章督修关东铁路。庚寅，命沙克都林札布会额尔庆额勘察哈巴河。辛卯，刘铭传以疾免。

夏四月丁酉，立醇贤亲王庙。丙午，复建祠。辛酉，颐和园蒇工，上奉皇太后临幸自此始。

五月丁卯至庚午连雨。辛未，皇后躬桑。壬午，赈清江等处风灾。是月，京畿蝗。总署以各省教案迭出，请饬办。谕曰："各国传教，载在条约，商民教士，各省当力卫其身家。乃者焚毁教堂，同时并起。显有匪徒布谣生事，各督抚其缉治之，俾勿有所扰害。"

六月戊戌，谕严缉会匪。戊申，诏会匪自首与密报匪首因而缉获者原免之。辛亥，王文韶奏诛附乱参将鲍虎。巧家厅披沙蛮酋禄汶芒伏诛，滇支夷二十一寨就抚。

秋七月癸未，以王文韶言云南猛参、猛角、猛董土司划界息争。予孟定土知府罕忠邦宣抚使衔，土目罕荣高管理猛角、猛董，予土千总准世袭。乙酉，张曜卒。

八月壬辰朔，予乐亭耆儒史梦兰四品卿衔。癸巳，命奕劻总理海军事务，定安、刘坤一襄办。己亥，世祖御制《劝善要言》译汉书成，颁行直省学官，朔望与《圣谕广训》一体宣讲。宝鋆卒。癸丑，谕疆吏饬营伍，除积习，严禁句结包庇。

九月癸未，免陕西前岁逋课。丙戌，初，与国来使，自同治十二年以来，皆见於紫光阁。是月，德使巴兰德谓视如藩属，屡以易地为言。至是，奥使毕格哩本来，遂於承光殿觐见。戊子，云南北胜土州同改土归流。

十月丁酉，免隰、榆次等处逋赋及旗租。癸丑，诏班禅额尔德尼呼毕勒罕明年正月坐床，升泰、苏呼诺门罕往视，颁寄敕书珍物。甲寅，予宋儒游酢从祀文庙。戊午，热河朝阳匪乱，提督叶志超、聂士成剿平之。

十一月丁卯，以热河匪首擒戮，谕民间无论入会否，并许自新，其自拔来归者宥之。乙亥，命户部侍郎崇礼、兵部侍郎洪钧并在总理各国事务衙门行走。己卯，海运仓火。甲申，以喀喇沁旗匪乱，拨库帑三万赈抚之。赈汉口火灾。

十二月丙申，免河南光绪初年逋赋。乙巳，赈热河被匪灾区。戊申，申谕内务府撙节用费。

是冬，免浙江、陕西本年民欠税粮。

十八年壬辰春正月丁亥，浚运河。辛卯，拨库帑五万於热河，赈敖罕、奈曼两旗蒙古。癸丑，英兵入坎巨提，回部头目逃避色勒库尔，赈抚之。

三月庚申，阎敬铭卒。

夏四月己酉，葬醇贤亲王。是月，台湾内山番社作乱，剿平之。

五月甲子，阳江匪乱，首逆谭运青伏诛。庚午，祈雨。辛未，赐刘福姚等三百一十七人进士及第出身有差。乙亥，合肥等州县旱蝗，赈之。是月，上林、宾州匪首莫自闲等伏诛。

六月庚寅，祈雨。丙申，雨。壬寅，命编修汪凤藻充出使日本大臣。

闰六月己未，永定河决。庚申，赈汾州及归绥七厅旱灾。甲子，留江苏江北河漕各五万石於顺、直备赈。丙寅，阿克达春以奏对失辞，罢山西巡抚。丁丑，以近畿水灾，拨部帑十万备赈。庚辰，恩承卒。是月，京畿蝗。

秋七月辛丑，发库帑十万备云南各属赈。壬寅，河南蝗。癸丑，谕唐炯整顿铜运。

八月丙寅，命奎焕与英使保尔议印藏商约。甲寅，命福锟为体仁阁大学士，麟书协办大学士。留山东新漕备赈。

九月庚寅，拨江北漕米五万石备镇江各属赈。己亥，福建德化匪首陈拱伏诛。壬寅，免陕西前岁民欠钱粮。

十月乙卯朔，留江南漕米三万石备江宁诸县赈。庚申，醴陵匪首邓海山伏诛。己巳，赈莎车水灾。免直隶通州等处粮租杂课。

十一月乙酉朔，免直隶通州等处逋赋。辛卯，赈台湾等处潦灾。辛丑，谕李鸿章、孙家鼐等察赈，被灾州县有玩视民瘼者，严劾以闻。壬寅，免江苏各厅州县卫逋赋。庚戌，发库帑十万赈太原等属水旱霜雹灾。癸丑，发内帑二万赈顺、直各属灾民。

十二月乙卯朔，诏王大臣承办皇太后六旬庆典，会同户、礼、工部，内务府博稽旧典，详议以闻。丙寅，召刘锦棠来京。丁卯，再发京仓米四万石，赈顺天灾民。乙巳，懿旨，办理庆典，一切撙节，内外臣工例贡免进献。特颁内帑赈济顺、直灾区，每岁准此，畀顺天府、直隶总督永济穷黎。每省各赏银二万，自明年甲午始，俱发内帑畀各省疆吏散给之。谕已故贝勒那尔苏为僧格林沁孙，惓念前劳，追封亲王，后不得援例。丙子，赏徽宁池太广道杨儒四品京堂，充出使美、日、秘大臣。

是岁，朝鲜入贡。

十九年癸巳春正月乙酉朔，诏以明岁皇太后六旬圣寿，今年举行恩科乡试，翌年举行甲午恩科会试。丙戌，免长洲等州县冬漕米石。己亥，免长沙等州县逋赋。甲辰，诏明年应来京祝嘏蒙古与内札萨克王、公、台吉等，除有年班外，俱止来京。癸丑，以口外七厅及大同等府灾，命直、晋免收运商粮税，拨部帑十万赈之。

二月戊午，留江苏漕米五万石备赈安州等处。戊辰，见德使巴兰德於承光殿。癸酉，留京饷五万赈陕西北山等处灾民。

三月辛卯，命以两湖漕米六万余石变价赈山西灾。

夏四月丙子，祈晴。已卯，以阿拉善札萨克和硕亲王多罗特色楞游牧连年荒旱，颁帑三万赈之。

五月乙酉，北新仓火。乙未，以伊克昭盟长札萨克固山贝子札那吉尔第游牧连年荒旱，颁帑一万赈之。

六月乙卯，命直省择保精晓天文、医理、卜筮、数学及娴於堪舆者，上之内务府。戊午，拨部帑三万备赈醴陵等处灾。庚申，见德使绅珂於承光殿。癸亥，祈晴。丁卯，普安匪首刘燕飞等伏诛。癸酉，京师雨灾，诏於六门外等六处各设粥厂，拨京仓米万石充赈。乙亥，再拨奉天粟米、江南北漕米备顺、直赈需。永定河决，南北汛并溢。丙子，免安徽积年逋赋，暨潜山等县卫前欠夏粮。

秋七月甲申，谕顺天府平粜。甲辰，近畿积潦渐消，谕遣就食贫民归籍。

八月辛亥，赐故总督曾国荃孙广汉四五品京堂。除华侨海禁，自今商民在外洋，无问久暂，概许回国治生置业，其经商出洋亦听之。丁卯，采购奉、豫、鲁省杂粮分备顺、直赈。

九月癸未，山东截留新漕六万石赈濒河州县灾民。再拨江南北漕米十万石改折，复留江苏漕米八万石充赈顺、直，分半给之。癸卯，发京仓米三万石赈顺天。是月，免陕西各属逋赋及额赋。

冬十月己酉朔，修太仓四州县海塘。壬子，赏四川布政使龚照瑗三品京堂，充出使英、法、义、比大臣。己未，命户部岁纳内务府银五十万。乙丑，免通州等处粮赋。

十一月己丑，申私钱之禁，有销毁改铸或载运者，所司访缉严治之。戊子，甘肃、新疆地震。辛卯，命许振祎与李鸿章会勘永定河。甲午，免大兴等县秋税。

十二月辛亥，命吏部侍郎徐用仪在军机大臣上学习行走。壬子，诏京察严考核。戊午，除内地人民出海禁。辛酉，赈安仁疫灾。壬戌，免归化等七厅租赋。丁卯，免乌拉捕东珠。壬申，拨京东仓米五万石备顺天春赈。癸酉，刑部奏革员周福清于考官途次函通关节，拟杖流，改斩监候。

二十年甲午春正月己卯朔，懿旨，六旬庆辰，晋封妃嫔名号，增恭亲王护卫，奕劻晋封亲王，醇亲王载沣等赏赉有差。自中外大臣、文武大员、蒙古王公等以次恩锡。丙申。许振祎会勘永定河工程，命与李鸿章会筹。允岁增修费四万，并拨部帑三十万充经费。己亥，库车地震。免镇、迪各属逋赋。庚子，重申科场禁例。辛丑，免鄂伦春贡貂。壬寅，《滇缅续约》成。

二月辛亥，诏殿廷考试阅卷大臣公慎校取勿滥。浚通惠河，筑闸坝。甲子，命李鸿章阅海军。甲戌，禁州县非时预征及滥用非刑。允许振祎请，卢沟桥置河防局，仿裘曰修成法，设浚船百二十艘。

三月戊寅朔，日有食之。谕疆吏毋滥保属官。戊子，诏停秋决。

是春，免新疆各属逋赋，云南各属额赋杂课。

夏四月戊申，韶州南雄匪乱，剿平之。己酉，溆浦匪首谌北海伏诛。甲寅，大考翰、詹，擢文廷式等六人一等，余升黜有差。辛酉，见义使巴尔迪等于承光殿。辛未，赐张謇等三百十一人进士及第出身有差。壬申，谕直省清理京控积案。

五月丁亥，以畿辅多盗，谕严捕务。戊子，诏驻藏办事大臣、帮办大臣三年任满得请觐，著为令。丁酉，初，朝鲜以匪乱乞师，李鸿章檄提督叶志超、总兵聂士成统兵往。上虑兵力不足，因谕绥靖藩服，宜图万全，尚须增调续发，以期必胜。壬寅，除免江苏海运漂没漕粮。乙巳，召刘铭传来京。裁鄂伦春总管，升布特哈总管为副都统。

六月己酉，诏停道、府捐。癸丑，京师霪雨，祈晴。乙卯，见日使小村寿太郎於承光殿。戊午，命翁同龢、李鸿藻与军机、总署集议朝鲜事。壬戌，停海军报效。乙丑，谕："湖南京漕折价，备顺天赈。向有济荒经费，亦报解存储。"皆自今岁始，岁以为常。丁卯，命南澳镇总兵刘永福赴台湾。戊辰，召刘锦棠来京。辛未，上二旬万寿，御殿受贺筵宴。命徐用仪为军机大臣。壬申，召免出使日本大臣汪凤藻回国。

秋七月乙亥朔，日本侵朝鲜，下诏宣战。戊寅，命李瀚章毁南海举人康祖诒所著书。己卯，谕遣道员袁世凯往平壤抚辑。丙辰，命台湾布政使唐景崧、南澳镇总兵刘永福助邵友濂筹防。辛巳，谕李鸿章扩充海军，慎选将才，精求训练，通筹熟计以闻。乙酉，免宾川等州县田租。丙戌，敕神机营兵防近畿，驻通州，旋移南苑。戊子，命端郡王载漪、敬信练旗兵，以满洲火器营、健锐营、圆明园八旗枪营暨汉军枪队充选。载漪寻管神机营。谕停不急工程。允吴大澂请，统湘军赴朝鲜督战。丁酉，赈会同、会乐二县灾。己亥，命叶志超总统驻平壤诸军。敬信、汪鸣銮均在总理各国事务衙门行走。癸卯，重订中外保护华工约。

八月丙午，吴大澂督军出关，自请帮办海军，不许。丁未，始释奠於先师。己酉，刘锦棠卒。戊午，上皇太后徽号，颁诏覃恩有差。壬戌，李鸿章以师久无功，褫三眼孔雀翎、黄马褂。丙寅，懿旨发内帑三百万备军需。命四川提督宋庆帮办北洋军务。丁卯，命承恩公桂祥统率马步各营往驻山海关。戊辰，奉天援军统领高州镇总兵左宝贵及日人战于平壤，败绩，死之。己巳，命吴大澂军驻乐亭。庚午，懿旨，六旬庆辰停止颐和园受贺。拨京仓米三万石赈顺天各属水灾。

九月甲戌朔，懿旨起恭亲王奕䜣直内廷，管总署、海军署事，并会同措理军务。乙亥，命宋庆节制直、奉诸军。罢叶志超总统。丁丑，谕在籍提督曹克忠募津勇驻山海关。召王文韶来京。调黄少春为长江水师提督。庚辰，命兵部侍郎王文锦等办理团练。辛巳，免陕西咸宁等处旱荒田赋。壬午，海军副将邓世昌及日人战于大东沟，死之。癸未，召张之洞来京。丁亥，赈瑞昌等县潦灾。戊子，以临敌溃散，罢叶志超、卫汝贵统领，以聂士成统两军。庚子，日兵渡鸭绿江。辛丑，陷九连城。壬寅，命长顺率吉林军往奉天助剿，丰绅统三省练军防东边。

冬十月甲辰朔，谕裕禄饬金州战备。乙巳，命提督唐仁廉募勇二十营，会定安、裕禄防剿。丁未，诏山西各省入卫。戊申，诏恭亲王督办军务，各路统帅听节制。命王大臣等分办巡防、团防，广西按察使胡燏棻驻天津督粮饷，许专奏。召刘坤一来京，以张之洞署两江总督兼南洋大臣。宁夏镇总兵卫汝贵以临敌退缩，褫职逮问。己酉，命翁同龢、李鸿藻、刚毅并为军机大臣。壬子，日人陷金州，副都统连顺弃城遁。徐邦道及日人战，败绩。丙辰，赈东省濒河贫民，并拨帑抚恤。丁酉，各国使臣呈递国书，贺皇太后六旬万寿，上见之于文华殿。壬戌，日人陷岫岩州，丰坠阿、聂桂林皆弃城走。额勒和布、张之万罢军机。定安以临敌无功，夺钦差大臣、汉军都统，暂留办东三省练兵。依克唐阿以督兵畏葸褫职，戴罪图功。丁卯，日人袭旅顺船坞，总办龚照玙遁烟台，黄仕林、赵怀业、卫汝成继之，徐邦道与张光前、姜桂题、程允和奔复州依宋庆。谕李秉衡严防威海。吴大澂请自任山海关防务，并俟各军会合，规复朝鲜。谕曰："临事而惧，古有明训。切勿掉以轻心，致他日言行不相顾。"以旅顺失守，责李鸿章调度乖方，褫职留任。壬申，夺丁汝昌海军提督，暂留任。宋庆自请治罪，特原之。诏各路将帅严约束，禁扰累民间，犯者立正军法。褫叶志超职。

十一月癸酉朔，褫龚照玙职，寻逮问。己卯，以金州陷，褫副都统连顺职，程之伟并褫职，赵怀业逮京治罪。庚辰，懿旨恭亲王奕䜣复为军机大臣。辛巳，免顺、直被水州县额赋。丙戌，日本陷复州。戊子，日本兵集金、复二州。谕宋庆率诸军决战。丰坠阿、聂桂林自岫岩奔析木城，闻敌至，师复溃，日人取析木城。以程文炳为陆路提督。己丑，宋庆及日人战于海城，败绩，退保田庄台。庚寅，依克唐阿及日人战于凤凰城，侍卫永山死之。命荣禄在总理各国事务衙门行走。壬辰，丰坠阿、聂桂林逮问。癸巳，逮叶志超、丁汝昌治罪。戊戌，褫提督程允和、张光前、总兵姜桂题职，俱留营效力。

十二月癸卯，停是月紫光阁、保和殿筵宴。褫提督卫汝成职，逮问。甲辰，御史安维峻以论李鸿章，坐妄言褫职，戍军台。命刘坤一为钦差大臣，关内外各军均归节制。褫提督黄仕林职，逮问。壬子，命张荫桓、邵友濂以全权大臣往日本议和，寻召还。丙辰，拨江苏漕米十二万石备顺、直春赈。丁巳，章高元及日人战于盖平，败绩。奉军复战，提督杨寿山死之，城陷。辛酉，懿旨，刘坤一驻山海关筹进止。趣吴大澂率师出关，会宋庆进剿。以近畿米贵，运豫、鲁杂粮平粜。癸亥，卫汝贵处斩。甲子，命宋庆、吴大澂襄办刘坤一军务。乙丑，再拨京仓米三万石备顺天春赈。己卯，日本陷荣成。庚午，命王文韶襄办北洋军务。

是岁，朝鲜入贡。

卷二十四　　本纪二十四

德宗本纪二

二十一年乙未春正月癸酉朔，停筵宴。乙亥，日兵寇威海。丁丑，我海军与战于南岸，败绩。己卯，吴大澂始出关视师。辛巳，威海陷，守将戴宗骞死之。改命聂士成统兵入关。丁亥，诏责李鸿章。庚寅，刘公岛陷，水师熸，丁汝昌及总兵刘步蟾死之。谕张之洞、松椿防海、赣、清江水陆要冲，保清、淮通运。辛卯，授李鸿章为头等全权大臣，使日本。壬辰，见各国使臣於文华殿。陶模言喀什噶尔、莎车、和阗等属户民，英、印度部收买为奴，应由公家赎放，从之。丙申，叶志超、龚照玙俱论斩。己亥，日本陷文登、宁海，逼烟台。宋庆等及日人战于太平山，败绩，走。

二月乙巳，宋庆、吴大澂败日人于亮甲山，参将刘云桂、守备赵云奇战死。赈锦州、宁远灾民。丁未，命聂士成总统津、沽海口防军。乙酉，日兵薄辽阳，长顺、唐仁廉击却之。庚戌，日兵陷牛庄，吴大澂退走，日人遂袭营口。癸丑，马玉崑败日人于田庄台。甲寅，复战，败绩。丙辰，日兵陷田庄台。吴大澂奔锦州，宋庆退双台。丁巳，以吴大澂师徒挠败，切责之。戊午，恭亲王等奏撤海军署。免上元、江宁等处，淮安等卫赋课。赈直隶水灾。庚申，分神机营兵驻喜峰口。癸亥，命吴大澂解军务帮办来京，湘、鄂诸军以魏光焘领之。乙丑，拨库帑十万加赈蓟州等处灾民。戊辰，知州徐庆璋集民团固守辽阳，命裕禄济饷械。己巳，赈玉田、滦州、乐亭水灾。日人狙击李鸿章，弹伤其颊。庚午，日人犯澎湖。

三月壬申朔，命吴大澂回湖南巡抚任。癸酉，济阳高家纸坊河决。乙亥，日兵陷澎湖。戊子，褫提督蒋希夷职，逮问。癸巳，命郭宝昌随同刘坤一办防务。己亥，李鸿章与日本全权伊藤博文、陆奥宗光马关会议。和约成，定朝鲜为独立自主国，割辽南地、台湾、澎湖各岛，偿军费二万万，增通商口岸，任日本商民从事工艺制造，暂行驻兵威海。

夏四月戊申，拨京仓米石备顺天平粜。己酉，天津海溢，王文韶自请罢斥，不许。谕曰："非常灾异，我君臣惟当修省惕厉，以弭天灾。"甘肃撒回叛，陷循化厅，雷正绾剿之。庚戌，命道员联芳、伍廷芳赴烟台与日本换约。乙卯，谕曰："和约定议，廷臣交章谓地不可弃，费不可偿，当仍废约决战。其言固出忠愤，而未悉朝廷苦衷。自仓卒开衅，战无一胜。近者情事益迫，北可逼辽、沈，南可犯畿疆。沈阳为陵寝重地，京师则宗社攸关。况慈闱颐养廿余年，使徒御有惊，藐躬何堪自问？加以天心示警，海啸成灾，战守更难措手。一和一战，两害兼权，而后幡然定计。其万难情事，言者所未及详，而天下臣民皆当共谅者也。兹将批准定约，特宜示前后办理缘由。我君臣惟期坚苦一心，痛除积弊。"戊午，谕军机大臣及诸臣工，和局已成，勿再论奏。留山东运粮十万石备宁河等处赈。命裕禄接济宁、锦等属赈需。己未，赏前宿松县知县孙葆田五品卿衔。辛酉，达赖喇嘛受戒毕，赉哈达、念珠等物。癸亥，拨湖北漕米三万石，备宁、锦等属赈。乙丑，京师平粜。命李经方为台湾交地全权委员。丙寅，赐骆成骧等二百八十二人进士及第出身有差。丁卯，召唐景崧来京。

五月辛未朔，赈临漳等县水灾。庚辰，蒋希夷论斩。乙酉，见俄使喀希尼、法使施阿兰於文华殿。壬辰，日本归我辽南地。丁酉，免湖南新化，云南阿迷、保山、昆明上年被灾田赋。赈长武等县水灾雹灾。庚子，唐景崧休致。

闰五月辛丑朔，拨山东库帑二万助赈奉天。壬寅，抚恤江、浙运漕稽候船户万余人。甲辰，大学士福锟致仕。乙巳，命直隶提督聂士成总统淮军驻津、沽，江西布政使魏光焘总统湘军驻山海关，四川提督宋庆总统毅军驻锦州，俱听北洋大臣调度。癸丑，吴大澂罢。戊午，予惠潮嘉道裕庚四品京堂，充出使日本大臣。丁卯，谕曰："近中外臣工条陈时务，如修铁路，铸钞币，造机器，开矿产，折南漕，减兵额，创邮政，练陆军，整海军，立学堂，大抵以筹饷练兵为急务，以恤商惠工为本源，皆应及时兴举。至整顿厘金，严核关税，稽察荒田，汰除冗员，皆于国计民生多所裨补。直省疆吏应各就情势，筹酌办法以闻。"

六月甲戌，孙毓汶以疾免。丁丑，赈热河饥民。乙酉，军机大臣徐用仪罢。以麟书为武英殿大学士，崑冈以礼部尚书协办大学士。命钱应溥为军机大臣，翁同龢、李鸿藻均兼总理各国事务衙门行走。戊子，赈钟祥等处水灾。

秋七月甲辰，沁河决。乙巳，荥泽河决。丁未，诏李鸿章入阁办事。授王文韶直隶总督兼北洋大臣。戊申，赈商州、清涧等处水灾雹灾。己酉，予宋儒吕大临从祀文庙。寿张、齐东河决。丰升阿遣戍军台。戊午，赈镇安等县水灾。辛酉，江西巡抚德馨有罪褫职。色勒库尔地震。壬戌，以回众猖獗，褫总兵汤彦和职，杨昌濬、雷正绾并褫职留任。丁卯，已革提督黄仕林论斩。

八月壬申，赈富川、容县水灾。丙子，赈阶、文、西宁等州县水灾。己卯，四川总督刘秉璋以不能保护教堂褫职。丙戌，命工部郎中庆常以五品京堂充出使法国大臣。癸巳，免云南威远被灾田赋。

九月庚子，赈梧州府属火灾。留山东新漕备濒河诸县灾赈。乙巳，留湖北冬漕三万石备钟祥等县赈需。丁未，命魏光焘统军援甘肃。戊申，免望都差徭，及退出圈地额赋五成，著为令。己酉，免陕西前岁民欠，暨华州开渠占地钱粮。壬子，见英使欧格讷于文华殿。乙卯，赈甘肃被扰各地难民。戊午，赈临湘蛟灾。拨帑三万购仓谷，备常德、衡州旱灾。壬戌，见和使克罗伯于文华殿。癸亥，命宗人府府丞吴廷芬兼总理各国事务衙门行走。丙寅，后藏班禅额尔德尼来京谒陵，进方物。揭阳、潮阳、普宁等县地震。

十月辛未，杨昌濬罢，以陶模署陕甘总督。辛巳，李鸿章与日使互换《归辽条约》。甲申，长麟、汪鸣銮并以召对妄言褫职。己丑，初设新建陆军，命温处道袁世凯督练。丙申，免江川被灾田赋二年。赈鹤庆等州县水旱灾。

十一月乙酉朔，山东赵家口合龙。丁未，免盛京被淹官庄额赋。戊申，留河南漕折八万备内黄等县工赈。己酉，以湖北布政使王之春充俄皇加冕贺使。庚戌，免奉天被兵各属旗民两年田赋，并积年逋赋。癸丑，刘永福免。癸亥，甘肃提督李培荣以赴援西宁逗留褫职。乙丑，调董福祥为甘肃提督，仍总统甘军，前敌诸将均归节制。赈保山蛟灾。

十二月戊寅，寿张决口合龙。庚辰，拨库帑六万备湖北春赈。癸巳，改命李鸿章使俄，邵友濂副之。是月，免陕西前岁逋赋、奉天上年苇税及官庄税粮。赈盛京、萍乡灾。发帑各十万，赈湖南、云南、陕西各属灾。

二十二年丙申春正月丙申朔，停筵宴。丁酉，以特遣李鸿章使俄，谕止邵友濂、王之春毋往。己亥，赈长沙各府水旱灾。乙卯，见各国公使于文华殿。庚申，命冯子材仍回广东，督办钦、廉防务。

二月庚午，移塔尔巴哈台额鲁特领队大臣驻布伦布拉克，伊犁察哈尔营领队大臣驻博罗塔拉。壬申，始议邮政与各国联会。开龙州铁路。刘铭传卒。丁亥，户部火。

三月戊戌，额勒和布致仕。癸卯，开杭州商埠。丁未，命王文韶、张之洞督办芦汉铁路。辛酉，回匪窥珠勒都斯。癸亥，命董福祥驻西宁，专任剿抚，魏光焘还驻河州，寻命回陕西巡抚任。

夏四月壬申，五台山菩萨顶灾。乙亥，免昆明、丘北被灾夏粮。辛巳，命荣禄往天津阅新建陆军。戊子，授崑冈体仁阁大学士，荣禄以兵部尚书协办大学士。

五月丁酉，谕李秉衡查州县粮赋，浮收者核减之。免恩安被灾额赋。辛丑，郑州文庙灾。是月，上数奉皇太后临醇王邸视福晋疾。癸卯，醇贤亲王福晋叶赫那拉氏薨，辍朝十一日，上奉皇太后临邸视殓，越日复往奠祭。懿旨，醇贤亲王福晋薨逝，应称曰"皇帝本生妣"。乙巳，上成服。壬子，免安徽历年逋赋。甲子，缓鄂伦春牲丁进貂贡。

六月丙寅，谕奎顺抚恤青海蒙民。丁卯，河决利津。戊辰，免浙江历年各场积欠灶课盐课。庚午，赈浙江风灾。壬申，醇贤亲王福晋金棺奉移，上躬诣临送。甲戌，上奉皇太后如醇王园寓临奠福晋金棺。己卯，谕整顿长江水师。壬午，命裕禄兼充船政大臣。丙戌，松潘番乱，官军剿平之。丁亥，允王大臣请，神机营练兵处仿西制练兵。辛卯，永定河溢。是月，赈大东沟海溢灾，安徽、湖北蛟灾。

秋七月甲午朔，日有食之。丁酉，顺天东南各属水，命孙家鼐等速筹赈需。乙巳，留南漕十万石於天津备赈。

八月乙丑，以关内外回匪渐平，谕陶模、董福祥安辑降众，搜捕余匪。己巳，川军剿瞻对，叠克要隘，进逼中瞻。

庚辰，谕鹿传霖："瞻对用兵，乃暂时办法。事定后仍设番官否，当再审详。不得因此苛责喇嘛，转生他衅，慎勿卤莽而行。"己丑，谕刑部讯狱应速结，毋任延宕。壬辰，禁各省滥用非刑。

九月丙申，福锟卒。免陕西前岁逋赋。己亥，东陵虫灾。丙午，赏盛宣怀四品京堂。先是，王文韶、张之洞请立招商轮船总公司，举盛宣怀督办。至是，旨下，并准专奏。大学士张之万致仕。丁未，见德使海靖、比使费葛于文华殿。庚戌，命李鸿章在总理各国事务衙门行走。癸丑，李秉衡言勘明黄河尾闾，拟由旧黄河东岸挑浚新河，仍导归旧河入海。谕以大举兴办，务期一劳永逸，以副委任。

是秋，赈河南、奉天、湖北、安徽、山东、山西、吉林、黑龙江水灾，湖南蛟灾，及陕、甘水灾雹灾，新疆蝗灾雹灾，广东洋面风灾。

冬十月壬戌朔，赈湖北江、汉水灾。癸亥，办河州冬赈。甲子，增设苏州、杭州、沙市、思茅四关。丙寅，谕陶模选廉明贤吏，和辑汉、回，偶有争执，专论是非，准情理以剂其平，并分别抚恤被兵区域。论平回功，予董福祥骑都尉世职，授陶模陕甘总督，饶应祺新疆巡抚，予奎顺、魏光焘优叙，其余甄叙有差。甲戌，永定河决口合龙。戊寅，定朝鲜设领事，不立条约，不遣使，不递国书，以总领事一人驻其都城。庚辰，命左都御史杨儒充出使俄、奥、荷大臣，道员罗丰禄充出使英、义、比大臣，黄遵宪充出使德国大臣，伍廷芳充出使美、日、祕大臣。癸未，免武清等州县秋赋杂课。乙酉，赈华州等处水灾。己丑，以徐桐为体仁阁大学士，李鸿藻以礼部尚书协办大学士。

十一月戊申，冬至，祀天於圜丘。己酉，免朝贺。辛亥，免河、洮等处被灾赋课。丁巳，命工部侍郎许景澄充出使德国大臣。是月，赈山东、四川水灾。

十二月乙丑，初，鹿传霖屡奏瞻对宜剿，拟收回后改设汉官。上虑失达赖心，命鹿传霖、文海等详议。至是，疏陈瞻民向化，藏番震慑各情。因谕剀切劝导达赖，期于保藏、保川两无窒碍。赈四川东乡等属灾。丙子，免辽阳各村屯粮赋，绥德等州县逋粮。

二十三年丁酉春正月辛卯朔，停筵宴。丁酉，免山东光绪初年逋赋。辛亥，留湖北漕米充工赈。乙卯，见美、法、英、德、荷、比、俄、义、日本及日、奥诸国公使于文华殿。

二月壬戌，命户部侍郎张荫桓使英。庚午，河决历城、章丘。己卯，命崇礼、许应骙在总理各国事务衙门行走。

三月癸巳，诏汰冗兵。甲辰，懿旨发内帑十万赈四川，五万赈湖北，并以库帑十万加赈四川夔、绥、忠三属。辛亥，免铜仁、青谿被水田赋。丁巳，初设海参崴委员。

夏四月乙亥，李秉衡奏减山东钱漕。

五月丙申，诏棍噶札拉参胡图克图嘉穆巴图多普准转世为八音沟承化寺胡图克图。甲辰，张之万卒，赠太保。丁未，上诣本生妣醇贤亲王福晋园寝，周年释服。壬子，予吕海寰四品京堂，充出使德、荷二国大臣。

六月己卯，赈崇阳等县水灾。

是夏，见奥使齐干、俄使乌尔他木斯科、英使窦纳乐、日使失野文雄于文华殿。

秋七月庚寅，李鸿藻卒。丙申，命廖寿恒在总理各国事务衙门行走。辛丑，复故陕西固原提督雷正绾原官。甲辰，免岷州卫二十四寺进贡，并展缓马贡。甲寅，平遥普洞村山陷入地中。

八月己巳，靖西地震。壬申，命翁同龢以户部尚书协办大学士。癸未，弛科布多札哈沁宝尔吉矿禁，许蒙、汉民人开采。乙酉，以鹿传霖于德尔格忒土司措理失宜，罢改土归流议，释土司昂翁降白仁青暨其家属，仍回德尔格忒管土司事。

九月戊子，鹿传霖罢。己丑，命德尔格忒撤兵。戊戌，见挪威使柏固于文华殿。甲辰，达赖喇嘛请还瞻对地。谕恭寿等会商以闻。丙午，利津决口合龙。乙卯，复故陕甘总督杨昌濬官。

是秋，赈陕西雹灾水灾，湖南北、江西、广东、安徽、云、贵水灾，新疆蝗灾。

十月戊午，广西巡抚史念祖坐事褫职。壬申，曹州匪戕害德国教士，命李秉衡察勘之。戊寅，德以兵轮入胶澳。壬午，免乐亭等州县被灾额赋。是月，赈广东风灾，陕西雹灾，湖南、江南水灾。

十一月辛卯，拨江北漕米三万石，备徐、海各属赈。甲午，诏罢三瞻改土归流议，仍隶达赖喇嘛。辛丑，谕安抚江苏各属饥民。丁未，英使窦纳乐入见。癸丑，冬至，祀天於圜丘。甲寅，免朝贺。昭乌达盟旗匪平。

十二月甲子，利津河决。己巳，免安州涝地租。乙亥，三岩野番就抚，改设土千户，隶巴塘。罢朱窝、章谷两土司归流议。戊寅，诏各省保护教堂教士。免狄道、巴燕戎格等处额赋。

二十四年戊戌春正月乙酉朔，日有食之。元旦受礼改于乾清宫，停宗亲宴。戊子，诏各省大吏定议筹饷练兵，速覆以闻。庚寅，定经济特科及岁举法。命中外保荐堪与特科者。乙未，免建水被旱夏粮。己酉，见各国公使于文华殿。壬子，免石屏、昆明夏粮。

二月甲子，命廖寿恒在军机大臣上学习行走。丙寅，免青海阿里克番族马贡银。乙巳，留江北漕米一万石赈徐州灾。丁丑，命神机营选练先锋队。庚辰，诏武科改试枪炮，停默写《武经》。

三月丁亥，诏立义仓。戊子，俄使巴布罗福觐见。乙巳，除新化被水额赋。是月，开直隶北戴河至秦王岛、湖南岳州、福建三都澳口岸。

闰三月乙卯，召张之洞来京。丙辰，麟书卒。庚申，以德人入即墨文庙，毁圣贤像，下总署察问。乙丑，临恭亲王邸视疾。甲戌，上侍皇太后幸外火器营教场，阅火器、健锐、神机三营及武胜新队操，凡三日。丁丑，以湖北沙市焚毁教堂，谕张之洞回任。续赈徐、海灾。戊寅，见德亲王亨利于玉澜堂。己卯，还宫。免新兴被旱额赋。庚辰，见法使毕胜于文华殿。壬午，安徽凤、颍、泗灾。

是春，以胶州湾租借于德意志，旅顺口、大连湾、辽东半岛租借于俄罗斯。

夏四月壬辰，恭亲王奕䜣薨，辍朝五日，素服十五日，临邸赐奠。懿旨特谥曰忠。守卫园寝增设丁户，每祭祀官经理之。孙贝勒溥伟袭。甲午，懿旨，恭忠亲王功在社稷，应配飨太庙。诏中外臣工当法恭忠亲王，各摅忠悃，共济时艰。己亥，授荣禄为文渊阁大学士，刚毅为兵部尚书协办大学士。乙巳，诏定国是，谕："中外大小诸臣，自王公至于士庶，各宜发愤为雄。以圣贤义理之学植其根本，兼博采西学之切时势者，实力讲求，以成通达济变之才。京师大学堂为行省倡，尤应首先举办。军机大臣、王大臣妥速会议以闻。"丙午，诏各省立商务局。赐夏同龢等三百四十二人进士及第出身有差。已酉，翁同龢罢。选派宗室王公出洋游历。近支王、贝勒等，上亲察之；公以下及闲散人员，由宗人府保荐。召王文韶来京。裁督办军务处。庚戌，召见工部主事康有为，命充总理各国事务衙门章京。辛亥，前藏达赖喇嘛贡方物。

五月癸丑朔，诏陆军改练洋操，令营弁学成者教练，于北由新建陆军，于南由自强军派往。各疆臣限六阅月，举并饷练兵及分驻地，妥议以闻。其军械枪炮，各省机器局酌定格式，精求制造。甲寅，赈棲霞火灾。丁巳，诏自下科始，乡、会、岁、科各试，向用《四书》文者，改试策论。命孙家鼐以吏部尚书协办大学士，王文韶以户部尚书为军机大臣兼总理各国事务衙门行走。授荣禄直隶总督兼北洋大臣。庚申，趣盛宣怀芦汉铁路刻日兴工，并开办粤汉、宁沪各路。甲子，诏以经济岁举归并正科，岁、科试悉改策论，毋待来年。丁卯，诏立京师大学堂，命孙家鼐管理。赏举人梁启超六品衔，办理译书局。戊辰，诏兴农学。谕曰："振兴庶务，首在鼓励人材。各省士民著有新书，及创新法，成新器，堪资实用者，宜悬赏以劝。或试之实职，或锡之章服。所制器给券，限年专利售卖。其有独力创建学堂，开辟地利，兴造枪炮厂者，并照军功例赏励之。"辛未，免禄劝被水田粮。癸酉，诏八旗两翼诸营，均以其半改习洋枪、抬枪。以奕劻等管理骁骑营，崇礼等管理护军营。甲戌，诏改直省各属书院为兼习中西学校，以省书院为高等学，郡书院为中等学，州、县书院为小学。其地方义学、社学亦如之。乙亥，命裕禄为军机大臣。丙子，谕各省州县实力保护教堂。丁丑，命三品以上京堂及各省督抚、学政举堪与经济特科者。颁士民著书、制器暨创兴新政奖励章程。命中外举制造、驾驶、声光化电人材。戊寅，诏各省保护商务。免海康、遂谿上年被灾额赋。赈长安等州县水灾雹灾。

六月癸未朔，诏改定科举新章。丙戌，赈徐、海灾。己丑，诏颁张之洞著《劝学篇》，令直省刊布。命康有为督办官报。壬辰，命荣禄会同张之洞督办芦汉铁路。鬱林、梧州土匪、会匪相结为乱，陷容、兴业、陆川三县，官军剿平之。丙申，饶应祺进回部贡金。丁酉，命翰詹、科道轮班召对。部院司员条列时事，堂官代陈。士民得上书言事。设矿务铁路总局于京师，王文韶、张荫桓专理之。庚子，湖南设制造枪炮两厂。辛丑，赈宁羌火灾，洵阳等县水灾雹灾。癸卯，命伍廷芳赈古巴华民。乙巳，谕曰："时局艰难，亟须图自强之策。中外臣工墨守旧章，前经谕令讲求时务，勿蹈宋、明积习，训诫谆谆。惟是更新要务，造端宏大，条目繁多，不得不广集众长，折衷一是。诸臣于交议之事，当周谘博访，详细讨论。毋缘饰经术，附会古义，毋胶执成见，隐便身图。倘面从心违，致失朝廷实事求是本旨，非朕所望也。朕深惟穷变通久之义，创建一切，实具万不得已之苦衷。用申谕尔诸臣，其各精白乃心，力除壅蔽，上下一诚相感，庶国是以定，而治道蒸蒸矣。"谕南北洋大臣筹办水师及路矿学堂。谕各省广开通商口岸。命黄遵宪以三品京堂充驻朝鲜大臣。

是夏，广东九龙半岛、山东威海卫俱租借于英吉利。

秋七月甲寅，诏停新进士朝考，并罢试诗赋。赈奉天被贼各厅县灾。丙辰，诏于京师设农工商总局，以端方、徐建寅、吴懋鼎督理，并加三品卿衔。命出使大臣设侨民学堂于英、美、日本各国。丁巳，河决山东上中游，济阳等六县同时并溢。己未，诏定于九月十五日奉皇太后幸天津阅兵。移沙市关监督、荆宜施道、江陵县并驻沙市镇。壬戌，赈南阳水灾。乙丑，诏裁詹事府，通政司，大理、光禄、太仆、鸿胪诸寺，归并其事于内阁、礼、兵、刑部兼理之。裁湖北、广东、云南巡抚，以总督兼管之。河东河道总督并于河南巡抚。兼裁各省粮道、盐道。庚午，以抑格言路，首违诏旨，夺礼部尚书怀塔布、许应骙，侍郎堃岫、徐会沣、溥颋、曾广汉等职。赏上书主事王照四品京堂。辛未，颁曾国藩《州县清讼事宜》及《功过章程》于各省，并增道府功过。谕疏导京师河道沟渠，平治道涂。谕各省实行团练。赏内阁侍读杨锐、中书林旭、刑部主事刘光第、江苏知府谭嗣同并加四品卿衔，参预新政。赈建水水灾。癸酉，罢李鸿章总理各国事务衙门行走。以裕禄为礼部尚书，在总理各国事务衙门行走。乙亥，置三、四、五品卿，三、四、五、六品学士。丙子，赈泰和水灾。丁丑，召袁世凯来京。谕曰："国家振兴庶政，兼采西法，诚以为民立政，中西所同，而西法可补我所未及。今士大夫昧於域外之观，辄谓彼中全无条教。不知西政万端，大率主于为民开智慧，裕身家。其精者乃能淑性延寿。生人利益，推扩无遗。朕夙夜孜孜，改图百度，岂为崇尚新奇。乃眷怀赤子，皆上天所畀，祖宗所遗，非悉使之康乐和亲，未为尽职。加以各国环相陵逼，非取人之所长，不能全我之所有。朕用心至苦，而黎庶犹有未知。职由不肖官吏与守旧士夫不能广宣朕意。乃至胥动浮言。小民摇惑惊恐，山谷扶杖之民，有不获闻新政者，朕实为叹恨。今将变法之意，布告天下，使百姓咸喻朕心，共知其君之可恃。上下同心，以成新政，以强中国，朕不胜厚望焉。"谕各省撤驿站，设邮政。严米粮出口禁。

八月壬午朔，命户部编定岁出入表颁行之。谕出使大臣征送侨民归国备任使。命袁世凯以侍郎候补，专任练兵事宜。丙戌，见日本侯爵伊藤博文、署使林权助于勤政殿。赈射洪等县水灾，略阳等县水灾雹灾。丁亥，皇太后复垂帘于便殿训政。诏以康有为结党营私，莠言乱政，褫其职，与其弟广仁皆逮下狱。有为走免。戊子，诏捕康有为与梁启超。庚寅，户部侍郎张荫桓、翰林院侍读学士徐致靖、御史杨深秀暨杨锐、林旭、刘光第、谭嗣同并坐康有为党逮下狱。辛卯，上称疾，征医天下。召荣禄来京。命逮文廷式，捕孙文。壬辰，诏复设詹事府，通政司，大理、光禄、太仆、鸿胪诸寺。禁官民擅递封章。罢《时务官报》。各省祠庙毋改学堂。命吏部侍郎徐用仪在总理各国事务衙门行走。癸巳，拨江漕八万石改折，备徐、海赈。赈高州水灾。甲午，杨深秀、杨锐、林旭、刘光第、谭嗣同、康广仁俱处斩。谪张荫桓新疆。徐致靖禁锢。命荣禄为军机大臣。以裕禄为直隶总督兼北洋大臣。乙未，以康有为大逆不道，构煽阴谋，颁朱谕宣示臣下。罢巡幸天津阅操。命荣禄管兵部事，兼节制北洋诸军及宋庆军。丁酉，籍康有为、梁启超家。命赵舒翘会同王文韶督办矿路总局。谕苏、浙新漕运京，罢改折议。留山东新漕米石备赈。戊戌，赏袁昶三品京堂，在总理各国事务衙门行走。庚子，李端棻以滥保褫职，戍新疆。褫王照职，籍其家，逮捕。辛丑，赏前御史文悌知府。壬寅，黄遵宪以疾免，赏李盛铎四品京堂充出使日本大臣。陈宝箴以滥保夺湖南巡抚任。癸卯，诏疆臣饬吏治，培人才，开财源，修武备，举劾牧令，整齐营规。诏言责诸臣指陈国计得失，其淆乱是非事攻讦者罪之。乙巳，懿旨复乡、会试及岁、科考旧制，罢经济特科，罢农工商局。丙午，端方进所编《劝善歌》，诏颁行。懿旨命疆臣保卫民生，慎选循良，整饬保甲团练。凡水利蚕桑，及制造贩运，资民间利赖者，以时教导之。申联名结会之禁。授荣禄为钦差大臣。己酉，命裕禄会办芦汉等处铁路。设上海、汉口水利局。

九月辛亥朔，懿旨，一切政治关国计民生者，无论新旧，仍次第推行。建言诸臣章奏务裨时局，毋妄意揣摩。癸丑，发内帑二十万赈山东水灾。甘肃、新疆地震。丁巳，广西匪平。己未，命军机大臣会大学士及部院议治河之策。辛酉，初，强劫盗案，不分首从。至是，命枢臣暨法司详议区别。代州地震。壬戌，免陕西咸宁等处逋课。戊辰，复武乡、会试及童试旧制，惟营用武进士及投标武举令习枪炮。复置湖北、广东、云南巡抚，河东河道总督。免裁粮道等缺。己巳，命许景澄在总理各国事务衙门行走。甲戌，复刑名解勘旧制，除军务省分及情事重大者，仍就地正法，余不准行。丙子，命胡燏棻在总理各国事务衙门行走。己卯，权停福州船厂制造。庚辰，命李鸿章往勘山东黄河。是月，赈直、陕、川、鄂、苏、滇、晋、新等各省灾。

冬十月辛巳朔，享太庙，礼亲王世铎摄行，是后郊庙祀典皆遣代，至辛丑冬自西安还京，始亲诣。丙戌，命道员张翼督办直隶暨热河矿务，立公司。赈顺天各属灾。丙申，赈韩城等县灾。己亥，命户部拨帑八万备安徽赈。辛丑，追夺翁同龢职。前湖南巡抚吴大澂坐事褫职。济阳决口合龙。壬寅，悬赏购捕康有为、梁启超、王照。甲辰，允荣禄请，以宋庆、聂士成、袁世凯、董福祥所部分立四军，别募万人为中军。乙巳，见俄使格尔思於勤政殿。命胡燏棻督办津镇铁路，以张翼副之。丁未，赈罗平水灾雹灾。

十一月癸丑，谕张汝梅办山东灾赈。赏桂春三品京堂，命在总理各国事务衙门行走。甲寅，命启秀为军机大臣，赵舒翘、联元并在总理各国事务衙门行走。丁巳，留河南漕折于滑县备赈。拨库帑二十万于江苏备赈。己巳，命溥良察山东赈。庚午，命裕庚在总理各国事务衙门行走。辛未，命疆臣均兼总理各国事务大臣衔。壬申，赈吐鲁番等处水灾蝗灾。丁丑，以称疾停年节升殿筵宴。戊寅，罢直隶练军。

十二月丙戌，湖北巡抚曾钰坐事免。癸巳，命马玉崑往河南办理防剿。罢胡燏棻津芦路督办，以许景澄代之。丁酉，免汉阳等州县被灾额赋。壬寅，改湖北汉口同知为夏口抚民同知。戊申，发内帑五万於清、淮备赈。

二十五年己亥春正月庚戌，抚恤豫、皖被贼州县灾民。丙辰，诏清庶狱。庚申，免涡阳等州县被贼税粮。辛酉，止各国驻京公使觐贺。壬戌，再拨部帑五万于安徽备赈。丙寅，召李秉衡来京。

二月甲申，申谕各省办积谷、清讼、团练、保甲。丁亥，命武胜新队名曰虎神营。举行京师保甲。戊戌，胶州湾德兵藉词护教，入沂州境。命吕海寰告德国外部，止其进兵。以新建陆军训练有效，予袁世凯优叙。庚子，命副都统寿山募练十六营，为镇边新军。甲辰，德兵至兰山。丁未，陷日照城。

三月乙卯，谕有漕各厅州县，自今冬始，改征本色运京师。丁丑，召苏元春来京。

夏四月癸未，谕曰："近因时事艰难，朝廷孜孜求治，叠谕疆臣整顿一切。旋据覆陈练兵、筹饷、保甲、团练、积谷各事，虽匪空言，尚虚确效。用再谕令所筹诸务，速即兴办。仍将有无成效，据实以闻。"申谕疆臣切实校阅营伍。又谕察勘荒田，劝导民垦，勿任吏胥讹扰，亦毋遽拟升科。义人以兵舰来，图登三门湾，谕严戒备。己丑，命刚毅往江南诸省核库藏出纳实数。癸巳，命聂士成军马步四营驻热河，实边防。丙申，谕刘坤一等集重兵为备，义兵登陆，即迎击之。丁酉，命按察使李光久督办浙江防剿，长顺往吉林稽察练兵。乙巳，诏："关税、厘、盐诸课，岁有常经，疆吏瞻徇，不能力除积弊。大学士、军机大臣其详核会议以闻。"

五月壬子，命吴廷棻在总理各国事务衙门行走。甲寅，神机营兵厂药库火。乙卯，命太仆少卿裕庚充出使法国大臣。乙丑，命正定镇总兵杨玉书统练军驻热河。除安化、武冈、新宁被水田赋。己巳，岳州开商埠，移岳常澧道驻之，兼岳州关监督。

六月戊子，免迪化等属逋赋。丁酉，谕整饬海军，除积弊。庚子，赈庐陵等县水灾。

秋七月庚戌，以法人租借广州湾，命苏元春往会勘。乙卯，订《朝鲜通商条约》。丁巳，开秦皇岛商埠。己巳，命刚毅往广东清厘财政。庚午，命苏元春赴淮、徐练兵，听荣禄节制。

八月丁亥，甘肃海城回乱，官军剿平之。己亥，诏各省宣讲《圣谕广训》。甲辰，锦州、广宁匪乱，剿平之。

九月丁未，以旱诏求直言。庚戌，诏清讼狱，缓征输。谕疆吏整躬率属，持公道，顺舆情。己未，副都统寿长以废弛营务，褫职谪戍，荣和褫职逮问。辛酉，命李徵庸充督办四川商矿大臣。甲戌，义人兵舰续至，谕直、鲁、江、浙严防。

是秋，赈浙江、湖南、甘肃水灾，陕西旱灾。

冬十月庚寅，命李秉衡巡阅长江水师。丙申，命李鸿章为通商大臣，考察商埠。壬寅，免陕西咸宁等处前岁逋赋。

十一月癸丑，命太仆寺卿徐寿朋充出使韩国大臣。甲寅，廖寿恒罢军机大臣，命赵舒翘在军机大臣上学习行走。免北流被贼上年逋赋。壬戌，再暴康有为、梁启超罪状，悬赏严捕。戊辰，孙家鼐以疾免。己巳，以户部尚书王文韶协办大学士。

十二月甲戌朔，诏停年节升殿筵宴。丙子，举行察典，敕毋冒滥。乙酉，免榆林等处被灾田粮。己丑，罢苏元春江南练兵，回广西提督任。乙未，命陈泽霖募勇驻江北操练，为武卫先锋右军。丁酉，诏以端郡王载漪之子溥儁为穆宗嗣，封皇子。命崇绮直弘德殿，授皇子溥儁读。壬寅，诏来年三旬寿辰，停朝贺筵宴，止文武大吏来京祝嘏。特举恩科，明年庚子乡试，次年辛丑会试。其正科乡、会试，递推於辛丑、壬寅年举行。

是冬，赈山西、云南、陕西、甘肃、山东等属灾。

是岁，广州湾租借於法郎西，并开滇越铁路。

二十六年庚子春正月甲辰朔，诏以三旬庆辰，加宗支近臣恩赉。己酉，命醇亲王载沣直内廷，命侍讲宝丰直弘德殿。停本年秋决。壬子，先是，知府经元善联名上书谏立嗣。至是，诏严捕治罪，寻籍其家。戊子，诏大索康有为、梁启超，毁所著书，阅其报章者并罪之。壬戌，三严夷平，增设巴塘等处土官各职。癸亥，总署与法人议《广州湾租约》，订期九十九年。甲子，留南漕三万石赈河北灾民。是月，拳匪起山东，号“义和拳会”，假仇教为名，劫杀相寻，蔓延滋害。

二月丙子，河决滨州。乙酉，免昆明等州县被灾额赋。戊戌，定《墨国条约》。

三月戊申，命李盛铎使日本，贺其太子联姻；吕海寰使德，贺其太子加冠。壬子，滨州决口合龙。癸丑，以旱诏中外虑囚。甲寅，赏高赓恩四品京堂，直弘德殿。丁巳，命内阁学士桂春充出使俄国大臣，寻命兼使奥国。拨部帑十万赈山东、贵州各属水灾。己未，靖远夷就抚，置诸夷土官。壬戌，命袁世凯集新兵二十营，增立一军，名为武卫右军先锋队。

夏四月乙酉，善联罢，以许应骙兼管船政大臣。庚寅，义和拳入京师，诏步军统领等会议防禁以闻。辛卯，免宣威、嵩明被水秋赋。丙申，赈重庆等处水旱灾。丁酉，总署言拳会造言煽惑，人心浮动，易肇衅端。谕所司妥议。授李鸿章两广总督。庚子，免新化等州县被水额赋。是月，拳匪焚毁保定铁路，副将杨福同往镇摄，行及涞水，被戕。

五月癸卯，拳匪毁琉璃河、长辛店车站局厂。命聂士成护芦保、津芦两路，防御之。甲寅，命载漪管总理各国事务衙门，启秀、溥兴、那桐同时兼行走，罢廖寿恒。乙卯，拳匪杀日本使馆书记杉山彬于永定门外。丁巳，谕令马玉崑赴京西剿拳匪。大沽戒严。己未，拳匪扰五城，坊市流血。诏步军统领神机营、虎神营、武卫中军会巡，大臣巡察街陌，分驻九门监启闭。召李鸿章、袁世凯入卫。庚申，荣禄以武卫中军护各国使馆。命李端遇、王懿荣为京师团练大臣。召李秉衡及马玉崑统兵来京。是夕，拳匪焚正阳门城楼，闾市灰烬。庚申，诏刚毅、董福祥募拳民精壮者成军，自余遣散。辛酉，诏各省以兵入卫。外军攻大沽口，提督罗荣光不能御，走天津，死之，大沽遂陷。裕禄以捷闻，诏发内帑十万犒师。壬戌，命徐桐、崇绮会同奕劻、载濂等商军务。癸亥，命许景澄、那桐往告各国公使速出京。自庚申至于是日，皇太后连召王大臣等入见，谘众论。载漪持战议甚坚。载勋、载濂、载澜、徐桐、崇绮、启秀、溥良、徐承煜等，更相附和。荣禄依违其间。独许景澄、袁昶言匪宜剿，衅不可开，杀使臣，悖公法，辞殊切直。故有是命。甲子，拳匪戕德使克林德于崇文门内。乙丑，诏以中外衅启，饬战备。罢崇礼步军统领，以载勋代之。发仓米开粜济民食。庚午，召鹿传霖来京。

六月辛未朔，谕顺天府五城平粜，瘗教民暴骸。癸酉，命仓场侍郎刘恩溥往天津募水会强壮者，编立成军，与通州、武清、东安团民驻直隶，济之饷械。发仓于通州开粜。长萃等言津通道阻，请暂停漕运，不许。乙亥，谕各省护教士回国，教民悔悟自首者许自新。己卯，南漕运阻，命清江浦置局，采买运京。壬午，调李鸿章为直隶总督兼北洋大臣，趣兼程来京。乙酉，诏展缓本年恩科乡试，明年三月八日举行，会试八月八日举行，庚子正科乡试及会试以次递推。外兵袭天津，聂士成战于八里台，死之。戊子，以吕本元为直隶提督。天津陷，裕禄、宋庆、马玉崑并退守北仓。庚寅，命顾璜、张仁黼会办河南团防。下户部尚书立山于狱。辛卯，诏缉戕害德使凶犯。额勒和布卒。丙申，上三旬万寿，东华门不启，群臣朝贺皆自神武门入。免疏附、拜城被灾额赋。赈福建水灾。

秋七月庚子朔，命李秉衡帮办武卫军事，张春发、陈泽霖、万本华、夏辛酉诸军并听节制。壬寅，杀吏部侍郎许景澄、太常寺卿袁昶。乙巳，调马玉崑为直隶提督。丁未，命荣禄以兵护各国公使往天津。己酉，外兵据北仓。庚戌，陷杨村，直隶总督裕禄自杀。壬子，授李鸿章全权大臣，与各国议停战。外兵袭蔡村。癸丑，李秉衡战于蔡村，败绩。外兵进占河西坞。甲寅，增祺言盖平、熊岳先后失守。丙辰，杀户部尚书立山、兵部尚书徐用仪、内阁学士联元。李秉衡战败于张家湾，死之。丁巳，外兵陷通州。命刚毅帮办武卫军事。己未，德、奥、美、法、英、义、日、俄八国联兵陷京师。庚申，上奉皇太后如太原，行在贯市。壬戌，次怀来。命荣禄、徐桐、崇绮留京办事。癸亥，广东布政使岑春煊率兵入卫，遂命扈跸。甲子，次沙城堡。懿旨命岑春煊督理前路粮台。丁丑，次鸡鸣驿，下诏罪已，兼诫中外群臣。丙寅，次宣化。命万本华、孙万林、奇克伸布军听马玉崑节制，驻后路。丁卯，诏求直言。免跸路所过宛平、昌平等处钱粮一年。

八月庚午朔，次左卫。辛未，次怀安。壬申，次天镇。诏奕劻还京，会李鸿章议和。癸酉，次阳高。甲戌，次聚乐镇。太监张天顺骚扰驿站，处斩。乙亥，次大同。命刘坤一、张之洞会议和局。以载漪为军机大臣。戊寅，赏随扈王公暨大小臣工津贴银两。己卯，次怀仁。命京师部、院、卿寺堂官暨内廷行走者，除留京外，均率司员赴行在。辛巳，次广武镇。命程文炳统军驻潼关。壬午，次阳明堡。谕荣禄收集整理武卫中军。癸未，次原平镇。谕廷雍督剿直属拳匪。甲申，次忻州。丙戌，次太原，御巡抚署为行宫。免跸路所过天镇、阳高等州县今岁额赋。丁亥，西安等府旱。戊子，谕荣禄约束武卫中军。癸巳，诏有司劝教民安业，拳民被胁者令归农。乙未，赈四川各属灾。

闰八月庚子朔，赈丽水等县水灾。辛丑，追悼德使克林德，命崑冈往奠之。论庇拳启衅罪，削庄亲王载勋、怡亲王溥静、贝勒载濂、载滢爵。罢载漪、载澜、刚毅、赵舒翘、英年职，并下府部议。命鹿传霖为军机大臣。壬寅，以日书记杉山彬被戕，遣那桐使日本致祭赙。毓贤罢。乙巳，诏幸西安。丁未，启跸。是日，次徐沟。戊申，次祁县。己酉，次平遥。庚戌，次介休。辛亥，次灵石。壬子，次霍州。召荣禄赴行在。甲寅，诏改陕西巡抚署为行宫。乙卯，次平阳。丙辰，次史村驿。谕北五省严捕自立会党。戊午，次闻喜。己未，诏以西幸，陵寝坛庙久疏对越，命奕劻遴近支王贝勒代享太庙及祭东、西陵，太常寺派员祭坛庙。寻令今岁除夕、来岁元旦祀典，并遣代行。趣近省解京饷给在京官弁俸粮。授奕劻全权大臣，会李鸿章议和约，刘坤一、张之洞仍会商。辛酉，次临晋。癸亥，次蒲州。谕江苏等省解款百万济京城俸饷。免跸路所过太原、阳曲等属今岁额赋。乙丑，次潼关。赈福州水灾。丁卯，次华阴。命敬信、溥兴管理虎神营。戊辰，次华州。

九月己巳朔，次渭南。壬申，至西安府，御巡抚署为行宫。甲申，以裕钢为驻藏办事大臣。丙子，予殉难祭酒王懿荣世职，并旌其妻谢氏、子妇张氏。乙卯，李鸿章奏诛附匪逞乱道员谭文焕。壬午，德人陷紫荆关，布政使升允退军浮图亿。寻奏德兵退易州，上以其张皇，切责之。己丑，罢保德贡黄河冰鱼。庚寅，削载漪爵，与载勋、溥静、载滢并交宗人府圈禁。载澜、英年镌级。赵舒翘夺职留任。刚毅病故，免议。毓贤戍极边。壬辰，予阖家自焚黑龙江将军延茂、祭酒熙元、侍读宝丰、崇寿等恤。乙未，赈陕西荒。丙申，免陕西咸宁等县逋赋。戊戌，免云南各厅州县暨土司被灾逋赋。

冬十月戊申，皇太后圣寿节，停筵宴。庚戌，诏董福祥不谙外情，遇事卤莽，夺提督，仍留任。辛亥，发内帑四十万赈陕西饥民，趣江、鄂转漕购粮以济。癸丑，授王文韶为体仁阁大学士，崇礼、徐郙并协办大学士。丁巳，谕廓尔喀、前后藏及各土司暂勿贡献。癸亥，开秦、晋实官捐例赈旱灾。

十一月壬申，免长安额赋十之五。乙亥，清平苗匪王老九等作乱，官军剿擒之。庚辰，命杨儒为全权大臣，与俄议交收东三省事。辛巳，以长沙等府旱灾，开赈捐事例。壬午，免跸路所经山西各州县额赋十之二。癸未，命盛宣怀为会办商务大臣。乙酉，命徐寿朋赴京随办商约。癸巳，安徽开筹饷捐例。丙寅，增祺坐擅与俄人立交还奉天暂行约，予严议，寻褫职。

十二月甲辰，诏免明年元旦礼节。丁未，诏议变法，军机大臣、大学士、六部、九卿、出使大臣、直省督抚参酌中西政要，条举以闻。庚戌，谕直省大小官吏保护外侨，违者重谴。严立会仇教之禁，犯者问死刑。壬子，命左都御史张百熙充专使英国大臣。甲寅，留京大臣奏京师盗风甚炽，权用重典，允之。庚申，赏张佩纶编修，随李鸿章办交涉。壬戌，诏复冤陷诸臣立山、徐用仪、许景澄、联元、袁昶职。再论纵匪肇乱首祸诸臣罪，夺载澜爵职，与载漪并谪新疆禁锢。褫刚毅职。英年、赵舒翘并褫职论斩。追褫徐桐、李秉衡职。启秀、徐承煜褫职听勘。董福祥褫职解任。癸亥，下诏自责。以当时委曲苦衷示天下。并诫中外诸臣激发忠诚，去私心，破积习，力图振作。

二十七年辛丑，行在西安。春正月戊辰朔，诏以救济顺直兵灾，开实官捐例。罢多伦诺尔岁贡海龙诸皮。庚午，赐载勋自尽。辛未，毓贤处斩。癸酉，英年、赵舒翘并赐自尽。刚毅、徐桐、李秉衡并论斩，以前没免。乙亥，启秀、徐承煜处斩。庚辰，免仁和等县荒废田粮。辛巳，免新会贡橙。

二月己亥，拨部帑百万於山西备赈。壬子，广东郎中黎国廉等进方物，升叙有差。

三月戊辰，免跸路所过暨被灾陕西咸宁等处税粮。己巳，诏立督办政务处，奕劻、李鸿章、荣禄、崑冈、王文韶、鹿传霖并为督理大臣，刘坤一、张之洞遥为参预。甲戌，免云南临安等处逋粮。丁丑，论拳匪仇教保护不力罪，夺已故总督裕禄、驻藏大臣庆善原职，褫浙江巡抚刘树棠职，布政使荣铨、副都统晋昌褫职戍极边，道员郑文钦、知县白昶、都司周之德并处斩，余褫谪有差。拨山东漕米五万石赈直隶灾民。壬午，谕免自京来行在各署司员停补扣资。

夏四月丁酉，赏在京王公百官半俸，旗、绿营兵丁一月钱粮。辛丑，命马玉崑剿近畿余匪，瞿鸿禨在军机大臣上学习行走。丁未，命瞿鸿禨兼政务处大臣。己酉，赈直隶旱灾。壬子，诏开经济特科，命中外举堪与试者。免各省例贡，除茶叶药材及关祭品者，一切食物悉罢之。癸丑，命载沣充德国专使大臣。庚申，诏从各国议，停顺天、奉天、黑龙江、直隶、山西、河南、陕西、浙江、江西、湖南诸省考试五年。壬戌，命张百熙等修京师跸路。癸亥，停吉林今岁贡。

五月乙丑，命那桐充日本专使大臣。展山西本年恩、正两科乡试。癸未，赏道员蔡钧四品京堂，充出使日本大臣。甲午，赈墨尔根等处灾。

六月丙申，命副都身统廕昌充出使德国大臣，寻命为荷兰兼使。赏知府许台身道员，充出使韩国大臣。庚子，万寿节，停朝贺筵宴。癸卯，诏置外务部，以总理各国事务衙门改设之，命奕劻总理，王文韶为会办大臣，瞿鸿禨任尚书并会办大臣，徐寿朋、联芳为侍郎。庚戌，各国联军去京师。壬子，发内帑五万于江西备赈。赈棲霞火灾。

秋七月甲子朔，命邓增节制随扈诸军。免陕西、河南、直隶跸路所过地额赋。乙丑，诏除漕务积弊，河运海运并改征折色，在京仓采运收储。世铎罢直军机。己巳，河决章丘、惠民。己卯，诏改科举自明年始，罢时文试帖，以经义、时务策问试士，停武科。予罗丰禄三品京堂，充出使俄国大臣。戊子，全权大臣奕劻、李鸿章与十一国公使议订和约十二款成。己丑，展陕西乡试于明年举行。壬辰，诏永罢实官捐例。谕各省建武备学堂。癸巳，谕各省裁兵勇，改练常备、续备、警察等军。

八月甲午朔，以回銮有日，遣官告祭西岳、中岳。跸路所经名山大川、古帝王陵寝、先儒名臣祠墓，并由疆吏遣官致祭。乙未，诏直省立学堂。戊申，废内外各署题本，除贺本外，均改为奏。壬子，命盛宣怀为办理商税大臣。癸丑，诏以变法图强示天下，并以刘坤一、张之洞条奏命各疆吏举要通筹。丁巳，车驾发西安。己未，升允奏临潼知县夏良材误供应，请褫职。皇太后命从轻议。升允自请处分，原之。

九月己酉，李鸿章卒，赠太傅，晋一等侯爵。命王文韶署全权大臣，袁世凯署直隶总督兼北洋大臣。

是秋，发帑十五万赈陕西、安徽灾，留漕款十万、漕米六万石备安徽、江苏赈。又赈两湖、安徽、云南水灾，江苏潮灾。

冬十月癸巳朔，日有食之。甲午，次开封。惠民决口合龙。丙申，赏道员张德彝三品卿衔，充出使英国大臣，旋命兼使义、比。壬寅，皇太后圣寿节，停朝贺。壬子，懿旨撤溥儁皇子名号。丙辰，诏展会试于癸卯年。其明年顺天乡试及癸卯科会试，权移河南贡院举行。

十一月丙子，特予故大学士李鸿章建祠京师。戊子，命贻穀督晋边垦务。章丘决口合龙。庚寅，上奉皇太后至自西安。辛卯，诏以珍妃上年殉节宫中，追晋贵妃。命翰、詹、科道及各署司员，按日预备召见。

十二月癸巳朔，命王文韶仍督办路矿，瞿鸿禨副之，袁世凯督办关内外铁路事宜，胡燏棻会办。丙申，申谕中外臣工，重邦交，安民教。以比匪误国，附和权贵，褫左副都御史何乃莹、侍讲学士彭清藜、编修王龙文、知府连文冲、曾廉职。丁酉，赈跸路所过三十里内贫民。己亥，祀天于圜丘。自戊戌年八月至于是月，始亲诣。庚子，祭大社、大稷。遣睿亲王魁斌等告祭方泽、朝日坛、夕月坛，恭亲王溥伟、贝子溥伦诣东、西陵告祭。壬寅，命袁世凯参预政务处。甲辰，命镇国将军载振充英国专使，贺其君加冕，寻晋贝子衔。免跸路所过河南州县额赋十之三。赈广西火灾。辛亥，两宫见各国公使于乾清宫。免云南铜厂积年民欠。甲寅，以瞿鸿禨为军机大臣。授孙家鼐体仁阁大学士。乙卯，两宫见各国公使暨其夫人等于养性殿。丁巳，免山西州县历年逋赋仓谷。庚申，祫祭太庙。辛酉，上始复御保和殿，筵宴蒙古王公暨文武大臣。免浙江仁、钱等州县，杭严、嘉湖二卫未垦地亩粮赋。

二十八年壬寅春正月庚午，享太庙。辛未，祈谷于上帝。癸酉，四川提督宋庆卒，晋封三等男爵。丁丑，命张翼总办路矿事宜，王文韶、瞿鸿禨为督理，吕海寰会盛宣怀议商约。戊寅，罢河东河道总督。命各省大吏清厘屯地，改屯饷为丁粮，撤卫官归营，屯丁、运军并罢。谕各省立农工学堂。戊子，罢詹事府、通政使司。

二月壬辰朔，命张德彝充日斯巴尼亚专使，贺其君加冕。癸巳，谕各省亟立学堂暨武备学堂，开馆编纂新律。甲午，广西游匪戕法兵官，剿办之。丁酉，释奠于先师。戊戌，祭大社、大稷。庚戌，刘坤一乞疾，慰留。

三月辛酉朔，《交收东三省条约》成。甲子，见义使嘎釐纳於乾清宫。乙丑，祀先农，亲耕耤田。丙寅，上奉皇太后谒东陵，免跸路所过州县额赋十之三。己巳至庚午，谒诸陵。甲戌，幸南苑，驻跸团河行宫。壬午，至自东陵。癸未，皇后祀先蚕。

是春，免宣威，昆明及齐齐哈尔、墨尔根旗屯灾赋。免榆林等处逋赋，西安等厅县秋粮十之二。

夏四月壬辰，见俄使雷萨尔於乾清宫。甲午，常雩祀天。丙申，命沈家本、伍廷芳参订现行法律。戊戌，李经义以陈奏失辞，免云南巡抚，下部议。壬寅，命许珏充出使义国大臣，吴德章充出使奥国大臣，杨兆鋆充出使比国大臣。癸卯，皇后躬桑。甲辰，裁银、缎匹、颜料三库，罢管库大臣。乙卯，免滦平被灾地课。

五月壬戌，授袁世凯直隶总督兼北洋大臣。免双城逋赋。甲子，见各国公使等于乐寿堂。丙寅，广西匪陷广南之皈朝，云南官军击走之，复其城。丙子，夏至，祭地于方泽。戊寅，见美使康格等于乾清宫。

六月己丑朔，免鹤庆、宾川被灾杂赋。丙申，命孙宝琦充出使法国大臣，胡惟德充出使俄国大臣，梁诚充出使美、日、秘大臣。庚戌，见美使康格及博览会长巴礼德于乾清宫。辛亥，命张之洞为督办商务大臣。癸丑，赈四川南充、简等属灾。

秋七月庚午，颁行《学堂章程》。

八月甲申，移云南迤西道驻腾越，兼监督关务。戊戌，袁世凯请裁陋规加公费，命他省仿行。癸卯，河决利津、寿张等处。己酉，见德使葛尔士等于仁寿殿。庚戌，河复决惠民。

九月癸巳，两江总督刘坤一卒，追封一等男，赠太傅。命张之洞署两江总督兼南洋大臣。免天津被兵新旧额赋。丁酉，见法使贾斯那等于仁寿殿。甲辰，见各国公使于仁寿殿。壬子，命袁世凯充督办商务大臣，伍廷芳副之，兼议各国商约。

是秋，发库帑三十万，续拨义赈十二万，并于四川备赈。又赈山东、广东、云南、福建、贵州等属水灾。

冬十月戊子，《中英商约》成。己丑，湖南都司刘长儒坐不保护教士处斩。是月，赈山、陕各属灾。云南剑川、鹤庆州，新疆疏勒等厅县俱地震。

十一月戊午，诏自明年会试始，凡授编、检及改庶常与部属中书用者，胥肄业京师大学堂，俟得文凭，始许散馆及奏留。分省知县亦各入课吏馆学习。己未，以有泰为驻藏大臣。辛酉，发内帑、部帑各五万于山东备赈。壬戌，调魏光焘为两江总督兼南洋大臣。丙寅，免临潼被水地课五年。庚辰，冬至，祀天于圜丘。是月，见法使吕班、美使康格于乾清宫。

十二月癸卯，命袁世凯充督办电务大臣。辛亥，旌殉亲异域使俄大臣杨儒子锡宸孝行。是月，免江、浙各厅州县卫额赋，宜良被水租粮。

二十九年癸卯春正月丁巳朔，停筵宴。以明岁皇太后七旬圣寿，诏开庆榜，本年为癸卯恩科乡试，来年为甲辰恩科会试，其正科乡、会试并于下届举行。乙丑，见美使康格等于乾清宫。丁卯，命荣庆同管大学堂事。己巳，见各国公使等于养性殿。丁亥，免镇西、疏附被灾粮赋。

二月壬子，惠民决口合龙。

三月丙辰朔，日有食之。庚申，见德亲王亨利、公使葛尔士等于乾清宫。诏以谒陵取道铁路，禁摊派差徭，扈从并免供给。辛酉，裁官学满、汉总裁及教习。癸亥，祀先农，亲耕耤田。上奉皇太后谒西陵。乙丑，幸保定府驻跸，免跸路所过州县额赋十之三。己巳，荣禄卒，赠太傅，晋一等男。罢印花税及一切苛细杂捐，科派侵渔者论如律。庚午，命奕劻为军机大臣。癸亥，幸南苑。甲戌，幸团河驻跸。庚辰，命奕劻、瞿鸿禨会户部整理财政。立银钱铸造总厂于京师。命载振、袁世凯、伍廷芳参订商律。辛巳，至自南苑。是月，免陕西庚子年逋赋。

夏四月己亥，见各国公使于仁寿殿。己酉，云南匪陷临安府城。庚戌，免跸路所过州县旗租。辛亥，命崇礼为东阁大学士，敬信协办大学士。

五月癸亥，命铁良会袁世凯练京旗兵。戊辰，户部火。甲戌，命杨枢充出使日本大臣。乙亥，云南倮夷平。壬午，赐王寿彭等三百一十五人进士及第出身有差。

闰五月甲申朔，命冯子材会岑春煊办理广西军务。丙戌，命张之洞会张百熙、荣庆厘定《大学堂章程》。庚寅，滇军复临安府城，石屏匪首周云祥伏诛。壬庚，自四月不雨，至于是日雨。丙申，广西巡抚王之春、提督苏元春并褫职，以柯逢时为广西巡抚，刘光才为广西提督。己亥，御试经济特科人员于保和殿。壬寅，命马玉崑巡缉近畿盗贼。甲辰，《中英续订商约》成。

六月壬戌，予考取特科袁嘉穀等升叙有差。癸亥，逮苏元春下狱。丁卯，世铎等请加上皇太后徽号。懿旨以广西兵事方殷，民生困苦，不许。丁丑，河决利津。是月，见日使内田康哉等、义使嘎釐纳等于仁寿殿。山东烟台水灾，赈之。

秋七月乙酉，开厦门、鼓浪屿为各国公地。辛卯，赏郑孝胥四品京堂，督办广西边防，得专奏。崑冈致仕。戊戌，初置商部，以载振为尚书。

八月壬子朔，王公百官豫请来年皇太后七旬万寿报效廉俸申祝，懿旨止之。癸丑，免灵州濒河地粮。丁卯，《日本商约》成。庚寅，见各国公使于仁寿殿。壬申，以敬信为体仁阁大学士，裕德协办大学士。丁丑，见法使吕班、德使穆默于仁寿殿。

九月丙申，命荣庆在军机大臣上学习行走。调那桐为外务部尚书兼会办大臣。丁酉，命那桐与奕劻、瞿鸿禨整理户部财政，荣庆充政务处大臣。戊戌，命孙家鼐、张百熙并充政务处大臣。

是秋，赈湖北、陕西等属水灾，怀柔雹灾，云南各属水旱灾雹灾，镇西、绥来蝗灾冻灾。

十月辛亥朔，见荷使希特斯于乾清宫。戊午，以英秀接收阿勒台借地，率议展缓，命瑞洵往按之。丙寅，置练兵处，命奕劻总理，袁世凯、铁良副之。甲戌，命岑春煊总统广西诸军。乙亥，赏杨晟四品卿衔，充出使奥国大臣。丙子，袁世凯劾张翼擅售开平煤矿暨秦王岛口岸于外人。诏褫职，责令收回。

十一月丙午，谕曰："兴学育才，当务之急。据张之洞同管学大臣会订学章所称，学堂、科举合为一途，俾士皆实学，学皆实用。著自丙午科始，乡、会中额，及各省学额，逐科递减。俟各省学堂办齐有效，科举学额分别停止，以后均归学堂考取。丁未，改管学大臣为学务大臣，以孙家鼐任之。

十二月丙辰，广西匪首覃志发等伏诛。戊午，诏内务府再减宫廷用费，罢一切不急工作。己巳，置翰林学士撰文，并增员缺，更定品级。丙子，以日、俄构兵，中国守局外中立例，宣谕臣民。己卯，授荣庆军机大臣。是月，免安州被涝、昆明被旱地亩租粮。

是冬，赈甘肃、云南各州县水灾，南州、新化蛟灾，泸州火灾。

三十年甲辰春正月癸未，移广西盐道驻梧州，兼关监督。河决利津王庄。甲申，见美、英、法、德、日、义、比、荷、葡各使康格等于乾清宫。己丑，云南提督张春发有罪，褫职戍军台。甲午，以皇太后七旬圣寿，上御太和殿，颁诏天下，覃恩有差。己亥，云南普洱镇总兵高德元坐玩寇殃民处斩。己酉，诏停本年秋决。

二月庚戌朔，日有食之。己未，见葡使白朗穀于乾清宫。丙寅，利津决口合龙。

三月庚辰朔，见德使穆默等于乾清宫。癸未，御史蒋式理以疏劾奕劻语无根据，责还本官。戊子，下王照于狱。庚寅，免榆林等州县逋课。丁未，张德彝与英订《保工条约》成。

夏四月辛亥，见德亲王阿拉拜尔、公使穆默于乾清宫。乙亥，苏元春戍新疆。是月，免邓川上年灾粮，新化被蛟，呼兰、绥化等属被兵逋赋。

五月辛巳，命道员袁大化办理安徽矿务。乙酉，热河行宫灾。丙戌，懿旨特赦戊戌党籍，除康有为、梁启超、孙文外，褫职者复原衔，通缉、监禁、编管者释免之。戊戌，广西叛勇陷柳城，斩统领祖绳武于军前。己亥，旌九世同居邢台贡生范凤仪。癸卯，赐刘春霖等二百七十三人进士及第出身有差。乙巳，懿旨，本年七旬寿节停筵宴，将军、督抚等毋来京祝嘏，并免进献。罢粤海、淮安关监督，江宁织造。

六月己酉，谕曰："时艰民困，官吏壅蔽，下情不通。甚至州县钱粮浮收中饱，以完作欠，百弊丛生，大负朝廷恤民之意。各督抚速将粮额几何，实征几何，正耗收米或折色几何，具列简明表册。此外有无规费，一一登明声叙，毋饰毋漏，据实奏闻。"壬子，命铁良往江南考求制造局厂，筹画所宜，并察出入款目，及各司库局所利弊。戊午，趣岑春煊赴桂、柳督师。癸亥，青海住牧盟长车琳端多布等，请藉年班赍贡物赴京祝嘏。懿旨嘉奖，仍却之。癸酉，永定河决。丙子，河决利津薄庄。

秋七月戊寅，见比使葛飞业于乾清宫。罢福建水师提督，归并于陆路提督，移驻厦门。甲申，永定河北下汛复决。戊子，发内帑十万赈四川水旱灾。壬辰，英兵入藏境，达赖逃，褫其名号，命班禅额尔德尼摄之。甲午，甘肃黄河决，皋兰被灾，命崧蕃赈济。乙未，停九江进瓷器。丙申，命李兴锐署两江总督兼南洋大臣。是月，赏汤寿潜四品卿衔，督办浙江铁路。

八月丁未朔，裁并内务府司员。癸亥，赏唐绍仪副都统衔，往西藏查办事件。辛未，见义使嘎尼纳于仁寿殿。癸酉，见墨使郦华于乾清宫。

九月丙子朔，见英使萨道义于乾清宫。癸未，敬信以疾免。己亥，李兴锐卒，命周馥署两江总督兼南洋大臣。以英兵入藏，达赖求救，命德麟安抚之。英兵旋退。敕唐绍仪为议约全权大臣。癸卯，改湖北粮道为施鹤兵备道。

是秋，免吉林被兵、云南水旱兵灾逋赋，武威、金州额赋。赈云南、顺天、福建、甘肃、江西水灾，山西、浙江、广东等处灾。

冬十月丙午，吕海寰续订《中葡商约》成。以裕德为体仁阁大学士，世续协办大学士。庚戌，见奥、美、德、俄、比诸使齐幹等于皇极殿。永定河决口合龙。壬子，上奉皇太后御仁寿殿，赐近支宗藩等宴，率王、贝勒、贝子、公等进舞。甲寅，皇太后圣寿节，上诣排云殿进表贺。辛酉，见英、日、法、韩诸使萨道义等于皇极殿。丙寅，懿旨禁各省藉新政巧立名目，苛细私捐。一切学堂工艺有关教养者，当官为劝导，绅民自筹，毋滋苛扰。除浙江堕民籍，准入学堂，毕业者予出身。

十一月乙亥朔，命荫昌仍充出使德国大臣，曾广铨充出使韩国大臣。四川打箭炉地震。丁丑，见义使巴乐礼于乾清宫。壬午，广西匪首陆亚发伏诛。戊子，定新军官制。甲辰，谕增祺赈抚东三省难民。

十二月戊申，见义使巴乐礼、荷使希特斯、葡使阿梅达等于皇极殿。甲寅，裁江安粮道，改江南盐道为盐粮道。丁巳，发内帑三十万赈奉天难民。壬戌，直隶始行公债票。丙寅，罢漕运总督，置江淮巡抚。丁卯，立贵胄学堂。戊辰，置黑龙江巡道兼按察使衔，兰绥海兵备道，呼兰、绥化二府。辛未，修四川都江堰。

是冬，裁湖北、云南巡抚，湖南、陕西粮道。免石屏、赵州秋粮，陈留等州县逋赋，朝邑被水额赋。

三十一年乙巳春正月丁丑，见德、英、日本、法、荷、比、义、日、葡、墨、美、韩、奥诸使 于乾清宫。达赖喇嘛请于库伦建庙讽经，不许。命仍还藏，善抚众生。癸巳，铁良言察阅诸省营伍，湖北陆军为最优，诏嘉奖。江南各军统领惩罚有差。命唐绍仪充出使英国大臣。

二月乙巳，懿旨发内帑三十万抚恤东三省难民。庚戌，命长庚、徐世昌考验改编三镇新军。丙寅，景陵隆恩殿灾。庚午，见美使康格于海晏堂。壬申，赈阿拉善游牧。癸酉，免陕西前岁逋粮。

三月乙亥，奉天饥。俄兵入长春，据之。丙子，巴塘番人焚毁法国教堂，驻藏帮办凤全剿捕，遇伏死。饬四川提督马维骐剿之。命柯逢时管理八省土膏统捐事宜。丁丑，见德亲王福礼留伯、公使穆默于乾清宫。己卯，诏督抚举堪胜提镇官者。己丑，云南省城开商埠。庚寅，罢新置江淮巡抚，改淮扬总兵为江北提督。癸巳，谕更定法律。死罪至斩决止，除凌迟、枭首、戮尸等刑。斩、绞、监候者以次递减。缘坐各条，除知情外，余悉宽免。刺字诸例并除之。甲午，以禁止刑讯，变通笞、杖，清查监狱羁所，谕督抚实力奉行。乙未，犍为匪徒作乱，官军剿平之。丙申，命周馥往江北筹画吏治、海防、河工、捕务。

夏四月甲辰，以俄舰至南洋，谕所在预防，并禁商人运煤接济。更定窃盗条款。凡应拟笞、杖者改罚工作。乙巳，谕各省府州县立罪犯习艺所。丙午，赏刘永庆侍郎衔，署江北提督，镇、道以下归节制。丁未，裁广东粮道，置廉钦兵备道。己酉，命程德全署黑龙江将军。壬子，德兵舰突至海州测量，饬严诘。

五月丁亥，见日使贾思理、美使柔克义于乾清宫。癸巳，见墨使胡尔达于皇极殿。庚子，王文韶罢军机大臣，命徐世昌在军机大臣上学习行走，兼政务处大臣，铁良、徐世昌会办练兵事。

六月丙午，见俄使璞科第于仁寿殿。免中牟等州县逋赋。甲寅，予考试留学生金邦平等进士举人出身有差。命载泽、戴鸿慈、徐世昌、端方往东西洋各国考察政治。戊午，诏置盛京三陵守护大臣。裁盛京户、礼、兵、刑、工五部侍郎。己未，以世续为体仁阁大学士，那桐协办大学士。癸亥，裁广东巡抚。庚午，黔匪陷都匀之四寨，官军克复之。

七月丙子，罢御史巡视五城及街道厅，改练勇为巡捕。乙酉，续派绍英为出洋考察政治大臣。己丑，以巴塘兵事，开实官捐一年。丙申，赏廷杰侍郎，往奉天办垦荒事务。常德、湘潭开商埠。丁酉，命铁良在军机大臣上学习行走，寻兼政务处大臣。

八月壬寅，谕："各省工商抵制《美约》，既碍邦交，亦损商务。疆吏当剀切开导，以时稽察之。"甲辰，诏废科举。丙午，裁奉天府尹、府丞，改置东三省学政。命刘式训充出使法、日大臣，黄诰充出使义国大臣，周荣曜充出使比国大臣。荣曜旋罢，改任李盛铎。丁未，免奉天北路被兵额赋。辛亥，发内帑三万于江苏备急赈。癸丑，诏各省学政专司考校学堂，嗣后学政事宜，归学务大臣考核。戊午，新疆巡抚潘效苏坐侵款褫职，戍军台。己未，命袁世凯、铁良校阅新军秋操。壬戌，命汪大燮充出使英国大臣，杨晟充出使德国大臣，李经迈充出使奥国大臣。甲子，开海州商埠。乙丑，改命李经方为商约大臣。丁卯，载泽等启行，甫登车，有人猝掷炸弹。事上，诏严捕重惩。己巳，巴塘乱平，匪首喇嘛阿泽、隆本郎吉等伏诛。

九月丙子，以三品京堂周荣曜旧充关书，侵盗巨帑，褫职逮治，籍其赀。庚辰，初置巡警部，以徐世昌为尚书。庚寅，北新仓火。辛卯，谕肃清广西功，晋岑春煊太子少保衔，李经羲优叙。丙申，见德使穆默于勤政殿。戊戌，命尚其亨、李盛铎会同载泽等赴各国考察政治。

是秋，赈贵州、云南各属水灾，太康风灾，镇番暨巴燕戎格雹灾风灾。

冬十月癸卯，见日本公使内田康哉等于勤政殿。置吉林哈尔滨道。丙辰，芦汉铁路成。英兵入藏，索赔款一百二十余万。谕国家代给，以恤番艰。壬戌，订铸造银币及行用章程。乙丑，以陆徵祥充出使荷国大臣，兼理海牙和平会事。戊辰，置考察政治馆，择各国政法宜于中国治体者，斟酌损益，纂订成书，取旨裁定。诏："近有不逞之徒，造为革命排满之说，假借党派，阴行叛逆。各疆臣应严禁密缉。首从各犯，论如谋逆例。"

十一月庚午朔，陕、洛会匪平。辛未，裕德卒。丙子，罢驻韩使臣，改置总领事。己卯，诏置学部，以国子监归并之，调荣庆为尚书。乙未，《中日新约》成。

十二月辛亥，授那桐体仁阁大学士，荣庆协办大学士。癸亥，置京师内外城巡警总厅。罢工巡局。命徐世昌、铁良并为军机大臣。是月，免盛京各旗、陕西各属被兵逋赋，安州积涝、韩城水冲地租。

是冬，赈会泽潦灾，荆州水灾，英吉沙尔水灾雹灾。

三十二年丙午春正月丙子，缓布特哈贡貂。丁丑，见德、英、法、美、日本、荷、义、俄、奥、比、葡、墨诸使穆默等于乾清宫。丁亥，漳浦匪首张婴伏诛。壬辰，徐郙以察典罢。甲午，命瞿鸿禨协办大学士。

二月戊辰，诏各省保护教堂及外人身家。乙丑，见德使穆默等于勤政殿。是月，颁帑十万助赈日本灾。

三月戊辰朔，以忠君、尊孔、尚公、尚武、尚实五大纲为教育宗旨，宣诏天下。庚午，罢选八旗秀女。丙子，命汪大燮往贺日君婚礼。丙戌，开江苏通州商埠。丁酉，美国旧金山地震，颁帑十万赈华民。是月，奥使顾新斯基、义使巴乐礼等、德使穆默等、法使吕班先后觐见。

是春，免浙江仁和等场与各州县，杭、严、衢三所灶课及荒地山塘杂课，云南、湖南、新疆灾粮，陕西逋赋。

夏四月戊戌朔，命陆征祥往瑞士议红十字会公约。己亥，裁各省学政，改置提学使。庚子，见日本公使内田康哉于勤政殿。癸丑，命铁良充督办税务大臣，唐绍仪副之。丁巳，发湖南库帑十万赈水灾。

闰四月丙戌，以旸雨失时，偏灾屡告，懿旨饬君臣上下交儆。戊子，唐炯以衰疾解云南矿务。

五月戊戌，发库帑五万赈广东水涝灾。癸卯，河南沁河溢，赈灾民。是月，见法使巴思德、义亲王费尔迪安德等于乾清宫。

六月丁卯，德国减直隶驻兵，归我廊坊、杨村、北戴河、秦王岛、山海关地。庚辰，沅陵匪首覃加位伏诛。

是夏，免浪穹旧逋，莎车复荒额赋，甘肃、云南被灾逋赋。赈武陟水灾，朝阳火灾。

秋七月戊戌，置川、滇边务大臣，以赵尔丰任之，赏侍郎衔。沁河决口合龙。庚子，江苏水陆各营旗防军改编巡防队。辛丑，考察政治大臣载泽等还京，上封事。命醇亲王、军机政务处大臣、大学士、北洋大臣公阅，取进止。乙巳，奉天开商埠大东沟，置海关，以东边道兼监督。戊申，谕曰："载泽等陈奏，谓国势不振，由上下相暌，内外隔阂。官不知所以保民，民不知所以卫国。而各国所由富强，在实行宪法，取决公论。时处今日，惟有仿行宪政，大权统于朝廷，庶政公诸舆论。预备立宪基础，内外臣工切实振兴。俟数年后规模粗具，参用各国成法，再定期限实行。"己酉，谕立宪预备，须先厘定官制，命大臣编纂，奕劻、孙家鼐、瞿鸿禨总司核定，取旨遵行。调端方为两江总督兼南洋大臣。甲子，发江苏库储十万赈徐、海、淮西水灾。

八月丁亥，除临川水冲地额赋。庚寅，见日本王爵博恭、公使林权助于仁寿殿。是月，赈安徽水灾，广东风灾，湖州涝灾。

九月癸卯，见各国公使等于仁寿殿。丙午，赐游学毕业陈锦涛等各科进士、举人出身有差。甲寅，诏更定官制。内阁、军机处、外务、吏、礼、学部、宗人府、翰林院等仍旧。改巡警部为民政部，户部为度支部，兵部为陆军部，刑部为法部，工部并入商部为农工商部，理藩院为理藩部。各设尚书一人，侍郎二人，不分满、汉。都察院都御史一人，副都御史二人。改六科给事中为给事中，大理寺为大理院。增设邮传部、海军部、军谘府、资政院、审计院。以财政处归度支部，太常、光禄、鸿胪三寺归礼部。太仆寺、练兵处归陆军部。各部尚书俱充参预政务处大臣。命世续为军机大臣，林绍年军机大臣上学习行走，鹿传霖、荣庆、徐世昌、铁良并罢军机，专理部务。乙卯，发广东库储十万赈香港及潮、高、雷、钦、廉属风灾。丁巳，改政务处为会议政务处。戊午，命曾广铨以三品京堂充出使德国大臣。

冬十月癸酉，皇太后圣寿节，停筵宴。癸未，见英使朱迩典、比使柯霓雅于乾清宫。乙酉，裁并广东陆路、水路提督为广东提督。丁亥，见日本公使林权助等于勤政殿。戊子，浏阳、醴陵匪首王永求、陈显龙倡乱，官军擒斩之。己丑，拨漕折三十万备赈江苏。辛卯，立官报局于京师。

十一月己亥，留广东京饷十万备赈。壬寅，免广西锑矿出井税。甲辰，拨陕西官帑八万助赈江苏。戊申，诏升孔子为大祀，所司议典礼以闻。癸丑，诏各省议币制。丁卯，建曲阜学堂，发内帑十万济工。是月，见墨使胡尔达于勤政殿，德使雷克司、法使巴思德、英使朱迩典于乾清宫。

十二月癸亥朔，日有食之。丁卯，加京官养廉。甲戌，改驻各国公使为二品实官。

是冬，赈普宁、赵州、罗平、师宗灾，江宁、扬州水灾。免滦平、安州涝灾粮赋，永城额赋，陕西咸宁等处逋赋，永平、太和、昆明灾地欠粮。

三十三年丁未春正月甲辰，见各国公使于乾清宫。庚戌，裁各部小京官。

二月甲子，有泰以贻误藏事褫职，谪戍军台。壬申，留苏漕十五万备赈。

三月丙申，见日本公使林权助等于勤政殿。戊戌，长春、哈尔滨辟商埠。己亥，改盛京将军为东三省总督，裁吉林、黑龙江将军，改置奉、吉、黑三巡抚，授徐世昌钦差大臣，为东三省总督。壬寅，命府尹孙宝琦充出使德国大臣。壬子，命天津道梁敦彦充出使美、墨、秘、古大臣。丙申，命陆徵祥充保和会专使大臣，李经方充出使英国大臣，钱恂充出使荷国大臣。丁巳，崑冈卒。

是春，免中卫被水及榆林等属逋赋，云南旱灾等州县逋粮及额赋。

四月甲子，裁各省民壮捕役，改设巡警。绥来地震。乙丑，御史赵启霖坐污蔑亲贵褫职。辛未，更定东三省官制，奉天、吉林、黑龙江各设行省公署，以总督为长官，巡抚为次官，置左右参赞，公领承宣、谘议两厅，分设交涉、旗务、民政、提学、度支、劝业、蒙务七司，各置司使，及提法使、督练处等官。己卯，祈雨。辛巳，以江北水灾，严米粮出口禁。丁亥，定陆海军官制，陆军部设两厅十司，军谘处五司，海军部六司。戊子，命衍圣公孔令贻稽察山东学务。

五月癸巳，巴塘等属喇嘛胁河西蛮作乱，官军讨平之。乙未，命王士珍以侍郎衔署江北提督。丙申，西陵禁山火。丁酉，瞿鸿禨罢。己亥，授鹿传霖军机大臣。命醇亲王直军机。辛丑，王文韶罢，命张之洞协办大学士。癸卯，崇礼卒。丁巳，改按察使为提法使，置巡警、劝业道，裁分守、分巡各道，酌留兵备道，及分设审判厅，备司法独立，增易佐治员，备地方自治，期十五年内通行。戊午，诏："宪法，官民均有责任，凡知所以预备之方、施行之序者，许各条举，主者甄采以闻。"安徽候补道徐锡麟刺杀巡抚恩铭，锡麟捕得伏诛。

六月辛酉，命李家驹充出使日本大臣。丙寅，复御史赵启霖官。壬申，自四月不雨至于是日雨。授张之洞体仁阁大学士，鹿传霖协办大学士。乙酉，停万寿筵宴。永定河决。

是夏，免新化被水额赋，伊通被贼逋课，云南旱灾等州县银米。赈云南饥及直隶水灾。

秋七月辛卯，诏中外臣工议化除满汉。甲午，改考查政治馆为宪 政编查馆。其军机大臣、大学士、参预政务大臣会议事，於内阁行之。壬寅，懿旨遣杨士琦赴南洋各埠考察，奖励华侨。免赵州、禄丰被灾额赋。赈顺天等属灾民，及浏阳、邵阳蛟灾。甲辰，诏以匪徒谋逆，往往假革命名词，巧为煽诱。各督抚当设法解散。获犯拟罪，分别叛逆、盗匪科论，被胁及家属不知情者勿株连。命张荫棠为全权大臣，与英人议《藏约》。敬信卒。己酉，定限年编练陆军三十六镇。丙辰，命张之洞、袁世凯并为军机大臣，以袁世凯为外务部尚书。丁巳，命杨士骧署直隶总督兼北洋大臣。戊午，李经迈以母病免，命雷补同充出使奥国大臣。己未，河决孟县。

八月辛酉，上不豫，诏各省荐精通医理者。命汪大燮使英国，达寿使日本，于式枚使德国，俱充考察宪政大臣。壬戌，置京师高等审判厅。己巳，置总检察厅。庚申，立资政院，以贝子溥伦、孙家鼐为总裁。乙亥，命伍廷芳充出使美国大臣，萨荫图充出使俄国大臣。己卯，诏以各省驻防习为游惰，命各将军等授田督耕，归农后，一切归有司治理。庚辰，裁奉天驿站，设文报局。壬午，诏中外臣工研究君主立宪政[illegible]定自治章程。甲辰，见德使雷克司、日使阿部守太郎于[illegible]寿殿。谕神机营卫队及官兵归陆军部管辖。

九月辛卯，诏议定满、汉礼制、刑律，考定度量权衡画一制度章程。是日，以烟习未除，敕责庄亲王载功、睿亲王魁斌、都御史陆宝忠、副都御史陈名侃解职，迅速戒断。并谕内外文武，限三月净尽，否即严惩。癸巳，命沈家本、俞廉三、英瑞充修订法律大臣。己亥，命各省立谘议局，公举议员，并筹设州、县议事会。壬寅，日本以水灾来告籴，输江、皖、浙、鄂诸省米粮六十万石济之。甲辰，命各省立调查局，各部、院设统计处。予游学毕业生章宗元等进士、举人出身有差。戊申，湖北按察使梁鼎芬言挽回时局，莫亟于禁贿赂，绝请托，劾奕劻、袁世凯等夤缘比附，贪私误国。廷旨以有意沽名，斥之。是月，免云南旱伤等州县税粮。赈怀宁等县水灾。

冬十月乙丑，命派孙家鼐、荣庆、陆润庠、张英麟、唐景崇、宝熙、朱益藩进讲经史及国朝掌故。永定河合龙。戊辰，皇太后圣寿节，停筵宴。壬申，见日使林权助等于勤政殿。丙戌，哲布尊巴丹胡图克图进方物。

十一月庚寅，广西匪踞南关炮台，责张鸣岐督剿，寻复之。戊申，严聚众开会演说之禁。谕各省整顿学堂，增订考核劝戒法。壬子，见俄使璞科第等于乾清宫。以内外臣工条议币制，用两用元，互有利害，谕各督抚体察筹议以闻。发帑五十万济广西军。

十二月戊午朔，复分置广东陆路提督、水师提督。癸亥，裁吉林副都统，置交涉、民政、度支三司使暨提法使、劝业道。予进士馆游学毕业学员杨兆麟等进叙有差。壬申，裁山东粮道，置巡警、劝业二道。甲戌，谕热河围场办屯垦，裁驻防官兵。乙亥，命吕海寰充督办津浦铁路大臣。丙子，那桐兼督办税务大臣。辛巳，赏总税务司赫德尚书衔。丙戌，再停布特哈贡貂一年。

是冬，免云南被旱、直隶被潦暨陕西逋赋。赈云南等属蛟灾，四川水灾，广东风灾水灾。

三十四年戊申春正月丁亥朔，授醇亲王载沣为军机大臣。庚寅，见各国公使于乾清宫。己亥，以京师银价骤高，物直踊贵，发帑五十万，命顺天府尹贬价收钱，并令各省厂铸当十铜元，定额外加铸三成一文新钱，以资补救。甲寅，建兰州黄河铁桥。丙午，见奥使顾新斯基于勤政殿。是月，免云南昆明等县逋赋，浙江仁和等场灶课，湖南邵阳额赋。

二月戊午，祭大社、大稷，是后祀典不克亲行，皆遣代。庚申，赏赵尔丰尚书衔，为驻藏大臣，仍兼边务大臣。癸亥，诏增给满大臣暨各旗官十成养廉，更定御前大臣以下等员津贴。丙寅，谕京、外清庶狱。甲戌，京师劝工陈列所灾。丙子，谕以"禁烟议成，英人许分年减运，见已实行递减。相约试行三年，限满再为推减。转瞬期至，其何以答友邦。民政、度支二部迅订稽核章程，责成督抚饬属将减种、减食，切实举办以闻。"丁丑，召达寿还，命李家驹为考察宪政大臣，胡惟德充出使日本大臣。壬午，黄诰罢，调钱恂为出使义国大臣，以陆征祥为出使荷国大臣。

三月壬辰，命恭亲王溥伟、鹿传霖、景星、丁振铎充禁烟大臣，立戒烟所，专司查验。丙午，廓尔喀贡方物。甲寅，以湛深经术，赐湘潭举人王闿运检讨。是月，免云南被灾新旧额赋。

夏四月丙辰，见日使林权助等于勤政殿。绥远城将军贻穀有罪褫职，逮下刑部狱，寻籍其家。命信勤充垦务大臣，兼署绥远城将军。丁巳，裁安徽安庐滁和道。己未，越匪陷河口，命刘春霖以三品京堂帮办云南边防，前敌诸军归节制。戊辰，裁贵州粮道，贵西道。己巳，见各国公使希特斯等于仁寿殿，赐宴。庚辰，云南官军败匪于田房，复四隘，旋克大小南溪及河口，发帑犒军。

五月乙酉朔，滇匪平。丁亥，裁巴塘、里塘土司，置流官。壬辰，上疾复作，命直省荐精通医理者。癸巳，录中兴功臣多隆阿、向荣、江忠源、罗泽南、骆秉章、张国樑、李续宾、彭玉麐、杨岳斌、鲍超、李孟群、程学启、刘松山、冯子材等后，升叙有差。甲午，修曲阜孔子庙。癸卯，襄河决，飓风为灾。庚戌，郎中曹元弼进所著《礼经校释》，赏编修。癸丑，广东大雨，东、西、北三江并溢，冲决围堤。

六月丁巳，前祭酒王先谦进所著《尚书孔传参正》、《汉书补注》、《荀子集解》、《日本源流考》，赏内阁学士衔。甲子，免广西矿地出井、出口两税五年。庚午，予进士馆游学毕业学员黎湛枝等进叙有差。甲戌，命张之洞兼督办粤汉铁路。乙亥，允达赖喇嘛入觐。丙子，以美国减收赔款，命唐绍仪充专使致谢，兼赴东西洋考察财政。议免厘加税。乙卯，授杨士骧直隶总督兼北洋大臣。辛巳，法部主事陈景仁等请三年后开国会。诏以景仁倡率生事，褫职交管束。

是夏，免云南水旱雹灾，奉天水灾荒地额赋。赈江苏风雹灾，湖北水灾。发部帑五万赈察哈尔蒙旗及两翼牧群灾，又部帑十万赈广东广州、肇庆、阳江各属水灾。

秋七月壬辰，裁黑龙江爱珲等三副都统，增置瑷珲道、呼伦贝尔道。丙申，释苏元春回。己亥，免铁路公私税三年。庚子，以各省设政闻社敛财结党，阴扰治安，谕所在严禁。辛丑，修浙江海塘。癸卯，广西巡勇叛变，戕杀统将，张人骏督剿之。丙午，命三品卿衔胡国廉总理琼、崖垦矿事。庚戌，置云南交涉使。是月，山东、安徽蝗。

八月甲寅朔，宪政编查馆、资政院上宪法、议院、选举各纲要，暨逐年筹备事宜。诏颁行京、外官署，依限举办，每六阅月，胪列成绩以闻。辛未，命姜桂题总统武卫左军。戊寅，见俄使廓索维慈、荷使希特斯等于仁寿殿。己卯，命荫昌、端方校阅秋操。庚辰，马玉崑卒，晋二等轻车都尉。辛巳，命荫昌充出使德国大臣。壬午，遣御前大臣博迪苏往保定迎劳达赖喇嘛。

九月癸未朔，予先儒顾炎武、王夫之、黄宗羲从祀文庙。乙酉，美军舰游历至厦门，遣贝勒毓朗、梁敦彦往劳问。己丑，开宁夏渠垦田。庚寅，达赖喇嘛至京，寻于仁寿殿觐见。癸巳，颁画一币制。丙申，允邮传部请，试办本国公债。戊戌，予进士馆毕业陈云诰等叙进有差。庚子，见英使朱迩典等于仁寿殿。癸卯，予游学毕业陈振先等出身，进士馆毕业叶光圻等叙进各有差。己酉，裁四川成绵龙茂道，增置巡警、劝业两道。辛亥，诏以前筹备宪政事宜尚有未尽，谕各部院依前格式，各就职司所系，分期胪列奏明，交编查馆覆核，取旨遵行。

是秋，免云南会泽被水逋赋，楚雄等县及湖南溆浦被水额粮。发帑十万赈湖北、湖南灾民。复赈甘肃灾，广东风灾水灾，广西、浙江、黑龙江、福建水灾。

冬十月甲寅，见日使伊集院彦吉于勤政殿。广州、肇庆等属飓风为灾，谕施急赈。戊午，赐达赖宴于紫光阁。壬戌，皇太后圣寿节，停筵宴。达赖祝嘏，进方物，懿旨加封诚顺赞化西天大善自在佛，岁赐廪饩万金，遣归藏。

壬申，上疾甚。懿旨，醇亲王载沣之子溥仪在宫中教养，复命载沣监国为摄政王。癸酉，上疾大渐，崩于瀛台涵元殿，年三十有八。遗诏摄政王载沣子溥仪入承大统，为嗣皇帝。皇太后懿旨，命嗣皇帝承继穆宗为嗣，兼承大行皇帝之祧。宣统元年正月己酉，上尊谥曰同天崇运大中至正经文纬武仁孝睿智端俭宽勤景皇帝，庙号德宗，葬崇陵。

论曰：德宗亲政之时，春秋方富，抱大有为之志，欲张挞伐，以湔国耻。已而师徒挠败，割地输平，遂引新进小臣，锐意更张，为发奋自强之计。然功名之士，险躁自矜，忘投鼠之忌，而弗恤其罔济，言之可为於邑。洎垂帘再出，韬晦瀛台。外侮之来，衅自内作。卒使八国连兵，六龙西狩。庚子以后，佛郁摧伤，奄致殂落，而国运亦因此而倾矣。呜呼，岂非天哉！

卷二十五　　本纪二十五

宣统皇帝本纪

宣统皇帝名溥仪，宣宗之曾孙，醇贤亲王奕𫍽之孙，监国摄政王载沣之子也，於德宗为本生弟子。母摄政王嫡福晋苏完瓜尔佳氏。光绪三十二年春正月十四日，诞于醇邸。

三十四年冬十月壬申，德宗疾大渐，太皇太后命教养宫内。癸酉，德宗崩，奉太皇太后懿旨，入承大统，为嗣皇帝，嗣穆宗，兼承大行皇帝之祧，时年三岁。

摄政王载沣奉太皇太后懿旨监国。军国机务，中外章奏，悉取摄政王处分，称诏行之，大事并请皇太后懿旨。诏行三年丧。

甲戌，尊圣祖母慈禧端佑康颐昭豫庄诚寿恭钦献崇熙皇太后为太皇太后，兼祧母后皇后为皇太后。先是，太皇太后并亦违豫。是日，崩。

乙亥，申严门禁。丁丑，尊封文宗祺贵妃为祺皇贵太妃，穆宗瑜贵妃为瑜皇贵妃，珣贵妃为珣皇贵妃，瑨妃为瑨贵妃，大行皇帝瑾妃为瑾贵妃。戊寅，停各省进方物。己卯，诰诫群臣，诏曰："军国政事，由监国摄政王裁定，为大行太皇太后懿旨。自朕以下，一体服从。嗣后王公百官，傥有观望玩违，或越礼犯分，变更典章，淆乱国是，定即治以国法，庶无负大行太皇太后委寄之重，而慰天下臣民之望。”庚辰，颁大行皇帝遗诏。安庆兵变，剿定之。

十一月乙酉，颁大行太皇太后遗诰。诏四时祭飨祝版，醇贤亲王称曰“本生祖考醇贤亲王”，嫡福晋称曰“本生祖妣醇贤亲王嫡福晋”。赈湖南澧州等属水灾。戊子，皇太后懿旨，皇帝万寿节，俟释服后，改于每年正月十三日举行庆贺礼。庚寅，以即位前期告祭天地、宗庙、社稷、先师孔子，告祭大行太皇太后、大行皇帝几筵。辛卯，帝即位于太和殿，以明年为宣统元年。颁诏天下，罪非常所不原者咸赦除之。诏遵大行太皇太后懿旨，仍定于第九年内，宣统八年颁布宪法，召集议员。铸宣统钱。己亥，颁“中和位育”扁额于文庙。壬寅，内阁等衙门会奏监国摄政王礼节总目，诏宣布之。定守卫门禁章程，命贝勒载涛、毓朗、尚书铁良总司稽察。以副都统崑源管理察哈尔牧群。定军机处领班章京为从三品官，帮领班章京为从四品官。福建龙溪、南靖等县水灾，发帑银四万两赈之。乙巳，诏各省督抚督率司道考察属吏，秉公甄别。不肖守令罔恤民瘼者，重治之。立变通旗制处，命贝子溥伦、镇国公载泽、那桐、宝熙、熙彦、达寿总其事。谕内外臣工尚节俭，戒浮华。丙午，遣官告祭孔子阙里、历代帝王陵寝、五岳、四渎。戊申，皇太后懿旨，罢颐和园临幸。加恩庆亲王奕劻以亲王世袭罔替，贝勒载洵、载涛加郡王衔，皇太后父公桂祥食双俸，大学士以次，锡赉有差。辛亥，冬至，祀天于圜丘，庄亲王载功代行礼，自是坛庙大祀皆摄。

十二月壬子朔，加上穆宗毅皇帝、孝静成皇后、孝德显皇后、孝贞显皇后、孝哲毅皇后尊谥。颁宣统元年时宪书。甲寅，立禁卫军，命贝勒载涛、毓朗、尚书铁良专司训练。裁湖南镇溪营游击、乾州协守备，减留乾州协各营兵。旌殉节故直隶提督马玉崑妾于氏。赈黑龙江、墨尔根、布特哈、黑水、大赉等城厅水灾。免直隶河间等八州县被灾地亩粮租。丁巳，祈雪。命张之洞兼督办川汉铁路大臣。庚申，致仕大学士王文韶卒，赠太保。追予故云贵总督张亮基谥。民政部上调查户口章程表式。壬戌，袁世凯罢，命大学士那桐为军机大臣。癸亥，以梁敦彦为外务部尚书兼会办大臣。那桐免步军统领，以毓朗代之。乙丑，诏定西陵金龙峪为德宗景皇帝山陵，称曰崇陵。丁卯，复祈雪。己巳，度支部上清理财政章程。壬申，命张勳所部淮军仍驻东三省，办理剿抚事宜。癸酉，义大利地震灾，出帑银五万两助赈。宪政编查馆奏，京旗初选、复选事宜，应归顺天府办理。乙亥，谕各省清厘缓钱粮积弊。丁丑，复祈雪。是日，雪。免陕西各州县光绪三十二年逋赋。戊寅，又雪。宪政编查馆上核覆城乡地方自治，并另拟选举章程，诏颁行之。始制宝星，赐外务部总理、会办大臣及出使各国大臣。庚辰，设奉天各级审判厅、检察厅。辛巳，裁江西督粮道，设巡警、劝业两道。

宣统元年己酉春正月壬午朔，以大行在殡，不受朝贺。癸未，免江苏长洲等二十八厅州县荒废田地，暨昭文、金坛、丹徒、崑山、新阳、靖江、溧阳等七县漕屯银米。戊子，置呼伦贝尔沿边卡伦。庚寅，钦差大臣东三省总督徐世昌以病请免，不许。辛卯，皇太后圣寿节，停筵宴，不受贺。甲午，免云南阿迷州被灾逋赋。乙未，度支部奏改定币制，请仍饬会议。下政务处覆议。开广西富川县锡矿。丁酉，禁置买奴婢。戊戌，以近年新设衙门，新建省分，调用人员，请加经费，不能综核名实，命中外切实考核裁汰，毋漫无限制。美利坚国开万国禁烟会议于江苏上海，端方莅会。乙亥，陈璧被劾罢，以徐世昌为邮传部尚书。调锡良为钦差大臣、东三省总督，兼管三省将军事。以李经羲为云贵总督。壬寅，命云南交涉使高而谦赴澳门勘界。民政部上整顿京师内外警政酌改厅区章程。癸卯，上大行太皇太后尊谥，翼日颁诏天下。戊申，诏筹备立宪事宜，本年各省应行各节，依限成立，不得延误。谕核定新刑律，来年颁行。复已革广西提督苏元春原官。罢福建厦门贡燕。己酉，上大行皇帝尊谥庙号，翼日颁诏天下。庚戌，重整海军，命肃亲王善耆、镇国公载泽、尚书铁良、提督萨镇冰筹画，庆亲王奕劻总司稽查。罢铁良专司训练禁卫军大臣。

二月壬子，修《德宗实录》。癸丑，谕京、外问刑衙门清讼狱，厘剔弊端。戊午，农工商部奏，和兰将订新律，收华侨入籍，请定国籍法。下修订法律大臣会外务部议。庚申，免浙江仁和等场灶课钱粮。乙丑，宣示实行预备立宪宗旨，诏曰：“国是已定，期在必成。内外大小臣工，皆当共体此意，翊赞新猷。言责诸臣，亦应于一切新政得失利病，剀切敷陈。”丁卯，命熙彦、乔树枏、刘廷琛、吴士鉴、周自齐、劳乃宣、赵炳麟、谭学衡与荣庆、陆润庠、张英麟、唐景崇、宝熙、朱益藩分日进讲。讲义令孙家鼐、张之洞核定。庚午，宪政编查馆上统计表式。甲戌，申鸦片烟禁。丙子，免云南宣威州被灾村庄银米。

闰二月甲申，诏严预备立宪责成，戒部臣、疆臣因循敷衍，放弃责任。以服制伦纪攸关，诏自今内外遭父母丧者，满、汉皆离任听终制。命前内阁学士陈宝琛总理礼学馆。免浙江仁和等三十二州县并杭、严二卫，杭、衢、严三所荒废田地山塘丁漕银米。丙戌，军机大臣、大学士那桐丁母忧，诏夺情，百日孝满改署任，仍入直。戊子，置库伦理刑司员。免广东新矿井口税。予死事安徽炮营管带官陈昌镛优恤。辛卯，监国摄政王班见王公百官于文华殿。增设海参威总领事。颁行度支部印花票税。置直省财政监理官。丙申，裁湖北黄州、荆门、郧阳、宜昌、施南、德安副将、参将、游击、都司、中军守备各官。出使大臣伍廷芳与美国订立《公断专约》成。丁酉，修崇陵。戊戌，立法政贵胄学堂，命贝勒毓朗总理。乙巳，旌赏年逾百岁甘肃固原州回民李生潮，赐御书匾额。己酉，以大行在殡，止年班内外札萨克蒙古汗、王、贝勒、贝子、公、台吉、塔布囊等，及呼图克图喇嘛，西藏堪布，察木多帕克巴拉，回子伯克，土司、土舍，廓尔喀等毋来京。

三月辛亥，增设浙江巡警道、劝业道。甲寅，复前河南巡抚李鹤年原官。庚申，皇太后懿旨，度支部每岁交进年节另款银二十八万两，自今停进。辛酉，奉移德宗景皇帝梓宫于西陵梁格庄行宫。甲子，以轮船招商局归邮传部管辖。乙丑，复裁奉天巡警道。增设洮、昌等处兵备道，临长海等处分巡兵备道。改奉锦山海关道为锦、新等处兵备道兼山海关监督，东边道为兴、凤等处兵备道。升兴京厅为兴京府。丙寅，免梓宫经过宛平、良乡、涿州、房山、涞水五州县本年额赋十分之五，易州十分之七，并赏民间平毁麦田银每亩一钱。己巳，诏复前户部尚书立山、兵部尚书徐用仪、吏部左侍郎许景澄、内阁学士联元、太常寺卿袁昶原官，并赐谥。命陆军协都统吴禄贞督办吉林边务。裁山西雁平道。辛未，以前外务部左参议杨枢充出使比国大臣。亚东、江孜、噶大克开埠设关。丙子，增置奉天辉南直隶厅。戊寅，四川总督赵尔巽、驻藏大臣赵尔丰助款兴学，下部优叙。赵尔巽捐廉赡族，赏御书"谊笃宗亲"匾额。

夏四月庚辰，以各国遣使来吊，命贝子衔镇国将军载振使日本，法部尚书戴鸿慈使俄罗斯报谢，他国命驻使将事。甲申，度支部立币制调查局，铸通行银币。乙酉，普免光绪十四年讫光绪三十三年直省逋赋。癸巳，裁吉林珲春、三姓、宁古塔、伯都讷、阿勒楚喀各城副都统。置珲春兵备道，三姓兵备道。升改增置绥芬、延吉、五常、双城、宾州、临江诸府，伊通直隶州，榆树直隶厅，宝清、绥远二州，珲春、滨江、东宁三厅，富锦、穆棱、和龙、桦川、临湖、汪清、额穆诸县。寻复设舒兰、阿城、勃利、饶河四县。甲午，命内阁、部院、翰林、科道会议德宗升祔大礼。乙未，祈雨。丙申，甘肃兰州、凉州、巩昌、碾伯、会宁各属灾，发帑银六万两赈之。壬寅，裁奉天左右参赞，承宣、谘议两厅。甲辰，复祈雨。戊申，谕禁烟大臣切实考验，毋许瞻徇敷衍。外省文武职官学堂，责成督、抚、将军、都统等严查禁。

五月己酉朔，日有食之。辛亥，廷试游学毕业生进士黄德章等一百二十人，授官有差。壬子，于式枚言，各省谘议局章程与普鲁士国地方议会制度不符。下宪政编查馆妥议。癸丑，陈启泰卒，以瑞澂为江苏巡抚。允浙江绅士为故兵部尚书徐用仪、吏部右侍郎许景澄、太常寺卿袁昶于浙江西湖立祠。甲寅，复祈雨。陕甘总督升允以疏陈立宪利弊罢，以长庚代之。乙卯，命广福署伊犁将军。丁巳，联豫、温宗尧奏陈西藏筹办练兵兴学事宜。己未，命世续署外务部会办大臣。杨士骧卒，以端方为直隶总督兼办理通商事务大臣，张人骏为两江总督兼办理通商事务大臣，孙宝琦署山东巡抚。辛酉，以乍丫地方曩属四川，命画归边务大臣管辖。甲子，谕农工商部趣各省兴举农林工艺各政。乙丑，复祈雨。是日雨。戊辰，复前协办大学士、户部尚书翁同龢原官。己巳，唐绍仪免奉天巡抚，以侍郎候补。辛未，立游美学务处。癸酉，河南省改编营制。甲戌，赈云南南宁州地震灾。丙子，诏立军谘处，以贝勒毓朗领之。摄政王代为统率陆海军大元帅，贝勒载洵、提督萨镇冰俱充筹办海军大臣。赈湖南澧州水灾。丁丑，命贝勒载涛管理军谘处事务。

六月甲申，庆亲王奕劻免管理陆军部事。赈湖北汉阳等府水灾。乙酉，伊犁始编练陆军。丙戌，授程德全奉天巡抚，陈昭常吉林巡抚，周树模黑龙江巡抚。丁亥，开甘肃皋兰县、新城、西固城渠，以工代赈。己丑，赈云南弥勒县普洱等处地震灾。免云南太和县属上年被灾田粮。庚寅，复已故降调两广总督毛鸿宾原官。追予御贼殉难已故江苏常州府通判岳昌于常州府建祠。赈奉天安东水灾。甲午，吕海寰罢，以徐世昌充督办津浦铁路大臣，沈云沛副之。更奉天锦新道名锦、新、营口等处分巡兵备道。乙未，吉林大水，发帑银六万两赈之。赈湖南澧州、安乡、常德、岳州等厅州县水灾。丁酉，湖北荆州、汉阳两府潦，发帑银六万两，并命筹银二十万两急赈之。辛丑，除热河新军营房占用圈地额租。壬寅，赈浙江钱塘等十一县水灾。癸卯，罢张勋东三省行营翼长，命赴甘肃提督任。甲辰，命伍廷芳、钱恂俱来京，以署外务部右丞张荫棠为出使美、墨、秘、古四国大臣，署外务部右参议吴宗濂为出使义国大臣。赵尔巽奏平四川宁远汛水倮夷。乙巳，赏京师贫民棉衣银，后以为常。丙午，命李准为广东水师提督。

秋七月戊申朔，裁湖南常德、宝庆、永顺、岳州、澧州、临武、桂阳、宜奉、永州、武冈、沅州、绥靖、辰州、岭东各协、营，暨抚标、提标副将、参将、游击、都司、守备等官。癸丑，浚辽河。丙辰，筹办海军大臣上《拟订海军长官旗式章服图说》，管理军谘处上《酌拟军谘处暂行章程》。赈江西萍乡等县水灾。丁巳，停秋决。法部上《补订高等各级审判厅试办章程》及《拟定外省审判厅编制大纲》。开四川重庆江北厅龙王洞煤铁矿。戊午，免云南鲁甸、镇雄二厅被灾田亩银米。甲申，南洋筹设劝业会，命南洋大臣、两江总督张人骏为会长，各省筹办协会，出品免锐厘。辛酉，德宗景皇帝梓宫奉移山陵，免所过各州县旗租，并赏籽种银。甲子，裁河南粮盐道，增置巡警、劝业二道。戊辰，谕直省整饬积谷。恤以死建言颐和园八品苑副永麟。庚午，增设南洋各岛领事。壬申，学部立图书馆于京师。洪江会匪姚芒山伏诛。丙子，湖北平枭。

八月丁丑朔，考察宪政大臣李家驹进《日本司法制度考》等书。辛巳，开黑龙江墨尔根嫩江甘河煤矿。甲申，改吉林滨江道为西北路道，西路道为西南路道，并前设之东北路道、东南路道俱名分巡兵备道。乙酉，赈福建福州风灾，热河开鲁、平泉两州县水灾。丙戌，藏番不靖，赵尔丰剿定之。命候补内阁学士李家驹协理资政院事。戊子，京张铁路工成。除浙江镇海县开浚河道乞废民灶田地银米。己丑，开湖南平江金矿，新化锑矿，常宁铅矿。庚寅，予救父捐躯湖北黄陂县举人陈鸿伟孝行，宣付史馆。丁酉，大学士孙家鼐、张之洞并以病乞休。诏慰留之。戊戌，农工商部奏试行劝业富签公债票。己亥，大学士张之洞卒，赠太保，入祀贤良祠。命戴鸿慈在军机大臣上学习行走。以廷杰为法部尚书，葛宝华为礼部尚书。庚子，调诚勋为热河都统，以溥良为察哈尔都统。癸卯，京师开厂煮粥济贫民，发粟二千五百石有奇，已改设教养局、习艺所者仍给之，岁以为常。乙巳，修订法律大臣进《编订现行刑律》，下宪政编查馆核议。丙午，诏以九月初一日为各省召集议员开议之期，特申诰诫。谕曰："谘议局议员于地方利弊当切实指陈，妥善计画。勿挟私心以妨公益，勿逞意气以紊成规，勿见事太易而议论稍涉嚣张，勿权限不明而定法或滋侵越。各督抚亦当虚心采纳，裁度施行，以期上下一心，渐臻上理。至开局以后，各督抚尤应遵照定章，实行监督，务使议决事件不稍逾越权限，违背法律。共摅忠爱，以图富强，朕实有厚望焉。"是月，载洵、萨镇冰出洋考查海军。

九月丁未朔，始制爵章颁赐。辛亥，和兰《保和会条约》成，分别批准画押。癸丑，命赵尔巽兼署成都将军。乙卯，内阁会奏德宗升祔大礼。诏穆宗毅皇帝、德宗景皇帝同为百世不祧之庙，宜以昭穆分左右，不以昭穆分尊卑。定德宗升祔太庙中殿，供奉西又次楹又五室穆位。前殿于文宗显皇帝之次，恭设坐西东向穆位。奉先殿准此。永为定制。丁巳，赏陆军贵胄学堂毕业学生子爵成全等侍卫，及进叙有差。己未，资政院上《选举章程》。壬戌，德人游历云南，为怒夷所害，捕诛之。甲子，豫河安澜。赈广东省城及南海各县水灾。乙丑，锡林果勒盟阿巴嘎、阿巴哈那尔、浩齐特、乌珠穆沁灾，发帑银三万两赈之。赈云南镇雄等州县水灾。丙寅，黄河安澜。授鹿传霖体仁阁大学士，吏部尚书陆润庠协办大学士。赏游学毕业生项骧等举人。辛未，升翰林院侍讲学士为正四品，侍读、侍讲从四品，撰文秘书郎、修撰正五品，编修、检讨从五品。颁爪哇侨民捐立学堂扁额。癸酉，南河安澜。是月，韩人安重根戕日本前朝鲜统监伊滕博文于哈尔滨。

冬十月丁丑朔，四川西昌、会理交界二板房夷匪为乱，官军剿平之。成都将军马亮卒。庚辰，葬孝钦显皇后于菩陀峪定东陵，免梓宫经过州县地方额赋，并赏平毁麦田籽种银。乙酉，孝钦显皇后神牌祔太庙，翼日颁诏天下。丙戌，定成都将军勿庸统辖松潘、建昌。以玉崑为成都将军。丁亥，直隶总督端方坐违制夺职。调陈夔龙为直隶总督，兼办理通商事务大臣，瑞澂署湖广总督，宝棻为江苏巡抚。以孙宝琦为山东巡抚，丁宝铨为山西巡抚。己丑，诏第一、二届筹办宪政事宜，内外诸臣应竭诚负责，并命宪政编查馆稽核所奏成绩，有因循敷衍、措置迟逾者，甄劾以闻。庚寅，宪政编查馆上《厘定各省提法使官制章程》。开库伦哈拉格囊图金矿。延祉以疾免，命三多署库伦办事大臣。辛卯，江苏溧阳、金坛、荆溪、宜兴、丹徒、丹阳、震泽等县灾，发帑银三万两赈之。癸巳，民政部奏，援案请赏米石，核定各厂院实需数目，收养贫民，诏行之。赈云南大姚、文山等县水灾。甲午，大学士孙家鼐卒，赠太傅，入祀贤良祠，赏银治丧。诏以已故五品卿衔山西即用知县汪宗沂经学卓越，宜付史馆。赏食饷闲散宗室、觉罗人等一月钱粮，暨孤寡半月钱粮，八旗、绿、步各营官兵半月钱粮，岁以为常。丁酉，免云南元江州属被水田亩银米。庚子，东明黄河安澜。癸卯，除广东缉匪花红，自今文武官有再收花红者以赃论。复前礼部尚书李端棻原官。甲辰，停今年吉林珠贡。乙巳，顺天绅士请为已故户部尚书立山、内阁学士联元立祠，许之。

十一月戊申，免直隶武清等十一厅县额赋旗租，开州、东明、长垣等三州县额赋。己酉，上兼祧母后皇太后徽号曰隆裕皇太后，翼日颁诏天下。癸丑，民政部上《府厅州县自治选举章程》。癸亥，复前福建巡抚张兆栋原官。设黑龙江瑷珲沿边卡伦二十，自额尔古讷河讫于逊河口。乙丑，置督办盐政大臣，以载泽为之，产盐省分督抚为会办盐政大臣，行盐省分督抚俱兼衔。丙寅，授陆润庠体仁阁大学士，戴鸿慈以尚书协办大学士。辛未，以贝勒毓朗为步军统领。癸酉，都察院上《互选规则》。乙亥，学部上《女学服色章程》。予绝学专家已故候选同知直隶州知州华蘅芳，与其弟故直隶州州判世芳，及已故二品封职徐寿俱宣付史馆。

十二月己卯，诏求直言。辛巳，增置奉天安图、抚松二县。壬午，赏游学专门詹天佑等工科、文科、法科进士，工科、格致科举人。癸未，免山东青城等八十九州县及卫所盐场本年钱粮。乙酉，德宗景皇帝神牌升祔奉先殿。赏一产三男河南柘城县民妇张刘氏、通许县民妇田厉氏米布。赈广东佛山等十三厅县灾。丙戌，定太医院院使为四品。戊子，录咸丰、同治年间戡定发、捻、回诸匪功臣后，叙官有差。除珲春军队营房占用旗户地亩租。庚寅，赵尔丰奏四川德格土司多格生吉纳土，改设流官，赏土舍都司世袭。壬辰，庆亲王奕劻免管理陆军贵胄学堂，以贝勒载润代之。癸巳，增置热河隆化县。乙未，宪政编查馆上《禁烟条例》，颁行之。复故前湖南巡抚陈宝箴原官。丙申，宪政编查馆上《禁买卖人口条款》。戊戌，法部上《法官惩戒章程》。己亥，宪政编查馆上《京师地方自治选举章程》。庚子，升太医院左右院判为五品。壬寅，宪政编查馆上《府厅州县地方自治章程》，并《府厅州县议事会议员选举章程》。癸卯，宪政编查馆上《法院编制法》，并法官考试任用、司法区域分划、及初级暨地方审判厅管辖案件各暂行章程。

二年庚戌春正月丙午朔，不受朝贺。己酉，广州新军作乱，练军讨平之。辛亥，诏以人心浮动，党会繁多，混入军营，句引煽惑，命军谘处、陆军部、南北洋大臣新旧诸军严密稽查，军人尤重服从长官命令，如有聚众开会演说，并严查禁。移吉林大通县驻松花江南岸，更名方正县。乙卯，广东革命党王占魁等伏诛。丁巳，达赖喇嘛患川兵至，出奔。谕联豫等仍遣员迎护回藏。辛酉，诏夺阿旺罗布藏吐布丹甲错济寨汪曲却勒朗结达赖喇嘛名号。盐政处上《督办盐政试行章程》。癸亥，协办大学士戴鸿慈卒，赠太子少保衔，赏银治丧。吕海寰等上《中国红十字会章程》，命盛宣怀充会长。监察御史江春霖以论庆亲王奕劻误国，斥回原衙门。命邮传部尚书徐世昌协办大学士，内阁学士吴郁生在军机大臣上学习行走。甲子，管理军谘处贝勒载涛请赴日本、美、英、法、德、义、奥、俄八国考察陆军。辛未，英国举行万国刑律改良会，法部奏遣检察厅长徐谦往与会。甲戌，诏："预备立宪，宜化除成见，悉泯异同。自今满、汉文武诸臣陈奏事件，一律称臣，以昭画一而示大同。"

二月乙亥朔，联豫请以新噶勒丹池巴罗布藏丹巴代理前藏事务。丙子，禁洋商湖南购运米石。辛巳，铁良以疾免，以廕昌为陆军部尚书，梁敦彦为税务处会办大臣。免浙江仁和、海沙、鲍郎、芦沥四场暨江苏横浦、浦东二场荒芜灶荡宣统元年逋课。壬午，免陕西榆林等四州县旧欠，榆林府仓粮米草束。乙酉，以内阁侍读学士梁诚为出使德国大臣。丁亥，民政部上《修正报律》，下宪政编查馆核奏。己丑，复发帑银三万两赈安徽灾。壬辰，免吉林五常厅、桦甸县宣统元年逋赋。甲午，联豫奏拉里僧俗暨工布番兵投诚归化。丙申，葛宝华卒，调荣庆为礼部尚书，以唐景崇为学部尚书。己亥，予故湖北提督夏毓秀优恤。癸卯，宪政编查馆上《行政纲目》。筹办海军大臣奏各司名目职掌。

三月乙巳朔，王士珍以疾免，命雷震春署江北提督。己酉，云南威宁邪匪袭昭城，官军剿灭之，匪首李老幺伏诛。辛亥，湖南民饥倡变，谕擒首要，散胁从。壬子，湖南巡巡抚岑春蓂罢，命杨文鼎暂代之。遣杨士琦赴南洋充劝业会审查总长。丁巳，祈雨。庚申，雨。追复故海军提督丁汝昌原官。废秋审覆审旧制。谕沿江各省督抚平粜。河南巡抚吴重熹免，以宝棻代之。调程德全为江苏巡抚。壬戌，予遗爱在民故太常寺卿袁昶安徽芜湖县建祠。癸亥，裁奉天巡抚。授广福伊犁将军。甲子，革命党人汪兆铭、黄復生、罗世勋谋以药弹轰击摄政王，事觉，捕下法部狱。庚午，旌殉夫烈妇山东曲阜孔令保妻潘氏，宣付史馆。

夏四月甲戌朔，诏资政院于本年九月一日开院，钦选宗室王、公世爵、宗室、觉罗各部院官暨硕学通儒议员八十八人，前期召集。丙子，裁福建督粮道，增设巡警道、劝业道。丁丑，命载涛充专使大臣，往英国吊祭。戊寅，赏游学毕业生吴匡时等七人工科进士、法政科举人有差。庚辰，宪政编查馆修订法律大臣进《现行刑律》，命颁行之。诏曰："此项刑律，为改用新律之预备。内外问刑衙门，当悉心讲求，依法听断。毋任意出入，致枉纵。"癸未，诏："各省增设巡警、劝业两道，原期保卫治字，振兴实业。督抚于已补人员悉心考核，如不能胜任，或于缺不宜，即奏明另补，毋回护瞻徇。"乙酉，联豫请西藏曲水、哈拉乌苏、江达、山南、硕般多及三十九族地方各设委员一人，并停藏番造枪、造币两厂。前出使义大利大臣钱恂进《和会条约译诠》。丁亥，以江北盐枭、会匪出没靡常，谕雷震春剿抚之。己丑，度支部上《币制兑换则例》。诏："国币单位，定名曰圆。暂就银为本位，以一圆为主币，重库平七钱二分。另以五角、二角五分、一角三种银币，及五分镍币，二分、一分、五厘、一厘四种铜币为辅币。圆、角、分、厘，各以十进，著为定制。"以联芳为荆州将军。庚寅，定续选纳税多额十人为议员。辛卯，命邮传部侍郎汪大燮充出使日本大臣。癸巳，梁敦彦以疾免，以邹嘉来署外务部尚书兼会办大臣。除湖北石首县文义洲地方租课、芦课。丙申，湖南巡抚岑春蓂褫职。

五月丙辰，升四川宁远阿拉所巡检为盐边厅抚夷通判。戊午，湖南常德府水潦灾，发帑银二万两赈之。李经羲奏云南永昌府属镇康土州改流官，增置永康州。免云南陆凉州被旱银粮。辛酉，赈江北海州等处水灾。癸亥，都察院代递谘议局议员孙洪伊等并直省旗籍代表等呈请速开国会。诏仍俟九年筹备完全，再行降旨定期召集议员，宣谕之。甲子，免湖南苗疆佃民欠租，湖南凤凰、乾州、永绥、保靖、泸溪、麻阳、古丈坪七厅县积欠屯租谷石。己巳，赈湖北灾。辛未，裁奉天同江厅河防同知。

六月壬午，黑龙江灾，发帑银二万两赈之。乙酉，汪大燮进考查英国宪政编辑各书。己丑，命筹办海军事务大臣贝勒载洵充参预政务大臣。壬辰，命外务部侍郎胡惟德充税务处帮办大臣。丙申，诏："各省督抚劳于行政，亟于筹款，而恒疏于察吏。不知吏治不修，则劳民伤财，乱端且从此起，新政何由而行？其各慎选牧令，为地择人，斯为绥靖地方至计。"戊戌，诏各部院、各督抚严劾贪官汙吏，并谕贵戚及中外大臣敦品励行，整躬率属。己亥，命载泽、寿勋会阿穆尔灵圭、载润查办前锋营暨内务府三旗护军营，厘定章程以闻。是月，山东莱阳绅民相仇，匪首曲思文聚众万余，围攻城邑，劫杀官兵，海阳亦因征收钱粮激变，旋并平定之。

秋七月甲辰，裁福建督粮道，置劝业道。瑞兴免，以志锐为杭州将军。乙巳，瑞澂、杨文鼎奏湘省匪势蔓延，拟行清乡法，从之。戊申，诏农工商部会同各督抚等调查矿产，熟筹开办。庚戌，诏趣各督抚查造官民荒田及气候土宜图册，并兴举工艺实业，报农工商部奏闻。壬子，农工商部立度量权衡用器制造厂。癸丑，贝勒载涛奏考察各国军政，军人犯罪，统归军法会议处审断，非普通裁判所得与闻。谕照行之。甲寅，世续、吴郁生免军机大臣，以毓朗、徐世昌为军机大臣。命唐绍仪署邮传部尚书。毓朗免步军统领并专司训练禁卫军大臣。命乌珍兼署步军统领。设各省交涉使。新疆陆军营官田熙年以擅杀酿变伏诛。丙辰，安徽皖南、南陵、宿州、灵壁等属潦灾，发帑银四万两赈之。丁巳，法部上《秋审条款》。庚申，前江西提学使浙路总理汤寿潜，以劾盛宣怀为苏浙路罪魁祸首，夺职。辛酉，赈皖北饥民。以忠瑞为科布多办事大臣。联魁免新疆巡抚，以何彦昇代之。改各省按察使为提法使。甲子，大学士鹿传霖卒，赠太保，入祀贤良祠，赏银治丧。乙丑，命外务部参议上行走沈瑞麟充出使奥国大臣，外务部右丞刘玉麟充和兰万国禁烟大会全权委员。戊辰，奉天开葫芦岛港。己巳，置黑龙江讷河直隶厅同知。是月，载洵、萨镇冰复往美利坚、日本两国考察海军。

八月甲戌，置奉天镇东县。乙亥，清锐免，以铁良为江宁将军。癸未，命沈家本充资政院副总裁。甲申，以外务部右丞刘玉麟充出使英国大臣。丁亥，理藩部奏变通禁止出边开垦地亩、民人聘娶蒙古妇女、内外蒙古不准延用内地书吏教读、公牍不得擅用汉文，蒙古人不得用汉字命名等旧例，许之。增置四川昭觉县。己丑，联芳免，以凤山为荆州将军。命廕昌兼训练近畿各镇大臣。甲子，命近畿陆军各镇俱归陆军部管辖。裁近畿督练公所。增置奉天盐运使。改四川盐茶道为盐运使，茶务归劝业道管理。乙未，以奏报禁种烟苗粉饰，下吉林、黑龙江、河南、山西、福建、广西、云南、新疆诸省督抚部议，申谕各省严切查禁。丙午，授徐世昌为体仁阁大学士，以吏部尚书李殿林协办大学士。丁酉，以廓尔喀额尔德尼王毕热提毕毕噶尔玛生写热曾噶扒噶都热萨哈拒西藏求援兵，诏嘉奖之。庚子，赈陕西华、渭南两州县潦灾。

九月辛丑朔，资政院举行开院礼，监国摄政王莅会颁训辞。壬寅，赏游学毕业生吴乃琛等四百五十九人文、医、格致、农、工、商、法政进士、举人有差。癸卯，免甘肃河、金、渭源、伏羌、安定、会宁、宁灵、循化、秦九厅州县上年被灾地亩钱粮草束。丙午，江北徐州等属雨潦灾，命度支部发帑赈之。乙巳，署绥远城将军、督办垦务大臣信勤以疾免，调堃岫代之。以奎芳为乌里雅苏台将军。戊申，命度支部再发帑银二万两赈皖北灾。壬子，张人骏以上海市情危急，请借洋款酌剂，并输运库帑银五十万两，许之。癸丑，永定河安澜。赈四川绵竹等厅县水灾。甲寅，裁海龙围场总管。丙辰，诏直省举贤良方正，从严甄取。己未，予积赀兴学山东堂邑义丐武训事实宣付史馆。裁湖南常德府同知、宝庆府长安营同知。癸亥，谕绥远城垦务紧要，沿边道厅以下官，凡关垦务者，均听垦务大臣节制。丙寅，杨枢以疾免，命农工商部右丞李国杰充出使比国大臣。赈黑龙江水灾。丁卯，袁树勋以疾免，命张鸣岐署两广总督。以沈秉堃为云南巡抚。戊辰，裁贵州副将、游击、都司、守备等官。免新疆迪化等十一厅县民欠钱粮、籽种。

十月癸酉，诏改於宣统五年开国会，以直省督抚多以为言，复据顺天、直隶各省谘议局人民代表请愿速开国会，故有是命。甲戌，命溥伦、载泽充纂拟宪法大臣。乙亥，黄河安澜。丁丑，广西岑溪匪乱，官军剿定之，匪首陈荣安伏诛。程文炳卒，以程允和为长江水师提督，命甘肃提督张勋接统江南浦口各营。免甘肃灵州水灾银米。庚辰，增韫奏浙江裁绿营改编水师。辛巳，诏以缩改宣统五年开设议院，责成各主管衙门切实筹备，民政、度支、法、学诸部俱有应负责任，提前通盘筹画，分别最要、次要，详细以闻。并诫勉直省督抚淬厉精神，切实遵行，毋再因循推诿，致误限期。壬午，何彦昇卒，以袁大化为新疆巡抚。戊戌，予故大学士、前署两广总督张之洞于江宁省城建祠。

十一月癸卯，罢陆军尚书、侍郎及左右丞、参议，改设陆军大臣、副大臣各一人。置海军部，设海军大臣、副大臣各一人。以廕昌为陆军大臣，寿勋副之。贝勒载洵为海军大臣，谭学衡副之。乙巳，命海军提督萨镇冰统巡洋长江舰队。丙午，云南大姚县民乱，入城劫狱杀人，官军剿定之，匪首陈文培、邓良臣俱伏诛。己酉，命前安徽巡抚冯煦为江、皖筹赈大臣。壬子，农工商部进编辑《棉花图说》。丁巳，资政院言军机大臣责任不明，难资辅弼，请设立责任内阁。诏以朝廷自有权衡，非院臣所得擅预，斥之。雷震春罢，命段祺瑞署江北提督。庚申，陈夔龙奏顺直谘议局呈请明年即开国会，谕提前豫备事宜已虑不及，岂能再议更张。命剀切宣示，不准再行要求渎奏。加赏普济教养局仓米六十石，月以为常。辛酉，置各省高等审判、检察厅，设丞、长，湖南缓设。癸亥，东三省国会请愿代表来京，呈请明年即开国会。军机大臣以闻。诏民政部、步军统领衙门勒归籍，勿逗留，再有来京及各省聚众者察治之。甲子，诏趣宪政编查馆拟订筹备清单，内阁官制并纂拟具奏。予故大学士张之洞于湖北省城建祠。乙丑，庆亲王奕劻请免军机大臣及总理外务部，优诏慰留之。己巳，资政院请明谕剪发易服。

十二月壬申，谕各省晓谕学堂，禁学生干豫政治，聚众要求，违者重治。丙子，唐绍仪以疾免，以盛宣怀为邮传部尚书。丁丑，察哈尔右翼四旗蒙古灾，发帑银一万两赈之。己卯，志锐请变通销除旗档旧制。辛巳，召增祺入觐，命孚琦署广州将军。壬午，召赵尔巽入觐。癸未，重申烟禁，地方官仍前粉饰者罪之，并命民政、度支二部考核。命各省总督会同宪政编查馆王大臣参订外省官制。乙酉，裁并江苏州县，设审判厅。江宁以江宁并入上元，苏州以长洲、元和并入吴，江都并入甘泉，昭文并入常熟，新阳并入崑山，震泽并入吴江，娄并入华亭，阳湖并入武进，金匮并入无锡，荆溪并入宜兴。丁亥，宪政编查馆上遵拟修正逐年筹备事宜清单。裁吉林水师营官丁。戊子，四川匪踞黔江县为乱，官军击却之，复其城。己丑，考察宪政大臣李家驹进《日本租税制度考》、《会计制度考》。癸巳，四川匪首温朝钟窜入湖北咸丰县境，擒斩之。乙未，命贝子衔镇国将军载振充头等专使大臣，贺英君加冕。资政院议决《新刑律总则、分则》，诏颁布之。丙申，免陕西咸宁等六十四府厅州县光绪三十三年逋赋，并广有仓钱粮草束。丁酉，资政院上议决《统一国库章程》。戊戌，资政院奏议决《宣统三年岁出岁入总豫算》。廷杰卒，以绍昌为法部尚书。己亥，裁甘肃兰州道，置劝业道。是月，江、淮饥，人相食。东三省疫。

三年辛亥春正月庚子朔，以山海关外防疫，天寒道阻，谕陈夔龙、锡良安置各省工作人。丙午，冯煦奏察勘徐、淮灾状。己酉，免江苏长洲等四十厅州县田地银粮。庚戌，赈江苏高邮、宝应、清河、安东、山阳、阜宁等县水灾。甲寅，度支部上《全国豫算章程》。丙辰，释服。御史胡思敬劾宪政编查馆，言新官不可滥设，旧官不可尽裁；起草应用正人，颁行当采众议。下其章於政务处。庚申，调志锐为伊犁将军，广福为杭州将军。乙丑，除非刑。凡遣、流以下罪，毋用刑讯。法部奏上已革绥远城将军贻穀罪论死。诏改戍新疆效力赎罪。乙巳，命周树模会勘中俄边界。是月，直隶、山东民疫。

二月庚午朔，予故大学士、前湖南巡抚王文韶于湖南省城建祠。冯煦请浚睢河。民政部上《编订户籍法》。壬申，谕所司防疫，毋藉端骚扰，并命民政部、步军统领衙门、顺天府以保卫民生之意谕人民。乙亥，四川德格、春科、高日三土司改设流官，置边北道，登科府，德化、白玉二州，石渠、同普二县。定应遣新疆军台人犯改发巴、藏。丙子，免云南昆明等三州县被灾田地条粮银米。丁丑，免浙江仁和等三十州县，杭、严二卫，衢、严二所荒地钱粮漕米。戊寅，改陆军部、海军部大臣、副大臣为正都统、副都统，仍以廕昌、寿勋、载洵、谭学衡为之。英人占片马。癸未，命李家驹撰拟讲义轮班进呈。丙戌，裁驻藏帮办大臣，设左右参赞。丁亥，颁浙江惠兴女学堂“贞心毅力”扁额。己丑，外务部上《勋章赠赏章程》。命度支部右侍郎陈邦瑞、学部右侍郎李家驹、民政部左参议汪荣宝协纂宪法。以诚勋为广州将军，溥頲为热河都统。以贝子溥伦为农工商部尚书，世续为资政院总裁，李家驹副之，刘若曾为修订法律大臣。壬辰，禁洋商运盐入口。改设英属槟榔屿正领事官。

三月庚子，以刘锐恒为云南提督。裁稽察守卫处，置管理前锋、护军等营事务处，三旗护军仍隶内务府。陆军部奏，东三省测量局员焦滇贿卖秘密地图，诛之。辛丑，裁奉天承德、锦二县。壬寅，裁四川川北、重庆二镇总兵官。癸卯，颁尽忠节、守礼节、尚武勇、崇信义、敦朴素、重廉耻六条训谕军人。丁未，赏陆军各镇、协统制、统领等官何宗莲、李奎元等陆军副都统衔、协都统有差。戊申，吉林浚图们江航路通于海。己酉，命出使义国大臣吴宗濂充专使，贺义大利立国庆典。庚戌，革命党人以药弹击杀署广州将军孚琦。壬子，以萨镇冰为海军副都统。赵尔丰奏平三岩野番，改孔撒、麻书两土司，设流官。甲寅，授张鸣岐两广总督。乙卯，度支部尚书载泽与英、美、德、法四国银行缔结借款契约。丙辰，赏伊犁将军志锐尚书衔，伊犁地方文武各官受节制。免浙江仁和等三十七州县并卫所田塘宣统二年银粮。戊午，以江、皖、豫灾，命冯煦会三省督抚筹春赈。己未，和兰开禁烟会於海牙，命出使德国大臣梁诚往与会。赈科布多札哈沁蒙古游牧灾。庚申，锡良以疾免，调赵尔巽为东三省总督，授钦差大臣，兼管三省将军事。加直隶热河道提法使衔。辛酉，命赵尔丰署四川总督，王人文为川滇边务大臣。予哀毁殉亲前浙江巡抚聂缉椝孝行宣付使馆。癸亥，汉儒赵岐、元儒刘因俱从祀文庙。华商创立大同学校于日本横滨，颁"育才广学"扁额。丁卯，革命党人黄兴率其党于广州焚总督衙署，击走之。

夏四月辛未，杨文鼎请缓裁湖南绿营及防军。甲戌，赏游学毕业生钟世铭、汪爔芝等法政科进士、举人，工科举人有差。丙子，赵尔巽奏请用人行政便宜行事，从之。丁丑，裁山东抚、镇标营官。戊寅，诏改立责任内阁。颁内阁官制。授庆亲王奕劻为内阁总理大臣，大学士那桐、徐世昌俱为协理大臣。以梁敦彦为外务大臣，善耆为民政大臣，载泽为度支大臣，唐景崇为学务大臣，廕昌为陆军大臣，载洵为海军大臣，绍昌为司法大臣，溥伦为农工商大臣，盛宣怀为邮传大臣，寿耆为理藩大臣。复命内阁总、协理大臣俱为国务大臣，内阁总理大臣、协理大臣均充宪政编查馆大臣，庆亲王奕劻仍管理外务部。置弼德院，以陆润庠为院长，荣庆副之。罢旧内阁、办理军机处及会议政务处。大学士、协办大学士仍序次于翰林院。裁内阁学士以下官。置军谘府，以贝勒载涛、毓朗俱为军谘大臣，命订府官制。赵尔巽会陈夔龙、张人骏、瑞澂、李经羲与宪政编查馆大臣商订外省官制。己卯，庆亲王奕劻、大学士那桐、徐世昌俱辞内阁总理、协理，不许，趣即任事。重申鸦片烟禁，谕民政、度支二部，各省督抚克期禁绝。诏定铁路国有。先是，给事中石长信疏论各省商民集股造路公司弊害，宜敕部臣将全国干路定为国有，自余枝路准各省绅商集股自修，上韪之，下邮传部议。至是，奏言："中国幅员广袤，边疆辽远，必有纵横四境诸大干路，方足以利行政而握中枢。从前规画未善，致路政错乱纷歧，不分枝干，不量民力，一纸呈请，辄准商办。乃数载以来，粤则收股及半，造路无多。川则倒帐甚巨，参追无着。湘、鄂则开局多年，徒供坐耗。循是不已，恐旷日弥久，民累愈深，上下交受其害。应请定干路均归国有，枝路任民自为。晓谕人民，宣统三年以前各省分设公司集股商办之干路，应即由国家收回。亟图修筑，悉废以前批准之案。"故有是诏。辛未，吉林火灾，发帑银四万两赈之。癸未，赠恤署广州将军副都统孚琦。丁亥，资政院请预算借款两事归院会议，不许。戊子，起端方以侍郎候补，充督办粤汉、川汉铁路大臣。谕裁缺候补人员毋得奏事。谕本年秋季调集禁卫军及近畿各镇陆军于直隶永平府大操。己丑，恭亲王溥伟以疾免禁烟大臣，以顺承郡王讷勒赫代之。庚寅，邮传大臣盛宣怀与英、德、法、美四国银行缔结借款契约成。辛卯，庞鸿书罢，以沈瑜庆为贵州巡抚。壬辰，命督抚晓谕人民，铁路现归官办，起降旨之日，川、湘两省租股，并停罢之。宣统三年四月以前所收者，应由邮传部、督办铁路大臣会督抚查奏。地方官敢有隐匿不报者诘治。杨文鼎奏湘省自闻铁路干路收归国有谕旨，群情汹惧，哗噪异常，遍发传单，恐滋煽动。谕严行禁止，傥有匪徒从中煽惑，意在作乱者，照惩治乱党例，格杀勿论。朱家宝奏江、淮交会为匪党出没之区，比岁荐饥，盗风尤炽。请援鄂、蜀惩办会匪、土匪章程，犯者以军法从事。丙申，移税务司附属之邮政归邮传部管理。除云南昆明县官用田地额赋。丁酉，赈山东滕、峄二县灾。

五月庚子，用湖南京官大理寺少卿王世祺等言，停湖南因路抽收房捐及米盐捐。辛酉，杨文鼎奏湖南谘议局呈湘路力能自办，不甘借债，据情代奏，严饬之。恤墨西哥被害华侨银。壬寅，裁广西绿营都司、守备以下官及马步兵。癸卯，山东兖、沂、曹三府，济宁州灾，发帑银三万两赈之。四川谘议局以绅民自闻铁路国有之旨，函电纷驰，请缓接收，并请停刊誊黄，呈王人文代奏。人文以闻，诏切责之，仍命迅速刊刻誊黄，遍行晓谕，并剀切开导。乙巳，免珲春贫苦旗丁承领荒地价银。戊申，廷试游学毕业生进士江古怀等，叙官有差。乙卯，孙宝琦奏宗支不宜豫政，饬之。壬子，起复那桐，仍授文渊阁大学士。丙辰，广东因收回路事，倡议不用官发纸币，持票取银。谕张鸣岐防范。丁巳，资政院上修改《速记学堂章程》。戊午，度支、邮传二部会奏川、粤、汉干路收回办法。请收回粤、川、湘、鄂四省公司股票，由部特出国家铁路股票换给。粤路发六成。湘、鄂路照本发还。川路宜昌实用工料之款四百余万，给国家保利股票，其现存七百余万两，或仍入股，或兴实业，悉听其便。诏端方迅往三省会各督抚照行之。丁宝铨以疾免，以陈宝琛为山西巡抚。庚申，命于式枚总理礼学馆。甲子，内阁上内阁属官官制、法制院官制，诏颁布之。置内阁承宣厅，制诰、叙官、统计、印铸四局。设阁丞、厅长、局长各官。并置内阁法制院院使。罢宪政编查馆、吏部、中书科、稽察钦奉上谕事件处、批本处，俱归其事于内阁。以缮书房改隶翰林院。陆军部奏，简各省督练公所军事参议官。乙丑，翰林院进检讨章梫所纂《康熙政要》。

六月丁卯，命资政院会内阁改订院章。赈湖南武陵、龙阳、益阳三县水灾。保定陆军军械局火药库、陆军第二镇演武厅火药库俱火。庚辰，安徽水，无为州五里碑、九连等处圩坏。辛巳，以荣庆为弼德院院长，邹嘉来副之。陆润庠免禁烟大臣，陈宝琛免山西巡抚，以侍郎候补。伊克坦免都察院副都御史，以副都统记名。裁兼管顺天府府尹。壬午，以陆钟琦为山西巡抚。癸未，赵尔丰奏收巴塘得荣地方，户民请纳粮税，浪庄寺喇嘛千余人许还俗。又奏巴塘临卡石户民投诚，拨隶三坝厅管理。乙酉，伊克昭盟扎萨克固山贝子三济密都布旗灾，发帑银一万两赈之。丙戊，丹噶尔厅及西宁县匪党纠众为乱，官军击散之，首犯李旺、李统春、李官博俭等伏诛。辛卯，置典礼院，设掌院大学士、副掌院学士、学士、直学士各官。以李殿林为典礼院掌院学士，郭曾炘为副。壬辰，四川绅民罗纶等二千四百余人，以收路国有，盛宣怀、端方会度支部奏定办法，对待川民纯用威力，未为持平，不敢从命，呈请裁察。王人文以闻，诏以一再渎奏，切责之。增设和属爪哇岛总领事，泗水、苏门答腊正领事。甲午，湖南常德府大雨河溢，浸属县，坏田庐，发帑银六万两赈之。丙申，以禁烟与英使续订条件，重申厉禁，谕中外切实奉行。

闰六月己亥，命宝熙充禁烟大臣。庚子，恩寿以疾免，以余诚格为陕西巡抚。癸卯，安徽大雨，江潮暴发，滨江沿河各州县涝灾，发帑银五万两赈之。庚戌，调余诚格为湖南巡抚，杨文鼎为陕西巡抚。壬子，诏本年调集禁卫军及近畿各镇军于永平府大操，命军谘大臣贝勒载涛恭代亲临监军。癸丑，命贝子溥伦、镇国公载泽会宗人府纂拟皇室大典。乙卯，革命党人以药弹道击广东水师提督李准，伤而免。前吉林将军铭安卒。丙辰，命载振、陆润庠、增祺、陈宝琛、丁振铎、姚锡光、沈云沛、诚勋、清锐、朱祖谋俱充弼德院顾问大臣，国务大臣奕劻、那桐、徐世昌、梁敦彦、善耆、载泽、唐景崇、廕昌、载洵、绍昌、溥伦、盛宣怀、寿耆及宗人府宗令世铎、总管内务府大臣奎俊、继禄俱兼任弼德院顾问大臣。丁巳，调善耆为理藩大臣，以桂春署民政大臣。调凤山为广州将军，以寿耆为荆州将军。川路股东会会长颜楷等呈劾邮传部，赵尔丰以闻，不报。辛酉，裁各省府治首县，改置地方审判厅。乙丑，内阁请修订法规。

七月壬申，赵尔丰奏铁路收归国有，川民仍多误会，相率要求。谕邮传部、督办铁路大臣清理路股，明示办法，以释群疑。甲戌，命瑞澂、张鸣岐、赵尔丰、余诚格各于辖境会办铁路事宜。命端方赴四川按查路事。丁丑，以四川人心浮动，宜防鼓惑，谕提督田振邦严束营伍弹压之，趣端方速赴四川，许带兵队。赵尔丰、玉崑率提督、司、道奏，川民争路激烈，请交资政院议决仍归商办，不许，仍责赵尔丰弹压解散。己卯，江苏各属大雨，圩堤溃决，田禾淹没，发帑银四万两赈之。永定河决。端方入川，水陆新旧诸军听调遣。调陆徵祥为出使俄国大臣，刘镜人为出使和国大臣。辛巳，忠瑞免，以桂芳为科布多办事大臣。溥锢免，以萨荫图为科布多参赞大臣。壬午，四川乱作，赵尔丰执谘议局议长蒲殿俊、副议长罗纶、保路同志会长邓孝可、股东会长颜楷、张澜及胡嵘、江三乘、叶秉诚、王铭新九人。寻同志会聚众围总督署，击之始散。赈浙江杭、嘉、湖、绍四府灾。癸未，帝入学，大学士陆润庠、侍郎陈宝琛授读，副都统伊克坦教习国语清文。赈湖北水灾。甲申，广东澄海县堤决，发帑银四万两赈之。四川旅京人民以争路开会，具呈资政院乞代奏。命捕代表刘声元解归籍。谕学部约束学生勿预外事，并敕所司禁聚众开会。丁亥，山东济南及东西路各州县水灾，黄河上游民埝复决，发帑银五万两赈之。赈福建水灾。戊子，命前两广总督岑春煊往四川，会赵尔丰办理剿抚事宜。己丑，监国摄政王阅禁卫军。癸巳，以四川民乱，谕赵尔丰督饬诸军迅速击散，仍分别良莠剿抚，被胁者宥之。甲午，波密野番投诚。

八月丙申，总税务司赫德卒，晋太子太保衔。予故成都将军、前伊犁将军马亮于伊犁建祠。壬寅，庆亲王奕劻复请免内阁总理大臣及管理外务部，不许。甲辰，裁直隶督标、提标，通永、天津、正定、大名、宣化各镇标官弁马步守兵，提督依旧。丙午，江南提督刘光才以疾免，调张勋代之，以张怀芝为甘肃提督。丁未，定国乐。庚戌，置盐政院，设大臣以下官，废盐务处。命载泽兼任盐政大臣。癸丑，端方、瑞澂奏，湖北境内粤汉、川汉铁路改归国有，取消商办公司，议定接收路股办法，诏嘉之，并以深明大义奖士绅。甲寅，革命党谋乱于武昌，事觉，捕三十二人，诛刘汝夔等三人。瑞澂以闻，诏嘉其弭患初萌，定乱俄顷，命就擒获诸人严鞫，并缉逃亡。乙卯，武昌新军变附于革命党，总督瑞澂弃城走，遂陷武昌。诏夺瑞澂职，仍命权总督事，戴罪图功。命陆军大臣廕昌督师往讨，湖北军及援军悉听节制，萨镇冰率兵舰、程允和率水师并援之。丙辰，张彪以兵匪构变，弃营潜逃，夺湖北提督，仍责剿匪。停永平大操。弛山西、河南运粮禁。武昌军民拥陆军第二十一混成协统领官黎元洪称都督，置军政府。嗣是行省各拥兵据地号独立，举为魁者皆称都督。革命军取汉阳，袭兵工厂、铁厂，据汉口。丁巳，起袁世凯为湖广总督，岑春煊为四川总督，俱督办剿抚事宜。命贝勒载涛督禁卫各军守近畿。戊午，王人文罢，复以赵尔丰为川滇边务大臣。停奉天今年贡。己未，岑春煊辞四川总督，诏不许。趣梁敦彦来京供职。京师开粜济民食。壬戌，诏长江水陆诸军俱听袁世凯节制。谕川、楚用兵，原胁从，自拔来归，不咎既往，愿随军自效，能擒献匪党者，优赏之。获逆党名册应销毁，毋株连。两省被扰地方抚恤之。免裁各省绿营、巡防队。寿耆免，授连魁荆州将军。癸亥，皇太后懿旨，发帑银二十万两赈湖北遭兵难民。福建龙溪、南靖两县河溢堤决，发帑银二万两赈之。以湖北用兵，谕山东、山西两省购运米麦济军。甲子，命副都统王士珍襄办湖北军务。

九月乙丑朔，日有食之。资政院第二次开会，诏勖议员。湖南新军变，巡抚余诚格奔于兵舰，巡防营统领前广西右江镇总兵黄忠浩死之。丙寅，陕西新军变，护巡抚布政使钱能训自杀不克，遂走潼关，西安将军文瑞、副都统承燕、克蒙额俱死之。丁卯，皇太后懿旨，发内帑二十四万两赈直隶、吉林、江苏、安徽、山东、浙江、湖南、广东诸省饥，立慈善救济会。戊辰，张荫棠免，以施肇基充出使义、墨、秘鲁三国大臣。革命党人以药弹击杀广州将军凤山。己巳，皇太后助帑于 慈善救济会。资政院言邮传大臣盛宣怀侵权违法，罔上欺君，涂附政策，酿成祸乱，实为误国首恶，诏夺职。端方奏，访查川乱缘起，实由官民交哄而成，请释谘议局议长蒲殿俊及邓孝可等九人，湖北拘留法部主事萧湘并免议，从之。以唐绍仪为邮传大臣。命陈邦瑞为江、皖赈务大臣。庚午，皇太后出内帑一百万两济湖北军。召廕昌还，授袁世凯钦差大臣，督办湖北剿抚事宜，节制诸军。命军谘使冯国璋总统第一军，江北提督段祺瑞总统第二军，俱受袁世凯节制。以春禄为广州将军。赠恤遇害广州将军凤山。冯国璋与革命军战于滠口，水陆夹击汉口，复之。壬申，以瑞澂失守武昌，避登兵舰，潜逃出省，偷生丧耻，诏逮京，下法部治罪。癸酉，下诏罪已。命溥伦、载泽纂宪法条文，迅速以闻。资政院总裁大学士世续以疾免，以李家驹代之，达寿为副。桂春回仓场侍郎任，赵秉钧署民政大臣。夺湖南巡抚余诚格职，仍权管湖南巡抚事。山西新军变，巡抚陆钟琦死之。云南新军变，总督李经羲遁，布政使世增及统制官钟麟同、兵备处候补道王振畿、辎重营管带范钟岳俱死之。命汤寿潜总办浙江团练。开党禁。戊戌政变获咎，及先后犯政治革命嫌疑，与此次被胁自归者，悉原之。资政院言内阁应负责任，请废现行章程，实行内阁完全制度，不以亲贵充任。诏韪之。顺天府平粜。甲戌，江西新军变，巡抚冯汝骙走九江，仰药死。安徽新军犯省垣，击散之。乙亥，授袁世凯内阁总理大臣，命组织完全内阁。庆亲王奕劻罢内阁总理大臣，命为弼德院院长。那桐、徐世昌罢内阁协理大臣，及荣庆并为弼德院顾问大臣。罢善耆、邹嘉来、载泽、唐景崇、廕昌、载洵、绍昌、溥伦、唐绍仪、寿耆国务大臣，俱解部务。载涛罢军谘大臣，以廕昌为之。起魏光焘为湖广总督，命速往湖北。陆海各军及长江水师仍听袁世凯节制调遣。丙子，召袁世凯来京。命王士珍权署湖广总督。用张绍曾言，改命资政院制定宪法。丁丑，资政院奏采用君主立宪主义，上重大信条十九事。发内帑十万两赈四川遭兵难民。戊寅，诏统兵大员以朝廷与民更始，不忍再用兵力之意谕人民。谕统兵大员申明纪律，禁扰民。命第六镇统制吴禄贞署山西巡抚。袁世凯辞内阁总理大臣，温诏勉之。赠恤殉难山西巡抚陆钟琦。贵州独立，举都督，巡抚沈瑜庆遁。革命军陷上海。袁世凯命前敌诸军停进兵。寻遣知府刘承恩、正参领蔡廷幹诣黎元洪劝解兵，不得要领而还。已卯，诏许革命党人以法律组政党。资政院言汉口之役，官军惨杀人民，请敕停战。谕袁世凯按治军官罪，商民损失由国家偿之。吴禄贞奏，遣员入敌军劝告，下令停攻击，亲赴娘子关抚慰革命军，诏嘉之。裁广东交涉使司。江苏巡抚程德全以苏州附革命军，自称都督。浙江新军变，巡抚增韫被执，寻纵之。庚辰，予第二十镇统制张绍曾侍郎衔，宣抚长江。绍曾称疾不赴。命张勋充会办南洋军务大臣。赵尔丰免，命端方署四川总督。趣袁世凯入京。释政治嫌疑犯汪兆铭、黄復生、罗世勋於狱。辛巳，广西巡抚沈秉堃自称都督。内阁铨叙局火。壬午，江宁新军统制徐绍桢以其军变，将军铁良、总督张人骏、提督张勋拒守。镇江陷，京口副都统载穆死之。安徽新军变，推巡抚朱家宝为都督。癸未，诏特命袁世凯为内阁总理大臣。从资政院奏，依宪法信条公举，故有是命。吕海寰请依红十字会法，推广慈善救济会，从之。广东独立，举都督，总督张鸣岐遁。福建新军变，将军朴寿、总督松寿死之。甲申，皇太后懿旨罢继禄，起世续复为总管内务府大臣。召锡良入觐。以朝廷于满、汉军民初无歧视，命统兵大员晓谕之。乙酉，山东巡抚孙宝琦宣告独立。顺天府奏立临时慈善普济赤十字总会于京师。罢贝勒毓朗军谘大臣，以徐世昌代之。丙戌，赏恤江宁战守将士。命吕海寰充中国红十字会会长，兼慈善救济会事。东三省谘议局及新军要求独立，总督赵尔巽不从，寝其议，仍令解劝之。丁亥，命近畿各镇及各路军队并姜桂题所部俱听袁世凯节制。戊子，分遣被兵各省宣慰使，征国民意见。命各省督抚举足为代表者来京与会议。赵尔巽以川事引咎请罢，诏不许。吴禄贞以兵至石家庄，为其下所杀。御史温肃劾禄贞包藏祸心，反形显著。诏陈夔龙按查。王士珍以疾免，命段芝贵护湖广总督。永定河合龙。袁世凯来京。己丑，以张锡銮为山西巡抚。溥颋免，以锡良为热河都统。庚寅，袁世凯举国务大臣。诏命梁敦彦为外务大臣，赵秉钧为民政大臣，严修为度支大臣，唐景崇为学务大臣，王士珍为陆军大臣，萨镇冰为海军大臣，沈家本为司法大臣，张謇为农工商大臣，杨士琦为邮传大臣，达寿为理藩大臣，俱置副大臣佐之。于式枚、宝熙充修律大臣。绍昌、林绍年、陈邦瑞、王垿、吴郁生、恩顺俱充弼德院顾问大臣。辛卯，命段祺瑞署湖广总督。起升允署陕西巡抚，督办军务。壬辰，浙江巡抚增韫坐擅离职守夺职。癸巳，以督攻秣陵关余党，将士奋勇，赏张勋二等轻车都尉世职。甲午，资政院上改订院章，颁布之。

冬十月丙申，内阁奏立宪牴触事项，停召对奏事。弼德院、军谘府并限制之。废各衙门直日旧章。更命世续复为文渊阁大学士。戊戌，伍廷芳、张謇、唐文治、温宗尧劝告摄政王，请赞共和政体。庚子，以宪法信条十九事誓告太庙，摄政王代行祀事。以劳乃宣为大学堂总监督。溥良免，命直隶宣化镇总兵黄懋澄兼署察哈尔都统。辛丑，命甘肃提督张怀芝帮办直隶防务。四川成都独立，举都督。壬寅，督办铁路大臣、候补侍郎、署四川总督端方率兵入川，次资州，为其下所杀。其弟端锦从，并遇害。叙复汉阳功，封冯国璋二等男爵。命科尔沁亲王阿穆尔灵圭往奉天，会赵尔巽筹画蒙古事宜。变军犯金陵，副将王有宏战死。甲辰，孙宝琦罢独立，自劾待罪。诏原之，褒奖山东官商不附和者。发帑犒张勋军。赏梁鼎芬三品京堂，会李准规复广东。丙午，革命军陷江宁，将军铁良、总督张人骏走上海，张勋以其余众退保徐州。袁世凯与民军订暂时息战条款，停战三日。自是展期再三，至决定国体日乃已。命徐世昌充专司训练禁卫军大臣。丁未，宝棻免，以齐耀琳为河南巡抚。命寿勋会袁世凯、徐世昌筹办军务。戊申，哲布尊丹巴胡图克图自立，逐库伦办事大臣三多。诏夺三多职。己酉，赠恤殉难江西巡抚冯汝骙。庚戌，监国摄政王载沣奏皇太后，缴监国摄政王章，退归藩邸。皇太后懿旨，晋世续、徐世昌俱为太保，卫护皇帝。谕段祺瑞剿当阳、天门诸路土匪。辛亥，诏授袁世凯全权大臣，委代表人赴南方讨论大局。以冯国璋为察哈尔都统。资政院请改用阳历，并臣民自由剪发，诏俱行之。壬子，改训练禁卫军大臣为总统官，以冯国璋为之。以良弼为军谘府军谘使。赠恤殉难闽浙总督松寿。丙辰，开黑龙江省太平山察汉敖拉煤矿。丁巳，革命军至荆州，署左翼副都统恒龄死之。戊午，内阁奏行爱国公债票。辛酉，孙宝琦免，以胡建枢为山东巡抚。

十一月甲子朔，袁世凯请废臣工封奏旧制。乙丑，命前署湖北提法使施纪云、前光禄寺少卿陈钟信四川团练。丙寅，成都尹昌衡、罗纶以同志军入总督衙，劫前署四川总督、川滇边务大臣赵尔丰执之，不屈，死。戊辰，赠恤死事广东潮州镇总兵赵国贤。壬申，皇太后命召集临时国会，以共和立宪国体付公决。初，袁世凯遣唐绍仪南下，与民军代表伍廷芳讨论大局，以上海为议和地，一再会议，廷芳力持废帝制建共和国，绍仪不能折，以当先奏闻取上裁，遂以入告。世凯奏请召集王公大臣开御前会议，终从其言。至是，乃定期开国民会议于上海，解决国体。甲戌，各省代表十七人开选举临时大总统选举会于上海，举临时大总统，立政府于南京，定号曰中华民国。戊寅，劝亲贵王公等输财赡军。大理院正卿定成免，以刘若曾代之。己卯，杨士琦免，命梁士诒署邮传大臣。辛巳，赠恤署四川总督、督办粤汉、川汉铁路大臣、候补侍郎端方及其弟知府端锦。罢盐政院。滦州兵变，抚定之。伊犁新军协统领官杨缵绪军变，将军志锐死之。丁亥，告谕哲布尊丹巴胡图克图，并赉先朝珍物。庚寅，赠恤殉难署荆州左翼副都统恒龄。辛卯，袁世凯道遇炸弹，不中。壬辰，命张怀芝兼帮办山东防务大臣。癸巳，命所司保护外人生命财产。命舒清阿帮办湖北防务。以乌珍为步军统领，京师戒严。

十二月甲午朔，赏张怀芝巡抚衔。己未，再予前山西巡抚陆钟琦二等轻车都尉世职，追赠同时遇害其子翰林院侍讲陆光熙三品京堂，优恤赐谥，并旌恤钟琦妻唐氏。丁酉，张人骏罢，命张勋护两江总督。胡建枢罢，命张广建署山东巡抚，吴鼎元会办山东防务。己亥，赠恤殉难伊犁将军志锐。辛丑，皇太后懿旨，以袁世凯公忠体国，封一等侯爵。命额勒浑署伊犁将军，文琦办塔尔巴哈台参赞大臣事。李家驹免，以许鼎霖为资政院总裁。革命党以药弹击良弼，伤股，越二日死。壬寅，袁世凯辞侯爵，固让再三乃受。癸卯，以复潼关，赏银一万两犒军。甲辰，以叙汉阳功，复张彪提督。乙巳，以张怀芝为安徽巡抚。赠恤死事福州将军朴寿。丁未，命张锡銮往奉天会办防务，李盛铎署山西巡抚，卢永祥会办山西军务。赠恤遇害军谘府军谘使良弼。戊申，以王赓为军谘府军谘使。己酉，皇太后懿旨，授袁世凯全权，与民军商酌条件奏闻。时岑春煊、袁树勋、陆徵祥、段祺瑞等请速定共和国体，以免生灵涂炭，故不俟国会召集，决定自让政权，遂有是命。庚戌，命崑源会办热河防务。辛亥，命宋小濂署黑龙江巡抚。壬子，徐世昌免军谘大臣，赠恤云南殉难甘肃布政使世增。乙卯，锡良免，命崑源署热河都统。丁巳，免江南徐州府未完丁漕银粮。戊午，袁世凯奏与南方代表伍廷芳议，赞成共和，并进皇室优待条件八，皇族待遇条件四，满、蒙、回、藏待遇条件七，凡十九条。皇太后命袁世凯以全权立临时共和政府，与民军商统一办法。袁世凯遂承皇太后懿旨，宣示中外曰："前因民军起义，各省响应，九夏沸腾，生灵涂炭。特命袁世凯遣员与民军代表讨论大局，议开国会、公决政体。两月以来，尚无确当办法。南北睽隔，彼此相持。商辍於涂，士露於野。国体一日不决，民生一日不安。今全国人民心理，多倾向共和。南中各省，既倡义于前，北方将领，亦主张于后。人心所向，天命可知。予亦何忍因一姓之尊荣，拂兆民之好恶。是用外观大势，内审舆情，特率皇帝将统治权公诸全国，定为立宪共和国体。近慰海内厌乱望治之心，远协古圣天下为公之义。袁世凯前经资政院选为总理大臣，当兹新旧代谢之际，宜为南北统一之方。即由袁世凯以全权组织临时共和政府，与民军协商统一办法。总期人民安堵，海宇乂安，仍合满、蒙、汉、回、藏五族完全领土为一大中华民国。予与皇帝得以退处安闲，优游岁月，受国民之优礼，亲见郅治之告成，岂不懿欤！"又曰："古之君天下者，重在保全民命，不忍以养人者害人。现将新定国体，无非欲先弭大乱，期保乂安。若拂逆多数之民心，重启无穷之战祸，则大局决裂，残杀相寻，必演成种族之惨痛。将至九庙震惊，兆民荼毒，后祸何忍复言。两害相形，取其轻者。此正朝廷审时观变，恫瘝吾民之苦衷。凡尔京、外臣民，务当善体此意，为全局熟权利害，勿得挟虚矫之意气，逞偏激之空言，致国与民两受其害。著民政部、步军统领、姜桂题、冯国璋等严密防范，剀切开导。俾皆晓然于朝廷应天顺人，大公无私之意。至国家设官分职，以为民极。内列阁、府、部、院，外建督、抚、司、道，所以康保群黎，非为一人一家而设。尔京、外大小各官，均宜慨念时艰，慎供职守。应即责成各长官敦切诫劝，勿旷厥官，用副予夙昔爱抚庶民之至意。"又曰："前以大局阽危，兆民困苦，特饬内阁与民军商酌优待皇室各条件，以期和平解决。兹据覆奏，民军所开优礼条件，於宗庙陵寝永远奉祀，先皇陵制如旧妥修各节，均已一律担承。皇帝但卸政权，不废尊号。并议定优待皇室八条，待遇皇族四条，待遇满、蒙、回、藏七条。览奏尚为周至。特行宣示皇族暨满、蒙、回、藏人等，此后务当化除畛域，共保治安，重睹世界之升平，胥享共和之幸福，予有厚望焉。"遂逊位。

论曰：帝冲龄嗣服，监国摄政，军国机务，悉由处分，大事并白太后取进止。大变既起，遽谢政权，天下为公，永存优待，遂开千古未有之奇。虞宾在位，文物犹新。是非论定，修史者每难之。然孔子作《春秋》，笔由笔，削则削。所见之世且详于所闻，一朝掌故，乌可从阙。傥亦为天下后世所共鉴欤？

卷二十六　　志一

天文一

历代天文志，自《史记·天官书》后，唯晋、隋两志，备述天体、仪象、星占，唐、宋加详，皆未尽也。至元，景测益精明，占候较密，然疆宇所囿，声教未宏，齐政窥玑，尚多略焉。有清统一区夏，圣圣相承。圣祖亲厘象数，究极精微，前后制新仪七，测日月星辰，则穷极分秒；度舆图经纬，则遍历幅陨。世宗复以岁久积差，准监臣改用椭圆术。高宗又以旧记星纪，间有疏漏，御制玑衡抚辰仪，重加测候。迨平定回疆及两金川，复令重度里差，增入《时宪》。理明数确，器精法密，自古以来，所未有也。今为《天文志》，备载推验之法，其天象昭垂，见于历朝实录及所司载记者，亦悉书之。乾隆六十年以后，国史无徵，则从阙焉。

天象　地体　里差

天象　《历象考成·天象篇》云："《楚辞·天问》曰：'圜则九重，孰营度之？'后世历家，谓天有十二重，非天实有如许重数，盖言日月星辰运转于天，各有所行之道，即《楚辞》所谓圜也。欲明诸圜之理，必详诸圜之动，欲考诸圜之动，必以至静不动者准之，然后得其盈缩。盖天道静专者也，天行动直者也。至静者自有一天，与地相为表里，故群动者运于其间而不息。若无至静者以验至动，则圣人亦无所成其能矣。人恒在地面测天，而七政之行无不可得者，正为以静验动故也。

"十二重天，最外者为至静不动；次为宗动，南北极赤道所由分也。次为南北岁差；次为东西岁差；此二重天，其动甚微，历家姑置之而不论焉。次为三垣二十八宿，经星行焉。次为填星所行；次为岁星所行；次为荧惑所行；次则太阳所行，黄道是也。次为太白所行；次为辰星所行；最内者则太阴所行，白道是也。要以去地之远近而为诸天之内外，然所以知去地之远近者，则又从诸曜之掩食及行度之迟疾而得之。盖凡为所掩食者必在上，而掩之食之者必在下。月体能蔽日光而日为之食，是日远月近之征也。月能掩食五星，而月与五星又能掩食恒星，是五星高于月而卑于恒星也。五星又能互相掩食，是五星各有远近也。

"又宗动天以浑灏之气挈诸天左旋，其行甚速。故近宗动天者，左旋速而右移之度迟。渐远宗动天，则左旋较迟而右移之度转速。今右移之度，惟恒星最迟，土木次之，火又次之。日、金、水较速而月最速，是又以次而近之证也。"

《考成后编·日躔历理》云："西法自多禄某以至第谷，立为本天高卑、本轮、均轮诸说，近世刻白尔、噶西尼等，又以本天为椭圆。"《月离历理》云："自西人创为椭圆之法，日距月天最高有远近，则太阴本天心有进退。地心与天心相距，两心差有大小。"合观诸论，天象备矣。

恒星天无地半径差及次轮消息，故志土星以下七天距地心数，著考测之详焉。

诸天距地心数：

土星最高一十一又一百零四万二千六百分之三十五万二千六百日天半径；

木星最高六又一百九十二万九千四百八十分之一百三十万五千九百日天半径；

火星最高二又六百三十万二千七百五十分之五百五十五万二千二百五十日天半径；

日均轮术最高一千一百六十二地半径，椭圆术最高二万零九百七十五地半径；

金星最高高于日一千万分日天半径之七百五十四万五千六百四十四，最下下于日如之；

水星最高高于日一千万分日天半径之四百五十三万二千一百五十五，最下下于日如之；

月均轮术最高朔望时五十八又百分之一十六地半径，椭圆术最高六十三又百分之七十七地半径。

地体　浑天家谓天包地如卵裹黄，《内经》："黄帝曰'地之为下否乎？'岐伯曰：'地为人之下，太虚之中也。'曰：'凭乎？'曰：'大义举之也。'《大戴礼》："单居离问于曾子曰：'天圆而地方，诚有之乎？'曾子曰：'如诚天圆而地方，则是四角之不掩也。参尝闻诸夫子曰："天道曰圆，地道曰方。"'"宋儒邵子曰："天何依？依乎地；地何附？附乎天。天地何所依附？自相依附。自相依附，天依形，地附气。"程子曰："据日景以三万里为中，若有穷，然有至一边已及一万五千里，而天地之运盖如初。然则中者亦时中耳。"又曰："今人所定天体，只是且以眼定，视所极处不见，遂以为尽。然向曾有于海上见南极下有大星十，则今所见天体盖未定。日月升降，不过三万里中，然而中国只到鄯善、沙车，已是一万五千里。若就彼观日，尚只是三万里中也。伯淳在泽州，尝三次食韭黄，始食怀州韭，次食泽州，次食并州，则知数百里间，气候已争三月矣。若都以此差之，则须争半岁。如是，则有在此冬至、在彼夏至者，只是一般为冬夏而已。"朱子《天问注》云："天之形圆如弹丸，其运转者亦无形质，但如劲风之旋。地则气之渣滓聚成形质者，但以其束於劲风旋转之中，故得以兀然浮空甚久而不堕耳。"西人谓地体浑圆，四面皆有人，冬夏互异，昼夜相反，与《内经》、《戴记》及宋儒之言若合符节。今以天周三百六十度徵之，南行二百里，则北极低一度；北行二百里，则北极高一度。东西当赤道下行二百里，则见月食之早晚亦差一度。其在赤道南北纬圈下行，虽广狭不同，然莫不应乎浑象。则知地之大周皆三百六十度，东西南北皆周七万二千里，以古尺八寸计之，则周九万里；以围三径一率之，则径三万里；亦与古三万里为中之说相符。然则地体浑圆，无疑义矣。距纬应大周里数不同，为志其要。

赤道南北距纬东西每度相距里数：

距纬一度，一百九十九里三百四十步；

距纬五度，一百九十九里八十步；

距纬十度，一百九十六里三百四十步；

距纬十五度，一百九十三里六十步；

距纬二十度，一百八十七里三百二十步；

距纬二十五度，一百八十一里八十步；

距纬三十度，一百七十三里六十步；

距纬三十五度，一百六十三里二百八十步；

距纬四十度，一百五十三里八十步；

距纬四十五度，一百四十一里一百二十步；

距纬五十度，一百二十八里二百步；

距纬五十五度，一百一十四里二百四十步；

距纬六十度，九十九里三百四十步；

距纬六十五度，八十四里二百步；

距纬七十度，六十八里一百四十步；

距纬七十五度，五十一里二百四十步；

距纬八十度，三十四里一百六十步；

距纬八十五度，一十七里八十步；

距纬八十九度，三里一百六十步。

里差者，因人所居有南北东西之不同，则天顶地平亦异，可以计里而定，故名里差，其所关於仰观甚钜。盖恒星之隐见，昼夜之永短，七曜之出没，节气之早晚，交食之深浅先后，莫不因之而各殊。惟得其所差之数，则各殊之故，皆可豫知，不致诧为失行而生饰说矣。新法算书所载各省北极高及东西偏度，大概据舆图道里定之，多有未确。今以康熙年间实测各省及诸蒙古高度、偏度，并乾隆《时宪》所增省分，与回疆部落、两金川土司等，昼夜永短，节气早晚，推得高度、偏度备列焉。

北极高度：

京师高三十九度五十五分；

盛京高四十一度五十一分；

山西高三十七度五十三分三十秒；

朝鲜高三十七度三十九分十五秒；

山东高三十六度四十五分二十四秒；

河南高三十四度五十二分二十六秒；

陕西高三十四度十六分；

江南高三十二度四分；

四川高三十度四十一分；

湖广高三十度三十四分四十八秒；

浙江高三十度十八分二十秒；

江西高二十八度三十七分十二秒；

贵州高二十六度三十分二十秒；

福建高二十六度二分二十四秒；

广西高二十五度十三分七秒；

云南高二十五度六分；

广东高二十三度十分；

布垅堪布尔嘎苏泰高四十九度二十八分；

额格塞楞格高四十九度二十七分；

桑锦达赉湖高四十九度十二分；

肯特山高四十八度三十三分；

克噜伦河巴尔城高四十八度五分三十秒；

图拉河汗山高四十七度五十七分十秒；

喀尔喀河克勒和硕高四十七度三十四分三十秒；

杜尔伯特高四十七度十五分；

鄂尔坤河额尔得尼昭高四十六度五十八分十五秒；

崆格扎布韩堪河高四十六度四十二分；

扎赉特高四十六度三十分；

推河高四十六度二十九分二十秒；

科尔沁高四十六度十七分；

郭尔罗斯高四十五度三十分；

阿噜科尔沁高四十五度三十分；

翁吉河高四十五度三十分；

萨克萨克图古里克高四十五度二十三分四十五秒；

乌朱穆沁高四十四度四十五分；

浩齐特高四十四度六分；

固尔班赛堪高四十三度四十八分；

巴林高四十三度三十六分；

扎噜特高四十三度三十分；

阿巴哈纳尔高四十三度二十三分；

阿巴噶高四十三度二十三分；

奈曼高四十三度十五分；

克什克腾高四十三度；

苏尼特高四十三度；

哈密高四十二度五十三分；

翁牛特高四十二度三十分；

敖汉高四十二度十五分；

喀尔喀高四十一度四十四分；

四子部落高四十一度四十一分；

喀喇沁高四十一度三十分；

茂明安高四十一度十五分；

乌喇特高四十度五十二分；

归化城高四十度四十九分；

土默特高四十度四十九分；

鄂尔多斯高三十九度三十分；

阿拉善山高三十八度三十分。

右康熙年间实测。

雅克萨城高五十一度四十八分；

黑龙江高五十度一分；

三姓高四十七度二十分；

伯都讷高四十五度十五分；

吉林高四十三度四十七分；

甘肃高三十六度八分；

安徽高三十度三十七分；

湖南高二十八度十三分；

越南高二十二度十六分；

阿勒坦淖尔乌梁海高五十三度三十分；

汗山哈屯河高五十一度十分；

唐努山乌梁海高五十度四十分；

乌兰固木杜尔伯特高四十九度二十分；

额尔齐斯河高四十八度三十五分；

斋桑淖尔高四十八度三十五分；

阿勒台山乌梁海高四十八度三十分；

阿勒辉山高四十八度二十分；

科布多城高四十八度二分；

乌里雅苏台城高四十七度四十八分；

哈萨克高四十七度三十分；

塔尔巴哈台高四十七度；

布勒罕河土尔扈特高四十七度；

巴尔噶什淖尔高四十七度；

乌陇古河高四十六度四十分；

赫色勒巴斯淖尔高四十六度四十分；

和博克萨哩土尔扈特高四十六度四十分；

扎哈沁高四十六度三十分；

齐尔土尔扈特高四十六度十分；

哈布塔克高四十五度；

吹河高四十四度五十分；

博罗塔拉高四十四度五十分；

拜达克高四十四度四十三分；
晶河土尔扈特高四十四度三十五分；
库尔喀喇乌苏土尔扈特高四十四度三十分；
安济海高四十四度十三分；
哈什高四十四度八分；
伊犁高四十三度五十六分；
塔拉斯河高四十三度五十分；
穆垒高四十三度四十五分；
济木萨高四十三度四十分；
巴里坤高四十三度三十九分；
崆吉斯高四十三度三十三分；
乌鲁木齐高四十三度二十七分；
珠勒都斯高四十三度十七分；
吐鲁番高四十三度四分；
塔什干高四十三度三分；
和硕特高四十三度；
那林山高四十三度；
特穆尔图淖尔高四十二度五十分；
鲁克沁高四十二度四十八分；
乌沙克塔勒高四十二度十六分；
哈喇沙尔高四十二度七分；
库尔勒高四十一度四十六分；
布尔古高四十一度四十四分；
赛哩木高四十一度四十一分；
纳木干高四十一度三十八分；
库车高四十一度三十七分；
布噜特高四十一度二十八分；
安集延高四十一度二十八分；
霍罕高四十一度二十三分；
阿克苏高四十一度九分；
乌什高四十一度六分；
鄂什高四十度十九分；
喀什噶尔高三十九度二十五分；
巴尔楚克高三十九度十五分；
英吉沙尔高三十八度四十七分；
叶尔羌高三十八度十九分；
斡罕高三十八度；
色埒库勒高三十七度四十八分；
喀楚特高三十七度十一分；
哈喇哈什高三十七度十分；
克里雅高三十七度；
和阗高三十七度；
伊里齐高三十七度；
博罗尔高三十七度；
三珠高三十六度五十八分；
玉陇哈什高三十六度五十二分；
鄂罗善高三十六度四十九分；
什克南高三十六度四十七分；
巴达克山高三十六度二十三分；
三杂谷高三十二度一分；
党坝高三十一度五十六分；
绰斯甲布高三十一度五十三分；
金川勒乌围高三十一度三十四分；
金川噶拉依高三十一度十九分；
瓦寺高三十一度十七分；
革布什咱高三十一度八分；
布拉克底高三十一度四分；
小金川美诺高三十一度；
巴旺高三十度五十八分；
沃克什高三十度五十六分；
明正高三十度二十八分；
木坪高三十度二十五分；

右乾隆《时宪》所增。

东西偏度：
盛京偏东七度十五分；
浙江偏东三度四十一分二十四秒；
福建偏东二度五十九分；
江南偏东二度十八分；
山东偏东二度十五分；
江西偏西三十七分；
河南偏西一度五十六分；
湖广偏西二度十七分；
广东偏西三度三十三分十五秒；
山西偏西三度五十七分四十二秒；
广西偏西六度十四分四十秒；
陕西偏西七度三十三分四十秒；
贵州偏西九度五十二分四十秒；
四川偏西十二度十六分；
云南偏西十三度三十七分；
朝鲜偏东十度三十分；
郭尔罗斯偏东八度十分；
扎赖特偏东七度四十五分；
杜尔伯特偏东六度十分；
扎噜特偏东五度；
奈曼偏东五度；
科尔沁偏东四度三十分；
敖汉偏东四度；
阿禄科尔沁偏东三度五十分；
喀尔喀河克勒和邵偏东二度四十六分；
巴林偏东二度十四分；
喀喇沁偏东二度；
翁牛特偏东二度；
乌朱穆秦偏东一度十分；
克什克腾偏东一度十分；
蒿齐忒偏东三十分；
阿霸哈纳尔偏东二十八分；
阿霸垓偏东二十八分；
苏尼特偏西一度二十八分；
克鲁伦河巴拉斯城偏西二度五十二分；
四子部落偏西四度二十二分；

归化城偏西四度四十八分；
土默特偏西四度四十八分；
喀尔喀偏西五度五十五分；
毛明安偏西六度九分；
吴喇忒偏西六度三十分；
肯忒山偏西七度三分；
鄂尔多斯偏西八度；
图拉河韩山偏西九度十二分；
翁机河偏西十一度；
固尔班赛堪偏西十一度；
布龙看布尔嘎苏泰偏西十一度二十二分；
阿兰善山偏西十二度；
厄格塞楞格偏西十二度二十五分；
鄂尔昆河厄尔德尼招偏西十三度五分；
推河偏西十五度十五分；
桑金答赖湖偏西十六度二十分；
萨克萨图古里克偏西十九度三十分；
空格衣扎布韩河偏西二十度十二分；
哈密城偏西二十二度三十二分。

右康熙年间实测。

三姓偏东十三度二十分；
黑龙江偏东十度五十八分；
吉林偏东十度二十七分；
伯都讷偏东八度三十七分；
安徽偏东三十四分；
雅克萨城偏西十七分；
湖南偏西三度四十二分；
越南偏西十度；
甘肃偏西十二度三十六分；
乌里雅苏台城偏西二十二度四十分；
巴里坤偏西二十三度；
扎哈沁偏西二十三度十分；
唐努山乌梁海偏西二十四度二十分；
哈布塔克偏西二十四度二十六分；
拜达克偏西二十五度；
穆垒偏西二十五度三十六分；
乌兰固木杜尔伯特偏西二十五度四十分；
鲁克沁偏西二十六度十一分；
吐鲁番偏西二十六度四十五分；
济木萨偏西二十六度五十二分；
科布多城偏西二十七度二十分；
乌鲁木齐偏西二十七度五十六分；
布勒罕河土尔扈特偏西二十八度十分；
乌沙克塔勒偏西二十八度二十六分；
阿勒台山乌梁海偏西二十八度三十五分；
阿勒坦淖尔乌梁海偏西二十八度四十分；
汗山哈屯河偏西二十九度；
乌陇古河偏西二十九度十五分；
赫色勒巴斯淖尔偏西二十九度十五分；
哈喇沙尔偏西二十度十七分；
库尔勒偏西二十九度五十六分；
塔尔巴哈台偏西三十度；
珠勒都斯偏西三十度五十分；
安济海偏西三十度五十四分；
和硕特偏西三十一度；
和博克萨哩土尔扈特偏西三十一度十五分；
库尔喀喇乌苏土尔扈特偏西三十一度五十六分；
崆吉斯偏西三十二度；
布古尔偏西三十二度七分；
额尔齐斯河偏西三十二度二十五分；
斋桑淖尔偏西三十二度二十五分；
哈什偏西三十三度；
斋尔土尔扈特偏西三十三度；
博啰塔拉偏西三十三度三十分；
晶河土尔扈特偏西三十三度三十分；
库车偏西三十三度三十二分；
克里雅偏西三十三度三十三分；
伊犁偏西三十四度二十分；
赛哩木偏西三十四度四十分；
哈萨克偏西三十四度五十分；
玉陇哈什偏西三十五度三十七分；
和阗偏西三十五度五十二分；
伊里齐偏西三十五度五十二分；
哈喇哈什偏西三十六度十四分；
阿勒辉山偏西三十六度五十分；
阿克苏偏西三十七度十五分；
三珠偏西三十七度四十七分；
巴尔噶什淖尔偏西三十八度十分；
乌什偏西三十八度二十七分；
特穆尔图淖尔偏西三十九度二十分；
巴尔楚克偏西三十九度三十五分；
叶尔羌偏西四十度十分；
英吉沙尔偏西四十一度五十分；
吹河偏西四十二度；
喀什噶尔偏西四十二度二十五分；
色埒库勒偏西四十二度二十四分；
喀楚特偏西四十二度三十二分；
鄂什偏西四十二度五十分；
博罗尔偏西四十三度三十八分；
巴达克山偏西四十三度五十分；
塔拉斯河偏西四十四度；
布噜特偏西四十四度三十五分；
安集延偏西四十四度三十五分；
什克南偏西四十四度四十六分；
那林山偏西四十五度；
斡罕偏西四十五度九分；
鄂啰善偏西四十五度二十六分；
纳木干偏西四十五度四十分；
霍罕偏西四十五度五十六分；
塔什干偏西四十七度四十三分；

瓦寺偏西十二度五十八分；
木坪偏西十三度三十七分；
沃克什偏西十三度五十一分；
三杂谷偏西十三度五十六分；
小金川美诺偏西十四度七分；
布拉克底偏西十四度二十二分；
金川噶拉依偏西十四度二十九分；
党坝偏西十四度二十九分；
金川勒乌围偏西十四度三十四分；
巴旺偏西十四度三十四分；
绰斯甲布偏西十四度四十四分；
明正偏西十四度四十九分；
革布什咱偏西十四度五十一分。

右乾隆《时宪》所增。

卷二十七　志二

天文二

仪象

汉创浑天仪，谓即玑衡遗制，唐、宋皆仿为之。至元始有简仪、仰仪、阚几、景符等器，视古加详焉。明于北京齐化门内倚城筑观象台，仿元制作浑仪、简仪、天体三仪，置于台上。台下有晷景堂、圭表、壶漏，清初因之。康熙八年，圣祖用监臣南怀仁言，改造六仪，曰黄道经纬仪、赤道经纬仪、地平经仪、地平纬仪、纪限仪、天体仪。五十二年，复将地平经、纬合为一仪。乾隆九年，高宗御制玑衡抚辰仪，并安置台上。今考各形制用法，悉著于篇。

黄道经纬仪，仪之圈有四，各分四象限，限各九十度。其外大圈恒定而不移者，名天元子午规，外径六尺，规面厚一寸三分，侧面宽二寸五分，规之下半夹入于云座。仰载之半圈，前后正直子午，上直天顶，中直地平。从地平上下按京师南北两极出入度分，定赤道两极。次内为过极至圈，圈周平分处，各以钢枢贯于赤道二枢。又依黄赤大距度，于过极至圈上定黄道南北极。距黄极九十度安黄道圈，与过极至圈十字相交，各陷其中以相入，令两圈为一体，旋转相从。黄道圈之两侧面，一为十二宫，一为二十四节气。其两交，一当冬至，一当夏至。次内为黄道经圈，则以钢枢贯于黄极焉。圈之径为圆轴，围三寸。轴之中心立圆柱为纬表，与经圈侧面成直角，而黄道圈经圈上各设游表，仪顶更设铜丝为垂线。全仪以双龙擎之，复为交梁以立龙足。梁之四端，各承以狮，仍置螺柱以取平。垂线有偏侧，则转螺柱，垂线正，则仪正矣。用法，欲求某星黄道经纬度，须一人于黄道圈上查先所得某星之经纬度分，其上加游表，而过南北轴中柱，表对星定仪；又一人用游表于经圈上过柱，表对所测之星，游移取置，则经圈上游表之指线定某星纬度。又定仪查黄道圈两表相距之度分，即某星之经度差。或测日月，以距星为比，亦如之。

赤道经纬仪，仪有三圈，外大圈者，天元子午规也。以一龙南向而负之。规之分度定极，皆与黄道仪同。去极九十度安赤道圈，与子午规十字相交，恒定不动。圈内规面及上侧面皆镘二十四时，时各四刻。外规面分三百六十度，内安赤道经圈。以南北极为枢，而可东西游转，与赤道圈内规面相切。经圈径为圆轴，轴中心立圆柱，以及游表、垂线、交梁、螺柱等法，皆同黄道仪。用法，若测日时刻，则赤道圈上用时刻游表，即通光耳，对于南北轴表，视赤道圈内游表所指，即时刻分秒。若诸曜经度，用两通光耳，即两径表，在赤道圈上一定一游。一人从定耳窥南北轴表，与先得星相参测之；一人以游耳转移迁就，而窥本轴表与所测参相直，视两耳间应赤道圈上之度分，即两经度之差也。纬度亦以通光耳於经圈上转移而迁就焉。务欲令目与表与所测相参直，视本耳下经圈在赤道或南或北之度分，即所测距赤道南北之度分也。

地平经仪，仪只一地平圈，全径六尺，其平面宽二寸五分，厚一寸二分。分四象限，各九十度。以四龙立于交梁以承之。梁之四端，各施取平之螺柱。梁之交处安立柱，高与地平圈等，适当地平圈之中心。又于地平圈上东西各立一轴，约高四尺，柱各一龙，盘旋而上，从柱端各伸一爪，互捧圆珠。下有立轴，其形扁方，空其中如窗棂，以安直线。轴之上端入于珠，下端入立柱中心，令可旋转。而轴中之线，恒为天顶之垂线焉。又为长方横表，长如地平圈，全径厚一寸，宽一寸五分，中心开方孔管于立轴下端，使随立轴旋转。复剡其两端令锐，以指地平圈之度分。又自两端各出一线，而上会于立轴中直线之顶，成两三角形。凡有所测，则旋转游表，使三线与所测参相直，乃视表端所指，即所测之地平经度也。

地平纬仪，即象限仪，盖取全圆四分之一以测高度者也。其弧九十度，其两边皆圆半径，长六尺。两半径交处为仪心。仪架东西立柱，各以二龙拱之。上架横梁，又立中柱上管于横梁，令可转动仪心，上指仪之两边，一与中柱平行，一与横梁平行。又于仪心立短圆柱以为表，又加窥衡，长与半径等，上端安于仪心，剡其下端，以指弧面度分，更安表耳。有所测，乃以窥衡上下游移，从表耳缝中窥圆柱，令与所测相参直。其衡端所指度分，即所测之地平纬度也。

纪限仪，弧面为全圆六分之一，分六十度。一弧一干，干长六尺，即全圆之半径。弧之宽二寸五分，干之左右，细云纠缦缠连，所以固之。干之上端有小衡，与干成十字。仪心与衡两端皆立圆柱为表，弧面设游表。承仪之台，约高四尺，中植立柱，以系仪之重心，则左右旋转，高低斜侧，无所不可，故又名百游仪焉。用法，测两曜，不论黄赤经纬，而求大圈相距之度，一人从衡端耳表窥中心柱表，对定此曜；又一人从游耳表向中心柱表窥彼曜相参直，视衡端至游耳表下度分，即两曜相距度分也。

天体仪，仪为圆球，径六尺，宛然穹象，故以天体名之。中贯钢轴，露其两端，以属于子午规之南北极，令可转运。座高四尺七寸。座上为地平圈，宽八寸。当子午处各为阙，以入子午规。阙之度与子午规之宽厚等，则两圈十字相交，内规面恰平，而左右上下环抱乎仪。周围皆空五分，以便高弧游表进退。又安时盘于子午规外，径二尺，分二十四时。以北极为心，其指时刻之表，亦定于北极，令能随天体转移，又能自转焉。座下复设机轮，运转子午规，使北极随各方出地升降，各方天象隐见之限，皆可究观矣。

地平经纬合仪，经仪中心立柱安纬仪。用法，旋转纬仪，对定所测游表，於纬仪上得纬度；视纬仪边切经仪之处，即得经度：一测而两得焉。

玑衡抚辰仪，仪制三重，其在外者，即古六合仪，而不用地平圈，其正立双环为子午圈。两面皆刻周天三百六十度，自南北极起，初度至中要九十度，是为天经。斜倚单环为天常赤道圈，两面皆刻周日十二时，以子正午正当子午双环中空之半，而结于其中要，是为天纬。其南北二极皆设圆轴，轴本实于子午双环中空之间，而轴内向，以贯内二重之环。其下承以云座，仰面正中开双槽以受双环，东面正中开云窝以受垂线。下面置十字架，施螺旋以取平。架之东西两端各植龙柱，龙口衔珠，开孔以承天常赤道卯酉之两轴，依观象台测定南北正线，将座架安定，则平面之四方正。又依京师北极出地度分，上数至成一象限，即天顶。依南极入地度分，下数成一象限，即地心。于天顶施小钉悬垂线，而垂适当地心，又适切於双环之面。线末垂球，又适当云窝，不即不离，则上下正立面之四方亦正，而地平已在其中。

次其内即古三辰仪，而不用黄道圈。其贯于二极之双环，为赤极经圈。两极各设轴孔，以受天经之轴，两面皆刻周天三百六十度。结于赤极圈之中要，与天常赤道平运者，为游旋赤道圈，两面皆刻周天三百六十度，与宗动天赤道旋转相应。自经圈之南极，作两象限弧以承之，使不倾垫。

次最内即古四游仪，贯于二极之双环，为四游圈，两面皆刻三百六十度。定于游圈之两极者为直距，绾于直距之中心者为窥衡。游圈中要设直表，以指经度及时，窥衡右旁设直表，以指纬度。别设借弧指时度表、立表、平行立表、平行借弧表，以济所测之穷。又设绾经度表、绾时度表、平行线测经度表，以期两测之合。

其数，子午圈外径六尺三寸，内径五尺六寸六分，环面阔三寸二分，厚九分，中空一寸。天常赤道外径六尺一寸二分，内径五尺六寸四分，环面阔二寸四分，厚一寸四分。赤极经圈外径五尺五寸六分，内径五尺一寸二分，环面阔二寸八分，厚八分，中空一寸二分。游旋赤道外径五尺五寸六分，内径五尺一寸二分，环面阔二寸二分，厚一寸二分。四游圈外径五尺，内径四尺六寸八分，环面阔一寸六分，厚七分，中空一寸四分。直距长如圆之通径，阔一寸六分，厚七分，中空一寸四分。窥衡长四尺七寸二分，方一寸二分，中空一寸。上下两端施方铜盖，厚五分，内三分，方一寸，入於管中，外二分，方一寸二分，齐於管面，中心开圆孔。

指时度表，通长七寸三分，本长一寸六分，形如方筒，入于四游双环中空之间，阔一寸四分，横带长三寸二分，阔五分，两端各钩回二分，扣于环面之外。表长五寸二分，阔一寸。其指时度之边线，对方筒之正中，下端二寸四分，厚三分，切于游旋赤道之面，以指度分。上端二寸八分，厚二分，切于天常赤道之面，以指时刻。

指纬度表，其形两曲，安于窥衡之右面。底长三寸，阔九分。曲横七分，与四游环之厚等。又曲长一寸七分，切于四游环之外面，从中线减阔之半，所以指纬度也。

借弧指时度表，其本方筒及横带长阔并与前指时度表同。横带之下，自左向右，立安弧背一道，长九寸三分，阔一寸二分，厚一分六厘。弧背之末，平安指时度表，除弧背之厚，长五寸二分，阔一寸。计自表本方筒之中线至指时度表之内边，长六寸七分，当游旋赤道之十五度，当天常赤道之一小时。

立表二座，形直底平，表高底长各三寸二分，阔九分，厚一分。一表向上开长方孔，长一寸，中留直线，又上五分开圆孔，径四分，中留十字线，安于窥衡之上端。一表依前度下开直缝，上开小圆孔，安于窥衡下端，各对衡面中线，以螺旋结之。

平行立表二座，形曲底平，底盘长四寸，阔一寸二分，厚一分，中空三寸二分，阔九分。表曲如勾股。股直如立表，高三寸二分，阔九分，勾横连于股末，长五寸，阔九分，横植于底盘之末。底盘中空，冒于立表底盘之外，以掐表固之。

平行借弧表，制如平行立表，而倒正异。一表上植于衡面，高四寸一分零八毫，一表自衡面下垂，长六寸二分零八毫。距表端下六分开圆孔，又下五分开长方孔，皆与立表制同。

绾经度表，通长四寸，阔一寸四分。其本方筒长一寸六分，高一寸八分，入于四游双环之间，以左右螺旋固之。其末上下二面，以夹游旋赤道，上面阔七分，减本之半，与窥衡中线相直，下面以螺旋固之。

绾时度表，内外二截，内截上下内三面，绾于游旋赤道之内规。上面之末，承于外截之下，开二方孔，以受外截之方足，下面以螺旋固之。外截上下外三面，绾于天常赤道之外规。上面之末，覆于内截之上，下面以螺旋固之。

平行线测经度表，于直距南北极之两端，各安铜版，如工字形，正方二寸八分，与直距二面之分等。两要各缺一长方，长一寸六分，阔七分，扣于直距中空之间。中心开圆孔，贯于天经之轴。四隅距中心一寸九分，各安立柱，圆顶开孔，以穿直线，与直距中径平行。下安小环，以为结赤经平行线之用。又按距星宫度，于游旋赤道安赤经平行线表，其制上画半圆，内容半方，自对角斜线起，初度至横径为四十五度，其中直径与指度表之边线相参直。半圆中心安二游表，各长二寸，距中心一寸九分。边留小脐，中开小圆孔，以线穿之。上端系于北极铜版对角之两环，下端贯于南极铜版对角之两环，各以垂球坠之。

用法，测日时刻，以四游圈东西推转，窥衡南北低昂，令日光透孔圆正，视四游圈下指时度表临天常赤道某时刻，即得。若日景为赤道所碍，则用窥衡上立表测之，令表两孔正透，仍于指时度表视时刻。或为龙柱所碍，则用平行立表测之，亦于指时度视时刻。若指时度表为子午圈所碍，则易用借弧指时度表，次用平行立表。测定日景，视借弧指时度表所指时刻，加一小时，即得。测经度，取所知正午前后一恒星，以其赤道经度之对冲，用绾经度表于游旋赤道绾定四游圈。又任设一时，用绾时度表，于其时之对冲，绾天常赤道。乃将四游圈带定游旋赤道，用窥衡测准距星，随之左旋。候至所设时刻，视绾时度表对游旋赤道某宫度分，即日赤道经度。或以本时太阳赤道经度，用绾时度表于游旋赤道绾定，又以所设时刻之对冲，於天常赤道绾定。候至所设时刻，用四游窥测月星，乃视指时度表所指游旋赤道宫度，加半周，即得所测月星赤道经度。测两曜相距经度，用平行线测经度表于游旋赤道初宫初度安定，令一人用此平行线表、左两线、右两线，并窥定距西之曜，随之左旋；一人用四游窥衡测距东之曜，视指时度表所指游旋赤道之度分，即所测两曜相距赤道经度也。测纬度，凡得经度时，随察指纬度表所指四游圈之度分，即得所测赤道纬度。其有所碍，皆如测时刻法易之。其近北极之星，则以平行借弧表测之。

卷二十八　　志三

天文三

日月五星　恒星　黄赤道十二次值宿　昏旦中星

日月五星　自古言天之精者，知日月五星为浑象而已。近代西人制大远镜，测得诸曜形体及附近小星晕气各种，古今不同，就其著者录焉。

日之面有小黑形，常运行二十八日满一周。月之面以日光正照显明景，偏照显黑景。其面有凹凸，故虽全明之中，亦有淡黑杂景。

土星之体，仿佛卵形，旧测谓旁有两耳，今测近于赤道星面相逼甚窄，于远赤道所宕甚宽。旁有排定小星五点，最近第一星，约行二日弱；第二星行三日弱；第三星行四日半强；第四星略大，行十六日；第五星行八十日。俱旋行土星一周。

木星之面，常有平行暗景，外有小星四点。第一星行一日七十三刻；第二星行三日五十三刻；第三星略大，行七日十六刻；第四星行十六日七十二刻。俱旋行木星一周。

火星之面，内有无定黑景。

金、水星俱借日为光，合朔弦望如月。

恒星　《历象考成》云："恒星之名，见于《春秋》，而四仲中星及斗、牵牛、织女、参、昴、箕、毕、大火、农祥、龙尾、鸟帑、元驷、元鼋之属，散见於《尚书》、《易》、《诗》、《左传》、《国语》。至《周礼·春官》冯相氏掌二十八星之位，而《礼记·月令》、《大戴礼·夏小正》稍具诸星见伏之节。盖古者敬天勤民，因时出政，皆以星为纪。秦炬之后，羲和旧术，无复可稽，其传者惟《史记·天官书》，而所载简略。后汉张衡云：'中外之官，常明者百有二十四，可名者三百二十，为星二千五百'，而其书不传。至三国时，太史令陈卓始列巫咸、甘、石三家所著星图，总二百八十三官，一千四百六十四星。隋丹元子作《步天歌》，叙三垣二十八宿，共一千四百六十七星，为观象之津梁，然尚未有各星经纬度数。自唐、宋而后，诸家以仪象考测，始有各星入宿去极度分，视古加密。

"《新法算书·恒星图表》，共星一千二百六十六，分为六等：第一等星一十七，第二等星五十七，第三等星一百八十五，第四等星三百八十九，第五等星三百二十三，第六等星二百九十五，外无名不入等者四百五十九。康熙壬子年钦天监新修《仪象志》，恒星亦分六等，而其数微异。第一等星一十六，第二等星六十八，第三等星二百零八，第四等星五百一十二，第五等星三百四十二，第六等星七百三十二，共计一千八百七十八。盖观星者以目之所能辨，因其相近，联缀成象而命之名。其微茫昏暗者，多不可考。故各家星官之数，多少不能画一。然列宿及诸大星，则古今中西如一辙也。"

又云："恒星行即古岁差也，古法俱谓恒星不动，而黄道西移；今谓黄道不动，而恒星东行。盖使恒星不动而黄道西移，则恒星之黄道经纬度宜每岁不同，而赤道经纬度宜终古不变。今测恒星之黄道经度，每岁东行，而纬度不变。至于赤道经度，则逐岁不同，而纬度尤甚。自星纪至鹑首六宫之星，在赤道南者，纬度古多而今渐少，在赤道北者反是。自鹑首至星纪六宫之星，在赤道南者，纬度古少而今渐多，在赤道北者反是。凡距赤道二十三度半以内之星，在赤道北者，可以过赤道南，在赤道南者，亦可以过赤道北，则恒星循黄道东行，而非黄道之西移明矣。《新法算书》载西人第谷以前，或云恒星百年而东行一度，或云七十余年而东行一度，或云六十余年而东行一度，随时修改，讫无定数，与古人屡改岁差相同。追至第谷，方定恒星每岁东行五十一秒，约七十年有余而行一度，而元郭守敬所定岁差之数亦为近之。至今一百四十余年，验之于天，虽无差忒，但星行微渺，必历多年，其差乃见。然则第谷所定之数，亦未可泥为定率，惟随时测验，依天行以推其数可也。"

《仪象考成》云："康熙十三年，监臣南怀仁修《仪象志》，星名与古同者，总二百五十九座，一千一百二十九星，比《步天歌》少二十四座，三百三十五星。又于有名常数之外，增五百九十七星。又多近南极星二十三座，一百五十星。近年以来，累加测验，星官度数，《仪象志》尚多未合。又星之次第多不序顺，亦宜厘正。于是逐星测量，推其度数，观其形象，序其次第，著之于图。计三垣二十八宿，星名与古同者，总二百七十七座、一千三百一十九星，比《仪象志》多十八座，一百九十星，与《步天歌》为近。其尤与古合者，二十八宿次舍，自古皆觜宿在前，参宿在后，其以何星作距，古无明文。《唐书》云：'古以参右肩为距'，失之太远。《文献通考》载宋《两朝天文志》云：'觜三星，距西南星；参十星，距中星西一星。'西法，觜宿距中上星，参宿亦距中西一星。今按觜宿中上星在西南星前仅六分余，而西南星小，中上星大，则以中上星作距可也。若参宿以中西一星作距星，则觜宿之黄道度已在参宿后一度余，即赤道度亦在参宿后三十一分余。今依次顺序，以参宿中三星之东一星作距星，则觜宿黄道度恒在参前一度弱，与觜前参后之序合。其余诸座之星，皆以次顺序，无凌躐颠倒之弊。又于有名常数之外，增一千六百一十四星。近某座者即名某座增星，依次分注方位，以备稽考。其近南极星二十三座，一百五十星，中国所不见，仍依西测之旧。共计恒星三百座，三千八十三星。"

黄赤道十二次值宿　古者分十二次即节气，故冬至为丑中，春分为戌中，夏至为未中，秋分为辰中。后人则以中气，而冬至在星纪之初。古不知列宿循黄道东行，且不见有岁差，即以所在星象名其次，故奎、娄为降娄，房、心、尾为大火，后人悉仍其名，而星象之更则不论。积数千年，将所谓苍龙、玄武、白虎、朱雀之四象且易其方，然则十二次之名，存古意尔。今以康熙甲子年推定十二次初度所值宿，及乾隆甲子年改定十二次初度所值宿，并纪于左。

康熙甲子年黄道十二次初度值宿：
星纪　箕三度一十分；
元枵　牵牛初度二十三分；
娵訾　危一度；
降娄　营室一十度五十七分；
大梁　娄初度二十七分；
实沈　昴五度一十二分；
鹑首　觜觿一十度三十八分；
鹑火　东井二十九度零五分；
鹑尾　七星七度零四分；
寿星　翼一十度三十七分；
大火　角一十度三十四分；
析木　房一度三十九分。
康熙甲子年赤道十二次初度值宿：
星纪　箕三度三十九分；
元枵　南斗二十三度二十七分；
娵訾　危二度三十四分；
降娄　东壁初度四十二分；
大梁　娄五度四十二分；
实沈　昴八度四十分；
鹑首　觜觿一十度二十九分；
鹑火　东井二十九度；
鹑尾　张五度五十七分；
寿星　轸初度零二分；
大火　亢一度；
析木　房五度零三分。
乾隆甲子年黄道十二次初度值宿：
星纪　箕二度一十九分一十三秒；
元枵　南斗二十三度二十四分一十八秒；
娵訾　危初度一十二分四十四秒；
降娄　营室一十度五分四十七秒；
大梁　奎一十一度八分五十二秒；
实沈　昴四度九分三十九秒；
鹑首　参八度五十五分一十五秒；
鹑火　东井二十八度一十六分五十秒；
鹑尾　七星六度一十七分一秒；
寿星　翼九度四十八分一十七秒；
大火　角九度四十三分三十九秒；
析木　房初度三十七分三十五秒。
乾隆甲子年赤道十二次初度值宿：
星纪　箕二度四十分一十四秒；
元枵　南斗二十二度三十五分四十七秒；
娵訾　危一度五十分二十七秒；
降娄　营室一十七度零三十八秒；
大梁　娄四度五十二分三十三秒；
实沈　昴七度三十四分三秒；
鹑首　参八度一分五十五秒；
鹑火　井二十八度八分一十五秒；
鹑尾　张五度一十二分一秒；
寿星　翼一十八度八分三十一秒；
大火　亢初度一十分三十秒；
析木　房四度八分一十七秒。

昏旦中星　自《虞书》纪四仲昏中之星，而《月令》并举逐月昏旦。然《虞书》仲冬星昴，《月令》则昏中东壁，相去约二千年，中星相差四宿。虽由岁差之故，而古法疏略无度分，固难深论也。今以康熙壬子年所定恒星经纬度，推得雍正元年癸卯各节气昏旦中星列于志。若求乾隆九年甲子以后各节气昏旦中星，则当按乾隆甲子年改定恒星经纬度备推焉。

春分系交节初日，后同。昏北河二中偏西四度三十四分。旦尾中偏东一度七分。

因无当中之星，故用近中之星而纪其偏度。又星宿并用第一星，间有第一星距中太远而用余星者，则纪其数，如北河二及参四氐四之类。

清明　昏七中星偏东五度十四分。旦帝座中偏东一度五十九分。

谷雨　昏轩辕十四中偏西四度五十九分。旦箕中偏东四度十三分。

立夏　昏五帝座中偏西三十二分。旦箕中偏西四度九分。

小满　昏角中偏东二度二十三分。旦南斗中偏西三度八分。

芒种　昏氐中偏东三度二十九分。旦河鼓二中偏东二度二十一分。

夏至　昏房中偏东二度八分。旦须女中偏东一度四十三分。

小暑　昏尾中偏西四十分。旦尾中偏东三度二十五分。

大暑　昏帝座中偏西三度二十五分。旦营室中偏西一度五十六分。

立秋　昏箕中偏西二度三十七分。旦土司空中偏东一度四十分。

处暑　昏南斗中偏西二十六分。旦娄中偏西一度四十六分。

白露　昏南斗中偏西八度三十二分。旦天囷中偏西四度四十一分。

秋分　昏河鼓二中偏东三十四分。旦毕中偏西三度七分。

寒露　昏牵牛中偏西五十三分。旦参四中偏西十三分。

霜降　昏须女中偏西三度四十一分。旦天狼中偏西五度三十七分。

立冬　昏虚中偏西三度二十分。旦舆鬼中偏东一度二十七分。

小雪　昏北落师门中偏东五度四十一分。旦七星中偏西二度十六分。

大雪　昏营室中偏西五度五十七分。旦翼中偏东二度五十五分。

冬至　昏东壁中偏西四度二十六分。旦五帝座中偏西二度一分。

小寒　昏娄中偏东三度三十三分。旦角中偏东六度二十四分。

大寒　昏胃中偏西二度二十分。旦亢中偏东四度十八分。

立春　昏昴中偏西五度三十四分。旦氐中偏东一度二十八分。

雨水　昏参七中偏西四十五分。旦氐四中偏西二度三十二分。

惊蛰　昏东井中偏西三度六分。旦房中偏西二度四分。

卷二十九　志四

天文四

康熙壬子年恒星黄道经纬度表一

揆日所以正时，候星所以纪日。日行黄道，故推测恒星，必求黄道经纬度分。且恒星循黄道东行，上考下求，每年祇加减经度五十一秒。今依康熙壬子旧测恒星黄道经纬度分，及南北之向，大小之等，为二卷。先列降娄戌宫至鹑尾巳宫，凡一百八十度之名星及附近星，如左：

黄道	经		度	纬			度
星名	宫	十度	十分	向	十度	十分	等
天钩二	戌	○○	二一	北	七一	四九	四
天钩一	戌	○○	五四	北	七四	○○	四
天溷四	戌	○○	五七	南	一四	○○	五
天溷三	戌	○一	一七	南	一三	○○	五
天园四	戌	○二	○○	南	五七	五○	三
天厨南六	戌	○二	○四	北	七七	三二	五
天溷二	戌	○二	三七	南	一三	四○	五
车府一	戌	○二	四五	北	四八	二○	四
土公二	戌	○三	二九	北	○五	二八	六
螣蛇南十一	戌	○三	三七	北	四四	○○	三
天溷一	戌	○三	三七	南	一一	四○	五
壁宿一	戌	○四	三八	北	一二	三五	二
造父六	戌	○五	四七	北	六四	○○	五
天仓二	戌	○七	一二	南	一六	五五	三
天钩三	戌	○八	一三	北	六八	五四	三
造父三	戌	○八	五三	北	五九	五九	四
造父四	戌	○九	二九	北	六一	○三	四
外屏一	戌	○九	三六	北	○二	一一	四
天园五	戌	○九	四○	南	五四	二五	三
壁宿二	戌	○九	四七	北	二五	四二	二

螣蛇七	戌	一〇	二七	北	四〇	五七	四
造父二	戌	一〇	五七	北	六一	三〇	五
天仓三	戌	一一	四三	南	一五	四七	三
造父五	戌	一二	三〇	北	六五	一〇	五
螣蛇八	戌	一二	四六	北	四一	四四	四
外屏二	戌	一二	五八	北	〇一	〇六	四
天仓五	戌	一三	二五	南	二五	〇一	四
外屏南八	戌	一三	二五	南	〇一	三一	六
天厨一	戌	一三	二七	北	八二	四九	三
螣蛇十	戌	一三	四七	北	四三	五〇	四
造父一	戌	一四	三九	北	五八	四六	四
外屏南九	戌	一四	四六	南	〇四	二〇	六
天仓六	戌	一四	五〇	南	三一	〇四	四
外屏三	戌	一五	一九	北	〇〇	五八	四
螣蛇九	戌	一五	二三	北	四二	〇八	五
天厩三	戌	一五	五八	北	三一	三三	五
天仓内七	戌	一六	〇五	南	二一	五五	五
奎宿二	戌	一六	〇九	北	一七	四八	四
天厨五	戌	一六	二一	北	七八	一〇	四
奎宿四	戌	一六	二五	北	二三	〇四	四
天园六	戌	一六	二五	南	五四	四〇	三
天厩一	戌	一六	四六	北	三三	二一	四
天厩二	戌	一七	〇七	北	三二	一五	五
奎宿五	戌	一七	二〇	北	二四	二〇	三
天仓四	戌	一七	二五	南	二〇	一九	三
奎宿一	戌	一七	五四	北	一五	五八	五
奎宿三	戌	一八	〇四	北	二〇	二四	六
奎宿六	戌	一八	〇七	北	二七	〇七	五
外屏四	戌	一八	三三	南	〇三	〇三	五
奎宿十五	戌	一九	〇三	北	一二	二二	六
奎宿十六	戌	一九	〇七	北	一三	二一	五
奎宿内十九	戌	一九	〇七	北	一九	二四	六
奎宿南二十一	戌	一九	〇九	北	一一	二一	六
天钩四	戌	一九	四六	北	六五	四二	五
奎宿南二十	戌	二〇	〇〇	北	一二	二八	五
奎宿内十八	戌	二〇	二三	北	二〇	五五	六
外屏五	戌	二〇	五六	南	〇四	四一	五
奎宿十四	戌	二一	五九	北	一五	三〇	五
右更三	戌	二二	〇六	北	〇一	五二	五
右更二	戌	二二	一六	北	〇五	二一	四
右更一	戌	二二	三七	北	〇九	二四	五
奎宿内十七	戌	二二	四一	北	二三	〇三	六
外屏六	戌	二二	五八	南	〇七	五六	五
右更四	戌	二三	一二	北	〇一	三九	五
奎宿十一	戌	二三	五〇	北	二〇	四三	五
右更五	戌	二四	一〇	南	〇三	〇〇	五
奎宿十	戌	二四	一五	北	二二	〇〇	六
奎宿十三	戌	二四	一八	北	一七	二六	五
奎宿七	戌	二四	三六	北	三二	三一	四
外屏七	戌	二四	四八	南	〇九	〇五	三
奎宿八	戌	二五	〇七	北	三〇	三四	四
天苑西十七	戌	二五	〇九	南	二五	一七	四
奎宿十二	戌	二五	一一	北	一八	三一	六
天苑西十八	戌	二五	三二	南	二八	三一	四
螣蛇六	戌	二五	三九	北	四九	二五	六
奎宿九	戌	二五	四九	北	二五	五九	二
螣蛇四	戌	二六	三二	北	五二	三九	六
螣蛇五	戌	二六	三四	北	五一	〇八	六
阁道十一	戌	二六	五五	北	三八	〇九	六
天苑八	戌	二七	〇七	南	三二	四七	四
天囷十	戌	二七	二〇	南	一四	四〇	四
天厨二	戌	二七	四四	北	八〇	五四	四

阁道六	戌	二七	五六	北	三九	一六	六
天苑九	戌	二七	五七	南	三四	五〇	四
娄宿二	戌	二八	三七	北	〇七	〇九	四
天厨三	戌	二八	四七	北	七九	二五	三
天苑西十九	戌	二八	四八	南	二五	五八	三
天钩五	戌	二八	五四	北	六二	三五	四
娄宿南七	戌	二八	五七	北	〇五	二四	五
阁道西十	戌	二八	五七	北	四一	二六	六
天苑七	戌	二九	一二	南	二八	一七	四
娄宿一	戌	二九	二三	北	〇八	二九	四
天囷五	戌	二九	三〇	南	〇四	一九	四
王良五	酉	〇〇	一〇	北	四五	三八	五
王良一	酉	〇〇	二六	北	五一	一五	三
阁道五	酉	〇〇	三二	北	四一	一五	六
附路	酉	〇〇	三五	北	四四	四一	四
天苑十	酉	〇〇	四七	南	三八	三〇	四
天厨南七	酉	〇一	一三	北	七一	〇七	三
军南门	酉	〇一	五六	北	三六	二〇	五
天大将军西十二	酉	〇二	一九	北	一六	五〇	四
天苑二十一	酉	〇二	二七	南	二三	一五	四
娄宿南四	酉	〇二	四一	北	〇九	一三	六
天囷六	酉	〇二	五四	南	〇五	三二	四
天囷九	酉	〇三	〇二	南	一四	三二	三
娄宿三	酉	〇三	〇六	北	〇九	五七	三
王良四	酉	〇三	一八	北	四六	三六	三
娄宿五	酉	〇三	三四	北	〇七	二三	六
天园七	酉	〇三	四七	南	五二	〇〇	四
天囷七	酉	〇三	五〇	南	〇五	一三	四
天苑六	酉	〇四	一〇	南	二四	三四	三
娄宿六	酉	〇四	二〇	北	〇五	四三	六
天大将军六	酉	〇四	二三	北	二七	五五	五

天大将军西十一	酉	〇四	三七	北	三四	三〇	五
天囷八	酉	〇四	五四	南	一二	〇三	三
王良三	酉	〇五	三八	北	四七	〇五	四
天大将军七	酉	〇五	四〇	北	二三	三五	五
天苑十一	酉	〇五	四七	南	三八	一〇	四
天钩六	酉	〇六	〇〇	北	六一	四五	五
天大将军五	酉	〇六	〇六	北	二八	五九	五
天大将军四	酉	〇六	〇七	北	三二	三〇	五
阁道中七	酉	〇六	一六	北	四三	二八	五
天苑北二十	酉	〇六	三六	南	二三	五八	四
天园八	酉	〇六	四七	南	五三	三〇	四
金鱼一	酉	〇七	〇〇	南	七六	〇〇	四
天囷四	酉	〇七	〇七	南	〇五	三六	四
阁道四	酉	〇七	一五	北	四三	〇七	四
天大将军八	酉	〇七	五〇	北	二〇	三三	四
天大将军三	酉	〇七	五二	北	三五	二二	四
策西一	酉	〇七	五二	北	四七	三二	六
客星	酉	〇七	五四	北	五三	四五	六
王良二	酉	〇八	〇六	北	五二	一四	四
左更三	酉	〇八	五二	南	〇〇	三九	六
天大将军十	酉	〇八	五八	北	一八	五七	四
天大将军九	酉	〇八	五九	北	一九	二九	五
天苑五	酉	〇九	一六	南	二五	五九	三
天苑十二	酉	〇九	二七	南	三八	〇〇	四
策	酉	〇九	二八	北	四八	四六	三
左更五	酉	〇九	三六	北	〇六	〇七	六
天大将军一	酉	〇九	三九	北	二七	四七	二
左更四	酉	〇九	四六	北	〇四	〇一	六
天囷一	酉	〇九	四七	南	一二	三七	二
天园九	酉	〇九	四七	南	五三	〇〇	四
天大将军二	酉	一〇	〇七	北	三六	五〇	五

左更二	酉	一〇	二三	南	〇一	三〇	六
天囷三	酉	一〇	三一	南	〇七	五〇	四
左更一	酉	一〇	三五	北	〇一	〇七	六
阁道八	酉	一一	〇〇	北	四五	〇五	六
胃宿西四	酉	一一	三五	北	一〇	五一	五
左更七	酉	一二	二二	北	〇一	一二	六
胃宿一	酉	一二	二三	北	一一	一六	四
天苑十三	酉	一三	一七	南	四一	三〇	四
阁道三	酉	一三	二一	北	四六	二二	三
天苑十四	酉	一三	二七	南	四二	三〇	四
胃宿二	酉	一三	四〇	北	一〇	二四	三
天囷二	酉	一三	四五	南	一四	三〇	五
天苑四	酉	一三	四五	南	二七	四七	三
胃宿三	酉	一三	五一	北	一二	二六	四
左更东六	酉	一三	五七	北	〇四	〇九	五
阁道九	酉	一三	五八	北	四四	五八	六
天苑十五	酉	一四	〇七	南	四三	二〇	四
天苑三	酉	一六	〇七	南	二八	四七	三
天阴一	酉	一六	一五	北	〇一	四七	四
少弼外九	酉	一六	一八	北	八三	〇五	四
天苑二	酉	一六	二三	南	三一	〇九	四
天廪四	酉	一六	三六	南	〇九	二三	四
天苑十六	酉	一六	三七	南	四三	二〇	四
大陵八	酉	一七	一六	北	二〇	五三	四
天廪三	酉	一七	一八	南	〇八	五〇	四
天阴二	酉	一七	二四	北	〇二	五〇	五
九州西八	酉	一七	二五	南	一八	二六	四
天园十	酉	一七	四七	南	五三	一〇	四
天廪二	酉	一八	三〇	南	〇七	二九	六
天廪东五	酉	一八	三三	南	〇九	三五	六
天阴三	酉	一八	五一	北	〇二	三六	六

天廪一	酉	一九	〇〇	南	〇五	五七	五
天苑一	酉	一九	一八	南	三三	一四	三
积尸十	酉	一九	二〇	北	二一	三五	四
大陵一	酉	一九	三一	北	三九	〇一	六
大陵西九	酉	二〇	〇五	北	三一	三五	四
天园十一	酉	二〇	〇七	南	五三	五〇	四
阁道二	酉	二〇	一四	北	四七	二九	三
大陵七	酉	二〇	一八	北	二〇	三三	四
传舍四	酉	二〇	二八	北	五二	四八	六
少弼十	酉	二〇	四一	北	八〇	三八	四
天廪七	酉	二〇	五七	南	一三	三〇	六
九州九	酉	二一	〇七	南	二二	四五	四
大陵六	酉	二一	三一	北	二〇	五四	五
大陵五	酉	二一	三七	北	二二	二二	三
天廪六	酉	二二	四六	南	〇八	四一	五
大陵二	酉	二二	五〇	北	三四	二七	五
传舍一	酉	二二	五八	北	五二	〇九	六
传舍二	酉	二三	二一	北	五六	一三	六
金鱼二	酉	二三	四〇	南	八四	三五	四
大陵四	酉	二四	〇六	北	二六	〇四	四
天船一	酉	二四	一〇	北	三七	二九	四
大陵三	酉	二四	三三	北	三三	三六	四
昴宿一	酉	二四	三八	北	〇四	一〇	五
九州一	酉	二四	四〇	南	三〇	二五	五
昴宿二	酉	二四	四八	北	〇四	三二	六
九州二	酉	二四	五三	南	二七	三二	四
昴宿三	酉	二四	五四	北	〇三	五四	六
昴宿四	酉	二四	五五	北	〇四	二四	六
昴宿五	酉	二五	一五	北	〇四	〇〇	三
天廪八	酉	二五	一九	南	〇四	三一	四
天节九	酉	二五	一九	南	一四	三一	四

少卫	酉	二五	二三	北	六四	二八	三
天船二	酉	二五	二七	北	三四	三〇	三
昴宿六	酉	二五	三八	北	〇三	四五	六
昴宿七	酉	二五	四二	北	〇三	五四	六
九州七	酉	二五	五八	南	二八	〇九	四
毕宿六	酉	二六	〇一	南	〇八	〇三	四
天囷十三	酉	二六	〇七	南	五〇	二〇	四
卷舌四	酉	二六	三三	北	一二	〇八	四
九州三	酉	二六	三七	南	二六	〇〇	四
天囷十二	酉	二六	五七	南	五一	四五	四
天船三	酉	二七	一七	北	三〇	〇五	二
九州内六	酉	二七	三七	南	二七	〇〇	四
阁道一	酉	二七	三九	北	四八	五四	四
传舍三	酉	二七	四五	北	四二	二六	五
天谗六	酉	二八	〇〇	北	一二	四〇	六
天船西十	酉	二八	〇五	北	二七	五九	五
上卫	酉	二八	三三	北	七五	二七	四
卷舌五	酉	二八	三六	北	一一	一八	三
九州四	酉	二八	四六	南	二五	〇三	五
月	酉	二八	五一	北	〇一	一二	五
天节西八	酉	二八	五九	南	一二	一四	四
卷舌一	酉	二九	一一	北	二二	〇六	四
天船四	酉	二九	一四	北	二七	五五	五
天船五	申	〇〇	一五	北	二七	一四	三
天节三	申	〇〇	二三	南	〇六	三三	五
卷舌三	申	〇〇	二四	北	一四	五四	五
砺石一	申	〇〇	四六	北	〇七	五五	五
砺石二	申	〇一	〇四	北	五	六一	六
卷舌二	申	〇一	〇八	北	一九	〇四	三
天节七	申	〇一	一〇	南	一二	〇一	六
毕宿二	申	〇一	一三	南	〇五	四七	三

天街二	申	〇一	二九	南	〇〇	四七	六
金鱼三	申	〇二	〇〇	南	八八	一五	五
九州五	申	〇二	一五	南	二五	一二	四
毕宿三	申	〇二	一七	南	〇四	〇二	三
卷舌东七	申	〇二	三七	北	一八	〇〇	六
天节一	申	〇二	四二	南	〇六	五七	五
天节四	申	〇二	五九	南	〇八	四一	五
上丞七	申	〇三	一八	北	四五	一〇	六
毕宿四	申	〇三	二二	南	〇五	五三	四
砺石内四	申	〇三	二六	北	〇五	四六	五
积水九	申	〇三	三二	北	二九	三一	五
砺石三	申	〇三	三四	北	〇三	五七	五
天街一	申	〇三	三八	北	〇〇	三五	四
毕宿一	申	〇三	五三	南	〇二	三七	三
天街北三	申	〇三	五四	北	〇一	〇四	五
天节六	申	〇四	一一	南	一一	四八	五
天节二	申	〇四	二八	南	〇七	〇五	五
九斿一	申	〇四	四六	南	二五	三四	四
天船六	申	〇四	五五	北	二六	一一	五
天节五	申	〇五	〇九	南	〇九	三二	五
天船内十二	申	〇五	一二	北	二八	五〇	四
毕宿五	申	〇五	一三	南	〇五	三一	一
华盖二	申	〇五	四一	北	四九	二七	六
附耳	申	〇五	五五	南	〇六	一八	五
华盖一	申	〇六	〇二	北	四八	〇七	六
天船七	申	〇六	一四	北	二六	三九	四
九斿二	申	〇六	三〇	南	二七	五二	五
柱史	申	〇六	三一	北	八四	四八	四
少弼	申	〇六	三七	北	八三	三〇	四
天船南十一	申	〇七	〇〇	北	二四	三五	六
天船八	申	〇七	一四	北	二八	二三	五

少丞八	申	〇七	一五	北	五三	三七	六
参旗六	申	〇七	二三	南	一五	二七	四
屏二	申	〇七	二六	南	四五	〇〇	四
参旗七	申	〇七	三二	南	一六	五〇	四
诸王四	申	〇七	三五	北	〇〇	四〇	五
参旗五	申	〇七	四九	南	一三	〇四	四
参旗八	申	〇七	五八	南	二〇	〇二	四
勾陈上七	申	〇八	二二	北	六七	四三	六
玉井二	申	〇八	三九	南	二九	五二	五
参旗一	申	〇八	五三	南	〇八	一七	四
参旗九	申	〇八	五七	南	二〇	五六	四
参旗四	申	〇九	〇一	南	一二	二六	四
卷舌八	申	〇九	〇一	北	一八	五六	五
参旗三	申	〇九	一〇	南	一一	〇六	六
天高二	申	〇九	一二	南	〇三	四〇	六
参旗二	申	〇九	四八	南	〇九	〇七	四
玉井一	申	一〇	四〇	南	三一	三六	四
玉井三	申	一〇	四二	南	二七	五五	三
屏一	申	一〇	四九	南	三九	〇四	五
勾陈六	申	一〇	五七	北	六七	二二	六
五车十六	申	一一	〇四	北	一四	五一	五
军井一	申	一一	一五	南	三四	三四	五
军井二	申	一一	二一	南	三五	五四	五
五车十七	申	一一	三一	北	一四	〇二	五
天高五	申	一一	五七	南	〇二	〇〇	六
参旗十二	申	一二	〇〇	南	一四	二四	六
天高一	申	一二	〇四	南	〇一	五〇	四
五车一	申	一二	〇五	北	一〇	二二	四
参宿七	申	一二	一七	南	三一	一二	一
参旗十一	申	一二	三三	南	一三	〇八	六
参宿十五	申	一二	五八	南	二〇	〇八	四
五车西十五	申	一三	〇〇	北	一五	〇三	五
天高内四	申	一三	一四	南	〇二	三一	六
军井四	申	一三	一四	南	三六	一四	五
玉井四	申	一三	一六	南	二九	五三	四
军井三	申	一三	二七	南	三五	一八	六
西柱七	申	一四	〇六	北	一八	〇九	四
丈人二	申	一四	〇七	南	五九	三〇	四
西柱六	申	一四	〇九	北	二〇	五二	四
参旗东十	申	一四	三六	南	一一	四五	六
西柱八	申	一四	五〇	北	一八	一二	四
参宿十七	申	一四	五九	南	二三	三二	五
伐南六	申	一五	〇二	南	三一	〇〇	五
厕二	申	一五	〇七	南	四三	五八	三
参宿十四	申	一五	三四	南	一九	四〇	六
参宿十九	申	一五	三八	南	二五	三七	三
参宿十八	申	一五	四五	南	二四	〇六	六
参宿十六	申	一五	五七	南	二一	二三	五
天潢三	申	一五	五八	北	一五	二一	五
天高三	申	一六	〇三	南	〇一	〇四	六
天皇大帝	申	一六	〇七	北	六八	〇四	六
参宿五	申	一六	二三	南	一六	五三	二
参宿西十三	申	一六	三四	南	二〇	〇九	五
厕一	申	一六	五〇	南	四一	〇六	三
天潢二	申	一七	〇六	北	一六	五九	五
五车二	申	一七	一六	北	二二	五二	一
伐南五	申	一七	二〇	南	三〇	三八	四
五车内十三	申	一七	三九	北	一一	一五	六
参宿十二	申	一七	四六	南	一九	五三	六
觜宿南四	申	一七	四七	南	一七	二二	五
参宿一	申	一七	五一	南	二三	三八	二
天潢一	申	一七	五二	北	一八	三四	六

诸王七	申	一七	五六	南	〇一	二〇	六
丈人一	申	一七	五七	南	五七	四〇	二
五车五	申	一八	〇〇	北	〇五	二〇	二
天潢四	申	一八	〇九	北	一四	〇四	六
八穀五	申	一八	一七	北	三五	五〇	六
伐二	申	一八	二五	南	二八	四五	三
伐一	申	一八	二八	南	二八	一〇	五
伐三	申	一八	二八	南	二九	一七	三
八穀三	申	一八	二八	北	三七	二〇	六
参宿十一	申	一八	四〇	南	一九	三七	六
八穀四	申	一八	四五	北	四〇	一三	六
参宿二	申	一八	五四	南	一四	三四	二
诸王三	申	一八	五七	北	〇二	四〇	五
屎	申	一八	五七	南	五五	三〇	四
少卫六	申	一九	〇三	北	四二	五六	六
觜宿二	申	一九	〇七	南	一三	五四	五
觜宿一	申	一九	一二	南	一三	二六	四
伐四	申	一九	二三	南	三〇	三八	五
觜宿三	申	一九	三三	南	一四	〇五	五
南柱十二	申	一九	三四	北	〇八	五一	五
参宿内八	申	一九	三九	南	二六	〇一	四
参宿十	申	一九	五七	南	一九	一八	五
参宿三	申	二〇	〇七	南	二五	二二	二
天关	申	二〇	一二	南	〇二	一四	三
厕三	申	二〇	二二	南	四五	五〇	三
参宿九	申	二〇	四五	南	二一	五八	五
诸王二	申	二〇	五二	北	〇二	二八	四
诸王六	申	二〇	五七	北	〇一	〇〇	五
天关南一	申	二〇	五七	南	〇六	二〇	五
天关二	申	二〇	五七	南	〇七	四〇	五
子二	申	二〇	五七	南	五九	四〇	二

厕北五	申	二一	二七	南	三八	一六	四
参宿六	申	二一	五〇	南	三三	〇八	三
子一	申	二二	一七	南	五七	四〇	四
厕四	申	二二	三六	南	四四	一八	三
诸王南五	申	二二	五五	北	〇一	〇六	四
勾陈九	申	二二	五五	北	七〇	四二	六
东柱九	申	二三	一二	北	一五	四二	五
东柱十	申	二三	一四	北	一五	四三	五
参宿二十	申	二三	二五	南	二一	三九	五
东柱十一	申	二三	三五	北	一三	四九	六
诸王一	申	二三	五八	北	〇四	〇六	四
勾陈大星	申	二四	〇三	北	六六	〇二	二
司怪四	申	二四	〇九	南	〇三	一三	五
参宿四	申	二四	一二	南	一六	〇六	一
子东三	申	二四	一七	南	五九	三〇	四
厕六	申	二四	二八	南	三七	四一	四
八穀二	申	二四	三八	北	三二	一五	六
司怪一	申	二四	五八	北	〇二	二六	四
参宿二十一	申	二五	一〇	南	二二	五七	五
八穀一	申	二五	一四	北	三〇	五〇	四
五车北十四	申	二五	二五	北	二七	二七	五
勾陈八	申	二五	三一	北	六九	〇三	六
孙南三	申	二五	五七	南	六五	五〇	四
五车四	申	二五	五九	北	一三	四四	四
觜宿东五	申	二六	〇五	南	一四	五一	四
司怪二	申	二六	二二	南	〇〇	一三	四
司怪三	申	二六	二二	南	〇三	一二	五
勾陈二	申	二六	三六	北	六九	五一	四
五车三	申	二六	五二	北	二一	二八	二
水府二	申	二七	二一	南	〇八	四四	四
厕七	申	二七	二二	南	三八	二六	四

四辅一	申	二七	三〇	北	六三	五五	六
水府三	申	二八	二二	南	〇七	二一	六
水府一	申	二八	二四	南	〇九	一五	四
五车东十八	申	二八	二七	北	〇五	五〇	四
钺	申	二八	五三	南	〇〇	五八	四
水府四	申	二九	〇九	南	〇七	一九	六
水府南五	申	二九	三一	南	一一	三〇	六
参宿二十二	申	二九	四四	南	二九	三一	四
井宿一	未	〇〇	四五	南	〇〇	五三	三
上卫	未	〇一	三〇	北	四五	三〇	六
孙二	未	〇一	五七	南	六一	三〇	四
军市南九	未	〇二	〇七	南	五一	四七	三
四渎四	未	〇二	〇八	南	一八	四七	四
井宿二	未	〇二	一四	南	〇三	〇八	四
军市一	未	〇二	四三	南	四一	一九	二
孙一	未	〇三	一七	南	五八	四五	四
参宿东二十五	未	〇三	二二	南	二八	〇四	五
参宿东二十四	未	〇三	四三	南	二九	四九	四
四渎三	未	〇三	五八	南	一五	一六	四
四渎南五	未	〇三	五八	南	一八	二四	五
勾陈三	未	〇四	二四	北	七三	五〇	四
井宿三	未	〇四	三一	南	〇六	四九	二
天枢南八	未	〇四	三八	北	五七	五五	六
军市南十一	未	〇四	五七	南	五七	〇〇	四
井宿五	未	〇五	二二	北	〇二	一一	三
四渎十	未	〇五	五〇	南	一三	一五	四
军市南十	未	〇六	〇七	南	五六	〇〇	四
井宿四	未	〇六	三〇	南	一〇	〇九	四
五诸侯一	未	〇六	三二	北	一〇	五八	五
四渎二	未	〇六	三六	南	一四	五九	五
军市五	未	〇六	三七	南	四六	三〇	五
井宿六	未	〇七	二四	南	〇一	一二	六
野鸡七	未	〇七	二六	南	四二	三〇	五
女史	未	〇七	三五	北	八三	〇五	四
野鸡六	未	〇七	四一	南	四二	五五	五
军市二	未	〇八	〇〇	南	四一	三〇	五
野鸡十二	未	〇八	〇七	南	四五	五〇	五
阙丘一	未	〇八	一四	南	二〇	三三	四
天枢	未	〇八	三五	北	六七	二〇	六
四渎亦名井九	未	〇八	五六	南	〇九	四一	六
老人	未	〇九	〇七	南	七五	〇〇	一
天狼	未	〇九	三六	南	三九	三〇	一
天罇三	未	〇九	三八	北	〇一	三一	六
四渎一	未	一〇	一七	南	一一	四五	五
井宿七	未	一〇	二六	南	〇二	〇七	三
五诸侯二	未	一〇	五四	北	〇七	四三	四
天狼北二	未	一二	〇二	南	三四	五〇	四
老人北三	未	一二	〇七	南	六五	四〇	三
天狼北三	未	一二	二七	南	三六	四三	五
军市三	未	一二	二七	南	四二	三〇	五
天狼北五	未	一三	〇三	南	三九	三〇	四
军市四	未	一三	三七	南	四六	四〇	五
天罇二	未	一三	五六	南	〇〇	一四	三
井宿八	未	一四	一三	南	〇五	四一	四
天罇一	未	一四	一八	北	〇二	五六	六
五诸侯三	未	一四	二四	北	〇五	四三	四
北河一	未	一四	二九	北	〇九	四二	五
弧矢八	未	一四	五七	南	五五	一〇	四
阙丘二	未	一五	〇〇	南	二二	四七	四
天狼北四	未	一五	〇六	南	三八	〇三	三
北河南五	未	一五	一〇	北	〇六	〇一	六
北河二	未	一五	四一	北	一〇	〇二	二

弧矢七	未	一六	二二	南	五一	二五	三
军市东八	未	一六	三一	南	四六	一〇	五
五诸侯四	未	一六	四七	北	〇五	一〇	五
内阶三	未	一七	〇八	北	四四	二二	五
南河二	未	一七	四〇	南	一三	三四	三
水位一	未	一七	四二	南	〇九	四六	六
南河一	未	一七	四九	南	一二	五一	六
积薪南二	未	一八	〇二	南	〇五	五二	六
北河南四	未	一八	〇五	北	〇七	二四	五
内阶二	未	一八	一〇	北	四三	五六	四
内阶一	未	一八	三七	北	四〇	〇三	四
北河三	未	一八	四三	北	〇六	三八	二
弧矢三	未	一八	五五	南	四八	三〇	三
上台南七	未	一八	五七	北	二二	一五	六
积薪	未	一九	〇六	北	〇三	〇三	四
积薪南三	未	一九	〇六	南	〇三	四八	六
三师一	未	一九	二五	北	四七	五一	四
积薪南四	未	二〇	三〇	南	〇二	四二	六
五诸侯五	未	二〇	四二	北	〇五	四四	五
三师二	未	二〇	四五	北	四七	四五	四
三师南五	未	二〇	四九	北	四七	三〇	六
老人北二	未	二〇	五七	南	七一	五〇	三
南河三	未	二一	一九	南	一五	五七	二
水位二	未	二一	五七	南	一〇	一九	五
积薪南五	未	二二	二八	南	〇〇	五七	六
少辅北九	未	二二	二九	北	五八	〇八	六
勾陈四	未	二二	二九	北	七五	〇〇	四
阙丘东三	未	二四	〇〇	南	三〇	〇〇	五
少辅	未	二四	〇〇	北	五二	三〇	六
三师南六	未	二四	一七	北	四六	五〇	六
内阶四	未	二四	五〇	北	四二	三〇	五

三师南四	未	二四	五五	北	四七	一四	六
爟南二	未	二四	五六	北	〇一	一六	五
弧矢二	未	二五	一二	南	五一	二五	三
三师三	未	二五	四三	北	五一	三七	五
勾陈北十	未	二五	五二	北	七七	三九	五
弧矢内十四	未	二五	五七	南	五三	〇〇	四
弧矢九	未	二五	五七	南	五八	四〇	三
内阶五	未	二六	〇二	北	四五	〇三	四
水位三	未	二六	〇四	南	〇七	〇五	五
上台一	未	二六	五六	北	二九	一六	三
内阶六	未	二七	〇〇	北	四一	三〇	五
弧矢北十六	未	二七	一七	南	四五	三〇	四
弧矢内十	未	二七	二七	南	四九	四五	四
爟一	未	二七	三七	北	〇五	〇八	五
水位四	未	二七	五〇	南	〇二	一五	四
文昌五	未	二八	〇七	北	三三	三〇	五
上台二	未	二八	一〇	北	二八	三八	三
后宫	未	二八	二〇	北	七〇	一八	六
文昌六	未	二八	二六	北	三六	〇六	五
文昌一	未	二九	〇〇	北	四六	二二	五
弧矢六	未	二九	〇〇	南	四七	二八	三
水位东九	未	二九	一三	南	〇一	〇四	六
水位东六	未	二九	四四	南	一〇	一九	四
弧矢十二	午	〇〇	一七	南	四九	一五	四
轩辕一	午	〇〇	四二	北	二三	四一	四
弧矢内十五	午	〇〇	四七	南	四六	〇〇	四
鬼宿二	午	〇〇	四九	北	〇一	三二	五
鬼宿一	午	〇一	一〇	南	〇〇	四八	五
弧矢内十一	午	〇一	一七	南	四九	五〇	四
文昌四	午	〇一	三二	北	三四	三五	三
弧矢五	午	〇一	三六	南	四四	五九	三

文昌二	午	〇一	三八	北	四二	三六	四
轩辕西二十四	午	〇一	四四	北	一〇	二三	五
弧矢内十七	午	〇二	〇七	南	五五	三〇	五
弧矢北十八	午	〇二	一七	南	四二	四〇	五
文昌南七	午	〇二	四一	北	三五	四〇	六
积尸气	午	〇二	四七	北	〇一	一四	气
鬼宿三	午	〇二	五七	北	〇三	〇八	四
轩辕二	午	〇二	五七	北	二〇	五一	四
天社西十	午	〇三	三七	南	六三	〇〇	四
庶子	午	〇三	五四	北	七一	二三	六
弧矢南二	午	〇四	〇七	南	五八	三〇	五
鬼宿四	午	〇四	〇八	南	〇〇	〇四	四
外厨一	午	〇四	一〇	南	二三	〇〇	三
文昌三	午	〇四	三九	北	三八	一六	四
天枢西即文昌八	午	〇四	五八	北	四七	五五	六
外厨南三	午	〇五	〇六	南	三三	〇七	四
弧矢南三	午	〇五	一七	南	五七	一五	四
外厨南四	午	〇五	二七	南	三八	三一	四
上辅	午	〇五	三八	北	五七	〇七	三
柳宿一	午	〇五	四六	南	一二	二七	四
弧矢内十三	午	〇五	五七	南	四九	五〇	四
轩辕三	午	〇六	〇〇	北	二〇	〇五	四
酒旗西八	午	〇六	二七	南	〇七	一四	六
柳宿二	午	〇六	四〇	南	一四	三七	五
弧矢四	午	〇六	五四	南	四三	一九	三
弧矢一	午	〇七	〇七	南	五四	三〇	二
轩辕四	午	〇七	一七	北	一七	五五	三
近黄极六	午	〇七	二六	北	八六	五三	四
柳宿三	午	〇七	四六	南	一四	一七	四
酒旗西七	午	〇七	四八	南	〇一	五四	六
柳宿四	午	〇七	四八	南	一一	〇八	四

帝	午	〇八	一七	北	七二	五二	二
柳宿五	午	〇八	二三	南	一一	三六	五
弧矢南四	午	〇八	二七	南	五七	四五	四
轩辕西二十三	午	〇八	三七	北	〇五	二〇	六
酒旗西六	午	〇九	〇四	南	〇五	〇八	三
中台南十二	午	〇九	一〇	北	二〇	四二	四
弧矢南一	午	〇九	二七	南	五一	一五	二
柳宿六	午	一〇	〇一	南	一一	〇一	四
弧矢南六	午	一〇	〇七	南	六〇	〇〇	五
天枢	午	一〇	三四	北	四九	四〇	二
轩辕七	午	一〇	四二	北	一〇	二三	四
天社西十一	午	一〇	五七	南	六四	三〇	六
外厨二	午	一一	〇一	南	二四	二九	四
少尉	午	一一	二六	北	六一	三三	三
酒旗西五	午	一一	三六	南	〇五	三六	五
柳宿七	午	一二	五二	南	一一	〇六	六
弧矢南七	午	一二	五七	南	五九	二〇	五
弧矢南五	午	一三	〇七	南	五八	二〇	二
轩辕八	午	一三	一七	北	〇七	五二	四
外厨南五	午	一三	二六	南	三二	五六	六
酒旗西四	午	一三	三七	南	〇五	四〇	四
外厨南六	午	一三	五一	南	三〇	一八	四
天璇	午	一四	四四	北	四五	〇四	二
中台三	午	一四	五七	北	二九	五二	四
弧矢南八	午	一五	〇七	南	五六	四〇	五
内平一	午	一五	一二	北	二一	五三	四
太子	午	一五	四一	北	七五	二四	三
柳宿八	午	一五	四二	南	一三	〇五	四
轩辕九	午	一六	〇五	北	〇九	四〇	三
中台四	午	一六	〇五	北	二八	四五	四
弧矢南九	午	一六	一七	南	五七	〇〇	五

轩辕十	午	一六	五一	北	一二	二一	四
酒旗三	午	一七	〇二	南	〇五	四三	五
酒旗二	午	一七	〇四	南	〇三	一〇	四
轩辕西二十一	午	一七	一三	北	一〇	四七	六
轩辕西二十二	午	一七	三二	南	〇四	四八	六
酒旗一	午	一八	五五	北	〇〇	一六	五
轩辕十五	午	一九	四〇	南	〇三	四七	四
中台南七	午	一九	五五	北	二五	〇四	四
天狗六	午	一九	五七	南	四三	二〇	四
星宿二	午	二〇	五四	南	一六	四六	五
中台南八	午	二〇	五七	北	二四	五〇	四
天狗七	午	二〇	五七	南	四三	三〇	四
星宿西五	午	二一	〇七	南	一九	四五	六
中台南十	午	二一	〇九	北	二〇	四〇	四
星宿三	午	二一	一二	南	一五	〇〇	五
天狗五	午	二一	一七	南	四九	〇〇	四
天社一	午	二一	五七	南	六三	五〇	二
天牢	午	二二	〇二	北	三三	〇一	五
天狗四	午	二二	〇七	南	五一	三〇	四
轩辕西十九	午	二二	四四	北	〇〇	〇一	四
星宿一	午	二二	四六	南	二二	二四	一
轩辕十一	午	二二	五八	北	一一	五〇	三
星宿四	午	二三	〇四	南	一四	一八	四
轩辕十三	午	二三	二〇	北	〇四	五二	三
轩辕西二十	午	二三	二四	北	〇二	一〇	六
太尊	午	二三	三三	北	三五	一四	四
中台南九	午	二四	二二	北	二一	二八	四
张宿八	午	二四	四四	南	三〇	三〇	三
御女十六	午	二四	四六	南	三	五五	四
轩辕十二	午	二四	五九	北	〇八	四七	二
轩辕十四	午	二五	一七	北	〇〇	二七	一

天玑	午	二五	四五	北	四七	〇七	二
轩辕南十八	午	二五	五一	南	〇一	二六	五
天狗三	午	二五	五七	南	五七	一〇	四
中台南十一	午	二六	一九	北	二四	五八	四
天权	午	二六	二六	北	五一	三七	二
少微西五	午	二七	二二	北	一七	四〇	五
天狗一	午	二七	三七	南	五一	三〇	四
天狗二	午	二八	〇七	南	五五	四〇	四
张宿五	午	二八	一二	南	二六	三四	四
太阳守一	午	二九	一〇	北	四一	三〇	四
天一	巳	〇〇	一七	北	六五	一八	五
张宿西七	巳	〇〇	二六	南	二一	三九	四
天社南十二	巳	〇〇	二七	南	六九	四〇	二
尚书四	巳	〇〇	四五	北	八一	〇五	三
少微二	巳	〇〇	五〇	北	一六	三一	五
天社二	巳	〇〇	五七	南	六一	一五	四
张宿一	巳	〇一	〇九	南	二六	一二	五
少微四	巳	〇一	一四	北	一〇	一七	六
天社八	巳	〇一	一五	南	六〇	〇〇	四
轩辕十六	巳	〇一	四八	北	〇〇	〇八	四
下台五	巳	〇一	五五	北	二六	一四	四
下台六	巳	〇二	三六	北	二四	五四	四
天相一	巳	〇二	五七	南	一六	〇〇	三
长垣二	巳	〇三	〇六	北	〇五	五六	六
右枢	巳	〇三	一一	北	六六	三六	二
张宿内六	巳	〇三	四八	南	二三	一三	五
玉衡	巳	〇四	一〇	北	五四	一八	二
上相西六	巳	〇四	一四	北	一二	五三	五
张宿一	巳	〇四	五一	南	二一	二五	四
长垣三	巳	〇五	〇五	北	〇二	五	六
虎贲	巳	〇五	五四	北	一六	四七	五

西上相	巳	〇六	四一	北	一四	二〇	二
相	巳	〇七	〇〇	北	四八	四〇	六
天记	巳	〇七	〇〇	南	五五	三〇	二
天社三	巳	〇七	〇七	南	六五	四〇	三
相北三	巳	〇七	一九	北	四九	四二	六
相北二	巳	〇七	三〇	北	四九	四二	六
灵台二	巳	〇九	三〇	南	〇〇	〇九	五
西次相	巳	〇九	五〇	北	〇九	四二	三
灵台一	巳	〇九	五八	北	〇一	二〇	四
次相南七	巳	一〇	〇八	北	〇七	五一	六
灵台三	巳	一〇	二〇	南	〇二	二九	五
张宿三	巳	一〇	三二	南	二四	三八	四
开阳	巳	一〇	五七	北	五六	二二	二
次将	巳	一二	五九	北	〇六	〇七	三
常陈西二	巳	一三	一六	北	四〇	三	五
天社北七	巳	一三	一七	南	五六	五〇	三
张宿四	巳	一三	四二	南	二三	三一	五
上将	巳	一四	〇九	北	〇一	四〇	四
太子	巳	一四	二二	北	一七	一九	四
翼宿二	巳	一五	五一	南	二一	四九	四
明堂南四	巳	一六	五三	南	〇七	三九	四
明堂一	巳	一六	五七	南	〇〇	三三	五
三公北四	巳	一七	〇二	北	五二	二五	六
五帝座	巳	一七	〇三	北	一二	一八	一
海石一	巳	一七	三〇	南	七二	〇〇	三
天社四	巳	一七	五七	南	六五	五	二
内屏一	巳	一八	四四	北	六	〇七	三
常陈一	巳	一八	四四	北	四〇	〇六	二
郎位七	巳	一九	〇一	北	二三	三〇	四
三公二	巳	一九	〇一	北	四九	二七	六
翼宿一	巳	一九	一三	南	二二	四一	四
郎位一	巳	一九	一八	北	二八	二五	三
郎位五	巳	一九	二五	北	二五	五一	四
内屏二	巳	一九	三三	北	〇四	三七	五
郎位三	巳	一九	三八	北	二七	二〇	四
郎位二	巳	一九	四二	北	二七	二四	四
郎位六	巳	一九	四九	北	二六	〇七	四
明堂三	巳	一九	五〇	南	〇五	四一	五
三公一	巳	二〇	〇五	北	四九	〇〇	六
郎位四	巳	二〇	一九	北	二七	〇七	四
明堂二	巳	二〇	二七	南	〇三	〇三	四
翼宿六	巳	二一	二七	南	一三	一〇	四
郎位九	巳	二一	三八	北	二四	五六	四
郎位八	巳	二二	一〇	北	二五	一六	四
翼宿四	巳	二二	一一	南	一七	二五	四
摇光	巳	二二	一二	北	五四	二五	二
右执法	巳	二二	三二	北	〇〇	四三	三
天社五	巳	二二	五七	南	六二	五〇	三
内屏四	巳	二二	五八	北	〇六	一〇	五
内屏三	巳	二三	〇七	北	〇八	三四	五
郎位十	巳	二三	五二	北	二四	〇一	四
内屏南五	巳	二三	五七	北	〇三	二三	六
翼宿十	巳	二四	〇一	南	二五	三六	四
翼宿七	巳	二四	〇二	南	一一	一六	四
翼宿三	巳	二四	四三	南	一九	三九	四
翼宿十一	巳	二四	四九	南	三〇	一七	五
天枪一	巳	二五	一〇	北	五八	五三	四
郎将	巳	二五	一七	北	三〇	一六	四
翼宿五	巳	二五	五五	南	一四	〇九	五
天枪二	巳	二六	三三	北	五八	五一	四
三公三	巳	二六	四二	北	四八	一一	六
上弼	巳	二七	五二	北	八四	四六	三

天枪三	巳	二八	〇〇	北	六〇	〇五	四
谒者	巳	二八	四六	北	〇五	〇〇	六
周鼎二	巳	二八	五〇	北	三一	四二	四
周鼎三	巳	二九	一五	北	二八	三二	五
尚书二	巳	二九	二一	北	八三	一八	五
尚书三	巳	二九	二二	北	八一	四一	五
翼宿八	巳	二九	三〇	南	一八	一六	四
天社六	巳	二九	五七	南	六二	一五	三
周鼎一	巳	二九	五九	北	三二	四六	四

卷三十 志五

天文五

康熙壬子年恒星黄道经纬度表二

列寿星辰宫至娵訾亥宫，一百八十度之名星及附近星，并增定最小名星及附近星，如左：

黄道	经度			纬度			
星名	宫	十度	十分	向	十度	十分	等
左执法	辰	〇〇	一六	北	〇一	二五	四
左枢	辰	〇〇	二二	北	七一	〇四	三
九卿一	辰	〇〇	五三	北	一三	三七	五
翼宿九	辰	〇一	三三	南	一六	〇二	四
海石二	辰	〇一	四〇	南	六六	四〇	三
元戈	辰	〇二	一八	北	五四	四〇	四
九卿三	辰	〇二	二一	北	一〇	二六	六
九卿二	辰	〇二	五二	北	一一	三七	六
青丘一	辰	〇四	〇七	南	三一	二〇	四
东上将	辰	〇四	三〇	北	二〇	三〇	五
东次将	辰	〇五	二四	北	一六	一六	三
东上相	辰	〇五	三六	北	〇二	五〇	三
轸宿一	辰	〇六	一三	南	一四	二五	三
青丘二	辰	〇六	二七	南	三四	一〇	四
东次相	辰	〇六	五五	北	〇八	四一	三
轸宿二	辰	〇七	〇八	南	一九	三九	四
进贤南二	辰	〇七	三八	南	〇三	二五	五
右辖五	辰	〇七	三八	南	二一	四六	四
青丘三	辰	〇八	〇七	南	三一	四〇	三
海石三	辰	〇八	三〇	南	六五	二〇	五
轸宿三	辰	〇八	五五	南	一二	〇七	三
少宰	辰	〇八	五五	北	七八	三二	三
长沙	辰	〇九	一三	南	一八	一四	五
左辖	辰	〇九	二一	南	一一	二八	五
次将东六	辰	〇九	二五	北	一六	一四	六
进贤一	辰	一〇	二九	北	〇二	二四	六
次将东七	辰	一一	一一	北	一二	四一	五
飞鱼二	辰	一一	一二	南	七五	四〇	六
进贤三	辰	一一	三九	南	〇三	二二	五
海石四	辰	一二	一五	南	六六	五〇	五
轸宿四	辰	一二	四九	南	一七	五九	三
元戈北二	辰	一二	四九	北	六〇	四〇	六
马尾西五	辰	一三	〇〇	南	四八	二〇	四
右摄提二	辰	一三	二五	北	二六	三三	四
上宰	辰	一三	二九	北	七四	一二	三
元戈三	辰	一三	三三	北	六〇	五七	六
平道一	辰	一三	三七	北	〇一	四五	四
招摇一	辰	一四	〇六	北	四九	三四	三
右摄提三	辰	一四	三七	北	二五	一四	四
右摄提一	辰	一四	四二	北	二八	〇九	三
进贤四	辰	一五	〇八	南	〇三	一三	五
海山三	辰	一五	三〇	南	五八	四五	五
天田一	辰	一五	四六	北	一二	三五	六
南船二	辰	一六	二〇	南	六一	四五	四

角宿二	辰	一六	二三	北	〇八	一〇	三
飞鱼一	辰	一八	〇〇	南	七二	三〇	五
天门一	辰	一八	一三	南	〇七	五一	五
梗河三	辰	一八	一八	北	四二	三六	四
角宿东五	辰	一八	五七	北	〇〇	一〇	六
角宿东三	辰	一八	五九	北	〇三	一一	六
角宿一	辰	一九	一六	南	〇一	五九	一
梗河二	辰	一九	一六	北	四二	一一	四
南船一	辰	一九	三五	南	六〇	四〇	四
大角	辰	一九	四〇	北	三一	〇三	一
七公西八	辰	一九	四四	北	五四	一六	三
天田南四	辰	一九	五七	北	〇八	三〇	五
海山二	辰	二〇	二〇	南	五八	一〇	四
平星西三	辰	二〇	二四	南	一四	三七	六
天门南三	辰	二〇	三五	南	〇九	一六	五
角宿东西	辰	二〇	四四	南	〇一	〇〇	六
马尾四	辰	二一	〇〇	南	五〇	〇〇	四
海山一	辰	二一	一〇	南	五六	三〇	五
天门二	辰	二一	三五	南	〇六	一六	五
平道二	辰	二二	一〇	北	〇一	四六	六
平星一	辰	二二	二四	南	一三	四三	三
海石五	辰	二二	三〇	南	六八	〇〇	四
天田南三	辰	二二	三八	北	〇九	四一	六
马尾三	辰	二三	〇〇	南	四九	三〇	二
飞鱼三	辰	二三	〇〇	南	七七	三五	六
天田二	辰	二三	一一	北	一三	〇八	五
梗河一	辰	二三	三〇	北	四〇	四〇	三
库楼八	辰	二四	三七	南	四一	〇〇	五
马尾一	辰	二四	三七	南	四六	一〇	二
马尾二	辰	二五	一七	南	四六	四五	四
亢宿西五	辰	二五	四四	北	〇二	二五	六

库楼七	辰	二六	五七	南	四〇	二〇	三
七公五	辰	二七	〇六	北	五七	一六	四
南船三	辰	二七	一〇	南	六一	五四	四
左摄提二	辰	二七	一四	北	三〇	二八	四
南船五	辰	二七	一五	南	七一	〇六	三
金鱼四	辰	二七	四五	南	八七	〇〇	五
库楼六	辰	二七	四七	南	四〇	〇〇	三
库楼西九	辰	二八	〇七	南	二五	四〇	三
左摄提三	辰	二八	一一	北	三一	二二	四
海山四	辰	二八	一七	南	五五	一〇	四
左摄提一	辰	二八	二七	北	二七	五七	三
七公七	辰	二八	三〇	北	四九	〇一	三
七公六	辰	二八	三二	北	五三	二七	四
亢宿二	辰	二八	四九	北	一一	〇三	五
左摄提北四	辰	二〇	五二	北	三三	五二	四
梗河六	辰	二八	五三	北	四二	一六	五
亢宿三	辰	二九	〇九	北	〇七	一九	四
梗河东四	辰	二九	一一	北	四〇	一四	五
梗河九	辰	二九	三七	北	四六	一〇	四
亢宿一	辰	二九	五一	北	〇二	五八	四
梗河东七	卯	〇〇	一六	北	四一	五五	六
梗河东八	卯	〇〇	三四	北	四五	〇六	五
梗河东五	卯	〇〇	四〇	北	四〇	三一	五
亢宿东五	卯	〇〇	五二	北	一一	四八	四
海山五	卯	〇〇	五五	南	五六	三〇	四
柱二	卯	〇一	〇七	南	二〇	三〇	四
库楼四	卯	〇一	〇七	南	二七	三〇	四
柱三	卯	〇一	五七	南	二〇	〇〇	五
库楼五	卯	〇一	五七	南	三七	三〇	五
十字二	卯	〇一	五七	南	五一	〇一	二
柱四	卯	〇二	一五	南	一八	五〇	五

亢宿四	卯	〇二	二二	北	〇〇	三二	四
柱一	卯	〇二	二七	南	二一	四〇	五
十字四	卯	〇三	〇七	南	五五	四〇	二
七公四	卯	〇三	二九	北	六〇	一六	四
贯索北十	卯	〇三	三五	北	五四	〇〇	四
七公西九	卯	〇三	四三	北	六四	二三	四
柱十	卯	〇四	〇七	南	三三	五〇	五
贯索三	卯	〇四	一〇	北	四八	二五	五
南船四	卯	〇四	三五	南	六六	五〇	四
贯索二	卯	〇四	三七	北	四六	〇八	四
衡一	卯	〇五	一七	南	二八	二〇	四
平星二	卯	〇五	二七	南	一七	四〇	四
亢宿东六	卯	〇五	三〇	北	〇九	四九	四
衡二	卯	〇五	五七	南	二九	二〇	四
飞鱼四	卯	〇六	一〇	南	七六	四五	六
飞鱼五	卯	〇六	三〇	南	八三	二〇	五
十字一	卯	〇六	三七	南	四九	一〇	四
贯索四	卯	〇六	五六	北	五〇	〇〇	六
七公三	卯	〇六	五七	北	六三	五一	四
衡三	卯	〇七	〇七	南	二八	〇〇	四
十字三	卯	〇七	一七	南	五一	四〇	二
海山六	卯	〇七	三〇	南	五七	四〇	四
库楼三	卯	〇七	三七	南	二二	三〇	三
贯索一	卯	〇七	三九	北	四四	二三	二
衡四	卯	〇八	一七	南	二六	三〇	四
马腹一	卯	〇八	一七	南	四三	〇〇	二
柱八	卯	〇八	二七	南	三〇	二〇	五
柱七	卯	〇九	三七	南	三一	〇〇	五
马腹二	卯	〇九	三七	南	四三	四五	三
氐宿内八	卯	〇九	四二	北	〇一	五五	五
七公二	卯	〇九	四四	北	六五	五五	四

库楼一	卯	〇九	五七	南	三三	三〇	三
柱五	卯	一〇	〇七	南	二二	二〇	四
贯索五	卯	一〇	一五	北	四四	三三	二
南门一	卯	一〇	一七	南	四〇	四五	四
氐宿一	卯	一〇	三一	北	〇〇	二六	二
氐宿内五	卯	一〇	四一	北	〇八	一九	四
柱六	卯	一一	〇七	南	二三	四五	四
贯索六	卯	一二	二五	北	四四	五二	四
贯索南十一	卯	一二	三五	北	三八	一二	五
七公一	卯	一三	二五	北	六八	〇〇	五
氐宿内六	卯	一三	二七	北	〇一	一四	五
秦	卯	一三	四七	北	二八	五八	三
骑官十一	卯	一三	四七	南	三〇	〇〇	四
阳门一	卯	一三	五七	南	一八	一五	四
骑官十	卯	一三	五七	南	三一	二〇	五
贯索八	卯	一四	〇二	北	四八	二四	六
贯索七	卯	一四	三二	北	四六	一〇	四
库楼二	卯	一四	四七	南	二五	一五	三
氐宿四	卯	一四	四八	北	〇八	三五	二
骑官十二	卯	一四	五七	南	二九	二〇	四
周	卯	一五	二二	北	三四	二八	三
贯索十二	卯	一五	二五	北	三九	〇七	三
阳门二	卯	一五	二七	南	二〇	五〇	四
马腹三	卯	一六	〇七	南	四五	二〇	二
贯索十三	卯	一六	一〇	北	三七	二九	四
氐宿二	卯	一六	二七	南	〇一	四八	三
阵车一	卯	一六	二七	南	〇七	三七	三
西咸八	卯	一六	四六	北	〇八	〇七	四
氐宿内七	卯	一七	一九	北	〇二	五九	六
蜀	卯	一七	三〇	北	二五	三六	二
贯索南十四	卯	一七	三二	北	四二	三七	四

女床西八	卯	一七	三二	北	六二	二九	五
蜀北十四	卯	一七	四八	北	二六	三六	四
骑官十三	卯	一七	五四	南	二九	一〇	三
郑	卯	一八	〇七	北	三五	二五	三
阵车二	卯	一八	二七	南	一〇	〇〇	四
女床西七	卯	一八	四〇	北	六三	一四	四
阵车三	卯	一九	一七	南	一一	三〇	四
骑官一	卯	一九	二七	南	二四	〇〇	三
蜂一	卯	一九	三〇	南	五五	一八	五
巴	卯	一九	四七	北	二四	〇六	三
骑官六	卯	一九	五七	南	二四	五〇	五
天棓西六	卯	一九	五七	北	七六	一七	四
蜂二	卯	二〇	〇〇	南	五三	一〇	六
西咸西七	卯	二〇	二七	北	〇二	二一	四
氐宿三	卯	二〇	三三	北	〇四	二八	三
晋	卯	二一	〇七	北	三七	一九	四
梁西十三	卯	二一	二七	北	一六	二七	四
骑官二	卯	二一	四五	南	二一	一五	四
骑官五	卯	二二	〇七	南	二七	〇〇	五
蜂三	卯	二二	一五	南	五七	三〇	六
骑官七	卯	二二	四七	南	二九	〇〇	二
西咸一	卯	二二	四九	北	〇四	〇四	四
天辐一	卯	二三	〇七	南	〇八	一〇	四
天辐二	卯	二三	五七	南	〇九	四〇	四
女床西六	卯	二四	〇九	北	六〇	二三	三
小斗四	卯	二四	二五	南	六六	三〇	六
蜂四	卯	二四	三〇	南	五五	四〇	六
河间	卯	二四	三六	北	四〇	〇六	三
骑官四	卯	二四	五七	南	二五	一〇	四
小斗七	卯	二五	〇〇	南	七五	一〇	六
日	卯	二五	一一	北	〇〇	〇二	四

西咸二	卯	二五	一六	北	〇三	三三	四
骑官九	卯	二五	三七	南	三〇	〇〇	五
西咸三	卯	二五	四八	北	〇六	一一	四
日北六	卯	二六	〇三	北	〇〇	〇七	四
骑官三	卯	二六	〇七	南	二一	〇〇	四
河中	卯	二六	二七	北	四二	四八	三
小斗一	卯	二六	三五	南	六二	二〇	六
骑官八	卯	二六	三七	南	二八	三〇	五
西咸四	卯	二六	四一	北	〇九	一九	四
天纪二	卯	二七	〇二	北	五三	一一	三
骑阵将军	卯	二七	一七	南	三三	一〇	五
从官一	卯	二七	三七	南	一三	三〇	四
梁	卯	二七	四五	北	一七	一九	三
房宿四	卯	二七	五九	南	〇一	五五	三
小斗六	卯	二八	一二	南	七二	五〇	六
西咸北九	卯	二八	一九	北	一〇	五七	五
房宿一	卯	二八	二五	南	〇五	二三	二
房宿三	卯	二八	三六	北	〇一	〇五	二
从官二	卯	二八	三七	南	一二	五〇	四
房宿二	卯	二八	四四	南	〇八	二八	四
楚	卯	二八	五七	北	一六	三一	三
钩钤	卯	二九	〇七	北	〇〇	一四	六
键闭	寅	〇〇	〇四	北	〇一	四二	四
楚南十五	寅	〇〇	〇七	北	一六	一五	五
南门二	寅	〇〇	一七	南	四一	一〇	一
小斗五	寅	〇〇	四〇	南	七〇	四〇	六
积卒一	寅	〇〇	四七	南	一七	〇〇	四
小斗二	寅	〇一	〇〇	南	六二	一五	六
小斗三	寅	〇一	〇〇	南	六六	五〇	六
列肆二	寅	〇一	〇三	北	二三	四〇	四
积卒二	寅	〇一	一七	南	一五	二〇	四

东咸三	寅	〇一	四七	北	〇一	四〇	五
心宿南四	寅	〇一	四七	南	〇六	三八	五
韩西十二	寅	〇一	五七	北	一三	一九	五
女床西四	寅	〇一	五七	北	五六	一〇	五
心宿五	寅	〇二	二七	南	〇六	四〇	五
东咸四	寅	〇二	三七	北	〇〇	四五	四
东咸二	寅	〇二	三七	北	〇三	一〇	五
女床五	寅	〇三	〇七	北	五八	三〇	五
心宿一	寅	〇三	一一	南	〇三	五五	四
东咸一	寅	〇三	三七	北	〇五	二〇	五
天纪三	寅	〇三	四六	北	五三	二一	三
东咸东五	寅	〇四	一七	北	〇〇	四〇	五
韩	寅	〇四	三九	北	一一	三〇	三
心宿二	寅	〇五	一三	南	〇四	二七	一
天棓一	寅	〇五	一五	北	七八	一五	四
斛一	寅	〇六	〇〇	北	三二	三六	四
心宿三	寅	〇六	四三	南	〇五	五〇	四
三角形一	寅	〇六	五四	南	四七	五〇	二
斛二	寅	〇七	一六	北	三一	五六	四
天棓二	寅	〇七	二〇	北	七五	二一	三
女床一	寅	〇七	二二	北	五九	三八	四
天棓南七	寅	〇八	〇六	北	七一	二〇	六
女床二	寅	〇八	一六	北	六〇	一二	四
三角形内四	寅	〇八	三〇	南	四五	〇八	五
异雀七	寅	〇九	二五	南	五八	二五	六
三角形二	寅	一〇	三五	南	四〇	二〇	二
魏一	寅	一〇	〇九	北	四七	四七	三
尾宿二	寅	一〇	二七	南	一一	〇〇	三
尾宿一	寅	一〇	四四	南	一五	〇〇	四
异雀六	寅	一〇	四五	南	六一	〇〇	六
女床三	寅	一〇	四八	北	六〇	一四	四
尾宿三	寅	一一	五七	南	一八	四〇	四
神宫一	寅	一二	〇七	南	一八	〇〇	三
天棓八	寅	一二	〇七	北	七一	四〇	六
帝座	寅	一二	三〇	北	三七	二三	三
龟一	寅	一二	三七	南	三〇	二〇	五
三角形东五	寅	一二	四〇	南	四〇	四〇	五
龟四	寅	一二	四七	南	三四	一〇	四
宋	寅	一三	二四	北	〇七	一八	三
天江一	寅	一五	〇一	南	〇二	一二	三
天棓五	寅	一五	一七	北	六九	二二	三
赵二	寅	一五	二二	北	四九	二三	四
天江六	寅	一五	二三	北	〇二	一二	三
异雀五	寅	一五	三五	南	六一	一〇	五
车肆一	寅	一五	四九	北	一〇	二一	四
天江二	寅	一六	四二	南	〇一	三二	四
龟三	寅	一六	五七	南	三三	二〇	四
三角形三	寅	一七	〇〇	南	四六	〇〇	二
尾宿四	寅	一七	〇七	南	一九	三〇	三
龟二	寅	一七	〇七	南	三四	一〇	四
天江北五	寅	一七	二三	南	〇〇	二〇	四
鱼	寅	一七	二七	南	〇六	一〇	五
异雀三	寅	一七	三五	南	五四	一〇	六
南海南十七	寅	一七	五〇	北	〇七	一〇	五
候一	寅	一七	五〇	北	三五	五七	三
杵二	寅	一八	〇七	南	二六	三〇	四
天江三	寅	一八	一二	南	〇〇	二九	五
天江四	寅	一八	三六	南	〇〇	五八	五
尾宿九	寅	一八	五七	南	一三	三〇	四
天棓九	寅	一九	〇〇	北	七一	〇五	气
尾宿八	寅	一九	二七	南	一三	二〇	三
杵一	寅	一九	三七	南	二二	四〇	五

异雀四	寅	一九	四四	南	六〇	三〇	六
市楼二	寅	一九	四五	北	一五	一八	四
南海十	寅	一九	五七	北	〇八	〇四	三
天棓三	寅	二〇	〇三	北	八〇	二二	四
尾宿五	寅	二〇	〇七	南	一八	五〇	三
异雀二	寅	二〇	二五	南	四七	四〇	五
市楼一	寅	二〇	三三	北	一五	一九	四
九河三	寅	二〇	三六	北	五一	一七	四
宗正一	寅	二〇	四五	北	二八	〇一	三
车肆二	寅	二〇	四八	北	一〇	三五	四
尾宿七	寅	二〇	五七	南	一五	一〇	三
异雀一	寅	二一	〇〇	南	四四	三〇	六
糠	寅	二一	二七	南	〇四	一〇	五
宗正一	寅	二二	〇五	北	二六	一一	三
杵东三	寅	二二	一七	南	一五	四五	四
尾宿六	寅	二二	二七	南	一六	四〇	三
天江东七	寅	二二	四五	北	〇四	二〇	六
傅说	寅	二三	〇七	南	一三	一五	气
天棓四	寅	二三	二四	北	七五	三一	三
天纪九	寅	二三	五六	北	六〇	四七	三
帛度一	寅	二四	〇〇	北	四三	四〇	四
中山十三	寅	二四	三八	北	五二	四七	四
中山西十二	寅	二四	三九	北	五三	四六	四
燕九	寅	二五	一四	北	一三	四七	四
宗人一	寅	二五	三〇	北	二七	五五	四
宗人南十五	寅	二五	三五	北	一九	五七	三
宗人二	寅	二五	三八	北	二六	二三	四
宗人三	寅	二五	五三	北	二四	五〇	四
燕东十六	寅	二六	一五	北	一五	二〇	五
屠肆二	寅	二六	一五	北	四四	四〇	五
箕宿一	寅	二六	二〇	南	〇六	三〇	三

帛度二	寅	二六	三〇	北	四二	四〇	四
宗人四	寅	二六	五八	北	二六	一〇	四
孔雀一	寅	二七	一〇	南	四〇	三〇	四
候二	寅	二七	三一	北	三三	〇三	四
箕宿四	寅	二八	〇七	南	一三	三〇	三
中山四	寅	二八	一九	北	五二	一九	四
斗宿三	寅	二八	四二	北	〇二	二八	四
箕宿二	寅	二九	三七	南	〇六	三〇	三
孔雀二	寅	二九	四〇	南	三九	二〇	五
箕宿三	寅	二九	五七	南	一〇	五〇	三
鼈十三	丑	〇一	〇七	南	一八	三〇	五
鼈一	丑	〇一	〇七	南	二一	三〇	四
东海	丑	〇一	一三	北	二〇	三八	三
孔雀三	丑	〇一	三五	南	三八	三四	五
鼈十二	丑	〇一	三七	南	一五	五〇	五
斗宿二	丑	〇一	四八	南	〇二	〇〇	四
孔雀五	丑	〇二	二五	南	四八	一〇	四
屠肆	丑	〇二	三〇	北	四五	一五	四
鼈二	丑	〇三	三七	南	二一	〇〇	五
鼈十一	丑	〇三	四七	南	一四	四〇	五
鼈三	丑	〇五	〇七	南	二〇	三〇	五
蛇尾十五	丑	〇五	三〇	南	六三	五〇	五
斗宿一	丑	〇五	四〇	南	〇三	五〇	五
孔雀四	丑	〇六	二〇	南	三八	四〇	五
鼈十	丑	〇六	三七	南	一四	五〇	六
鼈四	丑	〇六	四七	南	二〇	〇〇	四
建星南七	丑	〇七	〇七	北	〇〇	四五	六
鼈九	丑	〇七	〇七	南	一五	五〇	六
孔雀六	丑	〇七	一五	南	四三	三〇	四
斗宿四	丑	〇七	五一	南	〇三	三一	四
鼈五	丑	〇八	〇七	南	一八	三〇	五

斗宿六	丑	〇八	一七	南	〇六	四五	三
鼈八	丑	〇八	二七	南	一五	二〇	四
蛇尾十四	丑	〇八	五七	南	六四	二〇	五
鼈七	丑	〇八	四七	南	一六	〇〇	四
建星一	丑	〇八	五七	北	〇一	四五	四
天渊二	丑	〇八	五七	南	一八	〇〇	二
鼈六	丑	〇九	一七	南	一七	一〇	四
斗宿五	丑	〇九	三七	南	〇四	三〇	四
天渊一	丑	〇九	三七	南	二三	〇〇	二
宗一	丑	一〇	一二	北	四三	三三	四
织女一	丑	一〇	一七	北	六一	四八	一
宗二	丑	一〇	一八	北	四一	〇五	四
建星二	丑	一〇	二八	北	〇〇	五九	四
齐	丑	一〇	三〇	北	四五	五三	四
徐	丑	一一	一〇	北	二六	五九	三
孔雀七	丑	一一	二〇	南	五〇	〇〇	四
天弁二	丑	一一	二九	北	一六	五七	四
建星三	丑	一一	四三	北	〇一	三一	四
狗西三	丑	一一	五七	南	〇二	三〇	五
天弁一	丑	一二	四六	北	一七	四一	三
蛇尾十三	丑	一二	五〇	南	六二	四五	五
织女三	丑	一三	二六	北	六〇	二六	五
建星四	丑	一三	四四	北	〇三	〇七	六
吴越西十四	丑	一三	四四	北	三七	四〇	三
蛇尾十二	丑	一四	〇〇	南	五五	五〇	五
渐台南五	丑	一四	〇四	北	五五	一六	六
织女二	丑	一四	一四	北	六二	二七	五
狗二	丑	一四	一七	南	〇一	五〇	五
渐台二	丑	一四	一七	北	五六	〇五	五
孔雀八	丑	一四	二五	南	四四	五四	四
建星五	丑	一四	五五	北	〇四	一七	四
建星六	丑	一五	一一	北	〇六	一〇	五
吴越	丑	一五	一六	北	三六	一七	三
蛇尾十一	丑	一六	〇〇	南	五七	四五	六
夹白二	丑	一六	四〇	南	八二	三〇	五
波斯一	丑	一六	五四	南	三三	一〇	六
渐台四	丑	一七	一一	北	五五	〇六	三
渐台一	丑	一七	一一	北	五九	二六	四
渐台南六	丑	一七	二〇	北	五四	三二	五
狗一	丑	一七	二六	南	〇三	〇八	六
孔雀九	丑	一七	四〇	南	四六	三〇	四
右旗四	丑	一八	〇〇	北	二二	〇〇	四
扶筐三	丑	一八	〇四	北	八一	五三	五
天渊四	丑	一八	三七	南	二〇	一〇	三
右旗三	丑	一九	〇一	北	二四	五六	三
天渊三	丑	一九	一七	南	一三	三〇	三
蛇尾十	丑	一九	二六	南	五九	四〇	五
狗国一	丑	一九	三七	南	〇四	五〇	五
孔雀十	丑	二〇	〇〇	南	四一	一二	六
天鸡一	丑	二〇	〇九	北	〇五	〇八	六
右旗六	丑	二〇	一七	北	一四	二八	三
天鸡二	丑	二〇	二四	北	〇一	二五	六
狗国二	丑	二〇	二七	南	〇四	五〇	五
狗国三	丑	二〇	二七	南	〇五	五〇	五
孔雀十一	丑	二〇	五五	南	三七	〇五	三
右旗五	丑	二一	一八	北	二〇	一五	三
狗国四	丑	二一	二七	南	〇六	三〇	五
扶筐二	丑	二一	三四	北	七九	五二	五
渐台三	丑	二一	五二	北	五八	〇六	五
右旗一	丑	二二	一七	北	二八	四七	四
右旗二	丑	二三	一四	北	二六	三五	五
天鸡东三	丑	二三	五三	北	〇五	一二	六

左旗北八	丑	二四	五七	北	四六	○三	四
波斯二	丑	二五	○五	南	二八	四五	五
扶筐一	丑	二五	三一	北	七七	五七	五
辇道一	丑	二五	三三	北	六○	四六	五
孔雀十二	丑	二五	三五	南	四七	一五	四
右旗东七	丑	二五	五○	北	二一	三八	三
河鼓东五	丑	二五	五二	北	三○	五五	六
辇道二	丑	二六	○二	北	五九	四一	五
波斯六	丑	二六	一五	南	三六	三○	六
波斯三	丑	二六	二○	南	三四	○○	六
蛇尾九	丑	二六	二五	南	六四	三○	四
河鼓三	丑	二六	二六	北	三一	一八	三
左旗三	丑	二六	三一	北	三八	五三	四
左旗四	丑	二六	三九	北	三八	一八	四
左旗九	丑	二六	四四	北	四九	○二	三
河鼓六	丑	二七	○七	北	三○	四○	六
河鼓二	丑	二七	○九	北	二九	二二	二
河鼓东四	丑	二七	○九	北	三一	五九	五
河鼓一	丑	二七	五三	北	二六	五○	三
牛宿三	丑	二八	○八	北	○七	一六	六
牛宿西八	丑	二八	一三	北	○○	二四	气
左旗二	丑	二八	五五	北	三八	五九	五
牛宿二	丑	二九	一八	北	○七	○三	三
牛宿一	丑	二九	三一	北	○四	四一	三
左旗北五	丑	二九	三一	北	三九	五一	六
波斯四	丑	二九	五○	南	三二	二○	四
牛宿东七	丑	二九	五一	北	○六	五三	六
牛宿四	丑	二九	五七	北	○○	四九	气
九坎一	丑	二九	五七	南	二二	二○	三
左旗北十	丑	○○	二○	北	五○	四二	五
右旗东八	子	○○	二二	北	一八	四八	三
牛宿六	子	○○	三七	北	○一	二○	六
牛宿五	子	○○	四一	北	○○	二八	气
夹白三	子	○一	○○	南	八六	四○	四
左旗北六	子	○一	一三	北	四二	四三	四
波斯五	子	○一	二○	南	三四	○○	四
左旗一	子	○二	三二	北	三九	一三	四
左旗七	子	○二	三六	北	四四	○二	四
越	子	○二	四七	南	○六	五八	六
罗堰二	子	○三	○六	北	○○	五○	五
九坎二	子	○三	○七	南	二二	一○	三
齐二	子	○三	二八	南	○九	○二	六
罗堰一	子	○三	四九	北	○三	二五	六
九坎四	子	○三	五七	南	二○	五○	五
波斯七	子	○四	○○	南	三五	○○	四
波斯九	子	○五	○○	南	三八	二○	四
附白一	子	○五	二○	南	七六	三○	四
鸟喙一	子	○五	二五	南	四五	○○	二
离瑜二	子	○五	四七	南	一四	五○	五
离瑜一	子	○五	四七	南	一六	○○	四
波斯八	子	○五	五四	南	三七	○六	四
鸟喙二	子	○五	五五	南	五一	○○	四
九坎三	子	○五	五七	南	二一	○○	三
楚	子	○七	一三	南	○八	○八	六
女宿一	子	○七	一三	北	○八	一○	四
蛇腹八	子	○七	三五	南	六四	三○	五
周	子	○八	一八	南	○三	○一	五
女宿二	子	○八	二九	北	○八	一九	五
魏	子	○八	三一	南	○四	二七	六
天津西十一	子	○八	三三	北	五四	一九	四
女宿南一	子	○八	三七	北	○三	三三	六
女宿四	子	○八	四二	北	一二	一三	六

秦	子	〇九	二一	南	〇〇	二九	五
女宿三	子	〇九	三〇	北	一一	〇六	六
败瓜一	子	〇九	三二	北	二九	〇八	三
败瓜三	子	一〇	一八	北	三〇	四二	六
韩	子	一〇	二三	南	〇四	二五	六
扶筐四	子	一〇	二九	北	八〇	五四	四
奚仲三	子	一〇	三七	北	七三	五〇	四
败瓜五	子	一〇	四二	北	二七	三四	六
败瓜二	子	一〇	四八	北	二八	五三	六
瓠瓜五	子	一一	一七	北	三二	〇九	五
鹤一	子	一一	三〇	南	三二	三〇	二
败瓜四	子	一一	四二	北	三〇	四一	六
女宿南二	子	一一	五一	北	〇四	五〇	五
天津二	子	一一	五三	北	六四	二八	三
瓠瓜一	子	一一	四八	北	三一	五七	三
燕	子	一二	二五	南	〇六	五六	五
瓠瓜二	子	一二	五一	北	三三	〇五	三
天钱三	子	一二	五七	南	一八	一〇	四
晋	子	一三	〇〇	南	〇六	二九	六
败臼一	子	一三	〇〇	南	二三	〇五	三
代	子	一三	〇七	南	〇一	一七	五
奚仲一	子	一三	二一	北	六九	四二	四
奚仲二	子	一三	四〇	北	七一	三一	四
天钱二	子	一三	四七	南	一六	三〇	四
败臼二	子	一四	〇〇	南	二五	〇〇	四
鸟喙四	子	一四	三五	南	五四	四五	四
瓠瓜三	子	一四	四四	北	三二	〇〇	三
瓠瓜四	子	一五	〇二	北	三二	四七	三
垒壁阵一	子	一五	二五	南	〇四	四八	四
鸟喙三	子	一五	三〇	南	五六	四五	三
鹤八	子	一七	〇〇	南	四七	五六	二
垒壁阵二	子	一七	〇六	南	〇四	四九	五
天钱一	子	一七	〇七	南	一五	一五	四
鹤三	子	一七	一〇	南	四三	二五	五
垒壁阵三	子	一七	一四	南	〇二	二六	三
鹤四	子	一七	五〇	南	四一	一〇	四
鹤二	子	一八	〇〇	南	三五	五〇	二
虚宿二	子	一八	三三	北	二〇	一三	四
虚宿一	子	一八	五一	北	〇八	四二	三
司非一	子	一八	五四	北	二五	一六	四
垒壁阵四	子	一九	〇〇	南	〇二	二九	三
天垒城三	子	一九	一四	北	〇二	二二	五
鸟喙六	子	一九	一五	南	六〇	二五	四
天垒城一	子	一九	三八	北	〇六	〇一	五
司非二	子	一九	五五	北	二四	五二	四
天津一	子	二〇	二五	北	五七	一〇	三
鹤五	子	二〇	四〇	南	四二	二〇	四
鸟喙五	子	二〇	四〇	南	五六	四四	二
天钱六	子	二〇	四七	南	一四	三〇	四
天垒城二	子	二〇	五四	北	〇四	一七	六
司危一	子	二〇	五五	北	二一	〇六	四
蛇腹七	子	二一	二〇	南	六四	〇〇	五
天钱七	子	二二	三七	南	二一	二〇	四
天钱五	子	二三	〇七	南	一五	一〇	五
天钱四	子	二三	〇七	南	一九	三〇	五
天津九	子	二三	一〇	北	四九	二六	三
司禄一	子	二三	二七	北	一五	二三	六
天津三	子	二三	五〇	北	六三	三七	四
鹤六	子	二四	〇〇	南	三六	三五	四
羽林军二十六	子	二四	〇七	南	〇四	〇〇	六
垒壁阵五	子	二四	一三	南	〇二	〇〇	四
鹤七	子	二四	三〇	南	三四	四〇	五

天津内十	子	二五	一八	北	五一	四一	四	水委三	亥	○二	四五	南	五二	五○	四
蛇腹六	子	二五	二○	南	六七	二五	五	天津六	亥	○四	○四	北	五○	三三	四
天津北十二	子	二五	三五	北	六四	一七	四	羽林军四	亥	○二	○五	南	○五	三七	五
人一	子	二五	五一	北	三三	二一	四	坟墓五	亥	○四	○五	北	一○	三一	五
天钱八	子	二六	○七	南	二二	一五	四	天津北十三	亥	○四	○七	北	六三	四五	五
羽林军二十四	子	二六	一七	南	一六	一五	四	羽林军二十	亥	○四	一七	南	一五	五三	五
泣二	子	二六	三一	北	○二	四六	四	火鸟四	亥	○四	二○	南	四一	五○	四
危宿三	子	二七	二二	北	二二	○八	三	羽林军三	亥	○四	二二	南	○八	一○	三
盖屋一	子	二七	三六	北	○九	一二	五	坟墓六	亥	○四	二三	北	○八	五三	四
天钱九	子	二七	三七	南	二二	三○	四	臼一	亥	○四	二三	北	三六	四三	四
羽林军二十五	子	二七	五六	南	一○	四九	五	虚梁一	亥	○四	五二	北	○四	○九	四
蛇腹五	子	二八	三五	南	七○	二○	五	羽林军十九	亥	○五	○二	南	一五	四○	五
天津八	子	二八	四三	北	四四	四四	三	羽林军十八	亥	○五	二五	南	一四	二六	五
泣一	子	二八	四五	北	○二	三○	六	臼三	亥	○五	四○	北	三八	○○	四
危宿一	子	二八	五○	北	一○	四二	三	坟墓七	亥	○五	五三	北	○八	一○	四
北落师门	子	二九	一二	南	二一	○○	一	东府南六	亥	○五	五四	北	五一	三一	四
火鸟三	子	二九	一五	南	四○	○○	四	水委二	亥	○六	○○	南	五五	○○	四
人二	子	二九	四七	北	三六	一一	四	火鸟七	亥	○六	三五	南	四五	五○	四
人三	亥	○○	三○	北	二九	○○	四	火鸟八	亥	○六	四○	南	四六	四○	四
羽林军一	亥	○○	四○	南	○五	四○	六	东府四	亥	○六	五二	北	五六	三六	四
火鸟二	亥	○○	四○	南	三六	五○	五	蛇首一	亥	○七	○○	南	六四	二五	二
危宿西八	亥	○○	四六	北	一五	四三	五	垒壁阵七	亥	○七	○四	南	○○	二○	四
羽林军二	亥	○○	五○	南	○九	五八	六	火鸟五	亥	○七	一七	南	四○	○○	三
垒壁阵六	亥	○○	五三	南	○一	一○	五	土公吏一	亥	○七	二八	北	二○	五一	四
天津四	亥	○○	五四	北	五九	五六	二	火鸟九	亥	○七	三五	南	四五	三○	四
天津五	亥	○一	三二	北	五四	五九	四	水委一	亥	○八	四九	南	五九	○○	一
蛇首四	亥	○一	四五	南	七○	五○	四	羽林军十五	亥	○八	五五	南	一四	四五	五
火鸟一	亥	○二	○○	南	三二	三○	五	火鸟六	亥	○八	五六	南	四四	一○	四
坟墓四	亥	○二	一○	北	○八	一八	三	羽林军十六	亥	○九	二一	南	一五	三○	五
危宿二	亥	○二	一六	北	一六	二五	四	臼二	亥	○九	五○	北	三四	一九	四
天津七	亥	○二	三○	北	四八	一○	四	羽林军五	亥	一○	○○	南	○一	二四	六

羽林军十七	亥	一〇	五〇	南	一六	三一	五
雷电二	亥	一一	四〇	北	一七	四七	三
羽林军七	亥	一一	四三	南	〇三	五九	五
蛇首三	亥	一一	五〇	南	七一	二五	四
羽林军八	亥	一二	一一	南	〇四	一一	五
羽林军九	亥	一二	一五	南	〇四	四四	五
羽林军六	亥	一二	三三	南	〇二	四九	五
垒壁阵八	亥	一二	三八	南	〇一	〇〇	五
蛇首二	亥	一三	一五	南	七〇	〇〇	四
雷电三	亥	一三	二五	北	一八	二九	五
火鸟十	亥	一三	二五	南	四七	四〇	四
东府二	亥	一三	三〇	北	五七	三〇	四
雷电一	亥	一三	四四	北	一五	四四	六
雷电南四	亥	一四	〇〇	北	一四	三一	六
霹雳一	亥	一四	〇二	北	〇九	〇四	四
羽林军十二	亥	一四	〇三	南	一四	二九	五
羽林军十三	亥	一四	四六	南	一五	一七	六
杵一	亥	一五	〇三	北	四一	〇一	四
羽林军十	亥	一五	〇七	南	一〇	五九	五
羽林军十一	亥	一五	三八	南	一一	三三	五
羽林军十四	亥	一五	四四	南	一六	二三	六
室宿西九	亥	一六	一五	北	二三	一六	四
霹雳二	亥	一六	五一	北	〇七	一八	四
天园一	亥	一七	四五	南	五三	〇〇	四
云雨一	亥	一八	二一	北	〇四	二七	五
离宫三	亥	一八	三〇	北	二八	四九	四
霹雳北六	亥	一八	三一	北	〇八	五五	六
羽林军二十一	亥	一八	三七	南	一五	三〇	四
室宿一	亥	一八	五七	北	一九	二六	二
螣蛇二	亥	一九	〇〇	北	六〇	四〇	四
螣蛇一	亥	一九	二〇	北	六二	五三	四

离宫四	亥	一九	五四	北	二九	二五	四
离宫六	亥	二〇	二五	北	三四	二五	三
天园二	亥	二〇	三五	南	五六	四五	四
霹雳三	亥	二〇	四二	北	〇九	〇三	五
羽林军二十三	亥	二〇	四七	南	一八	一五	四
离宫五	亥	二一	一一	北	三五	〇八	三
羽林军二十二	亥	二一	三七	南	一四	二〇	四
云雨二	亥	二二	〇五	北	〇三	二五	五
垒壁阵十二	亥	二二	三七	南	〇五	五〇	四
霹雳四	亥	二二	五七	北	〇七	一四	五
垒壁阵九	亥	二三	〇七	南	〇二	四〇	四
垒壁阵十一	亥	二四	一七	南	〇五	二〇	四
垒壁阵十	亥	二四	二二	南	〇二	三〇	四
天园三	亥	二四	四五	南	五九	〇〇	四
室宿二	亥	二四	五〇	北	三一	〇八	二
螣蛇三	亥	二五	〇〇	北	五七	一九	四
天仓一	亥	二六	二三	南	一〇	〇一	三
离宫七	亥	二六	三三	北	二五	三五	六
土司空七	亥	二七	五六	南	二〇	四七	二
霹雳五	亥	二八	〇三	北	〇六	二四	五
离宫八	亥	二八	〇六	北	二四	五一	六
土公一	亥	二九	二七	北	〇七	二七	六
天厨四	亥	二九	三三	北	八一	五一	四

黄道星名	宫	十度 十分	向	十度 十分	黄道星名	宫	十度 十分	向	十度 十分
螣蛇十八	戌	〇〇 三〇	北	六五 二〇	壁宿西五	戌	〇〇 三〇	北	一八 五七
土司空二	戌	〇〇 五〇	南	二三 四八	土司空三	戌	〇一 三五	南	二五 五八
壁宿西四	戌	〇四 三〇	北	二三 三六	金鱼五	戌	〇五 一〇	南	七九 二〇
奎宿二十二	戌	〇五 二三	北	一〇 四五	壁宿西三	戌	〇六 〇〇	北	一七 四八

土公三	戌	〇六三五	北	〇三四五	天仓九	戌	〇八〇二	南	一二三三
天仓八	戌	〇八四八	南	〇七二二	螣蛇十二	戌	〇九三五	北	四九二〇
天仓十	戌	〇九四三	南	一五〇五	铁锧六	戌	一〇三八	南	二一三七
天仓十一	戌	一〇五〇	南	〇九〇六	铁锧二	戌	一〇五五	南	二七五五
铁锧一	戌	一一五五	南	二三四二	铁锧二	戌	一一五五	南	二八五四
天仓十二	戌	一二一五	南	一一二七	奎宿二十四	戌	一二二二	北	〇八四五
天仓十三	戌	一二四〇	南	一〇一〇	铁锧五	戌	一二四八	南	三三三〇
奎宿二十五	戌	一三一〇	北	一〇四五	铁锧七	戌	一三四〇	南	二二一〇
铁锧四	戌	一三四三	南	三一四七	天庾一	戌	一四一五	南	三九一五
天庾二	戌	一四二〇	南	三八一二	天仓十四	戌	一五五五	南	一二三五
天仓十五	戌	一五五六	南	一五五六	天仓十九	戌	一八一〇	南	二五五八
天仓十六	戌	一八二八	南	一五三五	天仓十七	戌	二〇一八	南	一七三〇
奎宿二十三	戌	二〇五〇	北	〇五三五	天庾三	戌	二一五〇	南	四〇〇三
天苑三十六	戌	二一二〇	南	四六三三	天苑三十三	戌	二一五〇	南	四二二〇
天仓十八	戌	二一五五	南	二一二八	天苑三十四	戌	二二一五	南	四五一〇
刍藁二	戌	二四二〇	南	二二一八	天苑三十五	戌	二四三五	南	四九〇〇
螣蛇十三	戌	二五一二	北	五四五二	天囷十五	戌	二五四二	南	一四〇〇
天囷十四	戌	二五四五	南	一一四八	天囷十三	戌	二七三五	南	一一四六
天苑三十七	戌	二九二〇	南	四二〇〇	刍藁一	戌	二九四九	南	一九二二
天囷十一	酉	〇〇一二	南	一四三五	天囷十二	酉	〇〇一七	南	一一五〇

娄宿北八	酉	〇一四一	北	一〇一三	天囷十六	酉	〇一四五	南	〇四〇五
天大将军十三	酉	〇四〇七	北	二六一八	天苑二十二	酉	〇五一八	南	二〇一四
天大将军十五	酉	〇六一七	北	一九〇〇	天大将军十六	酉	〇六五九	北	一六〇八
天苑二十三	酉	〇七〇五	南	一八一五	天苑内二十七	酉	〇七一八	南	三三四〇
王良六	酉	〇七五〇	北	四七二五	胃宿西五	酉	〇八一二	北	一二二〇
天大将军十四	酉	〇八五五	北	二四二〇	天苑三十八	酉	一〇一〇	南	四九五三
天苑二十四	酉	一〇三〇	南	一九〇〇	天大将军十七	酉	一〇三七	北	一六三二
天苑内二十八	酉	一一〇五	南	三四四三	天苑三十九	酉	一二二〇	南	四八〇〇
天囷十七	酉	一二三五	南	一一二四	天大将军十九	酉	一三一五	北	二九一〇
天大将军十八	酉	一三三〇	北	三九一〇	天苑二十五	酉	一四三八	南	二四二三
天大将军二十	酉	一四四五	北	三三一〇	天大将军二十二	酉	一五一五	北	三七一五
大陵九	酉	一五五七	北	二二三〇	大陵十四	酉	一六〇二	北	一八二〇
天苑二十六	酉	一六三〇	南	二五三〇	天阴五	酉	一六三七	南	〇〇三五
天大将军二十一	酉	一六四〇	北	三四一八	少卫西二	酉	一七二七	北	六四一〇
大陵十三	酉	一七三八	北	二〇〇四	天阴四	酉	一八〇七	北	〇〇四〇
大陵十五	酉	一八一一	北	一七三〇	大陵西十一	酉	一九〇〇	北	三九二六
大陵西十二	酉	一九〇一	北	三八二〇	天阿	酉	一九二五	北	〇九五五
大陵十四	酉	二一四〇	北	一五五〇	天苑二十九	酉	二二三〇	南	三六五五
传舍五	酉	二三〇八	北	五四一五	天苑三十	酉	二四四〇	南	四〇一〇
大陵十七	酉	二四四七	北	二四二〇	天苑三十一	酉	二五五八	南	四一二二

卷舌六	酉	二七〇二	北	一四二五	传舍六	酉	二七五〇	北	三七四五
天苑三十二	酉	二八五〇	南	四〇二〇	天船十四	申	〇〇三〇	北	三五〇〇
砺石五	申	〇〇四七	北	〇六五八	少弼南十一	申	〇一〇七	北	七八四〇
华盖三	申	〇一一二	北	五一五五	华盖四	申	〇一一七	北	五三五七
传舍七	申	〇一三〇	北	三八一〇	传舍八	申	〇一五二	北	三九二五
天节十	申	〇二一五	南	一四四三	毕宿八	申	〇二二六	南	〇五五〇
毕宿七	申	〇二五七	南	〇三二〇	天船十三	申	〇三〇七	北	二六一五
九斿七	申	〇三〇七	南	四一四〇	天节十一	申	〇三一四	南	一七三〇
屏三	申	〇四〇〇	南	四七〇一	卷舌东九	申	〇四三〇	北	一九一五
九斿八	申	〇四三五	南	四三四五	天节十二	申	〇四五二	南	一五一五
九斿六	申	〇五二七	南	三九〇五	九斿五	申	〇七一〇	南	三六二五
九斿三	申	〇七二五	南	三〇二〇	九斿四	申	〇七二七	南	三三四〇
天船十六	申	〇七三〇	北	三一〇五	屏四	申	〇七三五	南	四九五五
玉井五	申	〇七四〇	南	二六五〇	卷舌东十	申	〇八一〇	北	二一二五
卷舌东十一	申	一〇二六	北	二一二二	屏五	申	一一一〇	南	四八三七
诸王八	申	一一三五	北	〇一三〇	勾陈十二	申	一二一七	北	六四三〇
玉井北五	申	一二一七	南	二六五九	八穀十	申	一二四〇	北	三三四〇
诸王九	申	一三〇〇	北	〇〇三〇	八穀七	申	一三四〇	北	三二〇五
屏六	申	一三四五	南	四六一〇	勾陈五	申	一五三七	北	六四四二
八穀六	申	一七二〇	北	三一二五	勾陈十五	申	一七四〇	北	六六一五
五车东二十二	申	一七五五	北	二八四五	天潢五	申	一九一七	北	一六三五
南柱十三	申	二〇二七	北	〇五五〇	八穀八	申	二〇三〇	北	三四〇〇
南柱十四	申	二一〇七	北	〇六五〇	四辅西六	申	二二二〇	北	六四一八
天关南三	申	二二三六	南	一〇三〇	八穀九	申	二三三〇	北	三七〇〇
六甲	申	二四〇〇	北	五四五〇	参宿二十七	申	二五〇〇	南	三二四〇
参宿东二十六	申	二五一〇	南	二六三〇	参宿东二十八	申	二六一〇	南	三三三〇
五车东十九	申	二六二〇	北	一四三〇	五车北二十四	申	三六五〇	北	二二二二
五车东二十	申	二七〇一	北	二五五五	少卫北七	申	二七一二	北	四七五五
五车北二十四	申	三六五〇	北	二二二二	五车东二十	申	二七〇一	北	二五五五
少卫北七	申	二七一二	北	四七五五	五车东二十一	申	二七五〇	北	二四五〇
八穀十二	申	二八三〇	北	三七三五	钺南二	申	二九〇五	南	〇三四〇
参宿东二十九	申	二九三〇	南	三〇〇〇	水府南六	申	二九三五	南	一四〇〇
少卫北八	申	二九三七	北	五四二八	五车北二十三	未	〇〇四六	北	二五四〇
参宿二十九	未	〇一三六	南	三一〇〇	上卫北十二	未	〇一三七	北	五二三〇
四渎十一	未	〇一四七	南	一二〇五	上卫北十一	未	〇二三六	北	四六五八
座旗三	未	〇三〇五	北	一九〇〇	座旗四	未	〇三一五	北	一七〇〇
四渎十二	未	〇三二〇	南	一一一八	座旗二	未	〇三二五	北	二〇四〇
座旗五	未	〇三五〇	北	二〇〇〇	座旗一	未	〇三五〇	北	二三五〇
勾陈北十三	未	〇四〇七	北	七二五八	座旗八	未	四〇四五	北	二一二〇
座旗七	未	〇四五〇	北	二二一〇	座旗九	未	〇四五五	北	一八五八

座旗十	未	〇六 〇〇	北	一六 四〇	上卫南十三	未	〇八 五〇	北	四〇 三〇
四辅二	未	一〇 三二	北	六三 一五	四辅三	未	一〇 三七	北	六五 四五
四辅四	未	一三 三七	北	六四 五〇	北河北八	未	一四 〇〇	北	一四 一〇
北河北六	未	一五 五〇	北	一三 一〇	水位西七	未	一六 三八	南	一〇 一二
水位西八	未	一六 三八	南	一二 一五	南河南四	未	一七 三〇	南	一五 一五
北河北七	未	一二 四〇	北	一二 一〇	五诸侯六	未	一八 四八	北	〇四 二五
阴德一	未	二〇 二五	北	五八 一五	南河南五	未	二〇 三二	南	一八 〇二
南河南六	未	二〇 四一	南	一九 五〇	五诸侯七	未	二二 二七	北	〇六 五二
爟三	未	二三 三〇	北	〇四 五七	南河南七	未	二三 三二	南	一七 二一
爟四	未	二四 〇五	北	〇九 一五	勾陈北十四	未	二四 一七	北	七三 五〇
南河南八	未	二四 一七	南	一六 四〇	爟九	未	二五 三〇	北	〇五 四八
南河南九	未	二五 三九	南	一五 二〇	爟八	未	二六 三〇	北	〇七 四五
爟五	未	二七 三〇	北	〇八 二八	南河南十二	未	二七 三五	南	二三 二五
爟六	未	二七 五〇	北	〇七 五六	南河南十一	未	二八 五〇	南	二一 〇〇
爟七	未	二九 五〇	北	〇五 三五	水位东五	未	二九 五五	南	〇一 五七
爟东八	午	〇〇 一八	北	〇五 二七	南河东十三	午	〇一 〇六	南	二二 五五
轩辕二十八	午	〇一 四八	北	一三 四〇	柳宿西九	午	〇二 〇二	南	一二 〇一
轩辕二十九	午	〇二 四七	北	一四 〇〇	轩辕三十	午	〇三 二一	北	一三 五九
轩辕三十二	午	〇三 四一	北	一五 四〇	轩辕二十五	午	〇三 四七	北	一〇 三〇
轩辕二十六	午	〇四 二六	北	一〇 一〇	轩辕三十三	午	〇五 二一	北	一六 三〇

酒旗西九	午	〇五 二七	南	〇四 四五	轩辕三十一	午	〇六 一一	北	一二 四〇
外厨三	午	〇六 三〇	南	一七 四〇	轩辕二十七	午	〇六 三一	北	〇七 二〇
外厨四	午	〇八 三五	南	一六 五〇	外厨五	午	一一 〇四	南	一七 四〇
少尉南二	午	一一 一七	北	六〇 二五	内平三	午	一一 四六	北	二三 五五
轩辕五	午	一一 五二	北	一七 四〇	酒旗西十	午	一二 二一	南	〇一 四〇
内屏二	午	一二 二七	北	二〇 三〇	轩辕六	午	一二 三七	北	一五 〇〇
天理一	午	一三 五〇	北	四九 二〇	太尊西二	午	一八 〇一	北	三四 〇〇
天理三	午	一八 二五	北	五三 一〇	天理二	午	一九 四〇	北	四七 〇〇
星宿八	午	二〇 五八	南	二一 〇三	星宿七	午	二一 一〇	南	二二 四〇
星宿六	午	二一 四〇	南	二四 〇〇	星宿九	午	二一 五〇	南	二三 一〇
星宿十二	午	二二 一五	南	一九 二二	星宿十	午	二三 〇〇	南	二四 三五
星宿十一	午	二三 〇三	南	二二 五七	星宿十四	午	二三 一〇	南	一八 三五
尚书一	午	二三 一七	北	八五 二九	尚书五	午	二三 三七	北	八〇 三〇
星宿十三	午	二三 五五	南	二三 一五	天理四	午	二四 〇五	北	四八 四六
太一	午	二四 三七	北	六四 一〇	天社南十三	午	二五 〇七	南	八四 二〇
天权北十一	午	二六 四二	北	五三 二五	张宿西九	午	二九 一〇	南	一九 五〇
少微三	午	二九 一七	北	一三 五〇	长垣一	巳	〇〇 一七	北	〇五 五九
天相四	巳	〇二 一〇	南	一〇 四〇	少微一	巳	〇三 〇〇	北	一七 四〇
天相二	巳	〇三 四〇	南	一八 〇〇	长垣四	巳	〇三 四二	南	〇一 〇五
天相三	巳	〇五 三〇	南	一七 三〇	张宿十	巳	〇六 〇二	南	二七 二五

天相五	巳	〇七 一〇	南	一三 五〇	天相六	巳	〇七 二〇	南	一二 〇五
辅星一	巳	一二 三六	北	五六 五九	从官	巳	一二 四〇	北	一八 〇五
灵台东四	巳	一二 五一	南	〇三 二五	灵台东五	巳	一二 五六	南	〇六 三〇
常陈西三	巳	一三 一七	北	三八 四〇	灵台东六	巳	一三 五五	南	〇五 〇〇
张宿南十二	巳	一四 二〇	南	二二 四五	灵台东七	巳	一四 三五	南	〇六 四〇
灵台东八	巳	一五 〇一	南	〇四 五〇	五帝座三	巳	一五 二七	北	一〇 二〇
翼宿十二	巳	一六 一九	南	一四 五五	五帝座二	巳	一六 三六	北	一四 〇〇
辅星三	巳	一七 一七	北	五七 一五	内屏西六	巳	一七 二一	北	〇五 一〇
幸臣	巳	一七 二七	北	一七 五〇	五帝座五	巳	一八 二七	北	〇九 三〇
翼宿十三	巳	一八 三五	南	一六 〇一	五帝座四	巳	一八 三六	北	一三 四〇
辅星三	巳	一八 五二	北	五七 五九	内屏西七	巳	一九 〇〇	北	〇六 三〇
张宿南十一	巳	一四 〇〇	南	三四 一〇	内屏西八	巳	二〇 四一	北	〇七 二〇
翼宿十四	巳	二一 〇二	南	一四 三六	翼宿十七	巳	二五 二〇	南	二一 〇五
天枪南四	巳	二五 五七	北	五六 五八	翼宿二十	巳	二六 二五	南	二一 三四
翼宿十六	巳	二七 五〇	南	二八 〇〇	翼宿十五	巳	二七 二二	南	一〇 二〇
翼宿十九	巳	二七 三〇	南	二三 一五	翼宿十八	巳	二八 五〇	南	二六 〇五
天枪东五	辰	〇〇 三七	北	五九 三〇	翼宿二十一	辰	〇一 四三	南	二四 三〇
三公一	辰	〇一 五七	北	〇四 二〇	三公二	辰	〇二 三八	北	〇六 二五
翼宿二十二	辰	〇三 二九	南	二二 二四	三公三	辰	〇三 三七	北	〇四 四二
进贤南五	辰	〇六 二〇	南	〇四 四〇	进贤南六	辰	〇六 四〇	南	〇一 四〇

轸宿北五	辰	〇六 四五	南	一〇 一五	元戈北五	辰	一〇 三〇	北	五五 〇二
元戈北四	辰	一〇 四〇	北	五七 三三	招摇南二	辰	一一 二〇	北	四六 〇〇
右摄提四	辰	一二 四〇	北	三一 〇〇	梗河四	辰	一三 四〇	北	四二 〇三
上宰一	辰	一三 四〇	北	七二 〇〇	进贤南七	辰	一四 二〇	南	〇一 三〇
进贤南八	辰	一四 二〇	南	〇三 五九	飞鱼六	辰	一四 三七	南	八二 五〇
梗河南十	辰	一六 三〇	北	三六 二〇	上宰二	辰	一七 二〇	北	七二 二〇
亢池二	辰	二〇 一五	北	二六 二八	亢池三	辰	二〇 二七	北	二三 五〇
角宿南六	辰	二〇 五五	南	〇三 〇三	亢池一	辰	二一 一二	北	二八 三三
天门南四	辰	二一 四五	南	〇八 二〇	亢池四	辰	二一 四五	北	二五 四五
少宰一	辰	〇二 〇二	北	七七 〇〇	大角东二	辰	二二 二〇	北	三一 五五
角宿南七	辰	二二 三〇	南	〇五 〇〇	梗河东十	卯	〇一 四二	北	四五 四〇
七公东十	卯	〇二 〇〇	北	五八 三〇	七公东十一	卯	〇三 〇〇	北	五七 〇〇
马腹西四	卯	〇六 〇二	南	四三 三五	贯索二十四	卯	〇九 一〇	北	五三 五五
贯索十六	卯	〇九 二七	北	三四 二〇	贯索二十五	卯	一〇 〇五	北	五五 四〇
库楼南十一	卯	一〇 四五	南	三四 二八	贯索十五	卯	一〇 五〇	北	四六 三五
贯索十七	卯	一一 〇二	北	三六 三九	氐宿内九	卯	一一 二〇	北	〇二 五九
贯索十八	卯	一一 二二	北	三五 三〇	秦南二十五	卯	一一 三〇	北	二〇 三〇
秦南二十六	卯	一一 四〇	北	二一 五〇	贯索九	卯	一一 四〇	北	五一 三〇
贯索十九	卯	一一 四二	北	三四 一〇	贯索二十	卯	一二 三五	北	三六 三〇
贯索二十一	卯	一二 三七	北	三五 〇三	秦南二十七	卯	一二 四〇	北	二一 〇〇

贯索二十二	卯	一三 三九	北	三六 二五	贯索二十三	卯	一四 〇二	北	三四 五九
秦南二十八	卯	一四 〇五	北	二二 二〇	周南二十	卯	七四 五一	北	三一 一二
周南二十一	卯	一五 一七	北	三三 一八	贯索二十六	卯	一五 五〇	北	五五 一〇
飞鱼七	卯	一六 〇五	南	八〇 五〇	蜀南十六	卯	一六 三五	北	一九 五九
贯索二十七	卯	一六 五〇	北	五三 〇〇	顿顽一	卯	一七 〇五	南	二六 二一
郑南二十二	卯	一七 四七	北	三四 二〇	蜀南十七	卯	一八 一〇	北	二三 〇〇
贯索二十八	卯	一八 五〇	北	五三 一〇	贯索二十九	卯	一九 二〇	北	四九 一〇
贯索三十	卯	一九 五〇	北	五一 〇〇	巴南十八	卯	二〇 〇〇	北	二二 三〇
巴南十九即天乳	卯	二〇 一〇	北	一九 一〇	晋南二十三	卯	二〇 五九	北	三六 三〇
天纪一	卯	二一 四七	北	五〇 三五	女床西九	卯	二二 五七	北	五七 四五
斗一	卯	二五 二〇	北	三四 〇〇	房宿西五	卯	二六 三〇	南	〇五 二二
小斗九	卯	二六 三〇	南	七三 二七	河中一	卯	二六 四〇	北	四二 〇〇
房宿西六	卯	二六 五〇	南	〇四 四〇	骑官十四	卯	二六 五五	南	二二 一五
小斗八	卯	二六 五五	南	七五 五五	小斗二	卯	二七 一五	北	三六 一八
小斗四	卯	二七 二〇	北	二九 五〇	列肆一	卯	二八 一二	北	二三 〇〇
西咸北十	卯	二八 一五	北	一二 四〇	罚一	卯	二八 四〇	北	〇五 一〇
罚二	卯	二八 五〇	北	〇九 四五	斗三	卯	二九 二〇	北	三四 〇〇
罚三	卯	二九 三〇	北	一二 四〇	斗五	卯	二九 五〇	北	二七 五六
斛三	寅	〇二 四〇	北	二六 二〇	斛四	寅	〇三 四〇	北	三一 二五
斛六	寅	〇四 五〇	北	二七 三〇	斛五	寅	〇五 二五	北	二九 四〇

宋北十八	寅	〇九 〇五	北	一七 一五	天纪四	寅	〇九 〇六	北	五四 三三
异雀八	寅	〇九 四七	南	五九 五八	宦者四	寅	〇九 五〇	北	三六 三〇
天纪五	寅	〇九 五七	北	五七 一五	天纪六	寅	一一 三八	北	五六 二五
宦者一	寅	一三 〇一	南	三四 二五	异雀十一	寅	一四 〇七	南	六二 五九
宦者二	寅	一四 四七	北	三二 五五	异雀九	寅	一四 四七	南	五五 〇一
宗正西三	寅	一五 五〇	北	二七 四五	天纪七	寅	一六 一七	北	五五 五九
尾南十	寅	一六 三〇	南	二二 三〇	市楼西三	寅	一六 五七	北	一六 五九
异雀十	寅	一七 一五	南	五五 〇一	宦者三	寅	一七 三〇	北	三二 五〇
异雀十二	寅	二〇 〇七	南	六二 〇〇	天纪八	寅	二〇 五七	北	五七 三〇
天纪北十	寅	二一 三〇	北	六三 二〇	帛度南三	寅	二四 一七	北	四三 〇一
侯北四	寅	二四 五〇	北	三九 一〇	帛度南四	寅	二六 五九	北	四二 一〇
侯东三	寅	二七 二〇	北	三二 四〇	宗人东五	寅	二七 四〇	北	二七 二〇
宗人东六	寅	二八 〇五	北	二八 〇〇	中山南十四	寅	二八 二〇	北	五〇 二〇
中山北十五	寅	二八 二〇	北	五四 二〇	中山北十六	寅	二九 五一	北	五五 二〇
中山北二十	丑	〇二 三〇	北	五三 一八	织女西四	丑	〇三 三五	北	〇六 二五
徐西二	丑	〇三 四〇	北	二二 一〇	徐西三	丑	〇四 二六	北	二五 一〇
天弁三	丑	〇四 三五	北	一六 〇〇	织女五	丑	〇四 五〇	北	六三 一〇
天弁四	丑	〇五 一七	北	一五 〇一	徐西四	丑	〇五 四〇	北	二三 四〇
天弁五	丑	〇六 三七	北	一五 五九	徐西五	丑	〇七 三五	北	二五 四〇
天弁六	丑	〇八 一五	北	一八 〇〇	天弁七	丑	一〇 〇二	北	一六 二九

徐七	丑	一〇 三五	北	二七 五〇	徐南六	丑	一一 五〇	北	二六 二〇
孔雀十三	丑	一二 三六	南	四四 〇二	天渊五	丑	一二 三八	南	一九 〇〇
天渊六	丑	一二 三九	南	一九 五九	越西十五	丑	一三 〇〇	北	三六 一五
天弁八	丑	一三 八〇	北	二〇 一九	天渊七	丑	一三 一七	南	一八 一〇
天弁九	丑	一三 二二	北	一九 〇〇	天渊八	丑	一三 四二	南	二〇 〇一
天渊九	丑	一四 二七	南	一八 二五	天渊十	丑	一四 三七	南	一九 二五
越西十六	丑	一四 五〇	北	三三 五〇	右旗九	丑	一六 五〇	北	一六 三〇
越西十七	丑	一九 四〇	北	一八 五五	越西十八	丑	一八 三〇	北	三四 四二
孔雀内十五	丑	一八 四二	南	三九 五九	右旗十	丑	一九 四〇	北	一八 五五
越西十九	丑	一九 五〇	北	三三 五〇	孔雀十六	丑	二〇 二七	南	三九 五五
孔雀十四	丑	二〇 三六	南	四六 二五	辇道三	丑	二一 二〇	北	六五 二〇
孔雀十七	丑	二三 一七	南	四四 五九	左旗北十四	丑	二三 四〇	北	五〇 三〇
孔雀十八	丑	二四 一七	南	四〇 五五	波斯十	丑	二四 二〇	南	三四 三〇
左旗十五	丑	二五 二〇	北	五二 五〇	河鼓西七	丑	二五 三六	北	二八 四〇
河鼓北八	丑	二五 四五	北	三二 五八	左旗西二十	丑	二五 五〇	北	三六 五〇
河鼓九	丑	二六 三一	北	三四 一〇	扶筐南五	丑	二六 五〇	北	六七 三〇
波斯十一	丑	二七 二〇	南	三四 四五	河鼓十一	丑	二七 五〇	北	二八 五五
河鼓东十	丑	二八 三八	北	三一 三〇	左旗北十六	子	〇〇 〇七	北	四六 四五
辇道四	子	〇〇 四〇	北	五六 二〇	左旗十一	子	〇一 五二	北	三七 三五
左旗十二	子	〇二 二一	北	三六 五四	左旗十	子	〇三 〇七	北	三七 三〇

左旗二十	子	〇三 四〇	南	四二 五〇	左旗十七	子	〇四 二五	北	三九 二二
天津西十四	子	〇五 〇五	北	五四 〇五	附白北二	子	〇五 〇七	南	七三 二〇
赵	子	〇五 〇八	南	〇五 〇〇	左旗二十一	子	〇五 二二	北	四四 二六
左旗十三	子	〇五 五〇	北	三四 一五	左旗十八	子	〇五 五〇	北	四〇 〇〇
天津十五	子	〇五 五五	北	五三 〇五	左旗十九	子	〇六 二五	北	四二 四〇
天津十六	子	〇六 四〇	北	四七 二〇	郑	子	〇九 三〇	南	一〇 五〇
天津十七	子	一〇 二〇	北	四五 〇五	天津十八	子	一一 〇〇	北	四六 三〇
鸟喙七	子	一二 四七	南	五六 一二	天津二十九	子	一三 〇〇	北	五四 〇〇
天津三十	子	一四 二〇	北	五五 〇五	天津十九	子	一五 〇〇	北	三七 三〇
天津二十二	子	一五 二七	北	四九 二〇	天津三十二	子	一五 三五	北	五二 二〇
天津三十一	子	一五 五五	北	五四 五〇	天津二十三	子	一六 〇〇	北	四七 一〇
鹤九	子	一六 〇二	南	二七 三〇	天津二十	子	一六 四〇	北	四〇 一五
天津二十一	子	一六 五〇	北	四二 二〇	天钱十	子	一七 二〇	南	二〇 四〇
天津三十三	子	一七 二〇	北	五五 二〇	鹤十	子	一七 二七	南	三一 三五
奚仲四	子	一七 五〇	北	六九 二〇	鹤十一	子	一八 二七	南	二六 二〇
天津二十四	子	一八 四〇	北	四〇 五〇	司命一	子	一九 五二	北	一一 二〇
鹤十二	子	一九 五七	南	三〇 三五	天津二十六	子	二〇 一〇	北	五一 二五
天垒城四	子	二〇 二〇	北	〇二 五八	天垒城五	子	二〇 三〇	北	〇五 一〇
天津二十五	子	二一 〇〇	北	四六 一〇	哭一	子	二一 二〇	南	〇〇 一〇
司禄二	子	二一 三七	北	一五 〇一	司命二	子	二一 四七	北	一一 五〇

天津二十七	子	二一 五〇	北	四二 二〇	天津二十八	子	二三 〇〇	北	四三 〇〇
奚仲东五	子	二四 〇〇	北	六七 三〇	奚仲东六	子	二四 〇〇	北	七〇 三〇
哭东二	子	二五 〇五	北	〇〇 〇三	奚仲七	子	二五 〇五	北	六九 四〇
人四	子	二九 〇二	北	四〇 〇〇	虚梁二	亥	〇三 一七	北	〇三 五九
虚梁三	亥	〇六 〇二	北	〇四 五九	虚梁四	亥	〇七 〇七	北	〇五 五九
车府北七	亥	〇八 三〇	北	六二 二〇	车府五	亥	一〇 一二	北	五九 三〇
车府三	亥	一〇 一七	北	五五 五九	车府八	亥	一〇 四〇	北	六二 三〇
夹白四	亥	一二 一〇	南	八六 四〇	霹雳南七	亥	一四 四五	北	〇七 三〇
云雨三	亥	一七 三八	北	〇一 四五	螣蛇十四	亥	二〇 五二	北	五八 二五
云雨四	亥	二一 二二	北	〇〇 五七	雷电五	亥	二一 二七	北	一五 〇一
螣蛇十五	亥	二一 三七	北	六五 〇三	雷雨七	亥	二三 〇〇	北	〇四 〇五
雷电六	亥	二四 〇七	北	一四 〇七	螣蛇十六	亥	二六 三七	北	六六 二五

卷三十一　志六

天文六

乾隆甲子年恒星黄道经纬度表一

乾隆甲子新测恒星，较旧尤密，星数增多，分四卷。首黄道降娄戌宫，迄实沈申宫，凡八百九十七星，如左：

黄道	经		度	纬		度	
星名	宫	十度	十分 十秒	向	十度	十分 十秒	等
天厨六	戌	〇〇	〇七 三五	北	八一	四八 三〇	四
天厨北增一	戌	〇〇	一一 〇六	北	八二	五七 二〇	六
土公一	戌	〇〇	二三 四一	北	〇七	三一 四三	五
土公北增一	戌	〇〇	三四 一二	北	〇七	五七 五〇	六
室宿东增五	戌	〇〇	五五 三八	北	三一	三一 三九	六
天钩四	戌	〇〇	五七 五八	北	七一	四六 二二	四
车府二	戌	〇一	〇四 五二	北	四七	三〇 五九	五
天钩三	戌	〇一	二二 四〇	北	七三	五七 三〇	五
车府南增十四	戌	〇一	二六 〇五	北	四四	三四 三四	六
天溷三	戌	〇一	三九 三〇	南	一六	一八 三九	六
车府东增十九	戌	〇一	四二 五四	北	五一	二四 二〇	五
天溷北增一	戌	〇一	四四 〇七	南	〇六	三七 一七	六
室宿东增六	戌	〇一	五六 一二	北	三二	三九 〇一	六
天厨南增二	戌	〇二	一〇 一〇	北	七七	一九 〇九	六
天溷四	戌	〇二	一八 三一	南	一四	〇七 四五	五
螣蛇二	戌	〇二	二二 三三	北	五三	一九 〇九	五
车府南增十五	戌	〇二	三〇 二八	北	四三	四一 一〇	六
土公南增八	戌	〇二	三〇 五〇	南	〇二	四二 〇〇	六
壁宿西增九	戌	〇二	三四 五九	北	一八	一三 四一	六
车府一	戌	〇二	五〇 〇九	北	四五	三三 三八	五
土公南增九	戌	〇二	五〇 一六	南	〇三	五九 五六	六

天厨五	戌	○二	五二 一八	北	七七	二八 一○	五
室宿东增七	戌	○三	○○ ○三	北	三三	○一 一九	六
土公南增七	戌	○三	○一 一○	南	○○	四四 四九	六
天溷北增二	戌	○三	○三 二六	南	○六	四七 二八	六
壁宿南增十	戌	○三	○七 ○○	北	一一	四二 三八	六
土公北增二	戌	○三	一一 二三	北	○九	一二 三七	六
螣蛇七	戌	○三	二○ 一○	北	六三	四五 ○○	六
土公北增三	戌	○三	二二 一六	北	○六	三六 ○三	六
土公北增四	戌	○三	三○ ○八	北	○五	五四 二六	六
天溷内增六	戌	○三	四二 ○○	南	一四	四四 一四	五
壁宿西增八	戌	○三	四二 三二	北	二○	三二 五八	六
壁宿西增七	戌	○三	四八 ○一	北	二○	三五 ○○	六
夹白二	戌	○三	五一 四五	南	七八	○五 二○	三
螣蛇八	戌	○四	○七 五五	北	六一	一四 ○○	六
天囷四	戌	○四	一一 五五	南	五六	五七 五三	四
车府南增十六	戌	○四	一四 二七	北	四三	四五 三八	五
壁宿西增二	戌	○四	二○ 四二	北	三一	○一 五七	六
土公北增五	戌	○四	二四 一三	北	○五	二七 二八	六
螣蛇一	戌	○四	三七 一二	北	五三	一七 二六	四
土公南增十	戌	○四	四一 五一	南	○三	五八 五六	六
车府南增十七	戌	○四	四三 二二	北	四四	○三 ○八	六
天溷二	戌	○四	四七 三二	南	一五	五三 五○	五
土公南增十一	戌	○四	五八 二六	南	○四	一五 一六	六
螣蛇十	戌	○五	○八 五六	北	五五	三四 一○	五
土公二	戌	○五	二一 五五	北	○四	三 四二	六
天溷东增五	戌	○五	二二 三九	南	一六	一五 五一	五
天溷一	戌	○五	二二 四六	南	一三	二四 ○八	六
螣蛇南增八	戌	○五	二九 一六	北	三八	二○ 四五	六
壁宿西增三	戌	○五	三一 ○○	北	二八	一八 ○五	五
天钩二	戌	○五	三一 ○八	北	七六	一六 五四	六
壁宿一	戌	○五	三四 五○	北	一二	三五 一二	二
壁宿西增一	戌	○五	四一 三一	北	三二	五三 ○○	六
壁宿南增十一	戌	○五	四九 ○六	北	一一	○五 三六	六
壁宿西增十八	戌	○五	五四 一七	北	一五	四六 一五	六
壁宿西增四	戌	○六	三○ 二四	北	二七	一六 二○	六
壁宿西增六	戌	○六	三○ 五○	北	二三	○九 一六	六
土公东增六	戌	○六	三四 二一	北	○三	一一 ○八	六
壁宿南增十二	戌	○六	五四 四八	北	一○	○九 ○八	六
车府南增十八	戌	○七	○○ 一一	北	四三	五七 ○五	六
造父四	戌	○七	○三 一一	北	六四	○二 五三	六

壁宿东增十七	戌	〇七	〇三 四五	北	一三	一二 〇四	六
螣蛇十五	戌	〇七	一二 二八	北	五三	四一 四四	六
螣蛇西增七	戌	〇七	二一 二九	北	四一	三九 五四	六
壁宿东增十六	戌	〇七	三一 一八	北	一二	五五 〇三	六
天仓内增十四	戌	〇七	三四 〇九	南	一五	三八 五九	六
天仓内增十三	戌	〇七	四三 四九	南	一五	三五 二九	六
壁宿南增十三	戌	〇七	四六 〇六	北	一〇	四一 三四	六
螣蛇西增六	戌	〇七	五三 一二	北	四一	四六 三二	六
壁宿东增十九	戌	〇八	〇〇 四二	北	一七	〇一 四〇	六
𫓧锧一	戌	〇八	〇六 四四	南	二八	三七 五六	六
天仓北增十二	戌	〇八	〇八 五二	南	一五	三九 五六	六
天仓二	戌	〇八	一〇 一八	南	一六	〇七 一六	三
天溷北增三	戌	〇八	一〇 一八	南	〇六	一七 五〇	六
壁宿西增五	戌	〇八	二二 三三	北	二四	三四 四二	六
螣蛇南增九	戌	〇八	二三 一〇	北	三八	一四 四二	六
造父西增一	戌	〇八	二六 四八	北	六一	五二 五〇	六
螣蛇西增四	戌	〇八	三八 一五	北	四六	三五 〇五	六
天仓北增十一	戌	〇九	〇五 一〇	南	一五	〇六 四七	六
天溷北增四	戌	〇九	〇五 二四	南	一〇	四一 〇〇	六
天钩五	戌	〇九	一五 三三	北	六八	五六 二〇	三

螣蛇九	戌	〇九	二五 五〇	北	五九	五九 〇五	四
壁宿东增十五	戌	〇九	二八 三一	北	一二	一六 五六	六
螣蛇南增十	戌	〇九	四六 一四	北	三八	三六 〇四	六
壁宿东增十四	戌	〇九	五三 四七	北	一一	三九 一三	六
外屏西增九	戌	〇九	五七 二二	北	〇一	三一 四八	六
螣蛇西增五	戌	一〇	〇〇 一二	北	四一	四六 五九	六
壁宿东增二十	戌	一〇	〇一 四八	北	一三	三七 三〇	六
造父内增四	戌	一〇	二〇 〇五	北	六五	〇二 三五	六
天仓内增十五	戌	一〇	二二 三六	南	二一	五〇 〇七	五
外屏西增八	戌	一〇	二二 三一	北	〇一	五七 二八	六
造父二	戌	一〇	二四 四五	北	六一	〇九 四一	四
天仓北增九	戌	一〇	二七 〇四	南	一四	三七 五九	五
壁宿东增二十一	戌	一〇	三二 四〇	北	一五	〇四 四五	六
天仓北增十	戌	一〇	三三 〇三	南	一三	二四 五八	六
外屏一	戌	一〇	三四 一七	北	〇二	〇九 四四	四
造父内增二	戌	一〇	四〇 五七	北	六一	四八 五〇	六
壁宿二	戌	一〇	四三 五三	北	二五	四一 〇一	二
外屏南增十	戌	一〇	四五 三八	南	〇五	〇二 一〇	六
造父五	戌	一〇	五〇 〇八	北	六五	二九 〇三	五
𫓧锧二	戌	一〇	五八 二七	南	二八	〇二 〇〇	五

造父东增五	戌	一一	○三 一二	北	六五	二九 一五	五
螣蛇内增二	戌	一一	○六 ○九	北	四八	五六 二三	六
螣蛇十六	戌	一一	○六 一六	北	四九	五三 二六	六
天钩南增九	戌	一一	○八 二一	北	六六	四○ 三五	六
天仓内增十六	戌	一一	一九 一七	南	二○	三二 四○	六
天仓北增八	戌	一一	二○ 五五	南	一四	四一 三九	六
天钩南增十	戌	一一	二七 一○	北	六六	四七 二八	六
造父内增三	戌	一一	四三 一六	北	六二	五四 二二	六
壁宿东增二十二	戌	一一	五○ 二一	北	一五	二九 ○四	六
天仓内增十八	戌	一二	○二 五○	南	二三	四一 二四	六
壁宿东增二十三	戌	一二	○四 三七	北	一五	二四 四七	六
铁锧三	戌	一二	○七 三二	南	二八	五五 五一	五
天仓北增四	戌	一二	○七 三八	南	○九	○八 四三	六
螣蛇十二	戌	一二	一一 四五	北	四八	三四 一一	六
天园五	戌	一二	一三 三三	南	五四	一三 一三	四
造父三	戌	一二	二五 四六	北	六一	五四 五○	六
天仓内增十七	戌	一二	三○ 三○	南	二三	三三 五六	六
螣蛇二十二	戌	一二	三二 二五	北	四一	○一 二六	四
天仓三	戌	一二	三八 五二	南	一五	四六 三○	三
天仓北增七	戌	一二	四○ ○六	南	一五	三五 四四	六
外屏南增十一	戌	一二	五二 一○	南	○四	四九 一六	六
螣蛇十八	戌	一二	五三 二九	北	四七	四五 一七	六
螣蛇内增三	戌	一二	五四 二七	北	四七	一五 五五	六
天仓北增六	戌	一三	○八 二五	南	○九	四九 三三	六
天仓北增三	戌	一三	○八 五六	南	○八	一四 四五	六
天仓北增五	戌	一三	一七 一○	南	○九	三八 一二	六
外屏南增五	戌	一三	二六 四六	南	○一	五五 三○	六
外屏南增六	戌	一三	三一 四六	南	○一	一○ 五五	六
外屏南增十二	戌	一三	三八 一○	南	○四	四○ 五七	六
螣蛇二十一	戌	一三	四五 一六	北	四一	四三 ○六	四
外屏内增七	戌	一三	四六 四○	北	○一	○九 二八	六
天厨一	戌	一三	五一 ○三	北	八二	五二 五○	三
外屏二	戌	一三	五七 一一	北	○一	○四 ○七	四
奎宿西增三	戌	一四	○二 三九	北	一五	三七 一二	六
造父一	戌	一四	○四 ○五	北	五九	三三 二五	四
外屏南增十三	戌	一四	○六 五八	南	○四	五○ 三一	六
奎宿西增二	戌	一四	一○ 二六	北	一五	四四 四七	六
天庾一	戌	一四	一六 五一	南	三八	五二 一九	六
天庾北增一	戌	一四	一八 ○八	南	三七	五○ ○五	六
铁锧五	戌	一四	一八 三二	南	三二	○三 二八	四

奎宿西增五	戌	一四	一九 〇二	北	一〇	四四 四九	六
天仓五	戌	一四	二〇 四八	南	二四	五七 三二	三
外屏南增四	戌	一四	二一 四五	南	〇一	三〇 一四	五
天仓北增二	戌	一四	三九 二五	南	〇八	一七 四二	六
螣蛇十九	戌	一四	四五 四三	北	四三	四八 三四	四
天园北增一	戌	一五	〇〇 〇六	南	五一	四三 〇三	四
奎宿西增四	戌	一五	〇一 三六	北	一三	一九 五八	六
天钩北增五	戌	一五	〇三 三八	北	六九	五九 三〇	六
天仓北增一	戌	一五	一九 二八	南	〇八	三〇 〇六	六
天钩北增六	戌	一五	二八 三六	北	六九	五五 二四	六
天钩一	戌	一五	四〇 五五	北	七四	〇七 〇三	六
奎宿西增一	戌	一五	四四 〇三	北	二四	一一 四二	六
外屏南增十四	戌	一五	四五 〇四	南	〇四	一七 一三	五
铁锧四	戌	一五	四九 一五	南	三一	〇二 二九	四
天仓六	戌	一五	五三 三二	南	三〇	四七 五二	五
外屏三	戌	一六	一七 一三	南	〇〇	一三 二五	四
外屏南增三	戌	一六	一七 五三	南	〇〇	五一 五〇	六
天钩南增十一	戌	一六	一八 一七	北	六四	一八 二六	六
螣蛇二十	戌	一六	二五 一三	北	四二	五六 二九	四
天钩南增十二	戌	一六	二七 一七	北	六四	一六 四〇	五
外屏北增三	戌	一六	二八 二一	北	〇五	三一 一三	六
奎宿西增六	戌	一六	二八 二九	北	一二	一七 一三	六
天厩三	戌	一六	四八 五三	北	三一	三五 五六	五
天厨四	戌	一六	五八 四三	北	七八	〇七 四〇	五
奎宿二	戌	一七	〇一 二九	北	一七	三五 五一	四
外屏北增一	戌	一七	〇八 三六	北	〇七	二三 二二	六
天钩南增十三	戌	一七	一四 二二	北	六四	三六 四八	六
奎宿四	戌	一七	二二 〇二	北	二三	〇〇 五六	四
天厩一	戌	一七	三六 四四	北	三三	二二 五三	四
天厩二	戌	一八	〇一 五〇	北	三二	二三 一二	五
奎宿五	戌	一八	一三 一四	北	二四	二〇 三五	三
螣蛇内增十二	戌	一八	一七 三五	北	四六	五五 三二	六
天厩北增一	戌	一八	一九 三五	北	三五	四六 一二	六
天仓四	戌	一八	二一 四七	南	二〇	二一 一九	三
奎宿内增九	戌	一八	二五 五八	北	一六	一九 三五	六
奎宿一	戌	一八	五〇 一八	北	一五	五五 一九	四
奎宿三	戌	一九	〇二 四六	北	二〇	三〇 四三	六
奎宿六	戌	一九	〇四 四七	北	二七	〇八 二八	四
天钩南增十四	戌	一九	一六 四四	北	六三	二四 四〇	六
外屏四	戌	一九	三一 四〇	南	〇三	〇四 二五	五

天园六	戌	一九	三三 二七	南	五三	四四 五二	三
右更西增五	戌	一九	四二 五五	北	〇一	五四 五二	六
奎宿十六	戌	一九	五四 〇〇	北	一三	二一 〇八	五
奎宿南增七	戌	二〇	〇二 五〇	北	一一	一八 〇九	六
奎宿南增八	戌	二〇	〇三 二五	北	一二	二八 四六	六
奎宿内增十	戌	二〇	〇八 二四	北	一九	二九 三九	六
天钩六	戌	二〇	三九 三九	北	六五	四六 〇五	五
天庾南增三	戌	二〇	四一 一八	南	四六	一九 二七	六
螣蛇南增十一	戌	二〇	五四 五二	北	四〇	二四 三三	五
奎宿十五	戌	二〇	五六 四三	北	一二	二五 二九	五
天庾二	戌	二〇	〇九 〇八	南	三九	四一 一五	六
天庾三	戌	二一	一一 四二	南	四四	五二 二三	五
天钩北增七	戌	二一	一五 一八	北	七〇	〇二 五五	六
奎宿内增十六	戌	二一	一八 五六	北	二〇	五七 〇八	六
天钩北增八	戌	二一	三六 一三	北	六九	五七 二二	六
螣蛇北增十三	戌	二一	五一 四五	北	五六	四六 〇〇	六
外屏五	戌	二一	五五 三七	南	〇四	四三 一二	五
天庾东增二	戌	二二	〇二 一七	南	四二	一四 三二	六
天苑西增七	戌	二二	二二 〇〇	南	三四	一四 〇五	六
奎宿十四	戌	二二	五三 三一	北	一二	二九 〇二	五
奎宿北增二十二	戌	二二	五八 一三	北	三一	五一 三六	六
右更西增四	戌	二二	五八 三八	北	〇二	二八 〇五	六
金鱼四	戌	二三	〇四 一七	南	八八	一四 二〇	五
天园南增三	戌	二三	〇七 二五	南	五八	〇二 三六	五
刍藁西增一	戌	二三	〇八 三三	南	二一	二五 三五	六
右更二	戌	二三	一四 二〇	北	〇五	二一 〇七	四
右更三	戌	二三	二〇 一八	北	〇一	五二 〇五	五
右更一	戌	二三	三〇 一二	北	〇九	二二 〇三	五
右更东增一	戌	二三	三七 二七	北	〇九	二三 五八	六
天钩南增十五	戌	二三	三八 四〇	北	六二	〇二 一〇	六
奎宿内增十五	戌	二三	三八 四一	北	二三	〇三 四七	五
天囷西增二	戌	二三	四八 五五	南	一三	三二 三四	六
螣蛇十四	戌	二三	五〇 〇五	北	五四	三八 三二	六
天钩南增十六	戌	二三	五一 四七	北	六二	〇〇 三七	五
外屏六	戌	二三	五六 一八	南	〇七	五五 四五	五
右更内增二	戌	二三	五六 三五	北	〇四	二〇 四七	六
右更四	戌	二四	〇九 四〇	南	〇一	三八 五八	五
奎宿北增二十一	戌	二四	一六 四〇	北	三三	二〇 四四	气
天园北增二	戌	二四	二六 五四	南	四九	〇四 三七	六
奎宿十	戌	二四	三一 三〇	北	二三	〇六 二三	五

右更五	戌	二四	三五 〇六	北	〇三	四〇 三二	六
奎宿十一	戌	二四	四三 二六	北	二〇	四二 一九	五
奎宿内增十四	戌	二四	四九 一八	北	二二	四七 五一	六
天钩七	戌	二四	五〇 三五	北	六三	五七 一〇	六
天囷西增三	戌	二五	〇六 三二	南	一二	〇九 一三	六
天囷西增四	戌	二五	〇七 四四	南	一一	三九 五三	六
奎宿十三	戌	二五	一二 一〇	北	一七	二六 五七	五
奎宿东增十三	戌	二五	一二 三二	北	二一	五九 〇六	六
外屏内增十五	戌	二五	二七 〇五	南	〇八	三五 〇五	六
奎宿八	戌	二五	三三 四五	北	二九	三九 二〇	四
奎宿七	戌	二五	三三 五二	北	三二	三三 一二	四
天囷西增一	戌	二五	四一 〇一	南	一四	二九 一三	六
外屏七	戌	二五	四七 二三	南	〇九	〇五 一〇	三
刍藁五	戌	二五	五四 三四	南	二二	一六 二八	六
刍藁三	戌	二六	〇五 一三	南	一八	五八 五一	六
刍藁一	戌	二六	〇七 一〇	南	二五	一五 五〇	四
右更东增三	戌	二六	〇九 四二	南	〇〇	二六 三九	六
奎宿十二	戌	二六	一〇 二一	北	一八	三九 五三	六
天囷十二	戌	二六	一三 一六	南	一四	〇八 〇三	六
天囷十三	戌	二六	三〇 二〇	南	一四	五〇 〇五	六

天苑西增九	戌	二六	三一 〇二	南	二八	三〇 四八	四
螣蛇十一	戌	二六	三五 四一	北	四九	二四 五〇	六
奎宿九	戌	二六	四七 四四	北	二五	五六 一九	二
娄宿西增三	戌	二七	二一 一八	北	五〇	七五 〇三	六
螣蛇十二	戌	二七	三一 二四	北	五一	〇九 一七	六
螣蛇十三	戌	二七	三一 三一	北	五二	三九 五〇	五
娄宿西增三	戌	二七	三三 一五	北	〇九	〇一 二六	六
阁道西增一	戌	二七	五一 一八	北	三八	一九 〇〇	六
天厨二	戌	二七	五四 三五	北	八〇	五五 一四	四
刍藁北增二	戌	二七	五六 一五	南	一五	五六 三八	气
奎宿东增十六	戌	二八	〇九 〇八	北	二七	四二 一八	五
娄宿东增二十	戌	二八	二〇 二三	北	三一	四〇 〇九	六
螣蛇北增十四	戌	二八	二七 四九	北	五七	一〇 一二	五
天苑八	戌	二八	二八 五〇	南	三二	四六 〇三	四
天苑内增八	戌	二八	二九 三〇	南	三二	四六 二〇	六
阁道六	戌	二八	五五 二五	北	三九	一七 四五	六
天苑九	戌	二九	〇二 四一	南	三五	三二 四四	四
娄宿北增四	戌	二九	〇七 五二	北	一一	二四 〇八	六
天厨三	戌	二九	一六 四〇	北	七九	二七 四〇	五
天囷十一	戌	二九	二一 〇四	南	一四	一四 〇一	六

刍藁四	戌	二九	二二 三六	南	一六	一五 一二	六
天苑西增六	戌	二九	二五 五〇	南	八三	四三 四八	六
娄宿二	戌	二九	三六 〇〇	北	〇七	〇八 五八	四
天钩八	戌	二九	四三 三〇	北	六二	三六 五〇	四
天苑西增五	戌	二九	四四 二三	南	三八	三三 一六	六
天囷内增五	戌	二九	四四 四二	南	一三	〇〇 五六	六
刍藁六	戌	二九	四五 一五	南	二六	〇〇 二五	三
阁道北增二	戌	二九	五五 〇四	北	四一	二五 五〇	六
娄宿南增一	戌	二九	五五 五七	北	〇五	二六 一二	五
刍藁二	戌	二九	五八 五八	南	二一	五〇 三六	六
天囷西增六	酉	〇〇	〇〇 〇五	南	〇四	二四 三八	六
天苑七	酉	〇〇	〇九 五三	南	二八	一六 三二	三
奎宿东增十八	酉	〇〇	一一 二七	北	三一	四一 四〇	六
刍藁东增五	酉	〇〇	一九 三四	南	二一	五五 四四	六
娄宿一	酉	〇〇	二二 五九	北	〇八	二八 一六	三
天囷五	酉	〇〇	二七 三六	南	〇四	一七 〇五	四
奎宿东增十七	酉	〇〇	三九 二九	北	二六	三九 〇三	六
奎宿东增十九	酉	〇〇	四三 一六	北	三三	三三 一三	五
奎宿东增十二	酉	〇〇	五〇 一七	北	一七	三九 〇八	六
天苑南增四	酉	〇〇	五六 一四	南	四四	四五 〇一	三

天苑南增三	酉	〇〇	五六 五一	南	四四	四四 三二	四
王良五	酉	〇一	〇七 二三	北	四五	三八 五〇	五
天苑十	酉	〇一	一〇 〇〇	南	三九	〇〇 〇一	三
天园南增四	酉	〇一	二〇 四三	南	五七	〇四 四八	五
阁道五	酉	〇一	二六 五〇	北	四一	一六 〇五	五
附路	酉	〇一	三二 三八	北	四四	四二 一三	四
王良一	酉	〇一	三三 〇六	北	五一	一三 五〇	二
刍藁东增三	酉	〇一	四〇 三七	南	一七	四九 〇一	六
天囷十	酉	〇一	四四 一九	南	一五	一二 一五	五
王良北增一	酉	〇一	五四 四〇	北	五五	〇七 四五	六
上卫东增一	酉	〇二	〇二 五三	北	七一	〇九 〇〇	三
娄宿北增五	酉	〇二	〇七 一五	北	一〇	四七 四七	五
刍藁东增四	酉	〇二	一七 五五	南	一七	五二 四三	六
娄宿南增十五	酉	〇二	三四 五〇	北	〇一	四六 二五	六
军南门	酉	〇二	五三 〇一	北	三六	二〇 二一	五
金鱼一	酉	〇二	五八 三八	南	七〇	一二 二八	四
娄宿北增六	酉	〇三	一五 五一	北	一六	四八 二三	四
娄宿南增十四	酉	〇三	二八 四九	北	〇五	五六 五八	六
娄宿南增十一	酉	〇三	四〇 〇八	北	〇九	一三 二九	五
天囷北增七	酉	〇三	四五 四九	南	〇三	三三 三一	六

天囷六	酉	〇三	五二 三五	南	〇五	五三 〇七	四
天囷九	酉	〇三	五九 二六	南	一四	二九 五七	三
天囷南增二十	酉	〇四	〇三 三九	南	一五	三五 三九	六
娄宿三	酉	〇四	〇四 一八	北	〇九	五七 一二	二
天大将军西增一	酉	〇四	一〇 四四	北	三三	四七 五〇	四
娄宿北增七	酉	〇四	一一 一四	北	一二	三一 五二	六
王良北增三	酉	〇四	一三 五九	北	五三	五七 一〇	六
王良四	酉	〇四	一五 二三	北	四六	三五 五三	三
天大将军西增二	酉	〇四	一八 四四	北	三三	四七 五〇	五
金鱼二	酉	〇四	一九 四一	南	七四	三八 一一	三
娄宿南增十二	酉	〇四	三一 五〇	北	〇七	二二 四五	六
娄宿北增八	酉	〇四	四七 一二	北	一二	〇四 〇二	六
天囷七	酉	〇四	四八 〇九	南	〇九	一二 二六	四
上卫东增二	酉	〇四	五八 四七	北	七〇	一六 三〇	五
天大将军六	酉	〇五	〇一 二七	北	二八	五八 二一	五
天宛六	酉	〇五	〇九 五〇	南	二四	三三 三八	三
天大将军西增三	酉	〇五	一三 四五	北	三三	一七 三一	五
娄宿南增十三	酉	〇五	一七 二五	北	〇五	四三 三九	六
天园七	酉	〇五	一九 〇八	南	五四	五〇 一〇	四
天大将军七	酉	〇五	二一 〇一	北	二七	五四 〇六	五
天大将军西增四	酉	〇五	二一 〇四	北	二六	二五 一五	六
娄宿北增九	酉	〇五	二五 四六	北	一二	〇五 三二	六
天苑南增二	酉	〇五	五一 三六	南	三九	〇八 二八	六
天囷八	酉	〇五	五二 〇三	南	一二	〇一 二六	三
天钩九	酉	〇六	二六 五五	北	六一	二三 四六	五
天苑十一	酉	〇六	三〇 〇三	南	三八	三二 一七	四
天大将军四	酉	〇六	三四 二七	北	三四	三〇 五五	五
王良三	酉	〇六	三七 五六	北	四七	〇四 一九	四
王良内增四	酉	〇六	四四 一五	北	五二	〇一 二〇	六
娄宿北增十	酉	〇六	四四 三八	北	一一	二七 四四	六
天大将军南增五	酉	〇六	四五 二五	北	一九	二八 〇〇	六
天苑北增十	酉	〇六	四七 四四	南	三二	四五 二〇	六
王良北增二	酉	〇六	四九 〇三	北	五五	一〇 〇六	六
天大将军五	酉	〇六	五六 二六	北	三一	二七 四三	六
天园八	酉	〇六	五六 四五	南	五五	三三 二二	四
天大将军八	酉	〇六	五八 〇五	北	二三	三九 一三	六
天囷北增八	酉	〇七	〇五 〇七	南	〇二	四四 一二	六
天苑北增十一	酉	〇七	一一 三九	南	二三	五四 三七	五
天苑北增十二	酉	〇七	三七 〇九	南	二三	五七 一六	四
天大将军南增六	酉	〇七	三七 三五	北	一五	五九 〇二	六

天大将军内增十一	酉	〇七	五四 四〇	北	二七	〇四 〇八	气
天囷北增九	酉	〇七	五九 二二	南	〇四	四八 二九	六
上卫东增三	酉	〇八	〇一 〇六	北	七〇	二二 〇七	五
天囷南增十九	酉	〇八	〇八 〇四	南	一八	四二 二三	六
天园九	酉	〇八	一〇 三九	南	五四	一九 〇一	四
阁道四	酉	〇八	一三 二九	北	四三	〇五 一五	四
左更西增一	酉	〇八	一六 四五	北	〇四	四一 三〇	六
天囷南增十八	酉	〇八	一六 五八	南	一九	一〇 五〇	六
天囷四	酉	〇八	一九 五〇	南	〇五	三五 三三	四
胃宿西增一	酉	〇八	二三 三一	北	一三	五五 二六	六
天大将军九	酉	〇八	四四 四四	北	二〇	三四 一七	四
少卫西增四	酉	〇八	五二 一〇	北	六八	一八 二〇	六
天大将军三	酉	〇八	五三 三六	北	三五	二三 四五	五
王良东增五	酉	〇九	〇四 二六	北	四七	三二 二〇	六
王良二	酉	〇九	〇五 一九	北	五二	一四 四〇	四
传舍一	酉	〇九	一六 三〇	北	五九	〇〇 五三	五
少卫西增三	酉	〇九	二五 三三	北	六八	二五 五五	五
天大将军南增七	酉	〇九	二七 四〇	北	一八	三四 二二	六
天大将军内增九	酉	〇九	四一 四一	北	二三	一八 一一	六
左更三	酉	〇九	四八 四三	南	〇〇	三六 二四	六
天大将军十一	酉	〇九	五四 四三	北	一九	二一 三二	五
天大将军十	酉	〇九	五五 二一	北	一八	五六 〇七	四
天苑五	酉	一〇	一四 二五	南	二五	五七 二二	三
天苑内增十三	酉	一〇	二〇 一三	南	二六	一九 四六	六
天园北增五	酉	一〇	二三 三五	南	五三	一五 二六	五
策	酉	一〇	二四 〇五	北	四八	四七 五六	三
左更一	酉	一〇	三三 三五	北	〇六	〇七 五六	六
天苑十二	酉	一〇	三六 三二	南	三九	二八 一四	四
天大将军东增十	酉	一〇	三九 三二	北	二四	一三 二四	六
天大将军一	酉	一〇	四〇 四四	北	二七	四六 〇七	二
天囷一	酉	一〇	四四 一五	南	一二	三六 五九	二
胃宿西增二	酉	一〇	四四 三四	北	一四	一四 〇三	六
左更二	酉	一〇	四四 五五	北	〇四	〇一 五六	六
天囷内增十	酉	一〇	五〇 〇八	南	一二	二二 五五	六
天大将军二	酉	一一	〇三 一三	北	三六	四九 一三	四
少卫西增二	酉	一一	一一 四八	北	六九	二四 〇〇	五
左更四	酉	一一	二〇 四六	南	〇一	一九 三七	六
天囷三	酉	一一	三〇 〇六	南	〇七	四九 一二	四
左更五	酉	一一	三二 五二	北	〇一	〇六 一三	六
左更东增二	酉	一一	三七 三九	北	〇一	五六 一四	六

天囷南增十七	酉	一一	四七 一三	南	一八	二五 四二	六
阁道内增三	酉	一一	五八 一六	北	四五	〇四 〇七	六
天园南增六	酉	一二	一二 〇八	南	六一	四三 四三	四
少卫西增一	酉	一二	二四 二七	北	六九	五五 〇〇	六
胃宿西增五	酉	一二	三三 〇一	北	一〇	五一 五二	五
天大将军东增十六	酉	一二	三七 〇一	北	三六	一八 三七	六
天苑内增一	酉	一二	五三 五七	南	三五	四〇 一五	五
传舍西增一	酉	一二	五四 二四	北	五五	〇一 四〇	六
左更东增三	酉	一二	五四 三二	北	〇〇	五八 三七	六
天大将军东增十五	酉	一二	五四 五六	北	三四	二六 〇一	六
天囷南增十六	酉	一三	一六 三五	南	一八	三三 四二	六
左更东增五	酉	一三	一七 一一	北	〇一	二八 五八	六
天大将军东增十二	酉	一三	一七 二〇	北	二八	五二 三五	六
左更东增四	酉	一三	一九 二四	北	〇一	一〇 〇三	六
胃宿一	酉	一三	二〇 四七	北	一一	一七 一三	四
传舍二	酉	一三	三二 四七	北	五四	五九 四八	六
天苑十四	酉	一三	四五 五二	南	四二	三四 三二	五
天苑十三	酉	一三	四九 一五	南	四一	五三 〇九	四
天大将军东增八	酉	一三	五三 二八	北	二〇	〇〇 三七	六
少卫西增五	酉	一四	〇九 二〇	北	六七	〇〇 一〇	六
少卫西增六	酉	一四	一八 〇六	北	六六	五六 四〇	六
阁道三	酉	一四	二二 一五	北	四六	二三 二六	三
御女西增一	酉	一四	二二 三〇	北	七九	〇四 五〇	六
左更东增六	酉	一四	二七 〇八	北	〇三	三四 三七	六
胃宿三	酉	一四	三六 四五	北	一〇	二五 三七	三
天苑四	酉	一四	四〇 二四	南	二七	四六 三〇	三
天囷南增十一	酉	一四	四二 五八	南	一四	二九 二一	五
胃宿二	酉	一四	四五 五五	北	一二	二八 〇八	四
阁道南增四	酉	一四	五三 〇五	北	四四	五八 五五	六
左更东增七	酉	一四	五五 〇九	北	〇四	〇八 〇一	五
大陵北增四	酉	一五	〇四 一三	北	四〇	一三 一六	六
天苑北增十四	酉	一五	一五 二〇	南	二三	二二 二七	四
天囷二	酉	一五	一五 二五	南	一四	一八 二五	四
天苑十五	酉	一五	一六 二〇	南	四三	四〇 五〇	四
传舍三	酉	一五	四〇 〇六	北	五一	三九 二〇	六
天大将军东增十三	酉	一五	四九 一九	北	三一	二二 二八	六
天大将军东增十四	酉	一六	一二 四八	北	三二	四八 三六	六
天阴西增一	酉	一六	一五 四八	北	〇一	〇五 三九	六
大陵北增五	酉	一六	二四 一〇	北	三八	五七 三六	六
大陵西增六	酉	一六	二九 五七	北	三五	〇九 三四	六

传舍四	西	一六	三一 一二	北	五一	一三 五〇	六
少弼	西	一六	五三 〇五	北	八三	一一 三〇	四
天阴四	西	一七	一五 一八	北	〇一	四七 三四	四
天苑三	西	一七	一五 五六	南	二八	四六 一六	三
大陵八	西	一七	一六 五三	北	二二	一三 〇六	六
阁道南增五	西	一七	一六 五五	北	四五	三〇 一六	六
天苑北增十五	西	一七	一九 一四	南	二四	二五 二〇	六
大陵南增十六	西	一七	二一 三五	北	一七	四六 〇八	五
天苑二	西	一七	二二 二八	南	三一	〇九 一五	四
上卫	西	一七	二三 〇八	北	七五	一八 四五	五
大陵西增七	西	一七	二三 三一	北	三三	四九 三一	六
天苑十六	西	一七	二三 三七	南	四三	三〇 四四	四
胃宿东增四	西	一七	二四 二〇	北	〇七	二九 〇五	六
天廪四	西	一七	三四 三六	南	〇九	二一 四七	四
胃宿东增三	西	一七	三六 〇八	北	一四	二四 四七	四
天苑北增十六	西	一七	五一 三七	南	二四	〇八 一八	五
大陵西增八	西	一七	五六 五八	北	三三	二八 二七	六
大陵七	西	一八	一四 一三	北	二〇	五五 三二	四
天廪三	西	一八	一八 四三	南	〇八	四九 四八	四
天阴二	西	一八	二一 三四	北	〇二	五一 一九	五

天囷东增十五	西	一八	二三 三八	南	一八	二七 四一	四
大陵西增九	西	一八	三七 一九	北	三三	三八 五〇	五
金鱼三	西	一八	四六 一九	南	八五	〇四 二二	四
大陵西增十	西	一八	四九 四一	北	三三	四七 三五	六
天园十	西	一八	五二 〇〇	南	五三	五八 五四	三
大陵内增十五	西	一八	五三 一一	北	二〇	四四 四三	六
大陵内增十四	西	一九	一〇 五七	北	二六	五七 二七	六
天廪二	西	一九	二九 五八	南	〇七	二八 二九	六
天廪南增一	西	一九	三二 四一	南	〇九	三〇 二七	六
大陵北增三	西	一九	四六 二七	北	四一	一二 二三	六
天囷东增十二	西	一九	四八 〇八	南	一六	〇四 五七	六
大陵南增十七	西	一九	五六 一〇	北	一八	〇五 〇〇	六
天囷东增十四	西	一九	五六 三六	南	二〇	二七 一七	五
少卫	西	一九	五九 四六	北	六五	三三 〇〇	五
天廪一	西	二〇	〇〇 一八	南	〇五	五七 一三	五
天阴三	西	二〇	三 四九	北	〇二	〇四 五六	六
华盖四	西	二〇	一五 三六	北	五四	一三 四〇	六
天囷东增十三	西	二〇	一五 五〇	南	一九	三八 三四	六
天苑一	西	二〇	一六 三四	南	三三	一三 三五	二
积尸	西	二〇	一九 三五	北	二一	四二 一五	四

大陵一	酉	二〇	二九 四三	北	三八	五七 四一	六
大陵北增一	酉	二〇	四一 四八	北	四〇	四三 二一	六
天园十一	酉	二〇	五一 三〇	南	五四	三三 一五	五
大陵北增二	酉	二〇	五七 三五	北	四一	〇三 二二	六
九州殊口西增四	酉	二〇	〇一 二〇	南	五二	〇〇 三八	五
九州殊口西增三	酉	二一	〇三 一六	南	二四	四二 二五	六
大陵内增十三	酉	二一	〇四 二三	北	三一	三六 三七	四
阁道二	酉	二一	一一 四八	北	四七	三一 五〇	三
九州殊口西增五	酉	二一	一八 三七	南	二四	五九 四七	五
柱史北增一	酉	二一	一八 四八	北	八七	一七 五五	六
大陵六	酉	二一	一九 三二	北	二〇	三三 一三	四
华盖五	酉	二一	二四 四〇	北	五二	四九 五〇	五
天阴北增二	酉	二一	二四 四五	北	〇五	五一 三九	六
御女一	酉	二一	二九 一〇	北	八〇	四〇 〇三	四
天阿	酉	二一	四一 五四	北	〇八	四五 二五	六
天廪南增二	酉	二一	五八 〇六	南	一三	三〇 〇六	六
九州殊口西增二	酉	二二	〇二 三八	南	二二	四五 四三	四
大陵内增十二	酉	二二	一七 〇〇	北	三一	四八 一〇	六
天阴五	酉	二二	一七 二八	北	〇二	五九 五七	六
天阴一	酉	二二	三一 五〇	南	〇〇	〇五 二〇	六

大陵五	酉	二二	三五 四二	北	二二	二三 四七	二
大陵南增十八	酉	二二	四六 四〇	北	二〇	五五 五八	五
华盖六	酉	二三	一九 五三	北	五一	五〇 一二	六
昴宿西增二	酉	二三	三五 一二	北	〇五	〇二 四〇	六
毕宿西增二	酉	二三	三九 一七	南	一三	二二 五七	六
毕宿西增一	酉	二三	四五 一五	南	〇八	四〇 三六	五
昴宿西增三	酉	二三	五一 一〇	北	〇三	四一 三七	六
大陵四	酉	二四	〇六 一二	北	二六	〇四 二一	五
杠九	酉	二四	一三 四四	北	五四	一一 二〇	六
天阴东增三	酉	二四	一五 四九	南	〇〇	〇〇 五〇	六
九州殊口西增一	酉	二四	一七 二四	南	二一	四七 二八	五
大陵二	酉	二四	二〇 三〇	北	三四	二〇 一二	五
华盖三	酉	二四	三〇 一七	北	五六	一〇 一三	五
天阴东增四	酉	二四	三五 二九	南	〇〇	〇七 一五	六
大陵东增十一	酉	二四	三七 四〇	北	三四	一四 三二	六
柱史北增二	酉	二五	〇三 二〇	北	八七	一八 五〇	六
天船一	酉	二五	一〇 二四	北	三七	二六 五〇	四
昴宿北增一	酉	二五	一一 二四	北	〇五	三二 五一	六
大陵东增二十	酉	二五	二三 四八	北	二四	四九 五二	六
九州殊口西增六	酉	二五	二五 二四	南	二七	二九 五六	六

昴宿南增四	酉	二五	三二 〇九	北	〇三	〇三 四三	六
大陵三	酉	二五	三二 一一	北	三	五六 二九	四
华盖七	酉	二五	三六 〇八	北	五一	三八 五〇	六
九州殊口一	酉	二五	四五 五〇	南	三	五七 二八	五
昴宿一	酉	二五	五〇 二一	北	〇四	〇九 〇五	五
九州殊口二	酉	二五	五〇 五一	南	二七	三〇 〇〇	三
卷舌西增一	酉	二五	五一 一二	北	一二	二二 三三	六
大陵东增十九	酉	二五	五二 五六	北	二三	五八 〇四	六
天园十三	酉	二五	五三 二〇	南	五〇	五六 四三	四
杠八	酉	二五	五七 〇四	北	五三	五二 一九	六
少丞	酉	二五	五九 三〇	北	五九	四一 一〇	六
昴宿二	酉	二五	五九 四二	北	〇四	二九 〇二	五
少丞北增一	酉	二六	〇一 五四	北	五九	五三 四三	六
传舍五	酉	二六	〇六 二四	北	四八	五三 〇六	六
昴宿四	酉	二六	〇六 三一	北	〇四	二一 二五	五
昴宿五	酉	二六	〇七 三〇	北	〇三	五四 四七	五
天柱三	酉	二六	〇八 二九	北	七六	三六 一〇	六
昴宿三	酉	二六	一〇 一六	北	〇四	三一 三三	六
天园十二	酉	二六	一七 二一	南	五一	五一 〇一	三
毕宿南增三	酉	二六	二〇 〇八	南	一四	二九 五〇	四
毕宿南增四	酉	二六	二二 五一	南	一五	〇四 〇二	六
昴宿六	酉	二六	二五 〇八	北	〇四	〇〇 三七	三
天船二	酉	二六	二七 〇七	北	三四	三〇 〇五	三
少卫东增八	酉	二六	三三 三五	北	六四	三六 三〇	三
天柱二	酉	二六	三三 五四	北	七二	三五 二〇	五
昴宿七	酉	二六	四六 五二	北	〇三	五二 三七	五
九州殊口内增七	酉	二六	五二 四五	南	二八	一三 〇三	五
毕宿八	酉	二七	〇二 三一	南	〇七	五九 五七	四
卷舌五	酉	二七	〇七 五四	北	一二	二一 三二	五
少卫东增七	酉	二七	二二 三四	北	六八	二三 〇四	六
卷舌六	酉	二七	三三 五〇	北	一三	五二 〇〇	六
天船西增一	酉	二七	三七 四四	北	三〇	四二 一二	六
天船西增二	酉	二七	三九 四四	北	三〇	三三 四二	五
华盖二	酉	二八	〇八 二七	北	五五	五八 五一	六
昴宿东增五	酉	二八	一〇 二一	北	〇一	五八 三二	六
华盖一	酉	二八	一一 三〇	北	五五	二四 四〇	六
毕宿南增五	酉	二八	一七 五八	南	一五	二一 一〇	六
杠七	酉	二八	二三 二六	北	五三	一二 〇七	五
天船三	酉	二八	三一 〇四	北	三〇	〇五 二〇	二
天船南增五	酉	二八	四八 一五	北	二六	〇三 四八	六

阁道一	酉	二八	四九 〇〇	北	四八	五五 〇九	五
天谗	酉	二八	五二 四一	北	一二	五三 一八	六
传舍六	酉	二八	五五 二一	北	四二	三一 一七	五
天船南增四	酉	二九	〇二 四二	北	二八	〇〇 二五	五
毕宿南增六	酉	二九	一七 〇五	南	一三	一七 五五	六
天船内增三	酉	二九	一七 三五	北	二九	三〇 三二	六
卷舌四	酉	二九	三二 四四	北	一一	一七 五三	三
天柱内增二	酉	二九	三六 二二	北	七五	二八 三〇	五
毕宿南增八	酉	二九	四〇 三八	南	一一	四七 三九	六
九州殊口三	酉	二九	四四 四七	南	二五	〇一 〇一	三
杠六	酉	二九	四五 四三	北	五三	二四 一五	六
月	酉	二九	五二 一九	北	〇一	一三 二〇	五
毕宿南增七	酉	二九	五九 一二	南	一二	一三 一七	四
月东增一	申	〇〇	〇〇 〇〇	北	〇一	〇八 〇一	六
杠五	申	〇〇	〇〇 五三	北	五四	二一 〇四	四
天船四	申	〇〇	一〇 五六	北	二七	五五 一八	五
卷舌一	申	〇〇	一五 二〇	北	二二	〇七 〇二	四
天街西增一	申	〇〇	二五 五二	南	〇一	二三 五八	五
九斿八	申	〇一	〇八 四一	南	四一	二五 〇三	三
毕宿北增九	申	〇一	一二 四三	南	〇五	五〇 一一	六
天船五	申	〇一	一四 〇六	北	二七	一五 二二	三
卷舌三	申	〇一	二四 一五	北	一四	五四 〇五	五
传舍九	申	〇一	二七 三六	北	三五	一〇 四七	五
九斿西增四	申	〇一	四一 一〇	南	三六	〇一 四八	三
砺石一	申	〇一	四二 二五	北	〇七	五四 三八	五
九州殊口内增八	申	〇一	四五 三一	南	二九	五三 五二	四
九州殊口内增九	申	〇一	五七 三八	南	二八	二四 五〇	五
天节三	申	〇一	五八 三一	南	〇七	二〇 三二	六
九斿西增一	申	〇二	〇〇 一五	南	二〇	一一 二七	五
砺石二	申	〇二	〇四 三二	北	〇五	一六 四一	六
卷舌二	申	〇二	〇六 二五	北	一九	〇四 五三	三
天节八	申	〇二	〇九 五七	南	一二	〇一 二一	五
毕宿四	申	〇二	一二 三四	南	〇五	四六 二二	三
毕宿南增十	申	〇二	一八 一二	南	〇六	一九 五七	六
天街二	申	〇二	二八 四〇	南	〇〇	四七 二六	六
杠四	申	〇二	三六 一八	北	五五	五六 四五	五
九斿西增二	申	〇二	三八 二四	南	二一	四三 五三	五
传舍八	申	〇二	四一 五八	北	三八	二六 四三	五
传舍七	申	〇三	一二 五五	北	三九	三二 二三	五
九州殊口四	申	〇三	一四 一五	南	二五	〇八 三九	四

毕宿内增十一	申	○三	一六 二四	南	○四	四四 五八	六
毕宿三	申	○三	一六 二七	南	○四	○○ 三四	四
毕宿内增十二	申	○三	三二 一三	南	○四	○九 ○四	四
卷舌东增四	申	○三	四一 四九	北	一六	二六 二六	六
天节一	申	○三	四一 五七	南	○六	五六 五三	五
九州殊口北增十	申	○三	四四 ○三	南	二四	二○ 三七	四
毕宿七	申	○三	四七 一○	南	○六	○二 四四	六
卷舌东增五	申	○三	四八 四四	北	一六	四四 二四	六
九斿七	申	○三	五六 二五	南	三九	○一 四九	五
毕宿二	申	○三	五六 四二	南	○三	四三 二七	五
天节四	申	○三	五七 三一	南	○八	四○ 三二	五
杠内增一	申	○三	五八 五一	北	五三	一五 三○	五
杠三	申	○四	一三 一二	北	五七	一一 一○	六
上丞	申	○四	一七 一四	北	四五	一○ 五六	五
砺石四	申	○四	一七 五九	北	○五	四六 一二	五
九州殊口六	申	○四	一八 一○	南	三○	四九 一八	六
九斿一	申	○四	二○ 三五	南	二○	五四 ○六	五
毕宿六	申	○四	二一 二五	南	○五	四七 一六	五
九斿西增五	申	○四	二一 三八	南	三八	二七 一三	六
毕宿南增十三	申	○四	二一 五一	南	○五	五二 五五	五
九州殊口五	申	○四	三○ 五八	南	三○	二八 二一	六
积水西增一	申	○四	三一 四七	北	二九	三二 五三	五
砺石三	申	○四	三一 五六	北	○三	五八 四一	五
天街一	申	○四	三六 三七	北	○○	二九 四六	五
天街北增二	申	○四	三六 五三	北	○○	三五 二一	五
九斿六	申	○四	五二 四六	南	三八	二四 二○	六
毕宿一	申	○四	五三 一一	南	○二	三五 五八	三
天街北增三	申	○四	五四 四二	北	○一	○四 ○六	五
天街北增四	申	○五	一○ 一八	北	○一	一二 三六	六
天节七	申	○五	一二 一○	南	一一	四六 四五	五
五帝内座北增二	申	○五	二二 一二	北	六一	三八 一○	六
天节二	申	○五	二七 ○七	南	○七	○五 ○六	五
五帝内座二	申	○五	三四 ○七	北	五八	○六 五六	五
卷舌东增六	申	○五	三四 三○	北	一八	五三 二○	五
卷舌东增三	申	○五	三六 一一	北	一二	五一 四九	六
九斿二	申	○五	四五 五三	南	二四	二四 一三	四
五帝内座内增一	申	○五	五○ 一三	北	五八	○六 ○○	六
天柱内增一	申	○五	五二 四○	北	七八	三九 一六	六
天船六	申	○五	五五 五三	北	二六	一二 ○七	五
天节五	申	○六	○九 三○	南	○九	三二 三二	五

积水	申	◯六	一一 二二	北	二八	五◯ 五九	四
毕宿五	申	◯六	一二 ◯◯	南	◯五	二九 四九	一
卷舌东增二	申	◯六	二二 ◯六	北	一二	一七 四八	六
天节六	申	◯六	三四 五八	南	◯九	五五 一四	六
附耳南增一	申	◯六	五二 一四	南	◯六	一九 一九	六
上丞东增二	申	◯六	五三 ◯◯	北	四二	◯四 四四	五
附耳	申	◯六	五四 五二	南	◯六	一二 三五	五
天船七	申	◯七	一四 ◯◯	北	二六	四◯ ◯九	四
九斿三	申	◯七	二八 ◯三	南	二七	五◯ 四◯	五
九斿九	申	◯七	二九 ◯二	南	四五	二◯ 一七	六
柱史	申	◯七	四一 二八	北	八四	五◯ 四◯	五
传舍东增二	申	◯七	四六 一四	北	三九	二八 一八	六
天柱内增三	申	◯七	五◯ ◯◯	北	七二	四七 二◯	六
天柱四	申	◯七	五二 二五	北	七九	◯◯ ◯六	六
天船南增六	申	◯八	◯二 四七	北	二四	三四 五九	六
天船八	申	◯八	一◯ 四九	北	二八	◯八 五一	五
参旗六	申	◯八	一七 三九	南	一五	二五 三◯	四
上丞东增一	申	◯八	一九 ◯四	北	四四	◯四 五四	五
上丞东增三	申	◯八	二三 五四	北	四一	二七 三◯	五
九斿五	申	◯八	二六 ◯◯	南	三五	◯四 五二	六

九斿东增三	申	◯八	二八 四六	南	二七	三◯ 四九	六
屏二	申	◯八	三◯ ◯六	南	四五	◯◯ 一八	四
参旗七	申	◯八	三一 ◯◯	南	一六	四八 五五	四
诸王六	申	◯八	三四 二◯	北	◯◯	四◯ 二三	五
天船九	申	◯八	三八 四六	北	三一	二六 ◯◯	六
参旗西增十一	申	◯八	四一 ◯九	南	一九	五七 一五	六
九斿四	申	◯八	四四 五一	南	三二	四九 一三	六
参旗五	申	◯八	四五 五三	南	一三	三一 二◯	四
杠二	申	◯八	四七 四八	北	五三	二九 一八	六
传舍东增四	申	◯八	四八 三二	北	三七	三八 一◯	六
天柱内增四	申	◯八	五一 四八	北	七二	三六 五◯	六
参旗八	申	◯八	五四 四◯	南	二◯	◯二 四二	四
勾陈西增一	申	◯九	◯七 三◯	北	六七	四五 ◯◯	六
诸王北增一	申	◯九	◯八 ◯八	北	◯一	四四 一一	六
御女二	申	◯九	一二 ◯二	北	八◯	二四 二五	四
参旗北增一	申	◯九	二六 二七	南	◯六	二八 ◯◯	六
玉井二	申	◯九	三八 ◯二	南	二九	四八 三◯	五
五车西增二	申	◯九	四◯ 四六	北	二◯	四九 一◯	六
参旗一	申	◯九	五四 一五	南	◯八	一六 ◯七	四
参旗九	申	◯九	五六 四二	南	二◯	五三 五一	四

参旗四	申	〇九	五九 五五	南	一二	二四 〇二	六
五车西增三	申	一〇	〇一 二〇	北	一八	五八 〇〇	五
参旗三	申	一〇	〇七 一一	南	一一	〇九 一七	六
天高二	申	一〇	〇九 五八	南	〇三	四〇 三五	六
参旗二	申	一〇	四五 三四	南	〇九	〇六 三一	四
天柱一	申	一〇	五一 二〇	北	七一	三三 四六	五
传舍东增三	申	一〇	五二 〇八	北	三九	三四 〇七	六
杠一	申	一一	〇一 五六	北	四九	三三 四〇	五
天船东增九	申	一一	〇五 五〇	北	三一	三四 一一	六
玉井北增一	申	一一	二六 一八	南	二七	一六 五六	六
参旗北增二	申	一一	二六 五八	南	〇六	一九 〇六	六
五车西增一	申	一一	三三 〇五	北	二〇	五三 〇二	六
玉井一	申	一一	三七 五五	南	三一	三四 一〇	四
玉井三	申	一一	四二 二〇	南	二七	五三 四八	三
五帝内座四	申	一一	四八 三四	北	五六	〇五 五三	六
屏一	申	一一	四九 三五	南	三九	〇五 二八	四
参旗北增三	申	一一	五一 二八	南	〇六	三九 〇〇	六
玉井北增二	申	一二	〇〇 四〇	南	二七	一七 五〇	六
五帝内座一	申	一二	〇三 三二	北	五七	四七 二七	六
五车西增七	申	一二	〇七 二二	北	一四	五二 三五	五
军井一	申	一二	一二 二〇	南	三四	四五 三九	五
勾陈六	申	一二	一二 四五	北	六七	三〇 四〇	六
诸王五	申	一二	二〇 二四	北	〇〇	五〇 二九	六
军井二	申	一二	二〇 四三	南	三五	五〇 二五	五
诸王北增二	申	一二	二五 五八	北	〇二	一九 〇三	六
五车西增八	申	一二	三四 四五	北	一四	〇一 四七	五
天船东增七	申	一二	三六 五九	北	三〇	三三 五〇	六
天船东增八	申	一二	四二 〇八	北	三〇	五七 〇五	五
少卫西增一	申	一二	四二 四一	北	四二	四九 二八	六
五帝内座三	申	一二	四三 一〇	北	六〇	二四 二三	六
参旗北增四	申	一二	五六 五六	南	〇七	二五 五五	五
御女四	申	一三	〇一 五七	北	八三	三一 二〇	四
五车一	申	一三	〇四 三三	北	一〇	二四 五三	四
参旗东增十	申	一三	〇五 四五	南	一四	二二 三七	五
参旗东增九	申	一三	〇六 三二	南	一三	三二 二〇	六
参旗东增八	申	一三	〇九 四七	南	一三	二二 五一	六
天高一	申	一三	一二 三六	南	〇一	一四 三四	四
参宿七	申	一三	一五 〇〇	南	三一	一〇 一一	一
玉井四	申	一三	一五 二六	南	二九	五二 五二	四
参旗东增七	申	一三	三六 五八	南	一三	〇五 三四	六

天高南增一	申	一三	五四 一八	南	〇四	一六 〇八	六
参宿西增九	申	一三	五八 四八	南	二〇	〇七 二四	四
五车西增六	申	一四	〇三 四一	北	一五	〇四 〇〇	五
天高内增二	申	一四	一一 五五	南	〇二	三〇 五九	六
参旗北增五	申	一四	一二 三四	南	〇七	二一 三二	五
军井三	申	一四	一二 四七	南	三六	一三 五九	四
天高内增三	申	一四	二〇 二〇	南	〇一	一四 〇六	六
天高三	申	一四	二三 五二	南	〇三	〇五 三四	六
军井四	申	一四	二五 三二	南	三五	二三 一〇	五
诸王四	申	一四	二六 二九	北	〇一	四二 四二	六
五车西增五	申	一四	二六 四七	北	一六	三二 二三	六
五车西增四	申	一四	二九 三五	北	一六	四八 〇六	六
八穀西增一	申	一四	三九 五一	北	三四	〇一 三四	六
柱二	申	一五	〇三 五八	北	一八	一〇 一〇	四
丈人二	申	一五	〇八 三七	南	五八	三八 三四	四
柱一	申	一五	一六 一〇	北	二〇	五四 二四	四
军井东增一	申	一五	一九 五二	南	三七	〇三 四二	六
参旗东增六	申	一五	二七 二六	南	一一	四三 四四	五
参宿西增八	申	一五	三一 四二	南	二〇	三〇 〇一	六
八穀西增三	申	一五	三四 四〇	北	三二	二三 一四	六
八穀五	申	一五	四三 五三	北	三〇	五一 〇六	五
柱三	申	一五	五一 五二	北	一八	一五 一四	四
八穀西增二	申	一五	五七 一四	北	三二	五五 一五	六
参宿西增五	申	一五	五八 三六	南	二三	三一 一九	五
参宿内增三十七	申	一五	五八 四七	南	三〇	五七 四四	五
厕二	申	一六	〇七 二五	南	四三	五七 二四	三
参宿西增十	申	一六	三三 四二	南	一九	三七 三九	六
参宿西增三	申	一六	三四 四七	南	二五	三四 四七	三
参宿西增四	申	一六	四〇 四九	南	二四	〇五 二四	六
参宿西增六	申	一六	五五 四六	南	二一	四〇 四四	六
天潢三	申	一六	五五 五三	北	〇九	三四 〇六	六
参宿西增七	申	一六	五七 二六	南	二一	二一 〇七	五
天高四	申	一六	五九 五八	南	〇一	〇三 〇三	六
天潢五	申	一七	〇〇 一六	北	一五	二三 一八	五
厕内增一	申	一七	〇三 一四	南	四四	〇六 五〇	六
八穀南增四	申	一七	〇五 〇四	北	二八	三三 二九	六
天皇大帝	申	一七	〇九 一五	北	六八	〇一 四一	六
八穀六	申	一七	一一 五一	北	二九	二四 五〇	四
少卫	申	一七	一九 四二	北	四三	二〇 二八	五
参宿五	申	一七	二二 三三	南	一六	五一 三〇	二

天潢内增一	申	一七	三四 一七	北	一〇	一三 二〇	六
参宿西增十一	申	一七	三五 五〇	南	二〇	〇八 一八	五
天潢内增二	申	一七	三八 〇四	北	一〇	三五 四四	六
八穀北增十四	申	一七	四一 一三	北	三七	二三 五二	四
厕一	申	一七	四九 四七	南	四一	〇六 二八	三
八穀七	申	一七	五五 一九	北	三五	五三 三三	五
八穀北增十三	申	一七	五六 三五	北	三五	五六 二一	六
勾陈五	申	一七	五六 四五	北	六五	一〇 一〇	六
天潢一	申	一八	〇〇 二三	北	一〇	四六 〇三	六
参宿内增	申	一八	〇八 二二	南	二四	二一 二九	六
咸池三	申	一八	一三 五四	北	一六	五八 三九	五
天关南增一	申	一八	一四 四四	南	〇六	三三 〇二	六
五车二	申	一八	一六 四一	北	二二	五一 四八	一
五帝内座五	申	一八	一七 〇〇	北	五七	五七 四〇	六
五车北增十八	申	一八	一七 三五	北	二三	一五 〇八	六
参宿内增三十六	申	一八	一九 〇五	南	三〇	三五 一二	四
丈人一	申	一八	三五 四四	南	五七	二三 四一	二
参宿内增十二	申	一八	四六 一〇	南	二〇	〇〇 〇九	六
参宿三	申	一八	四六 三八	南	二三	三六 〇七	二
参宿内增十三	申	一八	四七 五〇	南	一七	二〇 二五	五

天高东增四	申	一八	五五 〇六	南	〇一	二〇 一二	五
咸池一	申	一八	五五 五八	北	一八	三四 二三	六
五车五	申	一八	五八 五六	北	〇五	二一 三四	二
老人西增四	申	一九	〇五 〇〇	南	七四	二七 三〇	四
天潢四	申	一九	一一 四八	北	一四	〇七 三一	五
伐西增二	申	一九	二二 五八	南	二八	四二 四五	六
伐三	申	一九	二四 一七	南	二九	一四 三七	三
伐二	申	一九	二四 五〇	南	二八	四四 二三	四
伐一	申	一九	二七 二一	南	二八	一〇 一七	五
诸王三	申	一九	二七 五六	北	〇一	五一 一四	六
伐东增一	申	一九	三一 四八	南	二八	一〇 四五	五
八穀四	申	一九	三三 四八	北	三九	二九 二九	五
参宿内增十四	申	一九	三六 〇六	南	一九	二四 一〇	六
天潢二	申	一九	三八 四〇	北	一一	一〇 五〇	五
勾陈内增二	申	一九	四二 〇五	北	六六	四七 五五	六
参宿二	申	一九	五二 四四	南	二四	三三 二三	二
八穀内增十二	申	一九	五五 四一	北	三四	五二 二八	六
觜宿二	申	二〇	〇〇 五一	南	一三	五一 一九	五
觜宿一	申	二〇	〇七 一八	南	一三	二五 〇二	四
参宿内增三十五	申	二〇	二〇 二五	南	三〇	三四 五〇	五

参宿内增一	申	二〇	三〇 四一	南	二五	五八 四七	四
觜宿三	申	二〇	三一 二八	南	一四	二 五八	五
八穀内增十一	申	二〇	三一 三〇	北	三四	一五 三五	六
厕南增二	申	二〇	三五 〇〇	南	四五	四六 四六	六
柱七	申	二〇	三五 二〇	北	〇八	五〇 四三	五
诸王南增三	申	二〇	四八 五五	北	〇〇	四〇 三二	六
参宿内增十五	申	二〇	五四 三六	南	一九	一六 〇三	五
咸池二	申	二〇	五九 二三	北	一六	二〇 〇三	五
参宿一	申	二一	〇六 四五	南	二五	二〇 一七	二
六甲南增一	申	二一	〇九 五五	北	五〇	三四 三八	六
屎	申	二一	一〇 二六	南	五五	四二 二六	六
天关	申	二一	一二 二八	南	〇二	一四 二一	三
厕三	申	二一	二一 二〇	南	四五	四九 五八	三
六甲五	申	二一	二七 五五	北	五七	五三 五〇	六
参宿内增十六	申	二一	四三 四九	南	二一	五六 一二	五
柱八	申	二一	四七 四六	北	〇七	〇五 二四	六
诸王二	申	二一	五一 〇七	北	〇二	二九 二三	四
天关南增二	申	二一	五四 二八	南	〇六	五三 四三	六
八穀内增十	申	二一	五七 三八	北	三三	五二 〇七	六
柱九	申	二二	一七 〇〇	北	〇六	四二 二五	六

天关南增六	申	二二	二一 五四	南	〇四	二五 五四	六
厕北增七	申	二二	二四 五二	南	三八	一五 三〇	四
勾陈内增三	申	二二	二八 三七	北	六五	四二 五四	六
天关南增三	申	二二	四四 二三	南	〇七	二〇 五七	六
参宿六	申	二二	四八 四一	南	三三	〇七 〇六	三
子二	申	二二	四九 五六	南	五九	一五 三一	三
八穀北增十五	申	二三	一一 〇二	北	四〇	四五 一〇	六
天关南增四	申	二三	一二 〇一	南	〇七	三八 〇一	六
六甲六	申	二三	一六 四〇	北	五五	五〇 四〇	五
水府西增二	申	二三	一七 一六	南	〇八	五七 三九	六
参宿内增十七	申	二三	一七 三七	南	一六	五九 五五	六
水府西增一	申	二三	二三 四四	南	〇九	三三 二八	六
天关南增五	申	二三	二四 二二	南	〇五	四三 二三	六
八穀北增十六	申	二三	三〇 三八	北	三八	三二	六
厕四	申	二三	三六 〇九	南	四四	一七 一九	三
八穀内增九	申	二三	三九 〇二	北	三三	〇八 三五	六
子一	申	二三	四七 二三	南	五七	一六 〇六	四
参宿东增三十四	申	二三	五四 三二	南	三〇	五八 五八	六
五车北增十七	申	二三	五四 五五	北	二六	二二 三九	六
诸王南增四	申	二三	五五 〇三	北	〇一	〇六 三一	四

八穀北增十七	申	二四	〇二 二八	北	三八	〇一 一八	六
水府西增三	申	二四	〇四 四八	南	〇九	〇九 三七	六
八穀三	申	二四	一二 二三	北	三二	三九 五七	五
柱六	申	二四	一五 二四	北	一五	四三 四一	五
八穀内增八	申	二四	一八 五四	北	三三	二八 一〇	六
参宿东增二十二	申	二四	二三 一〇	南	二一	三七 五四	六
水府西增四	申	二四	三一 二九	南	〇九	一八 〇二	六
水府西增五	申	二四	三一 五四	南	〇九	三一 一三	六
柱四	申	二四	三五 三八	北	一三	五〇 三三	六
柱五	申	二四	四二 三五	北	一五	四一 〇七	五
八穀内增七	申	二四	五三 三七	北	三三	二七 〇三	五
诸王一	申	二四	五五 三七	北	〇四	一八 一五	五
勾陈一	申	二四	五九 四三	北	六六	〇四 一〇	二
司怪四	申	二五	〇七 二三	南	〇三	一一 四四	五
参宿四	申	二五	一〇 〇〇	南	一六	〇四 二六	一
八穀内增十八	申	二五	一三 〇八	北	三五	二九 四二	六
司怪南增三	申	二五	一四 一三	南	〇三	四四 〇一	六
厕北六增	申	二五	二〇 四八	南	三七	三九 二七	四
子东增一	申	二五	二八 〇九	南	五八	四四 三一	五
八穀内六增	申	二五	三五 〇五	北	三二	一三 三二	六
八穀二	申	二五	三五 二七	北	三二	三〇 五〇	五
八穀八	申	二五	三九 三一	北	三六	二四 四〇	五
司怪一	申	二五	五七 二八	北	〇二	二八 〇五	五
参宿东增二十一	申	二五	五九 一〇	南	二一	三八 五〇	六
老人北增三	申	二六	〇五 〇四	南	六六	一六 三〇	五
参宿东增二十三	申	二六	〇五 四一	南	二六	五六 〇四	六
参宿东增三十三	申	二六	〇六 三二	南	三二	五一 五〇	六
参宿东增三十二	申	二六	〇七 二〇	南	三三	〇二 一〇	六
勾陈内增五	申	二六	一〇 二七	北	六七	二八 三五	六
五车三	申	二六	二〇 三一	北	二一	二八 二一	二
八穀一	申	二六	二一 二三	北	三〇	四九 〇二	四
五车四	申	二六	二一 四五	北	一三	四四 一九	四
八穀东增五	申	二六	二三 二八	北	三一	五一 〇四	六
五车北增十六	申	二六	二五 一二	北	二二	二七 五二	六
天柱五	申	二六	二九 〇五	北	七六	三一 五〇	五
天柱东增五	申	二六	三〇 三八	北	七六	二八 〇〇	五
司怪内增一	申	二六	三一 三五	南	〇〇	三五 〇三	六
五车北增十五	申	二六	三七 二五	北	二四	二五 二一	六
司怪内增二	申	二六	四八 四〇	南	〇一	〇四 四三	六
参宿东增三十一	申	二六	五六 三五	南	三四	〇四 三九	六

参宿北增十八	申	二七	〇〇 五一	南	一三	五〇 〇一	四
五车东增十	申	二七	〇四 〇九	北	一九	三一 四八	六
参宿东增十九	申	二七	〇六 三八	南	一八	〇二 五六	六
司怪二	申	二七	二二 二四	南	〇〇	一二 一九	四
五车东增十一	申	二七	二五 〇六	北	一九	三一 一四	六
勾陈二	申	二七	三四 三〇	北	六九	五四 一〇	三
参宿东增二十	申	二七	四四 〇〇	南	一九	一九 一八	六
五车东增九	申	二七	四五 〇五	北	一五	〇〇 五九	六
勾陈东增六	申	二七	五一 二三	北	六九	三四 二五	六
司怪南增四	申	二七	五六 四〇	南	〇三	四八 三一	六
厕北增四	申	二八	〇〇 一三	南	三九	五七 三五	六
八穀东增十九	申	二八	〇一 三〇	北	三五	二八 〇〇	五
司怪三	申	二八	〇三 二五	南	〇三	二一 三三	五
上卫西增一	申	二八	一三 二八	北	四二	一五 一七	六
水府一	申	一八	一六 一七	南	〇八	四二 一六	四
厕北增五	申	二八	二二 三四	南	三八	二四 二六	四
五车东增十四	申	二八	三三 四二	北	二五	一五 三二	六
八穀东增二十	申	二八	五二 〇九	北	三六	三三 二〇	六
参宿东增三十	申	二八	五三 三九	南	三四	三六 二六	六
厕东增三	申	二八	五四 五〇	南	四二	三八 二三	六
上卫西增二	申	二八	五五 〇七	北	四五	五八 二六	五
勾陈南增四	申	二九	〇三 三七	北	六三	四八 〇〇	六
八穀东增二十一	申	二九	〇九 四二	北	三八	〇四 三〇	五
司怪东增五	申	二九	一五 二五	南	〇三	三九 五九	六
水府二	申	二九	一九 〇一	南	〇九	一四 四九	四
水府四	申	二九	一九 一四	南	〇七	一九 三〇	六
孙二	申	二九	二八 四九	南	六〇	四一 四二	五
八穀东增二十六	申	二九	三二 五五	北	三五	三四 三〇	四
五车东增十三	申	二九	四三 〇二	北	二二	五九 三二	六
井宿北增一	申	二九	四七 四〇	北	〇六	〇四 四七	四
八穀东增二十二	申	二九	四八 一八	北	三八	二〇 五二	六
五车东增十二	申	二九	五〇 五二	北	二二	五六 三四	六
钺	申	二九	五一 三三	南	〇〇	四六 〇〇	四
八穀东增二十五	申	二九	五五 二二	北	三五	五七 三四	六
天柱北增六	申	二九	五六 〇〇	北	七九	二七 五〇	六
司怪东增六	申	二九	五七 一〇	南	〇四	一六 〇二	六

卷三十二　　志七

天文七

乾隆甲子年恒星黄道经纬度表二

黄道鹑首未宫迄鹑尾巳宫，凡七百九十二星，如左：

黄道经度				纬度		
星名	宫	十度	十分十秒	向	十度	十分十秒	等
女史	未	〇〇	〇五五八	北	八四	三〇一〇	四
六甲一	未	〇〇	〇六四〇	北	五六	一八〇三	六
水府三	未	〇〇	〇九〇九	南	〇七	一七三一	六
八穀东增三十四	未	〇〇	一二二三	北	三〇	〇二五七	六
钺北增一	未	〇〇	一八〇五	北	〇〇	一八四八	六
水府南增六	未	〇〇	一九四九	南	一〇	五三一三	六
水府南增七	未	〇〇	三〇一二	南	一一	一〇三〇	六
参宿东增二十八	未	〇〇	三八一四	南	二九	四二〇〇	四
八穀东增二十七	未	〇〇	四三二四	北	三五	〇二三〇	六
水府南增八	未	〇〇	四五〇〇	南	一三	二八二五	六
座旗西增一	未	〇〇	五七四〇	北	二五	五四二〇	五
八穀东增二十八	未	〇一	二二四五	北	三四	五〇三六	六
参宿东增二十九	未	〇一	三七一四	南	三四	〇七四〇	六
井宿一	未	〇一	四三一〇	南	〇〇	五一二二	三
六甲四	未	〇二	〇一二五	北	五九	二三〇七	六
座旗西增二	未	〇二	〇二五〇	北	二三	二〇五四	六
六甲二	未	〇二	〇三四五	北	五三	四七五〇	五
参宿东增二十七	未	〇二	〇六四〇	南	三一	一二三〇	六
八穀东增二十三	未	〇二	〇九三〇	北	三八	一二三〇	六
八穀东增三十三	未	〇二	一〇五二	北	三三	〇三〇〇	六
八穀东增二十四	未	〇二	一六二〇	北	三八	一二一二	六
八穀东增三十二	未	〇二	三五三八	北	三三	三四五五	六
井宿北增二	未	〇二	三七一七	北	〇七	〇九三〇	六
四渎四	未	〇二	四一四九	南	一八	四五四四	四
四渎西增四	未	〇二	四二五〇	南	一八	〇五一八	六
孙一	未	〇二	五三五六	南	五八	〇三二九	五
井宿二	未	〇三	一三二〇	南	〇三	〇六〇三	四
上卫南增三	未	〇三	一八二七	北	四四	二六三八	五
上卫	未	〇三	三四三〇	北	四五	五九四六	五
军市一	未	〇三	三七五八	南	四一	一七四七	二
四渎南增五	未	〇三	五一五七	南	二三	〇四〇八	六
孙北增一	未	〇三	五二〇四	南	五三	二四二四	三
四渎南增六	未	〇三	五四三五	南	二三	三四二六	六
参宿东增二十四	未	〇四	〇二〇五	南	二七	三九五〇	五
座旗五	未	〇四	〇五二三	北	一九	一六三四	五
座旗七	未	〇四	一一二五	北	一六	四〇四四	五
座旗八	未	〇四	一一四六	北	一六	一〇三五	五
八穀东增三十一	未	〇四	一一五七	北	三四	〇〇二〇	六

井宿北增六	未	〇四	一二四六	北	〇四	四六三〇	六
参宿东增二十五	未	〇四	一九〇三	南	二八	〇二五八	六
座旗三	未	〇四	四〇〇〇	北	二一	二一二二	五
参宿东增二十六	未	〇四	四一五八	南	三〇	一八二〇	五
八穀东增二十九	未	〇四	四七〇五	北	三六	二一二〇	五
孙北增三	未	〇四	四八三八	南	五六	四四三八	五
井宿北增三	未	〇四	五一一六	北	〇五	四七〇五	六
四渎三	未	〇四	五五三三	南	一五	五四一九	四
四渎南增三	未	〇四	五五五四	南	一八	二二四六	五
孙北增四	未	〇四	五七三九	南	五六	四四〇八	四
四辅一	未	〇五	〇〇一八	北	六四	五一一五	六
座旗一	未	〇五	〇三五七	北	二五	四〇〇〇	六
进宿内增八	未	〇五	〇五〇七	南	〇六	一四五七	六
井宿北增五	未	〇五	〇九三九	北	〇五	〇四五〇	六
座旗四	未	〇五	一四一四	北	二〇	二六三二	六
井宿西增九	未	〇五	一四四二	南	〇七	四四三八	五
六甲三	未	〇五	二五二五	北	五七	〇六三三	六
井宿三	未	〇五	三一一八	南	〇六	四七一九	二
八穀东增三十	未	〇五	三四五六	北	三五	二四三〇	五
勾陈三	未	〇五	四〇二五	北	七三	五三〇八	四

井宿北增四	未	〇六	一五二二	北	〇五	五二〇〇	六
井宿五	未	〇六	二一三七	北	〇二	〇一三〇	三
座旗六	未	〇六	二三三四	北	一八	四五〇八	四
井宿内增七	未	〇六	三三〇二	南	〇五	二七三四	五
四渎北增一	未	〇六	四九三一	南	一三	一二五二	四
孙北增二	未	〇六	五九二三	南	五三	四七三七	五
军市六	未	〇七	〇五五四	南	四六	三六一七	五
座旗九	未	〇七	〇六五六	北	一五	五二四七	六
座旗南增三	未	〇七	一一一五	北	一五	二八〇七	六
井宿西增十	未	〇七	一六四七	南	〇九	五〇二七	六
座旗南增四	未	〇七	二〇二八	北	一五	三一二二	六
座旗二	未	〇七	二二二二	北	二二	〇九一四	六
五诸侯一	未	〇七	三二三二	北	一〇	五九二五	四
井宿四	未	〇七	三七五三	南	一〇	〇七五七	四
井宿南增十一	未	〇七	四七五七	南	一〇	一〇一三	六
四辅二	未	〇八	〇一二五	北	六三	五〇二五	六
军市内增一	未	〇八	〇一四八	南	四一	四六二三	五
军市内增二	未	〇八	〇六二五	南	四六	〇五三六	五
野鸡	未	〇八	一〇四一	南	四二	二一二五	五
四渎北增二	未	〇八	一九四六	南	一四	二五〇〇	六

内阶西增二	未	〇八	二〇 〇二	北	三六	五七 一七	六
井宿六	未	〇八	二二 三九	南	〇一	一一 一五	六
座旗东增五	未	〇八	二五 二三	北	一五	一一 三三	六
军市二	未	〇八	二六 五七	南	四一	一九 二四	五
四渎二	未	〇八	三四 四〇	南	一四	五六 四四	五
井宿内增十二	未	〇八	四九 三五	南	〇九	三一 四七	六
天罇西增一	未	〇八	五四 四六	北	〇二	二九 〇九	六
阙丘一	未	〇九	一二 五六	南	二〇	三二 一八	四
女史东增一	未	〇九	四六 五〇	北	八四	〇七 四〇	六
天罇西增二	未	〇九	四七 一三	北	〇三	〇七 一二	六
御女三	未	〇九	五〇 四〇	北	八一	五八 三三	六
井宿内增十三	未	〇九	五三 一九	南	〇九	四〇 一五	六
内阶西增一	未	一〇	二一 五五	北	三二	四八 一九	五
天狼	未	一〇	三四 〇一	南	三九	三二 〇八	一
天罇三	未	一〇	三七 二〇	北	〇一	三〇 一四	六
四辅南增一	未	一〇	四二 五八	北	六一	三八 四七	六
天狼北增一	未	一〇	四四 三八	南	三七	一九 三八	五
座旗东增六	未	一〇	四七 五三	北	一六	四三 三五	四
井宿内增十四	未	一〇	五九 一〇	南	〇六	四三 二〇	六
四渎一	未	一一	〇九 一二	南	一一	四九 〇三	四

座旗东增十一	未	一一	一〇 〇二	北	二七	四四 一四	六
井宿七	未	一一	二四 三一	南	〇二	〇五 二七	三
天罇南增六	未	一一	二七 二五	北	〇〇	〇〇 一一	六
老人	未	一一	三〇 五九	南	七五	五〇 一九	一
四辅三	未	一一	三六 五五	北	六二	五一 一五	六
军市内增三	未	一一	四二 〇二	南	四三	五三 一九	六
座旗东增七	未	一一	五一 三五	北	一八	二六 三五	五
五诸侯二	未	一一	五四 〇四	北	〇七	四三 〇七	五
四辅四	未	一二	〇三 〇七	北	六五	四〇 〇八	六
座旗东增九	未	一二	〇八 一三	北	二六	五三 五八	五
天罇北增三	未	一二	一九 三〇	北	〇四	二一 二五	六
座旗东增十	未	一二	三七 〇九	北	二七	二六 三五	六
天狼北增二	未	一二	三七 五三	南	三四	四四 三四	五
内阶西增三	未	一二	四六 四八	北	三六	四一 〇〇	五
天罇内增五	未	一二	五四 一二	北	〇一	四一 〇五	六
井宿内增十五	未	一二	五六 一三	南	〇六	三四 二五	六
弧矢西增一	未	一二	五七 一四	南	五三	五五 〇〇	六
座旗东增八	未	一三	〇五 五三	北	一八	二四 二一	五
北极	未	一三	〇九 二五	北	六七	〇二 五一	五
积水	未	一三	一五 〇二	北	一四	二八 一一	五

天罇内增四	未	一三	一八 四六	北	〇二	二九 五六	六
天狼北增三	未	一三	二九 二九	南	三六	四一 五〇	四
老人北增二	未	一三	三八 四二	南	六六	〇五 一九	三
军市三	未	一三	四〇 〇四	南	四二	五五 三三	六
井宿内增十六	未	一三	五八 三五	南	〇七	一三 二五	六
天狼东增五	未	一三	五八 三七	南	三九	四二 〇〇	四
阙丘南增四	未	一四	〇二 三九	南	二六	四五 三八	四
井宿内增十七	未	一四	〇六 五一	南	〇六	一三 一三	六
军市四	未	一四	一〇 四九	南	四三	〇三 二四	六
军市东增四	未	一四	一九 二九	南	四二	四六 三二	六
军市五	未	一四	三五 三四	南	四六	四八 五二	五
弧矢八	未	一四	五〇 二六	南	五五	一二 〇五	五
天罇二	未	一四	五六 三六	南	〇〇	一三 〇七	三
五诸侯内增一	未	一五	〇八 二五	北	〇五	三一 〇六	六
井宿八	未	一五	一二 〇四	南	〇五	四〇 三七	四
天罇一	未	一五	一六 五五	北	〇二	五五 四一	五
五诸侯三	未	一五	二三 一〇	北	〇五	四三 三五	四
北河一	未	一五	二九 五五	北	〇九	四五 一〇	五
天罇南增七	未	一五	三四 三九	南	〇一	四〇 五八	五
阙丘二	未	一五	四九 〇九	南	二二	三五 二〇	五
阙丘东增三	未	一五	五八 一七	南	二二	四五 四〇	五
天狼东增四	未	一六	〇二 四一	南	三八	〇一 五〇	三
阙丘南增五	未	一六	〇四 〇三	南	二六	三二 四一	六
五诸侯北增二	未	一六	〇七 五八	北	〇六	〇九 二三	六
五诸侯北增三	未	一六	一五 五一	北	〇五	五八 二〇	六
阙丘东增二	未	一六	一九 〇六	南	二二	二九 一六	六
北河二	未	一六	四〇 二〇	北	一〇	〇三 四八	二
天罇东增八	未	一六	四五 四五	南	〇一	四一 五五	六
天罇东增九	未	一六	四六 二九	南	〇〇	二九 二八	六
阙丘东增一	未	一六	五〇 三四	南	二二	一九 一〇	六
北河北增一	未	一六	五五 二八	北	一三	一八 一三	五
北河北增二	未	一七	〇八 二二	北	一二	五二 四九	五
弧矢七	未	一七	〇九 四六	南	五一	二三 五七	二
军市东增五	未	一七	二六 二五	南	四六	一〇 一三	五
水位西增一	未	一七	三三 三四	南	一〇	一六 一二	六
上台西增二	未	一七	三四 三九	北	二六	一〇 四五	五
上台西增三	未	一七	三四 四三	北	二五	五八 五五	六
五诸侯四	未	一七	四六 三四	北	〇五	一一 〇一	五
弧矢内增二	未	一七	五七 三一	南	五〇	一六 〇〇	四
内阶西增五	未	一七	五九 〇〇	北	三八	三八 五〇	五

内阶西增八	未	一八	○四 一五	北	四四	三三 ○○	五
南河一	未	一八	○四 五八	南	一二	三六 四二	六
五诸侯北增四	未	一八	二○ 三六	北	○六	二六 一五	六
五诸侯增五	未	一八	二八 二九	北	○六	一四 二六	六
南河二	未	一八	三六 五二	南	一三	三一 三○	三
水位一	未	一八	四一 三一	南	○九	四五 一八	六
内阶西增九	未	一八	四六 一六	北	四四	三五 四五	五
南河北增一	未	一八	四六 二三	南	一二	五一 五一	六
水位北增二	未	一九	○○ 一七	南	○五	五○ 一二	六
内阶西增四	未	一九	○○ 五二	北	三六	五六 五○	六
北河内增四	未	一九	○二 五六	北	○七	二五 四六	五
上台西增一	未	一九	○三 ○四	北	三○	三一 二六	五
南河南增二	未	一九	○三 一四	南	一四	四九 一四	六
北河北增三	未	一九	○五 四七	北	一二	○一 四一	五
内阶西增七	未	一九	一四 四五	北	四三	五九 三五	六
内阶一	未	一九	二五 三二	北	四○	一二 三四	四
北河三	未	一九	四一 ○九	北	○六	三九 二七	二
积薪北增一	未	一九	四六 五二	北	○四	二四 二五	六
弧矢一	未	一九	四八 三○	南	四八	二九 三七	二
积薪	未	二○	○五 一八	北	○三	○二 二三	四

水位北增三	未	二○	○五 三二	南	○二	四七 一九	六
三师一	未	二○	二四 一○	北	四七	五四 四五	五
南河南增五	未	二○	五五 四○	南	一九	三七 五八	六
弧矢北增五	未	二○	五七 二六	南	四七	五三 四九	六
南河南增四	未	二○	五九 ○七	南	一八	一三 五一	六
南河南增三	未	二一	一三 三三	南	一八	○六 二二	六
积薪东增二	未	二一	一四 五九	北	○一	五七 一九	六
内阶三	未	二一	二三 四九	北	四四	五五 ○三	五
水位北增四	未	二一	三○ 五三	南	○二	四○ 五九	六
少辅北增一	未	二一	三七 四五	北	五三	三八 三○	六
三师三	未	二一	三八 六	北	四七	二八 五○	五
五诸侯五	未	二一	四○ 一二	北	○五	四四 三八	五
弧矢北增四	未	二一	四四 五二	南	四八	一二 三八	六
三师内增一	未	二一	四三 二六	北	四七	四八 一○	五
弧矢北增三	未	二二	○三 三四	南	四八	三六 五一	五
南河三	未	二二	一五 三一	南	一五	五七 五五	一
内阶五	未	二二	一八 五二	北	四二	一九 三五	五
积薪东增三	未	二二	二四 五八	北	○一	二二 二○	五
阴德北增一	未	二二	三四 ○七	北	五八	三二 五三	五
弧矢北增七	未	二二	四一 一○	南	四六	一五 三七	五

水位二	未	二二	四一 二二	南	一〇	二〇 一五	六
少辅	未	二二	四六 五二	北	五一	一三 四〇	四
弧矢北增六	未	二三	四八 二五	南	四六	三八 三〇	五
阴德一	未	二二	五四 四七	北	五八	一一 一三	五
内阶内增六	未	二三	一九 〇八	北	四一	二六 〇〇	六
阙丘东增六	未	二三	二七 三一	南	二五	二〇 一七	六
水位北增五	未	二三	二八 三四	南	〇〇	五四 四一	六
爟西增二	未	二三	三四 五八	北	〇四	四三 一一	六
爟西增三	未	二三	三九 二八	北	〇七	一一 二六	五
勾陈四	未	二三	四七 二五	北	七五	〇六 五〇	四
爟西增一	未	二三	四九 一一	北	〇四	二七 一五	六
上台西增四	未	二三	五八 三八	北	一三	〇四 二一	五
内阶内增十	未	二三	五九 三〇	北	四四	三二 五七	五
水位内增十	未	二四	〇七 二三	南	〇八	一五 一七	五
老人东增一	未	二四	一二 三八	南	七二	五一 一四	三
水位北增九	未	二四	三四 一三	南	〇四	五二 四六	六
爟西增四	未	二四	五二 四六	北	〇七	〇八 〇一	六
水位北增七	未	二五	〇九 四六	南	〇三	一二 三五	六
阴德二	未	二五	一八 二八	北	五七	一四 三〇	五
爟四	未	二五	二〇 二七	北	〇九	二七 二二	五
水位北增八	未	二五	三〇 三〇	南	〇四	〇〇 二一	六
爟内增五	未	二五	三二 二三	北	〇五	三六 〇四	六
爟一	未	二五	三九 四九	北	〇五	一八 四四	四
内阶二	未	二五	四一 一八	北	四二	四八 〇〇	五
阙丘东增七	未	二五	四一 五二	南	三〇	二九 二七	六
大理一	未	二五	五二 三八	北	六四	一二 〇五	五
水位北增六	未	二五	五四 二六	北	〇一	一九 一三	五
弧矢二	未	二五	五七 一六	南	五〇	三八 五六	二
南河东增六	未	二六	〇四 四七	南	一八	五三 〇〇	五
弧矢九	未	二六	四七 一九	南	五八	三一 五五	三
三师二	未	二六	四九 〇七	北	五一	五二 一七	六
勾陈东增九	未	二七	〇三 二二	北	七七	四四 一五	五
水位三	未	二七	〇三 三四	南	〇七	〇五 三〇	五
勾陈东增七	未	二七	〇七 二六	北	七四	四五 四八	五
内阶四	未	二七	一三 一〇	北	四五	〇七 〇四	四
勾陈东增八	未	二七	一四 二八	北	七七	二四 一五	五
爟内增六	未	二七	二三 〇三	北	〇七	二七 三二	六
南河东增七	未	二七	四二 三〇	南	一八	〇六 一〇	六
水位四	未	二七	四五 二二	南	〇二	一七 五二	五
水位东增十一	未	二七	四六 四二	南	〇六	二四 三五	六

大理二	未	二七	五三 三八	北	六四	一二 〇五	五
轩辕西增八	未	二八	一〇 二六	北	一七	〇六 二四	六
弧矢北增八	未	二八	一一 二六	南	三五	一八 〇二	六
爟二	未	二八	一四 三三	北	〇四	二〇 三三	六
弧矢北增十	未	二八	一七 二六	南	三二	五四 〇五	六
弧矢北增九	未	二八	一七 四〇	南	三五	〇九 一三	六
内阶六	未	二八	二二 四〇	北	三八	三五 〇八	五
爟三	未	二八	三七 二八	北	〇八	二五 四三	六
南河东增八	未	二八	四〇 〇七	南	一七	四八 二七	四
爟东增七	未	二八	五二 一三	北	〇八	二七 三一	六
文昌北增一	未	二八	五三 〇〇	北	四六	二五 一七	五
爟东增八	未	二八	五五 三二	北	〇七	三〇 〇〇	六
后宫	未	二九	〇八 二四	北	七〇	二九 三八	五
南河东增九	未	二九	一四 四四	南	二一	二八 四二	五
上台一	未	二九	一五 四九	北	二九	三四 三二	四
上台南增五	未	二九	二二 二〇	北	二五	〇一 五五	六
南河东增十	未	二九	二四 〇八	南	二三	四七 五〇	五
爟东增九	未	二九	二九 一八	北	〇五	一〇 三六	六
文昌五	未	二九	三二 五〇	北	三三	二五 五六	五
勾陈东增十	未	二九	三六 四五	北	七七	五〇 五五	六
文昌六	未	二九	四三 〇三	北	三六	〇四 二五	五
弧矢六	未	二九	五四 五八	南	四七	二四 五三	三
爟东增十	午	〇〇	〇〇 四〇	北	〇四	五三 四五	六
文昌一	午	〇〇	〇四 一三	北	四六	〇九 二二	五
弧矢北增十一	午	〇〇	一一 〇五	南	三五	〇三 一〇	六
弧矢北增十二	午	〇〇	一一 一八	南	三七	三二 二五	五
鬼宿西增二	午	〇〇	一二 〇六	南	〇一	〇二 三九	六
轩辕西增十	午	〇〇	一八 〇四	北	一三	三七 〇五	六
轩辕西增九	午	〇〇	一九 二〇	北	一三	五一 三一	六
上台二	午	〇〇	二一 五八	北	二八	五七 一〇	四
爟东增十一	午	〇〇	四〇 〇六	北	〇四	五九 四八	六
柳宿西增十	午	〇〇	四一 一九	南	一〇	一九 〇六	四
鬼宿南增三	午	〇一	〇五 二四	南	〇二	〇七 五一	六
大理东增一	午	〇一	〇五 五三	北	六三	三一 三〇	六
文昌内增三	午	〇一	二〇 三八	北	三六	三七 二五	六
弧矢内增十八	午	〇一	二三 一〇	南	四六	四五 五〇	六
外厨西增一	午	〇一	三四 三三	南	二二	三七 三五	六
轩辕一	午	〇一	四三 二二	北	二三	四一 四七	四
文昌南增五	午	〇一	四六 一五	北	三三	四五 一一	六
鬼宿二	午	〇一	五〇 二九	北	〇一	三二 三三	五

轩辕西增十一	午	〇一	五六 四九	北	一二	一〇 四六	六
柳宿西增九	午	〇二	〇五 一一	南	〇八	三一 三二	六
鬼宿一	午	〇二	〇九 四四	南	〇〇	四七 四六	五
天枢西增一	午	〇二	一二 五六	北	四九	二七 一八	五
弧矢内增十九	午	〇二	一九 二二	南	四九	一四 五八	四
鬼宿南增五	午	〇二	一九 五八	南	〇六	二二 一六	六
鬼宿南增四	午	〇二	二四 二四	南	〇四	四五 二六	六
弧矢北增十七	午	〇二	二九 一四	南	四四	五八 四九	五
弧矢五	午	〇二	三一 一三	南	四六	〇三 〇八	四
鬼宿内增一	午	〇二	三八 一九	北	〇〇	五二 〇〇	六
文昌二	午	〇二	四一 四九	北	四二	三九 〇六	四
轩辕西增二十二	午	〇二	四五 五三	北	一〇	二三 四〇	五
文昌南增六	午	〇二	四九 四五	北	三二	一六 一六	六
轩辕西增七	午	〇二	五七 四四	北	一四	一八 三三	六
文昌内增二	午	〇三	〇七 〇七	北	四〇	三九 三〇	五
天枢西增二	午	〇三	二〇 二四	北	五〇	三五 〇五	六
积尸	午	〇三	三八 一〇	北	〇一	三一 一八	气
积尸北增一	午	〇三	三八 五三	北	〇一	三四 一〇	气
上台东增六	午	〇三	四三 四五	北	二五	四九 三六	五
轩辕西增六	午	〇三	四四 三五	北	一四	五九 四一	五

文昌四	午	〇三	四五 二二	北	三四	五六 二二	三
积尸东增二	午	〇三	五〇 〇九	北	〇一	一八 三七	气
积尸南增三	午	〇三	五〇 二五	北	〇一	〇六 二二	气
轩辕西增十二	午	〇三	五一 一二	北	一二	三五 三四	五
文昌内增四	午	〇三	五一 一六	北	三五	二二 一八	五
轩辕二	午	〇三	五六 一五	北	二〇	五〇 五三	四
鬼宿三	午	〇三	五八 〇〇	北	〇三	〇九 四一	四
弧矢北增十五	午	〇四	〇五 四三	南	四二	三六 四〇	四
轩辕西增二十一	午	〇四	〇八 〇二	北	一〇	一五 一二	六
轩辕西增二十	午	〇四	一一 〇一	北	一〇	二一 四七	六
庶子北增一	午	〇四	一一 五〇	北	七三	〇六 三四	六
柳宿西增八	午	〇四	二三 〇一	南	〇八	三一 五〇	六
轩辕西增五	午	〇四	二五 五〇	北	一四	四〇 四六	六
轩辕西增十九	午	〇四	二六 〇一	北	一〇	二四 三四	六
外厨南增十五	午	〇四	四一 一九	南	三二	三〇 一七	六
轩辕西增十三	午	〇四	四四 四二	北	一二	二九 〇一	六
庶子	午	〇四	四六 〇九	北	七一	二五 二〇	四
天枢西增三	午	〇四	五一 二一	北	五一	二四 三二	五
轩辕西增四	午	〇四	五二 二一	北	一四	三七 四六	六
弧矢北增十六	午	〇四	五五 二四	南	四二	五三 一〇	六

轩辕西增十八	午	○四	五五 五一	北	一○	○八 二四	六
外厨南增十六	午	○五	○○ 四七	南	三二	○六 二七	四
外厨南增十四	午	○五	○七 五二	南	三二	五九 一○	六
鬼宿四	午	○五	○八 四○	北	○○	○三 四六	四
弧矢南增二十四	午	○五	一二 五七	南	六三	四七 二一	三
弧矢北增十四	午	○五	一九 二四	南	三九	○四 四五	六
弧矢南增二十	午	○五	三二 ○六	南	五八	二五 ○五	三
柳宿西增七	午	○五	三四 二七	南	○八	三九 ○一	六
上台东增七	午	○五	三六 五九	北	二八	五八 四○	六
文昌三	午	○五	四五 一七	北	三八	一四 一○	五
柳宿西增六	午	○五	四九 三○	南	○八	四○ ○四	六
外厨西增二	午	○五	五八 二九	南	二二	二四 三二	四
鬼宿南增六	午	○六	一四 四六	南	○五	二○ 三六	六
轩辕西增十七	午	○六	一五 三七	北	一○	三○ ○五	六
外厨西增三	午	○六	一七 二二	南	二二	二八 五八	六
弧矢北增十三	午	○六	二四 ○六	南	三八	二○ 四○	五
外厨南增十三	午	○六	二九 四○	南	三四	四四 一○	五
外厨一	午	○六	三一 ○九	南	二二	三○ 一○	四
上辅	午	○六	四三 三○	北	五七	一三 ○三	三
柳宿一	午	○六	四四 ○三	南	一二	二五 三七	四
轩辕西增十六	午	○六	四五 四○	北	一○	三七 四八	六
轩辕三	午	○六	五八 一○	北	二○	○四 二○	四
轩辕西增三	午	○六	五九 二八	北	一七	四七 四一	六
轩辕西增十四	午	○七	○三 一四	北	一二	三四 ○六	六
上辅东增一	午	○七	一三 二○	北	五七	三○ 三○	六
鬼宿东增九	午	○七	一二 ○○	南	○一	三七 一五	六
鬼宿南增七	午	○七	一六 三七	南	○五	三八 五八	六
柳宿北增五	午	○七	一七 二二	南	○七	四四 五八	六
弧矢三	午	○七	二○ 三四	南	五七	四四 ○五	四
鬼宿东增八	午	○七	二二 一○	南	○二	一六 一六	六
弧矢四	午	○七	二二 五○	南	四九	四○ 四七	六
轩辕西增二十三	午	○七	二七 一二	北	○七	一四 三九	六
外厨六	午	○七	三○ ○四	南	一七	四三 ○八	六
柳宿二	午	○七	三八 一四	南	一四	三八 ○五	五
外厨南增十二	午	○七	五○ 三一	南	三四	一八 二四	三
庶子南增二	午	○七	五四 ○四	北	七○	○四 五四	六
外厨南增十一	午	○八	○五 ○○	南	三四	五七 ○○	六
轩辕西增十五	午	○八	○八 五八	北	○九	四六 ○二	六
外厨南增十七	午	○八	一五 ○六	南	三一	二九 一七	六
轩辕四	午	○八	一六 一○	北	一七	五六 ○○	四

柳宿内增一	午	〇八	三二 四九	南	一一	五八 二三	五
文昌东增七	午	〇八	三五 五八	北	三四	三六 四〇	六
柳宿三	午	〇八	四四 一二	南	一四	一七 一〇	四
柳宿五	午	〇八	四六 五二	南	一一	〇七 五九	四
鬼宿东增十	午	〇八	四七 五六	南	〇一	五三 一六	六
鬼宿东增十一	午	〇八	四八 五一	南	〇一	三六 四五	六
尚书西增一	午	〇八	五八 三三	北	八六	五二 一〇	四
文昌东增八	午	〇九	〇五 三三	北	三五	五〇 〇六	六
柳宿四	午	〇九	二〇 〇四	南	一一	三五 〇〇	五
五鬼宿东增十二	午	〇九	二一 四一	北	〇〇	〇七 五六	六
外厨五	午	〇九	三一 一七	南	一六	四八 一五	六
柳宿北增四	午	〇九	三一 三三	南	〇五	三〇 三二	四
内平西增四	午	〇九	三七 〇〇	北	二四	三五 四三	六
轩辕西增二十四	午	〇九	三七 四五	北	〇五	二三 二四	五
帝	午	〇九	四〇 〇八	北	七二	五八 二六	二
鬼宿东增十三	午	一〇	〇二 四〇	北	〇〇	三九 三一	六
外厨南增四	午	一〇	〇二 五二	南	二五	四六 〇六	六
柳宿北增三	午	一〇	〇三 三四	南	〇五	〇六 二七	四
内平西增五	午	一〇	〇三 五七	北	二〇	三五 三七	六
轩辕北增一	午	一〇	一〇 一七	北	一九	一九 三〇	五
内平西增六	午	一〇	一三 三二	北	二〇	四二 四〇	四
庶子北增三	午	一〇	二四 二〇	北	七三	五九 四四	六
弧矢东增二十一	午	一〇	三〇 一二	南	五八	〇四 二七	五
内平西增三	午	一〇	三〇 五六	北	二四	二四 三〇	六
轩辕内增二	午	一〇	三〇 五七	北	一七	五四 〇六	六
内平西增七	午	一〇	四七 一二	北	二〇	一七 四〇	六
鬼宿东增十四	午	一〇	五六 一五	北	〇一	〇〇 五四	六
天璇西增二	午	一〇	五七 四二	北	四三	四五 三六	五
天璇西增一	午	一一	〇〇 〇六	北	四二	三〇 〇〇	五
柳宿六	午	一一	〇〇 一八	南	一一	〇〇 〇三	四
鬼宿东增十八	午	一一	〇五 二〇	南	〇一	一三 四五	六
内平西增八	午	一一	一三 一五	北	一九	五七 五三	五
上辅东增二	午	一一	二〇 二〇	北	五六	〇六 三〇	六
鬼宿东增十七	午	一一	二二 〇七	南	〇一	五五 五二	六
弧矢东增二十三	午	一一	三三 三一	南	五九	四二 三八	四
天枢	午	一一	三五 〇〇	北	四九	四〇 〇五	一
外厨内增五	午	一一	三八 三〇	南	二四	二七 〇〇	六
轩辕七	午	一一	四二 二八	北	一〇	二三 五一	四
轩辕西增二十五	午	一一	四五 四一	北	〇九	二一 五七	六
天璇西增三	午	一一	五〇 五二	北	四六	四八 三〇	五

外厨二	午	一一	五八 〇三	南	二四	二八 一〇	三
中台西增一	午	一二	〇二 二一	北	二九	四二 三四	六
外厨四	午	一二	一〇 一九	南	一七	四五 〇〇	六
内平北增二	午	一二	一一 三三	北	二四	五二 一九	六
天璇西增五	午	一二	一五 五四	北	四四	二八 一八	六
外厨三	午	一二	一六 〇八	南	二〇	二六 一四	五
少尉北增一	午	一二	二〇 〇八	北	六一	五七 二〇	六
内平三	午	一二	二九 二七	北	二〇	〇六 二五	六
天璇西增四	午	一二	三四 二八	北	四四	四八 五八	六
柳宿北增二	午	一二	三五 四四	南	〇五	三六 〇八	四
少尉	午	一二	三六 四〇	北	六一	四三 二〇	三
外厨南增八	午	一二	四三 〇二	南	二九	四四 四二	六
天璇西增六	午	一二	五〇 三六	北	四四	二三 二七	六
轩辕五	午	一二	五四 〇〇	北	一七	五二 〇七	六
中台西增二	午	一三	〇三 四〇	北	二六	四三 二二	五
鬼宿东增十六	午	一三	〇四 四八	北	〇〇	五八 四五	六
鬼宿东增十五	午	一三	〇五 五四	北	〇一	五六 〇七	六
少尉北增二	午	一三	一七 四三	北	六一	四九 四〇	六
内平北增一	午	一三	二二 三二	北	二三	二五 四一	六
柳宿七	午	一三	四九 〇五	南	一一	〇三 四五	六
天璇西增七	午	一三	五六 一〇	北	四四	二八 四六	六
外厨东增六	午	一四	〇〇 四一	南	二三	五〇 四五	六
轩辕八	午	一四	一七 一三	北	〇七	五一 二七	四
外厨南增十	午	一四	二四 四九	南	三二	五五 二三	六
轩辕六	午	一四	二七 三二	北	一五	二一 〇三	六
天理一	午	一四	四六 〇八	北	四九	一七 〇四	六
外厨南增九	午	一四	四七 三九	南	三〇	一八 四〇	六
弧矢东增二十二	午	一五	〇〇 四一	南	五八	二〇 三七	二
轩辕内增二十六	午	一五	〇六 〇五	北	〇九	五五 四八	六
外厨东增七	午	一五	一六 五八	南	二四	一八 四四	六
轩辕内增二十七	午	一五	三〇 一六	北	一一	二三 二六	六
天璇南增八	午	一五	四七 一二	北	四二	五八 一〇	六
天璇	午	一五	四九 一三	北	四五	〇六 一五	二
中台一	午	一五	五八 四二	北	二九	五二 二二	三
天理西增一	午	一六	〇一 五五	北	五一	五四 〇〇	六
内平四	午	一六	一八 四二	北	一八	三四 四八	六
柳宿八	午	一六	四二 〇四	南	一三	〇二 四七	四
天床六	午	一七	〇二 三三	北	七二	三一 四四	六
轩辕九	午	一七	〇七 一六	北	〇九	四一 四〇	三
中台内增三	午	一七	一五 三三	北	二九	一二 〇八	六

内平二	午	一七	二四 三〇	北	二二	〇四 〇〇	五	天理四	午	一九	二九 三一	北	五三	一〇 一七	六
内平南增九	午	一七	二六 三九	北	一八	三二 一二	六	酒旗一	午	一九	五五 〇四	北	〇〇	一九 〇三	六
酒旗北增一	午	一七	三六 一〇	北	〇二	〇四 五四	六	星宿西增六	午	二〇	〇八 二六	南	二一	〇八 一〇	六
中台二	午	一七	三九 四七	北	二八	五八 一〇	三	势西增三	午	二〇	二二 三〇	北	二七	一四 二〇	六
轩辕十	午	一七	五一 二六	北	一二	一九 二九	三	内平一	午	二〇	三一 五六	北	一九	一一 二二	六
太子	午	一七	五五 二八	北	七五	一三 〇一	三	势西增六	午	二〇	三七 五〇	北	二三	一七 〇四	五
酒旗三	午	一七	五七 五七	南	〇五	三五 二七	五	轩辕十五	午	二〇	四一 〇八	南	〇三	四六 五〇	四
天床北增三	午	一七	五九 一七	北	七四	五六 〇〇	五	天理二	午	二〇	四四 二六	北	四七	〇〇 五三	六
酒旗北增二	午	一七	五九 二〇	北	〇〇	〇一 五二	六	轩辕南增四十五	午	二〇	四四 五八	南	〇六	五九 五四	五
酒旗二	午	一八	〇四 四四	南	〇三	一一 二二	四	金鱼东增一	午	二〇	五一 五九	南	八一	〇一 五九	四
天床北增一	午	一八	〇四 四八	北	七三	四〇 四〇	六	势西增四	午	二〇	五六 三六	北	二五	〇二 四三	五
轩辕内增二十八	午	一八	一二 四五	北	一〇	四五 〇一	六	星宿西增二	午	二〇	五九 二八	南	二三	二三 三三	六
酒旗南增五	午	一八	一四 四六	南	〇六	二四 二二	六	势西增五	午	二一	〇六 一六	北	二三	四一 五六	六
酒旗北增三	午	一八	二九 二四	北	〇〇	一〇 四八	六	内厨北增一	午	二一	〇七 四八	北	六一	五七 一五	六
酒旗东增四	午	一八	三五 〇一	南	〇四	四一 一二	六	势西增七	午	二一	一二 二七	北	二二	〇五 二五	六
轩辕内增二十九	午	一八	五二 三二	北	〇七	三二 五八	六	轩辕内增四十四	午	二一	一五 二八	南	〇一	三三 二三	六
星宿西增四	午	一八	五三 二二	南	二三	五三 〇九	六	势西增八	午	二一	二八 五〇	北	二一	五九 二六	六
星宿西增三	午	一九	一一 〇一	南	二四	〇〇 二九	六	内平东增十	午	二一	三七 五二	北	一七	一六 四二	五
内厨一	午	一九	一七 〇二	北	六一	〇四 一〇	六	轩辕南增四十六	午	二一	四五 四四	南	〇八	五六 五六	五
星宿西增五	午	一九	一九 二七	南	二二	一一 三五	六	势西增九	午	二一	四八 四四	北	二二	一二 三五	四

星宿西增七	午	二一	五四 一五	南	一九	一五 〇八	六
轩辕内增四十三	午	二一	五四 二六	北	〇〇	〇七 〇七	六
天狗六	午	二一	五四 三七	南	四三	一八 二二	四
内平东增十一	午	二一	五六 二五	北	一六	四三 四八	六
星宿二	午	二二	〇〇 四二	南	一六	四四 〇一	五
天床一	午	二二	〇四 五六	北	六九	二二 〇五	五
星宿三	午	二二	一〇 四一	南	一五	〇〇 〇三	五
星宿五	午	二二	一四 五六	南	二三	五〇 四九	六
内厨二	午	二二	三〇 〇〇	北	六〇	五三 四五	五
势北增二	午	二二	四三 五〇	北	二七	〇五 一七	六
尚书一	午	二二	四四 五〇	北	八六	五〇 四五	五
势北增一	午	二二	四九 四〇	北	二五	二三 一五	五
势一	午	二二	五一 一〇	北	二三	五五 二七	四
天牢一	午	二二	五五 四〇	北	三三	〇二 三六	四
天狗五	午	二二	五六 一五	南	四八	五五 一六	三
尚书四	午	二三	〇六 〇〇	北	八〇	三〇 〇〇	六
天狗四	午	二三	一二 三八	南	五一	〇九 五三	四
天狗七	午	二三	一四 四九	南	四二	五二 〇九	五
势二	午	二三	三八 一〇	北	二一	二三 四五	四
星宿一	午	二三	四二 五九	南	二二	二四 三二	二
轩辕内增四十二	午	二三	四五 五二	北	〇〇	〇一 二五	四
天社一	午	二三	四八 一七	南	六四	二六 五一	二
星宿内增一	午	二三	四九 五六	南	二二	五七 四九	六
轩辕东增三十	午	二三	五六 二八	北	一一	五四 五五	六
轩辕十一	午	二三	五八 四一	北	一一	五〇 一三	三
星宿六	午	二三	五九 〇七	南	二四	三八 二七	六
轩辕内增四十一	午	二四	〇〇 三六	南	〇一	〇四 二四	六
星宿四	午	二四	〇四 一九	南	一四	一八 一七	四
势内增十	午	二四	〇八 三一	北	二三	二七 三二	六
轩辕东增三十一	午	二四	一五 五二	北	一一	三七 一三	六
轩辕十三	午	二四	一九 二四	北	〇四	五〇 二〇	三
星宿东增八	午	二四	二七 二九	南	一九	一五 〇一	六
轩辕南增四十	午	二四	三二 五一	南	〇三	二五 一九	六
内厨南增二	午	二四	三五 四〇	北	五七	五五 三六	六
天理三	午	二四	三七 五七	北	四九	三八 四〇	六
轩辕南增四十八	午	二四	四三 一七	南	〇八	一四 〇五	六
星宿七	午	二五	〇一 〇三	南	二三	一五 五八	六
轩辕南增三十九	午	二五	〇八 四七	南	〇三	五一 三一	五
太尊	午	二五	一三 五八	北	三五	三一 三〇	三
势内增十一	午	二五	一四 五〇	北	二一	三六 二八	六

轩辕南增四十九	午	二五	二一 〇八	南	〇七	二二 一四	六
轩辕内增三十二	午	二五	二六 〇四	北	〇八	二六 〇八	六
天牢三	午	二五	二八 五五	北	三一	〇二 一二	六
轩辕内增三十四	午	二五	二九 〇〇	北	〇四	〇八 四五	六
太乙	午	二五	三六 〇〇	北	六四	一三 〇〇	六
轩辕南增三十八	午	二五	四四 〇四	南	〇三	五六 一八	四
轩辕南增四十七	午	二五	四六 〇四	南	〇九	五二 五三	六
轩辕十二	午	二六	〇〇 〇五	北	〇八	四七 二七	二
轩辕内增三十三	午	二六	〇七 二五	北	〇八	二六 五一	六
轩辕十四	午	二六	一六 二〇	北	〇〇	二六 三八	一
天牢五	午	二六	二三 一六	北	三〇	〇四 二六	六
轩辕内增三十七	午	二六	三〇 一〇	北	〇二	〇一 一〇	六
星宿东增十五	午	二六	三四 三九	南	二二	一五 〇〇	六
轩辕十七	午	二六	五〇 三六	南	〇一	二六 一五	六
天玑	午	二六	五一 三八	北	四七	〇七 二〇	二
轩辕南增五十	午	二六	五三 四一	南	〇七	二四 四一	六
星宿东增十四	午	二七	〇五 〇〇	南	二二	〇五 一九	六
天社南增一	午	二七	一二 四九	南	七〇	一七 五九	三
势四	午	二七	一五 〇四	北	二四	五五 三〇	四
势三	午	二七	一八 四三	北	二一	〇二 四七	四
天权	午	二七	二五 五五	北	五一	三九 四〇	二
天权北增二	午	二七	二七 五二	北	五二	四五 二二	六
少微西增一	午	二七	二八 三〇	北	一七	三九 五二	六
轩辕内增三十六	午	二七	三一 〇一	北	〇二	四八 〇七	六
星宿东增十三	午	二七	三八 一八	南	二三	〇六 二四	六
势东增十二	午	二七	四三 一〇	北	二四	五三 五〇	六
星宿东增九	午	二七	五五 一四	南	一六	一四 二五	六
势东增十三	午	二八	〇二 二七	北	二四	二七 二三	六
轩辕南增五十二	午	二八	〇六 三七	南	〇五	三八 三五	六
势南增十四	午	二八	〇九 〇五	北	二〇	〇八 一四	六
轩辕内增三十五	午	二八	一四 二三	北	〇四	二四 五四	六
星宿东增十	午	二八	一五 一二	南	一九	一九 五七	六
轩辕内增五十一	午	二八	二〇 四五	南	〇八	〇七 三七	六
天牢六	午	二八	二二 四四	北	三五	四六 二二	六
天权北增一	午	二八	二三 三九	北	五三	五七 二〇	六
天狗一	午	二八	三〇 三四	南	五八	一四 四五	五
天狗三	午	二八	三一 〇〇	南	五二	二九 五〇	四
少微西增二	午	二八	三五 二四	北	一六	四六 一六	六
星宿东增十一	午	二八	五四 〇七	南	一九	一四 二〇	六
张宿五	午	二九	四〇 四三	南	二六	三七 二一	四

势南增十五	午	二九	○九 五○	北	一九	○四 四三	六
势南增十六	午	二九	一七 三二	北	一八	五四 一二	六
太阳守南增一	午	二九	一八 二○	北	四○	○三 五一	六
轩辕南增五十四	午	二九	三○ ○七	南	○四	五三 五○	六
轩辕南增五十三	午	二九	三一 五○	南	○五	○六 ○三	六
星宿东增十二	午	二九	四二 二○	南	一九	四三 一六	六
少微三	午	二九	五四 一五	北	一三	五六 四六	五
太阳守	巳	○○	○五 一六	北	四一	三一 五八	四
天牢四	巳	○○	○六 二○	北	三六	一一 四八	六
天狗二	巳	○○	○八 一六	南	五七	二一 三○	五
天牢南增二	巳	○○	三六 ○五	北	三○	四五 五○	五
相西增一	巳	○○	五○ 二六	北	四八	四六 三七	六
长垣一	巳	○○	五二 五八	北	○四	三三 二七	六
天权东增三	巳	○○	五三 五○	北	五一	四三 ○六	六
轩辕南增五十六	巳	○一	一五 三九	南	○一	○二 二七	五
天乙	巳	○一	一六 ○五	北	六五	二一 三八	五
天牢北增一	巳	○一	二○ 四六	北	三七	一六 四七	六
少微北增三	巳	○一	二五 ○四	北	一七	○○ 五五	六
轩辕内增五十七	巳	○一	二七 四五	北	○○	○五 ○八	六
轩辕南增五十五	巳	○一	三二 一○	南	○三	二○ 一四	六

尚书二	巳	○一	三三 五二	北	八一	○○ ○五	四
长垣北增一	巳	○一	三九 二一	北	○七	○○ 四八	六
少微二	巳	○一	五五 二一	北	一六	二八 四○	四
天牢二	巳	○二	○○ 二八	北	三二	四一 三二	六
张宿一	巳	○二	○八 三三	南	二六	○五 一四	五
少微四	巳	○二	一五 一四	北	一○	一四 五二	六
少微内增四	巳	○二	三七 一○	北	一七	一四 四○	六
长垣南增四	巳	○二	三八 一八	南	○七	二九 ○○	五
轩辕十六	巳	○二	四八 五○	北	○○	○七 四八	四
天社二	巳	○二	五九 四八	南	六一	○八 一七	五
下台一	巳	○三	○三 四○	北	二六	○八 二二	四
长垣内增二	巳	○三	三四 二五	南	○○	一六 一○	六
下台二	巳	三○	四五 三六	北	二四	四六 ○○	四
右枢	巳	○三	四七 四三	北	六六	二○ 五二	三
少微内增五	巳	○三	四九 ○○	北	一七	四六 四○	六
天社北增二	巳	○三	五六 三七	南	六○	○七 五三	五
天相二	巳	○四	○○ ○七	南	一六	○一 一八	四
少微一	巳	○四	○三 二○	北	一八	一四 二六	五
长垣二	巳	○四	○四 二一	北	○五	五四 四八	六
天相一	巳	○四	○四 二四	南	一八	二五 三六	六

长垣四	巳	○四	○九 ○五	南	○一	五二 二七	六
天床二	巳	○四	一三 一六	北	七四	○四 二七	六
相	巳	○四	一三 二八	北	四八	○六 二七	六
天相内增一	巳	○四	一八 三七	南	一八	二○ 三七	六
天相北增八	巳	○四	二二 五六	南	一○	一三 四二	六
长垣南增三	巳	○四	二三 五三	南	○四	一四 三六	六
天相内增三	巳	○四	三三 三八	南	一七	○八 二八	六
少微东增八	巳	○四	三七 ○八	北	一○	二五 三九	六
张宿内增一	巳	○四	四六 四五	南	二三	一一 三一	五
少微东增六	巳	○四	四九 五六	北	一七	三五 五四	五
天相内增二	巳	○四	五四 二六	南	一七	三九 二九	六
长垣南增五	巳	○四	五七 二一	南	○六	四二 四一	六
少微东增七	巳	○五	○八 二○	北	一六	一六 二九	六
天相北增九	巳	○五	○八 三九	南	○九	五六 二六	六
西上相西增一	巳	○五	一六 ○○	北	一二	五四 ○五	五
玉衡	巳	○五	一八 ○五	北	五四	一九 三五	二
天相北增四	巳	○五	三五 三八	南	一三	一○ 一六	六
相南增二	巳	○五	三六 四○	北	四五	三七 三○	六
天相三	巳	○五	四八 ○一	南	一七	二四 一○	六
张宿二	巳	○五	四九 一○	南	二二	○一 ○二	四

天相北增十	巳	○五	五六 ○二	南	○九	一九 四七	五
天相北增六	巳	○六	○○ 三五	南	一一	三三 三○	五
长垣三	巳	○六	○六 一九	北	○二	四七 四○	六
天相北增七	巳	○六	○八 二九	南	一○	二六 三五	五
常陈七	巳	○六	二八 三六	北	三八	五八 一四	六
天相北增五	巳	○六	二八 五三	南	一三	○九 三二	六
虎贲	巳	○六	五三 一三	北	一六	四六 ○二	五
天床五	巳	○六	五五 三○	北	七二	○三 一八	五
长垣南增八	巳	○六	五五 四八	南	○一	二一 四一	六
长垣南增七	巳	○六	五六 四六	南	○三	○六 三三	六
张宿四	巳	○六	五八 ○七	南	二七	二九 ○四	六
下台东增一	巳	○七	一○ 四二	北	二九	一四 五一	六
长垣南增六	巳	○七	一三 四八	南	○四	一五 二七	六
长垣南增九	巳	○七	一四 三三	南	○一	一五 五九	六
天记	巳	○七	三六 ○一	南	五五	五二 ○三	二
西上相	巳	○七	四二 二一	北	一四	一九 ○四	二
灵台西增二	巳	○八	一二 ○○	南	○五	○二 四二	六
下台东增二	巳	○八	三七 五七	北	二七	○五 二四	六
天相北增十一	巳	○八	五六 一六	南	○九	一八 二六	六
西次相北增一	巳	○九	一一 三四	北	一一	三五 ○五	六

灵台西增一	巳	〇九	一八 二八	南	〇〇	三五 五一	六
西次相	巳	〇九	五〇 三一	北	〇九	三九 五〇	三
天社北增三	巳	一〇	一五 五二	南	五九	一八 三六	五
灵台二	巳	一〇	二五 三三	南	〇〇	一三 一六	五
常陈六	巳	一〇	五一 五八	北	三八	一四 五〇	五
灵台一	巳	一〇	五七 〇九	北	〇一	二〇 二一	四
西次相南增三	巳	一一	〇三 〇七	北	〇七	五一 四一	六
天记北增一	巳	一一	一〇 三二	南	五一	〇九 四六	四
常陈北增一	巳	一一	一三 一五	北	四〇	三五 五〇	六
灵台南增三	巳	一一	一九 三二	南	〇五	三九 五七	六
灵台三	巳	一一	二〇 三四	南	〇二	三一 五一	六
张宿三	巳	一一	二九 五〇	南	二四	四〇 一〇	四
灵台南增四	巳	一一	三三 三七	南	〇五	五四 〇三	六
天相北增十二	巳	一一	三九 五二	南	一〇	四〇 三五	六
相东增三	巳	一一	四四 五四	北	四七	五六 四〇	六
西次相东增二	巳	一一	五九 〇〇	北	一一	四一 四〇	六
开阳	巳	一二	〇三 二三	北	五六	二二 四七	二
开阳北增一	巳	一二	一三 五〇	北	五六	三三 三〇	五
西上相东增二	巳	一二	一五 四九	北	一三	五七 一〇	六
张宿内增二	巳	一三	〇七 四七	南	二四	〇八 二四	五

天社内增四	巳	一三	一〇 二〇	南	六六	一五 四四	四
从官	巳	一三	一七 二一	北	一七	三八 〇〇	六
五帝座西增二	巳	一三	一九 一〇	北	一一	〇八 〇九	六
灵台南增七	巳	一三	一七 二一	南	〇五	三四 三五	六
灵台南增八	巳	一三	二八 四四	南	〇三	二六 〇一	六
辅	巳	一三	三一 五〇	北	五七	四〇 四〇	五
翼宿西增二	巳	一三	三三 四二	南	一五	一八 三八	六
张宿北增三	巳	一三	四三 二七	南	二三	一四 〇二	六
翼宿西增一	巳	一三	五〇 三五	南	一五	〇三 五五	六
五帝座西增一	巳	一三	五一 四一	北	一二	五三 〇八	六
西次将	巳	一三	五七 五八	北	〇六	〇五 一〇	四
灵台南增五	巳	一三	五八 四〇	南	〇八	〇三 〇一	六
常陈四	巳	一四	一一 〇〇	北	四〇	三三 〇二	五
五帝座西增三	巳	一四	一四 二七	北	一〇	二三 五三	六
张宿六	巳	一四	三〇 五六	南	二三	二九 五〇	五
灵台南增六	巳	一四	五三 五六	南	〇六	二四 〇八	六
常陈五	巳	一四	五八 〇四	北	三七	四五 五八	五
天床四	巳	一五	〇四 四〇	北	七八	五五 四〇	六
西上将	巳	一五	〇七 三五	北	〇一	四〇 五六	四
天社三	巳	一五	二〇 三六	南	六七	一〇 三六	二

太子	巳	一五	二三 五〇	北	一七	一八 〇九	四
常陈三	巳	一五	二九 四八	北	四〇	三七 三〇	六
辅东增一	巳	一五	四〇 二四	北	五七	五〇 二四	六
明堂西增四	巳	一五	四八 三九	南	〇二	三二 五三	六
明堂西增五	巳	一五	四九 二九	南	〇四	三八 五三	五
五帝座三	巳	一六	三一 〇八	北	一〇	二三 四一	六
张宿南增四	巳	一六	三七 二八	南	三〇	一一 一五	六
三公三	巳	一六	三九 〇二	北	五一	四七 〇六	六
翼宿西增三	巳	一六	三九 二四	南	二三	〇四 二四	六
明堂西增二	巳	一六	四二 五一	北	〇〇	〇〇 三五	六
翼宿五	巳	一六	四八 三九	南	二一	四九 二八	四
翼宿十二	巳	一七	〇九 〇八	南	一四	五一 〇〇	六
辅东增二	巳	一七	〇九 二三	北	五八	一三 三四	六
五帝座二	巳	一七	二八 一六	北	一四	〇三 〇七	六
明堂西增三	巳	一七	三六 五三	南	〇二	一六 五五	五
开阳东增二	巳	一七	三八 〇五	北	五六	二五 五〇	六
明堂西增六	巳	一七	五五 一九	南	〇七	三九 〇五	四
明堂一	巳	一七	五六 〇二	南	〇〇	三四 〇四	四
常陈二	巳	一七	五六 三三	北	三九	五一 三〇	六
五帝座一	巳	一八	〇四 一四	北	一二	一六 五一	二
郎位西增三	巳	一八	〇六 一五	北	二四	四五 二三	六
翼宿西增四	巳	一八	一一 一六	南	二三	四五 〇三	六
内屏西增一	巳	一八	一五 〇五	北	〇五	一九 一三	六
天社内增五	巳	一八	二六 〇七	南	六五	四〇 〇〇	三
幸臣	巳	一八	二六 一三	北	一七	四八 〇四	六
郎位十五	巳	一八	二九 〇九	北	二〇	〇二 五一	六
郎位西增一	巳	一八	三五 五九	北	二七	五一 五六	六
郎位西增二	巳	一八	四一 二八	北	二七	三二 三五	六
天社四	巳	一八	五七 〇五	南	六五	四八 一七	二
五帝座四	巳	一九	〇四 二七	北	一三	五三 二一	六
明堂北增一	巳	一九	二〇 一一	北	〇〇	一六 〇九	六
翼宿十一	巳	一九	二九 三一	南	一五	五九 〇一	六
翼宿西增五	巳	一九	二九 三三	南	二四	五九 四二	六
五帝座五	巳	一九	三二 〇五	北	〇九	三一 〇七	六
海石一	巳	一九	三四 五六	南	七二	三八 五九	二
辅东增三	巳	一九	三六 三四	北	五八	二五 一〇	六
内屏一	巳	一九	四五 二九	北	〇六	〇六 二一	五
郎位十	巳	二〇	〇三 一九	北	二三	二八 三三	五
翼宿一	巳	二〇	一一 四三	南	二二	四二 〇〇	四
郎位一	巳	二〇	一七 二四	北	二八	二四 〇二	五

内屏内增二	巳	二〇	二二 一五	北	〇六	二一 三三	六
郎位七	巳	二〇	三〇 二九	北	二五	四七 三二	五
内屏二	巳	二〇	三四 三五	北	〇四	三五 三九	五
郎位三	巳	二〇	四〇 四〇	北	二七	二六 五四	五
郎位十四	巳	二〇	四一 〇六	北	一九	五九 〇七	六
三公二	巳	二〇	四六 〇〇	北	五二	五二 〇〇	五
郎位六	巳	二〇	四七 二三	北	二六	一一 四七	五
明堂三	巳	二〇	四八 一三	南	〇五	四二 二二	四
常陈一	巳	二〇	五八 二二	北	四〇	〇七 一八	二
郎位四	巳	二一	〇一 五五	北	二七	〇六 五〇	五
郎位二	巳	二一	二六 三二	北	二七	三六 三六	六
明堂二	巳	二一	二七 五二	南	〇三	〇三 三五	四
内屏内增三	巳	二一	五四 四七	北	〇七	一四 五三	六
郎位五	巳	二一	五五 二九	北	二六	二九 一一	五
五诸侯西增七	巳	二一	五九 三〇	北	一六	二七 〇〇	六
常陈东增二	巳	二二	二七 一七	北	四三	四〇 三五	六
翼宿十	巳	二二	四〇 五九	南	一三	二八 二八	四
郎位九	巳	二二	五四 四四	北	二四	五四 五〇	五
郎位八	巳	二三	〇三 一五	北	二五	二九 一〇	五
翼宿七	巳	二三	〇八 五〇	南	一七	三五 二〇	四

摇光	巳	二三	一八 四〇	北	五四	二四 三〇	二
天记东增二	巳	二三	二五 三〇	南	四八	一四 四五	四
右执法	巳	二三	三一 一四	北	〇〇	四〇 四七	三
三公一	巳	二三	四八 〇二	北	五〇	五一 四〇	五
常陈东增四	巳	二三	四九 四〇	北	四一	五一 四四	六
五诸侯北增六	巳	二三	五〇 五一	北	一八	一九 五三	五
常陈东增五	巳	二三	五二 四〇	北	四一	四〇 一五	五
翼宿九	巳	二三	五四 二〇	南	一四	三五 一六	五
内屏三	巳	二三	五八 二九	北	〇六	〇八 五二	五
常陈东增六	巳	二三	五八 五八	北	四一	四〇 三五	六
五诸侯五	巳	二四	〇一 四四	北	一五	一三 五五	五
内屏四	巳	二四	〇八 〇六	北	〇八	三一 二九	五
常陈东增三	巳	二四	一二 四〇	北	四四	一二 二四	六
郎位十三	巳	二四	二八 二六	北	二二	〇二 三八	六
翼宿南增六	巳	二四	四八 二八	南	三〇	〇八 四八	六
郎位十一	巳	二四	五二 〇一	北	二四	〇七 〇九	四
内屏南增六	巳	二四	五七 三一	北	〇三	二〇 三一	五
翼宿十六	巳	二五	〇〇 三五	南	二五	三七 三三	三
翼宿十三	巳	二五	〇一 二六	南	一一	一八 三三	四
天社五	巳	二五	一七 三三	南	六三	四二 三〇	二

内屏北增四	巳	二五	二三 一三	北	一〇	四四 二四	六
翼宿二	巳	二五	四一 一六	南	一九	三九 二二	四
郎将西增一	巳	二五	四二 五二	北	二九	五八 二四	六
翼宿二十	巳	二五	四六 四〇	南	三〇	一六 三一	五
翼宿四	巳	二五	五一 四三	南	二〇	四九 三一	五
天床三	巳	二五	五四 三〇	北	七五	二三 二三	六
郎将	巳	二六	一五 二四	北	三〇	一二 二四	四
天枪一	巳	二六	二一 三九	北	五八	五四 四四	四
内平东增五	巳	二六	二四 五六	北	〇六	一九 三一	六
周鼎二	巳	二六	二八 〇四	北	三三	五六 三六	四
郎位十二	巳	二六	三三 三八	北	二三	〇八 一〇	五
郎将东增二	巳	二六	四四 五八	北	三〇	〇五 三一	五
五诸侯北增五	巳	二六	五二 二三	北	二〇	一七 五七	五
翼宿八	巳	二六	五三 五二	南	一四	一三 二二	五
翼宿南增七	巳	二六	五九 一二	南	三〇	四一 一二	六
五诸侯四	巳	二七	二七 一〇	北	一五	二六 〇六	六
翼宿十五	巳	二七	三〇 一四	南	二一	二五 〇八	六
天枪二	巳	二七	三一 〇〇	北	五八	五一 五〇	四
五诸侯北增四	巳	二七	五一 四九	北	一九	一九 一二	六
谒者西增一	巳	二七	五三 二二	北	〇二	四二 五二	六
天枪南增一	巳	二七	五四 二四	北	五六	三四 四八	六
翼宿十四	巳	二八	〇四 〇七	南	一〇	一四 四六	六
翼宿十九	巳	二八	二一 〇七	南	二八	〇〇 〇四	六
翼宿十七	巳	二八	二九 一五	南	二三	〇一 一七	六
九卿西增九	巳	二八	五一 三四	北	一二	四四 四七	六
天枪三	巳	二八	五九 〇〇	北	六〇	一〇 〇四	四
上弼	巳	二九	二四 〇五	北	八四	四七 〇〇	三
谒者北增二	巳	二九	二九 一八	北	〇七	〇七 〇九	六
翼宿十八	巳	二九	四〇 〇八	南	二七	〇一 一三	六
五诸侯北增二	巳	二九	四四 四四	北	二四	四〇 四二	四
谒者	巳	二九	四七 一七	北	〇五	〇四 二二	四
周鼎三	巳	二九	四七 四二	北	三一	四九 四一	四
海石北增一	巳	二九	四九 二九	南	六七	三〇 一〇	四
九卿西增八	巳	二九	五二 五一	北	一二	四三 二二	六

卷三十三　　志八

天文八

乾隆甲子年恒星黄道经纬度表三

黄道寿星辰宫至析木寅宫，凡六百七十六星，如左：

黄道	经		度	纬		度	
星名	宫	十度	十分 十秒	向	十度	十分 十秒	等

海石内增二	辰	○ ○	○七 二九	南	七○	○六 五○	五
五诸侯三	辰	○○	一九 四九	北	一九	四八 四二	五
翼宿二	辰	○○	三○ 五○	南	一八	一七 二九	四
尚书三	辰	○○	三○ 五八	北	八一	三七 一○	五
天社六	辰	○○	三七 五九	南	六四	一三 五三	四
周鼎一	辰	○○	五一 三一	北	三二	二八 三三	五
尚书五	辰	○○	五二 四七	北	八三	一八 四○	五
左执法南增一	辰	○一	○一 四四	北	○一	○八 ○八	六
左执法	辰	○一	一五 五二	北	○一	二二 ○一	三
左枢	辰	○一	一八 ○五	北	七一	○四 ○四	三
九卿三	辰	○一	三四 四五	北	一一	○九 五二	六
海石二	辰	○一	四六 一二	南	六七	○四 五四	二
九卿北增五	辰	○一	四八 ○五	北	一三	四一 三七	六
尚书东增二	辰	○一	四八 二八	北	八三	一八 四○	六
九卿内增七	辰	○一	四八 三三	北	一一	○一 一○	六
九卿北增二	辰	○一	五五 二八	北	一七	四七 五七	六
九卿北增一	辰	○一	五五 三○	北	一七	四八 ○○	五
九卿一	辰	○一	五五 三三	北	一三	三二 四九	五
九卿北增三	辰	○二	○一 ○五	北	一七	一二 五七	六
五诸侯北增一	辰	○二	○七 五一	北	二七	一四 三九	六

天枪东增二	辰	○二	二○ 四六	北	五八	五五 ○五	六
九卿北增四	辰	○二	二七 一一	北	一五	三九 ○一	五
翼宿六	辰	○二	三二 四四	南	一六	○四 四六	四
五诸侯二	辰	○二	四八 五五	北	二一	四六 五六	五
三公一	辰	○二	四九 ○○	北	○八	四九 三○	六
五诸侯一	辰	○二	五○ ○七	北	二五	五五 五六	五
青丘三	辰	○二	五一 五六	南	二九	二二 四一	六
翼宿二十一	辰	○三	○一 五四	南	二四	二四 一五	六
九卿北增六	辰	○三	一三 五一	北	一三	二二 四五	六
三公二	辰	○三	二一 一四	北	一○	二四 四五	六
元戈	辰	○三	二二 五八	北	五四	三九 二○	四
五诸侯东增三	辰	○三	二七 二三	北	二一	四五 一四	六
东次将西增一	辰	○三	四八 ○五	北	一六	四三 三三	六
海山西增一	辰	○三	四八 五一	南	五一	○二 四六	四
九卿二	辰	○三	五一 一八	北	一一	三四 一五	六
青丘四	辰	○三	五六 二五	南	三○	五五 五九	六
青丘五	辰	○四	二二 四七	南	三一	三五 五五	四
轸宿北增二	辰	○四	二三 五二	南	○六	一四 五二	六
翼宿二十二	辰	○四	四一 一八	南	二二	一七 二六	六
轸宿西增三	辰	○四	四三 四一	南	一七	五二 五九	五

海石三	辰	◯五	◯八 四六	南	六五	二一 三◯	五
青丘六	辰	◯五	一九 五一	南	三二	二一 二一	六
东上将	辰	◯五	二三 三五	北	二二	五九 一二	四
青丘内增二	辰	◯五	五二 四六	南	三二	一二 二七	六
东次将南增二	辰	◯五	五七 一◯	北	一二	三七 二七	六
三公三	辰	◯六	◯一 ◯◯	北	◯八	◯一 四◯	六
东次将	辰	◯六	二二 四◯	北	一六	一二 五四	三
东上相	辰	◯六	三七 一一	北	◯二	四八 五三	三
青丘内增一	辰	◯六	三八 ◯二	南	三一	一八 四◯	六
青丘南增三	辰	◯六	三九 一◯	南	三三	三九 二三	六
海山西增二	辰	◯六	五四 ◯八	南	五一	◯四 二一	三
东次相西增一	辰	◯七	◯五 三◯	北	◯七	五五 五◯	六
轸宿一	辰	◯七	一◯ 五八	南	一四	二九 ◯◯	三
海石内增三	辰	◯七	一六 二四	南	六九	二七 三一	五
进贤西增九	辰	◯七	二七 二◯	南	◯一	三五 三二	六
青丘七	辰	◯七	三二 二六	南	三三	二六 三九	五
青丘二	辰	◯七	三八 ◯三	南	二六	二一 三◯	六
轸宿北增一	辰	◯七	五四 五二	南	◯五	一九 四七	六
东次相	辰	◯七	五四 五四	北	◯八	三八 二七	三
轸宿二	辰	◯八	◯六 五八	南	一九	三九 四一	四
进贤南增八	辰	◯八	三五 三八	南	◯三	二七 二三	五
右辖	辰	◯八	四◯ 三五	南	二一	四四 二六	四
轸宿南增四	辰	◯八	四五 二五	南	二◯	二七 四五	六
进贤南增七	辰	◯九	◯◯ 四九	南	◯二	四四 二五	六
天枪东增三	辰	◯九	◯二 一◯	北	六◯	◯四 ◯◯	六
青丘一	辰	◯九	四九 四七	南	三一	二八 一六	四
轸宿三	辰	◯九	五四 一三	南	一二	◯九 四七	三
进贤西增一	辰	一◯	◯四 二四	北	◯二	◯◯ 三四	六
帝席西增一	辰	一◯	一四 五三	北	三三	五九 二◯	六
长沙	辰	一◯	一四 五八	南	一八	一六 四◯	五
左辖	辰	一◯	一六 ◯七	南	一一	三九 五五	五
东次将东增三	辰	一◯	二六 ◯三	北	一六	一三 ◯七	六
右摄提西增二	辰	一◯	二八 三四	北	三◯	三二 ◯◯	六
少宰	辰	一◯	三九 ◯◯	北	七八	二六 三◯	三
元戈东增一	辰	一◯	四四 ◯二	北	五五	二七 三九	六
东上将东增一	辰	一一	二三 ◯七	北	二一	二四 三五	六
飞鱼三	辰	一一	三三 五五	南	七五	三三 二二	五
右摄提西增三	辰	一一	三六 五六	北	二八	一一 二六	六
进贤	辰	一一	三七 五五	北	◯二	二一 五◯	六
进贤北增三	辰	一一	三九 ◯一	北	◯二	二三 ◯四	六

进贤北增三	辰	一一	四一 三二	北	〇二	五二 五五	六
帝席三	辰	一一	四五 三八	北	三六	三三 一〇	五
元戈东增二	辰	一一	四七 四八	北	五七	五四 〇一	六
轸宿南增五	辰	一二	〇一 一五	南	二〇	二三 四二	六
天田西增一	辰	一二	一二 一七	北	一二	三九 三〇	五
进贤南增六	辰	一二	一六 三〇	南	〇三	〇三 一六	六
进贤北增四	辰	一二	三三 四五	北	〇二	五六 一五	六
进贤南增五	辰	一二	三七 二五	南	〇三	二五 二二	五
东上将东增二	辰	一二	四九 一七	北	一八	四二 四九	六
帝席二	辰	一二	五八 〇五	北	三六	五三 一六	六
上宰	辰	一三	〇九 一二	北	七四	二六 〇〇	三
右摄提西增一	辰	一三	一一 一七	北	三〇	一四 二八	五
天田西增二	辰	一三	二四 〇六	北	一二	四八 一一	六
海石四	辰	一三	二八 〇〇	南	六六	一七 一六	五
轸宿四	辰	一三	四八 二五	南	一八	〇一 四〇	三
招摇	辰	一四	〇三 一八	北	四九	三三 〇〇	三
天枪东增四	辰	一四	一一 一一	北	六〇	三二 三七	六
海山一	辰	一四	一四 二六	南	五九	五三 〇四	五
右摄提二	辰	一四	二二 三〇	北	二六	三二 〇八	四
平道一	辰	一四	三九 二三	北	〇一	四五 二九	四

右摄提三	辰	一五	三六 五七	北	二五	一二 四七	四
右摄提一	辰	一五	四三 三二	北	二八	〇七 三五	三
飞鱼五	辰	一五	五二 三八	南	八二	二七 二六	五
角宿西增十五	辰	一六	一〇 〇九	南	〇三	一五 〇三	五
角宿西增十四	辰	一六	二六 二八	南	〇二	四二 三一	六
南船一	辰	一六	二七 五八	南	六二	三五 一三	四
帝席一	辰	一六	二八 〇四	北	三五	四一 〇三	五
天田一	辰	一六	四八 四八	北	一二	三三 〇一	六
角宿西增十三	辰	一六	四九 二七	南	〇二	二一 二五	六
飞鱼一	辰	一七	〇〇 二四	南	七二	一一 〇五	五
角宿西增一	辰	一七	三一 〇〇	北	〇三	三五 五一	六
角宿西增十二	辰	一七	三六 〇七	南	〇二	一五 二五	六
角宿西增十一	辰	一八	一二 五二	南	〇一	五八 三八	六
海山二	辰	一八	三一 三六	南	五八	五四 四三	四
角宿二	辰	一八	三四 五〇	北	〇八	三九 〇九	三
天田北增三	辰	一九	〇〇 〇四	北	一三	一六 四五	六
梗河三	辰	一九	一〇 五〇	北	四二	二七 五七	四
天门一	辰	一九	一〇 五六	南	〇七	五三 二〇	四
角宿西增十	辰	一九	一三 一九	南	〇二	三五 二六	六
海石五	辰	一九	一七 三一	南	六七	二八 三三	四

南船二	辰	一九	五二 五四	南	六一	二五 三八	四
角宿内增二	辰	一九	四四 一八	北	〇二	四七 二五	六
海山三	辰	一九	四六 二五	南	五六	五一 〇七	四
角宿东增三	辰	二〇	〇一 二七	北	〇三	〇八 五五	六
角宿一	辰	二〇	一六 二一	南	〇二	〇一 五九	一
梗河二	辰	二〇	一六 三三	北	四二	〇八 二四	五
角宿东增四	辰	二〇	三一 一二	北	〇四	一五 二一	六
天门南增三	辰	二〇	三一 二〇	南	一〇	一二 〇六	六
七公西增五	辰	二〇	三八 四一	北	五四	一〇 三八	三
大角	辰	二〇	三八 五二	北	三〇	五七 〇〇	一
七公西增六	辰	二〇	五一 〇一	北	五二	五八 四〇	六
亢池二	辰	二一	〇三 二三	北	二六	二九 三一	六
角宿南增九	辰	二一	一一 四八	南	〇三	一八 二四	五
天门南增二	辰	二一	一五 三〇	南	一一	〇六 二四	六
平西增一	辰	二一	一七 〇五	南	一四	三三 一五	六
天门南增四	辰	二一	二八 一〇	南	〇九	九〇 〇五	四
天门南增一	辰	二一	二八 二〇	南	一一	〇〇 五〇	六
角宿东增八	辰	二一	四〇 五一	南	〇〇	一四 〇七	六
角宿东增五	辰	二一	五五 二四	北	〇二	〇九 二〇	六
亢池一	辰	二一	五六 一一	北	二八	二七 〇〇	五

天门南增五	辰	二二	一三 二二	南	〇八	一九 四一	六
天门二	辰	二二	三四 一五	南	〇六	一七 五四	五
天田南增四	辰	二二	四〇 〇九	北	一一	五九 三四	六
亢池三	辰	二二	五三 四二	北	二四	五一 〇〇	六
天田西增五	辰	二三	〇六 三二	北	一二	〇九 四一	六
平道二	辰	二三	〇八 三一	北	〇一	四三 四五	六
大角东增一	辰	二三	二三 〇〇	北	三一	四五 一四	五
平一	辰	二三	二七 三〇	北	一三	四三 一八	三
天门东增六	辰	二三	三三 三〇	南	〇五	一四 三四	六
天田南增六	辰	二三	三七 二二	北	〇九	三七 二二	六
马尾三	辰	二三	五五 三三	南	四四	二七 二一	三
角宿东增六	辰	二四	〇一 〇七	北	〇四	〇四 〇四	六
亢池四	辰	二四	〇八 五二	北	二五	一〇 一五	六
天田二	辰	二四	〇九 五六	北	一二	〇四 五〇	五
梗河南增五	辰	二四	三一 二二	北	四〇	〇〇 〇九	六
梗河一	辰	二四	二九 三五	南	四〇	三八 二一	三
库楼九	辰	二四	三一 〇三	南	四〇	三五 〇〇	六
天门东增十一	辰	二四	三七 一四	南	〇八	二六 四〇	六
角宿东增七	辰	二五	二八 〇六	南	〇一	二一 四六	六
南船三	辰	二五	三二 四〇	南	六二	〇七 三四	三

马尾二	辰	二五	五〇 〇三	南	四五	三一 〇六	五
天门东增七	辰	二六	一一 〇五	南	〇五	〇六 三二	六
天门东增八	辰	二六	三五 〇三	南	〇四	三〇 三八	六
库楼十	辰	二七	一一 〇七	南	四二	二一 五八	五
天门东增十	辰	二七	四四 三四	南	〇六	一八 一九	六
库楼八	辰	二七	四六 一五	南	四〇	〇四 三四	四
马尾一	辰	二七	四六 四六	南	四三	三〇 〇四	六
海山四	辰	二七	五三 〇九	南	五五	一六 三八	四
左摄提二	辰	二八	一五 〇六	北	三〇	二三 一八	三
柱十	辰	二八	一九 五一	南	二四	三五 二〇	五
南船五	辰	二八	二一 三六	南	七二	一三 〇八	二
天门东增九	辰	二八	二四 三六	南	〇六	二一 二七	五
库楼七	辰	二八	四六 三六	南	四〇	〇六 二九	二
七公五	辰	二八	五四 二五	北	五七	〇五 五四	六
亢宿西增一	辰	二八	五五 三〇	北	〇三	四一 四八	六
七公内增九	辰	二九	〇七 二七	北	五七	一四 一七	六
亢宿西增二	辰	二九	一〇 二五	北	〇三	一九 五九	六
左摄提一	辰	二九	一二 四五	北	三一	一七 〇七	四
左摄提三	辰	二九	二五 二一	北	二七	五三 四二	三
七公七	辰	二九	三三 〇八	北	四九	〇〇 一〇	三
七公六	辰	二九	三六 一三	北	五三	二六 五六	四
柱十一	辰	二九	三六 一四	南	二五	五六 五六	三
亢宿西增十二	辰	二九	四九 四〇	北	一一	〇二 五七	五
梗河东增一	辰	二九	五五 二〇	北	四二	一一 四〇	五
左摄提北增一	辰	二九	五五 三三	北	三三	四七 二八	四
亢宿西增三	卯	〇〇	〇一 五四	北	〇二	三二 二〇	五
梗河东增四	卯	〇〇	一一 四八	北	四〇	一一 三三	五
亢宿二	卯	〇〇	一二 三六	北	〇七	一五 四〇	四
亢宿北增十一	卯	〇〇	一八 〇五	北	一一	三〇 〇三	五
左摄提南增二	卯	〇〇	二二 三三	北	二五	五九 五五	六
亢宿内增四	卯	〇〇	四二 四二	北	〇三	一五 二三	六
海山五	卯	〇〇	五三 五四	南	五六	四六 四七	四
亢宿一	卯	〇〇	五五 四〇	北	〇二	五五 四〇	四
梗河东增二	卯	〇一	一九 二二	北	四一	五四 四三	六
七公东增十	卯	〇一	三〇 二三	北	五七	一四 四六	六
贯索西增一	卯	〇一	三六 一〇	北	四五	〇四 〇七	五
左摄提南增三	卯	〇一	三八 二八	北	二二	四一 三二	五
梗河东增三	卯	〇一	三九 三八	北	四〇	二五 一九	五
七公东增八	卯	〇一	四四 四三	北	五五	四八 五〇	五
亢宿三	卯	〇一	五三 五四	北	一一	四七 二五	四

十字架四	卯	〇二	〇八 二六	南	五〇	二一 一三	三
平北增二	卯	〇二	四四 三四	南	一二	〇二 〇六	六
贯索西增二	卯	〇二	五〇 一六	北	四五	五七 五二	六
库楼五	卯	〇二	五六 一六	南	二七	三四 五三	四
亢宿东增六	卯	〇二	五九 四二	北	〇八	〇四 二三	六
库楼六	卯	〇三	〇六 一七	南	三七	〇三 二九	四
柱九	卯	〇三	〇七 四三	南	二〇	三三 三四	四
十字架一	卯	〇三	一〇 四八	南	四七	四四 四九	二
平北增三	卯	〇三	一七 四三	南	一一	五二 三〇	六
亢宿四	卯	〇三	二三 一三	北	〇〇	三一 〇四	四
贯索西增三	卯	〇三	二九 四五	北	四六	四九 三〇	五
亢宿东增五	卯	〇三	三三 〇一	北	〇七	二五 五六	六
飞鱼四	卯	〇三	四五 二一	南	七六	四五 〇〇	六
南船四	卯	〇三	四六 二五	南	六七	二一 一八	四
柱七	卯	〇四	一二 五五	南	一八	五七 〇〇	四
柱八	卯	〇四	二一 〇〇	南	二〇	〇二 五〇	四
库楼四	卯	〇四	二六 三六	南	二一	三四 四〇	四
七公四	卯	〇四	三四 〇七	北	六〇	一五 五〇	六
七公内增十二	卯	〇四	三七 三八	北	六一	〇五 二一	六
七公东增七	卯	〇四	四三 二二	北	五三	五九 三一	四
七公西增四	卯	〇四	四七 四〇	北	六四	二二 三〇	五
亢宿东增十	卯	〇四	五五 五〇	北	一七	〇七 〇一	四
平二	卯	〇四	五六 〇八	南	一三	〇三 五八	四
亢宿东增九	卯	〇五	〇七 四四	北	一五	五六 五二	六
七公内增十一	卯	〇五	三〇 二二	北	六〇	三九 五〇	六
贯索三	卯	〇五	三〇 五三	北	四六	〇四 四〇	四
贯索二	卯	〇五	五〇 二〇	北	四八	三四 五〇	四
库楼内增一	卯	〇六	〇六 五〇	南	三五	一〇 四九	气
飞鱼二	卯	〇六	一五 四九	南	八二	三五 二七	五
亢宿东增七	卯	〇六	三二 二三	北	〇九	四三 〇八	四
折威西增一	卯	〇六	三七 三八	南	一三	〇四 一一	六
海山六	卯	〇七	二一 〇八	南	五八	二九 三七	五
亢宿东增八	卯	〇七	二六 〇九	北	一三	三〇 一七	六
折威一	卯	〇七	二九 四四	南	一二	四五 三三	五
衡一	卯	〇七	三二 一四	南	二八	一二 五九	四
衡二	卯	〇七	五八 三八	南	二八	五五 五九	四
七公三	卯	〇八	〇三 二六	北	六三	四九 三六	六
十字架三	卯	〇八	〇五 四一	南	四八	三四 〇一	二
马腹三	卯	〇八	一二 二七	南	四三	四九 五七	五
十字架二	卯	〇八	一九 三三	南	五二	四九 二四	二

贯索一	卯	〇八	三五 四一	北	五〇	三〇 〇三	五
贯索四	卯	〇八	四〇 五六	北	四四	二一 一七	二
库楼三	卯	〇八	四五 一八	南	二一	五九 〇六	二
贯索北增四	卯	〇九	〇二 三四	北	五三	五九 四三	五
氐宿北增二十七	卯	〇九	〇二 四二	北	一八	三四 一五	六
贯索北增五	卯	〇九	〇三 二一	北	五六	二五 三二	五
折威南增二	卯	〇九	〇五 〇〇	南	一二	五四 二一	五
七公北增一	卯	〇九	二〇 三二	北	七三	〇一 〇〇	五
七公北增二	卯	〇九	二一 四七	北	七二	五九 一六	五
氐宿北增二十八	卯	〇九	二七 〇七	北	一六	二一 三〇	六
衡三	卯	〇九	二七 三八	南	二七	五八 三三	四
氐宿北增二十九	卯	〇九	三五 一八	北	一二	〇〇 四八	五
七公东增十三	卯	〇九	三六 三五	北	六二	五六 三〇	六
氐宿西增六	卯	一〇	一三 二七	北	〇〇	三五 三八	六
马腹二	卯	一〇	二五 三五	南	四二	一九 二四	五
衡四	卯	一〇	三二 二四	南	二六	三五 一〇	五
氐宿西增五	卯	一〇	三六 四三	北	〇二	〇三 五四	五
折威二	卯	一〇	四〇 五五	南	一〇	〇二 二六	五
周西增一	卯	一〇	四二 二〇	北	三二	五八 五五	六
柱二	卯	一〇	四九 〇五	南	三〇	二三 一四	五
七公二	卯	一〇	四九 一一	北	六五	五三 〇〇	四
氐宿西增四	卯	一一	〇七 三一	北	〇四	三四 三八	六
贯索五	卯	一一	一六 五〇	北	四四	三二 一八	四
蜀西增二	卯	一一	一八 三一	北	二二	一一 〇〇	六
库楼一	卯	一一	二三 三九	南	三二	五二 一四	三
氐宿西增七	卯	一一	二七 五五	北	〇〇	二四 二六	六
氐宿一	卯	一一	三一 四〇	北	〇〇	二二 五一	二
氐宿西增三	卯	一一	三二 五九	北	〇五	一二 二七	六
折威三	卯	一一	三七 四〇	南	〇九	〇一 二二	六
氐宿西增一	卯	一一	四三 三四	北	〇八	一六 三四	四
柱一	卯	一一	四六 三四	南	三〇	五〇 四〇	五
南门一	卯	一一	五七 一九	南	三九	三〇 一六	二
氐宿西增二	卯	一一	五七 五五	北	〇五	三七 〇三	六
飞鱼六	卯	一二	〇五 四八	南	七九	二一 四六	五
七公西增三	卯	一二	〇七 四六	北	六九	〇一 三八	六
柱六	卯	一二	〇九 三七	南	二二	二七 〇八	四
氐宿南增八	卯	一二	二四 一四	南	〇一	四五 三〇	六
折威四	卯	一二	二八 一七	南	〇八	四三 〇九	六
折威五	卯	一二	三〇 二九	南	〇八	四二 一一	六
周西增五	卯	一二	三八 一七	北	三五	四八 四〇	六

氐宿北增二十六	卯	一二	四九 〇八	北	一七	五〇 二三	六
折威南增三	卯	一三	一五 〇〇	南	〇九	〇〇 五〇	五
氐宿北增二十四	卯	一三	一五 〇〇	北	一九	二七 〇六	六
柱五	卯	一三	一六 〇四	南	二三	四七 〇三	四
贯索六	卯	一三	二三 一四	北	四四	五三 〇五	四
周西增三	卯	一三	二五 〇〇	北	三四	二三 二八	六
贯索九	卯	一三	三三 二四	北	五二	三〇 二四	六
折威南增四	卯	一三	三四 一〇	南	〇九	〇一 五六	六
周西增七	卯	一三	三六 〇五	北	三八	〇八 二一	五
周西增二	卯	一三	四六 〇五	北	三三	二四 〇九	六
折威南增五	卯	一三	四六 四九	南	〇九	二六 五〇	六
氐宿北增二十五	卯	一四	〇二 〇四	北	一八	三二 〇六	六
周西增六	卯	一四	〇八 一七	北	三六	五九 五四	六
南船东增一	卯	一四	二五 五五	南	六七	五二 三四	五
贯索北增六	卯	一四	二七 五一	北	五五	五七 四五	六
周西增四	卯	一四	四二 五四	北	三四	三六 一二	六
秦	卯	一四	四五 三四	北	二八	五四 二三	三
折威六	卯	一四	四七 四七	南	〇七	三七 三三	六
阵车一	卯	一四	五三 五八	南	一一	〇三 〇九	五
阵车内增一	卯	一四	五五 〇〇	南	一一	〇三 二〇	五

氐宿内增十	卯	一五	一三 〇一	北	〇一	一三 四三	五
柱三	卯	一五	一四 一七	南	三〇	〇八 五〇	五
氐宿内增九	卯	一五	一九 一六	北	〇一	〇一 三二	六
周北增九	卯	一五	二一 三四	北	三六	〇二 三三	六
秦南增一	卯	一五	二四 三八	北	二七	三〇 五五	六
贯索八	卯	一五	二四 三八	北	四九	一一 二一	五
氐宿北增二十三	卯	一五	三〇 一八	北	二〇	〇七 〇二	六
贯索七	卯	一五	三一 一五	北	四六	〇六 二七	四
折威南增六	卯	一五	四三 四八	南	〇八	一一 〇五	六
七公一	卯	一五	四七 四九	北	六九	三四 〇五	六
阳门二	卯	一五	四八 二七	南	一八	一九 五八	四
氐宿四	卯	一五	四八 四〇	北	〇八	三二 〇三	二
贯索南增十三	卯	一五	五六 二一	北	四〇	〇一 三九	三
周南增十四	卯	一五	五七 三一	北	三一	三四 〇〇	六
柱四	卯	一六	〇四 二九	南	二八	五六 一八	五
周北增八	卯	一六	一一 四七	北	三七	〇八 五〇	四
周	卯	一六	二二 〇三	北	三四	二一 三〇	三
阳门一	卯	一六	二二 五〇	南	二〇	五五 〇九	四
周北增十	卯	一六	二五 五三	北	三五	三四 〇四	六
周北增十一	卯	一六	三〇 二〇	北	三四	二七 五〇	五

蜜蜂一	卯	一六	三四 五一	南	五五	一一 一〇	四
阵车北增二	卯	一六	三七 〇一	南	一〇	一三 五〇	六
库楼二	卯	一六	三九 四三	南	二五	二八 〇六	三
蜜蜂三	卯	一六	五〇 三九	南	五六	二九 五〇	四
周南增十二	卯	一七	〇六 〇六	北	三三	〇九 三六	六
折威七	卯	一七	〇七 三一	南	〇七	三五 五六	三
氐宿内增十二	卯	一七	二六 二〇	北	〇〇	一八 〇三	六
氐宿二	卯	一七	二六 四三	南	〇一	四八 二三	四
阵车二	卯	一七	二八 一九	南	一〇	二三 五二	六
氐宿北增二十一	卯	一七	三四 五七	北	一七	二七 五四	六
氐宿内增十一	卯	一七	三九 三〇	南	〇一	三五 五八	六
氐宿北增二十	卯	一七	四六 四三	北	〇八	〇五 四四	四
贯索北增七	卯	一七	四九 四三	北	五三	五二 四一	六
七公东增十四	卯	一七	五七 一三	北	六二	二〇 五八	五
氐宿北增二十二	卯	一八	二〇 一八	北	一八	一七 三八	六
氐宿内增十七	卯	一八	二一 四八	北	〇二	四九 四六	六
蜀	卯	一八	二八 二二	北	二五	三一 五六	二
贯索南增十二	卯	一八	三三 二三	北	四二	二八 五二	四
氐宿内增十八	卯	一八	四三 三二	北	〇三	二二 一八	六
蜀北增一	卯	一八	四九 五六	北	二六	三四 五三	四
氐宿内增十三	卯	一八	五九 二六	北	〇〇	一八 五六	六
周东增十三	卯	一九	〇一 一八	北	三二	四一 一八	六
郑	卯	一九	〇八 〇四	北	三五	一九 三二	三
巴南增一	卯	一九	二七 五〇	北	二一	四五 〇三	六
车骑三	卯	一九	三六 三六	南	三三	二一 五〇	五
天纪北增二	卯	一九	三六 五二	北	五七	五三 一〇	三
七公东增十五	卯	一九	四〇 五〇	北	六三	一一 四八	四
骑官十	卯	一九	五五 二三	南	二九	五七 四二	三
晋西增一	卯	一九	五五 三〇	北	三七	三六 〇四	三
氐宿北增十九	卯	二〇	〇四 四一	北	〇八	五六 五〇	六
车骑二	卯	二〇	〇五 三八	南	三二	〇四 四九	五
马腹一	卯	二〇	一三 二七	南	四四	〇三 四七	二
骑官九	卯	二〇	一五 〇〇	南	二五	四九 四〇	五
氐宿东增十六	卯	二〇	二〇 三〇	北	〇二	〇八 一七	六
天纪北增三	卯	二〇	二五 五六	北	五四	一六 三〇	五
蜜蜂四	卯	二〇	二八 二八	南	五六	四〇 二七	五
贯索东增八	卯	二〇	三六 一五	北	四九	二八 〇四	六
巴	卯	二〇	四四 二二	北	二四	〇二 〇五	三
氐宿东增十五	卯	二〇	五一 四〇	北	〇二	二三 〇六	六
天乳北增一	卯	二一	〇四 四六	北	一七	三九 二五	六

顿顽二	卯	二一	○六 ○○	南	一二	五八 二一	五
贯索东增十一	卯	二一	○八 二三	北	四三	四三 四七	五
巴南增二	卯	二一	一二 ○五	北	二一	四七 三八	六
天棓西增九	卯	二一	一二 四五	北	七六	一七 一○	四
骑官三	卯	二一	一三 ○四	南	二四	○○ ○四	四
天纪北增四	卯	二一	一九 一六	北	五二	五四 ○八	五
阵车三	卯	二一	二四 二四	南	一一	二八 一二	五
骑官四	卯	二一	二六 三三	南	二四	五九 二○	三
氐宿东增十四	卯	二一	二七 ○五	北	○二	一六 三九	四
氐宿三	卯	二一	三三 五三	北	○四	二五 二七	四
天纪一	卯	二一	三九 一○	北	五一	二七 ○○	五
南门南增一	卯	二二	○六 一八	南	四二	五一 二九	五
晋	卯	二二	○六 二六	北	三七	一四 五七	四
晋北增二	卯	二二	一六 ○○	北	三七	二六 四六	五
天乳南增三	卯	二二	一六 四六	北	一五	五一 ○○	六
天乳	卯	二二	二二 ○八	北	一六	一六 一一	四
贯索东增九	卯	二二	三三 一三	北	四六	二五 二二	六
蜜蜂二	卯	二二	三六 二五	南	五八	四七 四二	五
贯索东增十	卯	二二	四○ 一二	北	四三	三八 四七	六
天乳北增二	卯	二二	四二 一三	北	一六	四一 四九	六

天纪北增五	卯	二二	五二 ○八	北	五三	三二 ○六	六
天棓北增十	卯	二三	○二 四○	北	八四	三四 三○	六
七公东增十六	卯	二三	○七 四二	北	六七	二六 一九	五
晋东增三	卯	二三	一四 五九	北	三七	○三 三三	六
巴东增三	卯	二三	一七 五四	北	二四	三二 三○	五
日西增一	卯	二三	二四 ○二	北	○○	一四 ○七	六
河间西增一	卯	二三	四六 三四	北	三九	二二 四二	六
西咸四	卯	二三	四七 三八	北	○四	○二 五二	四
顿顽一	卯	二三	五五 一八	南	一七	○六 四七	五
斗西增四	卯	二三	五六 四七	北	三○	一五 二五	六
斗西增三	卯	二四	○一 一七	北	三○	二八 一四	六
巴东增四	卯	二四	○五 一○	北	二五	一五 四二	六
骑官八	卯	二四	○六 ○八	南	二八	二○ 二三	五
骑官五	卯	二四	○八 四八	南	二六	二七 四七	五
日	卯	二四	一二 ○○	北	○○	○一 四五	四
斗二	卯	二四	一九 ○七	北	三四	○四 四○	六
顿顽南增一	卯	二四	二○ 五九	南	一七	三七 四七	六
天辐西增一	卯	二四	二六 五四	南	○八	三○ 一六	六
斗西增五	卯	二四	三○ 五六	北	二八	五八 四三	六
房宿西增三	卯	二四	四五 三四	南	○四	○五 三八	六

天幅一	卯	二五	〇二 二八	南	〇八	二八 〇九	四
骑官二	卯	二五	〇四 二九	南	二一	二一 〇五	四
天纪北增一	卯	二五	〇七 〇八	北	六〇	一九 四七	三
斗三	卯	二五	三六 三〇	北	三二	一二 〇五	五
河间	卯	二五	三六 三三	北	四〇	〇二 〇六	三
小斗西增一	卯	二五	三六 三九	南	七五	二四 二二	五
天纪南增六	卯	二五	三八 二七	北	五一	四一 三七	六
天幅二	卯	二五	四六 一七	南	〇九	五八 五〇	四
骑阵将军	卯	二五	五四 二八	南	二九	三五 五六	五
斗内增二	卯	二五	五四 五〇	北	三二	一〇 二九	六
西咸北增一	卯	二六	一七 一六	北	一二	〇〇 〇九	六
西咸三	卯	二六	一八 〇四	北	〇三	三〇 〇四	四
南门二	卯	二六	二〇 〇七	南	四二	二六 五八	一
斗南增六	卯	二六	二三 一三	北	二八	三七 五〇	六
骑官六	卯	二六	三二 一五	南	二五	一一 一四	四
斗南增七	卯	二六	三八 〇〇	北	二五	五七 二四	六
小斗三	卯	二六	四四 二六	南	六八	〇四 二九	五
骑官七	卯	二六	四八 三八	南	二八	二六 三八	五
西咸二	卯	二六	四九 〇四	北	〇六	〇七 四八	四
房宿西增二	卯	二六	五四 四三	北	〇〇	〇七 五〇	四

西咸北增二	卯	二六	五五 〇四	北	一一	二九 三二	六
从官西增一	卯	二七	〇五 四三	南	一四	二五 四四	六
车骑一	卯	二七	〇七 二九	南	三二	四五 五六	五
房宿西增一	卯	二七	〇七 三七	北	〇〇	〇九 一二	六
小斗八	卯	二七	一九 〇三	南	七五	〇一 五二	五
河中	卯	二七	二九 四六	北	四二	四二 四一	三
房宿西增四	卯	二七	三三 五〇	南	〇五	二六 三三	六
西咸一	卯	二七	四三 四三	北	〇九	一六 二九	五
从官一	卯	二七	四七 二八	南	一四	三四 〇六	五
罚三	卯	二七	四九 五三	北	〇四	〇四 二〇	六
骑官一	卯	二七	五二 五三	南	二一	一一 一六	四
天纪二	卯	二七	五三 四九	北	五三	〇七 一五	三
斗内增一	卯	二七	五九 四九	北	三五	一二 二五	六
斗一	卯	二八	〇〇 〇二	北	三五	一二 四三	六
房宿西增五	卯	二八	〇三 〇八	南	四〇	五四 一三	五
房宿西增六	卯	二八	四〇 四六	南	〇五	四三 四八	六
小斗二	卯	二八	四〇 四七	南	六三	五六 三六	五
梁	卯	二八	四三 一五	北	一七	一七 一五	三
罚二	卯	二八	四六 一一	北	〇八	〇四 四〇	六
南门南增二	卯	二八	四七 二二	南	四六	〇七 〇四	三

房宿三	卯	二九	〇〇 五〇	南	〇一	五六 三一	三
罚西增一	卯	二九	〇四 五四	北	一二	二九 二四	六
斗南增九	卯	二九	一一 四二	北	二八	一一 三七	六
从官二	卯	二九	一四 四〇	南	一三	〇七 四八	五
罚内增二	卯	二九	二〇 〇七	北	一〇	五四 三〇	五
房宿一	卯	二九	二二 二五	南	〇五	二五 四六	三
天纪南增七	卯	二九	三一 四二	北	四八	三五 一二	五
房宿二	卯	二九	三三 五二	南	〇八	三三 二五	四
房宿四	卯	二九	三七 五六	北	〇一	〇三 〇九	二
斗南增八	卯	二九	三八 〇五	北	二六	二二 一四	六
列肆一	卯	二九	五〇 五四	北	二二	一六 〇二	五
罚一	卯	二九	五四 二三	北	一二	四六 三九	四
楚	卯	二九	五五 四五	北	一六	二八 二〇	三
钩钤一	寅	〇〇	〇六 三五	北	〇〇	一六 〇五	五
罚东增三	寅	〇〇	〇八 一一	北	〇九	一五 一六	六
天纪南增八	寅	〇〇	一三 一五	北	五〇	〇八 四三	六
钩钤二	寅	〇〇	一七 〇九	北	〇〇	〇五 五六	五
天纪北增十二	寅	〇〇	二八 三三	北	五五	三〇 二六	五
小斗九	寅	〇〇	三〇 五二	南	七七	二五 五六	五
斗四	寅	〇〇	三六 三七	北	三三	〇一 四六	四

键闭	寅	〇一	〇五 一一	北	〇一	四〇 五〇	四
天纪南增十	寅	〇一	〇九 二五	北	五一	五四 〇〇	六
天纪南增九	寅	〇一	四一 〇三	北	五一	四八 〇六	五
车肆一	寅	〇一	四三 二〇	北	一三	〇〇 一八	五
小斗一	寅	〇一	四五 四三	南	六三	三五 四一	五
斗南增十	寅	〇一	四七 三〇	北	二七	〇九 一七	六
斗南增十一	寅	〇一	四八 二一	北	二七	〇八 三四	六
小斗七	寅	〇一	五三 〇〇	南	七三	〇〇 二五	六
天纪北增十一	寅	〇一	五三 二二	北	五三	四六 〇〇	五
小斗四	寅	〇一	五七 五四	南	六七	四七 一七	五
积卒二	寅	〇一	五八 〇〇	南	一七	二一 〇〇	五
列肆二	寅	〇二	〇〇 三八	北	二三	三五 三八	四
积卒一	寅	〇二	二九 〇〇	南	一五	三〇 〇〇	五
斗五	寅	〇二	三八 五五	北	二八	五三 〇五	六
心宿南增二	寅	〇二	四〇 五九	南	〇六	三八 二二	六
心宿南增一	寅	〇二	四五 三五	南	〇七	〇七 〇三	六
魏西增一	寅	〇三	三一 五一	北	四六	四七 二三	五
小斗六	寅	〇三	四七 五九	南	七一	〇一 〇五	五
心宿北增三	寅	〇三	五二 三五	南	〇二	三七 一〇	六
小斗五	寅	〇三	五三 五九	南	七〇	三七 〇七	五

东咸三	寅	○三	五九 一八	北	○一	三六 ○九	五
列肆东增四	寅	○四	○八 一九	北	一九	三四 一七	六
斛南增四	寅	○四	一二 四六	北	二六	五一 五六	六
斛南增五	寅	○四	一三 五○	北	二六	○九 一七	六
斛南增六	寅	○四	一四 一六	北	二六	一○ 五七	六
心宿一	寅	○四	一四 二四	南	○三	五九 ○四	四
魏西增二	寅	○四	一五 五九	北	四七	五八 三○	六
天纪四	寅	○四	二二 三三	北	五五	五六 ○八	六
东咸二	寅	○四	二五 二五	北	○三	一六 三二	五
天纪三	寅	○四	四一 五六	北	五三	一九 一二	三
心宿北增四	寅	○四	五二 五八	南	○一	四二 三五	六
斛四	寅	○四	五七 ○四	北	三○	四一 二○	五
斛内增一	寅	○四	五七 四一	北	三○	四一 一八	六
列肆东增三	寅	○五	○二 四五	北	二三	一二 三四	六
东咸一	寅	○五	○六 二六	北	○五	一四 四一	四
斛南增二	寅	○五	○九 二二	北	二八	一二 五七	六
魏西增三	寅	○五	一一 一九	北	四七	四○ 五○	六
天纪五	寅	○五	一二 ○五	北	五七	五四 三五	六
韩	寅	○五	三八 五五	北	一一	二五 二七	三
宦者西增三	寅	○五	四一 三六	北	三七	一四 二五	六
三角形一	寅	○五	四九 一三	南	四八	○一 三二	三
宦者西增二	寅	○六	○○ 一四	北	四○	四六 三五	五
斛南增三	寅	○六	○二 五八	北	二七	二七 四三	五
东咸四	寅	○六	○四 五三	北	○○	二八 ○四	五
列肆东增二	寅	○六	○五 ○三	北	二三	一一 三○	六
宦者西增一	寅	○六	○五 ○六	北	四○	四五 ○二	五
心宿北增五	寅	○六	一○ 一二	南	○三	一一 三○	六
心宿二	寅	○六	一一 ○四	南	○四	三一 二六	一
斛三	寅	○六	二六 ○八	北	二九	三一 四五	五
天棓西增一	寅	○六	四六 一八	北	七八	一一 五○	四
天棓二	寅	○六	五一 三三	北	七八	一一 一八	四
三角形内增二	寅	○六	五四 二七	南	四五	一二 四八	五
天棓西增八	寅	○七	○二 四八	北	六九	○二 五○	六
斛一	寅	○七	○二 五一	北	三二	三二 一六	四
列肆东增一	寅	○七	三九 一七	北	二三	三五 一六	六
东咸东增一	寅	○七	四三 一○	北	○四	二八 二五	六
金鱼五	寅	○七	五○ 三七	南	八七	三三 四八	六
心宿三	寅	○七	五二 五六	南	○六	○四 二三	四
斛二	寅	○八	一五 一二	北	三一	五二 二○	四
三角形二	寅	○八	一八 三六	南	四一	一○ 五○	三

女床一	寅	○八	二六 一二	北	五九	三五 三○	三
天棓三	寅	○八	三○ 四六	北	七五	一九 五五	三
车肆二	寅	○八	四八 ○五	北	一一	三八 ○○	六
魏北增四	寅	○八	五○ ○六	北	四九	五六 三○	六
宦者一	寅	○八	五七 二一	北	三六	四二 ○○	六
魏西增五	寅	○九	○一 四○	北	四七	一一 三七	六
天棓西增七	寅	○九	○六 五三	北	七一	一四 三○	六
女床二	寅	○九	二○ 三○	北	六○	○八 三五	四
宦者二	寅	○九	二三 ○八	北	三六	一五 二○	六
车肆北增一	寅	○九	二七 一六	北	一六	二二 ○一	六
宦者内增四	寅	○九	二七 四五	北	三六	一三 三五	六
心宿东增六	寅	○九	三○ 五六	南	○○	四五 二○	六
心宿东增八	寅	○九	五七 五四	南	○三	○五 一○	六
三角形南增三	寅	○九	五九 一○	南	五二	○二 五六	六
宦者三	寅	一○	○○ 五○	北	三五	二六 五○	六
异雀九	寅	一○	○七 三六	南	五九	四五 ○二	六
天纪六	寅	一○	一九 二二	北	五五	五九 二四	五
心宿东增七	寅	一○	三○ 二一	南	○二	○七 ○五	六
异雀八	寅	一○	四○ 四五	南	五八	一三 ○八	四
车肆北增二	寅	一○	五四 一七	北	一八	二八 二一	六
三角形南增四	寅	一○	五八 二○	南	五一	五一 三三	六
异雀七	寅	一一	○二 三九	南	六○	三二 一○	五
魏	寅	一一	○八 三○	北	四七	四三 四五	四
三角形北增一	寅	一一	一五 四三	南	四一	三二 四一	五
天纪内增十三	寅	一一	三六 四一	北	五五	三一 五七	六
女床三	寅	一一	四七 ○二	北	六○	一○ 四○	四
尾宿二	寅	一一	四八 三二	南	一一	三九 四九	五
宋西增一	寅	一一	五二 二三	北	○九	四四 四五	六
宦者四	寅	一二	二一 二一	北	三三	二九 三七	六
尾宿一	寅	一二	二九 二四	南	一五	二四 五九	三
帝座	寅	一二	三五 ○三	北	三七	一九 一五	三
宋西增二	寅	一二	四一 四二	北	○三	五五 五○	六
天江西增九	寅	一二	五三 二一	南	○二	一一 ○○	六
尾宿北增一	寅	一三	○七 ○一	南	一○	二九 五六	六
魏东增六	寅	一三	○九 ○六	北	四七	三一 四七	四
魏东增七	寅	一三	一七 ○八	北	四七	三二 三○	五
神宫	寅	一三	二二 五○	南	一九	○五 ○五	气
天棓西增六	寅	一三	二四 ○六	北	七○	三三 一三	四
天棓西增五	寅	一三	二六 四六	北	七○	三三 ○○	四
尾宿三	寅	一三	三四 二二	南	一九	三七 一七	四

天江西增十	寅	一三	三四 五五	南	○二	五一 一七	六
天江西增十一	寅	一三	四五 一五	南	○二	四六 四○	六
天江西增八	寅	一三	五七 五五	北	○一	二一 五○	六
天棓内增四	寅	一四	○四 一六	北	七一	四八 四六	六
宦者东增五	寅	一四	一○ ○○	北	三三	五五 ○六	六
宋	寅	一四	二三 四六	北	○七	一三 五三	三
魏东增八	寅	一四	二九 二○	北	四六	○四 二九	六
异雀五	寅	一四	四二 三四	南	六二	○四 四五	四
候西增二	寅	一五	○八 二七	北	三七	二一 一四	六
宗正西增三	寅	一五	一○ ○四	北	二二	三八 三二	六
龟四	寅	一五	二○ 二七	南	三六	一三 一二	四
候西增一	寅	一五	五六 五四	北	三六	○二 四五	六
龟一	寅	一六	○一 三一	南	三○	一三 三四	三
天江一	寅	一六	一三 一五	南	○三	五三 四七	六
天棓五	寅	一六	一六 ○六	北	六九	一八 四九	四
赵	寅	一六	一六 二八	北	四九	二○ 一六	四
龟五	寅	一六	一六 三一	南	三三	○一 四六	四
赵北增一	寅	一六	二一 四七	北	五一	三八 四○	六
天江二	寅	一六	二七 一四	南	○三	二四 ○九	五
天江内增三	寅	一六	四○ 一五	南	○三	二○ ○八	六
市楼四	寅	一六	四二 三九	北	一○	一八 一一	四
天江北增六	寅	一六	五一 一七	南	○一	○八 五三	六
天江东增二	寅	一六	五七 四六	南	○三	二九 三九	六
市楼南增一	寅	一六	五七 四六	北	一○	○八 五九	六
宗正西增二	寅	一七	○○ 五二	北	二七	二○ 三九	五
尾宿四	寅	一七	○七 一四	南	二○	○八 五三	四
三角形三	寅	一七	一五 五九	南	四六	○四 五一	二
天江北增七	寅	一七	一八 五五	北	○二	○四 四三	四
天纪七	寅	一七	四○ ○八	北	五四	二一 ○○	五
异雀六	寅	一七	四五 一二	南	五五	五六 ○六	五
天江内增五	寅	一七	四五 二七	南	○一	四二 二八	六
天江三	寅	一七	四八 一一	南	○一	四七 四七	三
市楼五	寅	一八	一三 四○	北	一○	四四 五二	六
天江南增	寅	一八	一八 ○五	南	○四	五四 四七	四
天江内增五	寅	一八	二八 五七	南	○○	五九 五四	六
候北增三	寅	一八	三八 五九	北	三六	二八 二二	六
赵东增二	寅	一八	四二 三六	北	四七	三八 ○七	六
天江四	寅	一八	四四 五四	南	○○	五四 ○三	四
候	寅	一八	五○ 三二	北	三五	五三 一六	二
候北增四	寅	一八	五一 五一	北	三六	二七 二七	六

候南增五	寅	一八	五六 一二	北	三二	五四 二七	六
异雀四	寅	一八	五七 四二	南	五六	〇〇 二二	四
异雀三	寅	一九	一六 一三	南	五四	三一 〇七	四
糠	寅	一九	一六 一六	南	〇六	三四 一二	五
天籥西增一	寅	一九	四五 四七	南	〇〇	三一 二〇	六
天籥六	寅	一九	五四 一五	南	〇〇	三八 二三	五
天籥七	寅	二〇	〇八 一〇	南	〇二	三九 五二	六
天棓内增二	寅	二〇	〇九 三六	北	七四	一一 三〇	六
尾宿九	寅	二〇	二六 一六	南	一二	五七 〇四	四
赵东增三	寅	二〇	三〇 〇六	北	四七	三八 〇七	六
杵三	寅	二〇	三六 五三	南	三二	一一 四三	四
龟二	寅	二〇	四一 四二	南	三三	〇二 四四	四
天籥五	寅	二〇	四二 三八	北	〇一	一九 五九	六
南海	寅	二〇	五八 二三	北	〇七	五九 〇五	四
市楼一	寅	二〇	五九 三七	北	一五	一五 五一	四
尾宿八	寅	二一	〇〇 一〇	南	一三	四四 二〇	三
天棓一	寅	二一	一四 二〇	北	八〇	一九 四〇	三
天棓东增三	寅	二一	一四 三〇	北	七一	四九 五三	六
杵二	寅	二一	二〇 〇六	南	二六	二九 三〇	四
异雀一	寅	二一	二〇 四八	南	四四	三二 五五	五
天籥四	寅	二一	三一 二三	北	〇一	三〇 二四	六
异雀二	寅	二一	三八 五九	南	四六	五二 二二	六
九河	寅	二一	三九 二六	北	五一	一二 三八	四
宗正一	寅	二一	四五 四四	北	二七	五八 〇〇	三
杵一	寅	二一	五〇 〇二	南	二三	〇五 二六	五
市楼二	寅	二一	五二 〇九	北	一〇	三三 五一	五
龟三	寅	二一	五八 四〇	南	三七	一七 二四	四
尾宿五	寅	二一	五九 〇七	南	一九	三七 三六	二
市楼六	寅	二二	〇七 二七	北	一五	〇一 一一	四
宗正南增一	寅	二二	〇七 四六	北	二六	〇一 二四	六
天纪八	寅	二二	一〇 一五	北	五七	〇二 〇三	五
九河南增一	寅	二二	三一 一〇	北	四九	〇四 一〇	六
天籥三	寅	二二	三三 四四	北	〇一	四四 四五	五
尾宿七	寅	二二	五一 三九	南	一五	三六 三八	四
宗正二	寅	二三	〇三 三二	北	二六	〇九 二〇	三
天籥二	寅	二三	二〇 〇九	北	〇一	三六 〇一	六
天纪北增十四	寅	二三	三〇 五一	北	六三	二八 二〇	六
天籥八	寅	二三	四〇 〇一	南	〇四	二二 四二	六
尾宿六	寅	二三	五四 二九	南	一六	四一 四一	三
傅说	寅	二四	二一 四〇	南	一三	三七 一五	四

孔雀一	寅	二四	二一 五四	南	四一	二八 〇二	四
天棓四	寅	二四	二七 四八	北	七四	五八 二〇	二
天纪九	寅	二四	五〇 五〇	北	六〇	四三 四〇	四
鱼	寅	二五	〇九 三四	南	一一	二四 三四	四
天籥一	寅	二五	一六 三〇	南	〇一	二四 〇八	五
中山西增一	寅	二五	三三 四九	北	五二	四三 五六	四
中山西增二	寅	二五	五一 〇〇	北	五三	四〇 一五	五
燕	寅	二六	一〇 一六	北	一三	四二 四五	四
帛度南增三	寅	二六	二一 三七	北	四〇	一二 五八	五
天籥东增二	寅	二六	二三 一六	南	〇〇	一九 四五	六
天籥东增三	寅	二六	二八 一七	南	〇〇	四七 五一	六
宗人一	寅	二六	二九 三三	北	二七	五一 〇三	四
斗宿西增一	寅	二六	三一 〇一	北	〇五	二八 五一	六
东海西增一	寅	二六	三二 三二	北	一九	四七 五二	三
宗人二	寅	二六	三六 一九	北	二六	二四 三一	四
帛度一	寅	二六	五〇 三六	北	四五	〇四 三〇	四
宗人三	寅	二六	五四 一七	北	二四	四七 〇七	四
天籥东增四	寅	二七	〇四 四七	南	〇〇	四七 五〇	六
帛度南增一	寅	二七	〇六 五〇	北	四四	一八 五四	五
市楼三	寅	二七	一二 二三	北	一五	一七 三一	五
屠肆西增一	寅	二七	一七 一六	北	四六	二四 四八	五
杵东增一	寅	二七	三二 四〇	南	二六	三六 〇五	五
孔雀二	寅	二七	三七 〇四	南	四〇	〇九 二八	五
箕宿一	寅	二七	四〇 四七	南	〇六	五五 五一	三
宗人四	寅	二七	五四 一六	北	二六	〇三 五四	四
屠肆二	寅	二八	二〇 二四	北	四五	四一 二四	五
宗人北增二	寅	二八	三二 四一	北	三二	一一 五三	六
宗人北增一	寅	二八	三四 四三	北	三三	〇一 二五	六
中山北增三	寅	二八	五八 四〇	北	五四	〇一 三二	五
中山南增七	寅	二九	〇五 二八	北	四九	三三 四〇	六
中山	寅	二九	〇六 一三	北	五二	一三 三五	四
宗人东增三	寅	二九	〇六 三九	北	二七	二六 一四	六
帛度南增二	寅	二九	一二 〇九	北	四三	三〇 二三	五
帛度二	寅	二九	一三 三六	北	四四	一七 〇六	四
斗宿三	寅	二九	三九 一〇	北	〇二	二二 五四	四
孔雀北增二	寅	二九	五三 二七	南	三八	〇三 三六	四

卷三十四　　志九

天文九

乾隆甲子年恒星黄道经纬度表四

黄道星纪丑宫讫娵訾亥宫，凡七百一十八星，如左：

黄道	经	度	纬		度	
星名	宫	十度	十分 十秒	向	十度	十分 十秒	等

星名	宫	十度	十分十秒	向	十度	十分十秒	等
斗宿北增二	丑	〇〇	〇〇 〇五	北	〇二	四二 二八	六
箕宿四	丑	〇〇	〇五 四八	南	一三	一七 四五	三
中山北增四	丑	〇〇	四七 五八	北	五四	五〇 三〇	四
箕宿二	丑	〇〇	五九 一二	南	〇六	二五 二一	三
孔雀三	丑	〇一	〇三 四四	南	三八	五四 一四	五
箕宿三	丑	〇一	三〇 三三	南	一〇	五九 五四	三
鼈一	丑	〇一	三二 二三	南	二二	三六 二三	四
孔雀八	丑	〇一	三六 二一	南	四八	〇六 〇三	四
宗人东增四	丑	〇二	一四 四九	北	二六	四四 三六	六
东海	丑	〇二	一六 〇三	北	二〇	三一 五六	三
斗宿北增三	丑	〇二	二三 五五	北	〇二	四八 三九	六
屠肆北增二	丑	〇二	三二 二五	北	四七	四九 三〇	五
斗宿二	丑	〇二	四四 五五	南	〇二	〇四 〇一	四
鼈十一	丑	〇二	五三 五六	南	一八	五九 五〇	六
孔雀内增一	丑	〇二	五六 二一	南	四一	三七 〇九	五
鼈十	丑	〇三	〇五 一三	南	一五	二三 一五	六
屠肆内增三	丑	〇三	〇七 三六	北	四五	二〇 〇六	六
东海北增二	丑	〇三	五一 五一	北	二三	二九 五三	六
中山东增六	丑	〇三	五三 三六	北	五二	一三 二〇	六
中山东增五	丑	〇三	五七 五四	北	五三	一三 一〇	六
孔雀五	丑	〇四	〇七 三四	南	四四	〇六 一三	五
孔雀四	丑	〇四	〇九 三二	南	三九	〇三 二三	四
屠肆一	丑	〇四	一二 四九	北	四五	〇六 五五	四
织女西增四	丑	〇四	二〇 三九	北	五九	二四 四二	五
东海东增四	丑	〇四	二三 三八	北	二一	一七 二四	六
东海东增三	丑	〇五	〇四 一四	北	二二	一四 三一	六
孔雀北增三	丑	〇五	二五 一三	南	三七	一〇 四六	六
天弁一	丑	〇五	二五 五七	北	一四	五九 〇七	四
农丈人	丑	〇五	三一 三四	南	一二	二八 一八	六
鼈二	丑	〇五	四五 四七	南	二〇	三四 四〇	六
斗宿北增四	丑	〇六	〇一 〇〇	南	〇〇	四一 二〇	六
织女西增三	丑	〇六	一四 一九	北	六二	四六 四〇	六
斗宿一	丑	〇六	三五 四二	南	〇三	五四 三五	五
天弁二	丑	〇七	一一 一四	北	一四	〇二 三〇	五
天弁三	丑	〇七	三三 三二	北	一四	四六 五七	五
鼈九	丑	〇七	五五 四八	南	一四	二四 一六	六
建西增一	丑	〇八	〇四 五六	北	〇二	三九 一二	六
建西增五	丑	〇八	一一 二四	北	〇〇	四八 三四	六

鼈八	丑	〇八	二三 四八	南	一四	一三 〇八	六
建西增四	丑	〇八	三〇 五五	北	〇一	〇一 三〇	六
鼈三	丑	〇八	四一 五九	南	一九	一六 一二	六
徐西增一	丑	〇八	四八 〇〇	北	二五	〇三 二六	五
斗宿四	丑	〇八	四八 一二	南	〇三	二三 三三	三
天弁四	丑	〇八	四九 四〇	北	一八	一三 二七	四
建西增六	丑	〇八	五四 〇四	北	〇〇	〇九 一二	五
开弁北增一	丑	〇八	五九 〇五	北	二二	〇〇 二九	六
建西增三	丑	〇九	〇〇 〇九	北	〇一	三二 〇三	六
建西增七	丑	〇九	〇七 一四	北	〇〇	一二 三三	五
建北增二	丑	〇九	五一 〇九	北	〇二	〇九 二五	六
建一	丑	〇九	五三 五二	北	〇一	四二 一二	五
鼈四	丑	〇九	五五 四一	南	一七	四八 〇八	六
鼈七	丑	〇九	五七 〇九	南	一四	二〇 〇八	五
孔雀九	丑	〇九	五七 一七	南	五〇	四九 〇七	四
天弁北增二	丑	〇九	五九 〇七	北	一九	三七 一六	六
斗宿六	丑	一〇	〇二 二二	南	〇七	〇七 五五	三
天弁北增三	丑	一〇	〇二 二四	北	一九	三三 二二	六
鼈五	丑	一〇	二四 二六	南	一六	四二 一二	五
鼈六	丑	一〇	二八 二四	南	一五	一五 五七	五

宗一	丑	一一	一二 三七	北	四三	二七 五四	五
斗宿五	丑	一一	一五 一〇	南	〇五	〇一 一二	四
天弁五	丑	一一	一五 三五	北	一六	五四 一一	四
宗二	丑	一一	一五 四八	北	四一	〇三 二三	四
建二	丑	一一	二五 四六	北	〇〇	五四 三八	五
织女一	丑	一一	四二 一八	北	六一	四五 三一	一
天渊二	丑	一二	〇八 四四	南	二二	〇五 四八	四
徐	丑	一二	一一 一五	北	二六	五四 四一	三
天渊一	丑	一二	一一 二六	南	二二	二六 五〇	四
徐北增二	丑	一二	一六 二八	北	二九	一九 二七	六
徐南增四	丑	一二	一六 四八	北	二五	一三 四五	六
天弁六	丑	一二	二九 四二	北	一六	五三 三三	四
建三	丑	一二	四一 四四	北	〇一	二八 五九	四
天渊三	丑	一二	五八 四六	南	一八	一九 五一	四
天弁九	丑	一三	〇二 二五	北	一八	五二 四〇	六
狗西增六	丑	一三	二八 〇六	南	〇二	五二 五五	五
齐	丑	一三	二八 四四	北	四四	〇八 〇八	四
天弁八	丑	一三	三一 五九	北	一八	二九 二六	六
天弁七	丑	一三	四七 一五	北	一七	三九 三六	三
孔雀六	丑	一三	五六 三八	南	四四	二九 〇八	三

吴越西增二	丑	一四	一五 二九	北	三六	二八 五一	六
吴越西增三	丑	一四	一八 五五	北	三六	一一 四五	四
蛇尾四	丑	一四	二五 〇〇	南	五六	〇〇 〇〇	五
齐北增一	丑	一四	三〇 一七	北	四五	一六 二〇	五
织女三	丑	一四	三一 五五	北	六〇	二三 一三	五
织女南增一	丑	一四	三二 二九	北	六〇	二二 一六	五
吴越西增一	丑	一四	四一 五八	北	三七	三六 四三	三
建四	丑	一四	四七 二二	北	〇三	一七 五九	六
天弁东增四	丑	一五	〇一 三七	北	一四	二二 一七	五
织女内增二	丑	一五	〇二 一七	北	六二	二二 三一	六
织女二	丑	一五	〇二 四二	北	六二	二六 〇五	五
渐台南增五	丑	一五	〇二 五八	北	五五	一三 五八	六
渐台南增六	丑	一五	〇四 四二	北	五五	二九 四八	六
渐台二	丑	一五	二〇 三〇	北	五六	〇一 四八	三
波斯一	丑	一五	二七 〇〇	南	三二	二五 〇〇	五
狗二	丑	一五	四五 一九	南	〇二	二六 一七	五
狗北增五	丑	一五	四七 四三	南	〇二	二一 〇五	六
建南增八	丑	一五	五一 一七	北	〇三	四八 四三	六
狗北增四	丑	一五	五二 四六	南	〇一	五四 三六	六
建五	丑	一五	五三 二〇	北	〇四	一五 四三	五
徐东增三	丑	一五	五九 四六	北	二八	二三 四八	六
建六	丑	一六	〇六 四九	北	〇六	〇八 四二	五
吴越南增四	丑	一六	一二 四八	北	三三	二四 三二	六
吴越	丑	一六	一三 三四	北	三六	一三 四八	三
蛇尾三	丑	一六	一五 〇〇	南	五八	一〇 〇〇	五
狗北增三	丑	一六	二四 〇四	北	〇〇	一二 二〇	六
右旗西增二	丑	一六	四三 三四	北	二四	二八 四五	五
天弁东增五	丑	一七	二一 五一	北	一六	三六 〇九	六
渐台西增一	丑	一七	四八 五一	北	五九	二六 三九	四
右旗西增一	丑	一七	五三 三〇	北	二六	五四 一一	六
右旗西增三	丑	一八	〇五 〇五	北	二一	〇四 四四	六
渐台一	丑	一八	〇六 三九	北	五九	二一 五四	四
狗北增一	丑	一八	〇九 一二	南	〇三	〇一 五三	六
狗一	丑	一八	一六 一五	南	〇三	一三 〇一	六
渐台三	丑	一八	二二 〇〇	北	五五	〇三 二八	三
渐台南增四	丑	一八	三五 三六	北	五四	二八 一五	六
扶筐三	丑	一八	四六 四四	北	八一	四八 四〇	五
孔雀七	丑	一八	五五 四八	南	四五	五二 三四	三
狗东增二	丑	一九	一三 〇四	南	〇一	五四 〇四	六
吴越东增五	丑	一九	二七 一八	北	三三	三一 五三	六

右旗西增九	丑	一九	三八 二七	北	一七	五七 三八	六
右旗四	丑	一九	五一 四〇	北	二二	〇四 一七	五
蛇尾二	丑	一九	五五 〇〇	南	六〇	〇〇 〇〇	五
右旗三	丑	二〇	〇二 二一	北	二四	五〇 五四	三
吴越东增六	丑	二〇	〇八 三三	北	三四	一三 二七	六
右旗西增八	丑	二〇	一二 二一	北	一八	二二 四六	六
孔雀十一	丑	二〇	一四 一三	南	三六	一一 一八	二
右旗南增十	丑	二〇	一四 二四	北	一〇	五八 二十	六
右旗西增七	丑	二〇	二四 五五	北	一八	四六 一〇	六
天鸡西增一	丑	二〇	三八 五六	北	〇五	〇五 五四	六
齐东增二	丑	二〇	四五 〇八	北	四三	〇七 五四	六
右旗内增四	丑	二〇	四八 三五	北	二三	三四 〇〇	六
齐东增三	丑	二一	〇五 二四	北	四三	一五 一〇	五
天鸡一	丑	二一	〇五 二九	北	〇五	一一 二六	五
右旗八	丑	二一	一六 四七	北	一四	二三 〇三	三
渐台南增三	丑	二一	〇二 一八	北	五四	三三 〇二	六
天鸡二	丑	二一	二一 四一	北	〇一	二七 〇二	六
吴越东增七	丑	二一	三三 〇四	北	三三	三二 〇五	六
辇道一	丑	二一	三九 四六	北	六六	一三 〇六	六
右旗七	丑	二一	五四 四六	北	一六	四二 〇〇	六
渐台北增二	丑	二一	五五 四六	北	六〇	〇二 二一	六
右旗六	丑	二一	五五 四八	北	一八	二五 二一	六
狗国一	丑	二二	一四 四六	南	〇五	二二 五五	五
右旗五	丑	二二	一五 四七	北	二〇	〇二 五九	三
狗国四	丑	二二	二〇 一五	南	〇六	一六 三四	五
左旗西增三	丑	二二	三〇 四五	北	三八	三一 二至	六
齐东增四	丑	二二	三二 一〇	北	四四	四九 二六	六
右旗东增六	丑	二二	三七 二一	北	一九	四六 二九	六
左旗西增二	丑	二二	三八 二七	北	三八	三一 一八	六
渐台四	丑	二二	三九 〇八	北	五八	〇三 五四	五
天鸡东增二	丑	二二	五一 〇二	北	〇一	五四 〇三	六
狗国二	丑	二二	五八 一六	南	〇五	二四 四四	五
扶筐一	丑	二三	〇九 五六	北	七九	四四 四四	五
右旗一	丑	二三	一二 五八	北	二八	四二 三〇	四
孔雀东增四	丑	二三	一五 〇〇	南	三九	一五 〇〇	四
右旗东增五	丑	二三	二六 二〇	北	二〇	三一 〇四	六
狗国三	丑	二三	二八 三〇	南	〇七	〇三 四八	五
左旗西增四	丑	二三	三二 四三	北	四一	一六 二七	六
左旗西增五	丑	二三	五二 一二	北	四一	三二 四三	六
右旗增南十一	丑	二四	〇三 二六	北	一〇	〇五 二〇	五

右旗二	丑	二四	一三 五六	北	二六	三〇 四四	五
波斯九	丑	二四	二五 〇〇	南	三三	四〇 〇〇	六
齐东增八	丑	二四	三二 三六	北	四七	四六 三五	六
天鸡东增三	丑	二四	五二 四九	北	〇五	〇八 二三	六
左旗西增六	丑	二四	五二 五九	北	四一	三四 二八	五
孔雀十	丑	二四	五六 〇一	南	四六	五六 二一	三
波斯十	丑	二四	五七 〇〇	南	三三	四五 〇〇	六
齐东增七	丑	二五	〇一 四五	北	四六	二五 四〇	六
波斯二	丑	二五	一七 〇〇	南	二七	五五 〇〇	三
右旗九	丑	二五	一八 〇二	北	一二	〇五 一一	五
辇道二	丑	二五	一八 一一	北	六一	〇〇 一三	六
右旗东增十二	丑	二五	二九 五四	北	一二	二四 一〇	六
波斯八	丑	二五	三五 〇〇	南	三六	〇〇 〇〇	五
波斯十一	丑	二五	三七 〇〇	南	三三	五三 〇〇	六
齐东增五	丑	二五	五七 三四	北	四五	五四 二〇	四
辇道南增八	丑	二六	〇三 四七	北	五〇	五七 三〇	五
齐东增六	丑	二六	一〇 四九	北	四六	二八 三七	六
牛宿西增一	丑	二六	一二 一九	北	〇六	四四 三二	六
左旗西增一	丑	二六	一四 四二	北	三七	二七 〇九	五
左旗西增七	丑	二六	二〇 五〇	北	四〇	四九 二六	六

扶筐一	丑	二六	二八 三六	北	七七	四五 〇〇	五
河鼓西增九	丑	二六	二九 一五	北	二八	二二 〇四	六
辇道东增二	丑	二六	三一 一九	北	六〇	四二 五五	六
辇道北增一	丑	二六	三一 二六	北	六八	五二 二二	六
河鼓北增二	丑	二六	三七 〇三	北	三三	〇二 〇八	六
河鼓北增三	丑	二六	三七 二〇	北	三二	三九 二四	六
天桴四	丑	二六	五一 五四	北	二一	三三 二三	三
辇道三	丑	二六	五九 一一	北	五九	三六 二〇	六
蛇尾一	丑	二七	〇五 五八	南	六四	三一 二七	三
牛宿西增二	丑	二七	一四 二七	北	〇七	三一 四五	六
天桴三	丑	二七	一七 二八	北	二〇	四三 四三	六
河鼓三	丑	二七	二二 〇八	北	三一	一六 五二	三
牛宿西增三	丑	二七	二三 〇一	北	三四 四〇	六	
左旗一	丑	二七	三〇 一六	北	二八	四九 五二	五
河鼓北增一	丑	二七	三三 三三	北	三四	〇〇 〇六	六
左旗二	丑	二七	三八 二三	北	三八	一五 一七	五
辇道南增七	丑	二七	四〇 三七	北	四九	〇〇 三一	三
河鼓二	丑	二八	〇八 二四	北	二九	一九 一一	一
牛宿西增九	丑	二八	一一 〇一	南	〇二	〇三 二三	六
河鼓北增四	丑	二八	二一 二九	北	三二	一九 四九	六

牛宿西增四	丑	二八	二一 五八	北	〇七	二七 〇四	六
河鼓东增五	丑	二八	三八 〇一	北	三〇	五一 二〇	六
河鼓一	丑	二八	五一 四四	北	二六	四四 二〇	三
牛宿三	丑	二八	五五 二八	北	〇七	一三 一八	六
河鼓东增八	丑	二九	〇二 五六	北	二八	四六 一二	五
牛宿西增八	丑	二九	〇六 四四	北	〇〇	二九 二九	气
天桴二	丑	二九	三五 一七	北	一九	一六 〇一	六
辇道四	丑	二九	三六 二〇	北	五七	二〇 四四	六
波斯三	丑	二九	三七 〇〇	南	三二	三〇 〇〇	六
左旗三	丑	二九	四九 四〇	北	三八	五六 五三	四
牛宿内增五	丑	二九	五六 四一	北	〇七	一五 三四	六
牛宿内增六	子	〇〇	一二 一九	北	〇七	〇一 三一	四
牛宿二	子	〇〇	一七 二一	北	〇六	五八 〇六	三
河鼓东增六	子	〇〇	二一 五七	北	三一	三二 一七	六
左旗四	子	〇〇	二八 四七	北	三九	二七 〇五	六
牛宿一	子	〇〇	二八 五七	北	〇四	三七 二七	三
天桴内增一	子	〇〇	三二 〇三	北	一九	〇七 二七	六
辇道南增九	子	〇〇	四一 一七	北	五五	一五 一八	六
牛宿东增七	子	〇〇	五二 〇九	北	〇六	三六 五一	六
左旗北增八	子	〇一	〇三 三八	北	四六	一〇 三二	六
牛宿四	子	〇一	〇八 五五	北	〇〇	五六 〇六	气
九坎三	子	〇一	一一 〇〇	南	二二	四〇 〇〇	三
天桴一	子	〇一	二〇 三〇	北	一八	四五 三五	三
左旗内增二十九	子	〇一	二〇 四一	北	三八	四八 三二	六
辇道南增六	子	〇一	二一 一九	北	五〇	三九 三八	五
河鼓东增七	子	〇一	二七 二七	北	二七	〇三 一六	六
牛宿六	子	〇一	三六 〇九	北	〇一	一四 一七	气
牛宿五	子	〇一	三九 一〇	北	〇〇	二六 〇九	气
左旗内增二十八	子	〇一	四七 一三	北	三六	三六 五四	六
天桴东增二	子	〇一	四七 三三	北	一八	二八 〇七	五
扶筐北增一	子	〇一	四八 一〇	北	八七	二七 一〇	六
波斯四	子	〇一	五〇 〇〇	南	三六	五五 〇〇	六
左旗北增十八	子	〇二	一三 四九	北	四二	四一 五〇	五
左旗七	子	〇二	一九 五三	北	三六	三九 四三	六
左旗六	子	〇三	一三 〇六	北	三七	一四 〇三	六
辇道东增三	子	〇三	二三 一六	北	五七	二三 三六	六
左旗北增九	子	〇三	二六 四〇	北	四七	二八 〇三	气
左旗五	子	〇三	二七 五八	北	三九	一三 三九	四
左旗北增十七	子	〇三	二八 二九	北	四三	五八 二六	六
鸟喙二	子	〇三	三〇 四四	南	四九	五〇 四四	四

天田四	子	〇三	三五 一一	南	〇六	五八 二三	五
左旗八	子	〇三	四五 二四	北	三五	三五 〇六	六
罗堰二	子	〇四	〇五 五三	北	〇〇	一五 四六	五
罗堰西增一	子	〇四	一三 五七	北	〇三	一九 三〇	六
左旗东增二十七	子	〇四	一八 一〇	北	三六	三五 〇二	六
九坎二	子	〇四	二一 〇〇	南	二二	三〇 〇〇	三
天田二	子	〇四	二二 〇五	南	〇八	五五 〇五	六
罗堰三	子	〇四	三五 五九	南	〇三	二二 三四	六
罗堰一	子	〇四	四三 四四	北	〇三	二三 二六	五
离瑜西增一	子	〇四	五〇 一〇	南	一四	三七 一二	五
左旗北增十九	子	〇四	五二 一九	北	四二	四〇 五六	五
离珠南增一	子	〇五	〇二 四八	北	一五	一六 五〇	六
波斯五	子	〇五	〇七 〇〇	南	三七	〇〇 〇〇	六
九坎四	子	〇五	一一 〇〇	南	二一	一〇 〇〇	五
扶筐七	子	〇五	一三 〇〇	北	七四	四二 〇〇	五
辇道五	子	〇五	二一 三七	北	五三	四二 三三	五
离珠四	子	〇五	二八 四四	北	一五	三九 三九	五
左旗东增二十六	子	〇五	三一 二八	北	三九	一八 二二	四
离瑜西增二	子	〇五	四〇 二六	南	一四	五八 二〇	六
乌喙一	子	〇五	五三 〇五	南	四五	二七 五三	三

波斯七	子	〇六	二二 〇〇	南	四〇	〇〇 〇〇	六
左旗北增十六	子	〇六	二四 〇一	北	四四	一五 五〇	五
左旗九	子	〇六	三二 三三	北	三四	〇六 一二	五
辇道东增四	子	〇六	三五 四三	北	五七	一五 〇九	六
附白二	子	〇六	三七 三二	南	七二	五六 五三	六
附白一	子	〇六	四八 五八	南	七六	四五 三五	四
离瑜一	子	〇七	〇一 〇〇	南	一七	二〇 〇〇	四
波斯六	子	〇七	〇五 〇〇	南	三八	三五 〇〇	六
九坎一	子	〇七	一一 〇〇	南	二一	三〇 〇〇	三
左旗东增二十五	子	〇七	一四 五三	北	三九	五二 五八	六
左旗北增十	子	〇七	一六 三七	北	四七	〇一 四三	四
离珠一	子	〇七	二〇 一四	北	一五	三一 四九	五
左旗北增二十	子	〇七	二一 四〇	北	四二	四一 一二	四
扶筐六	子	〇七	二五 三〇	北	七六	五七 四〇	六
越	子	〇七	三二 二四	南	〇〇	二八 〇九	六
离珠二	子	〇八	〇九 〇三	北	一六	四八 五六	四
女宿一	子	〇八	〇九 〇六	北	〇八	〇六 四一	四
天田三	子	〇八	一五 四六	南	〇八	〇三 三八	六
郑	子	〇八	一九 二四	南	〇一	五一 一〇	六
离瑜二	子	〇八	二〇 二〇	南	一五	三六 〇七	四

天津西增一	子	○八	三九 四四	北	六二	四二 ○五	六
天田一	子	○八	四一 二八	南	一○	五五 四○	六
离珠三	子	○八	五一 五八	北	一八	一六 三六	六
周二	子	○九	○二 ○二	南	○○	二九 三七	六
周一	子	○九	一○ 五五	南	○二	五七 四三	五
辇道东增五	子	○九	二二 二八	北	五四	一八 四八	六
左旗东增二十四	子	○九	二二 四八	北	四○	○七 一七	六
女宿四	子	○九	二三 四六	北	一二	二四 四二	五
女宿二	子	○九	二九 一三	北	○八	一六 一○	四
败瓜西增一	子	○九	二四 五○	北	二八	五四 三八	六
天津西增二	子	○九	三八 二二	北	五八	○七 一二	六
齐	子	○九	四二 五二	南	○四	三一 ○八	五
左旗东增十三	子	○九	四八 五一	北	四五	三四 五四	六
左旗东增二十三	子	○九	五二 四六	北	四二	○○ 二七	五
天垒城九	子	一○	○四 二○	北	○三	五一 五二	六
左旗东增十五	子	一○	○四 二四	北	四五	○四 四八	五
赵	子	一○	○七 ○七	南	○三	五八 ○九	六
女宿三	子	一○	○七 二八	北	一一	三四 五一	六
左旗东增十四	子	一○	○九 一四	北	四五	二四 二八	六
赵一	子	一○	○九 五七	南	○三	三六 四六	六

扶筐五	子	一○	一一 ○五	北	七九	○七 ○○	六
天垒城八	子	一○	一三 一一	北	○三	一九 三○	五
秦一	子	一○	一六 四○	南	○○	三三 ○○	五
女宿南增五	子	一○	一七 五九	北	○七	一七 五三	六
女宿东增一	子	一○	一九 三四	北	一一	三八 五四	六
败瓜一	子	一○	二九 二七	北	二九	○六 二一	三
离瑜三	子	一○	四一 ○○	南	一五	二二 三六	六
离瑜东增三	子	一○	四二 四○	南	一八	一五 一四	六
左旗东增二十一	子	一○	四三 四七	北	四三	○一 五三	五
败瓜二	子	一一	一五 ○六	北	三○	四二 ○六	六
天津西增三	子	一一	一六 二○	北	五七	三一 四三	六
奚仲一	子	一一	二三 一八	北	七三	五○ 一一	四
楚	子	一一	二七 四四	南	○四	二九 五○	六
扶筐四	子	一一	二八 三○	北	八○	五○ ○○	四
败瓜五	子	一一	三九 ○六	北	二七	三一 四○	六
天津西增四	子	一一	四三 一○	北	五五	五四 二九	六
左旗东增十一	子	一一	四四 二八	北	四七	○二 ○八	五
败瓜四	子	一一	四五 一八	北	二八	五一 ○三	六
左旗东增十二	子	一一	四八 一二	北	四六	○五 二○	四
天钱西增四	子	一一	五七 一○	南	一七	四三 二七	六

左旗东增二十二	子	一一	一一 二三	北	四二	二六 三六	六
瓠瓜五	子	一二	一二 〇四	北	三二	一〇 二七	五
鹤一	子	一二	一六 一九	南	三二	五〇 三五	二
女宿东增三	子	一二	二二 四四	北	一一	〇五 〇六	六
女宿东增二	子	一二	三六 三八	北	一一	四九 〇〇	六
败瓜三	子	一二	三九 〇五	北	三〇	三八 一四	六
败瓜南增三	子	一二	三九 一二	北	二三	〇〇 〇五	五
天津二	子	一二	四二 〇七	北	六四	二七 一四	三
瓠瓜四	子	一二	四六 一四	北	三一	五六 五二	三
秦二	子	一二	四七 三一	南	〇二	〇七 二三	六
天垒城十	子	一二	四九 一三	北	〇四	四七 四八	五
天垒城七	子	一二	五五 三九	北	〇〇	四三 四〇	六
女宿东增四	子	一三	〇八 五四	北	一〇	三〇 一四	六
天津西增五	子	一三	一五 二九	北	五四	二八 一六	五
魏	子	一三	一八 三五	南	〇五	一七 二五	六
燕	子	一三	二一 四九	南	〇六	五七 三六	五
天钱三	子	一三	三九 二八	南	一八	一七 一五	四
败瓜南增二	子	一三	四五 三三	北	二四	三七 三〇	六
瓠瓜南增一	子	一三	四七 二五	北	三一	三九 四八	六
瓠瓜一	子	一三	四八 二四	北	三三	〇二 五八	三

败臼一	子	一三	五〇 〇八	南	二二	五八 五二	三
韩	子	一三	五三 〇八	南	〇五	二〇 二七	六
晋	子	一四	〇〇 二〇	南	〇六	三一 四五	六
代一	子	一四	〇六 五〇	南	〇一	二〇 一三	五
天钱北增三	子	一四	一一 一八	南	一一	一二 〇五	四
奚仲二	子	一四	二七 四三	北	七一	二八 三八	六
奚仲东增一	子	一四	二九 四〇	北	七二	一〇 一〇	六
瓠瓜三	子	一四	三三 〇七	北	三一	五八 一二	四
天津西增六	子	一四	四二 四三	北	五五	〇一 四〇	五
虚宿西增四	子	一四	五七 五七	北	二〇	三二 五六	五
天垒城十一	子	一五	〇三 三〇	北	〇六	二一 四三	六
鸟喙七	子	一五	〇四 二五	南	五六	三五 二二	四
天钱二	子	一五	〇四 三〇	南	一六	二一 一八	四
奚仲三	子	一五	〇七 四二	北	六九	三七 五六	四
鹤四	子	一五	〇八 四一	南	四一	二四 〇六	五
瓠瓜南增二	子	一五	一三 二五	北	二九	〇七 〇五	六
败臼二	子	一五	一九 四一	南	二五	五四 四六	五
瓠瓜北增五	子	一五	四一 五九	北	三八	〇七 〇七	五
天垒城六	子	一五	四六 一六	北	〇二	一七 〇三	六
瓠瓜二	子	一五	四八 四一	北	三二	四四 三二	三

代二	子	一五	五三 三七	南	〇五	三一 一九	六
代内增一	子	一五	五五 五七	南	〇五	二二 一五	六
扶筐东增四	子	一五	五七 〇六	北	七七	一三 四八	五
天津西增七	子	一六	一九 四三	北	五四	三六 三三	六
鹤十二	子	一六	二二 一四	南	二八	一七 〇四	五
鹤内增一	子	一六	二五 一四	南	二八	三七 一四	五
代南增二	子	一六	二七 一六	南	〇八	五三 三八	六
天津西增十五	子	一六	二七 二二	北	四九	三六 三三	六
天津西增十四	子	一六	二九 一三	北	五二	三六 一五	六
天垒城十二	子	一六	三五 三三	北	〇五	四五 四一	六
垒壁阵二	子	一六	三七 五二	南	〇四	五六 五六	四
鸟喙内增一	子	一六	四一 五七	南	五五	三三 二一	五
虚宿西增一	子	一六	四四 三七	北	二三	〇二 三六	六
鹤五	子	一六	四七 〇五	南	四七	四八 四五	三
虚宿西增三	子	一六	四七 三〇	北	二一	一六 〇一	六
天津西增二十二	子	一六	四九 二六	北	四〇	五四 一〇	六
瓠瓜南增三	子	一六	五二 四〇	北	二八	四〇 一九	六
天津西增二十一	子	一六	五五 〇四	北	四二	四五 一一	六
虚宿西增五	子	一六	五七 一〇	北	一〇	四一 四一	六
天垒城十三	子	一六	五九 三七	北	〇五	一一 三三	六

司非西增二	子	一七	〇〇 五七	北	二六	四九 〇五	六
鹤三	子	一七	〇四 〇八	南	三九	四三 〇九	四
天津西增十六	子	一七	〇九 二〇	北	四七	二八 五三	四
虚宿西增二	子	一七	一〇 三七	北	二一	三八 三一	六
瓠瓜南增四	子	一七	一六 〇五	北	二九	四六 三五	六
天津西增二十	子	一七	二七 四一	北	四三	一三 三二	五
虚宿西增六	子	一七	三八 三二	北	一〇	二五 一二	六
奚仲四	子	一七	四六 〇八	北	六九	三〇 五〇	六
天津西增八	子	一七	四七 一三	北	五	三三 一六	六
鹤十一	子	一七	五五 二七	南	三一	三三 五〇	五
鹤内增二	子	一七	五八 二三	南	三一	一八 三一	五
垒壁阵一	子	一八	〇四 〇五	南	〇四	四八 三六	五
鸟喙三	子	一八	〇五 二七	南	五四	三二 一一	五
垒壁阵三	子	一八	一二 四二	南	〇二	三一 一八	四
天津西增九	子	一八	一四 一四	北	五五	二九 二〇	六
鹤六	子	一八	一六 一七	南	四一	五五 一四	四
鸟喙六	子	一八	二二 五五	南	五七	三六 〇四	三
天钱四	子	一八	三〇 五六	南	二〇	〇二 〇〇	四
鹤二	子	一八	三七 四八	南	三五	二二 四〇	二
天钱北增一	子	一八	四〇 二〇	南	一五	一三 四〇	五

天钱北增二	子	一八	四二 四八	南	一四	二一 二〇	六
天钱一	子	一八	五三 一〇	南	一六	五一 四五	六
虚宿西增八	子	一八	五五 二〇	北	一一	一四 一〇	六
虚宿西增七	子	一八	五八 一五	北	一一	〇三 一九	六
天钱五	子	一九	〇一 三六	南	一九	四五 二〇	五
鹤十	子	一九	〇五 四一	南	二六	四八 一七	五
天津西增二十三	子	一九	〇七 三四	北	四一	三〇 五四	六
哭西增一	子	一九	二五 四九	南	〇〇	〇九 一三	六
扶筐东增三	子	一九	二九 二七	北	七七	四四 二〇	五
虚宿二	子	一九	三二 四八	北	二〇	〇九 〇九	四
哭西增二	子	一九	三八 四六	南	〇〇	三七 四四	六
哭西增三	子	一九	四五 〇〇	南	〇一	〇一 五四	六
虚宿一	子	一九	四九 二二	北	〇八	三八 四三	三
司非一	子	一九	五一 二四	北	二五	一三 一二	四
司非南增一	子	一九	五二 〇七	北	二五	〇六 五二	六
垒壁阵四	子	一九	五八 一四	南	〇二	三二 一九	三
天津西增十七	子	二〇	一三 一七	北	四七	五七 一六	六
鹤九	子	二〇	一五 二三	南	三〇	一一 一八	五
鸟喙五	子	二〇	二八 二九	南	五九	四六 五三	五
天垒城一	子	二〇	三二 一六	北	〇五	五九 一四	五

天津西增十二	子	二〇	四五 五七	北	五三	〇七 〇六	六
司非二	子	二〇	五二 五〇	北	二四	四七 五七	四
天津一	子	二一	一七 五一	北	五七	〇九 二〇	三
天垒城五	子	二一	二一 五八	北	〇一	五八 二四	六
天津西增十三	子	二一	二二 一八	北	五一	三八 一六	六
天垒城四	子	二一	二六 〇四	北	〇一	五七 二四	五
人西增一	子	二一	三〇 〇四	北	三七	三九 四二	六
天津西增十一	子	二一	三五 五四	北	五三	二五 二四	六
司危二	子	二一	三六 〇五	北	二一	四二 五三	六
天津西增十	子	二一	三六 五八	北	五五	〇四 四六	六
天津西增十八	子	二一	三九 五五	北	四八	二一 一三	六
羽林军六	子	二一	四八 二〇	南	一五	四〇 四〇	四
天垒城二	子	二一	五〇 三一	北	〇四	一三 五一	六
司危一	子	二一	五二 〇二	北	二一	〇三 〇六	四
天津西增二十四	子	二二	〇三 一二	北	四二	三七 〇九	六
天垒城三	子	二二	〇四 三一	北	〇三	五六 三八	六
天津西增十九	子	二二	〇六 二九	北	四六	三〇 二六	六
哭一	子	二二	一四 一二	南	〇〇	三九 一〇	五
鸟喙四	子	二二	五七 四二	南	五七	一五 三八	三
羽林军一	子	二三	〇九 五七	南	〇四	三七 二九	六

天津西增二十五	子	二三	一三 二九	北	四三	一八 四二	五
败臼内增一	子	二三	三四 五五	南	二一	一八 三〇	三
司命一	子	二三	三五 五七	北	一三	一二 二八	六
羽林军二	子	二四	〇四 五一	南	〇六	三七 四七	六
天津九	子	二四	〇七 五二	北	四九	二六 二一	三
羽林军三	子	二四	一九 二二	南	〇九	二七 四五	六
羽林军七	子	二四	二一 〇〇	南	一五	三〇 〇〇	五
司禄二	子	二四	二二 五六	北	一五	二一 四〇	六
司禄内增二	子	二四	二三 二七	北	一五	二一 四七	六
奚仲东增三	子	二四	二九 二二	北	六七	三三 四〇	六
天津三	子	二四	三一 一九	北	六三	四三 二九	四
天津内增三十八	子	二四	三二 五五	北	六三	三八 〇三	五
司命二	子	二四	四一 三〇	北	一四	一三 五五	六
鹤七	子	二四	五一 五一	南	三六	一一 三四	五
羽林军五	子	二四	五六 五四	南	一三	三九 一一	五
奚仲东增二	子	二五	〇〇 三四	北	七〇	五三 二六	五
垒壁阵五	子	二五	〇九 〇一	南	〇二	〇三 一五	四
鹤八	子	二五	一二 四三	南	三四	二三 五四	五
蛇腹四	子	二五	二〇 四六	南	六七	〇八 三六	五
危宿西增二	子	二五	二一 五五	北	一八	四六 〇五	六

危宿西增一	子	二五	二八 四一	北	一九	三八 一四	六
蛇腹三	子	二五	三一 二三	南	六九	五〇 四六	四
人西增二	子	二五	三六 三六	北	三七	五九 五〇	六
羽林军四	子	二五	四四 三八	南	一〇	三三 四五	五
危宿西增三	子	二六	〇六 一一	北	一八	二一 三六	六
天津内增三十	子	二六	一一 四七	北	五一	三八 三七	四
天津北增三十七	子	二六	一六 五八	北	六四	一八 五三	五
司禄南增一	子	二六	二四 二一	北	一五	〇六 五九	六
司禄一	子	二六	二四 三九	北	一五	〇七 一四	六
人二	子	二六	四三 三九	北	三三	一八 三九	四
哭二	子	二六	五四 五八	南	〇〇	一五 三七	六
泣西增一	子	二七	〇一 二二	北	〇五	〇四 四八	六
败臼四	子	二七	〇七 五〇	南	一九	三〇 五〇	五
哭东增四	子	二七	〇九 一四	北	〇〇	二六 四三	六
败臼三	子	二七	四三 二六	南	二三	三六 一〇	五
羽林军八	子	二七	四三 四〇	南	一七	一四 一八	三
泣西增二	子	二七	四九 三三	北	〇二	五九 四八	六
羽林军十八	子	二八	一二 四六	南	〇二	三六 〇五	六
蛇腹二	子	二八	一六 二〇	南	七一	一四 四九	四
危宿三	子	二八	一八 三二	北	二二	〇七 一六	三

盖屋一	子	二八	三二 一九	北	〇九	一〇 五八	五
天纲	子	二八	三五 一五	南	二三	三六 〇七	五
羽林军十五	子	二八	三八 二三	南	〇六	二八 三六	六
羽林军十一	子	二八	五六 四二	南	一〇	五一 四二	五
羽林军九	子	二八	五八 一六	南	二〇	二六 三六	六
危宿西增四	子	二九	〇〇 二一	北	一一	五八 二一	六
盖屋二	子	二九	二〇 四〇	北	一〇	一三 一四	六
羽林军十七	子	二九	二二 〇五	南	〇三	一七 四二	六
天津八	子	二九	二九 三六	北	四三	四三 一三	三
羽林军十	子	二九	三〇 五〇	南	一六	〇〇 一〇	六
泣二	子	二九	四〇 四四	北	〇二	四三 四七	四
危宿一	子	二九	四七 一六	北	一〇	四〇 三八	三
火鸟三	子	二九	五九 〇〇	南	三八	四七 〇〇	四
火鸟内增一	亥	〇〇	〇一 五六	南	三八	四九 一一	四
北落师门	亥	〇〇	一三 五九	南	二一	〇四 五四	一
羽林军十六	亥	〇〇	一七 四一	南	〇四	四八 三二	六
泣一	亥	〇〇	二七 〇七	北	〇二	二三 三〇	五
羽林军十四	亥	〇〇	二八 一五	南	〇七	五八 三一	六
人内增三	亥	〇〇	三四 三二	北	三一	二八 三五	六
人一	亥	〇〇	三四 五七	北	三六	〇九 三〇	四
虚梁一	亥	〇〇	三六 五五	北	〇四	五六 三〇	六
垒壁阵内增一	亥	〇〇	四三 一六	南	〇一	二一 二五	六
危宿内增七	亥	〇一	〇一 二一	北	一七	四六 二〇	五
蛇腹一	亥	〇一	〇五 〇四	南	七一	三三 一八	五
火鸟二	亥	〇一	一七 四五	南	三六	〇五 〇三	四
人四	亥	〇一	二六 〇四	北	二九	〇二 四九	四
水委三	亥	〇一	三八 一〇	南	五四	二四 一六	三
羽林军十三	亥	〇一	三九 五五	南	〇九	五六 二四	六
危宿内增六	亥	〇一	四三 〇六	北	一五	四二 〇一	五
天津四	亥	〇一	四六 三二	北	五九	五六 三七	二
垒壁阵六	亥	〇一	四八 五四	南	〇一	一二 三三	五
危宿东增八	亥	〇一	五一 三九	北	一九	〇六 三六	六
羽林军十九	亥	〇一	五八 一〇	南	〇一	三〇 四〇	六
天津东增三十六	亥	〇二	〇七 一七	北	六四	四一 四六	五
羽林军十二	亥	〇二	一四 五五	南	一一	〇〇 四〇	六
危宿北增十一	亥	〇二	二〇 二〇	北	三三	〇一 四六	六
虚梁二	亥	〇二	二六 四八	北	〇四	四九 一一	六
天津东增三十五	亥	〇二	三一 〇七	北	六四	〇三 五一	五
天津五	亥	〇二	三六 二一	北	五四	五六 二五	四
天津内增二十九	亥	〇二	四五 〇三	北	五一	五〇 三五	六

人南增四	亥	〇二	四九 〇四	北	二八	二八 五八	六
天津东增三十一	亥	〇三	〇七 五六	北	五八	〇五 三一	六
坟墓二	亥	〇三	〇八 一一	北	〇八	一四 四九	三
危宿二	亥	〇三	一三 四六	北	一六	一一 四八	四
天津东增三十四	亥	〇三	一六 〇四	北	六四	一〇 〇七	五
危宿北增九	亥	〇三	三六 四一	北	二一	四七 五七	五
火鸟一	亥	〇三	三七 五〇	南	三一	三九 五五	四
天津七	亥	〇三	四二 二九	北	四七	二九 一〇	五
危宿北增十	亥	〇三	四六 四二	北	二三	三七 二〇	六
羽林军二十	亥	〇三	四七 三三	南	〇一	一八 一〇	六
人三	亥	〇四	一九 一七	北	三四	〇五 一〇	六
天津东增三十二	亥	〇四	二四 一九	北	五八	〇五 一三	六
羽林军二十五	亥	〇四	二五 二四	南	〇五	五五 〇四	五
羽林军三十	亥	〇四	四四 四四	南	一六	三四 三四	六
羽林军二十一	亥	〇四	五二 二〇	南	〇一	四八 五〇	六
天津东增三十三	亥	〇四	五三 五四	北	五九	五七 一〇	六
天津六	亥	〇五	〇一 三八	北	五〇	三二 四〇	四
坟墓四	亥	〇五	〇一 五一	北	一〇	二九 〇八	五
羽林军二十四	亥	〇五	〇一 二五	南	〇五	三八 四二	五
羽林军二十七	亥	〇五	一〇 一一	南	〇八	三七 〇一	六
羽林军二十六	亥	〇五	一八 四九	南	〇八	一一 一七	三

坟墓一	亥	〇五	一九 三一	北	〇八	五一 三六	四
臼二	亥	〇五	二二 一〇	北	三六	三九 〇五	四
奚仲东增七	亥	〇五	三三 一四	北	七四	一〇 一五	六
危宿东增五	亥	〇五	三三 三〇	北	一五	〇一 四七	六
虚梁三	亥	〇五	五一 一三	北	〇四	〇七 四七	五
羽林军二十二	亥	〇五	五五 四六	南	〇二	四四 三六	六
坟墓南增四	亥	〇五	五七 二六	北	〇六	五五 四七	六
羽林军二十九	亥	〇五	五九 五三	南	一五	四一 五五	五
火鸟四	亥	〇六	〇〇 二〇	南	四一	五四 三八	三
垒壁阵北增二	亥	〇六	〇五 〇九	北	〇一	〇五 〇九	六
羽林军二十八	亥	〇六	二五 五三	南	一四	二九 〇七	四
坟墓北增一	亥	〇六	二七 四五	北	一三	〇九 五六	六
奚仲东增六	亥	〇六	三二 三四	北	七四	一八 〇〇	六
羽林军二十三	亥	〇六	三九 二三	南	〇四	〇一 〇八	六
天津东增二十八	亥	〇六	四八 四九	北	五一	三〇 四五	四
坟墓三	亥	〇六	四九 五三	北	〇八	〇九 四二	四
臼一	亥	〇六	五三 〇〇	北	三九	三二 一六	三
坟墓北增二	亥	〇六	五三 五五	北	一三	二一 〇九	六
车府六	亥	〇七	一七 〇三	北	五六	三六 〇五	四
坟墓北增三	亥	〇六	一八 一六	北	一二	五三 二八	六
天津东增二十六	亥	〇七	二六 四〇	北	四八	二五 〇八	六

臼内增三	亥	〇七	三九 二七	北	三六	〇七 〇七	六
天津东增二十七	亥	〇七	四六 一五	北	四八	三四 五五	六
火鸟八	亥	〇七	五五 三三	南	四六	三一 〇五	四
垒壁阵七	亥	〇七	五九 四一	南	〇〇	二三 〇〇	四
车府北增一	亥	〇八	〇二 三二	北	四六	〇四 一八	六
蛇首一	亥	〇八	一八 四四	南	六四	一〇 二〇	三
土公吏一	亥	〇八	二二 五二	北	二〇	五一 四二	六
车府内增二	亥	〇八	二七 一〇	北	五八	五〇 一九	六
垒壁阵北增三	亥	〇八	三五 三四	南	〇〇	一二 四四	六
水委二	亥	〇八	四一 四八	南	五五	〇五 二三	四
土公吏二	亥	〇八	五六 五七	北	一七	一八 五一	六
臼内增二	亥	〇九	〇四 一〇	北	三八	四六 〇七	六
扶筐北增二	亥	〇九	〇九 二七	北	八七	一四 二〇	六
臼内增一	亥	〇九	一〇 一三	北	四〇	一五 四〇	六
臼南增四	亥	〇九	一六 三〇	北	三〇	五一 四二	六
臼南增五	亥	〇九	三三 五一	北	二九	五七 四四	六
车府五	亥	〇九	三四 〇九	北	六〇	〇六 一九	五
奚仲东增五	亥	〇九	三五 四一	北	七四	四一 一五	六
羽林军三十四	亥	〇九	五三 四二	南	一四	四六 二六	五
奚仲东增四	亥	一〇	〇七 四六	北	七一	三七 四八	五
羽林军三十三	亥	一〇	二〇 一二	南	一五	三四 一六	五
虚梁四	亥	一〇	二七 三〇	北	〇一	四一 二九	六
车府南增八	亥	一〇	四四 二八	北	四九	〇七 〇〇	六
臼三	亥	一〇	四八 〇九	北	三四	一六 四八	四
羽林军四十二	亥	一〇	四九 一〇	南	〇一	四〇 一四	六
火鸟五	亥	一〇	五二 三六	南	四一	一五 四一	四
羽林军四十一	亥	一〇	五三 四一	南	〇一	五七 四五	六
羽林军三十二	亥	一一	一五 五五	南	一六	四五 四八	五
羽林军四十	亥	一一	二二 三〇	南	〇一	五二 三四	六
水委一	亥	一一	三三 五六	南	五九	一九 〇六	一
车府北增三	亥	一一	三五 四一	北	五九	三三 四〇	六
羽林军三十六	亥	一一	四三 〇四	南	〇八	一八 〇二	六
羽林军三十一	亥	一一	四九 一九	南	一六	三〇 二一	五
火鸟六	亥	一一	四九 四二	南	四〇	三三 四五	二
羽林军三十五	亥	一一	五三 〇二	南	一〇	〇七 五七	六
火鸟七	亥	一二	〇八 二四	南	四五	一四 〇六	四
杵三	亥	一二	二四 五七	北	三七	四〇 三四	六
雷电一	亥	一二	三四 〇六	北	一七	四二 〇三	三
离宫西增一	亥	一二	四〇 四六	北	二八	三五 三一	六
羽林军三十九	亥	一二	四二 二八	南	〇三	五八 〇三	五

车府七	亥	一二	四六 二三	北	五〇	三二 〇二	六
霹雳西增一	亥	一二	四九 四八	北	〇六	〇一 〇九	六
霹雳西增二	亥	一二	五一 二二	北	〇六	五一 三九	六
羽林军三十八	亥	一三	〇九 一七	南	〇四	一五 四五	五
羽林军三十七	亥	一三	一三 一六	南	〇四	四五 三九	五
夹白一	亥	一三	二六 〇七	南	八五	二五 二九	六
羽林军四十三	亥	一三	二八 五六	南	〇二	四九 五一	五
垒壁阵八	亥	一三	三三 五七	南	〇一	〇一 二五	五
车府南增七	亥	一四	一六 五五	北	五〇	二五 二一	六
雷电二	亥	一四	二二 一九	北	一八	二七 一八	五
离宫西增二	亥	一四	三三 四三	北	二七	〇九 三〇	六
车府南增六	亥	一四	四一 四九	北	五〇	三四 二六	六
雷电三	亥	一四	四二 〇一	北	一五	四三 三四	六
铁钺一	亥	一四	五四 四二	南	一四	四〇 五六	五
雷电南增二	亥	一四	五九 〇六	北	一四	三〇 〇六	六
铁钺北增一	亥	一五	〇〇 〇〇	南	一四	〇〇 〇〇	六
霹雳一	亥	一五	〇〇 五六	北	〇九	〇三 一九	五
霹雳南增三	亥	一五	二六 一八	北	〇七	〇一 三一	六
铁钺二	亥	一五	三三 二四	南	一五	一〇 一七	五
铁钺南增二	亥	一五	三六 四〇	南	一五	四二 三六	六
离宫西增三	亥	一五	四五 二九	北	二五	五四 〇二	六
杵西增一	亥	一五	四九 一五	北	四一	〇三 四五	五
臼四	亥	一五	五五 五六	北	三五	三四 〇三	六
杵二	亥	一六	〇〇 一三	北	四〇	五九 五二	四
车府内增五	亥	一六	〇〇 五二	北	五二	三九 三〇	六
离宫西增四	亥	一六	〇二 三三	北	二五	五六 五九	六
羽林军四十四	亥	一六	〇五 三〇	南	一一	〇一 四六	五
车府北增四	亥	一六	二四 四五	北	五六	二五 三六	六
火鸟九	亥	一六	三六 三八	南	四八	一四 二七	三
羽林军四十五	亥	一六	三七 一七	南	一一	三六 二二	五
车府四	亥	一六	三八 一八	北	五五	一二 二一	四
铁钺三	亥	一六	四三 一八	南	一六	二六 五九	六
雷电北增一	亥	一七	〇六 五九	北	一六	四六 一八	六
离宫西增五	亥	一七	一四 三六	北	二五	〇五 四八	六
蛇首二	亥	一七	四七 〇六	南	七六	〇五 二三	五
霹雳二	亥	一七	四八 四四	北	〇七	一六 四三	四
雷电四	亥	一七	五九 一六	北	一三	五三 五二	五
雷电南增三	亥	一八	一六 一九	北	一二	五八 一〇	六
云雨南增一	亥	一八	四一 四七	北	〇一	二二 五四	六
雷电南增四	亥	一八	四八 三二	北	一二	四七 二四	六

雷电南增五	亥	一八	五一 三九	北	一三	五七 五八	六
云雨二	亥	一九	〇一 一五	北	〇二	〇四 二〇	六
云雨一	亥	一九	一九 三三	北	〇四	二六 二六	五
云雨内增四	亥	一九	二〇 二〇	北	〇四	一六 四〇	六
霹雳北增四	亥	一九	二七 一八	北	〇八	五二 三五	五
八魁三	亥	一九	二二 〇九	南	一四	一四 二五	六
离宫一	亥	一九	二八 四八	北	二八	四八 一二	四
云雨南增三	亥	一九	三三 二八	北	〇一	四六 三六	六
天园一	亥	一九	五二 四一	南	五二	三四 二二	三
室宿一	亥	一九	五四 一三	北	一九	二四 三七	二
云雨南增二	亥	一九	五八 五八	北	〇一	二四 五三	六
八魁二	亥	二〇	一〇 三七	南	一六	一四 二二	四
杵东增二	亥	二〇	二六 五一	北	三八	二九 〇八	六
杵一	亥	二〇	二七 〇七	北	四四	二四 三〇	五
螣蛇五	亥	二〇	三五 二〇	北	六〇	四一 一五	五
室宿西增一	亥	二〇	四一 三七	北	二五	一一 四七	六
离宫二	亥	二〇	四八 二〇	北	二九	二三 三二	四
螣蛇六	亥	二一	一四 二五	北	六二	四九 二二	五
云雨内增五	亥	二一	一九 二三	北	〇三	三七 五四	六
离宫三	亥	二一	二〇 四三	北	三四	二五 四三	五

霹雳三	亥	二一	三七 二七	北	〇九	〇一 五八	五
螣蛇北增一	亥	二一	二二 〇四	北	六九	一二 〇〇	五
云雨北增六	亥	二一	五〇 四六	北	〇四	一五 三四	六
八魁六	亥	二一	五七 一二	南	一八	四五 五四	五
离宫四	亥	二二	〇九 一二	北	三五	〇七 〇一	三
天园二	亥	二二	二三 二三	南	五六	五八 一七	四
垒壁阵北增四	亥	二二	三三 二一	南	〇一	一九 五〇	五
八魁一	亥	二二	四二 一二	南	一五	一六 〇三	五
天钩北增一	亥	二二	四五 〇八	北	七五	四七 四六	六
雷电五	亥	二二	五五 二三	北	一四	五七 二五	六
云雨四	亥	二三	〇一 三六	〇三	二五 〇七	五	
八魁四	亥	二三	一三 四〇	南	一〇	〇五 〇〇	六
垒壁阵北增五	亥	二三	三二 四四	南	〇二	一一 三九	六
雷电北增六	亥	二三	五一 一九	北	一六	四九 〇八	六
螣蛇三	亥	二四	〇二 一八	北	五七	二二 〇六	五
霹雳四	亥	二四	〇三 三八	北	〇七	一二 一二	六
云雨三	亥	二四	二六 〇七	北	〇二	〇一 四七	六
垒壁阵十二	亥	二四	二七 三六	南	〇五	四三 三三	五
天钩北增二	亥	二四	二七 五二	北	七五	一五 二〇	六
火鸟十	亥	二四	二八 二七	南	四七	三三 一七	三

雷电六	亥	二四	三〇 〇六	北	一四	四五 二五	五
云雨北增七	亥	二四	四一 五五	北	〇四	三二 四三	六
垒壁阵九	亥	二四	四二 三四	南	〇三	〇七 四九	五
螣蛇四	亥	二四	四六 四五	北	五八	五二 三七	四
室宿东增二	亥	二五	一三 四八	北	二八	二八 〇三	五
垒壁阵十一	亥	二五	二一 三八	南	〇五	四六 五五	四
垒壁阵十	亥	二五	三八 〇四	南	〇二	五七 四五	五
云雨东增九	亥	二五	四〇 二四	北	〇二	三六 三〇	六
云雨东增八	亥	二五	四四 四四	北	〇三	二八 五七	六
室宿二	亥	二五	四七 一三	北	三一	〇八 〇六	二
车府南增十	亥	二六	二八 二八	北	四四	〇二 三一	六
离宫南增六	亥	二六	三五 〇八	北	二二	四四 二二	六
八魁五	亥	二六	四一 二二	南	一三	二七 一五	六
霹雳北增五	亥	二六	四五 一九	北	一一	〇七 四〇	六
车府南增十一	亥	二六	四九 三六	北	四三	一二 三四	六
天钩北增三	亥	二六	五七 三三	北	七四	三三 一〇	六
室宿东增三	亥	二七	〇一 〇四	北	二九	一三 四八	六
天园三	亥	二七	一五 一三	南	五八	五六 四八	四
天仓一	亥	二七	二〇 〇〇	南	一〇	〇一 三〇	三
垒壁阵东增六	亥	二七	二四 四五	南	〇三	一二 四二	六
离宫五	亥	二七	二九 〇八	北	二五	三三 五七	六
垒壁阵东增七	亥	二七	三三 三五	南	〇三	〇九 五四	六
天钩北增四	亥	二七	四五 五三	北	七四	一三 四〇	六
车府南增九	亥	二七	五三 二四	北	四七	三二 四一	五
霹雳北增八	亥	二八	〇七 五五	北	〇六	五八 一三	六
霹雳北增七	亥	二八	〇九 四五	北	〇九	二四 二六	六
车府南增十二	亥	二八	一〇 二七	北	四三	五九 三五	六
离宫六	亥	二八	二三 一五	北	二四	四七 五二	六
室宿东增四	亥	二八	三八 四〇	北	三〇	〇五 一七	六
车府三	亥	二八	四三 三六	北	五一	一八 二二	五
雷电东增七	亥	二八	五七 三四	北	一九	〇〇 四八	六
土司空	亥	二八	五八 〇二	南	二〇	四六 五二	二
霹雳五	亥	二八	五九 五五	北	〇六	二二 一五	五
霹雳北增六	亥	二九	〇七 三三	北	一〇	四五 五九	六
雷电东增八	亥	二九	〇八 五五	北	一六	四〇 〇二	六
离宫东增八	亥	二九	四六 五一	北	二六	〇九 二〇	六
离宫东增七	亥	二九	四九 〇二	北	二三	一〇 〇九	六
车府南增十三	亥	二九	五六 三六	北	四五	〇五 〇六	六

卷三十五　　志十

天文十

天汉黄道经纬度表

天汉在中国所见，起箕尾没七星而已。过赤道南视之，绕南船、海山，如循环然。由人目所测，澹澹浮空而已。制大远镜窥之，现无数小星，若积雪然，尽与恒星为一体，即随恒星天运行。康熙壬子、乾隆甲子所纪不同，备列于表：

黄道北康熙壬子年测定

戌宫	经度	南界	纬度			北界	纬度
十度	十分	十度	十分			十度	十分
十度	十分	十度	十分			十度	十分
〇〇	〇〇	五三	〇二			六七	二〇
〇二	〇〇	五三	二〇			六七	〇〇
〇四	〇〇	五三	〇〇			六六	三〇
〇六	〇〇	五二	三〇			六六	一〇
〇八	〇〇	五二	〇一			六五	四〇
一〇	〇〇	五一	一〇			六五	〇〇
一二	〇〇	五〇	〇〇			六四	四〇
一四	〇〇	四九	三〇			六四	二〇
一六	〇〇	四九	〇〇			六四	〇〇
一八	〇〇	四八	一〇			六三	五〇
二〇	〇〇	四八	〇〇			六三	〇〇
二二	〇〇	四七	一〇			六三	〇〇
二四	〇〇	四六	四〇			六二	一〇
二六	〇〇	四五	五〇			六一	三〇
二八	〇〇	四五	〇〇			六〇	三〇
酉宫	经度	南界	纬度			北界	纬度
十度	十分	十度	十分			十度	十分
〇〇	〇〇	四四	〇〇			五九	三〇
〇二	〇〇	四二	〇〇			五九	〇〇
〇四	〇〇	四一	四〇			五八	二〇
〇六	〇〇	四〇	三〇			五七	一〇
〇八	〇〇	三九	三〇			五六	三〇
一〇	〇〇	三八	〇〇			五六	〇〇
一二	〇〇	三六	三〇			五五	二〇
一四	〇〇	三五	三〇			五四	二〇
一六	〇〇	二四	〇〇			五二	四〇
一八	〇〇	三二	二〇			五〇	五〇
二〇	〇〇	二九	五〇			四八	五〇
酉宫	经度	南界	纬度			北界	纬度
十度	十分	十度	十分			十度	十分
十度	十分	十度	十分			十度	十分

二二 〇〇	二八 〇〇			四六 三〇
二四 〇〇	二六 三〇			四五 〇〇
二六 〇〇	二五 〇〇			四三 〇〇
二八 〇〇	二三 〇〇			四〇 三〇
申宫 经度	南界 纬度			北界 纬度
十度 十分	十度 十分			十度 十分
十度 十分	十度 十分			十度 十分
〇〇 〇〇	二〇 三〇			三八 〇〇
〇二 〇〇	一八 五〇			三六 二〇
〇四 〇〇	一七 二〇			三四 五一
〇六 〇〇	一五 四〇			三二 二〇
〇八 〇〇	一四 〇〇			三〇 二〇
一〇 〇〇	一三 〇〇			二九 〇〇
一二 〇〇	一〇 五〇			二七 二〇
一四 〇〇	〇九 〇〇			二五 二〇
一六 〇〇	〇七 〇〇			二三 一〇
一八 〇〇	〇五 〇〇			二〇 三〇
二〇 〇〇	〇〇 〇〇			一九 〇〇
二二 〇〇				一六 〇〇
二四 〇〇				一三 〇〇

二六 〇〇				一〇 〇〇
二八 〇〇				〇五 〇〇
未宫 初度				〇〇 〇〇
寅宫 经度				北界 纬度
十度 十分				十度 十分
十度 十分				十度 十分
一一 二〇				〇〇 〇〇
一二 〇〇				〇一 二〇
一四 〇〇				〇六 〇〇
一六 〇〇				〇九 三〇
寅宫 经度	十七度北 界纬初度	河中南 上界纬	河中北 上界纬	河中北 上界纬
寅宫 经度		河中南 上界纬	河中北 下界纬	河中北 上界纬
十度 十分		十度 十分	十度 十分	十度 十分
十度 十分		十度 十分	十度 十分	十度 十分
一八 〇〇			〇一 二〇	一三 〇〇
二〇 〇〇			〇六 〇〇	一七 〇〇
二二 〇〇			〇九 五〇	二三 〇〇
二三 〇〇		〇〇 〇〇	一一 三〇	二五 〇〇
二四 〇〇		〇一 四〇	一三 三〇	二六 二〇
二六 〇〇		〇四 二〇	一七 三〇	二九 〇〇

二八 〇〇		〇七 〇〇	二〇 三〇	三二 〇〇
丑宫 经度	河中下界 南纬	河中上界 南纬	河中下界 北纬	河中上界 北纬
十度 十分	十度 十分	十度 十分	十度 十分	十度 十分
十度 十分	十度 十分	十度 十分	十度 十分	十度 十分
〇〇 〇〇		一〇 一〇	二三 三〇	三四 三〇
〇二 〇〇		一三 二〇	二六 二〇	三七 三〇
〇四 〇〇		一七 〇〇	二九 〇〇	三九 三〇
〇四 〇〇	〇〇 〇〇	一七 三〇	三〇 〇〇	四〇 三〇
〇六 〇〇	〇三 一〇	一九 二〇	三一 〇〇	四三 〇〇
〇八 〇〇	〇六 四〇	二三 三〇	三二 四〇	四五 五〇
一〇 〇〇	〇九 三〇	二五 三〇	三五 〇〇	四六 五〇
一二 〇〇	一二 〇〇	二六 四〇	三六 〇〇	四七 二〇
一四 〇〇	一五 二〇	二九 一〇	三七 〇〇	四八 〇〇
一六 〇〇	一九 〇〇	三一 〇〇	三九 〇〇	四九 〇〇
一八 〇〇	二二 〇〇	三四 〇〇	四〇 三〇	五〇 〇〇
二〇 〇〇	二三 三〇	三六 〇〇	四二 〇〇	五一 〇〇
二二 〇〇	二四 四〇	三七 二〇	四四 〇〇	五二 〇〇
二四 〇〇	二五 四〇	三九 〇〇	四四 二〇	五三 〇〇
二六 〇〇	二七 三〇	四〇 〇〇	四五 三〇	五三 三〇
二八 〇〇	二八 四〇	四〇 五〇	四七 〇〇	五四 五〇

子宫 初度	三〇 〇〇	四二 三〇	四九 〇〇	五五 三〇
子宫 二度	三一 五〇	四三 二〇	五〇 〇〇	五七 〇〇
子宫 四度	三三 〇〇	四四 三〇	五一 二〇	五九 〇〇
子宫 六度	三四 五〇	四五 二〇	五二 三〇	六〇 〇〇
子宫 八度	三六 三〇	四七 〇〇	五三 二〇	六一 二〇
子宫 经度	河中下界 南纬	河中上界 南纬	河中下界 北纬	河中上界 北纬
十度 十分	十度 十分	十度 十分	十度 十分	十度 十分
十度 十分	十度 十分	十度 十分	十度 十分	十度 十分
一〇 〇〇	三九 〇〇	四八 四〇	五四 四〇	六二 一〇
一二 〇〇	四一 〇〇	四八 三〇	五五 〇〇	六三 一〇
一四 〇〇	四二 四〇	四九 二〇	五五 二〇	六三 四〇
一六 〇〇	四三 二〇	五〇 一〇	五五 二〇	六四 〇〇
一八 〇〇	四四 四〇	五〇 四〇	五五 三〇	六四 五〇
二〇 〇〇	四五 〇〇	五一 〇〇	五六 三〇	六五 一〇
二二 〇〇	四五 五〇	五一 三〇	五八 〇〇	六六 〇〇
二四 〇〇	四六 四〇	五二 三〇	五八 五〇	六六 一〇
二六 〇〇	四七 一〇	五二 三〇	六〇 三〇	六六 四〇
二八 〇〇	四七 五〇	五三 〇〇	六一 二〇	六七 〇〇
亥宫 经度	河中下界 南纬	河中上界 南纬	河中下界 北纬	河中上界 北纬
十度 十分	十度 十分	十度 十分	十度 十分	十度 十分

十度	十分	十度	十分	十度	十分	十度	十分	十度	十分
○○	○○	四八	三○	五三	三○	六二	○○	六七	○○
○二	○○	四九	二○	五四	四○	六一	五○	六六	二○
○四	○○	四九	三○	五五	○○	六二	○○	六七	○○
○六	○○	五○	三○	五五	二○	六一	五○	六七	○○
○八	○○	五一	○○	五五	三○	六一	三○	六七	一○
一○	○○	五一	三○	五七	一○	六一	○○	六七	三○
亥宫	经度	南界	纬度					北界	纬度
十度	十分	十度	十分					十度	十分
十度	十分	十度	十分					十度	十分
一二	○○	五一	五○					六七	三○
一四	○○	五二	○○					六七	三○
一六	○○	五二	二○					六七	四○
一八	○○	五二	三○					六八	○○
二○	○○	五二	四○					六七	五○
二二	○○	五三	○○					六七	三○
二四	○○	五二	五○					六七	二○
二六	○○	五三	○○					六七	二○
亥宫	经度	南界	纬度					北界	纬度
十度	十分	十度	十分					十度	十分
二八	○○	五三	一○					六七	二○

黄道南　康熙壬子年测定

申宫	经度							南界	纬度
十度	十分							十度	十分
十度	十分							十度	十分
二○	○○							○○	○○
二二	○○							○六	一○
二四	○○							○九	三○
二六	○○							一五	○○
二八	○○							二三	○○
未宫	经度	北界	纬度					南界	纬度
十度	十分	十度	十分					十度	十分
十度	十分	十度	十分					十度	十分
○○	○○	○○	○○					二五	一○
○二	○○	○三	二○					二七	○○
○四	○○	○六	三○					二八	三○
○六	○○	○九	四○					三一	○○
○八	○○	一二	五○					三三	三○
一○	○○	一七	二○					三五	一○

一二 〇〇	二二 〇〇			三七 一〇
一四 〇〇	二四 〇〇			三九 三〇
一六 〇〇	二六 二〇			四一 一〇
一八 〇〇	二八 〇〇			四三 〇〇
二〇 〇〇	三〇 〇〇			四四 一〇
二六 〇〇	三四 〇〇			五〇 二〇
二八 〇〇	三五 二〇			五二 五〇
午宫 经度	北界 纬度			南界 纬度
十度 十分	十度 十分			十度 十分
十度 十分	十度 十分			十度 十分
〇〇 〇〇	三七 〇〇			五八 〇〇
〇二 〇〇	三八 一〇			六〇 〇〇
〇四 〇〇	三九 〇〇			六一 〇〇
〇六 〇〇	四〇 〇〇			六二 〇〇
〇八 〇〇	四一 〇〇			六二 二〇
一〇 〇〇	四三 〇〇			六三 一〇
一二 〇〇	四四 一〇			六四 一〇
一四 〇〇	四六 〇〇			六五 〇〇
一六 〇〇	四七 三〇			六六 一〇
一八 〇〇	四九 〇〇			六七 〇〇
二〇 〇〇	五〇 四〇			六八 〇〇

二二 〇〇	五一 三〇			六八 三〇
二四 〇〇	五二 一〇			六九 〇〇
二六 〇〇	五二 五〇			六九 二〇
二八 〇〇	五三 〇〇			七〇 一〇
巳宫 经度	北界 纬度			南界 纬度
十度 十分	十度 十分			十度 十分
十度 十分	十度 十分			十度 十分
〇〇 〇〇	五三 二〇			七〇 三〇
〇二 〇〇	五三 二〇			七一 二〇
〇四 〇〇	五四 〇〇			七一 四〇
〇六 〇〇	五五 〇〇			七二 〇〇
〇八 〇〇	五五 三〇			七二 一〇
一〇 〇〇	五五 三〇			七二 二〇
一二 〇〇	五五 五〇			七二 二〇
一四 〇〇	五六 〇〇			七二 三〇
一六 〇〇	五五 五〇			七二 四〇
一八 〇〇	五六 一〇			七三 一〇
二〇 〇〇	五六 一〇			七三 二〇
二二 〇〇	五六 一〇			七三 二〇
二四 〇〇	五六 二〇			七三 一〇
巳宫 经度	北界 纬度			南界 纬度

十度 十分	十度 十分			十度 十分
十度 十分	十度 十分			十度 十分
二六 〇〇	五六 〇〇			七三 一〇
二八 〇〇	五六 〇〇			七三 二〇
辰宫 经度	北界 纬度			南界 纬度
十度 十分	十度 十分			十度 十分
十度 十分	十度 十分			十度 十分
〇〇 〇〇	五五 四〇			七三 二〇
〇二 〇〇	五六 一〇			七三 一〇
〇四 〇〇	五六 一〇			七三 〇〇
〇六 〇〇	五六 一〇			七二 四〇
〇八 〇〇	五六 二〇			七二 三〇
一〇 〇〇	五六 四〇			七二 〇〇
一二 〇〇	五六 三〇			七二 三〇
一四 〇〇	五六 三〇			七一 三〇
一六 〇〇	五六 三〇			七一 〇〇
一八 〇〇	五六 〇〇			七〇 五〇
二〇 〇〇	五五 二〇			七〇 二〇
二二 〇〇	五四 三〇			七〇 〇〇
二四 〇〇	五四 一〇			六九 四〇
二六 〇〇	五三 二〇			六九 三〇

二八 〇〇	五二 三〇			六九 〇〇
卯宫 经度	北界 纬度			南界 纬度
十度 十分	十度 十分			十度 十分
十度 十分	十度 十分			十度 十分
〇〇 〇〇	五一 五〇			六八 三〇
〇二 〇〇	五一 〇〇			六七 四〇
〇四 〇〇	四九 五〇			六七 〇〇
〇六 〇〇	四八 四〇			六六 一〇
〇八 〇〇	四八 〇〇			六五 二〇
一〇 〇〇	四六 三〇			六四 五〇
一二 〇〇	四四 三〇			六四 〇〇
卯宫 经度	北界 纬度			南界 纬度
十度 十分	十度 十分			十度 十分
十度 十分	十度 十分			十度 十分
一四 〇〇	四三 五〇			六三 〇〇
一六 〇〇	四二 五〇			六二 〇〇
一八 〇〇	四二 〇〇			六〇 三〇
二〇 〇〇	四一 〇〇			五八 三〇
二二 〇〇	四〇 三〇			五七 〇〇
二四 〇〇	三九 五〇			五六 〇〇
二六 〇〇	三八 一〇			五五 一〇

二八〇〇	三七一〇			五四四〇
寅宫经度	北界纬度			南界纬度
寅宫经度	北界纬度	北下界纬		南界纬度
十度十分	十度十分			十度十分
十度十分	十度十分			十度十分
〇〇〇〇	三六〇〇			五四〇〇
〇二〇〇	三三三〇			五三二〇
〇四〇〇	二八〇〇			五二〇〇
〇五〇〇	一四〇〇	二四〇〇		五一三〇
〇六〇〇	一一〇〇			五一四〇
〇八〇〇	〇六〇〇			五〇〇〇
〇九〇〇	〇四二〇			四九三〇
一〇〇〇	〇三〇〇			四九二〇
一一〇〇	〇一〇〇			四八五〇
一一三〇	〇〇〇〇			四八二〇
一二〇〇				四八〇〇
寅宫经度		河下中界北纬	河上中界南纬	河下中界南纬
寅宫经度		河上中界北纬	河上中界南纬	河下中界南纬
十度十分		十度十分	十度十分	十度十分
十度十分		十度十分	十度十分	十度十分
一二二〇		一〇二〇	一一四〇	四七三〇

一三〇〇		〇八三〇	一三三〇	四五〇〇
一四〇〇		〇六三〇	一四四〇	四三三〇
一五〇〇		〇五〇〇	一三三〇	四二〇〇
一六〇〇		〇三二〇	一一〇〇	四一三〇
寅宫经度		河下中界北纬	河上中界南纬	河下中界南纬
十度十分		十度十分	十度十分	十度十分
十度十分		十度十分	十度十分	十度十分
一七〇〇		〇〇〇〇	〇九三〇	四一一〇
一八〇〇			〇八一〇	四〇一〇
二〇〇〇			〇五〇〇	三七四〇
二二〇〇			〇一四〇	三三〇〇
二三〇〇			〇〇〇〇	三二〇〇
二四〇〇				三一〇〇
二六〇〇				二二〇〇
二八〇〇				一三三〇
丑宫经度				河下中界南纬
丑宫经度				河下中界南纬
十度十分				十度十分
十度十分				十度十分
〇〇〇〇				〇九〇〇
〇二〇〇				〇四四〇

○四 ○○				○一 一○
○四 三○				○○ ○○

黄道北　乾隆甲子年改测

黄道经度	北界纬度	北之南界纬度	南之北界纬度	南界纬度
宫 十度 十分	十度 十分	十度 十分	十度 十分	十度 十分
宫 十度 十分	十度 十分	十度 十分	十度 十分	十度 十分
寅 一二 四○	○四 ○○			
寅 一二 四○	○四 四○			
一二 四○	○八 ○○			
一三 二○	○二 ○○			
一三 二○	○六 ○○			
一三 二○	一○ 四○			
一三 二○	一二 四○			
一四 ○○	○○ ○○			
一四 ○○	○三 ○○			
一四 ○○	○九 三○			
黄道经度	北界纬度	北之南界纬度	南之北界纬度	南界纬度
宫 十度 十分	十度 十分	十度 十分	十度 十分	十度 十分
宫 十度 十分	十度 十分	十度 十分	十度 十分	十度 十分
寅 一四 ○○	一一 四○			
寅 一四 ○○	一三 三○			
一五 ○○	一四 ○○			
一五 ○○	一七 ○○			
一五 ○○	一八 ○○			
一五 四○	一九 二○			
一六 二○	一五 二○			
一七 ○○	二○ ○○			
一七 三○	二三 五○			
一七 三○	二四 五○			
一八 ○○	二二 ○○			
一八 ○○	二五 五○			
一九 三○	二七 ○○	○二 ○○		
一九 三○		○四 三○		
二○ ○○		○○ ○○		
二○ 三○		○三 二○		
二○ 三○		○五 三○		
二一 ○○	二九 二○			
二一 四○		○六 四○		
二一 四○		○八 三○		
二二 ○○	三一 ○○			
二二 四○		一一 ○○		

二三 三〇	三一 五〇	〇九 三〇		
二三 三〇	三三 〇〇	一二 二〇		
二三 三〇		一四 〇〇		
二四 〇〇	三四 〇〇			
二四 三〇		一六 三〇		
二四 三〇		一八 四〇		
二四 三〇		二一 二〇		
二五 〇〇	三四 二〇	一五 〇〇		
二五 〇〇		二〇 〇〇		
二五 〇〇		二二 〇〇		
黄道经度	北界纬度	北之南界纬度	南之北界纬度	南界纬度
宫 十度十分	十度十分	十度十分	十度十分	十度十分
宫 十度十分	十度十分	十度十分	十度十分	十度十分
寅 二五 三〇		二四 〇〇		
寅 二六 〇〇	三五 三〇	一七 三〇	〇三 二〇	
二六 三〇			〇一 〇〇	
二六 三〇			二〇 三〇	
二七 〇〇	三五 三〇		〇〇 〇〇	
二七 〇〇			〇二 〇〇	
二七 三〇			〇四 〇〇	

二七 三〇			〇五 〇〇	
二八 〇〇		二四 四〇	〇五 〇〇	
二九 〇〇			〇七 〇〇	
二九 四〇	三四 〇〇		〇九 〇〇	
二九 四〇			一一 〇〇	
丑 〇〇 三〇		二六 〇〇	〇六 〇〇	
丑 〇〇 三〇			一三 〇〇	
〇二 〇〇	三五 〇〇		〇七 二〇	
〇二 〇〇			〇八 四〇	
〇二 二〇		二六 二〇	一五 〇〇	
〇二 三〇		二七 三〇		
〇三 三〇	三六 四〇	一七 〇〇		
〇四 〇〇		二八 三〇	一九 三〇	
〇四 〇〇			二〇 三〇	
〇五 〇〇	三六 三〇		一九 〇〇	
〇六 三〇	三五 三〇		二二 〇〇	
〇七 〇〇		二九 二〇		
〇八 〇〇		三〇 〇〇	二三 〇〇	
〇九 〇〇	三六 三〇		二四 三〇	〇〇 〇〇
〇九 〇〇				〇二 〇〇

〇九 〇〇				〇四 〇〇
一〇 〇〇		三〇 〇〇		〇五 〇〇
一〇 〇〇				〇六 〇〇
一一 〇〇	三八 四〇		二五 二〇	〇七 〇〇
一一 〇〇				〇九 〇〇
黄道 经度	北界 纬度	北之南 界纬度	南之北 界纬度	南界 纬度
宫 十度 十分	十度 十分	十度 十分	十度 十分	十度 十分
宫 十度 十分	十度 十分	十度 十分	十度 十分	十度 十分
丑 一一 三〇		三二 〇〇		〇七 四〇
丑 一三 〇〇			二七 〇〇	一〇 四〇
一三 〇〇				一二 二〇
一三 〇〇				一二 二〇
一四 〇〇	四〇 〇〇	三三 〇〇	二九 〇〇	一一 〇〇
一四 〇〇				一三 二〇
一四 〇〇				一四 三〇
一五 〇〇	四二 三〇	三五 〇〇		
一六 〇〇			三〇 〇〇	一五 三〇
黄道 经度	北界 纬度	北之南 界纬度	南之北 界纬度	南界 纬度
宫 十度 十分	十度 十分	十度 十分	十度 十分	十度 十分
宫 十度 十分	十度 十分	十度 十分	十度 十分	十度 十分

一六 〇〇				一七 〇〇
一六 三〇	四三 三〇			
一六 三〇	四五 〇〇			
一七 〇〇			二九 三〇	一七 四〇
一七 〇〇			三〇 二〇	
一八 三〇			二九 〇〇	一七 三〇
一八 三〇			三一 二〇	一九 〇〇
一九 〇〇	四五 〇〇	三七 〇〇	三〇 〇〇	二〇 〇〇
一九 〇〇			三二 四〇	
一九 三〇				一八 〇〇
一九 三〇				二〇 〇〇
二〇 〇〇	四六 〇〇		三四 二〇	
二一 〇〇				二一 〇〇
二二 〇〇	四六 二〇	三七 〇〇	三五 四〇	
二二 三〇				二一 二〇
二三 三〇	四九 〇〇			二二 四〇
二四 〇〇		三八 四〇	三六 〇〇	二四 〇〇
二四 〇〇		四〇 二〇	三七 〇〇	
二五 〇〇	五〇 三〇	四二 〇〇		二四 〇〇
二五 〇〇				二五 四〇

二六三〇				二七〇〇
二七三〇	五一〇〇		三八〇〇	
二七三〇			四〇〇〇	
二八〇〇	五三〇〇	四二三〇		
丑 二八〇〇		四三五〇		
丑 二九〇〇			四〇三〇	二七〇〇
二九〇〇				二九〇〇
子 〇〇三〇	五三三〇	四四四〇		
子 〇〇三〇	五五〇〇			
〇一〇〇	六〇〇〇			二九〇〇
〇二〇〇			四一〇〇	二九〇〇
〇二〇〇			四二四〇	
〇三〇〇	五七〇〇	四五〇〇		三〇三〇
〇三〇〇		四六三〇		
〇四〇〇		四七三〇		
〇四〇〇		四九〇〇		三〇二〇
黄道经度	北界纬度	北之南界纬度	南之北界纬度	南界纬度
宫 十度十分	十度十分	十度十分	十度十分	十度十分
宫 十度十分	十度十分	十度十分	十度十分	十度十分
〇五〇〇	六一〇〇		四三二〇	

〇五〇〇	六三〇〇			
〇六〇〇		五〇〇〇	四五〇〇	三〇〇〇
六〇〇〇		五一三〇		
〇七三〇				三二〇〇
〇八三〇			四五〇〇	
〇九三〇	六三四〇	五一三〇		三二三〇
〇九三〇		五三二〇		三四二〇
一一〇〇				三五〇〇
一一〇〇				三七〇〇
一二〇〇		五四〇〇	四六〇〇	
一四〇〇			四七二〇	三八〇〇
一四〇〇				四〇〇〇
一五〇〇	六四〇〇	五四〇〇		
一七〇〇			四九〇〇	四一〇〇
一七〇〇				四二三〇
一八〇〇		五四二〇		
一九二〇	六四三〇		四九三〇	四三〇〇
二〇二二		五六〇〇		
二一〇〇				四四〇〇
子 二二〇〇	六六〇〇		五一〇〇	

子 二三〇〇		五六 〇〇		
二四〇〇				四五 〇〇
二五〇〇	六六 〇〇	五七 四〇	五三 〇〇	四七 三〇
二七三〇	六七 〇〇	五七 四〇	五四 二〇	四八 〇〇
二七三〇				四九 二〇
亥 〇〇〇〇		五八 四〇	五四 二〇	四九 三〇
亥 〇二〇〇	六六 三〇	五七 四〇	五六 〇〇	五二 〇〇
〇四〇〇		五八 〇〇	五六 〇〇	
〇六〇〇	六六 二〇			五三 三〇
一〇〇〇	六八 〇〇			五二 〇〇
一五〇〇	六七 四〇			五三 〇〇
一五〇〇				五一 〇〇
一七〇〇	六九 〇〇			五一 二〇
二〇〇〇				五二 二〇
二二〇〇	六七 四〇			五一 〇〇
黄道经度	北界纬度	北之南界纬度	南之北界纬度	南界纬度
宫 十度十分	十度 十分	十度 十分	十度 十分	十度 十分
宫 十度十分	十度 十分	十度 十分	十度 十分	十度 十分
二四〇〇				五一 二〇
二五〇〇				五〇 〇〇

二七〇〇	六八 〇〇			五二 二〇
戌 〇〇〇〇	六八 四〇			五二 〇〇
戌 〇三〇〇				五三 〇〇
〇五〇〇	六八 四〇			五二 三〇
〇八〇〇				五三 〇〇
一〇〇〇	六八 四〇			
一〇〇〇	六七 二〇			
一二〇〇				五三 〇〇
一二〇〇				五二 〇〇
一五〇〇	六七 二〇			五二 三〇
一五〇〇	六七 一〇			
一七三〇	六五 〇〇			五〇 三〇
一七三〇	六六 〇〇			
二〇〇〇	六五 〇〇			五一 〇〇
戌 二二三〇	六二 二〇			四九 〇〇
戌 二五〇〇	六二 〇〇			五〇 〇〇
二七〇〇	五八 四〇			四七 三〇
二九〇〇	六一 〇〇			四六 三〇
酉 〇〇〇〇	五八 二〇			四五 〇〇
酉 〇二三〇	五八 三〇			四四 三〇

○四 ○○	五六 四○			四二 三○
○七 ○○	五五 四○			四二 二○
○九 ○○	五四 三○			四○ 四○
○九 ○○	五二 四○			
一○ 三○	五○ 二○			
一二 ○○				四○ 三○
一三 ○○	五○ ○○			三八 ○○
一三 ○○	四八 三○			三五 ○○
一五 ○○	四八 三○			
一五 ○○	四七 ○○			
一七 ○○	四七 ○○			三六 二○
一七 ○○	四六 ○○			二八 四○
一九 三○	四五 四○			三四 ○○
一九 三○				三一 二○
黄道经度	北界纬度	北之南界纬度	南之北界纬度	南界纬度
宫 十度 十分	十度 十分	十度 十分	十度 十分	十度 十分
宫 十度 十分	十度 十分	十度 十分	十度 十分	十度 十分
一九 三○				二八 四○
二二 三○	四六 二○			二七 三○
二四 ○○				二七 四○

二五 ○○	四六 ○○			二六 四○
二七 ○○	四五 ○○			二六 二○
二七 ○○	四四 ○○			二五 ○○
二九 ○○	四三 四○			二四 三○
申 ○○ ○○	四二 二○			二二 四○
申 ○一 三○				二二 二○
○二 三○	四一 ○○			二一 ○○
○二 三○	三九 ○○			
○二 三○	三六 ○○			
申 ○四 ○○	三七 四○			二一 三○
申 ○四 ○○	三五 ○○			
○五 ○○	三五 ○○			二○ 三○
○六 三○	三二 二○			二一 二○
○八 ○○	三○ ○○			二○ 二○
○九 三○	二九 三○			二○ 四○
○九 三○	二七 三○			一五 三○
一一 三○	二七 二○			一九 四○
一一 三○	二六 二○			一七 ○○
一一 三○				一四 四○
一一 三○				一三 三○

一二 三〇	二六 〇〇			一二 三〇
一二 三〇	二四 四〇			
一四 〇〇				一一 〇〇
一四 〇〇				〇九 三〇
一五 〇〇	二四 三〇			〇九 〇〇
一五 〇〇	二三 四〇			〇八 〇〇
一六 三〇	二二 二〇			〇七 三〇
一六 三〇	二〇 〇〇			〇六 二〇
一七 三〇	二〇 〇〇			〇五 四〇
一九 〇〇	一九 〇〇			〇六 二〇
二〇 〇〇	一八 四〇			〇五 四〇
二〇 〇〇				〇三 四〇
二〇 三〇				〇二 〇〇
二〇 三〇				〇〇 〇〇
二一 三〇	一七 〇〇			
二一 三〇	一四 三〇			
二二 二〇	一五 四〇			
二二 二〇	一四 〇〇			
二三 四〇	一二 四〇			
二四 四〇	一三 〇〇			

二四 四〇	一二 〇〇			
申 二五 四〇	一一 四〇			
申 二五 四〇	一〇 二〇			
二七 〇〇	〇九 二〇			
二七 〇〇	〇八 〇〇			
二八 〇〇	〇七 三〇			
二八 〇〇	〇六 〇〇			
二九 〇〇	〇五 〇〇			
二九 〇〇	〇三 三〇			
二九 三〇	〇一 三〇			
二九 三〇	〇〇 〇〇			

黄道北　乾隆甲子年改测

黄道经度	北界纬度	北之南界纬度	南之北界纬度	南界纬度
宫 十度 十分	十度 十分	十度 十分	十度 十分	十度 十分
宫 十度 十分	十度 十分	十度 十分	十度 十分	十度 十分
申 一九 四〇				〇二 三〇
申 二〇 三〇				〇〇 〇〇
二〇 三〇				〇一 四〇
二〇 三〇				〇三 二〇
二〇 三〇				〇四 二〇
二〇 三〇				〇七 三〇

	二〇 三〇				〇九 〇〇
	二一 〇〇				〇五 二〇
	二一 〇〇				〇六 四〇
	二一 〇〇				〇九 〇〇
	二二 〇〇				一〇 〇〇
	二三 三〇				一〇 二〇
黄道	经度	北界纬度	北之南界纬度	南之北界纬度	南界纬度
宫	十度 十分	十度 十分	十度 十分	十度 十分	十度 十分
宫	十度 十分	十度 十分	十度 十分	十度 十分	十度 十分
	二四 〇〇				一二 〇〇
	二四 四〇				一三 二〇
	二六 〇〇				一三 二〇
	二六 〇〇				一四 四〇
申	二七 二〇				一六 〇〇
申	二七 二〇				一七 三〇
	二八 〇〇				一九 〇〇
	二九 三〇	〇〇 〇〇			一九 四〇
未	〇〇 四〇	〇〇 〇〇			一九 〇〇
未	〇〇 四〇	〇一 二〇			
	〇一 四〇	〇二 〇〇			〇二 四〇
	〇一 四〇	〇三 〇〇			二三 四〇

〇二 四〇	〇三 三〇			二二 〇〇
〇三 三〇	〇四 三〇			二五 〇〇
〇三 三〇	〇五 三〇			
〇四 二〇	〇六 〇〇			二七 〇〇
〇五 〇〇	〇七 三〇			二九 四〇
〇六 〇〇	〇七 二〇			
〇七 〇〇	〇七 四〇			二九 〇〇
〇八 〇〇	〇八 〇〇			三〇 〇〇
〇八 三〇				二九 〇〇
〇九 〇〇	〇九 三〇			二八 〇〇
一〇 〇〇	一〇 〇〇			二九 〇〇
一〇 〇〇				三〇 四〇
一一 二〇	一一 二〇			三二 〇〇
一一 二〇				三四 〇〇
一二 四〇	一二 三〇			
一三 二〇	一二 〇〇			
一四 〇〇	一二 三〇			三五 〇〇
一五 〇〇	一三 四〇			三七 二〇
一五 三〇	一七 〇〇			
一六 〇〇	一三 三〇			
一六 〇〇	一八 三〇			

一六 三〇	一六 三〇			
未 一七 〇〇	一五 〇〇			四〇 〇〇
未 一七 〇〇	一四 〇〇			
黄道 经度	北界 纬度	北之南界纬度	南之北界纬度	南界 纬度
宫 十度 十分	十度 十分	十度 十分	十度 十分	十度 十分
宫 十度 十分	十度 十分	十度 十分	十度 十分	十度 十分
一七 三〇	一六 三〇			四二 二〇
一八 〇〇	一九 〇〇			
一八 〇〇	二〇 二〇			
一九 〇〇	二一 〇〇			四五 〇〇
一九 〇〇	二三 二〇			
二一 〇〇	二四 二〇			
二一 〇〇	二七 四〇			
二二 〇〇	二六 〇〇			四五 〇〇
二二 〇〇	二七 三〇			
二二 〇〇	二九 〇〇			
二二 〇〇	三〇 〇〇			
二四 〇〇	三一 〇〇			四八 〇〇
二四 〇〇	三二 〇〇			
二五 〇〇	三二 二〇			
二六 〇〇	三四 〇〇			五〇 三〇

二八 〇〇	三四 〇〇			五三 〇〇
二九 〇〇	三五 四〇			
午 〇一 〇〇	三五 四〇			五三 二〇
午 〇二 〇〇	三七 〇〇			五六 〇〇
〇二 三〇	三七 四〇			
〇三 〇〇	三八 四〇			
〇四 〇〇	三七 三〇			五六 四〇
〇五 〇〇	三九 〇〇			五八 四〇
〇六 三〇	四一 三〇			
〇七 〇〇				六〇 〇〇
〇七 〇〇				六二 〇〇
〇八 〇〇	四四 三〇			
一〇 〇〇	四七 〇〇			
一二 〇〇	四七 三〇			六二 三〇
一五 〇〇	四八 三〇			六五 〇〇
一六 〇〇	五一 〇〇			
一九 〇〇	五一 〇〇			
二二 〇〇	五三 〇〇			六七 〇〇
二五 〇〇	五三 四〇			六九 三〇
二七 〇〇	五四 四〇			
巳 〇一 〇〇	五五 二〇			七〇 〇〇

黄道	经度	北界纬度	北界之南纬度	南界之北纬度	南界纬度
宫	十度十分	十度十分	十度十分	十度十分	十度十分
宫	十度十分	十度十分	十度十分	十度十分	十度十分
巳	○五○○	五六三○			七二○○
	○九○○	五六三○			
	一四○○	五五四○			七一○○
	一六○○	五七○○			
	一九○○	五六四○			
	二二○○	五七三○			七一○○
	二五○○	五七○○			
	二八○○	五七三○			
辰	○一○○	五六○○			七一○○
辰	○三○○	五六○○			
辰	○五○○	五六○○			
辰	○五○○	五五○○			
	○五○○	五四○○			
	○八三○	五四三○			
	○九○○	五五○○			七○○○
	一三○○	五四○○			
	一六○○	五五○○			
	一九○○	五五○○			七○○○

	二一○○	五四○○			
	二三○○	五三四○			
	二三○○	五二○○			
	二五○○				六九○○
	三七三○	五二○○			
卯	○○○○	五○○○			六七○○
卯	○四○○	四八三○			六五○○
	○七○○	四七三○			
	○九○○	四六○○			六二○○
	○九○○				六五○○
	一○○○				六○三○
	一○○○				六四○○
	一二○○	四五四○			六二三○
	一二○○				六○○○
	一四○○	四六○○			
	一七○○	四七三○			六○○○
	一九○○	四七四○			
	二一○○	四七二○			五七○○
黄道	经度	北界纬度	北界之南纬度	南界之北纬度	南界纬度
宫	十度十分	十度十分	十度十分	十度十分	十度十分
宫	十度十分	十度十分	十度十分	十度十分	十度十分

二三○○	四七○○			
二三○○	四五○○			
二五○○	四二三○			
二七○○	三九三○			五五○○
二九○○	三九三○			
寅 ○一○○	三七三○			五四二○
寅 ○二三○	三六二○			
○二三○	三四○○			
○三三○	三二四○			
○四○○	三六○○			五○三○
○四○○	三五○○			五三○○
○四○○	三四二○			
○四○○	三一三○			
○五○○				五一二○
○六○○	三○○○			五二○○
○六○○	二八三○			五○二○
○七二○	二六○○			五○○○
○七二○	二四○○			
○八○○	二○二○			
○八○○	一九○○			
○八○○	一四○○			

○八○○	一二四○			
寅 ○八○○	一一○○			
寅 ○八○○	一○○○			
○八○○	○九○○			
○九○○	二二三○			四八○○
○九○○	二一○○			
○九○○	一二○○			
○九○○	一六○○			
○九○○	一○四○			
○九○○	○八三○			
○九○○	○七二○			
一一○○	○七○○			四七三○
一二○○	○五四○			四五○○
一二○○	○四四○			
一二○○	○三○○			
黄道经度	北界纬度	北界之南纬度	南界之北纬度	南界纬度
宫 十度十分	十度十分	十度十分	十度十分	十度十分
宫 十度十分	十度十分	十度十分	十度十分	十度十分
一二三○	○四○○			
一三三○	○一四○	一四○二		
一四○○	○○○○			四○四○

一四 三〇		一七 三〇		
一四 三〇		一五 二〇		
一四 三〇		一三 〇〇		
一四 三〇		一二 〇〇		
一四 三〇		一〇 二〇		
一四 三〇		〇九 〇〇		
二五 〇〇		一〇 三〇		四二 四〇
一五 〇〇		一一 〇〇		
一五 〇〇		〇八 四〇		
一六 〇〇		〇九 三〇		
一六 二〇		〇九 四〇	一六 〇〇	四〇 〇〇
一六 二〇		〇八 三〇	一五 〇〇	
一六 二〇		〇七 〇〇	一四 〇〇	
一七 〇〇		〇五 〇〇		
一七 三〇		〇四 〇〇	一四 〇〇	
一七 三〇		〇三 〇〇	一二 二〇	
一八 三〇		〇二 〇〇	一一 三〇	三九 三〇
寅 一八 三〇				三七 二〇
寅 一九 三〇			一一 三〇	
二〇 〇〇		〇〇 〇〇	〇九 二〇	三六 二〇
二〇 〇〇			〇七 〇〇	

二〇 三〇			一一 四〇	
二〇 三〇			一一 〇〇	
二〇 三〇			一〇 〇〇	
二〇 三〇			〇七 四〇	
二一 〇〇			〇五 三〇	
二一 〇〇			〇四 二〇	
二二 〇〇			〇四 〇〇	三五 〇〇
二二 〇〇				三二 三〇
二三 三〇			〇三 二〇	三四 〇〇
二三 三〇				三一 〇〇
寅 二三 三〇			〇三 二〇	二九 〇〇
寅 二四 三〇			〇三 二〇	
黄道 经度	北界 纬度	北 之 南 界 纬 度	南 之 北 界 纬 度	南界 纬度
宫 十度 十分	十度 十分	十度 十分	十度 十分	十度 十分
宫 十度 十分	十度 十分	十度 十分	十度 十分	十度 十分
二五 四〇			〇二 〇〇	二〇 〇〇
二五 四〇				一八 三〇
二六 〇〇				二九 〇〇
二六 〇〇				二七 〇〇
二七 〇〇			〇一 四〇	二五 〇〇
二七 〇〇			〇〇 〇〇	二四 〇〇

二七 〇〇				一九 三〇
二七 〇〇				一七 三〇
二八 〇〇				二二 〇〇
二八 〇〇				二〇 〇〇
二八 三〇				一五 〇〇
二九 三〇				一二 三〇
丑 〇一 〇〇				一一 三〇
丑 〇一 〇〇				〇九 二〇
〇二 〇〇				〇八 三〇
〇三 三〇				〇七 〇〇
〇四 〇〇				〇五 〇〇
〇五 二〇				〇四 三〇
〇五 二〇				〇三 〇〇
〇七 二〇				〇二 二〇
〇八 〇〇				〇一 〇〇
〇九 〇〇				〇〇 〇〇

卷三十六 志十一

天文十一

五星合聚

《天官书》言同舍为合，於两星、三星、四星、五星之合各有占，而以五星合为最吉，谓经度之同如合朔也。兹就三星以上同宫同宿，及两星以上同度者，著于篇。

顺治元年正月庚戌，土木金聚于降娄两旬余。丙辰，土金同躔壁三度。三月乙巳，土水同躔壁八度。

二年二月乙亥，金水同躔危一度。三月庚子，土金水聚于降娄旬余；已酉，土水同躔奎七度。四月壬戌，土金同躔奎九度；癸酉，木水同躔毕五度。闰六月已酉，火金水聚于鹑尾。七月庚申，聚于翼；丁卯，聚于寿星两旬；壬申，聚于轸。八月癸未，聚于角；丁酉，聚于亢；戊戌，聚于大火。

三年三月庚戌，土金水聚于大梁旬余；壬子，土水同躔娄七度。四月丁酉，土火金聚于大梁月余。五月癸丑，聚于胃旬余。六月甲申，木水同躔井十九度。七月乙丑，木火金聚于鹑首聚于井；丙寅，木金同躔井二十八度。

四年二月庚子，木火同躔井二十八度。三月丁未，土金水聚于大梁两旬；丙辰，聚于胃，金水同躔胃二度；戊午，土水同躔胃六度；庚申，土金同躔胃七度。六月乙未，木水同躔柳十度。七月庚申，火金同躔轸五度。八月已巳，火金水聚于寿星。十月戊子，聚于析木旬有九日；癸巳，聚于尾。

五年四月甲午，火金水聚于大梁旬余，聚于娄。闰四月乙巳，聚于胃；丙午，火金同躔胃二度；丙辰，土水同躔毕四度。五月丁卯，土火金水聚于实沈，土金同躔毕五度。七月甲戌，木金水聚于鹑尾两旬余，聚于张浃旬。

六年三月丙寅，土金同躔毕八度。五月庚申，土水同躔觜一度。六月辛卯，木火同躔翼十三度。九月戊午，木水同躔轸十二度。

七年三月壬申，火金水聚于降娄。四月辛卯，聚于大梁。五月丁巳，聚于实沈；癸亥，土水同躔井初度；乙丑，土金水聚于鹑首旬余；乙亥，聚于井旬余。六月庚戌，土火水聚于井旬余；辛亥，聚于鹑首旬余。七月癸丑，土火同躔井七度。九月辛未，木水同躔氐三度。

八年正月甲子，金水同躔危二度。四月辛未，土水同躔井十四度。六月甲寅，土金水聚于鹑首旬余；乙卯，聚于井旬余；癸酉，土金同躔井二十二度。八月乙卯，木火同躔心二度。十月戊辰，木金水聚于析木旬余；壬申，木金同躔尾十度。十一月乙亥朔，木金水聚于尾。癸卯，火金水聚于元枵。十二月丁卯，聚于危。

九年正月已亥，火金同躔壁五度。四月癸亥，土金水聚于鹑首，聚于井旬余；庚午，土金同躔井二十六度。六月丁卯，土水同躔鬼二度。七月丁丑，土火水聚于鹑火；丁亥，土火同躔柳初度。

十年正月壬午，木水同躔牛二度；壬辰，木金水聚于牛；癸巳，聚于元枵两旬余。六月癸亥，土金水聚于鹑火旬余。闰六月丙寅，聚于柳；辛未，土水同躔柳九度；壬申，土金同躔柳九度。十月丙戌，木火金聚于元枵。十一月庚子，木金同躔女十度。

十一年正月己酉，木水同躔危四度。二月辛巳，火金水聚于大梁旬余；己丑，聚于胃。六月庚午，土火水聚于鹑火；乙亥，土水同躔星四度。八月壬戌，土火同躔张二度；癸酉，土火金水聚于鹑尾旬余；丁丑，土金同躔张三度；乙亥，土火金水聚于张。九月辛卯，火金同躔翼二度。

十二年正月乙巳，木金水聚于娵訾；乙卯，聚于室浃旬。二月甲子，木金同躔室十四度；乙丑，木金水聚于降娄两旬；戊辰，聚于壁。六月癸酉，土金同躔张七度；丙子，土金水聚于鹑尾旬余；丁丑，聚于张。八月乙亥，土水同躔张十四度。

十三年七月癸亥，土火金水聚于鹑尾旬余。八月丙子朔，土金同躔翼七度；壬辰，土火同躔翼九度。

十四年二月庚子，木金同躔毕一度。六月癸巳，木金水聚于鹑首；丙申，聚于井。十月己卯，土金同躔轸八度。

十五年四月丁丑，木火同躔井八度。五月乙巳，木火金水聚于鹑首；丁未，聚于井。七月己亥，木水同躔井二十五度；己未，火金水聚于鹑尾旬余。八月乙亥，土金水聚于寿星浃旬；丙戌，土火水聚于寿星浃旬。九月己未如之；庚申，聚于角旬余；辛酉，土火同躔角三度。

十六年二月甲戌，金水同躔女八度；丁丑，火金水聚于元枵。九月辛巳，土金水聚于大火两旬。

十七年六月癸巳，木火金聚于张旬余；戊戌，木金同躔张十一度；癸丑，木火金水聚于鹑尾两旬，木火水聚于张。七月乙卯，木火同躔张十四度；癸亥，木水同躔张十六度；壬申，木火金水聚于翼旬余。九月己卯，土火水聚于大火旬余。十月乙酉，土火同躔氐四度；丙戌，土火水聚于氐浃旬。十一月丙子，土金同躔氐十六度。十二月庚戌，火金水聚于星纪旬余。

十八年正月甲寅，聚于斗；庚申，火水同躔斗十九度；乙亥，火金水聚于元枵。六月己卯，金水同躔井二度。闰七月乙巳，木金同躔轸十二度。八月壬申，土金同躔氐十二度。九月丁丑朔，土金水聚于大火。

康熙元年三月己亥，金水同躔奎八度。九月甲戌，木火水聚于大火旬余；庚辰，聚于氐旬余；辛巳，木火同躔氐八度；乙酉，木水同躔氐九度；戊子，火水同躔氐十三度。十月丙午，土火同躔心三度。十一月辛未朔，五星聚于析木，土金水聚于心；乙亥，土金同躔心六度；乙酉，土水同躔尾初度。十二月庚子朔，火金水聚于星纪旬余；甲辰，聚于斗；戊申，聚于牛；甲寅，火金同躔斗二十二度；戊午，火金水聚于元枵旬余。

二年二月辛亥，金水同躔壁五度；戊辰，火水同躔室七度。九月丙戌，土木同躔尾三度；甲午，土木金水聚于析木旬余。十月乙未朔，土木金聚于尾旬余。十一月癸巳，土水同躔尾十度。十二月戊戌，木水同躔箕三度。

三年正月壬午，木金同躔斗三度。六月丙辰，金水同躔井十度。八月甲申，火金水聚于大火。九月戊申，土火金聚于析木两旬。十月乙丑，土火同躔箕一度；庚午，土火金聚于箕；壬申，木火金聚于星纪两旬余；丁丑，聚于斗两旬。十一月庚寅，木金同躔斗十六度；丁酉，土木火水聚于星纪浃旬；己亥，木火水聚于斗，木火同躔斗十八度；壬子，火金水聚于元枵；丁巳，火水同躔女一度。十二月丁卯，木火水聚于元枵。

四年六月丁卯，火金水聚于鹑首；己巳，聚于井。七月癸丑，火金同躔井二十八度。

五年二月己未，木金水聚于娵訾，聚于危；乙丑，木水同躔危十一度；己卯，金水同躔壁一度。十月丙辰，火金同躔箕二度；丁巳，土火金聚于星纪月余；乙丑，聚于斗两旬余；癸酉，土金同躔斗十一度。十二月癸丑，火金水聚于元枵旬余；壬申，火金同躔虚九度。

六年二月丁未，金水同躔女六度；癸酉，木火水聚于降娄旬余。五月辛亥，火金水聚于实沈。六月庚子，火金同躔井二十六度。

七年二月庚寅，木金水聚于大梁旬余。四月辛卯，木水同躔胃十一度。

八年正月癸卯，土水同躔女九度。五月癸巳朔，木火金水聚于实沈旬余；甲午，木火同躔觜初度；甲辰，木水同躔觜三度；丁巳，火金水聚于鹑首。六月丁丑，木火金聚于鹑首。七月乙未，火金水聚于鹑火旬余。

九年六月丙午，木金水聚于井。十月丁酉，金水同躔氐四度。

十年正月庚申，土金水聚于娵訾两旬余，聚于危旬余；戊辰，土金同躔危十度；辛未，金水同躔危十四度。四月丙戌，火金水聚于实沈旬余；戊戌，聚于觜；癸卯，聚于鹑首两旬余；乙巳，聚于井两旬；丁未，火水同躔井三度。五月己卯，木金同躔柳十三度。六月丙戌，木火金聚于鹑火。七月庚戌朔，木火水聚于鹑火旬余；甲子，聚于星；壬申，木火同躔星六度；甲戌，木火水聚于鹑尾旬余。十月丁未，火金水聚于大火。

十一年三月戊申，土金水聚于娵訾；壬申，土金同躔室八度。六月丁酉，金水同躔井九度。闰七月丁丑，木金水聚于鹑尾；戊寅，木水同躔箕四度。八月己酉，木金水聚于寿星旬余。

十二年二月壬子，土水同躔壁一度。三月戊子，火金同躔觜九度；癸巳，同躔井一度。五月壬辰，金水同躔井三度。六月庚申，火水同躔星三度。九月戊辰，木火水聚于寿星旬余。十月甲寅，木火金聚于大火两旬余。十二月甲子，火金水聚于星纪。

十三年正月丁亥，金水同躔虚五度。三月庚午，土金同躔奎初度。十月辛丑，木水同躔氐十五度。

十四年三月丁卯，土水同躔娄初度。五月丁卯，土金水聚于大梁；甲戌，土金同躔娄八度。八月壬申，火金水聚于寿星旬余。九月丙申，聚于大火。十月壬申，木火金水聚于析木旬余。十一月丙戌，火水同躔心六度；己亥，木火水聚于箕；癸丑，聚于星纪旬余。十二月辛酉，聚于斗；甲子，木火同躔斗二度。

十五年二月己巳，土金同躔娄十一度。四月戊午，土水同躔胃四度。

十六年二月戊申朔，木金同躔女六度。四月庚戌，土金水聚于大梁；壬戌，土水同躔昴三度；甲戌，土金水聚于实沈。八月庚申，火金水聚于寿星旬余；壬申，聚于角。九月丁丑，火水同躔角八度；庚辰，火金水聚于大火两旬余；辛巳，聚于亢旬余；丁酉，聚于氐。

十七年正月辛巳，木金水聚于娵訾；甲申，木水同躔危四度。二月戊辰，木火水聚于娵訾两旬，聚于危旬余。三月乙酉，木火同躔危十九度；戊子，木火水聚于室；己亥，火金水聚于降娄。闰三月丙寅，土水同躔毕七度；己巳，火金同躔奎四度。五月庚戌，金水同躔胃九度；庚申，土火金水聚于实沈。六月癸巳，土火同躔觜二度。

十八年二月丁丑，木金同躔壁八度；乙酉，木金水聚于降娄。三月戊午，土金水聚于实沈两旬余。四月甲戌，土金同躔觜四度；丙子，土金水聚于觜。七月乙亥，火金水聚于寿星。十月壬戌，火金同躔心二度。

十九年四月戊寅，木水同躔胃十一度；庚辰，木火金水聚于大梁。五月辛卯，火金水聚于胃旬余；丁酉，火水同躔胃八度；己亥，火金同躔胃九度；甲辰，木火金水聚于昴；辛亥，聚于实沈旬余；乙卯，火金水聚于毕。六月庚午，土金水聚于鹑首；辛未，聚于井；壬午，土金同躔井十三度。八月甲子，土火同躔井十八度。

二十年三月乙卯，木金同躔毕十度。五月辛酉，木金水聚于鹑首旬余，聚于井旬余；甲子，金水同躔井六度；癸酉，土水同躔井二十四度。六月丁酉，土木金聚于鹑首旬余；庚子，聚于井两旬余。

二十一年二月丁酉，火金水聚于降娄两旬余。三月甲子，火金同躔娄四度。四月甲申，火金水聚于大梁；辛丑，聚于实沈。五月丁巳，木金水聚于鹑首旬余；戊午，聚于井旬余；辛未，同躔井二十四度。六月戊寅，土水同躔柳一度；庚寅，土木金水聚于鹑火，土金水聚于柳浃旬。七月戊午，土木水聚于柳旬余；辛未，土木火水聚于鹑火浃旬；八月庚辰，土木火聚于柳两旬余。

二十二年正月丁未，土木同躔柳十一度。六月癸酉，土木水聚于鹑火两旬余；庚辰，聚于柳。闰六月乙丑，土金水聚于鹑火旬余。七月癸未，木水同躔张三度；己丑，木金水聚于鹑尾；乙未，木金同躔张五度。八月癸丑，土木金聚于鹑尾 。十二月乙卯，火金水聚于娵訾旬余。

二十三年正月庚寅，火金同躔壁十度。五月庚寅，火水同躔井八度；壬辰，土金同躔张初度，土木金聚于张旬余。七月丁丑，土木金水聚于鹑尾旬余；庚辰，土金水聚于张；辛巳，土水同躔张六度；丙戌，金水同躔张十四度；癸巳，木水同躔翼九度。八月戊申，土火金聚于鹑尾旬余；辛亥，聚于张两旬余。九月己巳，土火同躔张十一度；乙亥，土金同躔张十二度。十月甲午，木金水聚于寿星；丙申，木火金聚于寿星两旬余；戊申，聚于轸；己酉，木金同躔轸八度。

二十四年二月乙未，金水同躔虚一度。七月甲戌，土金水聚于鹑尾旬余；乙亥，聚于张浃旬；甲申，金水同躔张十六度。八月壬辰，土金水聚于翼；甲午，木金水聚于寿星两旬余；庚戌，聚于角浃旬。十月甲辰，木水同躔亢六度。

二十五年二月庚寅，火金同躔奎五度。三月甲戌，火金水聚于大梁。七月庚寅，土水同躔翼十度。八月己未，火金水聚于鹑尾旬余；丙子，土火金水聚于翼。九月丙戌，聚于寿星旬余；庚寅，土金水聚于轸，土金同躔轸初度；庚子，土火同躔轸一度。十月壬申，木金水聚于析木。

二十六年正月丙申，木火同躔尾十度。二月乙亥，金水同躔娄四度。七月戊子，土金同躔轸三度。九月戊子，土水同躔轸十度。十月辛未，木水同躔箕二度。

二十七年正月戊寅，木金火聚于星纪；丙申，木金同躔斗十二度。六月壬子，火水同躔鬼三度。八月辛亥，火金同躔张十一度；乙卯，火金水聚于鹑尾。九月戊寅，土火金水聚于寿星旬余；丁亥，土金水聚于角；辛卯，土水同躔角八度。十月壬寅，金水同躔氐五度。

二十八年正月癸未，木水同躔女三度。九月甲午朔，土水同躔亢七度。十月戊寅，土金水聚于大火旬余；丁亥，聚于氐。

二十九年正月甲寅，木金水聚于娵訾两旬余。二月戊辰，木金同躔危十八度；壬申，木水同躔危十九度。五月辛卯朔，火金水聚于鹑首；癸巳，聚于井；丙辰，聚于鹑火。六月己卯，火金同躔星四度。八月甲申，土金同躔氐五度；丁亥，土金水聚于大火浃旬。九月乙卯，土火水聚于大火四旬余。十月庚辰，聚于氐旬余。十一月庚寅，土火同躔氐十三度；壬辰，土水同躔氐十三度。

三十年二月辛酉，火金水聚于元枵旬余。五月甲午，木金同躔娄四度。九月乙卯，金水同躔角五度。十月甲午，土金水聚于析木旬余。

三十一年二月戊戌，木金同躔胃五度。六月丁未，火金水聚于鹑尾旬余。十月辛卯，土火水聚于析木旬余；己亥，土水同躔尾二度；乙巳，土火水聚于尾。十一月辛亥，土火同躔尾四度。十二月乙未，火金水聚于星纪旬余；辛丑，聚于斗。

三十二年正月庚申，聚于元枵旬余；丁卯，聚于女。二月丁亥，聚于娵訾。四月癸巳，金水同躔胃十一度。五月乙丑，木金同躔井二度；壬申，木水金聚于鹑首旬余。六月癸酉朔，聚于井旬余。九月戊午，木水同躔井二十二度。十月壬午，土金同躔尾十度。十一月壬寅，土水同躔尾十二度。

三十三年七月己丑，木金同躔柳九度。十月丁巳，土火水聚于箕旬余。十一月己巳，土火同躔斗初度；癸巳，土火金水聚于星纪。十二月戊戌，聚于斗；庚子，土水同躔斗三度；癸卯，火金同躔牛二度；癸丑，火金水聚于元枵旬余。

三十四年正月丁丑，聚于娵訾，聚于危；庚辰，金水同躔危十九度。五月壬午，木金水聚于鹑火旬余。六月辛卯朔，金水同躔星三度。十二月甲辰，土水同躔斗十三度。

三十五年正月壬午，土金同躔斗十七度。五月戊寅，木火同躔张十七度。八月辛丑，木金水聚于翼；丙午，聚于寿星旬余；己酉，木火同躔翼十五度；庚戌，木金同躔翼十五度。九月乙卯，木金水聚于轸。十月甲午，火金水聚于析木。十一月丁巳，土火金聚于星纪两旬余；癸亥，聚于斗旬余。十二月丁亥，土火同躔斗二十一度。

三十六年正月壬戌，火水同躔虚六度；丁卯，火金水聚于娵訾。六月乙丑，聚于鹑首；戊辰，聚于井。八月戊申朔，火金同躔柳初度。十月己未，木金水聚于大火浃旬。

三十七年正月癸未，土金水聚于元枵旬余。八月乙巳，木火同躔氐十度；壬子，木火金聚于大火。九月壬辰，聚于析木。十月癸丑，火金同躔斗三度。十二月壬寅，土火金水聚于元枵旬余，土火同躔女十度；甲辰，土金同躔女十度；己未，金水同躔女九度。

三十八年正月壬午，金水同躔牛四度。二月己酉，土水同躔虚六度。三月甲戌，土金同躔虚九度。五月丁酉，火金水聚于实沈。六月癸亥，聚于鹑首。七月己丑，火金同躔井三十度；庚寅，同躔鬼初度。八月甲戌，火金水聚于鹑尾。十月乙酉，木水同躔箕八度；戊子，木金水聚于星纪两旬；甲午，聚于斗旬余，木金同躔斗一度。

三十九年正月壬子，土水同躔危七度。十月辛酉，木火同躔斗二十度。十二月己未朔，土火同躔危十一度。

四十年五月丁亥朔，火金水聚于实沈；癸卯，聚于鹑首旬余；乙巳，聚于井旬余；丙辰，火金同躔井十四度。十二月庚申，土木金聚于娵訾两旬余；丁卯，木金同躔危七度。

四十一年正月壬寅，土木水聚于娵訾旬余。二月己未，土水同躔室八度；壬戌，土木水聚于室。三月壬寅如之；丙午，土木金水聚于降娄两旬余。四月庚申，土金水聚于壁；辛未，土木金聚于壁；丙子，土木同躔壁一度。十一月己巳，土木火聚于降娄四旬余；乙亥，土火同躔室十四度。十二月壬午，木火同躔壁三度；甲申，金水同躔牛一度；乙酉，土木火聚于壁旬余。

四十二年正月庚午，土木金水聚于降娄。二月庚辰，土金同躔壁六度。四月丁酉，火金水聚于鹑首旬余；己亥，聚于井旬余。五月庚午，聚于鹑火。十月庚寅，聚于大火旬余。

四十三年四月甲申，土金同躔娄初度。

四十四年二月戊寅，土火金聚于大梁；辛巳，土金同躔娄三度。三月乙巳，木火金聚于实沈；辛酉，木火同躔觜三度。四月乙丑，土水同躔娄九度；丁卯，木火金聚于觜。闰四月丙申，聚于鹑首两旬余；癸卯，聚于井旬余；丙辰，木金同躔井三度。五月庚寅，木水同躔井十度。九月丙子，火金水聚于寿星。十二月丁未，聚于星纪；辛亥，金水同躔斗二十一度。

四十五年三月癸未，土金同躔胃九度。五月壬午，木金同躔鬼二度。六月壬寅，木水同躔柳二度。八月癸巳，土火同躔昴八度。

四十六年六月庚寅，土金同躔毕八度；癸卯，木火同躔张初度。七月壬子，木火水聚于鹑尾；甲子，聚于张旬余。八月癸巳，木金水聚于鹑尾两旬余；丙申，聚于张旬余。九月庚申，火金水聚于寿星。十月壬午，聚于大火；癸未，聚于亢；壬辰，聚于氐；甲午，火金同躔氐三度。十一月乙卯，火金水聚于析木。

四十七年正月己酉朔，火水同躔斗二度。闰三月乙酉，土金同躔毕十一度。六月癸丑，木金水聚于鹑尾旬余。八月己酉，土火同躔井初度；乙丑，木水同躔轸四度。十月壬戌，木金同躔角三度。

四十八年四月甲寅，金水同躔胃九度。五月乙亥，土水同躔井二度；乙酉，土金水聚于鹑首；丁亥，聚于井；庚寅，土金同躔井四度。七月戊戌，木火金聚于寿星。八月乙卯，火金水聚于寿星；乙丑，木火金聚于亢；丙寅，木金同躔亢三度。九月辛未，木火同躔亢四度；壬申，木火金水聚于大火旬余；癸酉，木火水聚于亢；庚辰，火金水聚于氐，火水同躔氐初度。十月丙午，火金水聚于析木。

四十九年三月壬午，聚于降娄旬余，火水同躔室九度。四月己亥，火金同躔壁七度。五月壬午，土水同躔井十五度。六月己酉，火金同躔昴七度。七月癸酉，土金水聚于鹑首；乙亥，聚于井；戊子，土火金聚于鹑首浃旬；辛卯，聚于井浃旬。闰七月乙未，土金同躔井二十四度。十月己卯，木金水聚于析木旬余；丙戌，聚于氐旬余；己丑，木金同躔尾四度。

五十年正月壬辰，金水同躔危五度。四月辛未，土金水聚于鹑首两旬；癸酉，聚于井两旬。五月辛卯，土金同躔井二十八度。七月己丑，火金水聚于寿星；己酉，火金同躔角六度。八月甲戌，火金水聚于大火浃旬。九月己丑，火金同躔氐十三度。十一月庚寅，木水同躔斗三度；癸巳，木火水聚于星纪旬余；戊戌，聚于斗旬余。

五十一年正月己酉，木金同躔斗二十一度。五月丁亥，火金同躔胃十二度；癸巳，火金水聚于实沈两旬余；庚子，聚于毕浃旬。六月辛酉，金水同躔井五度；庚辰，土金水聚于鹑火旬余。七月丙戌，聚于柳。十二月癸丑，木金水聚于元枵旬余。

五十二年六月丁亥，土水同躔星五度。八月壬辰，土金水聚于鹑尾。

五十三年正月戊甲，金水同躔女八度；庚戌，木火同躔室初度；戊午，木火金水聚于娵訾；丙寅，木火水聚于室。二月己卯，火水同躔壁七度；庚辰，木金同躔室七度；壬午，火金水聚于降娄；辛卯，木火金聚于降娄旬余。三月丙午，火金水聚于大梁旬余；丁未，聚于娄旬余。六月丙戌，土金水聚于鹑尾两旬余；戊子，聚于张旬余；甲午，土金同躔张九度；丁酉，土水同躔张九度。十月庚辰，土火同躔翼三度。

五十四年八月乙亥，土金水聚于鹑尾旬余；辛卯，土水同躔翼八度；壬辰，土金水聚于翼。九月己亥，土金同躔翼九度。

五十五年正月己酉，火金水聚于娵訾。二月庚午，聚于降娄；庚辰，火金同躔奎三度。三月壬辰朔，木火金聚于大梁两旬余；辛亥，木金同躔昴一度。闰三月甲戌，木火金聚于实沈；己卯，木火同躔昴七度。四月辛卯，木火水聚于实沈旬余；甲午，聚于毕；辛丑，火水同躔毕十二度。八月甲午，土水同躔轸二度。九月壬午，土火金聚于寿星两旬余。十月辛卯，聚于轸浃旬；戊申，土火同躔轸十度。

五十六年四月己酉，木水同躔井四度。五月丙寅，木金水聚于鹑首两旬余；己巳，聚于井两旬余；丙子，木金同躔井十度。八月乙酉，土金水聚于寿星两旬；庚寅，聚于轸；戊戌，聚于角，土水同躔角初度。

五十七年七月庚戌，木火水聚于鹑火旬余；甲寅，聚于柳；己未，木火同躔柳八度。八月庚辰，木火金聚于鹑火。闰八月庚午，火金水聚于寿星两旬余。九月辛巳，聚于轸；甲午，土金水聚于大火旬余；乙未，聚于亢；丁酉，土水同躔亢六度；庚子，土金同躔亢六度。十月丙辰，土火金聚于大火；甲戌，土火同躔亢十度。

五十八年六月壬寅朔，木金同躔张二度；癸亥，木金水聚于鹑尾；己巳，木水同躔张八度。八月己酉，土金同躔氐初度。九月庚寅，土金水聚于大火旬余；丁酉，聚于氐。十月庚子朔，土水同躔氐五度。

五十九氐六月辛亥，火金水聚于鹑火。七月丙戌，聚于鹑尾两旬余；戊子，聚于张旬余。八月戊戌，火金同躔张十二度。九月庚午，木火金水聚于寿星；丙子，木火水聚于轸；庚辰，木水同躔轸十度；丁亥，土金水聚于大火旬余。十月乙未，聚于氐；丙申，土金同躔氐十五度；癸卯，土水同躔氐十五度。十二月甲午，土火水聚于析木旬余。

六十年九月壬辰，木水同躔氐一度；戊申，土水同躔心三度。十一月戊子朔，土金水聚于析木两旬余；戊戌，聚于尾浃旬；己亥，土金同躔尾一度。

六十一年五月辛丑，火金水聚于鹑火两旬余；戊申，聚于柳。九月丁酉，土金同躔尾四度；癸卯，木土金水聚于析木。十一月丁酉，土木火水聚于析木两旬余；戊戌，聚于尾浃旬；甲辰，木水同躔尾十度；乙巳，土水同躔尾十一度。十二月壬子朔，土木同躔尾 十二度；乙卯，土火同躔尾十二度。

雍正元年正月癸未，木火金聚于星纪两旬；庚子，火金同躔斗二十一度。三月壬午，火金水聚于娵訾浃旬。十一月癸巳，土金同躔箕三度。十二月丙午朔，土木金水聚于星纪旬余；丁未，土水同躔箕五度；庚戌，木金水聚于斗；丁巳，木水同躔斗十二度。

二年七月壬寅朔，火金水聚于鹑尾旬余。十一月庚戌，土水同躔斗五度；癸丑，土火水聚于星纪。十二月癸酉，土火同躔斗八度；乙亥，木水同躔女十度；壬午，土火金聚于星纪旬余；丁亥，聚于斗。

三年正月丁未，木火金水聚于元枵旬余；癸丑，火金水聚于女；乙卯，金水同躔女三度；癸亥，火金水聚于虚。二月己巳朔，同躔虚八度；庚午，木火金水聚于娵訾旬余；辛未，聚于危浃旬；癸酉，木火同躔危二度。十月辛卯，土金同躔斗十三度。十一月乙卯，土水同躔斗十五度。十二月辛巳，木金同躔危十七度。

四年正月丙午，土水同躔斗二十一度。二月甲申，木金水聚于降娄旬余。四月甲戌，木金同躔壁七度。十二月癸亥，火金水聚于星纪两旬；己巳，聚于斗旬余；丁亥，土火金聚于元枵两旬。

五年正月戊子朔，聚于牛；甲午，火金同躔女初度；戊申，土火金水聚于星纪；壬子，土火水聚于元枵。二月乙丑，火金水聚于娵訾旬余，聚于危；辛巳，木金水聚于降娄两旬余。三月己亥，聚于大梁两旬余；庚子，聚于娄浃旬。闰三月庚辰，木火水聚于大梁两旬余；辛巳，聚于娄。四月丁酉，聚于胃；庚子，木火同躔胃二度。九月壬申，金水同躔氐八度。

六年十月庚辰，火金水聚于析木旬余；庚寅，聚于尾。十一月壬申，土火金聚于元枵两旬。十二月戊子，土金同躔虚五度；壬寅，土火水聚于元枵浃旬。

七年正月乙丑，聚于危；丙寅，火水同躔危十二度；戊辰，土火水聚于娵訾旬余。五月乙卯，火金水聚于实沈；癸亥，木水同躔井十度。七月丙辰，木火金水聚于鹑首；己未，聚于井。闰七月丙子，木火同躔井二十六度；丁亥，木火金聚于鹑火两旬余；戊子，木金同躔井二十八度。

八年正月辛巳，土金水聚于娵訾两旬余；壬午，聚于危；壬辰，土金同躔危十三度。十二月丙申，火金水聚于元枵；己未，土火水聚于娵訾旬余，聚于危。

九年正月丙寅，土火同躔室初度。二月壬戌，土水同躔室七度。三月壬辰，土金同躔室十度。六月己酉，火金水聚于鹑首旬余；辛亥，聚于井浃旬。七月甲戌，聚于鹑火旬余；己酉，木水同躔张十四度。八月丙辰，木金同躔翼二度；丁巳，木火金聚于鹑尾。

十年六月丙子，金水同躔张四度。

十一年正月丙戌，土火同躔壁八度。二月戊辰，土水同躔奎初度。五月戊戌，火金水聚于鹑首；己亥，聚于井旬余；甲辰，火金同躔井十六度；己酉，火水同躔井二十度。六月癸丑，金水同躔井二十七度；辛酉，火金水聚于鹑火浃旬。

十二年二月甲寅，土金水聚于降娄旬余；丁卯，聚于奎；丙子，土水同躔娄初度。五月辛卯，土金同躔娄九度。十一月辛巳，木金水聚于析木两旬余；辛卯，聚于尾旬余。

十三年正月庚子，金水同躔危九度。二月己酉，土火同躔娄九度。闰四月辛未，土水同躔胃六度；壬辰，火金水聚于鹑首；甲午，聚于井。五月癸丑，聚于鹑火。十月辛巳，聚于大火旬余。十二月癸酉，木水同躔斗十九度。

乾隆元年正月壬戌，木金同躔牛六度。四月甲戌，土水同躔昴四度。六月丙子，金水同躔井十七度。九月乙卯，同躔氐十度。十二月壬申，木金水聚于元枵。

二年二月辛酉，木水同躔危三度；乙亥，土火同躔毕一度。三月癸巳，土火金聚于实沈两旬；癸卯，土金同躔毕四度。四月辛未，土金水聚于实沈；戊寅，土水同躔毕八度；癸未，土金水复聚实沈。五月庚戌，土金同躔毕十二度。七月丁亥朔，同躔觜一度。闰九月壬戌，火金水聚于寿星。十月丙戌，火水同躔氐三度；丁亥，火金水聚于大火；辛亥，聚于析木。十一月乙卯，火金同躔心初度。

十二月辛亥，金水同躔女六度。

三年二月丙申，木金水聚于降娄旬余；庚子，聚于壁。三月乙亥，土金水聚于实沈两旬余。四月癸巳，聚于觜；戊戌，土金同躔觜七度。十一月乙亥，金水同躔牛四度。

四年二月乙巳，土火同躔井二度。三月乙卯，木水同躔娄八度。四月己亥，木金水聚于大梁旬余。八月丁丑，火水同躔翼十四度；丙申，金水同躔翼初度。九月癸丑，火金水聚于寿星；癸酉，聚于大火旬有七日。十月庚辰，聚于氐浃旬；戊戌，聚于析木浃旬。十一月壬申，金水同躔斗十五度。十二月壬辰，火水同躔斗二度。

五年正月甲寅，同躔斗十九度。三月癸亥，木金同躔毕一度。五月甲辰，土金同躔井二十度。六月乙酉，土水同躔井二十四度。闰六月戊申，金水同躔张三度。

六年二月癸卯，土木火聚于井旬有八日。三月己卯，土火同躔鬼初度。五月庚午，木金水聚于鹑首旬余；癸酉，聚于井旬余；戊寅，木水同躔井十六度。六月乙未，土金水聚于鹑火旬余；乙卯，复聚四日；戊午，金水同躔星四度。七月辛未，土木水聚于鹑火两旬。九月丁卯，火金水聚于大火；己丑，聚于析木浃旬。

七年三月庚申朔，火水同躔室六度；庚午，火金水聚于室；癸酉，聚于降娄两旬，火金同躔室十五度；戊寅，金水同躔室十四度；乙酉，火水同躔壁九度。五月癸未，土木水聚于鹑火月余。六月己丑，聚于柳两旬余；壬寅，火水同躔毕五度。七月乙酉，土木金水聚于鹑火。八月戊子，土木水聚于星；乙巳，土木金聚于星；己酉，聚于鹑尾两旬余。九月丙寅，聚于张。十一月辛卯，土木火聚于鹑尾两月；庚午，聚于张月余。十二月戊子，土火同躔张四度；甲寅，同躔张二度。

八年二月辛卯，金水同躔室二度。五月戊子，土木火聚于张；癸卯，土木火金聚于鹑尾；乙巳，土木金聚于张旬余。七月戊子，土木水聚于鹑尾旬余；庚寅，聚于张。八月癸亥，火金水聚于大火旬有七日；甲戌，聚于氐。九月壬午，金水同躔氐四度；丁未，同躔亢二度。

九年正月壬午，火水同躔危三度。三月丁亥，火金水聚于降娄。四月丁丑，火金同躔昴三度。五月甲申，火金水聚于实沈旬余；乙未，金水同躔觜一度。六月庚申，火金水聚于鹑首；癸亥，聚于井。七月庚寅，土金水聚于鹑尾旬余；癸巳，聚于张。八月甲寅，木水同躔轸十度，木金水聚于寿星两旬余；壬申，聚于角。九月丙子，金水同躔角六度。

十年二月己巳，土火同躔翼八度；壬申，同躔翼七度。四月己巳，同躔翼五度。七月甲午，木火同躔亢六度。八月壬寅，土水同躔翼十一度。九月庚午朔，同躔翼十五度。十月癸卯，土金水聚于寿星。

十一年正月壬申，金水同躔斗十二度。三月戊辰，火金水聚于降娄旬余；壬辰，聚于大梁两旬余。闰三月甲辰，聚于胃；丁巳，火水同躔胃九度。七月丁未，土金同躔轸五度。九月庚子，木金同躔尾一度。十月丙子，木水同躔尾九度。十一月己未，木金水聚于星纪月余。十二月壬戌朔，木水同躔箕四度；癸未，金水同躔斗十一度；丙戌，木金水聚于斗。

十二年七月戊午，金水同躔星二度。八月丙戌，土金水聚于星、寿星旬有七日。九月壬寅，聚于角；己酉，聚于大火旬余，土金同躔角九度；壬子，木火同躔斗五度。

十三年二月壬戌，火金水聚于降娄浃旬。七月庚子，聚于鹑火两旬余；壬寅，火水同躔柳二度；辛亥，火金水聚于柳旬余。闰七月戊午，同躔柳十二度。八月丙午，土水同躔亢九度。十月丙申，土金水聚于大火。十一月辛亥朔，土火金聚于大火浃旬。十二月乙酉，土火同躔氐八度。

十四年正月丁丑，木金水聚于娵訾两旬余。二月戊子，聚于危；庚寅，金水同躔危十八度。六月丁丑朔，同躔井二十八度。八月戊戌，土金水聚于大火旬有七日。九月丁未，聚于氐，土金同躔氐八度；甲寅，土水同躔氐八度；辛未，同躔氐十度。十一月庚午，木火金聚于娵訾浃旬。十二月戊戌，木金同躔室七度。

十五年正月庚戌，木火金聚于降娄旬余。二月乙未，木金同躔壁五度。三月戊甲，木金水聚于降娄旬有六日；庚戌，金水同躔室十二度。九月乙丑，火金水聚于寿星旬余。十月己亥，聚于大火。十一月乙巳，土金火聚于析木旬余；戊申，聚于心。

十六年正月甲辰，土火同躔尾初度；壬子，金水同躔虚六度。三月辛酉，木金水聚于大梁。四月己巳，木水同躔胃一度。九月乙酉，金水同躔亢初度。十月壬子，土水同躔尾四度。十二月丙午，土金同躔尾十度。

十七年二月甲辰，木火同躔毕一度。三月戊寅，木火水聚于实沈。四月甲寅，金水同躔胃十一度。五月壬戌，木金水聚于实沈两旬；戊寅，聚于觜。六月壬辰，聚于鹑首；丁未，火金水聚于鹑火。七月辛未，聚于鹑尾。八月庚寅，聚于翼旬余；丁酉，金水同躔翼十度，辛丑，火水同躔翼七度。九月丁丑，同躔角初度。十月己亥，土金水聚于析木；甲辰，土金同躔尾十二度；甲寅，土水同躔尾十三度。十二月丙辰，土火水聚于星纪浃旬。

十八年正月辛酉，土火同躔箕五度。六月癸巳，木水同躔井二十二度。八月壬寅，木金同躔柳二度。十一月甲子，土水同躔箕八度。十二月甲午，金水同躔尾十三度；壬寅，土金水聚于星纪旬有九日；己酉，聚于斗旬余。

十九年正月戊辰，金水同躔牛六度。三月壬申，同躔奎八度。五月癸巳，木火金水聚于鹑火旬余；戊戌，聚于柳。八月甲戌，火水同躔角四度。十月癸丑，土金同躔斗七度。十一月己卯，火水同躔心五度；庚子，同躔尾十三度。十二月丙午，土火金水聚于星纪旬余；庚戌，土金同躔斗十四度；甲寅，金水同躔斗十一度；丙辰，土火金水聚于斗，土水同躔斗十四度；丁卯，火金同躔斗八度。

二十年正月辛卯，土金同躔斗十八度。二月己巳，火金水聚于娵訾旬余。八月壬寅朔，木金水聚于鹑尾旬余；丙辰，木水同躔翼七度；庚申，木金水聚于翼；丙寅，聚于寿星；戊辰，木金同躔翼十度。十月乙卯，金水同躔房初度。十二月壬寅，土金同躔斗二十二度；戊午，土金水聚于元枵；己未，土水同躔牛初度。

二十一年七月壬辰，金水同躔柳十三度。八月甲寅，木火水聚于寿星旬有九日。九月丁卯，聚于角；戊辰，木水同躔角二度；辛未，火水同躔角七度。闰九月戊戌，同躔氐五度；己亥，木火水聚于大火旬有七日。十月戊寅，木金水聚于大火；丙戌，木金同躔亢八度。十一月己亥，火水同躔箕四度。

二十二年正月乙未，土火同躔女六度；己亥，土火金聚于女；庚子，土火金水聚于元枵旬余；丁未，火水同躔虚四度；己酉，火金水聚于虚；辛亥，金水同躔虚三度；庚申，火金同躔危四度；壬戌，火金水聚于娵訾旬余。二月癸亥朔，聚于危浃旬；癸酉，火水同躔危十度；庚辰，火金水聚于室；乙酉，金水同躔室十五度。三月壬辰朔，火金水聚于降娄。五月丙申，金水同躔井初度。八月甲戌，木金水聚于大火旬余；戊子，木金同躔氐八度。十月己卯，木水同躔房一度。

二十三年二月辛酉，土水同躔虚八度。十月庚辰，木火同躔尾十二度；癸未，木火水聚于尾。十一月壬辰，聚于箕，木水同躔箕初度；己酉，木火金水聚于星纪；辛亥，木金同躔箕四度。十二月乙卯，火金水聚于斗；己巳，火水同躔牛一度；壬申，木金水聚于斗。

二十四年正月癸未朔，火金同躔女四度；辛丑，土金同躔危五度；乙巳，土火金聚于危。二月癸丑，土火同躔危七度；己未，土火金水聚于娵訾；辛酉，土火水聚于危；乙丑，土水同躔危八度；壬申，火水同躔室一度。三月壬午朔，火金水聚于降娄。五月乙酉，火水同躔胃三度。九月丁巳，金水同躔亢一度。

二十五年正月丁卯，土水同躔危十八度。七月丁巳，金水同躔张二度。九月庚午，火金水聚于析木。十月丙申，聚于星纪。十一月乙卯，木火金聚于元枵 两旬余。十二月甲午，土火木金聚于娵訾；乙未，木火金聚于危。

二十六年正月辛丑朔，土金同躔室六度；癸丑，土木火水聚于娵訾旬有八日；乙卯，木火水聚于危；戊午，木水同躔危八度；丙寅，土火水聚于室浃旬。二月辛未朔，土水同躔室九度；壬申，土火水聚于降娄月余，土火同躔室九度。三月庚子朔，火水同躔奎一度。四月乙未，火金水聚于实沈旬有六日。五月辛丑，聚于毕；癸卯，金水同躔毕九度；己酉，火金同躔毕五度。八月辛卯，同躔柳十度。

二十七年二月甲申，土木同躔壁五度；辛卯，土木火金水聚于降娄。三月丁酉，土木金聚于壁浃旬；癸卯，土金同躔壁八度；乙巳，木金同躔壁十度。四月癸酉，木水同躔奎四度。闰五月丙子，金水同躔柳初度。十一月丁亥，同躔斗十五度。十二月辛亥，火水同躔危一度。

二十八年二月乙未，土火同躔奎五度。三月丁卯，木火同躔胃四度；甲戌，土水同躔奎九度；壬午，土木火水聚于大梁；丙戌，木水同躔胃九度。四月甲午，火水同躔毕一度；甲辰，土木金聚于大梁旬余。六月乙未，火金水聚于鹑首旬有八日；丁酉，聚于井旬有九日。七月己未，聚于鹑火旬余；丙寅，聚于柳。九月丙子，金水同躔亢三度。

二十九年二月壬寅，土金同躔娄五度。三月丙子，土水同躔娄八度；丁丑，木金同躔毕十一度。四月丁亥，木金水聚于实沈；癸卯，木水同躔参一度。五月甲子，同躔参五度。六月丁酉，同躔井二度。

三十年正月丙子，金水同躔牛二度。闰二月己未，土火同躔胃六度；戊辰，土火水聚于大梁。三月壬午，土水同躔胃八度。四月丁未，土金同躔胃十二度；甲寅，土金水聚于昴，金水同躔昴八度；丙寅，土水同躔昴二度。五月壬辰，木火金水聚于鹑首；甲午，聚于井，火金同躔井二十度；己亥，木金同躔井二十六度。六月己酉，木火金水聚于鹑火旬余，木火水同躔井二十九度；丁巳，火金水聚于柳；丙寅，金水同躔星七度。七月丁酉，同躔轸二度。

三十一年二月甲寅，同躔壁二度。五月庚辰，土水同躔毕六度。八月甲寅，木金水聚于鹑尾旬有七日；丁巳，聚于张；癸亥，木金同躔张七度。十一月甲午，金水同躔箕五度。

三十二年二月丁未，火金水聚于降娄旬余。三月戊子，土火同躔毕十一度；辛卯，土火金聚于实沈旬有八日。四月丁未，土金同躔毕十三度。五月甲申，土水同躔参二度。六月癸卯，火金水聚于鹑火。七月癸亥朔，木金水聚于鹑尾旬余；癸未，木火水聚于鹑尾。八月乙丑，聚于翼浃旬；庚午，聚于寿星旬有六日；庚辰，木火同躔翼十五度；庚寅，金水同躔亢四度。九月庚子，木火金聚于寿星旬有六日；庚戌，火金同躔角五度。十一月戊申，火金水聚于析木。

三十三年五月戊子朔，土水同躔井四度；甲寅，土金同躔井七度。六月丁丑，金水同躔柳初度。八月丁卯，木金水聚于寿星旬有六日；己卯，聚于角；癸未，同躔角八度。九月丙戌朔，聚于大火旬有八日；癸丑，金水同躔心二度。

三十四年四月辛酉，土火同躔井十二度；乙亥，金水同躔毕十二度。五月壬午朔，土火水聚于 鹑首；甲申，聚于井；甲午，土水同躔井十六度。六月乙丑，同躔井十五度。七月乙酉，同躔井二十二度；戊子，土金水聚于鹑首；庚寅，聚于井。八月丙辰，土金同躔井二十六度；乙丑，火水同躔翼十一度。九月丁未，木火水聚于大火旬余。十月癸亥，火水同躔亢九度；癸酉，火金水聚于大火旬有七日。十一月丁酉，木火金水聚于析木旬余；戊戌，木火水聚于心；壬寅，木火金聚于心；乙巳，同躔心五度。十二月戊午，聚于尾。

三十五年二月辛亥，金水同躔危三度。五月丙戌，土金水聚于鹑首；戊子，聚于井两旬余。闰五月癸丑，土金同躔井三十度。六月壬辰，土水同躔柳初度。十一月乙巳，木金水聚于星纪；己未，聚于斗，金水同躔斗十六度。十二月辛巳，木金同躔斗五度。

三十六年正月乙巳，同躔斗十度。六月丙申，土水同躔柳十二度。八月壬午，火水同躔轸十度；庚寅，火金水聚于寿星；丙申，金水同躔轸初度。九月丁卯，火金水聚于大火浃旬。十月壬申，火金同躔氐十度；丙子，火金水聚于氐；丙戌，聚于析木旬有六日；庚寅，火金同躔心一度。十一月庚子，火金水聚于尾；壬寅，木金水聚于星纪；

癸卯，金水同躔箕三度；戊申，木金水聚于斗；丙寅，聚于元枵两旬余。十二月丁卯朔，聚于牛；乙未，火水同躔斗十七度。

三十七年正月己酉，木火水聚于元枵两旬余；丁巳，聚于女。六月壬午，土金水聚于鹑火。七月丙申，聚于星；丁酉，金水同躔星二度；己亥，土水同躔星六度。九月甲辰，土金水聚于鹑尾；丙辰，土金同躔张八度。

三十八年二月丙子，木水同躔危十六度；己卯，木金水聚于娵訾。三月丙申，木金同躔室初度。闰三月壬申，金水同躔娄四度。五月丁丑，同躔井二十三度。六月乙巳，土金水聚于鹑尾两旬余；戊申，土水同躔张十度；丁巳，土金同躔张十一度。七月辛酉，土水同躔张十二度。八月辛丑，火金同躔亢六度。九月庚辰，火金水聚于析木。十月丙戌朔，火水同躔心四度。十一月丙辰朔，同躔箕四度。

三十九年正月戊午，同躔女十一度；丙寅，木金同躔壁四度。二月乙酉，木金水聚于壁；丁未，火金同躔室八度；壬辰，木水同躔壁十度。三月乙卯，同躔奎二度；壬申，木火金水聚于降娄旬有六日；辛巳，木火水聚于奎。四月戊子，聚于大梁旬有七日；壬辰，聚于娄；庚戌，木火金聚于大梁两旬。五月丁巳，木金同躔娄五度。六月丁酉，火金同躔毕十四度。八月丙申，土金水聚于鹑尾；癸卯，土水同躔翼九度。十一月乙卯，金水同躔房三度。

四十年正月癸亥，同躔危三度。二月庚寅，同躔壁一度。四月壬寅，木水同躔昴三度。六月丁酉，土木同躔翼十三度。七月丁巳，土火金聚于寿星两旬。九月丙午朔，土水同躔轸三度；辛酉，金水同躔亢五度。

四十一年正月丙戌，火水同躔危十九度。三月戊子，同躔娄六度；戊戌，火金水聚于大梁。四月乙卯，木水同躔参六度；癸亥，木火金聚于实沈；丁卯，火金同躔毕八度。五月癸巳，木金同躔井四度；丙申，金水同躔井八度。六月癸卯，木火金水聚于鹑首；丁未，聚于井。七月己丑，金水同躔张十二度。八月庚子朔，土金水聚于寿星旬有五日；庚戌，土水同躔角一度；己未，土金同躔角二度。九月丁亥，金水同躔氐二度。

四十二年四月己酉，同躔毕十四度。六月己未，土火同躔角七度。七月丙寅，木水同躔柳初度。十月甲寅，土金水聚于大火。

四十三年正月壬申，金水同躔牛五度。二月丁酉，火水同躔毕初度。三月壬戌，火金水聚于降娄；丁丑，金水同躔奎八度；戊寅，火金水聚于大梁旬有八日；庚辰，聚于娄；乙酉，火水同躔娄十一度；庚寅，火金水聚于胃。四月癸巳，火金同躔胃四度；庚戌，火金水聚于实沈旬有七日；乙卯，金水同躔毕九度；戊午，火金水聚于毕。五月癸亥，火水同躔毕三度。六月丁未，同躔井六度。闰六月乙亥，木金水聚于鹑尾；丙子，木水同躔张初度。八月己未，土金同躔氐初度；丁卯，木火水聚于鹑尾浃旬。九月癸丑，土水同躔氐七度。十一月癸巳，金水同躔斗十六度。

四十四年三月甲辰，土金同躔氐十二度。六月乙丑，土火同躔氐八度。八月丁巳，金水同躔张九度；己卯，木金同躔轸一度；辛巳，木金水聚于寿星旬余。九月丁亥，聚于轸；己亥，土金水聚于大火旬有七日；丙午，聚于氐浃旬；戊申，金水同躔氐三度。十月丙辰，土水同躔氐十六度；己未，土金同躔氐十七度；乙丑，土金水聚于析木浃旬。

四十五年二月丙辰，火金水聚于降娄；丙子，聚于大梁。六月乙巳，金水同躔星二度；庚午，火金水聚于鹑火。七月癸巳，火金同躔柳七度；庚子，火金水复聚鹑火旬有七日。八月己酉，火水同躔星初度。十月己未，土水同躔心三度。十一月癸巳，木火金聚于大火旬余；戊戌，木金同躔氐六度。十二月戊申，土金水聚于析木旬余；己未，聚于尾。

四十六年二月丙辰，土火同躔尾六度。三月辛卯，金水同躔壁一度。五月丁亥，同躔毕十度。六月庚辰，同躔柳十二度。八月癸巳，木金水聚于大火。九月庚子朔，木金同躔氐十六度；癸丑，土木金水聚于析木旬余；甲寅，木水同躔房一度。十一月庚戌，同躔尾一度，土木水聚于尾浃旬；丁巳，土水同躔尾十一度。

四十七年二月丁酉，金水同躔室三度。六月丙寅朔，火水同躔井三十度。七月庚申，同躔张三度。九月庚申，土木同躔尾 十四度。十月壬午，火金水聚于大火。十一月丁巳，土木金水聚于星纪旬余，土金水聚于箕；壬戌，木金水聚于斗旬余，木金同躔斗三度。十二月甲子，木水同躔斗四度；丁卯，金水同躔斗九度。

四十八年正月壬子，同躔危十三度，土木火聚于星纪月余。二月甲子，聚于斗月余；戊辰，土火同躔斗四度。九月乙未，金水同躔亢四度。十二月癸亥，土水同躔斗七度。

四十九年正月壬子，木水同躔女八度。二月丁巳朔，土金同躔斗十三度；癸亥，木金水聚于元枵旬有六日。五月乙卯朔，金水同躔毕七度。六月甲午，火金水聚于鹑火；丁酉，金水同躔鬼一度。七月丙辰，火水同躔张六度；戊午，火金水聚于鹑尾浃旬；辛酉，聚于张；乙亥，火金同躔翼初度。八月戊子，火金水聚于寿星旬有八日；戊戌，金水同躔轸十一度；丙午，火水同躔轸四度。九月庚辰，同躔亢二度。十月辛亥，土金水聚于星纪。十一月癸丑，土金同躔斗十五度；丁巳，土金水聚于斗；丁卯，土水同躔斗十六度。十二月辛丑，土火水聚于星纪旬有六日。癸卯，土水同躔斗二十一度；庚戌，土火水聚于斗。

五十年正月丁巳，土水同躔斗二十二度。十二月癸巳，金水同躔斗四度。

五十一年正月乙卯，土金同躔女初度；戊午，土金水聚于元枵旬余；乙丑，土水同躔女一度。二月乙酉，金水同躔危十五度；乙未，木金水聚于降娄旬有五日。三月丙午，木水同躔奎三度；丁巳，木金同躔奎六度；癸酉，金水同躔胃二度。四月甲戌朔，木金水聚于大梁浃旬；辛卯，木水同躔娄三度。六月戊子，火金水聚于鹑火。七月丙午，聚于鹑尾旬有八日；戊申，聚于张；庚申，火水同躔张十四度。十一月乙未，火金水聚于星纪两旬余；戊午，火水同躔危十一度。十二月庚子朔，火金同躔斗初度；壬寅，火金水聚于斗，金水同躔斗初度；乙巳，火水同躔斗四度；戊申，火金水复聚斗浃旬；戊辰，土火水聚于元枵，土水同躔女十一度。

五十二年正月丙戌，土火金聚于元枵两旬余。二月戊申，聚于虚；壬子，土金同躔虚四度。三月丙戌，火金水聚于降娄旬余。四月戊午，木水同躔毕初度。七月己卯，金水同躔柳十度。八月辛亥，同躔翼六度。十月乙卯，同躔尾五度。

五十三年正月庚午，土金水聚于娵訾；辛未，土水同躔危三度。三月庚寅，木金同躔参四度。五月庚午，木水同躔井二度；乙酉，火金水聚于鹑火。七月己卯，金水同躔柳二度。九月乙亥，火水同躔氐初度。十月壬寅，同躔房二度。十二月乙巳，同躔斗十二度。

五十四年正月乙亥，土水同躔危十度。二月壬寅，土火金水聚于娵訾两旬余；癸卯，聚于危旬有七日；乙巳，土水同躔危十四度；庚戌，火金水同躔危十度；乙卯，土金同躔危十五度；丁巳，土火同躔危十五度。三月丁卯，土水同躔危十六度；辛未，火金水聚于室；丙子，聚于降娄旬余。四月戊戌，金水同躔娄七度。五月壬午，木金水聚于井。闰五月戊戌，金水同躔井二十度。六月辛巳，木水同躔柳六度。十一月戊子，木火同躔星七度。十二月丁巳，同躔星五度；戊辰，土金水聚于娵訾；五十五年二月丙辰，复聚旬有八日；庚申，土金同躔室。庚午，土金水聚于室，金水同躔室一度；甲戌，土水同躔室八度。三月癸卯，土金同躔室十一度。七月壬辰，木水同躔张六度。十月己巳，金水同躔氐十四度。十一月乙未，火金水聚于星纪浃旬；壬寅，聚于斗。十二月己未，聚于元枵两旬余；丙寅，聚于女；癸酉，同躔女九度。

五十六年二月壬子，土金同躔壁初度；乙丑，土火金聚于降娄；壬申，土火水聚于降娄旬有五日。三月丙子，聚于壁；丁丑，同躔壁三度。七月壬子，木金水聚于寿星旬有六日；辛巳，木金同躔翼八度。八月乙巳，木水同躔翼十三度；庚午，同躔轸二度。九月丙戌，木金水复聚寿星两旬余。十月甲辰，聚于轸。

五十七年三月庚辰，土水同躔奎一度。四月丁巳，土金同躔奎五度。闰四月甲戌，金水同躔胃一度。五月丙午，同躔参二度。六月癸未，木火同躔角三度。七月戊午，金水同躔翼二度。八月甲午，木金同躔亢五度。九月戊申，木金水聚于大火。十月甲申，火金水聚于星纪旬余；庚寅，聚于斗旬余。

五十八年正月乙卯，土火金聚于降娄；丙辰，土金同躔奎九度。二月甲申，土金水聚于大梁；丁亥，土水同躔娄一度。三月甲午朔，土火水聚于大梁旬有九日；丁酉，聚于娄旬有六日；辛丑，土火同躔娄三度；乙巳，火水同躔娄六度；戊申，土水同躔娄四度。四月戊寅，同躔娄八度；乙酉，火金同躔毕初度；庚寅，火金水聚于实沈；辛卯，金水同躔昴六度。五月己亥，火水同躔毕十度。八月辛酉朔，火金水聚于鹑火；辛巳，火金同躔柳十四度。十月戊辰，木水同躔心二度。十一月辛丑，木金水聚于析木两旬余；壬子，木水同躔尾四度；癸丑，木金水聚于尾旬余；丙辰，金水同躔尾四度。

五十九年正月己丑朔，同躔斗二十一度。三月壬辰，同躔壁十三度；丙辰，土金同躔胃三度。四月癸未，土水同躔胃七度。九月戊戌，木火金聚于析木；癸卯，火金同躔尾十四度。十月戊辰，木火金聚于星纪旬有七日；壬申，木金同躔箕四度。十二月壬戌，同躔斗六度；己巳，木金水聚于星纪；庚辰，木水同躔斗十度。

六十年二月戊辰，木金同躔斗二十一度。三月戊辰，土火同躔昴四度。四月乙酉，土火水聚于实沈旬有六日；丁亥，土水同躔昴六度；乙未，火水同躔毕十三度。六月癸未，火金水聚于鹑首旬余；甲申，聚于井旬有八日；己丑，火水同躔井二十二度；癸卯，金水同躔井二十四度；丙午，火金水聚于鹑火两旬。七月癸丑，聚于柳旬余。九月丙子，金水同躔氐十度。十二月癸未，木金水聚于元枵浃旬；癸巳，木水同躔女七度。

卷三十七　志十二

天文十二

日食　月五星凌犯掩距
太白昼见　日变月变

日食　《三统》、《四分》，皆有推月食术，而无推日食术。由日食或见或否，或浅或深，随地而变。不详其数，立术綦难。故自古以为尤异，每食，史册必书。后人推日食之术密矣，犹必书者，从其朔也。其见于本纪，无食分及所次宿，备以入志，言推步者考焉。

顺治元年八月丙辰朔午时，日食二分太，次于张。五年五月乙丑朔卯时，日食九分强，次于觜觿。七年十月辛巳朔巳时，日食七分太，次于亢。十四年五月癸卯朔寅时，日食六分半强，次于觜觿。十五年五月丁酉朔辰时，日食四分少，次于毕。

康熙三年十二月戊午朔申时，日食九分弱，次于南斗。五年六月庚戌朔申时，日食九分太强，次于东井。八年四月癸亥朔未时，日食五分半，次于胃。十年八月己卯朔申时，日食二分，次于翼。二十年八月辛巳朔辰时，日食三分太强，次于翼。二十四年十一月丁巳朔申时，日食二分少强，次于心。二十七年四月癸卯朔辰时，日食九分太强，次于胃，二十九年八月己未朔卯时，日食二分太，次于翼。三十年二月丁巳朔 午时，日食三分少强，次于危。三十一年正月辛亥朔午时，日食五分少强，次于危。三十四年十一月己未朔申时，日食八分半强，次于尾。三十六年闰三月辛巳朔 辰时，日食既，次于娄。四十三年十一月丁酉朔午时，日食四分半强，次于心。四十五年四月戊子朔酉时，日食六分半弱，次于胃。四十七年八月甲辰朔申时，日食五分少强，次于翼。四十八年八月己亥朔卯时，日食五分弱，次于翼。五十一年六月癸丑朔寅时，日食五分太弱，次于东井。五十四年四月丙寅朔酉时，日食六分少弱，次于胃。五十八年正月甲戌朔申时，日食七分，次于危。五十九年七月丙寅朔巳时，日食七分，次于柳。六十年闰六月庚申朔酉时，日食四分，次于东井。

雍正八年六月戊戌朔巳时，日食九分，次于东井。九年十二月庚寅朔卯时，日食八分太，次于南斗。十三年九月丁酉朔辰时，日食八分少强，次于角。

乾隆七年五月己未朔辰时，日食七分强，次于毕。十年三月癸酉朔巳时，日食一分少弱，次于东壁。十一年三月丁卯朔午时，日食七分弱，次于营室。十二年七月己丑朔申时，日食二分少强，次于柳。十六年五月丁酉朔辰时，日食四分太弱，次于昴。二十三年十二月癸丑朔申时，日食八分太强，次于南斗。二十五年五月甲辰朔酉时，日食九分太弱，次于参。二十七年九月庚申朔酉时，日食五分太弱，次于角。二十八年九月乙卯朔辰时，日食七分，次于轸。三十四年五月壬午朔酉时，日食三分半强，次于毕。三十五年五月丁丑朔辰时，日食四分弱，次于昴。三十八年三月庚寅朔未时，日食四分少弱，次于营室。三十九年八月壬午朔辰时，日食三分太强，次于张。四十年八月丙子朔午时，日食四分半强，次于七星。十二月甲辰朔巳时，日食一分太强，次于南斗。四十九年七月甲寅朔卯时，日食二分弱，次于柳。五十年七月戊申朔辰时，日食四分少强，次于柳。五十一年正月丙午朔巳时，日食七分少弱，次于婺女。五十三年五月壬戌朔酉时，日食三分半弱，次于毕。五十四年十月癸丑朔巳时，日食五分太弱，次于氐。六十年正月甲申朔卯时，日禽九分弱，次于南斗。

月五星凌犯掩距　《天官书》言"相凌为斗"，又云"七寸以内必之"，谓纬度相迫如交食也。今法，两星相距三分以内为凌，月与星相距十七分以内为凌，俱以相距一度以内为犯，相袭为掩。钦天监每年预推月五星入此限者，缮册进呈，本名《凌犯书》，雍正初年，改名《相距书》。既凭占候，即课推步，各循本称，并志所在之宿。

顺治元年七月庚寅，荧惑犯岁星于昴。三年十一月辛酉，月犯岁星于柳。四年二月壬午，掩岁星于觜。六年六月癸巳，荧惑犯岁星于翼。七年五月甲子，月犯岁星于亢。十年十月庚午，荧惑犯岁星于女；十一月己亥，太白犯岁星于女；十二月甲申，荧惑犯岁星于壁。十七年五月壬申，荧惑犯太白于柳。十月甲午，太白犯岁星于轸。

康熙四年六月丁卯，月犯填星于箕。八年十二月丁卯，太白犯填星于虚。十二年三月甲戌，月犯太白于壁。十三年六月戊申，荧惑犯填星于奎。十八年五月己未，月犯岁星于娄。二十一年八月丙申，荧惑犯填星于柳；九月己巳，岁星掩填星于柳。三十年六月戊寅，荧惑犯岁星于娄。三十一年五月丁卯，太白犯荧惑于星。三十三年十一月癸未，犯填星于斗。三十八年十二月丁丑，犯填星于危。四十年二月庚申，犯岁星于虚。五十五年十月戊戌，犯填星于轸。五十七年九月丙申，辰星犯填星于亢。

雍正二年十二月丙申，太白距填星于斗。三年二月壬申，距岁星于危。九年十月癸丑，荧惑距岁星于翼。十二年正月甲申，距岁星于心。

乾隆元年三月乙巳，距岁星于女；壬戌，月距太白于奎；五月己亥，太白距填星于昴；八月戊辰，辰星距太白于翼；十二月乙丑，太白距岁星于女；丁亥，辰星距岁星于虚。

二年正月癸巳，月距太白于室；二月乙酉，辰星距岁星于危；五月己丑，距太白于觜；八月癸亥，距荧惑于张。闰九月乙丑，月距岁星于危；十月癸巳，如之。

三年二月壬辰，太白距岁星于壁；辛丑，辰星距岁星于壁；三月乙卯，距太白于娄；四月乙未，太白距辰星于觜；五月丙寅，荧惑距岁星于奎；丁丑，辰星距填星于井；七月壬子，月距辰星于张。

四年五月庚申，太白距岁星于胃；六月壬午，辰星距填星于井；七月乙巳朔，太白距填星于井；丁未，月距辰星于虚；壬戌，辰星距荧惑于翼；十月癸未；太白距荧惑于氐；乙酉，辰星距荧惑于氐；癸巳，月距填星于井；丙戌，辰星距太白于氐；十一月庚申，月距填星于井；十二月戊子，五年正月乙卯、四月丁丑，如之；五月丙寅，辰星距岁星于觜；六月壬申，月距填星于井；闰六月甲子，距岁星于井；七月壬辰，距荧惑于井；八月壬寅，荧惑距岁星于井；庚申，月掩岁星于井；距荧惑于井；九月戊子，复距；十月甲寅，距岁星于井；丙辰，距荧惑于鬼；十一月辛巳，距岁星于井；甲午，距太白于危；十二月戊申，距岁星于觜；六年正月乙亥，如之；三月庚午，掩岁星于井；壬申，距荧惑于井；五月甲子朔，辰星距太白于觜；丁亥，太白距岁星于井；己丑，辰星距填星于柳；六月甲辰，太白距填星于柳；八月辛亥，距荧惑于亢；九月壬午，辰星距荧惑于氐；十月丙申，月距太白于箕；壬子，荧惑距辰星于尾；十一月癸亥，月距荧惑于尾；十二月甲寅，辰星距荧惑于牛。

七年五月乙酉，月距荧惑于昴；八月乙丑，辰星距岁星填星于星，岁星距填星于星；庚戌，太白距填星于星；壬子，距岁星于星；十月乙卯，距辰星于氐；十二月癸卯；月距荧惑于张；乙巳，辰星距太白于斗。

八年正月庚午，月距荧惑于星；四月戊申，荧惑距填星于星；闰四月壬戌，距岁星于张；五月丙午，太白距填星于张；六月甲寅，距岁星于张；七月癸巳，辰星距填星于张；庚子，距岁星于翼；八月乙卯，月距荧惑于氐；十一月辛丑，距岁星于轸；十二月壬子，辰星距荧惑于女；己巳，月距岁星于轸。

九年二月辛酉，距填星于张；癸亥，掩岁星于轸；三月甲申，辰星距荧惑于奎；庚寅，月距岁星于翼；四月戊午，如之；六月乙亥，辰星距太白于柳；七月戊寅，月距填星于张；丙申，辰星距填星于张；八月戊申，月距岁星于轸，太白距填星于翼；壬申，距岁星于角；十月庚戌，辰星距岁星于角；戊辰，月距荧惑于张；己巳，距填星于翼；十一月辛丑，荧惑距填星于翼。

十年二月丁未，月距太白于娄；三月甲戌，荧惑距填星于翼；四月壬子，月距荧惑于翼；五月戊戌，辰星距太白于毕；癸巳，距填星于轸；十月壬子，太白距填星于轸；甲子，辰星距岁星于氐；十一月甲午，太白距岁星于房。

十一年二月己亥，月距荧惑于室；癸亥，辰星距太白于室；三月壬午，距荧惑于奎；闰三月癸卯，太白距荧惑于娄；五月乙巳，辰星距荧惑于觜；六月戊辰，月距太白于星；七月壬戌，距荧惑于柳；八月庚寅，距荧惑于张；九月庚子，辰星距填星于轸；十二月癸亥，荧惑距填星于角。

十二年七月辛卯，月距辰星于张；十月庚寅，辰星距太白于翼；十一月辛卯，月距荧惑于女；甲午，太白距辰星于尾；十二月丁巳朔，距岁星于斗；戊午，月距太白于斗。

十三年正月己丑，辰星距岁星于牛；癸丑，月距岁星于女；二月辛未，太白距荧惑于奎；五月壬寅，辰星距荧惑于觜；六月乙卯，月距辰星于井；八月壬辰，距岁星于女；九月己卯，太白距荧惑于轸；十月庚戌；距填星于氐；十二月癸卯，辰星距岁星于危。

十四年二月甲申，太白距岁星于危；三月戊辰，月距荧惑于斗；乙亥，辰星距太白于胃；六月乙巳，月距辰星于井；十月己卯，距太白于箕；癸卯，辰星距填星于氐；十一月己巳，荧惑距岁星于室。

十五年正月癸酉，月距辰星于危；三月丁巳，辰星距岁星于壁；四月乙亥，月距荧惑于毕；庚子，太白距岁星于奎；五月壬寅朔，辰星距荧惑于井；己未，荧惑距辰星于井；七月己未，辰星距荧惑于星；九月己未，太白距荧惑于翼；十月戊寅，距辰星于角；十一月戊申，辰星距太白、填星于心。

十六年正月癸亥，月距荧惑于尾；三月癸丑，太白距岁星于娄；四月己巳，月距太白于昴；闰五月壬辰，距岁星于昴；七月丁亥，距岁星于毕；八月丁酉，距辰星于角；九月壬辰，距太白于角；十月乙未，距填星于尾；戊申，距岁星于毕；十一月丙子，距岁星于昴；庚寅，距填星于尾；十二月己未，距太白于箕。

十七年正月庚午，距岁星于昴；二月戊戌，距岁星于毕；四月庚申，距太白于昴；五月甲戌，距填星于尾；辛巳，太白距岁星于觜；壬午，辰星距岁星于觜；癸未，距太白于觜；六月辛丑，月距填星于尾；甲寅，辰星距荧惑于星；七月丁亥，太白距荧惑于张；八月庚寅，月距辰星于翼；十月乙卯，距荧惑于氐。

十八年五月辛未，辰星距太白于毕；十一月甲戌，填星距辰星于斗；十二月丙午，太白距填星于斗。

十九年正月壬子，辰星距填星于斗；五月己丑，荧惑距岁星于柳；乙巳，太白距岁星于柳；丁未，辰星距岁星于柳；六月丙辰，太白距荧惑于张；七月甲辰，辰星距岁星于张。

二十年正月丁丑，荧惑距填星于斗；辛丑，月距太白于牛；三月辛巳，太白距荧惑于危；庚子，月距荧惑于室；七月庚寅，辰星距太白于柳；九月己亥，月距岁星于轸；二十一年正月己丑，如之；八月辛酉，荧惑距岁星于角；十一月壬戌，辰星距填星于女。

二十二年正月乙巳，太白距填星于女；辛酉，月距辰星于虚；三月乙卯，距填星于虚；六月丁丑，距填星于女；九月戊戌，如之；十一月壬寅，太白距填星于女。

二十四年十二月乙未，月距荧惑于翼；二十五年正月辛酉，如之；甲戌，太白距岁星于女；二月乙巳，距填星于室；三月甲戌，距辰星于奎；四月癸巳，辰星距太白于胃；十一月辛亥，太白距荧惑于斗；十二月戊寅，距岁星于虚；己亥，荧惑掩岁星于危。

二十六年正月庚午，辰星距荧惑于室；十月癸巳，月距太白于亢。

二十七年五月戊午，辰星距太白于井；己未，月距岁星于娄；七月丁卯，距荧惑于氐；十月辛丑，距填星于壁；十二月丁酉，距岁星于娄。

二十八年四月丁未，太白距填星于娄；五月壬申，距岁星于昴；六月甲寅，辰星距荧惑于井；七月丁卯，太白距荧惑于柳。

三十年二月庚寅，辰星距太白于虚；八月己巳，月距岁星于柳；十月甲子、三十一年三月己卯，如之；六月辛亥，太白距填星于毕；辛酉，辰星距岁星于星。

三十二年五月甲子朔，太白距荧惑于井；丙寅，月距荧惑于井；六月丁未，辰星距荧惑于鬼；七月丁卯，太白距岁星于翼；八月乙丑，月距太白于亢。

三十三年九月丙午，距填星于井。

三十四年七月丁未，距太白于井；十一月乙未，辰星距岁星于心；乙巳，太白距岁星于心，荧惑距岁星于心；丁未，月距荧惑于心。

三十五年二月庚午，距岁星于尾；四月丁卯，辰星距太白于毕；五月辛卯，月距岁星于尾；丙申，太白距辰星于井；闰五月戊午，月距岁星于尾；六月丙戌、八月庚辰，如之。

三十六年四月丙申，荧惑距填星于柳；七月己未，太白距填星于柳；癸亥，辰星距荧惑于翼；十一月丙寅，距岁星于牛；十二月戊辰，太白距岁星于牛。

三十七年正月己未，辰星距荧惑于女；辛酉，距岁星于女；甲子，荧惑距岁星于女；二月己巳，月距太白于壁；八月乙丑，距辰星于翼；庚寅，距太白于柳。

三十八年五月己巳，荧惑距填星于张；庚辰，月距岁星于壁；八月戊戌，辰星距填星于张；九月戊辰，月距岁星于室；十月乙未、十二月庚寅，如之。

三十九年正月戊午，距岁星于壁；九月壬戌，太白距填星于翼；十月丙午，月距填星于翼；十二月辛丑，距填星于轸；四十年正月戊辰，如之；三月乙丑，太白距岁星于胃；四月己丑，月距填星于翼；十二月丁巳，辰星距荧惑于虚。

四十一年六月壬戌，荧惑距岁星于井。

四十二年五月戊辰，月距岁星于井；八月甲寅，太白距岁星于柳；十月戊申，辰星距填星于亢；十一月癸亥朔，太白距填星于亢；辛卯，月距太白于尾；十二月甲午，距辰星于斗。

四十三年三月丁丑，距填星于氐；四月乙巳如之；六月辛卯，距太白于氐；丙辰，太白距岁星于星；闰六月丙寅，月距填星于亢；八月辛酉，距填星于氐；九月庚子，荧惑距岁星于张；十月甲申，月距填星于氐；十二月戊寅，距荧惑于氐。

四十四年二月庚申，荧惑距填星于氐；甲戌，月距荧惑于氐；三月辛丑，如之；四月壬午，距太白于胃；九月戊子，辰星距岁星于轸；十一月癸巳，距太白于斗。

四十五年正月己亥，月掩岁星于角；二月壬戌，太白距荧惑于娄；三月癸巳，月距岁星于角；五月癸卯，辰星距荧惑于井；七月壬午，月距岁星于角；九月己亥，辰星距岁星于亢；十月庚午，太白距荧惑于轸；壬申，月距荧惑太白于轸；十二月辛酉，太白距填星于尾；壬申，荧惑距岁星于氐。

四十六年七月辛亥，月距荧惑于斗。

四十七年五月辛丑，辰星距荧惑于井；九月戊申，荧惑距太白于翼；十月丁卯，岁星距填星于箕；丙子，辰星距太白于氐。

四十八年三月乙未，荧惑距岁星于斗；六月甲子，月距太白于柳；十二月戊寅，辰星距岁星于女。

四十九年二月丙子，距岁星于虚；三月丙戌朔，太白距岁星于虚；五月甲戌，月距岁星于危；八月乙未，距岁星于虚；十二月庚寅，太白距岁星于危。

五十年二月癸未，荧惑距填星于牛；壬辰，辰星距岁星于室；三月癸丑，月距太白于毕；五月甲寅，荧惑距岁星于壁；戊午，辰星距太白于昴；十月癸未，月距填星于斗；十二月戊寅，距填星于牛。

五十一年三月庚戌，距荧惑于参；七月丙午，太白距荧惑于张；九月乙亥，月距太白于尾；丁丑，辰星距荧惑于亢。

五十二年二月庚子，荧惑距填星于虚；三月丁丑，太白距荧惑于室；五月乙酉，距岁星于毕；七月丙戌，荧惑距岁星于参；庚寅，月距荧惑于参；十月辛亥，距岁星于参；十一月己卯，距岁星于毕；十二月辛亥，太白距填星于虚。

五十四年闰五月庚戌，距岁星於鬼。

五十五年三月癸卯，荧惑距岁星于柳；八月壬子，月距荧惑于亢；甲戌，太白距岁星于张。九月戊戌，辰星距太白于轸。十一月壬寅，距荧惑于斗。

五十六年十月壬寅朔，距岁星于轸；己巳，月距太白于角；辛未，太白距岁星于角。十一月丁酉，月距岁星于角；戊戌，距太白于氐。

五十七年正月辛卯，距岁星于亢。二月己未，距岁星于角。三月丁酉，距太白于室。五月丙午，距荧惑于翼。十月丁丑，距填星于奎。十一月癸卯，太白距荧惑于牛；甲辰，月距填星于奎。

五十八年正月丙申，距荧惑于危。二月甲戌，辰星距荧惑于壁。九月戊午，月距太白于翼。十月乙酉，距荧惑于翼。十一月丙辰，太白距岁星于尾。

六十年正月辛亥，月距岁星于斗。五月壬戌，太白距填星于毕。七月乙卯，辰星距太白荧惑于柳，太白距荧惑于柳；壬戌，月距岁星于斗。十二月庚辰，太白距岁星于女。

太白昼见　太白见于午位者，康熙元年四月庚午，四年六月甲戌，俱不著时。七年六月癸酉至丁丑，俱未时。九年五月戊午、乙丑，十年六月甲午，十二年六月庚申，十三年十一月丁卯，十五年五月甲申，俱不著时，九月丙戌巳时。十六年十二月辛酉，不著时。十七年五月庚申，巳时。乾隆八年七月庚寅、壬辰，俱未正三刻。十年七月丙子、丁丑，俱辰时。十三年八月丙午至辛亥，九月癸丑、丙辰、丁巳、己未、辛酉、壬戌、丙寅至辛未、甲戌、己卯，十月丙戌，俱巳时。十四年十二月丙子、丁丑、己卯、辛巳、丙戌至己丑、辛卯、乙未、戊戌、壬寅、癸卯，十五年正月己酉，俱未时。四月庚子，五月壬寅、乙巳、丁未、己酉、壬子、癸丑、丁巳至己未，六月乙亥至丁丑，十八年六月辛亥，俱巳时。二十四年闰六月丁亥、戊子、壬辰，二十九年六月甲申，俱未时。十月庚辰、甲申、辛卯，俱巳时。三十年十一月癸酉、庚辰至甲申、丙戌、己丑、癸巳、乙未至戊戌、庚子、辛丑，十二月乙卯、丁巳、辛酉、戊辰，三十一年正月丙子，俱申时。三十二年闰七月癸卯、丙午、丁未、庚戌、壬子至乙卯，俱未时。丁巳，申时。戊午、庚申，八月壬戌朔，俱未时。十月戊辰至庚辰、壬午至甲申，俱巳时。丁亥至庚寅，俱辰时。十一月辛卯朔、壬辰，俱巳时。癸巳、丁酉、己亥，俱辰时。五十四年十二月戊午、己未、癸亥、丙寅，俱未时。

太白见于巳位者，顺治十一年五月辛亥，与日争明。十七年九月庚辰，康熙四年三月辛卯，俱不著时。七年六月癸酉至丁丑，俱午时。十二年六月辛酉，十八年十一月丙辰，俱不著时。乾隆八年十月辛酉、甲子、丙子至十一月壬午、乙酉，十三年八月乙未，九月壬申、丁丑，十月癸未、甲申、丙戌至己丑、壬辰，乙未、丙申、戊戌至辛丑、甲辰、丁未、戊申，十一月辛亥朔、壬子、甲寅、乙卯、丁巳、己未、乙丑、丁卯、癸酉、乙亥，十五年五月壬戌，十八年六月戊戌，三十二年十月戊辰至庚辰、壬午至甲申，十一月辛卯朔、壬辰，俱辰时。

太白见于未位者，顺治九年九月乙未，康熙八年十二月丁卯，十二年正月丁亥，俱不著时。十五年九月丙戌，午时。乾隆元年十二月庚午、癸酉、甲戌、己丑，二年正月庚寅朔、壬辰、癸巳、丁巳，二月辛酉、乙丑、庚辰，三年十月甲申至丙戌、戊戌、己亥、乙巳、丙午、戊申，六年十月己未至辛酉，十一月甲子、戊辰、庚午至壬申，丙子至戊寅、甲申、丙戌、戊子，十二月壬辰、癸巳、丁酉、戊戌、戊申，十年正月辛巳、癸未至丁亥、辛卯至丁酉、壬寅，二月癸卯朔、戊申，俱申时。丙辰，酉时。丁巳、癸亥、己巳、壬申，三月庚辰、癸未，十一年十月丙寅、丁卯、己巳、甲戌至丁丑、壬午、乙酉、己丑至辛卯，十一月癸巳、甲午、戊戌至辛丑，十四年十月乙巳，十一月壬子、癸丑、乙卯、丙寅、丁卯、辛未至甲戌，十二月丁丑、己卯、辛巳、丙戌至己丑、辛卯、乙未、戊戌、癸卯，三十年十月丁巳、戊午、辛酉、丙寅至戊辰，十二月癸卯、甲子，俱申时。戊辰，酉时。三十一年正月癸酉、辛巳、壬午，俱申时。三十二年闰七月丁巳，酉时。八月甲子，五十四年十二月戊午、己未、癸亥、丙寅、辛未、乙亥，俱申时。

太白见于辰位者，乾隆七年六月癸巳、甲午、丁酉、辛丑至癸卯，俱寅卯二时。丁未、戊申、庚戌、壬子、乙卯、丁巳，七月癸亥、戊寅至庚辰、壬午、甲申、乙酉，八月丁亥朔、戊子、庚寅，十年六月丁卯，七月辛巳，十三年九月甲寅，十五年六月戊寅，五十五年七月壬辰、庚子、甲辰至戊申，八月丙辰、己巳，俱卯时。

太白见于申位者，康熙二年七月丙申，连日如之，不著时。乾隆三年九月丙寅、丁卯，二十四年六月丙辰、戊午，闰六月乙酉，三十二年闰七月辛丑，俱酉时。

太白见于卯位者，康熙四年六月丙辰，不著时。

太白见于酉位者，乾隆八年五月辛卯、壬寅、甲辰至丙午，俱戌初。

太白见于辰、巳二位者，乾隆二年七月己亥、癸丑，八月甲子、癸酉、乙亥至己卯，癸未至乙酉，九月丁亥至辛卯、乙未、丁酉、庚子，甲辰至丙午，闰九月丙辰朔、辛酉、癸亥，十年七月壬申、戊寅至庚辰、壬午，十三年八月戊子、丙申至庚戌，九月乙卯、丙辰、戊午、辛酉、丙寅至戊辰，十五年五月丁未、己酉、壬子、癸丑、戊午、己未，六月丙子、丁丑，俱卯、辰二时。

太白见于未、申二位者，乾隆二年正月丙申至戊戌、癸卯，戊午至二月庚申、丙寅、戊辰、庚午，三年九月戊辰、己巳、辛未，五年五月辛亥，八年七月己丑、庚寅、壬辰、甲午、甲辰至丙午、戊申、己酉，十五年正月己酉，三十二年闰七月壬寅、癸卯、丙午至戊申、庚戌，壬子至乙卯、戊午、庚申，八月壬戌朔、丙寅、丁卯，俱申、酉二时。

太白见于巳、未二位者，乾隆十年七月丙子、丁丑，俱卯、巳二时。十三年八月辛亥，九月己未、辛未、甲戌、己卯，十五年四月庚子，五月乙巳，俱辰、午二时。

太白见于卯、辰、巳三位者，乾隆十年六月庚午，十五年五月丁巳，十八年六月癸巳、甲午，俱寅、卯、辰三时。

太白见于辰、巳、未三位者，乾隆十三年九月癸丑、丁巳、壬戌、己巳、庚午，十五年五月壬寅，六月乙亥，十八年六月辛亥，俱卯、辰、午三时。

太白昼见不著位者，顺治元年六月庚午，九月己酉，三年正月己未，六年八月甲午，七年十二月辛丑，康熙七年九月戊戌、己亥，二十一年十月乙未至戊戌，二十三年五月己卯至庚寅，俱不著时。

日变月变　崇德七年四月庚戌，二日并出，上大下小，须臾大日散没。顺治元年二月癸亥，月中有黑子。七年三月己未，日赤如血。十一年四月庚申朔，日出时色变赤；戊子，日色变白。十四年二月乙酉，日赤如血。康熙元年二月丁卯，日赤如血；戊辰，日出色如血，无光。十三年六月丙午，月生光一道，色苍白。十九年四月己巳，日赤无光。二十一年六月乙巳戌时，日射青气二道。乾隆八年三月辛巳，日赤无光。二十九年六月甲申，月见正午。十一月壬子，如之。四十八年六月戊辰，日心中出白圈，向东成围。五十八年正月壬子，日生赤黄色大半环及大围圈各一。二月戊子，日生赤黄色大半环。

卷三十八　志十三

天文十三

虹霓晕珥

虹霓异色者，天聪八年三月丁亥朔，天霁无云，色绿。

崇德六年九月己亥，阴气蔽日，色白，自巽至乾，是晚天霄色黑，自艮兑形如烟。

康熙十六年八月庚申，东北；三十六年六月丁巳，东南；四十六年二月癸卯，五十二年八月丙戌，五十五年七月癸酉，俱东北，俱色白。

乾隆三十八年八月丁未，东方二道；己酉，西南；戊辰，东方二道。三十一年三月庚寅，东方；五月丁亥，东北；辛卯，东北至东南；甲午，西方；戊戌，东北；六月庚子，东南；壬寅，东北；癸亥，东方；乙丑，东北；丙寅，东南，又东方二道；七月辛未，东南；戊子，东北；八月己酉，西北。三十六年四月辛巳，东北至东南二道；五月甲辰，东南至东北二道；丁未、庚申，俱东北至东南；壬戌、乙丑，俱东北至东南二道；六月庚午朔，东北；辛未，东南至东北；丙子，东北；乙酉，东南二道；戊戌，七月辛丑，俱东南至东北；甲辰，东北至东南二道；己酉，东北。四十一年四月丙寅，东北至东南二道；丁卯，东南；五月戊子，西北至东南；丙申，西北；丁酉，东北；六月乙巳，东南；丙辰，东北；丁巳，东南二道，七月辛未、壬申、丁丑，俱东北；甲申，东南；庚寅，东北；八月壬寅，四十六年三月丙申，俱东方。四月癸丑，东南至东北二道；五月癸未，东北；乙酉，东北至东南二道；己亥，闰五月丙午，俱东北；己酉酉、戌二时，俱东南至东北二道；丙辰，西方；庚申，东北至东南二道；壬戌，东方二道；甲子，东北至东南；丙寅，丁卯申、酉二时，俱东南；戊庚、己巳，俱东北；庚午，东南；六月己亥，东方二道；庚寅，东方；癸巳，东南至东北；七月丁未，东方二道；辛亥，东南二道；丙辰，东南；壬戌卯、未二时，西方；申、酉二时，东北二道；乙丑、丙寅，八月辛未朔，俱东北。五十一年五月壬戌，东方；戊辰，东南；六月丁丑，东南至东北二道；戊寅酉时，东南二道；戌时，东方；庚辰、庚寅、壬辰，俱东南；癸巳，西南；七月甲辰，东南；闰七月丙戌，东北；己丑，东方。五十六年五月丙申，东南二道；壬寅，东南；六月癸丑，西南；乙卯、丙辰，俱东南；戊午，东南二道；庚申，东南；丙寅、壬申，俱东南二道，八月壬子，西方二道；戊午，东方二道，俱五色。

虹霓多道者，康熙六年五月壬子申时，正东四道；酉时，东北。

乾隆元年五月甲午朔，八月乙丑，二年四月乙酉，七月辛丑，俱东方；壬寅，东南；壬子，西北至西南。三年六月庚寅，东南。五年五月丙辰，东方；六月癸巳，闰六月丙午，俱东南。六年三月丙戌，东北至东南；四月戊午，东南；己未，东北至东南俱二道；六月甲午朔，东北至东南四道；乙未、壬寅，七年五月丁亥，俱东南二道。八年闰四月丁巳，东南至东北四道；五月甲申，六月庚戌，七月癸未，九年五月丁酉，六月癸丑，七月甲午，十年五月庚子，六月丙寅，七月乙亥、丙子，十一年四月庚寅，七月癸丑，俱东南；己未，东方。十二年五月庚戌、丁巳，俱东南；六月己巳，东方，庚午，西北，俱二道；八月丙寅，东南至东北四道；辛未，东方。十三年六月丁丑，东南。十四年六月甲午，西南；壬寅，东南；七月丙辰，东北；八月庚辰，东方；九月辛亥，东北。十五年六月甲戌、乙亥、乙酉，十六年四月甲申，六月壬寅、庚申，十七年六月己亥，俱东南；八月庚戌未时，东北；酉时，十八年四月乙未，俱东方。十九年五月戊子，东南；丙午，东方；六月丙辰，东南。二十年四月辛未，东方；六月乙巳，东北；辛未，二十一年五月乙亥，俱东南；七月甲午，西方。二十二年四月己丑，二十三年六月癸未，俱东南。二十四年六月辛未，西南至西北，二十五年五月甲子、丁卯、戊辰，俱东北至东南；六月壬午，东南；甲申，二十六年六月丙子，俱东方；七月甲寅，东南；八月甲戌，东南至东北；庚辰，二十七年四月壬午，俱东南；丁亥，西方；五月丁酉，闰五月庚寅，六月甲辰，俱东南；戊午，西南至西北；己巳，庚申，东北至东南；八月庚子，东南至东北。二十八年五月辛未，六月己亥，俱东南；七月戊寅，东方。二十九年五月甲戌、乙亥，俱东南；六月壬寅、癸卯，七月己卯，俱东方。三十年四月辛酉，东南；五月丁酉，东方。三十一年六月己亥朔，三十二年五月壬辰，俱东南；六月己未，东方；七月丁卯、己巳，俱东北；己卯，东南。三十三年六月辛未，东方；壬申，东北至东南。三十四年六月庚申，西南至西北；己巳，东北至东南。三十五年闰五月癸丑，东北；六月丙子，东北至东南；己丑，东南至东北；庚寅，东北至东南；壬辰，七月庚午，三十七年五月辛亥，俱东南至东北；壬子，东北至东南；六月庚午，东南至东北；乙酉，七月癸卯，俱东北至东南；九月辛酉，东北至东南。三十九年六月辛卯，东南。四十年五月己未，东北至东南；六月乙酉，东南；七月壬午，东方俱二道。四十二年八月丁未，东南至东北四道。四十三年七月壬辰，东北至东南。四十四年三月庚子，东方；五月甲申朔，东南；庚子，东方；乙巳，东南；六月甲寅，东方；七月甲申，东南。四十五年五月辛丑，东北至东南；七月丁丑，西北；庚子，东方；八月壬子申时，东北；酉时，己巳，四十七年五月庚申，俱东方；六月乙亥，东南至东北；壬辰，东南。五十年五月丁卯，七月丁丑，俱东方。五十二年六月戊申，东南；七月戊子，东方；壬辰，东南至东北；癸巳，东南；八月丁未，西南至西北。五十三年四月庚申，五月己巳，俱东南。五十四年闰五月辛丑，西南；六月戊午、壬戌，俱东南。五十五年五月庚子，五十六年三月庚子，俱东北，俱二道。五十八年六月癸亥，东南至东北四道；癸酉，七月癸卯，俱东北至东南。五十九年六月戊辰，东北至东南；七月甲辰，东南，俱二道。

日生晕者，顺治元年九月癸巳。二年三月戊戌。三年三月丙子。四年三月甲辰，辛酉。五年闰四月壬子。六年正月壬申；四月丙午，八月丁未。八年闰二月乙丑，丁丑；四月戊辰；七月丁亥。九年正月壬午；二月庚午。十年三月癸未；四月己未；五月甲午兼两珥；六月乙卯；闰六月甲子，庚辰，辛卯；七月己亥，癸卯。十一年二月壬午；三月丁丑，庚辰，己丑；五月癸卯，七月丙午。十二年正月乙未；二月戊午，乙丑，癸未；三月丁亥，乙未；四月癸亥，庚午，丙子；十月戊午。十三年二月丙辰兼两珥；四月甲戌；五月甲申，戊戌；十月甲午。十五年三月癸亥；四月癸未。十六年七月甲子，乙酉；十月丁酉兼两珥。十七年正月己卯；三月壬午；四月丙申。

康熙元年三月壬辰。三年正月己巳兼两珥，己丑。五年五月乙巳兼抱气。六年五月壬申兼直气。七年十一月己未兼两珥。十二年六月己酉兼抱气，旋生两珥。十三年六月戊申兼直气。十五年二月辛酉兼两珥、抱气。二十年四月戊子兼两珥。

乾隆九年二月丙寅。

十三年四月己巳。

二十八年正月辛酉兼两珥、抱气。

二十九年正月乙亥巳时至酉时，辛巳；三月乙丑，辛未兼两珥、背气；四月辛卯，壬辰。

三十年闰二月己酉，辛未；三月己亥；六月癸亥巳时至未时；十月壬戌。

三十一年三月庚寅，丙申；四月甲辰，丙午，辛亥；五月辛巳，甲申，丙戌，壬辰；十一月乙酉兼两珥。

三十三年三月壬寅；五月己丑，壬寅；六月乙丑巳、午二时；七月丙申，庚子，癸丑；九月丙戌；十二月壬午兼两珥。

三十四年正月甲午；二月丙辰兼两珥，辛酉，壬戌；三月庚寅，壬寅，己酉；四月癸丑朔巳、午二时，戊辰，戊寅巳、未、申三时；五月丙午兼两珥，十二月戊寅。

三十五年正月丙戌；二月丙辰；三月戊子兼两珥、背气二道，乙未，癸卯；四月戊申朔，壬子，已未兼两珥，癸亥，甲戌；五月壬午，戊子，辛卯巳时，癸巳兼两珥，乙未，己亥；闰五月丁未，庚戌，辛亥，乙卯；八月壬午；九月丁卯；十二月甲申。

三十六年正月丙寅；二月乙未；三月丙辰，甲子兼两珥，乙丑；五月戊申，癸亥；七月丙午；十一月乙巳兼两珥。

三十七年二月丙戌未时，癸巳；三月壬寅，戊申，己酉；四月辛未，甲戌，丁丑，甲申，乙酉，癸巳；五月丁酉，丙午，丙辰，戊午；六月戊辰，辛未，甲申，丙戌，丁亥兼抱气；七月乙未午、未二时，丙申；八月戊寅未时，庚寅；九月乙未，戊戌，辛丑；十月甲子，庚寅申时兼两珥、背气、抱气。

三十八年正月甲辰兼两珥；二月甲戌，壬午，癸未；三月壬辰兼两珥，戊戌，戊申，乙卯未时，己未；闰三月壬戌，癸亥，辛未，戊寅兼两珥，癸未，乙酉；四月己丑朔；五月壬戌；戊子；六月丙午；七月丙子，壬辰，丙戌；八月壬辰，辛丑；九月丁巳朔，癸亥，十二月乙酉朔兼背气，甲辰。

三十九年正月辛酉兼两珥，辛未巳、午二时；二月丙申兼两珥，丁酉，辛丑，辛亥兼两珥；三月壬戌，甲戌，丁丑；四月甲申至丙戌，甲午，辛丑，壬寅，壬子；五月丙辰，壬戌，壬申兼两珥，己卯；六月丙午兼抱气，辛亥；七月壬戌，丁卯；八月乙酉；九月辛酉，乙亥午时，己卯；十月壬午兼两珥，癸巳兼背气，乙未兼两珥，壬寅兼两珥、背气；十一月庚申，如之；十二月庚辰朔兼两珥，壬辰、丙午皆如之。

四十年二月己卯朔辰时，庚辰，癸亥兼两珥，戊子如之，己丑巳、午二时，辛丑兼两珥，乙巳、三月己未皆如之，乙丑至丁卯；四月辛卯，壬辰，丙午；五月辛亥，甲戌；六月甲申，丙申，丁酉兼背气；七月甲子兼两珥，戊辰；八月丁丑，己卯，丙申，甲辰未时兼两珥，乙巳；九月己酉至辛亥，丁卯未、申二时，壬申兼两珥；十月戊子，辛卯，壬寅；十一月己卯，甲午；十二月辛未。

四十一年正月丁丑，戊寅，己卯兼两珥，乙酉，丙戌，己丑未时，甲午兼背气；二月乙巳申时，戊申，己未，庚申，庚午；三月甲申，丙戌，己丑巳时，甲午，乙未兼两珥，庚子，辛丑；四月壬寅朔，癸卯辰时兼两珥，丙午如之，己酉，癸丑兼两珥、抱气，甲寅至丁巳，己未至辛酉；五月癸未，乙酉，丙戌，庚寅兼抱气，癸巳，乙未，戊戌兼背气；六月庚子，甲辰兼两珥，辛酉如之，丙寅；七月甲戌，己卯，壬午，辛丑，癸卯，丁未，庚戌，丁巳；九月庚辰至壬午；十月辛丑，壬子兼两珥，癸丑，戊午；十一月庚午、丙子、丁丑、癸未皆如之，乙酉兼抱气，丙戌兼两珥，丁酉；十二月甲辰。

四十二年正月己巳申时兼两珥，庚午如之，壬申，丁丑申时，戊子巳、午二时；二月丁酉朔兼两珥，癸卯，乙巳巳、午二时兼两珥，戊申，丙辰，戊午；三月戊辰，己巳，庚午兼两珥，癸酉如之，甲戌，丁丑申时兼两珥，戊寅、己卯、乙酉皆如之，丁亥，戊子，癸巳兼背气、两珥；四月丙申朔兼两珥，戊戌，甲辰，乙巳，甲寅，辛酉；五月癸酉，丙子未时，丁丑辰时，己丑；七月甲子朔，辛未午时，丁丑，戊子，壬辰；八月壬寅，甲辰，己酉；九月庚午，辛巳兼两珥，己丑，庚寅；十月辛丑兼两珥；十二月甲午、甲辰皆如之，戊申兼抱气。

四十三年正月乙丑，甲申，丙戌巳时至申时；二月癸巳巳、午、申三时兼两珥，甲午兼两珥、背气；三月辛酉朔，己丑；四月壬寅，癸卯，己酉；五月甲子，丁卯巳时至酉时，辛巳；六月壬辰，辛丑，乙巳；闰六月癸未；七月己丑巳、午二时，丁酉，庚子兼戴气，丙午，丙辰；八月戊辰；十月己巳，壬申；十一月乙巳兼两珥；十二月丁卯兼两珥、重背气，辛未兼两珥，己卯如之。

四十四年正月乙未兼背气，丙申，丙午；二月辛未，庚辰；三月丁未；四月丁巳，壬戌兼两珥，戊辰申时兼两珥，己巳，壬申，癸酉，甲戌兼两珥；五月戊子，丁酉，辛亥，壬子辰时兼戴气；七月丁亥，庚寅，辛亥；八月戊午，辛酉，甲戌，辛巳；九月壬午朔，甲午，癸卯兼两珥；十月丙辰，壬戌兼两珥，癸亥、己卯皆如之；十一月乙酉，癸巳；十二月壬子兼两珥，丙辰兼背气，辛酉，辛未，甲戌兼抱气。

四十五年正月壬辰兼两珥，癸巳兼背气、两珥，甲辰兼两珥，乙巳兼背气；二月癸丑兼两珥，辛酉、戊寅兼两珥，己卯兼两珥、抱气；三月戊戌辰时兼两珥，辛丑，丙午；四月己酉朔，庚申，甲子，庚午巳时至申时，癸酉兼两珥，丁丑巳时至未时；五月壬午，癸未巳时至未时，戊子，戊戌，辛丑，丁未；六月己酉兼两珥，己巳；七月己卯，辛巳巳、午二时；八月丁未朔午时，戊辰；九月癸巳，戊戌，己亥兼两珥；十月庚申如之，甲戌兼两珥、抱气；十一月己丑；十二月乙巳朔兼两珥，戊申兼背气，庚戌兼两珥，丁巳。

四十六年正月丁丑，戊寅，庚寅兼两珥，庚子；二月壬子未、申二时，甲寅兼戴气、两珥、抱气，戊午，乙丑巳、午二时，己巳，癸酉兼两珥；三月甲戌朔，乙亥，戊寅，乙酉，丙戌午、未二时，戊子，己丑兼两珥，丙申，壬寅；四月乙巳，戊申辰、巳、午三时，辛亥，戊午兼背气，己未，庚申，乙丑兼戴气，辛未，壬申；五月癸酉朔，丙子，戊寅，己卯未时，庚辰至壬午，乙酉，丙戌，戊子兼两珥，癸巳，甲午兼戴气、抱气，乙未，丙申；闰五月甲辰兼两珥，乙巳如之，丁未，戊申，辛亥，癸丑兼背气，甲寅，丙辰，丁巳，戊午兼两珥，辛未如之；六月壬申朔，甲戌，戊寅，甲申至丙戌，辛卯；七月辛丑朔，癸亥；八月癸酉辰时，己丑，庚寅兼抱气；九月辛丑，甲辰，丙午，丁未，庚申兼两珥，辛酉，壬戌，甲子兼两珥；十月辛未，癸酉巳、午、未三时，己卯，庚辰，甲申，丁亥，戊子；十一月丙午兼两珥、背气；十二月己卯兼抱气。

四十七年正月庚子兼两珥、戴气，壬寅兼两珥，丁未兼两珥、抱气，丙辰兼两珥，壬戌如之，癸亥，乙丑午时至酉时，丙寅兼两珥，丁卯；二月庚午兼两珥，辛未如之，壬申未时，癸酉兼两珥，癸未，甲午兼两珥、背气，乙未兼两珥，丙申如之，丁酉；三月庚子，癸卯，甲辰辰时兼两珥，乙巳，己酉，庚戌巳时至未时，辛酉兼两珥；四月己巳巳时至申时，庚午兼两珥，辛未，乙亥，丙子未时，癸巳兼两珥，己亥如之，辛丑，乙巳兼两珥，己未，乙丑；六月丙寅朔，壬午兼直气、背气、抱气；七月己酉，丙辰，癸亥，甲子；八月癸未辰、巳、未、申四时，癸巳；九月己亥酉时，戊申，壬子；十月癸酉兼抱气、两珥，癸未，戊子兼两珥、抱气；十一月丙申巳、未、申三时，己亥；十二月戊子。

四十八年正月丙申巳、午二时，辛丑，甲辰，己未兼两珥、戴气；二月壬戌朔兼两珥，乙丑，庚午，庚辰，丁亥；三月壬辰朔，乙未，丙午兼两珥，辛亥；四月壬戌，甲子，乙丑，辛未兼两珥、背气，壬申，丙子兼两珥，丙戌如之；五月壬辰，乙未，壬寅兼两珥、抱气、背气；七月甲午，癸丑，丁巳；八月甲戌，壬午，戊子；九月庚子兼两珥、抱气，甲辰兼两珥，乙巳巳、午二时，丁巳；十月辛酉，甲申，丁亥；十一月辛亥兼两珥；十二月己未。

四十九年正月辛卯，癸巳兼两珥、抱气，丙申兼两珥；二月丁巳朔，己未兼两珥，乙亥，戊寅巳、午二时，壬午兼两珥；三月丁亥，戊子，戊戌，壬子，乙卯；闰三月丙辰朔，戊午，甲子，乙丑，癸酉兼两珥，己卯兼两珥、背气，甲申兼两珥；四月壬辰如之，癸巳，丙申未时，庚子，辛丑，乙巳；五月壬戌，甲子，乙丑；六月甲辰，己酉，癸丑；七月己巳，丙子；八月丙申兼两珥；九月丁丑、十月丙午皆如之；十一月戊午，辛酉，辛未；十二月癸未兼两珥，甲辰如之，乙巳。

五十年正月壬子午时，壬戌，丙寅，庚午，壬申未时，甲戌兼两珥，丁丑如之，戊寅；二月辛巳朔兼两珥，丙戌兼背气，己亥兼戴气，甲辰午时，戊申兼两珥；三月甲寅，丁巳，壬戌兼两珥，甲子如之，乙丑未时，丙子兼两珥，戊寅；四月丁亥巳时至未时，戊子至庚寅，乙未兼两珥，丙申，甲辰，丙午；五月甲寅，戊午兼两珥，己未，甲子，乙丑，戊辰，丁丑辰时；七月戊辰，己巳，丁丑；八月丁亥午时至申时；癸巳，辛丑；九月甲寅，丙辰，戊午，丁卯巳时至未时；十月戊寅兼两珥，己卯如之，庚辰，壬午巳时至申时，壬辰，戊戌，庚子辰、午、未、申四时，壬寅兼两珥；十一月戊辰如之；十二月辛卯，辛丑，癸卯。

五十一年正月丁未兼抱气，癸丑，壬申；二月丁丑，戊子兼两珥，己丑，庚寅，辛卯兼两珥，癸卯；三月戊申，壬子，甲寅，丁巳，癸亥，己巳，癸酉；四月乙亥兼两珥，丙子至戊寅，庚辰，壬午至甲申，丙戌至戊子，辛卯，乙未，丁酉；五月乙巳至丁未，己酉，癸丑，庚申，癸亥，甲子，丙寅，辛未；六月甲戌，戊戌；七月甲寅，乙卯；闰七月辛巳，壬辰，己亥，庚子；八月己酉；九月丙子；十月壬寅；十一月己卯，戊子兼两珥，甲子；十二月丁未，己巳。

五十二年正月辛未兼两珥，癸酉，辛巳兼两珥、直气，丙戌，甲午，乙未兼两珥；二月辛丑，甲辰兼两珥，丙午，己酉巳时，壬子，癸丑，乙丑兼两珥，丁卯；三月丁丑，壬午兼两珥，癸未，戊子兼两珥，庚寅如之，癸巳，甲午；四月庚戌，癸丑，甲寅，戊午，己未，甲子；五月丁卯朔，甲戌，丁丑，庚辰至壬午，丙戌至己丑，辛卯，癸巳；六月辛丑，乙巳，壬子至乙卯，癸亥；七月辛未，乙亥，癸未，丁亥；八月戊戌，乙卯；九月戊辰，己巳，甲申，癸巳，甲午；十月壬寅，甲寅兼两珥，癸亥；十二月乙未，丁酉，庚子辰、巳、未、申四时兼两珥、背气。

五十三年正月丙寅兼两珥，戊辰，甲戌兼两珥，庚辰，癸未，戊子兼两珥、背气，己丑，庚寅兼背气、两珥，辛卯；二月丙申辰时至未时，辛丑兼两珥，乙巳，丁未，辛酉；三月甲戌，辛巳，丙戌，戊子，庚寅，辛卯；四月乙未至丁酉，戊戌巳、午二时，壬寅兼两珥，癸卯，癸丑兼两珥，戊午，己未；五月癸亥，丙寅兼两珥、背气，壬申，甲戌，乙亥，辛巳，丁亥，戊子；六月壬辰朔兼两珥，戊戌，己未兼两珥；七月乙丑，辛未，丁丑，乙酉，戊子；八月壬辰，庚子，辛丑，甲辰，乙巳，丙辰；九月乙丑，丁卯，乙亥兼抱气、两珥；十月乙巳兼两珥，丁未，癸丑；十一月辛酉，己巳巳、未二时兼两珥，壬午，癸未；十二月癸巳兼两珥，辛丑，癸卯，辛亥。

五十四年正月戊午朔，丁亥；二月辛丑，壬寅，庚戌，癸丑；三月丙寅午时至申时，己巳午时，庚午兼两珥，壬午兼背气，丙戌；四月丁亥，庚寅，乙未，己亥，乙巳午时，癸丑，甲寅；五月戊午兼直气，乙丑至丁卯，乙亥，庚辰；闰五月丙戌朔，丁亥，辛卯，癸巳，甲午，丙申，庚子，丁未；六月乙卯朔，丁卯，甲戌，癸未；七月乙酉朔，乙未，丁未，戊申，壬子巳时至申时，癸丑；八月庚辰，壬午兼两珥；十月庚申，己巳；十一月丁亥未、申二时，乙巳；十二月丙辰兼两珥、抱气，甲戌，丁丑兼两珥。

五十五年正月壬午朔，壬辰；二月丁卯，甲戌，丁丑；三月壬辰，丁未兼两珥；四月乙丑，甲戌兼两珥；五月辛巳朔；六月壬子兼抱气，庚申，戊辰；七月丙戌，庚寅兼背气、两珥，癸巳，戊戌，己亥兼两珥、抱气，辛丑兼两珥；八月己酉朔，甲子，己巳；九月戊寅朔至庚辰，甲申，乙酉，癸卯兼两珥，丁未；十月乙卯，乙丑兼两珥、背气，戊辰，己巳，辛未，壬申兼两珥、背气、抱气，乙亥；十一月乙未兼两珥、背气，丙申，丁酉午时，壬寅兼两珥；十二月戊申如之，己酉兼两珥、抱气，丙寅兼两珥，戊辰兼两珥、背气、抱气，辛未兼两珥。

五十六年正月庚辰如之，壬午，癸未，丙戌，庚寅兼背气，癸巳兼两珥、抱气、背气，甲午，乙未，丁酉兼两珥，己亥；二月丁未午时，己酉兼两珥、抱气、背气，甲寅，癸亥，甲子，丙寅，己巳，庚午，壬申；三月丙子，丁丑，辛巳，甲申，丙戌兼两珥，丁亥，戊子兼两珥，庚寅，辛卯兼两珥、直气，壬辰，癸巳，丙申，戊戌，己亥，辛丑，甲辰至四月丙午，戊申，辛亥，癸丑申时，甲寅辰时，庚申，壬戌卯、辰、午、未、酉、戌六时，甲子，丁卯至己巳，甲戌；五月戊寅，癸未，乙酉，丙戌兼背气，丁亥，戊子，庚寅，壬辰兼背气，癸巳，乙未，丁酉兼两珥，己亥兼两珥、背气，庚子兼两珥，辛丑如之，癸卯；六月丙午兼抱气，丁未兼两珥，壬子，甲寅，丙辰，己未，庚申，壬戌兼抱气；七月丙子，甲申，丙戌，辛丑；八月丙寅；九月辛巳申时，乙酉兼两珥、背气，丙戌兼背气，丙申，己亥兼背气，辛丑；十月乙巳，丙午，庚戌，甲子，辛未；十一月己卯辰时，庚寅兼两珥、背气，辛卯，壬辰兼两珥，己亥；十二月壬寅兼两珥，癸卯兼抱气，甲辰兼两珥，庚申、壬戌皆如之，癸亥。

五十七年正月丁丑兼抱气、两珥，癸未申时，乙酉兼两珥、抱气，丙戌兼两珥，丙申、己亥皆如之；二月癸卯至乙巳，丁未未时兼两珥，辛亥如之，壬子兼两珥、背气，丙辰，丁巳兼两珥，戊午；三月庚午朔，辛未巳时至申时，甲戌，戊寅，辛巳，丁亥，戊子兼两珥、抱气，癸巳，甲午兼两珥，丙申至四月己亥朔，壬寅，甲辰，乙巳，丁未，戊申，癸丑，甲寅，戊午，辛酉，壬戌，戊辰；闰四月己巳朔兼背气，乙亥，丙子，己卯，癸未兼抱气，甲申兼两珥，乙酉，丁亥，戊子，壬辰，癸巳卯时至未时，甲午兼两珥，乙未，丁酉；五月乙巳，丙午，癸丑兼背气，乙卯巳、午二时，丙辰至己未，庚申兼两珥，癸亥兼两珥、抱气，丙寅，丁卯；六月庚午，癸酉兼两珥、抱气，甲戌，戊子，乙未，丁酉；七月甲辰，戊申，癸丑，癸亥兼背气，乙丑兼两珥；八月丁卯朔，辛未，甲戌兼两珥，丙子，丁丑；九月乙巳申时，己酉兼两珥、背气，庚戌兼背气，癸亥如之，乙丑；十月己巳，庚午，辛未辰时，甲戌，戊子，乙未；十一月壬子；十二月乙亥兼两珥，己卯。

五十八年正月丙申兼两珥，甲辰，丁未兼两珥、背气，壬子兼两珥、抱气、背气，癸丑兼两珥，丙辰，丁巳兼两珥，戊午兼两珥、抱气，己未午时；二月甲子朔兼两珥，丁卯，戊辰兼两珥，己巳，庚午兼两珥，壬申如之，乙亥至戊寅，辛巳兼两珥、抱气，壬午，丁亥兼两珥，戊子兼两珥、抱气，壬辰、癸巳皆如之；三月庚子，壬寅，甲辰巳、未二时，乙巳巳时至申时，庚戌兼两珥，己未；四月甲子，戊辰兼两珥、背气、抱气，己巳辰、未二时，庚午未时，辛未兼两珥，壬申，甲戌，辛巳兼背气、两珥，癸未，辛卯；五月癸巳，甲午，丁酉至己亥，辛丑至癸卯，乙巳至己酉，辛亥兼两珥，丙辰，戊午；六月丙寅兼背气，辛未如之，己卯，甲申，乙酉，庚寅；七月乙未，癸卯，甲辰，甲寅，庚申至八月壬戌，乙丑兼抱气，辛未，壬申，甲申兼两珥，丁亥如之，戊子；九月乙未兼背气，壬寅，癸卯兼两珥，乙巳，己酉兼两珥；十月癸亥，乙丑，己卯，癸未，乙酉，戊子；十一月丙午，庚戌，戊午；十二月丁卯，甲戌，丙子，丁丑兼两珥背气，甲申兼两珥，乙酉，戊子，五十九年正月辛卯皆如之，甲辰兼两珥、背气，丙午，己酉兼两珥；二月庚申，甲子兼两珥，丙寅，丁卯兼两珥、抱气，庚午至癸酉，皆兼两珥，甲戌午时至申时，庚辰，辛巳，乙酉至三月己丑，甲午，丙申兼两珥，戊戌，癸卯，甲辰，戊申兼两珥，己酉，甲寅至丙辰；四月庚申，甲子兼两珥、背气二道及抱气，丙寅，戊辰，己巳，壬申，甲戌，乙亥兼两珥，己卯，辛巳；五月丁亥，己丑，壬辰，乙未，戊戌，庚子至壬寅，戊申，己酉，辛亥，癸丑，乙卯；六月辛酉，甲子，己巳兼两珥；七月丙戌朔，癸巳，癸卯，癸丑，甲寅；八月戊午至庚申，癸亥，癸未；九月乙酉，丁亥，己丑，辛丑；十月乙卯朔，丙辰兼两珥，庚午，癸酉，甲戌；十一月己丑兼两珥、背气、抱气，戊戌，辛丑，庚戌兼两珥；十二月乙卯，乙亥。

六十年正月己丑，壬辰，乙未午、申二时，癸卯兼两珥，乙巳；二月壬戌，丙寅，壬申，癸酉，丙子兼两珥、抱气，丁丑兼抱气，戊寅；闰二月丙戌兼两珥，辛卯，癸巳，丙申，辛丑，癸卯，丁未，己酉兼两珥，庚戌如之，辛亥；三月乙卯，丁巳，己未，壬戌未时至申时，甲子，乙丑，戊辰兼两珥，辛未，壬申，戊寅午时；四月丙戌兼两珥，庚寅，丙申，庚子，丁未，戊申；五月戊午，壬戌，癸亥，辛未，甲戌兼两珥、抱气，丙子至戊寅；六月庚辰，戊子，庚寅，辛卯巳、午二时，丙申，丁酉；七月辛亥，戊辰，癸酉，丙子；八月庚辰，壬午，庚寅，乙未，庚子；九月庚申，丙寅，丁卯，辛未；十一月辛亥，己未，庚申兼抱气，甲子，丁卯，乙亥；十二月壬午，壬辰，戊戌，己亥兼背气。

日生重晕者，乾隆十二年正月己酉兼两珥。十三年十月丁酉三重兼两珥、背气、抱气。二十二年三月甲辰兼两珥。二十九年十二月辛卯。三十年正月壬戌兼两珥、背气，壬申兼两珥；六月癸亥辰时兼两珥、背气、抱气。三十一年三月癸酉兼两珥、背气；十月甲辰兼背气。三十六年三月丁未。四十二年二月丁巳申时兼背气；六月丁酉。四十三年二月戊戌兼两珥、背气、戴气。四十四年五月丙戌酉时兼两珥，壬子巳时。

日生交晕者，康熙十七年正月丁酉兼两珥，背、抱、戟、纽四气。二十八年十二月己丑兼两珥、背气、左右戟气。三十年三月甲辰兼两珥、背气。

月生重晕者，顺治三年正月丙寅三重；四月乙酉如之。十年闰六月辛巳。乾隆三十五年五月甲子。三十八年正月壬子。

日生两珥者，顺治元年六月乙酉；十二月戊午。二年十月壬辰兼背气。四年正月乙巳；十二月己丑。九年十一月壬午。十年正月甲午兼抱气；二月丁未，乙卯申时；六月戊午；七月乙巳；八月己巳兼抱气；十一月戊午兼背气。十一年正月辛丑兼抱气；六月丙寅；九月癸巳兼背气；十二月辛巳，十二年四月辛巳兼背气；十月癸酉。十三年二月辛亥；四月甲寅。十四年三月庚午；六月壬辰。十七年二月庚戌。

康熙二年五月甲申。四年正月己亥兼抱气。五年正月戊戌如之；四月辛未兼背气、抱气；六月癸亥兼背气二道。六年二月甲子兼抱气。九年十二月丙申如之。十年正月丁巳兼背气；十二月甲申兼抱气。十一年三月丙寅；七月庚午兼直气。十二年二月庚申。十三年正月丙寅兼背气，庚辰兼抱气。十四年正月庚午如之；十一月己酉兼抱气、背气。十五年二月乙丑兼背气。十六年三月丙戌；四月丁未朔兼背气、抱气。十八年十一月辛亥如之。十九年正月丙申兼抱气。二十二年二月丁酉兼抱气、背气。二十四年十月甲辰兼背气。二十五年十二月乙丑如之。二十六年二月甲寅兼背气、抱气。二十九年正月甲辰兼抱气、背气、戟气。三十一年十二月丙戌兼背气、抱气。三十四年三月己卯。三十八年二月壬戌兼背气、抱气。三十九年正月壬寅。四十三年正月甲寅。四十四年十二月丙申。四十九年五月庚午。五十二年二月癸亥。五十四年二月丙申。五十六年九月丁卯。五十七年六月戊戌兼抱气。五十八年正月乙亥兼抱气、背气，十二月己酉兼背气二道。六十一年六月壬申兼背气、抱气。

雍正二年三月甲申。四年正月己亥兼背气。五年正月庚戌如之。六年三月丁巳。十年二月辛丑兼抱气。十一年八月丙辰兼抱气、背气、左右直气。十三年二月甲辰兼抱气。

乾隆元年正月庚子，甲辰，丙午，戊申，辛亥，甲子；二月乙丑朔，戊辰，庚午，壬申，戊寅，辛巳辰、巳二时，丁亥，辛卯，壬辰；三月乙未朔，丁未，癸丑，丁巳；四月庚午，丙戌；五月庚子；六月庚午；七月戊戌兼抱气，甲寅；八月辛未，戊寅，丁亥；九月壬辰朔，辛丑，戊午；十一月庚子；十二月丙子兼抱气，癸未。

二年正月乙未兼背气，辛丑，甲辰，己酉；二月丁卯，庚辰；三月辛卯，丁未兼抱气；四月己未朔，丁卯卯、申二时；五月乙卯；六月壬戌，甲申；七月丁未兼直气；九月乙卯；闰九月庚辰；十月甲午，辛丑，丙午；十一月甲子，己巳；十二月丙戌。

三年正月庚辰；二月丁酉，己亥；三月戊寅；四月己丑，庚戌；六月丙戌。

四年正月丙寅；二月丙戌，丙申，丙午兼背气；三月乙丑；四月甲申，五月丙辰，辛酉寅、卯二时，甲子；六月辛巳，丙申，甲辰兼抱气；七月壬子；八月丁丑；十一月乙卯，庚申。

五年三月辛酉，丙寅，四月癸酉，丙子；五月庚子朔，壬寅，癸卯，癸丑，戊午；六月甲戌；九月乙酉；十月癸卯，乙巳，壬戌至甲子，丙寅；十一月癸酉，甲申，戊子，庚寅，甲午；十二月壬子，乙卯。

六年正月庚午，乙亥，丙子，甲申兼背气，丁亥如之，甲午，乙未；二月丙申朔兼抱气，丁酉兼背气，壬寅，乙酉兼背气、抱气，甲寅，丙辰，丁巳，甲子；三月丙寅朔兼抱气，己巳，壬午，癸未；四月乙未朔，己亥，癸卯；五月癸酉，六月辛丑；七月乙丑卯时，乙酉，丙戌；八月丁酉，癸卯，甲辰；九月甲子，壬申，癸酉，己卯，辛卯；十月壬辰朔，丁未，己酉；十一月癸亥，丁卯；十二月甲辰，辛亥，癸丑，甲寅。

七年正月戊辰，己巳，甲戌，甲申兼背气、抱气，戊子，己丑；二月辛卯朔兼抱气、背气，丁酉如之，己亥，丁未兼抱气及背气二道，戊申，己酉申时，丁巳；三月庚申朔兼抱气，辛酉卯、辰二时，壬戌，戊辰，戊寅，壬午酉时，癸未；四月乙巳，丙午，丙辰；五月己未朔，辛酉至癸亥，甲戌至丙子，己卯，丙戌；六月己丑，乙卯；七月壬申，庚辰；八月丁亥朔，丙申，丁酉辰时，己亥，癸卯，丙午，庚戌；九月壬戌，丙寅，癸酉，乙亥，癸未，甲申；十月戊子，己亥，辛丑；十一月丙辰朔，庚申，辛酉，癸亥兼背气、抱气，丁卯，辛未，壬申，甲申；十二月丙戌朔，壬寅，乙巳辰时。

八年正月癸酉，甲戌，庚辰，壬午，癸未；二月丙戌，丁亥，甲午，辛丑，壬寅，己酉至辛亥，甲寅；三月乙卯朔，壬戌，甲子，丁卯，甲戌，丁丑，己卯；四月丁亥，辛卯，壬辰，丙申，甲辰，丙午至戊申，辛亥，癸丑；闰四月甲寅朔，庚申，壬戌，甲子卯、未二时，己巳，癸酉，甲戌，戊寅；五月癸未朔，庚寅，甲午，戊戌，辛丑，癸卯，戊申，辛亥；六月丁巳，甲子，乙丑，己巳，乙亥，戊寅；七月丁未；八月辛亥朔，甲寅，乙卯，戊午；九月庚寅，壬辰，丙申，己亥，丙午；十月辛亥，丁巳，戊午，庚申，壬戌，乙丑，戊辰；十一月庚辰朔，癸未，甲申，丁亥，庚寅，乙未，戊戌，辛丑，甲辰至丙午；十二月庚戌朔，辛亥，癸丑，甲寅，丁巳，辛酉至甲子，庚午，壬申，乙亥兼抱气，丙子。

九年正月壬午，甲申，乙酉，丁亥，壬辰，乙未，丁酉至辛丑，癸卯，甲辰；二月癸丑兼抱气，丙辰，乙丑，己巳，辛未兼背气、抱气，丙子；三月戊子，壬辰，戊戌，庚子，丁未；四月辛亥，乙卯，庚申，丙寅，辛未；五月己卯，庚辰，甲申；六月戊申，辛未；七月癸卯兼抱气；八月癸丑，丁卯；九月壬午，辛丑；十月丙辰；十二月甲寅兼背气。

十年正月甲戌，乙亥，己卯兼抱气，庚辰，甲午；二月丁未，庚戌，辛亥，丁卯；三月丙子，丁丑；四月癸丑；五月壬申朔，甲申；六月辛酉；九月庚寅；十一月癸巳；十二月乙巳，戊午。

十一年正月庚午，壬午兼抱气，丁亥；二月辛丑兼背气，乙巳，己酉兼背气；三月丁亥；闰三月戊午；四月癸巳；十二月壬午，癸未兼背气。

十二年正月甲寅，乙卯；三月己酉，丁巳；六月壬戌，癸亥申、酉二时兼背气；十一月癸巳，丙辰；十二月壬戌。

十三年二月庚申，辛酉，乙丑；三月甲辰；六月辛巳；九月壬子朔兼背气、抱气，癸亥；十月壬寅；十一月戊午兼背气；十二月己丑。

十四年正月戊寅；二月辛卯，丁酉；三月庚申，乙丑，丁丑；四月甲申兼背气、抱气，戊戌兼抱气；五月甲寅，乙卯；七月戊午；八月庚寅；九月丁未；十一月甲子，庚午，甲戌；十二月乙亥朔，丙子，戊寅兼背气，癸未，乙酉。

十五年正月庚戌申时，戊午，己未兼背气；二月乙亥兼抱气，戊寅，丁亥，己丑，辛卯兼背气；三月甲辰朔如之，丙辰；四月甲申；七月壬寅兼抱气，甲寅；八月乙酉兼背气，丙戌；十月庚午朔；十一月甲子，乙丑兼背气。

十六年正月癸亥；二月己巳朔，癸未；四月壬申，闰五月丁丑；十月辛丑兼背气、抱气，壬戌；十一月乙亥。

十七年正月乙丑，丁卯，甲戌，壬辰；二月乙未，辛丑兼背气，乙卯；五月辛酉朔；七月己未朔；十月戊戌，丁未；十一月甲子兼抱气。

十八年正月壬午未时，丙戌；二月丁酉；十二月丙申。

十九年正月辛未，癸酉，戊寅；二月丙戌；十一月乙未，己亥；十二月甲寅。

二十年正月己亥；二月戊午；十二月戊申。

二十一年正月戊寅，癸巳，乙未；二月辛亥，戊辰；五月壬午；十一月壬子。

二十二年乙亥；四月丁卯，癸酉；七月庚戌；十月乙丑，乙酉；十一月丙辰，丁巳；十二月己未朔。

二十三年正月戊戌兼抱气；二月癸酉；三月辛丑；六月癸酉，甲戌；八月甲寅朔；九月辛亥；十一月壬辰，己酉兼抱气、背气，辛亥兼抱气；十二月辛酉。

二十四年正月乙酉，二月戊午，丁丑；七月乙亥；十月丙午；十二月甲午兼抱气，己亥。

二十五年正月戊辰；二月己卯，壬寅；五月庚戌，癸丑；六月辛巳，丙戌，戊戌，壬寅；七月戊申，壬戌兼背气；十一月壬寅；十二月丙戌。

二十六年正月甲辰；三月庚戌，辛亥酉时，戊午；四月壬申，己丑，癸巳；五月乙巳，丙午，甲寅，乙卯；六月壬申；十二月己卯，丙戌，壬辰，癸巳。

二十七年正月壬寅，丁巳；二月戊寅；三月丙申，己酉，癸丑；四月丁卯兼抱气，戊辰；十月戊申兼抱气；十一月丁丑；十二月乙未，庚子，戊午。

二十八年正月乙丑，戊辰，庚辰，癸未，甲申，戊子；二月癸巳，甲午，庚子，壬寅，戊申，甲寅，丙辰；三月辛酉；四月戊子朔，庚子，甲寅；六月辛卯，壬寅；八月己丑，辛卯，癸巳；九月丁巳卯时；十月丁亥；十一月戊午，乙丑兼抱气、背气；十二月乙酉，癸卯兼背气，甲辰兼背气、抱气、戴气，丁未至己酉。

二十九年正月己未，壬戌，庚午，乙亥辰时；二月庚寅，壬辰，癸巳，丙申；三月丙寅兼背气，戊辰，壬申兼背气；四月庚寅；五月戊午，甲子兼抱气、背气；六月辛巳朔，甲辰；七月戊午；八月壬午；十二月壬辰。

三十年二月癸巳，丙申；闰二月癸酉；三月庚寅；四月壬子；六月癸亥卯时兼背气、抱气，甲子，丁卯；七月丁亥兼抱气、背气；九月丙申，辛丑；十月甲子；十一月己亥；十二月甲辰兼戴气，戊申，己巳。

三十一年正月辛未朔，丁丑，甲申，庚寅；二月甲辰，庚戌，癸丑；三月辛未，四月丁未，戊申，戊辰；五月甲戌；七月丙戌兼抱气；九月庚午，己卯；十月辛丑，壬子兼抱气，戊午，庚申；十一月己巳；十二月甲辰，辛亥兼抱气，壬子。

三十二年正月己巳，辛巳兼戴气，己丑，壬辰；二月甲辰，己未，庚申；三月乙酉，辛卯；四月癸亥，五月丙寅，丙子；十月甲子兼抱气，乙丑兼直气，丙寅，癸酉；十二月辛巳。

三十三年正月辛亥，丙辰；三月辛卯，丙申，丙午；五月庚子，辛丑，辛亥；六月丁卯；七月己丑；八月乙丑；九月庚寅兼戴气、背气；十月癸亥，甲子；十一月戊戌，甲辰，壬子。

三十四年正月丁酉，壬寅，丁未；二月甲寅，乙卯，甲子兼背气、抱气，乙丑，庚午；四月癸丑朔酉时，壬申，丙子，戊寅寅时；五月壬午朔，丁亥，丁未；十二月庚申兼背气，丁卯。

三十五年正月甲申，甲辰，丁未；二月戊申朔，戊午；三月甲申；四月戊午，庚申；五月辛卯申、酉二时；六月己亥，七月庚戌，八月乙亥，癸卯；九月辛亥，癸丑辰时，戊辰，己巳；十一月丙午兼抱气，十二月乙酉，丙申。

三十六年正月癸丑，丙辰，戊午，甲子，戊辰，庚午，辛未兼背气；二月丙子如之，戊寅，庚辰，甲申，乙酉，甲午，戊戌；四月丁丑，庚寅；五月丁未，甲寅；六月丁酉；七月癸卯酉时，丁巳；九月庚子，戊午申时，庚申兼抱气；十月甲戌，乙亥丙申；十一月丁酉朔，丙辰；十二月壬申，壬午，庚寅，壬辰。

三十七年正月庚戌，壬子兼背气，戊午，乙丑；二月庚午，辛未，丁丑兼抱气，戊寅兼背气，丙戌申时，己丑；三月庚子，甲辰，丁巳；四月丙寅朔，庚午；六月壬午；七月己未；八月辛未，戊寅卯、辰二时；九月癸丑；十月癸未，庚寅辰、巳二时；十一月甲午，庚戌兼抱气；十二月壬戌如之，辛未兼抱气、背气，己卯，己丑。

三十八年正月庚子，丙午，乙卯；二月甲子，壬申，甲申兼戴气；三月癸巳，丁酉，丙午，丁未，己酉；闰三月丙寅，辛巳；四月甲辰，乙卯；六月己酉；九月庚申兼抱气，戊寅，己卯兼背气，癸未；十月辛卯兼背气，乙巳，丙午兼背气，乙卯；十一月壬戌，己巳，壬申，癸酉；十二月丁亥，壬寅，丁未。

三十九年正月丙辰，辛未申、酉二时，丁丑，己卯兼背气，庚辰，辛巳兼背气，癸未；二月己亥，乙巳；三月庚申，己巳，己卯；五月己未；六月甲申；九月庚申，乙亥未时兼背气；十月己亥。

四十年正月甲寅；二月己卯朔巳、午二时，庚子，甲辰；三月辛亥，甲寅，丁丑兼背气；四月庚辰，甲申，丁亥，戊子，庚子，辛丑，乙巳；五月己巳；八月甲辰辰时；九月乙卯，辛酉，丁卯卯、辰二时；十月丙子，庚辰，癸未，甲辰；闰十月丁未兼背气，丁巳，丁卯，辛未兼背气；十一月丙子如之，庚辰，戊子，己丑；十二月甲辰朔，甲子。

四十一年正月乙亥，己丑辰时，庚寅，丙申；二月乙巳辰时，丁未，庚戌，戊午，戊辰；三月辛巳，戊子，己丑卯、辰二时，戊戌；四月丁未兼抱气；六月乙巳，丙辰；九月丙戌；十月辛酉兼背气，甲子如之；十一月甲申，庚寅；十二月庚子，戊申，庚申。

四十二年正月己巳未时，丁丑巳、午二时兼抱气、背气，戊子申时；二月庚子，乙巳申时兼背气，丙午兼抱气，癸丑至乙卯，丁巳酉时兼抱气，辛酉，壬戌兼背气，癸亥；三月丁丑卯时，壬午，甲申，辛卯兼抱气；四月丁酉，戊申，己酉，乙卯，己未；五月丙子酉时，丁丑卯时，丁亥，壬辰；六月壬寅，甲寅，丁巳，庚申；七月庚午，辛未卯、辰二时兼抱气，己丑；八月丙午；十月辛亥；十二月戊戌，甲寅兼抱气，丁巳，辛酉。

四十三年正月丁卯，己卯，庚辰；二月辛丑申时，庚申兼背气；四月辛卯朔，戊申兼背气，壬子；五月癸亥，丁卯卯时；七月己丑卯时兼背气；十月辛酉；十一月丁亥朔，戊戌，辛丑兼抱气、背气，甲辰兼背气；十二月戊辰，庚午，壬午。

四十四年正月癸巳，乙巳，辛亥；二月己卯；三月乙未，乙巳；四月戊辰卯时，癸未；六月庚申兼抱气，壬戌，丁卯，戊辰，己卯；七月丙申卯时，乙巳；九月壬寅，乙巳；十月戊午，辛酉，甲戌。

四十五年正月甲申，甲午兼背气；二月甲子，丁卯；三月丁亥，戊戌卯时兼抱气，己亥，四月己未兼背气，癸亥兼戴气，乙丑，丁卯，乙亥兼背气，丁丑辰、申二时；

五月癸未卯时，丙午；六月甲寅，戊辰兼背气；七月辛巳卯时，辛卯，丁酉申时，戊戌，辛丑兼抱气；八月丁未朔卯时兼背气；九月丙子朔，丁亥兼背气，己丑兼抱气；十月癸酉辰时；十一月庚辰，己亥，甲辰；十二月丁未，己未，乙丑巳时，辛未，壬申兼背气。

四十六年正月己丑，辛卯，戊戌；二月戊申，壬子辰、巳二时，癸丑，辛酉，乙丑卯时；三月丙戌申时；四月戊申酉时，乙卯；五月己卯卯时；闰五月庚午兼背、抱、直三气；六月丙申兼背气；七月丙午兼抱气；八月癸酉申时兼戴气；九月庚子朔兼背气、抱气，癸卯，甲寅；十月癸酉辰时；十二月己丑兼背气，癸巳。

四十七年正月戊戌朔兼抱气，乙丑辰时；二月壬申辰时兼抱气，丁丑如之，戊寅兼抱气、戴气，丁亥；三月戊戌朔，丙午，庚戌卯、辰二时，甲寅；四月己巳辰时，丙子申时；五月甲子；九月己亥辰时；十月丙子，丙戌，丁亥兼背气；十一月甲午朔，丙申辰时，癸卯至乙巳，己酉兼抱气，戊午如之；十二月辛巳，己丑。

四十八年正月丙申辰时，辛酉；二月辛未，甲申，乙酉兼背气；三月丁未，己未；四月庚寅；九月乙巳辰时，壬子；十一月庚子，壬子巳时；十二月乙丑，丙子。

四十九年正月庚寅，壬辰，丁未；二月戊寅卯、辰二时；四月庚寅，甲午；六月庚戌；九月壬戌；十月癸巳；十一月壬子朔，壬戌；十二月辛卯。

五十年正月壬子巳时，甲子，戊辰，辛未，壬申酉时；二月甲申，乙未，甲辰辰时，乙巳，丁未；三月乙丑酉时；四月癸未，甲申兼背气，丁亥辰时；六月壬辰，乙未；九月乙丑，丁卯辰时；十月壬午如之，己亥，庚子巳时；十一月丙寅。

五十一年正月己酉；四月己卯；五月庚午；十月甲寅；十一月辛未朔，辛卯；十二月辛丑，壬子。

五十二年正月甲申兼背气；二月辛酉；五月庚寅；七月辛巳；十月乙未朔，丁巳；十一月丁卯。

五十三年正月庚午，甲申；二月丙申申时，甲辰，丙午；三月庚午，庚辰；四月戊戌酉时，乙巳；五月戊辰，庚午兼背气；七月壬戌，甲子；九月辛巳辰时，甲申；十二月己丑。

五十四年二月丁未；三月丙寅卯、辰二时，己巳如之；四月乙巳酉时，丙午兼抱气；五月壬申，癸酉，己卯；六月丙寅；八月丁卯；十月戊辰，丁丑兼背气，辛巳如之；十一月甲申，丙戌，丁亥辰、巳二时，己丑，庚寅；十二月庚申，辛酉，庚午申时，丙子。

五十五年二月辛未，庚辰；三月丁亥，丙申；四月甲寅；五月庚寅，壬寅；六月癸丑，己巳；七月庚子；九月甲午；十一月壬辰，丁酉未时；十二月庚戌。

五十六年正月乙巳；二月丁未未时，壬戌；四月癸丑酉时；十月壬戌；十一月癸酉兼抱气，乙卯巳时，丁亥，丁酉；十二月乙丑。

五十七年正月癸未巳、午二时兼抱气，甲申，甲午，乙未；二月乙卯，丙寅；三月辛未辰时，庚辰，甲申，丙戌；闰四月辛卯，癸巳申时兼背气；五月壬戌；七月乙巳；十月丙戌。

五十八年正月辛酉；二月己卯兼抱气，辛卯兼背气；三月甲辰卯时，乙巳卯、辰二时；四月庚午申、酉二时，癸酉，八月庚寅；九月丙辰，己未，庚申；十月壬申巳时；十一月己酉兼背气；十二月庚午。

五十九年正月庚戌；七月戊子；十月丁卯。

六十年正月乙未辰、巳二时，甲辰申时，丁未；闰二月甲辰；三月丙子，戊寅卯、辰二时兼抱气、背气；七月庚戌朔，壬申兼抱气；八月辛巳；十月辛卯；十二月丁酉。

日生戴气者，顺治二年十一月辛亥。乾隆三十二年七月乙亥。三十三年九月甲辰。三十五年九月癸丑午时。四十二年二月己亥。四十四年二月乙丑辰时兼背气。四十七年八月癸未午时。四十九年四月丙申巳时。

日生冠气者，康熙十四年九月乙巳。乾隆三十三年六月戊寅。

日生抱气者，顺治十年二月乙巳，乙卯午时。十一年正月庚子，辛酉兼直气。十五年二月戊寅。十七年五月甲戌上下二道。

康熙十四年六月乙亥。

雍正三年正月己未。

乾隆元年二月辛巳午时，己丑，庚寅；九月甲辰；十一月甲寅。二年二月戊寅；四月丁卯巳时。三年七月戊辰。四年三月壬戌；五月辛亥，辛酉申时，丙寅。五年二月丙申；六月辛未。六年正月辛巳；二月庚子；九月庚午；十一月丙寅。七年二月己酉未时，戊午；三月辛酉巳、午二时上下二道，癸亥，壬午卯时；四月丙申；五月壬午，乙酉；八月丁酉巳时，戊戌；十一月乙酉。八年二月戊子；闰四月甲子辰时；五月己丑。九年二月丁巳。十年四月戊辰；八月壬子；十一月丁酉。十二年六月癸亥卯、辰二时。十三年三月丙午，丁未；十月己酉。十四年四月辛丑；五月癸酉，丙子；六月壬午，己丑兼背气；七月庚戌。十五年正月庚戌巳时兼背气；二月乙酉，乙未。十六年二月丁丑；四月癸未。十八年正月壬午午时。十九年正月丙寅。二十四年六月戊午，庚申。二十五年九月庚申，戊辰。二十六年三月辛亥申时。二十七年四月丙寅，己丑。二十八年三月庚辰；六月甲辰；七月癸未巳时；八月丁酉；九月丁巳巳时。二十九年正月戊午兼背气；五月庚午；十一月壬子。三十年正月乙卯；二月乙酉；六月辛未兼背气；九月辛卯；十二月己未。三十一年正月戊寅；二月戊辰；三月戊寅；四月辛丑；五月甲午兼直气；六月甲子，乙丑；八月甲辰，辛酉；九月戊辰朔。三十二年六月己未兼背气；七月壬申；九月壬寅。三十三年正月辛卯；六月庚申，乙丑辰时，庚午；七月乙未；十一月乙酉朔。三十五年正月丙午；闰五月丙午朔。三十六年四月己卯；六月甲申兼背气；七月癸卯申时；九月戊午未时。三十七年七月乙未申时；八月丙戌，十月壬午。三十八年正月甲午；三月乙巳，乙卯巳时；六月甲午；八月丙午。三十九年九月乙卯。四十年二月壬午，己丑未时；七月辛酉。四十一年四月癸卯巳时；五月丁亥；六月丁未；九月壬辰。四十二年三月庚辰；四月甲子；六月壬戌；八月庚子；十月乙未。四十三年正月甲戌，丙戌酉时；二月癸巳未时，庚子，辛丑巳、午二时；五月戊辰。四十四年二月乙丑巳时；三月丙申；四月辛巳；五月丙戌申时；七月丙申酉时。四十五年四月庚午辰时；七月丁酉如之。四十六年正月辛巳；闰五月辛酉，壬戌。四十七年正月甲辰；二月庚寅；三月甲辰未时；五月壬子；七月丁酉；十月庚午。四十八年六月戊辰；八月癸未；十一月辛丑，壬子未时。四十九年三月己丑。四月丙申午时兼背气。五十年八月丁亥酉时。五十一年六月丙子，己丑。五十二年正月壬辰；三月丙子，丙申；六月辛酉；八月戊午。五十三年四月丁未，丁巳；七月癸亥，戊寅；八月癸卯；九月辛巳巳时。五十四年正月庚辰；四月丁酉，辛丑；七月壬子酉时；十二月庚午未时。五十五年正月甲辰。五十六年四月甲寅申时，壬戌如之；八月癸亥。五十七年二月丁未午时；五月己亥兼背气；乙卯卯时。五十八年四月己巳巳时；十一月壬寅。五十九年二月甲戌巳时。六十年三月壬戌辰时，己巳；六月辛卯辰时。

日生背气者，顺治十四年三月辛未。康熙四十五年十二月己丑。五十九年二月丁未。乾隆四年正月丙辰。七年七月庚申。十四年七月辛亥，乙丑；十二月丙申。十七年五月乙酉。二十五年七月辛酉。二十七年六月壬寅。二十八年七月己未，癸未申时；九月戊寅。二十九年八月己丑。三十年十月乙卯，己巳，壬戌。三十一年正月乙亥。三十四年六月丙寅；八月壬子。三十五年九月癸丑未时。三十七年十二月戊寅。三十八年正月壬寅；十二月丙午。三十九年正月丁卯。四十三年二月己亥；六月甲寅。四十五年十月癸酉未时；十二月乙丑辰时。四十六年六月癸酉；十一月丙寅；十二月戊寅，乙酉。四十七年三月壬寅，壬子。四十八年五月壬子。五十年五月丁丑卯时；八月戊子；十二月戊寅。五十一年七月戊午；十二月癸卯，辛亥。五十二年十一月癸酉。五十三年三月戊辰；十一月己巳辰时。五十四年六月壬戌。五十五年六月庚午。五十六年二月戊申；三月戊寅；六月戊申，甲子；七月丁亥；九月辛巳未时；十月丁未。五十七年闰四月戊寅；九月乙巳未时；十月辛未巳时。五十八年正月乙未如之；四月己巳酉时。五十九年六月丁卯。六十年正月甲辰未时；五月己卯。

日生直气者，乾隆六年二月庚申；七月乙丑午时。七年十二月乙巳未时。八年正月丁巳。五十二年二月乙酉酉时；十二月庚子午时。五十七年六月丙子左右二道，辛卯；八月戊辰。五十八年十月壬申申时左右二道。

卷三十九　　志十四

天文十四

客星　流陨　云气

客星　太祖丁未年九月丙申，彗星见东方。

天命三年十月丙寅，彗星见东方，尾长五丈，每夜渐移向北斗，十九日而没。

顺治九年十一月庚寅，异星苍白气见於参，西北行入毕。

康熙三年十月己未朔，有星茀轸，见东方；丁卯，尾长七八寸，苍色，指西南；丁亥，尾长三尺余，指西北，逆行至翼；十一月戊戌，尾长五尺余，指北方，至张；庚子，至井；癸卯，往西北行至昴；乙巳，尾指东北，至胃；庚戌，至娄，尾指东，青色；十二月壬戌，至奎，体小，尾长二尺余。四年二月己巳，东南方有异星见于女；甲戌，尾长七寸，指西南，苍白色；丁丑，尾长尺余，往东北顺行至虚；辛巳，至室，体渐大，尾长八尺余；乙酉，至壁，尾长五尺余。七年正月甲子，西南白光，长六尺余，尾指东南，占曰天枪；二月乙亥，渐长至四丈余，尾扫天苑、九斿、军井；丁亥，没。十二年二月癸巳，异星见于娄，大如核桃，色白，尾长尺余，指东方；甲午，仍见。十五年正月戊子，异星见于天苑东北，色白。十六年三月癸卯，东北方有异星见于娄，体色光明润泽，尾长尺余，指西南，占曰含誉。十九年十月戊子，彗星见右执法，色白，尾长尺余，指西方，东行甚速；壬寅，近太阳不见。十一月丙辰朔，尾迹夕见西方；壬戌见星体，色苍白，尾长六丈余，宽二尺余，指东北。二十一年七月己巳，彗星见北河之北，色白，尾长二尺余，指西南，往东北行甚速；壬申，入午宫，尾长六尺余。二十二年闰六月庚戌，异星见于五车北八谷东，色白，往西南逆行；戊辰，入五车。二十三年五月甲申，异星见太微垣，东属轸，色白明大，往东北顺行；乙酉，行四度余，至右摄提下。二十五年七月庚寅，异星见东方，近地平，色白，东行不急；丁酉，凡行十六度，至柳，微有尾迹；壬寅，至星，渐没。二十七年十月己酉，异星见奎，色白，凡三夜。二十九年八月己酉，异星见箕，色黄，凡二夜。

雍正元年九月己丑，异星见弧矢下，色白，体微，芒长尺余，指西北，逆行至井。

乾隆二年六月丁卯，异星出右更东，色白，属娄，向西南行；丙子，仍见。七年正月丁亥，异星见东南方；戊子，出地二十七度余，大如弹丸，色黄，尾长四尺余，指西南，属丑宫，在天市垣徐星外，逆行四旬余不见。八年十一月己亥，彗星见奎、壁之间，大如弹丸，色黄白，尾长尺余，向东指，属戌宫，逆行至九年正月辛卯，凡五十三日，行二十九度余。十三年三月癸丑，异星见东方，大如榛子，色黄，尾长二尺余，向西南指，在离宫第三星南，顺行至四月甲寅朔，行三度，尾长尺余，体小光微；壬戌，至螣蛇；乙丑，至王良；丙寅，不见。十四年五月甲寅，瑞星见东方，大如鸡卵，形长圆，色黄白，光莹润泽，行不急，出天津，入刍稿，占曰含誉。二十四年三月壬辰，彗星见东南方；甲午，出虚第一星下，大如榛子，色苍白，尾长尺余，指西南，顺行；癸卯，体小光微，尾余三四寸；戊申，全消。四月戊辰，彗星见西南方，在张第二星上；己巳，离张六度，大如榛子，色苍黄；尾光散漫，长二尺余，指东南，顺行；壬申，形迹微小；丁丑，更微；己卯，渐散；五月壬午，全消。十一月戊辰，异星见东南方，在井第四星下，大如榛子，色苍黄，向西北行；癸酉，行四度，在胃，微有尾迹；十二月丁丑朔，全消。三十四年七月甲辰，彗星见东南方，在昴下；丁未，大如弹丸，色苍白，尾长三尺，指西南，顺行甚速；八月丁卯，与太阳同宫不见；十月辛亥，见西方，在列肆第二星下，体势微小，尾长一尺；丙子，全消。三十五年闰五月己酉，异星见东南方，在天弁第一星西，大如弹丸，色苍黄；癸丑，向北行三十二度；乙丑，不见。十一月乙丑，彗星见东南方，长尺余；丙寅，在柳第二星下；戊辰，色苍白，尾指东南，每日向西北行十余度；庚午，微暗；辛未，全消。

流陨　陨星如斗者，太祖戊子年九月辛亥朔夜，时征王甲城，士马皆惊。

流星如盆者，乾隆十四年九月壬申，出娄宿，色赤，入天苑，有光，有尾迹。

流星如碗者，顺治四年十一月庚辰，自天中西北行入蜀，有声，色赤，光烛地，鸡犬皆惊。五年九月辛巳如之，声如雷。十五年六月辛未，自西北至东南，有声，色赤，不著光、尾迹。

流星如盏者，顺治四年五月戊午寅时，自西北至西南，色青白，有光。七年八月甲午，自东南至东北，色赤黄，入斗，不著光、尾迹。八年四月己酉，自氐宿南行，色青白；五月戊寅，自亢宿西南行，色白，众小星随之，入翼；九年三月丙子，自中天西南行，色赤，入毕；俱有光，有尾迹。九月丙申，自中天入紫微垣，色赤；十年八月丙寅，自中天入天市垣，色青赤；俱有光。十二年四月甲子，自亢宿入危，色赤黄，有光，有尾迹。癸酉，出房宿，色青黄，入尾；十六年七月甲申，出牛宿，东北行，色赤黄，至蜀没；俱不著光迹。康熙二年八月丁巳，自虚宿入紫微垣，小星随之；三年九月戊申，自中天入奎；俱色赤；六年正月戊寅，出鬼宿，色青，随后有声，入土司空；七年二月戊子，出大角，色赤黄，入箕；十二年九月甲午，出勾陈，色青白，至蜀没；俱有光、有尾迹。十六年九月己亥酉时，自正北下行，色赤白，尾迹如蛇，有光。十九年六月癸酉酉时，自西南向东北，声如雷，尾迹如匹布。二十五年十一月壬午，出左枢，色白，至蜀没，尾长竟天。十二月戊寅，出轸宿，色青黄，入骑官。二十九年二月丁亥，出河鼓，色黄，入尾。乾隆十九年正月丁巳一更，出奎宿，西北行；二十二年三月戊申一更，出西北方，下行；俱色青。二十四年闰六月甲申五更，出土司空，下行；三十五年九月戊辰三更，出室宿，西北行；俱色赤，俱入云。三十六年二月己丑昏，出上弼，下行，色黄，不著入。三十九年十月丙戌二更，出天廪，西行；四十年九月丁未一更，出垒壁阵西，下行；四十一年三月丁丑昏，出翼宿，西南行；十月丁卯晓，出平道，下行，俱色赤。十二月癸丑，出天苑，下行；四十二年八月壬戌一更，出右旗，西行；俱色白。五十四年十二月己卯昏，出参宿，下行；五十五年九月壬寅一更，出五车，西行；五十六年三月庚寅五更，出天津，下行；五十七年五月丙辰一更，出天棓，东北行；五十八年九月己亥五更，出娄宿，西南行。五十九年十月丙寅晓，出张宿，下行；六十年闰二月戊戌三更，出大角，西北行；俱色赤，俱入云，俱有光、有尾迹。

流星如饮钟者，康熙八年九月乙卯巳时，出午位，色赤黄，入巳位，不著光、尾迹。

流星如杯者，乾隆十八年七月甲戌三更，出奎宿，东南行，色赤，入云，有光，有尾迹。

流星如桃者，顺治五年八月癸巳朔，自中天东北行，不著色，入天关。十三年正月癸卯，自奎宿入天中，色黄白，俱有光、有尾迹。康熙二年八月乙巳，自中天至心，不著色、光、尾迹。四年六月壬申，出建星，入南斗；辛巳，出天棓，入河鼓；又出阁道，入离宫，俱色赤。壬午，出庶子，入开阳，色赤黄。九月甲申朔，出女宿，入羽林军，小星随之，不著色。十二月壬申，出南河，入柳，小星随之；五年正月己酉，出参旗，入天苑，俱色青白。二月戊午，出五车，至蜀没；五月乙酉，出勾陈，入大陵，俱色赤；十月戊午，出少宰，入天棓，色黄；俱有光、有尾迹。六年二月庚戌，出氐宿，入大角，色黄，有尾迹。八年四月癸亥，出天弁，入氐，色青白，有光，尾迹先直后曲，留东，咸结为云气，如鱼形，向东散。十年正月己未，出勾陈，入华盖，色黄白，有光。十一年七月辛未，出东井，入毕，色青黄，有光，有尾迹。十三年三月甲申辰时，自西北至西南，色白，有光。十五年九月丁未，出外屏，入坟墓，色青黄，有光，有尾迹。十六年四月丁未朔，出紫微垣，在云中，往北行，不著色，映地有光。十七年九月辛丑，出昴宿，入阁道，色青白，有光，有尾迹。十八年七月己未，出勾陈，入文昌，色青黄，有光。十九年五月壬辰，出摄提，入房，色青黄；闰八月己酉，出外屏，入建星，前小后大，色赤黄；十二月甲午，出勾陈，入大陵，色青；俱有光、有尾迹。二十一年正月戊辰，出大陵，入壁，色青白，有光。二十二年二月丁丑，出明堂，入轸，色青白，有光，有尾迹。二十三年二月己丑，出七星，入地，小星随之，色青，有光。二十九年二月丁亥，出郎位，入轩辕；八月乙亥，出参宿，入弧矢；三十二年二月癸卯，出房宿，入尾；俱色青。三十三年三月壬戌，出女宿，入危，色赤；三十六年十月丙辰，出五车，入弧矢，色白；俱有光、有尾迹。

流星如鸡子者，乾隆十二年十月戊辰二更，出阁道，东北行，色青；十四年二月乙酉昏，出王良，下行，色赤；五月庚申晓，出织女，西北行，色青；俱入云，有光，有尾迹。

十五年正月壬申二更，出天枪，西北行，色青，入云，有光。五月戊午晓，出天船，下行，色青，入云；八月戊子晓，出天狼，东行，色赤，入柳；十六年八月丙申二更，出斗宿，下行，色青，入云；十七年六月丁巳昏，出女床，西北行，色赤，入天理；戊午昏，出织女，东南行，色青，入河鼓；十八年六月乙酉晓，出河鼓，南行，色白，入云；俱有光、有尾迹。己酉昏，出东南云中，下行，色赤，入斗，有光。

十九年正月癸亥晓，出南河，下行，色赤；二十年五月甲午昏，出亢宿，东南行，色青；俱入云。

二十一年六月甲子一更，出河鼓，西北行，色赤，入贯索。七月辛未三更，出宗正，西行，色青。十一月丙申四更，出文昌，西北行；二十三年七月戊子二更，出王良，下行；十一月壬辰一更，出左枢，西北行；十二月辛酉五更，出南河，下行；俱色赤。

二十四年正月癸未朔二更，出弧矢，西南行，色青；二月庚辰一更，出柳宿，西南行，色赤；俱入云，俱有光、有尾迹。闰六月乙酉五更，出天仓，下行，色赤，入云，有光。七月丙寅二更，出奎宿，下行；己巳二更，出勾陈，下行；二十五年六月辛丑昏，出王良，南行；俱色赤；七月己酉一更，出危宿，下行，色青；俱入云，有光，有尾迹。

二十六年二月己卯昏，出外屏，下行，色黄，入云，有光。辛卯二更，出五帝座，东南行，色青，入云，有光，有尾迹。九月丁巳二更，出虚宿，下行，色赤，入云，有光。

二十七年正月乙未朔二更，出中台，东北行，不著色。癸丑晓，出天棓，下行，色赤。

二十八年二月庚戌一更，出西方云中，下行，色黄；六月壬子一更，出天厨，西南行；九月戊寅四更，出天市垣市楼，东行；二十九年四月庚寅昏，出四辅，西北行；七月辛酉晓，出阁道，南行；俱色赤。八月庚辰朔一更，出天钱，下行，色青；三十年闰二月庚午二更，出轩辕，东北行，色赤；俱入云，有光，有尾迹。六月丁卯昏，出东北云中，东南行，色黄；一更出天津，东行，色赤；俱入云，有光。七月壬午晓，出王良，西行，色青。九月庚子五更，出王良，下行；十月戊辰五更，出中台，东南行；俱色赤，俱入云。

三十一年六月甲子晓，出壁宿，西南行，色赤，入羽林军。十月庚子二更，出天津，下行，色青。丙午五更，出壁宿，西行；晓出南河，下行；己未晓，出军市，东行；十一月甲戌五更，出文昌，下行；三十二年二月甲寅五更，出角宿，东南行；俱色赤，俱入云，俱有光、有尾迹。六月庚申昏，出西南云中，下行，色赤，入云，有光。闰七月癸巳晓，出八谷，东北行；九月庚申二更，出瓠瓜，西南行；十月癸亥二更，出天津，下行；己巳一更，出昴宿，东南行；庚午五更，出五车，北行；俱色赤。

三十三年七月己丑晓，出河鼓，西北行，色黄。乙卯一更，出斗宿，下行；八月辛酉一更，出左枢，下行；俱色青。乙亥一更，出天枪，下行；九月丙午五更，出壁宿，下行；俱色赤。丁未二更，出天苑，下行，色黄。庚戌晓，出五车，西南行；十月壬戌二更，出五车，下行；十一月乙酉朔晓，出天狼，下行；俱色赤。

三十四年三月戊子晓，出库楼，下行；五月丁亥二更，出天厨，下行；俱色青。七月辛卯三更，出开阳，下行，色赤。辛丑昏，出左旗，西南行，色黄。八月乙卯晓，出天苑，下行，辛未昏，出斗宿，下行；俱色青。十二月癸酉五更，出井宿，下行；三十五年正月壬寅晓，出螣蛇，东行；癸卯五更，出帝座，西南行；二月辛亥一更，出北河，东南行；丁卯五更，出大角，西北行；三月丙申二更，出大角，东北行；七月丁未二更，出天市垣梁星，西北行；九月乙丑晓，出五车，下行；辛未二更，出天棓，下行；十月丙子晓，出轩辕，东南行；三十六年正月庚午二更，出南河，下行；俱色赤。十月戊辰朔五更，出毕宿，南行，色黄。十一月壬戌五更，出鬼宿，西北行；三十七年七月丙辰昏，出天弁，下行；俱色赤。十一月甲辰晓，出柳宿，东南行，色苍白。十二月庚辰五更，出贯索，下行，色黄。三十八年正月庚子晓，出氐宿，西行，色赤。九月乙丑昏，出天桴，南行，色苍白。丁丑二更，出参宿，下行；十月乙巳一更，出女宿，下行，俱色黄。戊申一更，出垒壁阵，西行，色赤。

三十九年三月乙丑晓，出角宿，下行，色黄。七月戊寅昏，出勾陈，西行；九月庚午二更，出八谷，下行；癸酉二更，出天囷，下行；俱色赤。十月乙酉二更，出右枢，下行，色白。丙戌五更，出奎宿，下行，色赤。丁亥五更，出天廪，南行；十二月辛巳昏，出渐台，下行；俱色黄。四十年四月乙巳昏，出勾陈，西行；五月甲戌昏，出上台，下行；六月戊寅五更，出虚宿，下行；甲辰五更，出瓠瓜，下行；七月丙辰五更，出王良，下行；丁巳昏，出勾陈，南行；戊午二更，出奎宿，西行；俱色赤。八月丙子朔四更，出奎宿，西行，色苍白。丁丑三更，出昴宿，下行，色黄。九月丙午朔三更，出天廪，下行，色赤。己巳三更，出羽林军，下行，色苍白。十月癸巳一更，出昴宿，下行，色白。甲午三更，出五车，南行；十二月丙辰一更，出卷舌，北行；俱色黄。辛酉昏，出北河，西南行；四十一年三月癸酉一更，出五车，东南行；戊子二更，出帝座，下行；俱色赤。四月己巳二更，出尾宿，西行，色白。五月甲戌晓，出离宫，南行，色赤。戊戌昏，出女宿，下行；晓出阁道，下行，俱色白。六月壬寅晓，出天津，西南行；戊申一更，出室宿，下行；俱色赤。乙丑二更，出天津，西南行，色青。七月甲申四更，出毕宿，下行；壬辰四更，出霹雳，下行；癸巳二更，出奎宿，南行；甲午昏，出阁道，下行；俱色赤。一更出昂宿，下行，色白。己亥一更、五更俱出奎宿，南行；九月乙未昏，出左旗，西北行；俱色赤。十月乙巳晓，出屏星，下行，色白。甲子三更，出庶子，下行，色黄。乙丑三更，出左枢，西北行，色白。丁卯五更，出右执法，下行；四十二年三月己巳昏，出北斗天枢，西北行；俱色赤。甲午昏，出轩辕，西北行，色白。四月戊申晓，出左旗，东北行。五月甲戌一更，出天市垣郑星，东行；六月癸卯四更，出离宫，西南行；俱色赤。七月己巳二更，出女宿，下行，色黄；三更出天纪，南行，色赤；晓出天船，南行，色黄；出参宿，下行，色白。庚午二更，出贯索，下行，色赤。丙戌二更，出天市垣蜀星，西北行，色白。癸巳一更，出左枢，西行。八月庚戌四更，出天囷，北行；癸丑二更，出天溷，下行；俱色赤。十二月戊午二更，出天仓，下行，色黄。

四十三年二月丙辰五更，出七公，东北行，色赤。丁巳一更，出奎宿，下行，色黄。四月丙辰二更，出右旗，下行；五月丙寅晓，出奎宿，西南行；俱色赤。六月戊寅二更，出阁道，西行，色黄。八月乙丑五更，出井宿，东南行；十月乙亥三更，出卷舌，北行；十一月戊子晓，出右摄提，西南行；

俱色赤。壬辰一更，出上卫，西行，色白。癸丑晓，出翼宿，南行，色黄。丙辰二更，出昴宿，西北行；十二月戊辰二更，出文昌，北行；癸酉一更，出天枢，西行；戊寅一更，出天权，下行；二更出勾陈，下行；四十四年正月辛丑一更，出天权，西北行，俱色白。甲辰四更，出南河，下行，色赤。戊申一更，出上卫，下行，色黄；四月辛巳五更，出天市垣赵星，西行，色赤；俱入云。六月丙子二更，出西北云中，东南行，色白，入室宿。八月戊寅一更，出羽林军，下行，色白。九月庚戌晓，出军市，下行，色赤。

四十五年二月庚申一更，出参宿，西行，色黄。丁丑三更，出轸宿，西行；七月乙未三更，出天津，北行；八月壬子晓，出上卫，下行；俱色赤。庚午二更，出王良，西南行，色黄。九月辛卯晓，出毕宿，西南行；十月甲寅昏，出织女，下行；俱色赤。己未二更，出天枢，西行，色白。十一月辛巳二更，出五良，东南行，色黄。四十六年五月庚寅一更，出河鼓，下行，色赤。六月辛卯二更，出勾陈，西南行；乙未昏，出房宿，西行；俱色黄。九月丙寅二更，出文昌，下行；丁卯二更，出娄宿，西南行；十月辛未二更，出玉井，下行；俱色赤。丙申五更，出天枢，下行，色黄。戊戌晓，出玉井，下行；十一月癸卯三更，出大角，南行；甲辰晓，出毕宿，北行；俱色赤。

四十七年六月己巳昏，出贯索，西南行，色白。乙未四更，出奎宿，西南行，色赤。七月戊戌一更，出壁宿，南行，色黄。九月壬寅晓，出郎位，下行；癸卯昏，出贯索，下行；十月己巳三更，出昴宿 ，东行；俱色赤。

四十八年四月壬戌三更，出瓠瓜，下行，色白。乙丑一更，出五帝座，西北行；五月庚子四更，出天棓，东北行；七月丙午昏，出文昌，下行；九月庚寅一更，出天船，下行；十月甲戌一更，出土司空，下行；四十九年正月丁亥朔晓，出天枪，东北行；甲寅一更，出天枪，下行；闰三月壬午二更，出天津，下行；四月丁酉一更，出开阳，西北行；六月丁亥五更，出垒壁阵东井，西行；壬辰二更，出危宿，下行；甲辰昏，出天棓，下行；七月丁巳昏，出开阳，下行；俱色赤。十二月壬午二更，出织女，下行，色白。

五十年三月己卯五更，出左执法，下行；五月甲戌二更，出天津，下行；八月壬午晓，出瓠瓜，下行；庚寅四更，出牛宿，下行；戊戌五更，出勾陈，西行；十月乙巳四更，出五车，东南行；五十一年闰七月丙申一更，出天厨，西南行；十月辛丑朔昏，出危宿 ，下行；己未一更，出王良，东南行；丙寅四更，出大陵，下行；五十二年五月戊子五更，出螣蛇，南行；八月己亥三更，出五车，下行；辛亥五更，出壁宿，西南行；辛酉二更，出天仓，下行；五十三年四月乙巳二更，出文昌，下行；六月辛丑二更，出箕宿，下行；己未三更，出奎宿，下行；七月壬戌五更，出织女，下行；己巳二更，出壁宿，下行；丁亥三更，出贯索，下行；十月乙未四更，出井宿，下行；五十四年五月己未昏，出天棓，下行；闰五月戊戌晓，出尾宿，下行；辛丑昏，出天津，下行；五十五年四月癸丑四更，出文昌，下行；五月癸未昏，出天棓，下行；俱色赤。六月癸亥五更，出尾宿，下行，色白。七月壬午二更，出帝座，西北行；丙戌四更，出五车，下行；八月丁巳一更，出王良，下行；戊辰晓，出文昌，下行；十一月甲申昏，出坟墓，下行；十二月丁卯一更，五十六年四月丙午晓，俱出文昌，下行；己酉晓，出郎位，下行；五月丁酉五更，出贯索，下行；七月丁丑三更，出室宿，下行；壬午晓，出奎宿，西南行；癸未昏，出文昌，下行；二更出天津，南行；三更出壁宿，下行；五更出危宿，下行；乙未昏，出文昌，下行；八月壬申晓，九月戊寅四更，俱出天仓，下行；丁亥昏，出文昌，下行；十月壬寅朔五更，出轩辕，东南行；癸丑四更，出毕宿，下行；俱色赤。十一月己卯昏，出坟墓，下行，色黄。十二月辛酉昏，出文昌，下行；五十七年三月丁酉五更，出贯索，东北行；六月戊寅昏，出织女，西北行；丁亥昏，出亢宿，下行；庚寅晓，出室宿，下行；壬辰五更，出五车，下行；甲午晓，出昴宿，下行；九月辛丑五更，出天仓，下行；辛亥昏，出文昌，下行；乙丑晓，出轩辕，东南行；十月丙子四更，出毕宿，下行；五十八年三月戊申晓，出室宿，下行；六月甲申二更，出大陵，下行；戊子五更，出天纪，下行；七月甲午四更，出七公，下行；丙申二更，出贯索，下行；戊申昏，出织女，西南行；甲寅昏，出贯索，下行；丁巳一更，出危宿，下行；八月戊辰三更，出室宿，东南行；九月甲午一更，出阁道，下行；己酉昏，出壁宿，下行；辛亥昏，出斗宿，下行；丁巳一更，出室宿，东南行；十月壬午二更，出危宿，下行；五十九年六月乙酉一更，出王良，下行；十月乙卯朔一更，出天棓，下行；己巳四更，出五车，东北行；六十年二月丁巳昏，出王良，下行；七月庚午二更，出昴宿，下行；俱色赤，俱入云，俱有光、有尾迹。

流星如李者，康熙七年四月乙亥，出右执法，入翼；十二月癸酉，出参宿，入军市；俱不著色。八年十月己丑，出伐星，色青白，入天狼。九年六月庚戌，出离宫，入虚；十年九月戊寅，出室宿，入羽林军；俱不著色，俱有光、有尾迹。十二年八月丙午，出螣蛇，色青白，入心，微有尾迹。十四年十一月戊子，出张宿，色青白，入天庙，有光。十六年八月甲寅，出常陈，色青赤，入氐。十七年正月丙子，出参宿，色青白，入九斿。十八年十月庚午，出右旗后，小星随之，色青赤，入候星。二十一年六月乙巳，出天市垣，色青白，入心、尾之间。十一月戊申，出东井，色赤黄，入上台。二十四年三月戊辰，出建星，色白，入垒壁阵。二十五年九月壬午朔，出胃宿，色赤，入东壁。二十六年七月癸未，出垒壁阵，色青白，入天纪，自东南至西北竟天；二十八年二月乙卯，出东次将，色白，入氐；三十年十月丁未，出胃宿，色白，入天仓；三十一年正月己卯，出贯索，色青，入亢；九月癸丑，出东井，色白；入天苑，三十二年七月辛亥，出王良，色黄，入五车；三十五年十月甲辰，出少微，色青，入庶子；三十八年十一月乙未，出勾陈，色赤，入王良；四十七年九月戊戌，出内屏，色青，入文昌；五十三年八月壬申，出蜀星，色赤，入尾；己卯，出牛宿，色青，入南海；五十六年十二月丁未，出毕宿，色青，入天仓；俱有光、有尾迹。六十年十一月丙午未时，自西北至东南，色赤，有尾迹。雍正元年三月壬午，出左枢，色青，入天津；二年四月庚戌，出左执法，色赤，入角；俱有光、有尾迹。

流星如核桃者，乾隆八年八月乙卯未正，出东北云中，下行，色黄，入云，微有尾迹，以昼见。其余乾隆年间一千五百有余，皆以昏、晓及夜见。

流星如栗者，康熙十一年五月壬子，出天厩，入奎，有光，有尾迹。

流星如弹丸者，康熙十七年五月庚申辰时，出西南，色赤，有光。七月戊午酉时，出西北，色青。乾隆元年五月壬戌午正，自西南方下行，色黄。七月癸卯戌初初刻，出东北，高五十余度，下行至二十余度没，色白，有光，有尾迹，皆以昼见。其余顺治年间五，康熙年间六十二，雍正年间一十三，乾隆年间三千一百有余，皆以昏、晓及夜见。

流星如榛子者，乾隆年间一十四，皆以夜见。

云气　太祖壬子年九月癸丑，东方有蓝、白二气。癸丑年九月庚辰，日傍有青、红二气，对照如门，祥光四映。乙卯年三月甲戌，有黄气亘天，人面映之皆黄。十月戊申，有红、绿祥光二道夹日，又有蓝白光一道，掩映日上如门。天命三年正月丙子，有黄气贯月中，其光宽二尺许，约长三四丈。四月壬子，有蓝、黑气二道，自西而东，横亘於天。五月乙卯，有红、绿、白三气，自天下垂，覆营左右，上圆如门。九月甲寅，东南有白气，自地冲天，末偏锐如刀，约长十五丈，凡十六日而灭。五年三月癸丑夜，有蓝、白二气，自西向东，绕月之北，至南而止。

天聪五年八月丁卯，明兵来攻阿济格贝勒，大雾不见人，忽有青蓝气自天冲入敌营，雾忽中开如门，我兵遂克。崇德六年九月辛巳黎明，东方有金光大如斗，内复有金光一道直如椽，冲天而起。

顺治元年六月庚午酉时，有白气自西南至东北。十月壬辰，五色云见日上。三年正月壬戌，北方云中有赤光如火影。四年五月庚戌，有白气自西南至东北。十月壬辰，五色云见日上。十二月壬辰如之。八年十二月壬子夜，有白气从艮至乾。十年六月丙申，青赤气生日上下。十二年六月庚午，北方有青黑云气，变幻如龙。

康熙三年十二月甲戌，金星生白气一道，长三丈余。五年二月庚申亥时，中天苍白气四五道。三月庚寅酉时，东南黑气一道。六年八月己亥，有白光一道，自东至西。七年正月甲子酉时，西南白光一道，尾至东南入地，约长六尺余，十余日渐长至四丈余，扫天苑、天旃、军井。八年六月甲申，西北直气一道。十一年二月甲午，五色云见中天，历巳至申。乙未如之。六月戊子，五色云见日上。十二月癸卯，五色云见日旁。十二年正月庚辰，西北至东南，苍白气经天如匹布。十三年六月己巳夜，东北苍白云一道。七月甲戌，白气一道贯日，自南至北，长六丈余。十五年三月乙酉，五色云见中天。七月戊戌、庚戌皆如之。十六年三月甲辰，五色云见日傍。七月癸未、十七年二月戊辰皆如之。六月辛巳，青气一道，宽五尺余。壬午，苍白气一道，青气三道，宽尺余。癸未，青气一道，宽六尺余，俱自西北至东南。十八年八月乙丑，正北黄黑云一道，变赤黄色，宽四尺余，长数丈。十九年十一月戊午至辛酉，西南苍白气一道，宽尺余，锐指东北，长三丈余，渐长至四丈余。二十年六月辛卯，东北青气六道。十月癸未，正北黑云一道，穿北斗，约长三丈余。二十四年十月丙午，日上苍白云映出五色鲜明。三十五年五月戊辰，五色云见中天。四十一年二月甲寅酉时，西南白云一道，长二丈余，宽尺余，穿天仓、天苑，入地平，至丁巳，长三丈余。六十一年十一月癸卯，五色云见日上。

雍正元年九月丁丑朔，五色云见中天。十月辛未、二年正月辛巳皆如之。五年八月辛亥丑时，正北黑云一道，东西俱至地平，宽尺余。七年三月戊辰，五色云见日旁。十一月丙申，庆云见於曲阜，环捧日轮，历午、未、申三时，于时上发帑金修建阙里文庙。八年正月辛巳，五色云见日下。六月辛丑子时，正北至东南，黑云一道，宽尺余。九年九月乙酉丑时，西北至东西，白云二道，宽尺余。十三年正月，云南奏报，年前十月二十九日，大理等府五色云见；广东高州府如之。

乾隆元年十月壬戌未时，五色云见日上及旁。癸亥未时，乙丑辰、巳二时皆如之。二年正月辛卯子时，西南至东北，黑云一道，宽一尺。三年七月己巳卯时，西北白云一道，宽三寸，长一丈余，往西南行。四年三月乙丑寅时，东南云一道，宽尺余，长数丈。丙寅巳时，北方白云一道，宽七八寸，长三丈余。八月乙未，北方白云一道，宽尺余，自东至西。五年三月丁巳亥时，东南白云一道，宽尺余，长三丈余。五月辛酉亥时，东南黑云一道，宽尺余，长二丈余。七年正月戊寅子时，月下白云一道，宽尺余，长三丈余。二月丁酉午时，五色云绕日。戊申巳时，见日旁；亥时，北方白云一道，宽二尺余，自东至西。八月己酉子时，东方白云一道，宽尺余，长五尺。甲寅巳时，五色云捧日。九月甲子午时绕日。十月庚寅辰时、丁酉辰时、八年三月丙辰辰时皆如之。己巳巳时见日上，丁丑酉时如之。闰四月辛酉夜子时，月上白云一道，宽尺余，自西北至东南。戊寅辰时，五色云见日旁。六月甲子酉时，见日上。戊辰未时，绕日。甲戌巳、午二时如之。七月丁酉子时，绕月。戊戌子时，北方白云一道，宽尺余，自东至西。乙巳午、申二时，五色云绕日。八月丁卯，见月上。戊辰亥时，绕月。十月丙辰巳时，见日下。丁巳申时，绕日。壬戌巳时，见日下。九年正月乙巳辰时至午时，见日上。五月癸未戌时，绕月。十一年七月乙巳亥时，中天白云一道，长丈余。十二年六月辛酉丑时，西南至正东，黑云一道，宽三尺余，俱至地平。丁亥，五色云绕日。十四年二月庚辰子时，东南黑云一道，宽二尺余，长十丈余。十一月戊申卯时，东方白云一道，宽尺余，长丈余。十八年二月丁亥朔申时，五色云见日上。十九年四月丙申子时，中天白云一道，自东南向西，宽尺余，长二丈余。二十一年五月辛巳亥时，东南白云一道，宽尺余，长数丈。闰九月乙卯丑时，东北至西北如之。

卷四十　志十五

灾异一

传曰：天有三辰，地有五行，五行之沴，地气为之也。水不润下，火不炎上，木不曲直，金不从革，土爰稼穑，稼穑不熟，是之谓失其性。五行之性本乎地，人附于地，人之五事，又应于地之五行，其《洪范》最初之义乎？《明史·五行志》著其祥异，而削事应之附会，其言诚韪矣。今准《明史》之例，并折衷古义，以补前史之阙焉。

《洪范》曰："水曰润下。"水不润下，则为咎徵。凡恒寒、恒阴、雪霜、冰雹、鱼孽、蝗蝻、豕祸、龙蛇之孽、马异、人痾、疾疫、鼓妖、陨石、水潦、水变、黑眚、黑祥皆属之于水。

顺治九年冬，武清大雪，人民冻馁；遵化州大雪，人畜多冻死。十年冬，保安大雪匝月，人有冻死者；西宁大雪四十余日，人多冻死。十一年冬，滦河大雪，冻死人畜无算。十三年冬，武强大雪四十日，冻死者相继于涂；昌黎、滦州大雪五十余日，人有陷雪死者。

康熙三年三月，晋州骤寒，人有冻死者；莱阳雨奇寒，花木多冻死。十二月朔，玉田、邢台大寒，人有冻死者；解州、芮城大寒，益都、寿光、昌乐、安丘、诸城大寒，人多冻死；大冶大雪四十余日，民多冻馁；莱州奇寒，树冻折殆尽；石埭大雪连绵，深积数尺，至次年正月方消；南陵大雪深数尺，民多冻馁；茌平大雪，株木冻折。十一年三月，文水大雪严寒，人多冻死。冬，昌化大雪，平地深三尺。十五年十一月，咸阳大雪深数尺，树裂井冻。十六年九月，临淄大雪深数尺，树木冻死；武乡大雨雪，禾稼冻死；沙河大雪，平地深三尺，冻折树木无算。二十二年十一月，巫山大雪，树多冻死；太湖大雪严寒，人有冻死者。二十四年四月，定陶烈风寒雨，人有冻死者。二十七年，郝昌大雪，寒异常，江水冻合。二十八年冬，衢州大雪，寒异常。二十九年十一月，高淳大雪，树多冻死；武进大寒，木枝冻死。十二月，庐江大寒，竹木多冻死；当涂大雪，橘橙冻死；阜阳大雪，江河冻，舟楫不通，三月始消；宜都大雪□树，飞鸟坠地死；竹溪大雪，平地四五尺，河水冻；三水大雪，树俱枯；海阳大寒，冻毙人畜；揭阳大雪杀树；澄海大雨雪，牛马冻毙。三十年冬，房县酷寒，人多冻死。四十二年春，房县雨雪大寒。五十五年冬，高淳大雪盈丈。五十七年七月，通州大雪盈丈。十二月，太湖、灊山大雪深数尺。五十八年正月，嘉定严寒，太湖、灊山大雪四十余日，大寒。

雍正五年冬，屯留大雪严寒，井冻。

乾隆五年正月，嵊县大雨雪，奇寒；福山大寒。九年正月，曲沃大寒，井中有冰。十三年十二月，上海大寒雨雪。十六年三月，武强大雪，平地深尺许，人畜多冻死。二十二年正月，丰顺雨雪大寒，人畜冻毙。二十四年冬，永年大寒。二十六年冬，福山大寒，树多冻死；文登、荣成大雪寒甚；娄县大寒，河冰塞路；临朐大寒，井水冻；余姚大寒，江水皆冰。五十七年六月，房县大寒如冬。五十九年七月，湖州寒如冬。

嘉庆元年正月，青浦雨雪大寒，伤果植；滦州大寒井冻，花木多萎；永嘉大风寒甚，冰冻不解；湖州大雪，苦寒杀麦；义乌奇寒如冬；桐乡大风雪寒。十二月，金华大雪，麦几冻死。三年五月初五日，青浦大寒，厨灶皆冰。十年十二月，枣阳大雪，结寒冰厚五尺。十九年秋，招远、黄县大寒，海冻百余里，两月始解。二十四年十二月，南乐大雪，平地深数尺，人畜多冻死。

道光十一年冬，元氏、南乐大雪，井冻，冰深四五尺。十一年十二月朔，抚宁大雪，平地深三尺，飞鸟多冻死。二十一年正月，登州府各属大雪深数尺，人畜多冻死。冬，高淳大雪深五尺，人畜多冻死；黄川大雪深数尺，经两月始消，民多冻馁；罗田大雪深丈余，民多冻馁。

咸丰八年七月，大通大雪厚二尺，压折树枝，谷皆冻，秕不收。九年六月，青浦夜雪大寒；黄岩奇寒如冬，有衣裘者。十一年十二月，临江府及贵溪大寒，树多冻折；蒲圻大雪，平地深五六尺，冻毙人畜甚多，河水皆冰。

同治元年六月，崇阳大寒。冬，咸宁冰冻奇寒。四年正月十四日，三原大风雪，人多冻死；枣阳雨雪连旬，树多冻死。十六日，钟祥、郧阳大雪；汉水冰，树木牲畜多冻死。十二年十一月，三原大雪六十余日，树多冻死。

光绪二年五月，遂昌奇寒，人皆重棉。

顺治四年三月，献县、肃宁昏雾，四昼晦。十四年十月二十八日，东阳大雾，竟日不散。十五年正月朔，灊江大雾，昼晦。

康熙元年三月初八日，临榆昏雾竟日。十六年，清河阴雾四十余日。二十年三月，桐乡恒阴。二十二年三月，萧县重雾伤麦。三十年正月，江浦大雾蔽天。四十三年八月，庆云昏雾障天。六十一年六月，潍县浓雾如烟。

雍正二年十二月十五日，掖县大雾。

乾隆元年十一月二十一日，海阳大雾。二十六年八月初四日，独山州宿雾冥濛，近午始霁。三十三年二月十六日，梧州大雾。

嘉庆元年三月二十六日，宜城昏雾，昼晦。四年十二月朔，蓬莱大雾竟日，气如硫磺。十五年正月，荣成大雾。

道光六年五月，肃州大雾。二十九年正月，云梦昼晦六阅月，天气阴霾。三十年正月朔，登州阴雾。

咸丰元年十二月除夕，泰安、通渭大雾。二年正月二十四日，陵川大雾，昼晦。

同治元年正月庚寅，青浦大雾，著草如棉，日午始散。二年正月二十四日，陵县大雾，昼晦。三月十六日，泾州大雾，通渭、泰安大雾，至四日乃止。六年二月，日照大雾。

光绪十一年，邢台大雾。

顺治元年四月，棲霞陨霜杀麦。二年八月，垣曲陨霜。

六年四月，庄浪陨霜杀麦。七年四月，灵台陨霜杀麦。十五年四月，东昌陨霜杀麦。六月，高唐陨霜。十六年三月，荣河陨霜杀麦。十七年春谷雨后，岳阳霜屡降；万全陨霜杀麦。

康熙二年四月二十三日，高苑陨霜杀麦。六月，雒南、商南陨霜三次。三年四月二十一日夜，清河风霜并作。二十三日，新城、邹平、阳信、长清、章丘、德平陨霜杀麦。二十四日，益都、博兴、高苑、宁津、东昌、庆云、鸡泽陨霜杀麦。十一年四月，乐安陨霜杀麦。五月，通州陨霜 杀麦。七月，岢岚州、吉州陨霜杀禾。十二年正月四日，寿光陨霜杀麦。十四年四月，平度、掖县、莱阳、昌乐、安丘、馆陶、滨州、蒲台陨霜杀麦。五月，冠县陨霜杀麦。十五年四月，武强陨霜杀麦。十七年春，砀山、颍上、铜山陨霜杀麦。十八年三月，无极陨霜杀麦。十九年四月，榆社陨霜杀菽。六月，沂州陨霜。八月，高州大雪。二十一年三月，太平陨霜杀麦。二十二年七月，静乐陨霜杀禾。二十三年四月，仪徵、静宁州陨霜杀麦。二十六年七月，西宁陨霜。二十七年三月，临潼陨霜杀麦。七月，岳阳陨霜杀禾。二十九年三月，商州陨霜。四月，长治陨霜。三十年五月，长治陨霜。八月，武进陨霜杀稼。五月朔，平远雨雪。六月，龙川陨霜杀禾。三十三年八月，怀来陨霜杀稼。三十四年七月，盂县陨霜杀禾。八月十五日，岚县、永宁州、中卫、绛县、垣曲陨霜杀禾。三十五年八月，静宁、介休、沁州、沁源、临县、陵川、和顺、延安各处陨霜杀稼。三十六年七月，乐平、保德州陨霜杀禾。八月，岳阳陨霜杀禾；沁、涿霜灾。九月，龙门大雪；西乡陨霍杀稼。三十七年七月，阳高陨霜杀禾。四十四年三月，砀山、湖州大雪。六月，桐乡、湖州大雪；狄道州陨霜杀禾。四十七年二月，鹤庆陨霜杀麦。四十八年七月，德州陨霜杀禾。五十年正月，潮阳陨霜。五十六年二月，泾阳陨霜杀麦。七月，通州大雪盈丈。五十九年七月，安定陨霜杀禾。八月，德州陨霜杀禾。六十年五月，临朐陨霜杀麦。

雍正元年八月，怀安陨霜杀禾。二年八月，江浦陨霜杀稼。六年七月，甘泉陨霜杀禾。八年八月，沁州陨霜杀禾稼。九年八月，沁州复陨霜杀禾稼。

乾隆四年四月，通州陨霜杀麦。八年七月，无为大雪。八月初一日，东光陨霜杀禾。十年七月，广陵陨霜杀禾。十二年六月丙子，苏州雨雪，己卯、庚辰又微雪。十三年四月，同官陨霜霜杀麦。十六年四月，同官陨霜杀麦。九月，龙川陨霜杀禾。二十年七月，正宁陨霜杀禾。八月，葭州陨霜杀禾。二十七年七月，会宁、正宁陨霜杀禾。二十八年五月，和顺陨霜杀稼。三十一年三月，高邑陨霜。五十一年五月，通渭陨霜杀麦。五十二年七月，宣平陨霜杀菽。五十五年三月，平度、够平、临邑陨霜杀麦。四月，范县陨霜杀麦。五十六年三月，寿光、安丘、诸城陨霜杀麦；平阴陨霜杀麦，数日后复发新苗。

嘉庆十年三月，东平、济宁、莘县陨霜杀麦。十三年四月，靖远、乐清陨霜杀禾。十四年立夏前三日，江山雨雪。十九年八月，望都陨霜杀稼。二十二年八月，涿州、望都陨霜杀稼。二十五年八月，贵阳陨霜杀稼。

道光十二年四月，诸城陨霜杀麦。七月，望都、宁津陨霜杀禾。十五年四月，黄县陨霜杀麦。十八年八月，元氏陨霜杀禾。十九年八月，狄道州陨霜杀禾。二十年七月，临朐陨霜杀禾。二十二年四月初八，秦州陨霜杀麦。

咸丰九年二月，沁源陨霜杀麦。

同治九年二月，沁源陨霜杀麦。

光绪二年八月初八日，宁津、东光、临榆陨霜杀禾。十八年四月，化平川厅陨霜。二十八年八月，庄浪陨霜杀禾。

顺治元年，沙河大雨雹。二年三月，平乐雨雹，大如鹅卵。五月二十四日，武乡雨雹，大如鹅卵；南雄雹，拔木。四月，文安大雨雹，伤麦。四年五月，岑溪雨雹，大如碗。五年二月，丘县大雨雹。三月，海丰雨雹，小者如鸡卵，损麦。闰三月三日，崑山雨雹，大如斗，破屋杀畜。六年六月，临淄大雨雹；寿光大雨雹，平地深数尺，木叶尽脱。九月，定远厅雨雹，伤麦。十月十五日，咸宁大雨雹，所过赤地。七年五月，应山大雨雹，信阳雨雹，伤麦。六月，武乡雨雹，其形如刀。八年二月十六日，顺德雨雹，大如斗，击毙牛马。五月，丘县大雨雹；汾西雨雹，大者如拳，小者如卵，牛畜皆伤，麦无遗茎。七月，黎城雨雹，大如鹅卵。九年四月二十三日，潞安雨雹，大如鸡卵，屋瓦俱碎；长治雨雹，大如鸡卵。五月十六日，临县雨雹，大如鸡卵，积地尺许；岚县大雨雹，伤禾；胶州雨雹，大如鸡卵。六月，临县雨雹，阳曲雨雹，大如鹅卵。十年四月四日，贵池雨雹，大如碗，屋瓦皆碎；武宁雨雹如石，杀鸟兽；崇阳雨雹，人畜树木多伤。五月，海宁雨雹，大如鸡卵，屋无存瓦，树无存枝；泾阳雨雹，大如拳；永寿雨雹，大如拳，小如卵，积地五寸，二日始消，大伤禾稼。十月十日，袁州雨雹，大如栲栳者甚多，有一雹形如杵，长可一丈一尺有奇。十一年二月十五，苍梧大雨雹。三月，松滋大雨雹。五月，长乐雨雹；汉阳雨雹，大如鸡卵，平地深一尺。六月，雒南大雨雹，积地尺许，人不能行。十四年六月初三，猗氏大雨雹；霸、蓟等七州，宾坻等二十一县雨雹。十五年三月，宁波大雨雹，击毙牛羊，桑叶尽折；镇海大雨雹。闰三月朔，上虞、龙门大雨雹，倏忽高尺许，或如拳，有巨如石臼，至不能举，人畜多击死。十六年闰三月初四，顺德大雨雹。四月，萧县大雨雹，杀麦。六月，清涧雨雹，大如鹅卵。八月，胶州雨雹，伤稼。九月，新河雨雹，伤数十人，至三月始消。十七年四月壬寅，清河雨雹，大如斗。十一月，鹤山雨雹，大如鸡卵。十八年正月二十七日，顺德大雨雹，伤人畜；揭阳雨雹，大如拳，屋瓦皆碎。三月初六，萍乡雨雹，其状或方或圆，或如犂，屋瓦皆碎。八月，怀安雨雹，大如鸡卵，厚盈尺。冬，清涧雨雹，大如鹅卵，有径尺者，积数尺。

康熙元年三月二十一，海宁大雨雹；河间雨雹，大如斗。五月，怀安大雨雹，人畜有伤；龙门大雨雹；榆社大雨雹，人畜多伤。二年正月二十八，望江雨雹。二月，安陆雨雹。三月朔，襄阳雨雹。四月十六日，镇洋大雨雹。六年六月，香河雨雹，大如碗，平地深数尺，田禾尽伤，屋瓦皆碎，远近数十里。八月，保安州大雨雹，伤人畜；宣化大雨雹，伤禾；怀来大雨雹，伤人畜。七年五月，新安雨雹，大如甑，屋舍禾稼尽伤。十二年三月，行唐大雨雹。七月，卢龙雨雹，大如斗。十七年三月，连山雨雹，大如拳，击死牛畜。十八年正月，惠州雨雹，大如拳。十九年七月，阳曲雨雹，大如鸡卵，有大如碌礰者，击死人畜甚多。二十六年四月，平湖雨雹，大如升，小如拳。六月二十四日，文县雨雹，大如鸡卵，剖之，内有小鱼、松苔。三十三年二月，开平大雨雹。五月，汶上雨雹，大者径尺，击死数人。三十四年三月，江夏雨雹，大如豆，中有黑水。三十六年闰三月，黄安大雨雹。四月，湖州大雨雹，三十七年正月十六，灵川雨雹，大如鸡卵；安南雨雹，大如拳，麦无收。三十九年七月，元氏大雨雹。四十年二月，鹤庆大雨雹。四十二年三月，桐乡大雨雹，损菜菽；湖州大雨雹；龙门大雨雹，或如拳、如臂、如首，或长或短，或方或圆，积深二三尺，坏民居无算，虎豹雉兔毙者甚多；崖州大雨雹，如霜，著树皆萎；蒲县雨雹。四十三年六月，翁源大雨雹；蒲县雨雹，伤禾。七月，定襄雨雹，伤禾。四十四年三月，桐乡大雨雹；湖州大雨雹。八月，密云雨雹，伤禾。四十六年二月，湖州雨雹。三月初四日，陵川雨雹；琼州雨雹，大如拳。六月，东明大雨雹，麦尽伤。四十八年二月初六日，荔浦雨雹，大如鹅卵，积地尺许。夏，大埔雨雹，白如茧，积地数尺；江浦、来安雨雹。五月十六日，鸡泽 大雨雹，伤人百余。秋，代州雨雹。五十一年五月，解州雨雹；沁源雨雹，大如鸡卵。七月，黄冈雨雹，击毙人畜。五十二年三月二十七日，全州大雨雹，屋瓦皆飞。五十三年五月，固安西雨雹。七月朔，平大街雨雹，伤禾。五十四年三月，江浦雨雹，大如升，伤麦。五十五年夏，新乐雨雹，大如碗；浮山雨雹，大如鸡卵，田禾尽伤；崇阳雨雹。五十七年三月，龙川雨雹，大如斗，坏民舍，牛马击毙无算。五十九年六月，鸡泽雨雹，大如鸡卵，伤禾。六十年三月，连平雨雹，毁民舍；镇安、慈溪、上虞、余姚雨雹，小者如碗，大者如斗。七月，柏乡大雨雹，如鸡卵，伤禾。六十一年四月，平定、乐平冰雹。五月，安丘大雨雹。十一月初十日，香山雨雹。十二月，赣州雨雹，大如鸡卵，伤牲畜。

雍正元年正月，鹤庆大雨雹。三月，融县雨雹。二年五月，福山雨雹，大如鸡卵。八月，秦州雨雹，击毙牛马鸟雀无算；东安雨雹，伤稼。三年正月，定州大雨雹。三月，崑山大雨雹。夏，长宁雨雹，大如鸡卵，伤鸟兽甚多。四年正月，甘泉雨雹，大者如斗，小者如升，屋舍尽毁。三月，吴川雨雹。五月，舒城雨雹，大如斗。六年五月，商南大雨雹，损屋舍。七年四月，惠来大雨雹，如鸡卵，伤禾。高平、岑溪雨雹，树皆折。七月，静宁州雨雹，大如碗。八年六月，安远大雨雹，击毙禽畜甚多。八月，海宁、沁州大雨雹，毁屋舍。十年二月，连州大雨雹，损麦。八月，白水雨雹。九月，湖州、桐乡大雨雹。十一年三月，海宁雨雹；桐乡雨雹，伤麦。八月，阳信雨雹，大如鸡卵，深三尺余，田禾尽损。冬，嘉兴雨雹，伤麦。十二年三月，无为大雨雹；鹤庆大雨雹；蒲圻大雨雹。四月，湖州雨雹，损麦。

乾隆元年二月，广州大雨雹。三月，荣经冰；方山大雨雹。五月十七日，青城雨雹，大如胡桃。六月，郧西 雨雹，鸟兽多击死。七月二十五日，南和大雨雹；平乡大雨雹，毁房庐，伤田禾；怀安雨雹，伤禾。九月，长子大雨雹，片片著禾如刈。十一月，京山雨雹。三年正月十四日，武宁雨雹，大者重四五斤。四月，白水大雨雹，伤麦。四年三月，北流雨雹；富平、临清雨雹，伤禾。四月丙戌，苏州大雨雹，损麦；崑山大雨雹，损麦。五年六月，绛县雨雹，伤禾。六年秋，广灵雨雹。伤稼。七年三月，毕节雨雹，大如鸡卵。四月，涿州雨雹，大如鸡卵。八年四月初五日，安州雨雹，大如鸡卵，深三尺。初九日，崑山大雨雹，损麦。闰四月，高邑大雨雹。七月，高苑大雨雹，伤麦。十年五月，涿州雨雹。初八日，青城雨雹，大如酒杯。六月丁未，同官雨雹，大如弹；戊午，又雨雹，坏庐舍无算。八月，庆阳大雨雹，伤禾。十一年三月，礼县大雨雹。四月，金乡、鱼台、莒州雨雹，大如鸡卵，伤麦。五月，曲沃雨雹，大如车轮。十二年六月十一日，高平、文镇大雨雹，伤稼。七月二十五日，安化雨雹，伤禾。十三年正月初二日，鹤庆、信宜、象州、恩县、遂安雨雹，大如斗，伤麦。四月初四日，上海雨雹，伤麦豆；崑山大雨冰雹，击死人畜无算。五月十一日，泰州、通州大雨雹，坏屋。十三日，滕县大雨雹，大如臼，民舍损坏无算。六月，乐平雨雹，伤稼。秋，怀来、怀安、西宁、蔚州、保安雨雹成灾。十二月，忠州、西乡大雨雹，伤禾。十四年二月初七日，忠州雨雹。四日，太平雨雹。六月朔，高邑大风雹。十月，乐平、稷山雨雹，伤禾。十一月，正定府属雨雹，伤稼。十五年五月，彭泽大雨雹，重三十余斤。五月初四日，宜昌大雨雹。六月十五日，胶州、滨州大雨雹，伤人畜禾稼。八月戊子，白水雨雹，伤稼。九月，郧县、房县大雨雹，伤人畜。十二月，信丰大雨雹。十六年三月，荣成大雨雹。十八年四月二日，定番州大雨雹，坏民舍百余间。二十年三月，黄冈雨雹，长三十余里，大者径尺。四月初三，玉屏大雨雹，坏屋。五月十七日，高平大雨雹，人有击毙者。二十一年六月，潮阳大雨雹，周遭二十余里，禾稼多伤。二十二年八月，即墨大雨雹深尺许。二十三年三月，龙川大雨雹；东湖雨雹，大如卵，积盈尺者十余里。四月二十九日，永平大雨雹，形如钵，人有击毙者。五月，中部雨雹，大如卵，厚尺许；庄浪、环县大雨雹。六月十六，长子大雨雹，十一日方止。二十三年三月，宜昌雨雹，大如卵，积地盈尺。四月，陵川雨雹，大如鸡卵，深盈尺。十一月，武宁大雨雹，重五六斤。二十八年十月，罗田雨雹。二十九年二月，庆元大雨雹。三十年三月，临邑大雨雹，鸟兽死者相枕藉。六月二十四日，乐平雨雹，伤稼。三十一年五月，鄞县冰雹。三十二年五月，邢台大雨雹，深尺许。三十三年四月，莒州大雨雹。三十五年五月二十三，东平大雨雹。三十九年二月，乐平雨雹，伤麦。五月，黄县大雨雹，厚积数寸。四十年三月十七日，屏山大雨雹。四十二年六月二日，寿阳雨雹，深者四尺，浅者二尺，月余方消。四十三年五月，房县雨雹，或方或圆，或如砖，伤人畜无算；合肥大雨雹。四十四年四月，平度大雨雹。五月，黄县雨雹，伤麦。四十七年四月戊子，宝鸡雨雹，伤麦。五月，文登大雨雹，伤禾。五十年二月二十三，泸溪雨雹。三月，潜江雨雹。五十四年五月初四，洛川大雨雹。五十五年二月，荆州大风雹。四月初六，青浦雨雹，大如拳，击死一牛。八月，江陵大雨雹。五十六年二月，永安州大雨雹。十月初八日，东光大雨雹。五十七年五月三日，泰州大雨雹；莒州雨雹，大如鹅卵，厚三尺，伤禾稼；禹城、陵县、寿光大雨雹。七月，黄县大雨雹，伤禾。五十八年三月，武宁雨雹，坏民舍。五十九年四月，黄州雨雹，大如碗，人畜多击毙。十二日，江山大雨雹。

嘉庆元年正月，平谷大雨雹，形如鸡卵。四月，邢台雨雹，大者如斗。二年六月，中部雨雹，大如卵，小如杏，伤人畜；枝江雨雹，大如鸡卵，鸟兽击伤。十二月，云和冰雹，大如斗，屋瓦皆碎。三年四月，宜城雨雹，大如鸡卵。四年四月，襄阳大雨雹。五年四月，白河县雨雹，大如鸡卵，深尺余。五月，滕县雨雹，大如碌碡。七月，延安大雨雹，屋瓦皆碎，秋禾无存。六年五月，博兴大雨雹，坏官民厅舍。十年八月，中部雨雹，大如卵，积地五寸。十一年，滦州大雨雹，平地积尺许。十二年二月，贵阳雨雹，大如马蹄。四月，沂水大雨雹，如杯者盈尺，有大如碌碡者。八月，武强大雨雹，有如鹅卵者，屋瓦皆碎，禾叶尺脱；邢台雨雹。十三年春，武强大雨雹。十四年四月，蓟州雨雹，伤麦；襄阳大雨雹；荆门州大雨雹。六月，南乐雨雹，大如鸡卵。十五年三月，宜都雨雹，伤麦。八月，章丘雨雹；东光雨雹。十六年三月，枝江大雨雹。十七年三月，宜都雨雹，禾尽伤。秋，博野雨雹，成灾。二十一年四月，棲霞雨雹，伤麦；定远厅大雨雹，鸟兽多毙。二十二年五月，滕县雨雹，平地深半尺，禾黍尽伤。二十三年五月，苏州大雨雹；湖州大雨雹。

道光四年五月，日照大雨雹，伤禾。十月，曲阳大雨雹盈尺。五年四月八日，罗田雨雹，损麦豆无数；苏州雨雹。五月，皋兰大雨雹。八月初九，复雨雹。六年四月十七，云梦雨雹，大如拳。七年十二月，宣平雨雹，折树碎瓦。十三年五月癸未，临朐雨雹，大如马首。秋，博野等十三州县雨雹。十月二十四日，宜城雨雹。十四年四月三日，三原雨雹，伤禾。初六，诸城雨雹，伤麦。十六年二月十六日，湖州大雨雹。四月二日，光化大雨雹。十七年七月十三日戊子，平谷大雨雹，如鸡卵，秋禾尽平，屋瓦皆碎。十八年五月，通渭大雨雹。七月十八日丁巳，滦州雨雹，大如卵，秋禾尽损。十九年三月，元氏雨雹，厚尺许。二十年四月，黄安大雨雹，伤稼。七月二十六日，随州大雨雹，伤稼。二十一年八月，陵县大雨雹。九月又雨雹。二十三年五月二十二日，孝义厅大雨雹，状如砖，有重数十斤者，人畜触之即毙。七月十二日，云和雨雹，大如斗，屋瓦皆碎，损伤人畜甚多。二十五日，安定雨雹，大如鸡卵，山巅有径尺者，数日不化。二十六日，随州大雨雹，禾稼多伤。二十五年正月，崇阳大雨雹。四月，安丘大雨雹，损麦，三日不消。二十七年春，龙川大雨雹。夏，黄岩大雨雹。二十九年四月，应山雨雹，大如拳，鸟雀多击死。六月，兴山大雨雹，伤稼。七月，西宁大雨雹。三十年三月，黄冈雨雹，大如瓜，小如弹丸，坏稼伤人。

咸丰元年三月甲子，大雨雹，伤人畜，坏屋宇；怀来大雨雹。五月丙午，东光大雨雹，屋瓦皆毁，伤人畜。三年三月，崇仁雨雹，大者如碗，小者如拳，屋瓦尽毁。四年四月，黄安雨雹，重十余斤，损麦。九年七月，黄冈雨雹，大如卵。十年七月，罗田大雨雹，伤禾无数；麻城雨雹，大如鸡卵，击毙牛马；黄安大雨雹，树俱折。十一年十一月，麻城、罗田、宜都雨雹，大如鸡卵，伤禾稼，损屋舍。

同治元年六月，东湖大雨雹，击毙牛马无算。六月，狄道州雨雹，大如鸡卵，禾蔬尽伤。二年五月，元氏雨雹，大如拳，禾稼尽伤，田庐俱损。六月，孝感雨雹，大如鸡卵。四年正月十三日，日照大雨雹，伤禽兽；武昌、黄□、宜都雨雹，大如鸡卵。二月，青田大雨雹，损麦。四月，均州雨雹，大如鸡卵，破屋折树。五月，房县大雨雹，数百里禾稼尽伤。五年正月，均州大雨雹，积地深数尺。四月，随州、江陵大雨雹，损麦。五月，通渭、泰安大雨雹，伤牛马。六年七月，怀来、青县大雨雹，秋禾损。九月十六日，高淳雨雹，大如拳，损屋舍。七年三月十八日，黄安、江夏大雨雹，鸟兽多击死。八年五月十一日，肥城雨雹，平地深尺许，大如鹅卵。八月十三日，滦州大雨雹，阔十五里。九月，泰安大雨雹。九年三月十四日，潜江雨雹，大如鸡卵。五月二十三日，阶州大雷电，雨雹如注。十年二月，青田大雨雹。四月，上饶大雨雹。五月二十二日，阶州、白马关大雨雹，平地水深数尺，淹毙二百余人。十一年二月，新城大雨雹。三月十一日，嘉兴大雨雹；柏乡大雨雹，重者十七斤，湖州大雨雹，景宁雨雹，大如碗；青田尤甚。十三年三月，黄冈雨雹，大如升，数十里麦尽损。四月乙未，青浦雨雹，有重至十余斤者。

光绪元年四月二十二日，邢台雨雹，大如核桃，积地二寸许。二年四月，惠民大雨雹，鸟雀多击死。三年四月十五日，沔县雨雹，大如鸡卵。六年夏，均州雨雹，大如鸡卵。八年四月十一日，均州雨雹，大如鹅卵，袤百余里，广十余里；二十五日，复雨雹，灾尤重。八月，皋兰雨雹，大如鸡卵。九年七月初四日，山丹雨雹，大如鸡卵。九月初二日，孝义厅雨雹，大如鸡卵。十年五月二十五日，兴山大雨雹，伤稼。八月，滦州大雨雹。十二年五月二十日，庄浪大雨雹，无极大雨雹。十四年六月十三日，新乐大雨雹，三十村禾尽损。十五年五月，化平川厅雨雹如蛙形，伤禾稼。十九年五月，狄道州雨雹，大如碗。二十二年九月，南乐大冰雹。二十四年四月二十四日，泾州雨雹，大如鸡卵。五月，河州大风雨雹，平地水深三尺。二十五年五月初五日，海城雨雹，大如鸡卵，击死牛羊一千有余。二十六年八月，南乐大雷雨雹。三十年七月，山丹大雨雹，伤禾。三十一年七月二十四日，洮州雨雹，大如鸡卵，伤禾。

顺治二年正月初一日，上元大雪雷雨。三年五月初一日，齐河雷火焚孔子庙；夏，阳城大雷，人有震死者。十二月初二日，吴川雷鸣，岑溪大雷雨。五年十月，揭阳大雷雨霹雳。六年正月十一日，潞安雨雪雷电。五月初九日，石门大雷雨；安丘雷击二人。十一月二十五日，镇洋大雷电。七年正月二十七日，震泽大雷电。八月，河源雷震大成殿。冬至后二日，解州雷鸣。十二月除夕，上元大雪 雷电。九月，泾阳雷震，十月朔，雷；江阴雷；萧县雷。十二月二十八日，胶州雷。除夕，崑山雷，临邑雷震。九年正月朔，黄陂震雷大雪，蕲水震雷大雪，应山大雷电。二月二十六日，石门雷震死三人。十月十五日，杭州大雷电。十六日，揭阳雷大震。十一月十四日，上海大雷，凡震三次；青浦雷。十二年九月，震泽雷电大雨。十月二十五日，香山雷鸣；二十七、二十八日，复鸣。十二月十三日，遂安雷震柏山庵。十三年二月二十九日，钟祥震雷。十月，安丘雷震大雨。十四年正月十四日，辽州雷电大震 。十一月十一日，永安州大雷电。十八日，杭州大雷电，铜陵雷。三十日，咸宁大雪雷电。十五年十一月，咸阳大雪雷鸣。十六年十二月，高淳大雷。十七年十一月，鹤山大雨雷电。十八年正月十七日，阳信、海丰大雷。

康熙元年二月，鹤庆雷鸣。三年正月，通州迅雷达旦，望江雷击南城楼。五年十二月，封州雷鸣。六年正月，南乐迅雷。十二月，开平大雷雨，凤凰洲雷鸣，揭阳雷，澄海雷鸣，钦州雷电。七年八月，平远州雷击右营守备署。八年二月十四夜，思州雷火起大成殿北角。十一月，西充大雷电。十二月，黄岩大雷。九年正月，乌城大雷电。十二月，苏州雷电。七月，东阳大风雨雷电。十二年正月初六日，富阳大雷电。十月十四日，贵州雷，东流大雨。十月，婺源雷震儒学櫺星。十二月，雷震孔子庙戟门。十三年正月，苏州雷，青浦雷，嘉定震雷自四鼓达旦。十二月除夕，桐乡雷电交作。十六年正月初一日，湖州雷震大雪。十七年正月，巢县雷。十八年正月朔，苏州震雷，沛县雷。十九年正月朔，苏州雷。二十年正月，宿州雷雨雹。二十一年正月，宿松雷电。二十二年正月，解州雷电，石门雷电。二十三年正月，丹阳雷电雨雪，含山大雷电，兖州雷震。二十四年正月十七日，巢县雷。二十五年十一月，信宜雷鸣。二十八年正月，沛县雷电。十一月初九日，义乌大雷电。十二月十六日，巢县大雷。三十一年正月，武进雷电。三十三年正月初十日，巢县雷。十二日，琼州雷鸣。十四夜半，莱县大雷电。十二月，青浦雷电大雨。三十四年正月初一日，琼州雷。三十六年正月初一日，崑山雷，青浦雷。三十七年十二月除夕，开平雷鸣。三十八年十二月初三日，吴川雷大震，次日又震。三十九年正月，解州雷。四十二年十二月，湖州雷。四十三年正月二十日，苏州雷鸣。十一月二十八日，钦州雷鸣，揭阳雷鸣。十二月，澄阳雷鸣，普宣雷鸣。四十五年正月，巢县大雷。四十九年正月初七日，香山雷鸣。十一月二十一日，景宁雷鸣。五十年十一月，大埔雷。十二月，阳春雷鸣。除夕，平乐雷电霹雳，骤雨达旦。五十三年十二月，泾州大雷电，福山大雷雹，湖州雷鸣。五十四年正月朔，大埔雷鸣。十一月，阜阳雷鸣。五十五年十月，通州雷。十一月，铜陵雷震。五十六年正月，湖州雷。十月二十五日，香山雷鸣。五十九年七月，南笼大雷雨。九月，通渭县暴雷，震死一人。六十年十一月，潮阳雷鸣，岑溪雷鸣。六十一年十一月，顺德大雷，广宁雷电。十二月，钦州雷电大作，风雨暴至，吹塌城垣二十余丈；阳春大雷雨，揭阳雷鸣，澄海雷鸣。

雍正十二年二月初八日，蒲圻大雷电。十月，揭阳雷鸣。

乾隆元年三月，邢台雷震府学奎星楼，海阳震雷霹雳。二年十一月，赣县大雷电。十二月二十五日，普宁雷鸣。九年二月十一日，崑山雷击马鞍山浮图末级。十月十五日，岐山雷电风雨。十年四月十五日，横州雷击大成殿西柱。十二年四月二十五日，顺潭村狂风迅雷大作，树木尽拔，倒屋二千余间，压毙三十余人。十月朔，胶州雷。十三年十二月初八日，上海大雷。十四年十二月，信丰大雷电雨雹，毕节大雷电。十六年十月，平度、海盐震雷。十七年五月十一日，长子大风雷。十一月二十七日，揭阳雷鸣。十八年十二月，宜都大风雨雷电。二十年正月，赣榆大雷电雨雪。二十二年除夕，龙川雷鸣。二十四年十一月十一日，荆门州大雷。二十八年十月初四日，武进大雨雷电。三十五年十二月，嘉善雷电。三十六年十二月戊寅，苏州大雷电，湖州雷电。三十九年十月，阳湖大雷。四十年十一月初六日，房县大雷电。四十六年十二月十二日，桐乡雷电。五十五年十二月二十四日，黄岩大雷雨，苏州大雷电。除夕，云梦大雪大雷。五十七年十二月乙巳，南陵雷电交作。五十九年十二月，江山大雷电。

嘉庆六年正月，阳湖雷。七年正月十七日，东光雷电。十年十一月，滕县大雪闻雷。十九年十二月，滕县雨雪闻雷。二十年二月，湖州雷电大雪。二十三年二月，金华雷电。

道光三年正月十四日，湖州雷。二月十五日，监利大雷。五年冬至后一日，章丘雷。七年十二月，湖州大雷雪。十二月，崇阳大雨雷电。十二年十二月，丽水雷电大雪。十三年十二月，宜城雷电雨雹。十八年十月，太平大雷。十一月二十九日，云梦大雷。十二月除夕，湖州大雷电；青浦大雷电；随州大雷。十九年正月，湖州大雷，枣阳雷鸣，云梦雷鸣。十二月，文登大雷。除夕，靖远雷电大雨。二十年正月十六日，武定大雷震。二十一年正月三十日，定远雨雪雷鸣。二十二年冬至夜，滕县雷鸣。二十三年十月，应城雷电。二十四年十月，崇阳雷。十二月，鄱阳大雨雷电，丽水雷电，即墨雷电。二十五年正月，崇阳大雷电。七月，榆林雷震。二十六年五月二十五日，滕县雷火焚城南楼，贵阳雷。二十七年冬，武昌雷震，黄冈大雷。二十九年六月，武昌雷震。

咸丰二年八月，崇阳雷鸣。四年正月十三日，平乡雨雪雷鸣。十月初六日，应山雷。八年十一月二十三日，南安雷震。十一年十月初一日，东光雷电。十一月十二日夜，宜都大雷。

同治元年冬，方山雷震北峰塔。二年正月初十日，定远厅雷鸣。三年正月，青浦雷。四年正月十三日，平乡雨雪雷鸣，震教堂；东光大雨雪雷电；永嘉大雷电；太平雪中闻雷；武昌震雷；黄冈震雷；随州雷电；麻城震雷；枣阳大雨迅雷；陵县大雷电；日照大雷电；房县雷；曹县大雷电；菏泽大雷电。五年正月初八日，均州雷电，郧县大雷电，房县雷。十四日，孝义厅大雪雷电。十一年十一月，临榆大雨雷震。

光绪元年八月甲戌，青浦雷震南门塔。五年十一月十五日，京山大雷雨，安陆大雷电；夜，蕲水雷电四次。八年八月二十八日，玉田大雷，自二更彻夜。十一年十月二十日，东光闻雷。十二年十一月二十八九两夜，德安大雷。十三年正月，德安大雷而雨。

顺治八年二月，柴胡塞出大鱼，长十丈余，形似海猪。

康熙元年正月朔，台州见二巨鱼斗於江内，三日，其一死，肉重四百余斤。三年三月，莱阳羊圈口潮上巨鱼，长六丈余，声如雷，旋死。五年三月三日，绥德州天雨鱼。十一年，海康鲸鱼入港，长五丈，阔二丈，以千人拽之岸。十五年十二月，海盐有大鱼，长十丈余，形如车轮，头似马首。二十一年六月，綦江县雨鱼。二十二年四月，海宁海滨有鱼长二十余丈，无鳞，有白毛，土人呼之为海象。二十六年四月，文县雨鱼。三十四年七月，嘉定有二巨鱼斗於海，声如雷，其一死者虎首人身，长丈余，腥闻数里。四十二年八月，青浦龙安桥下有二大鱼上游，形如船，旁有小鱼无数。四十七年二月初，台州有巨鱼至中津桥，向人朝拜，十二日随潮而逝。

乾隆五年，黄县海出大鱼六丈，其骨专车四。十三年，涪州弹子溪巨鱼见，长约丈余，相传岁歉则上，是岁果大荒。二十六年三月二十三日，平湖海滨来一大鱼，其声如牛，长六丈七尺，径一丈四尺。

咸丰四年五月，黄岩有巨鱼数十入内港，色黄如牛，大者重五六斤。六年六月，平湖金门山一鱼死海滨，取得一齿，形如钩，重十三斤。十一年，平湖鲤鱼数十头从空飞过。

顺治三年七月，延安蝗；安定蝗；栾城蝗，蔽天而来；元氏蝗，初蝗未来时，先有大鸟类鹤，蔽空而来，各吐蝗数升；浑源州蝗。九月，洪洞蝗，宣乡蝗。四年三月，元氏、无极、邢台、内丘、保定蝗。六月，益都、定陶旱蝗，介休蝗，山阳、商州雹蝗。七月，太谷、祁县、徐沟、岢岚蝗；静乐飞蝗蔽天，食禾殆尽；定襄蝗，坠地尺许；吉州、武乡、陵州、辽州、大同蝗；广灵、潞安蝗；长治飞蝗蔽天，集树折枝；灵石飞蝗蔽天，杀稼殆尽。八月，宝鸡蝗，延安蝗，榆林蝗，泾州、庄浪等处蝗。九月，交河蝗，落地积尺许。五年五月，衡水蝗。六年三月，阳曲蝗，盂县蝗。五月，阳信蝗，害稼。六月，德州、堂邑、博兴蝗。七年七月，太平、岢岚蝗，介休、宁乡蝗。十年十一月，文安、府谷蝗。十三年正月，徐海蝗。三月，玉田大旱蝗。五月，定陶大旱蝗。七月，昌平、密云、新乐、临榆蝗，滦河蝗，东平蝗。冬，昌黎大雨蝗。十五年三月，邢台、交河、清河大旱蝗，害稼。

康熙四年四月，东平、真定、日照大旱蝗。五年五月，萧县蝗；任县飞蝗自东来蔽日，伤禾；日照、江浦大旱蝗。六年六月，杭州大旱蝗；灵寿、高邑大旱，蝗，害稼。八月，东明、滦州、灵寿蝗。八年八月，海宁飞蝗蔽天而至，食稼殆尽。九年七月，阳□大旱蝗，食稼殆尽。丽水、桐乡、江山、常山大旱蝗。六月，宁海、天台、仙居大旱蝗，定陶大旱蝗，虹县、凤阳、巢县、合肥、溧水大旱蝗。七月，全椒、含山、六安州、吴山大旱蝗，济南府属旱蝗害稼，丽水蝗，桐乡、海盐、淳安大旱蝗，元城、龙门、武邑蝗。十一年二月，武定、阳信蝗害稼。三月，献县、交河蝗。五月，平度、益都飞蝗蔽天，行唐、南宫、冀州蝗。六月，长治、邹县、邢台、东安、文安、广平蝗。定州、东平、南乐蝗。七月，黎城、芮城蝗，昌邑蝗飞蔽天，莘县、临清、解州、冠县、沂水、日照、定陶、菏泽蝗。十六年三月，来安蝗，三河、内丘蝗。十八年正月，苏州飞蝗蔽天。夏，全椒蝗。七月，宁津、抚宁、五河、含山蝗。二十一年，信阳、莒州蝗。二十三年四月，东安蝗，永年蝗。二十五年春，章丘、德平蝗。六月，平定、无极、饶阳、井陉蝗。二十六年，东明、藁城蝗。二十九年五月，临邑、东昌、章丘蝗。七月，平陆、武清蝗。三十年五月，登州府属蝗。六月，浮山、翼城、岳阳蝗，万泉飞蝗蔽天，沁州、高平落地积五寸，乾州飞蝗蔽天，宁津、邹平、蒲台、莒州飞蝗蔽天。七月，昌邑、潍县、真定、卢龙、平度、曲沃、临汾、襄阳蝗，平阳、猗氏、安邑、河津、蒲县、稷山、绛县、垣曲、中部、宁乡、抚宁等县蝗。三十一年春，洪洞、临汾、襄陵、河津，夏，浮山蝗。三十三年五月，高苑、乐□、宁阳蝗。三十六年，文安、元氏蝗。三十八年，遵化州、晋州、卢龙、抚宁蝗。三十九年秋，祁州、卢龙、抚宁蝗。四十三年，武定、滨州蝗。四十四年九月，密云、卢龙、新乐、保安州蝗。四十六年，邢台、肃宁、平乡蝗。四十八年秋，昌邑、卢龙、昌黎蝗。五十年夏，莘县、邹县、卢州蝗。五十三年秋，沛县、合肥、卢江、舒城、无为、巢县蝗。五十七年二月，江浦、天镇蝗。五十九年，胶州、掖县蝗。

雍正元年四月，铜陵、无为蝗，乐安、临朐大旱蝗，江浦、高淳旱蝗，棲霞、临朐蝗。三年冬，海阳、普宣蝗。十三年九月，东光、获鹿、蒲台蝗。

乾隆三年六月，震泽、日照旱蝗。四年六月，东平、宁津蝗。五年八月，三河飞蝗来境，抱禾稼而毙，不为灾。九年七月，阜阳、亳州、滕县、滋阳、宁阳、鱼台蝗。献县、景州蝗。十三年夏，兰州、郯城、费县、沂水、蒙阴旱；诸城、福山、棲霞、文登、荣成蝗；高密、棲霞尤甚，平地涌出，道路皆满。十五年夏，掖县飞蝗蔽天。十六年六月，诸城、交河、祁州蝗；河间蝗，有鸟数千自西南来，尽食之。十七年四月，柏乡、鸡泽、元氏、东明、祁州蝗。七月，东阿、乐陵、惠民、商河、滋阳、范县、定陶、东昌蝗。十八年秋，永年、临榆、乐亭蝗。二十年六月，苏州大雨蝗。二十三年夏，德平、泰安蝗，有群鸟食之，不为灾。二十四年夏，高邮大旱，蝗集数寸。二十八年三月，临邑、静海、滦州、文安、霸州、蒲台飞蝗七日不绝。二十九年夏，吴川大旱，蝗损禾；东昌、安丘蝗。三十年三月，黄安、宁阳、滋阳蝗。三十三年七月，武清、庆云蝗。三十七年二月，景宁飞蝗蔽天，大可骈三尺；淄川、新城蝗；凤阳旱蝗，三十九年二月，安丘、寿光、沂水蝗。八月，文登蝗。四十三年三月，黄安、南陵旱蝗。九月，武昌蝗；江夏县、潜江大旱蝗。四十九年冬，济南大旱蝗。五十年六月，日照县大旱，飞蝗蔽天，食稼；苏州、湖州、泰州大旱蝗。五十一年五月、七月，房县、宜城、枣阳、阳春旱蝗；罗田、麻城大旱蝗。五十二年四月初二日，麻城蝗，积地寸许。七月，黄冈、宜都、麻城、罗田、荆门州蝗。五十三年六月，平度县大旱，飞蝗蔽天，田禾俱尽。五十六年六月，宁津、东光大旱，飞蝗蔽天，田禾俱尽。五十七年五月，武城、黄县、高唐旱蝗。五十八年春，历城旱蝗，有虫如蜂，附於蝗背，蝗立毙，不成灾。七月，安丘、章丘、临邑、德平蝗。

嘉庆七年，蓬莱、莘县、高唐、邹平、诸城、即墨、文登、招远、黄县蝗。十年春，博兴、昌邑、诸城蝗；临榆蝻生。夏，滕县飞蝗蔽天，食草皆尽。秋，昌邑蝗，食稼；宁海蝗。十九年，菏泽、曹县、博兴蝗。

道光三年，莘县、抚宁蝗。四年，东平、清苑、望都、定州蝗。五年七月，清苑、定州飞蝗蔽天，三日乃止；内丘、新乐、曲阳、长清、冠县、博兴旱蝗。六年二月，滦州、抚宁蝗。十四年五月，潜江、枣阳旱蝗，云梦旱蝗。十五年春，黄安、黄冈、罗田、江陵、公安、石首、松滋大旱蝗。五月，均州、光化蝗。七月，滨州、观城、钜野、博兴、谷城、应城蝗。八月，安陆、玉山、武昌、咸宁、崇阳蝗；黄陂、汉阳大旱蝗。十六年夏，定远蝗，紫阳蝗，宜都、黄冈、随州、钟祥旱蝗。七月，谷城、郧县、郧西蝗。十七年春，应城蝗蝻。五月，郧县旱蝗；秋，复旱蝗。十八年夏，郧县蝗，应山大旱蝗，博兴旱蝗。八月，东光蝗，不为灾。十九年九月，应山蝗。二十三年三月，郧西旱蝗。二十五年七月，光化、麻城蝗。二十七年夏，应城蝻生，元氏旱，霑化蝗。十月，临邑蝗。

咸丰四年六月，唐山、滦州、固安、武清蝗。五年四月，静海、新乐蝗。六年三月，青县、曲阳蝗。六月，静海、光化、江陵旱蝗，宜昌飞蝗蔽天，松滋蝗。八月，昌平蝗，邢台蝗，香河、顺义、武邑、唐山蝗。七年春，昌平、唐山、望都、乐亭、平乡蝗；平谷蝻生，春无麦；青县蝻蚜生；抚宁、曲阳、元氏、清苑、无极大旱蝗；邢台有小蝗，名曰蠕，食五谷茎俱尽；武昌飞蝗蔽天；枣阳、房县、郧西、枝江、松滋旱蝗；宜都有蝗长三寸余。秋，咸宁、汉阳、宜昌、归州、松滋、江陵、枝江、宜都、黄安、蕲水、黄冈、随州蝗；应山蝗，落地厚尺许，未伤禾；钟祥飞蝗蔽天，亘数十里；潜江蝗。八年三月，抚宁、元氏蝗蝻生。六月，均州、宜城蝗害稼，应城飞蝗蔽天，房县、保康、黄岩蝗害稼。秋，清苑、望都、蠡县、归州蝻蚜生。十月，黄陂、汉阳蝗。十一月，宜都、松滋蝗。十年六月，枣阳、房县蝗。

光绪三年夏，昌平、武清、滦州、高淳、安化旱蝗。秋，海盐、柏乡蝗。四年九月，灵州蝗。七年六月，武清蝗。七月，临朐蝗。八年春，玉田蝻生。九年夏，邢台蝗。十七年三月，宁津旱蝗伤稼。三十三年五月，山丹蝗。

顺治五年，杭州民家猪生三耳八足；蒙阴县民家猪产象，旋卒。九年八月，香山寺前猪生二人头，只眼，头上一角，人身猪足，无毛。

康熙元年八月，天门民家猪生一豕，一身、二首、八蹄、二尾。十二年九月，揭阳民家猪产麒麟。十八年二月，棲霞民家猪生异兽，旋毙。五十一年，深泽县民家豕生子，大物，大倍别子，色白，无毛，二目骈生顶上。

雍正五年，博山民家猪产象，长鼻，白色。

嘉庆十年，乐清民家豕生象。十八年，黄岩民家豕生象。

同治三年，新闰民家豕生象，未几即毙。

光绪元年，豕生象，色灰白，无毛。十三年，皋兰民家豕生一象。

顺治六年十一月，仪徵有四龙见于西南。十一年，涞水县兴云寺梁上有蛇，身具五彩，十日后变为白色；六月十五日，狂风骤雨，霹雳不绝，殿中若有龙斗，及霁，蛇乃不见。

康熙元年七月二十九日，嘉兴二龙起海中，赤龙在前，青龙在后，鳞甲发火，过紫家埭，倒屋百余间，伤一人；九月初九夜半，火龙见。二年四月十六日，崇明龙见；三台东南出一蛇，长数丈，腰围约三尺，身有鳞甲，赤光。三年五月二十一日，京山龙见，鳞甲俱现。七月朔，镇洋大风海溢，有龙下麋场，伤数人。八月初四日，天晴无云，黄龙见于东南。七年七月，咸宁有龙游于县署前，雨霁，不能升跃，市人系其颈以游于市。十二年六月，深泽马铺民家龙起，大风雨，破壁而去。十二月十八日，丹阳见两龙悬空，移时始去。十三年夏，永嘉龙见；万载大水，龙出。十七年六月，咸宁大墓山有龙突现头角，三日，鳞甲晃如赤金，白昼飞腾，穿山为河，伤民畜。十八年十月十五日，镇洋龙见于东南。二十一年十月，青浦、兴化龙见。二十六年六月，黄县龙昼见于朱家村，烟雾迷蒙，火光飞起。三十六年三月，毕节龙见赤水河。四十年八月，独山州南羊角村有龙见。四十一年六月初九日，鳌泉有白龙跃于平地，飞去。四十五年五月初六日，金山之岩有龙出，金光闪烁。四十七年，灵州井中有龙，时见其首尾，数日，忽大雨霹雳，腾空而去。六十年六月，金坛学宫前悬一龙，腥气逆鼻，焚香祷之，腾空而去。七月十三日，南笼大雷雨，龙见于城西。

雍正二年七月，北流飞龙见。十二月，木门海子起烟雾，有蛟龙飞出之状。五月，横州有龙起。七年春，安定文苇塔见一龙腾空而去。九年四月，安南有龙见于东北。六月，青浦龙见于沙滩。

乾隆二年二月，潮阳白龙见。三年正月，枝江龙见于城西。九月，青浦龙斗于泖，自西南至东北入海。五年五月，高邮大风，有白龙舞空中，鳞甲俱现。六年六月十三日，崑山东乡设网村有白龙卷去民房十七家。二十五日，席家潭有白龙卷去周家庄大舟并二人，坠巴城镇三里岸渚，复卷去镇民盛某，掷地，身无恙。九年六月十二日，浮山有龙飞入民间楼舍，须臾烟起，楼尽焚。七月壬辰，建□天顿黑，有白龙尾垂二丈余。十二年八月，高州龙见于小华山。十四年七月初五日，高淳龙起于永丰圩下，首尾鳞甲俱现。十五年七月，正宁秦家店有龙破屋而升，俄大雷雨。十九年秋，济南巨治河有龙斗。二十年五月二十日，澄海狂风骤雨，有双龙自东而来，由蓬州所东门经过，冲倒城垣五十七丈，民房三百余间，有压毙者。二十一年六月，招收、龙井地方有龙自空冉冉而下。二十六年五月二十七日，葭州赤龙见于张体两川围中。六月初七日，高平火龙见于石末村。七月十四日，泰安蛟起夏辉村西河，高二丈，彩色灼烂，横飞东南，风云随之。二十九年四月十三日，天门乌龙见，头角爪甲俱现。四十三年三月，安丘龙见。四十六年八月十二日，莒州群龙见于吴山东北。五十五年五月，定海舟山龙起，漂没田庐，淹毙人口；越三日，龙斩三段，尾不见，其鳞巨如葵扇。五十六年六月，莒州赤龙见于龙王峪，先大后小，长数丈，所过草木如焚。六十年春，青浦有白龙自东至金泽镇南，去地祗三四尺，所过屋瓦皆飞。

嘉庆六年，东湖修孔子庙，见白龙乘风飞去。九年，曲阳济溇河水暴发，见龙车数乘涉水而没，水退。十四年五月，有龙戏于瑞州城隍庙江均河，水立丈余。二十年六月，黄冈柳子巷蛟起，伤一百四十余人，冲没田宅无算。二十一年六月，蛟见于婴武水。

道光四年七月，麻城龙见于月望岩。五年七月甲辰，武进龙见于芙蓉湖。六年六月初五日，宜都蛟起，坏民居，溺人无算。七年五月初十日，房县汪家河水溢，蛟起，坏民田无算。九年十一月二十二日，滕县见青龙，长约数十丈，鳞甲俱现。十年六月，松滋城原寺出龙，过洋州上升。七月十二日，永嘉起蛟，裂山而出，漂没田庐，淹毙人畜无算。十六年七月甲申，武进有龙陷地成潭。二十八年五月，监利龙见于洪湖。七月二十三日，太平五龙同见空中，是夜飓风大作。

咸丰二年五月十七日，枝江天无片云，有白龙降於瓦窑湖，蜿蜒行数里，忽腾去。三年七月初七日，西乡白龙见，长数十丈。七月十五日，黄陂龙见于聂口，鳞甲宛然，拥船只什物于空中。十一月，西宁西纳川降孽龙，臭闻数里。五年七月二十三日，石首风雷大作，顷之二龙接尾而上。六年五月，鄱阳县两头蛇见。七年五月初八日，来凤县曾氏塘风雨骤至，有物长丈余，乘风入塘，形似牛，身备五色，目灼灼有光，水喷起。八年六月十七日，云梦有龙入城，坏庐舍无数，绕城东北去。十年三月，麻城龙见。五月，松滋天鹅塘出龙，行陆地，所过禾稼尽偃。十一年冬，平湖有二龙斗于海。

同治三年，苏州有龙斗。四年正月，宜城龙见于芳草洲。六年五月初五日，高淳见三龙。十年三月二十二日，湖州有龙斗，狂风骤雨，拔木覆舟。五月十二日，高淳龙见。七月底，城有蛟起于井中。

光绪十九年正月，灵台龙见于井中。二十一年十月，大通龙见于惠广寺。

顺治十年四月，吴川有山马二：一渡石堑，一自城东南角入。

康熙三年七月，毕节民家马生驹，五足。五年六月，孝丰有马见于鱼池乡之安市，毛鬃如凡马，背有肉鞍，往来田间，月余不知所终。十五年五月，南乐生员赵豪马生双驹，一牝一牡。二十六年，平远州民家马产双驹。

雍正八年二月，江津县民家马产双驹。

乾隆二十一年夏，丰顺汤坑寨有白马成队，夜出食禾，驱之不见。

道光二十九年二月，定州中谷村民家白马产二青骡。同治元年，西宁镇海营骡马同胎而生。

顺治八年，歙县民吴全妻吕氏一产四男。

康熙元年，莱阳民徐维平妻生男四目、四手、四足。十一年，晋州民郭好刚妻冯氏一产四男。十三年，东阳民某姓兄弟，其妇俱孕，及产，一产鲇鱼，鱼头蛇身；一产猕猴，手爪俱备。十六年，毕节民彭万春女七岁出痘，及愈，变为男。十七年春，清河民家生子无首，两目在乳，口在脐，殆形天类欤？二十五年五月，忠州民雷氏女化为男，后为僧。三十二年，德州民王邦彦妻一产四男。三十四年，长治民张自富妻王氏一产三男。三十七年，保安州民岳戍妻李氏一产三男。三十八年，潞城民常通妻一产三男。三十九年，湖州陆氏妇产一男，两首四臂。四十一年，西宁县贾文举妻一产四男。四十四年夏，石首县民张若芝妻一产三男。四十六年，吴县民谭某家女子化为丈夫。五十三年，广元民妇产二蛇，无恙；莱阳县民高万言妻一产四男。五十四年六月，东平州民孙子芳妻一产三男。五十六年，东流民檀上元妻洪氏一产三男；颍上民张某妻一产三男。五十七年，信阳州民邢序妻一产三男。五十八年，兴化县民赵自显妻一产三男；赵城民贾则宜妻一产三男。五十九年，邯郸民王某妻一产三男。六十一年，钜野县民史徧妻一产三男。

雍正元年，郫县民某妻一产三男，青州民李福奎妻一产二男一女，高密民刘巨卿妻一产三男，巢县民马少步妻庞氏一产三男。二年秋，南陵民毛起美妻一产三男，汾阳民贾三聘妻一产三男，简州民王之佐妻一产三男。三年二月，齐河民甄养武妻一产三男，潞城民秦述贤妻郭氏一产三男，襄垣民郝世惠妻武氏一产三男，阳城民张国泽妻刘氏一产三男。四年，陶县民徐来振妻一产三男，襄陵县民栗星奇妻一产三男。五年，东河县民刘虎妻一产三男，阳城民李珍妻一产三男。六年，定兴县民任万通妻、榆次民刘志龙妻俱一产三男，东山村民家产妇生鱼，亭山县民田禹妻一产三男。七年，钱塘县民邵学桂妻吴氏、天台县民褚伯贤妻刘氏、萧山县民高耀妻俱一产三男，新建县民周义士妻夏氏一产三男，彭泽县民罗翰声妻宋氏一产三男，合肥民龚绍衣妻陈氏一产三男，安邑县民冯维明妻薛氏一产三男，施县民王进禄妻崔氏一产三男。八年，商县民孙作圣妻一产三男，黄县民高从义妻一产三男，钱塘县民杨大成妻严氏、遂安县民洪文锡妻毛氏俱一产三男，壶关民某妻李氏一产四男，崇阳县民孙文林妻王氏一产三男，兴安民龚章纯妻一产三男，临海县民项如茂妻林氏、镇海县民陈道才妻应氏俱一产三男。十年，洪洞县民许元生妻郑氏一产三男，赵玉锡妻章氏一产三男，介休民燕居宇妻武氏一产三男，陵川民秦遇妻一产三男，什邡县杜某妇一产三男，永嘉县民李天锡妻林氏一产三男，浮梁县民魏经武妻李氏一产三男，房县民吴士贵妻一产三男。十一年，冀州民白起妻薛氏一产三男，遂安县民姜自周妻胡氏一产三男。十二年春，齐河民刘轸妻官氏、新城民赵允中妻俱一产三男。六月，潜山民汪祝三妻一产三男，开化县民毕懋增妻一产三男。十三年四月，滦州民张德福妻一产三男。九月，滦州民胡在梁妻一产三男，临海县民荣宗棣妻奚氏一产三男，南昌县民朱中禄妻曹氏一产三男。

乾隆元年，武强民杨守有妻蔡氏一产三男，定远县民罗旌友妻杨氏一产三男。二年二月，平湖监生徐士毅妻张氏一产三男。九月，景州民张自立妻王氏一产三男，静海民娄蒙贵妻某氏一产三男。十一月，石城县民董永瑁妻李氏一产三男。三年六月，甘泉民蒋国泰妻苏氏一产三男。八月，秀水县民葛汉文妻徐氏一产三男，营山县民周铭妻文氏一产三男。十一月，滦州民李廷玺妻一产三男，景州民张世勋妻刘氏一产三男一女。四年四月，岳池县民荀稀圣妻李氏一产三男，娄县民何效章妻陆氏一产三男。六月，稷山民张桂妻刘氏一产三男。五年三月，潛山县民冯某妻一产三男。五月，无为生员魏海元子妇一产三男，潞泽营兵丁谢金成妻魏氏一产三男。八年五月，稷山民赵杰妻一产三男。九年五月，大埔民罗淑鄞之妻李氏一产三男。十年，铜山民刘瑞发妻韩氏一产三男，夏名魁妻刘氏一产三男，贵池民吴来盛妻叶氏一产三男。十一年，大埔县民危肇彬妻詹氏一产三男，贵阳民刘允福妻喻氏一产三男。十四年，无极县民袁文孝妻焦氏一胎产四子，两男两女，皆活。十五年，监利县民何名周妻黄氏一产三男。十六年，南昌县民徐仲 先妻万氏一产三男，盂县民田世隆妻石氏一产三男。十七年四月，宁河民刘守秀妻赵氏一产三男。十八年，平利县民张宁妻吕氏一产三男。十九年，济阳民贾含福妻谷氏一产三男。二十年，深泽民苏勇妻宋氏、刘邦林妻阎氏俱一产三男，滦州民高宗义妻一产三男。二十一年五月，定州民张照妻徐氏一产三男，济宁州民王尽忠妻一产三男，营山县民魏国平妻陈氏一产三男。二十二年，资阳县生员宋如衡妻苏氏一产三男，浦江县民葛有圣妻徐氏一产三男。二十三年八月初五日，兵丁刘任妻黄氏产一男，越日产一女，午刻又产一男。二十五年，陵川诸生马伯顾妻一产三男，南丰县民邓君奇妻朱氏、安义县民熊壁湘妻彭氏俱一产三男，云梦民冷少松妻许氏一产三男。二十六年七月，凤台县民陈全妻一产三男，武昌县民刘堃妻一产三男。二十七年，邹县民田成妻一产三男。二十八年三月，武进县民巢云五妻一产三男。二十九年，武城县民刘成妻高氏一产三男，即墨县民高岱妻王氏一产三男，平陆县民高怀妻一产三男，清水县民乔国祥妻王氏一产三男。三十年，临清州民杨维桐妻一产三男。三十一年，新城民朱振连妻一产三男，临清州刘德员妻一产三男，乐至县民罗景璋妻周氏一产三男。三十二年五月，府谷县民王友妻一产三男。六月，临县民李映实妻一产三男。十月，德州民陈三妻一产三男。三十四年，宁河于邦朝妻苏氏一产三男，黄县民王偲妻高氏一产三男。三十五年，武昌县徐定贵妻一产二男二女。三十八年，高平县民张万全妻李氏一产三男。三十九年二月，诸城县民郭荣妻一产三男。四十年，南昌县民李菁妻梁氏一产三男，乐平县民王彩珍妻廖氏一产三男。四十一年六月，龙里县民家生子，目中有臂三寸许，青阳民曹正送妻董氏一产三男。四十二年，贵池民孙全恺妻谢氏一产三男。四十三年九月，德州民赵楷妻崔氏一产三男，陵川民李珏妻王氏一产三男，洵阳寄籍楚民张希贤妻雷氏一产三男。四十四年，昭化县民王宰仕妻张氏一产三男，此妇四孕，每产必三，亦异妇也；光化县民许文思妻柯氏一产三男。四十六年，高邮县民于志学妻管氏一产三男，梓潼县民罗全义妻杨氏一产三男。四十七年，宁州民彭国治妻叶氏一产三男。四十八年，茂州民文廷柱妻一产三男。四十九年十一月，新建县民黎献文妻熊氏一产三男。五十年，太平县民傅学妻罗氏一产三男。五十二年二月，房县民张大业妻一产三男，京山县民李群来妻一产三男。五十三年，广州民廖伯万妻朱氏一产三男。五十四年三月，瑞昌县民周全万妻陈氏一产三男，昭化县民张应辉妻刘氏一产三男，宜宾县民万方麟妻陈氏一产三男，简州民蓝学荣妻王氏一产三男，莒州民刘翰阁妻一产三男。五十七年五月，高邮县民闵立礼妻李氏一产三男。五十八年，贵阳女子莫二阳化为男子，石首县民谭盛治妻一产三男，阳信县民王学皆妻张氏一产三男。五十九年，天全州民刘祥远妻熊氏一产三男。六十年，沂水县民赵有佐妻王氏一产三男。

嘉庆二年，莘阳县民杨国玉妻简氏一产三男，分宜县民罗大成妻蓝氏一产三男，邹平民樊梅清妻一产三男，诸城县民王立妻一产三男。四年七月，博兴县民张维庆妻一产三男，溪阳县民吴正彩妻刘氏一产三男。十二月，定州民薛际昌妻赵氏一产三男。五年正月，随州民聂中妻一产三男。六年，营山县龙宣江妻郭氏、广元县民董在义妻俱一产三男，长乐县民张茂荣妻刘氏一产三男，竹山男子李大凤化为女，棲霞邱家村王氏妇化为男子。八年三月，临淄县民王氏妇一产四男，新城民岳景妻一产三男。十年三月，日照县民张延妻徐氏一产三男。十二年二月，诸城县民王授尧妻曲氏一产三男。三月，东阿县民蔡光辉妻金氏一产三男，东乡县民黎凤兰妻赵氏一产三男。十三年五月，留坝县民靡永钳妻陈氏一产三男，应城县民某妻一产三男。十五年正月，黄济县民金泽妻生子无耳目口鼻，两头一角，扣之有声如铜。十八年，益都县民梁氏子骤长一丈有奇。十九年，巴县民刘天才妻一产三男，博兴县民李敬昌妻赵氏一产三男，靖远县民张守和妻王氏一产三男。二十一年六月，武城县武庠生王灵妻刁氏一产三男。九月，湖口县民吴绍荣妻时氏年四十五岁，初胎一产三男，应城县鲁姓妇遗腹一产三男。二十二年正月，彭泽县民何奇峰妻王氏一产三男。二十三年十一月，博兴县民孙在兴妻白氏一产三男。二十四年四月，乐安游氏女春桃年十五岁化为男。二十五年，日照县民宋晢妻周氏一产三男，定海厅民陈宏球妻一产三男。

道光元年九月，日照县民赵希常妻张氏一产三男。三年五月，中卫县民吴兴妻一产三男。五年，乐平县民甘德喜妻陈氏一产三男。六年七月，乐清县民戴万春妻林氏一产三男，麻城民甘学楷妻一产三男。七年，宜城县民张金福妻一产三男，狄道州民潘永周妻一产三男。九年十月，乐陵县民张志芳妻柳氏一产三男。十年七月，滨州民赵登坡妻张氏一产三男。十一年七月，莱阳县民孙洪妻一产三男。十三年，崇阳县民傅调鼎妻一产二男一女。十四年，日照县民马立太妻一产三男。十五年七月，利津县民马恭妻宋氏、商县民张曲寅妻胡氏俱一产三男。十六年，日照县民郭忠妻刘氏一产三男。十七年，乐陵民陈吉顺妻宋氏一产三男，观城县民陈珩妻钱氏一产三男。二十年，贵定民王某妻一产三男。二十二年十一月，南乡有女化为男。二十五年十二月，平度民兰种玉妻一产三男。二十七年十月，公安县民妇产一女，手足各四，三日而口有齿。二十八年四月，葛家坡卢氏女年十二化为男。二十九年，西宁县民张俢伦妻一产三男，玉山县民李前邻妻周氏一产三男。

三十年三月，应城县民宋爽先妻张氏一产三男，黄陂县民李允垒妻刘氏一产三男。

咸丰元年，崇阳县民某妇一产五男。二年二月，黄县民王经魁妻一产三男。五月，宜都杜氏女十三化为男。五年，平湖民黄某妻一产四女一男。六年，黄安县民妇产一子，二首一身。十一年，兴国县民曾世红女许字王氏子，幼，即收养夫家，及年十四，化为男，遣归。

同治三年，即墨县民家有男化女，孕生子。四年，秀水陈氏妇产四鼠。五年，东南乡民有女化为男。八年九月，灵州民惠泽之妻孕三岁不产，忽小腹溃裂，子从孔出，如人形，顷之子死，腹复合无痕。十年冬，襄阳民徐氏子生而有佛像三，下作莲花纹，在其左偏。

光绪三年四月，皋兰庠生张文焕妻一产四男。十八年六月，宁州民马寿隆妻生一子，三眼、三足，一眼在额上。三十三年，宁州民冯某家生一子，深目长喙，爪背有毛长寸，能左右顾，啼声如猿。

顺治元年，怀来大疫，龙门大疫，宣化大疫。九年，万全大疫。十三年，西宁大疫。

康熙元年五月，钦州大疫，余姚大疫。七年七月，内丘大疫。九年正月，灵川大疫。十二年夏，新城大疫。十六年五月，上海大疫。六月，青浦大疫。七月，商州大疫。十九年正月，苏州大疫，溧水疫。八月，青浦大疫。二十年，晋宁疫，人牛多毙；曲阳大疫。二十一年五月，榆次疫。二十二年春，宜城大疫。三十一年三月，郧阳大疫。五月，房县大疫，广宗大疫。六月，富平疫，同官大疫，陕西大疫，凤阳大疫，静宁疫。三十二年七月，德平大疫。三十三年夏，湖州大疫，桐乡大疫。秋，琼州大疫。三十六年夏，嘉定大疫，介休大疫，青浦疫，宁州疫。三十七年春，寿光、昌乐疫。夏，浮山疫，隰州疫。四十一年三月，连州疫。四十二年春，琼州大疫，灵州大疫。五月，景州大疫，人死无算。六月，曲阜大疫，东昌疫，钜野大疫。八月，文登大疫，民死几半。四十三年春，南乐疫，河间大疫，献县大疫，人死无算。六月，菏泽疫。秋，章丘大疫；东昌大疫；青州大疫；福山瘟疫，人死无算；昌乐疫，羌州、宁海大疫；潍县大疫。四十五年夏，房县大疫，蒲圻大疫，崇阳疫。四十六年五月，平乐疫，永安州疫。七月，房县大疫，公安大疫。八月，沔阳大疫。四十七年二月，公安大疫。三月，沁源大疫。五月，灵州大疫，武宁大疫，蒲圻大疫，凉州大疫。四十八年三月，湖州大疫。四月，桐乡大疫，象山大疫，高淳大疫，溧水疫。五月，太湖大疫，青州疫。六月，潜山、南陵、铜山大疫，无为、东流、当涂、芜湖大疫。十月，江南大疫。四十九年秋，湖州疫。五十二年冬，化州大疫，阳江大疫，广宁大疫。五十三年夏，阳江大疫。五十六年正月，天台疫。六十年春，富平疫，山阳疫。六十一年七月，桐乡疫，嘉兴疫。

雍正元年秋，平乡大疫，死者无算。二年六月，阳信大疫。四年四月，上元疫，曲沃疫。五月，大埔疫，献县疫。五年夏，揭阳大疫，海阳大疫。秋，澄海大疫，死者无算。冬，汉阳疫，黄冈大疫，钟祥、榆明疫。六年三月，武进大疫，镇洋大疫，常山疫。四月，太原疫，井陉疫，沁源疫，甘泉疫，获鹿疫，枝江疫，崇阳大疫，蒲圻大疫，荆门大疫。夏，巢县疫，山海卫大疫，郧西大疫。十一年，镇洋大疫，死者无算；崑山疫；上海大疫，宝山大疫。

乾隆七年六月，无为疫。十年十一月，枣阳大疫。十二年五月，蒙阴大疫。十三年春，泰山大疫，曲阜大疫。夏，胶州大疫，东昌大疫，福山大疫。秋，东平大疫。十四年五月，青浦大疫，武进大疫。七月，永丰、溧水疫。二十一年春，湖州大疫，苏州大疫，娄县大疫，崇明大疫，武进大疫，泰州大疫。夏，通州大疫。十一月，凤阳大疫。二十二年四月，桐乡大疫。七月，陵川大疫。二十五年春，平定大疫。六月，嘉善大疫。冬，靖远大疫。三十二年八月，嘉善大疫。三十五年闰五月，兰州大疫。四十年春，武强大疫。四十八年六月，瑞安大疫。五十年冬，青浦大疫。五十一年春，泰州大疫，通州大疫，合肥大疫，赣榆大疫，武进大疫，苏州大疫。夏，日照大疫；范县大疫；莘县大疫；莒州大疫，死者不可计数；昌乐疫；东光大疫。五十五年三月，镇番大疫。八月，云梦大疫。五十七年九月，黄梅大疫。五十八年冬，嘉善大疫。六十年十二月，瑞安大疫。

嘉庆二年六月，宁波大疫。三年五月，临邑大疫。五年五月，宣平大疫。十年二月，东光大疫。三月，永嘉大疫。十六年七月，永昌大疫。十九年闰二月，枝江大疫。二十年春，泰州疫。四月，东阿疫，东平疫。七月，宣州疫，武城大疫。二十一年，内丘大疫。二十三年十一月，诸城大疫。二十四年五月，恩施大疫。二十五年七月，桐乡大疫，太平大疫，青浦大疫。八月，乐清大疫，永嘉大瘟疫流行。冬，嘉兴大疫。

道光元年三月，任丘大疫。六月，冠县大疫；武城大疫；范县大疫；钜野疫；登州府属大疫，死者无算。七月，东光大疫，元氏大疫；新乐大疫；通州大疫；济南大疫，死者无算；东阿、武定大疫；滕县大疫；济宁州大疫。八月，乐亭大疫；青县时疫大作，至八月始止，死者不可胜计；清苑、定州瘟疫流行，病毙无数；滦州大疫；元氏、内丘、唐山、蠡县大疫；望都大疫；临榆疫；南宫、曲阳、武强大疫；平乡大疫。九月，日照大疫，沂水大疫。二年夏，无极、南乐大疫，临榆大疫，永嘉疫。七月，宜城大疫，安定大疫。三年春，泰州大疫。秋，临榆大疫。四年，平谷、南乐、清苑大疫。六年冬，霑化疫。七年冬，武城疫。十一年秋，永嘉瘟。十二年三月，武昌大疫，咸宁大疫，潜江大疫。四月，蓬莱疫。五月，黄陂、汉阳大疫；宜都大疫；石首大疫，死者无算；崇阳大疫；监利疫；松滋大疫。八月，应城大疫，黄梅大疫，公安大疫。十三年春，诸城大疫。四月，乘县大疫。五月，宜城大疫，永嘉大疫，日照大疫，定海厅大疫。十四年六月，宣平大疫，高淳大疫。十五年七月，范县大疫。十六年夏，青州疫，海阳大疫，即墨大疫。十九年九月，云梦大疫。二十二年正月，高淳大疫。夏，武昌大疫，蕲州大疫。二十三年七月，麻城大疫，定南厅大疫。八月，常山大疫。二十七年秋，永嘉大疫。二十八年春，永嘉大疫。二十九年五月，丽水大疫。

咸丰五年六月，清水大疫。六年五月，咸宁大疫。十一年春，即墨大疫。六月，黄县大疫。

同治元年正月，常山大疫。四月，望都、蠡县大疫。六月，江陵大疫，东平大疫，日照大疫，静海大疫。秋，清苑大疫；滦州大疫；宁津大疫；曲阳、东光大疫；临榆、抚宁大疫；莘县大疫；临朐大疫；登州府属大疫，死者无算。二年六月，皋兰大疫，江山大疫。八月，蓝田大疫，三原大疫。三年夏，应山大疫，江山大疫，崇仁大疫。秋，公安大疫。五年五月，永昌大疫。六年二月，黄县大疫。七月，曹县大疫。九月，通州疫，泰安大疫。八年六月，宁远、秦州大疫。七月，麻城大疫。九年秋，麻城大疫。冬，无极大疫。十年五月，孝义厅疫。六月，麻城大疫。十一年夏，新城大疫，武昌县大疫。

顺治六年六月，太平启山县山鸣如雷，移时乃止。十月，阶州山鸣。九年九月，武强天鼓鸣。

康熙元年七月七日，夜闻有声。二年四月二十三日，莱阳有声如海啸，自南起，至子时方息。四年正月初九日，西山鸣，永嘉山鸣，瑞安山鸣。七年八月，泰山鸣。九年夏，黄岩天鼓鸣。十七年十二月二十二日未时，枣强、同官中有声如雷，起自西北。二十四年五月，乐昌有声如雷，自西南之东北。四十七年七月，霑化无云而雷。五十年十月十一日，玉屏南山有声如鸣鼓。五十六年七月，合肥县城墙夜哭三次。六十年十一月十九日午刻，遵化有声自西南来，其声如雷。

雍正七年九月，嘉平无云而雷者三。十二年正月初三，武定有声如雷，自东北至西南，移时乃止。

乾隆六年八月，宜昌峰山有声如牛鸣，声闻数十里，数十昼夜不息，自止。十年五月，宁津无云而雷。十一年四月，分水南慈山夜半石鸣，逾日乃止。十二年正月十三日，解州无云而雷。十二月乙酉，肥城仁贵山有声如雷，移时乃止。十七年二月，忻城夜中有声如雷，移时乃止。十八年五月，池州东南山鸣。二十一年八月，秦州邽山鸣。二十三年三月，东莱清岭鸣声如殷雷。

嘉庆元年二月，荣成有声如雷，自西北向东南。十年三月三日，衮州空中有声。

道光二十年九月，星子五老峰有声如雷。二十六年八月，平湖四城鸣如鸟啾啾不已。

咸丰元年六月，浮梁城隍庙有哭号声。八月二十八日，随州有声如雷。三年七月，元氏天鼓鸣，自东北至西南，数日始止。十年二月，临朐逄山石鼓鸣。

同治元年正月初二日，三原东乡夜闻兵马声。六月，狄道州凤凰山鸣声如雷，数日不息。四年四月，通渭、泰安有声鸣如鼓。六年夏，江山江郎山鸣。二年六月十四日，漳县有巨声三作，声闻数十里。

光绪二十二年四月戊子，南乐无云而雷。二十三年五月，南乐无云而雷。

顺治五年六月，贵池陨石。十年四月，泸州星陨化为石，大如斗。

康熙十三年五月，宁远坠二星，化为红石。十五年五月，青浦星陨，坠地有声，居民掘之，见一黑石，按之尚热，重九十斤，击碎，刀摩之，火光四射。二十年正月二十日，海丰有星陨化为石，其形三角，重九斤。二十四年正月初六，饶平星陨黄冈五丈港，声闻数十里，化为石，其大如斗，其色外青内白。

雍正八年八月，府谷星陨，入土四尺，掘之得一黑石。

乾隆三十五年三月，乐安空中有光如炬，掘地得一石，铁色，大如斗，叩之有声，欲舁之，不语则举，语则虽大力不能举。四十年八月，钜□县属吴家集陨星一，化为黑石。四十七年八月，滕县星陨忠三保杨氏院中，化为石，色青白，重约百斤，孔数百，大容拳，小容粟。五十八年四月，分宜陨石於田，巨声如雷，黑色。

嘉庆二十三年十一月二十五日，长星落，有声如雷，土人视其陨处成一坑，掘之，得一石，长二尺余，阔尺余，形方而角圆，击碎之，中分五色。

咸丰十一年七月三十日，光化陨星三，化为石。

同治十二年六月十四日，漳县马成龙川有巨声三作，闻数十里，空中坠石三块，高可四尺五寸。十月，罗田陨石，触地而碎。

光绪二十年正月二十二日，皋兰陨星如火球，土人识其处，掘之，得一铁卵。

顺治十一年二月初九日，香山河水如血，次日复故；崖州东荔枝塘水赤如血，旬日乃已。十二年，万泉井水黑。十三年，江州泉水忽赤如血。十四年三月，毕节双井出红水，龙潭出黑水。十五年四月，潮阳江水变色黑而浊。十八年八月，通州河水黑如墨。

康熙十五年九月，渭水赤。三十二年，襄陵水赤，半月始复。

雍正二年七月，桐乡海水入内河，味如卤。

乾隆三十三年六月，歙县西乡池塘、井泉之水沸起如立，移时乃平。

道光元年六月，曹县城中坑水赤。

咸丰三年七月，应城堰水无故由南趋北，涌起如山，南北水二道中凹见底，移时始合；安陆水斗。四年十一月，蕲水水涌，跃高数尺；青浦水无故自涌。五年六月，云梦池水自溢，高尺许，顷复故。十一月初五，宜昌堰水，无风水自涌起尺许。

光绪四年五月十二日，孝感塘水忽沸起，高二尺许，逾时始定；黄冈水自涌；云梦塘自溢，久之始定。

宣统元年六月，陇水赤三日。

顺治元年八月，东阳大水，邢台大水。二年四月，万载大水，淹没田禾；东安大水。七月，嵊县大水，邢台大水，枣强大水，真定滹沱河溢，鸡泽大水，单阳大水。三年二月，阜阳大水，亳州大水。五月，兖州大水，漂没庐舍，沂州、蒙滇大水。七月，高平大水，临淄大水。四年四月，万载大水。六月，平乐、萧县、铜山、望江、无为、阜阳、亳州大水。七月，瑞安、曲阜、沂水、乐安、汶上、昌乐、安丘大水。八月，高州、高邮大水，宁阳汶水溢。五年春，五河、平原、汶上大水。五月，平乐、永安、密云、献县、新河、柏乡、霸州大水；

白河堤决。六月，武强、平乡、南和、永年、枣强、密云、晋州、宿松大水；建德蛟起大水。七月，颍上、亳州、太平、常山大水。六年四月，九江、汉阳、钟祥大水。五月十八日，阜阳淮河涨，平地水深丈许，坏民舍无算。七月，盐城、文安、真定、顺德、广平、大名、河间大水。七年正月，汉阳九真山蛟发水。五月，齐河河决，长清河决，荆隆口平地水深丈余，村落漂没殆尽，黄河决；郯城、日照大水。六月，苍梧、遂昌、台州、湖州、兴安、安康大水。秋，东阿大水，淹没六十七村；东明、荆隆口决，河溢，陆地行舟；茌平、昌邑潍水决，漂没田禾；石城、胶州、恩县、堂邑、武定府属大水。十月，仙居大水，城北隅塌，坏田庐无数，民多溺死；抚宁、栾城大水。八年正月，石埭、苏州大水；景州河决。四月初七日，潜山蛟出千百条，江暴涨，坏民居无算；望江大雷雨。五月，旌德大雨，蛟发水，平地水深丈余，溺死人畜无算。八月，乌程、瑞安、高淳、镇洋大水伤禾。十月，广宗、南乐、玉田、邢台、宁河、南和大水。九年二月，东流大潦，湖水出，江涌高丈余。三月，齐东黄河决。五月，临清、平定、乐平、寿阳、武定、商河、乐陵大水，村落多淹没。六月，乐平、岳阳、平阳、荣河、寿光、昌乐、安丘、高苑大水。七月，蒙阴、秦州、陇西、乌程、钟祥、开平大水害禾稼。八月，普宁、桐乡大水。

十年四月，石首、枝江大水；松滋堤溃。五月，沁水、寿阳、兴安大水；钦州海水溢。六月乙卯，苏州大风雨，海溢，平地水深丈余，人多溺死；安定、白河雷雨暴至，水高数丈，漂没居民；阳谷大水，田禾淹没，民舍多圮，陆地行舟；文登大雨三日，海啸，河水逆行，漂没庐舍，冲压田地二百五十余顷。七月，镇洋、萧县、嘉兴大水。八月，莘县、临清大水。十一年三月，武昌县雷山寺蛟起，水平地深丈许；沔阳堤溃大水。五月，兴宁、龙川大水。六月，茌平黄河决，村墟漂没。十二年正月，盐城海溢，人民溺死无算。四月，石埭、嘉兴、钟祥、潜江大水。六月，漳水溢，平地水深丈许，陆地行舟。十三年五月，武强、湖州大水，兴宁大水，陆地行舟。六月，万载、萍乡、宁都大水。十月，平湖、乌程、天台大水。十四年六月，太平、石埭、铜陵大水。秋，望都、高要、安丘大水。十五年三月，台州、临海大水。夏，归州、峡江、宜昌、松滋、武昌、黄州、汉阳、安陆、公安、嵊县大水；宜城汉水溢，浮没民田；当阳水决城堤，浮没田庐人畜无算；荆门州大水，漂没禾稼房舍甚多。秋，苏州、五河、石埭、舒城、婺源大水，城市行舟；钟祥大水；天门汉堤决；潜江大水。十六年四月，湖州、信宜大水。五月，衢州、江山、常山、江陵大水。六月，江夏、汉川、沔阳大水。十一月，仙居、通州、延川大水。十二月，望都、献县大水。十八年五月，龙川、峡江、万载大水。六月，河源、平乐、苍梧、武强大水。八月，淳安、庆元、南昌各府大水。

康熙元年五月，广州大水。六月，洵阳、白河、兴安、榆林大水。七月，孝感、沔阳、广陵、江陵、松滋、钜鹿、兴化、萧县、沛县、宁州大水。八月，天门汉水溢，堤决，舟行城上，成安、钟祥、潜江大水。九月，冀州、阜城大水。二年六月，汉中、汉江、交河大水。七月，永安州、平乐、贵州、咸宁、大冶、蕲州、江陵大水。八月，松滋堤决，大水浸公安，民溺无算；枝江大水，漂没民居，浮尸旬日不绝；宜都、黄冈、钟祥、麻城、钜鹿大水。九月，浦江、当涂、望江大水。十二月，蒲圻、大冶、沔阳、天门大水；江陵郝穴堤溃，大水。三年三月，阜城、万载大水。六月，偏关河水暴发，坏民舍甚多，城内水深丈余；海宁海决，水入城壕，天门、大埔大水。闰六月，延安、昌黎大水。七月，交河、梧州大水。八月，余姚、山阴大水害稼，仙居、桐乡大水。十二月，汾州府属大水。四年三月，阜阳、望都大水，凤阳水入城。七月，平定嘉水溢，景州、肥乡、湖州、丽水、萍乡、望都、鸡泽大水，天门水决入城。八月，高邑、仁化、平乐、梧州大水。六年八月，怀来、河间、蠡县大水，莱阳大水高数丈。七年五月，麻城、玉田、大埔大水。六月，栾城、南宫、藁城、磁州大水。七月，赵州、临城、高邑、深泽、安平、永年、蠡县、钜鹿、黄岩、乐清、萍乡大水。八月，交河、高平、苍梧大水。八年六月，三水、茂名、化州大水；房县大水，坏田庐；东莞潦潮大溢。九年，钟祥、应城、蒲圻、崇阳、枝江、凤阳大水，湖州太湖水陡涨丈余，漂没人畜庐舍无算；青浦、全椒、五河、鄞县、上虞大水；博野等二十九州县大水。

十年秋七月，松滋、宜都大水。八月，文安、安肃、济宁州大水，沭阳、石首大水。十一年，巴县、忠州大水入城，酆都、遂宁、平乐、永安州、任县大水。六月，湖州、宜兴大水，漂没民房，英德、杭州、邢台大水，宜都、潜江、松滋、太平、乌程大水。十二年六月，高要、苍梧、虹县、济南府属大水。十三年三月，苏州大水，霸州等十一州县水。五月，任县、万载大水；琼州海水溢，民舍漂没入海，人畜死者无算。十四年六月，五河、新城、蠡县、肃宁大水。八月，梧州大水。十五年正月，潜江、穀城大水；宜城汉水溢，漂没人畜禾稼房舍甚多。五月，白河、永安州、平乐、武昌、大冶、蒲圻、黄陂、孝感、沔阳、广济、宜城、天门、梧州大水。六月，黄冈、江陵、监利、苏州、青浦大水；广济江决，大水；怀集、震泽、萧县大水。九月，铜山、南乐大水。十六年二月，高邮、铜山、萧县大水。四月，潜江、望江大水。七月，河间、安丘、任县、鸡泽、钦州、苍梧、横州、浔州大水。十七年四月，龙川、和平、湖州大水。六月，钦州、惠来、遂州、合江大水。七月，任县、邢台、萧县、铜山、延安、平乐大水。十八年七月，祁州、肃宁大水。八月，汉中大水，潜江堤决。十九年六月，广济、宜都、宜昌、宜兴、武进、福山、沂水、蒙阴、滕县大水。七月，峡江、宜昌、宜都大水。八月，太湖溢，湖州大水。

二十年四月，常山、封川大水。五月，昌化、汤溪、江陵、监利大水，死者无算；新建等十四州县水。二十一年春，秀水大水。五月，封川、枝江、建德大水入城。十七日，严州府属六邑大水，二十一日方退。六月初五，水复大至。七月，平乐、苍梧、建德、震泽、太湖、宿松、邹平大水。二十二年七月，永安州、苍梧大水。十月，藁城、单县、宁□大水。二十三年正月，铜陵、东昌大水。四月，宁州、莘县、乐安、藁城大水。二十四年正月，饶阳、临城、迁安、献县、河间、乐亭、东平大水。夏，江夏、通城、黄冈、蕲水、麻城、黄陂、黄梅、广济、罗田、钟祥、沔阳、荆州、江陵、监利、孝感、蒲圻、公安、高苑、安平、武强大水。二十五年六月，常山、乐安、寿光、昌乐、蓬莱大水。七月，台州、蓟州大水。二十六年，高明、连州大水。秋，震泽、高苑大水。二十七年五月，澄海、泽州、定远厅大水。二十八年夏，永安州、平乐大水；河源大水，陆地行舟。二十九年八月，余姚大水，蛟蜃出者以千计，平地水深丈余；诸暨、上虞皆被水，田禾尽淹；蓟州、宝坻大水。

三十年，永宁河决，淹没田二百余顷。三十一年二月，新城、新安、邹平大水。七月，嘉定、眉州、绵州、灌县、新津、威远河水涨，损民舍，伤稼。九月十二日，新市河中水忽涌立高丈余，径围俱有丈余。三十二年七月，阳高、高邮、保定、顺天、武定、河间大水。三十三年十二月，铜山溢，阳湖、高邮、东明大水。三十四年五月，湖州、桐乡、澄海、公安、三水、乐安、震泽大水。三十五年六月，新安、即墨、藁城大水。七月，江夏江水决；崇阳溪、黄陂、蒲圻、江陵大水；黄潭堤决；枝江大水入城，五日方退，庐舍漂没殆尽。八月，黄冈、饶阳、秦州、歙县、沛县、迁安大水。九月，深泽、荣成大水。三十六年七月，昆山、临榆大水。三十七年五月，婺源、堂邑、凤阳、东昌、五河、新安、建昌大水。三十八年六月，新城、泰顺、建德、新安、无极大水。闰七月，杭州大水。八月，台州大水，平地高丈余；金华、汤溪、西安、江山、常山、赣县、沔阳大水。三十九年七月，剡城、沂州、高邮大水。

四十年，平乐、鹤庆、广平、连州、广州大水。六月，大埔、黄冈、海阳大水。四十一年五月，英山、澄海、宁县大水。四十二年五月，高唐、南乐、宁津、东阿、江陵、监利、湖州大水；平乐漓江涨，平地水深丈余，民舍倾圮；青城、阳穀、沂州、平遥、南乐、广平大水；恩县大水，陆地行舟；卫河决。七月，登州府属大水。十一月，汉中府属七州县大水，济南府属大水。四十三年二月，景州、汉江、天门、沔阳、监利大水。五月，连州、山阳大水，平地深丈余；苍梧、湖州、汉阳、汉川、监利、邢台大水。四十四年，新建、丰城、庐陵、吉水大水。秋，青浦、柏乡、六合大水。十一月，随州涢水溢，坏民居；江夏、嘉兴、汉川、潜江、天门、沔阳、监利、当阳大水。四十五年，清江、新淦、瑞金、穀城、钟祥、天门大水。秋，沛县、铜陵、阜阳大水。四十六年五月，鹤庆、龙门、河源、苍梧、邹平大水。冬，霸州六州县大水。四十七年五月，杭州、高淳、南汇、太平、铜陵、无为、庐江、巢县、太湖、南陵、昆山大水。六月，太湖水溢。七月，西安、常山、江陵、上海、武进、丹阳、苏州大水。冬，当涂、芜湖、翼山大水。四十八年春，颍川、阜阳、临安大水。五月，庆元、江陵、监利、应城、荆门州、汉阳、汉川、孝感、潜江、光化大水。六月，婺源大水，漂没田庐；黄河溢；滦河溢；东安、单县、台州大水。四十九年八月，铜陵、无为、舒城、巢县、嵊县大水。十一月，枣强、霸州、庆云、崇阳大水。

五十年五月，沂水大水。十月，平阳大水，漂没居民数百人。五十二年五月，海阳、兴安、鹤庆大水，石城河决，浸入城，田舍漂没殆尽；赣州山水陡发，冲圮城垣。八月，台州、庐州大水。五十三年五月，石城、肃□大水。五十四年春，梧州、镇安府、昆山大水，江夏七州县大水。四月，全州大水，城内深四五尺。五月，澄海大水，堤决；丘县、寿光、获鹿、献县、武定、滨州、海丰、阳信大水；长山河溢，涌起数丈。六月，苏州大水，城水深五六尺，庐舍田地冲没殆尽；杭州、枝江大水。秋，东昌河决。十一月，德平大水。五十五年三月，黄梅、广济、江陵、监利大水。五月，昌化、常山、宁武、建昌、丘县、乐安大水；漳水决，宁阳、济宁、汶上均受其灾；崇阳、黄陵、天门、铜陵、太湖大水。九月，济南府属大水；潜山江水泛溢，田庐尽淹。五十七年三月，万全、光化大水。五月，大埔大水。六月，旌德大水，漂没人民桥梁无算；海丰、普宁、嘉应州、黄定县、崇阳大水。秋，黄陂大水。五十八年正月，清河大水。七月，福山、日照、潍县大水；胶州大水，平地深丈余，漂没庐舍无算，城垣崩圮。五十九年五月，龙川、海阳、澄海、庆元、桐乡、高邮大水。六月，石首大水，漂没民居殆尽；蒲圻、汉阳、汉川、沔阳大水。七月，横州、宣化、隆安、永淳、苍梧大水。六十一年六月，东阿河决；沂水河决，山东曹、单、濮等州县均受其灾；海州海溢；齐河金龙口河决

雍正元年夏，东流、房县大水；海阳韩江涨，保康水溢。七月，上海、大埔大水。二年二月，饶阳、肃宣、新乐、三河、宁河大水。四月，饶平大水。五月，澄海大水，堤决四十余丈；光化汉水溢，伤人畜禾稼；房县大水入城，漂没民居甚多；穀城大水，一月始退；潜江、天门大水入城；钟祥大水，堤决；沔阳、江陵、庆元大水。六月，东阿河决，陆地行舟。七月，泰州海水泛溢，漂没官民田八百余顷；南汇大风雨，海潮溢，田庐盐场人畜尽没；海宁海潮溢，塘堤尽决；余姚海溢，漂没庐舍，溺死二千余人；海盐海水溢；太湖溢；定海大风海溢，漂没庐舍；镇海大风雨，海水溢；鄞县、慈谿、奉化、象山、上虞、仁和、海宁、平湖、山阴、会稽、嵊县、永嘉，于七月十八日同时大水。八月己丑，苏州海溢；乐清大水；即墨大水，民舍多圮。十二月，汉水暴发入城。三年正月，宝坻大水。二月，济南、齐河、济阳、德州大水。四月，广州西江水溢。五月，饶平大水。六月，沂州河决；武强滹沱河溢，平地水深数尺，田禾尽淹没；普宣大水；澄海大水，堤决五百丈。八月十五夜，大埔大水，陆地行舟；曲阳、武强、鸡泽、邢台、枣强、蓟州、清苑、遵化州大水；新安大水，南北堤同日决。四年，济南府属大水。六月，大埔、应城、黄梅、黄冈、江陵、监利大水；蕲州江水高起丈余；天门大水，陆地行舟。七月，嘉应、信宜、庆阳、汉阳、汉川、黄陂、江夏、武强、祁州、唐州、黄安、平乡、饶平、苍梧、普宣、济宁州、兖州、东昌大水；崇阳蛟起，水浸入城。八月，桐乡、南昌、新建、丰城、进贤、清江、新淦、建昌、德化、高淳、鹤庆大水。十二月，曹县、单县、荷泽、兖州、东昌大水。五年，汉水溢，武昌、安陆、荆州三府堤决。五月，苍梧、安南、荆门州、黄冈、蕲州、广济大水。六月，平鲁山水暴发，漂没民居；庆阳、苍梧、石城大水。七月，临安、孝丰两县蛟出，山水陡发，余杭、新城、安吉、德清、武康俱被水；蕲州江水涨；罗田、石首、公安、广济、嵊县、安肃、容城大水；霍山蛟发水，黄河高数丈，沿河居民漂没甚众。十月初三日，昌邑海溢，人多溺死；高邮、铜陵、庐江、舒城大水。六年，崇阳、汉阳、潜江大水。七年五月，大庾、南康大水。八年五月，苏州、震泽大水。八年六月，武定、滨州、海丰、利津、霑化、滕县、宁阳、兖州大水；济南小清河决，伤禾稼；莱州霑

雨两月，河水暴发，田禾漂没，民多溺死；衡水、沙河、鸡泽、大名、顺德、广平、永年、高苑、博兴、乐安大水；庆云北河溢，清涧、黄河、无定河溢，漂没人畜。九年春，乐安、寿光、东昌、长宁、庆云大水。四月，宜昌溪水暴溢，坏民田。六月，砀山、长山大水。十月，济南、邹平大水。十年四月，富川大水。五月，峨眉大水，冲塌房七十九间，淹毙人口九十五口；荣经、雅安、南安、南昌、抚州、瑞州、吉安大水。六月，黄冈大水。七月，苏州大风雨，海溢，平地水深丈余，漂没田庐人畜无算；镇洋飓风，海潮大溢，伤人无算；崑山海水溢；宝山飓风两昼夜，海潮溢，高丈余，人多溺毙；嘉定海溢；崇明海溢，溺人无算；青浦大风海溢。八月，崑山海水复溢，溺人无算。十一年，武强、邢台、饶阳、丰润、蓟州、肃宁、沙河、卢龙、昌黎、献县大水；三河、宁河溢；沙州山水骤发，冲塌民房五百七十余间。八月，剡城、高淳大水。十二年三月，怀安大水入城。

乾隆元年，钟祥汉水溢；汉川、江陵、沔阳、天门大水。七月，鄞县海水溢，庆元大水。二年二月，乐清、永嘉、瑞安大水。五月，凤台、黄冈大水。七月，武强、饶阳、获鹿、栾城、平山、景州、容城、献县、新乐、新河、高邑、顺天、莘县大水，东昌卫河决。三年七月，黄冈、麻城、柏乡、肃宁、沧州、武强、东安、新安、饶平、献县、遂宁、合江、邢台大水；浑河溢，秋禾被灾者一百九十村；深泽、无极、滱河水溢。四年四月，亳州河决，颍上、阜阳、五河大水。秋，阳穀、寿张大水，禾尽淹；润德泉溢。六年四月，钟祥、天门、沔阳大水。五月，龙川、潮阳、宁都大水。七月，永嘉海溢，瑞州海溢，宝山海溢，苍梧、湖州大水。八月，钟祥南郊大水。七年六月，光化、宜城、江陵、枝江、南安府属、永宁大水；游水发，田庐尽没。七月，盐城河决，毁民居数万间；铜山河决，漂没庐舍；安丘水溢六七里，人有溺毙者；胶河溢；剡城、袁州、江夏、嘉鱼、东流、汉阳、汉川、黄陂、孝感、钟祥大水，颍上、五河、亳州大水。八年夏，黄冈、宜都、兴国、高淳大水。九年，天津、河间、霸州、抚宁大水。五月，澄海大水；东林堤决六十余丈，冲倒民房数百间；大埔洪水入城，漂没民房一百九十余间。六月，汉川、遂宁、简州、崇庆、绵州、邛州、成都、华阳、金堂、新都、郫县、崇宁、温江、新繁、彭水、什邡、罗江、彭山、青神、乐山、仁寿、资阳、射洪大水，溺死居民六百余人。七月，当阳江水暴发，田禾尽淹；绍兴、徽县岩水发，海溢，田禾尽淹；常山大水，溺人无算；淳安江涛暴涨，城市淹没；桐庐江水骤涨，市城水高二丈，凡浸五日方退；昌化、建德、嘉善大水。

十年四月，西桂、普安州大水，潜江、沔阳等九州县大水。五月，泰州海溢；亳县水灾；七沃、沧河大水，淹没人畜无算；渭水溢；秦州藉水溢；白沙北堤决，水入城，民居漂没甚多；陇石、枣阳、江陵大水。十一月，济南大水。十一年，枣阳、潜江、沔阳、袁州、高苑大水。六月，连州、临武大水。七月，凤阳、颍上、亳州大水。十月，江陵、万城堤溃，潜江被水灾甚重。十一月，即墨大水。十二年五月，游仙山水骤发。六月，应州、浑源、大同三州县大水。七月，海宁潮溢；镇海海潮大作，冲圮城垣；苏州飓风海溢；常熟、昭文大水，淹没田禾四千四百八十余顷，坏庐舍二万二千四百九十余间，溺死男女五十余人；崑山海溢，伤人无算；泰州大风潮溢，淹盐城，伤人甚多；枣阳大水，淹没田禾；济阳、德平、平原、霑化、兖州、济宁州、嘉祥、剡城、莒州、蒙阴、日照、兰山大水；东□、赤城水灾。十三年五月，日照海溢，金乡、鱼台、济宁州、宁阳、范县、寿光、胶州、岐山、润德、肥城、崑江、汉川、天门、沔阳、江陵、监利大水，太原汾水溢。九月，郧西、房县大水。十四年三月，寿光海溢，海丰、全州、太湖大水。八月，宜都汉水涨，冲没民居百余家；沔阳、潜江、天门、江陵、监利、汉川大水。十五年三月，平远大水。连日洪水涨发，坏田屋，漂没人畜无算。五月，乐亭海潮，运河上，田禾尽淹；英山大水，淹没田庐；肃宁、阜平、武进、阜阳大水；淳安水骤发，田禾淹没。六月，日照水溢，随州涢水溢，坏民田舍；富平、容城、祁州大水。十六年三月，潍县海水溢；掖县大风雨，海水溢，漂没人畜。四月，平度海溢；兖州府属大水。七月，东昌、日照、利津、霑化、惠民、蒲台、寿光、永乐大水，滦州河溢。十七年正月，郧县、钟祥、京山等十六州县大水。四月，洛川水。六月，雷州、文登、荣成、遵化、陵县、临邑大水。七月，仁和、海宁水骤至，田禾尽淹。八月，襄阳、枣阳、宜城、穀城、均州、龙川大水。冬，桐乡南栅大水。十八年二月，峡江、潜江、沔阳、天门、吉安、蕲水大水。六月，饶平大水，漂没民房五百六十余间。八月，海丰、利津海溢，寿光海溢，滨州、霑化、兰山、剡城、日照大水。九月，淮水溢，坏民舍；涑水涨，淹没西王等村；太湖、凤阳、五河大水；信宜大水，淹没庐舍二百余间，男妇五十余口。十月，黄河溢，漂没民舍甚多；庆云大水。十二月，天门江溢。

二十年，金乡、鱼台、潜江、沔阳、荆门、江陵、监利、光化大水。十二月，潜江团湖垸堤溃，光化、寿州、凤阳、潮州大水。二十一年十二月，五河、德州、金乡、鱼台、寿张大水，东昌卫河决。二十三年，青浦、金乡、鱼台、济宁州大水，普宁大水入城。二十四年八月，泰州大风潮溢，淹没禾稼；临清卫河决；太湖、潜山大水。二十五年五月，庆元、洵阳、柏乡大水。秋，屏山县百溪水暴涨。二十六年五月，潜江、沔阳等七州县大水。六月，南宫河水溢；云梦河水涨，高涌丈余，田宅尽淹，死者无算；峡江大水溢；江陵、娄县、固安、永清、宁河、文安、望都、容城、卢龙大水；乐陵、金乡、鱼台、宁阳、汶上、寿张大水。八月，东昌卫河决。二十七年四月，庆云、枣强、安肃、望都大水。七月，丘县漳水溢，淹没田禾；海盐潮溢塘圮，水入城，漂没民居；仁和、钱塘、海宁、余杭大风雨，山水骤发，灶场、田禾尽淹；平湖、蒲台、义乌、青浦、东昌、德平、黄县大水。二十八年五月，瑞安潮溢，陆地行舟；资阳大水。二十九年二月，南昌、吉安、九江、汉阳、汉川、武昌、江夏大水。四月，黄安、黄州、黄冈、蕲水、广济、石首大水；洞庭湖涨，漂没民居无算。五月，宜平、达州大水。

三十年三月，长清、惠民、诸城大水。七月，府谷河涨；蓟州大水；北山蛟水陡发，漂没房舍。三十一年秋，东昌卫河决，济南、禹城、惠民、商河、利津、金乡、鱼台大水。三十二年，江夏、武昌、黄陂、汉阳、荆门州、黄冈、蕲水、罗田、广济、江陵、枝江大水。三十三年七月，太原、武清、庆云、宁河、南乐、安肃、望都大水。三十四年五月，苍梧、怀集、新乐、溧水大水。六月，太湖溢，武进、灊山、湖州、嘉善大水。十月，江夏、武昌、崇阳、黄陂、汉阳、黄冈、广济、江陵、枝江大水。三十五年春，鄞县、庆元大水。夏，古北口山水暴发，沧州、宝坻、武清、喀喇河屯厅、望都、洵阳、白河、武宁大水，郧西汉水溢。秋，济南、东昌大水。寿光大风雨，海溢，伤民畜无算。三十六年正月，凤阳大水。五月，宁阳、安丘、寿光、博兴大水。秋，五河、邹平、商河、惠民、东昌、德平大水。

四十年春，直隶省四十州县大水。八月，河津汾水溢，近城高数尺，次日退。四十一年六月，海子山水骤发，浪高丈许，坏城垣庐舍，人多溺死。秋，代州秋峪口河决，田庐多没。四十四年六月，临清卫河决；施南清江水溢；钟祥汉水溢，入城，坏民庐舍；江陵大水，田禾尽淹；宜都、武昌大水。四十五年三月，庆元大水。五月，袁州、义乌大水入城，钟祥、沔阳、灊江、荆州三卫大水。六月，常山大雨，湖水暴发，民房多圮；武清、房山、滕县大水。九月，庆元、金华大水。四十六年十二月，宜城、江陵、寿光、博兴大水。四十七年六月十七日，郪、涪二江涨，顷刻水高丈余，民田庐舍淹没殆尽。中江、三台、射洪、遂安、蓬溪、盐亭同日大水，江夏、武昌、黄陂、汉阳、安陆、德安、瑞安大水。四十八年五月，宜平大水，漂没田禾。六月，江夏、黄梅、武昌三卫、黄冈、广济大水。

五十一年春，霑化、崇阳大水。八月，江陵大水。五十三年五月，宜昌大水，冲去民舍数十间；常山、庆元、南昌、新建、进贤、九江、临榆大水。六月，荆州万城堤决，城内水深丈余，官署民房多倾圮，水经两日始退。漳河溢；枝江大水入城，深丈余，漂没民居；罗田大水，城垣倾圮，人多溺死；江夏、汉阳九卫、武昌、黄陂、襄阳、宜城、光化、应城、黄冈、蕲水、罗田、广济、黄梅、公安、石首、松滋、宜都大水。七月，江陵万城堤溃，灊江被灾甚重；汉阳大水。五十四年五月，瑞安、宁海、东湖大水。八月，安州、临榆大水。五十五年七月，长清、滨州大水；运河决，水溢，禹城、平原等县水深数尺。八月，滦州滦河溢；乐亭、武强、高唐大水。五十六年正月，湖州大水。十月，即墨沽河水溢。十一月，保康大水，田庐多没。五十七年十一月，临江、吉安、抚州、九江大水。五十八年春，青浦大水；贵定大水，坏民舍。四月，随州、黄安、南昌大水。七月，海盐潮溢，坏民舍。大名、元城大水。五十九年三月，卫河溢，武城大水，襄阳、光化、宜城、黄安、清苑、蠡县、抚宁大水，滹沱河溢。六十年五月，汉水溢，丽水、分宜、玉山、灊江、沔阳、松滋大水，朱家阜堤决。

嘉庆二年六月，武进、东平、良乡、天津、静海、青县、沧州大水。七月，乐亭、永清大水；宁都霪雨，水骤发，毁民居瓦房一万八千九百三十间，草房一千二百四十五间，淹毙男妇四千三百九十二名。三年夏，武昌、文安大水。四年二月，蠡县大水。七月，长清大水。五年，霸州、河间、任丘、隆平、晋宁、定州大水。六年春，禹城运河决，水至城下；长清、观城、任丘、静海、黄县、平乡大水；滹沱河溢，田禾尽没；镇西堤决。六月，武清、昌平、涿州、蓟州、平谷、武强、玉田、定州、南乐、望都、万全、大兴、宛平、香河、密云、大城、永清、东安、抚宁、南宫、金华大水，滦河溢，永定河溢。七月，义乌大雨，江水入城；新城、缙云大水。七年四月，义乌大水，禾尽没。五月，定海大水，田禾尽没。七月，新城大水，漂没民房一万七千余间；汉川、沔阳、钟祥、京山、灊江、天门、江陵、公安、监利、松滋等州县连日大雨，江水骤发，城内水深丈余，公安尤甚，衙署民房城垣仓厫均有倒塌，而人畜无损。九月，郧西大水；钟祥大水，堤决。八年五月，随州大水。冬，黄河溢，大水；东阿河决，坏民田庐舍；东昌河决；蒲台、利津、滨州、霑化、云梦、范县、观城大水。九年三月，南昌、抚州、赣州、九江大水。十年六月，文安、安州、新城、霸州大水。十一年七月，温州、宁波、钟祥、珙县大水。十三年三月，武进、望都、清苑、定州大水。五月，新城、庆元大水。七月，庆元复大水。九月，南宫、袁州、九江大水。十四年四月，望都、房县大水。六月，南宫大水。十五年四月，新林、宜城大水。六月，济南大水。七月，永定河溢，南宫、平度、广元、盐源大水。十月，宜城大水。十六年四月，保定、文安、大城、固安、永清、东安、宛平、涿州、良乡、雄县、安州、新安、任丘大水。秋，肥城、即墨、平度、宁海大水。十七年春，南昌、临江大水。五月，竹溪大水入城。六月，丽水、房县大水。二十年四月，历城、长清大水。二十二年七月，宜城、榖城、婴武大水。二十四年二月，黄县大水，冲塌民房，人多溺死。四月，唐山、滦州大水。二十五年，宣化、宁晋、宁河、宝坻、文安、东安、涿州、高阳、安州、静海、沧州、埠山、大名、南乐、长垣、保安、万全、怀安、西宁、怀来、新河、丰润大水。六月，丽水大水。

道光元年三月，宁津大水。五月，保康、随州、博兴、即墨大水。秋，济南、惠民、商河、霑化、灊江、任康大水。二年正月，钟祥大水，堤决；灊江大水。五月，光化汉水溢；竹山、郧县大水。六月，武城河决；武强河水溢；清苑、唐山、蠡县、任丘、曲阳大水。七月，定远厅、应城大水。八月，霑化徒骇河溢；东昌卫河决，坏民田；长清、日照、菏泽、观城、钜野大水。三年三月，石首、江陵大水；郝穴堤淤；平乡、固安、武清、平谷、清苑、蠡县、任丘、青县、曲阳、玉田、霸州大水。六月，武城河决；江山、黄梅、钜野、通州大水；东昌卫河决。七月，太湖溢；鲍家坝决，下河禾稼尽淹，苏州、高淳大水。四年二月，大兴、宛平等九州县大水。七年五月，房县汪家河水溢，坏田庐无算；西河水溢入城；蕲州大水，漂没田庐人畜；江陵大水。六月，枝江大水入城；日照大水。八月，崇阳山水陡发，城中水深数尺；灊江大水堤溃。九年秋，霑化、长清大水。

十年五月，通山水陡发高数丈，淹没田庐人畜无算；崇阳大水。六月，枝江大水入城，漂没田庐；宜都、兴山大水。十一年，贵筑、黄安、黄冈、麻城、蕲水、公安、宜都大水；石首堤溃。六月，云梦堤决，漂没田庐无算；房县、安陆大水。七月，日照、清苑、惠民、商河、霑化、高淳、武进大水。八月，钟祥大水漫堤，黄陂、汉阳大水。十一月，陆河水大涨，房县、黄州、应山、武昌、南昌、南康、瑞州、袁州、饶州、抚州、文安、清苑大水。十二年夏，松滋堤决；江夏、应山、麻城、郧县大水，民房多坏；玉田大水。七月，钟祥大水，堤决；汉江暴涨，城圮二百四十余丈，溺人无算；堵水溢，坏官署民房过半；襄阳、宜城大水。八月，均州汉水溢入城，深七尺，民房坍塌无算；应城水溢，青田大水。九月，观城、钜野大水，武城河决。十三年春，平乡大水。四月，贵溪、江山、咸宁、江夏、黄陂大水；武昌大水至城下。五月，公安、宜都、归州大水。六月，汉江溢；黄冈、蕲州、黄梅大水；大兴、宛平、望都、抚宁、石首、公安、松滋大水。五月，丽水、孝义厅大水。六月，榆林大水，淹没田禾；缙云大水。十五年五月，沔县汉水溢，漂没田庐；钟祥大水。七月，霑化、蒲台、邢台大水。十六年春，宁海海溢，淹没民田。七月，钟祥大水堤溃。十八年六月，宜都水溢，南阳淹没民居甚多。七月，恩施清江水溢。十九年正月，惠民、霑化、济宁州大水。三月，枝江大水入城，公安、松滋、郧西大水。四月，钟祥大水堤溃。六月，武昌、临江大水；文昌、天门、公安、枝江、宜都、松滋大水。六月，汶水溢；临邑、陵县大水；玉田大水，相继五年，被灾甚重。秋，静海溢，禾稼尽没，霑化大水；沔县汉水溢。

二十一年夏，武昌、黄陂、汉阳、松滋、黄州、钟祥大水。二十二年五月，江陵大水入城，松滋大水。二十四年七月，嵊县堤溃，溺死七十余人；江陵大水，城圮；松滋、枝江大水入城；南昌、袁州、饶州、南康、惠民、霑化、蒲台大水。二十五年六月，东平大水。七月，青县、缙云、云和、太平、公安大水，乐亭海溢。二十六年正月，滦河溢。五月，枝江大水入城；青浦大水，漂没数千家。六月，汶水涨，堤决；青县大水。二十七年，盐山等二十六州县大水。二十八年，松滋、安陆、随州大水；黄州大水至清源门；保康大水，田庐多损。六月，南昌、袁州、饶州、南康、陵县大水；云梦山水陡涨，堤尽溃；咸宁、江夏、黄陂、汉阳、高淳、武清大水；蒲圻水涨，高数丈。十二月，随州、应山、黄冈、江陵、公安大水。二十九年四月，应山大水，居民漂没无算；黄冈大水入城；苏州、嘉兴大水；湖州大水，田禾尽淹。五月，兴安、黄陂、汉阳大水，蛮水溢。六月，公安、罗田、麻城、蕲水、归州、宜昌、蒲圻、咸宁、安陆大水，黄州大水入城，枝江大水入城。七月，三原河溢，漂没田舍，溺人甚多；日照大水；武昌大水，陆地行舟。十二月，桐乡大水，田禾尽淹。三十年六月，黄河涨，漂没田庐无算；青田、东平大水。

咸丰元年正月东平，夏太平大水。秋，怀州大水。二年六月，平河、高阳大水。七月，钟祥、榖城、襄阳、潜江、公安大水。三年三月，丽水大水。五月，孝义厅、嵊县、太平大水。六月，左田、如德山水暴涨，平地深丈余。七月，保定府属大水；宜城汉水溢，堤溃，城垣圮一百五十丈；均州大水入城。四年五月，松阳大水；广昌蛟出水，西南北三面城圮，淹毙男妇以万计，官厅、民舍仅存十之一二。秋，保定府属大水。五年七月，丽水、云和大水；景宁山水暴发，田庐尽坏，黄陂、麻城、黄冈、蕲州、广济陂塘水溢。十二月，钟祥水暴溢。六年五月，嵊县、太平大水。七年夏，松滋、枝江大水。七月，缙云、滨州大水。八年十二月，江陵、松滋、公安大水。十一年六月，钟祥大水堤溃。七月，景宁大水。

同治元年五月，公安大水，日照大水。秋，临江大水。二年春，湖州海水溢。六月，钟祥大水；潜江高家拐堤决；保康大水，淹没田舍；公安大水。秋，郧西大水。三年夏，公安大水。秋，郧西大水。四年四月，公安大水。五年夏，公安、德安、崇阳、咸宁大水。九月，临江、江夏大水。六年三月，罗田大水。五月，江陵、兴山大水。八月，宜城汉水溢，入城深丈余，三日始退；襄阳、榖城、定远厅、沔县、钟祥、德安大水；潜江朱家湾堤溃。九月，临邑大水，黄河溢。九年六月，滹沱河溢；宜城汉水溢；公安、枝江大水入城，漂没民舍殆尽；归州江水暴溢；黄冈、黄州大水。秋，孝义厅、武昌、黄陂大水。十年夏，武清、平谷大水。秋，公安大水，泗河堤溃。十一年三月，公安、枝江大水。六月，滹沱河溢，漫入滋河；直隶诸郡大水；高淳、甘泉、临朐大水。十二年六月，公安大水。秋，临朐、高淳大水，滦河溢，青县黑港河决。秋，潜江大水。十三年五月，公安大水。秋，甘泉、孝义厅大水；潜江大水深丈余，宣平北门外洪水泛滥，水高丈许，冲塌民房八十余间，男妇二十余人。

光绪元年二月，青浦、鱼台河决，境内淹没过半；潜江大水。二年五月，南昌、临江、吉安、抚州、饶州、南康、九江、潜江大水。六月，青田、宣平大水。八月，邢台白马河溢。三年五月，宣平大水。四年夏，常山大水入城，南昌、临江、吉安、抚州、南康、九江、饶平、广信、武昌大水。五年五月，玉田、蓟运河决；阶州大水；文县大水，城垣倾圮，淹没一万八百三十余人。六月，文县南河、阶州西河先后水涨，淹没人畜无算。八年三月，武昌、德安大水；常山大水，田禾尽淹，秋复大水。九年正月，玉田、孝义厅、皋兰、顺天大水。十一年五月，黄河溢，惠民徒骇河溢，霑化大水。十三年秋，滦州、洮州大水。十八年六月，南乐卫河决，洮州大水。二十年七月，太平、松门溢，堤尽溃；南乐卫河决。

宣统元年六月，兰州黄河涨，泰安大水。

顺治六年七月二十日，上海晚日中黑气一道，直贯天顶，须臾，海中黑气一道上升，与日中黑气相接如桥，至暮乃灭。七年十月十四戌刻，湖州有黑气一道，自西亘东，长百余丈。九年正月十五日，黄冈雨黑水如墨。十三年正月初一日，衡水有黑气自西北来，如烟。十四年七月，崑山黑眚见。十一月，含山黑眚见。十五年夏，平湖黑眚见。

康熙二十年八月初四日，澄海见黑气一条入东门，至北门东林村始灭。十月，宜昌夜间黑眚见。三十四年四月，襄陵黑眚见。

雍正六年三月初九日，镇洋见黑气如疋布，良久方散。

乾隆三十五年七月，东光黑气迷漫，移时方灭。三十九年二月朔，高邑黑眚迷人。四十年四月初五日，高邑黑眚，咫尺不辨。

嘉庆元年秋，枣阳有黑气自东向西，啐嚓有声。十四年正月朔，东光有黑气一道，自西北抵东南，长竟天。

道光二十八年六月，昌黎见黑气冲。

咸丰三年三月十六日，中卫有黑黄气二道，直冲天际。五年七月初十，曹县见黑气宽二三丈，长亘天。

同治二年六月，肃州日昃时有黑气长竟天，半夜方灭。

卷四十一　　志十六

灾异二

《洪范》曰："火曰炎上。"火不炎上，则为咎徵。凡恒燠、草异、羽虫之孽、羊祸，其灾火，赤眚、赤祥皆属之於火。

顺治十三年冬，庄浪燠，无雪。十八年冬，龙门无雪。

康熙二十一年冬，西宁无雪。二十七年冬，天镇无雪。三十五年冬，临县无雪。四十一年冬，平原燠如夏。四十二年冬，咸阳燠，无雪。五十九年冬，浮山无雪。

乾隆四年冬，彭泽、元昌燠如夏，人有衣单衣者。四十九年冬，菏泽无雪。五十七年冬，苏州无冰雪。

嘉庆三年冬，桐乡燠。十三年冬，昌黎无雪。十八年冬，郧县无雪。二十年二月，湖州大燠。

咸丰十年冬，皋兰无雪。

同治元年冬，黄县大燠。

光绪元年冬，望都、抚宁无雪。十四年冬，皋兰燠。

顺治三年五月，丘县雨麦。六月，潮阳雨豆。十一年六月，商州一蒂两瓜，大如斗。十二年二月，渭南天雨粟，平乐天雨荞麦。三月，凤阳、安西天雨莜麦、豌豆。五月，临潼、咸阳雨莜麦、豌豆。十四年二月，婺源雨黍。十五年冬，昌化竹生实。十八年十月，高要竹生实。

康熙二年十月，阜阳雨粟，粒若荞麦，圆小而坚，味辛，厚处盈寸。三年七月，婺源大鄣山竹生实，形如粦，民采而舂食之，厥味甘。二十一年三月，温州雨豆。二十二年四月，宁都天雨豆，又雨黑黍。二十六年二月，合肥雨黑豆。二十八年正月，含山雨小豆。四十一年二月，湖南竹生实。四十四年三月，葭州雨黑豆。四十五年春，横州竹生实。六十年夏，安化天雨荞麦。六十一年正月，大埔竹结实。十一月，岑溪枯竹开花。

雍正五年五月，钟祥竹开花。十月，当涂雨红绿豆，形如小麦，无蒂。十年，什邡县雨荞麦。十一年二月，山阳、清河雨黑豆，啖之味苦。十二年三月，宜昌竹结实，民采食之。十三年七月，夷陵竹生实如麦，民竞采食之。

乾隆二年二月，昌化雨豆。六年十一月，成县竹生实。十八年九月，阳春竹皆结实枯死。二十二年正月，永嘉东山竹结实如麦。二十三年，池州雨豆。二十六年，安化雨荞麦，形似而小。四十一年六月，余姚雨小麦、黄豆。

嘉庆十二年春，黄陂雨豆。

道光二年夏，黄岩天雨菽。四年十月，黄梅雨豆麦谷米。十六年十二月，武宁雨豆。二十年十一月，钟祥竹开花。二十五年七月，竹生米，可食。

咸丰元年六月，孝义厅山竹结实，人采食；青浦竹生花。二年十一月，太平雨豆。四年二月，随州天雨豆。四月，黄冈雨黑豆，食之味苦。冬，武昌县雨黑豆。五年正月初三日，孝感天雨小豆。二月，又雨豆。三月，武昌天雨黑豆，如槐实；黄安雨豆。夏，黄州、蕲水雨豆，如槐实。十一月，黄冈天雨豆，如槐实；归州竹结实，人采食之。六年八月，随州雨豆。八年二月，兴国雨豆，色赤。秋，兴山竹结实。九年春，麻城民间番瓜成人形。十年，龙泉雨豆，色赤。十一年三月，麻城雨豆。十二月，溪粱雨豆，色赤。

同治元年八月，西宁丹噶尔厅竹开红花；滦州瓜窳剖之有血，食者立病。三年正月，永丰天雨豆，五色斑烂。三月，景宁、嵊县雨豆。五月，京山县雨豆，其色黑光。六年二月，棲霞雨草子如荞麦。夏，嵊县雨豆。七年，藁城生豆如人面，五官俱备。九年十月，遂昌雨谷，外黑内红；德兴雨豆，内黑外白。十一年三月，即墨天雨红豆荞麦。

光绪二年四月，青田雨豆。九年三月，咸宁雨红麦。十年八月，孝义厅竹结实。十一月，洮州山竹开花结实。

顺治十四年，武昌鸦衔火，集人庐，辄灾，一月始息。

康熙十六年，海丰有异鸟集林中三日，高六七尺，舒吭丈余，啄鸡凫以食，居民奋击之，分啖其肉，辄病死。

顺治元年七月，商州郊外见大羊，色黄，长丈余，百姓博而杀之，肉重五百斤。四年五月，山阴民家羊生羔，三足，前二后一。五年，杭州民家羊生羔，三足。

康熙十二年，北山民家产一羊，一角一目，随毙。二十四年，顺德羊生羔，三足，前一后二。

乾隆元年四月，连州山羊入城，蹄角甚巨，人逐获之。五十五年，云梦见三足羊。

道光十七年八月，武进民家产羊，人首羊足，堕地即毙。

咸丰十年八月，江山西山白羊成群，倏不见。

同治三年，宁州民家羊产一羔，五角。

光绪九年九月，孝义厅民家羊产羔，人面羊身。二十五年，宁州民家羊产一羔，两首。二十七年三月，丹噶尔有一羊两头；一羔三足。三十三年，宁州民家羊生羔，人面。

顺治元年七月，西乡文庙火。六年正月初六日，无为州城门大火。八年七月，岚县火焚民房。十二年五月十八日，梧州府城外大火；十二月又大火。十四年十月，蕲水火。十五年，连州大火。十八年五月，宜昌大火，延烧民舍千余间。八月，嵊县城中大火。

康熙元年五月，黄冈大火，焚民房十之八九。秋，荆州大火，烧民房殆尽。十月，兴国火起自大西门，延烧城中，至大东门，男妇死者以千计。二年二月初三日，海阳西郊火起，延烧民房千余家。七月十五日，黄冈大火，烧民舍殆尽。三年四月，梧州府城外大火，焚八百余家。五月，海阳大火。六月，含山鼓楼火。四年正月，京山火，焚一百八十余家。十月，怀远大火，自西城外至驿前，延烧一百五十余家。十一月，高州府城火，合浦火焚民舍。十二月，广州府城火。五年正月，海阳南北二厢火起，延烧民房千余间。二月十三日，钟祥火，毁数百家，延及府署，焚死人畜甚多；

二十八日，城内外又燔数百家。秋，灵川北厢火起，延烧民房殆尽。十二月，严州大火，民房尽毁，延烧城楼。六年正月，海阳城外四厢火起，延烧民房千余间，死于火者二百余人。七年三月，郧阳府火，民舍尽毁。七月，大冶西市火，延烧百余家。八月，宣化城内火，焚千余家，次日城外又焚百余家。八年二月，海阳西北二厢火，焚民房数百间。三月，郧县火。十月，独山州大火，仙居、黄岩二县火。九年，平乐南关火，延烧四十余家。是年十二月至次年四月，火灾凡四见。

十年五月，钱塘大火。七月，大冶西市火。九月初七日，浦江太极宫大火。十一年三月，缙云大火，延烧县署。十二年九月，宜县西门外沙市被火灾四次，毁数百家。十三年五月，静乐火，毁民舍；兴国唐村火，焚死二百三十七人。十五年七月，太平城内火，毁民房过半。十八年正月初三日，望江吉水镇火灾，燔百余家。六月，顺庆府治火。十九年正月十五日，平阳火，毁民居过半。三月初四日，海阳火，延烧百余家，死者四十余人。七月，和平城外火，延烧百余家。

二十年二月，东湖县署火。五月，苍梧东廊火。八月，济宁州大堂火，温州火，燎民舍五千余间。九月，永嘉城中大火，燎民舍千余间。十月，思州府火，延烧五十余家。二十一年春，济宁州城内东偏大火，延及西隅，民舍皆尽，关壮缪侯祠亦毁，独神像香案无恙。八月，池州天火，毁田禾芋苗，叶尽生烟。十月，万载火，延烧城隍庙，连山西郊火。二十二年四月，□阳西门火。二十三年七月，长宁城隍庙火。冬，忠州石宝寨火。二十五年四月，万载火，延烧城隍庙；六合南门火，焚市廛数百间。二十六年十月初一日，平阳城楼火，燔百余家；忠州石宝寨又火。二十七年八月，婺源火，延烧五十余家。十二月，合浦西桥火，郡城火。二十八年九月己卯，苍梧西关火。十二月，松阳火。二十九年七月二十八日，酆都城内大火，民居尽毁。

三十年十月，平乐火，延烧二百余家；独山州大火。三十一年九月，平阳城楼火。三十二年夏，镇安府署火，延烧民居数十间。九月，平阳东门外火，燔数十家。三十四年正月，马平南川河下火，延烧大南门城楼。三十五年七月，江夏火起自火药库，死者无算。八月，阳高南街火。三十七年二月，汉阳汉口镇火，延烧数千家。

四十年九月，阳山火，延烧二百余家。四十一年二月，崖州火，伤四人。四十二年七月十六日，桐乡青镇火，燔民舍一百七十余家。四十三年正月二十九日夜，灌阳火，焚东门外民舍殆尽。四十四年三月，婺源太平坊火。十一月，武宁火。四十五年四月，竹溪火，官署民房俱烬。四十六年正月初四日，荔浦火，初□又火。巴县太平门大火。四十八年三月，独山州城内大火，居民无得免者。四十九年八月二十五日，嘉定火，延烧七十余家。

五十年正月，大埔白堠墟火，毁民舍数百家。五月，万载潭埠火，市店民房荡然无存。五十二年十一月，宣平火。五十三年九月初八日，宣化沙市火，焚千余家；独山州大火。五十四年九月，江陵火，延烧二千余家。五十五年九月，江陵又火，延烧二十余家，死十一人；思州府城大火，延烧四十余家。五十六年五月初三日，丹稜县大火，延烧数百家。五十七年三月，合肥城内大火，延烧四十余家。八月初一日，钟祥城内火，延烧城外民房数百间。五十九年十月，苍梧西门外大火。六十年四月十八日，盐山县城火，自学宫延烧东南北三门，毁民居数千家。六十一年二月，无为州小西门内火，延烧三十余家。七月，独山州东门火。冬，丽水县火。

雍正二年正月，沔阳仙桃镇大火，焚百余家，死者甚众。七月，梧州梧城驿火。十月，城内火。十一月，戎墟火。十二月初一日，开化城内火，延烧百余家。三年六月，梓潼县文昌庙火。七月，马平小南门火，延烧三百余家。四年十二月初四日，平阳西门外火，燔百余家。五年十二月，北流民舍失火，延烧县署，案牍皆尽。六年正月十六日夜，苍梧火，延烧民居一百七十余间；高州城东火。十月，崑山火，焚朝阳门谯楼。七年九月，苍梧戎墟火。九年正月，荆州大火。十年五月初三日，阜阳西城火，延烧民舍四千六百十一间。十一年七月初七日，玉屏闻空中有呼救火声，越半月，鼓楼街灾，烧民居数百家。十三年冬，婺源城隍庙灾。

乾隆元年四月，通州北郭火，延烧百余家。十一月，玉屏南门火。二年二月十八日，镇安府城火，燔数百家。三月乙丑，同官明伦堂大火。五月，沁州大街火。九月，北流典史署火，延烧民舍。三年十月初七日，潮阳南门火。四年正月十七日，瑞安大火，燔百余家。四月十八日，镇安城内火，延烧八十余家。五年二月，嵊县火，延烧二百余家。六年正月初六日，梧州府南门外火，延烧民房三百余家。七年二月十四夜，饶平县城火，延烧大楼房三十余间，小屋无数。八年十一月，饶平县又火。十年二月庚午，泰安县署火，延烧百余家。十一年六月，海丰龙津桥火，延烧蓬铺四十余间。十二年八月，化州南街火。九月，丰顺县城火。十一月初十日，崖州东街火，延烧七十余家，伤二人。十五年四月，泰安火。十七年正月朔，汉阳粮船火，焚数十艘。四月，桐乡南栅大火，毁市廛三百余家。五月二十二日，保昌孝悌街火，延烧三十余家。十八年七月，陆川大火，毁民居。十月，梧州府城外大火，伤二十余人。十九年八月，苍梧府城外又火。二十年三月，高州府城火，五月又火。二十二年十月，宜昌东湖火，燔民居无数。二十三年三月初一日，重庆太平门外大火。四月，独山州大火。二十四年十二月初八日，惠来县署火。二十五年八月二十八日，朝天千斯门内大火。二十七年十月，石门玉溪镇火，延烧百余家。二十八年十二月初五日，庆元火，延烧五十余家。二十九年五月，沂水县城南绸市街火，延烧数百家。十月，婺源西关外居民失火，延烧数百家。三十年十月，梧州府城外火。三十一年十一月，苍梧戎墟大火三次，共烧民房六百余家。三十三年正月二十八日，梧州府城外火，延烧三百余家。三十八年七月，金华府署火。四十二年十二月，青田城大火。四十四年十一月初四日，桐乡大火，燔市廛四十余家。四十六年夏，陆川城南失火，延烧 县署。四十七年六月，宁波府城火，毁鼓楼。四十八年五月庚子，庆元火，延烧百余家。四十九年四月朔，成都大火，延烧官署民舍殆尽。五十年夏，潜江城外火。五十二年三月，江陵城隍庙火。五十五年三月，义乌县署火。五十六年十二月，南昌火，延烧千余家。

嘉庆三年二月丙子，京师乾清宫火。九年七月初三日，定海城中大火，延烧二百余家。十三年五月十二夜，济南府西门大火，延烧四百余家。十六年三月二十九日，石门城西火。十七年春，齐东火，烧死数百人。十八年三月，贵阳城大火。二十年四月，尚山火。十二月二十日，兰州西门火药局焚轩辕城楼民舍，死者数十人。二十二年八月，黄阳火，烧民舍一百余家。二十四年闰四月，青田火，延烧二百余家。五月，青浦城火，延烧七十余家。

道光二年六月十一日，大埔南门外火，延烧两昼夜。九年七月十三日，江山江郎山火，延烧两昼夜。十年八月，铅山石塘火，延烧五百余家；次年又火。十六年十二月十九日，云和火，毁民舍八十余家。十九年正月初二日，贵阳府道德桥火，延及贡院头门。三月二十日，贵阳府学大成殿灾；江陵沙市大火，燔数百家。四月，定海道头港营船火。二十二年十月初三日，丽水火，燔一百四十七家。二十五年冬，黄岩苍头街火。二十六年五月，贵阳火，烧民房八百余家。二十九年十二月初三日，太平城隍庙火灾。

咸丰元年十月，太平火，燔百余家。二年八月，通州西库火。十月，武昌县署火。十一月，汉阳火。六年十一月，枝江火，燔市廛八百余家。七年五月，皋兰西关火，延烧市廛二百余间。八年秋，武昌县左市火。十年二月，青浦火，丽水火。

同治元年冬，黄山石路桥大火。三年十月，黄岩火。五年十一月，汉口火；余干瑞洪镇火，延烧四百余家。六年三月，江夏火药局灾，毙者以千计。五月二十五日，汉阳鲍家巷火，燔船只，伤人口甚众。七年十月，太平县城火，燔四百余家。九年冬，黄岩火。十一年四月，乌程火，延烧十余里。十三年五月，武昌县小西门火。

光绪二年七月壬午，青浦城火，延烧三十余家；九月庚寅又火，东码头上下岸俱烬。六年十一月，武昌县北市火。二十八年二月，皋兰南街大火。二十九年十月，西宁火。三十一年七月，西宁大街火；十一月，孔子文庙灾。

宣统元年正月初四日，皋兰县灾，延烧官舍六十余间。二月二十六日，兰州省城院门南街大火，延烧房屋二百零九间。

顺治十年二月，曹县夜间火光遍野。五月，渭南四野火灾，见持炬人三尺许，群绕火际，次日焚处拾一折简，字数行，如人书，其语曰："土地不宁，天降凶神三位，一收牛，一收马，一收人。"十四年十月二十七日，清丰空中起火，烧民房数百间。

康熙十二年三月，缙云晓见黧面人从空中放火，捕之不见。五月，宁波仙镇庙井中有火光上腾。十四年八月十五日，海丰火光遍野。二十五年二月，两广总督衙门两旗竿忽白昼飞火，焚其右，焦灼过半。三十一年秋，南乐空中有火，著铁皆明，自申至亥乃止。五十年二月丙寅，东平烈风中有火光。

乾隆十七年四月二十九日，岐山有火光，自西而东。七月，芮城有火光如电。二十年十一月，彭泽江心洲有穴出火，投苇辄燃，久而不息。二十二年二月二日，高平有火球大如斗，其色黄红绿相间，就地行走，不知所终。二十七年九月，临县空中有火光大如斗，坠城南隅。三十三年三月，即墨日夕有火球经天。五十年冬，枣阳有火球如斗，飞半里外。

嘉庆九年二月十二日，滕县城东石沟见火球飞落。十二年四月，黄安有火大如球，自东而西，落于泮池。十六年夏，抚宁夜遍地起火。

道光三年三月，蕲州、清江水中出火。二十年五月，均州夜见火光。二十二年十一月，郧西地中出火。二十四年七月，光化遍地绿火。二十六年正月，平乡火光遍野。

咸丰元年八月二十八日，随州有天火自西南流东北，其光触地，有声如鼓。三年正月，通州有火如星如磷，以千百计，自西南趋东北，凡四五夜始熄。十年冬，肥城既昏，有火从地中起，如磷而火，色赤而青，作二流光，遍地皆燃。

同治二年九月，曲阳有火球自西南飞向东北，或散四方，或聚为一，其象无常。四年，通渭、泰安火光西现如陨星。

光绪元年正月十四日，滦州五圣祠突有火光，俄而火起高矗云霄，祠竟无恙。五年冬，玉田见火球飞向东北，其声如雷。二十二年四月戊子，南乐有火光径尺，明如月，自西南往东北，尾长丈许，忽炸为火星四散。二十三年五月戊午夕，南乐有火光，圆可径尺，飞向西南。二十五年十一月乙未夜，南乐有火光流空中，其明如月。二十六年七月壬戌夜，南乐有火光流空中。

顺治三年六月初四日，镇洋新安镇李明家地出血。初五日，俞二家地出血尤甚。五年夏，嘉定见赤气亘东方。七年冬，鹤王镇乡民见血从地涌出。九年正月，东昌有赤光，声如水鸭，往东南而没。十六年，永年南关外地中涌血，嘶嘶有声。

康熙十四年四月，莱阳地涌血丈余，气腥，久不敢近。五十九年七月十六日，荣成、莱阳有赤气自东而起，倏如匹练，亘向西北去，有声如雷。

雍正七年十二月二十八日夜分，福山见红光满野。

乾隆三十五年七月二十八日，肥城有赤光自北方起，夜半渐退；长山西北见赤气弥天，中有白气如缕间之，四更后始散。二十九日夜，荣成夜见红光烛天；东光有气如火，横蔽西北，亘数十丈，中含红光，森如剑戟上射。

嘉庆九年正月，历城天雨血。

道光十一年冬，太平雨血，著人衣皆赤。十七年六月二十八日，嵊县有赤光如球，高数丈，三日乃灭。二十八年正月，松滋天雨血，以碗盛之，作桃花色。

咸丰三年正月十四日，西乡雨血如注。五年八月，曹县东方有赤气如旗杆形。六年七月，武进地出血。

同治五年秋，崇阳雨血。七年正月二十日，光化雨血。

光绪二年二月初四日，曹县见红光自天降於八里湾水中。七年四月，襄阳雨血。

卷四十二 志十七

灾异三

《洪范》曰："木曰曲直。"木不曲直，则为咎徵。凡恒雨、狂人、服妖、鸡祸、鼠妖、木冰、木怪、青眚、青祥，皆属之于木。

顺治二年二月，河源霪雨。三年二月，当涂恒雨。四月，南雄霪雨。四年四月，章丘霪雨四十余日。六月，高邮大雨数昼夜；丘县霪雨，平地水深二尺；萧县暴雨三阅月；永安州、安邑大雨。秋，寿元霪雨四十余日，即墨暴雨连绵，水与城齐，民舍倾颓无算。五年春，新城霪雨六十余日，水没城及半；莒州大雨两月；武城霪雨一百日；东平大雨淹禾。五月，衡水霪雨数旬；咸阳大雨四十余日。八月，句容大雨，屋舍倾圮无算；陵川霪雨害稼；沁水霪雨两月余。六年五月，凤阳霪雨八昼夜；阜阳、淮河霪雨昼夜不息。秋，沁水霪雨两月余，民舍倾倒。七年二月，全椒大雨。四月，射洪大雨三昼夜，城内水深丈许，人畜淹没殆尽。五月，平阳霪雨四十余日。六月，桐乡霪雨。七月，解州、莱阳、万泉霪雨；安邑大雨二十余日，倾圮民舍。八年春，嘉兴、海盐、桐乡霪雨。五月，潞安霪雨八十余日，伤禾稼，房舍倾倒甚多。六月，江阴霪雨六昼夜，禾苗烂死；吴平大雨倾盆，一昼夜方息；当涂大雨。秋，沁水大雨，东阿霪雨，青浦大雨弥日。九年五月，阳信、霑化霪雨四十余日，平地水深二尺；合浦大雨，城淹四尺。六月，寿阳霪雨四十余日；襄陵霪雨两匝月，民舍漂没甚多；稷山霪雨；博兴大雨倾盆四十七昼夜。七月，济宁、东平霪雨害稼。九月，遵化州霪雨弥月。

十年五月，文安、大城、保定大雨如注十昼夜，平地水深二丈。六月，文登大雨三日，昌平霪雨，蓬莱霪雨四十余日。十一年二月，兰州大雨二十余日。六月，亳州霪雨，坏民庐舍。七月，澄迈大雨，三日方止。十二年八月，鹤峰州霪雨不止，田中水深三四尺。十三年五月，常山大雨。十五年二月，济宁州霪雨伤麦，万泉霪雨伤麦。秋，垣曲霪雨，儋州霪雨七昼夜，田禾多没，城垣倾圮，兴安、白河、洵阳霪雨四十余日；平湖大雨数昼夜，平地水深二尺许。十六年正月，震泽、嘉定霪雨六十日方霁。二月，仪徵大雨弥月，平地水深丈余。三月，萧县霪雨二十余昼夜。秋，铜山霪雨三月余，禾尽烂死；宿州大雨二十余日，田庐漂没殆尽；虹县霪雨六十余日，平地水深丈余，淹没田庐；梧州霪雨四十余日；成都霪雨城圮。十七年五月，崇明大雨一昼夜；和平大雨，平地水深丈余，漂没田庐无算。十八年六月，贵阳大雨，武宁霪雨二月未止。闰七月，孝感霪雨三日，杀麦。

康熙元年八月，朝城霪雨七昼夜；曲沃霪雨二十日，坏城垣庐舍无算；成安霪雨五昼夜；永年霪雨匝月；吉州大雨，坏城垣庐舍；萧州大雨弥月，城垣倾圮；解州大雨四十日；猗氏大雨二十余日，民舍倾圮。四年春，蠡县霪雨二十余日。六月，府谷大雨。闰六月，延安霪雨弥月，坏庐舍。七月初七日，大城霪雨五昼夜，城垣倒坏十之六七，民房坍塌不下数万间；东阳大雨，坏民舍。五年六月，福山霪雨两月，禾稼尽伤。十一月，襄垣、武乡大雨。六年六月，惠来大雨，平地水深三尺；房县霪雨伤禾。七月，温州大风雨，坏城垣庐舍；瑞安大风雨，坏城垣庐舍。七年四月，太平大雨如注。五月，太平积雨旬余。六月，龙门大雨七日；武强霪雨；井陉大雨如注。七月，灵寿霪雨两昼夜不止；元氏大雨七昼夜，城外水高数丈；真定府、怀来大雨七昼夜；内丘霪雨，淹没民舍；房县霪雨伤禾。八年六月，嘉兴霪雨昼夜不息。九年五月，湖州霪雨连旬；德清霪雨连旬，田畴尽没。六月，东阳大雨如注。

十年八月，嘉兴大雨。十一年秋，宁波霪雨。十二年正月，海宁霪雨，至四月止。六月，高要霪雨四日，平地水深数尺，民舍倾圮；宿州大雨连绵两日；阳江大雨。十三年正月，桐庐霪雨，至二月方止。四月，海丰霪雨十六日，平地水深数尺。六月，开平霪雨陷民居；高明霪雨，伤损禾稼。十五年五月，海宁霪雨匝月，伤禾；大冶霪雨。十六年七月，高密霪雨二十余日，田禾淹没。十七年正月，永年霪雨匝月。四月，平湖霪雨匝月。五月，金华霪雨伤稼。七月，太平霪雨，民舍倾圮；莱州、胶州大雨伤稼；万载霪雨数昼夜。十八年八月，曲沃霪雨二十五日，城垣庐舍倾倒无算；太平霪雨；临晋雨二十余日，民舍尽圮；猗氏霪雨弥月不止；解州、安邑霪雨连旬；夏县霪雨月余，城垣倾倒，民居损坏，田禾淹没；广灵霪雨匝月不止；汉中霪雨四十日，如倾盆者一昼夜，淹没民居；定远厅霪雨四十日；甘泉霪雨弥月；兴安大雨，田禾尽淹。十九年二月，襄垣大雨四十余日。六月，高邮霪雨连旬，坏民舍无算。七月，龙门大雨，平地水深尽许；镇洋霪雨累月；长子大雨四十日不止，城垣倾圮；蒲县霪雨四旬，伤禾。八月，上海骤雨，城内水高五尺；咸阳大雨四十余日。十一月，震泽霪雨三日。

二十年三月，处州大雨，至五月始止。四月，宁波霪雨一月。七月，阶州大雨月余，倾倒民房千余间。二十一年三月，平远州霪雨；绍兴霪雨九旬，禾苗尽淹。五月，金华大雨五十余日。二十二年春，苏州霪雨十二日，杀麦；青浦霪雨伤麦；阳湖恒雨伤麦；海宁大雨，至四月始止；桐乡恒雨，至四月始止；平湖自二月至四月大雨不止；湖州恒雨；石门恒雨伤麦；天台霪雨至四月不止，二麦无收；太平霪雨，麦无收；浦江霪雨；衢州恒雨至四月，无麦；严州自春徂夏，阴雨连绵，二麦无收。五月，灵川大雨；通州霪雨；台州霪雨，麦无收。六月，兖州大雨，平地水深三尺，田庐苗稼尽淹。二十三年春，恩县霪雨；剡城霪雨，两月不止。夏，昌乐霪雨害稼。七月十三日，临县大雨，至八月初八日止，平地水溢；太平霪雨四十余日。八月，遂安霪雨两月；隰州霪雨五十余日，坏民舍甚多。二十四年四月，湖州大雨。六月，灵寿霪雨害稼；固安大雨，坏民舍。十月，福州大雨数昼夜。十二月，歙县霪雨四十余日，和顺大雨连月。二十五年四月，宜平大雨五日，漂没田庐，溺者无算；丽水大雨四昼夜，漂没庐舍无算。闰四月，处州大雨，水高於城丈余；松阳大雨四昼夜；景宁大雨三昼夜。六月，青州霪雨伤稼；寿光大雨兼旬。十一月，琼州大雨连日如注，民舍多圮。二十六年六月，新城霪雨害稼。七月，章丘霪雨四十日，民舍倾圮千余间。二十七年五月，玉屏大雨，坏城垣。二十八年四月，惠来大雨，庐舍淹没无算。二十九年二月，开平大雨，至五月乃止。五月，湖州大雨一月，田庐俱损。七月，绍兴大雨弥月，平地水深丈许，漂没田庐人畜无算。

三十年六月，湖州霪雨害稼。闰七月，介休霪雨，东城圮数十丈。三十一年三月，武定大雨，平地水深丈许。秋，镇安霪雨害稼。三十二年四月，丘县霪雨四十余日。八月，咸阳霪雨，墙垣倒者甚多。三十三年正月，海丰霪雨；咸阳大雨，水深二尺。十月，邹平霪雨害稼。三十四年四月，卢龙大雨，坏城垣百余丈。五月，房县霪雨伤麦。六月，苏州、青浦霪雨伤稼；固安大雨，平地水深丈余。三十五年春，长山霪雨害稼。六月，昌邑霪雨害稼；乐平大雨弥月，沁州霪雨，三月方止。八月，饶阳大雨，七日方止；定州大雨八昼夜，伤稼；静乐大雨两昼夜；铜山霪雨，坏民居。九月，武定大雨七昼夜 。冬，即墨霪雨六十日。三十六年正月，香山霪雨匝月。二月，遵化州大雨如注。三十七年八月，房县霪雨伤稼。三十八年六月，南乐大风雨，拔树。七月，杭州大雨，平地水高丈余。八月，桐乡、石门霪雨伤稼。三十九年正月，夏县大雨坏城。

四十年九月，高密霪雨伤稼。四十一年四月，阳江霪雨，坏民居甚多。六月，宁阳、青州霪雨。八月初八日，香山大风雨，拔树倒墙；宝鸡霪雨。四十二年五月，庆云霪雨，三旬不止。六月，东明、定州霪雨三旬不止；霑化霪雨连日，漂没民舍无算；高苑霪雨六十日；昌邑、掖县霪雨害稼；高密霪雨弥月，禾稼尽没。八月，邹平大雨害稼；齐河霪雨四十余昼夜，民舍倾圮无算；潍县、平度霪雨害稼。四十三年六月，沂州大雨；兴安大雨，漂没田庐。四十四年五月，莱州霪雨害稼；高邮霪雨阅月；盐城霪雨越三月不止，平地水深数尺。十一月，江夏霪雨害稼。四十五年六月，东莞暴雨，平地水深五六尺，民居多圮。秋，宿州霪雨连月不止，伤稼。四十六年九月，吴川大雨四昼夜，倾圮民房无数。四十七年四月，石阡府霪雨。五月，嘉兴大雨三日，田禾尽没；海丰大雨三月，田庐悉被淹没。六月，桐乡恒雨，伤禾。七月，崇明霪雨百日；杭州暴风雨，田禾尽淹；江山大雨，坏民舍。四十八年三月，沛县大雨六十日，湖州大雨连旬，铜山霪雨凡五月，咸阳大雨至五日始止。四月，石门霪雨伤麦。六月，宿州大雨如注，田禾尽没；东平大雨，淹没田禾；汶上大雨三昼夜，田禾淹没；茌平霪雨两月，民舍倾倒无算。秋，莱阳、荣成、文登霪雨害稼。四十九年秋，青浦霪雨十八日，桐乡霪雨伤稼，东流大雨，淹没田禾。

五十年十二月除夕，平乐骤雨达旦。五十一年七月二十二日，灵川大雨七昼夜。九月，鹤庆、龙川霪雨。五十二年四月，灵川大雨，平地水深数尺。五月，石城霪雨三月。七月，奉议州大雨，二旬始止，官署民房悉被淹没。五十三年五月，遂安大雨连日，淹没田禾。五十四年三月，震泽霪雨二十余日。五十五年四月，武宁霪雨匝月。五月，湖州暴雨，平地水高六七尺；桐乡霪雨，淹没田禾。秋，桐庐大雨，平地水高尺许。五十六年七月，掖县大雨，平地水深三尺；香山大风雨，坏屋舍；鸡泽霪雨四日。五十七年三月，海阳霪雨，至五月始止。五十八年六月，鸡泽霪雨四昼夜；莱州霪雨，坏民舍无算。七月，昌乐、诸城、即墨、掖县霪雨害稼，坏民舍；莱阳、文登大雨水，房舍田禾尽没。八月十九日，海阳大雨，损房舍无算。五十九年五月，龙南大雨阅月。六十年七月，高苑大雨，田禾尽淹。六十一年六月，霑化霪雨匝月。十二月，钦州大风雨，坏城垣二十余丈。

雍正元年五月十九日，香山大雨，市可行舟；湖州恒雨，自秋及冬不绝。二年三月，麻城霪雨伤麦。夏，献县大雨六十余日。三年五月，上海霪雨害稼；海丰大雨，至七月方止；东光大雨四十余日。七月，青城霪雨两月。八月，平原霪雨凡百日。九月，顺德大雨三月。四年五月，震泽霪雨为灾；当涂、无为大雨弥月，田禾尽淹；南陵霪雨，至秋不绝。六月，潍县大风雨，坏民庐舍；庆阳大雨，平地水深四五尺。七月，阳信霪雨连旬。八月，杭州、嘉兴、湖州大雨；青浦、苏州、崑山霪雨十余日，害稼。五年二月，吴兴霪雨，钟祥雨至四月不绝。五月，镇海霪雨弥月。六月，揭阳、饶平霪雨一月。七月，惠来大雨害稼。六安州、霍山霪雨四十余昼夜；阳信霪雨七昼夜，民舍倾圮甚多。六年五月，平利大雨，冲塌城垣六十余丈。七年三月，阳春大雨，坏民居。八年五月，日照霪雨四十余日。六月，东阿、泰安、肥城大雨七昼夜，坏民田庐殆尽；昌乐、诸城、掖县、胶州、潍县、日照、莱州霪雨两月，坏庐舍无算。七月，丘县大雨伤禾。八月，嘉兴大雨，水害稼；邹平、铜陵霪雨害稼。冬，齐河大风雨，伤禾稼。九年二月，连州大风雨，拔树倒屋。六月，蒲台霪雨害稼。秋，普安州霪雨，至次年春乃霁。十年六月，宁津大雨，平地行舟。十一年三月，沔阳霪雨。六月二十八日，景宁大雨。桥梁道路冲塌甚多。十二年春，五河霪雨。十三年五月，广阳霪雨四十余日。

乾隆二年八月，平阳大风雨七昼夜，田禾尽没；祁州霪雨害稼；蔚州大雨三昼夜。九月，长子大雨，禾尽没。三年秋，祁州大雨。四年五月，高要霪雨，坏民房。六月，琼州霪雨阅月；东明大雨，平地水深三尺。五年七月，绛县大雨害稼。六年五月，宁都霪雨。七年春，商南霪雨一百余日。五月，山阳大雨，盐城霪雨害禾稼。秋，泰州霪雨，阜阳霪雨一百二十余日。八年四月，庆阳霪雨浃旬。九年六月，资阳、仁寿、射洪暴雨如注，坏民房。七月，遂安霪雨六昼夜。

十年四月十六日，安远骤雨，平地水高一丈余，冲倒民房七百余间。十一年五月，平度大雨，漂没田禾；胶州霪雨害稼。六月，文登大雨伤禾；寿光、诸城霪雨阅月，田禾尽没。十一月，高密霪雨两月。十二年六月，福山、棲霞、文登霪雨匝月。七月，海丰大风雨，坏城垣数十丈；平阴、荣成大风雨，晚禾尽没。十三年四月初五日，清河大风雨，民舍倾圮无数。五月，泰州、通州大风雨，拔木坏屋。十四年秋，清河霪雨两月。十五年五月，高密霪雨害稼。六月，麻城大雨连旬，冲塌民房。十六年秋，平度州大雨两月，福山、棲霞、荣成霪雨害稼。十七年八月，海丰大雨，淹没田禾。十八年，高平自七月至十月霪雨；诸城大风雨，损禾。

九月，解州阴雨连旬。十九年八月，石门大雨淹禾稼；桐乡大雨数昼夜，淹禾稼；嘉兴大风雨一昼夜，伤稼；日照霪雨。

二十年二月至四月，苏州霪雨，麦苗腐。三月，蕲州大风雨，坏民居三百余家；荆门州霪雨两月不绝。五月，澄海狂风骤雨，冲倒城垣五十七丈，民房三百余间。六月，苏州大雨伤稼，高邮霪雨四十余日。七月，赣榆大风雨害稼，石门、桐乡霪雨害稼。八月，东明大风雨拔木，田禾尽淹；沂州恒雨。十月，潮州霪雨损麦。二十一年五月，介休霪雨，淹田禾六十余顷。七月，曲沃霪雨数十日，庐舍多坏；芮城霪雨四旬，房舍多圮；和顺霪雨二十余日，害稼。八月，庆阳霪雨。二十二年夏，惠来霪雨连绵。七月，介休霪雨，淹田禾八十余顷，庐舍冲塌大半。二十三年六月，介休大雨三日，淹没田禾；陵川霪雨连月不止，房舍多圮。秋，长子大雨伤禾。二十四年四月，潮阳霪雨。六月二十九日，即墨大风雨一昼夜，大木尽拔，田禾淹没。七月，潞安大雨两月。二十五年五月，泰州连雨四十日。二十六年六月，鸡泽霪雨。秋，垣曲霪雨四昼夜不止，城垣尽圮。二十七年四月，永年霪雨匝月始霁。七月，苏州大风雨，积水经月，田禾尽没；海盐大雨坏民居；嘉善大雨，风拔木坏屋；桐乡暴雨十余日。二十八年七月，来凤霪雨三昼夜，怀集多雨。二十九年八月，通渭雨经旬。

三十一年六月，即墨大雨三日，西南城垣颓。七月，临邑霪雨三昼夜，平地水深数尺，坏民舍无算；黄岩大雨如注，平地水深丈余，溺死无算。三十二年，南丰自正月雨至七月不绝。三十三年八月，永昌霪雨五十余日。三十四年夏，湖州霪雨连旬。七月，仁和、海宁大风雨，淹没田禾。三十五年八月，寿光大风雨害稼。三十六年五月，曲阜大雨，沂水霪雨。七月，长子大雨伤禾。三十七年八月，嘉兴、石门、桐乡大雨，自辰至午，水高丈余。三十八年七月二十九日，蓟州大风雨，拔木，熟禾尽损。三十九年六月，云和大雨，二昼夜不息。七月，桐乡大风雨，坏庐舍无算。

四十二年四月，山阳大风雨，拔木；代州大雨六日，水深数尺。四十四年春，江陵霪雨弥月。四十五年六月，常山大雨，民房多圮。四十六年正月，文登大风雨，伤稼。六月，济南雨，水害稼；临邑霪雨连月。四十七年八月，东昌、文登大雨，水坏民庐舍。四十八年秋，绥德州霪雨。

五十二年三月，山阳大雨倾盆，水高丈余，漂没人畜无算。五十三年秋，文登、荣成霪雨害稼。五十四年七月，潼关霪雨连旬，民居倾圮。五十五年四月，通州大雨，麦尽损。五月，莘县霪雨，两月始止。七月，济南、临邑、东昌大雨，平地水深数尺，禾尽淹。五十六年五月，保康大雨，水冲没田庐，溺人无算；嘉兴霪雨两月。五十七年六月，房县霪雨，至九月始止。五十八年八月，文登大雨。五十九年七月，青浦大雨十昼夜；嘉兴大风雨，坏民舍；昌黎、新乐霪雨害稼。六十年五月二十一日，江山大雨一昼夜，坏庐舍，淹毙人畜。六月，石门霪雨。

嘉庆元年六月，滕县大雨如注七昼夜。二年六月，武进大风雨，拔木坏屋。七月，宁都霪雨，坏民居。四年二月，监利大雨如注，平地水深尺许。七月，文登大风雨，伤稼。五年六月，金华大雨三日，伤稼。六年六月，邢台、怀来、宁津大雨数昼夜，坏庐舍；清苑、新乐霪雨四十余日。七年四月，义乌霪雨，禾尽淹没。九年三月，桐乡恒雨，伤麦。五月，嘉兴、苏州霪雨，伤稼。十年三月，嘉兴、石门恒雨，伤麦。六月，黄岩大风雨，损稼。十一年夏，乐亭霪雨四十余日。十三年五月，嘉兴、石门大风雨，害稼。闰五月，新城大雨水，湖州霪雨。秋，汉阳霪雨弥月。十五年夏，临邑霪雨四十余日。十六年三月，永嘉霪雨匝月。七月，栖霞霪雨四十余日。九月，荣成霪雨害稼。十七年春，嘉兴、石门、桐乡霪雨伤麦。十八年秋，东阿、曹县霪雨四十余日，田禾尽伤。十九年秋，汉阳霪雨伤稼。二十一年夏，滕县大雨，平地水深数尺。二十三年五月二十日夜，济南大雨水，坏城垣庐舍，民多溺死。六月，文登大雨，平地水深数尺，民多溺死。八月十三日，永嘉大雨如注十昼夜，平地水深数尺。二十四年六月，文登大风雨，害稼。二十五年七月，新城大雨九日，平地水深丈余；宣平霪雨，坏田禾。

道光元年七月，泾州霪雨，冲没桥梁田庐人畜。八月，临邑霪雨连旬。二年五月，莘县霪雨伤稼。八月，章丘、东阿霪雨四十余日，坏田庐禾稼。三年三月，湖州霪雨，至五月不止；昌平霪雨伤麦；内丘大雨，三旬始止。四月，嵊县霪雨，至九月始止。五月，金华、永嘉霪雨害稼；礼县暴雨，漂没民舍。七月，青浦霪雨两月；泰州大雨，平地水深数尺，禾稼尽淹。四年二月，德州霪雨。五年八月，贵阳大雨，二十日始止。六年六月，宜昌大雨连绵，十日不止，损田禾。七年夏，恩施霪雨伤稼。八年七月，武城霪雨。十年五月，通山、崇阳霪雨连旬，漂没田庐甚多。六月，恩施霪雨伤稼。八月，宣平大雨如注，民舍尽漂没。十一年五月，永嘉大雨水，歉收；江夏霪雨弥月。六月，宜城、榖城霪雨二十余日，伤稼。七月，菏泽、滕县霪雨百余日，平地水深数尺；曹县大雨，水深二尺。十二年，光化霪雨，自六月至八月，禾苗尽伤；宜城大雨，昼夜不绝；定远厅、保康霪雨两月。七月，郧阳大雨七昼夜，坏官署民房大半。冬，房县霪雨害稼。十三年夏，湖州霪雨害稼。十四年四月，咸宁大风雨，拔木坏房。七月，丽水大风雨，平地水深数尺。十五年夏，即墨霪雨伤稼，文登、荣成大雨六十余日，八月，宜城霪雨伤稼。十七年五月，崇阳、宜城霪雨害稼。十八年六月，益都、临淄大雨水。十九年春，栖霞霪雨，南乐大雨。四月，招远大雨十余日；荣成大雨，至七月不止。九月，武进恒雨伤稼。二十年五月，邢台大雨，平地水深三尺。六月，平谷霪雨匝月不止。二十一年二月，武进恒雨伤麦。二十二年七月，丽水大雨，漂没田庐。冬至夜，滕县大雨如注。二十三年五月，平度霪雨伤田禾。二十四年七月初九日，嵊县大风雨，溺死男妇七十余人。冬，松阳大雨连旬，坏田舍无数。二十五年春，枣阳霪雨八十余日。六月，滕县大雨，平地水深数尺，人多溺死。二十六年五月，东平大雨害稼。六月，乐平霪雨。二十八年，潜江自二月至七月雨不止。六月，光化大雨，平地水深数尺，三月始退，溺毙人无算；保康霪雨两月，坏田庐无算。七月十四日，永嘉大风雨，坏孔子庙及县署。十九日，景宁大风雨三昼夜，坏田庐无算。二十九年六月，乐亭大雨伤禾稼。七月，青浦霪雨五十日，湖州霪雨伤禾。三十年五月二十五日，两当暴雨，漂没人畜。

咸丰元年六月，礼县霪雨四十余日，伤禾。二年，青县大雨伤禾。三年四月，静海霪雨害稼。六月，永嘉、青田、景宁霪雨十昼夜；保康大雨十六日，漂没田舍甚多；房县霪雨七昼夜不止，坏田舍无算。七月，宜城大雨匝月，坏城垣一百五丈；远州霪雨害稼。四年夏，湖州霪雨。五年七月初十日，景宁大雨如注，田庐尽坏。六年六月，昌平大雨伤稼。七年春，崇阳霪雨。八年四月，海□县大雨损禾苗。九年五月，苏州大雨伤禾。十年二月，苏州霪雨阅月。六月，宁津、东光大雨伤稼。十一年十一月，罗田大雨伤禾。

同治元年七月，蓬莱、黄县、福山、招远、莱阳、宁海大雨连绵，禾稼尽淹。二年春，应城霪雨伤麦。五月，青县大雨伤禾。三年六月初十日，定海暴风疾雨，坏各埠船，溺死兵民无数。四年六月至七月，莱阳大雨，平地水深七八尺，禾稼淹没，房舍倾圮无算。五年秋。鱼台霪雨，水深数尺，伤禾稼。六年八月，郧阳霪雨三昼夜，坏官署民房甚多。七年五月，皋兰、金县大雨，至七月乃止。秋，景宁大雨，倾没田庐无算。八年春，江夏霪雨损麦。四月，嵊县大雨，坏田庐。九年六月，潜江霪雨伤稼。十年七月，东光、新乐、曲阳霪雨十余日。十一年五月，东平霪雨害稼。十一月，青县大雨害稼。十二年七月，太平大风雨，坏城垣数十丈，民房数百间。八月，化平厅霪雨不止，坏民舍。

光绪元年六月，日照大风雨，平地水深数尺。二年六月初八日，黄岩大风雨，拔木坏屋，田禾淹没殆尽。三年六月，高陵大雨如注，平地水深三尺，田禾尽没。四年九月，东平大雨伤禾稼。五年五月，登州各属大雨四十余日。六月二十一日，永嘉大风雨，坏官厅民居。八月，莘县霪雨十日方止。六年三月，福山大雨。七年秋，滦州霪雨连旬。八年秋，宜城霪雨伤禾稼。冬，均州霪雨弥月。九年六月，化平厅大雨，水深四五尺，伤禾稼。十年八月，太平大雨，冲没庐舍。十二年七月十四日，太平大风雨，二十日始止。十三年闰四月，德安大雨三日，水高五六尺。十五年七月二十六日夜，德安大雨如注，城崩百四十余丈，淹毙男妇七十余人。十六年六月，山丹骤雨坏城郭。二十二年春，宁津大雨坏民居。二十五年七月，秦安大雨连旬。二十七年七月，山丹大雨，平地水深数尺。

雍正三年七月，灵川五都廖家塘有村民同众入山砍竹不归，一百四十余日始抵家，所言多不经。

道光十七年，崇阳乡民好服尖头帽鞋，站步不稳，识者谓之服妖。

顺治二年十二月，上海小南门姜姓家鸡翼下各生一爪。三年八月，揭阳牝鸡鸣数日乃已。四年四月，淄川民间讹言鸡两翅生骨，食之杀人，验之果然。五月，忠州民家杀鸡，腹内有一婴儿；汉阳鸡翅生爪。五年，崇明民家鸡翼中生爪；巫山民间鸡翅端皆生一爪如距；杭州民家鸡生四足；湖州民家鸡生四翼，能飞。十一年，合肥郑家庄产一鸡，三嘴、三眼、三翼、三足，色黄，比三日死。十六年，崇明民家雄鸡生二卵。十八年，镇泽民家雄鸡生卵。

康熙十一年，广平民家抱一雏鸡，四足四翼。十二年，平湖民家鸡生四足四翼。二十二年，迎春乡民间雌鸡化为雄。二十三年，麻城民田姓家鸡生一卵，膜内皆有纹，其色朱；后七日又生一卵，有图；又数日，毛成五色，飞去。

雍正二年，麻城鸡翅遍生人指。五年，通州雌鸡化为雄。

乾隆三十九年冬，庆元雄鸡自断其尾。六十年，贵阳民家雄鸡生二卵，色赤甚鲜。

嘉庆十一年，乐清民家鸡生四足。十七年，宜昌民间鸡生四足，后二足微短，行不著地；又有三足者，其一生於尾下，如鼎足然。

道光元年秋，青浦民家鸡翼两旁生爪；湖州民家鸡两翅皆生五爪，飞去；永嘉鸡翅生爪，食之杀人。十二年，永嘉民家鸡四足，不能啼。二十二年，良乡民家牝鸡化为雄，能鸣，无距。三十年六月，蕲水县民家雌鸡化为雄，冠距俨然，唯啼声微弱。

咸丰五年，随州民家雄鸡生卵。

同治元年六月，定远厅民家鸡生三足。六年，钟祥民家雏鸡生三翅。

光绪九年，兴山民家雌鸡化为雄。三十年，宁州民家鸡生三足，后一足微短，行不著地。

康熙二十年五月，巴东鼠食麦，色赤，尾大；江陵鼠灾，食禾殆尽。二十一年，西宁鼠食禾。二十二年夏，崇阳田鼠结巢于禾麻之上。二十八年，黄冈鼠食禾，及秋，化为鱼。二十九年，孝感鼠食稼。四十二年，西乡、定远厅遍地生五色鼠。四十七年，黄济鼠食禾。四十八年七月，崖州有鼠千万衔尾渡江。五十二年五月，高淳、丹阳有鼠无数，食禾殆尽。六十一年夏，延安田鼠食稼。秋，安定黑鼠为灾，食禾殆尽，有乡民掘地得一鼠，身后半虾蟆形，疑其所化也；清涧黄鼠食苗殆尽；葭州田鼠食苗。

雍正五年十一月，铜陵群鼠衔尾渡江。

乾隆元年，文县鼠害稼。四年四月，什邡县白鼠昼见罗寺经堂中，异香满室。秋，彭泽群鼠衔尾渡江，食禾。十四年二月，中卫田鼠食麦。十八年，池州田鼠丛生，忽入水化为鱼。二十五年五月，池州田鼠丛生，有赤鹰来食之，遂灭。

道光四年，高淳鼠食麦。二十八年五月，沔阳常平仓忽有鼠数千头在梁上，移时方散。

咸丰元年六月，德化群鼠衔尾渡江。四年，襄阳群鼠食禾。

同治七年，山丹田鼠食苗。九年二月，皋兰土块化为鼠。

光绪五年五月，三原鼠食禾殆尽。二十一年，西宁群鼠食苗。二十四年，皋兰田鼠食麦。

顺治六年十二月，咸宁木冰。十年十月，当涂雨木冰。十一月，江阴木冰，溧山木冰，宿州雨木冰。十二月，海宁木冰。

康熙元年十二月，嘉定木介。二十年正月朔，仪徵木冰。三十年正月朔，江浦雨木冰。三十一年正月朔，仪徵木冰。

雍正二年十二月，掖县木介。

乾隆十一年正月，湖州雨木冰。二十年十二月，东流雨木冰。二十三年冬，诸城雨木冰。二十五年正月，曲阜雨木冰。五十五年十二月，黄岩木介，宣平木介。五十七年十二月辛卯，南陵雨木冰，五十八年正月，金华木冰。六十年冬，湖州木冰。

嘉庆三年十一月，崇阳木冰。

道光二十五年十二月，黄县雨木冰。二十九年正月，登州木介。

咸丰三年冬，湖州木冰。四年十一月，黄冈雨木冰。十二月，武昌雨木冰。

同治二年正月，黄县雨木冰。四年正月，武昌雨木冰。

光绪七年十二月，黄冈雨木冰。

顺治元年，南陵上北乡郭氏墓域有黄檀一株，腹内突产修竹数竿，外并无竹，观者诧为异。二年七月，石门资福院僧锯木，中有"太平"二字，墨痕宛然。三年，钱塘李树生桃实；太苍街银杏树孔中吐火，而木本无伤。四年五月，崑山西门外民家李树生黄瓜。六年二月，封川李树生桃。十一年七月初二日，婺源西宁村有枫树自仆，居民薪其枝殆尽，十九夜有声，树忽自起。十二年三月，庐龙城东南角楼壁中出火，焚楼柱。十三年五月，曲阳文庙东古杨树一株忽自焚，火数十丈，竟日不绝。十八年五月，石门李树生黄瓜，长二寸，有子。

康熙三年六月，庐龙滦河溢，涌出材木无算，时修清节祠，适所用，有如夙构，人咸惊异。十三年春，含山、嘉定李树生黄瓜。十六年，桐乡李树生黄瓜。十九年，封川李树结桃实。二十二年四月，东阳、义乌李树生桃，栌木开梨花。二十三年，海盐乡民锯树，中有"王大宜"三字，清晰如写。二十八年，黄冈李树生黄瓜。四十五年四月，宁州通边镇白杨开花，状如红莲。四十八年，秦州槐树生莲花。五十一年十一月，宿州树头生火。

雍正五年，津县西镇门内有唐开元所植荔支，是岁忽枯，至九年复活，枝叶茂盛，不逊于前。

乾隆元年，高淳李树生黄瓜。五年，掖县县署古桐自焚。十五年九月，应城水陆寺枫树夜放光，伐之乃灭。四十八年六月，桐乡李树生黄瓜。六十年夏，竹城大雨溪涨，有巨木数百，顺流而下，时修学宫无材，适符其数；永嘉七圣庙大樟树自焚，中藏竹箸无数。

嘉庆元年秋，郧阳汉川水中涌出巨木无算。二年，枝江城东古树作息哮声。

道光二年，曹县李树生瓜。三年，随州李树生瓜。

咸丰六年六月，丽水大树无故自倒。八年，黄安有大椿树，每至午，树中有笑声。九年，武进李树生瓜。

同治三年，京山李树结桃实。五年，分宜玉虚观古梓杪产素心兰。

光绪三年，黄冈枫生梨实。二十二年，皋兰民家杏树开牡丹二朵。

顺治七年正月二十七日夜，望江西方有青气亘天。

康熙十七年六月十二日，平湖青眚见。

卷四十三　志十八

灾异四

《洪范》曰："金曰从革"。金不从革，则为咎徵。凡恒旸、诗妖、毛虫之孽、犬祸、金石之妖、白眚、白祥皆属之于金。

顺治元年八月，苍梧旱。三年，平乐、永安州大旱，二月至八月始雨；台州自三月不雨至于五月；绍兴府自四月至八月不雨；金华府属旱；东阳自四月至九月不雨；浦江旱；南昌各府自五月至十月不雨，大旱。秋，萍乡、万载大旱。四年夏，通州旱。秋，开化、江山旱。五年夏，饶平旱。六年，吉州自春徂夏旱。七年夏，万泉旱。八年，甘泉、延长、安定自四月至九月不雨；崖州不雨，逾年三月乃雨。九年春，铜陵、无为、庐江、芜湖、当涂旱。五月，上海亢旱。九月，武强旱。十年夏，乐亭旱。秋，海宁、高邮旱。十一年四月，天台大旱。七月，襄垣、沁州旱。十一月，武强旱。十二年正月，顺德大旱。四月，金华属五州旱。五月，邹平旱，遂安自夏徂秋不雨。八月，昌乐、曲江、湖州、衢州、龙门、开化、江山大旱，禾尽枯。十月，揭阳、全椒旱。十三年春，章丘、潞城、高平、沁水旱。九月，揭阳大旱，深潭俱竭。十四年五月，萧县、太湖旱，湖井尽涸。八月，泾阳、商南旱。十五年八月，昌乐大旱。十一月，龙州旱，逾年四月乃雨。十六年五月，惠来、思州、玉屏、安南旱。十七年，三水春旱不雨，至小满乃雨。秋，镇海、惠州、天台旱。十八年，宁波、东阳自夏徂秋不雨，南笼府、海盐、寿昌、江阴、东阿、蒲州旱。八月，余姚、临安、严州、桐乡旱。

康熙元年九月，昌黎旱。二年二月，东莞、郓城旱，六月始雨。四月，江阴旱。五月，万载、黄州旱。六月，怀来旱。八月，保安、罗田、萧县旱。三年春，交河、邢台、内丘、揭阳旱。夏，长山、平原、禹城、临道、武定、阜阳、邹县、费县、定陶、莘县、华阳、宁海旱。四年春，朝城、城武、恩县、堂邑、夏津、莱州、东明、灵寿、武邑大旱；高密自三月至次年四月不雨，大旱。夏，登州府属大旱。七月，文水、平定、寿阳、盂县、代州、蒲县旱。八月，兖州府、济宁州旱。五年二月，揭阳旱。三月，三水旱。五月，钟祥、大冶旱。六月，宁海、衡州旱。秋，宣平、松阳大旱，至次年四月始雨。六年春，广州、惠州、海丰、惠来旱。四月，黄州府属旱。五月，应山、黄安、蕲水、罗田大旱，万载自夏徂秋不雨。七年六月，黄安、罗田、怀安、西宁、龙门旱。七月，静海旱。八年七月，临海旱。九年春，开州、东明、蠡县、广平、任县、武清、大城、景州、庆云、灵寿、沙河、磁州、元城大旱无麦。夏，东阳、罗田旱。冬，枣阳、安陆、德安大旱。

十年春，霸州、公安、石首旱。四月，龙山、黄安、麻城、广济大旱；金华府属六县，自五月不雨至于九月；湖州大旱，自五月至九月不雨，溪水尽涸；桐乡大旱，地赤千里。六月，鄞县、象山、宁海、天台、仙居、乌程、兰溪旱。七月，齐河、东明、邢台、广平、江浦、苏州、镇洋、任县、成安旱。八月，太湖、新城、唐山、西宁、怀安旱。九月，绍兴属八县大旱。十一年春，芮城、解州旱。四月，福山旱。五月，高密大旱。八月，临朐旱。十二年，揭阳春、秋旱，惠来春旱。夏，阳信旱。九月，高明、兴宁大旱。十三年春，乐陵、许州、郯城、费县旱。四月，济南府属旱。六月，高邮、馆陶、恩县旱。七月，郧阳、黄安、麻城、罗田旱。十四年六月，海宁旱。七月，黄安、罗田旱。十五年春，兴宁旱。十六年，湖州、万载自五月至七月不雨，大旱。十七年春，东流、寿州、全椒、五河、泰安旱。夏，桐乡、嘉定、黄冈旱。八月，金华、宁州、高淳旱。十八年春，满城旱。四月，杭州旱。黄安、罗田、宜都、麻城、公安自五月至八月不雨，大旱。苏州、崑山、上海、青浦、阳湖、宜兴大旱，溪水涸。六月，莱州、平度旱。七月，合肥、庐江、巢县、无为、舒城、当涂大旱。九月，临县大旱。十九年夏，蠡县旱。秋，开建、连州、翁源旱。十一月，万全大旱。

二十年春，安丘旱。夏，温州、宁波旱，井泉涸；奉化秋冬无雨，井竭；黄岩、仙居、太平、义乌旱，井泉涸。二十一年五月，连平旱。九月，博田、北流旱。二十二年，揭阳自正月至四月不雨。三月，黄县、惠来、普宁旱。夏，汶上、邹县、兖州、曲沃旱。七月，太平旱。二十三年，彭水、壁山自五月至八月不雨。六月，蓬州、邻水、兴安、汉阳、安邑、洵阳、绥德州、秦州旱。秋，邢台、枣强、获鹿、井陉、酆都、遂宁、巫山旱，井涸。二十四年春，安定旱；瑞安、曲江、乐昌春夏不雨，井泉竭。二十五年，恭城自五月至八月不雨。六月，沁州、普州、藁城、饶阳旱。七月，孝感、黄安、麻城旱。二十六年四月，乐昌旱；严州自五月至八月不雨，禾苗尽槁；鄱阳夏秋大旱。七月，开建、鹤庆、海丰旱。二十七年，瑞安自夏徂秋不雨；湖州、宁州旱。二十八年，罗田、石首、枝江旱，自五月至九月不雨；宣平自夏徂秋旱，井泉涸。六月，万全、景州、清苑、新安、献县、东光、普州、曲阳、武强、沙河旱。秋，开建、应城旱，河水涸。二十九年四月，湖北全境旱。六月，乐平旱，竹溪自夏徂秋旱。

三十年春，开平、揭阳、化州旱；阳春自正月至四月不雨。五月，介休旱。七月，邢台、怀安旱。三十一年三月，临潼旱。夏，孝感旱。九月，青浦旱。三十二年，杭州、嘉兴、海盐自春徂夏大旱，禾尽槁。六月，桐乡旱。七月，震泽、崑山、嘉定、青浦、丹阳大旱，河水涸。三十三年秋，黄冈、蕲水、黄安、广济、江夏、武昌、兴国、大冶旱。三十四年夏，长宁、马邑旱。秋，永宁州、临县旱。三十五年四月，台州旱。五月，静乐、衢州旱。秋，永安州、平乐、苍梧旱。三十六年春，阳江、阳春、永安州、平乐旱。六月，顺德旱。八月，桐庐、松阳旱。三十七年四月，丰乐旱。五月，铜陵旱。三十八年三月，黄陂旱。夏，杭州、桐乡旱。秋，武昌、阳湖旱。三十九年二月，湖州旱。五月，沙河旱。秋，常山旱。

四十年五月，堂邑旱。六月，兰州、河州旱。九月，琼州旱。四十一年，高邮大旱。四十二年三月，宣平旱。五月，横州旱。六月，连州旱。四十三年春，青浦、沛县、沂州、乐安、临朐旱。五月，静宁州、衢州旱。六月，绛县旱。八月，永平旱。四十四年春，朝阳旱。四月，罗田、上海旱。九月，钜鹿旱。四十五年春，琼州旱。五月，黄岩旱。四十六年夏，池州、石门、湖州、海盐、桐乡旱，河港皆涸。秋，临江府属、当涂、芜湖、东流、含山、历城旱。四十七年夏，东平、平原、霑化、临朐旱。秋，黄冈、恩县、茌平、临清旱。四十八年四月，溧水旱。秋，武进、满城旱。冬，湖州旱。四十九年二月，揭阳、澄海旱。五月，临朐、新城、武强旱。秋，湖州、台州、仙居旱。

五十年七月，应城、枝江、德安、罗田旱。五十一年五月，固安、定州、井陉、清苑旱。九月，崖州旱。五十二年夏，台州、常山旱，至十月不雨。秋，五河大旱。五十三年春，临朐旱。五月，宣平、东明、元氏旱。六月，台州、苏州、震泽、阳湖旱，景州夏、秋旱。五十四年春，翼城、阳江、解州旱。六月，铜陵、合肥旱。七月，鹤庆旱，惠来自八月历冬不雨。五十五年二月，海丰、朝阳旱。五月，揭阳、福山、密云、怀柔旱，常山夏、秋旱。五十六年，福山旱。五十七年春，南昌旱。四月，临朐旱。秋，崇阳、宁阳旱。五十八年二月，曲阜旱。夏，福山、常山、缙云、峡江旱。八月，义乌旱。五十九年夏，东平、岳阳、曲沃、临汾、湖州、桐乡、石门旱。秋，临朐、沁州旱。六十年春，兴宁、全州、安州、临安、登州、西安、延安、凤翔旱；怀柔自春不雨至五月，二麦无收；鹤庆春、秋旱；庆远府大旱，自正月至七月不雨，田禾尽槁；桐庐自五月至七月不雨，禾尽枯；横州自六月至九月不雨；昌化、桐乡、海宁旱，河涸。七月，宣平、嵊县、宁都、黄冈、房县旱。八月，夏津旱。六十一年二月，济南旱。六月，武进、无为、含山、青城、海宁、湖州、宁津旱；祁州夏、秋旱；松阳、钟祥、江陵、荆门旱。

雍正元年春，元氏旱。夏，海宁、湖州、桐乡、井陉、武进、祁州、莒州、蒙阴、东昌旱。秋，鸡泽、嘉兴、苏州、高淳、崑山大旱，河水涸。二年，鹤庆自二月至八月不雨。夏，海宁、嘉兴旱。七月，景州、景津、全州旱，井泉涸。三年春，霑化、莒州旱，河涸。夏津春、夏旱。七月，全州、丘县旱。四年春，寿光旱。五月，英山旱。五年六月，庆阳府属旱。六年五月，洛川旱；兴安自七月旱至次年二月始雨，竹木尽枯。七年春，元氏旱。八年八月，东光、沧州旱。九月，邢台、平乡、沙河、揭阳、长治旱。十年春，平原、曲阜、莒州、北乡旱；沂州自正月至六月不雨。六月，临清、福山旱。十一年春，同官、常山旱。八月，济南府属旱。十二年春，胶州旱。六月，同官、甘泉旱。十三年五月，夏津、璧山、池州旱，湖水涸。七月，蒲圻、钟祥、当阳、宜都、江夏、崇阳、蕲水旱。

乾隆元年，潮阳旱。二年三月，会宁、东安旱，无麦；玉田春、夏大旱。六月，汉阳、黄陂、孝感、黄冈、麻城旱。九月，获鹿、栾城、平山旱。三年，盐城自二月至六月不雨，大旱，赤地千里。夏，震泽、清河旱。九月，武进、盐城旱。四年春，蕲水、高邮旱。夏，通州、潜山、铜陵、合肥、庐江、青浦、无为、东流旱。秋，汉阳、黄陂、孝感、钟祥、京山、天门、武昌旱。五年六月，全州旱。六年，嘉应、崖州春、夏旱。七年春，广宁、鹤庆、龙川、潮阳、饶平、普宁旱，阳江春、夏旱。八年春，寿州旱，新安自春徂夏不雨。四月，铜陵旱。闰四月，藁城旱。六月，德州、武强、正定、河间、宁津、衡水旱。冬，武昌府属旱。九年四月，西清、庆平、高邑、宁河旱。七月，武定府属旱。

十年五月，三河旱。秋，元氏、邢台、枣强、怀来、正定、无极、藁城、乐平、代州旱，晚禾皆秕。十一年，云都自五月至七月不雨。十二年春，即墨、平度旱。夏，文登旱。秋，高密、安邑、垣曲旱。十三年三月，临安旱。五月，嘉兴、石门旱。六月，芮城、怀来旱。十四年十月，大同府属旱。十五年春，惠来旱。五月，交河、蕲城旱。秋，连州旱。十六年七月，溧水、连州、惠来旱；建德、遂安、淳安、寿昌、桐庐、分水夏、秋不雨，禾苗尽槁。十七年春，房县旱，解州自五月至七月不雨。秋，海宁、富阳、余杭、临安、杭州、雷州、诸城、宁乡旱。十八年，桐庐春、夏旱，禾苗枯，井泉涸；广灵自五月至九月不雨。秋，唐山、乐清、平阳旱。十九年，荆门州大旱，至二十一年始雨。

二十年三月，普宁旱。五月，梧州旱。七月，黄县旱。十一月，武进旱。二十一年，金华春、夏旱。五月，桐乡、天门旱。二十二年春，龙川大旱，惠来自春徂秋不雨。夏，石门、梧州、桐乡旱。二十三年三月，东平旱。六月，庆阳旱。二十四年，平定、乐平、盂县春、夏大旱。六月，枝江、高邮、太原旱。秋，代州、翼城、宁州、宁乡、安邑、绛县、垣曲、潞安、河津、应州、大同、怀仁、山阴、灵丘、丰镇、甘泉、新乐旱。二十七年夏，会宁、湖州旱。二十八年，武昌旱。二十九年夏，宁津、东光旱。

三十年夏，洛川旱。三十一年秋，文登、荣成旱。三十二年，湖州旱。三十三年四月，阳湖、高邮旱。六月，日照、石门、嘉善旱，连州夏、秋大旱。七月，孝感、安陆、云梦、应城、应山、武昌、钟祥、枣阳旱。八月，泰州大旱，河竭。三十四年六月，高淳旱。三十五年夏，临潼、珙县旱。七月，常山旱。三十六年二月，即墨旱。夏，五河旱。冬，瑞安、当阳、宜城旱。三十七年春，文登旱。秋，宣平旱。三十八年夏，洛川旱。七月，寿光、宣平、天津、青县、静海、武清、东光、宁津旱。三十九年七月，钟祥、荆门州、应城、黄安旱。八月，秦州、镇番、庆云、南乐、霸州旱。

四十年六月，杭州旱，九月兼旬不雨；房县、溧水、武进、高邮、文登、荣成旱。四十一年秋，平定、乐平旱。四十二年夏，洛川、榖城、归州旱。八月，吴川、武宁、宣平旱。四十三年，太原自正月至五月不雨，诸城旱。夏，嘉兴、石门、东平旱，河涸。秋，江夏、武昌、崇阳、黄陂、汉阳、钟祥、潜江、保康、枝江旱。冬，九江、武宁旱。四十四年六月，湖州、武城、安丘、泰安、潜山旱。四十五年五月，应城旱。四十六年四月，宣平旱。六月，金华、新城旱。四十七年春，文登旱。五月，黄县旱。六月，罗田旱。秋，绥德州旱。四十八年二月，文登、荣成、绥德州旱。秋，菏泽旱。四十九年二月，宁阳、菏泽旱。三月，大名府属七州县旱。五月，应城旱。秋，宁陕厅大旱，长安河涸。

五十年二月，江夏、武昌旱，济南、菏泽自春徂夏不雨。夏，邹平、临邑、东阿、肥城、滕县、宁阳、日照、嘉善、桐乡、宣平、苏州、高淳、武进、甘泉皆大旱，河涸。秋，太平、观城、沂水、寿光、安丘、诸城、博兴、昌乐、黄县旱。五十一年春，东平旱。五月，洮州旱。七月，荆门州、松滋旱。五十二年三月，黄县、博兴旱。夏，滕县大旱，微山湖涸。五十三年三月，黄县复旱。五十四年，宜都大旱。自三月至五月不雨。五十六年五月，应山大旱。五十七年，历城、霑化、黄县春旱。秋，顺德、武强、南宫、庆云、静海、望都、蠡县、乐亭旱。五十八年，陆川自二月至三月不雨，保定、大名、元城、东光春旱。七月，德平旱。五十九年三月，文登、荣成旱。秋，黄县不雨至冬。六十年春，邹平、寿光、昌乐、诸城旱。五月，蓬莱、黄县、栖霞、江山、溪阳旱。秋，文登不雨。

嘉庆元年春，浦江旱。五月，榖城、麻城旱。夏，洛川、怀远旱。秋，渔阳旱。二年五月，江陵旱。三年四月，黄安旱。五月，青浦旱。六月，文登、荣成旱。四年夏，江山大旱。五年春，枝江旱。夏，安康旱。六年春，章丘旱；荣成夏秋大旱，草木尽枯。七年四月，京师旱。五月，金华、江山、常山旱。六月，武昌、汉阳、黄川、德安、咸宁、黄冈、安陆旱。八月，宣平、嵊县、南昌、临江旱。八年，江山自春徂夏不雨。九年二月，临朐旱。夏，汉阳旱。秋，定平旱。十年六月，章丘大旱。十一年夏，泰州旱。十二年二月，武进、黄县旱。四月，乐清旱。五月，崇阳、石首旱。七月，宣平旱。八月，滦州不雨。十三年春，乐清不雨，黄安春、夏旱。十四年四月，邢台、应山旱。十五年，安丘春、夏大旱。十六年春，黄县旱。四月，京师、临榆、抚宁旱。五月，永嘉、丽水、缙云、景州、嵊县、钟祥、房县、江陵、宜都旱。六月，曲阳、蓬莱、招远、宁海、文登、即墨旱。秋，观城、临朐旱。十七年春，东阿、滕县、高唐旱。十八年春，东平、东阿、济宁、曹县旱。夏，保康旱。八月，郧县、麻城、钟祥、襄阳、枣阳旱。九月，乐清、宁津、南乐、清苑、邢台、广宗、井陉、清丰、武邑、唐山、望都、南宫旱。十九年春，应城、郧县、蕲水、罗田旱。夏，嘉兴、新城、湖州、石门、钟祥、武进、临朐、定远厅、泰州、通州皆大旱，河尽涸。七月，青浦、苏州、高淳旱。二十年六月，嘉兴旱。七月，滦州旱。二十一年九月，丽水大旱。二十二年四月，曲阳旱。秋，长清、观城、博兴、苏州、定州、诸苑、固安、武强、涿州、清苑、无极、广宗旱。二十四年六月，贵阳、湖州、石门旱。八月，应山、麻城旱。九月，黄陂旱。二十五年，新城自二月至七月不雨。五月，黄梅大旱。八月，缙云、丽水、嵊县、南昌、建昌、临江、赣州、袁州、武昌、咸宁、崇阳、金华、常山旱。

道光元年秋，黄岩、龙泉旱。二年春，宜都、日照旱。夏，嘉兴、湖州旱。三年夏，滕县大旱。四年，宜城自四月至六月不雨，曹县、房县、麻城旱。秋，章丘、荣成旱。五年六月，应山旱。七月，历城、黄县旱。六年春，诸城、东阿旱。六月，永丰、万安旱。七年七月，内丘大旱。九年，湖州夏、秋旱，宜城八月不雨至于十月。十年夏，湖州旱。秋，武强、唐山旱。十二年春，昌平大旱，六月始雨；内丘、怀来、万全、望都旱。夏，嘉兴、湖州、嵊县旱。七月，东光、静海旱。九月，陵县、临邑、邹平、新城、博兴旱。十三年春，武清旱。夏，皋兰、狄道州旱。十四年春，孝义厅旱。秋，定海旱。十五年春，元氏、临朐、枝江、宜都、宜昌旱，黄岩自五月至七月不雨，缙云自五月至八月不雨。夏，湖州、永嘉、丽水、嵊县、宜城、榖城旱。七月，房县、黄州、安陆旱。冬，太平、玉山、武昌旱。十六年春，登州府属旱。夏，应城、皋兰、狄道州、孝义厅旱。十七年，临朐自正月不雨至于五月。六月，雷州旱。七月，元氏、阜城、邢台旱。十八年夏，常州、应山、靖远旱。八月，阜阳等二十一州县旱。十九年三月，武强、怀来旱，望都春、夏无雨。秋，庄浪大旱。二十年，皋兰、狄道州、金县旱。二十一年九月，宁阳旱。二十三年七月，湖州旱。二十四年，光化秋、冬旱。二十五年六月，青田旱。七月，缙云、云和旱。二十六年六月，蓝田、三原大旱。二十七年夏，宜城大旱。秋，丽水大旱。二十八年春，永嘉旱。秋，昌平旱。二十九年七月，庄浪大旱。三十年夏，嵊县、太平、宁阳、皋兰旱。

咸丰二年，定海厅、常山旱。四年五月，丽水旱。七月，咸宁、保康旱。五年正月，皋兰旱，四阅月不雨。四月，青县旱，武昌夏、秋旱。六年，宜城、安陆自夏徂秋不雨，树木多枯死。五月，咸宁、桐乡、黄陂、钟祥、潜江大旱，河水涸。闰五月，随州大旱，至九月始雨。六月，嘉兴、苏州、青浦旱。七月，武进、罗田、通州、肥城、陵县旱，河水竭。七年春，昌平、唐山、望都旱。夏，清苑、元氏、无极、武邑、永清、广宗、柏乡旱。八年夏，青县旱。九年春，即墨旱。夏，临朐、滨州、黄县旱。七月，元氏、滦州旱。十年春，清丰、蓬莱、皋兰旱。六月，青县大旱。十一年，青县春、夏不雨。七月，太平旱。八月，皋兰、通渭、秦安大旱。

同治元年二月，青县旱。六月，孝义厅、皋兰旱。七月，苇县、栖霞、咸宁、江夏旱。二年，嵊县旱。三年夏，常山旱。秋，崇阳、抚宁旱。四年春，蕲水大旱荒，民有鬻子女者。秋，麻城旱，高乡自冬至次年夏不雨。五年夏，江夏、江山旱。九月，崇阳、汉阳旱。六年夏，昌平、玉田、黄陂、荆门、德州旱。秋，邢台、怀来、武昌、黄州旱。七年春，皋兰旱。冬，陵县旱。八年春，青县旱。九年春，新乐、黄县旱。十年春，清苑大旱，无麦。十一年，皋兰春、夏旱。十二年五月，公安、枝江旱。十三年三月，江陵、公安、枝江旱。秋，均州旱。

光绪元年，青县夏、秋旱。二年春，望都、蠡县、滦州、临榆旱。五月，肥城旱。八月，藁城旱。三年四月，武进、霑化、宁阳、南乐、唐山旱，应山夏、秋大旱。四年春，东平、三原旱。七月，内丘、井陉、顺天、唐山、平乡、临榆旱。八月，京山旱。六年秋，甘泉、鱼台、邢台旱。八年六月，均州、云梦、鹤峰州旱。十一年秋，东光旱。十三年七月，靖远、东光旱。十六年，皋兰春、夏旱。十七年，静宁、合水旱。十八年六月，皋兰、金华、静宁、通渭、洮州、安化旱。十九年五月，太平旱。二十年，太平自七月至十月不雨，大旱。二十一年六月，太平旱。二十四年九月，宁津旱。二十六年六月，泾州、皋兰、平凉、庄浪、固原、洮州旱。闰八月，南乐、邢台旱。二十七年春，皋兰、平凉、庄浪、固原、洮州大旱。三十三年，皋兰旱。三十四年八月，兰州、静宁大旱。

宣统元年，甘肃全省亢旱。

顺治元年十一月十二日，盐亭山顶崩一大石，如数间房，横截路口，是夕大风雨，居民避张献忠者得脱大半。先是有童谣云"入洞数，钻岩怪，沿山走的后还在"，至是果应。

康熙十四年，藩王尚可喜于粤秀山筑垒，土中得一石碑，其碑文云："抱破老龙伤粤秀，八风吹箭入陀城，种柳昔年曾有恨，看花今日岂无情？残花已自伤零落，折柳何须关废兴，可怜野鬼黄沙迹，直待刘终班马鸣。"似诗似识，未有能识者。五十七年八月初一，钟祥火灾，先是有童谣云："八月初一火龙过"，至是果应。

乾隆六年，知州林良铨改修诸葛忠武祠，掘地得二石人，一背铭字云"守土守三分辛苦"，一背镌字云"遇隆则兴。"

光绪五年，文县有童谣云"两个土地会说话，两个石人会挞架"，未几即山崩地震。

顺治七年正月朔，衢州黑熊入城，是年多火灾。

康熙二年十一月，平度民间获兔，八足、四耳、两尾。二十七年十二月十六日，有黄熊鸣于合浦西门，十七夜复鸣。

乾隆十八年，毕节熊入城，伤二人。

嘉庆七年，陆川有熊伤人。二十三年七月，黄县有熊走入荏苒村，土人以枪杀之。

顺治八年，泰山元君庙钟鼓自鸣。

康熙十八年正月，六安州金铁出火。三十九年十一月，海阳马王庙钟自鸣，越三日复鸣。

雍正九年五月，七姑庙钟自鸣。

乾隆三十八年十二月除夕，黄县丛林、冶基、宝塔三寺钟鼓自鸣。

嘉庆十四年冬，泰州雨箭。

咸丰八年四月，鱼台兵器夜吐火光。

同治三年九月，东岳庙钟自鸣。八年九月，彭泽长岭酒店釜鸣，声闻数里许，月余方止。

顺治四年，崇明民家犬生六足。七年，商州民李旺家有犬坐坑上，作人言："老的忒老，小的忒小。"缚而杀之。十三年，邹平民生子，犬头猴身，能吠。

康熙四十五年二月，萧县民家犬作人言。

乾隆二年，利津民家犬生一畜，一首二尾七足。

咸丰十一年，来凤民家犬作人言。

同治十一年，大埔民家犬生六足。

顺治元年二月，兴国寺前出白气一道。六年三月，江阴白气亘天，弥月始灭。七年正月二十六夜，崑山西方有白气如练，十余日始灭；萧县白气见西方，二十余日始灭。六月甲申，泰安见白气亘天，益都见白气亘天。十二月三十日，萧县见白气如练数十条，寒光射人。十八年十二月十二日，棲霞白气亘天。

康熙二年夏，莱阳有白气冲天。七年正月，广平见白气亘天，西出指东，越二十日方灭；内丘夜见白气如银河，经五六日方灭；温江有白气，自西直亘数十丈，下锐上阔，光如银，形如竹，经四昼夜方散；威县见白气亘天。二月，广州有白气如枪，长十余丈，四十日乃灭；武邑夜白气亘天，夜半始散；唐山见白气亘天。七月，高邑夜见白气如疋布，亘西方。九年三月乙丑，卢陵白气现自西方。十一月，通渭夜见白气如虹，自南而北。十一年七月十四日夜，交河有白气自西南向东北，其疾如飞，声如风。十六年七月壬申夜，卢龙有白气如霓，自东向日。十八年六月二十四日，武定见白气贯天。十一月，玉田有白气自西南来。十九年十月，全椒见白气于西方，月余始灭。十一月朔，沧州有白气如帚，自西南向东北，浃旬方灭；卢龙有白气如云，长亘向东，越数夕色淡，而高起如帚芒状；绛县夜见白气如虹。初二日，镇洋西方见白气亘天，长数丈，移时乃灭；临淄见白气自西而东。初四日，温州夜见白气如练，长十余丈，月余始灭。二十年六月二十一日夜，望江见白气亘天，至八月十一日方灭。十一月，山阳见白气亘天，一月始灭；汉中西方见白气亘天如练。二十二年五月己未夜，清河有白气数道如虹。三十九年九月，江夏见白气如练，六七日始灭。四十一年二月，沛县见白气于西方。六十年十一月十九日，遵化有白气如练，聚于西南，移时方灭。六十一年六月十四日，嘉定有白气亘天。

雍正九年闰五月二十七日夜，南宫有白气一道南行有声。

乾隆十八年九月癸丑，东流有气如虹著天，色紫白，久而没。三十五年七月二十八日，肥城有白气十三道，至夜半乃退。

嘉庆二十年五月，武定有白气亘天向西，长数丈。

道光十三年四月十八日，棲霞有白气亘天。二十年，昌黎夜见白气亘天，逾月乃灭。二十二年春，莘县有白气如练数丈，月余乃灭。冬，玉田有白气亘天。二十三年三月，黄州有白气如练，斜指西南，经月始散。四月，滕县有白气亘天，月余乃灭。二十四年夏，登州有白气亘天。二十五年春，即墨有白气西北亘天。二十六年秋，宁津夜有白气长竟天。

咸丰七年秋，黄安有白光如电，烛暗室，有声。十一年六月，棲霞有白光如疋练，横亘西北，十余日始灭。

同治七年九月十五日，玉田有火光至空际化为白气，长丈许，其中有声如鼓。

光绪元年秋，海阳有白气突起，移时始灭。

卷四十四　志十九

灾异五

《洪范》曰："土爰稼穑。"不成则为咎徵。凡恒风霾、晦冥、花妖、虫孽、牛祸、地震、山颓、雨毛、地生毛、年饥、黄眚、黄祥皆属之于土。

顺治二年七月，湖州大风拔木。三年二月，孝感大风拔木。五年六月，无为州大风，坏屋拔木。八月，海丰飓风，毁庐舍无算。六年正月，潞安飙风大作。五月，五河狂风昼夜不息，大木尽拔。八月，惠来飓风大作，四昼夜不息，毁官署民舍。七年二月，阜阳、襄阳、漳南大风，拔木覆屋。九年五月，东阳大风拔木。十年八月，澄海飓风大作，舟吹陆地，屋飞空中，官署民房尽毁，压毙男妇不计其数，从来飓风未有如此甚者。十一年二月，太湖大风，毁城内牌坊。六月，全椒飓风大作，屋瓦皆飞。十二年六月，石门大风拔木。十三年五月，章丘大风拔木。十四年三月，平乐飓风大作，飞石拔木，民房多倾颓。六月，石门大风毁民居。十六年正月二十八日，嘉应州大风拔木。十七年五月，庆元飓风拔木。

康熙元年八月初三日，宁海飓风三昼夜，宜兴大风雨拔木。二年，遂溪飓风拔木。三年四月，临城大风伤人。七月，清河飓风坏庐舍无算；慈谿大风雨，大木尽拔。八月，嘉兴飓风大作，拔木飞瓦。四年二月，江阴大风拔木。五月，东阳大风雷雨并至，拔木坏屋。七月，嘉应州大风拔木。八月，长乐大风拔木。五年五月，海阳飓风拔木。八月，澄海飓风伤稼。六年四月，信宜大风，墙垣皆颓。七年四月，东阳大风雨，压倒民居七所，拔木无算。六月，太平大风拔木。七月，瑞安大风，毁城垣庐舍。八年四月，大冶大风拔木。六月，海宁大风拔木。九年春，崇阳大风拔木。五月，全椒大风拔木。六月，安县大风拔木，三昼夜乃息。七月，武定大风拔木。

十年正月，平远大风拔木。十一年七月，榆社大风杀稼；琼州飓风大作，官署民房悉圮无存，毁城垣十五丈。九月，吴川飓风，坏城垣庐舍。十二年正月，海阳飓风，拔木坏屋。八月十六日，澄海飓风大作。十三年二月，桐庐大风拔木。十四年二月，武强大风杀稼。三月，玉田大风，扬沙拔木。六月，新城大风拔木。十五年四月至六月，澄海飓风屡作，坏屋拔木。十六年四月，宜城大风拔木。六月，东阳大风，屋瓦皆飞。十七年六月，武强大风拔木。十八年六月，惠州大风，坏文星塔顶。十九年秋，琼州大风拔木。

二十一年三月，望江大风拔木。七月，信宜大风拔木。二十二年二月初五日，单县大风，扬尘蔽天，倏忽变幻五色。二十三年正月，清河大风拔木。二十四年三月，文登大风拔木。二十五年四月，汉中、定远大风拔木。五月，西充、南充大风拔木。六月，岳阳大风拔木。二十六年三月，太湖大风拔木。六月，平乐、苍梧大风拔木坏屋。七月，苏州、昆山、武进大风伤禾。二十七年五月，昌乐、寿光大风拔木。六月，沁水大风拔木。二十八年五月，恩县异风，损坏城楼，吹倒石坊。二十九年四月，郧阳大风拔木。五月二十六日夜，六安狂风暴起，屋瓦皆飞，大木尽拔。八月，黄岩大风拔木。

三十年三月，宁阳大风拔木。四月，江浦大风，屋瓦皆飞。三十一年正月，蓬莱大风，拔木毁屋。二月，沛县大风，拔木毁屋。五月，东昌、丘县大风拔木。六月，高密大风拔木。三十二年六月，营山大风拔木，风过，草木如焚。三十三年十月十六日，邹平怪风，吹倒城垛六座。三十四年秋，长宁大风拔木。三十五年七月二十二日，青浦、泽州大风拔木。二十三日，桐乡、石门、嘉兴、湖州飓风大作，民居倾覆，压伤人畜甚多。八月十一日，海州大风雨，民舍尽倾。三十七年四月，济南大风拔木。七月，苏州大风拔木。三十八年春，青州大风拔木。六月，南乐大风拔木。

四十一年八月，开平飓风，拔木倒墙。十月乙酉，东明大风拔木。四十二年五月，枝江大风拔木。六月，潮阳飓风伤稼。四十四年四月，崇阳大风拔木。五月，历城、霑化、丘县大风拔木。四十五年六月二十夜，什邡大风自东北来，飞瓦拔木。四十六年三月，邹平、长山大风拔木。四十七年五月，惠民飓风大作，毁民舍。七月，台州大风拔木。四十八年四月，太原大风毁牌坊。八月，定海大风雨，孔子庙及御书楼皆圮。四十九年三月，中卫大风拔木。

五十年三月，祁州大风毁南城楼。五月，安丘、诸城大风拔木。五十一年四月，香山飓风拔木。八月，寨城、富川大风拔木。九月，北流大风拔木。五十二年三月，全州大风雨雹，屋瓦皆飞，大木尽拔。六月，潮阳大风坏北桥。五十三年五月，固安大风拔木。六月，顺义大风，树木尽拔。五十四年六月初一日，潮阳飓风拔木。五十五年闰三月朔，解州大风拔木。四月辛亥，静宁州大风拔木。五十六年七月十九日，掖县暴风雨一昼夜，大木尽拔。五十七年五月，澄海飓风拔木。六月，汤溪大风，拔巨木，坏庐舍。七月，日照、黄县大风雨一昼夜，大木尽拔。五十八年五月，乾州大风拔木。六月，宝坻大风拔木。八月十九日夜，揭阳飓风大作，风中如燐火，树木皆枯；澄海飓风大作，民房倾覆，压倒男妇无算。五十九年正月，阳春飓风伤稼。六十年八月，澄海飓风大作，如燐火，毁城垣。六十一年四月，甘泉大风拔木。五月，庆云大风拔木。十二月，钦州大风雨，吹塌城垣二十余丈。

雍正元年四月，平乡大风拔木。六月，岑溪大风拔木。冬，武宁大风拔木。二年二月，阳信、霑化大风，风中带火。四年五月，高淳、当涂大风拔木。六月，潍县大风雨，坏民舍十二家。五年七月，镇海飓风大作，毁县署大堂。九年二月，连州大风雨，拔木坏屋。六月，阳信大风拔木。十年七月，南汇大风拔木。八月，海阳大风拔木。十月，泰州大风拔木。十一年八月，沂州大风四昼夜。十二年七月，泰州大风，拔木坏屋。十三年八月，高淳大风三昼夜。

乾隆元年五月，翼城大风拔木。二年八月十五日，平阳大风。三年七月，钟祥大风拔木。五年三月，通州大风拔木。六月，掖县大风拔木。六年四月，平定、乐平、盂县大风拔木。八年五月，光化大风拔木。十年三月，棲霞大风拔木。十一年七月十五日，高邮大风拔木。十二年七月，昆山、盐城、清河、福山、棲霞、文登大风，拔木覆屋。十三年三月，鹤庆大风拔木。四月，清河大风雨，民舍倾圮无算。五月，泰州、通州大风拔木。十四年四月，池州大风拔木。六月，高邑大风拔木。十五年三月，武昌暴风起江中，覆舟无数。六月，武宁大风拔木。十六年七月，鹤庆大风。十七年五月十一日，长子县王婆村大风雷，田禾如爇，屋瓦车轮有飞至数里外者。十八年六月，潮阳大风拔木。七月，鸡泽大风拔木。十九年七月，陵川大风害稼。二十年三月，蕲州大风，坏民舍二百余间，压毙十余人。五月，高平大风拔木。七月，昌乐大风拔木。二十二年六月，吴川飓风，拔木坏屋。七月，盂县、乐平大风伤稼。二十三年六月二十九日，即墨大风，一夜，大木尽拔。二十四年八月，平定大风害稼。二十六年三月，潜山大风，拔木坏屋。二十七年三月十八日，浔州飓风毁城楼。七月，嘉善大风，拔木坏屋。二十八年二月，歙县大风，拔木覆屋，压毙人畜甚多。三十年三月，临邑大风拔木。三十一年七月，黄县大风拔木。三十二年三月，文登、荣成大风拔木。五月，济宁州大风拔木。三十三年二月，安丘大风损麦。六月十八日，琼州飓风大作，毁官署民房无算。三十四年五月，东平大风拔木。秋，嘉善大风，禾尽偃。三十五年六月，祁县大风拔木。三十六年二月，文登、荣成大风拔木。三十七年八月十七日，庆云夜起异风，拔木无算。三十八年秋，永年、蓟州大风雨拔木，熟禾尽偃。三十九年二月，黄县、文登、荣成大风连日，麦苗尽损。七月，荥阳大风拔木。四十一年，安丘大风蔽日，风内有火光。四十二年四月，山阳大风拔木。四十三年二月，光化大风拔木。四十四年五月，南宫烈风雷雨，树木多拔。四十六年六月，金华、嘉善大风拔木。四十七年六月，新城大风拔木。四十八年二月，文登、荣成大风拔木。六月二十四日，吴川飓风大作，坏官署民房及城垣。四十九年二月，平阴大风拔木。五十年二月，永昌大风拔木。五十一年正月，文登、荣成大风拔木。五十七年七月壬戌，苏州大风毁民舍。五十九年七月，桐乡大风雨竟夜，拔去大成殿前柏二株；湖州、嘉善大风，拔木坏屋。六十年六月，石门大风拔木。

嘉庆元年八月朔，瑞安大风，倾覆民舍，压毙男妇九十一人。二年六月，武进大风拔木。三年四月，宜城大风拔木。四年七月，文登大风拔木。五年四月，黄县大风，拔木坏屋。六年二月初五日，滕县大风，色黄，既而如墨。八年二月，黄县大风，拔木坏屋。九年二月，文登大风损麦。十年六月，庆云大风拔木。十二年二月十七日，肥城暴风，天色忽红忽黑，一夜方止。八月，邢台大风拔木。十六年六月十二日，静海大风拔木，摧折运粮船桅无算。十七年二月，丽水大风拔木。二十二年六月，枣阳大风拔木。二十三年四月，临榆大风拔木。六月，永嘉大风拔木。二十四年七月初八日，平谷有怪风兼雨自南来，房舍皆摧折，禾尽偃，其平如扫。二十五年七月，乐清大风拔木。

道光二年六月，金华大风坏屋。七月，蕲州大风，拔木坏民舍。四年十一月十二日，泰州大风拔木，两昼夜不止。五年六月，罗田大风拔木。六年二月二十六日，黄县大风拔木。五月，肃州烈风拔木。七月，黄岩大风，拔木折屋。八年五月二十六日，黄县大风拔木，屋瓦皆飞。十二年夏，公安大风三昼夜，拔树无算。十四年四月，临朐大风伤禾。六月，黄岩大风拔木，民居多坏。十五年七月，蓬莱、黄县、棲霞、招远大风三日，大木尽拔。八月，曲阳大风害稼。十六年六月二十九日，滦州怪风，毁南城楼。十七年八月，昌平大风拔木。二十年六月十九日，滕县大风自西北来，拔大木数百株。二十二年八月，潛江狂风大作，飞石拔木，坏民居无算。二十三年七月，宁海暴风伤禾。二十六年六月，青浦大风拔木。二十七年三月朔，蓬莱大风拔木。六月，日照大风拔木。二十八年六月壬戌，通州飓风大作，毁屋。七月十四日，永嘉大风兼雨连旬，毁孔子庙及县署。十八日，缙云大风拔木。十月，武昌大风起江中，覆舟，人多溺死。三十年春，滦州大风伤稼。

咸丰二年五月初五日，肃州大风，拔木千余株。六月，霑化大风拔木。三年三月初三日，宜昌大风拔木，民舍折损无算，牛马有吹去失所在者。五月，随州大风拔木。七月，蓬莱、黄县大风拔木。七年四月，清苑、望都大风拔木。六月，宁津大风伤禾稼。八年四月，华县大风拔木。十年二月，昌平怪风伤人。六月，房县大风拔木。十一年四月，西宁大风拔木。七月，襄阳大风拔木。

同治元年二月初七日，宜都大风拔木。三月戊申，惠民大风拔木。二年二月，枝江大风，覆舟无算。五月，宁津狂风拔木。三年五月，房县大风拔木。六月，嘉兴、桐乡大风拔木。四年正月，宜城大风，覆屋拔木。六年五月，高淳大风拔木。七月，菏泽、曹县大风拔木。九年三月，嘉兴府大风毁屋。四月，柏乡大风毁屋。十年三月，湖州狂风骤雨，拔木覆舟。十一年六月二十七日夜，日照大风雨，偃禾拔木。秋，唐山大风，拔木损禾。十二年五月初六日，固原大风，坏城中回回寺。十三年五月，安陆大风拔木，府学墙颓。

光绪元年六月，皋兰、均州大风拔木。七月，日照、临朐大风伤稼。二年六月，黄岩大风拔木。三年八月，菏泽大风拔木。四年四月，临江大风，覆舟无算。五年五月，蕲州大风拔木。六月十四日，宁海、文登、海阳、荣成大风，拔大坏屋。二十四日，莱阳怪风突起，屋瓦皆飞，民房被揭去梁栋椽柱，不知所之，拔大树无算。七年七月，永嘉大风拔木。八年三月，孝义厅大风拔木。九年三月初八日，安陆大风拔木。十一年五月，光化大风拔木。十二年六月，泾州大风拔木。十五年六月十三日，滦州大风，拔木坏屋。十六年八月十五日，固原大风拔木。二十二年五月，南乐大风拔木。二十三年八月，靖远大风拔木。二十七年六月，金县大风拔木。二十八年四月初四日，曲阳大风拔木。二十九年六月十七日，洮州大风拔木。三十年七月二十二日，东乐大风拔木。

顺治元年七月，平原狂风昼晦。二年十月，全椒昼晦。五年九月，汉阳大风昼晦。六年四月，庄浪风霾杀禾。九月，府谷风霾昼晦。七年十月，东明昼晦。十二年春，乐亭风霾昼晦。十三年七月，高邑大风霾昼晦。八月，邢台风霾。十四年二月，阳城黄霾蔽天，屋瓦皆飞。十六年四月朔，万州昼晦。

康熙元年正月朔，长兴昼晦。九月，昌黎风霾。二年正月，蕲州昼晦。四年正月朔，萧县昼晦。四月辛亥，临邑昼晦。七年二月，咸宁昼晦。十二年七月，乐亭风霾。十三年二月，咸阳大风霾十余日。三月，朝城昼晦。十四年三月二十六日，冀州起异风，自巳至戌，黄霾蔽天，屋瓦皆飞；怀安、西宁大风霾昼晦；玉田大风，扬沙拔木，阴霾竟日。十五年五月，贵州昼晦如夜。十六年春，清河风霾四十余日。二十三年四月朔，朝城昼晦。七月望，壁山昼晦。二十四年正月二十三日，文安大风霾，昼晦如夜；武邑黑风昼晦。二十五年二月二十七日，郓城黑风昼晦。二十七年四月朔，西宁、龙门、延安、文县同日昼晦。二十九年三月十九日，广宗风霾，红、黄、黑、白互变。四月初五日，西宁昼晦。三十年三月初四日，宁阳大风昼晦。三十一年正月朔，广宗昼晦，青州、沛县、丘县大风昼晦。二月朔，丘县大风赤霾昼晦，广宗昼晦。三十二年二月十七日，丘县大风霾，空中望之如火。十八日，桐乡大风霾。十九日，湖州大风霾。三十三年四月朔，保安州昼晦。三十四年四月，肃州昼晦。三十五年正月，静乐昼晦。二月十八日，定陶黑风，触器有光，行人不辨咫尺。三十六年三月朔，靖远昼晦。三十七年四月，龙门昼晦。四十二年五月二十二日，巩县大风昼晦。四十四年五月十八日，利津、阳信昼晦。四十五年正月十二，商河狂风昼晦。四十七年六月二十五日，凉州昼晦如夜。四十八年六月，东昌大风霾蔽天。四十九年三月初七日，中卫昼晦者四日。六月初二日，什邡昼晦。五十年五月壬子，诸城昼晦。五十一年二月癸亥，东平、东阿大风，色红黑，自申至亥方止；阳穀黑风昼晦；郯城、莘县大风霾。三月十六日，钜鹿风霾如火，昼晦如夜。六月十日，恩县赤霾蔽天，咫尺不辨人物。十一月二十一日，宿州昼晦。五十三年二月二十一日，井陉风霾蔽天，昼晦。五十五年五月，寿光、临朐大风昼晦。五十七年五月二十二日，新乐大风昼晦。五十九年五月二十六日，青城大风昼晦。六月，太平大风霾。六十年夏，丘县大风霾连日。六十一年七月，元氏、沁州大风霾。

雍正元年三月，青州风霾。四月初七日，献县风霾昼晦；恩县夜起大风，飞石拔木，有顷黑霾如墨，良久复变为红霾，乍明乍暗，逮晓方息；泰安大风霾昼晦。十一日，高密、高苑大风霾昼晦。十七日，邢台、元氏大风霾拔木。八月初八日，掖县大风霾昼晦。二年二月初六日，元氏大风霾。八年正月十一日，高苑大风霾昼晦。

乾隆二年二月初五日，济宁、钜野风霾昼晦。三年正月十四日，武宁昼晦。五年五月，高邮大风霾。八年三月，赣州昼晦。十年三月，蒲台大风昼晦。十七年四月十八日，祁州、新乐风霾损禾。十九年三月朔，庆阳昼晦。二十四年秋，芮城大风霾。二十五年二月初十日，宜昌昼晦。五月朔，昌乐昼晦。二十九年五月二十八日，南陵昼晦。三十二年二月初二日，范县昼晦。二十四日，南宫大风昼晦。三十三年二月，潞安大风昼晦。三十六年二月朔，太原大风昼晦。初二日，高邑大风霾昼晦。三十八年二月初八日，滕县大风霾五色，昼晦。三十九年春，南宫多风霾。四十九年二月初二日，菏泽风霾昼晦。五十年二月二十五日，临清昼晦。四月十八日，南宫、枣强大风霾昼晦。

嘉庆元年三月二十六日，宜城昼晦。二年四月十四日，滦州大风霾昼晦。三年二月二十九日，滦州、昌黎昼晦。十一年十一月，滕县大风五色，昼晦。十二年二月，武强大风霾，色黄，复黑赤。三月十二日，东光大风霾。十五年正月十七日，临邑、章丘、新城风霾昼晦。二十七日，滕县昼晦；南乐大风霾，平地积沙二寸许。二十三年四月，清苑、定州、武强、无极、唐山、临榆大风霾昼晦。二十四年四月朔酉刻，京师昼晦。

道光三年六月朔，枣阳昼晦。四年六月癸巳，沂水昼晦。六年二月二十二日，武强大风霾，昼晦如夜。二十四日，南宫大风霾昼晦凡三日，济南风霾昼晦。十年三月二十八日，中卫昼晦。十一年七月十八日，曹县昼晦。十四年五月十二日，即墨大风霾。十六年正月朔，乐亭风霾。十七年二月甲子，滦州昼晦。十九年三月初六日，元氏大风霾。二十年六月，抚宁昼晦。二十二年六月朔，太平、黄岩、湖州昼晦。二十九年，云梦自正月至五月昼晦凡五阅月。三十年正月，嵊县风霾十余日。

咸丰元年五月丙午，滦州大风昼晦。二年二月，蓬莱大风昼晦。三年三月十四日，灵州昼晦，翼日始明。五年四月，滦州狂风昼晦。六年四月，南乐昼晦。七年四月初二日，景宁大风昼晦。十一年四月初四日，曹县红霾昼晦。

同治元年二月二十六日，霑化风霾日曀。三月初三日，武强风霾昼晦。二年二月，崇阳大风昼晦。三年六月，菏泽大风昼晦。四年正月十四日，枣阳昼晦。五年正月二十八日，霑化大风霾。九年正月二十五日，霑化大风霾日曀。十一年七月，滦州大风霾。十三年四月，曹县大风昼晦。

光绪三年八月十五日，菏泽、曹县大风昼晦。十年五月十三日，兴山昼晦。二十年二月二十七日，甘州大风昼晦。二十八年四月初四日，曲阳大风昼晦。三十一年，邢台昼晦。

顺治四年九月，新安桃李华。五年秋，太谷桃李华。六年冬，德平桃李华。七年九月，阶州桃再华。十月，铜陵桃李华。十一年九月，广平桃李华。十三年冬，湖州桃李华。十五年十月，宁乡桃李华。十七年冬，唐山牡丹华。

康熙二年十月，通州桃李华。四年十二月，德清吉祥寺牡丹开数茎。六年冬，宁津桃李华。七年秋，肥乡桃李华。八年十一月，西充桃李华。十年八月，唐山海棠华，高邑丁香华。十一年九月，湖州桃李华。十七年十月，阳高桃李华。二十六年八月，新城桃李海棠华。三十年冬，潜江桃李华。三十六年七月，盂县、平定桃李华。三十八年三月，石阡府学宫桂再华。四十三年冬，曲沃桃杏华。四十六年十月，琼州海棠再华。五十四年冬，蒲台李华。五十六年十月，宁津牡丹华。六十年冬，揭阳桃李华。

雍正三年冬，顺德桃李华。八年冬，通州桃李华。九年冬，高淳桃李华。十年八月，通州桃李华。十三年七月，清河李再华。

乾隆三年秋，曲沃桃李华。七年冬至日，崇明牡丹开。九年冬，桐乡桃李华。十年八月，宁津桃李华。十三年五月，玉屏梅花盛开。十四年八月，镇海杏再华。十六年九月，分宜高林寺牡丹开。十八年九月，新安县署牡丹开花一朵，十月又开十朵，历月不萎。九月，太原桃李华。二十年春，普安州桂花盛开。二十四年九月，潞安桃李华。三十年九月，高邑桃李华。三十三年九月，和顺桃李华。四十三年九月，新城桃李华。冬，石门桃李华。四十六年九月，临邑桃李华。四十九年十月，桐乡凤鸣寺牡丹开二花，单瓣紫色。十一月，金华桃李华。五十年秋，通州杏再华。六十年十二月，乐清桃李华。

嘉庆四年九月，邢台桃李华。六年八月，陆川桃李华。

道光三年九月，兴国桃花盛开。九年十月，宜城桃李华。十七年冬，望都、清苑桃杏华。二十二年十月，崇阳桃李华。二十四年九月，滕县桃李华。二十五年十月，钟祥桃再华。二十九年秋，余姚桃花盛开。三十年九月，竹山桃李牡丹华。

咸丰元年秋，贵溪桃李华。十月，郧县桃李华。四年冬，松滋桃李华。五年十一月，武昌桃李华。九年秋，崇阳桃再华。十月，宜昌桃李华。十年九月，嘉兴桃李华。十一月，麻城桃再华。

同治元年十月，襄阳桃李华。二年冬，通州桃李华。四年冬，房县桃李华。八年冬，黄安桃再华。十二年九月，惠民桃李华。

光绪元年十一月，庄浪桃杏华。四年冬，武昌、光化桃李华。五年冬至时，高淳群花齐放，宛如春色。六年七月，归州桃李华。九月，苍溪桃再华。九年冬，兴山桃李华。十二年九月，南乐杏再华。二十四年十月，南乐桃李华。三十二年秋，靖远桃李华。三十四年八月，固原桃李华。

顺治十七年八月，玉屏黑虫蔽山，草木皆尽。

康熙十年秋，潮州虫生五色，大如指，长三寸，食稼。十一年七月，杭州雨虫，食穗。十二年七月，万载虫食禾。

十三年三月，宁都屋上有生黑虫者，着人甚痛。十七年七月，崇明出两头虫，首尾皆喙，啮草如刈。十九年六月，婺源青虫害稼。二十年二月，郧阳虫灾。二十一年五月，金华虫灾。二十二年四月，恩施虫灾。二十三年五月，渠县有虫数万斛，似蝗，黑色，头锐，有翅，嗅之甚臭。二十七年七月，苏州、青浦虫灾。二十九年四月，沁水白黑虫食禾，结茧。三十年三月，万载青虫食禾。三十六年，遵化州生虫，似槐虫而黑，食稼几尽。三十九年，贵县生虫，食豆。四十二年，昭化有虫如蚕，食禾。四十五年二月，房县虫食禾。夏，霑化有虫似螳螂而金色，识者曰，此苍诸也，见则岁凶。四十九年五月，井陉五色虫生。五十六年，鹤庆虫食禾。五十七年夏，新乐生虫，青色，伤禾。

雍正二年七月，镇海麦茎生虫，头红身黑，状如蚕。十年秋，清河禾生虫，形似蛆，有毛，红色。

乾隆十七年八月，仁和虫食稼。二十年春，临安虫灾。二十一年六月，景宁有白虫无数自南来。二十三年秋，海宁雨蚕。二十四年八月，武邑有蠥虫食禾根。三十年十月，嘉兴虫灾。三十八年春，青浦河水生虫，色红，状如蜈蚣，长三四寸，昏暮始见。六十年正月，平度虫灾。

嘉庆九年夏，洛川虫伤禾。

道光五年七月，滕县生五色虫，食禾殆尽。

咸丰元年六月，崇阳虫灾。九年五月，苏州禾田中出虫，名曰稻鳖。

同治四年秋，秀水有青虫如蚕，喙黑，卷叶作网。十三年九月，嘉兴田禾生虫，食根，似黑蚁，蜂腰，六足，有须。

光绪二年八月，宁津虫伤稼。十四年春，泰安虫灾。

顺治元年二月，莱阳民家牛产犊，一体二首。二年二月，交城民家牛产一犊，遍体鳞甲。十年，文县民家牛产两麟。十六年，定州民家牛产麟。

康熙五年，南昌民家牛产麟。十三年七月，巫山民家牛产一犊，三目四耳，舌端有铗，胸列四蹄，脊后分为二身，各二蹄一尾。十五年，池州民家牛产犊，二首八足。十七年六月，镇洋民家牛产犊，两头。二十八年九月，余姚北乡民家牛产麟，狼项、马足、麕身，遍体鳞甲，金紫相错。三十八年，景宁民家牛产麟。

雍正七年，镇海民家牛生一犊，遍体鳞纹，色青黑，颔下有髯，项皆细鳞。十一年五月，盐亭民家牛产一麟，高二尺五寸，肉角一，长寸许，目如水晶，鳞甲遍体，两脊傍至尾各有肉粒如豆，黄金色，麕身，八足，牛蹄，产时风雨交至，金光满院，射草木皆黄。十三年二月，绵州民家牛产一犊，首形如龙，身有鳞纹，无毛，落地而殇。

乾隆四年，盛京民家牛产麟。五年，寿州民家牛产麟，一室火光，众以为怪，格杀之，剥皮，见周身鳞甲，头角犹隐嶐也；荆州民家牛产麟，遍体鳞甲。二十二年，崇明见三足牛，前一后二。

嘉庆元年，遂安民家牛产麟。二年，平度州民家牛产麟。五年，白河县民家牛产一犊，两首双项，剖腹视之，心赤有二。

道光十二年，永嘉民家牛产犊，两首。

咸丰二年，潜江民家牛产犊，两首。七年，黄岩民家牛产犊，四首。

同治九年，莘县民家牛产犊，两首。

光绪十九年，太平民家牛产麟。七年，京山民家牛产犊，三足，前二后一，识之者谓之貘。三十四年，皋兰民家牛产犊，两首。

顺治元年九月，翼城地震。冬，石首地震。二十二年，祁县地震三次。三年十月十日，石埭地震。四年四月，全椒地震。五年三月甲辰，泾阳、三原、临潼、凤翔地震；戊辰又地震。四月二十四日，榆社地震。八月，潞安地震有声。六年正月，南乐地震。二月初六日，陆川地震。四月，高平、阳城地震。七年八月初十日，高淳地震。八年正月丁卯，苏州、崑山地震。六月，高平地震。九年正月元旦，潜江、太湖地震。十五日，贵池地震，屋瓦皆飞，江波如荡。二月十五日，池州、颍上、阜阳、五河、全椒地震。二十四日，宿松地震。二十六日，铜陵地震。七月，赣榆地震。九月，霍山、六安地震。十年正月，庐江地震。六月乙卯，镇洋地震。七月，海丰地震。九月，乐陵地震。十月二十一日，贵池地震；二十四日复震。十一月二十三日，五河地震。十一年正月朔，潜山、望江、石楼、贵池、铜陵、舒城、庐江地震。五月，庐江又震。四月初六日，萧山地震。五月初八日，宝鸡、定远、沔县地震，坏屋压人。六月，兴安、安康、白河、紫阳、洵阳、兰州、巩昌、庆阳等处地震，声如雷，坏民舍，压死人畜甚众。八月初五日，阳穀、东昌地震，次日又震。初八日辰刻，朝城地震，申刻复震。十二年正月初七日，阳湖、营山地震。二月庚申，崑山、娄县地震。十三年三月初八日，中部地震。十四年三月朔，成都、威州、汶川地震。二十五日，西充地震，次日复震。七月，富阳地震。十五年二月二十四日，惠来地震。五月二十三日，武进地震。八月二十三日，苏州、崑山、上海、青浦地震。十一月，安塞地震有声。十六年正月二十八日，镇平地震。二月初八日，揭阳地震。七月十七日，石埭、贵池地震，声如雷。十七年八月，曹县、兖州地震。十二月二十三日，雒南、商南地震。十八年正月，兖州地屡震。

康熙元年正月二十五日，伏羌地震。三月初四日，西宁、龙门、宣化、赤城、保安州等处地大震，人皆眩仆。六月十七日，太平地震。七月十一日，苍梧、容县、岑溪地震。十一月二十二日，威县地震。二年正月二十五日，钟祥地震，次日复震。五月二十一日，咸宁地震。六月望日，东安地震。十二月，鹤庆地震。三年三月初二日，保安州、龙门地震。初三日，怀来、滦州地震。五月，开平地震。八月十七日，莱阳地震。二十三日，安邑、解州地震。九月丙子，崑山地震。十一月二十一日，顺德地震。四年二月初四日，平阴地震。三月初二日，京师地震有声。初四日，景州地震。四月十五日，滦州、东安、昌平、顺义地震二次，房垣皆倾。七月十七日，大城地震。五年二月二十二日，开平地震，次日又震。三月初八日，交河地震。七月十七日，虹县地震，城倾数十丈，民舍悉坏。九月二十六日，揭阳地震。十二月丁未，苏州地震。六年正月初四日，阳春地震。四月十二日，揭阳地震。六月十七日，庆云地震。八月十四日，邢台、内丘地震，声如雷。九月二十三日，永年、威县地震。七年四月，金华地震。五月癸丑子时，京师地震；初七、初九、初十、十三又震。六月十七日，上海、海盐地震，窗廊皆鸣；湖州、绍兴地震，压毙人畜，次日又震；桐乡、嵊县地震，屋瓦皆落。十八日，香河、无极、南乐地震，自西北起，戛戛有声，房屋摇动。十九日，清河、德清地震有声，房舍皆倾 。七月二十日，钱塘地震。二十五日，潜江地震。八年九月甲午寅时，京师地震有声。九年四月初六日，安县地震。五月初七日，揭阳地震。七月己未，吴江、震泽地震有声。八月初七日，开建、安丘地震。十一月冬至前一日，邹县地震。

十年九月初九日，保安州地震。十一年三月初三日，阳曲地震。五月丙寅，沛县、高密地震。六月二十四日，高唐地震。七月二十八日，广平地震。八月癸亥，苏州地震。九月丁亥，平乐地震。十二年二月十二日，庐州地震，声如雷，屋舍倾倒。四月初四日，临县、高淳地震。七月二十三日，宝坻、霸州、万全地震。九月初九日，怀安、赤城、西宁、天镇、绍□、德阳地震。十二月，湖州地震。十三年二月初七日，保德州地震。八月三十日，陇州、怀安地震。九月初九日，府谷地震。十四年六月十二日，曹州府属各州县同时地震。十五年七月十五日，婺源地震。十一月初四日，苏州地震有声。十六年五月十四日，合浦地震。六月，阶州地震，数日乃止。十七年四月初五日，苏州、镇洋、上海、青浦 、崇明地震。初七日，海盐地震，屋瓦倾覆。七月二十八日，京师地震。十月初五日，安平地震。十八年三月二十三日，镇洋地震。六月朔，荣成、宁海、文登地震。二十八日，滨州、信阳、海丰、霑化地震。七月初九日，京师地震；通州、三河、平谷、香河、武清、永清、宝坻、固安地大震，声响如奔车，如急雷，昼晦如夜，房舍倾倒，压毙男妇无算，地裂，涌黑水甚臭。二十八日，宣化、钜鹿、武邑、昌黎、新城、唐山、景州、沙河、宁津、东光、庆云、无极地震。八月，万全、保定、安肃地屡震。九月，襄垣、武乡、徐沟地震数次，民舍尽颓。十月，潞安地震。十一月，遵化州地震有声如雷。十九年四月二十五日，琼州地震。十一月，庐陵地震，有声如雷。

二十年春，永嘉、乐清地震。七月十七日，琼州地震。八月十一日，东流地震有声。九月，贵州地震。十月初十日，平远州、潞城地震。十一月初三日，东流、府谷地震。二十一年十月初五日，襄垣地震。初六日，潞安地震。初十日，介休地震，民舍多倾倒。二十二年五月十五日，龙门地震。七月初五日，定襄地震，压毙千余人。十月初五日，保德州地震，人有压毙者。十一月朔，琼州地震。二十三年五月，封川地震。十月初五日，普州地震。十一月初七日，合浦地震。二十四年二月庚子，永安州、平乐地震。十二月二十四日，蓬莱、福山、文登地震，越二日又震。二十五年七月十七日，宜都、宜昌地震。十月初五日，井陉地震。二十六年九月丁亥丑时，京师地震。十月十六日，蓬莱、棲霞地震，声如雷，月余乃息。十二月朔，无为地震。二十七年四月，临潼、咸阳地震。二十八年正月十八日，琼州、陆川地震；三月初十日又震。六月朔，荣成、文登地震。二十九年二月，杭州地震。七月，临汾、襄垣地震。九月，襄陵地震。

三十年三月十六日，庆云地震。三十二年三月十九日，海丰地震；二十日又大震，坏民舍。三十三年二月初八日，巢县地震。八月，鸡泽地震。三十四年正月朔，琼州、雷州、全州、柳城地震。十五日，巢县地震。四月初六日，光化、滕县、恩县、丘县、徐沟、太平、真阳、盂县、交城地大震；临汾、翼城、浮山、安邑、平陆震尤甚，坏庐舍十之五，压毙万余人。八月，平原地震。三十五年正月二十一日，巢县地震。三月十五日，南陵地震。四月甲午，沛县地震。九月辛巳，京师地震。三十六年正月朔，巢县地震；三月三日又震。三十九年三月十六日，贵州地震。十八日，黄冈地震。四月，阳江地震。

四十年三月十二日，长子地震。四十一年正月，鹤庆地震。十一月乙酉，京师地微震。十二月二十三日，琼州地震。四十三年七月十三日，泾阳地震，压毙人畜无数。八月二十日，东光地震。四十四年正月十三日，平遥地震。八月丁酉，京师地震。九月十六夜，庆云地震。四十五年二月丙辰，京师地微震。四十六年七月初四日，苏州地震。十月，兴宁地震；十一月又震。四十七年正月朔，曲沃地震。五月十七日，嘉定地震。六月十二日，凤翔地震。九月十二日，宁陕厅地震。十三日，永年地震。十月十一日，丘县地震。四十八年九月初二日，保德州地震。十二日，凉州、西宁、固原、宁夏、中卫地震伤人；靖远大震，塌民舍二千余间，城墙倒六百六十余丈，压毙居民甚多。四十九年三月十四日，灵台、环县地震。八月初三日，黄冈地震。

五十年九月十一日，景宁地震。十月十一日，平乐地震。五十一年九月十二日，庆元、江浦地震；十一月又震。二十五日，高淳、仪征、丹阳地震。五十二年四月，棲霞地震。七月，全蜀地震。五十三年三月十四日，宁州地震。九月初八日，湖州地震。五十四年正月十四日，镇海地震。五月二十一日，岐山地震。五十五年二月，曲沃地震。八月，枝江地震。五十六年五月二十八日，公安、石首、枝江地震。五十七年五月二十七日，翼城地震。六月初八日，海阳地震。五十八年春，泰安地震。五月十一日，盩厔、丹阳地震。六月朔，德州、阳信、霑化、广灵地震。七月十六日，榆次、怀来地震；八月复震，民居倒坏无数；密云、东安地震，有声如雷。六十年六月初八日，青城地震。六十一年八月初四日，江安地震。十一月，顺德地震。

雍正三年十月，环县地震，坏庐舍。四年六月二十一日，宜昌地震。八月，平乡地震。五年五月二十日，钟祥地震。六年二月初五日，吴川地震。五月，横州地震。八月，蔚州地震。七年六月十七日，德州地震。八月十三日，富川地震声如雷。八年四月十六日，宜昌地震。八月十九日，京师、宁河、庆云、宁津、临榆、蓟州、邢台、万全、容城、涞水、新安、东光、沧州同时地震。十月二十六日，上海地震。二十八日，苏州、震泽、娄县、青浦地震。十一月二十八日，嘉兴、湖州、桐乡地震。九年九月初二日，海阳地震；二十二日又震。十月，泰州地震。十一月初八日，海州地震。二十一日，普宣地震。十年正月初三日，西昌县，会理州，德昌、河西、迷易三所地震。十一月，通州地震。十一年七月十八日，海阳地震，十一月，黄冈地震。十二月，宜昌地震。十二年二月，浦江地震。六月十六日，铜陵地震。十月十三日，潮阳、海阳地震。十二月初一日，清远地震。十三年七月十七日夜，富川地震。二十日，桐乡地震，有声如雷。九月，庆远府属地震。十一月，光化地震。

乾隆元年七月朔，临清地震。初七日，定陶地震。十五日，平原、夏津地震。十一月二十四日，黄山、福山、文登、荣成地震。二年五月初十日，宜昌地震有声。七月二十五日，鸡泽地震有声。九月初七日，高平地震。十月二十四日，长子地震。三年十一月二十四日，芮城、襄垣、安邑、安定、绥德州、天镇地震。二十五日，靖远、庆阳、宁夏、平罗、中卫地震如奋跃，土皆坟起，地裂数尺或盈丈，其气甚热，压毙五万余人。四年三月二十四日，昌化地震。十一月二十四日，岐山地震。五年三月，万全地震。八月，赤城、怀安地震。十一月二十四日，清涧地震声如雷，是夕连震八九次，屋舍倾圮。六年十一月，正宁地震有声。八月二十四日，昌化地震。九年正月，光化地震。十年四月初四日，浮山地震。五月初六日，高淳地震。十一年五月，增城地震有声。六月丁丑，京师地震。十月，广济地震有声。十二年三月初九日，鹤庆地震。十月壬午，同官地震。十三年五月，历城、长山地震。十月，环县地震。十四年正月初三日，鹤庆地震；十三日又震；二十九日复震。三月二十八日，苍梧地震。十五年十二月庚午，同官地震。十六年二月，奉议州地震。十七年二月，崖州地震；四月又震。四月初四日，嘉兴、湖州、桐乡地震。九月十二日，惠来地震。十八年八月，兖州地震。十九年四月，庆元、太原地震。五月，苍梧地震。二十年十一月，娄县、青浦地震。十二月庚子，苏州、湖州、桐乡地震，屋瓦皆鸣。二十一年二月二十二日，荆门州地震，声如雷。五月十四日，青城地震，声如雷。九月朔，阳信地震。十月十六日，青浦、桐乡地震。二十二年十一月十六日，歙县地震；次日复震。二十三年三月二十七日，永平地震，声如雷。二十四年九月初五日，象州地震。二十五年十一月二十日，潞安、长子地震。二十六年三月十一日，嘉兴地震有声。二十八年五月甲申，苏州、湖州地震。二十九年正月丁巳，苏州、湖州地震。五月二十八日，溧水地震。十月初二日，南宫地震。三十年正月甲寅，苏州地震。二月十一日，文登、荣成地震。七月初一日，凤翔地震；十八日又震。伏羌地大震，倒塌屋舍二万八千七百余间，压毙七百七十余人。三十一年十一月初二日，南宫地震。三十二年五月二十二日，临潼地震。六月二十日，文登、荣成地震。七月二十五日，南宫地震。十月十六日，婺源地震。三十三年二月，南陵地震。三十四年六月二十五日，苍梧地震。七月十一日，吴川地震。八月初七日，苍梧地又震。十二月二十日，武进、潜山、合肥地震。三十五年正月，溧水地震。十二月二十二日，麻城地震。三十六年七月十五日，庆云地震。三十八年七月二十八日，临清地震。二十九日，陵川地震。三十九年九月，青浦地震。十月，东阿地震。四十年十一月十一日，陵川地震。十二月二十八日，屏山地震。四十二年四月初七日，祁县地震。四十三年三月，光化地震。九月九日，吴川地震，有声如雷。初十日，陆川地震，次日又震。四十四年八月二十日，湖州地震。四十六年三月十六日，乐清地震。四月十六日，瑞安地震。四十七年六月庚寅，苏州地震。四十九年十一月，光化地震。五十年三月初八日，永昌地震。六月初五日，武城地震。八月初十日，黄县、文登地震。五十一年五月十一日，盐亭、遂宁地震。五十四年三月十七日，嘉兴地震；二十日又震。九月二十日，潼关地震，坏民舍，人有压毙者。五十五年正月初八日，济南地震。八月二十四日，乐清地震。十月初六日，文登、荣成地震。五十六年正月初九日，济南地震。二月二十一日，吴川地震有声。五十七年五月癸卯，苏州、湖州地震。五十九年正月，武强地震。三月，临邑地震。六十年十一月二十五日，嘉善地震。

嘉庆元年正月，乐清地震，地裂，涌黑水。二月，诸城地震。二年六月十三日，滦州地震。三年八月，嘉善地震。四年正月二十五日，文登、荣成地震。十二月，临榆地震。五年二月二十六日，昌黎地震。七年九月，崇阳地震。八年二月，紫阳地震。十一月，宜春地震。十年二月十二日，滦州地震。六月六日，邢台地震，有声如雷。十一年十一月十四日，黄县地震。十八日又震。十二年四月初十日，宁津、东光地震。九月十二日，麻城地震。十三年九月，庆元地震。十五年十月十五日，缙云地震。十六年二月二十三日，永嘉、乐清地震。四月初九日，文登地震。八月初十日，打箭炉、百利、甘孜、绰倭地方地震，震毙夷、民四百八十一人。十八年六月，安定地震。八月，郧县地震。九月十一日，永嘉地震。十月初二日，平乐地震有声。二十年四月十九日，光化地震。七月朔，宁津、东光地震。九月十一日，乐陵地震；越十日又震；宜平、三原地震。十月二十一日，湖州地震。二十一年六月十四日，东光地震。秋，均州地震。二十二年四月初八日，文登、荣成地震，声如雷。二十三年十一月十五日，滕县地震。二十四年七月二十五日，贵阳地震。九月，缙云地震。十月十二日，黄县地震；十六日又震。二十五年正月十九日，镇番地震，声如雷。四月，贵阳地震。六月二十二日，南宫地震。

道光元年三月晦日，抚宁地震。六月，紫阳地震。三年三月，宜都地震。六月，文登地震。七月，定远地震。四年十一月十四日，枝江地震。五年六月，保康地震。六年正月晦日，章丘地震。二月二十四日，枝江地震。四月初四日，宜昌阎家坪裂五尺许，广四丈余。六月，贵阳地震。七年二月，郧县地震。七月，宁津地震。十月，章丘、新城、长清地震。八年八月，兴山地震。十月二十三日，黄县地震。九年五月初四日，宜城地震。十月二十二日，博平、莘县地震；青州、临朐地震，十余日方止，民舍倾倒，压死数百人。二十三日，黄县、即墨、平度、滕县、长清、章丘地震。十年四月二十二日，南宫、平乡地震。闰四月二十二日，元氏、新乐、菏泽、曹县等处同时地震，房舍倾圮，人有压毙者。十月十六日，武定地震；二十四日又震。十一月朔，黄安地震有声。十一年三月，抚宁地震。四月，临邑地震。九月，武进地震。十二年九月二十三日，临邑地震。十三年四月十八日，定远厅渔渡坝陷十余丈。十月二十四日，郧县地震。十五年七月初三日，高淳地震。十七年十月辛亥，临朐地震。十八年二月，兴安地陷，水涌如塘。十九年九月乙卯，青浦地震。戊戌，武进地震。二十年正月二十三日，随州地震，屋瓦皆动。二十二年正月十四日，高淳地震。九月，即墨地震。二十三年三月初八日，棲霞地震。二十四年八月二十五日，宁海地震。十月壬戌，青浦 地震。二十五年六月辛丑，青浦、苏州地震。十月十四日，嵊县地震，屋舍摇动。二十六年五月十一日，嵊县地震。六月十二日，湖州、定海地震。十月丁巳，青浦地震。二十七年十月辛亥，苏州地震。二十八年六月十四日，永嘉地震。十一月初七日，缙云地震。二十九年三月初五日，抚宁地震。三十年三月二十八日，枝江、松滋地震。

咸丰元年正月甲辰，青浦地震。二月，江陵、公安地震。五月，黄安地震。六月朔，泸溪地震。二年四月十二日，应山地震。十八日，中卫地震，涌黑沙，压毙数百人。十月初六日，黄岩、太平、嵊县地震。十一月壬子，苏州、青浦地震。三年正月，黄岩地震，是年屡震。三月辛亥、壬子，苏州地震；辛酉又震。四月初五日，通州地屡震。二十三日，元氏地震。七月，景州地震。四年五月，安福地陷，广数丈，深不可测。九月朔，江陵地震。十二月初四日，钟祥地震。五年正月辛酉，青浦地震；九月戊寅又震；十月辛卯又震。十二月朔，棲霞地震。初五日，黄县地震。六年五月初六日，来凤地震，武昌县百子畈地裂。七年四月，兴国地震。九月，铅山地震。十月，永丰地震。十二月二十六日，蓬莱地震，有声如雷，自是屡震。八年正月二十七日，蓬莱地复震，十余日始止；自七年至八年，凡震三十余次。十二月，宜黄地震。九年三月，恩施地震。十年七月初八日，枝江地震。十一年五月二十五日，棲霞地震。八月朔，宁远地震。

同治元年六月十二日，应城地震有声。三年三月庚午，青浦地震。四年正月二十九日，钟祥地震；二月初四日复震。五年八月十三日，景宁地震。九月十四日，青田地震。六年二月初一日，钟祥地震。三月十五日，江陵地震。八月，太平地震；十二月又震。七年六月初三日，均州、光化、郧县地震。七月初三日，随州安全岩地陷水涌。十年四月，襄阳地震。十一年六月十九日，高淳地震。八月十九日，嘉兴、柏乡地震。十二年正月二十六日，肃州地震。十三年三月二十日，霑化地震。

光绪元年九月，皋兰地震。三年六月丁亥，青浦地震。四年十二月二十八日，襄阳地震。五年五月初十日，陇右诸州县同时地震。十二日，光化地震。十三日，京山地震。六年十月，光化地震。七年四月，太平地震；五月又震。十月二十日，东光地震；二十五日复震。礼县地震，震毙四百八十人，倾倒民房四千有奇，牲畜无算。十一月初二日，西宁丹噶尔厅地震。八年二月初八日，西利地震。七月，南乐、望都地震。九年十二月二十二日，宁津地震。十年十月二十二日，东光地震。十一月二十九日，西利地震。十一年九月二十七日，武昌地震。十三年十二月甲戌，河州地震。十四年五月初五日，霑化、滦州地震。十五年八月，灵川地震；九月又震。十六年正月二十八日，西宁地震。十九年四月十九日，西宁地震，倾圮民房二百余间，人多压毙。二十一年十二月初四日，山丹地震。二十三年正月二十四日，兰州地震。二十七年春，静宁州地震。二十八年十二月除夕，永昌地震。二十九年五月二十九日，曲阳地震。

顺治元年十一月十二日，盐亭山崩。三年四月，河源桂山崩。六年四月，两当山崩，压毙人畜无算；兰溪大慈山崩。七年六月，武昌马山崩。八年四月二十六日，黄县莱山巨石崩，声闻数里。六月，安丘土山裂丈余，广二尺余，深不可测，翼日乃合。八月己巳，同官王益山崩。九年五月，马平槎山崩。十六年秋，成都霪雨，锦屏山崩。

康熙元年秋，萧山大雨，小山崩；平陆山崩；霪雨，四明山崩；两当暴雨，山崩。二年七月，河州大雷雨，井沟山崩，压死居民二十余口。九月，灌阳大营山崩。六年四月二十一日，开建大紫山崩；台州临海大雨，山崩。十五年七月辛丑，同官济塞山崩，压死四十余人。十九年八月初二日，平湖雅岩裂。二十年正月，天台方山崩。五月十二日，宣平大莱山陷。三十五年十二月二十七日，保德州康家山崩。四十一年秋，宝鸡霪雨，山崩。四十二年四月初六日，太原奉圣寺山移数步。四十七年，保县熊耳山崩。

雍正七年三月，崖州南山崩。八年五月，兴安大雨，山崩；狄道凤台山崩。十年六月，富川西岭山崩数处。

乾隆四年十一月十四日，泰安县北山崩。十年七月十二日，百泉山崩，压毙二十五人。十五年五月，英山岩崩裂。六月，棠阴大雨，西北山崩。十六年二月，奉议州东啼露村山崩裂，有声如雷。六月十二日，秦州仁寿山崩。十七年二月，忻城山崩，有声如雷。二十一年八月，秦州邽山崩。三十八年五月，庆元白马山崩。三十九年六月，云和大雨，山崩，压毙四人。四十一年十二月，云和五树庄山裂数百丈。五十七年五月，宜黄山崩，压毙数十人。六十年四月，庆元盖竹山崩。

嘉庆五年六月二十一日，义乌霪雨，山崩。二十三日，金华大雨，山崩。九年正月，新城北屯山崩。二十三年七月初五日，狄道州东山崩，压陷田地三十余亩。八月，永嘉大雨，西山崩，陷地丈许。二十四年五月，东湖山崩。

道光元年夏，新昌上方源山裂。三年七月甲戌，苏州玉遮山裂。四年六月，定远厅五块石山崩，坏市廛民舍。六年六月，宜昌大雨，山崩。十一年六月，狄道州黎家洼山崩，压毙二十余人。十二年七月，汉城槐木沟岩崩。十三年四月十八日，招远罗岩崩一角，声闻数里。十四年正月十五日，麻城磨石冈巨石裂数块，有声如雷。十五年六月，定远厅霪雨，母猪硐山崩。十八年十一月，恩施山崩。二十四年九月，星子五老峰右岩崩坠，有声如雷。二十七年六月十七日，西宁县北川郭家塔尔山崩，南川田家寨山崩。七月，皋兰县山崩。十月，宜山崩。二十九年五月二十四日，黄冈大崎山裂数十丈，年余渐合。

咸丰元年六月，礼县霪雨，山崩；袁家崖山崩裂，声震如雷，纵二尺许，横二百丈。十月，兴山仙侣山崩。二年六月朔，狄道马衔山裂；平河大雨，山崩，压倒民房无数。三年三月十六日，云和山裂二百丈。六月二十六日，景宁大雨，山崩，压毙七十三人。郧县青岩崩裂十余丈；保康大山崩移十里许，毁田庐无算；永嘉大雨，龙泉村山圮覆屋，压伤十九人。四年七月，云和山崩，压毙三十余人。五年四月，大通县塔破山崩。六年五月初八日，来凤大坝路猲甚山崩，压毙三百余人。九月，松阳大雷雨，山崩数十丈。

同治四年七月，固原山崩；汉阳铺有平石宽长丈余，高四尺，忽自行里许始止。十三年七月十二日，宣平北门山崩。八月十一日，西和西山崩，走入城中，压倒城垣二百四十余丈，民房九十余处，压死四十九人。

光绪元年正月朔，西宁西川阴山崩。七月，旧洮州东明山崩。三年六月，河州红崖山崩，压毙二百余人，牲畜无算。五年五月，文县山崩。九年三月，光化马窟山裂。十二年六月 ，河州草领山崩。十九年五月，狄道州皇后沟山崩，压毙十三人。二十年二月二十七日，河州东八部兰山崩。二十二年二月，河州哈家山崩。二十三年八月，宁远大夫沟山崩。二十六年六月，漳县还山崩，静宁州南五台山崩，河州王家山崩。二十七年六月，皋兰五泉山、三台阁山崖崩。三十一年七月二十四日，洮州泉古山崩。三十二年五月，洮州莽湾山崩。七月，芽坡山崩。三十三年五月，宁远小村槽山崩。

宣统元年六月十五昌，泰州雒家川南山崩。

顺治五年三月，上海遍地生白毛。四月，娄县地生白毛。六年六月，杭州、嘉兴地生白毛。八月初三日，莱阳雨白毛。七年六月，苏州、镇洋、震泽、青浦地裂，生白毛。九年十月初四日，永嘉雨絮。

康熙七年六月，上海、海盐、湖州、平湖、宁波地生白毛，长尺许。七月，临安、余姚地生白毛，长尺许。八月，永嘉、桐乡地生白毛。八年八月，开化县地生白毛。十月，义乌地生白毛。十四年三月，琼州地生白毛，长寸余。十七年十月二十六日，镇洋雨白毛如雪片。四十六年，太平地生毛。

乾隆二十八年，南陵地生毛，白质黑颖。二十九年五月，武进地生白毛，长数寸。四十一年，婺源地生白毛。

嘉庆十九年七月，青浦遍地生白毛如发。二十三年三月，宜城地生毛，或白或黑，长尺余。

咸丰元年，江陵地生白毛，长三寸许。二年五月，青浦地生白毛。三年四月，武进地生毛。六年夏，青浦地生毛。七月，武进地生毛。九月，桐乡地生白毛。九年十月，武昌地生毛。

同治元年七月，高阳地生毛。四年六月，罗田遍地生苍白毛，长三寸许；即墨地生毛。五年十一月，潜江地生黑毛，长三寸；江陵地生毛。六年三月，德安地生毛。八月，京山地生毛，或黑或白，长尺余。十月，随州地生白毛。七年春，应山地生毛。夏，黄安地生毛。

光绪四年冬，光化地生毛。

顺治元年春，荆门大饥。冬，郧县大饥。二年，枣阳、襄阳、光化、宜城大饥，人相食。三年，太平、瑞安、崇阳大饥。四年，苏州、震泽、嘉定、太湖、潜山、石埭、建德、宿松、江山、常山大饥，五年春，广州、鹤庆、嵩明大饥，人相食。夏，惠来、大埔、嘉应州、兴宁、阳春、梧州、北流大饥，斗米可易一子。冬，全蜀饥；六年，全蜀仍饥；灌阳、平阳大饥。七年夏，榆林、青田饥。秋，永宁州、襄垣、萍乡大饥。冬，阜平饥。八年春，平湖、袁州、萍乡、万载饥。夏，寿阳、静乐饥。九年春，苏州大饥。夏，黄陂、孝感、天门饥，民多为盗。十年夏，兴宁、长乐、博罗、阳江、阳春饥。冬，六安饥。十一年，临榆、乐亭、新乐饥。十二年夏，临川、沁州饥。秋，武邑、宁晋饥。冬，金华、东阳、永康、武义、汤溪五县饥。十三年春，琼州饥。秋，东安饥。冬，乌程、寿光饥。十四年，乐亭饥。十五年，永年、抚宁、昌黎、庆云、鸡泽、威县饥。十六年春，阳信、海丰、莒州大饥。夏，胶州饥。十七年夏，遵化州饥。秋，独山州大饥，民多饿毙。冬，滦州饥。十八年春，兴宁饥。夏，南笼府大饥。秋，临安饥。

康熙元年，吴川大饥。二年，合肥饥。三年春，揭阳饥。秋，交河、宁晋饥。四年春，曹州、兖州、东昌大饥。夏，惠来饥。秋，怀远饥。冬，乌城饥。六年，应山饥。七年，无极大饥。十年夏，海盐大饥。秋，临安、东阳大饥。十一年，永康、峡江、大冶饥。秋，遂安、汤溪大饥。十二年，乐亭大饥。十三年春，兴宁、镇平、京山大饥。十四年，东光饥。十五年春，大冶饥。夏，连平饥。十六年春，嘉应州大饥。夏，郧县、郧阳、郧西大饥。十七年秋，曲江饥。十八年春，真定府属饥。夏，兴宁、长乐、嘉应州、平远饥。秋，无为、合肥、庐江、巢县、博兴、乐安、临朐、高苑、昌乐、寿光大饥。冬，满城饥。十九年春，江夏大饥。夏，大同、天镇饥。冬，万泉、遵化州、沧州饥。二十年夏，儋州、永嘉饥。二十一年春，桐乡饥。冬，信宜、真定、保定州饥。二十二年春，宜兴饥。秋，单县饥。二十三年春，济宁州、剡州、费县饥。秋，巴县、江安、罗田饥。二十四年春，沛县饥。二十五年秋，恭城大饥。冬，藁城大饥。二十六年，博兴大饥。二十七年秋，蔚州饥。二十八年春，高邑、文登饥。夏，潜江大饥。秋，龙门饥。二十九年夏，黄冈、黄安、罗田、蕲州、黄梅、广济饥。秋，襄垣、长子、平顺饥。三十年春，昌邑饥。秋，顺天府、保安州、真定饥。三十一年春，洪洞、临汾、襄陵饥。夏，富平、盩厔、泾阳饥。秋，陕西饥。三十二年夏，庆阳饥。秋，湖州饥。三十三年，沙河饥。三十四年，毕节饥。三十五年夏，长宁、新安、藁城饥。秋，大埔饥。三十六年夏，广宁、连平、龙川、海阳、揭阳、澄海、嘉应州大饥。秋，庆元、龙南、潜江、酉阳、江陵、远安、荆州、郧西、江陵、监利饥。三十七年春，平定、乐平大饥，人相食。夏，济南、宁阳、莒州、沂水大饥。三十八年春，陵川饥。夏，婺源、费县饥。秋，金华饥。三十九年秋，西安、江山、常山饥。四十年，靖远饥。四十一年春，吴川大饥。夏，沂州、剡城、费县大饥。冬，庆云饥。四十二年夏，永年、东明饥。秋，沛县、亳州、东阿、曲阜、蒲县、滕县大饥。冬，汶上、沂州、莒州、兖州、东昌、郓城大饥，人相食。四十三年春，泰安大饥，人相食，死者枕藉；肥城、东平大饥，人相食；武定、滨州、商河、阳信、利津、霑化饥；兖州、登州大饥，民死大半，至食屋草；昌邑、即墨、掖县、高密、胶州大饥，人相食。四十四年，凤阳府属饥。四十五年春，汉川、钟祥、荆门、江陵、监利、京山、潜江、沔阳、郧县、郧西饥。四十六年秋，东流、宿州饥。四十七年，平乡、沙河、钜鹿饥。四十八年春，无为、宿州饥。夏，沂城、剡城、邢台、平乡饥。秋，武进、清河饥。四十九年，阜阳饥。五十年，通州饥。五十一年，古浪饥。五十二年春，苍梧饥，死者以千计。夏，长宁、连平、合浦、信宜、崖州、柳城饥。五十三年春，阳江饥。冬，汉阳、汉川、孝感饥。五十四年夏，临榆饥；遵化州大饥，人食树皮。五十五年春，顺天、乐亭饥。五十六年春，天台饥。五十七年，广济饥。五十八年春，日照饥。夏，静宁、环县饥。五十九年春，临潼、三原饥。夏，蒲县饥。六十年春，平乐、富川饥。夏，邢台饥。秋，咸阳大饥。冬，兖州府属饥。六十一年夏，井陉、曲阳、平乡、邢台饥。夏，蒙阴、沂水饥。秋，嘉兴、金华饥。冬，怀集饥。

雍正元年夏，通州饥。秋，嘉兴饥。二年春，蒲台大饥。夏，乐清、金华、嵊县饥。冬，英山饥。三年夏，顺德、胶州饥。冬，惠来饥。四年春，嘉庆州饥。秋。澄阳江饥。五年冬，江陵、崇阳饥。七年，寿州饥。八年夏，肥城、武城饥。冬，铜陵大饥。九年春，肥城大饥，死者相枕藉；莒州、范县、黄县、招远、文登饥。夏，章丘、邹平大饥。冬，济南大饥。十年，崇明、海宁饥。十一年冬，上海、嘉兴饥。十二年秋，武进大饥。十三年秋，庆远府属大饥。冬，垣曲饥。

乾隆元年夏，海阳饥。三年秋，平阳饥。四年春，葭州饥。夏，砀山饥。五年，巩昌、秦州、庆阳等处饥。六年，甘肃陇右诸州县大饥。七年春，山阳饥。夏，宜都饥。秋，亳州饥。八年春，南昌、饶州、广信、抚州、瑞州、袁州、赣州各府大饥。夏，天津、深州二十八州县饥。九年，高邑大饥。十年，正定、赞皇、无极、藁城、元氏等县饥。十一年春，霑化饥。夏，庆云、宁津饥。十二年，曹州、博山、高苑、昌乐、安丘、诸城、临朐饥。十三年春，曲阜、宁阳、济宁、日照、沂水饥。夏，福山、棲霞、文登、荣成饥，棲霞尤甚，鬻男女。十四年春，安丘、诸城、黄县大饥，饿殍载道，鬻子女者无算。十五年秋，广信饥。十六年春，福山、棲霞饥，民多饿死。夏，南昌、广信饥。冬，建德饥。十七年春，全州饥。夏，同官、洵阳、白河饥。冬，房县饥。十八年春，庆元饥。秋，郧县饥。十九年，罗田饥。二十年，溧水、通州饥。二十一年春，青浦、东流、湖州、石门、金华饥。夏，沂州、武城饥。冬，济南府饥。二十二年夏，博白饥。秋，掖县饥。二十三年春，翁源、苍梧饥。夏，日照饥。二十四年秋，陇右诸州县大饥。二十五年，平定、潞安、长子、长治、和顺、天门饥。二十六年，江夏、随州、枝江饥。二十七年春，济南饥。夏，枣强、庆云饥。二十八年夏，永年、永昌大饥。二十九年秋，东光大饥。三十年春，桐庐饥。秋，吉安、广信、袁州、抚州饥。冬，威远饥。三十一年，济南、新城、德州、禹城饥。三十二年冬，池州大饥。三十三年夏，沂水、日照大饥。三十四年，溧水、太湖、高淳饥。三十五年，兰州、巩昌、秦州各属大饥。三十六年夏，会宁、肥城大饥。秋，新城、宁陕厅饥。三十八年秋，文登、荣成饥。三十九年秋，秦州、镇番大饥。四十年，溧水、武进、高邮、南陵大饥。四十二年秋，陆川饥。四十三年，全蜀大饥，立人市鬻子女；江夏、武昌等三十一州县饥。四十四年春，南漳、光化、房县、随州、枝江饥。夏，秦州属饥。四十五年秋，江陵、保康饥。四十七年，滦州、昌黎、临榆饥。四十八年春，黄县饥。秋，绥德州饥。四十九年春，葭州饥。夏，来凤饥。五十年春，宜城、光化、随州、枝江大饥，人食树皮。夏，章丘、邹平、临邑、东阿、肥城饥。秋，寿光、昌乐、安丘、诸城大饥，父子相食。五十一年春，山东各府、州、县大饥，人相食。五十二年，临榆大饥。五十三年秋，文登、荣成饥。五十四年夏，宜都饥。五十五年秋，禹城饥。五十六年，邢台等八县饥。五十七年，唐山、宁津、武强、平乡饥，民多饿殍。五十八年春，常山饥。五十九年，清苑、望都、蠡县饥。六十年春，蓬莱、黄县、棲霞饥。夏，麻城饥。

嘉庆五年夏，海阳饥。六年，文登、荣成饥。七年冬，乐亭饥。八年夏，秦州各属大饥。九年春，滕县饥。十年夏，黄县、邢台饥。十一年春，中部、通渭饥。冬，安陆饥。十二年，蓟州、昌黎、永安州饥。十三年夏，黄县饥。十五年秋，宁津、东光、章丘饥。十六年夏，霸州、保定、文安、大城、固安、永清、东安、宛平、涿州、良乡、雄县、安州、新安、任丘、滦州、蓟州饥。十七年春，登州府属大饥，秦州各属及镇番、永昌等处大饥。夏，临榆饥。冬，乐清饥。十八年春，肥城、东阿、滕县、济宁、曹县、诸城饥。冬，宜城、房县、竹溪、均州、保康饥。十九年春，宜城、安陆、保康、麻城、郧县饥。夏，襄阳、汉阳、枣阳、南漳饥。秋，高淳饥。二十年，清苑饥。二十一年，武昌县饥。二十二年，固安、武强、内丘饥。二十五年秋，乐清、永嘉饥。

道光元年秋，荣成饥。二年夏，滦州饥。三年春，东阿饥。秋，曲阳饥。四年，皋兰、静宁、西宁、巩昌、秦州等处大饥。五年秋，南乐、静海、文安、大城、宝坻饥。七年春，日照大饥。八年，太平饥。十年冬，江陵饥。十二年春，昌平饥。夏，紫阳大饥，人相食。冬，钟祥、潜江、汉城、蕲川、黄梅、江陵、公安、监利、松滋饥。十三年春，诸城、日照大饥，民流亡。夏，保康、郧县、房县饥，人相食。秋，滦州、抚宁饥。十四年春，归州、兴山大饥，人相食。夏，庄浪及秦州各属饥。秋，青浦饥。冬，定海饥。十五年春，诸城饥。秋，孝义厅大饥。十六年春，登州府属大饥。冬，太平饥。十七年冬，即墨饥。十八年夏，永年饥。二十年冬，滦州、乐亭、抚宁饥。二十一年夏，高淳饥。冬，枝江饥。二十二年冬，蕲州饥。二十三年秋，湖州饥。二十六年秋，平凉县饥。二十七年，南乐饥，人相食。二十九年夏，江陵、公安、石首、松滋、枝江、宜都大饥，饿死者无算。冬，青浦饥。三十年春，湖州、咸宁、崇阳饥。

咸丰二年春，日照大饥。夏，全县大饥。六年，黄县、临朐饥。七年春，肥城、东平大饥，死者枕藉；鱼台、日照、临朐亦饥，人相食。夏，清苑、元氏、无极、邢台大饥。八年秋，兴山饥。

同治元年春，乐亭饥。二年春，孝义厅饥。秋，江山、常山饥。三年，保康饥。四年春，蕲水饥，民有鬻子女者。五年，兰州饥，人相食。六年春，庄浪、金县、皋兰饥。七年春，即墨、孝义厅、蓝田、沔县饥。夏，泾州大饥，人相食。冬，平凉、静宁、古浪、固原、灵台、秦州、永昌等处大饥。八年春，日照饥。九年夏，上饶饥。十年秋，望都、乐亭饥。十三年秋，雄县饥。冬，山丹饥。

光绪元年冬，海州饥。二年春，日照、海阳、滦州饥。三年，高陵大饥，饿毙男妇三千余人；靖远、平凉、泾州、灵台、礼县、文县、合水大饥。四年，唐县等四十州县饥，庄浪、阶州、成县、灵州、巩昌、秦州各属饥。六年秋，邢台饥。七年，通州等州县饥。九年秋，鹤峰州大饥。十一年夏，霑化饥。十三年冬，洮州、永昌饥。十五年春，鱼台饥。二十一年春，邢台、滦州饥。二十二年夏，太平饥。二十三年，宁津饥。二十四年冬，靖远、静宁、庄浪、丹噶尔饥。二十五年秋，文县饥。二十六年夏，靖远饥。二十七年冬，洮州、静宁、灵台饥。二十九年，洮州仍饥。三十三年秋，皋兰饥。

顺治十五年六月，遂安雨黄沙。

康熙元年十一月，曹县雨土数日。三十一年正月，襄垣雨土。三十七年四月，龙门雨黄沙。四十八年九月，丘县黄埃障天。六十年春，安定雨土。

乾隆四年三月，甘泉雨土。十六年三月十五日，忠州夜雨黄土，着人物皆黄。二十四年二月初七日，蓟州雨黄土。三月，永年雨黄土。四十八年三月十四日，宁陕厅雨土。五十年二月十五日，临清雨土。五十一年正月，文登、荣成雨土。五十九年二月二十六日，翼城雨土。

嘉庆十四年冬，泰州雨土。二十三年四月，唐山雨土二寸许。

道光四年春，霑化雨土。

咸丰三年二月，棲霞雨土。三月，宜昌雨土。六年三月二十三日，咸宁雨土。

同治三年春，麻城雨土。

光绪四年二月二十九日，宜城雨黄沙。三月，蓬莱雨土。

卷四十五　　志二十

时宪一

明之《大统术》，本于元之《授时》。成化以后，交食往往不验。万历末，徐光启、李之藻等译西人之书为新法，推交食、凌犯皆密合，然未及施用。世祖定鼎以后，始绌明之旧历，依新法推算，即承用二百六十余年之《时宪术》也。光启等断断辨论，当时格而不行，乃为新朝改宪之资，岂非天意哉！圣祖邃于历学，定用均轮法以齐七政，以康熙甲子为元。雍正中，从监臣之请，推步改椭圆法，以雍正癸卯为元。道光中，监臣以交食分秒不合，据实测之数损益原用数，以道光甲午为元。自康熙至于道光，推步之术凡三改，而道光甲午元历仅有《恒星表》。至于推日月交食、步五星，均未及成书云。西人汤若望，与徐光启共译新法者也，以四十二事证西人之密、中术之疏，畴人子弟翕然信之。宣城人梅文鼎研精天算，由《授时》以溯《三统》、《四分》以来诸家之术，又博考《九执》、《回回术》，而折衷于新法，皆洞其原本，究其异同，卒以绩学受知圣祖，于是为推步之学者，始知中、西之学之一贯，不至眩晃于新法矣。与汤若望同时入中国者为穆尼阁，传其学于淄川薛凤祚，而吴江人王锡阐自创新法，用以推日月食，不爽秒忽，两家之学，皆不列于台官，然其精密，或为台臣所不及焉。今为《时宪志》，详考其推步、七政、四余、根理、法数著于篇，诸家论说有裨数理者，亦撮其大要载之。明《大统术》、《回回术》，康熙初用之，以详于《明史》，不具论。

推步因革

顺治元年六月，汤若望言："臣于明崇祯二年来京，曾依西洋新法厘订旧历，今将新法所推本年八月初一日日食，京师及各省所见食限分秒，并起复方位，图象进呈，乞届期遣官测验。"从之。七月，若望又推天象进呈。是月礼部言："钦天监改用新法，推注已成，请易新名，颁行天下。"睿亲王言："宜名'时宪'，以称朝廷宪天乂民至意。"从之。八月丙辰朔午时，日食二分四十八秒，大学士冯铨，同若望赴观象台测验覆奏，惟新法一一吻合，《大统》、《回回》二历俱差时刻，敕："旧法岁久自差，非官生推算之误，新法既密合天行，监局宜学习勿怠玩。"十月，颁《顺治二年时宪书》。若望又言："敬授人时，全以节气交宫与太阳出入昼刻为重。今节气之日时刻分与太阳出入昼夜时刻，俱照道里远近推算，请刊入《时宪书。”从之。十一月，以若望掌钦天监事。若望等言：“臣等按新法推算月食时刻分秒，复定每年进呈书目，删其复重，以免混淆。”二年六月，若望等言：“旧法推算本年十二月己卯朔辰时日食三分强，回回科算见食一分弱。依新法推之，止应食半分强，且在日出之前，地平上不见，请临期遣官测验。”从之。至期天阴雨，推验事遂辍。十一月，若望以明大学士徐光启所译《崇祯历书》改名《新法历书》进呈，上命发监局官生肄习，仍宣付史馆，加若望太常寺卿衔。十年，赐若望通玄教师，以奖其勤劳。

若望之法，以天聪戊辰为元。分周天为三百六十度。太阳一日平行五十九分八秒十九微四十九纤三十六芒，最高一年行四十五秒，戊辰年平行距冬至五十三分三十五秒三十九微，最高距冬至五度五十九分五十九秒。太阴一日平行一十三度一十分三十五秒一微，自行一十三度三分五十三秒五十六微，正交行三分一十秒，月孛行六分四十一秒，戊辰年平行距冬至六宫一度五十分五十四秒四十六微，自行距冬至六宫二十五度三十二分一十五秒三十四微，正交行距冬至一宫一十四秒，月孛行距冬至十一宫六度一十九分。土星诸行应平行距冬至为十一宫十八度五十一分五十一秒，本年最高行距冬至为九宫八度五十七分五十九秒，平行距最高即引数，为二宫九度五十三分五十二秒，正交行距冬至为六宫七度九分八秒。一平年平行为十二度十三分三十一秒，最高行一分二十秒十二微，以最高行减平行，得十二度十二分十五秒，乃一年之引数也。一闰年平行为十二度十五分三十五秒，引数为十二度十四分十五秒。正交行一年为四十二秒。木星诸行应平行距冬至为八宫二十八度八分三十一秒，本天最高行为十一宫二十七度十一分十五秒，平行距最高即引数，为九宫初度五十七分十六秒，正交行为六宫二十四度四十一分五十二秒。一平年距冬至平行为一宫零二十分三十二秒，最高行为五十七秒五十二微，两数相减，得一宫零十九分三十四秒，乃一平年之引数也。一闰年距冬至平行为一宫零二十五分三十一秒，引数为一宫零二十四分三十三秒。正交行一年为一十四秒。火星诸行应平行距冬至为五宫四度五十四分三十秒，本天最高在七宫二十九度三十分四十秒，平行距最高即引数，为九宫五度二十三分五十秒，正交行为三宫十七度二分二十九秒。一平年距冬至平行为六宫十一度十七分一十秒，最高行一分十四秒，两数相减，得六宫十一度十五分五十五秒。一闰年距冬至平行为六宫十一度四十八分三十六秒，引数为六宫十一度四十七分二十一秒。正交行一年为五十三秒。金星诸行应平行距冬至与太阳同度，为初宫初度五十三分三十五秒三十九微，平行距最高即引数，为六宫零五十六分五十五秒，伏见行从极远处起，为初宫九度十一分七秒，最高行在六宫零十六分六秒。一平年距冬至为十一宫二十九度四十五分四十秒三十八微，自行引数为十一宫二十九度四十四分十七秒，伏见行为七宫十五度一分五十秒，最高行为一分二十一秒。一闰年距冬至及自行加五十九分八秒，伏见行加三度六分二十四秒，乃一日之行也。金星正交在最高前十六度，即五宫十四度十六分，其行极微，故未定其率，然于最高行无大差。水星诸行应平行距冬至与太阳同度，平行距最高即引数，为二十九度二十分二秒，伏见行从极远处起，为三宫二十九度五十四分一十六秒，最高在十一宫零五十二分四十二秒。一平年距冬至亦与太阳同度，自行引数为十一宫二十九度四十三分五十一秒，伏见行满三周外有一宫二十三度五十七分二十六秒。一闰年引数为十二宫零四十二分五十九秒，伏见行全周外为一宫二十七度三分五十二秒，正交行或曰与最高同度难测，故不敢定云。

若望论新法大要凡四十二事：曰天地经纬，天有经纬，地亦有之，以二百五十里当天之一度，经纬皆然。曰诸曜异天，诸曜高卑相距远甚，驳旧历认为同心之误。曰圆心不同，太阳本圈与地不同心，二心相距，古今不等。曰蒙气差，地有蒙气，非先定蒙气差不能密合。曰测算异古法，测天以弧三角形，算以割圆八线表。曰测算皆以黄道，测天用赤道仪，所得经度不合，新法就黄道经度，通以黄赤通率表，乃与天行密合。曰改定诸应，从天聪二年戊辰前冬至后己卯日子正为始。曰求真节气，旧法平节气，非真节气，今改定。曰盈缩真限，用授时消分为平岁，更以最高最卑差加减之，为定岁。曰表测二分，旧法以圭表测冬至，非法之善者，今用春秋二分，较二至为密。曰太阳出入及晨昏限，从京师起算，各处有加减。曰昼夜不等，其差较一刻有奇，一缘黄道夏迟冬疾，一缘黄赤二道广狭不同距，则率度不同分。曰改定时刻，定昼夜为九十六刻。曰置闰不同，旧法用平节气置闰，非也，改用太阳所躔天度以定节气。曰太阴加减，朔望止一加减，余日另有二三，均数多寡不等。曰月行高卑迟疾，月行转周之最高极迟，最卑极疾，五星准此。曰朔后月见迟疾，一因自行度迟疾，一因黄道升降斜正，一因白道在纬南纬北。曰交行加减，月在交上，以平求之必不合，因设一加减为交行均数。曰月纬距度，旧法黄白二道相距五度，不知朔望外尚有损益，其至大之距，五度三分之一。曰交食有无，月食以距黄道纬度较月与地景两半径并，日食则以距度较日月两半径并，距度为小则食，大则不食。曰日月食限不同，月食则太阴与地景两周相切，以其两视半径较白道距黄道度，又以距度推交周度定食限，日食必加入视差而后得距度。曰日月食分异同，距度在月食为太阴心实距地景之心，在日食为日月两心之距，但日食不据实距而据视距。曰实食中食，以地心之直线上至黄道者为主，日月五星两居此线之上，则实食也；月与五星各居本轮之周，地心直线上至黄道，而两本轮之心俱当线上，则中食也。曰视食，曰食有天上之实食，有人所见之视食，视食依人目与地面为准。曰黄道九十度为东西差之中限，论天顶则高卑差为正下，南北差为斜下，而东西差独中限之一线为正下，以外皆斜下。论其道则南北差为股，东西差恒为勾，高卑差恒为弦。至中限则股弦为一线，无勾矣。曰三视差，以地半径为一边，以太阳太阴各距地之远为一边，以二曜高度为一边，成三角形，用以得高卑差；又偏南而变纬度得南北差；以黄道九十度限偏左偏右而变纬度，得东西差。曰外三差，东西、南北、高卑之差，皆生于地径，外三差不生于地径而生于气。一，清蒙气差；二，清蒙径差；三，本轮径差。曰亏复不一，非二时折半之说，新法以视行推变时刻，则瞭然于亏复时刻不一之故。曰交食异算，诸方各以地径推算交食时刻及日食分。曰日食变差，据法应食而实不见食，必此日此地之南北差变为东西差，此千百年偶遇一二次，非无有者。曰推前验后，新法诸表，上溯下沿，开卷瞭然，不费功力。曰五星准日，旧法于合伏日数，时多时寡，徒以段目定之，不免有差，今改正。曰伏见密合，旧法五星伏见惟用黄道距度，非也，今改正。曰五星纬度，太阴本道斜交黄道，因生距度与阴、阳二历，五星亦然，新法一一详求，旧未能也。曰金水伏见，金星或合太阳而不伏，水星离太阳而不见，用浑仪一测便知，非旧法所能。曰五星测法，测五星须用恒星为准。曰恒星东移，恒星以黄道极为极，各宿距星时近赤极，亦或时远赤极，由黄赤二道各极不同，非距星有异行或易位。曰定恒星大小有六等之别，前此未闻。曰天汉释疑，新法测以远镜，天汉乃无算小星攒聚而成。曰四余删改，罗睺即白道之正交，计都即中交，月孛乃月行极高之点。至紫炁一余，无数可定，《明史》附会，今俱改删。曰测器，新法增置者，曰象限仪、百游仪、地平仪、弩仪、天环天球纪限仪、浑盖简平仪、黄赤全仪，而新制之远镜，尤为测星要器。曰日晷，为地平晷、三晷、百游晷、通光晷。此外更有星晷、月晷，以备夜测之用。若望所言，大抵据新法以诋旧术之疏，然新法之精蕴，亦尽于此矣。

十四年四月，前回回科秋官正吴明炫言："臣祖默河亦里等十八姓，本西域人，自隋开皇己未抱其学重译来朝，授为日官。一千五十九年，专司星宿行度吉凶，每年推算太阴五星凌犯，天象占验，日月交食，即以臣科白本进呈为定例。顺治三年，本监掌印汤若望令臣科凡日月交食及太阴五星凌犯、天象占验俱不必奏进。臣查若望所推七政，水星二、八月皆伏不见，今水星二月二十九日仍见东方，又八月二十四日夕见，关系象占，不敢不据实上闻。乞复立回回科，以存绝学。"奏下所司。时新安卫官生杨光先叩阍进《摘谬论》，纠汤若望新法之谬，且言："《时宪书》有'依西洋新法'五字尤不合。"又进《选择议》，纠若望选荣亲王葬期用《洪范》五行，山向、日月俱犯忌杀。

康熙三年十二月，礼部议"《时宪书》面'依西洋新法'五字拟改'奏准'二字"，从之。四年，议政王等言：每日百刻，新法改为九十六刻；二十八宿次序，汤若望将觜、参二宿改易前后；又将四余删去紫炁，俱不合。其选择不用正五行，用《洪范》五行，以致山向、日月俱犯忌杀，事犯重大，将汤若望及科官等分别拟凌迟斩决。敕汤若望从宽免死，时宪科李祖白等五人俱处斩。于是复用《大统》旧术，以杨光先掌监务，光先抗疏屡辞，不允。光先于推步之学本不深，康熙七年，谓明年当闰十二月，寻知其误，自行检举，而《时宪书》已颁行，乃谕天下停止闰月云。是年监副吴明烜言："古法差谬，五官正暨回回科所进各不同，立加校正。"下礼部议。礼部覆奏："五官正戈继文等所算七政金水二星差错太甚，主簿陈聿新所推七政未经测验，亦有差错，监副吴明烜所推七政与天象相近，理应颁行，仍令监臣同四科官，每日昼测晷景以定节气，夜测月五星以定行度。"从之。

十一月，西人南怀仁言所颁各法不合天象，乃召南怀仁、利类思、安文思及监官马祐、杨光先、吴明烜等至东华门，大学士李霨传谕："授时乃国家要政，尔等勿挟宿仇，以己为是，以彼为非。是者当遵用，非者当更改，务期归于至善。"十二月，南怀仁劾吴明烜所造《康熙八年七政时宪书纠谬》，下王大臣、九卿、科道会议，议政王等言："乞派大臣同南怀仁等测验。"乃遣图海、李霨等二十人赴观象台测验。八年二月，议政王等议覆："图海等赴观象台测验，南怀仁所言皆合，吴明烜所言皆谬，问监正马祐等，亦言南怀仁所算实与天象合。窃思百刻虽行之已久，但南怀仁九十六刻之法既合天象，自应颁用。又南怀仁言罗睺、计都、月孛系推算所用，故载于七政之后，其紫炁星无用处，不应造入。应自康熙九年为始，用九十六刻之历"，时明烜言"臣只知天文，不知历法"，光先言："臣不知历法，惟知历理"。光先语尤不逊，褫职。三月，授南怀仁钦天监监副。先是监官依古法推算，康熙八年十二月应置闰，南怀仁言雨水为正月中气，是月二十九日值雨水，即为康熙九年正月，不应置闰，置闰当在明年二月。监官多直怀仁，从其言，改闰九年二月，于是《大统》、《回回》两法俱废，专用西洋法，如顺治之初。八月，南怀仁劾杨光先诬陷汤若望叛逆，议政王等议"汤若望应复通微教师，照原品赐恤，杨光先应反坐"。敕"免议"。

十三年二月，新造《仪象志》告成，南怀仁加太常寺卿衔。十四年二月，谕监副安泰从何君锡学古历法。十五年二月，钦天监奏五月朔日食，监副安泰依古法算，应食五分六十秒，南怀仁新法只应食二十微三分秒之一。至期登台测验，酉正食甚，将及一分，戌初刻复圆，古法所推分数失之甚远，而新法亦不甚合。南怀仁曰："此清蒙气之所为，蒙气能映小为大故也。"

十七年七月，钦天监进呈《康熙永年表》三十二卷。二十二年十月，监臣推算盛京九十度表告成。初，南怀仁奏："各省北极高度不同，其交合之时刻食分俱不等，全凭各省之九十度表推算。向来不知盛京北极高度，即用京师之九十度表，今测得盛京北极比京师高二度，请依其高度推算九十度表。"从之。至是，以盛京九十度表进呈，谕"永远遵守"云。

四十一年十月，大学士李光地以宣城贡生梅文鼎《历学疑问》三卷进呈，上曰："朕留心历算多年，此事朕能决其是非。"乃亲加批点还之，事具《梅文鼎传》。文鼎论中、西二法之同异曰："今之用新历也，乃兼用其长，以补旧法之未备，非尽废古法而从新法术也。夫西历之同乎中法者，不止一端。其言五星之最高加减也，即中法之盈缩历也，在太阴，则迟疾历也。其言五星之岁轮也，即中法之段目也。其言恒星东行也，即中法之岁差也。其言节气之以日躔过宫也，即中法之定气也。其言各省真节气不同也，即中法之里差也。但中法言盈缩迟疾，而西说以最高最卑明其故，中法言段目，而西说以岁轮明其故；中法言岁差，而西说以恒星东行明其故。是则中历所言者当然之运，而西历所推者其所以然之理，此其可取者也。若夫定气里差，中历原有其法，但不以法历耳，非古无而今始有也。西历始有者，则五星之纬度是也。中历之纬度，惟太阳、太阴有之，而五星则未有及之者。今西历之五星有交点、有纬行，亦如太阳太阴之详明，是则中历缺陷之大端，得西法以补其未备矣。夫于中法之同，亦既有以明其所以然之故，而于中法之未备者，又有以补其缺，于是吾之积候者，得彼说而益信，而彼说之若难信者，亦因吾之积候而有以知其不诬，虽圣人复起，亦在所兼收而并取矣。”

五十年十月，上谕大学士等：“天文历法，朕素留心，西法大端不误，但分刻度数之间，积久不能无差。今年夏至，钦天监奏午正三刻，朕细测日景，是午初三刻九分。此时稍有舛错，恐数十年后所差愈甚。犹之钱粮，微尘秒忽，虽属无几，而总计之，便积少成多，此事实有证验，非比书生论说可以虚词塞责也。”又谕礼部考取效力算法人员，临轩亲试，取顾琮等四十二人。五十一年五月，驾幸避暑山庄，征梅文鼎之孙梅瑴成诣行在。先是命苏州府教授陈厚耀，钦天监五官正何君锡之子何国柱、国宗，官学生明安图，原任钦天监监副成德，皆扈从侍直，上亲临提命，许其问难如师弟子。及征瑴成至，奏对称旨，遂与厚耀等同直内廷。五十二年五月，修律吕、算法诸书，以诚亲王允祉、皇十五子允禑、皇十六子允禄充承旨纂修，何国宗、梅瑴成充汇编，陈厚耀、魏廷珍、王兰生、方苞等充分校。所纂之书，每日进呈，上亲加改正焉。

五十三年四月，谕诚亲王允祉等：“古历规模甚好，但其数目岁久不合，今修书宜依古历规模，用今之数目算之。”十月，又谕：“北极高度、黄赤距度最为紧要，着于澹宁居后逐日测量。”乃制象限仪，仪径五尺，范铜为之，昼测日度，夜测勾陈帝星。又制中表、正表、倒表各二，俱高四尺，中表测日中心，正表、倒表测日上下边之景。惟六表所得日景尾数多参差不合。梅瑴成言：“表高景澹，尾数难真，自古患之。昔郭守敬为铜表，端挟二龙，举横梁至四十尺，因其景虚澹，创为景符以取实影。其制以铜叶博二寸，长加博之二，中穿一窍若针芥然，以方木为趺，一端设机轴，令可开阖。稽其一端，使其针斜倚，北高南下，往来迁就于虚影之中。窍达日光，仅如黍米，隐然见横梁于其中。”乃仿《元史》郭守敬制造景符六，如法用之，影尾数始毫末不爽。测得畅春园北极高三十九度五十九分三十秒，比京师观象台高四分三十秒，黄赤大距二十三度二十九分，比旧测减二分云。十一月，诚亲王允祉等言：“郭守敬造《授时术》，遣人二十七处分测，故能密合。今除畅春园及观象台逐日测验外，如福建、广东、云南、四川、陕西、河南、江南、浙江八省，於里差尤为较著，请遣人逐日测量，得其真数，庶几东西南北里差及日天半径，皆有实据。”从之。

五十八年二月，以推算人不敷用，敕礼部录送蒙养斋考试，取傅明安等二十八人，命在修书处行走。六十年，御制算法书成，赐名《数理精蕴》。谕：“此书赐梅文鼎一部，命悉心校对。”遣其孙梅瑴成赍书赐之。六十一年六月，历书稿成，并律吕、算法，共为《律历渊源》一百卷：一曰《历象考成》上、下编，一曰《律吕精义》上、下编，续编，一曰《数理精蕴》上、下编。雍正元年，颁《历象考成》于钦天监，是为康熙甲子元法。自雍正四年为始，造《时宪书》一遵《历象考成》之法。又议准其御制之书，无庸钦天监治理，其治历法之西洋人授为监正。八年六月，监正明安图言：“日月行度，积久渐差，法须旋改，始能密合。臣等遵御制《历象考成》推算《时宪》，据监正戴进贤、监副徐懋德推测，觉有微差。于本月初一日日食，臣等公同测验，实测与推算分数不合，乞敕下戴进贤、徐懋德详加校定修理。”从之。十年四月，修日躔、月离表成。

乾隆二年四月，协办吏部尚书事顾琮言：“世宗皇帝允监臣言，请纂修日躔、月离二表，以推日月交合，并交宫过度，晦朔弦望，昼夜永短，以及凌犯，共三十九页，续于《历象考成》诸表之末。查造此表者，监正西洋人戴进贤；能用此表者，监副西洋人徐懋德与五官正明安图。拟令戴进贤为总裁，徐懋德、明安图为副总裁，尽心考验，增补图说。《历象考成》内倘有酌改之处，亦令其悉心改正。”敕：“即著顾琮专管。”五月，琮复言：“乞命梅瑴成为总裁，何国宗协同总裁。”从之。十一月，命庄亲王允禄为总理。

三年四月，庄亲王允禄等言：“《历象考成》一书，其数惟黄赤大距减少二分，余皆仍新法算书西人第谷之旧。康熙中西人有噶西尼、法兰德等，发第谷未尽之义，其大端有三：其一谓太阳地半径差，旧定为三分，今测只有十秒；其一谓清蒙气差，旧定地平上为三十四分，高四十五度，只有五秒，今测地平上止三十二分，高四十五度，尚有五十九秒；其一谓日月五星之本天非平圆，皆为椭圆，两端径长，两腰径短。以是三者，经纬度俱有微差。戴进贤等习知其说，因未经徵验，不敢遽以为是。雍正八年六月朔日食，旧法推得九分二十二秒，今法推得八分十秒，验诸实测，今法为近。故奏准重修日躔、月离新表二差，以续于《历象考成》之后。臣等奉命增修表解图说，以日躔新表推算，春分比前迟十三刻许，秋分比前早九刻许，冬夏至皆迟二刻许。然以测午正日高，惟冬至比前高二分余，夏至秋分仅差二三十秒。盖测量在地面，而推算则以地心，今所定地半径差与蒙气差皆与前不同，故推算每差数刻，而测量终不甚相远也。至其立法以本天为椭圆，虽推算较繁，而损益旧数以合天行，颇为新巧。臣等阐明理数，著日躔九篇并表数，乞亲加裁定，附《历象考成》之后，颜曰《御制后编》。凡前书已发明者，不复赘述。”报闻。七年，庄亲王允禄等奏进日躔、月离、交宫共书十卷，是为雍正癸卯元法。

九年十月，监正戴进贤等言：“《灵台仪象志》原载星辰约七十年差一度，为时已久，宜改定。康熙十三年修志之时，黄赤大距与今测不同，所列诸表，当逐一增修。三垣二十八宿以及诸星，今昔多寡不同，亦应厘订。”敕庄亲王、鄂尔泰、张照议奏。十一月，议准仍以三人兼管。是年更定罗睺、计都名目，又增入紫炁为四余。十七年，庄亲王允禄等言《仪象志》所载之星，多不顺序，今依次改正，共成书三十卷，赐名《仪象考成》。是月庄亲王等复奏改正《恒星经纬度表》，并更定二十八宿值日觜参之前后。敕大学士会同九卿议奏。十二月，大学士傅恒等言："请以乾隆十九年为始，《时宪书》之值宿，改觜前参后。"从之。既而钦天监又以推算土星有差减平行三十分，自乾隆以后至道光初，交食分秒渐与原推不合。

道光十八年八月，管理钦天监事务工部尚书敬徵言："自道光四年臣管理监务，查观象台仪器，康熙十三年所制黄赤大距，皆为二十三度三十二分。至乾隆九年重制玑衡抚辰仪，所测黄赤大距，则为二十三度二十九分，是原设诸仪已与天行不合，今又将百年，即抚辰仪亦有差失。臣将抚辰仪更换轴心，诸仪亦量为安置。另制小象限仪一，令官生昼测日行，夜测月星，每逢节气交食，所测实数有与推算不合者，详加考验。知由太阳纬度不合之数，测得黄赤大距较前稍小，其数仅二十三度二十七分。由交节时刻之早晚，考知太阳行度有进退不齐之分。夫太阳行度为推测之本，诸曜宗之。而推日行，又以岁实、气应两心差曰本天最卑行度为据。拟自道光十四年甲午为年根，按实测之数，将原用数稍为损益，推得日行交节时刻，似与实测之数较近。至太阴行度，以交食为考验之大端。近年测过之月食，较原推早者多，迟者少。故于月之平行、自行、交行内量为损益，按现拟之平行，仍用诸均之旧数，推得道光十四年后月食三次。除十七年三月只见初亏，九月天阴未测，仅测得道光十六年九月十五日月食，与新数所推相近，然仅食一次，尚未可凭，仍须随时考验。现届本年八月十五日月食，谨将新拟用数推算得时刻食分方位，比较原推早见分秒，另缮清单进呈。至期臣等逐时测验，再行据实具奏。"报闻。

二十二年六月，敬徵等又言："每届日月交食，按新拟用数推算，俱与实测相近。至本年六月朔日食，新推较之实测，仅差数秒。是新拟之数，于日行已无疑义，月行亦属近合。今拟先测恒星，以符运度，继考日躔、月离，务合天行。请以道光十四年甲午为元，按新数日行黄赤大距，修恒星、黄赤道经纬度表，即于测算时详考五纬月行，俾恒星、五纬、日月交食等书，得以次第竣事。"从之。是年七月，以敬徵为修历总裁，监正周余庆、左监副高煜为副总裁。

二十五年七月，进呈《黄道经纬度表》、《赤道经纬度表》各十三卷，《月五星相距表》一卷，《天汉界度表》四卷，《经星汇考》、《星首步天歌》、《恒星总纪》各一卷，为《仪象考成续编》。至日月交食、五星行度俱阙而未备云。时冬官正司廷栋撰《凌犯视差新法》，用弧三角布算，以限距地高及星距黄极以求黄经高弧三角，较旧法为简捷。乾隆以后，历官能损益旧法，廷栋一人而已。其不为历官而知历者，梅文鼎、薛凤祚、王锡阐以下，江永、戴震、钱大昕、李善兰为尤著。其阐明中、西历理，实远出徐光启、李之藻等之上焉。

卷四十六　志二十一

时宪二

推步算术

推步新法所用者，曰平三角形，曰弧三角形，曰椭圆形。今撮其大旨，证立法之原，验用数之实，都为一十六术，著于篇。

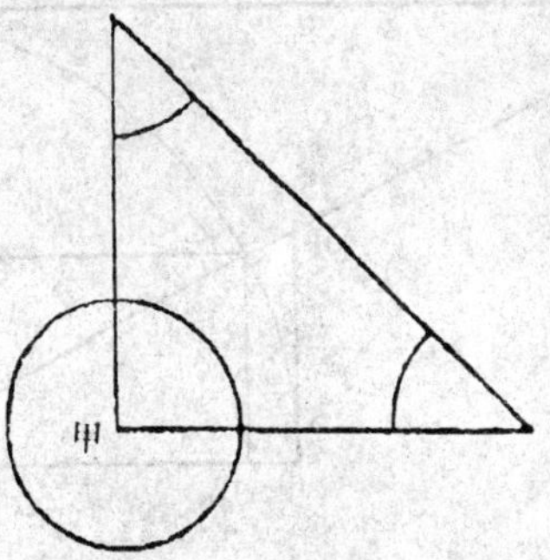

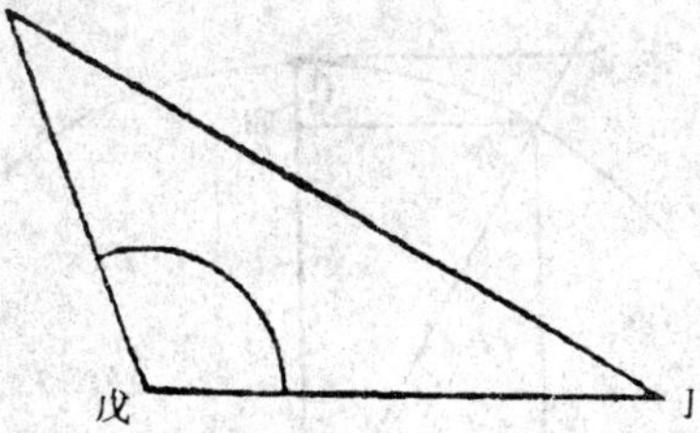

平三角形者，三直线相遇而成。其线为边，两线所夹空处为角。有正角，当全圆四分之一，如甲乙丙形之甲角。有锐角，不足四分之一，如乙、丙两角。有钝角，过四分之一，如丁戊己形之戊角。

角之度无论多寡，皆有其相当之八线。曰正弦、正矢、正割、正切，所有度与九十度相减余度之四线也，如甲乙为本度，则丙乙为余度。正弦乙戊，正矢甲戊，正割庚丁，正切庚甲，余弦乙己，余矢丙己，余割辛丁，余切辛丙。若壬癸为本度，则丑癸为余度，正弦癸辰，正矢壬辰，余弦癸卯，余矢丑卯，余割子寅，余切丑寅。以壬癸过九十度无正割、正切，借癸午之子未为正割，午未为正切。若正九十度丑壬为本度，则无余度，丑子半径为正弦，壬子半径为正矢，亦无正割、正切，并无余弦、余矢、余割、余切。

古定全圆周为三百六十度，四分之一称一象限，为九十度。每度六十分，每分六十秒，每秒六十微。圆半径为十万，后改千万。逐度逐分求其八线，备列于表。推算三角，在九十度内，欲用某度某线，就表取之，算得某线。欲知某度，就表对之。过九十度者，欲用正弦、正割、正切及四余，以其度与半周相减余，就表取之。欲用正矢，取余弦加半径为之。既得某线，欲知某度，就表对得其度与半周相减余命之。

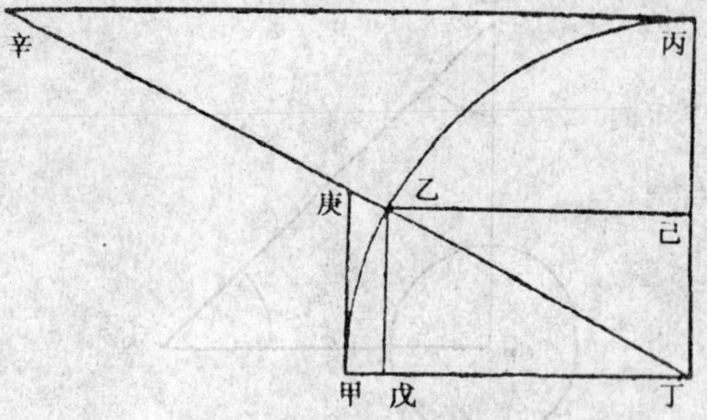

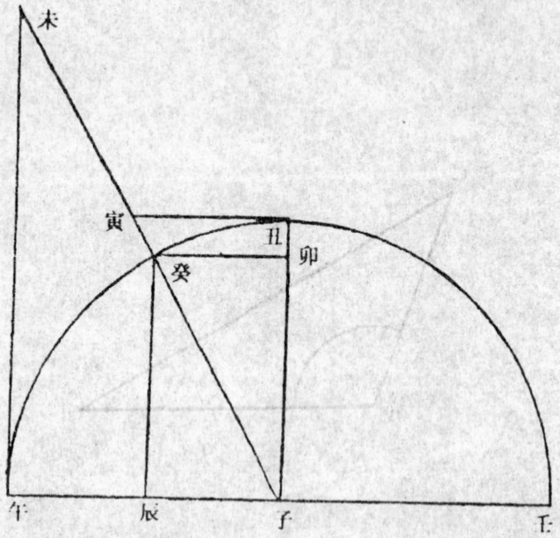

算平三角凡五术：

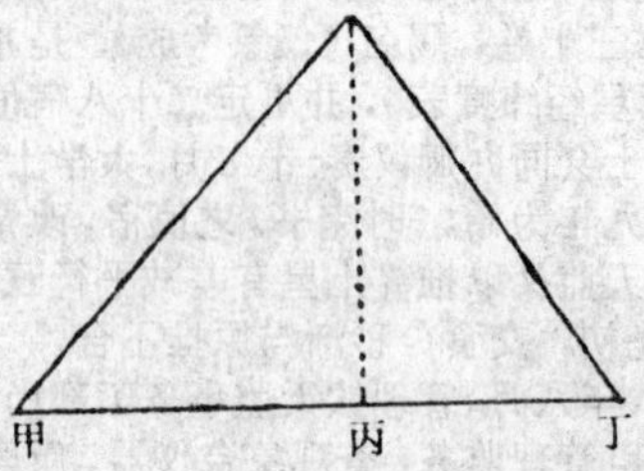

一曰对边求对角，以所知边为一率，对角正弦为二率，所知又一边为三率，二三相乘，一率除之，求得四率，为所不知之对角正弦。如图甲乙为所知边，丁角为所知对角，乙丁为所知又一边，甲角为所不知对角也。此其理系两次比例省为一次。如图乙丁为半径之比，乙丙为丁角正弦之比。法当先以半径为一率，丁角正弦为二率，乙丁为三率，求得四率中垂线乙丙。既得乙丙，甲乙为半径之比，乙丙又为甲角正弦之比。乃以甲乙为一率，乙丙为二率，半径为三率，求得四率，自为甲角正弦。然后合而算之，以先之一率半径与后之一率甲乙相乘为共一率，先之二率丁角正弦与后之二率乙丙相乘为共二率，先之三率乙丁与后之三率半径相乘为共三率，求得四率，自为先之四率乙丙与后之四率甲角正弦相乘数，仍当以乙丙除之，乃得甲角正弦。后既当除，不如先之勿乘。共二率内之乙丙与三率相乘者也，乘除相报，乙丙宜省。又共三率内之半径与二率相乘者也，共一率内之半径又主除之，乘除相报，半径又宜省。故径以甲乙为一率，丁角正弦为二率，乙丁为三率，求得四率，为甲角正弦。

二曰对角求对边，以所知角正弦为一率，对边为二率，所知又一角正弦为三率，求得四率，为所不知对边。此其理具对边求对角，反观自明。

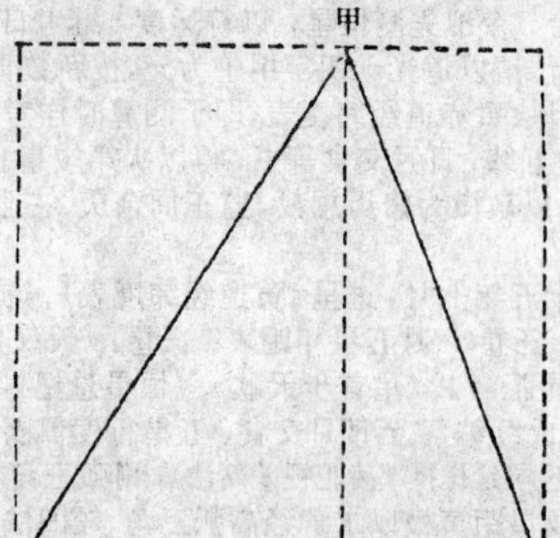

三曰两边夹一角求不知之二角，以所知角旁两边相加为一率，相减余为二率，所知角与半周相减，余为外角，半之，取其正切为三率，求得四率，为半较角正切。对表得度，与半外角相加，为对所知角旁略大边之角；相减，余为对所知角旁略小边之角。此其理一在平三角形。三角相并，必共成半周。如图甲乙丙形，中垂线甲丁，分为两正角形。正角为长方之半，长方四角皆正九十度，正角形两锐角斜剖长方，此角过九十度之半几何，彼角不足九十度之半亦几何，一线径过，其势然也。故甲右边分角必与乙角合为九十度，甲左边分角必与丙角合为九十度。论正角形各加丁角，皆成半周，合为锐角形。除去丁角，三角合亦自为半周。故既知一角之外，其余二角虽不知各得几何度分，必知其共得此角减半周之余也。一在三角同式形比例。如图丙庚戊形，知丙庚、丙戊两边及丙角。展丙庚为丙甲，连丙戊为甲戊，两边相加。截丙戊於丙丁，为戊丁，两边相减余。作庚丁虚线，丙庚、丙丁同长，庚丁向圆内二角必同度，是皆为丙角之半外角，与甲辛、辛庚之度等。而庚向圆外之角，即本形庚角大于戊角之半，是为半外角。以庚丁为半径之比，则甲庚即为丁半外角正切之比。半径与正切恒为正角，甲庚与庚丁圆内作两通弦，亦无不成正角故也。又作丁己线，与甲庚平行，庚丁仍为半径之比，丁己又为庚向圆外半较角正切之比。而戊甲庚大形与戊丁己小形，戊甲、戊丁既在一线，甲庚、丁己又系平行，自然同式。故甲戊两边相加为一率，戊丁两边相减余为二率，甲庚半外角正切为三率，求得四率，自当丁己半较角正切也。

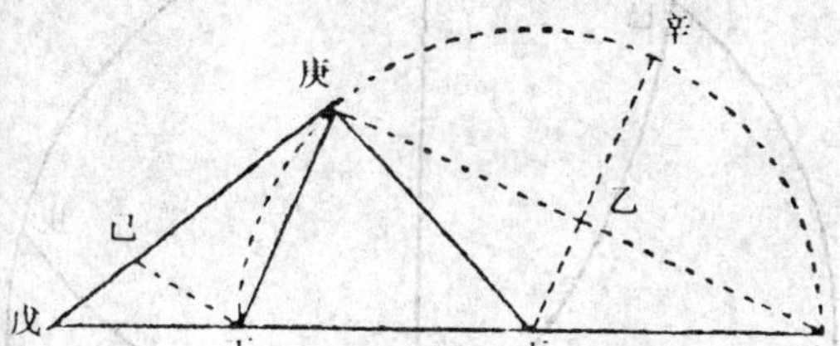

四曰两角夹一边求不知之一角，以所知两角相并，与半周相减，余即得。此其理具两边夹一角。

五曰三边求角，以大边为底，中、小二边相并相减，两数相乘，大边除之，得数与大边相加折半为分底大边，相减余折半为分底小边。乃以中边为一率，分底大边为二率，半径为三率，求得四率，为对小边角余弦。或以小边为一率，分底小边为二率，半径为三率，求得四率，为对中边角余弦。此其理在勾股弦幂相求及两方幂相较。如图甲丙中边、甲乙小边皆为弦，乙丙大边由丁分之，丁丙、丁乙皆为勾，中垂线甲丁为股。勾股幂相并恒为弦幂，今甲丁股既两形所同，则甲丙大弦幂多于甲乙小弦幂，即同丙丁大勾幂多于乙丁小勾幂。又两方幂相较，恒如两方根和较相乘之数。如图戊寅壬庚为大方幂，减去己卯辛庚小方幂，余戊己卯辛壬寅曲矩形。移卯癸壬辛为癸寅丑子，成一直方形，其长戊丑，自为大方根戊寅、小方根卯辛之和；其阔戊己，自为大方根戊庚、小方根己庚之较。故甲乙丙形，甲丙、甲乙相加为和，相减为较。两数相乘，即如丙丁、丁乙和较相乘之数。丙乙除之，自得其较。丙午相加相减各折半，自得丙丁及乙丁，既得丙丁、乙丁，各以丙甲、乙甲为半径之比，丙丁、乙丁自为余弦之比矣。

此五术者，有四不待算，一不可算。对边求对角，令所知两边相等，则所求角与所知角必相等。对角求对边，令所知两角相等，则所求边与所知边必相等。两边夹一角，令所知两边相等，则所求二角必正得所知外角之半。三边求角，令二边相等，即分不等者之半为底边；三边相等，即平分半周三角皆六十度，皆不待算也。若对边求对角，所知一边数少，对所知一角锐；又所知一边数多，求所对之角，不能知其为锐、为钝，是不可算也。诸题求边角未尽者，互按得之。

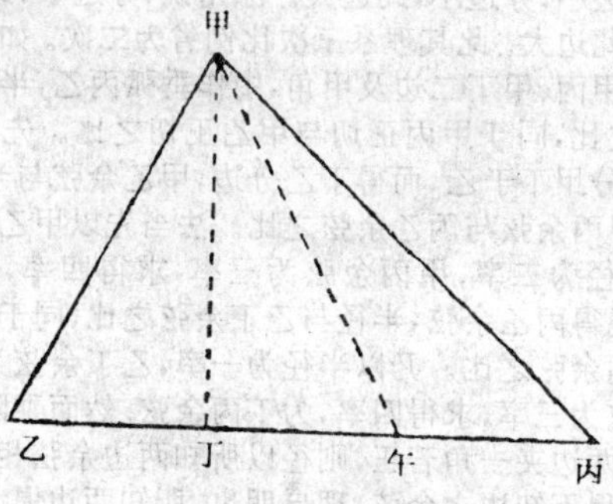

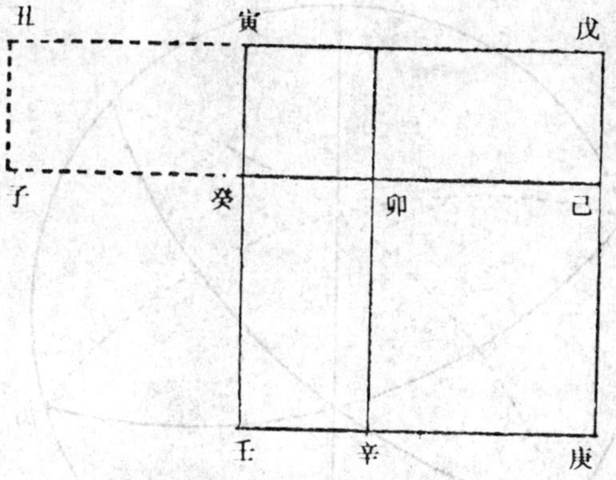

弧三角形者，三圆周相遇而成，其边亦以度计。九十度为足，少於九十度为小，过九十度为大。其角锐、钝、正与平三角等。算术有七：

一曰对边求对角，以所知边正弦为一率，对角正弦为二率，所知又一边正弦为三率，求得四率，为所求对角正弦。此其理亦系两次比例省为一次。如图甲乙丙形，知甲乙、丙乙二边及丙角，求甲角。作乙辛垂弧，半径与丙角正弦之比,同于乙丙正弦与乙辛正弦之比。法当以半径为一率,丙角正弦为二率,乙丙正弦为三率,求得四率,为乙辛正弦。既得乙辛正弦,甲乙正弦与乙辛正弦之比,同于半径与甲角正弦之比。乃以甲乙正弦为一率,乙辛正弦为二率,半径为三率,求得四率,为甲角正弦。然乘除相报,可省省之。

二曰对角求对边,以所知角正弦为一率,对边正弦为二率,所知又一角正弦为三率,求得四率,为所求对边正弦。此其理反观自明。

三曰两边夹一角,或锐或钝,求不知之一边。以半径为一率,所知角余弦为二率,任以所知一边正切为三率,求得四率,命为正切。对表得度,与所知又一边相减,余为分边。乃以前得度余弦为一率,先用边余弦为二率,分边余弦为三率,求得四率,为不知之边余弦。原角钝,分边大,此边小;分边小,此边大。原角锐,分边小,此边小;分边大,此边大。此其理系三次比例省为二次。如图甲丙丁形,知甲丙、甲丁二边及甲角,中作垂弧丙乙,半径与甲角余弦之比,同于甲丙正切与甲乙正切之比。先一算为易明。既分甲丁于乙,而得丁乙分边,甲乙余弦与半径之比,同于甲丙余弦与丙乙余弦之比。法当先以甲乙余弦为一率,半径为二率,甲丙余弦为三率,求得四率,为丙乙余弦。既得丙乙余弦,半径与乙丁余弦之比,同于丙乙余弦与丁丙余弦之比。乃以半径为一率,乙丁余弦为二率,丙乙余弦为三率,求得四率,为丁丙余弦。然而乘除相报,故从省。两边夹一角若正,则径以所知两边余弦相乘半径除之,即得不知边之余弦,理自明也。所知两边俱大俱小,此边小;所知两边一小一大,此边大。

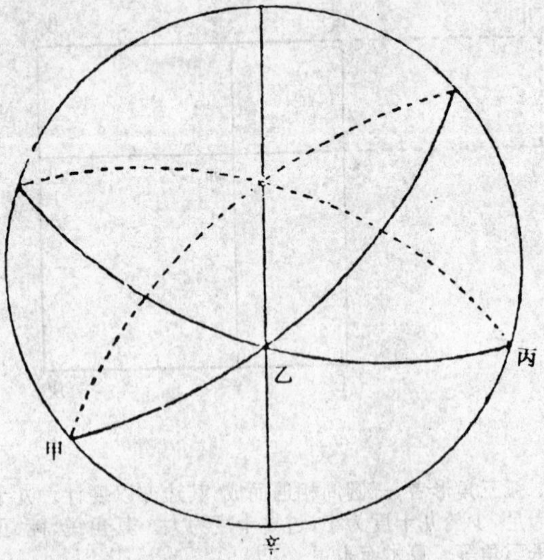

四曰两角夹一边,求不知之一角。以角为边,以边为角,反求之;得度,反取之;求、取皆与半周相减。

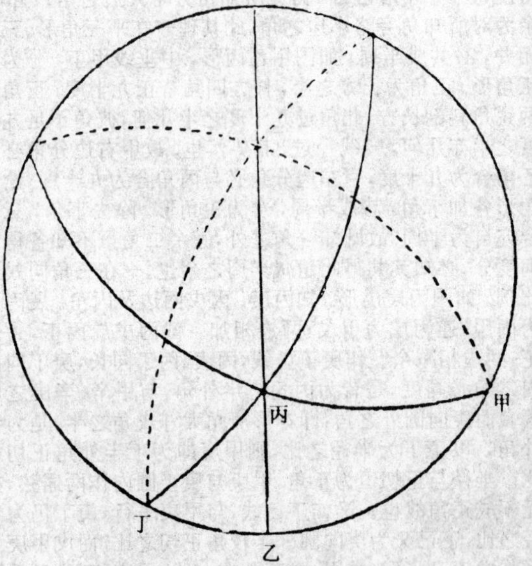

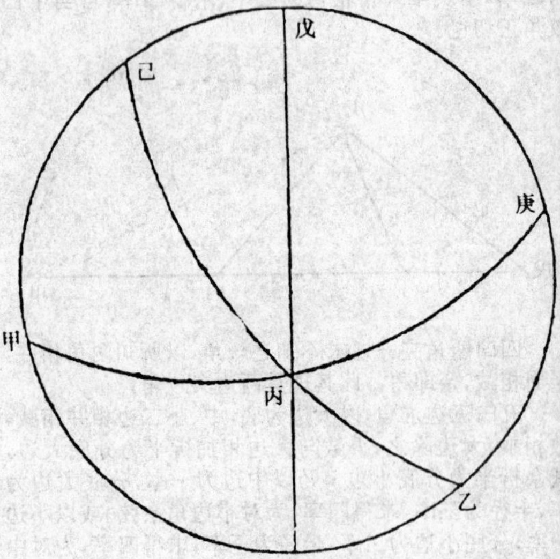

五曰所知两边对所知两角,或锐、或钝,求不知之边角。以半径为一率,任以所知一角之余弦为二率,对所知又一角之边正切为三率,求得四率,命为正切,对表得度复以所知又一角、一边如法求之,复得度。视原所知两角锐、钝相同,则两得度相加;不同,则两得度相减;皆加减为不知之边。乃按第一术对边求对角,即得不知之角。原又一角钝，对先用角之边大于后得度，此角钝；对先用角之边小于后得度，此角锐。原又一角锐，对先用角之边小於后得度，此角钝；对先用角之边大于后得度，此角锐。此其理系垂弧在形内与在形外之不同，及角分锐钝，边殊大小，前后左右俯仰向背之相应。如图甲乙丙形，甲乙二角俱锐，两锐相向，故垂弧丙丁，从中取正，而在形内。己丙庚形，己庚二角俱钝，两钝相向，故垂弧戊丙亦在形内。庚丙乙形，庚乙两角，一锐一钝相违，垂弧丙丁，从外补正，自在形外。在形内者判底边为二，两得分边之度，如乙丁、丁甲，合而成一底边如乙甲，故宜相加。在形外者，引底边之余，两得分边之度，如庚丁、乙丁，重而不掩，底边如庚乙，故宜相减。锐钝大小之相应，亦如右图审之。所知两边对所知两角有一正，则一得度即为不知之边，理亦自明。

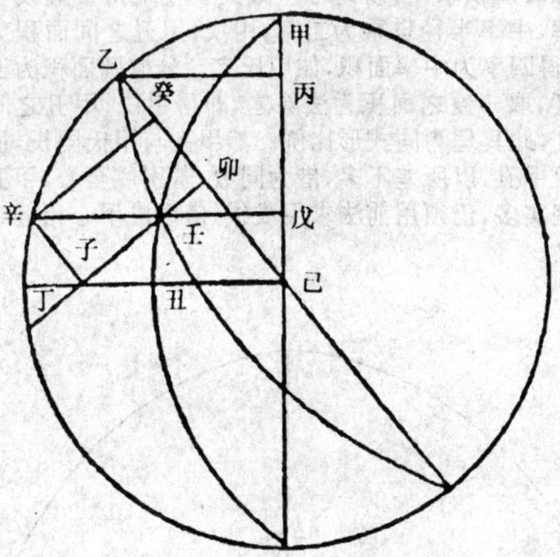

六曰三边求角，以所求角旁两边正弦相乘为一率，半径自乘为二率，两边相减余为较弧，取其正矢与对边之正矢相减余为三率，求得四率，为所求角正矢。此其理在两次比例省为一次。如图甲壬乙形，求甲角，其正矢为丑丁。法当以甲乙边正弦乙丙为一率，半径乙己为二率，两边较弧正矢乙癸与对边正矢乙卯相减余癸卯同辛子为三率，求得四率为壬辛。乃以甲壬边正弦戊辛为一率，壬辛为二率，半径己丁为三率，求得四率为丑丁。甲角正矢亦以乘除相报，故从省焉。

七曰三角或锐、或钝求边，以角为边，反求其角；既得角，复取为边；求、取皆与半周相减。此其理在次形，如图甲乙丙形，甲角之度为丁戊，与半周相减为戊己，其度必同于次形子辛午之子辛边，盖丑卯为乙之角度丑点之交，甲乙弧必为正角，丁戊为甲之角度戊点之交，甲乙弧亦必为正角。以一甲乙而交丑辛、戊辛二弧皆成正角，则二弧必皆九十度，弧三角之势如此也。戊辛既九十度，子已亦九十度，去相覆之戊子，已戊自同子辛，于是庚癸必同子午，卯未必同午辛，理皆如是矣。而此形之余角既皆为彼形之边，彼形余角不得不为此形之边，故反取之而得焉。

若三角有一正，除正角外，以一角之正弦为一率，又一角之余弦为二率，半径为三率，求得四率，为对又一角之边余弦。此其理亦系次形，而以正角及一角为次形之角，以又一角加减象限为次形对角之边，取象稍异。

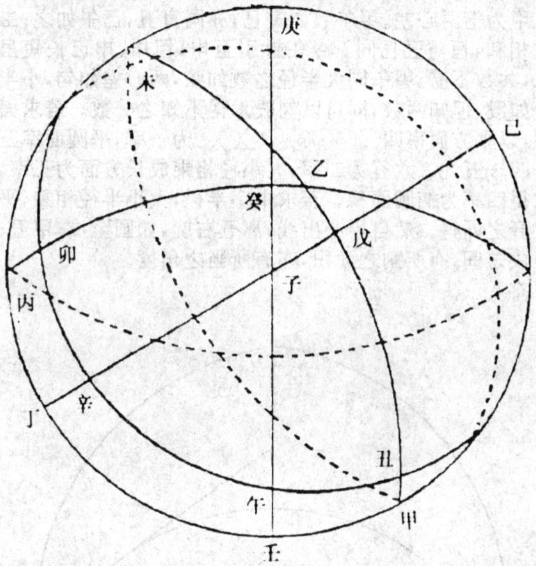

凡兹七术，惟边角相求，有锐钝、大小不能定者，然推步无其题，不备列。此七题中求边角有未尽者，互按得之。

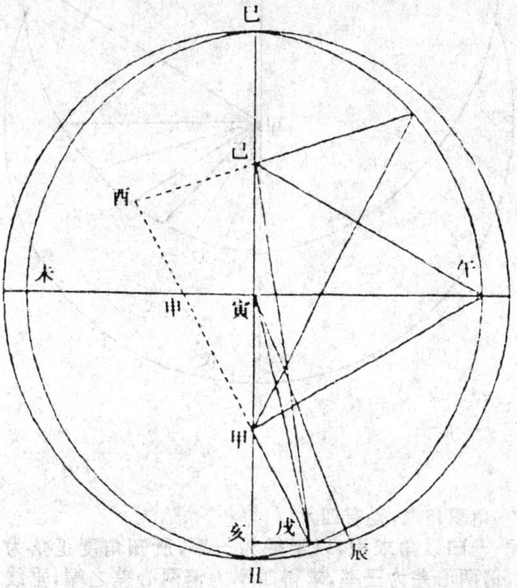

椭圆形者，两端径长、两腰径短之圆面。然必其应规，乃可推算。作之之术，任以两点各为心，一点为界，各用一针钉之，围以丝线，末以铅笔代为界之。针引而旋转，即成椭圆形。如图甲己午三点，如法作之，为丑午巳未椭圆，寅丑、寅巳为大半径，寅午、寅未为小半径，寅甲为两心差，己甲为倍两心差。甲午数如寅巳，亦同寅丑，己午如之；二数相和，恒与丑巳同。令午针引至申，甲申、申己长短虽殊，共数不易。甲午同大半径之数如弦，两心差如勾，小半径如股，但知两数，即可以勾股术得不知之一数。若求面积，以平方面率四〇〇〇〇〇〇〇〇〇为一率，平圆面率三一四一五九二六五为二率，大小径相乘成长方面为三率，求得四率为椭圆面积。若求中率半径，大小半径相乘，平方开之即得。然自甲心出线，离丑右旋，如圆至戌，甲丑、甲戌之间，有所割之面积，亦有所当之角度。

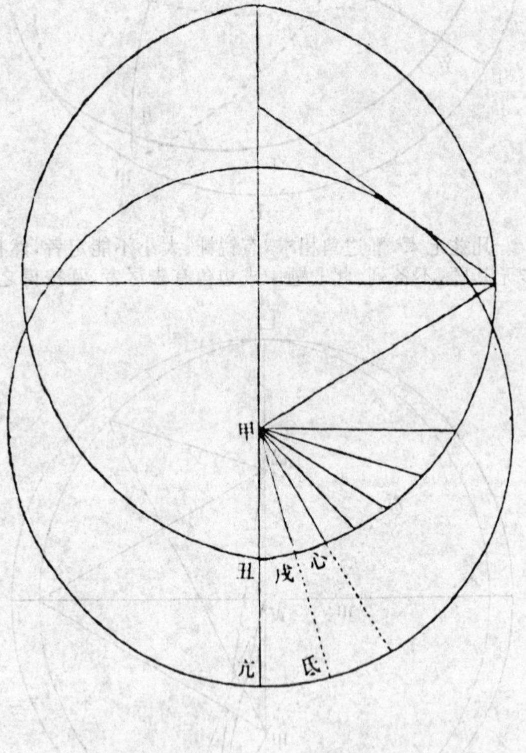

角积相求，爰有四术：

一曰以角求积，以半径为一率，所知角度正弦为二率，倍两心差为三率，求得四率为倍两心差之端，垂线如己酉。又以半径为一率，所知角度余弦为二率，倍两心差为三率，求得四率为界度积线，引出之线如甲酉，倍两心差之端垂线为勾自乘。以引出之线，与甲戌、己戌和如巳丑大径者相加为股弦和，除之得较。和、较相加折半为己戌弦，与大径相减为甲戌线。又以半径为一率，所知角正弦为二率，甲戌线为三率，求得四率为戌亥边。又以小径为一率，大径为二率，戌亥边为三率，求得四率为辰亥边。又以大半径寅辰同寅丑为一率，半径为二率，辰亥边为三率，求得四率为正弦，对表得度。又以半周天一百八十度化秒为一率，半圆周三一四一五九二六为二率，所得度化秒为三率，求得四率为比例弧线。又以半径为一率，大半径为二率，比例弧线为三率，求得四率为辰丑弧线，与大半径相乘折半，为寅辰丑分平圆面积。又以大半径为一率，小半径为二率，分平圆面积为三率，求得四率为寅戌丑分椭圆面积。乃以寅甲两心差与戌亥边相乘折半，与寅戌丑相减，为甲戌、甲丑之间所割面积。此其理具本圆及平三角、弧三角，其法至密。

二曰以积求角，以两心差减大半径余得甲丑线自乘为一率，中率半径自乘为二率，甲戌、甲丑之间面积为三率，求得四率为中率面积，如甲氐亢。分椭圆面积为三百六十度，取一度之面积为法除之，即得甲戌、甲丑之间所夹角度，此其理为同式形比例。然甲亢与甲氐同长，甲戌则长於甲丑，以所差不多，借为同数。若引戌至心，甲丑甲心所差实多，仍须用前法求甲戌线，借甲戌甲心相近为同数求之。

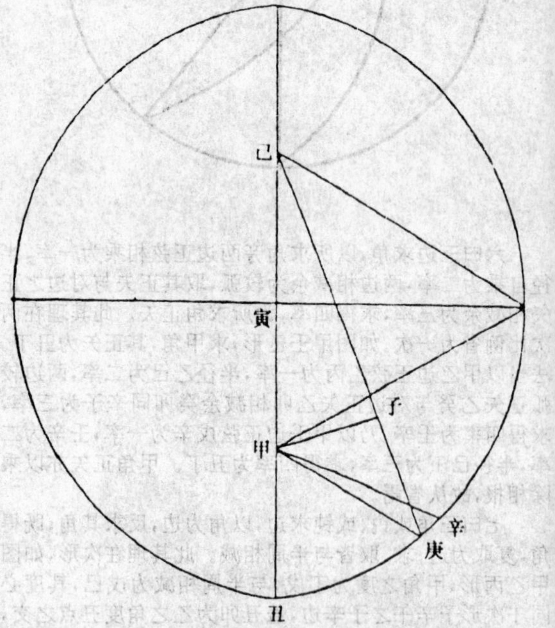

三曰借积求积，以所知面积，如图之辛甲丑，用一度之面积为法除之，得面积之度。设其度为角度，于倍两心

差之端如庚己丑。以半径为一率，己角正弦为二率，倍两心差为三率，求得四率为甲子垂线。又以半径为一率，己角余弦为二率，倍两心差为三率，求得四率为己子分边。甲子为勾自乘，己子与大径相减余为股弦和，除之得股弦较。和、较相加折半得甲庚线。又以甲庚线为一率，甲子垂线为二率，半径为三率，求得四率为庚角正弦，得度与己角相加为庚甲丑角。乃用以角求积法，求得庚甲丑面积，与辛甲丑面积相减余如庚甲辛，又用以积求角法，求得度，与庚甲丑角相加，即得辛甲丑角。

四曰借角求角，以所知面积如前法取为积度，如丑甲丁。设其度为角度，於椭圆心如丁乙辛。以小半径为一率，大半径为二率，所设角度正切为三率，求得四率为丁乙癸角正切。对表得度，乃於倍两心差之端丙作丙丑线，即命丑丙甲角如癸乙丁之角度，乃将丙丑线引长至寅，使丑寅与甲丑等，则丙寅同大径。又作甲寅线，成甲寅丙三角形，用切线分外角法求得寅角，倍之为甲丙丑形之丑角，与丙角相加为丑甲丁角。此其理癸乙甲角度多于丑甲丁积度，为子乙癸角度。即以此度当前之补算辛甲庚者，盖所差无多也。

此四术内凡单言半径者，皆八线表一千万之数。

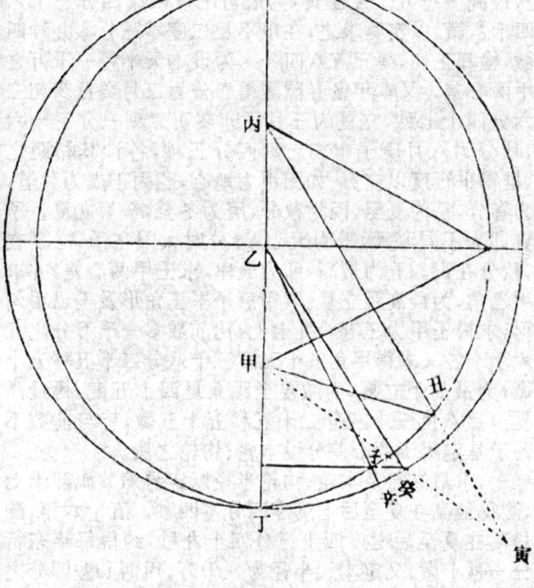

卷四十七　志二十二

时宪三

康熙甲子元法上上卷述立法之原，中卷志七政恒星之顺轨，下卷志诸曜相距之数。

日躔立法之原：

一，求南北真线以正面位。用方案极平，作圜数层，植表于圜心取日影。识表末影切圜上者，视左右两点同在一圜联为直线，即正东西；取东西线正中向圜心作垂线，即正南北。于京师以罗针较之，偏东四度余。乾隆十七年改为二度三十分。

一，测北极高度以定天体。于冬至前后，用仪器测勾陈大星出地之度，酉时此星在北极之上，候其渐转而高，至不复高而止。卯时此星在北极之下，候其渐转而低，至不复低而止。以最高最低之度折中取之，为北极高度。恒星无地半径差，勾陈距地又高，蒙气差亦微，其数确准。以此测得畅春园北极高三十九度五十九分三十秒。

一，求地半径差以验地心实高、地面视高之不同。康熙五十四年五月甲子午正，在畅春园测得太阳高七十三度一十六分零二十三微，同时于广东广州府测得太阳高九十度零六分二十一秒四十八微。畅春园赤道距天顶三十九度五十九分三十秒，广州府赤道距天顶二十三度十分，偏西三度三十三分。时夏至后八日，日躔最高，用平三角形推得地半径与太阳距地心比例，如一与一千一百六十二。又康熙五十五年三月丙申午正，在畅春园测得太阳高五十三度零三分三十八秒一十微，同时于广东广州府测得太阳高六十九度五十四分零八秒三十六微。时春分后八日，日躔中距，推得地半径与太阳距地心比例，如一与一千一百四十二。乃以太阳最高与本天半径比例数一〇一七九二〇八与地半径比例数一一六二之比，为太阳最卑与本天半径比例数九八二〇七九二与地半径比例之比，得一千一百二十一。既得三限距地心之远，用平三角形逐度皆推得地半径差。

一，求黄赤距纬以正黄道。康熙五十三年，于畅春园累测夏至午正太阳高度，得视高七十三度二十九分十余秒。加地半径差五十秒，得实高七十三度三十分。减去本地赤道高五十度零三十秒，余二十三度二十九分三十秒，为黄赤大距。用弧三角形逐度皆推得距纬。

一，求清蒙气差以验地中游气映小为大、升卑为高之数。明万历间，西人第谷于其国北极出地五十五度有奇，测得地平上最大差三十四分。自地平以上，其差渐少，至四十五度，其差五秒，更高无差。其测算之法，如太阳视高十度三十四分四十二秒，距正午八十三度，于时日躔降娄宫三度三十六分，距赤道北一度二十六分。北极距天顶五十度零三十秒，用距正午、距赤道北、北极距天顶三度，作弧三角形，求得太阳实高十度二十七分五十三秒。与视高相减，又加地半径差二分五十七秒，得九分四十六秒，为地平上十度三十五分之蒙气差。本法仍之。

一、测岁实以定平行。康熙五十四年二月癸未午正，于畅春园测得太阳高五十度零三十二秒三十五微，加地半径差一分五十六秒零五微，得实高五十度零二分二十八秒四十微。此所加地半径差，仍《新法算书》旧数加之，其实地半径与太阳距地心比例，高、卑、中距三限，次年始定，覆推无异，故不改也。至求地半径差，取春分及夏至后八日，亦仍旧算。其实最高之限，累日测得，不在预定。夏至中距之限既未定，岁实亦转由最卑而得其准。最高最卑之比例，则在交食也。其广州府偏西度，盖先测月食时刻得之。与赤道高五十度零三十秒相减，余一分五十八秒四十微，为太阳在赤道北之纬度。知春分时在午正前，以此纬度及黄赤大距作弧三角形，推得黄道度四分五十七秒四十三微，为太阳过春分经度。次日午正，复测得纬度，推得太阳过春分一度零四分零六秒零三微，两过春分度相减，余为一日之行五十九分零八秒二十微，比例得本日春分在巳初三刻十四分十秒四十八微。又康熙五十五年二月戊子午正，于畅春园测得太阳高四十九度五十四分四十九秒五十一微，依法求之，得本日春分在申初三刻二分五十五秒四十八微。总计两春分相距三百六十五日五时三刻三分四十五秒，为岁实；为法，除天周，得每日平行。

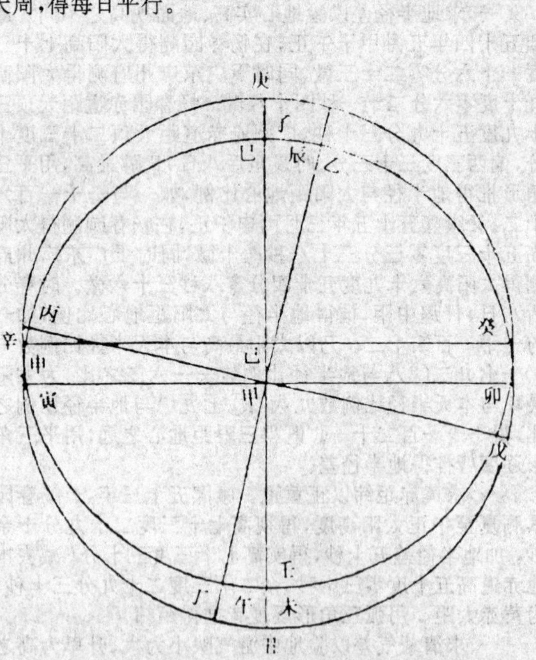

一，求两心差及最高所在以考盈缩。康熙五十六年二至后，畅春园逐日测午正太阳高度，求其经度，各用本日次日比测之实行。推得五月甲戌辰正一刻零四十秒四十五微交未宫七度，乙亥巳初一刻十四分五十七秒二十七微交未宫八度，十一月丁丑子正一刻一十二分五十七秒四十一微交丑宫七度，本日夜子初三刻十二分二十七秒四十七微交丑宫八度。用此两数以立法，如圆甲为地心，即宗动天心，乙丙丁戊为黄道，与宗动天同心，乙为夏至，丙为秋分，丁为冬至，戊为春分。又设己点为心，作庚辛壬癸圈，为不同心天，庚为最高，当黄道子，壬为最卑，当黄道丑，寅卯为中距，过己甲两心作庚丑线，则平分本天与黄道各为两半周。夏至乙至冬至丁，引出乙丁线，割不同心天之左半大于半周岁。秋分丙至春分戊，引出丙戊线，割不同心天之下半小于半周岁。今测未宫七度至丑宫七度，历一百八十二日一十六时一十二分一十六秒五十六微，大于半周岁一时一十七分五十四秒二十六微；未宫八度至丑宫八度，历一百八十二日一十四时二十七分三十秒二十微，小于半周岁二十六分五十二秒一十微。即知未宫七度在最高前如辰，八度在最高后如巳，丑宫七度在最卑前如午，八度在最卑后如未。以大小两数相并，与辰巳或午未一度之比，同于大于半周岁之数与辰子或午丑之比，得四十四分三十六秒四十八微，与乙辰或丁午之七度相加，为高卑过二至之度。以最高卑每岁有行分，今合高卑以立算，定为本年中距过秋分之度。又用比例法推得秋分后丙午日巳正一刻十三分四十九秒过中距，若在黄道，应从最高子行九十度至寅，为辰宫七度四十四分三十六秒四十八微。以实测求之，在申不及二度零三分零九秒四十微，检其正切，得三五八四一六为设本天半径一千万之己甲两心差。又本年畅春园测得春分为二月癸巳亥初二刻六分四十七秒，立夏为三月己卯亥正二刻一分三十六秒，秋分为八月庚子申初二刻四分三秒，各计其相距之日，推得平行度以立算。如图甲为地心，乙丙丁戊为黄道，戊为春分，巳为夏至，丙为秋分，庚为冬至，辛为立夏。子丑寅卯为不同心天，壬为天心，春分时太阳在子，立夏在癸，秋分在寅。丑为最高，卯为最卑，求壬甲两心差，并求辛甲乙角，为最高距立夏。取甲辰子平三角形及壬己甲勾股形，求得壬甲为三五八九七七，比前数多一千万分之五百六十一。又求得甲角五十三度三十八分二十五秒五十五微，为最高距立夏，内减夏至距立夏四十五度，得最高过夏至后八度三十八分二十五秒五十五微，皆与前数不合。于是定用于两心差分设本轮、均轮之法。

一，求最高行及本轮、均轮半径以定盈缩。康熙十七年，测得最高在夏至后七度零四分零四秒。五十六年，测得最高在夏至后七度四十三分四十九秒，约得每年东行一分一秒十微。又定本天半径为一千万，用两心差四分之三为本轮半径，其一为均轮半径。如图甲为地心，即本天心，乙丙丁戊为本天，注左右上下为本轮，最小圈为均轮，寅为太阳最高，辰为最卑。本轮心循本天周起冬至右旋为平行，均轮心循本轮周起最卑左旋为引数。二轮之行相较，即最卑行。太阳循均轮周右旋，均轮在最高最卑，则最近于本轮心，如寅、辰；均轮在中距，则最远于本轮心，如卯、已。其行倍于均轮积点者，旧设不同心天，数与均轮不合。

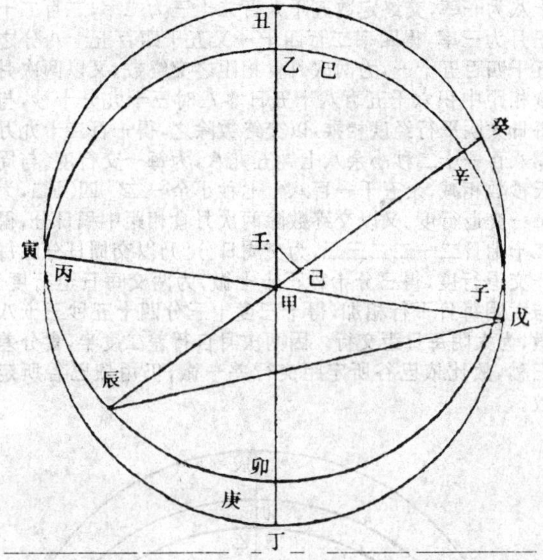

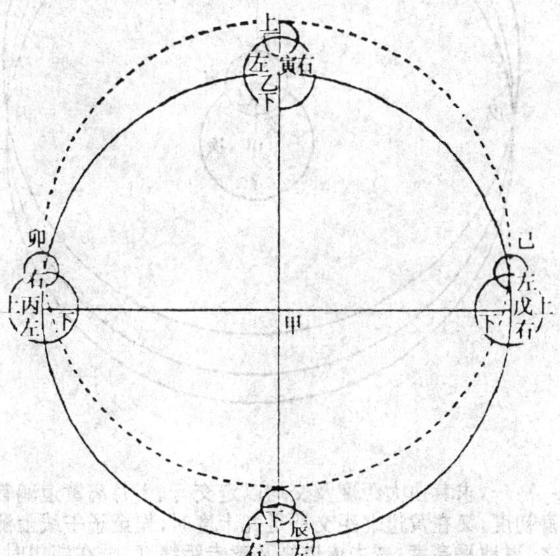

一,立朦影刻分限以定晨昏,测得在太阳未出之先、已入之后,距地平一十八度内。

月离立法之原:

一,求平行度。依西人依巴谷法,定为一十二万六千零七日四刻为两月食各率齐同之距,会望转终,皆复其始。计其中积,凡为会望者四千二百六十七,为转终者四千五百七十三。置中积日刻为实,会望数除之,得会望策。乃以天周为实,会望策除之,为每日太阴平行距太阳之度。加太阳每日平行,为每日太阴平行白道经度。又置中积日刻为实,转终数除之,得转终分。置天周为实,转终分除之,为每日太阴自行度。每日白道经度与自行度相减,为每日最高行。

一,推本轮半径及最高以考迟疾。西人第谷测三月食,如第一食日躔鹑首宫七度三十五分四十七秒五十三微,月离星纪宫度分秒同,月行迟末限之初。第二食日躔寿星宫初度,月离降娄宫度同,月行迟初限将半。第三食日躔星纪宫二度五十四分零二秒四十九微,月离鹑首宫度分秒同,月行疾末限之初。第一食距第二食一千一百八十日二十二时一十四分零四秒,实行相距八十二度二十四分一十二秒零七微,平行相距八十度二十一分一十秒,自行相距三百零八度四十七分零七秒二十七微。第二食距第三食一千九百一十八日二十三时零五分五十七秒,实行相距九十二度五十四分零二秒四十九微,平行相距八十五度零二十五秒,自行相距二百三十一度一十二分五十二秒三十三微。用平三角形推得本轮半径为本天半径十万分之八千七百,又推得最高行度,计至崇祯元年首朔月过最高三十七度三十四分三十四秒,然泛以三月食推之,本轮半径之数不合,故设均轮。

一,立四轮之行以定迟疾。西人第谷征诸实测,将本轮半径三分之,存其二为本轮半径,其一为均轮半径。本法仍之。定本轮心起本天冬至右旋为平行度,增一负均轮之圈。其半径为新本轮半径,加一次轮半径之数。其心同本轮之心。本轮负而行,不自行,移均轮心从最高左旋,行于此圈之周,为自行引数。第谷又将次轮设于地心,而增次均轮。本法易之,定次轮心行均轮周,从最近右旋为倍引数,其半径为本天半径千万分之二十一万七千。次均轮心行次轮周,起于朔望,从次轮最近地心点右旋,行太阴距太阳之倍度为倍离,其半径为本天半径千万分之一十一万七千五百。太阴行次均轮之周,从次均轮最下左旋,亦行倍离。如图甲为地心,即本天心,乙丙丁为本天之一弧,丙甲为半径,戊为半轮最高,癸为最卑,酉为负圈最高,丑为最卑,壬为均轮最远,辛为最近,寅为次轮最远,亥为最近,土为次均轮最上,木为最下,即均轮心在最高又当朔望之象。又图太阴在戍,是均轮既左旋,又当朔望之象。其得次轮、次均轮半径于上下弦,当自行三宫或九宫时累测之,得极大均数七度二十五分四十六秒。其切线一百三十万四千,内减本轮均轮并半径,余半之,即次轮半径。于两弦及朔望之间,当自行三宫或九宫时累测之,均数常与推算不合,差至四十一分零二秒,依法求其半径,得次均轮半径。

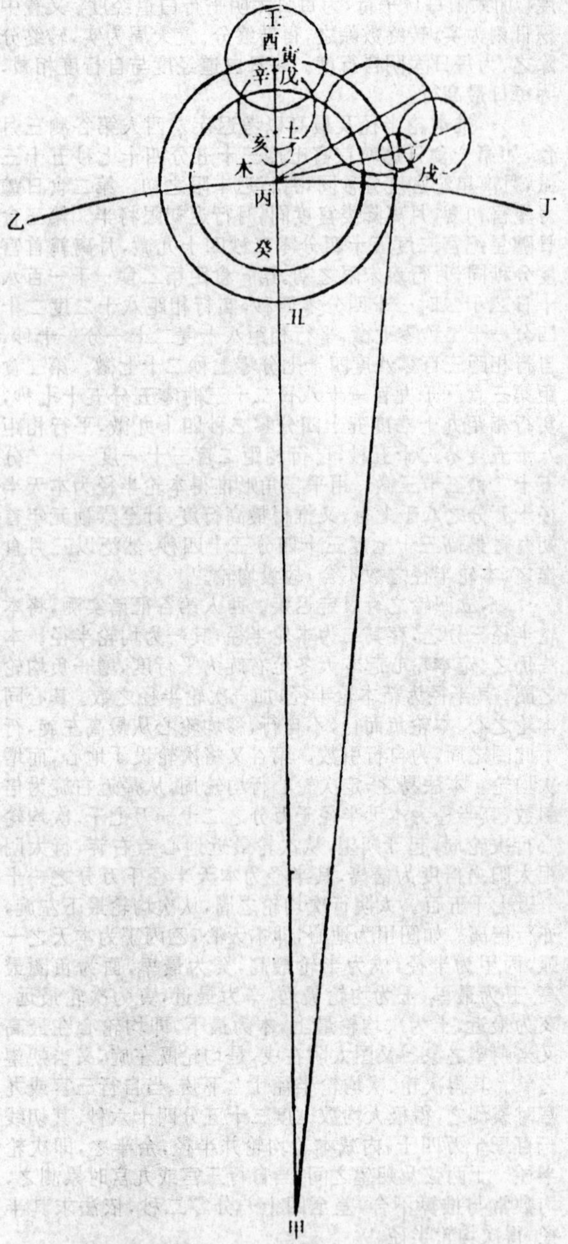

一，以两月食定交周。顺治十三年十一月庚申望子正后十八时四十四分十五秒，月食十五分四十七秒，在黄道南，日缠星纪宫十度三十九分，在最卑后三度四十九分，月自行为三宫二十七度四十六分。康熙十三年十二月丙午望子正后三时二十三分二十六秒，月食十五分五十秒，在黄道南，日缠星纪宫二十一度五十二分，在最卑后十四度二十一分，月自行为三宫二十五度二十四分。相距中积二百二十三月。用西人依巴谷朔策定数五千四百五十八为一率，交终定数五千九百二十三为二率，二百二十三月为三率，得四率二百四十一又五千四百五十八分之五千四百五十一，为两次月食相距之交终数。又以两次月食相距中积六千五百八十五日零八时三十九分十秒，与每日太阴平行经度相乘，以交终数除之，得一百二十九万零八百一十二秒小余八七九五九八，为每一交行度。与周天秒数相减，余五千一百八十七秒小余一二〇四〇二，为每一交退行度。又以交终数除两次月食相距中积日分，得二十七日二一二二三三，为交周日分。乃以交周日分除每一交退行度，得三分十秒三十七微，为两交每日退行度。与太阴每日平行相加，得十三度十三分四十五秒三十八微，为太阴每日距交行。因两次月自行差二度半，食分差三秒，故比依巴谷所定距交行差一微，仍用依巴谷所定数。

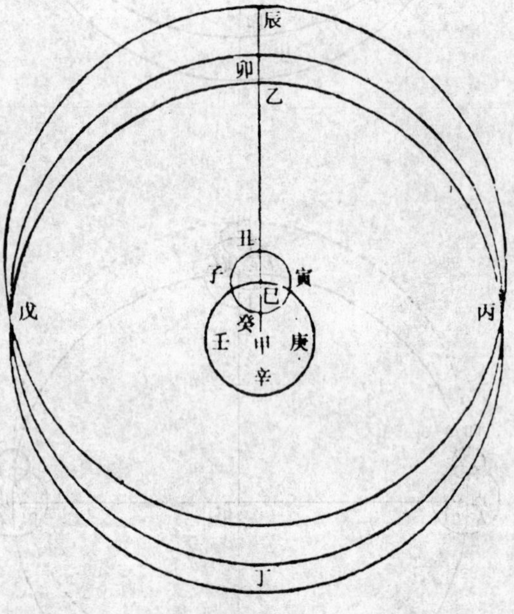

一，求黄白大距度及交均以定交行。于月离黄道鹑首宫初度，又在黄道北距交适足九十度时，俟至子午线上测之，得地平高度，减去赤道高及黄赤距纬度。一在朔望时，得大距四度五十八分三十秒；一在上下弦时，得大距五度一十七分三十秒，以之立法。如图甲为黄极，乙丙丁戊为黄道，用两距度相加折半，为黄白大距之中数，为半径如巳甲，作本轮如巳庚辛壬。又取两距度相减折半为半径如巳癸，作均轮如癸子丑寅。其心循本轮左旋，每日行三分十秒有余。白道极循均轮，起最近，左旋，行倍离之度。行至癸，则大距为乙卯；行至丑，则大距为乙辰。行子丑寅之半交行疾，行寅癸子之半交行迟。

一，求地半径差如太阳。畅春园测得太阴高六十二度四十分五十一秒四十三微，同时于广东广州府测得太阴高七十九度四十七分二十六秒一十二微，于时月自行三宫初度，月距日一百八十度，以之立法，用平三角形推得地半径与太阴在中距时距地心之比例，为一与五十六又百分之七十二。依此法于月自行初宫初度月距日九十度时测之，求得地半径与太阴在最高时距地心之比例，为一与六十一又百分之九十八。又于月自行六宫初度月距日九十度时测之，求得地半径与太阴在最卑时距地心之比例，为一与五十三又百分之七十一。复用平三角形逐度皆推得地半径差。

一，考隐见迟疾以辨朓朒。一验在春分前后各三宫，黄道斜升而正降，日入时月在地平上高，朔后疾见，在秋分前后各三宫，黄道正升而斜降，日入时月在地平上低，朔后迟见，晦前隐迟、隐早反是。一验距黄道北，见早隐迟，距黄道南反是。一验视行迟，隐见俱迟；视行早，隐见俱早。

交食立法之原：

一，求日月视径以定食分浅深。用正表、倒表，各取日中之影，求其高度。两高度之较以为太阳视径。数年精测，得太阳最高之径为二十九分五十九秒，最卑之径为三十一分零五秒。用墙为表，以其西界当正午线，人在表北，依不动之处，候太阴之西周切于正午线，看时辰表时刻；俟太阴体过完，其东周才离正午线，复看时辰表时刻；与前相减，变度以为太阴视径。数年精测，得太阴最高之径为三十一分四十七秒，最卑之径为三十三分四十二秒。

一，求地影半径以定光分。地半径与太阳太阴距地心既得比例，日月视径又得真数，太阳、太阴自高至卑视径地半径与太阳、太阴实径比例。日食，人在地面见与不见。月食，太阳照地背成黑影，太阳大而地小，故成锥形。太阳有高卑，故地影有长短广狭；太阴有高卑，故入影有浅深；皆可预推而以立法。地影半径常大于实测，康熙五十六年八月戊戌月食，其实引为二宫三度四十一分零三秒，距地心五十七地半径零百分之四十一。测得纬度在黄道北三十六分十八秒，月半径为十六分十秒，食分为二十三分三十秒，乃以黄纬求得白道纬为食甚，距纬与食分相加，内减月半径，余四十三分四十六秒，为地影半径。若依推算，太阳在最高，太阴在中距，地影半径应得四十八分三十四秒，以实测之数率之，应得四十四分四十三秒，所差三分五十一秒。因验得太阳光芒溢於原体之外，能侵削地影。以实测比算，定太阳之光分为地半径之六倍又百分之三十七。如图甲为地心，戊己为地径，乙丁为太阳所照影，末当至於庚。辛壬为溢出光分侵削影，末渐次狭小，至於丑而已尽。

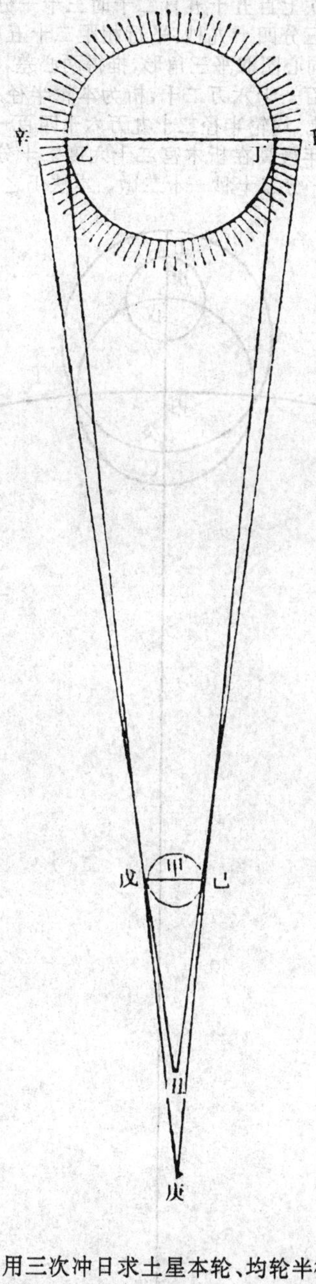

五星行立法之原：

一，求土星平行度。古测定二万一千五百五十一日又十分日之三，距恒星之度分等，距太阳之远近又等。土星行次轮会日、冲日各五十七次。置中积日分为实，星行次轮周数五十七为法，除之得周率。乃以每周三百六十度为实，周率除之，为每日距太阳之行。与太阳每日平行相减，得土星每日平行。本法仍之。

一，用三次冲日求土星本轮、均轮半径及最高以定盈缩。明万历间，西人第谷测土星三次冲日。如第一次日躔娵訾宫一度零三分二十七秒，土星在鹑尾宫度分秒同；第二次日躔娵訾宫二十一度四十七分三十九秒，土星在鹑尾宫度分秒同；第三次日躔降娄宫一十六度五十一分二十八秒，土星在寿星宫度分秒同。第一次距第二次一万一千三百四十三日五时三十六分，其实行相距二十度四十四分十二秒，平行相距十九度五十九分五十四秒；第二次距第三次七百五十五日二十时三十一分，实行相距二十五度零三分四十九秒，平行相距二十五度十九分十六秒。用不同心圈取平三角形，推得两心差，为本天半径千万分之一百一十六万二千，析为本轮半径八十六万五千五百八十七，均轮半径二十九万六千四百一十三。又推得万历十八年最高在析木宫二十六度二十分二十七秒，每年最高行一分二十秒一十二微。本法仍之。

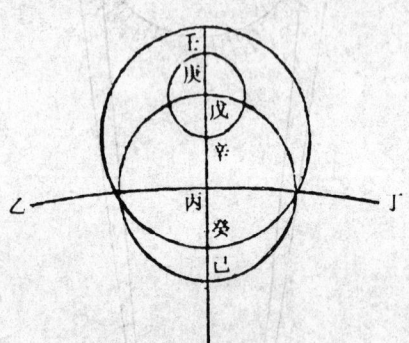

一，求土星次轮半径以定顺逆。西人第谷测得次轮半径为本天半径千万分之一百零四万二千六百。本法仍之。定本轮心从本天冬至右旋为平行度，均轮心从本轮最高左旋为自行引数，次轮心从均轮最近右旋为倍引数，星从次轮最远右旋，行本轮心距太阳之度。本轮、均轮之面与本天平行，次轮之面与黄道平行。如图甲为地心，即本天心，乙丙丁为本天之一弧，丙甲为半径，戊为本轮最高，己为最卑，庚为均轮最远，辛为最近，壬为次轮最远，癸为最近。

一，求木星平行度。古测定二万五千九百二十七日又千分日之六百一十七，木星行次轮会日冲日皆六十五次。置中积日分为实，星行次轮周数六十五为法，除之得周率。以每周三百六十度为实，周率除之，得每日木星距太阳之行。与每日太阳平行相减，为每日木星平行度。本法仍之。

一，用三次冲日求木星本轮、均轮半径及最高以定盈缩。明万历间，西人第谷测木星三次冲日，如第一次日躔鹑尾宫七度三十一分四十九秒，木星在娵訾宫度分秒同；第二次日躔大火宫二十度五十六分，木星在大梁宫度分同；第三次日躔析木宫二十五度五十二分二十七秒，木星在实沈宫度分秒同。第一次距第二次八百零四日一十五时三十五分，实行相距七十三度二十四分十一秒，平行相距六十六度五十三分二十秒；第二次距第三次三百九十九日一十四时四十四分，实行相距三十四度五十六分二十七秒，平行相距三十三度十三分零八秒。用不同心圈取平三角形，推得两心差，为本天半径千万分之九十五万三千三百，析为本轮半径七十万五千三百二十，均轮半径二十四万七千九百八十。又推得万历二十八年最高在寿星宫八度四十分，每年最高行五十七秒五十二微。本法仍之。

一，求木星次轮半径以定顺逆。西人第谷测得木星次轮半径为本天半径千万分之一百九十二万九千四百八十。本法仍之。定诸轮左右旋起数及轮面如土星。

一，求火星平行度。古测定二万八千八百五十七日又千分日之八百八十三，火星行次轮会日冲日各三十七次。置中积日分为实，星行次轮周数三十七为法，除之得周率。以每周三百六十度为实，周率除之，得每日火星距太阳之行，与每日太阳平行相减，为每日火星平行度。本法仍之。

一，用三次冲日求火星本轮、均轮半径及最高以定盈缩。明万历间西人第谷测火星三次冲日，如第一次日躔元枵宫一十八度五十八分三十八秒，火星在鹑火宫度分秒同；第二次日躔娵訾宫二十三度二十二分，火星在鹑尾宫度分同；第三次日躔大梁宫一度，火星在大火宫度同。第一次距第二次七百六十四日一十二时三十二分，实行相距三十四度二十三分二十二秒，平行相距四十度三十九分二十五秒；第二次距第三次七百六十八日一十八时，实行相距三十七度三十八分，平行相距四十二度五十二分三十五秒。用不同心圈取平三角形，推得两心差，为本天半径千万分之一百八十五万五千，析为本轮半径一百四十八万四千，均轮半径三十七万一千。又推得万历二十八年最高在鹑火宫二十八度五十九分二十四秒，每年最高行一分零七秒。本法仍之。

一，求火星次轮半径以定顺逆。西人第谷累年密测，于太阳、火星同在最卑时，测得次轮最小之半径，为本天半径千万分之六百三十万二千七百五十；又于太阳在最卑火星在最高时，测得次轮半径六百五十六万一千二百五十；与最小半径相较，为本天高卑之大差。又于火星在最卑、太阳在最高时，测得次轮半径六百五十三万七千七百五十，与最小半径相较，为太阳高卑之大差。乃用比例求得火星逐时次轮半径。本法仍之。定诸轮左、右旋起数及轮面如土、木星。

一，求金星平行度。古测定二千九百一十九日又千分日之六百六十七，金星行次轮会日退合日各五次。置中积日分为实，星行次轮周数五为法，除之得周率。以每周三百六十度为实，周率除之，得每日金星在次轮周平行，一名伏见行。其本轮心平行，即太阳平行。本法仍之。

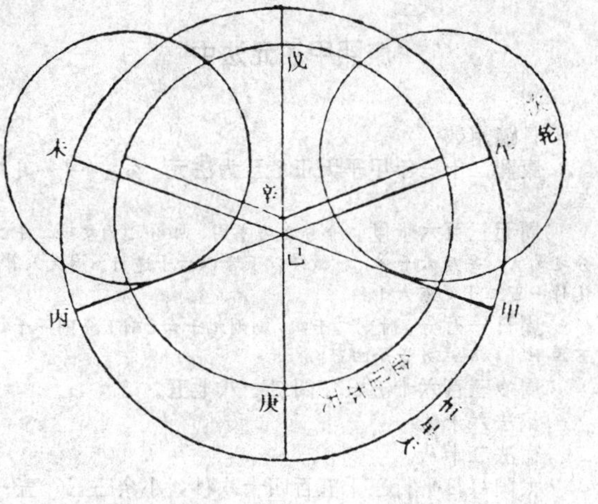

一，求金星最高及本轮均轮半径以定盈缩。明万历十三年，西人第谷于晨夕时，逐日累测金星，得距太阳极远度，晨夕相等，定两平行距高卑、左右度亦等。以两平行宫度相加折半，即最高或最卑线所当宫度。又择晨夕时距太阳极远度相较，定小度为近最高，大度为近最卑。测得最高在实沈宫二十九度一十六分三十九秒，每年最高行一分二十二秒五十七微。又用两测择平行度，一当最高，一当最卑。距太阳极远者，用平三角形及转比例，推得两心差为本天半径千万分之三十二万零八百一十四，析为本轮半径二十三万一千九百六十二，均轮半径八万八千八百五十二。本法仍之。如图己为地心，辛己为两心差，戊为最高，庚为最卑，午未为金星平行，即太阳平行，甲丙为金星实行。又图戊庚为平行，亥角为实行。

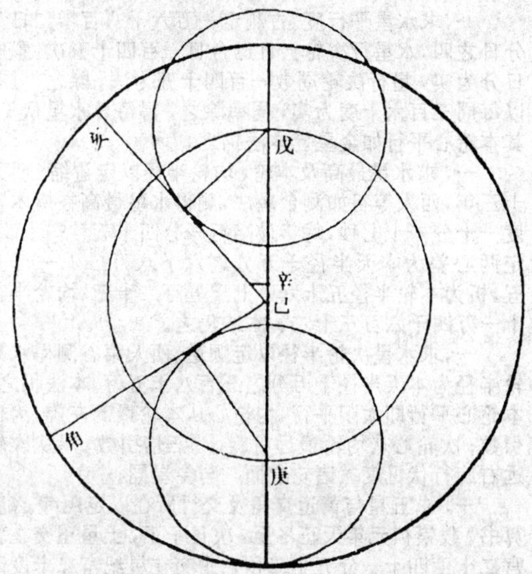

一，求金星次轮半径以定顺逆。西人第谷测得金星次轮半径为本天半径千万分之七百二十二万四千八百五十。本法仍之。定本轮心行即太阳平行，均轮心从本轮最高左旋，为自行引数；次轮心从均轮最近右旋，为倍引数。星从次轮平远右旋行伏见度。取金星次轮径线不与地心参直，与本轮高卑线平行，径线远地心之端为平远，近地心之端为平近，与太阴次轮均轮径线平行者同。本轮、均轮面与黄道平行，次轮面有交角。如图甲为地心，乙为本天半周，丙为本轮，丁为均轮，戊为次轮，己为平远，庚为平近。

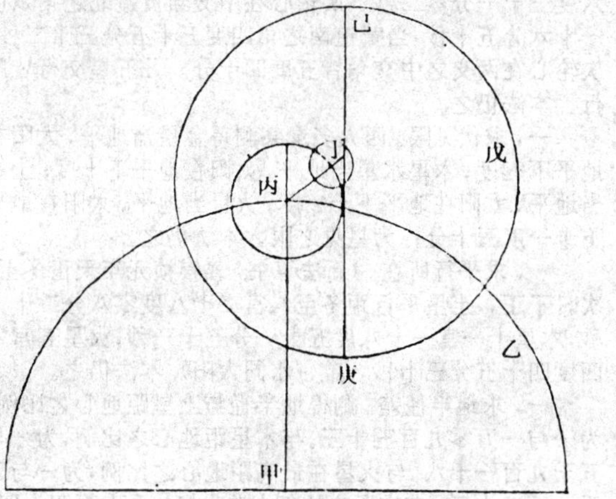

一，求水星平行度。古测定一万六千八百零二日又十分日之四，水星行次轮会日退合日一百四十五次。置中积日分为实，星行次轮周数一百四十五为法，除之得周率。以每周三百六十度为实，周率除之，得每日水星伏见行。其本轮心平行如金星。本法仍之。

一，求水星最高及本轮、均轮半径以定盈缩。明万历十三年，西人等谷如测金星法，测得水星最高在析木宫初度一十分一十七秒，每年最高行一分四十五秒一十四微。定两心差为本天半径千万分之六十八万二千一百五十五，析为本轮半径五十六万七千五百二十三，均轮半径一十一万四千六百三十二。本法仍之。

一，求水星次轮半径以定顺逆。西人第谷测得水星次轮半径为本天半径千万分之三百八十五万。本法仍之。定本轮心平行即太阳平行，均轮心从本轮最高左旋，为自行引数；次轮心从均轮最远右旋，为三倍引数。星从次轮平远右旋行伏见度。诸轮之面，与金星同。

一，求五星与黄道交角及交行所在以定距纬。《新法算书》载崇祯元年天正冬至，次日子正，土星正交在鹑首宫二十度四十一分五十二秒，中交在星纪宫二十度四十一分五十二秒，每年交行四十一秒五十三微，本天与黄道交角二度三十一分。木星正交在鹑首宫七度零九分零八秒，中交在星纪宫七度零九分零八秒，每年交行一十三秒三十六微，本天与黄道交角一度一十九分四十秒。火星正交在大梁宫一十七度零二分二十九秒，中交在大火宫一十七度零二分二十九秒，每年交行五十二秒五十七微，本天与黄道交角一度五十分。金星正交恒距最高前十六度，在实沈宫一十四度一十六分零六秒，中交在析木宫一十四度一十六分零六秒，每年交行一分二十二秒五十七微，次轮面交黄道之角三度二十九分。水星正交恒与最卑同在实沈宫一度二十五分四十二秒，中交在析木宫一度二十五分四十二秒，每年交行一分四十五秒一十四微。次轮心在正交当黄道北之角五度零五分十秒，当黄道南之角六度三十一分零二秒；次轮心在中交当黄道北之角六度一十六分五十秒，当黄道南之角四度五十五分三十二秒；次轮心在两交之中交角皆五度四十分。凡五星交行皆顺行。本法仍之。

一，求伏见限。西人多录某测得金星当地平，太阳在地平下五度；木星水星当地平，太阳在地平下十度；土星当地平，太阳在地平下十一度；火星当地平，太阳在地平下十一度三十分；为星见之限。本法仍之。

一，求平行所在。《新法算书》载崇祯元年天正冬至，次日子正，土星平行距冬至八宫二十八度零八分二十七秒，木星十一宫一十八度五十一分五十一秒，火星五宫零四度四十五分三十秒，金、水同太阳。本法仍之。

一，求地半径差。测得地半径与土星距地心之比例，为一与一万零九百五十三。与木星距地心之比例，为一与五千九百一十八。与火星在最高距地心之比例，为一与三千一百二十三；在中距之比例，为一与一千七百四十四；在最卑之比例，为一与四百一十。与金星在最高距地心之比例，为一与一千九百八十三；在最卑之比例，为一与三百零一；中距与太阳同。与水星在最高距地心之比例，为一与一千六百三十三；在最卑之比例，为一与六百五十一；中距与太阳同。土、木二星极远、高、卑细数不计。用平三角形各推得地半径差。

恒星立法之原：

一，求各星见行所在。康熙十三年，测定恒星经纬度，以十一年壬子列表。

二，求东行度。明万历间，西人第谷弹精推测，定恒星循黄道每年东行五十一秒。本法仍之。

卷四十八　志二十三

时宪四

康熙甲子元法中

日躔用数

康熙二十三年甲子天正冬至为法元。癸亥年十一月冬至。

周天三百六十度。平分之为半周，四分之为象限，十二分之为宫，每度六十分，秒微纤以下皆以六十递析。周天入算，化作一百二十九万六千秒。

周日一万分。时则二十四，刻则九十六，刻下分则一千四百四十，秒则八万六千四百。

周岁三百六十五日二四二一八七五。

纪法六十。

宿法二十八。

太阳每日平行三千五百四十八秒，小余三三〇五一六九。

最卑岁行六十一秒，小余一六六六六。

最卑日行十分秒之一又六七四六九。

本天半径一千万。

本轮半径二十六万八千八百一十二。

均轮半径八万九千六百零四。

宿度见《天文志》。

岁差五十一秒。

各省及蒙古北极高度、东西偏度、见《天文志》。

黄赤大距，二十三度二十九分三十秒。

最卑应，七度十分十一秒十微。

气应，七日六五六三七四九二六。

宿应，五日六五六三七四九二六。

日干，甲、乙、丙、丁、戊、己、庚、辛、壬、癸。

支，子、丑、寅、卯、辰、巳、午、未、申、酉、戌、亥。

宿名，角、亢、氐、房、心、尾、箕、斗、牛、女、虚、危、室、壁、奎、娄、胃、昴、毕、参、觜、井、鬼、柳、星、张、翼、轸。

时名，从十二支各分初、正。起子正，尽夜子初。

推日躔法　求天正冬至，置周岁，以距元年数减一得积年乘之，得中积分，加气应得通积分，上考往古，则减气应得通积分。其日满纪法去之，余为天正冬至日分。上考往古，则以所余转与纪法相减，余为天正冬至日分。自初日起甲子，其小余以刻下分通之，如法收为时刻。周日一万分为一率，小余为二率，刻下分为三率，求得四率为时分。满六十分收为一时，十五分收为一刻。初时起子正，中积分加宿应，满宿法去之，为天正冬至值宿日分，初日起角宿。

求平行，以周日为一率，太阳每日平行为二率，天正冬至小余与周日相减余为三率，求得四率为年根秒数。又置太阳每日平行，以本日距冬至次日数乘之，得数为秒。与年根相并，以宫度分收之，得平行。

求实行，置最卑岁行，以积年乘之。又置最卑日行，以距冬至次日数乘之。两数相并，加最卑应，上考则减最卑应。以减平行为引数。用平三角形，以本轮半径三分之二为对正角之边，以引数为一角，求得对角之边倍之。又求得对又一角之边，与本天半径相加减。引数三宫至八宫则相加，九宫至二宫则相减。复用平三角形，以加倍之数为小边，加减本天半径之数为大边，正角在两边之中，求得对小边之角为均数。置平行以均数加减之，引数初宫至五宫为加，六宫至十一宫为减。得实行。求宿度，以积年乘岁差，得数加甲子法元黄道宿度，为本年宿钤，以减实行，余为日躔宿度。若实行不及减宿钤，退一宿减之。

求纪日值宿，置距冬至次日数，加冬至，日满纪法去之。初日起甲子，加冬至值宿，日满宿法去之。初日起角宿，得纪日值宿。

求节气时刻，日躔初宫丑，星纪。初度为冬至，十五度为小寒。一宫子，元枵。初度为大寒，十五度为立春。二宫亥，娵訾。初度为雨水，十五度为惊蛰。三宫戌，降娄。初度为春分，十五度为清明。四宫酉，大梁。初度为谷雨，十五度为立夏。五宫申，实沈。初度为小满，十五度为芒种。六宫未，鹑首。初度为夏至，十五度为小暑。七宫午，鹑火。初度为大暑，十五度为立秋。八宫巳，鹑尾。初度为处暑，十五度为白露。九宫辰，寿星。初度为秋分，十五度为寒露。十宫卯，大火。初度为霜降，十五度为立冬。十一宫寅，析木。初度为小雪，十五度为大雪。皆以子正日躔未交节气宫度者，为交节气本日；已过节气宫度者，为交节气次日。乃以本日实行与次日实行相减为一率，每日刻下分为二率，本日子正实行与节气宫度相减为三率，求得四率为距子正后之分数，乃以时刻收之，即得节气初正时刻。如实行适与节气宫度相符而无余分，即为子正初刻。求各省节气时刻，皆以京师为主，视偏度加减之。每偏一度，加减时之四分。偏东则加，偏西则减。推节气用时法，以交节气本日均数变时为均数时差，反其加减。又以半径为一率，黄赤大距余弦为二率，本节气黄道度正切为三率，求得四率为赤道正切。检表得度，与黄道相减，余变时为升度时差。二分后为加，二至后为减。皆加减节气时刻，为节气用时。求距纬度，以本天半径为一率，黄赤大距度之正弦为二率，实行距春秋分前后度之正弦为三率，实行初宫初度至二宫末度，与三宫相减，余为春分前；三宫初度至五宫末度，则减去三宫，为春分后。六宫初度至八宫末度，与九宫相减，余为秋分前；九宫初度至十一宫末度，则减去九宫，为秋分后。求得四率为正弦，检表得距纬度。实行三宫至八宫，其纬在赤道北；九宫至二宫，其纬在赤道南。

求日出入昼夜时刻，以本天半径为一率，北极高度之正切为二率，本日距纬度之正切为三率，求得四率为正弦，检表得日出入在卯酉前后赤道度。变时，一度变时之四分，凡言变时皆仿此。为距卯酉分。以加减卯酉时，即得日出入时刻。春分前、秋分后，以加卯正为日出，减酉正为日入。春分后、秋分前，以减卯正为日出，加酉正为日入。又倍距卯酉分，以加减半昼分，得昼夜时刻。春分后以加得昼刻，以减得夜刻，秋分后反是。

月离用数

太阴每日平行四万七千四百三十五秒，小余〇二一一七七。

太阴每时四刻。平行一千九百七十六秒，小余四五九二一五七。

月孛即最高，每日行四百〇一秒，小余〇七七四七七。

正交每日平行一百九十秒，小余六四。

本轮半径五十八万。

均轮半径二十九万。

负圈半径七十九万七千。

次轮半径二十一万七千。

次均轮半径一十一万七千五百。

朔、望黄白大距四度五十八分三十秒。

两弦黄白大距五度一十七分三十秒。

黄白大距中数五度〇八分。

黄白大距半较九分三十秒。

太阴平行应一宫〇八度四十分五十七秒十六微。

月孛应三宫〇四度四十九分五十四秒〇九微。

正交应六宫二十七度十三分三十七秒四十八微。

推月离法　求天正冬至，同日躔。

求太阴平行，置中积分，加气应详日躔。小余，不用日，下同。减天正冬至小余，得积日。上考则减气应小余，加天正冬至小余。与太阴每日平行相乘，满周天秒数去之，余数收为宫度分。以加太阴平行应，得太阴年根。上考则减。又置太阴每日平行，以距天正冬至次日数乘之，得数为秒。以宫度分收之，与年根相并，满十二宫去之。为太阴平行。

求月孛行，以积日见前条，下同。与月孛每日行相乘，满周天秒数去之，余数收为宫度分。以加月孛应，得月孛年根。上考则减。又置月孛每日行以距天正冬至次日数乘之，得数为秒，以宫度分收之，与年根相并，满十二宫去之。为月孛行。

求正交平行，以积日与正交每日平行相乘，满周天秒数去之，余数收为宫度分，以减正交应，正交应不足减者，加十二宫减之。得正交年根。上考则加。又置正交每日平行，以距天正冬至次日数乘之，得数为秒，以宫度分收之，以减年根，年根不足减者，加十二宫减之。为正交平行。

求用时太阴平行，以本日太阳均数变时，详日躔。得均数时差。均数加者，时差为减；均数减者，时差为加。又以本日太阳黄、赤经度详日躔。相减余数变时，得升度时差。二分后为加，二至后为减。乃以两时差相加减，为时差总。两时差加减同号者，则相加为总，加者仍为加，减者仍为减。加减异号者，则相减为总，加数大者为加，减数大者为减。化秒，与太阴每时平行相乘为实，以一度化秒为法除之，得数为秒，以度分收之，得时差行。以加减太阴平行，时差总为加者则减，减者则加。为用时太阴平行。

求初实行，置用时太阴平行，减去月孛行，得引数。用平三角形，以本轮半径之半为对正角之边，以引数为一角，求得对角之边三因之。又求得对又一角之边，与本天半径相加减。引数九宫至二宫相加，三宫至八宫相减。复用平三角形，以三因数为小边，加减本天半径数为大边，正角在两边之中，求得对小边之角为初均数，并求得对正角之边。即次轮最近点距地心之线。乃置用时太阴平行，以初均数加减之，引数初宫至五宫为减，六宫以后为加。为初实行。

求白道实行，置初实行，减本日太阳实行得次引。即距日度。用平三角形，以次轮最近点距地心线为一边，倍次引之通弦本天半径为一率，次引之正弦为二率，次轮半径为三率，求得四率倍之即通弦。为一边；以初均数与引数减半周之度引数不及半周，则与半周相减，如过半周，则减去半周。相加，又以次引距象限度次引不及象限，则与象限相减；如过象限及过三象限，则减去象限及三象限，用其余；如过二象限，则减去二象限，余数仍与象限相减，为次引距象限度。加减之，初均数减者，次引过象限或过三象限则相加，不过象限或过二象限则相减。初均数加者反是。为所夹之角，若相加过半周，则与全周相减，用其余为所夹之角。若相加适足半周或相减无余，则无二均数。若次引为初度，或适足半周，亦无二均数。求得对通弦之角为二均数，如无初均数，以次轮心距地心为一边，次轮半径为一边；次引倍数为所夹之角，次引过半周者，与全周相减，用其余；在最高为所夹之内角，在最卑为所夹之外角，求得对次轮半径之角为二均数。随定其加减号。以初均数与均轮心距最卑之度相加，为加减泛限。泛限适足九十度，则二均加减与初均同。如泛限不足九十度，则与九十度相减，余数倍之，为加减定限。初均减者，以次引倍度；初均加者，以次引倍度减全周之余数，皆与定限较。如泛限过九十度者，减去九十度，余数倍之，为加减定限。初均加者，以次引倍度；初均减者，以次引倍度减全周之余数，皆与定限较。并以大于定限，则二均之加减与初均同；小于定限者反是。并求得对角之边，为次均轮心距地心线。又以此线及次引，用平三角形，以次均轮心距地为一边，次均轮半径为一边，次引倍度为所夹之角，次引过半周者，与全周相减，用其余。求得对次均轮半径之角为三均数，随定其加减号。次引倍度不及半周为加，过半周为减。乃以二均数与三均数相加减，为二三均数。两均数同号则相加，异号则相减。以加减初实行，两均数同为加者仍为加，同为减者仍为减。一为加一为减者，加数大为加，减数大为减。为白道实行。

求黄道实行，用弧三角形，以黄白大距中数为一边，大距半较为一边，次引倍度为所夹之角，次引过半周与全周相减，用其余。求得对角之边为黄白大距，并求得对半较之角为交均。以交均加减正交平行，次引倍度不及半周为减，过半周为加。得正交实行。又加减六宫为中交实行，置白道实行，减正交实行，得距交实行。以本天半径为一率，黄白大距之余弦为二率，距交实行之正切为三率，求得四率为黄道之正切。检表得度分，与距交实行相减，余为升度差，以加减白道实行，距交实行不过象限，或过二象限为减，过象限及过三象限为加。为黄道实行。

求黄道纬度，以本天半径为一率，黄白大距之正弦为二率，距交实行之正弦为三率，求得四率为正弦。检表得黄道纬度，距交实行初宫至五宫为黄道北，六宫至十一宫为黄道南。

求四种宿度，依日躔求宿度法，求得本年黄道宿钤。以黄道实行、月孛行及正交、中交实行各度分视其足减宿钤内某宿则减之，余为四种宿度。

求纪日值宿，同日躔。

求交宫时刻，以太阴本日实行与次日实行相减未过宫为本日，已过宫为次日。余为一率，刻下分为二率，太阴本日实行不用宫。与三十度相减余为三率，求得四率为距子正分数。如法收之，得交宫时刻。

求太阴出入时刻，以本日太阳黄道经度求其相当赤道经度。又用弧三角形，以太阴距黄极为一边，黄极距北极为一边，即黄赤大距。太阴距冬至黄道经度为所夹之外角，过半周者与全周相减，用其余。求得对边为太阴距北极度。与九十度相减，得赤道纬度。不及九十度者，与九十度相减，余为北纬。过九十度者，减去九十度，余为南纬。又求得近北极之角，为太阴距冬至赤道经度。乃以本天半径为一率，北极高度之正切为二率，太阴赤道纬度之正切为三率，求得四率为正弦。检表得太阴出入在卯酉前后赤道度，太阴在赤道北，出在卯正前，入在酉正后；太阴在赤道南，出在卯正后，入在酉正前。以加减前减后加。太阴距太阳赤道度，太阴赤道经度内减去太阳赤道经度即得。得数变时。自卯正酉正后计之，出地自卯正后，入地自酉正后。得何时刻，再加本时太阴行度之时刻，约一小时行三十分，变为时之二分。即得太阴出入时刻。

求合朔弦望，太阴实行与太阳实行同宫同度为合朔限，距三宫为上弦限，距六宫为望限，距九宫为下弦限，皆以太阴未及限度为本日，已过限度为次日。乃以太阴、太阳本日实行与次日实行各相减，两减余数相较为一率，刻下分为二率，本日太阳实行加限度上弦加三宫，望加六宫，下弦加九宫。减本日太阴实行，余为三率，求得四率为距子正之分。如法收之，得合朔弦望时刻。

求正升斜升横升，合朔日，太阴实行自子宫十五度至酉宫十五度为正升，自酉宫十五度至未宫初度为斜升，自未宫初度至寅宫十五度为横升，自寅宫十五度至子宫十五度为斜升。

求月大小，以前朔后朔相较，日干同者前月大，不同者前月小。

求闰月，以前后两年有冬至之月为准。中积十三月者，以无中气之月，从前月置闰。一岁中两无中气者，置在前无中气之月为闰。

土星用数

每日平行一百二十秒，小余六〇二二五五一。

最高日行十分秒之二又一九五八〇三。

正交日行十分秒之一又一四六七二八。

本轮半径八十六万五千五百八十七。

均轮半径二十九万六千四百一十三。

次轮半径一百零四万二千六百。

本道与黄道交角二度三十一分。

土星平行应七宫二十三度十九分四十四秒五十五微。

最高应十一宫二十八度二十六分六秒五微。

正交应六宫二十一度二十分五十七秒二十四微。

木星用数

每日平行二百九十九秒，小余二八五二九六八。

最高日行十分秒之一又五八四三三。

正交日行百分秒之三又七二三五五七。

本轮半径七十万五千三百二十。

均轮半径二十四万七千九百八十。

次轮半径一百九十二万九千四百八十。

本道与黄道交角一度十九分四十秒。

木星平行应八宫九度十三分十三秒十一微。

最高应九宫九度五十一分五十九秒二十七微。

正交应六宫七度二十一分四十九秒三十五微。

火星用数

每日平行一千八百八十六秒，小余六七〇〇三五八。

最高日行十分秒之一又八三四三九九。

正交日行十分秒之一又四四九七二三。

本轮半径一百四十八万四千。

均轮半径三十七万一千。

最小次轮半径六百三十万二千七百五十。

本天高卑大差二十五万八千五百。

太阳高卑大差二十三万五千。

本道与黄道交角一度五十分。

火星平行应二宫十三度三十九分五十二秒十五微。

最高应八宫初度三十三分十一秒五十四微。

正交应四宫十七度五十一分五十四秒七微，余见日躔。

推土、木、火星法

求天正冬至，同日躔。

求三星平行，以积日详月离。与本星每日平行相乘，满周天秒数去之，余收为宫度分，为积日平行。以加本星平行应，得本星年根。上考则减。又置本星每日平行，以所求距天正冬至次日数乘之，得数与年根相并，得本星平行。

求三星最高行，以积日与本星最高日行相乘，得数以加本星最高应，得最高年根。上考则减。又置本星最高日行，以所求距天正冬至次日数乘之，得数与年根相并，得本星最高行。

求三星正交行，以积日与本星正交日行相乘，得数以加本星正交应，得正交年根。上考则减。又置本星正交日行，以所求距天正冬至次日数乘之，得数与年根相并，得本星正交行。

求三星初实行，置本星平行，减最高行，得引数。用平三角形，以均轮半径减本轮半径为对正角之边，以引数为一角，求得对引数角之边及对又一角之边。又用平三角形，以对引数角之边与均轮通弦相加求通弦法，详月离。为小边，以对又一角之边与本天半径相加减引数三宫至八宫相减，九宫至二宫相加。为大边，正角在两边之中，求得对小边之角为初均数。并求得对正角之边为次轮心距地心线，以初均数加减本星平行，引数初宫至五宫减，六宫至十一宫加。得本星初实行。

求三星本道实行，置本日太阳实行减本星初实行，得次引。即距日度。用平三角形，以次轮心距地心线为一边，次轮半径为一边，惟火星次轮半径时时不同，求法详后。次引为所夹之外角，过半周者与全周相减，用其余。求得对次轮半径之角为次均数，并求得对次引角之边为星距地心线。乃以次均数加减初实行，加减与初均相反。得本星本道实行。求火星次轮实半径，以火星本轮全径命为二千万为一率，本天高卑大差为二率，均轮心距最卑之正矢为三率，引数与半周相减，即均轮心距最卑度。求得四率为本天高卑差。又以太阳本轮全径命为二千万为一率，太阳高卑大差为二率，本日太阳引数之正矢为三率，引数过半周者与全周相减，用其余。求得四率为太阳高卑差。乃置火星最小次轮半径，以两高卑差加之，得火星次轮实半径。

求三星黄道实行，置本星初实行，减本星正交行，得距交实行。次轮心距正交。乃以本天半径为一率，本道与黄道交角之余弦为二率，距交实行之正切为三率，求得四率为正切。检表得黄道度，与距交实行相减，得升度差，以加减本道实行，距交实行不过象限及过二象限为减，过象限及过三象限为加。得本星黄道实行。

求三星视纬，以本天半径为一率，本道与黄道交角之正弦为二率，距交实行之正弦为三率，求得四率为正弦，检表得初纬。又以本天半径为一率，初纬之正弦为二率，次轮心距地心线为三率，求得四率为星距黄道线。乃以星距地心线为一率，星距黄道线为二率，本天半径为三率，求得四率为正弦。检表得本星视纬，随定其南北。距交实行初宫至五宫为黄道北，六宫至十一宫为黄道南。

求黄道宿度及纪日，同日躔。

求交宫时刻，同月离。

求三星晨夕伏见定限度，视本星黄道实行与太阳实行同宫同度为合伏。合伏后距太阳渐远，为晨见东方顺行。顺行渐迟，迟极而退为留退。初退行距太阳半周为退冲，退冲之次日为夕见。退行渐迟，迟极而顺为留顺。初顺行渐疾复近太阳，以至合伏，为夕不见。其伏见限度，土星十一度，木星十度，火星十一度半。合伏前后某日，太阳实行与本星实行相距近此限度，即以本星本日黄道实行，用弧三角形，以赤道地平交角为所知一角，夕，春分后用内角，秋分后用外角；晨反是。实行距春秋分度为对边，黄赤大距为所知又一角，求得不知之对边。乃用所知两边对所知两角，求得不知之又一角，夕，秋分后用内角，春分后用外角；晨反是。为限距地高。乃用弧三角形，有正角，有黄道地平交角，即限距地高。有本星伏见限度，为对交角之弧，求得对正角之弧，为距日黄道度。若星当黄道无距纬，即为定限度。又用弧三角形，有正角，有黄道地平交角，以本星距纬为对交角之弧，求得两角间之弧，为加减差。以加减距日黄道度，纬南加，纬北减。得伏见定限度。视本星距太阳度与定限度相近，如在合伏前某日，即为某日夕不见；在合伏后某日，即为某日晨见。

求三星合伏时刻，视太阳实行将及本星实行，为合伏本日；已过本星实行，为合伏次日。求时刻，於太阳一日之实行即本日次日两实行之较。内减本星一日之实行为一率，余同月离求朔、望。

求三星退冲时刻，视本星黄道实行与太阳实行相距将半周，为退冲本日；已过半周，为退冲次日。求时刻之法，以太阳一日之实行与本星一日之实行相加为一率，余同前。

求同度时刻，以两星一日之实行相加减两星同行则减，一顺一逆则加。为一率，刻下分为二率，两星相距为三率，求得四率为距子正之分数，以时刻收之即得。五星并同。

金星用数

每日平行三千五百四十八秒，小余三三〇五一六九。

最高日行十分秒之二又二七一〇九五。

伏见每日平行二千二百十九秒，小余四三一一八八六。

本轮半径二十三万一千九百六十二。

均轮半径八万八千八百五十二。

次轮半径七百二十二万四千八百五十。

次轮面与黄道交角三度二十九分。

金星平行应初宫初度二十分十九秒十八微。

最高应六宫一度三十三分三十一秒四微。

伏见应初宫十八度三十八分十三秒六微。

水星用数

每日平行与金星同。

最高日行十分秒之二又八八一一九三。

伏见每日平行一万一千一百八十四秒，小余一一六五二四八。

本轮半径五十六万七千五百二十三。

均轮半径一十一万四千六百三十二。

次轮半径三百八十五万。

次轮心在大距，与黄道交角五度四十分。

次轮心在正交，与黄道交角北五度五分十秒，其交角较三十四分五十秒。与大距交角相较，后仿此。南六度三十一分二秒，其交角较五十一分二秒。

次轮心在中交，与黄道交角北六度十六分五十秒，其交角较三十六分五十秒。南四度五十五分三十二秒，其交角较四十四分二十八秒。

水星平行应与金星同。

最高应十一宫三度三分五十四秒五十四微。

伏见应十宫一度十三分十一秒十七微，余见日躔。

推金、水星法

求天正冬至，同日躔。

求金、水本星平行，同土、木、火星。

求金、水最高行，同土、木、火星。

求金、水伏见平行，同本星平行。

求金、水正交行，置本星最高平行，金星减十六度，水星加减六宫，即得。

求金星初实行，用本星引数求初均数，以加减本星平行，为本星初实行。及求次轮心距地心线，并同土、木、火星。

求水星初实行，用平三角形，以本轮半径为一边，均轮半径为一边，以引数三倍之为所夹之外角，过半周者与全周相减，用其余。求其对角之边，并对均轮半径之角。又用平三角形，以本天半径为大边，以对角之边为小边，以对均轮半径之角与均轮心距最卑度相加减，引数不及半周者，与半周相减；过半周者，减去半周，即均轮心距最卑度。加减之法，视三倍引数不过半周则加，过半周则减。为所夹之角，求得对小边之角为初均数，并求得对角之边为次轮心距地心线。以初均数加减水星平行，引数初宫至五宫为减，六宫至十一宫为加。得水星初实行。

求金、水伏见实行，置本星伏见平行，加减本星初均数，引数初宫至五宫为加，六宫至十一宫为减。即得。

求金、水黄道实行，用平三角形，以本星次轮心距地心线为一边，本星次轮半径为一边，本星伏见实行为所夹之外角，过半周者与全周相减，用其余。求得对次轮半径之角为次均数，并求得对角之边为本星距地心线。以次均数加减初实行，伏见实行初宫至五宫为加，六宫至十一宫为减。得本星黄道实行。

求金、水距次交实行，置本星初实行，减本星正交行，为距交实行。与本星伏见实行相加，得本星距次交实行。

求金、水视纬，以本天半径为一率，本星次轮与黄道交角之正弦为二率，金星交角惟一，水星交角则时时不同，须求实交角用之，法详后。本星距次交实行之正弦为三率，求得四率为正弦，检表得本星次纬。又以本天半径为一率，本星次纬之正弦为二率，本星次轮半径为三率，求得四率为本星距黄道线。乃以本星距地心线为一率，本星距黄道线为二率，本天半径为三率，求得四率为正弦，检表得本星视纬，随定其南北。初宫至五宫为黄道北，六宫至十一宫为黄道南。

求水星实交角，以半径一千万为一率，交角较化秒为二率，距交实行九宫至二宫用正交交角较，三宫至八宫用中交交角较，仍视其南北用之。距交实行之正弦为三率，求得四率为交角差。置交角，用交角之法与用交角较同。以交角差加减之，距交实行九宫至二宫，星在黄道北则加，南则减；三宫至八宫反是。得实交角。

求黄道宿度及纪日，同日躔。

求交宫时刻，同月离。

求金、水晨夕伏见定限度，本星实行与太阳实行同宫同度为合伏，合伏后距太阳渐远；夕见西方顺行，顺行渐迟，迟极而退为留退。初退行渐近太阳，则夕不见，复与太阳同度为合退伏。自是又渐远太阳，晨见东方。仍退行渐迟，迟极而顺为留顺。初顺行渐疾，复近太阳，以至合伏，为晨不见。其伏见限度，金星为五度，水星为十度。其求定限度之法，与土、木、火星同，视本星距太阳度与定限相近。如在合伏前某日，即为某日晨不见；合伏后某日，即为某日夕见；合退伏前某日，即为某日夕不见；合退伏后某日，即为某日晨见。

求金、水合伏时刻，视本星实行将及太阳实行为合伏本日，已过太阳实行为合伏次日。求时刻之法，与月离求朔、望时刻之法同。

求金、水合退伏时刻，视太阳实行将及本星实行为合退伏本日，已过本星实行为合退伏次日。求时刻之法，与土、木、火星求退冲时刻之法同。

恒星用数

见日躔。

推恒星法　求黄道经度，以距康熙壬子年数减一，得积年岁差，乘之，收为度分，与康熙壬子年恒星表经度相加，得各恒星本年经度。求赤道经纬度，用弧三角形，以星距黄极为一边，黄赤大距为一边，本年星距夏至前后为所夹之角，求得对星距黄极边之角。夏至前用本度，夏至后与周天相减用其余度。自星纪宫初度起算，为各恒星赤道经度。又求得对原角之边，与象限相减，余为赤道纬度。减象限为北，减去象限为南。

求中星，以刻下分为一率，本日太阳实行与次日太阳实行相减余为二率，以所设时刻化分为三率，求得四率，与本日太阳实行相加，得本时太阳黄道经度。用弧三角形，推得太阳赤道经度，以所设时刻变赤道度一时变为十五度，一分变为十五分，一秒变为十五秒。加减半周，不及半周则加半周，过半周则减半周。得本时太阳距午后度。与太阳赤道经度相加，得本时正午赤道经度。视本年恒星赤道经度同者，即为中星。

卷四十九　志二十四

时宪五

康熙甲子元法下

月食用数

朔策二十九日五三〇五九三。

望策十四日七六五二九六五。

太阳平行，朔策一十万四千七百八十四秒，小余三〇四三二四。

太阳引数，朔策一十万四千七百七十九秒，小余三五八八六五。

太阴引数，朔策九万二千九百四十秒，小余二四八五九。

太阴交周，朔策十一万〇四百十四秒，小余〇一六五七四。

太阳平行，望策十四度三十三分十二秒〇九微。

太阳引数，望策十四度三十三分〇九秒四十一微。

太阴引数，望策六宫十二度五十四分三十秒〇七微。

太阴交周，望策六宫十五度二十分〇七秒。

太阳一小时平行一百四十七秒，小余八四七一〇四九。

太阳一小时引数一百四十七秒，小余八四〇一二七。

太阴一小时引数一千九百五十九秒，小余七四七六五四二。

太阴一小时交周一千九百八十四秒，小余四〇二五四九。

月距日一小时平行一千八百二十八秒，小余六一二一一〇八。

太阳光分半径六百三十七。

太阴实半径二十七。

地半径一百。

太阳最高距地一千〇十七万九千二百〇八，与地半径之比例，为十一万六千二百。

太阴最高距地一千〇十七万二千五百，与地半径之比例，为五千八百一十六。

朔应二十六日三八五二六六六。

首朔太阳平行应初宫二十六度二十分四十二秒五十七微。

首朔太阳引数应初宫十九度一十分二十七秒二十一微。

首朔太阴引数应九宫十八度三十四分二十六秒十六微。

首朔太阴交周应六宫初度三十分五十五秒十四微，余见日躔、月离。

推月食法

求天正冬至，同日躔。

求纪日，以天正冬至日数加一日，得纪日。

求首朔，先求得积日同月离。置积日减朔应，得通朔。上考则加。以朔策除之，得数加一为积朔。余数转减朔策为首朔。上考则除得之数即积朔，不用加一。余数即首朔，不用转减。

求太阴入食限，置积朔，以太阴交周朔策乘之，满周天秒数去之，余为积朔太阴交周。加首朔太阴交周应，得首朔太阴交周。上考则置首朔交周应减积朔交周。又加大阴交周望策，再以交周朔策递加十三次，得逐月望太阴平交周。视某月交周入可食之限，即为有食之月。交周自五宫十五度◯六分至六宫十四度五十四分，自十一宫十五度◯六分至初宫十四度五十四分，皆可食之限。再于实交周详之。

求平望，以太阴入食限月数与朔策相乘，加望策，再加首朔日分及纪日，满纪法去之，余为平望日分。自初日起甲子，得平望干支，以刻下分通其小余，如法收之。初时起子正，得时刻分秒。

求太阳平行，置积朔，加太阴入食限之月数为通月，以太阳平行朔策乘之，满周天秒数去之，加首朔太阳平行应，上考则减。又加太阳平行望策，即得。

求太阳平引，置通月，以太阳引数朔策乘之，去周天秒数，加首朔太阳引数应，上考则减。又加太阳引数望策，即得。

求太阴平引，置通月，以太阴引数朔策乘之，去周天秒数，加首朔太阴引数应，上考则减。又加太阴引数望策，即得。

求太阳实引，以太阳平引，依日躔法求得太阳均数，以太阴平引，依月离法求得太阴初均数，两均数相加减为距弧。两均同号相减，异号相加。以月距日一小时平行为一率，一小时化秒为二率，距弧化秒为三率，求得四率为距时秒，随定其加减号。两均同号，日大仍之，日小反之；两均一加一减，其加减从日。又以一小时化秒为一率，太阳一小时引数为二率，距时秒为三率，求得四率为秒。以度分收之，为太阳引弧。依距时加减号。以加减太阳平引，得实引。

求太阴实引，以一小时化秒为一率，太阴一小时引数为二率，距时秒为三率，求得四率为秒。以度分收之，为太阴引弧。依距时加减号。以加减太阴平引，得实引。

求实望，以太阳实引复求均数为日实均，并求得太阳距地心线。即实均第二平三角形对正角之边。以太阴实引复求均数为月实均，并求得太阴距地心线。法同太阳。两均相加减为实距弧。加减与距弧同。依前求距时法，求得时分为实距时，以加减平望，加减与距时同。得实望。加满二十四时，则实望进一日，不足减者，借一日作二十四时减之，则实望退一日。

求实交周，以一小时化秒为一率，太阴一小时交周为二率，实距时化秒为三率，求得四率为秒，以度分收之，为交周距弧。以加减太阴交周，依实距时加减号。又以月实均加减之，为实交周。若实交周入必食之限，为有食。自五宫十七度四十三分◯五秒至六宫十二度十六分五十五秒，自十一宫十七度四十三分◯五秒至初宫十二度十六分五十五秒，为必食之限。不入此限者，不必布算。

求太阳黄赤道实经度，以一小时化秒为一率，太阳一小时平行为二率，实距时化秒为三率，求得四率为秒，以度分收之，为太阳距弧。依时距时加减号。以加减太阳平行，又以日实均加减之，即黄道经度。又用弧三角形求得赤道经度。详月离求太阴出入时刻条。

求实望用时，以日实均变时为均数时差，以升度差黄赤道经度之较。变时为升度时差，两时差相加减为时差总，加减之法，详月离求用时平行条。以加减实望，为实望用时。距日出后日入前九刻以内者，可以见食。九刻以外者全在昼，不必算。

求食甚时刻，以本天半径为一率，黄白大距之余弦为二率，实交周之正切为三率，求得四率为正切，检表得食甚交周。与实交周相减，为交周升度差。又以太阴一小时引数与太阴实引相加，依月离求初均法算之，为后均。以后均与月实均相加减，两均同号相减，异号相加。得数又与一小时月距日平行相加减，两均同加，后均大则加，小则减。两均同减，后均大则减，小则加。两均一加一减，其加减从后均。为月距日实行。乃以月距日实行化秒为一率，一小时化秒为二率，交周升度差化秒为三率，求得四率为秒。以时分收之，得食甚距时。以加减实望用时，实交周初宫六宫为减，五宫十一宫为加。为食甚时刻。

求食甚距纬，以本天半径为一率，黄白大距之正弦为二率，实交周之正弦为三率，求得四率为正弦，检表得食甚距纬。实交周初宫五宫为北，六宫十一宫为南。

求太阴半径，以太阴最高距地为一率，地半径比例数为二率，太阴距地心线内减去次均轮半径为三率，求得四率为太阴距地。又以太阴距地为一率，太阴实半径为二率，本天半径为三率，求得四率为正弦。检表得太阴半径。

求地影半径，以太阳最高距地为一率，地半径比例数为二率，太阳距地心线为三率，求得四率为太阳距地。又以太阳光分半径内减地半径为一率，太阳距地为二率，地半径为三率，求得四率为地影之长。又以地影长为一率，地半径为二率，本天半径为三率，求得四率为正弦，检表得地影角。又以本天半径为一率，地影角之正切为二率，地影长内减太阴距地为三率，求得四率为太阴所入地影之阔。乃以太阴距地为一率，地影之阔为二率，本天半径为三率，求得四率为正切，检表得地影半径。

求食分，以太阴全径为一率，十分为二率，并径太阴地影两半径相并。内减食甚距纬之较并径不及减距纬即不食。为三率，求得四率即食分。

求初亏、复圆时刻，以食甚距纬之余弦为一率，并径之余弦为二率，半径千万为三率，求得四率为余弦，检表得初亏、复圆距弧。又以月距日实行化秒为一率，一小时化秒为二率，初亏、复圆距弧化秒为三率，求得四率为秒。以时分收之，为初亏、复圆距时。以加减食甚时刻，得初亏、复圆时刻。减得初亏，加得复圆。

求食既、生光时刻，以食甚距纬之余弦为一率，两半径较之余弦为二率，半径千万为三率，求得四率为余弦，检表得食既、生光距弧。又以月距日实行化秒为一率，一小时化秒为二率，食既、生光距弧化秒为三率，求得四率为秒。以时分收之，为食既、生光距时。以加减食甚时刻，得食既、生光时刻。减得食既，加得生光。

求食限总时，以初亏、复圆距时倍之，即得。

求太阴黄道经纬度，置太阳黄道经度，加减六宫，过六宫则减去六宫，不及六宫，则加六宫。再加减食甚距弧，又加减黄白升度差，求升度差法，详月离求黄道实行条。得太阴黄道经度。求纬度，详月离。

求太阴赤道经纬度，详月离求太阴出入时刻条。

求宿度，同日躔。

求黄道地平交角，以食甚时刻变赤道度，每时之四分变一度。又于太阳赤道经度内减三宫，不及减者，加十二宫减之。余为太阳距春分赤道度。两数相加，满全周去之。为春分距子正赤道度。与半周相减，得春分距午正东西赤道度。过半周者，减去半周，为午正西。不及半周者，去减半周，为午正东。春分距午正东西度过象限者，与半周相减，余为秋分距午正东西赤道度。秋分距午东西，与春分相反。以春秋分距午正东西度与九十度相减，余为春秋分距地平赤道度。乃用为弧三角形之一边，以黄赤大距及赤道地平交角即赤道地平上高度，春分午西、秋分午东者用此。若春分午东、秋分午西者，则以此度与半周相减用其余。为边傍之两角，求得对边之角，为黄道地平交角。春分午东、秋分午西者，得数即为黄道地平交角。春分午西、秋分午东者，则以得数与半周相减，余为黄道地平交角。

求黄道高弧交角，以黄道地平交角之正弦为一率，赤道地平交角之正弦为二率，春秋分距地平赤道度之正弦为三率，求得四率为正弦，检表得春秋分距地平黄道度。又视春秋分在地平上者，以太阴黄道经度与三宫、九宫相减，春分与三宫相减，秋分与九宫相减。余为太阴距春秋分黄道度。春秋分宫度大于太阴宫度，为距春秋分前；反此则在后。又以春秋分距地平黄道度与太阴距春秋分黄道度相加减，为太阴距地平黄道度，春秋分在午正西者，太阴在分后则加，在分前则减；春秋分在午正东者反是。随视其距限之东西。春秋分在午正西者，太阴距地平黄道度不及九十度为限西，过九十度为限东；春秋分在午正东者反是。乃以太阴距地平黄道度之余弦为一率，本天半径为二率，黄道地平交角之余切为三率，求得四率为正切，检表得黄道高弧交角。

求初亏、复圆定交角，置食甚交周，以初亏、复圆距弧加减之，得初亏、复圆交周。减得初亏，加得复圆。乃以本天半径为一率，黄白大距之正弦为二率，初亏交周之正弦为三率，求得四率为正弦，检表得初亏距纬。又以复圆交周之正弦为三率，一率二率同前。求得四率为正弦，检表得复圆距纬。交周初宫、五宫为纬北，六宫、十一宫为纬南。又以并径之正弦为一率，初亏、复圆距纬之正弦各为二率，半径千万为三率，各求得四率为正弦，检表得初亏、复圆两纬差角。以两纬差角各与黄道高弧交角相加减，得初亏、复圆定交角。初亏限东，纬南则加，纬北则减；限西，纬南则减，纬北则加。复圆反是。若初亏、复圆无纬差角，即以黄道高弧交角为定交角。

求初亏、复圆方位，食在限东者，定交角在四十五度以内，初亏下偏左，复圆上偏右。四十五度以外，初亏左偏下，复圆右偏上。适足九十度，初亏正左，复圆正右。过九十度，初亏左偏上，复圆右偏下。食在限西者，定交角四十五度以内，初亏上偏左，复圆下偏右。四十五度以外，初亏左偏上，复圆右偏下。适足九十度，初亏正左，复圆正右。过九十度，初亏左偏下，复圆右偏上。京师黄平象限恒在天顶南，定方位如此。在天顶北反是。

求带食分秒，以本日日出或日入时分初亏或食甚在日入前者，为带食出地，用日入分。食甚或复圆在日出后者，为带食入地，用日出分。与食甚时分相减，余为带食距时。以一小时化秒为一率，一小时月距日实行化秒为二率，带食距时化秒为三率，求得四率为秒。以度分收之，为带食距弧。又以半径千万为一率，带食距弧之余切为二率，食甚距纬之余弦为三率，求得四率为余切，检表得带食两心相距之弧。乃以太阴全径为一率，十分为二率，并径内减带食两心相距之余为三率，求得四率，即带食分秒。

求各省月食时刻，以各省距京师东西偏度变时，每偏一度，变时之四分。加减京师月食时刻，即得。东加，西减。

求各省月食方位，以各省赤道高度及月食时刻，依京师推方位法求之，即得。

绘月食图，先作横竖二线，直角相交，横线当黄道，竖线当黄道经圈，用地影半径度于中心作圈以象暗虚。次以并径为度作外虚圈，为初亏、复圆之限。又以两径较为度作内虚圈，为食既、生光之限。复于外虚圈上周竖线或左或右，取五度为识，视实交周初宫、十一宫作识于右，五宫、六宫作识于左。乃自所识作线过圈心至外虚圈下周，即为白道经圈。于此线上自圈心取食甚距纬作识，即食甚月心所在。从此作十字横线，即为白道。割内外虚圈之点，为食甚前后四限月心所在。末以月半径为度，于五限月心各作小圈，五限之象俱备。

日食用数

太阳实半径五百零七，余见月食推日食法。

求天正冬至，同日躔。

求纪日，同月食。

求首朔，同月食。

求太阴入食限，与月食求逐月望平交周之法同，惟不用望策，即为逐月朔平交周。视某月交周入可食之限，即为有食之月。交周自五宫九度零八分至六宫八度五十一分，又自十一宫二十一度零九分至初宫二十度五十二分，皆为可食之限。

求平朔，

求太阳平行，

求太阳平引，

求太阴平引，以上四条，皆与月食求平望之法同，惟不加望策。

求太阳实引，同月食。

求太阴实引，同月食。

求实朔，与月食求实望之法同。

求实交周，与月食同。视实交周入食限为有食。自五宫十一度四十五分至六宫六度十四分，又自十一宫二十三度四十六分至初宫十八度十五分，为实朔可食限。

求太阳黄赤道实经度，同月食。

求实朔用时，同月食求实望用时。实朔用时，在日出前或日入后。五刻以外，则在夜，不必算。

求食甚用时，与月食求食甚时刻法同。

求用时春秋分距午赤道度，以太阳赤道经度减三宫，不足减者，加十二宫减之。为太阳距春分后赤道度。又以食甚用时变为赤道度，加减半周，过半周者减去半周，不及半周者加半周。为太阳距午正赤道度。两数相加，满全周去之。其数不过象限者，为春分距午西赤道度。过一象限者，与半周相减，余为秋分距午东赤道度。过二象限者，则减去二象限，余为秋分距午西赤道度。过三象限者，与全周相减，余为春分距午东赤道度。

求用时春秋分距午黄道度，以黄赤大距之余弦为一率，本天半径为二率，春秋分距午赤道度之正切为三率，求得四率为正切，检表得用时春秋分距午黄道度。

求用时正午黄赤距纬，以本天半径为一率，黄赤大距之正弦为二率，距午黄道度之正弦为三率，求得四率为正弦，检表得用时正午黄赤距纬。

求用时黄道与子午圈交角，以距午黄道度之正弦为一率，距午赤道度之正弦为二率，本天半径为三率，求得四率为正弦，检表得用时黄道与子午圈交角。

求用时正午黄道宫度，置用时春秋分距午黄道度，春分加减三宫。午西加三宫，午东与三宫相减。秋分加减九宫，午西加九宫，午东与九宫相减。得用时正午黄道宫度。

求用时正午黄道高，置赤道高度，北极高度减象限之余。以正午黄赤距纬加减之，黄道三宫至八宫加，九宫至二宫减。即得。

求用时黄平象限距午，以黄道子午圈交角之余弦为一率，本天半径为二率，正午黄道高之正切为三率，求得四率为正切，检表得度分。与九十度相减，余为黄平象限距午之度分。

求用时黄平象限宫度，以黄平象限距午度分与正午黄道宫度相加减，正午黄道宫度初宫至五宫为加，六宫至十一宫为减，若正午黄道高过九十度，则反其加减。即得。

求用时月距限，以太阳黄道经度与用时黄平象限宫度相减，余为月距限度，随视其距限之东西。太阳黄道经度大於黄平象限宫度者为限东，小者为限西。

求用时限距地高，以本天半径为一率，黄道子午圈交角之正弦为二率，正午黄道高之余弦为三率，求得四率为余弦，检表得限距地高。

求用时太阴高弧，以本天半径为一率，限距地高之正弦为二率，月距限之余弦为三率，求得四率为正弦，检表得太阴高弧。

求用时黄道高弧交角，以月距限之正弦为一率，限距地高之余切为二率，本天半径为三率，求得四率为正切，检表得黄道高弧交角。

求用时白道高弧交角，置黄道高弧交角，以黄白大距加减之，食甚交周初宫、十一宫，月距限东则加，限西则减。五宫、六宫反是。即得。如过九十度，限东变为限西，限西变为限东，不足减者反减之。则黄平象限在天顶南者，白平象限在天顶北；黄平象限在天顶北者，白平象限在天顶南。

求太阳距地，详月食求地影半径条。

求太阴距地，详月食求太阴半径条。

求用时高下差，用平三角形，以地半径为一边，太阳距地为一边，用时太阴高弧与象限相减，余为所夹之角，求得对太阳距地边之角。减去一象限，为太阳视高。与太阴高弧相减，余为太阳地半径差。又作平三角形，以地半径为一边，太阴距地为一边，用时太阴高弧与象限相减，余为所夹之角，求得对太阴距地边之角。减去一象限，为太阴视高。与高弧相减，余为太阴地半径差。两地半径差相减，得高下差。

求用时东西差，以半径千万为一率，白道高弧交角之余弦为二率，高下差之正切为三率，求得四率为正切，检表得用时东西差。

求食甚近时，以月距日实行化秒为一率，一小时化秒为二率，东西差化秒为三率，求得四率为秒。以时分收之，为近时距分。以加减食甚用时，月距限西则加，限东则减，仍视白道高弧交角变限不变限为定。得食甚近时。

求近时春秋分距午赤道度，以食甚近时变赤道度求之，余与前用时之法同。后诸条仿此，但皆用近时度分立算。

求近时春秋分距午黄道度。

求近时正午黄赤距纬。

求近进黄道与子午圈交角。

求近时正午黄道宫度。

求近时正午黄道高。

求近时黄平象限距午。

求近时黄平象限宫度。

求近时月距限，置太阳黄道经度，加减用时东西差，依近时距分加减号。为近时太阴黄道经度。与近时黄平象限宫度相减，为近时月距限。余同用时。

求近时限距地高。

求近时太阴高弧。

求近时黄道高弧交角。

求近时白道高弧交角。

求近时高下差。

求近时东西差。

求食甚视行，倍用时东西差减近时东西差，即得。

求食甚真时，以视行化秒为一率，近时距分化秒为二率，用时东西差化秒为三率，求得四率为秒。以时分收之，为真时距分，以加减食甚用时，得食甚真时。加减与近时距分同。

求真时春秋分距午赤道度，以食甚真时变赤道度求之，余与用时之法同。后诸条仿此，但皆用真时度分立算。

求真时春秋分距午黄道度。

求真时正午黄赤距纬。

求真时黄道与子午圈交角。

求真时正午黄道宫度。

求真时正午黄道高。

求真时黄平象限距午。

求真时黄平象限宫度。

求真时月距限，置太阳黄道经度，加减近时东西差，依真时距分加减号。为真时太阴黄道经度。余同用时。

求真时限距地高。

求真时太阴高弧。

求真时黄道高弧交角。

求真时白道高弧交角。

求真时高下差。

求真时东西差。

求真时南北差，以半径千万为一率，真时白道高弧交角之正弦为二率，真时高下差之正弦为三率，求得四率为正弦，检表得真时南北差。

求食甚视纬，依月食求食甚距纬法推之，得实纬。以真时南北差加减之，为食甚视纬。白平象限在天顶南者，纬南则加，而视纬仍为南；纬北则减，而视纬仍为北。若纬北而南北差大于实纬，则反减而视纬变为南。限在天顶北者反是。

求太阳半径，以太阳距地为一率，太阳实半径为二率，本天半径为三率，求得四率为正弦，检表得太阳半径。

求太阴半径，详月食。

求食分，以太阳全径为一率，十分为二率，并径太阳太阴两半径并。减去视纬为三率，求得四率即食分。

求初亏、复圆用时，以食甚视纬之余弦为一率，并径之余弦为二率，半径千万为三率，求得四率为余弦，检表得初亏、复圆距弧。又以月距日实行化秒为一率，一小时化秒为二率，初亏、复圆距弧化秒为三率，求得四率为秒。以时分收之，为初亏、复圆距时。以加减食甚真时，得初亏、复圆用时。减得初亏，加得复圆。

求初亏春秋分距午赤道度，以初亏用时变赤道度求之，余与用时同。后诸条仿此，但皆用初亏度分立算。

求初亏春秋分距午黄道度。

求初亏正午黄赤距纬。

求初亏黄道与子午圈交角。

求初亏正午黄道宫度。

求初亏正午黄道高。

求初亏黄平象限距午。

求初亏黄平象限宫度。

求初亏月距限，置太阳黄道经度，减初亏、复圆距弧，又加减真时东西差，依真时距分加减号。得初亏太阴黄道经度。余同用时。

求初亏限距地高。

求初亏太阴高弧。

求初亏黄道高弧交角。

求初亏白道高弧交角。

求初亏高下差。

求初亏东西差。

求初亏南北差。

求初亏视行，以初亏、东西差与真时东西差相减并初亏食甚同限则减，初亏限东食甚限西则并。为差分，以加减初亏、复圆距弧为视行。相减为差分者，食在限东，初亏东西差大则减，小则加。食在限西反是。相并为差分者恒减。

求初亏真时，以初亏、视行化秒为一率，初亏、复圆距时化秒为二率，初亏、复圆距弧化秒为三率，求得四率为秒。以时分收之，为初亏距分。以减食甚真时，得初亏真时。

求复圆春秋分距午赤道度，以复圆用时变赤道度求之。余同用时。后诸条仿此，但皆用复圆度分立算。

求复圆春秋分距午黄道度。

求复圆正午黄赤距纬。

求复圆黄道与子午圈交角。

求复圆正午黄道宫度。

求复圆正午黄道高。

求复圆黄平象限距午。

求复圆黄平象限宫度。

求复圆月距限，置太阳黄道经度，加初亏、复圆距弧，又加减真时东西差，依真时距分加减号。得复圆太阴黄道经度。余同用时。

求复圆限距地高。

求复圆大阴高弧。

求复圆黄道高弧交角。

求复圆白道高弧交角。

求复圆高下差。

求复圆东西差。

求复圆南北差。

求复圆视行，以复圆东西差与真时东西差相减并为差分，复圆食甚同限，则减；食甚限东，复圆限西，则并。以加减初亏、复圆距弧为视行。相减为差分者，食在限东，复圆东西差大则加，小则减。食在限西反是。相并为差分者恒减。

求复圆真时，以复圆视行化秒为一率，初亏、复圆距时化秒为二率，初亏、复圆距弧化秒为三率，求得四率为秒。以时分收之，为复圆距分。以加食甚真时，得复圆真时。

求食限总时，以初亏距分与复圆距分相并，即得。

求太阳黄道宿度，同日躔。

求太阳赤道宿度，依恒星求赤道经纬法求得本年赤道宿钤，余同日躔求黄道法。

求初亏、复圆定交角，求得初亏、复圆各视纬，与食甚法同。以求各纬差角。各与黄道高弧交角相加减，为初亏及复圆之定交角。法与月食同。

求初亏、复圆方位，食在限东者，定交角在四十五度以内，初亏上偏右，复圆下偏左。四十五度以外，初亏右偏上，复圆左偏下。适足九十度，初亏正右，复圆正左。过九十度，初亏右偏下，复圆左偏上。食在限西者，定交角在四十五度以内，初亏下偏右，复圆上偏左。四十五度以外，初亏右偏下，复圆左偏上。适足九十度，初亏正右，复圆正左。过九十度，初亏右偏上，复圆左偏下。京师黄平象限恒在天顶南，定方位如此，在天顶北反是。

求带食分秒，以本日日出或日入时分初亏或食甚在日出前者，为带食出地，用日出分；食甚或复圆在日入后者，为带时入地，用日入分。与食甚真时相减，余为带食距时。乃以初亏、复圆距时化秒为一率，初亏、复圆视行化秒为二率，带食在食甚前，用初亏视行；带食在食甚后，用复圆视行。带食距时化秒为三率，求得四率为秒。以度分收之，为带食距弧。又以半径千万为一率，带食距弧之余切为二率，食甚距纬之余弦为三率，求得四率为余切，检表得带食两心相距。乃以太阳全径为一率，十分为二率，并径内减带食两心相距为三率，求得四率，为带食分秒。

求各省日食时刻及食分，以京师食甚用时，按各省东西偏度加减之，得各省食甚用时。乃按各省北极高度，如京师法求之，即得。

求各省日食方位，以各省黄道高弧交角及初亏、复圆视纬，求其定交角，即得。

绘日食圆法同月食，但只用日月两半径为度，作一大虚圈，为初亏、复圆月心所到。不用内虚圈，无食既、生光二限。

凌犯用数，具七政恒星行及交食。

推凌犯法，求凌犯入限，太阴凌犯恒星，以太阴本日次日经度，查本年恒星经纬度表，某星纬度不过十度，经度在此限内，为凌犯入限。复查太阴在入限各星之上下，如星月两纬同在黄道北者，纬多为在上，纬少为在下。同在黄道南者反是。一南一北者，北为在上，南为在下。太阴在上者，两纬相距二度以内取用；太阴在下者，一度以内取用。相距十七分以内为凌，十八分以外为犯，纬同为掩。太阴凌犯五星，以本日太阴经度在星前、次日在星后为入限，余与凌犯恒星同。五星凌犯恒星，以两纬相距一度内取用。相距三分以内为凌，四分以外为犯，余与太阴同。五星自相凌犯，以行速者为凌犯之星，行迟者为受凌犯之星。如迟速相同而有顺逆，则为顺行之星凌犯逆行之星，皆以此星经度本日在彼星前、次日在彼星后为入限。余同凌犯恒星。

求日行度，太阴凌犯恒星，即以太阴一日实行度为日行度。凌犯五星，以太阴一日实行度与本星一日实行度相加减，星顺行则减，逆行则加。为日行度。五星凌犯恒星，以本星一日实行度为日行度。五星自相凌犯，以两星一日实行度相加减，顺逆同行则减，异行则加。为日行度。

求凌犯时刻，以日行度化秒为一率，刻下分为二率，本日子正相距度化秒为三率，求得四率为分。以时刻收之，初时起子正，即得。

求太阴凌犯视差，五星视差甚微，可以不计。以刻下分为一率，太阳一日实行度化秒为二率，凌犯时刻化分为三率，求得四率为秒。以度分收之，与本日子正太阳实行相加，为本时太阳黄道度。依日食法求东西差及南北差。

求太阴视纬，置太阴实纬，以南北差加减之，加减之法，与日食同。即得。求太阴距星，以太阴视纬与星纬相加减，南北相同则减，一南一北则加。得太阴距星。取相距一度以内者用。

求凌犯视时，以太阴一小时实行化秒为一率，一小时化秒为二率，东西差化秒为三率，求得四率为秒。收为分，以加减凌犯时刻，太阴距限西则加，东则减。得凌犯视时。

卷五十　　志二十五

时宪六

雍正癸卯元法上

日躔改法之原：

一，更定岁实以衡消长。岁实古多而今少，故《授时》有消长之术。西人第谷所定，减郭守敬万分之三。至奈端等屡加测验，谓第谷所减太过，定为三百六十五日二四二三三四四二〇一四一五，比第谷所定多万分之一有奇。以除周天三百六十度，得每日平行，比第谷所定少五纤有奇。本法用之。

一，更定黄赤距纬以徵翕辟。黄赤大距，古阔而今狭，恒有减而无增，西人利酌理、噶西尼测定黄赤大距二十三度二十九分，比第谷所定少二分三十秒，比刻白尔所定少一分。本法用之。

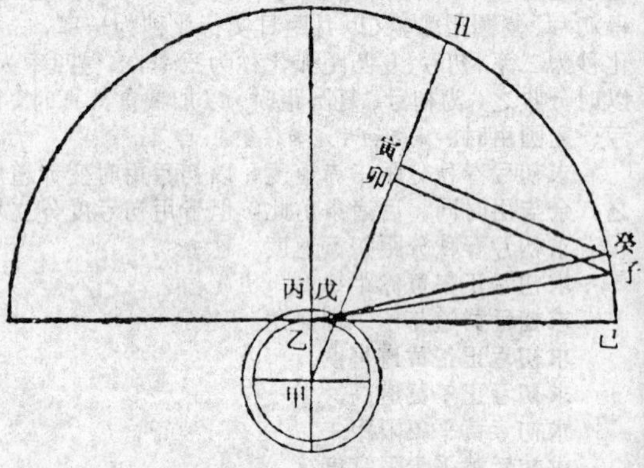

一，细考清蒙气差以祛歧视。西人第谷悟得蒙气绕地球之周，日月星照蒙气之外，人在地面为蒙气所映，必能视之使高。而日月星之光线入蒙气之中，必反折之使下。故光线与视线蒙气之内合而为一，蒙气之外，歧而为二。二线所交，即为蒙气差角，然未有算术。噶西尼反覆精求，谓视线光线所歧虽有不同，相合则有定处。自地心过所合处作线抵圆周，即为蒙气割线。视线与割线成一角，光线与割线亦成一角，二角相减，得蒙气差角。爰在北极出地高四十四度处，屡加精测，得地平上最大差为三十二分一十九秒，蒙气之厚为地半径千万分之六千零九十五，视线角与光线角正弦之比例，常如一千万与一千万零二千八百四十一。用是推得逐度蒙气差。本法用之。如圆甲为地心，乙为地面，丙乙为蒙气之厚，丑甲为割线，癸乙为视线，子戊为光线，癸戊子为蒙气差角，癸寅、子卯为两正弦。

一，细考地半径差以辨蒙杂。康熙十一年壬子秋分前十四日夜半，火星与太阳冲，西人噶西尼于富郎济亚国测得火星距天顶五十九度四十分一十五秒，利实尔于同一子午线之噶耶那岛测得火星距天顶一十五度四十七分五秒，同时用有千里镜能测秒微之仪器，与子午线上最近一恒星，测其相距。噶西尼所得火星较低一十五秒，因恒星无地半径差以之立法，用平三角形，推得火星在地平上最大地半径差二十五秒，小余三七。又据歌白尼、第谷测得火星距地与太阳距地之比，如一百与二百六十六，用转比例法，求得太阳在中距时地平上最大地半径差一十秒，其逐度之差，以半径与正弦为比例。本法用之，以求地半径与日天半径之比例，中距为一与二万零六百二十六，最高为一与二万零九百七十五，最卑为一与二万零二百七十七，地平上最大地半径差最高为九秒五十微，最卑为一十秒一十微。

一，用椭圆面积为平行以酌中数。西人刻白尔以来，屡加精测，盈缩之最大差止一度五十六分一十二秒。以推逐度盈缩差，最高前后，本轮失之小，均轮失之大；最卑前后，本轮失之大，均轮失之小。乃以盈缩最大差折半，检其正弦，得一六九〇〇〇为两心差。以本天心距最高卑为一千万，作椭圆，自地心出线，均分其面积，为平行度，以所夹之角为实行度，以推盈缩。在本轮、均轮所得数之间，而逐度推求，苦无算术。噶西尼等乃立角积相求诸法，验诸实测，斯为吻合。本法用之。如图甲为地心，乙为本天心，丁为最高，丙为最卑，戊己为中距，瓜分之面积为平行，所对之平圆周角度为黄道实行。

一，更定最卑行以正引数。西人噶西尼等测得每岁平行一分二秒五十九微五十一纤零八忽，比甲子元法多一秒四十九微有奇。本法用之。

一，更定平行所在以正岁首。用西人噶西尼所定，推得雍正癸卯年天正冬至为丙申日丑正三刻十一分有奇，比甲子元法迟二刻。次日子正初刻最卑过冬至八度七分三十二秒二十二微，比甲子元法多十七分三十五秒四十二微。

月离改法之原：

一，求太阴本天心距地及最高行，随时不同，以期通变。自西人刻白尔创椭圆之法，奈端等累测月离，得日当月天中距时最大迟疾差为四度五十七分五十七秒，两心差为四三三一九〇。日当月天最高，或当月天最卑，则最大迟疾差为七度三十九分三十三秒，两心差为六六七八二〇。日历月天高卑而后，两心差渐小；中距而后，两心差渐大；日距月天高卑前后四十五度，两心差适中。又日当月天高卑时，最高之行常速，至高卑后四十五度而止；日当月天中距时，最高之行常迟，至中距后四十五度而止；与日月之盈缩迟疾相似，而周转之数倍之。因以地心为心，以两心差最大最小两数相加折半，得五五〇五〇五，为最高本轮半径。相减折半，得一一七三一五，为最高均轮半径。均轮心循本轮周右旋，行最高平行度；本天心循均轮周起最远点右旋，行日距月天最高之倍度。用平三角形，推得最高实均。又推得逐时两心差，以求面积。如日躔求盈缩法，以求迟疾，名曰初均。本法用之。如图戊为地心，甲壬癸子为本轮，乙丁丑丙为均轮，丙丁皆本天心，丙为最远，丁为最近，戊丙两心差大，己庚椭圆面积少，戊丁两心差小，辛申椭圆面积多。

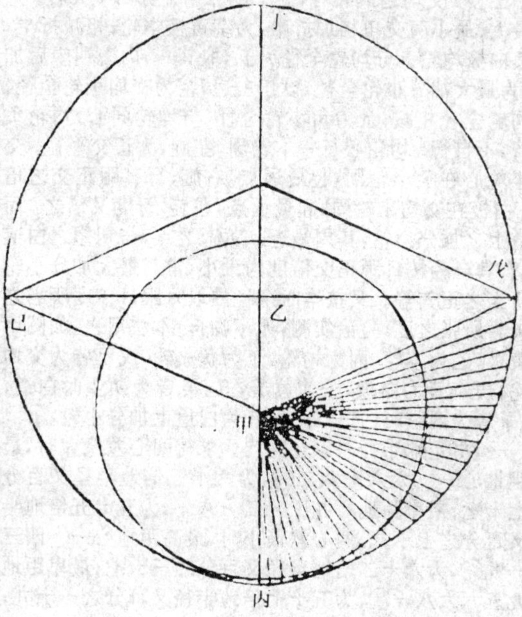

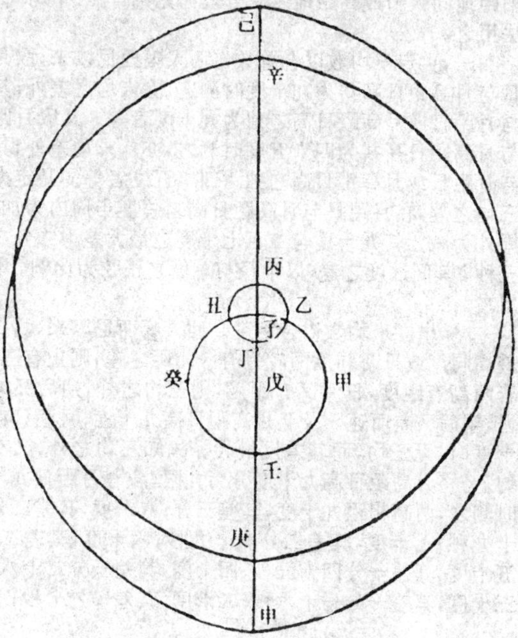

一、增立一平均数以合时差。西人刻白尔以来，奈端等屡加测验，得日在最卑后太阴平行常迟，最高平行、正交平行常速。日在最高后反是。因定日在中距，太阴平行差一十一分五十秒，最高平行差一十九分五十六秒，正交平行差九分三十秒。其间逐度之差，皆以太阳中距之均数与太阳逐度之均数为比例，名曰一平均。本法用之。

一，增立二平均数以均面积。西人奈端以来，屡加精测，得太阳在月天高卑前后太阴平行常迟，至高卑后四十五度而止。在月天中距前后反是。然积迟、积速之多，正在四十五度，而太阳在最高与在最卑，其差又有不同。因定太阳在最高，距月天高卑中距后四十五度之最大差为三分三十四秒；太阳在最卑，距月天高卑中距后四十五度之最大差为三分五十六秒。高卑后为减，中距后为加。其间日距月最高逐度之差，皆以半径与日距月最高倍度之正弦为比例。太阳距地逐度之差，又以太阳高卑距地之立方较与太阳本日距地同太阳最高距地之立方较为比例，名曰二平均。本法用之。

一，增立三平均数以合交差。西人奈端以来，定白极在正交均轮周行日距正交之倍度，因定太阳在黄白两交后，则太阴平行又稍迟；在黄白大距后，则太阴平行又稍速；其最大差为四十七秒。两交后为减，大距后为加。其逐度之差，皆以半径与日距正交倍度之正弦为比例，名曰三平均。本法用之。

一，更定二均数以正倍离。西人噶西尼以来，屡加测验，定日在最高朔望前后四十五度，最大差为三十三分一十四秒；日在最卑朔望前后四十五度，最大差为三十七分一十一秒。朔望后为加，两弦后为减。其间月距日逐度之二均，则以半径与月距日倍度之正弦为比例。其太阳距最高逐度二均之差，又以日天高卑距地之立方较与本日太阳距地同太阳最高距地之立方较为比例，与二平均同。本法用之。

一，更定三均数以合总数。西人噶西尼以来，取月距日与月高距日高共为九十度时测之，除末均之差外，其差与月距日或月高距日高之独为九十度者等。又取月距日与月高距日高共为四十五度时测之，亦除末均差外，其差与月距日或月高距日高之独为四十五度者等。乃定太阴三均之差，在月距日与月高距日高之总度半周内为加，半周外为减。其九十度与二百七十度之最大差为二分二十五秒。其间逐度之差，以半径与总度之正弦为比例。本法用之。

一，增立末均数以合距度。西人噶西尼以来，测日月最高同度或日月同度两者只有一相距之差，则止有三均。若两高有距度，日月又有距度，则三均之外，朔后又差而迟，望后又差而速。及至月高距日高九十度、月距日亦九十度时，无三均，而其差反最大。故知三均之外，又有末均。乃将月高距日高九十度分为九限，各于月距日九十度时测之，两高相距九十度，其差三分；八十度，其差二分三十九秒；七十度，其差二分一十九秒；六十度，其差二分；五十度，其差一分四十三秒；四十度，其差一分二十八秒；三十度，其差一分一十六秒；二十度，其差一分七秒；一十度，其差一分一秒。其间逐度之差，用中比例求之。其间月距日逐度之差，皆以半径与月距日之正弦为比例。朔后为减，望后为加。本法用之。

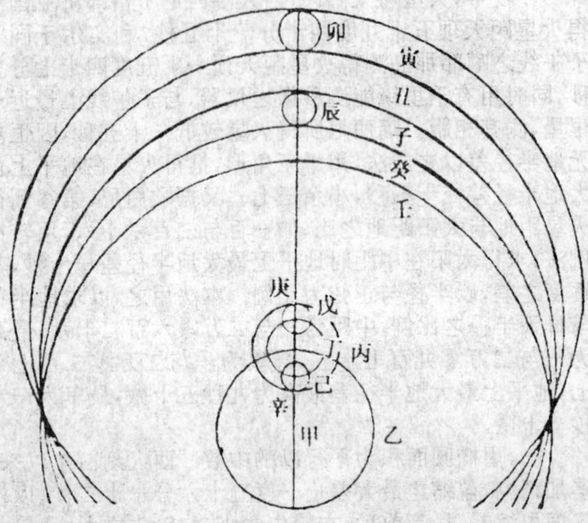

一，更定交均及黄白大距以合差分。西人奈端、噶西尼以来，测得日在两交时，交角最大为五度一十七分二十秒；日距交九十度时，交角最小为四度五十九分三十五秒。朔望而后，交角又有加分。因日距交与月距日之渐远，以渐而大，至日距交九十度、月距日亦九十度时，加二分四十三秒。交均之最大者，为一度二十九分四十二秒。乃以最大、最小两交角相加折半，为绕黄极本轮；相减折半，为负白极均轮。分均轮全径为五，取其一，内去朔望后加分，为最大加分小轮全径，设于白道，余为交均小轮全径。与均轮全径相减，余为负小轮全径，与均轮同心，均轮负而行，不自行。均轮心行于本轮周，左旋，为正交平行。交均小轮心在负小轮周，起最远点，右旋，行日距正交之倍度。白极在交均小轮周，起最远点，左旋，行度又倍之。而白道上之加分小轮，其周最近。黄道之点，与朔望之白道相切，其全径按日距正交倍度为大小，常与最大加分小轮内所当之正矢等。又按本时全径内取月距日倍度所当之正矢为所张之度，验诸实测，无不吻合。本法用之。如图甲为黄极，乙为本轮，丙为均轮，丁为负小轮，戊己皆为交均小轮，庚辛皆为白极，壬为黄道，丑、癸皆为朔望时白道，寅、子皆为两弦时白道，卯、辰皆为白道上加分小轮。

一，更定地半径差以合高均。求得两心差最大时，最高距地心一〇六六七八二〇，为六十三倍地半径又百分之七十七；最卑距地心九三三二一八〇，为五十五倍地半径又百分之七十九。两心差最小时，最高距地心一〇四三三一九〇，为六十二倍地半径又百分之三十七；最卑距地心九五六六八一〇，为五十七倍地半径又百分之一十九；

中距距地心一千万，为五十九倍地半径又百分之七十八。又用平三角形，求得太阴自高至卑逐度距地心线及地平上最大差。其实高逐度之差，皆以半径与正弦为比例。

一，更定三种平行及平行所在。太阴每日平行，比甲子元法多千万分秒之二万二千三百一十六，最高每日平行，比甲子元法少百万分秒之七千二百五十一，正交每日平行，比甲子元法少十万分秒之一百三十七。雍正癸卯天正冬至，次日子正，太阴平行所在，比甲子元法多二分一十四秒五十七微，最高平行所在，比甲子元法少三十六分三十七秒一十微，正交平行所在，比甲子元法多五分六秒三十三微。

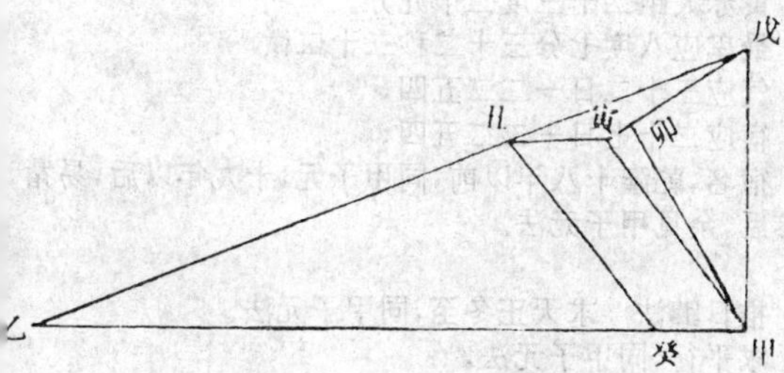

交食改法之原：

一，用两时日躔、月离黄道度求实朔、望。先推平朔、望以求其入交之月，次推本日、次日两子正之日躔、月离黄道经度以求其实朔、望之时，又推本时次时两日躔、月离以比例其时刻。与甲子元法止用两日及用黄白同经者不同。

一，用两经斜距求日、月食甚时刻及两心实相距。以黄白二道原非平行，而日、月两经常相斜距。若以太阳为不动，则太阴如由斜距线行，故求两心相距最近之线，不与白道成正角，而与斜距线成正角。其距弧变时，亦不以月距日实行度为比例，而以斜距度为比例。如图甲乙为黄道，戊乙为白道，甲戊为实朔、望距纬，甲癸为太阳一小时实行，戊丑为太阴一小时实行。设太阳不动而合癸与甲，则太阴不在丑而在寅。戊寅为一小时两经斜距线，甲卯与戊寅成正角，即为两心相距最近之线，戊卯为食甚距弧，皆借弧线为直线，用平三角形求之。初亏、复圆，则以并径为弦作勾股。

一，更定日、月实径与地径之比例。西人默爵制造镜仪，测得日视径最高为三十一分四十秒，中距为三十二分一十二秒，最卑为三十二分四十五秒；月视径最高为二十九分二十三秒，中距为三十一分二十一秒，最卑为三十三分三十六秒。用此数推算日实径为地径之九十六倍又十分之六，月实径为地径百分之二十七，小余二六强，太阳光分一十五秒。本法用之。

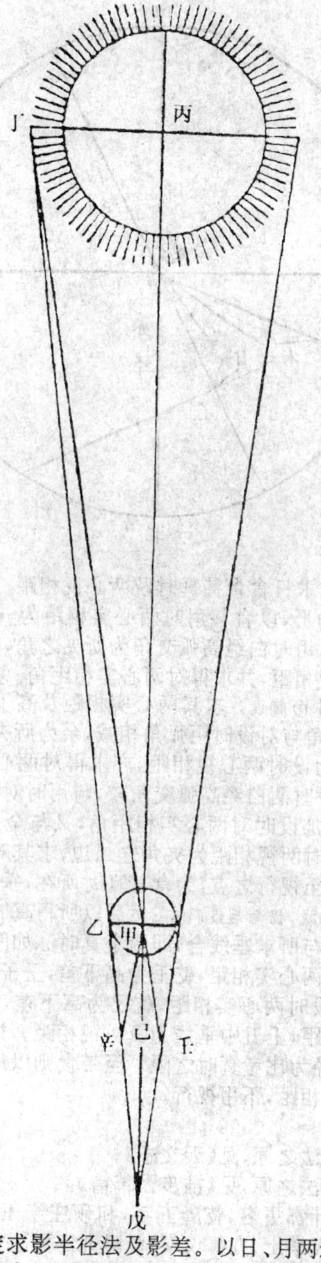

一，更定求影半径法及影差。以日、月两地半径差相加，内减去日半径，余即为实影半径。又月食时日在地下，蒙气转蔽日光，地影视径大于实径约为太阴地半径差六十九分之一，是为影差。如图甲丁辛三角形，丁辛二内角与壬甲辛一外角等，丁角即太阳地半径差，辛角即太阴地半径差，甲丁线略与甲丙日天半径等，甲辛线略与甲己月天半径等，其角皆与地半径甲乙相当故。壬甲己对角丙甲丁即日半径。故以丁角、辛角相加，即得壬甲辛角，内减壬甲己角，余己甲辛角，即实影半径。

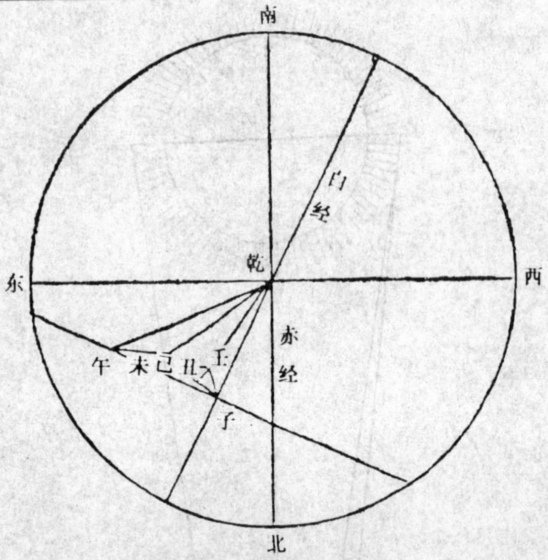

一，更定求日食食甚真时及两心视相距。借弧线为直线，用平三角形，以食甚用时两心实相距为一边，用时高下差为一边，用时白经高弧交角为所夹之角，求得对角之边，为两心视相距，并求得对两心实相距角。复设一时，限西向后设，限东向前设。求其两心实相距及高下差为二边。白经高弧交角与对设时距弧角相减，余为所夹之角，求得对角之边，为设时两心视相距，亦求得对两心实相距角。乃取用时、设时两白经高弧交角较，与用时对两心实相距角相减。又加设时对两心实相距角，又与全周相减为一角，用时、设时两视相距为夹角之二边，求其对边为视行，求其中垂线至视行之点，为食甚真时所在，垂线为真时视相距。以上加减，据向后设而言。然后以所得真时，复考其两心视相距果与所求垂线合，即为定真时。如图乾为日心，乾子为用时两心实相距，乾壬为高下差，壬子为两心视相距，乾午为设时两心实相距，乾己为高下差，己午同壬未为两心视相距，壬丑中垂线为真时视相距。初亏、复圆法同，但以并径为比考真时之限。至带食则以地平为断，亦迳求两心视相距，不用视行。

恒星改法之原，见《天文志》。

土星改法之原，见《推步因革篇》。

罗睺、计都更名，乾隆五年，和硕庄亲王等援古法奏请更正，下大学士、九卿议奏，乾隆九年更正。

紫气增设之原，大学士、伯讷尔泰等议覆，更定罗睺、计都名目，并援古法增入紫气，约二十八年十闰而气行一周天，每日行二分六秒，小余七二〇七七七。以乾隆九年甲子天正冬至，次日子正在七宫十七度五十分十四秒五十三微为元。

日躔用数，雍正元年癸卯天正冬至为法元。壬寅年十一月冬至。

周岁三百六十五日二四二三三四四二。

太阳每日平行三千五百四十八秒，小余三二九〇八九七。

最卑岁行六十二秒，小余九九七五。

最卑日行十分秒之一又七二四八。

本天椭圆大半径一千万，小半径九百九十九万八千五百七十一，小余八五，两心差十六万九千。

宿度，乾隆十八年以前，用康熙壬子年表，十九年以后，用乾隆甲子年表，俱见《天文志》。

各省及蒙古、回部、两金川土司北极高度、东西偏度，见《天文志》。

黄赤大距二十三度二十九分。

最卑应八度七分三十二秒二十二微。

气应三十二日一二二五四。

宿应二十七日一二二五四。

宿名，乾隆十八年以前，同甲子元，十九年以后，易觜前参后，余见甲子元法。

推日躔法　求天正冬至，同甲子元法。

求平行，同甲子元法。

求实行，先求引数，同甲子元法。乃用平三角形，以二千万为一边，倍两心差为一边，引数为所夹之角，六宫内用内角，六宫外与全周相减用其余。求得对倍两心差之角，倍之为椭圆界角。又以本天小半径为一率，大半径为二率，前所夹角正切为三率，求得四率为椭圆之正切，检表得度分秒。与引数相减，余为椭圆差角。最卑前后各三宫与椭圆界角相加，最高前后各三宫与椭圆界角相减，自初宫为最卑后，以此顺计。为均数。置平行，以均数加减之，引数初宫至五宫为加，六宫至十一宫为减。得实行。

求宿度。

求纪日值宿。

求节气时刻。

求距纬度。

求日出入昼夜时刻。并同甲子元法。

月离用数　太阴每日平行四万七千四百三十五秒，小余〇二三四〇八六。

最高每日平行四百零一秒，小余〇七〇二二六。

正交每日平行一百九十秒，小余六三八六三。

太阳最大均数六千九百七十三秒。

太阴最大一平均七百一十秒。

最高最大平均一千一百九十六秒。

正交最大平均五百七十秒。

太阳最高立方积一〇五一五六二。

太阳高卑立方大较一〇一四一〇。

太阳在最高，太阴最大二平均二百一十四秒。

太阳在最卑，太阴最大二平均二百三十六秒。

太阴最大三平均四十七秒。

本天椭圆大半径一千万。

最大两心差六六七八二〇。

最小两心差四三三一九〇。

最高本轮半径五五〇五〇五，即中数两心差。

最高均轮半径一一七三一五。

太阳在最高，太阴最大二均一千九百九十四秒。

太阳在最卑，太阴最大二均二千二百三十一秒。

太阴最大三均一百四十五秒。

两最高相距一十度，两弦最大末均六十一秒。

相距二十度，两弦最大末均六十七秒。

相距三十度，两弦最大末均七十六秒。

相距四十度，两弦最大末均八十八秒。

相距五十度，两弦最大末均一百零三秒。

相距六十度，两弦最大末均一百二十秒。

相距七十度，两弦最大末均一百三十九秒。

相距八十度，两弦最大末均一百五十九秒。

相距九十度，两弦最大末均一百八十秒。

正交本轮半径五十七分半。

正交均轮半径一分半。

最大黄白大距五度一十七分二十秒。

最小黄白大距四度五十九分三十五秒。

黄白大距中数五万八千五百零七秒半。

黄白大距半较五百三十二秒半。

最大交角加分一千零六十五秒。

最大距日加分一百六十三秒。

太阴平行应五宫二十六度二十七分四十八秒五十三微。

最高应八宫一度一十五分四十五秒三十八微。

正交应五宫二十度五十七分三十七秒三十三微。余见日躔。

推月离法　　求天正冬至，同甲子元法。

求太阴平行，同甲子元法。

求最高平行，同甲子元法求月孛行。

求正交平行，同甲子元法。

求用平行，以太阳最大均数为一率，太阴最大一平均为二率，本日太阳均数化秒为三率，求得四率为秒。收为分，后皆同。为太阴一平均。又以最高最大平均为二率，一率、三率同前。求得四率为本日最高平均。又以正交最大平均为二率，求得四率，为本日正交平均，随记其加减号。太阴正交与太阳相反，最高与太阳同。各加减平行，得太阴二平行及用最高用正交。于太阳实行内减去用最高，为日距月最高。减去用正交，为日距正交。次以半径千万为一率，太阳引数内加减太阳均数为实引，取其余弦为二率，太阳倍两心差为三率，求得四率为分股。又以实引正弦为二率，一率、三率同前。求得四率为勾；以分股与全径二千万相加减，实引三宫内九宫外加，三宫外九宫内减。为股弦和；求得弦。转与全径相减，为日距地心数。自乘再乘得立方积，与太阳最高立方积相减，为本时立方较。又以半径千万为一率，高卑最大二平均各为二率，日距月最高倍度正弦为三率，各求得四率，为本时高卑二平均。又以高卑立方大较为一率，本时立方较为二率，本时高卑二平均相减余为三率，求得四率与本时最高二平均相加，为本时二平均，记加减号。日距月最高倍度不及半周为减，过为加。复以半径千万为一率，最大三平均为二率，日距正交倍度正弦为三率，求得四率，为三平均，记加减号。日距正交倍度不及半周为减，过为加。乃置二平行，加减二三平均，得用平行。

求初实行，用平三角形，以最高本轮半径为一边，最高均轮半径为一边，日距月最高倍度与半周相减，余为所夹之角，求得对均轮半径之角，为最高实均，记加减号。日距月最高倍度不及半周为加，过为减。又求得对原角之边，为本时两心差。以最高实均加减用最高为最高实行，以最高实行减用平行为太阴引数，复用平三角形，以半径千万为一边，本时两心差为一边，太阴引数与半周相减余为所夹之角，求得对两心差之角。与原角相加，复为所夹之角。求得对半径千万之角，为平圆引数。乃以本天大半径为一率，本时两心差为正弦，对表取余弦为二率，平圆引数之正切线为三率，求得四率为正切，检表为实引，与太阴引数相减为初均数。置用平行，以初均数加减之，引数初宫至五宫为减，六宫至十一宫为加。得初实行。

求白道实行，置初实行，减本日太阳实行，为月距日。乃以半径千万为一率，高卑最大二均数各为二率，月距日倍度正弦为三率，各求得四率，为本时高卑二均数。又以高卑立方大较为一率，本时立方较为二率，本时高卑二均数相减余为三率，求得四率，与本时最高二均数相加，为本时二均数，记加减号。月距日倍度不及半周为加，过为减。又置月距日，加减二均，为实月距日。置太阳最卑平行，加减六宫，为日最高太阴最高实行。内减日最高，为日月最高相距。与实月距日相加，为相距总数。以半径千万为一率，最大三均为二率，相距总数正弦为三率，求得四率，为三均数，记加减号。总数不及半周为加，过为减。又以半径千万为一率；日月最高相距度用中比例，取本时两弦最大末均为二率，实月距日正弦为三率，求得四率，为末均数，记加减号。实月距日不及半周为减，过为加。乃置初实行，加减二均、三均、末均，得白道实行。

求黄道实行，用平三角形，以正交本轮半径为一边，正交均轮半径为一边，日距正交倍度为所夹之外角，倍度过半周，减去半周，用其余。求得对两边二角之半较。与日距正交相减，余为正交实均。以加减日距正交倍度不及半周为加，过为减。用正交，为正交实行。置白道实行，减正交实行，为月距正交。又以半径千万为一率，日距正交倍度正矢为二率，倍度过半周，与全周相减，用其余。黄白大距半较为三率，求得四率，为交角减分。又以最大距日加分折半为三率，一率、二率同前。求得四率，为距交加差。又以半径千万为一率，实月距日倍度正矢为二率，倍度过半周，与全周相减，用其余。距交加差折半为三率，求得四率，为距日加分。置最大大距，减交角，减分加距日加分，为黄白大距。乃以半径千万为一率，黄白大距余弦为二率，月距正交、正切为三率，求得四率为正切，检表为黄道距交度。与月距正交相减，余为升度差。以加减白道实行，月距正交初、一、二、六、七、八宫为减，三、四、五、九、十、十一宫为加。得黄道实行。

求黄道纬度，同甲子元法。

求四种宿度，月孛用最高实行，罗睺用正交实行加减六宫，计都用正交实行，余同甲子元法。

求纪日值宿。

求交宫时刻。

求太阴出入时刻。

求合朔弦望。

求正升、斜升、横升。

求月大小。

求闰月，并同甲子元法。

求月令，日躔娵訾，为建寅正月，东风解冻，蛰虫始振，鱼陟负冰，獭祭鱼，候雁北，草木萌动，凡六候。日躔降娄，为建卯二月，桃始华，仓庚鸣，鹰化为鸠，玄鸟至，雷乃发声，始电，凡六候。日躔大梁，为建辰三月，桐始华，田鼠化为鴽，虹始见，萍始生，鸣鸠拂其羽，戴胜降于桑，凡六候。日躔实沈，为建巳四月，蝼蝈鸣，蚯蚓出，王瓜生，苦菜秀，靡草死，麦秋至，凡六候。日躔鹑首，为建午五月，螳螂生，鵙始鸣，反舌无声，鹿角解，蜩始鸣，半夏生，凡六候。日躔鹑火，为建未六月，温风至，蟋蟀居壁，鹰始挚，腐草为萤，土润溽暑，大雨时行，凡六候。日躔鹑尾，为建申七月，凉风至，白露降，寒蝉鸣，鹰乃祭鸟，天地始肃，禾乃登，凡六候。日躔寿星，为建酉八月，鸿雁来，玄鸟归，群鸟养羞，雷始收声，蛰虫坯户，水始涸，凡六候。日躔大火，为建戌九月，鸿雁来宾，雀入大水为蛤，菊有黄华，豺乃祭兽，草木黄落，蛰虫咸俯，凡六候。日躔析木，为建亥十月，水始冰，地始冻，雉入大水为蜃，虹藏不见，天气上升，地气下降，闭塞而成冬，凡六候。日躔星纪，为建子十一月，鹖鴠不鸣，虎始交，荔挺出，蚯蚓结，麋角解，水泉动，凡六候。日躔元枵，为建丑十二月，雁北乡，鹊始巢，雉雊，鸡乳，征鸟厉疾，水泽腹坚，凡六候。每五度为一候，按宫度推之即得。

五星用数，推五星行，并同甲子元法，惟土星平行应减去三十分。

恒星用数，见《天文志》，推恒星法，同甲子元法。

紫气用数，乾隆九年甲子天正冬至为法元。癸亥年十一月冬至。

紫气日行一百二十六秒，小余七二〇七七七。

紫气应七宫十七度五十分十四秒五十三微。

推紫气法，求紫气行，与日躔求平行法同。

求宿度，与太阳同。

卷五十一　　志二十六

时宪七

雍正癸卯元法下

月食用数

朔策二十九日五三〇五九〇五三。

望策一十四日七六五二九五二六五。

太阴交周朔策一十一万零四百一十三秒，小余九二四四一三三四。

太阴交周望策六宫一十五度二十分零六秒五十八微。

中距太阴地半径差五十七分三十秒。

太阳最大地半径差一十秒。

中距太阳距地心一千万。

中距太阴距地心一千万。

中距太阳视半径一十六分六秒。

中距太阴视半径一十五分四十秒三十微。

朔应一十五日一二六三三。

首朔太阴交周应六宫二十三度三十六分五十二秒四十九微。余见日躔、月离。

推月食法

求天正冬至，

求纪日，

求首朔，

求太阴入食限，并同甲子元法。视某月太阴平交周入可食之限，即为有食之月。交周自五宫十四度五十一分至六宫十五度九分，自十一宫十四度五十一分至初宫十五度九分，皆可食之限。再于实时距正交详之。

求平望，同甲子元法。

求实望实时，先求泛时，用两日实行较，同甲子元求朔望法。次设前、后两时，各求日、月黄道实行。复用两时实行较，得实望实时。又以实时各求日、月黄道实行，视本时月距正交入限为有食。自五宫十七度四十三分至六宫十二度十七分，自十一宫十七度四十三分至初宫十二度十七分，皆有食之限。

求实望用时，用实时太阳均数及升度求法，同甲子元法。比视日出入亦同。

求食甚时刻，用平三角形，以一小时太阴白道实行化秒为一边，本时次时二实行较。一小时太阳黄道实行化秒为一边，实望黄白大距为所夹之角，求得对小边之角为斜距交角差。以加实时黄白大距，为斜距黄道交角。又以斜距交角差之正弦为一率，一小时太阳实行为二率，实望黄白大距之正弦为三率，求得四率，为一小时两经斜距。又以半径千万为一率，斜距黄道交角之余弦、正弦各为二率，实望月离黄道实纬为三率，各求得四率，为食甚实纬南北与实望黄道实纬同。及距弧。又以一小时两经斜距为一率，一小时化秒为二率，食甚距弧为三率，求得四率为食甚距时。以加减实望用时，月距正交初宫、六宫为减，五宫、十一宫为加。得食甚时刻。

求太阳太阴实引，置实望太阳引数，加减本时太阳均数，得太阳实引。又置实望太阴引数，加减本时太阴初均数，得太阴实引。

求太阳太阴距地，用平三角形，以日躔倍两心差为对正角之边，以太阳实引为又一角，三宫内用本度，过三宫与六宫相减，过九宫与全周相减，用其余。求得对太阳实引之边为勾。又求得对原不知角之边为分股，与二千万相加减，实引三宫内九宫外加，三宫外九宫内减。为股弦和与勾，求得股。与分股相加减，实引三宫内九宫外减，三宫外九宫内加。得太阳距地。又以实望月离倍两心差如法求之，得太阴距地。

求实影半径，以太阴距地为一率，中距太阴距地为二率，中距太阴最大地半径差为三率，求得四率为本时太阴最大地半径差。又以六十九除之，为影差。又以太阳距地为一率，中距太阳距地为二率，中距太阳视半径为三率，求得四率为太阳视半径，与本时太阴最大地半径差相减。又加太阳最大地半径差，为影半径，又加影差，为实影半径。

求太阴视半径，以太阴距地为一率，中距太阴距地为二率，中距太阴视半径为三率，求得四率，为太阴视半径。

求食分，以太阴全径为一率，十分化作六百秒为二率，并径实影视太阴两半径并。内减食甚实纬，余化秒为三率，求得四率为秒，以分收之，即食分。

求初亏、复圆时刻，以并径与食甚实纬相加化秒为首率，相减化秒为末率，求得中率为秒，以分收之，为初亏、复圆距弧。又以一小时两经斜距为一率，一小时化秒为二率，初亏、复圆距弧为三率，求得四率为初亏、复圆距时，以加减食甚时刻，得初亏、复圆时刻。减得初亏，加得复圆。

求食既、生光时刻，以两径较实影视太阴两半径相减之余与食甚实纬相加化秒为首率，相减化秒为末率，求得中率为秒，以分收之，为食既、生光距弧。求距时时刻，与初亏、复圆法同。食在十分以内，则无此二限。

求食限总时，同甲子元法。

求食甚太阴黄道经纬宿度，以一小时化秒为一率，一小时太阴白道实行为二率，食甚距时化秒为三率，求得四率，为距时月实行。以加减实望太阴白道实行，加减与食甚距时同。得食甚太阴白道经度。又置实望月距正交，加减距时月实行，得食甚月距正交。再求黄道经纬宿度，同月离。

求食甚太阴赤道经纬宿度，以半径千万为一率，食甚太阴距春、秋分黄道经度正弦为二率，食甚太阴黄道经度不及三宫者，与三宫相减；过三宫者，减三宫；过六宫者，与九宫相减；过九宫者，减九宫。食甚太阴黄道纬度余切为三率，求得四率为余切，检表得太阴距二分弧与黄道交角，以加减黄赤大距，食甚太阴黄道经度九宫至三宫，纬南加，纬北减，皆在赤道南，反减则在北。三宫至九宫加减反是。为太阴距二分弧与赤道交角。又以太阴距二分弧与黄道交角之余弦为一率，半径千万为二率，食甚太阴距春、秋分黄道经度之正切为三率，求得四率，为太阴距二分弧之正切。又以半径千万为一率，太阴距二分弧与赤道交角之余弦为二率，太阴距二分弧正切为三率，求得四率为正切，检表为距春、秋分赤道经度。加减三宫九宫，食甚太阴黄道经度不及三宫，与三宫相减，过三宫者加三宫。过六宫者，与九宫相减，过九宫者加九宫。得食甚太阴赤道经度。求纬度宿度，同甲子元法。

求初亏、复圆黄道高弧交角，以半径千万为一率，黄赤大距正弦为二率，影距春、秋分黄道经度正弦为三率，求得四率为正弦，检表得影距赤道度。影距春、秋分度数与太阳同，太阳在赤道北，影在南，太阳在赤道南，影在北。又以影距春、秋分黄道经度余弦为一率，黄赤大距余切为二率，半径千万为三率，求得四率为正切，检表为黄道赤经交角。乃用弧三角形，以北极距天顶为一边，影距赤道与九十度相加减为一边，北则减，南则加。初亏、复圆各子正时刻过十二时者，与二十四时相减。变赤道度，各为所夹之角，求得对北极距天顶之角。各为赤经高弧交角，以加减黄道赤经交角，太阴在夏至前六宫，食在子正后则减，为限西。食在子正前则加，加过九十度，与半周相减，为限东。不及九十度，则不与半周相减，变为限西。在夏至后六宫反是。各得黄道高弧交角。若食在子正，影在正午，无赤经高弧交角，则黄道赤经交角即黄道高弧交角。太阴在夏至前为限西，后为限东。

求初亏、复圆并径高弧交角，以并径为一率，食甚实纬为二率，半径千万为三率，求得四率为余弦，检表为并径交实纬角。如无食甚实纬，即无此角，亦无并径黄道交角。又置九十度，加减斜距黄道交角，得初亏、复圆黄道交实纬角。食甚月距正交初宫、六宫，初亏减，复圆加。五宫、十一宫，初亏加，复圆减。各与并径交实纬角相减，为初亏、复圆并径黄道交角。并径交实纬角小，距纬南北与食甚同。大则反是。以加减黄道高弧交角，初亏限东，复圆限西，纬南加，纬北减。初亏限西，复圆限东，加减反是。各得并径高弧交角。如无并径黄道交角，则黄道高弧交角即并径高弧交角。

求初亏、复圆方位，即以并径高弧交角为定交角，求法同甲子元。但以并径高弧交角初度初亏在限东为正下，限西为正上；复圆在限东为正上，限西为正下。据京师北极高度定，与甲子元法同。

求带食分秒，用两经斜距，不用月距日实行，余与甲子元法同。

求带食方位，用带食两心相距，不用并径求诸交角，如初亏、复圆定方位。食甚前与初亏同，食甚后与复圆同。

求各省月食时刻方位，理同甲子元法。

绘月食图，同甲子元法。

日食用数

太阳光分一十五秒，余见日躔、月离、月食。

推日食法

求天正冬至，

求纪日，

求首朔，

求太阴入食限，并同月食，惟不用望策，即为逐月朔太阴交周。视某月入可食之限，即为有食之月。交周自五宫八度四十二分至六宫九度一十四分，又自十一宫二十度四十六分至初宫二十一度一十八分，皆可食之限。

求平朔，

求实朔实时，并同月食求望法，惟不加望策。视本时月距正交入食限为有食。自五宫十一度三十四分至六宫六度二十二分，又自十一宫二十三度三十八分至初宫十八度二十六分，为有食之限。

求实朔用时，与月食求实望用时同。比视日出入，同甲子元法。

求食甚用时，与月食求食甚时刻法同。

求太阳太阴实引，

求太阳太阴距地，并同月食。

求地平高下差，先求本日太阴最大地半径差，法同月食。乃减太阳最大地半径差，得地平高下差。

求太阳实半径，先求太阳视半径，法同月食。内减太阳光分，得太阳实半径。

求太阴视半径，法同月食。

求食甚太阳黄道经度宿度，求经度与月食求太阴白道法同，求宿度同日躔。

求食甚太阴赤道经纬宿度，用黄赤大距，法同月食求太阴黄道。

求黄赤及黄白、赤白二经交角，以食甚太阳距春、秋分黄道经度余弦为一率，黄赤大距余切为二率，半径千万为三率，求得四率为余切，检表得黄赤二经交角。冬至后黄经在赤经西，夏至后在赤经东，如太阳在二至，则无此角。又以前所得斜距黄道交角，即为黄白二经交角。实朔月距正交初宫、十一宫，白经在黄经西；五宫、六宫，在黄经东。二交角相加减，为赤白二经交角。二交角同为东同为西者相加，白经在赤经之东西仍之。一为东一为西者相减。东西从大角。如减尽，则无此角。如无黄赤二经交角，则黄白即赤白，东西并同。

求用时太阳距午赤道度，以食甚用时与十二时相减，余数变赤道度，得用时太阳距午赤道度。

求用时赤经高弧交角，用弧三角形，以北极距天顶为一边，太阳距北极为一边，赤纬在南，加九十度；在北，与九十度相减。用时太阳距午赤道度为所夹之角，求得对北极距天顶之角，为用时赤经高弧交角。午前赤经在高弧东，午后赤经正高弧西。若太阳在正午，则无此角。

求用时太阳距天顶，以用时赤经高弧交角正弦为一率，北极距天顶之正弦为二率，用时太阳距午赤道度之正弦为三率，求得四率为正弦，检表得太阳距天顶。

求用时高下差，以半径千万为一率，地平高下差化秒为二率，用时太阳距天顶之正弦为三率，求得四率为秒，以分收之，为用时高下差。

求用时白经高弧交角，以用时赤经高弧交角与赤白二经交角相加减，得用时白经高弧交角。东西同者相加，白经在高弧之东西仍之。一东一西者相减，东西从大角。如无赤白二经交角，或无赤经高弧交角，则即以所有一角命之，东西并同。如二角俱无，或同度减尽，则无此角。食甚用时即真时。用时高下差与食甚实纬，南加北减，即食甚两心视相距。

求用时对两心视相距角，月在黄道北，取用时白经高弧交角；月在黄道南，取用时白经高弧交角之外角，实距在高弧之东西，月在北则与白经同，在南则相反。皆为用时对两心视相距角。若白经高弧交角过九十度，纬南如纬北，纬北如纬南。

求用时对两心实相距角，用平三角形，以食甚用时两心实相距为一边，即食甚实纬。用时高下差为一边，用时对两心视相距角为所夹之角，即求得用时对两心实相距角。

求用时两心视相距，以用时对两心实相距角之正弦为一率，用时两心实相距为二率，用时对两心视相距角之正弦为三率，求得四率，即用时两心视相距。白经在高弧西，两心视相距大于并径者，或无食或未及等者，用时即初亏真时，在高弧东为已过及复圆真时。若小于并径，高弧西为初亏食甚之间，东为复圆食甚之间。

求食甚设时，用时白经高弧交角东向前取，西向后取，角大远取，角小近取，远不过九刻，近或数分。量距用时前后若干分，为食甚设时。

求设时距分，以食甚设时与食甚用时相减，得设时距分。

求设时距弧，以一小时化秒为一率，一小时两经斜距为二率，设时距分化秒为三率，求得四率，为设时距弧。

求设时对距弧角，以食甚实纬为一率，设时距弧为二率，半径千万为三率，求得四率为正切，检表得设时对距弧角。

求设时两心实相距，以设时对距弧角之正弦为一率，设时距弧为二率，半径千万为三率，求得四率，即设时两心实相距。

求设时太阳距午赤道度，

求设时赤经高弧交角，

求设时太阳距天顶，

求设时高下差，

求设时白经高弧交角，以上五条，皆与用时同，但皆用设时度分立算。

求设时对两心视相距角，月在黄道北，以设时白经高弧交角与设时对距弧角相减，月在黄道南则相加，又与半周相减，余为设时对两心视相距角。相减者，对距弧角小，实距在高弧之东西与白经同；对距弧角大则相反。相加又减半周者，实距在高弧之东西，恒与白经反。如两角相等而减尽无余，或相加适足一百八十度，则无交角，亦无对设时两心实相距角，即以设时高下差与设时两心实相距相减，余为设时两心视相距。若白经高弧交角过九十度，纬南如纬北，纬北如纬南。

求设时对两心实相距角，

求设时两心视相距，皆与用时同。

求设时白经高弧交角较，以设时白经高弧交角与用时白经高弧交角相减，即得。

求设时高弧交用时视距角，以设时白经高弧交角较与用时对两心实相距角相加减，即得。纬北为减，纬南为加。若白经高弧交角过九十度，反是。

求对设时视行角，以设时高弧交用时视距角与设时对两心实相距角相加减，即得。两实距同在高弧东，或同在西，则减；一东一西者，则加；加过半周者，与全周相减，用其余。如无设时对两心实相距角，设时高下差大于设时两心实相距，则设时高弧交用时视距角即对设时视行角；设时高下差小于设时两心实相距，则以设时高弧交用时视距角与半周相减，余为对设时视行角。

求对设时视距角，用平三角形，以用时两心视相距为一边，设时两心视相距为一边，对设时视行角为所夹之角，即求得对设时视距角。

求设时视行，以对设时视距角之正弦为一率，设时两心视相距为二率，对设时视行角正弦为三率，求得四率，为设时视行。

求真时视行，以半径千万为一率，对设时视距角余弦为二率，用时两心视相距为三率，求得四率，为真时视行。

求真时两心视相距。以半径千万为一率，对设时视距角正弦为二率，用时两心视相距为三率，求得四率，为真时两心视相距。

求食甚真时，以设时视行为一率，设时距分为二率，真时视行为三率，求得四率，为真时距分。以加减食甚用时，白经在高弧西则加，在高弧东则减。得食甚真时。

求真时距弧，

求真时对距弧角，

求真时两心实相距，以上三条，法与设时同，但皆用真时度分立算。

求真时太阳距午赤道度，

求真时赤经高弧交角，

求真时太阳距天顶，

求真时高下差，

求真时白经高弧交角，

求真时对两心视相距角，

求真时对两心实相距角，

求考真时两心视相距，以上八条，法与用时同，但皆用真时度分立算。

求真时白经高弧交角较，法同设时，但用真时度分立算。

求真时高弧交设时视距角，法同设时，加减有异。月在黄道北，设时真时两实距在高弧东西同，惟白经异。设时白经高弧交角小则加，大则减。若白经亦同，反是。若两实距一东一西，则皆相减。月在黄道南，设时交角小则加，大则减。如无设时对两心实相距角，设时高下差大于设时两心实相距，则真时白经高弧交角较，即真时高弧交设时视距角；设时高下差小于设时两心实相距，则以真时白经高弧交角较与半周相减，余为真时高弧交设时视距角。若白经高弧交角过九十度，纬南如纬北，纬北如纬南。

求对考真时视行角，法同设时。如设时实距与高弧合，无东西者，设时高下差大于设时两心实相距，则相减，小则加。如真时白经高弧交角较与设时对两心实相距角相等，而减尽无余，则真时对两心实相距角，即对考真时视行角。或相加适足半周，则真时对两心实相距角与半周相减，即对考真时视行角。

求对考真时视距角，

求考真时视行，以上二条，法同设时，但用考真时度分立算。

求定真时视行，如定真时视行与考真时视行等，则食甚真时即为定真时。如或大或小，再用下法求之。

求定真时两心视相距，以上二条，法同真时，用考真时度分立算。

求食甚定真时，以考真时视行为一率，设时距分与真时距分相减余为二率，定真时视行为三率，求得四率，为定真时距分。以加减食甚设时，白经在高弧东，设时距分小则减，大则加。白经在高弧西，反是。得食甚定真时。

求食分，以太阳实半径倍之为一率，十分为二率，并径内减定真时两心视相距余为三率，求得四率，即食分。

求初亏、复圆前设时，白经在高弧西，食甚用时两心视相距与并径相去不远，即以食甚用时为初亏前设时，小则向前取，大则向后取，量距食甚用时前后若干分，为初亏前设时。与食甚定真时相减，余数与食甚定真时相加，为复圆前设时，白经在高弧东，先取复圆，后得初亏，理并同。

求初亏前设时距分，

求初亏前设时距弧，

求初亏前设时对距弧角，初亏前设时在食甚用时前为西，在食甚用时后为东。

求初亏前设时两心实相距，以上四条，法同食甚设时，但用初亏前设时度分立算。

求初亏前设时太阳距午赤道度，

求初亏前设时赤经高弧交角，

求初亏前设时太阳距天顶，

求初亏前设时高下差，

求初亏前设时白经高弧交角，以上五条，法同食甚用时。

求初亏前设时对两心视相距角，法同食甚用时，加减有异，月在黄道北，二角东西同，则相加；一东一西，相减。月在黄道南，反是。又与半周相减。若白经高弧交角过九十度，则纬南、纬北互异。余同食甚设时。

求初亏前设时对两心实相距角，

求初亏前设时两心视相距，以上二条，法同食甚用时，但用初亏前设时度分立算。

求初亏后设时，视初亏前设时两心视相距小于并径，则向前取，大则向后取，察其较之多寡，量取前后若干分，为初亏后设时。以下逐条推算，皆与前设时同，但用后设时度分立算。

求初亏视距较，以前后设时两心视相距相减，即得。

求初亏设时较，以前后设时距分相减，即得。

求初亏视距并径较，以初亏后设时两心视相距与并径相减，即得。

求初亏定真时，以初亏视距较为一率，初亏设时较为二率，初亏视距并径较为三率，求得四率，为初亏真时距分。以加减初亏后设时，后设时两心视相距大于并径为加，小为减。得初亏真时。乃以初亏真时依前法求其两心视相距，果与并径等，则初亏真时即初亏定真时。初亏真时对两心实相距角即初亏方位角。如或大或小，则以初亏前后设时两心视相距与并径尤近者，与考真时两心视相距相较，依法比例，得初亏定真时。

求复圆前设时诸条，法同初亏，但用复圆前设时度分立算。

求复圆后设时，视复圆前设时两心视相距小于并径，则向后取，大于并径，则向前取，察其较之多寡，量取前后若干分，为复圆后设时。逐条推算，皆与前设时同，但用后设时度分立算。

求复圆视距较，

求复圆设时较，

求复圆视距并径较，

求复圆定真时，以上四条，皆与初亏法同，但用复圆度分立算。

求食限总时，置初亏定真时，减复圆定真时，即得。

求初亏、复圆定交角，初亏白经在高弧之东，以初亏方位角与半周相减，在高弧之西，即用初亏方位角；复圆反是：皆为定交角。

求初亏、复圆方位，法与甲子元同，但以定交角初度初亏白经在高弧东为正上，在西为正下；复圆在东为正下，在西为正上。

求带食用日出入分，同甲子元法。

求带食距时，以日出入分与食甚用时相减，即得。

求带食距弧，法同食甚设时，但用带食距时立算。

求带食赤经高弧交角，以黄赤距纬之余弦为一率，北极高度之正弦为二率，半径千万为三率，求得四率为余弦，检表得带食赤经高弧交角。

求带食白经高弧交角，法与食甚用时同，但用带食度分立算。

求带食对距弧角，

求带食两心实相距，

求带食对两心视相距角，以上三条，法与食甚设时同，但用带食度分立算。

求带食对两心实相距角，用地平高下差，余法同食甚用时。

求带食两心视相距，法同食甚用时，但用带食度分立算。

求带食分秒，与求食分同，用带食相距立算。

求带食方位，在食甚前者，用初亏法；在食甚后者，用复圆法。

求各省日食时刻方位，理同甲子元法。

绘日食图，同甲子元法。

绘日食坤舆图，取见食极多之分，每分为一限。止于二十一限。又取见食时刻早晚，每刻为一限。止于九十六限。交错相求，反推得见食各地北极高下度、东西偏度。乃按度联为一图。又按《坤舆全图》所当高度偏度各地名，逐一填注。

相距用数，见月离及五星、恒星行。

推相距法，同甲子元推凌犯法。

推步用表

甲子元及癸卯元二法，除本法外，皆有用表推算之法，约其大旨著于篇。

甲子元法：

一曰年根表，以纪年、纪日、值宿为纲，由法元之年顺推三百年，各得其年天正冬至次日子正太阳及最卑平行，列为太阳年根表；太阴及最高、正交平行，列为太阴年根表；五星及最高、正交、伏见诸平行，为各星年根表。

一曰周岁平行表，以日数为纲，由一日至三百六十六日，积累日、月、五星及最卑、最高、正交、伏见诸平行，各列为周岁平行表。

一曰周日平行表，以时分秒为纲，与度分秒对列三层，自一至六十，积累日、月、五星及最高、正交、伏见、月距日、太阴引数、交周诸平行，各列为周日平行表。

一曰均数表，以引数为纲，豫推得逐度逐分盈缩迟疾，备列于表。太阴别有二三均数表，以引数及月距日为纲，纵横对列，推得二三均数，备列于表。土、木、金、水四星，则以初均及中分、次均及较分，同列为一表。火星则以初均及次轮心距地数、次轮半径本数、太阳高卑差数，同列为一表。皆为均数表。

一曰距度表，以黄道宫度为纲，列所对赤道南北距纬，为黄赤距度表。以月距正交为纲，分黄白大距为六限，列所对黄道南北距纬，为黄白距度表。

一曰升度表，以黄道宫度为纲，列所对赤道度，为黄赤升度表。

一曰黄道赤经交角表，以黄道宫度为纲，取所对黄道赤经交角列于表。

一曰升度差表，以月、五星距交宫度为纲，各列所当黄道度之较，各为升度差表。

一曰时差表，以黄道为纲，取所当赤道度之较变时，列为升度时差表。又以引数为纲，取所当均数变时，列为均数时差表。

一曰地半径差表，以实高度为纲，取所当太阳、太阴及火、金、水三星诸地半径差，各列为表。

一曰清蒙气差表，以实高度为纲，取所当清蒙气差，列为表。

一曰实行表，以引数为纲，取所当太阳、太阴及月距日实行，各列为表。

一曰交均距限表，以月距日为纲，取所当之交均及距限，同列为一表。

一曰首朔诸根表，以纪年、纪日、值宿为纲，由法元之年顺推三百年，取所当之首朔日时分秒及太阳平行，太阳、太阴引数，太阴交周，五者同列为一表。

一曰朔望策表，以月数为纲，自一至十三，取所当之朔、望策及太阳平行朔、望策，太阳、太阴引数朔、望策，太阴交周朔、望策，十事同列为一表。

一曰视半径表，以引数为纲，取所当之日半径、月半径、月距地影半径、影差，五者同列为一表。

一曰交食月行表，以食甚距纬分为纲，自初分至六十四分，与太阳、太阴、地影，凡两半径之和分，自二十五分至六十四分，纵横对列，取所当之月行分秒列为表。其太阴、地影两半径之较分与和分同用。

一曰黄平象限表，以正午黄道宫度为纲，分北极高自十六度至四十六度为三十一限，取所当之春分距午、黄平象限、限距地高，三者同列为一表。

一曰黄道高弧交角表，以日距限为纲，自初度至九十度，分限距地高自二十度至八十九度为七十限，取所当之黄道高弧交角列为表。

一曰太阳高弧表，列法与黄道高弧交角表同。

一曰东西南北差表，以交角度为纲，自初度至九十度，与高下差一分至六十三分，纵横对列，取所当之东西差及南北差，同列为表。

一曰纬差角表，以并经为纲，自三十一分至六十四分，与距纬一分至六十四分，纵横对列，取所当之纬差角列为表。

一曰星距黄道表，以距交宫度为纲，取所当星距黄道数各列为表，水星独分交角自四度五十五分三十二秒至六度三十一分二秒为二十限。

一曰星距地表，以星距日宫度为纲，取所当之星距地列于表。

一曰水星距限表，以距交宫度为纲，取所当之距限列为表。

一曰五星伏见距日黄道度表，以星行黄道经表为纲，分晨夕上下列之，取各星所当距日黄道度，同列为一表。

一曰五星伏见距日加减差表，列法同黄道度表，但不分五星，别黄道南北自一度至八度。

癸卯元法所增：

一曰太阳距地心表，以太阳实引为纲，取所对之太阳距地心真数对数，并列于表。

一曰太阴一平均表，以太阳引数为纲，取所当之太阴一平均、最高平均、正交平均，并列于表。

一曰太阴二平均表，以日距月最高宫度为纲，取所当太阳在最高之二平均及高卑较秒，并列于表。

一曰太阴三平均表，以月距正交宫度为纲，取所当之三平均列为表。

一曰太阴最高均及本天心距地表，以日距月天最高宫度为纲，取所当最高均及本天心距地数，并列于表。

一曰太阴二均表，以月距日宫度为纲，取所当太阳在最高时二均及高卑较数，并列于表。

一曰太阴三均表，以相距总数为纲，取所对之三均列于表。

一曰太阴末均表，以实月距日宫度为纲，与日月最高相距，纵横对列，取所当之末均列为表。

一曰太阴正交实均表，以日距正交宫度为纲，取所对之正交实均列为表。

一曰交角加分表，以日距正交宫度为纲，取所当之距交加分加差，并列于表。

一曰黄白距纬表，列法与升度差表同。

一曰太阴距地心表，以太阴实引为纲，取所当最大、最小两心差各太阴距地心数及倍分，并列于表。其名同而实异者，太阴初均表分大、中、小三限，黄、白升度差表列最小交角及大、小较秒，太阴地半径差表、太阴实行表俱分大、小二限。

卷五十二 志二十七

时宪八

凌犯视差新法上道光中，钦天监秋官正司廷栋所撰，较旧法加密，附著卷末，以备参考。

求用时

推诸曜之行度，皆以太阳为本；而太阳之实行，又以平行为根。其推步之法，总以每日子正为始，此言子正者，乃为平子正，即太阳平行之点临于子正初刻之位也。今之推步时刻，虽以两子正之实行为比例，而所得者亦皆平行所临之点，则实行所临之点，自有进退之殊。设太阳在最卑后实行大于平行，则太阳所临之点必在平行之东，以时刻而言，乃为未及。若太阳过最高后实行小于平行，则太阳所临之点必在平行之西，以时刻而言，乃为已过。故以应加之均数变时为应减之时差，应减之均数变时为应加之时差，此因太阳有平行实行之别，以生均数时差也。然太阳所行者黄道，时刻所据者赤道，因黄道与赤道斜交，则同升必有差度。如二分后赤道小于黄道，其差应减，在时刻为未及。二至后赤道大于黄道，其差应加，在时刻为已过。故以正弧三角形法求得黄赤升度差，变为时分，二分后为加，二至后为减，此因经度有黄道赤道之分，以生升度时差也。按本时之日行自行所生之二差，各加减于平时而得用时，由用时方可以推算他数，故交食亦必以推用时为首务，即日月食之第一求也。其法理图说已载于《考成前编》，讲解最详，其图分而为二，且均数时差图系用小轮。至《考成后编》求均数改为椭圆法，其法理亦备悉于《求均数篇》内，然未言及时差。今依太阳实行所临黄道之点，以均数之分取得黄道上平行点，即以平实二点依过二极、二至经圈作距等圈法，引于赤道，可使二差合为一图。其太阳之经度所临之时刻及二时差之加减，皆可按图而稽矣。

如道光十二年壬辰三月初六日癸丑戌正二刻十一分，月与司怪第四星同黄道经度，是为凌犯时刻。本日太阳引数三宫三度五十五分，太阳黄道经度三宫十五度五十三分，求用时。如图甲为北极，乙丙丁戊为赤道，乙甲丁为子午圈，乙为子正，丁为午正，己庚辛壬为黄道，丙甲戊为过二极二至经圈，己为冬至，辛为夏至，庚为春分，壬为秋分。子为太阳实行之点，当赤道于丑，则丑点即太阳实临之用时。卯为太阳平行之点，而当赤道于辰。其卯子之分，即应加之均数一度五十五分四十五秒，试自卯子二点与丙甲戊过极至经圈平行作卯午、子未二线，即如距等圈，将太阳平行、实行之度皆引于赤道，则庚午必与庚卯

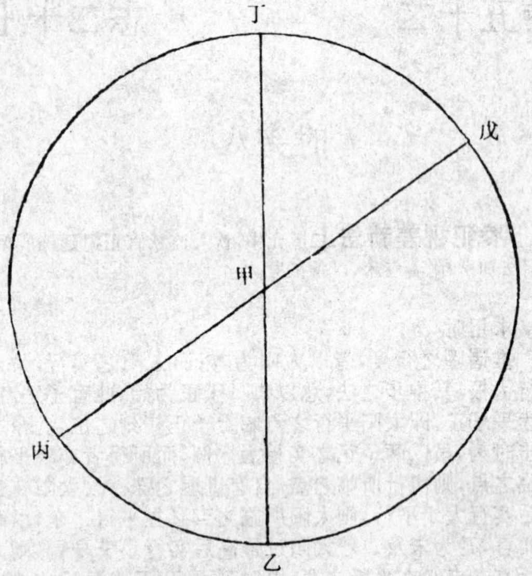

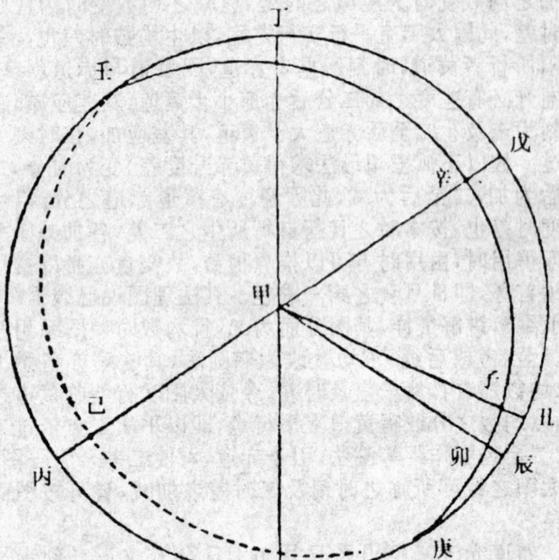

等，庚未必与庚子等，其赤道之午未亦必与卯子均数等。变时得七分四十三秒，为赤道午未之分，即均数时差也。次用庚丑子正弧三角形求庚丑弧，此形有丑直角，有庚角黄赤交角二十三度二十九分，有庚子弧太阳距春分后黄道度十五度五十三分。乃以半径为一率，庚角之余弦为二率，庚子弧之正切为三率，求得四率为庚丑弧之正切，检表得庚丑弧十四度三十七分三十六秒，为太阳距春分后赤道度。乃与庚子黄道弧相等之庚未弧相减，得丑未弧一度十五分二十四秒，为应减之黄赤升度差。变时得五分二秒，即升度时差也。盖太阳平行卯点，距春分之庚卯弧与庚午弧等，则午点乃为平时，即今之凌犯时刻。而太阳实行子点，距春分之庚子与庚未弧等，则午未为平行与实行之差。如以太阳右旋而言之，为实行已过平行，然以随天左旋而计之，为实行未及平行，是未点转早于午点，故必减午未均数时差，乃得未点时刻，此太阳在黄道虚映于赤道之时刻也。然子点太阳实当赤道之丑，则丑未为黄道与赤道之差。

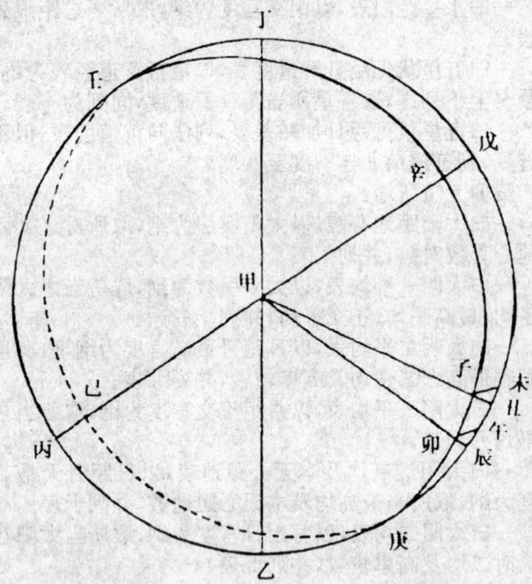

一率　半径
二率　庚角余弦
三率　庚子弧正切
四率　庚丑弧正切

若以经度东行而言之，为赤道未及黄道，兹以时刻西行而计之，为赤道已过黄道，是丑点复迟于未点，故必加丑未升度时差，方得丑点时刻，即太阳在黄道实当于赤道之时刻也。其两时差既为一加一减，而所减者又大于应加之分，故先以两时差相减，得丑午时分二分四十一秒，而为时差总。此因两时差加减异号故相减，若同号则相加，所谓两数通为一数也。又因减数大于加数，故仍从减，若加数大者则从加矣。乃减于午点凌犯时刻戌正二刻十一分，即得丑点戌正二刻八分十九秒，为凌犯用时也。

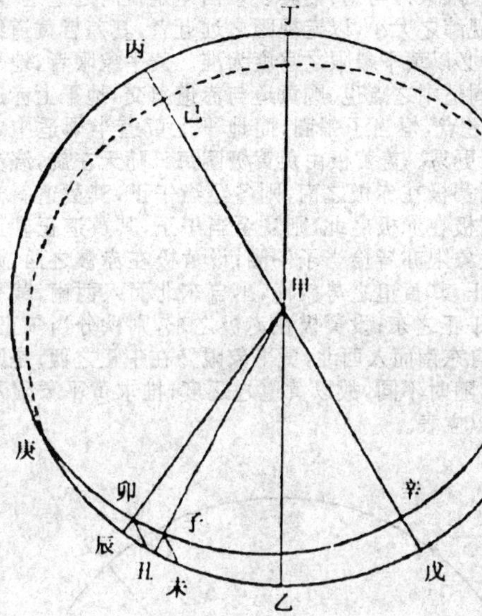

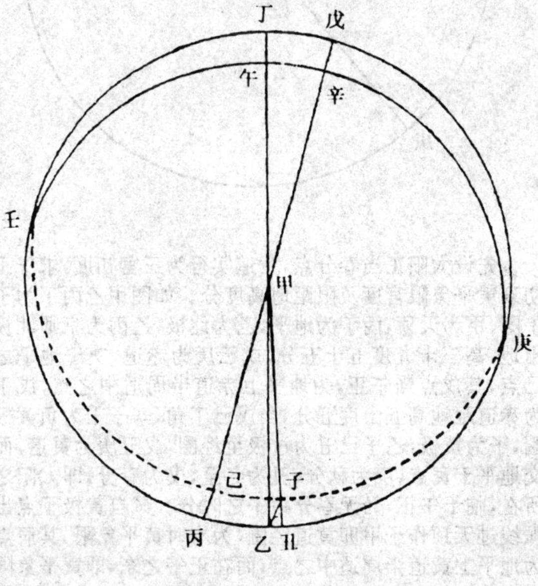

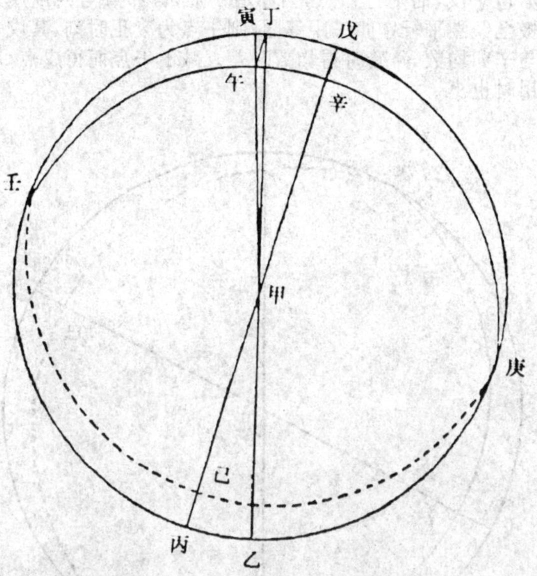

又设凌犯时刻丑正一刻，太阳引数三宫十三度二十九分，黄道实行三宫二十五度三十四分，求用时。如子为太阳实行之点，当赤道于丑，其丑点即所临之用时。卯为太阳平行之点，当赤道于辰，其子卯为应加之均数一度五十二分二十五秒，亦自卯子二点与过极至经圈平行作卯丑、子未二距等圈，其平行卯点映于赤道，恰与实行当赤道之丑点合，是由平行所得之时刻，已合实行实临赤道之用时，遇此可无庸求其时差也。然何以知之，盖两时差之数相等，必减尽无余，即无时差之总数矣。今试按法求之，既作卯丑、子未二线，其庚丑与庚卯等，庚未与庚子等，则丑未必与卯子均数等，变时得七分三十秒，即赤道上应减之均数时差。次用庚丑子正弧三角形，求得庚丑弧赤道度，与庚子弧黄道度相等之庚未弧相减，得丑未弧，黄赤升度差恰与均数等。变时亦得七分三十秒，即赤道上应加之升度时差。其时差一为加、一为减，而两数相等，乃减尽无余，既无时差之总数，则其凌犯时刻即为用时可知矣。此法以丑点凌犯时刻减去均数时差，得未点实行虚映之时刻，而复加相等之升度时差，所得用时，固仍在丑点之位，盖因太阳平行距春分后黄道度等于太阳实行距春分后赤道度故也。又如太阳正当本天之最卑或最高，乃无平行实行之差，自无均数时差，止加减升度时差一数。设太阳当本天最卑，又当子正，如太阳在黄道之子点，则庚乙与庚子等，以庚丑子正弧形求得丑乙黄赤升度差。变时减于乙点时刻，即得丑点用时，乃在乙点子正之前也。若太阳当本天最高，又当午正，如太阳在黄道之午点，则壬丁与壬午等，以壬寅午正弧形求得寅丁黄赤升度差，变时减于丁点时刻，即得寅点用时，乃在丁点午正之前也。

又如太阳实行正当冬、夏至或正当春、秋分，此四点皆无黄道赤道之差，自无升度时差，止加减均数时差一数。设太阳实行六宫初度为正当夏至，在黄道之辛点，当赤道于戊，而平行卯点，当赤道于辰，自卯点与丙甲戊过极至经圈平行作卯午距等圈，则午点为凌犯时刻，其戊午与辛卯均数等，变时得均数时差。减于午点而得戊点，即用时也。

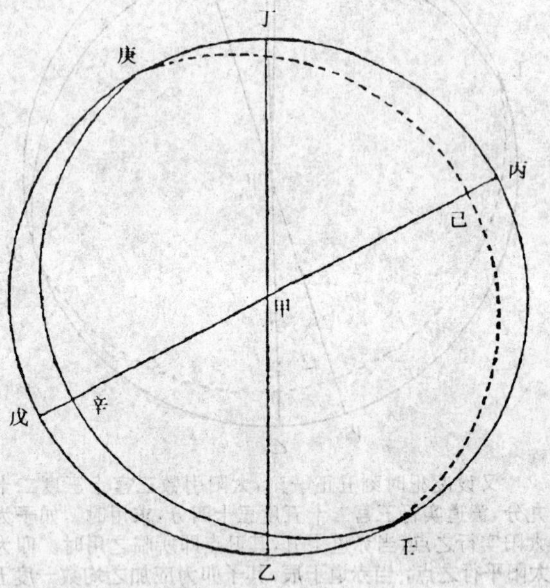

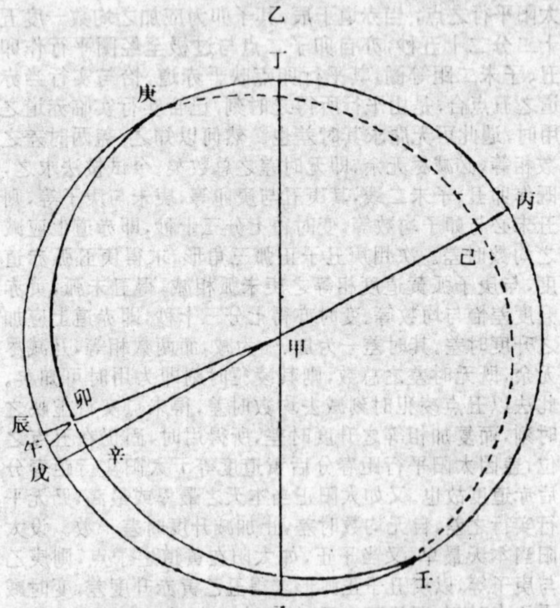

求春分距午时分、黄平象限宫度及限距地高

推算太阴凌犯视差，固依《后编》求日食三差之法，而其为用不同。盖日食之东西差为求视距弧，而南北差为求视纬，其视距弧、视纬则为求视相距及视行之用。缘太阴行于白道，是必以白平象限为准焉。若五星之距恒星、五星之互相距，皆以黄道同经度之时为相距时刻，而较黄纬南北相距之数为其上下之分也。至月距五星、月距恒星，亦皆以黄道经度相同之时为凌犯时刻，不更问白道经度，其于白平象限又何与焉？然其以东西差定视时之进退，以南北差判视纬之大小，以定视距之远近者，其差皆黄道经纬之差，故必以黄平象限之宫度为准。黄平象限者，地平上黄道半周适中之点也。顾黄道与赤道斜交，地平上赤道半周适中之点，恒当子午圈，而地平上黄道半周适中之点，则时有更易。盖黄极由负黄极圈每日随天左旋，绕赤极一周，如黄极在赤极之南，则冬至当午正，其黄道斜升斜降；若黄极在赤极之北，则夏至当午正，其黄道正升正降，而黄平象限亦皆恰当子午圈；设黄极在赤极之西，则春分当午正，其黄道之势斜倚，出自东北而入西南，黄平象限乃在午正之东；设黄极在赤极之东，则秋分当午正，其黄道出自东南而入西北，黄平象限乃在午正之西。是则黄道之向，随时不同，故以黄道之逐度，推求黄平象限及限距地高以立表。

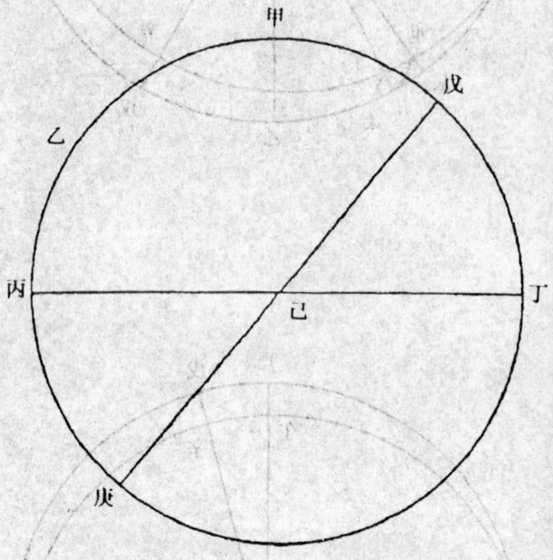

先设太阳正当春分点，黄道实行为三宫初度，求午正初刻黄平象限宫度及限距地高度分。如图甲乙丙丁为子午圈，甲为天顶，丙丁为地平，乙为北极，乙丙为京师北极出地，高三十九度五十五分，戊己庚为赤道，交于地平之己点，其戊点当午正，为地平上赤道半周适中之点，戊丁为赤道距地高五十度五分，当戊己丁角，辛子壬为负黄极圈，子为黄极，乙子己丑为过极至经圈，戊丑庚为黄道，而交地平于寅点，庚为秋分，丑为冬至，戊为春分，即太阳之所在，临于午正，乃无春分距午之时分。试自黄极子点出弧线过天顶作子甲卯黄道经圈，为本时黄平象限，其辰点为地平上黄道半周适中之点，而在正午之东，即黄平象限宫度也。辰寅卯角为黄道与地平相交之角，而当辰卯弧，即本时限距地高之度也。法用戊辰甲正弧三角形求戊辰、甲辰二弧，此形有辰直角，有戊甲弧赤道距天顶，与乙丙

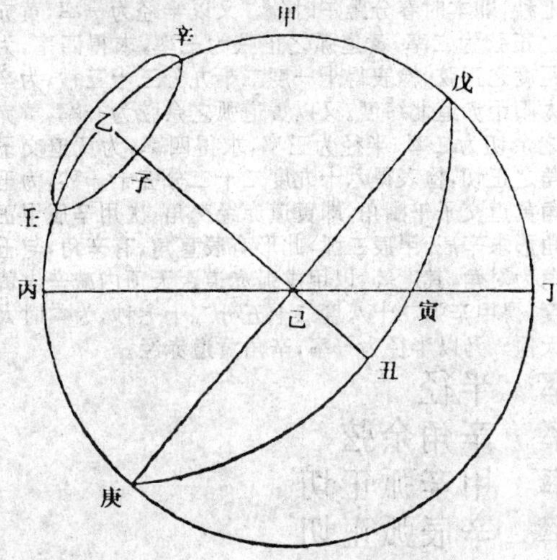

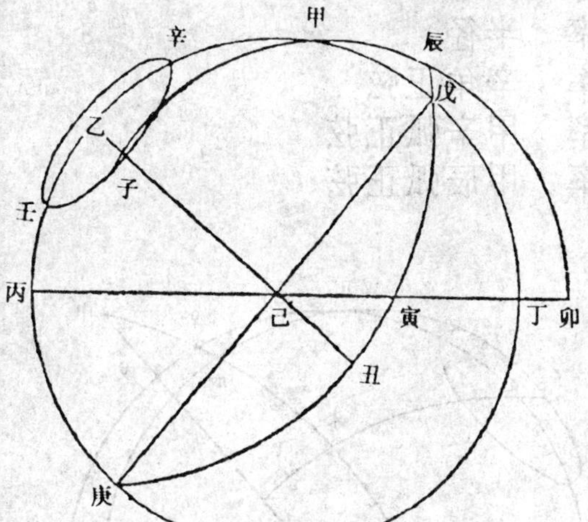

一率　半径
二率　戊角余弦
三率　戊甲弧正切
四率　戊辰弧正切

一率　半径
二率　戊角正弦
三率　戊甲弧正弦
四率　甲辰弧正弦

北极高度等。以赤道交子午圈之戊直角九十度内减己戊丑角黄赤交角二十三度二十九分，得寅戊丁角六十六度三十一分，为黄道交子午圈角；亦名黄道赤经交角。与辰戊甲角为对角，其度等。乃以半径为一率，戊角黄道赤经交角之余弦为二率，戊甲弧赤道距天顶，亦即太阳距天顶其正切为三率，求得四率，为黄平象限距午之正切，检表得十八度二十六分十四秒，为戊辰弧黄平象限距午正之黄道度。与戊点春分三宫相加，因黄平象限在午东，故加。得辰点三宫十八度二十六分十四秒，即本时黄平象限之经度也。又以半径为一率，戊角黄道赤经交角之正弦为二率，戊甲弧太阳距天顶为正弦为三率，求得四率，为黄平象限距天顶之正弦，检表得三十六度三分九秒，为甲辰弧黄平象限距天顶。与甲卯象限九十度相减，得辰卯弧五十三度五十六分五十一秒，即本时限距地高，而当辰寅卯角之度也。

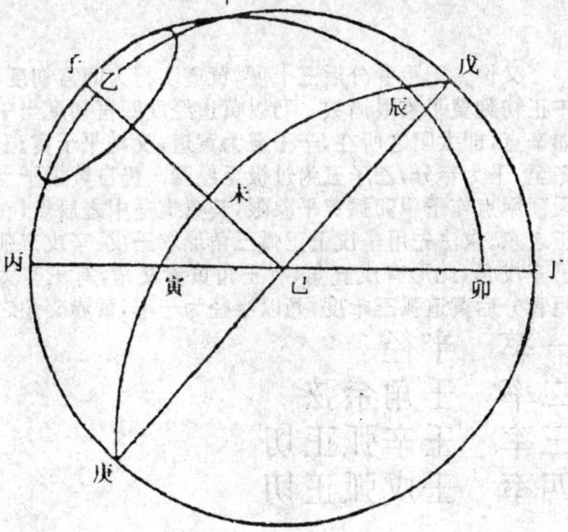

又设太阳正当秋分点，黄道实行为九宫初度，求午正初刻春分距午时分并黄平象限及限距地高，即以秋分当于正午之戊，则庚未戊为黄道，交地平于寅，庚为春分，未为夏至，子乙未己为过极至经圈，亦自黄极子点出弧线过天顶，作子甲卯弧黄平象限，而地平上黄道适中之辰点，在正午之西。先以春分距午西之庚戊赤道半周变十二时为春分距午之时分，次仍用戊辰甲正弧三角形求戊辰、甲辰二弧，此形有辰直角，有戊甲赤道距天顶。以戊直角内减己戊未角黄赤交角，得辰戊甲角黄道赤经交角，亦六十六度三十一分，求得戊辰弧黄平象限距午正之黄道度，亦十八度二十六分十四秒。与戊点秋分九宫相减，因黄平象限在午西，故减。得辰点八宫十一度三十三分四十六秒，即本时黄平象限之经度。又求得甲辰弧与甲卯象限相减，得辰卯弧，亦为五十三度五十六分五十一秒，即本时限距地高，而当辰寅卯角之度也。

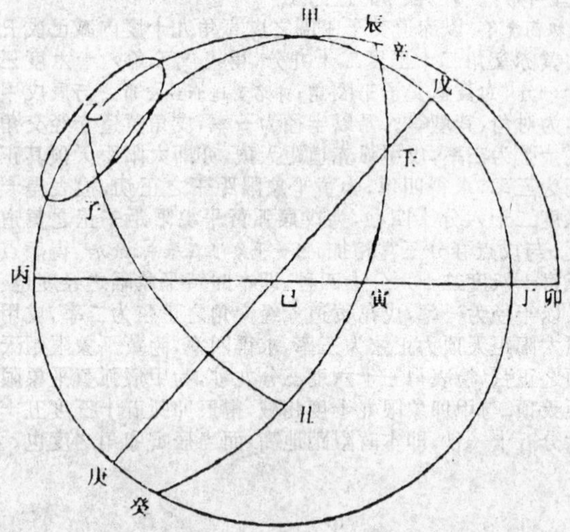

又设太阳距春分后三十度，黄道实行为四宫初度，求午正初刻黄平象限诸数。乃以黄道经度四宫初度当午正如辛点，即太阳之所在，辛壬癸为黄道，交地平于寅。丑为冬至，壬为春分，乙子丑为过极至经圈。仍自黄极子点过天顶甲点作子甲卯弧黄平象限，其黄道适中之辰点，在午正之东。求法先用辛戊壬正弧三角形求壬戊、辛戊二弧及壬辛戊角，此形有戊直角，有壬角黄赤交角，有壬辛太阳距春分后黄道弧三十度。乃以半径为一率，黄赤交角之余

一率　半径
二率　壬角余弦
三率　壬辛弧正切
四率　壬戊弧正切

一率　半径
二率　壬角正弦
三率　壬辛弧正弦
四率　辛戊弧正弦

一率　壬辛弧余弦
二率　壬角余切
三率　半径
四率　辛角正切

弦为二率，黄道弧之正切为三率，求得四率，为赤道弧之正切，检表得二十七度五十四分一十秒，为壬戊弧赤道同升度，亦即本时春分距午后赤道度。变时得一时五十一分三十七秒，即本时春分距午时分。又以半径为一率，黄赤交角之正弦为二率，黄道弧之正弦为三率，求得四率，为黄赤距度之正弦，检表得十一度二十九分三十三秒，为辛戊弧太阳距赤道北纬度。又以黄道弧之余弦为一率，黄赤交角之余切为二率，半径为三率，求得四率，为黄道交子午圈角之正切，检表得六十九度二十二分五十一秒，为壬辛戊角黄道交子午圈角，即黄道赤经交角。次用辛辰甲正弧三角形求辛辰、甲辰二弧，此形有辰直角，有辛角，与壬辛戊角为对角，其度等。以甲戊弧赤道距天顶内减辛戊黄赤距度，得甲辛弧二十八度二十五分二十七秒，为本时太阳距天顶。乃以半径为一率，辛角黄道赤经。

一率　半径
二率　辛角余弦
三率　甲辛弧正切
四率　辛辰弧正切

一率　半径
二率　辛角正弦
三率　甲辛弧正弦
四率　甲辰弧正弦

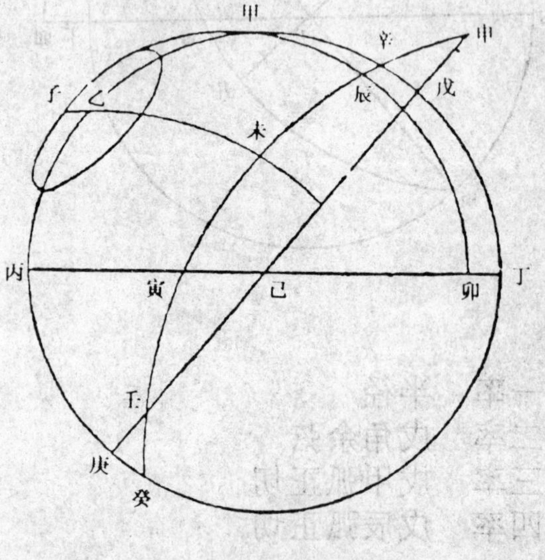

交角之余弦为二率，甲辛弧太阳距天顶之正切为三率，求得四率，为黄平象限距午之正切，检表得十度四十

七分二十八秒，为辛辰弧黄平象限距午正之黄道度。与辛点四宫初度相加，因黄平象限在午东，故加。得辰点四宫十度四十七分二十八秒，即本时黄平象限之经度也。又以半径为一率，辛角黄道赤经交角之正弦为二率，甲辛弧太阳距天顶之正弦为三率，求得四率，为黄平象限距天顶之正弦，检表得二十六度二十七分二十秒，为甲辰弧黄平象限距天顶。与甲卯象限九十度相减，得辰卯弧六十三度三十二分四十秒，为本时限距地高，即当辰寅卯角之度也。

又设太阳距秋分前三十度，黄道实行为八宫初度，求午正初刻黄平象限诸数。乃以辛点太阳实行当正午，其申点为秋分，而在午东，壬为春分，未为夏至，子乙未为过极至经圈，亦自黄极子点过天顶，作子甲卯弧本时黄平象限，而在午西。法用辛戊申正弧三角形，此形戊为直角，申角为黄赤交角，申辛黄道弧亦为三十度，求得申戊赤道同升度，亦为二十七度五十四分一十秒。乃与壬申赤道之半周相减，得壬戊弧五宫二度五分五十秒，为本时春分距午后赤道度。变时得十时八分二十三秒，即本时春分距午时分也。次用辛辰甲正弧三角形，辰为直角，其辛角黄道赤经交角及甲辛弧太阳距天顶，皆与前图之度等。求得辛辰弧黄平象限距午正黄道度，亦为十度四十七分二十八秒。与辛点八宫初度相减，因黄平象限在午西，故减。得辰点七宫十九度十二分三十二秒，即本时黄平象限之经度。又求得甲辰弧与甲卯象限相减，得辰卯弧，亦为六十三度三十二分四十秒，即本时限距地高，亦当辰寅卯角之度也。

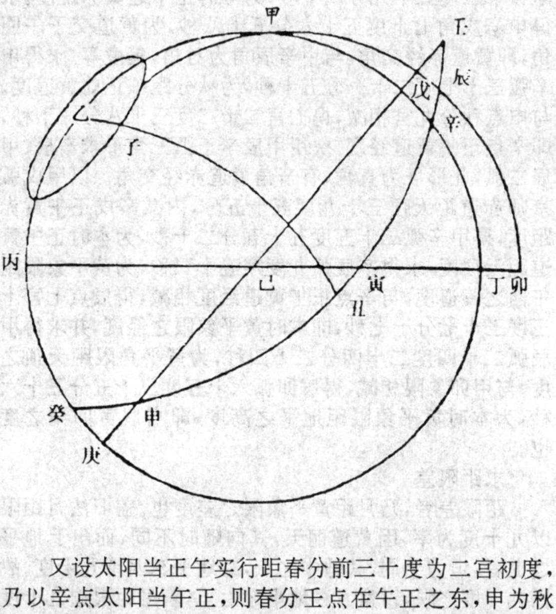

又设太阳当正午实行距春分前三十度为二宫初度，乃以辛点太阳当午正，则春分壬点在午正之东，申为秋分，丑为冬至，乙子丑为过极至经圈，其子甲卯本时黄平象限亦在午正之东。法用辛戊壬正弧三角形，有戊直角，有壬角黄赤交角，有壬辛黄道弧三十度。求得壬戊赤道弧，亦为二十七度五十四分一十秒。乃与赤道全周相减，得十一宫二度五分五十秒，为本时春分距午后赤道度。变时得二十二时八分二十三秒，即本时春分距午时分也。

一率　半径
二率　辛角余弦
三率　甲辛弧正切
四率　辛辰弧正切

一率　半径
二率　辛角正弦
三率　甲辛弧正弦
四率　甲辰弧正弦

又求得辛戊弧亦为十一度二十九分三十三秒，为太阳距赤道南纬度，并求得壬辛戊角亦为六十九度二十二分五十一秒，为本时黄道赤经交角。次用辛辰甲正弧三角形，此形有辰直角，有辛角，以甲戊赤道距天顶与辛戊黄赤距度相加，得甲辛弧太阳距天顶五十一度二十四分三十三秒。乃以半径为一率，辛角之余弦为二率，甲辛弧之正切为三率，求得四率，为黄平象限距午之正切，检表得二十三度四十八分四十秒，即辛辰弧黄平象限距午正之黄道度。与辛点二宫初度相加，得辰点二宫二十三度四十八分四十秒，即本时黄平象限之经度也。又以半径为一率，辛角之正弦为二率，甲辛弧之正弦为三率，求得四率，为甲辰弧黄平象限距天顶之正弦，检余弦表得四十二度五十九分一秒，即卯辰弧本时限距地高之度也。

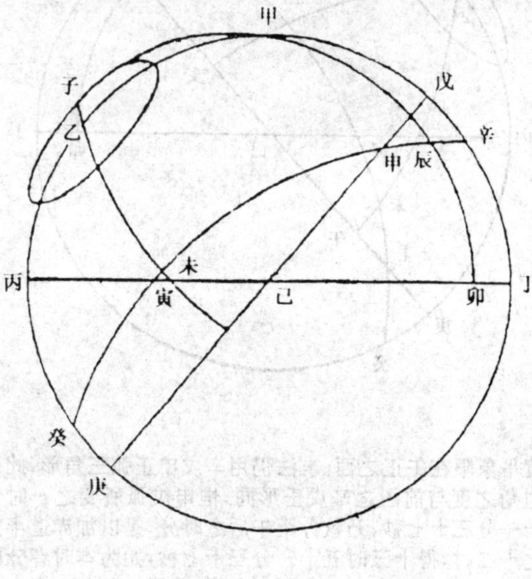

又设太阳当午正实行距秋分后三十度为十宫初度，乃以辛点太阳当午正，则申点秋分在午正后，而春分必在午正前，未为夏至，子乙未为过极至经圈，其子甲卯本时

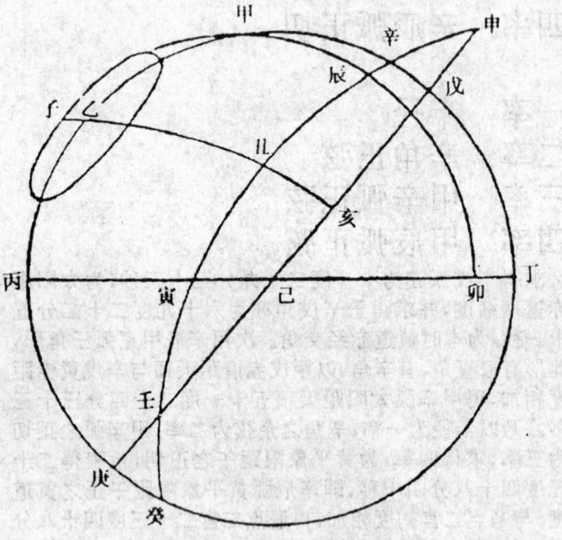

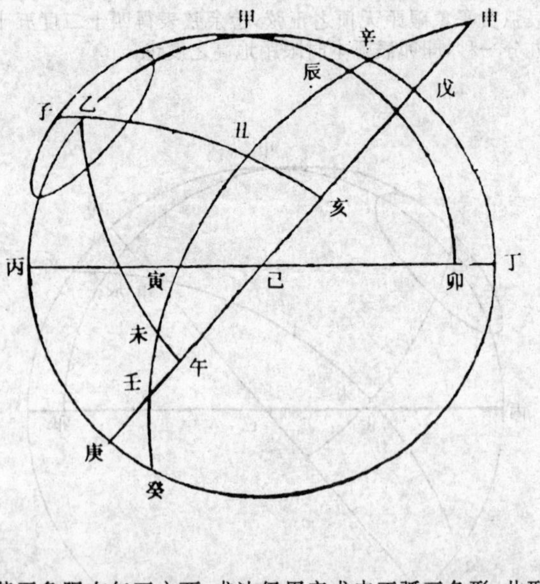

黄平象限在午正之西。求法仍用辛戊申正弧三角形，此形边角之度与前图之辛戊壬形同，惟申戊弧所变之一时五十一分三十七秒，乃秋分距午后之时分，是以加赤道半周之十二时，得十三时五十一分三十七秒，始为本时春分距午时分也。次用辛辰甲正弧三角形，此形边与角之度亦与前图之辛辰甲形同，惟因辰点在辛点之西，是以十宫初度内减辛辰弧二十三度四十八分四十秒，得九宫六度十一分二十秒，即本时黄平象限之经度。其辰卯弧限距地高四十二度五十九分一秒，亦与前数相同也。由此则逐度皆以距春、秋分前后各相对之度推之，其求午正太阳距天顶之加减，则以纬南、纬北而分。求黄平象限宫度之加减，则以冬至、夏至为断。盖冬至过午西，黄平象限恒在午正之东，夏至过午西，黄平象限恒在午正之西，此加减所由定也。

今设太阳黄道经度三宫十六度四十四分，用时为戊正二刻八分十九秒，求春分距午时分及黄平象限宫度、限距地平高度。如申辛壬癸为黄道，交地平於寅，壬为春分，丑为夏至，申为秋分，子乙丑亥为过二极二至经圈。乃自黄极子点过天顶甲点作子甲卯黄道经圈，其黄道适中之辰点，乃在午正之西。今太阳在春分后之未点，当赤道之午点，自子正计之，即用时之时刻。先用未午壬正弧三角形求壬午弧，此形午为直角，有壬角黄赤交角二十三度二十九分，有壬未弧太阳距春分后黄道度十六度四十四分，求得壬午弧十五度二十四分五十八秒，为太阳距春分后赤道度。变时得一小时一分四十秒，与午点用时相加，得二十一小时三十九分五十九秒，为壬点春分距子正后之时分。内减十二时，得九小时三十九分五十九秒，即壬戊弧本时春分距午时分。次用申戊辛正弧三角形，因壬戊春分距午后之度已过象限，故用申戊辛正弧形。求辛角及辛戊、辛申二弧。此形戊为直角，有申角黄赤交角，有申戊弧秋分距午前时分所变之赤道度三十五度零十五秒，求得戊辛弧十三度五十九分四十秒，为本时正午之黄赤距度。求得申辛戊角七十度五十六分五十八秒，为黄道交子午圈角，即黄道赤经交角。与甲辛辰角为对角，其度等。求得申辛弧三十七度二十一分五十秒，为秋分距午正前黄道度。与申点秋分九宫相减，得七宫二十二度三十八分一十秒，即辛点正午黄道经度。次用甲辰辛正弧三角形求辛辰、甲辰二弧，此形辰为直角，有辛角黄道赤经交角。以甲戊弧京师赤道距天顶三十九度五十五分，内减辛戊正午黄赤距度，得甲辛弧二十五度五十五分二十秒，为本时正午黄道距天顶度，求得辛辰弧九度零五十三秒，为黄平象限距午西之黄道度。与辛点正午黄道经度相减，得辰点七宫十三度三十七分十七秒，即本时黄平象限之经度，并求得甲辰弧二十四度二十四分二十四秒，为黄平角限距天顶之度。与甲卯象限相减，得辰卯弧六十五度三十五分三十六秒，为本时黄平象限距地平之高度，即当辰寅卯角之度也。

求距限差

距限差者，乃月距黄平象限之差度也。盖旧法月距限以九十度为率，因黄道丽天，其向随时不同，而出于地平之上者，恒为半周，其适中之点，距地平东西皆九十度。故以九十度之限，以察月在地平之上下，若月距限逾九十度者，为在地平下，遂不入算，然此以黄道为立算之端也。顾白道与黄道斜交，月行白道，不无距黄道南北之纬度。纬南者早入迟出，月当地平时，其距黄平象限不及九十度；纬北者早出迟入，月当地平时，其距黄平象限已过九十

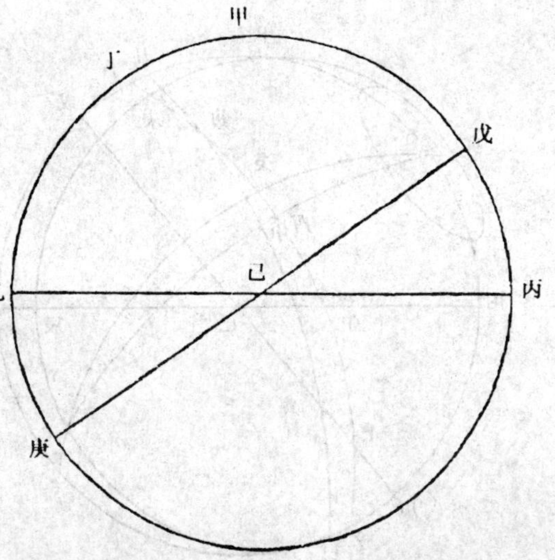

度；是则九十度之率未足为据也。于是立法以求其差，犹五星伏见距日限度有距日加减差之义也。其法以限距地平之高及月距黄道之纬，依正弧三角形法求之。盖黄道之势，随天左旋，其升降正斜，时时不同。正升正降者，京师限距地高至七十三度余，高度大，则月纬所当之距限差转小；斜升斜降者，京师限距地高只二十六度余，高度小，则月纬所当之距限差转大。若值月纬最大，其差可至十度有奇，此距限差之不可不立也。故依京师黄平象限距地平高度，逐度求其太阴黄道实纬度所当距限差以立表。

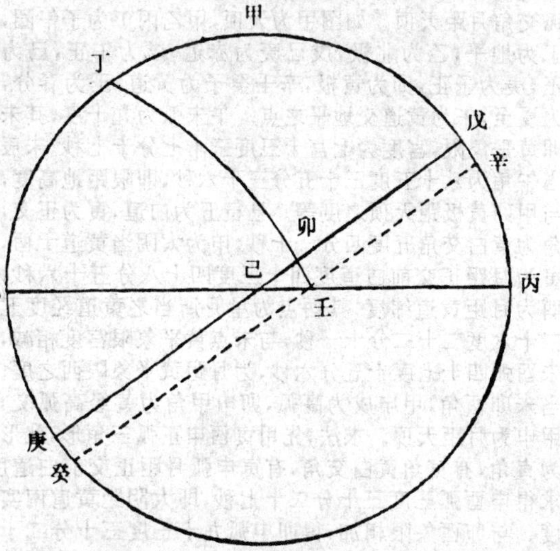

设京师限距地平高度三十四度，太阴距黄道实纬度南北各五度，求距限差。如图甲为天顶，乙丙为地平，丁为黄极，甲丁乙丙为黄道经圈，戊己庚为黄道，交地平于己点，其戊点即黄平象限。戊丙为限距地高三十四度，与甲丁黄极距天顶之度等，而当戊己丙角与乙己庚角为对角，其度亦等。如月恰在正交或中交，合于黄道之己点，正当地平，则戊己为月距限九十度，若过九十度，自必在地平之下。今设月在黄道南五度，则辛壬癸为黄道距等圈，月在地平时为壬点，当于黄道之卯，其戊卯月距限乃不及九十度。又设月距黄道北五度，则子丑寅为黄道距等圈，月在地平时为丑点，当于黄道之辰，其戊辰月距限乃已过九

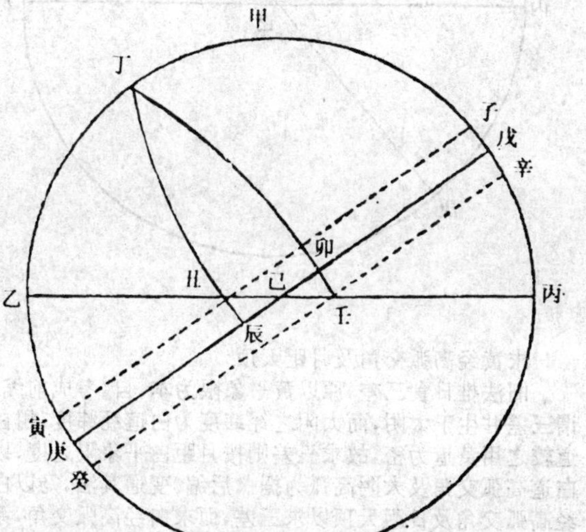

一率　己角正切
二率　半径
三率　卯壬弧正切
四率　己卯弧正弦

十度，故必求其差数以加减之。法用己卯壬正弧三角形求己卯弧，此形有卯直角，有己角，当限距地高，有卯壬弧月距黄道纬度。乃以己角之正切为一率，半径为二率，卯壬弧之正切为三率，求得四率，为距限差度之正弦，检表得七度四十二分，即己卯弧为所求之距限差，而与己辰弧之度分等。盖己辰丑正弧三角形与己卯壬形同用己角，而辰丑弧月距黄道纬度，亦与卯壬等是两正弧形为相等形，故所得之己卯弧必与己辰弧相等无疑矣。既得己卯距限差，与戊己九十度相减，得八十二度十八分，即戊卯距限，而与距等圈辛壬之度相应，为月在纬南之地平限度。以己辰距限差与戊己九十度相加，得九十七度四十二分，即戊辰距限，而与距等圈子丑之度相应，为月在纬北之地平限度也。

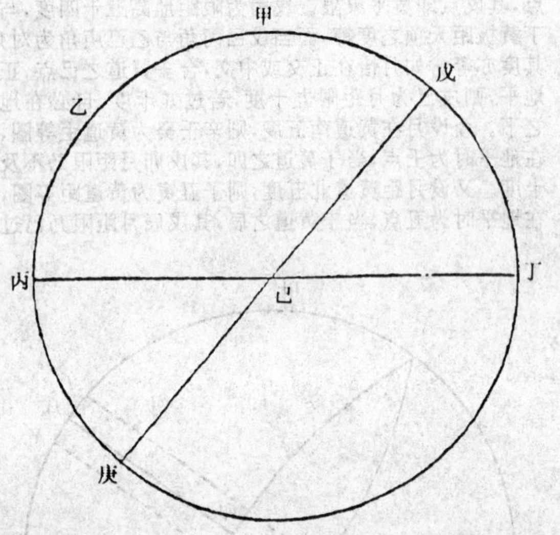

求黄经高弧交角及月距天顶

旧法推日食三差，原以黄平象限为本。自《考成前编》谓三差并生于太阴，而太阴之经纬度为白道经纬度，用白道较之用黄道为密，故求三差则按月距白平象限之度，以白道高弧交角及太阴高弧为据。《后编》变通其法，乃以白经高弧交角及日距天顶以求三差，而求白经高弧交角，系赤经高弧交角加减赤白二经交角而得，并不求月距白平象限之度，是法较前颇为省算。今推视差者，乃求其星月黄道同经之视距视时，故三差应由黄平象限而定也。是则其法原可仿于《后编》不求黄平象限而竟求黄经高弧交角

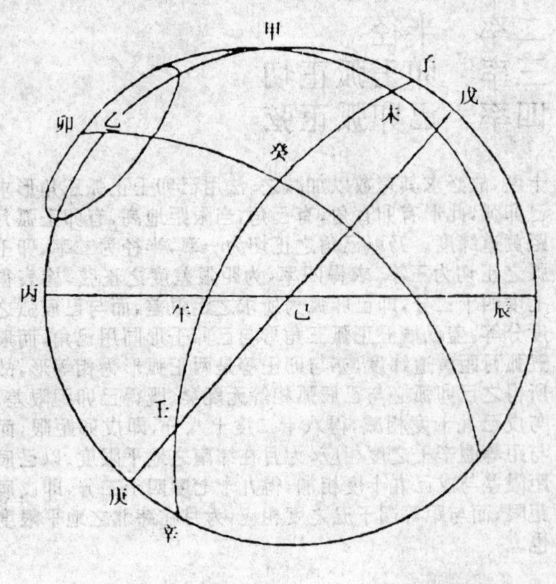

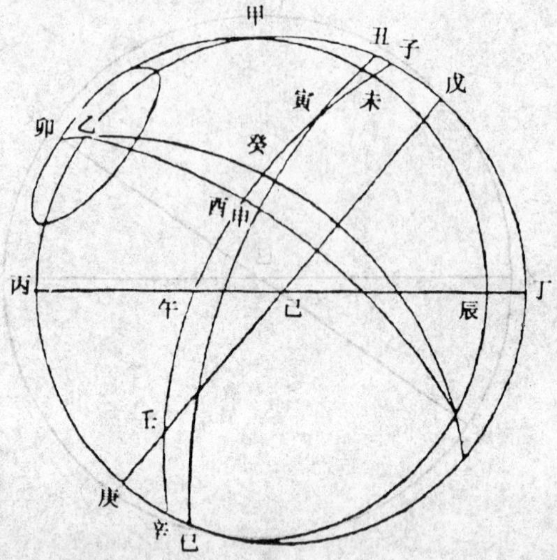

之术，即黄道高弧交角之余度。然非月距黄平象限度与地平限度相较，其月在地平之上下无由可知。故今求交角，乃先求得月距黄平象限之东西、黄平象限去地之高下、太阴距黄极之远近，然后按《后编》用斜弧形求赤经高弧交角日距天顶之法，则黄经高弧交角及月距天顶之度可得矣。

设星、月黄道经度同为申宫二十六度二十二分十一秒，月距正交前四十三度四十八分五十六秒，黄白交角五度四分一十秒，黄平象限七宫十三度三十七分十七秒，限距地高六十五度三十五分三十六秒，求太阴实纬黄经高弧交角月距天顶。如图甲为天顶，甲乙丙丁为子午圈，丙丁为地平，乙为北极，戊己庚为赤道，戊为午正，己为酉正，庚为子正，卯为黄极，辛壬癸子为黄道，壬为春分，癸为夏至，午为黄道交地平之点。午未弧为九十度，其未点即黄平象限，宫度为七宫十三度三十七分十七秒。未辰弧当午角为六十五度三十五分三十六秒，即限距地高度，而与甲卯黄极距天顶之度等。巳寅丑为白道，寅为正交，寅角为黄白交角五度四分一十秒，申为太阴当黄道于酉，申寅为月距正交前白道度四十三度四十八分五十六秒，申酉为月距黄道纬度，其酉点为星月所当之黄道经度五宫二十六度二十二分十一秒，与未点黄平象限宫度相减，得未酉弧四十七度十五分六秒，为月距黄平象限西之度。乃当未卯酉角，甲申戌为高弧，卯申甲角为黄经高弧交角，甲申为月距天顶。求法，先用寅酉申正弧三角形，此形酉为直角，有寅角黄白交角，有寅申弧月距正交前白道度，求得申酉弧三度三十分二十七秒，即太阴距黄道南实纬度。与卯酉象限相加，得卯申弧九十三度三十分二十七秒，为月距黄极。次用甲卯申斜弧三角形，此形有甲卯边黄极距天顶，有申卯边月距黄极，有申卯甲角当酉未弧月距限度为所夹之角，求申角及甲申边。乃自天顶作甲亥垂弧，分为甲亥卯、甲亥申两正弧三角形。先用甲亥卯正弧

三角形，此形亥为直角，有卯角，有甲卯边，求得卯亥弧五十六度十四分十五秒，为距极分边。与申卯弧月距黄极相减，得申亥弧三十七度十六分十二秒，为距月分边。次用甲亥申正弧三角形，此形亥为直角，有申亥边，兼甲亥卯正弧三角形之亥卯边及卯角。用合率比例法，求得申角五十六度二分五十一秒，即黄经高弧交角。仍以甲卯申斜弧形，用对边对角法，求得甲申弧五十三度四十三分二十四秒，即月距天顶之度也。

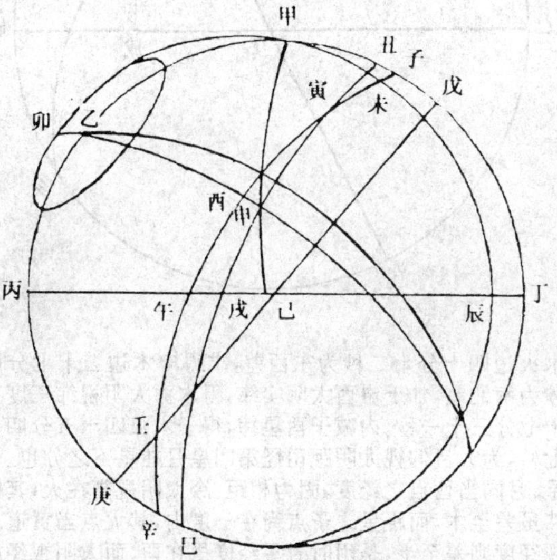

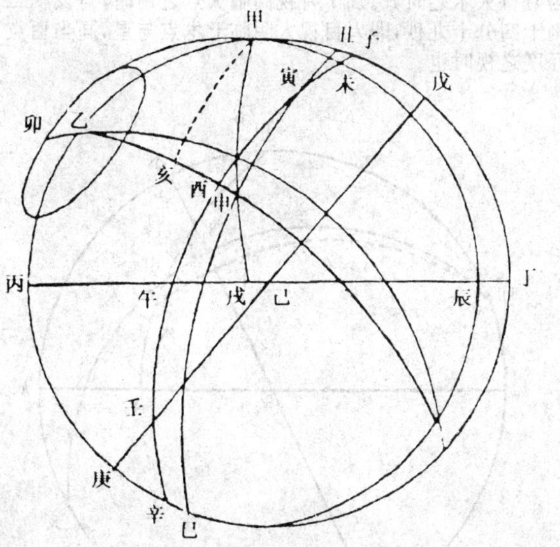

求太阴距星及凌犯视时

太阴距地平上之高弧，自地心立算者为实高，在地面所见者为视高，其相差之分，即地半径差也。月当地平时，距天顶为九十度，其相差之数最大，而角之正弦即当地之半径。迨月上升，则距地渐高，距地愈高，则差数愈小，其所差之分，皆与本时月距天顶之正弦相应，故用比例法而得本时高下差也。夫高下既差，则有视经、视纬之别。其视经、实经之差者，东西差也；视纬、实纬之差者，南北差也。今求三差，乃依《后编》日食求三差法用直线三角形算之。然《后编》三差图乃写浑于平，今则用以浑测浑之图，求其三差，其所得之南北差，与本时太阴实纬之度相较，而得视纬。复以视纬与星纬相较，观其纬之南北而定相距之上下也。其所得之东西差，与一小时之太阴实行为比例，而得用时距视时之距分。辨其月距限之东西加减凌犯用时，而得凌犯之视时也。

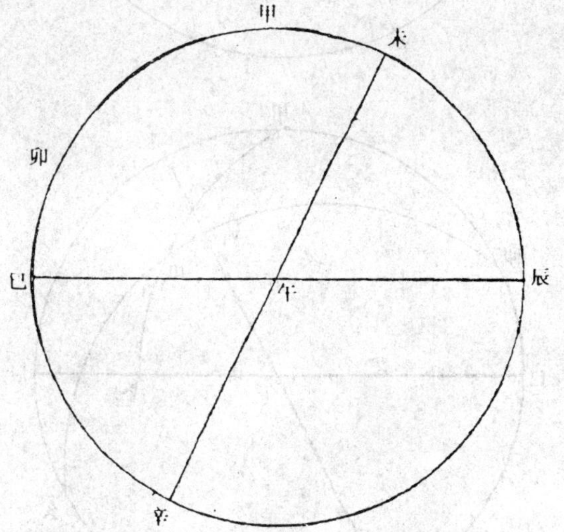

前求得道光十二年壬辰三月初六日癸丑，月距司怪第四星凌犯用时戌正二刻八分十九秒，黄经高弧交角五十六度二分五十一秒，月距天顶五十三度四十三分二十四秒，本日太阴最大地半径差六十分七秒，太阴黄道实纬度南三度三十分二十七秒，司怪第四星黄道纬度南三度十一分四十四秒，一小时太阴实行三十六分三十三秒，求星月相距分秒凌犯视时。如图甲为天顶，甲未辰巳为黄道经圈，辰午巳为地平，卯为黄极，未午辛为黄道，未点即黄平象限宫度，未辰弧即限距地高，与卯甲黄极距天顶之度等。申点为太阴，子点为司怪第四星，同当黄道于酉。其酉点即月与星之黄道经度，酉未弧即月距限西之度，子酉为星距黄道南纬度三度十一分四十四秒，申酉为太阴距黄道南实纬度三度三十分二十七秒，申卯弧即月距黄极，甲申戌为高弧，申甲为月距天顶度五十三度四十三分二十四秒，卯申甲角为黄经高弧交角五十六度二分五十一秒，

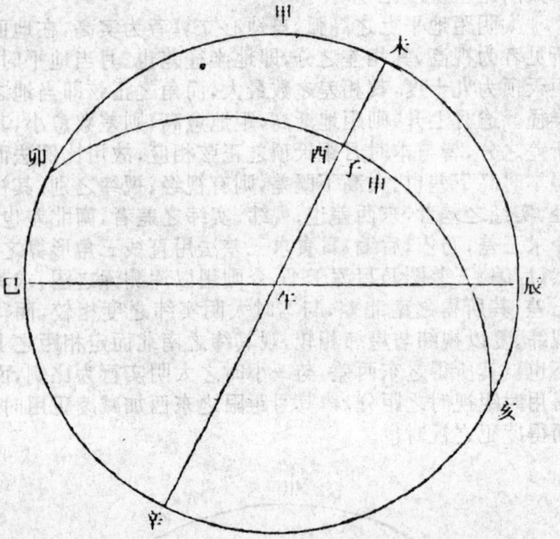

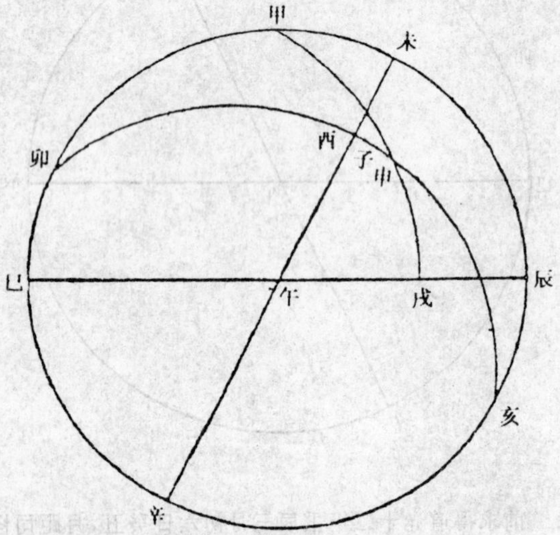

而与戊申亥角为对角，其度等。此皆自地心立算之实度也。然人居地面高于地心，故视高常低于实高，而月当地平时，其地半径差为最大，今乃六十分七秒。于是依《后编》求本时高下差之法，以半径与甲申弧正弦之比同于最大地半径差与本时高下差之比，得本时高下差四十八分二十八秒。如申火之分，其火点即太阴之视高，自火点与黄道平行，作火木线，遂成申木火直角三角形。因弧度甚小，乃作直线算，与《后编》求日食三差之理同。此形木为直角，有申角黄经高弧交角，有申火边本时高下差，求得

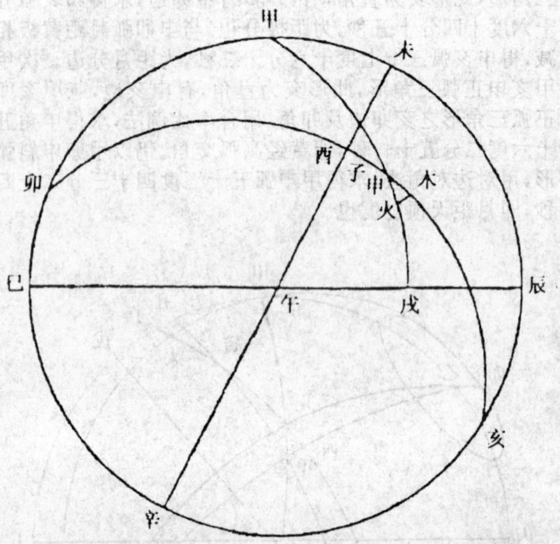

木火边四十分十二秒为东西差，求得申木边二十七分四秒为南北差，加于申酉太阴实纬，得木酉太阴视纬三度五十七分三十一秒。内减子酉星纬，得子木弧四十五分四十七秒，为人目仰视太阴距司怪第四星月在星下之分也。夫星、月同当酉点之经度，固为相距。今太阴视高在火，其视纬虽差至木，而距星之子点尚在一度内，其火点当黄道之视经度则差至土，是用时时星经度虽在酉，而太阴视经度之土点乃在其西，是为未及。然土酉之分与火木等，故以一小时太阴实行与火木东西差为比例，得距分一时六分，为月行火木之时分。加于月视高临火点之用时，得亥初二刻十四分十九秒，即人目视太阴临于木点与星，同当酉点经度之视时也。

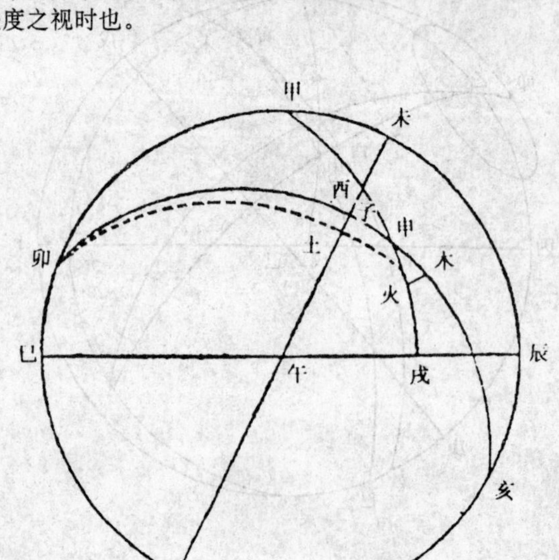

求视时月距限

视时月距限，必大于用时月距限，因其视经差所当之距分既有加减，则太阴与星随天西移自有进退也。盖太阴以地半径差由高而变下，则视经之差于实经、视纬之差于实纬必矣。兹据黄平象限在天顶南之地面而言之，视纬恒差而南，如实纬北者，视纬常小于实纬，其差为减；实纬南者，视纬常大于实纬，其差为加。故纬南之星、月实距虽在一度内，而视距转在一度外者有之；纬北之星、月实距虽在一度外，而视距转在一度内者有之。南北相距一度外者不入凌犯之限，故不取用。至若视经之差，所当月行距分之最大者或至二小时，而二小时之际，诸曜随天左旋，几至一宫，故视经之差，关于月行之进退矣。如月在黄平象限西者，视经度差之而西，视时必迟于用时；月在黄平象限东者，视经度差之而东，视时必早于用时。以致用时星、月未入地平，而视时星、月已入地平者有之，或用时星、月已出地平，而视时星、月未出地平者有之。是故于求用时之后，即以月距黄平象限与地平限度相较，可知斯时月在地平之上下。月距限小于地平限度者，为月在地平上；大于地平限度者，为月在地平下。如遇月距限微小于地平限度者，用时星、月必在地平上，视时星、月或在地平下，其所差者，即视经之差当月行距分之诸曜左旋度。今取最小实经、视经之差所当左旋之度为视经差，法见下卷求地平限度节下。减于地平限度，所得视地平限度，而与月距限度考之。如月距限小于地平限度而大于视地平限度者，则为用时月虽在地平上，视时月必在地平下矣；既知月必在地平下，故遇此者去之。如月距限小于视地平限度者，则为视时月在地平之上。夫犹有不然者，以视经差所取皆最小之数也。若知月行实迹非由视时，再推月距限度，则其时月果在地平之上下，未可得其确准。故今于既得视时之后，必详察太阴实纬及用时月距限度。如实纬南月距限过六十度，或实纬北月距限过七十度者，用时月距限在此限度内者，视时月必在地平之上。皆以视时复求月距黄平象限之度。如其度大于地平限度者，乃视时月在地平之下，仍不取用。必其度小于地平限度，始为视时月必在地平之上，而可证诸实测。此视差之所以必逐细详推，然后可得而取用也。

卷五十三　　志二十八

时宪九

凌犯视差新法下

求均数时差

以本日太阳引数宫度分，满三十秒进一分用。用《后编》日躔均数时差表，察其所对之数，得均数时差，记加减号。引数有零分者，用中比例求之。

求升度时差

以本日太阳黄道实行宫度分，满三十秒进一分用。用《后编》日躔升度时差表，察其所对之数，得升度时差，记加减号。实行有零分者，用中比例求之。

求时差总

以均数时差与升度时差相加减，得时差总。两时差同为加或同为减者，则相加得时差总，加亦为加，减亦为减。两时差一为加一为减者，则相减得时差总，加数大为加，减数大为减。

求凌犯用时

置凌犯时刻，加减时差总，得凌犯用时。

求本时太阳黄道经度

以周日一千四百四十分为一率，本次日两太阳实行相减带秒减，足三十秒进一分用，有度化分。为二率，凌犯时刻化分为三率，求得四率与本日太阳实行相加，得本时太阳黄道经度。

求本时春分距午时分

以本时太阳黄道经度，满三十分进一度用。察黄平象限表内右边所列春分距午时分与凌犯用时相加，内减十二时，不足减，加二十四时减之。得本时春分距午时分。满二十四时去之。

求本时黄白大距

以周日一千四百四十分为一率，本次日两黄白大距相减为二率，凌犯时刻化分为三率，求得四率。加减本日黄白大距，本日黄白大距大相减，小相加。得本时黄白大距。

求本时月距正交

以周日一千四百四十分为一率，本次日两月距正交相减化秒为二率，凌犯时刻化分为三率，求得四率。收作度分秒，与本日月距正交相加，得本时月距正交。

求太阴实纬

以半径为一率，本时黄白大距正弦为二率，本时月距正交正弦为三率，如本时月距正交过三宫者，与六宫减；过六宫者减六宫；过九宫者，与十二宫减，用其余。求得四率，为太阴实纬正弦，检表得太阴实纬，记南北号。本时月距正交初宫至五宫为北，六宫至十一宫为南。如本时月距正交恰在初宫、六宫者，则无实纬。恰在三宫、九宫者，则本时黄白大距即实纬度，三宫为北，九宫为南。

求黄平象限及限距地高

以本时春分距午时分，察黄平象限表内，取其与时分相近者所对之数录之，得黄平象限。随看左边之限距地高录之，得限距地高。

求星经度

按所取之星，察《仪象考成》卷二十六表内所载本星之黄道经度，加入岁差，表以乾隆九年甲子为元，至道光十四年甲午，计九十年，应加岁差一度十六分三十秒，以后每年递加岁差五十一秒。得本年星经度。

如求五星经度，则以周日一千四百四十分为一率，凌犯时刻化分为二率，一日星实行为三率，以本次日两实行相减，得一日星实行。求得四率，为距时星实行。与本日星经度相加减，顺行加，退行减。得本时星经度。

求星纬度

按所取之星，察《仪象考成》卷二十六表内所载本星之黄道纬度录之，无岁差。记南北号。

如求五星纬度，则以周日一千四百四十分为一率，凌犯时刻化分为二率，一日星纬较为三率，本次日两纬度同为南或同为北者，则相减得星纬较。一为南一为北者，则相加得星纬较。求得四率。与本日星纬度相加减，本日纬度大相减，本日纬度小相加。若相加为三率者，所得四率必与本日纬度相减，仍依本日南北号。如所得四率大于本日星纬，则以所得四率转减本日星纬，其南北号应与次日同。得本时星纬度，记南北号。

求月距限

以星经度与黄平象限相减，得月距限，记东西号。星经度大为限东，小为限西。如星经度与黄平象限一在三宫内，一在九宫外，应将三宫内者加十二宫减之。所得月距限太阴实纬南在六十度内，实纬北在八十度内者，不必求地平限度。如纬南过六十度，纬北过八十度，则求地平限度。

求距限差

以限距地高及太阴实纬度分，察《距限差表》内纵横所对之数录之，得距限差，记加减号。太阴实纬南减北加。

求地平限度

置九十度，加减距限差，得地平限度。

以地平限度内减最小视经差八度五十五分一十七秒，得视地平限度，如月距限大于视地平限度者，为月在地平下，即不必算。因太阴距地最近，其视行随时不同，故取最小视经差以定视限。乃按最小限距地高，月在黄道极南，求得最小黄经高弧交角二十六度六分二十四秒。以最小太阴地半径差及最速月实行，求得最小距分三十七分八秒。变赤道度得九度一十七分，求其相当最小黄道度为八度三十一分三十四秒。再加最小东西差二十三分四十三秒，得最小视经差八度五十五分一十七秒。然月在最高时，地半径差最小，而其月实行必迟，则距分转大。今俱取其最小者，恐有遗漏耳。

求距极分边

以半径为一率，月距限余弦为二率，限距地高正切为三率，求得四率，为距极分边正切，检表得距极分边。

求月距黄极

置九十度，加减太阴实纬，南加北减。得月距黄极。

求距月分边

以月距黄极内减距极分边，得距月分边。

求黄经高弧交角

以距月分边正弦为一率，距极分边正弦为二率，月距限正切为三率，求得四率，为黄经高弧交角正切，检表得黄经高弧交角。若月距限为初度，是太阴正当黄平象限，则黄经与高弧合，无黄经高弧交角。

求本次日月实引

以本日月引数加减本日初均，得本日月实引，以次日月引数加减次日初均，得次日月实引。

求本时月实引

以周日一千四百四十分为一率，凌犯时刻化分为二率，本次日两实引相减带秒减，足三十秒进一分用，度化分。为三率，求得四率。收为度分，与本日月实引相加，得本时月实引。

求本时本天心距地

以周日一千四百四十分为一率，凌犯时刻化分为二率，本次日两本天心距地数相减为三率，求得四率。与本日本天心距地数相加减，本日本天心距地数大相减，小相加。得本时本天心距地。

求距地较

以本时本天心距地内减距地小数，得距地较。

求月距天顶

以黄经高弧交角正弦为一率，限距地高正弦为二率，月距限正弦为三率，求得四率为月距天顶正弦，检表得月距天顶。若无黄经高弧交角，则以月距黄极内减限距地高即得。

求太阴地半径差

以本时月实引满三十分，进一度用。及本时本天心距地，察《后编》交食太阴地半径差表内所对之数，即太阴地半径差。如本时本天心距地有远近者，以距地较比例求之。

求本时高下差

以半径为一率，月距天顶正弦为二率，太阴地半径差为三率，若推凌犯五星，除土、木二星无地半径差外，火、金、水三星皆有地半径差。乃看星引数，自十宫十五度至一宫十五度，为最高限。自一宫十五度至四宫十五度，自七宫十五度至十宫十五度，为中距限。自四宫十五度至七宫十五度，为最卑限。以星引数所当之限，察其本星最大地半径差，与太阴地半径差相减，得星月地平高下差，为三率。求得四率，即本时高下差。

求东西差

以半径为一率，黄经高弧交角正弦为二率，本时高下差为三率，求得四率，即东西差。如无交角，则无东西差，高下差即南北差，凌犯用时即凌犯视时。

求南北差

以半径为一率，黄经高弧交角余弦为二率，本时高下差为三率，求得四率，即南北差。

求太阴视纬

以太阴实纬与南北差相加减，得太阴视纬，记南北号。纬南相加仍为南，纬北相减仍为北，如南北差大，则反减变北为南。

求太阴距星

以太阴视纬与星纬相加减，得太阴距星，记月在上下号。如两纬度同为北或同为南者则相减；月纬大，北为在上，南为在下；月纬小，北为在下，南为在上。两纬度一为南一为北者则相加。月纬北为在上，月纬南为在下。若两纬度相同，减尽无余，为月掩星，凡相距在一度以内者用；过一度外者，为纬大，不用，即不必算。

求太阴实行

以本时月实引满三十分，进一度用。及本时本天心距地，察《后编》交食太阴实行表内所对之数，得太阴实行。如本时本天心距地有远近者，以距地较比例求之。

求距分

以太阴实行为一率，东西差为二率，一小时化作三千六百秒为三率，求得四率，即距分，记加减号。月距限东为减，月距限西为加。

求凌犯视时

置凌犯用时，加减距分，得凌犯视时，如凌犯用时不足减距分，加二十四时减之，所得凌犯视时为在前一日；如加满二十四时去之，所得凌犯视时为在次日。时刻在日出前日入后者用；在日出后日入前者，即为在昼，不用。

如月在纬南，月距限过六十度，及月在纬北，月距限过七十度者，须用下法求之。

求视时春分距午时分

置本时春分距午，加减距分，得视时春分距午。如本时春分距午不足减距分者，加二十四时减之；若相加过二十四时者去之。

求视时黄平象限

以视时春分距午时分，察黄平象限表内，取其与时分相近者，所对之数录之，即得视时黄平象限。

求视时月距限

置星经度，与视时黄平象限相减，得视时月距限，其度小于地平限度者用；若大于地平限度者，为月在地平下，不用。

黄平象限表

《黄平象限表》，按京师北极高度三十九度五十五分，黄赤大距二十三度二十九分，依黄道经度，逐度推得春分距午时分、黄平象限宫度、限距地高度分，三段列之。表名“春分距午”者，乃春分距午正赤道度所变之时分也。“黄平象限”者，乃本时黄平象限之宫度也。“限距地高”者，乃本时黄平象限距地平之高度也。表自三宫初度列起者，因太阳黄道经度三宫初度为春分，即春分距午之初也。

用表之法，以本时太阳黄道经度之宫度，察其所对之春分距午时分，加凌犯用时，得数内减十二时，不足减者加二十四时减之，得本时春分距午时分。依此时分，取其相近之春分距午时分所对之黄平象限宫度及限距地高度分，即得所求之黄平象限及限距地高也。设本时太阳经度一宫十五度，凌犯用时十九时四十五分，求春分距午及黄平象限并限距地高，则察本表黄道经度一宫十五度所对之春分距午为二十一时九分五十四秒。加凌犯用时十九时四十五分，内减十二时，余过二十四时去之。得四时五十四分五十四秒，为所求之春分距午时分。乃以此时分察相近者，得四时五十四分五十一秒。其所对之黄平象限为五宫十六度五十九分二十七秒，即所求之黄平象限宫度。其所对之限距地高为七十二度四十九分五十八秒，即所求之限距地高也。若黄道经度有零分者，满三十分以上则进为一度，不用中比例，因逐度所差甚微故也。

黄道经度		春分距午			黄平象限				限距地高		
度	宫	秒	分	时	秒	分	度	宫	秒	分	度
〇〇	三	〇〇	〇〇	〇	四一	六二	八一	三	一五	六五	三五
一〇	三	〇四	三〇	〇	七三	一一	九一	三	六三	七一	四五
二〇	三	〇二	七〇	〇	〇五	六五	九一	三	六一	八三	四五
三〇	三	〇〇	一一	〇	七五	一四	〇二	三	〇五	八五	四五
四〇	三	一四	四一	〇	七五	六二	一二	三	八一	九一	五五
五〇	三	一二	八一	〇	二五	一一	二二	三	一四	九三	五五
六〇	三	一〇	二二	〇	二四	六五	二二	三	八四	九五	五五
七〇	三	二四	五二	〇	六二	一四	三二	三	九〇	〇二	六五
八〇	三	三二	九二	〇	七〇	六二	四二	三	三一	〇四	六五
九〇	三	四〇	三三	〇	四四	〇一	五二	三	二一	〇〇	七五
〇一	三	五四	六三	〇	五一	五五	五二	三	四〇	〇二	七五
一一	三	六二	〇四	〇	九四	九三	六二	三	〇五	九三	七五
二一	三	八〇	四四	〇	八一	四二	七二	三	九二	九五	七五
三一	三	九四	七四	〇	五四	八〇	八二	三	二〇	九一	八五
四一	三	一三	一五	〇	二一	三五	八二	三	八二	八三	八五
五一	三	四一	五五	〇	七三	七三	九二	三	八四	七五	八五
六一	三	六五	八五	〇	三〇	二二	〇〇	四	〇〇	七一	九五
七一	三	九三	二〇	一	七二	六〇	一〇	四	六〇	六三	九五
八一	三	三二	六〇	一	四五	〇五	一〇	四	五〇	五五	九五
九一	三	六〇	〇一	一	二二	五三	二〇	四	六五	三一	〇六
〇二	三	〇五	三一	一	〇五	九一	三〇	四	九三	二三	〇六
一二	三	五三	七一	一	一二	四〇	四〇	四	六一	一五	〇六
二二	三	〇二	一二	一	四五	八四	四〇	四	五四	九〇	一六
三二	三	五〇	五二	一	九二	三三	五〇	四	六〇	八二	一六
四二	三	一五	八二	一	八〇	八一	六〇	四	八一	六四	一六
五二	三	七三	二三	一	一五	二〇	七〇	四	四二	四〇	二六
六二	三	四二	六三	一	七三	七四	七〇	四	〇二	二二	二六
七二	三	一一	〇四	一	八二	二三	八〇	四	八〇	〇四	二六
八二	三	九五	三四	一	三二	七一	九〇	四	八四	七五	二六
九二	三	八四	七四	一	三二	二〇	〇一	四	八一	五一	三六
〇三	三	七三	一五	一	八二	七四	〇一	四	〇四	二三	三六
〇〇	四	七三	一五	一	八二	七四	〇一	四	〇四	二三	三六
一〇	四	六二	五五	一	〇四	二三	一一	四	三五	九四	三六
二〇	四	六一	九五	一	六五	七一	二一	四	六五	六〇	四六
三〇	四	七〇	三〇	二	九一	三〇	三一	四	一五	三二	四六
四〇	四	八五	六〇	二	九四	八四	三一	四	四三	〇四	四六
五〇	四	〇五	〇一	二	六二	四三	四一	四	八〇	七五	四六

黄道经度		春分距午			黄平象限				限距地高		
度	宫	秒	分	时	秒	分	度	宫	秒	分	度
六〇	四	三四	四一	二	九〇	〇二	五一	四	二三	三一	五六
七〇	四	六三	八一	二	〇〇	六〇	六一	四	五四	九二	五六
八〇	四	〇三	二二	二	九五	一五	六一	四	八四	五四	五六
九〇	四	四二	六二	二	五〇	八三	七一	四	〇四	一〇	六六
〇一	四	〇二	〇三	二	九一	四二	八一	四	〇二	七一	六六
一一	四	六一	四三	二	二四	〇一	九一	四	九四	二三	六六
二一	四	二一	八三	二	三一	七五	九一	四	六〇	八四	六六
三一	四	〇一	二四	二	三五	三四	〇二	四	一一	三〇	七六
四一	四	八〇	六四	二	二四	〇三	一二	四	四〇	八一	七六
五一	四	六〇	〇五	二	九三	七一	二二	四	五四	二三	七六
六一	四	六〇	四五	二	六四	四〇	三二	四	三一	七四	七六
七一	四	六〇	八五	二	二〇	二五	三二	四	七二	一〇	八六
八一	四	七〇	二〇	三	八二	九三	四二	四	八二	五一	八六
九一	四	九〇	六〇	三	三〇	七二	五二	四	五一	九二	八六
〇二	四	一一	〇一	三	七四	四一	六二	四	九四	二四	八六
一二	四	四一	四一	三	二四	二〇	七二	四	八〇	六五	八六
二二	四	八一	八一	三	六四	〇五	七二	四	二一	九〇	九六
三二	四	二二	二四	三	〇〇	九三	八二	四	一〇	二二	九六
四二	四	八二	六二	三	四二	七二	九二	四	五三	四三	九六
五二	四	四三	〇三	三	八五	五一	〇〇	五	三五	六四	九六
六二	四	〇四	四三	三	一四	四〇	一〇	五	六五	八五	九六
七二	四	八四	八三	三	四三	三五	一〇	五	二四	〇一	〇七
八二	四	六五	二四	三	七三	二四	二〇	五	一一	二二	〇七
九二	四	五〇	七四	三	〇五	一三	三〇	五	三二	三三	〇七
〇三	四	四一	一五	三	二一	一二	四〇	五	九一	四四	〇七
〇〇	五	四一	一五	三	二一	一二	四〇	五	九一	四四	〇七
一〇	五	五二	五五	三	四四	〇一	五〇	五	七五	四五	〇七
二〇	五	六三	九五	三	六二	〇〇	六〇	五	六一	五〇	一七
三〇	五	七四	三〇	四	七一	〇五	六〇	五	八一	五一	一七
四〇	五	九五	七〇	四	七一	〇四	七〇	五	一〇	五二	一七
五〇	五	二一	二一	四	六二	〇三	八〇	五	四二	四三	一七
六〇	五	六二	六一	四	四四	〇二	九〇	五	九二	三四	一七
七〇	五	〇四	〇二	四	七一	一一	〇一	五	四一	二五	一七
八〇	五	四五	四二	四	六四	一〇	一一	五	〇四	〇〇	二七
九〇	五	九〇	九二	四	九二	二五	一一	五	五四	八〇	二七
〇一	五	五二	三三	四	四二	三四	二一	五	九二	六一	二七
一一	五	一四	七三	四	九一	四三	三一	五	四五	三二	二七

黄道经度		春分距午			黄平象限				限距地高		
度	宫	秒	分	时	秒	分	度	宫	秒	分	度
二一	五	八五	一四	四	六二	五二	四一	五	七五	〇三	二七
三一	五	六一	六四	四	九三	六一	五一	五	九三	七三	二七
四一	五	三三	〇五	四	〇〇	八〇	六一	五	九五	三四	二七
五一	五	一五	四五	四	七二	九五	六一	五	八五	九四	二七
六一	五	〇一	九五	四	〇〇	一五	七一	五	四三	五五	二七
七一	五	九二	三〇	五	九三	二四	八一	五	九四	〇〇	三七
八一	五	八四	七〇	五	四二	四三	九一	五	一四	五〇	三七
九一	五	八〇	二一	五	三一	六二	〇二	五	〇一	〇一	三七
〇二	五	八二	六一	五	七〇	八一	一二	五	七一	四一	三七
一二	五	九四	〇二	五	六〇	〇一	二二	五	一〇	八一	三七
二二	五	九〇	五二	五	九〇	二〇	三二	五	二二	一二	三七
三二	五	〇三	九二	五	五一	四五	三二	五	八一	四二	三七
四二	五	一五	三三	五	四二	六四	四二	五	二五	六二	三七
五二	五	二一	八三	五	六三	八三	五二	五	三〇	九二	三七
六二	五	四三	二四	五	〇五	〇三	六二	五	〇五	〇三	三七
七二	五	五五	六四	五	六〇	三二	七二	五	三一	二三	三七
八二	五	七一	一五	五	三二	五一	八二	五	二一	三三	三七
九二	五	八三	五五	五	一四	七〇	九二	五	八四	三三	三七
〇三	五	〇〇	〇〇	六	〇〇	〇〇	〇〇	六	〇〇	四三	三七
〇〇	六	〇〇	〇〇	六	〇〇	〇〇	〇〇	六	〇〇	四三	三七
一〇	六	二二	四〇	六	九一	二五	〇〇	六	八四	三三	三七
二〇	六	三四	八〇	六	七三	四四	一〇	六	二一	三三	三七
三〇	六	五〇	三一	六	四五	六三	二〇	六	三一	二三	三七
四〇	六	六二	七一	六	〇一	九二	三〇	六	〇五	〇三	三七
五〇	六	八四	一二	六	四二	一二	四〇	六	三〇	九二	三七
六〇	六	九〇	六二	六	六三	三一	五〇	六	二五	六二	三七
七〇	六	〇三	〇三	六	五四	五〇	六〇	六	八一	四二	三七
八〇	六	一五	四三	六	一五	七五	六〇	六	二二	一二	三七
九〇	六	一一	九三	六	四五	九四	七〇	六	一〇	八一	三七
〇一	六	二三	三四	六	三五	一四	八〇	六	七一	四一	三七
一一	六	二五	七四	六	七四	三三	九〇	六	〇一	〇一	三七
二一	六	二一	二五	六	六三	五二	〇一	六	一四	五〇	三七
三一	六	一三	六五	六	一二	七一	一一	六	九四	〇〇	三七
四一	六	〇五	〇〇	七	〇〇	九〇	二一	六	四二	五五	二七
五一	六	九〇	五〇	七	三三	〇〇	三一	六	八五	九四	二七
六一	六	七二	九〇	七	〇〇	二五	三一	六	九五	三四	二七
七一	六	四四	三一	七	一二	三四	四一	六	九三	七三	二七

黄道经度		春分距午			黄平象限				限距地高		
度	宫	秒	分	时	秒	分	度	宫	秒	分	度
八一	六	二〇	八一	七	四三	四三	五一	六	七五	〇三	二七
九一	六	九一	二二	七	一四	五二	六一	六	四五	三二	二七
〇二	六	五三	六二	七	六三	六一	七一	六	九二	六一	二七
一二	六	一五	〇三	七	一三	七〇	八一	六	五四	八〇	二七
二二	六	六〇	五三	七	四一	八五	八一	六	〇四	〇〇	二七
三二	六	〇二	九三	七	三四	八四	九一	六	四一	二五	一七
四二	六	四三	三四	七	六一	九三	〇二	六	九二	三四	一七
五二	六	八四	七四	七	四三	九二	一二	六	四二	四三	一七
六二	六	一〇	二五	七	三四	九一	二二	六	一〇	五二	一七
七二	六	三一	六五	七	三四	九〇	三二	六	八一	五一	一七
八二	六	四二	〇〇	八	四三	九五	三二	六	六一	五〇	一七
九二	六	五三	四〇	八	六一	九四	四二	六	七五	四五	〇七
〇三	六	六四	八〇	八	八四	八三	五二	六	九一	四四	〇七
〇〇	七	六四	八〇	八	八四	八三	五二	六	九一	四四	〇七
一〇	七	五五	二一	八	〇一	八二	六二	六	三二	三三	〇七
二〇	七	四〇	七一	八	三二	七一	七二	六	一一	二二	〇七
三〇	七	二一	一二	八	六二	六〇	八二	六	二四	〇一	〇七
四〇	七	〇二	五二	八	九一	五五	八二	六	六五	八五	九六
五〇	七	六二	九二	八	二〇	四四	九二	六	三五	六四	九六
六〇	七	二三	三三	八	六三	二三	〇〇	七	五三	四三	九六
七〇	七	八三	七三	八	〇〇	一二	一〇	七	一〇	二二	九六
八〇	七	二四	一四	八	四一	九〇	二〇	七	二一	九〇	九六
九〇	七	六四	五四	八	八一	七五	二〇	七	八〇	六五	八六
〇一	七	九四	九四	八	三一	五四	三〇	七	九四	二四	八六
一一	七	一五	三五	八	七五	二三	四〇	七	五一	九二	八六
二一	七	三五	七五	八	二三	〇二	五〇	七	八二	五一	八六
三一	七	四五	一〇	九	八五	七〇	六〇	七	七二	一〇	八六
四一	七	四五	五〇	九	四一	五五	六〇	七	三一	七四	七六
五一	七	四五	九〇	九	一二	二四	七〇	七	五四	二三	七六
六一	七	二五	三一	九	八一	九二	八〇	七	四〇	八一	七六
七一	七	〇五	七一	九	七〇	六一	九〇	七	一一	三〇	七六
八一	七	八四	一二	九	七四	二〇	〇一	七	六〇	八四	六六
九一	七	四四	五二	九	八一	九四	〇一	七	九四	二三	六六
〇二	七	〇四	九二	九	一四	五三	一一	七	〇二	七一	六六
一二	七	六三	三三	九	五五	一二	二一	七	〇四	一〇	六六
二二	七	〇三	七三	九	一〇	八〇	三一	七	八四	五四	五六
三二	七	四二	一四	九	〇〇	四五	三一	七	五四	九二	五六

黄道经度		春分距午			黄平象限				限距地高		
度	宫	秒	分	时	秒	分	度	宫	秒	分	度
四二	七	七一	五四	九	一五	九三	四一	七	二三	三一	五六
五二	七	〇一	九四	九	四三	五二	五一	七	八〇	七五	四六
六二	七	二〇	三五	九	一一	一一	六一	七	四三	〇四	四六
七二	七	三五	六五	九	一四	六五	六一	七	一五	三二	四六
八二	七	四四	〇〇	〇一	四〇	二四	七一	七	六五	六〇	四六
九二	七	四三	四〇	〇一	〇二	七二	八一	七	三五	九四	三六
〇三	七	三二	八〇	〇一	二三	二一	九一	七	〇四	二三	三六
〇〇	八	三二	八〇	〇一	二三	二一	九一	七	〇四	二三	三六
一〇	八	二一	二一	〇一	七三	七五	九一	七	八一	五一	三六
二〇	八	一〇	六一	〇一	七三	二四	〇二	七	八四	七五	二六
三〇	八	九四	九一	〇一	二三	七二	一二	七	八〇	〇四	二六
四〇	八	六三	三二	〇一	三二	二一	二二	七	〇二	二二	二六
五〇	八	三二	七二	〇一	九〇	七五	二二	七	四二	四〇	二六
六〇	八	九〇	一三	〇一	二五	一四	三二	七	八一	六四	一六
七〇	八	五五	四三	〇一	一三	六二	四二	七	六〇	八二	一六
八〇	八	〇四	八三	〇一	六〇	一一	五二	七	五四	九〇	一六
九〇	八	五二	二四	〇一	九三	五五	五二	七	六一	一五	〇六
〇一	八	〇一	六四	〇一	〇一	〇四	六二	七	九三	二三	〇六
一一	八	四五	九四	〇一	八三	四二	七二	七	六五	三一	〇六
二一	八	七三	三五	〇一	六〇	九〇	八二	七	五〇	五五	九五
三一	八	一二	七五	〇一	三三	三五	八二	七	六〇	六三	九五
四一	八	四〇	一〇	一一	七五	七三	九二	七	〇〇	七一	九五
五一	八	六四	四〇	一一	三二	二二	〇〇	八	八四	七五	八五
六一	八	九二	八〇	一一	八四	六〇	一〇	八	八二	八三	八五
七一	八	一一	二一	一一	五一	一五	一〇	八	二〇	九一	八五
八一	八	二五	五一	一一	二四	五三	二〇	八	九二	九五	七五
九一	八	四三	九一	一一	一一	〇二	三〇	八	〇五	九三	七五
〇二	八	五一	三二	一一	五四	四〇	四〇	八	四〇	〇二	七五
一二	八	六五	六二	一一	六一	九四	四〇	八	二一	〇〇	七五
二二	八	七三	〇三	一一	三五	三三	五〇	八	三一	〇四	六五
三二	八	八一	四三	一一	四三	八一	六〇	八	九〇	〇二	六五
四二	八	九五	七三	一一	八一	三〇	七〇	八	八四	九五	五五
五二	八	九三	一四	一一	八〇	八四	七〇	八	一四	九三	五五
六二	八	九一	五四	一一	三〇	三三	八〇	八	八一	九一	五五
七二	八	〇〇	九四	一一	三〇	八一	九〇	八	〇五	八五	四五
八二	八	〇四	二五	一一	〇一	三〇	〇一	八	六一	八三	四五
九二	八	〇二	六五	一一	三二	八四	〇一	八	六三	七一	四五

黄道经度		春分距午			黄平象限				限距地高		
度	宫	秒	分	时	秒	分	度	宫	秒	分	度
〇三	八	〇〇	〇〇	二一	六四	三三	一一	八	一五	六五	三五
〇〇	九	〇〇	〇〇	二一	六四	三三	一一	八	一五	六五	三五
一〇	九	〇四	三〇	二一	五一	九一	二一	八	一〇	六三	三五
二〇	九	〇二	七〇	二一	三五	四〇	三一	八	三〇	五一	三五
三〇	九	〇〇	一一	二一	一四	〇五	三一	八	二〇	四五	二五
四〇	九	一四	四一	二一	〇四	六三	四一	八	五五	二三	二五
五〇	九	一二	八一	二一	八四	二二	五一	八	三四	一一	二五
六〇	九	一〇	二二	二一	七〇	九〇	六一	八	六二	〇五	一五
七〇	九	二四	五二	二一	〇四	五五	六一	八	三〇	九二	一五
八〇	九	三二	九二	二一	四二	二四	七一	八	六三	七〇	一五
九〇	九	四〇	三三	二一	二二	九二	八一	八	五〇	六四	〇五
〇一	九	五四	六三	二一	四三	六一	九一	八	八二	四二	〇五
一一	九	六二	〇四	二一	一〇	四〇	〇二	八	七四	二〇	〇五
二一	九	八〇	四四	二一	四四	一五	〇二	八	一〇	一四	九四
三一	九	九四	七四	二一	三四	九三	一二	八	一一	九一	九四
四一	九	一三	一五	二一	〇〇	八二	二二	八	六一	七五	八四
五一	九	四一	五五	二一	四三	六一	三二	八	七一	五三	八四
六一	九	六五	八五	二一	七二	五〇	四二	八	五一	三一	八四
七一	九	九三	二〇	三一	九三	四五	四二	八	八〇	一五	七四
八一	九	三二	六〇	三一	三一	四四	五二	八	七五	八二	七四
九一	九	六〇	〇一	三一	七〇	四三	六二	八	四四	六〇	七四
〇二	九	〇五	三一	三一	六二	四二	七二	八	六二	四四	六四
一二	九	五三	七一	三一	五〇	五一	八二	八	六〇	二二	六四
二二	九	〇二	一二	三一	九〇	六〇	九二	八	一四	九五	五四
三二	九	五〇	五二	三一	〇四	七五	九二	八	四一	七三	五四
四二	九	一五	八二	三一	六三	九四	〇〇	九	五四	四一	五四
五二	九	七三	二三	三一	一五	一四	一〇	九	二一	二五	四四
六二	九	四二	六三	三一	〇五	四三	二〇	九	七三	九二	四四
七二	九	一一	〇四	三一	一一	八二	三〇	九	一〇	七〇	四四
八二	九	九五	三四	三一	一〇	二二	四〇	九	二二	四四	三四
九二	九	八四	七四	三一	五二	六一	五〇	九	二四	一二	三四
〇三	九	七三	一五	三一	〇二	一一	六〇	九	一〇	九五	二四
〇〇	〇一	七三	一五	三一	〇二	一一	六〇	九	一〇	九五	二四
一〇	〇一	六二	五五	三一	九四	六〇	七〇	九	八一	六三	二四
二〇	〇一	六一	九五	三一	四五	二〇	八〇	九	四三	三一	二四
三〇	〇一	七〇	三〇	四一	三三	九五	八〇	九	〇五	〇五	一四
四〇	〇一	八五	六〇	四一	二五	六五	九〇	九	六〇	八二	一四

黄道经度		春分距午			黄平象限				限距地高		
度	宫	秒	分	时	秒	分	度	宫	秒	分	度
五〇	〇一	〇五	〇一	四一	九五	四五	〇一	九	三二	五〇	一四
六〇	〇一	三四	四一	四一	五二	三五	一一	九	〇四	二四	〇四
七〇	〇一	六三	八一	四一	四四	二五	二一	九	九五	九一	〇四
八〇	〇一	〇三	二二	四一	五四	二五	三一	九	九一	七五	九三
九〇	〇一	四二	六二	四一	一三	三五	四一	九	一四	四三	九三
〇一	〇一	〇二	〇三	四一	二〇	五五	五一	九	六〇	二一	九三
一一	〇一	六一	四三	四一	〇二	七五	六一	九	三三	九四	八三
二一	〇一	二一	八三	四一	七二	〇〇	八一	九	四〇	七二	八三
三一	〇一	〇一	二四	四一	五二	四〇	九一	九	九三	四〇	八三
四一	〇一	八〇	六四	四一	三一	九〇	〇二	九	九一	二四	七三
五一	〇一	六〇	〇五	四一	四五	四一	一二	九	四〇	〇二	七三
六一	〇一	六〇	四五	四一	〇三	一二	二二	九	五五	七五	六三
七一	〇一	六〇	八五	四一	三〇	九二	三二	九	三五	五三	六三
八一	〇一	七〇	二〇	五一	二三	七三	四二	九	八五	三一	六三
九一	〇一	九〇	六〇	五一	二〇	七四	五二	九	一一	二五	五三
〇二	〇一	一一	〇一	五一	三三	七五	六二	九	三三	〇三	五三
一二	〇一	四一	四一	五一	五〇	九〇	八二	九	四〇	九〇	五三
二二	〇一	八一	八一	五一	一四	一二	九二	九	八四	七四	四三
三二	〇一	二二	二二	五一	五二	五三	〇〇	〇一	一四	六二	四三
四二	〇一	八二	六二	五一	五一	〇五	一〇	〇一	六四	五〇	四三
五二	〇一	四三	〇三	五一	三一	六〇	三〇	〇一	七〇	五四	三三
六二	〇一	〇四	四三	五一	一二	三二	四〇	〇一	〇四	四二	三三
七二	〇一	八四	八三	五一	二四	一四	五〇	〇一	九二	四〇	三三
八二	〇一	六五	二四	五一	五一	一〇	七〇	〇一	五三	四四	二三
九二	〇一	五〇	七四	五一	一〇	二二	八〇	〇一	八五	四二	二三
〇三	〇一	四一	一五	五一	三〇	四四	九〇	〇一	九三	五〇	二三
〇〇	一一	四一	一五	五一	三〇	四四	九〇	〇一	九三	五〇	二三
一〇	一一	五二	五五	五一	二二	七〇	一一	〇一	〇四	六四	一三
二〇	一一	六三	九五	五一	八五	一三	二一	〇一	四〇	八二	一三
三〇	一一	七四	三〇	六一	一五	七五	三一	〇一	八四	九〇	一三
四〇	一一	九五	七〇	六一	四〇	五二	五一	〇一	六五	一五	〇三
五〇	一一	二一	二一	六一	七三	三五	六一	〇一	〇三	四三	〇三
六〇	一一	六二	六一	六一	九二	三二	八一	〇一	九二	七一	〇三
七〇	一一	〇四	〇二	六一	一四	四五	九一	〇一	六五	〇〇	〇三
八〇	一一	四五	四二	六一	三一	七二	一二	〇一	一五	四四	九二
九〇	一一	九〇	九二	六一	七〇	一〇	三二	〇一	七一	九二	九二
〇一	一一	五二	三三	六一	七一	六三	四二	〇一	五一	四一	九二

黄道经度		春分距午			黄平象限				限距地高		
度	宫	秒	分	时	秒	分	度	宫	秒	分	度
一一	一一	一四	七三	六一	七四	二一	六二	○一	五四	九五	八二
二一	一一	八五	一四	六一	五三	○五	七二	○一	九四	五四	八二
三一	一一	六一	六四	六一	九三	九二	九二	○一	○三	二三	八二
四一	一一	三三	○五	六一	七五	九○	一○	一一	七四	九一	八二
五一	一一	一五	四五	六一	七二	一五	二○	一一	三四	七○	八二
六一	一一	○一	九五	六一	七○	四三	四○	一一	九一	六五	七二
七一	一一	九二	三○	七一	六五	七一	六○	一一	五三	五四	七二
八一	一一	八四	七○	七一	八四	二○	八○	一一	三三	五三	七二
九一	一一	八○	二一	七一	四四	八四	九○	一一	六一	六二	七二
○二	一一	八二	六一	七一	五三	五三	一一	一一	二四	七一	七二
一二	一一	九四	○二	七一	一二	三二	三一	一一	三五	九○	七二
二二	一一	九○	五二	七一	五五	一一	五一	一一	一五	二○	七二
三二	一一	○三	九二	七一	五一	一○	七一	一一	八三	六五	六二
四二	一一	一五	三三	七一	三一	一五	八一	一一	二一	一五	六二
五二	一一	二一	八三	七一	七四	一四	○二	一一	四三	六四	六二
六二	一一	四三	二四	七一	一五	二三	二二	一一	六四	二四	六二
七二	一一	五五	六四	七一	七一	四二	四二	一一	九四	九三	六二
八二	一一	七一	一五	七一	二○	六一	六二	一一	一四	七三	六二
九二	一一	八三	五五	七一	八五	七○	八二	一一	六二	六三	六二
○三	一一	○○	○○	八一	○○	○○	○○	○○	○○	六三	六二
○○	○	○○	○○	八一	○○	○○	○○	○	○○	六三	六二
一○	○	二二	四○	八一	二○	二五	一○	○	六二	六三	六二
二○	○	三四	八○	八一	八五	三四	三○	○	二四	七三	六二
三○	○	五○	三一	八一	三四	五三	五○	○	九四	九三	六二
四○	○	六二	七一	八一	九○	七二	七○	○	六四	二四	六二
五○	○	八四	一二	八一	三一	八一	九○	○	四三	六四	六二
六○	○	九○	六二	八一	七四	八○	一一	○	二一	一五	六二
七○	○	○三	○三	八一	五四	八五	二一	○	八三	六五	六二
八○	○	一五	四三	八一	五○	八四	四一	○	一五	二○	七二
九○	○	一一	九三	八一	九三	六三	六一	○	三五	九○	七二
○一	○	二三	三四	八一	五二	四二	八一	○	二四	七一	七二
一一	○	二五	七四	八一	六一	一一	○二	○	六一	六二	七二
二一	○	二一	二五	八一	二一	七五	一二	○	三三	五三	七二
三一	○	一三	六五	八一	四○	二四	三二	○	五三	五四	七二
四一	○	○五	○○	九一	三五	五二	五二	○	九一	六五	七二
五一	○	九○	五○	九一	三三	八○	七二	○	三四	七○	八二
六一	○	七二	九○	九一	三○	○五	八二	○	七四	九一	八二

黄道经度		春分距午			黄平象限				限距地高		
度	宫	秒	分	时	秒	分	度	宫	秒	分	度
七一	○	四四	三一	九一	一二	○三	○○	一	○三	二三	八二
八一	○	二○	八一	九一	五二	九○	二○	一	九四	五四	八二
九一	○	九一	二二	九一	三一	七四	三○	一	五四	九五	八二
○二	○	五三	六二	九一	三四	三二	五○	一	五一	四一	九二
一二	○	一五	○三	九一	三五	八五	六○	一	七一	九二	九二
二二	○	六○	五三	九一	七四	二三	八○	一	一五	四四	九二
三二	○	○二	九三	九一	九一	五○	○一	一	六五	○○	○三
四二	○	四三	三四	九一	一三	六三	一一	一	九二	七一	○三
五二	○	八四	七四	九一	三二	六○	三一	一	○三	四三	○三
六二	○	一○	二五	九一	六五	四三	四一	一	六五	一五	○三
七二	○	三一	六五	九一	九○	二○	六一	一	八四	九○	一三
八二	○	四二	○○	○二	二○	八二	七一	一	四○	八二	一三
九二	○	五三	四○	○二	八三	二五	八一	一	○四	六四	一三
○三	○	六四	八○	○二	七五	五一	○二	一	九三	五○	二三
○○	一	六四	八○	○二	七五	五一	○二	一	九三	五○	二三
一○	一	五五	二一	○二	九五	七三	一二	一	八五	四二	二三
二○	一	四○	七一	○二	五四	八五	二二	一	五三	四四	二三
三○	一	二一	一二	○二	八一	八一	四二	一	九二	四○	三三
四○	一	○二	五二	○二	九三	六三	五二	一	○四	四二	三三
五○	一	六二	九二	○二	七四	三五	六二	一	七○	五四	三三
六○	一	二三	三三	○二	五四	九○	八二	一	六四	五○	四三
七○	一	八三	七三	○二	五三	四二	九二	一	一四	六二	四三
八○	一	二四	一四	○二	八一	八三	○○	二	八四	七四	四三
九○	一	六四	五四	○二	五五	○五	一○	二	四○	九○	五三
○一	一	九四	九四	○二	七二	二○	三○	二	三三	○三	五三
一一	一	一五	三五	○二	八五	二一	四○	二	一一	二五	五三
二一	一	三五	七五	○二	八二	二二	五○	二	八五	三一	六三
三一	一	四五	一○	一二	七五	○三	六○	二	三五	五三	六三
四一	一	四五	五○	一二	○三	八三	七○	二	五五	七五	六三
五一	一	四五	九○	一二	六○	五四	八○	二	四○	○二	七三
六一	一	二五	二一	一二	七四	○五	九○	二	九一	二四	七三
七一	一	○五	七一	一二	五三	五五	○一	二	九三	四○	八三
八一	一	八四	一二	一二	三三	九五	一一	二	四○	七二	八三
九一	一	四四	五二	一二	○四	二○	三一	二	三三	九四	八三
○二	一	○四	九二	一二	八五	四○	四一	二	六○	二一	九三
一二	一	六三	三三	一二	九二	六○	五一	二	一四	四三	九三
二二	一	○三	七三	一二	五一	七○	六一	二	九一	七五	九三

黄道经度		春分距午			黄平象限				限距地高		
度	宫	秒	分	时	秒	分	度	宫	秒	分	度
三二	一	四二	一四	一二	六一	七〇	七一	二	九五	九一	〇四
四二	一	七一	五四	一二	五三	六〇	八一	二	〇四	二四	〇四
五二	一	〇一	九四	一二	一〇	五〇	九一	二	三二	五〇	一四
六二	一	二〇	三五	一二	八〇	三〇	〇二	二	六〇	八二	一四
七二	一	三五	六五	一二	七二	〇〇	一二	二	〇五	〇五	一四
八二	一	四四	〇〇	二二	六〇	七五	一二	二	四三	三一	二四
九二	一	四三	四〇	二二	一一	三五	二二	二	八一	六三	二四
〇三	一	三二	八〇	二二	〇四	八四	三二	二	一〇	九五	二四
〇〇	二	三二	八〇	二二	〇四	八四	三二	二	一〇	九五	二四
一〇	二	二一	二一	二二	五三	三四	四二	二	二四	一二	三四
二〇	二	一〇	六一	二二	九五	七三	五二	二	二二	四四	三四
三〇	二	九四	九一	二二	九四	一三	六二	二	一〇	七〇	四四
四〇	二	六三	三二	二二	〇一	五二	七二	二	七三	九二	四四
五〇	二	三二	七二	二二	九〇	八一	八二	二	二一	二五	四四
六〇	二	九〇	一三	二二	四二	〇一	九二	二	五四	四一	五四
七〇	二	五五	四三	二二	〇二	二〇	〇〇	三	四一	七三	五四
八〇	二	〇四	八三	二二	一五	三五	〇〇	三	一四	九五	五四
九〇	二	五二	二四	二二	五五	四四	一〇	三	六〇	二二	六四
〇一	二	〇一	六四	二二	四三	五三	二〇	三	六二	四四	六四
一一	二	四五	九四	二二	三五	五二	三〇	三	四四	六〇	七四
二一	二	七三	三五	二二	七四	五一	四〇	三	七五	八二	七四
三一	二	一二	七五	二二	一二	五〇	五〇	三	八〇	一五	七四
四一	二	四〇	一〇	三二	三三	四五	五〇	三	五一	三一	八四
五一	二	六四	四〇	三二	六二	三四	六〇	三	七一	五三	八四
六一	二	九二	八〇	三二	〇〇	二三	七〇	三	六一	七五	八四
七一	二	一一	二一	三二	七一	〇二	八〇	三	一一	九一	九四
八一	二	二五	五一	三二	六一	八〇	九〇	三	一〇	一四	九四
九一	二	四三	九一	三二	九五	五五	九〇	三	七四	二〇	〇五
〇二	二	五一	三二	三二	六二	三四	〇一	三	八二	四二	〇五
一二	二	六五	六二	三二	八三	〇三	一一	三	五〇	六四	〇五
二二	二	七三	〇三	三二	六三	七一	二一	三	六三	七〇	一五
三二	二	八一	四三	三二	〇二	四〇	三一	三	三〇	九二	一五
四二	二	九五	七三	三二	三五	〇五	三一	三	六二	〇五	一五
五二	二	九三	一四	三二	二一	七三	四一	三	三四	一一	二五
六二	二	九一	五四	三二	〇二	三二	五一	三	五五	二三	二五
七二	二	〇〇	九四	三二	九一	九〇	六一	三	二〇	四五	二五
八二	二	〇四	二五	三二	七〇	五五	六一	三	三〇	五一	三五
九二	二	〇二	六五	三二	五四	〇四	七一	三	一〇	六三	三五
〇三	二	〇〇	〇〇	〇〇	四一	六二	八一	三	一五	六五	三五

距限差表

《距限差表》，按限距地高度逐段列之，前列太阴实纬度分，中列黄道南北，自初度十分至五度十七分之距限差，纬南为减，纬北为加。

用表之法，以限距地高之度与太阴实纬度，察其纵横相遇之数，即所求之距限差也。设限距地高二十八度，太阴距黄道南四度二十分，求距限差，则察限距地高二十八度格内横对太阴实纬四度二十分之距限差为八度十二分，即所求之距限差。其纬在黄道南，是为减差也。限距地高以逐度为率，若限距地高有三十分以上者，进作一度，不及三十分者去之。太阴实纬以十分为率，若太阴实纬有零分者，五分以上进作十分，不足五分者去之。俱不用中比例，因逐度分之数所差甚微故也。

太阴实纬		限距地高									
		二十七度		二十八度		二十九度		三十度		三十一度	
分	度	分	度	分	度	分	度	分	度	分	度
〇一	〇	〇二		九一		八一		七一		七一	
〇二	〇	九三		八三		六三		五三		三三	
〇三	〇	九五		六五		四五		二五		〇五	
〇四	〇	九一	一	五一	一	二一	一	九〇	一	七〇	一
〇五	〇	八三	一	四三	一	〇三	一	七二	一	三二	一
〇〇	一	八五	一	三五	一	八四	一	四四	一	〇四	一
〇一	一	七一	二	二一	二	六〇	二	一〇	二	七五	一
〇二	一	七三	二	一三	二	四二	二	九一	二	三一	二
〇三	一	七五	二	九四	二	二四	二	六三	二	〇三	二
〇四	一	六一	三	八〇	三	一〇	三	三五	二	七四	二
〇五	一	六三	三	七二	三	九一	三	一一	三	三〇	三
〇〇	二	六五	三	六四	三	七三	三	八二	三	〇二	三
〇一	二	五一	四	五〇	四	五五	三	五四	三	七三	三
〇二	二	五三	四	四二	四	三一	四	三〇	四	三五	三
〇三	二	五五	四	三四	四	一三	四	〇二	四	〇一	四
〇四	二	五一	五	二〇	五	九四	四	八三	四	七二	四
〇五	二	四三	五	〇二	五	七〇	五	五五	四	三四	四
〇〇	三	四五	五	九三	五	六二	五	二一	五	〇〇	五

○一	三	四一	六	八五	五	四四	五	○三	五	七一	五
○二	三	四三	六	七一	六	二○	六	七四	五	四三	五
○三	三	四五	六	六三	六	○二	六	五○	六	一五	五
○四	三	四一	七	五五	六	八三	六	二二	六	七○	六
○五	三	三三	七	四一	七	七五	六	○四	六	四二	六
○○	四	三五	七	三三	七	五一	七	七五	六	一四	六
○一	四	三一	八	二五	七	三三	七	五一	七	八五	六
○二	四	二二	八	二	八	五	七	二二	七	五	七
○三	四	三五	八	一三	八	○一	八	○五	七	二三	七
○四	四	三一	九	○五	八	八二	八	八○	八	八四	七
○五	四	三三	九	九○	九	六四	八	五二	八	五○	八
○○	五	三五	九	八二	九	五○	九	三四	八	二二	八
○一	五	三一	○一	七四	九	三二	九	一○	九	九三	八
七一	五	七二	○一	一○	○一	六三	九	三一	九	一五	八

○四	三	三五	五	○四	五	七二	五	五一	五	四○	五
○五	三	九○	六	五五	五	二四	五	九二	五	七一	五
○○	四	六二	六	一一	六	七五	五	四四	五	一三	五
○一	四	二四	六	六二	六	二一	六	八五	五	五四	五
○二	四	八五	六	二四	六	七二	六	三一	六	九五	五
○三	四	四一	七	八五	六	二四	六	七二	六	三一	六
○四	四	○三	七	三一	七	七五	六	二四	六	七二	六
○五	四	七四	七	九二	七	二	七	六五	六	四	六
○○	五	三○	八	五四	七	七二	七	一一	七	五五	六
○一	五	九一	八	○○	八	二四	七	五二	七	九○	七
七一	五	一三	八	一一	八	三五	七	五三	七	九一	七

太阴实纬		限距地高									
		三十二度		三十三度		三十四度		三十五度		三十六度	
分	度	分	度	分	度	分	度	分	度	分	度
○一	○	六一		五一		五一		四一		四一	
○二	○	二三		一三		○三		九二		八二	
○三	○	八四		六四		四四		三四		一四	
○四	○	四○	一	二○	一	九五		七五		五五	
○五	○	○二	一	七一	一	四一	一	一一	一	九○	一
○○	一	六三	一	二三	一	九二	一	六二	一	三二	一
○一	一	二五	一	八四	一	四四	一	○四	一	六三	一
○二	一	八○	二	三○	二	九五	一	四五	一	○五	一
○三	一	四二	二	九一	二	三一	二	九○	二	四○	二
○四	一	○四	二	四三	二	八二	二	三二	二	八一	二
○五	一	六五	二	○五	二	三四	二	七三	二	二三	二
○○	二	二一	三	五○	三	八五	二	二五	二	五四	二
○一	二	八二	三	○二	三	三一	三	六○	三	九五	二
○二	二	四四	三	六三	三	八二	三	○二	三	三一	三
○三	二	○○	四	一五	三	三四	三	四三	三	七二	三
○四	二	六一	四	七○	四	八五	三	九四	三	一四	三
○五	二	三三	四	二二	四	二一	四	三○	四	四五	三
○○	三	九四	四	八三	四	八二	四	八一	四	八○	四
○一	三	五○	五	三五	四	二四	四	二三	四	二二	四
○二	三	一二	五	九○	五	七五	四	六四	四	六三	四
○三	三	七三	五	四二	五	二一	五	一○	五	○五	四

太阴实纬		限距地高									
		三十七度		三十八度		三十九度		四十度		四十一度	
分	度	分	度	分	度	分	度	分	度	分	度
○一	○	三一		三一		二一		二一		二一	
○二	○	七二		六二		五二		四二		三二	
○三	○	○四		八三		七三		六三		五三	
○四	○	三五		一五		九四		八四		六四	
○五	○	六○	一	四○	一	二○	一	○○	一	八五	
○○	一	○二	一	七一	一	四一	一	二一	一	九○	一
○一	一	三三	一	○三	一	六二	一	三二	一	一二	一
○二	一	六四	一	二四	一	九三	一	五三	一	二三	一
○三	一	九五	一	五五	一	一五	一	七四	一	四四	一
○四	一	三一	二	八○	二	四○	二	九五	一	五五	一
○五	一	六二	二	一二	二	六一	二	一一	二	七○	二
○○	二	九三	二	四三	二	八二	二	三二	二	八一	二
○一	二	三五	二	七四	二	一四	二	五三	二	○三	二
○二	二	六○	三	九五	二	三五	二	七四	二	一四	二
○三	二	九一	三	二一	三	五○	三	九五	二	三五	二
○四	二	三三	三	五二	三	八一	三	一一	三	四○	三
○五	二	六四	三	八三	三	○三	三	三二	三	六一	三
○○	三	九五	三	一五	三	三四	三	五三	三	七二	三
○一	三	三一	四	四○	四	五五	三	七四	三	九三	三
○二	三	六二	四	七一	四	七○	四	九五	三	一五	三
○三	三	九三	四	九二	四	○二	四	一一	四	二○	四
○四	三	三五	四	二四	四	二三	四	三二	四	四一	四
○五	三	六○	五	五五	四	五四	四	五三	四	五二	四
○○	四	九一	五	八○	五	七五	四	七四	四	七三	四

〇一	四	三三	五	一二	五	〇一	五	九五	四	八四	四
〇二	四	六四	五	四三	五	二二	五	一一	五	〇〇	五
〇三	四	〇〇	六	七四	五	五三	五	三二	五	二一	五
〇四	四	三一	六	〇〇	六	七四	五	五三	五	三二	五
〇五	四	七二	六	三一	六	〇〇	六	七四	五	五三	五
〇〇	五	〇四	六	六二	六	二一	六	九五	五	七四	五
〇一	五	三五	六	九三	六	五二	六	一一	六	八五	五
七一	五	二〇	七	八四	六	二二	六	〇二	六	六〇	六

太阴实纬		限距地高									
		四十二度		四十三度		四十四度		四十五度		四十六度	
分	度	分	度	分	度	分	度	分	度	分	度
〇一	〇	一一		一一		〇一		〇一		〇一	
〇二	〇	二二		一二		一二		〇二		九一	
〇三	〇	三三		二三		一三		〇三		九二	
〇四	〇	四四		三四		一四		〇四		九三	
〇五	〇	六五		四五		二五		〇五		八四	
〇〇	一	七〇	一	四〇	一	二〇	一	〇〇	一	八五	
〇一	一	八一	一	五一	一	三一	一	〇一	一	八〇	一
〇二	一	九二	一	六二	一	三二	一	〇二	一	七一	一
〇三	一	〇四	一	七三	一	三三	一	〇三	一	七二	一
〇四	一	一五	一	七四	一	四四	一	〇四	一	七三	一
〇五	一	二〇	二	八五	一	四五	一	〇五	一	六四	一
〇〇	二	三一	二	九〇	二	四〇	二	〇〇	二	六五	一
〇一	二	四二	二	〇二	二	五一	二	〇一	二	六〇	二
〇二	二	六三	二	〇三	二	五二	二	〇二	二	五一	二
〇三	二	七四	二	一四	二	五三	二	〇三	二	五二	二
〇四	二	八五	二	二五	二	六四	二	〇四	二	五三	二
〇五	二	九〇	三	三〇	三	六五	二	〇五	二	四四	二
〇〇	三	〇二	三	三一	三	七〇	三	〇〇	三	四五	二
〇一	三	一三	三	四二	三	七一	三	〇一	三	四〇	三
〇二	三	三四	三	五三	三	七二	三	〇二	三	三一	三
〇三	三	四五	三	六四	三	八三	三	〇三	三	三二	三
〇四	三	五〇	四	六五	三	八四	三	〇四	三	三三	三
〇五	三	六一	四	七〇	四	九五	三	一五	三	三四	三
〇〇	四	七二	四	八一	四	九〇	四	一〇	四	二五	三
〇一	四	八三	四	九二	四	〇二	四	一一	四	二〇	四
〇二	四	〇五	四	〇四	四	〇三	四	一二	四	二一	四
〇三	四	一〇	五	〇五	四	〇四	四	一三	四	二二	四

〇四	四	二一	五	一〇	五	一五	四	一四	四	一三	四
〇五	四	三二	五	二一	五	一〇	五	一五	四	一四	四
〇〇	五	五三	五	三二	五	二一	五	一〇	五	一五	四
〇一	五	六四	五	四三	五	二二	五	一一	五	一〇	五
七一	五	四五	五	一四	五	〇三	五	八一	五	七〇	五

太阴实纬		限距地高									
		四十七度		四十八度		四十九度		五十度		五十一度	
分	度	分	度	分	度	分	度	分	度	分	度
〇一	〇	九		九		九		八		八	
〇二	〇	九一		八一		七一		七一		六一	
〇三	〇	八二		七二		六二		五二		四二	
〇四	〇	七三		六三		五三		四三		二三	
〇五	〇	七四		五四		三四		二四		〇四	
〇〇	一	六五		四五		二五		〇五		九四	
〇一	一	五〇	一	三〇	一	一〇	一	九五		七五	
〇二	一	五一	一	二一	一	〇一	一	七〇	一	五〇	一
〇三	一	四二	一	一二	一	八一	一	六一	一	三一	一
〇四	一	三三	一	〇三	一	七二	一	四二	一	一二	一
〇五	一	三四	一	九三	一	六三	一	二三	一	九二	一
〇〇	二	二五	一	八四	一	四四	一	一四	一	七三	一
〇一	二	一〇	二	七五	一	三五	一	九四	一	五四	一
〇二	二	一一	二	六〇	二	二〇	二	八五	一	三五	一
〇三	二	〇二	二	五一	二	一一	二	六〇	二	二〇	二
〇四	二	九二	二	四二	二	九一	二	四一	二	〇一	二
〇五	二	九三	二	三三	二	八二	二	三二	二	八一	二
〇〇	二	八四	二	二四	二	七三	二	一三	二	六二	二
〇一	三	七五	二	一五	二	五四	二	〇四	二	四三	二
〇二	三	七〇	三	〇〇	三	四五	二	八四	二	二四	二
〇三	三	六一	三	九〇	三	三〇	三	七五	二	〇五	二
〇四	三	六二	三	八一	三	二一	三	五〇	三	八五	二
〇五	三	五三	三	八二	三	〇二	三	三一	三	七〇	三
〇〇	四	四四	三	七三	三	九二	三	二二	三	五一	三
〇一	四	四五	三	六四	三	八三	三	〇三	三	三二	三
〇二	四	三〇	四	五五	三	七四	三	九三	三	一三	三
〇三	四	三一	四	四〇	四	五五	三	七四	三	九三	三
〇四	四	二二	四	三一	四	四〇	四	六五	三	七四	三
〇五	四	一三	四	二二	四	三一	四	四〇	四	六五	三
〇〇	五	一四	四	一三	四	二二	四	三一	四	四〇	四

〇一	五	〇五	四	〇四	四	〇三	四	一二	四	二一	四
七一	五	七五	四	七四	四	七三	四	七二	四	八一	四

太阴实纬		限距地高									
		五十二度		五十三度		五十四度		五十五度		五十六度	
分	度	分	度	分	度	分	度	分	度	分	度
〇一	〇	八		八		七		七		七	
〇二	〇	六一		五一		五一		四一		三一	
〇三	〇	三二		三二		二二		一二		〇二	
〇四	〇	一三		〇三		九二		八二		七二	
〇五	〇	九三		八三		六三		五三		四三	
〇〇	一	七四		五四		四四		二四		〇四	
〇一	一	五五		三五		一五		九四		七四	
〇二	一	三〇	一	〇〇	一	八五		六五		四五	
〇三	一	〇一	一	八〇	一	五〇	一	三〇	一	一〇	一
〇四	一	八一	一	五一	一	三一	一	〇一	一	七〇	一
〇五	一	六二	一	三二	一	〇二	一	七一	一	四一	一
〇〇	二	四三	一	〇三	一	七二	一	四二	一	一二	一
〇一	二	二四	一	八三	一	五三	一	一三	一	八二	一
〇二	二	九四	一	六四	一	二四	一	八三	一	四三	一
〇三	二	七五	一	三五	一	九四	一	五四	一	一四	一
〇四	二	五〇	二	一〇	二	六五	一	二五	一	八四	一
〇五	二	三一	二	八〇	二	四〇	二	九五	一	五五	一
〇〇	三	一二	二	六一	二	一一	二	六〇	二	二〇	二
〇一	三	九二	二	三二	二	八一	二	三一	二	八〇	二
〇二	三	六三	二	一三	二	六二	二	〇二	二	五一	二
〇三	三	四四	二	八三	二	三三	二	七二	二	二二	二
〇四	三	二五	二	六四	二	〇四	二	四三	二	九二	二
〇五	三	〇〇	三	四五	二	七四	二	一四	二	五三	二
〇〇	四	八〇	三	一〇	三	五五	二	八四	二	二四	二
〇一	四	六一	三	九〇	三	二〇	三	五五	二	九四	二
〇二	四	四二	三	六一	三	九〇	三	二〇	三	六五	二
〇三	四	二三	三	四二	三	七一	三	〇一	三	三〇	三
〇四	四	九三	三	二三	三	四二	三	七一	三	九〇	三
〇五	四	七四	三	九三	三	一三	三	四二	三	六一	三
〇〇	五	五五	三	七四	三	九三	三	一三	三	三二	三
〇一	五	三〇	四	四五	三	六四	三	八三	三	〇三	三
七一	五	九〇	四	〇〇	四	一五	三	三四	三	五三	三

太阴实纬		限距地高									
		五十七度		五十八度		五十九度		六十度		六十一度	
分	度	分	度	分	度	分	度	分	度	分	度
〇一	〇	六		六		六		六		六	
〇二	〇	三一		二一		二一		二一		一一	
〇三	〇	九一		九一		八一		七一		七一	
〇四	〇	六二		五二		四二		三二		二二	
〇五	〇	二三		一三		〇三		九二		八二	
〇〇	一	九三		七三		六三		五三		三三	
〇一	一	五四		四四		二四		〇四		九三	
〇二	一	二五		〇五		八四		六四		四四	
〇三	一	八五		六五		四五		二五		〇五	
〇四	一	五〇	一	三〇	一	〇〇	一	八五		五五	
〇五	一	一一	一	九〇	一	六〇	一	四〇	一	一〇	一
〇〇	二	八一	一	五一	一	二一	一	九〇	一	七〇	一
〇一	二	四二	一	一二	一	八一	一	五一	一	二一	一
〇二	二	一三	一	八二	一	四二	一	一二	一	八一	一
〇三	二	七三	一	四三	一	〇三	一	七二	一	三二	一
〇四	二	四四	一	〇四	一	六三	一	二三	一	九二	一
〇五	二	一五	一	六四	一	二四	一	八三	一	四三	一
〇〇	三	七五	一	三五	一	八四	一	四四	一	〇四	一
〇一	三	四〇	二	九五	一	四五	一	〇五	一	五四	一
〇二	三	〇一	二	五〇	二	〇〇	二	六五	一	一五	一
〇三	三	七一	二	一一	二	六〇	二	一〇	二	七五	一
〇四	三	三二	二	八一	二	二一	二	七〇	二	二〇	二
〇五	三	〇三	二	四二	二	八一	二	三一	二	八〇	二
〇〇	四	六三	二	〇三	二	四二	二	九一	二	三一	二
〇一	四	三四	二	七三	二	一三	二	五二	二	九一	二
〇二	四	九四	二	三四	二	七三	二	〇三	二	四二	二
〇三	四	六五	二	九四	二	三四	二	六三	二	〇三	二
〇四	四	二〇	三	五五	二	九四	二	二四	二	六三	二
〇五	四	九〇	三	二〇	三	五五	二	八四	二	一四	二
〇〇	五	五一	三	八〇	三	一〇	三	四五	二	七四	二
〇一	五	二二	三	四一	三	七〇	三	〇〇	三	二五	二
七一	五	七二	三	九一	三	一一	三	四〇	三	六五	二

太阴实纬		限距地高									
		六十二度		六十三度		六十四度		六十五度		六十六度	
分	度	分	度	分	度	分	度	分	度	分	度
○一	○	五		五		五		五		四	
○二	○	一一		○一		○一		九		九	
○三	○	六一		五一		五一		四一		三一	
○四	○	一二		○二		○二		九一		八一	
○五	○	七二		五二		四二		三二		二二	
○○	一	二三		一三		九二		八二		七二	
○一	一	七三		六三		四三		三三		一三	
○二	一	三四		一四		九三		七三		六三	
○三	一	八四		六四		四四		二四		○四	
○四	一	三五		一五		九四		七四		五四	
○五	一	九五		六五		四五		一五		九四	
○○	二	四○	一	一○	一	九五		六五		三五	
○一	二	九○	一	六○	一	三○	一	一○	一	八五	
○二	二	四一	一	一一	一	八○	一	五○	一	二○	一
○三	二	○二	一	六一	一	三一	一	○一	一	七○	一
○四	二	五二	一	二二	一	八一	一	五一	一	一一	一
○五	二	○三	一	七二	一	三二	一	九一	一	六一	一
○○	三	六三	一	二三	一	八二	一	四二	一	○二	一
○一	三	一四	一	七三	一	三三	一	九二	一	五二	一
○二	三	六四	一	二四	一	八三	一	三三	一	九二	一
○三	三	二五	一	七四	一	三四	一	八三	一	四三	一
○四	三	七五	一	二五	一	七四	一	三四	一	八三	一
○五	三	三○	二	七五	一	二五	一	七四	一	三四	一
○○	四	八○	二	三○	二	七五	一	二五	一	七四	一
○一	四	三一	二	八○	二	二○	二	七五	一	二五	一
○二	四	九一	二	三一	二	七○	二	一○	二	六五	一
○三	四	四二	二	八一	二	二一	二	六○	二	○○	二
○四	四	九二	二	三二	二	七一	二	一一	二	五○	二
○五	四	五三	二	八二	二	二二	二	六一	二	九○	二
○○	五	○四	二	三三	二	七二	二	○二	二	四一	二
○一	五	五四	二	八三	二	二三	二	五二	二	八一	二
七一	五	九四	二	二四	二	五三	二	八二	二	二二	二

太阴实纬		限距地高									
		六十七度		六十八度		六十九度		七十度		七十一度	
分	度	分	度	分	度	分	度	分	度	分	度
○一	○	四		四		四		四		三	
○二	○	八		八		八		七		七	
○三	○	三一		二一		二一		一一		○一	
○四	○	七一		六一		五一		五一		四一	
○五	○	一二		○二		九一		八一		七一	
○○	一	五二		四二		三二		二二		一二	
○一	一	○三		八二		七二		五二		四二	
○二	一	四三		二三		一三		九二		八二	
○三	一	八三		六三		五三		三三		一三	
○四	一	二四		○四		八三		六三		四三	
○五	一	七四		四四		二四		○四		八三	
○○	二	一五		九四		六四		四四		一四	
○一	二	五五		三五		○五		七四		五四	
○二	二	九五		七五		四五		一五		八四	
○三	二	四○	一	一○	一	八五		五五		二五	
○四	二	八○	一	五○	一	一○	一	八五		五五	
○五	二	二一	一	九○	一	五○	一	二○	一	九五	
○○	三	六一	一	三一	一	九○	一	六○	一	二○	一
○一	三	一二	一	七一	一	三一	一	九○	一	五○	一
○二	三	五二	一	一二	一	七一	一	三一	一	九○	一
○三	三	九二	一	五二	一	一二	一	七一	一	二一	一
○四	三	四三	一	九二	一	五二	一	○二	一	六一	一
○五	三	八三	一	三三	一	八二	一	四二	一	九一	一
○○	四	二四	一	七三	一	二三	一	八二	一	三二	一
○一	四	六四	一	一四	一	六三	一	一三	一	六二	一
○二	四	一五	一	五四	一	○四	一	五三	一	○三	一
○三	四	五五	一	九四	一	四四	一	八三	一	三三	一
○四	四	九五	一	三五	一	八四	一	二四	一	七三	一
○五	四	三○	二	七五	一	二五	一	六四	一	○四	一
○○	五	八○	二	二○	二	五五	一	九四	一	四四	一
○一	五	二一	二	六○	二	九五	一	三五	一	七四	一
七一	五	五一	二	八○	二	二○	二	六五	一	九四	一

太阴实纬		限距地高					
		七十二度		七十三度		七十四度	
分	度	分	度	分	度	分	度
○一	○	三		三		三	
○二	○	六		六		六	
○三	○	○一		九		九	
○四	○	三一		二一		一一	
○五	○	六一		五一		四一	
○○	一	九一		八一		七一	
○一	一	三二		一二		○二	
○二	一	六二		四二		三二	
○三	一	九二		八二		六二	
○四	一	三三		一三		九二	
○五	一	六三		四三		二三	
○○	二	九三		七三		四三	
○一	二	二四		○四		七三	
○二	二	六四		三四		○四	
○三	二	九四		六四		三四	
○四	二	二五		九四		六四	
○五	二	五五		二五		九四	
○○	三	九五		五五		二五	
○一	三	二○	一	八五		五五	
○二	三	五○	一	一○	一	七五	
○三	三	八○	一	四○	一	○○	一
○四	三	二一	一	七○	一	三○	一
○五	三	五一	一	○一	一	六○	一
○○	四	八一	一	四一	一	九○	一
○一	四	一二	一	七一	一	二一	一
○二	四	五二	一	○二	一	五一	一
○三	四	八二	一	三二	一	八一	一
○四	四	一三	一	六二	一	○二	一
○五	四	四三	一	九二	一	三二	一
○○	五	八三	一	二三	一	六二	一
○一	五	一四	一	五三	一	九二	一
七一	五	三四	一	七三	一	一三	一

卷五十四　志二十九

地理一

有清崛起东方，历世五六。太祖、太宗力征经营，奄有东土，首定哈达、辉发、乌拉、叶赫及宁古塔诸地，于是旧藩札萨克二十五部五十一旗悉入版图。世祖入关翦寇，定鼎燕都，悉有中国一十八省之地，统御九有，以定一尊。圣祖、世宗长驱远驭，拓土开疆，又有新藩喀尔喀四部八十二旗，青海四部二十九旗，及贺兰山厄鲁特迄于两藏，四译之国，同我皇风。逮于高宗，定大小金川，收准噶尔、回部，天山南北二万余里毡裘湩酪之伦，树颔蛾服，倚汉如天。自兹以来，东极三姓所属库页岛，西极新疆疏勒至于葱岭，北极外兴安岭，南极广东琼州之崖山，莫不稽颡内乡，诚系本朝。于皇铄哉！汉、唐以来未之有也。

穆宗中兴以后，台湾、新疆改列行省；德宗嗣位，复将奉天、吉林、黑龙江改为东三省，与腹地同风：凡府、厅、州、县一千七百有奇。自唐三受降城以东，南卫边门，东凑松花江，北缘大漠，为内蒙古。其外涉瀚海，阻兴安，东滨黑龙江，西越阿尔泰山，为外蒙古。重之以屏翰，联之以昏姻，此皆列帝之所怀柔安辑，故历世二百馀年，无敢生异志者。

太宗之四征不庭也，朝鲜首先降服，赐号封王。顺治六年，琉球奉表纳款，永藩东土。继是安南、暹罗、缅甸、南掌、苏禄诸国请贡称臣，列为南服。高宗之世，削平西域，巴勒提、痕都斯坦、爱乌罕、拔达克山、布哈尔、博洛尔、塔什干、安集延、浩罕、东西布鲁特、左右哈萨克，及坎车提诸回部，联翩内附，来享来王。东西朔南，辟地至数万里，幅员之广，可谓极矣。洎乎末世，列强环起，虎睨鲸吞，凡重译贡市之国，四分五裂，悉为有力者负之走矣。

清初画土分疆，多沿明制，历年损益，代有不同。其川渎之变易，郡邑之省增，疆界之分合，悉详稽图志，并测斗极定高偏度，以画中外封域广轮曲折之数，用备一朝之掌焉。

直隶

直隶：《禹贡》冀、兖二州之域。明为北京，置北平布政使司、万全都指挥使司。清顺治初，定鼎京师，为直隶省。置总督一，曰宣大。驻山西大同，辖宣府。顺治十三年裁。巡抚三：曰顺天，驻遵化，辖顺天、永平二府。康熙初裁。曰保定，驻真定，辖保定、真定、顺德、广平、大名、河间六府。顺治十六年裁。曰宣府。驻宣府镇，辖延庆、保安二州。顺治八年裁。五年，置直隶、山东、河南三省总督。驻大名。十六年，改为直隶巡抚。明年移驻真定。康熙八年，复移驻保定。雍正二年，复改总督。而府尹旧治顺天，为定制。先是顺治十八年增置直隶总督，亦驻大名。康熙五年改三省总督，八年裁。康熙三十二年，改宣府镇为宣化府。降延庆、保安二州隶之。雍正元年，置热河厅，改真定为正定。二年，增置定、冀、晋、赵、深五直隶州，张家口厅。三年，升天津卫为直隶州，九年为府。十年，置多伦诺尔厅。十一年，热河厅、易州并为直隶州。十二年，置独石口厅。降晋州隶正定。乾隆七年，承德仍为热河厅。八年，遵化升直隶州。四十三年，复升热河厅为承德府。光绪二年，置围场厅。隶承德。三十年，置朝阳府。明年置建平隶之。三十三年，升赤峰县为直隶州。置开鲁等二县隶之。今京尹而外，领府十一，直隶州七，直隶厅三，散州九，散厅一，县百有四。北至内蒙古阿巴噶右翼旗界；一千二百里。东至奉天宁远州界；六百八十里。南至河南兰封县界；一千四百三十里。西至山西广宁县界。五百五十里。广一千二百三十里，袤二千六百三十里。宣统三年，编户共四百九十九万五千四百九十五，口二千三百六十一万三千一百七十一。其山：恒山、太行。其川：桑乾即永定、滹沱即子牙、卫、易、漳、白、滦。其重险：井陉、山海、居庸、紫荆、倒马诸关，喜峰、古北、独石、张家诸口。交通则航路：自天津东南通之罘、上海，东北营口，东朝鲜仁川、日本长崎。铁路：京津，津榆，京汉，正太，京张。邮道：东出山海关达盛京绥中，西出紫荆关达山西灵丘，南涉平原达山东德州，北出古北口达热河。电线：西北通库伦，西南通太原；由天津东北通奉天；海线自大沽东通之罘。

顺天府：明初曰北平府。后建北京，复改。自辽以来皆都此。正统六年，始定曰京师。领州六，县二十五。顺治初，京师置府尹、府丞、治中。其顺天巡抚驻遵化，康熙初裁。十五年，升遵化为州。二十七年，置四路同知，分辖所属州、县。分隶通永、霸昌二道。并兼统于直隶总督。雍正元年，复以部院大臣兼管府事，特简，无定员。九年，置宁河。乾隆八年，遵化复升直隶州，以玉田、丰润属之。广四百四十里，袤五百里。北极高三十九度五十五分。领州五，县十九。辽，南京，今城西南，唐幽州藩镇城也。金增拓之。至元而故址渐湮。元之大都，则奄有今安定、德胜门外地。明初缩城之北面，元制亦改。永乐初，重拓南城，又非复洪武之故矣。今皇城周十八里。自正阳门之内曰大清门；东南曰长安左门；西南曰长安右门；东曰东安门；西曰西安门；正北曰地安门，旧曰北安门，顺治九年更名。大清门之内曰天安门，旧曰承天门，顺治八年改。左太庙，右社稷坛。向明而治，于兹宅中焉。其内端门，左阙左门，右阙右门。其内紫禁城在焉。北枕景山，西衽西苑，苑有瀛台，太液池环之。南与端门属者曰午门。北神武门，东东华门，西西华门。午门之内，东协和门，东出为文华殿；西熙和门，西出为武英殿，旧曰雍和门，乾隆元年更名。其正中太和门，左昭德门、体仁阁，右贞度门、宏义阁；其内则太和、中和、保和三殿，至乾清门止。东景运门，西隆宗门。凡此皆曰外朝，制也。外则京城，周四十里，为门九：南为正阳门，南之东崇文门，南之西宣武门，东之南朝阳门，东之北东直门，西之南阜成门，西之北西直门，北之东安定门，北之西德胜门。皆沿明旧。而八旗所居：镶黄，安定门内；正黄，德胜门内；正白，东直门内；镶白，朝阳门内；正红，西直门内；镶红，阜成门内；正蓝，崇文门内；镶蓝，宣武门内。星罗棋峙，不杂厕也。外城长二十八里，为门七：南为永定门，左左安门，右右安门，东广渠门，西广宁门；在东、西隅而北向者，东东便门，西西便门。并明嘉靖中筑。鼓楼在地安门外，明永乐中毁，乾隆十二年重建。大兴冲，繁，疲，难。倚。府东偏，隶西路厅。北有榆河，自昌平入，纳清河。西北：玉河，自宛平入。歧为二：一护城河，至崇文门外合泡子河；一入德胜门为积水潭，即北海子，流为太液池，分为御沟。又合德胜桥东南支津，复合又东，为通会河。凉水河亦自宛平入，迳南苑，即南海子，龙、凤二河出焉。龙河淤。南路厅驻黄村。县丞驻礼贤庄。有青云店、凤河营、白塔村三镇。有采育营巡司。有驿。铁路。宛平冲，繁，疲，难。倚。隶西路厅。西山脉自太行，为神京右臂。西北二十里瓮山，其湖西海。乾隆十五年赐山名曰万寿，湖曰昆明。有清漪园，光绪十五年改曰颐和。相近玉泉山，清河、玉河源此。玉河迳高梁桥，一曰高梁河。永定河自怀来入，至卢师山西，亦曰卢沟河，错出复入。有灰坝、减河。汛十二，石景山有南北岸同知：全辖者七，石景山、卢沟桥二、北头工上、北头工中、南头工上、北二工下；分辖者五，南头工下、北头工下、北二工上、南三工、北三工。自顺治八年至同治三年，改道十有六，截北流归中泓，迳鱼坝口、三凤眼入海。盖道光二十二年以来，虽小溃徙，无害。又凉水、牤牛、龙泉三河兼出西南。西有海淀，有畅春、圆明二园，咸丰末毁。西路厅驻卢沟桥，有巡司。县丞驻门头沟。又庞各庄、青白口、东斋堂巡司三。沿河口、磨石口、榆垡、平罗营、五里坨、赵村、王平口、天津关镇八。铁路。良乡冲，繁，难。府西南七十里。隶西路厅。永定河自宛平入。汛四，并分辖，隶石景山南岸同知：北头工下、北二工上、南头工下、南二工。康熙四十六年建金门石闸，后废。乾隆三年移建南二汛，改减水石坝仍曰金门闸。永定减水坝十有七。公村河自房山入，为牤牛河，复合茨尾河。卢河自房山入，迳琉璃镇曰琉璃河，纳挟活河。北有黄新庄行宫，南有郊劳台。县丞驻赵村。固节、长辛店二驿。铁路。固安繁，难。府西百二十里。隶南路厅。永定河道南北岸同知、石景山同知驻。永定河自宛平入。汛六，隶南北岸同知，三角淀通判：全辖者二，南四工、北四工上；分辖者四，南三工、北三工、北四工下、南五工。拒马岔河自涿入，旧有金门闸。减河亦自涿入，纳太平河，曰牤牛河，歧为黄家河，其西蜈蚣河，并淤。东南十八里韩城。南七十里四铺头。有牛坨镇。县驿一。永清简。府南少东百四十里。隶南路厅。三角淀通判驻。永定河自固安入。汛七，隶北岸同知：其通判全辖者三，南六工、北五工、北六工；分辖者四，北四工下、南五工、南七工、北七工。有信安镇巡司，兼隶霸。东安简。府东南百四十里。隶南路厅。永定河自永清入。汛三，并分辖，隶三角淀北通判：南七工、南八工上、北七工。其故道淤。凤河自大兴入。有旧州镇。县驿一。香河简。府东南百二十里。隶东路厅。西有北运河，自通入。有王家务减河，雍正九年浚，长百四十里。北窝头河亦自通入。县驿一。通州冲，繁，疲，难。府东四十里。隶东路厅。通永道、仓场总督驻。顺治十六年省漷县入之。管河州判驻。白、榆、漒漒三河并自顺义入。榆纳通惠河，与白会，是为北运河，纳凉水河。漒漒迳窝头村曰窝头河。凤河自东安入。北门外石坝，州判掌之，十五京仓所漕。其东土坝，州同掌之，州西中二仓所漕。马头店、永乐店、马驹桥三镇。潞河、和合二驿。铁路。三河冲，繁，难。府东少北百十里。隶东路厅。西北盘龙山有行宫，乾隆十九年移大新庄。北有泃河，自平谷入，侧城东南。西南：窝头河，自通缘界入。鲍丘河，古巨浸，源自塞外，淤。今出西北田各庄，晴为枯渠，雨则汹注，俗曰泻肚河。有马坊镇。县驿一。武清冲，繁，疲。府东南九十里。隶东路厅。西南：永定河自东安入。汛三，隶三角淀北岸通判：南八工上、南八工下、北七工。东北：北运河自香河入。康熙三十八年决筐儿港，明年浚为减河，后淤。同治末，复浚新减河。宝坻北有凤河自通入，雍正四年改自垡上村折南，下至天津双口入淀。三角淀一曰东淀，古雍奴薮，亘霸、文、东、武、静、文、大七州县境。雍正四年，放永定于淀，塞且半，仅王庆坨一角耳。乾隆十六年后，导河支贯淀而东，平芜弥望。管河同知驻河西务，通判杨村，并有驿。八镇：王庆坨、安平、桐柏、崔黄口、三里浅、南蔡村、筐儿港、黄花店。宝坻繁，疲，难。府东少南百八十里。隶东路厅。北：蓟运河自蓟右会泃河缘界入，迳江宽村，鲍丘河自三河入，纳窝头河，褒鱴河注之。又南有筐儿港新减河。其北王家务减河淤。知县刘枝彦浚自大白庄至俵口，并修窝头、褒鱴堤。有玉甫营镇。县驿一。宁河冲，繁，难。府东南三百里。隶东路厅。雍正九年改明宝坻之梁城千户所置。海，东南九十里为北塘口。蓟运河自宝坻入，屈曲环城而南，有七里海，汇王家务、筐儿港二减河，播为罾口，宁车、沽二河分注之，复纳金钟河。东南：大沽口界天津，海沙缘界入。其北北塘口。东南：卢台镇，天津河捕通判、通永镇总兵驻。有巡司、盐大使。北塘口、新河庄、营城三镇。昌平州冲，繁，难。府北九十里。霸昌道驻。北路厅驻巩华城，州隶之。北：天寿山，明十三陵在焉。西北：榆河自延庆入，伏而复出，左合山水，右纳南沙河。又东，龙泉河会绛州营河注之。七渡河亦自延庆入。其南九渡河、牤牛河，并出东北。边墙西首庙儿港口，东至糜子峪口。汛四：横岭路、镇边城、常峪城、白羊口。又讫慕田峪口，汛一：黄花路。汤山、蔺沟行宫二。港泉营、牛房，奮芭屯、沙屯、高丽营、蔺沟、前营、前屯、皂角屯，凡九镇。榆河驿，州治，及回龙观，二。顺义冲，难。府东北六十里。隶北路厅。北：牛栏山。白河自怀柔入，迳东麓，合怀河。其东狐奴山，濡濡河出焉，一名箭杆河。绛州营河出县西，纳牤牛河。又榆河自大兴入。三家店、南石槽行宫二。二镇：漕河营、杨各庄。县驿一。密云冲，繁，难。府东北百三十里。隶北路厅。县南：密云山。东：九松山，旧曰九庄岭。西有沽河，自滦平入，合白马关河，是为白河。右出一支津。潮河亦自滦平入，合汤河，又纳乾塔河，侧城西南来会，俗亦曰潮白河。潮河营，提督驻。古北口关，副都统、巡司驻。西营二：石塘路、石匣城。汛二：潮河川、白马关口。东营二：曹家路、墙子路。汛五：司马台、黑峪关、吉家营、杨家堡、镇罗关。有刘家庄、罗家桥、要亭庄三行宫。凤皇、石匣二驿。怀柔冲，繁。府东北百里。隶北路厅。雩髻山、祇园寺行宫二。石河出其东，下流为洳河。白河自密云入，其支津亦自县入，纳雁溪水，复合。西：七渡河自昌平入，合九渡河，侧城东南，合小泉河，曰怀河。有汛。县驿一。涿州冲，繁，难。府西南百四十里。隶西路厅。西：独鹿山。东北：永定河自良乡入。其金门闸引河，淤。西北：拒马岔河自房山分入而合，胡良河合杖引泉注之。至浮洛营东，挟活河错入复出，注琉璃河。又东纳牤牛河，淤，歧沟。西南：督亢陂。东南：古涿水，湮。有王家店、松木店、柳河营、马沟村、长沟五镇。涿鹿驿。房山繁，难。府西南九十里。隶西路厅。西南：大房山，一曰大防山，有沟山峰。雍正八年，凤凰集此。又石经山。龙泉河，古防水，二源，出西北大安山，东南流，曰卢河。有沙河，环城，合坝儿河注之，是为琉璃河。拒马河自涞水入，缘界迳铁锁崖，岔河出焉。歧为二。其东杖引泉。胡良河、挟活河并出西南，而茨尾河、雅河出东北。又顺水河自宛平入。有磁家务巡司。有吉阳驿。霸州冲，繁。府南百八十里。隶南路厅。玉带河自保定入为大清河。河南支迳苑家口曰会同河。中支中亭河，亦自保定入，迳榜栳圈，纳牤牛河，又歧为北支，下流为辛张河，复错入牤牛、黄家河，视永定为盈涸。北支，古运粮河。光绪初，游击陈本荣浚之，复修苍儿淀堤，植柳六万一千株。行宫二：一太堡村，一苏桥镇。有主簿，兼隶文安。又信安镇巡司，兼隶永清。有益津驿。文安繁，难。府南少东三百四十里。隶南路厅。大清河三支并自霸入，趋东淀。其北、中二支合于胜芳西，曰辛张河。文安洼周三百里，有火烧、牛台、麻洼诸淀。光绪八年，浚台头以下河道，长千九百二十丈。左家庄有行宫。县驿一。大城繁，难。府东南三百九十里。隶南路厅。西北：会同河自文安入，迳台头村，有行宫。大清河、辛张河并自文安入。子牙河自河间入，旧纳古洋河，光绪中，改自献之朱家口，故渠久湮。又黑龙港西支自青入，合东支河。保定简。府南少西二百里。隶南路厅。西南：大清河自雄入，曰玉带河，迳张青口，口西西淀，东东淀，乾隆二十八年界之。又北合赵王河，至卢各庄，康熙中，导为中亭河，合十望河入霸。县驿一。蓟州冲，繁。府东少北百八十里。隶东路厅。西北：盘山与桃花山、葛山，有行宫三。蓟运河自明天顺初引潮河泝今州，后废。顺治初复浚，以丰陵粢其上源。梨河东自遵化入，合淋河，至城南五里桥，始曰蓟运河。折南，泃河出州北黄崖口外，错出至三河，复缘界来会。汛四：黄花店、青山岭、黄崖关、将军石关。有渔阳驿。平谷简。府东北百五十里。隶北路厅。东北：泃河自蓟入，合独乐河，侧城西南，会石河，即洳河。县驿一。

保定府：冲，繁，疲，难。隶清河道。明，领州三，县十七。康熙八年，自真定移巡抚于此，为直隶省治。雍正二年，改总督。布政使、清河道等同驻。十二年，升易州为直隶州，以涞水属之。又改深泽属定州。道光中，省新安。东北距京师三百五十里。广三百五十里，袤四百里。北极高三十八度五十一分。京师偏西五十二分。领州二，县十四。清苑冲，繁，疲，难。倚。清苑河即府河，古沈水上游。奇村河自满城入，合白草沟，环城，左纳徐河沟，又东合金线河。唐河自望都入，合阳城河，纳齐贤庄河，今淤；咸丰中，南徙；同治末，益南入蠡，至安州，复缘界入，下与府河会，为大清河中支。有大激店镇，张登店巡司，金台驿。铁路。满城冲。府西少北四十里。西南：抱阳山。西有渝河，自易州入而伏，至县东涌为一亩、鸡距二泉，合申泉，为奇村河。方顺河自完县入，歧为白草沟、金线河。徐河自易州入，一曰大册河，东入安肃。千里长堤，首县境，讫献县臧家桥，亘顺、保、河三府。河丞驻方顺桥镇。有陉阳驿。安肃冲。府北少东四十五里。西有黑山。西南：益村岭。雹河自易州入，合曲水河，至城北纳鸡爪泉河，下至新安入淀。其北萍泉河自定兴入，东入容城，其支津自城西右出，与曹河并入安州。有梁门陂、白沟驿。铁路。定兴冲，繁。府北少东百二十里。北有拒马自涞水入，迳城西而南，纳中、北二易水及马村河，缘界入容城、新城为界水。北又有界河。西南：鸡爪河。东南：蓝沟。有范阳陂、固城镇、宣化驿。铁路。新城冲，繁。府东北百五十里。南有拒马，自定兴缘界，其岔河北自固安入，至十九垡左导为芦僧引河，今淤。又西南合紫泉河、斗门河，纳蓝沟河，即界河错出复入者。又南曰白沟河，入容城复合。有方官、新桥、白沟三镇。汾水驿。唐简。府西少南百二十里。北有尧山。东北：望都山。西北：大茂山。西有唐河，古滱水，自广昌入，错出，左合倒流河。西：雹水，右纳恒河、马泥河、唐河。又东北有放水河。倒马关西北有岳岭、柳角安、军城镇、周家堡四口。横河口巡司。县驿一。博野疲。府南九十五里。东南：猪龙河自安平缘界入，一曰蟾河，屈南迳白塔村入蠡。唐河自清苑入。县驿一。望都冲，难。府西南八十里。旧曰庆都，乾隆十一年改。东南：唐河自定州入。有九龙泉，环城珠涌，东出为龙泉河。有翟城驿。容城简。府东北九十里。北有拒马河，西支自定兴缘界入，兴东支白沟河合。西清而弱，东浊而强。又雹河自安肃入，其萍河涸。县驿一。完简。府西少南七十里。西：伊祁山，祁水出焉，即曲逆河。《图经》恶其名，改方顺。纳放水河。其旧所合蒲河，湮。唐河自其县再错入，合清水河。蠡繁，难。府南少东九十里。南：猪龙河自博野入，一曰杨村河。唐河自博野入，自道光初北徙。河丞驻仉村。县驿一。雄冲，繁，难。府东北百二十里。西淀，县南。亘安州、高阳、任丘，周三百三十里，汇府境诸水，所谓"七十二清河"。赵北口扼其中。桥十二。四角河自安州入，出第五桥，曰大清河，错出复入。白沟河自容城入，南及大港、柴禾二淀。大清河乃改由药王行宫北与会。有归义驿。祁州简。府南少西百二十里。南有滹沱北支，自深泽缘界。其北猪龙河，汇定州滱、沙、滋三水。滱即唐，嘉庆初徙，孟良河夺之。是为猪龙河。又南迳程各庄入博野。县驿一。束鹿繁，难。府南少西二百四十里。西北：滹沱自晋州入深州为南支，其支津入安平，同治十年所徙。其故道七。县丞驻小章村。县驿一。安州简。府东少北六十里。道光十二年以新安省入。府河、唐河自清苑入而合，纳曹河，迳城北为依城河，右注白洋淀，与猪龙河自高阳入者相望也。左注杂淀，复合为四叉河，亦曰四角河。西淀都九十有九，白洋最广，次烧车，杂淀最狭。新定乡行宫二。州驿一。高阳简。府东南六十五里。西北：唐河自蠡入，亦曰土尾河。东南：猪龙河亦自蠡入，顺治中，复決布裡村，故亦曰布裡河。旧合泔河，即高河，县氏焉，淤。县驿一。

正定府：冲，繁。隶清河道。总兵驻。明曰真定。领州五，县二十七。雍正元年曰正定。二年，升冀、赵、深、定、晋为五直隶州，以南宫等十七县属之。十二年，降晋州，并所属无极、稿城与定州、新乐还来隶。东距省治二百九十里。广二百七十里，袤三百八十里。北极高三十八度十一分。京师偏西一度四十八分。领州一，县十三。正定冲，繁，难。倚。旧曰真定，雍正元年改。西有滹沱，自平山入。有冶河故道二。其北林济河，合西北诸泉及旺泉河。又北，滋河自新乐入，伏而东。滹沱性善徙，溢北滋南，百数十里冲漫几遍。今河乃同治七年改决，为康熙中东入深、安、饶故道。有恒山、伏城二驿。获鹿冲。府西南六十里。南有封龙山。北：五峰山，洨水出焉。合小沙、左金河。西有鹿泉水，东至大要舍纳冶河。今淤。有镇宁驿。井陉简。府西南百三十里。井陉山东北有关。北：绵蔓河自山西平定州入，合甘淘河，一曰微水。折北，左得金珠泉，至东冶村曰冶河。西南：固关，寄平定州，置参将。其北：娘子关。有汛。边墙西北首达滴岩，南讫杨庄口。有陉山驿。阜平简。府 西北二百十里。顺治末，省。康熙二十二年，复置。大茂山东北，平阳河出焉。沙河自山西繁峙入，纳灵丘北流、鹞子诸河曰派河，又东合班峪、燕支诸河。又汊河出县南白蛇岭。边墙东北首落路口，西南讫当城河口。有龙泉关、长城岭。汛东有王快镇。康熙中，县寄此。又茨沟营镇。县驿一。栾城简。府南六十里。西有 洨河，自获鹿入，纳北沙、金水二河。南、西有故城二。关城驿。行唐简。府北七十五里。西北：箕山，郜河出其北两岭口，合甘泉河、龙门沟，侧城东南，合贾木沟。北：派河自曲阳入，合曲河。西：滋河自灵寿入而伏。灵寿简。府西北六十里。南：滹沱自平山缘界合松阳河、卫河。卫河，《禹贡》卫水也。西北：滋河自山西五台入，纳汊河。又东南合慈峪河，亦曰慈河，入行唐。边墙北首白草沟口，南讫车孤驼口。有叉头镇巡司。乾隆中移慈峪镇。平山简。府西少北八十里。西北有房山，滂河出焉，古石臼水，今湮。滹沱自山西五台首入县西北，始出山。又纳冶河，始湍悍。边墙北首合河口，南讫清风口。有洪子店巡司。元氏简。府南少西九十里。西北：封龙山，北 泜水所出，下流入胡卢河。无极水南入赞皇会南源，复入而合，错出复入，至纸屯村与槐河会。猪龙河自县西汇诸山水，北沙河出割髭岭，今并湮。其南金水河，东入栾城。县驿一。赞皇简。府西南百二十里。雍正三年自赵州来隶。西南：赞皇山，济河出焉。其北泜河，南源二，出可兰、四望二山。槐河二源，一黄沙岭，一纸糊套山，今并湮。王家坪镇，咸丰末改汛。县驿一。晋州简。府东少西南九十里。西北：滹沱自无极入。同治十年，改自稿城入。又故道二。有驿。无极简。府东七十里。雍正二年改属晋州，十二年复。滹沱河自稿城入，再错出，复入，迳东汉村，复歧为二。其滋河入迳县南，屈东又北。木刀沟自新乐入，合护城河，错出复入，并入深泽。县驿一。稿城简。府东南五十里。雍正二年改属晋州，十二年复。滹沱自正定入，合西韩、旺泉二河。顺、康中再决，并东南过周头入白牧河。滋河自正定、木刀沟自新乐入，与王莽沟并湮。县驿一。新乐冲，疲。府东北七十五里。雍正二年改属定州，十二年复。派河自行唐入，合郜河。木刀沟出平山之滂河，滋河夺之。顺治中，知县林华皖浚自西南闵泉镇。嘉庆初，滋之支津复自正定入夺之，错出复入，合浴河。县驿一。

大名府：冲，繁，难。总兵驻。顺治初，置大顺广道。雍正初，改清河道，十一年，复置。初沿明制，领州一，县十。雍正三年，割内黄、浚、滑分隶河南彰德、卫辉。乾隆二十三年，省魏县分入大名、元城。东北距省治八百里。广二百里，袤三百七十里。北极高三十度二十一分三十秒。京师偏西一度六分。领州一，县六。大名冲，繁，难。倚。府南偏。明徙府南八里南乐镇。乾隆二十二年圮於漳，复故，惟县丞驻。卫河自河南内黄入。其新卫河自清丰入，错出复入来会。漳河自临漳分入，一入卫，一至府治南为漳河引河。东有县故城三。东北：小滩镇，嘉庆中置河主簿。县驿一。元城繁。倚。府北偏。故城三。东南：卫河自大名入。其漳水引河，古漳河入，迳北张庄而合，并东入馆陶。东南：马颊河自南乐入。县驿一。南乐难。府东南五十里。嘉庆二十一年，新开卫河始自大名入。光绪十四年后，漳河始自其县来会。西有朱龙河、岳儒固河，东六塔废河，并自清丰入。又东：龙窝河自山东观城入，至龙窝村止。夏秋霪潦，辄复弥漫。然六塔平壤故有顺水沟，康熙中，知县王培宗浚；光绪二十一年，原思瀛再浚，命曰永顺，邑赖之 。清丰难。府南少东九十里。西有广阳山。卫河自河南内黄缘界。西有古马颊河。朱龙河自开入。有顺河堡镇。县驿一。东明繁，疲，难。府南二百二十里。西有黄河自长垣入。自明以来，在县境者三徙：嘉庆八年夺洪河，二十四年夺漆河，咸丰五年夺贾鲁河，后复北徙为今渎。南有杜胜集镇。雍正十年改守备置都司，明年置巡司。旧有通判，道光中裁。开州繁，疲，难。府南百二十里。同、光中，黄河自东明溃入者六道，合而复分。北支古瓠子河，一曰毛相河，故小渠，康熙中决荆隆口，始大。南支古濮渠，并入山东濮州。又有黄河故道二，曰古马颊河、古朱龙河。又硝河自河南滑县入，亦曰马颊河。徐镇堡、两门集、井店集、柳下屯四镇。吕丘堡，州判驻。古定镇有废巡司。州驿一。长垣繁，疲，难。府西南二百九十里。东有黄河自河南兰封入，旧迳盘冈里，咸丰八年徙兰冈，同治二年复折西自兰通集至旧城口为今渎。县丞驻大黄集。有大冈废巡司。县驿一。

顺德府：冲。隶大顺广道。东北距省治五百七十里。广二百八十里，袤百五十里。北极高三十七度七分。京师偏西一度四十九分。领县九。邢台冲，繁，难。倚。西：封山。野河出西北马岭口，淤。今自内丘入，会稻畦、浆水、路罗三川为洪河。北有达活河，合沙应河。又有百泉河，右会七里河。西：黄村巡司。有龙冈驿。铁路。沙河冲。府南三十五里。沙河自河南武安入，会邢台之洪河。右出支津，迳城南而东，纳西狼沟水，其东即东狼沟。县驿一。铁路。南和繁，疲。府东南四十里。西：百泉河自邢台入。沙河支津亦自其县入，合东狼沟。其正渠曰乾河。又东洺河、刘垒河，自鸡泽入。有驿。铁路。平乡疲，难。府东八十里。东：滏阳河自鸡泽入。西：刘垒河自南和入。县驿一。广宗疲。府东百二十里。漳河故道二，康熙二十六年溢，知县吴存礼增筑东西堤万九千馀丈。县驿一。钜鹿疲，难。府东百十里。钜鹿薮即大陆泽。滏阳河自任入。老漳河，康熙中徙，废。县驿一。唐山简。府东北八十里。有宣务山。泜河、李阳河、柳林河，并自内丘入。有驿。内丘冲。府北六十里。鹊山一曰龙腾山，龙腾水出焉，汇西山九龙水，东流为柳林河。其西麓姑脑，泜河南源出焉，错出复入，其泜河第二川、第三川合为野河。有中丘驿。铁路。任简。府东北四十里。滏阳河自平乡入。有大陆泽，纳九河八水，东溢为鸡爪河来会。泽旧亘钜鹿、隆平、宁晋境，滹、漳、滏凑焉。今滹北，漳南，滏亦东徙。大陆在任者南泊，即张家泊，在宁晋者北泊，即宁晋泊。县驿一。

广平府：简。隶大顺广道。明，领县九。雍正初，怡贤亲王以滏河故，奏割河南彰德之磁州来隶。东北距省治六百八十里。广三百五十里，袤百八十里。北极高三十六度四十六分三十秒。京师偏西一度三十五分。领州一，县九。永年冲，繁，难。倚。西北：娄山。东北：沙河，自沙河入。南：洺河，自河南武安入。乾隆中，决入牛尾河，同治末，复故。东南：滏阳河，自邯郸入，歧为刘垒河，即牛尾河。有八闸，并引滏溉田万九千馀亩。临洺关通判，道光中裁，移河务同知驻此。县驿一。曲周繁。府东北四十里。西南：滏阳河自永年入。漳河故道东南，自明万历初挟滏而北，康熙十年始南徙，四十七年益南，迳大名、元城。县驿一。肥乡简。府东南四十里。东西漳河故道二。东有旧店营。康熙中，县寄此。县驿一。鸡泽疲，难。府东北六十里。东滏阳自曲周入，右导为兴隆河。西有沙、洺、牛尾，自永年入。广平简。府东南六十里。漳河故道旧自成安入，其支津拳壮河，并湮。县驿一。邯郸冲，繁，难。府西南五十里。西北：紫山。西：灵山。东北：滏阳河自磁入，合渚河、沁河、输黿河。有丛台驿。铁路。成安简。府南少西六十里。洹、漳故道并自河南临漳入。顺、康中，漳河再毁城垣。乾隆末，改自其县三台入卫。威难。府东北百一十里。南有漳河故道。张台村废巡司。县驿一。清河简。府东百八十里。清河故渎，县西。卫河自山东临清缘界入。其武城，古屯氏别河。西北：漳河故道。雍正中，移县丞驻油房口，兼巡司事。县驿一。磁州冲，繁，难。府西南百二十里。雍正四年，自河南彰德来隶。西有神麕山。釜山，滏水南北源出焉。合羊渠河、泥河，东播为五爪渠。环城，复歧为三，合牤牛河、涧水。漳河自河南涉县入。州判驻彭城镇。有滏阳驿。

天津府：卫，繁，疲，难。初隶天津道。明，卫，河间地。雍正三年为直隶州，以顺天之武清，河间之青、静海来属。武清寻还旧隶。九年升府，置附郭县。降沧州并所属三县来隶。天津道、总兵、长芦盐运司、通永镇总兵驻。咸丰十年，海禁洞开，置三口通商大臣。同治九年，废为津海关道，以总督兼北洋钦差大臣，驻保定，半岁一移节。府城，三岔口西南。光绪庚子，拳匪乱，夷为平地。西距省治四百六十里。广二百二十里，袤三百八十里。北极高三十九度十分。京师偏东四十七分。领州一，县六。天津冲，繁，疲，难。倚。雍正九年置。海，东南百二十里。北运河自武清入，汇大清、永定、子牙、南运为海河，迳紫竹林，历二十一沽，左右引河以十数，至大沽口入焉。大沽镇有协及同知。雍正初，置天津水师营。同治初，置机器局。后建新城炮台，与大沽炮台相声势。新城有海防同知。长芦场八，自山海关至山东乐陵，袤八百余里。丰财场东南葛沽与西沽、杨青巡司三。大沽、三河、头淖沟、蒲沟、鹹水沽、双港、北马头、赵家场八镇。杨青水、陆二驿。航路：东南驶之罘、上海，东北驶营口，东驶朝鲜仁川与日本长崎。铁路：京津，津榆，津保，津浦遭焉。青冲，繁，疲，难。府西南百六十里。顺治末，省兴济入之。雍正三年自河间来隶。南运河自沧州入，有兴济减河。西：黑龙港河自河间入，东南：滹、漳故渠二。长芦镇，县南七十里，有盐运司，今移天津。有流河管河主簿。兴济、杜林二镇巡司。河东、马厂二汛。流河、乾平二水驿。静海冲，繁，疲，难。府西南七十里。雍正三年自河间来隶。南：南运河自青入，右出为靳官屯减河。西：子牙河自大城入，纳黑龙港河。西北：大清河亦入，纳支津辛张河。有独流镇巡司。有奉新驿。沧州冲，繁，疲，难。府西南二百里。明属河间。雍正七年升直隶州，寻降来隶。海，东百三十里。南运河自南皮入，右出为捷地减河。其北兴济减河自青入。其南石碑河上承王莽河，自南皮入，汇为母猪港，至歧口入焉。东南：宣惠河亦自南皮入。有严镇场盐大使。砖河、祁口、捷地、旧州四镇。风化店、孟村、李村三巡司。砖河水、陆二驿。南皮繁，难。府西南二百七十里。雍正中，自沧州来隶。南运河自东光缘界。宣惠河自东光入，歧为王莽河。津河自宁津数错入。有薛家窝、冯家口二镇。新桥驿。盐山繁。府南二百六十里。雍正中，自沧州来隶。海，东北百二十里。宣惠河自州入。古黄河鬲津自南皮入，错出复入，并入山东乐陵。东有废无棣沟。海丰场在羊儿庄，与旧县置巡司二。狼坨子、韩村、高家湾三镇。庆云简。府东南三百二十里。雍正中，自沧州来隶。鬲津自盐山错入，纳胡苏、覆釜二河。马颊河自乐陵入，入山东海丰。县驿一。

河间府：冲，繁，难。隶清河道。明，领州二，县十六。雍正三年，升天津卫为直隶州。顺治末，省兴济入青。至是以青、静海属之。七年，复升沧州，以东光、南皮、盐山、庆云属之。九年，东光还隶。北距省治百四十里。广二百里，袤三百八十里。北极高三十八度三十分。京师偏西十七分。领州一，县十。河间冲，繁，难。倚。子牙河、黑龙港河自献入。西有古洋河，合唐河。同治末，滹沱迳此，后废。县丞驻东城镇。又二十里铺、卧佛堂、沙河桥、崇仙、新村五镇。景和镇、北魏村二巡司。有瀛海驿。献冲，繁，疲，难。府南少东五十五里。西南：滏阳自武强入，歧为滹沱别河。东北：三黑龙港河与南亭子河并湮。淮、商家林二镇。有乐成驿。阜城冲。府南少东百四十里。西：漳河自景州入。东南：古沙河，即屯氏河，亦自景入，亦曰漫河。有漫河驿。肃宁简。府西四十里。古唐河自饶阳入，涸。古洋河自献入。猪龙河旧自高、蠡间溢入为中堡河，又东歧为玉带河，今并湮。有阜城驿。任丘冲，繁，难。府北六十七里。四角河自安州入，出赵北口。东：大港引河。同治末，复浚为赵王新河，下注清苑玉带河，并移鄚州东汛县丞驻此。有废洋河。古州镇。鄚城驿。交河繁，疲，难。府东南百一十里。南运河自东光缘界。其西漫河、漳河、亭子河、滹沱别河，并涸。有泊头镇河主簿及废巡司。高川镇。富庄驿。有丞，裁。宁津简。府东南二百三十里。古黄河鬲津自吴桥入。南有土河，旧自山东德州入，下至庆云为限河。或亦曰马颊河。有包头镇。有驿。景州繁，难。府东南百九十里。南运河自山东德州缘界。古沙河自故城入，曰大洋河。曲流河自故城入，曰江江河，合为漫河。又西北有废漳河。刘智庙、安陵、连窝三镇。龙华镇巡司。有东光驿。吴桥繁，难。府东南二百四十里。西：南运河自山东德州缘界入。东：宣惠河。又东：沙河，古黄河鬲津，今四女寺减河，钩盘河，今哨马营减河，自德州入而合。有龙华镇巡司。连窝镇河丞。分隶景州。有水驿丞，裁。东光繁，疲，难。府东南百六十里。南运河自吴桥入。东：宣惠河，合沙河、漫河自景、阜城分入而合。有灯明寺村、夏口二镇。马头驿。故城疲，难。府南少东二百八十里。南运河自山东入。武城缘界入。德州西北屯氏二支曰古沙河、曲流河，并出县西。有废漳河，即黄泸河。县丞驻郑家口。有营。甘陵驿。

承德府：冲，繁，难。隶热河道。明，诺音、泰宁二卫。天顺后，乌梁海居，又并于察哈尔。顺治初，内属。康熙四十二年，建避暑山庄于热河，岁巡幸焉。五十二年，城之。雍正元年，置厅。十一年，置承德直隶州。乾隆七年，仍为厅。四十三年为府。置州一，县五。嘉庆十五年，置热河道都统。并辖内蒙古东二盟十六旗，又附西勒图库伦喇嘛一旗。光绪初，置围场厅。三十年，朝阳升府。以建昌隶之。厅隶宣化。三十三年，赤峰复升直隶州。西南距省治七百八十里。广一千二百里，袤八百里。北极高四十一度十分。京师偏东一度三十分。领州一，县三。府东：天桥山。西：广仁岭，本墨斗岭，康熙末更名。热河，古武列水。西源固都尔呼河，自丰宁入，纳中源茅沟河即默沁河，东源赛音河，迳磬锤峰，合温泉，始曰热河。滦河自滦平入合之。又东合白河、老牛河，折南纳柳河。其西黄花川、黑河，其东瀑河自平泉再错入。瀑河并入迁安。伊逊河出围场伊逊色钦，南入丰宁。又西有乾塔河，入密云。有钓鱼台、黄土坎、中关、张三营四行宫。边墙北首汉儿岭，南讫黑塔关口。有唐三营、中关、下板城、新漳子、六沟、二沟、三沟、茅沟八镇。石片子巡司。热河驿。滦平冲，难。府西南六十里。明，诺音卫。乾隆七年，置哈喇河屯厅，四十三年改。西：孛髻山。西南：青石梁。西北：滦河自丰宁入，合兴州河。左伊逊河入府界。潮河自丰宁入。西南：沽河自独石口厅入，与汤河、红土峪、冯家峪、黄崖口、水峪、白道峪、大水峪诸河并入密云。其西雁溪河入怀柔。有喀喇河屯、王家营、常山峪、两间房、巴克什营五行宫。边墙东首汉儿岭，西讫拜连口。喀喇河屯、大店子、三道梁、马圈子、红旗、呼什哈、喇嘛洞七镇。鞍匠营巡司。县驿一。平泉州冲，繁，难。府东百五十里。明，诺音卫。雍正七年置八沟厅，为南境。乾隆四十三年改置。西有纳喇苏台山、察罕陀罗海山。锡伯河出其东。热河东源赛音河。中源默沁河并出西北入府界。瀑河一曰柳河，四源合於元惠州故城西，曰察罕河，迳宽城西曰宽河，入迁安。老哈河古托纥臣水，俗省曰老河，出喀喇沁右翼南百九十里永安山，亦曰察罕河，与奇札尔台河会，又北合霍尔霍克河、布尔罕乌兰善河、乌鲁头台河，又东北合崑都伦河，入建昌。大宁城东北八十里，州判驻。有七沟营、丫头沟、暖泉、樱桃沟、龙须门、波罗树、他拉波罗洼、卧佛寺八镇。八沟税务司。州驿一。丰宁繁，难。府西北二百六十里。明，诺音卫。乾隆元年置四旗厅。四十三年改。西北：赫山、苔山，玲珑峰旧曰兴隆山，乾隆十九年更名。东有热河西源，自围场入，迳固都尔呼岭，曰固都尔呼河，入府界。北：上都河自多伦厅入，纳小滦河，曰滦河。其西兴州河，出西北呼尔山。潮河，古沺水，一曰鲍丘水，出县西大阁北七十里城根营。又汤河出十八盘岭。东北：伊逊河自府界入，纳伊玛图河，并入滦平。有波罗河屯、黄姑屯、什巴尔台、济尔哈朗图四行宫。荒地、邓家栅、上黄旗、林家营、森吉图、白虎沟六镇。郭家屯、大阁儿、黄姑屯、土板四巡司。县驿一。隆化光绪三十年以张三营子置。有巡司管典史事。与郭家屯、黄姑屯二。

朝阳府：繁，疲，难。隶热河道。明，营州卫。后入泰宁卫。乾隆三年，置塔子沟厅，为东境。三十九年，析置三座塔厅。四十三年，置朝阳县。光绪三十年，以垦地多熟，升府，以建昌隶之。又置县三。西南距省治一千四百二十里。北极高四十一度四十五分。京师偏东四度二十三分。领县四。西北：潢河自内蒙古阿鲁科尔沁旗入。西南：大凌河自建昌入，合南土河，迳西平房西，左合卑克努河，察罕河，又东合布尔噶苏台河，又东至龙城，一曰三座塔城。左合固都河、凉水河，至金教寺东北，左合土河，入盛京义州。小凌河出县属土默特右翼明安喀喇山。三源：中明安河，南穆垒河，北参柳水，东南流，合哈柳图河，入奉天锦县。养息牧河二源，并出喀尔喀左翼，东南流，合好来崑德河、鸭子河，入奉天广宁。柳边南首建昌，北讫科尔沁左翼。门五：新台、松岭子、九官台、清河、白土厂。有六家子、波罗赤、三道梁、青沟四镇。三座塔税务司。县驿一。建昌繁，难。府西南二百六十里。明，营州废卫。乾隆四十三年以塔子沟厅西境置。光绪三十年自承德来隶。北有固尔班图勒噶山。东南：巴颜济鲁克山。东有布祜图山，汉白狼山，白狼水出焉，今曰大凌河。南源出喀喇沁右翼南土心塔，会中源克尔、东源牛录，入朝阳。北：漆河自滦平迳县西入迁安。蒐济河出喀喇沁左翼东南毛头泊，入奉天锦州。北有潢河自赤峰入，会老哈河。河自平泉入，合伯尔克河，错出复入。英金河亦自县来会，复合落马河，东北至谷口。乾隆八年，更名敖汉玉瀑，与潢河会，又东入朝阳。柳边北首朝阳，南讫临榆。门一：梨树沟。有贝子口琴、波罗索他拉、胡吉尔图、大城子四镇。县丞驻东北四家子镇。塔子沟税务司。蟒庄巡司。县驿一。

赤峰直隶州：繁，难。明，诺音卫。雍正七年置八沟厅，为北境。乾隆二十九年，析置乌兰哈达厅。四十三年，置赤峰县，隶承德府。光绪三十三年，升直隶州。增置林西。西南距省治千三百二十里。北极高四十二度三十分。京师偏东二度四十五分。领县一。潢河自围场入州北二百余里之巴林旗。东南：老哈河，自平泉迳东南隅，纳伯尔克河，北入建昌。英金河，古饶乐水，三源自围场入，合于色呼，围场西南折东，合巴颜郭河、色呼河、垒尔根乌里雅苏河，入翁牛特右旗，合奇布楚河、鸭子河，又南会使力礮河，其上游纳林锡尔哈河。木兰东北诸水，汇于英金，东南诸水，汇于锡尔哈，三源合北流，合克依呼河，入平泉合克勒河，始入州，西北会乌拉台河。锡伯河亦自平泉来，与英金河会。英金河又东合卓索河，入建昌。乌拉台河三源，亦木兰诸水所汇，东流合默尔根精奇尼河，阿济格赴河、噶海图河、布获图河。有杜梨子沟、哈拉木头、四道梁、音只礮梁四镇。县丞驻西北大庙镇。有乌兰哈达税务司。有驿。林西州西北四百十八里。光绪三十三年以巴林察罕木伦河西北地置。

宣化府：冲，繁，难。隶口北道。明，宣府镇。顺治八年，裁宣府巡抚。十年，并卫所官。领宣府等十县。降延庆、保安属之。康熙三年，改怀隆道为口北道，与总兵并驻此。四年，隶山西，寻复。七年，裁万全都司。三十二年为府。巡抚郭世隆疏改，置县八。后割山西蔚州来隶。光绪三十年，复割承德之围场厅来隶。东南距省治七百里。广四百四十里，袤三百二十里。北极高四十度三十七分十秒。京师偏西一度二十一分三十秒。厅不与。领厅一，州三，县七。宣化冲，繁，难。倚。明，宣府前卫。顺治中，省左右卫入之，为宣府镇治。康熙三十二年，改置为府治。北有东望山，西西望山。西有洋河自怀安入，左纳清水河、柳河川、泥河，东南入怀来。其南桑乾河自西宁入，数错出，于怀来合洋河，复入，迳府境。镇二：鸡鸣堡、深井堡。有守备，康熙中裁。有华稍营巡检司，宣化、鸡鸣二驿。又递二。军站五。赤城简。府东北七十里。明，赤城堡。旧为上北路。康熙三十二年改置。又以滴水崖、云州、镇安、马营、镇宁五堡入之。赤城山城。东北：白河自独石入，南流出龙河峡，一曰龙门川，侧城东南，合大石门水，亦曰赤城河。又得翦子岭东、浩门岭西水，屈东南，右纳龙门河，左得红沙梁水，入延庆。营二：独石左、独石右。口七：镇宁、松树、马营、君子、镇安五堡，龙门所、滴水崖。顺治中，改参将置守备滴水崖。雍正中，改守备置都司。镇十一：新镇楼、云州堡，及北栅、东栅、西栅、盘道、塘子、清平镇岭、四望、砖墩、野鸡九口。驿二：云州、赤城。万全冲，繁，难。府西北七十五里。明，万全右卫。旧为西路，康熙三十二年改置。西北有野狐岭、荨麻岭，今讹洗马林。西有洋河自怀安入，左纳孙才沟，西沙河、新河、东沙河，仍入之。西有爱阳河。东有清水河自张家口入，合臭滩、黄土梁水，南入宣化。营二：万全、张家口。有副将。光绪七年，移多伦厅，惟都司驻。口五：镇口台、神威台、洗马林、新河、膳房堡。有军站五。龙门简。府东北百里。明，龙门卫。旧为下北路。康熙三十二年改。又以葛峪、赵川、雕鹗、长安岭四堡入之。西有龙门山，龙门河出其北麓，迳城南而东，左得翦子岭西、浩门岭南水，入赤城。西有小清水河，自张家口分入而合，曰柳河川。又有泥河，并入宣化。营一：龙门路。口二：葛峪堡、赵川堡。镇八：安边、静楼、墩镇、冲台、盘道、宣台六口，常峪镇、雕鹗堡。长安岭堡并有驿，雍正中，岭置都司，后裁。有军站二。怀来冲，繁。府东南百五十里。明，怀来卫。旧为东路。康熙三十二年改。又以保安卫及土木、榆林二堡入之。南有军都山。西有桑乾河，自宣化入，再错出复入，会洋河，北支也。折东南，右得矾山水，左有右河，至合河口会妫河，其东支也。又南入宛平，为卢沟河。二镇：保安城，雍正中改参将置都司；矾山堡，守备驻。有沙城堡巡司。土木、榆林二驿。军站四。蔚州冲，疲，难。府西南二百四十里。雍正六年自山西大同来隶。有卫。康熙三十二年改。乾隆二十二年省入。东南：筓头山，一曰磨筓山。西有壶流河，自山西广灵入，再错出复入。左右得乾沙河，九折，北合定安河、会子河、扶桑泉诸水，入西宁。三镇。黑石岭即飞狐岌，有神道沟巡司，康熙中裁，以吏目兼理。又岔口、桃花堡，三递。西宁简。府西南二百里。康熙三十二年以明顺圣东、西二城置。东南有榆林山、月神山。西有桑乾河，古湿水，自山西天镇入。有小庄渠，乾隆十年导，又东，左纳虎沟河，合五里河、汉河、西沙河，至小河口会壶流河。有顺圣川镇。东城、西城二递。怀安冲，繁。府西少南百二十里。明，怀安卫。康熙三十二年改。又省万全左卫及所辖柴沟堡、西洋河堡入之。西北：花山。南：託台谷。水沟口河自山西天镇入，合谷水，自洪塘沟东北注洋河。东洋河自张家口入，会西洋河、南洋河，曰洋河，亦曰燕尾河，错出复入，合水沟口河。营一：柴沟堡，巡司驻。口二：东洋河、西洋河。有左卫城、西洋河堡、水关台、镇口台四镇。怀安、万全二驿。军站四。延庆州冲，难。府东少南二百里。旧隶宣府镇为东路。顺治末，省永宁县入卫。康熙三十二年改。乾隆二十六年，又省延庆卫及所辖五千户所入之。北：阪泉山。东北：独山。南：八达岭。北：白河自赤城入，复入独石口。妫河出州东北，伏流复出为黄龙潭，合龙湾水，环城，合沽河、蔡河、黑龙河，入怀来。镇五：石硖峪、营盘口、小水口、镇安堡、千家店。口四：周四沟堡、四海冶堡、柳沟城、八达岭。东有永宁城巡司。居庸驿。军站一。保安州简。府东南六十里。旧隶宣府镇为东路。康熙三十二年改。南：涿鹿山、桥山。西南：釜山、历山。东南：羹颉山。有泉湛而不流，古阪泉也。西：桑乾河自宣化错入，再错怀来入之，导为五渠。有马水口镇。有递。围场厅冲，繁，疲，难。西北三十二里，正副总管驻。本内蒙古卓索图、昭乌达东二盟地。康熙中，进为围场，曰木兰，国语"哨鹿"也。光绪二年置厅。三十年自承德来隶，兼有府、赤峰西北、丰宁东北境。在内蒙古各部落之中，周千三百里，广三百里，袤二百里，并有奇。四界表识曰"柳条边"。道二，并自波罗河屯入。东崖口，一曰石片子，西济尔哈朗图。旧制以八月秋狝，东入则西出，西入则东出，岁以为常。场都六十有九，以八旗分守于内，旗各营房一、卡伦五。镶黄旗营房在奇卜楚高，为北之东，其卡伦曰赛堪达巴罕色钦，曰阿鲁色埒，曰阿鲁呼鲁苏台，曰英格，曰拜甡图。正白旗营房在纳林锡尔哈，为东之南，其卡伦曰巴伦昆得伊，曰乌拉台，曰锡拉诺海，曰诺林锡尔哈，曰格尔齐老。镶白旗营房在什巴尔台，为南之东西间，其卡伦曰噶海图，曰卓索，曰什巴尔台，曰麻尼图，曰博多克。正蓝旗营房在石片子，为南之东，其卡伦曰木垒喀喇沁，曰古都古尔，曰察罕扎克，曰汗特穆尔，曰纳喇苏图扎巴。正黄旗营房在锡拉扎巴，为北之西，其卡伦曰库尔图陀罗海，曰纳喇苏图和硕，曰沙勒当，曰锡拉扎巴，曰锡拉扎巴色钦。正红旗营房在扣肯陀罗海，为西之北，其卡伦曰察罕布尔噶苏台，曰阿尔撒朗鄂博，曰麻尼图布拉克，曰齐呼拉台，曰布哈浑尔。镶红旗北营房在苏木沟，为西之南，其卡伦曰海拉苏台，曰姜家营，曰西燕子窝，曰郭拜，曰和罗博尔奇。镶蓝旗营房在海拉苏台，为南之西，其卡伦曰朱尔噶岱，曰苏克苏尔台，曰卜克，曰东燕子窝，曰卓索沟。有西图巡检司。厅驿一。

口北三厅：隶口北道。直宣化府，张、独二口北。明季，鞑靼诸部驻牧地。康熙十四年，徙义州察哈尔部宣、大边外，坝内农田，坝外牧厂，顺治初置，在张、独者六，其一奉天彰武台。及察哈尔东翼四旗、西翼半旗。雍正中，先后置三理事同知厅。光绪七年，并改抚民同知。广六百里，袤六百五十里。

张家口厅：要。明初，兴和守御千户所。顺治初，为张家口路，隶宣府镇。西北六十里。康熙中，置县丞。雍正二年，改理事厅。辖官地，及察哈尔东翼镶黄一旗、西翼正黄半旗，并口内蔚、保安二州，宣化、万全、怀安、西宁四县旗民。光绪七年改抚民，复。东南距省治七百五十里。北极高四十度五十分四十秒。京师偏西一度三十五分。北有东山、高山、大小乌鸦山。东洋河二源，自山西丰镇厅分入而合，左得苏禄计水。清水河出厅东北，合毛令沟、太子河、驿马图河，曰正沟，合大西沟、大东与新河、东西沙河，并入万全。其东小清水分入龙门。西北有昂古里泊。又诸莫浑博罗山有正黄等四旗牧厂，查喜尔图插汉地有礼部牧厂，并明天成卫边外地。齐齐哈尔河有太仆寺右翼牧厂，广百五十里，明大同边外地。东北喀喇尼墩井有太仆寺左翼牧厂，明，宣府边外地。北控果罗鄂博冈，有镶黄等四旗牧厂，明废兴和千户所。厅自雍正十年与俄定《恰克图约》为孔道。光绪二十八年，划地五百万方尺为租界。三镇：兴和城、太平庄、乌里雅苏台。有站。

独石口厅：要。明初为开平卫。顺治初为上北路，隶宣府镇。东北二百五十里。康熙中置县丞，曰独石口，并卫入赤城。雍正十二年置理事厅。辖官地，及察哈尔东翼正蓝、镶白、正白、镶黄四旗，并口内延庆一州，赤城、龙门、怀来三县旗民。光绪七年改抚民。副将防守尉。驻。南距省治七百九十里。北极高四十度五十四分四十秒。京师偏西四十分。东南有大小石门山、太保山。白河，古沽水，正源堤头河，出厅西北狗牙山，合东西栅口水，与别源独石泉会，南入赤城。复自延庆州入，与黑河并入滦平，下流会潮、榆诸水，为北运河。上都河，古濡水，出厅东北巴颜屯图固尔山，合三道河，西北入多伦厅，下流为滦河，至乐亭入海，行二千一百里有奇。有金莲川、伊克勒泊。东北：博罗城，有御马厂，隶上驷院。四镇：丁庄湾、黑河川、东卯镇、千家店。有站。

多伦诺尔厅：要。明，开平卫地。顺治初，置上都牧厂，属宣府镇。东北五百五十里。康熙三十年，喀尔喀为准逆所破，车驾跸此受降焉。雍正十年，置理事厅。辖察哈尔东翼正蓝、镶白、正黄、镶黄四旗，及蒙古内札萨克与喀尔喀旗民。光绪七年，改抚民。西南距省治千一百里。北极高四十二度二十八分二十秒。京师偏西六分。西南有骆驼山。北有锡拉穆楞河，自内蒙古克什克腾旗入，合碧七克、碧落、拜察诸河，北入巴林旗。东南有上都河，自独石口入，合石顶、克伊绷、额尔通、伊札尔、什巴尔台诸河。七星潭在上都牧厂北，一曰多伦泊，厅氏焉。蒙语谓止水曰"泊"，大者"诺尔"，次"鄂模"、"库勒"、"科尔昆"有差。厅北布珠、博硕岱等泊以十数。西北又有碱池。兴化镇在喇嘛庙南，张家口副将驻。有白岔司。又兴盛镇、二道泉、闪电河、土城子四汛。厅驿一。

永平府：要。隶通永道。明，领州一，县五。乾隆初，废山海卫置临榆。先是雍正初，以顺天之玉田、丰润来隶。乾隆八年，复改属遵化。西距省治八百三十里。广三百三十里，袤三百八十里。北极高三十九度五十五分三十秒。京师偏东二度二十八分三十秒。领州一，县六。卢龙冲，繁，难。倚。东南：阳山。西南：孤竹山。滦河自迁安入，合青龙河。东有饮马河。东北：燕河。营一：燕河路。有燕河庄、夷齐庙二镇。滦河驿。铁路。迁安繁，疲，难。府西北四十里。西北：九山，康熙中改五虎山。滦河自承德府入，合黄花川河、瀑河，又南，左得铁门关水，入潘家口，古卢龙塞也。右纳澈河，折东迳城西。漆河自建昌入，合白洋、冷口二河，为青龙河。巨梁水出西北黄山，一曰还乡河。又沙河、石河、馆水、徐流营、泉庄诸营田。营二：喜峰路、建昌路。汛八：龙井关、潘家口、李家峪、青山口、榆木岭、擦崖子、冷口关、桃林口。三屯营、沙河堡、喜峰口三巡司。道光中，移三屯副将大沽口。太平寨、汉儿崖、沙河三镇。七家岭、滦阳二驿。抚宁冲，难。府东七十里。海，东南五十里。戴家河三源合于榆关南，为渝河，合狮子河，缘界。又西洋河二源纳燕子河入焉。乾沟河起河东，自临榆入。沙河西自迁安入，合为会河。汛二：界岭口、台头营。镇三：蒲河营、洋河口、深河堡。芦峰口、榆关二驿。昌黎繁，难。府东南七十里。北：碣石山。海，东南三十余里，突北出七里，一曰七里海。滦河自滦州入，左出，支津入焉，为甜水沟口。饮马河自卢龙入，为沙河。四镇：姜各庄、蒲河口、沙崖口、蛤泊堡。有铁路。滦州难。府西南四十五里。海，南百三十里。有刘家河口，清河合沂河缘界入。西蚕沙口，小清河入。滦河自卢龙入。沙河自迁安入。馆水亦自其县入，曰陡河，亦曰牤牛河，合石溜河。州判驻胡各庄。三镇：刘河口、稻地、开平。榛子镇，巡司驻。铁路。乐亭简。府南少东百二十里。海，南四十五里。滦河自昌黎入，歧为二：东胡卢河，至老米沟；西曰定流，至清河口入滦。入海处五十里内凝碧，一曰绿洋沟。都行二千一百里。石碑场，西南。二镇：西关里、马头营。临榆冲，繁，难。府东北百七十里。奉天奉锦道寄此。乾隆二年，以明山海卫置山海关。今东门古榆关。顺治时置副将，后改游击。道光末，与永平副将互徙。北有角山，长城枕其上。石河，古渝水，县氏焉，讹"榆"。合鸭子河，帅府河入焉。故道在行宫西。其西汤河口。大清河出东北，入奉天宁远。乾沟河、起河并出西北。汛四：义院口、大毛山口、宁海城、黄土岭。小河口东曰柳边。门二：鸣水塘、白石嘴。三镇：海阳、乾沟、白塔岭。西有阳化场。石门寨巡司。迁安驿。铁路。

遵化直隶州：冲，繁，难。隶通永道。明，县，属蓟州。康熙十五年，以陵寝隩区，升州，改隶顺天。乾隆八年，复援易州例升直隶州，割永平之二县来隶。西南距省治六百三十里。广百六十里，袤三百七十里。北极高四十度十三分。京师偏东一度三十二分三十秒。领县二。昌瑞山，西北七十里，本丰台岭，改凤台山，康熙初复改，东陵在焉。又西北雾灵山，淋、柳、澈、横四河源此。横即澈右源，合东入迁安，与左源之黑河会。梨河古浭水，出东北芦儿岭，自迁安入，一曰果河，合沙河。又有双女河、车道峪水。马兰峪、洪山口，总兵驻；与鲇鱼口、大安口、罗文峪为五镇。石门镇，州判驻。又大洼汛、窝哨子、窄道子、老厂四镇。西：半壁山。巡司二：驻州及石门。有丞。玉田冲，繁，难。州西南九十五里。雍正二年，自顺天改属。乾隆八年来隶。燕山，西北二十五里。北有黎河自州入，曰漳泗河，入蓟曰沽河，复缘界曰蓟运河。小泉河出东北，嘉庆末，建行宫其上，更名蒙辉河，合蓝泉、螺山水注之。还乡河自丰润入，合沙流河，迳雅鸿桥，合黑龙河，又西来会。双城河出县北黄家山，亦南来会。雅鸿桥，河主簿驻。嘉庆十二年，以河丞改。有阳樊驿。铁路。丰润冲，繁，难。州东南百里。改隶同玉田。海，南二百里。陡河自滦入，错出复入，合倍河，分流复合，入为涧河口。东支金沱泊，支津西南合王家河。蓟运河自玉田缘界。还乡河自迁安入，纳双女河、车道峪水。同治中南决，至黑马甸，于是有黑龙河，合泥河，并注蓟运河。沙流河出西北。丰台镇西南，有河主簿、巡司。越支场，南百里，大使驻，今移宋家营。小集、毕家圈、开平营三镇。又义丰驿。铁路。

易州直隶州：繁，难。隶清河道。明属保定，领县一。雍正十一年，升直隶州。割山西大同之广昌来隶。南距省治百四十里。广二百六十里，袤二百二十里。北极高三十九度二十三分。京师偏西初度五十分三十秒。领县二。西有行宫二：一、良各庄；一、泰宁镇，总兵驻。有永宁山，西陵在焉。北：易濡水，出州西益津岭，合安河、五里河，其东北即迎紫河。中易、白涧河，出西北武峰岭，南易、雹水，出西南石虎冈，其南有徐河、涧河、界河。拒马河自广昌入，错出复入，合小水以十数，入边。口十八，飞狐最险。有塔崖、奇峰二废巡司。镇二：乌龙沟、紫荆关。康熙中，移副将真定，改置参将，辖白石口、广昌营、浮图峪、乌龙沟、凝静菴五营。二驿：清苑、上陈。有丞，兼巡司。又州判驻。有铁路。涞水冲，繁。州东北四十里。西北：檀山。拒马河自州入，右出支津合铁岭水，又北东缘界复合。左出支津复入，合清水河。西南：北易亦自州入，合迎紫河，又东合遒栏河。口七。镇二：大龙门、马水口。旧称京师右辅，有都司，辖大龙口、金水口诸汛。二镇：水东营、秋澜汛。黄庄镇巡司。在城、石亭二驿。铁路。广昌简。州西八十里。雍正十一年自山西大同来隶。城西涞水，讹"�"，又借"七"，拒马西源出焉。会东源，错出复入。汤河自山西灵丘入。口八。镇八。浮图峪古银防路，最险；插箭岭口、白石口、胡核岭口、黄土岭口，又黑石岭镇，古飞狐口。县驿一。铁路。

冀州直隶州：繁，疲。隶清河道。明属真定。领县四。雍正二年，升直隶州。割正定之衡水来隶。北距省治三百里。广百六十里，袤二百五十里。北极高三十七度三十八分五十秒。京师偏西初度四十七分三十秒。领县五。滹沱、滏阳，旧自束鹿会县西，入衡水。雍正初，滹北徙，与滏离，遂横溃，后卒合滏顺轨焉。北有枯洚渠。州驿一。南宫简。州西南六十里。漳河故道三，中洚渎，东南古漳，西北新漳。今复南徙，邑遂无水患。县驿一。枣强繁，疲，难。州东南三十里。东：古漳河，一曰黄泸河，自南宫入。西：索卢河。卫支津自州入。并湮。新河简。州西少南六十里。西有滏阳河，自宁晋再入。有胡卢湾，旧与漳合处。县驿一。武邑疲，难。州东北九十里。西：滏阳河自衡水入。又废龙治河、老漳河。有水驿。衡水简。州东北九十里。漳河衡流，古亦曰衡水。隋以氏县。后为新漳河，乾隆中南徙。其滹沱今北徙。惟滏阳河自州入。古盐河湮。县驿一。

赵州直隶州：冲，繁。隶清河道。明属真定。领县六。雍正二年，升直隶州。改赞皇隶正定。东北距省治三百九十里。广二百里，袤百四十里。北极高三十七度四十八分三十秒。京师偏西一度三十三分三十秒。领县五。西北：洨河自栾城入，纳猪龙河、冶河、新桃河。槐河自高邑入，绵蔓既合甘淘、冶河，而洨迳其故道，故即斯洨。太白渠下流亦被冶河目也。有滹沱故道，咸丰初淤。鄗城驿。栢乡冲，繁。州南六十里。午河自临城入。泲河及支津并自高邑入。而泲纳新沟河。有槐水驿。隆平简。州南九十里。东有滏阳河。沣河自任入。沣有九闸，雍、乾中建。北有泜河，自唐山入，合新沟水。泲河自栢乡入，合支津及午河，曰槐午河。有驿。高邑简。州西南五十里。北有槐河，自元氏入。南新沟河。泲河自赞皇入。县驿一。铁路。宁晋简。州东南四十里。滏阳河自隆平入。有宁晋泊，周百余里，汇其沣、泜、午及州之洨、槐诸水，自十字河来会，错出复入。邑故泽国，康熙末，漳南徙，雍正初，滹东徙，怡贤亲王复浚各水口，筑堤设斗门，阏内外水出入，积潦始消。光绪中，滹沱复淤塞，半为平陆。有百尺口废巡司。县驿一。

深州直隶州：简。隶清河道。明属真定。领县一。雍正二年升，以正定之武强、饶阳、安平来隶。衡水还属正定。北距省治二百八十里。广百四十里，袤百六十里。北极高三十八度三分四十秒。京师偏西初度四十七分。领县三。州境自古病河、漳二水。河、漳先后他徙，滏、滋亦不甚横。惟滹沱于乾隆十九年自束鹿分支溃入，同治七年复北徙，自安平入，诸故道并淤。有驿。武强简。府东五十里。南：武强山，下有渊。滏阳自武邑入，至小范镇北，夺滹沱故道。道光初，滏、滹同溢。有废亭子、龙治二河。有驿。饶阳疲，繁，难。州东北六十里。乾隆初，知县侯珏以滹为患，浚新沟七。同治中，唐世禄复疏经流三、支渠八，并注献之古洋河。逾年复决安平。知县吴恩庆筑堤，首郭村，讫秦王庄，滹、滋始分。今滹沱中、南二支自州入，而古唐河自蠡入，半淤。有驿。安平简。州西北五十里。滹沱中、南二支并自深泽入。猪龙河自祁入。其支津礓石河，湮。有驿。

定州直隶州：冲，繁，疲，难。隶清河道。明领二县。雍正二年升。十二年，以保定祁州之深泽来隶。新乐还属正定。东北距省治百五十里。广百四十里，袤二百里。北极高三十八度三十二分三十秒。京师偏西一度二十一分。领县二。中山，城内，今设钟鼓楼。北有唐河自唐入，始为患。乾隆中，南夺小清河。嘉庆中，复北夺小清河为今渎。南有嘉河自曲阳入。沙河自新乐入资河。同治十年南徙，错出复入会资河，自深泽缘界。唐、沙各故道及木刀沟并湮。有永定驿。铁路。曲阳简。州西北六十里。西北：恒山，古北岳。顺治末，改祀於山西浑源。恒水出其北谷，合三会河。唐河纳县北马泥河，错入。西北：沙河自阜平入，合平阳河，左得圆觉泉诸水。长星沟出西北孔山，侧城东南，合曲逆溪、灵河，自是曰孟良河。县驿一。深泽简。州东南九十里。雍正十二年，自祁州来隶。滹沱、滋并自无极入。滹歧为三，北为经流。滋旧纳支津木道沟，湮。乾隆初，决赵八庄，寻塞。复浚官道沟，导城西沥水东注安平。县驿一。

卷五十五　志三十

地理二

奉天

奉天：《禹贡》青、冀二州之域。舜析其东北为幽、营。夏仍青、冀。商改营州。周，幽州。明，辽东都指挥使司。清天命十年三月，定都沈阳。天聪八年，尊为盛京。顺治元年，悉裁明诸卫所，设内大臣、副都统，及八旗驻防。三年，改内大臣为昂邦章京，给镇守总管印。康熙元年，改昂邦章京为镇守辽东等处地方将军。四年，改镇守奉天等处地方将军。光绪三十三年三月，罢将军，置东三省总督、奉天巡抚，改为行省。北至洮南；与黑龙江界。南至旅顺口；海界东南，以鸭绿江与朝鲜界。西至山海关；与直隶界。东至安图。与吉林界。广一千八百里，袤一千七百五十里。北极高三十九度四十分至四十四度十五分。京师偏东四度至十二度。宣统三年，编户一百六十五万五百七十三，口一千六十九万六千零四。共领府八，直隶厅五，厅三，州六，县三十三。案：盛京，天聪五年因明沈阳卫城增修。城周九里三百三十二步，高三丈五尺，厚一丈，女墙高七尺五寸，垛口凡六百五十一。门八：东之左曰抚近，右曰内治，南之左曰德盛，右曰天祐，西之左曰怀远，右曰外攘，北之左曰地载，右曰福胜。门各有楼闉，加之角楼。四城之中为大政殿，太宗听政之所也。殿西为大内。南向曰大清门，门内曰崇政殿，殿前东飞龙阁，西翔凤阁。崇政殿直北为凤凰楼，楼北清宁宫。宫之东曰衍庆宫、关雎宫，西曰永福宫、麟趾宫。凤凰楼之前，东为师善斋，斋南日华楼，西协中斋，斋南霞绮楼。崇政殿东颐和殿，殿后介祉宫，宫后为敬典阁。崇政殿西为迪光殿，殿后保极宫，宫后继思斋，斋后崇谟阁。大内之西文溯阁，藏书之所也。东南太庙。银库在大政殿南，织造库在大内南。户部、礼部、工部在银库东，刑部、兵部在织造库西。御史公署在城东北隅。其外关城则康熙十九年建，高七尺五寸，周三十二里四十八步。门八：东之左曰小东关，右曰大东关，南之左曰大南关，右曰小南关，西之左曰大西关，右曰小西关，北之左曰小北关，右曰大北关。关城内南为天坛，东为地坛、为堂子，西南隅为社稷坛、为雷雨坛，东南隅为先农祠、为耤田。耤田西南隅设水门二，导小沈水自门出焉，下流注於浑河。其名山为医巫闾、松岭。其巨川为辽河、浑河。其重险：山海关、凤凰城、威远堡。其船路：自营口西南通天津，南通之罘，东南通朝鲜仁川。其铁路：内属者，营榆；属日者，俄筑东清枝路。其电线：西通天津，西南旅顺，东南凤凰、安东，东北吉林。

奉天府：冲，繁，疲，难。总督兼将军，民政、提法、交涉、度支、盐运司，劝业道，副都统驻。顺治十四年四月，于盛京城内置府，设府尹。光绪三十一年八月，裁府尹设知府，为奉天省治。西南至京师一千四百七十里。广八百七十里，袤九百九十里。北极高四十一度五十一分五十秒。京师偏东七度十五分。领厅一，州二，县八。承德冲，繁，疲，难。倚。明，沈阳中卫。康熙三年置县，附府。福陵在东二十里天柱山，昭陵在西北十里隆业山。有副都统兼二陵守卫大臣。浑河在南，即沈水，自抚顺入，西南入辽中。左受高素屯、白塔铺、于家台河，右受马官桥、万泉河。万泉亦称小沈水。东北：大清山，蒲河所出，西南流，迳永安桥，入新民境。永安桥，崇德六年建。初，太祖定沈阳，以西路沮洳，命旗丁修叠道百二十里，直抵辽阳。太宗复建此桥，行旅便之。旧设驿四：西老边，通新民；北懿路，通铁岭；东噶布拉村，通兴京；南十里河，即明虎皮驿，通辽阳。铁路三：京奉，东清，安奉。京奉铁路行境内六十里，车站二，曰马三家，曰沈阳，在小西关外，即京奉全路尾站。商埠，光绪二十九年八月《中美约》开。辽阳州繁，疲，难。府南百二十里。明，定辽中卫，兼置自在州。天命六年三月克辽阳，四月迁都於此。十年移沈阳。顺治十年设辽阳府，辽阳县附郭。十四年，府移县来隶。康熙三年六月，县升为州，仍隶府。有城守尉。南：千山山脉，东自怀仁老岭入，为辽东半岛之脊，山南之水，独行入海，辽东山脉主峰也。北：太子河，自本溪入，西流至辽中境，迤南入海城。左受细河、蓝河、汤河、沙河、鞍山河；右受十里河，浑河枝水，国语曰塔思哈河。旧设驿三：曰迎水寺、浪子山、甜水站。商埠，光绪三十一年《中日约》开。有东清铁路。复州繁、疲。府南五百四十里。明为复州卫。天命七年三月复州降。康熙三年并入盖平。雍正四年，分盖平地置复州厅。十一年改为州，隶府。有城守尉。州境多山，西与西南皆海。其海曰复州湾。北：浮渡河。南：复州河，左受栾古河，皆西入海。东：沙河、清水、赞子、碧流，右受弔桥河，皆南入金州。长兴岛州判在西南百四十里海中，光绪三十四年置。其东北娘娘宫。港岸曰东崖、西崖，商船出入，海道咽喉也。水门子巡检，光绪三十二年置。旧设铺司四：北核桃哨、李官坟，通盖平；南麻河铺、栾古城，通金州。有东清铁路。抚顺冲，繁，疲，难。府东八十里。明，抚顺千户所。天命四年克抚顺。光绪二十八年，分承德县地设兴仁县，附府。三十三年移治抚顺城，划兴京西北地入之，更名，仍隶府。东：萨尔浒山、铁背山，皆天命四年破明兵处。南：浑河南北二源自兴京入，合流西，左受章党、马郡丹、塔儿峪、拉古河，右受温道、柳林、金花楼河，入承德。东有营盘市镇，旧设驿一。萨尔浒南，奉抚运煤铁路；西南姚千户屯，安奉铁路。开原繁、疲。府东北三百里。明洪武二十年，置三万卫于元开元路故城西，二十一年徙此。改开元为开原。永乐七年兼置安乐州。天命四年六月克开原。康熙三年六月置县，隶府。有城守尉。东北：黄龙山。西北：辽河自康平入，左纳马鬃、亮子河。南：清河，右受碾盘河、扣河；又南沙河，皆西入辽河。东南：柴河，西入铁岭境。又东南英额河，西南入兴京。边门三：北马千总台，东北威远堡，东南英额。旧设驿一。又有道，东南经石人沟至山城子，西经英城子达法库门，东经威远堡门至西丰，号四达通衢。有东清铁路。铁岭冲，疲。府北一百三十里。明置铁岭卫。天命四年七月克铁岭。康熙三年六月置县，隶府。有防守尉。辽河在西，自开原东南流入，屈西南流入法库境。其旁多水泊，曰莲花泡、苇子、五角、莲子、乐子诸湖，弥漫十里，土人呼辽海，有辽海屯。北柴河，南范河，又南懿路河，皆西入辽河。旧设驿一。商埠，《中日约》开。有东清铁路。海城繁，疲，难。府南二百四十里。明置海州卫。天命六年海州降。顺治十年十一月置海城县，隶辽阳府。十四年四月改隶。西六十里有牛庄防守尉。西南：唐王山。辽河在西。浑河自辽中入，曰蛤蜊河，左汇太子河，西流入之，名三岔河。北土河、鞍山河西入太子河，南入海州河，西入辽河。三岔巡司，康熙二十一年置，驻牛庄。西乡、三家子、石佛寺等处旧有河道，绕流入辽，后淤塞。光绪三十四年开浚故河，涸出良田三十六七万亩。东南有析木城市镇。旧设铺司四：西南营口，南大石桥，接盖平；北鞍山站，接辽阳；东二道河，入岫岩。有东清铁路。盖平繁，疲。府西南三百六十里。明置盖州卫。天命六年三月盖州降。康熙三年六月置县，隶府。有城守尉。又西南六十里有熊岳防守尉，故辽城也，旧驻副都统，后裁。东：棉羊山，县东南诸山皆发脉于此。西濒海曰盖州湾。北：淤泥河。南：盖州熊岳河、浮渡诸河，皆西流入海。东南：碧流河，即毕利河，出布雾山，南流入复州。旧设铺司三：西北没沟营，北大石桥，南熊岳城。有红旗厂、蓝旗厂、吴家屯三盐场。有东清铁路。辽中繁，难。府西南一百四十里。明，定辽中卫、右卫地。光绪三十二年七月，分新民、辽阳、海城地，设治阿司牛录镇，寻划承德西南境增入，置县隶府。辽河在西，有冷家口。支流西南入盘山，曰分辽水，亦曰减河。正流南入县境。又西柳河，南入分辽水。又西鹞鹰河支津，南入柳河。东：蒲河自新民入，南入浑河。又东南太子河支津二入之。西南：辽河。西：达都牛录，县丞驻，光绪三十三年置。本溪府东南一百二十里。明为清河城。光绪三十二年，分辽阳、兴京、凤凰地，设治本溪湖，置县隶府。南：摩天岭，一名太高岭，山脉东连老岭，西接千山。其北：细河，即万流河，北流入辽阳。其南：草河、赛马集河，南流入凤凰。南：太子河南北二源，自怀仁、兴京入，合流西入辽阳。东：清河，南入太子河。赛马集巡检，光绪三年置，属凤凰厅，三十二年来属。旧设连山关驿。有安奉铁路。金州厅冲，繁，疲，难。府南七百二十里。明置金州卫。雍正十二年置宁海县，隶府。道光二十三年改金州厅，仍隶府。有副都统，寄治承德。厅境万山环抱，东西南北皆海，惟东南一隅陆地，连复州成半岛形。沙河、清水、赞子、碧流诸河在东北入海。有貔子窝市镇。旅顺口在西南。自旅顺循半岛以西，历辽河口、大小凌河口至山海关，为渤海岸；以东历碧流河口、庄河口、大洋河口至鸭绿江，为黄海岸。旅顺铁山角与山东登州头对峙，为渤海口门。有旧水师营城。旧设铺司一，石河驿。商埠：光绪二十三年《中俄约》开。海关在大连湾。有东清铁路。

法库直隶厅：冲，繁，难。省西北一百六十里。明，三万卫地。康熙元年，设法库边门防御。光绪三十二年，分新民府及开原、铁岭、康平三县地，设治法库门，置厅，直隶行省。法库山在南。辽河自铁岭入，北流，屈西流，迳厅南入新民。其津渡处有三面船市镇。西：沙河，南入辽河。又西秀水河，南入新民。有秀水河市镇。厅城北门仍旧边门。边门外道路作三叉形。西行至彰武；北行由桃儿山、马奇沟赴康平，可至吉林伯都讷；东北行由齐家店、公主屯赴昌图，可至吉林长春。北边冲要也。商埠，《中日约》开。

锦州府：繁，难。明置广宁中、左、右屯三卫，隶辽东都指挥使司。崇德七年三月克锦州。康熙三年置广宁府，并县为治。四年改置，徙治锦。省西南四百九十里。广五百三十里，袤百七十里。北极高四十度九分。京师偏东四度三十九分。领州二，厅二，县三。锦冲，繁，疲，难。倚。明置广宁中屯卫及左屯、右屯卫。康熙元年七月改锦州为锦县，隶奉天府。三年六月改隶广宁府。十二月罢广宁，置锦州县，附府。旧驻副都统。光绪三十四年裁。有协领。松山、杏山、塔山在南，皆崇德七年破明兵处。紫荆山在东，为县境诸山冠。南濒海。东大凌河，西小凌河，右受女儿河，皆南入海。西南：天桥厂巡检，雍正元年置。又西南海滨有地伸出海中如三角形，曰葫芦岛，岛势向西环抱成一海湾。光绪三十四年，勘为通商港。旧设驿二：小凌河，十三山。京奉铁路行境内一百一十里，车站四：锦州，双阳甸，大凌河，石山站。盐场八：上坎、天桥厂、大东山、白马石、郜子屯、头沟、四沟、沙沟。卡伦二：高家屯，天桥厂。锦西厅繁，难。府西九十五里。明，广宁中屯卫地。光绪三十二年分锦县西境置江家屯厅，寻更名。三十三年隶府。东：大虹螺、小虹螺山，山东七里河，南入海。女儿河导源直隶朝阳，东流入边，迳厅北，迤东北流，又东流入锦县。北：松岭边门。东北：虹螺岘市镇。旧设高桥驿。京奉铁路车站三：连山，高桥，女儿河。盘山厅冲，疲，难。府东一百七十里。明，广宁盘山驿。光绪三十二年，分广宁县地及盘蛇驿牧厂地置厅，隶府。南濒海。分辽水自辽中冷家口西南入，迳厅南入海。西南：沙河、东沙河、西沙河皆南入海。锦营铁路自广宁沟帮子站分支入境，东南入营口，长百二十余里。车站三：胡家窝棚，双台子，大洼。盐场五：蓝石鳌、西夹信、南夹信、二道礅、二龙江。义州繁，疲，难。府北九十里。明，义州卫。天命七年正月克义州。崇德元年以封察哈尔。康熙十四年，察哈尔叛，讨平之。六十一年设通判。雍正十一年，置州隶府。有城守尉。东北：英歌龙湾山。东南：望海山。西北：崑崙山。西南：大岭、小岭。大凌河导源直隶朝阳，东流入边，迳州北，屈南流入锦县。细河、清河导源直隶阜新，合流南入大凌河。小凌河亦导源朝阳，东流入边，迳州西南，迤南流入锦县。杨树沟河南入小凌河。北有九官台、清河、白土厂三边门。旧设铺司四：南大岭关、隆祉、七里河，东大榆树，皆通锦县。宁远州冲，繁，疲，难。府西南一百里。明置宁远卫。顺治元年克宁远。康熙三年置州，隶广宁府，寻改隶府。有城守尉。西北：青山。西南：望夫。东：首山。南濒海。宁远西河、宁远东河，在城南合流，南入海。又西东沙、烟台、东关站、六股诸河，皆南入海。有钓鱼台海口。海中岛有桃花、菊花即觉华岛，岛西南小岛二，曰小张山、大张山，相距间水势深阔，足容大战舰。岛岸山可建炮台。光绪三十四年勘为海军港。西北：白石嘴、梨树沟、新台三边门。市街四邑环错。有山海关道税局。旧设驿二：东关、宁远。京奉铁路车站三：东辛庄，沙后所，宁远州。盐场十：厂子沟、项家屯、苏家屯、张庄、杜家台、蝌蝗沟、五里桥、狐狸套、沙坨、大明山。广宁冲，疲。府东北一百六十里。明，广宁卫。天命七年克广宁。康熙三年六月改广宁为府，设广宁县。十二月府移锦州，县隶府。有城守尉。医无闾山在西，古幽州镇，今有北镇庙。东：沙河导源医无闾山三道沟，东南流，迳城北而南，右受大石桥河，入盘山西南闾阳驿。河南流入盘山，曰西沙河。西北：马市河，东南流入羊肠河。旧设广宁驿。京奉铁路行境内七十五里，车站三：羊圈子，沟帮子，青堆子。自沟帮子分支迳南历盘山达营口，名锦营铁路，计行境内三十里。有马帐房、大台、小台、毛家屯、郭家屯、北井六盐场。绥中冲，繁，疲，难。府西南一百九十里。明，广宁前屯卫、中前所、中后所。顺治元年，克广宁前屯卫，中前、中后所。康熙三年，以其地并入宁远州。光绪二十八年六月析出置县隶府。北：大礅子山。西：松岭，笔架山。南濒海。东以六股河与宁远界。六股河即古六州河，导源直隶建昌，从白石嘴边门入。右受黑水、王宝河，迤南流入海。西：高儿、石子、凉水诸河，皆南入海。西：山海关。边门十有七，在县境者曰明水塘边门。旧设驿二：山海关、凉水河。京奉铁路行境内一百一十里，车站四：前所，前卫，荒地，绥中。

新民府：冲，繁，难。省西一百二十里。明，沈阳中卫与广宁左卫地。嘉庆十八年六月，分承德、广宁二县地置新民厅，隶奉天府。光绪二十八年，升为府。广五百三十里，袤百七十里。北极高四十一度五十六分。京师偏东七度三十三分。领县二。无城。辽河自法库入，屈西南迳古城。养息牧河自彰武入，左合秀水河，南入辽河。其东青河自承德入，迳黑鱼泡，西有新开河自库伦入，为柳河，并入辽中。又西鹞鹰河，南入镇安。旧设驿二：白旗堡、巨流河。京奉铁路车站四：白旗堡，新民府，巨流河，兴隆店。商埠，《中日约》开。镇安冲，难。府西一百五十里。明，广宁卫之镇安堡。光绪二十八年，分广宁东境，设治小黑山，置县隶府。西：羊肠河，导源直隶阜新，下流散漫。东沙河导源直隶绥东，南流，右受老河，入盘山曰南沙河，又东鹞鹰河，南溢为莲花泡，入分辽水。小三家子，县丞，光绪三十二年置。三十四年，其地设奉天官牧场。东北有半拉门市镇。旧设驿二：小黑山、二道井。京奉铁路行境内八十里，车站四：高山子，打虎山，励家窝铺，绕阳河。有卡：拉木屯、营城子二。彰武繁，疲，难。府北百十里。明初，置广宁后屯卫，后徙。康熙三十一年设养息牧厂于此。光绪二十八年以养息牧垦地，设治横道子，置县隶府。县境居彰武台边门外。东北：阿莫山。东：少陵哈达山。西北：杜尔笔山。西：柳河，又西鹞鹰河，皆导源直隶绥东，世所称小库伦也。东：养息牧河，导源科尔沁左翼前旗，皆南流入府境。西北：哈尔套街，县丞，光绪二十九年置。有官商路三：一由县治赴府，一由县西北哈尔套街赴直隶绥东，一由县西新立屯赴直隶阜新。

营口直隶厅：省西南三百六十里。明，盖州卫之梁房口关。同治五年，设营口海防同知。宣统元年，分海城、盖平两县地置厅，直隶行省。奉锦山海关道改为分巡锦新营口兵备道，驻厅。北：辽河自海城入，南迤东流，屈西流入海。纳东南淤泥河，至盖平辽河入海口。距厅治四十五里，轮舶交通之地也。初，厅境名没沟营，为蒙古人窝棚。道光中办海防，其地始重。通商后乃繁盛。锦营铁路自盘山大洼车站入境，历田庄台至河北车站，长六十七里。又自河东牛家屯至大石桥，与东清铁路接。有二道沟、三道沟等盐场。渔业总局。商埠，咸丰十年《天津约》开。有海关。光绪三十二年设辽河巡船十艘。三十四年增安海、绥辽两巡海兵舰。

兴京府：繁，疲，难。省东南三百二十里。明，建州右卫。天聪八年，尊赫图阿拉地曰兴京。乾隆三十八年，设理事通判。光绪三年，改为兴京抚民同知，移治新宾堡。宣统元年，升为府。广六百六十里，袤三百一十里。北极高四十一度四十五分十五秒。京师偏东八度三十七分十六秒。领县四。永陵在西四十里启运山，驻副都统。西三十里兴京城，驻协领。东纳噜窝集果尔敏珠敦，总谓之分水岭山脉，上接库呼纳窝集，下连龙冈。山西之水皆入辽河，山东之水皆入松花江，为辽河、松花江之分水岭，即《汉志》辽山也。浑河出其下。南源曰苏子河，左合索尔科河，西北流，北源曰英额河，左合滚马岭河，西南流，俱入抚顺。西南：平顶山，太子河北源所出，西入本溪。旧设驿一：穆喜。铺司四：南老城、大呼伦、洼子岭，入凤凰境；东旧门，通怀仁。通化繁，难。府东南二百七十里。明，建州卫之额尔敏路。光绪三年置县，隶兴京同知。宣统元年改隶府。县境居旺清边门外。北：龙冈山脉，自兴京、海龙间纳噜窝集入，迤逦而东，历临江直达长白山，亘二百余里。山南之水皆入鸭绿江，山北之水皆入松花江，为鸭绿江、松花江之分水岭，以其为永陵干脉，故曰龙冈。南有浑江，自临江入，西流，屈东流，复迤西南入怀仁。左受大罗圈沟河、小罗圈沟河，右受哈泥河、加尔图库河。旧设马拨七：西哈马河、快当帽子、英额布、欢喜岭、半截拉子，入兴京；又由快当帽子西南行，曰高丽墓、头道沟等，达怀仁。怀仁疲，难。府南一百八十里。明，建州卫之栋鄂部。光绪三年置县，隶兴京同知。宣统元年改隶府。县境居碱厂边门外。老岭在西南，太子河南源所出，西北入本溪。

老岭山脉自龙冈分入，迤西与摩天岭接，山南之水皆入鸭绿江，山北之水皆入辽河，为辽河、鸭绿江之分水岭，国语曰萨禅山。浑江自通化入，流经北、西、南三面，入辑安。富尔江合衣密苏河自北，六道河、大雅河自西，流入浑江。富尔江口盖古梁口也。古栋鄂河，南入大雅河。西：四平街巡检，光绪四年置。浑江南流旋曲处有哈达山，乾隆十一年设莽牛哨于此，寻废。旧设马拨十：东北三层砬子、二棚甸子、朱胡沟、恒道川、长春沟，入通化境；西南大雅河、前牛毛、大青沟、砍椽沟、挂牌岭，入宽甸。辑安疲，难。府东南四百二十里。明，建州卫之鸭绿江部。光绪二十八年，分通化、怀仁二县地，设治通沟口，置县隶兴京同知。宣统元年改隶府。东北：老岭冈。北：丸都山。鸭绿江在南，自临江入，迤西南入宽甸。西：浑江自怀仁入，南入鸭绿江，曰浑江口。光绪三十四年，设鸭、浑两江巡船。西岔沟门巡检，光绪三年置，驻通沟口，二十八年移驻。旧设马拨九：北同和岭、梨树沟、苇沙河、二道崴子、夹皮沟，入通化；西五道岭、皮条沟、上漏河、二棚甸子，入怀仁。又光绪三十四年城东新辟一道，由错草沟出临江。临江繁，难。府东南五百九十里。明，鸭绿江部。光绪二十八年，分通化县地，设治帽儿山，置县隶兴京同知。宣统元年改隶府。北有龙冈。鸭绿江在南，自长白入，西北流，屈西南，入辑安。西：头道沟，以次而东，而东北，沿鸭绿江有二十五道沟，皆冈前山水，南流注江，县得其七，长白得其十八。北：三岔子，即长白山西南分水岭，浑江所出，西南流，左受红土崖河，入通化，旧所称佟家江也，西北入道江。巡检，光绪二十八年自帽儿山移驻，属通化，宣统元年来属。初，县西北接通化，山路险绝。光绪三十四年改修，自林子头越老爷岭，历三道阳岔达县治，铲山梁溪，长百二十余里，通车马，名荡平岭道。

凤凰直隶厅：冲，繁，难。省东南四百八十里。明置凤凰城堡。天命六年降。乾隆四十一年，设凤凰城巡司。光绪二年改置厅，直隶行省。广六百六十五里，袤四百里。北极高四十度三十四分十六秒。京师偏东七度四十九分三十五秒。领州一，县二。有城守尉。凤凰山在南。四大岭在西北。南濒海。东：草河，右受通远堡河，左合叆河，南入安东。东北：赛马集河，南入叆河。西：大洋河，南入海。西北：哨子河，南入大洋河。东北叆阳、南凤凰二边门。旧设驿三：通远堡、雪里站、凤凰城。有窟窿山至洋河口盐场。商埠，《中日约》开。有安奉铁路。岫岩州冲，繁，疲，难。厅西北一百八十里。明置岫岩堡。乾隆三十七年设岫岩城通判。光绪二年改为州，隶厅。有城守尉。南：罗圈背岭。西北：分水岭，大洋河出东南，流绕城东，右受雅河、大王拦沟河。又东南，哨子河自北来汇，屈南流，右受小洋河，入庄河。其左岸为厅境。旧设铺司三：东哨子河，入厅境；北偏岭、塝沟，接海城。安东繁，疲，难。厅东南一百五十里。明置镇江城，天命六年降。光绪二年置县，隶厅。分巡奉天东边兵备道，宣统元年改为分巡兴凤兵备道，驻县。县境居凤凰边门外。北：元宝山。鸭绿江东自宽甸入，右受草河，迤南流入海。其海岸曰大东沟，即太平沟，木材输出之地也。有巡司，光绪二十六年置。东有九连城镇，对岸即朝鲜义州。旧设马拨十一：东沙河镇，北中江台、大楼房、老边墙，西北高丽店、营台、汤山城、边门口，西南白菜地、石桥岗、大东沟。有二道沟至窟窿山盐场。大东沟商埠，《中美约》开。有海关。安奉铁路。宽甸繁，疲，难。厅东北一百八十里。明，东宁卫之宽甸六堡。光绪三年置县，隶厅。县境居叆阳边门外。东南：盘道岭、望宝山。东北：挂牌岭。鸭绿江南自辑安浑江口流入，西南入安东。右受小蒲石、永甸、长甸、大蒲石、安平诸河。东：浑江，右受小雅、北鼓、南鼓诸河。叆河导源西北牛毛岭，西南入厅境。西南：长甸河县丞，东北：二龙渡巡司，皆光绪三年置。东南有小蒲石河、东北有太平哨二市镇。旧设马拨十四：西大水沟、葡萄架、毛甸子、悬羊砬子、土门子、太平川、夹河口，入安东；东北马牙河、曲柳川、头青沟、寺院崴子、兴隆峪、北土门子，入怀仁。

庄河直隶厅：冲，繁，难。省南六百里。明，凤凰城、岫岩城、金州卫地。光绪三十二年，分凤凰厅、岫岩州地置厅，隶东边道。南濒海。西以碧流河与复州、金州厅界。东以大洋河与凤凰厅界。庄河导源西北鸡冠山，南流，迳厅东入海。东：英阿、沙河，皆南入海。东：孤山、石城岛二巡司。又东南百四十里，海中鹿岛，宣统元年隶厅。大洋河亦称大孤山港，港内商船通行，惟轮船不能进驶，寄泊鹿岛。西花园口，东青堆子，皆临海小商港。官商路三：东栾店，赴凤凰；北八道岭，赴岫岩；西北拉木屯，赴复州。

长白府：冲，繁。省东南九百八十里。明，建州卫之鸭绿江部。光绪三十三年，分临江县及吉林长白山北麓地，设治塔甸，置府。北极高四十二度。京师偏东十二度。领县二。长白山在北。上有天池，旧曰闼门，形椭圆，斜长二十九里，周七十余里。池深莫测，水鸣如鼓，七日一潮，土人谓池与海通。鸭绿江导源天池南曰叆江，南流至双岔口，葡萄河自东北来汇，此下为中、韩界水，始名鸭绿江。屈西流，迳府南入临江。西以八道沟与临江界。东北至二十五道沟。府治居十八道、十九道沟间。唐灭高丽，用兵于此。府治对岸即朝鲜惠山镇。初，府境仅治鸭绿江一小径，倚岩临涧，必乘木槽渡江，假道朝鲜。光绪三十四年新辟龙华冈道，自临江新化街、史家蹚子以下入府西嘉鱼河，至梨沟镇达府治西，长约四百余里，以避江道之险焉。安图冲，繁。府东北四百里。明，建州左卫地。宣统元年，以府东图们江源地，设治红旗河口，置县隶府。长白山在西。图们江在南，导源红土沟，即长白山东南分水岭，东入吉林。东：红旗河，导源荒沟，即长白山东北分水岭，东南入图们江。西北有二道江，自天池出，北流，曰二道白河。娘娘库河导源荒沟，西北流，左合五道、四道、三道白河注之，屈西，富尔河自吉林南流注之，曰上两江口，二道江之名始此。又西，左受头道白河，入抚松。松花江正源也。西二百里布尔瑚里有天女浴池碑，土人呼圆池。东南七里湖，由府至县之道，光绪三十四年勘定。自府东二十一道沟口入冈北行，出二十二道沟、十九道沟之间，至叆江源，经小白山后至新民屯，东行历齐国屯、朝阳窝达县治。由县西北行至上两江口，达吉林桦甸。东渡红旗河，达吉林延吉。南渡图们江，即朝鲜境。抚松冲，繁。府西北五百二十里。明，建州卫之讷音部。宣统元年，以府西北松花江上游地，设治双甸，置县隶府。长白山在东。头道江在西，上源曰紧江、漫江。紧江导源长白山西坡，漫江导源章茂草顶山，即长白山西南分水岭，合而西北流，汤河自吉林东北流注之，头道江之名始此。又西北流，右受松香河。又西北，二道江自安图西流来汇，曰下两江口。此下统名松花江，入吉林。由府至县之路，自府西梨沟镇至十五道沟，西北行，逾岭顶，经竹木里、漫江营、小谷山、石头河、海青岭、大营、汤河口，再北行达县治。由县西渡江，入吉林濛江。北循松花江，直抵吉林省城。

海龙府：冲，繁，难。省东北六百里。明，海西女真辉发、哈哒、叶赫三部。光绪五年，以流民垦鲜围场地置海龙厅。二十八年，升府。领县四。府境居英额边门外。西：纳噜窝集果尔敏珠敦，与兴京分山脉，唐谓之长岭。辉发江在南，导源纳噜窝集东麓，北流屈东，左受横道河、梅河、沙河、大沙河，右受押鹿、一统河，入辉南，国语曰辽吉善河，入松花江。英额河导源英额边门东，当果尔敏珠敦西麓，西南入开原，即浑河北源。东：朝阳镇。西：山城子镇。旧设马拨十：自城西沙河口、大黑嘴子、山城子、二龙山、郭家店、土口子、孤家子、李家店、八棵树、貂皮屯，至尚阳堡入开原。又有道由城东奶子山至托佛入吉林城；东北马家船户至康大营入吉林伊通；牛心顶子至郭大桥入吉林磐石。东平繁，难。府西六十里。明，梅赫卫，后属辉发部。光绪二十八年，分海龙属之东围场地，设治大度川，置县隶府。东北：库呼纳窝集，山脉连绵，与果勒敏珠敦接。其南横道河、梅河、沙河、大沙河，皆东南入府。其北小伊通河，西北入吉林。县治居沙河北，西有鸮鹰河，东有柳树河，南入沙河。官商路四：一，由县南渡沙河、秀水河赴府；一，西渡鸮鹰河赴西丰；一，北赴西安；一，东北渡柳树河，过黄泥河，赴吉林伊通。西丰繁，难。府西二百二十里。明，塔山左卫、罕达河卫，后属叶赫部及哈达部。光绪二十八年，以大围场西流水垦地之澜鹿，置县隶府。县境居威远堡边门外。达扬阿岭在东南，清河所出，即哈达河，西入开原。南：扣河即瞻河，又南碾盘河，俱西入开原。东北：东辽河自西安入，北入吉林伊通，名赫尔苏河。扣河上游有双河镇。官商路四：南由六马架至老坡沟赴开原；西南由平岭赴铁岭；由东南赴府及山城子；由东北赴吉林。西安繁，难。府西北百六十里。明，珠敦河卫、塔鲁木卫，后属叶赫部。光绪二十八年，分海龙属之西围场地，设治老虎嘴，置县隶府。二十九年移治大兴镇。库呼讷窝集在东，与东平分山脉。东：辽河导源窝集之转心湖，西迳县南，屈西北入西丰。左受渭津河、大小梨树河，右受登杵、二道、头道诸河，入辽河。北：杨树河，西北入吉林。老虎嘴今名安吉镇，在县西北。官商路四：东由龙首山至东冈赴东平；南由梨树社至望儿楼赴西丰；北由双马架至大台房赴吉林伊通；又由仙人洞、沟岭子至北庙子赴吉林。柳河冲，难。府西南一百二十里。明，建州卫地。光绪二十八年，分通化县柳树河县丞地，置县隶府。南：龙冈，与通化分山脉。一统河导源西南龙冈之金厂岭，东北入府境。三统河导源西南龙冈之青沟子山，东流屈北入辉南境。县治居一统河南。东：柳树河，西流屈北入一统河。东北：窝集河，北入一统河。东：样子哨，巡司，光绪三十二年置。官商路五：北渡一统河赴府；南由小堡赴通化；西由南山城子赴开原；西南由碗口沟赴兴京；东由孟家店赴府。县境东至吉林濛江。

辉南直隶厅：省东南六百八十里。明，辉发部。今厅北三十五里有辉发城。宣统元年，分海龙府东南八社，设治大肚川，置厅，直隶行省。移治谢家店。北：辉发城山，即圣音吉林峰。又北辉发江，自海龙合一统河入，东流，右受三统、黄泥、蛤蚂、蛟河，入吉林。厅治居蛤蚂河西，全境在辉发江南。西以窝集河、一统河与海龙界。东界吉林濛江。官商路四：西南由三间房场赴柳河；西北赴海龙府；东赴吉林濛江；东北由蛤蚂河出海兴社赴吉林磐石。

昌图府：繁，疲，难。省东北二百四十里。明初置辽海卫于此，地名牛家庄，后属福馀卫之科尔沁诸部。嘉庆十一年，以科尔沁左翼后博多勒噶台王旗地，设昌图额勒克理事通判。同治三年，改为昌图辽海抚民同知。光绪三年，升府。广二百八十里，袤二百九十里。北极高四十二度五十一分八秒。京师偏东七度四十二分三十五秒。领州一，县三。府境居马千总台边门外，无城。而辽河自辽源入，南入开原。南马鬃河，北亮子河，俱西南入开原。又北昭苏太河，左受条子河、莲花泡河，西南入辽河。东北：八面城照磨，由梨树城移驻。西南：同江口同知，宣统二年改经历。同江口距辽河上游，商船荟萃。河流东徙，曲如悬瓠，光绪三十四年，挑河道取直，添筑顺水坝，逼河西行，以保商埠。旧设铺司三：东北四面城、鸴鹭树入奉化；西北八棵树，入康平。又道东南由永安堡至二道沟赴吉林；又由二道沟经伊通赴西丰。同江口商埠，《中日约》开。有东清铁路。辽源州繁，难。府西北二百四十里。明属福馀卫。光绪二十八年，分昌图、康平、奉化地，设治郑家屯，置州隶府。宣统元年三月，设分巡洮昌兵备道，驻州。东北有东西蛤拉巴山。内兴安岭山脉自乌珠穆沁旗东出，伏行蒙古平原中，至是特起二山。由是山脉行于东辽河外，至源为库呼讷窝集，即长白山脉也。西辽河即西喇木伦河，导源克什克腾旗，新辽河即大布苏图河，导源札鲁特旗，俱自科尔沁左翼中旗入，合流至三江口，东辽河自怀德入，西南流来汇，以下统名辽河，入昌图。州治居西辽河西。有官商路六：西南张家窝铺赴康平；北五道冈至新甸，赴吉林长春；东北阎陵窝铺赴怀德；南白庙子赴府；西北下土台赴洮南；西蒙古套力街赴博多勒噶台王府。奉化繁，难。府东北一百四十里。明属福馀卫。国初为科尔沁左翼中达尔罕王旗地，原名梨树城。道光元年，设昌图厅照磨。光绪三年，改置县，隶府，东北：青石岭、太平山。西北：二龙山。西：黑牛山、蘑菇山。南条子河，北昭苏太河，俱西流入府。东辽河，自吉林伊通州赫尔苏边门入，北流，屈西南入辽河。环县境东、北、西三面，称辽河套。其右岸为怀德境。旧设铺司二：东北小城子入怀德；东南四平街入府。又有道由县东五里堡至翟家店，达赫尔苏门，赴吉林伊通。有东清铁路。怀德繁，难。府东北三百里。明属福馀卫。国朝为科尔沁左翼中旗地。旧名八家镇，初属开原，同治五年划归昌图，设分防经历。光绪三年，改置县，隶府。西以东辽河与奉化界。东界吉林。西北：哈拉巴、杨树岭、大青山。西南：团山。南：万灵。东南：白龙驹、回龙山。夹城南北三道冈水，南香水河，西北朝阳山水，皆西入东辽河。东南：新开河，北入吉林长春。旧设铺司三：西八屋、西南朝阳坡，皆入奉化；东南大岭，接吉林长春。又有道由县东南拉拉屯至凤凰坡，赴吉林伊通；由县西北小边经八屋至边壕赴辽源。有东清铁路。康平繁，难。府西一百二十里。明属福馀卫。国朝为科尔沁左翼后旗地。旧名康家屯，光绪三年移八家镇经历治此。六年，析科尔沁左翼中、后二旗南境，前宾图王旗东境，改置县，隶府。无城。南北巴虎山在西南。辽河自辽源入，其辽河岔入为老背河。右合公河，会犍牛河注之，入开原。西：秀水河自科尔沁左翼后旗入，南入法库。西南：后新秋，主簿旧驻郑家屯，二十八年移驻。旧设铺司三：东南吴家店入开原；东小塔子入府；北太平街接科尔沁。又有道由县西哈拉沁屯赴宾图王府；迤西至青沟达热河绥东；由县北六家子赴达尔罕王府。

洮南府：繁，疲，难。省北九百里。明属泰宁卫。光绪三十年，以科尔沁右翼前札萨克图王旗垦地，设治双流镇，置府。领县五。西北：敖牛山、野马图山，皆内兴安岭东南迤出支山，过此山脉伏行。洮尔河导源乌珠穆沁旗索岳尔济山，南流，迳本旗郡王府东流；交流河导源右翼中旗，左合那金河，自西来汇，东流入靖安。府治当汇口之南少西，地势平原，河泡错列。西北：乾安镇，西与右翼中旗毗连，亦系乌珠穆沁往来大道。有照磨，光绪三十三年置。官商路七：一，府北八仙套海赴本旗郡王府；一，府北德勒顺昭至高平镇赴靖安；一，府西抱林昭至海庙西赴热河绥东；一，府西五家子赴右翼中旗；一，府南叉干他拉赴开通；一，府东英哥窝棚赴右翼后旗；一，府东金山堡至报马吐冈赴安广。旧有蒙古站曰奎逊布喇克，在府西。靖安繁，疲，难。府东北九十里。古东室韦地。明属泰宁卫。光绪三十年，以右翼前旗垦地置县隶府。西北：七十七岭。南：洮尔河自府入，东屈，东北流，入镇东。官商路三：一，南英哥套赴府；一，东北赴黑龙江；一，东南撮伦坡达右翼后旗赴吉林。旧有蒙古站诸木齐伯里额尔格，在县西北。开通繁，疲，难。府南一百四十里。明属泰宁卫。光绪三十年，以右翼前旗垦地，设治哈拉乌苏，移治七井子，置县隶府。地皆平原井泉，无山水。县治当洮辽驿路之东，由巴彦昭北行六十里至县治。又北行百里至叉干他拉入府境，设有文报站四。又由巴彦昭南行，历达尔罕王旗至辽源，为洮辽驿路，设站。惟中经达尔罕旗二百余里荒地。宣统元年，始勘放旗界站荒，沿站两旁各划十里垦放，以利交通。又道由县东南巷鹰沟出境，经郭尔罗斯前旗，直达吉林农安之新集厂。安广冲，繁，疲，难。府东南百六十里。明属泰宁卫。光绪三十一年，以科尔沁右翼后镇国公旗垦地，设治解家窝堡，置县隶府。北：太平岭。南：长岭。西：朝阳山。东北：沙坨子。东南：双龙山、大黑山。山皆无木石。洮尔河自府入，受黄花硕泊水，东北流，屈东南，入黑龙江大赉厅，其北岸为镇东境。官商路六：西包马图赴府；西南赴开通；西北六家子赴河北镇国公本旗；东北托托寺赴黑龙江；东王赉屯赴黑龙江大赉厅；东南大榆树入郭尔罗斯前旗赴吉林农安。醴泉冲，繁。府西北一百八十里。古鲜卑地。明属泰宁卫。宣统元年，以科尔沁右翼中图什业图王旗垦地，设治醴泉镇，置县隶府。北：茂改吐山。南：霍勒河，导源札鲁特旗，曰哈古勒河，曰阿噜坤都伦河，合流入本旗境，东南至县。有开化镇城基，光绪三十二年，与醴泉镇同时勘定。官商路四：县东罗窝棚历青阳镇赴府；北渡交流河达黑龙江景星镇；南赴本旗亲王府；西赴乌珠穆沁旗。旧有蒙古站曰希嫩果尔，曰三音地哈希，在县东，南达喜峰口，即蒙古草地也。镇东府东北二百里。古东室韦地。明属泰宁卫。宣统二年，以科尔沁右翼后镇国公旗北段垦地，设治南叉干挠，置县隶府。南：洮尔河自靖安入，东北流，屈东南，入黑龙江大赉会嫩江，所谓“与那河合”也。官商路四：西南薛家店赴府；南金圈窝铺渡洮尔河赴安广；西麻力洪茅头赴靖安；东北利顺昭赴黑龙江之大来气镇。县西北旧有蒙古站哈沙图。

卷五十六　　志三十一

地理三

吉林

吉林：古肃慎国之域。明初，奴儿干都司地，领卫百八十四、所二十。后为长白山三部、扈伦四部所属辉发、乌拉、叶赫、兼有哈达北境及东海部地。清初，建满洲城于俄漠惠之野鄂多理城。顺治十年，置昂邦章京及副都统二人镇守宁古塔。康熙元年，改宁古塔将军。十五年徙，改吉林将军。先是十年徙副都统一人驻吉林，三十三年徙伯都讷。雍正三年，复置吉林阿勒楚喀副都统。五年，增三姓副都统。光绪七年，置珲春副都统，吉林、宾州、五常三厅。八年，吉林厅升府。后增长春、新城、依兰，各领县有差。三十三年建行省，改将军为巡抚，尽裁副都统等。宣统三年，定西南、西北、东南、东北四路为四道。凡辖府十有一，州一，厅五，县十八。西至伊通州，界盛京；东至乌苏里江，界俄领东海滨省；北至松花江，界黑龙江；南至图们、鸭绿江，界朝鲜。广二千四百余里，袤千五百余里。北极高四十一度三十分至四十五度四十分。京师偏东九度八分至十三度十分。宣统三年，编户七十三万九千四百六十一，口三百七十三万五千一百六十七。案：吉之旧界，东至宁古塔八百余里，又乌扎库边卡七百余里，又松阿察河三百里，又千余里至海，凡三千里有奇。其东北至三姓千二百里，又五百余里富克锦，又七百余里乌苏里江口，又二千余里至庙尔，实四千四百里有奇。又自富克锦逾混同，循黑龙江东界，北至外兴安岭，二千里有奇。又自珲春而东至海参崴，又东七百里有奇锡林河。其中部落，若费雅，居图库鲁、鄂古二河之间，在混同江北海滨；若费雅喀，居额济第河西；若贡豹，居约色河北；若奇雅喀喇，居约色河南，并混同江东南海滨。其自混同江口西至黑勒尔，则济勒弥部居之，即《金史》之济勒敏；自黑勒尔西至阿吉大山，沿混同江两岸，则额登喀喇部居之，即不剃发黑斤；自阿吉大山西至伯利，则赫哲喀喇居之，即剃发黑斤；并久隶版图，比于编户。咸丰八年《爱珲之约》，以乌苏里江口为新界，失地二千余里，然于吉只东北一隅。十一年《北京之约》，自乌苏里江口泝流至松阿察河，逾兴凯湖西至白棱河口，又逾大绥芬河而南至瑚布图河口，又南而西至图们江口以东旧界属俄，以乌札库边卡瑚布图河口为新界，又失数千里，遂无复有江口入海为吉辖境者。光绪十二年，黑顶子勘界，定珲春之海口属俄，则图们江口内去海三十里“土”字界碑为中俄新界矣。又东北海中库叶岛，一曰黑龙屿，广三四百里，袤二千余里。西北图克苏图山，山阴社瓦狼、阳费雅喀部，南有阿当吉山，山东嵩阔洛、南俄伦春部，又南雅丹部，并天命中内附。辽远不克时至，岁以夏六月遣使至宁古塔东北三千里普鲁乡贡献，颁赉有差。后属三姓。今亦为俄有矣。又东南海中虾夷岛，康熙中屡偕库叶人至混同江境内贡貂受赏，后亦隶日。其名山：长白。北迤者，黑山、平顶。歧为二：西支，西北迤为色齐窝集、张广才岭，至拉林；东支，东北迤为哈尔巴岭、老松岭。至绥芬河源复歧，一东讫俄东海滨省，一东北为察库兰岭、哈达岭、阿尔哈山。其巨川：松花、混同、嫩江、牡丹、乌苏里、图们诸江。其驿路：西达盛京开原；北齐齐哈尔；西南达珲春。电线：东达海参崴，北齐齐哈尔，西南达奉天。

吉林府：繁，疲，难。总督驻奉天。巡抚兼副都统，民政、交涉、提学、提法、度支司，劝业道驻。明，乌拉等卫。后属扈伦族之乌拉部。本吉林乌拉，一曰乌拉鸡林，又名船厂。清初，隶宁古塔将军。康熙十五年徙驻。雍正五年置永吉州，隶奉天。乾隆十二年改吉林厅，仍隶将军。光绪八年升为吉林省治，领伊通、敦化，后削。西南至京师二千三百里。距盛京八百二十余里。隶西南路道。广四百九十里，袤五百余里。北极高四十五度四十九分。京师偏东十度二十七分。东：团山，尼什哈龙潭。西南：温德亨，亦望祭山，有殿祀长白，雍正十一年建；寿山。东南：松花江自额穆入，右合海青沟，左温德亨河。东北迳城东，又北，右合莽牛、四家子，左鳌龙、兴隆河，缘舒兰界入德惠。西南驿马河，即伊勒们，自磐石缘界合岔路河，又北缘双阳界，西北木石河，并从之。打牲乌拉，城北七十里，本乌拉国，旧曰布特哈乌拉。太祖先后克其宜罕山、临河、金州、逊扎塔诸城，遂平之。柳边四围长六百二十二里，栅高四尺五寸，壕宽深各一丈，插柳结绳以定内外，曰“柳条边”，亦新边。东北接舒兰，西南至双阳。农事试验场，桑蚕山蚕林业土山分局，松花江官轮局，欢喜岭稽查所。商埠，光绪三十一年《中日约》开。旧设站五：东尼什哈、额赫，北金珠鄂佛罗，西蒐登、伊勒们。官商路四：南并温德河达桦甸官街；东南历大小风门达敦化；西南双河镇、磐石；北渡鳌龙达德惠。吉长铁路站九：吉林、孤店子、桦皮厂、赵家店、土门岭、马鞍山、营城子、下九台、驿马河。

长春府：繁，疲，难。省西二百四十里。古扶馀国地。明初，三万卫。后属蒙古科尔沁部。清初属蒙古郭尔罗斯前旗，曰宽城子。嘉庆五年，于长春堡置长春厅。道光五年徙治，仍旧名。光绪十五年升。宣统元年，设西南路分巡兵备道，驻府。广三百二十里，袤一百七十里。北极高四十三度四十一分。京师偏东八度三十三分。西南：白龙驹山。俄筑东清铁路采石。光绪三十四年，与日本交涉封禁。西人谓世界最古石山，与英阿尔兰为二。西：龙泉、大青、对龙。南：伊通河自其州边门入，迳城东，又北，左会新开河，东北缘农安界，迳潘家岭，入德惠。东：驿马河，自双阳缘界，右岸及雾海河并北从之。朱家城照磨，光绪十六年由农安徙。官商路四：南入伊通门，达其州；东南十里堡达双阳；西：万家桥达奉天怀德；北：万宝山镇达农安。吉长铁路自吉林历德惠入。站四：饮马河、卡伦、长春、头道沟。在府西北与东清接。日俄战后，长春以北属俄之东清，以南属日本南满铁道会社。俄站宽城子，曰长春驿。商埠，光绪三十一年《中日约》开。

伊通州：冲，繁，难。省西偏南二百八十里。渤海长岭府地。明初，塔山、雅哈河、伊敦、拉克山、发河等卫。后属扈伦族之叶赫部。雍正六年，由吉林镶黄、正黄二旗各拨一旗驻之。嘉庆十九年，置伊通河巡司。光绪八年为州，属吉林。宣统元年直隶。二年降隶西南路道。北极高四十三度四十分。京师偏东八度五十分。西南：龙潭山。西：摩里、青、马鞍。北：勒克。东：尖山。东南：大星岭，其东板石屯，伊通河出西北，迳城东，右合伊巴丹河，出边入长春。西：小伊通河，自奉天东平错入，为新开河，入怀德。太平河从之。又西，东辽河自西丰入，右合大小雅哈河，入奉化。昭苏太及条子河亦入焉。左纳阳斯河，一曰赫尔苏河。又西，清河入为叶赫河，入开原。其瞻河错入从之。赫尔苏，州同，光绪二十八年由磨盘山徙。旧设站五：东自双阳（苏瓦延）入境，六十里伊巴丹；又西百里阿勒坦额墨勒，即大孤山站；又西六十里赫尔苏；又八十里叶赫；又五十里蒙古霍罗，即莲花街站。官商路四；北达长春；东南营城子达磐石；西赫尔苏站达奉天奉化；西南莲花街达昌图。

濛江州：省南四百六十里。明，鄂尔珲山所。后属讷音部。光绪三十四年，析吉林极南地置。宣统元年，隶西南路道。北：那尔轰岭。南：长半城山、五金顶子。东南：头道江，自奉天抚松缘界，为汤河口，屈北，合花园河。其西裴德里山，头道濛江出，州以此得名。右合二道、三道水，左珠子河来会。又东北合那尔轰河，其右岸会二道江，是为松花江，入桦甸。官商路四：北达桦甸官街至省；东北至夹皮沟；西达奉天辉南；东南汤河口入长白。

农安县：疲，难。省西北三百六十里。古扶馀国都。明置三万卫。清初，郭尔罗斯前旗地。光绪八年置照磨，十五年改，仍隶长春。宣统元年，隶西南路道。东：卧牛石山、红石砑。西：太平岭、伏山、大青。东：松花江，自德惠入。城南伊通河自长春缘界注之，西北入蒙古郭尔罗斯前旗。旧有蒙古站路，共十一站，三百九十里。

长岭县：省西北五百二十里。蒙古郭尔罗斯前旗地，曰长岭子。光绪三十三年，析农安之农家、农齐、农国三区置，隶西南路道。南：朱克山、团山。境无河流。北有大漠如瀚海，俗呼北海。冬夏恒苦风沙，惟东、南二乡繁盛。新安镇，主簿。官商路四：东南至长春；西北至奉天开通；北历郭尔罗斯前旗达安广；南历科尔沁达尔罕旗达辽源。

桦甸县：省南偏东二百七十里。明，法河卫。末属长白山之讷音部。清初禁地。光绪三十四年，置治桦皮甸子，徙桦树林子。宣统元年，隶西南路道。西北：赵大吉山、庆岭。西：杉松、天平。南：帽山、猴岭。东南：金银壁岭。二道江自奉天安图缘界，富尔河合古洞、黄泥、蒲岑诸水注之，为上两江口。又西仍缘安图及抚松界，至下两江口。左岸合头道江，是为松花江。合境内柳河五。又苇沙色勒河，复缘濛江界入，右合穆奇河，迳城西，左会辉发河，为大渡口。又北右合漂河，迳桦皮甸子入额穆。侧有常山屯，扼珲春、敦化西至奉天孔道。官商路五：西至官街，折北入吉林；北出大鹰沟，并达省；西南至濛江；东至敦化；东南延吉洞河入延吉。

磐石县：省南偏西三百里。明，扈伦族辉发部。清初，北境属吉林，南奉天围场。光绪八年，置磨盘山巡司，隶伊通。十三年改州同。二十八年为县，隶吉林。宣统元年，隶西南路道。磨盘山，东北二里。北：鸡冠。东北：老茅。西：大红石砬、库勒岭。东南：辉发江自奉天海龙亮子河入，东北，左合石头、富大都岭，右虾蟆、独木河，迳黑石镇，左合朱其、呼兰，右大小色力河。五道至头道荒沟，入桦甸。东北：呼兰岭，驿马河出西北，左合黄河，入吉林，岔路河从之。官商路三：北小城子达省城；西由朝阳山达伊通；东南黑石镇西达海龙；南濛江。

舒兰县：省北偏东百六十里。明，阿林卫地。康熙二十年，置巴彦鄂佛罗防御旗员，属乌拉总管。宣统元年，置于舒兰站。二年，徙治朝阳川南，隶西南路道。南：北庆岭。东南：玲珰岭。西：松花江自吉林缘界西北入德惠。卡岔河西北入榆树达之。东：兰陵河，自额穆缘界入五常。东南：马鞍山，溪浪河出东北，迳秋千岭，合呼兰河从之。有巴彦鄂佛罗边门，即法特哈，康熙中更名。旧设站二：舒兰、法特哈。南接吉林金珠鄂佛罗，北达榆树盟温。官商路三：西南达乌拉街；东北水曲达五常；东南小城子镇达额穆。

德惠县：省北偏西百四十里。蒙古郭尔罗斯前旗地。旧属长春。宣统二年，析长春沐德、怀惠二乡置，治大房身，隶西南路道。南：狼洞岭。西：团山、双山。西南：土牛。东南：松花江自吉林缘界合木石河，入新城。西北伊通河，自长春缘界，纳驿马及雾海河从之。官商路三：南五台达省；东岔路口达榆树；西双山崖镇达农安。吉长，东清铁路。

双阳县：省西百九十五里。明，依尔们、苏完河二卫。宣统二年，析吉林西界、长春东界、伊通北界置，治苏斡延，隶西南路道。西南：黑顶子。南：土顶子、将军岭，光僻山，双阳河出焉。东南驿马河，自磐石缘界，合杜带、双阳、放牛、沟河入长春，西北雾海河从之。旧设站一：苏斡延。官商路三：南皇营；东南五家子镇，并达磐石；北奢岭口达长春。

新城府：繁，疲，难。省西北六百里。即伯都讷副都统城。古扶馀国地。明，三岔河卫。后属乌拉部。嘉庆十五年，置伯都讷厅。光绪三十二年，改隶西北路道。广四百二十里，袤一百七十里。北极高四十五度十五分。京师偏东八度三十七分。南：大青山、鹰山。东南：松花江自德惠缘界农安，又西，左岸迳城南，又西北，左岸蒙古郭尔罗斯前旗界，至三岔口会嫩江。折东，缘黑龙江界，右会拉林河。自榆树缘界，复缘双城，合灰塘、薛家窝铺河，入双城府境。松花环其南、北、西三面，拉林流其东，川原广衍，水陆辐辏，富庶甲全省。旧设站五：自榆树盟温西北五十里入陶赖昭，又西五十里逊札保，又四十里伯都，又五十里社哩，又北八十里伯都讷，至松花渡口出境。官商路四：东北长春岭达双城；东南集厂达榆树；西渡江历郭尔罗斯前旗达奉天洮南；一由社哩渡江至郭尔罗斯镇国公府。有轮船埠。东清铁路站三：蔡家沟、石头城、陶赖昭。有通松花铁桥。

双城府：冲，繁，难。省北五百里。明，拉林河卫。有古城二，旧曰双城子。嘉庆十九年，置委协领，隶阿勒楚喀副都统。光绪八年，置双城厅。宣统元年，改隶西北路道。广二百四十里，袤一百四十里。北极高四十五度四十分。京师偏东九度二十分。东南：砍户德山。西北：松花江自新城会拉林河，东南自五常入，缘榆树、新城界，合朝阳苇塘河，入滨江。东：阿什河自宾州缘界，合混元河，迳小青顶子，合大红黄泥河，屈北缘阿城界入之。拉林城巡司。旧设站二：多欢、双城。官商路三：东东官所达阿城；东南至拉林；西西官所达新城。东清铁路二：西路站二，双城堡、五家子；东路站一，帽儿山。

宾州府：冲，繁，难。省北偏东六百十里。古挹娄国地。明，费克图河卫。光绪六年，建城苇子沟，置宾州厅。二十八年直隶。宣统元年升府，隶西北路道。广四百三十里，袤二百六十里。北极高四十五度五十一分。京师偏东十一度五分。东：海里浑山、太平、大青。南：黄头、混元。西北：团山。松花江自阿城入，合裴克图河，出南钓水湖岭，缘阿城界。又东合乌尔海里珲夹板。有新甸镇，江运巨埠。陶淇、摆渡诸河，入方正。东南：墨尔根阿什河出，西缘双城界合混元河入之。旧设站三：裴克图、苇子沟、色勒佛特库，东入松花北岸之佛斯亨。官商路三：东庙岭达长寿；西北满井达阿城；南古道岭达五常。东清铁路，府南。站：小岭。

五常府：繁，疲，难。省北偏东三百八十里。渤海上京属境。明属摩琳卫。同治八年，置五常堡协领。光绪六年，建城欢喜岭。八年改五常厅。宣统元年升府，隶西北路道。广二百一十二里，袤二百三十五里。北极高四十五度。京师偏东十度二十七分。东：蚂蜒窝集。东北：索多和。东南：九十五顶子。兰林河自额穆缘界，又西北缘舒兰界，合响水、寒葱河入。右合浑水、黄泥，左纳石头、溪浪河，迳城西，复缘榆树界。东南摩琳莫勒恩河出。右合冲河、香水、大小泥，左小黑、取才、条子、藤子河，迳五常堡来会，为拉林河。又西北入双城。山河屯经历，南六十里。蓝采桥巡司。旧设站一：五常。官商路五：北达宾州；南达舒兰；东南向阳山街达额穆；东北太平山达长寿；东南冲河镇达宁安。

榆树直隶厅：繁，疲，难。省北二百八十里。旧孤榆树屯，属伯都讷部。光绪八年，伯都讷同知徙驻。三十二年，置榆树县。宣统元年升。二年，隶西北路道。东：龙首山。西南：松花江自舒兰入，西北缘德惠界，迳五棵树镇，入新城。有渚曰巴彦通。东北：兰棱河，自五常缘界，迤西北缘双城界，为拉林河。至牛头山镇，南卡岔河自舒兰入，右合二、三、四道河注之。旧设站三。登伊勒哲库即秀水甸子，西接蒙古喀伦，西北接拉林多欢，东达五常盟温，南接舒兰之法特哈，西北接新城之陶赖昭。

滨江厅：省北五百五十里。即哈尔滨，本松花江右滩地。光绪三十二年，置治傅家甸，为江防同知，驻滨江关道，分隶黑龙江省。宣统元年，划双城东北境益之，江防改抚民，专属吉林，分巡西北路道驻厅。东：秦家冈。北：松花江自双城合苇塘沟河缘界入。左岸黑龙江哈尔滨。总车站，城西。自此西南双城、新城、德惠，达长春。东南阿城、宾州、双城、长寿、宁安、穆棱，达东宁之交界驿。商埠，光绪三十一年《中日约》开。海关。两江邮船总局。

长寿县：疲，难。省东北八百六十里。明，蚂蜒河卫。光绪八年，置烧锅甸子巡司，属宾州厅。二十八年改置，隶宾州直隶厅。宣统二年，隶西北路道。南：花曲柳山。东：西老岭。东南：蚂蜒窝集岭，蚂蜒河出，屈西，左合小石头、七道、苇沙、西乌吉密，右养鱼池、蒿麦、棱河。折东北，左合西亮珠，右黄玉、长寿。迳城东，又东北迳夹信镇，右合东亮珠、大石头、大黄泥河，入方正。一面坡，巡司。官商路三：西黑龙宫达宾州；南一面坡达五常；东黄泥镇达方正。东清铁路站五：乌吉密、一面坡、苇沙河、石头河、交岭子。

阿城县：省北四百八十里。即阿勒楚喀副都统城。渤海海古勒地。明，岳希、河突二卫。宣统元年，裁改阿勒楚喀副都统置，隶西北路道。东南：牛角、废儿诸岭。北：松花江自滨江入，纳阿什，合裴克图河自宾州。旧设站一：萨库哩。东清铁路站二：阿什河、三层甸子。

延吉府：繁，疲，难。省东南七百六十里。东南路道驻。明，锡璘、布尔哈通、爱丹三卫。清初，为南荒围场。光绪七年，弛垦。二十八年，置延吉厅。宣统元年升。西：哈尔巴岭，布尔哈通河出其东，东南汇太平、倒木、岔条、簸箕、苇子诸沟，细鳞河，迳铜佛寺，至朝阳川，左合朝阳延吉河，至城南，右纳海兰河，又东北，左合一两沟，抵汪清界。头道嘎雅会二道嘎雅河错出，仍缘界来会，折东南入图们江。旧设站三：老松岭、萨奇库、瑚珠。官商路四：西南东古城达桦甸；西铜佛寺达敦化；南六道沟达和龙；东北小盘岭达珲春。商埠，头道沟、龙井村、局子街，三。宣统元年《中日间岛约》开。

宁安府：省东八百里。即宁古塔副都统城。其旧城，西北五十里旧街镇。康熙五年徙之。古肃慎国都。明，奴儿干都指挥使司。光绪二十八年置绥芬厅，驻三岔口，寻徙宁古塔城。宣统元年升，二年更名，隶东南路道。广八百余里，袤六百里。北极高四十四度四十六分。京师偏东十三度三十五分。西：菸老茅山。东北：卡伦。西北：玛展窝集。南：老松、玛尔瑚哩窝集诸岭。西南：牡丹河自额穆入，汇为镜泊。右受大小夹溪、松阴河，左布尼、毕拉罕河。复北出，左合沙兰，右马连河，迳东京城，至府治东。右合蛤蚂，左海浪河，迳乜河镇。右合乜，左头、二、三道河，入方正分界砬子。旧设站九：西必尔罕、沙兰、宁古台，北鳑头岔、沙河子、细鳞、三道河，分自吉林三姓达宁古塔，南新官地、玛尔瑚哩，则自塔达珲春。东清铁路，横道河、山岩、海林、牡丹江站四。商埠，光绪三十一年《中日约》开。

东宁厅：省东千四百里。明，绥芬河地，置率宾江卫。光绪二十八年，置绥芬抚民同知。宣统元年，改通判，更名。隶东南路道。北：黄窝集山。南：通肯。西北：万鹿沟。西：穆棱窝集、老松诸岭。西南：大绥芬河自汪清入，左合蛤蚂、黄泥、寒葱河，右苇子诸沟。又东北，左合小绥芬河，迳城北，南大瑚布图河，北缘俄东海滨省界，合小瑚布图河来会入之。官商路四：西北万鹿沟达东清铁路；西屯田营达宁安；西南达汪清；南沿瑚布图河达于珲春。东清铁路，六、小、五站三。界碑"倭"、"那"字二。绥芬河税关。

珲春厅：省东南千二百里。明，珲春卫。后属瓦尔喀部。清初，南荒围场。光绪七年，始弛禁设垦局。宣统元年，改副都统，置同知厅，隶东南路道。广二百五十里，袤三百余里。北极高四十三度，京师偏东十四度三十分。东：

分水岭长岭子。西北：图们江自汪清、朝鲜缘界，合乾密江，至红旗河口，即珲春河。出东北土门岭，屈南，迳太平川，左合官道，右六道、五道诸沟。又西，左合夹心子、胡卢别、瓦冈寨、大小红旗河，右四、三、头、二道、车担沟。迳城南，右合二道、罕通河来会。又南，迳黑顶子，合圈河，出境入海。旧设站二：北密江，中阻大盘岭，恒假道朝鲜钟城达庆源；东路三道沟、哈达门、二道河并达俄。界碑：南"土"，东"萨"、"啦"、"帕"字，凡四。商埠，光绪三十二年《中日约》开。

敦化县：疲，难。省东南四百七十里。古挹娄国。明，建州左卫。后属窝集部之赫席赫路。清始祖居鄂多哩城，即此。初为额穆赫索罗堧地。光绪八年建新城置，隶吉林。宣统元年，改隶东南路道。西南：牡丹岭。牡丹江出东北，左会小牡丹江，右合四、三、二、大荒沟。又东北，左合黄泥、大石头河，迳城东。又北，左合小石头、雷风气河，入额穆。东大沙、西北鰄鯱河并从之。旧设站二：自额穆通沟西南八十里至城；又东八十里滴 㳠嘴达宁古塔。官商路三：西半截河出新开道达桦甸；西南逾牡丹岭达濛江；东黄土腰子达延吉。

穆稜县：省东偏北千里。明，木伦河卫。清初穆稜路。光绪二十八年，置穆稜河分防知事，属绥芬厅。宣统元年，改隶东南路道。穆稜窝集，镇南。穆稜河出岭北，屈折东北，左合泉水、大小石头、伪脸河，右庙沟，迳城南。又东北，左合柳毛河、坎椽子、扣河沟，右太平、朝阳川。马桥河出四顶子山，合狐狸密河。又北，左合羶羊磖子河、雷风气、百草沟。右上亮子河，出铁锹背，迳下管入密山。官商路三：西泰东站入宁安；东北下城子逾青沟岭达密山；一东渡细鳞逾铁路至东宁。东清铁路，磨刀石、台马沟、美岭、马桥河、太平岭站五。

额穆县：省东三百八十里。明，斡朵里、秃屯河二卫。后属窝集部之鄂谟和苏鲁路。清始祖所居俄漠惠，即此。旧曰额穆赫索罗。乾隆三年，置佐领。宣统三年，改隶东南路道。西：嵩岭。兰陵河出其北，曰黄泥河，会大石头河，缘五常界入。西南：松花江自桦甸入，左合拉发及嘎雅河，折西北入吉林。南：牡丹江自敦化入，右合大沙河，左朱尔德河，纳鰄鯱河注入，屈东，左合马鹿沟、都林、塔拉泡，右朝阳、大小空心木河，入宁安。旧设站六：西拉法，距吉林额赫穆站八十里；又东六十五里退摶；八十里伊寿松；又四十里至城，即额穆赫索罗站；又东八十里塔拉达宁安；一东南八十里通沟达敦化。

汪清县：省东南千二十三里。明，阿布达哩卫。清初库雅拉部钮呼特居之，为世管佐领。宣统二年置，隶东南路道。北：老松岭。南：图们江自和龙入，二道嘎雅河自岭西合桦安沟，缘延吉界，合药水河，至摩天岭仍入。左合大小汪清沟，迳城东，又南复缘延吉界注之，入珲春。东北：荒沟岭。大绥芬河出东北，左合大石头、老母猪河、太平沟，入东宁。旧设站三：东哈顺，北至延吉瑚珠岭站六十里；又南四十五里德通；西北逾高丽岭至牛什哈岭为分站。官商路二：南逾吉清岭至延吉；东北历绥芬甸子入东宁。商埠，百草沟，宣统元年《中日间岛协约》开。

和龙县：省东南八百里。明，赓金河卫地。光绪十一年，吉、韩通商，和龙峪与光霁峪西步江互市。二十八年，置分防经历，属延吉。宣统二年，改隶东南路道。西：秫稭岭。迤东北鸡冠砬子，又北窝集岭，其东三、二道沟并入延吉。西南：图们江自奉天安图入，合红旗河外六、五、四道沟，迳东景德，至汗王刁射台。又北迳光霁峪入汪清。官商路二：一北至延吉；一南至火狐狸沟，渡江达朝鲜会宁。又西北由窝集岭出长白北麓，沿古洞、富尔河，历桦甸、磐石，达奉天海龙，俗呼盘道，清初为通衢。后别为围场，禁塞。光绪中复通。

依兰府：繁，疲，难。省东北千四十里。东北路道驻。即三姓副都统城。古肃慎国地。明，和屯卫。清初称依兰哈喇。光绪三十一年改置，隶东北路道。东：大德依亨山、阿尔布善。东南：察库岭。西北：松花江自方正入。西南牡丹江自宁安缘界，又北缘方正界，合阿什明达、乌斯浑、伯利，迳城西注之。东：倭肯河自桦川入，合奇塔、库伦、连珠冈、大小八浪，纳七八虎力，又西北合苏木，至城东来会。旧设站九：西妙嘎山，又西鄂尔国木索、崇古尔库、富拉浑、佛斯恒，并江北岸，约二百八十余里；南太平庄、乌斯浑、小巴彦苏、莲花泡接宁安。官商路三：西珠淇河达方正；东阿穆达桦川；东南土龙山达密山。有护江关。

临江府：繁，疲，难。省东北二千里。金，黑水靺鞨部。清初黑哲喀喇人所居，即剃发黑斤。曰拉哈苏苏。光绪初，始由三姓副都统编户入旗，分三佐领。三十二年，置临江州。宣统元年升，隶东北路道。广四百三十里，袤四百余里。北极高四十六度二十分。京师偏东十三度二十分。东：街津山、小白。南：西太平。西南：葛兰棒子。西：乌尔古力。松花江自富锦入，左会黑龙江，曰黑河口，为混同江。又东合街津河，出向阳山，入绥远。南：饶力河自密山缘界，合依瓦鲁河，又东缘饶河界，大七里星河入之。西南：倭肯河，西入桦川。官商路四：西图斯科达富锦；东睦邻镇达绥远；东南寒葱山达饶河；又由二道冈西历驼腰子，亦达富锦。

密山府：省东北千三百里。渤海湖州地。明，木伦河卫及松阿察河堧地。清初瓦尔喀部人所居，隶宁古塔副都统。光绪三十四年置。蜂蜜山南十余里，脉与西南黄窝集接，亘三百里。隶东北路道。西南：穆稜河自其县入。右合小穆稜、滴道哈达岭水，左下亮子，迳城西。又东北，左合大穆稜河，其北七虎林河，其东南阿松察河，出兴凯湖，东北缘界，并入虎林。北：饶力河，东缘临江界入饶河。官商路六：西大柞木台达穆稜；东杨木冈达虎林；西北太平砬子达依兰；北达临江；南至快当别；东南龙王庙达俄。界碑：兴凯湖东"亦"字、西"喀"字，又西"拉"字、"玛"字。

虎林厅：省东北千九百里。宣统元年，置呢吗口厅。二年更名。署西南关帝庙榜题"嘉庆己巳重修"，则汉民足迹早至。隶东北路道。西：七虎林山。西南：半拉窝集、苏尔德。西北：安巴倭克里。北：那丹哈达拉岭。南：乌苏里江自俄东海滨省缘界，纳松阿察及小黑河，又北纳大小穆稜河，迳城东。又北纳七虎林河，合阿布沁、小大木克、独木、外七里星河，入饶河。官商路三：南至大穆稜河，西历索伦营达密山；南历倒木沟至龙王庙；一城北下水捞达饶河。惟乌苏里时溢，沿江哈汤多，足碍行旅。又由厅治至渡江，泝呢吗，即至乌苏里铁路伊曼站。

绥远州：省东北二千五百里。清初使犬部额真喀喇人居之，隶三姓副都统，曰伊力嘎。宣统元年置，隶东北路道。北极高四十度四十九分。京师偏西四度四十八分。西南：秦得力山、额图、昂古喀兰、太平。南：完达、科勒木苏拉立喀兰。北：混同江自临江入，合二吉利、秦得力、沃泥河、浓江。南：乌苏里江自饶河入。右毕拉音毕尔窦，屈东北，右东海滨省，分二支来会，折西北亦入之。官商路三：西秦皇、鱼通，西小白山，并达临江；东南窝集口达饶河。乌苏里下口西岸有"耶"字界碑。

方正县：繁，疲，难。省东北九百二十里。清初呼尔哈部人居之，隶三姓副都统。光绪三十二年置大通，隶依兰，治江北崇古尔库站。宣统元年，徙治江南方正泡，割滨州长寿东境益之，更名，隶东北路道。西：万宝山。东：双凤、乌枪顶子。南：东老龙爪沟岭。北：松花江自宾州入，纳蚂蜒及柳树、黄泥河，迳城北，合二古力、德墨里、大小罗拉蜜。又东北，纳珠淇河，入依兰。东南：牡丹江自宁安缘界，合大小营门石，四、五、三道诸河从之。官商路三：西新安入宾州；东达沟达依兰，旧阻哈汤，近通利；西南黄泥河入长寿。船埠：德墨里屯。

桦川县：省东北千三百十八里。清初黑哲喀喇人居之，隶三姓副都统。宣统二年置，治佳木斯。三年，徙悦来镇，隶东北路道。西：格布苏岭、猴石山。南：巴虎。东：马库力。南：笔架、哈达密。东南：倭肯河，自临江缘界，及七八虎力河入依兰，注松花江。西北合音达木、小铃铛麦河，入富锦。东南：柳树河从之。官商路三：西苏苏屯达依兰；东汶登冈，东南宝山镇，并达富锦。船埠：佳木斯屯，濒江。

富锦县：省东北千八百里。清初黑哲喀喇人本部，曰富克锦。光绪七年置协领。三十三年置巡司，隶临江州。宣统元年改隶东北路道。南：对锦山、别拉音、四方台。西南：双崖。东：乌尔古力。北：松花江自桦川入，纳柳树、哈达密河，入临江。西南七星砬子，大七里星河出东北，缘界合砭石河，迳对面城屯，流分复合。官商路四：西霍悦路达桦川；东古必扎拉达临江；东南历临江二龙山镇达饶河；南怀德镇达密山。

饶河县：省东北二千百四十里。明，尼玛河堧地。后为窝集部之诸罗路。清初瓦尔喀部人居之，隶宁古塔副都统。宣统元年置，隶东北路道。南：佛力山、大顶。西：小莱根。西南：双呀堪达。东：东老营盘。东南：乌苏里江自虎林入，合外七里星、大小别拉、大带、小安河，北至斯莫勒山。西南：饶河自密山缘临江界，合大索伦、蛤蚂通、宝清、獾子、里七里星、大佳气河，入迳城北，又东，右合小佳气、蛤蚂河，迳饶力葛山来会。又东北，入绥远。官商路二：东沿乌苏里，分达绥远、虎林；西沿饶力，分达临江、密山。

附志

宝清州：宣统元年拟置于饶河西境宝清河西。

勃利州：宣统元年拟置于依兰东南倭肯河上游，即古勃利州地。

临湖县：宣统元年拟置于密山东，南临兴凯湖，有小兴凯湖。

卷五十七　志三十二

地理四

黑龙江

黑龙江：古肃慎国北境。明领于奴儿干都司。清初有索伦、达呼尔诸部，散居黑龙江内外额尔古讷河及精奇里江之地。天聪、崇德中，次第征服。康熙二十二年征罗刹，始设镇守黑龙江等处将军及副都统驻江东岸之爱浑城，寻并移驻墨尔根。三十七年，副都统移驻齐齐哈尔。三十八年，将军亦移驻，遂为省治。后增设墨尔根、黑龙江、呼兰、呼伦贝尔、布特哈各副都统。光绪末，裁省其半，改置厅、府、县有差。三十三年，罢将军，设黑龙江巡抚，改为行省，悉裁副都统各缺，变置地方官制。宣统三年，为道三，府七，厅六，州一，县七。拟设之府一，直隶厅十一，县五。南至松花江与吉林界，西至额尔古讷河与俄领萨拜哈勒省及外蒙古车臣汗旗界，西南接内蒙古之乌珠穆沁左翼、科尔沁右翼中、前、后各旗界，东至松花、黑龙两江合流处，仍界吉林，北及东北皆与俄领阿穆尔省界。广二千八百余里，袤一千五百余里。北极高四十五度五十分至五十二度五十分。京师偏东三度四十分至十六度二十分。案黑龙江旧界，杨宾《柳边纪略》云："艾浑将军所属，东至海，西至你不楮俄罗斯界。"你不楮即尼布楚，今俄名捏尔臣斯克。艾浑将军即黑龙江将军，此清初界也。自安巴格尔必齐河口，即循此河上流之外兴安岭，东至于海。凡岭以南，流入黑龙江之溪河属中国，岭以北属俄罗斯。中、俄分岭，此康熙二十八年《尼布楚条约》界也。自额尔古讷河入黑龙江处起，至黑龙江与松花江会流处止，以南以西属黑龙江省，以北以东属俄罗斯，中、俄分江，此咸丰八年《瑷珲条约》界也。尼布楚在安巴格尔必齐河西五百余里，本中国茂明安、布拉特、乌梁海诸部落地。崇德中，即为俄罗斯人窃据，筑城居之，以侵掠索伦、达呼尔诸部，为边患者三十余年。康熙二十八年定界，遂捐以畀俄，已蹙旧界地五百余里矣。若外兴安岭以南，黑龙江以北以东旧界地，殆三千七百里有奇，其境内山川、部落、城屯虽为俄有，亦并志之，不忘其朔焉。外兴安岭为昆崙北出之大干。盖昆崙山脉南干，为凉州南山，为贺兰山，为阴山，为内兴安岭。北干为葱岭，为天山，为阿尔泰山，为垦特山，为外兴安岭。内外者，据黑龙江言之。余若斗色山、若杨山、若珠德赫山、若讷丹哈达拉山、若达勒替沙山、若阿喇拉山、若道斯哈达、若察哈彦哈达、若茂哈达，皆外兴安岭支络，并在江东北。水以安巴格尔必齐河为康熙旧界入江之始。由此而东，曰卓鲁克齐河、曰乌鲁穆河、曰格尔必齐河、曰呼吉河、曰张他拉河、曰鄂尔多昆河、曰乌尔苏河、曰波罗穆达河、曰额尔格河、曰巴尔坦河，又东少南，曰託罗河、曰卧诺河、曰巴里彦河、曰阿苏河、曰淘斯河、曰凯兰河、曰阿喇拉河、曰大兰河、曰库呼恩河、曰额苏里河、曰多普塔拉河。又南曰精奇里江，为诸河最，源出外兴安岭极北之地，东南流，转西南流，江形如弓。有乌尔格河、託克吉鲁河、乌尔替河、克德毕河，自西北来注之。有阿尔吉河、巴里木河、塔乌尔堪河、毕奇勒图河、钦都河、宁尼河、额勒格河、牒叶普河、铁牛河、西里木迪河、察勒布克尔河、英肯河、们卧勒河、莫昆河、巴沙河、杨奇尼河、密奇讷河、翁额纳拉河、巴里木迈库里河、託莫卧河、伊罗河、昆贝河、屯布河、迪音河，自东北来注之。黑龙江水色微黑，精奇里江独黄，又称黄河。又南而东，曰谟里尔克河、曰博屯河。又南而东，曰牛满河，源出外兴安岭，岭东旧界吉林。西南流，东合乌旺那河、乌莫勒德河、攸瓦尔奇河、敖拉河、塔拉耐河、塔里木河、萨公那河、吉克河，西合卧尔喜河、卓罗奇河、木尔木河、杨奇里河、珠奇河、宁那河、伊莫勒河、楚克河。牛满河亦称斗满河，又南而东，曰哈拉河、曰阿拉河、曰塔拉木河、曰库勒图尔河、曰库木驽河、曰珠春河、曰格林河、曰胡裕鲁河、曰苏鲁河、曰伊图里河、曰毕占河。以上诸河，并南入黑龙江。毕占河以南，旧为吉林境。其部落，则精奇里江东西，为索伦部、达呼尔部。有索伦村，在精奇里江、额尔格河之间，南距黑龙江城五六日程。钦都河西及巴尔坦河东，为使鹿鄂伦春部。自额苏里河口溯江而西，至额尔格河口，为库尔喀部，其城屯有曰铎辰城、阿萨津城、多金城、乌鲁苏穆丹城、郭博勒屯、博和哩屯、噶勒达逊屯、穆丹屯、都孙屯、乌尔堪屯、德笃勒屯、额苏哩屯、额尔图屯、并在江北岸东岸。雅克萨城在黑龙江城西北一千三百余里，城东即提咸河湾城，本索伦部筑。嗣因博木博果尔等据城以叛，崇德四年讨平之，墟其城。顺治初年，罗刹窃据，又筑之。康熙二十五年，复克其城。二十八年《界约》，雅克萨之地俄罗斯所治之城，尽行毁除。今其地俄名阿勒巴沁云。宣统三年，编户二十四万一千零一十一。口一百四十五万三千三百八十二。其名山：特尔根、佛思亨、兴安岭。黑省之山，皆脉自车臣汗部肯特山，入境则特尔根，折而东而南，绵亘嫩江、黑龙间者，以兴安岭目之。至混同、黑龙两江将会处，乃起佛思亨。内兴安岭自索岳尔济山入境，为哈玛尔，为室韦，为雅克，为西兴安岭，为伊勒呼里。分支西北迤，为治吉察。正支又东北，为嫩江源。又东南，为库穆尔，为东兴安岭。西出一支为和罗尔。又西曰乌云和尔冬吉。正支又东迤，为小兴安岭。又分支东北为老爷岭。正支东尽于佛思亨。其巨川：黑龙、精奇里、松花、乌苏诸江。其驿路：东北逾兴安岭达海兰泡。电线：自齐齐哈尔至海兰泡，南达吉林。铁路：齐昂；其属俄者，东清北段。

龙江府：冲，繁，疲，难。巡抚，民政、提学、提法司驻。即齐齐哈尔。旧曰卜魁。明，朵颜卫地。光绪三十一年，设黑水厅。三十四年改置府，为黑龙江省治。西南至京师三千三百余里。广六百六十余里，袤六百六十余里。北极高四十七度二十七分。京师偏东七度三十二分。北：敖宝山。西：五道梁子、碾子山、廉家大冈。东北：嫩江自讷河入，南流，至府城东北。东分一支为塔哈尔河，西南受阿伦河、音河，迳城西南。距城约五里曰船套，康熙中嫩江水师战船泊此。光绪三十三年辟为商埠。由西南江口斜开引河萦泗城西。沿江筑长堤一、小堤二。嫩江又西南纳雅尔河，入安达。东：胡裕尔河自拜泉入，西流，入塔哈尔河。一支南出，歧为九道沟，西南入安达。旧设站十，在府境四：卜魁、特穆德赫、塔拉尔、宁年。西路台十七，在府境三：七家、甘井子、那奇希。官商路二：东南东官地屯达海伦；小五明马屯达景星镇。卡伦三：曰莽鼎，曰绰罗，曰博尔齐勒。又和伦部卡伦三：曰拉哈鄂佛罗，曰温德亨，曰苏克台苏苏。铁路二：齐昂，东清。商埠，光绪三十一年《中日约》开。

呼兰府：冲，繁，难。省东南八百四十里。即呼兰副都统城。明为呼兰山卫。光绪三十年，移呼兰厅治呼兰城，升为府。广一千二百余里，袤四百二十余里。北极高四十六度十二分。京师偏东九度五十九分。领州一，县二。西南：松花江自肇州入，东流入巴彦。呼兰河自兰西入，南流，大城沟自西来注之。屈东南，迳府城南入松花江。东：漂河自巴彦入。又东，少陵河，则绰罗河亦自巴彦入，右受韩沟河，南流，同入松花江。北：濠河自绥化入，左受大荒沟河，西流入呼兰河。府境据呼兰河下游水域，松花襟其南，长河支港，足资灌溉，土味膏沃，号为产粮之区。雍正十三年后，移屯设庄，日事开辟。咸丰、同治之际，直隶、山东游民流徙关外者，竞赴屯庄佣工，积日既久，私相售卖，占地日广，聚徒日繁，历任将军乃奏办民垦，增改民官，行省规模，府为先导焉。旧设台三：察哈和硕；呼兰城，即府城；新安。官商路二：西北经兰西赴省城；东北经巴彦赴绥化。有康家井、朝阳堡文报局。旧设卡伦四：曰珊延富勒，曰绰罗河口，曰诺敏河，曰布勒嘎哩。西南：东清铁路对青山车站，南六十里至哈尔滨。呼兰河口有轮船埠。巴彦州繁，难。府东一百五十里。原名巴彦苏苏。光绪元年设呼兰厅，三十年改隶府。北：青顶山、双牙。西：少陵、泥马尔。东北：黑山，绵亘百余里，与木兰青山接，故布特哈人虞猎场也，又名蒙古尔山，呼兰民屯自山前后始。南：松花江自府境入，东入木兰。北：少陵河自东兴镇入，西流，纳布尔嘎里河、小柳树河、朱克特河，屈西南，漂河分支曰韩沟，东流注之，为绰罗河口。又东：五岳河，出枣拉拉屯，西流屈南，迳府城西，入松花江。东：大黄泥河，左会小黄泥，又东小石头河，皆南入松花江。北：濠河由馀庆入，合拉三太河、大荒沟入府境。西北：兴隆镇州判。旧设台一：呼兰厅，即州城。官商路三：东至木兰；北至馀庆；北由小猪蹄山屯西行，经兴隆镇达绥化。五岳河口有轮船埠。兰西县冲，繁，难。府西北一百里。原名双庙子，光绪三十年置，隶府。东呼兰河自绥化缘海伦界，会通肯河入，屈南，右大城沟河，左濠河，入府境。官商路四：东榆树林达府；北至青冈；西达肇州；西北至安达。有小榆树镇。木兰县疲，难。府东二百五十四里。明，木兰河卫。光绪三十年置，隶府。北：青山，山势与巴彦黑山接，旧称呼兰青、黑二山。西北：骆驼砬子、砚台、蒙古山。东北有玉皇阁山，皆在县北境。南：松花江自巴彦入，东入大通。西：白杨木河；又西，大小木兰达河，左会镇阳河；又西，万宝、柳树、杨树、大小石头诸河，皆南入松花江。东：头道河，左会二道河，南入大通。北：木兰镇巡检协领驻。官商路三：西至巴彦；东至大通，有五站，文报局一；循大木兰达河北东兴镇达绥化。

绥化府：冲，繁，难。省东南七百六十里。原名北团林子，隶呼兰副都统。光绪十一年，设绥化厅。是时副都统治所号中路，呼兰厅号南路，厅城号北路，名为呼兰三城。三十年升厅为府。广三百余里，袤一百余里。北极高四十七度三十八分。京师偏东十度五十六分。领县一。东北：绥额楞山，尼尔吉、克音二河出。呼兰河自馀庆入，各缘界右注入。西流，右受尼尔吉、克音河，左受津河，入兰西。南：濠河亦缘界从之。东北：上集厂，驻经历。官商路五：北赴海伦；南出巴彦；西到兰西；东津河镇赴馀庆；东北双河镇达铁山包。馀庆县繁，难。府东一百里。原名馀庆街。光绪十一年设分防经历，属绥化厅。三十年改置，隶府。南：青山、黑山山脉，跨木兰、巴彦两州县界。北：呼兰河，导源铁山包达里代岭西麓，西流入境，又西入府。濠河导源极南沈万合屯，西流入府。南：格木克河出上窖子，北至郭吴屯，屈西，迳县治南，又西北入呼兰河。东：拉列罕、安拜、稳水、铁山包、尼尔吉诸河，皆北入呼兰河。又东北额伊珲河，西南流至王家堡，合欧肯河，大伊吉密合小伊吉密河，皆入呼兰河。官商路四：西赴府；东赴铁山包；北出五道冈西行达海伦；东行达铁山包。一东南黎家屯南行至东兴镇，又便道南渡格木克河、双银河、濠河达巴彦。民船可溯呼兰河至铁山包运煤。

海伦府：繁，疲，难。省东南六百里。即通肯副都统城。光绪三十年，以通肯、海伦河新垦地置海伦厅。三十四年升府。领县二。东北：内兴安岭。通肯河出西麓，西流，右受十一道至八道沟，屈南流，札克河东来注。西南：七道沟自胡裕尔河分出，南流来注。南：海伦河自东来注，三道、二道、头道、污窿河自西来注，又南会呼兰河。呼兰河南自绥化入，合通肯河、克音河来会，入呼兰境。北：胡裕尔河缘讷河界入之。府境居海伦河北，有通肯协领。官商路三：西至拜泉；西南至青冈；南至绥化。东南行经绥化上集厂达馀庆。又西北海布道至布特哈，北海毕道至毕拉尔协领地，二道皆宣统中开。商船由呼兰河入通肯河至女儿城。青冈县疲，难。府西南二百六十里。原名柞树冈。柞树一名青冈柳，县以此名。光绪三十年置，隶厅。东：通肯河自拜泉入，南流，与府分界，入呼兰河。呼兰河自府会通肯河入，西南流，与呼兰分界，入呼兰境。官商路四：东北骆家窝棚赴府；

西大林家店赴省城；西南白家店至安达；南李春芳屯达兰西。又县南吕马店、东南何小怀屯，为省城东路站道，由此赴兴京。拜泉县繁，难。府西北一百六十里。原名巴拜泉，即那吉泊，土名大泡子，县以此名。光绪三十二年置，隶厅。三十四年改府，仍隶。东：通肯河自府境入，南流，与府分界。右受七道、六道、五道、四道、三道、二道、头道沟，入青冈。北：胡裕尔河自讷河入，受印京河，西入龙江。南：双阳河，东迳县南，又东潴为松津泊。巴拜泉在双阳河南，其东南白水泉。西南：马鞍泊、白华泊，皆平地出泉，可供汲饮，故有巴拜之称。巴拜即“宝贝”转音也。官商路四：东南三道沟赴府；东北李喜屯达讷河之三站，即新开海布道；西孔家地房赴省城；南莱富屯至青冈。胡裕尔河北岸有莽鼐牧场。有额鲁特依克明安公府。

嫩江府：省东北四百五十里。即墨尔根副都统城。明为木里吉卫，译即墨尔根。康熙十年，墨尔哲勒氏屯长来归，编为墨尔根四十佐领，号新满洲是也。光绪三十四年，以墨尔根城改置府。广四百余里，袤六百余里。北极高四十九度十三分。京师偏东八度四十二分。府境为内兴安岭山脉三面环绕，嫩江纵贯其中，全境东西之水皆入嫩江，江出北伊勒呼里阿林，山脉自西而东横亘处也。江以西山之著者，曰莽蓝哈达七峰山、库勒木尔山、穆克珠勒浑山、阿昆迪奇山、阿察特山、噶珊山、博里克山、达克固善山，东曰傅什霍山、伊勒赉孛山、勒吉勒图山、勒吉尔山、达巴尔山、特克屯山、旺安山、图墨尔肯山。嫩江导源东南流，迳格尔布尔山前，左受纳约尔河、那昔台河、霍吉格那彦河、额勒和肯河，右受伊斯肯。折南流，左受哈罗尔、阿鲁三松哈诺勒、雅普萨台、固巴诸河，右受喀柰、吉里克、喇都里、多布库尔、欧肯诸河。又南屈西，江流湾环作二曲，又南谟鲁尔河、和罗尔河自东来注之。又南迳府城西，又屈西，甘河自西北来注之，西南入讷河。旧设站五：自讷河博尔多站北四十三里至府属喀木尼喀，又四十二里至依拉喀，又七十里至墨尔根，即府。又东北七十六里至科络尔，又七十六里至喀勒塔尔奇，又东北接黑龙江城之库穆尔。宣统元年，於两城交界处增设陡沟子文报局。又由府北行，沿嫩江东岸，可达呼玛金厂。卡伦九：曰诺敏河巴延和罗，曰甘河商河哈达，凡二；又和伦部曰塞楞山，曰喀穆尼峰，凡二；曰库雨尔河，曰诺敏河，曰喀布奇勒峰，曰绥楞额山，曰布尔札木，凡五。府境为水陆通衢，沿江两岸水土沃饶，屯地之腴，稍逊呼兰，犹驾诸城而上。有多布库尔协领，统鄂伦春人。

讷河直隶厅：省东北二百八十里。即布特哈东路总管。明，布儿哈卫。宣统二年，以东布特哈改置。广一千一百余里，袤七百余里。北极高四十八度五十九分。京师偏东八度一分。东北：琉璜山、胡尔冬吉。东南：吉尔嘎尔哈玛图山。西：嫩江自嫩江府入，南流入龙江。东南：讷谟尔河。西北：合黑河乌德邻池水，自东北来注。翁查尔河，自东南来注，折西，洪果尔津、芒柰、那彦、额勒合奇诸河，皆自北来注。保大泉河自东南来注。又西布拉克河，又罗洛河，皆自北来注，迳厅治南。又西，分二支入嫩江。东南：胡裕尔河导源胡耳山，西流入厅境。又西，左受印京河，右受敖伦河，入拜泉厅境，本索伦、达呼尔部落人打牲之所。光绪三十二年，始将南北荒段丈放。旧设站二：自龙江宁年站北八十五里至厅属拉哈，又六十里至博尔多，即厅治。又北接嫩江喀木尼站。又厅东南头、二、三站达海伦，即海布新道。旧卡伦五：喀尔开图、乌尔布、齐吉尔吉、哈诺尔、温托浑喀喇山。

瑷珲直隶厅：省东北八百二十里。即黑龙江副都统城。明，考郎兀卫。光绪三十四年，以黑龙江城改置。瑷珲兵备道驻厅。广一千三百余里，袤六百余里。北极高五十度四分。京师偏东十一度。西：托列尔哈达、坤安岭、大横、桦皮、答俨、青泉山。南：札克达齐、博克里。东南：吉里尔哈达。黑龙江自黑河合乌克萨河入，南屈西，右受五道、四道、三道、二道诸沟，屈南，右受头道沟，迳厅城东。又南，右合坤河，折东南，右合康达罕、霍尔穆勒津、博科里，左纳伯勒格尔沁河，合博尔和里鄂模水，又东南合逊河，入兴东。江东六十四屯在焉。精奇里江以南，黑龙江以北，东以光绪九年封堆为界，有伯勒格尔沁河、博尔和里鄂模，南北一百四十里，东西五十里至七十里，咸丰八年条约，本旗民永住之业。庚子之变，俄人违约驱夺，且扰及江右，胁耆民为官沈江者至数万。和约成，光绪三十二年仅收回江右地，六十四屯迄未索还，今厅境仅西南北三乡耳。有逊别拉荒段十馀万晌，光绪末放垦。旧设站三：自嫩江之额勒塔尔奇东北八十五里至厅属之库木尔；又三十五里至额雨尔；又百里至黑龙江城，即厅治。此省城北路十站。又由厅南行至毕拉尔会海毕新道。又北穿森林达漠河，有新设霍尔莫津、奇勒克二卡伦。商埠，在城北头道沟、二道沟间，光绪三十一年《中日约》开。按雍正中，旧设卡伦十三。咸丰八年，中、俄分江为界，如伊玛毕拉昂阿、精奇里河、乌鲁穆苏丹、纽勒们河、黑龙混同两江会口，五卡伦归左岸俄境，而右岸境东增八、西增三。光绪十二年，以防护漠河金厂，增西尔根土哈达等二十三，接呼伦贝尔城之珠尔特依。又东南增车勒山、逊河、阔尔斐音河口、吉普逊河、提音河，凡五，共卡伦三十九处。庚子乱后，卡伦尽毁。逊河以南，划归兴东道。三十四年，乃上自额尔古讷河口起，下迄逊河口止，新设卡伦二十：曰洛古河，曰讷钦哈达，曰漠河，曰乌苏里，曰巴尔嘎力，曰阿穆尔，曰开库康，曰安罗，曰依西肯，曰倭西门，曰安干，曰察哈彦，曰望哈达，曰呼玛尔，曰西尔根奇，曰奇拉，曰札克达霍洛，曰霍尔沁，曰霍尔莫津，曰奇克勒。每卡弁一、兵三十。五卡设卡官一，十卡设一总卡官。卡兵三十，以十人巡查，以二十人给荒垦种，更番轮替，所得粮即作弁兵津贴。地熟年丰，给地停饷。

黑河府：省东北九百里。原名大黑河屯。光绪三十四年置府，属瑷珲道。西：内兴安岭支山之著者，烟筒、白石、库穆尔室韦山、额勒克尔山。黑龙江自北来，与俄分界，右受呼玛尔河，入境。南至西尔伊奇卡伦，合丹河、宽河、奇拉、喀尼、库伦、克鲁伦、达彦、霍力戈必、法别拉、额尼、阿勒喀木诸河。又东迳城北，又南，左受精奇里江，右受乌克萨河，入瑷珲。北呼玛尔河，导源伊勒呼里山，南北四源，合而东流入境，有倭力克、库勒郭里、绰诺、札克达齐河自西来注。又东呼尔哈，东入黑龙江。源委约七八百里，两岸为库玛尔部贡貂之使马鄂伦春人等渔猎处。南岸有呼玛尔古城。府治旧为中、俄通商口岸，初时互市不及江海各口千分之一。分江以后，贸易遂繁。自彼锐意经营海兰泡，又值庚子之变，华商趋附彼境，商务日兴，而我骤减。然府治南屏瑷珲，实边防要冲。有法别拉荒段十馀万晌，光绪三十四年放垦。官商路一：南八十里至瑷珲城。馀皆水路，附俄轮以往。有新设卡伦四：曰西尔根奇，曰奇拉札克达，曰霍洛，曰霍尔沁。

呼伦直隶厅：省西北八百六十里。即呼伦贝尔副都统城。古室韦国。有室韦山。明属朵颜三卫。光绪三十四年，以呼伦贝尔城改置。呼伦兵备道驻厅。广一千一百余里，袤一千六百里。北极高四十九度三十五分。京师偏东二度二分。内兴安岭在东。山脉自索岳尔济山北走，为伊勒呼里阿林，乃旋而东，馀脉西络海拉尔河南北岸；额尔古讷河右岸为厅境，诸水源此。海拉尔河出岭西麓，西迳绰罗尔，北察尔巴奇山，南纳都尔、西札敦，又西特诺克，又西伊敏河，同来注。迳城北，合墨尔根河，入胪滨。西北合额尔古讷入室韦。北：根河西受鄂罗诺尔诸河，又西入额尔古讷河。南有达尔彬池，哈尔哈河出，西汇为贝尔池。乌尔顺河自池出，北入呼伦池。厅境为索伦、新巴尔虎、厄鲁特、陈巴尔虎诸旗牧场。又海拉尔河北有託河路协领，统鄂伦春人。旧设台八：自西布特哈之牙尔伯克台西五十里至厅之依尔克特，又五十里呼耳各特伊，又五十里舒都克依，又六十里牙克萨，又五十里哈拉合硕，又六十五里札拉木太，又五十二里哈克鄂模，又六十里呼伦贝尔城，即厅治。为省城西路十七台。庚子之变，台站毁，往来皆由东清铁路。又西南三百二十里布野图布尔都之野寿宁寺，道出张家口。寺北八里有大市场，岁八月，内外蒙古走集焉。新设卡伦三：曰孟克锡里，曰额尔得尼托罗辉，曰库克多博，为总卡伦。西南有珠尔博特盐池。东清铁路自胪滨入境，迳城北，入西布特哈境。有完工、乌古诺尔、海拉尔、哈克、札尔木、牙克什、免渡河、乌诺尔、伊立克都九车站。商埠，光绪三十一年十一月《中日约》开。按呼伦沿边卡伦，自雍正五年与俄勘界，设察汗敖拉、苏克特依等卡伦十有二，名外卡伦。十一年，复于外卡伦以内设库里多尔特勒、墨勒津等卡伦十有五，与各外卡伦相距一二百里不等，名曰内卡伦。咸丰七年，因内外相距远，量为迁移，各三四十里，以便互巡。改三卡为三台，另立新名，后并圮废无考。光绪十年，防俄人越界挖金，由黑龙江城于呼伦珠尔特依卡伦北沿额尔古讷右岸，增莫里勒克等五，前后共外卡伦十有七。庚子并毁。三十四年，重行整顿，首塔尔巴干达呼山，讫额尔古讷河口，复设二十有一，沿旧名者十有五，新命名者六：曰塔尔巴干达呼，曰察罕敖拉，曰阿巴该图，以上属胪滨；曰孟克西里，曰额尔得尼托罗辉，曰库克多博，库克多博为总卡伦，以上属呼伦；曰巴图尔和硕，曰巴雅斯胡朗图温都尔，曰胡裕尔和奇，曰巴彦鲁克，曰珠尔特依，曰莫里勒克，曰毕拉尔河，曰牛尔河，曰珠尔干河，珠尔干河为总卡伦；曰温河，曰长甸，曰伊穆河，曰奇乾河，曰永安山，曰额勒哈达，以上属室韦。先是俄人越界垦地刈草，至是驱逐，呼伦设边垦总局，胪滨设分局，俄人遵章纳税，华人领票经商者，络驿不绝。此光绪三十四年冬月事也。又呼伦西南旧十六卡伦，凡以防喀尔喀也。

胪滨府：省西北一千一百六十里。原名满洲里，为东清铁路入中国第一车站。光绪三十四年，初拟设满珠府，后更名，属呼伦道。东：额尔古讷河自呼伦入，西北流，至近阿巴该图山，分二派。一西南流，为达兰鄂洛木河，入呼伦池。其正流由山西东北流，为额尔古讷河。流至此作大转折，如人曲腰以手递物。额尔古讷，蒙古语谓以手递物也。海拉尔河转为额尔古讷河，分二汊，一沿东岸流，曰海拉尔河口，一沿西岸流，曰额尔古讷河，北行复合为一，入黑龙江。自阿巴该图山以下为中、俄界水，康熙二十八年，《尼布楚约》立界碑。克鲁伦河自喀尔喀部入，达兰鄂洛木河自海拉尔河分出，均入呼伦池，潴而不流，故呼伦为咸水湖。东南有乌尔顺河，自贝尔池出，北流入呼伦池。其右岸为呼伦厅境，有新巴尔虎各旗牧场。旧设中、俄国界鄂博六：曰塔尔郭达固，曰察罕乌鲁，曰博罗托罗海，曰索克图，曰额尔底里托罗海，曰阿巴哈依图，此为库伦东中、俄界第六十三鄂博。雍正五年《恰克图约》鄂博止此。塔尔巴干达呼山西南即喀尔喀界，有满、蒙文界碑，系呼伦与喀尔喀分界，十年一换。有新设卡伦三：曰塔尔巴干达呼，曰察罕敖拉，曰阿巴该图。北有金源边堡。东清铁路自俄萨拜喀勒省入中国境，迳府治东，入呼伦厅。有满洲里，咱刚，扎赉诺尔，赫勒洪德四车站。商埠，《中日约》开。有海关。

兴东道：省东北一千五百里。明为黑龙江地面，及速温河卫、真河所等地。光绪三十二年，移绥化城之绥兰海道驻内兴安岭迤东，更名兴东兵备道，专办垦务、林、矿各事宜。三十四年，建署托萝山北，为道治。领县二。内兴安岭脉自瑷珲入，南行为嫩江与黑龙江之分水岭，至海伦东北迤东为黑龙江与松花江之分水岭，曰布伦山，曰佛斯亨山，尽于黑龙、松花两江汇处，谓之小兴安岭。黑龙江自瑷珲合逊河入境，东南流，科尔芬河上源曰额尔皮河，又东南，右受噶其河，西都里、古勒库拉、毕罕嘎、其达、莫里、乌云诸河，自西南来注。又东南，右受佳勒河、辅河，屈南，嘉荫河自西来注。又南迳道治东而南，有秋台河自西曲折来注。屈东，右受斐尔法鄂模水、布占河、伊里河，会松花江。北有逊河，东流有占河，右合阿尔沁，汇入黑龙江。其左岸为瑷珲境。西：都鲁，又西汤旺，右合伊春札里河，又西巴兰河，东流屈南，皆入汤原。道治濒黑龙江右岸，与俄屯松由子隔江对峙。西北：占河、逊河汇流，上段有毕拉尔、鄂伦春协领。鄂伦春本打牲部落，不识文字稼穑，为俄人诓诱。光绪末年，始议收抚。兴东道兼署协领，创设垦务局、学堂。兴安岭岭西有龙门镇，黑龙江南岸有兆兴镇、裕兴镇，垦务皆盛。官商路三：旧有由齐齐哈尔至观音山路；光绪三十四年，新开自兴东迳烟筒山赴汤原，为西南路；又由观音山经汤原境至三姓，为西路。宣统二年，新开海毕道，可由毕拉尔达海伦。大通县道治西南五百二十里。原为崇古尔库站，吉林江北五站之一。光绪三十一年置，为吉林依兰属县。三十四年改隶。北有内兴安岭山脉萦带，南皆平野。南：松花江自木兰入，东流迤东北入汤原，其右岸为吉林方正。西：岔林、小桥子、富拉浑、头道、二道、三道、四道沙河、转心湖、二道河子，皆南入松花江。二道河子右岸为木兰境，东有大通河，县以此名。又东乌拉珲、大古洞、小古洞河，亦南入松花江。小古洞河左岸为汤原境。乌拉珲河西流，汇为二泊，曰三捷泡，曰二龙潭，泊旁地肥饶。站路一。乾隆二十七年，吉林借江北地设五站，由今宾州渡江东行入县，曰佛斯恒，曰富拉浑，曰崇古尔库，即县治，曰鄂尔国木索，又东接今汤原之妙噶山站，以达三姓城。光绪末，各站改隶，皆设文报局。汤原县道治西南三百五十里，明，屯河卫。屯河即汤旺河，光绪三十一年置，为吉林依兰属县，三十四年改隶。北当小兴安岭山脉南麓，南近松花江，地坦平。松花江自大通入，东北流，迳县治东，会黑龙江。松花江在县境流甚曲，岸树深杂，航路如蚓行。其右岸为吉林依兰、富锦、临江。南：汤旺河自兴东入，南流，受如意河，洼丹、苏拉巴兰、小古洞河，皆东南流入松花江。小古洞河右岸为大通境。东北香兰，西半节、赫金、各节、花尔布、阿凌达、鹤立诸河，左合梧桐、蒲鸭、额勒密十二入代河，皆东南入松花江。黑龙江有沱流决出，入松花江，西小黑河入之。港汊萦回，形同沟洫，为奥区上腴。有高家屯巡司。宣统二年，置额勒密河招徕镇，有东益公司，鹤立河有兴东公司，皆营垦务。县境自西南至东北，狭长千余里，若尽开辟，可设十县。西南稍繁庶，东北权舆而已。站路自妙噶山站渡江至三姓，又有自兴东烟筒山达县西南，自观音山历县境至三姓之西路。光绪末，新开有各节河、洼丹河文报局。

肇州直隶厅：繁，难。省东南六百里。明，撒察河卫，即三岔河卫。光绪三十二年，以郭尔罗斯后旗垦地置厅。南：松花江自吉林伯都讷入境，汇嫩江，东流，受博尔古哈泊水，迳城南，又东受莲花泊水、下代吉船口水、三道冈子水、涝洲船口水，入呼兰。右岸为吉林新城、双城境。西：嫩江自安达入，南流，受乌兰诺尔水，注松花江。右岸为大赉境。厅境平旷，北城泡南出汇为差达玛泊，下流潴于沙。东北有肇东分防经历。旧设站三：自安达之他拉哈站南至厅之古鲁，又南至乌兰诺尔，又南至茂兴，此南路十站。又东南路八台，在厅境者四。自茂兴站起，东至波尔吉哈台，又东至察布奇尔，又东至鄂你多图，又东至布拉克，又东入呼兰境。官商路一：自茂兴西至郭尔罗斯公府，又西由八家船口渡嫩江入大赉。东北五站。商埠，西南信宿冈子，伯都讷、哈尔滨适中地，沿江要冲，光绪末勘留商埠。东清铁路自安达入境，迳厅东北入呼兰。有酣草冈、满沟二车站。

大赉直隶厅：冲，疲，难。省西南二百一十里。古靺鞨、室韦交界。明，洮儿河卫及卓儿河地面。光绪三十年，以札赉特旗莫勒红冈子垦地置。北有索伦山脉，蜿蜒数百里，境内东流之水皆导源焉，所谓索伦围场也。东：嫩江自龙江入，南流，汇松花江。其左岸为安达、肇州境。北：洮尔河自奉天东镇入，东流，汇为纳蓝撒蓝池，犹言日月池也，下流入嫩江。又北瑚尔达河、绰尔河、雅尔河，皆东南流入嫩江。雅尔河左岸为龙江境。北：塔子城、景星镇分防二经历。旧有蒙古站二：自卜魁站起，西至绰尔河，曰哈代罕站，曰绰罗站。又入今奉天之克尔苏台站。官商路三：一北出景星镇赴省城；一东渡嫩江接茂兴站；一西由二龙锁口入奉天境，历镇东、靖安达洮南。嫩江沿岸哈喇和硕，有陆军退伍兵屯田，一夫授田百亩，以火犁耕种。

安达直隶厅：冲，繁，难。省东南二百八十里。谙达，蒙古官名，无正译。光绪三十二年，以杜尔伯特旗垦地置，又分省属垦地益之。西：嫩江自龙江入，南流入肇州。北：九道沟水，西流与龙江分界，屈南入境，汇为纳赫尔泊，西南：乌克吐泊，下流入嫩江。南：青肯泊，泊形如环，中有滩地，半隶肇州。放垦区域，大都在嫩江东岸及东南北三面沿边，中部平原无河流，间有积潦，土含咸质，不宜种植。旧设站三：自龙江之特木德赫站南至厅属之温托欢，又南至多耐，又南至他拉哈，又南入肇州。官商路四：一北由林家店、九道沟赴省；一东南入呼兰，有小林家店文报局；一东由长安堡赴青冈；一西越东清铁路安达站至杜尔伯特贝子府，又西接多耐站。产碱，有咸厂二十五处。西北珰奈屯有盐滩。东清铁路自龙江入境，斜贯中部，迳厅治西南入肇州。有烟土屯，小河子，喇嘛甸，萨勒图，安达五车站。

附志

林甸县：光绪三十四年，拟设治林家甸，隶龙江府。在龙江府东南，安达厅西北。东清铁路迤北，当省城东路孔道。光绪三十三年改订《东清铁路合同》，收回公司射占地亩，设县垦辟。西九道沟子、东戚家店，皆东路所经，如台站然。由此入呼兰达兴东。

诺敏县：光绪三十四年，拟设治隶嫩江府。在嫩江府西，诺敏河东岸库如尔其屯。西岸都克他耳屯有尼尔吉山，诺敏河上游札克奇山西有牧场，沿河有山路出呼伦。由县南行，经西布特哈，渡嫩江，达拉哈站。

通北县：光绪三十四年，拟设治海伦府北，通肯河北、胡裕尔河南。西：七道沟自胡裕尔河分出，南注通肯河，东至内兴安岭麓，与兴东道龙门镇界，北接讷河，即海布道所出。通肯河濒岸多森林，土人呼曰树川。

铁骊县：光绪三十四年，拟设治海伦府东南、馀庆东铁山包。东至金牛山、兴东道界。南大青山，东兴镇界。西，铁山包河，北，依吉密河，并馀庆县界。呼兰河出境东达里代岭，西入馀庆。有协领驻河北，管理旗丁屯田。以上二县隶海伦府。

布西直隶厅：光绪三十四年，拟设治西布特哈，在省城东北二百八十里嫩江西岸。西有内兴安岭，与呼伦分界。西南即索伦围场。西北诺敏河，至厅南入嫩江。西有阿伦河、音河、雅尔河，皆东南入龙江。又西迤南，绰尔河入大赉。旧设台七：自龙江之那希奇台东至厅之木尔楚兖台，又东至赫尼昂阿，又东至和尼，又东至锡伯尔，又东至巴林，又东至嘎尔甘，又东至雅勒伯霍托，又东入呼伦境。厅境少平原，森林之利独饶。有土城，因起伏西去数千里，直至木兰围场，又西至归化城。往时流人亡去不识途，多循此入关，盖即金源时长城汪古部所居者也。东清铁路自呼伦凿兴安岭入境，横贯中部，入龙江。有兴安岭、博尔多、雅鲁、巴里木、哈拉苏、札兰屯、成吉思汗七车站。

甘南直隶厅：光绪三十四年，拟设治富拉尔基，在省城西南嫩江西。有雅尔河支津。北有东清铁路库勒站。由此渡嫩江达昂昂溪。富拉尔基屯开辟最先，生聚日繁，盖铁路交通之效。

武兴直隶厅：光绪三十四年，拟设治多耐站，在省城南二百零五里，嫩江东路四五里，与温托欢、他拉哈两站首尾相接。南北长，东西窄，成一半规长梭形。向为杜尔伯特旗境。光绪三十二年，设局放荒五万六千四百余晌。

呼玛直隶厅：光绪三十四年，拟设治西尔根卡伦。宣统二年，试办设治，移呼玛尔河口北岸，隶瑷珲道，在道治北五百余里。东：黑龙江。呼玛尔河出伊勒呼里山，内兴安山脉向北行者也。东行者伊勒呼里阿林，四源，合东窝集、倭勒克、库勒都里、绰罗呼尔吉、布列斯，屈南，右受札克达奇河，又东入黑龙江。黑龙江东流，迳安罗卡伦北，屈南流，下至呼玛尔河口。沿西岸设卡伦六：曰依西肯，曰倭西们，曰安干，曰察哈彦，曰望哈达，曰呼玛尔。下游接西尔根卡伦。属黑河府。濒临河口驻协领，统鄂伦春人。

漠河直隶厅：光绪三十四年，拟设治漠河，隶瑷珲道。在道治西北千余里。漠河出治鸡察山，东北入黑龙江。南额穆尔河，东北流，左受吉里玛那里多什都克河，屈东流，右受大札丹库尔、小札丹库尔，入黑龙江。又南旁乌河，东南流，左受巴达吉察，右受札克达奇，屈东北，右受布尔嘎里河、沽里干河，入黑龙江。又南有呼玛尔河上源，其南为伊勒呼里阿林，乃内兴安岭自西转东横干脉也。山南即嫩江源，西有额尔古讷河入黑龙江口，为瑷珲与呼伦两属交界，即中、俄以江为界之起处。沿黑龙江南岸设卡伦八：曰洛古河，曰讷钦哈达，曰漠河，即厅治，曰额苏里，曰巴尔嘎力，曰额穆尔，曰开库康，曰安罗。有木厂一处。黑龙江由此转南流，安罗卡伦下游接西岸之依西肯卡伦，属呼玛厅。漠河金矿，光绪十四年经始开采，庚子入于俄，光绪三十二年始行收复。漠河为省北屏障，黑龙江转运专落俄人之手。光绪三十四年，议由嫩江之源开辟山道，卒以工费浩繁中止，故矿业衰歇而设治亦难也。

室韦直隶厅：光绪三十四年，拟设治吉拉林，隶呼伦道。在道治北四百余里，额尔古讷河右岸。对岸为俄卧牛、槐敖、洛气等屯疆域。额尔古讷河自胪滨之阿巴该图北流，至呼伦之库克多博，东北流，合根河、特勒布尔、胡裕尔和奇、珠鲁克图即约罗、珠尔格特依、布鲁、色木特勒克诸河，皆自东南山来注，此在吉拉林以南者也。中根河最大，出内兴安岭，西北流，两岸沃野膏原，为殖民善地。额尔古讷河迳厅治西，又东北流，有哈拉尔即吉拉林河，眉勒喀即《尼布楚约》内之河、逊河、额尔奇木、毕拉尔、毕拉克产、古尔布奇、吉林子、阿木毗、牛尔、珠尔干、温诸河，皆自东南山来注。额尔古讷河至是屈西北流，有乌玛、大吉嘎达、小吉嘎达，复有小河入，皆自东南来注。再折而东北流，有伊穆河，复有小河二十馀，皆自东南来注。此在吉拉林以北者也。中牛尔河最大，出内兴安岭，河口左右有平地两区，田土肥美。额尔古讷河自受根河、牛尔河，水大而急，直注黑龙江，而吉拉林为适中地，故厅治在焉。新设防边卡伦，在境内者十有五，自库克多博总卡伦以北，曰巴图尔和硕，曰巴雅斯胡郎图温都尔，曰胡裕尔和奇，曰巴彦珠鲁克，曰珠尔格特依，曰莫里勒克，曰毕拉尔河，曰牛尔河，曰珠尔干河总卡伦，曰温河，曰伊穆河，曰奇乾河，曰永安山，曰额勒哈达。珠尔干、额勒哈达为鄂伦春与俄人交易之所。尤要道路自吉拉林南至塔尔巴干达呼山七百余里，其北至珠尔干河三百五十余里，则小径不通车马。自珠尔干至额尔古讷河口五百五十余里，则悬崖壁立，非假道于俄，不能飞越。根河口新立官渡，为华、俄商旅必趋之路。根河上源有道出西布特哈达墨尔根，额尔古讷民船祇达吉拉林，以下溜急，民船可顺流而下，不能溯流而上，非轮船不为功。冬令，河上可驾驶冰橇，每一日夜行三四百里。

舒都直隶厅：光绪三十四年，拟设治免渡河，隶呼伦道，在道治东二百八十余里。河出阿尔奇山，北合札郭河，入海拉尔河。厅东即内兴安岭。东清铁路经厅南，有免渡河车站，由厅境凿兴安山洞入西布特哈境。

佛山府：光绪三十四年，拟设治观音山，隶兴东道，在道治北，濒黑龙江岸。对岸为俄吉春屯，北有辅河，南有嘉荫河。附府治有小水曰十里河，皆东入黑龙江。

萝北直隶厅：光绪三十四年，拟设治托萝山北，隶兴东道，附郭，如瑷珲、呼伦两直隶厅之比。

乌云直隶厅：光绪三十四年，拟设治乌云河，隶兴东道，在道治西北，濒黑龙江岸。对岸为俄嘎萨得报屯。乌云河在厅西，北入黑龙江。

车陆直隶厅：光绪三十四年，拟设治车陆，隶兴东道，在道治西北逊河南。原为车勒山卡伦，音转为车陆。东临黑龙江，对岸为俄吉满屯。南科尔芬河，东北流入黑龙江。

春源直隶厅：光绪三十四年，拟设治伊春呼兰河源，隶兴东道，在道治西南。西有布伦山，伊春河出，东流入汤旺河。布伦山西麓即呼兰河源。南札里河，东流，左合黄泥河、报达河，入汤旺河；又南巴兰河源在焉。

鹤冈县：光绪三十四年，拟设治鹤立冈，隶兴东道，在汤原县北，鹤立河西。有兴东垦务公司，宣统中拟移驻黑龙、松花两江汇流处，额勒密河东，地尤沃饶，为全省冠。

卷五十八 志三十三

地理五

江 苏

江苏：《禹贡》扬及徐、豫三州之域。明为南京。清顺治二年改江南省，设布政使司，置两江总督辖江南、江西，驻江宁。又设淮扬总督，寻裁。及江宁巡抚。治苏州。又设凤庐安徽巡抚，寻裁。十八年，分府九：安庆、徽州、宁国、池州、太平、庐州、凤阳、淮安、扬州，直隶州四：徐、滁、和、广德，属安徽，江南左布政使领之。康熙元年，安徽设巡抚。三年，分江北按察使往治。五年，扬州、淮安、徐州复隶江南。六年，江南更今名，改左布政使为安徽布政使司，驻江宁。右布政使为江苏布政使司，治苏州。统江宁、苏州、常州、松江、镇江、扬州、淮安府七，徐州直隶州一。雍正二年，升太仓、邳、海、通四州为直隶州。十一年，徐州升府，邳还为州，属之。乾隆二十五年，移安徽布政使司安庆，增设江宁布政使司，析江宁、淮安、徐、扬四府，通、海二直隶州属之，与江苏布政使司对治。三十二年，增海门直隶厅，属江宁。光绪三十年，又设江淮巡抚，驻清江浦。寻复故。广九百五十里，袤千一百三十里，积三十七万二千五十四方里。北极高三十一度五分至三十五度十分。京师偏东五分至五度三分。宣统三年，编户三百二十一万三千四百八十三，口九百三十五万六千七百五十五。领府八，直隶州三，直隶厅一，州三，厅四，县六十。

江宁府：冲，繁，难。隶江宁道。明，应天府。江宁布政、交涉、提学三使，江安粮储、江南劝业、巡警、盐法四道，江宁将军、副都统，织造兼督龙江西新税关驻。顺治初，因明制，县八。雍正八年，改溧阳属镇江。北距京师二千四百四十五里。广二百里，袤三百里。北极高三十二度四分。京师偏东二度二十八分。领县七。上元冲，繁，难。倚。附郭有清凉山、师子山、富贵山。北：紫金山、幕府山。东：乌龙山、圣游山。有朱湖洞，道书三十一洞天。清江门内有小仓山。石城门内冶城山。南：大江自安徽当涂入，受秦淮河水，为草鞋夹。左与江浦分岸，得观音山水。有燕子矶。秦淮河上承句容赤山湖水，合庐山水，迳通济门，一入江宁，一入城。又西北流，至下关入江。新开河东北，乾隆四十五年浚，赐名便民。有市曰石埠桥。又东为黄天荡。镇四：淳化、靖安、土桥、石步。草鞋夹、燕子矶、棲霞街、湖熟有汛。一驿：金陵。淳化巡司。有铁路。商埠：下关。光绪二十一年《马关条约》四埠之一。江宁冲，繁，难。倚。南：聚宝山雨花台设炮台。大江西迳下关镇。港七：铜井、烈山、北曰河口、绿新墅，又北大胜关，古新林浦也，西北曰北河，曰下关，分受秦淮河水。镇三：江宁、秣陵、金陵。大胜、秣陵有汛。有驿。江宁、秣陵巡司二。有铁路。句容冲，难。府东九十里。县有句容山，以此名。北：华山。东北：铜山。东南：茅山。大江西来。港二：罗丝沟、下蜀港。赤山湖出绛岩山，秦淮水源于此，亦曰绛岩湖。汇亭水、黄堰河、蒲里溪，曰南源，与北源合于白米湖，又西入上元。镇五：白土、常宁、东阳、下蜀、龙潭。龙潭巡司。有驿。溧水简。府东南一百四十里。南：芝山、中山一曰独山。东：庐山，秦淮水别源所出。石臼湖西南，迳城北流入秦淮，明故运道也，今淤。一驿：孔家。江浦冲。府西北四十里。东北：十三公山、九连山。西：龙洞山。大江西南自安徽和州入，右与江宁分岸。为口四：曰乌江，曰老西江，曰新河，曰老河。受浦子口河，东北入六合。滁水右渎自安徽滁州入，亦曰后河，东与来安分岸，复尽入境，曰前河，右出支津至东葛镇，又东北迳岔河集，会沙河入六合。镇三：高望、香泉、葛城。二驿：江淮、东葛。浦口巡司一。江淮有驿丞，裁。有铁路。六合简。府北一百二十里。南：瓜步山。西南：晋王山。大江西南自江浦入，右与上元分岸。折东南为通江集口支津，北抵城隍湖。有沙洲圩炮台。又东划子口。滁河西自江浦入，迳皂河口，北为汊河，又南屈曲流入江。税课局大使驻。镇四：瓜步、长芦、宣化、竹镇。有堂邑驿丞，裁。瓜步巡司一。高淳简。府东南二百四十里。东：大游山。东北：荆山。南：固城湖，又东播为胥河。西：丹阳湖，北接石臼湖。有水自芜湖东入丹阳湖，又东南入固城湖。或云《禹贡》中江也。镇三：广通、固城、水阳。广通巡司一。

淮安府：冲，繁，疲，难。隶淮扬海道。顺治初，因明制，州二，县九。雍正二年，升海、邳为直隶州，赣榆、沭阳属海，宿迁、睢宁属邳。九年，析山阳、盐城地置阜宁。南距省治五百里。广三百八十里，袤二百七十里。北极高三十三度三十二分。京师偏东二度五十二分。领县六。山阳冲，繁，疲，难。倚。漕标副将驻。北运河南流，乌沙、涧河诸水注之。东六草荡，南白马湖，汇洪泽湖水，与宝应错，东北会于运河。北黄河故道。咸丰三年徙，今堰存。河所经南北岸，设同知、管河县丞、主簿、巡检，弁官废置不常。咸丰十年裁。板牐镇有钞关巡司一。镇二：北神、庙湾。菱陵、高堰、杨家庙有汛。驿一：淮阴。驿丞裁。阜宁繁，疲，难。府东北一百六十里。雍正九年置。东北：大海。有堰曰范公堤。射阳湖上承苔大纵湖水，汇淮水为湖，又东流，会诸水入海。运盐河受射阳湖水，迳城南流，循范公堤入盐城。西有黄河故道。镇三：马逻、北沙、蒙龙。草堰巡司一。盐城繁，难。府东南二百四十里。东：大海。港二：新洋、斗龙。有新兴、五佑盐场，盐课大使驻。运盐河自草堰口环城流，至便仓镇入兴化。苔大纵湖西南与兴化错。县西诸水所汇。有天妃牐，闸官裁。小关、刘庄、新阳、沙沟有汛。镇九：上冈、大冈、沙沟、冈门、新河、安丰、清沟、喻口、新兴。上冈、沙沟巡司二。清河冲，繁，疲，难。淮扬道治所。江北提督、总兵驻。旧置总河，后省入总漕。自府城徙此，光绪三年裁。里河同知及河库道均先后裁。府西北三十五里。北：清江浦。明陈瑄开，宋沙河也。运河西北自桃源入，歧为盐河。又东为中河口，《水经》谓之中渎水，出山阳白马湖。又东迤南至清口屈而东，迳三牐，与清江浦合，东南入山阳，是为淮南运河。南：六塘河自桃源入，东北迳刘家庄入沭阳。盐河东北流，迳西坝，淮安分司运判驻，乾隆二十八年移海州。又东至周庄入安东。西南：洪泽湖，西有黄河故道。镇十：王家营、洪泽、老子、西坝、渔沟、官亭、大河口、涧桥、马头、周桥。王家营、马头、河北、渔沟有汛。一驿：清口。有驿丞，裁。涧桥巡司一。安东繁，疲，难。府东北六十里。西南盐河自清河入，贯县境，入海州，与六塘河合。东北：一帆河自海州入，南至旗杆村。《水经》，淮水东左右各合一水，至淮浦入海。东北：黄河故道。淮海河务兵备道驻，咸丰十年裁。镇三：太平、长乐、鱼场口。五港、佃湖有汛。佃湖巡司一。桃源冲，繁，难。府西北一百二十里。运河自宿迁南来，迳古城驿，入清河，歧为六塘河，一曰北盐河，东北流入沭阳。洪泽湖西南与清河错。西北有黄河故道。镇七：三义、河北、崔镇、众兴、张泗冲、白洋河、赤鲤湖。崔镇、洋河、三义有汛。二驿：桃源、古城。驿丞裁。有巡司。

扬州府：冲，繁，疲，难。隶淮扬海道。两淮盐运使驻。顺治初，因明制，州三，县七。康熙十一年，海门圮于海，并通州。雍正三年，通州升直隶州，以如皋、泰兴往属。九年，析江都置甘泉。乾隆三十二年，析泰州置东台。西南距省治二百十里。广三百五十里，袤二百三十里。北极高三十二度二十七分。京师偏东二度五十六分。领州二，县六。江都冲，繁，疲，难。倚。大江西自六合历扬子入，东迳七濠口。监制同知驻。又东迳裕民洲，为夹江，歧为二。又东为三江口，东南流，与江合。三江口与天福洲对，设炮台，守备驻。裁盐务巡道。又东迳扬子港，入泰兴。运河北入，环城南，迳新河湾，分流，西入扬子。又南流至瓜洲口，有炮台。总兵驻。又东迳连城洲，分入江。盐河导运河水东北入泰州，白塔龙儿河水注之。有榷关。镇三：瓜洲、万寿、宜陵。瓜洲、大桥、马桥、沙洲有汛。广陵驿丞裁。瓜洲、万寿巡司二。甘泉冲，繁，疲，难。倚。雍正九年置。西北：蜀冈、甘泉山。北：邵伯湖，与高邮错。运河合湖水南流，至壁虎桥入江都，绿洋湖、乔墅荡分流入之。镇三：邵伯、上官、大仪。一驿：邵伯。有汛。上官、邵伯二巡司。扬子冲，繁。府西南七十里。明为仪真。雍正二年，改“真”为“征”。宣统元年，复曰扬子。西北有铜山、界墩山。南滨大江。西自六合入，有里世洲、沙漫洲二水自林家桥、王家坝北来注之。又西分流至泗源沟入江。税课大使驻。新河出月塘集，西南流，亦入江。一镇：新城。有水驿驿丞。清江芒稻河闸官，裁。青山、旧港、黄泥港有汛。旧江口巡司一。高邮州冲，繁。府北一百二十里。西南：神居山。运河北迳税务桥，盐河西流注之。又迳车逻坝，南澄子河注之，南汇为绿洋湖。马霓河东南流，入于清水潭，受运河北泄诸水，东积为草荡，三阳河南来注之。高邮湖西北，一曰甓社湖，北接界首湖，南赤岸湖，与甘泉错。水高、永南有汛。二驿：界首、盂城。界首、时保巡司二。兴化疲，难。府东北一百六十五里。东：大海，有堤。盐河并堤流，西受界河、海沟、横泾诸水，东出为大团河、八灶、七灶河，东北会斗龙港，入于海。有刘庄、草堰、丁溪三场，盐课大使驻。北有吴公湖、苔大踪湖，与盐城、宝应错。石础、白驹三闸，有闸官。镇三：安丰、陵亭、芙蓉。安丰巡司一。宝应冲，繁。府北二百四十里。运河北自山阳入，迳八口铺，东溢为瓦沟溪。又南流，迳汜水镇，至界首，有界首湖，入高邮。其西宝应湖，汇淮流下潴之水。苔大踪湖东北，周二百里，分支入运河。衡阳有汛。一驿：安平，有驿丞，裁。衡阳、槐楼巡司二。泰州繁，疲，难。府东一百二十里。盐河西自江都入，夹城东流，一曰里下河，有溱潼水注之。至白米镇，左通串场河，右出支津，入泰兴。又东迳海安镇，左歧为界河，东南入如皋。盐河东北自东台入，西南流，迳淤溪达鳅鱼港，又西南与之合。有泰坝，泰州分司运判驻。鲍湖东北。镇四：海安、安乡、斗门、樊汊。海安、曲塘有汛。海安、安乡巡司二。东台繁，疲。府东二百四十里。乾隆三十二年置。东：大海，有堤。盐场七：东台、何垛、梁垛、安丰、富安、角斜、拼茶。盐课大使驻。又小海场大使，裁。里下河自泰州环城北流，又东溢为支河入海。盐河出县西海道牐，西南流，错出复入，至淤溪入泰州。水利同知驻东台场。草堰四闸有闸官。一镇：西溪。巡司裁。王家港有汛。

徐州府：要，冲，繁，难。隶淮徐道。徐州镇总兵驻。顺治初为直隶州。领萧、砀山、丰、沛。雍正十一年，升府。置铜山县。又以降直隶邳州来隶，及所领宿迁、睢宁。东南距省治七百三十里。广三百二十里，袤一百八十里。北极高三十四度五分。京师偏东五十八分。领州一，县七。铜山冲，繁，难。倚。雍正十一年置。东北有铜山，故名。微山湖，东北出为荆山河，即引河，一曰徐州河，承湖水至卞塘入邳州，与运河合。资河一曰奎河，东南流入萧县。黄河故道西北。一镇：卞塘。郑集三堡有汛。利国、东岸二驿，驿丞裁。双沟、利国巡司二。萧简，难。府西五十里。南：丁公山。西：岱山。西北为岱山湖。又东南有龙山河。资河自铜山入，东南迳轴山西，左出支津入灵壁，正渠入宿州。其西望川湖，迳大海子东，亦入宿。镇二：白土、永安。一驿：桃山。张山店巡司一。砀山冲，繁，疲，难。府西北一百六十里。东北：芒砀山。利民沟一曰小神湖，东南流，屈而西，入永城。西沙河，西南迳鼎新集，入河南夏邑。城北为黄河故道。周家寨、蟠龙集有汛。丰简。府西北一百五十里。东南：华山。新开河北流迳章固镇，又北入鱼台。旧浚以导黄河，今堤存。丰水一曰泡河，《班志》泡水也，入泗，湮。一镇：吴康。沛冲。府西北一百二十里。西：七山。有楼山圩，乾隆四十六年河决，县没，徙此。四十七年建城。咸丰元年河决，城复没，迁夏镇。十一年仍还旧治。东：微山湖。西有聂庄铺小河口。运河自滕入，屈曲流入湖。泗水自山东鱼台入，亦曰南清河，受金沟水，为金沟渡，东合三河口水，自此入运。有彭口、杨庄二闸。闸官裁。夏镇、楼山圩有汛。夏阳巡司一。邳州冲，难。府东北一百五十里。旧治下邳。康熙二十八年迁治艾山南。

七年河决，移今治。雍正三年升直隶州。十一年来属。南：葛峄山，即距山。北：艾山、石埠山。西北：黄石山。运河自峄错入，迳泇口，岔河东北注之。至徐塘口合徐川河水，又南合沂水，入宿迁。武河，古武水，一曰治水，左通沂河，右入武原水，复出数支津，与燕子、柴沟等并入运。武原水即泇河，自兰山入，东会沂水，达宿迁之黄墩湖，入黄河。城南有黄河故道。镇三：直河、新安、泇口。姚湾、泇口有汛。旧城巡司一。宿迁冲，繁，难。府东一百里。北：峒峿山、马陵山。东：五华峰。南：斗山。运河自邳州入，南合六塘河水，入桃源。西北：骆马湖，汇沂河、山涧诸水为巨浸。北：沭河自郯城入，南得桃花涧水，再错沭阳，折东北，迳燕集圩仍入之。西南：故黄河，有堤。镇三：白洋河、小河口、邵店。顺河、峒峿有汛。二驿：钟吾、峒峿。钟吾有驿丞，裁。峒峿巡司一。睢宁简。府东南一百二十里。有池山、官山。西：九顶山。西南：峰山、荆山、英公山。东南：池山。白塘河出小李集，东南流，合沈家河，即今涸沙河，东入宿迁。又潼水，《水经注》所谓潼陂水入睢者，湮。镇二：高绍、辛安。

通州直隶州：繁，难。隶常镇通海道。顺治初，因明制，属扬州府。县一，海门。康熙十一年，县省。雍正二年，升直隶州，割扬州府之如皋、泰兴来属。西距省治五百三十里。广三百里，袤百三十里。北极高三十二度三分。京师偏东四度十一分。领县二。东：军山、剑山。西：黄泥山、马鞍山，五峰并峙。东北：天竺山。南：狼山，设炮台。狼山镇总兵驻。东北：大海，产盐，置场五：吕四、馀东、馀西、金沙、石港，盐课大使驻。又马塘、馀中二场，乾隆元年裁。西亭场，三十三年裁。通州分司运判驻石港，税课大使亦驻。南：大江西自如皋入，东行达老洪港，会于海。盐河自如皋西入江，东分流，循城而南，又东入于海。镇二：狼山、石港。石港、金沙、馀东、吕四有汛。狼山巡司裁。吕东巡司一。如皋繁，难。州西北一百二十里。东，濒海。盐场二：丰利、掘港。盐课大使驻。大江西自靖江入，又东入通州，北通运盐河。河西北自泰州入，循城南，分为二。一南流入江。一东迳丁堰，又分流，至岔河，为盐场诸水。又南流，迳白蒲镇入通州。镇四：丁堰、掘港、丰利、白蒲。马塘、丰利有汛。主簿驻掘港。西场、石庄巡司二。泰兴疲，难。州西二百四十里。大江西北自江都入，右与丹徒分岸，为庙港。纳李薛河，又南与丹阳分岸，东至界港。界河自靖江缘界而西入之，又东入靖江，分支为老龙河，至黄桥，折南注界河。黄桥有汛。口岸、黄桥、印庄，巡司三。

海州直隶州：繁，难。隶淮扬海道。顺治初，因明制，属淮安府。县一。雍正二年升直隶州，又割淮安府之沭阳来属。西南距省治八百二十里。广百七十五里，袤百九十里。北极高三十四度二十三分。京师偏东二度五十六分。领县二。东北：云台山，濒海。东：高公岛。西：金墅汛，设炮台。北：鸭岛、竹岛。东北：鹰游山。盐场三：中正、临兴、板浦。盐课大使驻。又白驹、莞渎二场，乾隆元年裁。海州分司运判驻板浦，有太平局、中富局、大义疃、富民疃，中兴疃盐垣。盐河自安东入，迳新安镇，合南北六塘河入海，其东支津与海通。西南：青伊湖、硕项湖，北播为蔷薇河。南有一帆河，受盐河水入安东。镇五：板浦、高桥、莞渎、石湫、新坝。板浦、房山、吴家集有汛。高桥、惠泽巡司二。赣榆难。州北八十里。北：吴山。西：徐山、界山。东：兰山。南：泊船山、武强山。东，濒海，自山东日照入，有秦山望海墩，设炮台。大沙河自郯城、青口河自莒，南流入海。兴庄河水出西北吴山中。镇四：临洪、青口、荻水口、中冈站。青口巡司一。乾隆十六年，省荻水司改。沭阳难。州西南一百二十里。西北：张仓山。东北：韩山、万山。沭河，古涟水，自宿迁入，东流为新挑河。后河循城东北入青伊湖，又南与沙礓河合，迳阳沟，六塘水注之，达于海。镇六：汤沟、侯镇、华冲、高流、阴平、刘庄。吴家集有汛。县丞驻高流。

海门直隶厅：冲，繁。隶常镇通海道。旧本沙洲。乾隆初，设沙务同知。三十三年，割通州之安庆、南安十九沙，崇明之半洋、富民十一沙，及天南沙，置厅。移苏州府海防同知来治。西距省治五百七十里。广一百四十里，袤三十七里。北极高三十一度五十五分。京师偏东四度四十五分。东南，濒海。西，大江，西南自通州入，右与昭文分岸。又东错崇明，折东北，由界洪复入，东南至蓼角嘴入海。白茆口为江海潮所会。界河承海水西流，环治而南，入于江。

苏州府：最要。冲，繁，疲，难。分巡苏州道治所。江苏布政、提学、提法三使，巡警、劝业二道，织造兼督浒墅榷关驻。雍正八年，按察使自江宁移此。宣统二年改提法使。顺治初，因明制，州一，县七。雍正二年，升太仓为直隶州，割崇明、嘉定属之。又析长洲置元和，崑山置新阳，常熟置昭文，吴江置震泽。乾隆元年，又设太湖厅。光绪三十年，设靖湖厅，隶府。北距京师二千七百里。广二百里，袤二百四十里。北极高三十一度二十三分。京师偏东四度一分。领厅二，县九。太湖厅府西南九十八里。乾隆元年置，移吴江同里抚民同知来驻，治洞庭东山。东山一曰胥母山，有莫釐峰。太湖环厅治，积三万六千顷。天目山水西南自浙之临安、馀杭合苕、霅溪水，至大钱口；其西合宜、歙诸山水，迳长兴箬溪，至小梅口，与宜兴、荆溪诸县水，西北汇为湖。又东北，播为吴淞江。又东为淀山湖，达黄浦入于海。角头、下扬湾村巡司二。靖湖厅简。光绪三十年置，设抚民通判，治洞庭西山。有缥缈峰。吴冲，繁，疲，难。倚。南：横山。西：皋峰、姑苏灵岩山。东南：香山。西南有天平、楞伽、灵岩、穹窿、邓尉诸山。西北：运河自浙江秀水历吴江、元和入，受太湖水，自胥口东迳木渎，与光福塘、箭泾诸水会，又迳跨塘至胥门，越来溪注之。北出为横塘，与县南鲇鱼口水并入运河。商埠，城南青阳场，《马关条约》四埠之一。镇三：横塘、横泾、木渎。县丞驻木渎。光福巡司一。乾隆十一年，省木渎司改。长洲冲，繁，疲，难。倚。西：高景山。西北：阜犹山。西：运河自吴入，有寒山汛。西北迳射渎，会金墅港水，又西北入无锡。射渎水东出为长荡，浒墅、乌角、白鹤诸溪并与运河合。娄江支津自元和缘界入，东北，左溢为尚泽荡，右阳城、西湖，北后湖，迳南荡，迳陆港折东入新阳。浒墅有榷关。镇三：陆墓、蠡口、望亭。浒墅、黄埭有汛。吴塔巡司一。有铁路。元和冲，繁，疲，难。倚。雍正二年置。东北：维亭山。西有虎丘。唐白居易凿渠南达运河，今谓之山塘。东南：江宁山。吴淞江自吴江北迤东入新阳。运河亦自其县入。其南：澄湖，溢为萧淀湖，又东南为长白诸荡。尹山湖，县东南。其北：独墅湖，有黄天荡。又阳城湖东北西湖跨长洲。中湖、东湖俱与新阳错。镇二：角直、维亭。沙河、周庄、章练塘有汛。二驿：姑苏、望亭。县丞二，驻角直、章练塘。周庄巡司一。有铁路。崑山疲，难。府东七十里。吴淞江东迳三江口，屈曲流入青浦。南有淀山湖，北溢为碁盘荡、陈墓荡，又北白莲湖，歧为商羊潭、杨氏田湖，迳直港与吴淞合。致和塘水自元和环城流，东会新洋江入太仓。镇三：安亭、泗桥、蓬阆。石浦巡司一。有铁路。新阳疲，难。府东七十里。雍正二年置。西北：崑山、绰墩山。吴淞江自元和东入，复错出。新洋江一曰新阳江，纳吴淞水，北入致和塘。有傀儡湖、鳗鲤湖、巴城湖、雉城湖。巴城、雉城今湮。

一镇：兵墟。大王庙有汛。巴城巡司一。有铁路。常熟繁，疲，难。府北九十里。苏松粮储道驻。乾隆三十二年移省。北：大江。福山与隔江狼山对，设炮台，总兵驻。西北：崇德山、河阳山。西南：宛山。北：大江自江阴入，左与通州分岸，有捍海塘。元和塘水即运河，自长洲入，北迳福山塘。又黄泗浦水西北流，并入江。东北：大海。有塘。东南：昆承湖，一名隐湖，与尚湖相对，亦曰八字湖。镇二：庆安、福山。鹿苑、唐市有汛。黄泗浦巡司一。昭文繁，难。府北九十里。雍正二年，析常熟东境置。东北：大江自常熟入，又东入太仓。其港口以许浦、白茆为大。白茆受吴中诸水。许浦北海舶出入长江道，此为深水。铖路、白茆、许浦，及茜泾、下张七鸦，宋为昆山、常熟五大浦。自白茆岳庙起，北至周泾口入江，长二千九百丈，亦名里睦塘。镇二：梅李、许浦。薛家沙、支塘、徐六泾有汛。白茆巡司一。吴江冲，繁，难。府南四十里。北：吴淞江，鲇鱼口水北流入之。运河二源，一南塘河，一官塘河，东汇为诸荡，与汾湖合。庞山湖东受太湖水，溢为九里湖，又东同里湖，其南为叶泽湖，有元鹤、韩郎荡。莺脰湖，县南。镇三：简邨、八赤、盛泽。同里有汛。一驿：松陵。县丞驻盛泽。汾湖、同里巡司二。震泽繁，难。府南四十里。雍正二年置。东临运河，自吴江入，至平望镇，西塘河来会。西临太湖，合诸港漾水注唐家湖，东入吴江。横塘西导乌程诸水，歧为三，东与莺脰湖会。横塘之西曰震泽塘，东曰梅堰塘，为孔道。镇二：平望、严幕。震泽有汛。平望、震泽巡司二。

松江府：要，繁，疲，难。隶苏松太道。江南提督驻。顺治初，因明制，县三。十二年，析华亭置娄县。雍正二年，又析华亭置奉贤，析上海置南汇，析青浦置福泉，改金山卫为县。乾隆八年，福泉省。嘉庆十年，又析上海南汇地设川沙厅，隶府。西北距省治一百六十里。广一百六十里，袤一百四十里。北极高三十一度。京师偏东四度二十七分。领厅一，县七。川沙厅繁，疲，难。府东南二百四十里。故明川沙堡。乾隆二十四年，改董漕同知为川沙海防同知。嘉庆十年，析置为抚民同知。东：大海。有捍海塘三，曰外圩塘、钦公塘、东护塘。夹护塘河二。盐河迳界浜入宝山。其左御寇河，椿树浦水引黄浦东入，与盐河合。三尖嘴、海中、曹家路有汛。华亭繁，疲，难。倚。东南有柘山、金山。海中有捍海塘。松江上承太湖，东迳笠泽，与东江、娄江而三。今娄江塞，而东江合松江出海，只一江耳。黄浦江为吴淞支津，首受泖、淀诸水，屈曲流，大洋泾水会之。春申塘水东引黄浦支流，合千步泾，会於北俞塘。又分流迳颛桥入黄浦。柘林营东南，水利通判驻。有盐场曰袁浦，大使驻。镇五：亭林、叶谢、曹泾、柘林、沙冈。柘林、亭林、张泽有汛。都司驻柘林，县丞驻曹泾。亭林巡司一。有铁路。娄疲，难。倚。顺治十二年置。西北有横云山、机山、天马山。南：泖湖，源出华亭谷，与青浦金山错，古三泖也。斜塘上承泖湖，自青浦入，东歧，合古浦塘及支津，贯城至华亭界，为南俞塘。其北出者为通波塘。斜塘东南合秀州塘、大蒸塘，入金山，为黄浦，又东入上海。有横浦盐场，大使驻。一镇：枫泾。天马镇、泗泾、枫泾有汛。县丞驻白龙潭。小徵巡司一。有铁路。奉贤疲，难。府东九十里。明于华亭置青村所守御、千户，隶金山卫。雍正二年析置。南，濒海，有塘。有青村盐场，大使驻。青村港，县西，有汛。南桥塘水上游望河泾，自华亭引黄浦水东入姚泾，又东会萧塘，为南桥塘，左得金汇塘，上承南汇界河水，又东为青村港。西有龙泉港，亦受望河泾，错出复入，迳阮港镇，折东抵柘林营而止。镇三：陶宅、南桥、四团。县丞驻四团。南桥巡司一。金山疲，难。府南七十二里。雍正二年置。故明金山卫，属华亭。初治卫城，寻徙洙泾镇。东南：秦山、查山。海中有金山，县以此名。今隶华亭。东北：泖港，横潦泾西流入之，汇平湖诸水，曰三秀塘。纳秀州塘，迳城南，东达掘挞泾，南汇诸水合泖港入黄浦。南有盐河，循卫城西溢为黄姑塘，歧为里界河、黄浦界河，并北流而合，至大泖港与横潦泾会，又北为黄浦。折东与娄分岸，入华亭。有浦东盐场，大使驻。典史驻卫城。一镇：洙泾。张堰巡司一。洙泾、张堰、吕港有汛。上海冲，繁，疲，难。府东北九十里。苏松太道驻。黄浦江自华亭入，夹城流，东北至虹口。吴淞江西北来与之合，又东北入于海。吴淞江自嘉定入，纳盘龙浦水、横沥水，迳新泾，又东为古沪渎，迳新闸北、泥城桥、老闸会黄浦江。西墺欧、美各国互市租界，道光二十三年《英约》五口通商之一。吴淞岸东北四十五里，光绪二十四年开为商埠，海舶殷辏，利尽东南。租界有会审公堂，理华、洋狱讼。有海关，苏松太道监督。又南洋军械制造局，西南。镇四：吴淞、乌泾、吴会、闵行。塘桥、引翔港、闵行有汛。黄浦、吴淞巡司二。有铁路。南汇繁，疲，难。府东一百二十里。雍正二年置。故明南汇守御所。东：大海。捍海塘二：内东护塘；外外护塘，即钦公塘。西黄浦江自华亭入，迳闸港，折北，左与上海分岸。县西纵河曰鹤坡塘，在新阳镇。会南七灶诸港水，至分水墩，是为港闸。西会金汇塘，入奉贤。县号穷海，独饶盐。东护塘内有运盐河，南自奉贤入。一镇：下沙。置盐场三，盐课大使驻。周浦有汛。县丞驻泥城。三林庄巡司一。青浦繁，疲，难。府西北五十里。东：簳山、佘山。东南：凤凰山、薛山。北：福泉山。西：庐山、辰山。北：吴淞江。淀山湖西受太湖水，播为诸荡，南与泖湖合。北会朱家港水入于江。有赵屯浦、大盈浦、顾会浦、盘龙浦，俱分受吴淞水，入黄浦。镇六：泗泾、金泽、朱家角、赵屯、七宝、白鹤江。北簳山、小徵有汛。县丞驻七宝。淀山、新泾巡司二。

太仓直隶州：繁，疲，难。隶苏松太道。顺治初，因明制，属苏州府，县一。雍正二年，升直隶州，析州置镇洋县，又割苏州府之嘉定属之，析其地置宝山，同隶州。西南距省治一百二十里。广一百五十里，袤一百四十里。北极高三十一度二十九分。京师偏东四度二十五分。领县四。北有穿山。东北：大海，有塘。七鸦口设炮台。一镇：双凤。璜泾有汛。州同驻刘河镇。七浦巡司一。昔太仓之水八百五十。南路之水，娄江独任之。北路之水，七浦、杨林分任之。故七浦以辅娄江，杨林又以辅七浦。杨林南有湖川塘。湖川南朱泾，为古娄江北道。又贯南北者，有盐铁塘，南出吴淞入海。北道白茆达江。雍正中，发帑疏浚两江，兼治白茆，以补三江之缺。镇洋繁。倚。雍正二年置。东：大海。县东刘河口，一曰娄河口，有汛。娄江入海处。《禹贡》中江也。“刘”即“娄”，声近字。上承致河塘，自新阳入，为太仓塘。自城南南马头东合新塘港，又东入海。新塘港即旧湖川塘，迳小塘子入刘河。南：盐铁塘水环城流，西北与七浦塘合。有闸官，裁。茜泾河西抵漕塘河，东迳花双入海。茜泾城，乾隆三年筑。镇二：沙头、茜泾。甘草巡司一。崇明冲，繁。州东北五十七里。东：金鳌山、茶山。东北：海中设汛。海环县治，港沙绮错。有望海台，当沙港南，与崇宝沙对，设炮台，总兵驻。施翘河水西南夹城流，又东与十滧口合，入于海。东：盐滩，有场，巡盐大使驻。雍正八年，于县设太通巡道。乾隆五年移通州，六年裁。镇三：新镇、豹貔、杨家河。上沙、中沙、外沙、下沙有汛。县丞驻五滧。大安有废巡司。崇海巡司一。嘉定疲，难。州南三十六里。初属苏州府。雍正二年来隶。东南：鹤槎山。吴淞江东入，缘界流，北为盐铁塘水，入镇洋。县北刘河，古娄江也。横沥水北流迳县城，又东与之合。练祁塘水承吴淞西来，环城流，迳罗店，入宝山。镇三：

外冈、安亭、南翔。县丞驻南翔，有汛。诸翟巡司一。有铁路。宝山繁，疲，难。州东九十里。雍正二年置。故嘉定县吴淞所，明宝山厅。东南有宝山故城。山北设汛。东濒大海，有塘。南为吴淞口，黄浦江入海处，设炮台，控扼东南，为军港要塞。崇宝沙，海中，与崇明对。蕴藻滨水自嘉定迳陈行镇，界泾水西北迳罗店，合练祁塘水会之。歧为二，东至胡巷口，南至虹口，并入黄浦。又北泗塘水引蕴藻滨水南迤东环城流，西有彩绹港。镇四：高桥、江湾、大场、罗店。旧炮台、胡巷口、杨行、江湾、月浦有汛。县丞驻高桥。有铁路。

常州府：冲，繁，疲，难。隶常镇通海道。顺治初，因明制，县五。雍正二年，总督查弼纳以苏、松、常赋重事繁，疏请太仓等十三州县各析为二，析武进置阳湖，无锡置金匮，宜兴置荆溪。东南距省治二百八十里。广一百六十里，袤一百八十里。北极高三十一度五十二分。京师偏东三度二十四分。领县八。武进冲，繁，疲，难。倚。府西偏。西北：黄山、固山。毘陵江西北自丹阳入，东南至桃花港入江阴。运河循城流，迳奔牛镇入丹阳。滆湖北受运河，西受坛、溧、洮湖诸水，汇为湖，又西溢为大圩荡，南与湖塘河会，入宜兴。镇三：奔牛、青城、阜通。西埠、孟河、魏村有汛。一驿：毗陵。奔牛、孟河巡司二。有铁路。阳湖繁，难。倚。府东偏。雍正二年置。以县东阳湖名。东：芳茂山。东北：舜山。南：太湖，有马迹山，旧置寨，有汛。运河自无锡迳丁堰、戚墅堰，北商河水合舜河水东西分流入之。戚墅港合宋建湖，至白荡歧为三，一东入无锡达间江，一黄堰河达百迹，一薛堰河达下埠，并入太湖。其武进支津曰宜荆漕河，一曰西蠡河，西南流，会滆湖水，并湖行入宜兴。一镇：横林。马迹巡司一。有铁路。无锡冲，繁。府东南九十里。北：九龙山。西：舜山、锡山。其东惠山，有泉。太湖，西南。又东溢为五里湖，南出为长广溪，西迳吴塘门，仍入太湖。运河东南自长洲入，夹城流，东纳漕河，即白塘圩，支津出江阴，首受大江，北流，迳高桥，与之合。镇一：潘葑。一驿：锡山。清宁有汛。高桥巡司一。有铁路。金匮繁，难。府东九十里。雍正二年置。以城内金匮山名。东北有斗山、胶山。北：横山。南：夹山、前山。运河东南自长洲入，常昭漕河首受大湖，东缘长洲界，左与无锡分岸，环城入之。又分流，南北入常熟、江阴。又自东亭屈而西为百渎港，东流会于鹅真荡，与长洲错。一镇：望亭。黄埠墩有汛。巡司一。有铁路。江阴繁，疲，难。府东七十里。江苏学政驻，光绪三十一年裁。北：君山。东北：绮山、定山、黄山。东：马鞍山。隔江与天生港对，有炮台。北：大江西自武进入，漕河首受江水，迳四河口入无锡。应天河分漕河水，屈曲流，迳华墅东南，为南长河。横河，城东至泗港北入江。有青草、寿星诸沙。镇三：杨舍、夏港、申浦。沙洲、杨舍有汛。顾山巡司一。宜兴疲，难。府南一百二十里。西北：有函山、东北：羊山、金鹅、罗科山。西：大坯山。北：滆湖，与武进、阳湖错，受长荡湖水。其支津湖塘河自武进入，岐为二，至吴渎口入于太湖。县东有东氿、西氿、金坛溧阳诸水会之。漕河北与二氿合，汇为羊山诸荡。又东北为横荡，迳百渎港入太湖。一镇：杨港。和桥有汛，县丞驻。钟溪、下邾巡司二。荆溪疲，难。府南百二十一里。雍正二年置。南：荆溪，县以此名。南：白云、茗岭、君山、啄木岭。西：芙蓉山、国山。三国吴天玺元年封禅为中岳，有摩崖，右群峰相缪不一名。东：铜官山。西南：章山。东南：茶山、兰山。濒太湖东西二氿，与宜兴错。杨港河、文定港水分流入之。其南沙河自溧阳戴步流并潴焉。东南：蜀山河，合川步水，东岐为施塘，并注之。又东至大浦口，其南莲化荡自湖汊汇诸山水，至乌溪口，并入太湖。徐舍有汛。湖汊、张渚巡司二。靖江难。府东一百五十里。东北：孤山。南滨大江，西自泰兴入，东：张黄港。右与江阴分岸，又东迳县南入如皋。港口八。迤东歧为界河，折南至张黄港复合。港南紫气河，漩洑深洪，海舶入江处。界河自港北环县流，西达界港入于江。西有团河。镇三：陈阜：生祠、新丰市。新港巡司一。

镇江府：最要，冲，繁，疲，难。常镇通海道治所。长江水师提督、京口副都统驻。顺治初设镇海将军，乾隆二十八年裁。顺治初，因明制，县三。雍正八年，以江宁府之溧阳来属。光绪三十年，又设太平厅，隶府。东南距省治三百七十里。广二百十里，袤一百三十六里。北极高三十二度十二分。京师偏东二度五十七分。领厅一，县四。太平厅简。府东七十里。光绪三十年置，设抚民同知，治太平洲，江中。丹徒冲，繁，疲，难。倚。西北：金山，临江，有中泠泉。北：北固山。焦山，江中，南北与象山、连城洲对，又东圌山、五峰山，隔江与高桥对，皆设炮台。大江，城北迳孩溪，复南绕圌山，分支为大小夹江，有宝晋、天福、补沙诸洲。运河南自丹阳入，迳雩山西、洪山东，折西环城北流，所谓南运河。粮艘渡江入伊娄河，至邗沟，为北运河，并入于江。横越牐有闸官。西：高资河，东西与新开河合。河为乾隆四十五年巡抚吴坛浚，出排湾西经高资入句容。商埠，县北二里，外国互市租界，咸丰十年《英法条约》长江三口之一。有新关，常镇道监督。镇五：丹徒、高资、谏壁、大港、新丰。朱家圩有汛。二驿：京口、炭渚。京口有驿丞，裁。高资、安港、丹徒巡司三。有铁路。丹阳繁，疲，难。府东南七十里。东北有九龄山。大江北自丹徒播为夹江，迳姚家桥入，东与江合。运河东南迳七里桥，漕河会之。又西南播为香草河。简渎河环城流，入于江。包港东北导运河水与夹江合。北有练湖。镇二：吕城、延陵。一驿：云阳。吕城、包港巡司二。有铁路。金坛疲，难。府南一百六十里。西：茅山，一曰三茅峰。南：长荡湖，与溧阳错，古洮湖也。漕河环城为濠，南会于白龙荡，又南受湖水入溧阳。薛步水出薛步镇，东流分为二，一入漕河，一南与漕河遇，入于湖。东有钱资荡。湖溪巡司一，裁。溧阳繁，疲。府南二百四十里。雍正八年来隶。西：曹姥山、铁冶山一曰铁岘。北：涪山，峙洮湖中，湖与金坛错。三塔荡西南溢为昇平荡。前马荡水出溧水庐山，合高淳诸水，东迳为荡入中河，东南流与漕合，古中江也。五代杨行密筑五堰，江自是不复东，禹迹中湮矣。镇三：举善、甓桥、广道。

卷五十九　　志三十四

地理六

安徽

安徽：《禹贡》扬及徐、豫三州之域。明属南京。清顺治二年，改江南省，置凤阳巡抚及安庐池太巡抚，兼理操江军务，并统于淮阳总督。六年，俱罢。十八年，设江南左、右布政使，以左布政辖安庆、徽州、宁国、池州、太平、庐州、凤阳、淮安、扬州九府，暨徐、滁、和、广德四直隶州，驻江宁。康熙元年，始分建安徽为省治，复置巡抚，驻安庆。三年，江南分一按察使来治。五年，割扬州、淮安、徐州还隶江宁右布政。六年，改左布政为安徽布政使司。雍正元年，以两江总督统治安徽、江苏、江西三省。二年，升凤阳府属之颍、亳、泗三州，庐州府属之六安州，为直隶州。十三年，颍州升府，亳州复降属颍。乾隆二十五年，安徽布政使亦自江宁来驻。东至江苏溧水；西至湖北麻城；南至江西彭泽、浙江遂安；北至河南鹿邑。广七百三十五里，袤六百六十六里。宣统三年，编户三百一十四万二千一百八十四，口一千六百二十二万九百五十二。领府八，直隶州五，属州四，县五十一。其名山：霍、皖、黄、九华、陵阳、敬亭。其大川：大江、皖、泾、枞阳、巢湖、淮、颍、涡、滁、浍、西肥、北肥、洪泽湖。航路：东达江苏，西达江西、湖北。驿路：自安庆北逾北峡关渡淮达江苏徐州；自江心驿东南出清流关达江浦；自桐城西南达湖北黄梅。铁路拟设芜宁路。电线。

安庆府：冲，繁，难。安庐滁和道治所。巡抚，布政、提学、提法三使，巡警、劝业道，同驻。顺治初，因明制，属江南左布政使司。康熙六年，始分建安徽省。十四年，设提督，辖上江营汛。十八年，省提督，并入江南。乾隆二十五年，移左布政使来治。嘉庆八年，以巡抚兼提督，辖二镇各标。西北距京师二千七百里。广四百五十里，袤二百七十五里。北极高三十度三十七分，京师偏东三十四分。领县六。怀宁冲，繁，难。倚。东北：大龙山。西：皖山，百子。西北：独秀山。大江自望江入，迳城南而东北出趋池口，又东北入无为。皖水自潜山入，会长河，迳石牌港入江。北：黄麻河，一名黄马河，自潜山入，会沙河、高河，达桐城为练潭河。西北：井田河，上达练潭。西：冶塘湖，由皖口入江。东北：长枫港，引莲湖、槐湖水入江，即古之长风沙也。碎石岭汛二，石牌市汛一。长枫、三桥二镇，巡司各一。一驿：练潭。商埠滨江。桐城冲，繁，难。府东北百二十里。东北：浮度山，北峡山一名北峡关，与舒城界。西：挂车。北：龙眠山，有水流为龙眠河，入松山，鸭子诸湖。东南：大江自怀宁入，东流，迳县西南练潭驿为练潭河。双河出县东，二派合流为孔城河，与东南长河、白兔河俱入练潭河，至枞阳入江。三道岩关，县西，咸丰十年重筑。六百丈、北峡关、练潭镇、马踏石巡司四。驿二：陶冲、吕亭。潜山冲，繁。府西北百二十里。北：灊山，一曰皖山，又名天柱。汉武帝登灊礼天柱，号为"南岳"，即此；道书所谓"第十四洞天"也。潜水今名前河，源出公盖山，西流为开源洞。东南流，迳城北，东合皖水。出公盖山，东迳乌石波，至城东崩河合潜水。南至石牌市，与太湖东诸水会，迳怀宁入江。东北：昆仑山，沙河出，会黄马河入怀宁。吴塘堰，历代开以灌田，康熙十一年修治。天堂砦，后部河所出。有巡司一。一驿：青口。太湖冲，难。府西北二百二十里。东：马头山。南：新寨，香茗。西北：龙山。北：珠子山。有关，西与英山界。太湖旧与小湖五，并堙。东北：银河自潜山入，为后部河。右合羊角河，为龙湾河。汇南阳、青石、棠梨、罗溪诸河，为马路河。环城而东，折东北仍之。后部、白沙巡司各一。一驿：小池。宿松冲，难。府西南百六十里。东北：严恭、烽火。东南：洿池。西南：得胜山。大江自湖北黄梅入，流迳小孤山。元立铁柱于上，名"海门第一关"。分流东下入望江。二郎河一名扬溪河，承雷水，南流入望江。北：三溪河自湖北蕲州、黄梅分入，合于隘口，南流入江。东北：旧县河出白崖诸山，合荆桥河，入望江之泊湖。东：张富池，会大小泊湧湖，龙南莲若湖，白湖、棠梨、小黄三湖，趋于泊湖。又南，龙宫湖、大官湖，均东连泊湖，成巨浸。有便民仓镇，南北粮仓贮此。有归林滩镇，旧置巡司，裁。其复兴、泾江口二镇有巡司二。一驿：枫香。望江简。府西南百二十里。西北：大茗、小茗对峙。东：周河山。西：麒麟山。北：宝珠山。南：大江自宿松入，滨城缘娥眉洲东北流，至华阳口纳泊湖。泊湖受宿松浮湖、茅湖诸水，合流为扬溪河，即雷水也。雷港，明时湮。今从华阳镇入江。镇四：苏家、吉水、香新沟，又华阳。雷港，游击驻。有巡司。雍正中自杨湾改。一驿：雷港。

庐州府：冲，难。隶安庐滁和道。明，庐州府，属江南。顺治初，因明制，改二州、六县，属江南左布政使司。康熙六年，分隶安徽省。雍正二年，升六安为直隶州，以英山、霍山二县改属，余仍旧。南距省治四百六十里。广二百二十里，袤二百一十里。北极高三十一度五十六分，京师偏东四十七分。领州一，县四。合肥冲，繁，疲，难。倚。东：龙泉，青阳。东北：大小岘山。西南：紫蓬。东：浮槎。东南：四鼎山一名四顶山。东：巢湖一名焦湖，延袤四百余里，中有三小山，曰鞋、曰姥、曰孤，港汊凡三百六十，纳众水而南注之江。东店阜河，南派河、三汊河，皆入焉。肥水迳鸡鸣山，淮水来与之合，县名昉此。东：逍遥津。梁园镇。西：庐镇关。梁园、青阳、官亭巡司三，督粮通判一。县丞一。驿五：护城、金斗、店埠、派河、吴山庙。舒城冲，繁。府西南百二十里。南：春秋山、华盖、鼓乐。西南：龙眠、七门山。东：巢湖，与合肥、庐江、巢分界，县境诸水毕汇于此。龙舒河源出县西孤井，东流会石塞河，流迳七门堰，又迳城南入巢湖。上七里河在县西九里，西山诸水所汇，迳南溪入巢湖。其在县七里者为下七里河，上接南溪，下达巢湖。七门堰在西南七门山下，有三堰：一乌羊，二千功，三槽椟也。南北峡关、西阳山寨、上阳镇有汛。晓天镇巡司一。驿二：三沟、梅心。庐江简。府南百八十里。东北：冶父山。西北：冷水关。两山夹立如门。东：梅山，西：孺山，郎家。东南：矾山。东北：巢湖，西纳三河，迤东金牛、清野诸水汇焉。其南白湖。南迤为后湖，西播为黄陂湖，汇县河及作枋河。东出为青帘河，由无为入江。西南高子水，南罗昌河，并入桐城。冷水关有汛一，巡司一。驿一：庐江。巢简。府东北百八十里。东：东山，滨江为险。东南：七宝山。西北：万家山。西南：巢湖，旧居巢地，后陷为湖，因名。县境诸川多自此导流。濡须水自湖东口流迳城南，一名天河水。东流，迳东北亚父山南。又东南，迳七宝、濡须两山间，亦曰东关水，入无为。清溪河自巢湖导流，迳县东，合芙蓉水，下流会濡须水。西柘皋、白露、巧溪、花塘诸河皆入巢湖。柘皋有汛。巡司、典史各一。二驿：高井、镇巢。无为州繁，疲，难。府东南二百六十里。界城内紫芝山。东北：偃月，即濡须隖，东西有二关。西南：三公、九卿。西：孤避。北：青檀。南：大江自桐城入，为石炭河口。又东北，青帘水自庐江入为西河，合鹅毛、永安、直阜，是为泥汊河口。又北，神塘河口。又东迳北螃虮山，其西獭浦，入和。北有濡须水，自巢湖缘界，迳七宝山，又东为黄洛河，合州河、运河及马肠、奥龙河，入含山为裕溪。有汛。黄洛、泥汊、奥龙、土桥巡司四。

凤阳府：冲，繁，疲，难。分巡凤颍六泗道治所。元，濠州。明初升府曰临濠。洪武二年为中都。六年改中立府。七年更名凤阳，属江南。顺治初，因明制，领五州、十三县，属江南左布政使司。康熙六年，分隶安徽省。雍正三年，升颍、亳、泗三州为直隶州，分颍上、霍丘属颍，太和、蒙城属亳，盱眙、天长、五河属泗。十一年，分寿州置凤台县。十三年，颍州府以亳州及所隶二县属之。乾隆二十年，省临淮入凤阳。四十二年，省虹县入泗州。南距省治六百七十里。广四百二十八里，袤四百八十里。北极高三十二度五十五分。京师偏东一度十二分。领州二，县五。凤阳冲，繁，疲。倚。明始析临淮置。寻又割虹县地益之，为府治。国初废临淮县，省入。北：凤凰山，府以此名。东北：乌云山，出钟乳。淮水自寿州入，迳城东北流入泗州。濠水出城南，有二源，至昇高东有巨石绝水，即古濠梁，一名石梁河，东北入淮。涡水自蒙城入，迳城西北入怀远。西：龙子河，源出南山，汇为湖，迳长淮关入淮。北：沫河，上承诸湖，迳城东北入淮，曰沫河口。东：溪河，一名大溪河，即古黄溪也。东：月明湖，北流入淮。东北：花园湖，东北，洪塘湖。东南：明孝陵，在县西南，有城卫。顺治七年，改设左卫，守备一。西北：长淮关。东北：临淮关。铁路所经：临淮乡、徐家桥、溪河集、蚌埠、小溪。有溪河集县丞一。蚌埠镇主簿一。临淮镇巡司一。驿三：王庄、濠梁、红心。县东南有铁路。怀远疲，难。府西北七十里。北：荆山。东南：涂山。南：平阿山。淮水自凤台入，迳县东，过荆、涂两山间，会涡、濠、沙、淝诸水，合流入泗州。北淝水自蒙城入，至县正义村，汇为巨浸，下流入灵壁。清沟自涡阳龙山湖东南流，合十湖、天堰诸水，至县北会淝水，而水始大。旧自灵壁南至沫河口入淮。涡水自凤阳入，迳城北，东入淮，谓之涡口。南：洛水，北流入淮，亦名洛涧。沙水自颍州入，经荆山南入淮。上窑龙元集有主簿一。洛河巡司一。定远冲，繁。府南九十里。西北：横涧山。东：银岭。南：池河，自巢入，东北迳盱眙入淮，谓之池口。西：洛河，上承苑马塘，即淝水支流。二河俱入于淮。芡河从西至，迳城南会淮水。岱山铺有汛。泸桥主簿一。池河巡检一。驿三：定远、张桥、永康镇。县东有铁路。凤台繁，疲，难。府西南百八十里。明省入寿州治。雍正十一年，分寿州城东北隅增置。西北：八公山。东北：紫金山。南淝水自涡阳入，历颍上，由峡口西入淮。西淝河一名夏肥水，自合肥入，至肥口入淮。白龙潭、顾家桥、石头埠、刘家集、阚疃集有汛。阚疃集巡司一。驿二：太行、丁家集。寿州繁，疲，难。府西百八十里。寿春镇总兵驻。城北：八公山，在淝北淮南，亦名此山。峡石山西北夹淮为险，在西岸为峡石，在东岸为寿阳山。西北：淮水自霍丘东迳正阳镇，颍水流合焉，谓之颍口。又东至城北，淝水流合焉，谓之淝口，亦谓之淮口。又东北流入怀远。淝水凡三。在州境者曰东淝河，在州东北，源出合肥鸡鸣山。北流分为二，一东南入巢湖，一西北流至州入淮，乃淮南之淝水也。西北：颍水自颍州入，入淮处名颍尾。西：淠水自颍州入，北流达于淮，即沘水也。正阳关、瓦搗汛有汛，凤阳通判驻。有税关。正阳镇巡司一。驿四：正阳关、安丰、姚皋店、瓦埠。宿州冲，繁，疲，难。府西北二百三十里。西北：相山、石山、土山。又诸阳山，一名睢阳山，在睢水之阳，睢水自河南永城入。南：澳水，一名涉水，今名浍河，亦自河南永城入，经灵壁东南入泗州五河。东南：沱水，出州东南紫芦河，东流入灵壁，分二派，至泗州复合，由五河入淮，即洨水也。又北淝水，出州西龙山湖，本入涡，今入淮。西南：泡水，源出亳州舒安湖，流迳废临涣城，与浍水合。东南：澥河，亦东流入浍河，一名蟹河。睢水，州北，自河南入，迳相城故城，合渎水及滭湖水，过陵子湖、崔家湖入泗州。宿州营原设都司一员，乾隆初改守备，嘉庆十一年又改都司。龙山、百善有分防营汛二。有卫。南平集，凤颍捕盗同知一，州判一。时村集巡司一。驿四：大店、夹沟、睢阳、百善。城外有铁路。灵壁冲，繁，疲，难。府西北百八十里。本虹县灵壁镇，宋始置县。明属宿州。精初降宿州，同隶凤阳治。西南：齐眉。北：磬石。西：凤凰山。北：黄河自江苏徐州入，东南入睢宁，即古泗水。北淝水自怀远入，迳城南，至凤阳沫河口入睢。浍河、汴水、沱河皆自宿州入，迳县境，下流入泗州，北小河上流即睢水，亦自宿州入，又东入江苏睢宁。东有石湖，北有穆家湖、土山湖。双兴镇州同一。固镇有汛。巡司一。驿一：灵壁。

颍州府：繁，疲，难。隶凤颍六泗道。明，颍州，属凤阳府。顺治初，因明制，与颍上、太和二县俱属凤阳。雍正二年，升直隶州，改隶安徽省，以颍上暨霍丘来属，分太和属亳州。十三年升府，增设阜阳县，降亳州及所隶太和、蒙城二县来属隶。东南距省治八百四十里。广二百一十里，袤二百二十里。北极高三十二度五十八分。京师偏西三十二分。领州一，县六。阜阳繁，疲，难。倚。西：七旗岭、金牛岭。县西南：仁胜岗。南：安舟岗。淮水自河南固始入，迳城南三河尖入凤阳。颍水自河南登封入，迳城北东流，茨河、谷河来入之。北：沙河，承太和诸湖水亦来会。西：柳河，承小汝河、白洋湖诸水，并纳于颍。东南流，至沫河口达于淮。西：旧黄河，原经城北合颍水。自河徙鹿邑，黄流遂绝。西北：沈丘镇，即古寝丘。巡检一。包家寨、永安镇、西洋集、驿口桥有汛。王家集，通判一，县丞一。一驿：桥口。颍上疲，难。府东南百二十里。西南：黄岗。东南：垂岗。北：管谷。西南：淮水自阜阳入，合清河、大润河，至西正阳城，折东北八里垛。颍水自颍州入，迳汉慎县，合乌江水，又东南合樊家湖，至城东。又东南，右合老梧冈湖来会，颍谓颍尾也，又东北入凤台。其北花水涧、泺沟、济水入凤台。八里垛有汛。一驿：甘城。霍丘繁，疲，难。府东南二百九十里。明属寿州。雍正初，改隶颍。南：九仙、九丈潭。西：长山，三山相连。西北：临水山。淮水自河南固始入。西南：史家河自六安入，迳叶家集，错固始复入，合曲河，至三河尖来会。又东合众水，迳义城废县，分泧河、滭河入凤台。泧河亦入淮。叶家集有汛。洪家集、三河尖二巡司。开顺集巡司、典史各一。亳州冲，繁，难。府北百八十里。明初降为县，寻复故，属凤阳府。雍正十三年仍降属州来隶。西：涡河，自河南鹿邑入，北马尚河，合流入蒙城。马尚河在城北，自河南商丘汴河分流，迳州境，包河来注之，下流入涡。其支流入河南永城，谓之浍水。南：淝河自河南鹿邑入，流至州境孟家桥，东流，迳城南入太和。又迳州之龙德寺入阜阳，即夏肥水也。西北聂家湖、花马潭，东南百尺沟，均入涡。东：义门镇。龙德寺集、翟家集有汛。州同一，驻丁园寺集。涡阳冲，繁，难。府东北二百七十里。同治三年，割阜阳、亳州、蒙城及凤阳府之宿州地增置。南：云梦山。东北：龙山。北：石弓山。北淝河自亳州入，潴为白湖洼，又东入蒙城。涡河亦自亳入，会五毒沟、龙凤沟、椓沟、银沟、金沟诸水始大，东南流，迳蒙城，达怀远，入淮。西南：蔡湖，亦入涡。东南西洋有汛。西北义门集巡司一。太和繁，疲，难。府西北八十里。明属凤阳。雍正间改隶颍。北：万寿山。沙河自河南沈丘入，迳城南，达亳州，入颍，即颍水上流。东北：茨河，自河南鹿邑入，又东南入沙河，故沙河亦蒙茨河之名。其支流为宋塘河，流迳宋王城入谷河。谷河自西北卧龙冈分流入茨，铭河从之。南：柳河，旧黄河支流也，上通河南项城，下达颍州，合城西舒阳河入沙河。青泥浅有汛。洪山巡司及典史各一。蒙城繁，疲，难。府东北百八十里。顺治初属亳州，寻同太和改隶颍。西北：驼山、狼山。北：檀城山。涡水自涡阳入，迳城北，再折而东，南流，由怀远涡口入淮。北淝河迳城北板桥集入凤阳。双涧集有汛。

徽州府：繁，疲，难。隶徽宁池太广道。明，徽州府，属江南。顺治初因之，属江南左布政使司。康熙六年，分隶安徽省。西北距省治五百七十里。广三百九十里，袤二百二十里。北极高二十九度五十七分。京师偏东二度四分。领县六。歙县繁，疲。倚。南：紫阳山。东：问政山。西北：

黄山，旧名黟山，盘亘三百余里，浙、歙、饶、池诸山皆支脉也。丰乐水出黄山，流至城西合扬之水。扬之水自绩溪入，达城西，名练溪，一名徽溪，南达歙浦，谓之浦口，为新安江上流，下至浙江建德，与东阳江合，为浙江上源。歙浦在县南，练江、浙江合流於此。又南昌溪，北洪武水，皆足溉田。明初设课税局，兼置巡司，今废。阮溪司、黄山、街口渡巡司三。驿一：歙县。休宁繁，疲。府西六十里。北：松萝。东：万安山。西：白岳。西北：率山。率水出其阳，水南下而西流者会于彭蠡。其北水分二支：一出梅溪口入祁门，合孚溪水；一出彭泗阮口，会流至县西江潭，合浙溪水，流迳南港、东港，会于率口，入歙浦，其下流为新安江。南：汊水出白际山，与佩琊水、璜源水合流，绕县南岐阳山下，因名汊水，又北流入浙溪。西：白鹤溪，源出黟县吉阳山，合夹源、夹溪二水，迳县南，与南港、东港合流入屯溪。屯溪，县东南，为茶务都会，盐捕同知驻此。太厦镇巡司。一驿：休宁。婺源繁，疲。府西南二百四十里。北：浙源山，浙溪出，下流入休宁。梅源水出西梅源山，合武溪。婺水出西北大广山，南会斜水入武溪。武溪水出北回岭下，下流迳江西乐平入鄱阳湖。县境之水，出自县东及东北者，会流于汪口之西，为北港；出自县北者，会流于清华之西，为西港。北至武口，二水合流，绕城而西，又西南流入江西德兴，下流注鄱阳湖。项村巡司。一驿：婺源。祁门疲，难。府西百八十里。西：新安。东北：祁山。北：大共，亦大洪，巡司驻。大共水西流，合武亭及禾戍岭水，至秀溪、胥溪下閶门滩，会大北港水，注倒湖，入江西浮梁。西武陵、鳙溪二水，东南王公峯水，西南新安、卢溪二水，皆入大共。大洪巡司。一驿：祁门。黟县简。府西北百四十里。县以黟山名，即今黄山也。西南：林历。东北：吉阳，吉阳水出，一名黟水，西南流，北牛泉水东南来注之。又东南过嶰泽，至白茅渡，会横江水。横江水南出武亭山，章水自东南流县西来合之，至鱼亭口，会鱼亭水，复东流，合吉阳水，入休宁。西：武关，接祁门界。一驿：黟县。绩溪疲，难。府东北六十里。唐始分歙县地置。东：大障山，一名玉山，山海经三天子鄣山即此。东北：茏岚山，其山四合，中一径通宁国。旧有丛山关，其下巧溪，亦名扬溪，流为扬之水，分二支，一北流入宁国，一南流至大屏山，乳溪水、徽水来注之。东北：大障水，会登水，合为临溪。又西会上溪水，入练溪。东绩溪源亦出扬溪，与徽水交流如绩，县名昉此。西北：太平镇有徽岭关。濠寨巡司。一驿：绩溪。

宁国府：繁，难。隶徽宁池太广道。明，宁国府，属江南。顺治初因之，属江南左布政使司。康熙六年，分隶安徽省。西北距省治四百三十里。广二百二十里，袤三百三十五里。北极高二十度二分。京师偏东二度十六分。领县六。宣城繁，疲，难。倚。响山，县南。城内：陵阳山。城北隅：敬亭山。南：响山。东南：华阳山，盘亘宣、泾、宁、旌四县，华阳之水出焉。东流迳鲁山为鲁显水。又东北流为鲁溪，会句溪、宛溪、双溪，北流入青草湖，复合南湖、慈溪，由芜湖入江。东北有大南崎、小南崎湖。又绥溪一名白河，纳广德、建平诸水，入南湖。西：青弋江，《汉志》为青水，一名冷水，自泾县入，汇西南境诸水，东北流，会太平黄池河，入芜湖。北湾沚河有镇，今为盐埠，漕运并会此。其水出扬青口，亦会黄池河。西：青弋关。水阳镇巡司。西河、杨柳铺、沈村并有汛。一驿：宣城。宁国简。府东北九十里。南：凤山。东：银山。南：茏岚山。徽水自绩溪入，合仙人洞、篁岭、滑渡、葛村、龙潭诸水，是为西溪。又东北流合东溪。东溪出浙江天目山，入县境，合汤公山、博里溪塘、千顷山、洋丁山诸水，流为杭水，北受宣城柏枧溪水，是为句溪上源。岳山、湖乐二巡司。一驿：宁国。泾疲，难。府南百里。西南：石柱。东北：幙山。北：琴高。西南：蓝山。南：泾水自旌德入，北流，一名藤溪，纳枫树、小溪诸水，北入岩潭，与赏溪合。赏溪上源为舒溪、麻川，二水相合，出麻口，入县境，会乌石水。藤溪，北流至城西南，纳乌溪、西阮水、幙溪水，又北迳马头山芦塘入青弋江。琴溪东北受曹溪、丁溪水，与赏溪合。南花林、方村二水，并入赏溪。东南有兰石镇、黄沙镇。县丞一，驻查村。茹麻岭巡司一。一驿：泾县。太平疲，难。府西南二百二十里。唐析泾县地置。西：龙门。南：黄山，麻川出其麓，与舒溪合流，入泾之赏溪。梅溪水出县北三门山，合麻川，为麻口。又有瀼、溇二溪水，亦同注麻川。浮丘垣、谭家桥有汛。宏潭镇巡司。一驿：太平。旌德繁，难。府南二百二十里。唐永泰中，始析太平县置。东南：大鳌石岛。北：石壁。西南：蛟山、天井。徽水自绩溪入，南合清潭，霞溪水自东溪来注。又合绩溪之龙头水，北过石壁山，与抱麟溪、玉溪水合，是名三溪。北至龙首山入泾县，为泾水上源。抱麟溪源出黄华岭，东流，与陶环溪、丰溪合，亦曰三溪。陶环溪即玉溪也。有分防营汛一。三溪镇巡司。一驿：旌德。南陵繁，难。府西九十里。南：吕山，有泉涌出，即淮水之源也。南流至孔镇浦，与漳水合，为澄清河。绕城东流为东溪，一名浣溪。县南鹅岭诸溪水皆汇焉。又北受籍山、后港、蒲桥诸水，为小淮河，并入芜湖石硊渡入青弋江。西港源出玉山朗陵之南，合诸水北流，自西南水门入城，绕治前过东市，曰中港，其出城西北水门者曰后港。鹅岭镇巡司一。一驿：公馆。

池州府：冲，疲。隶徽宁池太道。明，池州府，属江南。顺治初因之，属江南左布政使司。康熙六年，分隶安徽省。西北距省治一百二十里。广三百七十里，袤二百三十五里。北极高三十度四十五分。京师偏东五十九分。领县六。贵池冲，繁。倚。西南：大雄山。东：碧山，滨湖。南：大棕。西：乌石。大江自东流缘界迳县北至吉阳河，北折至大通河，入铜陵。西：贵池水，一名池口河，北达大江，古称鑚口。大通河东北与铜陵界。梅根河自青阳入，至县东斗龙山，沿五埠河口，合双河，北注大江。一名梅根港，又曰钱溪，为历代铸钱之所。东北：清溪河，源出涔溪者为上清溪，出南太仆山者为下清溪，俱东北入江。西南：秋浦。西北：池口镇。黄龙矶废巡司一。殷家汇汛一。池口驿一。李阳河镇巡司一。碧湖村县丞一。青阳冲，难。府东八十里。北：青山。西南：九华，原名九子山，梅根水出，流入贵池。大江迳县北百里，滨江有镇曰大通，盐茶所集。西：五溪俱出九华山，合流北汇为大通河。临城河亦西流会于大通河。南：博山河、三溪河、七溪河，均下流入石埭。东南：陵阳镇有废司。五溪汛。一驿：青阳。铜陵冲，繁。府东北百二十里。东：铜井、杏山。北：鹊头山，古名鹊头戍。西：云门。南：伏牛、石耳。西南：大江自贵池入，合大通河。大通河别派汇县南之车桥湖，至大通镇入江。北：天门水，出天门山，由县东北至荻港达江，为境内众水合流入江之口，汇而为河，县东湖城所出之顺安河来合焉。西接凤心牐，北接黄浒。凤心闸河会东湖、西湖水达荻港。黄浒河东北自南陵入，西流合荻港。棲凤湖在县东南，源出仪凤岭，下流通凤心牐。西南和悦州，一名荷叶洲，汛一。并有大通营水师驻此。池太分防同知一。大通镇巡检一。驿一：铜陵。石埭疲，难。府东南百六十里。西：城子、雨台。南：盖山、慈云。北：陵阳。池口河源出栎山，西流，经龙须河，会苍隼潭，为秋浦，贡溪水西来入之。西：管溪，源亦出栎山，至管口入石埭乡，与大洪岭水合。西南：鸿陵溪，西北流，合舒溪，自太平西北流入县西舒泉乡，合县南之佘溪、前溪，县北县西之后溪、岳溪，西南之船溪，东入太平。县西有巨石三，横亘溪中，曰头埭、中埭、下埭，县名以此。有汛一。驿一：石埭。建德简。府西南百八十里。治白象山麓。南：玉峰、南丰。西南：梅山。东南：艮木岭，黄湓河出焉，东流入贵池。前河出东南石门岭，汇为官池。后河出石门别岭，亦名石门溪，一曰南河，流至双河口，与贵池西溪水合，入东流。南：龙口河，县南迤入江西饶州府之独山湖。南：永丰镇。有汛一。巡司一。东流冲，疲。府西百八十里。南：马当山，横枕江流，险。安庆、宿松、江西之彭泽，皆以此山为界。西南：大江，自马当东北流，迳香口、青阳诸镇，至黄湓河入贵池。城西江口河、南东流河、香口河，下流皆入江。南黄金、白洋二湖，东大清湖，亦皆入江。黄石矶，东北滨江。香河镇，明置巡司，今移驻青阳镇。张家镇旧有河泊所，雁汊镇昔有巡司，今皆裁废。有汛。驿一：东流。

太平府：冲，简。隶徽宁池太广道。长江水师提督驻。明，太平府，属江南。顺治初因之，属江南左布政使司。康熙六年，分隶安徽省。西南距省治一百九十里。广九十里，袤二百一十里。北极高三十一度三十八分。京师偏东二度三分。领县三。当涂冲，繁。倚。南：淩家、甑山。南、东南：青山、龙山。北：采石山，一名牛渚。西：博望山，即天门山，又名东梁山，与和州西梁山夹岸对峙。大江自繁昌荻港入，过东西梁山，绕城北而东下采石入江南。东南：丹阳湖。东南再东则固城湖、石臼湖，总名三湖。徽、宁、池、广及江宁之水毕汇，南流入芜湖，北为姑熟溪上源。新坝，东南引姑熟水入城壕。中军守备驻此。黄池河自宣城入，受丹阳南入之水，西北流，合夹河入江。乌溪、黄池镇、金柱关有汛。池太分防捕盗同知一，管粮通判一，县丞一。采石、大信巡司二。一驿：采石。芜湖冲，繁。府西南六十里。东北：赭山，山色纯赤，古丹阳郡因此得名。西南：战鸟山，一名孤圻山，对岸孤立为蟂矶。大江自繁昌入，迳城西，为中江故道。南：鲁港，上承青弋江，下并高淳东瀛之水入江。西南：芜湖。自丹阳湖南支分流，合青弋江及五丈、路西诸湖之水，西流迳城南，为长河，北入江。东：扁担河，即长河分流，入当涂，合大信河。东南：天成湖，亦丹阳湖下流所汇，流达长河。徽宁池太广道、监督工关钞关，驻江口。芜湖、采石有汛。芜湖关商埠，咸丰八年开。河口镇巡司。一驿：鲁港。繁昌简。府西南百三十里。南：磕山，一名蜃居山。西北：凤皇。东北：三山矶。大江自铜陵入，迳城北而东，过芜湖、当涂入江南界，合黄浒河，汇于荻港入江。东：小淮水自南陵入，会城河入芜湖。一驿：荻港。有汛。河口镇、三山司、荻港巡司三。

广德直隶州：繁，难。隶徽宁池太广道。明初广兴府，置县曰广阳。寻降州，直隶江南。顺治初因之，属江南左布政使司。康熙六年，分隶安徽省。西距省治五百九十里。广一百三十里，袤一百六十里。北极高三十度五十九分。京师偏东二度五十四分。领县一。西：横山。东南：桃花、乾溪。西北：白茅岭。南：桐源山一名白石山。桐水出，南横梗溪、东南鲤洪溪，皆合焉。北：九斗川，源出五花岩山，汇诸山涧水，西北流，迳建平，汇于郎溪。西：玉溪，绕城北，合碧溪、大源溪，同入建平之南绮湖。青洪山岭，誓节渡有汛。州判一。杭村、广安巡司二。建平繁，难。州西北九十里。西北：凤栖山、五牙山。南：镇山。西南：赤山。桐水自州入，迳城西入宣城，为白河川，汇于江南之丹阳湖，入大江，或谓之白石水。南绮湖受县境诸水，北入丹阳湖。郎溪，三峡、苏大二溪，迳城西南，汇诸山涧水，入南绮湖。白茅山有汛。梅渚巡司一。

滁州直隶州：冲，繁。隶安庐滁和道。明初以州治清流县。省入，直隶江南。顺治初因之，属江南左布政使司。康熙六年，分隶安徽省。西南距省治五百五十里。广一百四十里，袤三百一十里。北极高三十二度十七分。京师偏东一度五十三分。领县二。州境皆山。西：瑯琊。东南：皇道。西北：清流河所出，一名北角河，绕城至乌衣，东合来安水入滁河。其别出者为白茅河，迳城西北入清流河。滁河东南自全椒入，合襄水、清流，曰三汊河口，下流入江苏六合。大沙河自来安入，汇西北诸山溪水，至城东达清流河。小沙河源出西南菱山，迳城西，注石濑涧以合清流。乌衣有汛。大枪镇巡司一。有铁路。全椒简。州南五十里。北：覆釜山，城跨其上。西北：桑根山，有南隐、中隐、北隐。南：南岗。东南：九斗，一名徐陵山。滁河南源出庐，自合肥入，至石潭，与襄水合，入滁州。襄水源出西北石臼山，东南流，合涧谷诸水，亦至石潭达滁。西南：鄚湖，居民引流资灌溉。南：六丈镇。凤皇桥有汛一。驿二：大柳、滁阳。来安简，州东北四十里。西：嘉山。北：马岭山。东：五湖山。西北：北信山。来安水出五湖山，迳县东，至水口镇入滁州。西北：沛水，有二源，一出盱眙、招信界岭下，一出练寺山，二水合而南流入州。独山水、秋沛水皆由县西北合流，至瓦店河，同入滁河。东北：白塔镇。有汛。

和州直隶州：繁，疲。隶安庐滁和道。明初以州治历阳县，省入，寻复和州，直隶江南。顺治初因之，属江南左布政使司。康熙六年，分隶安徽省。西南距省治四百六十里。广一百八十里，袤二百里。北极高三十一度四十四分。京师偏东一度五十一分。领县一。西：历阳。南：梁山。西北：乌石山。北：夹山。大江自无为州入，又东北入江苏江浦。西南：栅山，与无为州分中流为界，即古濡须口也，白石水自含山西南来注之。东南：横江，南直采石矶，亦名横江浦，会开胜河，东流达江。南：裕溪河，源出巢湖，自无为入，上承牛屯河，入江。东北：石拔河、芝麻河、穴子河，皆入江。东南：当利浦，一名河口，大江之别浦也。州同一。牛屯河巡司一。裕溪、新河口、瓦蓬沟有汛。含山简。州西六十里。北：大小岘山，一名赤焰山。西南：白石山，道书第二十一洞天也。濡须水出，是为东关口水，自巢湖东流，迳亚父山，出东关口，东南迳黄洛河，又南迳运漕河，至新浴口会西清溪河，至栅江口同入大江，一名天河。东南：铜城牐，受天河、黄洛河支流，东至牐口分流，一支为牛屯河，入州，一支南出，入三汊河。练固镇、裕溪河镇有汛。巡司二：运漕，裕溪。

六安直隶州：繁，疲，难。隶凤颍六泗道。明初以州治六安县，省入，属凤阳府，寻还属庐州府。顺治初因之。雍正二年，升直隶州，属安徽省。东南距省治四百四十里。广二百一十里，袤二百二十里。北极高三十一度五十分。京师偏东二分。领县二。东：龙穴山一名龙池山，与合肥界。东南：洪家山，四围壁立。南：大小同山。西南：团山，下临淠水。淠水一名白沙河，源出霍山，迳城西，又北流入河南固始，即沘水也。西南青石河，西三元幢河、青龙河，皆入淠。东南：马栅河，流迳舒城桃城镇入巢湖。西：溶水河，源出齐云山，西北流，入河南固始，合史河。西南：麻埠镇。钱家集有汛。和尚司、马头汛二。巡司一。驿二：六安、椿树岗。英山简。州西南三百六十里。东：英山，县以此名。北：鸡鸣山。南：密峰尖、三吴山。西北：多云山。西：岐岭，通湖广界。英山河出英山，有二源，东曰东矼，西曰西矼，南流至城南而合。会北涧水，流入湖北蕲水。南：鸡儿河，亦由蕲水入江。北柳林关，西石门关，亦险要也。茅草畈有汛。七引店巡司一。霍山繁，难。州西南九十里。西北：霍山，又名天柱山，亦名南岳。东：复览山。西南：四十八盘。东南：铁炉山。淠水即沘水，出沘山，俗名太阳河，北迳磨子潭，右合中埠及双河，至天柱山西，左合漫水及陡山桃源河，又东北迳城西。有灊台山，其西六安山。又北合新店河、楮皮岭水，入州东梅子关。包家河有汛一。上土市镇巡司。千罗畈镇县废司。

泗州直隶州：繁，疲，难。隶颍六泗道。明属凤阳府。寻复升直隶州，以临淮县省入。顺治初因之。康熙六年，分属安徽省，隶凤阳如故。十九年，州城圮，陷入洪泽湖，寄治盱眙。雍正二年，升直隶州，隶安徽省。乾隆四十二年，裁凤阳府之虹县，省入泗州为州治。泗州旧治在今州城东南百八十里。自明末清口久淤，旧黄河堤决，黄流夺淮，水倒灌入泗，州境时有水患。至清康熙十九年，城遂圮陷于湖。今州治即虹县旧城。东北距省治七百六十里。广二百九十里，袤二百里。北极高三十三度二十八分。京师偏东一度二十三分。领县三。北：屏山，下有湖。南：鹿鸣山。东：秦桥山，有双泉。东北：朱山，上有圣水井，下有峰山湖。南：淮水自凤阳废临淮入，迳五河入洪泽湖。汴河自灵壁入，东南入淮，即莨荡渠，一名浚仪渠，唐、宋通漕故道。睢河迳城北，东流，会安河洼，南注洪泽湖。潼河在故虹县西，俗曰南潼河，自万安湖流迳五河注淮。北潼水，在今州北，东流注骆马湖。沱河在今州西南，源出宿州紫芦湖，迳州东为南沱湖，州西为北沱河，二水合流入五湖。又石梁河、天井湖，西合濠水，过五河入淮。施家岗有汛。半城镇，州判驻。双沟镇，同知驻。驿二：泗水、龙窝。盱眙疲，难。州南百里，滨湖倚山，无城郭。康熙间，泗州陷于湖，乃寄州治于此。后以虹县省入泗州，乃复为属如故。东：盱眙山，县以此名。南：宝积山。北：陡山、龟山。东南：都梁。西北：浮山，滨淮水，故一名临淮山。淮河迳城北，汇洪泽湖。与泗州中流分界。自五河流入，东北至清河口合黄河。东北：运河。池河自合肥入，北注于淮。洪泽湖旧名破釜塘，亦古洪泽镇地，昔人开水门入以资灌田。自泗州陷入，湖界日巨，汪洋几三百里，延袤皖、苏二省。南以老子山、北以湖泊岗，与江苏桃源县分界。旧县有汛一。驿二：淮原、都梁。天长疲，难。州东南百五十七里。南：横山、冶山。西：望城岗。北：红山。西北：石梁河，自滁州来安入，汇为五湖。北合德胜河，又东接高邮混沙湖，其分流为樊梁溪。白塔河自来安入，合汊涧，迳石梁镇，又东大河湾，至城西，右合白杨河，东北潴为丁溪湖，播为感荡、上泊、白马、沂洋诸湖。其南秦兰河，并入江苏，注混沙湖。东北：下河镇。北：铜城镇。汊涧有汛一。城门乡巡司一。一驿：安淮。五河疲。州南百三十里。南：金岗。西南：翠柏。西：卧龙岗，下有龙潭。北：陡山岗。沱河水溢，淮水在城东一里。自故临淮县东北流迳此，又东入州境。浍河自灵壁入，旧迳城南一里，后水涨沙淤，徙于北浒，又迳城西北合沱河，又东入淮，或谓之澳水。东潼河自州入，迳天井湖，南至铁锁岭入淮。濠河在城南二里。南湖在城南七里，汇众流而成，流为此河，又东流入淮。以上所谓五河也。其交会处在城东二里，谓之五河口。西：临淮关，有汛。驿一：五河。

卷六十　志三十五

地理七

山西

山西：《禹贡》冀州之域。清初沿明制为省，置总督、巡抚。顺治末，总督裁。康熙四年，并冀南、冀北置雁平道。雍正元年，置归化厅。二年，增直隶州八。平定、忻、代、保、解、绛、吉、隰。三年，增府二。宁武、朔平。六年，升蒲、泽二州并为府，置归绥道。乾隆四年，增置绥远厅同知。二十五年，又以归绥所属地增置五通判。归化城、清水河、萨拉齐、和林格尔、托克托城。与归、绥二厅并属归绥道。二十九年，裁归化城通判。三十七年，吉州改属平阳府，霍州为直隶州。今领府九，直隶州十，厅十二，州六，县八十五。东界直隶井陉；三百七十五里。西界陕西吴堡；五百五里。南界河南济源；七百三十里。北界内蒙古四子部落草地。一千一百里。广八百八十里，袤一千六百二十里。北极高三十四度五十七分至四十一度五十分。京师偏西三度四分至五度四十五分。东北距京师一千二百里。宣统三年，编户一百九十九万三十五，口九百二十一万九千九百八十七。其名山：管涔、太行、王屋、雷首、底柱、析城、恒、霍、句注、五台。其巨川：汾、沁、涑、桑乾、滹沱、清漳、浊漳。铁路：正太。驿道：西达蒙古、陕西潼关，东北至京师。电线达京师，西南西安。

太原府：冲，繁，难。隶冀宁道。巡抚，布政、提学、提法司，巡警、劝业道驻。初沿明制，领州五，县二十。雍正中，平定、忻、代、保德直隶，割十县分入之；寻兴还隶。乾隆二十八年，省清源入徐沟。距京师千二百里为省治。广六百里，袤七百里。北极高三十七度五十四分。京师偏西三度五十六分。领州一，县十。阳曲冲，繁，难。倚。东北：阪泉山。西北：崛嵎。北：梁鸿。西南：汾水自交城入，迳冽石口，左合埽谷水，折东南，左合洛阴及石桥、真谷水。《水经注》“迳盂县、狼孟故城南”者。至城西北，左合石河、南社河，又南入太原。天门关、石岭关二巡司驻。王封镇，同知驻。埽峪村、杨兴寨。城晋、陵井驿。太原冲，繁。府西南四十里。西南：尖山。西北：蒙山，其南风峪、悬瓮，晋水出焉。东北：驼山。汾水自阳曲入，左纳洞河，迳城东，至南张村与合，又西南入徐沟。东：洞涡水自徐沟来，西南流，迳县南，仍入徐沟界。榆次冲，繁，难。府东南六十里。北：罕山。东南：麓台。东北：小五台。洞涡水自寿阳入，左纳金水河，古涂水，即《水经注》蒲水，合八赋岭、鹰山水（今所谓大小涂，即《水经注》蒲谷水）注之。右合原过水（四派，唐贞观中，令孙淇引以溉田），迳城南，西南入徐沟。其涧水入蒜谷，又西入太原。源涡、什帖二镇。鸣谦、王胡二驿。太谷繁。府东南百二十里。南：凤皇山。北：壁谷。东南：凤巢；大塧，大涂水出焉，西北流入榆次。西：乌马河自榆社入，右合奄谷水，左咸阳谷水，迳城北入祁。象谷水即古蒋谷水，入徐沟。有马岭关、杏林寨。主簿驻范村镇。

祁冲，繁。府西南百四十里。东南：竭方、帻山。侯甲水自武乡入，迳龙舟峪，为龙舟水。又盘陀水，西北为昌源渠，迳城北入平遥。东北：乌马河自太谷入，又西入徐沟。子洪、盘陀、团柏、贾令四镇。安寨、盘陀二驿。徐沟冲，繁，难。府南八十里。乾隆二十八年省清源为乡入。训导及巡司驻。西：壶屏山。其北，白石、中隐。汾水自太原入，迳孔村至西堡。东北：洞涡水自榆次入，错太原，复入县西，左纳乌马及象河入焉。故驿镇。同戈驿。交城简。府西南百二十里。交城山，北百二十五里，相近羊肠。西北：狐突。汾水自静乐入，迳火山村，右合孔河，折东入阳曲。西北：孝文山，文水出，会浑谷、西谷，屈东南，左合酸水，为文谷水，入文水界，从之下流，并达之。故交村，巡司驻。文水繁，难。府西南百六十里。西：陶山。西北：熊耳。西南：隐泉。东有汾水，自徐沟入，西南入平遥。西北：文谷河自交城入，迳文谷口。唐栅城废渠在焉。至城北，又东南，左合磁窑河、步浑水，折西南入汾阳。有孝义镇。岢岚州简。府西北三百二十里。岢岚山，东北百里，一曰管涔。迤西南，芦芽、荷叶坪、雪山。东南：直道村，岚漪水出东北，右合黄道川、三角城二水，折西北，迳城南，又西迳大涧河，左合砂河，又西南迳巨麓山入兴。水峪关。岚简。府西北二百六十里。西南：黄岭山。西：野鸡山，蔚汾水出，入兴。南：赤坚岭，岚水出，东北迳桃尖山，左合乏马岭、双松山水，折东南入静乐。有东村镇。兴简。府西北四百里。雍正二年隶保德州。八年仍来隶。东：桃花山。西南：採林。西北：黄河自保德入。东北：岚漪水自岢岚入，迳石楼山。东南：蔚汾水自岚入，迳合查山，至县西，合南川水并入焉。又南合紫荆山水入临。蔚汾、合河二关，皆要隘。

汾州府：冲，繁，难。隶冀宁道。康熙六年，省明冀南道入。东北距省治二百二十里。至京师千三百八十里。广三百五十里，斜。袤三百二十里。沿明制。北极高三十七度十九分。京师偏西四度四十五分。领州一，县七。汾阳繁，疲，难。倚。西：将军山、黄芦岭。北：谒泉。东北：文谷水自文水入，循汾水故道，右合原公、金锁关水，至府治东为文湖。又南，右纳义水，入孝义。郭栅、阳城二镇。冀村，巡司驻。有驿。孝义繁。府南少东三十五里。西：上殿山。西北：龙门；薛颉岭，古狐岐山，《禹贡》"治梁及岐"。其南，盘重原，胜水出焉，俗名孝河，会南川、阳泉水，迳城南而东。东北：文谷河自汾阳合义水入，迳盐锅头入介休。温泉、凤尾二镇。平遥繁，冲，难。府东八十里。西北：汾水自文水入，迳长寿村。东北：侯甲水自祁入，左合谒戾山、婴涧、过岭、鲁涧、超山、中都及亭冈水入焉。又南入介休。上殿镇。洪善驿。介休冲，繁，难。府东南七十里。南，介山，一曰绵山，绵水出。东：天峻，石河出，又东石桐水出。东北：汾水自平遥入，后先合之，入灵石。张兰镇，同知驻。义棠驿。石楼简。府西少南百八十里。东南：石楼山。西：九重。西北：团圆山。黄河自宁乡入，合屈产泉，古牧马川，复合温泉，即石羊水，入永和。临简。府西北三百二十里。东南：汉高山。西南：招贤、马头。河水左渎自兴入，合紫金山水，又南迳曲峪镇入永宁。其湫水亦自兴入，迳赤壁山，合连枝、积翠、黄龙、汉高、云山凡十六水入焉，又南入永宁。有三交镇。永宁州冲，繁，难。府西北百七十里。东：九凤。东北：吕梁。西：匾斗、南山。西北：马头。河水左渎自临入。东北：赤坚岭，离石水出，曰北川。南：步佛山，合芦子山水，迳城西，合东川，纳南川，清水河入焉，又南入宁乡。吴城、柳林、永安三镇。柳林、方山堡二巡司。玉亭、吴城、青龙三驿。宁乡简。府西百四十里。南：云集岭。北：宁阳山。东：栢窊、蕉山。西南：泉子，清水河出，北合屏风山水，迳城东，又西北入永宁注河。河水左渎复入，迳三交镇，合石口、牛尾泉水，入石楼。有锄钩镇。

潞安府：繁，疲，难。隶冀宁道。初沿明制，领县八。乾隆二十九年，省平顺，分入潞城、壶关、黎城。西北距省治四百五十里。至京师千三百里。广三百里，袤二百七十里。北极高三十六度七分。京师偏西三度二十八分。领县七。长治繁，难。倚。东：壶口山。东南：五龙。东北：栢谷。西南：福泉。浊漳水自长子入。东南陶水出雄山，北合八谏、鸡鸣山水，右会淘清河入。又北至秦村，左会蓝水，右石子河入，又西北入屯留。镇四：韩店、高河、太义、西火。分防同知驻太义镇。县丞驻西火镇。驿二：龙泉、太平。长子冲。府西少南五十里。东南：紫云山、羊头。西南：发鸠山，《水经注》鹿谷。浊漳水出其东麓四星池，东会伞盖、阳泉水，迳城南，右合尧水、慈林水及梁水，入长治。西北：蓝水自屯留入，迳河右会雍水，亦入长治。鲍店镇，县丞驻。漳泽驿。屯留冲。府西北六十里。东北：良材山。西北：五巑。西南：盘秀，蓝水出其阳摩河岭，古绛水，东入长子注浊漳。至长治北流，迳县东入潞城。今绛水出其阴，东迳石田山，左会高丽水，又东北，右合霜泽、左三嵕山水，迳城北，右合疑水。鸡鸣水乃古谏水，迳余吾故城南、屯留故城北者。镇二：寺底、丰仪。驿一：余吾。襄垣冲。府北少西九十里。西南：五巑山。北：五音、仙堂。西北：紫岩。东南：鹿台。浊漳水自潞城入，迳其北，左会铜鞮水，又北迳城东。东北：涅水自武乡入，右会临水，史水自左注之，为合河口，入黎城。镇二：东周、下良。驿一：虒亭。潞城简。府东北四十里。南：庐山、大禹。东南：伏牛、葛井。东：静林。西：三垂。西北：黄阜。西南：浊漳水自屯留入，左合绛水，为交漳，即《禹贡》降水。又西北入襄垣，至黎城错入，迳潞县故城，是浊漳兼有潞浸之称。又东复错黎城，仍入境。东出马塔口入河南涉县。西南有三垂冈。东南有虹梯关，即鲁般门，巡司驻。镇三：神头、黄碾、羊围。东南平顺乡城，乡学训导驻焉。壶关简。府东南三十里。壶关山，西北六里。东北：风穴山。东：马驹、麦积、安公。壶水出西北，迳城北为石子河，左合清流河，东南大王、抱犊，又东赤壤。其阴东井岭，淘清河出，西北迳黄山，并入长治。岭东五指河，东南为沾水，迳紫团山入河南林县。东有玉峡关。冯坡镇。黎城简。府东北百十里。东南：潞祠山。西北：积布、峤峪。浊漳水自襄垣入，东南迳联珠山，错潞城复入，左合黄须水，东迳赤壁山，仍入之。东北：绣屏，清漳水自辽入，迳吾儿峪，古壶关在焉，入河南涉县。玉泉水从之。

泽州府：冲，难。隶冀宁道。初沿明制，为直隶州。领县四。雍正六年为府，增附郭。西北距省治六百二十里。至京师千六百里。广三百四十里，袤二百三十里。北极高三十五度三十一分。京师偏西三度三十七分。领县五。凤台冲，繁，难。倚。南：太行山，其巅黑石岭，其北天井关；西南，小口，即太行陉马牢。东南：硖石、浮山。北：司马。东北：丹水自高平入，左合蒲水，南迳高都故城东。其南源泽水，出西北二仙掌，合壗河来会。又南，左纳丈水，迳八盘、垒石、石人山。白水合西沙河，迳城南，合辘轳水，天井溪右注之，入河南河内。西北：吴山，阳阿水出，南迳蟠龙、圣王山，入阳城注沁水。沁水复入，入济源盘子。镇三：横望、拦车、周村。驿二：太行、星轺。丞兼巡司驻星轺。高平冲，繁。府北少东八十五里。北：韩王山。东：七佛。西：髑髅、浩山。西南：空仓。西北：发鸠，漳水出其阴。其巅凤头，丹水北源出，左会白水，右绝水，实泫水。东南，右合长平水，迳城北。又东南，左合西东长河，至杜村。右合五龙山水，俗亦曰泫水，入凤台。东有蒲水，自陵川入从之。东有石壁关。西北有长平关。镇四：米山、丁壁、野川、时庄。乔村、长平二驿。阳城难。府西八十里。西南：王屋，其东析城，有三峰，亦曰底柱，澿水出。东南：莽山，湨水出，北源，并入河南济源。东北：沁水自其县入，左合史山河，右合阳泉水，东南迳南庄。其涧河入为南河。右合濩泽水，迳阎家津，右合桑林水，左纳阳阿水，入凤台。东南有白云隘，路通济源。县境十七隘，此为最要。东冶镇，同知驻。陵川简。府东北百二十里。西南：九仙山。西北：宝应。圣宫山，蒲水出，屈西，左会龙门山、凤山水，入高平。东北：尧庄，丈河出，西南迳灵泉、六景、佛儿诸山，入凤台。东南：王莽岭，源水出。洪水村，平田水出，并入河南辉县。南：双头泉，屈南，迳瘦驴岭入修武。东北：淅山，淇水出，俗淅水，迳熊耳，即沮洳山，入壶关。沁水简。府西北百七十里。西：阜山。西南：辅山。东北：隗山。北：大尖，至河头寨，右合梅河、杏河。沁水自岳阳右会东河，即《水经》黑岭水。又东南迳紫金山至端氏故城，左合秦川及熊耳山水，即《水经注》蟲蟲水。又东南，左合潘河，入阳城。西南：鹿台山，芦河出，古阳泉水。其南涧河并从之。镇四：郭壁、武安、固镇、端氏。端氏，巡司驻。

辽州直隶州：繁，隶冀宁道。西北距省治三百四十里。至京师千三百里。广三百三十里，袤百七十里。北极高三十七度三分。京师偏西三度一分。领县二。辽阳山，城东三里。东：东云。南：武军。城西：峯山。东北：摩天岭。清漳水自和顺入，迳黄张镇，屈南，右会西源西漳河，为交漳口。左合箕山水（即洗耳泉东六十里，此附会为河南登封山者），迳黎城东，入河南涉县，至林县与浊漳合。长城、黄张、芹泉、桐峪、麻田、韩王、拐儿，凡七镇。黄泽关之十八盘，巡司驻。南关驿。和顺简。府东北九十里。东北：合山。西南：断狐。西北：九京。北：麻衣。清漳水自平定入，迳石猴岭，屈折至城东南，右会南源梁馀水，又东南，左合清水，古黄万水，迳首阳山入州。西南，八赋岭，其西源辽阳河出其北轑山。《水经注》轑水，亦西漳水，东南迳仪城镇，从之。武乡水，出其南武山，入。榆社、松烟、寒湖、马岭、青城、虎峪、马坊、横岭、温泉，凡八镇。八赋岭巡司。榆社简。府西九十里。东南：秀容山。东：清凉、箕山。北：北泉。东北：武乡水自和顺入，西迳其故城（北三十里即《地形志》榆社城），折南，迳城西，又南纳县之西川、仪川等水，入武乡界。西北：黄花岭，乌马河出焉，西北流，入太谷界。北有马陵关，西有石会关。云簇镇。

沁州直隶州：冲，繁。隶冀宁道。西北距省治三百三十里。广三百二十里，袤百三十里。北极高三十六度四十一分。京师偏西三度四十二分。领县二。东：麟山。西：尧山。西南：铜鞮。西北：伏牛。迤东漳源镇，小漳水出，左会花山、烂柯山，迳城西，又南，右合后泉、上官泉，至万安山北，右会铜鞮水，入襄垣，亦通目之。郭村、西汤二镇。沁阳驿。沁源简。州西少南百二十里。西北：绵山，其异名曰谒戾，曰羊头，沁水出焉。东南迳仁雾山，右会湑水，左琴谷水，至交口折西南，迳城东，合芹泉山水，至南石，左会青龙山水，右西川、大南川，入岳阳。栢子、郭道、官车三镇。武乡简。州东北五十里。城东北：鞞山。东南：三原。西：麓台。西北：侯甲山。有分水岭，侯甲水出其阴，北入祁。涅水出其阳，实《水经注》汤谷五泉水。左会高砦寺河，古白鸡水，迳城西，左会武乡水，又东至城南，左合南亭水，折南，左合锅窑岭水，入襄垣。镇二：盘龙、墨镫。驿二：权店、南关。

平定直隶州：冲，繁。隶冀宁道。初沿明制，为太原属州。雍正二年升，仍领，并割盂、寿阳来隶。嘉庆元年，省乐平入。西北距省治二百七十五里。至京师八百七十里。广二百七十里，袤二百九十五里。北极高三十七度五十分。京师偏西二度四十八分。领县二。东：皋落山。东北：蒙山。东南：松子岭。西南：沾岭；冶水南源沾水出，会小松鸣水，东入直隶井陉。其北甘桃河，西北桃水自寿阳入，汇保安河、平潭、阳泉水，迳城北，又东，右合南川，迳交原村，左纳文谷水，至古承天军。左合毕发水，并从之。清漳三源。北源出其西大要谷，《山海经》所谓"出少山"者，南入和顺。洞涡水出其北陡泉岭，西迳马尾岭，左合浮化山，纳木瓜岭水。《水经注》，南路西入寿阳。东有故关，东北有娘子关，并接井陉界为要隘。有正太铁路。一镇：静阳。三驿：测石、甘桃、柏井。乐平乡城，州判及乡学教谕驻。柏井，巡司驻。其甘桃，裁。盂冲。州西北百里。南：石艾山。东：白马。东北：原仇。北：牛道岭。滹沱水自五台入，迳其西，右合乌河，又东，右合龙花河，入直隶平山。西南：秀水出南上社，合香水，夹城东南，从行千二百余里，下至天津入海。东北黄安、十八盘、榆枣诸关，并通平山，东横河槽通井陉，并要隘。芹泉驿旧设巡司，后裁。寿阳冲，繁。州西百里。初隶太原府。雍正二年来隶。北：方山。西北：双凤、罕山。东：桃源沟，冶水北源桃水出。《地理志》，绵蔓水会芹泉水东入其州。南：洞涡水自州入，至县南过山。西南：要罗山，寿水出，东会黑水，龙门河注之，西入榆次。有正太铁路。一镇：遂成。一驿：太安。驿丞兼巡司驻。

平阳府：冲，繁，难。太原镇总兵驻。初沿明制，领州六，县二十八。雍正二年，蒲、解、绛、吉、隰直隶，割临晋二十县分隶太平、襄陵、汾西，寻复。乾隆中，霍直隶，割赵城、灵石属之，吉州及乡宁复。东北距省治六百十里。至京师千八百里。广二百七十里，袤百八十里。北极高三十六度五分。京师偏西四度五十六分。领州一，县十。临汾冲，繁，难。倚。东南：浮山。北有汾水自洪洞入。东南：潏水自浮山入，迳其东，左合金水河，右涝水注之，南迳城西。有姑射山，一名平山。平水东注之。其南出者并入襄陵。西北分水岭，大东河出，入蒲。泊庄、砚山二镇。建雄驿。洪洞冲，繁。府东北五十五里。东：九箕山、霍山。北有汾水自赵城入，迳城西，右合北涧，屈西南，左纳南涧，右合娄山、禹门山水，入临汾。郭盆镇。普润驿。浮山简。府东少南七十里。浮山，西南三十里，金水河出。东南：银洞。东北：尧山；乌岭，涝水出，西入临汾。东：天坛，南河出，西南：壶口，实蜀山，潏水出。东北：横岭，即中条，东河出，入沁水。东张镇。岳阳简。府东北百二十里。北：雪白。西北：尖阳。东南：刁黄。东北：沁水自沁源入，右合和川河，左纳横河，屈南入沁水。东北：安吉岭，涧河出。其一源出西北金堆里水，迳城东屏风山，又南，左合永乐里水，其南南涧出郭店，并西入洪洞。东北有潼关隘。曲沃冲，繁，难。府南百二十里。西南：绛山。西北：桥山。西有汾水自太平入，左纳釜水，入绛。东有浍水自翼城入，左纳绛水，亦入绛。镇二：柴村、侯马。驿二：侯马、蒙城。巡司驻侯马。翼城难。府东南百三十里。北：丹山、蜀山。东南：历山。东北：乌岭、佛山。浍水南北源出，合迳城东而南，左会东源绛高山水，今滦水。乌岭，霍东支，故《说文》"浍出霍山"，《水经》则统曰"出浍交东高山。"又西南迳浍交，错绛复入，入曲沃。西北：小绵山，滏水出，西南流，亦入曲沃。有隆化镇。太平冲，繁，难。府西北九十里。雍正二年隶绛，七年复。南：汾阴。西南：九泉。东北：汾水自襄陵入，南入曲沃。镇三：清储、赵康、史村。一驿：史村，驿丞兼巡司驻。襄陵难。府西南三十里。雍正二年隶绛，七年复。东南：崇山。西南：三嶝。东有汾水自临汾入，右合平水。又诸山涧水三派东注，入太平。赵曲镇。汾西简。府西北百九十里。雍正二年隶隰，九年复。汾阴山，西南五十五里。东南：汾水自霍入，右合轰轰涧、勍香河，迳商山入赵城。乡宁简。府西少南二百三十里。雍正二年隶吉州，乾隆三十六年仍来隶。东北：柏山、秦山。西南：两乳。东南：马头。西北：香炉岩。河水自吉入，迳其麓，有师家滩。东：鄂山，鄂水出，会北源高天山水。又西合罗谷水，迳城南，又西北入焉。又东南，入河津。营里镇。吉州繁。府西百七十里。雍正二年直隶；乾隆三十七年复。吉山，治北。东北：鸡山、石门。北：庖山、风山。河水自大宁入，迳龙王池，《禹贡》壶口在焉，即孟门山。至小船窝。东南：高天山，清水河出。《水经注》，羊求水合放马岭，云台山水，西迳城南入焉。又东南入乡宁。三垢镇。

蒲州府：冲，繁，难。隶河东道。明，平阳属州。雍正二年直隶。仍明所领临晋、荣河、猗氏、万泉，惟河津削。六年为府，置附郭。寻增虞乡。东北距省治千一百里。至京师二千二百里。广百三十里，袤百十里。北极高三十四度五十二分。偏西六度十五分。领县六。永济冲，繁，难。倚。明州治，省河东入。雍正六年置。东南：中条，即《禹贡》雷首，其南阜尧山、首阳，迤东历山。东北：河水自临晋入，西迳仓陵谷，至韩家营，错陕西郃阳、朝邑。其涑水会姚暹渠于东五姓湖入，又西从之，至盐滩复入。迤东南迳风陵渡，沩汭入焉，扬雄《赋》所谓"河灵矍踢，掌华蹈襄"者。又东入芮城。镇四：赵伊、匼河、栲栳、永乐。同知驻永乐。河东驿。临晋冲，繁，难。府东北七十里。东北：嶷山。西北：河水自荣河入，迳吴王渡。东南：涑水自猗氏缘虞乡界注五姓湖从之。樊桥镇又驿。虞乡难。府东六十里。明沿元制，省入临晋。雍正八年复析置。南：中条山，有王官谷。西南：五老、葱聋、方山。其北檀首，其北五姓湖。《水经注》，张阳池有鸭子池，合中条水。东北涑水自临晋入，会姚暹渠，并汇焉。又西入永济。故市镇。汤家驿。荣河难。府东北百二十里。城东：峨眉岭。西北：河水自河津入，汾水入焉。古汾睢湹。即《春秋》葵丘。南迳城西入临晋。胡壁、孙吉二镇。阳陵驿。猗氏冲，繁。府东北一百十里。东有涑水自安邑入，西南入临晋。有张岳镇。万泉难。府东北百六十里。东：介山，其西峰孤山。城南山阴暖泉。又东涧。解店镇。

解州直隶州：繁，难。河东道兼盐法驻安邑运城。明，平阳属州。领县五。雍正二年升，割闻喜易其垣曲，寻并隶绛。东北距省治九百五十里。至京师千四百五十里。广二百二十里，袤百四十里。北极高三十四度五十八分。京师偏西五度三十八分。领县四。东南：中条山，其脊横岭，又白径、分云。其北盐池。又北盐水，今姚暹渠，自安邑入，迳其北，西入虞乡。城西北硝池，浊泽。长乐镇。长乐、盐池二巡司。安邑冲，繁，难。府东北五十五里。东南：吴山。南：中条。北：鸣条。西南：盐池。池北运城。河东道及州判驻。东有苦池。东北：姚暹渠，即盐水，自夏入，迳城北，又西南迳运城北入州。又东北，涑水自夏入，西入猗氏。镇二：东郭、圣惠。有巡司。浤芝驿。夏冲，繁。府东北百里。南：柏壪山。东北：翠岩、稷山。东南：温泉。巫咸山，盐水出，今姚暹渠，西北迳云谷至城南折西。西北：涑水自闻喜入，南迳夏后陵，并入安邑。曹张、胡张、尉郭、水头、裴介五镇。平陆简。府东南九十里。东北：虞山，上有虞城。其西傅岩、清凉山。西北：天井、卑耳。西南：河水自芮城入，迳洪池，至茅津渡。中条山诸涧，迤东北至砥柱。砥柱禹凿，六峰、三门山在焉。纳刘家沟、后沟、积石水，入垣曲。镇六：洪池、张店、张谷、常乐、葛赵、茅津。县丞驻茅津。有废巡司。芮城难。府西南七十里。北：横岭、漱水岭，洪源涧出，会葡萄涧、地皇泉。西南：河水自永济入，迳鱼鳞碛，至城南。又东，洹水入，迤北入平陆。

绛州直隶州：繁，难。隶雁平道。明，平阳属州。领稷山、绛、垣曲。雍正二年升，并割太平、襄陵、河津来隶，以绛属平阳，垣曲属解。七年，又割闻喜、绛，垣曲复，而太平、襄陵还旧隶。东北距省治七百十里。至京师千八百里。广四百里，袤百里。北极高三十五度三十八分。京师偏西五度十三分。领县五。南：峨眉岭，即晋原。西北：马首山。北：九原；鼓山，古水出，即清浊二泉。东北：汾水自太平入，至城南。左会浍水，《水经注》"迳王桥，浍水入焉"者。又西南，合古水入稷山。南：重兴关。西：武平关。垣曲繁。州东南二百十里。雍正二年隶解，七年复。东北：诸冯山、王屋。其北教山，教水出。《水经注》"南历鼓钟、上峡、下峡、马头山"者，亦曰沇水。清廉，俗风山，清水出其西岭，东迳皋落镇，会亳水及白水，曰亳清河。西南：河水自平陆入，迳鹰嘴山，入河南济源。河水入晋境，冷行二千七百余里。鼓钟镇、迎驾、六郎镇。闻喜冲，繁，难。州南七十里。初隶平阳。雍正七年改。东：凤皇原。东南：香山。汤寨，古景山，景水出，实《水经注》沙渠水。其北美良川。东北：紫金，古三湲。涑水自绛县入，迳董泊，右合甘泉，复左合景水，迳城南；又西入夏。《诗》"扬之水，不流束薪"者。镇八：上东、下东、横水、裴社、宋店、栗村、郭店、兰德。涑川一驿。绛简。州东南八十里。初隶平阳。雍正七年改。绛山，西北二十里。北：牛村。东北：备穷。浍水自翼城错入，合故郡水，又西北入之。东南：回马岭，绛水出。《水经注》所谓"出绛山东，寒泉奋涌，扬波北注"者。其西华池有陈村峪水，实《注》所谓乾河。西迳大阴山，合紫谷水，又西会烟庄冷口水。《水经》"出闻喜黍葭谷，迳存云岭入闻喜南绛故城。"镇曰浍交。稷山难。州西五十里。稷山，南五十里。北：姑射、圣王。东南：汾水自州入，迳城南，又西，华水故道出焉，入河津。小河、翟店、下迪、大杜四镇。河津冲，繁。州西百里。初隶平阳。雍正二年改。东北：黄颊山。西北：河水自乡宁入，迳龙门山。《禹贡》"自积石至"者。韩原在焉，所谓少梁。又南入荣。东南：汾水自稷山入，迳疏属、仙掌山，又西南从之。镇四：方平、禹门、东张、僧楼。禹门，巡司驻。

隰州直隶州：繁。隶河东道。明，平阳属州。领大宁、永和。雍正二年升，并割汾西。九年，又割吉之蒲属之，而汾西还旧隶。东北距省治五百五十里。至京师千七百里。广二百六十里，袤二百三十里。北极高三十六度三十九分。京师偏西五度三十一分。领县三。北：妙楼山。东：五鹿。东北：蒲子。其界石楼者有水头村，蒲川水出，西南合回龙、交口水，迳城西，又东南会义泉河于午城镇北。《水经注》所谓"出石楼山，南迳蒲城（蒲子县），得黄栌谷水"者，俗曰隰川，入大宁。义泉、张家川、罗真、高城、康成、大麦、辛庄、西曲、回龙九镇，又广武镇，巡司驻。大宁简。州西南九十里。城南：翠微山。西南：石子。西北：孔山。河水自永和入，迳马斗关。东北：隰川，即蒲川水，自州入，迳罗曲镇，折西，迳城出，至蓝公山。其南源第一河东南自蒲入，实紫川水，合县底河入焉，又东南入吉。蒲川水莽灌数百里，《元和志》日斤水，《寰宇记》日斤水，《明志》因误昕水，方乘从之，非也。一镇：安阜。蒲简。州东南百二十里。旧属平阳。雍正二年属吉，九年来隶。东：东神山。西南：翠屏。东北：姑射。有分水岭。蒲水南源第一河出，《水经注》"紫川西会南川所谓合江水"者。迳城东南，右合东小河，又西入大宁。镇六：化乐、张村、乔麦湾、薛关、古驿、松峪。永和简。州西北九十里。东：双山。南：楼山。西：烈凤、马脊。东北：倍北。其南仙芝谷，古域谷。西北：河水自石楼入，迳老牛滩，仙芝河合索陀川、榆林河，《水经注》“域谷水东启荒源，西历长溪”者。至城西南，合甘露河入焉，又南入大宁。桑壁、岔口、刘台三镇。

霍州直隶州：冲，繁，难。隶河东道。明，平阳属州。领灵石。乾隆三十七年升，复割赵城来隶。东北距省治四百六十里。至京师千五百五十里。广八十里，袤二百三十五里。北极高三十六度三十五分。京师偏西四度四十四分。领县二。霍山，东南四十里，《禹贡》太岳。彘水出石鼻谷。西北：汾水自灵石入，迳灵佛岩合之。《水经注》“迳观阜北”者。入汾。辛置镇。霍山驿。赵城冲。州南五十里。乾隆三十七年自平阳来隶。东北：霍山，霍水出。西：罗云。西北：汾水自汾西入，迳城西，西北合之，南入洪洞。有驿。灵石冲。州北百里。乾隆三十七年自平阳来隶。东：孝文山。东南：尖阳、十八盘。东北：静岩、绵山，有五龙泉，俗小水河。汾水自介休入，至城西北，左合之，屈南，右合石门峪、新水峪；左仁义河，迳阴地关入州。《水经注》“又南过冠爵津，俗雀鼠谷”者。其南高壁岭，今韩信岭。镇二：夏门、仁义。驿二：塌石、仁义。驿丞兼巡司驻仁义镇。

大同府：冲，繁，难。总兵驻。初因明制，领州四，县七。雍正中，增阳高、天镇，改朔及马邑隶朔平，蔚及黄昌分隶直隶宣化、易州。南距省治六百二十里。至京师七百二十里。广二百五十里，袤二百六十里。北极高四十度五分。京师偏西三度十二分。领州二，县七。大同冲，繁，难。倚。顺治五年徙西安堡，九年复。北：纥干山。东：白登，其东牛皮岭。迤北少咸，敦水出。西南：採掠。桑乾水自应入，迳其南，右合马耳山水，左有玉河（如浑水），自丰镇入，右迳方山合卷子，左镇川河，又南迳孤山村，右纳小泗水，至城东，又南，右纳肖画河，《水经注》所谓“右会武周川”者，又南来会。又东，敦水出少咸山；迳西堰头，并入阳高。瓮城、聚乐二驿。怀仁冲。府西南八十里。西：清凉山、锦屏。西南：芦子。新庄子河出其村，迳大于口入山阴。有安宿峒镇。西安驿。浑源州难。府东南百二十里。顺治十六年，安东中、前二所省。西南：龙山。西北：昼锦。北：龙角。东南：恒山，北岳，顺治十七年自曲阳移祀于此。山高三千九百丈，周回数千里，横跨燕、赵，屏蔽京师。曲阳其趾，阜平其脊，州境其主峰也。其别阜南曰枪峰岭，古高氏山，唐河上源滱水出，《周礼》所谓“呕夷，并州川”。左会别源翠屏山水，《水经注》所谓侯塘川，东迳蔡家峪入灵丘。其温泉堙。岭之西北浑河出，一曰崞川，西北汇别源乱岭关及瓷窑峡、李峪、神谷、横山诸水，入应。王家庄堡，巡司驻。上盘驿。应州冲，府南百二十里。顺治十六年安东中屯卫省入。雍正八年罢所隶故城州。东南：茹越山。东北：龙首。西南：龙湾。西：桑乾河自山阴入，迳州东北，浑源河自州来会。《水经注》“迳巨魏亭北，又东，崞川注之”者。亦通曰浑河。又东北，入大同。一镇曰安边。安东卫巡司。安银子驿。山阴冲。府西南百八十里。南：复宿山、香山。西：桑乾河自朔入，至城北，折东南，迳黄花山，即黄瓜埠，右合黄水河入应。岱岳站，巡司驻。有驿。阳高冲。府东北百二十里。雍正三年，以阳高卫降置。西：断头山、龙混。北：虎头、云门。西南：白登山，敦水自大同入，迳其麓。南洋河自丰镇入，南流，迳守口堡入边。右合马邑水，迳城北，又东南会白登河入天镇。西南：桑乾水自大同入，迳黄土梁，又东并入天镇。天镇冲。府东北百八十里。雍正三年以天镇卫改置。北：环翠山。东：阳门，其干神头，其支丰稔。西南：牵牛。桑乾水自大同入，迳嘴儿图，左合五泉河、石门沟。五泉古安阳水，阳原故城在焉。又东，入直隶西宁。其北南洋河自阳高入，迳福禄山。《水经注》“雁门水东北入阳门山，谓之阳门水”者。右合三沙河，古滥水，迳城北，又东北迳摺儿岭入怀安。又北，西洋河自丰镇入，右合南沟水，迳暖泉墩，及东南小沟口河，亦入怀安。广灵简。府东南二百四十里。东南：加斗山。北：千福。西北：九孕。西：望狐；白羊，壶流河出。莎泉，祁夷水，东南迳石梯岭，合作疃池。枕头河迳城南，又东迳壶山，入直隶蔚州，达桑乾，为南支。直峪、林关、火烧、桦涧四镇。马厂驿。灵丘冲。府东南二百七十里。南：太白山。西北：漫山，其东枚回岭，古滋水出焉。滱水自浑源入，左合黑龙河，迳城南，又东南迳隘门山、银钗岭入直隶广昌。驿一：太白。

朔平府：冲，繁，难。明，右玉林、左云川、平虏三卫地，属山西行都司。清初为右玉、左云、平鲁三卫。雍正三年，于右玉卫置府，并改三卫为县，属雁平道。南距省治六百七十里。至京师九百六十里。广二百十里，袤二百九十里。北极高四十度十一分。京师偏西四度十一分。领州一，县三。右玉冲，繁。倚。雍正三年以右玉卫改置。玉林山，西二十里。东南：石堂山、纱帽。西南：沧头河自平鲁入；右合牛心山，左孙家川、云石堡水，屈北，迳府治西。右合范家堡水、马营河，又北，右会兔毛河。西北有边墙，西南接平鲁，东北至右玉，有杀虎、水棚、铁山、大沙、云石等口。威远堡、杀虎口二巡司。朔州冲，繁，难。府东南二百四十里。明属大同府。雍正三年来隶。嘉庆元年，所领马邑省入为乡。有乡学训导。东北：契吴。东：洪涛，其支草雷山。左黄道泉，右金龙池，桑乾水出，《水经注》所谓“洪源七轮即溹涫水”者。东南汇于腊河口，古马邑川水南源。恢河，古灅水，自宁武入，迳城南，折东，右合七里河，左沙棱水，又东北至下馆故城北来会，入山阴。城东、广武二驿。左云冲。府东南七十五里。雍正三年，左云卫改置。东北：弥陀山。东：雕岭。东南：龙王堂。南：南石，肖画河出，北迳城西南，右合温泉，又北折东，左合龙泉，迳焦山，又东南入怀仁。旧有助马堡巡司，裁。平鲁冲。府西南百十五里。雍正三年以平鲁卫改置。南：十二连山。西南：迎恩。西：小青。西北：七介、西平、磨儿。清水河出，入其厅，古树颓水。城内北固山。北：尖山。东南：天门，相近奎星台。北岳峰，盖《水经注》大浴真山，沧头河出。古中陵水，西北贯城出，折东迳碧峰山入右玉。乐宁、伏远二镇。

宁武府：冲。隶雁平道。明置宁武关并所。嘉靖中置三关镇，驻宁武。又偏宁道驻偏头，后改岢岚、宁武二道分驻。清初，前后并废。雍正三年，改所为府，置附郭，偏关所、神池堡、五寨堡为县。南距省治三百四十里。至京师九百五十里。广二百九十里，袤三百六十里。北极高三十九度六分。京师偏西四度十一分。领县四。宁武冲。倚。明置宁化所。雍正三年为府，并置。西南：管涔山，其东天池，其下分水岭。西出者汾水，左会林溪，楼子山别源，折西南，迳宁化堡，入静乐。东出者恢河，一曰浑河，古灅水，《水经注》“出累头山”，《地理志》谓之治水者，东北迳城南，又东北迳阳方口，出边入朔，为桑乾南源。有阳方堡。宁化所巡司。偏关冲。府北百八十里。明置守御所。雍正三年改。东：丫角山。北：蚕虎。西北：河水左渎自清水河入，迳老牛湾西，又西南，东有关河自平鲁入，合红水沟，迳厅南，又西北入焉。又西南入河曲。老营堡有废巡司。神池冲。府北三十里。明置神池口巡司，后增神池堡营。雍正三年改。南：黄花岭。西南：旗山、虎北、洪佛。北：达沐河，西迳磨石山，左合义井河。河本渭流，康熙三十六年圣祖西征，饮马驼于此，赐名兴隆。折北入五寨。五寨冲。府西百里。明建五寨城。雍正三年改。西南：芦芽山，管涔绝顶也，高三千丈，上有弥连池，即弥泽，下注清涟河，东北达沐河自偏关入会之，为大涧河，折西入河曲。有三岔堡。

忻州直隶州：冲，繁。明，太原属州。雍正二年升，仍领定襄，割太原之静乐来隶。西南距省治百四十里。至京师千三百里。广三百六十里，袤百里。北极高三十八度二十五分。京师偏西三度四十三分。领县二。南：系舟山。西南：云母。西：九原。西北：云中，相属双尖，云中水出，东北入崞，会忻川，注滹沱。滹沱复错入，入定襄。西南：白马山，牧马河出，古三会水，合陀罗、大岭、清水诸山水，东北迳城南从之。九原一驿。定襄繁。州东五十里。东南：七岩山。东北：圣阜。西北：横山。滹沱水自州入，东南迳城北，又东北，右会牧马河，入五台。南有丛蒙山，三会泉出，北流注牧马河。西北有滹沱渠，资灌溉。一镇：芳兰。静乐冲。州西百八十里。雍正二年自太原来隶。东：两岭山。东南：天柱。西北：管涔，汾水出其阴，自宁武入，迳马头山，至城西南，左合碾河，右纳岚水，又东南迳楼烦镇，右合石楼、临春山水，入交城。西南：离石水入永宁。镇三：故镇、窟谷、永安。又有楼烦镇巡司。康家会驿。

代州直隶州：冲，繁，难。雁平道驻。明，太原府属州。雍正二年升，仍所领。西南距省治三百二十里。至京师七百七十里。北极高三十九度六分。京师偏西三度三十二分。领县三。西北：句注，其岭太和，唐置雁门关，古曰西隃，隘有十八。其东夏屋，中峰曰复宿。东南：舜山、圭峰。东：滹沱河自繁峙入，左纳峨水，右合夏屋、雁门水，迳城南。又西南，右合羊头神河入崞。雁门关，一驿。五台难。州东南百四十里。五台山，东北百二十里，一名清凉山。圣祖、高宗、仁宗前后十三巡幸。中台有太华池水，西北流，会县北峨岭水，出峨口入繁峙。北：锦屏。西北：铁岭。西：紫罗。滹沱河自定襄入，迳东冶镇，左合虑虒水、清水河，又东南入盂。东：乌牛山，滋水出，东流入直隶平山。镇三：窦村、东冶、台怀。巡司驻台怀。崞冲。州西南八十里。崞山，西南四十五里。其西黄嵬。南：前高。西北：栢枝。东北：滹沱河自州入，迳城东，又南，右合羊虎谷水，又西南，云中河自忻入，会忻川入忻。原平、阐泥二驿。繁峙简。州东六十里。北：茹越山。东南：憨山、小五台。东：泰戏。滹沱水出泰华池，一曰派水，并州川。《说文》"起雁门郡葰人县戊夫山"者。西会三泉，伏流，汇华岩诸水，复出，迳沙涧驿，至城南入州，峨水从之。其东岩头有白坡，沙河出，南入直隶阜平，古恒水支。平刑关，巡司驻。平刑、沙涧二驿。

保德直隶州：冲，繁。隶雁平道。明为太原属州。雍正二年升，并割河曲、兴来隶。八年，兴还隶太原。东南距省治四百六十五里。至京师千七百十五里。广二百十里，袤百十一里。北极高三十九度四分。京师偏西五度四十分。领县一。城南：莲花山。东南：马头。西南：羊头。东北：石梯。河水左渎自河曲入，迳城北，屈西至花园堡，壶庐山水入，为朱家川。又西南，合裴家川入兴。河曲冲。州东北百二十里。明隶太原。雍正二年改。乾隆二十九年徙河保营为今治，东阻险山。南：翠峰。西南：火山。东北：河水左渎自偏关入，迳城西大辿渡。又西南，东有清涟河自五寨入，为六涧河入焉，古弥泽，入州。壶庐山水从之。河邑巡司驻旧县。乾隆二十九年徙治河保营，即今治。

归化城直隶厅：冲，繁，疲，难。归绥道镇守副都统驻。明嘉靖中，蒙古据丰州，是为西土默特，驻牧建城，后封顺义王，名其城曰归化。天聪八年内附。顺治三年置左右翼及四副都统。雍正元年置理事同知，驻西河，隶朔平府。乾隆元年增协理通判二，增绥远厅。六年置归绥道，厅及二协隶。二十五年省协理，徙同知驻城。裁左右翼及副都统。馀副都统一，同驻。光绪十年改抚民同知。南距省治九百六十里。至京师千一百八十里。广百八十里，袤二百九十里。北极高四十度四十九分。京师偏西四度四十八分。北：大青山，即阴山，古白道川。其支阜，西石绿，西北克寿，东北乌兰察布、喀喇克沁、钟山。金河，古芒干水，俗大黑河，西南迳厅南。左合小黑河，即紫河，古武泉水。又西南，右合哈尔儿河，入托克托。克鲁库河，古白道，中溪水从之。卡伦二十有二。台站四。有巡司，一在城，兼司狱，一在毕齐克齐。有递。

萨拉齐直隶厅：冲，繁，疲，难。隶归绥道。明初，云内州，后为云内县，属丰州，寻废。乾隆四年，置萨拉齐及善岱二协理通判。六年，隶归绥道。二十五年，改理事厅，以善岱协理通判省入。同治四年，改置同知。光绪十年，改抚民。东南距省治千二百里。至京师千四百二十里。广二百五十里，袤百里。北极高四十度三十九分。京师偏西五度十六分。又兼辖鄂尔多斯左翼后旗地。广四百三十里，袤二百二十里。西北：牛头、朝那山、夹山。北，宿嵬。东：拜轰古儿。河水左渎自五原南界东流入境，包头、五当河并北来注之，迳沙尔沁村，又东至厅南，合苏尔哲、帽带河，入托克托。察苏河入托克托。卡伦五。台站一，在厅治。有巡司兼司狱一，驻包头镇。有递。

清水河直隶厅：繁，疲，难。隶归绥道。明，置东胜卫千户所。乾隆元年，置协理通判。六年，隶归绥道。二十五年，改理事厅。光绪十年，改抚民通判。东南距省治九百二十里。至京师千又二十里。广百三十五里，袤百四十里。北极高四十度六分。京师偏西四度四十八分。东：鄂博图山、连岭。东南：吐颓，有君子津。西北：河水左渎自托克托入，迳红山口，东南清水河自平鲁入，右合汤溪河，西北迳三叉河至厅南。又西北出古长城，左会兔毛河，亦称红河，古中陵水入焉；又南入偏关。有巡司兼司狱在厅治。有递。

丰镇直隶厅：繁，疲，难。隶归绥道。明，大同及阳和、天成二卫边外地。康熙十四年，徙察哈尔蒙古部驻。雍正十二年，置丰川卫及镇宁所，大朔理事通判统之。乾隆十五年改置，大同、阳高通判徙驻。三十三年，还故治，增置大同理事同知。光绪十年，改抚民。南距省治六百七十里。至京师八百六十里。广二百三十里，袤二百二十里。北极高四十度三十分。京师偏西三度十二分。北：尖子山、狼头。西北：留云。东：盘羊。东北：大青、牛心。其西南壶庐海，如浑水出，今曰玉河。屈西南，左合大科庄水，古旋鸿池，迳古庆梁，右合尖子山水，至厅东南新城湾。右会得胜河，古羊水，入大同。东北：五禄户滩，东洋河出，古修水，亦于延水，东迳碾房窑，入直隶张家口。其南胡鲁苏台，西洋河出，古延乡水，及南沟水，迳马市口入天镇。又西清凉岭，南洋河出，古雁门水，南迳守口堡入阳高，并达之。自东洋外，并逾边。巡司三：一驻城，兼司狱；一二道河；一张皋尔。二道河后改设兴和厅。有递。

托克托直隶厅：繁，疲，难。隶归绥道。明，东胜左卫。嘉靖中入土默特。曰脱脱，亦曰托克托。乾隆元年，增协理通判。二十五年，改理事厅。光绪十年，改抚民通判。东南距省治八百六十里。至京师千一百里。广八十五里，袤一百三十里。兼辖河西鄂尔多斯右翼后旗地。广百三十里，袤百五十里。北极高四十度三十分。京师偏西四度四十分。南：红山，古缘胡。西北：河水左渎自萨拉齐入。大黑河东自归化入，左会黄水，又西，右会克鲁库，至厅东北会察苏河。迳厅北，旧汇为黛山湖，古芒干水，合南源白道中溪塞水注沙陵湖者，又西入焉。又南入清水河。有巡司兼司狱。有递。

宁远直隶厅：冲，疲，难。隶归绥道。明，宣德卫。后为大同边外地。康熙十六年，察哈尔部析驻。雍正十二年，置宁朔卫及怀远所，大朔理事通判统之。乾隆十五年省改，徙朔平通判驻。二十一年，改理事通判。光绪十年，改抚民。南距省治八百十里。至京师千又二十里。广百八十里，袤二百九十里。北极高四十度二十一分。京师偏西三度五十二分。东：猴山。北：仓盘、汗漫、平顶。黑河南源永兴河出，古白渠水。其南参河陉，今西沟门，古沃水出，今曰宁远水。南迳将军梁，左合宁远堡水，古可不埿，逾长城。东北：平顶永兴河东四道凹，得胜河出，迳丰城沟入丰镇。其北大海，古诸闻泽，周百余里。其南小海，《地理志》盐泽，古通目曰参合陂。有巡司。有递。旧有科布尔巡司，后改设陶林厅。

和林格尔直隶厅：繁，疲，难。隶归绥道。明置玉林、云川二卫。后为蒙古西土默特据。康熙中，置站曰二十家子，蒙语和林格尔。乾隆元年，置协理通判。二十五年，改理事厅。光绪十年，改抚民通判。南距省治八百四十里。至京师千六十里。广百七十里，袤百八十里。北极高四十度二十分。京师偏西四度二十四分。东：九峰山。西：摩天岭。南：大松。东南：玉林。兔毛河自右玉入，逾边迳杀虎口，右会宁远河，迳其麓，西北至厅。西南折西入清水河。东北黄水自宁远入，西迳厅北入托克托。有巡司兼司狱。有递。

兴和直隶厅：明初，天城卫边北地。光绪二十二年，以丰镇之二道河巡司置，隶归绥道。西南距省治八百九十里。至京师千七十里。广袤阙。北：大青山。东南：水泉入。西北：东洋河自察哈尔旗入。二源合，东西迳厅北，入直隶张家口。有递。

陶林直隶厅：要。隶归绥道。明，大同边外地。光绪二十九年，以宁远厅之科布尔巡司置。西南距省治千三百里。至京师千四百五十里。广袤阙。北：伊马图山。南：回头梁。大黑河南源黄水河，古白渠水，出大东沟，西南迳五坝入宁远。有递。

武川直隶厅：要。隶归绥道。明，西土特默牧场。光绪二十九年，以其北境翁滚置，治乌兰花，寄治归化城。南距省治千百七十里。至京师千二百九十里。广袤阙。北：托克图山。西北：克寿。东有乌兰察布源泉，厅治。一递。

五原直隶厅：要。隶归绥道。光绪二十九年，析萨拉齐西境兴盛旺置抚民同知，治隆兴长，寄治包头镇。东南距省治千七百九十里。至京师二千一百十里。北极高四十度三十九分。京师偏西五度十六分。西北：阳山。北：阴山。河水自甘肃边外环内蒙鄂尔多斯，折东自乌拉特循其南麓入。有鄂博口，古稒阳道。又东迳厅南，合博托河入萨拉齐。有递。

东胜直隶厅：要。隶归绥道。明初，东胜卫西界、陕西榆林卫河套地，后为元裔所居。光绪三十二年，以鄂尔多斯左翼中郡王右翼前末扎萨克旗垦地置，治羊壕厂，寄治萨拉齐之包头镇。北极高四十度四十九分。京师偏西四度四十八分。西北：河水自鄂尔多斯循五原入厅北，折东南入萨拉齐。边墙西自陕西榆林入。又东有递。

卷六十一　志三十六

地理八

山东

山东：《禹贡》青、徐及兖、豫四州之域。明置山东承宣布政使司。清初因之。雍正二年，升济南府之泰安、武定、滨，兖州府之济宁、曹、沂等六州为直隶州。八年，济宁州仍属兖州府。十二年，升武定、沂二州为府，滨州改属武定。十三年，升泰安、曹二州为府。乾隆四十一年，仍升济宁、临清为直隶州。凡领府十，州二，散州八，县九十六。在京师之南。八百里。东至大海；一千三百里。西至直隶元城县界；三百四十里。南至江南沛县界；五百七十里。北至直隶宁津县界。二百四十里。广一千六百四十里，袤八百里。北极高三十四度三十五分至三十八度二十分。京师偏西一度二十五分至偏东六度四十分。宣统三年，编户五百三十七万七千八百七十二，口三千一百三万六千九百四十四。

济南府：冲，繁，难。巡抚，布政、提学、提法、盐运司，济东泰武临、巡警、劝业道驻。初沿明制为省治，领州四，县二十六。雍正中，武定、泰安、滨直隶，割阳信、莱芜、利津等九县属之。北至京师八百里。广三百六十里，袤二百八十里。北极高三十六度四十五分。京师偏东四十一分。领州一，县十五。历城冲，繁，难。倚。城南：历山。东：华不注。东南：长城岭，玉水出焉。锦云川水入长清注黄河。河即大清、济水故道，其右渎入。西北迳药山，北至泺口镇。又东北迳鹊山，其南新小清河入，迳城北，右受大明湖，东迳虞山，纳巨合及关庐、武原水，并入章丘。今大明湖在城内，惟汇珍珠、濯缨诸泉，乃宋西湖，非唐以前遗址矣。有巡司：申公集。主簿：谭城。龙山驿。津浦、胶济铁路。章丘繁，疲，难。府东百十里。南：长白山、东陵、平顶。西南：危山；鸡山，《水经注》"巨合水出西北"，迳榆科泉庄，及武原、关庐水，入历城，注新小清河。新小清复入西北，右合绣江，即沟河，注百脉水，出土鼓故城，迳阳丘故城黄巾固。小清河又东北迳贾庄入齐东。其北黄河右渎自历城入，缘济阳界。小清昔源泺水，今源獭河，别源出东南野狐岭，西北迳青龙山，土鼓、宁戚故城，折东入邹平，即小清故道。有普济镇。邹平疲。府东北百六十五里。南：长白山。东南：黄山。西南：九龙。北：新小清河，自齐东入，东入长山。西北：獭河，自章丘入，迳浒山泺，东北为清河沟，并入长山。东南：孝妇河，即泷水，自长山错入。左合白条沟、沙河，迳伏生墓，屈东北，仍入之。其故道迳梁邹故城。有孙家镇。淄川简。府东少南二百二十里。东南：原山，淄水出焉。南有猪龙河，俗呼孝妇，即泷水，自博山入，迳城西南，右合般水，又北迳浮山。獭水河出黉山，迳昌国故城，会浸泗河自左注之，仍古德会水。左得萌水口，入长山。铁路。长山简。府东百九十里。西南：长白山。南：凤山。西北：新山。清河自邹平入，折北入高苑。清河沟东入新城。东南：孝妇河自淄川入，左得鱼子沟，错邹平仍入。有周郙镇。新城简。府东北二百十六里。东南：商山。西北：清河沟自长山入，右匯为青沙泊，淤。东有乌河，即时水，迳西安故城，左纳涝淄河，折北，迳会城湖入博兴，西通麻大湖。西北：孝妇河自长山入，右会郑黄沟及系水，时枝津汇焉。齐河冲，繁，难。府西五十里。西南：黄河左渎自长清入，迳城南，又东入历城。北：徒骇，自禹城入。西南赵牛河自长清入，歧为岔河，并入禹城，而经流复入，合倪伦河自右注之，又东迳梁家庄入临邑。刘宏镇。有驿曰晏城。齐东疲，难。府东北百五十里。西北：黄河右渎自济阳入，迳延安镇，又东缘惠民界入青城。南：新小清，自章丘入，迳临济故城，又东入邹平。减水河、坝河，堙。临河镇。济阳疲，难。府东北七十里。黄河左渎自禹城入，迳城南，又东北缘齐东界入之。西北：徒骇及商河，并自临邑入，屈北入商河镇。镇二：回河、新市。禹城冲。府西北百十里。西南：徒骇河自高唐入，少淤，迳三岔口，右会漯河及管氏、赵牛、岔河，迳城西北，又东北入齐河。赵牛河错入，右合温聪、刁强河，仍入注之。禹城桥，县丞驻。新安镇。刘普驿。铁路。临邑简。府北百四十里。南：徒骇河自禹城、东南商河自齐河入，并东入济阳。西钩盘自陵缘界东北仍入之，并淤。长清冲，繁，疲，难。府西南七十里。南：磺滑山。东南：方山，有行宫。东北：峨眉。西南：孝堂，古巫山。黄河自肥城入，迳城西北，右合南沙河。《水经注》"出南格马山宾溪谷，北迳卢县故城北与中川水合"者。又东北缘齐河界纳玉水，其南新小清，并入历城。西南：赵牛河，自茌平入，右纳赵王河，北入齐河。张夏镇，县丞驻。二驿：崮山、长城。陵简。府西北二百里。故城与德互徙。明永乐七年，西新鬲津河自德入，环城又东，右合笃马、赵王，又东钩盘自禹城入，并入德平，并涸。滋博镇。德州冲，繁，难。府西北二百六十里。粮道驻。南有运河自恩入，北迳城西。其南支四女寺减河入檀。老黄河故道迳城东北哨马营，是为北支，并入直隶。东南：马颊河，即笃马，自平原入，《水经注》"迳临齐城南"，今边临镇，州判驻，东北入德平。其新鬲津，东北入陵，淤。有鬲故城，古渎在焉。老黄河故屯氏渎，笃马其别河南渎。桑园、安德驿。又良店、梁家庄水驿二。铁路。德平难。府北二百五十里。西：马颊河自德入，右会小河，东北入乐陵及直隶宁津，下至海丰月河口入海。自直隶元城入，凡行山东境六百四十八里。南有钩盘自陵入，东北入商河，涸。有怀仁镇。平原冲。府西北百八十里。西：马颊河，自夏津缘界合蒲河，其东新鬲津故道，并北入德。东：笃马沟，旧合赵王河入陵，涸。有水务镇。桃源驿。铁路。

东昌府：冲，繁。隶济东泰武临道。初沿明制，领州三，县五。雍、乾间，濮、临清直隶，割范、观城、朝城、夏津、丘。东距省治二百二十里。广二百二十里，袤二百八十里。北极高三十六度三十三分。京师偏西十八分。领州一，县九。聊城冲，繁，难。倚。南有运河，即会通，自阳穀入，右播为赵牛、湄河，入茌平。王官镇。崇武水驿。堂邑冲，疲。府西四十里。东北：运河，自聊城入，迳梁乡闸。西南：马颊，自冠入，迳张家堂，绝运，并入博平。侯固镇有城。博平冲，繁。府东北四十里。西南：运河，自堂邑入，迳土桥闸，西北至田家口。其西马颊，自堂邑入，西北复绝。西：徒骇，自聊城入，迳邓家桥，右纳湄河，东北擅溼故渎，入茌平，涸。茌平冲，繁，难。府东北六十里。管氏河首李庄，汇小冯新河，东北入禹城。西北：徒骇，自博平错入，入高唐。西：湄河，自聊城错入，入博平。南：赵牛河，自聊城入，错东阿复入，入长清。西：古黄河。有四渎口。广平镇。清平冲，繁。府北少东七十里。西南：运河，自堂邑入，北迳魏家湾，有巡司，入临清。西：马颊，自博平再入，入高唐。古黄河，西北自临清入，入夏津。水驿。莘简。府西一百里。西北：马颊，宋六塔、二股河所迳，自朝城入，东北入冠。东有古溼河，自朝城入，入聊城；分支入阳穀。镇：马桥。冠冲，繁，难。府西百里。东南：弇山，马颊自莘入，入堂邑。其西，古黄河，迳西北二十里冉子墓，东入馆陶。宋北流故渎，乾隆、道光两次决入马颊，至府境入运为患，其故道循陈公隄北入馆陶、临清，绝运，至旧城外，曰沙河，入直隶吴桥。馆陶简。府西北百二十里。南：馆陶镇。有废巡司。陶山，西南四十里。卫河，隋永济渠，自直隶元城入，左合漳水，迳乔亭城东北，右会古黄河，入临清。其北，屯氏。高唐冲，繁，难。府东北百十里。雍正八年直隶，十二年削所领禹城、平原、临邑、陵。高唐山，东北五里。东南：徒骇，自茌平入，东北入禹城。《地理志》"河水自灵县别出为鸣犊河"。其故渎西南马颊自清平入，北入夏津，并涸。固河镇。鱼丘驿。恩冲，繁，疲，难。府东北百八十里。西北：卫河，自武城错入。西南古黄河，南马颊，左渎并自夏津入，入德。四女寺，县丞驻。太平驿。

泰安府：冲，繁，难。隶济东泰武临道。初沿明制，为济南属州。雍正二年直隶，领新泰、莱芜、长清。长清寻换肥城。十三年为府，增附郭，降东平与其所领东阿、平阴来隶。北距省八十里。广四百三十里，袤百七十里。北极高三十六度十五分。京师偏东五十二分。领州一，县六。泰安冲，繁，疲，难。倚。泰山，北五里，东岳，亦曰岱宗，周略百六十里，高四十里，有行宫。南：介石、石闾、亭亭、梁父。东南：龟山、徂徕。西南：社首、高里。其峰南有汶水，自莱芜入，右合天津水，左合牟汶，西南迳博故城，右合北汶、泮河及石汶、环水。其北汶北出者沙河，入长清。又西南，迳阳关、龙故城。东南：淄水，自宁阳入，迳岱山、梁父、柴故城，曰柴汶，右河、仙源河自左注之。又西南，大汶口，缘界迳汶阳故城南，合西浊，古蛇水，入东平。西北：黄山，肥河出，西入肥城。济运泉六十有六。静封镇。娄德旧置巡司，改通判。安驾庄，主簿驻。肥城简。府西七十里。雍正十三年自济南来隶。西：金牛山。西北：陶山、巫山、黄崖。东南：瀑布。南：马头，沙河出，亦曰小会肥河，入东南，右合孤山河、黄河、赵王河，入西北，并东北入长清。范公河，堙。济运泉十有二。石横镇。清泉水驿。新泰冲，繁。府东南百五十里。东南：嶅山，西南：龟山。西北：新甫。北：青沙岘。东北：龙堂，小汶即牟汶出，西南迳敖阳镇，右合平阳、西周、苏庄、羊流，左广明河，迳灵查保入泰安。济运泉四十。上四庄巡司。敖阳驿。莱芜简。府东百二十里。西南：冠山。北：阴凉。东南：大石。南：安期。西北：羊丘。东北：杓山；原山，《地理志》"淄水出其阴，东入博山。"《周礼》"幽州，其浸菑时"。汶水出其阳，所谓嬴汶，屈折西南，汇黑虎、辛兴、鱼池诸泉，迳嬴县故城入泰安。东南：牟汶，自蒙阴入，迳牟县故城，汇响水湾、海眼泉、孝义河水，至城南，又西，左合司马河，从之。济运泉四十有九。东平州冲，繁，难。府西百四十里。明属兖州。雍正八年直隶。十三年降削所领东阿、平阴、阳穀、寿张。北：蚕尾山、瓠山，龙山即危山。东有汶水自泰安入，右纳汇河，明筑戴郙坝阏之，西南入汶上。其溢而西者，夺漆沟迳龙堌北，亦曰大清河。其迳堌南者，小清合龙拱河，所谓"城南二汶"，夹城至马口而合。又西北，黄河西自寿张入夺之。运河即元会通河，后自汶上入，即梁山泺，迳安氏山东绝之，并入东阿。安山湖、赤河，并堙。济运泉三十有五。东阿冲，繁。府西北二百十里。东北：穀城山。东南：云翠。西北，曲山。西南：黄河自东平夺大清入，迳鱼山，《水经注》马颊口在焉。又西北，右合狼溪，入平阴。西北赵王河从之，其正渠赵牛河，自茌平错入，并涸。而古黄河、瓠子堙。运河自东平绝黄河入，迳陶城铺入阳穀。旧运河，淤。四镇：杨刘、安平、南穀、新桥。二驿：旧县、铜山。平阴简。府西北百九十里。明属东平。雍正十二年来隶。西：郙山。西北：榆山。西南：黄河自东阿入，右合锦水，迳城西北，又东入肥城。其肥河入东南，合柳沟泉，折南，入东平。西北：赵王河，自东阿入，分入肥城、长清。古黄河，堙。镇：滑口。

武定府：繁，难。隶济东泰武临道。初沿明制，永乐初改金棣州曰乐安，宣德初，平汉庶人，改曰武安。国制为济南属州，领县三。雍正二年直隶。十二年为府，置附郭，降滨并所领利津、霑化、蒲台及济南之青城、商河来隶。西南距省治二百里。广二百八十里，袤二百七十里。北极高三十七度三十四分。京师偏东一度十三分。领州一，县九。惠民繁，疲，难。倚。明初省入州。雍正十二年复。南有黄河左渎自济阳入，迳清河口，西入济南。徒骇自商河东迳聂索镇，与清河经永利、支角西亦入滨。又北，沙河、商河分入而合，通曰沙河，迳钟家营、阳信，右得惠民沟，又西北，钩盘入。青城简。府东南六十里。雍正十二年自济南来隶。黄河右渎自齐东入，迳董沟东入滨。有田镇。阳信疲。府东北四十里。西南：钩盘自惠民入，迳红庙庄，一曰信河，县氏焉，东北入霑化，涸。沙河错入仍入之。有钦风镇。海丰简。府东北六十里。西北：骝山。海，东北百五十里，为大沽河口，与直隶盐山接。有巡司。鬲津河迳马谷山入，又东南，月河口。马颊河自庆云迳街东镇入。其故道堙。今马颊，唐所开。又东南，石桥口。至霑化，钩盘错入仍入之。有分水镇。乐陵疲，难。府西北九十里。西北：鬲津河，自直隶宁津入，错南皮复入，入盐山。西南：马颊，自德平入，东北迳兴隆镇入庆云。古钩盘，《水经注》屯氏别河，迳乐陵故城北，北渎迳重合定县故城南，并堙。旧县镇，明置巡司，废。商河繁，疲，难。府西南九十里。古商河，北十五里。《水经注》"迳枎县故城南"，实沙河，今图误。钩盘自德平入，涸，而沙南徙，西首临邑界，迳城南。南有徒骇，即古黄河，及其支津商河，自济阳入，并东入惠民，而商与沙合。宽河镇。滨州繁，难。府东九十里。雍正二年直隶。十二年复将所领蒲台、利津、霑化削。西南：黄河，自惠民、青城入，屈东北，错蒲台，复缘界故道左出，与合右渎仍入之。徒骇自惠民入，左合沙河，涸。迤东北入霑化。利津繁。府东百五十里。海，东北百六十里。西与霑化接。西南：黄河，自滨、蒲台入，侧城东北，入为牡蛎嘴。丰国镇有巡司。霑化难。府东北七十里。海，北少东百里。西与海丰接。西有钩盘河自阳信入，错海丰复入，又东南大洋口。西南：徒骇，自滨入。镇：永丰，久山有废巡司。蒲台疲，难。府东少南百二十里。雍正十二年自滨来隶。西有黄河自滨入，迳城南，又东北，左渎仍缘滨合故道入利津。龙湖。镇：龙泥。

临清直隶州：冲，繁，难。隶济东泰武临道。初沿明制，为东昌属州，领县二。乾隆四十一年直隶，割武城、夏津、丘还隶，而馆陶还东昌。东南距省治百十里。广百五十二里，袤百三十里。北极高三十六度五十七分。京师偏西三十六分。领县三。东有运河自清平入，迳城南，西南卫河自馆陶来会，是为南运河，亦通曰卫河，贯城而北，擅屯氏故渎，入直隶清河。古黄河，东北自馆陶入，歧为沙河，并入夏津。王家浅巡司。清源、渡河水驿。武城冲，繁。府北少东一百里。南有卫河自夏津入，迳城西，折东北，复会沙河，错恩复入，入直隶故城。旧有一字、黄芦、五沟诸水。县卑淖，金末艾家凹水泺，广数十里，深一丈。汉复阳故城，今饶阳镇。甲马营巡司，又驿。夏津疲。府东少北四十里。北：孙生镇。西有卫河自州入，再错直隶清河入，入武城。旧有沙河自州入，东有古黄河、马颊，并自清平入，入恩。丘简。府西南八十里。漳河，此顺治九年自广平平固店直注者，非古漳故道。二并自直隶曲周入，一迳城西，至宋八疃仍入之，一迳城东，至柳疃入清河。

兖州府：冲，繁，难。总兵，兖沂曹济道治所。初沿明制，领州四，县二十三。雍正中，沂、曹、济宁、东平，济宁直隶。先后割县十三分隶，而东平降割泰安。东北距省治三百二十里。广五百十里，袤二百六十里。北极高三十五度四十二分。京师偏东三十四分。领县十。滋阳冲，繁，难。倚。嵫山，西北三十里。东有泗水，自曲阜入，至金口坝，歧为府河，贯城而出，左得十四泉，入济宁，实珠水正渠，又南，左合沂水、蓼水入邹。西北：漕河，自宁阳入，左合汉马，右洸河，亦南入济宁，涸。故城驿二：昌平、新嘉。铁路。曲阜简。府东三十里。东：防山。又东：戈山。泗水自其县入，右合崄水及石门山水。东南：沂水、蓼水，自邹入。沂迳城西南而分流，得右洙、左雩，复合蓼，迳北店村而分，一仍入邹，一与泗、沂并西入滋阳。古者洙北、泗南，今互易，盖自后魏乱流始。泗故道，孔林夫子墓南。济运泉二十有八。铁路。宁阳简。府北五十里。宁山，北十八里。西：水牛。西北：鹤山。东北：告山、寿山。南：凤山，淄水出，北迳鲁成邑北，入泰安注汶。汶复缘界迳汉汶阳至刚故城，洸水出焉，所谓"汶为阐"，与漕河、汉白马并南入滋阳。正渠复迳春城口入东平。青川驿。铁路。邹冲，繁。府东南五十里。东南：绎山。相近红山，实凫山。北沙河出，与白水河并入滕。南：昌平，而岱脉南驰宁阳、曲阜。入东北六里，曰尼山，其西南昌平有乡，孔子生焉，故属曲阜。今山南长莎村相近四基西麓，孟子墓在焉。沂水导源尼山，西与蓼水并入曲阜，注泗。泗复自滋阳入，西北错济宁复入，入鱼台。蓼水亦复入，会溪湖水，为白马河，合大沙、红沟河，从之。咸丘。县丞驻辛庄。驿二：邾城、界河。铁路。泗水简。府东少北九十里。东北：历山、龟山、陪尾。有桃墟，泗水出，其北关山，洙水出，迳卞故城而合。南，姑蔑郚城。又西，左合黄渊、右金线诸河，入曲阜。济运泉八十有七。滕冲，繁，疲，难。府东南百四十里。东南：桃山。狐骀自峄入，迳微山湖，右有许由泉，自峄入，为南明河。薛河迳昌虑南，石桥泉迳薛城注之，再错出江苏沛县。漷水出东北述山，迳蓝陵、祝其、合乡故城，合南梁水、趵突入沛注之，复入，右合三里河，北沙河自邹入，夹休城，其白马河入合界河为郁郎渊注之，又西北入鱼台。东北：小沂水，入费，而昭阳湖堙。镇：安平、南穀、陶阳，别有夏镇。泇河，通判驻。驿二：滕阳、临城。峄冲，繁，难。府东南二百六十里。北：君山。相近车梢峪，丞水出焉，曰沧浪渊，会许池泉，迳葛峄山，合金注河，其南茅茨、仙人河。东南，运河自江苏邳州入合之，又北迳微山湖、南阳湖入滕。乾隆中浚伊家河。济运泉十有四。万家庄水驿。汶上冲，繁，难。府西北九十里。东北：太白山、坦山。西南：赵王河，自郓城入，入嘉祥。北有汶水，自东平入，受泺珰诸泉、蒲湾泊水，曰鲁沟，西南擅鹅河故渎，注南旺湖，济运运河，遂东南入嘉祥达济宁，西北入东平达临清。湖东接蜀山湖，北马踏湖，并《水经注》汶左二水，迳东平陆故城北，汉县，古厥国，入茂都淀。柴城镇。南旺、马村二集，并县丞驻。新桥、开河二水驿。阳穀冲，繁，疲，难。府西北三百里。南有黄河，自范入，错寿张入。运河入，迳东阿故城，有阿泽，又北入聊城。西：徒骇河故道，自范入，错朝城，莘，再入，入聊城。镇：安乐。阿城，县丞驻。寿张疲，难。府西北二百四十里。东南：梁山，旧有泺。西南：黄河，自阳穀入，仍错出复入，入东阿。其北，运河，自东阿错入仍入之。有张秋镇。其南沙湾、沮河并入郓城。有竹口镇。

沂州府：冲，繁，难。隶兖沂曹济道。初沿明制，为兖州属州，领县二。雍正二年直隶。十二年为府，置附郭，降莒及所属蒙阴、沂水、日照来隶。西北距省治六百六十里。广五百二十里，袤五百十里。北极高三十五度九分。京师偏东二度十二分。领州一，县六。兰山冲，繁，难。倚。西南：宝山。东南：马陵。北：大柱。沂水自其县入。蒙山河入为汶水，迳铁角山，纳小河，又南迳鲁中丘故城王祥墓右，合孝感河，至府治东北，右纳小沂及胭脂河，又涑支津，其正渠迳勃庄南，为芦塘河。沂水又南迳龙塘口，右歧为武河，其东白马河。东北：沭水，自莒入，右合温泉水，右武阳沟，再入郯城，而武河、芦塘河错郯城复入而合。又东，西泇河自费入，并南入江苏邳州，而西泇右纳别源巨梁水，复歧为夹山河，分入峄芙蓉湖。镇：长江、罗滕。青驼寺巡司。杨家庄、徐公店二驿。府属沿海墩台二十有八。郯城冲，繁，难。府东南百二十里。东北：羽山、苍山。沭河自兰山再入，迳城东北，右得墨河故渎焉，环城南入宿迁。又南，迳马陵山，西至红花埠，又西，白马河入迳城西，并入江苏宿迁。又西，沂水入，入邳州。又西支津武水入，又西，芦塘河入，合燕子河，右歧为鸭蛋河，入邳。正渠又南与武水仍入之。大兴镇，通判驻。旧置沂郯海赣同知，乾隆三十八年改。又磨山有废巡司。红花埠驿。道平、解村废驿。费简。府西北九十里。西北：蒙山。西南：南城。西北：聪山，浚水出，即《地理志》“南武阳冠石山治水”，应劭曰“武水南迳古颛臾”。右纳小淮水，一曰小沂，又东南迳万松山，右合祊水，至钟山。左合洪墖、蒙阳、红衣诸河。东南：旗山，东泇出。西南：抱犊崮。南：大沭崮，涑水出，西泇水出，并入兰山。镇：毛阳。关阳、平邑二巡司。莒州简。府东北九十里。雍正二年直隶。十三年降削所领沂水、日照、蒙阴。北：七宝山。东：观山、庐山。南：焦原。西：浮丘，有莒子墓，或误浮来。有寺曰定林，因讹为二山。西北：洛山。《水经注》潍水导源潍山，东南迳屋山，汉箕县故城。今合南源瓦屋山水，折东北，迳仲固山，右合析泉水。其东浯水，《地理志》、《说文》，出灵门壶山，迳汉姑幕故城，并入诸诚。其西沭水，自沂水入，合华洛、袁公水，侧城东南，左纳鹤水、浔水，右合黄华水、马沟河，至道口入兰山。东南：石河，《地理志》夜头水，入日照。其西柘汪、朱汪、青口三河入，并入江苏赣榆，达于海。葛陂水，堙。十字路镇。石埠集有巡司。沂水冲，繁。府东北百二十里。西：龙山。西南：灵山。东：峨。西北：雹山。北：沂山。其连麓大弁，沭水出，东南迳杨家城子注邳乡南。左合大小岘、箕山水，迳孟母墓。莒西北，沂水自蒙阴入，左合螳螂河，东南迳盖故城，《水经注》左合连绵、浮来、小沂水，至城西北，左纳雪山、英山河，右合间山、时密水，至河阳集，右纳东汶水，入兰山。其西蒙山河，自蒙阴入，复分支入费。县丞驻东里店。垛庄巡司，又驿。蒙阴冲。府西北二百里。南：蒙山。东北：卢崮、具山。西北：敖山。北：两县。沂水三源，郑氏主中源，出沂山，班氏主东源，出临乐山，桑氏主西源，出艾山，迳龙洞山而合，东入沂水。其北鲁山，螳螂水出。西南：五女山，桑泉水出，屈北迳城南，左会巨围、堂阜，右叟崮水，又东，俗曰汶河，右合桃墟河，古蒙阴水，迳铁城东北，卢川水会金星梓水，再错沂水复入，合著善河，自左注之，又东南入沂水。黑龙寨。紫金关有巡司。日照简。府东二百四十里。西北：崑山。西南：矮岐。北：会稽、白石。南：观山、烟台。海，东南五十里。东北自诸城以南为石臼口，纳潮河。又南，夹仓口，傅疃河合伐庄河、固河入。又南，涛雒口、涨雒口、岚头山口。折西为狄水口，纳石河。故安东卫在焉，有巡司。西有浔水，《水经注》“出巨公山”，俗黄墩河，其北鹤水，并西入莒。北有潍水，自莒错入，东入诸城，洪陵河从之。镇三：涛洛、夹仓、石臼。巨峰寨。

曹州府：繁，疲，难。隶兖沂曹济道。总兵驻。初沿明制，为兖州属州。雍正二年直隶，仍领县二。八年，钜野、嘉祥自兖割隶。十三年为府，置附郭。降濮并所领县三，又割兖之单、城武、郓城来属；而嘉祥还旧隶。东北距省治五百八十五里。广百九十五里，袤二百八十里。北极高三十五度二十分。京师偏西五十一分。领州一，县十。菏泽繁，疲，难。倚。黄河自直隶开州入，其南瓠子故道。《水经注》，东至济阴句阳为新沟。城南：灉河。又南：北渠、泲河。《水经注》，北泲东北迳煮枣城南、冤朐北、莒都南。冤水，今大祢沟。有沙土集巡司。单繁，疲，难。府南一百五十里。明洪武二年降单州为县，属济宁。十八年改属兖州。雍正十三年改隶。东：栖霞山。西南：大陵山。南：黄河，自河南仪封县界流入县南，东流入江南砀山县界。东：古涞河流入金乡县，湮。钜野繁，疲，难。府东一百四十里。明洪武初，县属济宁。十八年属兖州府济宁州。雍正二年分属济宁州。八年改隶。东南：高平山，山出蜂石，石片上结成形，有酷肖者。其东北：白马山。东南：独山、麟山。钜野泽在县北五里，亦曰巨泽，济水故渎所入也。元末为沙水所决，遂涸。东北：运河。东南：会通河。西南有故黄河，堙。有通济闸闸官。郓城简。府东北一百二十里。明洪武十八年属兖州府济宁州。雍正二年分属济宁州。八年属兖州府。十三年改隶。东北：独孤山。东：金线岭。黄河东北流，迳郓城西二十五里，有黄河故道。灉河自直隶东明县流入，东北经郓城，西南入寿张县界。古济二水合流，北迳郓城，南流入东平州界。城武简。府东南一百十里。明洪武四年属济宁府，寻改属兖州府，以城武为武成。雍正十三年改隶。明正德十四年，县城圮於黄河，后河决多在城武。南有黄河故道，后堙。黄水自河南考城县流入，东迳城武县，南入江南丰县界。城武东北有黄水枝沟。曹繁，疲，难。府东南四十里。东：青山。东南：景山。北：曹南山，即《禹贡》陶丘。古汜水出，与南泲、古黄河、贾鲁河并堙，今惟南泡水河，首河南商丘界，东南至青涸集，歧为涞河，又八里河，入单，而西北柳林沙及南隄、夏月湖、白花诸河并淤。安陵、盘石镇。县丞驻刘家口。定陶简。府东南四十里。东：菏泽，古南泲、北泲汇焉。菏水出西陶丘西南七里，南泲今南渠，中渠今汜故道，迳髣山，北泲合北渠为潴水河，并入钜野，南渠之南柳河，沙河并自曹入，入城武，并涸。濮州繁，疲，难。府北百二十里。雍正八年直隶，领范、观城、朝城。十三年降，所领削。东：古濮水，堙。西南：黄河。北：金堤河。并自直隶开州入，东北入范。东南：赵王河，古灉水，自钜野入，入郓城。古清河即泲水，今黄河即魏河，实濮渠，亦北泲，其所合西无名洪河，亦堙。有瓠河镇。范简。府东北百六十里。范水，堙。西南：黄河，自濮入。《水经注》“迳范秦亭西”，春秋筑台于秦。又东迳委粟津，其金隄入迳城南，并入阳穀。镇：安定。观城简。府北百七十里。南北引河，首直隶清丰界，迳城东，分入朝城，涸。夹隄河，首县西马陵堤下古龙潭，入杜家河，东北至樱桃园入范，下至朝城入漯。沙河首角四池，北迳马厂入朝城，下至莘入漯。浮河自直隶开州入，至朝城入河，堙。有武乡镇。朝城简。府北二百十里。古漯水，亦武水故道，自西南杨家陂迳雁翎铺入阳穀，合夹隄河、石人陂水，入莘合沙河，下至聊城入运，堙。南北引河旧自观城入，夹城东西，分入阳穀、莘。马颊自直隶元城入，此唐笃马，非禹迹也，东北入莘，下至堂邑入运，并涸。

济宁直隶州：冲，繁，难。隶兖沂曹济道。运河道驻。明，兖州属州。雍正二年直隶，仍领嘉祥、钜野、郓城。八年仍降属兖州。乾隆四十一年复，割汶上、鱼台并嘉祥来隶。寻以嘉祥易汶上。东北距省治百八十里。广百四十里，袤百八十里。北极高三十五度三十三分。京师偏东二十八分。领县三。南：承注山。西南：缙云。西北：运河，自嘉祥入，左受蜀山湖、马场湖，府、洸二河自滋阳分入汇焉。迳城南，又东南迳南阳湖，左纳泗水，入鱼台。泗复歧为新泗，错邹复入，合白马河。西：赵王河，自嘉祥入，东南迳王贵屯桥为牛头河，又合长澹，纳蔡河，并入鱼台。赵王，古黄河北泲，长澹，河水南泲。有鲁桥镇。金乡简。府西南百里。明属兖州。乾隆四十五年来隶。金乡山，西北三十七里，隶钜野阳山。西：万福河，自钜野入，右会西沟，屈东北，左合柳林河，又东迳苏家桥，右通涞河自单入，合东沟，并东入鱼台。左通蔡河自嘉祥入，入州。柳林，古菏水，即泲也。嘉祥简。府西五十里。城南：澹台山。东南：武翟。西南：遂山。东北：南旺湖，运河自汶上入迳之，入州两蹑焉。其赵王河入西北迳万善桥，左合牛头河。西南：南清河自钜野入，左合姚河，至城南为澹台河，东南并入州。其金山河入为蔡河，东入金乡，涸。鱼台冲，繁，难。府南百十里。东北：黄山、平山、独山。有湖　，曰南阳。运河自州入，左合新河，受之。牛头河入。西北，涞河、柳林河，自金乡入，合为新开河来会。又东南，并入滕。而牛头支津南入泲后，又有东支、西支河，自丰入焉。南阳镇。河桥水驿。

登州府：冲，繁。总兵驻。登莱青胶道；今徙烟台。明，领州一，县七。雍正十三年，裁所辖四卫，置荣成、海阳。西南距省治九百二十里。广五百六十里，袤三百五十里。北极高三十七度四十八分。京师偏东四度三十六分。领州一，县九。蓬莱冲，繁。倚。东：朱高山、九目。东南：羽山、龙山、金果、马山、丘山。府治三面环海，运舶驶焉。西北自黄迤东为栾家口、西山口，又东丹崖山，古蓬莱岛，水城环之，黑水入。又东抹直口，沙河入。湾子口，安香河入。迤东南解宋营口、平畅口，至福山界，时家河从之。西南：崮山河入黄。其栾家口西北：大黑山岛、北沙河岛，东北：长山岛，南北隍城岛。有驿。黄繁。府西南六十里。黄山，南二十里。又南，石城。东南：莱山、掇芝。西南：卢山。北、西际海，西自招远迤东北，界首河、隋家疃河入，至龙口，纳吕家疃河。其西，屺岇岛。又东，纳颖门及南栾河。其外，依岛、桑岛。又东，黄河营口，纳榆林及庄头河，至蓬莱界。马停镇。黄山馆巡司。龙山、黄山馆二驿。福山冲，繁。府东少南二百三十里。福山，西北五里。又西北，磁山，古牟山。东南：蛤蟾。西南：迷鸡、青石。海，北十余里。自蓬莱迤东为八角口、浮澜口，其时家河又东，古县河入，至县北，纳清洋及大姑、道平河。之罘岛即转附。又东，烟台，明奇山所，今东海关，同治二年，登莱青道徙驻。奇山所巡司，孙夼镇废司。商埠。栖霞简。府东南百五十里。西北：艾山。北：白山。东：岠嵎，即《书》嵎夷，《地理志》"腄有居上山，声洋、丹水所出。"今灵山，丹今清阳，西迳翠屏山，屈东北，左纳清涟水。其东大姑河自莱阳入，右会安濬河从之，入福山。声洋今杨础河，南迳釜甑山，会西源郭落山水。其西方山，县河出，左会观里河，其东蛇窝河、陶漳河，并南入莱阳。西北：榆林河，入黄。招远简。府西南百四十四里。东北：罗山。颖门河出云屯。西南：齐山。北：乌喙城。东：滚泉。西北际海，自掖迤东，万盛河入。又东，东良河口，界河入，至黄界，其东徐家疃，颖门及南栾河并从之。其南：会仙山，大沽河亦古治水，入莱阳。西南：万岁河，入掖。莱阳冲，繁。府南二百五十里。《地理志》"长广有莱山"，今旌旗北三十里。东南：昌山。西：长清。东：仓山、福阜。西南：高丽。东北：三螺，大姑河出，入栖霞。南际海，西南自即墨迤东为五龙口。东北：陶漳河，自栖霞入，至城东南，右会杨础、蛇窝、观里河，又南，右合九里，左会昌水河，为五龙河，山以氏焉。折东南，迳浮山入之，东至海阳界。西北：大沽河，自招远入，右合夼里河，左合平南、东良河，西南分流，其东吴姑河，其西小沽自掖缘界并入即墨。县丞驻姜山集。宁海州冲，繁。府东少南二百六十里。顺治十六年省宁海卫入之。东：卢山、九佛。东南：大昆仑。西南：铁官。东北：金山。南北际海。西北有福山；迤东为龙门港口，辛安、七里河入。其外栲栳岛。又东，戏山口，沁水河入，至小河口，龙泉河入，至文登界。西南自海阳迤东为浪暖废口，黄垒河入，亦至文登界。西南：安浚河，入栖霞。澱港、夏村局河并入海阳。汤泉镇。文登冲，繁。府东南三百三十里。雍正十二年省威海、靖海二卫入之。城东：文登山。西：紫金、绿山。东南：斥山、石门、牛仙。西南：马鞍、昆山。南北际海，西北自宁海迤东为鹿门口，羊亭河入。又东，褚岛。其内，威海卫。卫东，刘公岛。折南至荣成界，招阜河从之。西南自宁海迤东为姚山口，木渚河汇送驾、古桥诸河入。古桥 合小河，古昌水，汉故昌阳在焉。又东，望海口，高邮河入。其南，靖海卫。卫北，铁槎山。其西，五垒岛。其东南，苏门岛。东北，延真、琵琶岛。温泉镇。文登营。威海、靖海二巡司。荣成简。府东四百六十里。明洪武置成山卫及寻山所。顺治十二年，所省入。雍正十二年改置。成山，东三十里。其麓召石，即朝儛。南：龙山。西南：浔山。三面际海，北自文登而东为渤海青岛，纳柘埠河，不夜河亦入焉。有鸡鸣岛。又北，东海驴岛，为龙口、崖口。迤西南，荣盛澳。西南：寻山所，纳沽河为卸口。又西南，宁津所。其南，镆铘岛，至文登界。盐滩石岛巡司。租界。海阳简。府东南二百二十里。明洪武三十一年置大嵩卫及海洋所。顺治十二年省入。雍正十二年改置。东：岠嵎山。西：昌山，北：嵩山、林寺。西北：观山。海，城南二里，自莱阳而东为沙家口，白沙河入。有鲁岛、牙岛。又东，纪疃河入。有泥岛、土阜岛。至城南，为老龙头，纳澱港河入，为刘格庄河。其东，草岛嘴。其南，千里岛。又东北，大小竹岛、小青岛。乳山口纳夏村河、局河。又东，绵花岛。又东北，宫家岛、腰岛，至宁海界。西北：观山，古观水出，俗废。发城河，今入莱阳。行村寨有巡司。

莱州府：冲，繁。旧隶登莱青胶道。明，领州二，县五。光绪三十一年，胶直隶，割高密、即墨。西距省治六百八十里。广二百九十里，袤四百三十里。北极高三十七度十分。京师偏东三度四十二分。领州一，县三。掖冲，繁。倚。掖山，东二十里，今大基，掖水出，迳城南，合三里河。又二十里，崮山。西北：斧山。府北际海，西北自昌邑迤东为海沧口，其胶莱北河入，有土山，迤东淀河入，古过国在焉。又东，白沙、英村、果村河、掖水、淇水、苏郭河入。又东，太平湾口，龙王河入。有小石岛。其西，芙蓉岛、古傅岩。其东，三山岛口，纳万岁河。其西岸，万里沙。又东，朱桥河入，至招远界。《地理志》"曲城阳丘山，治水出"。《左传》尤水即小姑。其西，朱东河，并入平度。沙丘城。海沧镇。县丞驻朱桥。柴胡、沧海二废司。飞霜驿。平度州简。府南百里。雍正十二年削所领潍、昌邑。东：六曲山。北：公沙、天柱、大泽。明堂，白沙河出，南迳鱼脊山，至分水口，东为胶莱南河，左合云河、落药河，入州。东北：小沽河，自掖缘界合朱东河，墨水从之。西为胶莱北河，缘界合现河、龙王、韩村、药石河，西北入掖。二镇：亭口、灰埠，州同驻，又驿。潍冲，繁，难。府南少西二百五十里。西南：程符山。西：黑山。海，北百里，自寿光而东，尧丹河入。其桂河入，会大於、白狼，及孝义河入。又东至昌邑界。东南：

塔山，溉水出。又东，寒浞河、瀑沙、浮塘、张固河。又东，潍水，自安丘缘界，左合汶河，并入昌邑。固底镇巡司。古亭驿。昌邑冲，繁。府南百十里。城东：东山。南：陆山。海，北五十里，自潍而东，其寒浞、瀑沙、浮塘、张固四河并入焉。又东，安丘、潍水入。又东，胶莱北河自平度缘界，迳密阜。其西，汉故下密密乡在焉。又北，迳狗冢山，合媒河入，至平度界。夏店驿。铁路。

青州府：冲，繁，难。登莱青胶道治所。副都统驻。领安东卫，州一，县十三。雍正中，莒直隶，割蒙阴、沂水、日照，寻降并属沂，增置博山。乾隆七年卫省。西距省治三百三十里。广二百七十五里，袤三百九十里。北极高三十六度四十五分。京师偏东二度十二分。领县十一。益都冲，繁，难。倚。东：箕山。西：金山。西北：尧山。西南：淄水自博山入，右合仁河，东北迳稷山，其西时水，并入临淄。又西，涝淄河，入新城。西南：石膏山，与城南云门并，即逢山。《水经注》"洋水出其东南，入临朐"者。石沟水亦曰石膏，其东北贯城者曰南阳水，右合建德水，东南巨洋水，今洱河，自临朐入合之。折东北，右纳康浪水、洗耳河、尧水，其西跃龙河，《地理志》"为山，浊水出"，俗北阳河，迳高柳村，并入寿光。县丞驻金岭镇。青社驿。博山简。府西南百八十里。明兵备副使治所。雍正二年改置，割淄、莱地益之。博山东南五十里，岳阳城。东：荆山。西南：原山；长成岭，陇水出，《水经注》"古袁水"，合白洋河，北迳城西，合倒流泉、沙沟河入淄川。南有淄河，自莱芜入，东迳石马山、莱芜谷，迤北，右合泉河，圣水，出金鸡山口，入益都镇。临淄简。府西北五十五里。西南：弁中峪。西：葵丘。南有淄水自益都入，《水经注》，迳牛山西，其北营丘，东得天齐水口，又北迳管仲墓，至城东，迳雪宫西高敬仲墓东入乐安。西南：时水自益都分入而合，北迳杜山，右合澠水及系水、京水，又北折西，一曰乌河，即乾时，入新城。西北：澠水，亦汉溱，分入乐安、博兴。《周礼》"其浸菑时"。东南：鼎足山，《地理志》"菟头，女水出"，北迳故鄘亭，伏，至汉东安平故城复出。博兴简。府西北百十里。西南：小清河、支脉沟自高苑入，并淤。今自马踏湖纳新城涝淄水，左得小清故道，故亦曰小清河。又东为会城泊，《水经注》"平州坑右纳汉溱"，即澠水，出为预备河，并入乐安。冶城河，堙。有纯化镇。高苑简。府西北百五十里。南有小清河，自新城入，至军张闸，右得故道，左为支脉沟，俗岔河，东入博兴。田镇，横所居。乐安冲，繁。府北少东九十里。海，东北百三十里，自利津迤东南为淄河口，有小清、支脉沟自博兴入之。一故道至寿光界，今小清入。西北其富民河亦入焉，右会淄水，缘其界，其女水入，分流折东并入之。西南：澠水自临淄错入，亦仍入之。乐安、高家港镇。塘头寨。寿光冲，繁，难。府东北六十里。海，东北百四十里，自乐安迤东南为淄河门。西南，清水泊，古钜定，有盐城，汇益都跃龙、王钦、北阳河，临淄女水、小清古涕渎。又东南，洱河口水，南自益都入，迳剧故城，古纪国，又北迳黑家泊，又东南至潍。东南：尧河，亦自益都入，迳故乐城。南丹河自昌乐入，迳斟灌国。其桂河入，迳故乐望。广陵、侯镇。临朐简。府南少东四十五里。朐山，东二里。西：逢山。东南：大弁。西南：八旗、嵩山、大岘。其关一，曰穆陵，有巡司。《地理志》，朱虚东泰山，今沂山，汶水出其东，东北左合英山水，入安丘。其北虚水、西丹水并从之。巨洋水出其西北，迳月明崖，右合龙门、南丹，左略逯、冶泉，迳城东，又北迳委粟山，左纳石膏水，入益都。其东康浪水、洗耳河、尧水从之。安丘繁，难。府东南百六十里。安丘山，西南十五里，即今牟山，所谓牟娄，古牟夷国。又西南：刘山、峿山、书院。东北：担山。南有峿水，自莒入，左合淇河、雹泉河，东入诸城。东南：潍水，自诸诚入，迳砺阜山，左合小峿水，侧有盖公山，又北缘昌邑界复入，迳峠山入潍。汶水西自临朐入，左合金山，右合牛沐山水，《水经注》"东北迳汉故郚城北、管宁冢东、孙嵩墓东、柴阜山西"，今右合灵水，又侧城东北迳汉故淳于，从之。镇：李丈。景芝，县丞驻。昌乐冲，繁。府东七十里。东：孤山。南：乔山。东南：丛角，小汶河出，入安丘。塔山，《水经注》覆甑，溉水出。其西，孝义河。西南：擂鼓，白狼河出，东迳后魏故营陵。东南：方山，虞河出。并入潍。其北麓，桂河出，其西麓，东丹水出，西丹水自朐来入会，迳北郝集，丹朱墓在焉。其西：尧水，自益都缘界，并北入寿光。丹河镇。铁路。诸城冲，繁，难。府东南二百八十里。东南：琅邪山、云母、烽火。南：黄山。西南：马耳；九仙山，潮河出，会北源石河峪水，迳故梁乡，入日照，达于海。海又东为宋家河口，距城百二十里，黄山河入。又东，徐家港，纪里河纳白马河入。又东，崔家溜口，东南横河东源自胶入，会西源入。其外，沐官岛。又东，鸭岛。迤北，斋堂岛。又北，龙湾口；琅邪台在焉。至莒界，潍水入。西南：涓水，纳白纳河，自其右注之，左纳西南沟河。又东迳白玉山，右合扶淇水，至城北。折北，右合卢水，《地理志》"横故山，久台出"。密水，迳巴山入高密。其东五龙河，其西长干沟，又西浯水自安丘入，迳汉故平昌，合荆水，并从之。信阳、龙湾、普庆、芝盘镇。南信巡司。药沟驿。

胶州直隶州：冲，繁，难。明，莱州，领县二。雍正中降，省灵山卫入之。光绪三十一年直隶。西距省治百里。仍所领。南：艾山、珠山、崆峒。东及南际海，自即墨迤西南为麻湾口。北有胶莱南河，自平度入，西南胶河自诸城入，右合西源望荡山水，迳汉故祝兹，错复入，迳金梁乡镇，汉祓侯国，即东黔陬城。又迳西黔陬，左合周阳河，错高密，合张奴水复入，迳都泺。又东南，右合碧沟，至夹河套，左曾沽河。又南守风湾、云溪河、洋水，又南黄山岛、淮子口，迤西薛家岛、灵山岛。其北岸灵山卫，卫北徐山，又西柴湖荡口、湘子门口，至诸诚界麻湾、女姑口，外为胶州湾。光绪二十三年德人租之。镇：古镇、逢猛。夏河寨。灵山巡司。铁路。高密简。府西南一百二十里。南：王子山。胶河自州入，右合张奴水，迳都泺仍入之。北：胶莱北河自平度缘界，纳五龙河仍入之。侧有百脉湖，涸。西南：潍水自诸城入，左合张洋河，左长干沟，又西北迳砺阜，郑康成墓在焉。左纳浯水，入安丘。铁路。即墨冲，繁。府东南二百五十里。东南：不其山、劳山。西南：天室。西：高鞍。东及南际海，东北自莱阳入，为周疃口。其内鳌山废卫。迤东南，栲栳岛。巡司二。又南，田横岛、崂山口。又西，女姑口汇海口，远西河入。其外胶澳。又西，赤岛。西南：青岛，至州界。北：孟沙河入平度注姑河。姑河复缘界入州，流浩河从之。

卷六十二　　志三十七

地理九

河 南

河南：《禹贡》豫及冀、扬三州之域。明置河南布政使司。清初为河南省，置巡抚。雍正二年，升陈、许、禹、郑、陕、光六州为直隶州。十二年，升陈、许为府，郑、禹仍属州。乾隆九年，许复直隶。光绪末，郑复直隶。宣统初，淅川厅直隶。领府九，直隶州五，直隶厅一，州五，县九十六。东至江苏萧县；六百五里。西至陕西潼关县；一千三十里。南至湖北黄陂县；一千一十里。北至直隶磁州。五百八十里。广千六百三十里，袤千三百九十里。宣统三年，编户四百六十六万一千五百六十六，口二千六百八十九万四千九百四十五。其名山：嵩高、三崤、熊耳、太行。其大川：河水、淮、汴、洛、颍、汝、白、丹、卫、漳。其铁路：京汉，开郑，道泽。其电线：东北达济南、京师；西，长安。

开封府：冲，繁，疲，难。巡抚，布政、提学、提法司，盐、粮、开归陈许郑、兵备、巡警，劝业道驻。明洪武元年，以元汴梁路改。清初，河南省治，仍领州四，县三十。雍正二年，陈、许、郑、禹直隶，割县十四隶之。延津、原武属卫辉、怀庆。乾隆中，禹及密、新郑还隶；河阴省；阳武、封丘属怀庆、卫辉；仪封为厅，后亦省。北至京师千五百八十里。广三百七十里，袤三百六十里。北极高三十四度五十一分。京师偏西一度五十五分。领州一，县十一。祥符冲，繁，难。倚。城东北隅：夷山。东北：赤冈。河水自元至元中始，尽历府境，自中牟缘封丘界，迳黑冈、柳园口入，东入陈留。其贾鲁河入，迳朱仙镇入尉氏，即蔡故渎，上游一曰沙水。《水经注》渠水实鸿沟，而浚水堙。其惠济河入，迳府治南，亦入陈留。宋都四渠及五丈、白沟河亦堙。吹台，县丞驻。陈桥镇。大梁驿。郑汴铁路。陈留冲。府东少南五十里。东北：潘冈。河水自祥符入，迳小黄故城北，又东入兰仪。北：惠济河，自祥符入，迳城北，《水经注》"沙水迳牛首亭东，鲁渠出焉"者。其东，桃河、古涣水，又东，睢水，并汴支津，东南入杞，观省陂在焉。县驿一。杞冲，繁，难。府东百里。西北：惠济河自陈留入。《水经注》"迳阳乐城南、鸣雁亭北"。睢水亦自陈留入，迳高阳城，合桃河为横河，实古浍水，并东南入睢。西南：青冈。河自通许缘界入太康。河水旧迳县北，故有汉堤、隋堤，自大梁至灌口，即老鹳河也。雍丘驿。通许简。府东南九十里。吴召冈、李大冈诸冈绵亘县境，河流环之。东南：青冈。河出县西北，下流为燕城河，入太康。北：双沟，蔡故渠。《水经注》"沙水迳裘氏亭西，澹台子羽冢东"者，半截河出焉，西南入尉氏。县驿一。尉氏冲。府西南九十里。城内：尉缭子台。东：锦被冈。西南：三亭冈。城南：五凤山。东北：贾鲁河自祥符入，右合康沟及大沟新河。《水经注》"长明沟迳向城北、尉氏故城南，三分"者。至白潭镇，左纳半截河，东南入扶沟。县驿一。洧川简。府西南百五十里。东：东里。东南：赤坂冈。西：双洎河，即洧水，自长葛入，左合蛰龙复受清河、大沼水，迳新汲故城考升庙北，大隧涧在焉，迤东入鄢陵。县驿一。鄢陵难。府西南百九十里。北：彭祖冈。东北：彪冈。双洎河自洧川入，迳彭祖冈，东南入扶沟。南：艾城河自临颍缘界，右会石梁为流颍河，迳陶城入西华。城南：文水，又南，三道河，达太丘城。县驿一。中牟冲，繁。府西七十里。北：牟山。西南：马陵。西北：圃田泽。河水自郑入，迳杨桥口，又东，黄练集。贾鲁河入，合龙须沟，《隋志》郑水。又东，右合鸭陂水，至县西。乾隆六年浚为惠济河。正渠又东迳官渡城，又东南，右合粪陂，古末水，丈八沟，焦城在焉，古清池水，并入祥符。自周定王五年河南徙，邑沮洳。明万历中，令陈幼学浚渠百九十有六。县境濒河，有管河上汛县丞、下汛县丞驻。曲遇聚、白沙、东张、杨桥四镇。城驿一。郑汴铁路。兰封冲，繁。府东北九十里。明，兰阳。道光四年改兰仪。同治二年省仪封厅入。宣统元年复讳改。东北：黄陵冈。西北：河水自陈留入，旧入考城。咸丰五年决铜瓦厢，改东北迳龙门口入直隶长垣。旧贾鲁七河堙。阳封，管河县丞驻。管城驿。禹州冲，繁。府西南二百九十里。明初钧州，后改。雍正二年升，十二年降属许州府。乾隆六年还隶。北：大騩山。西南：九山。西北：荆山，小洪河出，入长葛；崆峒、铁母。颍水自登封入，迳康城阳关聚，左合书堂麻地川。右湧水，迳城南，一曰褚河，入襄城，其西土炉河，下流并达之。《水经注》"故渎迳三封山，有㵐水"。今泉二：上棘、小韩。清颍一驿。密简。府南二百八十里。清初自禹来隶。雍正二年复属禹。乾隆六年复。南：密岵山。西北：开阳。东南：洧水，源出登封马岭，东北流，迳县东南，绥水注之。又东流，溱水注之。又东入新郑。东南：大騩山，溍水出，其玉女陂从之。东北：圣水峪，圣水出，入郑郐城。县驿一。新郑冲。府西二百里。清初自禹来隶。雍正二年复属禹。乾隆六年复。东南：大騩。溍水自密出山，迳风后顶，又东南，迳陉山入长葛。其北，洧水自密会溱入，曰双洎河，至城南为洧渊，又东南，迳土城，左合黄水，右梨园河，亦入长葛，梅从之。《水经注》"长明沟水出苑陵故城西北，东即古制泽、西琐泽，合龙渊泉、白雁陂"者。永新、郭店二驿。郑汴铁路。

归德府：冲，繁，难。隶开归陈许郑道。总兵驻。西距省治二百八十里。广四百七十里，袤三百二十里。北极高三十四度三十二分。京师偏西三十五分。沿明制，领州一，县八。商丘冲，繁，难。倚。商丘，城西南三里。又城南四十里，穀丘。河水自宋开宝四年至康熙四年决入郡境者以十数，府治与为转徙，南北不恒。咸丰五年后，故道淤。丰乐河出焉，东南入夏邑。古汴水一曰护水，其支津浍河，即睢水上源，湮。今首县西北，俗名沙河，歧为三。北岔入永城。正渠及南岔，与其支苞河、其西陈两河，自宁陵入，右合沙家洼、冀家河，左合古宋河，并入安徽亳州。沙为马尚，南岔为武家，而陈两为清河。大蒙，古景亳。小蒙侧有漆沟、孟诸泽。济阳、葛驿二镇。县驿一。宁陵冲。府西六十里。西：甘露岭。东北：河水故道，淤。其自睢入西南者曰张公河，迳汉已吾故城东入柘城。西北：陈梁沙河，俗名陈两河。长安一镇。宁城一驿。鹿邑繁，疲，难。府南百二十里。故城，县西，古鸣鹿，县丞驻。东：阴灵山、隐山。西南：横岭。西北：惠济河自柘城入，迳贾滩南。涡水自太康入，错淮宁复入。南：清水河，涡支津，旧自淮宁入，今首虞诩墓北，迳汇城东南，为练沟，并入安徽亳州。其清水，南出偃王陂者，茨刺河，右合濯水，会西明河。《水经注》"自陈城百尺沟东迳宁平故城南"者，入太和，东明河亦入之。谷阳一镇。县驿一。夏邑冲，难。府东百二十里。清河自虞城入，左合横河。西北：丰乐河自商丘入，为响河，及虬龙河、歧河，并东南入永城。分防夏商永、县丞驻。会亭一驿。永城冲，繁，难。府东南百八十里。北：砀山。巴清河即减水沟，自夏邑入，东南入江苏萧县。东洪沟，自萧入，仍从之。响河迳太丘故城，合虬龙沟、歧河，为巴沟河，迳城北，东南入安徽宿州。南：浍河自商丘入，迳建平、酂、费故城北，右合北岔沙河。又东，包河自安徽亳州入，并从之。新兴、保安二镇。太丘一驿。虞城冲，繁。府东北七十里。东北：杜冈、黎丘。河水故道自商丘入，东入江苏砀山，即古汴渠。《水经注》"迳周坞侧"者，横河出焉。南惠民沟，并入夏邑。治平一镇。石榴堌一驿。睢州冲，繁。府西百里。城西：骆驼冈。北：黄河故道自考城入。明嘉靖十九年决野鸡冈，南流者为张弓河，入宁陵。西：惠济河自杞入，左合横河，即擅其故道，东南入柘城。横即睢，睢即涣。《水经注》"迳承匡城，又东迳襄邑故城南"者。归化、重华二镇。五桥集，州判驻。葵丘一驿。考城简。府西北百二十里。乾隆四十九年改隶卫辉。光绪元年复。南：葛冈。河水故道旧自兰封入，东入山东曹县。咸丰五年北徙。旧有戴水，并堙。斜城、葵丘有驿。柘城简。府西南九十里。城东北隅：廓山。河水故道二。西北：惠济河自睢入，迳心闷寺，《水经注》"睢水历僞县北"者，旧纳涡支津。北：张弓河自宁陵入，迳牛斗城，会于东南砖桥，东南入鹿邑。又东刘家河，古谷水，即涣水，《水经注》"迳鄫城北"者。又古泓水，县西，并堙。八桥一镇。县驿一。

陈州府：繁，难。隶开归陈许郑道。清初沿明制，为开封属州，领县四。雍正二年，升直隶州。十二年，升府，并割太康、扶沟来隶，增附郭。西北距省治三百里。广一百九十里，袤二百十五里。北极高三十度四十七分。京师偏西一度二十六分。领县七。淮宁繁，疲，难。倚。明省宛丘入州。雍正十二年，析改为府治。西北：西铭山、杏冈。北：鞍子岭，西明河出，迳汉新平故城北。东北：涡水自太康入，并入鹿邑。西南：沙河自商水缘界会贾鲁河入，迳赵牛口，纳柳涉河，迳新站集，又东南，左纳西蔡河，又东南入项城。汾河自商水流入县西南，又东入项城。东南：东蔡河，入沈丘。周家口在县西南，贾鲁河、沙河交汇于此。县驿一。商水简。府西南七十里。西北：沙河，古渡水，自西华入，迳邓城，又东，右会颍水，迳丛台，至周家口。南绾汝、蔡，北毂陈、汴，通判驻。左会贾鲁河，迳灌溉城、颍岐渡，缘淮宁界入之。西有汾河，旧自西华入，迳扶苏城，左合枯河，东迳范台，右纳界沟河，入淮宁。谷阳一镇。县驿一。西华难。府西北百八十里。南：宜山。西：庙陵冈。西南：沙河自郾城入，东迳小陶、夏亭城入商水。渚河即颍，右合土炉河，又东北，左纳其支津流颍为合河口，迳丛桑村，又东，左纳大浪沟从之。西南：洪河，自上蔡错入，仍入之。又贾鲁河，西北自扶沟入，迳护当城，侧城东南入淮宁。柳涉河源自县东，东南入淮宁。常社一镇。县驿一。项城简。府南百二十里。河水故道即今沙河，自淮宁入，迳公路城入沈丘。汾河西北入，迳后魏平乡诸陂，《水经注》"迳南顿故城南"者。西有泥河，即蔡河，自上蔡入，错汝南复入，迳石桥，并东入沈丘。县驿一。沈丘难。府东南百三十里。北：大沙河自项城入，左纳东蔡河，迳其北。汾河入为小沙，左右合谷河、泥河，迳城南，入安徽太和。纸店一镇。县驿一。太康繁，疲，难。府北五十里。北：石山。东北：长白。西北：青冈。河自通许入，为燕城河，涡水冒为源，汇白洋诸沟，迳城南，又东南，左合河水故渠，迳马厂集入鹿邑。槐店，县丞驻。崔桥一镇。县驿一。扶沟简。府西北百二十里。西北：雕陵冈。贾鲁河自尉氏入，至张单口，左会双泊河，《水经注》"洧水迳桐丘城西"，其孟亭故道堙。所谓小扶亭、洧沟，县氏焉。侧城东南，迳大扶城，古涡水出焉。又东南入西华。其西，文水河自鄢陵入，右合三道河，为大浪沟，迳鸭冈，洧西南故道迳新汲故城西、匡城南，左迤为鸭子陂者亦入之。白亭、洧阳、固城、吕潭四镇。县驿一。

许州直隶州：冲，繁。隶开归陈许郑道。清初沿明制，为开封属州。雍正二年升，仍所领。十二年为府。乾隆六年复。东北距省治二百五十里。广九十里，袤百二十里，北极高三十四度五分。京师偏西二度二十五分。领县四。西南：熊耳山。渚河，今颍水，自襄城缘界入，迳颍阳故城，古许国，东南入临颍。其古颍水支津石梁河，西北自禹入，左纳暖泉河，迳城西。又东南，右合椹涧，其东浍河，即潩水，《水经注》"迳射犬城"，自长葛入，东至秋湖，曰艾城河。其东洧仓城、其西岸亭，并从之。椹涧、石固二镇。县驿一。铁路。临颍冲。府东南六十里。颍水自州入。《水经注》"迳繁昌故城北"，有锅麾口，东则枣祇河故渎出焉。又东南，迳泽城北，古皋鼬，缘郾城界错西华复入，入西华。其东支津石梁河亦自州入，迳大陵城南、御龙城南，左会艾城河，右合五里河左渎，入鄢陵。西南：土炉河自襄城缘界并达之。繁城一镇。县驿一。襄城冲，繁。府西南九十里。城南：首山。汝水西自郏入，左合汜河，《水经注》"迳西不羹城南"，右纳湛河、辉河，入舞阳。东北：颍水自禹入，迳汾丘城，缘州界入之。东北：土炉河自禹州入，迳李膺墓、白草原，汇为朱湖潭，一曰乾勒河，左渎入临颍。其南玛瑙河，出县东，东南入郾城。襄城一驿。郾城冲。州东南百二十里。东：召陵冈。城南：陉亭。西北：颍水，自临颍缘界，迳青陵城东入西华。其土炉河入迳襄城时曲棚，右合玛瑙河，出乾勒桥从之。西有沙河，即汝水，自舞阳入，迳道州城，至城南，右合澧河、唐河、曰大溵河。东南歧为洄曲河，迳沱口镇五沟营。其故渠自西平入，左合淤泥河来会，入上蔡。正渠折东北，一曰螺湾河，亦入西华。县驿一。长葛简。府西北五十里。西北：延秀冈。双泊河，即洧水，自新郑入，左合梅河，屈东北入洧川。浍河在县西，上游曰潩水，自新郑入，后河自西注之。又东南，入许州，曰艾成河。暖泉河自禹入，迳城西南隅，东南入州。镇五：董村、石相、和尚桥、会河、后河。县驿一。

郑州直隶州：冲，繁，疲，难。隶开归陈许郑道。明属开封。雍正二年升，并割其县四。十二年并还隶。乾隆三十年，省河阴入荥泽。东北距省治百四十里。广五十三里，袤六十五里。北极高三十四度四十九分。京师偏西二度三十四分。领县三。西南：梅山。南：泰山。西北：河水自荥泽入，迳花园口，又东入中牟。须索河入，会京水，东迳衍南、祭城北，右合郑水为沙河，一曰贾鲁河，右合潮河从之。古汴水，《禹贡》曰灉，《春秋》曰邲，秦鸿沟，汉蒗荡渠，东流曰官渡水，曰阴沟，曰浚仪渠。管城一驿。京汉，郑洛，郑汴铁路。荥泽冲，繁。州西四十里。乾隆三十年省河阴入为乡，巡司驻。西北：河水自汜水入，迳敖山，又东广武荥泽口，又东入州。西南：索水自荥阳入，迳故城，践土营在焉，右会须水，为须索河，迳平桃城。其京水缘州界从之。广武一驿。郑洛铁路。荥阳冲。州西七十里。东南：嵩渚山，一名大周山，《水经注》谓之黄堆山。其西有万山、贾峪山、灵源、檀山。诸山皆与中岳联体，而嵩渚为尊。索水，古旃然水，出其麓，转北迳城东。东南：京故城。西：索氏。所谓"楚、汉战荥阳南京索间"，屈折东北入荥泽，须水从之。京水达之。索亭一驿。郑洛铁路。汜水冲。州西百一十里。城北：太和山。东南：五云。西北：河水自巩入，迳成皋县北，即虎牢。《春秋》北制所谓东虢。侧有黄马关。其南，方山，《山海经》"浮戲，记水出"，左纳玉仙水，北迳城西入焉。《尔雅》"水决复入汜"。又东，板渚，入荥泽。县驿一。郑洛铁路。

河南府：冲，繁。隶河陕汝道。粮捕、水利通判驻。清初沿明制，领州一，县十三。雍正二年，陕升直隶州。灵宝、阌乡、卢氏先后割属。东距省治三百八十里。广三百六十里，袤五百十五里。北极高三十四度。京师偏西四度二分。洛阳冲，繁，难。倚。城北：北邙山。东南：大石。南：周山。西南：秦山。洛水自宜阳入，右合甘水，至王城西南。涧水，即毂水，自新安入，迳毂城故城东，合孝水、金谷水来会。又东，迳王城南，至城南，瀍水亦自孟津来会。所谓"涧水东、瀍水西，惟洛食"。南有伊水，自伊阳入，右纳江左河，古大狂水，又北，左合土沟、板桥、厌涧，右纳小狂水，古来需水，迳前亭、伊阙口，其左龙门，右香山，左合灵岩寺水，迳右枝津，左枝渠故渎从之。龙门、彭婆、翟庄、白沙四镇。周南一驿。偃师冲。府东少北七十里。古西薄。县西，帝喾及汤所都。城北：北邙山。东南：轘辕。西：首阳。南：缑氏、景山。古阳渠、毂水故道，堙。洛水自洛阳入，伊河注之，又折东北流入巩。伊河亦自洛阳入，迳县西南，又东北注于洛。又合水、刘水、休水、鄩水皆注于洛。府店一镇。首阳一驿。宜阳简。府西南七十里。南：锦屏山、万安城。西南：石墨。西：熊耳。洛水自永宁入，《水经注》：东合白马溪、昌涧、杜阳涧。又东，左合渠谷、厌梁、黄中涧、禄泉、共、临亭川水，又东迳九曲南，注豪水，右合黑涧、虢水，又东北出散关南，又东，枝渎左出焉，惠水注之，入洛阳。韩城镇，县丞驻。又福昌、三乡二镇。县驿一。新安冲。府西七十里。东南：瞻诸山。西南：郁山。北：慕容山。南：密山。西北：队山。河水自渑池入，迳匡口渡，合畛水。《山海经》"出青要山"。《水经注》彊山俗名彊山水，又东入孟津，横水从之。《山海经》：正回水出騩山。谷水迳烂柯山，又东迳阙门，合广阳川，右石默溪、宋水，迳城南，又东迳函谷关，东入特坂，右合皁涧、爽慈涧水，入洛阳达之。慈涧即娄涿山。少水出瞻诸山，实乱流合涧水。白石山陂水，古涧水正源，《水经注》意主《山海经》，而并列四涧，则郭注误之耳。匡口、杨寺、仓头、石寺、北冶、石井、慈涧、阙门八镇。西关一驿。巩冲。府东北百二十里。周巩伯邑。后东周君居。有轘辕山、九山。东南：天陵，《山海经》霍山，以其西宋诸陵改焉。南：侯山。西北：黄山。河水自孟津入，为裴峪渡，古小平津，右合鲔水，又东五社津、神尾山。西南：洛水自偃师合休水，迳鄩城、訾城，右合罗水、明溪泉。又东北，黑石渡，右合黄水、康水、石子河，迳城北，右合市河、魏氏河，又东神堤渡，右合任村水，为洛口，亦洛汭，入汜水，石城河从之。黑石渡、青泥、回郭三镇。洛口一驿。孟津简。府东北四十里。城南：邙山。西：柏崖。西北：河水自新安入，合正回水，又东合瀍瀍水为河清渡，后魏峡石津。又东迳汉平阴，合五曲九水，迳光武陵，至城北。又东，古孟津，迳平县故城北，合溴水，入巩。西南：谷城山，瀍水出，其任岭从之。长泉、旧县、双槐、油房四镇。县驿一。登封简。府东南百十里。北：太室山。汉置嵩高以奉，是为中岳，古外方。其西少室，休水出，合大穴山水入偃师。其西南，大熊，《山海经》大訾，《地理志》阳乾。颍水出颍谷，是为右颍，左会中颍、左颍，迳城南，又东，左合少阳溪、五渡水，迳阳城故县南，左合石淙水，古平洛溪，又东南入禹。其北，阳城山，洧水出，东迳阳子台入密。西南：大訾口，狂水出，《水经注》"西迳纶氏故城南，左与倚薄山水合，八风溪水注之。又西得三交水口，迳缶高山北，与湮水合，又西迳湮阳城南"，入洛阳，来需水从之。县驿一。永宁简。府南百九十里。崤山，县北，汉回溪坂在焉。东北：熊耳。东南：天柱。西南：金门。洛水自卢氏入，左合大沟河。《水经注》"东迳高门城南，东与高门水合"者。又东，松阳溪水，迳黄亭南，合黄亭溪水。又东得鹈鹕水口，右元沪山水、荀公涧口，迳檀山南，库谷水注之。又迳仆谷亭北，左合北水。又东，侯谷水，迳龙骧城北，左合宜阳北山水，又东，右广由涧水、直谷水，左蠡县西坞水，又东过蠡城县南，右会金门溪水，左合款水，黍良谷水入焉。又东，右太阴谷水、白马溪，又东，左合北溪，入宜阳。昌涧水、杜阳溪水、西度水并从之。县驿一。渑池冲。府西百六十里。东：大媚山。北：韶山、石门。东北：天坛、白石。西北：河水自陕入，为槐耙渡，迳桓王山，合五龙潭，又东，济民渡，合金陵涧，入新安。西南：马头山蹑陕。谷水出谷阳谷，迳土壕，合熊耳北皁水，《水经注》渑池川。又东迳俱利城，左合羊耳河，至城南，又东，左合北溪，搭泥镇千秋亭，雍谷水、晋水从焉。崤店一镇。南村巡司。义昌、蠡城二驿。嵩难。府西南百六十里。东北：三涂山、鸣泉。北：介立。西北：陆浑。东：惠明。西南：卧云。伊水自卢氏入，迳郭落山北，《水经注》，左合瀍瀍水。又东北，南屈为渊潭，右合太阳谷水、鲜水，左蛮水，又东，北历崖口，左合七谷水，迳嵩县南，左合蚤谷水，又东北迳陆浑岭，东，温泉水、焦涧水、明水、洧阳水、马怀桥水，右大戟水，左吴涧水，又东北入伊阳。伊阙前溪水从之。乾隆中，令康基渊浚新故渠二十有一。南：伏牛山，汝水出，其分水岭石柏谷。《水经注》：东北迳太和城，历长白沙口，狐白溪水注之，东入伊阳。又西北，离山，淯水出，俗名白河，东入南召。旧县镇，巡司驻。县驿一。

陕州直隶州：冲，繁。河陕汝道治所。州隶之。清初沿明制，为河南府属州，领县二。雍正二年升。十二年，割卢氏来隶。东距省治六百八十里。广三百三十里，袤五百四十里。北极高三十四度四十六分。京师偏西五度二十分。领县三。东：崤山。南：常烝。西：虢山。河水自灵宝入，合桥头沟、藏龙、青龙涧。《水经注》：安阳溪及谯水、橐水、崤水汇焉。有太阳津。又东迳城北为茅津渡，又东三门山，过砥柱入渑池，谷水从焉。曲沃、张茅、石壕、上村、乾壕五镇。硖石一驿。灵宝冲，繁。州西六十里。南：秦山。西南：地肺、石城、浮山。东南：岘山、鹿蹏。南：女郎。西北：河水自阌乡入，合柏谷水、稠桑河，又东迳函谷关，合宏农涧，古门水。及烛水、田渠水，迳城北，又东合曹水、菑水入州。虢略一镇。桃林一驿。阌乡冲，难。州西北百二十里。南：荆山、秦山。其支阌山，其东皇天原，又西桃原，古桃林，瑕城在焉。河水自陕西潼关入，为风陵渡，迳黄卷坂，合玉溪涧，又合泉鸠涧为逗津渡，又东迳曹公垒，合石姥峪、夸父山水，即湖水，为西关渡，迳城北，又东入灵宝，稠桑河从之。关东一镇。鼎湖一驿。卢氏简。州西南百四十里。卢氏山，西北。西：小青。洛水自陕西雒南入，其南熊耳，禹所导。东迳城北入永宁。其支蔓渠，俗名闷顿岭，伊水出，东北迳栾川镇入嵩。西南：汤水，俗名黄沙五渡，入内乡。《水经注》：出卢氏大嵩山。朱阳一镇。县驿一。

汝州直隶州：繁，难。隶南汝光道。粮捕、水利州同驻。东北距省治四百九十里。广袤各二百二十里。北极高三十四度十三分。京师偏西三度三十六分。沿明制，领县四。西南：崆峒山。东北：风穴山。其石楼、鹿台、望云、檀树、狼皋、銮驾诸山，皆中岳熊耳之支脉也。西北：永安河入伊阳，迳杨家楼。《水经注》"趋狼皋山东出峡，谓之汝厄。东历麻解城北，迳周平城南，又东与广成泽水合。又东得鲁公水口，合霍阳山水"者。又东迳城西南，左纳洗耳河，又东，左合赵洛河，迳成安故城北，又东，黄水注之，即承休水，入郏、宝丰。杨家楼，州同驻。赵洛、临汝二镇。县驿一。鲁山难。州西南百二十里。东：鲁山。南：簸箕。东南：商馀。西北：尧山，《水经》"滍水出"，故汝支津，今出西百七十里吴大岭，俗名沙河。《水经注》"与波水合，又东迳鲁阳故城南，右合鲁阳关水，又东北合牛兰水，又东迳应城南，彭水注之"者。又东缘宝丰界入。叶犨水从之。赵家村巡司。县驿一。郏难。州东南九十里。北：绿石山。东南：紫云。西北：大刘、扈阳。汝水自州缘界合扈涧水，纳青龙河，入迳城南，右纳石河，又东，左纳蓝水。《水经注》"迳化民城西、黄阜东"者。又东迳摩陂入襄城。长桥、黄道二镇。县驿一。宝丰难。州东九十里。东南：香山、扁鹊。西：锯齿岭。汝水自州绿郏界之西北。石河，古养水，源出三堆山，东南流，有柏河来会，又东南入郏。柏河有二源，皆出县西山中，东流而合，又东南注石河。滍河即沙河，在县东南，自鲁山入，东入叶。应水一名灅河，又名石渠，源出北峙山，东南注滍河。东：湛水，东南流入叶。宋村、曹二镇。县驿一。伊阳简。州西南九十里。东南：云梦云。南：霍阳。东北：连珠。西北：筛子垛。伊水自嵩缘界合杜水，纳永定河，入洛阳。西南：汝水自嵩缘界入，迳城南，右合马蓝河，迳紫逻口，左合练溪入州。上店一镇。县驿一。

彰德府：冲，繁。隶河北道。粮捕通判驻。清初沿明制，领州一，县六。雍正中，割直隶大名之内黄来隶，以磁隶广平。南距省治三百六十里。广三百二十里，袤二百里。北极高三十六度六分。京师偏西二度。领县七。安阳冲，繁，疲。倚。西南：蒙赉山。西北：铜山、蓝嵯、鲁山、清凉山。漳水自涉入，迳邯郸故城，缘直隶磁州界，又东迳丰乐镇入临漳。东南：汤水自汤阴缘界合羑水，及南万金渠、防水，又东迳伏恩村。西有洹水自林伏入，至善应山北复出，其西龙山，合虎涧水，右歧为南、北、中三万金渠，又北迳河亶甲城，左合珍珠泉，折东迳殷墟，韩陵山故渎右出焉，又东南先后来会，又东入内黄。丰乐镇，县丞驻。邺城一驿。铁路。临漳繁。府东北七十里。河故道在县界，今已南徙。滏水、汙水并在县西，今为漳、汙所经。漳河南自安阳、磁州入，侧城西南，分二派，东至大名，并注卫河。鸬鹚陂为境内蒲鱼之利。三台在邺城内西北隅，讲武城在西。漳水上曹操疑塚在焉。冰井、铜雀、金凤。隆、邺二镇。县驿一。铁路。汤阴冲，繁。府西南四十五里。西：五岩山、柏尖。西南：淇水自林缘界，卫河自濬缘界，北迳五陵，其西邶城。又北，普济河出焉，缘内黄界入之。西：牟山，《水经注》石尚荡水出，唐改汤，迳城北，至岳王坟东。宜师沟出西南黑山。一曰永通河，北迳高𣸣桥注之。又东北抵安阳界，左合羑水入之。镇二：鹤壁、宜沟。县驿一。铁路。林繁。府西南百十里。林虑山，西二十里，太行支。其异目：西黄华、天平、玉泉，西南徕峪、棲霞，西北鲁般门、倚阳，皆林虑之异名者也。浊漳自山西潞城入，缘涉界，左会清漳为漳水，东入河内。《水经注》所谓"迳葛公亭、磻阳城北合沧溪"者。其南，洹水自黎城伏入，复出为大河头，迳城北，左合史家河、陵阳河，至龙头山复伏。西南：淇水自辉入，迳石城、淇阳城，左会淅水，入汤阴。县驿一。武安繁。府西北百六十里。南：鼓山。西：龙虎头。西南：磁山、阏与。西北：摩天岭、三门。有磨盘岭，南洺河出，屈东北，迳粟山，合玉带及紫金河。其天井岭，北洺河出，迳儒山，合于紫金山，西入直隶永年。县驿一。涉简。府西北二百二十里。城北：龙山。南：熊耳。东：韩五。西南：风洞。东北：符山。东南：青头。西北：石鼓、毛岭口。清漳水自山西辽州入，迳城南，一曰涉河，县以是名。又东南，浊漳自黎城缘林界来会，为合漳口，入安阳。索堡一镇。县驿一。内黄繁，难。府东百十里。明属大名。雍正二年来隶。东：博望冈。河水故渎在焉，有金隄。西南：卫河，自安阳缘界迳牵城入，左合汤水、洹水，迳繁阳城，折东楚王镇，右合柯河，入直隶清丰。卫实淇水，《水经注》"过内黄县南为白沟，迳并阳城为黄泽，迳戏阳城东"。《地理志》清河水。隋，永济渠。高堤一镇。县驿一。

卫辉府：冲，繁。隶河北道。上北河，卫粮通判驻。清初沿明制，领县六。雍正中，割开封之延津、直隶大名之濬、滑来隶，胙城省。乾隆中，割开封之封丘、归德之考城来隶。光绪初，考城仍还隶。东南距省治百六十里。广三百九十里，袤百七十八里。北极高三十五度二十七分。京师偏西二度十二分。领县九。汲冲，繁。倚。西北：霖落、苍峪、坛山。西：仙翁。北：华盖。并太行支脉也。东南：河故渎。北：卫河自新乡入，一曰清水河，右纳孟姜女河，迳府治北、比干墓南，又东北，右纳沧河，缘淇界入之。铜关、杏园、淇门三镇。驿一：卫源。铁路。新乡冲，繁。府西五十里。北：寺儿山、五陵冈。西南：黄、沁故渎。东北：卫河自获嘉入，右合小丹河及沙河，有合河镇，又东北入汲。驿一：新中。获嘉冲，繁。府西南九十里。东北：同盟山。南：黄、沁故渎。西：小丹河自修武入；其新河会重泉注之，东迳三桥，左纳峪河，即清水河。其西北，太白陂，《春秋》大陆。又东入新乡。北流河自辉入为沙河，从之。崇宁、亢村二驿。丞兼巡司。铁路。淇冲。府北五十里。东北：浮山。西北：灵山。西：朝阳。东南：卫河自汲合沧河，缘界纳靳胫河，所谓肥泉，又东北会淇水入濬。早生、青龙二镇。淇门一驿。辉繁。府西六十里。西：太行。其支，东北：方山。北：九山。西北：苏门，卫河出焉，曰百泉。《诗》"毖彼泉水"。汇卓水、白沙、莲花、万泉，历闸五，入新乡，下至山东临清会汶，行九百二十三里。其西：沙河，汇丁公、清濂、焦泉，又西，峪河、清水，汇梅竹、重泉，并入获嘉。重泉，《水经注》长泉，迳邓城东，又谓白屋水。淇山，西北。《山海经》沮洳。《淮南子》大号。淇水出东北，入林。县驿一。延津冲，疲。府南七十里。雍正二年，自开封来隶。五年，省胙城入。西南：酸枣山。北：河水故渎。西北：孟姜女河，东北流，至汲注卫河。濮水、酸水、延津、棘津、文石津，并堙，惟乌巢泽存。沙门一镇。驿一，曰廪延。濬冲，繁。府东北百十里。城西南隅：浮丘山。东南：大伾，即黎阳山，其支，紫金、凤皇。有禹二渠。白马津西即遮害亭，又西，卫河。古泉源水自汲会淇入卫。《诗》所谓"在右"。淇口，古宿胥口。魏遏淇入白沟，所谓枋头，即今之淇门渡也，东北迳雍榆城南，又北迳白祀山、顿丘故城。道口镇，县丞驻。县驿一。滑繁，难。府东九十里。东北：白马山、鲋鰅城。西北：狗脊、天台，河故渎在焉。有瓠子隄、金隄。滑水，堙。西北：卫河自濬错缘界仍入之。老岸一镇，巡司驻。县驿一。封丘繁。府东南百里。南有河水自阳武入，缘祥符界入之。城北：黑山。东北：淳于冈、青陵台，圮。古濮渠，堙。潘店、中栾二镇。有驿。

怀庆府：冲，繁。隶河北道。河北镇总兵、黄沁同知驻。清初沿明制，领县六。后割开封之原武、阳武来隶。东南距省治三百里。广三百九十里，袤百三十里。北极高三十五度六分。京师偏西三度二十七分。领县八。河内冲，繁。倚。北：太行山。沁水自济源入，《左传》少水，《水经注》"东迳小沁亭北，右合小沁、倍涧水、邘水，迳野王故城北"者。其沸水迳柏香镇、絺城为猪龙河，合丰稔南支，南入孟。其支津东北贯城，合利仁河，东出合广济支津注之。左会丹水，又东迳武德镇，古州邑，入武陟。丹水自山西凤台入，为丹口，迳郯城、苑乡城，酾为十九渠，古光沟、界沟、长明沟故渎在焉，并注沁。而小丹河为大，合白马沟，迳清化镇。广济河及北支丰稔自济源入，并绝济。广济复歧为二支津，并入温。镇七：崇义、柏香、邘台、万善、清化、尚香、武德。驿二：覃怀、万善。济源难。府西七十里。西：王屋、天坛。王屋，志称"天下第一洞天"。天台，道书所谓"清虚小有洞天"也。西北：析城、秦岭、陵山。北：盘谷。东北：孔山、熊山。西南：河水自山西垣曲入，纳濝水。又东，河清渡、马渚合柴河。《水经注》"湛水迳向城、湛城东"者。又东入孟。泷水源出西北山，东南流，迳城东南注溴河，迳琮山口，至勋掌村，淤。故《水经注》，溴出原山勋掌谷，俗谓之白涧水。侧城东南，其南源姑嫂、五指、秦岭三山水自右来会，又东南，左合济支渠。济出王屋西麓太乙池，为沇水，伏九十里，至共山南，复出于东丘，为济渎。东西二源乱流，其支南注溴。又东入河内，为猪龙河，东北：沁水自山西凤台入，为枋口，东南，右歧为广济河，古秦渠。《水经注》朱沟，元为广济河，明为二十四堰。在永福堰者利仁渠，在广福堰者丰稔南北渠，古奉沟，与正渠并入河内。在永利堰者永利渠，又歧为二，一南注沸为沸支，一东南为馀沸，入。邵源镇，巡司驻。县驿一。

原武难。府东百八十里。明属开封。雍正二年来隶。东北：黑洋山，古漯水出。西南：河水自荥泽入，又东入中牟，天然渠从之。下至扶沟，长七十五里。县驿一。修武冲，繁。府东北百十里。北：太行山。西北：天门。西南：小丹河自武陟入，一曰预河，迳习村，侧城东北，又东入获嘉。新河上承灵泉、刘公河，至城东北，汇皇母诸泉，入获嘉。待王、承恩二镇。县驿一。武陟冲，繁。府东百里。河北道治。西南：清风岭。河水自温入，纳广济河，沁河水注之，又东入荥泽。沁河自河内入，迳故怀城木栾店，侧城东南，又东迳詹店入原武。广济河自河内入，迳县西南注黄河。小丹水亦自河内入，迳县西北入修武。永桥、宁郭二镇。武陟、宁郭二驿。孟冲，繁。府南五十里。城西：紫金山。西北：五龙台岭。山下至梁村，古湨梁。其东，马吉岭。西南：河水自济源入，迳宋河清故城，为白坡渡，古治阪津，其下吉利𣴎，古高渚。又东合织阳河，其下杨树𣴎，古淘渚。又东迳野戍镇，为河阳渡，古孟津，其下郭𣴎：所谓"河阳三城"。古河中渚，合衡硐，又东顺硐至城南，其渡小平津，又东迳沇水镇入温。西北：湨水自济源入，迳冶城，右合同水，迳古安国城，合青龙涧，又南迳轂旦镇，至无鼻城，左合馀济南支。又南，孟港。东，猪龙河自河内缘界，合丰稔南支及馀济北支，并从之。沇河、白陂二镇。驿一：河阳。温繁。府东南五十里。西：太平山。西南：河水自孟入，至小营西北。济水自河内入，为猪龙河，缘界合丰稔北支。又有大埝水，至上浣村，仍曰沇水，迳虢公台南，会湨水入焉，迳城南。又东至平泉西，大丰及长济及兴隆堰水亦自河内入焉，又东入武陟。赵堡一镇。县驿一。阳武繁。府东北九十里。西南：河水自原武入，迳官渡东入祥符。天然渠迳黄练集，东北入封丘。其河、济故渎西北。河自山西垣曲入郡境，凡行六百四十六里。太平、延州二镇。县驿一。

南阳府：冲，繁，难。隶南汝光道。南阳镇总兵驻。清初沿明制，领州二，县十一。道光中，淅川升厅。东北距省治六百十里。广五百八十里，袤三百四十里。北极高三十三度六分。京师偏西三度五十五分。领州二，县十。南阳冲，繁，难。倚。西北：精山、紫山。东北：丰山、蒲山。淯水俗名白河，自南召入，迳其北。《水经注》"迳博望西鄂故城，又南迳豫山宛成东，梅溪水注之"者。至府治南，支津南出为溧河。又西南，右合木沟、十二里河，迳淯阳城，并入新野。潦河缘镇平界从之。东有唐河，自裕缘唐界入，桐河从之。石桥一镇。赊旗店巡司。博望驿驿丞。林水驿驿丞。又宛城一驿。南召难。府西北百二十里。顺治十七年省入南阳。雍正十二年复。南：百重山、天子望山。西：香炉。西南：燕尾、壶山。西北：伏牛、圣人。白河自嵩入，迳其东，右合狮子、黄洋河，左五路山水，至十里冈，右合留山及空山、鸡子河。留即丹霞，其河即鲁阳关水，《水经注》"迳皇后成西"者，关南三鸦水。有雉衡山，《地理志》醴水出，东入叶。李青店巡司。县驿一。唐繁，难。府东百二十里。城南：天封、百里、唐子山、紫玉、午峰、花山。西北：富春。东南：孤山、马武。东北：唐河自南阳缘界入，左会沘水及马仁陂水，右合桐河，侧城西南。左纳澧河及江河、秋河，迳湖阳故城西、谢城北，合谢水、湖河，迳苍苔镇，缘新野界入湖北襄阳。苍苔镇，县丞驻。明阳、桐河二镇。县驿一。泌阳简。府东二百里。北：虎头脑山。东：万千。东南：祝家衖。东北：大胡，沘水出，讹"泌"，县氏焉。左会小铜山水，迳城南，又西，比阳故城南，左合蔡水，右澳水。《水经注》"出磐石、此丘二山"者，入唐，马仁陂水从之。其支江河，与出磐石红崖河，并入桐柏。西北扶予，沅水出，东北中阳，溠水出，合为沙河，东入遂平。古路、饶良、羊栅三镇。县驿一。桐柏简。府东南三百里。东：石门山、映山。西：天木。桐柏山在县西南，与熊耳、伏牛联体。其支大复、胎簪、黄山、石柱，通目之。淮水、澧水出。淮东北汇水帘洞、太阳城诸水，伏，至阳口复出，东迳尖山，东南迳复阳、义阳故城，左合月河，入湖北随州。栗树河从之。《地理志》，东南至淮陵入海，过郡四，行三千四百二十里。澧西北汇红泥、三家，右纳红崖，迳平氏故城东，入唐。西南秋河，西北江河，自泌阳缘界自随州入，并从之。吴城一镇。县驿一。镇平简。府西七十里。东：遮山。西北：歧棘。潦河出其东麓，缘南阳界入之，下注淯。照河，出娇女朵，俗十二里河，汇东西三里淇河，及其西严陵河，并达之。县驿一。邓州繁，难。府西南百二十里。南：析隈山。西：五陇。西北：灵山、永青。湍水自内乡入，迳临湍、冠军故城，右合得子河，侧城东南至滍滩，左纳赵河及严陵河。《水经注》"又迳穰县为六门陂，又东南迳魏武故城西南白牛邑，安众故城南，涅水注之"者，汉东阳涅阳城在焉。入新野，与淯会，为白河。其西，刁河自内乡入，迳红崖山，右合朝水，东南迳紫金山，为钳卢陂，又南，黄渠河并从之。西南：禹山，茱萸河出，合排子河入湖北光化。板桥、滍滩、千金、张村、穰东五镇。县驿一。内乡繁，难。府西百九十里。北：老君山。其南：秋林、夏馆。《山海经》，翼望山，湍水出，会青山河，迳赤眉城，右合长城。又螺蛳河，《水经注》"东南迳南阳郦故城东，菊水注之"者。迳城东又南，右合黄水，丹水故城在焉。又南，左合墨河。西北：霄山，刁河出，并入邓。西北：熊耳山。淅水自卢氏入，迳修阳故城，一曰汤河，俗名黄沙五渡。迳菊潭，至西峡口，曰三渡河，又东南入淅川，与丹水会。丹水复迳顺阳川，缘界入湖北光化。西峡口巡司。马尾一镇。县驿一。新野冲。府东南五十里。北：蔓荆山。白河自南阳入，迳冈头镇，又西南，右合潦河，会湍水，合城东北，又西南，右纳刁河，其支樊陂，折东南，迳新店镇，左纳支津漂河，复右纳黄渠河。东南：唐河自其县入，迳苍苔镇。右合小涧河，古安仁陂水，并入湖北襄阳。湍城一驿。裕州冲，难。府东北百二十里。东北：黄石山、方城山。东：中封。北：七峰，拐河出，醴河旧自南召入合之，今淤。东迳牛心山，洪河上游沅别源贾河出，分流东南迳小乘山复合，折东北，并入叶。西北：郦鸣山，唐河北源赵河出，南迳赊旗店，三里河即堵水，合清河、潘河、吕河注之，入唐。平台一镇。赫阳一驿。舞阳简。府东北百七十里。南：牛脑山、苏家寨、铁山。东南：瞻山。西：马鞍。西：千江河自叶入，迳城南，曰三里河，右合八里河，东入西平，滚河从之。北：汝水自叶入，错襄城，有湛河来注，又东南注沙河。沙河自叶入，有辉河、澧河，亦自叶来注，又东入郾城。唐河源出城东北，东流至郾城注澧。县驿一。叶冲。府北百三十里。西南：方城、黄城。西北：北渡。滍、汝同源，俗名沙河，自宝丰入。迳河山，至卧羊山北为汝坟，东入舞阳。北：湛河，亦自宝丰入，迳平顶山，缘襄城界。其南辉河，古昆水，《水经注》，出鲁阳县唐山，迳昆阳故城西。又南拐河，即醴水，自裕入，迳王乔墓南。又南，贾河自裕入，曰千江河，古沅水，自泌阳入与会，通目之。滍水、保安二驿。保安，县丞驻。

汝宁府：冲，繁，难。隶南汝光道。汝南分防通判、新息分防通判驻。清初沿明制，领州二，县十二。雍正二年，光州直隶。光山、固始、息、商城割隶。北距省治四百六十里。广二百四十里，袤五百九十里。北极高三十三度一分。京师偏西二度九分。领州一，县八。汝阳繁，难。倚。城北：天中山。北汝，汝正源。西汝，沅及澺。南汝，溱。元季，汝溢病蔡，自舞阳堨故渎，则沅及西平、云庄诸山水揎之。明嘉靖中涸，则遂平灈、溱擅之。汝源凡三易，今北汝自上蔡合澺，通曰洪河。右合朱马、马常，左茅河，迳庙湾镇，右合荆河，其故道蔡埠河入会。南汝右纳黄酉、吴桂桥河，左遆为悬瓠池，右栗渚，侧城东南，右合半截河，纳溱水，错正阳复入，并入新蔡。庙湾镇巡司。黄冈、阳埠、射子、寒冻四镇。县驿一。正阳繁。府南百二十里。明真阳。雍正二年改。西横山。东北：南汝河自汝阳错入，右合固城港、陈家沟，仍入之。《水经注》，首受慎水于慎阳故城南陂，注七陂，东入汝。南有淮水，自信阳缘界入息。西南：闾河、清水港并自确山入，又东从之。汝南埠，通判驻。县驿一。上蔡繁，难。府北七十里。东：蔡冈。西北：北汝自郾城入，西汝、氵无水右自西平会澺来注，遂通曰洪河，东南绝蔡河入汝阳，茅河、朱马、马常河从之。其故道自西洪桥右出纳流堰为朱里河，通目之。复纳石洋河，为蔡埠河，其西溱水即南汝，自遂平入，右合清水河，亦并入汝阳。蔡河，澺支津，《水经注》"东南流为练沟，至上蔡西冈，北为黄陵陂，于上蔡冈东为蔡塘"者。又东为包河，入项城。北：华陂集，界沟河出，东缘商水界入之。邵店一镇。县驿一。新蔡简。府东南百四十里。南汝，溱，即汝水，洪河，澺，并自汝阳入，合于城东五里三汊口，又东南入息。又安徽阜阳谷水，即鲖水，从之；延河亦入焉。《水经注》"汝水迳栎亭北，又东南迳新蔡故城南，又东南，左会澺水，迳壶丘故城北，氵无水迳平舆故城南，左遆为葛陂"者。汉葛陵故城在焉。县驿一。西平冲，繁。府西北百二十里。西：九顶山。氵无水旧自舞阳入，迳故城。《水经注》，其西有吕墟，至合水镇，汇诸石、云庄诸山水。迳城北，又东歧为二，左支合周家泊水，古澺水。《水经注》"上承汝水，别流于奇頟城东"者，今淤。泥河，缘郾城界，复合右支，会流堰河，并入上蔡。氵无即西汝，自元季于舞阳锅河堨之，今云庄诸山水擅其故渎。又会澺水，因通曰洪河。重渠、蔡砦、仪封三镇，县驿一。铁路。遂平冲，繁。府西北九十里。西：嶕崃山、嵖岈。南汝上游沙河，古溱水，自泌阳入，迳金山，左合杨奉河。《水经注》"东过吴房县南，又东过灈阳县南"者，入上蔡。其迳城南支津，东北出为新河，会石洋河。河古灈，出西北嵖峰垛，《水经注》兴山。迳吴家桥东南，清水河自确山入，并从之。县驿一。确山冲，繁。府西南九十里。确山，城东南二里。又东南，朗陵、佛光。城南：蟠山。西南：平顶。西北：乐山，练水出，俗名黄酉河。秀山，吴桂桥河出。西有溱水自泌阳入，俗名石磙河，又东曰吴砦，迳确山故城。《水经注》谓"溱出浮石岭北青衣山"，又东北迳独山，并入汝阳。东南，闾河塘、下沟河、清水港，并入正阳。西北，清水河，入遂平。姬家堰。毛城、竹沟、明港三镇。县驿一。信阳州冲，繁，难。府西南二百七十里。东南：钟山。南：士雅、岘山。西南：董奉。西：卓斧、□山。西北：淮水自湖北随州入，左合明港河，屈东缘信阳界入罗山。《水经注》"迳平春城阳钟武故城南"。其浉水入合油水、三湾河、九渡水，迳城南从之。平昌关，州判驻。杨家堂巡司。信阳、明港二驿。京汉铁路。罗山繁，难。府南二百三十里。罗山，城南十里。又南：独山、鹊山。西南：黄神、霸山。皆桐柏支麓也。西北：淮水自信阳入，迳谢城合浉水，又东迳县北。西南：六斗山，竹竿河出。《水经注》谷水，合黑龙池、小黄河、古瑟水，缘光山界注之，入息。大胜关，巡司驻。县驿一。

光州直隶州：繁，疲，难。隶南汝光道。盐捕、水利通判驻。清初沿明制，为汝宁属州。雍正二年升直隶州。北距省治八百里。广二百四十五里，袤二百里。北极高三十二度十三分。京师偏西一度二十八分。领县四。州，古黄国。故城，西十二里。东：凤皇山，为州左翼。西：浦口冈，为州右翼。东南：彭山。南：车谷。西北：淮水自光山入，合寨河，古壑水，又东北迳郑家店，复合黄水。《水经注》"迳弋阳郡东，又东入固始"。其双轮河入为白鹭河，古浬水。及春河自商城缘界，古诏虞水，并从之。州驿一。光山繁，难。州西南四十里。古弦子国。县境大半山区，自西北而来，绵亘近二百里。其最著者，老君山、天台、春风岭、黑石诸山。老君山之北，云台、仙居、马鞍、守军、浮光诸山，皆桐柏支脉也。《地理志》弋山，西有淮水自罗山合竹竿河，缘界迳轪县故城至其麓。又东入州。西南：黄茅脑，寨河出。《水经》壑水。会马鞍山水为清流河，又合牢山龙潭、冲水、泥河，其东黄水，至花石山为三道河。右合梅林河，迳墱山，右合泼陂河。《水经注》木陵关水。左合晏家河，迳黄川西阳故城，至城南为官渡河，迳天赐山，《水经注》浬水。又东双轮河，并从之。中渡、牛山二镇。长潭一驿。固始繁，疲，难。州东百四十里。东：大山。南：独山、木贼、青峰岭。西北：淮水自息入，迳枣林冈、安宁、期思。古蒋国，亦寝丘故城，其左岸会汝水，至朱皋镇，纳白鹭及春河。又东，往流集，巡司驻。至三河尖，决水、灌水入焉。决自商城入，为史河，左合长江河，右歧为泉河，古阳泉水，《水经注》，自雩娄东北迳鸡备亭，过安丰故城，边成郡治。又迳茹陂。陂今龙潭口。右歧为清河，合胜湖，又西北迳史家故城，左纳羊行河、急流涧，迳城东而北，古蓼国在焉。灌自商城入为曲河。《淮南子》"孙叔敖决期思之水，以灌雩娄之野"。又西北，迳蓼潭，至城北来会，为两河口。东魏浍州在焉。又东北，右歧为堪河，遆为七里冈，复与清泉二支津合。又北入淮。淮水又东入霍丘。朱皋、期思二镇。县驿一。息繁，疲，难。州西北九十里。西有淮水自罗山入，又东迳白公城，至城南。又东，新息故城。分流，左纳清水港，合泥河，复合闾河，自正阳入，盖慎水故渎，迳褒信长陵故城注之。《水经注》申陂水。又东迳乌龙集入州。其白鹭河入迳期思集。西北：汝水自汝阳入，入新蔡，复缘安徽阜阳界迳固城汛，并达之玉梁渠。杨庄一镇。县驿一。商城难。州东南百二十里。东南：大苏山，古大别。南：花阳、马头。东北：青山。西南：牛山，决水出。《水经注》"出庐江雩娄县南大别山"。东合八仙台、黄昏山五关水。又东北曰寨河，左合麻河，迳金家寨，其西北则长江、石槽、沙河。西南：黄柏，灌水出，北合木厂、盛家店、九水河，迳城西，亦曰龙潭河，并入固始。西北：熊山，春河出。《水经》诏虞水。亦缘固始界入州。牛食畈巡司。县驿一。

淅川直隶厅：繁，难。明复析内乡置县。道光十二年为厅。宣统元年升，改南汝光道为南汝光淅道。西：岵山。西北：箕锁里。丹水自陕西商南缘界迳荆子关，其北葛花山，其南丹崖。又东南，迳凌老龙山，其黑漆河入为淇河，迳花园关、岞峪、独阜山注之。至城西南纳滔河，迳石杯、雷山至於村保，古商於三户城在焉。左会淅水。又东南迳太白、玉照山，缘内乡界入湖北均州。《水经注》"丹水自三户城迳丹水故城南、南乡县北，右合汋水"。汋即均，形之误。荆子关，县丞驻。峡口一镇。厅驿一。

卷六十三　　志三十八

地理十

陕西

陕西省：《禹贡》雍、梁二州之域。明置陕西等处左、右承宣布政使司，并治西安。清初因之，置巡抚，治西安，并置总督，兼辖四川，寻改辖山陕。雍正九年，专辖陕甘，治西安。十三年，复辖四川。乾隆十三年，罢兼辖。十九年，兼甘肃巡抚事。二十四年，改陕甘总督。二十九年，移驻甘肃兰州，遂为定制。康熙二年，析临洮、巩昌、平凉、庆阳四府置甘肃省，移右布政使治之。雍正三年，升西安府之商、同、华、耀、乾、邠六州，延安府之鄜、绥德、葭三州，为直隶州。九年，改榆林卫为府。十三年，同州升府，华仍降州隶焉，耀并降州还旧隶。乾隆元年，葭仍降州隶榆林。四十八年，升兴安州为府。东界河南阌乡；三百五里。西界甘肃清水；六百三十里。南界四川太平；一千三十里。北界边墙。一千三百九十六里。广九百三十五里，袤二千四百二十六里。宣统三年，编户一百六十万一千四百四十四，口八百五万四千四百七。领府七，直隶州五，厅七，州五，县七十三。

西安府：冲，繁，疲，难。巡抚，布政，提学，提法三司，盐法、巡警，劝业三道，提督，将军，副都统驻。明，领州六，县三十一。雍正三年，升商、同、华、耀、乾、邠为直隶州，割县十七他属。十三年，耀及同官还旧属，白水改隶同州。乾隆四十七年，置孝义厅。嘉庆五年，置宁陕厅。东北距京师二千六百五十里。广三百五里，袤四百三十八里。北极高三十四度十六分。京师偏西七度三十二分。领厅二，州一，县十五。长安冲，繁，疲，难。倚。府西偏。西北：龙首山。西南：清华、圭峰。南：终南山，横亘长安、咸宁、鄠、盩厔四县境。渭水自西迳县北，东入咸宁。西南：潏水，歧为二：一，西南合镐水为东交河，沣水东北流来会，又北经咸阳入渭；一，北流为皁河，折东经咸宁入渭。南有漕渠。又西南有通济渠。镇三：杜角、秦杜、三桥。主簿驻斗门。行宫，城内。光绪二十六年，德宗西幸，改旧抚署驻焉。咸宁冲，繁，疲，难。倚。府东偏。南：乐游、少陵原。渭水迳县北而东，灞水、浐水自东北合注之。又东迳高陵入临潼。潏水即漕水，一名皁水，出东南石鳖谷。其西镐水自宁陕入，右合白石、小库诸水，左合梗梓水，入长安。明秦藩城在府城东北隅、县治北。顺治六年，改建满城，将军、都统驻。县丞旧自灞桥移尹家卫，改驻县北草滩。灞桥、渭桥、鸣犊三镇。驿一：京兆。咸阳冲，繁，难。府西北五十五里。北：毕原。东：鲜原。东南：高阳。西南：短阴。南：渭水自兴平入，纳泥渠水，东北会二沣水为鸡心滩，东入长安。东北：泾水，东入泾阳。镇四：高桥、窑店、北贺、马庄。驿一：渭水。兴平冲，繁。府西百里。西：马嵬坡。北：黄山。渭水自武功入，左纳清黑、夹逮诸水，合新开河，东入咸阳。县丞驻张店。镇二：马村、桑家。驿一：白渠。临潼冲，繁，难。府东北六十里。东南：骊山，有温泉。北：普陀原。东：鸿门坂。西南：坑儒谷。渭水自咸宁入，迳县北，石川河合清谷水南流注之。西有潼水，东有戏水、零水，均北流注之，东入渭南。县丞驻关山镇。镇五：新丰、零口、交口、广阳、栎阳。驿一：新丰。高陵简。府东北七十里。西：降鹤山。南：奉政原。西南：渭自咸宁缘界迳鹿苑原，左合泾水，又东缘临潼界入之。西北：白渠自泾阳入，播为二，曰昌运，曰高望。西南有毘沙镇。鄠繁，难。府西南七十里。东南：紫阁峰。南：圭峰。东南：终南山。北有渭水自兴平入，入咸阳。东南：沣水自长安缘界入，会涝水。涝水出县南，合渼波水，东北入咸阳，注渭。镇四：秦渡、赵王、涝店、大王。蓝田简。府东南九十里。北：横岭。南：秦岭、七盘、峣山、簣山。东：蓝田山，有关。灞水出县东倒回谷，即蓝田谷，迳南境，纳蓝水、辋水，迳城南，又西北合土胶河、猗水、注水，入咸宁。浐水出南山土门谷，西北流，为焦戴河，合汤谷水，均入咸宁。镇三：蓝桥、焦戴、新街。泾阳冲，繁，难。府西北七十里。北：嵯峨山。西北：甘泉、仲山。泾水自醴泉缘界入，迳城南，东南入高陵。北：冶谷水自淳化入，会清水，入三原。西北：龙洞渠，迳县北，歧为三：曰北白渠，入三原；中白渠，入高陵；下白渠，流数里伏。又有冶清渠。冶峪，县丞驻。镇六：永乐、临泾、石桥、云阳、孟店、王桥。三原冲，繁，难。府北九十里。北：浮山。西北：嵯峨、尧山。浊谷水自耀入，曰楼底河，东流，散入各渠。赵氏河即洞谷水，自富平错入，仍入富平。清谷水自耀入，西北入泾阳，复经西境，合冶谷水，贯流南北二城中，东南入高陵。镇四：陂西、王店、楼底、西阳。学政驻所。驿一：建忠。盩厔繁，难。府西南百六十里。南：秦岭。东南：石楼。西南：安乐山。西：骆谷。竹谷水北缘郿界，仍迳清化入，一曰西清水河，合车谷、稻谷诸水，入武功注渭。渭水迳县北而东，西南有黑水，即芒水，北流注之，又东入兴平。东南：甘水亦北入兴平。县丞驻祖庵。镇五：终南、尚村、哑柏、清化、临川。渭南冲，繁，难。府东北百四十里。西南：石鼓。南：倒虎山。西：马峪，泠水出，合驹儿岭水，西北入临潼注渭。渭水合杜化谷水，迳城北，古白渠在焉。西湭水，东赤水，俱北注之，又东入华州。县丞驻下邽。镇二：赤水、田市。驿一：丰原。富平繁，疲，难。府东北百二十里。西北：檀山、天乳、土门。西南：荆山。东北：频山。石川河即漆沮，自耀入，下流自西北受金定河，一名赵氏河，即洞谷水，东南入临潼。县丞驻美原镇。又东北，道贤镇。醴泉冲。府西北百二十里。北：武将山。东北：九嵕山、芳山。泾水自永寿入，东北甘河自县北东流注之，东南入泾阳。镇二：叱千、甘北。驿一：张店。同官简。府东北百八十里。明属西安府。雍正三年改属耀州。十三年还属。西南：白马、铁龙。北：女迴。又神女峡内有金锁关。东：漆水出北高山，至城北，合同官川及雄同、雷平川，西南流，西有沮水，南流，俱入耀州。东北：大小石磐山水合北入宜君。其南乌泥川，东入蒲城。驿一：漆水。耀州简。府东北百三十三里。明属西安府。雍正三年升直隶州。十三年仍为州，还属。东北：五台山、磬玉。北：木门、大唐。西北：牛耳山。沮水上源姚渠川自宜君入，合银耳坪、太子石水于杨秀川，为宜君水，南合胡思泉，为沮水，东南迳城西，又东，左会漆水，入富平。洞谷水、清谷水、浊谷水均出西北，南入三原。镇四：小丘、柳林、照金、庙湾。驿一：顺义。孝义厅繁，难。府东南二百四十里。乾隆四十七年，析咸宁、蓝田、镇安三县地置，设同知驻孝义川。嘉庆七年移驻旧县关，即今治。北：秦岭。东：大顶山。西南：车轮、天书。大峪河一名乾祐河，即柞水，出西北大峪岭，西南流；东北金井河即甲水，东流；东社川河，东南流；西北洵河，南流：俱入镇安。宁陕厅繁，难。府南五百二十里。明正德十六年，设柴家关、五郎坝二巡司。顺治中废。乾隆四十八年，移西安府水利通判驻五郎关。嘉庆五年，析长安、盩厔、洋、石泉、镇安五县地置，改设同知。东北：秦岭。北：万华山、子午谷。南：五台山。洵河出纱罗岭，西南至江口，左合江河，又南至孝义，澧河、日河并从之。西北：甘泉砭，文水出，汇东谷、西河诸水，屈西南入洋，蒲河从之。北：要竹岭，长安河出，南迳城东，合东河、隄坪河入石泉。有四亩地、五郎关汛。主簿驻江口，嘉庆七年自长安斗门镇移此。四亩地巡检，嘉庆十三年移驻新城，十八年废。

同州府：冲，繁，难。隶潼商道。明，同州属西安府，领县五。雍正三年，升直隶州。十三年升府，置附郭县。耀、白水还隶，又降华州暨所属之华阴、蒲城、潼关来隶。乾隆十二年，潼关升厅。西南距省治二百四十里。广一百八十八里，袤二百九十里。北极高三十四度五十分。京师偏西六度三十七分。领厅一，州一，县八。大荔繁，疲，难。倚。雍正十三年以同州地改置。西：黄堆山。北：商颜。南：沙苑。洛水自蒲城缘界迳其西，折东南至船舍渡入，迳西南，东流，渭水迳南界，东北流，并入朝邑。县丞驻羌白镇。又坊头、船舍、潘驿三镇。朝邑繁，难。府东三十里。明隶西安府。雍正三年来属。黄河自郃阳入，迳东境而南，受金水，至赵渡南之望仙观，为洛水入河故道。光绪三十四年，洛徙，至赵渡入之。又南三河口，渭水自大荔入，东北流注之，折东入潼关。主簿驻大庆关。有两女、太奇、赵渡三镇。郃阳难。府东北百十里。明隶西安府。雍正三年来属。西北：梁山。东北：方山。黄河自韩城入，缘东界而南，受百良水。徐水西北、金水东南流，俱入朝邑。古洽水，亦瀵水，亦西南入朝邑。西北：大峪水，自澄城缘界，屈南仍入之。镇五：百良坊、甘井、王村、黑地、路井。澄城简。府北百里。明隶西安府。雍正十年来属。北：界头山、将军。西北：壶梯、云门山。西：洛水，受甘泉水，即县西河，南入蒲城。东大谷河，南缘郃阳界从之。镇九：寺头、业善、韦庄、交通、窑头、王庄、冯原、塔家、良辅。韩城难。府东北二百二十里。明隶西安府。雍正三年来属。东北：龙门山。西北：梁山。西南：韩原，即少梁。黄河缘东北自宜川入，合洽户川，屈南得龙门口，禹迹存焉，南至官渡，合澽水及芝川，又南入郃阳。西北：神道岭汛。薛峰、昝村二镇。华州冲。府南百八十里。明隶西安府。雍正三年升直隶州。十三年仍为州，为隶。西南：五龙。南：少华山。渭水自渭南入，迳北境而东，纳州南诸谷水，东北入华阴。镇七：罗纹、柳子、台头、王宿、瓜坡、高唐、江村。驿一：华山。华阴冲，繁。府南百六十里。明隶西安府。雍正三年改属华州，十三年来属。南：太华山，即西岳。河水自朝邑入。西北：渭水自华缘界合沈水，又东合敷水、黄酸水，诸谷水并注焉，又东入于河。镇三：华岳、泉店、敷水。蒲城疲，繁，难。府西八十里。明隶西安府。雍正三年改属华州，十三年来隶。北：尧山，一名浮山。西北：丰山，一名苏愚山。东北：金粟山。洛水自白水入，迳避难堡，左纳甘泉水，合大峪河，入大荔。东北：永丰汛。镇十：常乐、石表、渭原、孝同、兴市、武店、汉底、车渡、荆桃、高阳。白水简。府西北百三十里。明隶西安府。雍正三年改属耀州，十三年来属。东北：黄龙山。西北：秦山。洛水自宜春入，受铁牛河，经县北，受孔走河，又东南白水，即南河水，自南境东流注之，又南入蒲城。镇十：冯雷、西故、南河、雷村、新村、新窑、铁牛、雷衙、武庄、孔走。潼关厅冲，繁，难。府东南百里。潼关道治所。明置潼关卫。雍正二年废。四年置潼关县，属华州，十三年来隶。乾隆十二年升厅。东：麒麟山。西：凤山，倚以为城。黄河自华阴入，迳厅北，潼水自厅南贯城北流注之，东入河南阌乡。巡司兼司狱驻风陵渡。驿一：潼关。

凤翔府：冲，繁。凤邠道治所。东南距省治三百六十里。广四百二十里，袤三百四十里。北极高三十四度二十八分。京师偏西八度五十九分。领县七，州一。凤翔冲，繁。倚。西北：雍山，雍水出焉，南流经县西，折东南与塔寺河合；又东有横水，俱东南入岐山。汧水自汧阳缘界南入宝鸡。镇五：横水、窑店、虢王、彪角、陈村。驿一：东河桥。岐山冲，繁。府东五十里。北：岐山，又有周原。南：秦岭。北：武将山。西南：渭水自宝鸡入，迳城南，东流，斜谷水出西南鳌山，东北流，并入郿。西：沣水，即雍水，自凤翔入，合横水，迳县南，东入扶风。畤沟河自扶风缘界仍入从之。镇五：益店、龙尾、蔡家、高店、青化。驿一：岐周。宝鸡冲，繁，难。府西南九十里。秦岭在南，亦名秦山。东南：陈仓山、石鼓山。西南：和尚原、大散岭。渭水自秦州缘界入，迳城南而东，右合塔河、洛谷水，左合汧水，又东合潘溪，入岐山。东南：太白河，西南入留坝。上谷水、虢川河、西南冻河即故道水，并西入凤。东北：利民渠。巡检驻虢川镇。又底店、阳平、马营、益门四镇。驿二：陈仓、东河。扶风冲，繁。府东百十里。北：岐山、吴双。东北：梁山。南：飞凤、贤山。西北：美山。东：茂陵、三畤原。东南渭水，南沣水，与东境漆水、美水合，并东入武功。镇七：伏波、杏林、绛帐、午井、召公、天度、崇正。驿一：凤泉。郿简。府东南百十里。东：太白山，即《禹贡》惇物。西：马冢山。西南：武功、斜谷，有五丈原。渭水自岐山入，右合斜谷水，中支磨渠，东支清水河，东南迳城北，又东入扶风。东井田、西南斜谷二渠。斜谷关汛。镇五：槐芽、横渠、青化、清湫、金渠。麟游简。府北百十里。城内童山。西天台。东：石臼。南：箭括山。漆水出县西青莲山，东北合岐水，其西麻夫川、东雨亭河，并入甘肃灵台。杜水出西北杜山，迳城南，受澄水，东入乾州。西良舍、西北招贤二镇。汧阳冲。府西北七址里。东：圭山、龙泉。北：天台。西：卧虎。南：箭括岭。汧水自陇入，西北纳草碧谷、晖川河，迳城南，纳涧口河、界止河，东南入凤翔。东麋隃泽。东黄理、西草碧二镇。陇州冲。府西北百五十里。南：吴岳。西北：陇山，即陇坂。又汧山，汧水出，合龙门、关山、蒲峪诸水，迳城南而东，受北河，又东南纳八渡水，入汧阳。渭水自甘肃秦州迳西南，东入宝鸡。西：关山汛。镇十四：杜阳、东凉、新街、县头、八渡、神泉、马鹿、长宁、赤延、故川、香泉、大松、通关河、温水。驿一：长宁。

汉中府：冲，繁，疲，难。陕安道治所。总兵驻。明，领州一，县八。乾隆三十八年，置留坝厅。嘉庆七年，置定远厅。道光五年，置佛坪厅。东北距省治一千七百里。广八百一十里，袤六百五十里。北极高三十三度。京师偏西九度十四分。领厅三，州一，县八。南郑冲，繁，难。倚。西南：旱山、黄牛。南：大巴山。东南：梁州。西：龙冈山。东北：武乡谷、骆谷。沔水即汉水，自褒入，东受褒水中、东二支，及廉水、池水，东入城固。青石关，巡司驻。又西大坝关。镇四：长柳、上水渡、沙河、弥勒院。驿一：汉阳。褒城简。府西北四十里。北：七盘山，上为鸡头关。西北：连城。西：牛郎山。南：天池。褒谷在东北，自此入连云栈。西北百五十里达留坝。沔水自其县入，西南流，纳华阳河，又东受褒水，入南郑。西南：让水，一名逊水。北马道、虎头、武曲，南松梁、米仓，西北汉阳、甘亭，七关。南：黄官岭汛，巡司同驻。镇四：宗营、褒城、长林、高台坝。驿三：马道、青桥、开山。城固简。府东七十里。北：通关、九真、白云。西北：斗山。汉水自南郑入，迳胡城，左纳文水，即文川，右纳南沙河、小沙河，迳城南入洋。阴平、袁扬、原公、文川四镇。洋简。府东百二十里。东北：太白。东南：子午谷。西北：酆都。北：兴势山，又浣谷，即骆谷南口。东：赤坂、黄金谷。汉水自城固入，迳南境，左纳浣水即铁冶河、大龙河、西水、金水河，右纳东谷河、桃溪水，东南入西乡。北：壻水，西经城固，复入西南境，注于汉水。北：华阳营。东北：茅坪汛。县丞驻华阳镇。又渭门、真符、谢村、壻水四镇。西乡繁，疲，难。府东二百四十里。西南：大巴、小巴。南：阜军山。东北：饶风岭。东南：子午山。汉水自洋入，左子午河，即椒溪，合宁陕纹河，西南流注之。牧马河自城固入，迳城东南，合洋水、白铁河、神溪，东北流注之。折东入石泉，高川从之。西南：菩提河，南入四川通江。北：司上汛。县丞驻五里坝，嘉庆七年自大池坝移此。巡司驻大巴关。盐场巡司，嘉庆七年废。镇二：茶溪、子午。凤冲。府西北三百八十里。西北：红崖。北：豆积。东北：黄牛寨山。故道水即嘉陵江上流，自宝鸡入，迳东北，受三岔河，折西合黄花川、马鞍山水，至双石铺，红崖河自右注之，入甘肃两当。野羊河自留坝入，迳城南，合东沟河，入略阳。西南：仙人关。东北：大散关，有汉凤营驻防。东南：铁炉川营。东北：黄牛堡汛。镇四：南星、庙台子、方石、白石。驿三：草凉、三岔、梁山。丞兼巡司驻三岔。宁羌州冲，疲，难。府西南三百八十里。东南：龙头。西北：鸡鸣。东北：五丁山，有关。北：嶓冢山，汉水出焉，初名漾水，合五丁峡、黄铜铺水，东北入沔。玉带河出西南箭竹岭，迳城北，受白岩水，为白岩河，亦北入沔。西汉水迳西境，纳七道水，西南入四川广元，为嘉陵江。西北：阳平关，州同驻。大安、黄坝二汛。西北：青乌镇。驿二：柏林、黄坝。沔冲。府西四百十里。北：铁山。东南：定军山。东北：天荡、武兴。西北：珈珂。漾水自西宁羌入，西南受白岩河，北沮水，西南流，迳略阳东境，复入县西为黑河，南流注之，始名沔水，又迳城南，东入褒城。西北：黑河汛。镇四：黄沙、旧州、元山、青羊。驿三：黄沙、顺政、大要。略阳冲。府西北二百九十里。北：青泥岭。西北：杀金岭。东南：大内山，内穴在焉。故道水自甘肃徽县入，东北合浊水，为白水江入。西：西汉水，即犀牛江，自甘肃成县入，合石门河来会，是为嘉陵江。又西南，纳八渡河，右纳落索河，迳野猪山入宁羌。沮水迳东北合冷水河，东南复入沔。东北有白水江汛。峡口、石门二镇。佛坪厅要。府东北四百里。嘉庆中设盩洋县丞于袁家庄，属西安府。道光五年析盩厔、洋二县地置，省县丞，设同知，来隶。南：冠山、鳌山。东：天华。西北：秦岭、太白。西：杨家沟口，壻水出，马黄沟水自宝鸡南流注之，又南入洋。黑水出北扇子山，东北合蟒河、八斗河，入盩厔。椒溪河出厅东，东南入宁陕。东北：骆谷关，北口属盩厔，南口属洋，中贯厅境，有十八盘。有黄柏塬、厚轸子二汛。巡司驻袁家庄。定远厅要。府东南四百里。嘉庆七年析西乡地置，设同知。西：金竹。南：归仁。西北：父子山。东：星子山，洋水出焉，即清涼川，迳城南，合小洋河、七里沟水，折西北入西乡。东北楮河，东南双北河，并东南入紫阳。东南渔水、西北巴水，并西南入四川通江。汛三：瓦石坪、渔渡坝、观音堂。有渔渡坝、简池坝二巡司。留坝厅冲，繁，难。府西北百四十里。本凤县地，明设巡司。乾隆十五年，移汉中捕盗通判驻之。三十年析置，职抚民。三十九年改置同知。西北：紫柏山，其东柴关岭。西北：太白河，为褒水上游，自宝鸡入，受红岩河，为紫金河。虢川河亦自宝鸡来注，迳东南，受文川河、青羊河，又南纳武关河，入褒城。野羊河出紫柏山，西北入凤。东北：西江口汛。巡司驻南星。武关巡司省。驿三：松林、留坝、武关。

兴安府：繁，疲，难。隶陕安道。总兵驻。明曰兴安州，领县六。乾隆四十七年升府，置安康县为府治，并省汉阴入之。五十五年，复置汉阴厅。北距省治六百八十里。广七百六十里，袤六百二十里。北极高三十二度三十二分。京师偏西七度六分。领厅一，县六。安康繁，疲，难。倚。明为兴安州，新旧治均在汉南，万历十一年徙新治。顺治四年还旧治。康熙四十六年复徙新治。乾隆四十七年州升府，改置。北：梅花、牛首。南：赵台。西：凤凰。东北：白云山。西南：魏山。汉水自西紫阳缘界折北入，迳城北，右纳大道河，左蒿坪河、月河、神滩河，东北入洵阳。东南：八仙河汛。通判、县丞同驻西南砖坪。西：泰郊、衡口二镇。平利简。府东南百八十里。旧治在西北灌河口。嘉庆八年徙白土关，为今治。西北：女娲山。北：八里冈。西：锦屏。西南：石梁。岚河出花池岭，西有黄洋河，与灌河合，俱入安康，北流注汉。东：冲河，会秋河，北入洵阳，为坝河，注汉。东南：南江河，东入湖北竹山。县丞驻镇坪。洵阳简。府东百二十里。北：羊山。东北：水银、龙山。东南：紫荆山。南：将军、女华。西北：庙垭，傅家河出，入安康，注汉。汉水自西迳城南，洵河合乾祐河、任河南流注之，又东纳蜀河、仙河，入白河。南：七里关汛。白河简。府东四百里。嘉庆二年，增筑外城。南：龙冈山。东北：锡义山。汉水自洵阳入，西迳城北，右纳冷水河、白石河，东入湖北郧。紫阳简。府西南二百四十里。东：三台。南：三尖。东南：板厂。南：瓮山，下有紫阳洞。又南，望夫山。汉水自汉阴入，迳其西，屈南，任河合紫溪河西南来注，又东迳城南，纳汝河、洞河，东北入安康，蒿坪河从之。毛坝关，主簿驻。石泉简。府西北二百七十里。东：马岭。南：银洞。西：天池山。西：饶风岭，旧有关。长安河自宁陕入，纳汶水河，入西乡注汉。汉水自西境折西南受珍珠河，又东迳城南，受江河、池河，东南入汉阴。富水河自西乡入，东迳乌石梁，从之。汉阴厅繁，疲，难，简。府西北百八十里。明，县。乾隆四十七年省入安康，设盐捕通判。五十五年复置为厅，改抚民。东南：梁门山。东北：朝阳山。南：文华、凤天山。池河自宁陕入，合龙王沟，又西南入石泉，注汉。汉水自西南迳城南，受富水河、木樨河，东南入紫阳。月河出厅西分水岭，纳花石河，东南入安康，合衡河，注汉。

延安府：繁，难。隶延榆绥道。明，领州三，县十六。雍正三年，升鄜、绥德、葭三州为直隶州，以洛川、中部、宜君、米脂、清涧、吴堡、神木、府谷八县分隶之。乾隆初，以榆林府之定边、靖边二县来隶。南距省治七百四十里。广四百八十里，袤三百九十里。北极高三十六度四十二分。京师偏西七度四分。领县十。肤施简。倚。西：凤凰山，城跨其上。北：伏龙。东北：清凉。东南：嘉岭。南：卧虎。延水自安塞入，西北而东，西川水东流注之，又东北，南河水北流注之，又曲折东北，左纳丰林川、清化水，东入延长。南：石油泉。安塞简。府北四十里。北：云台。东：天泽。西：龙安山。延水自保安入，西北纳杏子河，迳城南，曲折东南入肤施。西南：洛水，南入甘泉。北有边墙。甘泉简。府南九十里。东北：伏陆山。南：秦冒、温泉山。洛水自安塞入，右纳自修川、北河、美水，左纳清泉水、漫涨河水，南入鄜州。西南有甘泉，县以此名。临真镇，县丞驻。安定简。府北百八十里。东：鹏山。西：祖师。南：祖师山。西北：高柏山，怀宁河出焉，亦名走马水，又东北有东沟，并东入清涧。秀延水自安塞入，即北河，俗名县河，迳城北，合根水、革班川，东南亦入清涧。南：清化水，南入肤施。保安简。府西北二百二十里。东：艾蒿岭。南：石楼台山。西：九吾。洛水自靖边入，迳城西，纳梁家河、吴堡川、周水，东南入安塞。北：杏子河，亦自靖边入从之。有沙家、静远二镇。宜川简。府东南二百八十里。东：凤翅山。北：石关。西南：丹阳。东南：盘古山。黄河自延川入，南延水，迳东北来注之。又南过壶口，受云岩河，经孟门，受银川水，即西川，又东南入韩城。北有百直、交口镇。延川简。府东北百九十里。城西：西山。东：东峰。西北：青眉山。黄河自清涧入，至老龙口，秀延水合清平川、南站川诸水，东南流注之，又南入延长。西北：永平村，有石油井。延长简。府东百五十里。东北：独占。北：高奴山。西：延水自肤施入，迳城，右合关子口，左小铺原水，又东迳翠屏山，纳苏家河，右安沟，东南入宜川。西北交口水，东至延川注延水。南：锦屏山，下旧有石油井。光绪三十二年，用新法凿取，油旺质佳。附近肤施、延川、宜君数县境均产石油。定边冲，繁。府西北三百五十里。明正统二年置定边营，属延安镇。雍正九年，以定边、盐场、砖井、安边、柳树涧五堡地置，属榆林府。乾隆初来隶。东南：南梁山。西北：白露山，即白於山，洛水出焉。右合贝川水、郎儿沟，又东、左合吴仓坡水，东南入保安。南：三山水，一名耿家河，自甘肃灵州入，复合黄家泉，西南入甘肃环县。北有边墙，自甘肃花马池入，东南至靖边。西：盐场堡，县丞驻，后省。靖边冲，难。府西北三百里。明成化十一年置靖边营，属延绥镇。顺治初为靖边所。雍正二年设同知，九年，以安边、安塞、镇罗、镇靖、龙州五堡地置，属榆林府。乾隆初来隶。西南：大白莲花山。东：箭杆山。东南：芦关岭。西红柳河，东莜麦河，至城北合流，北出边墙，折东复入怀远边墙为圁水。东北：寺湾河、大理河，并东入怀远。龙州堡、宁塞堡二汛。又宁条梁汛，巡司同驻。

榆林府：冲，繁，难。延榆绥道治所。初沿明制，置东、中、西三路道。康熙元年省西路入中。雍正九年改中为榆葭道，东为延绥鄜道。乾隆二十六年改。总兵同驻。明曰榆林卫。雍正九年，改置榆林府，并置榆林、怀远、定边、靖边四县。乾隆初，改定边、靖边属延安府，葭降州，暨所隶神木、府谷二县来隶。南距省治一千三百五十里。广五百二十里，袤二百二十二里。北极高三十八度十八分。京师偏西七度六分。领州一，县四。榆林冲，难。倚。本双山、常乐、保安、归德、鱼河五堡地。明成化七年置榆林卫。雍正二年省入绥德，九年复置县为府治。城东：驼山。北：红山，上筑墩。东南：石山。无定河自怀远入，西迳城南而东。清水河一名西河，即榆林河，自边入，西北纳县境诸水，东南流注之，又东南入米脂。东北：葭芦川，一名沙河，东南入葭州。西北边墙有鱼河堡、常乐堡二汛。南：碎金镇。驿二：榆林、鱼河。怀远冲。府西百六十里。明天顺中置怀远堡，属榆林卫。雍正二年改属绥德。九年以怀远、波罗、响水、威武、清平五堡地置，来隶。南：火石山。东：五龙。西南：龙凤山。无定河即生水，上流曰额图浑河，一名奢延河，又名幌忽都河，自鄂尔多斯右翼入，迳城北而东，纳硬地梁、黑水头河、柿子河诸水，又东入榆林。西南：圁水自靖边入，东北流，迳城北出边墙，入无定河。南：大理河自靖边入，合小理河，东入米脂，复经城东南入米脂。西北：边墙。葭州疲，难。府东南百七十里。明属延安府。雍正三年升直隶州。乾隆初，仍降州来隶。南：白云。北：第一峰。西：西岭。黄河自神木入，南秃尾河，即吐浑河，迳城北，东南流注之。葭芦川自西南合五女川，东流来注之，又南受乌龙水、荷叶川入吴堡。神木冲，繁。府东北二百四十里。明属葭州。乾隆初来隶。西：笔架。东南：天台。东：龙眼山。东北：响石崖，石马河出，入府谷注河。河水折西南入，受屈野河、芹河、泗沧河、大柏油河、柏林河诸水，西南入葭。秃尾河自边入，合永利河从之。神木营，理事同知驻。西南：柏林堡汛。府谷冲。府东北二百里。明属葭州。乾隆初来属。北：高梁山。西南：天保。东：五龙山。黄河自鄂尔多斯左翼缘东界而南，受黄甫川、清水川，经南界，孤山川自西北合镇羌水、麻家沟水、木瓜川，东南流注之，又西南，受石马川，入神木。有孤山堡、木瓜园堡、清水堡三汛。巡司驻麻地沟。府谷、孤山、镇羌废驿。

乾州直隶州：冲，繁，难。隶西乾鄜道。明属西安府。雍正三年，升直隶州。东南距省治一百六十里。广九十五里，袤二百二十里。北极高三十四度三十三分。京师偏西八度十五分。领县二。西北：梁山。东北：鸡子堆。西：明月。北漠谷水，西北武水，一名武亭水，即杜水，均迳城西南入武功。东北：泔水、纳甘沟，东入醴泉。镇七：薛禄、陆陌、临平、阳峪、冯市、阳洪、关头。驿一：威胜。武功冲，繁。州西南六十里。东：东原。西：西原。西南：三畤原。渭水自扶风入，迳城南，嘉庆中北徙，东入兴平。西北：武水自州入，迳城北，合漠谷水，又东南，沣水东流来汇，又南入兴平。清水自盩厔入，东北流，迳城东南，又东至兴平入渭。镇六：魏公、游风、普集、大庄、杨陵、永安。驿一：邰阳。永寿冲。州西北九十里。西南：武陵山。北：分水岭，泔水出，迳城东，漠谷水亦出之，迳城西，并南入州。武水出西南石牛山南，迳州西北，复迳县南入州。西北：拜家河，东北入邠州，注太谷水。北：吕公渠，西南：赵家渠、李家渠、杜渠。镇四：底窖、蒿店、监军、仪并。驿一：永安。

商州直隶州：繁，疲，难。隶潼商道。明属西安府。雍正三年，升直隶州。西北距省治三百里。广四百六十里，袤四百三十里。北极高三十三度四十九分。京师偏西六度三十五分。领县四。东南：商山。西：熊耳山。东：鸡冠。北：金凤、小华。西：西岩。西北：冢岭，即秦岭。丹水一名丹江，出其东麓，合黑龙峪水，东南流，受水道河、林岔河，经城南，受乳水，又东南受老君峪水，入山阳。有商洛、老君店、黄川、大荆、泉村、西市、丰阳诸镇。龙驹寨汛，州同同驻。又东，武关汛。镇安繁，疲，难。州西南三百四十里。北：都家岭、长陵、天书山。东南：石驴。东北：梦谷。金井河自孝义缘界入，合社川河，东南入山阳。北：乾祐河，迳城东南，纳县河、冷水河、西南洵河，合小任河，并东南入洵阳。又西南大任河，亦东南入洵阳，注于洵河。有镇安营驻防。雒南简。州东北九十里。北：云堂山。东北：阳华。东南：王乔。西：冢岭山，洛水出焉，东南迳元扈山，北纳文峪川，又东迳城北，合石门川，又东会县河，故县川，灵水、要水，迳熊耳山，北入河南卢氏。三要司，巡司驻。鸡头关汛。山阳简。州东南百二十里。东南：天柱山。北：莲花、元武。东：孤山。西：三凤。西南：金井河，即甲河，自镇安入，合花水河，至城南合河口。安武水即关树水，迳城西，合县河、桐峪河，又东受董家沟、箭河、漫川河诸水，南入湖北郧西，注于汉。东：丹江，与银花河并入商南。竹林关、漫川关二汛。商南简。州东南二百五十里。南：商雒山。东：鱼难。东南：青山。东北：角山。丹水自州入，西南受银花河，为两河，又东纳武关河、清油河，迳城南，合县河、湘河，东入河南淅川。有富水关汛。

邠州直隶州：简。隶凤邠道。明属西安府。雍正三年，升直隶州。东南距省治三百二十里。广二百九十里，袤九十五里。北极高三十五度四分。京师偏西八度二十三分。领县三。南：豳山。西：无量。东：蒲泽谷。泾水自长武缘界入，西北而东，迳城北，合安化河、白土川即漆水，复合西河、南河，左纳皇涧、过涧，又东南至断泾渡，右纳太峪河，缘永寿界入淳化。镇七：高村、大峪、宜禄、停口、永乐、史店、白吉。驿一：新平。三水简。州东北六十里。城东：翠屏。东南：

石门山，七里川出，即姜嫄河，西南入淳化。东北：汃水，一名县河，自宜宾入，受连家河、苍耳沟水，迳城南，并西南入州。西北：大陵水，即皇涧，自甘肃正宁入，会罗川水，其南梁渠川，即过涧，并入州。又西北，马岭水，入甘肃宁州。镇五：土桥、张洪、太羽、职田、底庙。淳化简。州东南百四十里。东北：寿峰山。西北：甘泉山。西：泾水左渎自泾入，受姜嫄河，迳城南入醴泉。冶谷水出县北蝎子掌山，屈东，迳城东，汇甘泉、走马水，胡卢河，东南入泾阳。东北：清水，自耀缘界，东南流，仍入之。镇六：常实、大店、石桥、辛店、通润、姜嫄。长武简。州西北八十里。西：鹑觚原。北：神龙。南：宜山。泾水自甘肃泾州入，迳北界，受马莲河，折南迳城东，至回龙山北。西南黑水即芮水，与纳水合，东南流注之，又东南入邠。镇三：停口、冉店、窑店。驿一：宜禄。

鄜州直隶州：繁，疲，难。隶西乾鄜道。明属延安府。雍正三年，升直隶州。南距省治五百五十里。广三百五十里，袤三百八十五里。北极高三十六度四分。京师偏西七度十一分。领县三。南：高奴山。东北：晋师。北：开元坡。北：洛水自甘泉入，南流，纳采铜川、牛武川，迳城东南，厢西水合开抚水，自洛川会街子河来注之，又南入洛川。西北：华池水，即清水河，自甘肃合水入，迳城西，与黑水会，又南纳直道河、三川水，西南入中部。州判驻王家角镇。又交道、屯磨、张村、隆益、牛武五镇。洛川简。州东南七十里。旧治在东北。乾隆三十一年徙凤栖堡，为今治。北：高庙山。东南：烂柯。南：鄜畤山。洛水自西北，南流，纳杜家河，入中部。东仙宫河、黄梁河，迳城南，西南流注之，又南入中部。东南：聿津河，西南入宜君。又南川水，东入宜川。镇十六：仙宫、白城、化石、土基、黄连、吴庄、兴平、梁原、乐生、化庄、朱牛、汉寨、厢西、进蒙、永乡、聿津。中部简。州西南百四十里。城北：桥山。西北：石堂。洛水自洛川入，右受华池水、沮水、香川水、五交河，又南入宜君。镇五：北谷、保安、孟家、芦保、龙坊。驿一：翟道。宜君简。州西南二百十里。东南：秦山。西北：太白。西南：青龙。洛水自东北，南流，右受石盘川，左受沙河，即聿津河，又南入白水。西南：缠带水，合玉华川，东北流，入中部，注沮水。又马兰川，西南入三水。姚渠川，东南入同官。马兰镇，巡司驻。又雷远、五里、杏头、石梯、偏桥、突泉六镇。县西姚曲村有石油井。

绥德州直隶州：冲，繁。隶延榆绥道。明属延安府。领县一。雍正三年，升直隶州，以延安府之清涧来隶。乾隆元年，以葭州之吴堡来隶。西南距省治一千一百里。广二百七十里，袤二百四十五里。北极高三十七度三十七分。京师偏西六度二十五分。领县三。城内：疏属山。西南：雕阴。西：合龙。东：凤凰山。黄河自吴堡入，南入清涧。无定河自米脂入，至城东北，右纳大理河、怀宁河，东南入清涧。驿一：义合。米脂简。州南百四十里。南：文屏。北：高家山。无定河自榆林入，迳城西，左纳背川水，西南大理河自怀远入，并南入州。驿一：圁川。清涧简。州南百四十里。明属延安府。雍正三年来隶。城内，草场山。西：笔架、烽台。北：官山。黄河缘东界而南，东北无定河，东南流注之，又南入延川。西：秀延水，即辱水，一名清涧水，东流，纳土子河，折东南，纳坡底河，南入延川。西北：怀宁河，东北流入州境。驿二：奢延、石嘴。吴堡简。州东百四十里。明属葭州。乾隆初来隶。西北：高原砦山。南：龙凤。北：大境。黄河自葭入，东北缘界，东南流，纳龟洲水，又西南，纳柳毫沟、相公泉、清水沟诸水，又东南入州。宋家川、川口、辛家沟镇。驿一：河西。

卷六十四　　志三十九

地理十一

甘肃

甘肃：《禹贡》雍州南兼梁州。之域。明陕西布政使司及陕西行都指挥使司地。清顺治初，因明制，设甘肃巡抚，驻宁夏。宁夏巡抚旋裁。五年，徙甘肃巡抚驻兰州。康熙三年，分陕西为左、右布政使司，以右布政使司驻巩昌，领四府如故。六年，改陕西右布政使司为巩昌布政使司。七年，又改甘肃布政使司，徙治兰州。雍正三年，裁行都指挥使司及诸卫所，改置甘州、凉州、宁夏、西宁，升肃州及秦、阶二州为直隶州。乾隆三年，废临洮府徙兰州，因更名。二十四年，置安西府。二十九年，裁巡抚，以陕甘总督治兰州，行巡抚事。三十八年，置镇西府于巴里坤、迪化直隶州于乌鲁木齐。三十九年，降安西府为直隶州。四十二年，升泾州为直隶州。同治十一年，置化平川直隶厅。十二年，升固原州为直隶州。光绪十二年，新疆改建行省，割迪化、镇西往属。东至陕西；及鄜州、邠州。南至四川；保宁、龙安。西南至青海；北至阿拉善、额济纳二旗。及喀尔喀札萨克图汗部。广二千一百二十里，袤一千四百十里。宣统三年，编户九十万六千六百三十九，口四百六十九万一千六百二十。领府八，直隶州六，直隶厅一，州六，厅八，县四十七。其名山：陇、嶓冢、崆峒、西倾、积石。其大川：黄河、西汉、渭、泾、洮、湟。其重险：萧关、嘉峪、玉门。其驿道：一，东南逾六盘达陕西长武；一，西北渡河出嘉峪关达新疆哈密。电线：西北通迪化，东南通西安。

兰州府：冲，繁，难。陕甘总督，布政、提学、提法三使，巡警、劝业道驻。明为州，属临洮府，领金、渭源、河州。乾隆三年，徙临洮府来治，更名，以所隶河州、狄道、渭源三州县改属，升狄道为州，置皋兰县为府治，兼割巩昌府属之靖远隶之。东北距京师四千四十里。广千二百二十五里，袤八百里。北极高三十六度八分。京师偏西四十二度三十四分。领州二，县四。皋兰冲，繁，疲，难。倚。城南五里，皋兰山，五泉出其下。百四十里，康狼山。北：九州、台山、松山。西：沃干岭、马衔山。黄河，西南自河州入，西流，至孔家寺，折而东北，复东流，迤南，迳城北，至东坪，与金县分界。又东北，迳乌金峡，入靖远。洮水南自狄道入，西北流，至毛龙峡入黄河。边墙，西自平番来，起县西北毛牛圈，东南迤至小芦塘，入靖远盐池。边墙外，北与蒙古分界，有界碑六。镇一：纳米。驿三：兰泉、沙井、摩云。县丞驻红水堡。金冲，疲。府东南八十里。南：龛山。西南：马衔山。东北：北峦山、车道岭。东：驼项。西北：猪嘴。黄河自皋兰入，南新营河自狄道入，至大营川，右合瓦家河，左合清水河，合龛峪、徐家峡、大峡诸水，西北至皋兰入于河。黄河又东北过乌金峡入靖远。边墙，西自皋兰来，逾黄河南至索桥，合旧边墙，东北入中卫。驿二：定远、清水。狄道州繁，疲，难。府南二百里。南：抹邦山、煤山。北：马衔山，故关原。西：西平山。西南：十八盘山。洮水，南自洮州入，合抹邦、东峪、三岔、留川四水及诸小水，屈曲北注，迳沙泥州判境，沙泥水出摩云岭西麓，西流入之。洮水又北，入皋兰。州北河渠，雍正三年浚，引洮流溉田三百顷。赵土司驻所，州东南六盘山麓。驿四：沙泥、洮阳、窑店、庆平。州判驻沙泥堡。渭源冲，疲。府南少东二百五十里。西北：七峰山。南：露骨。西南：五行。西：鸟鼠山，渭水出其北麓，东南流，迳城北，合清源、锹峪两水，东入陇西。驿一：庆平。靖远疲，难。府东北二百里。明，靖虏卫。雍正二年省卫，设同知，属巩昌。八年置县，裁同知。乾隆三年来属。东：红山、屈吴山。南：乌兰。北：雪山。黄河，西南自金县入，至城北，祖厉河南自会宁来，会左关川水，北流入之。黄河又纳县境诸水，北流，迤西逾边墙，东北入中卫。边墙，自皋兰红水堡来，接中卫。河州繁，疲，难。府西南二百里。陕西河州镇总兵驻。雍正四年，省河水卫并入州属。北：凤林山。西南：石门山。西北：小积石山，即《水经注》唐述山。黄河，西自循化入，至积石关入州境，右纳样卑、吹麻、银川三水，东迳城南，又东至莲花寺。大夏河，西南自循化来，会州境诸小水，屈曲北流入之。黄河又东入皋兰。韩土司及土番、老鸦、端言、红岩、牙党、川撒诸族，分居州西境。驿五：长安、凤林、银川、和政、定羌。太子寺，州判驻。

平凉府：中，冲，繁。平庆泾固化道治所。明为府，领州三，县七。顺治初，因明制。乾隆四十三年，升泾州为直隶州。同治十一年，割平凉、华亭、固原、隆德四州县属地置化平川直隶厅。十二年，升固原州为直隶州。西北距省治七百六十里。广五百里，袤五百八十里。北极高三十五度三十五分。京师偏西九度四十八分。领州一，县三。平凉冲，疲，难。倚。西北：天坛。东南：石马。西南：可蓝。西：空同山。其支麓为笄头、马屯山、弹筝峡。泾水北源西自固原州来，至沙沟门入境；南源西自化平川厅来，至昧子沟入境。合流城西，右纳大峡河，左纳小芦、大芦、潘阴涧诸水，东南入泾州。汭水西自崇信入，迳县东南王家寺，东入泾州。东：利民渠，明浚，县南诸水汇焉。峡石、安国二镇。驿一：高平。华亭疲。府南九十里。东：义山。西：陇山。北接大漠，南抵汧陇。西北：美高、朝那山。汭水北源出县西锹头津，南源出县西大关山，东流夹城汇为一，又东，右纳策底河，左纳五村川水，东迤北入崇信。盘口河出县西南山中，东流，支津左出为五村川水，入崇信。惠民渠，明浚，遏汭流引入城。制胜、六盘关、三乡、黄石河镇。驿一：瓦亭。静宁州冲，疲，难。府西二百三十里。东：陇山、上峡、东山。南：石门。西：西岩。北：横山。苦水河即长源河，北自隆德入，环城南注，纳甜水河及州境诸小水，屈曲南入秦安。西：兴陇渠，明浚。驿一：泾阳。隆德冲，难。府西北百四十里。乾隆四十三年，省庄浪县，以其地来属。东：六盘山。苦水河，北自固原入；纳马莲川、滥泥河诸水，南入静宁。其东支甜水河，即陇水，亦出六盘，迳城北，西合底堡川、南源沟水，并从之。驿一：隆城。县丞驻庄浪故城。

巩昌府：冲，繁，疲，难。隶平庆泾固化道。明置府，领州三，县十四。顺治初，因明制。雍正七年，升秦、阶二州为直隶州，降徽州为县，及清水、秦安、礼、两当隶秦州，以文县、成县隶阶州。八年，增置岷州及靖远县。乾隆三年，割靖远隶兰州。十三年，改洮州卫为厅来属，旋并漳县入陇西，隶巩秦阶道。西北距省治四百二十里。广二百九十五里，袤千二百三十里。北极高三十四度五十七分。京师偏西十一度四十三分。领厅一，州一，县七。陇西冲，繁。倚。东：三品石、仁寿。北：赤亭。西南：首阳。西：西倾。西北：八角山。渭水，西自渭源入，合广阳水为山河口，左合援阳河，右合科阳，迳城北，纳县境诸水，东南入宁远。漳水一曰清水河，西南自岷州入，迳漳县故城南，东入宁远。镇一：天衢。驿二：通远、三岔。县丞驻漳县故城。安定冲，难。府北百六十里。南：南安山。东：照城、凤凰。西：西岩山。东南：温泉山。北：车道岘。关川水东源出县南禅牧山麓，一曰东河，西北流，西源出县西南胡麻岭，一曰西河，东北流，迳县城北，汇为一川，一曰北河，北入会宁。镇一：龟儿嘴。驿四：延寿、通安、西巩、秤钩。会宁冲，难。府东北二百里。东南：桃花。北：乌兰山，乌兰关在其下。南：铁木山。东北：屈吴山。祖河出东南王家山，西流，厉河出南米家峡，北流，汇于城南，曰祖厉河。左纳西巩驿水，右合仓下什子川，西北入靖远。关川水西南自安定入，迳县境西北入靖远。镇一：翟家。驿四：保安、乾沟、郭城、青家。通渭简。府东北二百里。西北：笔架山。东北：玉狼。南：十八盘山。华川水出会宁华川岭，入县境。东南迳西河湾；左合南家河，右龙尾沟，又东错秦安，关川河从之。再错复入，为散渡河，合青石峡水、清溪，入伏羌。镇二：鸡川、安远。宁远冲。府东南九十里。南：银观峪。西：广吴山。南：董墨。东北：石门。西南：武城。渭水，西北自陇西入，迳鸳鸯嘴，合漳水及广吴河，迤东迳城北，纳县境诸水，东入伏羌。县境浚渠二十七。镇六：马务、威远、来远、落门、纳泥、榆盘。伏羌冲，难。府东南百九十里。南：天门山。西：三都谷。西南：朱圉山。渭水，西自宁远入，纳南来诸水，迳城北，华川水北自通渭来注之，东入秦安。耤水一曰乌油江，出县南山中，东入秦州。广济、陆田、通济三渠，皆明浚。西和疲。府东南三百里。东南：太祖山。北：宝泉。东北：鸡峰。西北：祁山。西南：仇池山。西汉水，东自礼县入，迳县北，横水河迳城东，合叶家河、白水，仍西入礼县。复东流入境，迳县南，江底河出县西南香山，东南流注之，又东南入阶州。东北：盐井。镇一：长道。岷州疲，难。府西南二百四十里。明卫。雍正八年改置。北：岷山。东南：岷峨山。洮水自西洮州厅入，东流过城北，叠藏河西南自杨土司境来，合多邦、绿园二水，北流注之。洮水西北复入洮州厅。岷峨江一曰良恭河，出岷峨山东麓分水岭；南流迤东入礼县。白龙江上源曰阿坞河，出岷峨山西麓分水岭，东南流，合数小水，曰岷江，又东南迳临铺江西入阶州。驿三：岷山、西津、酒店。土司二：麻童、百林口堡。番族一：沙庄。洮州厅繁，难。府西南三百六十里。西南：西倾山。山脉东迤，曰阴得尔图塔拉山、绰那搜尔山、多克第山、阿穆尼恰珠温恭山、多噶尔山。洮水出西倾东麓，一曰巴克西河，南流迤东，纳库库乌苏、波尔波河、多克第河，合拉尔河、底穆唐河诸水，迳厅城南，东入岷州，折而西北，复入厅境，迳厅东北入狄道。白水江，即《禹贡》桓水，一曰垫江；西自四川松潘厅入，迳厅城西南，东南入阶州。边墙，南起洮州卫故城南峪口，北入河州。镇一：广思。土司三：著逊、卓泥杨氏、资卜马氏。诸土司皆贫弱，地什九入卓泥杨氏，幅员千余里，南与松潘接。南路隘口七，通四川番地。西路隘口六，通青海。北路隘口三，通循化厅番地。

庆阳府：中，疲，难。隶平庆泾固化道。顺治初，因明制，并置庆阳卫。雍正五年省卫。西距省治千一百八十里。广三百十里，袤四百二十里。北极高三十六度三分。京师偏西八度四十六分。领州一，县四。安化疲，难。倚。东北：太白、青沙岭。西北：铁边山。环河一曰马莲河，西北自环县入，东南流，迳城南，铁边河纳境内诸水南流注之。又东南，合教子川，入合水，东北荔原川亦入焉。又北，白豹川，入陕西保安。县北大小盐池。镇五：槐安、五交、业乐、马岭、董志。

驿一：驿马关。县丞驻董志原。合水简。府东七十里。西：锦屏。东：桥山、子午山。环河西北自安化入，至板桥镇合建水，一曰东河，西南迳城东，右东北川为合水，纳马莲河，南入宁州。故城川出子午从之。镇四：华池、凤川、平戎、太白。驿三：华池、邵庄、宋庄。环简。府西北百八十里。东：尖山。西：青山。西北：青冈峡，环河出其南麓，东南流，迳城西，左右纳小水十余，又东南入安化，清水、萧家河并从之。西南，寡妇川亦入焉。镇三：马岭、木钵、石昌。驿三：灵武、灵祐、曲干。正宁简。府南二百四十里。本真宁，乾隆初更名。罗水出县东罗山；西南流，迳城南，纳马造沟水，西入宁州。镇三：湫头、平子、山河。宁州中，疲，难。府南百四十里。东：雕岭。南：云寂。东北：五掌山。泾水，西自泾州入，纳茹水河，南流迤东，环河北自合水来会，纳境内诸水，迳城西南流注之，又东纳罗水，入陕西长武。镇八：襄乐、政平、早社、焦村、大昌、新庄、南义井、凤皇。驿二：彭原、焦村。

宁夏府：冲，繁，疲，难。宁夏道治所。将军、副都统、总兵驻。明，宁夏五卫。初因明制。顺治十五年，并前卫入左卫、中卫入右卫。雍正三年，省卫、所，置府及宁夏、宁朔、平罗、中卫四县，以灵州直隶州来属。五年，置新渠县。七年，置宝丰县。乾隆三年，省新渠、宝丰入平罗。同治十一年，置宁灵厅。西南距省治九百四十里。广五百三十里，袤六百六十里。北极高三十八度三十二分。京师偏西十度二十分。领厅一，州一，县四。宁夏冲，繁，疲，难。倚。治府东偏。本前、左二卫地。雍正四年置县。黄河，西南自灵州入，东北至昌润渠口入平罗。河入中国，宁夏独食其利，支渠酾分，灌溉府境。惠农渠，雍正四年浚，汉延渠，雍正九年重修，皆南自宁朔入。唐渠，雍正九年重修，西自宁朔入。皆东北入平罗。东：高台寺湖。北：月湖。东北：金波湖、三塔湖。驿三：宁夏、王鋐、横城口。宁朔冲，难。倚。治府西偏。本中、右二卫地。雍正三年置县。西北：贺兰山，山脉绵亘，北抵大漠，南讫中卫，山外蒙古阿拉善、额济纳地。黄河，南自宁灵、中卫入，东北至叶昇渡入宁夏。惠农渠于县南上马家滩承黄河支流，东北入宁夏。汉延渠于县南下马家滩承黄河支流，东北纳数小渠，入宁夏。大清渠，康熙四十九年浚，于汉渠南承河流，北过双塔湖合唐渠。唐渠于县南青铜峡首受河流，东北纳支渠十余，入平罗。南：长湖。西：观音湖。吉兰泰盐池在贺兰山麓。边墙，沿山自北而南，逾分守岭入中卫。定远城在打台沟，雍正间，阿拉善迁博罗克科克于此，筑城设守。阿拉善王旋还旧游牧，仍以定远城赐之。平罗疲，难。府北少东百二十里。故平罗所。雍正三年置县。乾隆三年省新渠、宝丰二县，以其地来属。黄河，西南自宁夏入，分为二派，东北流百余里复合流，北入鄂尔多斯。唐渠、惠农渠西南自宁朔入，东北至石嘴子，复入于河。昌润渠，雍正六年浚，即故六羊河故渎，疏流建闸；起县东南，北流迳宝丰故县东，复入于河。边墙，县北，西起贺兰山麓，东讫河干。县丞驻宝丰故城。灵州要，繁，疲，难。府东南九十里。初因明制为直隶州。雍正三年来属，并省后卫，以其地入州境。黄河，西南自宁灵厅来，东岸旁州西境。山水河出州南山中，西北流，入平远，复北入州境。苜蓿渠首受黄河，自西来会，支渠右出曰秦渠。山水河又北流，迤西北入黄河。支流北出曰涝河；北至三道桥又分二渎，一西北入黄河，一北流会秦渠入河。黄河又东北至横城口入宁夏。东南有蒲草湖、东湖。南、北、中三盐池，花马池，红柳池，俱州东南。边墙，起横城堡，东入陕西延安。镇一：耀德。驿三：灵州、红山、沙泉。州同驻花马池。盐捕通判驻惠安堡。中卫冲，繁，疲。府西南三百六十里。故中卫地。雍正三年置县。黄河，西自靖远入，迳城西南，支渠左酾为美利渠、太平渠，右酾为羚羊角渠，过城东南，右酾为羚羊店渠，又东，左酾为永兴渠、胜水渠，右酾为羚羊峡渠。清水河，东南自平远来，北流注之。黄河又东，迤北，右酾为七星渠，左酾为顺水渠、丰乐渠。诸渠皆东北复入于河。黄河又东北入宁灵。边墙，旁黄河南岸，逾河东入宁灵。驿三：中卫、渠口、长流水。巡司驻渠宁。县北阿拉善旗界有汉、蒙分界碑。宁灵厅要。府南二百里。故金积堡，属灵州。同治十一年，总督左宗棠督师克复，奏设厅，改宁夏水利同知为抚民同知驻焉。南：金积山。东南：大蠡。东北：紫金。西南：青铜峡。黄河，南自中卫入，行峡中；东北入宁朔、灵州。清水河，西南自海城入，左合边墙沟、红沟，入中卫注河。汉渠自厅城西首受黄河，下流汇山水河。

西宁府：最要，冲，繁，疲，难。西宁道治所。办事大臣、总兵驻。明，西宁卫。初因明制。雍正二年，省卫，置府及西宁、碾伯二县。乾隆九年，置巴燕戎格厅。二十六年，置大通县。五十七年，置贵德、丹噶尔二厅，割兰州之循化来属。东南距省治六百二十里。广三百五十里，袤六百五里。北极高三十六度三十九分。京师偏西十四度十三分。领厅四，县三。西宁冲，繁，疲，难。倚。东：峡口山，汉隍陿地；红崖子山。西：土楼山、金山。南：拔延山。西南：南禅山、积石山、拉脊山。西北：北禅山。黄河，西自贵德厅迳城南，东入巴燕戎格。湟水西自丹噶尔入，迳城北，北川河西北自大通来注之，又东南入碾伯。大通河迳县东北入平番。县西：伯颜川渠。县南：那孩川渠。驿二：西宁、平戎。土司四：陈氏、吉氏、祁氏、李氏。番庄二：上朵壤尔、乜亥加。番族三：上郭密、松巴、巴哇。碾伯冲，繁。府东百三十里。故守御千户所，属西宁卫。雍正二年置县。南：雪山。西：四望山。东北：阿剌古山。湟水，西自西宁入，东南流，迳城南，曰碾伯河。纳县境诸川，东南至莲花台；大通河北自平番来会。河北、河南两渠，引湟溉田，酾支渠三十。驿三：嘉顺、老鸦、巴州。土司三：九家港、胜番沟、老鸦堡。他番族十余，分居县境。大通难。府西北百三十里。故番地。雍正二年，以番族效顺，置大通卫。乾隆二十六年省卫置县。西北：大雪山。北：大寒。东：五峰。南：元朔山。大通河古浩亹水，西自青海入，东南入平番。北川河西自青海入，有二源，北曰布库克河，南曰沙库克河，合流至城北为北川河，又东南入西宁。东峡川、峡门堡二渠。长宁驿。土司六：起塔镇、乩迭沟、大通川、王家堡、朱家堡、美都沟。西北与青海分界，有界碑。贵德厅要。府南。故归德千户所，属河州卫。雍正四年，省卫所隶河州。乾隆三年改隶西宁。二十六年设县丞。五十七年升厅，设抚番同知。东：郭图。南：莫曲山、图尔根山。东南：圆柱。南：南山。黄河，南自青海改西北流，折而东北，恰克图河东来注之。又东北，环厅西境，至陇羊峡西折而东南，合龙池河及乌兰石尔廓尔河，并诸小水，入循化、巴燕戎格。番族分生、熟、野番三种。熟番五十四族，畊赋视齐民。生番十九族，畜牧资生。野番八族，其汪食代克一族，乾隆末北徙丹噶尔，余七族咸居厅东境，插帐黄河南岸。循化厅要。府东南。旧属兰州，为河州同知驻所。乾隆末，移隶西宁。西南：多噶尔群山，不一名。黄河，西自贵德入，北岸为巴燕戎格厅地。保安大河南自丹噶尔北流注之，又东纳厅境诸水，至积石关入河州。大夏河，古漓水，出厅南边外山中，北流，迳拉布楞寺，屈曲东南入河州。青海和硕特游牧地错入厅南境。番族：上隆布西番十六寨，南番二十一寨，阿巴那西番八寨，多奈错勿日二寨，素呼思记二寨，边都沟西番十寨，东乡西番五寨。回民撒拉族所居，曰上八工、下八工。丹噶尔厅府西南。抚番同知驻。东：翠山。南：日月。北：北极山。湟水出青海噶尔藏岭，东流，至札藏寺入厅境，迳城南，东入西宁。清水河出贵德厅南速古山，东北流。隆武河出循化厅西南番地，北流，汇为保安大河，北入循化。韩土司辖地在厅东南。东科尔寺在厅西南。西宁、青海孔道。沙喇库图尔番族聚居处。巴燕戎格厅府东南，通判驻。明，西宁、碾伯、洮州厅地。乾隆三年，以巩昌裁缺通判徙改。北：雪山。西：小积石。东南：拉札山。黄河，西自贵德厅入，南岸为循化境，巴燕戎格河出小积石山东麓，纳厅境诸小水，南入黄河。

凉州府：冲，繁，疲，难。甘凉道治所。副都统、总兵驻。明，凉州卫。顺治初，因明制。雍正二年升府，置厅、县。东南距省治五百六十里。广九百三十里，袤五百二十里。北极高三十七度五十九分。京师偏西十三度四十八分。领厅一，县五。武威冲，繁，疲，难。倚。故凉州卫地。雍正二年置县。南：祁连山，一名大雪山，绵亘千里，西北抵甘州境。沙沟水出山麓，屈曲北注，会黄羊渠为白塔河，又西北迤，迳城北，会杂木河、大七河、金塔寺渠、海藏大河、炭山河、北沙河诸川，为郭河，北入镇番。东北：边墙，起镇番境蔡旗堡，南至土门关入古浪。驿三：武威、怀安、大河。镇番繁，疲。府东北二百里。故镇番卫。雍正二年置县。南：亦不剌山，环东北三面。郭河，南自武威入，西北出边墙，釃支渠四，又西北出塞，潴为大泽，蒙古谓之哈剌海谟，古休屠泽也。青盐池、鸳鸯白盐池、小白盐池皆在西北边墙外。边墙，西接永昌，东至县城北，折而南，逾郭河入武威。永昌冲，繁，疲。府西北百六十里。故永昌卫。雍正二年置县。北：金山。西：燕支。东北：马蹶。东南：炭山。水磨川出县西南祁连山北麓，四源并导，汇为一川，北流折东，又东北出边墙，潴为昌宁湖；今涸。炭山河出县南，北流至永丰堡南，折而东南入武威。边墙，西起水泉堡，东讫镇番境红崖堡。驿二：永昌、水泉。古浪冲，疲。府东南百三十里。故古浪所。雍正二年置县。西：白岭。东南：黑松林。古浪河出县南乌鞘岭北麓，纳县境诸水；东北出边墙，潴为泽，曰白海。边墙，自武威南境逾古浪河，迤东南入平番。驿二：古浪、黑松。巡司驻大靖。平番冲，繁，疲，难。府东南三百三十里。故庄浪所。雍正二年置县。东：松山。北：炭山。西：卓子山。西北：分水岭。北为萱麻河，入古浪。庄浪河出岭南麓，纳金羌、石门、清水诸小河，至城南，又南至头道河入皋兰。大通河，西北自大通入，迳城西入碾伯注湟水。大盐沟，东南。边墙，起县西北，东南入皋兰。驿五：庄浪、大通、通远、镇羌、平城。土司二：古城、连城。县丞驻西大通。庄浪厅简。府东南。同知、理事通判同驻。庄浪河，北自平番入，南至皋兰境入于河。大通河，西北自平番入，东南至皋兰、河州境入于河。土司一：大营湾。

甘州府：冲，繁，疲。隶甘凉道。提督驻。明，陕西行都司治。顺治初，因明制。雍正二年，罢行都司，置府及张掖、山丹、高台三县。七年，割高台隶肃州。乾隆间，增置抚彝厅。东南距省治千五百里。广三百二十里，袤二百里。北极高三十九度。京师偏西十五度三十一分。领厅一，县二。张掖要，冲，繁，疲。倚。故甘州左、右卫。雍正二年置县。北：合黎山。西南：祁连山，绵亘府境，与青海分界。山丹河，东自山丹入，洪水河出县东南金山北麓，北流注之。又西北迳城北，张掖河古羌谷水，出祁连山中，汇县境诸渠，北流来会。山丹河自此蒙黑河之称。又西北，入抚彝。张掖河东岸黑番牧地，西岸黄番牧地。边墙，傍山丹河北岸，东入山丹。驿二：甘泉、仁寿。县丞驻东乐。山丹冲，繁，疲。府东百二十里。故山丹卫。雍正二年置县。山丹河即《禹贡》弱水，出县南祁连山麓，四源并导，汇于城南，东入张掖。红盐池在县北，白盐池滨居延泽。大草滩，东南与凉州、西宁、青海分界。边墙，起合黎山南，迳县城北，东入永昌。驿四：山丹、东乐、新河、峡口。抚彝厅府西北百五十里。旧隶甘州后卫。雍正二年卫省，属高台。乾隆十八年来属，置厅设通判。南：祁连。响山河出东南，黑河自张掖入合之，西北迳厅北，左合三清渠，右出支渠，北自鲁墩湾入高台。边墙，傍黑河北岸东入张掖！驿一：同厅名。

泾州直隶州：要，冲，疲。难。隶平庆泾固化道。明隶平凉府，领灵台。顺治初，因明制。乾隆四十二年，升直隶州。割崇信、镇原来属。西距省治九百五十九里。广百一十里，袤三百五里。北极高三十五度二十三分。京师偏西九度七分。领县三。北：兼山。西：回山。西南：弇耳山、青溪岭。泾水西自平凉入，迳城北，汭水西南自崇信来注之。又东至唐长武故城，洪河西北自镇原来注之。又东至宁州界，茹水西北自镇原来注之，南入陕西长武。盘口河，西自灵台入，旁州南境，东入长武。镇一：盘口。驿一：安定。崇信难。州西南百二十里。城据锦屏山北麓。西南：箭筈山。西北：峡口。汭水，西自华亭入，汇五龙、断万、五马三山及九峪水，屈东迳城北，东入平凉。盘口河即黑河，亦自华亭入，傍县南境，东北入灵台。新柳滩旁汭水，顺治中疏为渠。镇原疲。州西北二百里。东：东山。北：潜夫、孝山。茹水，西北自固原入，迳城南，纳交口河、蒲河暨县北境诸水，东南入宁州。洪河，西北自固原入，合平泉水，西南潘阳涧，入州。镇二：新城、柳泉。驿一：白水。灵台疲，难。州南二百里。北：台山。东：苍山。东北：书台。西南：离山。达溪水，西自陕西陇州入，左合镇川口河，至百里镇，右合妲已，左小建河，迳城南，东北入陕西长武。盘口河，西自崇信入，迳县东北，合槐树沟水，东入州。镇七：东朝那、良原、百里、邵寨、石塘、上良、西屯。

固原直隶州：冲，繁，难。隶平庆泾固化道。陕西提督驻。明隶平凉府。顺治初因之。同治十二年，升直隶州，置平远、海城二县属焉。西距省治八百九十里。广五百二十里，袤三百十里。北极高三十六度四分。京师偏西十度七分。领县二。西北：石城山。北：须弥。西南：陇山，一曰六盘山，绵跨平凉化平川境。清水河出陇山开成岭北麓，古高平川，二源并导，汇为一川，迳城东，纳州境诸水，北入平远。泾水北源出开城岭南麓，为大小南川，会于瓦亭驿；东迳蒿店，曰横河，出弹筝峡，入平凉。茹水出开城岭东麓，洪河出州东南陶家海子，并东入镇原。驿三：永宁、三营、瓦亭。州判驻硝河城。平远冲，难。州北二百四十里。故平远所。同治十二年置县，又割海城之下马关西地及灵州同心城来属。西北：罗山。南：打狼。西北：麦朵。西南：白杨林。清水河，南自州境入；甜水河自东来注之，又纳县境诸水，西北入中卫。山水河，东自灵州入，迳县北境，复西入灵州。海城冲，疲，难。州西北二百十里。平凉府属海剌都地。乾隆十四年徙盐茶同知驻此。同治十二年省同知置县。西：天都山。西南：莲花。南：五桥山。北：大黑河、红井堡水、相洞川，并东入州，注清水河。清水河迳红古堡，合石峡水，又北合兴仁堡水，入宁灵。西北：乾盐池堡水，迳打拉池，县丞驻。

阶州直隶州：疲。隶巩秦阶道。明隶巩昌府，领文县。顺治初，因明制。雍正七年，升直隶州，割巩昌之成县来属。西北距省治千一百五十里。广二百九十里，袤五百五十里。北极高三十三度二十三分。京师偏西十一度二十三分。领县二。北：凤凰山。白水江，西北自洮州入，南流，迤东迳西固城南，白龙江北自岷州来注之。又东南，迳城西，纳数小水，南入文县。西汉水，西北自礼县入，屈曲东南入成县。镇四：平洛、安化、角弓、石门。驿三：阶州、官城、杀贼桥。州同驻西固城。州判驻白马关。文简。州西南二百里。白水江，北自州境来，迳县东南，清江水一曰文县河，西北自四川松潘厅，上承察冈公河，东南流入境，纳县西诸水来会。白水江又东南纳县东诸水，入四川昭化。南：阴平隘。驿二：文县、临江。成疲。州东北二百里。西：泥功山、仇池山。东：木皮岭。西汉水，西北自州境入，迳县西南，黑峪河出县北山中，纳县境诸水，西南流注之。西汉水至此蒙犀牛江之称，东南入陕西略阳。镇三：泥阳、横川、抛沙。驿一：小川。

秦州直隶州：要，冲，繁，难。巩秦阶道治所。明隶巩昌府，领秦安、清水、礼三县。顺治初，因明制，雍正七年，升直隶州，降巩昌属之徽州为县，与所领两当县来属。西北距省治七百三十里。广三百九十里，袤四百五十里。北极高三十四度三十五分。京师偏西十度四十分。领县五。西：刑马山。西北：邽山。东南：麦积。西南：嶓冢。渭水，西自伏羌入，右纳藉水，左纳牛头河，东迳城南，又东纳诸小水，过三岔城北，迤南入陕西陇州。西汉水出嶓冢山南麓，西入礼县。骆驼川水出嶓冢山东麓，流合数小水，南入徽县。镇四：关子、高桥、社树坪、董城。州判驻三岔镇。秦安疲，难。州北八十里。东：九龙山。北：显亲峡。南：新阳崖。东北：青龙。罗玉河古陇水，北自静宁州入，上承苦水河，南迳县西，至新阳崖入州境注渭。略阳川水东自清水入，西合石版泉，入静宁注苦水河。镇六：金城、川口、郭嘉、太平、陇城、大寨。清水冲，疲。州东北百二十里。东：陇山，大震关在其下。牛头河一曰东亭河；古桥水，出陇山西麓，众源并导，汇为一川，迳城北，东流，迤南入州境。略阳川水亦出陇山西麓，西流，纳县境诸水，迳龙山镇入秦安。镇八：白沙、岩年、清水、百家、玉屏、松树、龙山、恭门。驿一：长宁。礼疲。州西南二百里。东：祁山。东南：仇池山。西南：岷峨山。西汉水，东自州境入，纳县境诸水，迳城东折南，又西入阶州。镇二：石头、崖城。徽难。州南二百八十里。北：鸾亭。东：赤玉。南：铁山、青泥岭。西：栗亭山、木皮岭。东南：杀金坪，仙人关在其上。故道河，东自两当入，骆驼川水北自州境来入之，西迳县南，纳小水二，西南入陕西略阳，嘉陵江上游也。栗水出栗亭山，南流为泥阳河，南入略阳。镇三：永宁、栗亭、火钻。两当简。州南二百七十里。东：鹫鹭。南：天门。东北：申家，古南大夫山。故道河，东自陕西凤县入，河即两当水，迳县南，纳小水二，西南迳秦冈山为琵琶湖，入徽。镇二：广乡、两当。有驿。

肃州直隶州：冲，繁，疲。安肃道治所。总兵驻。明，肃州卫。顺治初，因明制。雍正二年，省卫并入甘州府。七年，置直隶州，割甘州之高台县来属。东南距省治千四百六十里。广百九十里，袤百五十里。北极高三十九度十六分。京师偏西十七度十二分。领县一。东南：观音山。南：祁连山。东跨高台，与青海分界。西：嘉峪山。其西麓设关，俄罗斯通商孔道，税务司驻焉。洮赖河出州西南祁连山北麓，古呼蚕水，北流东迤，支渠旁出，左播为四，右播为三。又东为北大河，至临水堡，临水河出祁连山最高处，东北流注之，折而北，迳金塔寺，西出边墙为北大河，至古城，右会红水，左合清水河，曰白河，东北入高台。丰乐川出州东南祁连山天涝池，北流酾十数渠。南：金厂。边墙，自嘉峪关迤西北逾洮赖河，折而东南，入高台。驿二：酒泉、临水。州同驻金塔寺。巡司驻嘉峪关。高台冲，繁，疲。州东南二百七十里。故守御千户所。雍正三年置县。西：崆峒。南：榆木。东北：合黎山。黑河，东自抚彝厅入，西北流，迳城北，左出支渠五。又西北迳深沟驿，复酾为数小渠，又北至镇夷营。出边墙，右酾为双树子屯渠，左酾为毛目渠，白河西南自州来会，北入额济纳旗界，汇于居延海。县西北盐池。边墙，西自州境来，逾黑河，东南入抚彝厅。驿四：双井、深沟、黑泉、盐池。县丞驻毛目屯。

安西直隶州：冲，繁，疲，难。隶安肃道。明，赤斤、沙州二卫。后以番扰内徙，空其地。康熙五十七年，番族内附，置靖逆、赤斤二卫，设靖逆同知领之，寻增设通判，治柳沟。雍正元年，复置沙州所，筑布隆吉城，设安西同知治焉。三年，省靖逆同知，徙通判治其地，仍领二卫，旋升沙州所为卫。六年，徙安西厅治大湾。乾隆二十四年升府，置渊泉县附郭，省靖逆通判，并赤斤卫置玉门县。二十五年，以沙州卫为敦煌县，省渊泉入府治。二十八年，降直隶州，隶安肃道。东距省治二千一百二十里。广六百二十里，袤六百里。北极高三十九度四十分。京师偏西十八度五十二分。领县二。雪山自葱岭支分，迤逦东趋，绵跨州境，山外皆大戈壁，与青海分界。其北连山无极，与哈密及札萨克图汗分界。疏勒河，古南极端水，一曰布隆吉河，其西源昌马河出，东入玉门，与东源合，复入，右合支渠。巩昌河西北迳桥湾营南，左纳小水七，迤北西流，迳城南，支渠左出为南工渠、北工渠，经流西入敦煌。边墙，西起布隆吉城东疏勒河北岸，东讫桥湾营入玉门。驿七：柳沟、小宛、瓜州口、白打子、红柳圈、大泉、马连井。敦煌繁，难。州西南二百七十里。东南：三危山、鸣沙山。西南：龙勒山。西：白龙堆流沙碛。疏勒河，东自州境入，西至城北双河岔，党河自南来注之。党河，古氐置水，蒙古谓之西拉噶金，出县南山中，两源并导，汇为一川，北流迳城西，酾分十数渠，又北入疏勒河。疏勒河又西潴为哈喇泊。东南：盐池。玉门关、阳关，皆县西南。玉门冲，繁。州东二百九十五里。金山环东、西、北三面，绵亘二百余里。西北：赤金峡。疏勒河出县南山中，北流，纳昌马河、巩昌河，又北迳城西，迤东入州境。阿拉克湖即延兴海。又东白杨河。有石油泉，古石脂水。边墙，西自州境来，东入肃州。驿二：赤金湖、赤金峡。

化平川直隶厅：繁，疲，难。隶平庆泾固化道。平凉、华亭、固原、隆德四州县地。同治十一年，陇东戡定，置厅设通判。西北距省治七百四十九里。广袤各百余里。北极高三十五度有奇。京师偏西南十度有奇。东：观山。西南：大关山。泾水南源出山麓老龙潭，东迳白崖山，合白岩河，又东迳飞龙挞银，左纳圣女川、龙江峡水，东入平凉。

卷六十五　　志四十

地理十二

浙　江

浙江：《禹贡》扬州之域。明设布政使司。清初为浙江省，置巡抚，福建置总督。兼辖之。驻福州。顺治十五年，置浙江总督。驻温州。康熙元年移驻杭州。八年裁，寻复。二十五年复裁，兼辖如故。雍正五年，改巡抚为总督。十二年，仍为巡抚。乾隆元年，复置浙江总督。三年，改闽浙总督，自是为定制。顺治五年，遣固山额真金砺来杭驻防，掌平南将军印。康熙初年改将军，总督驻福州，将军、巡抚驻杭州。三十六年，舟山置定海县，以旧县改置镇海。雍正六年，增置温台玉环厅。道光二十一年，升定海为直隶厅。乾隆三十八年，升海宁县为州，降安吉州为县。领府十一，直隶厅一，州一，厅一，县七十五。东至海中普陀山；四百九十里。西至安徽歙县界；三百七十里。南至福建寿宁界；七百八十四里。北至江苏吴县界。二百里。广八百八十里，袤一千二百八十里。北极高二十七度三十五分至三十度五十八分。京师偏东一度五十五分至五度四十分。宣统三年，编户三百八十八万八千三百一十一，口一千六百一十四万九千四百五。其名山：会稽、天目、四明、天台、括苍、金华。其大川：浙江、浦阳江、苕溪。天目自馀杭飞翥而入，为黄山三天都之一。

杭州府：冲，繁，难。杭嘉湖道治所。初治嘉兴府，今改驻。巡抚，布政、交涉、提学、提法、盐运各司，粮储、巡警、劝业各道，及将军、副都统，织造，同驻。明为浙江布政使司，领县九。顺治初，因明制。乾隆三十八年，升海宁县为州。东北距京师四千二百里。广百九十五里，袤百三十里。北极高三十度十七分。京师偏东三度三十九分。领州一，县八。钱塘冲，繁，难。倚。西：灵隐山，古武林山，西湖源此。北为南北二高峰。西南：天竺山，其东丁家山。濒湖周三十里。唐刺史白居易、宋守苏轼导。厥后水浅葑横，纵成苏堤，横成白隄。迤西为孤屿，有行宫，与城内吴山为二。其北圣塘涧水，石函三闸，以时防泄。其东涌金闸，导之入城，曰城河。浙江，古淛河，东南自富阳入。城河出武林门，会西谿入下塘河，一名宦塘河，迳江涨桥。有盐场司，兼管吴山驿。出北新关，有桥曰拱宸。光绪二十一年与日本约，定为通商埠。抵奉口陡门。左会苕溪。有西谿、瓶窑二镇。宣统元年移府同知驻瓶窑。有武林驿。城南盐场司。浙江驿。仁和冲，繁，难。倚。南：凤凰山。西北：皋亭山。浙江，西南自萧山、钱塘入，东北流入海。捍海石塘，自钱塘乌龙庙一堡至戚井村十二堡，西防同知治。又东至翁家埠十七堡，中防同知治。城河出候潮门入上塘河，旧名运河，一曰夹官河，北流，右出枝津为备塘河，入海宁。下塘河西自钱塘入，西北流者宦塘河，与苕溪会。其北流者为新开运河，迳塘棲，歧为二，一入德清，一入海宁。苕溪自钱塘缘西北界入德清、武康为界水。有盐场司。汤镇、塘棲镇巡司二。又德胜、临平二镇。海宁州疲，繁，难。府东北百七十里。东：黄湾山，临黄湾浦入石墩山，迤东凤凰山，并建炮台。浙江，西南自仁和入，出鳖子亹为大海。自海盐至此，潮流倒灌，与江水相薄，此为浙西第一门户，南北二大亹扼其中。潮昔趋南，后改徙北，一线危堤，屡受冲激。自仁和十七堡至南门外三十三堡，东防同知治。又自一堡至十八堡界海盐，累朝修筑。下塘河西北自石门、德清界入，迳永安桥，歧为二。北支为运河，入石门，为长安塘。东支复歧为二，一周王庙塘河，一许公塘河，入海盐。左出枝津为硖石河，入海盐、桐乡为界水。上塘河自仁和入，流为二十五里塘河，合备塘河，会袁花塘河，入海盐，为招宝塘。有袁花、郭店、硖石、石墩、长安、马牧港六镇。长安，州判驻。戴家桥有行宫，有汛。有巡司。许村、西路盐场二。富阳冲，繁。府西南九十里。东：五泄水。下二泄属诸暨。泄或作“洩”，洩溪源此。西：贝山。北：桐岭。富春江，浙江上流，西南自桐庐入，纳浦江。湖洑水即壶源江，右合剡浦，左纳苋浦，自天目山伏流，入县西北始出山。错出复入，流为白洋溪，迳城南，合安吴川，抵渔山埠，北入钱塘，南入萧山。城河即庆春河，起观山讫苋浦。陡门二。有渔山、灵桥、场口、汤家、洋波场五镇。会江驿。馀杭繁，难。府西北七十里。南：由拳山。西北：禹航山。北：独松岭，并百丈、幽岭为三关。南苕溪、中苕溪西自临安分入而合，会北苕溪，为瓶窑大河。又一支出武康界孔井山入焉。南苕性悍，逼临城东，断二瀽以引之，自滚坝泄流为馀杭塘河。其南南湖，北流为黄母港，会苕溪，分上湖、下湖。镇三：双溪、石濑、闲林。临安简。府西北百里。西南：临安山，县以此名。西：枫树岭。天目山，即《山海经》浮玉之山，苕水出其阴，合董、平、鹄三溪。又东南，右合潘溪，左合马跑泉，侧城北而东，锦溪合南溪入焉。又东为南苕溪，西北为中苕溪。松溪出南黄岭，其西娄塘，当苕之冲，乾隆五年圮。有青山、亭川、板桥、化龙、横坂、三口、鹤山七镇。青山近城。公、姥二山夹锁苕源，最险要。於潜简。府西北百七十里。东：石柱山。西北：龙翔岭。西：天目，上有两池，若左右目。左属临安曰东溪，右曰西溪，出尖顶，合流，迳白鹤桥双溪口，合虞溪为浮溪。至寮车桥，左合藻溪，右合交溪。紫溪西南自昌化入合之。其上流柳溪。有千秋、白沙、桐岭、豪千、孔夫诸关。新城简。府西南百二十里。西：大雷山。西北：青牛领。并天目支阜。南：百丈岭，界馀杭。葛溪出，合武源、里仁二水，出大源桥，右合菖溪，左纳槎溪，上承分水广陵溪为三溪口，迳练头庄为练头溪，合松溪为双港口，曰鼍江。北有塔山堰。有东安镇。昌化简。府西二百十里。西南：福泉山，其东芦岭。南：杨岭。西：昱岭。北：峤岭、黄花岭。并置关。又马头岭，上溪出，合高溪、仁里溪，东流为无他溪。合云溪，右纳颊口溪，迳晚山下为西晚溪，迳城南为双溪。又南为下阮溪、三溪。伽溪出南峡川，上博溪东南纳分水青坑溪、览溪，西南承萧、浦二水，以达柳溪。其中柯相公潭，与於潜为界水。有手拏、颊口、柯桥三镇。

嘉兴府：冲，繁，疲，难。隶杭嘉湖道。副将驻。乾隆十五年裁所，并海宁卫为嘉兴府。西南距省治百八十里。广百五十里，袤百里。北极高三十度五十二分。京师偏东四度三分。领县七。嘉兴冲，繁，疲，难。倚。府境之水二派，曰武林、天目，而天目派由石门、秀水入运，则合武林为一。长水塘南自桐乡、海盐界入，合练浦塘。海盐塘东南自其县入，并汇于南湖，一名鸳鸯湖，东南接滮湖。六里泾承南湖水，歧为二，魏塘，一汉塘。合上庙、空庙、众欢诸塘，左出枝津为伍子塘。有王店、新丰、鍾埭、新礼四镇。王店、新丰有汛。西水驿有丞。有铁路。秀水冲，繁，难。明宣德四年析嘉兴置，同附郭。西南：运河自桐乡入，合石入泾，左出枝津为新塍南塘，侧城西南注南湖。新塍塘西北自江苏震泽入，纳新塍北塘，与南塘合，迳北丽桥。长水、海盐二塘东南自嘉兴注之，是为秀水，县以是名。东北流，右出枝津北流，潴为姚泾、杨舍、上马诸港，分趋南官、北官、连四、梅家、陆家诸荡，入江苏吴江。魏塘，东自嘉兴入，入嘉善。烂溪，西北自桐乡入，入震泽、吴江为界水。王江泾，通判驻。旧设同知及东西两塘协办同知，并裁。濮院镇、新塍、九里汇有汛。新城、陆门二镇。嘉善繁，疲，难。府东北三十里。南：缾山。魏塘自秀水入，会东郭湖塘，贯西城壕，出东门流为枫泾塘，入江苏娄县。伍子塘南自嘉兴入，贯南城壕，出北门入祥符荡。其北沈家、白鱼、上白诸荡，西北乌盆潭、木斜湖、吴家漾，并入江苏青浦。西北：汾湖泶流汇处，播为南北许荡、南北夏墓荡，入吴江。斜塘镇，县丞驻。枫泾镇，主簿驻。天宁庄镇，有汛。魏塘、陶庄、干家窑三镇。海盐繁，难。府东南八十里。南：秦驻。东南：白塔。西北：独山。海，东北自平湖入，迳县城，又南至澉浦。道光二十四年设水师都司。其西长墙山，横截海湾，建炮台。捍海石塘，西南接海宁，东北亘平湖。秦驻坞水出秦驻山，歧为三，通曰秦溪，纵横数十里，贯以招宝、乌坵两塘。招宝塘西南自海宁入，乌坵塘出长生桥合之，是为嘉兴塘。又自玙城东海贯城壕出北门流为平湖塘。长水塘亦自海宁入，缘西北界，错出复入，入嘉兴、桐乡为界水。有鲍郎、海沙二盐场司。海口、沈荡二镇。有汛。石门冲，繁，难。府西南八十里。明为崇德。康熙元年改名。西北：含山。运河，西南自德清入，纳海宁下塘枝水。左枝为南界泾，入归安，右纳下塘河、长安塘，并自海宁南注之。左枝为南沙渚塘，入海宁、桐乡为界水，侧城南而北，右出二枝津为中北沙渚塘，又北襟塘，左石人、瓜塔、沙木诸泾，折东环湾如带，是为王湾。其塘右诸泾、半截运河注塘，左半由含山入归安。有玉溪镇。皂林驿。平湖繁，疲，难。府东南五十四里。东南：雅山，又苦竹山，水师战舰泊焉。迤东羊、许二山，峭立海中，为江、浙分疆处，浙西第三门户也。海，东南自江苏金山卫入，又西迳乍浦。雍正二年设水师营，七年，移杭州副都统来驻。道光三年移府海防同知并驻。东西两海口，北接广陈汛。自此入澉浦达杭州，为钱塘江口北岸，西人名乍浦湾。汉塘西自嘉兴入，分流注当湖。右得平湖塘，西南自海盐入合之。左得乍浦塘，出东南前黄山，合何陈塘注之。东北流，歧为二，分流复合，入泖湖，其口曰朱泾港。有汛一。广陈塘右出枝津为盐船河，出放港为秦河，入泖湖，正渠并入之。镇五：白门、广陈、乍浦、新埭、青莲寺。有白沙湾巡司。芦沥、横浦二盐场。天后宫、观山麓、陈山嘴炮台。桐乡繁，难。府西南五十里。东：殳山。南：王家山。运河西南自石门入，枝津入震泽界为烂溪，正渠迳永新桥歧为三，南流注永新港，达石人泾，北流注五往泾入烂溪，东流入秀水。石人泾亦自石门入，合瓜塔泾及北沙渚塘，迳居甸，复合沙木泾。南沙渚塘亦自石门入，合中沙渚塘，入海宁。长水塘自海宁、海盐缘东南界入海盐、嘉兴为界水。镇五：濮院、炉镇、皂林、陈庄，又青墩巡司。

湖州府：繁，疲，难。隶杭嘉湖道。明，领州一，县五。副将、所千总驻。乾隆三十八年，改安吉为县。东南距省治百八十里。广百八十二里，袤百三十八里。北极高三十度五十二分。京师偏东三度二十七分。领县七。乌程繁，疲，难。倚。南：衡山、金盖山。西北：弁山。太湖，东北八十里，古震泽，周五百里，汇上游诸水。大小雷山扼其东，西亘长兴，北至小雷界吴江。浙源为东西二苕溪。东苕溪东南自归安入，合西塘河注碧浪湖。山塘溪亦自其县注之。合妙喜港，左得吕山塘，西北自长兴入合之。左出枝津为北塘河，分潴二十五溇港。西苕溪亦自长兴入，合四安溪。左出枝津小梅港及横港，分潴十一溇港。正渠与东苕合，是为江渚，汇合潴大钱港入太湖，三十六溇港并入之。其东，运河自归安入，合浔溪入震泽。烂溪自归安、桐乡缘界，左出枝津为白米塘河，纳归安中塘河并入之。太湖营守备驻，同知驻乌镇，通判驻南浔溪，并晟舍、大钱、马要、圆通桥、小梅、青山、伍浦有汛。南浔、大钱湖口二巡司。苕溪驿。归安繁，疲，难。倚。东南：长超山。西南：梅峰山。东北：太湖。东苕溪，东南自德清入，左出枝津为吴兴塘，纳石门含山塘注钱山漾。西塘河，南自武康入，洛舍漾逾埭溪注之，与东苕合。迳城南，吕山塘西自乌程注之，右出枝津为菜花泾，播为运河，历月河为霅溪，抵临湖水门。自钱山漾至此，与乌程为界水。双菱镇，守备驻。县丞驻射村港镇；主簿驻菱湖镇。并涵山、善连有汛。琏市、埭溪二巡司。长兴冲，繁。府西北六十里。西：白石山。西北：碣石山。北：啄木岭，界江苏荆溪。东北：太湖。大雷、小雷西南自安吉入，其西四安溪，出朱湾岭，合箬画溪。西北箬溪二源合于长安渡，故曰合溪。箬画溪右出枝津为吕山塘，歧为二：一中横塘，入乌程；一南横塘，入北横塘。正渠迳横石桥，与北横塘会。其北顾渚溪，出悬臼岭，流为紫花涧，潴 包洋湖，分二十八溇港，南至蔡浦，接乌程小梅港，西至夹浦，为顾渚溪来源。横溪，出东北横玉山，分潴长大、上周、蒋家、金村四港。香山岭水潴双桥港，浮渚岭水潴斯圻港，并入太湖。镇六。夹浦，县丞驻。有四安、合溪二巡司。并新塘有汛。德清繁，疲，难。府南九十里。东：德清山，本乌山，县以此名。东北：澉山。西北：白岘山。苕溪南自仁和入，纳武康南塘河，迳南水门，曰龟溪。左出枝津入洛舍漾，为归安、武康界水。正渠贯城壕西北流，东苕溪分运河入之。东塘河，其枝津运河亦自仁和入，缘东南界错出复入。有钱市镇巡司。武康疲，难。府南百二十里。东：封山。西北：草干。又铜岘山为馀英溪北源，南源出西上郎山，汇于簰头，迳新塘滩为前溪，会湘溪、后溪。其枝津侧城南而东，左得封溪故道，又东北合阜溪，左出枝津注洛舍漾。苕溪自钱塘入，缘东南界合官塘河，北流为馀不溪。镇二：簰头、上柏。安吉疲，难。府西南百三十里。明为州。乾隆三十八年降。东南：白杨山。北：金乌山，界长兴。东南：独松岭，界馀杭。东溪出大溪，即苕溪，西南自孝丰入，迳塔潭。东溪合梅园溪，复纳孝丰丰食、吴渚二溪入焉。侧城东合丁埠港水，北流，左合理溪，右合鲁家溪，迳梅溪。浑水渎亦自孝丰注之，又北合四公溪。小溪市、梅溪镇、递铺镇有汛。乾隆十七年移州判驻南溪。孝丰简。府西南九十里。西南：天目山，界临安、於潜。又桃花山。南：广苕山，苕溪出，合深溪、横溪。其东大海岭，东滨溪出，下流为吴渚溪，又东市岭，大溪出，下流为丰食溪。梅家山溪出北梅家山，下流为浑水渎。有天目山巡司。沿干镇。

宁波府：冲，繁。宁绍台道治所。提督驻。康熙二十六年，改定海曰镇海，移置定海于舟山。宣统三年，增置南田。西北距省治四百四十里。广二百二十四里，袤二百八里。北极高二十九度五十五分。京师偏东四度五十七分。领县六。鄞冲，繁，难。倚。西南：四明山。东傍海为鄮山。西南：灌顶、梅园山、海浦、羊求山。海，东南自象山入，迳大嵩水口。顺治十七年裁所置游击。雍正七年设同知。东接瞻崎，南毗盐场，有司。又北通东钱湖，汇东境诸水，有南北二塘、梅墟石塘。奉化江南自其县入，鄞江出四明山，合而北流，为甬江。又与慈谿江合，河流纵贯。道光二十三年开租界，与英立约，为五口通商之一。迳白沙市。左出一枝津，首白沙，讫张家堰，与镇海为界水。西南：南塘河出四明，歧为二：前港贯城壕，注日月二湖；后港即里弄港，会中塘、西塘及中南二河入江。其东前塘河，三源汇于横溪，出横石桥，会中塘、北塘河，迳和安桥，为三河总渠，注大石碶入江。有浙海关。四明水驿。铁路。横山嶴、猛港等炮台。慈溪繁，疲，难。府西北五十里。西南：大宝、句馀。东南：石柱山。海，西北自馀姚入，北抵海盐。迤东有海上山，又东为南松浦港口。港分杜湖水，出三眼桥，界镇海。慈溪江上流即姚江，自馀姚入，迳丈亭渡，歧为二：前江历车厩岭，抵大浃江口，会甬江；后江贯城壕，出东郭，曰管山江，南抵西渡会前江，西抵化纸闸会横溪。西南：蓝溪自龚村汇二十六隩水，出玉女山。西南诸水出四明，入蛟门，北资杜、白二湖。海壖设塘置闸，曰松浦、淹浦、古窑、津浦、洋浦。镇五：丈亭、洪塘、东埠、松浦有巡司、向头废司。鹳鸣盐场司。车厩驿。有瓜蒂山、东山炮台。奉化疲，难。府西南八十里。东南：奉化山，县以此名。又鲒埼山。光绪十年法兵舰来犯炮台，毙其将孤拔，遂遁。海，东北自鄞入，迳湖头渡关，又西迳塔山城、应家栅，东接杨村汛，又西为河泊所。其口有悬山。又天门山，下即《汉志》天门水，南为江彭山，界象山、宁海。县溪出西南大公隩，七十二曲，朱、白二溪逾赵河注之。抵班琳碶，歧流为长它江，抵三江口。金溪出东金峩山，迳白杜河来会。其西剡溪，出六诏岭，合左溪，纳西晦溪，是为奉化江。又东合长它江，迤东北会甬江。塔山城巡司。应家棚守备。有鲒埼镇。连山驿。祥岭、董公、桐照等炮台。镇海冲，繁。府东北六十里。海，西北自慈溪入，东至澥浦，水师参将驻，为郡北要害。又东迳招宝山抵钳口门。道光二十一年英兵舰由此登岸。其东蛟门，西虎蹲，并称天险。又东穿山所，临黄歧洋。又东崎头角，临崎洋。头长、跳嘴山扼其口，并为郡东要害。转南至霩𩅽所，南接崑亭汛。迤南扑蛇山，临双屿港。又南至荒屿，界鄞。外洋各岛，其著者，东北七姊妹山，东西霍山，迤东捣杵山。东距金塘水道为大隩子港。转南有天隍山，东西二屿，界象山。涌江西南自鄞入，入海口为大浃江口，即古甬句，东自张家堰至此，与鄞为界水。西北诸水潴为凤浦、沈窖、灵绪、白沙四湖，播为巨河。夹江河西自鄞分甬江水，逾白沙，历鹭林，入前大河。中大河上流后江自慈溪入，北流为西河。大闸河上流松浦亦自其县入，歧为三：一抵澥浦入海，一流为西大河入浃江河，一迳箭港为后大河。其中港贯前、后两河，并入城河，出头二闸入海。其东南上河注迳大碶市，中河迳穿山碶，会芦江河入海。有庄市、柴埠二镇。定海关有管界、长山、穿山三巡司。龙头、穿山、清泉三场。有北城角、威远、定远、宏远、平远、绥远、靖远、镇远各炮台。象山简。府东南二百七十里。海，西自奉化入，迳西周渡，虎山扼其口，南接泗州头汛。迳东西塔嘴入，为陈山渡，接海口汛。又东迳前仓所，西接珠溪汛，东对牛鼻山。其东北猎户角，为南岸尽处。迤南迳爵溪城，青门、羊背诸山扼之，并为郡南要害。其南天目山，东即韭山列岛。又南至昌国，顺治中裁卫，置水师营都司。又南至石浦，明为所，道光三年移府海防同知驻。南出为东门，与小铜礁对峙。中为铜瓦门，道光二十二年英兵舰来犯，由此门入。过此曰下湾门、金齿门，西为林门、珠门。又南至大田岛。光绪初，派开垦委员驻此。宣统三年改为抚民厅，移府通判、左营游击驻樊嶴，守备、千总驻龙泉、鹤浦两塘。岛北为石浦港，西即三门湾。转西至台宁屿，界宁海。东大河出王家嶴及旋井、飞凤诸山，注会源碶。南大河出凤跃山，自西水门接诸河，注朝宗碶。西大河出郭家诸涧，注灵长碶，并入海。上洋三碶蓄三河水，防泄下洋，下洋永丰诸碶防泄入海。有南田、竹山二巡司。前嶴岭、高塘山等炮台。南田简。旧隶象山。宣统三年新置，治大佛头山麓。孤峙海中，东、南、西大洋，惟北距石浦较近，水程十有余里。海中十洲，此为第一。明汤和惧赵宋遗族苞蘖，拟废象山、弃瀚洲，遂徙南田居民。后复有群入垦煎者。道光三年，巡抚帅承瀛奏谓"明与定海、玉环并封禁。嗣定、玉展辟而南田独否，以彼泥潮而此沙墟，匪船易留，故复徙之"。大小共一百八嶴，南路四十九，北路五十九。

定海直隶厅：简。隶宁绍台道。总兵及同知驻。古句章地。明为卫。康熙二十七年改县。道光二十一年升直隶厅。西距省治七百六十里。广百四十里，袤八十三里。北极高二十九度五十九分。京师偏东五度五十八分。舟山，古翁洲山，即定海山。康熙、道光间陷于英。咸丰间复陷英、法。澳外岛屿屹峙。西洋螺角，东竟留角，对峙若门。洋螺南为螺头山，西即大榭山，接象山港。口北各岛为厅南险汛。又六横山西对前仓嘴，牛鼻山扼其中。其东南为桃花山、登步山。桃花东北、登步东南为朱家岛，中有乌沙山，曰乌沙门。东岸狼湾，其东普陀山西北嘴对舟山东嘴，中为莲花洋，西即沈家门，商舶鳞萃。北达兰秀湾，西北距千礠角，曰龟水道，青山屹立，中为灌门，航路最险。兰秀以北为官山，中为乱山门。官山以北为岱山，中为高定洋，利停泊。其西北大沙澳，北距长白山，中为长白水道。其西为岑港。西北接大小沙汛。又西即金塘水道。其东北为册子山，中为西堠门。岱山以西为两头洞山。又大渔山、屿心脑山与乍浦为犄角。以东为竹屿港。又东曰大小长涂、东西福山，并为厅北险汛。其东北大衢山，四围多澳。有岑港、道头二巡司。沥港、沈家门二镇。定远、振威、永清等炮台。

绍兴府：冲，繁，难。隶宁绍台道。副将、卫守备驻。西北距省治百四十里。广三百二十里，袤二百九十里。北极高三十度五分。京师偏东四度四分。领县八。山阴冲，繁，难。倚。西北：兴龙山，南麓本卧龙山，康熙二十七年驻跸，改。南：龟山、阳台、兰渚山、秦望山。西北：涂山、梅山。东北：蕺山。海，自萧山入，迳三江口，为杭州湾南岸水口，对岸为海宁。南大亹、中小亹扼其中。潮昔趋南，暴岸冲击，其后海塘东接会稽，西亘萧山。浦阳江西南自诸暨入。运河西北自萧山入，合鉴湖枝津北注瓜渚湖。湖分青电湖水入西水门，复合入铜盘湖港，抵港口与西小江会。江分为二，自萧山古万安桥入，缘北界，西溪出鸡头山注之。迳钱清镇，错出复入，抵三江闸。湘湖自萧山贯运河来会，又东入海。鉴湖，古镜湖，周三百五十里，今只存西溪及会稽，若耶溪为其别源，湘湖为其正源，仅十五里矣。三江城，通判驻，有盐场司，与钱清为二。有柯桥巡司，蓬莱驿。会稽冲，繁。倚。南：会稽山，有禹陵，县以此名。其宛委、秦望、天柱，并为支阜。海，东北自山阴入，迳沥海城，南接蛏浦。西曰西会渚，北与澉浦遥对，为险汛，有防海塘。曹娥江上流剡溪，东南自上虞入，纳嵊小舜江，错出复入，历曹娥坝，抵宣港入海。运河自曹娥坝分诸溪河水，迳通陵桥，会欑宫河，宋六陵在焉。出五云门西，有若耶溪出化山注之，入山阴运河。有三江、东江、曹娥盐场。曹娥巡司。东关驿。纂风镇。平水关、宣港、临山炮台。萧山冲，繁，难。府西北百十里。东南：大罗山。东北：龛、赭二山。浙江西北自富阳入，浦阳江西南自诸暨入，合于渔浦街。古时浦阳与浙江阂，后开碛堰始通。抵中小亹，出南大亹入海。海潮自鳖子亹入，为龛、赭所束，洪涛奔突，捍以危堤二十余里。西小江，古潘水，出临浦市山，历麻溪坝，贯运河，入山阴，下至三江口入海。运河自西兴渡引浙江水，迳望湖桥，湘湖汇西南诸山水贯之，又东南入山阴。临浦镇，县丞驻。有渔浦、河庄山二巡司，义桥镇汛。西兴水驿有丞。钱清课场。有西陵、渔临两关。北祇菴炮台。诸暨简。府西南百十里。东：紫薇、钱崖山。西：洞岩、鸡冠、五泄山。北：银冶、杭乌山。浦阳江南自浦江入，一名上西江，合酥溪，东北流，合上濑溪，与上东江会。江出东阳界东白山，曰孝义溪，合开化溪，流为洪浦江，合下濑溪注之，是为浣江。迳城东，歧为二，东曰下东江，合枫桥港诸溪，西曰下西江，合五泄诸溪，分而复合，亦曰大江，并入萧山。有枫桥镇。长清关。馀姚疲，繁，难。府东北百十里。南：大吴山。西：龙泉山，古绪山。北：历山。东北：四明、石匮山。海，北自上虞入，迳临山卫。康熙八年移庙山巡司驻。四十七年移沥海守备并驻。北临山港，东泗门港，为滨海要口。迳破山浦，有防海塘、利济塘。外炮台七所。其西南姚江，出太平山及菁山，古句章渠水，错出复入，纳上虞马渚横河，贯两城间，抵竹山潭，合兰塑港，逾姜家渡，纳慈谿官船浦，是为丈亭江。镇四：梁寿、眉山、庙山，其三山有巡司。石堰、鸣鹤二盐场。中村、北溪、梁衕、周巷、周家路有汛。姚江驿，康熙九年并入县。上虞繁，疲。府东百二十里。南：覆卮山。西南：象田山。西北：夏盖山，南临夏盖湖，汇白马、上妃二湖水，周百五里。北枕海，西北自会稽入，迳沥海所，有四卫、施湖二隘。其塘外为沙涂。上虞江即曹娥江，古柯水，亦曰东小江，上流剡溪，西南自嵊入，纳会稽小舜江，迳梁湖堰，其东为运河。外有通水河，迳百官渡，其东为马渚横河，抵备塘。自梁湖堰至此，与会稽为界水。有曹娥驿，康熙元年裁丞。其侧盐场二。梁湖镇巡司。嵊冲，繁。府东南百八十里。东：金庭山。西南：五龙、真如二山。分水冈，剡溪出，合大小白山水，东南流，右合珠溪，左合篣松溪，迳白杨村，纳富润、江田二溪，侧城东南，有潭遏溪、宝溪注之，是为剡溪。黄泽溪亦自其县入，合北庄溪注之。又西北，合丫溪、强口溪、嵊溪，入上虞为曹娥江，即古浦阳江也。东北西梅溪，出大屏山，入奉化。镇三：浦口、长乐、三界。有汛。新昌简。府东南二百十里。东：大姥山。东南：关岭。东北：苏木岭。东港溪自天台入，合泄上山溪、潜溪，下流为潭遏溪。西港溪上流夹溪，西南自东阳入，合三洲潭溪，下流为宝溪。北港溪出奉化界蔡嵒山，历岩头岭，别源自宁海缘界合流为黄泽溪。彩烟镇。黄渡有汛。

台州府：疲，难。隶宁绍台道。海门镇总兵驻。原名黄岩镇，总兵驻黄岩。光绪二年移此。西北距省治五百九十里。广三百七十里，袤二百七十里。北极高二十八度五十三分。京师偏东四度三十九分。领县六。临海繁，疲，难。倚。西南：括苍山。东：瞭倭山。南：盖竹山，道书“十九洞天第二福地”也。东蔡岭、西石松山，并筑石城。海，东自宁海入，迳坡坝江，白岱山扼其口。纳上流花桥港，南迳泗淋汛，纳上流洞港，又南迳有殿角，南对白梳角，曰清塘门。桃渚港出东大罗山，合矩溪入之。其寨顺治十八年废，康熙十一年复，守备驻。自白梳角迤南至白沙山，为台州湾口北岸，迤南至前所城，游击及巡司驻。南对海门，顺治十七年裁卫，总兵驻。其西家子镇，同知驻，是为椒江口。口外群岛联亘，迤南为窦门山、鹿青山。临海江二源，北为始丰溪，自天台入，合大石溪、归溪为百步溪，出三江村，西南永安溪，合黄沙溪、芳溪来会，是为灵江。迳双港口，合大田港，迳三江口，会永宁江，是为椒江。又东，合章安、东逻二浦入海。镇二：蛟湖，其花桥县丞驻。有杜渎盐场司。赤城驿。牛头颈、外沙、小圆山炮台。黄岩疲，繁，难。府东南六十里。东：永宁山。南：委羽山，道书“第二洞天”。西：黄岩山，县以此名。海，东自临海入，迳浪矶山，为台州湾口南岸，有丁进、洪辅两塘，长六十余里，内为盐地，北接临海，南亘太平。西北：永宁江出西尘山，别源出黄岩山，合流为大横溪，迳大硴头为宁溪。迳乌岩为乌岩溪，合柔极、小坑二港为长潭。又东南合官嵒水、茅畲溪，迳山头洲为断江。迳后垟，合西江，是为澄江。迳东浦，外东浦即东官河，侧城东北，合里东浦，为黄林港，下流为永宁江。南官河汇沙埠、九峰诸水，南支接太平金清港，北支贯城壕，左出枝津，分流复合，入西江。又北流为里东浦。乌岩镇，县丞驻。有长浦巡司。黄岩盐场司。丹霞驿。乌岩三港口、沙埠、宁溪、洋屿、白湖塘有汛。天台简。府西北九十里。北：天台山，周八百里，支阜赤城，有玉京洞，道书“第六洞天”。始丰溪西南自东阳入，合寒、明二岩，鹧鸪诸山水，侧城西，左得青溪，合桃源瀑布、关岭溪壑注之，东抵凤凰山下，合宝华及螺欢、倒灵诸溪，折南又合大小淡溪。西北：福溪出天台山西麓，混水溪出南麓，其东泳溪出苍山东北麓。又界溪出龙鸣山。有清溪镇。桑洲驿。仙居疲，难。府西九十里。西南：韦羌山、景星岩。北：罗城岩。西北：苍岭，一名风门。西南：大溪，南源出永嘉界坑山，曰永安溪，左出枝津抵安仁岭下，曰安仁溪，入缙云。西源自缙云入，曰金坑水，合仙人溪，迳四都，与南源会。迳洋山潭，合山含里溪。又东北，右得马岭溪、大陈山水，左得珠母、韦羌、南溪诸水。又东北，纳萍溪。上流榉溪，西北自永康入合之，迳城东，合白水溪、彭溪，抵塔山西，合朱溪，入临海。有皤滩镇汛。宁海简。府东北百有八里。水师参将驻。西北：龙须山。北：天门山。海，东北自奉化入，迳浮溪口，纳上流铁江，转东迳黄墩港，纳上流白渚溪，错出为象山港南岸。又自石浦入，迳台宁屿，又西迳茶院港，分出东北许家、双坑二山，合流为柞浦溪，迳龙口塘。又西迳白峤港，上流白溪，西南自天台入，别源出西桃花山，合迳亭头渡来会，西南迳清溪口，上承天台泳溪，迳旂门渡。又南为亭旁、海游二溪口，一承天台界溪，一出西南分水岭，合迳连蛇渡。又西南迳健跳所，守备驻，临健跳江。上流横渡溪，合小白溪来会。外有健阳塘，东北对石浦城，是为宁海湾口门。群岛错峙，其著者为田湾岛，岛东为青门山，临牛头洋，北为五屿门，外朱门洋，内蛇蟠洋，并险汛。镇四：海嵒、越溪、亭旁，其海游，县丞驻。有长亭盐场司。朱嵒驿。太平简。府东南百四十里。水师参将驻。南：石盘山。西南：灵山。西：温岭。海，东南自台州湾入，迳金星门，又南道士冠山、盘马山。其东白岩山，中为捣臼门。又东沙镬山，东南积毂山，东北即台州群岛。其著者上下大陈山，转南迳松门城，置守备，临松门港，松门山扼其口，中有窄水道。其东牛山岛，又东苏丹岛，东南三蒜岛。转西迳隘顽寨，群峰刺天，慢游岭尤崄仄。中有大海湾，错出温州府境，迳天澳、木杓诸山，转西北迳楚门城。西北：白浆渚溪，正源大溪与别源小溪合流为双溪，北流折东为新建河，合桃溪、温岭溪，迳大溪口。西南西溪出梅岭来会，是为金清港，北通黄岩官河。又东迳新河城为迂江，县丞驻，又东入海。间溪一名练溪，并入之。有蒲岐、温岭二镇。松门巡司。凤尾、盘马、沙角、寺前镇、石塘、金清、箬里有汛。

金华府：冲，繁，难。隶金衢严道。副将驻。明初为宁越府，后复改。东北距省治四百五十里。广三百四十里，袤二百四十四里。北极高二十九度十分。京师偏东二度二十一分。领县八。金华冲，繁。倚。北：金华山，县以此名，古曰常山。东南：至道山，康熙二年，耿逆遣兵踞此。东阳江自义乌入，曰东港，合航慈溪，东南流，纳孝顺溪、芗溪、赤松溪，迳城南，合城中七宝渠。南港自武义入，西北流，抵燕尾洲，与东港会，是为婺港，一名双溪。又西北，桐溪、白沙溪并自汤溪入，抵栅头，有盘溪承徐公湖、九龙山水，流为黄烟溪注之，此北渠也。古时南渠与衢港会，今淤狭。有孝顺镇。双溪驿。兰溪冲，繁，难。府西北五十里。东：铜山。西：砚山，界龙游、寿昌。婺港东南自金华入，合黄烟溪，迳城西南。衢港自龙游入，纳寿昌游埠溪，错出复入，左得永昌溪，迳兰阴山下，会杨子港，是为兰港。又北合虎溪、乾溪、香溪，抵施家滩，纳浦江大梅溪。有黄湓隄，康熙、雍正间屡修筑。镇三：平渡、香溪，又女埠有废司。瀔水驿。东阳繁，难。府东北百里。东南：大盆山，界天台。东：玉山，一名封山。东北有东西白山，接太白山。东阳江二源：南源定安溪，即歌溪，出大盆墨岭，合金蒙坑、茅洋诸水，迳双溪口；北源上白溪，出东白山，会西白山水，南流，合白峰溪、渼沙溪来会，西流，右得筧竹溪、蟠溪，左得龙化溪、泗渡溪，又西合雅溪、郎坑溪。画溪出大盆西麓，始丰溪出南麓，其东上夹溪出尖山市，下夹溪出天笠山。有白坦、永宁二镇。白峰、夹溪汛。义乌疲，难。府东北百十里。南：淡云、八保。北：黄蘖山。东江，古乌伤溪，自东阳入，合廿三里诸溪，折西南会瑞云溪、麟溪。又西南，右合绣湖，左合鲇溪及善溪，迳江湾市，会画溪，又南纳吴溪，入金华。其北航慈溪，出覆釜山，会仙洪岩水，缘西北界入。素溪出西南古寺坑。北酥溪出清潭山。又洪巡溪出西北绸岩。镇四：龙祈、酥溪、佛堂、廿三里溪。有汛。永康疲，难。府东南百十里。东：方岩。东南：灵岩。南：绝尘山。永康港二源：北源华溪，出密浦山，迳社山下为鹤鸣溪，合酥溪，出仁政桥；南源南溪，即建阳溪，自缙云入，右合卢溪，左合横坑溪，迳水峥岩，右合李溪，迳双溪口，两源相合，是为永康港。又西，合西门、烈桥、高坑诸溪，入武义。东北：双牌溪，出八盆岭，下流为灵溪，入缙云。又东榉溪，出大岭，下流为萍溪，入仙居。桦溪村，府都司及县丞驻。有孝义、里溪汛。华溪驿。武义疲，难。府东南七十五里。东：百义山，又乌牛山，界永康。西：铜釜山。武义港上承永康港，东自其县入，合清溪、郭衕溪，侧城东北，左得熟溪，西南自宣平入，合诸溪水汇焉。西北流，右合东溪、朱吴溪，左合桃溪，入金华。其南曰溪自丽水入，合洩溪，入宣平。西：梅溪自宣平入，入金华。东北：素溪，出大捞箕山，自金华错入，仍入之。浦江简。府东北百十里。东：半壁山、五路岭。西北：深裹山，涌泉为深裹溪，浦阳江源此。别源出西并硎岭，东流为吴溪来会。又合诸溪水，侧城南，有东、西二溪夹流注之，是为南江。合澄、左二溪，又东北，右得大溪，即演溪，东南自义乌入，合流迳康侯山下，为潮溪。又东，右合深溪、白麟诸溪入诸暨。南：梅溪，出雷公、城窦诸山，西流入兰溪。西北：湖源溪出石楂岭，迳五泄山，错出复入浦江，下流为湖洑水。横溪、胡公、斤竹有汛。汤溪简。府西南五十里。西北：汤塘山，县以此名。南：银岭。东南：辅仓山，白沙溪出。瀫江即衢港，西自龙游入。古无"瀫"字，当即《汉志》縠水。东北流，合莘版溪。又东北，左得双溪，上流永安溪枝津，北自兰溪入合之。右得潦溪，上流游埠溪，亦自其县入合之。是为三港口。又东北合罗埠溪，入遂昌。白沙溪，南自遂昌入，合诸溪水。堰三十六，而金华得其十。

衢州府：冲，繁，难。金衢严道治所，总兵驻。明洪武初改龙游府，明年复改，属浙江布政使司。顺治八年，浙闽总督移此。康熙二十三年裁。东北距省治五百四十里。广二百二十五里，袤二百二十里。北极高二十九度二分。京师偏东二度三十五分。领县五。西安冲，繁。倚。南：爵豆山。北：铜钱岭。西北：铜山。衢港二源：南源文溪，即江山港，自其县入；北源信安溪，即常山港，亦自其县入，会于双港口，亦曰西溪。侧城西北，合柘溪、青冈溪，东抵鸡鸣山下。右得东溪，南自遂昌入，出石室堰来会，古曰定阳溪。又东北，合银坑、罗张、胜塘诸溪，迳屏风滩，合芝溪。又东迳马叶埠，入龙游。樟树镇，县丞驻。有金旺巡司，岩刹、柏固二废司。上航驿。上方、新桥街、杜泽、朝京埠有汛。龙游冲，难。府东北七十里。西：龙山，又岑山。北：乌石山、大乘山，八十里梅岭。北有龙游港，即衢港，西自西安入，合金村源水，迳下溪滩，右得灵山港，南自遂昌入，合桐溪、小莲岭水来会。又东，右得斗潭溪，北自寿昌入合之。又东合筑溪，错出复入者再，又东北入汤溪。有湖头镇巡司。亭步驿。溪口前市汛。江山冲，疲。府西南七十五里。仙霞岭，南百里，上置五关，其枫岭为浙、闽分疆处，顺治十一年置游击驻二十八都，县丞并驻。康熙九年并入福建。十三年仍隶两省。又江郎山，即《隋书》江山。大溪一名鹿溪，出仙霞诸岭，汇东角、箬坑、白石诸水，迳城东，合三桥溪、逸溪，入西安。西有文溪，分出，复汇于礼贤镇东北，与大溪会，是为江山港。其北石崆溪，出斜驮山。又岘山溪出大寨山东峰。峡石镇，同知驻。有清湖镇巡司，兼管广济水驿。顺治十年自常山来隶。并灵谷山、官溪、外村有汛。常山冲，繁。府西八十里。东有常山，县以此名。南：岘山、岩岭。北：三衢山。马金溪北自开化入，合马尪溪，迳源口，合谢源水，迳叠石，为金川。迳傥溪桥，合诸山水，迳清水潭，厮以官坝，外紫港，内广济港。昔时文溪自江山入，达金川，为三合水，注内港。后湖涸，水道徙南。又东石硿溪、岘山溪并自江山注之。又东合虹桥溪、芳枝溪，入西安。有草坪镇巡司。球川镇。马车曹、会关有汛。又镇平、甘露二镇。开化简。府西北百六十里。东：鸦金岭，界常山。北：矿山，又马金、金竹二岭。马金溪二源：一出汪公岭，即马金支阜；一出西北际岭，会于辛田渡，东南流，合金竹岭水，侧城东南，左得迁边溪，出北讴歌岭，贯城壕，出南门合之，西会白沙溪达华埠。左得池淮溪，迳藤岩下，曰池淮坂。迳星口市，为星口溪，合流入常山，是为常山港。西北：洪源溪，入江西德兴。镇二：马金、华埠。金竹岭巡司。

严州府：简。隶金衢严道。副将驻。乾隆二十五年裁卫，并入杭州。东北距省治二百九十里。广三百七十里，袤百七十五里。北极高二十九度三十七分。京师偏东三度三分。领县六。建德简。倚。东：高峰山。西：铜官山。北：乌龙山。新安江西自淳安入，右纳艾溪，东北流，合洋溪、下涯溪、西溪，侧城南。兰港东南自兰溪入，合三合溪、大小洋水来会，是为浙江南源，一名丁字水。又东北合佘浦、苔溪，迳七里泷，左合胥溪，又东北合岔柏溪。清渚港东北自桐庐错入，会杜息溪，并入桐庐注之。东湖出乌龙山，合建安山水，由佘浦出口。康熙十一年筑坝，水涨，绕江家塘注西湖入江。有安仁、乾潭、三都、洋溪、大溪五镇。东乌石关，东南三河关。有富春驿。淳安简。府西北六十五里。东：龟鹤山。南：云濛山。西南：雉山。前溪出西北塘坞山。新安江自歙县入，一名徽港，左得蜀口溪，东南流，合富至源、云源溪，又东合桐梓溪，折南合景溪。迳南山东麓，左得东溪上流进贤溪，汇诸山水注之，迳城南，合云濛溪。又东南，右得武强溪。又东南，合商家源、洋溪、锦溪，入建德。罗伍溪出东北白坑岭，罗溪出东坞山，龙溪出西北官山尖。镇四：威坪、茶园、街口、港口有汛。桐庐简。府东北九十五里。东北：桐庐山，县以此名。西北：鸡笼山。西：富春山。新安江西自建德入，为七里濑，即富春渚，合芦茨溪，迳麻车山麓，左得清水港，西北自分水入，合琴溪，错出复入，迳桐君山下，西会分水港，是为桐江。又东曰下淮，江流扼要处。又东北合窄溪、东梓溪。湖源溪东南自浦江入，仍入之。有芝厦、旧县、柴埠、窄溪、翙冈五镇。桐江驿。遂安简。府西南百八十里。西南：洪洞山。西：白石山，又百漈岭，界安徽休宁。武强溪出，合双溪、仙溪、华溪，东南流，左合大连岭水，右合前后溪，侧城南，合连溪、灵岩溪。折东，右得龙溪，北自淳安注之。迳寺前村，有凤林港合东西港注之。又东北，合罟网、东亭二溪，入淳安。有凤林、横沿、郭村、安阳、东亭五镇。寿昌简。府西南九十里。南：砚山，亘金、衢二郡。西：万松山。寿昌溪出鹅笼山，合大小源、松坑二溪，东北流，合交溪，为大同溪。又东北，合梅溪、曹溪，自城西而东，曰艾溪，东北迳城南，至淤堨，为淤堨溪。又东北至湖岑坂，为湖岑溪，北抵罗桐埠，入建德。有大同、新市二镇。分水简。府西北百二十三里。东：狮、象二山。南：胥岭、设峰。西南：云梯岭、铜桥山，最险要。天目溪一名分水港，上流虞溪，东北自於潜入，迳印渚渡，为印渚溪。右得前溪，西南自淳安入，合罗伍溪及罗溪，汇于雉溪。东南流，合塘源水、夏塘溪，抵毕浦，左合文岭、良梅诸山水，右合斜尖山水。其南歌舞溪，出歌舞岭，会直坞、海高坞诸水，下流入建德，为清渚港。有毕浦、百江二镇。

温州府：冲，难。温处道治所。总兵驻。明领县五。雍正六年，增置玉环厅。西北距省治八百九十里。广百六十里，袤五百里。北极高二十八度。京师偏东四度二十一分。领厅一，县五。永嘉冲，繁。倚。城有九斗山，内华盖，道书"第十八洞天"。西北：大若岩，即赤水山，"第十二福地"。东南：大罗山。南：吹台山。西：瓯浦山。北：孤屿山，横亘江中，英领事署在焉。海，东自乐清入，为瓯江口，南迳龙湾陡门，又南迳宁村所。康熙九年改寨置游击。海口曰温州湾，灵昆岛扼之。瓯江上流大溪，西南自青田入，东流，合菰溪及韩埠、上戍二港，侧城西北。右得会昌湖，分出郭、瞿、雄三溪，合流迳望江门外。光绪二年《烟台之约》，立租界。迳陡门桥北，右合塘河，抵永乐界，为馆头江。其右合双井、茶山二河，又东南合瑶溪、白水溪入海。杩溪镇，县丞驻。有西溪巡司，永嘉盐场司，窑嶴镇兼驿。沙头、碧莲、韩埠、枫林、双溪有汛。有龙湾山、茅竹岭、状元桥炮台。瑞安冲，繁。府南八十里。水师副将驻。东：龙山。北：集云山、大小二洋山。海，东北自永嘉入，迳梅头城，又南迳海安所，又南迳飞云江口，有关。其外洋凤凰山与西江横山对峙，曰凤凰门。迤北大小丁山。迤东南齿头山。东：长带山。迤北南策山，与东策、北策相望。北策以西，与永嘉大瞿以东，称佳澳焉。飞云江上流大溪西自泰顺入，合桂溪，迳罾口村，右合泗溪。又东合九溪、方坑溪。又东北，左得潦门溪，汇诸溪水，折东南，合半溪，左纳南岸塘河入海。有大罾、江岸二巡司，双穗盐场。黑城、宋埠有汛。乐清冲，繁，难。府东北八十里。水师副将驻。北：雁荡山。东：窑嶴山。西：章嶴山，与沙角、黄华并置寨。黄华有关，迫临海口，为第一门户。海，东北自太平入，迳大荆城，游击驻。转西南迳铧锹埠，北接大嵩汛。又西南迳蒲岐，至城南，为瓯江口。自木杓山至此，曰乐清湾。东北：新市河，东源出白龙山，西源出玳球、赤岩、硐坪诸山。合流为黄双塘溪。北，梅溪出左原诸山，流为石埭河，并汇万桥港入海。东：芙蓉川，分出长蛇岭及西中奥四十九盘岭，合流为清江，北接蔡嶴汛，南接光岩汛。又白溪出雁荡东麓，迳灵岩，流为净名溪。东北：蒲溪，二源，一出石门潭，合南阁、北阁诸水，一出荆潭，合桐垟隘、门岭诸水，汇于水涨，并入海。城河即东溪，出县治东北诸山，左出诸枝河，并通西城河。河即西溪，迳下马桥，与东溪合，是为运河，西南入馆头江。东迳磐石，都司及巡司驻。南接天妃汛，与龙湾对峙，为第二门户。又东至白沙岭入海。自此迳曹田汛，抵歧头山，即海口也。有馆头镇，岭店驿。县丞驻大荆城。有长林盐场。东门、西山岭、镇瓯、歧头炮台。平阳冲，繁。府南百三十里。水师副将驻。西：雁荡山，对乐清曰南雁荡。其东焦溪、天井洋、赤岩诸山。西南：分水岭，泉出泷上，东西分流，以限闽、浙。海，东北自瑞安入，迳沙园城，南迳鳌江口，又南迳金乡营，东北接舥艚汛。又南为大濩海口，官山岛扼之，分南北水道。西南：鳌江，古曰始阳江。南港二源，一平水，一燥溪，歧为东西溪。北港二源，一顺溪，一梅溪，两港会于萧家渡西，合迳罗源山下为横阳江。迳钱仓镇为钱仓江。又东合东塘河，抵墨城汛入海。城河分出西南昆岩岭诸山，入城为腰带水，汇于抗云桥，一出东郭入海，一出北郭为城北运河。其夹屿桥河在南夹屿下，下汇城南诸水，歧为二，一西塘河，一东塘河，分趋入海。南运河出东南金狮山，合直浃河，赤溪出西南矾山，并入之。二镇：仙口、钱仓。蒲门巡司。天富盐场。下垟诸炮台。泰顺简。府西南百三十里。东：飞龙山。南：石岭。西：双港岭。仙居溪出西北诸山，迳洪口渡，洪溪会葛溪注之，古曰渔溪。东北流，左得三插溪，东北自景宁入，会左溪。又东北，右合莒冈溪，左纳青田下窑口溪，古曰龙溪。其北太平溪，出上庄，贯城壕，出南门，合白溪，错出复入，缘界抵赤水坑口，会双港溪。溪自寿宁入，迳五步，合棠坪水，迳石竹洲，合周边诸水，抵交溪村，会四溪及仕阳、龟伏二溪，与福建霞浦、福安为界水。有瓯西第一、分水、桂峰、武岭头镇南诸关，排岭、牛头上下排、龙岩岭、分水排诸隘。池村、三魁二镇。有巡司。墩头隘、吴家墩、洋冈、后街有汛。玉环厅简。府东北二百里。参将及同知驻。坎门、钓艚隩势险要。钓艚东即鹰捕隩。北车首头与东北木杓山斜对，中为栈头港，东通灵门港，外列虎叉、鸡冠、羊屿诸山。东南至鹿门。外洋虎叉以东为披山。外洋以北为白马嘴，嘴东有沙角、镫台、茅草诸山。西有花岩浦。西北接后坟汛。进此曰漩门，两山崟束，一水中流，航路最险。其西为分水山，北为苔山。分水以东为楚门港，以南为乌洋港，西接浦歧港。又南为西青屿、乌岩。北为大青、小青。迤西为茅岘山。又西江挺山。其南大乌、小乌。又南为莲屿。西南为大门、小门。迤东南为黄大嶴，中有重山。黄大嶴之西，重山之北，中曰天门。又东南为状元隩，为三盘山。东北为鹿栖山。西北至大岩头。又北接梁湾汛，东南即黄门。门东为南排山。北教场隩、里隩。有嶴寨镇，玉环巡司，蛇屿炮台。

处州府：简。隶温处道。总兵及卫守备驻。北距省治一千九十八里。广四百九十里，袤四百十里。北极高二十八度二十五分。京师偏东三度二十五分。领县十。丽水简。倚。都司驻。道光二十八年改守备。东：银场山、杨梅冈。北：丽阳山，县以此名。大溪，西南自云和入，左得松阴溪，西自松阳来会，为大港头。又东合松阮水，为郭溪。又东合通济渠，折北，左得畎溪。西北自宣平入，合西岸溪来会。西北稽勾溪，纳宣平小溪，是为三港口。迳溪口，合丽阳水，环城南为洄溪。又东，左得好溪，东北自缙云入，合严溪注之。镇二：宝定，其碧湖，县丞驻。十八都、蓬蒿岭、阜阮、库头、却金馆、沙溪有汛。有保定镇。括苍驿。青田简。府东南百五十里。北：青田山，县以此名，一曰大鹤山，道书"第三十六洞天"。西：石门山，"第三十七洞天"。南：方山。大溪出西南龙须山，上承洄溪，西北自丽水入，合海溪、芝溪、中坑、石藤诸水。又东南，右纳小溪，上承山溪，自景宁入，流为浣纱溪，复流为双溪来会。左合石溪，侧城西南。折东合顾溪，入永嘉为瓯江。西南：浯溪出蒲斜岭，下流为下窑口溪。又南田坑水出天马山，入瑞安，下流为泗溪。大溪七十二滩，在青田者都三十有三。黄磹镇，县丞驻。有芝田驿，黄磹、淡洋二废巡司。缙云简。府东北九十里。东：括苍山。西南：冯公岭，古桃枝岭，上有桃花隘。好溪出东大盘山，迳大皿为九曲溪，合黄檀、润川二水，迳冷水三港口，合虬里溪，右得灵溪，北自永康入合之。又西南，合棠、赤二溪，出贤母桥，合管溪，迳岱石，会访溪，迳城南。左合荆坑水，右合贞溪，为南港溪。又西入丽水，下达温州入海。其北南港溪，出雪峰山，合建洋溪，迳县北，汇梅、龟二溪。又北为黄碧溪，入永康，下会兰溪入浙江。西南：岩溪，出纱帽岭，合芳溪，亦入丽水。又龙溪，出分水，仰纳仙居安仙溪，下流为金坑水。有丹峰驿。松阳简。府西北百二十里。西南：箬寮山。南：白峰、尖山。北：竹嵱岭，势险仄。松阴溪西北自遂昌入，合东湖山水，迳卯酉山下，合霏溪、崙溪，迳青龙堰，右得大竹溪，分出西南香乳、玉岩二山，会为夏川，合南岱、亚岱水为中隩川，又合小竹溪，三台水来会。又东南，右得竹嵱溪，北支入宣平，南支与松阴合，迳城西合循居溪。又东南，合蛤湖、石仓源，会裕溪、小槎溪入丽水。东白岸溪，出桐乡山。有旧治镇。乾隆二十八年移汛于此。遂昌简。府西北百八十里。西南：君子山。东：尹公山。西：奕山、湖山。北：兑谷山、金石岩。南：贵义岭，前溪出，南支入龙泉，北支迳城南，出东关桥，会后溪上流柘溪，东流为好川，汇梅山二水，是为双溪。又东为航川。其西蔡溪上流住溪，西南自龙泉入，合碧陇源，出宏济桥，合关川为钟溪。迳周公村，左得东川，上承福建浦城罟网水入之。抵龙鼻头隘，右出枝津为梭溪，即柘溪上流。正渠入西安，为乌溪港。北官溪出侵云岭，右得马成源，出汤溪界银岭，入为桃溪，合白水源，下流为灵山港。有高平、关堂二隘。龙泉疲，难。府西南二百四十里。南：豫章山。又琉华山，下有琉田，土宜陶，有乌瓷窑、青瓷窑，今曰龙泉窑。北：黄鹤岭。大溪西南自庆元入，曰秦溪，合小梅溪，错庆元复入，会山溪。迳查田市，又东北至独田滩，蒋溪合桑溪来会。合豫章川，迳南大垟村，潴为剑池湖。出披云桥，合锦川。迳城南，中阻槎洲，分流复合。右合大贵溪，左合铁杓溪，东北流。右得白雁溪，上流前溪，西北自遂昌入合之。又东北合道太、安仁二溪，错出复入者再。其西南住溪，自福建浦城入，东北入遂昌。下流为蔡溪，碧陇源亦自其县入。一溪出南九漈山，东南入景宁。安仁庄，县丞驻。查田废司。五都、洋村有汛。庆元简。府西南四百里。南：赤搏岭。东：九台山。西北：蛮头山，秦溪出，下流为大溪。山溪出东源头山，小梅溪出北大拗岭，并入龙泉。东北钤高山，南洋溪出。东南鸡冠山，鱼头溪出，并入景宁。其东光石山，盖竹溪出，合濛洲溪、交剑水，迳城北为大溪。左合竹坑溪，右合焦坑溪，迳八都镇。右得芸洲溪，西南自福建政和入合之，是为槎溪，循棘兰西入福建松溪。其西北竹口溪，出雷风山，合下漈、新窑二溪并入之。举溪出东南棠荫山，入政和。有汛。伏石、大泽二关。云和简。府西南百二十里。东南：白龙山。北：牛头山。南：前溪山，两山竦峙，势险要。西：岩山。北：石镜岩，大溪迳其南，自龙泉入，错出复入，右合乌椹源，左合麻、梅二洋，复错出，自治川口入，合治川及朱坑、乌龙坑水，折东南，会浮云溪。溪出西南黄栈坑，合朱源水，出利济桥，有雾溪合新溪注之。环城而东，右合黄溪，左合双溪，为戈溪。又合诸坑水，为规溪，入丽水。丰源水出西南丰源山、入景宁。宣平简。府西北百二十里。东：岱石山。南：俞高山。西：竹喀岭。双溪二源：东源分出龙樊岭，上坦、小妃汇冈山下，曰东溪，亦曰午溪；西源出砻坑山，合新锦溪，曰西溪，亦曰申溪。两源汇于绿岩潭。东南流，纳松阳竹嶞溪，又东南，右纳欧涧水，上流日溪，东自武义入合之。左合石浦水，又东南，右纳松阳白石溪，入丽水为畎溪。北：梅溪出黄塘山，东流入武义。汛五：曰竹嶞、玉岩山、陶村、和尚田、式河头。景宁简。府南百四十里。东：罗岱山。西南：豸山。北：莘田岭。山溪上流南洋溪，西自庆元入，左得英川，即定度溪，上流一溪西自龙泉来会，东南流，合标溪，迳新亭村，右得丰源水，西北自云和来会，折东北，右得鹤沐溪，会尘溪入焉。又合大小顺坑水，入青田为小溪。南白鹤溪，出梨树岭，下流为三插溪。有龙首、龙汇、白鹿诸关。

卷六十六　　志四十一

地理十三

江　西

江西省：《禹贡》扬州之域。明置江西巡抚，承宣布政使司，南赣巡抚。清初因之。顺治四年，置江南河南江西总督。治江宁。六年，罢河南不辖。九年，移治南昌。寻还旧治。十八年，置江西总督。康熙四年复故。先于三年裁南赣巡抚，为永制。乾隆八年，吉安增置莲花厅。十九年，升赣州宁都县为直隶州。三十八年，升赣州定南县为厅。光绪二十九年，改赣州观音阁通判为虔南厅。三十三年，改铜鼓营为厅，属瑞州。东至安徽婺源县；六百五十八里。南至广东连平州；一千三百里。西至湖南浏阳县；四百二十里。北至湖北黄梅县。三百四十里。广九百七十七里，袤一千八百二十里。北极高二十四度十七分至二十九度五十八分。京师偏东一度五十五分至偏西二度二十四分。宣统三年，编户三百四十三万九千八百七十三，口一千三百五十二万七千二十九。凡领府十三，直隶州一，厅四，州一，县七十四。驿道达各省者五：一，北渡江达湖北黄梅；一，东南逾杉关达福建光泽；一，东逾怀玉山达浙江常山；一，南逾大庾岭达广东南雄；一，西出插岭达湖南醴陵。铁路拟筑者四：曰南浔铁路，自九江而南昌而吉安而赣南，凡三段，备与广东接，此外道瑞、袁通湘，道抚、建通闽，道广、信通浙。为支路亦三。航路则九江为江轮停泊之埠。电线自南昌北通九江，南通广州；又自九江东通芜湖，西通汉口。

南昌府：冲，繁，难。隶粮储道。江西巡抚，布政、提学、提法三司，粮储、巡警、劝业三道驻。东北距京师三千二百四十五里。广四百四十里，袤四百二十五里。北极高二十八度三十七分。京师偏西三十七分。领州一，县七。南昌冲，繁，难。倚。东南：麦山、渐山。南：斜山、虎山。西：赣江，一曰章江，自丰城入，经市汊汛，歧为二。一东北行，会抚河，仍合经流与东湖通，东北迳蛟溪入新建。东：武阳水，即盱水，西北行，入进贤。万公堤。竿韶镇。三江口、市汊二巡司。一驿：市汊。新建冲，繁，难。倚。西：西山，古曰散原，亘奉新、建昌诸县境。西南：逍遥。北：松门。西北：铜山。西南：赣江，上承剑江，自丰城入，流迳瑞河口，蜀江自高安来会。东北行，迳吴城，修水自建昌来会，流合鄱阳湖。经星子，出湖口，入大江。湖即彭蠡也。全湖跨南昌、饶州、南康、九江四府境，为省境诸水所汇。南浔铁路起沙井。巡司驻生米镇，同知驻吴城镇。樵舍、海口、吉山、望湖亭、后河、白马六汛。新兴废驿。丰城冲，繁，难。府南一百三十里。西南：丰城山，县以此名，道书"三十七福地"之一。东：钟山。西南：澄山。西北：马鞍山。南：罗山，富水出；栝山，丰水出。赣江自清江入，流迳县西，东北行，丰水南来合富水会焉。又东北入南昌、新建。东：雩韶水，来自临川，西北行，入赣江。松湖、港口、曲江三镇。大江口巡司。一驿：剑江。进贤冲。府东南一百二十里。城内三台山。西南：蔴山。东：栖贤。西：碣英山、金山。盱水自南昌入，东北行，迳县西，抵八字墙，入鄱阳湖。西有军山湖、日月湖、青岚湖，俱流会三阳水入鄱阳湖。巡司驻梅庄。有邬子废司。奉新冲。府西北一百十五里。北：登高山。西南：华林。东南：岐山。西北：药王山。西：百丈山，冯水出，左合侧潭水，右合金港源，又东南至九梓铺，纳龙头溪、白水、华林水，至城南。又东纳鸣溪三溪，入安义界。巡司驻罗坊。靖安简。府西北一百五十五里。北：吴憩山。西北：金城、葛仙山；桃源山，桃源水所出，流合双溪。双溪一曰南河，源出义宁毛竹山，合龙头坳、管家坳、委源诸水，迳高湖，歧为二，环城南北，至鸭婆潭复合。一曰北河，出双坑洞，合烂草湖、大横溪，迳象湖入安义，会冯水。龙头坳镇。武宁繁，难。府西北三百五十里。西北：辽山。西南：大孤。东：辽东山。修水自义宁入，右合洋湖水，左合青坪水，至城南，纳杨浦、凤口水，又西合碛溪、箬溪、鲁溪、中黄、三硔水，入建昌。县丞驻木高。箬溪水汛。太平陆汛。高坪市巡司。义宁州繁，疲，难。府西北三百五十五里。原名宁州，嘉庆三年改。东南：毛竹山。东：旌阳。西：九龙。西北：黄龙、幕阜二山。修水出东南，左合百菖水、杭口水，右东津水，至城西。武宁乡水出大沩山，合东乡水及鹿源水自南来会，又西折北至城东，合安平水、鹤源水，入武宁。查津，同知驻。八叠岭镇有巡司，与排埠塘、杉市为三。

饶州府：冲，繁，疲，难。隶饶九道。西南距省治三百六十里。广四百八十七里，袤三百四十里。北极高二十八度五十九分。京师偏东一十一分。沿明制，领县七。鄱阳冲，繁，难。倚。北：芝山。东：郭璞山。西：尧山。南：关山。

鄱阳湖，西南，鄱江汇焉。有二源，一自安徽祁门来，历浮梁为昌江，一自安徽婺源来，历德兴、乐平为乐安江。流会城东，环城北出，歧为双港，分注鄱阳湖。东有东湖，一名督军，流合鄱江。汛八：八字瑙、团转、强山、馆驿前、黄龙庙、乐安河、螺蛳嘴、棠阴。石门巡司。芝山驿。馀干冲，难。府东南一百十里。西：藏山。东北：万重、武陵。西南：李梅。东南：黄蘗山。西北有康郎山，在鄱阳湖中，湖因名康郎。龙窟河一曰安仁江，自安仁入，流经潼口滩，歧为二，西北行，三馀诸水入焉，流抵饶河口，俱入鄱阳湖。康山、黄丘埠、瑞洪三镇。康山、梅溪、表恩、高溪四汛。瑞洪，县丞驻。一驿：龙津，裁。乐平繁，难。府东一百十七里。东：康山。北：凤游。西：吴溪。东南：石城山。婺江自德兴入，为乐安江，合长乐水、建节水、吴溪、殷河，流迳县南乐安乡，因名。西南流入万年界。仙鹤、八涧二镇。康山驿。浮梁冲，繁，难。府东北一百八十七里。北：孔阜山。东：芭蕉。西：金鱼。西南：阳麻山。东南：大游、小游山。昌江自安徽祁门入，合小北港、苦竹坑水、磨刀港，流迳城南，西南行，会历降水、柳家湾水，入鄱阳。景德、桃树二镇。巡司驻景德。德兴冲，繁。府东二百三十七里。东：银山、铜山。西北：洪雅。东南：大茅山。大溪自安徽婺源入，建节水自弋阳入，合乐平之桐山港、泊山之泊水，为乐安江，并入乐平。白沙巡司。银峰驿。安仁冲。府东南一百八十里。东：张古山。北：蟠象山。东北：青山。西南：积烟。西北：华山。安仁江上源为上饶江，自贵溪入，合玉石涧，迳城南，西北行，与白塔河会，至城西北合蓝溪，入馀干。万年难。府东南一百二十里。城北万年山，县以此名。西南：团湖。西：托里。西北：轴山。东南：百丈岭，殷河出，合文溪、南溪，入乐平，注乐安江，又西入鄱阳。巡司驻石头街。

广信府：冲，繁，难。隶广饶九道。西北距省治五百六十里。广四百二十五里，袤三百六十里。北极高二十八度二十七分。京师偏东一度三十八分。沿明制，领县七。上饶冲，繁，疲，难。倚。北：茶山。西：铜山。南：铜塘山。东南：铁山、南屏山。上饶江自玉山入，流迳城南，左纳永丰溪，右合槠溪，其南有岑阳关，自福建崇安入，又西北并入铅山。郑家坊、八房场二巡司。葛阳驿。玉山冲，繁，疲，难。府东一百里。西：迴龙。南：武安山。北：三清、怀玉山。上干溪有二源，一出三清山冰玉洞，一自浙江常山来会，合下干溪，迳城南，为玉溪。又西行，右合嵩溪、沙溪，入上饶，为上饶江。县丞驻营盘要口，巡司驻太平桥。一驿：怀玉，裁。弋阳冲，难。府西一百三十里。南：龟峰、军阳山。东：捣药山。上饶江自铅山入，迳黄沙港，合大洲溪，右渎自兴安入，合弋溪，县以此名。又西迳城南，左合军阳水，右纳葛溪，西行入贵溪。大桥汛。县丞驻漆工镇。一驿：葛溪，裁。贵溪冲，繁，难。府西二百五里。南：龙虎山。西：自鸣山。西南：象山。北：百丈岭。贵溪一名芗溪，上流为弋阳江，自弋阳入，流迳县南，纳须溪、箬溪，又西合惠安溪、横石港，会上清溪，西行入安仁。有火烧关，与福建光泽界。县丞驻江浒山。上清镇、鹰潭镇巡司二。芗溪废驿。铅山冲，繁。府西南八十里。西：铅山，县以此名。北：鹅湖。南：凤凰。西南：铜宝。西北：芙蓉山。上饶江自上饶入，流迳县西，至汭口，桐木、紫溪诸水合为汭口水注焉，西行入弋阳。其东大洲溪自上饶入从之。分水、温林、桐木、云际并有关。紫溪、河口二镇。湖坊镇巡司。河口，县丞驻。鹅湖驿。广丰繁，难。府东南五十五里。旧名永丰，雍正九年改。西：鹤山。西北：覆泉。东：双门、三岩山、念青岭。南：平洋山。永丰溪自福建浦城入，合铜铧、封禁诸山水，又北，左合永平溪，折西南，迳城南，流至水南渡，合西桥诸水，入上饶江。拓阳镇。巡司驻洋口。兴安简。府西八十五里。北：横峰山、重山。南：赭亭山。西：仙岩。葛溪自上饶来，南行注弋阳江，合黄藤港水，又西入弋阳。

南康府：冲。隶饶广九南道。南距省治二百四十里。广三百里，袤一百十里。北极高二十九度三十一分。京师偏西二十五分。沿明制，领县四。星子简。倚。西南有黄龙山。西北有庐山，朱子知南康军讲学处。北：吴章。东北：定山。鄱阳湖在县城外，赣江经焉，北行至都昌。又北入德化。南落星湖，东宫亭湖，鄱阳湖之随地异名者也。谷帘水自德安入，东南行，入鄱阳湖。诸矶、青山、谢师塘、冈窑四汛。渚溪、青山二巡司。都昌疲，难。府东六十里。西：元辰山，道书"五十一福地"。东：阳储。北：檀树。东北：篁竹山。鄱阳湖在西，其中有强山、四望、松门诸山，北流入湖口。北通后港河，自左蠡石流嘴引入，至徐家埠，又北汇西洋桥水入湖口。柴棚、左蠡二镇。棠阴、黄金嘴、猪婆山、左蠡四汛。县丞驻张家岭。巡司驻周溪。一驿：团山，裁。建昌冲，繁。府西南一百二十里。北：将军。西：越山。西南：长山。冯水自安义入，至城南曰南河，流合修水。修水自武宁入，至县西曰西河，右合桃花水、云门水，左合白杨港水、白水，东北入新建注赣江。芦埠、河浒二镇。南浔铁路。安义冲，繁。府西南二百里。南：文山。东：西山。西：台山。北：马山。冯水自奉新入，左纳双溪，右合兆州水，至闵房分流复合，东北汇洪泉水，入建昌。龙江水、东阳、新迳水俱自靖安入，流注修水。

九江府：冲，繁，难。饶广九南道治所。九江镇总兵驻。南距省治三百里。广四百十里，袤七十里。北极高二十九度五十二分。京师偏西二十四分。沿明制，领县五。德化冲，繁，疲，难。倚。南：庐山，道书"第八洞天"，又与虎溪为"七十二福地"之二。西南：柴桑。东南：天花井山。东南：鄱阳湖，大孤山在其中。湖东北流，行至德化界。大江右渎自瑞昌入，曰浔阳江，流迳城西北，东行合湓水，其支津潴为城门、金鸡、鹤向诸湖，会龙开河，东迳白石矶入湖口。西南：黄姤河、潘溪入德安。东：女儿港，源出庐山，东北流，入鄱阳湖。城西有钞关。商埸：咸丰十一年开，在西门外。南浔铁路止龙开河。巡司三：大姑塘、小池口、城子镇。汛三。一驿：通远。浔阳驿，裁。德安冲，繁。府西南一百二十里。南有博阳山，古敷浅原，前有博阳水。北：孤山。西北：望夫山。谷帘水出康王谷，东南流，入星子。庐山河一名东河，出庐山乌龙潭，西北流。黄姤河一名北河，出高良山，南流。西河出苦竹源，东南流。三河合于县东北之乌石门，曰三港口。南浔铁路所经。瑞昌简。府西七十里。南：榜山。西：白龙。西北：苏山、鸦髻。西南：清湓山，清湓水出焉，流迳城西，南行入德化。西：瀼溪，西南流入大江。江在县北，自湖北兴国入，纳下曹湖、赤湖，东行入德化。西南：傅阳水，出小坳，东南入德安。黄土岩水出大坳，西北入兴国。北有梁公堤。巡司驻肇陈口。湖口冲，繁，难。府东六十里。长江水师总兵驻。东：武山。西南：旗山。南：上石钟山。北：下石钟山。山西岸为梅家洲，鄱阳湖挟赣江由此入大江。江来自德化，纳清水港、太平关水，东北行，入彭泽。北有长虹堤，水师中营驻。汛十一：上下石钟、洋港、大王庙、马家湾、梅家洲、龙潭、柘矶、八里江、白浒塘、老洲头。镇四：流撕桥、湖口、柘矶、茭石矶。一驿：彭蠡，裁。彭泽冲，繁。府东北一百五十里。南：龙游山。东南：浩山。北：小孤山，山在江中，江畔彭浪矶，与山对峙。东北：马当山，枕大江。江自湖口入，纳马埠水，潴为筲箕港、黄土港，其支津太平关水，入湖口。又东合六口水，至马当山麓，入安徽望江，东流。巡司驻马当。汛六：马当、小孤洑、北风套、芙蓉墩、陆口、金刚料。一驿，龙城，裁。

建昌府：繁，疲，难。隶督粮道。西北距省治三百六十里。广二百二十五里，袤三百七十里。北极高二十七度三十四分。京师偏东一十一分。沿明制，领县五。南城冲，繁，难。

倚。城内高空山。东：欽山。西：云盖。东北：白马。西南：麻姑山。盱江一曰建昌江，自南丰入，纳彭武溪、斤竹涧，迳城东，合黎滩水、飞猿水，为东江，东北行，入金溪。巡司驻新丰。蓝田、洑牛二镇。新城冲，繁。府东南一百二十里。西：日山。南：福山。东：飞猨岭。西南：红水岭，黎滩水出，一名中川，合九折水，至南津，左合七星涧，右合九龙潭，迳城南。又西北至港口，左会龙安水，至公口入南城。飞猨水一名东川，源自济源杉岭，周湖并下，西北行，入南城，合黎滩水，为东江。龙安水一名西川，出会仙峰，东北流，注黎滩水。石峡、龙安、五福三镇。极高、同安二巡司。南丰繁，疲，难。府南一百二十里。西：军山。东：大龙。南：石龙。东南：百丈岭。盱江自广昌入，左合瞿溪、洒溪，右九剧水，迳城南而东，合蔓草湖、双港、梓港，入南城。盘州、黄沙、白舍、龙池、仙居五镇。龙池、罗坊二巡司。广昌难。府南二百四十里。西北：金嶂。西南：望军山。东：中华。南：翔凤。东南：血木岭，盱水出焉，西北，右合庚坊、文会、大凌诸港，至南门外，亦曰西大川。又北迳城东，左合学溪、青铜港，入泸溪。白水、头陂二汛。白水、秀岭二巡司。泸溪简。府东北百五十里。南：莲花山。东：石筍。西：鱼山。西南：云溪。东南：五凤山。泸溪自福建光泽入，屈西北至石陂渡，合枧溪，迳城北至三溪口，左合南港水，折东北迳高阜，右合严槎港、税溪，入贵溪为上清溪。有泸溪镇。

抚州府：繁，疲，难。隶督粮道。北距省治二百十里。广三百七十五里，袤三百里。北极高二十七度五十六分。京师偏西十分。沿明制，领县六。临川冲，繁，难。倚。城内香楠山。西：铜山。东：英巨。北：笔架。南：戚姑。东南：灵谷山。汝水即盱江，一曰抚河，自金溪入，西北行，合临水，入南昌界注赣江。临水自崇仁入，东北行，会宜黄水，迳县北注汝水。北有千金陂。航步镇。巡司一驻温家圳，一驻东馆。孔家驿，裁。金溪繁。府东南一百三十里。南：官山。西：柘冈。东：银山、金窟山；云林山，跨抚、建、信三府境。盱水自南城入，迳明山港，合清江，亦曰石门水，会金溪、苦竹水，入临川。清江水出福建光泽，至县之清江桥，曰清江水，西北流，合盱水。三港水出崖山，合青田港、仙岩港，入东乡。一镇：许湾，县丞驻。崇仁繁，难。府西九十里。西有崇仁山，县以此名。东南：沸湖。南：华盖山、相山。东：仙遊。北：栎山。临水即宝塘水，自乐安入，迳严陀寨，巴水会焉，折东合罗山右水。西：宁水，迳城南，又东合罗山左水及青水，右孤岭水，至白鹭渡入临川，与宜黄水会。巡司驻凤冈墟。宜黄繁，难。府西南一百二十里。城北隅凤台山。南：黄山。北：曹山。西南有黄土岭，黄水出焉。东南有军山，宜水出焉。二水合流曰宜黄水。合蓝水、曹水，合于城东，入临川，注临水。巡司驻棠阴。乐安简。府西南九十里。东南：鳌头。西：仕山。北：万灵山。东：芙蓉山，鳌溪水出，西合西华山水，至城东，合载兴山、甑盖山水，迳城南至负陂，合远溪、大溪，入永丰。西北：大盘山，宝唐水出，东北合河源、蛟河等水，入崇仁为临水。龙义镇。招携巡司。东乡难。府东北八十里。东：七宝。北：五彩。西：槲山。东北：三港口水，汇花山港、太平桥水，西迳新陂，纳齐冈水，入临川注汝水。其金溪三港入为田埠水，缘安仁界入之。润溪亦三源，合于岩前陂，北入馀干。镇二：白玕、平塘。

临江府：冲，繁。隶盐法道。东北距省治二百十里。广二百五十里，袤一百七十五里。北极高二十七度五十八分。京师偏西一度三分。沿明制，领县四。清江冲，繁，疲。倚。西：章山。东：阁皁山。南：瑞筠山。赣江自新淦入，袁江自新喻入境，合上下横河，绕郡城而北，为清江。自赣江北冲蛇溪江不复合，至城北二十里始复会焉。北行会萧、淦诸水，入丰城。东有梅家畲隄。东北白公隄。樟树镇汛，通判驻。一驿：萧滩，裁。新淦冲，繁。府南六十里。东溢山。南：枫冈山。西：百丈峰。东北：小庐。赣江自峡江入，合沂江、芦岭水、逆口溪，迳城西，又流迳县西南，北行，左合桂湖，右金水，入清江。杯山巡司。金川废驿。新喻繁，难。府西一百二十里。西南：铜山。北：蒙山。南：虎瞰山。袁江一曰渝水，自分宜入，左合严塘江，右板陂水，迳县南，东行入。迳严潭，至城南，亦曰秀水。左合画水、睦宦水，右纳七里山水，麻田水，又东北入清江。西南：黄金水自庐陵入，入峡江。巡司驻水北墟。峡江冲。府西南一百三十里。西：凤凰山。东：玉笥山。南：刀剑山。赣江自吉水入，纳黄金水，北迳城南，亦曰峡江。又东北，右合玉涧水，左亭头水，至乌石渡，纳滬水、象水、莲花潭水，入新淦。沂江自新淦入，河源头水、南源水环蜈蚣山仍入之。有峡江废司。玉峡废驿。

瑞州府：冲。隶盐法道。顺治初，沿明制。光绪三十三年，改铜鼓营为厅来属。东北距省治一百二十里。广二百二十五里，袤一百五里。北极高二十八度二十五分。京师偏西一度十一分。领县三，厅一。高安冲，繁。倚。城内碧落山。东：大愚。西：凤岭。南：羊山。北：米山。西北：华林山。蜀江一名锦水，自上高入，东行至瑞河口之象牙潭，与赣江会。曲水出蒙山，南入赣江。冈岭镇。灰埠巡司。新昌疲，难。府西北一百二十里。西：黄檗。北：大姑岭，相连为八叠领。西北：黄冈山。西南：锦水自上高入，左合长塍，东南至凌江口入上高。凌江一名盐溪，源出逍遥、八叠二山，流迳城西，合塍江，注蜀江。巡司二：大姑岭、黄冈洞。上高难。府西南一百二十里。北：敖山。南：蒙山。西南：米山。蜀江自万载入，左合益乐水，右合云江。又东北合凌江，又东南合六口水、斜口水、迳城南，又东北至洞口脑入高安。有离娄桥镇。铜鼓厅简。府西北二百二十里。光绪三十三年，裁都司营改置。西：大沩山，宁乡水出，一名西河，下流注修水。排埠塘巡司。縢头汛。

袁州府：冲，繁。分巡道治所萍乡。原为盐法道兼巡袁州、瑞州、临江三府，驻南昌。光绪三十三年改专分巡加兵备衔，拟由南昌移治，南昌并属焉。东北距省治四百八十里。广三百里，袤二百八十里。北极高二十七度四十九分。京师偏西二度五分。沿明制，领县四。宜春冲。倚。南：仰山。北：喝断山。东：震山、万胜冈。西南：望凤山。袁江，古牵水，自萍乡入，合鸾溪为稠江，至城北为秀江，右合清沥江、九曲水，左渥江，入分宜。西北：沧江岭水，入萍乡。太平关镇汛。黄圃巡司。分宜冲。府东八十里。东：钟山。西：昌山。北：贵山。东北：鸡足山。袁江西南自宜春入，迳城南为县前江，东行出钟山峡，入新喻。东北：竹桥水、麻田水、砚江，入安福、庐陵。贵山镇。安仁废驿。萍乡冲，繁。府西一百四十里。西：徐仙山。南：笔架。东南：罗霄山，罗霄水出焉。分二支：一东流合牵水、渝水，折东迳宣凤汛，入宜春，为袁江；一西流合泉江，迳城南，会罗霄西北水，折西北，迳湘东镇，右合平溪岭水，入湖南醴陵，注渌江。四镇：宣风、芦溪、上栗、插岭关。巡司二：芦溪市、安乐。有草市废司。铁路达湖南醴陵。万载繁，难。府北九十里。北：龙山。东：东岐山。西：铁山。西北：紫盖山。龙江，古蜀水，源出县西剑池，会别源钵盂塘水，东汇於金镄湖。其西流者入湖南浏阳。又东流至楮树潭，合野猪河，至城北，会龙河。又西，左合康乐水，入上高界。巡司驻珠树潭。

吉安府：冲，繁，疲，难。隶吉赣南宁道。顺治初因之。乾隆八年，析永新西北境、安福西境，置莲花厅。东北距省治四百八十里。广五百里，袤三百九十里。北极高二十七度八分。京师偏西一度三十五分。沿明制，领县九。庐陵冲，繁，疲，难。倚。西：天华。北：瑞华。东南：青原。南：神冈。北：螺子山。赣江自泰和入，纳义昌水，东北迳庙前汛，庐水西自安福入，会永新禾水、邕水，迳神冈山来会。又北迳城东，合真君山，迳白鹭洲至螺子川，曰螺川。又东北合横石水、西冈岭水，并入吉水。固江、永阳、富田三巡司。泰和冲。府东南八十里。东：王山。西：武山。西北：传担山。赣江西南自万安入，曰澄江，流抵县之珠林口，云亭江西北流来会，左合清溪，迳矶头，右纳仙槎江，其西北邕水并入庐陵。白羊凹镇。马家州巡司。吉水冲，繁。府东北四十五里。东：东山。南：天岳。北：王岭。西北：朝元。东南：观山。义昌水自永丰入，合庐江，至张家渡入庐陵。赣江又东北流，迳城西南合恩江，为吉文水，东北行，入峡江。庐江源出永丰，入境汇为庐陂，下流注赣江。阜田巡司。永丰疲，难。府东北一百三十五里。南：龙华。西：西华。北：巇山。东：郭山。西北：王岭。恩江一名永丰水，出宁都及乐安、兴国，流迳城东南，合葛溪、白水，会龙门江、义昌水，入吉水，注赣江。巡司三：层山、沙溪、表湖。有上固汛。安福繁，难。府西北一百二十里。东：蒙冈。南：南冈。北：鹅湖。西北：武功山，泸水出，即古庐水，至城北，又东合智溪，折南至洋口，与王江合，入庐陵，会永新江入赣江。石镇。萝塘巡司。龙泉繁，疲，难。府西南二百五十里。西：石含。东：银山。南：五峰。东南：钱塘山。遂水一曰龙泉江，源出左右溪。左溪一自湖南桂阳入，一自上犹入，至县之左安而合。右溪出石含山，至李派渡合左溪，为遂水，东行入万安。蜀水一名禾蜀，出县北黄坳，东行至太和之瓦窯，入赣江。三镇：禾源，其北乡、秀州并有巡司，与左安三。万安冲，繁。府东南一百八十里。西：芙蓉。东：蕉源。南：朝山。赣江自赣入，合梁口、造口及油田溪，迳城西南，合龙溪、桧溪，又北迳黄公滩纳韶水，为韶口。又东北合城江，至窑塘入泰和。其西蜀水自龙泉入，亦入泰和界，西北有梅陂。巡司二：武索、滩头。一驿：皁口，裁。永新繁，难。府西二百二十里。东：东华山。东北：高士。南：义山。西北：禾山，禾水出，一曰永新江，自莲花厅入，东行绕县，至白堡入庐陵。上坪寨巡司。永宁简。府西二百八十里。东：旗山。西：浆山。西北：七谿岭，胜业水出焉，西会拐湖山水，迳城南，又西会浆山水，折北迳小江山入永新，注禾川。巡司驻升乡寨。莲花厅冲，疲，难。府西二百六十里。乾隆八年置。西：关城山。东南：壶山。北：黄旸。东北：玉屏山。文汇江西北出萍乡及湖南攸县界，经高天岩，合上西、砻溪二乡水，汇于龙陂。环城而西，合琴亭水，自马江至砻山口注永新。东北：水云洞水入萍乡。西南：茶水出书堂岭，入湖南。富汉村巡司。莲花桥汛。

赣州府：冲，繁，疲，难。吉赣南宁道治所。南赣吉袁临宁总兵驻。顺治初，因明制，置南赣巡抚。康熙三年裁巡抚。乾隆十九年，升宁都县为直隶州，割瑞金、石城隶之。三十八年，升定南县为厅。光绪二十九年，改观音阁通判为虔南厅。东北距省治九百三十里。广三百三十里，袤五百六十里。北极高二十五度五十二分。京师偏西一度四十一分。领县八。赣冲，繁，难。倚。南：崆峒山。东南：玉房。西南：九峰。北：储山、黄唐。东北：金螺山。章水自南康入，东北行，迳城西，贡水自雩都入，西行迳城东，至鱼尾潭，与章水合，是为赣江，赣阙在焉，古称湖汉水，北行入万安。十八滩，九隶县境。钞关在治北。长兴、桂源、大湖江三巡司。水口、官村、良富、东塘四汛。雩都难。府东一百五十五里。东：峡山。北：雩山。西南：药山。东南：柴侯山。贡水自会昌入，北迳齐茅汛，右合雷公嶂水，又西合坰脑庑水，至白石塘，合宁都水，入赣。兴仁巡司。信丰繁，疲，难。府南一百六十里。西：木公山。东：长老。西北：廪山。桃江自龙南入，北行入境，为信丰江。东北行，合三江水，入赣注贡水。杨溪堡巡司。兴国难。府东北一百八十里。西：玉山。东：崖石山。北：覆笥。东北：蜈蚣山。潋江一名兴国江，会平川，折南迳城东，又西，左合程水，右蒿岭廖屋溪、乌山嵊水，入赣注贡水。西：义昌水出虔公山，入永丰。北：云亭江入泰和。衣锦寨巡司。均村、崖石二汛。会昌冲，繁，府东南三百二十里。南：四望山。北：明山。东：古方。东南：盘古山。贡水自瑞金入，会绵、濂、湘水，西行入雩都。东南：荣阳水出筠门岭，入武平。有湘乡、承乡二镇。筠门岭巡司。安远简。府东南三百三十里。西：源华。北：铁山。东南：马鞍山。濂江一名安远江，出长宁仰天湖，西迳城南，西北合欣山安远水，县以此名。东北行，迳古田，会上濂水，又北，左合里仁、小华江，右云雷水，入会昌，汇湘水。三百坑水出三百山，西南流入定南。县丞驻罗塘市，巡司驻板石镇。长宁简。府东南四百四十里。西：大帽山。西南：铃山。北：官谿。东南：项山。寻邬水出寻邬堡新窖路山，屈东南，合马伏嵊水，又西南至城东大陂角，会马蹄江、河岭水、太湖洞水，入广东龙川。双桥镇。新坪、黄乡堡二巡司。龙南简。府南三百五十里。南：归美。西：禄马。东南：清修。西南：冬桃山，桃水出焉。东北行，迳城北，与濂、渥二水合，为三江口。又北合洒源堡水，迳龙头山，入信丰，为桃江。定南厅繁，疲，难。府南四百三十五里。旧为县。乾隆三十八年改置。城内文昌山。南：三台。北：杨梅山。东北有刘叁山。鹤子水上源即三百坑水，出自安远，入为九曲河，迳九洲，合刘叁隘水，至水口。右合汶岭水，又北迳三溪口，合三坑水，入广东龙川。鹹水出南坑诸山，流抵龙南，会濂水，注桃江。下历镇有巡司。虔南厅繁，疲，难。府南四百五里。旧为观音阁，通判治。光绪二十九年改置。桃水自龙南来，东行入三江口。巡司驻杨溪堡。

宁都直隶州繁，疲，难。隶吉赣南宁道。顺治初，因明制，赣州为县。乾隆十九年，升直隶州，并割瑞金、石城隶之。北距省治七百二十里。广二百十五里，袤四百五里。北极高二十六度二十七分。京师偏西三十八分。领县二。西：金精山。东：翠屏。南：螺石。北：淩云山。东北：梅岭，梅江水出焉，南行合诸水为东江，抵州东北，合西江，为三江口。又南，合白沙、白鹿水，为宁都水，入雩都。下河寨巡司。萧田、芦畲、黄陂、固村四汛。瑞金繁，疲，难。州东南一百七十里。东北：陈石。西：石门。南：云龙。北：瑞云山。贡水由福建长汀入，至城东南，会绵水、罗汉水，至水东渡，会北坝水，入会昌。东北：琴江，自宁都缘界入雩都。瑞林寨、湖陂二巡司。瑞林寨汛。石城简。州东一百十里。东：筍石。东北：牙梳。西南：八卦。西：西华山。琴水出牙梳山之鹰子冈，西南会坝水，至城东，又西南，右合虾公碟，左枫树坳、莲花水，迳古樟潭，合梨子嵊、黄株潭水，入州。捉杀寨巡司。

南安府：冲，繁。隶吉赣南宁道。东北距省治一千一百三十里。广三百五十里，袤三百六十五里。北极高二十五度二十九分。京师偏西二度三十分。沿明制，领县四。大庾冲，繁。倚。西南有大庾领，县以此名，一曰梅岭，上有关曰梅关，相连为小梅岭。东：狮子。西：西华。北：铁冈。东北：玉泉。章江自崇义入，迳东北徒峰山，合李洞碧、赤岭水，又东南，合平政水及凉热水，又东纳浮江，迳城南，又东合大沙河、湛口江，入南康。赤石岭、郁林镇二巡司。小城、新城二镇。一驿：小溪。其横浦驿，裁。南康冲，繁。府东北一百三十五里。北：旭山。东北：丫髻。东南：独秀。西南：龙山。西北：禽山。芙蓉江即章江，自大庾入，东流折北纳南埜水，又东北，上犹江自其县入，合西符水，左合禽水、过水、梅江来入，是为三江口。又东入赣会贡水。潭口、相安二巡司。南埜废驿。上犹简。府东北二百五里。东：资寿。西：书山。南：方山。北：飞凤山。章水西南自崇义合西北琴江及礼信水，迳蜈蚣峡，左合斗水、米潮水、料水，折东南，迳城南，曰县前水。又东，左合犹水，曰上犹江。复合九十九曲水，又东南，合感坑水，与城南稍水并入南康，注章水。浮龙巡司。营前，县丞驻。

崇义简。府北一百二十里。北：崇山。南：观音。西北：桶冈。西南：聂都山，章水出，南迳师子岩，歧为二：南派亦曰池江，入大庾；北派东北迳城西，其西源流为益浆水，东纳琴江入上犹，东南至坪江。西：符水，合南源水，右纳义安水，至符江口。又南浮江，并入南康。横水出大嶂山，绕城北出，会东溪水，入上犹江。上保、文英二镇。金坑、铅厂、长龙三巡司。

卷六十七　志四十二

地理十四

湖北

湖北：《禹贡》荆州之域。明置湖广等处承宣布政使司。旋设湖广巡抚及总督。清康熙三年，分置湖北布政司，始领府八：武昌，汉阳，黄州，安陆，德安，荆州，襄阳，郧阳。并设湖北巡抚。雍正六年，升归州为直隶州。十三年，升夷陵州为宜昌府，降归州直隶州为州属焉。以恩施县治置施南府。乾隆五十六年，升荆门州为直隶州。光绪三十年，升鹤峰州为直隶厅。东至安徽宿松；五百五十里。南至湖南临湘；四百里。西至四川巫山；千八百九十里。北至河南罗山。二百八十里。广二千四百四十里，袤六百八十里。面积凡五十八万九千一百一十六方里。北距京师三千一百五十五里。宣统三年，编户五百五万五千九十一，口二千三百九十一万七千二百二十八。共领府十，直隶州一，直隶厅一，县六十。驿道：自武昌西北渡江、汉达河南淅川；自襄阳西渡江达湖南澧州。电线：汉口东通九江，西通成都，南通长沙，北通郑州。铁路：京汉南段，粤汉北段。航路：自汉口以下，黄州、黄口港、蕲州、武穴，汉口以上，金口、宝塔州、新蹺、城陵矶、沙市、宜昌，皆江轮舣泊处。

武昌府：要，冲，繁，难。隶盐法武昌道。明为湖广布政使司治。康熙三年为湖北布政司治。湖广总督及湖北巡抚、布政使、按察使、督粮道驻。广五百三十二里，袤四百七十二里。北极高三十度三十三分，京师偏西二度十四分。领州一，县九。江夏要，冲，繁，难。倚。其名山：荆山、内方、大别。城内黄鹄山，亦名黄鹤山。与城北隅凤凰山，俱置炮台。东有洪山，一名东山，百战地也。西临大江，雄据东南上游，有险无蔽。大江自嘉鱼来，迳城西北入武昌。光绪中，沿江岸建纺纱、织布、缫丝、制麻各局。西南：金水，一曰涂水，自咸宁来，汇为斧头湖，北至金口入江。有金口镇巡司。南：南湖，通大江，今为军屯重地。西南：鲇鱼套、南山坡二巡司。东北：浒黄洲废司。西：长江关。有将台、东湖、山坡、土桥四驿。武昌繁，难。府东一百八十里。南：黄龙。西：樊山。东：石门。有长港，即樊港，纳县南诸湖水，迳樊口入江。大江自江夏来，东北流，迳县北入大冶。西：芦洲。东：安乐矶。西南：金牛镇，县东金子矶巡司移驻此。西：白湖镇巡司，后移葛仙镇。有华容驿。嘉鱼简，难。府西南一百五十里。城西鱼岳山。东南：阴山。东北：赤壁。南：白云。大江自湖南临湘入，右迳陆口入江夏。陆水自南来会，迳嘉鱼口，有太平、岳公诸湖水流合焉。簰洲、石头口二镇，有巡司。有驿。蒲圻冲，难。府西南三百六十里。城内叠秀山。西：茅山。东：黄葛。西北：竹山、茗山。西南：羊楼洞。白鹿山，荆港水出焉。南：陆水，一曰蒲圻河。东：赤马港，与荆港俱入焉。西南：新店。古大嶓水通黄盖湖，下流至嘉鱼石头港入江。有港口巡司。羊楼洞废司。港口、官塘二驿。凤山废驿。铁路。咸宁冲。府东南二百四十里。东：东高山。西：钴鉧。东南：相山。南：桃花尖山。涂水出其西桃花泉，曰白枵港，与西源淩水岭减河会，又西北迳城南金镫山，始为涂水，西北合诸湖港水，入江夏。其北麓东水出，下流入武昌之樊港。又东杨埠桥水，源出石川畈，流合东水，即东水别源也。西有咸宁驿。雍正六年徙入。崇阳繁，疲，难。府南三百六十里。西：岩头。北：葛仙。东：雨山。西南：龙泉山。陆水自通城县流入，曰崇阳河，右合梓木港，左合桂口港，至莎塘铺，流迳花山。至城南，又东折，西北迳仰莲山，又西北至壶头山，为崇阳洪，入蒲圻。有桂口巡司。通城难。府西南五百里。九岭。西南：白面。东南：幕府山，陆水所出，一曰隽水，纳秀水入崇阳。南：黄龙山，新安港水出。东有鲤港，源出蓑荷洞，流合新安港，西入之。兴国州繁。府东南三百八十里。南：阖闾。东：大坡。西：黄姑。北：大银山。西南：龙山。东北：大江自大冶入，又东入江西瑞昌境。富水自西流入，谓之富池口。有富池镇巡司。西南：龙港，北与富水合，移州东北黄颡口巡司驻之。有驿。大冶难。府东南一百五十里。顺治二年自兴国州改隶。东：围炉。北：铁山。西南：铜绿。北：白雉山。光绪间矿政大兴，铁冶之利甲于全省。东北：磁湖山，产磁石。东：西塞山，下有道士洑，矶临大江。旧设巡司，后移县北。大江，西北自武昌入，为黄石港，东南流入兴国州。有驿。通山难。府南一百八十里。顺治二年自兴国州改隶。南：九宫山。顺治初，李自成为乡人击毙于此。东：沈水。西南：白羊，古青湓山，窝水出，亦曰通羊港，合涓港，自南流入。东南：黄梨山，宝石河出，合桐港，自西流入，东北至兴国州合流，谓之富水。东有黄泥垅旧司，后裁。

汉阳府：冲，繁，疲，难。隶汉黄德道。顺治初，沿明制，属湖广布政司。康熙三年，属湖北布政司。东北距省治十里。广二百七十里，袤四百七十里。北极高三十度三十三分。京师偏西二度二十一分。领州一，厅一，县四。汉阳繁，疲，难。倚。西南：九真。东北：大别，即鲁山，光绪间建铁政局于山下。汉水自汉川入，迳北麓。大江自嘉鱼来，环城而东合焉。西南：太白湖，接沔阳界，汇江、汉支流及诸湖泽，东泄于沌水。出江即沌口也。有沌口镇巡司，后移下蒲潭。又西蔡店镇，西南新滩口镇，汉口镇，仁义、礼智四巡司。光绪二十四年，移礼智司属夏口厅。县及蔡甸二驿。汉川冲，繁。府西北一百二十里。东南：小别，俗名甑山。西南：阳台山，康熙间更名采芝。汉水自沔阳天门来，入汉阳。东：涢水自云梦、应城入，沦河、西河、汊水皆注之，下流至夏口厅入汉，谓之涢口。有刘家塥、小里潭二巡司。县及田儿河二驿。孝感冲，繁，疲，难。府北一百四十里。雍正七年自德安府来属。北：黄茅岭。东北：大悟，一名上界山。又北有澴水，自河南信阳州流入。南：沦河，即澴水下流也，上通涢水，东会滠水入江。太平、双桥二镇。县丞驻东南马溪河巡司，后移东北杨店驿。又北小河溪巡司，嘉庆十一年改驻滠口。有九里关，一名黄岘关，义阳三关之一也。县及小河溪、杨店三驿。铁路。黄陂冲，繁，难。府北一百二十里。雍正七年自黄州府来属。东北：大陂山。东：鲁台山。宋二程夫子于此筑台望鲁，因名。东南：大江自汉阳入，澴河注之，又东入黄冈界。县河即滠水，南合沦河。又武湖即武口水也，承滠水分流，皆入焉。滠口、河口二镇。大成潭、滠口镇二巡司。县及双庙、滠口三驿。沔阳州繁，疲，难。府西南三百二十里。明属承天府。顺治间属安陆。乾隆二十八年来属，析州分置文泉县。三十年省入。东南：黄蓬山、乌林矶。大江自监利来，入嘉鱼境。汉水南派自天门来，入汉川境。又南长夏河，一曰夏水，江水支流也。又有襄水，为汉水支流，即沱潜也。自襄河泽口分流，迳监利县入境，右合夏水，东汇于阳名、太白诸湖。西南：漕河，即玉带河，西北通顺、洛江、恩江等河俱自潜水分流入沔，今皆淤。州判驻仙桃镇。锅底湾、沙镇二巡司。有驿。夏口厅冲，繁，疲，难。府治北。光绪二十四年析汉阳县汉水以北地分置，治汉口镇。自咸丰八年辟商埠，设江汉关。汉黄德道自黄州徙驻。西北：柏泉山。城东大江自汉阳来，至南岸嘴，合汉水，入黄冈界。汉水自汉川缘界会涢水，曰涢口。又东南来会，为汉口。古夏口，亦沔口，其故道襄河口。又东北入黄陂，为滠口。北有铁路自大智门北经黄陂、孝感、应山等县，与河南信阳州路接，为京汉铁路南段。新沟市汛。礼智司巡司。

黄州府：冲，繁，难。隶汉黄德道。顺治初，沿明制，属湖广布政司。康熙三年，属湖北布政司。西北距省治一百八十里。广六百六十五里，袤四百八十里。北极高三十度二十六分。京师偏西一度四十一分。领州一，县七。黄冈冲，繁，难。倚。故城西北黄冈山。城东北大崎。北：淘金山。西：武矶。大江自黄陂来，入蕲水界。东巴水，西举水，自麻城入，会道观河、沙河南入之，谓之举口，亦谓三江口。西北新生洲，与武昌白鹿矶相对。但店、团风、阳逻三镇，与仓子埠四巡司。有齐安驿，李坪、阳逻废驿。黄安简。府西北三百二十里。西北：老山。东北：张家。东南：五云。西南：似马。北：鸡公。紫潭河源出白沙关，合境内诸水南流，至黄冈入江。西：滠水源出北仙居山，下流入黄陂。东南有中和镇、黄陂站二巡司。西北有金局关，一名金山关，相近有大城关，即麻城五关之一也。蕲水冲，繁，难。府东南一百十里。东：斗方。北：茶山。东北：张家。东南：仙女。西南滨江。大江自黄冈来，入蕲州，浠水、巴河自罗田来注之。有兰溪镇、巴河镇二巡司。巴水、浠川二驿。罗田简。府东一百六十里。南：望江。北：鸡笼、桂家。东北：盐堆山，巴水所出，一名平湖乡河。有尤河合汤河、北峰河，迳城东至蕲水界，折西北，合石源河来会。东南有浠水，源出安徽英山，缘界右合乐秋、王家、观音诸河，入蕲水。东北有多云镇巡司。又北有栗子关。东北有瓮门关。西北又有平湖、同罗、松子等关。麻城繁，难。府东北一百八十里。西：大安。西北：羚羊。东南：白臬。举水出县境龟峰、黄蘖诸山，受阎家、柏塔、麻溪、白臬、浮桥诸河，下流至黄冈入江。又木樨二里河与东义州河，并南流，亦至黄冈入巴水。东北：殷山畈，上有阴山关，相近有虎头关巡司。又北木陵山，上有木陵关，与黄土、虎头、白沙暨黄安之大城，为麻城五关。又西鹅笼山巡司，一名铁壁关，后移县西南宋埠。同知驻岐亭镇。有驿。蕲州冲，繁，难。府东一百八十里。东北：百家冶。西北：灵虬。西南：空石。大江自蕲水来，入广济。蕲水源出大浮山，西南流，合三十六水及钴鉧潭入赤东湖，至州西入江，谓之挂口，一曰蕲阳口。有茅山镇、大同镇二巡司。西河驿。又蕲阳水驿。广济冲，繁。府东二百五十里。明隶蕲州领属。顺治初改属。东：大阖。东南：太平。西南：积布，即古高山也。大江自蕲州入，东南流，入黄梅。东有梅川，下流入午山湖。西南有马口湖。通江有马口巡司，后移武穴镇。东南龙坪镇巡司。西南田家镇，水利同知驻。镇对半壁山，束江流最狭处，咸丰中置炮台。有广济、双城二驿。黄梅冲，繁。府东三百五十里。明隶蕲州领属。顺治初改属。西北：黄梅山，县以此名。东南：矿山。东北：冯茂。西南：蔡山。大江在南，自广济入，东南流，迳清江镇，入宿松。县河在县东，即隆斗河，及县西双城河，会诸湖港水，至黄连嘴合流，出急水沟入之。东北县丞驻清江废镇。新开口、亭前、孔垅三镇巡司，均有驿。

安陆府：冲，繁。隶安襄郧荆道。明，承天府，属湖广布政司。顺治三年更名。康熙三年，属湖北布政司。东南距省治五百三十五里。广五百二十里，袤七百四十五里。北极高三十一度十二分。京师偏西三度五十九分。领县四。钟祥繁，疲，难。倚。城南：樠木山。东北：纯德。北：九华。西北：马鞍。西：汉水自宜城来，入荆门州。又东聊屈山，臼水出，即《左传》所谓成臼。东北：黄仙洞山，敖水出，下流曰直河。西南权水、北丰乐河，皆入于汉。丰乐有驿，设巡司。又丽阳驿，乾隆三十二年自荆门州割隶，移仙居口巡司于此。又石城、郢东二驿。石牌镇，县丞驻。京山繁，难。府东一百五十里。东：京山。西北：大洪。南：子陵。西南：宝香。西：汉水自钟祥入，迳丁口潭，又东南缘潜江界入之。溾水俗名回河，迳城南，皆汇县境诸水入之。中源曰县河，南流入天门界。又富水一曰撞河，源出大洪山，东南会小富水，为双河口，合石板河，入应城。又聊屈山，臼水出，古成臼也，与澨水小河会，曰南河，东南入天门。其东杨水、巾水并从之。有宋河镇巡司，乾隆二十九年自荆门州新城移此。有驿。潜江难。府南二百二十里。汉水自京山来，迳县北，分入天门、沔阳界。东有潜水，一名芦洑河，自汉水别出，南有沱水，自江陵流入，在县西沱埠渊合流，为江、汉会通故道，后淤。东南县河、班湾河、沙口河，皆潜水下流，亦淤。西：夜汊河，上承汉水，旧由大泽口分流，亦谓策口。咸丰时改由吴滩溃口，即吴家改口。西南高家场巡司，有驿。天门冲，繁，难。府东南二百二十里。明为景陵县，隶沔阳州，属承天府。顺治三年直属今府。雍正四年更名。西北有天门山，汉水北派自潜江西南迳县南，下流合南派，入汉川界。又澨水自京山流入，合杨水、巾水，曰三汊河，一曰汊水。《禹贡》"过三澨"，即此。至城西分二派，合于城东，北通杨桑湖，东通三台湖，至汉川注于松湖，分流入汉。南岳口市，县丞驻。乾滩镇巡司。有驿。

德安府：冲。隶汉黄德道。顺治初，沿明制，属湖广布政司。康熙三年，属湖北布政司。东南距省治三百二十里。广三百八十里，袤三百八十里。北极高三十一度十八分。京师偏西二度五十五分。领州一，县四。安陆冲。倚。东：章山，即豫章山。西：太平。西北：寿山。涢水亦曰府河，即清发水，《左传》"吴败楚于柏举，从之及于清发"是也。自随州庆山流入，会洑水、灈水、石河水，至两河口，与杨家河合。南高窍镇，有废巡司。西北濮阳镇。有驿。云梦冲，难。府东南六十里。涢水自安陆来，东南流，入汉川界。北岸有涢河隄，康熙五年重筑，其支津由白河口南分流而东，为县河，会郑家河，入孝感界，通澴河。东兴安、南隔蒲潭、北利塘三镇。兴安有废巡司。有驿。应城难。府南八十里。东南：高楼山。东临涢水。西北有西河，即富水也。富水自京山入，又南，左纳省港，至桂口，右歧为小河，注三台、五当，纳五龙河。又东南，金梁湖为金盆，入汉川。右潼水出县西北潼山，自县南又东，迳安陆入涢，湮。东长江埠，巡司自崎山镇移此。有驿。随州疲，难。府西北一百三十里。北：厉山，一名烈山。西南：大洪山，涢水出焉。西北：㵐水，源出栲栳山，南流注之。又左受㶒水、溧水，右受支水、浪水，下流至夏口厅入汉。西南有章水，东南流，经安陆、应城县界入涢，亦曰杨家河。祝林镇，州同驻。唐县镇，州判驻。环潭，梅丘巡司驻。高城镇，总巡司驻。又有合河店巡司、唐县镇巡司，嘉庆十五年裁。应山冲，繁。府北九十里。左：孔山。西：洞庭。东北：黄茅。西北：瞒箭山，漻水出，西南入随达涢。二水又东南缘界合徐家河，入安陆。东：黄沙河，亦曰环河，出县东北鸡头山，有东河会簸箕港水流合焉，南入孝感。西北有三里店巡司，雍正十年自平里市镇移，后迁平靖关，俗名恨这关，即古之冥阸也。又礼山关即武胜关，一名武阳关，京汉铁路所经之义阳三关，此其二也。广水、马平港、龙泉、太平四镇。县城、平靖关、观音店、广水镇四驿。

荆州府：冲，繁，疲，难。隶荆宜道。将军，左右翼副都统均驻。顺治初，沿明制，属湖广布政司。康熙三年，属湖北布政司。东距省治八百里。广七百二十五里，袤二百十里。北极高三十度二十六分。京师偏西四度二十八分。领县七。江陵冲，繁，疲，难。倚。西北：龙山。北：纪山。大江自松滋西来，迳城南，入公安界。沮水自当阳县合漳水南来注之。西南：虎渡河，自大江分流，下注澧水，入洞庭湖，即《禹贡》"导江东至于澧"也。东南：夏水，即沱江，为大江支津。又有涌水，则夏水支流也，通江处谓之涌口。漕河在城东北，名草市河，经沙市，名沙市河。又东瓦子湖，一名长湖，汇诸湖水，下流俱达于沔。万城堤在县西南，雍正中筑，乾隆五十三年修，岁遣大臣驻防。沙市，通判驻，有巡司。光绪二十一年开为商埠。与龙湾市、虎渡口巡司三。郝穴口有废司。荆南、丫角庙二驿。公安冲，繁。府西南一百四十里。顺治八年，由斗湖隄徙祝家冈。同治十二年复徙唐家冈。东：太岁。东南：黄山。大江在北，自江陵东入石首界。西：油水，旧由油河口入江，今淤。虎渡河自江陵县南流入境，至黄金口，分一支为东河，合吴达河诸水达荐祖溪。正流南经港口，会孙黄河，东南流，至泗水口，均入湖南注澧水。东北：孱陵镇巡司。东有涂郭市、东南有孟家溪市。有孙黄驿，后裁。石首简。府东南一百八十里。东：石首山。东南：石门。西：阳岐山。大江自公安入，迳县北，入监利界。其支津由藕池口分数道南达洞庭湖。又东焦山河，亦其支流也，自调弦口经焦山，亦达洞庭。南：黄金隄市。西：杨林市。监利繁，疲，难。府东少南二百四十里。东南：狮子山。西：大江自石首来，迳县西南，入湖南华容。东：鲁洑江，即夏水也，自江陵流入。东为大马长川，周环二百余里，与林长、分盐、龙潭、三汊等河均至沔阳州合于沔水。白螺矶、分盐所、窑圻镇三巡司。朱家河废司。松滋简。府西一百二十里。东：竺园。南：金羊。西：九冈。西南：巴山。大江自枝江入，迳县北，亦曰川江。岷江至此分为三派，下流复合为一，达于江陵。澭水源出西南之起龙山，即古澭山，迳樟木山，右合隔沙河，左天木河，迳文公山，又东曰纸厂河，入公安达洞庭湖。东南磨盘洲巡司，红崖子砦巡司，后废。有县城、涴市二驿。枝江简。府西一百八十里。南有紫山。西：金紫。西南：官木。大江自宜都来，迳县北，入松滋。江中有百里洲。南为外江，北为内江，即江与沱也。东北沮水，又西北白水港，合群溪水注之。有江口巡司。董市镇。宜都简。府西北一百八十里。顺治初属夷陵州。雍正十三年改属。南：羊肠。西南：大梁。东北：石羊。西北：荆门山，对岸即虎牙山。大江自东湖来，迳其间，为绝险处，东南流入枝江。西北清江，即夷水也，自长阳流入，东南流，会汉洋河，至清江口入江。东北沧茫溪，一名玛瑙河，亦入江。白洋在江北岸，顺治初侨治于此，寻复故。东北：普通关废司。西南：聂家河市。北：安福市。又虎脑背市，即古猇亭。

襄阳府：冲，繁，难。隶安襄郧荆道。顺治初，沿明制，属湖广布政司。康熙三年，属湖北布政司。东南距省治六百八十里。广六百七十里，袤二百七十里。北极高三十二度五分。京师偏西四度二十分。领州一，县六。襄阳冲，繁，难。倚。东南：鹿门。西南：虎头。南：岘山。西：隆中山。汉水自穀城来，迳城北，入宜城。城四周有堤，谓之襄阳城堤。对岸即樊城，古重镇也。东北淯水，自河南唐县入，名唐河。合浊水，名唐白河。县别有白水，自东来会。又西北清泥河，东淳河，皆入汉。同知、丞驻樊城。吕堰、双沟二巡司。油房废司。汉江、吕堰二驿。汉江今移城中。宜城冲。府东南一百二十里。西：石梁。东南：赤山。南：太山。汉水自襄阳会潼水入，迳县东，入钟祥。西南蛮水，一曰鄢水，又曰夷水，合淤水，与其支津木里沟、长渠皆入汉。又沶水自汉中来，合于蛮水，谓之沶口。北疏水，亦名襄水，土人呼涑水，亦自疏口入汉。东南楼子汊、南康坡汊、北羊祜汊，皆汉水之旁出也。西：田家集巡司。南：鄢城驿。南漳简。府西南一百二十里。西南有八叠山，一名相山，又名沮山，吴朱然、诸葛瑾北出沮中，即此。西有荆山，《左氏传》所云"荆山九州之险"是也。漳水出焉，下流至当阳会沮水入江。其北深溪河，蛮水入，曰榨洛河，迳大鸿山，至城南，入宜城界。有方家堰巡司，后移保安镇。南有鸡头关，东北有石河铺。枣阳冲，繁，难。府东北一百四十里。东：霸山。东南：资山。南：瀴源山，瀴水所出。东：大阜山，白水所出。又东南昆水，西南浕水，合白水下流入于淯水，至襄阳入汉。西南蔡水，西流亦入淯水。有湖河、鹿头、双河、太平诸镇。穀城简。府西北一百四十里。湖北提督驻。西北：穀城山，县以此名。西南：薤山。南：金斗。东北：汉水自光化入，亦曰穀水。南：筑水，一名南河，东入沔，谓之筑口。北：汎水，一名古羊河，或曰北河，至城东，与筑水合。有花石街、张家集二巡司。张家集后移驻太平店。光化简。府西北一百八十里。西北：三夫山。汉水自均州入，迳城西，有涓水流入，历上涓、中涓、下涓三口入穀城。又黑水、排子、朱寨诸河下流皆入焉。东南旧有茨湖，今湮。有左旗营巡司，后徙县南老河口。均州简。府西北三百九十里。南：武当，一曰太和，亦曰篸上山，明时尊为"太岳"，浪河、曾水并出焉。汉水自郧远河口入，又东为《禹贡》沧浪之水。其由浪河入者，有殷家河、萧河，其由曾水入者，有黄沙、小芝、水磨、笃河。又均水自州南流，至光化之小江口，亦入之。有草店、浪河诸镇。光绪四年置孙家湾巡司。

郧阳府：繁，疲，难。隶安襄郧荆道。总兵驻。顺治初，沿明制，属湖广布政司，并设抚治、都御史。康熙三年，属湖北省布政司。六年，罢抚治。东南距省治一千二百五十里。广七百十里，袤四百里。北极高三十二度四十九分。京师偏西五度四十二分。领县六。郧难。倚。北：兜鍪。西：锡穴。西北：老砦。西南：白马。汉水自郧西入均州。堵水自县南流入焉，谓之堵口。又将军河、曲远河、神定河、龙门河、远河俱来入。滔河自陕西商州流入，以县东北，会丹水，入河南淅川。西：黄龙镇巡司。雷峰垭镇、青桐关二巡司，裁。有驿。房简。府西南三百一十里。西南：房山。南：景山，一名雁塞山，沮水出焉。又东，汎水，今名八渡河。北：筑水，源出杨子山。东北有粉水，俱流迳保康入穀城注汉。有三岔口、九道梁二巡司。竹山难。府西南三百六十里。东南：方城，又名望楚山。西南：白马塞山。西：丫角山。南有堵水，一名陡河，源出陕西平利，自竹谿东流入境。右会官渡河、章落河、霍河，左受苦桃河、上元水、铁峪河、对峙河，又东北流，经房北，至郧入汉。同知驻白河堡。官渡河堡巡司。黄茅关、吉阳关二废司。竹溪简。府西南五百九十里。东：诰轴。西南：峒崎山，有砦最险隘。西北：竹溪河，流合县河，为堵水上源。南秦坪河，东南白沙河，会柿河注堵水。有尹店社、白土关二废巡司。东：县河镇。保康，简。府东南三百四十里。东：屹峪山。西有汤泆河，一名汤洋河，水温可疗疾。西北：粉水，东流与筑水会，名曰南河。西南板仓河，北来注之。东南有常平堡废巡司。郧西简。府西北一百三十里。顺治十六年，以西北上津县省入。西：矿山。西北：十八盘山。南有汉水，缘界合仙河、白河，又东迳金兰山，甲河自山阳来会，入郧西。天河源出县西北牛头山，激浪河、麦峪河流入焉。西北：上津堡废巡司。西：江口镇。

宜昌府：冲。隶荆宜道。总兵官驻。顺治初，沿明制，为夷陵州，属荆州府。雍正十三年升为府，更名，属湖北布政司，置东湖为治。鹤峰、长乐、降归州及所属长阳、兴山、巴东来隶。光绪三十年，析荆宜施道为施鹤道，升鹤峰为厅隶之。东距省治一千八十里。广五百九十里，袤四百十里。北极高三十度四十九分。京师偏西五度十五分。领州一。

县五。东湖冲，繁，难。倚。旧为夷陵县。明省入夷陵州。雍正十三年复置，更名。光绪二年辟城南为宜昌商埠。东：对马。北：丰宝。南：高笄。东北：方山。西北：黄牛峡，亦称黄牛山。北：西陵峡，一名夷山，古所谓"三峡"之二。大江自归州来经之，至县西，始出峡就平地，东入宜都。东南：虎牙山，对岸为宜都之荆门山，下临虎牙滩。更有流头、使君、鹿角、狼尾等滩，皆奇险。北：黄柏河，下流为长桥溪，由长桥入江。西北：南沱巡司。又南津、西津、白虎诸关。有驿。归州简。府西北三百五里。明属荆州府。雍正六年升为直隶州。十三年复降为州来属。大江自巴东来，东入东湖界。香溪源出兴山县南入之，曰香溪口。江中有新滩、吒滩及石碣、达洞、独石诸滩。又有马肝、白狗、空舲三峡，皆险处也。有南逻口、牛口巡司。州城及建坪二驿。长阳简。府西南七十六里。明隶夷陵州，属荆州府。雍正六年属直隶归州，十三年来属。北：宜阳。西北：佷山。西：资丘。清江自巴东入，迳武落钟离山，一名难留城山，五姓蛮所从出也。清江俗名长阳河，合招徕河，又东迳金紫山，合平乐河、丹水，迳城南，又东入宜都。西有旧关堡、蹇家园二废巡司。有资丘镇。古扞关。兴山简。府北三百十里。明隶归州，属荆州府。康熙中，直属荆州府。雍正六年属直隶归州。十三年来属。西北：神龙、茅麓。北：罗镜。东：仙侣。西：万朝。城南香溪一名县前河，建阳、南阳两河入之，合白沙、九冲河，至城南，始为香溪。又南合大里溪，至峡门口，会大峡水。又西南入归州。有关口垭、青林垭、猫儿关诸隘。又有簝叶坞，出郧、襄间道也。西北：高鸡寨废巡司。巴东冲，难。府西四百二十五里。明隶归州，属荆州府。康熙中，直属荆州府。雍正六年属直隶归州，十三年来属。东：铁峰。北：青铜。南：巴山，一名金字山。西南：安居。大江自四川巫山来，由巫峡流入，迳城北，出东湖西陵峡，下流至黄梅，入安徽宿松县界。三瀼河源出县西北九府坪，支流三，其一入西瀼溪，东曰东瀼溪，迳城北，又东迳牛口山。西南：清江，自建始入，下流入归。野山关巡司，后移驻县南劝农亭。县城、火峰口二驿。长乐简。府南一百九十一里。明为五峰司，隶容美宣抚司，属施州卫。雍正十三年置县，以石梁、水浕、长茅三司，及长阳、松滋、枝江、宜都，与湖南石门等县边地益之，来属。西北：金鸡。南：壶坪。西：五峰山。长茅河经县北，会县河入清江。东：汉洋河，源出东北山中，东经百年关北、渔阳关南，下流至宜都，亦入清江。南：白溪河，即渫水之上源。西：南湾潭，县丞驻焉。

施南府：简，难。隶施鹤道。明，施州卫，属湖庆都司。康熙中，因明制，为施州卫，属荆州府。雍正六年，改为恩施县，属直隶归州。十三年升为府，更名，属湖北布政司，增宣恩、来凤、咸丰、利川。乾隆元年，割四川夔州、建始来隶。东距省一千九百八十里。广四百二十八里，袤四百九十四里。北极高三十度十六分。京师偏西七度二分。领县六。恩施繁，难。倚。明为施州卫。雍正六年置县，更名。十三年建府治，遂属焉。以原属支罗等地分入他县。西北：都亭。东北：扞山。东：连珠，一名五峰山，下有五峰关。北：清江，源出四川石龙关东诸山，一曰夷水，又曰盐水。《后汉书》"廪君乘土船从夷水至盐阳"，即此。经县东，有忠建河及麒麟、金印诸溪水注之，下流入于大江。崔家坝巡司。木贡，县丞驻。宣恩简。府东南八十里。明为施南宣抚司，属施州卫。康熙时为施南土司。雍正六年属恩施县。十三年置县属府。以忠峒、高罗、木册、东乡、忠建、石虎七司地益之。北：墨达山。南：将军山，白水河出焉，一曰车溪，又曰西溪，入来凤，下流谓之漫水。溇水出县东北莺嘴荒，一曰九溪河，澧之北源也。忠建河在城东，名玉带溪，自咸丰发源，北入清江。有狮子、东门二关，乾灞巡司。东有东乡镇巡司，后裁。来凤简。府南二百七十里。明，散毛宣抚司，属施州卫。康熙时为散毛土司。雍正六年属恩施县。十三年置县，治司属之桐子园，隶以蜡壁、大旺、东流、卯峝、漫水五司地，属府。东南：翔凤。西北：三尖。西：佛山，与雀儿峰对峙，高峝河水出焉。东有佛塘崖，下有佛塘河，即宣恩之白水河也，流合众川，迳峝东流，入于辰河。有卯峝巡司，滴水、老鸦二关。咸丰简。府西南二百二十五里。明为大田军民千户所，属施州卫。康熙时改设巡司。雍正六年属恩施县。十三年置县，以唐崖、龙潭、金峝三司地益之。城内角楼山。东：小关。西北：龙潭河，一曰唐崖河，自利川入，西南入四川黔江，谓之黔水。西：龙嘴河，亦自利川入，迳万顷湖南入彭水。西南：张家坪巡司。利川简。府西一百七十八里。明，施南司属之官渡灞粗石地。雍正十三年置县，以忠路、忠孝、沙溪三司及恩施属之支罗、南坪堡等处益之。东：金字。西：桂子、七药山，前江出焉，南与后江合流，谓之龙嘴河，即中清河上源也。北有清江。境内水多伏流。有南坪、建南二巡司。建始简。府东北一百二十里。初因明制，属四川夔州府。乾隆元年改属。南：文山。西：石乳。东：州基山。西：石乳山，上有关，马水河出，西南右合桐木溪、木瓜河，迳禄山，右会广润河，至撒毛，入恩施。南有清江，入迳麻根垱口、景阳河，又东入巴东。有龙驹河。大岩岭镇，县丞驻。

荆门直隶州：冲，繁，疲，难。隶安襄郧荆道。明属承天府。顺治初，沿明制，为安陆府属州。乾隆五十六年，升直隶州，属湖北布政司。东南距省治六百里。广二百六十里，袤三百二十五里。北极高三十一度四分。京师偏西四度十六分。领县二。南三十里荆门山。西北：武陵。东：伯夷。西：象山。东南：章山，即内方山。汉水来迳城东，亦曰沔水，东南入潜江。滨汉为堤，亦自内方山达潜江，为五邑保障。西权水，北象河，东南有直江，下流均入汉。又建水一名建阳河，上流古通汉，今淤，下流至江陵汇为湖。有建阳镇、石桥镇二巡司，俱有驿。又城有荆山驿。旧设新城镇、仙居口二巡司，及荆门所、宜门所，后均废。东南有沙洋镇。当阳简。州西南一百二十里。明属州，隶承天府。顺治初，属安陆府。乾隆五十六年还属。东南：紫盖。东北：绿林。玉泉山，玉泉水出焉。北：沮水，自远安来，东南流，合巩河、玉泉水，至麦城南，与漳水会，下流入江。有河溶镇巡司。北：百宝砦。东：淯溪镇。有驿。远安简。州西一百四十里。明属夷陵州，隶荆州府。雍正十三年直属府。乾隆五十六年来属。西北：鸣凤。北：神马。沮水自南漳来，迳县东南流，合福河溪、通天楼河、石洋河、白龙溪、泥水溪、青溪诸水，入当阳界。西北：黄柏河。北：南襄堡，西北：砦洋坪汛。

鹤峰直隶厅：冲，繁，疲，难。光绪三十年，析荆宜施道为施鹤道，厅隶之。顺治初，因明制，为容美土司，属施州卫。雍正六年，属恩施县。十三年置州，以五星坪、北佳坪益之，属宜昌府。光绪三十年，升直隶厅，属湖北布政司。东距省治一千五百五十里。广一百九十五里，袤三百四十五里。北极高三十度。京师偏西六度三十分。东南：柘鸡。东：平山。北：印山。南：天星。西北：巴子山。南：八峰山。有山河，即溇水之上源，东南流，大典河入焉。东北：咸盈河，迳巴东入于清江。有奇峰、邬阳、大崖诸关。山羊隘旧属湖南慈利，雍正时来属，设巡司驻之，后移白果坪。

卷六十八 志四十三

地理十五

湖南

湖南：《禹贡》荆州之域。明属湖广布政使司，置偏沅巡抚。清初因之。康熙三年，析置湖南布政使司，为湖南省，移偏沅巡抚驻长沙。雍正二年，改偏沅巡抚为湖南巡抚，并归湖广总督兼辖。七年，置永顺府，升岳州之澧州。十年，升衡州之桂阳州。乾隆元年，升辰州之沅州为府。嘉庆二年，升辰州之乾州、凤凰、永绥三厅。二十二年，置晃州厅。光绪十八年，置南州厅。领府九，直隶厅五，直隶州四，属州三，县六十四。东至江西义宁；三百五十里。西至贵州铜仁；一千七百三十五里。南至广东连州；八百二十里。北至湖北监利。三百五十里。广一千四百二十里。袤一千一百五十里。北极高二十四度四十九分至二十九度三十七分。京师偏西二度十四分至七度四十三分。宣统三年，编户四百二十八万八千一百六十四，口二千二百五万二千一百五十九。其名山：衡岳、九疑、都庞、骑田、萌渚、幕阜。其巨川：湘、沅、资、澧。其泽：洞庭。驿道：自长沙北达湖北蒲圻；东南出插岭关达江西萍乡；南达广西全州；西达贵州玉屏。铁路干：粤汉中段。支：萍株。航路：自长沙南达湘潭，北达汉口。电线：自长沙北达汉口，南通桂林，西通洪江，东通江西萍乡、安源。

长沙府：冲，繁，难。巡抚治；布政、提学、提法三司，巡警、劝业、盐法、长宝四道同治。府隶之。明隶湖广布政使司。康熙中，偏沅巡抚自沅州徙驻，为省治。雍正二年改湖南巡抚。东北至京师三千五百八十五里。广一千里，袤五百九十里。北极高二十八度十三分。京师偏西三度四十分。领州一，县十一。长沙冲，繁，难。倚。东：天井。西：谷山。北：罗洋、石宝、麻潭、智度、铜山。巨川则大江，洞庭湖汇湘、沅、资、澧入焉。湘江自湘潭、善化入，纳辽浒河及白沙河。又西北，右合下泥港，左桐树港，纳八曲河，迳铜官山，至靖港，为古新康江口。又西北，会乔口河，入湘阴。浏阳河在县南，源出大围山，西北流，经县界入湘。陶关在县西南。有乔头镇巡司。乔头、长沙二驿。长株铁路。善化冲，繁，难。倚。南：昭山。西：岳麓。西北：金盘。东南：锡山，湘水在西，自湘潭入，西北流，左纳观音港，至瓦官口，靳江水从西南来注之。北过水陆洲，入于长沙。东：浏谓水自浏阳入，北合金塘港，至长沙入湘水。又西，卯江水，一名满官江，源出宁乡稽架山，东北与螺陂河水合，入长沙，是为八曲河。南有暮云市废巡司。有驿。长株铁路。湘潭冲，繁，难。府西南一百里。西：乌台。东：石潭。南：晓霞。东北：昭山，其下有昭潭。西北：韶山。西南：隐山。东南：凤凰山。湘水自衡山入，东南流，过晚洲，屈而北，朱亭港水注之。又东北，过淦田市，东与醴陵县界。又北，过空泠峡，又东北至于凿石浦。屈而西，涓水自西南来会。水迳县西易俗乡，又名曰易俗河。又北至湘河口，左合涟水。又东北过县治南，又西北为峨洲，入于善化。其西靳江水自宁乡入，迤东至善化入湘水。二镇：朱亭，县丞驻；下漫，旧有巡司，废。又永宁巡司亦废。黄茅巡司，乾隆二十六年置，后迁县东淥洲市，更名。有南岸驿。有商埠，光绪三十一年奏开。有长株、株萍铁路。湘阴冲，繁，难。府北一百二十里。北：黄陵。东：神鼎。东南：玉池。东北：汨罗山、玉笥山。西北：锡山。湘水在西，自长沙入，北合门泾江，又北流，西别出为濠河水，西北与资水分流，其合处曰临资口。其正渠又北至县治西南，白水江注之。又北过卢林潭，锡江水合濠河水自西来会。又北合汨水，西与涓水合。又西北会罗水，为汨罗江，西北流，歧为二，至屈潭复合。西北过屈罗戍南，分流注湘水。湘水西北至磊石山，入于洞庭湖。镇三：营田，萧婆、大荆。县丞治林子口。西北有营田巡司，后废。新市、大荆镇二巡司。湘阴、归义二驿。宁乡冲。府西北一百里。南：石鼓。北：香林。东：天马。东南：嵇山。西：大沩山，沩水出，东南流，右纳黄绢水，左瑕溪，至双江口，流沙河水自西南来注之。又东北，左合玉堂江水，右乌江水，又东北至县治南，屈而东，会平江水，又东北入于长沙，为新康江。又有靳江水在县南，源出湘乡，迤东至湘潭入湘。有唐市镇。有驿。浏阳繁，疲，难。府东一百五十里。西：洞阳山。北：道吾。东北：大光山。又大围山，浏水出，西南至双江口，小溪水自东来会。又过县治西南，浏渭水北流入焉。又西与小河水合，西北入于长沙。北：石柱峰，潦浒河出，西南流，屈西北至长沙为涝塘水。又南川水即澄潭江，自江西万载入，西南过江口入于醴陵，其下流是为渌水也。永兴、居仁二镇。梅子园一巡司，澄潭江，后迁县西永安市。醴陵简。府东南一百八十里。北：小沩山。东：王乔。东南：大屏。西南：君子山。湘水渎自湘潭入。又南渌江水，有二源：北源曰南川水，自浏阳入，西南至双江口，萍水自南来会；水出江西萍乡县，是为南源。又西过县治南，右纳姜湾水，又西与铁江水合。水一名北江，自攸县入，北合清水江，又北流为泗汾河。水又北入渌水，至渌口入于湘。有插岭关。渌口镇巡司及驿，与醴陵驿为二。株萍铁路。益阳冲，难。府西北二百里。北：五溪山。南：小庐。西：修山。西北：紫云。西南：浮丘山。益阳江在南，一名茱萸江，即资水，自安化入，东合泥溪、沾溪、桃花江、志溪诸水，过县治南，别出为兰溪水。合乔江，东北流，北别出为甘溪，入沅江。东有乔江水，首受资水，自沅江入。西：西林港，歧为二，一东北入湘阴，一东南入长沙，皆合湘水。北有益水，出五溪山，东与甘溪水合，至沅江入资。有瓦湖镇。有驿。湘乡冲，疲，难。府西南二百一十里。北：仙女山。东：东台。西：石佛。西北：灵羊。西南有大禹山。涟水一名湘乡河，自邵阳入，北合金竹水，又北与蓝田水会。东北流，左纳西阳水，屈东南至大江口，侧水合崖源水自西南来注。又东北过石鱼山东，青陂水南流合焉，东北至湘潭入湘水。虞塘、定胜二镇。县丞治永丰市。娄底巡司。明置武障，乾隆三年徙改。攸繁，疲，难。府东南二百八十里。东：司空。东北：罗浮。西北：明月山。攸水在东，源出江西萍乡县西，合阳昇江水，西南至县治东南入洣水。水自茶陵入，亦名曰茶陵江也。洣水又西与阴山江合，入衡山。东北有凤岭巡司，雍正十一年置。安化简。府西二百六十里。东：移风。南：浮青。北：大峰。西北：小辰。西南：大熊山。山与新化接界。资水在西，一名邵河，自新化入。西北合渠水，屈东北流，过县治北，屈而东，敷溪水自南来注。又东纳善溪水，入于益阳。东南有蓝田水，亦自新化入，东北至湘乡入涟水。又归溪水，源出县西司徒岭，西南流，与涓江合。屈东南，至湘乡合蓝田水。茶陵州繁，难。府东南四百八十里。西：云阳。东：皇雩。东北：景阳山，即茶山。洣水自酃入，亦曰茶陵江，西北流，右纳洮水，北过州治东，茶水自东北来注，又西北入攸。有视渡口巡司，治州南视渡关，后迁高冈南关。

宝庆府：难。隶长宝道。旧隶湖广布政使司，康熙三年来属。东北距省治五百里。广六百六十里，袤六百三十里。北极高二十七度四分。京师偏西五度六分。领州一，县四。邵阳繁，难。倚。南：四望。东：大云。东北有龙山。西北：首望。资水自武冈入，东纳辰溪水，东北过府治北。邵水出龙山，南合桐江、檀江，屈西北流注之，北与渔溪合。西北会高平水，入新化。又涟水亦出龙山，东北入湘乡。又烝水源出邪薑山，合大云水，至衡阳入湘。又西洋江出西北隆回乡，南至武冈，流合洞口水。有隆回巡司。其黑田铺巡司，乾隆二十五年置，后废。通判驻桃花坪。新化繁，难。府西北一百八十里。北：大熊山。东北有黄柏界山，皆与安化接界。南：梅山、长龙。西南：文仙。西北：清虚，一名大西山。资水在东，自邵阳入，西北过县治北，云溪水合洋溪自西南来注之。又北与油溪水合，入安化。西有渠江水，源出冷溪山，北至安化入资水。东有蓝田水，上源曰墨溪，出邵阳，亦入安化。高平水出西南首望山，东南流，入邵阳，注资水。西北有苏溪镇巡司，乾隆四十年废。城步难。府西南四百二十里。乾隆三年改隶靖州，七年复。东：罗汉山。东南：金紫山，与广西全州接界。西南：金童，又有蓝山。西北：枫门山。东北：青角山，即古路山，资水所出，一名都梁水，又名济水。北流屈东，左会欹溪水，入武冈。又有巫水，源出东北巫山，南屈而西为渔渡江，县东南诸水皆入焉。至县治西南，左纳界背水，西北与清溪水合，入绥宁。西南有长平水，又曰蓝山水，亦入绥宁，为临川水。又有长滩水，出县南，南至广西龙胜厅，曰贝子溪，其下流是为浔江。同官水亦南入龙胜，为太平溪，流合贝子溪。有横岭峝巡司，本寨头司，乾隆元年置，后迁横岭更名。江头汛巡司治莫宜峝，乾隆六十年置长安营，同知驻。辖瑶峝五：曰蓬峝、牛栏、莫宜、扶城、横岭。为寨四十有八。武冈州繁，疲，难。府西南二百八十里。西北有武冈山，州以是名。又西北，天尊山，山与绥宁接界。南：云山。东南：宝方，又名资胜山。资水在南，自城步入，东合威溪。又东过州治南，左合渠水，右纳石门水，又东北流，蓼溪水自西来会。蓼溪一曰高沙市水，出绥宁。又北合洞口水，水上源曰平溪，出黔阳。东南流，右纳岳溪水，东合西洋江，至平溪口入资水。资水又北，屈而东，迳紫阳山，曰紫阳河，龙江水北流入焉。又东南与夫夷水会，入邵阳。西北：蒓溪自绥宁入，至黔阳入沅水。州同驻高沙市。峡口、石门司二巡司。紫阳、蓼溪二废司。新宁繁，难。府西南三百里。西：花溪。南：金城。西南：崀山。东南：大云。东北：高桂。又有紫云山，山与武冈、东安接界。夫夷水在南，一名罗江水，其上源曰西延水，自广西全州入，东北流，左纳深冲水，又北至县治西南，新寨水自西来注之。屈东过笔架山，合水头水，又东北纳冻江水，合小溪水，入武冈，为资水别源。东有靖位镇巡司，康熙二十三年废。

岳州府：冲，繁，疲，难。隶岳常澧道。旧隶湖广布政使司。康熙三年来属。初沿明制，领州一，县七。雍正七年，澧升直隶州，石门、安乡、慈利割隶。西南距省治三百里。广三百八十里，袤三百四十里。北极高二十九度二十四分。京师偏西三度三十四分。领县四。同知一。道光元年移治君山，后废。有岳州商埠，光绪二十四年奏开。巴陵冲，繁，疲，难。倚。城内巴丘山。东：大云、铜鼓，皆与临湘县接界。东南：灵屋、五龙。大江在西北，洞庭湖在西南。君山、扁山、石城山皆在湖中。湖周八百馀里，南连青草，西接赤沙，谓之三湖，湘、沅、资、澧诸水咸汇焉。东北至三江口，合大江，古谓之五渚。大江又东北入临湘。有城陵矶，天险也。南有新墙河，即微水，自临湘入，西南流，左纳沙港，迤西至灌口，入洞庭湖。水出东南清水岭，西南至湘阴合汨水。滃湖在东南，一名翁湖，又东为角子湖。杨林街，县丞。鹿角镇，主簿。东：岳阳驿。旧有青冈驿，顺治十六年置，有丞，乾隆十六年裁。临湘冲，繁。府东北九十里。东：黄皋。西南，微落。东南：大云。又龙窖山，跨湖北通城、蒲圻诸县，微水所出，迤西迳土城，左纳马港，西南入巴陵。大江在县西，自巴陵入，东北过彭城山，松阳湖水自东南来注之。又东北与白泥湖水合，过鸭栏矶，入湖北嘉鱼。黄盖湖在东北，县东诸水皆汇焉，北注清江口，入大江。东南有桃林、长安巡司，城陵矶，乾隆二十六年徙长安镇，更名，寻复故。云溪、长安二驿。鸭栏矶、长安二镇。华容疲，难。府西北一百八十里。北：黄湖。东：石门、墨山。东北：东山。东南：鼓楼山。大江右渎自湖北监利入，东屈而南，入巴陵。北华容河，西涌水，皆首受大江水，自湖北石首入，东南流入洞庭湖。澧水在县南，自安乡入，合赤沙湖，亦注洞庭。东北大荆湖及团湖，合流入大江。黄家穴司巡司。黄家、鼓楼二镇。平江疲，难。府东南二百四十里。北：永宁。西：湖源。东：道岩。东南：连云。东北：幕阜山，一名天岳山，下有天岳关。又有汨水，自江西义宁入，西南流，右纳红桥水，左纳白铅诸水，又西南至白湖口，屈而北，钟洞水南流西屈注之。又西合卢水，又西北与暹江水合，屈西南过县治南，左纳晋坑水。又西北至将军山，昌水自东北来会，迤西入于湘阴。东有长寿巡司。

常德府：冲，繁，难。隶岳常澧道。旧隶湖广布政使司，康熙三年来属。东南距省治四百十五里。广四百二十里，袤六百二十里。北极高二十九度一分。京师偏西五度十分。领县四。商埠，光绪三十二年奏开。武陵冲，繁，疲，难。倚。西有平山，即武陵山，亦名河洑。北有阳山。东北：药山。东南：善德山。沅水自桃源入，南迳河洑洲，屈而东，至府治东南，歧为马家吉河水。又东南流，枉水自西南来注之。又东过牛鼻滩，北别出为小河水，东北汇连山湖，合渐水。沅水又东南入龙阳。渐水在北，一名澹水，源出安福，南流屈东，右纳马家吉河水，又东北至马家洲，歧为二，一东与小河水合，一东北合麻河水，至沙夹入沅水。东北有冲天湖、直山湖、官塘湖，皆合渐水。县丞一，治牛鼻滩。北有大龙巡司，乾隆四十一年置，后废。有麻河驿。桃源冲，繁，难。府西南八十里。北：纛旗。南：绿萝。西南：桃源。沅水在南，自沅陵入，东过高都镇，左纳大洑溪，又东北与小洑溪合。屈而东，夷望溪东流北屈注之。又东合水溪，过县治东南，屈而北，延溪水自西来入。又东北与白洋河合。河出慈利，曰龙潭河，东南入县境，合兰溪、汤溪，又南流为漆家河，入沅水，又东南入武陵。新店、郑家店二巡司。又高都、郑家店二废巡司。新店、郑家店、桃源三驿。苏溪、麻溪、高都三镇。龙阳冲。府东南八十里。南：横山，一名龙阳山，县以此名。北：宝台。东南：军山。东北：洞庭湖。沅水自武陵入，东过小河口，屈而南，沧浪水自西南来注之。东过县治东北，南别出为支港，东通后江湖，至沅江县合资水。其正渠又东北至鼎港口，小河水分流来注之。又东北流为西河，渐水合小河水自西来会，入于洞庭。其入湖处谓之西河口也。东南有龙潭桥巡司。龙阳驿。小江、鼎口二镇。沅江简。府东南二百七十一里。西南：烟波山，西北：赤山，东北：明山，并滨洞庭湖。湖水西自龙阳受资水。资水自益阳入，迤东至毛角子口，南别出为乔江水，至湘阴会湘水。其正渠北屈而西，又西北过县治东，白泥湖水首受益水，自西南来注之。又北至小河口，歧为二，一东北流，至益阳江口入洞庭，一西北与沅水合，汇于洞庭湖。

澧州直隶州：冲，繁，难。岳常澧道驻。旧为岳属州，雍正七年升，割石门、安乡、慈利来隶，并置安福。十三年增永定。东南距省治六百有五里。广四百三十五里，袤二百有五里。北极高二十九度三十七分。京师偏西四度四十四分。领县五。西北：天供、大清。东南：关山、彭山、铜山、大浮。澧水在南，自安福入，东北流，东别出为内河，屈东南至道口，道水自西南来注之。又东至六冢口合澹水。水出石门东，过州治北，屈而南，又东至伍公嘴，涔水自西北来会。又南合澧水，至汇口入于安乡。东有虎渡水，一名后小江，首受大江水，自湖北公安入，南流为一箭河水，其左岸则安乡县界也。又南至汇口入澧水。州判驻津市镇。清化、顺林二巡司。兰松水、马二驿。汇口、三汊河、津市、嘉山四镇。顺林司，后废。石门难。州西南九十里。雍正七年自岳州来属。西：石门。北：燕子。西北：层步，一名层山。又西北有卢黄山。澧水在南，又曰零阳河，自慈利入，北屈而东，与溇水合。水出西北龙门洞，东南流，右纳黄水，左纳温水，又东南至溇口入澧水。澧水又东过县治南，双溪水自北来注之，又东北合朝阳溪水，入安福。又道水自慈利入，亦东北流入安福。西北有水南渡巡司。安乡简。州东南一百二十里。雍正七年自岳州来属。北：黄山。东：石家。西：石龟。西北：古田。澧水在西，自州入，南至汇口，西别出为羌口河。又西南流为麻河，至武陵入澌水。其正渠东南汇于大鲸湖。又东过县治南，长河水首受大江，北自公安来注之。又东南入南洲。又东，后江水，亦受大江，自湖北石首入，南流为景港水，至南洲入澧水。大溶湖北受澧水，注于沅。康熙十八年置焦圻、南平二驿，后废。有羌口镇。慈利简。州西南一百六十里。雍正七年自岳州来属。北：道人。东北：星子。西南：零阳。又有云朝山。澧水在西，自永定入，东至褚溪口，右合九渡水，又东北与九溪河水合。水出湖北鹤峰州，即古溇水也。又东过县治北，右纳零溪水，入石门。又道水亦东北入石门。又龙潭河出西南，南至桃源入沅水。澧水在境为洲渚者八，为潭者二，为滩濑者百三十二。有麻寮所、九溪卫城巡司。安福难。州西南六十里。雍正七年以慈利县九溪卫地置，析澧州地益之，治裴家河，来属。北：大铜。东：营驻。西南：大浮山，山跨石门、桃源、武陵诸县。澧水在北，自石门入，迤东流，左纳合溪，右纳恶蛇溪，又东入澧州。又道水在县南，亦自石门入，东北至澧州入澧水。有添平所、新安市巡司，乾隆三十二年废。永定疲，难。州西南三百四十里。雍正十三年以慈利永定卫置，析安福县地益之，治旧卫城，来属。南：天门。西南：崇山。西北：马耳。东北：香炉。澧水在南，自桑植入，南屈而东，武溪水自南来注之，又东与大庸溪合。又东流，左纳无事溪，右纳仙人溪，又过县治东南，西溪水北流入焉，又东合社溪入慈利。又九渡水出县南，东北至慈利入澧水。大庸所城在县西。

南州直隶厅：繁，疲，难。隶岳常澧道。本华容县地。咸丰四年，湖北石首县藕池口决，江水溢入洞庭，淤为洲。光绪十七年置厅，治九都市，并析华容、巴陵、安乡、武陵、龙阳、沅江诸县地益之。东南距省治五百四十里。广一百一十里，袤九十里。北极高二十九度二十一分。京师偏西四度一十三分。北：太阳山。东：明山。西南：清介。东南：洞庭湖。寄山、团山皆在湖中。西有澧水自安乡入，东南迳白板口，歧为二，一西南至天心湖合沅水，一东与后江水合，又西南至冷饭洲，汇于洞庭。又有游桥水，首受后江，南至麻濠口入洞庭。又涌水自华容入，东南流，至厅治东北，南别出为神童港，与游桥水会。迤东过明山，其北岸则华容县界也，又东至锯子口入洞庭湖。

衡州府：冲，繁，难。隶衡永郴桂道。旧隶湖广布政使司。康熙三年来属。乾隆中增置清泉。东北距省治三百八十里。广四百六十里，袤二百九十五里。北极高二十六度五十六分。京师偏西四度五分。领县七。衡阳冲，繁，疲，难。倚。城内金鳌山。北：岣嵝山。西北：九峰、黄龙。西南：大云山。东南：湘水左渎自清泉入，北过府治东，北受烝水。水出邵阳东，合等江水，至陡江口，岳山水南流入焉。右纳演陂，南流，武水自西南来会，纳清化河，其右岸则清泉县界也，东北迳石鼓山入湘水。又北，东入于衡山。有寒溪镇。县丞治查江市。有衡阳驿。清泉疲，难。倚。乾隆二十一年析衡阳县东南乡置，来属。东：清泉山，县以此名。南：回雁峰，衡岳之首峰也。南：雨母。西南：七宝、探山。湘水自祁阳入，迤东流，右界常宁县，栗江水自西北来注之。又东过茭河口，西北过府治东，合耒水，北屈而东入衡山。西南：柿江水、清化水，皆东北至衡阳入烝水。东南有新城市巡司。廖田驿。衡山冲，繁，难。府东北一百里。西北：衡山，是为南岳。东：灵山。东北：凤凰。东南：杨山，又名武阳山。湘水自衡阳入，东北合龙隐港水，至茶陵江口，洣水合永乐江自东南来注之。北过县治东，为观湘洲。右纳石湾港，左纳樊田港，又北，东入湘潭。又涓水源出湘乡，东合兴乐江，东北至湘潭入湘水。有草市、永寿二巡司。雷家镇有驿。耒阳冲，繁，难。府东南一百五十里。西：石臼。东：侯计山，跨安仁、永兴二县。东南：天门。东北：明月。耒水自永兴入，东北流，右纳肥江，西北至城南，屈东北，浔江水自东来注之，西北入清泉。其东马水从之，亦至清泉入耒水。罗渡镇有废巡司。有驿。常宁难。府西南一百二十里。北：憩山。西南：塔山、液麻山。东南有逍遥。东北：盟山。西北：湘水右渎自祁阳入，合吴水。又东北，左与清泉分岸。又东与宜水合。水出县南西江山，北迳县治西，左有蓝江，右有潭水，皆流合焉，又东北至江口市入湘水。湘水又东北流，右纳盐湖，至茭河口，舂水北流西屈来会。水自桂阳州入，一名茭源河，其东岸则耒阳县界也。湘水又北入清泉。有杉树堡。西南壤接瑶峒。安仁简。府东南一百五十里。南：大湖山。西：金紫。北：军山。东北：排山。东南：大松山。西北：永乐江自永兴入，北与浦阳港合。又北流，左纳油陂港，右纳莲花港，北至安平市，大坪港西流合焉。又过城西北，宜阳港水自南来注之，西北至衡山入洣水。有潭湖镇、安平镇废巡司。酃简。府东南三百里。北：青台。南：泰和。东南：万阳。西南：屏水山。山与桂东接界，洣水出焉。迤北至双江口，漠渡水北流西屈注之。又西合舂江，即云秋水，东北合洣水入茶陵，是为茶陵江。其东沔渡水，北为洮水，下流合于洣水。

永州府：冲，繁。隶辰沅永靖道。总兵驻。旧属湖广布政使司。康熙三年来属。北距省治六百七十里。广三百四十里，袤五百九十里。北极高二十六度九分。京师偏西四度五十三分。领州一，县七。江蓝同知一，嘉庆十九年移治江华县涛墟市，后又迁于锦田所城。通判一，道光十二年移治新田县杨家铺。零陵冲，繁，难。倚。城内万石山。西：西山。北：万石。东北：岿山。东南：阳明山。西南：石城山、永山。湘水自东安合西南石头江入，至府治西北，东南潇水自道州合麻江水入，北与永水迳袁家渡至城南，合愚溪及钴鉧潭来会，是为潇湘。湘水北与芦洪江水合，又北，东入祁阳。黄溪水出东南，马子江出西南，并流合湘水。县丞驻泠水滩。北有黄杨堡巡司，后废。有驿。祁阳冲，繁。府东北一百里。北有祁山，县以是名。南：白水。东南：乐山。东北：七星，即大云山。西北：四望山。湘水自零陵入，东纳浯溪，过县城南，合祁水。水一名小东江，古曰氿口，源出西北腾云岭，东南流，烟江水自北来会，入湘水。湘水迤东过白水镇，白江水合黄溪水自西南来注之。屈东北，与清江水合。水出县北镇潭山，即古馀溪水也。东有归阳市巡司，乾隆二十一年移治排山驿，寻复故。文明市有永隆废巡司。有驿。有白水、乐山、文明、沙镇、大营五镇。东安简。府西九十里。北：东山。西北：舜峰。东北：高霞。东南：伏虎。湘水自广西全州流入，北屈而东，清溪江合宥江水自西北来注之，东与石期江水合，又东北入零陵。芦洪江源出东北八十四渡山，东南流，左会龙合江，东南至零陵入湘水。有芦洪市巡司，石期市废司。渌埠、石期、荆塘三镇。道州难。府南一百五十里。城内元山。北：宜山。西北：潇山、营道山。西南：营山。又都庞岭界接永明，盖五岭之第三岭也。潇水在东，即古营水，又曰泥江，自宁远县入，西北至青口，与南源沱水合。水自江华入，北屈而西，合掩水，东北至州治南，营道水自西南来注之，今谓之小营水。又东北，左纳宜江，会潇水。其会流处曰三江口。潇水又北纳麻江水，入零陵。有白滩营。永安关界广西灌阳。瑶山在东南。宁远简。府东南一百八十里。南：九疑山，跨道州、江华、蓝山诸县。北：阳明山、黄溪山。东北：舂陵，一名仰山。潇水在南，源出九疑三分石，西北至江口会瀑水。水出东南舜源峰，即古泠水也，北流合莽水。又西北过县治，都溪水自东北来注之，入潇水。东北白江水，北入祁阳。其西大竹源水，一名杨柳溪，亦东北至祁阳。有梅冈镇。九疑鲁观巡司。永明难。府西南二百二十里。北：永明岭，即都庞岭。东南：马山。西南：荆峡镇山，其下有镇峡关，界接广西恭城县。掩水源出西北大掩峰，北过县治西，右合古泽水，屈而东，角马河水自东南来注之，东北至道州会沱水。西南沐水，南合遨水，西至桃川所城，右纳皋泽，左纳扶灵，西南入于恭城，其下流是为平乐水也。西南周棠寨巡司。又有白面墟司巡检，后迁东南枇杷所城，更名，寻废。桃川废司。白象镇。瑶山在县西。江华繁。府南二百二十里。东：豸山。南：吴望。西南：苍梧岭，即临贺岭，又名萌渚岭，跨广西富川、贺县，盖五岭之第四岭也。沱水在东，上源曰中河，自蓝山入，南屈而东，前河、后河皆流合焉，又西南迳锦田所城。宜迁水出广东连山，西北流注之，西与灵江合。又西北合冯水，今谓之练江水也，至县城东曰东河。西河曰萌渚水，自西南来会，又西北入道州。西南有锦冈巡司、锦田废司。瑶山在县东。新田简。府东南二百八十里。南：七贤、蓝山。西北：舂陵山，与桂阳州宁远县接界。舂水出焉，俗曰乌江水，东南迳丈人山，又南至县城西南为西河水，东河水自东北来注之，又东屈而北，入于桂阳。东南白面墟废司。东有瑶山。

桂阳直隶州：繁，疲，难。隶衡永郴桂道。旧桂阳州隶衡州府。雍正十年升为直隶州，仍所领。东北距省治六百三十里。广二百二十七里，袤二百五十里。北极高二十五度四十九分。京师偏西四度零五分。领县三。东：鹿峰。西：大凑，一名宝山。西北：坛山。西南：石门。东南：神渡。舂水自新田入，北过象鼻嘴，灌水合鼠峡水自西北来注之，即桂水也。屈东会钟水，纳泮溪，又北与枫江水合，至常宁入湘水。东南：仰天湖，屯湖水出，西北流，左合麻沦江，又北与泉田水合。屈东北，莲蓬溪水北流来会，又东北入郴州。南牛桥镇、北泗州寨二废巡司。临武简。州西南一百四十里。北：八源，一名东山。西：舜峰。西南：华阴。又有西山，古名桐柏山，溱水出焉，东北流，左纳贝溪，与秀溪水合。屈而北，武溪水合石江水自西来会。又东，赤土溪水南流合焉，东南入宜章。有赤土镇。瑶山在县南。蓝山简。州西南一百五十里。北：蓝山。西：九疑。南：南风坳，界接广东连州，钟水出焉，西流屈北会岿水。水出九疑山，曰九疑水，亦谓之舜水，东北迳县治南，左纳濛溪，屈而东，毛俊水合华荆津水自东南来注之，又北与蓝溪水合，东北入嘉禾。西南中河，入江华为沱水，下流合于潇水。有毛俊镇。大桥镇巡司，后迁临武营，更名。瑶山在县南。嘉禾简。州西南一百一十里。西：晋岭，即蓝山。北：石门。西北：石燕山。钟水在南，自蓝山入，东北流，至县城东北，含溪水自西来注之，北至桂阳州入舂水。东南泮溪水，源出临武，北与芹溪水合，亦至桂阳州入舂水。有两路口废巡司。

郴州直隶州：冲，繁，难。隶衡永郴桂道。旧隶湖广布政使司。康熙三年来属。北距省治六百八十里。广三百四十里，袤二百三十里。北极高二十五度四十八分。京师偏西三度四十九分三十秒。领县五。东：马岭山。东南：五盖。西南：灵寿山。又黄岑山即骑田岭，又名腊岭，盖五岭之第二岭也。耒水左渎自兴宁入，西北流，梓塘江自东南来注之，东北合郴水。出黄岑山，一名黄水，东北与沙江合。又北受千秋水，过县治东，北合骡溪，又北至郴江口入耒水。耒水东北入永兴，西有屯湖水，北迳栖凤山，曰栖凤水，又东北至永兴入耒水。南有良田市巡司。有驿。永兴冲，繁。州北八十里。城内三台山。西：高亭。南：土富。北：金鹅。东北：桃源。西南：白豹山。耒水自州入，北合注江水，屈西过县城西南，左纳灵江，西北至森口，屯湖水合高亭水自西南来会，东北入耒阳。东大步江，源出兴宁县，合潦溪水，东北至安仁为永乐江。北安福、西南高亭二巡司，后废。有驿。宜章冲，繁，难。州南九十里。北：黄岑。东北：漏天。南：西山。西南：莽山。溱水在南，亦曰武水，自临武入，东南流，岑水合浯水自西北来注之，东南入广东乐昌。县北章水，南至乐昌为罗渡水，入武水。县南长乐水，东北流，屈西，又东北至广东乳源，为武阳溪，亦入武水。东赤石、西南白沙二巡司。有驿。有瑶山在县南。兴宁疲，难。州东北八十里。东：石牛。西：九峰。北：七宝。南：浦溪山。东南耒水自桂阳入，迤西至丰溪口，沤江自东北来注之，西北与资兴江水合。水出县东，即古清溪，亦谓之乙陂江，又西北合雷溪水，入郴州。县北程江，西南至永兴入耒水。东北小江水，一名大步江，亦西北入永兴。又东舂江，至酃合洣水。有滁口巡司，州门镇废巡司。桂阳简。州东南一百六十里。南：屋岭。东：洞灵。西：义通。西南：大官。东南：东岭。耒水在南，出耒山，西北合渌水，秀溪水自西南来会。又西北与寿江水合，入兴宁。北沤江自桂东入，右纳淇江，为北水河，西北至兴宁入耒水。县南屋岭水，南与蓝田合，又南入仁化为恩溪。又益将河出东岭，左合孤山水，东北至崇义为积龙水，下流合于章水。有益将、文明市二巡司。山口镇、濠村镇有二废巡司。瑶山在县南。桂东简。州东北二百七十里。西：紫台山。南：乌春。东：胸膛。东北：都寮山。又有屏水山，沤江出焉，一名澄江，南与螺川水合。西过县城南，桂水自西北来会，又南为严溪，左东溪、右白竹皆流合焉，西纳双坑水，与大江水合，南流入桂阳。东南：泥湖山，大坪水出，入江西龙泉，为遂江水，入赣水。左溪水亦至龙泉合遂江水。西南有高分镇废巡司。

辰州府：冲，繁，难。隶辰沅永靖道。旧隶湖广布政使司。康熙三年来属。初沿明制，领州一，县六。乾隆元年，沅州升府，黔阳、麻阳割隶。东距省治八百五里。广三百五十里，袤六百五十里。北极高二十八度二十三分。京师偏西六度二十二分。领县四。沅陵冲，繁，难。南：南山，一名客山。西北：小酉。东北：壶头、明月。东南：圣人山。沅水在南，自泸溪入，东北合蓝溪，至府治西南，酉水合明溪、小酉溪自西北来注之。东北合深溪，北屈而东，左纳朱洪溪、洞庭溪，右纳怡溪，迤东入桃源。又冷溪出东南，北与三渡水合，又东北至桃源为夷望溪，入沅水。通判驻浦市。县丞驻荔溪市。有马底镇、船溪二巡司。池蓬、明溪、会溪三废巡司。辰阳、马底二驿。泸溪简。府西南七十里。明，卢溪，清初改。东：权山。西：天桥，一名羊乔。北：虎头。西南：踏湖山。沅水在东，自辰溪合浦溪入，北至县城南，武水合沱江水自西来注之。水出乾州厅，曰武溪水，又名卢水也。沅水又东北入沅陵。西北潭溪水，西南大能水，皆流合武水。又太平溪出西南，东南至麻阳入沅水。南有溪洞废巡司。辰溪冲。府西南一百一十里。南：五岘。西：大酉。北：熊头。西南：房连、龙阳山。东南：沅水自黔阳入，北过茶龙山，合麻溪水，北入溆浦。又西北复入县东，右纳柿溪，迤西过县城南，辰水自西来会，东北入泸溪。县南龙门溪，北流合辰水。有黄溪口巡司。山塘驿。有渡口、普市二镇。溆浦繁，疲，难。府东南二百七十里。东：红旗。东南：顿家。西北：卢峰。西南：大溆山。沅水在西，右会溆水，一名双龙江，源出县南金字山，迳龙潭溪，进马江自东南来注之。屈而北，左纳猫儿江，右纳柿溪江，又北与龙湾江水合。又西北流，宣阳江东北自圣人山来会，西至县治东南，大潭水南流合焉，又西合沅水，东北入辰溪。南有龙潭巡司。瑶山在县南。

沅州府：冲。隶辰沅永靖道。本明沅州，隶辰州府。乾隆元年升为府。东北距省治一千一百三十五里。广二百八十里，袤二百五十五里。北极高二十七度二十三分。京师偏西七度零三分三十秒。领县三。芷江冲，繁，难。倚。乾隆元年，以州地置。北：明山。东北：武阳。东：花山。东南：高明。西南：罗山。西北：米公山。沅水即无水，自晃州入，东北流，左纳柳林溪、粟米溪，屈东南，过府治南，杨溪东流屈北注之，与五郎溪合。东屈而南，丰溪水自东北来入，东南入黔阳。西南：中和溪，出晃州东南，至黔阳入沅水。县丞治榆树湾，怀化、便水二巡司。晃州、便水、罗旧、怀化四驿。黔阳衡。府东南九十里。本隶辰州府。乾隆元年来属。南：赤宝。北：紫霄。东：龙标。东北：钩崖。东南：罗公山。沅水在西，自会同入，东至托口寨，左合中和溪，右合渠水，屈东北至县城西，与沅水会。其会流处曰清江口，即古无口也。又东南流，错入会同，迤东北复入县东，供溪水北流西屈注之。水出绥宁，其上流为莳溪水，东北入辰溪。东：石桥、安江二巡司，道光十二年废。瑶山在东南。麻阳难。府西北一百二十里。本隶辰州府。乾隆元年来属。北：纱帽。南：西晃。东：苞茅。东南有齐天。东北：雄山，其下有雄关。辰水在南，一名麻阳江，自贵州铜仁入，东与密粟溪水合。左纳铜信溪，右纳石桥溪，过县治东南，屈而北，乐濠溪自西北来注之，又东合太平溪，至辰溪入沅水。县丞治严门寨。有高村巡司。岩门驿。

永顺府：难。隶辰沅永靖道。明为永顺等处军民宣慰使司。领土州三：南渭、施溶、上溪；长官司六：腊惹峒、麦著黄峒、驴迟峒、施溶峒、白崖峒、田家峒。隶湖广都司。雍正四年改流官置厅，隶辰州府。七年升为府。东南距省治一千八十里。广五百里，袤五百五十里。北极高二十九度二分，京师偏西六度四十分。领县四。永顺难。倚。本永顺宣慰司地。雍正七年置，治猛峒。东南距旧司治三十里。东：飞霞山、贺虎。东北：蟠龙。东南：羊峰。西北：万笏。酉水中源自保靖合入逝溪，东与喇集溪合。溪出龙山，曰汝池河，东南过府治西南，小溪水自北来注之，南与牛路河合，入酉水。酉水又南屈而东，左纳施溶溪，入沅陵。东南：明溪，亦南至沅陵入酉水。东北：上洞河，出县北，过十万坪入桑植，是为澧水南源。府经历驻刘家寨。王村巡司。田家峒废司。驿三：王村、毛坪、高望界。龙山简。府西北二百二十里。雍正七年析永顺宣慰司地置，治鹿皮坝。乾隆元年又省大喇土司地入焉。南：洛塔。东南：铁炉。西南：八面山。酉水在南，即北河，又名更始水。三源，其北源曰白水河，自湖北宣恩缘界流入，南迳县治西北，中界湖北来凤县，又南流，果利河自东北来注之。又南与皮渡河合，为卯洞河，西南错入酉阳州。其中源曰邑梅河，出秀山，北流东屈来会，又东复入县西南境。其右岸则保靖县界也。东与洗车河合，入保靖。东南：汝池河，至永顺入酉水。有隆头巡司。保靖难。府西南一百四十里。本保靖宣慰司地。领五寨、箄子坪二长官司。雍正四年改流官置厅，隶辰州府。七年改为县来属，治茅坪，西南距旧司治半里。西：烟霞、洛浦。北：云台。南：吕洞山。酉水自四川酉阳州入，迤东流，左界龙山，又东屈而南。其南源牛角河，出贵州松桃厅，东流屈北来会。又东过县治北，左纳蒙冲溪。又东与白溪水合，入永顺。张家寨巡司。保靖、白栖关二站。桑植简。府东北一百二十里。本桑植安抚司地。领美坪等苗峝凡十有八。雍正四年，改流官置厅，隶岳州府。七年改为县，析慈利县安福所地益之。治安福所城。乾隆元年，复省上峝、下峝、茅冈三土司地入焉。北：天星。东：阳岐。东南：簸箕山。澧水三源：西北源曰夹石河，出栗山坡，东南为绿水河，又东至两河口；南源上峒河，自永顺北流来会，又东与凉水口河合；河出西北七眼泉，是为澧水北源。东屈而南，至县治西北，长酉水自东北来注之。又南入永定。又有绳子溪，出东北红花岭，东南至慈利入溇水。有下峝废巡司。

靖州直隶州：繁，难。隶辰沅永靖道。本隶湖广布政使司。康熙三年来属。雍正五年，割天柱隶贵州黎平。东北距省治一千六十里。广三百七十里，袤三百六十里。北极高二十度三十五分。京师偏西七度。领县三。南：侍郎。东：鸿陵。西：飞山。西北：艮山。西南：青萝。渠水在东，古谓之叙水，自通道入，北至县治东南，右纳老鸦溪，左纳渫溪，西北入会同。西南有四乡河，源出贵州开泰，东北至通道入渠水。有零溪巡司。会同难。州北九十里。北：岩屋。西北：八仙。东北：金龙。沅水在西北，自贵州天柱县入，东北错入黔阳。又东迳县东北，巫水合若水溪自东南来注之，入于黔阳。西：渠水自靖州入，北迳县治西北，右纳平川，与吉朗溪合。水出贵州开泰，又名郎江水，西北至黔阳入沅水。西南堡子巡司。洪江司，废。通道难。州南九十里。东：玉柱。东南：福湖。又佛子山，渠水出焉，西北过犂嘴山，播阳河自西南来会。河出开泰，曰六冲江，又名洪州江也。北与四乡河水合，北至县治西南，临川河入焉，又东北入靖州。西南有播阳废巡司。绥宁繁，难。州东南一百二十里。北：宝鼎。东北：蓝溪。又有枫门山，巫水在西，即洪江，古谓之运水，又曰雄溪，自城步入，西北至界溪口，莳竹水自南来注之。又北流为竹舟江，西北至会同入沅水。又蓼溪水，源出东北鸡笼山，东为武阳水，又东北入武冈州，是为高沙市水也。南：长平水自城步入，西流，右纳驾马溪，又西与双江水合，西北至通道合渠水。有青陂、双江二巡司。

乾州直隶厅：繁，难。隶辰沅永靖道。明为镇溪军民千户所，隶辰州府泸溪县。康熙三十九年改为乾州。四十七年置厅，治镇溪所城，仍隶辰州府。嘉庆元年升直隶厅。辖苗寨一百一十有五。东北距省治九百六十五里。广一百二十里，袤九十里。北极高二十八度十二分。京师偏西六度五十九分。东：镇溪。西：武山，武水出焉，一名武溪，又名卢溪，迤东过厅治西，屈而南，万溶江自凤凰厅北流东屈注之。又东与镇溪水合，东南入泸溪。有河溪、乾州二废巡司。镇溪、喜鹊二营，皆嘉庆二年置。

凤凰直隶厅：繁，难。镇箄总兵、辰沅永靖道驻。明为五寨、箄子坪二长官司，隶保靖宣慰使司。康熙四十三年，改流官置通判，辰沅靖道佥事徙驻。雍正四年改凤凰营。乾隆五十二年改厅，升通判为同知。嘉庆元年升直隶厅。辖红苗寨一百有五。东北距省治一千五十里。广一百八十四里，袤一百二十里。北极高二十七度五十三分。京师偏西七度三分。南：南华山。西：凤凰山，上有凤凰营，又有凤凰营司巡检，后废。东南：观景。南：二华。西南：都督。沱江自贵州铜仁入，迤东北流，乌巢江自北来注之。东过厅治北，又东北入于泸溪，是为武水最南源也。又，万溶江源出西北天星砦山，东屈而北，左纳龙爪溪，西北至乾州合武水。西南：乐濠溪，东南至麻阳入辰水。祐营，知事驻。得胜营、五寨站有巡司。

永绥直隶厅：繁，难。隶辰沅永靖道。绥靖总兵驻。明，镇溪千户所、崇山卫地，隶辰州府泸溪县。雍正元年置厅吉多营，仍隶辰州府。嘉庆元年升直隶厅。七年移治花园堡。辖红苗寨二百二十有八。东北距省治一千一百五十九里。广九十里，袤一百五十五里。北极高二十八度四十三分。京师偏西七度。南：大排吾山。西：苞茅。西南：蜡尔。牛角河即酉水南源，自贵州松桃厅缘界流入，北至茶洞城，其左岸则四川酉阳州界也。屈而东北，界保靖县。东过厅治北，腊尔堡河自西南来注之，东北入保靖。西南：高岩河，源出犀牛潭，入乾州为镇溪，入武水。茶洞，废知事。隆团、排补二砦废司。有花园砦。

晃州直隶厅：冲。隶辰沅永靖道。本芷江晃州堡地，属沅州府。嘉庆二十二年析置直隶厅，移凉伞通判治焉。东北距省治一千二百四十五里。广五十二里，袤一百四十五里。北极高二十七度二分。京师偏西七度二十二分。西：龙溪。西南：尖坡。东南：宝骏山。㳘水在南，一名无水，又名潕水。上流曰镇阳江，自贵州玉屏入，东北与龙溪合。过厅治南，左纳木多溪，东流会平溪，东北入芷江。东南：中和溪，一名罗岩江，亦东北流入芷江。晃州、凉伞二巡司。有驿。

卷六十九　　志四十四

地理十六

四川

四川：《禹贡》梁州之域。明置四川等处承宣布政使司。清初因之。顺治二年，置四川省，设巡抚，治成都。十四年，增设四川总督。康熙四年，改乌撒隶贵州。七年，改设川湖总督，驻湖北荆州。九年，移驻重庆。十九年，又改为川陕甘总督，驻陕西西安。雍正六年，改东川、乌蒙、镇雄隶云南，遵义隶贵州，省马湖入叙州，改建宁卫为宁远府，升锦、茂、达三州及资县并为直隶州。七年，升雅州为府。十二年，升嘉定、潼川二州为府，升忠州为直隶州，置黔彭直隶厅。乾隆元年裁，改酉阳土司为酉阳直隶州，升叙永厅为直隶厅。十四年，复专设四川总督，裁巡抚，以总督兼理巡抚事，治成都。二十五年，改松潘卫为松潘直隶厅，改杂古脑为理番直隶厅。二十六年，改石砫土司为石砫直隶厅。嘉庆七年，升达州为绥定府。光绪三十年，升打箭炉厅为直隶厅。三十二年，设督办川滇边务大臣，驻巴塘。三十四年，改叙永厅为永宁直隶州，升打箭炉厅为康定府，升巴安县为巴安府。宣统元年，改德尔格忒土司为登科府。东至湖北巴东县；一千七百六十里。西至甘肃西宁番界；一千二百四十里。南至云南元谋县；二千三十里。北至陕西宁羌州。一千一百八十里。广三千里，袤三千二百里。由康定府至前藏拉萨，驻藏办事大臣驻。四千七百一十里。北级高二十七度五十四分至三十二度二十二分。京师偏西六度五十三分至十四度十二分。宣统三年，编户五百四万一千七百八十，口五千二百八十四万四百四十六。都领府十五，直隶州九，直隶厅三，州十一，厅十一，县百十八，土司二十九。其名山：东北有嶓冢。蜿蜒川、陕界者，巴山。西北自岷分二支：南迤于大金川东西者，青城、蒙、峨眉，在西者，噶察克拉岭、折多山；其在岷东南迤者，摩天岭、剑门山。硕古里，自青海东巴颜喀喇分支。其大川：金沙、鸦龙、岷、嘉陵、渠、涪江，大渡河。航路：东境自夔至叙。驿路：自成都东北逾剑阁达陕西沔县，西渡泸定桥逾大雪山达西藏江卡。铁路：川汉，未竣工。电线：自成都东达汉口，西达打箭炉。

成都府：冲，繁，难。明，府。成绵龙茂道治所。光绪三十四年裁总督。布政使、提学使、提法使、盐运使，巡警道、劝业道，将军、副都统、提督驻。旧领州六，县二十五。顺治十六年，省罗江入德阳，省彰明入绵。康熙元年，省崇宁入郫，省彭入新繁。九年，省华阳入成都。雍正六年，复设华阳，升绵、茂二州及资县并为直隶州，以德阳、绵竹、安隶绵，汶川、保隶茂，资阳、仁寿、井研隶资，又省威入保。六年，复设崇宁、双流、彭、彰明四县属府。七年，以彰明改属龙安。东北距京师五千七百十里。广二百四十里，袤二百七十里。北极高三十度四十二分。京师偏西十二度十六分。领州三，县十三。成都冲，繁，难。倚。武担山在城西北隅。西：龙华山。北：天回山。郫江自郫县入，绕城东而南，入华阳，与锦江合，名二江，亦曰都江。沱江自新繁入，迳县北，又东流入新都。金水河自城西穿城东出入江。摩柯池在城内。有天迴、沱江二镇。一驿：锦官。华阳冲，繁，难。倚。康熙九年并入成都。雍正五年复置。东：大面山。西：西山，亦名雪岭。南：六对、铁炉。锦江一名汶江，自郫县入，迳城南，折而东，会成都之郫江。又折而西，新开河自双流来会，下流入彭山。浣花溪在城东南，一名百花潭。驿同成都。双流冲。府西南四十里。康熙元年并入新津。雍正六年复置。南：应天、宜城。东南：普贤山。新开河自温江入，迳城南，东流入华阳。石鱼河、杨柳河亦自温江入，迳城西南，合流入新津注大江。温江繁。府西少南五十里。北：女郎、大墓二山。岷江俗名温江，即金马河，自灌县入，西南入新津。石鱼河在城西，自金马河分流，杨柳河自石鱼河分流。又酸枣河自郫县入，东流迳城北，俱入双流。新繁繁。府西北五十六里。西北：五龙、平阳。北：曲尺山。沱江即北江，自郫县入，迳城南，入成都。北：清白江，即古湔水，自彭县入，东入新都。锦水河亦自彭县入，东流迳城南，都桥河自彭县西南分清白江，东流迳城北，俱入新都。金堂繁，难。府东北七十里。西：金堂山，县以此名。南：云顶山，亦名百城山。东：三学山。绵阳河即绵水，自汉州合雒水入，右纳马木河。又南至焦山坡，西有清白江及其枝津督桥河自新都入，合于城东。其毘桥河即沱江，先后来会，是为中江，又南入简州。有古城、下市、柏茂三镇。新都冲，难。府北五十里。南：龙门、赤岸。北：丽元山。沱江即毘桥河，下流自成都入。督桥河、锦水河俱自新繁入。锦水又歧为利水河，并入金堂。其正流至城东南入湔水，在县北，亦自新繁入，合弥牟水，东入金堂。有弥牟、军屯二镇。一驿：广汉。郫冲。府西四十五里。西：平乐山。北：郫江自崇宁入，东流入新繁。郫江俗名油子河，自走马河分流，迳城西，又东入成都。沱江自崇宁入，东流入新繁。西：九曲江分走马河小支，绕城西北，下流入油子河。双清河即走马河，亦自崇宁入，东流入华阳，为锦江。有马街一镇。灌冲，繁。府西北百二十五里。西北：灌口、玉垒。南：赵公山。西南：青城山。县西南一里离堆，秦李冰凿江处。大江迳此分二大支，曰南江，曰北江。南江分三派：正派南流入崇庆为西河；东派为白马河，又分为里石溪河，亦入崇宁；西派西南流，又分二支，俱入新津。北江分南北二大派。南派又分为三：曰龙安江，入崇庆；曰金马河，入温江；曰酸枣河，入郫县。北大派之南派曰沱江，北派曰湔水，俱入崇宁。西南傺泽、西北玉垒、蚕崖三关。彭繁，疲，难。府北九十里。康熙元年，并入新繁。雍正六年复置。西北：彭门山，与牛心山隔江对峙。又有大隋、中隋二山。南：清白江自崇宁入，歧为督桥河，东入新繁。西北：王村河，源出五峰山，南流折东入汉川，为马水河。锦水河亦自崇宁入，迳城南，东流入新繁。浵濛水源出琅邪山，即弥牟水上游，东流至新津入湔江。北：静塞关。崇宁简。府西北八十里。康熙元年省入郫。雍正七年复置。西：铁砧山。北：金马山。沱江自灌县入，迳城南：东入郫县。湔水自灌县分沱江，东流四十里，迳城北，又东入彭县，为清白江。郫江自灌县入，迳城南，歧为走马河。又一支为油子河，俱南，东入郫县。徐偃河出郫江，亦自灌县来会，东入彭县。简州冲，难。府东少南百二十里。东：李八百山。西：孝子山。东北：石鼓。西南：忠国。西北：丹景山。中江即沱江，或称雁江，自金堂入，合绛水，南流入资阳。绛溪河发源西北月亮沟，东南流，迳城北，入江。西南：赤水，一名黄龙溪，西流入仁寿，即兰溪上源也。有阳安关。巡司驻龙泉镇。一驿：龙泉。崇庆州繁。府西南九十里。西：鹤鸣山。西北：龙华山。北：味江自灌县入，迳州西，西南流，折东与白马江合。白马江由味江分流，迳城东，又东南会西河，入新津为白西河。黑石溪河自白马江分流，至城东三江口，仍入白马江。羊马江在白马江东，自灌县分大江，东南流，迳州境，又南入新津。一驿：阳安。新津冲，难。府西南九十里。南：天柱山。北：平盖山。东南：宝资山。岷江自温江入，迳城东，又东南流，入彭山。北：白西河即味江，自崇庆入，东南流，合羊马河，入江。汶井江即古仆千水，今名南河，自邛州入，东北流，迳城南，又东入江。乾溪、溪水二河自灌县分味江，西南流，折东南，迳城南，又东注汶井江。汉州冲，难。府北少东九十里。东：铜官、东觉二山。雁江自什加入，至州东北合沈犀河，有白鱼河亦自什邡来注之。又东南合雁江，入石亭江。石亭江即雒江，亦自什加入，迳州北，东南入金堂。绵水自德阳入，迳州东，南流入雒江。一驿：广汉。什邡繁。府北百三十里。南：雍齿山。西北：章山，即雒通山，雒水出焉，迳城北，东南流，入汉州。金雁河、沈犀河、白鱼河三水并出县境，亦入汉州。西：高镜关。

重庆府：冲，繁，难。川东道治所。明，府。顺治初，因明制，领州三，县十七。康熙元年，省铜梁、安居入合州，省璧山入永川，省武隆入涪州。八年，省定远入合州。六十年，复置铜梁，以安居并入。雍正六年，复置大足、璧山、定远三县。十三年，升忠州为直隶州，酆都、垫江属之。析黔江、彭水二县置黔彭直隶厅。乾隆元年，改隶酉阳直隶州。二十九年，以巴县江北镇置江北厅。西北距省治九百六十里。广五百六十里，袤五百九十里。北极高二十九度四十二分。京师偏西九度四十八分。领厅一，州二，县十一。巴冲，繁，难。倚。城内巴山，县以此名。东：涂山。又北：太华。西：踰越、缙云。南：霖峰。县东有明月峡者，大江迳此。大江自江津入，迳城东南，又东北入江北厅。嘉陵江即涪江，自合州入，南流至城东，与大江合。东：丹溪自綦江入，交龙溪自长寿入，俱入大江。巡司一，驻木洞镇。西：佛图关。驿二：朝天、白市。江津冲，繁，难。府南百二十里。南：鼎山。东：云篆、珞黄。东：华盖、女仙。东南：固城山。大江自合江入，东北流，迳县西、北、东三面，亦名九字水，又东北入巴县。南江即古僰溪，自綦江入，迳城东，又北入大江。筍溪源出南綦盘山，北流注南江。砦溪、乐城溪俱入大江。南：崖门关。一驿：茅坝。长寿冲。府东北百五十里。东：长寿山，县以此名。北：铜鼓。西：牛心。东北：罗纹山。大江自江北厅入，迳城东入涪州。龙溪一名溶溪，即古容溪，自垫江入，南流入大江。海棠溪合桃花溪自邻水入，迳城东北，一名梅溪，西南流入巴县。一驿：龙溪。永川冲。府西北百八十里。西：英山。北：铜鼓。南：泸龙。西北：溪山。侯溪上流曰车对河，西南流，至城南，会西来一水，南流为株溶溪，又南入大江。松子溉源出龙洞山，亦东入大江。一驿：东皋。荣昌冲。府西少南二百六十里。东：葛仙。南：宝盖。北：驻跸。东南：庆云山。长桥河自大足入，迳城西思济桥，为思济河。西南流，至清江滩入泸州。大鹿溪源出南山，南流，折东南入合江。一驿：峰高。綦江简。府南三百里。西：扶欢。东：石筍。北：牛岗。南：祝融、萝绿二山。僰溪亦名夜郎溪，自贵州桐梓来入，名綦江，迳城东，又西北流入江津。至南江口注大江。东骨溪、北金沙溪、西奉恩溪，并入綦江。南三舍溪、捍水二关。南川难。府东南二百五十里。东：九盘山、马嘴山。西：永隆。南：方竹箐山，白水出，迳城南镇江桥，名镇江桥溪，屈流至城北水东桥，为大溪河，入涪州。四十八渡水源出马嘴山，与流金水俱至水东桥合白水。水从溪源出水从山，西流入綦江，合南江，即南江别源也。南马头、北冷水二关。合州冲，繁，难。府北二百里。北：瑞应。西：牟山。南：铜梁。东：钓鱼山。东北：书台山。渠江即宕渠水，自广安入，涪江自遂宁入，俱合嘉陵江。嘉陵江自定远入，东北合渠江曰嘉渠口，又东南合涪江曰三江口，又南入江。北：跳石溪自铜梁入，东北流入涪江。二驿：刘家场、温场。涪州冲，繁，难。府东少北三百五十里。东：龟山。西：五花、玉璧。北：铁柜、北岩。东南：武龙山。大江自长寿入，迳城北会涪陵江。涪陵江即古延江，自彭水入，北合大江。大溪河自南川入，东北流，迳州东南入涪陵江。巡司一，驻武隆镇。一驿：涪陵。铜梁繁。府西北二百四十里。康熙元年并入合州。六十年复置。西：六瀛。东：新开山。南：双山。西北有小铜梁山，县以此名。涪江自遂宁入，迳城东北，又东南流入合州。安居溪一名关箭溪，又名琼江，自遂宁入，迳城南，折东北流入涪江。马滩河一名赤水溪，源出六瀛山，南流入大足，合沙溪河，入县城。合巴川河，东南流，绕县境如“巴”字，亦入城。与赤水溪合流，出城东流，合小安溪，东北入合州。有安居镇巡司。大足繁。府西三百十里。康熙元年省入荣昌。雍正六年复置。南：鸡栖。东：三华。西：龙罡。东南：玉城山。长桥河上流即岳阳溪，自安岳入，迳城西，又西南入荣昌。小安溪一名单石溪，东北流入永川。赤水溪自铜梁入，东北流，合沙河溪，仍入铜梁。东米粮、北化龙二关。璧山冲。府西少北百里。康熙元年省入永川。雍正六年复置。南：龙玛。北：缙云。西南：垂壁。东南：王来山、来凤。油溪二源，出汤口峡，一为来凤桥溪，南流，一为马坊桥溪，东南流，俱至斗牛石，合流入江津，注大江。有双溪镇。一驿：来凤。定远冲。府北少西二百九十五里。康熙八年并入合州。雍正六年复置。东：武胜山。北：焦石山。嘉陵江自南充入，环县境北、东、南三面，南流入合州。花石溪源出岳池，西南流，盐滩溪源出蓬溪，东南流，俱入嘉陵江。江北厅简。府北一里。明为巴县之江北镇。乾隆十九年设厅。东：卧龙山。北：大华蓥山。东北：石城山。大江自巴入，迳厅东南，又东入长寿。涪江自合州入，迳厅南，又东南，与巴县分水入大江。东：铜锣峡关，为水路门户。

保宁府：中，冲，繁。川北道治所。川北镇总兵驻。明，府。顺治初，因明制，领州二，县八。雍正五年，改梓潼属绵州直隶州。西南距省治六百二十里。广七百一十里，袤六百里。北极高三十一度五十九分。京师偏西十度五十分。领州二，县七。阆中冲，繁。倚。西：阆中山，县以此得名。东：盘龙、文城。南：钟山、玉立山。东北：大方山、灵山。嘉陵江即西汉水，亦曰阆水，自苍溪入，南流迳城西，折东，又迳城南入南部。东河一名宋江，亦自苍溪入，东南流，迳城东，与嘉陵江合。西水河自南部入，至梁家坡仍入之。西：锯山关。一驿：锦屏。苍溪府西北四十里。东：离堆、白鹤山。西：老池。南：小锦屏。东南：大获山。西北：方山。嘉陵江自剑州入，迳县东北，又南入阆中。东河自广元入，迳大获山麓，西南流，亦入阆中，塘溪河从之。曲肘川源出玉女山，东南流入江。南部繁。府东南七十里。东：龙奔山。西：兰登山。南：南山，亦名跨鳌山。东南：离堆山。嘉陵江自阆中入，迳城东北，又东南流，入蓬州。西水河即小潼水，自剑州入，迳城南，又东南亦入蓬州。南溲水、西伏元溪、东安溪，皆嘉陵江之溢流也。县丞、巡司驻富村驿。广元冲，繁，难。府北三百里。潭毒山在北，下瞰大江。又七盘岭为秦、蜀分界处。东：凤凰山。西：乌奴、白马。北：金城。东北：可沆山。嘉陵江自陕西宁羌州入，迳城西，又西南入昭化。宋江即东河，亦自宁羌入，迳城东，又南入苍溪。北：潜水源出龙门山，迳龙洞口，至朝天驿入嘉陵江，汉寿水、涤溪从之。巡司二，驻神宣驿、百丈关。驿三：问津、神宣、望云。昭化冲，繁。府北少西二百八十里。西：牛头、人头。南：仙人。北：大高、长宁。西北：木马山。嘉陵江自广元入，迳城东北，又南入剑州。白水江即羌水，自平武入，东南流入嘉陵江。清水江自剑州入，迳城西北，又东与白水江合。桔柏津在城东，即嘉陵、白水二江合流处也。西北：白水关。二驿：昭化、大木树。巴州繁，疲，难。府东北三百五十里。东：东龛山。西：西龛山。在东又南：南龛、北龛。东南：石城。西北：义阳岳、木彊二山。巴江源出大巴山，自南江入，迳州东南入达县。清水源出广元东南境，迳恩阳废县西北，又东南流，迳州西南，宕水自通江入，注巴江。州判一，驻龙泉关。通江府东北五百五十里。东：大钟。西：金童。南：秋锦。东北：龙山。宕水一名东河，源出陕西西乡，西南流，迳城东会诺水。诺水源出陕西南郑，亦名西河，迳城西与宕水合，入巴州。白石水一名清水，自西乡入，西南入宕水，名洪口河。东白阳、北羊圈、东北濛坝三关。南江府东北四百七十里。东：望元山。西：龙耳山。南：公山。北：孤云山。又大巴、小巴二山。巴江即宕渠水，源出大巴山，迳城东，又东南入巴州。东：难江，一名南屯河，上流曰三溪河，至两河口入巴江。南平桑水，北明水、韩溪、苍溪，俱从之。剑州冲，繁。府西北二百二十里。东：鹤鸣、浮沧。大剑山，亦曰梁山，相属有小剑山，中为剑阁道。嘉陵江自昭化入，迳城东，又南入苍溪。清水江即黄沙江，自平武流入，迳城北，又东入昭化。西小河即小潼水之下流也，又名武连河，源出五子山，东南流，入南部。北：剑门关。驿二：武连、剑门，驿丞驻。

顺庆府：冲，繁，难。隶川北道。明，府。顺治初，因明制，领州二，县八。嘉庆十九年，改大竹、渠属绥定府。西南距省治六百二十里。广二百九十里，袤二百三十里。北极高三十度五十分。京师偏西十度十九分。领州二，县六。南充冲，繁，难。倚。东：鹤鸣山。南：清居山。西：大小方山。嘉陵江自蓬州入，迳县东，又南入定远。西：西溪，源出西充，流溪，源出大耽山，俱东流至县南，入嘉陵江，曲水、清溪水从之。盐井在县境者十有五。西充繁。府西北九十里。城西北隅西充山，县以此名。东：亚夫、扶龙。西：琼珠。南：南岷山。陵溪亦名小陵河，自县西小陵镇至三河口，与象溪、虹溪合流入南充。海棠川源出双图山，西流，折而南绕城，又南入南充，注嘉陵江。蓬州繁。府东北四十里。城北隅玉环山，嘉陵江水环之，故名。西：三合。南：永安。东：云山。嘉陵江自南部入，南流，绕城三面如玦，折而南，入南充。清溪水源出营山之披衣山，南流入州，名清滄河，又四十里至州南清溪口入嘉陵江。盐井一。营山繁。府东北百八十里。城西南营山，县以此名。东：青羊。西：披衣。东北：大小蓬山。流江自仪陇入，七曲萦回，亦名七曲堰，迳城东，又东南入渠县。瞰天溪源出西西岩，绕城东南流，至七曲堰入流江。清溪源出披衣山，西南流入蓬州。仪陇简。府东北二百六十里。城内金城山。东：望龙山。南：南图山。西：仪陇山，县以此名，流江之水出焉。流江自仪陇山南流，折东迳城南，又东南入营山。平溪源出东允家山，南流入流江。广安州繁。府东南百九十里。东：彀城。西：秀屏。南：猊峰。北：谏坡山。渠江自渠县入，迳州北，谓之篆水。以江中有三十六滩，滩石纵横，波纹如篆，故又名篆江。绕城而南，亦名洄水。又西南入合州。浓水即西溪水，源出北山，南流迳城西，折东至城南五里合渠江。清溪水自邻水入，左会大池河，流至州南入渠江。邻水繁，难。府东南二百七十里。南：畾然。东：宝彀山。北：银华。西：少陵。东北：邻山。邻水上源即芭蕉河，自大竹入，西南流，迳城东，又西南与观音河、宝石河合流入长寿。有邻山、太平二镇。岳池冲。府东南百二十里。东：岳安山、龙抚速山。北：龙穴。西：姜山，岳池水出焉。岳池水自姜山流至县东，折南合灵溪、龙穴二水入定远。

叙州府：要，冲，繁，难。隶永宁道。明，府。顺治初，因明制，领县十。旋改高州为高县。雍正六年，改贵州永宁县来属，又裁马湖府，以所辖屏山来隶。八年，复以永宁往属叙永厅。乾隆二十六年，置雷波厅。二十九年，置马边厅。西北距省治七百九十里。广五百九十里，袤三百七十五里。北极高二十八度三十八分。京师偏西十一度四十三分。领厅二，县十一，土司四。宜宾冲，繁，难。倚。西：天仓、朱提。南：七星。西南：大小黎山。大江在县东北，一名汶江，亦名都江，自犍为入，东南流，入南溪。马湖江一名泸水，即金沙江，自屏山入，迳县南，又东与大江合。石门江，俗呼横江，又名小江，自庆符入，至城西南，又东北合马湖江。北：涪溪、苏溪俱入大江。东：二郎关。庆符简。府南少东百二十里。南：石门、兴庆。东：迎祥山。石门江上流曰纹溪，源出云南乌蒙，南广水即古符黑水，自高县入，俱东北流，迳城西，并入宜宾。富顺冲，繁，难。府东北二百四十里。西：凌云、玛瑙。东：禄来、桂子。北：朝阳。西南：虎头山。沱江一名金川，又名釜川，自内江入，迳城东，东南流入泸州。荣溪自荣县入，鳌溪源出县东马鞍山，俱入沱江。县丞二，驻邓井关、自流井。南溪冲。府东百十里。南：琴山、可庐。西：平盖。北：瑞云。东：龙腾山。大江自宜宾入，迳城南，又东入江安。西北：福溪亦名服溪，亦自宜宾入，南流入大江。僰溪与九盘溪合流至城东入江。一驿：龙腾。长宁简。府东南百四十里。东：牛心。南：棫山、越王山。北：宝屏、龙峨。东西二溪与冷水溪俱至县东北淯井合流为淯溪，一名三江口。又东北至武宁砦，为武宁溪，又东北至安宁砦，为安宁溪，又东北至江安入大江。高简。府西南百五十里。南：阁梯。北：连珠。东南：七宝。西南：腾山。宋江自云南镇雄入，北流，迳筠连东，分五道，北至平寨，迳城东而北。梅岭溪自筠连入，至城北合宋江，又北入庆符。筠连简。府西南二百五十里。南：暮春、黄牛。西：学士。东：景阳山。定川溪有二源，一出乌蒙黑桃湾，一出云南镇雄羊落沟，合流迳城西，又北入高县，为梅岭溪。珙简。府南少东二百里。北：麒麟、芙蓉。西：虎牢。西北：梅得山。珙溪一名落浦河，迳县西南，折而东北入长宁，合淯溪。兴文简。府东南百八十里。东：摩旗。东南：文印山。南：南寿山。水车河一名三渡河，源出故建武城山谷中，至县东北，又西流，经梅岭堡入长宁，注淯溪。隆昌冲，难。府东北二百七十里。北：道观山。南：迴龙山、玉蟾山。沱江自内江入，迳城西南入泸州。小溪一名隆桥河，在县东，自内江、荣昌二县山溪水合流而成，东南流，亦入泸州。屏山简。府西南二百二十里。西：镜山。东：书楼。东北：赤崖。西南：小悍山。马湖江一名泸水，即金沙江，自云南昭通入，东北迳蛮夷、平夷二土司界，又东北迳城南，又东入宜宾，与大江合。泥溪、什噶溪、大鹿溪并入马湖江。巡司驻石角营。马边厅冲，繁。府西六百里。本屏山地，初为马边营，乾隆二十九年改厅。东：烟遮山。南：大池山。北：龙泉山。东南：金凤山。清水溪一名新镇河，源出凉山蛮界，迳厅南，折北转东，过沐川司入犍为。雷波厅繁。府西南五百七十里。本屏山地，名雷波乡。康熙初置长官司。雍正六年改雷波卫。乾隆二十六年升厅。东：贝海。西：龙头。北：雷番。西北：宝蠹山。金沙江自云南昭通入，迳厅南，东北流，入屏山。南石城河，西南秦沙河，并源出蛮界，东流注金沙江。北马湖，为黄种、芭蕉二溪上流。西南：神龙关。蛮夷长官司隶屏山。在县西南，旧属马湖府。雍正五年改属。东：大鹿山。西：什噶溪。沐川长官司隶屏山。在县西北。东：青孤山。南：沐溪，东流入犍为界。泥溪长官司隶屏山。在县西。元至元十三年，与马湖路同置。明改县，移司于此。仍明旧。平夷长官司隶屏山。在县西。西北：隆马崖山。马湖江自云南昭通入，又南有大纹溪。

夔州府：要，冲，繁，难。隶川东道。明，府。顺治初，沿明制，领州一，县十二。康熙六年，省大宁入奉节。七年，省新宁入梁山。九年，省大昌入巫山。雍正六年，升达州为直隶州，以东乡、太平二县往隶。七年，复置大宁、新宁二县。旋改新宁隶达州，改梁山隶忠州。乾隆元年，改建始隶湖北施南府。西距省治一千七百四十里。广四百十里，袤五百四十里。北极高三十一度十一分。京师偏西六度五十三分。领县六。奉节冲，繁。倚。东：白帝山。赤甲与白盐隔江，两山对峙。西：官口。南：胜已、文山。北：天门山。东：瞿塘峡，峡口为滟滪堆，大江即岷江，自云阳入，迳县南，东流，出瞿塘峡，自峡以下谓之峡江，亦名锁江，又东入巫山。东：大瀼水、清瀼水，并入大江。东瞿塘关。巫山冲，繁。府东百三十里。东：巫山，山有十二峰，亦曰巫峡。南：南陵山。北：磊头。东北：金头。西北：天县山。南：大江自奉节入，东流迳巫峡，又东入湖北巴东。巫溪水一名昌江，自大宁入，东南流入大江。又乌飞水在县西南，发源奉节山谷中，东北流，亦入大江。清溪、万流溪从之。云阳冲，繁。府西百四十里。东：石城。北：汉城、马岭。南：飞凤。东南：新军山。西北：大梁山。大江自万入，迳城南，东流入奉节。彭溪一名开江，亦名临江，自开入，东南流，迳城西入大江。汤溪水即东瀼河，东流迳五溪关，又东至城东入大江。盐井十。盐课大使驻云安厂。万冲，繁，难。府西少南二百八十里。东：黑象山。西：天城、鱼存。南：南山。北：都历、高梁。西南：羊尾山。西北：万户山。大江自忠州入，迳城南，又东入云阳。苎溪即古池溪，自梁山入，至城西，复南流入江。开简。府西少北二百三十里。北：盛山。西：大池。南：九龙。东南：瑞石。东北：熊耳山。开江亦曰临江，即古彭溪，自新宁入，迳县南，又东南会清江、垫江入云阳。三潮溪、白水溪并东流入清江。大宁难。府北百八十里。东：凤山。北：石柱、宝源山。东北：石钟。巫溪一名昌江，源出县境西北，迳城东，曰大宁河，又南入巫山。马连溪即白杨河，迳城南，又东入大宁河。有铁山关。

龙安府：繁。隶成绵龙茂道。明，府。顺治初，因明制，领县三。雍正九年，改绵州之彰明来隶。西南距省治六百五十里。广七百七十里，袤五百二十里。北极高三十二度二十二分。京师偏西十一度四十九分。领县四，土司一。平武繁。倚。东：左担。西：太平。南：镇南、羊角。北：火风。东南：箐青、石门山。涪江自松潘入，东流迳城南，青漪江一名小江河，即古廉瀼水，亦东南流，并入江油。白水江自甘肃文县入，迳城西北，又东南流入昭化。石泉河自石泉入，迳县东南入彰明。火溪河一名白马河，有二源，流至阳地溢口而合，西南入涪江。又东青川溪，东流入剑州。县丞驻青山镇。东北：北雄关。江油简。府东南二百六十里。东：窦圌山。西：玉枕、大匡。南：龙头。北：白鱼。西南：大小匡山。涪江自平武入，迳城东，与青漪江并东南流入彰明。龙潭溪源出窦圌山，流至石舍崖入涪江。东：涪水关。石泉简。府西南三百二十里。南：石纽。东：金字山。西：千佛。东北：鸡栖山。石泉河即湔水，自平武入，左合大鱼口水，其西南源神泉河自茂入，西源坝底水自右来会，折东迳城南至素龙山，为石密溪，折南缘江曲界入彰明。西石板、西北上雄二关。彰明简。府东南三百二十里。东北：太华山。北：紫山、兽目山。涪江自江油入，分二派，夹城东西流，至县南合，又南会石泉河入绵州。青漪江亦自江油入，南流入涪江。阳地隘口长官司隶平武。在县北。宋为守御千户。元至元时，授宣慰副使。明改置长官司。顺治六年投诚，因之。

宁远府：要，冲，繁，难。隶建昌道。建昌镇总兵驻。明，建昌卫。顺治初，因明制为卫。雍正六年改府，以会理州来属，并置西昌、冕宁、盐源三县，越嶲一厅隶之。宣统元年，增置盐边厅。二年，又置昭觉县。东北距省治一千二百三十里。广八百四十里，袤一千二百九十里。北极高二十七度五十四分，京师偏西十四度十二分。领厅二，州一，县四，土司十一。西昌冲，繁。倚。旧建昌卫。雍正六年改县。东：木托。西：天王山。南：巴洞。东北：凉山。东南：螺髻。西南：旄牛山。安宁河即孙水，自冕宁入，迳城北，热水河自东来注之。又迳城西，西河自西来注之。北纳东河、宁远河，南纳邛河，南流入会理。东西溪河、三岔河均入金沙江。石门、罗锁、泸沽、太平四关。巡司二，驻普威、德昌所。冕宁繁，难。府北少西百八十里。初仍明制为宁番卫。雍正六年改县。东南：冕山，县以此名。东：东山。南：南山。北：北山。孙水有三源，自县北纳瓦那河，迳城东南，西源三水合为小村河，又南至王家营，东源曰松溪河，合小相公岭水，西北流曰泸沽，来会，又南入西昌。若水即鸦龙江，自雅州入，西南入盐源。沙沱、乌角、冕山、九盘四关。盐源繁，难。府西南三百十里。明，盐井卫。雍正六年改县。南：柏林山。西：斛僰和。西北：剌红瓦山。打冲河即鸦龙江下流，自冕宁入，迳城西北，纳左所河。又南盐井河，合双桥、浪渠二水，与别列河、麦架河西北流来注。又东南纳右所河。又南纳椒崖、那噶诸河，入会理。双桥、古得二关。阿所拉场巡司。盐井二。昭觉繁，疲，难。府东北。旧为交脚汛地，在凉山夷巢中。宣统元年，剿办凉山倮夷。二年，就汛地增设县治，改今名，并移建昌中营守备驻之。会理州冲，繁。府南四百里。本会川卫。康熙二十九年分置会理州。雍正六年省会川卫，移州治卫城，隶宁远。东：密勒山。西：斜山。南：白塔。西南：芦那山。金沙江左渎自盐源入，右与云南大姚分岸。安宁河自州北纳公母河、一碗水，西南与打冲河合，并西流入之。又南纳黎溪水，入云南武定。东玉虚河、玉虹河、会通河俱入金沙江。有泸津、松坪、永昌、大龙、虎头等关。巡司二，驻迷易所、洼鸟场。盐边厅府西南。盐源县属阿所拉地。嘉庆二十二年增设巡司。宣统元年升厅，改今名。越巂厅冲，繁。府北少东二百八十里。初因明制为越巂卫。雍正六年废卫设厅。南：大孤山、小相公岭。西：小孤山、阿露山。又西南：巂山。大渡河自打箭炉入，纳松林河、鹿子河，东北流，老鸦漩河自西来，合二小水注之，又东北入清溪。越巂河自厅西南，二水合流，迳厅东，倮俘河、腊梅营水东来注之，又东北纳宁越营、桂贤村二水，入峨边，注大渡河。小相公岭、青冈、海棠、晒经四关。经历驻大树堡。沙麻宣抚司隶西昌。在县东北。康熙四十九年置。瓜别安抚司隶盐源。在县西北。康熙四十九年置。木里安抚司隶盐源。在县西北。雍正八年置。威龙州长官司隶西昌。在县东南。元，威龙州地。明洪武间置司。仍明旧。普济州长官司隶西昌。在县西南。元，普济州地。明洪武七年置土知州。康熙四十九年改置。昌州长官司隶西昌。在县南。元，昌州地。明洪武九年以云南大理府土职调守。仍明旧。河东长官司隶西昌。在县东南。明为宣慰司。康熙四十九年改置。阿都长官司隶西昌。在县东南。顺治六年归附。康熙四十九年授宣抚司。雍正六年改置。阿都副长官司隶西昌。雍正六年置。马喇长官司隶盐源。在县西南。与云南永北厅接界。康熙四十九年置。邛部长官司隶越巂。在厅北。康熙四十二年归附，授宣抚司。五十二年改置。

雅州府：冲，繁，难。建昌道治所。明，雅州。顺治初，因明制，为直隶州，领县三。雍正七年升府，抚民同知驻靖西关地，在哲孟雄之北，为亚东出入要路。有商埠。以其地增置雅安县，改天全土司为天全州，改长河西鱼通安远宣慰司为打箭炉厅。八年，改黎大所为清溪县，均属府。光绪三十年，升打箭炉为直隶厅。三十四年升康定府。东北距省治三百四十里。广五百十里，袤三百八十里。北极高三十度四分。京师偏西十三度二十一分。领州一，县五，土司一。雅安冲，繁，难。倚。西：雅安山，县以此名。东：周公。南：严道山。北：七盘山。青衣江一名平羌江，俗称雅河，即大渡水。自芦山入，至县北门外，东南流入洪雅。小溪河自名山入，邛水自荣经入，并入青衣江。北飞仙、金鸡、南飞龙三关。名山冲，难。府东北四十里。城内月心山。西北：名山，县以此名。西：蒙山。东：白马。南：总冈。东北：百丈山。名山水在县东二百步，东南流入雅安，为小溪河。百丈河源出莲花山，东南流入蒲江，为铁溪河。东：黑竹关。一驿：百丈。荣经冲，繁。府南九十里。北：铜山。东：孟山。西：中峻。南：邛崃、瓦屋、大关。荣、经二水为邛水上源。荣水出邛崃山，五派并发，流迳城西而合，又北流，绕城北，与经水合，曰荣经水。又北名邛水，入雅安。下改溪源出下改山，北流至城南，入经水。祭风溪在西，源出龙游山，入荣经水。西北紫眼、西邛崃、东北天险三关。一驿：箐口。芦山简。府西北百里。东：始阳山，即《禹贡》蒙山，相接为卢山。西北：通灵山，为外番要道。南：青衣水有二源：西源即天全州流入之沫水，东源出邛州伏牛山，即古青衣水，二水夹城东西流，会于城南，又西南流，折东入雅安。和川水自天全入，迳城南入青衣江，曰三江口。西北：灵关。东北：八步关。东南：飞仙关。天全州繁，难。府西少北百二十里。东：多功、卧龙。南：燕子。西：马鞍。东北：金凤山。沫水一名浮图水，自羌界入，迳州北，东南流，入芦山。南：和川水，一名始阳河，二源合而南流，折东亦入芦山。碉门，吏目驻。西：禁门、仙人、紫石三关。清溪冲，繁。府西南百六十里。东：冲天。西：牛心。南：盘陀。东北：圣钟山。又县北五十里有大相公岭，即荣经之邛崃山。大渡河一名泸水，在县南，自打箭炉入，与越巂分水，穿凉山夷界，入峨边为中镇河。南：两涧水，东源出邛崃山玉渊泉，迳城东，西源出邛崃山二源溪，流迳城东，西与汉水合，入大渡河。巡司一，驻黄木厂。南：黑崖、清溪二关。驿二：泥头、沈村。董卜韩胡宣慰司隶天全。在州西北。仍明旧。有灵关河，迳司西北，与多功水合。又冷边长官司，亦隶天全。沈边长官司，隶清溪，均于宣统三年改流。

嘉定府：冲，繁。隶建昌道。明，嘉定州。顺治初，因明制，为直隶州。领县六。康熙十二年升府，以其地置乐山。嘉庆十三年，设峨边厅。北距省治三百九十里。广六百余里，袤二百九十里。北极高二十九度二十六分。京师偏西十二度三十一分。领厅一，县七。乐山冲，繁。倚。城西隅高标山。东：凌云、乌尤。北：白崖山。通江即岷江，自青神入，迳城东南，会阳江，入犍为。阳江即大渡河，自峨眉入，迳城西南，与青衣江合。青衣江一名平羌江，自夹江入，迳城西，纳泥溪、竹公溪二水，入岷江。西苏溪，西南临江溪，均自峨眉入，苏溪入青衣江，临江溪入大渡河。东：安庆关。北：平羌、嘉禾二关。峨眉繁。府西七十里。大峨、中峨、小峨三山俱在南。西南：绥山。西北：铧山。大渡河亦名中镇河，自峨边入，径城南，东北流，与罗目江合，入乐山为临江溪。北：龘石河，发源大峨山麓，合符文水，东南流，迳城北，亦入乐山为苏溪。西南：土地、大围二关。洪雅繁。府西北百三十里。南：隐蒙、八面。东：乌尤、葛仙山。西：竹箐山。东北：金鸡山。西南：逊周山。青衣江自雅安入，迳县南，又东南入夹江，一名洪雅江。拥沺水出可慕山谷，迳县入丹稜。龙门溪二源合流，东北入青衣江。花溪源出荣经，东北流，至城西入青衣江。西：竹箐关。夹江繁。府西北八十里。西：云吟、平羌。东：虎履。南：凤凰。北：大观山一名观斗山。青衣江自洪雅入，迳城西南，南流入乐山。西：飞水溪一名瀑布泉，与青衣江合。西南龙鼻溪，绕龙鼻山入江。西：铁石关。犍为冲，难。府东南百二十里。南：子云山。东：天马。东：张纲山。北：舞凤山。西南：沈犀山。岷江自乐山入，迳县东，又东南入宜宾。沐溪、清水溪俱在南，并发源屏山，东流入江。东北四望溪，自荣入，迳三江镇下与岷江合。盐捕通判一，驻黄角井。大使一，驻牛华溪。荣繁，难。府东百五十里。北：铁山、荣黎。东：梧桐。西：凤西、白石、龙虎。南：龟泉山、五保山。荣溪自仁寿入，有二源，东西夹城流，至城南而合，东南流入富顺。大牢溪源出铁山，南流迳城西，至宜宾入岷江。县丞一，驻贡井。威远繁。府东二百六十里。西北：云台。西：龙泉、老君山。西北：龙泉。西：紫金山。西北：献宝溪，一名硫黄溪，三源合流，至县东，有龙会河自西北南流注之，即秦川溪也，南入富顺。峨边厅要。府西二百六十里。本峨眉县地。乾隆五十五年，设主簿分驻。嘉庆十三年裁主簿，置厅，设通判。九隘皆为厅地。南：龙山。东：药子山，左界马边，右接夷境。西：横木。北：马湖山。中镇水即大渡河，自清溪入，迳厅北，又东入峨眉。厅属有岭夷十二姓地。

潼川府：中，繁，难。隶川北道。明，潼川州。顺治初，因明制，为直隶州。领县七。雍正十二年升府，以其地置三台县。西南距省治三百二十里。广三百八十里，袤五百七十里。北极高三十一度六分。京师偏西十一度十六分。领县八。三台繁，难。倚。东：东山，在县东四里。又黄龙、鼓楼。西：三台山，县以此名。南：印台、金鱼。西南：牛头。东北：万峰。中江即古五城水，自中江入，迳城西南入涪江。涪江自绵州入，迳县东北入射洪。又东桃花溪，亦入射洪。县产盐，上井三，中井九，下井二百十六。县丞驻葫芦溪。射洪繁，难。府东南六十里。南：白岩。东：东武。北：金华。东南：通泉山。

东北：公成山。涪江自三台入，迳城东，又南流入蓬溪。梓潼水一名射江，亦曰猕江，又曰白马河，自盐亭入，南流，迳东南独坐山下入涪江。东：黄浒溪亦自盐亭入，与梓潼水合。桃花水自三台入，南流入涪江。通判一，驻太和镇。盐课大使驻青隄渡。盐亭简。府东少北百二十里。西：负戴山。东：光禄。南：宝莲。北：金紫。盐亭水亦名小沙河，发源县东北境，下流入梓潼水。梓潼水自绵州梓潼入，迳城南，合鹅溪入射洪。有盐井二十。中江难。府西百二十里。城内斗山。东五城与西栖妙隔江对峙。西南：铜官山。中江水名凯江，自罗江入，迳城西南，又东北流入三台。双桥河源出县西北白莲洞，东南流，迳城西，转南至铜鱼山下入中江。巡司一，驻胖子店。遂宁繁，难。府东南二百十五里。东：铜盘、龙头。西：箕山。北：广山。西南：书台，与宝嘉、金鱼二山相连为三峰。涪江自蓬溪入，迳城东，又东南入合州。东北：郪江有三源，并东北流至蓬莱镇，合入涪江。安居水一名关箭溪，自安岳入，迳城西南入铜梁。盐井五十二。县丞兼批验大使驻梓潼镇。蓬溪繁，难。府东南百九十里。东：蓬莱、赤城。西：龙门。南：铜钵。北：石龙。西北：龙马山。涪江自射洪入，迳城西南流入遂宁。西北：郪江，东流至黄龙铺入涪江。又北蓬溪，源出西充，西南流，迳城北，入遂宁。盐井七百九十五。县丞驻蓬莱镇。盐课大使驻康家渡。安岳繁，难。府南三百八十里。治后铁峰山。东：紫薇、白云。西：大云。南：安泉。东南：云居山。安居水自乐至入，迳城北，又东南入遂宁。鱼海河有二源，一东流至城东，合入安居水。南：岳阳溪，东南流入大足。乐至简。府南少西三百九十里。南：棋盘山。东：玉栏坡山、金鸡山。西：周鼎。东南：乾峨山。安居水源出县东北，东流，玉带溪源出县西清水潭，东南流，并入安岳。又乐至池在县东二里，县以此名。

绥定府：繁，疲，难。隶川东道。明，达州。顺治初，因明制，为夔州府属之达州。雍正六年，升直隶州，以夔州之东乡、太平、新宁三县来属。嘉庆七年升府，改名绥定，并于州地置达县，升太平为直隶厅。十九年，以顺庆府属之大竹、渠二县来隶。道光九年，移太平同知驻城口，改名城口厅，太平厅还为县，均仍隶府。西距省治一千二百里。广四百三十里，袤六百余里。北极高三十一度十八分。京师偏西八度五十一分。领厅一，县六。达繁，疲，难。倚。东：龙城山、大竹。南：火峰、南岩。西：石城、金华。东南：金匮、石门。东北：竹籲山。通川江即渠江，自东乡入，迳城南，又西南入渠县为宕渠江。南江自新宁入，东会泸滩河，北流折西至城东入通川江。北水即巴江，自巴州入，并合通川江。西：凤皇、铁山、龙船三关。巡司驻麻柳场。东乡简。府东少北九十里。东：平楼、文字。西：印石。南：金榜。北：蟠龙。东南：峨城山。西南：石人山。前、中、后三江为通川江上流，俱自太平入，至城东合流入达县。长乐河上流为白龙、赤甲二泉，源出东长乐镇，合西流，至城南入通川江。文字溪发源文字山，合前江。有高桥、马渡二关。新宁繁，难。府东少南百一十里。西：屏山。东：鸡山。南：冠子山。北：天马。西南：鼓啸山。东北：莪城山。南江自县东北三角山发源，迳城南，折西北流，会联珠峡水入达县。泸滩水源出大竹山，自达县东南界北流，与南江合。开江在县东北，东流入开县。东：豆山关。渠简。府西二百二十里。北：龙骧。西：玉蟾山。东北：八濛、大斌。渠江即宕渠水，自达县入，迳城东，又西南入广安。流江自营山入，东南流，与渠江合。白水溪源出东南白水洞，西流入渠江。北：卫渠关。县丞驻三汇场。大竹繁。府西南百二十里。东：月城山。西：九盘、邻山。东北：狮子山、金盘山亦名仙门山。仙门水自月城山发源，邻水自邻山发源，并西南流入邻水。北：东流溪一名清溪河，西流入渠县，注渠江。县丞驻石桥铺。太平要。府东北百四十里。南：翠屏。东：天池、板塞。北：大横山。前、中、后三江俱自县境发源，迳城东西，并入东乡。白沙河源出板塞山，西南流，迳城南入后江。东：蓝津关。城口厅繁，疲，难。府东北三百六十里。西：城口山，厅以此名。东南：金城。东北：黄礅山。北江自黄礅山发源，经大竹渡，折北入陕西紫阳为任河，注汉江。万顷池在峡口山南，邻境之水多源于此。东北：深溪关。

康定府：要。隶康安道。明，长河西鱼通安远宣慰司。康熙初，明宣慰司以地归附。雍正七年，移雅州府同知来治，置打箭炉厅，仍隶雅州府。光绪三十年，升直隶厅。三十四年升府，改名康定，隶康安道，升里化县为里化厅，并以河口、稻成二县同隶府。宣统三年，旧隶打箭炉之宣慰、宣抚、安抚、长官各土司，全体改流，先后分别设治，并先各就其地置委员、理事等官。东北距省治九百六十里。广六百四十里，袤八百三十里。北极高三十度九分。京师偏西十四度三十八分。领厅一，县二。东：大罡山。南：无脊山。东南：大雪山。东北：郭达。西南：折多山，为入藏要道。鸦龙江即古若水，自青海境发源，南流，迳府西南入冕宁。大渡河即古沬水，自懋功入，迳府东，又南入清溪。泸河源出折多山，东北流，至城西南，有木鸦河自番界东流来注，并入大渡河。有榷税泸关。巡司一，驻泸定桥。一驿：烹坝。里化厅要。府西六百四十里。里塘宣慰、宣抚司地。旧设有粮务委员。光绪三十二年设里化县。三十四年升厅。东：紫木喇山。东北：高日山。东：鸦龙江自喇滚入，有三渡水自盐源之木里土司及云南中甸来注之，会金沙江入马湖。西南：色隆达河，源出额东额山，入金沙江。河口要。府西里塘、明正两土司交界地，旧名中渡。光绪三十二年，里塘改流设县。西有鸦龙江。稻成要。里塘土司地。旧名稻坝。光绪三十二年改流。三十四年设县。县丞一，驻贡噶岭。

巴安府：要。康安道治所。督办川滇边务大臣，按察使衔炉安兵备兼分巡道驻。巴塘宣抚司地。光绪三十一年改流。三十三年置巴安县。三十四年升府，并置三坝厅，盐井、定乡二县隶之。东北距省治二千一百里。领厅一，县二。东：龙新山、甲噶喇山。西南：宁静山。巴冲楮河自瞻对入，与金沙江合。色楮河即金沙江，自三岩入，迳府西至得荣入云南丽江。三坝厅要。府东二百三十里。巴塘、里塘两土司交界地。三十三年改流。三十四年设厅，驻通判。盐井要。巴塘土司地。光绪三十一年改流。三十四年设县。澜沧江自察木多入，绕由云南入缅甸。定乡要。里塘土司地。旧名乡城。光绪三十二年改流。三十四年设县。

登科府：要。德尔格忒宣慰司地。边北道治所。宣统元年改流，析其地为五区。于北区设府，仍名登科，并置德化、白玉二州，石渠、同普二县隶之。东北距省治三千三百五十里。领州二，县二，土司十二。川、藏交隘，东连甘孜、瞻对，西邻纳夺、察木多，南与巴塘、乍丫接壤，北界西宁、俄落，乃金沙江之上游。德化州要。德尔格忒土司中区地，旧名更庆。宣统元年改流设州。鸦龙江自甘孜入，入瞻对。巴冲楮河自巴塘入，下流入金沙江。石渠要。府西北二百一十里。德尔格忒土司北区地。即杂渠卡，一名色许。宣统元年改流设县。白玉州要。府南六百三十里。德尔格忒土司南区地。宣统元年改流设县。北有海子山。同普要。德尔格忒土司西区地。宣统元年改流设县。并分管察木多呼图克图及纳夺土司之地。乍丫呼图克图地，入藏要路。宣统三年设理事官。察木多呼图克图地，亦名昌都。东接德格、纳夺、贡觉，西与八宿、诺隆宗毘连。旧设有粮员，置兵戍之。宣统三年增设理事官。得荣巴塘土司地。与云南接壤。宣统三年设委员。江卡旧为给藏地，置有兵戍。北接三岩、乍丫。西连波密、察木多。宣统二年收回。三年设委员。贡觉旧为给藏地。宣统二年收回。三年设委员。桑昂旧为给藏地。宣统二年收回。三年设委员。杂瑜旧为给藏地。宣统二年收回。三年设委员。三岩野番地。跨金沙江之上，有上岩、中岩、下岩之分。宣统二年归附。三年设委员。甘孜麻书、孔撒两土司地。宣统元年改流，设委员。兼管白利、东科、德格、倬倭、章谷之地。章谷土司地。与孔撒、麻书、德格、瞻对均接壤。改流后亦名炉霍屯。宣统三年设委员。道坞麻书、孔撒两土司地。宣统三年改流设委员。瞻对旧为土司地，给与藏人。东连明正、单东、孔撒、麻书、章谷各土司界。南接里塘、毛丫、崇禧。西北与德格接壤。据鸦龙江之上游。有上瞻、中瞻、下瞻之分，亦名三瞻。宣统三年收回设委员。

邛州直隶州：中，卫，繁。隶建昌道。明，州。东北距省治百八十里。广二百二十里，袤百五十里。北极高三十度十八分。京师偏西十二度五十三分。领县二。东南：铜官山。南：文笔、古城。西：相台、马岚、七盘。北：渠亭。西南：邛崃山。南：邛水，即古仆千水，亦名文井江，源出西北牛心山，东流入新津。牙江水、斜江水、潽水俱自大邑入，东南流，与邛水合。西南：火井。南：夹门关。巡司驻火井漕。大邑繁，难。州北少东四十里。东：银屏山。西：高唐山。北：雾中山。西北：鹤鸣山。牙江水源县境，潽水源出凤凰山，斜江水源出鹤鸣山，并东南流入州。东：乾溪镇。蒲江简。州东南六十里。南：金釜山、长秋山。北：白鹤山。南：蒲江自丹棱入，东北流入州，合邛水。北：铁溪河自名山入，即百丈河，下流会蒲江入邛水。西南：黑竹关。

绵州直隶州：冲，繁，难。旧隶成绵龙茂道。光绪三十四年裁。明，成都府属州。顺治初，仍明制。雍正五年，升直隶州，以成都之绵竹、德阳、安及保宁之梓潼来隶，并设彰明、罗江二县，寻改彰明属龙安府。乾隆三十五年，移州治罗江，省罗江县。嘉庆六年，还旧治，复设罗江。西南距省治二百七十里。广三百里，袤百零五里。北极高三十度二十七分。京师偏西十一度三十五分。领县五。东：金山。南：延贤。东北：天池。北：绵山，州以此名。涪江自彰明入，迳州北及东，又东南入三台，亦谓之内水。龙安水、茶坪水俱自安县入，并东南流，与涪江合。州产盐，有中井十一，下井一。盐捕州判驻丰谷井。县丞驻魏城。驿二：魏城、金山。德阳冲，繁。州西南百五十里。北：鹿头山、浮中山。绵水一名绵阳河，自绵竹入，东南流，迳城南入汉州。石亭水亦自绵竹入，迳城西南，入汉州。北：鹿头关。一驿：旌阳。安繁。州西北百一十里。北：千佛。东：西昌山。南：浮山。东北：金山。黑水河一名宁口河，冷水河一曰乾河，并东南流入罗江。茶坪水源出千佛山，发源东南，迳城西会龙安水入州。西小坝、睢水，北曲山三关。锦竹繁。州西南百八十里。北：武都。南：文曲。西南：飞凫。西北：紫岩山。绵水、石亭水俱自茂州入，左流为绵水，迳城北，东南入德阳。射水一名紫溪河，源出三溪山，迳城南，与石亭水合。白水河源出土司漆寨坪，东南流，迳城西南，马尾河源出土司天池山，东南流，迳城西北，折而东，并入射水河。南：石碑镇。梓潼冲，繁。州东北百二十里。东：兜率山。西：葛山。南：长卿山。北：五妇山。梓潼水一名歧江，源出龙安平武山溪，东南流，迳城西南，又南入盐亭，即古驰水也。西北：九曲水，源出龙安洞子口，九转入潼江。一驿：武连。罗江冲，繁。州西南九十里。北：潺山。南：天台山。西南：龙池山。黑水、冷水俱自安县入，东南流，至县东北合，是为罗江。又折南，迳县东入中江。南：芙蓉溪，源出白马关下，东南流，至县南，与罗江合，一名三紫水。西南：白马关。一驿：罗江。

资州直隶州：繁，难。隶川南永宁道。明，资县。顺治初，仍明制，为资县，属成都府。雍正五年，升直隶州，以成都之仁寿、井研、资阳、内江来属。西北距省治三百四十里。广四百三十里，袤五百里。北极高三十九度五十分。京师偏西十一度三十二分。领县四。资山在西北，州以此名。南：银山、铁山。西南：玉京、金炉。西：盘石山。中江自资阳入，迳城西南为资江，亦曰中江。北纳小溪，东纳大濛溪，东南流入内江。珠溪源出井研北境，东北流，至州西北与中江合。大濛溪源出西龙家坝，又名都溪，东流迳城南，至唐明渡入资江。州判驻罗泉井。一驿：珠江。资阳繁，难。州西百三十里。东：宝台、万钟。西：凤台。南：书台。西南：独秀，亦名资山。沱江亦名雁江，自简州入，杨花溪自乐至西来注之。资溪、孔子溪均东来注之，南入州。一驿：南津。内江冲。州东南九十里。西：翔龙、华萼。东：降福。南：铧影。西南：石城。东南：金紫山。沱江自州入，迳城南，清流河合高桥河入之，南入富顺。西南：玉带溪，流合中江。城内西北隅有桂湖，与中江通。一驿：安仁。仁寿繁，难。州西二百里。三隅山峙东、西、北三隅。南：觉山。西：天池。东：佛岩山。赤水一名黄龙溪，自简州入，西流迳县北，又西入彭山，合府河。鱼蛇水发源县西境，西南流入眉州。井研简。州西南二百四十里。城内麟山。西：书台、五星。北：瑞芝、九龙。东北：铁山。西南：磨玉山。拥思茫水有二源，夹城西南流，合为泥溪，入乐山。县产盐，有上井四，中井七，下井二百二十六。

茂州直隶州：中。原隶成绵龙茂道。光绪三十四年裁。明，成都府属州。顺治初，仍明制。雍正六年，升直隶州，以成都之汶川及保县来隶。嘉庆六年，省保县入杂谷厅。东南距省治四百十里。广百八十里，袤四百三十里。北极高三十度三十七分。京师偏西十二度三十一分。领县一，土司六。东南：岷山，一名雪山，俗呼九岭山，北自松茂，南接灌县。东：五味山。南：巨人。北：茂湿山。岷江自松潘入，南流迳州西，亦曰汶江，黑水河即古翼水，东南来注，松溪自黑虎寨来注。又北，纳三溪，南纳南龙溪及白水河，西流入江。东桃坪、南七星、雁门、实大四关。一驿：来远。汶川冲，繁。州西南百二十里。南：岷山，又南娘子岭，为县门户。东：玉垒。西：河屏。北：寿山、七盘。东南：龙泉山。岷江自杂谷入，迳县北，名汶江，亦名玉轮江。东纳大溪口水，西纳登溪沟水，迳城西南，桃川水自东来注，又草坡河、龙潭沟、天赦山水、卧龙关水，并东南来注，入灌县。有桃关、彻底二关。驿二：寒水、太平。瓦寺宣慰司隶汶川。在县西北。明为安抚司。嘉庆元年改置。司境有草坡河。沙坝安抚司隶州。在州北。仍明旧。静州长官司隶州。在州东。仍明旧。岳希长官司隶州。在州西。仍明旧。实大关长官司隶州。在州西。仍明旧。陇木长官司隶州。在州西。仍明旧。

忠州直隶州：繁，难。隶川东道。明，重庆府属州。顺治初，仍明制。雍正十二年，升直隶州，以重庆之酆都、垫江及夔州之梁山来隶。西距省治一千五百里。广二百六十里，袤百八十里。北极高三十度十六分。京师偏西八度二十分。领县三。东，毓秀。西：高盈山、屏风山。东南：涂山。东北：九亭山。大江自酆都入，迳城西，西溪来注。又迳州东，浄溪河来注。又东，涂井河自西来注。又北入万县。州产盐，有上井三，中井八，下井二十四。州判驻石桥井，巡司驻敦里八甲。东南：涂井镇。酆都简。州西南百十里。东：青牛、大峰。西：石壁。南：金盘。东北：平都山。《水经》所谓“迳东望峡，东历平都”者也。大江自涪州入，东北流，迳城南，又东北入州。渠溪自州西南流，葫芦溪自石硅西流，碧溪自金盘山东南流，并入大江。西：北涪镇。垫江繁，难。州西北百三十里。东：佛转山。西：白龙洞。南：望月。东南：将军崖山。罗平水有三源，北源出石人山，西源出白龙洞，南源出将军崖，会于三河口，又东与高滩溪合。高滩溪自梁山入，迳城东南，又西南入长寿，为龙溪。一驿：白渡。梁山繁，难。州西北百里。东：峰门。西：金凤。南：石马。北：高都。东：蟠龙山，下有溪东南流，入州，为涂溪。又桂溪，发源五斗山，北流迳城西，折西南流入垫江，为高滩溪。纻溪源出县境，东南流入万溪。虎溪镇。一驿：太平。

酉阳直隶州：繁，难。隶川东道。明，酉阳宣慰司。属重庆府。顺治初，仍明制。雍正十二年，改重庆属之黔江、彭水二县置黔彭直隶厅。十三年，又改平茶长官司为秀山县，属厅。乾隆元年，废厅，改为酉阳直隶州，以黔、彭、秀三县来隶。西北距省治一千七百四十里。广四百六十里，袤五百六十里。北极高二十八度五十一分。京师偏西七度三十八分。领县三。北：酉阳山，州以此得名。东：龙山、荷敷。西：鬼岩。南：佛山。东南：三江山。黔江自贵州安化入，迳城西，纳南溪河、洪渡河，入彭水。北河自湖北来凤入，迳城东，南流，会邑梅河，折东入湖南保靖，为酉水。东南：叠溪，上承凯歌河，自贵州铜仁入，亦名买赛河，东北流，秀山之哨溪来会。又纳后溪、容溪，东入酉水。州同驻龙潭镇。巡司驻龚滩镇。秀山繁，难。州东南二百六十里。西：高秀山，县以此名。东：巴惯山。南：擎团、鼎桂。西南：白岁山，哨溪出焉，东与满溪合，入州会买赛河。南：地澄溪，东合遵岫溪，入凯歌河。邑梅河在东南，有红河溪会嘉塘河东北流注之，又与北河合。巡司驻石堤。黔江简。州北二百八十里。东：酉阳山。北：黄连大垭山。西：金鸡箐山。西南：梅子关山。唐崖河自湖北咸丰入，大木溪合七十八溪水来入之。阿蓬水亦名东小溪，迳城东南，又西南入州，为南溪河。有石胜、白崖、梅子三关。彭水难。州西二百里。西：壶头山。东：甘山。南：丹阳。西南：盈川山。东北：伏牛山。涪陵江即黔江，自州入，西纳长溪，北迳城西。龙嘴河自黔江来会，后江河、水洞河入之。又北纳合溪河、射香溪，西入涪州合大江。东北：亭子关。东：盐井、郁山二镇。巡司驻郁山镇。

眉州直隶州：冲，繁。隶建昌道。明，州。康熙初，彭山、青神二县先后省入州。雍正六年复置，仍隶州。东北距省治百九十里。广百六十里，袤百八十里。北极高三十度六分。京师偏西十二度三十一分。领县三。西南：连鳌山。西：醴泉。北：盘龙。东：蟆颐山。下临玻璃江，一名蟆颐津，即岷江，自彭山入，迳武阳驿，分流复合，南入青神。醴泉江发源盘龙山，东西二源，出盘龙山，分流至州北，合为双河口，绕州城与松江合，入岷江。思濛江在南，一名芙蓉溪，瀿甘水在西南，一名金流江，俱自丹棱入，迳州东南流，并至青神与岷江合。有鱼耶、东馆二镇。丹棱简。州西九十里。南：长山。北：龙鹄山。东南：三峰、金釜二山。思濛江原出龙鹄山。夷郎川源出赤崖山，与思濛合，瀿甘水自洪雅入，俱东南流入州。南：栅头镇。彭山繁。州北四十里。东：金华山。北：彭亡山，本名彭女，水名彭望。东北：峿崃、天社。西北：回龙山。大江一名汶江，又名武阳江，自新津入，迳城东北入州。府河即锦水，下流纳赤水，俱自仁寿入，南流入大江。东北：双江镇。青神冲。州南八十里。西：熊耳。西：多棱山。东：上岩、中岩、下岩，即三岩。大江一名导江，自州入，南流入乐山。思濛江、瀿甘水俱自州入，东北鱼蛇水自仁寿入，西南流，并入大江。

泸州直隶州：要，冲，繁，难。川南永宁道治所。明，州。光绪三十四年，析九姓乡隶永宁州。西北距省治七百五十里。广三百十里，袤二百二十里。北极高二十八度五十四分。京师偏西十度五十七分。领县三。州治在忠山麓，即宝山，一名泸峰。东：神臂岩。南：方山。北：玉蟾山。资江即沱江下流，自富顺入，东流迳北门外，至城东北，与大江会。大江自纳溪入，东北流，迳城南，折流合沱江，曰合江，又东入合江。悦江源出荣昌白马洞，南流入大江。支江自富顺椽子漕入，思晏江自荣昌入，并南入资江。九曲溪自隆昌入，南流至玉蟾山下合思晏江。南龙透、北玉蟾二关。巡司驻嘉明镇。州判驻九姓乡。纳溪冲。州西南四十里。东：楼子、掇旗。西：冠山。南：马鞍山。北：滨江。西：纳溪，俗名清水河，即永宁河下流，源出阿永番部，东流入大江。南：倒马、石虎二关。驿一：江门。合江冲，难。州东北百二十里。南：少岷，即安乐山。东南：榕山。西南：丁山。大江自州入，东流，迳北门东入江津。安乐溪一名小江，即古大涉水，亦曰鳛部水，自贵州仁怀入。之溪亦自仁怀入，合流至城东北入大江。南：符关。江安冲。州西南百十里。南：南照山。北：北照山。东：凤凰山。大江在城北，自南溪入，东北流，入纳溪。淯溪自长宁入，东北流，迳城西北，入大江。绵溪源出连天山，亦入大江，曰绵水口。

永宁直隶州：要，冲，繁，难。隶川南永宁道。明，叙州府。叙永同知及贵州都司永宁卫辖地。顺治初，仍明制，置同知，隶叙州府。析永宁卫隶贵州威宁府。康熙二十六年，改卫为县。雍正五年，厅地并入县，改属叙州府。八年，复设同知。乾隆元年，升为叙永直隶厅，以永宁县来属。光绪三十三年，以永宁移治古蔺。三十四年，改厅曰永宁直隶州，改县曰古蔺，并析泸州之泸卫，分州地曰九姓乡，置古宋县属焉。西北距省治九百九十里。广四百余里，袤三百九十里。北极高二十七度五十六分。京师偏西十一度十三分。领县二。东：天马山。西：宝真。南：青龙。东北：红崖。东南：狮子山。永宁河亦曰界首河，一源自小井坝入，迳城西，一源自铁矢坎入，合北流，通江溪自贵州入，纳鱼漕溪注之，入纳溪，合大江。东：罗付大河，与贵州遵义接界，下流入乌江。东雪山、西北江门二关。驿一：永安。古蔺繁，难。州东九十里。旧为巡检司驻。光绪三十三年改永宁县为今名，移治此。东：雪山。西：海漫山。赤水河自云南镇雄入，迳赤水卫东北，合永宁河入纳溪。北：梯口关。县丞一，驻赤水镇。古宋冲，繁，难。州西。旧泸卫。明设九姓长官司，属永宁卫，后属泸州。顺治四年归附，仍明制。康熙二十四年并入泸州。雍正四年设州同，后改州判。光绪三十四年裁，升县改今名。西：中和山。南：古洞岩。鱼漕溪东流入州，合通江溪。

松潘直隶厅：要，冲，繁，难。旧隶成绵龙茂道。明，松潘卫，隶四川都司。顺治初，仍明制为卫，属龙安府。雍正九年，裁卫置厅。乾隆二十五年，升直隶厅。旧隶成绵龙茂道。松潘镇总兵驻。南距省治九百五十里。广二百七十七里，袤二百二十里。北极高三十二度四十六分。京师偏西十二度五十一分。南：火焰山。北：大小分水岭。西北：岷山，即渎山，又谓之汶阜，一名沃焦山。禹导江处，其水曰渎水，即岷江，一曰汶江。东：雪栏山，下有白水，为涪江之源。合三舍堡、羊峒口诸水，经小河营，曰小河，入平武。岷江自岷山之羊膊岭南来，杀鹿洞一水东来注，经黄胜关弓槓口，一水西来注，迳厅东南，左纳东胜河，右纳窗河。又南，左纳云昌沟，右纳山坝溪，经平定关入茂州。西：黑水河，有南北二源，合流亦入茂州。有望山、雪栏、风洞、红崖、黄胜、平定、武都等关。巡司一，驻南坪。

石砫直隶厅：简。隶川东道。明，宣慰司，属夔州府。顺治十六年归附，仍明制，授宣慰司，属夔州府。乾隆二十七年，升为直隶厅。西距省治一千二百里。广二百三十里，袤二百四十里。北极高三十度十八分。京师偏西八度十五分。东：石砫山。南：大峰门山。北：方斗山。大江自酆都入，右纳神溪、钟溪、沼溪，东北流入万县。东南：宾河有二源，俱自湖北利川入，曰龙嘴溪，曰冷箐溪，迳沙子关，合为三江溪。又西南流曰后河，迳厅北，大凤溪来注。又西南，江池溪自龙潭来注。又西南为葫芦溪，西北流入酆都，注大江。东沙子、南大风二关。巡司一，驻西界沱。

理番直隶厅：难。旧隶成绵龙茂道。明，杂谷安抚司，属茂州。顺治初，仍明制。乾隆十七年改厅，驻理番同知。二十五年，升直隶厅。嘉庆六年，以茂州属之保县入之。东南距省治三百八十里。广九百六十五里，袤一百七十里。北极高三十一度四十分。京师偏西十三度十三分。领土司四。西：熊耳山。东：高碉。北：马鞌、龙山。西北：姜维、花崖二山。大江自茂州入，迳厅东南，又南入汶川。沱江在城西北，有二源：南曰杂谷河，北孟董沟，并东南流，至城西北而合，折南入大江。西：大溪，源出梭磨土司东界大雪山，东南流，亦入大江。西南维关、镇远关，西北镇安关。梭磨宣慰司厅西北。旧为长官司。乾隆四十年升置。大溪源出司境大雪山，东北流入厅。从噶克长官司厅西北。乾隆十八年置。卓克采长官司厅西。乾隆十四年置。丹坝长官司厅西。旧为土舍。乾隆二十四年改置。

懋功屯务厅：大小金川土司地。顺治七年，小金川归附。康熙六年，大金川归附。雍正元年，授安抚司。乾隆四十一年，分置美诺、阿尔古两厅。四十四年，并阿尔古入美诺。四十八年，改懋功厅，驻同知，理五屯事务。广千四百五里，袤五百七十里。北极高三十度四十四分。京师偏西十三度六十分。领屯五，土司二。懋功屯厅治。东：巴郎山。南：汉牛雪山。北：日尔拉山。西南：喇嘛寺山。东北：商角山。小金川河自抚边入，东南流，迳厅北，受南北两山水，至章谷合金沙河。抚边屯厅北百三十五里。北：孟拜山。西：空卡雪山。小金川河在屯南，合日尔拉、索乌、巴郎诸山水，西南入懋功。章谷屯厅西百八十里。东：墨尔多山、丹噶山。金川河自崇化入，迳屯东南，与小金川河合，折西南，流入打箭炉，为大渡河。崇化屯厅西二百五十里。东：刮耳崖。东南：丹噶山。东北：木果木山。金川河自绥靖入，迳屯西入章谷。小溪河发源空卡山，东流入小金川河。绥靖屯厅西二百七十里。东：索乌山。南：足古山。东南：功噶山。金川河自绰斯甲布土司入，迳屯西入崇化。鄂克什安抚司厅东。乾隆十五年置。绰斯甲布安抚司厅西。乾隆四十一年置。东：宜喜山。金川河自司境南流入绥靖。

卷七十　　志四十五

地理十七

福建

福建：《禹贡》扬州南境。明置福建行中书省，改承宣布政使司。清初为福建省，置闽浙总督。康熙二十三年，海岛平，以其地置台湾府。雍正十二年，升福宁州为府，永春、龙岩为直隶州。增置霞浦、屏南、福鼎。光绪十三年，升台湾府为行省，与福建分治。后入日本。东至海；百九十里。西至江西石城；千五百五十五里。南至海；二百七十里。北至浙江景宁。四百六十里。广九百一十里，袤九百七十五里。南至诏南县南境，北极高二十三度四十四分。北至浦城县北境，北极高二十八度。东至长乐县东境，京师偏东三度一十七分。西至武平县西境，偏西二十二分。宣统三年，编户二百三十七万六千八百五十五，口一千四百二十二万九千九百六十三。领府九，直隶州二，厅一，县五十七。

福州府：冲，繁，疲，难。清为省治。闽浙总督兼巡抚，布政、提法、交涉、提学四司，盐、粮、巡警、劝业四道，福州将军、副都统驻。道光二十三年，与英订约五口通商之一。租界在闽江北岸，曰南台，与府城对。航路：厦门、福州、三都澳。驿路：北逾仙霞岭达浙江江山；西南达广东黄冈。电线由福州北通杭州，西南通广州，东通马尾、川石山，东北通三都澳。海线由川石山东通台湾淡水，由厦门东北通上海，西南通香港。北至京师六千一百三十四里。广三百七十七里，袤四百十二里。北极高二十六度三分。京师偏东三度。领县十。闽冲，繁，疲，难。倚。府东偏。东：鼓山，为郡之镇。东南：九仙、大象、南台。南：方山。海自浙江温州迤西南入福宁，环府之罗源、连江，至县东百九十里，为五虎门。其外大洋，其内闽江口。闽江，闽大川，上汇富屯、沙、建三溪，至侯官分二派入：北派承洪山江，东迳中洲为南台江，至中岐为马头江，合大定江、演江，亦曰东峡江，至罗星塔；南派泽苗江入，为陶江，迳螺洲，左合黄山水，又东南为阴崎江，又东为乌龙江，右合榕溪，又东，亦曰西峡江，又东来会。又东过青洲，右纳太平港水，迳员山，又北支津北抵亭头乡。又东为琅琦江，复岐为二，一西北出五虎门，一东南与长乐分岸，为广石江。梅花江出白猴屿，并入焉。其下历兴化、泉、漳至粤，水程二千里，陆千二百里。闽海关总口二：一驻南台，海防同知同；一驻闽安镇，副将同。顺治十五年筑城，置战船，南北岸炮台。县丞驻营前，雍正十二年徙三水部。关外、镇口、中洲三镇。巡司三：闽安、五虎门、永庆。三山、大田二驿。侯官冲，繁，疲，难。倚。府西偏。西南隅：闽山。北隅：越王。东北隅：冶山。南：方山。西南：怡山。西：清泉。西北：雪峰。北：莲花、寿山。西北：梧桐岭。城南闽江，西北上承闽清大溪入，迳大竺，左合陈溪，至小箬，仍错出复入，右合鼋溪，左大目溪。又东南，左合黄石溪，至过山洲，合陈塘溪，为马渎江。又东过怀安洲，歧为二：北派东南左合五峰山水，为石岊江，又为螺江、金锁江，至城西为洪山江，分流复合，左合西湖水；南派右纳楼梯岭水，又南大樟溪自永福入，合浯溪、潢溪、苦溪、印溪，歧为泽苗港，先后来会，为泽苗江，又东南并入闽。北宦溪出莲花山，北会板桥塘水，折西，右合长箕岭水，迳下密，折东北为日溪，为密溪，入连江。西湖、东湖、南湖并堙。西河场。县西：西江口，大使驻。闽画地为埕，漉海水曝之，与江、淮、浙煮盐异。县丞驻大湖。梅岭、大穆、芋原、辽沙四镇。竹崎、五县寨二巡司。白沙、芋原二驿。长荣疲，难。府东南百里。东：壶井山。东南：龙泉。西南：岱遇。东北：越迁。北、东、南际海。北界闽之马江口。太平港自七岩山循界西北分入，一入其营前，一合资圣溪及文洽浦，自东水关贯城东出。又北，合考溪入洋屿。又东至筹港为广石江、梅花江、陈塘港，入猫屿。其外东沙、北犬、南犬，南为磁澳。江西有仙岐寨、蕉山寨，西至漳港为漳江。又南至壶井澳为壶井江。又南至铁炉屿为巴头港，三溪入。其外双帆石、东洛屿、西洛屿。又南迳御国山、小祉、大祉，为松下江口，至福清界。宋建炎初，陈可大始兴水利。乾道四年，徐謩为斗门及湖塘陂堰，溉田都二千八十三顷。磁澳镇。广石、筹港、泽里、厚福四汛。猫屿、蕉山、小祉废巡司。福清冲，繁，疲，难。府南少东百三十五里。城北隅：灵鹫山。东：瑞岩。东南：郭庐、海坛、南日。东南际海。自长乐迤西南为鼓屿、猫屿。屿头龙江口、海口。江上源崔溪，出西北百丈岭，东汇龙潭山水、无患溪，曰西溪。至城南，左合东皋山水，为龙首河，潴为琵琶洋入。又东南三山、高山、天马山，至莲盘。北际御国山。有大扁屿、东沙。自鼓屿迤东南为大练门。海坛南有三十六派湖。其北：军山、钟山，西：水马山，南：南茭山、草屿、东甲、西甲。又西：南日山，迤北：大岴、小岴，至迳江口。南日江上游，迳江上承苏渔溪入，西南江口桥至莆田界。牛头门、薛峰头、上迳诸汛。锦屏、江口二废巡司。宏路、蒜岭二驿。连江疲，难。府东北百里。城北：龙漈山。西北：白岩、云居。城南：金鳌。东南：定岐。东北：马鞍。东际海。自罗源迤南为北茭。其南北竿塘山，与闽南竿塘直连江口。江即鳌江，上汇罗源罗溪、长潭溪及凤板溪，闽清雪峰水，宁德排楼溪於五县寨口。又东至罗仑渡为宝溪，又东为鳌江。左合财溪、利安溪及雪溪；又东迳东岱为岱江。右合蟾步江，左珠浦，又东与东北鲤溪迳燕窝并入焉。东湖溉田四万余亩。定海、北茭、小埕三镇。东岱巡司。罗源冲。府东北百六十里。治凤山南麓。城北：文殊山、席帽。西：四明。西北：洪福砺。东南：松崎。东北际海。自宁德迤南为鉴江口，东与东冲口直循东洛、西洛，又西可门、濂澳门、松崎江口。城西：罗川出蒋山，合九溪、四明溪，歧为南北溪。复合，东迳禹步迹，县北九龙溪合起步溪来会，与白水溪，小护溪、大护溪并达于松崎江。其东南至连江界。西南：凤板溪、长潭溪，西：霍口溪，上承侯官密溪。左纳苏洋溪，屈东，南为罗溪。左纳老人山水，又东南入连江。西北杨溪入宁德。鉴江、濂澳、松山、上地四镇。古田冲，疲。府西北二百七十里。城北：翠屏山。城西：北台。西南：九龙。东：盖竹。大溪二源，东溪出杉洋镇黄居岭，西南右会太平山水，左纳甘棠溪，又西南，左合石马山水，右纳富洋溪，又东，迳城东，为东溪。屈南，西溪自其右来会。南迳鸣玉滩，错闽清复入。剑溪自南平入，左合赤凌溪、岭头水，折东南，迳小武当山北来会，口水口，亦名囦溪，又东南入闽清。东：苏洋溪、老人山水，西南入罗源。柯潭、平湖，各溉二十顷余。县丞驻水口。黄田镇。并有驿。白溪、西溪二废巡司。屏南疲，难。府西北二百二十里。雍正十二年析古田置。东南：罗经山。南：仙字岩。西南：灵峰。城西：双溪，南源出水竹洋，北源出天台岭，合为龟溪。又南至棠口为棠口溪。右合白溪，折东南，其南龙漈溪、黛溪，并入宁德。西南：甘棠溪。西：富洋溪、牛溪。闽清简。府西北百二十里。城西南：台山。西：鼎峰。西北：白云。南：金钟。东北：凤皇。城东建江，西北自古田入，合东溪，错入，合石步坑水；又东南，右合大雄溪，错侯官东北，陈溪注之。又南，梅溪，出马坑岭，会瞿县溪。又西，左合峰洋溪，折东北，左合演水溪。又北迳城西，环而东南，合盖平、仁寿、孝顺、金沙诸里小溪来会，曰闽清口，屈东北入侯官。清窑镇。洋头塘汛。永福疲。府西南百四十里。东北：摩笄山。北：文殊岩。城南：大张。南：陈山。东：观猎。西南：高盖，道书第七福地。城东大樟溪，西南上承德化浐溪入，合洑溪为洑口溪。又东北，左合东洋村及上下漈水，又东迳嵩口，至重光寺。右纳游溪，为西溪、为东溪，又东北，左合龟洋溪、漈溪，为双溪。右纳游洋支津为大溪。又东北，左合梧岭水，右十八溪，又东北迳大樟山北，是为大樟溪，入侯官。白叶湖，宋乾道二年修，溉十顷。大樟镇。漈门巡司。

福宁府：冲。隶福州道。总兵驻。明，州，领县三。雍正十二年为府，割福建之寿宁来隶，增霞浦。乾隆四年，复析置福鼎。西南距省治五百四十五里。广三百二十四里，袤二百三里。北极高二十六度五十四分。京师偏东三度四十一分。领县五。霞浦冲，繁。倚。西南：霞浦山，县以此名。城北：龙首。南：罗浮。东：筹山。西：慧日。西北：望海。东、南、西际海。自福鼎迤南，小崳山、乌崎港。杨家溪纳梓柏洋溪为赤溪，折东为雉溪入。又南三沙，迤西小皓，瓜溪入。又西松山，赤岸溪合倒流溪、三涧水入。又西百茶村，欧公河入。又西南渔洋埕，后垅溪入。又迤东南武崎山。又南废大金山千户所。又南罗浮山，是为三都澳，商埠、海关在焉。又西叶山。又南北壁。又南东冲口。又西至福安界。其北猷头山，霞浦溪入。又北盐田关，柘溪入。其西坪溪、坑口溪、富溪，并入福安。斗门闸溉田万顷。东冲、大金、古镇、斗米、牙城五镇。柘洋、三沙二巡司。高罗、杨家溪二废司。福鼎冲，繁。府东北二百十里。治桐山南麓。东：福鼎山，县以此名。东：福全。东南：茭阳。西：铁樟。南：太姥。东南际海。自浙江平阳迤西南为沙埕港。桐山溪出西北金尖山，屈东北，合金钗溪、茭溪、南溪，折南为乌溪。合透埕溪、贯岭溪，迳城东而南，合龙山溪为夹城溪，又东南为关盘港。会三叉河、前歧溪、象溪，其西南会董江为白水江，又东南迳金屿门入。又西屏风山，有福安塘、弹江入。又西黄崎山，賔筜溪入。又西北九曲港，王柄溪会才溪、蔗溪、跃鲤溪、秋溪入。又西峡门，硖门溪合濮阳溪入，又西至霞浦界。西南：樟柏洋溪入霞浦，管洋溪入浙江泰顺。沙埕、峡门、南关三镇。秦屿，参将驻。有巡司。潋城废司。福安疲，难。府西北百三十里。城北隅：铜冠山。城东：鹤山。北：扆山。东北：大东。西：福源。东南：马顶、城山。南：重金。南际海。自霞浦迤西南，为官井洋、白马门口。大溪二源：东溪北上承浙江泰顺，宁寿后溪，自缘界入，右会蟾溪；西溪上承宁寿托溪来会，为交溪，至城西栖云潭，右合秦溪，是为大溪。又东南，左纳坑口西坪水，折西南，会松洋溪，为三江口。又南为苏江，右合薛阪，左赤石关水。又东南为印江，黄崎江入。又东南，迳白马门、达官井洋，入于海。有白石关巡司。白石镇废司。宁德疲，难。府西南百三十里。西：白鹤山。东：官扈。东南：金瓯。南：勒马。北：霍童山，白玉蟾云“三十六洞天第一”，高二十里，周五十里。东南际海。自福安迤西南为云淡门，松洋溪支津西北自寿宁入，纳麻阳峡水为南门溪。显圣溪缘屏南界合双溪来会，为外渺溪。又东南，左合赤溪，迳铜镜为金乘港入。又西南北溪，西北上承屏南龙漈溪入，迳石堂山合黛溪。又南，东为金溪。又东南，覆鼎屿、白匏山、青山。其南，青屿门。北溪南支合钟洋溪，纳杨溪，迳城北为蓝田溪。又东南合古溪，又东合蒲岭水，为飞鸾江，合焦溪入。又西南至罗源界。其松洋溪经流东南入福安。东湖、飞鸾镇。霍童巡司。石堂二废司。寿宁简。府西北二百八十里。城北隅：真武山。北：立茂。东：丛珠。西：天马。托溪即北溪，西北自浙江庆元入，为九岭溪。又东南合西溪，至斜滩会南溪。其北蟾溪出西北大熟岭，会茗溪贯城东出，迳笔架山，屈东南，缘界并入福安达交溪。又北，西溪出庆元界青田隘，东合官台山官田洋水，又东为葛家渡溪。又北后溪自浙江景宁入，为上地溪，合小东水。又东，折北，错泰顺复入。又东南为百步溪，右合武溪，复错泰顺与西溪合。下游亦注交溪。西南松洋溪自政和入，迳芹山至泗洲桥，支津西南出，又东南至溪口，并入宁德。里老桥陂溉田二百余亩。渔溪巡司。

延平府：冲，难。延建邵道治所。明，领县七。雍正十二年，割大田隶永春。东南距省治三百六十里。广三百里，袤三百十八里。北极高二十六度三十九分。京师偏东一度四十九分。领县六。南平冲，繁，难。倚。南：九峰山。东南：屏山。城西：虎头。东北：演仙。西北：莲花。西南：金凤。剑江一曰建江，为闽江上流。二源：东北东溪，上承建安建溪入，迳高桐，左合埂埕溪，右群仙洋、大小涪水，迳城东而南；西北西溪，上承顺昌大溪入，迳上洋口，左合鸬鹚溪，又东南，右合黄泥溪，至双溪口，右纳沙溪，又东南，折东北，迳城南来会，是为剑江。右合十里庵口溪、南平里溪、罗源溪，左纳吉溪。又东南，左合岳溪，右金钢岭水，尤溪亦自南来会。又东，左合武步溪入古田。东溪、黯淡滩、南溪、龙窟滩险甚。岭峡巡司。又大历废司。大横、剑浦二驿。顺昌繁，难。府西少北百二十里。北：华阳山。西：凤山。西南：大明。西北：七台。城南大溪，二源：西北富屯溪，上承邵武大溪入，东南，左合顺溪，右大干溪，迳城西而南，亦曰礶砧溪；西金溪，自将乐入，合交溪、娄杉溪来会，是为大溪。右合洄村溪水、南溪，又东，右合石溪、棋溪，入南平。镇四：仁寿、上洋、大干、安抚。仁寿废巡司。将乐疲。府西二百二十里。城北：西台山、龟山。东：莲花。西：钟楼。东南：天阶、乌石。东北：封山、石帆。南：仙人塘。西南：五龙。城南金溪，西北上承泰宁大溪入，迳万全北，合常溪、竹洲溪、将溪，屈东南，右合三溪寨水，左望江溪、狮村溪，又东，右纳池湖溪、水口溪，折东北，至城东南，是为金溪。龙池溪合沙溪自北来会。又东，左合安福口溪，迳三涧渡，右合常口溪、漠村溪，左濑口溪、黄坑口溪，又东入顺昌。西北瓜溪，屈西北入泰宁。万安巡司。沙繁，难。府西南百二十里。城北：凤冈山。西：岩山。西北：陶金。西南：吕峰。北：将军。东北：马笠。东：玉山。南：七朵。其下沙溪，二源：一太史溪，西南上承永安燕水溪入，迳莘口，右合西霞坂水，左明溪，又北，右合蒋坑水，左斑竹溪、陇东溪，至城东南；东溪出顺昌界天柱山曰半溪，东南至漈口，又会瓦溪，合幼溪，又南迳城东来会，是为太史溪。又东，左合鸬鹚溪、玉溪、杨溪、下湧溪、下湖溪，右洛溪、琅溪、丹溪、高溪、渔溪，入南平。北乡砦巡司。永安繁，难。府西南三百里。城东二山，南登云塔，北栟榈。西北：黄杨岩。东南：斗山。东北：贡川。城北燕水溪，西北上承清流九龙滩水入，迳大岭，屈东，左合罗峰溪；右橡岭水，至八仙岩。东连城姑田溪自西南来会，是为燕水溪。又东，右会南溪及浮流溪、林田水、桂溪，至城北，右合大梅溪，左益溪，又东北为贡溪，左纳坊溪、田沙溪，右合青溪，其东南黄田岭水，北合乌阮水为西霞坂水。其北明溪自归化入，又东并入。镇二：西洋、星桥。安沙、小陶二巡司。英果、黄杨、湖口三废司。尤溪繁，难。府南百六十里。城北：永山。西南：鸬鹚。西：番山。东南：石井。南：眠象。东：参拜。尤溪城南二源：湖田溪西南上承大田县溪入，迳高才，左合包溪，右漈头溪及汶水，又北，左合新桥溪，右宝溪，至城南；青印溪出沙界罗岩峰，东南右合新坑水，左麻溪、小溪，迳城西来会，是为尤溪。又东为云潭，右合双髻山源湖水，左华南溪，又东，左合塔兜，右资寿溪，入南平。明溪北自归化入，又东入沙。官陂西南溉田数千顷，波及德化界。高才坂巡司。

建宁府：冲，繁。隶延建邵道。明领县八。雍正十二年，割寿宁属福宁。东南距省治四百八十里。广四百九十五里，袤四百三十里。北极高二十七度四分。京师偏东二度。领县七。建安冲，疲，难。府东南。东北隅：黄华山。城南：覆船山。东北：马鞍山。东南：象山。西南：龙池。建溪亦曰建江，二源：松溪东北自政和入，屈西南，左合川石漈，右东游、横谷、坤口、千源诸溪，又西南，左合东茋溪、沙溪，至城东南为东溪；又西，西溪自瓯宁迳城西南来会，是为建溪。又南迳太平驿，右合古老岭、下溪、秦溪及其支津，左纳百丈溪、房村口溪，入南平。双溪、大官陂各溉田十一顷。迪口县丞。房村巡司。太平一驿。瓯宁冲，繁。附府西北。北：天湖山。西北：乌石。东：东山。城西：龙首。城南：覆船。东北：天堂。西溪二源：建阳溪自县入，东南迳叶坊驿；柘溪自浦城入，迤西南，左合蓬岭水来会，为双溪口，又南，右合吉阳溪、兴贤溪、跃鳞溪，左紫溪、宜均溪，至城北分流，复合于临江门外，是为西溪。百丈溪出县西北山，合登仙里水，东游溪出东北畲口，并入建安。巧溪出西黄源岭，入顺昌。凤坑水出东北白石山，东入松溪。将军山下陂溉田千余顷。吉阳、营头二巡司。叶坊、城西二驿。建阳冲，疲。府西北百二十里。城西隅：大潭山。西三十里，太平、九峰、唐石。西北：芦峰。北：阑干。东北：砚山。南：莲台。西南：五峰。建阳溪亦建溪，二源并西北：崇溪自崇安入，曰北溪，左合陈溪，又南折东，左合芹溪，至河船，右合石船溪，左锦溪及油溪，屈西南至城东南；西溪出西北毛虚漈山，会竹溪、瓦溪，屈南，右合化龙溪，折东，右合莒溪、马伏溪，左龙口溪，迳玉枕峰西，又东来会，是为建溪，亦曰交溪。迤东南迳樟滩，左合窑溪、将溪，右长湍溪、吴墩溪、徐墩溪，入瓯宁。油陂溉田五十顷。西：麻沙镇。南：盖竹镇。南槎巡司。建溪一驿。崇安冲，繁。府西北二百四十里。南：武夷山，道书第十六洞天，周百二十里，峰三十六，岩三十七，岸壁红腻，棱叠可爱。北：黄石。东北：济拔。西北：三髻。西：白华。东：仙洲。东南：寨山。崇溪二源：东溪出东北石臼里，汇岑阳、寮竹诸山水，西南，左合小浑溪，右浴水溪、岚溪、新丰溪，至大浑里，右合大漈溪，又西南至林渡；西溪出西北分水岭，会大安源、双溪，又东，左合温林、观音二寨水来会，是为崇溪。又南过押衙洲，分流复合，迳城东，右合黄龙溪。又南，左合梅溪，迤西右合九曲溪，屈南至黄庭，右合黄石溪及籍溪，又东南入建阳，为北溪。芦陂溉田万余顷。镇二：温岭、黄亭。五夫里巡司。兴田、裴村、大安三驿。浦城冲，繁。府东北二十七里。治黄华山南麓。城东隅：越王山。城北：横山。东北：太姥、盖仙、仙霞岭。南：回隆。西南：西阳。东南：金斗。柘溪、南浦溪出东北柘岭西南，右合灰坞漈、上溪，左半源、渔仓、里洋诸水，又西，右合渔梁溪，左官田溪，侧城西南，冻蕤夹岸，亦曰梅花溪。新溪出西北百丈山，合洪源溪来会，是为柘溪。又南：右合东源溪，左大石溪，又西南，右合临江溪，左富岭溪，迳曹村，右合石陂溪，又南入瓯宁。北盆亭溪，西会小竿岭、梨岭水，詹溪，入江西广丰，注信溪。富岭，县丞治。镇一：渔梁。巡司二：庙湾、溪源。驿二：小关、人和。松溪简。府东百六十里。治蹲狮子山南麓石壁山。东：王认山。东南：七峰。西：皆望。东北：鸾峰。松溪二源，分出浙江龙泉小梅、庆元温屿而合，迳木城隘入。西南迳旧县塘，左纳新窑水，又西，右纳松源溪，又西至城东南，右合杉溪、白石溪，又西南入政和。吴村，县丞驻。渭田巡司。政和简。府东百四十五里。东：池栋山。东南：大凤。南：飞凤、洞宫山，道书三十七洞天。东北：天柱峰。西北：南禅。松溪自其县入，迳常口，迤东南至西津渡。七星溪迳铁山口，合石龟溪、胡屯溪，又西合茶溪，迳城南合官湖，又西南来会。又南，亦曰当阳溪，左合小层溪，右山表溪，入建安为东溪。东北新阬水，出天柱山，东南双涧溪出溪门岭，合下园溪、李洋水，并入寿宁。又南和溪出西表岭，入宁德。范屯诸陂四十有四。下庄巡司。又苦竹废巡司。

邵武府：冲，疲。隶延建邵道。明属福建布政司。顺治三年，隶武平道及分守建南道。康熙六年并废，改。东南距省六百七十里。广二百二十里，袤二百六十里。北极高二十七度二十一分。京师偏东一度五分。领县四。邵武冲，繁，疲，难。倚。西南：殊山，为郡祖龙。西：登高。南：福山。东：鸡鸣。东南：浮潭。北：云际。东北：泉山。邵武溪即大溪，西北上承光泽交溪入，中合中坊溪，左勋溪。又东南，左合田段漠口，右和顺高家渡龙斗溪，迳紫云滩，右合溪西镇龙桥药村水。又东至城北，左合石鼓溪、石樵溪，又东南，右合鹿口溪、铜青溪、大竹溪。折东，左合拿口上下溪，右密溪。又南，左合骄溪，至板孔滩，右合外石，左卫闽溪。又南，右合谢坊，左下黄溪、绣溪，至水口，右合桃溪，又东南入顺昌。官坊溪出东南官尖峰，西南入泰宁，注龙湖溪。黄溪溉田四十顷。乌坂城，城东。黄土关，西南。有黄土三盐场。水口、拿口巡司二。光泽冲，难。府西北八十里。城东：罗嘉山。西南：管蜜。西北：大和、昂山。东北：乌君坞。西溪上承马岭山水，自江西新城入，东迳罗家渡，右会象牙山岩岭隘，左石螺山水，为西溪。迤北，左得小禾山水，又东至水口，左纳朱溪，右陈溪，折北合大岭水，至册下。左合马丫山、何家山、上下原诸水，迳城西，支津入城为九曲溪。又北，过牛洲至城东，复与云岩水来会。又东至乌洲。北溪东北自铅山马铃隘入，迳云际关南会大棋山水。又西南，左合延寮，右火烧关水，至举贤，右合苦株阬，左肩盘岭水，又西迳小寺州，右纳冷水坑水。又西南，右合峰坳水，又南迳城东来会，是为交溪。又东南，右合花园水，入邵武。西北大和山水，其西牛田水，并入芦溪。松林陂溉田八顷。清化镇。大寺巡司。建宁疲，难。府西南二百十里。西北：白鹿山。北：何家。东南：大弋。城东：南山。西：凤山。城南：濉江，西南上承宁化宁溪入，左合都溪及里源溪，又北，右合金铙山水，又东北，右合百丈岭水，是为濉溪，迳城东而北，汇为何潭。又东，右合开山溪，迳横口，左纳永城溪，右合武调溪及冯家潦溪，又北，东入泰宁。东南黄土岭水，东入归化。双溪、张家陂各溉田七顷。泰宁简。府西南百四十里。城西隅：炉峰山。北：钟石。西：青莲。东北：旗山。南：石山。大溪亦东溪，东北上承邵武官坊溪入，右会龙湖。东溪纳龙湖，迳济桥，右纳交溪，左合梅林溪及朱口溪。又西南，合龙门溪及将溪，至山夹桥，左纳黄溪，至城东，右合杉溪，汇于何潭，是为城东三涧。折西，左合福冲溪、均福溪、二十四溪，至南会保，右合瑞溪、石塘溪，建宁濉江亦自西来会，是为双溪口。折南，右合龙安溪、金口溪，又东南为布溪，入将乐。乐思坝本鸬鹚陂，溉田四十顷。

汀州府：冲，繁，疲。隶汀漳龙道。东北距省治九百七十五里。广三百五十五里，袤四百三十里。北极高二十五度四十七分。京师偏东二分。领县八。长汀冲，繁。倚。今治南城。北：卧龙山。东：马鞍。城南：圆珠、宣严。西：玉女。东北：翠峰。东南：七宝。鄞江即汀水，东北自宁化入，右合将军山、天井山水，又西南出龙门峡，右合梓步溪，又南为湘洪峡，右合小湘溪。折西，右合北溪及东溪，又西南，右合篁竹岭水，迳城南，右会西溪。又南，左合南溪，又东南，左合钟家坑诸水。又西南，左合黄凤溪，濯田溪合桃杨隘水、腊溪、黄峰水、桐木坑水，迳濯田自其西来会。又南，左合羊角溪，右纳小澜溪，入上杭。下至广东下埔为韩江，至澄海入海。东：虎忙岭水，其南牛尾岭水，又南八仙岩水，并入连城。其西矶头水，入上杭，西北贡水，即湖汉水，入江西瑞金，为贡江，行七百馀里，下流与章江会为赣江。大城寨巡司。馆前、临汀、三洲三驿。宁化简。府东北六十里。城北：翠华山。南：五灵。西南：南山。东：墨瓦。东北：宝螺。西北：西华。大溪二源：西溪西南出狐栖岭，东汇为蛟湖，折北，左会陈家坑水、觉溪，折东至城东南；东溪，北出建宁界三都岭，又南，左合罕坑，右若竹岭水来会，是为大溪。有乌路峡。右合合溪及上坪村诸水，与其南安乐水、罗溪并入清流。西南龙萝山水，入长汀。西北宁溪，东北入建宁。七里圳导竹篙岭水自新安桥至西溪三百五十丈，溉田数千顷。县丞驻泉上里。石牛、安远二巡司。清流简。府东北二百里。城北：屏山。南：龙山。东：东华。东北：国母嵊。东：隘岭。清溪即大溪，西北上承宁化大溪入，左合三港溪、郑家坑溪，右合安乐水，迳城南，右合严坊水，左嵩溪、梓材坑水，又东南至罗口。文川溪，上承连城清溪入，合楮岭水，会罗溪。又东北，合官坊溪来会。又东，左合油瓶、隔石、洞口水，又东入永安。东北梦溪合芹溪、炭山水入注之。铁石矶废巡司。归化简。府东北二百九十里。南：楼台鼓角山。西南：银瓶玉珓。东：龟山。东南：南山。西：黄牛。北：蛾眉。东北：龙西嶂。明溪西出永安界五通坳，会大岭水，迳城北，右合黄溪而东，左合隘门叉，右雪山水。又珩溪、小明溪，又东左合瀚溪，又东为沙溪，左合无尘坑，右吕源水，至紫口坊。右合夏阳溪，折东南，左合紫云台水，与南大吉溪、胡坊溪并入永安。西北铺溪出黄婆山，会宁化泉、上里水。又北建宁水，自长岭隘入，合枫溪来会，折东，左合鳌坑，右丘地、茶坑二水，又东北入将乐。东北瓦溪入沙。大陂圳西北长二十里，溉田数万亩。夏阳巡司。明溪驿。连城简。府东南百四十里。北：蟠龙山、萧坑。南：银屏。东：莲峰。东南：天马。东北：马坑。文川溪源自西南五磜，东北，右会金鸡山，左张坊水，迳城南而东，合草笠山水。折北，左合李坊水，至麻潭，右合楮岭水。又西北，左纳虎忙岭、牛尾岁二水，折东北入清流。西南丰头溪，源自郎村隘，左会冈上水，右会牛尾岁南水。又西南，左合莒溪、苧园溪，右纳八仙岩水，入上杭。东南曲溪，其南赖源水，并东北入永安。少西大东溪，又西隔溪，并东南入宁洋。北团寨巡司。上杭冲，繁。府南二百四十里。北：紫金山。东北：覆笋。东：冷洋。东南：铁障。南：横琴。西：展旗。西南：羊厨。城南大溪二源：鄞江西北自长汀入，屈东南，左合射溪、金山溪，右九华溪，至水铺塘，右纳檀溪，至九洲关；丰头溪东北自连城入，右纳矶头水，左合九曲溪、苦竹溪，又西南来会，是为大溪。屈南，迳城东而南，濑溪自西南来会。横琴冈一曰龙翔溪，又南，左合安乡溪，至樟树潭，左纳丰稔溪，又西南，右合白沙磜水，又东南，左会永定溪，右合磜头水，入广东大埔，注神泉河。县丞驻峰市。平西、篮屋二驿。武平简。府西南二百六十里。北：交椅山。东：梁野。西：灵洞。武平溪二源：东北大丰溪，源自永平寨东，左会当风岭水，右合渔溪，左灵聚溪，西南，左合下黄溪、黄沙溪，为化龙溪，至朱阬西北；大溪自江西会昌入，左合石径岭水，径武平所东，屈南，右合溪头水来会，是为武平溪。又西南，左合岩前寨水，入广东镇平，注大溪。东中保水，东南象洞水，并入上杭。北大顺溪，东北，左纳石子岭水，入长汀。西南马战嵊水，西北张阬水，分入江西长宁、会昌。象洞、永平二巡司。永定繁，难。府东南三百六十里。北：龙冈山。南：挂榜。西：印匣。西北：黎袍崃。东北：寒袍崃。东：圆岭。永定溪东北上承龙岩、文笔山水，迳富岭北，屈西南，左合分水岭水，右文溪、武溪，至溪口，右合凉伞寨，左湖雷水，迳城东。又西南，左合当风坳，右分水坳水，入上杭。东南金丰溪，出岩背山，西会下佛子隘水，屈西南，左合高头水、莒溪、香南溪，右鸣岐岭、新村水，入广东大埔。西北丰稔溪，出茫荡洋山，错上杭，会大丰坝水复入，合合溪、香溪、跳鱼溪、跃鳞溪、汤湖溪，再错复入，合小大阜漈水仍入之。三层岭、太平砦二巡司。兴化废司。

漳州府冲，繁，疲，难。汀漳龙道。漳州总兵驻。明，领县十。清初因之。雍正十二年，升龙岩为直隶州。漳平、宁洋割隶。嘉庆元年，析平和、诏安地增置云霄厅。东北距省治六百八十里。广二百七十里，袤二百九十里。北极高二十四度三十二分。京师偏东一度二十分。领县七，厅一。龙溪冲，繁，疲，难。倚。城西北隅：登高山。北：天柱。西北：九龙。南：名第。东：文山。东南：龙漈。西：天宝。九龙江西北上承漳平九龙溪入，迳涵口，又南为华崶溪。又东南，左合石兀山水，迳下漳，左纳高层溪，右三脚灶水，入为汰溪。碧溪至香洲渡，左纳龙津溪为郭溪，又东为柳营江。南门溪上承南靖大溪入为梅溪，支津入城。又东，合龙漈山水，至三叉河歧为石码港，又东北来会，为福河。又东为锦江，过许茂乌礁歧为二，分出二洲间，并入海澄，与南溪合入海。通判驻石码。镇四：东关外、木屐、石尾、玉洲。驿三：江东、甘棠、丹霞。有新岱巡司。九龙、柳营江二废司。海澄难。府东南五十里。雍正十一年割漳浦之镇海卫来隶。西南：儒山。北：文圃。南：席帽。东：吴养。西南：侯山。东南：鹿石。东、南、北际海。北自同安迤西南为浮宫港。南溪，西南上承南靖马坪溪，缘界为马口溪，又东南为倒港，歧为二：一东北迳白水营北入；一东北迳城南，复歧为二，一东夹洲入，一北迳城西而北为普贤港，迳沈屿为卢沈港，会龙溪、石码港、锦江，又东过恒溪、玉枕二洲，迳胡使二屿、圭屿与海沧港，达同安鼓浪屿入焉。镇四：镇海、浯屿、海沧、海门。海门、濠门、岛美三废巡司。南靖繁，疲。府西四十里。南：林壁山、西天山、独坐。东北：岩仓岭。东：峡口。西南：麒麟。西北：朝天岭。城南双溪二源：大溪亦西溪，西南自和平入，为高港，西北迳长窑墟，折东北为小溪口，左纳博平岭水，折东南为鲤鱼溪、船场溪，合象溪，纳琯溪，至旗尾渡；小溪亦东溪，西北自漳平入为员沙溪，又南合沄水、阬水，折东合鹅髻山水，又南迳金山北，出湧口至太监岭，西合涵溪，折东，左纳苦竹村水，又南来会，为双溪口。折东，迳城南，为湖山溪，又东南为峡口溪，又东入龙溪。马坪溪自平和缘界合老灶山水，又北，东入漳浦。龙磜陂溉田三千余亩。巡司二：和溪、永丰。又九龙砦废司。驿一：平南。漳浦冲，繁，难。府南百二十里。城北：罗山。南：梁山，西麓盘陀岭。西南：将军。东：海云。东北：太武。东南：良山。东南际海。自海澄迤西南为井尾澳，黄女江入。又南将军澳。迤西虎头山，山北六鳌废所。又西竹屿、浮头港。李澳川西北上承平和五寨溪入，右合崎溪，又东南为秦河，又东南迳龙头保入，又西南为古雷城，至云霄厅界。其北杜浔溪入。南溪上承南靖马坪溪，缘界合小溪，又东迳大帽山北入海澄。县丞驻佛昙。镇一：杜浔。驿二：临漳、盘陀岭。平和冲，繁。府西南二百里。东北：长卢山。东：九牙。南：天马。西北：象湖。东南：大峰，四溪出焉。曰河头溪，西会官寮山水为合溪、矗溪，双西迳楼宅山，至城南。又西，右合大芦溪，入广东大埔，注清远河。曰高山溪，东北，左会小坪山水，右合南胜溪。又东北为琯溪，左合高磜溪、碧微溪，右九团溪，又东北入南靖。曰河上溪，东南会白石山水为三合溪，又东南合佛几岭水，入云霄厅。曰徐阬溪，西南会陈溪、天马山水，又南，左合下陂溪、马溪入诏安。东南五寨溪，东入漳浦为李澳川。高港溪东北入南靖为大溪。南靖故城，县丞驻。镇二：南胜、庵后。有琯溪巡司。诏安冲，繁。府西南二百五十里。城西：良峰山。西北：金鸡。北：乌山。东：奇山。东南：川陵。东南际海。自云霄厅迤西南为铜山废所，东北与古雷城直为石城屿。其西渐山、八尺门汛。其间后澳港、大陂溪合梅洲溪入，有金石废司。其南南浦，又西南宫前，迤西北悬钟废所。东溪东北上承平和徐阬溪，合下陂溪，又南，右合白叶洞水，又东南合赤溪，迳城东回林岐为二，一自东沈村循甲州而东，一自奥雅头右合磁窑溪，迳牛姆礁，入于海。南南澳，总兵驻。又西至广东饶平界。新陂溉田二千余亩。镇九：悬钟、云澳、青澳、西炮台、草寮尾、红花岭、分水关及铜林之后林村、宫前村。铜山场大使。漳潮巡司。驿二：南诏、大碑塘。长泰简。府东北三十八里。西北：良冈山。北：董峰。东：天柱、蜈蚣。东北：内方。龙津溪出东北林口隘，东南，左合芹果溪，又南左合白桐山水，右歧为岩溪，注高层溪，入龙溪。又南，左合马洋溪、可垅溪，折西迳城南，又西南迳鼎山北入龙溪。有朝天岭废巡司。云霄厅中。府西南百六十里。嘉庆三年，析平和、诏安置。东：大臣山。南：马山。西：将军。西南：真武崎。西北：呈奇岭。东南际海。自漳浦迤西南，杜浔港入。又西，西林溪，西北上承平和白石溪入厅北，又南迳大田，左合岭脚水，右纳龙头水，又南迳为西林溪，右合将军山水，侧城东南，右合御史岭水，与杜浔港达於漳江。陈岱港出城东南盘石，东南流，迳八尺门，入於海。石蛇尾、梅州二镇。

龙岩直隶州：繁，难。隶汀漳龙道。清初因明制为县，属漳州。雍正十二年，为直隶州，割漳州之漳平、宁洋隶之。东北距省治九百二十里。广二百二里，袤百九十一里。北极高二十五度九分。京师偏东三十九分。领县二。城内：大崶山。城北：后山。南：奇迈。东：东宝。西：虎岭。城南龙川，出州西九曲岭，会大小池水，东为罗桥溪，迳城南，汇为石鼓潭。右合陈陂溪及曹溪，又东为东溪，迳观音座山，汇为瓮口潭。左合傅溪，又东北为雁石溪，左合硔溪、碇头溪。其北藿溪，上承连城大东溪入，合隔溪，迳溪口，右合长坂溪，左纳小东溪。有雁石巡司。适中驿。漳平难。州东百七十里。西北：古漈山。北：三山。西：龙停。东：东关。南：覆鼎。东北：凌云。城南九龙溪二源：东源西北上承宁洋大溪入，为九鹏溪，又东南，左纳藿溪、西阬水，又南迳盐场塘西；西源雁石溪自州来会，是为九龙溪，又东，右合吴地溪，迳城南，汇为九龙潭，又东南，右合黄畲铺水，至华口塘，左纳感化溪，右合下折溪，二溪相交如十字然，又东南，与南三脚灶水并入龙溪。东北古格岭水，入安溪。后溪洋陂溉田六顷有奇。有永福里镇。归化、芦溪南废巡司。宁洋简。州东北百八十里。北：金凤山。南：香寮。西：芙蓉。西北：杀狐岭。城南大溪三源：北溪出西北梨子岭，会百种畲洞水，迳城北，会西溪，至城南，会南溪，是为大溪；又南，右合西溪，又东南，并入漳平；东溪出县西炉山峰，西南流，合热水、小溪水入龙岩。

兴化府：冲，繁。隶兴泉永道。清初因明制。北距省治二百四十里。广二百十里，袤八十五里。北极高二十五度二十六分。京师偏东二度四十七分。领县二。莆田冲，繁，疲，难。倚。南：壶公山。东南：五侯。西南：天马、龟山。西北：夹漈。北：浮山。东北：澄渚。东：持久。东南际海。自福清迤南为黄竿。北荻芦溪，会澳溪为洙溪，汇为北洋太平陂，达迎仙港。延寿溪上承九鲤湖，东为莒溪，汇为北洋延寿陂，达涵头港。木兰溪上承仙游仙溪，东为濑溪，又东堰为南洋木兰陂，达白湖港。三港既会，是为三江口，又东入焉。又南：美南。东南：青山。沥峙塘，唐筑，溉田百四十顷。县丞驻平海。盐场大使三，驻涵江、前沁、东峤。湄州、忠门二镇。涵江二巡司。大洋凌厝废司。莆阳驿。仙游难。府西七十里。治大飞山南麓。西北：仙游山。东：铁山。北：将军。东北：石所。南：白岩。城南仙溪，西北自德化入，为大目溪，右合古濑溪，又东，右纳金沙溪，左合大济溪，为三会溪。右合神堂溪，迳城南，又东北，左合走马山水，右纳石二岭水，至东渡，左合安吉溪。其北九鲤湖，并入莆田。其南枫亭溪入海。北游洋溪入永福。兴泰、枫亭二巡司。白岭废司。

泉州府：冲，繁，疲，难。隶兴泉永道。提督驻。通判驻蚶江。明，领县七。雍正十二年，升永春为直隶州，割德化隶之。东北距省治四百十里。广二百七十里，袤二百里。北极高二十四度五十六分。京师偏东二度二十五分。领县五。晋江冲，繁，疲，难。倚。城北：清源山。东南：法石。南：狮山。西南：石塔。北：双阳。东北：凤山。东南际海。自惠安迤西，其洛阳港入为洛阳江，会长溪入白屿。晋江上承南安黄龙江，东南为笋江、浯江、溜石江，至磁灶，迳法石汛为蚶江入。少南，陈埭、玉兰浦、植壁港入金屿。屿南石湖即日湖。又东东埔，东北与崇武所直。又西深沪湾，又西南围头镇，又西北石菌、白沙。九溪自南安入，为安海港，合灵源山水入，又西至南安界。县丞驻石狮。浔美场大使。镇二：浦边、围头。巡司二：鹧鸪、雒阳。又庵上废司。驿一：晋安。南安繁，疲，难。府西四十五里。城北：葵山。西北：鹊髻。南：灵秀。西：九日。西南：觉海。城南金溪二源：自永春入者桃溪、小姑溪，合于使口，又东南歧为二，一南合高田山水，一东合泸溪、凌斜溪，复合为双溪口；自南安入者蓝溪，东迳珠渊汛，左合洞后埔水，右英溪、归溪，又东亦歧为二，东与永春水会，东南迳金鸡山为金溪，至城南为黄龙江，一南合囷山、蟹阬山水，至白石复歧，一东迳娘子桥，一南迳官厝，合柏峰山水为九溪，并入晋江。县丞驻罗溪。莲河场大使驻营前。镇一：洪濑。巡司驻大盈。又澳头、莲河二废司。驿一：康店。惠安冲，繁，难。府东北五十里。东北：龙屈岭。西北：大帽山。东：五公。东南：松洋。南：锦田。西南：盘龙。城西：登科。东际海。自莆田迤西为横屿、洋屿、沙格澳、傅埭、添崎港入，又南峰尾澳、峰崎港入岱屿、吉屿，又南黄崎澳，又南小岞，东北与莆禧所直。胡埭出石佛岭，合藩厝水，迤西大岞，又西崇武澳、獭窟澳，又西下按澳。峰崎港支津西南迳走马埭，合龙津溪、马山埭入。其北洛阳港，至晋江界。又北大溪，入仙游。镇三：崇武、沙格、黄崎。门头乡，盐大使驻。良兴巡司。涂岭废司。驿一：锦田。同安冲，繁，疲，难。府西南百三十里。北：三秀山。东北：大轮、北辰山。东：九跃。南：宝盖。西：西山、夕阳。南际海。自南安迤南为大嶝屿，莲溪入。又西北石浔港，抵城南，东溪、西溪入。又南下店、浔尾，后溪、深青溪入。迤东高埔、离埔、洒洲屿、白屿。其南大岛二，东曰金门，有北大武山，县丞驻。其北官澳，其东峰上，又东料罗。西曰厦门，故嘉禾屿，东南与澎湖直，有洪济山。道光二十二年，《金陵条约》为商埠。分巡兵备道。光绪甲午后，水师提督驻。五通渡、高崎汛、筼筜港入金、厦之间。悬屿有大担门、小担门，南抵海澄、浯屿。厦门西南隅鼓浪屿，有德、英、日、法领事署。镇六：店头、新墟、下店、大路尾、浯屿、高崎。通判驻马家巷。浯州、祥丰二盐大使。灌口、石浔、刘五店三巡司。驿二：大轮、深青。安溪疲，难。府西一百五里。西：蓬莱、驷马。南：黄龙山。黄蘗又名午山，为县中众山之宗。北：凤山、翠屏、雪山。东南：北观、金龟。西南：龙塘。西北：鹤顶、佛耳、朝天诸山。县南三里，蓝溪亦曰清溪，源二。西北源出龙岩、漳平东北古格岭，东南流入县。东南迳桃舟隘，西受梯子岭水，南流迳连德坂，南折而东北，迳龟坝南来会，又东北错入永春洲，永春洞口溪自北来注之，又折而东南，复入县。又东迳小横乡南，受熊田溪，溪亦自永春入。又东南受汉阪水，又南至魁斗西，受东溪、三层溪，又东南迳县治西，曰吴埔溪，又南合西源。西源出县西南北岸山东麓，东北流，受白叶山水，又东北迳举溪坝南，受留山水，又东北受溪益水，复合九峰山后溪、胡坑诸水，又折而东南，迳五里埔北，受龙门岭水，又东曰湾江，又东与西北源合。合而环县东南，是为蓝溪。又东迳罗渡南、田隙乡北，入南安。有长坑、湄上二镇。

永春直隶州：繁，难。隶兴泉永道。明，县，属泉州府。清初因之。雍正十二年，为直隶州。泉州德化、延平大田割隶。东北距省治四百十里。广百八十五里，袤百八十八里。北极高二十五度一十八分。京师偏东一度一十八分。领县二。西北：大鹏山、雪山。东：昆崙。东南：花石。西：陈岩。西南：龙山。北：浮空。东北：乐山；雪山，桃溪出，为陈岩溪，合锦溪为埔兜溪，左合新田溪，又东迳东平山为洑溪，左合冷水坑水。又北，东为磁灶溪、石鼓溪，合龟龙溪，又东为州前溪，留湾溪，左合新溪支津，又东南与小姑溪并入南安。新溪出西北天马山，其经流东入仙游。西北熊田溪自德化入，屈西南为碧溪，右合上窑水、南洋水，其西洞口溪，并入安溪。黄坂镇。德化难。州西北三十里。治龙浔山南麓。北：绣屏。东北：石牛。东：龙门。东南：天马。南：双鱼。西：五华。西北：戴云，浐溪出，为东埔水，会李山水，南，西为白泉溪；又南，右合黄洋溪、花桥溪，为石溪、苏溪、涂坂溪，右合龙潭水，左盖竹溪、郭坂溪、丘店溪，又东为西门溪，至城南，是为浐溪。右合大云溪、黄斜溪，左丁溪。又东北，左合龙门溪，右碧潭水，至高漈。左合龙潭水及上云溪，又东北迳岱山，左合南埕溪，折西北，左合卢溪，又东北入永福。西北小尤溪、锦屏山水、汤岭水，分入大田、永春、尤溪。东北石牛洞水，入仙游。内洋镇。小尤、杨梅诸废巡司。大田简。州西北二百六十五里。南：大仙山。西南：台阁。东：银瓶。东南：文笔。北：双髻。东北：白鹤。县前溪上承小尤溪，东南自德化入，合龙背岭水为梓溪。又西北，左合小坑水，折东北为汤泉溪，至城南，汇为塔兜潭。又东北迳京口，右合仙峰溪，左上华水，至漈头，英果溪合渡头溪自其西来会，又北入尤溪。西南沈口溪，入宁洋。其南武陵安水入漳平。有桃源巡司。花桥废司。

卷七十一　　志四十六

地理十八

台 湾

台湾：古荒服之地，不通中国，名曰东番。隋开皇中，遣虎贲陈棱略澎湖三十六岛。明嘉靖四十二年，海寇林道乾掠近海郡县，都督俞大猷征之，追至澎湖，道乾遁入台湾。天启元年，闽入颜思齐引日本国人据其地。久之，为荷兰所夺。清顺治十八年，海寇郑成功逐荷兰人据之，伪置承天府，名曰东都，设二县，曰天兴，曰万年。其子郑经改东都为东宁省，升二县为州。康熙二十二年讨平之，改置台湾府，属福建省，领县三。雍正元年，增置彰化县，领县四。光绪十三年，改建行省。光绪十三年九月庚午，闽浙总督杨昌濬、台湾巡抚刘铭传会奏，略云："台湾疆域，南北相距七百余里，东西近者二百余里，远或三四百里，崇山大溪，钩连高下。从前所治，不过山前迤南一线，故仅设三县而有余。自后榛莽日开，故屡增厅治而犹不足。光绪元年，沈葆桢请设台北府、县以固北路，又将同知移治卑南以顾后山，全台官制，粗有规模。然彼时局势，未闻择要修举，非一劳永逸之计也。臣等公同商酌，窃谓建置之法，恃险与势，分治之道，贵持其平。台省治理，视内地为难，而各县幅员，反较多于内地。如彰化、嘉义、凤山、新竹、淡水等县，纵横二百余里、三百里不等，仓卒有事，鞭长莫及。且防务为治台要领，辖境太广，则耳目难周，控制太宽，则声气多阻。至山后中、北两路，延袤三四百里，仅区段所设碉堡，并无专驻治理之员，前寄清虚，亦难遥制。现当改设伊始，百废俱兴，若不量予变通，何以定责成而垂久远？臣铭傅于上年九月亲赴中路督剿叛番，沿途察看地势，并据各地方官，将境内扼塞道里、田园山溪，绘图贴说，呈送前来。又据抚番清赋各员弁将抚垦地所陆续禀报，谨就山前后通局筹画，有应添设者，有应改设者，有应裁撤者。查彰化桥孜图地方，山环水复，中开平原，气象宏敞，又当全台适中之地，拟照前抚臣岑毓英议，就该处建立省城，分彰化东北之境设首府曰台湾府，附郭首县曰台湾县，将原有之台湾府、县改为台南府安平县。嘉义之东，彰化之南，自浊水溪至姑石圭溪止，截长补短，方长四百余里，拟添设一县曰云林县。新竹苗栗街一带，扼内山之冲，东连大湖，沿山新垦荒地甚多，拟于新竹西南各境添设一县曰苗栗县，合原有之彰化，及埔里社通判，一厅、四县，均隶台湾府属。其鹿港同知一缺，应即裁撤。淡水之北，东控三貂岭，番社歧出，距县太远。基隆为台北第一门户，通商建埠，交涉纷繁，现值开采煤矿，修造铁路，商民麕集，尤赖抚绥。拟分淡水东北四堡之地，撤归基隆厅管辖，将原设通判改为抚民理番同知，以重事权。此前路添改之大略也。后山形势，北以苏溪为总隘，南以卑南为要区，控扼中权，厥惟水尾。其地与拟设之云林县东西相直，现开路百九十余里，由丹社岭集集街经达彰化，将去省城，建立中路，前后脉络，呼吸相通，实为台东锁钥。拟添设直隶州知州一员曰台东直隶州，左界宜兰，右界恒春，计长五百余里，宽约四十里、十余里不等，统归该州管辖，仍隶于台湾兵备道。其卑南厅旧治，拟请改设直隶州同一员。水尾迤南，改为花莲港厅。其内已垦熟田约数千亩。其外海口水深数丈，稽查商舶，弹压民番，拟请添设直隶州判一员，常川驻扎，均隶台东直隶州属。此后路添设之大略也。谨按台湾疆土赋役，日增月广，与旧时羁縻侨置情形迥不相同，因地制宜，似难再缓。况年来生番归化，狉榛之性初就范围，尤须分道拊循，藉收实效。辑遐牖迩，在在需员，臣等身在局中，既不敢过事纷更，以紊典章之旧，亦不敢因陋就简，以失富庶之基，损益酌中，期归妥协。"二十一年，割隶日本。省在福建东南五百四十里。西北距京师七千二百五十里。东界海；西界澎湖岛；南界矶头海；北界基隆城海。广五百里，袤一千八百里。《一统志》载户口原额人丁一万八千八百二十七，滋生男妇大小口共一百七十八万六千八百八十三，户二十二万四千六百四十六。领府三，州一，厅三，县十一。台湾屹峙海中，为东南屏障，四面环海，崇山峻岭，横截其中，背负崇冈，襟带列岛。浪峤南屏，鸡笼北卫，澎湖为门户，鹿耳为咽喉。七鲲身毗连环护，三茅港汇聚澄泓。畜牧之饶，无异中土。诚东南一大都会也。

台湾府：冲，繁，疲，难。为台湾省治。巡抚、布政使、分巡兵备道兼按察使衔，共驻。其地东及东南界台东州；西及北界海；南及西南界台南府；东北界台北府。广袤里数阙。北极高二十四度三十三分。京师偏东四度二十分。领县四，厅一。台湾冲，繁，疲，难。倚。分彰化县治。葫芦墩，巡司驻。彰化繁，难。府北百里。鹿港，县丞驻。云林难。林圮埔，县丞驻。苗栗冲。大甲，巡司驻。埔里社厅调。府东南。其山在府境者，西北：五鹤、牛困山。西：史老榻山。南：芦芝、芎根、郡坑、松柏山、土山。东：内山。浊水出埔里社厅东南山，西南流，左合二水，经云林县东北，一水自南来注之。曲北，右纳一水，经县北。又西北，一水自嘉义县来，北流注之。又西经牛埔厝，歧为三支：一支曰石龟溪，西为牛椆溪；一支曰虎尾溪，经汕头厝为麦寮港，并经县西入于海；一支为东螺溪，又歧为三，曰刺桐港即番穵港，曰鹿港，曰二林港，并经彰化县西入于海。大肚溪上源曰合水溪，出埔里社厅东南鱼池仔，西北流，合南礤溪，经厅西北，北港溪、北礤溪并西流注之。又西，珠子山二水合西北流注之，经府治南，左右各纳一水，经大肚街为大肚溪，又西北入于海。大甲溪出苗栗县东南，合数小水，西南流，右出支津注于吞霄溪。正渠南流，左纳一水，折西北，经铁砧山南，又西北入于海。吞霄溪出苗栗县东南，合大甲溪支津，经县南，西北流入于海。后垅溪出苗栗县东南山，合一水，西北流，经五鹤山，南至钢罗湾，夹二洲，又西北，经县治北，右通中港溪，左纳一水，入于海。中港溪出县东山，缘界西北流，经县治，左出支津合后垅港支水为乌眉溪，与正渠并西北入于海。

台南府：冲，繁，难。旧台湾府改设。东北距省治二百里。东及东南界台东州；西及南界海；北及东北界台湾府。广袤里数阙。北极高二十三度。京师偏东三度三十一分。领县四，厅一。噶玛兰头围，巡司驻。安平冲，繁，难。倚。大武垅、斗六门二巡司。凤山繁，难。府南八十里。下淡水，县丞驻。枋寮，巡司驻。嘉义繁，难。府北一百十七里。笨港，县丞驻。佳里兴，巡司驻。恒春疲，难。澎湖厅简。府西水程二百四十里。澎湖，总兵驻。澎湖八罩巡司。其山在府境者，北：太湖、白水、木冈山。东北：大福兴、大利山。东：观音、枕头山。北：华山。东南：武吉、草山。南：虎头、龟山。西：凤山，凤山县以此得名。凤山北大冈滚水、大武垅、大木冈山。县东傀儡山，俗曰加礼山。澎湖厅悬居海中。牛椆溪出嘉义县东，西北流，经治北，与布袋嘴港并西流入于海。八掌溪出云林县界，西北流，经平鼻山北半月山，南合濑箕湖及一小水，西流至盐水港，入于海。急水溪二源，并出云林县西界，经嘉义县东南，合西流，又经急水铺南，左纳十八重溪，又经铁线桥街北，又西入于海。曾文溪出府治东北，西北流，经大武垅北，右纳茄拔溪，左纳一小水，经府治北，又西经倒风港，入于海。柴头港出府治东北山，西北流，经治北，又西合德庆港为安平港，入于海。二层行溪出府治东，茄定港出雁门关岭，阿公店溪出凤山县东北，并西流入于海。淡水溪出府治东六张犁，西南流，右纳一水，左纳二水，经下淡水西，凤山县治东，至潮州厝汛北，西冷水沟水出县东茅匏山，合二水西南流注之。又西南汇为东港，入于海。茄藤港在凤山县南，西流入于海。率芒溪出恒春县北武吉山，合一水，西流入于海。刺桐港、枫港、五重溪、三重溪、射寮溪并在恒春县北，西流入于海。龙銮潭在恒春县南，西北流入于海。猪捞束港

在恒春县东，东流入于海。

台北府：冲，繁。西南距省治三百五十里。东、北、西界海；南界台东州；西南界台湾府。广袤里数阙。北极高二十五度十七分。京师偏东五度十五分。领县三，厅一。淡水冲，倚。新竹疲，难。府西南。宜兰疲，难。府东南。头围，县丞驻。基隆厅冲，繁。府东北二百七十五里。其山在府境者，北：大屯、沙帽、大武垅山。东北：鸡笼山，在基隆厅东。府城东：攀山。南：瓦窑山、大羁尖山、五指山。西南：横山、金面山、虎头山。西南：嵌山。海环府东、北、西三面。基隆口在基隆厅东北。扈尾口在府治西北。磺溪出府治南山，合石头溪，东北流，左合各纳一小水，至枋桥街，红仙水合摆接溪诸水西流注之。又北经府治西，艋舺、十八重溪水北流折东注之。至大稻埕。大隆洞溪出基隆厅东鸡笼山，合一水西流注之。又西北，分流复合，经扈尾港入于海。南崁港上流为大过溪，在府治西北。中沥溪、土牛沟、红毛港、凤山崎溪、旧港、油车港、香山港并在新竹县西北入于海。三貂溪在基隆厅东南，草岭大溪、加礼远港、苏澳门并在宜兰县南，俱入于海。

台东直隶州：冲，繁，疲，难。卑南厅改设。西北距省治五百里。东及南界海；西及西北界台湾府；北界台北府；西南界台南府。广袤里数阙。北极高二十二度二十五分。京师偏东四度。卑南，州同驻。花莲港，州判驻。其山在州境者，北：岐来山、能高山。西：秀姑峦山。东：丁象山。西出八同关，为秀姑峦山一带番社，系属峦番所居。西南一带高山番社，系属昆番所居。大港上源曰打马攊溪，出秀姑峦山，东流经治北，右合网网溪，左合一水，经奇密社北，入于海。卑南大溪出州西南新武洛社，合三水东南流入于海。花莲港二源，并出州西北，合数小水，经太平厂南入于海。东澳、南澳、大浊水溪、大清水溪、小清水溪、得其黎溪、三栈溪、尤丹溪、米崙港并在州东北，入于海。红虾港、黎仔阬溪、郎阿郎溪、马武窟溪、八里芒溪、吕家望溪、知本溪、大苗里溪、虷子崙溪、大足高溪、干子壁溪、大鸟万溪、巴塱卫溪、鲁木鹿溪、牡丹湾、八磘湾并在州东南，入于海。

卷七十二　志四十七

地理十九

广东

广东：《禹贡》扬州之南裔。明置布政使司，治广州。清初因明制，定为省。雍正中，升连州及程乡为嘉应州，并直隶。嘉庆中，南雄降直隶州，寻并复故，增佛冈，南雄仍降州，增连山。同治中，阳江升厅，增赤溪。光绪中，升钦州、崖州，降万州。为道六，为府九，直隶州七，直隶厅三，散州四，散厅一，县七十九。东至福建诏南；千里。西至广西宣化；千五百里。南至海；三百里。北至湖南桂阳；七百八十里。东南至海；二百八十里。西南至崖州海；二千四百里。东北至江西长宁；八百里。西北至广西贺。七百三十里。广二千五百里，袤一千八百里。东北距京师七千五百七十里。宣统三年，编户五百四万一千七百八十，口二千八百一万五百六十四。其名山：灵洲、黄岭、罗浮。其巨川：西江、北江、东江。铁路：粤汉南段，自广州西迳三水，又北清远、英德、曲江至乐昌，与湖南兴宁路接。

广州府：冲，繁，疲，难。隶广肇罗道。两广总督旧驻肇庆，乾隆十一年徙。光绪二十四年裁巡抚，寻复。三十一年，仍与粤海关监督、粮道同裁。布政、提学、提法、盐运四司，巡警、劝业二道，广州将军，满洲、汉军副都统，广东水师提督驻。明领县十三。康熙中增置花县。广四百二十里，袤五百二十二里。北极高二十三度十一分。京师偏西三度三十三分。领县十四。有厅三：曰佛山，雍正十一年置；曰前山，乾隆八年置；曰虎门，道光二十五年置。有粤海关，康熙二十四年置。广州商埠，道光二十二年英《南京条约》订开。南海冲，繁，疲，难。倚。府西偏。粤之山，五岭据其三。北：越秀。西北：灵洲。西南：西樵山。北江自三水入，东南流，东别出为紫洞水，至番禺，合珠江入顺德。西江自三水入，东南过九江，亦入顺德。西北马迳水，首受芦包水，南与三江水会。屈东北流，左合黄洞水，南流溪水自番禺西南注之。南出石门山为石门水，过府治西南，屈东为珠江，入番禺。有九江浦主簿。三江、金利、神安、黄鼎、江浦、五斗口六巡司。西粤汉，西南三佛铁路。番禺冲，繁，难。倚。在城有番、禺二山，县以是名。北：白云。东南：浮练，一名浮莲冈。东南滨海。南有珠江，上承南海石门水，东南流，歧为二，至长洲复合。又东南为波罗江，左合东江，为三江口。又东南，狮子洋合沙湾水入于海。有狮子营。西：永靖营。有慕德、鹿步、沙湾、茭塘四巡司。鱼雷营有船坞在黄埔。番禺、五羊二驿。东广九，西北粤汉铁路。顺德繁，疲，难。府南百里。北：都宁。西：天湖。西北：西淋山。北江自南海入，为河澎海，东南流，屈北为扶闾海，又东叠石海，东别为沙湾水，合珠江。至半江为板沙海，入香山。西江自南海入，东别出为甘竹滩水，与板沙海合，过仰船冈，别出为仰船海，至新会入海。县丞一，治容奇。有紫泥、江村、马宁，又北都宁四巡司。有甘竹商埠，光绪二十三年《中英缅甸条约》开。东莞冲，繁，疲，难。府东南百八十里。南：黄岭。东南：宝山。西南滨海。海中秀山，东西峙若门然，曰虎头门，珠江出其中，又谓之珠江口。有炮台五：曰威远、上横档、下横档、大角、沙角。东江自博罗入，合沥林水、九江水，西过黄家山，南别出为到涌水，会珠江，皆入海。石龙镇，县丞一。京山、缺口、中堂巡司三。铁冈驿一。广九铁路。从化简。府北百三十里。东北：五指山。又十八山，流溪水出焉，南合陈峝水、玉溪，合过县治东南，左纳曲江，右纳黎塘，至番禺入石门。有流溪巡司。石岐驿。龙门简。府东北二百一十里。西：蓝粪山。西北：分水凹山。山西之水汇流溪入北江，山东之水汇西林水入东江。西林水一名九淋水，出西北三角山，合高明、白沙，屈西南，纳群溪水、永清水，入增城为增江。有热水湖在西北。有庙子角巡司，后迁永清墟。新宁疲，难。府西南三百六十里。北：三台。东：百峰山。西南：大隆山。南滨海。海中有上川洲、下川洲。北：长沙河，即恩平江，自开平入，东南流，合南门河，西北合紫霞河，入新会。东南：泥涌河，南合牛角水，至烽火角入海。西：那扶水，亦南至狮子洲入海。又有潭湣河，康熙二十六年总督吴在南凿，西引泥涌河，东北达新会崖门，以通舟楫。温泉、醴泉在西南。广海寨，县丞驻。有上川盐巡司。有公益商埠。宁阳铁路。增城简。府东百六十二里。西：云母。西南：南樵。东北：罗浮山。东江自博罗入，西流屈南，至番禺合珠江。增江上流为龙门水，南与派潭水合，又南至三江口，右纳澄溪水，左纳九曲水，过县治东南，分流入东江。绥福水出西北青幽山，亦东南入于东江。有茅田巡司，新塘墟主

簿。香山疲，繁，难。府东南二百廿里。北：浮虚。东南：五桂。又濠镜澳山，山突出海中成半岛形，曰澳门。光绪十三年入于葡萄牙。其北濠镜澳关。又西，拱北湾有关。东南滨海。海中有东澳山、九星山，下曰九星洋。又有老万、九澳、横琴、三灶、浪白诸山在海中。西北：板沙海，自顺德入，东南至潭洲。木头海首受仰船水，东南分流入海。古镇海首受西江，亦自顺德入，东南至螺洲，与石岐水合，南出磨刀门入海。前山寨城，县丞驻。黄梁都城，都司、巡检驻。又淇澳、香山、黄圃三巡司。有香洲商埠，宣统元年奏开。新会繁，疲，难。府西南二百三十里。北：黄云、圭峰。东南：崖山，与西南汤瓶嘴山对峙，熊海出其中，曰崖门。南滨海。西江自南海入，为天河海，东屈而南，过猪头山，歧为二：东南出者曰荷塘水，合古镇海东南入香山，又西别为外海水，西南至虎跳门入海；西南出者曰分水江，合潖水，南过江门，注熊海。又西，恩平江自开平入，与潭江合，东北流，为青胆洋，左纳桥亭水，东南合分水江，出崖门入海。江门，县丞驻。潮连、牛肚湾、沙村三巡司。大瓦司，废。蚬冈、东亭二驿。江门商埠，光绪二十八年《中英商约》订开。有宁阳铁路。三水冲，难。府西北二百七十里。南：昆都。北：龙坡山。北江西南流，至胥江口东别出为芦包水，又西南至四会，合绥江，别为思贤滘水，会西江。东过县治南，为肄江，至于西南潭入南海。北江自西南潭别出为三江水，与芦包水合，至南海，出石门，其下流为珠江。西有西江，自高要入。青岐水首受绥江，东南过金洲山，亦入南海。西南镇，县丞驻。有胥江、三水二巡司。三水口亦名河口，有商埠，光绪二十三年《中英缅甸条约》订开。有三水、西南二驿。三佛铁路。清远冲，难。府北三百四十里。西：秦王。东：中宿峡，一名飞来峡。北江自英德入，西南流，潖江水东来注之，曰潖江口。至县治西南，合政宾江。屈南，右纳山塘水，左纳大燕水，过迴岐山，入三水。有迴岐、潖江、滨江三巡司。有清远驿，安远废驿。有粤汉铁路。新安疲，难。府东南二百六十里。康熙六年省入东莞，八年复置。南：杯渡，一名圣山，古谓之屯门山。东南：官富。东北：大鹏山。其南曰老大鹏山，有东涌所城。东、西、南三面滨海。海中有零丁山，其下曰零丁洋。又南，头沱泞、佛堂门、急水门、大屿山、榕树湾等澳。西北：永平河，首受东莞九江水，东南至碧头汛入海。大鹏所，县丞驻。有福永、九龙二巡司。其南：香港岛，道光二十二年割于英。咸丰十年，又割九龙寨属焉。光绪二十四年，又拓租九龙司属地二百方英里，订九十九年之约，置九龙关榷税。有广九铁路。花简。府北九十里。康熙二十四年，以番禺县平岭置，析南海县地益之，来属。东北：花山，县以是名。西北：盘古洞，黄洞水出焉，西南流，右纳横潭水、罗洞水，屈南曰泥水，出清远，自西北来注之，又东南入南海。有狮岭、水西二巡司。有粤汉铁路。

肇庆府：冲，繁，疲，难。广肇罗道治所。初沿明制，领州一，县十一。雍正九年增鹤山。同治九年，阳江升直隶厅。光绪三十二年，复改直隶州，阳春、恩平割隶。东距省治二百九十里。广一百一十九里，袤三百九十五里。北极高二十三度五分。京师偏西四度八分。领州一，县九。高要冲，繁，疲，难。倚。北：定山。东北：顶湖，有高峡。西北：腾豺山。西江自德庆入县西北境曰端溪，北屈而东，都偃水、笱洞水南流入焉。东合大湘水，屈南，合小湘水，过府治南，新兴江自西南来注之，谓之新江口。又东北，与宋崇水合。过羚羊峡，左纳长利水，右纳苍梧水，入三水。县丞驻金利墟。有横槎、禄步二巡司。高要、新村二驿。四会简。府东北百三十里。北：金鸡山。南：贞山。东南：北江自三水入。西北：绥江，一名绥建水，自广宁入，东南流，至县治东南，龙江水西北来注之。过消息岭，南别出为青岐水，至三水合西江，东至南津口合北江，入三水。有南津巡司。新兴冲，难。府西南百三十里。北：巨福、云斛。南：龙山。东北：利山。北：新兴江，源出县南六阬顶山，屈西北流，入东安。迳县西南为锦水，东北至洞口，卢溪水北流合焉。又北与通利水合，是为新兴江也。又西北，入东安。西南：立将巡司治天堂墟。有腰古废驿。高明疲。府东南七十里。西北：老香山。东北：凌云。西南：表山。西江自三水入。南沧江一名仓步水，出高要，东南流，合云宿水、屏山水，迳县治东南，左纳北港水，右纳清泰水，又东南合西江水入南海。有三洲巡司。广宁疲。府西北二百九十里。东北：大罗山。西南：高望山。西：绥江自广西怀集入，南流出峡山，南乡水东北流合焉。又南，与顾水合，屈东南，右纳金场水、新招水，左纳东乡水、扶罗水，东南入四会。又龙江水出东北石马山，亦至四会合绥江。开平疲，难。府东南二百六十里。顺治六年，以新兴县开平屯置，析新会、恩平二县地益之，来属。东北：梁金山。西南：北猎山、罗汉山。蚬江水上承恩平江，东南流，右纳长塘水，东南至赤磡为赤磡水。北双桥水，南流入焉，至县治南，与独鹤水合，是为尖石水也。又东南流为长沙河，过赤水口，入新会。有松柏、沙冈二巡司。鹤山疲，难。府东南二百六十里。雍正九年，以广州府新会县大官田置，析开平县地益之，来属。在城有鹤山，县以是名。东北：昆崙 西北：云宿。西江自南海入，过县东北境曰古劳河，又曰苏海，合古劳小河，东过大雁山入新会。潭江出县西马耳山，东南至锣鼓潭，屈西错入开平，至新会合恩平江。官田水出东北嶂背山，东南与岚洞水合，入新会为桥亭水也。双桥水出西北云盖村，西南流，至水坪墟曰水坪江，西南过胡卢山入开平。有双桥、药径二巡司。德庆州冲。府西百八十里。西北：香山，一名利人山。东北：西源山。南：西江自封川入，东流过锦石山曰锦水，又东与渌水合，过州治，端溪水南流入焉。又东过南江口，合马墟水、悦城水。悦城水上源曰灵溪，又曰灵陵水也，东北入高要。有悦城巡司。德庆驿。旧寿康驿，废。封川冲。府西北三百三十里。东：封门山。东北：白马、留连大山。西江，古郁水，合黔水、桂水自广西苍梧入，东南至灵州。贺江自开建入，左合宁洞、文德水，右合东安江，又东南，右纳蟠龙，左世阳水，迳圆珠山，屈西南入德庆。渌水出东北丰寿山，亦南至德庆入西江。有文德巡司。封川驿。旧麟山驿，废。开建简。府西北四百一十里。西北：圆珠山。东北：忠谠山。开江在西，即贺江，古谓之封溪水，自广西贺县入，东南至潭霜山，潭霜水合金装水南流入焉。又南，与莲塘水合，过县治西南，左纳金缕水、黎水，右纳大小玉水，屈东南入封川。

罗定直隶州：繁，疲，难。隶广肇罗道。东北距省治六百八十九里。广一百八十四里，袤二百里。北极高二十三度四十二分。京师偏西五度十三分。沿明制，领县二。西：云致山。西南：云际山，一名云沙山。泷水源出西宁县替棉村，东北流，入州西南分界墟，东南过罗镜所城，屈北与石印水合，又西南合三都水，过州治，入西宁为南江。东水出州南沙萧墟，亦东北入西宁合南江。州判治罗镜墟。晋康巡司治连滩墟。有晋康废驿。东安难。州东北百六十里。西南：云雾山。西江自西宁入，东南至绛水口，大绛水自西南来注之，又东北入高要。东南：新兴江出新兴，东北流，左纳客朗水，过腰古汛，入高要合西江。有西山巡司。西宁难。州北百二十里。北：玉枕山。西江自封川入，至罗旁口，文昌水合宝珠水、桂河水北流入焉。又南，南江上源泷水出西南替棉村，东北入罗定，过连滩墟合西江，入于东安。西南：到沙水，出罗云山，东南至罗定入泷水。又西，蟠龙水，出大笱岭，东北入封川。有夜护巡司。都城巡司，废。

佛冈直隶厅：难。隶广肇罗道。明大埔坪地，分属清

远、英德。雍正九年置同知，隶广州府。乾隆七年废。嘉庆十六年复置，更名。南距省治四百四十里。广五十七里，袤四十八里。北极高二十三度五十分。京师偏西二度五十九分。北：观音山。东北：独凰山，水头汛河出焉，北合高江水，至燕岭墟为燕岭水。又西北至英德，合罗纹水，入翁江。吉河水亦出独凰山，迤西流，神迳水自北来注之，南别出为达溪，潴为潭。过厅治北，屈南，右纳黄沙河，出大庙峡入清远。黄华水出东南羊角山，亦西南入清远，合于吉河水。其下流是为湛江也。

赤溪直隶厅：要。隶广肇罗道。同治七年，析新宁县赤溪、曹冲等地置。东北距省治四百一十五里。广二十里，袤二十里。北极高二十一度五十四分。京师偏西三度三十五分。厅东、西、南三面滨海。南：曹冲山。西南：铜鼓山，其下曰铜鼓海。又有黄茅、青洲、大金、小金诸山，在海中。

韶州府：冲，疲，难。韶连道治所。南距省治八百七十里。广一百九十五里，袤三百一十一里。北极高二十四度五十五分。京师偏西三度二十一分。领县六。有太平桥钞关，旧在南雄，后迁府治西南。又有太平分关，在英德。曲江繁，难。倚。北：浮岳。东北：韶石。西：芙蓉山。东南：南华山。浈水在东，一名湘江，自始兴入，西南流，合锦江、零溪，迳府治东南，武水自北来会，曰曲江，又谓之始兴大江也。又西南，过虎榜山，屈东南，右纳泷水，左纳曹溪水、宣溪水，南入英德为北江。县丞治莲花岭村。有濛浬、平圃二巡司。曲江县驿。旧芙蓉驿，废。有粤汉铁路。乐昌冲，难。府西北八十里。东：昌山，县以是名。北：桂山。东北：冷君。西北：九峰山。武水在西，一名虎溪，古谓之溱水，出湖南临武，东北至宜章。屈而南，入县西北境，武阳溪自乳源东流合焉。屈东南，历蓝毫山，为三泷水，与罗渡水、九峰水合。过县治西南，莲花江分流注之。又东，屈而南，左纳长垑水，右纳杨溪水，入曲江。有九峰、罗家渡二巡司。有粤汉铁路。仁化简。府东北百里。西北：黄岭山。东南：丹霞山。东：锦江出分水坳，西南至恩口，与恩溪水合，即蓝田水也。西南流，左纳扶溪水、康溪水，过县治东南，澌溪水合潼阳水自西北来注之。屈东南入曲江。有扶溪巡司。仁化县驿。乳源简。府西九十里。北：云门山。西南：腊岭。武阳溪自湖南宜章入，东北迳武阳司，右合七姑滩水，左纳漖溪，屈东至乐昌入武水。杨溪水出西北神仙坪，亦至乐昌入武水。泷水一名洲头水，出西南梯子山，北屈而东，左纳员子山水，右纳汤盘水，过县治南，大布水北流合焉，又东南入于曲江。南有武阳巡司。世袭抚瑶厅一，管埠市。翁源冲，难。府东南百八十里。嘉庆十六年改隶江西南安府，十七年仍来属。北：鸡笼。东：玉华。东北：婆髻山，罗江水所出，西南迳翁山南，浦水自东南来注之。屈南，右纳芙蓉水，左纳龙仙水，又西南与周陂水合，迤西过三华镇入英德。又西，太平水，一名江镇水，出东北桂丫山，南流至英德合罗江水，是为翁江也。桂山、磜下二巡司。英德冲，难。府南二百二十里。北：英山。南：南山。又南：皋石山，一名浈阳峡。北江在北，自曲江入，过浈石山，屈西至县治东南，东有翁江，右合曲潭水，左合罗纹水，西南流合焉。南至洸口，洭水合波罗水自西北来会。洭水者，湟水也，亦曰洸水，东南流入清远。有洸口、象冈二巡司。英德县驿。旧浈阳驿，废。有粤汉铁路。

南雄直隶州：冲，繁，疲。隶南韶连道。初沿明制为府，领县二，治保昌。嘉庆十一年，降为直隶州，省保昌县。十六年，复升为府。十七年，又降为直隶州。西南距省治千一百七十里。广一百七十里，袤一百二十一里。北极高二十五度十五分。京师偏西二度三十分。领县一。大庾岭在东北，一名梅岭，有梅关。东：天柱。东南：青嶂山。南有浈水，出东北油山，南迳浆田镇，与昌水合。西南流，左合平田水、芙蓉水，右合东溪水，至长浦桥，北坑水合横水南流入焉。水出梅岭，又谓之大庾河水也。又西合长潭水，过州治南，楼船水自西北来注之，西南与修仁水合。又北纳半径水，入始兴。又西北，分水坳，石峡水出，为康溪水，入仁化。有平田、红梅、百顺三巡司。有保昌驿。旧临江驿，废。始兴冲，繁。北：丹凤山。南：机山。北：浈水自州入，西南至圆岭铺，跃溪水北流合焉。又南，墨江，出西南沙子岭，迤东为清化水，屈西北为凉伞水，右合翔水为始兴水，即古斜阶水也。又西北过县治南，与官石水合，又西北合浈水入曲江。有清化径巡司。在城驿。

连州直隶州：冲，难。隶南韶连道。初沿明制，隶广州府。雍正五年，升为直隶州，其阳山、连山割隶。嘉庆中，连山直隶。东南距省治七百六十里。广八十里，袤一百六十八里。北极高二十四度四十八分。京师偏西四度十七分。领县一。南：楞枷，一名贞女山。西南：昆湖。西北：桂阳。湟水在西，一名洭水，《汉志》以为汇水。上源为卢溪，出西北黄蘖岭，又曰蘖水，南迤东过圭峰山，东北合奉化、潭源、黄娇诸水，至州治西南，高良水自连山西来注之，东南过同冠峡，入阳山。州判治皇子墟。有朱冈巡司。阳山难。州东南二百里。雍正十五年自广州府来属。北：骑田岭。西北：阳岩。东北：宝源山。湟水自州入，一名阳溪，南合同冠水，又东南过县治南，通儒水自马丁岭东流注之，又东与青莲水合。水出县北大陂墟，又谓之大陂水也。又东南，过三陕入英德。有淇潭、七巩二巡司。

连山直隶厅：繁，难。隶南韶连道。本连山县，隶广州府。雍正五年，改隶连州。嘉庆二十一年，升为绥瑶厅。东南距省治八百七十里。广一百里，袤一百二十六里。北极高二十四度四十九分。京师偏西四度三十五分。北：昆湖山。西北：钟留、大雾。南：黄帝源山，一名黄连山，中有大排瑶五，小排瑶二十四。高良水在南，一名大获水，上源为横水，出西北天堂岭。东南流，迳厅治南，屈东北，与茂古水合。过鸡鸣关入连州，合于湟水。又，上吉水出厅西分水坳，西南流，至木羌墟，八排瑶水自东南来注之，屈西北，过钟山，入广西贺县，又为贺江别源也。有宜善巡司。

惠州府：冲，繁，难。隶惠潮嘉道。西距省治三百九十里。广四百五十里，袤四百里。北极高二十四度八分。京师偏西二度三十七分。领州一，县九。有通判一，治碣石卫城，道光二十一年置。有惠州商埠，光绪二十八年《中英商约》订开。归善冲，繁，难。倚。东北：归化山，一名鸡笼山。东南：平海山。东南滨海，中有霞涌、吉头、澳头诸港。东江在北，一名龙江，自河源入，西南流，至府治东北。西江出县东龙头石山，西南合长塘水、上下淮水，入博罗。西丰湖、潼湖，皆引流入于东江。内外管、平山、平政、平海、碧甲五巡司。欣乐司，废。博罗繁，疲。府西北三十里。西北：罗浮山。东北：象山。东江自河源入，中与归善分界。合公庄水，迳县治南，右纳榕溪水，过缸瓦洲入东莞。其支渠，西北至黄家山，与罗阳水合，过石湾镇入增城。有石湾、善政、苏州三巡司。莫村废驿。长宁简。府西北四百里。北：玉女峰、云髻山。东北：雪洞山。新丰水在南，出西北分水凹，屈东与沙罗山水合。一东迳县治，又东，左合羌阬水，迳马头墟，左纳密溪、大席、忠信水，右纳锡场水，过立溪口，至河源入东江。罗纹水出县西宋洞山，西北至来石汛，屈西南入英德合翁江。有岞坪巡司。永安简。府东北二百里。西南：越王山。东南：南岭。南：秋香江，一名榄溪，出县东鸡公岭，西南流，与南山水合，至河源入东江。又西，神江、义容江从之。南琴江，源出公阬嶂，南流至米潭，又东北入长乐。北琴江亦至长乐，合于南琴江，其下流是为梅江也。有驯雉里、宽仁里二巡司。海丰难。府东南三百里。东：龙山。西北：五坡岭。南滨海。有丽江，一名长沙港，上流曰龙津水，出西北莲花山，东南会黄姜水，南屈而西，至鹿镜山，汇为青草澳，合大液水，迳大金笼山入海。东北有热水，南流过九龙山，屈东为大德港，至陆丰，合内河水入海。西：凤河水，南与鹅埠水合为小漠港入海。东：汕尾镇，县丞驻。有鹅埠巡司。平安废驿。陆丰难。府东南三百五十里。雍正九年析海丰县地置，治东海滘，来属。东北：内洋山。南：虎头山。滨海。北：内河水，一名罗江，源出东北旗头嶂，与吉石溪合。南过石头山，分流，至大德港、乌墩港入海。又东：草洋水，东南流，屈西为华清港，至甲子港入海。上沙墟水出东北赤岭，至普宁合南溪。有甲子、黄沙阬、河田三巡司。有法留铺在县西，道接海丰，又东至惠来百六十里。有盐场三：曰石桥、海甲、小靖。龙川简。府东北四百里。东：霍山。东北：龙穴，一名龙川山。西北：嶅山。龙川水在东，又名合河，上源为定南水，自和平入，东南合河口会杜田河，西南流，与浰溪合，迳县治东南，雷江水南流入焉。又西南，合合溪入河源为东江。又练溪出东北鹅石嶂，西南流，右纳通衢水，入长乐。有老隆、通衢、十一都三巡司。雷乡废驿。连平州简。府北四百里。东北：九连山。南：戈罗、笔山。有密溪水，出分水坳，东南流，与杨梅坪水合。又过州治南，纳内管水、九岭水，东南至长宁入新丰水。东大席水从之。又忠信水，西南入河源。有忠信、上坪、长吉三巡司。河源冲，难。府北百五十五里。西：桂山。东：古云。东北：蓝溪山。东江一名槎江，西南至蓝镇墟，左纳蓝溪水，右纳曾田水，又西南与康禾水合。过县治东南，新丰江自长宁东来注之，西南合秋香江入归善。西北：忠信水，出连平，西南过枫木镇，合二龙冈水，至长宁入新丰水。鳗湖东为河源旧城，今谓之下城也。有蓝口巡司。义合、宝江二驿，后废。和平简。府东北四百二十里。北：紫云山。西：九连山。东北：定南水，自江西定南入，东南流，右纳乌虎水，又东北过江口，屈东南入龙川。浰水出西北羊角山，东南至合水口，汤坊水自东北来注之，过林镇墟，与九龙水合。屈东至龙川，入于定南水。有浰头巡司，后废。

潮州府：冲，繁，难。隶惠潮嘉道。西距省治千一百八十五里。广二百五十五里，袤三百里。北极高二十三度二十七分。京师偏东十二分。领厅一，县九。有黄冈同知，康熙五十七年置。有通判一，治菴埠镇。海阳冲，繁，难。倚。东：韩山。南：桑浦山。西：湖山。西北：海阳山。韩江在东，一名意溪，上承阁隍河，自丰顺入，东南过蒲都山，分流为三：正渠东南流为东溪；东北出者曰涸溪，旧名鳄溪，屈东南，过七屏山至饶平为后溪；西南出者曰西溪，过府治东南，右纳白茫洲水，屈南，北溪水自揭阳来注之，屈东，与东溪合，南流入于澄海。县丞一，治菴埠镇。有浮洋巡司。凤城废驿。丰顺疲，难。府西北百九十里。乾隆三年以海阳县丰顺镇置，析嘉应州及揭阳、大埔二县地益之，来属。南：瘦牛山，一名云落山。东北：铜鼓嶂。东：阁隍河自大埔入，西南合丰溪水，又南合九河水，入海阳为韩江。又南汤溪，一名汤阬水，下流至揭阳为北溪。有汤阬、阁隍二巡司。潮阳繁，疲，难。府南百四十里。东：东山。东南：钱澳。西北：曾山，一名双髻山。北、东、南三面滨海。海中有东沙岛。练江在西，首受揭阳南溪，自普宁入，至县治南合后溪，西南出海门入海。西北：后溪水亦出揭阳，东南过石井山为铺前水，过浔洄山，别出为后溪，引流入练江，过磊口山为招沙水，屈南，至河渡门入海。有招宁、吉安、门辟三巡司。有灵山驿。揭阳繁，难。府西南八十里。西：独山。西北：揭阳山。东南滨海。南：南溪，出县西明山，东南流入普宁，又东北入县。西南：古溪水北流合焉。迤东迳县治南，与北溪别派合，东南过双溪口入海。北溪出丰顺南，屈东分流注南溪，又东北至海阳合韩江。县丞驻棉湖寨。有河婆、北寨二巡司。饶平难。府东北百五十里。北：九峻。西：凤凰山。东南：红螺山。南滨海。海中有井洲、信洲、浮浔、牛心石诸澳。东南：黄冈溪，出东北界山，西屈而南至望海岭，桃源水自西北来注之，南与飞龙径水合，屈东南为大石溪，至黄冈镇分流入海。西南：韩江，自海阳入，合后溪水，东入澄海。东南有黄冈镇城，其东南为大城所城，又南为柘林，有柘林巡司。海山、东界二盐场。惠来难。府西南二百七十里。西：龙溪。西南：钓鳌山。东南滨海。南：神泉港，上流为龙江溪，出西北南阳山，东南合葵潭水、梅林水，迤东过龙江关，林招溪自西北来注之，东注神泉港。东福溪、禄昌溪皆流合焉，又南入海。有神泉、葵潭二巡司。北山驿。惠来栅盐场。大埔简。府东北百六十里。西：阴那山。汀水自福建上杭入，一名神泉河，东南流，迳县治东北，屈西，漳溪水东流北屈注之。又西过大河山，屈南与小河水合，又南至三河市，清远河西北流合焉。河出福建平和，其上源曰河头溪也，东南入丰顺。有三河、白堠二巡司。乌槎司一，废。澄海繁，难。府东南六十里。康熙五年省入海阳县，八年复置。北：管陇山。西南：龙泉山。东南滨海。海中有凤屿，其下曰侍郎洲、大莱芜、小莱芜山。西北：横陇溪，首受东溪，自海阳入，西南别出为新港水，分流入海。正渠迤东流，南别出为玉带溪，至县治东南入海。又东迳狮子山，与饶平后溪合，东至东陇关为东陇港入海。有漳林、鮀浦二巡司。商埠曰沙汕头，咸丰八年英《天津条约》订开。有潮海关。潮汕铁路。小江盐场。普宁繁，疲，难。府西南百二十里。南：铁山。西北：官人望山。南溪自揭阳入，歧为二：一东迳马嘶岩山，东北入揭阳；一西南迳鲤湖埠为鲤湖水，屈东南，与上沙墟水合，过望夫石山，为寒婆径水，东北为白阬湖，又东入潮阳为练江。又东：普宁港，一名通潮港，东北入揭阳为古溪。有云落径巡司。南澳厅中。府东南百五十里。本南澳镇地。分四澳。云、青二澳隶闽之诏安，隆、深二澳隶粤之饶平。雍正十年置海防同知，为南澳厅治，深澳来属。南：金山。东南：云盖山。四面滨海。北腊屿、虎屿，在海中。西南有赤屿、白屿，其田产盐。有南澳巡司。

嘉应直隶州：冲，繁，难。隶惠潮嘉道。旧程乡县，隶潮州府。雍正十一年，升为嘉应州，直隶广东布政使司。嘉庆十二年，升为嘉应府，复置程乡县为府治。十七年，仍改为直隶州，省程乡县。西南距省治千二百八十二里。广百五十七里，袤百五十四里。北极高二十四度十二分。京师偏西十九分。领县四。东：百花。东南：酉阳，一名九峰山。东北：王寿山。南：梅江即兴宁江，东北流，迳州治南，左纳程江水，屈东与周溪水合，东北至丙市，石窟溪西北自镇平来注之。东北合松源溪，屈东南，过蓬辣滩入大埔，是为小河水也。州同驻松口。有丰顺、太平二巡司。程乡、武宁二驿，后废。长乐冲，难。州西南百一十里。旧隶惠州府。雍正十一年来隶。北：五华山。东南：嵩螺山。西南：龙村河自永安入，东北至琴口乡，华阳水首受北琴江，东流合焉，东北至七都河口会岐岭河。河出龙川曰练溪，其下流又谓之清溪也；又东北流为长乐河，入兴宁。有十二都巡司。兴宁难。州西七十里。旧隶惠州府。雍正十一年来属。东：鸡灵山。北：大望山。其西麓罗冈水，合龙归水、杨梅砦水，西南流为大河水，又迳县治西为西河，亦名通海河，屈东南至水口镇，长乐河自西南来会，是为兴宁江也，东北入嘉应为梅江。西北：杜田河，出江西长宁，西南过杜田汛入龙川。有十三都、水口二巡司。平远简。州西北七十里。旧隶潮州府。雍正十一年来属。东北：顶山、五子石山。西：凤头嶂。其东麓曰分水坳，县前水出焉，东南流，左纳顶山水，过卓笔山，至福建武平，合于武平溪。又河头溪，源出西南九乡堡，东南过石镇山，大拓水东流合焉，东南流为横梁溪，与长田水合，东入镇平为徐溪。有坝头巡司。镇平简。州北六十里。旧隶潮州府。雍正十一年来属。西：铁山嶂。东：大峰嶂。西北：石窟溪出平远，自福建武平入，合杨子山水，过县治西，与东山水合，南至小诰山纳徐溪，至嘉应入于梅溪。又东北：松源溪，源出玉华峰，亦至嘉应入梅溪。有罗冈巡司。

高州府：冲，繁，难。高雷阳道治所。东北距省治千六十里。广三百一十五里，袤二百三十里。北极高二十一度四十九分。京师偏西五度四十分。领州一，县五。有通判一，治梅菉。茂名繁，难。倚。高凉山在东北，州以是名。东山在东。南滨海。北：窦江自信宜入，东南流，左纳双柘水，至府治东北，鉴江水西流合焉，今又谓之石骨水也。屈西南，过那射岭入化州。东南有浮山水，即三桥河，出电白，西南至赤岭为赤岭水，又西南入吴川。有赤水、平山二巡司。大陵废驿。电白繁，疲，难。府东南百六十里。北：浮山。南：莲头山，其下曰莲头港。又西南，有赤水港。南滨海。有博贺岛在海中。东北有儒垌河，源出分水凹，西南流，过望夫山曰望夫水，屈南与界头河合，又南为五蓝河，入于海。又三桥河，出东北木力岭，西南至潭儒山为潭儒河，合龙珠河，西南入于茂名，其下流是为浮山水也。有沙瑯巡司。盐场二，曰博茂、电茂。信宜难。府东北八十里。东：龙山。东北：云开。西川水出大人山，西南过旧潭峨县曰潭峨江，至县治西南，东川水来会。屈南，过罗窦洞为窦江，又南入茂名。东：双龙水出长坑坑，西南至古丁墟，屈东入阳春，合双滘水。又东北，双床水出大水岭，南合吐珠水，屈东北流为石印水，至罗定入泷水。又怀乡水出东北黄陂岭，会扶龙水、石人水，西北与响水合，为黄华江，入广西岑溪。又金洞水出县北雷公岭，水西北至广西容县为渭龙江也。有怀乡巡司。化州简。府西南九十里。北：浮梁山。东北：龙王，一名来安山。茂名水在东北，即窦江，又东北有陵水，源出广西北流，入，屈西南至合江墟，罗水亦自陆水入，其合流曰罗江，又谓之陵罗水也。屈东南，迳州治北合窦江，又东南流为平源江，入吴川。有梁家沙巡司。吴川简。府西南百二十里。北：丽山。西北：特思山。东南滨海。南为利剑门，至硇州，又西南至于通明港，谓之广州湾。光绪二十五年租于法。吴川水在东北，一名吴江，自化州入，东南过三江岭，浮山水西流合焉。屈西南为木棉江，与平城江合，分流至限门港入海。石门港源出石城东桥水，东南流，山角水自东北来注之，又东南至麻斜入海。有塘缀巡司。盐场一，曰茂晖。石城简。府西南百九十里。北：谢建山。西南：敷复山，滨海。西有南廉江，即乌江，自广西陆川入，西南流，至石角墟曰石角水，又西南与武陵江合，为合江，青榕水西流合焉。又西南为九洲江，贺江水自西北来注之，至鲤鱼潭入海。又西：洗米河，出广西博白，迤南流，为英罗港，入海。又东，东桥水，出鸡头岭，东南过两家滩，入吴川，是为石门港也。有凌绿巡司。息安废驿。

雷州府：简。隶高雷阳道。东南距省治千五百一十里。广九十五里，袤二百二十九里。北极高二十度四十九分。京师偏西六度二十八分。领县三。府境突出海中作半岛形。东为广州湾，西为东京湾，其南则琼州海峡也。同知一，治海安所城，后废。海康疲，倚。西：博袍山。南：擎雷山。东、西滨海。有北莉埠、新芋埠诸岛，在东海中。西北：南渡水，出博政村，东南流，屈北，西别出为东亭水，潴为湖。屈东，过县治南，又别出为大肚河，北至遂溪入海。又东南流为双溪港，擎雷水自西南来注之，又东北入海。有清道巡司。雷阳废驿。武郎废盐场。遂溪简。府东北百八十里。东：石门岭，其下曰石门港，东、西滨海。海中有东山岛，一名湛川岛，岛北为分流港，其西则通明港也。西北有西溪水，出分界村，东南流，与东溪水合，屈东过县治南，东北合石门港入海。又城月水，出西南螺冈岭，南屈而东为库竹港，入海。又牛鼻水亦出螺冈岭，迤西流为乐民港，入海。县丞治杨柑墟。有湛川废司。城月废驿。调楼、蚕村二废盐场。徐闻简。府西南百六十里。西：冠头岭。东、西、南三面滨海。北：遇贤水出石湾岭，会青桐港水，又西合濂滨水，为流沙港，入海。又东，大水溪，出东北龙床岭，西南与葫芦溪合，西南流为海安港，入海。有宁海、东场二巡司。又有新兴盐场，后废。

阳江直隶州：繁，难。隶高雷阳道。旧阳江县，隶肇庆府。同治五年，升为直隶厅。光绪三十二年，改为直隶州。东北距省治七百三十里。广一百三十里，袤一百一十五里。北极高二十一度五十二分。京师偏西四度三十分。领县二。北：北甘山。东南：北津山。又海朗，一名镇海山。南滨海。海陵山在海中。西：漠阳江自阳春入，左合轮水河，东南至河口市，左合第八河，右岐为西河，又东南至州治南为鼍江，亦谓之恩江也。左纳那龙河，为北津港，西河水自西南来注之，东南过虎头山入海。紫萝水源出紫萝山，下流为三鸦港，入海。坡尾河出罗王嶂，与织篢河合。又东南为丰头港，亦入海。又西南有双鱼港。又有北额港，上源即望夫水也。有太平巡司、那龙巡司，后废。有太平驿、莲塘驿，亦废。盐场一，曰双恩。阳春冲，难。州西北百七十里。旧隶肇庆府。光绪三十二年来属。东南：射木。东北：铜石。西：漠阳江，源出县北云浮山，曰云浮水，东南流，合云霖水，屈西南，左纳罗凤水，右纳博学水，至县治西北，北泷水西流合焉，东南入阳江。又西，双滘水，出东安，南合双龙水，又南屈而东，麻陈水自西南来注之，又东过古良镇，屈东北，合于漠阳江。有古良、黄泥湾二巡司。乐安废驿。恩平简。州东北百五十一里。旧隶肇庆府。光绪三十二年来属。石神山在北，一名鳌山。龙鼍山在西南。南有恩平江，亦曰锦水，上源为岑洞水，出西北双穴，迳东南至平城山，君子河东流合焉。又东与横槎水合，屈东北，左纳牛冈水，右纳金鸡水，又东入开平。又东南，长塘水，亦至开平合于恩平江。又西南：那吉水，南至阳江，其下流为那龙水也。

廉州府：繁，难。隶廉钦道。初沿明制。领州一，县二。光绪十四年，钦州直隶。东北距省治千八百里。广一百六十里，袤二百二十六里。北极高二十一度二十四分。京师偏西七度十九分。领县二。合浦疲。倚。东北：大廉山，州以是名。又北：五黄山。南：冠头岭。东南滨海。海中有珠池，曰珠海。又有涠洲、蛇洋洲，在海中。廉江在北，一名西门江，自广西博白入，迤西流，右纳小江水，又西合张黄江，屈西南为罗成江。武利江自东北来注之，至府治西北合洪潮江，又西南分流入海。又东北，�桐江自广西兴业入，左合六硍江，又西北入广西贵县，是为武思江也。县丞驻永安所城。珠场、高仰、涠洲、永平四巡司。北海市税关。商埠，光绪二年英《烟台会议条约》订开。有还珠废驿。灵山简。府西北百八十里。北：洪崖山。西：六峰山。西南：林冶山。南：陆屋江，一名南岸大江，源出县东罗阳山，西南至钦州为钦江。西北：那良江，出那良山，南流过太平墟曰太平江，又东北入广西横州为平塘江也。又黄橄江出西北英雄山，亦东北入广西永淳为秋风江。有西乡巡司。太平废驿。

领州二，领县十。顺治初，因明旧为府。雍正三年，升宾州为直隶州，以府属之来宾、武宣、迁江、上林四县隶之。十二年，降宾州隶思恩府，来宾远属。有柳庆镇标左右营、柳州城守营驻防。提督旧驻府，光绪十二年移驻龙州，置柳庆镇总兵官驻。光绪末年废。东北距省治三百六十里。广百五十里，袤五百里。北极高二十四度二十一分。京师偏西六度五十七分。领州一，县七。马平冲，繁，难。倚。明府治，因之。城东北隅：鹊山。南：仙奕、石鱼。东南：甑山。东北：龙壁山。柳江即黔江，省境西江北岸第一大受渠也。自柳城入，南与五都水合。屈东南，绕府治西、南、东三面，东北经横濑山麓，左界雒容。复西南，三江出县西，伏流，至鸡公山北复出，东北流注之。东流，左受洛清江，折南入象州为象江，穿山水从之。东新兴、西樟木有镇。东振柳、东南白沙、西北洛满塘、南穿山、西南三都墟、鸡公山有汛。穿山、三都二巡司。驿二：雷塘、穿山。雒容冲，难。府东北六十里。光绪三十二年，划长盛坳以北地属中渡厅。西：横濑山。西北：八角岭。西南：独静山。南有柳江，缘界东流入象州。洛清江自永福流入县东北，西南流，左受山道江，经治南，屈曲东南流，注柳江。柳庆镇左营分防汛驻城。西洛垢墟、西南高岭、南丰轨乡有汛。东南有江口镇巡司，因明旧置。罗城难。府西北百四十里。东北：覆钟。北：青陵、磨盘山。东：大小蒙山。西：九万山。武阳江旧名归顺水，有二源，一出西北平西里，一出东北高悬里，合于寺门墟，东南入融江。大仁江一曰通道江，源出西北大仁岗，东流，经三防司北，东入融县曰背江。融怀营分防汛驻城。北：通道汛。通道旧有镇，当万山中，多瘴疠。明置巡司，乾隆五十一年改为三防塘主簿。又武阳镇巡司，因明旧置。柳城简。府北七十里。南：乌鸾。西南：青凤。东：伏虎山。北：融江自融县流入县北曰柳江，东南流，沙铺水出融县思管镇，西南流注之。洛浛河出中渡黄泥村，西流注之。经治西，会龙江，南入马平。柳庆镇右营分防汛驻城。东北山嘴汛、西北古砦镇二巡司，因明旧置。驿三：马头、东江、罗江。怀远冲，难。府北三百十里。北：白云、龙顶、九曲。东北：林溪。西北：朝万山。西：溶江，上源曰黔江，自贵州永从入县西北曰福禄江。东流，合蔡江、大年河、南江，又东，左受腮江、孟团江，折南受浔江。经治北，歧为二，绕至治南复合，入融县。浔江，即贝子溪下流也，自龙胜入，西南流，左受斗江，右受石眼江，西南注福禄江。融怀营驻城。西北石牌塘、沈口有汛。东北浔江、西北万石有镇。梅寨巡司。古宜甲主簿。驿一：在城。来宾冲，难。府南百八十五里。明属府。雍正三年改属直隶宾州，十二年还属。北：龙镇山、瑞象。东北：鹅头。东南：金峰山。城南大江即红水江，一曰都泥江，西江干流也，自迁江入，东北流，左受北三江，至城南，白马溪出白牛峒，北流注之。又东北，右受观音山水，左受定清水，复折东南，与象江会，曰潭江，入武宣。东：蓬莱镇。宾州营分防汛驻城。东南：平安汛。有界牌巡司，因明旧置。驿一：在城。融冲，难。府西北二百五十里。西南：真仙岩，一曰老君洞。西北：揽口山。东北：老鸦山。福禄江自怀远入，左受宝江，曰融江，西南流，浪溪江自永宁来，合南江，西流注之。又西南，背江上承三源，其一即罗城通道江也，合于三江门，东南流注之。经治东，西南流，左受清流江，右受高桥江，合罗城之武阳江，南入柳城。南：清流镇。融怀营分防汛驻城。东南思管镇、东北长安镇二巡司，因明旧置。象州冲。府东南百五十里。西：象山。又西：西山。南：独傲。东：雷山。东北：圣塘山。北：象江即柳江，自马平入州。北：运江，上承仁义、下里二江，西流注之。折西而南，经治西，又南，古城江自武宣来，西流注之，南入武宣。瓮岭，城东南，热水江所出，一曰十里江，溉田甚广，西北入象江。柳庆镇左营分防汛驻城。东北：大乐汛。龙门寨巡司，因明旧置。驿一：象台。

庆远府：繁，难。隶右江道。庆远协左营驻防副将驻。明洪武三年复为府，领州四，县五，长官司三。顺治初，因明旧。雍正七年，划分东兰土州，同升东兰土州为州，设流官。十年，改河池州属之荔波县隶贵州都匀府。光绪三十一年，置安化厅。东北距省治五百八十里。广四百七十里，袤二百九十里。北极高二十四度三十分。京师偏西七度四十二分。领厅一，州二，县三，土州二，土县一，长官司三。宜山繁，难。倚。北：北山，一曰宜山，下临龙江。南：大号、南山。西：羊角。东：小曹、大曹。西北：龙江上源曰劳村江，柳江西系也，自河池入，合东江，东南流，折北，右受马鬃河，左受中洲小河。又东南，经府治北，合洛蒙江、思吾溪，经永顺副土司南，受永顺水，东至柳城合于融江。东大曹、西怀远、东江有镇。有白土、德胜、龙门三巡司。县丞驻楞村。水驿二：大曹、宜阳。马驿：德胜。天河难。府北八十五里。东：东山。北：独俊山。西北：高寨山。东小江源出罗城，流入县东北，合数小水，西南流，经治北，思吾溪合西北小水，东南流注之，又东南入宜山，注龙江。西南：福禄镇。庆远协左营分防汛驻城。河池州难。府西二百五里。北：凤仪山，州城半枕山麓。东：都铭。南：天马。西：吴山。东北：屏风。金城江，龙江上流也，自南丹土州入，右合秀水，经治南，伏而复出，东入宜山。洪龙江出南丹北，为中平溪，流入州西，右受坡旺水，东南入永顺土司，下流为刁江。庆远协右营驻城。州同驻三旺里。思恩难。府北百二十里。明，旧属府。正德元年，属河池州。顺治初，改属府。明建治欧家山。顺治中，迁治清潭村，十五年仍徙欧家山。北：马蓢、绀山。南：寒山。东：三峰。东南：米岭。环江，东江上流也，自安化入县北，屈曲南流，经治西至宜山，注龙江。中洲小河亦自安化入，南流至宜山注龙江。庆远协右营分防汛驻城。安化厅要。府北二百里。光绪三十一年，析思恩北境置，以宜山德胜理苗同知移驻五十二峒，改为抚民理苗同知。东北：中洲上里，接贵州古州八万瑶山界。中洲小河自古州流入厅东北，中有沙洲，四面水绕，分上、中、下三里，悉为瑶居。环江自贵州荔波来，南流合带溪，南入思恩。有庆远防营驻防。东兰州难。府西南四百四十里。雍正七年以东院内六哨改流建治。东：都夷。东南：霸陵。南：双凤。北：福山。西北：红水江自那地土州入，为隘洞江，右纳九曲水，又东南迳那州墟，左合平细江，迳板马墟入兴隆。南丹土州府西北三百四十里。北：莲花山、青云峰。西北：孟英。东：金鸡山。东南：三宝、罗侯。东北：劳村江自贵州荔波入，东南流，右受金城江，左界思恩，南流入河池。中平溪出州北十里许，经治东，东南流，入河池，曰洪龙江。那地土州府西北三百四里。北：黄花岭。西北：翠灵山。又三碧、虎山。红水江自凌云流入州西北，左受一水，东南入东兰。有龙泉沟，出州北黄花岭，一州水利赖之。东兰土州府西五百二十里。明，东兰州地。雍正七年降土知州为州同，分辖凤山外六哨地。北：交椅。东：十八鹤。东北：九曲。乔英墟水出州西北银腾隘，东南流，入水云洞，至州治北复出，经治西，至坡龙村，伏流数里，又南出，复伏流入百色。三里墟水出东北巴华村，东流，右纳一水，折入东兰。忻城土县府南少东九十里。北：马鞍山。西北：叠石山。红水江自安定土司缘南界东流，右为上林界。龙塘江出永定土司，南流注之。又东南，右界迁江，左受古万墟水，入迁江。永定长官司府南六十里。南：头盔山。东：罗汉山。司东：凤凰岭。西北：龙桥江出司西北，东南流，合北来一水，南入忻城，曰龙塘江。永顺正长官司府西南三百里。南：高椅山。北：西龙山。司北：多灵山。东北有泉溉田。刁江，洪龙江下流也，自河池流入司西北，东南流，经司治北，入安定土司。永顺副长官司府东北四十里。永顺水有二源，一自罗城入，一自柳城入，至司南合流入龙江。

思恩府：繁，难。隶右江道。明正统四年升府，六年改军民府，领州二，县二，土巡检司九。顺治初，改明军民府复为府。康熙二年，镇安土府改流官来属。三年，降直隶土田州来属。五年，升安隆长官司为西隆州，上林长官司为西林县，并来属。雍正七年，升镇安土府为府，以向武、都康、上映三土州隶之，析土田州置百色厅。八年，改西隆州西林县隶泗城府。十年，改奉议州判隶镇安府。十二年，降直隶宾州，并所领迁江、上林二县来属。乾隆七年，析土田州置阳万土州判。同治九年，废那马土司，改置那马厅。光绪元年，升百色厅为直隶厅，废土田州，置恩隆县及上林土县、下旺土司，往属之。五年，改阳万土州判为恩阳州判，并属百色直隶厅。东北距省治千百五十里。广三百三十五里，袤二百四十里。北极高二十三度二十七分。京师偏西八度五分。领厅一，州一，县三，土司七。土司疆域，华离瓯脱。无附郭县。东北：三台山，东溪出。西北：笔架山，西溪出。夹城而南，合为府江，入武缘。武缘繁，难。府南七十五里。明正统七年，府迁治乔利，在今治北四十里白山土司境。嘉靖七年，徙县北止戈里之荒田驿，即今治安山。府治北：蜿蜒山。东北：大名。东：思邻山。县东：黄道山。北：高峰岭。府江二源，至府城南合流，左受大揽江，右受仙湖江，经治西，与南流江会。南流江自上林经县东北，受名山、黄塘各墟水，折西南，驮浅江出县东南，西流注之，会府江。又西南，左受那楞江，又西，右受三朝水，西南流，入隆安。思恩营驻城。府城有分防汛。西有高井寨巡司，旧驻上林土县，乾隆十九年移驻罗墟。宾州繁，难。府东二百里。明属柳州府。顺治初因之。雍正三年升直隶州，领迁江、上林、来宾、武宣四县。十二年降州来属。南：仙影山。西：古漏山，古漏水所出。镇龙山，东南七十五里。思览江，上源曰北江，自上林流经州东北，武陵江出州南，合龙龚江曰李依江，又合丁桥江，北流注之，东入迁江，下流为清水江。丁桥江出州西南，二源合东北流，歧为二，至州治东北复合，入李依江。宾州营驻城。东：安城汛。有安城镇巡司。驿二：在城，清水。迁江冲，难。府东少北三百二十里。明属宾州。顺治初，隶柳州府。雍正三年改属直隶宾州，十二年来属。北：泊鉴山。西北：云屏。东北：莲花。东南：牛眠、纱帽。红水江自上林入，东南流，左受俭排水，经治北，会清水江，东入来宾。思览江自宾州入县南，屈曲北流，左受贺水曰清水江，北注红水江。北三江出忻城土县，经县东，北流入来宾，注红水江。东南有清水镇。宾州营分防汛驻城北。北四墟、西洛峒有汛。西：平阳墟巡司。上林繁，难。府东百八十里。明属宾州。顺治初，隶柳州府。雍正三年改属直隶宾州，十二年来属。北：八角山。东北：云凌山。东南：张光岭。南北两江合流，其下红水江，经县北，缘忻城南界，东南流入迁江。北江出县西北清水隘，东南流，经治北，右受南江，曰鼓江。又东，汇水自县东北二源合南流注之。又东，右受狮螺江，东南入宾州。县丞驻三里城。乾隆三年改州同，置三里营驻焉。东邹墟，北六便，东北乔贤墟、思吉镇有汛。又东北周安镇、东南思陇墟二巡司。驿一：思陇。那马厅府西北八十五里。明，那马土巡司。顺治初因之。同治九年废那马土司，改置通判，仍属府。东：岜鹿山。东南：岜颜山。西南：苏垀山，苏垀水出焉，北流，右受岜马山水，北入兴隆土司。西南：䅗企水，出䅗企山，北入旧城土司。白山土司府北八十里。旧治西南乔利墟。明末移治陇兔村。吴三桂乱，徙博结村，即今治。南：独秀山。西南：九儿山。红水江在北，左界安定土司，东北流，入忻城，合姑娘江，屈东南入上林。兴隆土司府北七十里。西南：七首山。西北：天堂岭。红水江自都阳土司境南流入司西北，右界恩隆。折东南，经都阳土司南、旧城土司东北，复入司境。又东北，右受那马水，罗墟、乔利墟水合西流注之，北入白山、安定二土司界。定罗土司府西九十里。北：罗汉山。东北：五更。架溪出旧城土司，东南流，至五更山，右受一水，伏流，经那马合䅗企水，至旧城贡村墟入红水江。旧城土司府西北百五十里。北：八峰山。东北：岾嵝山。红水江界司东北境，䅗企水流合焉。那感水出治前，南流入武缘。都阳土司府西北二百八十五里。北：岜皂山。南：强山。西：宝珠岩。红水江界恩隆境入司西南，屈东北，右受北来一水，东南入兴隆土司。古零土司府东北八十里。南：纱帽、象山。东北：狮子山。古旺墟水出司东局董村，东南流入龙洞，复出，经古旺墟，至上林注汇水。安定土司府北百六十里。北：大察山。东南：八仙山。红水江自兴隆土司北流，经司东南，合九邓墟水，迳灭蛮关入，左纳刁江，折东南入上林。匹夫关。

百色直隶厅：要。隶左江道。右江镇标中左营驻防总兵官，雍正七年由泗城府皈乐墟移驻。明为州，直隶布政司。顺治初，因明旧为土田州。康熙三年，改属思恩府，隶右江道。雍正七年，迁思恩府理苗同知原驻武缘。驻百色，曰百色厅。光绪元年，田州改土归流，升百色为直隶厅，隶左江道，废土田州，置恩隆县及思恩府属之上林土县、下旺土司并属焉。五年，又改阳万土州判为恩阳州判来属。东北距省治千七百八十五里。广二百七十五里，袤百五十里。北极高二十三度五十五分。京师偏西九度四十六分。领县一，州判一，土县一，土司一。北：探鹅岭。东：献宝山。东北：仙桥山。西洋江一曰右江，亦曰鹅江，郁江北系也，自恩阳来，右岸为恩阳界。东流，经治南，澄碧水自凌云南流注之。屈南而东，入奉议。礦桑河亦自凌云南流，经厅东，入奉议。隆溪亦自凌云南流，经厅东北，入恩阳，至奉议，并注右江。篆溪源出厅东北坡耶墟，东南流，缘界入东兰，注红水江。厅城雍正八年建，亦曰鹅城。恩隆冲，繁。厅东南百八十里。光绪元年，废土田州，改流来隶。五年，自来安徙平马墟，为今治。东：天马山。北：莲花山。南：右江自奉议缘界东南流，左受砦桑水，经治南，又东南入上林土县。东北：红水江，经县东北，自东兰南流，左界兴隆土司，右受篆溪，又南，众水汇合，东流注之。折东北，入都阳土司。恩隆营驻城。东：平马汛。燕峒在北，县丞治。东榜墟巡司。恩阳州判厅西南水程七十里。乾隆七年，析土田州置阳万土州判，属思恩府。光绪五年改流，置恩阳州判来隶。西：马武山。其南：大王山、八角山。西八十里，右江，即西洋江，古牂牁水也，自云南土富经剥隘入州西北，者郎河北流注之。又东，左右受数水，左界百色境，折南，紫欧溪东北流注之。又东经治北，屈南入奉议。西巴平墟、西北逻村、渌丰墟有汛。西南：东凌寨巡司。上林土县厅东南二百五十里。旧属思恩府。光绪元年来隶。南：那造山。旧治在东岜耀。西北，右江界恩隆、奉议入县西北，又东南经治北，右纳枯榕江，即大含溪，左纳小溪，又东南入果化土州。下旺土司厅东南二百六十里。有瓯脱。旧属思恩府。光绪元年来隶。东：独秀山。北：魁山。东南：波岌山，波岌水所出，绕司治东北流，入旧城土司。小溪水出旧城南流，经新墟，至上林土县，入右江。

泗城府：难。隶左江道。右江镇标右营驻防。雍正五年置右江镇，驻皈乐墟。七年移驻百色。明为泗城州，与利州直隶布政司。嘉靖二年废利州。顺治初，为泗城土府。十五年为府。寻改为军民府，属思恩府。雍正五年复为府，改流官，隶右江道。乾隆五年，置淩云县为府治。七年，降直隶西隆州并所属西林县来属。九年，改隶左江道。东北距省治千七百八十里。广四百二十里，袤二百五十里。北极高二十四度二十五分。京师偏西九度五十分。领州一，县二。淩云难。倚。乾隆五年，以泗城府本治置。北：淩云山、莲花峰。西：饯阳。东：三台坡。西北：青龙山。红水江为县北界，自西隆入，东北流，左界贵州贞丰、罗斛境，右受白朗塘、罗西塘水。东南布柳水，上承鞋里、甘田、伞里、巴更各墟水，东北流注之，东南入那地。澄碧水出县北灵洞，绕治西南流，入百色。东逻楼、农登，东北平蜡，东南龙川，南皈乐，西逻里，西北长隘、百乐，西南汪甸各墟有汛。天峨甲，县丞治。东有平乐一甲巡司。县城，嘉庆二年建。西林难。府西南五百十里。明，上林长官司。万历中，省入泗城州。康熙五年，改流官升县，隶思恩府。雍正十二年改属直隶西隆州。乾隆七年来属。北：交椅山。东：端峰山。西北：界亭山。右江有二源，南源曰西洋江，北源曰清水河。西洋江自云南宝宁流入县南，东北流，与北源会。驮娘江上流即清水河，自西隆来，东南流，右受驮门江，经治东南，者文、那阳、界廷各墟水自县北合流注之。又东折南，会西洋江，入云南土富。上林营驻城。东北潞城、东南周马、南八盘、西八柴有汛。有潞城巡司。县城，康熙六年建。西隆州冲，难。府西北九百六十里。明，安隆长官司。康熙五年改流官升州，隶思恩府。雍正十二年升直隶州，领西林县。乾隆七年复为州，来属。南：三台山。西：营盘山。西南：金钟山。南盘江即八达河，西江初源也，下流为红水江，自云南宝宁缘界北流，受者扛、羊街二墟水，经州北，东南至北楼墟，冷水河合治西小水，东北流注之。又东北，会北盘江，东南流，入淩云。清水河即同舍河，自云南宝宁北流入州西南，折东北入西林。八达城，州同驻。旧州，州判驻。州城有里仁汛。东旧州、东北三隘、东南隆或、西南永静、古障有汛。州城，雍正七年建。

平乐府：冲，难。隶桂平梧郁道。平乐协左右营驻防副将驻。明为府，领州一，县一。顺治初，因明旧。宣统三年，析贺县、怀集暨广东开建地置信都厅。西北距省治二百十六里。广三百八十里，袤二百五十里。北极高二十四度三十五分。京师偏西五度四十七分。领厅一，州一，县七。平乐冲，繁。倚。明府治，因之。东：团山、瓜岭。东南：莲花。北：目岩。东北：鲁溪。桂江一曰府江，自阳朔缘界南流，会修江。屈东，经府治西南，平乐江自北来会，又东南流入昭平。平乐江亦曰乐川，上源曰东江，自恭城入县。东北纳岛坪江，又东南，势江自恭城东南境西北流注之。折西，涎山江合南平江西北流注之，折西南，合于府江。沙子街，县丞驻。水驿三：昭潭、昭平、龙门。恭城简。府东北九十里。北：仙姑。西：石盆。东南：五马山。东北：印山、银殿。西北：金龙山。东江自湖南永明入，西南流，平川江合平源瑶小河南流注之。折南，右受南江，南错入平乐。旋复入县境，经治东，左受下山源、北洞源水，入平乐为乐川。平乐营分防汛驻城。东北：龙虎关汛。有镇峡寨巡司，因明旧置。富川繁，难。府东北二百六十里。东北：独秀岩。西南：白云山。东南：东山。富江出县西北石鼓山，东南流，左受麦岭水，经治东南，龙窝水合白源水西南流注之。又南至钟山渡，折东南，左受白沙水，入贺县曰临水。麦岭，县北，麦岭营驻防。雍正八年移同知驻。光绪三十三年徙信都。旧治东南钟山下，县徙置镇，通判驻焉，宣统元年废。富贺营分防汛驻城。东白沙、东北牛岩、东南钟山、西北小水峡有汛。西南有白霞寨巡司，因明旧置。贺繁，难。府东南百九十五里。东北：临贺岭，即桂岭，五岭之第四岭也，与湖南江华、广东连山接界。西：瑞云山。西南：大桂山。临水自富川经县西北，东南流，右受马窝山水，左受里松墟水，经治北。又东南，右受大桂山水，贺江合桂岭诸山水西南流来会，东南入信都。富贺营驻城。东龙水、东北大发、大凝墟有汛。县丞驻桂岭大会墟。西北：里松乡巡司。信都厅简。府东南五百七十里。光绪三十四年，析贺县、怀集暨广东开建地置，改平乐府分防麦岭同知为抚民同知，移驻信都。铺门墟旧隶三县，抚民耕兵划归厅辖。宣统元年，迁治官潭墟。北：湖头山。西北：大鹫。西南：云台。临水自贺南流，经治东，又南，右受临田水，至铺门墟，深冲源水西南流注之，右受云台山水，南入开建。东石牛坡、南铺门墟有汛。旧信都巡司，光绪三十四年废，改信都厅照磨兼司狱。荔浦简。府西七十五里。东北：三奇、火焰。西北：镆铘山。东南：鹅翎。修江一曰荔江，自修仁入，左受荔江尾水，东北经治东，左受夹板隘水，右受丹竹江水，又东北，绿水河上承栗江、普陀河、龙坪河东流注之，东北入平乐注桂江。平乐协右营分防汛驻城。北两江墟、东北马岭、西北王瑶隘、西南莲塘有汛。修仁难。府西南百二十里。东北：罗仁山。西南：淩云山。南：崇仁大峒。修江出西南瑶山界分水坳，东北流，经治东，至罗仁山东南麓，入荔浦曰荔江。四牌溪出西南文笔山，西北流，经四牌墟，入永福。平乐协右营分防汛驻城。西：石墙堡汛。昭平冲。府南二百里。东：木皮山，其北接米岭，山高路险。雍正三年，开凿岭道，上下四十里。东南：天朝岭、羊角岭。桂江自平乐流入县北，右受归化江，左受思懃江，经治东，又东南至马江塘，富郡江出县东，合招贤水西南流注注之，东南入苍梧。平乐协左营分防汛驻城。东南榄水、东北莲花、燕塘、山口有汛。东樟木墟巡司，东南马江塘巡司。永安州简。府西南百六十五里。东北：石鼓山。东南：石印、古眉、摩天岭。西南：力山。西北：天堂、马鬃岭。眉江，古蒙水，一曰濛江，出州西北，东南流，右受浊川水、西江水，经治南，左合银江，又东南，六樟水东流注之，又东南，榕木岭水西南流注之，南入藤县曰濛江。平乐协右营分防汛驻城。

梧州府：冲，繁。桂平梧郁道治所。梧州协左右营驻防副将驻。明洪武元年为府，领州一，县九。顺治初，因明旧。雍正三年，升郁林州为直隶州，割博白、北流、陆川、兴业四县往属焉。西北距省治九百三十五里。广二百七十里，袤四百六十里。北极高二十三度三十分。京师偏西五度二分。领县五。光绪二十三年设关通商，以桂平梧盐法道兼梧州关监督。三十年，由桂林移驻。苍梧冲，繁。倚。明府治因之。东北：芋荚、古榄岭。西北：文殊山。南：铜镬、冲霄。龚江上流即藤江，自藤县流入，左受安平江，分流夹思化洲、长洲，右受须罗江、长行江，至石矶塘复合，又东会桂江，东入广州封川曰西江。桂江自昭平入，左受龙江，右受石涧河，东南流，思良江、峡山水出治北南流注之，折西南，至治西注龚江。沿江有水汛。东分界塘，南三角嘴、广平墟，东南大燕，东北三番，西北簕竹、古榄，西南戎墟有汛。同知驻戎墟。有东安乡、安平乡、长行乡三巡司，因明旧置。水驿二：府门、龙江。梧州关。商埠，光绪二十二年《中缅条约》开。藤繁，难。府西百六十里。南：灵山。西南：勾刀。西北：谷。藤江上流即浔江，自平南入，流经县西北，右受都榜江，濛江合牛皮江南流注之，曰龚江。又东南，右受慕寮江，折东，经治北，绣江合思罗江、黄花江、义昌江，自西南经治东来会，曰剑江。又东北，左受四培江，右受黄桶江、白石江，东入苍梧。梧州协左营分防汛驻城。沿江有水汛。东南糯峒、西白马有汛。有白石寨、窦家寨二巡司，因明旧置。明故五屯千户所，称藤峡左臂，今白石司治。驿四：双競、黄甲、金鸡、藤江。容简。府西南四百八十里。东北：朝阳岭。东南：人文岭。西北：大容山，亘数百里，浔，郁分据其麓。容江上承北流之圭江，经县西南，渭龙江自广东宜信入，北经治南，左受思登江，曰容江。又东北，右受波罗江，北入藤县曰绣江。梧州协左营分防汛驻城。有自良墟、粉壁寨二巡司。驿二：自良、绣江。岑溪难。府西南百八十里。东：白石山。西：邓公山。东南：通天岭。东北：周公。黄华江自广东信宜入，流经县南，西北流，折入藤县。腰峨岭，东北义昌江出，西南流，铁根隘水合黄陵隘水西北流注之。又西，洋罗隘水东北流注之，西北经治南入藤县。梧州协左营分防汛驻城。东：大洴汛。南：大峒镇。有平河巡司，因明旧置。怀集繁，难。府东三百里。西：忠谠山。南：天马。西北：齐岳、牛栏山。西南：白鹤山。怀溪一曰南溪，出县西北大石屋村，东南流，合古城水、赤水，又东南，右受宿泊水，左受冷坑水、白沙水，经治南，右受甘峒水。又东南，桃花水合东北诸山溪水西南流注之，东南入广东广宁，下流曰绥江。永固水出西南南洲山，北流，经永固墟，入广宁。怀集营驻城。东龙门、东北洽水、西南朋冈有汛。有武城乡、慈乐塞二巡司，因明旧置。

郁林直隶州：冲，繁，难。隶左江道。浔州协郁林营驻防。明为州，属梧州府，领县四。顺治初，因明旧。雍正三年，升为直隶州。旧隶桂平梧郁道。光绪十三年，改隶左江道。东北距省治千五百二十五里。广二百七十里，袤二百九十里。北极高二十二度四十七分。京师偏西六度十分。领县四。北：寒山。东：信石、峡山。东南：天马。东北：大容山。西：石人岭。定川江自兴业入，东南流，左受鸦桥江，右受都黄江。又东南，绿蓝江自北来，西南流，经治南，合罗望江注之，曰南流江。又南，桥丽江即回龙江，自陆川西南流注之，入博白。东夹山，西平山、石井，北北底，西北蒲塘、枫木有汛。有抚康巡司。西瓯废驿。博白难。州西南九十里。雍正三年，自梧州来隶。南：大荒。东南：蟠龙。西南：九岐、飞云。西北：绿萝山。南流江自郁林入，流经治西，右受绿珠江，左受小白江、大白江。屈西，右合浪马江，至宴石山西麓，陀角江西北流注之。又西南，左受旺胜江，入广东合浦。郁林营分防汛驻城。西南：龙潭汛。有周罗寨、沙河寨二巡司。因明旧置。北流繁，难。州东六十里。雍正三年自梧州来隶。东北：句漏山，山脉自越南来，东入广东境，郁江南岸一大系也，东会灵山。西北：大容山。南：绿蓝山，绿蓝水所出，南入郁林注南流江。圭江出县东南，有二源，一石梯水，出大云岭，一双威水，出双威山，至三口铺合流曰圭江，西北流，思贺江自陆川东北流注之。右受蟠蜍河，经治东入容县，曰容江。郁林营分防汛驻城。东南陆靖、善迳有汛。有双威寨巡司，因明旧置。驿一：宝圭。陆川难。东南九十里。雍正三年自梧州来隶。东：文龙山。西：鸣石。西北：石湖。东南：大这。北：分水山，二水源出焉：一南流，经治东，馒头岭水自西北绕城南合流曰乌江，又南，左受水车江、龙化江，曰平南江，入广东石城；一西北流，曰回龙江，屈西南，合略峒江，入郁林，曰桥丽江。郁林营分防汛驻城。北马坡、南花槎有汛。有温水寨巡司，因明旧置。有永宁废驿。兴业简。州西北七十三里。雍正三年自梧州来隶。北：北斗山，与东斗山对峙。西：万石、白马岩。西南：夔龙岩。定川江三源，北源曰龙穿江，出县西北，东南流，通济江自东北绕城来会，岑江自西来会，三江合曰定川江，东南入郁林。郁林营分防汛驻城。北番车、南六纂、西南雷墅、城隍墟有汛。

浔州府：冲，繁。隶右江道。浔州协左右营驻防副将驻。明洪武元年为府。领县三。顺治初，因明旧。雍正八年，武宣来属，旧隶左江道。乾隆九年，改隶右江道。东北距省治八百七里。广四百里，袤五百二十里。北极高二十三度二十九分。京师偏西六度十六分。领县四。桂平冲。倚。明府治，因之。西：西山、石梯。西南：罗丛。东南：白石、大容、紫荆关。西北：大藤峡数百里，跨西江西岸，明韩雍破瑶贼地，咸丰金田之役实肇乱于此。黔江上流即柳江，一曰右江，自武宣入县西北，左出支津曰南渌江，东南经治北，与郁江会。郁江一曰左江，自贵县经县西南，右受绣江，左受蓬阆江，屈曲东北流，至治东会黔江，曰浔江。又东北，大江岭水合东南诸水西北流注之。南渌江，合相思江东流注之，东入平南。有南北河水汛。北静安、东北武靖有镇。有大黄江、穆乐墟二巡司。平南冲。府东九十里。东北：勾崖岭。东南：黄花山。西北：：阆石山。浔江自桂平入，左受思旺江，东南流，乌江合数小水南流注之。经治南，又东南，左受秦川河、白沙江自桂平东北流注之，东入藤县。大同江出西北龙军瑶地，东南流，亦入藤县。浔州协左营分防汛驻城。东南樟木墟、丹竹墟有汛。有大同乡、秦川乡二巡司，因明旧置。水驿：乌江。贵繁，难。府西南百七十里。北：大北山。东：小北山。龙山，北五十里，藤峡右臂也。西：金鸡峡。郁江自横州入县西南，武思江自广东合浦来，北流注之。东北流，左受思缴江，宝江自宾州来，东流注之。经治南而东，左受沙江、东津江，右受横眉江，入桂平。浔州协右营分防汛驻城。东南三塘、西覃塘、西北五山有汛。有五山镇巡司。通判驻木梓墟，宣统二年废。水驿二：东津、香江。武宣冲。府西北百九十里。明宣德六年更名，属象州。顺治初，隶柳州府。雍正三年改属直隶宾州，八年来属。南：大藤峡。东北：金龙山。西南：仙岩山。柳江缘象州、来宾界，流经县西北，受古城水，屈曲南流，经治南，勾楼山水西南流注之。又东南，右受古豪江、武赖水，左受阴江、新江水，入桂平。浔州协左营分防汛驻城。南寺村、西南大樟有汛。有县廓镇巡司。驿一：仙山。

南宁府：冲，繁，难。左江道治所。左江镇中左右营、南宁城守营驻防总兵官驻。光绪三十二年，提督由龙州移驻。明洪武元年为府，领州七，县三。顺治初，因明旧。雍正十年，下雷土州改隶镇安府。光绪十三年，上思州改隶太平府。东北距省治千十里。广三百里，袤百五十里。北极高二十二度五十四分。京师偏西七度五十六分。领州二，县三，土州三。宣化冲，繁，疲，难。倚。明府治，因之。北：高峰山。西北：圣岭。东北：昆仑山。郁江即左江，省境西江南岸一大受渠也，上承左、右二江。左江自新宁入，东北流，右江自隆安入，东南流，至合江镇合流曰郁江。屈折东流，左受星盈江，经府治南，右受乌水江、八尺江。又东，左受大冲江、伶俐江，入永淳。东八尺江、西三江口、南那晓墟、北宜宾陆路有汛。有八尺寨、三官堡、金城寨、迁隆寨、墰落墟五巡司。驿四：建武、黄花、陵山、大淮。南宁关。商埠，光绪三十二年自开。新宁州简。府西百十里。北：青云山。南：独秀山。东北：六合山。丽江一曰左江，亦曰定渌江，郁江南系也，自土江州入，受响水，东北流，右受旺庄河，经治北，左受渌瓮水，曰左江，入宣化。左江镇右营分防汛驻城。隆安简。府西北二百八十五里。东：马王山。东南：金榜、梅龟山。右江自果化北、归德南东南入，左纳塘河水，南，右受佛子溪、曲霞溪，经治北，东南流，绿绛水自万承来，合罗兴江，东北流注之。又东南，南流江亦自武缘来会，折南入宣化。左江镇左营分防汛驻城。西北有果化卡汛。横州冲，繁。府东南二百四十里。东：横岭。北：震龙山。东北：定祥山。西北：平天岭。郁江自永淳入，东流，右受横槎江、平南江、鹿江，经治南，东北流，左受清江，右受武流江，折北，古江自永淳东南流注之，东北入贵县。南宁营分防汛驻城。有大滩巡司。水驿二：乌蛮、川门。永淳简。府东二百五里。明属横州。顺治初，改属府。东：雷峰岭。东南：火烟。东北：镇龙山。郁江自宣化入，东南流，经治北，东班江自宾州来注之。绕城东南，秋风江自广东灵山来注之。又东南入横州。左江镇中营分防汛驻城。西南：那怀汛。北有武罗、南里乡二巡司。水驿二：永淳、火烟。土忠州府西南二百二十里。北：芭仙山。旺庄河出州南，东北流，经治南，折北入新宁，注定渌江。归德土州府西北三百二十五里。北：九儿山。右江自上林流经白山南、果化北入，缘界东南流，至驮湾村，入隆安。果化土州府西北三百六十里。南：青秀山。东南：独石山。右江为州北界，东南流，经旺墟，右界归德，入隆安。

太平府：冲，难。太平思顺道治所。新太协左营驻防副将驻。明洪武二年为府，领州十七，县三。顺治初，因明旧。雍正三年，置上龙、下龙二土司。七年，废下龙司，置龙州厅。十年，改思明土府为土思州，并所属下石西土州来属。十一年，改思明州为宁明州，置明江厅，兼管上石土州事，降直隶江州为土州，及所属罗白县为土县，又降思陵、凭祥二直隶为土州，并来属，省思城土州入崇善县。光绪十三年，上思州来属。十八年，升上思州为直隶厅。宣统二年，凭祥土司改流官，置凭祥厅。旧隶左江道。光绪十三年，改隶太平思顺道。提督驻龙州，督办边防。光绪十二年由柳州移驻。二十九年，改置督办边防大臣。三十一年废。以太平思顺道办理边防事务。自光绪十一年越南沦陷，法入逼处西南一隅，与越南谅山、高平、宣光等省接壤；边防处处险要。分三路：自镇南关口及关以内凭祥厅所辖各关前隘为中路；关以东，自明江厅宁明州暨下石西、思陵土州，至土思州属派迁山止，所辖各隘为东路；关以西，自龙州、归顺州即下冻、下雷土州，至镇边县属各达村岩蛔桥头止，所辖各隘为西路。沿边千八百九十四里，隘卡百五十有六，有防兵二十五营，分扎沿边对汛及各炮台。东北距省治千二百八十里。广五百七十里，袤六百六里。北极高二十二度二十五分。京师偏西八度五十分。领厅二，州四，县一，土州十六，土县二，土司一。崇善冲，难。倚。明府治，又思城州地。顺治初因之。雍正十一年省思城土州入，以县丞分驻。北：青连。东：将军。东南：银山。西北：翠微、马鞍山。西南：丽江自上龙流经县西南，左受逻水，东北流，绕治西、南、东三面，纳逻水，旧名归顺河，一曰旧县江，自安平东南流，通利江自养利来注之。又经太平流入县西北，右受多烈水，注丽江。东北有崩坎汛。有驮卢巡司。左州冲。府东北九十五里。南：天灯。东：云岩。西北：金山。西南：华父山。丽江自崇善缘界，经崇善驮卢司，左受桥龙江，东北入新宁。新大协左营分防汛驻城。驿一：驮林。养利州难。府西北百四十里。东：武阳山。南：无怀。西：印山。西北：通利江自龙英缘界，东南流入州，西经响水桥，大岭墟水东北来，至迎恩桥注之，南入崇善。新太协左营分防汛驻城。永康州难。府东北百八十里。明万历二十八年升州，省思同州入，与陀陵县并属府。顺治初因之。康熙三十八年，陀陵县并入州。南：凤凰山。西南：天马山。西：吞白、星游、月狮、连吸诸岭。西北：渌倥山，渌倥江所出，一曰绿瓮江，屈曲东南流，经治西南，渌零水东流注之，东南入罗阳。新太协左营分防汛驻城。宁明州冲，难。府西南百二十里。明，思明州。顺治初为土州。康熙五十八年改流官。雍正五年罢知州，以思明府同知兼管州事。十一年，以思明四寨、六团改置宁明州。乾隆元年移治思明土府旧城。东北：风门岭。西北：龙胜山。西南：伏波山。明江自土思州入，西流，经明江厅西南，交趾河自越南来，左合下石州水注之，西北经治北，曲流三十余里，入上龙土司会龙江。馗纛营驻防风门岭。西南罗隘有汛。明江厅简，难。府西南百十里。明，思明府又上石西州地。顺治初为思明土府同知。雍正十一年改为明江理土督捕同知、兼管上石西州事，驻思明土府旧城。北：珠峡。西南：伏波。东北：风门岭。东南：白马山。明江自土思州入，屈西，迳明江厅至城东，又西北迳那关山，入上龙。馗纛营分防汛驻城。龙州厅冲，难。府西百八十里。明，龙州，直隶布政司。顺治初来属。雍正三年罢州，析其地为上龙司、下龙司，置土巡检。七年废下龙司，移太平府通判驻札。乾隆五十六年改同知。东：独山。北：军山。西南：秀岭。龙江有南北二源：北源曰平定溪，自越南流入厅西北水口关，东南流，经上下冻土州，至治西南，会南源；南源曰岂宜溪，自越南流经厅西南平南关，界凭祥北境，屈东北至治西南，与北源合，东流曰龙江，入上龙。光绪十三年，提督来驻。二十九年，督办边防大臣驻。寻废，提督移驻南宁。有提标中营、龙州城守营驻防。西北：水口关、斗奥隘有汛。龙州关。商埠，光绪十三年《法越商务条约》开。有东西关炮台。有铁路。凭祥厅府西南二百三十里。明成化十八年升州，直隶布政司。顺治初，为土州来属。宣统二年改流官，置抚民同知，并明江同知兼摄之。旧上石土州入焉，并兼辖承审下石土州，仍旧治。东：白石山。南：叫谷山、马鞍山。龙江南源界厅北境，凭祥水自治南合涧水北流注之，东南入龙州。西南：镇南关，一曰界首关，越南入境第一门户也。有左右辅山炮台。东受降城、北平南关、南由隘南关、西南㖞沙卡有汛。太平土州府西北百十里。东：九峰山。东南：龙蟠山。西北：逻水自安平入，右受五桥水，东南入崇善。多烈水亦自安平入，东南流入上龙。安平土州府西北百三十七里。南：会仙岩。西南：星山。逻水自下雷入，东南经州署北，左界崇善、思城境，入太平。多烈水自越南流入，经岩昆山南麓，又东南亦入太平。五桥水出州西北要村隘，东南流，经五桥，至太平土州，注逻水。万承土州府东北二百五十里。东北：金童山。西北：莲花山。西南：云门、紫洞。绿降水一曰玉带水，出州西南玉屏山，经州署南，东北入隆安，注右江。茗盈土州府西北百七十里。南：岜怀山。东北：观音岩，涧水出焉，西来一涧水，至州署南合流，曰茗盈水，西南经养利入龙英，注通利江。全茗土州府西北百六十里。北：州望山。西北：猛山。通利江自龙英东南流，至仙桥入境，又东南经州署西，合布显水，屈西南，复入龙英。龙英土州府西北二百里。北：笔架山。西南：通山。通利江自都康东流入州，西北，左受宁墟水，东南流，屈西南，经全茗境，复折入州，州署前诸水合稌茗水东流注之，又东南，纳茗盈水，入养利。结伦土州府西北二百三十里。东：高峙山。东北：阳果岭。西北：斗牟山。㖞吝水出山洞中，流绕州前，南有㖞毕水自都结来，堰水上流也。结安土州府西北二百二十里。东：马鞍山。南：窟井山。北：飞鼠山。西南有堰水，即涧水也，出都结山洞中，流入境，伏而复出，土人堰水灌田，曰堰水。镇远土州府西北三百十里。南：笔架山。西：天马山。北：扬山。西北：佈腰岩。磨水出东南，入结安。都结土州府东北三百六十里。北：青云山。南：观音山。西：阳果岭，沛水出焉，曲折东北流，受二小水，东南经州署北曰绿水江，东入隆安。㖞毕水一曰涧水，西南流；经结伦，至结安南为堰水。思陵土州府西南二百四十里。明，思陵州，直隶布政司。顺治初，为土州来属。东：天马山。东北：东陵山。南：角硬山，角硬水所出，东流，右受板邦隘、叫荒隘二水，又东北，折西，经东陵山南麓，又西南，经州署南，入越南。土江州府南二十五里。明，江州，直隶布政司。顺治初，为土州来属。南：波岩山。州东：挂榜山。东南：榕树岭。丽江自上龙流经州西北，左界崇善境，东北流，屈东南，入左州、新宁界。土思州府南百二里。明，思明府，直隶布政司。顺治初，为土府来属。雍正十年改土州，更名，移治伯江哨。西：飞仙岩。西南：摩天岭。东南：派迁山。明江自迁降峒入，经州署北，又西入宁明。东有海渊墟汛。驿一：明江。下石西土州府西南百六十里，明属思明府。顺治初来属，归宁明州兼辖。宣统二年，改归凭祥厅。西北：白乐山。西：独山。东有一水流合交趾河，东北注明江。上下冻土州府西二百二十里。南：湖山。北：岜橱山。西南：八峰山。龙江北源自越南入龙州西北辖境，东南流，经州署北，咘局隘水合崀花隘水，东流至州南注之，东入龙州。有龙州营分防汛。罗白土县府东南五十里。明属江州。顺治初来属。东南：龙洞山。西南：罗高山。北：独龙山。陇水出，西北入江州。罗阳土县府东北二百里。东：青龙山。西北：白虎山，一曰白面山。绿瓮水自永康流经县署西南，又东南，沙房墟水合一水东流注之，入新宁。上龙土司府西百八十里。明，龙州地。雍正三年析置。西北：武德山。北：古甑山，古甑泉出焉，南流经司署，西入龙州。龙江自龙州入司南，东北至三江口会明江。屈东南流，合逻水，入崇善。多烈水自太平入司东北，亦东南入崇善，注逻水。

上思直隶厅要。隶左江道。提标上思营驻防。明，上思州，属南宁府。顺治初，因明旧。光绪十三年，改属太平府。十八年，升为直隶厅，以南宁府属之迁隆土司隶之。东北距省治千二百八十里。广百二十五里，袤七十三里。北极高二十二度十一分。京师偏西八度十三分。领土司一。厅北：望州山。西南：营盘山。十万大山环列厅东、南、西三面，延袤百余里，接广东钦州讫越南禄州界，游匪出没所也。沿山有八隘。明江出厅西南十万山中，东北流六十余里，屈西北，经治南，又西南，平弄隘、平寨隘二水合会迁隆峒、板蒙隘水北流注之，西北入迁隆。迁隆峒土司厅西七十里。明土巡检司，属上思州。顺治初因之，与上思并属南宁府。光绪十八年来属。北：分界岭。东南：那马。明江自厅入，西北迳城东，屈西南入土思州。

镇安府难。隶左江道。明洪武二年为府。顺治初，为土府，隶思恩府。康熙二年，改设流官通判。雍正七年，升为府，隶右江道，以向武、都康、上映三土州隶之，归顺州改流来属。十年，思恩府属之奉议土州，改设流官州判，又南宁府属之下雷土州并来属。改隶左江道。乾隆三年，置天保县为府治。三十一年，置小镇安厅。光绪元年，升奉议为州。十二年，升归顺州为直隶州，改小镇安厅为镇边县，并下雷土州往属之。东北距省治千六百八十五里。广百三十里，袤百六十里。北极高二十三度十九分。京师偏西九度四十三分。领州一，县一，土州三。天保难。倚。明，镇安府地。乾隆三年置。北：天保山。东北：扶苏山。西：鉴山。归顺江一曰泫淯江，自归顺入县西，伏流，至鉴山前复出，东流经治南，右受驮命江，天保泉自北来注，又东，左受咘来河，右受归顺之武平河，东北入奉议。镇安协右营分防汛驻城。奉议州冲。府东北二百十里。明洪武二十八年改卫，寻复为州，直隶布政司。嘉靖中，改属思恩府。顺治初为土州。雍正十年改掌印州判来属。光绪元年升为州。东北：狮子山。东南：三齐山。西：大小莲花山，有莲花关。右江自百色南流入州，西北折东，经治北。又东北，磌桑河自百色来，隆溪自恩隆来，南流注之。东南流，右受归顺江，左界恩隆入上林。镇安协左营分防汛驻城。西南：古眉墟汛。东南：作登墟巡司。向武土州府东南百六十里。明初属田州府，寻废。建文中复置，直隶布政司。顺治初，隶思恩府。雍正七年来属。东南：天台。东北：向阳山，山上有关。西北：上旱山，下有上旱溪，出天保山中，东北流，入奉议。枯榕江一曰大乃溪，出上映州山中，东北曲流合劳溪，经州署西北，又东北入上林。有镇安协右营分防汛。都康土州府东南百九十里。明初没于夷僚，建文初复置，直隶布政司。康熙三年，改隶思恩府。雍正七年来属。东：崇山。北：映秀。南：翠屏山。通利江自上映州入，东流，经州署南，左受岜营水，入龙英。上映土州府东南百八十五里。明初废为峒。万历中复置，隶思恩府。顺治初因之。雍正七年来属。南：锦屏山。西：钦岫山。西南：八字崀。通利江上源为秀泉，出州西北山中，东南流，经州署南，至仙桥入都康。

归顺直隶州繁，难。隶太平思顺道。镇安协左营驻防副将驻。明，归顺州，直隶布政司。顺治初，为土州，隶思恩府。雍正七年，改流官，隶镇安府。乾隆十二年，省湖润寨土巡检司入焉。光绪十二年，升为直隶州，隶太平思顺道，改镇安府属之小镇安厅为镇边县，及下雷土州来属。东北距省治千八百六十里。广二百二十里，袤百六十里。北极高二十三度六分。京师偏西九度五十四分。领县一，土州一。南：狮子。西：岭卫。西南：叫鹅山。西北：三台、照阳山。龙潭水出城东北里许，南流经治东，秾黎水出州西北，东南流注之，入越南。秾那水出州西，亦东南入越南。归顺江出西北戉雷墟，武平河出东北小龙潭，并东流入天保。逻水出州东，东南流，左受立崀水，入下雷。西：荣劳墟。南：陇邦、壬庄、频峒各隘有汛。东南：湖润寨巡司。镇边繁，难。州西北二百三十里。明永乐中分置镇安土州，属思恩府，寻废。乾隆八年设土巡检。三十一年改流官。通判驻辖曰小镇安厅，光绪十二年改置县，更名来属。北：感驮岩。又北：末山，有水西北流，入云南土富。劳山，劳水所出，西北流，经治西，合大魁水、弄内水，折东北，伏流复出，亦入土富。德窝水出县南，东南流，经百合墟。折西南，苟华水、坡芽水、百都水并出县西南，合流注之，入越南。那摩水自越南入州西南边境，合坡酬水，复西入越南。镇安协右营驻防。下雷土州府东南二百二十里。本下雷峒。明万历十八年，升为州，属南宁府。顺治初，因之为土州。雍正十年，属镇安府。光绪十二年来属。北：天关山。南：地轴山。又南：神农山。逻水一曰西北河，自归顺入州西北，北河自向武来，伏流复出，西南流注之，经署东，又东南，西南河自越南缘界东流注之，入安平。有镇安营分防汛。

卷七十四　　志四十九

地理二十一

云南

云南：《禹贡》梁州徼外地。清初沿明制，置承宣布政使司，为云南省，设巡抚，治云南府，并设云贵总督，两省互驻。康熙元年，改云南总督，驻曲靖。三年，裁贵州总督并云南，驻贵阳。二十二年，移驻云南。雍正五年，定云贵总督兼辖广西。十二年，停兼辖广西。乾隆元年，设云南总督。十二年，改云贵总督。光绪中，裁巡抚。领府二十，直隶州一。康熙五年，降北胜直隶州为州，隶大理。八年，降寻甸府为州，隶曲靖。三十七年，升北胜州为永北府，省永宁。雍正三年，改威远土州为直隶厅。四年，割四川之东川府来隶。五年，以四川乌蒙、镇雄二府来隶。六年，降镇雄为州，属乌蒙。东川、镇雄，元属云南，明属四川。乌蒙，元属四川，明初属云南，后改属四川。七年置普洱、八年置开化二府。九年，改乌蒙为昭通府。乾隆三十一年，永北降直隶厅。三十五年，广西、武定、元江、镇沅四府降直隶州，景东、蒙化二府皆降直隶厅，省姚安属楚雄，改鹤庆府为州，属丽江。嘉庆二十四年，升腾越州为直隶厅。道光二年，改分防同知；又改镇沅直隶州为直隶厅。光绪十三年，置镇边抚夷直隶厅。二十四年，升镇雄州为直隶厅。东至广西泗城；七百五十里。南至交阯界；七百五十里。北至四川会理；四百里。西至天马关，接缅甸界。二千三百一十里。西南：英领缅甸。光绪中，曾纪泽谋与英勘界，索八募，复我太平江以南汉龙、天马、虎踞、铁壁四关侵地，议未决。薛福成继之，力持前画。腾越西以伊洛瓦谛江源流为界，江东野人山地概归中国，尚可由大盈江之新街入伊洛瓦谛，经阿瓦至仰光海口行轮，又索还故壤二千余里。及中东事起，俄、法、德居间，后赠法以红江瓯脱及孟俄地，英藉口改薛约，割科干，复许以滇缅铁路，而边事日棘，片马不守矣。广二千五百一十里，袤一千一百五十里。北极高二十九度三十分至二十一度四十分。京师偏西十度二十九分至十九度十分。宣统三年，编户一百五十四万八千一十四，口六百四十万三千九百三。共领府十四，直隶厅六，直隶州三，厅十二，州二十六，县四十一；又土府一，土州三，土司十八。驿路：东达贵州普安，东南达广西百色，西达缅甸八募，西南达缅甸景东。铁路：滇越。电线：东北通重庆，西通八募，东南通南宁。

云南府：冲，繁，疲，难。云武分巡、粮储道治所。总督、巡抚、布政、提学、提法三使，盐法、巡警、劝业各道驻。东北距京师八千二百里。广三百七十里，袤二百九十八里。北极高二十五度六分。京师偏西十三度三十七分。领州四，县七。昆明冲，繁，疲，难。倚。城内：五华山、螺山。山有潮音洞，山侧有翠湖。东：鹦鹉山。西：太华、聚仙。南：万德。北：商山。东北：龙泉山。西南：碧鸡山。盘龙江自嵩明入，西南流，迳城东，合银稜河，至县南，汇为滇池。滇池一名昆明池，长百二十余里，县东诸水入焉，下流折入昆阳州曰海口，即螳螂川上游。金稜河自城东北松华坝分盘龙口水入滇池。宝象河自嵩明入，西南流，迳城南，亦入滇池。西：碧鸡关、高峣关。东：金马关。同知一，驻南关。驿二：板桥、滇阳。汛二：昆明、板桥。富民简。府西北七十里。东：天马山。西：卧云、玉屏。南：灵芝。北：法华山。螳螂川自安宁入，纳城西北农纳水，入武定州禄劝，为普渡河。大营河出昆明西北山，西流入境，洞溪水来会，西至城北入螳螂川，清水河从之。宜良冲，繁。府东百二十里。北：万寿。南：雉山。东：客争容山，县镇山也。西：石燕。东南：骆驼山。西南：凤凰山。西：大城江，自河阳之杨宗海流入，迳城西北，折东南，分二支，同入大池江。大池江即八达河，为南盘江上流。西北有汤池。嵩明州冲，难。府东北百三十里。城内：黄龙山。东：马头。西：灵云、登花。西北：东葛勒山，元梁王结寨地。南：凤溪、石华山。龙巨河一曰龙济溪，自寻甸入，南流汇为嘉利泽，一名杨林海，迳城东南，纳杨梅河、对龙河诸水，汇为泽，周百余里。东南出河口，折北流入寻甸，为车洪河、宽郎河、邵甸河，合九十九泉，西南流，会牧养河。又西南，入昆明，为盘龙江，即滇池上源也。西南：兔儿关。驿一：杨林。晋宁州繁，难。府南九十里。城内：螺髻山。东：梅溪、五龙。西：石美山，与百花山相望。南：石壁。东南：玉案。西南：石鱼山。西有天女城。滇池在州西北，大堡河自新兴来会，又西北迳城西，分数道流入滇池。盘龙河源出五龙山，分二派，一西北流入大坝河，一东北流分为二，一入澂江抚仙湖，一入昆池。呈贡冲，繁。府南四十里。明与归化同隶晋宁。康熙八年省归化入焉。北：三台山。东：军营。南：龙翔。东南：象兔、罗藏山。滇池在县西南，东捞鱼河、南淤泥河、东南梁王河皆汇焉。洛龙河源出城东白龙潭，西流，会黑龙潭，贯城注滇池，南冲河偕清水河从之。南：太平关，临、澂孔道。安宁州冲，繁。府西七十里。康熙六年省三泊入昆阳。雍正三年又改其地来隶。城内：太极、白华。西北：葱山。东：印山、龙马。西：罗青。南：天马山。螳螂川一名安宁河，自昆阳入，北流入富民。鸣蚁河源出龙洞，北流，望洋河，又北资利河，同来会。折东北，至州东南，入螳螂川。有煎盐水，出岈峻山。有大井、石井、河中、大界、连然等盐井。驿二：禄表、安宁。罗次简。府西北百三十里。西：金凤。北：百花。南：崛嵕山、九戌山，易江出焉。东北有苴么岿哀山，绵亘县西，两峰相望。易江北流入禄丰。金水河东北流，纳青龙山南北二溪水，又折西北，汇碧城河水、东渠河水，折西亦入禄丰，名星宿江。北：炼象关。禄丰简。府西北二百十里。西：三次和山，旧名蒙答缚山。北：象头、马头山。东：姚陵山。星宿江自罗次入，纳南河、九渡河诸水，南入易门。易江亦自罗次入县东境，绕安宁，复折入境，东南入易门。东：老鸦关。驿一：禄丰。昆阳州疲，难。府南百二十里。东：龙泉山。西：月山、珊蒙果山。南：金龟山。北：望州。东南：御屏。西北：葱蒙山。滇池在城东北隅。螳螂川自滇池分三支，西北入安宁。渠滥川迳城东南入滇池。南：铁炉关。易门简。府西南二百五十里。城内：龟山 。东：屏山、左右旗山、鼓山。西：象山。东南：虎头山。星宿江自禄丰入，南流，纳太和川水，又南汇大小绿汁河，入丁癸江。南流，易江亦自禄丰入，南流汇上下渠江水，庙儿山水自东来合焉。折西，纳狮山水、速末水，合星宿江为丁癸江，南流入嶍峨。

武定直隶州：隶云武分巡、粮储道。明，武定府。领州二，县一。乾隆三十五年，降为直隶州，裁府治和曲，降禄劝州为县。东南距省治二百四十里。广三百六十里，袤三百三十九里。北极高二十五度三十二分三十秒。京师偏西十三度五十七分，领县二。北：甲甸背。西北：猗朵。西：狮子山。北：金沙江自元谋入，左有会川，卫水自四川会理合东安河南流来注。又东流，合大环川，入禄劝。盘龙河源出罗次白花山，为鸠水河，东北流，至城东，左会鹞鹰河，为盘龙河，东入禄劝。南：小营关。东南：小甸关。西北：油榨关、龙街关。明只旧、草起二盐井，今废。巡司一，驻金沙江岸。元谋难。州西北九十里。东：定见山。西：翠峰。南：马头。北：温泉、莲花山。北：金沙江自大姚入，合西溪河，即龙川江下流，自广通北流入境。又北会南号河、黑占乾河、元马河、罗又乾河、午茂乾河、炉头河，自大姚东流，合为苴宁河，又北入金沙江。元马冢，州北二十里。《华阳国志》谓县有元马，日行千里，元马河以此得名。土人呼马为"谋"，县以此氏焉。东：望城关。禄劝难。州东北二十里。明，州，乾隆二十五年降。东北：乌蒙山，一名雪山。北：法块、幸丘。东南：普照山。北：金沙江自州入，东流，勒湨溪、东湨溪自幸丘山合北流入焉。又东纳普渡河水，乌龙河自乌蒙山北流注之，又东入东川巧家。普渡河即螳螂川下流，自富民北流入境，纳掌鸠河水，北迳雪山入金沙江。西南：雄关。

大理府：冲，繁。迤西道治所。提督驻。顺治初，因明制。康熙五年，降北胜直隶州为州来属。三十一年，仍直隶。东南距省治八百九十里。广九百六十里，袤二百二十里。北极高二十五度四十四分。京师偏西十六度十一分。领州四，县三，长官司一。太和冲，繁。倚。西：点苍山，高六十里，山椒悬瀑，注为十八溪，绵亘百余里，府之镇山也，西拱县城如抱弓然。西洱河，亦名洱海，形如月抱珥，亦曰珥河。县东五里，即古叶榆泽，源出浪穹北，境内诸水入焉。长百三十里，阔三十九里，下流会样备江，迳赵州入蒙化。北：上关，亦曰龙首关，又曰石门关。南：下关，亦曰龙尾关。谚曰："苍山雪，洱海月，上关花，下关风。"下关贸易极盛，南陬名镇。赵州冲，繁。府南六十里。东：九龙山，与州西凤仪山对峙。西：三台山。南：昆弥。东南：龙母。西南：华藏山。大江一名波罗江，有二源，合流而北，迳城南，折东会玉阆泉、乌龙、双塔诸水，北入洱海。白崖江即礼社江，上流自云南县入，流经白崖，有鼻隐厂水及赤水江来会，入蒙化。东南：蒿菁关、松花关。南：弥渡市镇，通判驻。驿二：西岭、德胜。云南冲，难。府东南百三十里。明属赵州。顺治初，改隶府。东：飞凤。西：金龙。南：青华山。北：梁王山，礼社江与一泡江同源于此。一支南流至团山坝，分为三。其一南流为溪沟，迳青华山南，入赵州，为礼社江东源。其二东流，一迳县南，汇为青龙海，一迳县北，汇为品甸王海，仍归青龙海，海周四十余里，灌田利溥。一支北出为周官步海，合流而南，至云南县，折而东北，纳你甸河诸水，为一泡江，入姚州。东北：楚场关。东南：安南关。土主簿驻白岩川。邓川州疲。府北九十里。东：玉案、鸡足。西：象山、弥勒山。东南：鼎胜。南：伏虎。北：天马山。西北：覆钟山。罗时江源出钟山下绿玉池，亦曰西湖，南流迳象山下，又东南至上关。闷地江源出州东北焦石洞，亦曰东湖，南流迳城东，又南至上关，弥苴佉江自浪穹来注之，入洱海。高涧河源出鸡足山，北流，罗陋河自鹤庆来会，合为枯木河，入宾川。东：大把关。驿一：邓川。浪穹简。府北百十里。明属邓川州。顺治初，改属府。西：铁甲场山，闷江所出。西南：凤羽山。黑惠江自剑川入，亦曰白石江，南流迳城西，纳诸山溪水，入太和为样备江。大营河源出剑川，南流，凤羽河源出清源洞，北流，并会宁河。宁河源出罢谷山，汇为茈碧湖，南流，迳城东北，南会大营河，折西，纳闷江、凤羽河二水，曰三江口。又南，迳城东蒲陀崆，为弥苴佉江，历邓川入太和，即洱海上源也。西：罗坪关。西北：大树关。东北：一女关。有蒲陀崆、凤羽乡、上江嘴、下江嘴巡司四。宾川州难。府东百二十里。西：鸡足山。东：钟英山。北：华盖、摩尼。东北：赤石岩山。西北：翠屏山。东北：金沙江自鹤庆入，东流，纳答旦河、一泡江诸水，入姚州。答旦河一曰六溪河，其源有六，曰钟良溪、银溪、石宝溪、寒玉溪、通洱溪、赤龙溪，并自城西东流，又北迳城西北，丰乐溪自盒子孔山来会，亦曰七溪，北流入金沙江。西南：毕罗关。云龙州繁，难。府西五百里。东：大罗山，明设大罗卫，今废。西：三崇山。北：清水朗。东北：大雒马山，与西小雒马夹河相望。西：澜沧江自丽江入，纳沘江、表村河、松牧溪诸水，南入永昌。怒江、俅江自俅夷境入，迳三崇山，南入永昌。北：太平关。东：新关。有大井盐课大使。盐井六：顺荡、诸邓、石门、天耳、山井、师井。十二关长官司府东三百里。本云南县楚场地。元置十二关防送千户所。明置长官司，隶大理，徙一泡江之西。清因之。土官李姓，世袭。东：白沙坡。西：观音箐。

丽江府：要。隶迤西道。明为军民府，领州四，县一。顺治十六年，改土府，省所属州县并入。雍正元年设流官。乾隆二十一年，置中甸厅。三十五年，置丽江县为府治，改鹤庆府为州，并所属剑川州、维西厅来隶。东南距省治一千二百四十里。广六百七十里，袤九百五十九里。北极高二十六度五十二分。京师偏西十六度二分。领厅二，州二，县一。丽江疲，难。倚。明，通安州。乾隆三十六年改今名。西南：老君山，南干诸山之祖。西北：雪山，一名玉龙。西：花马；汉薮山，高百仞，上有三湖。西：怒江即潞江，源出西藏布喀池，自夷境入，南流入云龙。澜沧江自维西入，分二，正支西纳白水，南流入云龙，分支为漾备江，东流纳老君山下分江诸水，入剑川。金沙江即丽水，亦自维西入；纳汉薮山桥头、巨甸诸水，入鹤庆。东：雪山门关。西：石门关。有丽江井盐课大使。鹤庆州繁，难。府东南三百五十五里。明，军民府，领剑川、顺州。康熙中，顺州省入。乾隆三十六年降州来隶。西南：方丈山，为南诏十七名山之一。南：半子。北：汤乾。东北：三台山。东：金沙江自丽江入，东南流，合漾共江，一名鹤川，亦自丽江入，纳境内诸水，潴为湖，伏流石穴中三里，南出为腰江，折东流注金沙江。西南：观音山河，南流入大理浪穹。南：宣化关。北：印塘关。西南：观音山关，鹤丽镇总兵驻。剑川州冲。府南九十里。明属鹤庆，今改隶。东：青崖山。南：夜合。西：石钟山。西北：老君山，与丽江分界。白石江自丽江合分江水缘界入，合磨刀去石河。又东南，大桥头河亦曰黑惠江，出西北老君山，东南会千木河、螳螂河，至城南为剑湖，广六十里，合桃羌河诸水，西南出为剑川，曲流三折入浪穹。南：大理国望德故城。盐井二：弥沙、桥后。中甸厅要。府北二百三十里。明，丽江府地。康熙时，吴三桂以其地界达赖喇嘛。雍正五年，来隶鹤庆府，移剑川州州判驻之。乾隆十一年设厅治，隶府。东南：雪山，与丽江雪山接，两崖壁立，金沙江贯其中，流迳城东南，与维西以江为界，左合硕多冈河，入丽江。多克楚河、里楚河，并自四川里塘入，为无量河，入永北。维西厅简。府西北七十里。明末拓元临西西北吐蕃地为土府。雍正五年设厅治，隶鹤庆府，通判驻之。乾隆十一年随鹤庆来隶。雪山东金沙江自四川巴塘入，总文河自巴塘东来注之，折东南，纳所楚河水入丽江。澜沧江亦自巴塘纳徐那山水，又南流，永青河水自城东北来注之，入丽江。

楚雄府：冲。隶迤西道。明领州二，县五。康熙八年，省碍嘉入南安。雍正七年，省定边改隶蒙化府。乾隆三十五年，裁姚安府，以所辖姚州及大姚县来隶。东距省治四百二十里。广三百七十五里，袤五百八十里。北极高二十五度四分。京师偏西十四度四十五分。领州三，县四。楚雄冲，繁。倚。城内：雁塔山，即古金矿山。西：峨㠍山。西南：九台、碧藏山。龙川江自镇南入，纳大石河、青龙河诸水，折东北，合方家河，缘定远界入广通。东：平山关。南：雪里关。吕合一驿。土县丞驻县西南。广通冲。府东七十里。东：高登山。西：凤山。南：卧象山，与伏狮山对峙。东北：阿陋雄山，有阿陋井、猴井，俱产盐。龙川江自定远入，东北流，纳立龙、清风、罗申诸水，北流入元谋，注金沙江。立龙河自北，清风河自东，并入龙川江。有阿陋井盐课大使。回磴关土巡司。驿二：路田、舍资。定远简。府北百二十里。东：宝华。西：乌龙、云龙山。东北：诸葛鳌峰、宝应山，俱在旧琅盐井司境。绝顶峰在黑盐井司境。龙川江自楚雄入，纳琅溪、零川、龙沟河、紫甸河诸水，入广通。县境产盐，旧设琅盐井提举司，后裁。黑盐井提举司驻宝泉乡。土主簿驻县西。驿一：新田。南安州难。府东南五十里。康熙八年省碍嘉县入。雍正九年设州判驻焉。西南：表罗山。东：健林苍山。南：茶山。青龙河源出州北，入楚雄。马龙河源出镇南，南流，大厂河东南流，二水相合为礼社江。妥稍关、鹅毛关、会稽关，俱在州南。镇南州冲，疲。府西北七十里。东：石鼓、五楼。南：石吠。西：苴力铺山，白龙河出其下，纳清水河、平夷川诸水，与龙川江合流入楚雄。西：白崖江，自姚州缘界入，入南安。北：十八盘山，连厂河出，入姚州。其东紫甸河，入定远。东南：阿雄关，土巡司驻。西：镇南关、鹦鹉关，土州同驻。永宁乡，土州判驻。驿一：沙桥。姚州繁。府西北二百一十里。明，姚安府。乾隆三十五年裁府，以附郭之姚州改隶。东：白马山、燕子山。西：赤石、龟祥。东北：妙峰。西北：迴龙、象岭山。一字水源出黎武山，北流，迳白盐境，又西北入一泡江。香水河出黎武南麓，西南流，入大姚。蜻蛉河出三窝山，西北流，潴为大石硼，北流，纳回龙厂河，折东入大姚。阳派河源出金秀山，北流汇为阳片湖，又北流，会连场河，同入蜻蛉河。北：白盐井有提举司。驿一：普淜，州判驻。土州同驻州西南六十里。大姚简。府西北三百二里。南：几山。北：方山、龙山。西北：玉屏山。羊蹶江源出城北么歩村，东北流入金沙江。香水河自姚州入，南流入大姚河。大姚河源出镇南北十八盘山，纳蛟龙江、苴郤河、紫丘、滥泥箐诸水，入金沙江。白马河、卧马刺河、矣资河从之。东：黎石关。西：龙门关。有苴郤巡司。

永昌府：要。隶迤西道。明为军民府。领州一，县二，土府一，土州二。顺治十六年，凤溪、施甸二长司省入。乾隆三十年，削"军民"字。三十五年，置龙陵。嘉庆中，腾越升直隶厅。道光二年降。东距省治一千三百四十五里。广六百九十里，袤一千一百二十里。北极高二十五度六分。京师偏西十七度四分。领厅二，县二，土府一，土州二，宣抚司五，安抚司三，长官司二。保山繁，难。倚。城内：太保山，县以此名。东：哀牢山。西：九隆。南：法宝。西北：怒江，自云龙入，纳西溪、雪山、蒲缥、坪市、八湾诸水，东南入潞江。东北：澜沧江，自云龙来，与永平分水，纳罗岷北山水、沙木河水，东南入顺宁。南甸河，上流为清水河，有二源，合流而南，郎义河自城北来会，至城东，汇为青华海。折东南，穿峡口洞出，为枯柯河，南入湾甸土州。南：蒲关、水眼关。北：甸头关。东南：老姚关。东北：山塔关。西北：马面关。施甸、沙木和巡司二。永平简。府东北百七十里。东：天马、罗武。西：和丘。北：罗木。西南：博南山、花桥山。银龙江出东北阿荒山，南流至城东南，纳罗木场、曲洞河、花桥河诸水，入顺宁，入澜沧江。东：胜备江，源出罗武山，东南纳九渡、双桥诸水，至蒙化入碧溪江。西南：花桥关。东北：上甸关。龙陵厅要。府西南二百九十里。明，猛弄司。乾隆三十五年置同知，徙驻。东：怒江，自潞江土司东南流入境，纳野猪河、施甸河、邦买、回环诸水，南流折西，历孟定土府入缅甸。龙川江缘厅西界，纳香柏河、芒市河，西南流，合南歌郎水，迳遮放南入瑞丽江。东：象达关。南：遮放副宣抚司，本陇川宣抚司地，明万历十二年以多恭为副宣抚使，管遮放。今因之。腾越厅要。迤西道驻。府西三百六十里。腾越镇总兵驻。明属永昌府。嘉庆二十五年升直隶厅。道光二年降厅。光绪间，开埠通商。东：高黎贡山，一名崑崙岗，山顶有泉，东入保山，西入腾越，又名分水岭。北：明光。西：雅乌猛弄。西北：姊妹山。龙川江源出西藏桑楚河，亦曰麓川江，至城东，纳曲石江水，折而西，至天马关入缅甸。大盈江亦曰大车江，源出赤土山，曰马邑河，西流至城东北，纳马场河、黄坡、缅箐、桥头、曩拱诸水，南与槟榔江会，有盏达河北流来注，西南迳铜壁关东、铁壁关北，入蛮募土司，入大金沙江。西：槟榔江，东南流，入干崖土司，会大盈江。东：龙川江关。南：镇夷关。西：滇滩关。西北：神护关。孟定土府府东南八百七十里。明，土府。顺治初因之。土官罕氏世袭，隶府。北：无量山，跨镇康、耿马两土司界。南丁河，自缅宁入，纳无量山水，西南流，纳南卡、南路、南们、南底、南滚诸水，西迳府北，折南入阿瓦。怒江自龙陵入，俗名喳哩江，迳府北入缅甸。为府境之险要。湾甸土州府东南二百二十里。土官景姓世袭，隶府。西北：高黎贡山。东：孟通山。枯柯河自保山入，南流，姚关水来会，又南至城西北，会镇康河。镇康河自镇康入，左纳响水河，右纳杜伟山水，北与枯柯河会，合为南甸河。折西，流入龙陵，注怒江。有黑泉，毒不可涉。北：姚关。镇康土州府南三百八十里。古石睒黑僰所。土官刁姓世袭，隶府。东南：乌木龙山。西：无量山，即蒙乐山。镇康河有二源，一出乌木龙山北麓，西北流，一出无量山北麓，东北流，合为乌木龙河，迳城西南，怕红河来会，为镇康河，折北迳城西，入湾甸。南：昔剌寨。西南：控尾寨。潞江安抚司隶府。府西南百三十五里。明，柔远府，旋改潞江长官司。永乐九年升安抚司。顺治初因之。土官线氏世袭。东：雷弄山。南：掌元山、高崙山。潞江自保山入，南流入龙陵。南：何坡寨。西南：景罕寨。东南：细甸。皆蛮酋结寨处。南：全胜关。孟连长官司隶府。在厅南。古名哈瓦。明永乐四年置长官司，直隶云南都司。嘉靖中裁。万历十三年复置。顺治初因之，属永昌。乾隆二十九年改属顺宁。光绪二十年还属。东北：孟连河，东南流入阿瓦。南甸宣抚司隶腾越厅。厅南七十里。明置南甸府，属腾冲，旋改州。正统八年升宣抚司，直隶布政司。顺治初因之，改隶腾越。土司刁氏世袭。东：丙弄蛮干山，土酋世居其上。南：沙木笼山。西南：牙山，延袤百余里，山泉流入南牙江。南牙江一名小梁河，即大盈江上流，纳猛送水，西入干崖。干崖宣抚司隶腾越厅。厅西南百二十里。明置府，属麓川平缅司。永乐元年析置长官司。正统九年升宣抚司，直隶布政司。顺治初因之，改隶腾越。土官刁氏世袭。东：云笼山，云笼河出焉。南：云晃山。西：刺朋山布岭。北：白莲山，土官居之。大盈江自南甸入，名安乐河，西迳司北，与槟榔江会，又西南入盏达。盏达副宣抚司隶腾越厅。厅西南百四十里。本干崖地。明正统中置。万历中为缅据。顺治中复置。嘉庆二十四年隶腾越。土官刁氏世袭。北：盏达山，盏达河出焉，西南会曩送河入槟榔江。槟榔江自干崖入，迳司东南境，西南流入腊撒。陇川宣抚司隶腾越厅。厅西南百四十里。明置麓川平缅军民宣抚司。正统十一年改置，治陇把，与干崖、南甸称为三宣抚，后入于缅。顺治初复置，隶腾越。土官多氏世袭。有摩犁、孔明、寄箭、罗木诸山。东：龙川江，亦曰麓川江，自芒市入，西南流入遮放。西北为大金沙江。芒市安抚司隶腾越厅。厅东南四十里。古为怒谋、大枯睒、小枯睒之地。明，芒市府。正统九年改置长官司，直隶布政司，后升安抚。顺治初因之，改隶腾越。土司放氏。西南：青石山，峭拔万仞，夷砦居之。芒市河源出司西北境，西南流入遮放。猛卯安抚司隶腾越厅。厅西南百四十里。本木邦地。明析置蛮莫宣抚司。万历三十年，改土酋长。顺治初复置。十六年改今名。土司思姓。司治后蛮哈山，山如象鼻。北：等练山，山有等练城，又有雷哈、打线诸地，皆司境险要。东：龙川江自遮放入，纳碗顶河、蛮胆河诸水，又西南出汉龙、天马关间，又西入缅甸。又西南，那莫江，下流入大金沙江。户撒长官司隶腾越厅。厅西南百九十里。本莪昌夷地。明置土司。雍正二年裁。乾隆三十一年复置。腊撒长官司隶腾越厅。厅西南二百二十里。与户撒同时置。西北：槟榔江自盏达入，西南流入缅甸。

顺宁府：繁，难。隶迤西道。明，顺宁府，领州一。顺治初，沿明制。乾隆十二年，升猛缅长官司为缅宁厅。三十五年，置顺宁县为府治。东距省治一千二百里。广三百四十里，袤六百九十里。北极高二十四度三十六分。京师偏西十六度二十二分。领厅一，州一，县一，宣抚司一。顺宁要。倚。东：东山、九龙。西：旗山。南：昙花、把边、琼岳。北：鼓山、傈山、墨玉、阿鲁司泥、赤龟。东南：猛蠓者石山。西南：西粤山，山下有琼英洞。北：黑惠江，一名碧鸡江，即样濞江，自蒙化入，南流，绕津山东麓，合澜沧江。澜沧江自保山入，东南流，合高枧槽河、三苔菁水，会黑惠江，入云州。顺甸河、顺宁河合流从之。阿铎河源出阿铎山，南流入缅宁，注猛缅河。南：把边关。西南：等腊关。县西北：望城关、金马关。府经历驻县西北右甸。缅宁厅要。府南三百里。明，猛缅长官司，隶云州。乾隆十二年，置厅隶府，兼大猛撒之地，亦称三猛。西南：梳头山。东：银锭、翠屏、天喜、接天。西：高岚。南：凤凰山、乌龙山，北对松猢狲山。澜沧江自景东入，迳厅东南入镇边。猛缅河，即南丁河上游，源出厅南猛准之分水岭，折东北，纳云州小河水及四十八道水，又西至猛赖南，为猛赖河，入孟定。南：分水岭关。西：箐口关。北：锡蒲关。南：猛猛土巡司。云州要。府东三十里。东北：无量山，即蒙乐山，东：阿轮山，层峰叠巘，四时苍翠。西：蛮赖山，多竹。北：八剌、天马。南：猛卯、蛮弥山。澜沧江自顺宁入，合顺宁河，东迳州南，猛郎河、猛麻河注焉。又东入景东。南有永镇关。小河水细流支分，凡四十八道，西南猛赖、西溪水，俱流入缅宁，注猛缅河。南：永镇关，大猛麻土巡司驻。耿马宣抚司府西南二百五十三里。古蛮地。本属孟定土府。明万历十三年，析孟定地置安抚司，旋升宣抚司，以喳哩江为界，北距孟定百里。顺治中，罕闷括投诚，仍授宣抚司，世袭，隶永昌。乾隆二十九年改隶顺宁。西：三尖山、养马山。西南：们河源山。西北：南路河源山。北：耿马河源山。南：们河西流，南路河北流，并入孟定。耿马河南流，合南别河入镇边，即辣蒜江上源也。

永北直隶厅：繁，疲，难。隶迤西道。明，北胜州，隶鹤庆府，与澜沧卫同治。康熙五年，降为属州，隶大理。二十六年，省卫入州。三十一年，复为直隶州。三十七年，升永北府，以永宁土府隶之。三十八年，又以鹤庆府属故顺州地入焉。乾隆三十五年，改直隶厅。光绪三十四年，以厅属之华荣庄经历改设知县，仍隶厅。东南距省治一千四里。广四百七十五里，袤八百二十里。北极高二十六度四十三分。京师偏西十五度三十一分。领县一，土府一，土州一。东：壶山、阿剌山。东南：大坡难岭，高二万余丈，巅有龙湫。西：三刀山、伏虎山。西南：澜沧山，卫、驿皆以此得名。西北：太保山，一曰近屯东山，下有九龙潭。其西为近屯西山，下有草海。西：金沙江自鹤庆入，缘厅西南入大姚。无量河自中甸入，纳走马河、观音河、他留河、沘那河、三渡河诸水，南入金沙江。经历司二，一驻旧衙坪，一驻华荣庄。今改县知事一，驻金沙。顺州土州同在厅西百二十里。西：西山关。南：南山关。北：北山关。华坪县厅□□里，本名华荣庄，旧设经历于此。光绪三十四年，云贵总督锡良奏改县，即以庄为县治。永宁土府厅北四百五十里。明属鹤庆，寻升为府。土官阿姓。领长官司四，今属厅。北：卜兀山、剌不。东南：甲母。东北：六捏山。打冲河源出府南；北流为三岔河，又北至府东南，为勒基河，又北至府东南，纳泸沽湖水，东入四川，注鸦砻江。泸沽湖在府东三十里，中有三岛，周二十五里，东北流，入打冲河。蒗蕖土州厅北百八十里。明属鹤庆，寻废。顺治初，土官阿化投诚，未授职。康熙三十一年改土官为土舍。道光十九年复设土州，仍以阿氏袭。西南：绵绵山，麦架河出，亦曰蒗蕖水，折东北为穵开河，纳别别河、盐井河入鸦砻江。走马河源出东南傈儜关，西南流，入永北厅。罗易江自州北流，入永宁泸沽湖。

蒙化直隶厅：要。隶迤西道。明，蒙化府。康熙四年，置流官，设掌印同知。雍正七年，省楚雄府之定边入之。乾隆三十五年，改直隶厅。东距省治八百二十里。广二百里，袤二百九十五里。北极高二十五度十九分。京师偏西十五度五十七分。明，蒙化故卫。康熙六年裁。西：文华、屯库、交椅、金牛。南：甸尾。北：蒙舍山、天耳山一名甸头山、石母山。东南：玉屏山、螺盘山、月牙山。西南：五印山。西北：巄岍图山。西南：澜沧江自永昌入，南入顺宁。西北：漾濞江自太和入，缘厅西流入顺宁。礼社江有二源：东源曰白崖睑江，东自赵州入，纳甸雌江水，东南流；西源曰阳江，西北自花判山南流，纳盟石河、教场河、锦溪、五道河、定边河、窝接河诸水，东南与白崖睑江会，曰礼社江，东南流，入南安。阿集左河，即把边江上流，东南流，纳虎街、牛街、安定河诸水，南入景东。诸始河纳七溪诸水，西南流，入顺宁。东：隆庆关。东南：白普关。巡司三：一驻南涧，即废定边城；一驻澜沧江；一驻漾濞江。镇一：迷渡。

景东直隶厅：繁，疲，难。隶迤西道。明，景东府。康熙四年，置流官，设掌印同知。乾隆三十五年，改直隶厅。东北距省治一千一百七十五里。广三百四十里，袤四百二十里。北极高二十四度二十九分三十秒。京师偏西十五度三十一分。治后玉屏山。东：凤山，旧土官陶姓世居。西：无量山，即蒙乐山，连亘三百余里，与蒙化、云州、缅宁、镇边接界，即《禹贡》梁州蒙山也。南：锦屏、孔雀、南鲸。北：鹤笼山。东南：瑞霞。西北：景董山，明建景东卫城于上。西南：澜沧江，自蒙化入，缘厅西界入镇边。江上汉永平中建兰津桥，两岸峭壁，镕铁系南北，古称巨险。把边江一名中川河，东南流入镇沅。又猛统河、者干河，均南流入镇沅。景谷河南流入威远。盐井四：在厅南者曰磨腊、磨外，在厅西者曰大井、小井。南：景兰关、母瓜关。北：安定关。西北：保甸土司，明宣德中建，土官陶姓，世袭巡司。北：三岔河土司，明弘治中建，土官杨姓，世袭巡司。东北：板桥驿，土官阿姓，世袭驿丞。有猛统巡司一。

曲靖府：冲，繁，疲，难。迤东道治所。明，曲靖府，领州四，县二。康熙八年，省亦佐入罗平，又降寻甸府为州来隶。三十四年，改旧平彝卫为平彝县来隶。雍正五年，析霑益州地置宣威州。西南距省治三百里。广三百九十里，袤六百二十里。北极高二十五度三十三分。京师偏西十二度三十九分。领州六，县二。南宁冲，难。倚。东：青龙、白水、关山。西：胜峰。南：石宝、观音。北：龙华山。东南：汤池、莲花、杨梅、潇湘。交河自霑益入，纳南、北河水，迳县北，合白石江，折南，潇湘江自马龙入，西南入陆凉。东：东海子、黑龙潭，均资灌溉。白水关驿丞兼巡司，裁，移白崖巡司驻。南宁一驿。霑益州冲，难。府北三十里。康熙二十六年裁平彝卫，分境屯赋并州。三十五年仍改归平彝。雍正五年分置宣威州。北：花山洞，交河出，即《水经》温水，南盘江上源也，东南流，迳州东北，纳玉光溪、沙河、阿幢河诸水，入南宁。别有盘江，自贵州毕节入，绕州北境，仍入贵州南安。南：松韶关、阿幢桥关。有炎松巡司一。驿二：松林、炎方。陆凉州疲，难。府南百二十里。明置陆凉卫。康熙六年裁卫入州。东：丘雄山、平山。西：老鸦、月砑、铁山、桃花山。南：终南山、天马山。交河即南盘上流，自南宁入，纳板桥河、关上河、乾冲河、汇为中埏泽，折西流，纳大龙潭水，又西合西山大河、铺上河，入宜良，为大池江。东北：陆凉湖，与中埏泽相连，周百余里。

南：大生关。西：木容关。北：石嘴头关。驿一：普陀。罗平州难。府东南二百七十里。东：金鸡、云峰、淑龙。西：天目、月涛。南：五台、碧泉。北：安乐山、禄南山。黄泥河自贵州普安入，缘平彝界注块泽河。复入，右合恩勤河，迳州东南。西：楼革江自师宝入，右会鲁沂河，迳城北注之，至江底。八达河会西源交河入贵州兴义，九龙河从之。板桥、偏山、大水井、恩勤诸汛。马龙州冲，难。府西南五十里。西：杨唐山，一名关索岭，上有夷关。又木容、华盖、龙鼎、罗仵侯、中和诸山。潇湘江源出木容山，东北合流为龙潭河，又西南为白蟒河，折西入寻甸。响水河出州东北，东流会札海子水，东入南宁为白石江。东：三叉口关。西南：分水岭关。驿一。寻甸州冲，繁。府西百三十里。明，寻甸府。康熙八年降州来隶。东：哇山、中和山、小关索岭。西：三稜山，山有九十九泉。南：石龙、梁王。北：珀珰山。车湖源出花箐哨山，会北山诸水潴为湖，一名清水海，周数十里，北入会泽界为小江。龙洞，州北，三龙泉，州西，咸利灌溉。车洪河自嵩明入，亦曰寻川河，纳归龙河、玉带河、螳螂河诸水，为阿交合溪，又东北入会泽。果马溪源出果马山，南流合花箐哨水，入嵩明为龙巨河。东南：木密关。北：八叉关。有易古巡司。驿一：易龙。平彝冲，繁，难。府东北九十里。明，平夷卫。康熙二十六年省卫入霑益州。三十四年改平彝。东：蛮岗山、旱感山。南：宗孟山。北：蒙洞山。块泽河自霑益入，东流为响水河，又东至城西为十里河，又南纳贵州普安明月所水，南入罗平。东：豫顺关、宣威关。北：分山关。驿一：多罗。宣威州疲，难。府北二百三十里。明，霑益州。顺治十六年移州治于交水。雍正五年析霑益州新化里至高坡顶置。东：宣威岭。北：狮山、斗山、光山、马鞍、鹧鸪。东南：木宗山。车洪江自寻甸入，纳赤水河、西泽河水，北入会泽。可渡河自贵州威宁入，有二源，合为瓦岔河，会得吉河、皂卫河诸水，东北流入贵州，即北盘江上流。宛温水源出州南东屯，北流，纳州西境诸水，入可渡河。可渡关在焉，巡司驻此。驿一：傥塘。

东川府要。隶迤东道。明，东川府，寻改隶四川。康熙三十八年，设流官。雍正四年，改隶云南。五年，置会泽县，治巧家汛。六年，移县附郭。嘉庆十九年，设分防巧家同知。南距省治五百九十五里。广五百里，袤四百二十里。北极高二十六度二十一分四十一秒。京师偏西十三度一分。领厅一，县一。会泽要。倚。西：天马、云弄、纳雄。北：青龙山，山有青龙洞。西南：绛云露山，盘亘七十余里，接禄劝界。车洪江一名牛栏江，自宣威缘界入，纳沙河、小河，流迳贵州威宁，折西北入巧家。小江自寻甸入，为阿汪河，纳花沟、普翅诸水，迳碧谷坝为碧谷江，北流入巧家。以礼河源出县南野马川，东北纳麦则、夷溪诸水，环府治，歧数支，仍同流入巧家。头道河源出县东犀牛塘，西北流入巧家。西南：者海一巡司。巧家厅要。府北三百四十里。雍正四年置会泽县，治此。六年移县附郭。嘉庆十九年析会泽县地置。东：堂琅山，《水经注》所谓"羊肠绳屈，八十余里"，即此。西：巴拙。北：大乐。东北：大凉山。西北：归化山。西：金沙江自禄劝入，纳四川会通河水，又东流，纳会泽以礼河、牛栏江及境内木期古水、木期古北水，东北入鲁甸。牛栏江西流，与鲁甸分水，纳头道河水，并入金沙江。木期古土千户，乾隆三十一年设，禄氏世袭。

昭通府：最要。明，乌蒙府。寻改隶四川。雍正五年，改隶云南。六年，设流官，置恩安、永善两县，降镇雄府为州，并属府。九年，改今名。光绪三十四年，析永善之副官村置靖江县，仍升镇雄为直隶州。东南距省治九百二十里。广五百五十里，袤六百三十里。北极高二十七度二十分。京师偏西十二度三十六分三十秒。领厅二，县二。恩安繁，难。倚。明属乌蒙府。雍正六年置。东：宝山、我未山。东南：朴窝。西南：博特。东北：撒途。西北：九龙山。金沙江自鲁甸入，北流入永善。擦拉河自鲁甸入，东北流，会普五寨水、淄泥河、八仙海水，潴为湖。又东流入大关。大关厅最要。府北百八十里。雍正六年设大关通判。九年设府同知，驻此，移通判驻鲁甸。西：犄角山。北：鸡爪山、梨山。东南：雪山。西南：龙聚山。洒鱼河自恩安入，会大关河，北流，迳盐井渡，会永善河，又北流为大纹溪，入四川庆符。东北：角魁河自镇雄入，西北流，入大纹溪。西南：豆沙关。北：盐井渡巡司。鲁甸厅简。府西南四十里。雍正九年置，移大关通判驻此。北：鲁甸山，厅以此名。南：乐马厂山、大黑山。北：大小凉山，山峰危耸。金沙江自巧家入，北流，迳厅西南入恩安。牛栏江自贵州威宁入，西北流，至厅南入金沙江。擦拉河源出大黑山，东北流，会马鹿沟水，入恩安。洒鱼河源出大凉山，东流，纳居乐河水，入恩安。靖江旧为永善县境副官村，县丞驻此。光绪三十四年改县隶府。北：巴布梁山，蛮酋居之，广千里，袤二百余里。东北：龙头山，森林繁茂，矿产极盛。

镇雄直隶州：最要。隶迤东道。明，镇雄府，隶四川。雍正五年，改隶云南。六年，降为州，属昭通府。光绪三十四年，升直隶州。广、袤、北极偏度，阙。东：凤翅、黄甲。西：九龙、沙呐。南：竹鸡山、硌砌雄山。北：乌通山。白水江自贵州威宁入，名八匡河，会九股水、黄水河、小溪河，迳牛街西北，入四川筠连，为定川溪。角魁河亦自威宁入，为洛泽河，又西北，纳龙塘、威洛河诸水，西北入大关。黑墩河西北流入四川筠连。洛甸河东流入四川永宁。苴蚪河，东南流入贵州威宁。彝良，州同；威信，州判、知事驻。西北：牛街。母亨巡司一。盐井二。

澂江府：繁，难。隶迤东道。明，澂江府，领州二，县三。康熙八年，省阳宗入河阳。西北距省治百二十里。广二百三十六里，袤百七十五里。北极高二十四度四十二分。京师偏西十三度二十七分。领州二，县二。河阳冲，繁。倚。康熙八年，省阳宗县入焉。东：云龙山。西：虎山。北：罗藏。东南：赦人、天马。东北：碌碌山。明湖一名阳宗湖，周七十余里，合锦溪、日角溪、七古泉诸水潴为湖，北入宜良，为大成江。南：抚仙湖，一名罗伽湖，周三百余里，东入铁池河，东流入路南。东北：玗扎溪，一名东大河，合镜庄、北坡二泉，西南入抚仙湖。罗藏溪、立马溪、石涧溪、西浦泉诸水并从之。东北有东关、中关、西关。江川冲，繁。府东南九十里。东：海瀛山，一名孤山，特立抚仙湖中。北：屈颡颠山，上有泉，三派分流，西入滇池，东入抚仙湖，南入星云湖。星云湖纳上河、中河、下河诸水，周八十余里，东由海门入河阳，汇为抚仙湖。两湖相通，中有界鱼石。北：关索岭关。驿一：江川。新兴州繁。府南百二十里。东：连珠。西：马拖罗山。南：玉乞山、研和东山。北：金莲、落伽、卧牛。大溪自江川入，会香柏河、撒喇河，又西纳罗么溪、罗木箐二水，至州西北为玉溪。玉溪河自江川入，纳西河、窑沟水、牟溪、黑龙潭，又西会甸苴河、良江河、清水河诸水，南入嶍峨，即曲江上流也。北：刺桐关。路南州冲，繁。城内：鹿阜山。东南：遮口山。南：紫玉、香花。西南：竹子山，峰高千仞。大池江，即铁池河上流，自陆凉西流入，迳州北境，纳小河水入宜良，复自河阳流入州西南境，绕竹子山三面，纳巴盘江水为铁池河，又南纳抚仙湖诸水入宁州。东南：革泥关。驿一：和摩。

广西直隶州：冲，繁，难。隶迤东道。明，广西府，领州三。康熙八年，省维摩州，改置三乡县。九年，省入师宗。雍正九年，设师宗州，州同驻旧维摩州之丘北。乾隆三十五年，降府为直隶州，降师宗、弥勒为县，降丘北同知为县丞。道光二十年，升丘北县丞为县。西北距省治四百里。广六百三十里，袤三百一十里。北极高二十四度三十九分。京师偏西十二度三十八分。领县三。东：灵龟山，下有矣邦池。南：文笔。北：骑鹤。西：阿卢山，山洞深邃，洞泉流入西溪，迳城西与东溪合，入矣邦池。池一名龙甸海，中有岛，周三十余里，又东南汇为支酣，又南，伏流入盘江。盘江一名南盘江，自弥勒入，东北流，迳五嶆，入丘北。巴甸河，一名巴盘江，一名潘江，南流入弥勒。五嶆，州判驻白马嶆。师宗难。州北八十里。明，师宗州。乾隆三十五年改县。东：恩容山。西：通元洞。南：块卯。北：锁北门山。盘江自丘北入，流迳县西，与广西西林县分水，五罗河水南来注之，东北流入罗平。师宗水北流至县东南，有水自落龙洞北流来会，又北至大河口，通元洞水南流折东来会，又北入罗平，注蛇场河。弥勒冲，繁。州西九十里。明，弥勒州。乾隆三十五年改县。东：盘江山。西：阿欲部山。南：部笼山。北：陀峨。西南：十八寨山，山箐连属。盘江自阿迷入，迳盘江山南，纳石穴中浊水，名混水江，又东北入州界。巴甸河自州南入，为瀑布河，纳赤甸泉、白马河、山金河、阿欲泉、竹园村、龙潭诸水，西南入盘江。北：革泥关。西南：湼沼关。有竹园村一巡司。丘北要。州东南二百九十里。明，维摩州地。康熙八年改置三乡县。九年省，设州同驻此。乾隆三十五年改州同为县丞。道光二十年改县。北：革龙山。西：盘笼。南：石龙。盘江自州境入，纳清水河，东北流入师宗。驿一：任城。

临安府：繁，疲，难。隶临安开广道。明，临安府，领州五，县五。康熙五年，省新化入新平。雍正十年，改新平属元江。乾隆三十五年，降建水为县。北距省治四百三十里。广五百七十里，袤四百八十里。北极高二十三度四十分。京师偏西十三度二十三分。领州三，县五。建水疲，难。倚。明，建水州。乾隆三十五年改县。东：石岩山，一名蒙山，山有水云、南明、万象三洞。西：马鞍山。南：焕文山、五老峰。北：回龙山、晴山。东南：矣和波山。西南有猛屏、曲通山。泸江自石屏入，纳黄龙潭、白沙江、象冲河、塌冲河水，伏流阎洞中，东出为乐蒙河，入阿迷。礼社江自石屏入，迳亏容土司境，东南入蒙自。曲江自通海入，纳狗街汛、羚羊河水，西入蒙自。黑江自思茅缘界纳茨通坝、猛蚌诸水，南流入交趾。临元镇总兵驻此。猛丁县，西南百六十里。光绪十六年，改土归流，设府经历。北：曲江巡司一。南：纳更土巡司一。西南：纳楼有中场、鹅黄、摩诃三镇。长官司一，光绪九年裁。西南：亏容长官司一，阿氏世袭。西北：大关。东北：箐口关。驿一：曲江。石屏州难。府西八十里。南：石屏山，州以此得名。又南：钟秀。东：迴龙山。北：集英、乾阳。西南：左能、思陀。东南：五爪山。泸江源出州西宝秀湖，周三十里，夹城东流，汇为異龙湖，周百五十里，中有三岛。东流入建水为泸江，即盘江最远之一源也。北河纳白花竜、昌明诸水，西流过龟枢，奔洪为龟枢河，折南流，为三百八渡河，有州南南河纳五塘、弥勒沟诸水，西流来会，又南入礼社江。礼社江自元江流入西南土司境。清水河、南鼎河诸水东南流入建水。西：宝秀关，巡司一，乾隆二十年裁。西南：落恐长官司一，土官陈姓世袭。西南：左能长官司一，土官吴氏世袭。思陀长官司一，土司李氏世袭。南：瓦渣、溪处土官各一，康熙四年省，寻复置。驿一：宝秀。阿迷州冲，繁。府东南百二十里。东：东山、水城山，周围渚泽。西：日冲、漾田。南：南洞山。东南：雷公。西南：万象洞山。北：火山，东北有火井。乐荣河即泸江，自万象洞伏流，东出，绕漾田山麓，至燕子洞又伏流，东出，纳东山水，折东北入盘江。盘江自宁州入，南流，至州东北会泸江水，入弥勒。清水河自蒙自入，至冰泉山入乐荣河。白期河出禄丰乡，东南流，入文山。东：东山关。西：阿宝关。宁州冲，繁。府东北二百五十里。东：阳暮山。西：丹凤山。南：双狮山。北：华盖山。东南：登楼山，山顶有池，方百步。婆兮江，即铁池河，自建水入，会于婆兮甸，又东南会曲江。曲江自通海入，纳瓜水，东流入阿迷，为盘江。抚仙湖、星云湖俱北与河阳分界。杞麓湖西南与通海分界。西北：甸苴关。通海难。府东北百五十里。东：东华。西：西华。南：秀山，一名螺峰。北：梅山。西南：黄龙。东北：灵宝。曲江自河西入，纳东山、龙泉、六村河诸水，东入宁州。杞麓湖一名通海，周百五十里，白马沟、秀山沟、黄龙山诸水皆入焉，与河西湖中分界，与宁州湖边分界。东：宁海关。南：建通关。驿一：通海。河西简。府西北百八十里。东：碌溪山。西：普应、佛光、仙人洞山。南：茶山、九街子。北：琉璃山、夹雄山、碧山、黄草坝山。曲江上流为合流江，自嶍峨入，亦曰碌碌河，迳县西，纳舍郎河水，东入通海，为曲江。杞麓湖源出碌溪山，凡跨三邑，周百五十里，北：曲陀关。嶍峨难。府西北二百六十里。东：登云山。西：老鲁关、五凤。西北：胜郎。东北：嶍山，其后峨山，县以此得名。曲江自新兴入，亦曰猊江，迳县北会练江。练江源出胜郎山，流迳石屏，名龙车河，东北会于猊江，为合流江，入河西。丁癸江自易门入，西南至新平入礼社江，即元江上流也。西北：伽罗关。西：老鲁关、兴衣关。蒙自繁，难。府东南百五十里。东：大小云龙山。西：目则山，即蒙自山，县以是名。南：天马山。东南：屏风。西南：麒麟。礼社江自建水入，为梨花江，纳蛮迷渡、蛮提渡、个旧厂诸水，又东至蛮板渡，纳稿吾卡水，又东南至蛮耗汛，入文山。东北：长桥海，源出县西大屯坝，曰矣波海，南流迳新安所，有法果泉、学海迳县南来会，下流合白期河，为三岔河，又南流，与红河会于河口，为中、法通商要口。新安所在城西南十五里。南：莲花滩，入越南大道。光绪间开埠通商，设临安开广道，有税关，移临元镇总兵同驻此。东南：石马脚关。西：箐江关。西南：杨柳口关、大窝关。南有打巫白箐，又南至江浒，地名矣吝母，渡江为勒古簿地，路通交趾。光绪间设府同知，驻个旧。

广南府：要。隶临安开广道。明，广南府。顺治十八年，改流官。康熙八年，省广西府之维摩州，以其地来隶。乾隆元年，设宝宁县为府治。西北距省治八百五十里。广七百二十里，袤四百三十里。北极高二十四度十四分。京师偏西十一度二十二分。领县一，州一。宝宁要。倚。乾隆元年置。东：零雨山。南：麻卯、僻令。东南：宝月关山。西北：速部、板郎、木主三山，山各一泉，为西洋江源，东南流入富州。马别河自文山入，纳者种河诸水，北入师宗。普梅河自文山入，为籐条江，东南入交趾。西北有宝宁溪，县以此得名。东：宝月关。南：普厅塘，府经历驻。土富州府东南二百六十里。土同知侬氏世袭。光绪间设通判。城内：翠岭。西：祛丕山。西北：花架、玉泉。西北：西安山，山洞深邃。西洋江自宝宁入，折东北，错入广西西林界，右合剥江，左郎河水，仍入广西百色厅。西南：普梅河，自文山入，为木奔江，入越南，左赖河从之。东：剥隘镇。

开化府：最要。隶临安开广道。总兵驻。明，教化、王弄、安南三长官司，属临安府。康熙六年，改流设府。八年，省广西府维摩州，分其地来隶。雍正六年，命侍郎杭奕禄、学士任兰枝赐交阯铅厂河内地四十里，以马白赌呪河下流为界。八年，置文山县为府治。嘉庆二十五年，改马白关同知为安平厅，仍属府。西北距省治七百五十里。广一千一百四十五里，袤四百二十五里。北极高二十三度二十一分。京师偏西十二度九分。领厅一，县一。文山要。倚。雍正八年省通判经历置。东：东文山，县以此得名。西：秀石、蓑衣。北：凤虎山。西南：西华山，层峦叠嶂，连络如屏，横列三十六峰。教化废长官司治在焉。西南：红河，即礼社江下流，自蒙自入，左新现河、右龙膊河注之，东南流入安平。白期河，一名三岔河，自蒙自流入，有那木果河注之，南流入安平界。开化大河源出县西白龙潭，北流，汇六十五潭水，至乌期石洞出，为乌期河，折东南流，为盘龙河，伏流，至府东北复出，经府东，折而南，至天生桥汛，伏流出安平。北马别河，东普梅河，并入宝宁。南：洪衣关、大窝关。县丞驻江那。安平厅要。府南百三十里。明，安南长官司地，属临安府。康熙四年，长官司王朔作乱，讨平之。六年，改属府。嘉庆二十五年改厅，并析文山县之东安、逢春、永平三里地属之，仍附郭。道光三年移今治。西：天洞山，顶有石洞，瀑布飞流。西南：阿得山，绵亘无际。红河自文山入，西南至河口汛，与白期水会。白期河自文山入，纳吉林箐诸水，与红河会，入交阯。盘龙河自文山入，南流至交阯城汛，有牛羊河来会，又东南，纳左右数小水，入交阯。普梅河自宝宁入，一名那楼江，仍南流入宝宁。攀枝花河，厅西，下流为坝不河。南：马白河、归仁里二小水，均西南流入盘龙河。南：马白关。

镇沅直隶厅：最要。隶迤南道。明，镇沅府。雍正五年，设流官，并改者乐甸长官司为恩乐县来隶。乾隆三十五年，降直隶州。道光二十年升厅，省恩乐入焉。东北距省治九百一十里。广三百四十里，袤二百九十里。北极高二十三度四十九分。京师偏西十五度二十一分。东：云龙、石花。西：案板。南：马容。东南：波弄。东北：哀牢山。东：鲁马河，自景东入，迳新平，复流入境，又南流入他郎，为阿墨江。东北：景来河自景东入，纳蛮岗、阿萨、大弄、凹必诸水，东南入他郎，为把边江。树根河，亦名蛮况河，南流折西，猛统河自景东来会，为杉木江，又西南入威远。东南：猛赖河，合栏马河，南流入威远。东北：恩乐故城，府经历驻。新抚巡司，雍正十三年设，驻新抚。盐井二：东南曰波弄，东北曰案板。雍正三年设盐大使驻此。东北：旧禄谷寨长官司。

镇边直隶厅：最要。隶迤南道。明始置猛甸长官司。乾隆十二年，设缅宁厅，今厅境隶之。光绪十三年，析倮黑土司地上改心为猛猛土巡检辖境，下改心为孟连宣抚司辖境。以小黑江为界。置厅，以猛郎坝为厅治。西南距省治一千八百二十里。广四百九十里，袤一千零四十里。北极偏度阙。南：东岗。北：仙人、习远。东南：儒冈。西南：西监、佧佤。西北：多衣岭、老炭山。西北：小黑江，即辣蒜江，源出耿马、孟定两土司境。纳仙人山水、南猛河水，东流入澜沧江。澜沧江自缅宁入，合蛮怕河、南底河，东南流入思茅。黑河，一名札糯江，自厅北流，经大雅口东入澜沧江。乾河自厅西磨刀厂东流，经小寨，纳南木河水，入思茅。南：西河，一名金河。厅西南有南康河，合落水洞、合英河、龙塘诸水，南流来会，入蟒冷。上改心厅东，下改心厅北，光绪十三年设二巡司分驻之。厅西境有佧佤、蟒冷诸夷。

元江直隶州：最要。隶迤南道。明，元江府。领州二。顺治六年，设流官。十八年，省恭顺、奉化二州入之。雍正十年，以临安府新平县来隶。乾隆三十五年，降直隶州。东北距省治五百二十里。广三百里，袤二千一百里。北极高二十三度三十六分。京师偏西十四度十九分。领县一。辖土职五。儒林里辕门，复设辕门千总三。永丰里、茄革把总二。东：玉台山，一名罗槃山，凡二十五峰。西：瓦纳。西北：九龙。西南：宝山，一名银矿山。元江即礼社江，自新平入，纳漫线河、甘庄河、南淇河诸水，迳城东，南流，会清水河、南侥河、矣落河诸水，入石屏。李仙江自他郎入，纳东固江、萨普江，名三江口，入建水，为藤条江。龟枢河自新平入，纳厂沟、大小哨诸水，东南入石屏，名三百八渡，入礼社江。南：猛甸关。北：青龙关。西南：界牌关。西北：瓦陑关、定南关、杉木关。巡司一，驻因远。新平难。州北二百里。明属临安府。雍正十年来隶。东：马鹿塘山。西：哀牢山；高百数十里，广八百里，滇南最高山也。北：磁磁山。磁磁山北有诸龙山与马笼，皆蛮酋结寨处。南：南峒山，山七十二峒，巡司驻。西北：元江，有二源，一曰礼社江，一曰麻哈江，自嶍峨入，其上流为星宿江，名三岔河。迳哀牢山麓，纳化龙河、宾橘河、了味河、马龙河诸水，南入州界为元江。龟枢河即嶍峨，流入之。腊猛，纳县东北境羊毛冲、牛毛冲诸水，南迳鲁魁山北，纳亚泥河、清水河、三他拉河、窑房、得勒诸箐水，南流经大开门，为大开河，又东南流，纳石屏之北河水，折西，经鲁魁山南，纳藤子箐诸水，入州东界。巡司一，驻杨武坝。

普洱府：最要。迤南道治所。普洱总兵驻。明，车里宣慰司，属元江府。土官那氏世袭。雍正七年，置普洱府。东北距省治一千二百三十里。广一千七百九十里，袤一千二百四十里。北极高二十三度一分。京师偏西十五度十二分。领厅三，县一，宣慰司一。宁洱要。倚。明，车里宣慰司地。顺治十六年编隶元江府。康熙三年调 元江府通判分防普洱。其车里十二版仍属司。雍正七年裁通判，以所属普洱等处六大茶山及橄榄坝江内六版地置府。乾隆元年裁攸乐通判，置县附郭。东：锦袍山，一名光山。西：太乙。南：双星。北：观音、玉屏。东南：班鸠坡，高出群峰，行途艰危。把边江自他郎入，纳磨黑、慢冈二河水，东南仍入他郎。猛赖河自威远入，西南流入思茅。普洱河一名三岔河，合金龙河水，南流至县南，合东河水，又南会南蕴河，入思茅。补远江，源出县东南，纳整董河水，会大开河，东南入思茅。府经历驻通关哨。东：磨黑井，设盐大使。猛乌、整董井二盐大使，今裁。同治十三年设石膏井提举。光绪间，割猛乌、乌得与法。威远厅最要。府西三百四十里。明，威远直隶州。雍正三年改厅，属镇沅。又设猛班巡司。乾隆三十五年改隶府，并以猛戛、扛哄、猛班三土弁隶焉。东南：集翠山、铁厂山。西南：仙人脚山。西：波麻。北：雷贯。澜沧江自镇边入，杉木江纳景谷江、宝谷江水来会，入思茅。猛撒江一名猛赖河，自镇沅入，纳暖里河、铁厂河水，入宁洱。经历驻猛戛。西南有戛关。西香、抱母二盐井，雍正三年设盐大使，驻抱母。八年移驻香盐井，名抱香井，今改隶石膏井。思茅厅最要。府南百二十里。明，车里地，名思茅寨。雍正十三年设厅治，分车里九土司及攸乐土目地隶焉。东：倚象、铁山。西：玉屏、六困。东南：六茶山：曰攸乐、曰蟒支、曰革登、曰蛮砖、曰倚邦、曰漫撒。易武山亦产茶。澜沧江自威远入，纳猛撒江水，又东南，纳南钟、南匀诸水，绕九龙山麓，名九龙江，至车里北。南哈河自遮放入，又东会罗梭江，东南入交阯。罗梭江上源为清水河，南流迳宁洱为大开河，仍流入境，纳龙谷、猛腊诸水，又西南入九龙江。南：永靖关。东南：倚象关。他郎厅要。府东北百六十里。明，恭顺土州。顺治十八年省入元江府。雍正十年设厅。乾隆三十五年改属府。东：球香、水癸。西：红岩、猛连、遮蔽、灵山。东南：

太极山。西南：班了、法山。把边江自镇沅入，迳宁洱，仍南流，至厅南入元江。阿墨江自镇沅入，纳慢会河水、他郎河水，为布固江。宁洱南平湖，汇流灌田。车里宣慰司辖江外六版地。乾隆三十八年宣慰司刁维屏潜逃，裁革。四十二年，以刁士宛复袭。

卷七十五　志五十

地理二十二

贵州

贵州：《禹贡》荆、梁二州徼外之域。清初沿明制，设贵州布政使司，为贵州省。顺治十六年，设巡抚，治贵阳，并设云贵总督，分驻两省。康熙元年，改贵州总督。四年，仍为云贵总督，驻贵州。二十一年，移驻云南。旧领府十。康熙三年，增置黔西、平远、大定、威宁四府。二十二年，大定、平远、黔西降州，隶威宁府。雍正五年，增置南笼府。六年，割四川遵义来属。七年，复升大定、降威宁。乾隆四十一年，升仁怀，嘉庆二年，升松桃，均为直隶厅，改南笼为兴义府。三年，降平越府为直隶州。十四年，升普安为直隶州。十六年，改厅。东至湖南晃州；五百四十里。西至云南霑益；五百五十里。南至广西南丹；二百二十里。北至四川綦江。五百五十里。东北距京师七千六百四十里。广一千九十里，袤七百七十里。北极高二十五度四分至二十八度三十三分。京师偏西七度三十三分至十度五十五分。宣统三年，编户一百七十七万一千五百三十三，口八百五十万三千九百五十四。共领府十二，直隶厅三，直隶州一，厅十一，州十三，县三十四，土司五十三。驿道：一东出镇雄关达湖南晃州；一西逾关索岭达云南平彝；一西北渡六广河达四川永宁。电线：北通重庆、毕节，又分达威宁至云南。

贵阳府：冲，繁，难。巡抚、布政使、提学使、按察使、粮储道同驻。光绪三十四年裁粮储道，设巡警道、劝业道。宣统元年改按察使为提法使。顺治初，因明为军民府，领州三，县一。康熙十一年，增置龙里县。二十六年，裁"军民"字，增置贵筑、修文二县，又改平越府之贵定来隶。三十四年，省新贵入贵筑。雍正四年，置长寨厅。光绪七年，以罗斛州判地置厅，移长寨同知驻，降长寨为镇，并入定番。广一百五十里，袤三百七十里。北极高九度五十二分。京师偏西九度五十二分。领厅一，州三，县四。南：青岩土千总一。东：虎坠司长官一，雍正八年裁。贵筑冲，繁，难。倚。明，贵州、贵前二卫。康熙二十六年改置，与新贵同城。三十四年省新贵入之。城内：翠屏山。东：铜鼓、棲霞、石门。北：贵山，府以此名。南：斗岩，板桥最高。西北：黔灵山，又木阁山，延袤百里，亘修文境内，通黔西。南明河自广顺入，合济番河、四方河、阿江河，折东，龙洞河北流注之，又北入开州。鸡公河自清镇北流入境，又北仍入清镇。贯城河出崆笼山，合城北择溪水入 城中，南流注南明河。东南：图安关。东北：鸦关。驿一：皇华。南：白纳司正副长官一，中曹司土千总一。西北：养龙司长官一。顺治初，承明属府，康熙间改属县。顺治十五年，设中曹司正副长官一，雍正七年裁。又喇平司，康熙二十三年裁。贵定冲，繁。府东百十里。顺治初，因明隶平越。康熙二十六年改隶。南：文笔、天马、松牌、连珠山。西：金星、银盘。北：阳宝、西华。东北：蔡苗山。瓮首河出县西平伐土司，东北错入都匀，复迳县南，加牙河自龙里来注之。又北，八字河注之，北流，与博奇河会，折西北流，至巴香汛，合南明河。十万溪，在县北，苗众每恃险为乱。东：玉杵关、谷满关。西：马桑关、瓮城关。驿一：新添。有汛。南：新添司长官一。又平伐、大平伐、小平伐司长官一。西牌土舍一。东丹平、北把平二司，均裁。龙里冲，繁。府东五十里。明，龙里卫。康熙十一年改置。南：龙驾。西：长冲。北：云台。西南：迴龙山。东门水出县东南，老罗水、新安水西南分流，迳城北，合为博奇河。东龙洞河西北来注之，入贵定。加牙河出谷者岩，东流入瓮首河。东：陇耸关。西：黎儿关。驿一：龙里。北：大谷龙土千总一。小谷龙土把总一。南：羊肠土千总一。又西北：龙里司，裁。修文冲。府北五十里。明，敷勇卫。康熙二十六年改置。城内：屏山。西：宝峰。北：凤凰、将军。东：西望山，绵亘百余里。东南：龙冈。乌江自黔西入，即黔江，迳城西北，合鸡公河，北流为六广河，入开州。鸡公河自清镇入，石洞水合孟冲水西注之，又北注乌江。东北：底寨司正副长官一。开州难。府东百二十里。东：鲁郎。西南：南望山、阴阳山。南明河自贵筑入，迳城东，洗泥河东北注之，又北流，落旺河东北注之，又东为清水江，合乌江。乌江自修文入，为六广河，迳城西北，纳沙溪水、养龙水，迳城北，洋水河、横水河合流注之，东南会清水江，缘遵义境入瓮安。可渡河出城东南，伏流复出，为落旺河，东注清水江。东北：西司正副长官一，裁。定番州难。府南百里。定广协副将驻。东：琴山。南：三宝、笔架。西：旗山。东南：松岐。西北：屏风山，濛江出，即连江，一曰牂牁江，一曰都泥江，出城西北山中，迳广顺再入境，祟水、潮井水注之，又西南入罗斛。丰宁河自都匀入，注巴盘江，错入罗斛，合北盘江，东流，入广西那地土州。上马桥河出西北废上马桥司东，东北流，入贵筑，注南明河。南：石门关、克度关。东北：程番关。大塘、长寨州判二。附郭程番司长官一。东南：大龙番、小龙番司长官一。南：韦番、罗番司长官一。西南：木瓜司正副长官一，麻响司长官一。东北：卢番司长官一。西：牛路、木官土舍一。又东：金石番司。南方番、卢山、洪番、卧龙番，西大华，西北上马桥、小程番七司，裁。广顺州难。府西南百十里。西：真武。东：螺拥、白云。南：天台山。南明河出城东北，折东入贵筑。鸡公河自普定入，麻线河注之，折北入安平。尤爱河在城东从仁里，东流注济番河。东：白崖关、翁桂关。西：文马关。北：燕溪关。长寨州判一。有宗角、长寨、同筍三汛。有金筑司，裁。罗斛厅府西南四百二十里。顺治初，因明隶广西泗城土州，寻改隶泗城府。雍正三年割置永丰州，设州判，隶南笼府。乾隆十四年改隶定番。光绪七年置厅。东南：老人峰。西南：六合山。濛江自定番入，㲉孟河自普定、猛渡河自归化合流注之，又南流，注北盘江。北盘江合南盘江自贞丰东流入，受濛江水，入那地土州。又巴盘江在城东北，上流曰丰宁河，自都匀入，合藤茶河，东南入广西泗城。扎佐司巡司一。有罗斛汛。罗斛打拱土千户一。何往土外委一。

安顺府：冲，繁，难。旧隶贵西道。提督驻。顺治初，沿明制，为军民府。康熙二十六年，裁"军民"字。东北距省治百八十里。广三百十里，袤百六十里。北极高三十六度十二分。京师偏西二十度二十四分。领厅二，州二，县三。西北：西堡司副长官一。西南：安谷、西堡二司，裁。普定冲，繁，难。倚。明，普定卫。康熙十一年改置，省定南所入之。城内：塔山。东：飞虹、岩孔。南：屏风。东南：旗山。西北：旧坡、新坡山。宁谷河出东山，合数水，西南流入镇宁。簸渡河自镇宁入，东北流入安平。剋孟河出县东南，南流入罗斛。猛渡河出县西南，南流入归化。鸡公河上源为大水河，出县东北，东南流入广顺。东：罗仙关、杨家关。南：半天关。西：牛蹄关、大屯关、老虎关、打铁关。驿一：普利。有宁谷废司。上五苑枝土千总，裁。镇宁州冲，繁。府西五十里。康熙二十六年，省安庄卫入之。南：玉京、青龙。东：东坡山。西：白岩、慈母山。北：九十九陇，周百余里。南：乌泥江，源出山箐中，汇诸溪涧水，东北定番宁谷河自普定入，合州西诸水，南流入贞丰，注北盘江。簸渡河自郎岱入，堕极河南流，谷龙河合三岔河北流，并注之。东北流，缘普定界入平远。东：猴儿关。西南：土地关、凤凰关、石龙关。驿二：安庄、坡贡。有坡贡汛。东康佐、北十二营二司，裁。永宁州冲，繁。府西百四十里。城内：顶箐山。东：二龙。南：箭眉。西：普肇、安笼箐山。西北：红崖山。北盘江自郎岱入，拖长江自普安合庚、戌二河，东北流注之，迳城西，纳西坡河、马凉河，又屈西南，马毕河自安南东北流注之，折东入贞丰。西：梅子关。慕役巡检一。有关岭　慕役、上卦三汛。西：沙营顶营长官一。盘江土巡检一。清镇冲，繁。府东北百二十里。明，威清卫。康熙二十六年改置，省镇西卫，赫声、威武二所入之。东：狮子山。南：马鞍。西：铜鼓。北：羊耳山。鸡公河自安平入，北流，迳城西，曲循城北，错入贵筑，又北入修文。三岔河自安平入，折西北流，牛场河西南来注之，亦入修文。西有滴澄关。安平冲，繁。府东六十里。明，平坝卫。康熙二十六年改置，省柔远所入之。东：金鳌、高峰。南：圆帽、天台。东南：马头山。簸渡河自普定入，迳天马山，北流入平远。鸡公河自广顺入，羊肠河东流注之。羊肠河双源夹城流，至县南十里而合，又屈东北，与麻线河会，折北入清镇。东：铜鼓关。南：沙子关、杨家关。东南：平坝关。郎岱厅简。府西百八十五里。明，土司陇氏地。康熙五年平之。雍正九年置。永安协副将驻。北盘江自普安入，迳厅西，又东南流，入永宁。簸渡河自水城入，合厅北诸水，折东流，入镇宁。东：石龙关。西：打铁关。驿一：毛口。有羊肠巡司一。归化厅要。府南百六十里。明，康佐长官司及镇宁、定番、广顺三州交错之地。雍正八年置。岩下河出厅西，南流，错入贞丰，复入境。乌泥河西南流来会，复入贞丰。猛渡河自普定入，复东南入罗斛。东：摆浪关。北：银子关。南：红沙关。有大营、坝阳、白岩、猴场、鼠场、牛场六汛。

都匀府：要。隶贵东道。副将驻。顺治初，因明制。领州二，县一。康熙中，置都匀。雍正中，辟八寨、都江、丹江，置同知一，通判二。十一年，广西荔波割隶。西北距省治二百四十里。广三百二十里，袤四百五十里。北极高二十六度十三分。京师偏西九度三分。领厅三，州二，县三。西南：六硐司长官一。南：王司、吴司长官司一。又东天坝、西南平州、西丹行三司，裁。都匀繁。倚。明，都匀卫。康熙十一年置。城内：东山。西：龙山。北：梦遇。西南：凯阳山。马尾河为清水江南源，出县西南，合一小水，又北纳邦水河、龙潭河，东流入麻哈。麦冲河出县南，合四小水，西南流为丰安河，入独山。西：石屏关、威镇关。北：平定关。南：都匀司，西：邦水司长官一，明属府。顺治初改隶。平浪司长官一，明属卫。顺治初改隶。雍正五年裁。麻哈州繁，难。府北六十里。东：皮陇、天台。南：天马。西：玉屏、铜鼓山。南：麻哈河，有二源，经城西合为一水，又名两岔江，北流入平越。马尾河自府东流入境，迳吴家司，北流入清平。谷硐、卡乌二汛。南：乐平司长官一。落户土舍一。东：平定司长官一。宣威土舍一。北：养鹅土千总一。西：旧司土舍一。独山州要。府西南百二十里。南有独山，州以此名。东：文汉山。南：镇灵。西：行郎山。南：独山江，即都江上源，古牂牁江也，出水岩梅花峒，东北流，经烂土司，马场河分流注之，折东入都江。西：凤饮河，出飞凤井，环城流，入独山江。丰安河自都匀入，迳城北，深河、平舟河来注之，再西入长寨。南：鸡公关。北：阿坑关。三角寋州同一。巴开、打略二汛。附郭独山司长官一。南：丰宁上长官司一。东南：丰宁下长官司一。三捧土舍一。东：烂土司长官一。东北：普安土舍一。清平冲，难。府东北百二十里。明，县。康熙七年省入麻哈州，十一年复置，裁清平卫入之。南：水箐。东：棋盘。北：侍讲山。东南：香炉。东北：天榜山。猪梁江为清水江北源，自平越入，会麻哈河，东流入黄平。东南：马尾河，即剑江，自都匀入，北流入清水。南：鸡场关。凯里县丞一。排养、炉山二汛。东：凯里司安抚使，裁。荔波要。府东南二百里。顺治初，承明隶广西庆远府。雍正十年改隶。东：水排山。北：分水岭。荔泉在城北，县以此名。劳村江出县东北，西南流，与峨江会。峨江河，南北二源，合于水董，再西南，永长溪自古州迳都江南，合数小水注之，入广西南丹土州。南：黎明关。西：马甲关。方村县丞一。有三洞、方村二汛。八寨厅要。府东九十里。明，天坝土司地。雍正六年，平苗疆置。西：得鹿山、大登高山，均险要。西：马尾河，自都匀入，东北流，入麻哈。龙泉自龙井、南泉自丹江，均入马尾河。都江自独山迳都江南，一水出厅北坡脚寨，南流入都江境来会。南：羊勇关。北：五里关。有九门汛。东南：扬武排调司长官一。东：永安司长官一。丹江厅要。府东北百四十里。明，生苗地。雍正六年，平苗疆置。西南：九门山。东南：牛皮箐，迤逦数百里，亘八寨、都江、古州界。大丹江源出厅西南，小丹江自厅东南来会，曰九股河，东北流，入台拱。东：防里河，西流入丹江。鸡讲、黄茅、乌叠、顶冠、空稗、松林六汛。东北鸡讲、北黄茅、西南乌叠土千总一。都江厅要。府东南二百二十二里。明，来牛大寨地。雍正六年，平苗疆置。西：柳叠山。东北：大坪山。都江上流曰独山江，自独山东流入，羊乌河合乌沟河来会，又东入古州。北：排常关。有顺德、归仁土千总一。

镇远府：冲，繁，难。隶贵东道。总兵驻。顺治初，因明制。西南距省治四百五十二里。广一百七十五里，袤二百五里。北极高二十七度二分。京师偏西八度十三分。领厅二，州一，县三。治后，石屏山。山半有穴，久雨水注则江溢。东南：思邛山，都波、都来二山。邛水司南：马首山。偏桥司南：石柱山。偏桥司长官一。左副、右副长官一，嗣改左副、右副为七品土官。镇远冲，繁。倚。康熙二十二年以湖广镇远卫来属，省入县。东：铁山、中河山、马场山、观音岩。南：五老山。北：大小石崖山。东北：打杵岩。西：鼓楼坡山。清水江自施秉入，迳镇远土司东入台拱。邛水有二源，合流迳邛水司南，入清江。德明河源出德明洞，东南入台拱，注清水江。沅水自施秉入，白水溪、小由溪诸水注之，迳城西南为镇阳江，又东纳焦溪，东北流，入青溪。西北：金石关。北：文德关、镇雄关。东：鸡鸣关。邛水，县丞一。四十八溪，主簿一。东南：邛水司正副长官一，嗣改为七品土官。施秉冲，难。府西南七十里。康熙二十二年以湖广偏桥卫来属。二十六年省入县。城内：飞凤山。东：金钟、玉屏。北：三台山、岑鳌山。清水江自黄平东流入，纳一小水，又东流入台拱。沅水自黄平东北流入，受瓦窑河、杉木河诸水，小江南自黄平来会，谓之两江河，东流入镇远。西：栏桥关。胜秉，县丞一。偏桥废驿。天柱繁，疲，难。府东南二百十里。顺治初，因明隶湖广靖州。雍正五年改隶黎平府，十一年来隶。东：高云山、茯岭山。南：春花、黄少。西：莲花。北：柱石山，县以此名。清水江自开泰入，迳城南，直银水、等溪东南流注之，入湖南会同。西江一曰等溪，东南流，至城北，入鉴水江。东：老黄田关。南：王桥关。西：西安哨关。北：渡头关。柳霁，县丞一。远口巡司一。岔处、革溪二汛。黄平州冲，繁，难。府西南一百三十里。顺治初，因明属平越。康熙二十六年徙州治于旧兴隆卫。嘉庆三年来隶。东：飞云岩。南：鼓台山。西：斗岩山。北：北辰、岑舟、石林山。清水江上源二，并自清平入，迳城南，合东流，入施秉。沅水出州南金凤山，北流，合西来二小水，东北入施秉。东：冷水河、秀水溪、高溪，下流合秀水入重安江。东：马鬃岭关、大石关。旧州城巡检一。驿一：重安江。黄平汛。东岩关司、东南重安司长官一。又有郎城司土吏目，裁。台拱厅要。府东南一百三里。明，九股生苗地。雍正十一年，平苗疆置，移清江同知驻之。北：猫坡山。东：莲花寨。西南：台雄山。清水江即施洞河，自镇远入，在城北，自黄平流入，折东南，迳革东汛，入丹江。九股河一名巴拉河，自丹江北流入境，至城西，斩水西北流来注之，折东北，入清水江。番招、台雄、革东、稿贡四汛。清江厅要。府东南一百九十里。明，清水江苗地。雍正八年，平苗疆置，设同知。十一年，移同知于台拱，改通判。清江协副将驻。南：白索。西：公鹅、三台。北：柳罗山、白济关山。清水江自台拱东南流入，邛水自左来注之。乌蕉河、乌拥河、乌拉河自丹江入，汇为南哨河，自右来注之。再东纳德河，入开泰。东：东镇关。北：白济关。

思南府：繁。隶贵东道。顺治初，沿明制。西南距省治六百四十五里。广四百里，袤五百六十里。北极高二十七度五十六分。京师偏西八度五分。领县三。城内：中和山。东：东胜、思唐。西：岩门、白鹿。北：双峰、象山。乌江自石阡入，鹦鹉溪、板坪河会清江溪注之，折东错入安化。北行至齐滩场，复入府境，曹溪东流注之，小郎坝水北流注之，再北复入安化。东：石峡关、武胜关、永胜关。南：芙蓉关。西北：鹦鹉关。东郎溪司、北沿河司长官一。西：西山阳洞蛮夷司，裁。安化繁。旧附郭。光绪八年移治大堡。府北百三十里。东：凤凰、莲花。南：文中。北：桂岩、椅子山。西南：仓廪山，下俯煎茶溪，有泉名第一。乌江自府东北流入，思邛江自印江西北流注之。三岔小河自四川酉阳西流注之，东北流，入酉阳。洪渡河自龙泉东北流入，经简家沟，下流曰丰乐河，一水西北来注之，错入婺川，复东北入县境，北流入四川酉阳。西北：覃韩偏刀水废土巡司一。婺川繁，难。府西北二百四十里。东：大岩。南：泥塘。西：华盖。东北：长钱山。北：卧龙山。丰河自安化入，合龙登河，晓洋江合白皎溪东北来注之，又东北，复入安化。芙蓉江出县西，西北流，错入正安，复迳县西北，北流入四川涪州。东：焦岩关、水云关。西：石将关。北：九杵关、乌金关、石板关、青岩关。印江简。府南四十里。东：文笔、峨岭、大圣、登山。西：河缝山。北：石笱山。思邛江自松桃入，折北流，合一小水入安化，注乌江。东：峨岭关、仡楠关。南：秀宝关。

思州府：冲。隶贵东道。顺治初，因明制。领长官司四，不领县。雍正五年，割湖广平溪、清浪二卫来属。寻改玉屏、青溪二县。西南距省治五百四十里。广一百九十里，袤二百六十里。北极高二十七度十一分。京师偏西七度五十五分。领县二。东：岩前、龙塘。南：圣德。西：盘山、岑巩。北：红崖、六农山。镇阳江自青溪入，迳城东南入玉屏。潞灏河出府西北，合洪寨河，东南流，又纳施溪、洒溪、架溪诸水，东南入镇阳江。易家河出府东北，合文水河，南流亦入镇阳江。东：都哨关。南：清平关、黄土关。东北：鲇鱼关。西：盘山关。附郭都坪司，西南都素司、东北黄道溪司正副长官一，嗣裁副长官。北：施溪司长官一。玉屏冲，繁。府东一百里。顺治初，因明湖广平溪卫。雍正五年改置来隶。北：玉屏山，县以此名。城内：回龙山。东：三台、月屏山。南：道定山，与双荐峰对峙。界牌山为诸蛮出入要路。镇阳江自府东北入，流迳城北，名曰平江，北流入湖南晃州。西：野鸡河，汇西溪、梭溪诸水，迳飞凤山、野鸡坪入平江。太平河从之。青溪冲，繁。府南九十里。顺治初，因明湖广清浪卫。雍正五年改置来隶。县治后北障山。东：竺云。西：灵宝山。北：观音山。镇阳江即青溪江，自镇远入，铁厂河合竹坪河、描龙河注之，东北流入府。东：清浪关、鸡鸣关。西：栗子关。

铜仁府：中，繁，难。隶贵东道。副将驻。顺治初，因明制。康熙四十三年，平红苗，设正大营，以同知驻其地。雍正八年，平松桃红苗，移同知驻，以正大营地割隶铜仁县。嘉庆三年，升松桃为直隶厅，以乌罗、平溪二司地拨归厅辖。光绪六年，剿平梵净山匪，移铜仁县治江口，即提溪吏目驻地，分府属五硐归县，分县属六乡及坝盘等三乡之半归府亲辖，移吏目大万山。西南距省治六百六里。广一百七十里，袤二百七十里。北极高二十七度三十八分。京师偏西七度三十分。领县一。南：铜崖，府以此名。东：石笏、天台。南：天马、六龙。西：诸葛山。北：翀凤山。大江即辰水，自县东流入府，合瓮怕洞水，又东与小江合。小江发源梵净山，合茶山塘水，南流与辰水会，东入湖南麻阳，谓之麻阳江。东：龙势、石榴、漾头等关。北：倒马、芭龙、瓮梅、倒水等关。大万山吏目一。正大、施溪二汛。东南省溪司、西提溪司正副长官一。铜仁繁。府西北九十里。月波山在县治右，形如半月，斜对三岩，高十余仞。西北有梵净山，周五六百里，跨思南、镇远、松桃、印江界。南：五云山。西南：百丈山。辰水出梵净山，有二源，右源纳标杆河、羊溪数小水，东南迳提溪司，左源经哨上渡，纳一小水，至提溪司与右源会，省溪、凯洪溪注之，东流入府。正大营县丞一。滑石汛。

遵义府：中，冲，繁。旧隶贵西道。副将驻。顺治初，因明制，为军民府，隶四川。康熙二十六年，裁"军民"字。雍正五年改隶。西南距省治二百八十里。广七百九十里，袤三百六十里。北极高二十七度三十七分。京师偏西九度二十九分。领厅一，州一，县四。遵义冲，繁，难。倚。顺治初，因明隶四川。雍正七年，同府改隶。东：香风、三台。西：洪关、元宝、大水田山、娄山。北：大楼、龙岩、定军山。西北：永安山。乌江缘开州入，中渡河、乐闽河及二小水南流注之，又东南会清水江，入瓮安。湘江出县西北龙岩山，二源合南流，洪江合凤凰溪来会，南迳湄潭，至瓮安注乌江。赤水河自仁怀入，沙坝河合数小水北流注之，又纳盐井河，错入桐梓。东：三渡关。西：乌江关、落濛关。北：太平关。驿四：乌江、播川、松坎、湘川。桐梓繁，疲，难。府北百二十里。顺治初。因明隶四川。雍正七年，，同府改隶。东：石女、九龙山。北：扶欢。南：金马。西：金鹅山。赤水河自仁怀东流入遵义，复错入县境，斋郎河合溱溪水西流注之，复入仁怀。松坎河，即綦江上源，自正安入，出县东北，二源合，西北流，坡头河自正安西流注之，又北入四川綦江。石嘴河，即温水上源，出县西北，入仁怀界。北：张九关。东北：石壶关。绥阳简。府东一百里。顺治初，因明隶四川。雍正七年，同府改隶。东：绥阳山，县以此名。南：鼓山、冠子。北：波利山、仙人山。西：金子山。乐安河一曰鹿塘河，二源出县北，合南流入遵义，注湘江。湄潭河自湄潭南流，迳城东南，仍入湄潭。小乌江一曰渡头河，出县北，合桑木塘水、关渡河，北流入正安。东：九杼关、石卯关、苦竹关。西：郎山关。南：板阁关。东有桑木关、龙洞关。正安州难。府东北三百四十里。顺治初，因明为真安，隶四川。康熙中，迁治古凤。雍正二年改正安。七年，同府改隶。南：罗蒙山、石场清净。西：细子、峻岭。北：豹子山。小乌江自绥阳入，右纳牛渡河，左纳清溪河，又东北流，注芙蓉江。三江河自四川綦江入，纳安四溪水，又东北入婺川，亦曰芙蓉江。坡头河自綦江西南流，迳县境，又西入桐梓，注松坎河。北：老鹰关、青岩关。西：白岩关。仁怀冲。府西北百八十里。顺治初，因明隶四川。雍正七年，同府改隶。八年，移治亭子坝。东：翠涛。西：夕阳。北：牛心山。西北：老色山。赤水河自四川永宁入，迳㑩子关，合二小水，错入遵义、桐梓。折西北，复入县，右纳枫香坝河，左纳九溪河，古蔺河北流注之。又西北，入赤水南，曲折西流，复东北，再入县境，纳高洞河，入四川合江。温水自桐梓入，合三岔沟水，入四川綦江。温水场府经历一。有汛。赤水厅要。府西北二百四十里。雍正八年，以通判分驻之，留元坝改置仁怀厅。乾隆四十一年升直隶厅。光绪三十四年改名，降厅。东：天台。南：三台、五老。西：官山，绵长三百余里。赤水河自仁怀入，永思河亦自仁怀来注之，南纳儒溪、泥溪、猿猴溪，北纳葫芦溪、尧坝溪、沙坝溪、经厅南，后溪注之。又北流，风水溪并二小水注之，东北流，仍入仁怀。南：葫芦关。西：中箐关。猿猴汛。

石阡府：简。旧隶粮储道。顺治初，沿明制。康熙中，省葛彰、苗民。雍正中，省石阡副司。西南距省治五百七十四里。广六十五里，袤四百四十里。北极高二十七度二十九分。京师偏西八度十九分。领县一。阡山，自平越入境，蜿蜒数百里，府以此名。东：九龙、镇东。南：松明、十万山。西：万寿山。北：香炉山。乌江自馀庆入，落花屯水东南流注之。龙底河有二源，经府治西，合一小水，东北流注之，入思南。龙底河一曰白岩河，上源为包溪，北流迳黄茅囤，纳大溪、凯科溪，再北入乌江。南乐回溪，西北深溪、北洋溪，皆入龙底河。东：松明关。东南：大定关。西南：镇安关、锡乐平关。北：镇夷关。龙泉繁，难。府西北二百四十里。城内：凤凰山。南：将军山。西：绥阳。北：鸡翁山。龙泉出凤凰山麓，县以此名。羊子河、贯石河并出县西，合东流，迳义阳山南，为义阳江。右合一水，东流为清江溪，入思南。洪渡河出县西北山，东北流，入安化。大水河亦出县西北，合小水河东流从之。东：张教坝关。西：平水口关、虎踞关。偏刀水汛。土县丞、土主簿一，均裁。

黎平府：繁，疲，难。隶贵东道。顺治初，因明制，领县一：永从。雍正三年，以湖南五开、铜鼓二卫来属。五年，改二卫为开泰、锦屏二县，又以湖南靖州之天柱县来属。七年，增设古州厅。十二年，改天柱属镇远府。乾隆三十五年，增设下江厅。道光十二年，降锦屏为乡，以其地属开泰。西北距省治八百八十里。广四百七十里，袤四百三十里。北极高二十六度九分。京师偏西七度三十一分。领厅二，县二。城内：五龙山，中黄龙。东：太平。南：丑家。西北：宝唐，山势重叠。自北而南，亘百余里。洪州吏目一。有黎平汛。东南洪州、北潭溪、欧阳、湖耳司正副长官一。东北新化，西古州，北龙里、中林、八舟、亮寨司长官一。又三郎司、赤溪湳洞司，裁。同知及理苗照磨驻古州。通判驻下江。吏目驻洪州。泊里长官司。开泰繁，难。倚。东：龙见、大岩。东北：挂榜。北：龙标、楚营、八舟山、茶山。西南：铜关铁寨山。清水江自清江入，乌下江合二水东北流注之。新化江出天甫山，亦东北流注之，入天柱。永从溪自永从入，东北流曰潘老河，东入湖南靖州。东：宁溪关、黄泥关。东南：燕窝关。锦屏县丞一。有汛。郎洞县丞一。永从简。府南六十里。县治后：飞凤山。南：上下皮林山。东南：鹿背山。西南：标瑞、龙图山。福禄江上流即古州江，自下江东南流入境，经丙妹南，错入广西怀远。曹平江亦自下江东南流入境，经丙妹北，东入怀远。永从溪二源出县南，合流，北入开泰。丙妹，县丞一。有永从、丙妹二汛。古州厅要。府西一百八十里。古州总兵、贵东道驻。东：双凤。西：俾飞、摆喇山。西南：狮子山。都江自都江入，名古州江，左纳彩江，入下江。榕江、车江并出厅北，合流注之，折东南入下江。朗洞江出厅北，东北流入开泰，注乌下江。东：永镇关。西：归化关。有王岭、寨蒿、小都江三汛。下江厅要。府西南一百八十里。南：朋论山。西南：崖鸡、乌地、雾倮、九千里山，亘数百里。都江自古州东南流入，迳厅南入永从。东江、溶江自古州合流入境，下游曰曹平江，东南流入永从。弱女江源出厅南，东北流至双江口，小溪东北流来会，再东北入古州江。

大定府：要。旧隶贵西道。明，贵州宣慰司及乌撒军民府地。副将驻。康熙三年，平水西、乌撒，以大方城置。二十六年，降州，隶威宁府。雍正七年，复升府。东南距省治三百三十里。广五百八十五里，袤六百六十里。北极高二十七度四分。京师偏西十度五十五分。领厅一，州三，县一。东：万松、火焰、凤山、凰山。西：五老山。北：大鸡。东北：九龙。西北：双山。乌江自毕节入，暑仲河、通德河皆北流注之，又东，落折河合打鸡关诸水，折南来注之。乌西河合石溪河自北来，倮龙河自南来，皆注之，又东分入平远。赤水河自毕节入，经府北，纳永岸小河，卧牛河合油杉河诸水，东北入黔西。东：老蒙关。南：那集关。西：奢东关、乐聚关。北：大弄关、柯家关。仓上、乌西二汛。平远州繁，难。府东南八十里。康熙三年平水西、乌撒，以比喇坝置府。二十二年降州，隶大定。二十六年改隶威宁。雍正七年仍来隶。平远协副将驻。东：悬雾、东山。南：狮子、凤凰。西：白岩山。北：墨续山。乌江自府南入，高家河、卜牛河东北流注之。又东，纳以麦河水，入黔西。西：木底河，即鸭池河，自水城入，受武著河，错入安顺，北古河，合堕极河南 流注之，复迳城东，名簸渡。会牛塘河诸水，北流入黔西。东：织金关。南：凤凰关、望城关。黔西州繁，难。府东二百二十里。康熙三年，以水西置府。二十二年，降州来隶。二十六年改隶威宁。雍正七年仍来隶。城内：狮子山、牛饮山。南：石虎。北：分水岭。东：金鸡山。又十万溪箐，悬崖绝壁，四面皆砦。西北：白塔山、杓里箐、比喇大箐。㑩革河即六归河，自府入，平溪南流注之。又东，鸭池河自平远入，又东会簸渡河，东入修文，为乌江南源。以济河，源出州西北，西南流，合打鼓寨水，东北流，渭河合乌箐河来会，沙河合鼓楼水、三现身水，东南来注之，入修文。赤水河，自府东北流，迳州境，入四川永宁。西：化榨关。沙溪、沙土、右革阑、鸭池、西溪、六广、黄沙诸汛。威宁州要。府西三百八十三里。康熙三年以乌撒置府。雍正七年，降州来隶。威宁镇总兵驻。东：飞凤山。东北：翠屏。西：火龙、麻窝。北：三台、乌门。南：石龙、千丈崖。七星河为乌江上源，出州南，合八仙海、泚处海诸水，东北流，过清水塘，入毕节，再入州境，菩萨海南注之，黑章河北注之，又东，复入毕节。北盘江，出州西山，二源合南流，经瓦渣汛，西为瓦渣河，又南，错入云南宣威，为可渡河。牛栏江自云南会泽入，合腻书河，又北流，入云南恩安。洛泽河出州西北，合数小水东北流，亦入恩安。东：石驼关、梅子关。南：云关。北：可渡关。西北：分水岭关。得胜坡巡司一，有汛，与江半坡二。水西宣慰使一，裁。毕节冲，繁，难。府西北一百里。明，毕节赤水卫地。康熙二十六年置，隶威宁府。雍正七年改隶。贵西道驻。光绪三十四年裁，改巡警道，移驻贵阳。东：木稀山。南：脱颖。西：七星。北：石笋山。东北：东陵山、雪山、层台山。乌江自威宁入，亦名七星河，过瓦甸汛，再入州境，又东复迳县境，则底河自云南镇雄入，合后所河，南流注之。又东南，合二小水入府。赤水河即赤虺河，自云南镇雄入，纳杉木河，入府。东：木稀关。南：落淅关。西：老鸦关。毕赤汛。水城厅要。府西南二百九十里。明，水西地。雍正十年置。东：将军、玉笥山。南：马龙寨。北：麒麟、文笔山。簸渡河一曰鸦池河，出厅西以且海，合一水，东北流，经城北，折东南，水城河东北来会。又纳扒瓦河、以固汛水、武著河诸水，错入郎岱。北盘江自云南宣威入，喇雍河合桃花溪水自威宁来注之，北纳结里山东西二水及黑胜汛水，南纳木冬河，入盘州。州东：猴儿关。西：卡子斗关。普擦、猪场二汛。

兴义府：要。旧隶贵西道。安义镇总兵驻。顺治初，因明为安笼所。康熙二十五年，置南笼厅，移贵阳通判驻之，仍隶府。雍正五年升府。嘉庆二年，改兴义。东北距省治五百八十里。广七百四十里，袤五百五里。北极高二十五度四分。京师偏西十度五十五分。领厅一，州一，县三。东：龙井山，珍珠泉出焉。将军山。西：九峰山。北：玉屏、万寿山。南：红江即南盘江，自兴义入，都威河西南流注之，又东入贞丰。北盘江自贞丰南流，错入府境，仍入州。鲁沟河，源出府北，左纳阿棒河，又东入贞丰，注北盘江。绿海，出府城东北，众水所汇。南：梅子关。马鞭田、哈马隘、狗场、卡子、额老诸汛。贞丰州要。府东北一百二十里。雍正五年，析广西西隆州红水江以北地设永丰州，隶南笼府。嘉庆二年改贞丰。署后枕峻山。东：六合山。北：九盘、花江、岩山。西南：笼鹤山，绵亘数十里。北盘江自永宁入，宁谷河亦自州来注之，又南会岩下河，错入府，仍迳州境，左纳鲁沟河、绿海，南流与南盘江会。南盘江自府入，八卧溪北来注之，又东合北盘江，东北入罗斛。东：坡呈箐关。西南：者党关。北：石寨关。册亨，州同一。定头、高坎、王母、渡邑四汛。普安冲，繁。府西北二百四十里。明，新城、新兴二千户所。顺治十八年置，隶安顺府。康熙二十二年移治新兴。雍正五年改隶。东：乌龙、直武。南：九峰山。西：八纳山。北：落马、大小尖山、罗摩塔山。拖长江自盘州入，有三小水合流注之，又东北入永宁。深溪河源出县南，右合阿希河，左合木郎河，东南流入兴义，注马别河。抹角河自盘州入，合一小水，西南流，入云南平彝。西北：坚固关。北：芭蕉关。驿二：罐子窑、杨松。旧设驿丞，裁。新城，县丞一。土州同裁。安南冲，繁。府北二百四十里。明，安南卫。康熙二十六年置，隶安顺府。雍正五年改隶。城内：天马山。东：盘江。西：晴龙、白基山。西北：尾洒山。西北：毛口河，即北盘江上源，自盘州入，东南入郎岱。西西宁河、西坡河，北甲猛河，下流皆入盘江。南：巴林河，北流迳普安，至城东，又为大章河，下流合阿里河，注北盘江。东：盘江关、海马关。西：乌鸣关。南：老鸦关。盘江十一城，明天启间筑。驿一：列当。旧设驿丞，裁。阿都、廖箕二汛。兴义要。府西北八十里。雍正五年于黄草坝设州判，隶普安州。嘉庆三年裁，改置县，隶府。十四年改隶普安直隶州。十六年仍来隶。南：笔架。东：白马。北：狮子、马鞍山。南：盘江上源曰八达河，自云南罗平入，迳城西南，沿界东北流，九龙河亦自罗平入，合上江水注之，又东纳中江、下江二水，迳城南，马别河自普安南流注之，又东入府。棒鲊巡检一。亦资孔驿丞一。盘州厅要。府西三百里。顺治初，因明普安州，隶安顺府。康熙二十六年省普安卫入州。雍正五年改隶。嘉庆十四年升直隶州。十六年改直隶厅。光绪三十四年改名，降厅，仍隶府。南：猗兰山，为滇、黔分界处。西：黑山，上有潭。北：广武山，绝顶有泉九，汇为大池。西南：党壁山。盘江自水城入，纳罗摩塔河，东南流，入郎岱。拖长江出厅西南平彝所，北流，有一水自海子铺来会，至软桥驿，合数小水入普安。猪场河出厅北，折东合二水，又东入普安，注拖长江。抹角河出厅西南，亦入普安。南：倒木关。西：分水岭关。东南：安笼箐关。驿一：山门。上舍、白沙、刘官三汛。

松桃直隶厅：要，繁，疲，难。隶贵东道。副将驻。明，红苗地。康熙四十三年，讨平红苗，设正大营，置同知，隶铜仁府。雍正八年，平松桃，置厅，移同知驻。嘉庆二年，升直隶厅，益以铜仁府属平头、乌罗二土司地。西南距省治八百四十五里。广二百八十里，袤二百二十里。北极高二十八度八分。京师偏西七度三十三分。城内：蓼皋山。东：七星山。北：秋螺。南：狮子。西北：龙顶山。武溪出厅西，为酉水西南源，合二水东流，北入四川秀山。沱江出厅南，东流入湖南凤凰厅。思邛江出厅西，二水合西流，入印江。西：平头关、野猫关。有盘石、护国、木树、芭茅、石岘诸汛。西：乌罗、平头司长官一。

平越直隶州：冲，繁，难。旧隶粮储道。顺治初，因明为军民府。康熙十一年，改平越卫为县，附郭。二十六年，省"军民"字。嘉庆三年，降直隶州，省平越县。西南距省治一百九十里。广一百八十里，袤三百三十里。北极高二十六度三十八分。京师偏西九度五分。领县三。城内：福泉山。东：嵥峨山。东南：叠翠山，群峰插天，中为老人峰。西：滃霾、杨山、杉木箐山，峰峦高峻。猪梁江为清水江北源，出州西北，合数水，迳黄丝驿，西北府城水、卡龙河、西南羊场河均注之，东流入清平。白水河一曰解薩河，源出州西北，南流迳牛场，有二水来合，入猪梁江。东：羊场关。南：武胜关。北：七星关。驿三：酉阳、黄丝、杨老。汛三：酉阳、杨老，打铁关。西杨义司，西北高坪、中坪司长官一。瓮安难。州北六十里。东：笔架山、都凹山。西：仙桥、白东。北：九峰、玉华峰。乌江自开州入，迳城北，湘江自遵义南来注之，又东，瓮安河、坪桥河、红头铺河、草塘司河东北流注之，湄潭河自遵义南来注之，东入馀庆。东南：蓝家关。西：黄滩关。西北瓮水，东北草塘，土县丞一。湄潭繁，疲，难。州北三百三十里。城内：玉屏山。西：玛瑙。北：觉仙。南：象山、牛星山。湄潭河二源，自大小板角关入，合南流，至城北，汇数小水，西南流，迳遵义入瓮安，注乌江。北：土溪河自正安入，至老木凹，合青龙水，入婺州，注丰乐河。东：锡洛关。西北：板角关。北：青龙关。馀庆简。州东北一百四十里。南：中华、拱辰。西：九龙山。北：梦岚山、牛塘山。乌江自瓮安入，馀庆司水南流注之。河自瓮安纳小江、猪场河，东北流，牛场河即白泥江，纳新村水，亦东北流注之，又东北入石阡。南：头关。西：中关。西北：馀庆土县丞一。东北：白泥土主簿一。

卷七十六　志五十一

地理二十三

新疆

新疆：古雍州域外西戎之地。汉武帝设西域都护，天山以南，城郭三十六国皆属焉。天山以北，东匈奴右部，西乌孙，未尝服属。后汉，山北如故，山南分五十余国，于阗、龟兹最著。自建武迄延光，三绝三通，设都护及长史治之。三国及晋，北为乌孙及鲜卑西部，南为于阗、龟兹诸国。北魏，柔然、乌孙、悦般、高车尽有山北地；后周，突厥、铁勒据之。其南以鄯善为强。唐于西州置北庭大都护府，统沙陀、突厥、回鹘、西突厥，北部诸都督府。于龟兹置安西大都护府，统龟兹、于阗、疏勒、碎叶四镇，濛池、昆陵等都护。中叶后，为吐蕃所有。五代并于吐蕃、回鹘。宋时乌孙、回鹘居山北，於阗、龟兹诸国入于辽。元置三行尚书省，葱岭以东属巴什伯里行尚书省。寻增天山南、北宣慰司，北则巴什伯里，南则哈喇和卓，后为都哩特穆尔地。明，四卫拉特居北部，曰绰罗斯、曰杜尔伯特、曰和硕特、曰辉特。其南部则巴什伯里、叶尔羌、吐鲁番诸国，回部派噶木巴尔诸族居之。顺治四年，哈密内属，吐鲁番亦入贡，惟四卫拉特仍据其地。准噶尔即绰罗斯部。数侵喀尔喀，圣祖三临朔漠征之，噶尔丹走死。其兄子策妄阿拉布坦遁伊犁，传子及孙，从孙达瓦齐夺其位。乾隆十九年，杜尔伯特、和硕特、辉特先后来归。二十年，执达瓦齐，准噶尔平。二十二年，以阿睦尔撒纳叛，霍集占附之，再出师。二十三年，克库车、沙雅尔、阿克苏、乌什诸城；明年，收和阗、喀什噶尔、叶尔羌诸城，二酋走死，回部亦平。二十七年，设伊犁总统将军及都统、参赞、办事、协办、领队诸大臣，分驻各城，并设阿奇木伯克理回务。秩三品至七品。光绪十年裁，改设头目，以六品为限。同治三年，安集延酋阿古柏作乱，陕回白彦虎应之。光绪八年，全部荡平。九年，建行省，置巡抚及布政使司，以分巡镇迪道兼理按察使衔，改甘肃迪化州及镇西、哈密、吐鲁番三厅来隶。迪化寻升府，建省治。又改阿克苏为温宿直隶州，喀喇沙尔、库车、乌什、英吉沙尔并为厅，置分巡阿克苏道辖之；喀什噶尔为疏勒、叶尔羌为莎车直隶州，英吉沙尔、玛喇巴什为厅，及和阗直隶州，置喀喇噶尔兵备道辖之；库尔喀喇乌苏为直隶 厅，辖于镇迪道；又改伊犁为府，精河、塔尔巴哈台为厅，置分巡伊塔道辖之。二十四年，升喀喇沙尔为焉耆府。二十八年，改库车厅为直隶州，疏勒、莎车、温宿三直隶州并为府，又改玛喇巴什厅为巴楚州，隶莎车府。凡领府六，直隶厅八，直隶州二，厅一，州一，县二十一。宣统三年，编户四十五万三千四百七十七，口二百六万九千一百六十五。东界外蒙古喀尔喀扎萨克图汗部；西界俄罗斯；南界西藏；北界阿尔泰山；东南界甘肃、青海；西南界帕米尔；东北界科布多；西北界俄罗斯。广七千四百里，袤三千七百里。东北距京师，由南路八千六百八十九里，由北路八千五百七十六里。北极高三十四度至四十九度有奇。京师偏西二十一度至四十三度。其名山：葱岭、昆仑、天山、博克达。其巨川：塔里木、叶尔羌、和阗、伊犁诸河。其道路：天山南、北。电线：由迪化东南通兰州，西北通伊犁，西南通喀什噶尔。

迪化府：要，冲，繁，难。巡抚、布政使、提学使、镇迪道兼提法司衔、副将同驻。汉，卑陆等十三国地，兼有匈奴属地及乌孙东境。后汉初，郁立师、单桓、乌贪訾离为车师所灭，后复立，时称车师六国。三国时，东西且弥、单桓、卑陆、蒲类、乌贪，并属车师后部。晋属铁勒，亦曰高车。初属蠕蠕。北魏时，大破蠕蠕。后周属突厥。隋大业中，西突厥始大，铁勒诸部皆臣之。唐贞观时内属。及灭高昌，置庭州。又置瑶池都督府及冯洛州各都督府，统于安西大都护府。武后时，改隶北庭大都护府。开元初，置北庭节度使。贞元后，其地属吐蕃，又属西州回鹘。宋为高昌北庭，臣服于辽。南宋属西辽。元太祖时，称回鹘别失八里。元末，猛可铁木儿据之，为瓦剌国。至明正统中为乜先。嘉靖间，分为四卫拉特，为瓦剌之转音。居乌鲁木齐者为和硕特部。后为准噶尔台吉游牧地。乾隆二十年，平准噶尔，始内属，改名乌鲁木齐，筑土城。二十五年，设同知。二十八年，筑新城于其北，名迪化。三十六年，设参赞大臣、理事、通判。明年，于迪化西八里筑满城，名曰巩宁。三十八年，改参赞为都统，设领队大臣，驻巩宁。三十八年，升直隶州，隶甘肃布政司。光绪九年，建行省，十二年，升府来隶。广一千四百里，袤五百二十里。北极高四十三度二十七分。京师偏西二十七度五十六分。领县六。光绪七年与俄立约，定为商埠。迪化冲，繁，难。倚。光绪十二年置。天山自西来，横亘境南。西南：雅马拉克山，绵延二百里。东北：达坂城岭。东南：哈拉巴尔噶逊山。乌鲁木齐河出南山，二源：东南曰库尔齐勒河，西曰阿拉塔济河，合北流，经城西，又北，名老龙河。头屯河自昌吉入，东北流入境，潴为八段、马厂二湖，溢出，北流，与西支合，为两县交界处，三屯河自昌吉北来注之。复东北流，合老龙河，北经沙漠，入古尔班托罗海。庙儿沟、羊圈沟、大东沟、小东沟诸水，均出县东南，分流，南入吐鲁番。达坂城水，源出阜康博克达山天马峰，入县境，南流，合大铜沟、华树林、方家沟、白家沟诸水，经达坂城卡伦入吐鲁番。东南：鄂门泊、达布逊泊。北：大戈壁，广五百里，长三百里。卡伦七。台八。驿四：巩宁、柴俄堡、达坂城、黑沟。有回庄六十七。阜康冲，繁，难。府东北一百三十里。汉，郁立师、车师后国。魏，蠕蠕地。周、隋，突厥。唐，浮图、沙钵、凭洛、耶勒、俱六诸地，贞观中置金满县。元，别失八里地。明，敦剌城，改名特讷格尔。乾隆二十五年筑堡，置巡司，寻改县丞。二十八年建城，改州判，隶安西道。三十八年并入迪化州境。四十一年裁州判，置县。博克达山绵亘南境，最高者曰福寿山。迤北，小黄山、大黄山。县境诸水均发源博克达山。西：水磨河，西北流，分大西沟、小西沟二水。东有三工河，北流，疏为五渠。又东有四工河，北流，疏为四渠。又东为土墩子河，北流，疏为六渠。又东有柏杨河，北流，疏为四渠。又东曰东沟、西沟，北流入沙漠，合流而北，复分为东、中、西三渠。卡伦四。台四。驿三：在城、康乐、柏杨。县境分区二十七。孚远冲，繁，难。府东北三百六十里。两汉，车师后国，及其后城长国。魏，蠕蠕。周，突厥。唐，金满县。元，北庭都元帅府旧治。乾隆三十七年筑恺安城，四十一年设济木萨县丞，治恺安，属阜康。光绪二十年重修城，改名孚远，二十九年升置。博克达山支脉蜿蜒起伏入境。西南：无量山。东南冰山、迤北千佛洞，皆博克达山之麓。城南小水均发源冰山。曰太平、公盛二渠，由柏杨河分支。曰长山、三盛二渠，出四道桥北。曰济木萨河，分大有、兴隆二渠。曰长胜渠。曰大东沟，北流入庆阳湖。曰经二工河，北流，经老三台驿，潴为麻蔬湖。泉水三：东、西曰大泉，中曰上暖泉，均北流入沙碛。驿二：保会、三台。卡伦二。有回庄二十五。奇台冲，繁，难。府东北五百五十里。汉，蒲类、车师后城长国。魏属蠕蠕。唐，蒲类，后置甘露州。同光初入辽。宋南渡后为别失八里东境。元入畏吾儿。明，卫拉特地。康熙中，准噶尔内附，乾隆二十四年建奇台堡，设管粮通判一。东吉尔玛泰，管粮巡检一。四十年筑靖远城。四十一年裁通判，置县，隶镇西。咸丰三年改隶迪化州。光绪十五年自靖远徙今治。天山支脉自西南更格尔入境，至穆家地沟东出境，绵亘四五百里，土人谓之南山。沙山自济木萨至县境旧城北，迤镇西厅，袤延三四百里。北：拜达克山。东北：哈布塔克山。县境诸水皆自南山出，曰奇台水、木垒河、木杨河、新户梁水、中葛根水、西葛根水、永丰渠水、吉尔库水、达坂河、更格尔水。柳树河自孚远东流入境，经县北，又东至三个庄子，入沙碛。驿十：古城子、平营、木垒河、阿克他斯、乌兰乌苏、色必口、头水沟、北道桥、黄草湖、元湖。县境分区三十六。卡伦十六。台七。旧城，巡司驻。光绪七年，俄约定古城为商埠。昌吉冲，繁。府西九十里。汉，单桓、东西且弥、乌贪訾离地。晋属高车。魏，蠕蠕。隋，西突厥、铁勒地。唐属北庭。元属回鹘五城，名昌都剌。明属卫拉特。乾隆二十五年置厅，设通判。二十七年筑宁边城，设管粮巡检。三十八年改州同。四十二年置县。天山支脉，绵亘县境。南：骚呼达坂、格珊图山、草达坂、石梯子山、塔拉盘山。头屯河出天山北麓，分东西二支：东支入迪化；西支经县治东，复北流，至县境合流入迪化。大西河亦出天山北麓，至县治西，分二支：东为三屯河，东北流，注头屯河；西为大西河，即洛克伦河，自焉耆东北流入境，折西北流，经呼图壁，缘绥来界。呼图壁河源出塔拉盘山西，自焉耆府北流入，枣沟水南来注之。又北经草达坂，东分头工渠，西分土古里渠，又北至呼图壁城。复分二渠，东曰梁渠，西曰西河，北经牛圈子、三家梁，至双岔子，合洛克伦河，西北入绥来，潴于阿雅尔淖尔。科图壁原名呼图拜克，乾隆二十二年设洛克伦巡司。二十八年移驻呼图壁。二十九年筑城名景化，为巡司治所。光绪二十九年升县丞。驿二：宁边、景化。卡伦五。呼图壁卡伦一。台四。有大回庄四。呼图壁分区二十六。绥来冲，繁，难。副将驻。府西北三百四十里。汉，乌贪訾离及乌孙东境。三国，乌孙。魏，高车。周，突厥。隋，西突厥、铁勒诸地。唐，西突厥处密部内属，隶北庭都护府。宋、元，回鹘地。明，卫拉特。乾隆二十八年筑绥来堡。三十三年设县丞。四十三年于旧阳巴勒噶逊城西建二城：北康吉，南绥来，中靖远关。四十四年置县，治康吉城。光绪十二年，合两城为一，移治南城。天山支脉，蜿蜒南境。西南：额林哈毕山、吉尔班多博克达山、博罗托山。东南有甘沟山、古尔多拜山。南有大小卫和勒晶岭。玛纳斯河自焉耆府北流入，亦名龙骨河，经城西，折西北，潴为各林各土淖尔，东北流，注阿雅尔淖尔。洛克伦河自昌吉西北流入，迳沙漠，亦入阿雅尔淖尔。和尔果斯河及安集海大小二水，皆出额林哈毕山。乌兰乌苏河出古尔班多博克达山。金沟水出博罗托山。塔西河出吉尔多拜山。驿十二：在城、靖远、乐土、乌兰乌苏、安集海、撞田、沙门、新渠、小拐、三岔口、唐朝渠、黄羊。有大回庄十一。卡伦七。台五。

镇西直隶厅：冲，繁，难。隶镇迪道。巴里坤总兵驻。汉，东蒲类国。后汉属伊吾卢。北魏属蠕蠕。隋属突厥，后分属西突厥。唐，沙陀部与处月杂居，沙陀叛附吐番，徙居北庭。宋属伊州，后入于辽。元为别失八里东境，属亦都护。明为和硕特部地。明末固始汗迁青海，后为准噶尔台吉游牧地。康熙三十六年，平准噶尔，阿尔泰山以东地内属。雍正七年，建城于巴尔库勒，改名巴里坤。九年，设安西厅同知，隶甘肃布政司。乾隆三十七年，于厅东南筑会宁城，设领队大臣。三十八年，升镇西府，领宜禾、奇台二县。咸丰五年，仍为厅，移镇迪道驻之。裁宜禾。光绪十二年来隶。西南距省治一千三百三十里。广千里，袤八百里。北极高四十三度三十九分。京师偏西二十三度三十六分。天山支脉迤逦南部者为祁连山。西北有妙雷努雷山、锅底山、那梅州山。东北有萨混子山。东有松山、千里格山。巴尔库勒淖尔即蒲类海，在厅西北，皇渠、水磨河、高家湖合诸小水均潴入之。北有盐池。东北：察哈泉。东南：柳条河与昭莫多河合。驿八：曲底、奎素、松树塘、苏吉、下肋巴泉、务涂水、芨芨台、上肋巴泉。卡伦二。厅境分区二十四。

吐鲁番直隶厅：冲，繁，难。隶镇迪道。回部郡王、台吉驻。汉，车师前王庭，后置戊己二校尉。晋治高昌，后入凉。北魏为高昌国，并于蠕蠕。后立阚伯周为高昌王，传至鞠嘉，为唐所灭，置西州，升安西都护府。贞元中，陷吐番。五代为回鹘所据，称西州回鹘。宋建隆二年入贡。元太祖平其地，号畏吾儿，设都护，封察哈台于此。明初为火州地，嗣称吐鲁番。顺治三年，吐鲁番阿布勒阿哈默特入贡。六年，助河西逆回，绝其使，寻复通。康熙二十四年，回疆平。雍正五年内徙，安置瓜州，建城辟展。乾隆二十四年，设建六城于辟展，置办事大臣、管粮同知，仍以吐鲁番广安城为回城。回城四：曰鲁克沁，曰色更木，曰哈喇和卓，曰托克逊。合吐鲁番为六城。设阿奇木伯克理回务。四十四年，移同知驻吐鲁番，并设巡检，隶甘肃布政使司。四十五年，裁办事大臣，改设吐鲁番领队大臣，归乌鲁木齐都统节制。光绪十年，裁领队大臣。十二年，置直隶厅来隶。西北距省治五百三十里。广八百余里，袤五百余里。北极高四十三度四十分。京师偏西二十六度四十五分。领县一。天山横亘北境，为群山之总干。东北：柯格达坂。北：度吉尔山、阿布都尔山。西：湖洛海、合同察海、卡卡苏各达板。南：哈拉可山、库木什达板、觉洛塔哈山。东南：克子里、阿习布拉克、胜金台山。白杨河自迪化入，东南流，迳托克逊沙山，潴为觉洛浣。西：乌斯水、作洛满若水、布而水，均出合同察海达坂，入焉耆。驿十一：杨和、胜金口、硙硙子、三角泉、布干台、托克逊、小草湖、苏巴什、阿哈布拉、桑树园、库木什。卡伦一。有回庄二十。回城巡司一。光绪七年，俄约定为商埠。鄯善冲，繁，难。厅东二百五十里。汉，车师前国东境楼兰。元魏后为高昌白棘城。唐，柳中县，属西州交河郡地。宋，六种，属高昌，后入辽。元，鲁克察鲁地。明，柳城。康熙末内属。乾隆三十六年设辟展巡检。光绪二十九年改置。天山分支亘于北境，有东西柯柯雅山、茂萌山、高泉达坂。县境诸水，出自井泉，伏流地中。西北：五个泉、夹皮泉。北：柳树泉。西南：马厂湖。南：戈壁。驿八：齐克滕木、土墩子、西盐池、惠井子、梧桐窝、七个井、车箍轳、连木沁。卡伦一。有大回庄七。

哈密直隶厅：冲，繁。隶镇迪道。副将驻。汉，伊吾卢地，为匈奴呼衍王庭，后置宜禾都尉。三国属鲜卑西部。晋属敦煌郡。北魏属蠕蠕。隋筑新城，号新伊吾，后属西突厥。唐贞观四年，置西伊州，寻改伊州，置都督府。天宝初，改伊吾郡，寻复初。广德后，陷吐蕃。五代时，号胡卢碛。宋雍熙后，属回鹘。元属畏吾儿，后为宗室纳忽里封地。明永乐四年，建哈密卫。正德中，服属吐鲁番。顺治四年，哈密卫辉和尔都督入贡。六年，以助逆绝贡，复通。康熙三十六年，俘献色布腾巴勒珠尔，赐额贝都拉扎萨克印。三十七年，编列旗队，设管旗章京。雍正五年，始建城。回城在城西三里，回子郡王所居，康熙五十六年筑。设协办旗务伯克。十三年，设驻防兵。乾隆二十二年，准部平，其酋伊萨克内附，移靖逆、瓜州、黄墩各营驻之，撤驻防兵。二十四年，设办事大臣、协办大臣、抚民通判、巡检，隶甘肃布政司。光绪十年，升直隶厅。十二年来隶。西北距省治一千六百二十里。广四百五十余里，袤二百五十里。北极高四十二度五十三分。京师偏西二十二度三十四分。北：天山。其分支，西北：截达坂、沙克拉山、可雅尔达坂、合塔手可拉山。东北：阿克相木山、坤翌图山、阿里铁洛可山、空多洛托山。哈密河出厅西苏巴什湖，南流潴为小南湖，又南流，东为硕洛浣，西为阿里浣，折西南，潴为大泉海子，为沙漠所渗。东：乾河子。东北：乌拉台水、安吉水、黑具玛水、达子湖。西：依他拉可水、八道沟等水。南：戈壁。驿十四：伊吾、南山口、黄芦冈、长流水、格子烟墩、苦水、沙泉子、星星峡、头堡、三堡、三道岭、瞭墩、橙槽沟、一碗泉。新城，巡司一。厅境分区三十五。有大回庄十四。光绪七年，俄约定为商埠。

库尔喀喇乌苏直隶厅：冲，繁，难。隶镇迪道。办事、领队大臣驻。汉，匈奴西境。晋后为铁勒部。北周属突厥。隋属西突厥，为处木昆部。唐永徽中破之，设郡县，属崐陵都护府。开元中，置瀚海军。后唐时属辽。元，回鹘地。明，绰罗斯部地，后属准噶尔。乾隆二十二年，平准部。二十七年，设办事大臣。二十八年，筑庆绥城。三十七年，设领队大臣、县丞。四十六年，设同知。明年设游击。四十八年，筑新城，定今名，设粮员，裁县丞。隶乌鲁木齐都统。光绪十二年，裁粮员，置直隶厅，改隶。东距省治七百里。广三百三十里，袤五百四十里。北极高四十四度三十分。京师偏西三十一度。天山支脉在境南者，额林哈毕尔噶、托罗滚、沙得格果沙吐克土诸山，额布图、古尔班、恰克、额尔图诸岭。奎屯河出托罗滚山，合托罗滚水、热水泉、沙格得水，北流，至城东，分二支渠，至二台驿，折西流，与济尔噶朗河会。济尔噶朗河出古尔班岭，合札哈水、东斗水、哈峡图水，北流，会奎屯河，又西流，入精河厅，与固尔图河会。固尔图河出额尔图岭，有五源，合北流，折西入精河厅，与金屯河会。西流，潴于喀喇塔拉阿西柯淖尔。精河巡司一。驿九：西湖、奎屯、普尔塔齐墩、木达、固尔图、头台、二台、小草湖、鄂伦布拉克。厅境分区九。有旧土尔扈特部游牧地。卡伦一。

伊犁府：冲，繁，疲，难。隶伊塔道。汉至晋为乌孙、伊烈两国地，后入铁勒。北魏，悦般国，又车高地。周，突厥地。隋，西突厥及石国。唐，西突厥及回鹘地，又西境为突厥施乌质勒部，又西突厥及筱赤建国、石国地。大历后，葛逻禄居之。宋为乌孙，后入辽。元名阿力麻里，为诸王海都行营处。明，绰罗斯部，后属准噶尔。乾隆时，准部平，改乌哈尔里克为伊犁。二十五年，设办事大臣。二十七年，设将军，节制南北两路，以参赞大臣副之。初设二员，寻裁一。二十九年，设锡伯营、索伦、察哈尔领队大臣各一。三十年，设额鲁特领队大臣。三十四年，设惠宁城领队大臣。筑河北九城。曰惠远，将军、参赞大臣、各营领队大臣驻。总兵先驻绥定，寻移驻。理事同知、抚民同知、巡司各一。改巴颜岱曰惠宁，领队大臣驻，粮员、巡司各一。改乌哈尔里克曰绥定，总兵驻，粮员、巡司各一。改乌克尔博罗素克曰广仁，屯镇左营游击驻。改察罕乌苏曰瞻德，都司、守备驻。改霍尔果斯曰拱宸，参将驻，巡司一。改哈拉布拉克曰熙春，屯镇都司驻，曰塔勒奇，屯镇守备驻。改固勒扎曰宁远，以居回民。设阿奇木伯克、伊什罕伯克各一。粮员一。同治五年陷回。后又为俄占。光绪初，全疆底定。八年，收回伊犁。十四年，以绥定城置府。将军，副都统，参赞大臣，领队大臣，索伦、额鲁特、察哈尔、锡伯各领队大臣，及满洲八旗军标副将，理事同知，同驻惠远城。参将、霍尔果斯通判驻拱宸城。游击驻广仁城。守备驻瞻德城。都司驻熙春城。东距省治一千五百四十五里。广一千五百余里，袤一千一百余里。北极高四十三度五十六分。京师偏西三十四度二十分。领县二。咸丰元年，俄约定为商埠。绥定冲，繁，疲，难。倚。乾隆二十六年设巡检。光绪十四年置，移巡检驻广仁城。天山支脉绵亘北境。北：塔勒奇山。东北：新开达坂、库森木什达坂。伊犁河自宁远西北流入。通惠渠南北二渠，乌拉果克水、大西沟、察罕尔乌苏水皆注之，又西至河源卡，会霍尔果斯河，西流入俄界。南：大小博罗庄水、霍洛海庄水、沙拉诺海水、洪海水，均北流入沙碛。又东西阿里玛图水，北大小东沟水，亦入沙碛。北：赛里木淖尔。驿七：沙泉子、惠远城、芦草沟、塔尔奇阿满鄂博、勒齐尔鄂勒著衣图博木、胡素图布拉克。台站一，属锡伯营，回庄十六。额鲁特部上三旗、下五旗，及察哈尔部游牧地。卡伦十三，为中、俄交界，归额鲁特、锡伯营分辖。牌博自南而西至西北，均连俄界。自沙拉诺海小山立第十六牌博，至头胡第二十五牌博，凡十。宁远繁，难。府东南一百二十里。伊塔道治所。乾隆间，筑宁远城于固勒札。光绪八年设同知，十四年改置。东南：博罗布尔噶苏山、哈什山、大蒙柯图山、乌土达坂、木尼克得山、额林哈必尔山、克里克子达坂。南：索达坂、色格三达坂。西南：喀喇套山、格登山、汗腾格里山、沙拉套山、诺海托盖山。特克斯河出俄属木萨尔山，自胡素图卡南、诺海托盖山北入，折东流，纳戛雄河、大小霍洛海诸水，又东与崆吉斯河会。崆吉斯河自焉耆西北流入，迳耶里格庄南，合特克斯河，西流，至阿瓦克庄西，与哈什河会。哈什河源出大蒙柯图山，西流，纳十二围场水、皇渠、锡伯营渠，合西北流，为伊犁河，入绥定。北：赛里木淖尔。驿一：在城。台站七，属锡伯营。回庄三十七。额鲁特游牧地。卡伦七，为中、俄交界，归额鲁特营辖。县境由南而西均界俄。自纳林哈勒噶立第一牌博，至阿哩千谷第十五牌博，凡十五。

塔尔巴哈台直隶厅：繁，疲，难。隶伊塔道。塔城左翼副都统、参赞大臣、领队大臣、副将驻。汉，匈奴右地。三国，鲜卑右部。北魏，高车、蠕蠕地。北周、隋，属突厥。唐属车鼻南境，为葛罗禄，后南徙，地属黠戛斯。后周时，贡于辽。南宋为乃蛮国。元封诸王昔里吉。明为土尔扈特部地，后属准噶尔。乾隆二十二年，准部平，始内属。二十九年，筑城雅尔，名曰肇丰。三十一年，改筑城于楚呼楚，距雅尔二百里。名曰绥靖，易其地名为塔尔巴哈台。设参赞大臣、协办领队大臣，专理游牧，领队大臣各一，管粮理事、抚民同知，寻改通判，隶伊犁将军。光绪十四年，置直隶厅，改隶。于厅治东南里许筑新城，改参赞大臣为左翼副都统。东南距省治一千六百二十四里。广一千二百里，袤八百里。北极高四十七度五分。京师偏西三十度三分。天山支脉，蜿蜒南部。东：斋尔山、苏海图山、巴戛阿拉戛凌图山。东南：喀图山。西南：巴尔鲁克山。东北：阿尔泰山、赛里山、和博沙克里山、芍陇山。北：塔尔巴哈台山，支峰为毛海柯凌山、乌什岭、额依宾山。额尔齐斯河自科布多部西流入，纳哈布干诸水，西入俄界，潴于斋桑淖尔。额敉勒河出额依宾山西麓，西流，至库尔噶苏台，合南源，西流，乌拉斯台水、乌宗戛拉水自俄境南流注之，博尔里河合察罕河北流注之，又东入俄境。和博克河出额依宾山东麓，东南流，合和博沙尔克河、巴杏萨拉水，又东南入昌吉，渗于沙。苏尔图河出斋尔山，东流，会纳木河，又东潴为艾拉克淖尔。达尔达木河亦出斋尔山，东流，潴为盐池。说尔噶其河亦出斋尔山，东南流，入绥来，潴于阿尔雅淖尔。驿十二：郅支、干吉莫多、色特尔莫多、固尔图、霍洛、托罗布拉克、雅玛图、崑都伦、乌土布拉克、沙尔札克、乌纳木、库克申仓。有回庄九。额鲁特部、察哈尔部十牛彔、旧土尔扈特部十四牛彔游牧地。哈萨克四部游牧地：曰柯勒依，附以新旧两乌瓦克小部；曰赛布拉特，附以阿克奈曼部；曰曼毕特；曰吐尔图。卡伦六。厅境西北与俄界，自精河厅至厅迤南，立土斯赛第三十四牌博，至布尔罕布拉克第五十五牌博，凡牌博二十二。又东循哈巴尔乌苏塔尔巴哈台山梁，至穆斯岛，折北行，曰依生克里的，曰布罗呵卡，曰二支河等处，凡立牌博二十七。咸丰元年，俄约定为商埠。

精河直隶厅：冲，繁，难。隶伊塔道。汉、魏，乌孙。晋，铁勒部。北魏为金山以南诸部。隋、唐，西突厥，后设嗢鹿州都督府。元，曲只儿地。明，准噶尔各鄂拓克台吉游牧地。乾隆二十二年，准部平，始建安阜城于精河，设典史。四十八年，于城东二里建新城，仍旧名，设都司、粮员、巡司，裁典史，隶乌鲁木齐都统。光绪十四年，置直隶厅，改隶。东距省治一千七十五里。广六百五十余里，袤四百五十余里。北极高四十四度四十分。京师偏西三十二度四十分。天山支脉自东北来，袤延境内。北：喀拉达坂、索达坂。南：登努勒台山、乌兰达坂、布里沁达坂。西：德木克沁喀三达坂，别珍岛。博罗塔拉勒河出厅西，东流，布哈水南流，库森木什水北流注之。精河出登努勒台山，有五水南来注之。奎屯河自库尔喀喇乌苏厅西流入，合古尔图河，与博罗塔拉河、精河均潴于喀喇塔拉额西柯淖尔。驿五：安阜、托里托、和木图、沙泉、托多克。博罗塔拉巡司一。北山，旧土尔扈特、察哈尔部游牧地。南山，哈萨克部游牧地。卡伦十三。为中、俄交界，归察哈尔营辖。

温宿府：冲，繁，疲。阿克苏道治所。阿克苏总兵驻。旧阿克苏回城。阿克译言"白"，苏谓"水"也。汉，姑墨国。三国至北魏属龟兹。南宋时属西辽。元，别失八里西境，封宗王阿只吉。明永乐间入回部。后并于准噶尔。乾隆二十二年始内属，改名阿克苏。二十四年，回部平。四十四年，移乌什领队大臣来驻。嘉庆二年，改设办事大臣，隶喀什噶尔。光绪十年裁，置直隶州。二十八年升府。光绪九年，筑新城为府治。东北距省治二千七百八十里。广一千二百余里，袤八百余里。北极高四十一度九分。京师偏西三十七度十五分。领县二。西南：格达尔山、铁克列克达山、谷故提山。瑚玛喇克河、哈拉和旦河、托什罕河，皆自温宿东南入，合流，纳毕底尔河，至赛里木为浑巴什河，迳乙思坤庄，叶尔羌河自巴楚州北流注之，又纳和阗河，东南流为塔里木河，入沙雅。驿四：浑巴什、萨伊里克、乔里呼图、齐兰台。柯坪巡司一。大回庄十二。布鲁特诺依古特部游牧地。温宿冲，繁，难。府北二十五里。道光十九年筑城，回城西北曰旧城。光绪九年设巡司。二十八年置县。汗腾格里山为天山最高之峰，由县西北蜿蜒东北，为与伊犁府及俄罗斯界山。西北支山有萨雷雅斯山、楚克达尔山、萨瓦巴齐山、帖列达坂。东北支山有萨巴齐山、乌西拉克山、木素达坂、铁厂山、意什哈子山。铁梁河出县东，哈拉和旦河溢出之水，至县南合流，注浑巴什河。瑚玛喇克提河、托什罕河，均出县西，东南流，托干什河、毕底尔河自乌什东流注之，为浑巴什河，入府。驿十：在城、虽雅克、札木台、哈拉玉尔滚、阿尔巴特、和约伙罗、巴图拉特湖、斯图托海、塔木哈塔什、噶克察哈尔。大回庄九。卡伦一。拜城冲，疲。府东四百五十里。汉，姑墨国地。唐为阿悉言城，后并于龟兹。乾隆二十二年内属，置阿奇木伯克理回务。光绪十年置县。天山绵亘北境。东北：哈雷克套山、冰山、大木素尔达坂、明布拉克山。东南：截达坂，有滴水崖、温巴什、托和奈旦、巩伯、和色尔铜矿五。木札拉提河，发源冰山，西南流，纳闸水、铁敏水，折东南，纳特拉布觉克水，为铜厂河。又纳哈拉苏水、宿什勒克水，为渭干河，东南入库车。驿五：姑墨、鄂伊斯塘、察尔齐、赛里木、河色尔。回庄二十一。卡伦三。

焉耆府：要，冲，难。隶阿克苏道。旧喀喇沙尔回城。喀喇译言"黑"，沙尔"城"也。汉，焉耆、危须、尉犁诸国地。后汉至隋为焉耆国。唐贞观六年来朝，十八年置焉耆都督府，后立碎叶镇于此。贞元后，没于吐蕃。宋西州回鹘地，后属西辽。元，别失八里东境。明初朝贡，后徙天山南，据其地，号伊勒巴拉。康熙中，准部噶尔丹占为牧场，小策凌敦多布、噶尔丹策零先后据之。乾隆二十二年，准部平，改名喀喇沙尔。二十三年，始建城。城毁于火。置府后，就安集延回城拓大之。二十四年，设办事大臣。辖布古尔、库尔勒二城，设游击，以阿奇木伯克理回务。三十八年，土尔扈特及和硕特移牧珠勒都斯，归办事大臣兼辖。光绪八年裁，设喀喇沙尔直隶厅。二十四年升府，易今名。北距省一千九十里。广一千余里，袤二千五百里。北极高四十二度七分。京师偏西二十九度十七分。领县三。西：达兰达坂、江布达坂、达哈特岭。西北：胡斯图达坂、泽达坂、察罕萨拉达坂、和屯博克岭。北：朱勒都斯山。东：博尔图山、铁里达坂、萨萨尔达坂。东南：库尔泰山、大石山、干洛可达坂。开都河，源出和屯博克岭，南流，经朱勒都斯山，分二支，复合扣克讷克水，折东南，纳赛仁木诸小水；南流迳城西，汇于博斯腾淖尔。复溢出，迳库尔勒回城，又汇为布它海子，入轮台。崆吉斯河，源出城西北举尔达坂，西北流，入宁远。玛纳斯河，源出胡斯图达坂，北流入绥来。呼图壁河，源出府北天格尔达坂，北流入昌吉。驿九：在城、清水河、乌沙克塔、新井子、榆树沟、紫泥泉、库尔勒、上户地、库尔楚。大回庄八。土尔扈特部两札萨克、和硕特部两札萨克游牧地。卡伦五。新平疲，难。府南三百六十余里。汉，尉犁国地。三国后入焉耆。明，后什尼戛地。旧名罗布淖尔，属鲁克沁回王。光绪十一年，设局蒲昌城理屯防。二十四年置县，治罗布淖尔，以游击驻蒲昌城。北：大石山支脉自府境迤逦入县。塔里木河自沙雅东流入，分二支，南支汇为小罗布淖尔，溢出东行，与北支合，渭干南河自沙雅东流注之，又东注为六泊。渭干北河自轮台东流入，潴为冲库海子。孔雀河承布它海子水自府入，溢出东流，与冲库海子溢出水合，东南流，入婼羌。古斯拉克河由塔里木河所潴之第五泊溢出，东北流，斜贯渭干北河，为罕溪河，东北汇为小海子，入婼羌。驿九：在城、克泥尔、英气盖河、楷拉、英格可立、乌鲁可立、古斯拉克庄、哈什墩、都拉里。回庄二十。卡伦三。轮台冲，疲，难。府西南六百十五里。旧至古巡司。汉，轮台、乌垒、渠犁。晋，龟兹国地。元魏后入吐谷浑。唐属安西都护，与于阗、疏勒、碎叶为四镇，后陷吐蕃。元为别失八里东境。乾隆中内附。二十四年，设阿奇木伯克理回务。光绪八年裁，设巡司。二十八年，以布古尔置县。北：珠勒土斯山，蜿蜒数百里。的纳尔河发源库车之哈拉草湖，南流入境，纳县北诸水，又南流，汇为斯尔里克黑洗湖。渭干北河自沙雅东北流入，又东入新平。东南：大戈壁。驿四：布古尔、洋萨尔、策达雅尔、野云沟。回庄九十一。婼羌要。府东南一千二百余里。汉，婼羌国。乾隆二十四年，设阿奇木伯克理回务。光绪二十四年裁，设卡克里克县丞，隶府。二十八年置县。崑崙支脉亘于境内。南：乌兰达布逊山、阿勒腾塔格岭、阿里哈屯山、大中小屈莽山。东：阿思腾塔格山。孔雀河自新平东南入，分二支：一东流，潴为孔雀海子；一合阿喇铁里木河，至托乎沙塔庄，注罗布淖尔。卡墙河自于阗东北流入，并注淖尔。淖尔广袤三四百里，古蒲昌海，亦盐泽、泑泽，伏流东南千五百里，再出积石为黄河。其东北硕洛浣，南库木浣，东阿不旦海，并入于沙。驿六：在城、罗布、破城、托和莽、阿拉罕、哈拉台。回庄十一。额鲁特部游牧地。

库车直隶州：冲，繁。隶阿克苏道。旧回城。汉，龟兹国。后汉建武中，灭于莎车，寻复立，属匈奴。永元三年内属。晋太康中，为焉耆所灭，寻复立。唐贞观中，置龟兹都督府。显庆三年，徙安西大都护治之。北宋时入贡。南宋属西辽。元为别失八里西境。明永乐中，并入回部。顺治、康熙间，准噶尔兼有其地。乾隆二十三年，讨霍集占，伯克阿集以城降，改名库车。库译言"此地"，车谓"眢井"也。二十四年，设办事大臣。设都司，以阿奇木伯克理回务。光绪十年裁，置直隶州。北距省治二千三十里。广六百十里，袤七百里。北极高四十一度三十七分。京师偏西三十三度三十二分。领县一。汗腾格里山支脉绵亘北境。东北有迭拉尔达坂。西北：阿尔齐里克达坂、马纳克齐达坂、泰来买提达坂、阿拉阿奇达坂。西：托和拉旦达坂、千佛洞。北：苏巴什铜厂。龙口河源出迭拉尔达坂，西南流，纳塔里克水、托克苏拉水、卡拉淖水、朵托水，至随鲁庄，分为叶斯巴什河、乌恰萨伊河、密尔特彦河，合流而东，潴为沙哈里克草湖。拉依苏河出城北，分二支，均南流，一入轮台，一入沙哈里克草湖。渭干河自拜城东南流入，迳千佛洞，南流入沙雅。驿五：鸠兹、托和拉旦、托和奈、哈尔巴、阿尔巴特。大小回庄一百二十六。卡伦四。沙雅州南百八十里。唐，突厥施沙雁州。乾隆二十四年，设阿奇木伯克理回务。光绪十年裁。二十九年，以沙雅尔回城置县。西北：哈电克套山。渭干河自州南入，折东流，至萨牙巴克庄，为鄂根河，迳沙克理克，分支南流入塔里木河。又东迳阿洽，分二支：一东南流，出境为渭干南河，入新平；一东北流，出境为渭干北河，入轮台。塔里木河自温宿东南入，至可可觅，纳渭干河支流，至喀喇墩，东流入新平。西南：下和里海子。西：草湖浣。驿二：在城、亮噶尔。回庄六十四。卡伦三。

乌什直隶厅：要，冲，疲，难。隶阿克苏道。副将驻。汉，温宿国。后汉内附。北魏入龟兹。唐贞观中平之，置温肃州，隶安西都护府。南宋属西辽。元为别失八里西境，封宗王阿只吉。明永乐中，其王西迁，地入回部。后并于准噶尔，名图尔璊。乾隆二十年，阿奇木伯克霍集斯擒达瓦齐，以城内属，改名乌什。以乌赤山得名。二十三年，设办事大臣、参将。三十一年，筑永宁城，移喀什噶尔参赞大臣、协办大臣驻之，又设领队大臣。四十四年，移领队驻阿克苏。五十二年，移参赞、协办驻喀什噶尔，仍留办事大臣。光绪九年裁，置直隶厅。东北距省治三千二十里。广一千一百八十里，袤三百七十里。北极高四十一度六分。京师偏西三十八度二十七分。天山支脉 绵亘境内。西南：乌鲁山达坂。南：木其别什达坂、登鲁古达坂、屯珠素山。东南：库鲁克达哈山。西北：上齐哈尔达坂。北：郭喀沙勒山、戈什山、哈克善山。东北：贡古鲁达坂、珍旦达坂、英阿瓦达山。托什罕河二源，一自伽师东北入，纳上齐哈尔达坂水，合东流，纳希布勒孔盖河、玉簪河，至乌什庄，别叠水南流注之。又东为毕底尔河、贡古鲁及可可容二水合为柳树泉，南流注之，东流入温宿。驿二：乌赤、洋海。回庄二十八。布鲁特二部游牧地：曰奇里克，曰胡什齐。卡伦十三。厅境北及西北均界俄。自喀依车奇哈达坂，至齐恰尔达坂，立牌博六。

疏勒府：冲，繁，疲。喀什噶尔道治所。乌鲁木齐提督同驻。旧喀什噶尔道徕宁城。喀什译言"各色"，噶尔为"砖房"。汉，疏勒国地。永平中，龟兹并之，寻复立。元魏太延二年内属。隋末属西突厥。唐置佉沙都督府。宋开宝二年，并於于阗。南宋属西辽。元至元二十五年，置达鲁花赤，屯田于此，隶阿母河省。明为哈实哈儿国。明末玛木特玉布素自亚剌伯来。奉回教。乾隆间，准噶尔汗囚其曾孙玛罕木于伊犁，并其二子波罗泥都、霍集占。二十年，平伊犁，玛罕木已死，定北将军班第释波罗泥都囚，使归喀什噶尔统其众，留霍集占于军。旋逃至叶尔羌，据城叛。二十四年，将军富德克之，阿浑以喀什噶尔降，始内属。设参赞大臣，总办天山南路八城事务。以阿奇木伯克理回务。领队大臣、协办大臣各一。专理喀什噶尔、英吉沙尔事务。总兵一。二十七年，于沽 滚巴海筑徕宁城。旧回城西北二里。三十一年，移参赞、协办驻乌什，改设办事大臣。五十二年，复设参赞、协办。道光七年，于哈喇哈依筑新城，名曰恢武。光绪九年，裁参赞、协办，置直隶州。二十九年升府，增伽师，又巴楚州同隶。寻割巴楚属莎车。东北距省治四千五百里。广一千六百余里，袤七百余里。北极高三十九度二十五分。京师偏西四十二度二十五分。领县二。乌兰乌苏河自府东流入，迳城南，复东北流入伽师。罕爱里克河、雅璊雅尔河亦自府东流入，注岳普尔湖之东库山河。下游别什干渠，自英吉沙尔东北流入，分数小水入沙碛。驿三：系弦、雅璊雅尔、雅卜藏。汉屯八，大小回庄六。布鲁特部游牧地。卡伦二。咸丰元年，《俄约》定为商埠。疏附冲，繁，疲。府西北二十四里。旧回庄。光绪九年，划乌兰乌苏河上游十一庄置。西北：乌孜别里山，为葱岭、天山之过脉，葱岭支峰。西南：喀喇特山、玛尔干山、喀卜喀山、额依尔阿特山。南：乌鲁瓦特山、阿依阿奇山、勒泰乌巴什山，皆在乌兰乌苏河南，天山支峰。西北：萨瓦雅尔德山、西康山、克子图山、库斯浑山、东克依克山，皆在乌兰乌苏河北。乌兰乌苏河源出葱岭，东流，纳业金水、玛尔堪苏河、阿依阿奇水、库斯浑水，迳城西南，一支渠东流入府，一东流，图苏克塔什河合察克玛克河北来注之，入伽师。雅璊雅尔河自蒲犁北流入，东北出，一支渠入府。驿一，在城。回庄九。布鲁特五部游牧地：曰胡什齐，曰冲巴噶什，曰岳瓦什，曰希布察克，曰奈曼。卡伦三十三。牌博自西南乌孜别里山豁，至东北帖列克山豁，凡二十二。伽师冲，繁，难。府东一百六十里。汉，疏勒国地。唐，佉沙城。乾隆二十四年，设阿奇木伯克理回务。光绪二十九年，以牌素巴特回庄置。天山支脉迤逦北境。北：郭克阿勒山、以格孜达坂、阿奇克山、依提约尔山。西北：依得朗山、伦郭斯山。东：苏潭山。乌兰乌苏河自境及疏附分支东流入境，迳城北，喀什噶尔河南流注之。又东北为二支，潴为草湖，溢出复合，流入巴楚。驿五：在城、英阿瓦特、龙口桥、雅素里克、玉代里克。大回庄五。卡伦八。牌博自西北黑皮恰克，至乌图鲁达坂，凡五。

莎车府：冲，繁，难。隶喀什噶尔道。副将驻。旧叶尔羌回城。叶尔译言"地"，羌谓"宽广"也。汉，莎车国地。后汉并于于阗，元和后内附。三国属疏勒。北魏为渠沙国，后疏勒并之。隋、唐至宋皆属于阗。南宋属西辽。元曰雅儿看，以封宗王阿鲁忽。明曰叶尔羌，国最强。顺治十三年，哈密、吐鲁番入贡，其表均叶尔羌阿布都剌汗署名。康熙三十五年，破准噶尔，其王来朝，寻为准噶尔所阻。乾隆二十年，始内属。二十四年，平霍集占，旧伯克回民以城降。二十六年，设办事大臣、协办大臣、兼领队事务各一，副将一。道光八年，改参赞大臣，寻复旧制。光绪八年平回乱。九年，裁办事、领队大臣。二十四年，筑新城，设直隶州。二十八年，升府。东北距省治四千七十三里。广一千三百里，袤一千二百里。北极高三十八度十九分。京师偏西四十度十分。领厅一，州一，县二。崑仑山脉绵亘本境。西南：协坦耿山、铁格山、海立雅山。泽勒普善河自蒲犁厅东北流入，纳喇斯库木河，东北入巴楚厅。杂布河自叶城东北流入，迳别什干庄，东流入叶城。驿四：在城、科科热瓦牙、合哎勒克、和色尔。回城巡司一。大回庄十七。布鲁特部游牧地。卡伦六。蒲犁厅府西南八百里。旧色勒库尔地。汉，蒲犁、西夜、乌秅、依耐诸国地。后汉，德若国。魏，满犁、亿若二国，并属疏勒。北魏及唐，喝盘陀国。宋、元，于阗国。明属叶尔羌。顺治后，为布鲁特西部。光绪二十八年置。葱岭北支绵亘北境。东北有铁里达坂。西北：克则勒借克山。西南：乌鲁克瓦提达坂。南：喀楚特山。赛里河出厅南，喀楚特河东北流注之，北流至申底南，折东流，名托布隆河，纳汤吉塔尔河，又东流入府，注泽勒普善河。奇盘河自叶城西北流入，合喇斯库木河，折东北入府，为泽勒普善河。雅璊雅尔河自俄国东流入，纳木吉河，东北流，入疏附。西北：爱南湖、喀喇库湖、白希库湖、布伦库尔湖、霍什干大库湖。驿十一：在城、申底、奇哈尔、塔尔拜什、托鲁布伦、七里拱、拜塔、布达克、巴海开子、阿普里克、托乎拉克。大回庄二十七。布鲁特部及塔吉克族游牧地。卡伦十一。巴楚州冲，繁，疲。府东二百四十里。汉，尉头国。三国及北魏属龟兹。隋入疏勒。唐，蔚头州。宋属疏勒。元、明，别失八里地。乾隆中内属，设阿奇木伯克理回务。道光十二年，筑城，设粮员。光绪九年置玛喇巴什直隶厅，设水利抚民通判。二十九年改置，治巴尔楚克，易今名。天山支脉蜿蜒北境。东：乌果洛可山、觉里孔山。南：克拉甫山。西：沙格山。泽勒普善河自莎车东北流入，合老玉河，为叶尔羌河，折东北，入温宿。乌兰乌苏河合喀什噶尔河，自伽师东流入，至古鹰州城，折东北，注叶尔羌河，入温宿。厅杂布河自叶城东北流入，分数支渠。又有苏沙湖、咸海、故海、小海子。驿八：七台、察巴克、图木舒克、车底库勒、雅哈尔库图克、色瓦特、屈尔盖、卡拉克沁。回庄八十六。卡伦二。叶城冲，疲，难。府东南二百里。旧哈哈里克。汉，莎车、子合国地。后魏，渠沙、悉居半、朱俱诸国地。唐，沮渠、朱俱波西地，入于阗。明，叶尔羌。乾隆中内附。光绪九年，以哈哈里克置。葱岭北支绵亘县境。有奇盘山、密尔岱山。南：玛尔胡鲁克山。西南：八沙拉达坂。东：玉拔达坂。奇盘河源出八沙拉达坂，北流，福新河自皮山西北流注之，又西北入蒲犁。听杂布河为福新河分支，北流迳城西，又东北流入巴楚。驿二：哈哈里克、上波斯坎。大回庄十一。卡伦七。皮山冲，疲，难。府东南四百十里。旧固玛回庄。汉，皮山国地。后汉入于阗，寻复立。三国，皮山。北魏，蒲山。北周、隋、唐属于阗。乾隆间内属。光绪二十八年，于苏各庄置泽普县，寻移治固玛，易今名。葱岭山脉绵亘境内。南：卡拉胡鲁木山、素盖提山、桑珠山。东南：普下山、阳阿里克山、杜瓦山。福新河出卡拉胡鲁木山，西北流，迳达尔乌孜庄入叶城。哈拉哈什河自和阗西北流入，潴为别里克奇草湖，复溢出，东北流入和阗。驿五：固玛、淖洛克、木吉、装桂雅、帕尔漫。大回庄四十三。卡伦六。县南卡拉胡鲁木山与英分界，立牌博一。

和阗直隶州：疲，难。和阗译言"黑台"，回人谓汉人也。隶喀什噶尔道。旧额里齐回城。汉，于阗国。后汉建武时，并于莎车，寻复立。北魏至唐，皆通朝贡。贞观中，置毗沙都督府。仪凤中，陷吐蕃，寻自立。后晋、后汉及北宋，朝贡不绝。南宋后，属西辽。辽亡，属乃蛮。元太祖九年，曷思麦里杀乃蛮主内附。十六年，术赤取玉龙杰赤等城，后并可失哈儿、雅儿看，即莎车为三城，以封阿鲁忽。至元初，阿鲁忽叛。十六年，以忽必来别速台为都元帅，戍斡端城，二十六年罢。明永乐四年入贡。明末并于回部。康熙中，入准噶尔。乾隆二十年，准部平，始内属。二十四年，设办事大臣、协办大臣各一。驻伊尔齐，辖回城六，隶于叶尔羌大臣。又设都司一。光绪九年裁，设直隶州。东北距省治四千九百六十三里。广二千三百里，袤一千二百里。北极高三十七度。京师偏西三十五度五十二分。领县二。南：札客安巴山。西南：哈喇科陇山、尼蟒依山、阿拉克达坂、库布哈达坂。东南：察察岭、乙根达坂。东：卡浪古达坂、乌鲁达坂。玉珑哈什河源出尼蟒依山，西北流，至而梗勒司庄，折东北，纳泥沙诸水，至八栅为州境，与洛浦分界，又东北与哈拉哈什河会。哈拉哈什河亦出尼蟒依山，西流，纳库布哈达坂水，折西北入皮山，复东北流，迳州境入洛浦。驿二：托弥、杂瓦。回庄二十九。于阗繁，难。州东四百六十里。汉，扜弥、渠勒、精绝、戎卢、且末、小宛诸国地。后汉为拘弥。北魏附蠕蠕。隋属突厥。唐初为毗沙都督府地。仪凤中，陷吐蕃，长寿时，复立国，属于阗。石晋置绀州。宋仍属于阗。南宋属西辽，后属乃蛮。元，阿鲁忽封地。明并于回部。康熙时，属准噶尔。乾隆二十年内属。二十四年，设阿奇木伯克理回务。光绪九年置。治哈拉哈什，寻徙治克里雅。昆仑绵亘县境。东南：昆折克图拉尔山。东：苏拉瓦克山大金厂，卡巴山小金厂。东北：阿里屯塔格山。西南：克里雅山、喀喇布拉克山、皮介山、阿羌山。卡墙河出县东，纳乌苏克苏水，阿克塔克水、阿里雅拉克水，西流，又纳觉可沙衣水，跳提勒水，北流，分数渠，东北入婼羌。伊尔里克淖尔在县西南，纳阿羌山、皮介山诸小水，北流入沙碛。驿二：罕兰、渠勒。回庄五十九。洛浦繁，难。州东七十里。光绪二十八年，析和阗东境玉河以东、于阗西境一根阑干以西置。东南：铁盖列克山。玉珑哈什河自州东北流，至八栅入，北流至塔瓦克，合哈拉哈什河，名和阗河，入温宿，注塔里木河。驿一：白石。回庄四十一。

英吉沙尔直隶厅：冲，繁，难。隶喀什噶尔道。故回庄。汉，依耐国地。后汉并于莎车。魏至隋，疏勒国地。唐，朱俱波国地。宋并于阗。元为可失哈儿地，以封宗王。明末玛木特玉素来自亚剌伯，遂为回教阿浑所居。乾隆二十四年，平霍集占，始内属，定今名，英吉译言"新"，沙尔，"城"也。设总兵。三十一年，设领队大臣，隶喀什噶尔。光绪九年裁，置直隶厅。东北距省治四千二百七十四里。广二百六十里，袤一百五十五里。北极高三十八度四十九分。京师偏西四十一度五十分。葱岭支脉环绕厅境东、西、南三面。西南：齐齐克山、铁里达坂、哈拉山、哈什克素山、黑甲克山。西：科可山。西北：清气山、佳音山。东南：黑子尔山。东：阿依普山。罕依拉克水源出齐齐克山，东北流，迳铁列山，为库山河。分二支，一绕城东南，又分为特尔木齐克河，折东北入沙碛。一东北流，为图木舒河，旁分二支，一经城西南，潴为阿哈海，溢出东流入沙碛，一经城北黄壤沙地，注英乙泉水。其正支东北流，又分二支，一与英乙泉水合，入草地，潴为小湖，一迳阿克托八栅，为别什干渠，东北至疏勒入沙碛。塔思滚水发源哈什克素山，东北流，分三支，至阿依普山麓入沙碛。东南，黑子尔泉、且木伦泉，均东北流，合为铁列克水，入沙碛。驿三：依耐、托和布拉台、黑子尔。回庄六十八。布鲁特冲巴噶什等十四部游牧地。

卷七十七　　志五十二

地理二十四

内蒙古

内蒙古：古雍、冀、幽、并、营五州北境。周，猃狁、山戎。秦、汉，匈奴尽有其地。汉末，乌桓、鲜卑荐居。元魏，蠕蠕及库莫奚为大。隋、唐属突厥，后入回纥、薛延陀。辽、金建都邑城郭同内地。元，故蒙古，起西北有天下。明，阿裕实哩达喇遁归朔漠，复改号，遗踵曼衍，北陲多故。清兴，蒙古科尔沁部首内附。既灭察哈尔，诸部踵降，正其疆界，悉遵约束。有大征伐，并帅师以从。定鼎后，禄爵世及，岁时朝贡，置理藩院统之。部落二十有五，旗五十有一，并同内八旗。乾隆间，改归化城土默特入山西，仍有部落二十四，旗四十九。其贡道：由山海关者，科尔沁、郭尔罗斯、杜尔伯特、札赉特四部，旗十；由喜峰口者，阿噜科尔沁、札噜特、土默特、喀喇沁、喀尔喀左翼、奈曼、翁牛特、敖汉八部，旗十三；由独石口者，阿巴噶左翼、阿巴哈纳尔左翼、浩齐特、乌珠穆沁、巴林、克什克腾六部，旗九；由张家口者，阿巴噶右翼、阿巴哈纳尔右翼、苏尼特、四子部落、喀尔喀右翼、茂明安六部，旗七；由杀虎口者，归化城土默特、乌喇特、鄂尔多斯三部，旗十二。是为内札萨克蒙古。袤延万余里。东界吉林、黑龙江，西界厄鲁特，南界盛京、直隶、山西、陕西、甘肃，五省并以长城为限。北外蒙古。面积百四十八万一千七百六十方里。北极三十七度三十分至四十七度十五分。经线京师偏东九度至偏西九度三十分。

科尔沁部六旗：在喜峰口东北八百七十里。西南距京师一千二百八十里。秦、汉，辽东郡北境。后汉为扶馀、鲜卑地。隋、唐为契丹、靺鞨地。辽为上京东境、东京北境。金分属上京、北京及咸平路。元，开元路北境。明置三卫，自黄泥洼逾铁岭至开原曰福馀卫，以元后乌梁海酋领为都指挥，后自立国号曰科尔沁。清初以接壤联姻。其后台吉奥巴为察哈尔所侵，率先来降，太祖赐以土谢图汗之号，后封亲王四、郡王三、贝勒三、贝子一、镇国公一、辅国公五，掌旗世袭。所部广八百七十里，袤二千一百里。东界札赉特，西界札鲁特，南界盛京边墙，北界索伦。贡道由山海关。科尔沁右翼中旗札萨克驻巴音和硕南，曰塔克禅，在喜峰口东北一千二百里。西南距京师一千六百十里。本靺鞨地。辽为黄龙府北境。金属上京路。元废。牧地当哈古勒河、阿鲁坤都伦河合流之北岸。东界那哈太山，南界察罕莽哈，西界塔勒布拉克，北界巴音和硕。广一百五十里，袤四百五十里。北极高四十六度十七分。京师偏东四度三十分。其山：东曰乌兰峰、那哈太山。南，阿达金察汉陀罗海坡、汉惠图坡。西，鲜卑山，土名蒙格。北，温山，蒙名哈禄纳。东南，巴朗济喇坡。西南，乌尔图冈。其水：西北，郭特尔河，上承哈尔古勒河，自札鲁特东南流入界，迳科尔沁左翼中旗。南，阿鲁坤都伦河、鄂布尔坤都伦河，并自札鲁特东来合流注之。又东南，迳右翼中旗南、左翼中旗北，屈曲流，至翁衮山东南，汇为察罕泊。北：阿尔达河，源出温山，迳榆木山，东南流入右翼前旗；海拉苏台河，一名榆河，源出兴安山，迳火山，东南流，皆与贵勒尔河会。鹤午河源出伊克呼巴海山，迳磨尔託山，东南流入右翼前旗，入榆河。科尔沁左翼中旗札萨克驻西辽河之北伊克唐噶里克坡，在喜峰口东北一千六十五里。西南距京师一千四百七十五里。本契丹地。辽为黄龙府北境。金属上京路。元废。牧地当吉林赫尔苏边门外昌图厅界，跨东西二辽河。东界鄂拉达千，南界小陀果勒济山，西界唐海，北界博罗霍吉尔山。广一百八十里，袤五百五十里。北极高四十三度四十分。京师偏东六度四十分。其山：东南曰伊克图虎尔几山，一名牛头山、巴汉图虎尔几山、巴汉哈尔巴尔山。西北，巴颜朔龙山、吉尔巴尔山一名水精山、巴汉查克朵尔山一名小房山。北，五峰山蒙名他奔拖罗海、伊克查克朵尔山一名大房山。东北，大石山蒙名葛伦齐老、太保山蒙名图斯哈尔图。西南，吉里冈。东南：辽河自永吉州入，迳额尔金山，西北流，入左翼后旗，又西南会潢河入边。潢河自札鲁特左翼入，迳噶尔冈东南来注之。卓索河源出边内，西北流入左翼后旗，会尹几哈台河，入辽河。西北：和尔河，一名合河，自札鲁特左翼入，东迳右翼中旗、前旗、后旗地，入因沁插汉池。阿禄昆都伦河自札鲁特左翼入，迳葛勒图温都尔山，东流，会额伯尔崑都伦河，入右翼中旗，西北经魁屯山，东南流，会于合河。西北：中天河蒙名都穆达图腾葛里，东天河蒙名准腾葛里，源均出吉尔巴尔山，东南流，会几伯图泉，入佟噶喇克插汉池，几伯图泉、他拉泉从之。科尔沁左翼后旗札萨克驻双和尔山，在喜峰口东北一千四十里。西南距京师一千四百五十里。本契丹地。辽置凤州。金废。牧地当法库边门北，东西二辽河于此合流。东界硕勒和硕，南界柳条边，西界伊柯鄂尔多，北界格尔莽噶。广二百里，袤一百五十里。北极高四十二度。京师偏东六度二十分。其山：东，得石山。西南曰巴汉巴虎山。东北，得石拖罗海山。东，奚王岭，土名蒙古尔拖罗海。东南：羊城泺，蒙名尹兀哈台，源出边内，流入境，北流，会卓索河，入边河。科尔沁右翼前旗札萨克驻锡喇布尔哈苏，在喜峰口东北一千三百五十里。西南距京师一千七百六十里。本靺鞨地。金置肇州，隶会宁府。海陵改属济州。承安三年升镇。元，辽王乃颜分地。牧地当索岳尔济山南，洮尔河、归喇里河于是合流注嫩江。东界岳索图济喇，南界达什伊哈克，西界那哈太山，北界索岳尔济山。广一百二十里，袤三百八十里。北极高四十六度。京师偏东五度三十分。其山：西北曰喀喇阿几尔汉山、魁勒库山。北，神山、火山。东北，羊山蒙名衣马图、骆驼山蒙名特门。南，插汉碧老岱坡。西：洮儿河，源出西北兴安山，东南流，合贵勒尔河，又东北折，迳右翼后旗南，又东迳札赉特南，汇为纳蓝撒蓝池，入嫩江。北：贵勒尔河，自右翼鹤五河东北流，会榆河，为贵勒尔河，迳魁勒库山，东南流，会阿尔达尔入洮儿河。骆驼河，蒙名特门河，源出葛尔济隆山，东流，会戳儿河，东入嫩江。科尔沁右翼后旗札萨克驻额木图坡，在喜峰口东北一千四百五十里。西南距京师一千八百六十里。本靺鞨地。辽置衍州安广军。金，州废。元为乃颜分地。牧地跨洮儿河，即陀喇河。东界查巴尔太山，南界拜格台陀博，西界博达尔罕山，北界庆哈山。广一百二十里，袤三百七十里。北极高四十六度。京师偏东五度三十分。其山：东北曰西伯图山、纳几山。北：朱尔噶岱山、卓索台山。西南，鄜满乌里堵坡。东南：因沁插汉池。科尔沁左翼前旗札萨克驻伊克岳里泊，在喜峰口东北八百七十里。西南距京师一千二百八十里。本契丹地。辽置长青州。金降为县，隶泰州。元废。牧地当法库边门外养息牧牧场东。东界霍雅斯，南界柳条边，西界伊拉木图，北界阿木塔克。广一百里，袤一百二十里。北极高四十三度。京师偏东六度四十分。东南：龙门山蒙名阿会图。东南：布敦山、宽山、朔龙峰。南：鸭子河，蒙名冲古尔，其地有二泉，并名冲古尔，西南流入养息牧河。东南有巴汉岳里泊。

札赉特部一旗：附科尔沁右翼。札萨克驻图卜新察汗坡，在喜峰口东北一千六百里。西南距京师二千十里。本契丹地。辽，长春州。金，泰州北境。元为辽王分地。明为科尔沁所据，后分与其弟阿敏，是为札赉特。天命中，台吉蒙衮来降，后封贝勒，世袭掌旗。牧地在齐齐哈尔城西。东界嫩江，南界钟奇，西界乌兰陀博，北界鄂鲁起达巴哈山。广六十里，袤四百里。北极高四十六度三十分。京师偏东七度四十五分。贡道由山海关。东北：阿敏山，盖以所部之祖名其山也。西北：赤房山蒙名乌兰格尔、鹖窠山蒙名岳乐。北：朵云山、塞肯山。西南：阿扬噶尔坡。东：嫩江，自黑龙江入，又南入郭尔罗斯前旗。北：绰尔河，源出西北兴安山，东南流，至旗西，分数歧，又东南折入嫩江。西北：佗新河，自右翼后旗入，迳托额贵山，东南流，会绰尔河。西南：洮儿河，自右翼后旗入，东南流，汇为日月池，同入嫩江。以上统盟于哲里木。盟地在科尔沁右翼中旗境内。

杜尔伯特部一旗：附科尔沁右翼。札萨克驻多克多尔坡，在喜峰口东北一千六百四十里。西南距京师二千五十里。本契丹地。辽，长春州。金，泰州北境。元，辽王分地。明为科尔沁所据，后分与弟爱纳噶，是为杜尔伯特。天聪中，台吉阿都齐来降，后封其 子赛冷贝子，世袭掌旗。牧地当嫩江东岸、齐齐哈尔城东南。东界哈他伯齐坡，南界阿苏台札噶，西界嫩江，北界布台格尔池、乌柯尔鄂克达。广一百七十里，袤二百四十里。北极高四十七度十五分。京师偏东七度十分。贡道由山海关。东：富峪蒙名巴雅蒲。东南：哈他伯齐坡。西南：和几蒙克坡。东北：阿拉克阿几尔汉坡。北：叠翠岩蒙名磨朵图。西：嫩江，自黑龙江境南流入，西与札赉特分界，又南入郭尔罗斯后旗。东：乌叶尔河，源出黑龙江境，西南入，迳党纳坡，又南入郭尔罗斯后旗。

郭尔罗斯部二旗：附科尔沁左翼。在喜峰口东北。本契丹地。辽置泰州昌德军，属上京。金大定中废，移州于长春县，以故地为金安县，隶之。元为辽王分地。明为科尔沁所据，后分与其弟乌巴什，是为郭尔罗斯。天聪七年，台吉古木及布木巴来降，后封古木弟桑阿尔赛辅国公，世袭掌前旗，布木巴镇国公，世袭掌后旗。其所部东界盛京永吉州，南界盛京边墙，西及北界科尔沁。贡道由山海关。郭尔罗斯前旗札萨克驻固尔班察汉，在喜峰口东北一千四百八十七里。西南距京师一千八百九十七里。牧地当嫩江与松花江合流之西岸，在吉林伊通边门外长春厅之西。东界乌拉河，南界柳条边，西界博果图，北界拜格台和硕。广二百三十里，袤四百里。北极高四十五度三十分。京师偏东八度十分。其山：西南曰巴颜朱尔克山，一名牛心山。东南，衣马图峰。北，他奔拖罗海坡。东北，巴吉岱坡。西，巴颜布他冈。东：混同江，土名吉林江，自奉天永吉州西北入，东北流，会嫩江。又东折入后旗地，东北流，会黑龙江，东入海。南：一秃河，源出奉天永吉州境，北流出边，迳龙安城，又东北流，会伊尔们河，入混同江。东南：伊尔们河，源出永吉州境，北流出边，受南来之乌苏土乌海河，会一秃河，入混同江。郭尔罗斯后旗札萨克驻榛子岭，在喜峰口东北一千五百七十里。西南至京师一千九百八十里。牧地当混同江北岸、嫩江东岸。东界阿勒克巴鲁，南界嫩江，西界嫩江，北界乌鲁勒图。广二百二十里，袤二百六十里。北极高四十六度十分。京师偏东八度二十分。其山：东曰常峡坡。东南：阿禄布克色坡、阿拉克碧老坡。西北：拜拉喇齐坡。东北：布拉克台坡。西：乌叶尔河，自杜尔伯特入，分流为西讷河，西南流，同入嫩江。嫩江分流为牛川，蒙名乌库尔，东南流，会乌叶尔河。

喀喇沁部二旗，新增一旗曰中旗：在喜峰口东北。秦、汉，辽西郡境。唐，饶乐都督府，后入契丹。辽置中京大定府。金，北京。元，大宁路。明洪武中，封子权宁王。永乐初，尽以大宁地赐朵颜、泰宁、福馀三卫。朵颜时阴附鞑靼为边患，后为察哈尔所灭，以其地予其塔布囊，是为喀喇沁。天聪七年，部长苏布地率昆弟塞冷等来降，后封苏布地之子古鲁思起布为贝子，主右翼，塞冷为镇国公，主左翼，并世袭。康熙中，增设一旗，授喀宁阿一等塔布囊，加公衔，袭封。所部东界土默特及敖汉，西界察哈尔正蓝旗牧场，南界盛京边墙外，北界翁牛特。广五百里，袤四百五十里。贡道由喜峰口。喀喇沁右翼札萨克驻锡伯河北，在喜峰口北三百九十里。西南距京师八百里。牧地在围场东，跨老哈河。东界鄂博噶图，南界霍落苏泰，西界察罕鄂博，北界霍尔哈岭。广三百里，袤二百八十里。北极高四十一度五十分。京师偏东二度四十分。其山：东曰和尔坤都 伦喀喇山、乌尔图纳苏图波罗山、伊玛岱山、七金山蒙名和尔博勒津、大红螺山蒙名巴颜乌兰。东南，大斧山蒙名喀喇和邵、柞山蒙名巴图插汉、大青山蒙名巴颜喀喇。南，和尔和克阿惠山、常吉尔岱山、拉克拉哈尔山。西南，崑都伦喀喇山。西，崑都尔图山。北，鄂通台和罗图山、绰和罗漠林岭。南：老河，蒙名老哈，源出明安山，东北流，会诸小水，迳敖汉北、翁牛特左翼南，又经奈曼、喀尔喀二部，纳奇札带河，北流与潢河会。南，虎查河、和尔和克河、上神水河、呼鲁苏台河、巴尔汉河、纳林崑都伦河，东，落马河，同入老河。西：木睿喀喇克沁河，源出卯金插汉拖罗海山，西北流，会布墩河，又西流，合宜孙河，南入滦河。淘金图河，西南流，会乌喇林河，亦南入滦河。东南：土河，蒙名土尔根，源出西默特山，东南流入土默特右翼。西：卯金温泉有二，一出卯金河东，西流会卯金河，一出卯金河西，东南流，亦会卯金河。卯金河源出卯金岭，西南流，会热河。赛因阿拉善温泉，即热河之源也。喀喇沁左翼札萨克驻牛心山，在喜峰口东北三百五十里。西南距京师七百六十里。牧地当傲木伦河源。东界乌兰哈达图和硕，南界宁远边墙，西界乌里苏太梁，北界唐奇蒲陀罗海。广二百三里，袤一百七十里。北极高四十一度十分。京师偏东三度四十分。其山：东北曰峨伦和歌诺忒山。东，柏树山蒙名迈拉苏台喀喇。东南，阿布察山、噶海图博罗山。南，翁噶尔图山、拖和喀喇山、他奔拖罗海图山。西南，桦山蒙名韦苏图、柞子岭、贵石岭。西，佗苏图喀喇山。西北，察尔契山、库葛会山。西北：青龙河，蒙名顾沁河，源出长吉尔岱山，西南流，会汤图河，迳额伦碧老岭入边城，迳永平府，北入滦河。南：额类河，源出额类岭，南流会宽河，至奉天宁远州西入边，为黑水河，入六州河。北：大凌河蒙名敖木伦河，源出尾苏图山，东流，至西喇哈达图山东北，折入土默特右翼，又东南入边。西：和尔图河，源出陀苏图喀喇山，东流，会敖木伦河。森几河、赛因台河、石塔河、神水河、清水河皆从之。喀喇沁中旗在左右翼二旗界内。札萨克驻珠布格朗图巴颜哈喇山。牧地跨老哈河源。东与北若西皆右翼，南左翼，东界博勒多克山，北界岳罗梁，西界霍尔果克。北极高四十一度三十分。京师偏东二度。其山：东曰博勒多克山。山南拉克笃尔山。

土默特部二旗，左翼附一旗：在喜峰口东北。古孤竹国。汉，辽西郡治柳城县地。燕，慕容皝建都，改龙城县。元魏为营州治。隋复置柳城县。唐为营州都督府治。辽置兴中府。元，大宁路兴中州。明以内附部长为三卫，自锦、义历广宁至辽河曰泰宁卫，后为蒙古土默特所据。天聪三年，台吉鄂木布、塔布囊善巴来降，后封善巴贝勒，主左翼，鄂木布贝子，主右翼，世袭。所部东界养息牧牧场，西界喀喇沁右翼，南界盛京边墙，北界喀尔喀左翼及敖汉。广四百六十里，袤三百一十里。贡道由喜峰口。乾隆中停贡。土默特左翼札萨克驻哈特哈山，左喜峰口东北八百二十里。西南距京师一千二百三十里。牧地当锡呼图库伦喇嘛游牧之南，养息牧牧场之西。东界岳洋河，南界什巴古图山，西界巴噶塔布桑，北界当道斯河。广一百六十里，袤一百三十里。北极高四十二度十分。京师偏东四度三十分。其山：南，达离山蒙名刻特俄尔多和硕。西，膜衣达摩山、青金山蒙名博罗蒙魁。北，淘金图山、伊克翁山、巴汉翁山。北：库昆河，或作呼浑河，自喀尔喀左翼入，会乌讷苏台河、阿哈里河，入养息牧河。西北：羖羊河，蒙名衣马图河，源出弥勒山，西南流，迳青山，又南会马鞍河，入边，迳义州东北为细河，会清河入大凌河。土默特右翼札萨克驻巴颜和硕，亦名大华山，在喜峰口东北五百九十里。西南距京师一千里。牧地在九关台、新台边门外，跨鄂木伦河。东界讷呼逊山，南界魏平山，西界鄂朋图山，北界什喇陀罗海。广二百九十里，袤一百八十里。北极高四十一度四十分。京师偏东四度二十分。其山：东曰衣达摩山、五凤山、莲花山。东南，喀喇七灵图山。南，神应山蒙名苏巴尔噶图。西南，土禄克台山、卓常吉尔山。西，釜山蒙名喀喇拖和多、青山蒙名博罗和邵、凤凰山蒙名兆馨喀喇。西北，布禄尔喀喇山。北，回贺尔山。东北，赤山蒙名五蓝。西：大凌河，自喀喇沁左翼入，东流，迳古兴中城，南折，东南流，纳柳河，入边。土尔根河，一自喀喇沁右翼东流入，一自奈曼南流入，均南流入大凌河。北：卓索河，源出回贺尔山。老寨河、土河、柞河，东北杨河，皆南流入土尔根河。西：小凌河，蒙名明安河，源出明安喀喇山，东北流，会木垒河、哈柳图河，入边，会乌馨河入海。土默特左翼附旗初，喀尔喀台吉巴勒布冰图，康熙元年自杭爱山率属来归，诏附左翼札萨克达尔汉贝勒阜哩克图牧。四年，封多罗贝勒。牧地在锡呼图库伦喇嘛游牧之西。东界霍济勒河，南界库昆河，西界布图昆地，北界爱笃罕山。以上统盟于卓索图。盟地在土默特右翼境内。

敖汉部一旗：札萨克驻固班图勒噶山，在喜峰口东北六百里。西南距京师一千一十里。本古鲜卑地。隋，契丹地。唐属营州都督府。辽、金为兴中府北境。元为辽王分地。明为喀尔喀所据，后分与其弟，号曰敖汉，役属于察哈尔。天聪元年，贝勒塞臣卓礼克图举部来降，后封郡王，世袭。牧地跨老哈河。东界奈曼，南界土默特，西界喀喇沁，北界翁牛特。广一百六十里；袤二百八十里。北极高四十三度十五分。京师偏东四度。贡道喜峰口。其山：东，哈达图拖罗海山。东南，白石山蒙名插汉齐老台、富泉山。南，二天山蒙名腾格里、小蟠羊山蒙名巴汉衣马图。西南，韦布尔汉山、库尔奇勒山。西，森几拖罗海山、枣山蒙名齐巴噶。西北，巴雅海山。北，宽山蒙名鄂达博罗、兆虎图插汉拖罗海山。东北，库尔奇勒峰、犁谷蒙名阿里马图。其水：北，老河，蒙名老哈，自喀喇沁右翼入，东北流，迳噶察喀喇山，又东入翁牛特。西南，落马河，蒙名百尔格，自喀喇沁右翼入，东北流，入老河。南，杜母达纳林河，源出天山，北流入七老台池。南，衣马图泉，下流入沙池。东北，昆都伦喀喇乌素泉，南流入老河。

奈曼部一旗：札萨克驻章武台，在喜峰口东北七百里。西南距京师一千一百十里。古鲜卑地。隋，契丹地。唐属营州都督府。辽、金为兴中府北境。明为喀乐喀所据，分与亲弟，号曰奈曼。天聪元年，酋长衮楚克巴图鲁为察哈尔所侵，来降，后封郡王，世袭。牧地当潢河、老哈河合流之南岸。东界科尔沁，南界土默特，西界敖汉，北界翁牛特。广九十五里，袤二百二十里。北极高四十三度十五分。京师偏东五度。贡道由喜峰口。其山：南曰马尼喀喇山、五凤山蒙名他奔拖罗海。西，呼原博塔苏尔海冈。东南，大黑山蒙名巴颜喀喇。东北，哈纳冈。北：潢河自敖汉入，合老哈河，东北流，入喀尔喀左翼。南：图尔根河，亦名土河，源出塔本陀罗海山，南入土默特右翼。西：固尔班和尔图泉，东南流，会图尔根河。

巴林部二旗：在古北口东北七百二十里。南距京师九百六十里。辽，上京临潢府。金，大定后，并属北京路。元属广宁路，为鲁王分地。明初为广宁卫，后属乌梁海北境，后为顺义王谙达五子巴林台吉所据，役属于察哈尔。天命十一年，以巴林叛盟，征之，戮其贝勒。天聪二年，为察哈尔所破，贝勒塞特哩、台吉满朱习礼来归，改封塞特哩之子塞布腾郡王，主右翼，满朱习礼为贝子，主左翼，袭封。右翼、左翼同游牧地，当潢河北岸。东界阿噜科尔沁，南界翁牛特左翼，西界克什克腾，北界乌珠穆沁。广二百五十里，袤二百三十三里。北极高四十三度三十六分。京师偏东二度十四分。贡道由独石口。其山：东有鄂拜山、石鸡山蒙名伊锯图。南，巴尔达木哈喇山、勃突山蒙名巴尔当。辽五代祖勃突生于此山，因以名焉。西，碧柳图山、清金山。东南，特墨车户山。东北，僧机图。南：潢河，自克什克腾入，东流，会黑河，入翁牛特左翼。黑河即古庆州黑水。东北：布雅肅河，源出僧机图山，东南流，会乌尔图绰农河，东入阿噜科尔沁，注于达布苏图池。有哈尔达苏台河，西自克什克腾来注之，东南流入潢河。巴林左翼札萨克驻阿察图陀罗海。巴林右翼札萨克驻托益山。

札鲁特部二旗：在喜峰口东北。汉，辽东郡北境。唐属营州都督府。辽，上京道地。金属北京路。元属上都路。明为蒙古札鲁特所据，后属喀尔喀。清初与札鲁特内齐汗结亲。后贝勒色本引兵助明，太祖击擒之，旋释归。天聪二年，色本等为察哈尔所侵，与内齐举部来降，封内齐贝勒，主左翼，色本贝勒，主右翼，世袭。左、右同游牧地，当哈古勒河、阿鲁昆都伦河之源。东界科尔沁，南界喀尔喀左翼，西界阿噜科尔沁，北界乌珠穆沁。广一百二十五里，袤四百六十里。北极高四十五度三十分。京师偏东三度。贡道由喜峰口。札鲁特左翼札萨克驻齐齐灵花陀罗海山北，在喜峰口东北一千一百里。西南距京师一千五百一十里。牧地当哈古勒河、阿鲁坤都伦河之源，达布苏图河于此流入于沙。其山：北曰野鹊山蒙名巴颜喀喇、巴噶查克朵尔山。东北，屈劣山蒙名布敦花托罗海。西南，噶海冈、车尔百湖冈。西，独石冈。东南，贵勒苏台。其水：南，潢河自阿噜科尔沁入，迳车尔百湖冈，东流，入科尔沁，蒙名西拉木伦河，即辽河之西源也。北，沙河、阿禄昆都仑河，东流入科尔沁。额百里昆都仑河，源出愁思岭，东流，亦入科尔沁。札鲁特右翼札萨克驻图尔山南，在喜峰口东北一千二百里。西南距京师一千六百四十里。牧地同。其山：南曰嵬石山蒙名札拉克。西南，托几山。西，小白云山蒙名巴哈插汉拖罗海山。西北，色尔奔山、几禄克山、大青羊山蒙名伊克特黑。北，花山、蛇山、小青羊山蒙名巴汉特黑。其水：西北曰魁屯河，一名阴凉河，源出贺尔戈图五蓝山，东南流，会天河。北，阿里雅河，源出大赤峰，西流迳花山，入阿噜科尔沁。他鲁河源出大青羊山，南流，合阿里雅河。

翁牛特部二旗：在古北口东北。唐，饶乐都督府地。辽置饶州匡义军节度，属上京道。金，北京路地。元为鲁王分地。明初以乌梁海置卫为外藩，后自称翁牛特，本服属于阿噜科尔沁。天聪七年，济农索音、贝勒东率所部来降，后封索音郡王，主右翼，东贝勒，主左翼，并袭封。所部东界阿噜科尔沁，南界喀喇沁及敖汉，西界热河禁地，北界巴林及克什克腾。广三百里，袤一百六十里。北极高四十三度十分。京师偏东二度五十分。贡道由喜峰口。翁牛特左翼札萨克驻札喇峰西绰克温都尔，在古北口东北六百八十里。西南距京师九百二十里。牧地介潢河、老哈河之间。东界阿噜科尔沁，南界敖汉，西界克什克腾，北界巴林。广三百里，袤九十里。北极高四十三度十分。京师偏东二度五十分。其山：东曰小华山蒙名巴哈哈尔占、大松山蒙名伊克纳喇苏台。南，兆呼图插汉拖罗海山。西，勃突山蒙名布墩、吐颓山蒙名巴尔哈岱。西北，古尔板土尔哈山。东南，阿尔齐土插汉冈。东北：兔麚山。其水：北曰潢河，自克什克腾入，东流迳巴林，又东流入境，又东北流，老河自敖汉来会，迳札鲁特南、喀尔喀北，入科尔沁。翁牛特右翼札萨克驻哈齐特呼朗，在古北口外五百二十里。西南距京师七百六十里。牧地在热河围场东北，老哈河南岸。东界敖汉，南界喀喇沁右翼，西界围场，北界克什克腾。广二百四十里，袤一百里。北极高四十三度十分。京师偏东二度五十分。其山：东曰乌兰布通山、夏屋山蒙名伊克布库图尔。东南，花和博图山、阿尔浑查克插汉拖罗海山、枣山蒙名齐巴哈。南，古尔板拖罗海山、遮盖山蒙名阿惠喀喇。西南，巴伦桑噶苏台山、大黑山、额类苏图山。西，徒古尔喀喇山、博多克图山。西北，巴颜布尔噶苏台山、黄山蒙名洪戈尔峨博。北，马鞍山蒙名西喇得伯僧、海他汉山。其水：南曰锡伯河，自喀喇沁北流入境，东北流，会獐河入老河。獐河，蒙名西尔哈，亦自喀喇沁流入境，东北流，迳巴颜喀喇山，东北会英金河，又东迳五蓝峰北入老河。西北，乌拉岱河，源出杨木岭，南流，经博多克图山，折东北流，会獐河。西，巴伦撒拉河，源出葛尔齐老东北，东南流，迳巴尔图山，折东北流，会乌拉岱河。西，车尔伯呼河，源出奴克都呼尔山，东南流，会獐河。英金河，源出蝦蟆岭，东南流，亦会獐河，又东入老河。奴古台河、珠尔河、拜拉河，皆与英金河会。北，卓索河，源出海他汉山，东流会獐河，入老河。

阿噜科尔沁部一旗：札萨克驻珲图尔山东托果木台，在古北口东北千一百里。西南距京师一千三百四十里。辽，临潢府地。金，大定府北境。元为辽王分地。明初于乌梁海地置卫为外藩，后自号阿噜科尔沁。天聪六年，部长达赖为察哈尔所侵，率其子穆章来降，后封穆章贝勒，世袭，掌旗。牧地哈奇尔河、傲木伦河于此合流为达布苏图河。东界巴彦塔拉，南界翁牛特左翼什喇木兰，西界苏布山，北界乌兰岭。广三百三十里，袤四百二十里。北极高四十度三十分。京师偏东三度五十分。贡道由喜峰口。其山：东北曰浑图山。东，伊克陀惠山。东南，峨博图山。南，库格图山、连山蒙名贺尔博拖罗海。西北，枣山蒙名齐巴哈图。西南，巴汉阿拍札哈山、伊克阿拍札哈山。西，珍珠山蒙名苏布、乐游山蒙名得讷格尔。南：潢河，蒙名西喇木伦河，自巴林入，迳他木虎噶察冈，入札鲁特。西南：乌尔图绰农河，自巴林入，迳刻勒峰，东南流，会哈喜尔河。又西北有和戈图绰农河，源出西喇温都尔山，南流，会乌尔图绰农河，入哈喜尔河。哈喜尔河源出萨碧尔汉山，南流迳库格图山，折而东流入札鲁特。东北：阿里雅河，自札鲁特右翼入，西南流，会哈喜尔河。西北：枯尔图河，源出白石山，西流入巴林，会乌尔图绰农河。尹札汉河，北流入乌珠穆沁。

克什克腾部一旗：札萨克驻吉拉巴斯峰，在古北口东北五百七十里。南距京师八百十里。辽，上京道地。金属北京路。元属上都路及应昌路地。明为蒙古所据。天聪八年，灭察哈尔，克什克腾索诺木戴青来归，授掌旗一等台吉，世袭。牧地在围场北，当潢河之源。东界毕勒固图和岭，南界布图坤，西界克勒特格伊场，北界乌苏池。广三百三十四里，袤三百五十七里。北极高四十三度。京师偏东一度。贡道由独石口。其山：东曰蜘蛛山蒙名阿尔札、高淀山蒙名音纳哈喀喇。东南，宁楚浑杜尔宾山。西南，恩都尔花山。西，乌素图杜尔宾山、大黑山蒙名巴颜喀喇。西北，巴汉衣色里山、博尔多克山。北，黄山蒙名巴颜洪戈尔、木叶山蒙名几几恩都尔。东北，马尾山蒙名叟几。西：潢河，大辽水西一源也，蒙名西喇木伦，源出百尔赫贺尔洪，东北流，会诸水，迳旗北，又东流入巴林。又东，迳阿噜科尔沁南、翁牛特北，又东北流，会老河，迳札鲁特南、喀尔喀北，折东南流，迳科尔沁左翼，又南会大辽水，入边城，是为辽河。西：萨里克河，源出乌素图杜尔宾山，东北流，入潢河。西北：衣尔都黑河，源出乌素图杜尔宾山，西流，会伊黑库窝图河，东北流，入潢河。西北：格类河，源出兴安山东，南流，会穆名河入潢河。东北：釜河蒙名陀惠，源出岳碧尔山，北流入黑河。西南：高凉河，蒙名拜查，源出拜查泊，东北流，入潢河。东北：阿尔达图河，源出兴安山，西北流入乌珠穆沁，北流会葫芦谷尔河。西北：捕鱼儿海，蒙名达尔，公姑、野猪等四河流入其中，周数十里。

喀尔喀左翼部一旗：札萨克驻察罕和硕图，在喜峰口东北八百四十里。西南距京师一千二百五十里。古鲜卑地。唐属营州都督府。辽，上京道南境。金属北京路。明为喀尔喀所据，后属于西路札萨克图汗。元太祖十六世孙格埒森札居杭爱山，始号喀尔喀，其孙巴延达喇为西路札萨克图汗之祖，即今外蒙古四部之一。清初酋长古木布伊尔登与札萨克图汗来降，后封贝勒，世袭，主左翼。牧地当养息牧河源。东界科尔沁，南界土默特左翼，西界奈曼，北界札鲁特。广一百二十五里，袤二百三十里。北极高四十三度四十二分。京师偏东五度二十七分。贡道由喜峰口。其山：东曰喀海拖罗海山。南，达禄拖罗海山、巴汉哈伯他海山。西南，五灰山蒙名乌尼苏台、大黑山蒙名巴颜喀喇、青山蒙名博罗惠博罗温都尔，与奈曼东南接界。东南，他木虎冈。北：潢河，自翁牛特流入，又东流入科尔沁。西北：老河，蒙名老哈，自奈曼入，东北流，会潢河。东南：养息牧河，源出旗南，东北流，迳喀海拖罗海山，又东南，会库昆河，迳养息牧牧厂，东流入彰武台边门，西至广宁，又东南流入辽河。南：库昆河，源出五灰山，东流入土默特。以上统盟于昭乌达。盟地在翁牛特左翼境内。

乌珠穆沁部二旗：在古北口东北。辽，上京道北境。金属北京路。元属上都路。明为蒙古所据，自号乌珠穆沁，察哈尔汗族也。林丹汗暴虐，贝勒多尔济偕塞楞往依喀尔喀。天聪八年来归，封多尔济亲王，主右翼，塞楞贝勒，主左翼，并世袭。其地东界索伦，西界浩齐特，南界巴林，北界瀚海。广三百六十里，袤四百二十五里。贡道由独石口。乌珠穆沁右翼札萨克驻巴克苏尔哈台山，在古北口东北九百二十三里。南距京师一千一百六十三里。牧地有音札哈河流入于沙，有胡芦古尔河，潴于阿达克诺尔。东界左翼，南界巴林，西界浩齐特左翼，北界车臣汗中右旗。广三百六十里，袤二百一十里。北极高四十四度四十五分。京师偏东一度十分。其山：东曰瑞鹿山蒙名布虎图。西，大小黄鹰山、黑山蒙名喀喇图。西北，双山蒙名贺岳尔俄得、乌里雅台山。东北，赛音恩都尔山。水则东南：贺尔洪河，源出噶木尔站，西流入芦水。秃河一名葫芦古尔，源出克什克腾东北，名阿尔达图河，西北流入右翼，为葫芦古尔河，又北流入阿达可池。乌珠穆沁左翼札萨克驻鄂尔虎河之侧奎苏陀罗海，在古北口东北一千一百六十里。南距京师一千四百里。牧地当索岳尔济山之西。有鄂尔虎河，绕其游牧，汇于和里图诺尔。东界霍尼雅尔哈赖图，南界库冽图，西界达赖苏图，北界额里引什里。广二百五十六里，袤二百一十五里。北极高四十六度二十分。京师偏东二度二十分。其山：东南曰哈尔站五蓝峰。北，色尔蚌峰。水则东北：色野尔齐河，源出哈老图泊，西南入芦水。东南：音札哈河，自阿噜科尔沁入，西北亦入芦水。

阿巴哈纳尔部二旗：在张家口东北。汉，上谷郡北境。晋属元魏。隋、唐为突厥地。辽为上京道西境。金为北京路西北境。元属上都路。明为蒙古所据，号所部曰阿巴哈纳尔，本役属于喀尔喀车臣汗。崇德间，台吉塞冷、董夷思拉布来降，后封董夷思拉布贝子，主左翼，塞冷贝勒，主右翼，并袭封。所部东界浩齐特，西界阿巴噶右翼，南界正蓝旗察哈尔，北界瀚海。广百八十里，袤四百三十六里。贡道：右翼由张家口，左翼由独石口。阿巴哈纳尔右翼札萨克驻永安山，在张家口东北六百四十里。东南距京师一千五十里。牧地有达里冈爱诺尔。东界希尔当山，南界博罗温都尔冈，西界哈喇堂，北界华陀罗海山。广六十里，袤三百一十里。北极高四十三度三十分。京师偏东二十分。其山：南曰巴尔达木山。东，特尔墨山。北，哈纳峰、僧机图山。西，贺尔贺山。东南，大熊山蒙名巴赖都尔。东北，床山蒙名席勒。西北，双山蒙名和岳尔察罕陀罗海山。其水：南曰韭河，蒙名郭和苏台，自正蓝旗察哈尔入，迳博罗冈，西北入阿巴噶。南，息鸡淀，蒙名哈雅。东，苇淀，蒙名呼鲁苏台布禄都。西南，褒勒泊。西北，衮布禄都泊。北，葛都尔库泉、和几葛尔泉。阿巴哈纳尔左翼札萨克驻乌尔呼拖罗海山，在独石口东北五百八十里。东南距京师一千一百里。牧地同上。东与北皆界浩齐特，南界阿巴噶，西界右翼旗。广一百二十里，袤三百一十八里。北极高四十三度五十三分。京师偏东二十八分。其山：西曰色尔腾洪戈尔山，一名黄山。西北，布尔汉山、触宝山、覆舟山蒙名呼里翁戈春。其水：北有黑勒泊。西北，达蓝图里泉。

浩齐特部二旗：在独石口东北。辽，上京道西境。金属北京路。元属上都路。明为蒙古所据。察哈尔汗族也。林丹汗暴虐，其贝勒博罗特、台吉噶尔玛色旺往依喀尔喀。天聪八年来降，以博罗特主左翼，噶尔玛色旺主右翼，并郡王，袭封。所部东北界乌珠穆沁，南界克什克腾，西界阿巴噶。广一百七十里，袤三百七十五里。贡道由独石口。浩齐特右翼札萨克驻特古力克呼图克湖钦，在独石口东北六百九十里。东南距京师一千一百九十里。牧地当锡林河下游，北潴为达母鄂谟。东界布尔勒吉山，南界札哈苏台池，西界布尔色克陀罗海，北界哈鲁勒陀罗海。广七十五里，袤三百七十五里。北极高四十四度。京师偏东三分。其山，右翼主山：东南，古尔板贺老图山、古尔板俄得山。东，伊尔伯都山。南，布当图山。北，胡日山蒙名阿拉忒。西北，阿拍达兰图山。水则东：白泺蒙名柴达木。东南：大鱼泺。南：松子泉蒙名和尔多。东北：察得尔泉。西北：崑都崙泉、布哈泉。浩齐特左翼札萨克驻乌默黑塞里，在独石口东北六百八十五里。东南距京师一千一百八十五里。牧地滨大小吉里河。东界额尔起纳克登，南界小吉里河源，北界奇塔特哈覃陀罗海，西界玛齐布勒克乌兰哈达。广九十五里，袤三百一十里。北极高四十四度五分。京师偏东四分。其山：东南曰萨尔巴山。西北，野狐山蒙名乌纳格忒。北，苏门峰。西北，五蓝峰。水则东南：天鹅泺、库鲁尔图泉。北，沖戈尔泊。西南，阿禄布里都泊。西北，贺老图泉。

阿巴噶部二旗：在张家口东北。汉，上谷郡北境。晋为拓跋氏地。隋、唐为突厥地。辽，上京道西境。金属北京路。元属上都路。明为蒙古所据，号所部曰阿巴噶。本役属于察哈尔。林丹汗暴虐，济农都思噶尔、贝勒多尔济往依喀尔喀。天聪九年来降，后以多尔济主右翼，都思噶尔主左翼，并封郡王，世袭。所部东界阿巴哈纳尔，西界苏尼特，南界正蓝旗察哈尔，北界瀚海。广二百里，袤三百十里。右翼贡道由张家口。左翼贡道由独石口。阿巴噶左翼札萨克驻巴颜额伦，在独石口东北五百五十里。南距京师一千七十里。牧地环锡林河。东界巴尔启台之哈喇鄂博噶图，南界乌苏图土鲁格池，西界什尔登山，北界哈布塔噶陀罗海。广一百二十里，袤一百八十里。北极高四十三度五十分。其山：东南曰哈尔塔尔山、喀喇得伯僧山、邵龙山。西南，武历山蒙名哲尔吉伦、察里尔图山。南，哈斯胡雅斯坡。其水：东南，阴凉河，蒙名魁屯，源出卓索图站，流入旗界。东南，鹤垒斗勒泊。北，金河泊。西南，西喇布里都泊。阿巴噶右翼札萨克驻科布尔泉，在张家口东北五百九十里。南距京师一千里。牧地有库尔察罕诺尔，为固尔班乌斯克河所潴。东界哈毕喇噶泉，南界伊柯什噶，西界库库勒，北界华陀博。广八十里，袤三百一十里。北极高四十三度三十分。京师偏西二十分。其山：东南曰色几库山。南，朱尔哈台拖罗海山。西北，马尼图拖罗海山、白石山蒙名插汉七老图。北，阿拍济哈山、霸特山蒙名克色克拖罗海、羖羊山蒙名特克拖罗海。其水：东南，韭河，蒙名郭和苏台，自阿巴哈纳尔入，迳色几库山，西流入白海子。南，噶尔图泊。东南，浑图泊。西南，呼尔泊、鸳鸯泺蒙名昂吉尔图。东，朱尔克额勒苏图泉。北，赤泉。东北，哈碧尔汉泉。

苏尼特部二旗：在张家口北。汉，上谷、代二郡北境。后汉，乌桓、鲜卑地。隋、唐为突厥地。辽置抚州。金因之，属西京路。元为兴和路地。明为苏尼特所据，察哈尔汗族也。天聪九年，其济农叟塞、贝勒滕吉思来朝，后封叟塞郡王，主右翼，滕吉思弟滕吉泰郡王，主左翼，袭封。东界阿巴噶右翼，西界四子部落，南界察哈尔正蓝旗牧厂，北界瀚海。广四百六里，袤五百八十里。贡道由张家口。苏尼特右翼札萨克驻萨敏锡勒山，在张家口北五百五十里。东南距京师九百六十里。牧地在瀚海北。东界额尔苏霍吉尔，南界为科尔齐老，西界特莫格图，北界吉鲁格。广二百四十六里，袤二百八十里。北极高四十三度二分。京师偏西二度一分。其山：南曰布尔色克山、福山蒙名克什克、和尔和山。西南，乌克尔朱尔克山、俄尔绰克山。西，德林山。东北，巴轮明安拖罗海山、嵬名山蒙名札喇。东南，努伦坡。其水：西南曰长水，蒙名乌尔图，源出和尔和山。东南，占木土盐泊。南，西喇布禄泊、滚泊。电局在西苏尼特王府东北七十里。苏尼特左翼札萨克驻和林图察伯台冈，在张家口北五百七十里。东南距京师九百八十里。牧地当固尔班乌斯克河。东界库库勒山，南界察罕池，西界色柯尔山，北界阿尔噶里山。广一百六十里，袤三百里。北极高四十三度三分。京师偏东一度二分。其山：东南曰巴颜特克山一名羖䍽山。西北，喀尔他和邵山。北，博锥拖罗海山、拜音拖罗海山一名祥古山。其水：东南曰努克黑忒水，一名兔园水，自察哈尔正蓝旗入，迳福山北流入呼尔泊。西，古尔板马潭泊。东南，呼尔泊。西南，黑山泺。以上统盟于锡林郭勒。盟地在阿巴噶左翼、阿巴哈纳尔左翼两旗界内。

四子部落一旗：札萨克驻乌兰额尔济坡，在张家口西北五百五十里。东南距京师九百六十里。汉，雁门、定襄二郡北境。

晋为拓跋氏地。唐为振武军地。辽为丰州地，属西京道。金属西京路。元属大同路。明为阿禄喀尔喀所据，分与四子，号四子部。天聪八年，贝勒鄂木布来朝，后叙功封郡王，袭封。牧地有锡喇察汉诺尔，锡喇木伦河潴之。东北界苏尼特，西界归化城土默特，南界镶红旗察哈尔。广二百三十五里，袤二百四十里。北极高四十二度四十一分。京师偏西四度二十二分。贡道由张家口。其山：东曰博济苏克山。东南，阴山。南，白尔白狼山一名新妇山、尔多斯山。西南，纳札海山、阿禄苏门峰。西北，独牛山蒙名乌克尔图禄。东北：阳山蒙名北兰。西，富峪蒙名巴颜鄂坡苏。西北：黄水河，蒙名西喇木伦，自喀尔喀右翼入，东北流，出喀伦边。西：希巴尔台泉、雅孙哈柏济尔泉。南：噶尔哈图泉。西南：德本得泉、青城泉蒙名博罗虎济尔。西北：白石泉蒙名插汉齐老。

茂明安部一旗：札萨克驻彻特塞里，在张家口西北八百里。东南距京师二千二百四十里。汉，五原郡地。元魏，怀朔镇地。唐，振武军地。辽，东胜州地，属西京道。金因之。元属大同路。明初设卫戍守，蒙古据之，号曰茂明安。天聪八年，举部来降。康熙三年，授僧格掌旗一等台吉，袭封。牧地当爱布哈河源。东界喀尔喀，西界乌喇特，南界归化城土默特，北界瀚海。广百里，袤一百九十里。北极高四十一度十五分。京师偏西六度九分。贡道由张家口。其山：东曰伊克哈达图山。东南，和岳尔白尔克山、插汉峨博山。西南，哈拉海图山、官山。西，羖羊山蒙名喀喇特克。西北，齐齐尔哈插汉七老山。东北，古尔板喀喇山、郭岳惠插汉七老山。南：崑都伦河，源出和岳尔白尔克山，西流，迳官山，入乌喇特。东北：布禄尔托海河，源出伊克哈达图山，北流，会爱毕哈河。爱毕哈河源出刻勒峰，东流，迳古尔板喀喇山，入喀尔喀。南：拜星图泉，源出哈拉海图山，西南流，会崑都伦河。

乌喇特部三旗：三札萨克同驻哈达玛尔，在归化城西三百六十里。东南距京师一千五百二十里。汉，五原郡。元魏，怀朔镇。唐，中西受降城地。辽置云内州，属西京道。金因之。元为大同路。明为瓦喇所据。天聪七年，瓦喇台吉鄂板达尔汉来朝，率图巴额尔赫及塞泠伊尔登二旗归附。顺治五年，叙从征功，以图巴掌中旗，鄂木布子鄂班掌前旗，色棱子巴克巴海掌后旗，同封镇国公，授札萨克，世袭。前、中、后三旗同牧地，当河套北岸噶札尔山南。东界茂明安，南界鄂尔多斯左翼前旗，西界鄂尔多斯右翼后旗，北界喀尔喀右翼。广二百一十五里，袤三百里。北极高四十度五十二分。京师偏西六度三十分。贡道由杀虎口。其山：东曰崑都伦山一名居延山、狼山蒙名绰农拖罗海山。西，木纳山。北，河套山、雪山蒙名叉苏台。东北，敖西喜山、白石山蒙名插汉七老图。西北，大青山蒙名漠喀喇、乌兰拜星山一名赤城山。西南，席勒山一名床山。东南，漠惠图坡。南：黄河，自鄂尔多斯西北境入，东流迳旗南，又东折南入归化城土默特。西北：柳河，蒙名布尔哈图，源出阳山东平地，西南流，会敖泉入黄河。哈柳图河，源出席勒山北，南流会席勒河，迳马神山，又西南折入黄河。北：东哈柳图河，源出麦垛山，西南迳东西德尔山南、拜星图北，为席汉河，又西南入黄河。乌尔图河，源出雪山，西南流入黄河。帷山河，源出帷山，西南会黑河。黑河，蒙名喀喇木伦，自茂明安所属地流入，西南流，迳帷山入黄河。齐齐尔哈纳河，自茂明安入，西南流，迳白石山，亦会黑河。苏尔哲河，源出雪山，西流会舍忒河。舍忒河源出敖西喜山，西流迳大青山入黄河。东：崑都伦河，东南五达河从之。

喀尔喀右翼部一旗：札萨克驻塔尔浑河，在张家口西北七百十里。东南距京师一千一百三十里。汉，定襄、云中二郡北境。唐，振武军地。辽，丰州地，属西京道。金因之。元属大同路。明为喀尔喀所据，台吉本塔尔，喀尔喀土谢图汗亲属，世为台吉。顺治中，与土谢图汗有隙，来归，封亲王，主右翼。牧地在爱布哈、塔尔浑河合流处。东界四子部落，西界茂明安，南界归化城，北界瀚海。广百二十里，袤一百三十里。北极高四十一度四十四分。京师偏西五度五十五分。贡道由张家口。其山：东曰拜音拖罗海山、西神山。西南，哈达图山、爵岭蒙名毛德尔。北，白云山蒙名插汉和邵。东北，插汉峨博山、摩礼图峨博冈。东南，乌兰峨博山、翁公峨博冈。西，西巴尔图峨博冈。东南：黄水河，自归化城土默特入境，迳翁公峨博冈，东北流，入四子部落。西北：爱毕哈河，自茂明安迳白云山、喀喇峨博冈间，东流，出喀伦边。以上统盟于乌兰察布。盟地在四子部落境内，归化城南百二十里。有五蓝叉拍山，即此。

鄂尔多斯旧六旗，又增设一旗，共七旗：在绥远西二百八十五里河套内。东南距京师一千一百里。秦，新秦中。汉，朔方郡地。晋，前后赵、前后秦、赫连夏地。元魏为夏州北境。隋于其地东置胜州、西置丰州，后改榆林、五原二郡。唐置州，复改郡。五代、宋、金属西夏。元立西夏、中兴等路。后废，其地东属东胜、云内二州，延安、宁夏等路。明初置东胜等州，立屯戍，耕牧其中。嘉靖中，套西吉纳部落击破和实居此，是为鄂尔多斯。天聪九年，额林臣来归，赐济农之号。顺治六年，封郡王等爵有差，七旗皆授札萨克，自为一盟于伊克昭。东界归化城土默特，西界喀尔喀，南界陕西长城，北界乌喇特。东、西、北三面距河，自山西偏头关至陕西宁夏街，延长二千余里。贡道由杀虎口。乾隆元年裁。鄂尔多斯左翼中旗正中近东。札萨克驻敖西喜峰，在札拉谷西一百六十里，本隋、唐胜州地。牧地有纳玛带泊，喀锡拉河出旗界东北流潴焉。东至衮额尔吉庙，接左翼前旗，南至神木县边城，西至察罕额尔吉，接右翼前旗，北至喀赖泉，接右翼后旗。广一百一十五里，袤三百二十里。北极高三十九度三十分。京师偏西七度。其水：东曰紫河，蒙名五蓝木伦，源出台石坡西平地，西南流入陕西边境。东，衮额尔吉河，源出衮额尔吉坡南平地，西南流，会哈楚尔河。哈楚尔河源出喀楚尔坡西平地，西南流，会紫河，入神木，为屈野河。鄂尔多斯左翼前旗套内东南。古榆林塞。札萨克驻札拉谷，在湖滩河朔西百四十五里。明，榆林左卫地。牧地当偏关西。左倚黄河，东界湖滩河朔，南界清水河，西界左翼中旗，北界左翼后旗。广二百四十五里，袤二百一十里。北极高三十九度四十分。京师偏西五度四十分。东南：和岳尔喀喇拖罗海山一名夹山、黑山蒙名喀喇和邵。北：巴汉得石峰。西北：得石峰。东北：崑兑河，源出平地，东南流入黄河。东南：小崑兑河，亦东南流入黄河。东：布林河，源出查木，塔尔奇尔河，源出噶克插冒顿；哈岱河，源出贺尔博金坡南平地，均东南流入黄河。芹河，蒙名伊克西喇尔几台，源出杜尔伯特拜坡东平地，南流入边城，为陕西府谷县清水川。小芹河，源出得勒苏台坡南平地，克丑河，源出噶克插冒顿东平地，南西河，源出科尔口，俱东入芹河。西南：獐河，蒙名西尔哈，源出常乐堡，合葫芦海南流入红石峡。鄂尔多斯左翼后旗套内东北。札萨克驻巴尔哈逊湖，在黄河帽带津西百四十里。隋、唐，胜州、榆林郡治。牧地当山西五原厅南、萨拉齐厅西。东界萨拉齐，南界左翼前旗，西界左翼中旗，北界乌喇特。广二百八十里，袤一百五十里。北极高四十度四十分。京师偏西八度。东南：退诺克拖罗海山，山西为拜图拖罗海山。南：伊克翁公冈、巴汉翁公冈。东南：插汉拖罗海冈。

西北：车根木伦河，源出撒尔奇喇地，东流入黄河。乌尔巴齐河，源出平地，黑河蒙名伊克土尔根，源出虎虎冒顿地；西：兔毛河，蒙名陶赖崑兑，源出敖柴达木，柳河，蒙名布尔哈苏台，源出插汉拖罗海冈，喀赖河，源出朱尔汉虎都克，西都喇虎河，源出吴烈泉，东坎台河，源出布木巴泉，均北流入黄河。**鄂尔多斯右翼中旗**正西近南。札萨克驻锡拉布里多诺尔，在鄂尔吉虎泊西南二百六十里。汉朔方郡南境。牧地当宁夏东北腾格里泊。东北皆界右翼后旗，南界右翼前旗，西界赛音诺颜左翼后旗。广三百二十里，袤四百八十里。北极高三十九度四十分。京师偏西九度。南：苏海阿禄山、贺佟图山。西：色尔腾山。西北：黄草山蒙名库勒尔齐、鄂蓝喀喇陀罗海山、色尔蚌喀喇山。西南：库葛尔黑河，源出库葛尔黑泉，南流入边，又西折出边，入黄河。西北：伊克托苏图河，源出布海札剌克地，西流会黄河。西：巴汉托苏图河，源出巴惠泉，西北流，会依克托苏图河，入黄河。**鄂尔多斯右翼前旗**套内西南。札萨克驻巴哈诺尔，在敖西喜峰西九十里。隋、唐，夏、胜二州地。牧地当陕西怀远西北大盐泺。东界左翼中旗，南界怀远，西界右翼中旗，北界右翼后旗。广一百八十里，袤二百七十里。北极高三十八度二十分。京师偏西九度。其山：南曰恩多尔拜山、岩灵山一名锦屏山。东南，总材山蒙名磨多图。西南，巴音山。东南：上稍儿河，源出稣布里都，南流入边城。南：席伯尔河，源出蟒喀图虎尔虎地，南流会西克丑河入边城，为榆林之榆溪。阿尔塞河，源出恩多尔拜山南平地，西南流，会席伯尔河。西南：金河蒙名西喇乌素，源出磨虎喇虎地，南流会哈柳图河，东南流，合细河、金河二水，入榆林边，至波罗营，会西来之额图浑，为无定河。细河，蒙名纳林河，源出托里泉，南流亦会哈柳图河。石窯川河，蒙名额图浑，源出贺佟图山北平地，东南流，合数小水，入怀远边，为恍忽都河，又折而东北，至波罗营，会海克图河，为无定河。东：忒默图插汉池，一名大盐泺。西南：乌楞池，一名红盐池。南：长盐池，蒙名达布苏图。**鄂尔多斯右翼后旗**套内西北。札萨克驻鄂尔吉虎诺尔河，在巴尔哈孙泊西一百七十里。隋、唐，丰州、九原郡治地。牧地当山西五原厅西、甘肃宁夏东北。右倚黄河，东界左翼后旗，南界左翼中旗，西界右翼中旗。北界乌喇特。广一百八十里，袤一百六十里。北极高四十度四十分。京师偏西八度。西：马阴山蒙名阿克塔贺邵。东南：吴烈鄂博拖罗海冈。西南：达尔巴汉冈。西：赤沙河，蒙名乌蓝，源出赤沙泉，东北流，入锅底池。西南：黄水河，蒙名西喇木伦，源出马阴山北平地，东北流，入古尔板泊。锅底池，周二十余里，产盐。兔河、赤沙河二水注其中，土名喀喇莽奈。**鄂尔多斯右翼前末旗**顺治六年授二等台吉。康熙十四年晋一等。乾隆元年，以族繁增旗一，授札萨克，世袭，掌右翼前末旗，附右翼前旗游牧。札萨克驻所，距绥远城七百二十里。内蒙古驿凡五道：曰喜峰口，古北口，独石口，张家口，杀虎口。自喜峰口至札赉特为一路，计千六百余里，设十六驿。自古北口至乌珠穆沁为一路，计九百余里，设九驿。自独石口至浩齐特为一路，计六百余里，设六驿。自张家口至四子部落为一路，计五百余里，设五驿。自杀虎口至乌喇特为一路，计九百余里，设九驿。自归化城至鄂尔多斯计八百余里，设八驿，仍为杀虎口一路。各驿站均设水泉佳胜处。以上自为一盟于伊克昭，与上五盟同列内札萨克。

卷七十八　　志五十三

地理二十五

外蒙古

外蒙古喀尔喀：古北狄地。唐、虞，山戎。夏，獯鬻。周，玁狁。秦、汉曰匈奴。汉初冒顿并有漠南，旋复北徙。后汉仍为北匈奴地。元魏曰蠕蠕，后入突厥。唐初入回纥。贞观四年来朝，以其地为瀚海、燕然、金微、幽陵、龟林、卢山六都督府，又置皋兰、高阙、鸡田、榆溪、鸡鹿、蹛林、寘颜等七州，皆隶燕然都护府。其后并有九姓诸部，尽得匈奴故地。五代至宋，回纥渐衰，与室韦妪厥律诸部散居其地，羁属于辽。金大安初，蒙古始盛。元太宗七年，建都和林，初立元昌路，后改转运和林使司，前后五朝都焉。世祖迁都大兴，于和林置都元帅府。大德十一年，立和林等处行中书省，统和林总管府。皇庆元年，改和林路为和宁路。顺帝太子阿裕锡哩达赖汗依王保保于此，明兵破之，顺帝孙特古斯特穆尔汗遁于土喇河。七传至本雅失里，又为明所败。后诸部共立託克託布哈之子号小王子。又数传，徙幕东方，其留漠北部落曰喀尔喀。清崇德三年，遣使朝贡。康熙二十八年，厄鲁特噶尔丹兴兵攻破喀尔喀，七旗举族款塞内附，安置喀伦边内，噶尔丹遂并其地。三十五年，圣祖亲征，噶尔丹窜死，朔漠平。喀尔喀诸部复还旧牧，为部三：一曰土谢图汗，一曰车臣汗，一曰札萨克图汗。又善巴自为一部，曰赛音诺颜。共部四，为旗八十有六。东至黑龙江呼伦贝尔城，南至瀚海，西至阿尔台山，北至俄罗斯。广五千里，袤三千里。北极高四十二度至五十一度三十分。京师偏东三度至偏西二十六度。人约七十万口。

土谢图汗部：驻土拉河。直大同边外漠北。至京师二千八百余里。南界瀚海，西界翁金河，北界楚库河，东南界苏尼特、四子部落诸部，西北界唐努乌梁海。所部佐领积三十七旗，以分设赛音诺颜部，析二十一旗隶之，后增四旗，凡二十旗。乾隆四十六年，诏世袭。北极高四十五度三十三分。京师偏西十一度二十四分。**土谢图汗本旗**其汗为噶尔丹所破，来降。康熙三十年，许仍旧号世袭。佐领一。牧地在杭爱山东、喀里雅尔山南，跨鄂尔坤、喀鲁哈二河。西：杭爱山，在鄂尔坤河源之北，其山最高大，山脉自西北阿尔泰山来，东趋，逾鄂尔坤、土喇诸水，为大兴安、肯特诸山。又自山西库库岭北折，环绕色楞格河上流诸水发源之处。杭爱译言"橐驼"也，山形似之。当即古之燕然山。有鄂尔坤河，自附牧赛音诺颜之额鲁特旗界，东北经章鄂山东麓，又经西尔哈阿济尔罕山西麓，又东北出山，折而西北流，有济尔玛台河自南来会。喀鲁哈河，源出翁金河北土喇、鄂尔坤二河间平地，西北流，转东北，入土喇河。鄂尔坤河又东北经吉拉哈吉图布拉克地南，有西拉索博太河，北自布龙山南支阜，合三水南流来注之，又东北经喀里雅拉山西南麓，中有大洲。又北流，有伊奔河，自西北布龙山东南支阜，合三水来注之。又东北循山，会哈拉河、衣鲁河。又正北流，至布龙山东北支阜，入色楞格河。**右翼左旗**土谢图汗之从子，康熙三十年授札萨克一等台吉。传至乾隆二十一年，其孙累以功晋和硕亲王，世袭。佐领七有半。

牧地跨色楞格河、土喇河之合流，南至达什尔岭，北至罕台山。色楞格河自赛音诺颜部东北入，有厄赫河自西北大山东南流，合翁佳河诸水来会，水势始盛。稍东，有市呼图河自南合三水来注之。又东北，受北来一水。又东北，有一河自西南沙昆沙拉之北，东北流，合东南一水，北来注之。又东，受西南一小水，又东迳布龙山北麓。山脉西南自巴颜济鲁克山、赛堪山绵亘而东北，为厄鲁墨得依山。又东为西拉克山、布昆沙拉山，又东北为此山蜿蜒至两河合处，为色楞格、鄂尔坤界。色楞格河自山北麓，又东北，鄂尔坤河自南合土喇诸河，东北流来会。土喇河东南来，纳喀鲁哈河，东北折而北流，又合鄂尔坤河，当西十度北极出地四十九度处。东有布噶勒台河。中右旗土谢图汗之弟，康熙二十五年授札萨克，三十年封多罗贝勒。雍正元年，晋其子郡王，世袭。佐领三。牧地当土喇河曲处。东北：达什隆山。土喇河循都兰喀拉折而西北流，曲曲四百余里，有喀鲁哈河自西南来会。左翼中旗土谢图汗裔，康熙三十年封多罗郡王，兼札萨克，世袭。佐领十四。牧地当阿尔泰军台所经。北纬四十四度二十分。西经七度五十分。东北有札尔噶山。中旗土谢图汗裔，康熙三十年封多罗郡王。乾隆二十二年，改为札萨克固山贝子，世袭。佐领四。牧地在肯特山西南；当土喇河源。西北：哈麻尔岭。西南：达什隆山。东北：肯特山，山高大，为漠北群山东至大海之祖。山西阜曰即龙岭，又西曰特勒尔济岭。凡诸岭以南，水皆流入克鲁伦河，以北，水皆流入敖嫩河。敖嫩河源在克鲁伦河源西北小肯特山；土人呼为阿即格肯特山，山南为喀尔喀地，山北为俄边。岭北麓水即楚库河源，北流入色楞格河者。岭南干山西南麓水，即土喇河源，西南流，折而西北，会鄂尔坤河入色楞格河者。此岭为漠北一大分水岭也。自小肯特山东北行，为大兴安山，包络黑龙江诸水之北而东入海。一支折而南，分为二干：一东南，为大肯特山起顶，又东南为必尔喀岭诸山，为北黑龙、南喀鲁伦诸水之界，绵亘千余里，至会合处；一西南为图拉源山，又南为噶拉泰岭，折而西南为兴安岭，为东克鲁伦、西土喇诸水，又西南而西北，至土喇会鄂尔坤河处。自此而西北，群山皆以阿尔泰山为祖。若论漠北大分水之处，一东至东海，一北至北海，则莫高肯特山矣。汗山，在兴安岭北、土喇河南岸，《元祕史》谓之不儿罕山。天山，在图拉河之西，约出长城三千里。山不甚高，藩名汗河岭。汗山之北为库伦，即苦另山，山甚峻。土喇河即图拉河，发源敖嫩河源之西南数十里许、特勒尔济岭之西，曰土喇色钦。色钦，蒙古语"河源"也。西南流，与北源喀拉图鲁河会。西南流，哈溪河自西北合东来喀拉鄂模水、西北来空乌鲁河，东南流来会。又南，噶尔泰河自东南大山西流来会。又西南，迳启拉萨山西。又西南，阿拉克他河自北来注之。又西，特勒尔济河合东占河二水，东南流，会奎罗河。左翼后旗土谢图汗裔。康熙三十二年授札萨克一等台吉。乾隆十九年封辅国公，寻晋贝子、贝勒、郡王。五十七年降镇国公，世袭。佐领四。牧地当阿尔泰军台所经。翁金河至是潴于胡尔哈鄂伦诺尔。诺尔直漠南河套八百里许，旧作呼拉喀五郎鄂模，周二十余里。诺尔东北有哈喇哈达山、彻彻山、上凯山，皆沙海中孤屿也。翁金水，源西十三度三分，极四十六度九分。诺尔西九度四分，极四十五度二分。自西北而东南，行大漠中，近千里也。中右末旗土谢图汗裔。康熙五十八年授札萨克一等台吉。乾隆二十四年封辅国公，世袭。佐领一。牧地跨土喇河。西北：达什隆山。土喇河自中旗汗山北麓，会色勒弼河，又西至色勒弼岭南，曲曲西南，至杜兰喀喇山之北，山南即大漠。西十度，极四十七度五分。南经宁夏九度，经套北阴山六度。河随山折，西北流入中右旗境，南岸即度兰支阜，绵亘北岸，即色勒弼岭支阜，又北行为查木勒山。左翼左中末旗土谢图汗裔。康熙五十年封札萨克辅国公，世袭。佐领一。牧地当喀鲁哈河源。喀鲁哈河流出平地，在翁金河之北二百里，鄂尔坤河北折之东四百里。西十二度，极四十六度七分。有二泉，西北流而合，又西北，有一水西南自科洛尔昆山东北流来会。山在额尔德尼昭之东南。又北流，迳昆库勒山，西折，东北经科克内山西。又北流，折而东北，曲曲数百里，与土喇河会。水口东即查木勒山西麓也。水源流长七百余里。右翼右旗土谢图汗裔。康熙三十年授札萨克一等台吉。乾隆二十年封辅国公，世袭。佐领一。牧地东至锡伯格图，南至诺昆陀罗海，西至乌逊珠尔东山，北至齐克达噶图岭。左翼前旗土谢图汗裔。康熙三十年授札萨克一等台吉。乾隆三年封辅国公，世袭。佐领三。牧地跨喀鲁哈河。西北：乌噶勒札山。右翼右末旗土谢图汗裔。雍正九年，以功授札萨克一等台吉。十年封辅国公，世袭。佐领一。牧地当哈拉河源。东：恰克图山。南：乌里雅呼岭。北：诺不图布拉克山。东南：达喇勒济山。西南：哈玛尔岭。哈拉河源出土喇河北与汗山相对之色勒弼岭。北有那林河、布勒哈太二河，阿达海河、松纳拉河均来会。又北，通勒河。东北至阿即格肯特山西麓，合三源，西南流，又折西北，有一河自东北合数水来注之。又西迳陀罗什山北、哈达图尔山南，纳博罗河、查克都勒河，西北折，迳都拉逊那拉酥查克丹地之东，大松林也。又北迳喀里雅喇山东麓，又北入鄂尔坤河。源委六百余里。中左旗土谢图汗裔。初授一等台吉。乾隆三年，晋辅国公、贝子品级。二十三年授札萨克。后遂以功品级一等台吉，世袭。佐领一。牧地东至察奇尔哈喇，南至善达勒，西至阿尔噶稜，北至阿鲁哈朗。左翼右末旗土谢图汗裔。康熙三十六年，授札萨克一等台吉，世袭。佐领五。牧地当阿尔泰军台之东。达库伦之驿于是分道。左翼末旗土谢图汗裔。康熙三十年授札萨克一等台吉，世袭。佐领一。牧地当阿尔泰军台之东。左翼中左旗土谢图汗裔。雍正十年授札萨克一等台吉，世袭罔替。佐领一。牧地当阿尔泰军台之西。中次旗土谢图汗裔。康熙五十八年授札萨克一等台吉，世袭。佐领一。牧地当左翼中旗之东。右翼右末次旗土谢图汗裔。康熙三十五年授札萨克一等台吉，世袭。佐领一有半。牧地跨鄂尔坤河、色楞格河。东：萨尔金河。西：塔里雅那台河。北：札勒图尔河。东北：桑喀勒图河。东南：札克图勒河。右翼左后旗土谢图汗裔。雍正八年授札萨克一等台吉，世袭。佐领一。牧地当土喇河、喀鲁哈河之合流。南：达什隆山。西：珠格楞岭。中左翼末旗土谢图汗裔。康熙三十三年授车稜札布一等台吉，兼札萨克，世袭。佐领四。牧地当鄂尔坤河、色楞格河之合流。鄂尔坤河自东南向西流入色楞格河。色楞格河自西南来，环绕山北，东北流，过俄罗斯之楚库柏兴，又北流入柏海儿湖。东：乌雅勒噶河。西：萨尔金河。北：察罕乌苏河。东北：博拉河。右翼左末旗土谢图汗裔。康熙三十年封札萨克辅国公，后降一等台吉兼札萨克，世袭。佐领一。牧地当哈拉河、伊逊河东南哈台山北二百里。有哈拉河南流，受南来搽河，折西北，迳右翼右末旗东北。左得博罗河、查克杜儿河，又北注鄂尔坤河。土喇河北岸诸山，有色尔毕谷口三处，及松吉纳山岭三处，皆自各山发源，流入土喇、鄂尔坤。又东北，衣鲁河，自东南合三水来注之。又正北流至布龙山支阜，与色楞格河会。东北：敏吉河。西北：札克都勒河。以上统盟于汗阿林。满语"山"。在库伦南。

赛音诺颜部：直甘肃凉州边外西套之北。至京师三千余里。格埒森札之孙图蒙肯护持黄教，唐古特达赖喇嘛贤之，授赛音诺颜号。康熙中，其孙善巴来归，旋以善巴从弟策凌从征有功，始自为一部。乾隆中，以善巴曾孙诺尔布札布袭赛音诺颜号，世袭与三汗同。所部东界博罗布尔哈苏多欢，南界齐齐尔里克，西界库勒萨雅孛郭图额金岭，北界齐老图河。辖旗二十二。北极高四十五度四十四分。京师偏西十二度五十分。赛音诺颜本旗初，信顺额尔克岱青诺颜善巴率属来归。康熙三十五年封和硕亲王。乾隆三十一年，许仍其赛音诺颜旧号，世袭。佐领四有半。牧地当鄂尔坤河源，在北纬四十七度、西经十四度五十分处。西北：库尔布拉克灰图山。鄂尔坤河出旗境，二水合东流，北纳一水，入土谢图汗部。西：塔楚河，源出都兰喀喇山东南大干南麓，二水南流而合，会东北来三水，折流迳塔奇驿，西南至阿勒察图山。中左末旗善巴再从弟策凌，康熙六十年授札萨克。雍正元年封多罗郡王。九年，晋和硕亲王，世袭。佐领四。牧地当塔米尔、哈绥、齐老图三河源。北：伊克沙巴尔山。东北：绰咙山。西北：鞥克岭。西南：库克岭。塔米尔河亦曰他米勒，有南北两源。南源出杭爱山北麓，在鄂尔坤河之西者曰阿索郭特河，西北流，合三涧而东北流，有西北来二水皆会，又东北，始曰塔米尔河，又北而会阿索郭特河，皆杭爱以北水也。又东北，会东南来一水，其东即苏巴勒干山。又东北受朝木多河、齐齐尔里克河，并会诸小水，东北与北源合。北源出枯库岭东麓，在杭爱山西北，有二涧，东北流而合，又东北合三涧水，并纳诸小水，始曰塔米尔河，北岸连山，即哈瑞河诸源也。又东流，受四水，潴为台鲁勒倭黑池，广数十里，中有一山。又东流，有察罕乌伦河，自西北来会，其南岸即布拉干北山也。又东北百数十里，而南源自西南来会，又东折北，会鄂尔坤河。此水两源，俱五百余里始合入鄂尔坤。自杭爱山以北、枯库岭以东，诸泉皆会焉。喀绥河亦曰哈瑞河，即古和林河，出杭爱西南干山，在齐老图源之南，流数百里，合北来伊逊都兰喀喇地山南二水，又东北，有一河合二水自南来会，始曰喀绥河。又东北，有朱萨兰河自西合二水东流来会，又东北，会瑚伊努河，入色楞格河。河源流都长九百里。齐老图河即石河，源出杭爱西界山下之额尔哲伊图察罕泊，泊周六十里，在鄂勒白稽山之南干大山下，西北经隔山之桑锦达赉泊。自泊东北流出，迳乌尔图乌雅山南麓，稍东，会西北来一水，又东，会西南来二水，始曰齐老图河。右翼右后旗赛音诺颜之裔。康熙三十年授札萨克镇国公。雍正二年封固山贝子。乾隆二十一年，晋多罗贝勒。寻以功晋郡王，世袭。佐领二。牧地当拜塔里克河源。北：札克额沁山。拜塔里克旧作贝德勒克，源出枯库岭南麓，其北麓隔山即塔米尔河源也。三水南流，合而西南，有查克河自北山合五水南流三百余里来会，迳库伦伯勒齐尔之地。又南有察罕帖睦尔河，东北自索阿都依岭合二水西南流来会。又南出两山间，西南流平地中百数十里，西弥河自南合一水北流来会，又西南潴为察罕泊。源流八百余里。中右旗亲王策凌次子。雍正十年封辅国公。乾隆二十年封多罗贝勒。二十一年，晋郡王，世袭。佐领一。牧地当推河源。北：库克岭。推河亦曰颓河，旧作拖衣河，源出杭爱山尾南麓，西南流，会三小水，又西南，有乌可克河，西北自乌可克岭合三水东南流来会。岭在杭爱山西南，岭南水入推河，岭北水为塔米尔河南源。推河又南，有雅马图河自东北合三水西流来会，即鄂尔吉图都兰喀喇山西水也。又南受库塞楞图河。稍南，有一水自东合二涧来会，又南迳两山间，额勒屯图河自东合三水来会，皆都兰喀喇山西南麓水也。又南出山，曲曲流平地中百八十里，迳博济和硕驿东，又南折西流，潴为鄂洛克泊，形东西长四十里。西十五度五分，极四十五度六分。源流五百余里。此水东三百里为塔楚河。中前旗赛音诺颜之裔。康熙三十年授札萨克镇国公。雍正元年，晋固山贝子。乾隆二十年，晋贝勒，世袭。佐领一。牧地跨济尔玛台河、鄂尔坤河、翁金河。济尔玛台河出右翼中右旗，东流，迳额鲁特旗入土谢图汗部界。鄂尔坤河自与姑洛河会，东南流两山间，折而东北，入额鲁特旗境。北岸山即杭爱东南支阜，南岸即西自都兰喀喇绵亘而东之杭亦哈马勒山。隔山而南即翁金河也。翁金河出右翼左末旗，二水合东流，迳右翼中左旗、中前旗，北合二水，亦入土谢图汗部界。中左旗赛音诺颜之裔。康熙二十五年授札萨克。三十年，封多罗郡王，后降贝勒，世袭。佐领三。牧地有特尔克河、伊第尔河，合于齐老图河，为色楞格河。伊第尔旧作厄得勒，亦作依得尔。色楞格河南源有四，稍北者曰厄得勒河，源出喀尔喀西界鄂勒伯稽山，共合七水，行四百余里，而齐老图河合诸源水自西南来会。又东北，受南来一水，疑即特尔克河也。又东北，循山麓流百余里，而乌里雅苏台河自西南来会。又东北三十里，而阿济勒克河自南来会，始曰色楞格河。中末旗赛音诺颜之裔。康熙三十一年授一等台吉兼札萨克。雍正二年封辅国公。乾隆二年，晋镇国公，世袭。佐领一。牧地哈绥河至是合于色楞格河。右翼中左旗赛音诺颜之裔。康熙四十六年授札萨克一等台吉，后晋辅国公，世袭。佐领四。牧地当翁金河源。南：阿哈尔山。翁金河亦作翁吉，又作瓮金，两源出鄂尔吉图都兰喀喇山东行大干山中。其西隔山即塔楚河源也。其北隔山即鄂尔坤河，东南流出平地合焉。又东南，会西南来一水，又东，会北来一水，又东南，迳杭亦哈马勒山前，受二水。又东南，曲曲流八百余里，于大漠潴为呼拉喀乌浪诺尔，周二十余里。右翼末旗赛音诺颜之裔。康熙三十年授札萨克一等台吉。雍正十年封辅国公，世袭。佐领二。牧地墨特河至是合于拜塔里克河。北：札木图岭。东北：库首库尔岭。墨特河疑即察罕帖睦尔河也，东北自索阿都依岭合二水西南流来会。南有绷察罕诺尔，广二十余里。其北三十里有济尔哈朗图池，广十里许。又东北有伊洛河，北自山麓克库池南流，迳哈拉图科山西麓，又南数十里涸。哈拉图科山南有鄂洛克池，山东百里即推河也。右翼前旗赛音诺颜之裔。康熙三十年授札萨克一等台吉。三十五年封辅国公，世袭。佐领一。牧地胡努伊河至是合于哈绥河。胡努伊旧作呼纳衣，又作库诺衣，源自西南山中，东北四百里，迳赛坎山北麓，又东北入哈绥河。赛坎山甚高大，即巴颜济鲁克山之北行正干，又折而东北，为厄勒黑图诸山。中后旗赛音诺颜之裔。康熙五十一年授札萨克一等台吉。乾隆元年封辅国公，世袭。佐领一。牧地有布尔噶苏台河合于札布噶河。布尔噶苏台河出旗北马喇噶山，山脉自阿尔泰顶南行，分一干东行，为乌苏郭玛山。又东连峰相接，东南数百里，为伯勒奇那克科克伊山。又东为昂奇山。又东北行为马喇噶山。此水源即马喇噶山东北将折东南之南麓也。出山南流，会东来二水、西北来一水。又南有乌海河，西北自昂奇山两源合东南流来会。又南与西喇河会。二源既合，西南流，迳巴颜山北麓，曰札布噶河。又有乌里雅苏台河，出旗境，西流八百余里，纳苏布拉河来会。北有布音图河源。左翼左旗赛音诺颜之裔。乾隆三十一年封札萨克辅国公，世袭。佐领二。牧地当札布噶河源。札布噶旧作查巴哈，又作札布堪，源有二，最东者曰西喇河，出库伦伯勒齐尔西北大山，凡四水，南流并为二支，又西南百余里合焉。又西南受北来一水，又南受东来之西喇河，又西受北来一水。又西南，布尔噶苏台河自北来会，即西源也，出北马喇噶山南麓，南流会二水，又南有乌海河，两源合东南流来会，又南流与西喇河会。二源既合，迳巴颜山北麓，曰札布噶河。又南入札萨克图汗旗南界。左翼中旗赛音诺颜之裔。初授一等台吉。乾隆二十二年，晋贝子品级，授札萨克。后降袭公品级，世袭。佐领一。牧地跨哈绥河。左翼右旗赛音诺颜之裔。康熙三十年授札萨克一等台吉，世袭。佐领三。牧地在哈鲁特山。左翼左末旗赛音诺颜之裔。康熙三十五年授札萨克一等台吉，世袭。佐领一。牧地跨塔米尔河、胡努伊河。右翼中末旗赛音诺颜之裔。康熙五十一年授札萨克一等台吉，世袭。佐领一。牧地拜塔里克河东支至是潴于察罕诺尔，其西支在青素珠克图诺们罕游牧诺尔，当西十度、北极出地四十五度七分，库伦伯勒齐尔地南界，形如瓜，周百里，东西长，诺尔东有呼里图克白尔池，广十余里。又东为西弥河源。又东为一小河，又东为绷察罕诺尔。右翼左末旗赛音诺颜之裔。康熙三十六年授札萨克一等台吉，世袭。佐领一。牧地跨翁金河。东有图鲁根山。

右末旗赛音诺颜之裔。乾隆三年授一等台吉。四年授札萨克,世袭。佐领一。牧地当伊第尔河源。南:雪山。西北:索郭图岭。伊第尔河出鄂勒曰稽山,即杭爱山顶之西南大干也。隔山西即桑锦达赉泊,西十六度九分,北极出地四十九度。两水自山麓东流而合,又东,会七水,名伊第尔河。又东北会齐老图河,以入于色楞格河。右翼中右旗赛音诺颜之裔。康熙三十五年授札萨克一等台吉,世袭。佐领无。牧地当济尔玛台河源。济尔玛台旧作朱勒马台,亦作朱尔马台,源出额黑铁木儿山南麓,东南流,绕布库铁木儿山足三面,东北流,曲曲二百余里,潴为池,曰察罕鄂模,广数十里。又东北流,有布勒哈尔台河,南自达尔湖喀喇巴冷孙地之池水东北流来会。又东北入鄂尔坤河。右翼后旗赛音诺颜之裔。康熙三十一年授一等台吉兼札萨克,世袭。佐领一。牧地当哈绥河北岸、色楞格河南岸。中后末旗赛音诺颜之裔。康熙四十八年授札萨克一等台吉,世袭。佐领一。牧地跨齐老图河。中右翼末旗赛音诺颜之裔。康熙三十五年授札萨克一等台吉,世袭。佐领无。牧地当塔米尔河南岸。东北:乌尔图特莫尔河。附额鲁特部本旗准噶尔之裔。康熙三十六年来降。四十四年封札萨克辅国公。雍正元年,晋固山贝子,世袭。佐领一。牧地跨济尔玛台河、鄂尔坤河。西:察汗山。东南:博勒克山。鄂尔坤河自中前旗境折而东北,迳西尔哈阿济尔罕山西麓之额尔德尼昭,即大喇嘛寺也。河迳其西及章鄂山之东麓。山亦高大,即杭爱之东支阜,唐时回鹘牙帐西之乌德鞬山也。又东北出山,折而西北流三百余里,济尔玛台河自西南来会。额鲁特前旗噶尔丹同祖弟丹津之孙,号丹津阿喇布坦,康熙四十一年来降,封多罗郡王。四十二年授札萨克。乾隆十三年,降固山贝子,世袭。佐领一。牧地当塔米尔河北岸,隶赛音诺颜部。东南有温奎诺尔。以上统盟于齐齐尔里克。

车臣汗部:驻克鲁伦翁都尔多博,直古北口边外漠北。至京师三千五百里。格埒森札之孙谟罗贝玛号车臣汗。东界额尔德尼陀罗海,南界塔尔滚柴达木,西界察罕齐老图,北界温都尔罕。辖旗二十三。北极高四十五度三十四分。京师偏西五度三十四分。车臣汗本旗故车臣汗阿喇布坦之子,康熙二十七年,率众十馀万户来降,仍其故号。雍正六年,赐印文曰格根车臣汗,世袭。佐领二。牧地跨喀鲁伦河。东:乌兰温都尔山。南:阿尔图山。西:塔奇勒噶图山。北:哈喇莽鼐山。东北:色勒格图山。东南:鄂尔楚克山。西南:库特肯额里雅山。喀鲁伦河自右翼中前旗境拖诺山南麓,稍折东北流数十里,又东北迳克勒和硕山北麓,入左翼右旗境。左翼中旗乌默客之叔,康熙二十八年授札萨克。三十年封多罗郡王。乾隆二十年,晋和硕亲王,世袭。佐领二。牧地在科勒苏河之东,跨喀鲁伦河。东:卜固尼和硕山。西有特克玛尔图山。西北:图木斯泰山。科勒苏河出西南大山,两源,东北合二水,北入敖嫩河。东北:喀鲁伦河,入旗南界,有固尔班博尔龙山,三峰并峙,在南岸沙中,至库鲁诺尔南,入中左旗境。中右旗乌默客之叔,康熙二十八年授札萨克。三十年封固山贝子。三十五年,晋多罗郡王,世袭。佐领四。牧地喀尔喀河至是潴于贝尔诺尔。喀尔喀河在齐齐哈尔城西,源出摩克託里山,西北流入于贝尔诺尔。又北流出,曰鄂尔顺河,入呼伦诺尔。贝尔诺尔旧作布伊尔湖,亦作布育里鄂模,元之捕鱼儿海子也。明蓝玉破脱古思帖木儿处。东北有沙喇勒济河。右翼中旗乌默客之族叔,康熙二十八年授札萨克。三十年封多罗贝勒,世袭。佐领八。牧地在喀鲁伦河之南乌纯地。西:伊克噶札尔阿齐图山。中末旗乌默客之族,康熙三十年授札萨克固山贝子,世袭。佐领三。牧地在喀鲁伦河之南博罗布达。北:库特肯额里雅山。东北:伊克阿尔图山。西北:额尔克纳克山。东南:鄂斯奇山。中左旗乌默客之族,康熙二十八年授札萨克。三十年封固山贝子,世袭。佐领二有半。牧地在喀鲁伦河之布色鄂埒客。东:和尔盖山。北:伯尔克山。中后旗乌默客之族,康熙二十八年授札萨克。三十年封固山贝子,后降辅国公,世袭。佐领一有半。牧地跨敖嫩河。南:色勒格图山。北:达喇特河。东北:莽阿泰河。敖嫩河自大肯特山北麓会北来一水,又东有一河,西北合二水,东南流来会。稍东南,启查鲁河西南自大肯特山折向东南支阜,东北流来会,折东北流,又折东,巴拉喀河合二水自西南毕尔喀岭东北流来会。又东南流,呼玛拉堪河自南大山合两源北流来会。又东北流,有一河合两源西北自大兴安山东南流来会。大兴安山,土人曰阿母巴兴安,甚高大,自此绵亘而东,直抵黑龙江入海处。山之南为喀尔喀界,山之北为俄界。又南,北合科勒苏河。左翼前旗乌默客之族,康熙二十八年授札萨克。三十年封镇国公,世袭。佐领一有半。牧地当索岳尔济山北,滨喀尔喀河。索岳尔济山袤延数百里,其西麓临大漠,东北与齐齐哈尔城相近。喀尔喀河有数源,最东者出阿鲁特拉奇岭西麓,有池广数十里,西南流,南源合三水来会。又西南流,有一河自北合三源来会。又西分为二支,一南流,有阿母巴哈尔浑河合三水自南来会。又西,合北支西流,伊兰塞罕河自北大山西南流来会。又一河自西北合三源南流注之。又西南,受哈尔浑河。又西,噶尔查布鲁克图河自东南合噶尔图思台及噶尔巴哈尼二河北流注之。又西会和尔和河,折西北,迳喀勒河朔之北,其北岸有小山,受东北来之呼鲁思太河,折而西流,曰喀尔喀河。西南流,分支渠,汇为贝尔诺尔。右翼中右旗乌默客之族,康熙五十年授一等台吉。五十一年授札萨克。雍正二年封辅国公,世袭。佐邻一有半。牧地在达尔汉御根。东:依札噶尔山。南:巴噶额里彦山。西:鄂罗克依山。西北:依尔盖山。左翼后旗乌默客之族祖,康熙三十年授札萨克一等台吉,世袭。佐领二有半。牧地在察汉布尔噶苏台。东有鄂尔布勒山。西有布哈山。北:乌兰温都山。西南:布勒格图山。左翼后末旗乌默客族,康熙五十年授札萨克一等台吉,世袭。佐领一有半。牧地在乌尔图。西:鄂尔布勒山。右翼后旗乌默客族,康熙三十年授札萨克一等台吉,世袭。佐领三。牧地在巴颜济鲁克。西:阿克索那山。南:乌尼格特山。中末右旗乌默客族,雍正十三年授一等台吉。乾隆十四年授札萨克,世袭。佐领一。牧地东至特克什乌苏,南至多木达哲尔克特山,西至鄂尔和山,北至库登图山。东北:託克台山。西北:阿尔图山。东南:布哈山。西南:乌斯奇山。右翼中左旗乌默客族,康熙五十二年授札萨克一等台吉,世袭。佐领一。牧地在腾格里克。东南:库里彦山。北:僧库尔河。右翼前旗乌默客族,康熙三十年授札萨克一等台吉,世袭。佐领一有半。牧地在喀喇莽鼐。西北:色布素勒山。东:萨喇克河。右翼左旗乌默客之叔,康熙四十年授札萨克一等台吉,世袭。佐领半。牧地在额尔得墨。东:鄂博克图山。北:得勒山。西南:鄂尔楚克山。中末次旗乌默客族,康熙三十四年授札萨克一等台吉,世袭。佐领一有半。牧地在白尔格库尔济图。东:哈尔噶郎图山。南:图木斯图山。西北:得勒山。左翼右旗乌默客之叔,康熙四十年授札萨克一等台吉,世袭。佐领一。牧地跨喀鲁伦河。东:特格里木图山。西:哈噶勒噶山。北:玛勒胡尔山。东北:图木斯图山。西南:託克特依山。喀鲁伦河自喀勒和朔北麓,又东北会塔尔河,旧名他拉即儿即河,自毕尔喀岭西南麓,合二源东南流沙土中,隐见不常。又东北数十里,迳厄窝得哈尔哈小山西北麓,即北岸厄莫勒山之西南麓也。折东流,至东南麓,两岸沙漠,又东北入左翼中旗境。中右后旗乌默客族,康熙三十六年授札萨克一等台吉,世袭。佐领半。牧地在肯特山东,当喀鲁伦、敖嫩二河源。东:得勒格尔罕山。南:巴颜乌兰山。西北:罕台山。西:塔尼特河。东北:塔喇塔阿。有喀鲁伦河,即胪朐河,《北史》之怯绿怜河也。源出肯特山东南支峰西南麓。两源西流而合，又西，有一河，东北亦自肯特山南麓西南来注之。又西南流，迳肯特山顶之南，受北来衣鲁河。又西南，受西北即龙河。又西南，至布塞山东南麓，受撒内河，东自毕尔喀岭西麓西流合东南一水来会。又东南，有一河，北自忒勒儿吉岭东南流来会。又西南，白勒肯河自土喇色钦东麓东南流来会。又西南，至噶拉太岭之东，循两山间，折而东南流，迳巴颜乌兰山西麓，入右翼中前旗境。又东经车臣汗旗、左翼右旗、左翼中旗、中左旗、左翼左旗、中左前旗、中前旗境，凡二千数百里，东北入枯伦湖。敖嫩河乃黑龙江上源，亦名俄侬河，元之斡难河也，自肯特山西忒勒尔吉岭西北小肯特山东麓，折东南流，纳东北一水，经忒勒尔吉岭北麓，有一水自岭西北东流来会，亦敖嫩一源也，又东入中后旗境。左翼左旗乌默客叔，康熙三十五年授一等台吉。四十年授札萨克，世袭罔替。佐领一有半。牧地跨喀鲁伦河。南：巴彦罕山。西：鄂喇霍图山。喀鲁伦河自库鲁鄂模南稍东，迳西拉得克西博格山之阴，又东百里，中有沙洲曰术尔呼术，东北流，入旗境必拉城南。隔河而南，有乾诸可客蒲山，绵亘东北百里许，即塔本陀罗海也。又东迳杜勒鄂模南，入中左前旗境。中左前旗乌默客裔，康熙三十六年，授贡楚克一等台吉兼札萨克，世袭。佐领一。牧地跨喀鲁伦河。喀鲁伦河自杜勒鄂模南入旗境。又东，河心有沙洲，南岸为塔本陀罗海之北麓。折东南流，又东入中前旗境。中前旗乌默客裔，康熙二十八年授济农及札萨克。三十年封固山贝子。乾隆二十二年，降一等台吉兼札萨克，世袭。佐领五。牧地跨喀鲁伦河。东：札尔噶山。北：鄂克託木山。喀鲁伦河自塔本陀罗海北麓，折东南流，又东迳南岸小山北麓，折东北至南岸大山东北麓，东南流，折向正北，又东北流，中有沙洲，其东南岸外，则杜勒鄂模也。又东北，曲曲注阿勒坦厄莫尔山东北，潴为枯伦湖，在黑龙江齐齐哈尔城西千三百余里也。湖自西南而东北，长径二百余里，东西阔百余里，周可五六百里。枯伦今作呼尔，即古之具伦泊也。右翼中前旗乌默客裔，初授二等台吉。乾隆十九年晋一等台吉。二十年，封辅国公兼札萨克，后降一等台吉，世袭。佐领一。牧地当喀鲁伦河曲处。东：库里叶山。北：巴颜乌兰山，绵亘东南二百里许。喀鲁伦河自噶拉太岭之东，西南至两山间，循山麓东南流，迳巴颜乌兰山西麓，至南岸山尽处，稍折东流，有僧库尔河南流沙中来注之。喀鲁伦河又东南，自沙地经拖诺山南麓，入车臣汗旗境。以上统盟于巴尔和屯。即巴拉斯城。

札萨克图汗部：驻杭爱山阳，直甘肃、宁夏边外漠北。至京师四千馀里。东界翁锦锡尔哈勒珠特，西界喀喇乌苏额埒克诺尔，南界阿尔察喀喇託辉，北界特斯河，接唐努乌梁海。本元裔，号札萨克图汗。康熙二十七年，沙喇兵败，为噶尔丹所戕。其弟策旺札布率族来归，封和硕亲王，诏仍袭汗号。辖旗十九。北极高四十三度三十五分。京师偏西十九度九分。札萨克图汗兼管右翼左旗策旺札布，以从征退缩削爵。雍正四年，诏其族格埒克延丕勒袭汗号，兼郡王爵，领右翼左旗札萨克事，世袭。佐领三。牧地有博格尔诺尔。东南：札布噶河，自赛音诺颜部左翼左旗界西南流，迳巴颜山北麓尼鲁班禅喇嘛游牧，折西流，席喇乌苏河南自阿尔洪山水所汇之大泊来会。又西北流，乌里雅苏台河东来入之。博格尔诺尔，旧作白格尔察罕鄂模，在库克西勒克山之南、都忒岭之东。又有都鲁泊。中左翼左旗札萨克图汗之族。康熙三十五年封多罗贝勒兼札萨克。乾隆二十二年，以功晋郡王品级。四十六年，诏以贝勒世袭。佐领二。牧地当特斯河源。东：库兰阿济尔噶山。北：伯尔克山。东北：巴彦集鲁克山。特斯河源出阿尔泰东北大干之唐努山西南麓，西南流山中，受南北来四水，又西南入乌梁海境。曲曲西潴为乌布萨泊。泊在阿尔泰顶之东南麓六十里。左翼中旗札萨克图汗之族。雍正五年授札萨克二等台吉。乾隆二十一年晋一等台吉。二十三年封辅国公，复晋镇国公，世袭。佐领一。右翼后旗札萨克图汗之族。康熙三十年授札萨克一等台吉，世袭。佐领一。与左翼中旗同游牧。牧地当札布噶河西岸。左翼右旗札萨克图汗之族。康熙二十九年授札萨克。三十年封多罗贝勒。雍正十二年降镇国公，世袭。佐领一。牧地在都尔根诺尔之南。诺尔在科布多城西、伊克阿拉克泊之西南，北与喀喇诺尔相联，形如葫芦，亦札布噶河之支流所汇也。左翼前旗札萨克图汗之族。康熙二十八年授札萨克。三十年授一等台吉。五十年封辅国公，世袭。佐领二。左翼后末旗札萨克图汗之族。雍正四年授札萨克一等台吉，世袭。佐领一。与左翼前旗同游牧。牧地在奇勒稽思诺尔之东，一作柯尔奇思诺尔，在阿尔泰顶东南，去两旗札萨克驻处八百里。东南：札布噶河、空归河。西南：伊克阿拉克池水所汇也，周百数十里，西南相联一泊曰爱拉克诺尔，南与喀喇诺尔相直。右翼右末旗札萨克图汗之族。雍正二年授札萨克一等台吉，世袭。佐领二。牧地当德勒格尔河西岸、桑锦达赉之东。德勒格尔河一作哈喇台尔河，源出唐努山南、锡巴里喀伦北，东北流，当阿哈里喀伦之北，有一小水西北来入之。折东南流，与德勒格尔河会。又东南流，託尔和里克河北自博尔图斯喀伦，两源并导，百里而合，又南，德勒格尔河自西来会。又南流，布克绥河自西北来会。又南入齐老图河。中左翼右旗札萨克图汗之族。初授二等台吉。乾隆二十一年封辅国公并札萨克，世袭。佐领一。牧地当桑锦达赉之南。桑锦达赉泊在旗境及中左翼左旗之间。西南有色楞格河。右翼右旗札萨克图汗之族。康熙二十八年授札萨克。三十年封固山贝子，后降辅国公，世袭。佐领一。牧地在乌喇特界内库埒谟多。左翼后旗札萨克图汗之族。康熙三十年授札萨克一等台吉。三十六年晋辅国公，世袭。佐领一。牧地在伊克敖拉里克察罕郭勒。北：乌兰泊。中右翼末旗札萨克图汗之族。康熙四十三年授一等台吉。五十三年授札萨克。雍正二年封辅国公，世袭。佐领一。牧地当济尔哈河，至是潴于察罕诺尔。所部察罕诺尔有二，一在左翼右旗之西，其南为齐齐克泊，接科布多界；一即此，济尔哈河所潴也。右翼后末旗札萨克图汗之族。康熙三十六年授札萨克一等台吉，世袭。佐领一。牧地在奇齐格讷洪果尔阿齐喇克。中右翼左旗札萨克图汗之族。乾隆二十年授札萨克一等台吉，世袭。佐领一。牧地在左翼左旗西南。右翼前旗札萨克图汗之族。康熙二十八年授札萨克。三十年授一等台吉，世袭。佐领一有半。牧地在阿尔察图、和岳尔敖拉、雅苏图、鄂和多尔、纳默格尔诸界。左翼左旗札萨克图汗之族。乾隆二十一年授札萨克一等台吉，世袭。佐领一。牧地在奇勒稽思诺尔、爱拉克诺尔之南，跨空归河。空归河又名空阴河，旧作空格依河，出昂奇山南麓，合三水西南流，入札布噶河。中右翼末次旗罗卜藏台吉之孙。康熙四十八年授札萨克一等台吉，世袭。佐领一。牧地有特们诺尔、委衮诺尔，两诺尔水皆发源乌里雅苏台军营城北大山，东北流，潴为两大泊，委衮在北，特们在南，中隔一岭，南北相望，形拟蝌蚪也。中左翼末旗罗卜藏台吉之裔。雍正十二年授二等台吉。乾隆二十二年授一等台吉兼札萨克，世袭。佐领一。牧地当德勒格尔河东岸。附辉特一旗额鲁特部辉特族入罗卜藏，为噶尔丹所虐，来归。乾隆二十年授其孙一等台吉。三十年授札萨克，世袭。佐领一。牧地当济尔哈河东岸。济尔哈河自旗南界合三源东北流，至札萨克图汗部中右翼末旗界，潴为察罕诺尔。以上统盟于札克毕赖色钦毕都尔诺尔。

喀尔喀四部八十六旗，统称外札萨克。自雍正中用兵准噶尔，即于乌里雅苏台筑城驻兵，城以木为之，中实以土，高丈六尺，厚一丈，在乌里雅苏台河北岸。光绪七年，收还伊犁，改订条约，许俄人在乌里雅苏台通商，俟商务兴旺，再设领事。定边副将军治之。总统四部兵，内蒙古各部兵统于各部札萨克。盖内札萨克多从龙功臣，而游牧之地悉附近盛京、直隶、山西、陕西一带，与外札萨克之后来归附远在漠北者有别。兼理札萨克图汗、赛音诺颜两部事。又设库伦办事大臣，库伦在土喇河上游西岸，人三万口，喇嘛教徒甚众。其胡土克图殿宇严庄，蒙民每夏从诸部来顶礼者，道路不绝。理俄罗斯边事。康熙六十年与俄立约，定为陆路通商埠，各遣官监视。乾隆二年，并停京师贸易，统归恰克图办理，总其权于库伦大臣。互市处在恰克图南买卖城，有路南通库伦，北达上乌丁斯克，与新修铁路接。有俄国领事署。贸易茶最盛。车臣汗、土谢图汗两部事亦归监理。

杜尔伯特部十六旗：至京师六千余里。元臣孛罕之裔，姓绰罗斯。六传至额森，即也先，生二子。长伯罗纳哈勒，为杜尔伯特部祖；次额斯墨特达尔诺颜，为准噶尔部祖。杜尔伯特本分牧额尔齐斯河。乾隆十八年，为准噶尔所逼，率族来归，编所部佐领左翼旗十一，特固斯库鲁克达赖汗旗、中旗、中左旗、中前旗、中后旗、中上旗、中下旗、中前左旗、中前右旗、中后左旗、中后右旗。右翼旗三，前旗、前右旗、中右旗。附辉特旗二。下前旗俱在科布多河，下后旗俱在乌布萨泊南、杜东辉西。授札萨克，世袭。设科布多参赞大臣以辖之。同游牧科布多金山之东乌兰固木地。东至萨拉陀罗海、纳林苏穆河，南至哈喇诺尔、齐尔噶图山，西至索果克河，北至阿斯哈图河。北极高四十九度十分至二十分。京师偏西二十四度至二十七度二十分。科布多一作和卜多，其水源名索果克河，盖即索和克萨里也。东流，南合瑚尔噶泊、辉美泊、和通泊水，东北流，西合噶斯河，折而东南流，迳辉特下前旗、杜尔伯特右翼旗，南合塔尔巴泊、託尔博泊水，北合乌里雅苏图河、根德克图泊、戴舒尔泊水，遂名科布多河。东南流，经科布多城西，布彦图河出阿尔泰乌梁海旗西北流来会。又东流入阿勒克泊。纳林苏穆河，发源特斯河南沙地，西南流，与古萨尔泊水会，西北入乌布萨泊。乌布萨泊在左翼旗北，西与北接唐努乌梁海界。喀喇奇拉河、古萨尔泊水，俱出左翼界，北流，萨克里哈拉河亦出左翼界，东流，俱潴于乌布萨泊。又东，特斯河、和赖河，东北特里河，北伊尔河、博尔河、札尔河、齐塔齐河，西有哈拉莽鼐山水，俱流入乌布萨泊。南：哈喇泊水、札布噶河，自札萨克图汗部西北流，东纳空归河，又西北会奇勒稽思泊、爱拉克泊水，西流，南合都尔根泊、哈喇泊水，迳明阿特旗，汇于阿拉克泊。

明阿特部一旗：系出于乌梁海。后为札萨克图汗部中左翼左旗之属。乾隆三十年，撤出设一旗，隶科布多大臣辖。牧地在科布多城西。东界起塔拉布拉克至齐尔噶图山、科布多河止，南界起齐尔噶图山至茂垓止，北界起茂垓至塔拉布拉克止，俱与杜尔伯特连界。北极高四十八度五十分。京师偏西二十六度二十分。

阿尔泰乌梁海七旗：东界起都噜淖尔至哈叨乌里雅苏台止，与额鲁特连界；南界起乌兰波木、乌龙古河至巴噶诺尔止，与塔尔巴哈台所属土尔扈特连界；西界起碑尔素克託罗垓至巴尔哈斯淖尔止，与喀伦连界；北界起巴尔哈斯淖尔至哈窦里达巴止，与喀伦连界。曰左翼副都统旗、散秩大臣旗各一，总管旗二；右翼散秩大臣旗一，总管旗二。北极高四十九度二十分。京师偏西二十九度十分。哈屯河二源，东曰喀喇河，西曰噶老图河，俱出阿尔泰乌梁海旗北境阿尔泰山北麓，二源合为纳尔噶河，东北流，鄂依满河入之。又东北流，札尔满河入之。折东流，达尔钦图河自西南来汇。又东北流，始曰哈屯河。又东北流，迳阿尔泰诺尔乌梁海旗，西纳乌赖河、僧玛尔达河，东纳喀达林河。又北流，会亨吉河，入唐努乌梁海界。阿尔泰河亦自科布多西北流来会，又西北入俄罗斯界。西南：华额尔齐斯河，源出阿尔泰山。

阿尔泰诺尔乌梁海部二旗：在索果克喀伦外。东界起哈勒巴哈雅山至阿布古素山、博罗布尔噶苏河止，南界起博罗布尔噶苏至託申图山、刁伯图山、达尔钦图河止，西界起达尔钦图河至阿尔占山、巴勒塔尔罕山、呼巴图噜山止，北界起呼巴图噜山至阿尔泰诺尔、伯勒山、楚勒坤诺尔、哈勒巴哈雅山止。北极高五十三度。京师偏西二十五度四十分。旗东北有阿尔泰泊，绰尔齐河、沙尔河、巴什库斯河、阿斯巴图河，合北流潴焉。东纳格吉河，西纳巴哈齐里河、伊克齐里河、郭尔达尔河，北流为阿尔泰河，又西北入唐努乌梁海界，会哈屯河。

博东齐旗、布图库旗：均杜尔伯特族。乾隆二十一年来归，编置佐领。同牧于呼伦贝尔。隶呼伦贝尔都统辖，黑龙江将军节制。

新土尔扈特部二旗：在科布多城西南。至京师七千余里。元为乃蛮国，太祖灭之。后为和林行省所属地。明属卫拉特。初，始祖翁罕裔舍稜为准噶尔台吉。七传至贝果鄂尔勒克。其长子卓立甘鄂尔勒克，即徙牧俄国一支之祖。数传至渥巴锡，来款，赐牧新疆，号旧土尔扈特。其次子卫衮察布察一支，依准噶尔，传至舍稜，为准噶尔台吉。大军征准噶尔，舍稜奔俄。乾隆三十六年来归，编佐领，设札萨克，赐牧，号新土尔扈特。二旗：曰新左旗，曰新右旗。自为一盟，曰青色特启勒图。隶科布多大臣兼辖。光绪三十二年，划隶阿尔泰办事大臣。牧地当金山南、乌隆古之东。东至奔巴图、扪楚克乌兰、布勒干和硕，南至胡图斯山、乌龙古河，西至清依勒河、昌罕阿瓃、那彦鄂博，北至绰和尔淖尔、那郭干诺尔之中山。北极高四十六度。京师偏西二十七度二十分。拜塔克，地以山名，其山至哈布塔克西、青吉斯河南岸。由拜塔克西南行，至奇台界，唐时以沙陀部为沙陀州，此其故壤也。乌隆古河二源，东曰布尔干河，西曰青吉斯河。布尔干河出新和硕特旗北，合喀喇图泊水，南流，经札哈沁旗东南流。青吉斯河出旗境北，合哈泊水，西南流，合哈弼察克河。又东南，与布尔干河合，为乌隆古河。折西流，迳阿尔泰乌梁海旗，潴为赫萨尔巴什泊。

新和硕特部一旗：在科布多城南。至京师七千余里。和硕特台吉巴雅尔拉瑚之族蒙衮。乾隆三十七年来归，附新土尔扈特贝子旗。后为所虐，移牧杜尔伯特近处。嘉庆元年，给札萨克印，隶科布多大臣兼辖。光绪三十二年，划隶阿尔泰办事大臣。牧地当金山东南哈弼察克，西临青吉斯河。东至和託昂鄂博，西至扪楚克乌兰，北至奔巴图、哈弼察克河。北极高四十七度。京师偏西二十七度。哈弼察克一作哈布塔克，地以山名，在镇西府西北四百里。北六十里即布拉干郭勒河南山北之地，饶水草，宜畜牧。

札哈沁部一旗：初为准噶尔宰桑。乾隆十九年，大军获之。其随来之札哈沁，即令统辖。四十年，设一旗。嘉庆五年，增设一旗。隶科布多大臣。牧地在科布多城南。东界起德杜库库图勒至巴尔噜克止，与喀尔喀连界；南界起昂吉尔图至哈布塔克山止，与巴尔库勒连界；西界起和託昂鄂博至布尔干河东岸止，与阿尔泰乌梁海连界；北界起惠图僧库尔至土古里克止，与喀尔喀屯田兵官厂连界；东北界由土古里克起至德杜库库图勒止，与喀尔喀连界。北极高四十六度五十分。京师偏西二十六度十分。

科布多额鲁特部一旗：本台吉达木拜属，有罪削爵，以其众属科布多大臣辖。东界起齐尔噶朗图至布古图和硕止，南界起布古图和硕至哈叨乌里雅苏台止，东南均与喀尔喀屯田兵连界，西界起哈叨乌里雅苏台至都噜诺尔止，北界起都噜诺尔至习集克图河止，西北均与阿尔泰乌梁海连界。北极高四十八度五十分。京师偏西二十七度三十分。以上并隶科布多大臣定边左副将军辖。

阿拉善额鲁特部一旗：在河套以西，袤延七百余里。至京师五千里。本汉北地郡西境，及武威、张掖二郡北境地。晋为前凉、后凉、北凉所有。唐属河西节度使。广德初，陷于西番。宋景德中，陷于西夏。元属甘肃行中书省。明末为额鲁特蒙古所据。元太祖弟哈布图哈萨尔之裔，世驻牧河西套。后为噶尔丹所灭，其酋逃窜近边。康熙二十五年，上书求给牧地，诏于宁夏、甘州边外画疆给之。东至宁夏府边外界；南至凉州、甘州二府边外界，西至古尔鼐接额济纳土尔扈特界，北逾戈壁接札萨克图汗部界。三十六年，编佐领，授札萨克，封多罗贝勒，驻定远城。雍正二年，晋郡王。乾隆三十年，晋和硕亲王，世袭。佐领八。牧地当贺兰山西、龙头山北。北极高三十八度至四十二度。京师偏西十度至十八度。城北有吉兰泰盐池，名曰"吉盐"，归阿拉善王管辖。自为部，不设盟。贺兰山在旗东，土人名阿拉善山。山有树木，青白如驳马，北人呼驳为"贺兰"。其山与河东望云山形势相接，逦迤向北，经灵武西北，迳保静西，又北迳怀远西，又北迳定远，又东北抵河。抵河之处名乞伏山，在黄河西，从首至尾像月形，南北约长五百余里，边城之巨防也。山之东，山口自北而南曰宁靖、镇北，至独树，凡十九口。又南接边城曰青羊沟、乾沟，至小关儿，凡十九口。又南则石空寺堡及胜金关也。西山口自北而南曰归德、红儿，至黄峡，凡十三口。又南，山势迤逦而西，其南曰山嘴口、金塔口、杏树口、赤木口，东接边城曰大佛寺口、三岔沟口。其西曰靖湖堙，至崇庆，凡六口，镇北口、宁安口、向阳堙口、杀虎堙口。龙首山一名龙头山，俗呼为甘峻山，在旗西南，与山丹接界，蒙名阿喇克鄂拉，绵亘广远，东大山之脉络也。距山丹城三里。山尽处为宁远堡。山南为内地，蒙古俱于山北游牧。旗南有松陕水，自古浪县北流，迳县东，又东北至土门堡流出边。又东北至旗界，潴为泽。《汉志》："苍松县南山，松陕水所出，北至揟次入海。"《一统志》："按陕音峡，松陕水即今古浪河，边外积水处总曰海。"有谷水，即三岔河，自河州府城东，东北流，迳镇番东北出边，土人呼为郭河，至旗界入白亭海子。《地形志》："武威郡襄城县有武始泽。"《水经注》："马城河又东北迳武威县故城，东届此水流两分，一水北入休屠泽，一水又东流入潴野。"有水磨川，一名云川，自永昌城西，东北流，迳新城堡北、水磨堡西，又东流迳永昌城北、宁远堡西，北流出边。经旗界，潴为大泽，蒙古名沙喇鄂模。有休屠泽，即古潴野。《汉志》："武威县，休屠泽在东北，古文以为潴野泽。"《水经注》："武威北有休屠泽，俗谓之西海，其东有潴野泽，俗谓之东海，通谓之潴野。"有鱼海，即白亭海，一名小阔端海子，五涧谷水流入此海。有沙喇鄂模，在休屠泽西。水磨川自宁远堡北出边，注入其中，方广三四十里。有昌宁湖，直永昌东北、宁远堡北四十里，东至镇番界，多水草杨木。明季青把都游牧于此。有长草湖，在宁罗山北。有伯颜湖，直平番东北边外。有双泉，直永昌西北，亦名双井。有马跑泉，直永昌北。有高泉、平泉、赤诺泉。有三井，直镇番西北，有乱井儿。有青盐池、鸳鸯白盐池、小白盐池，皆在镇番西北边外。有红盐池，在山丹城北，池产红盐，其根可作器。定远城北有盐池，所谓吉兰泰池也。

额济纳旧土尔扈特部一旗：在阿拉善旗之西，当甘肃甘州府及肃州边外。袤延八百里。至京师五千五百余里。本汉居延县地，张掖郡都尉治此。后汉安帝时，改置张掖居延属国，别领居延一城。献帝建安末，立为西海郡。魏、晋因之。永嘉以后，地属前凉、后凉、北凉、西凉，相继割据。元魏为凉州所辖地。隋、唐为甘州、肃州北境。大历中，陷于吐蕃。宋景德中，地属西夏，曰威福军。元，亦集乃路，属甘肃行中书省。明，甘州、肃州二卫边外地。元臣翁罕裔。明季为准噶尔所逼，徙居俄境之额济拉河。额济拉即窝尔吉译音之变。土尔扈特居俄久，常遣使入贡。康熙四十二年，其汗阿玉奇之嫂携其子阿喇布珠尔入藏礼佛，准噶尔阻其归路，乃款塞乞内属，赐牧色尔腾。旋定牧额济纳河。雍正七年，封多罗贝勒。乾隆十八年，授札萨克，世袭。佐领一。以来归在先，故亦称旧土尔扈特。不设盟长。牧地跨昆都伦河。东至古尔鼐，南至毛目县丞民地，西至大戈壁，北至阿济山。北极高四十一度。京师偏西十七度。旗境有扫林山。明冯胜拔肃州，进至扫林山亦集乃路，即此。别笃山今曰毕道山。《明纪》，洪武五年，副将军傅友德下额济纳路，次别笃山，即此。东：旗杆山。北：阿济山。自哈密北逾天山，至巴里坤池，又北渡大砂碛几三四百里，有阿吉山，亦曰阿济山。山脉自西北阿尔泰山南来，蜿蜒东趋，横带瀚海中，起伏不断，为喀尔喀西路之南境，其长殆三四千里。东南：合黎山，即《禹贡》弱水所经也。《水经》云，"合离山在酒泉会水县东北"，《注》以为即合黎山。《史记正义》，山在张掖县西北二百里。《行都司志》云在高台所北十里、镇夷所东北三十里，与黑山相接。黑山在镇夷所东北，屹立沙漠中，一名紫塞。其山口东南至肃州百四十里。东北有狼心山，在金塔寺堡北，南去镇夷所城五百里，为往来要路。又有孤仁山，在金塔寺堡东北三百五十里，凡往来哈密北山者，必聚于此。南有毛目城。额济纳河在西套额鲁特西界。又弱水源出山丹西南，自与张掖河合，其下通名为张掖河。又讨来河发源肃州西南番界中，有三派，最西曰讨来河，其西又有哈土巴尔呼河，北流百余里，与讨来河合，又东北百余里，南有巴哈、额济纳二河，合流而北，与讨来河会为一，又东北流入边，绕州南至州东北，合西来之水，又东北出边，过金塔寺，折北转东，与张掖河合，又北入居延海。昆都伦河自甘肃肃州北流，经旗境，分二道，汇为泽，俱曰居延海。旗东有泽曰大苦水，南直甘肃张掖县边外。大苦水之东有二泽，曰骗马湖，东南有泽曰沙枣湖，亦曰沙枣泉，在肃州东北金塔寺北，沙枣湖之东，直山丹县边外，有泽曰丰盈大泉。以上诸泽，皆潴于沙。又东有昌宁湖、鱼海、白海，其上源皆在甘州府、凉州府界。

南路旧土尔扈特部四旗：在喀喇沙尔城北，当天山之南，珠勒都斯。至京师八千六百余里。本古西戎地。汉及魏、晋为乌孙国地。北魏，高车国地。周，突厥地。隋，西突厥地。唐，鹰娑都督府地。宋属西州回鹘。明为回部所据。乾隆二十三年，回疆平，入版图。三十六年，元臣翁罕裔渥巴锡挈所部内附，遂以其地赐之，是为南路旧土尔扈特，与中路和硕特同游牧，编置佐领。设旗四：曰南路汗旗，曰中旗，曰右旗，曰左旗。授札萨克，世袭。隶伊犁将军辖。牧地有珠勒都斯河，东逾天山，至博尔图岭，南至扣克纳克岭，西至天山，北至喀伦。北极高四十二度五十分。京师偏西三十度四十分。天山一名祁连，一名雪山，一名白山，又曰折罗漫山。自叶尔羌西南蜿蜒而来，曰葱岭，至辟勒玉山分脉。其东南一支，绕和阗而东行，其西北一支，绕英吉沙尔、喀什噶尔之西，又北行，达布鲁特境，东行绕乌什之北，又迳阿克苏之北，又迳库车、喀喇沙尔、吐鲁番之北，绵亘七八千里，而至哈密东北百余里，为北天山，又百余里截然而止，则在巴里坤之东，名盐池山，伏入地中矣。此山为南路回疆、西路伊犁之分界。山阳为自哈密至叶尔羌南路，山北则由巴里坤至伊犁北路也。盐池山之南，沙碛漫野，即希尔哈戈壁，所谓"千里瀚海"也。其山伏地千余里，至嘉峪关外沙州之东，突兀起顶，东行名祁连山，所谓南天山也。再东行至洞素达巴罕过脉，东北行至巴图尔达巴罕，北分一支，至八宝山，形如莲华，尊成岳体，乃西宁、凉州、甘州、肃州四郡之镇山也。又自镇素达巴罕东行，至野马川之东，景阳岭自南而北，东分一支结凉州诸山，西分一支与察罕鄂博过脉，西行至祁连达巴罕，过脉向北，分一支结甘州诸山。珠勒都斯山，在喀喇沙尔城北珠勒都斯之地，北连雪山，回环千余里，水草丰茂。博尔图岭亦名博罗图塔克，在辟展西南，当喀喇沙尔东北境，其山与阿勒癸山南北相接，形如锁钥，西通准部，南界回疆，天山南路一大关隘也。山多积雪，博罗图河发源北麓，入北谷口西行，通珠勒都斯，出西南谷口，西南行，即喀喇沙尔境。扣克纳克岭亦名库克纳克达巴罕，在爱呼木什岭西五十里，额什克巴什河发源南麓。山脉自天山正干之额什克巴什山分支，东行六十里至此。

中路和硕特部三旗：至京师八千六百余里。旧为四卫拉特之一。牧青海、伊犁诸境，后徙俄罗斯。乾隆三十六年，从土尔扈特汗渥巴锡来归，诏附南路土尔扈特部同游牧珠勒都斯，编置佐领。设旗三：曰中路中旗，曰中路右旗，曰中路左旗。授札萨克，世袭。归伊犁将军辖。牧地在南路旧土尔扈特部之西。东至乌沙克塔尔，南至开都河，西至小珠勒都斯，北至察汗通格山。北极高四十二度五十分。京师偏西三十一度十分。察汗通格山在乌沙克塔勒西，西南距喀喇沙尔城百九十五里，地有废城，城西有泉，委折而南，经乌沙克塔勒城东，分导灌田，自辟展西入纳林奇喇塔克、博罗图塔克谷口，循博罗图郭勒，逾塔什海，至其地，为喀喇沙尔东北境。开都河俗名通天河，源出大雪山，经喀喇沙尔西门外，水势甚宽。东南流，上源曰珠勒都斯河，出布古尔东北山，数水合西南流，西纳达赖克河。折东流，歧为二，复合，南北纳十余水而东，北纳玛尔什河，经库勒尔北，折东南流，注塔里木河。《一统志》载叶尔钦有塔里母河，下流与西北来之海多河合。海多河即开都河，塔里母河即塔里木河也。小珠勒都斯河出自阿尔泰阴克逊之北源处，极四十三度十分，西三十一度三十分，即和硕特牧地也。

北路旧土尔扈特部三旗：在塔尔巴哈台城东，当金山之西南霍博克萨里。至京师九千七百余里。本汉时匈奴西境、乌孙北境。北魏，蠕蠕地。后周时入于突厥。唐，西突厥地。明时为卫拉特地。旧为准噶尔台吉游牧处。乾隆二十年，准部平，入版图。三十六年，元臣翁罕裔衮札布来归，遂以其地赐之，是为北路旧土尔扈特部，编置佐领。设旗三：曰北路旗，曰右旗，曰左旗。授札萨克，世袭。隶塔尔巴哈台大臣辖，伊犁将军节制。牧地东至噶札尔巴什诺尔，西至察汉鄂博，南至戈壁，北至额尔齐斯河。北极高四十六度三十分。京师偏西二十九度十分。有萨里山，即赛儿山。东：噶札尔巴什诺尔，即赫萨尔巴什泊，在哈莽奈山北，凡金山东南乌龙古河、布尔干河、青吉斯河皆汇焉。广七十里，袤三十里，余波入于沙碛。泊以东即新土尔扈特牧地。北有额尔齐斯河，一源为华额尔齐斯河，一源为喀喇额尔齐斯河，均出阿尔泰山，二河合为额尔齐斯河。西北流，纳苏布图河，罕达海图河、奇喇河，与克木齐克河、固尔图河、博喇河、哈布河、喀喇哈布河、讷恰库河、塔尔巴哈台河。又西北，潴为宰桑诺尔。俄依河、果莫孙河汇其东南，纳林河、哈流图河汇其东北，阿布达尔摩多河汇其西。复从诺尔西北溢为额尔齐斯河，科尔沁河入之。又西北布昆河，又北乌柯尔乌苏，又东北流，纳林河、莫依璘河、布克图尔玛河皆入之。又东北流，经塔尔巴哈台北境、科布多西北境，入俄罗斯界。

东路旧土尔扈特部二旗：在库尔喀喇乌苏城西南，当天山之北，济尔噶朗。至京师九千五百余里。本汉时乌孙国地。北魏为蠕蠕地。后周时入于突厥。唐为西突厥地。后为嗢鹿州都督府地。明时为卫拉特地。旧为准噶尔各鄂拓克及各台吉游牧处。乾隆二十年，准部平，入版图。元臣翁罕裔纳札尔玛穆特来归，遂以其地赐之，是为东路土尔扈特部，编置佐领。设旗二：曰右旗，曰左旗。授札萨克，世袭。统隶伊犁将军节制。牧地跨济尔噶朗河。东至奎屯河，南至南山，西至库尔喀喇乌苏屯田，北至戈壁。北极高四十四度二十分。京师偏西三十一度二十分。济尔噶朗河三源，发库尔喀喇乌苏南山，名古尔班恰克图水。山中产金，置济尔噶朗金厂。古尔班恰克图水北流，迳土尔扈特喇嘛寺，又西北流，迳布尔哈齐军台西，为济尔噶朗河，又曰多木达喀喇乌苏，言于三喀喇乌苏居中也。布尔哈齐庄南五里许，沙阜涌泉，势甚湍急，北迳庄东，为布尔哈齐水，西北流，入于济尔噶朗河。济尔噶朗河又西北流，入库尔喀喇乌苏河。济尔噶朗厂西南有山曰额布图岭，发泉，东北流为额布图河，又曰固尔班喀喇乌苏，其水自东北折而西北流，入库尔喀喇乌苏河，又西入喀喇塔拉额西柯诺尔。东：奎屯河，在库尔喀喇乌苏城东南，源出额林哈毕尔噶山。山产金，置厂。奎屯河北流出山，疏西流渠一，曰树窝子商户渠。又北流，迳库尔喀喇乌苏城东。又北流，东西各引渠一，东曰河沿子商户渠，西曰民户渠。户屯之北为兵屯河，迳兵屯东，折而西北流，迳军台西，为库尔喀喇乌苏河。

西路旧土尔扈特部一旗：在伊犁城东，当天山之北，晶河东岸。至京师一万余里。本汉时乌孙国地。北魏时为悦般国。寻为蠕蠕所并。后周时入于突厥。唐初西突厥地，后为嗢鹿州都督府地。元，阿勒穆尔地。明时为卫拉特地。旧为准噶尔各鄂拓克及各台吉游牧处。乾隆二十年，准部平，入版图。元臣翁罕裔罗卜藏诺颜来归，遂以其地赐之，是为西路旧土尔扈特部，编置佐领。设西路旗一，授札萨克，世袭。隶伊犁将军节制。牧地东至精河屯田，南至哈什山阴，西至託霍木图台，北至喀喇塔拉额西柯诺尔。北极高四十四度四十分。京师偏西三十二度五十分。哈什山在庆绥城西南，山之阳即伊犁哈什河源所出，合十余水，西流来会，曰伊犁河。有晶河，旧作精河，源出安阜城南山，其山即伊犁哈什河北岸山阴也。山有峡口，曰登努勒台。《新唐书·地理志》云，黑水守捉又七十里有东林守捉，又七十里有西林守捉。又经黄草泊、大漠小碛，渡石漆河，逾车岭，至弓月城。过思浑川、蛰失密城，渡伊丽河，盖即由登努勒台至伊犁矣。石漆河或晶河之旧称，河三源并出，为古尔班晶河，准语晶，谓"蒸笼"也。河滨沙土，湿暖如蒸，故名。西北流出山，经西路一旗土尔扈特游牧一百科树之西，北距安阜城九十里。又西北流，导西流渠一。又西北流，导东流渠一。又西北流，迳晶河旧城西。又北流，入喀喇塔拉额西柯诺尔。喀喇塔拉额西柯诺尔即盐海子也，在精河城北。库尔喀喇乌苏河出库尔喀喇乌苏城南山中，三水合北流，迳城东及北，合南来一水；又西北，济尔噶朗河自其南注之。又西，敦穆达河亦自其南注之，合流潴焉，曰盐海子。

唐努乌梁海部：本明时兀良哈部族。至京师八千余里。清初来附，属乌里雅苏台定边副将军辖。共二十五佐领。二佐领在德勒格尔河东岸；二佐领在库苏古尔泊东北；四佐领当贝克穆河折西流处；四佐领当噶哈尔河源；三佐领当谟和尔阿拉河源；十佐领在西北，跨阿尔泰河、阿穆哈河。又附札萨克图汗部所属乌梁海五佐领，赛音诺颜部所属乌梁海十三佐领，哲布尊丹巴呼图克图门徒所属乌梁海三佐领。东南至土谢图汗及赛音诺颜部、札萨克图汗部，西南至科布多，北至俄罗斯。北极高五十五度四十分。京师偏西二十四度二十分。南：唐努山，延亘千余里。又有穆逊山。西北：敖兰乌纳瑚山、鄂尔噶汉山，与唐努山相接。阿努河、察罕米哈河、阿穆哈河，皆出其北麓。北：塔尔噶克山，其南为额尔齐克山。有克穆河，即剑河，《元史》谦河，亦即此水。河出穆逊山西北之託罗斯岭南麓，曰华克穆河，南流，经哲布尊丹巴呼图克图门徒所属乌梁海三佐领之西。又南流，陶託泊水自东来汇。陶託泊水出穆逊山西麓，两源并发，合流曰乌鲁河，西流潴为陶託泊。和金哈河汇其北，有二水汇其南。复从泊西北流出，入于华克穆河。华克穆河折西流，迳札萨克图汗部所属乌梁海一佐领之西北，又西流，布斯河出章哈山北麓自南来汇。又西，多集玛河自北来会。又西流，哈尔吉河自南来汇。又西流，有札噶泊，周数十里，当唐努山北，近吉里克卡伦隔山之东，潴为泊。其水东北流，哈拉穆楞河自东南来汇。又东北流，南入于华克穆河。又折而北流，经札萨克图汗部所属乌梁海一佐领境，纳东来一小水，又北流，会贝克穆河。自发源至此，一千一百余里。贝克穆河源出託罗斯岭南麓，在华克穆河源之西，水南流潴为伯鲁克泊。复南流，博尔鲁克河自南来汇。折西流，阿萨斯河亦出託罗斯岭，潴为图集泊，从泊流出，自北来会。又西流，库克穆河自南来汇。又西流，哈彦萨拉克穆出託罗斯岭西麓，潴为特尔里克泊，复从泊中流出，与北来之伯集克穆合，入于贝克穆河。克穆齐克河出唐努山北麓，其南隔山即乌布萨泊也。克穆齐克河东北流，巴尔鲁克河自南合一水来汇。又东北，阿克河自西来汇。又东流，北纳一小水，南纳集尔噶瑚河。又东流，北纳一小水，南纳札达克河，东入大克穆河。大克穆河西流，谟什克河、巴拉克河皆自南来入之。又西流，乌兰乌苏河自北来入之。又西流，谟和尔阿拉河、额锡穆河、察汉河、拉尔河、特穆尔乌苏河、札库尔河合三水，皆来汇。图兰河出塔尔噶克山西南麓，南流，合鄂克河，入于大克穆河。察汉米哈河发源鄂尔噶汉山北麓，北流，迳敖兰乌纳瑚山西，西北流入阿努河。阿穆哈河亦发源鄂尔噶汉山西北麓，北流，迳乌梁海十佐领之东，折而东北流，入阿努河。特里泊出唐努山北麓，西北流为泊，又西北流，入于华克穆河。额赫河即厄赫河，上源为库苏古尔泊，在唐努山乌梁海东南境。伊克杭哈河、纳林杭哈河、哈拉锡尔河、纳林和罗河俱出穆逊山南麓，南流潴焉。复自泊东南流出，曰额赫河，南北合数水。库克陀罗盖河、达尔沁图河、鄂依拉噶河、阿勒浑博勒尔河俱出卡伦外，东南流来会。又东迳札萨克图汗部、赛音诺颜部境，又东南入土谢图汗部界，北纳努拉河、布科倭河，东南会色楞格河。有德勒格尔河，出唐努山东南，东流逾卡伦，东南流，西纳伊克河，罗河、託尔和里克河，出德勒格尔河源东，皆东南流，入札萨克图汗部界。哈屯河自科布多北流入界。阿尔泰河亦自科布多西北流来会，又西北入俄界。苏特泊在鄂尔噶汉山南。以上隶伊犁将军节制。

卷七十九　　志五十四

地理二十六

青　海

青海：《禹贡》西戎之域。袤延二千余里。至京师五千•七十里。东及北界甘肃，西界西藏，南界四川。三代属西羌。汉为张掖、武威、金城、陇西四郡之西塞外，蜀郡之北徼外，属先零、烧当等诸羌地。王莽时，置西海郡。历后汉、魏、晋，皆诸羌所居。东晋后，又为吐谷浑所据。隋平吐谷浑，置西海、河源等郡。隋末，吐谷浑复据之。唐龙朔三年，吐蕃灭吐谷浑，尽有其地。宋亦为吐蕃地。元为贵德州及吐蕃朵甘思等处，属吐蕃等处宣慰司。明为西番地。正德四年，始为蒙古部酋所据。清初，有元太祖弟哈布图哈萨尔之裔，号顾实汗，自西北侵有其地，遣使通贡。自分部众为左右二境。左境东自西宁边外栋科尔庙，西至嘉峪关边外洮赉河，南自西宁边外博罗充克克河北岸，北至凉州边外西喇塔拉。右境东自栋科尔庙，西至噶斯池，南自松潘边外漳腊岭，北至博罗充克克河南岸。康熙三十七年，悉众内附。雍正元年，台吉札什巴图尔子罗卜藏丹津诱众犯边，大军讨平之，越岁而定。三年一贡，分三班，九年一周。置互市于西宁日月山。开拓新边，增设安西镇于布隆吉尔，辟地千余里。三年，编其部落为四，旗二十九，后又增置土司四十。设西宁办事大臣以统辖之。广千余里，袤千余里。面积二百四十万方里。人十五万口。北极高三十一度四十五分至三十八度三十分。京师偏西十四度三十分至十七度。东：阿木尼末伦山。东南：阿木尼塞尔泰山。西南：阿木尼那淩通布山。西北：阿木尼巴延尊崔山、阿木尼洞舒山；阿木尼天沁察罕山，其峰甚峻，无雪而白，故名；阿木尼兀善通布山。西：阿木尼巴尔布安山，其峰高险，色黑，故名。西北二百余里，有阿木尼厄枯山，东北近甘、凉二州之边，有阿木尼冈噶尔山，又名龙寿山。凉州边外有阿木尼巴延哈拉山，又名大荒山。又阿木尼扣肯古尔板山，在黄河东岸哈尔吉山东，山有二峰独高，积雪不消；其一为阿木尼麻禅母孙山，即大雪山也。番语称祖为"阿木尼"。西海十三山，番俗皆分祭之，而以大雪山为最。凡环绕青海之滨者，亦有十三山，土人皆名乌尔图，谓之"十三角"云。又南旷野中，有汉陀罗海山、西索克图山、西南索克图山，地多瘴气。西南：乌克陀罗海山，高峰壁立。黄河西岸、青海西南，有固尔班伊玛图山，三山相接，皆名伊玛图，绕独罗池。有苏罗巴颜喀喇山，在伊玛图山东北，石崖色黑，多冷瘴，故名。南：黄河北岸有巴尔陀罗海冈。近青海南岸有巴汉哈图岭。巴汉哈图岭东，伊克哈图岭；其西南，察察岭。察察岭东，纳布楚尔岭。南少西，苏罗岭，即苏罗巴颜喀喇山之东支。黄河西岸、苏罗岭东，登诺尔台岭。拖孙池东南，忒伯呼图岭。有海努克岭。东北，布呼图岭。西，乌苏图搜吉岭。青海西南，殷德尔碧柳图岭，相近有好来岭。青海西南二百余里，乌兰布拉克岭。西宁边外，纳拉萨拉岭。其西，齐布秦尔岭；相近有哈拉岭，即拉喇山也。洮州卫边外，有达尔济岭，即託礼岭也。洮河发源西倾山之脊，岭最高大，其上平坦，草木茂盛。东南有和尔河，源出纳拉萨拉岭，西北流，入青海。北少东，哈尔济河，源出青海北岸哈尔济山，东南流，入青海。北：伊克乌兰和硕河，源出巴颜山，南流入青海。其西，巴汉乌兰和硕河，南流入青海。东南：巴颜池，周四十余里。西南：多罗池，周一百五十余里。洮赉河亦作滔来、陶赖、讨来，在肃州南，下流合张掖河，即古呼蚕水也。《汉书·地理志》禄福县，"呼蚕水出南羌中，东北至会水，入羌谷。"《寰宇记》："呼蚕水一名潜水，俗谓之禄福河，西南自吐谷浑界流入。"《一统志》："按今讨来河发源州西南五百余里番界中，有三派，最西曰讨来河，其西又有辉土巴尔呼河，北流，与讨来河合。又东北百余里，南有巴哈、额济纳二河，分流而合，又北与讨来河会为一，又东北流入边。绕州南，至州东北，合西来之水，又东北出边，过金塔寺，稍折而北，又转东与张掖河合，又北入居延海。"布隆吉尔河，在今安西州北，即南籍端水也。《一统志》："按舆图及新志，今有苏赖河，亦名布隆吉尔河，发源靖逆卫南山，曰昌马河。北流转而西，迳旧柳沟卫北，会十道沟水为苏赖河。又西迳安西卫北，又西迳沙州卫西北，党河自南来注之。又西北流，潴为合拉池。其流长七百余里。池方数十里，即古南籍端水也。今三卫屯田，俱藉此水灌溉。”塞尔腾海，在旧沙州卫西南，水出雪山之阴，西北流，潴为泽，为青海要道。西尔噶拉金河，即党河，在沙州卫西，古氐置水也。《汉书》《地理志》龙勒县，“有氐置水，出南羌中，东北入泽，溉民田”。《一统志》：“按舆图，今有党河在西，会南来一水，又折北流，绕沙州旧城之东、新城之西，入苏赖河，溉田甚广，当即古氐置水。”穆鲁乌苏河，又作胡胡乌苏河，在黄河西大雪山北，源出索诺木达什岭，北流四十余里，折东北，合南来之密喇河、北来之萨尔哈卜齐海、阿尔昂诸水，东流入黄河。噶斯池，在黄河上流鄂灵海东北、固尔班蒙滚陀罗海山东南。有三池：一名鄂博图噶斯池，周二十五里；一名多木达噶斯池，周十五里；一名察罕噶斯池，周十余里。俱在黄河鄂博池之东，番名固尔班噶斯池。

青海和硕特部二十一旗：元太祖弟哈布图哈萨尔七传至阿克萨噶勒泰，生子二。长，阿鲁克特鲁尔，今内札萨克科尔沁、杜尔伯特、郭尔罗斯、札赉特、阿鲁科尔沁、四子部落、茂明安、乌喇特八部之祖也。次，乌鲁克特穆尔，十传至哈尼诺颜洪果尔，生六子。其第四子图鲁拜琥，号顾实汗，后裔繁衍。游牧青海者十九旗。又有游牧西套之阿拉善旗，游牧察哈尔之和硕特旗。顾实汗长兄哈纳克土谢图，其裔为青海和硕特部所属之西右翼中旗。顾实汗季弟色楼哈坦巴图尔，其裔为青海和硕特部所属之西右翼后旗。此二旗合顾实汗裔为二十一旗。顾实汗第三兄昆都伦乌巴什，其裔为游牧珠勒都斯之中路和硕特旗，游牧科布多之新和硕特旗。青海和硕特部在西宁边外。北极高三十四度三十三分。京师偏西十五度十四分。西前旗顾实汗之子。康熙四十二年封多罗郡王。雍正三年授札萨克，世袭。佐领八。牧地在布喀河南岸。东至乌图起尔沙陀罗海，南至西拉库图尔、果库图尔，西至察罕乌苏呼鲁恭纳，北至布喀河滨纳令希楞。班禅商上堪布喇嘛牧场，在旗境额勒池水南。前头旗顾实汗之孙。康熙四十年封多罗贝勒。五十六年晋封郡王。雍正三年授札萨克，世袭。佐领十一。牧地南当黄河之曲，有小哈柳图河，入于黄河。东至拉布楞希拉得布沙，南至和託果尔希里克，西至巴尔鄂博巴颜乌拉，北至额尔德尼布乌鲁勒卜达巴。黄河重源，再显于巴颜喀喇山之东麓，二泉流数里，合而东南流，曰阿尔坦河。阿尔坦，蒙古言“金”也，水色微黄似之。东北流三百余里，至鄂屯塔拉，为古星宿海，《元史》所谓火惇脑儿也，直西宁边外西南一千一百余里。星宿海于群山环绕中，有地平旷，可三百里，有泉千百，随地涌出，大小错列，望若列星。阿尔坦河自西南来，皆汇入焉。东北流百余里，又东南注札凌海。海周三百余里，东西长，南北狭，河亘其中而流。番语谓白为“札”，长为“凌”，以其水色白也。又东南注鄂凌海。海在札凌东五十余里，周亦三百余里，形如匏瓜，西南广，东北狭。番语谓青为“鄂”，言水色青也，即《元史》所谓汇二巨泽，名阿刺脑儿者也。由海东北流出，折东南，南抵巴颜浑岭下，复正南流百五十里，水色始变绿而黄。又东南流，曲曲七百余里，绕大雪山南，古积石山也。番名阿木尼麻禅母逊阿林。阿木尼谓“祖”，麻禅谓“险恶”，母逊谓“冰”，犹言“大冰山”也。山自巴颜喀喇东来，当黄河北岸，绵亘三百余里，上有九峰，甚高，冬夏积雪。在西宁边外西南五百三十余里。《元史》谓之亦耳麻不莫剌。黄河依山南麓东流，折而东北，有三坤都伦河前后自东南来注之。三坤都伦者，一曰德特坤都伦，出赖楚山，西北流三百余里入黄河，即《元史》纳邻哈喇河，自白狗岭北流者。一曰都尔达都坤都伦，出纳克多木精山，西北流，屈曲三百数十里入黄河，当河流自南转东北处，即《元史》乞里马出河，自威茂州西北岷山之北北流者。一曰多拉坤都伦，源出冈窕山，西北流六百数十里入黄河，正当大河于乌兰莽鼐山麓折而西北流之处，即《元史》鹏椤山西北七百里，过札塞塔失地与河合者。黄河既纳此三水，势甚盛，至乌兰莽鼐山下，始折而西北流二百里，小哈柳图河自东北来入之。小哈柳图源出东北鲁察布拉山，二源，西南流百里合，又西入河，当游牧西、土尔扈特南、前旗东。前左翼头旗顾实汗之孙。康熙四十三年封多罗贝勒。雍正元年晋郡王，三年授札萨克，世袭。佐领九。牧地在大通河南岸。东至阿木达赖台，南至固尔班塔拉之北沙克图，西至齐擦擦呢布楚勒，北至巴颜布拉克。大通河源出青海西北阿木尼尼库山南诺尔，东南流，曰乌兰木伦河。又东，哈尔浑河自北来注之。又东北，曲曲流，南受一水，又东北，满楚喀河自西北来注之。东迳甘州边外番大山，东南流八百里，北受小水六，南受小水五，至西大通堡南，又东南会湟水，又东南入黄河，即古浩亹水也。河北为西右翼前旗游牧地。西后旗顾实汗之裔。康熙五十五年封多罗贝勒。雍正三年授札萨克，世袭。佐领九。牧地跨柴集河，其水北注盐池。东至锡喇盐海子、察罕託罗海，南至合约尔巴尔克，西至布隆吉尔河源，北至果库图尔、希拉库图尔。盐池在青海西南，周百余里，产青盐。蒙古名达布逊淖尔。其水自锡喇库特尔山之莫和尔河，与布拉克地之察罕乌苏河，西来汇为此池。又自池东南流出，会西来之巴尔虎河。又七十余里，柴集河自东南来入之，名曰盐河。复东南流，沦于功额池。凡青海蒙古与西宁一郡军民，并各种番、回，食盐皆取给于此。北右翼旗顾实汗之孙。康熙四十四年封辅国公。雍正元年晋贝勒，后降固山贝子。三年，授札萨克，世袭。佐领六。牧地在青海北岸。东至沙拉哈吉尔，南至库库诺尔齐津，西至吹吉乌立图阿拉尔，北至乌兰和硕。有伊克乌兰和硕、巴哈乌兰和硕二河，在旗境西，西北自库德里山南流百余里，入库库诺尔 。北左翼旗顾实汗之孙。康熙四十四年封辅国公。雍正元年晋固山贝子。三年，授札萨克，世袭。佐领三。牧地在布隆吉尔河南岸。东至哈喇诺尔，南至科尔鲁克，西至窝果图尔，北至伊克柴达木。乌兰乌苏河出东南沙碛中，西北行五百余里，入达布逊诺尔。南左翼后旗顾实汗之裔。康熙五十年封辅国公。雍正三年授札萨克，世袭。佐领一。牧地在大通河南岸，青海正北。东至吉噶素台鄂兰布拉克，南至和洛海，西至布都克图乌兰和硕，北至青海。北前旗顾实汗之裔。康熙五十年封辅国公。雍正三年授札萨克，世袭。佐领二。牧地在青海西岸。东至科依特陀罗海，南至柴吉希巴立台，西至车吉，北至哈达图。南右翼后旗顾实汗之裔。康熙五十年封辅国公。雍正三年授札萨克，世袭。佐领四。牧地在青海东岸。东至贺尔，南至哈沙图，西至哈拉素布鲁汉，北至库库诺尔。坤都伦河自察罕鄂博图山两源合而南入西宁河。有世宗圣制碑，在旗界。西右翼中旗顾实汗伯兄之裔。雍正三年，领公中札萨克，授一等台吉，世袭。佐领一。牧地跨柴达木河。东至诺木罕河，南至诺木罕木鲁，西至滔赉，北至希勒沿。舒哈河自旗西无名海子流出，西北入于沙。柴达水河出河源北托逊淖尔，西流至西拉珠尔格搭拉，阿拉克淖尔水东来入之，合而西北流，格德尔古河、乌兰乌苏河、布隆吉尔河俱自其东注之，又西入于沙。西右翼前旗顾实汗之裔。雍正三年授札萨克一等台吉，世袭。佐领二。牧地在大通河北岸。东至察罕阿尔吉永安，南至约呼赉口，西至柴达木察罕巴彦託罗海，北至希立永安。南右翼中旗顾实汗之裔。康熙五十九年封辅国公。雍正三年授札萨克。乾隆四十年，降一等台吉，世袭。佐领五。牧地当鲁察布拉山之西。东至库克乌松，南至齐克特尼诺尔，西至僧克图木齐，北至库克乌松西山。鲁察布拉山，旧作罗插普拉，即《禹贡》之西倾山也，一名西彊山，亦名嵹台山，在洮州厅西南三百三十余里。《史记·夏本纪》“道九山”，《索隐》“九山古分三条，马融以西倾为中条。郑康成分四列，汧为阴列，西倾次阴列”。《汉书·地理志》陇西郡临洮，“《禹贡》西倾山在县西”。《北史·吐谷浑传》：“阿豺升西彊山观洮江源。”《水经注》：“山东即洮水源。嵹台，西倾之异名也。”《括地志》：“西倾山今嵹台山，在洮州临潭县西南三百六十六里。"《元和志》:"强台山在临潭县西南三百里。"《一统志》:"西倾山,番名罗插普喇山,近黄河自东折而西北之东岸,绵亘千余里。凡黄河以南诸山,无大于此者。洮河发源于此。"南左翼中旗顾实汗之裔。康熙五十年封辅国公,晋贝子、贝勒,后降袭札萨克一等台吉,世袭。佐领四。牧地西滨黄河。有恰克图河,东南来流入之。东至巴哈图尔根,南至阿尔坦果尔,西至伊克图尔根,北至巴哈图尔根。恰克图河在洮州厅西六百余里黄河东岸,源出伊克图尔根山,东北流,折而北,会巴哈图尔根山之水,折而西北流百余里,有伊西克山之水,自东北来会,又西北入黄河。又有硕尔浑河,旧作硕尔郭尔,在恰克图河之北,源出古尔班图尔哈山,会三小水,西北流入黄河。北左末旗顾实汗之裔。雍正三年授札萨克一等台吉,世袭。佐领四。牧地东至柴吉沁,南至盐海,西至哈唐和硕,北至和特克。北右末旗顾实汗之裔。雍正三年授札萨克一等台吉,世袭。佐领二。牧地在布喀河源沙尔诺尔之西。东至色尔柯克达巴,南至察罕陀罗海,西至萨尔鲁克,北至库尔鲁克。布喀河在青海西,源出青海西北阿木尼厄枯山南,名喀喇锡纳河,南流与英额池水会。池周一百五十余里,其水东南流,会于喀喇锡纳河。复东南流,至天沁察罕峰北,与沙尔诺尔水会,即所称善池也。诺尔周六十余里,其水东流,至天沁察罕峰前,亦入喀喇锡纳河,又东流,受北来之罗子河、西尔哈河。又东,受北来之济拉玛尔台河,乃名布喀河。又东流注青海。其河受六大水,岸阔流深,夏月人不可渡。青海左右诸水,无有大于此者。东上旗顾实汗之孙。雍正三年授札萨克一等台吉,世袭。佐领一。牧地在青海东北岸。东至阿拉赖达巴木鲁,南至柴吉,西至青海,北至乌尔肯希巴立台。南左翼次旗顾实汗之裔。雍正三年授协理台吉。九年,晋札萨克一等台吉,世袭。与前左翼头旗共佐领九。牧地有盐池。东至沙拉图,南至海达克,西至努克孙山鄂昔齐,北至乌兰墨尔河。盐池在青海西南,周百余里,产青盐。柴集河自东南来注之。南左翼末旗顾实汗之裔。康熙三十六年封贝勒,后削爵。雍正三年授札萨克一等台吉,世袭。佐领二。牧地当博罗充克克河源。东至囊吉立图巴尔布哈,南至图禄根河,西至恰克图北山木鲁,北至恰克图河。博罗充克克河,旧作波洛冲科克,即古湟水,一名洛都水者也。在西宁府西北边外,当青海之东,源出噶尔藏岭,元人所谓祁连山,明《志》之热水山也。有三泉,一曰伊克乌拉古儿台,一名土尔根乌拉古尔台,一名察哈乌拉古尔台,南流汇为一水,名博罗充克克河。其东有布虎图岭二泉,亦南来合,曰昆都伦河,东南流,与巴哈图河合流入博罗充克克河。又东南流,至栋科尔庙南,有土尔根察罕河,自西南来会,水势始盛。转东流,入西宁边镇海营,是为西宁河,即湟水也。又东流三百余里,南至庄浪卫降唐堡入大通河。《汉书·地理志》金城郡临羌,"西北至塞外,有西王母石室、仙海、盐池,北则湟水所出,东至允吾入河"。《水经注》:"湟水出塞外,东迳西王母石室,东南流,迳龙夷城,故西零之地也。又东南,迳卑禾羌海北,有盐池,世谓之青海。东流迳湟中城北,故小月氏之地也。又东,右控四水,导源四溪,东北流注于湟。又东迳赤城北而东入,迳戎峡口,右合羌水,又东迳临羌县故城北,又东,卢溪水注之。又东迳临羌新县故城南,又东,右合溜溪、伏溜、石杜、蠡四川,左会临羌溪水。又东,龙驹川水注之。又东,长宁川水注之。又东,牛心川水注之。又迳西平城北,又东迳土楼南,右则五泉注之。又东,右合葱谷水,又东迳东亭北,东出漆峡,东流,右则漆谷常溪注之,左则甘夷川水入焉。又东,安夷川水注之。又东迳安夷县故城。又东,左合宜春水,又东,勒且溪水注之。又东,左则承流谷水南入,右会达扶东西二溪水,东流,期顿、鸡谷二水北流注之。又东,吐那孤、长门两川南流入之。又东迳乐都城南,东流,又合来谷、乞斤二水,左会阳非、流溪、细谷三水,东迳破羌县故城南,六谷水自南、破羌川自北,左右翼注之。又东迳小晋兴城北,又东与阁门河会,即浩亹河也。又东迳允吾县北,为郑伯津,与涧水合。又东迳允街县故城南,又东迳枝阳县,逆水注之。"《后汉书·注》:"湟水一名洛都水,西自吐谷浑界入,在今湟水县。"《元和志》:"湟水一名湟河,亦谓之洛都水,出青海东北乱山中,东南流,至兰州西南入黄河。"《唐书·吐蕃传》:"湟水至濛谷,抵龙泉,与黄河合。"《元史·河源附录》:"湟水源自祁连山下,正东流一千余里,注浩亹河,与黄河合。"《册说》:"西川河源出西塞外海夷部落,东流,由石峡入境,至卫西北,受北川河,又东合南川河,而经城北,名西宁河。又至卫东北,受沙塘川水,又东南经碾白堡,名湟河。又东南接庄浪所界,合西大通河。又东合庄浪河,又东南至兰州西南入黄河。北川河,番名阿尔坦河,源出西宁边外,北至阿尔坦山,南流,会二小水,入北川河。又南流,入西宁北川边内。又东南流,至西宁城南,入湟河。南川河番名西喇苦特河,源出西宁边外西南西喇苦特山,东北流,至西宁城西北入湟河。又喀喇河在西宁边外西北湟河之东,源出察罕鄂波图岭,合二小水,东南流,入西宁边内,又流五十余里,入湟河。南右翼末旗顾实汗之裔。康熙三十六年封辅国公,晋固山贝子。雍正元年削爵。三年,授札萨克一等台吉,世袭。佐领一。牧地在黄河北岸,有锡尼诺尔。东至乌兰布拉克,南至黄河舒尔古勒渡口,西至西拉珠尔格西山木鲁,北至巴颜布拉克。锡尼诺尔在旗东界,其南岸与乌兰河北入黄河之处相直。黄河自此北折,东迳贵德厅北,入西宁府界。西右翼后旗顾实汗之裔。雍正三年授札萨克一等台吉,世袭。佐领一。牧地跨柴达木河。东至希昔,南至诺们罕木鲁,西至乌拉斯台,北至柴达木。西左翼后旗顾实汗弟之裔。雍正三年授札萨克一等台吉,世袭。佐领一。牧地跨柴达木河。东至巴彦陀罗海,南至桑陀罗海,西至乌尔图,北至玛尼图沙纳图。

青海绰罗斯部二旗:本准噶尔族。乾隆十九年,准噶尔平,其族遂微。附牧赛音诺颜部者曰额鲁特。附牧青海者曰绰罗斯。辖旗二:南右翼头旗,北中旗。北极高三十六度十八分。京师偏西十五度四十二分。南右翼头旗准噶尔族。康熙四十二年封多罗贝勒。雍正元年晋郡王。三年授札萨克。乾隆三十年降贝勒,世袭。佐领四。牧地当青海东南岸。东至博尔巴齐他尔、察罕鄂博、哈拉乌素,南至固尔班他拉贡诺尔,西至窝尔登诺尔、伊克察罕哈达,北至青海。察罕陀罗海,南有巴颜淖尔,东北有蒙古图布拉克,会东来二水,又东北有乌兰布拉克。二水合流而西,会南来之巴颜淖尔水,为和尔必拉,北入青海。北中旗准噶尔族。康熙五十五年授公品级一等台吉兼札萨克。雍正三年晋辅国公。乾隆十五年晋固山贝子,世袭。佐领二有半。牧地在青海西北岸。东至济尔玛尔台,南至布喀沿。西至西尔哈落萨。北至济尔玛尔台。西尔哈河,西北出槐满阿林,东南流,又有罗色河,西北出库得里阿林,西南流来合,南入布喀河。又西北,济尔玛尔台河,屈曲南入布喀河,其南岸即和硕特北前旗也。

青海辉特部南一旗:姓伊克明安。有卓哩克图和硕齐者,其子号青诺颜,游牧青海。雍正元年来降。三年,授札萨克一等台吉。九年,晋辅国公,世袭。佐领一。牧地当巴彦诺尔之南。东至巴彦诺尔东山木鲁,南至窝兰布拉克、僧里鄂博、哈立噶图,西至博尔楚尔、哈立噶图河,北至纳兰萨兰。北极高三十六度十八分。京师偏西十五度四十二分。巴彦诺尔在青海东南,周四十余里。水西北流出,屈曲三百数十里,入和尔必拉。

青海土尔扈特部四旗:元臣翁罕,数传至博第苏克,自称青海土尔扈特台吉。顺治八年始通贡。雍正三年,编辖旗四。北极高三十五度十五分。京师偏西十七度十五分。南中旗翁罕之裔。雍正三年授札萨克一等台吉，世袭。佐领四。牧地当登努尔特达巴罕之阳，东至果库图尔，南至果库图尔山木库尔，西至库克乌松，北至衮阿尔台。西旗翁罕之裔。雍正三年授札萨克一等台吉，世袭。佐领四。牧地在阿屯齐老图，有阿勒淖尔泊。东至衮阿尔台，南至黄河，西至哈尔古尔希立，北至库克乌苏唐素楞。南前旗翁罕之裔。雍正元年授札萨克一等台吉，世袭。佐领一。牧地当大哈柳图河之南，小哈柳图河之北。东至古鲁半博尔齐沙拉图，南至黄河，西至宗科尔，北至恰克图。大哈柳图河，蒙古曰伊克哈柳图，在洮州厅西六百余里黄河北岸，源出纳莫哈山乌兰俄尔吉岭，当布库吉尔地。三源，东流百余里，折而西南，合流，又西北流，入黄河。小哈柳图河，源出鲁察布拉山，二源，西南流百里合，又西入河。当旗境东。察汉诺们罕喇嘛游牧在旗境东北。南后旗翁罕之裔。雍正三年授札萨克一等台吉，世袭。佐领三。牧地当硕罗巴颜哈拉山之阳，曰鄂博图。东至莫古立源，南至衮阿尔台，西至库克乌松木鲁，北至登纳吉尔尼。萨尔哈布齐海河，自西来屈曲而南，有哈尔浑舍里小河，旧以为阿尔坦河，自北来会，合而南入黄河。呼呼乌苏河，在阿尔坦河之西北，源出苏罗达巴罕，南入黄河。

青海喀尔喀部一旗：南右一旗。元太祖之裔。徙牧青海，隶和硕特族。雍正元年来归。编旗一。乾隆三年，授公中札萨克一等台吉。佐领一。牧地在青海南岸。东至察罕哈达，南至南山木鲁，西至乌兰布拉克，北至青海。北极高三十六度三十五分。京师偏西十六度三十二分。自东而西，有阿木尼塞尔沁阿林、伊克哈图达巴罕、巴哈哈图达巴罕、巴哈察罕哈达、伊克察罕哈达诸山。东有和尔河。西，札哈苏太河。中，无名河六。俱北流入青海。达赖商上堪布喇嘛牧场在柴积河南。以上各部共二十九旗及察罕诸门为一盟，不设盟长，归西宁办事大臣统辖。

土司青海所属凡四十：玉树四司。一司、二司在木鲁乌苏河东。三司、四司在河西。阿拉克硕二司、白利、阿萨克、阿永，在河南。尼牙木错、固察、拉布，在河北。札武三司在河东。隆布、吹冷多尔多，在布垒、布楚两河间。上格尔吉在布楚河西。中格尔吉、下格尔吉、哈尔受、隆坝二司、隆东绰火尔、觉巴拉、苏尔莽、叶尔吉、列旺、安图、兴巴、拉尔吉，俱在河北。桑色尔、巴颜囊谦，在河南。洞巴在河西。苏鲁克在索克河南。称多在玛楚河西。蒙古尔津、永河普，在黄河西。二阿里克，在齐普河东。西北境有阿克达木山、巴萨通拉木山，皆长数百里。极西北二十里，有锡津乌蓝拖罗海山，託克託乃乌蓝木伦河出其西南。为勒科尔乌蓝达布逊山。喀齐乌蓝木伦河，东流八百余里，会乌苏河，以下通称木鲁乌苏河。有阿克达木河，出阿克达木山，屈曲流七八百里，北注之。折北流，会託克託乃乌蓝木伦河。又转东，受南来之布辉伯河。又东，受南来大水二，入玉树司界。折西南，有那木齐图乌兰木伦河，出瀚海地，东流千余里，折南注之。又南折东，迳拉玛察喀山，北受齐齐尔纳河。又东南为布垒河，入四川雅州所属土司界，是为金沙江上源。阿克河出巴萨通拉木山，南流折东入喀喇乌苏河。河自前藏东流入境，行三百余里，折南流，有索克河出阿克达木山西，屈曲东流八百里而南注之，仍南入前藏界。布楚河上源曰格尔吉河，出上格尔司境，东南流，迳各司南，至洞巴司西，折南入前藏界，是为澜沧江上源。玛楚河出固察司东，东南流，入雅州土司界，是为雅龙江上源。黄河发源巴颜喀喇山东麓，名阿尔坦河，东北流，汇为大泽，名鄂端诺尔，即星宿海也。又东贯查灵海，南入鄂灵海，会西来乌兰河，至永河普司东，又折东入额鲁特界。齐普河上源有二，曰图声图河，曰得尔多河，北流而合，环阿里克境，西北入黄河。以上纳赋于西宁办事大臣。

卷八十　志五十五

地理二十七

西藏

西藏：《禹贡》三危之地。在四川、云南徼外，至京师万有四千余里。周为西戎，汉为西羌。唐为吐蕃，其君长号赞普。至宋朝贡不绝。元宪宗始于河州置吐蕃宣慰司都元帅府，四川徼外置碉门、鱼通、黎雅、长河、西宁等处宣抚司。世祖时，复置乌斯藏，郡县其地。明为乌斯藏，赐封号，设指挥、宣慰等司，以示羁縻。宣德、成化间，又累加封号。其地有僧号达赖喇嘛，居拉萨之布达拉庙，号为前藏；有班禅喇嘛，居日喀则城之札什伦布庙，号为后藏。太宗崇德七年，有达赖喇嘛及班禅，重译来贡。未几，为蒙古顾实汗所据。四传至曾孙拉藏汗，而准噶尔并之。康熙五十九年，官兵西讨，歼伪藏王，以西藏地赐达赖喇嘛，使蒙古旧臣颇罗鼐等五人分守。乾隆四年，敕封颇罗鼐为郡王，领藏事。至其子袭封，以罪诛，遂除西藏王爵。所有辅国公三，一等台吉一，噶布伦四，戴琫五，碟巴三，堪布一。设驻藏办事、帮办大臣，分驻前后藏以辖之。其俗称国曰图伯特，又曰唐古忒。近因藏民不遵光绪十六年与英所定条约，辱其边务大臣，致英兵入拉萨，要挟西藏立约十条，主权尽失。光绪三十一年，特派员至印度与英协商，其新改条约：一，西藏路矿电线，由中、英两国妥议办理，他国不得干预；二，西藏用人权，概归英员与驻藏大臣会议办理；三，西藏有乱，中政府须与英协商后派兵弹压；四，西藏增设商埠，由中、英两国会同办理；五，西藏土地，非得中、英两国承办，不得租借转卖。据条约观之，西藏盖为两属之国矣。

境内分四部：曰卫，曰康，曰藏，曰阿里。东界四川，东南界云南，西界西域回部大沙海，北界青海及回部。广六千余里，袤五千余里。北极高三十度三十五分，京师偏西二十四度十五分。

卫：一曰前藏，即古之危，亦称中藏，即乌斯藏也。乾隆十五年，设大臣镇守。其城曰布达拉城。有坐床，为达赖喇嘛所驻，协理藏事。东界喀木，西界后藏，南界不丹，北界青海及新疆。辖城二十八。喇萨城即布达拉，在打箭炉西北三千四百八十里。札什城在喇萨南七里。德庆城在喇萨东南三十八里。奈布东城在喇萨东南二百二十里。桑里城在喇萨东南二百五十一里。垂佳普郎城在喇萨东南二百六十里。野而古城在喇萨东南三百一十里。达克匝城在喇萨东南三百三十七里。则库城在喇萨东南三百四十里。满撮纳城在喇萨东南四百四十里。拉巴随城在喇萨东南四百四十里。札木达城在喇萨东南五百四十里。达喇马宗城在喇萨东南五百六十里。古鲁纳木吉牙城在喇萨东南六百二十里。硕噶城在喇萨东南六百四十里。朱木宗城在喇萨东南七百五十里。东顺城在喇萨东南七百七十里。则布拉冈城在喇萨东南八百七十里。纳城在喇萨东南九百六十里。吉尼城在喇萨东南九百八十里。日噶牛城在喇萨西南三十里。楚舒尔城在喇萨西南百十五里。日喀尔城在喇萨西南百二十里。公喀尔城在喇萨西南百四十里，为卫地最大之城。岳吉牙来杂城在喇萨西南三百三十里。多宗城在喇萨西南四百二十里。僧格宗城在喇萨西南四百三十里。董郭尔城在喇萨西二十五里。第巴达克匝城在喇萨东北九十二里。伦朱布宗城在喇萨东北一百二十里。墨鲁恭噶城在喇萨东北百五十里。蓬多城在喇萨东北百七十里。设大汛为护防。藏地凡大汛四，一在前藏城，一在后藏。又台站二，自打箭炉至此有站五。鱼通即打箭炉、里塘、巴塘，均属四川有。前藏者二。曰察木多，曰拉里。城西南：巴则山。西：招拉笔洞山。又布达拉山，高百余丈。又西：东噶尔山，高约四百余丈，为西藏要隘。南：牛魔山，高二百余丈。东北：郎路山、萨木多岭。北：布克沙克河，源出噶尔占古察岭，南流，西合沙克河。又东南流，西受库兰河，北受布克河。又东南，入喀喇乌苏。雅鲁藏布江，即大金沙江，古之跋布川也。源出藏西界卓书特部西北达木楚克哈巴布山，三源，俱东北流而合，折东流，枯木冈前山水自西南来会。又东北，江加苏木拉河自西北沙苦牙拉麻拉山东南流来会。又东，阿拉楚河北自沙拉木冈前山水会而南流，又东稍北，拉乌克藏布必拉自东北桑里池西南流，合数水来会。又东南，郭永河自东南昂则岭东北流，合数水来会。又东，萨楚藏布河自东北合诸水来会。又东，瓮出河、式尔的河、满楚藏布河、萨克藏布河，合诸水来会。又东南，加木租池水北自章阿布林城合东一水南流来注之。又东南，受西南来一水，又正北流，折向西北，受西北隆左池水。又东北，莽噶拉河南自那拉古董察山来注之。又东北，钟里山水自东南来注之。又东北，经章拉则城北，又东北，鄂宜楚藏布河自西北札木楚克池合诸水东南流来注之。又北流，戒忒楚河、札克北朋楚河自北来注之。又东南，会萨普楚河。又东迳普冬庙前，乌雨克河自拉公山来注之。又东过萨喇朱噶铁索桥，迳林奔城北，龙前河自南合二水来注之。又东北，捏木河自西北来注之。折东南流，迳拜的城北岸山北，受西北来一小水，东北过铁索桥，迳楚舒尔城南，东南至日喀尔公喀尔城北，噶尔招木伦江自东北合诸水，西南流迳卫地喇萨来会，疑即古吐蕃之臧河也。雅鲁藏布江既会噶尔招木伦江，东南流，至打格布衣那城北，共八百里。年褚河自北合诸水来会。又东迳叉母哈庙北，受东北萨母龙拉岭水，南流入罗喀布占国。穆楚河合奈楚河，南流入哲孟雄。滕格里池，在境西北，藏地日喀则城东北，隔山即潞江源之布喀诸池。其北隔山即大流沙也。池广六百余里，周一千余里，东西甚长，南北稍狭，蒙古呼天为“滕格里”，言水色同天青。其东有三水流入，皆名查哈苏太河。西有二水流入，北曰罗萨河，南曰打尔古藏布河，合西来数池水，东流入此池。次曰牙母鲁克于木卒池，中有三山，水成五色。曰马品木达赖池，郎噶池，即狼楚河也。次曰布喀池，潞江源也。东噶尔山上有关。

康：一曰喀木。要寨曰察木多。在前藏东千二百五十里，东界四川，南界珞瑜境及英属阿萨密，西界卫地，北界青海。喀木今曰昌都，亦称前藏，本属呼图克图。康熙五十八年始纳款。设台站，置粮员一。有土城。西南有罗隆宗、舒班多、达隆宗，西北有类伍齐等部落，其南有乍丫。康熙五十八年招抚。又南有江卡，雍正元年招抚，设有官寨。东：达盖喇山、冲得喇山。南：安静大山，与川、滇分界。西：嘉松古木山。东南：夺布喇山、鼎各喇山。西南：鱼别喇山、里角大山，冬春积雪。又巴贡山、蒙堡山、擦瓦山、云山、雪山、白夺山、纳夺山、黄云山、隐山、喇贡山。东有列木喇岭。罗隆宗东有得贡喇山，山势陡峻。西：得噶喇山。舒班多东有章喇山。西南：吾抵喇山、巴喇山。西：朔马喇山，即赛瓦合山。达隆宗西有必达喇山，沙贡喇山、鲁贡喇山，两山相连。类伍齐西南有瓦合大山，山大而峻，冬春积雪。又有擦噶喇山、叶达喇山。察木多左有昂楮河，源出中坝，因通云南，亦名云河。右有杂楮河，源出九茹，因通四川，亦名川河。二水合流，入云南。澜沧江二源，一源发于帀坐里冈城西北格尔吉帀噶那山，名帀楚河，一源发于帀坐里冈城西北巴喇克拉丹苏克山，名鄂穆楚河，俱东南流，至帀坐里冈城东北察木多庙前，二水合流，名拉楚河，南流至包敦入乍丫。又南流至察瓦寺，甲仓河东北来会。又东南，左受色尔恭河，折南流，至角占，受左贡河。又东南流，迳茶利大雪山入云南，始名澜沧江。潞江在澜沧西，发源于卫地之布喀大泽，渊澄黝黑，又多伏流，蒙古呼黑为“喀喇”，水为“乌苏”，故名喀喇乌苏。迳拉萨北，有池名布喀，椭圆形，广六十里，袤一百五十里，从此池西北流出，入额尔吉根池，转东北，入衣达池，又折东南流，入喀喇池。三池俱纵广五六十里。中有三山，四池环抱。复从喀喇池东南出，纳布伦河，又东受北来二小水，折南转东，至喀喇乌苏，为西宁进藏大道，皮船为渡。转东北流，迳蒙古三十九族地，至伊库山，沙克河西北来会。又东北流，迳苏图克土司，索克河自北来会。折南流，左右各受一小水，转西南会卫楚河。折而东，受雄楚河。又东纳沙隆锡河，转东南流，类乌齐河自北来会。又东南迳必蚌山，至嘉玉桥，为滇、蜀入藏之大道。又东南流，江阳为巴克硕游牧，江阴为波密野番。又东南流，迳桑昂曲宗入江卡。江之外为怒夷，故名怒江。又东南，入云南维西厅，折而南下，迳云龙州西徼，右纳狘江，入保山乃名潞江。南流迳潞江安抚司。又南流少东，左纳沙河，转西南至遮放土司，从此出滇境入缅甸。罗隆宗西有偶楮河，源出噶尔藏骨岔海子，海合澜沧江南峡。隆喜楮河源出噶喇山，东流，合偶楮河。舒班多有纳硕布楚河，源出中义沟，北流，迳舒班多城西，合三溪，东北流，入喀喇乌苏。又柱吗郎错河，源出噶喇山，胄楮河，源出吾抵山，均流归偶楮河。达隆宗北有撒楮河，源出朔马喇山。东南：边楮河，流合胄楮河。有俄楮河，源出沙贡喇山，流合叶楮河。类乌齐东北有紥楮河，即昂楮河下流。乍丫有勒楮河，源出昂喇山。乐楮河，源出作喇山。又有甲仓河，源出官角，西南流，迳草里工，又西南，至洛隆宗，合洛楚河，又西南至乍丫寺前，与猛楚河合。有色楮河，源出上纳，夺流入察木多大河。

拉里：一名喇里。在前藏东五百九十里，察木多西六百六十里，达隆宗西北。康熙五十五年，其地有黑喇嘛，附于准噶尔。寻讨平之，以地属前藏。设台站，置粮员一。无城。西南有工布江达。江达称沃壤。亦平西藏时就抚。又其南有达克，东北有西藏大臣所属三十九土司。亦有入甘肃西宁界者，皆喀喇乌苏番众也。拉里有拉里大山，势如龙，上下险峻，四时积雪。西南有瓦子山，番人呼为卓拉大山，延亘数百里，多积雪。江达西有鹿马岭，高约四十里，为西藏要隘。拉里东有同妥楮河，源出鲁贡喇山，流合得楮河。有热水塘，四时常温，番人呼为擦楮卡。江达有冈布藏布河，自卫地东纳东北察拉岭水，又东南，有危楚河自东北来会。又东南，有牛楚河自西北来会。东流过打克拉崩桥，又东，受东北二水，又南，迳的牙尔山西，入冈布部落。至撇皮唐他拉东喀木境内，有薄藏布河自东北来会，土人曰喀克布必拉。迳噶克布衣书里东城西，又南，迳塞母龙拉岭东，朵格拉冈里山西，出冈布境。迳公拉冈里山西，又南入罗喀布占国，下流入雅鲁藏布江。帀楚藏布江，即年渚必拉江，源出沙羽克冈拉山，即喀尔粗庙东南山也。有水东流，曰马木楚河，与南来巴拉岭之巴隆楚河会。又东北，与北来乌山之乌斯江会。又东，迳鹿马岭，至顺达，有水曰佳囊河，发源过拉松多，东南流，迳江达城东，折而南流，合东二小水来会。又东南曲曲流，至工布什噶城南，有水东北自巴麻穆池南流，合东一水来会。又折而西南，有西来齐布山之牛楚河，合而南流，至工布珠穆宗城东、底穆宗城西，又东南至布拉冈城东，合于雅鲁藏布江。又桑楚河，南流，有雅隆布河出舒班多南境来注之，是为薄藏布河，又南入罗喀布占国，注雅鲁藏布江。

藏：即后藏，一曰喀齐。在前藏西南五百余里地，曰札什伦布，即古之藏也。南界尼泊尔，东界卫地，西界阿里，北界新疆。乾隆十五年，设大臣镇守。其城曰札什伦布城，有坐床，为班禅额尔德尼所驻，协理藏事。有汛三：在本城一；外二，曰江孜，曰定日。西境彭错岭。北境那木岭。北有雅鲁藏布江，出阿里西南界山，东流，有郭永河东北流注之。又受那乌克藏布河、萨布楚河、萨尔格藏布河，又近城北会多克楚河，至城西会南来之当出河，又迳布克什里山南，江至此已行二千五百余里，又东入前藏界。北有打尔古藏布河，流入前藏，潴为腾格里池，广六百余里。

江孜：在札什伦布城南二百里。驻守备一。南有帕里边寨，东连布鲁克巴，西通哲孟雄，外接西洋部落噶里噶达。东有千坝，南有宗木小部落，西南有定结，北有拉孜，皆有官寨。东南：珠布拉大雪山。西南：喀木巴拉山及萨木岭。定结之西有朋出藏布河，源有三，一西出书尔木藏拉山，一东出西尔中马山，一东南出瓜查岭。合而东南流，受西一小水。又南曰朋必拉，又南，有一水南自绰尔猛通那冈里山来会，折东流，受南北水各一。又东南流，受西南涿失冈千山、阿巴拉山之水二，又东流，受南一水，又东北至罗西喀尔城南，有一河，即西北拉喀拉布山二水，合东南流，迳城北。罗楚河自北纳三水，南流合焉。又东北，罗藏布河自西北来注之。又东绕冈龙前山之北，折南流，受西来之牛藏布河。又东南，受帕里藏布河。又西南，牛楚河西自年尔木城合数水来会。又东南流，出藏南境，过朱拉拉依部落，入厄讷特克国界，下流入雅鲁藏布江。汛西有年楚河，源有二，一出朱母拉母山东北，一出其东顺拉岭下。泉池十数，汇为一水，北流，名章鲁河，又东北，至娘娘庙东，有八水从东北喀鲁岭诸山，又南札木长山、社山来，合而西南流来会。转西北流，过江孜城西，又西北过白满城西，受四水来注。又北，始名年楚河。经日喀则城东南，过苏木佳石桥，长七十丈，有十九洞，为藏地桥梁之冠。又北流，入雅鲁藏布江，源长共八百余里。西有帕里藏布河，有一水西南流，汇为噶尔撮池，南流而西，又为查木苏池，又西南流，折向东南，合东北来一水，又西南，会西北来之噶拉岭水，又西迳帕里城西，又西南受二水，土人名藏曲大河，西流入朋楚河。

定日：在札什伦布城西南七百余里。驻守备一。有汛。城三面距边，南有绒辖，西南有聂拉木，西有济咙，西北有宗喀。绒辖之东南有喀达，喀达之西南有阳布，俱接廓尔喀界。宗喀之南有布陵，南近廓尔喀，北接拉达克汗部落。其西北有萨喀，又西北极边有阿里。以上各地俱有营官。东：崇乌拉山、甲错山。西南：嘉汭大山。西：通拉山。喀达之西有霞乌拉山。宗喀之东有巩塘拉山。布陵境内有冈底斯山，在阿里之达克喇城东北，直陕西西宁府西南五千五百九十余里。其山高五百五十余丈，周一百四十余里，四面峰峦陡绝，高出众山百余丈，积雪如悬崖，浩然洁白。顶上有泉，流注至山麓，即伏流地下。前后环绕诸山，皆巉岩峭峻，奇峰拱列。按其地势，出西南徼外，以渐而高，至此而极。山脉蜿蜒，分干向西北者，为僧格喀巴布、冈里木孙诸山，绕阿里而北，入西域之和阗南山及葱岭诸山。向东北者，为札布列斜而充、角乌尔充、年前唐拉、萨木坦冈、匝诺莫浑乌巴什、巴颜哈喇诸山。环卫地，竟青海，连延而下，六千余里，至陕西西宁等处边界。向西南者，为闷那克尼儿、萨木泰冈诸山，亘阿里之南，入厄讷特克国。向东南者，为达木楚克喀巴布冈、噶尔沙弥、弩金冈苍诸山，历藏、卫达喀木，至云南、四川之境。康熙五十六年，遣喇嘛楚儿沁藏布兰木占巴、理藩院主事胜住等，绘画西海、西藏舆图，测量地形，以此地为天下之脊，众山之脉，皆由此起云。《水经注》："阿耨达山，西南有水名遥奴；山西南少东，有水名萨罕；少东，有水名恒伽。此三水同出一山，俱入恒水。"今阿里为藏中极西南地，近古天竺境。此山西出狼楚、拉楚、麻楚三大水皆西流，转东而南，合为冈噶江，入南海。疑此即阿耨达山也。又有打母朱喀巴珀山，山形似马。郎千喀巴珀山，山形似象。生格喀巴珀山，山形似狮。马珀家喀巴珀山，山形似孔雀。皆与冈底斯山相连。冈噶江即出郎千喀巴珀山北麓，泉出汇为池，西北流，合东北来一水，又西而东北，公生池水伏而复出，合北来三水，西南流来会，为马品木达赖池。自西流出为郎噶池，受东北来一水，从西流出，折向西南，曰狼楚河，曲曲二百余里，有楚噶拉河自东北来注之。又西折北而东北，迳古格札什鲁木布则城之西、则布龙城之东，折西北而西南流，迳则布龙城西南，又折而西北流，拉楚河自西北来会。三水既会，始名曰冈噶江。又东南流，出阿里界，迳马木巴柞木郎部落，至厄讷特克入南海。朋出藏布河在定日北，东南流，纳结楚河、隆冈河，入定结。有牛楚河，出喜拉冈参山，东南流，合东北冈布纥山水，又东南，迳济咙城南境，受北来查母朱山一水，始曰牛楚必拉。又东流，迳年尔母城北境，折而东南，又转而东北流，会朋出藏布河。萨喀境内有盐池。阿里东北九百余里有达鲁克池，隆布河与纳鞠河皆入焉。

卷八十一　　志五十六

地理二十八

察哈尔

察哈尔八旗：东南距京师四百三十里。当直隶宣化、山西大同边外。明插汉，本元裔小王子后。嘉靖间，布希驻牧察哈尔之地，因以名部。天聪六年，征林丹汗，走死。其子孔果尔额哲来降，即其部编旗，驻义州。康熙十四年，其子布尔呢兄弟叛，讨诛之，迁部众驻牧宣化、大同边外。又以来降之喀尔喀、厄鲁特编为佐领隶焉。乾隆二十六年，设都统，驻张家口。其地东界克什克腾，西界归化城土默特，南界直隶独石、张家二口及山西大同、朔平，北界苏尼特及四子部落。袤延千里。北极高四十二度二十分。京师偏西十分。镶黄旗察哈尔驻苏明峰，在张家口北三百四十里。东南距京师七百五十里。明，万全右卫边外。汉，上谷郡。牧地当张家口之北。东界正白旗察哈尔，西界正黄旗察哈尔，南界镶黄旗牧厂，北界苏尼特右翼，广一百六十里，袤一百九十里。其山：东曰漠尔图山。南，哈石郎山。北，青羊山蒙名博罗虎插、红羊山蒙名乌兰虎插。东南，阿哈鲁虎山、骆驼山。西南，额类山。东北，白鹿山蒙名布虎图。西北，衣尔哈图山。东南：大红泉蒙名伊克乌兰。西南：滚布拉克泉。北：小红泉。正黄旗察哈尔驻木孙忒克山，在张家口西北三百二十里。东南距京师七百六十里。汉，且如县地。牧地当张家口厅之西北，喀喇乌纳根山南。东界镶黄旗察哈尔，西界正红旗察哈尔，南界陆军部右翼牧厂，北界四子部落。广一百一十里，袤二百八十里。其山：东曰额尔吉纳克山。南，乌尔虎拖罗海山。北，大鲜卑山蒙名伊克阿勒特、兴安山。西南，插汉和邵山。东北，榆树山蒙名乌里雅苏台。西：七金河，蒙名贺尔博金，源出贺尔博金山，南流入希尔池。东南：兆哈河，源出平地，南流，会乌尔古河。又南，蒙古几河自西来注之。又南，苏尔扎河自东北来注之。又南流，从大同天镇入边，迳柴沟堡，西北入怀安，为东洋河。蒙古几河源出平地，东流会兆哈河，南入边城，弩里河南流从之。镶红旗察哈尔驻布林泉，在张家口西北四百二十里。东南距京师八百三十里。汉，雁门郡北境。牧地当山西陶林厅之东北代哈泊。东界正红旗察哈尔，西界镶蓝旗察哈尔，南界丰镇，北界四子部落。广五十里，袤二百里。其山南曰鸭儿山。北，阿尔达布色山。东南，格尔白山。西南，乌尔姑苏台山。北：漠惠图河，源出敖托海泉，西流入镶蓝旗察哈尔，会安达河。东南：莽喀图河，源出正红旗察哈尔，西北流，会阿拉齐河，入黛哈池，即奄遏下水海。正红旗察哈尔驻古尔板拖罗海山，在张家口西北三百七十里。东南距京师八百里。汉，雁门郡北境。牧地当山西陶林厅之东北、丰镇厅之北，奇尔泊。东界正黄旗察哈尔，西界镶红旗察哈尔，南界陆军部右翼牧厂，北界四子部落。广五十五里，袤二百八十里。其山：东曰阿拍挞兰台山。北，伊克和洛图山。东北，哈撒克图山。西北，插汉峰。南：崑都伦泉、葫芦苏台泉。北：诺尔孙泉，东南流入正黄旗察哈尔，为纳林河，又东南注希尔池。镶白旗察哈尔驻布雅阿海苏默，在独石口西北二百四十五里。东南距京师七百七十里。明，开平卫西北边。汉，上谷郡北境。牧地当独石口厅治西北。东及南界陆军部牧厂，西界正白旗察哈尔，北界正蓝旗察哈尔。广五十六里，袤一百九十七里。其山：南曰巴汉得儿山。西北，铁柱山蒙名阿尔坦噶达苏。其北，西尔哈池。西北：红盐池蒙名乌兰池、魁素池。正白旗察哈尔驻布尔噶台，在独石口西北二百九十里。东南距京师八百二十里。明，龙门卫边外。汉，上谷郡北境。牧地当独石口厅治之西北。东及北界镶白旗察哈尔，西及南界镶黄旗察哈尔。广七十八里，袤二百九十五里。其山：南曰清凉黑山蒙名魁屯喀喇。西，喀喇峨博图山，一名黑山。东南，伊克得儿山，一名大马鬣山。西北：翁翁泊、黑水泺蒙名喀喇乌苏。镶蓝旗察哈尔驻阿巴汉喀喇山，在杀虎口东北九十里。东南距京师一千里。明，大同府西北边外。汉，雁门郡沃阳县地。牧地当山西宁远厅之北。东界镶红旗察哈尔，西界山西归化，南界山西大同，北界四子部落。广一百一十五里，袤一百六十里。其山：东曰克丑山。西，乌兰插伯山。东北，衣马图山。东南，朔隆峰。其水：南曰察哈音图河，源出阿尔站岭，西南流，会弩衡格尔、虎虎乌苏二河，入乌兰木伦河。东南，阿拉齐河，源出朔隆峰，东流至镶红旗察哈尔，纳巴尔哈孙河，入黛哈池。东北，朱喇马台河，源出席喇峰，西南流，会喀喇乌苏河、纳札海河，为土尔根河，即黑河之上源。黑河，源出海拉苏台坡，与镶红旗察哈尔接界，西北流，有纳札海、朱喇马台等河，皆自东北来，与黑水河会。又西流，受德布色黑河，折西南，合哲尔德河，始名伊克土尔根河，又西入归化。正蓝旗察哈尔驻札哈苏台泊，在独石口东北三百六十里。东南距京师八百九十里。明，开平卫北境。金，桓州地。牧地当直隶独石口厅治之北。东界克什克腾，西界镶白旗察哈尔，南界内务府正白旗羊群牧厂，北界阿巴噶左翼。广二百六十五里，袤九十五里。其水：东曰戈贺苏台河，源出额默黑特站西，北流，会察察尔台、戈贺苏台、奴黑特等河，入阿霸垓右翼。

卷八十二　志五十七

礼一　吉礼一

自虞廷修五礼，兵休刑措。天秩虽简，鸿仪实容。沿及汉、唐，讫乎有明，救敝兴雅，咸依为的。煌煌乎，上下隆杀以节之，吉凶哀乐以文之，庄恭诚敬以赞之。纵其间淳浇世殊，要莫不弘亮天功，雕刻人理，随时以树之范。故群甿蒸蒸，必以得此而后足于凭依，洵品汇之玑衡也。斟之酌之，损之益之，修明而讲贯之，安见不可与三代同风！

世祖入关，顺命创制，规模闳远。顺治三年，诏礼臣参酌往制，勒成礼书，为民轨则。圣祖岁御经筵，纂成《日讲礼记解义》，敷陈虽出群工，阐绎悉遵圣训。高宗御定《三礼义疏》，网罗议礼家言，折衷至当，雅号钜制。若《皇朝三通》、《大清会典》，其经纬礼律，尤见本原。

至於专书之最著者：一曰《大清通礼》，乾隆中撰成，道光年增修；一曰《皇朝礼器图式》，曰祭器、曰仪器、曰冠服、曰乐器、曰卤簿、曰武备；一曰《满州祭神祭天典礼》，其始关外启荜，崇祭天神暨群祀祖祢，意示从俭。凡所纪录，悉用国语、国书。入关后，有举莫废。逮高宗时，依据清文，译成四卷。祭期、祭品、仪注、祝辞。与夫口耳相传，或小有异同者，并加厘订，此国俗特殊之祀典也。德宗季叶，设礼学馆，博选耆儒，将有所缀述。大例主用《通礼》，仿江永《礼书》例，增《曲礼》一目。又仿宋《太常因革礼》例，增《废礼》、《新礼》二目，附《后简》。未及编订，而政变作矣。

其祀典之可稽者，初循明旧，稍稍褒益之。堂子之祭，虽于古无征，然昭假天神，实近类祀。康熙间，以禁中祭上帝、大享殿合祀天地日月及群神、太庙阶下合祭五祀非古制，诏除之。又罢禘祭，专行祫祭。高宗修雩祀，废八蜡，建两郊坛宇，定坛庙祭器，举废一惟其宜。宣宗遗命罢郊配祔庙，文宗限以五祖三宗，虑至深远。穆宗登遐，礼臣援奉先殿增龛座例，主升祔。议者病简略，然亦迫于势之不容已耳。光绪间，依高宗《濮说辨》，称醇亲王为本生考，立庙别邸，祀以天子礼。恩义兼尽，度越唐、明远矣。

若夫郊庙大祀，无故不摄，诚敬仁孝，永垂家法，尤举世所推。今为考诸成宪，循五礼序，条附支引，凡因袭变创，所以因时而制宜者，悉胪其要于编。

坛壝之制　神位祭器祭品玉帛牲牢之数　祀期　斋戒　祝版　祭服　祭告　习仪　陪祀

五礼，一曰吉礼。凡国家诸祀，皆属于太常、光禄、鸿胪三寺，而综于礼部。惟堂子元日谒拜，立杆致祭，与内廷诸祀，并内务府司之。

清初定制，凡祭三等：圜丘、方泽、祈谷、太庙、社稷为大祀。天神、地祇、太岁、朝日、夕月、历代帝王、先师、先农为中祀。先医等庙，贤良、昭忠等祠为群祀。乾隆时，改常雩为大祀，先蚕为中祀。咸丰时，改关圣、文昌为中祀。光绪末，改先师孔子为大祀，殊典也。天子祭天地、宗庙、社稷。有故，遣官告祭。中祀，或亲祭、或遣官。群祀，则皆遣官。

大祀十有三：正月上辛祈谷，孟夏常雩，冬至圜丘，皆祭昊天上帝；夏至方泽祭皇地祇；四孟享太庙，岁暮祫祭；春、秋二仲，上戊，祭社稷；上丁祭先师。中祀十有二：春分朝日，秋分夕月，孟春、岁除前一日祭太岁、月将，春仲祭先农，季祭先蚕，春、秋仲月祭历代帝王、关圣、文昌。群祀五十有三：季夏祭火神，秋仲祭都城隍，季祭炮神。春冬仲月祭先医，春、秋仲月祭黑龙、白龙二潭暨各龙神，玉泉山、昆明湖河神庙、惠济祠，暨贤良、昭忠、双忠、奖忠、褒忠、显忠、表忠、旌勇、睿忠亲王、定南武壮王、二恪僖、弘毅文襄勤襄诸公等祠。其北极佑圣真君、东岳都城隍，万寿节祭之。亦有因时特举者，视学释奠先师，献功释奠太学，御经筵祗告传心殿。其岳、镇、海、渎、帝王陵庙，先师阙里，元圣周公庙，巡幸所莅，或亲祭，或否。遇大庆典，遣官致祭而已。各省所祀，如社稷，先农，风雷，境内山川，城隍，厉坛，帝王陵寝，先师，关帝，文昌，名宦、贤良等祠，名臣、忠节专祠，以及为民御灾捍患者，悉颁于有司，春秋岁荐。至亲王以下家庙，祭始封祖并高、曾、祖、祢五世。品官逮士庶人祭高、曾、祖、祢四世。其余或因事，或从俗，第无悖于祀典，亦在所不禁。此其概也。

若夫坛壝神位，祭献品物，斋戒告虔，及一切度数节文，详其异同，识其颠末，无遗无复，庶览者可考而知已。

坛壝之制　天聪十年，度地盛京，建圜丘、方泽坛，祭告天地，改元崇德。天坛制圆，三成，上成九重，周一丈八尺；二成七重，周三丈六尺；三成五重，周五丈四尺：俱高三尺。垣周百十有三丈。地坛制方，二成，上成方六丈，高二尺；下成方八丈，高二尺四寸。垣周百三十有三丈。制甚简也。世祖奠鼎燕京，建圜丘正阳门外南郊，方泽安定门外北郊，规制始拓。圜丘南向，三成，上成广五丈九尺，高九尺；二成广九丈，高八尺一寸；三成广十有二丈，高如二成。甃砖合一九七五阳数。陛四出，各九级。栏楯柱覆青琉璃。内壝圆，周九十七丈七尺五寸，高八尺一寸。四面门各三，门柱各二。燔柴炉、瘗坎各一。外壝方，周二百四丈八尺五寸，高九尺一寸。四门如内壝。北门后为皇穹宇，南向，制圆。八柱环转，重檐金顶。基周十三丈七寸，高九尺。陛三出，级十有四。左右庑各五楹，陛一出，七级。殿庑覆瓦俱青琉璃。围垣周五十六丈六尺八寸，高丈有八寸。南设三门。外壝门外北神库、神厨各五楹，南向。井亭一。其东为祭器、乐器、棕荐诸库。又东为井亭、宰牲亭。坛内垣北圆，余皆方。门四：东泰元，南昭亨，西广利，北成贞。成贞北为大享殿。坛圆，南向。内外柱各十有二，中龙井柱四。金顶，檐三重，覆青、黄、绿三色琉璃。基三成，南北陛三出，东西陛一出，上二成各九级，三成十级。东西庑二重，前各九楹，后各七楹。前为大享门，上覆绿琉璃，前后三出陛，各十有一级。东南燔柴炉、瘗坎，制如圜丘。内壝周百九十丈七尺二寸。门四，北门后为皇乾殿，南向，五楹，覆青琉璃。陛五出，各九级。东砖门外长廊七十二，联檐通脊，北至神库、井亭。又东北宰牲亭，荐俎时避雨雪处也。壝外围垣东、西、北各有门，南接成贞。又西北曰斋宫，东向，正殿五楹，陛三出，中级十有三，左右各十五。左设斋戒铜人，右设时辰牌。后殿五楹，左右配殿各三楹。内宫墙方百三十三丈九尺四寸。中三门，左右各一。环以池，跨石梁三。东北钟楼一，外宫墙方百九十八丈二尺二寸，池梁如内制。广利门外西北为神乐观，东向。中凝禧殿，五楹。后显佑殿，七楹。西为牺牲所，南向。又西为钟楼，其大享殿围垣南接圜丘，东、西转北为圆形。内垣高一丈一尺，址厚九尺，顶厚七尺，周千二百八十六丈一尺五寸。外垣高一丈一尺五寸，址厚八尺，顶厚六尺，周千九百八十七丈五尺。西向门二，南北并列焉。乾隆八年，修斋宫，改神乐观为所。十二年，修内外垣，改筑圜丘，规制益拓。上成径九丈，二成十五丈，三成二十一丈，一九三五三七，皆天数也。通三成丈四十有五，符九五义。量度准古尺，当营造尺八寸一分，又与九九数合。坛面甃砖九重，上成中心圆面，外环九重，砖数一九累至九九。二三成以次递加。上成每面各十有八，二成各二十七，三成各四十五，并积九为数，四乘之，综三百有六十，以应周天之度。其高上成五尺七寸，二成五尺二寸，三成五尺。栏、柱、阶级并准今尺。古今尺度赢缩稍差，用九则一。复改坛面为艾叶青石，皇穹宇台面墁青白石，大享殿外坛面墁金砖。坛内殿宇门垣俱青琉璃。十六年，更名大享殿曰祈年。覆檐门庑坛内外壝垣并改青琉璃，距坛远者如故。寻增天坛外垣南门一，内坛钟鼓楼一，嗣是祭天坛自新南门入，祭祈年殿仍自北门入。二十年，改神乐所为署。五十年，重建祈谷坛配殿。光绪十五年，祈年殿灾，营度仍循往制云。

方泽北向，周四十九丈四尺四寸，深八尺六寸，宽六尺，祭日中贮水。二成，上成方六丈，二成方十丈六尺，合六八阴数。坛面甃黄琉璃，每成陛四出，俱八级。二成南列岳镇五陵山石座，镂山形；北列海渎石座，镂水形：俱东西向。内壝方二十七丈二尺，高六尺，厚二尺。正北门三，石柱六。东、西、南门各一，石柱二。北门外西北瘗坎一。外壝方四十二丈，高八尺，厚二尺四寸。门制视内壝。南门后皇祇室，五楹，北向。垣周四十四丈八尺，高一丈一尺。正门一，外壝西门外，神库，神厨，祭器、乐器诸库，井亭，宰牲亭在焉。西北曰斋宫，东向。正殿七楹，陛五出，中九级，左右俱七级；南北陛一出，各七级。左右配殿各七楹。宫墙周百有十丈二尺。门三，东向。东北钟楼一。坛内垣周五百四十九丈四尺，北、西门各三，东、南门各一。外垣周七百六十五丈。西向门三。雍正八年，重建斋宫，制如旧。乾隆十四年，以皇祇室用绿瓦乖黄中制，谕北郊坛砖壝瓦改用黄。明年，改筑方泽墁石，坛面制视圜丘。上成石循前用六六阴数，纵横各六，为三十六。其外四正四隅，均以八八积成，纵横各二十四。二成倍上成，八方八八之数，半径各八，为六八阴数，与地耦义符。寻建东、西、南壝门外南、北瘗坎各二。又天、地二坛，立陪祀官拜石如其等。

阙右社稷坛，制方，北向。二成，高四尺。上成方五丈，二成方五丈三尺。陛四出，各四级。上成土五色，随其方覆之。内壝方七十六丈四尺，高四尺，厚二尺，饰色如其方。门四，柱各二。壝西北瘗坎二。北拜殿，又北戟门，楹各五，陛三出。外列戟七十二，其西南神库、神厨在焉。坛垣周百五十三丈四尺，覆黄琉璃。北三门，东、西、南各一门。西门外宰牲亭一、井一。西南为奉祀署。坛东北正门一，左右门各一，俱东向，直阙右门，乘舆躬祭所出入也。东南为社稷街。乾隆二十一年，徙瘗坎坛外西北隅。旧制壝垣用五色土，至是改四色琉璃砖瓦。各省社稷坛高二尺一寸，方广二丈五尺，制杀京师十之五云。

朝日坛在朝阳门外东郊，夕月坛在阜成门外西郊，俱顺治八年建。制方，一成，陛四出。日坛各九级，方五丈，高五尺九寸。圆壝，周七十六丈五尺，高八尺一寸，厚二尺三寸。坛垣前方后圆，周二百九十丈五尺。月坛各六级，方四丈，高四尺六寸。方壝，周九十四丈七尺，高八尺，厚二尺二寸。坛垣周二百三十五丈九尺五寸。两坛具服殿制同。燎炉，瘗坎，井亭，宰牲亭，神库，神厨，祭器、乐器诸库咸备。其牌坊曰礼神街。雍正初，更名日坛街曰景升，月坛街曰光恒。乾隆二十年，修建坛工，依天坛式。改内垣土墙甃以砖，其外垣增旧制三尺。光绪中，改日坛面红琉璃，月坛面白琉璃，并覆金砖。

天神、地祇、先农三坛制方，一成，陛皆四出，在正阳门外。先农坛位西南，周四丈七尺，高四尺五寸。东南为观耕台，耕耤时设之。前耤田，后具服殿。东北神仓，中廪制圆。前收谷亭，后祭器库。内垣南门外，神祇坛在焉。神坛位东，方五丈，高四尺五寸五分。北石龛四，镂云形，分祀云、雨、风、雷。祇坛位西，广十丈，纵六丈，高四尺。南石龛五，镂山水形。分祀岳、镇、海、渎。二坛方壝，俱周二十四丈，高五尺五寸。正门分南、北，余如日、月坛。又内垣东门外北斋宫，五楹，后殿，配殿，茶、膳房具焉。乾隆时，更命斋宫曰庆成宫。坛外垣周千三百六十八丈。南、北门二，东向，南入先农坛，北入太岁殿。殿七楹，东、西庑各十有一。其前曰拜殿，燎炉一。

先蚕坛，乾隆九年，建西苑东北隅，制视先农。径四丈，高四尺，陛四出。殿三楹，西向。东采桑台，广三丈二尺，高四尺，陛三出。前为桑园台，中为具服殿、为茧馆，后为织室。有配殿，环以宫墙。墙东浴蚕河，跨桥二。桥东蚕署三，蚕室二十七，俱西向。外垣周百六十丈，各省先农坛高广视社稷，余如制。

神位、祭器、祭品、玉、帛、牲牢之数　神位，圜丘第一成，正位昊天上帝，南向。配位八，首太祖讫宣宗，东西向。凡位皆施幄。第二成从位，东大明，次星辰。西夜明，次云、雨、风、雷。常雩如冬至、大祀、大雩，有从无配。祈谷位次视圜丘第一成，无幄。方泽第一成，正位皇地祇，北向，配列祖、列宗，东西向。第二成从位，东五岳，启运、隆业、永宁三山，次四海。西五镇，天柱、昌瑞二山，次四渎。因事祗告天地，不设配从位。顺治十七年，合祀大享殿，其正位左天帝，右地祇，南向。东太祖，西太宗，配之。从祀十二坛，大明位东，星辰、五岳、启运、四海、太岁、名山大川次之。夜明位西，云、雨、风、雷、五镇、天柱、隆业、四渎、帝王、天下神祇次之。社稷坛中植石主，别设神牌，正位。东大社，西大稷。北向。东配后土句龙氏，西后稷氏。无幄。坛下龛用木。日坛东大明，无幄。月坛正位夜明，配北斗二十八宿、周天星辰，共一幄。天神坛正中，左云师，次风伯，右雨师，次雷师，南向。地祇坛正中五岳，右五镇，次四海，左五陵，次四渎，北向。右旁京师山川，左旁天下山川。无幄。各省府、州、县神祇位次，正中云、雨、风、雷，左山川，右城隍。其郊坛神位，皇穹宇、皇乾殿、皇祇室奉之。神祇、社稷、日月神位，神库奉之，祭时并移坛所。太庙、奉先殿神牌置寝室龛位，祭时移前殿宝座。至传心殿、历代帝王、先师各庙龛位，或分或合，无恒制。

祭器，圜丘正位，爵三，登一，簠、簋二、笾、豆十，篚、俎、尊各一，配从同。惟大明、夜明戋三十，夜明铏皆二，云、雨、风、雷视夜明。常雩如冬至、大祀、大雩，正、从位俱笾六、豆二，告祭正位同。方泽祈谷坛正、配位，暨方泽从位，并视圜丘。盏、铏视夜明。太庙时享，帝、后同案，俱爵三，簠、簋二，笾、豆十有二，登、铏、篚、俎各一。尊前后殿同。祫祭如时享，东庑每案爵三，簠、簋二，笾、豆十，铏、篚、俎各一，尊共八案，分二座，爵、铏倍之。西庑同，惟簠、簋一，笾、豆四。告祭，中、后殿俱笾六，豆二。社稷坛大社、大稷，俱玉爵一，陶爵二，登、篚、俎、尊各一，铏、簠、簋各二。配位同，惟爵皆用陶。祈告，笾六，豆二。直省祭社稷，爵六，铏一，笾、豆四，簠、簋、篚、俎、尊各一，如大社稷。日坛、月坛、先农、先蚕坛，俱爵三，盏三十，笾、豆十，铏、簠、簋各二，登、篚、俎、尊各一。直省祭先农如祭社稷。天神坛四案，凡祈祀爵共十二，各用笾六、豆二、尊一、篚一。地祇坛如之，惟案七共爵二十七耳。报祀神祇，每案与日坛同，惟无戋。直省祭神祇，爵三，笾、豆四，铏、簠、簋各二，篚、俎、尊各一。时巡祭岳镇、海渎同。报祀增铏一，因事遣祭仍用二。余同。有司致祭无登、戋。太岁殿准先农，报祀亦如之。祈祀，笾六、豆二，不羞俎。先师正位视圜丘，惟用铏二。四配视正位，惟用笾、豆八，无登。十二哲位，各爵三，铏一，簠、簋一，笾、豆四，篚、俎、尊共用二。两庑二位同案，位一爵，凡献爵六，共篚二，尊、俎俱各六，簠、簋各一，笾、豆各四。视学、释奠同。

乾隆三十三年，颁内府周鼎、尊、卣、罍、壶、簠、簋、觚、爵各一，陈列大成殿，用备礼器。崇圣祠正位五案，案设爵三，笾、豆八，铏、簠、簋各二，篚、俎、尊各一。配位五案，设爵三，笾、豆四，铏、篚、簠、簋各一，共俎二，尊二。两庑三案，案各与配位同，惟共篚为二。

光绪三十二年，增先师正位笾、豆为十二，崇圣祠笾、豆为十，阙里、直省文庙暨崇圣祠祭器视太学。历代帝王正位十六案，案设爵三，登一，铏、簠、簋各二，笾、豆十，篚一，共俎七，尊七。两庑配位二十案，案设爵十二，铏二，笾、豆四，簠、簋、篚各一，共俎四，尊四。传心殿正位九案，案设爵、尊各三，铏、篚各一，笾、豆二。配位二案，案设爵三，笾、豆二，铏、篚、尊各一。关帝、文昌帝君俱爵三，笾、豆十，铏、簠、簋各二，登、篚、俎、尊各一，惟后殿笾、豆八。各省准京式。先医三皇位，位设爵三，笾、豆十，簠、簋、篚、俎、尊各一。两庑六案，案设簋、簠一，篚、尊各二，笾、豆四，共爵六。都城隍爵三，笾、豆十，铏、簠、簋各二，篚、俎、尊各一。火神、东岳庙，俱果盘五，篚、俎、尊各一。黑龙潭、玉泉山、昆明湖各龙神祠、惠济祠、河神庙俱三案，案设爵三，簠、簋二，笾、豆十，篚、俎、尊各一。

初沿明旧，坛庙祭品遵古制，惟器用瓷。雍正时，改范铜。乾隆十三年，诏祭品宜法古，命廷臣集议，始定制笾编竹，丝绢裹，髹漆。郊坛纯漆，太庙采画。其豆、登、簠、簋，郊坛用陶，太庙惟登用之，其他用木，髹漆，饰金玉。铏范铜饰金。尊则郊坛用陶。太庙春牺尊、夏象尊、秋著尊、冬壶尊、袷祭山尊，均范铜。祀天地爵用匏，太庙玉，两庑陶。社稷正位，玉一陶二。配位纯陶。又豆、登、簠、簋、铏、尊皆陶。日、月、先农、先蚕亦如之。帝王、先师、关帝、文昌及诸祠，则皆用铜。凡陶必辨色，圜丘、祈谷、常雩青，方泽、社稷、先农黄，日坛赤，月坛白。太庙陶登，黄质采饰，余俱白。盛帛用竹篚，髹色如其器。载牲用木俎，髹以丹漆。毛血盘用陶，色亦如其器。嘉庆十九年，定太庙簠、簋、豆与凡祭祀竹笾，三岁一修。光绪三十二年，先师爵改用玉。

祭品，凡笾、豆之实各十二，笾用形盐、薨鱼、枣、栗、榛、菱、芡、鹿脯、白饼、黑饼、糗饵、粉餈，豆用韭菹、醓醢、菁菹、鹿醢、芹菹、兔醢、荀菹、鱼醢、脾析、豚拍、酏食、糁食。用十者，笾减糗饵、粉餈，豆减酏食、糁食。用八者，笾减白、黑饼，豆减脾析、豚拍。用四者，笾止实形盐、枣、栗、鹿脯，豆止实青菹、鹿醢、芹菹、兔醢。笾六者，用鹿脯、枣、榛、葡萄、桃仁、莲实。豆二者，止用鹿醢、兔醢。登一，太羹。铏二，和羹。簠二，稻、粱。簋二，黍、稷。

玉、帛、牲牢：玉六等，上帝苍璧，皇地祇黄琮，大社黄珪，大稷青珪，朝日赤璧，夕月白璧。旧制，社稷坛春秋常祀用玉，祷祀则否。乾隆三十四年，会天旱祷雨，谕曰："玉以芘荫嘉谷，俾免水旱偏灾，特敕所司用玉将事。"自此为恒式。帛七等：曰郊祀制帛，南北郊用之。上帝青十二，地祇黄一。曰礼神制帛，社稷以下用之。社稷黑四，大明赤一，夜明白一，日月同。星辰斗宿白七，青、赤、黄、黑各一。天神、云、雨、风、雷，青、白、黄、黑各一，方泽从位，岳镇各五，五色。五陵山白五。四海随方为色。四渎黑四。地祇黄二，青、赤各三，黑七、白十二。先农、先蚕俱青一，先师正、配位，十二哲，两庑，崇圣祠正位，东、西庑，俱各一用白。帝王各位、关帝、文昌正位、后殿，太岁正位，北极佑圣真君、东岳都城隍亦如之。惟先医正位三，崇圣配位四，太岁两庑十二，火神赤一。曰告祀制币，祈报祭告用之。祈谷、雩祀、告祀圜丘俱青一，祭告方泽黄一。曰奉先制币，郊祀配位、太庙用之，圜丘、方泽配位各一，太庙帝后每位一。曰展亲制币，亲王配飨用之，太庙东庑位各一。曰报功制币，功臣配飨用之，太庙西庑位各一。三者俱白，昭忠等祠同，并织满、汉文字。曰素帛，帝王庙两庑位各一，先医庙两庑共四，余祀亦尚素。牲牢四等：曰犊，曰特，曰太牢，曰少牢。色尚骍或黝。圜丘、方泽用犊，大明、夜明用特，天神、地祇、太岁、日、月、星辰、云、雨、风、雷、社稷、岳镇、海渎、太庙、先农、先蚕、先师、帝王、关帝、文昌用太牢。太庙西庑，文庙配哲、崇圣祠、帝王庙两庑，关帝、文昌后殿，用少牢。光绪三十二年，崇圣正位改太牢。直省神祇、社稷、先农、关帝、先医配位暨群祀用少牢。火神、东岳、先医正位，都城隍，皆太牢。太牢：羊一、牛一、豕一，少牢：羊、豕各一。

大祀入涤九旬，中祀六旬，群祀三旬。大祀天地，前期五日亲王视牲，二日礼部尚书省牲，一日子时宰牲。帝祭天坛，前二日酉时宰之，太庙、社稷、先师前三日，中祀前二日。礼部尚书率太常司省牲，前一日黎明宰牲。惟夕月届日黎明宰之。令甲，察院、礼部、太常、光禄官监宰，群祀止太常司行。乾隆十七年，定大祀、中祀用光禄卿监宰。初，郊坛大祀，帝前期宿斋宫，视坛位、笾豆、牲牢。乾隆七年，更定前一日帝诣圜丘视坛位，分献官诣神库视笾豆，神厨视牲牢。寻定视坛位日，亲诣皇穹宇、皇乾殿上香。故事，省视笾豆牲牢，或临视，或否。三十五年，定遣官将事，自后以为常。

祀期　郊庙祭祀，祭前二岁十月，钦天监豫卜吉期。前一岁正月，疏卜吉者及诸祀定有日者以闻。颁示中外。太常寺按祀期先期题请，实礼部主之。世祖缵业，诏祭祀各分等次，以时致祭。自是大祀、中祀、群祀先后规定祀期，著为例。嘉庆七年，复定大、中祀遇忌辰不改祀期。咸丰中，更定关帝、文昌春秋祀期不用忌辰。其祭祀时刻，顺治十三年，诏祭天、地五鼓出宫，社稷、太庙并黎明。康熙十二年，依太宗旧制，坛庙用黎明，夕月用酉时。嘉庆八年，谕祭祀行礼，当在寅卯间，合礼经质明将事古义。凡亲行大祀，所司定时刻，承祭官暨执事陪祭者祗候，率意迟早者，御史纠之。

斋戒　顺治三年，定郊祀斋戒仪。八年，定大祀三日、中祀二日公廨置斋戒木牌。祀前十日，录斋戒人名册致太常，届日不谳刑狱，不宴会，不听乐，不宿内，不饮酒、茹荤，不问疾，吊丧，不祭神、扫墓。有疾与服勿与。大祀、中祀，太常司进斋戒牌、铜人置乾清门黄案。大祀前三日，帝致斋大内，颁誓戒。辞曰："惟尔群臣，其蠲乃心、齐乃志，各扬其职。敢或不共，国有常刑。钦哉勿怠！"

前祀一日，彻牌及铜人送斋宫，帝诣坛斋宿。十四年祀圜丘，致斋大内二日，坛内斋宫一日。陪祭官斋于公署，圜丘斋于坛。

雍正五年，遣御史等赴坛检视。九年，诏科道遇祀期斋戒。明年，仿明祀牌制制斋牌，敕陪祭官悬佩，防亵慢。乾隆四年，礼臣奏，郊坛大祀，太常卿先期四日具斋戒期，进牌及铜人置乾清门二日、斋宫一日。太庙、社稷，置乾清门三日。中祀，前三日奏进，置乾清门二日。并祭日彻还。后飨先蚕，奏进亦如之。惟由内侍置交泰殿三日。

七年，定郊祀致斋，帝宿大内二日，坛内斋宫一日。王公居府第，余在公署，俱二日。赴坛外斋宿一日。若遣官代祭，王公不与。祭太庙、社稷，王公百官斋所如前仪，俱三日。祭日、月、帝王、先师、先农，王公斋二日，遣代则否。后飨先蚕，斋二日，公主、福晋、命妇陪祀者，前二日致斋。十二年，诏郊祀、祈谷、大雩，祭日宣誓戒，陪祀者集午门行礼，符古者百官受戒遗意。既有司具仪上，行之。寻罢。惟严敕大臣斋宿公所，领侍卫内大臣等斋宿紫禁城，违则治罪。

初，斋宫致斋鸣鼓角，十四年谕云："斋者耳不听乐，孔子曰：'三日斋，一日用之，犹恐不敬，二日伐鼓何居?'言不敢散其志也。吹角鼓鼙，以壮军容，于义未协，不当用也。"遂寝。

十九年，敕群臣书制辞于版，前期三日，陈设公堂，俾有所警。嘉庆十三年，谕诫斋戒执事暨查斋监礼者，循旧章，肃祀典。宣统初，监国摄政王代行，帝宫内致斋，停进斋戒牌及铜人。

祝版　以木为之，圜丘、方泽方一尺五寸，径八寸四分，厚三分。祈谷坛方一尺一寸，径一尺，厚如之。太庙后殿方一尺二寸，径八寸四分。前殿方二尺，径一尺一寸，厚并同径。常雩，日、月坛，社稷坛与太庙后殿同。中祀、群祀方径各有差。天坛青纸青缘朱书，地坛黄纸黄缘墨书，月坛、太庙、社稷白纸黄缘墨书，日坛朱纸朱书，群祀白纸墨书不加缘。太常司令祝版官先期禙饰，祀前二日昧爽送内阁，授中书书祝辞，大学士书御名，余祀太常司自缮。

凡亲祭，先二日太常卿奏请，前一日阅祝版。圜丘、祈谷、常雩御太和殿，方泽、太庙、社稷御中和殿。祝案居正中少西，案设羊角灯二，视版日，案左楹东置香亭，右楹西置奉版亭、奉玉帛香亭。届时太常卿诣乾清门启奏，帝出宫诣案前。阅毕，行一跪三拜礼。赞礼郎彻褥，寺卿韬版，导帝至香亭前，拜跪如初礼。司祝奉版荐黄亭送祭所，庋神库。大祀遣代，停止祝版具奏。中祀，群祀，寺官赴内阁径请送祭所，不具奏。其视玉、帛、香如阅祝版仪。

祭服　圜丘、祈谷、雩祀，先一日，帝御斋宫，龙袍衮服。届期天青礼服。方泽礼服明黄色，余祀亦如之。惟朝日大红，夕月玉色。王公以下陪祀执事官咸朝服。嘉庆九年，定祀前阅祝版执事官服色制，南郊祈谷、常雩、岁暮祫祭、元旦、万寿、告祭太庙，蟒袍补褂，罢朝服。社稷、时享太庙，服补服。十一年，谕郊坛大祀若遇国忌，仍御礼服，礼成还宫更素服。十九年，谕郊祀遇国忌，前一日阅祝版，帝服龙袍龙褂，执事官蟒袍补服。大祀、中祀，帝龙褂，执事官补服。著为令。二十三年，定制大祀斋期遇国忌，悉改常服。中祀则限于承祭官及陪祀、执事官，余素服如故。二十五年，谕大祀亲祭或遣官致祭遇国忌，斋期一依向例，中祀亲祭同。其遣官致祭，与执事、陪祀官常服挂珠，否则仍素服。

祭告　凡登极授受大典，上尊号、徽号，袝庙，郊祀，万寿节，皇太后万寿节，册立皇太子，先期遣官祗告天地、太庙、社稷。致祭岳镇、海渎、帝王陵寝、先师阙里、先师。改大祀亦如之。大婚册立皇后，祗告天地、太庙。尊封太妃、册封皇贵妃及贵妃，祗告太庙后殿奉先殿。追上尊谥庙号、葬陵，祗告天地、社稷、太庙后殿、奉先殿，并致祭陵寝、后土、陵山。亲征命将，祗告天地，太庙，社稷，太岁，火炮、道路诸神。凯旋奏功，祗告奉先殿，致祭陵寝，释奠先师，致祭岳镇、海渎、帝王陵庙、先师阙里。谒陵、巡狩，并祗告奉先殿，回銮亦如之。巡幸所莅，亲祭方岳。其所未莅者，命疆臣选员遍祭岳、镇、海、渎、所过名山大川。其祭文香帛，遣使自京赍送。帝王陵寝、圣贤忠烈暨名臣祠墓，凡在三十里内，遣官祭之。岁暮祫祭，功臣配飨，祗告太庙中殿、后殿。监国摄政，并遣官祭告太庙。耕耤田，祗告奉先殿。御经筵，祗告奉先殿、传心殿、修建郊坛、太庙、奉先殿，祗告天地、太庙、社稷。兴工、合龙，祭后土、司工诸神。迎吻，祭琉璃窑神暨各门神。岁旱祈雨，祗告天神、地祇、太岁。越七日，祭告社稷。三请不雨，始行大雩。凡告祀，不及配位从坛。至为元元祈福，则遣大臣分行祭告，颁册文香帛，给御盖一，龙纛御仗各二，盖犹乔岳翕河茂典云。

习仪　凡大祀前四十日，中祀前三十日，每旬三、六、九日，太常卿帅读祝官、赞礼郎暨执事、乐舞集神乐署，习仪凝禧殿。故事，祭祀先期，太常寺演礼坛庙中。雍正九年谕曰："是虽义取娴熟，实乖洁齐严肃本旨也。"乃停前一日坛庙演礼。其前二日凝禧殿如故。飨太庙，以王公一人监视宗室、觉罗官。祀先师，祭酒、司业监视国子师生，同日习乐殿庭，令乐部典乐监视亦如之。谒陵寝，读祝官等亦遇三、六、九日习仪皇陵。又岁暮将祭享，选内大臣打《莽式》，例演习于礼曹。时议谓发扬蹈厉，为公庭万舞变态云。

陪祀　顺治时，诏陪祀官视加级四品以上。康熙二十五年，以喧语失仪，谕诫陪祀官毋慢易。寻议定论职不论级。郊坛陪祀，首公，讫阿达哈哈番，佐领。文官首尚书，讫员外郎，满科道，汉掌印给事中。武讫游击。祭太庙、社稷、日月、帝王庙，武至参领，文至郎中，余如前例。御史、礼曹并纠其失仪者。既以浙江提督陈世凯请，文庙春秋致祭，允武官二品以上陪祀。三十九年，申定陪祀不到者处分。乾隆初元，定陪祀祗候例，祭太庙，俟午门鸣鼓；祭社稷，俟午门鸣钟；祭各坛庙，俟斋宫钟动；依次入，鹄立，禁先登阶。并按官品制木牌，肃班序。七年，定郊庙、社稷赴坛陪祀制，遣官代行，王公内大臣等不陪祀，余如故。明年，定郊祭前一日申、酉时及祭日五鼓，礼部、察院官赴坛外受职名，余祀止当日收受。二十七年岁杪，谕通覈陪祀逾三次不到者，分别议惩。咸丰十年，谕朝日陪祀无故不到或临时称疾，并处罚。光绪九年，申定祇候例，大祀夜分、中祀鸡初鸣，朝服莅祭所。

卷八十三　志五十八

礼二　吉礼二

郊社仪制　郊社配飨　祈谷　雩祀　天神　太岁朝日夕月　**社稷　先农　先蚕　地祇**　岳镇海渎山川　**直省神祇**

郊祀之制　太祖御极，焚香告天，建元天命。天聪十年，设圜丘德盛门外，方泽内治门外，坛壝始备。会征服察哈尔，获元玉玺，躬亲告祭，遂祀天南郊。旧制，祭飨用生牢，颁百官胙肉。帝曰："以天胙而享于家，是亵也。"谕改神前分享用熟荐。寻征朝鲜，祭告天地，并祀北郊。世祖入关宅帝位，于是冬至祀圜丘，奉日、月、星辰、云、雨、风、雷配。夏至祀方泽，奉岳、镇、海、渎配。南北分飨。著为例。四年，定郊祀荐生牢如初，惟躬祀南郊进胙牛一。十四年，诏言："人君事天如父，岁止一郊，心有未尽。惟营殿禁中，岁时致祀，配以太祖、太宗，庶昭诚敬。"礼臣乃援唐天宝四时孟月择吉祭上帝故事，谓构上帝殿奉先殿东，元旦，万寿，三节，夏冬二至，亲诣致虔，仪物如郊祀。惟内祭初安神位时读祝辞，不用胙，不进酒，不燎牛。从之。至是始有禁中祀天礼。十七年，敕廷臣议合祭仪，奏言仿《明会典》，前期一日，祭告各坛庙，定从祀十二坛。是岁四月，禁中大飨殿遂合祀天、地、日、月暨诸神。圣祖嗣位，诏罢之。

康熙二年，定郊祀躬亲行礼，无故不摄。四十六年，冬至大祀，会天寒，群臣以代请，勿许。四十八年，帝违和，始令李光地摄行郊坛大礼。越二年，祀圜丘如初。嗣是帝年逾六十，兼病足，复令大臣摄之。明年冬至，斋戒，犹力疾升坛省俎豆，量力拜跽，退处幄次，俟摄事者礼讫始还宫。臣工固请停躬诣，犹勿许。六十一年，祀南郊，始遣世宗恭代，距宾天止五日也。雍正八年冬至，遇圣祖忌日，礼臣援旧例请代，下大学士九卿议。奏言《周礼·春官》称大祭祀王不亲则摄行。唐、宋制，大祀与国忌同日，乐备不作。议者谓飨神不可无乐，未若摄祀之当乎礼也，遣代便。可其奏。乾隆七年，定议《周礼》祀天用玉辂，唐、宋参用大辇，今亲祀南郊，前期诣斋宫，宜御玉辇。是日，帝乘礼舆，易銮辂，自降辇至礼成，如仪。十四年，展拓两郊坛宇，更新幄次。越四载蒇事，规制始大备。仁宗中叶，自制《南北郊说》，祀典如故。咸丰八年、九年，帝疾不能亲，犹宫内致斋，届日诣大高殿皇穹宇行礼。穆宗、德宗，冲龄践阼，皆遣代。定亲政日躬行。宣统缵绪，监国摄政王行之。

郊社之仪，天聪十年，礼部进仪注，迄顺治间，始定郊祀前期斋戒阅祝版玉帛香，省牲，祀日迟明，礼部太常官诣皇穹宇行礼。奉神牌置坛所，司祝奉祝版，帝出宫乘辇，陪祀王公集午门金水桥从行，余序立桥南迎送。驾至昭亨门降辇，前引大臣十人，次赞引官、对引官导入更衣幄次，更祭服出，讫盥，诣二成拜位前，分献官各就位。典仪赞"迎神燔柴"，司乐官赞"举迎神乐"，赞引奏"升坛"，帝升一成。上诣香案前，跪上炷香，又三上香，复位，行三跪九叩礼。典仪赞"奠玉帛"，司乐赞"举乐"，帝诣神位前，跪搢玉帛奠案，复位。典仪赞"进俎"，司乐赞"举乐"，诣神位前，跪受俎拱举，复位。典仪赞"行初献礼"，司乐赞"举初献乐"，乐作，舞《干戚舞》，帝诣神位前，跪奠爵，俯伏。读祝官捧祝跪读讫，行三叩礼。自上香至献爵，配位前仪同。复位，易文舞。亚献、终献舞羽籥，仪如初献，不用祝，分献官、陪祀官随行礼。三献毕，饮福受胙，帝升坛至饮福位，跪，奉爵官酌福酒，奉胙官奉胙，跪进，受爵、胙，三叩，兴，复位。率群臣行三跪九叩礼，彻馔送神，司乐、典仪赞讫，率群臣行礼如初。有司奉祝，次帛，次馔，次香，各诣燎所，唱"望燎"。帝诣望燎位，半燎，礼成，还大次，解严。太常官安设神牌，如请神仪。若遣代，则行礼三成阶下，升降自西阶，读祝跪二成阶下。罢饮福、受胙礼。送燎，退立西偏。余如制。雍正元年，令陪祀官先莅坛祗候。

方泽，前期但阅祝版。上香毕，奠玉帛，用瘗貍。余与郊天同。

南郊，诣坛斋宿，自顺治十一年著例，无常仪。乾隆七年定制，前一日，銮仪卫严驾陈午门外太和门阶下。巳刻，太常卿诣乾清门奏请诣斋宫，帝御礼舆出太和门，降舆乘辇，警跸鸣钟鼓，至昭亨门外降。寺卿导入门左，诣圜丘视坛位。分献官分诣神库、神厨视笾豆牲牢。帝出内外壝南左门，至神路西升辇，如斋宫。从祀官俟帝入，退归斋所。翼日届时，寺卿导入大次，更礼服出，复导驾诣坛行礼，毕，还宫。

三十五年，高宗六旬，命礼臣酌减升级次数及降辇步行远近。议言郊前一日乘步辇如斋宫，自此易礼舆，至神路西降，步诣皇穹宇上香，遣亲王视坛。祀日自斋宫至神路西阶下降辇步入，礼成，即于降辇处乘舆还宫。行礼时，初升至二成拜位，即升坛上香，复位迎神，升阶行奠玉帛礼，以次进俎，三献暨饮福、受胙，并于此行之。还拜位，谢福胙，送神，乃卒事。方泽亦如之。允行。犹虑子孙玩视大典，复于三十九年谕诫，年未六旬，毋减小节，著为令。次年，祀南郊，命诸皇子旁侍观礼。越四年，于是帝年七十矣，谕迎神献爵暨祖宗配位前上香悉如旧，其献帛爵诸礼，自本年南郊始，令诸皇子代陈。五十一年，帝以春秋高，步履或逊，敕坛上读祝拜位增设小幄次，然备而未用也。五十九年，祀方泽；配位前献帛爵，仍皇子代行。历仁宗朝，郊祀各仪节，悉遵高宗旧制云。

嘉庆十八年，林清变起，计日敉平，会长至祀圜丘，谕先一日赴坛不升辇，自宫至皇穹宇入斋宫，并御肩舆，用答嘉贶。宣统嗣位，监国摄行郊祀，祀日诣坛，不斋宿，百官不迎送。出入升降，仍由右门，在右阶行礼。拜位设第二成，视帝位少后。去黄幄。即于行礼处受胙，毕，进福酒、胙肉。余同亲祀仪。

郊祀配飨　顺治五年冬至，祀圜丘，奉太祖配。十四年谕曰："太祖肇兴帝业，太宗继述皇猷，功德并隆，咸宜崇祀。"以后大祀天地，益奉太宗配飨。于是上辛祈谷，上帝位东奉太祖神位，卜吉奉太宗位于其西。夏至配方泽如初礼。十七年，行大飨殿合祀礼，寻罢。康熙六年冬至，祀南郊，用礼臣言，奉世祖配飨上帝，越九日，配飨皇地祇，诣方泽行礼。九年，祈谷亦如之。雍正二年，奉圣祖配大飨殿，次太宗。十三年冬，高宗嗣服，谕言："皇考世宗，德侔造化，宜祀郊坛。"命议礼以闻。议者谓宜乾隆二年冬至配圜丘，三年孟春上辛配大飨殿，夏至配方泽。帝意以为祔庙后配飨，去夏至近、冬至远。先配方泽，前后已歧。若俟南郊，时日又旷。考之旧典，世祖、太宗配飨天地，莫不先圜丘后方泽，时或翼日、或旬日，礼仪粲然。稽之经传，成周郊祀后稷以配天，宗祀文王于明堂，即《月令》所谓"季秋，大飨帝"也。《召诰》"三日丁巳用牲于郊"。释者谓非常祀而祭天，以告即位也。宋皇祐三年，以大庆殿为明堂，合祭天地，三圣并侑，古者因事而郊，不必定在二至。因谕来年世宗配天大礼，准此行事。逾岁，遂诹吉夏至前奉世宗配圜丘。余如议。

先是部臣进升配仪，未议及祗见上帝。帝曰："皇考祔庙，先见祖宗，然后升座，今行配飨，先见上帝，于义始允。"已，所司具仪上。于是祀南郊奉世宗神位祗见上帝，夏至祀方泽，祗见皇地祇，位并次世祖。嗣是升配皆先祗见，以为常。嘉庆四年，奉高宗配飨，道光元年，奉仁宗配飨，并如仪。

三十年，帝弗豫，遗命罢郊配，略谓："禘郊祖宗，伊古所重，我朝首太祖讫仁宗。厚泽深仁，允宜配飨郊坛，礼隆报本。若世世率行无已，益滋后人疵议，此不能不示限制也。"文宗践阼，遂敕王大臣集议，礼亲王全龄等佥云："大行皇帝功德懿烁，郊配断不可易，请仍遵成宪。"礼部侍郎曾国藩疏言："郊配之罢，不敢从者二，不敢违者三。大行皇帝仁爱之德，同符大造，粒我烝民，后稷所以配天也。御宇卅载，无一日暇逸，无斯须不敬，纯亦不已，文王所以配上帝也。具合撰之实，辞升配之文，臣心何能自安？不敢从者一。大行皇帝德盛化神，即无例可援，犹应奏请，矧有成宪，曷敢稍逾！传曰：'君行意，臣行制。'在上自怀谦德，为下宜守成规。不敢从者二。坛壝规模，尺寸有定，一砖一石，皆按九五阳数，不能增改。幄内止容豆笾，幄外几无余地。大行皇帝虑亿万年后，或议广坛壝，或议狭幄制，故定为限制，以身作则。严谕集议，尚未裁决遵行，则后人孰肯冒大不韪？将来必至修改基址，轻变旧章。不敢违者一。唐垂拱间，郊祀奉高祖、太宗、高宗并配，开元十一年，从张说议，而罢太宗、高宗。宋景祐间，郊祀奉艺祖、太宗、真宗并配，嘉祐七年，从杨畋议，而罢太宗、真宗。我朝顺治间，大飨殿合祀，后亦罢其礼。大行皇帝虑亿万年后，或援唐、宋旧例，妄行罢祀，因谕以非天子不议礼，增配尚所不许，罢祀何自而兴？不敢违者二。我朝孝治天下，遗命尤重，圣祖不敢违孝庄文皇后遗命，未敢竟安地宫。仁宗不敢违高宗遗命，故虽丰功伟烈，庙号未获祖称。此而可违，家法何在！且反覆申明，处己卑屈，处祖崇高，大孝大让，亘古盛德。不敢违者三。默计皇上仁孝深心，不升配歉在阙礼，遽升配歉在违命，且多将来之虑。他日郊祀时，上顾遗训，下顾万世，或悚然而难安，礼臣益无所辞咎。"帝颇韪其言。已复博谘廷议，手降敕谕，谓："周人郊祀后稷，唐、宋及明，或三祖并侑，或数帝分配。我朝历圣相承，靡不奉配。第配位递增，坛制有定。皇考德泽，列祖同符，应如所请。俟祔礼成，仍奉升配，并体遗训，昭示限制。自后郊祀配位，定为三祖五宗，永为恒式。"於是咸丰二年夏大祀圜丘、方泽，三年春上辛祈谷，并奉宣宗配，位次高宗。

十一年，帝崩，穆宗以郊配大典，遗命定三祖五宗，圣心不自安。乃集群臣议，并奉两宫皇太后稽众询谋，礼亲王世铎等先后疏言："礼贵制宜，孝当承志，两朝遗训，宜谨遵循。"帝勉从之。遂停文宗郊配。同治建元，云南学政张锡嵘援《孝经》明堂严父配天义，谓宜以季秋祀上帝大飨殿，奉显皇帝配。世铎等益以《钦定孝经衍义》释之，谓迭飨并侑，非礼所宜。议遂寝。

祈谷　顺治间，定岁正月上辛祭上帝大飨殿，为民祈谷。帝亲诣行礼，与冬至同。惟不设从坛，不燔柴。十七年，诏飨帝大典，不宜有异，自后祈谷、燔柴以为常，并改大飨殿合祀上帝百神在圜丘举行。康熙二十九年，圣祖亲制祝文。四十八年，帝疾，不能亲，遣官代。会江、浙、鲁、豫水旱洊臻，仍自制祝文祈之。故事，上辛在正月五日前，改用次辛。雍正八年，上辛为正月二日，部臣因元旦宴，请展十日，不许。先期斋戒如故。十三年正月十日上辛，未立春，帝曰："此非乘阳义也。"命礼臣集议。奏言："《礼·月令》，立春日，天子迎春东郊，乃祈谷上帝。此礼本在立春后，请循例用次辛，或立春后上辛。"从之。乾隆十六年，和亲王等以大飨为季秋报祀，义殊祈谷，请更锡名。群臣亦言非明堂本制，袭称大飨，名实未协。得旨，改曰"祈年"。

凡祈谷，驾如南郊，至西天门内神路西降辇，入祈年左门，诣皇乾宫上香。礼成，诣祈年坛视位，毕，仍出左门升辇至斋宫。三十七年，更定前一日辇入西天门，自斋宫东乘礼舆，讫西砖城左门止。步诣皇乾殿上香，毕，还斋宫，亲王视坛位。祀日出斋宫，乘辇，至甬道正中，易礼舆，至神路西降。自砖城步就幄次，入左门，礼同圜丘。四十七年正月四日上辛，礼臣先期请改次辛便，帝曰："上辛在正月三日前，为须隔年斋戒也；在四日前，为因圣母祝釐也。兹非昔比，奚改为？其仍用上辛，著为例。"又谕："孟春祈谷，所以迓阳气，兆农祥。考诸经传，是立春后上辛，非元旦后上辛也。惟在月初，旧腊，即当斋戒。然太庙祫祭，大礼攸关，宫中拜神，国俗所在。若以斋期行此，似非专一致敬之道。"因下廷臣议。寻奏："上辛以立春后所得为准，与其用十二月上辛，不如用正月上辛，以重岁首。如值三日前，则改次辛。或四日前，则应一日斋戎，是日未入斋宫，宫殿拜祭，各不相妨。毋庸改期。"允行。咸丰四年，祈谷，帝患宿疾，敕礼臣酌损仪文。侍郎宋晋请仍旧贯遣代行。帝曰："是非轻改旧章也，应天以实不以文，此意宜共喻之。"

雩祀　关外未尝行。顺治十四年夏旱，世祖始祷雨圜丘，前期斋三日，冠服浅色，禁屠宰，罢刑名。届期，帝素服步入坛，不除道，不陈卤簿，坛上设酒果、香灯、祝帛暨熟牛脯醢，祭时不奏乐，不设配位，不奠玉，不饮福、受胙。余如冬至祀仪。其方泽、社稷、神祇诸坛，则遣官莅祭。既得雨，越三日，遣官报祀。定躬祷郊坛仪自此始。越三年又旱，卜吉致斋，步至南郊，躬亲告祭。于时天无片云，顷之乃大雨。报祀如初。康熙九年夏旱，诏百官修省，礼部祈雨。明年，帝亲祷。自后躬祀以为常。二十六年，亲制祝文祈告，雨立降。又尝设坛宫禁，跽祷三昼夜，日惟淡食，越四日，步祷天坛，雨骤澍，步还宫，衣履沾湿云。

乾隆七年，御史徐以升奏言："《春秋传》：'龙见而雩，为百谷祈膏雨也。'《祭法》：'雩宗，祭水旱也。'《礼·月令》：'雩，帝用盛乐，命百县雩祀，祀百辟卿士有益于民者，以祈谷实，是为常雩。'《周礼》：'稻人，旱暵共雩敛。'《春秋》书雩二十有一，有一月再雩者，旱甚也。是又因旱而雩。考雩义为吁嗟求雨，其制，为坛南郊旁，故鲁南门为雩门，西汉始废，旱辄祷郊庙。晋永和立坛南郊，梁武帝始徙东，改燔燎从坎瘗。唐太宗复旧制。宋时孟夏雩祀上帝。明建坛泰元门东，制一成，旱则祷。我朝雩祭无坛，典制似阙，应度地建立，以符古义。"下礼臣议。议言："孟夏龙见，择日行常雩，祀圜丘，奉列祖配。四从坛，皆如礼。孟夏后旱，则仿唐制，祭神祇、社稷、宗庙。七日一祈，不足，仍分祷。旱甚，大雩。令甲，祈雨必望祭四海，至是罢之。又行大雩，用舞童十六人，衣玄衣，分八列，执羽翳，三献，乐止，乃按舞。歌御制《云汉诗》八章，毕，望燎。余同常雩。至久雨祈晴，宜仿《春秋传》鼓用牲，《通考》崇祭制，伐鼓祀少牢。崇祭国门，雨不止，则伐鼓用牲于社。罢分祷，停僧道官建坛讽经。其直省州、县旧置耤田坛祀，仍依雍正四年例。孟夏行常雩，患旱，先祭境内山川，次社稷。患霪潦祈晴，如京师式。"十七年，增祈雨报祭乐章。

二十四年，常雩不雨，帝步祷社稷坛，仍用玉。六月大雩，亲制祝文，定仪节。前一日，帝常服视祝版，诣坛斋宿，去卤簿，停乐。出宫用骑，扈驾大臣常服导从。至南郊，步入坛，视位上香。祀日，帝雨冠素服步祷，从臣亦如之。不燔柴，不晋俎，不饮福、受胙。三献毕，舞童舞羽、歌诗，退，皆如仪。帝率群臣三拜，彻馔，望燎。礼成，还宫。

三十七年，帝以年老，命酌损仪节视圜丘。

嘉庆十八年，以钦天监雩祀择日，频年恒在立夏节，殊乖古义，敕立夏后数日蠲吉行。著为例。

道光十二年六月大雩，亲制祝文，省躬思过。是夕雨。报谢如常仪。御史陈焯请再申虔祷。帝曰："祭法有祈有报。以报为祈，非礼也。其勿逾旧制。"

天神　顺治初，定云、雨、风、雷。既配飨圜丘，并建天神坛位先农坛南，专祀之。雍正六年，谕建风神庙。礼臣言："《周礼》槱燎祀飌师，郑康成注风师为箕星，即《虞书》六宗之一。

马端临谓，周制立春丑日，祭风师国城东北，盖东北箕星之次，丑亦应箕位。汉刘歆等议立风伯庙于东郊。东汉县邑，常以丙戌日祀之戌地。唐制就箕星位为坛，宋仍之。今卜地景山东，适当箕位，建庙为宜。岁以立春后丑日祭。"允行。规制仿时应宫，锡号"应时显佑"，庙曰宣仁。前殿祀风伯，后殿祀八风神。明年，复以云师、雷师尚阙专祀，谕言："《虞书》六宗，汉儒释为乾坤六子，震雷、巽风，并列禋祀。《易》言雷动风散，功实相等。记曰'天降时雨，山川出云。'《周礼》以云物辨年岁，是云与雷皆运行造化者也。并官建庙奉祀。"于是下所司议，寻奏："唐天宝五载，增祀雷师，位雨师次，岁以立夏后申日致祭，宋、元因之。明《集礼》，次风师以云师，郡、县建雷雨、风云二坛，秋分后三日合祭。今拟西方建雷师庙，祭以立夏后申日。东方建云师庙，祭以秋分后三日。"从之。乃锡号云师曰"顺时普应"，庙曰凝和；雷师曰"资生发育"，庙曰昭显；并以时应宫龙神为雨师，合祀之。

嘉庆二年旱，祷雨既应，仁宗莅坛报祀，入坛中门降舆，至壝南门外，盥毕入，升坛。以次诣云、雨、风、雷神位上香，二跪六拜。初献即奠爵、帛，读祝，不晋俎，不饮福胙。余如故。

太岁殿位先农坛东北，正殿祀太岁，两庑祀十二月将。顺治初，遣官祭太岁，定孟春为迎，岁暮为祖。岁正月，书神牌曰"某干支太岁神"，如其年建。岁除祭毕，合祝版燎之。凡祭，乐六奏，承祭官立中阶下，分献官立甬道左右，行三跪九拜礼。初献即奠帛，读祝，锡福胙，用乐舞生承事，时犹无上香仪也。

乾隆十六年，礼臣言同属天神，不宜有异，自是二祭及分献皆上香。太岁、月将神牌，旧储农坛神库，至是亦以殿庑具备，移奉正屋。临祭，龛前安神座。毕，复龛。旧制，祭太岁遣太常卿行礼，两庑用厅员分献。二十年，改遣亲王、郡王承祭。次年，定太常卿为分献官。

雍、乾以来，凡祈祷，天神、太岁暨地祇三坛并举，遣官将事，陪祀者咸与焉。前期邸斋一日，承祭官拜位。天神坛在南阶下，太岁与常祀同，俱三跪九拜。天神用燎，太岁两庑不分献，不饮福、受胙。

朝日、夕月，初以大明、夜明从祀圜丘，罢春秋分祀。顺治八年，建朝日坛东郊，夕月坛西郊。

朝日用春分日卯刻，值甲、丙、戊、庚、壬年，帝亲祭，余遣官。乐六奏，舞《八佾》。凡亲祭，入自坛北门，至甬道更衣大次，盥毕，升西阶就位，行三跪九拜礼。奠献遣有司行。遣代则行礼阶下，惟读祝时跽坛上。初日坛用露祭。雍正四年，始援社稷例，立龛坛下芘风雨。乾隆十一年，具服殿成，罢更衣大次。是岁春分翼日日食，高宗莅祭，不乘辇，不奏乐，不陈卤簿。三十九年躬祭，入櫺星左门，如幄次行礼，以年高酌减礼文，非恒式也。

夕月用秋分日酉刻，奉星辰配，凡丑、辰、未、戌年，帝亲祭，余遣官。乐六奏，仪视日坛稍杀，亲临较少。升坛行礼，二跪六拜，初献奠玉帛，读祝，余如朝日仪。遣官则拜坛下。乾隆三年戊午，例遣官，帝因初举祀典，仍亲祭如礼。五十五年，酌损节文，如日坛例。嘉庆五年庚申，效高宗故事，仍亲祭，不遣官。十九年，定亲祭仪，祀配位用亲王、郡王上香。二十三年，世宗忌日值月坛斋期，谕陪祀执事官改常服，余如故。

社稷之祀　自京师以至直省府、州、县皆有之，其在京师者，建坛端门右。世祖宅帝位，祭告如仪。定制，岁春、秋仲月上戊日，祭大社、大稷，奉后土句龙氏、后稷氏配。祭日，帝亲莅，坛上敷五色土，各如其方。乐七奏，舞《八佾》。帝出阙右门降辇，道北门出入，祭时出拜殿，至壝北门外就位，自北阶升坛上香，诣正位奠献。有司分祭配位。升北阶，降西阶，不晋俎，三跪九拜。余仪如北郊旧例。

祭日逢国忌，不改期，易素服。康熙三年，遇太宗忌日，始改中戊。

雍正二年，平青海，告祭行献俘礼。自是平定藩部，献俘以为常。

乾隆十七年，改送燎为望瘗。明年，增望瘗乐章。

三十七年，以年老更仪节。幄次先设拜殿，帝御辇至坛外门，易礼舆，入右门，至拜殿东阶下，乃降。升阶行礼，礼成，升舆如初。故事，祭日遇风雨，拜位香案徙殿中，神位祭品露设如故。帝曰："社稷之制，不立栋宇，以承天阳。今神牌藏神库，是在栋宇内也。移奉殿中，复何嫌忌？"四十一年，定祭日遇风雨，神牌安奉殿内，祭器、乐簴移设拜殿，猝遇则用木龛覆神牌，其拜殿别设香案。嘉庆五年，仁宗诣坛祈雨，视春秋致祭仪，惟祭品用脯醢、果实，不饮福。前三日及祭日，王、公、百官皆斋戒，禁屠宰，不理刑名。余悉如故。并谕亲诣祈祷、报祀均步行，以隆典礼。

其在府、州、县者，顺治元年建，岁祭亦用上戊，府称府社、府稷，州、县则云某州、县社、稷。

世宗缵业，制定祭品，羊一，豕一，帛一，笾、豆四，铏、簠、簋各二。有司斋二日，届期朝服祭于坛。乾隆八年，始颁祝文，各直省定例，为民祈报，会城布政使主之，督若抚陪祀。道官驻地，府、州、县主之，道陪祀。十六年，以尊卑未协，诏互易之。督、抚、道官或出巡，仍令布政使暨府、州、县官摄祭。武官自将军以下，皆陪祀。社、稷以次诸祭，悉准此行。

先农　天聪九年，禁滥役妨农。崇德元年，禁屯积米谷，令及时耕种，重农贵粟自此始。顺治十一年，定岁仲春亥日行耕耤礼。先期，户、礼二部尚书偕顺天府尹进耒耜暨穜稑种。届期，帝亲飨祭献如朝日仪。毕，诣耕耤所，南向立。从耤者就位。户部尚书执耒耜，府尹执鞭，北面跪以进。帝秉耒三推，府丞奉青箱，户部侍郎播种，耆老随覆。毕，尚书受耒耜，府尹受鞭。帝御观耕台，南向坐，王以下序立。三王五推，九卿九推，府尹官属执青箱播种，耆老随覆。毕，帝如斋宫。府尹官属、众耆老行礼。农夫三十人执农器随行。礼毕，从府、县官出至耕耤所，帝赐王公坐，俟农夫终亩，鸿胪卿奏礼成，百官行庆贺礼。赐王公耆老宴，赏农夫布各一匹，作乐还宫。其秋，年谷登，所司上闻，择日贮神仓，备供粢盛。寻定先农岁祭遣府尹行，大兴、宛平县官陪祀。

康熙时，圣祖尝临丰泽园劝相。雍正二年，祭先农，行耕耤。三推毕，加一推。颁新制《三十六禾词》。赏农夫布各四匹，罢筵宴。颁赐各省嘉禾图。

乾隆三年，帝初行耕耤礼，先期六日，幸丰泽园演耕，届日飨先农，行四推。二十三年谕曰："吉亥耤亩，所重劭农。黛耜青箱，畚镈蓑笠，咸寓知民疾苦至意。吾民雨犁日耘，袯襫维艰，炎湿遑避。设棚悬彩，义无所取。且片时所用，费中人数十户产也，其除之。"三十七年，群臣虑帝春秋高，吁罢亲耕，不许。命仍依古制三推。嘉庆以降，仍加一推如初。

直省祭先农，清初未举行。雍正二年，耤田产嘉禾，一茎三四穗。越二年，乃至九穗。谕言："国以民为本，民以食为天。礼，天子耤千亩，诸侯百亩。是耕耤可通臣下，守土者允宜遵行。俾知稼穑艰难，察地力肥硗，量天时晴雨。养民务本，道实由之。"于是定议：顺天府尹，直省督抚及所属府、州、县、卫，各立农坛耤田。自五年始，岁仲春亥日，率属祭先农行九推。十月朔，颁《时宪书》，豫定次年耕耤吉期，下所司循用。祭品礼数，如社稷仪。

先蚕　清初未列祀典。康熙时，立蚕舍丰泽园，始兴蚕绩。雍正十三年，河东总督王士俊疏请祀先蚕，略言："《周礼》郑《注》上引房星，以马神为蚕神。蚕、马同出天驷，然天驷可云马祖，实非蚕神。《淮南子》引《蚕经》，黄帝元妃西陵氏始蚕，其制衣裳自此始。汉祀菀窳妇人、寓氏公主，事本无稽。先蚕之名，《礼经》不载。隋始有坛，建宫北三里，高四尺。《唐会要》，遣有司飨先蚕如先农。宋景德三年，命官摄祀。有明厘正祀典，百神各依本号，如农始炎帝，止称先农神，则蚕始黄帝，亦宜止称先蚕神。按周制，蚕于北郊。今京师建坛，亦北郊为宜。"部议然之。侍郎图理琛奏立先蚕祠安定门外，岁季春吉巳，遣太常卿祀以少牢。未及行。

乾隆七年，始敕议亲蚕典礼，议者以郊外道远，且水源不通，无浴蚕所。考唐、宋时后妃亲蚕，多在宫苑中，明亦改建西苑。高宗鉴往制，允其议。命所司相度，遂建坛苑东北隅。三面树桑柘。坛东为观桑台，前桑园，后亲蚕门。其内亲蚕殿，后浴蚕池，池北为后殿。宫左为蚕妇浴蚕河。南北木桥二，南桥东即先蚕神殿也。左曰蚕署，北桥东曰蚕所，皆符古制云。

是岁定皇后飨先蚕礼，立蚕室，豫奉先蚕西陵氏神位。届日辰初刻，后礼服乘凤辇出宫，至内壝左门降，入具服殿，妃、嫔从。盥讫，升中阶，就南阶上拜位，六肃，三跪，三拜。谢福胙礼三减一。不读祝。爵三献。凡拜跪，妃、嫔坛下皆行礼。余如飨先农仪。礼成还宫。越日，行躬桑礼。先是筑台桑田北，置蚕母二人，蚕妇二十七人，蚕宫令、丞各一人承其事。后散斋一日，从采桑妃、嫔以下毕斋。是日昧爽，从桑侍班公主等祗候南门内。巳初刻，后出宫，妃、嫔从，诣西苑，入具服殿。传赞分引妃、嫔、公主等就采桑位，典仪奏请后行礼。出诣桑畦北正中，相仪二人，跽进筐、钩，后右持钩，左提筐，东行畦外。内监扬彩旗，鸣金鼓，歌采桑辞，后东西三采毕，歌止。相仪跽受筐、钩。后御观桑台，以次妃、嫔、公主等五采，命妇九采。讫。蚕母北面跪，典仪举筐授之，祗受退。切之，授蚕妇，洒于箔。后御茧馆，传赞引妃、嫔等行礼讫。还宫。蚕事毕，蚕母、蚕妇择茧贮筐以献。卜吉行治茧礼，后复诣坛临织室，缫三盆，手遂布于蚕妇以终事。寻侍郎三德疏言："亲蚕典礼，为旷世钜仪，请将坛址宫殿规制，兴工告成日期，宜付史馆。"诏从之。九年三月，始亲蚕如仪。

寻定后不亲莅，遣妃代行。行礼阶下，升降自东阶。不饮福、受胙，不陪祀。十四年，礼部请遣妃代祀。时皇贵妃未正位中宫，帝谕曰："妃所代，代后也。位未正，何代为？"因命内府大臣行礼。洎皇后册立，始亲飨。嗣后或躬亲，或官摄，或妃代，并取旨行。

其行省所祭，惟乾隆五十九年，定浙江轩辕黄帝庙蚕神暨杭、嘉、湖属蚕神祠，岁祭列入祀典，祭器视先农。

地祇　顺治初，定岳、镇、海、渎既配飨方泽，复建地祇坛，位天坛西，兼祀天下名山、大川。三年，定北镇、北海合遣一人，东岳、东镇、东海一人，西岳、西镇、江渎一人，中岳、淮渎、济渎一人，北岳、中镇、西海、河渎一人，南镇、南海一人，南岳专遣一人，将行，先遣官致斋一日，二跪六拜，行三献礼。

八年，封兴京永陵山曰启运，东京陵山曰积庆，福陵山曰天柱，昭陵山曰隆业，并列祀地坛。十六年，徙东京陵祔兴京，罢积庆山祀。明年，用礼臣言，改祀北岳于浑源。康熙二年，赐号凤台山曰昌瑞，并祀之。六年，遣祭如初制。惟南镇、南海各分遣一人。十六年，诏封长白山神秩祀如五岳。自是岁时望祭无阙。

二十四年，东巡祀泰岳，祝版不书御名。先一日致斋。太常赍祝版、香、帛、爵，有司备祭品牲荐。届日衣龙衮，出行宫。乐备不作。至庙内降舆。入中门，俟幄次，出盥毕，诣殿中拜位，二跪六拜。奠、献如常仪。不饮福、受胙。明年，复改祀北岳、混同江。逾二年，始望祭。

三十五年正月，为元元祈福，始遣大臣分行祭告，凡岳五：曰东岳泰山、南岳衡山、中岳嵩山、西岳华山、北岳恒山。镇五：曰东镇沂山、南镇会稽山、中镇霍山、西镇吴山、北镇醫巫闾山。海四：曰东海、南海、西海、北海。渎四：曰江渎、淮渎、济渎、河渎。又兀喇长白山。翕河乔岳自此始。明年，朔漠平，遣祭岳、镇、海、渎如故。雍正二年，赐号江渎曰涵和，河渎曰润毓，淮渎曰通佑，济渎曰永惠。并赐东海为显仁，南为昭明，西为正恒，北为崇礼。乾隆二年，封泰宁山曰永宁，附祀地坛如故事。

越十年，以来岁奉太后秩岱宗，敕群臣议礼。奏言："古者因名山以升中，有燔柴礼。圣祖因仪文度数，书缺有间，议封禅者多不经。定以祀五岳礼致祭，允宜遵行。"明年莅泰安，前一日，诣岳庙三上香，一跪三拜。翼日祭，如圣祖祀岳仪。又明年，巡省中州，祀中岳，如初。十六年，巡江、浙，遣祭江、淮、河神。自是南巡凡六，皆躬祭。十九年，巡吉林，望祭北镇，长白山亦如之。

二十六年，用礼臣议，改岳、镇、海、渎遣官六人，长白山、北海、北镇一人，西岳、西镇、江渎一人，东岳、东镇、东海、南镇一人，中南二岳、济淮二渎一人，北岳、中镇，西海、河渎一人，南海一人。当是时，海神庙飨，所在多有，惟北海尚阙。四十三年，始建山海关北海神庙。凡祈祷地坛行礼，位北阶下，三跪九拜，用瘗。光绪初元，加太白山神曰保民，醫巫闾山神曰灵应。二十七年，两宫幸西安，遣官祭所过山川，并告祭华，嵩二岳，如礼。

其他山川之祀，自圣祖北征朔漠，驻跸噶尔图，命大学士祭山川，出卡伦，命官祭域外山川。自是浙江、大沽、大通海神皆建庙修祀。雍正间，建湘江神、武昌江神庙，并赐号广东海阳山神曰安流襄绩。高宗缵业，定星宿海、西域山川、伊犁阿布拉山诸神祀。又以松花江导源长白，依望祭北海制行。大军西征。祭阿勒台、珠尔库、博克达、阿拉克四山。复赐太白山、洞庭山、库伦汗山、金山诸神号。川、陕平，建终南山神庙。木兰秋狝，议定兴安大岭山祀典，常祭用少牢，告祭太牢，岁仲春望祭行礼，如祀五镇仪。帛、尊、羊、豕各一，簠，簋各二，爵三，笾、豆各十。秋狝，王大臣致祭，登一，铏二，余同春祭。别建庙以祀，锡号协义昭灵。又封江西庐岳神曰溥福广济。自仁宗迄德宗，封江南、湖北、山东、台湾、安东、江神、汉神、海神，黄陂木兰山、西藏瓦合山、四川峨眉山神，皆以时肇封或崇祀。综稽一代祀典，河神别见《河渠篇》，其余名山大川锡号尚多，不悉举云。

直省神祇　顺治初，令各府、州、县建坛，岁春秋仲月，有司致祭。雍正三年，定制，有司斋二日，朝服莅事，仪视社稷坛。乾隆八年，颁各省祀神祇祝文。二十二年，定各府、州、县祭境内山川，以春秋仲月戊日。其风、雷诸神，特锡封庙号以祀。自世宗至德宗末，代有增锡。凡列祀典者，有司随时致虔，用羊一、猪一、果五盘，帛一、尊一、爵三，读祝叩拜如故事。

卷八十四　　志五十九

礼三　吉礼三

历代帝王陵庙　传心殿　先师孔子
元圣周公　关圣帝君　文昌帝君　祭纛祀炮
京师群祀 附五祀八蜡 **直省祭厉**

历代帝王庙　顺治初，建都城西阜成门内，南向，正中景德崇圣殿，九楹，东西二庑各七楹，燎炉各一。后为祭器库，前景德门。门外神库、神厨、宰牲亭、井亭、钟楼、斋所咸备。初，明祀历代帝王，元世祖入庙，辽、金诸帝不与焉。至是用礼臣言，以辽、金分统宋时天下，其太祖应庙祀。元启疆宇，功始太祖，礼合追崇。从祀诸臣，若辽耶律赫噜，金尼玛哈，斡里雅布，元穆呼哩、巴延，明徐达、刘基并入之。

届日，大臣一人祭正殿，殿祀伏羲，神农，黄帝，少昊，颛顼，帝喾，唐尧，虞舜，夏禹，商汤，周武王，汉高祖、光武，唐太宗，宋、辽、金太祖、世宗、元太祖、世祖，明太祖，凡廿一帝，祀以太牢。分献官四人祭两庑，庑祀风后、力牧、皋陶、夔、龙、伯益、伯夷、伊尹、傅说、周公旦、召公奭、太公望、召虎、方叔、张良、萧何、曹参、陈平、周勃、邓禹、冯异、诸葛亮、房玄龄、杜如晦、李靖、郭子仪、李晟、张巡、许远、耶律赫噜、曹彬、潘美、张浚、韩世忠、岳飞、尼玛哈、斡里雅布、穆呼哩、巴延、徐达、刘基，凡功臣四十一，祀以少牢。

十四年，圣祖躬祭，届时致斋毕，翼日昧爽，驾出西华门，至庙降，入幄次盥讫，入直殿就位上香。三皇位前，二跪六拜，奠帛、爵，读祝，俱初献时行。凡三献，分献官祀两庑如仪。遣官则衣朝服。王、公承祭，入景德左门，升左阶，位阶上，余入右门，位阶下，俱三跪九拜，不饮酒、受胙，不陪祀。

十七年，礼臣议言庙祀帝王，止及开创，应增守成令辟，并罢宋臣潘美、张浚祀，从之。于是增祀商中宗、高宗，周成王、康王，汉文帝，宋仁宗，明孝宗。而辽、金、元太祖皆罢祀。圣祖嗣服，以开创功复之。

六十一年，谕："帝王崇祀，代止一二君，或庙飨其臣子而不及其君父，是偏也。凡为天下主，除亡国暨无道被弑，悉当庙祀。有明国事，坏自万暦、泰昌、天启三朝，神宗、光宗，熹宗不应崇祀，咎不在愍帝也。"于是廷臣议正殿增祀夏启、仲康、少康、杼、槐、芒、泄、不降、扃、厪、孔甲、皋、发、商太甲、沃丁、太庚、小甲、雍己、太戊、仲丁、外壬、河亶甲、祖乙、祖辛、沃甲、祖丁、南庚、阳甲、盘庚、小辛、小乙、武丁、祖庚、祖甲、廪辛、庚丁、太丁、帝乙，周成王、康王、昭王、穆王、共王、懿王、孝王、夷王、宣王、平王、桓王、庄王、僖王、惠王、襄王、顷王、匡王、定王、简王、灵王、景王、悼王、敬王、元王、贞定王、考王、威烈王、安王、烈王、显王、慎靓王，汉惠帝、文帝、景帝、武帝、昭帝、宣帝、元帝、成帝、哀帝、明帝、章帝、和帝、殇帝、安帝、顺帝、冲帝、桓帝、灵帝、昭烈帝，唐高祖、高宗、睿宗、玄宗、肃宗、代宗、德宗、顺宗、穆宗、文宗、武宗、宣宗、懿宗、僖宗，辽太宗、景宗、圣宗、兴宗、道宗，宋太宗、真宗、仁宗、英宗、神宗、哲宗、高宗、孝宗、光宗、宁宗、理宗、度宗、端宗，金太宗、章宗、宣宗，元太宗、定宗、宪宗、成宗、武宗、仁宗、泰定帝、文宗、宁宗，明成祖、仁宗、宣宗、英宗、景帝、宪宗、孝宗、武宗、世宗、穆宗、愍帝，凡百四十三位。其从祀功臣，增黄帝臣仓颉，商仲虺，周毕公高、吕侯、仲山甫、尹吉甫，汉刘章、魏相、丙吉、耿弇、马援、赵云，唐狄仁杰、宋璟、姚崇、李泌、陆贽、裴度，宋吕蒙正、李沆、寇准、王曾、范仲淹、富弼、韩琦、文彦博、司马光、李纲、赵鼎、文天祥，金呼噜，元博果密、托克托，明常遇春、李文忠、杨士奇、杨荣、于谦、李贤、刘大夏，凡四十人。是岁，世宗御极，依议行，增置神主，为文镵之石。

乾隆元年，谥明建文帝曰恭闵惠皇帝，庙祀之，位次太祖。复定帝王庙鹿脯、鹿醢，增鹿一，两庑易醓醢，增豕一。十四年，以唐、虞五臣唯契未祀，乃建殿成汤庙后，有司致飨，如孔庙崇圣祠制。初，帝王庙正殿用青绿琉璃瓦，至十八年重修，改覆黄瓦。

四十九年，谕廷臣："曩时皇祖敕议增祀，圣训至公，而陈议者未能曲体，乃列辽、金二朝，而遗东西晋、元魏、前后五代。谓南北朝偏安，则辽、金亦未奄有中夏。即两晋诸代，因篡而斥，不知三国正统，本在昭烈。至司马氏以还，南朝神器数易，宋武帝手移晋祚，篡夺无所逃罪，其他祖宗得国不正，子孙但能守成，即为中主。且蜀汉至初唐不乏贤君，安可阙略！洎朱温以下，或起寇窃，或为叛臣，五十余年，国统不绝如线。周世宗藉余业，扩疆宇，卓然可称，而斥摈弗列，此数百年间，祀典阒如，又岂千秋公论？他若元魏雄据河北，太武、道武，胥勤治理，并宜表章。昔杨维桢著《正统辨》，谓正统在宋不在辽、金、元，其说甚当。今《通礼》祀辽、金，黜两晋诸代，使后世疑本朝区分南北，非礼意也。明神、熹二宗，法纪坠失，愍帝嗣统，事无可为，虽国覆身殉，未可以荒淫例。皇祖彻神、熹，祀愍帝，具见大公。乃议者因复推祀桓、灵，亦思汉之所由亡乎？其再详议。"寻议增祀两晋、元魏、前后五代各帝王，并以唐宪宗平乱，金哀宗殉国，亦宜列祀。允行。

同治四年，以散宜生配飨，位次毕公高。高允配飨，位次赵云。

陵寝之祭，太宗征明，至燕京，即遣贝勒阿巴泰等赴金太祖、世宗陵致祭。顺治建元，礼葬明崇祯帝、后，复诏明十二陵絜禋祀，禁樵牧，给地亩，置司香官及陵户。岁时祭品，户部设之。明年，定春、秋仲日致祭，遣官行。六年，定明陵仍设太监，并置房山、金陵陵户。

八年，定帝王陵寝祀典，淮宁伏义，滑县颛顼、帝喾，内黄商中宗，西华商高宗，孟津汉光武，郑周世宗，巩宋太祖、太宗、真宗、仁宗，赵城女娲，荣河商汤，曲阜少昊，东平唐尧，中都轩辕，咸阳周文、武、成、康，泾阳汉高祖、唐宣宗，咸宁汉文帝，长安宣帝，富平后魏孝文帝，三原唐高祖，醴泉太宗，蒲城宪宗，酃神农，宁远虞舜，会稽夏禹，江宁明太祖，广宁辽太祖，房山金太祖、世宗，宛平元太祖、世祖，昌平明宣宗、孝宗、世宗，各就地飨殿行之，或因陵寝筑坛，惟元陵望祭。十六年，幸畿辅，亲酹崇祯帝陵，谥曰庄烈愍皇帝。

凡巡幸所莅，皆祭陵、庙，有大庆典，祭告亦如之。康熙二十一年，滇乱平，遣官致祭，颁册文、香、帛，给黄伞一，御仗、龙纛各二，凡成武功，皆祭如典。二十三年，南巡，道江宁，诣明太祖陵，拜奠。谕有司巡察，守陵人防护。越五年，巡会稽，祭禹陵，祝文书御名，行三跪九拜礼。跸江宁，祭明太祖陵，如祀禹仪。凡时巡祭帝王陵寝，仪同祭庙，率二跪六拜，兹盖殊典云。三十八年，复南巡，见明太祖陵圮剥，诏依周封杞、宋例，授明裔一官，俾世守弗替。四十二年，西巡，遣祭女娲氏陵，幸陕，遣祭所经诸陵，惟祀周文、武祝文书御名，尊圣也。

六十一年，遗谕，言："明太祖起布衣，统方夏，驾轶汉、唐、宋诸君。末叶灾荒，臣工内讧，寇盗外起，以致社稷颠覆。考其嗣主，未有荒坠显迹，盖亦历数使然。且其制度规模，我朝多所依据。允宜甄访支派，量授爵秩，俾奉春秋飨祀。"世宗缵绪，遂授朱之琏一等侯世袭，往江宁、昌平致祭，自是岁举以为常。

帝尧陵向有二：一在平阳，一在濮州。濮州东南穀林，古雷泽也。乾隆元年，修葺厘正，定穀林为旧址，平阳时奠如故。并修神农、虞舜陵庙，置陵户典守。十一年，以陕西古建都地，帝王陵墓多，命疆吏考其不载《会典》者，所在令有司防护。十三年，车驾幸曲阜，奠少昊陵，嗣是东巡皆躬祭。十六年，选姒氏子姓一人，授世袭八品官，奉祀禹陵。赵城女娲陵，庙中故有塑像，帝斥其黩慢，彻之，改立神位，禁私祷。

十八年，谒泰陵，礼毕，诣房山祭金太祖陵，赉其裔完颜氏官爵、币帛。

二十六年，定帝王陵寝与岳镇海渎、行师阙里皆遣官行。四十一年，礼臣言："尧陵见正史者，两汉《地理志》云：'济阴郡成阳有尧冢灵台。'《刘向传》称'葬济阴'。晋《地理志》：'成阳舜所渔，尧冢在西。'《宋史·礼志》：'在濮州雷泽东穀林山。'《吕氏春秋》、《帝王世纪》、《水经注》所引《述征记》、《括地志》、《太平寰宇记》、《路史》、《集古录》诸说，皆与正史符。后汉元和以来，祀典并于其地行。明洪武虽改祀东平，而隶鲁境则一。乾隆初，定穀林为尧陵，稽古正讹，万世可守。嗣后祭告，率由旧章。其平阳一陵，有司祀之，如东平例。"

已，大理寺卿尹嘉铨请罢明宣宗、世宗二陵祭告，廷议以为："宣宗有善政，不应以一二事生訾议，唯世宗戮忠亲佞，实与史合，应停飨祀。"从之。

四十九年，南巡至江宁，祭明太祖陵，礼臣具仪上，三奠酒，每奠一拜。帝命用祀少昊陵例，二跪六拜，不必奠酒，著为令。

五十年，幸汤山，道昌平，亲酹明成祖陵，缮葺之，仍建定陵飨殿，并复世宗祀事。

嘉庆元年，罢遣官，敕各省副都统、总兵官举行。九年，谒东陵，道盘山，阅明陵。故事，往长陵奠醊，遣王大臣致奠余陵。是日仁宗躬诣，三奠毕，乃三拜。

望祭元太祖、世祖陵，向在德胜门外，位畅春园、圆明园南，帝以为乖制。命嗣后行庆典，改于清河以北、昌平以南择地行礼。

道光十六年，定明陵春秋致祭，由袭侯往行，余以其族官品峻者摄之，或遣散秩大臣，为永制。

光绪七年，谕禁开垦明陵旁近地亩。

传心殿　顺治十四年，沿明制举经筵，祭先师孔子弘德殿。康熙十年续举，遣官告祭。二十四年，规建传心殿，位文华殿东。正中祀皇师伏羲、神农、轩辕，帝师尧、舜，王师禹、汤、文、武，南向。东周公，西孔子。祭器视帝王庙。岁御经筵，前期遣大学士祗告。祭传心殿自此始。

明年，帝将御经筵，诏言："先圣、先师，传道垂统，炳若日星。朕远承心学，效法不已，渐近自然。施之政教，庶不与圣贤相悖，其躬诣行礼。"祀日具香烛，铏一，笾、豆各二，奠帛、爵，读祝，以祭。帝御衮服，行二跪六拜礼。太子春秋会讲，亦先祭告焉。月朔望遣太常卿供酒果上香。雍正四年，定本日行祗告礼，自是以为常。

乾隆六年，亲祭传心殿，六十年归政，再行之。历仁宗、宣宗、文宗，并亲诣祗告，后不复行。经筵仪制，别详《嘉礼》。

至圣先师孔子　崇德元年，建庙盛京，遣大学士范文程致祭。奉颜子、曾子、子思、孟子配。定春秋二仲上丁行释奠礼。世祖定中原，以京师国子监为大学，立文庙。制方，南向。西持敬门，西向。前大成门，内列戟二十四，石鼓十，东西舍各十一楹，北向。大成殿七楹，陛三出，两庑各十九楹，东西列舍如门内，南向。启圣祠正殿五楹，两庑各三楹，燎炉、瘗坎、神库、神厨、宰牲亭、井亭皆如制。

顺治二年，定称大成至圣文宣先师孔子，春秋上丁，遣大学士一人行祭，翰林官二人分献，祭酒祭启圣祠，以先贤、先儒配飨从祀。有故，改用次丁或下丁。月朔，祭酒释菜，设酒、芹、枣、栗。先师四配三献，十哲两庑，监丞等分献。望日，司业上香。

正中祀先师孔子，南向。四配：复圣颜子，宗圣曾子，述圣子思子，亚圣孟子。十哲：闵子损、冉子雍、端木子赐、仲子由、卜子商、冉子耕、宰子予、冉子求、言子偃、颛孙子师，俱东西向。西庑从祀：先贤澹台灭明、宓不齐、原宪、公冶长、南宫适、公皙哀、商瞿、高柴、漆雕开、樊须、司马耕、商泽、有若、梁鳣、巫马施、冉孺、颜辛、伯虔、曹邺、冉季、公孙龙、漆雕徒文、秦商、漆雕哆、颜高、公西赤、壤驷赤、任不齐、石作蜀、公良孺、公夏首、公肩定、后处、鄡单、奚容蒧、罕父黑、颜祖、荣旗、句井疆、左人郢、秦祖、郑国、县成、原亢、公祖句兹、廉洁、燕伋、叔仲会、乐欬、公西舆如、狄黑、邽巽、孔忠、陈亢、公西蒧、琴张、颜之仆、步叔乘、施之常、秦非、申枨、颜哙、左丘明、周敦颐、张载、程颢、程颐、邵雍、朱熹，凡六十九人；先儒公羊高、穀梁赤、伏胜、孔安国、毛苌、后苍、高堂生、董仲舒、王通、杜子春、韩愈、司马光、欧阳修、胡安国、杨时、吕祖谦、罗从彦、蔡沈、李侗、陆九渊、张栻、许衡、真德秀、王守仁、陈献章、薛瑄、胡居仁，凡二十八人。

启圣祠，启圣公位正中，南向。配位：先贤颜无繇、曾点、孔鲤、孟孙氏，东西向。两庑从祀：先儒周辅成、程珦、蔡元定、朱松。

九年，世祖视学，释奠先师，王、公、百官，斋戒陪祀。前期，衍圣公率孔、颜、曾、孟、仲五氏世袭五经博士，孔氏族五人，颜、曾、孟、仲族各二人，赴都。暨五氏子孙居京秩者咸与祭。是岁授孔氏南宗博士一人，奉西安祀。

十四年，给事中张文光言："追王固诬圣，而'大成文宣'四字，亦不足以尽圣，宜改题'至圣先师'。"从之。康熙六年，颁太学《中和韶乐》。二十二年，御书"万世师表"额悬大成殿，并颁直省学官。二十六年，御制孔子赞序、颜曾思孟四赞镵之石。揭其文颁直省。

五十一年，以朱子昌明圣学，升跻十哲，位次卜子。寻命宋儒范仲淹从祀。

雍正元年，诏追封孔子五代王爵，于是锡木金父公曰肇圣，祈父公曰裕圣，防叔公曰诒圣，伯夏公曰昌圣，叔梁公曰启圣，更启圣祠曰崇圣。肇圣位中，裕圣左，诒圣右，昌圣次左，启圣次右，俱南向。配飨从祀如故。

二年，视学释奠，世宗以祔飨庙庭诸贤，有先罢宜复，或旧阙宜增，与孰应祔祀崇圣祠者，命廷臣考议。议上，帝曰："戴圣、何休非纯儒，郑众、卢植、服虔、范宁守一家言，视郑康成淳质深通者有间，其他诸儒是否允协，应再确议。"复议上。於是复祀者六人：曰林放、蘧瑗、秦冉、颜何、郑康成、范宁。增祀者二十人：曰孔子弟子县亶、牧皮，孟子弟子乐正子、公都子、万章、公孙丑，汉诸葛亮，宋尹焞、魏了翁、黄榦、陈淳、何基、王柏、赵復，元金履祥、许谦、陈澔，明罗钦顺、蔡清，国朝陆陇其。入崇圣祠者一人，宋横渠张子迪。

寻命避先师讳，加"邑"为"邱"，地名读如期音，惟"圜丘"字不改。

四年八月仲丁，世宗亲诣释奠。初，春秋二祀无亲祭制，至是始定。牺牲、笾豆视丁祭，行礼二跪六拜，奠帛献爵，改立为跪，仍读祝，不饮福、受胙。尚书分献四配，侍郎分献十一哲两庑。明年，定八月二十七日先师诞辰，官民军士，致斋一日，以为常。又明年，御书"生民未有"额，颁悬如故事。十一年，定亲祭仪，香案前三上香。

乾隆二年，谕易大成殿及门黄瓦，崇圣祠绿瓦。复元儒吴澄祀。三年，升有子若为十二哲，位次卜子商。移朱子次颛孙子师。

是岁上丁，帝亲视学释奠，严驾出，至庙门外降舆。入中门，俟大次，出盥讫，入大成中门，升阶，三上香，行三跪六拜礼。有司以次奠献。正殿，分献官升东、西阶，入左、右门，诣四配、十二哲位前，两庑分献官分诣先贤、先儒位前，上香奠献毕，帝三拜，亚献、终献如初。释奠用三献始此。其祭崇圣祠，拜位在阶下，承祭官升东阶，入左门，诣肇圣王位前上香毕，分献官升东、西阶，入左、右门，分诣配位及两庑从位前上香，三跪九拜。奠帛、读祝，初献时行。凡三献，礼毕。自是为恒式。

十八年，改正太学丁祭牲品，依阙里例用少牢，十二哲东西各一案，两庑各三案。崇圣祠四配，两庑东西各一案，十二哲位各一帛，东西共二篚。其分献，正殿东西，翰林官各奠三爵；西庑国子监四人，共奠三爵；十二哲两庑奉爵用肄业诸生。定两庑位序，按史传年代先后之。

三十三年，葺文庙成，增大门"先师庙"额，正殿及门曰"大成"，帝亲书榜，制碑记。选内府尊彝中十器，凡牺尊、雷文壶、子爵、内言卣、康侯爵、鼎盟簋、雷纹觚、召仲簋、素洗、牺首罍各一，颁之成均。

五十年，新建辟雍成，亲临讲学，释奠如故。嘉庆中，两举临雍仪。

道光二年诏刘宗周，三年汤斌，五年黄道周，六年陆贽、吕坤，八年孙奇逢，从祀先儒。八年，湖北学政王赠芳请祀陈良，帝以言行无可考，寝其议。未几，御史牛鉴以李颙请，部议谓然，帝斥之。十六年，诏祀孔子不得与佛、老同庙。是后复以宋臣文天祥、宋儒谢良佐侑飨云。咸丰初，增先贤公明仪，宋臣李纲、韩琦侑飨。

三年二月上丁，行释菜礼，越六日，临雍讲学，自圣贤后裔，以至太学诸生，圜桥而听者云集。

七年，增圣兄孟皮从祀崇圣祠，先贤公孙侨从祀圣庙，宋臣陆秀夫、明儒曹端并入之。

十年，用礼臣言，从祀盛典，以阐圣学、传道统为断。余各视其所行，分入忠义、名宦、乡贤。至名臣硕辅，已配飨帝王庙者，毋再滋议。同治二年，御史刘毓楠以祔祀新章过严，如宋儒黄震辈均不得预，恐酿人心风俗之忧，帝责其迂谬。

是岁鲁人毛亨，明吕枂、方孝孺并侑飨。于是更订增祀位次，各按时代为序。乃定公羊高、伏胜、毛亨、孔安国、后苍、郑康成、范宁、陆贽、范仲淹、欧阳修、司马光、谢良佐、罗从彦、李纲、张栻、陆九渊、陈淳、真德秀、何基、文天祥、赵复、金履祥、陈澔、方孝孺、薛瑄、胡居仁、罗钦顺、吕枂、刘宗周、孙奇逢、陆陇其列东庑，穀梁赤、高堂生、董仲舒、毛苌、杜子春、诸葛亮、王通、韩愈、胡瑗、韩琦、杨时、尹焞、胡安国、李侗、吕祖谦、黄榦、蔡沈、魏了翁、王柏、陆秀夫、许衡、吴澄、许谦、曹端、陈献章、蔡清、王守仁、吕坤、黄道周、汤斌列西庑，并绘图颁各省。七年，以宋臣袁燮、先儒张履祥从祀。光绪初元，增入先儒陆世仪。自是汉儒许慎、河间献王刘德，先儒张伯行，宋儒辅广、游酢、吕大临并祀焉。

二十年仲秋上丁，亲诣释奠，仍用饮福、受胙仪。

三十二年冬十二月，升为大祀。先师祀典，自明成化、弘治间，已定《八佾》，十二笾、豆。嘉靖九年，用张璁议，始厘为中祀。康熙时，祭酒王士禛尝请酌采成、弘制，议久未行。至是命礼臣具仪上，奏言："孔子德参两大，道冠百王。自汉至明，典多缺略。我圣祖释奠阙里，三跪九拜，曲柄黄盖，留供庙庭。世宗临雍，止称诣学。案前上香、奠帛、献爵，跪而不立。黄瓦饰庙，五代封王。圣诞致斋，圣讳敬避。高宗释奠，均法圣祖，躬行三献，垂为常仪。崇德报功，远轶前代。已隐寓升大祀至意。世宗谕言：'尧舜禹汤文武之道，赖孔子以不坠。《鲁论》一书，尤切日用，能使万世伦纪明，名分辨，人心正，风俗端，此所以为生民未有也。'圣训煌煌，后先一揆。近虽学派纷岐，而显示钦崇，自足收经正民兴巨效。"疏上，于是文庙改覆黄瓦，乐用《八佾》，增《武舞》，释奠躬诣，有事遣亲王代，分献四配用大学士，十二哲两庑用尚书。祀日入大成左门，升阶入殿左门，行三跪九拜礼。上香，奠帛、爵俱跪。三献俱亲行。出亦如之。遣代则四配用尚书，余用侍郎，出入自右门，不饮福、受胙。崇圣祠本改亲王承祭，若代释奠，则以大学士为之。分献配位用侍郎，西庑用内阁学士。余如故。三十四年，定文庙九楹三阶五陛制。

御史赵启霖请以王夫之、黄宗羲、顾炎武从祀。下部议。先是署礼部侍郎郭嵩焘、湖北学政孔祥霖请夫之从祀，江西学政陈宝琛请宗羲、炎武从祀，并被驳。至是部议谓："三人生当明季，毅然以穷经为天下倡，德性问学，尊道并行，第夫之《黄书》、《原极》诸篇，托旨《春秋》；宗羲《明夷待访录》、《原君》、《原臣》诸篇，取义《孟子》，似近偏激。惟炎武醇乎其醇，应允炎武从祀，夫之、宗义候裁定。”帝命并祀之。

阙里文庙，有事祭告，具前《祭告篇》。春、秋致祭同太学。康熙中，圣祖东巡亲祭，礼部具仪。驻跸次日，帝服龙衮，行在仪仗具陈，行礼二跪六拜，配位、十哲、两庑、启圣祠，皆遣官分献。扈从诸臣，文官知府、武官副将以上，衍圣公暨各氏子孙在职者，咸陪祀。圣心犹未安，命更议。寻定迎神、送神俱三跪九拜，惟乐章与国学小异，可令太常司乐及乐舞生先往肄习。帝亲制祝文。祀日诣庙，至奎文阁前降辇，如斋所小憩，自大次出，入大成门，登殿释奠毕，御诗礼堂讲书。礼成，周视庙庭车服、礼器。更常服，驾如孔林，跪奠酒，三爵，三拜，赐衍圣公以下银币有差。留曲柄黄盖陈庙庭。扩孔林地亩，蠲其税。建庙碑，御书文镌石。又建子思子庙，仿颜、曾、孟三庙制。

三十二年，修文庙成，皇子往祭，行礼杏坛。雍正二年，曲阜庙灾，遣官诣阙里祭慰，敕大臣重建，并令阙里司乐遣人赴太常习乐舞，冠服悉准太学式为之。八年，庙成，黄瓦画栋，悉仿宫殿制。凡登、簠、簋、铏、笾、豆、尊、爵，颁自上方。勒碑如故事。特诏皇五子往祭。

乾隆八年，定阙里圣庙乐章。二十三年，东巡亲祭如往制。遣大臣祭颜、曾、思、孟专庙。勒御制《四贤赞》于石。其盛京学宫所需乐器，乾隆中始敕府尹遵《皇朝礼器图》造作，镈钟、特磬，制出内廷，特颁太学暨各省学宫，并令府丞选佾生精音律者送太常习舞。厥后以热河为时巡所，黉序肇兴，定大成殿龛案如太学式，祭器、乐器亦如之。

至各省府、州、县释奠，以所在印官承祭，礼如太学，顺治初行之。雍正五年，定制各省督、抚、学政上丁率属致祭。学政莅试时，先至文庙行礼，府、州、县官率属于治所文庙行。乾隆六年，敕直省学宫设先贤、先儒神位。同治初，颁从祀先儒位次图。光绪末，升大祀，各省文庙规制、礼器、乐舞暨崇圣祠祭品，并视太学，礼节悉从旧。

元圣周公　顺治十七年，给事中黏本盛奏请文庙后别立传圣祠。下部议，礼臣言：“祭祀周公，向在太学。至唐显庆间，以公制礼作乐，功侔帝王，就飨儒宫，欲尊反贬。始定配飨帝王庙，既不与孔子并祭太学，乃反立传圣祠于其后，殊失尊崇本意也。”事遂寝。康熙二十三年，圣祖祀阙里，诏言：“周公古大圣人，制礼作乐，垂法万世，庙在曲阜，应行致祭。”乃遣亲王及礼部尚书往焉。亲制祝文。祭礼，三献。祭品：羊一、豕一、果五盘、尊一、爵三，敕有司治办。明年，授东野氏一人博士，奉祀祠庙。二十六年，御书《周公庙碑文》，依文庙式，勒之贞珉。乾隆十二年，东巡，增登一，铏二，簠、簋各二，笾、豆各八，遣亲王一人行礼。其祀配飨鲁公，遣礼部尚书行。明年，幸曲阜，亲诣上香，一跪三拜。自是东巡亲诣以为常。四十三年，依孔氏南宗例，置当阳博士，奉祀陵墓。

关圣帝君　清初都盛京，建庙地载门外，赐额“义高千古”。世祖入关，复建庙地安门外，岁以五月十三日致祭。顺治九年，敕封忠义神武关圣大帝。雍正三年，追封三代公爵，曾祖曰光昭，祖曰裕昌，父曰成忠，供后殿。增春、秋二祭。洛阳、解州后裔并授五经博士，世袭承祀。寻定春、秋祀仪，前殿大臣承祭，后殿以太常长官。届日质明，大臣朝服入庙左门，升阶就拜位，上香，行三跪九拜礼。三献，不饮福、受胙。祭后殿二跪六拜。十一年，增当阳博士一人奉冢祀。

乾隆三十三年，以壮缪原谥，未孚定论，更命神勇，加号灵佑。殿及大门，易绿瓦为黄。四十一年，诏言：“关帝力扶炎汉，志节懔然，陈寿撰《志》，多存私见。正史存谥，犹寓讥评，曷由传信？今方录《四库书》，改曰忠义。武英殿可刊此旨传末，用彰大公。”嘉庆十八年，以林清扰禁城，灵显翊卫，命皇子报祀如仪，加封仁勇。道光中，加威显。咸丰二年，加护国。明年，加保民。于是跻列中祀，行礼三跪九叩，乐六奏，舞《八佾》，如帝王庙仪。五月告祭，承祭官前一日斋，不作乐，不彻馔，供鹿、兔、果、酒。旋追封三代王爵，祭品视崇圣祠。加精诚绥靖封号，御书“万世人极”额，摹勒颁行。同治九年，加号翊赞。光绪五年，加号宣德。

直省关帝庙亦一岁三祭，用太牢。先期承祭官致斋，不理刑名，前殿印官，后殿丞、史，陈设礼仪，略如京师。

文昌帝君　明成化间，因元祠重健。在京师地安门外，久圮。嘉庆五年，潼江寇平，初寇窥梓潼，望见祠山旗帜，却退。至是御书“化成耆定”额，用彰异绩。发中帑重新祠宇，明年夏告成，仁宗躬谒九拜，诏称：“帝君主持文运，崇圣辟邪，海内尊奉，与关圣同，允宜列入祀典。”于是大学士朱珪撰碑记，略言：“文昌星载《天官书》，所谓‘斗魁六星，戴匡曰文昌宫’是也。《尚书》‘禋六宗’，孔疏引郑玄云：‘皆天神，司中、司命，文昌第五、第四星也。’《周礼·大宗伯》：‘以槱燎祀司中、司命。’郑《注》谓文昌星。然则文昌之祀，始有虞，著《周礼》，汉、晋且配郊祀。《元命苞》云：‘上将建威武，次将正左右，贵相理文绪，司禄赏功进士。’是爵禄、科举职司久矣。又言帝君周初为张仲，孝友显化，隋、唐为王通，征李商隐《张亚子庙诗》，读孙樵《祭梓潼神君文》，《化书》：唐开元命为左丞，《通考》：僖宗封为济顺王，宋真宗改号英显，哲宗加封辅元开化文昌司禄帝君，元加号宏仁，盖可考见云。”礼官遂定议。

岁春祭以二月初三诞日，秋祭，仲秋诹吉将事，遣大臣往。前殿供正神，后殿则祀其先世，祀典如关帝。咸丰六年，跻中祀，礼臣请崇殿阶，拓规制，遣王承祭，后殿以太常长官亲诣，二跪六拜，乐六奏，文舞《八佾》，允行。直省文昌庙有司以时飨祀，无祠庙者，设位公所祭之。毕，彻位随祝帛送燎。

旗纛之祭　天命十年，定潘阳，还军扈浑河，刲牛祭纛。天聪元年征朝鲜，明年凯旋，并立纛拜天。自是出征班师祭纛以为常，时旗纛附祀关帝庙也。世祖入关后，始行望祭。

凡亲征诹吉启行，先于堂子内门外建御营黄龙大纛，按翼分设八旗大纛、火器营大纛各八，列其后，并北向。帝御戎服佩刀，出宫乘骑，入堂子街门降。圜殿礼毕，出内门致礼纛神，率从征将士三跪九拜，不赞。礼成乐作，銮驾启行，领侍卫内大臣、司纛侍卫率亲军举纛从。

凯旋致祭，届日陈法驾卤簿，自郊外五里讫堂子门外。驾至郊，降舆拜纛如仪。命将出师亦如之。圣祖征噶尔丹凯旋，翼日为坛安定门外，致祭随营旗纛，用太牢，始遣大臣行礼。雍正初，定三年一祭。

凡旗纛皆庋内府，祭则设之。各省祭旗纛，则遣武官戎服行礼焉。

炮位之祭，天聪五年，造红衣炮，镌曰天佑助威大将军，遂携以爇于子章台，克大凌河，行军携红衣炮始此。

厥后敕汉军赍炮进关。世祖奠鼎燕京，定制以岁季秋朔，陈炮位卢沟桥沙锅村，席地为坛，西向，以八旗汉军都统将事。分旗翼列，用果品、少牢。届时先镶黄旗炮位，都统御补服，上香，三跪九拜，三献，读祝。余七炮位亦如之。副都统以次陪祀。圣祖凯旋，设坛德胜门外，祭品如祭纛。世宗亦定三年一祭。

乾隆十四年，满州火器营始祭八旗子母炮神，总统承祭，如汉军祀炮仪。其后定满洲祀炮依汉军例，季秋赴卢沟桥演炮，即以其日祭焉。三十年，祀炮始用祝版，并专设祭器。

群祀　先医，初沿明旧，致祭太医院景惠殿，岁仲春上甲，遣官行礼。祀三皇，中伏羲，左神农，右黄帝。四配：句芒、风后、祝融、力牧。东庑僦贷季、岐伯、伯高、少师、雷公、伊尹、淳于意、华陀、皇甫谧、巢元方、韦慈藏、钱乙、刘完素、李杲十四人，西则鬼臾区、俞跗、少俞、桐君、马师皇、扁鹊、张机、王叔和、葛洪、孙思邈、王冰、朱肱、张元素、朱彦修十四人。礼部尚书承祭。两庑分献，以太医院官。礼用三跪九拜。三献。雍正中，命太医院官咸致斋陪祀。

都城隍庙有二，旧潘阳城隍庙，自元讫明，祀典勿替。清初建都后，升为都城隍庙，有司以时致祭。其在燕京者，建庙宣武门内。顺治八年仲秋，遣太常卿致祭，岁以为常。用太牢，礼献如祀先医。万寿节遣祭，加果品。雍正中，改遣大臣，嗣复命亲王行礼。禁城城隍庙建城西北隅。皇城城隍庙建西安门内，曰永佑宫，万寿节或季秋，遣内府大臣承祭，用少牢。

北极佑圣真君庙，建地安门外日中坊桥东，曰灵明显佑宫。顺治中，定制万寿节遣官祭，后改遣大臣。设果盘五、饼饵盘十五、茶盏三、行礼三跪九拜。

火神庙，建日中坊桥西。康熙初，定岁六月二十三日遣太常卿祭，后改遣大臣。用少牢。雍正中，改太牢。帛初用白，乾隆中改用赤。余如祀北极仪。

东岳庙，在朝阳门外，岁祭以万寿节。

龙神之祭，黑龙潭庙建西北金山巅，圣祖、世宗亲制碑记。乾隆五年，锡号“昭灵沛泽”。玉泉山庙，九年锡号“惠济慈佑”。昆明湖祠，旧曰广润灵雨祠，锡号“安佑普济”，嘉庆中，加“沛泽广生”。京畿旱，帝亲祷黑龙潭庙。乾隆四十六年，锡号“昭灵广济”。嘉庆间，始列祀典，遣散秩大臣往祭惠济祠。河神庙建绮春园内，祀天后、龙神、河神，并春、秋致祭，遣圆明园大臣将事。仪品俱视都城隍庙。

其祀之无定时、定所，及有司以时专祭者，后土司工之神，顺治初制，凡大兴作，因其方筑左右坛，建彩棚，遣官往祭，用少牢饼果。若大工迎吻，祭琉璃窑神暨各门神，如祭司工礼。咸丰间，锡号圆明园春雨轩司工神曰昭休敷禧真君，土母曰夫人。命内府大臣春、秋奉祀。司机神，顺治季年设织造局，始行祭告，礼部长官主之。司仓神，通州三仓，旧惟西仓有祠。京内七仓，惟右翼兴平仓有祠，雍正间重葺。繇是左翼置庙海运仓。京外五仓，置庙储济仓，并立神位。仓场侍郎承祭，用少牢、果品，仓监督陪祀，二跪六拜。诸祭将事以黎明，与祭者咸朝服，此其大凡也。至特旨建祠京师者，具见后简。

若夫直省御灾捍患有功德于民者，则锡封号，建专祠，所在有司秩祀如典。

世祖朝，宿迁祀河神宋谢绪。

圣祖朝，成都祀诸葛亮；福建暨各省祀天后宋林氏女。

世宗朝，各省祀猛将军元刘承忠。先是直隶总督李维钧奏：“蝗灾，土人祷猛将军庙，患辄除。”于是下各省立庙祀。已，两江总督查弼纳亦言：“猛将军庙祀所在无蝗害，无庙处皆为灾。”被诃责。诏言：“水旱蝗灾，疆吏当修省，勿专事祈祷。”钱塘祀伍员，封英卫公；临安祀钱镠，封诚应王；萧山祀宋张夏，封静安公；绍兴祀明知府汤绍忠，封宁江伯，后司事莫龙附焉；汶上祀明尚书宋礼，封宁漕公，老人白英封永济神附焉；灌县祀秦蜀守李冰，封敷泽兴济通裕王，子二郎，为承绩广惠英显王；德清祀元戴继元，封保济显佑侯；徐闻祀故水师副将江启龙，封英佑骁骑将军，后附祀张瑜，锡号“襄靖普佑”；江南山阳祀唐许远，封威灵显佑王；浮梁祀张巡，锡号“显佑安澜”。

高宗朝，陈留祀河神守才，后建庙江南，曰灵佑观；清河祀明张襄，封彰灵卫漕将军；广西祀蜀将武当，封显佑英济广福王；滨河各县祀故河督朱之锡，封助顺永宁侯。

仁宗朝，追封天后父积庆公，母曰夫人；永绥镇筸祀宋杨灏，封宣威助顺靖远侯；芜湖祀蜀汉孙夫人；曹县祀张桓侯飞、赵将军云；江南山阳祀湖神谭氏，封昭灵显佑水府都君；南昌祀旌阳令许逊，封灵感普济神；直省祀纯阳演正警化孚佑帝君唐吕岩；仁和祀孚顺侯宋蒋崇仁，弟孚惠侯崇义、孚佑侯崇信；会稽祀汉曹娥，封福应夫人；慈溪祀天井潭神宋刘扬祖；义乌祀明漕运总管陈道兴；都昌左蠡镇祀元将军长兴；湖州、苏州祀太湖神明王天英；高邮祀露筋祠神；淮扬运河厅祀康泽灵应侯宋耿裕德；汉城祀窦孝妇；钱塘祀金华将军五代曹杲。

宣宗朝，翁源祀元詹姓三神，并封侯。建德祀故知府王光鼎；浙江新城祀宣灵王周雄；黔阳祀殉难知县周文煜；鄞县祀滨江灵庙神宋晁说之，封孚惠侯；白鹤山庙神唐任侗；茅山庙神张仁皓；长沙祀元李育万，封广济李真人；莆田祀宋长乐钱氏室女；萧山祀江塘神元杨伯远妻王氏;又祀唐董戈管、张实、张耀、张圣,宋卢万,故知县贾国桢、姚文熊;浙江祀太湖神晋张贲;邹溪庙神宋裴肃;仁和祀宋施全为兴福庙神;奉化祀元马称德为进林庙神;滕县祀明冯克利为三界庙神;慈溪祀汉张竟暨子齐芳;杭州祀灵感广大观音大士,加封慈济;郫县祀古蜀王杜宇,开明;绵州祀汉蒋琬;新宁祀宋陈仲真;钦州祀故副将景懋;永定河、张秋镇并祀九龙陈将军;福建归化祀福顺夫人莘氏。

文宗朝,临清、东昌、河南正阳关并祀金龙四大王,靖远、镇远、绥远三侯,俱晋王爵;水城祀观音大士、孚佑帝君;潮阳及江南高堰祀显佑安南神;潮阳祀威显灵佑王;广东祀明石康令罗神;长沙祀晋陶淡暨侄烜,并号陶真人;桂平祀孚应惠济王宋甘佃;连江祀崇福昭惠慈济夫人唐陈昌女,孚济将军黄助暨弟昭远将军;会稽祀回向庙神汉陈德道;杭州、嘉兴、汤阴、武昌并祀宋岳飞;三水祀玄坛正一真神;灵山祀明朱将军统鉴;潮州祀安济王汉王伉;奉化祀汉陈鸿;归善祀明王守仁、后唐何泽、元谭道;歙县祀唐汪华,陈程灵洗暨子文季;严州祀孚惠王唐邵仁祥;镇洋祀元忠正王李禄、宋忠惠侯杨滋;寿宁祀懿政天仙马氏女;全州祀无量寿佛唐周全真,威信侯柴崇越;攸县祀唐杉仙真人陈皎;淳安祀吴山阴侯贺齐;宜章祀唐武陵侯黄师浩;四会祀宋阮大师子郁、梁化师慈能;南雄祀圣化夫人练氏;淮安祀周王子晋;封普惠祖师。

穆宗朝,加金龙四大王封号至四十字,庙祀封丘、临清、张秋镇、六塘河;封故河督栗毓美诚孚栗大王,附祀郓城神庙;广东祀大鉴禅师卢惠能,灵通侍者陈道明;宝山祀故知县胡仁济;广州祀唐陈四公、五公;广丰祀明太保胡德济;浏阳祀宋指挥温康孟;襄垣祀昭泽王唐焦姓神;山阴祀元杨兴嗣;福建永安祀唐田王李肃;广东祀石龙太夫人冯冼氏,锡号"慈佑夫人";上饶祀鹰武将军唐李德胜;善化祀朗公普济真君唐邱姓神,明李真人润济;罗定祀殉难州同金芳,封护国神;贵州祀唐南霁云;会昌祀晋赖公神;新会祀宋戴存仁;上虞祀显应侯宋陈贤,封护国潮神;张秋镇祀明杨四将军,故河督黎世序,封孚惠河神;长沙祀周真人福寿,瞿真人餐岑;温州祀唐杨精义;阳曲祀晋大夫窦犨;孟县祀晋赵武;上虞祀唐桑宪保,封桑王神;滨河祀故祥河同知王仁福,封将军;南安祀宋广泽尊王郭忠;棲霞祀元邱真人处机;麻城祀五脑山土主神张瑞;高要祀太保神宋卢僧;邵阳祀唐郑洞天;黔阳祀唐孝子刘三将军;江都祀汉杜女仙暨康女仙紫霞;平江祀唐杨孝仙耀庭。

德宗朝,瓯宁祀三圣夫人;福建祀白玉蟾真人葛长庚;增城祀宾公佛;上杭祀黄仙师、倖仙师;介休祀空王古佛田志超;双流祀僧大朗;广德祀汉张渤;项城祀傅宗龙;宁武祀明周遇吉;封丘祀汉百里嵩;长乐祀唐郭子仪;长沙祀雷万春;交城祀晋大夫狐突;潞城祀唐李靖;临海祀唐林洪;云阳祀张飞;广西祀汉马援,明王守仁。

光绪二十七年,两宫西狩,回銮,御舟济河,波涛不惊,特加大王、将军诸封号。凡予祀皆有封号,不悉纪,纪其著者。或前朝已封,今复加号,或当代始封,后屡加号,则悉略之。定例,封号至四十字不复加,间有之,非常制,止金龙四大王四十字外加号锡祜,天后加至六十字,复锡以嘉佑云。

五祀,初循旧制,每岁暮合祭太庙西庑下。顺治八年定制,岁孟春宫门外祭司户神,孟夏大庖前祭司灶神,季夏太和殿阶祭中霤神,孟秋午门西祭司门神,孟冬大庖井前祭司井神,中霤、午门二祀,太常寺掌之,户、灶、井三祀,内务府掌之,于是始分祭,旋复故。逮圣祖厘祀典,再罢之,并停专祀。惟十二月二十三日,宫中祀灶以为常。

八蜡之祭,清初关外举行,庙建南门内,春、秋设坛望祭。世祖入关,犹踵行之。乾隆十年,诏罢蜡祭。时廷臣犹力请行古蜡祭,高宗谕曰:"大蜡之礼,昉自伊耆,三代因之,古制夐远,传注参错。八蜡配以昆虫,后儒谓害稼不当祭。《月令》:'祈年于天宗。'蜡祭也。注云'日、月、星、辰',则所主又非八神。至谓合聚万物而索飨之,神多位益难定。蜡与腊冠服各殊,或谓腊即蜡,或谓蜡而后腊。自汉腊而不蜡,魏、晋以降,废置无恒。或溺五行家言,甚至天帝、人帝及龙、麟、朱鸟,为座百九十二,议者谓失礼。苏轼曰:'迎猫则为猫尸,迎虎则为虎尸,近俳优所为。'是其迹久类于戏也,是以元、明废止不行。况蜡祭诸神,如先啬、司啬、日、月、星、辰、山、林、川、泽,祀之各坛庙,民间报赛,亦借蜡祭联欢井闾。但各随其风尚,初不责以仪文,其悉罢之。"自是无复蜡祭矣。

祭厉　明制,自京师讫郡、县,皆祭厉坛。清初建都盛京,厉坛建地载门外。自世祖入关后,京师祭厉无闻焉。唯直省城隍合祀神祇坛,月朔、望有司诣庙上香,二跪六拜,旸雨愆期则祷。复以城隍主厉坛祀。

顺治初,直省府、州、县设坛城北郊,岁以清明日、七月十五日、十月朔日,用羊三、豕三、米饭三石、香烛、酒醴、楮帛祭本境无祀鬼神。府曰君厉,县曰邑厉。先期备祭物,有司诣城隍庙以祭厉告。届日设燎炉坛南,奉城隍神位安坛正中。诣神位前跪,三上香,行礼用三拜。送燎,奠三爵,退,神位复初。

卷八十五　　志六十

礼四　吉礼四

堂子祭天　坤宁宫祀神　令节设供
求福祀神　奉先殿　寿皇殿　安佑宫绥成殿附
满洲跳神仪

堂子祭天　清初起自辽沈,有设杆祭天礼。又于静室总祀社稷诸神祇,名曰堂子。建筑城东内治门外,即古明堂会祀群神之义。世祖既定鼎燕京,沿国俗,度地长安左门外,仍建堂子。正中为飨殿,五楹,南向,汇祀群神,上覆黄琉璃。前为拜天圜殿,北向。中设神杆石座,稍后,两翼分设各六行，行各六重，皇子列第一重，次亲王、郡王、贝勒、贝子、公，各按行序，均北向。东南为上神殿，三楹，南向。祭礼不一，而以元旦拜天、出征凯旋为重，皆帝所躬祭。其余月祭、杆祭、浴佛祭、马祭，则率遣所司。崇德建元，定制，岁元旦，帝率亲王、藩王迄副都统行礼。寻限贝勒止，已复限郡王止，并遣护卫往挂纸帛。

凡亲祭，前期十二月二十六日，内府官赴坤宁宫请朝祭、夕祭神位，安奉神舆，内监舁行。前引御仗八、灯四，司俎官六人，掌仪司一人，侍卫十人，导至飨殿供奉。朝夕献香如仪。故事，神位所悬纸帛，月终积贮盛以囊，除夕送堂子，与净纸、神杆等同焚。时内府大臣率长史、护卫挂新纸帛各二十有七。昧爽，帝乘舆出宫，陪祀王公等随行。至堂子内门降，入中门，诣圜殿就拜位，南向，率群臣行三跪九叩礼。毕，回銮。翼日，奉神位还宫。康熙十一年，诏元旦拜堂子礼宜明备，用鸣赞官。明年，罢汉官与祭。二十九年，谕令皇子随行礼，内府大臣圜殿进楮帛毕，次进皇太子楮帛。

月祭，岁正月初旬诹吉，余月朔日。司俎二人，就杉柱上挂纸帛数等。元旦，案陈时食盘一、醴酒盏一。司香上香，内监执三弦、琵琶，坐甬道西，守堂子人持拍板坐其东。司祝进跪，司香授盏，司祝受之，献酒。奏神弦，鸣拍板，拊掌应节。凡六献，皆赞歌"鄂啰罗"，守堂子人亦歌。献毕，一叩，兴，合掌致敬。弦、板止，司祝执神刀进，奏弦、拍板如初。司祝一叩，兴，司俎赞歌"鄂啰罗"，众和歌。司祝举神刀诵神歌曰："上天之子，纽欢台吉，武笃本贝子，某年生小子，某年生小子，今敬祝者，丰于首而仔于肩，卫于后而护于前。畀以嘉祥兮，齿其儿而发其黄兮，偕老而成双兮，年其增而岁其长兮，根其固而神其康兮。神兮贶我，神兮佑我，永我年而寿我兮。"凡三祷，如前仪，诵赞者九。司祝跪，一叩，兴，诵赞三。弦、板止，复跪，一叩，兴，合掌退。

立杆大祭，岁春、秋二季月朔，或二、四、八、十月上旬诹吉行，杆木以松，长三丈，围径五寸。先一月，所司往延庆州属采斫，树梢留枝叶九层，架为杆，赍至堂子。前期一日，树之石座。崇德初，定亲王、郡王、贝勒祭三杆，贝子、镇国、辅国公二，镇国、辅国将军一。月朔大内致祭，初二日后依次祭，凡祭三杆者，定期内祭其一，过旬祭其二。祀日有数家同者，仍按位为等差，违例多祭与争先越祭并处罚。后改定大内至入八分公俱祭一杆，将军不祭。

届日，司香豫悬神幔，炕上置漆案，陈碟三。前置楠案，黄磁碗二。圜殿置二楠案，高者陈炉，卑者陈碗，前设彩毡。司俎二人赴坤宁宫请佛亭及菩萨、关帝像，舁至堂子。安佛亭于座，像悬幔以三绳，系两殿神杆间。悬黄旛，挂纸帛，圜殿挂帛亦如之。飨殿北炕案上陈打糕、搓条饽饽盘九，酒盏三，圜殿高案则盘三盏一。每献，司祝挹碗酒注盏，两殿祭献歌祷如前仪。祝辞曰："上天之子，佛及菩萨，大君先师、三军之帅、关圣帝君，某年生小子，某年生小子，今敬祝者，贯九以盈，具八以呈，九期届满，立杆礼行。爰系索绳，爰备粢盛，以祭于神灵。"余辞同月祭。卒事，司香卷幔、彻像奉入宫。

若帝亲祭，殿内敷彩席，覆红毡，甬道布棕荐。届时乘舆出宫，满大臣随扈至堂子街，王公跽俟，兴，从之。帝降舆入中门，诣飨殿前东向坐，司祝献酒，举神刀，祷祝，奏弦、拍板，拊掌，歌"鄂啰罗。"帝入，一跪三叩。圜殿同。毕，升座，赐王公等炕前坐。尚膳正、司俎官进胙糕，尚茶正献福酒，帝受胙，分赐各王公。礼成，还宫。遇坛、庙斋期或清明节，再涓吉以祀。

月朔祀东南隅尚锡神亭，即堂子上神殿也。神曰田苗，神案上盘一、盏一，分陈时食醴酒，司香上香，司俎挂净纸杉柱上，诸王护卫依次挂之。内管领一人入，除冠服，解带，跪叩，祝辞曰："上天之子，尚锡之神，月已更矣，建始维新，某年生小子，敬备粢盛兮，洁楮并陈。惠我某年生小子，贶以嘉祥兮，畀以康宁。"毕，退。或谓祀明副总兵邓子龙也，以与太祖有旧谊，故附祀之。

四月八日佛诞，祭祀前期，飨殿悬神幔，选觉罗妻正、副赞祀二人为司祝。祭日，不祈报，不宰牲，不理刑名。届时赴坤宁宫请佛亭及菩萨、关圣像，司俎内监置椴叶饽饽、酿酒、红蜜于盒以从，至则陈香灯，献糕酒，取红蜜暨诸王供蜜各少许，注黄磁浴池。司祝请佛，浴毕，以新棉承座，还奉佛亭，陈椴叶饽饽九盘，酒盏、香碟各三，并诸王所供饽饽、酒。圜殿亦如之。司香上香，司祝献酒九巡，余略如月祭、杆祭。崇德元年，定八旗王、贝勒各一人，依次供献。厥后唯亲王、郡王行之。

马祭，岁春、秋季月，为所乘马祀圜殿。正日，司俎挂纸帛如常数，陈打糕一盘、醴酒一盏，缚马鬉、尾绿绸二十对。司香上香，牧长牵十马，色皆白，立甬道下。司祝六献酒，奏乐如仪。所祷之神同月祭，唯祝辞则易为所乘马。"敬祝者，抚脊以起兮，引鬣以兴兮，嘶风以奋兮，嘘雾以行兮，食草以壮兮，啮艾以腾兮。沟穴其弗逾兮，盗贼其无扰兮。神其贶我，神其佑我。"祷讫，取绸条就香炉薰祷，司俎以授牧长，系之马尾。是日，马神室并奉朝祭、夕祭神位，遣内府大臣行礼。朝祭豫悬幔，舁供佛小亭奉炕上，案陈香、酒、食品。司俎进二豕，熟而荐之。司香上香，举盏授司祝，司祝进跪三献，歌奏如前。讫，授盏司香，一叩，兴，合掌致敬。复跪，祝，一叩，兴。取缚马鬉、尾红绸条七十对，就香碟薰祷，授司俎官，转授上驷院侍卫，分给各厂、院。卿、侍卫、厩长入，随食肉。

其夕祭仪略如朝祭，候肉熟分陈案上，进跪叩祝同。司祝坐杌置夕祭定处，设小案、小腰铃，别置神铃。案东展背灯布幕，振铃杆，摇腰铃，诵神歌，前后所祷所祝之神详下。

背灯祭，其祷辞同朝祭，祈请者四，祷后跪祝辞、供肉祝辞亦如之。毕，取缚马鬉、尾青绸条三十对，仍就香碟薰祷授如初。翼日，为牧群滋息，复行朝、夕祭如初礼。唯祝辞易"今为牧群繁息"六字，"沟穴"二句易为"如萌芽之发育兮，如根本之滋荣兮"，余辞并同。又司香取缚马鬉、尾绸条二百八十对，皆青色。崇德初制，为马群致祭，唯亲王至辅国公得行。乾隆三十六年，定春、秋骟马致祭，萨满叩头。萨满者，赞祀也。讫，取所送青色十马系绿绸条如数。又定朝祭御马拴红绸条，大凌河骒马拴青绸条，为恒制。

凡出师凯旋，皆有事堂子。崇德元年，太宗征明及朝鲜，明年班师，并告祭。世祖定中原，建堂子。嗣是圣祖平吴三桂、察哈尔，迄历朝靖乱，皆以礼祗告。

凡亲征告祭命下，涓吉，届期兵部建大纛，具《祀纛篇》。帝御戎服，出宫乘骑，前后翊卫，午门鸣钟鼓，法驾卤簿为导，《铙歌大乐》，备而不作。至玉河桥，军士鸣角螺，帝入堂子街门降骑，角螺止。入中门，诣圜殿就拜位，南向立，率群臣行三跪九叩礼。角螺齐鸣。出内门，致礼纛神。礼成，乐作，车驾启行。凯旋日，率大将军及从征将士诣堂子告成。若命重臣经略军务以讨不庭，礼亦如之。

乾隆十四年，诏言："堂子致祭，所祭即天神也。列祖御宇，稽古郊禋，燔柴钜典，举必以时。堂子则旧俗相承，凡遇大事，及春、秋季月上旬，必祭天祈报，岁首尤先展礼。定鼎以来，恪遵旧制。考经训祭天，有郊、有类，有祈谷、祈年，礼本不一。兵戎国之大事，命将先礼堂子，正类祭遗意，礼纛即祃也。或在行营别有征讨，不及祭告堂子，则行望祭，其诚敬如此。夫出师告遣，凯旋即当告至。乃天地、宗社皆已祝册致虔，且受成太学，而堂子则弗及，礼官疏略，如神贶何？其详议以闻。"寻奏凯旋、告祭之礼。报可。

坤宁宫祀神　昉自盛京。既建堂子祀天，复设神位清宁宫正寝。世祖定燕京，率循旧制，定坤宁宫祀神礼。宫广九楹，东暖阁悬高宗御制铭，略言："首在盛京，清宁正寝，建极熙鸿，贞符义审。思媚嗣徽，松茂竹苞，神罔时恫，执豕酌匏。"其眷眷祀神如此。

宫西供朝祭神位，北夕祭神位，廷树杆以祀天。朝祭神为佛、为关圣，夕祭神为穆哩罕诸神，祝辞所称纳丹岱珲为七星之祀，喀屯诺延为蒙古神，并以先世有功而祀者。余如年锡、安春阿雅喇诸号，"纳尔珲、安哲、鄂啰罗"诸字，虽训义未详，而流传有自。

综其所祀，曰元旦行礼，曰日祭，曰月祭及翼日祭，曰报祭，曰大祭，曰背灯祭及翼日祭，曰四季献神。其仪节大率类堂子。兹略举其小异者。

元旦子刻，司香上香，帝、后行礼。日祭，顺治初，定大内日祭，朝以丑、寅，夕以未、申。

朝祭，司香豫悬黄幔，奉菩萨、关帝像，东向。左、右炕上置低桌二，陈炉、盏各三，时果九，糕十。炕前置献案，黄磁碗二，虚其一，以一实酒。案下列樽酒，前设采毡。昧爽，司俎等进二豕，司香献香，执弦板内监暨司俎官帅属进，奏神弦，拍板，拊掌应节。司祝跪六献，酒灌虚碗中，一叩，兴，合掌致敬。余如堂子朝祭仪。司祝复跪，一叩，兴。又诵赞三，弦板止，侍侧。帝亲诣，入门，立神位前。司祝先跪，帝跪。司祝致辞，帝行礼，兴，司祝叩，兴，合掌致敬。后随行礼。将事者俱退，留司俎、司祝、司香妇人侍行礼。时帝南后北，帝不与祭。司祝叩兴后，彻盏，奉神像纳黄箱，位西楹大亭中。

徙幔稍南，安关帝像正中，执弦板者进，跪坐，司香敛毡三折之，奏弦拍板如初。司祝跽毡上，致辞，献香酒，司祝酌酒，执豕耳灌之，一叩，弦板止。司祝举豕于俎、复奏、拍，灌如初，一叩，兴，退。司俎如法刲牲，熟而荐之。司香献香，司俎进跪，凡三献，俱奏弦、拍板、拊掌。毕，彻馔，列胙长案上，或帝率后受胙，或率王、公等食肉，否则大臣侍卫进食之。

夕祭，司香豫悬青幔，西树杆，悬大小神铃七。幔内奉穆哩罕神、画像神、蒙古神，南向。前低桌二，陈炉、盏各五。别悬菩萨像西楹大亭，铺油纸，设案如朝祭。既上香，司祝系裙、束腰铃、击手鼓，坐杌上诵神歌祈请曰："自天而降，阿珲年锡之神，与日分精，年锡之神，年锡唯灵。安春阿雅喇、穆哩穆哩哈、纳丹岱珲、纳尔珲轩初、恩都哩僧固、拜满章京、纳丹威瑚哩、恩都蒙鄂乐、喀屯诺延，某年生小子，今为所乘马敬祝者"云云。辞同马祭，击鼓拍板和之。初祷曰纳丹岱珲、纳尔珲轩初，二祷曰恩都哩僧固，三祷曰拜满章京、纳丹威瑚哩、恩都蒙鄂乐、喀屯诺延，三祷并为马祝云云。皆击鼓为节，内监亦击拍板以和，止，退，释手鼓腰铃，司香设采毡，帝亲行礼如朝祭仪。后随行，则帝东后西。刲牲、荐俎暨叩跪、致辞如初。毕。遇斋期、国忌，不宰牲。并十二月二十六日请神送堂子后，宫内均停祭。

乾隆十二年，制定坤宁宫祭神背灯供献，其仪，夕祭荐肉后，司香敛毡，展青绸幕，掩灯火，众出阖户，留司祝及执板鼓内监侍。司祝坐杌上振杆铃，初向神铃致祈请，辞曰："哲，伊埒呼，哲，纳尔珲。掩户牖以迓神兮，纳尔珲。息甑灶以迓神兮，纳尔珲。来将迎兮，侑坐以俟，纳尔珲。秘以俟兮，几筵具陈，纳尔珲。纳丹岱珲蔼然降兮，纳尔珲。卓尔欢钟依惠然临兮，纳尔珲。感于神灵兮来格，莅于神铃兮来歆，纳尔珲。"二次摇神铃致祷，辞曰："纳丹岱珲、纳尔珲轩初、卓尔欢钟依、珠噜珠克特亨，某年生小子，今为所乘马祝者"云云。余辞同马祭。三次向腰铃致祈请，辞曰："哲，伊埒呼，哲，古伊双宽。列几筵以敬迓，古伊双宽。洁粢盛兮以恭延，古伊双宽。来将迎兮尽敬，古伊双宽。秘以俟兮申虔，古伊双宽。乘羽葆兮陟于位，古伊双宽。应铃响兮降于坛，古伊双宽。"四次摇腰铃，复致祷，辞曰："吁者唯神，迓者斐孙，牺牲既陈，奔走臣邻。仍为所乘马敬祝者"云云。每次并击鼓拍板以和。毕，启扉明灯，司俎彻俎，司香卷幔，奉神像纳朱匮。

月祭略同日祭，唯食品因月而殊，灌豕耳以酒不以水。如为皇子祭祀，则司祝祷祝，皇子叩拜。

翼日祭天，安佛、菩萨像西楹大亭，神杆东北置案一，西向。奉杆倚柱座前，杆首向东仰。案陈银盘三，一实米居中。西北置幔架，覆红罽。东北置牲案。昧爽，司俎进一豕。司香设采毡阈内，帝行礼，向神杆南面跪。司俎进，举盘中米洒之。祝祷毕，兴。不亲祭，则司祝奉御衣叩拜。后随行，帝居中，后傍西。刲牲熟荐，陈颈、胆左右银盘，缕肉为脍，列碗二，佐以筯；炊稗为饭，列碗二，佐以匙；相间以献。帝复行礼，洒米如初。礼成，司俎奉颈骨杆端，胆、脍及米置杆碗，杆遂立。以所献肉饭进，帝后受胙，退。如为皇子祭天，则皇子叩拜。不亲祭，则司祝奉皇子衣服叩拜。

报祭，岁春、秋二季，立杆大祭。前期四旬，酿酒西炕上，祭前一日漉之。司香染布为神冠，制楮帛。

大祭日，司俎妇人打糕作穆丹条子，余如前仪。其翼日祭天，与月祭翼日同。

四孟月大祭，亦曰四季献神，悬朝祭、夕祭神幔，并同日祭仪。涓吉，具马二，牛一，金、银锭各二，蟒缎、龙缎、片金倭缎、闪缎、各色缎十，毛青布十，置案。掌仪官等前引，内府大臣、上驷院卿同行。自乾清右门舁入，迳交泰殿，至坤宁宫门外。陈马于四，列牛于东。司俎等奉金银缎布入，司香陈案上，奉朝祭神位前，加金银其上。司祝跪致辞，一叩，兴。复举案夕祭神位前，如上仪。帝亲祭，礼同月朔。陈献毕，司香举金银缎布贮案下，侍卫等牵牛马出。越三日，宫殿监诸神位前，以金银缎布及牛马授会计司发售，计直购豕以祭。故事，帝猎南苑或他所，射得麅、鹿，如尾蹏腑脏无伤者，虽小创必整洁之，备供献，伤多体缺者舍之。至四时进献，按时以奉，春雏鸡二，夏子鹅一，秋鱼一，冬雉二，选肥且泽者以将诚焉。

令节设供　万寿节、元旦节，宫殿监率各首领设供案天香亭内，北向。奉安神牌、香烛、灯炉、斗香、拜褥各具，陈祭品七十有五。届时帝拈香行礼，毕，送燎还宫。

冬至、夏至或未亲行郊礼，则设供宫中。宫殿监设供案，冬至北向，夏至南向。奉安神牌、祭品同，拈香送燎亦如之。

立春、立夏、立秋、立冬设案如前仪。春东向，夏南向，秋西向，冬北向。陈祭品三十有六，羊、豕各一，仪如初。

仲春朔祭日，仲秋望祭月，七月七夕祭牛、女，陈祭品四十有九。帝行礼毕，宫殿监奏请皇后、皇贵妃、贵妃、妃、嫔行礼，毕，帝送燎还宫。

求福祀神　所称佛立佛多鄂谟锡玛玛者，知为保婴而祀也，亦名换索。其仪，诹吉有期，豫酿醴酒。前期数日，选无事故满洲九家，攒取棉线绸片，捻线索二纽，小方戒绸三。先一日，司俎官偕奉宸苑官赴西苑斫取柳条全株，高九尺，围径三寸。届期赴坤宁宫廊下，树柳枝于石，悬净纸、戒绸。幔悬神像。炕上设低案一，陈香碟、醴酒各三，豆糕、煤糕、打糕各九。西炕设求福高案，陈鲤鱼、稗米饭、水餻子各二，醴酒、豆糕等皆九数。稍北植神箭，悬线索其上，用三色绸片夹系之，令穿出户，系之柳枝。司香展采毡，帝、后亲诣行礼，如朝祭仪。

内监司俎官率属进，奏神弦，鸣拍板，司祝执神刀进，诵神歌祷辞曰："聚九家之彩线，树柳枝以牵绳。举扬神箭，以祈福佑，以致敬诚。某年生小子，绥以多福，承之于首，介以繁祉，服之于膺。千祥荟集，九叙阜盈。亦既孔皆，福禄来成。神兮贶我，神兮佑我。丰于首而仔于肩，卫于后而护于前。畀以嘉祥兮，偕老而成双兮。富厚而成双兮，富厚而丰穰兮。如叶之茂兮，如木之荣兮。食则体腴兮，饮则滋营兮。甘旨其献兮，朱颜其鲜兮。岁其增而根其固兮，年其永而寿其延兮。"如是者三，众歌"鄂啰罗"和之。

祷毕，司香举线索、神箭授司祝，司香舁高案出户外，列柳枝前。司祝左执神刀，右执神箭，立案前。帝立正中，后立槛内东次。皆跪，司祝对柳枝举扬神箭，以练麻拭其枝。初次诵祷毕，举箭奉练麻进，帝三捋而怀之，歌如前。帝、后一叩，兴，柳枝上洒以酒，夹以糕，司祝扬箭歌祷如式。凡三。帝诣神位前跪，司祝以箭上线索二分奉帝、后，致辞，叩，兴，合掌致敬。帝、后同一叩，兴。司祝进神胙，帝、后受之，还宫。祀肉与糕不出门，则分给诸人，令户内尽食之。

其夕祭求福，帝、后行礼如夕祭仪。柳枝所系线索贮于囊，悬西壁上。其枝司俎官赍送堂子。至除夕，与神杆纸帛爇化之。

奉先殿　顺治十三年，诏建景运门东北，前后各九楹，如太庙寝制。中为堂，左神库，右神厨。明年殿成，世祖躬妥神位，读祝大飨。定制，元旦、冬至、岁除、万寿、册封、月朔、望，奉神位前殿，帝亲行礼，供献如太庙大飨仪。唯立春、上元、四月八日、端阳、重阳皆寻常节，国忌、清明、霜降、十月朔属哀慕期，亲祭，不赞礼、作乐。七夕如常供。四月八日、七月望日陈素果。月荐新，帝亲献。

凡常例供献，后殿行之。飨太庙毕，行躬告礼，上香烛。又定日供汤、饭、果、肉各五盘。元旦、万寿，请太庙后殿四祖、四后神位至奉先殿，与列圣、列后合飨。其后罢奉请，就太庙后殿祀之。是岁冬，御经筵，上亲祭焉。

十七年，以并夹室乖制，谕令夹室行廊外中通为敞殿九楹，乃改建如旨。

明年，圣祖嗣服，用礼臣言，依明洪武三年例，朝夕焚香，朔、望瞻拜，时节献新，生、忌致祭，具常馔，行家人礼。其冬世祖升祔，奉神位至前殿行大飨。礼成，还奉后殿神龛。厥后祔飨仿此。康熙十三年，罢日供食，早、晚燃香烛。十五年，罢册封大飨，遣官祗告后殿。凡上徽号、册立、御经筵、耕耤、谒陵、巡狩、回銮亦如之。雍正十三年，准太庙时飨例，增上香仪。

乾隆二年修殿，徙神位暂安太庙。其秋会值太祖、太宗忌辰，帝拟亲飨，群臣言故事无素服入庙，乃止。道光元年，增修后殿龛座。中室列龛三，奉太祖、太宗、世祖。左一室龛二，奉圣祖、高宗。右一室龛二，奉世宗、仁宗。昭、穆仍旧制。余四室分列八龛焉。

凡亲飨，先三日致斋。先一日，掌仪司进祝版，割牲瘗毛血，洁治祭品。届日昧爽，内监启寝室神龛，执事官各事咸备。内府官省齍毕，分诣寝室前，跪上香，三叩，兴。奉列圣、列后神位以次行。皇后祔飨，同至前殿，安于座位，南向，祔后西向。诣各香案前跪，三叩，兴。届时帝衮服出宫，至诚肃门降舆，入左门，盥讫，就拜位，北面立，迓神，奏《贻平章》。导诣太祖香案前，跪上炷香一，瓣香三。旋位，行三跪九叩礼。导诣皇后香案前，立上香，旋位。行初献礼，奏《敉平章》，舞干戚，有司揭尊幂，勺挹实爵，司帛、司爵以次至各案前。献讫，司祝诣祝案前跪，三叩，兴。跪案左，奉祝版。帝跪，司祝读祝，兴，安于篚，叩如初。帝三叩，兴。行亚献礼，奏《敷平章》，舞《羽籥》，献爵，仪如初。行终献礼，奏《绍平章》，余并同初献。彻馔，奏《光平章》。毕，请神还寝室，三叩，退。赞"举还宫乐"，奏《乂平章》，帝复行三跪九叩。司祝、司帛以次送燎所，帝转立东旁。礼成，仍出左门。余如来仪。

或遣皇子代祭，前诸仪同。殿门外正中设拜位，入右门，至西阶下盥手，升阶诣拜位行礼。祝、帛送燎，避立西旁，仍自西阶退。

其月朔荐新，正月鲤鱼、青韭、鸭卵，二月莴苣、菠菜、小葱、芹菜、鳜鱼，三月王瓜、蒌蒿、芸苔、茼蒿、萝卜，四月樱桃、茄子、雏鸡，五月桃、杏、李、桑葚、蕨香、瓜子、鹅，六月杜梨、西瓜、葡萄、苹果，七月梨、莲子、菱、藕、榛仁、野鸡，八月山药、栗实、野鸭，九月柿、雁，十月松仁、软枣、蘑菇、木耳，十一月银鱼、鹿肉，十二月蓼芽、绿豆芽、兔、蟫蝗鱼。其豌豆、大麦、文官果诸鲜品，或廷旨特荐者，随时内监献之。顺治十四年，定月荐鲜献粢盛牲品。康熙十三年，定荐新日，掌仪司诣后殿行礼。献帛爵用侍卫。

寿皇殿　旧制三室，在景山东北。太祖、太宗、世祖及列后圣容，向奉体仁阁。雍正元年，命御史莽鹄立绘圣祖御容，供奉寿皇殿中殿，遇圣诞、忌辰、元旦、令节，率皇子、近支王公展谒奠献。凡奉安山陵、升祔太庙礼成，皆亲诣致祭。盖月必瞻礼，或至三诣焉。

乾隆元年，奉世宗圣容东一室，嗣后列朝圣容，依次奉东西室，为恒例。三年，定谒陵、省方启跸、回銮均诣寿皇殿行礼。寻定万寿节行礼如诸令节仪。十三年，徙建景山正中，如安佑宫制。大殿九室，左右殿各三楹，东西配殿各五楹，其冬成。高宗亲制碑记，其颂曰："唯尧巍巍，唯舜重华，祖考则之。不竞不絿，仁渐义摩，祖考式之。弘仁皇仁，明宪帝宪，小子职之。是继是绳，曰明曰旦，小子忽之。天游云殂，春露秋霜，予心恻恻。考奉祖御，于是寿皇，予仍即之。制广而正，爰经爰营，工勿亟之。陟降依凭，居歆攸室，羹墙得之。佑我后嗣，绵禩于万，匪万亿之。观德于兹，无然畔援，承钦识之。"

十五年，谕："前代安奉神御，率在寺中，别殿净宇，本无定所。敬念列祖创垂，显承斯在。永怀先泽，瞻仰长新。式衷庙祫之仪，斯协家庭之制。应迎列祖、列后圣容奉寿皇殿，岁朝合请悬供，肃将祼献。"于是奉圣祖、世宗御容，并自体仁阁迎太祖、太宗、世祖御容，乃定除夕敬悬，供鲜果、肉酱。元旦大飨，献磁器笾豆供品，并上香行礼。初二日如除夕供。礼毕尊藏。

又元旦帝有事堂子、奉先殿，讫，诣寿皇殿行礼。除夕、初二日，命皇子番行。上元节供饼饵，秋季展圣容，宫殿监敬谨将事。是岁绘列朝圣容成，亲诣奉安，行大飨。嘉庆四年，诏寿皇殿供奉神御，始自圣祖，凡遇忌辰、诞辰，皆应躬亲展敬，示子孙遵行，安佑宫亦如之。

安佑宫　在圆明园西北隅，建工始乾隆五年，迄八年蒇事。大殿九室，朱扉黄甍，如寝庙制。中龛悬圣祖御容，左世宗，右高宗。龛前陈彝器、书册、佩用服物，合设《中和韶乐》一列。帝临御园中，遇列圣诞辰，忌辰，令节，朔、望，并拈香行礼。谒陵、省方启銮、回跸，皆躬诣祗告焉。高宗亲制碑记，略言："朔酌望献，西汉原庙遗制。宋时神御殿亦本斯义，盖奉安列朝御容所也。上元结灯楼，寒食设秋千，视汉已备。而崇建遍郡国，奉祀在禅院，识者讥之。我皇祖圣祖，恩泽旁覃，僻邑穷谷，饮其德而不知，子孙臣庶，躬被教育者，宜其讴歌慨慕而未有已也。是以皇考世宗谨就寿皇殿奉安御容，朔望瞻礼，而于皇祖所幸畅春园，亦陈荐如仪。有汉、宋备物备礼之诚，无宋代祀繁致亵之弊。予小子心懔绍庭，念兹圆明园为我皇考囿沼地，筑室九楹，敬奉皇祖其中，奉皇考配东一室。所谓礼缘义起，有其举之，莫敢废也。

永佑寺在热河避暑山庄万树园旁，乾隆十六年建。有楼五楹，奉圣祖、世宗、高宗御容，云山胜地楼奉仁宗御容，陈设一如安佑宫。车驾莅至辄悬奉，回跸后庋藏。丹墀列高宗御制碑文，略言："创立精蓝，爰名永佑。固不特钟鱼梵呗，足令三十六景借证声闻；而皇祖圣日所照，千秋万岁后，子孙臣庶，莫不永如在之思。是即释迦之耆阇崛山，金刚法座，天龙拥护；而所以绳武宁亲，祝厘养志，亦于是托焉云尔。"仁宗御制《永佑寺瞻礼敬纪》，亦颇惓惓祖若父焉。

道光时，移供圣御继德堂，更题曰绥成殿。中室圣祖，左世宗，右高宗，左次室仁宗，以后列朝御容，仍依次悬左右室云。

满洲俗尚跳神，其仪，内室供神牌，或用木龛，室正中、西北龛各一。凡室南向北向，以西方为上；东向西向，以南方为上：颇与《礼经》合。南龛下悬帘幕，黄云缎为之。北龛上置杌，杌下陈香盘三，木为之。春、秋择日致祭，谓为跳神。前一月，造酒神房。前三日，朝暮献牲各二，名曰乌云，即引祀也。前一日，神前供打糕各九盘，以为散献。大祀日，五鼓献糕，主人吉服向西跪，设神幄向东，中设如来、观音神位。女巫舞刀祝曰："敬献糕饵，以祈康年。"主人跪击神版，诸护卫亦击，并弹弦、筝、月琴和之，其声呜呜然。巫歌毕，主人一叩，兴。司香妇请神出。户牖西设龛，南向奉之。司俎者呼"进牲"，牲入，主人跪，家人皆跪。巫者前致辞，以酒灌牲耳，牲耳耳，司俎高声曰："神已领牲。"主人叩谢。庖人刲牲，熟而荐之。主人再拜谒，巫致辞。主人叩毕，巫以系马吉帛进，祝如仪。主人跪领帛，以授司牧，一叩，兴。乃集宗人食胙肉，令毋出户庭。

其夕供七仙女、长白山神、远祖、始祖，位西南向。以神幪蔽窗牖，舞刀进牲致祝如朝仪。唯伐铜鼓作渊渊声，主家亦击手鼓、驾鼓，以铜鼓声为应。诵益急，跳益甚。礼成，众受福。次早设位庭院前，位北向，主人吉服如仪。用男巫致辞毕，洒以米，趋退。主人叩拜。牲肉皆刲为菹醢，和稻米以进。名曰祭天还愿。

又明日，神位前祈福，供饼饵，缀五色缕。祝辞毕，以缕系主人胸，谓之受福。三日祭乃毕。

长白满州旧族近兴京城者，祀典礼仪皆同。唯舒穆禄氏供昊天上帝、如来、菩萨诸像，又供貂神其侧。纳兰氏则供羊、鸡、鱼、鸭诸品，巫者身系铜铃跳舞，以铃坠为宜男兆。蒙古跳神用羊、酒，辉和跳神以一人介胄持弓矢坐墙堵，盖先世有劫祀者，故豫使人防之，因沿为制。跳神之举，清初盛行，其诵祝辞者曰萨吗，迄嘉庆时，罕用萨吗跳神者，然其祭固未尝废也。

卷八十六　　志六十一

礼五　吉礼五

宗庙之制　时飨　祫祭　加上谥号
东西庑配飨　醇贤亲王庙　谒陵

宗庙之制　清初尊祀列祖神御，崇德建元，立太庙盛京抚近门东。前殿五室；奉太祖武皇帝、孝慈武皇后。后殿三室，奉始祖泽王、高祖庆王、曾祖昌王、祖福王，考、妣俱南向。并设床榻、衾枕、椸椸、帷幔，如生事仪。太宗受尊号，躬率群臣祭告，其太牢、少牢色尚黑。复嗣考祭仪，定祭品，牛一，羊一，豕一，簠、簋各二，笾、豆各十有二，炉一，灯二，各帛一，登、铏、尊各一，玉爵三，金七一，金箸二。帛共篚，牲共俎。尊实酒，疏布幂勺具。阶前设乐部，分左、右悬。祀日陈法驾卤簿。

世祖定燕京，建太庙端门左，南向。朱门丹壁，上覆黄琉璃，卫以崇垣，周二百九十一丈。凡殿三，前殿十一楹，阶三成，陛皆五出。一成四级，二成五级，三成中十一，左、右各九。中奉太祖、太后神龛。中殿九楹，同堂异室，奉列圣、列后神龛。后界朱垣，中三门，左、右各一。为后殿，亦九楹，奉祧庙神龛，俱南向。前殿两庑各十五楹，东诸王配飨，西功臣配飨。东庑前、西庑南燎炉各一。中后殿两庑庋祭器。东庑南燎炉一。戟门五，中三门内外列戟百二十，左、右门各三。其外石梁五。桥北井亭三，南神库、神厨。西南奉祀署，东南宰牲亭。其盛京太庙尊为四祖庙云。

顺治四年，定盛京守庙首领马法秩视拖沙喇哈番，余马法视护军校。

五年冬，追尊泽王为肇祖，庆王为兴祖，昌王为景祖，福王为显祖，与四后并奉后殿，致祭如时飨仪。

八年，孝端文皇后祔庙，奉神主祗见太祖、太后暨太宗，代行三跪九拜礼，位次太宗，复一跪三拜。毕，遂行大飨。祀后殿则遣官。凡升祔，先一日遣告，至日祗见、奉安、大飨，著为例。十八年，世祖祔庙，位次太祖西旁，东向。康熙九年，孝康章皇后祔庙，位次世祖。二十七年，孝庄文皇后祔庙，届期世祖及章后神主避立于旁，始行祗见礼，位次文后。凡祔庙主，以卑避尊，后仿此。五十七年，孝惠章皇后升祔，议者以孝康祔庙久，欲位其次。大学士王掞议曰："陛下圣孝格天，曩时太皇太后祔庙，不以跻孝端上，今肯以孝康跻孝惠上乎？"议者不从，帝果以为非是，令改正焉。

雍正元年，礼臣言："古帝王升祔太庙，必以皇后配飨。周祀閟宫，汉于别寝，唐、宋有坤仪、奉慈殿以展孝思。自是配庙者，皇后字上一字与庙谥同，祀别庙者，但有谥无庙号。其配位或一帝一后，或一帝二后。宋太宗、徽宗则四后先后升祔，礼制不同。本朝太祖三后，唯孝慈祔庙称高后，太宗二后，孝端、孝庄并称文后，世祖三后，孝惠、孝康并称章后，孝献但祀孝陵飨殿，定制然也。今圣祖祔庙，仁孝作配，允宜同飨。第庙谥曰仁，与尊谥复，改题孝诚，与孝恭体备母仪，并宜同祔。其孝昭、孝懿，应集廷臣详议。"寻议定："夏、商逮六朝，皆一帝一后，唐睿宗二后，宋太祖三后，太宗四后。祔庙之制，朱子诸儒咸无异说。谨按前典，孝昭、孝懿应与孝诚、孝恭并称仁皇后，同祔太庙。"从之。

案仪，一元后，一继立，一本生，并列如序。首孝诚，次孝昭，次孝懿，次孝恭。于此奉帝、后神主，以次安东旁，西向，位次太宗。

乾隆二年，世宗暨孝敬后祔庙，位西旁，东向，居世祖次。四十二年，孝圣后升祔，次孝敬。

明年，高宗诣盛京，徙建四祖庙大清门东，南北袤十一丈一尺五寸，东西广十丈三尺五寸。正殿五楹，东、西配庑各三楹。正门三，东、西门各一。敕大臣监视落成。

嘉庆四年，高宗暨孝贤、孝仪二后祔庙，位东旁，西向，次圣祖。道光元年，仁宗暨孝淑后祔庙，位西序，东向，次世宗。

三十年，宣宗遗谕及祔庙事，略谓："《礼经》天子七庙，《周礼·小宗伯》辨庙祧昭穆，汉七庙六室，唐九代十一室，宋九世十二室，议礼纷纷，不一而足。我朝首太祖讫仁宗，巍然七室，不参酌今古，必至贻笑后嗣。朕薄德承基，何敢上拟祖考，祔庙断不可行。其奉先殿、寿皇殿、安佑宫为古原庙，制可仍旧。"乃下廷臣议，于是礼亲王全龄等主遵成宪。侍郎曾国藩亦言："万难遵从。古者祧庙，为七庙亲尽言，有亲尽不祧者，则必世德作求，不在七庙数。若殷三宗，周文、武是也。大行皇帝于皇上为祢庙，非七庙亲尽比，而功德弥纶，又当与列祖、列宗同为百世不祧之室。且诸侯大夫尚有庙祭，况尊如天子，敢废祔典？"帝俞其请。诏曰："天子七庙，特礼之常制，非合不祧之室言也。皇考祔庙称宗，于制为允。"遂于咸丰二年，奉宣宗暨孝穆、孝慎、孝全三后祔庙，位东序，西向，次高宗。明年，奉孝和睿皇后升祔，次孝淑。

文宗少时为康慈太后抚育，十一年帝崩，穆宗体大行遗志，上尊谥曰孝静。同治建元，祔庙次孝全。四年，文宗暨孝德后祔庙，位西序，东向，次仁宗。于时太庙中殿，九楹咸序。

洎穆宗崩御，而祔次尚虚。光绪三年，惇亲王奕誴等躬往相度，集议所宜。侍讲张佩纶请仿殷、周制，立太宗世室，百世不祧。展后殿旁垣左右各建世室。侍郎袁保恒谓周制世室在太祖庙旁，居昭穆上，后世同堂异室，以近祖为尊。请以中殿太祖左右为世室九楹，东西各展两楹，别建昭穆六代亲庙。太祖居中，两旁各六楹，为左右世室。太祖至穆宗同为百世不祧，不必俟亲尽递升。其左右隙地，更建两庙，各三楹，为三昭三穆，循次继入，藉省迁移。鸿胪寺卿徐树铭言："古者庙前寝后，庙以祭飨，今前殿是；寝以藏衣冠，今中殿、后殿是。兹所当议者，藏衣冠寝殿耳。应就中殿左建寝殿，祭飨仍在前殿。列祖、列宗，百世不祧，若建世室后殿旁，反嫌居太祖上。唯增寝室，则昭穆序矣。"其他条议，大率主世室者多。有谓后殿宜增殿宇，移四祖神主其中。改为世室，移太宗居中一室。穆宗祔庙，奉安中殿西第四室者，通政使锡珍说也。有谓中殿两旁建世室，东二西一，中奉太祖主，七庙东一庙奉太宗，二庙奉圣祖；西一庙奉世祖。前殿两旁建六亲庙，世宗以下奉之，斯昭穆不紊。少詹事文治说也。有谓中殿两旁建昭穆二世室，但建方殿，纵横各五楹，移太宗居昭世室，世祖居穆世室，皆北面中一楹。圣祖居昭世室，东面第一楹。中殿仍奉太祖。昭穆各四楹，列圣神位依序上移。穆宗升祔，居昭第三楹。司业宝廷说也。已，阁议以纷更庙制，未可从。

礼亲王世铎等谓："与其附会古典，不如恪守成规。太庙中殿九楹，中楹仍旧，东西各四楹，请如道光初故事，增修改饰。东次楹又次楹为昭位，太宗暨二后、圣祖暨四后、高宗暨二后、宣宗暨四后神主序焉。西次楹又次楹为穆位，世祖暨二后、世宗暨二后、仁宗暨二后、文宗、孝德后神主序焉。将来穆宗、孝哲后升祔，位居宣宗次。"议上，醇亲王奕譞韪之，奏言："寓尊崇于变通，较诸说为当。第庙楹有限，国统无穷，增修尚非至计。祧庙为历朝经制，无可避忌。请敕自今以往，毋援百世不祧之文，当循亲尽则祧之礼，庶钜典与天地常存。"于时徐树铭力主宣宗遗谕，以汉、唐增室为非，今用奉先殿增龛成案，亿万年后，势难再加。宜遵祖训，豫定昭穆。内阁学士钟佩贤亦以为言，鸿胪寺少卿文硕且请建穆宗寝庙，而文治、宝廷尤力争并龛简陋，非永制。两宫太后不获已，再下王大臣议，兼询直隶总督李鸿章。鸿章言："《周官》，匠人营国，世室、明堂，皆止五室。郑注，五室并在一堂。据此，则朱子所图世室、亲庙以次而南，未尽合制。至建寝殿、增方殿，古制所无，礼亲王等所言，未为无见。我朝庙制，祖宗神灵，协会一室，一旦迁改，神明奚安？太庙重垣，庭墀殿陛，各有恒式。准古酌今，改庙非便。因时立制，自以援奉先殿增龛例为宜。议者或嫌简略，考古礼祔庙迭迁，亦止改涂易檐，并不大更旧庙。今之龛座，犹晋、宋时坎室，晋华垣建议庙堂以容主为限，无拘常数。王导、温峤往复商榷，始增坎室。宋增八室，蔡襄为图。今之增龛，何以异是？"又谓："奉先殿即古原庙，与太庙殊。然雍正时奏定奉先殿神牌与太庙顜若画一。成宪可循，不得谓增龛之制独不可仿行太庙也。至祧迁虽常典，而藏主之室，礼无明文。郑康成言周祧主藏于太庙及文武世室，是已祧之主与不迁之祖同处一庙，故庙亦名祧。晋藏西储夹室，当时疑其非礼，后世缘为故事。儒家谓古祧夹室，殆为肊辞。庙既与古不同，祧亦未容轻议。唯醇亲王所陈，为能导皇上以大让，酌庙制以从宜。"自此议遂定。

五年，穆宗暨孝哲后祔庙，位东序，西向，次宣宗。七年，孝贞后升祔，次孝德。宣统元年，孝钦后升祔，次孝贞。是岁考议德宗祔庙事，礼臣言："兄弟同昭穆，但主穆位空一室。"其余议礼诸臣，重宗统者，以为异昭穆不便；重皇统者，复以为同昭穆不合。而大学士张之洞独主："古有祧迁之礼，则兄弟昭穆宜同。今无祧迁之礼，则兄弟昭穆可异。"议乃定。其秋，昭曰："我朝庙制，前殿自太祖以下七世皆南向，宣宗以下三世分东西向，与古所谓穆北向、昭南向不同。穆、德二庙，同为百世不祧，宜守朱子之说，以昭穆分左右，不以昭穆为尊卑。礼缘义起，毋因经说异同，过事拘执。德宗祔庙，中殿奉西又次楹又五室穆位，前殿位次西旁文宗坐西向东穆位。体先朝兼祧之旨，慰列圣在天之灵，垂为定制。奉先殿位序亦如之。"

时飨　太宗建国初，遇清明、除夕，躬谒太祖陵，即时飨所由始。崇德元年，建太庙成，凡四孟时飨，每月荐新，圣诞、忌辰、清明、中元、岁暮俱致祭。五月献樱桃，命荐太庙。凡新进果谷，皆先荐乃进御，著为令。顺治元年，定时飨制，孟春择上旬日，三孟用朔日，乐章六奏。二年，命祭太庙如奉先殿仪，读祝、致祭。遣官祭福陵、昭陵、四祖庙，止上香烛、供酒果，不读祝。七月朔，秋祭太庙、四祖庙，中元祭陵，并用牛、羊。寻定四祖庙祭例视京师，牲用生。又飨太庙用熟牛，罢晋胙。八年，定亲飨制，饮福、受胙如圜丘。奏乐备文、武《佾舞》。康熙十二年，从礼臣言，祭太庙，质明将事。二十四年春，亲飨毕，谕曰："往见赞礼郎宣祝，至朕名，声不扬。《礼》称父前子名，子孙通名祖父，岂可慢易？嗣后垂为戒。"

雍正十一年，世宗以庙飨无上香，奠帛、爵无跪献，命大学士礼臣议增。寻议言："大祀莫重郊坛，孝享莫大配天。宗庙典礼，宜视社稷。祭社稷日，皇帝亲诣上香，太庙自宜一例。至帛、爵俱不亲献，皇帝立拜位前，所以亚郊坛也。仍旧仪便。"报可。

又定太庙神牌如奉先殿制，供奉居中。请牌用太常官，献帛、爵用侍卫，寻改用宗室官。

高宗嗣位，定三年持服内，飨庙御礼服作乐如故，唯斋戒用素服，冠缀缨。乾隆二年，用礼臣言，祝版书列圣尊谥。香帛送燎时行中路，帝转立东旁，俟奉祝帛官出，复位，如祀郊坛式。寻定每日上香，守庙官行礼。朔望用太常官。嗣改宗室王公番行。十二年，谕太庙献帛、爵用宗室官，俾习礼仪、熔气质。敕宗人府王公监视，后复定后殿献帛、爵用觉罗官。

向例，飨庙，帝乘舆出宫，至太和门外改乘辇。入街门，至神路右，步入南门，诣戟门幄次。入升东阶，进前殿门，就拜位。礼成，出如初。凡入门皆左。三十七年，帝年渐高，略减仪节。入庙时，改自阙左门辇入西北门，至庙北门外，舆入。至戟门外东阶下。步入门，升阶进殿。行礼毕，出亦如之。

嘉庆四年，定时飨前殿座次。太祖、太宗、世祖皇考、妣皆南向，圣祖皇考、妣东位西向，世宗皇考、妣西位东向，高宗皇考、妣东次西向。以后帝、后位次仿此。八年孟春时飨，礼臣卜吉初六日，仁宗以前三日致斋。会逢高宗忌辰，服色未协，命改初八日。嗣是春飨皆择正月初八、九、十等日行之。

道光四年，谕庙飨谢福胙如祀社稷仪，王公百官随行三跪九拜礼。穆宗、德宗初立，时飨、祫祭遣亲王代，逮亲政始躬莅。宣统朝摄政王摄行。

祫祭　历代禘、祫分祭，礼说缤纷，罔衷古训。清制有祫无禘。除夕飨庙，实始太宗，世祖本之，著为祭典。顺治十六年，左副都御史袁懋功请举祫祭，以彰孝治。乃定岁除前一日大祫，移后殿、中殿神主奉前殿。四祖、太祖南向，太宗东位西向。先一日遣官告后殿、中殿，致斋视牲。届日世祖亲诣，礼如时飨，自是岁以为常。寻定祫祭乐舞陈殿外。

康熙时，御史李时谦请行禘祭。礼臣张玉书上言："考礼制言禘不一，有谓虞、夏禘黄帝，殷、周禘喾，皆配祭圜丘者；有谓祖所自出为感生帝，而祭之南郊者；有谓圜丘、方泽、宗庙为三禘者：先儒皆辨其非。而宗庙之禘，说尤不一。或谓禘止及毁庙，或谓《长发诗》为殷禘，《雍诗》为周禘，而亲庙、毁庙兼祭者。唯唐赵匡、陆淳以为禘异于祫，不兼群庙。王者立始祖庙，推祖所自出之帝，以始祖配之，故名禘。至三年一祫，五年一禘，说始汉儒，后人宗之。汉、唐、宋禘礼，并未考始祖所自出，止五岁中合群庙之祖，行祫禘于宗庙而已。大抵夏、商以前有禘祭，而厥制莫详。汉、唐以后有禘名，而与祫无别。周以后稷为始祖，以帝喾为所自出，而太庙中无喾位，故祫祭不及。至禘祭乃设喾位，以稷配焉。行于后代，不能尽合。故宋神宗罢禘礼。明洪武初或请举行，众议不果。嘉靖中，乃立虚位，祀皇初祖帝，以太祖配，事涉不经，礼亦旋罢。国家初定鼎，追上四祖尊称，立庙崇祀，自肇祖始。太祖功德隆盛，当为万世庙祖，而推所自出，则缔造大业，肇祖最著。今太庙祭礼，四孟分祭前、后殿，以各伸其尊。岁暮祫飨前殿，以同将其敬。一岁屡申裸献，仁孝诚敬，已无不极。五年一禘，可不必行。"遂寝其议。

乾隆三十七年大祫，帝亲诣肇祖位前上香，余遣皇子亲王分诣，复位行礼如常仪。诣庙节文减之如时飨。六十年将届归政，九庙俱亲上香。嘉庆四年，定岁暮祫祭，前殿座位视时飨。咸丰八年，文宗疾甫平，亲王代行祫祭，然先祭时犹亲诣拜跪焉。其因时祫祭者，古礼天子三年丧毕，合先祖神飨之，谓之吉祭。雍正二年，吏部尚书朱轼言："皇上至仁大孝，丧三年如一日，今服制竟，请祫祭太庙，即吉释哀。"制可。明年二月，帝诣庙行祫祭，如岁暮大祫仪。自后服竟行祫祭仿此。

加上谥号　崇德元年，太宗受尊号，追封始祖为泽王、高祖庆王、曾祖昌王、祖福王，上太祖武皇帝、孝慈皇后尊谥。即日躬祀太庙。翼日，百官表贺。顺治元年，进太祖、孝慈后、太宗玉册、玉宝，奉安太庙。册长八寸八分，广三寸九分，厚四分。册数十，面底二页镌升降龙。宝方四寸二分，厚一寸五分，纽高二寸七分，长四寸二分，广三寸五分，宝盝金质。凡太庙册、宝皆用玉，色青白，册文用骊体，宝文如谥号，曰"某祖某宗某皇帝之宝"，后曰"某皇后之宝"。

五年，追尊泽王肇祖原皇帝，妣原皇后；庆王兴祖直皇帝，妣直皇后；昌王景祖翼皇帝，妣翼皇后；福王显祖宣皇帝，妣宣皇后。奉安讫，致礼如时飨。越三日，庆贺如仪。七年，上孝端文皇后尊谥。九年，进四祖帝后册宝。十八年，上世祖尊谥，前期斋戒，遣官祭告天地、宗庙、社稷。

届日，帝素服御太和门，阅册、宝讫，大学士奉安彩亭，校尉舁行，导以御杖，驾从之。王公百官各于所立位跪俟，随行。至寿皇殿大门外降辇，入左门，彩亭入右门。大学士二人跪奉册宝陈案上，帝就位，率群臣行三跪九叩礼。赞引奏"跪"，奏"进册"，奉册大学士跪左，进帝跪献。毕，授右跪大学士陈中案。奏"进宝"，如初。奏"宣册"，宣册官跪宣："上尊谥曰体天隆运英睿钦文大德弘功至仁纯孝章皇帝，庙号世祖。"宣册讫，奏"宣宝"，仪亦如之。行礼三跪九叩，致祭同时飨。毕，奉绢册、宝、祝帛如燎所焚之。大学士二人，奉香册、宝导梓宫奉安，一跪三叩，翼日颁诏天下。凡上大行帝后尊谥，香册、香宝献几筵后，奉安山陵，绢册、宝送燎，玉册、玉宝卜吉藏之太庙，后仿此。

初太祖尊谥曰承天广运圣德神功肇纪立极仁孝武皇帝，太宗曰应天兴国弘德彰武宽温仁圣睿孝文皇帝。圣祖缵业，加太祖"睿武弘文定业"六字，更庙号高皇帝；太宗"隆道显功"四字，庙号如故。用礼臣言，俟世祖祔飨后行礼。明年，上慈和皇太后尊谥。二十七年，上孝庄太皇太后尊谥。五十七年，上孝惠皇太后尊谥，后，圣祖嫡母也。祔庙日，命安神位慈和上。

六十一年冬，世宗谕廷臣："皇考继统，本应称宗，但经云：祖有功，宗有德。皇考手定太平，论继统为守成，论勋业为开创，宜崇祖号，以副丰功。其确议之。"议言："按《礼经》：有虞氏禘黄帝而郊喾，祖颛顼而宗尧。而《舜典》云：'舜格文祖。注曰尧庙。归格艺祖，复释为尧之祖。合之祖颛顼，则有三祖矣。宋陈祥道云：'凡配天者皆得称祖。《国语》展禽谓有虞氏祖高阳而郊尧，尧所以称文祖也。颛顼至尧，并黄帝子孙，故皆称祖。又《周礼·大宗伯》：祫、禘、追享、朝享。解云：古者朝庙合群祖而祭焉，故祫曰朝飨，以合群祖为不足，复禘其所自出，故禘曰追飨。夫祖所自出，始祖也，其下曰群祖，则自始祖以下皆可称祖矣。"又谥议："帝王功业隆盛，得援祖有功古义称为祖。窃谓唯圣可扬峻德，唯祖可显隆功。"议上，称旨。雍正初元，遂上尊谥，庙号圣祖。复谕："太祖、太宗、世祖三圣相承，功高德盛；孝庄、孝康、孝惠翼运启期，懿徽流庆；宜并加谥，俾展孝思。"于是加谥太祖曰端毅，太宗曰敬敏，世祖曰定统建极，而孝慈、孝端及三后并尊谥焉。

于时工部奉神主庙室，髹漆饰金，中书、翰林官各一人书新谥。奏遣大学士二人行填青礼，先期祗告天地、社稷。至日，世宗礼服诣太庙行上尊谥礼。毕，还宫，易衮服，诣奉先殿致祭，后仿此。六年，镌造列圣、列后玉宝、玉册暨圣祖皇考、妣册、宝成，奉之太庙。其仪，太庙洁室设黄案，张彩幔两旁，中陈册、宝，王大臣朝服将事，帝御礼服恭阅，一跪三拜，安奉彩亭，舆导如前仪。供案讫，帝入行礼如初。册、宝集中殿，分藏金匮。帝以次上香，一跪三拜，礼成。

高宗践阼，加列圣、列后尊谥，谕言："宗庙徽称有制，报本忱悃靡穷。藉抒至情，不为恒式。"

乾隆四十五年，以列朝册、宝玉色参差，命选工琢和阅精琢。越二年工竣，祗阅讫，奉太庙如礼。其旧藏十六分，命赍送盛京太庙，尊藏玉检金绳。自是帝、后祔庙，皆别备册、宝送盛京，永为制。

嘉庆四年，仁宗守遗训，著制，凡列圣尊谥已加至二十四字、列后尊谥已加至十六字不复议加。

功臣配飨，所以显功，宗亲郡王配东庑，文武大臣配西庑。崇德元年，追封皇伯祖礼敦巴图鲁为武功郡王，巴图鲁其名也，配东庑，福晋与焉。并以直义公费英东、弘毅公额亦都配西庑。顺治元年，西庑增祀武勋王扬古利，位直义上。九年，复增祀忠义公图尔格、昭勋公图赖，昭勋为直义子，忠义为弘毅子，父子配侑，世尤荣之。十一年，东庑增祀通达郡王雅尔哈齐、慧哲郡王额尔衮、宣献郡王界堪，通达位武功上，而慧哲、宣献两福晋亦并侑云。

康熙九年，定祀东庑用太牢，岁以为常。

雍正二年，西庑增祀文襄公图海。定功臣配飨仪，前期告太庙。届日陈彩亭，列引仗，奉主至庙西阶。拜位在阶下，三跪九拜。奉主大臣摄行，还纳龛位，一跪三拜。

八年，怡亲王允祥配东庑。定王配飨仪，奉主以郡王，迎主用彩亭吾仗，至庙东阶，拜位在阶上。代行礼毕，降自东阶，余如西庑。

九年，进加费英东信勇公，图尔格果毅公，图赖雄勇公，图海忠达公。乾隆中，西庑增祀襄勤伯鄂尔泰，超勇亲王策凌，大学士张廷玉，蒙古王、汉大臣侑食自此始。

四十三年，诏："祖宗创业艰难，懿亲荩臣，佐命殊功，从古未有。当时崇封锡爵，酬答从优。以后有及身缘事降削者，有子孙承袭易封者，不为追复旧恩，心实未惬。"于是睿亲王多尔衮以元勋懿戚，横被流言，特旨昭雪。礼烈亲王代善，后人改封为巽，已复改为康，郑献亲王济尔哈朗改为简，豫通亲王多铎改为信，肃裕亲王豪格改为显，克勤郡王岳託改为衍禧，又改为平，均非初号。悉命复旧，并配祀东庑。礼王位宣献下，睿王等以次列序，位怡王上，而徙策凌列怡王次。

嘉庆元年，西庑增大学士傅恒、福康安、协办大学士兆惠。福康安即傅恒子，并封郡王，异姓世臣，被恩最渥。

道光三年，复增大学士阿桂，功臣凡十有二人。

同治四年，东庑增科尔沁亲王僧格林沁，功王凡十有三人。

凡时飨，帝上香时，分献官上香配位前，各分献不拜。三献毕，退。祫祭同。

醇贤亲王庙　光绪十六年，醇贤亲王奕譞薨，中旨引高宗《濮议辨》，应称所生曰"本生父"，没称"本生考"，立庙不祧，祀以天子之礼，合乎"父为士，子为大夫，葬以士，祭以大夫"古义，斯尊亲两全矣。乃定称号曰"皇帝本生考"。复定庙祀典，建庙新赐邸第，额曰醇贤亲王庙。正殿七楹，东、西庑殿，后寝室，各五楹。中门三。门内焚帛亭、祭器亭，其外宰牲亭、神库、神厨。大门三。殿宇正门中覆黄琉璃，殿脊及门四周上覆绿琉璃。其祀仪、乐舞、祭器、祭品视天子礼。凡时飨以四仲月朔，袭王承祭。帝亲行，则袭王陪祀。诞辰、忌日，帝亲诣行礼。

谒陵　有清肇迹兴京，四祖陵并在京西北，称兴京陵。太祖定辽阳，景祖、显祖二陵徙盛京东南，称东京陵。嗣是太祖陵当盛京东北，称福陵；太宗陵当盛京西北，称昭陵。崇德间，定岁暮、清明祭兴京陵，用牛一，遣守陵官行礼。东京陵用牛二，遣宗室、觉罗大臣行礼。福陵用牛一、羊二，遣大臣行礼。国忌、诞辰、孟秋望日，燃香烛，献酒果，奠帛、读祝、行礼。朔、望用牛一，具香烛、酒果，遣守陵官致祭，不读祝、奠帛。

顺治八年，封兴京陵山曰启运，东京陵山曰积庆，福陵山曰天柱，昭陵山曰隆业，并从祀方泽，置陵官、陵户。定祀仪，冬至用牛一、羊一、豕一，余同前。清明、岁暮、孟秋望日亦如之。十三年，诏立界碑，禁樵采。十五年，移东京陵改祔兴京，罢积庆山祀。明年，尊称为永陵，飨殿、暖阁如制。

康熙二年，相度遵化凤台山建世祖陵，曰孝陵。先是世祖校猎于此，停辔四顾曰："此山王气葱郁，可为朕寿宫。"因自取佩鞢掷之，谕侍臣曰："鞢落处定为穴。"至是陵成，皆惊为吉壤。岁以清明、中元、冬至、岁暮为四大祭。并改建福陵、昭陵地宫。工竣，以奉安祗告，致祭如大飨。安神位隆恩殿，制龛座、宝床、帷幔、衾褥，桦椸如太庙式。

凡因公谒陵，三品以上官罗城门外行礼。遇祭日，二品以上许入城随守陵官陪祭。归，谒辞。

凡谒陵，东迻石门，王、贝勒在隆恩门外三跪九拜，当直官启门，贝子以下、三品官以上则否，皆奉祀官为导，遇祭日免。是时三陵建功德碑，嗣凡起陵，皆立碑，如故事。

八年，定四时大祭，遣多罗贝勒以下，奉国将军、觉罗男以上行礼。

明年秋，奉太皇太后、皇太后率皇后谒孝陵。前一日，躬告太庙，越日启銮。陈卤簿，不作乐。既达陵所，太皇太后坐方城东旁，奠酒举哀。皇太后率皇后等诣明楼前中立，六肃、三跪、三拜，随举哀，奠酒，复三拜。还行宫。凡皇太后谒陵仿此。次日，帝复谒隆恩殿，行大飨礼。又次日，殿前设黄幄，焚楮帛，读文致祭，礼成。还京，仍告太庙。越二日，御太和殿，百官表贺。

明年秋，车驾至盛京，谒福陵、昭陵毕，召将军等赐以酒，并谕守陵总管、副总管曰："尔等职司典祀，凡祭品必亲虔视，务尽诚敬，副朕孝思。"还御大清门受贺，燕赉群臣，颁守陵官军。其永陵遣王大臣致祭，复遣官分诣颖亲王、克勤郡王、直义公费英东诸勋贵墓酹酒。还京日，仍告庙如仪。

二十一年，滇平，诣两京谒陵，如初礼。还京，祗告奉先殿。自是靖寇难，谒陵告祭以为常。

六十年，御极周甲，命世宗率皇子、皇孙诣盛京，皇子祭昭陵，皇孙祭永陵，帝亲往福陵大祭。

雍正元年，定圣祖陵曰景陵。其明年，清明谒祭如典。八年冬至，会圣祖忌辰，礼臣言准陵寝大祭，用太牢，献帛、爵，读祝文。遣官承祭具朝服。十三年清明、冬至大飨，改遣公爵番行。七月望日，将军、侍郎等承祭，其朔、望、忌辰，则定总管掌关防承祭，行三跪九叩礼。

乾隆元年，命宗室辅国将军等六人徙驻沈阳，给田庐，岁时致祀。二年，谕改朔、望承祭贝勒、公、大臣番行。复虑仪节不齐，增赞礼郎二人导引退，仍不赞。三年清明，谒世宗泰陵。

六年，定三陵四时大飨。忌辰祭飨，题派移驻将军二人行礼。七年，增置三陵爵垫，备礼仪。

八年，定谒陵如太庙亲祀仪，载入仪注。已，奉皇太后谒祖陵，礼节准康熙时例。自后三谒皆如之。

四十三年秋，先后谒永陵，福陵，因谕："睠怀辽沈旧疆，再三周历，心仪旧绪，蕲永勿谖。夫奕禩开平景运，皆昔日艰难开创所贻。后世子孙，当览原嶰而兴思，拜松楸而感悟。默念天眷何以久膺，先泽何以善继。知守成之难，兢业无坠。庶熙洽之盛，亿万斯年。不然，轻故都，惮远涉。或偶诣祖陵，漠不动心，视同览古，是忘本也。盛京根本重地，发祥所自，后世不可不躬亲阅历，其毋负朕言！"

嘉庆五年清明，诣昌瑞山谒高宗裕陵，先敷土，次大飨。陵寝官豫取洁土储筐，俟帝如更衣次易缟素，执事从官素服，冠去缨，随至方城。有司进黄布护履，帝纳履，从臣亦如之，自东磴道升至宝城石栏东，陵寝大臣合土以筐，随驾至敷土处跪进。帝拱举，敷毕，授筐，降，脱履。于是更袍服，冠缀缨，执事官俱易。礼臣请行大飨，帝诣隆恩殿行礼。读祝，三献。

凡清明日谒陵敷土，在丧服期，帝亲行。十年，帝初谒永陵，御素服，诣启运殿后阶，三跪九拜，有司进奠几，三拜三奠爵。讫，举哀。翼日朝服行大飨。谒福陵、昭陵亦如之。后复以祭器乖误，革盛京礼部侍郎世臣职。因谕"丰沛旧都，大臣不应忘却"。下其谕各公署，其重祀如此。

道光八年，谒裕陵、昌陵，军机大臣随入门，命著为例。九年，奉皇太后诣盛京谒三陵，如仪。

咸丰元年谒东陵，五年谒西陵，孝贞皇后谒泰陵，陵寝女官为导，入门皆由左，至明楼前行礼，六肃三跪三拜。女官进奠几，后三拜三奠爵，西飨举哀。次谒昌陵、慕陵如初礼。同、光间悉依此行。

凡孝陵、景陵以下，世宗曰泰陵，高宗裕陵，仁宗昌陵，宣宗慕陵，文宗定陵，穆宗惠陵，并在直隶易、遵化二州，称东西陵，东陵凤台山，封昌山；西陵太平峪，封永宁山；并祀方泽。设奉祀官，置庄园。

隆恩殿大飨用祝币，其日燃明灯，用牛一、羊二、尊四，帝、后同案位，设奉先制币一，羹饭脯醢器十八，饼果器六十五。牲实俎，帛实筐。酒实尊，承以舟。疏布幂勺具。皇贵妃祔祀，则西旁东向，素帛一，减饼果十一器。

凡冬至暨庆典不举哀。遣官祭飨用朝服。升降自西阶，出入皆门右。皇子谒陵，至下马碑降骑，至隆恩门外升左阶。三跪九拜，不赞，不奠酒。

妃园寝设官如制，建飨殿，设神位。四时遣官奠酒，二跪六拜，不赞。出入殿左门。朔、望则奉祀官行礼。光绪间，帝谒西陵，诣庄顺皇贵妃寝园，一跪三拜三奠酒。并谕礼臣，祭品仪节从优。是后清明、中元、冬至、忌辰遣王公致祭，饼果增至六十五器。

宣统初，德宗葬兴隆峪，号崇陵。

皇太子园寝与妃园寝同。嘉庆间，帝亲临端慧皇太子园寝，三奠三爵，从臣随行礼，每奠一拜。载其仪入《会典》云。

卷八十七　　志六十二

礼六 吉礼六

昭忠祠　贤良祠　功臣专祠　宗室家庙　品官士庶家祭

昭忠祠　雍正二年谕曰："《周礼》有司勋之官，凡有功者，书名太常，祭于大烝。《祭法》，'以死勤事则祀之'。于以崇德报功，风厉忠节。自太祖创业后，将帅之臣，守土之官，没身捍国，良可嘉悯。允宜立祠京邑，世世血食。其偏裨士卒殉难者，亦附祀左右。褒崇表阐，俾远近观听，勃然可生忠义之心，并为立传垂永久。"于是建祠崇文门内，岁春、秋仲月，诹吉，遣官致祭。王公大臣位正殿，陈案七，羊一、豕一。左三案，共羊豕各一。右如之。每案素帛一、爵三、果盘五。诸臣位两配楼暨后正室，各设案五，两庑各设案三，皆羊豕各一，为通数。兵士附祀，案三十有六，案设豕肉一盘、爵三、果品二。太常卿承祭，配楼后室司官分献。六年，祠成，命曰"昭忠"，颁御书额，曰"表奖忠勋"。

明年，循序定位，前殿正中祀敬谨庄亲王尼堪，英诚武勋王扬古利，定南武壮王孔有德，赠忠勇王黄芳度，武襄公巴尔堪，凡五人。东次龛祀安北将军佟国纲，一等公佟养正、达福、西哈，一等侯马得功，一等伯巴什太，都统宜理布、巴都里，议政大臣程尼、穆和琳，大学士张泰，议政大臣罗沙，三等伯王之鼎，总督范承谟，额驸托柏，大学士龙西、色思泰，总督额伦特，尚书查弼纳、图扪，太子太保佟济，仓场侍郎王秉仁，巡抚傅弘烈，都统博波图，议政大臣雅赉、道禅、名盖，参赞内大臣马尔萨，凡二十八人。西次龛祀续顺公沈瑞，辅国公巴赛，大学士莫洛，尚书布颜岱，"十六大臣"绰和诺，巡抚柯永昇，都统沙里布，巡抚马雄镇，总督甘文焜、佟养甲，侍郎朝哈尔，盐运使高天爵，参领费扬古，统领图鲁锡、喀尔他拉、喀尔护吉，副都统海兰、苏图，统领胡里布、哈克三，佐领叶喜，侍郎永国，统领阿尔岱，提督孙定辽，凡二十有四人。东又次龛统领刘哈，副都统卢锡、科布苏、阿喀倪、纳尔特、锡密赉、科尔坤、多颇洛、戴豪、浑锦、魏正、罗济、阿什图、觉罗阿克善、常禄、阿尔护、吉三、巴雅思虎朗，凡十有八人。西又次龛提督段应举，副都统穆舒、孟魁、白，原任巡抚贾维钥，副都统迈图，参领葛思特，巡抚朱国治、张文衡，侍郎马如璧，粮道叶映榴，巡道陈启泰，通政使莫洛浑，一等子穆克覃阿、纳达、代音布，巡道陈丹赤，一等子觉罗莫洛浑，数亦如之。东末龛总兵吴万福、徐勇、费雅达、朱天贵、张存福，都督佥事洪徵，总兵阿尔泰、欧阳凯，兵备道李懋祖，总兵杨佐，统领张廷辅，游击杨光祖，统领定寿，总兵王承业，侍卫锡喇巴，布政使迟变龙，凡十有六人。西末龛参领郭色，统领新泰，提督康泰，二等子觉罗顾纳岱，总兵司九经，二等子拜兰，总兵郝效忠、刘良臣，三等子巴郎、都尔莽鼐，副将杨虎，参将赵登举，守备纪法，参将甘应龙，副将蔡隆，二等子拜三，一等男路什，总兵康海，凡十有七人。后室、配楼、左右次龛、又次龛、两庑暨各次龛，祀官千五百余人。东西房附祀兵士万三百有奇。

八年，定制以满尚书、都统一人承祭，后室、两庑，太常官分献。十一年，令子孙居京秩者随祭。乾隆十三年，谕祀阵亡总兵任举、侍卫丹泰，旋令征金川阵没将士并入之。十五年，祀都统傅清、左都御史拉布敦。十八年，追封巴尔堪、巴赛并为简亲王。移巴尔堪位扬古利上，巴赛位孔有德上。初，前室左右各三龛，止序爵秩，不系时代。至是定议，自天命以来，按代序官，同代同官序年月，依贤良祠例，接时班爵为序。其兵士设位，分前、后庑，以横板隔别之。

中叶以后入祀者，将军班第、明瑞、温福，都统满福、扎拉丰阿，参赞大臣鄂容安，统领观音保、乌三太、台斐音阿，提督许世亨，副都统呼尔起阿、第木保、觉罗明善，总兵王玉廷、李全、德福、贵林、张朝龙，而海兰察以病没，端济布以伤，亦并入之。至典史温模死守通渭，从容就义，特予入祠。且有取义舍生，赏延于世，褒谕流外微官，获邀恤荫，茂典也。

嘉庆朝，祀大学士福康安、将军德楞泰、提督花连布、总兵多尔济札普、知县强克捷。先是，康熙间，巡抚曹申吉已入祠，至是以阿附吴三桂按实，夺之。时各省言没王事者，奏报猥杂，龛位不给，于是诏建各省昭忠祠。其京祠定文三品、武二品以上，及八旗官弁为限，已祀者如故。嗣是卑官预祀，视特旨行。故事，承祭官循例朝服，今改蟒袍补服，示别坛庙也。

道光初元，以国初殉难副将杨祖光等入祀，厥后赓入者，都统巴彦巴图、乌凌阿、印登额，参赞大臣庆祥，总督裕谦，提督海凌阿、关天培、陈化成，副都统海龄、长喜，总兵万建功、祥福、葛云飞、郑国鸿、王锡朋、谢朝恩、江继芸、庆和、吴喜，副将乌大魁、马韬、周承恩、刘大忠、陈连昇、朱贵、玛隆阿、伊克坦布等。其卑秩中，如知县杨延亮、县丞方振声、守备马步衢、把总陈玉威，亦足多者。

咸丰三年，更定恤典，文四品、武三品官得再入京祠，并获祀阵亡所在地。其文五品、武四品以下，凡赠职衔及当例恤者，并祀之。是时军兴，死事扬烈者踵起，略举其所入者。都统乌兰泰、霍隆武，将军佟鉴、祥厚、苏布通阿、扎拉芬、和春，总督吴文镕、陆建瀛，提督长瑞、长寿、董光甲、邵鹤龄、恩长、福珠洪阿、陈胜元、双福、王锦绣、常禄、双来、瞿腾龙、佟攀梅、邓绍良、德安、周天培、史荣椿、张国樑、周天受、王浚、乐善、褚克昌，一等男阿尔精阿，一等子左炘，侍郎吕贤基、戴熙，巡抚常大淳、江忠源、陶思培、邹鸣鹤、吉尔杭阿、徐有壬，学政孙铭恩、张锡庚，副都统伊勒东阿、哲克东阿、达洪阿、贵昇、绷阔、博奇、常寿、西林布、多隆武、托克通阿、格绷额、伊兴额、舒明安，头等侍卫达崇阿，布政使岳兴阿、刘裕鉁、涂文钧、李续宾、李孟群、王友端，按察使李卿穀、周玉衡，赞善赵振祚，郎中宋蔚谦，总兵博春、福诚、马济美、玉山、程三光、刘开泰、桂林、王国才、蒋福长、虎坤元、罗玉斌、邱聊恩、田兴奇、承惠、陈大富、滕家胜、郭启元、王之敬，道员罗泽南、朱镇、金光筯、帅远燡、温绍原、何桂珍、王训、赵印川、郭沛霖、黄淳熙、缪梓，知府谢子澄、刘腾鹤、江炳琳，副将谢坠恩、膺保、李成虎、彭三元、周云耀、龙汝元。同治朝，则亲王僧格林沁，大学士曾国藩，都统海全、舒通额，将军多隆阿，统领舒保，参赞大臣锡霖、武隆额，领队大臣色普诗、惠庆、达春泰、穆克登额，办事大臣扎克当阿，头等侍卫隆春、奇克塔善，内阁学士金顺，提督占泰、李臣典、向荣、塔齐布、林文察、萧河清、周显承、罗朝云、萧德扬、杨得胜、曹仁美、毛福益、张仁泗、刘松山、谭玉龙、罗雨春、张绍武、胡良作、姚连坠、饶得胜、刘长槐、荣维善、杨春祥、张万美、鲁光明、阎定邦、刘祥发、曹德喜，巡抚王有龄、罗遵殿、邓尔恒，副都统锡龄阿、苏伦保、恒龄，按察使黄运昌，总兵郝上庠、雷坠、熊建益、林向荣、余际昌、郎桂芳、江福山、何建鳌、罗应贵、毛芳恒、张树珊、唐殿魁、周兆麒、李大槐、陈清彦、邓鸿超、江登云、傅先宗，道员福咸、俞焜、赵景贤、张同登、赵国澍、瑞春、周缙、秦聚奎、彭毓橘、葛承霖、邓子垣，知府朱钧、姜锡恩、窦天灏、于醇儒，副将刘神山、黄金友、周学贵、罗春鹏、王梦龄、张起凤、刘胜龙。光绪间，则大学士左宗棠，总督恒春、曾国荃，将军明绪，领队大臣崇熙、乌勒德春、托克托布、博勒果素、托克托奈、喀尔莽阿，参赞大臣额腾额、觉罗奎栋，办事大臣奎英、萨凌阿，提督朱南英、李秀山、湛其英、杨世俊、王子龙、文德盛、陈忠德、滕学义、何明海、魏金阙、文德昌、李登第、王庆福、杨万义、杨必耀、李大洪、鍾兴发、张宗久、杨玉科、刘思河、李其森、梁善明，盐运使陶士霖，总兵石绍文、陈登云、邓仁和、黄应斗、周友山、朱希广、王茂连、王春和、谭声俊、达年、刚安泰、向集梧、邓承恩、韦和礼、刘节高、陈嘉、左宝贵、周康禄、黄鼎、叶维藩、侯云登，户部主事玉润，知府龚秉琳、侯学云、马椿龄、张瀚中，副将王世晋、李天和、章茂、张定邦、尤正廷、杨隆辉、张玉秋、王碧庭、徐安邦、李启荣、裕廉、王宗高。二十六年，尚书崇绮，将军延茂，总督李秉衡，并入祀。寻罢秉衡。凡祠祭诸臣，大都效命戎行，守陴徇义，或积劳没身。褒忠节，劝来者，《会典》綦详。兹录什一，以见例焉。

雍正初，各省立忠义祠，凡已旌表者，设位祠中，春、秋展祀。乾隆四十一年，定明代殉国诸臣，既邀谥典，并许入祠。又诸生、韦布、山樵、市隐者流，遂志成仁，亦如前例。嘉庆七年，始令各省府城建昭忠祠，或附祀关帝及城隍庙，凡阵亡文武官暨兵士、乡勇，按籍入祀。八旗二品以上官已祀京祠者，仍许阵亡所在地祠祀，合五十人一龛，位祀正中，兵勇则百人或数十人一位，分列两旁，驻防位绿营上。春、秋二奠，有司亲莅，用少牢，果品、上香、荐帛、三献如仪。同治二年，允曾国藩请，江宁建昭忠祠，祀湖南水陆师阵亡员弁。已复抗节官绅亦许崇祀，并建专祠。妇女殉难者，亦别立贞烈祠云。

贤良祠　雍正八年诏曰："古者大烝之祭，凡法施于民，以劳定国者，皆列祀典，受明禋。我朝开国以后，名臣硕辅，先后相望。或勋垂节钺，或节厉冰霜，既树羽仪，宜隆俎豆。俾世世为臣者，观感奋发，知所慕效。庶明良喜起，副予厚期。京师宜择地建祠，命曰'贤良'，春、秋展祀，永光盛典。"乃营庙宇在地安门外西偏，正殿、后室各五楹，东、西庑，岁春、秋仲月，诹吉，遣官致祭。前殿案各素帛一、羊一、豕一、果五盘。后室果品同，唯牲、帛共案而具一。承祭官蟒服，二跪六叩三献。余如常仪。

于是佥议怡贤亲王允祥，宗功元祀，宜居首。大学士、公图海，公赖塔，大学士张英，尚书顾八代、马尔汉、赵申乔，河道总督靳辅、齐苏勒，总督杨宗仁，巡抚陈璸，咸列其选。自是先后赓续入祠者，大学士范文程、巴克什达海、阿兰泰、李之芳、吴琠、张玉书、李光地、富宁安、张鹏翮、宁完我、魏裔介、额色黑、王熙，领侍卫内大臣福善、费扬古、尹德，尚书励杜讷、徐潮、姚文然、魏象枢、汤斌，提督张勇、王进宝、孙思克、施琅，总督赵良栋、于成龙、傅腊塔、孟乔芳、李国英，都统冯国相、李国翰、根特，统领莽依图，将军阿尔纳、爱星阿、佛尼埒，副都统褚库巴图鲁。明年祠成，颁御书额曰"崇忠念旧"，设位为祭。前殿内大臣或散秩大臣、尚书、都统主之。后殿用太常寺长官。入祠日，子孙咸与行礼，春、秋遣官陪祀同。

十二年，祀大学士田从典、高其位。乾隆元年，命入祀诸臣未予谥者悉追予。是岁祀尚书衔兼祭酒杨名时，大学士朱轼，内大臣哈世屯，尚书米思翰。五年，祀总督李卫。明年，祝尚书徐元梦，巡抚徐士林。十年，厘定祠位，前殿正中祀怡贤亲王，后室诸臣合一龛。首世次最先者，余分左右行，按世序爵，大学士居前，次领侍卫内大臣、尚书、都统、将军、总督、前锋护军统领、提督、侍郎、巡抚、副都统，以次分列。至世爵有子、男授尚书、都统者，有侯、伯为侍郎、副都统者，仍视官秩为差。

嗣是入祀，则超勇亲王策凌，列怡贤亲王左次龛。名臣则大学士马齐、伊桑阿、福敏、黄廷桂、蒋溥、史贻直、梁诗正、来保、傅恒、尹继善、陈宏谋、刘纶、刘统勋、舒赫德、高晋、英廉、徐本、高斌，协办大学士兆惠，左都御史拉布敦，尚书汪由敦、李元亮、阿里衮，尚书衔钱陈群，都统傅清，将军和起、伊勒图、奎林，总督那苏图、陈大受、喀尔吉善、鹤年、吴达善、何煟、袁守侗、方观承、萨载，提督许世亨，巡抚潘思榘、鄂弼、李湖、傅弘烈。弘烈自雍正时，拉布敦、傅清自乾隆时，并入昭忠祠，今再祀贤良者也。

嘉庆朝，则祀大学士福康安、阿桂、刘墉、王杰、朱珪、戴衢亨、董诰，尚书董邦达、彭元瑞、奉宽，总督鄂辉。道光朝，则祀大学士富俊、曹振镛、托津、长龄、卢荫溥、文孚、王鼎，协办大学士汪廷珍、陈官俊、尚书黄钺、隆文，将军玉麟，总督杨遇春、陶澍，河道总督黎世序。咸丰朝，则祀大学士潘世恩、文庆、裕诚，协办大学士杜受田，侍郎杜堮，巡抚胡林翼。同治朝，则祀大学士桂良、祁寯藻、官文、倭仁、曾国藩、瑞常、贾桢，大学士衔翁心存，协办大学士骆秉章，总督沈兆霖、马新贻。其光绪朝入祀者，恭忠亲王奕䜣。名臣大学士文祥、英桂、全庆、载龄、左宗棠、灵桂、宝鋆、恩承、福锟、张之万、麟书、额勒和布、李鸿章、荣禄、裕德、崑冈、崇礼、敬信，协办大学士沈桂芬、李鸿藻，将军长顺，总督沈葆桢、丁宝桢、岑毓英、曾国荃、刘坤一，提督宋庆，巡抚张曜也。宣统初入祀者，止大学士王文韶、张之洞、孙家鼐、鹿傅霖，协办大学士戴鸿慈五人而已。

各省贤良祠，雍正十年，诏："各省会地建祠宇，凡外任文武大臣，忠勇威爱，公论允翕者，俾膺祀典，用劝在官。如将军蔡良，提督张起云，总兵苏大有、魏翥国，足称斯选。"定制，春、秋祭日视京师，以知府承祭，品物仪节亦如之。

功臣专祠　顺治十一年，诏为孔有德建祠，度地彰义门外三里，曰定南武壮王祠，二妃祔焉。康熙三年，定春、秋展祀，其后建恪僖公祠安定门外，祀一等公遏必隆并县主舒舒觉罗氏。嗣领侍卫内大臣尹德，尚书阿里衮暨其夫人，乾隆时并祔祀云。

其建自雍正朝者，朝阳门外勤襄公祠，祀定南将军佟图赖及其夫人，长子忠勇国纲、次子端纯国维，皆以军功祔祀。德胜门外文襄公祠，祀大学士图海。安定门外与恪僖祠并峙者，为弘毅公祠，祀光禄大夫额亦都，并以夫人配。

建自乾隆朝者，东安门外恪僖公祠，祀内大臣哈世屯及其夫人，子承恩公米思翰、孙李荣保，其后曾孙大学士傅恒祔祀焉。崇文门内双忠祠，祀左都御史拉布敦、都统傅清。合昭忠、贤良而复建专祠者，他无与比也。地安门外旌勇祠，祀将军明瑞，而都统扎拉丰阿，统领观音保，总兵李全、王玉廷、德福亦先后入祔。睿忠亲王祠在朝阳门外，祀多尔衮并福晋六人。嘉庆时，建大学士福康安祠曰"奖忠"，在东安门外，都统额勒登保祠曰"褒忠"，在地安门外。光绪时，建科尔沁亲王僧格林沁祠曰"显忠"，在安定门内。大学士、伯李鸿章祠曰"表忠"，在崇文门内。宣统时，合祀立山、联元祠在宣武门外。

凡京师专祠，岁春、秋仲月吉日，遣太常卿分往致祭。用少牢一、果品五。唯佟图赖、哈世屯两祠，则少牢三，果品十有五。旌勇祠少牢如通常，果品亦十五云。位各用帛一、爵三，诸祠并同。嘉庆七年，始定承祭官行礼用蟒袍补服。

其在各省者，岁春、秋守土官致祭。兹纪其勋劳最著者。自湖广建忠节祠以祀左都督徐勇，各省建专祠始此。康熙间，广西建双忠祠，祀马雄镇、傅弘烈，于是福建祀范承谟、陈启泰、吴万福、高天爵，云南祀甘文焜。

雍正间，清河祀靳辅、齐苏勒，开封祀田文镜。盛京祀怡贤亲王。乾隆中，诏通达、武功、慧哲、宣献四郡王，礼烈、饶馀、郑献、颖毅四亲王并入之，改名贤王祠。已，睿忠、豫宣二亲王，克勤郡王，亦均同祀。嵇曾筠、高斌，合祀清河靳辅等祠。伊犁祀班第、鄂容安，而拉布敦、傅清且建祠及西藏矣。

嘉庆时，武威建双烈祠，祀韩自昌、韩加业，同安祀李长庚，成都祀德楞泰，韩城、滑县祀强克捷。

道光间，江南祀黎世序，台湾祀方振声、马步衢、陈玉威，赵城祀杨延亮，虎门祀关天培暨陈连陞父子，镇海祀裕谦，定海祀葛云飞、郑国鸿、王锡朋，京口祀海龄，宝山祀陈化成。

咸丰间，广西祀长瑞、长寿暨阿尔精阿，西安、苏州祀林则徐，安庆祀蒋文庆，庐州祀江忠源，瑞州祀刘腾鸿，江宁、苏州祀向荣、张国樑，京口祀吉尔杭阿，附祀绷阔、刘存厚，扬州祀双来，瞿腾龙，溧水、浒墅祀李坤元，天津祀佟鉴、谢子澄，长沙、九江祀塔齐布，湖广、江西、安徽祀李续宾，江西、湖广祀罗泽南，又与饶廷选合祀广信，湘乡复分祀泽南、王鑫、刘腾鸿。湖南、江西祀萧启江，湖广祀胡林翼，后安庆亦祀之。遵义祀罗绕典。

同治间，湖北合祀官文、胡林翼，庐州祀李孟群，浙江祀瑞昌、王有龄、张玉良等，杭州祀罗遵殿，富阳祀熊建益，湖州祀赵景贤，陈州、安庆、临淮、淮安祀袁甲三，南昌、青阳祀江忠义，安徽、湖广祀李续宜，后复与多隆阿合祀潜山。安庆、苏州、嘉兴祀程学启，河南、安徽、陕西、吉林祀多隆阿，后与林翼合祀安庆。江宁、安庆、吉安祀李臣典，湖南、福建、广东祀张运兰，曹州、天津、蒙城祀僧格林沁，后复祀奉天。湖南、江苏、安徽祀彭毓橘，湖广祀曹仁美等，四川、湖南祀骆秉章，陕、甘祀刘松山，江宁、安庆祀马新贻，江宁、湖南、湖北、安徽、直隶祀曾国藩，后复与国荃合祀开封。长沙合祀张亮基、潘铎，巴燕岱祀穆克登额，哈密祀扎萨克亲王锡伯尔，南丰祀吴嘉宾，贵州祀蒋霨远、黄润昌等。於是礼部言："各省专祠宜择隙区旷土，毋侵民居，并禁改毁志乘名迹、圣贤祠墓。"报可。

光绪间，扬州、黄州祀吴文镕，安徽、江西、闽、浙、甘肃祀刘典，江南、江西、福建、台湾祀沈葆桢，江苏、福建、山东、湖南祀郭松林，江、浙、直隶、山东、河南祀吴长庆，后复祀朝鲜。闽、浙、陕、甘、新疆、江宁祀左宗棠，四川、湖南、江西、安徽、江苏祀鲍超，陕、甘、吉林祀金顺，大理、镇南祀杨玉科，江西、广西、云南、新宁祀刘长佑，云、贵、广西祀岑毓英，安徽、山东祀周盛波，后复与盛传、戴宗骞合祀济南。湖广、江西、江宁、浙江西湖祀彭玉麟，福建、安徽、吉林祀穆图，江苏、陕、甘祀杨岳斌，南昌、贵阳祀席宝田，湖南、江西、江宁祀曾国荃，河南、安徽、湖北、直隶、甘、新祀张曜，安庆、江宁、青县祀周盛传，山东、江苏祀陈国瑞，山东、陕西祀阎敬铭，湖南、甘、新祀刘锦棠，安徽、福建祀刘铭传，山东、四川祀丁宝桢，杭州、长沙、兰州祀杨昌浚，江、浙、河南、直隶、山东祀李鸿章，直隶、奉天、河南、安徽祀宋庆，安徽及芦台祀聂士成，湖南、江西、安徽、江宁祀刘坤一，广西、云、贵祀冯子材，安徽、湖南祀曾国华，甘、新祀陶模，直隶、安徽祀马玉崑，安徽祀英翰，湖南、宣城祀邓绍良，江南祀萧孚泗，江宁祀陶澍、林则徐、邹鸣鹤、福珠洪阿，清、淮、徐州祀吴棠，姚广武等附之。徐州祀滕学义、唐定奎，淮安祀张之万，杭州祀阮元、蒋益澧，淮、扬祀章合才，南昌祀吴坤修，东乡祀罗思举，河南祀倭仁，温县祀李棠阶，西安祀刘蓉、曾望颜，天津祀怡贤亲王、文谦、丁寿昌，灵寿、保定祀成肇麐，顺天苏州祀吴可读，宾坻祀潘祖荫，新疆祀金运昌，奉天建三贤祠，祀文祥、崇实、都兴阿，又祀左宝贵、依克唐阿、长顺。吉林祀金福、延茂、富俊、希元，福建台湾祀王凯泰，四川西充祀武肃亲王豪格，临桂祀陈宏谋，贵阳祀曾璧光、韩起、黎培敬。于时各省纷请立专祠，谕毋滥。

宣统享国未久，而湖北、安徽、陕、甘、奉天祀雷正绾，直隶、山东、河南、安徽祀程文炳，安徽及蒙古旗祀潘万才，合肥祀董履高，涡阳祀牛师韩，杭州西湖祀徐用仪、许景澄、袁昶，号为"三忠"云。昶又祀芜湖。自是联元祀宝坻，张之洞祀武昌，王文韶祀长沙，马维麒祀成都，丁体昌祀秦州，夏毓秀祀昆明，此皆举其大者。其余疆吏题请，礼臣议覆，事载实录，年月可稽者，尚不一而足也。

有清一代，从龙诸佐，蔚起关外。平三藩，汉将西北为多。靖三省教匪，蜀将竞兴。东南海寇横，闽帅踵起。湘楚武臣，戡平粤乱。剿捻一役，参以皖将。其间完节死绥，祠祀尤夥。其功臣总祠，世宗朝，建忠勇祠兰州。仁宗朝，建彰忠祠喀什噶尔。同治中兴，湖南有表忠祠，湘乡、平江有忠义祠，洞庭君山、湘乡、桂阳有昭忠祠。他如湖口石钟山水师，金陵湘军陆师，楚军水师，吴淞外海水师，台湾淮楚军，苏州、武昌、保定、庐州、巢湖、济南、无锡各地淮军，使凡转战糜躯者，莫不馨香血食，其为昭忠一也。此外江宁、京口旗营，金陵军营官绅，武昌武毅军，成都嵩武军，锦州毅军，各昭忠祠，与各州县忠义、昭忠、慰忠、忠烈等祠，所以恤死酬勋，不可胜纪。祭礼、祭品如前仪。

宗室家庙　崇德元年，定宗室封王者立家庙。顺治五年，诏王无嗣，祔飨太庙后殿西庑。有子孙者，立庙别祭。四孟月、岁暮陪祭太庙，毕，归府第行之。凡荐新，未献太庙者，不得私献家庙。于时庄亲王立一庙，礼、巽、谦三亲王合一庙，饶馀郡王、端重亲王合一庙，颖亲王、顺承郡王合一庙，豫郡王一庙，克勤、衍禧二郡王合一庙。雍正九年，怡贤亲王立一庙。

凡亲王世子、郡王家祭，建庙七楹，中五为堂，左右墙隔之为夹室。堂后楣北五室，中奉始封王，世世不祧。高、曾、祖、祢依序为二昭二穆，昭东穆西，亲尽则祧。由昭祧者，藏主东夹室，升二昭位于一室，以二室奉升祔主。由穆祧者，藏西夹室，升祔亦如之。南为中门，又南庙门，左右侧门，庭分东、西庑，东藏衣冠，西则祭器、乐器。庙重檐，丹楹，采桷，绿瓦，红垩壁。门内焚帛炉。外封牲房，西向。岁以四时仲月诹吉，仲春出祧主合食。

其礼，堂中始封祖专案，正位，南向。左东夹祧主共案，次二昭共案，东向。右西夹室祧主共案，次二穆共案，西向。少西设香帛案一，尊案一，每案羊、豕各一，铏、簠、簋各二，笾、豆各八。位各帛一、爵三、乐器六。同祖所出子孙，成人以上，届期会祭，府僚与陪，执事通赞，属官为之。奉香、帛、爵则用子孙。先三日，主人斋外寝，众咸斋。祀日昧爽，主人朝服入，位堂檐内正中，与祭伯叔辈位东阶上，兄弟子孙位东阶下，位以世差，世以齿序。官属位西阶下，序以爵。俱北面。质明，子弟长者二人诣世祖室，四人分诣东西夹室，昭、穆室，各奉主安几。昭，考右妣左；穆，考左妣右。跪，一叩，兴。主人盥，就位，迎神乐作。诣始祖位前三上香，以次诣各祧位前上香，率族属行二跪六拜礼。奉帛、爵奠、献、读祝如仪。三献讫，诣始祖位前跪受爵、受胙，三拜，彻馔，送神，二跪六拜。诣燎位视燎。礼成，奉主还室，退。分胙颁族属。

其时祭之礼，堂中设案五，始祖考、妣正位南向，高、曾、祖、祢，依昭穆为左右。案各羊一、豕一，余如合食制。其时节荐新，届日主人夙兴，率子弟盛服入庙，洁堂宇，设案，陈果羞盘各六，每位箸二、盏三。启室，以次诣各案前跪上香，三拜，子弟遍献酒，主人二跪六拜，子弟随行礼。毕，阖室，退。因事致告，荐果羞各四，礼同荐新。月朔望谒庙亦如之。

贝勒、贝子、宗室公家祭庙五楹，三为堂。后楣北分室五，奉始封祖暨四代。两旁夹室奉亲尽祧主。庙不重檐，门不备采，余如亲王。合食，始祖专案，羊一、豕一，东夹室祧主暨二昭专案，羊豕各一。西夹室祧主暨二穆亦如之。时祭俱专案，昭穆各同牲，笾、豆视亲王各减二，不用乐，一跪三拜。时节荐果盘各四，有事则告，朔望则谒。余如亲王仪。

品官士庶家祭　凡品官家祭庙立居室东，一至三品庙五楹，三为堂，左右各一墙限之。北为夹室，南为房。庭两庑，东藏衣物，西藏祭器。庭缭以垣。四至七品庙三楹，中为堂，左右夹室及房，有庑。八、九品庙三楹，中广，左右狭，庭无庑。箧藏衣物、祭器，陈东西序。堂后四室，奉高、曾、祖、祢，左昭、右穆。妣以嫡配，南向。高祖以上，亲尽则祧。由昭祧者，藏主东夹室；由穆祧者，藏主西夹室。迁室、祔庙，并依昭穆世次，东西序为祔位，伯叔祖父兄弟子姓成人无后者、殇者，以版按行辈墨书，男东女西，东西向。定牲器之数，一至三品，羊一、豕一，每案俎二，铏、登各二，笾、豆各六。四至七品，特豕，案一俎，笾、豆各四。八品以下，豚肩不特杀，案一俎，笾、豆各二。

岁祭以四时仲月诹吉，读祝、赞礼、执爵皆子弟为之。子孙年及冠，皆会祭。前三日，主人暨在事者斋。祀日五鼓，主人朝服，众盛服，入庙。主人俟东阶下，族姓俟庭东西，顺昭穆世次。主妇率诸妇盛服入，诣爨所视烹饪。羹定，入东房治笾、豆，陈铏、登、匕、箸、醯、酱以俟。质明，子弟长者启室，奉主陈之几，昭位考右妣左，分荐者设东西祔位。主人升自东阶，盥讫，诣中檐拜位立。族姓行尊者立两阶上，卑者立阶下。咸北面。主人诣香案前跪，三上香，进奠爵，兴，复位，率族姓一跪三拜。主人诣高祖案前献爵，曾、祖、祢案前毕献如仪，分荐者遍献祔位酒，读祝。每献，主妇率诸妇致荐，一叩兴。初献匕箸醯酱，亚献羹饭肉胾，三献饼饵果蔬。卒献，主人跪香案前，祝代祖考致嘏于主人，主人啐酒尝食，反器于祝，一叩兴，复位，送神，一跪三拜。视燎毕，与祭者出，主人率子弟纳神主，上香行礼。彻祭器，阖门，退。日中而馂。

三品以上，时祭遍举。四至七品，春、秋二举。八九品春一举。与祭者，尊卑咸在。主人肃入席，酌尊者酒，子弟年长者离席酌主人，长幼献酬交错。已事，咸出。彻席，馂庖人、仆人必尽之。

令节荐新，一至三品，每案果、羞各四，四至七品，减果二，八、九品并减羞二，具羹饭则同。月朔望供茶，食案二器，仪同时荐。庶士家祭，设龛寝堂北，以版隔为四室，奉高、曾、祖、祢，妣配之，位如品官仪，南向。服亲成人无后者，顺行辈书纸为祔位，已事，焚之，不立版。每四时节日，出主以荐，粢盛二盘，肉食果蔬四器，羹二，饭二。先期致斋。荐之前夕，主妇在房治馔，逮明，主人吉服，率子弟奉主陈香案，昭东穆西，设祔位西序案，主人立东阶下，众按行东西立。主人上香毕，一跪三拜，兴。主妇率诸妇出房荐匕箸醯酱，跪，叩，退。主人至案前，以次酌酒、荐熟，跪，叩，兴。子弟荐祔位，毕，读祭文。再献，主妇荐饭羹，三献荐饼饵时蔬。主人率族姓行礼讫，焚祭文及祭位，纳主，彻退，日中而馂。春一举，月朔望献茶，有事则告，俱一跪三拜。

庶人家祭，设龛正寝北，奉高、曾、祖、祢位，逢节荐新，案不逾四器，羹饭具。其日夙兴，主妇治馔，主人率子弟安主献祭，一切礼如庶士而稍约。月朔望供茶，燃香、灯行礼。告事亦如之。

卷八十八　　志六十三

礼七嘉礼一

登极仪　授受仪　太后垂帘仪　亲政仪　大朝仪
常朝仪御门听政附　**太上皇帝三大节朝贺仪**
太皇太后皇太后皇后三大节朝贺仪　大宴仪
上尊号徽号仪尊封太妃太嫔仪附
册立中宫仪册妃嫔仪附
册皇太子仪太子千秋节附　**册诸王仪**册公主附

二曰嘉礼。属于天子者，曰朝会、燕飨、册命、经筵诸典。行于庶人者，曰乡饮酒礼。而婚嫁之礼，则上与下同也。《周官》"以嘉礼亲万民"，体国经野，罔不繇此。兹举其大者，附以仪之同者，著于篇。

登极仪　清初太祖创业，建元天命，正月朔即位，贝勒、群臣集殿前，按翼序立。皇帝御殿，皆跪。八大臣出班，跪进上尊号表，侍臣受，跪御前宣读。帝降座，焚香告天，率贝勒、群臣行礼，三跪九叩，毕，复座，贝勒等各率旗属庆贺。太宗践阼亦如之。

天聪十年，改元崇德，建国号曰大清。前期誓戒三日，筑坛，备卤簿。届日，帝率群臣诣天坛祗告。礼成，奉御宝官先行，帝自中阶登坛升座，贝勒等三跪九叩。毕，众跪，贝勒分左右列。奉宝官跪献，帝受宝，转授内院官，群臣行礼如初。毕，皆跪，宣读官奉满、蒙、汉三体表文立坛东，以次毕读，群臣行礼讫，复位，奏乐，驾还宫。翼日帝御殿，群臣表贺，三跪九叩，次执事官行礼如前仪。于是赐宴，颁赦诏。八年，世祖嗣服，遣官告坛、庙如初礼，唯不设卤簿，不作乐，不赐宴。

顺治元年十月朔，定鼎燕京，先期太常官除坛壝，司礼监设座案。届日，遣官告庙、社，备大驾卤簿，帝御祭服，出大清门，诣南郊，告天地。礼成，导入天坛东幄次易礼服。御座，群臣跪，礼部尚书引大学士一人升自东阶，正中北面跪，学士一人自案上奉宝授大学士，祗受，致辞云："皇帝君临万国，诸王文武群臣不胜欢忭。"讫，转授学士，学士跪受，陈于案，复位。群臣礼毕，驾还宫。鸿胪寺官设御案皇极门中，檐东设表案，王、贝勒等序立内金水桥北，文武官序立桥南，俱东西向。乐作，帝御座则止。鸣鞭。执事官阶上行礼毕，就位。王率群臣进表，行礼毕，鸣鞭，驾还宫。越九日甲子，颁诏如制。

圣祖缵业，分遣官祭告天地、宗社，帝衰服诣几筵行三跪九叩礼，祗告受命。御侧殿易礼服，诣太皇太后、皇太后两宫，各行三跪九叩礼。遂乘舆出乾清门，御中和殿，内大臣等执事官行礼。复御太和殿，王公百官上表行礼如仪。不宣读，不作乐，不设宴。王公入，赐茶毕，还宫。反丧服，就苫次，颁诏。世宗承大统，一如前仪，惟罢赐茶。高宗以后，储宫嗣立者并同。

授受仪　古内禅仪。初高宗享国日久，尝谕年至八十六岁即归政。逮乾隆六十年，诏曰："自古帝王内禅，非其时怠荒，即其时多故，仓猝授受，礼无可采。今国家全盛，其详议典礼以闻。"于是诹吉定储位，以明年为嗣皇帝元年。礼臣上仪注。先期遣官祭告庙、社，届日所司设御座太和殿。左右几二，正中宝案，稍南东西肆；东楹诏案，西楹表案，南北肆；黄案居丹陛中。槛内敷嗣皇帝拜褥。殿前陈卤簿，门外步辇。午门外五辂、驯象、仗马、黄盖、云盘，檐下设《中和韶乐》，门外《丹陛大乐》。内阁学士奉传位诏陈东案，礼部官陈贺表西案，大学士等诣乾清门请宝陈左几，大学士二人分立两檐下，王公百官序立。朝鲜、安南、暹罗、廓尔喀使臣列班末。钦天监官诣乾清门报时，嗣皇帝朝服出毓庆宫，时后扈内大臣二人率侍卫二十人集乾清门外，导引礼部长官二人立门阶下，前引大臣十人立殿后阶下。太上皇帝礼服乘舆出，嗣皇帝从诸臣前引后扈。午门鸣钟鼓，至殿后降舆。太上皇帝御中和殿升座，嗣皇帝殿内西向立，鸿胪寺官引执事大臣按班，不赞，行九叩礼。侍班者趋出，就外朝位，《中和韶乐》作，奏《元平章》。太上皇帝御太和殿，嗣皇帝侍立如初。乐止，阶下鸣鞭三，《丹陛大乐》作，奏《庆平章》。嗣皇帝诣拜位立，王公立丹陛上，百官及陪臣立丹墀下，鸣赞官赞"跪"，嗣皇帝率群臣跪。赞"宣表"，宣表官入，奉表至檐下正中跪，大学士二人左右跪，展表，乐止。宣讫，还奉原案，退。赞"兴"，嗣皇帝退立左旁，西向，大学士二人导近御前跪。左大学士请宝，跪奉太上皇帝，太上皇帝亲授嗣皇帝，嗣皇帝跪受，右大学士跪接，陈右几。嗣皇帝诣拜位，乐作，赞"跪，叩，兴"，率群臣行九叩礼。赞"退"，乐止，礼成。鸣鞭如初。《中和韶乐》作，奏《和平章》。太上皇帝还宫。内监豫设乐悬，太上皇帝御内殿，公主，福晋，暨皇孙、皇曾元孙未锡爵者，行礼庆贺。

嗣皇帝易礼服，祗俟保和殿暖阁，内阁学士豫奉传位诏及御宝陈太和殿中案，礼部官奉登极贺表陈东案，扈引者集保和殿外。钦天监报时，嗣皇帝御中和殿，执事者按班行礼，不赞。礼毕，嗣皇帝御太和殿登极。作乐，止乐，宣表，行礼，悉准前式。礼毕，退，复位。大学士进，奉诏，出中门，授礼部尚书。尚书跪受，兴，奉置黄案，行三叩礼。复奉诏陈云盘，仪制司一人跪受，兴，自中道出。礼成，俱退，嗣皇帝还宫。大学士等诣乾清门送宝，礼部恭镌诏书颁行。

垂帘仪　咸丰十一年，文宗崩，穆宗幼冲嗣位。御史董元醇奏请皇太后暂权朝政，称旨，命王大臣等议垂帘仪制。议上，懿旨犹谓"垂帘非所乐为，唯以时事多艰，王大臣等不能无所禀承，姑允所请"云。于是仲冬月朔，帝奉两宫皇太后御养心殿听政，王公大臣集殿门外，行礼如仪。凡召见内外臣工，两宫皇太后、皇帝同御养心殿，太后前垂帘。或召某臣进见，议政王、御前大臣番领之。引见外官，则御养心殿前殿，议政王、御前大臣率侍卫等按班分立，太后前垂帘设案，进各员衔名，豫拟谕旨，分别录注。皇帝前设案，各长官依例进绿头籤，议政王等奉陈案上，引见如常仪。皇太后简单内某名钤印，已，授王大臣传旨。其臣工请安折，并具三分以进。各省、各路军事折报，凡应降谕旨者，议政王等请旨缮拟后，次日呈阅颁行。唯撰拟文句，仍本帝意，宣示臣工，宜书曰"朕"。

同治十三年，德宗入继文宗，王公大臣复请两宫皇太后垂帘，悉准同治初成式。光绪六年，慈安皇太后薨，慈禧皇太后始专垂帘，制十三年归政，德宗以时艰尚棘，凡召见、引见，仍升座训政，设纱屏以障焉。

亲政仪　同治十二年正月，两宫皇太后归政，穆宗行亲政典礼，先期遣告天、地、庙、社，届日陈皇太后仪驾、皇帝法驾卤簿，设表案慈宁宫门，槛内敷皇帝拜褥，太和殿内东旁设诏案，东次表案，丹陛中案各一。午门外设龙亭、香亭，内阁学士奉皇帝庆贺表文纳诸椟，捧出。大学士从至永康左门外，大学士接椟，至慈宁门，升东阶，陈案上，退。内侍举案入，庋慈宁宫宝座东，内阁学士奉诏陈殿中黄案，礼部官奉王公百官贺表陈东次黄案。凡将军、提、镇贺表置龙亭内。鸿胪寺官引和硕亲王以下，入八分公以上暨蒙古王公等集隆宗门外，不入八分公以下二品大臣以上集长信门外，三品以下集午门外。钦天监报时，帝御礼服乘舆出隆宗门，至永康左门外降，王以下随行，至慈宁门，帝升东阶，及门左，西向立。日讲官四人在西阶，东向立。前引大臣率侍卫在仪驾末，分左右立。皇太后出御慈宁宫，《中和乐》作，奏《豫平章》，升座，乐止。帝就拜位，《丹陛乐》作，奏《益平章》。王公大臣侍卫等循次向上立，赞"拜跪"，帝率群臣三跪九拜。时西楹下置御史二，鸣赞官二。仪驾末及午门外御史、礼部官、鸣赞官各二，藉以侍仪。永康左门及诸门内外并置鸣赞官，接续外传。午门外各官随同行礼，鸣赞官赞"礼成"，帝复位。王大臣各复位立，皇太后还宫，礼部尚书奏"礼成"，然后帝还宫。俄复出御中和殿，执事官行礼毕，趋出就外朝立，帝御太和殿，乐作，升座，乐止，鸣鞭三，王公百官行礼。其宣表、颁诏并如前制。光绪十三年德宗亲政仿此。

大朝仪　天命元年，始行元旦庆贺，制朝仪。天聪六年，行新定朝仪，此班朝所繇始，崇德改元，定元旦进表笺及圣节庆贺仪。顺治八年，定元旦、冬至、万寿圣节为三大节。康熙八年，定正朝会乐章，三大节并设。大朝行礼致庆，王以下各官、外藩王子、使臣咸列班次，所司陈卤簿、乐悬如制。太和殿东具黄案。质明，王、贝勒、贝子集太和门，不入八分公以下官集午门外。礼部奉表置亭内，校尉舁行至午门外陈两旁，奉表入太和殿列案上。鸿胪卿引王、贝勒等立丹陛。鸣赞官引群臣暨进表官入两掖门，序立丹墀。朝鲜、蒙古诸臣自西掖门入，立西班末。纠仪御史立西檐下东向者二人，丹陛、丹墀东西相向者各四人，东西班末八人，鸣赞官立殿檐者四人，陛、墀皆如之。丹陛南阶三级，銮仪卫官六人司鸣鞭。钦天监报时，皇帝出御中和殿，执事官行礼毕，趋外朝视事。驾出，前导、后扈如仪。午门鸣钟鼓，《中和乐》作，御太和殿，乐止。内大臣分立前后，侍卫又次其后护守之。起居注官四人立西旁金柱后，大学士，学士，讲、读学士，正、少詹事立东檐下。御史、副佥都御史立西檐下，銮仪卫官赞"鸣鞭"，鸣赞官赞"排班"，王公百官就拜位立跪。宣表官奉表出，至殿下正中北向跪，大学士二人展表，宣表官宣讫，置原案，《丹陛乐》作，群臣皆三跪九叩。退，就立原次。鸿胪寺官引朝鲜等使臣，理藩院官引蒙古使臣就拜次，三跪九叩，《丹陛乐》作，礼毕，乐止，退立如初。赐坐，群臣暨外臣皆就立处一跪三叩，序坐。赐茶毕，复鸣鞭三，《中和乐》作，驾还宫。乐止，群臣退。

初制，外官元日朝觐，集保和殿前行礼，康熙二十六年后罢。乾隆六年，定行在圣节朝贺行礼。二十四年，定大朝百官班次，设立红漆木牌。五十四年，增置都察院长官二人，科、道三十六人，分立品级山旁整朝序。又高宗初年，文三品、武二品以上赐茶，余惟记注官、外国使臣与焉。嘉庆二年罢赐茶。令甲，元旦、万寿节午时设宴，冬至节次日受贺。万寿节先谒太庙，次诣皇太后宫行礼，毕，受贺。直省文武官值三大节，俱设香案，朝服望阙行礼，满、蒙、汉军分两翼，汉官分文东武西。

常朝仪　太祖丙辰建元后，益勤国政，五日一视朝，焚香告天，宣读古来嘉言懿行及成败兴废所由，训诫臣民，然未垂为定制也。崇德初，始定仪注，设大驾卤簿，王以下各官朝服，俟帝出宫，乐作。御殿，升座，乐止。赐坐，诸臣各依班次，一叩就座。部、院官出班奏事毕，驾还宫。顺治九年，给事中魏象枢言："故事有朔、望朝，有早朝、晚朝、内朝、外朝，今纵不能如往制，请一月三朝，以副厉精图治至意。"杨簧亦言："旧例百官每月十一朝，似太繁数，今每日入朝奏事，较十一朝不为少，应定每月初五、十五、二十五日行朝参礼。"自是遂定逢五视朝制。寻定见朝、辞朝、谢恩各官，俱常朝日行礼。帝御太和殿，引见毕，赐坐赐茶，悉准常仪。如是日不御殿，各官行礼午门外。外藩来朝暨贡使，亦常朝日行礼，如速返，则不拘朝期，即赴午门行礼，外官应速赴任者亦然。

又定常朝御殿，王公入殿中旁坐如次。康熙八年，定公、侯、伯以下各官为六班，按次列坐，后复改为九班。九年，谕都察院纠察王大臣失仪。二十年，置常朝纠仪御史及司员。雍正二年，遣侍卫四人监察朝班，定亲朝日天未明，鸿胪寺官二人引左右翼官入西掖门依班坐。鼓严，起立听赞，自仗南引进，整齐班列，行礼如仪。乾隆初，敕大小各官依内廷官例，黎明坐班。十六年，谕部院大臣董率庶僚，常朝按期赴班，毋旷阙。

光绪九年，更定朝制，凡新除授各官，鸿胪寺列衔名交内阁，届日礼部尚书、鸿胪卿请驾御殿，导各官谢恩行礼，王公百官侍卤簿后。不御殿，文武官则坐班午门外。其时刻，春冬以辰正，夏秋以卯正，遇雨雪及国忌则免。坐班日，鸿胪寺官按翼定位，王公集太和门外，东西各二班，百官集午门外，东西各九班，纠仪御史吏、礼司员各四人，分列班首末，并西面北上。届时吏、礼司员受职名，纠仪官环班稽察，复位坐。有间，以次出。

御门听政仪，清初定制，每日听政，必御正门，九卿科道齐集启奏，率以为常。雍正初，始定御门典礼，凡部院所进本有未经奉旨者，折本下内阁，积若干，传旨某日御门办事。是日，乾清门正中设御榻、黼扆、本案一。黎明，部院奏事大臣暨陪奏官属毕集庭内。帝升座，侍卫左右立，记注官升西阶，部院官升东阶，各就列跪，尚书前，侍郎后，陪奏官又后。尚书一人奉本匣折旋而进，诣本案前，跪陈于案，兴，少退，趋东楹，转入班首。跪，口奏某事，毕，兴，少退，率属循阶左降。其奏事次序，户、礼、兵、工四部轮班首上，三法司直第三班，吏部直第六班，宗人府则列部院前，翰詹科道及九卿会奏则居部院后，各依班进奏如初。至吏部奏事，兼带领各部番直司员八人，引见毕，始退。内阁侍读学士二人升东阶，诣案前跪，举本匣，兴，退。翰詹科道暨侍卫俱退。时钦派读本满学士一人，奉折本匣升东阶，折旋而退，大学士从，依班次跪。记注官少进东向立，奉匣学士诣案前跪启匣，取折本依次启奏，帝降旨宣答。大学士等承旨讫，兴，自东阶降，记注官自西阶降。驾还宫。奏事时，令翰林官记注，自顺治二年始。

先是奏事春夏以卯正，秋冬以辰初。康熙二十一年，命展御门晷刻，春夏改辰初，秋冬辰正。越二年，御史卫执浦请以五日或二三日为期，圣祖谕："政治务在精勤，始终不宜有间。"二十五年，置科道各二人侍班，列起居注官上。二十七年，省起居注官，其侍班翰林，令启奏折本时即退。雍正初，复设起居注官，增二人。又令编检四人侍班，列科道上。乾隆二年，命修撰、编、检依科道例，悬数珠，肃朝仪。嘉庆十八年，谕宣本承旨时，御前大臣及侍卫毋退，著为令。

太上皇帝三大节朝贺仪　嘉庆元年，高宗传位仁宗，尊为太上皇帝，定朝贺仪。届日陈法驾、卤簿、乐悬如授受仪，太和殿设三案，表亭舁至午门，庆贺表文陈东案，笔砚陈西案。质明，王公百官朝服，外国使臣服本国服，集阙下。皇帝礼服，俟保和殿暖阁。太上皇帝乘舆出，至太和殿北阶降，《中和韶乐》作，奏《元平章》，御殿升座，乐止。帝殿内西向立，鸣鞭三，赞"排班"，《丹陛大乐》作，奏《庆平章》。帝就拜位，北向，时鸿胪官分引群臣暨外使肃班立，赞"进"，赞"跪，叩，兴"。帝率群臣行三跪九叩礼。毕，帝旋位立，众退，复班次，乐止。鸣鞭，《中和韶乐》作，奏《和平章》。太上皇帝还宫，乐止。帝御殿，群臣进表行礼如仪。

太皇太后、皇太后、皇后三大节朝贺仪　顺治八年，定元旦慈宁宫阶下设皇太后仪仗、乐器，皇太后御宫，乐作。升座，乐止。帝率内大臣、侍卫诣宫行三跪九叩礼。毕，公主、福晋以下，都统、子、尚书命妇以上，行六肃三跪三叩礼。作乐如初，大设筵宴。冬至、圣寿节同，唯冬至罢宴。康熙八年，定元日太皇太后、皇太后仪驾、《中和韶乐》、《丹陛大乐》全设。帝率王公大臣、侍卫暨都统、子、尚书以上官，先朝太皇太后宫，次诣皇太后宫，行礼如仪。毕，皇后率公主、福晋、命妇行礼亦如之。二十一年，谕京、外进表官集午门外行礼。寻置纠仪御史，分列宫门外、午门外仪驾末，严监视。

乾隆十二年，定庆贺皇太后许二品命妇入班，寻谕世爵朝贺增入男爵。嘉庆二十五年，谕值皇太后三大节，将军、督、抚、提、镇具表庆贺，罢递黄折祝文。道光元年元旦，大学士先进皇帝庆贺表文，帝始率群臣诣宫行礼。同治元年，皇太后、皇帝同御慈宁宫受贺，明年，改御养心殿。王、公、二品以上官，集慈宁门外，三品以下集午门外，朝鲜使臣列西班末，按班行礼，不赞。冬至、圣寿节同。唯遇大庆年，俟皇太后升殿后，增用宣表例。光绪二年，皇太后圣寿，皇帝亲进表文，余仪同。

皇后向无受群臣贺仪，顺治间，定元旦庆贺，仪仗全设。皇后诣皇太后宫行礼毕，还宫，自公主及命妇俱诣皇后宫朝贺。冬至、千秋节同。康熙时，定皇后先诣太皇太后宫，次皇太后宫行礼，还宫升座，自公主迄镇国将军夫人，公、侯迄尚书命妇，咸朝服行礼。雍正六年，始令皇后千秋节王公百官咸蟒袍补服，后准此行。摄六宫事皇贵妃千秋节，仪同皇后。

大宴仪　凡国家例宴，礼部主办，光禄寺供置，精膳司部署之。建元定鼎宴，崇德初，太宗改元建号，设宴笃恭殿。顺治元年，定鼎燕京，设筵宴、设宝座皇极门正中，帝升座，赐百官坐，赐茶、进酒，俱一跪一叩。宴毕谢恩如初礼。是日赐宴，有内监数辈先行拜舞，谕："朝贺大典，内监不得沿明制入班行礼。"裁抑宦官自此举始。

元日宴，崇德初，定制，设宴崇政殿，王、贝勒、贝子、公等各进筵食牲酒，外藩王、贝勒亦如之。顺治十年，令亲王、世子、郡王暨外藩王、贝勒各进牲酒，不足，光禄寺益之，御筵则尚膳监供备。康熙十三年罢，越数岁复故。二十三年，改燔炙为肴羹，去银器，王以下进肴羹筵席有差。

雍正四年，定元旦宴仪，是日巳刻，内外王、公、台吉等朝服集太和门，文武各官集午门。设御筵宝座前，内大臣、内务府大臣、礼部、理藩院长官视设席。丹陛上张黄幔，陈金器其下，卤簿后张青幔，设诸席。鸿胪寺官引百官入，理藩院官引外藩王公入。帝御太和殿，升座，《中和韶乐》作，王大臣就殿内，文三品、武二品以上官就丹陛上，余就青幔下，俱一叩，坐。赐茶，《丹陛大乐》作，王以下就坐次跪，复一叩。帝饮茶毕，侍卫授王大臣茶，光禄官授群臣茶，复就坐次一叩。饮毕，又一叩，乐止。展席幂，掌仪司官分执壶、爵、金卮，大乐作，群臣起。掌仪司官举壶实酒于爵，进爵大臣趋跪，则皆跪。掌仪司官授大臣爵，大臣升自中陛，至御前跪进酒。兴，自右陛降，复位，一叩，群臣皆叩。大臣兴，复自右陛升，跪受爵，复位，跪。掌仪司官受虚爵退，举卮实酒，承旨赐进爵大臣酒。王以下起立，掌仪司官立授卮，大臣跪受爵，一叩，饮毕，俟受爵者退，复一叩，兴，就坐位，群臣皆坐。乐止，帝进馔。《中和清乐》作，分给各筵食品，酒各一卮，如授茶仪。乐止，蒙古乐歌进。毕，满舞大臣进，满舞上寿。对舞更进，乐歌和之。瓦尔喀氏舞起，蒙古乐歌和之，队舞更进。每退俱一叩。杂戏毕陈。讫，群臣三叩。《大乐》作，鸣鞭，《韶乐》作，驾还宫。

冬至宴，顺治间制定如元旦仪，后往往停罢。元会宴，凡元正朝会，岁有常经，遇万寿正庆，或十年国庆，特行宴礼。乾隆三十五年、五十五年，圣制《元会作歌》，宴仪如前。惟行酒后，《庆隆舞》进，司章歌作，司舞饰面具，乘禺马，进《扬烈舞》。司弦筝阮节抃者，以次奏技。《喜起舞》，大臣入，行三叩礼，循歌声按队起舞，歌阕，笳吹进，番部合奏进，内府官引朝鲜俳，回部、金川番童陈百戏，为稍异耳。

千秋宴，为康熙五十二年创典，设畅春园。凡直省现官、致仕汉员暨士庶等，年六十五以上至九十者咸与。遣子孙、宗室执爵授饮，分给食品，谕毋起立，以示优崇。乾隆五十年，设宴乾清宫，自王、公讫内、外文、武大臣暨致仕大臣、官员、绅士、兵卒、耆农、工商与夫外藩王、公、台吉，回部、番部土官、土舍，朝鲜陪臣，齿逾六十者，凡三千余人。其大臣七十以上，余九十以上者，子孙得扶掖入宴。年最高者，如百五岁司业衔郭钟岳等，得随一品大臣同趋黼座，亲与赐觞。宴罢，颁赏珍物有差。嘉庆初元再举，设宴皇极殿，与宴者三千五十六人，邀赏者五千人。上自槫槐，下逮杓褛，以至蒙、回、番部、朝鲜、安南、暹罗、廓尔喀陪价，略其年甲，咸集丹墀，诚盛典也。

大婚宴，顺治八年，大婚礼成，设宴如元旦仪。并进皇太后筵席牲酒，嗣后仿此。

耕耤宴，顺治十一年举行，命曰"劳酒"。

凯旋宴，自崇德七年始。顺治十三年定制，凡凯旋陛见获赐宴。乾隆中，定金川，宴瀛台；定回部，宴丰泽园；及平两金川，锡宴紫光阁。其时所俘番童有习锅庄及甲斯鲁者，番神傩戏，亦命陈宴次，后以为常。道光八年，回疆奠定，锡宴正大光明殿，是日大将奉觞上寿，帝亲赐酒，命侍卫颁从征大臣酒，余如常仪。

宗室宴，乾隆十一年，设宴瀛台，赐宗室王公，遵旨长幼列坐，行家人礼，并引至淑清院流杯亭游览，赐酒果。四十八年，设宴乾清宫，命皇子、王、公等暨三、四品顶戴宗室千三百有八人入宴。其因事未与宴者咸与赏，都凡二千人。嘉庆九年，设筵惇叙殿，略同瀛台宴。

外藩宴，岁除日设保和殿，赐蒙古王、公等，凡就位、进茶、馔爵、行酒、乐舞、谢恩，并如元会仪。其来朝进贡，送亲入觐，或御赐恩宴，或宴礼部，取旨供备。至诸国朝贡，如朝鲜、安南、琉球、荷兰遣使来京，亦有例宴。乾隆间，缅甸使臣陪宴万树园，以其国乐器五种合奏。厥后凡遇筵宴，备陈准部、回部、安南、缅甸、廓尔喀乐。

又顺治中，定制乡试宴顺天府，会试及进士传胪宴礼部。余如临雍、经筵、修书、初举日讲、临幸翰林院、缮写神牌，亦赐宴如例。衍圣公、正一真人来朝，纂实录、会典皆于礼部设宴云。

上尊号徽号仪　清初太祖、太宗建元，群臣皆上尊号，其礼即登极仪也。康熙中，臣民合辞拟上尊号。至六旬圣寿，复吁请。圣祖谕言无裨治道，皆不允行。迄高宗敉定边陲，王大臣犹以上尊号请，亦未俞纳。惟新君践阼，奉母后为皇太后、皇太后为太皇太后，则上尊号。国家行大庆，则上徽号，或二字、或四字，递进以致推崇。

顺治八年，上孝庄皇后尊号，其徽号曰“昭圣慈寿”。先期祭告，帝躬上奏书。届期太和殿陈皇帝法驾，慈宁宫陈皇太后仪驾，供设咸备。王公集太和门，大臣集右翼门，各官集午门，分翼立。帝升殿，《中和韶乐》作，奏《海上蟠桃章》，帝阅册、宝毕，执事官分置亭内，銮仪校舁行，前册亭，后宝亭。帝率群臣从驾至慈宁门，入宫立陛东，礼部侍郎、内阁学士奉册、宝入，大学士奉宣读册、宝文入，侍立左旁，帝就拜位，王公百官依班位序立。皇太后御宫，《中和韶乐》作，奏《豫平章》，升座，乐止。赞“跪”，帝率群臣跪。奏“进册”，大学士右旁跪进，兴，退，帝受册，恭献，大学士左旁跪接，兴，陈中案。奏“进宝”，如前仪。赞“宣册”，宣册官至案前北面跪，启函宣读讫，仍纳之，兴，退。赞“宣宝”同，仍置原案。女官四人举案陈宫阶上。《丹陛大乐》作，奏《益平章》，帝率群臣三跪九叩。午门外各官承传随班行礼。礼成，皇太后起座，《中和韶乐》作，奏《履平章》，还宫。皇后率六宫、公主以下诣宫庆贺。翼日，帝御太和殿，王公百官上表庆贺，颁诏如制。是岁大婚礼成，加上徽号礼亦如之。

康熙初元，加上徽号，时以谅阴，不奏书，不行礼，不朝贺。凡大婚、亲政、册立皇后、武功告成、皇太后大庆、上徽号并如常仪。

乾隆四十一年，金川平，上徽号，皇太后谕帝春秋高，不宜过劳，令豫陈册宝，至时行礼，罢宣读表文，后仿此。

道光九年，平回疆，上皇太后徽号，缅甸国王遣使进金叶贺表，缅王进表自此始。

尊封太妃进册宝如前仪，唯内监举案陈太妃座前，帝行礼，太妃起避立座旁。次日御殿受贺同。若遣官将事，礼部尚书朝服诣内阁，册宝舁出，偕大学士送之，至宫门外，内监入献太妃、太嫔，受讫，礼成。册宝初制用金，康、乾时兼用嘉玉，道光后专以玉为之。凡尊封皇贵妃、贵太嫔，并用册宝，太妃用册印，太嫔用册。

册立中宫仪　崇德初元，孝端文皇后以嫡妃正位中宫，始行册立礼。是日设黄幄清宁宫前，幄内陈黄案，其东册宝案。王公百官集崇政殿，皇帝御殿阅册宝。正、副使二人持节，执事官举册宝至黄幄前，皇后出迎。使者奉册宝陈案上，西向立，宣读册文，具满、蒙、汉三体，以次授右女官，女官跪接献皇后，后以次跪受，转授左女官，亦跪接，陈黄案。次宣宝、受宝亦如之。使者出，复命，皇后率公主、福晋、命妇至崇政殿御前六肃三跪三叩。毕，还宫升座，妃率公主等行礼，王公百官上表庆贺，赐宴如常仪。

康熙十六年，册立孝昭仁皇后，前期补行纳采、大征如大婚礼。亲诣奉先殿告祭，天地、太庙后殿则遣官祭告。至日设节案太和殿中，东西肆；左右各设案一，南北肆。帝御殿阅册宝，王公百官序立，正、副使立丹陛上，北向，宣制官立殿中门左。宣制曰：“某年月日，册立妃某氏为皇后，命卿等持节行礼。”于是正、副使持节前行，校尉舁册宝亭出协和门，至景运门，以册宝节授内监，奉至宫门，皇后迎受。行礼毕，内监出，还节使者，使者复命，帝率群臣诣太皇太后、皇太后宫行礼。翼日，皇后礼服诣两宫及帝座前行礼。

乾隆二年，册立孝贤纯皇后，如常仪。命颁诏，著为家法。

嘉庆元年，立孝淑睿皇后，册命日，会太上皇帝千秋宴讫还宫，帝、后诣前行礼。帝御殿，正、副使持节，礼成，先诣太上皇宫门前复命，余如常仪。

册封妃、嫔，亦自崇德初元始，四妃同日受封，届时命使持节册封如礼。妃等率公主、福晋、命妇诣帝前六肃三跪三叩，后前亦如之，妃前则行四肃二跪二叩，妃等相对各二肃一跪一叩。康熙时，贵妃、七嫔与中宫同日封，诸嫔有册无宝。乾隆十三年，定皇妃摄六宫事，体制宜崇，祭告如册中宫仪。次日朝皇太后，拜跪甬路左旁。道光三年，谕嗣后封嫔罢祭告，即与妃同日受封亦然，著为令。

册立皇太子仪　康熙十四年，立嫡子允礽为皇太子，先期祭告，玉帛香版，皆皇帝躬视。届日御殿传制，与册立中宫同。正使授册，副使授宝。行礼毕，正、副使复命。帝率皇太子祭告奉先殿，皇太子拜褥敷槛外，并诣帝、后宫行礼。翼日，帝御殿受贺，颁诏如常仪。王公进笺皇太子前致庆，皇太子诣武英殿与亲、郡王等行礼。外省文武官并笺贺如仪。

遇太子千秋节，太子先诣奉先殿致祭，随诣皇帝前行礼，还毓庆宫，旋御惇本殿受贺。王公百官二跪六叩，毕，还宫，群臣退。

厥后允礽废立，迄晚年储位未定。五十年后，大学士王掞七上密疏，请建国本，六十年，复申前请，触圣怒。至乾、嘉后，始明宣不立储贰谕旨，开国固未尝有也。

册封诸王仪　崇德元年，定册封日，王、贝勒序立崇政殿前，内院官奉制册、印陈于案，俟旨授封。诸王等皆跪，宣册官、奉册官并立案东，次第宣毕，奉册、印授诸王等。王等祗受，转授从官，复位。礼毕，随奉册官赴清宁宫，诣帝、后前行礼，三跪九叩。遂出大清门，诸王等互贺，俱二跪六叩。还邸，福晋、夫人各行庆贺。府僚致贺诸王，二跪六叩，贝勒僚属一跪三叩。

康熙十二年定制，凡册封，简正、副使二人，前一日，殿堂上设节案，香案，册宝案，堂前仪卫、乐悬备陈。届期，正、副使诣太和殿奉节出，校尉舁册宝亭赴王府，王率府僚跪迎门外。正、副使奉册宝节分陈各案，立节案东，王立案西。行礼毕，王诣香案前跪，听宣制册，使者授册宝，王祗受，复位，行礼如初。使者奉节复命，王率府僚跪送，迎送俱用乐。封亲王曰宝，郡王曰印，贝勒有制册无印。行礼谢恩并同。初制，封亲王世子用金册，郡王镀金银册，贝勒授诰命，旋改用纸制册。咸丰十年，谕册封亲王用银质镀金，以恭亲王奕䜣王爵世袭，仍制金册。

册封公主，封使至，公主率侍女迎仪门右，使者奉制册入，陈门前黄案上，移置堂前幄内。公主升西阶，六肃三跪三叩，宣讫，授侍女，公主跪受，行礼如初。使者复命，仍送仪门外。是日帝升殿，公主至御前，次入后宫，并六肃三跪三叩。又次诣诣妃前，各四肃二跪二叩，还府，府属庆贺，余如封亲王仪。凡固伦公主、和硕公主，同辈者封长公主，长者封大长公主，并给金册云。

卷八十九　　志六十四

礼八 嘉礼二

大婚仪　皇子婚仪 王公婚礼附
公主下嫁仪 郡主以下于归礼附 **品官士庶婚礼**
视学仪 临雍附 **经筵仪** 日讲附 **策士仪**
颁诏仪 迎接诏书附 **进书仪　进表笺仪**
巡狩仪　乡饮酒礼

大婚仪　清初太祖戊子年，叶赫国贝勒纳林布禄送妹来归，帝率贝勒等迎之，大宴，礼成，时犹未定仪注也。太宗即位后，行册立礼。至顺治八年，世祖大婚，始定纳后仪。先期诹吉行纳采礼，前一日，遣官祭告郊、社、太庙。届日质明，设节案太和殿，礼物具丹陛上，陈文马其下。正、副使俟丹墀东。鸣赞官口赞，使臣三跪九拜讫，升东阶，立陛上。宣制官传制，使臣跪。制曰："兹纳某氏某女为后，命卿等持节行纳采礼。"大学士入，奉节出，授正使，正使受，偕副使兴，前行降中阶左。执事官纳仪物彩亭中。仪仗前导，卫士牵马从，出太和中门，诣后邸。后父朝服跪迎门外道右。既入，使臣陈节中案，执事陈仪物左右案，陈马于庭。使臣传制纳采，以次奉仪物授后父，后父跪受，兴，率子弟望阙行礼。使臣出，跪送如初。前期一日，行纳征礼。所司具大征仪物，遣使传制，如纳采仪。大婚前一日，复遣官祭告，届期卤簿、乐悬具。帝御太和殿阅册、宝，制辞曰："皇帝钦奉皇太后懿旨，纳某氏为皇后。兹当吉月令辰，备物典册，命卿等以礼奉迎。"遣使如册后仪，使臣随册、宝亭出自协和门，驾还宫。

时皇后仪仗陈邸第，封使至，后父率亲属朝服迎门外，后礼服迎庭中，后母率诸妇咸朝服跪。使臣奉册、宝入陈案上，后就案南北面跪，内院官西向立，读册、宝文，次第授左女官，女官跪接献皇后，后祗受，转授右女官，亦跪接，陈案上盝内。后兴，六肃三跪三叩，礼毕，升辇。女官奉盝置彩亭，鼓乐导前，次仪仗，次凤辇。后父母跪送如跪迎仪。辇至协和门，仪驾止。女官奉盝前行置中宫，辇入自中门，至太和殿阶下降辇入宫。

帝御中和殿，率诸王诣皇太后前行礼。毕，诸王退。帝御太和殿，赐后父及亲属宴，王公百官咸与。皇太后御位育宫，即保和殿，赐后母及亲属宴，公主、福晋、命妇咸与。越三日，帝复御太和殿，王公百官上表庆贺，颁诏如制。赐后父母兄弟服物有差。十一年大婚，越三日，后谒皇太后礼毕，始宴。康熙四年大婚，就后邸设纳采宴，公主、辅臣命妇各三人，内大臣、侍卫及公以下、群臣二品以上咸与。

大征亦如之。赐后祖父母、父母衣服，谢恩如仪。至日，使臣奉册、宝至，后祗受毕，钦天监报时，后升辇。命妇四人导前，七人随后，皆骑。内大臣、侍卫从，至太和殿阶下退。后降辇，内监奉册、宝导至中和殿，命妇退。执事命妇迎侍入宫，奉册、宝内监授守宝内监，退。帝诣太皇太后、皇太后前行礼，御殿、赐宴如初。皇太后率辅臣命妇入宫，赐后母及亲属宴，公主、福晋不与。时加酉，宫中设宴，行合卺礼。翼日，后诣两宫朝见，三日受贺，颁诏如常仪。

同治十一年，纳采、大征、发册、奉迎，悉准成式。惟届时后升辇，使臣乘马先，内监扶，左右内大臣等骑从。至午门外，九凤曲盖前导，行及乾清门，龙亭止，使臣等退，礼部官奉册、宝陈交泰殿左右案，退。辇入乾清宫，执事者俱退，侍卫合隔扇。福晋、命妇侍辇入宫，宫中开合卺宴，礼成。光绪十五年大婚，越六日，后始朝见皇太后，又越二日，帝受贺，余仪同。

皇子婚仪　先指婚，简大臣命妇偕老者襄事。福晋父蟒服诣乾清门，北面跪，大臣西面传旨："今以某氏女作配皇子某为福晋。"福晋父三跪九拜，退。择吉，简内大臣、侍卫随皇子诣福晋家行文定礼。福晋父彩服迎门外，皇子升堂拜，福晋父答拜，三拜，兴。见福晋母亦如之。辞出，福晋父送大门外。行纳采礼，所司具仪币，并备赐福晋父母服饰、鞍马。以内府大臣、宫殿监督领侍充使。及门，福晋父迎入中堂，谢恩毕，与宴，大臣陪福晋父宴中堂，命妇、女官陪女眷宴内室，毕，使者还朝复命。婚前一日，福晋家赍妆具陈皇子宫，至日，皇子诣帝后前行礼，若为妃嫔出，则并诣焉。

吉时届，銮仪卫备彩舆，内府大臣率属二十、护军四十诣福晋第奉迎。彩舆陈堂中，女官告"升舆"，福晋升，父母家人咸送。内校舁行。女官从，出大门乘马。至禁城门外，众步行随舆入，至皇子宫门降，女官导入宫。届合卺时，皇子西向，福晋东向，行两拜礼。各就坐，女官酌酒合和以进，皆饮，酒馔三行，起，仍行两拜礼。于时宫所张幕、结彩，设宴，福晋父母、亲族暨大臣、命妇咸与，礼成。翌日皇子、福晋夙兴，朝见帝、后，女官引皇子居左稍前，三跪九拜，福晋居右稍后，六肃三跪三拜。见所出妃嫔，皇子二跪六拜，福晋四肃二跪二拜。越九日，归宁。已宴，偕还，不逾午。

王公婚礼，崇德间定制，凡亲王聘朝臣女为婚，纳采日，府属官充使，是日设宴，牲酒盛陈。婚日宴亦如之。给女父母服物鞍马符例。若外藩亲、郡王，贝勒，台吉女，仪物视爵次为差。婚日宴，牲多少异宜。世子，郡王，贝勒，贝子，镇、辅国公聘娶，仪物暨宴日牲酒，其数递降，皆有差等。顺治间，更婚制，限贝勒以下罢用珠缎。赐婚，王公诣中和殿或位育宫谢恩，其子未受封者，婚礼视其父，已受封则从其爵。康熙初，始令王公纳采易布为缎，余如故。

公主下嫁仪　指婚日，额驸蟒服诣乾清门东阶下，北面跪，襄事大臣西面立。宣制："以某公主择配某额驸。"祗受命，谢恩退。初定，诹日诣午门，进一九礼，即纳采也。驼马、筵席、羊酒如数。得旨分纳所司。次日燕飨，额驸率族中人朝服谒皇太后宫，礼讫，集保和殿。帝升座，额驸等三跪九拜。御筵既陈，进爵大臣跪进酒，帝受饮，还赐大臣酒，跪饮之。时额驸等行礼惟一拜。彻宴谢恩，一跪三拜。出至内右门外，三跪九拜，退。凡帝前谢恩皆赞，后宫前不赞。是日额驸眷属诣皇太后、皇后宫筵宴如仪。厘降前一日，额驸诣宫门谢恩，内府官率銮仪校送妆奁诣额驸第，内管领命妇偕女侍铺陈。

至日，额驸家备九九礼物，如鞍马、甲胄，诣午门恭纳，燕飨如初定礼。吉时届，公主吉服诣皇太后、帝、后暨所生妃、嫔前行礼。命妇翊升舆，下帘，内校舁出宫，仪仗具列，灯炬前引。福晋、夫人、命妇乘舆陪从，诣额驸第行合卺礼。其日设宴九十席，如下嫁外藩，但用牲酒。成婚后九日，归宫谢恩。公主入宫行礼，额驸诣慈宁门外、乾清门外、内右门外行礼。

天命八年，太祖御八角殿，训公主以妇道，毋陵侮其夫，恣意骄纵，违者罪之。时议谓王化所由始。厥后定制，额驸及其父母见公主俱屈膝叩安，有赉赐必叩首，寻远古辙已。逮道光二十一年，宣宗以为非礼所宜，稍更仪注，额驸见公主植立申敬，公主立答之，舅、姑见公主正立致敬，公主亦如之。如馈物，俱植立，免屈膝，以重伦纪，著为令。又定下嫁时停进九九礼，并罢筵宴，自后罢宴以为常。明年，改初定进羊九，继此踵行。同治时，定公主归宁，免额驸内右门行礼，余如前仪。

郡主于归礼，崇德间，定亲王嫁女聘仪，鞍马、甲胄十有五。如嫁外藩，亲王以下纳采用驼、马、羊，准七九数。媵婢八，男、妇五户。顺治时，朝臣聘仪，鞍马、甲胄各七。乾隆时，定郡王媵婢六，男、妇四户。嫁朝臣聘用鞍马七，外藩纳采视崇德时为减。郡主以下，县主、郡君、县君、乡君于归礼，以次递杀。康熙八年，定郡主、县主归宁，禁母家给满洲人口，限用蒙、汉人八名，郡君至乡君，蒙、汉人六名，将军至宗室女，四名。

乾隆三十五年，罢朝臣进纳采礼，外藩如故。不设宴。

品官士庶婚礼　凡品官论婚，先使媒妁通书，乃诹吉纳采。自公、侯、伯讫九品官，仪物以官品为降杀。主婚者吉服，命子弟为使，从者赍仪物至女氏第，主婚者吉服迎。从者陈仪物于庭，奉书致命，主婚者受书，告庙醴宾，宾退，送之门，使者还复命。是日设宴具牲酒，公、侯以下，数各有差。婚前一日，女氏使人奉箕帚往婿家，陈衾帷、茵褥、器用具。

届日，婿家豫设合卺宴。婿吉服俟，备仪从。婿承父命亲迎，以彩舆如女氏第。女氏主婚者告庙，辞曰："某第几女某，将以今日归某氏。"乃笄而命之。还醮女内室，父东母西。女盛服出，北面再拜，侍者斟酒醴女，父训以宜家之道，母施衿结帨，申父命，女识之不唯。婿既至，入门再拜。奠雁，出。姆为女加景盖首，出。婿揖降。女从姆导升舆，仪卫前导，送者随舆后。婿先还。舆至门，婿导升四阶，入室逾阈，媵布婿席东旁，御布妇席西旁，交拜讫，对筵坐。馔入，卒食，媵御取盏实酒，分酳婿、妇，三酌用卺，卒酳，婿出。媵御施衾枕，婿入，烛出。是日具宴与纳采同。

品官子未任职，礼视其父，受职者各从其品。士婚礼视九品官。庶民纳采，首饰数以四为限，舆不饰彩，余与士同。婚三日，主人、主妇率新妇庙见，无庙，见祖、祢于寝，如常告仪。

雍正初，定制，汉人纳采成婚，四品以上，绸缎、首饰限八数，食物限十品。五品以下减二，八品以下又减二，军、民绸绢、果盒亦以四为限。品官婚嫁日，用本官执事，灯六、鼓乐十二人，不及品者，灯四、鼓乐八人。禁糜费，凡官民皆不得用财礼云。

视学仪　顺治建元，帝幸太学释奠。先期衍圣公、《五经》博士至，圣裔五人，元圣及配、哲诸裔各二人，乘传赴京。各氏子孙现列朝官者，各官学师生暨进士、举、贡，咸与观礼。内阁拟《经》、《书》，祭酒、司业撰讲章进御。届日，大成门东张大次，彝伦堂设黄幄御座，幄前置御案，左右讲案二，祭酒等奉讲章及进讲副本，《书》左《经》右，陈于案。帝礼服乘舆诣学，祭酒、司业率官属诸生跪迎成贤街右。驾入幄，诣大成殿释奠。礼毕，出易衮服，幸彝伦堂，御讲幄。升座，王公立阶上，百官立阶下，衍圣公率博士、各氏裔，祭酒等率官生就拜位，行三跪九叩礼。毕，自王公讫九卿以次赐坐，寻诣堂内跪，一叩。鸿胪官赞"进讲"，祭酒、司业入，北向立，所司举经案进御前。赐讲官座，祭酒等一叩，坐。依次宣讲。翰詹四品以下官，监官、师儒、博士、圣贤后裔、肄业诸生圜听。讲毕，退，听讲者咸退。复位序立，跪聆传制。辞曰："圣人之道，如日中天，讲贯服膺，用资治理，尔师生勉之。”祭酒等三跪九叩，退。赐茶，群臣受饮。一叩，礼成。驾出，咸跪送。翼日，监官、博士暨诸生表谢，帝御太和殿，礼赐如常仪，并赐衍圣公、各官宴礼部。越三日，颁敕太学，诏诸生策励，赉衍圣公冠服，监官、博士等衣一袭，助教、诸生白金有差。

康熙八年，圣祖释奠太学，讲经，悉准成式。

雍正二年，谕：“视学大典，称幸非宜，嗣后更‘幸’为‘诣’。”

乾隆二年，命闵、冉、言、卜、颛孙、端木六氏博士陪祀观礼，准五氏例行。明年，帝亲视学，圣、贤各裔暨东野氏来观礼者三十二人，送监求学，即召衍圣公等面谕之。谓：“既为圣贤后，当心圣贤心，非徒读其书而已。必躬行实践，事求无愧，方为不负所学。其务勤思勉励，克绍心传。”

三年三月上丁，帝亲诣太学行释菜礼。越六日，临雍讲学，王公大臣，圣贤后裔，以至太学诸生，环集桥门璧水间者以万数。临雍命下，既诹吉，所司设御幄大成门外，其辟雍殿阶陈《中和韶乐》，太学门内陈《丹陛大乐》、清乐。殿内经书案、讲案备具如前。帝释奠毕，御彝伦堂，易衮服，临辟雍。太学鸣钟鼓，升座，乐奏，止有节。赞“齐班”，讲官、侍班、纠仪各官就拜位，赞“跪，叩，兴”，行二跪六叩礼，兴。若衍圣公入觐，先进讲，大学士以至诸生分班立，行礼讫，满、汉讲官入，一叩，就坐，讲四书，帝阐发书义，宣示臣工，圜桥各官生跪聆毕，兴。祭酒讲经，帝阐经义如初礼。余同视学仪。

先是御史曹学闵上言：“宜考古制，建辟雍于国子监。”格部议。至四十九年，新建国学成，明年将临雍，命大臣规浚圜水，礼乐备举。特旨奖学闵，并令朝鲜使臣随班观礼。礼成，赏赉有差。翼日加赉圣、贤各氏裔及诸生绸帛。

道光三年临雍，命荫生豫听宣讲，谕监官曰：“化民成俗，基于学校，兴贤育德，责在师儒。士先器识，渐摩濡染，厥有由来。尔监臣式兹多士，尚其端教术，正典型，毋即于华，毋邻于固。入孝出弟，择友亲师。庶几成风，绍休圣绪。”

令甲，车驾幸鲁，展礼先师，讲学阙里，豫选圣、贤裔二人直讲，翰林官撰讲章。前一日，张大次奎文阁，设御座诗礼堂。前置案，讲案列西檐下。届日，陈讲章及副本于案，帝出行宫，衍圣公彩服率《五经》博士暨各氏跪迎庙门右。帝入，诣大成殿祭孔子，如上丁仪。驾出，御诗礼堂，升座。衍圣公以下官随至，序立庭中，行三跪九叩礼。讫，进讲，直讲者一跪三叩，兴。讲经书讫，俱退。驾谒孔林。翼日，赐衍圣公等帛、金、书籍有差。简各氏弟子有文行者贡太学，凡登仕版，并进一阶。

经筵仪　初沿明制，阁臣例不兼经筵。顺治九年，春、秋仲月一举，始令大学士知经筵事。尚书、左都御史、通政使、大理卿、学士侍班，翰林二人进讲。豫设御案、讲官案，列讲章及进讲副本，左《书》右《经》，届时，帝常服御文华殿，记注官立柱西，东面。讲官等二跪六叩，兴，序立左右，侍班官分立其后。纠仪官立东西隅。鸣赞官赞“进讲”，直讲官诣案前跪，三叩，兴，分就左右案。先后讲《四书》与《经》，复位。帝宣示清、汉文御论，各官跪聆毕，大学士奏辞感悦。兴，降阶行二跪六叩礼。毕，帝临文渊阁，赐坐、赐茶。礼成，还宫。赐宴本仁殿。宴毕，谢恩。

康熙十年举经筵，命大学士熊赐履为讲官，知经筵事。顷之，圣祖以春、秋两讲为期阔疏，遂谕日进讲弘德殿。二十四年，定制，以大学士、左都御史、侍郎、詹事充经筵讲官。二月，文华殿成，举行典礼。世宗践阼，居亮阴，未举。

雍正三年八月吉日，诏言：“帝王御宇，咸资典学。朕承庭训，时习简编。味道研经，实敷政宁人之本。兹当释服，亟宜举行。”于是进讲如仪。

乾隆五年，谕曰：“经筵之设，藉献箴规。近进讲章，辞多颂美，殊失咨儆古意。人君敷政，正赖以古证今，献可替否。其务剀切敷陈，期裨政学，庶有当稽古典学实义。”

七年，经筵日雨，礼臣依例请改期。谕曰：“魏文侯出猎遇雨，尚不失信虞人。矧兹大典，复经祭告，讵宜改期？执事诸臣，可衣雨服列班，暂罢阶下行礼、殿内赐茶诸仪。嗣后遇雨仿此。”

翰林院专司日讲，冬、夏至前一日乃辍。十四年，以进呈经史，渐等具文，谕令停止。

五十一年，御经筵，赐宴礼臣随侍者，分东西班，特命歌《抑戒诗》。

嘉庆中，张鹏展疏请翰林科道日进经义、奏议。诏责其迂。

文宗登极，曾国藩请复日讲旧典，格部议。次年咸丰纪元，正月，遂奉特旨令翰詹诸臣番直，并躬制题目，俾撰讲义，分日呈览。讫光、宣之际，犹依此例云。

策士仪　天聪间，始开科取士。顺治初，会试中式举人集天安门考试。十五年，改试太和殿丹墀，定临轩策士制。先期一日，丹陛上正中，太和殿内东偏，分设黄案，东西阁檐下备试桌。届日质明，内阁官朝服捧策题置殿内案上，帝御太和殿，王公百官侍立，鸿胪寺官引贡士诣丹陛下立。大学士取题授礼部官，跪受，置丹陛案上，三叩。举案降左阶，陈御道正中。读卷官执事官各三跪九叩，诸贡士亦如之。毕，驾还宫。徙试桌丹墀左右，北向。礼部官散题，贡士跪受，三叩，就桌。对策讫，受卷、弥封诸官俟左庑檐下，收封盛入卷箱，收掌官送读卷官校阅，不御殿，王以下官不会集，不陈卤簿。阅卷三日毕，翼辰，前列十卷签拟名次，缄封呈御览。帝御养心殿西暖阁，阅毕，召读卷官入，亲定甲乙授之。出拆弥封，依次缮写绿头签，引十人进乾清门，祗俟西阶下。帝御宫，读卷官捧签入，跪呈。引班官引十人跪丹陛中，依次奏名籍，兴，退。帝亲定一甲三人，二甲七人，授签读卷官，跪受，兴，退，率十人侍立西阶下。驾还便殿。十人先出。读卷官捧卷诣红本房，填写名次毕，交内阁题金榜。

传胪日，设卤簿，陈乐悬，王公百官列侍。贡士皆公服，冠三枝九叶顶冠，立班末。帝御太和殿，读卷等官行礼如初，奉榜授受如奉策题仪。鸿胪寺官引贡士就位，跪听传。制曰："某年月日，策试天下贡士，第一甲赐进士及第，第二甲赐进士出身，第三甲赐同进士出身。"赞"一甲一名某"，令出班前跪。赞二三名亦然。赞"二甲一名某等若干名，三甲某等若干名"，不出班，同行三跪九叩礼。退立。礼部官举榜出中路，一甲进士从，诸进士出左右掖门，置榜龙亭，复行三叩礼。校尉舁亭，鼓乐前导，至东长安门外张之，三日后缴内阁。于是顺天府备伞盖、仪从送状元归第。越五日，状元偕诸进士上表谢恩如常仪。

乾隆五十四年，殿试改保和殿举行。自后为恒例。

颁诏仪　清初诏书用满、蒙、汉三体文。顺治间，定制用满、汉二体。颁诏日，太和殿前具卤簿，丹墀内植黄盖、云盘，殿东设诏案，丹陛中设黄案。午门外备龙亭、香亭。天安门楼雉口中豫置朵云金凤，其东筑宣诏台。王公百官朝服集午门，内阁学士奉诏书至乾清门用宝讫，铺黄案。帝御殿，王公以下行礼毕，大学士奉诏书诣殿檐下授礼部尚书，尚书跪受讫，陈丹陛案上。行礼毕，置诏书云盘内，覆黄盖。礼部官奉盘自中路出太和门，百官从至午门外，置龙亭。至天安门外桥南，奉诏书置高台黄案上。各官按序北向立，宣读官台上西向立，众跪听宣。先宣满文，次汉文，众行三跪九叩礼。奉诏官取朵云承诏书，系以彩绳，自金凤口中衔下。礼部官接受，仍置龙亭。出大清门，赴礼部，望阙列香案，尚书率属行礼。诏书誊黄，刊颁各省。驾不御殿，百官祗俟天安门外桥南，余仪同。

乾隆间，定制，凡诏书到日，有司备龙亭、旗仗郊迎。朝使降骑，奉诏书置龙亭，南向，守土官北向行礼。鼓乐前导，朝使骑以从。及公廨，众官先入序立，龙亭至庭中，朝使东立。俟行礼讫，奉诏书授展读官。跪受，众官皆跪。宣读毕，授诏朝使，复置龙亭，跪叩如初礼。退。长吏誊黄，分颁各属。诏书所过，凡属五里内府、州、县、卫各官，咸出郭门迎送。

进书仪　定制，纂修实录、圣训，择吉进呈。帝御殿受书，王公百官表贺。玉牒、本纪次之。康熙十一年，《世祖实录》成，前期一日，太和殿陛东设表案，阶下列实录案。至日具卤簿，陈乐悬，监修官奉表陈表亭，纂修官奉实录陈彩亭，王公百官齐集行礼如仪。校尉分舁香亭、彩亭出中道，表亭由左，监修各官从至太和殿丹墀，监修等奉实录与表分陈案上。帝御殿，鸿胪官奏进实录，乐作。礼部官举实录案自中道升，至殿门外，帝兴座，乐止。举案入，乃坐。设案保和殿正中，监修等立阶下齐班，赞"跪"，则皆跪。赞"进表"，宣表官跪宣。毕，乐作，众官三跪九叩，退立，乐止。众复跪，宣表官代奏致词云："某亲王臣某等暨文武群臣奏言，惟世祖皇帝神功圣德，纂述成书，光华万世，群臣欢忭，礼当庆贺。"鸿胪卿宣制答云："世祖皇帝功德配天，实录纂成，朕心欢庆，与卿等同之。"宣讫，行礼如初。赐茶，俱一叩。驾还。监修等奉实录至乾清门，交送大内，退。

雍正中，《圣祖实录》与《圣训》同进，后以为常。乾隆间，定实录、圣训归皇史宬，遣监修等奉藏金匮，副本存内阁。嘉庆十二年，更定举案、奉书，选贝子以下宗室官将事。自仁宗以来，帝仍诣皇史宬拈香，如往制。进玉牒，不上表，不传制。监修等随彩亭入中和殿，置案上，展正中四篋。帝立阅，俟进全书览毕，送皇史宬。十年一纂，或不御殿，则于宫中览之。凡实录、圣训、玉牒，并送盛京尊藏。自乾隆年始进本纪，第诹吉藏皇史宬，方略则进二部，一藏史宬，一交礼部刊发。时宪书成，钦天监官岁以十月朔日进，并颁赐王公百官。午门行颁朔礼，颁到直省，督、抚受朔如常仪。

进表笺仪　凡万寿节及元日、长至，在京王公百官各进表文，在外将军、都统、副都统、督、抚、提、镇各进贺表、笺，汇齐驿递送部。届日设表案太和殿左楹。表文列彩亭，舁至午门外，奉陈于案。帝御殿，宣表行礼讫，并表、笺送内阁收储。皇太后圣寿、皇后千秋，王公暨内外文武表、笺，俱陈午门外。礼讫，亦送内阁。表文初用三体字式，后专用汉文，惟满洲驻防用清文。先期内阁撰拟定式颁发，临期恭进。庆贺三大节表式，在京称"某亲王臣某等"，"诸王贝勒文武官等"；在外称"某官臣某等，诚欢诚忭，稽首顿首上言"，末云："臣等无任瞻天仰圣，欢忭之至，谨奉表称贺以闻。"进太皇太后、皇太后同。皇太子笺式，首具官同，末云："臣等无任欢忭踊跃之至，谨奉笺称贺以闻。"

初，元旦、冬至，直省文武五品以上各进贺表、笺，万寿节祗进皇帝表文，并由长官汇进。督、抚不进表、笺，凡遇大典，具本庆贺。寻令各省表、笺通省用总火牌一，专遣赍奉。乾隆时，以布政使、副将不能专达章疏，停附进表、笺例。又定皇后千秋节暨元旦、冬至，永停笺贺。皇太子庆典，京朝官集贺，不具笺，外吏亦免笺贺。

六十年，高宗内禅，称太上皇帝，具贺表式云："子臣某率王公大臣等谨奏，某岁元旦，太上皇帝亲授大宝，子臣敬承慈命，谨率同王公文武大臣等奉表贺者。"末云："子臣及诸臣等曷胜钦悦庆忭之至，谨奉表称贺以闻。"贺皇帝登极表式，惟"顿首"下云："恭逢皇上受宝礼成，登极纪元，谨奉表庆贺者。"余如前式。

巡狩仪　皇帝省方观民，特举时巡盛典。既诹吉，帝御征衣，乘舆出宫，领侍卫内大臣等率禁旅翊卫扈跸，诸臣征衣乘骑以次发。銮辂所经，禁随驾官弁扰吏民、践禾稼。办治粮刍，悉用公帑。将入境，督、抚、提、镇率属迎道右，绅耆量远近跽迎。已驻跸，疆吏等朝行营门外。翼日，望秩方岳，祭昔帝王、先师，咸亲诣。至名贤祠墓则遣官。官吏入觐，询风土人情。临视河防，指授方略。召试献词赋者，拔尤授官。阅方镇兵，藉辨材武。经过州县，赐复蠲租，存问高年，差给恩赉。

顺治八年，定制，驾出巡幸，别造香宝携行，并铸扈从各印，加“行在”字。部院章奏，内阁汇齐，三日一送行在。所过禁献方物。又定乘舆所经，百里内守土官道右迎送。

康熙二十三年，圣祖南巡，定扈从王公大臣及部院员限驾发按次随行。厥后南巡江浙者五，至泰安躬祀岱岳，渡河祠河神，诣江宁谒明太祖陵，四幸五台，一幸西安，大率禁奢尚实，亟勤民事。乾隆间，数奉太后南巡，若河南，若五台，若山东、天津，翠华所莅，百姓蒙庥。六巡江浙，揆示工要，大建堤堰，虽縻巨万帑金不恤也。嘉庆时，幸五台清凉山，行庆施泽，如康熙故事。

乡饮酒礼　顺治初元，沿明旧制，令京府暨直省府、州、县，岁以孟春望日、孟冬朔日，举行学宫。前一日，执事敷坐讲堂习礼，以致仕官为大宾，位西北；齿德兼优为僎宾，位东北；次为介，位西南；宾之次为三宾；位宾、主、介、僎后；府、州、县官为主人，位东南。若顺天府则府尹为主人，司正一人主扬觯，教官任之。赞引、读律各二人，生员任之。届日执事牵牲具馔，主人率属诣学，乃速宾。宾至，迓门外，主东宾西，三揖让乃升，相向再拜。宾即席，延僎、介入，如宾礼。就位，赞“扬觯”，司正升自西阶，北向立，宾主皆起立。赞“揖”，司正揖，宾、介以下答揖。执事举幂酌酒于觯授司正，司正扬觯而语曰：“恭惟朝廷，率由旧章，敦崇礼教，举行乡饮。非为饮食，凡我长幼，各相劝勉。为臣尽忠，为子尽孝，长幼有序，兄友弟恭，内睦宗族，外和乡党。毋或废坠，以忝所生。”读毕，赞“饮酒”，司正立饮。赞“揖”，则皆揖。司正复位，宾、介皆坐。赞“读律令”，生员就案北面立，咸起立旅揖。读曰：“律令，凡乡饮酒，序长幼，论贤良，别奸顽。年高德劭者上列，纯谨者肩随。差以齿，悖法偭规者毋俾参席，否以违制论。敢有哗噪失仪，扬觯者纠之。”读毕复位。赞“供馔”，有司设馔。赞“献宾”，则授主以爵，主受之，置宾席。少退，再拜，宾答拜。于僎亦如之。皆坐，有司遍酌，赞“饮酒”，酒三五行，汤三品，毕，彻馔。僎、主、僚属居东，宾、介居西，皆再拜。赞“送宾”，各三揖，出，退。

雍正初元，谕：“乡饮酒礼所以敬老尊贤，厥制甚古，顺天府行礼日，礼部长官监视以为常。”乾隆八年，以各省乡饮制不画一，或频年阙略不行。旧仪载图有大宾、介宾、一宾、二宾、三宾，与一僎、二僎、三僎，名号纷岐。按古《仪礼》：“宾若有遵者，诸公大夫。”注云：“今文读为僎，此乡之人仕至大夫，来助主人乐宾，主人所荣而遵法者。”《戴记》：“坐僎于西北，以辅主人。”其言主人亲速宾及介，拜至献酬辞让之节甚繁，无一言及僎，所谓“不干主人正礼”者也。嗣后乡饮宾、介，有司当料简耆绅硕德者任之，或乡居显宦有来观礼者，依古礼坐东北，无则宁阙，而不立僎名。五十年，命岁时举乡饮毋旷。每行礼，奏御制《补笙诗》六章。其制，献宾，宾酢主人后，酒数行。工升，鼓瑟，歌《鹿鸣》。宾主以下酒三行，司馔供羹，笙磬作，奏《南陔》，间歌《鱼丽》，笙《由庚》。司爵以次酌酒。司馔供羹者三，乃合乐，歌《关雎》。工告“乐备”，彻馔。宾主咸起立再拜。宾、介出，主人送门外，如初迓仪。初，乡饮诸费取给公家，自道光末叶，移充军饷，始改归地方指办。余准故事行。然行之亦仅矣。

卷九十　志六十五

礼九军礼

亲征　凯旋　命将出征　奏凯　受降
献俘受俘　大阅会阅暨京师训练附　**秋狝**
日食救护

三曰军礼。国之大事，在祀与戎。《周官》制六军，司九伐，权属司马。而大军旅、大田役，其礼则宗伯掌之。是因治兵、振旅、茇舍、大阅之教，而寓搜、苗、狝、狩之义，以为社、礿、祊、烝之祭。如是，则讲武为有名，而杀兽为有礼。有清武功燀赫，凡师征、受成、讲肄、行围诸礼节，厥制綦备。爰撷古谊，分录事要，著之于篇。古者日食救护，太仆赞鼓，亦属夏官，今亦类附云。

亲征　天命三年，太祖颁训练兵法书，躬统步骑征明，谒堂子，书七恨告天，是亲征所由始。

崇德初元，太宗伐朝鲜，前期誓天、告庙，颁行军律令，分兵为左右翼。至日，驾出抚近门，陈卤簿，吹螺奏乐。祗谒堂子，三跪九拜。外建八纛，致祭如初。礼毕启行。

康熙三十五年，讨噶尔丹，躬率六师出中道。前三日，祭告郊、庙、太岁，届期遣祭道路、炮、火诸神。帝御征衣佩刀，乘骑出宫，内大臣等翊卫。午门鸣钟鼓，军士鸣角螺，祭堂子、纛神如仪。《导迎乐》作，奏《祐平章》。驾出都门，诣陈兵所，声炮二。旗军继发，王公百官跽送。军士整伍，以次扈跸。每舍周视地势，御营建正中，各营环向，缭以幔城，南设旌门。远斥堠，严刁斗。置巡警二十一所，内大臣等率亲军宿卫。外设网城，东、西、南三门。巡警八所，护军统领率羽林军徼循。禁语哗，稽出入。又外布幕为重营，设四门，重各置十人严守。其从征各官，列幕重营外。大军分翼牧马，禁越次。驾驻行营，诸军皆止。从官奏事如常。夜漏初下，严更鼓，断行人，内外禁旅番巡。五漏交，御营鸣钟，前营角声起。初严，外营蓐食治装；再严，前军拔营；三严，左右军、后军发辎重，从征官俟旌门外。辨色，举炮警跸。六师所过，守土官迎本境，大吏则出境以迎，外藩王公暨所部绅耆跪接，悉同时巡仪。军行，随时遣祭风、雨、山、川诸神，军中堠望。圣祖躬巡，整军伍，御旌门，简阅将士，至西巴台，使者奉敕谕噶尔丹。敌望见大军，弃甲走，帝率前军长驱拖诺，分遣将军进蹑，乃还。

噶尔丹未悛，是岁秋，驾巡北边，声出塞试鹰，减从。十月，抵白塔，驻南关，蒙古王以下贡献骆驿。帝赐战胜兵士食，引近御坐遍赉之。次日，益彻御膳犒军。逾月，至呼坦和硕，渡河，降者踵至。噶尔丹就抚，乃班师。明年，帝三驾北征，启行如初礼，至横城止。令守土大臣临河迎跸。时哈密俘噶尔丹子送军所，额鲁特部多纳款者，噶尔丹仰药死，驾自黄河汎舟还。

凯旋　崇德二年，太宗征服朝鲜。班师日，其君臣出城十里外送驾，三跪九拜如礼。归则遣大臣二人送之。启跸，即军前祭纛。守土官道迎，俟驾过，随军次承命，遥坐赐酒。将至盛京二十里，会郑亲王等赍奉贺表，遂先除道，张黄幄，俟驾至，伏迎道左。帝入幄坐，王等跪进表，大学士受之。宣读毕，王等三跪九拜，乃大宴，宴罢启行。至盛京，礼谒堂子，还宫。

康熙三十五年，圣祖征噶尔丹，破之，还跸拖诺，捷入，焚香谢天。入行营，大学士等进贺表，王公百官毕贺。留牧蒙古王等迎驾行礼，喀尔喀札萨克等集营东门请瞻觐，皆稽首呼万岁。赐茶及宴，赉银物有差。沿途迎献罗拜者，襁至辐凑。至清河，皇子、王公暨群臣跪迎郊外五里，八旗军校、近畿士民亦焚香悬彩，扶携俯伏。命前驱毋警跸，环集至数百万人，欢声雷动。帝谒堂子如仪。

明年，朔漠平，班师亦如之。还宫后，遣祭郊、社、宗庙，遍群神，谒陵寝，御殿受贺。直省官咸进表文，颁诏如制。帝自勒铭镵石，并建碑太学云。

命将出征　崇德初元，太宗命睿王多尔衮等出师征明，躬自临送，祭堂子、纛神，如亲征仪。遂至演武场，谕诫将士。顺治元年，命英王阿济格为靖远大将军，征流寇，赐敕印。其仪，午门外具卤簿，陛上张黄幄，设御座。陈敕印檐东案，王公百官会集。帝升座，大将军率出征官诣拜位跪，内院大臣奉宣满、蒙、汉三体敕书，授大将军敕印，毕，启行。

十三年，定出师前一日，午门前例颁衣马弓刀，并传集出征各官，面授方略。赐筵宴。行日，咸戎服俟午门外，颁敕印如初礼。

康熙十三年，命将分出湖广、四川。礼毕，驾出长安右门送行。出征王率各官行至陈兵所，礼部设祖帐，光禄寺备茶酒，内大臣等奉引谢恩。首途，如故。或帝不亲送，则令亲王、内大臣往。噶尔丹之役，先自归化驿召费扬古为抚远大将军，至日赏宴，圣祖御太和门，大臣隅坐，其出征运粮大臣分坐金水桥北左右。作乐陈百戏，命大将军进御前，亲赐卮酒。跪受叩饮讫，都统、副都统继进，则令侍卫授酒。参领以下十人一列，跪饮阶上而已。复命大臣等遍视众军饮宴毕，赐与宴者御用蟒币，余赐币，兵赐布。同谢恩出，大学士始以敕印授大将军。

雍正七年，定命将前一日告庙。行日告奉先殿，并遣官。若先出师疆场，即军前命为大将军者，则命正、副使赍敕印往。大将军率属俟教场，厅事设黄案，陈敕印。大将军跪，宣敕文正使授敕，宣印文副使授印，大将军以次祗受，转授左右从官，行三跪九叩礼。礼成，奉入大营。

乾隆十四年，定命将仪三：一曰授敕印，经略大将军出师，皇帝临轩颁给。二曰祓社，凡出师前期，告奉先殿，礼堂子，祭纛。三曰祖道，经略启行，皇帝亲饯赐酒，命大臣送郊外，具祖帐暨宴，仪并详前。徂征仪二：一曰整旅，经略前队列御赐军械，次令箭，次敕印，次标旗，大队军旅殿。令箭、标旗数皆十二。二曰守土官相见，经略过境，将军、督、抚蟒服出郭迎候，文自司道、武自总兵以下，跽道右及厅事。经略正坐，将军、督、抚侧坐，文司道、武提督以下，行庭参礼。启行候送如前仪。若颁敕印不御殿，即除卤簿、乐悬，百官无职事者不会集。

三十四年，命大学士傅恒经略云南军务，高宗不升殿，不礼堂子，不祭纛，不亲送。内阁学士奉敕印至太和殿，经略等先俟陛阶，大学士二人立殿外。届时经略升陛，印官从大学士入奉敕印出，经略跪受。礼毕，奉敕印官前，经略后，及阶下，置敕印彩亭内，前张黄盖，列御仗，从征侍卫前引，余俱后随，至经略第止。敕印陈厅案上。届日肃队行。

奏凯　天聪初元，朝鲜奏捷，班师。车驾出城，顿武靖营野次。设行幄御营一里外，率诸贝勒逾行幄数武，立马以待凯旋。既至，遂依次排列，立纛、拜天，入觐，帝出位迎之。诸贝勒行跪拜礼，赐筵宴。崇德元年，征明凯旋，太宗率群臣出城十里迎劳，王、贝勒等依次成列，建纛鸣螺，帝率同拜天，三跪九叩。毕，升座。王、贝勒进献捷表，大学士接受，奉御前读讫，跪叩如仪。颁旨行抱见礼。于是王、贝勒进御前一跪三叩，赐坐、设宴同。

顺治二年，南京平，豫王班师还。世祖赴南苑迎劳，树十余大纛，如初礼。十三年，定制出征王大臣凯旋，遣王公一人偕大臣郊劳。

康熙元年，定凯旋次日，帝御殿。礼成，免将军等行礼，筵宴免桌席，止宰牲。

二十一年，大将军贝子章泰等自云南奏凯，驾至卢沟桥迎劳驻跸，有司治具，翼日驾莅至，齐众拜天，以为故事。乾隆十四年，定奏凯功成，祭告天地、庙社、陵寝，释奠先师，勒碑太学，命儒臣辑平定方略垂奕禩。经略大将军师旋，将入城，遣廷臣郊劳，帝临轩，经略率有功诸臣谢恩，缴印敕，仪同受敕。宴礼既毕，兵部核叙勋绩，颁爵赏有差。

厥后定边将军兆惠等、定西将军阿桂等奏凯，高宗均驻跸黄新庄行宫，筑台郊劳，百官咸会。设黄幄正中，南向，两翼青幕各八，东西向。台在幄南，其上建左右纛，中设帝拜褥。东西下马红柱各一。帝御龙衮诣台，鸣螺，奏《铙歌乐》。将军暨从征大臣、将士皆擐甲胄，跪红柱外俟驾。帝就拜位立，将军暨群臣班分东西，鸿胪官赞“跪”，则皆跪。赞“叩，兴”。帝拜天，三跪九叩，将军等如之。毕，帝御幄升座，王公百官立东班幕下。礼成，帝出幄乘骑，《凯歌》作，奏《铠皇威章》，驾还行宫。余依康熙间故事。

咸丰五年，科尔沁亲王僧格林沁平高唐乱。还朝日，文宗御养心殿，行抱见礼，慰劳备至。先是出师颁参赞大臣关防，赐讷库尼素光刀，至是同时献纳。

受降　崇德二年春，朝鲜王服罪请降。乃筑坛汉江东岸，设黄幄，驾出营，乐作。济江登坛，卤簿具。朝鲜王率陪臣步行来朝，遣官出迎一里外。引入，帝率同拜天，升座。国王等伏地请罪，赞"行三跪九拜礼"。赐坐，位列亲王上，诸子列贝勒下。锡筵宴，还其俘，并赐王以下貂服。

六年，蒙古贝勒等投诚，朝见已，命较射，选力士角觝，赐宴俾尽欢，殊典也。所贡方物悉却之。

乾隆十四年，议制凡军前受降，飞章入告。报可。乃大书露布示中外，筑坛大营左，南向。坛南百步外树表，建大旗，书"奉诏纳降"字。降者立其下，经略大将军戎服出，鼓吹声炮，参赞大臣等骑从。将至坛，降者北面匍伏，经略登坛正坐。参赞佥坐，诸将旁立，余皆肃班行。降者膝行诣坛下，俯首乞命，经略宣上德意，量加赏赉。营门鼓吹殷然，降者泥首谢，兴，退。

献俘受俘　清初太祖、太宗以武功征服边陲，俘虏甚众，其时献受犹无定制也。雍正二年，讨平青海，俘至京，始定诹吉先献庙、社。俘白组系颈，行及太庙街门外北向立，承祭官朝服至，俘伏，仪同时飨。至社稷街亦如之。承祭官入坛致祭，仪同春、秋祈报。监俘者以俘出。翼日，帝御午门楼受俘，正中设御座，檐下张黄盖，卤簿陈阙门南北，仗马次之。辇辂陈金水桥南，驯象次之。王公百官咸集，解俘将校立金鼓外，俘后随。班位既序，帝御龙衮，乘舆出宫，至太和门，大乐铙吹，金鼓振作。登楼升座，赞"进俘"，《丹陛大乐》作，奏《庆平章》。鸿胪寺官引将校入，北面立，赞"行礼"，俘入匍伏。兵部官跪奏，平定某地所获俘囚，谨献阙下，请旨。制曰："所献俘交刑部。"刑部长官跪领旨讫，械系出。《丹陛大乐》作，王公百官行礼如常仪。若恩赦不诛，则宣旨释缚，俘叩首，将校引出。是日赐将校宴兵部，次日赐冠履银币有差。凡平定疆宇，受俘仪并同。

乾隆时，版图日廓。二十年，剿平准噶尔，获达瓦齐暨青海罗卜藏丹津，先后槛入。一岁中两行斯典。越五年，底定回疆，讨平攒拉促浸，皆递举盛仪。先后六岁，凯歌四奏，时论称极盛云。

大阅　天聪七年，太宗率贝勒等督厉众军，练习行阵，是为大阅之始。

顺治十三年，定三岁一举，著为令。寻幸南苑，命内大臣等擐甲胄，阅骑射，并演围猎示群臣。

康熙十二年，阅兵南苑，圣祖擐甲，登晾鹰台，御黄幄，内大臣、都统等各束部曲，王、贝勒等各率旗属，并自西而东。既成列，枪鸣号发，自东结阵驰以西，按翼分植。阅毕，命树侯台上，亲发五矢，皆中的，复骑而射，一发即中。释甲赐宴，乃还。厥后行阅，或卢沟桥，或玉泉山，或多伦诺尔，地无一定，时亦不以三年限也。

三十四年，复幸南苑行阅，分八旗为三队，帝率皇子擐甲，内大臣等扈从，后建龙纛三，上三旗侍卫随行。遍阅骁骑、护军、前锋、火器诸营。立马军前，角螺鸣，伐鼓，行阵昇鹿角进。甲士麾红旗，枪炮齐发。鸣金止，再伐鼓，发枪炮如初。如是者九。初进率五丈，再进亦如之。至十进，枪炮环发无间。开鹿角成八门，首队出，二队、三队从。既成列，门阖，角鸣，呼噪进。两翼队皆雁缀进，鸣金收军。立本阵，结队徐旋，首队殿。罢阅，还行宫，申敕明赏罚。未阅前，赐军士食，既阅，赐酒。

雍正七年，世宗幸南苑，阅车骑营兵，谕曰："此第训练一端耳，遇敌决胜，在相机度势，神而明之，存乎其人，岂区区阵伍间遂足以制敌耶？"是日操演，各依方位、旗色为阵式。后北征，属以车战胜。

乾隆二年，大阅，幸南苑，御帐殿。军队既齐，步军整列进。以十丈为率，余仪同。令甲，大阅日，行宫外陈卤簿，驾出，作《铙歌大乐》，奏《壮军容章》。及还，作《清乐》，奏《图皇威章》。凡操时鸣炮三，驾出及还同。即日赐各旗馔筵、羊豕、薪炭。迄嘉庆间，皆如故事行。

会阅为康熙三十年创典，时喀尔喀新附，圣祖思训以法度，特命会阅上都七溪，乃集其部众，并四十九旗藩王、台吉，豫屯百里外。驾出都，上三旗兵从，下五旗兵自独石来会。布营设哨，三旗护军为一营，居中。八旗前锋为二营，五旗护军为十营，火器营兵为四营，环御营而屯。前锋为四哨，护军为二十四哨，各设庐帐，绕营而居。蒙古、喀尔喀诸屯徙近五十里，禁入哨。厘赏九等，序坐七列。网城设宸幄，正中御床，左右行帐各二，仪仗、乐悬具。依次置宴。蒙古王等居左，喀尔喀居右，顺序习舞，众技毕陈。乃命喀尔喀汗、济农、诺颜等进御前，赐卮酒，余令侍卫分送。礼成。翼日各营就列，陈巨炮，帝擐甲，阅毕宣敕，去其汗号，以王、贝勒、贝子、公名爵分锡之。台吉分四等，比四十九旗，依等赐赉，恩礼有加，余如仪。

京营训练，岁以春、秋季月合操四次，春贯甲，秋常服，营阵规制如大阅。仲春、孟秋则按旗登城习鸣螺。兵部遣官稽阅，岁为常制。护军骁骑营一岁三校骑射，前锋护军营三岁一较骑射，内大臣、本旗都统等临视之。至直省讲武，则以督、抚、提、镇为阃帅，岁季秋霜降日，校阅演武场。先期立军幕，届日黎明，将士擐甲列阵，中建大纛，阃帅率将士行礼。军门鼓吹，节钺前导，遍阅行阵，还登将台。升帐，中军上行阵图式，请令合操。遂麾旗，声炮三、鸣角、击鼓。军中闻鼓声前进，鸣金则止。行阵发枪如京营制。阅毕，试材官将士骑射，申明赏罚，犒劳军士。

漕河训练同八旗。水师操防，出洋信候，各省不同。岁春、秋季月或夏季，遇潮平风正，则乘战舰列阵，张帆驭风，鸣角声炮，具如军律。绿营水师同。

秋狝　清自太祖奋迹东陲，率臣下讲武校猎习兵，太宗踵行之。世祖统一区夏，数幸南苑，令禁旅行围，始立大狩扈从例。

康熙初元，定车驾行围驻所置护军统领、营总各一人，率将校先往度地势，武备院设行营，建帐殿。缭以黄髹木城，立旌门，覆以黄幕。其外为网城，宿卫屯置，不越其所。十年，罢木城，改黄幔。康熙二十年，幸塞外，猎南山。寻出山海关，次乌拉，皆御弓矢校猎。越二年六月，幸古北口外行围，木兰搜猎始此。

木兰在承德府北四百里，属翁牛特。先是藩王进献为搜猎所，周千三百余里，林木葱郁，水草茂茂，群兽聚以孳畜焉。至是举行秋猕典，间有冬令再出者。三十三年，设虎枪营，分隶上三旗，置总统、总领。大狩行田，遇有猛兽，列枪以从。并命各省驻防兵岁番猎以为常。六十一年，复幸塞外行围，赏蒙古王公等衣物，定为恒制。

雍正八年，令八旗人习步围，旗各行围二三次。

乾隆初元，置综理行营王公大臣一人，凡启行、校猎、驻跸、守卫诸事皆属之。六年，御史丛洞奏请暂停行围。谕曰："古者搜苗猕狩，因田猎讲武事。皇祖行围，既裨戎伍，复举政纲。至按历蒙藩，曲加恩意，尤为怀远宏略。且时方用兵，数有征发，行围偶辍，旋即兴举。况今承平日久，人习宴安，弓马渐不如旧，岂可不加振厉？是秋木兰行围，所过州县，宽免额赋十之三，永为例。"围场凡六十余所，每岁大猕，或十八九围，或二十围，逾年一易。设围所在，必豫戒期，首某所，迳某所，讫某所收围，并编定其处。届日官兵赴场布列，祗俟御跸临围。自放围处作重围，令虎枪营士卒及诸部射生手专射自围内逸出诸兽。

高宗每行猎，自旧藩四十九旗暨喀尔喀、青海诸部分班从围，绥辑备至。洎平西域，远藩如左右喀萨克，东西布鲁特，安集延，布哈尔，朝谒踵集，唯恐后时。土尔扈特亦皆挈部众越数万里来庭。帝尝御布固图昌阿抚慰之，旋赐名曰"伊绵"，国语会极归极也。

二十年，更定网城植连帐百七十五，设旌门三，分树军纛曰金龙。去网城连帐外十许丈为外城，植连帐二百五十四，设旌门四，分树军纛曰飞虎。去外连帐六十丈，周围警跸，立帐房四十，各建旗帜，八旗护军专司之。其规制详密如此。

凡秋猕，先期各驻防长官选材官赴京肄习。年例，蒙藩选千二百五十人为虞卒，谓之"围墙"，以供合围役。

届期，帝戎服乘骑出宫，扈引如巡幸仪。既驻行营，禁兵士践禾稼、扰吏民，诃止夜行，违者论如律。统围大臣莅场所，按旗整队，中建黄纛为中军，两翼斜行建红、白二纛为表，两翼末国语曰乌图哩，各建蓝纛为表，皆受中军节度。管围大臣以王公大臣领之，蒙古王、公、台吉为副。两乌图哩则各以巴图鲁侍卫三人率领驰行，蝉联环币，自远而近。盖围制有二，驰入山林，围而不合曰行围，国语曰阿达密。合围者，则于五鼓前，管围大臣率从猎各士旅往视山川大小远近，纡道出场外，或三五十里，或七八十里，齐至看城，是为合围，国语曰乌图哩阿察密。看城者，即黄幔城也。围既合，乌图哩处虞卒脱帽以鞭擎之，高声传呼"玛尔噶"，蒙语谓帽也。声传递至中军，凡三次，中军知围合，乃拥纛徐行。

日出前，帝自行营乘骑先至看城少憩，俟蓝纛至，驾出，御櫜鞬，入中军周览围内形势。凡疾徐进止，口敕指麾。兽突围，发矢殪之。御前大臣、侍卫皆射其逸围外者，从官追射。或遇猛兽，虎枪官兵从之。或值场内兽过多，则开一面使逸，仍禁围外诸人逐射。获兽已，比其类以献。驾还行宫，谓之散围。颁所获于扈从者，大猕礼成，宴赉有差。

哨鹿者，凡鹿始鸣，恒在白露后，效其声呼之，可引至。厥制与常日不同。侍卫等分队为三，约出营十余里，俟旨停第三队。又四五里，停第二队。又二三里，将至哨鹿所，则停第一队。时扈从诸臣止十余骑而已。帝命枪获鹿，群引领俟旨，而三队以次至御前。高宗搜猎木兰时，亲御名骏，命侍卫等导入深山中。望见鹿群，命一侍卫举假鹿头作呦呦声，引牝鹿至，亟发矢殪之，取其血以饮。不唯益壮，亦以习劳也。嘉庆时秋猕仿此。

日食救护　顺治元年，定制，遇日食，京朝文武百官俱赴礼部救护。康熙十四年，改由钦天监推算时刻分秒，礼部会同验准，行知各省官司。

其仪，凡遇日食，八旗满、蒙、汉军都统、副都统率属在所部警备，行救护礼。顺天府则饬役赴部洁净堂署，内外设香案，露台上炉檠具，后布百官拜席。銮仪卫官陈金鼓仪门两旁，乐部署史奉鼓俟台下，俱向日。钦天监官报日初亏，鸣赞赞"齐班"。百官素服，分五列，每班以礼部长官一人领之。赞"进"，赞"跪，叩，兴"。乐作，俱三跪九叩，兴。班首诣案前三上香，复位。赞"跪"，则皆跪。赞"伐鼓"，署史奉鼓进，跪左旁，班首击鼓三声，金鼓齐鸣，更番上香，祗跪候复圆。鼓止，百官易吉服，行礼如初。毕，俱退。是日礼部祠祭司官、钦天监博士各二人，赴观象台测验。向日设香案，初亏复圆，行礼如仪。

若月食，则在中军都督府救护，寻改太常寺，如救日仪。直省遇日、月食，各按钦天监推定时刻分秒，随地救护。省会行之督、抚署，府、厅、州、县行之各公署，并以教职纠仪，学弟子员赞引，阴阳官报时。至领班行礼，则以督抚及正官一人主之。上香、伐鼓、祗跪，与京师救护同。

卷九十一　　志六十六

礼十 宾礼

藩国通礼　山海诸国朝贡礼　敕封藩服礼
外国公使觐见礼　内外王公相见礼
京官相见礼　直省官相见礼　士庶相见礼

四曰宾礼。清初藩服有二类，分隶理藩院、主客司。隶院者，蒙古喀尔喀，西藏、青海、廓尔喀是也；隶司者，曰朝鲜，曰越南，曰南掌，曰缅甸，曰苏禄，曰荷兰，曰暹罗，曰琉球。亲疏略判，于礼同为属也。西洋诸国，始亦属于藩部，逮咸、同以降，欧风亚雨，咄咄逼人，觐聘往来，缔结齐等，而于礼则又为敌。夫《诗》歌"有客"，《传》载"交邻"，无论属国、与国，要之，来者皆宾也。我为主人，凡所以将事，皆宾礼也。兹编分著其仪节，而王公百官相见礼与士庶相见礼，亦附识焉。

藩国通礼　清初，蒙古北部喀尔喀三汗同时纳贡。朔漠荡平，怀柔渐远。北逾瀚海，西绝羌荒。青海厄鲁特，西藏准噶尔，悉隶版图。荷兰亦受朝敕称王，名列藩服。厥后至者弥众，乃令各守疆圉、修职贡，设理藩院统之。

崇德间，定制，外藩诸部贝勒等有大勋绩，封和硕亲王，或多罗郡王，次多罗贝勒，遣使持信约往封。既入境，贝勒出迎五里外，跽俟制册过，骑以从。抵府，设香案正中，使臣奉册其上，退立左旁，贝勒一叩三跪。毕，兴，复跪，使臣授册。宣读官宣毕，置原案，三叩，兴。受册如初礼。贝勒与使臣对行六叩礼。使臣坐左，贝勒坐右。事讫，躬送如前。凡有诏敕、赏赉至亦如之。

内外札萨克会盟，三年一举。使臣赍制往，迎送礼同。自王以降，岁时朝贡者，分年番代，列班末行礼。坐次视内亲王、贝勒、贝子、公降一等，宴赉有差。

康熙五十九年，定朝觐年例。蒙古二十四部为两班，喀尔喀札萨克等为四班。雍正四年，帝念四十九旗王公台吉远至勤劳，诏改三班，二岁一朝。咸丰八年，以蒙古汗王等远道输将，谕令停止年班。御前行走者，番上如故。

其贡献仪文，按季各旗遣一人来将事，年时贡马匹羊酒，交理藩院转纳礼部。朝贡赏赉诸典，柔远清吏司掌之。

山海诸国朝贡礼　凡诸国以时修贡，遣陪臣来朝，延纳燕赐，典之礼部。将入境，所在长吏给邮符，遴文武官数人伴送。有司供馆饩，遣兵护之。按途更代，以达京畿。既至，延入宾馆，以时稽其人众，均其饮食。翼日，具表文、方物，暨从官各服其服，诣部俟阶下。仪制司官设表案堂中，质明，会同四译馆卿率贡使至礼部，侍郎一人出立案左，仪制司官二人分立左右楹。馆卿先升，立左楹西。通事、序班各二人，引贡使等升阶跪。正使举表，馆卿祗受，以授侍郎，陈案上，复位。使臣等行三跪九叩礼，兴。退，馆卿率之出。礼部官送表内阁俟命，贡物纳所司。

如值大朝常朝，序班引贡使等列西班末，听赞行礼如仪。非朝期则礼部先奏，若召见，馆卿豫戒习仪。届日帝御殿，礼部尚书引贡使入，通事随行，至丹墀西行礼毕，升自西阶，通事复从之。及殿门外跪，帝慰问，尚书承传，通事转谕，贡使对辞，通事译言，尚书代奏。毕，乃退。如示优异，则丹墀行礼毕，即引入殿右门，立右翼大臣末，通事立少后。赐坐、赐茶，均随大臣跪叩，饮毕，慰问传答如初。出朝所，赐尚方饮食，退。翼日赴午门外谢恩。

礼部疏请颁赐国王并燕赉贡使，既得旨，所司陈赐物午门道左，馆卿率贡使等东面立，侍郎西面立，有司咸序。贡使诣西墀三跪九叩，主客司官颁赐物授贡使，贡使跪受。以次颁赐贡使暨从官从人，咸跪受。赞"兴，叩"如仪。退，赐宴礼部。

贡使将归国，光禄寺备牲酒果疏，侍郎就宾馆筵燕，伴送供偫如前。所经省会皆飨之，司道一人主其事，馆饩日给，概从周渥焉。

顺治初，定制，诸国朝贡，赍表及方物，限船三艘，艘百人，贡役二十人。十三年，俄国察罕汗遣使入贡，以不谙朝仪，却其贡，遣之归。明年复表贡，途经三载，表文仍不合体制。世祖以外邦从化，宜予涵容，量加恩赏，谕令毋入觐。

康熙三十二年，俄复遣使义兹柏阿朗迭义迭来朝，帝始召见，赐坐赐食。五十九年，葡萄牙使臣斐拉理入觐，帝御九经三事殿。使者入殿左门，升左陛，进表御座则膝行。帝受表，使者兴，出，凡出入皆三跪九叩。赐坐赐茶，谢恩如仪。

初，琉球、安南、暹罗诸使来，议政大臣咸会集，赐坐及茶。乾隆初元，谕停止。时属国陪臣增扩，敕所司给《皇清职贡图》，以诏方来。四十七年正月，紫光阁锡燕，朝鲜、琉球、南掌陪臣与焉。燕罢，赐珍物。五十年，举千叟宴，特命朝鲜贺正陪臣齿逾六十者充正、副使，预宴赋诗。越五年，安南国王阮光平来京祝寿，定行礼班序，列亲王、郡王间，其陪臣仍附班末。五十八年，英吉利入贡，使臣玛戛尔等觐见，自陈不习拜跪，及至御前，而跽伏自若。

嘉庆初元，再举千叟宴，朝鲜、安南、暹罗、廓尔喀额尔德尼王吉尔巴纳足塔毕噶尔玛萨九叩，"跪奉大皇帝前：窃小臣闻湖南教匪滋事，致天威震怒，遣兵剿除。今已平定，闻之忻慰。小臣受恩深重，虔修土产微物，表文，叩贺天喜。小臣属蒙天恩，视如子民，唯有一心归顺，和睦邻封。小臣阳布离京远，年尚幼，伏恳当作奴辈，曲施教导，沾恩不浅"云云。其贡物计十二事，语质意恭如此。

二十一年，英复遣使来贡，执事者告以须行拜跪礼，司当冬等遂称疾不入觐，帝怒，谕遣归国，罢筵宴赐物。嗣是英使不复来庭。

道光九年，回疆敉定，上太后徽号，缅甸国王遣使进金叶表，创举也。

故事，琉球间岁一贡，至十九年，诏改四年为期。时国王尚育咨达闽抚吴文熔，谓琉球濒海，地患多风，朝贡以时，风雨和顺，岁则大熟。贡船出入闽疆，岁颁时宪书，获以因时趋事。地不产药，赖舶载回应用。至航海针法，非随时练习不为功。若改四年，则恐丰歉不齐，人时莫授，药品既缺，针盘益疏，请复旧制便。报可。并令陪臣子弟得随贡使入监读书。

光绪三十四年，廓尔喀入贡，赏正使噶箕二品服，副使四品服，其将事时，服色即各从其品，亦前此所未有者。

凡贡期，朝鲜岁至，琉球间岁一至，安南六岁再至，暹罗三岁，荷兰、苏禄五岁，南掌十岁，均各一至，余道远贡无常期。凡贡物，各将其土实，非土产者勿进。朝鲜、安南、琉球、缅甸、苏禄、南掌皆有常物，余唯其所献。

敕封藩服礼　清自太宗征服朝鲜，镌石三田渡。厥后安南、琉球诸国，先后请封，皆遣使往。其他回首内向者，航海匪夐，梯山忘阻，则玺书褒奖，授来使赍还而已。

崇德间，定制，凡外邦效顺，俱颁册锡爵。进奏书牍，署大清纪年。若朝贡诸国无子嗣位，则遣陪臣请朝命，礼部奏遣正、副使各一人持节往封，特赐一品麒麟服以重其行。行日，工部给旗仗，兵部给乘传。封使诣礼部，仪制司官一人奉节，一人奉诏敕，授本部长官，以授正、副使，跪受。兴，出易征衣乘传往。将入境，其国边吏备馆传夫马。缘途所经，有司跪接。

及国，嗣封王遣陪臣郊迎，三跪九叩，劳使者一跪三叩。延入馆，陈诏节龙亭内，行礼如仪。谒使者三叩，不答。诹日，王率陪臣诣馆，礼毕，王先归。龙亭舁行，仗乐前导，封使后随。入门陈正中，使者及阶下马，正使奉节，副使奉诏敕，入殿陈案上，退立东旁。王率众官北面立，三跪九叩，兴，诣封位前跪。副使奉诏书付宣读官，宣讫，王行礼如初，出俟门外。使者出，跪送。有间，适馆劳之。使者还朝，乃修表文，具方物，遣陪臣诣阙谢恩。

如谕祭兼册封，先于其祖庙将事，谕祭文陈案上，使者左右立。世子跪叩如前，退立神位左，乃宣读，众俯伏。宣毕，兴。送燎行礼，使者退。次行册封礼，仪与前同。

至以诏敕授使赍还，则礼部设案午门，位正中，尚书立案左。仪制司官从馆卿率来使入，授诏敕，序班引诣案前跪，授受如制。退诣丹墀西，三跪九叩，礼成，归授国王。谢恩同。

外国公使觐见礼　康熙初，外洋始入贡，中朝款接，稍异藩服。南怀仁官钦天监，赠工部侍郎，凡内廷召见，并许侍立，不行拜跪礼。雍正间，罗马教皇遣使来京，世宗许行西礼，且与握手。乾隆季叶，英使马格里入觐，礼臣与议仪式，彼以觐见英王为言，特旨允用西礼。筵宴日，且亲赐卮酒。商约既缔，将命频繁。咸、同间，外国使臣尝求入觐，时以礼制乖异，力拒之。同治时，英、法使臣固请再四，我犹绳以华制，莫之应。彼且曰，宜亟修好，阻其入觐，是靳以客礼也。

十二年，穆宗亲政，泰西使臣环请瞻觐，呈国书，先自言用西礼，折腰者三，廷臣力言其不便。直隶总督李鸿章建议，略言："先朝召见西使时，各国未立和约，各使未驻京师，国势虽强，不逮今日，犹得律以升殿受表常仪。然嘉庆中，英使来朝，已不行三跪九叩礼。厥后成约，俨然均敌，未便以属礼相绳。拒而不见，似于情未洽。纠以跪拜，又似所见不广。第取其敬有余，当恕其礼不足。惟宜议立规条，俾相遵守。各使之来，许一见，毋再见，许一时同见，毋单班求见，当可杜其觊觎。且礼与时变通，我朝待属国有定制，待与国无定礼。近今商约，实数千年变局，国家无此礼例，往圣亦未豫定礼经，是在酌时势权宜以树之准。"时总理各国事务恭亲王以拜跪仪节往复申辨，而各使坚执如初。势难终拂其意，乃为奏请，明谕允行。

其年夏，日本使臣副岛种臣、俄使臣倭良嘎哩、美使臣镂斐迪、英使臣威妥玛、法使臣热福理、和兰使臣费果荪瞻觐紫光阁，呈国书，依商订例行事。接见时，帝坐立唯意，赐茗酒，恩自上出。使臣讯安否，谨致贺辞。未垂问，毋先言事。西例臣见君鞠躬三，今改五鞠躬。使臣初至始觐见，余则否。嗣后亲奉国书者仿此。其礼式先期绘图试习，觐见某处所，某月日时，并候旨行。其大略也。

光绪十六年，驻英使臣薛福成奏陈："各使觐见，须定明例。凡使臣初至一国，其君莫不延见慰劳，使臣谒毕，鞠躬退，语不及公。此通例也。顷闻驻京公使，以未蒙昼接，不无私议。昔年英使威妥玛藉词不令入觐，致《烟台条款》多要挟，靳虚文而受实损，非计之得。今宜循同治十二年成案，援据以行。若论礼节，可于召见先敕下所司，中礼西礼，假以便宜。如是，彼虽行西礼，仍于体制无损。"云云。自是遂为定例。

二十七年，联军平拳匪，各国挟求更改礼节。谓各使臣会同觐见，必在太和殿。一国使臣单行觐见者，必在乾清宫。呈递国书，必遣乘舆往迓，至宫殿前降舆，礼成送归。赍奏国书，必自中门入，帝必躬亲接受。设宴乾清宫，帝必躬亲入座。嗣复允会同觐见改在乾清宫，而轿用黄色。于是庆亲王奕劻等以天泽堂廉之辨，不能每事曲从。遂与各使磋商，历时数月，始将乘坐黄轿、太和殿觐见暨宫殿阶前降舆三事酌议改易，而争议始息。

各国亲王觐见仪，始光绪二十四年。德国亲王亨利入觐，帝幸颐和园，御仁寿殿，亨利公服入，递国书，帝慰劳之。既，亨利欲觐皇太后，帝奉懿旨代见。是日巳刻，御玉澜堂，亨利偕德使海靖等入，外部司官引殿东便门外入布幄少憩。驾至，扈从如仪，鸣鞭三，升座。庆亲王等侍左右，外部长官率亨利等自中门入，北向一鞠躬，行数武又一鞠躬，至龙柱前又一鞠躬。然后奉国书进，庆亲王降左阶接受，陈玉案，亨利等又一鞠躬，帝颔首答之，操国语慰劳。庆亲王跪案左聆玉音，降阶，操汉语传宣。德翻译官译毕，亨利等又一鞠躬，帝仍颔首答之。亨利等退数武又一鞠躬，退至堂左，又一鞠躬。礼成。

内外王公相见礼　崇德初元，定宗室外藩亲王、郡王、贝勒、贝子相见仪。宾及门，王府属官入告，主人降阶迎，宾辞，主人升。宾从自中门入，宾趋左，主人趋右。行相见礼，二跪六叩，即席序立。从官升东阶，行礼亦如之。兴，入右门，坐宾后。执事献茶，宾受茶，叩，主人答叩。饮茶叙语毕，从官趋前楹，跪，叩，兴，趋出。宾离席跪叩，主人答叩，并兴。宾出，主人降阶送，属官送门外。

若外藩郡王见，则主人迎送殿外，不降阶。相见，宾二跪六叩，主人答半。宾辞退，跪叩，主人答跪不叩。余如亲王仪。

外藩贝勒见，主人离坐迎，不出殿，宾北面跪叩如初，主人立受。即席正坐，宾侍坐。辞退跪叩，主人立受不送。余如郡王仪。

外藩贝子、公见，府属官引宾入殿，跪叩同。辞退仍跪叩，主人皆坐受。余如贝勒仪。

外藩亲王见郡王，主人迎送大门内，余与亲王相见同。郡王见郡王亦如之。

其外藩贝勒见郡王，如郡王见亲王礼。以下宾主相见，降杀递差。

外藩亲王见贝勒，主人迎送门外。宾入，主人从，相见各一跪三叩。外藩郡王暨贝勒见贝勒同。

外藩贝子、公见贝勒，宾一跪三叩，主人跪拱手受。

外藩王、贝勒见贝子，宾主一跪一叩坐，此其异者也。

京官相见礼　顺治元年，定制，京朝官敌体相见，宾及门，主人迎大门内，揖宾入，及阶，让升，宾西主东。及厅事，让入，皆北面再拜。兴，主人为宾正坐西面，宾辞，主人固请，卒正坐。宾还正主人坐东面亦如之。宾就坐，受茶，揖，主人答揖。饮茶叙语毕，告辞相揖。宾降阶，主人送及门，复相揖。宾辞，主人固请，送宾大门外，视宾升舆马，乃退。

尚书、左都御史见大学士同。宾降一品者，主人趋正宾坐，辞亦如之。余仪同。

二品以下京堂官翰詹科道见大学士，主人迎仪门内，送大门外，不视升舆马。

科道见左都御史、副都御史、尚书仪同。

五品至八品官见大学士，主人迎堂阶下，宾就东阶，主人导入。宾北面拜，辞，乃三揖，主人东面答揖。宾趋正主人坐，辞，固请，卒正坐相揖。宾西面，主人东北面坐。宾启事毕，辞退，三揖如初。主人送二门外。

翰詹科道见二三品官，如宾降一等礼。见四五品官，如同官礼。

阁部寺监属官见其长官，初见，公服诣署，升自东阶，具履行陈坐案，依次向坐三揖，长官避席答揖。退。若燕见，如五品官见大学士仪。

国学生见国子师仪，初见，具名柬，公服诣学，自东阶升堂，北面三揖，师立受。侍立左旁，西面受教，毕，三揖退。若燕见，通名，俟召乃入。师迎阶上，弟子升，揖。师入门，从之，北面再拜，师西面答揖。趋正师坐，师命坐，北面揖。师位东北面，弟子西面。茶至，揖，请问，揖。辞退，北面三揖，师皆答。出送，师前行，弟子后随，及二门外，弟子三揖，俟师入始退。

翰林院庶吉士见大学士，与见教习庶吉士同。

凡京朝官途遇回避，爵秩均等，分道行，次让道行，次勒马俟其过，又次下马，唯钦使即遇应回避者，分道行可也。又武职民公、侯、伯以下，男以上，文职大学士以下，九卿以上，得用引马一骑，途遇并下马回避云。

直省文武官相见礼　顺治间，定督、抚、学政、河漕总督，盐政，巡视御史相见，坐次平行，余各按品秩行礼。

雍正八年，定直省官相见，位均等者，宾至署，吏入白，启门，自中门入，至外堂檐下降舆马。主人迎檐前，揖宾入。及厅事，各再拜。其正坐、就位、进茶、辞退，如京朝官仪。

属官见长官，辕门外降舆马，自左门入。初见具名柬，呈履行，文官司道见督抚，迎堂后屏内。及厅事，庭参则扶免，三揖，皆答揖。督抚正坐，司道旁坐。命坐，揖。茶至，揖。均答如仪。辞出，三揖如初。送至屏门外，司道三揖。俟督抚入，复三揖，趋出。督抚次日用名柬答拜。若公事谒见，常服通衔名，三揖就坐。余同前。

府、厅、州、县见，庭参拜则免，府、厅揖，答揖。州、县揖，立受。俱不送，不答拜。

佐贰等官见，一跪三叩，不揖、不坐。府、厅、州、县见司道，与司道见督抚同。佐贰等官见司道，与见督抚同。

同知、通判见知府，柬题晚生，入自中门，用宾主礼。

州、县教职见督抚，仪如佐贰见司道，不迎送。见知府，迎送屏门外。见府倅，迎送堂檐下。余同。见州、县，如同、通见知府仪。

司、道、府、厅见学政，入中门，礼如宾主，迎送并出堂檐。学政品秩崇者，如见督抚仪。州、县见，庭参旁坐，主人答揖不答拜。

运使见督抚、盐院，与司道同。运、判以次递降。

武官副将以下见提督，初见具衔名、履行，披执则传免，易公服佩刀。都司、守备不免，跪宣名，席地坐，不进茶。余仪按品递降，与文职同。

顺治十三年，定直省文武官相见礼，提督见总督，入中门，至仪门下马，升堂三揖。总督正坐，提督佥坐，迎送不出堂檐。若提督兼世职者，总督西面，提督东面。辞出，送至堂檐下，视乘马。

总兵见，仪门外下马，坐则侍坐，迎、送止阶上。与巡抚见，视宾主礼唯均，以下按品差降。

至满、汉官相见，将军、副都统与督、抚、提、镇以敌体见。司道以下见将军如总督，见副都统如总兵，协领、参领见督抚同司道，佐领、防御同知府，骁骑校同州、县。不相统属者，一以宾主礼行之。

其儒学弟子员见学师，与国子生见国学师同。

士庶相见礼　宾及门，从者通名，主人出迎大门外，揖入。及门、及阶揖如初。登堂，各北面再拜。兴，主宾互正坐。即席，宾东主西。饮茶，语毕，宾退，揖。及阶、及门，揖，辞，主人皆答揖。送大门外，揖如初。卑幼见尊长礼，及门通名，俟外次，尊长召入见，升阶，北面再拜，尊长西面答揖。命坐，视尊长坐次侍坐。茶至，揖，语毕，禀辞，三揖。凡揖皆答，出不送。若尊长来见，卑幼迎送大门外。余如前仪。见父执友，与见尊长仪同。

受业弟子见师长礼，初见，师未出，先入，设席正位，俟堂下。师出召见，乃奉贽入，奠贽于席，北面再拜，师立答揖。兴，谨问起居。命坐乃侍坐。有问，起而对。辞出，三揖，不送。常见侍坐，请业则起，请益则起。师有教，立听。命坐乃坐。师问更对，仍起而对。朝入暮出均一揖。与同学弟子，以齿序之。

卷九十二　　志六十七

礼十一凶礼一

皇帝丧仪　皇后丧仪　贵妃等丧仪

五曰凶礼。三年之丧，自天子以至于庶人，无贵贱一也。有清孝治光昭，上自帝后丧仪，下逮士庶丧制，称情立文，详载《会典》与《通礼》。兹依次类编，累朝损益，皎然若鉴焉。

皇帝丧仪　天命十年，太祖崩。远近臣民，号恸如丧考妣。越五日，奉龙轝出宫，安梓宫沈阳城中西北隅。国制，除夕、元旦备陈乐舞，至是悉罢。时东邦甫建，制阙未详。

崇德八年，太宗崩。男自亲王讫牛录章京、朝鲜世子，女自公主讫奉国将军妻，集清宁宫前，诣几筵焚香，跪奠酒三，起立，举哀。固山额真、昂邦章京、承政以下官及命妇集大清门外，序立举哀。次日，奉梓宫崇政殿，王公百官朝夕哭临三日。其斋所，王、贝勒、贝子、公归第，部、院官宿署，闲散诸臣赴笃恭殿，固山额真等官及命妇，翌日暮还家。

世祖登极，年甫六龄，会天大寒，侍臣进貂裘，却弗御。帝曰："若黄里，朕自衣之。唯红，故不服耳。"是日不设卤簿，不作乐。王大臣等谓已即位，冠宜缀缨，于是军民皆缀缨。服官者暂停婚嫁宴会，民间不禁。乃颁哀诏朝鲜、蒙古，制曰："我皇考盛德弘业，侯服爱戴。本年某月日，龙驭上宾，中外臣民，罔弗哀悼。属在藩服，咸使闻知。祭葬礼仪，悉从俭朴。仍遵古制，以日易月，二十七日释服。"诏到，国王以下举行丧礼如故，时犹在关外也。

顺治十八年，世祖崩，圣祖截发辫成服，王、公、百官、公主、福晋以下，宗女、佐领、三等侍卫、命妇以上，男摘冠缨截发，女去妆饰翦发。既大敛，奉梓宫乾清宫，设几筵，朝、晡、日中三设奠，帝亲诣尚食祭酒，三拜，立，举哀。王、公、大臣、公主、福晋、县君、宗室公夫人诣几筵前，副都统以上序立乾清门外，汉文官赴景运门外，武职赴隆宗门外，咸缟素，朝夕哭临，凡三日。外藩陪臣给白布制服。至四日，王公百官斋宿凡二十七日。过此则日哭临一次，军民服除。音乐、嫁娶，官停百日，军民一月。百日内票本用蓝笔，文移蓝印。禁屠宰四十九日。京城自大丧日始，寺、观各声钟三万杵。越日颁遗诏天安门，群臣素服，三跪九拜。宣毕，举哀。礼部誊黄，颁行各省。听选官、监生、吏典、僧道，咸素服赴顺天府署，朝夕哭临三日。诏至各省，长官帅属素服出郊跪迎，入公廨行礼，听宣举哀，同服二十七日除，命妇亦如之。军民男女十三日除。余俱如京师。

殷奠，列馔筵二十一，酒尊十一，羊九，楮币九万。读文。帝诣几筵哭，内外传哭，奠酒，率众三拜，举哀，焚燎。设启奠如殷奠仪。届日奉梓宫登大昇轝，三祭酒，并祭所过门、桥。帝号泣从，群臣依次随行。将至景山，内外集序，俟灵驾至，跪举哀。奉安寿皇殿讫，设几筵，帝三祭酒，每祭一拜，哀恸无已。皇太后再三抚慰，始还宫。明日行初祭，帝释服。又明日行绎祭，周月行月奠，自是百日内月奠，期年内月奠，仪并视殷奠，唯所陈品币有差。期年满月致祭，不读文。

上尊谥庙号，祗告郊庙社稷。届日殡宫外陈卤簿，作乐，大学士奉册宝陈案上，三叩，退。帝素服御太和门，阅讫，一跪三拜，退立东旁。大学士诣案前，复三叩，奉册、宝列彩亭内，如初礼。校尉舁行，御仗前导，车驾从。王公百官先集协和门外，跪迎，随行寿皇殿大门外。册宝亭入，至檐前，帝入自左门，礼部长官先奉绢册宝陈中案，退。大学士诣亭前三叩，奉香册宝陈左案。帝就位，率众三跪九拜，大学士从左案奉册跪进，帝献册，授右旁大学士，跪受，陈中案上。进宝亦如之。乃宣册，宣册官奉绢册宣讫，三叩，退。宣宝仪同。帝率众行礼如初。复诣几筵前致祭，奠帛，读文，三献爵，如仪。焚绢册宝，礼成。翌日颁诏如制。百日内外集序，读文、哭奠如初祭。

是日题神主，大学士一人进观德殿，诣祔庙神主前上香，奉主至寿皇殿外陈案上，并三叩。满、汉大学士各一人，诣香案前复三叩。填青讫，行礼如初。奉主登黄轝，至观德殿前止。大学士进殿，诣祔奉先殿神主前三叩，奉主登安轝，随黄轝后，出景山东门，入东华门，帝素服跪迎景运门内，从至乾清门，轝止。帝诣两神主前各三叩，先后陈案上，三献，九拜，礼成。诹吉升祔，详《吉礼》。

大祭如初祭仪。毕，帝升殿，延见群臣。清明、中元、冬至、岁除，并以时致奠。

既卜葬吉，将奉移山陵，前三日，遣告天地、宗社。前一日，设祖奠，仪如启奠。先是王大臣援引古礼，止驾远送，不许。至是奉太后懿旨，不获已，勉遵慈命。届日内外齐集，帝诣梓宫奠酒，尽礼尽哀。辅臣率执事官奉梓宫登轝启行，卤簿前导，册宝后随，帝攀号。俟过，步至东安门外泣奠，群臣从之。所过门、桥皆致祭。途中宿次，朝夕奠献，亲王行礼，群臣举哀。百里内守土官素服跪迎道右。至陵，奠献如在途。

大葬前期，遣辅臣及三品以上官诣陵陈祭。先三日，祗告如常告仪。届日辅臣诣梓宫告迁，三奠酒，奉梓宫登轝，群臣序立，跪举哀。俟轝过，哭从。至地宫，王大臣奉梓宫入，册宝陈左右，掩石门。辅臣率众三奠酒，举哀，卤簿仪仗焚。飨殿成，奉安世祖神位，致祭如时飨。届二十七月，诣太庙祫祭，如岁暮祫祭礼。

康熙六十一年，圣祖崩，大敛，命王公大臣入乾清门瞻仰梓宫，并命皇子、皇孙行礼丹墀上，公主、福晋等咸集几筵殿前，帝及诸皇子成服。以东庑为倚庐，颁遗诏，谕礼臣增订仪节。届时帝立乾清宫外，西向，大学士奉遗诏自中道出，帝跪，俟过，还苫次。大学士出乾清门，礼部尚书三拜跪受，余如故时遗诏。

二十七日释服，帝曰："持服乃人子之道，二十七日服制，断难遵从。"群臣以万几至重，请遵遗诏除服。不允。复疏云："从来天子之孝，与士庶不同。《孝经》曰，天子以德教加于百姓、施于四海为孝。《书》称高宗谅阴，晋杜预谓释服后心丧之文。盖人君主宗庙社稷，祭为吉礼，必除服后举行。若二十七日不除，祀典未免有阙。"复叩首固请，始俞允。既释服，仍移御养心殿，斋居素服三年。灵驾奉安寿皇殿，日三尚食。退观德殿席地坐，有事此进奏。晡奠毕，始还倚庐。

群臣议进尊谥，帝亲刺指血圈用"圣祖"字。礼臣进仪注未惬意，更定。前期并祗告奉先殿，至日阅册、宝讫，帝行一跪三拜礼，东次西向立，俟册宝亭行始还宫，豫至殡殿倚庐恭俟。会朝鲜贡祭品，设几筵前。群臣咸集，鸿胪寺官引来使入，立仪仗南，北向，三跪九拜。遣官读文，三祭酒，每祭一拜，众及来使咸举哀行礼。来使复行二跪六拜礼，焚燎，退。外藩敖汉王请谒梓宫，报可。自是蒙藩使者皆得入谒以为常。

雍正初元，将奉移景陵飨殿，廷臣援宋、明二代礼，谓嗣皇帝不亲送梓宫，帝不允。礼臣议奉安地宫后，题太庙神主，令亲王敬奉还京。帝曰："明季帝王不亲送梓宫，故令王大臣代行。朕既亲往，自宜亲奉以还焉。"先奉移二日，并遣告后土、昌瑞山神。

届日，帝诣梓宫祭酒，率众三拜，举哀毕，趋立大门东旁。梓宫出，跪，举哀。登大昇轝，帝跪左。礼臣祭轝，三叩。灵驾发，帝步随。至景山东门，俟宿次。至景陵，帝跪迎红门外，举哀。徒步从，抵三洞桥，跪俟。降大昇轝登小轝，安奉飨殿，设几筵，列册、宝。三祭酒，三拜，礼成。帝不忍别，群臣以皇太后为言。无已，翌日还跸。王大臣请御门听政，帝以梓宫未永安，命暂缓。固请之，始行。

既卜葬，届日晨帝诣景陵奠献，躃踊哀恸，祭酒三拜，趋陵寝门外跪哭以俟。龙輴入地宫，复祭酒三拜，出俟幄次。题主、虞祭如常仪，归奉主升祔太庙。二十七月将届满，允吏部尚书朱轼请，祫祭太庙，颁示臣民。

世宗崩，丧礼悉依景陵故事。越日朝奠，特简王、贝子、公数人入内瞻仰，余集乾清宫廊下行礼。嗣后王公大臣、额驸暨台吉初至者，均得请旨瞻仰。又命宗室三十人、觉罗二十人番上奠献申哀慕。

颁遗诏，大学士奉至乾清宫檐下，帝亲受之，陈案上，三拜。大学士诣黄案前亦三拜。诏出中门，帝跪迎，俟过，始还苫次。诏至直省，军民男女改素服二十七日。梓宫奉移雍和宫，帝徒步随行，群臣谏阻不获，遂留居是宫。至二十七日后始还。月内日叩谒，月外间日一次，二月外三日一次。

时帝欲行三年之丧，廷臣请以日易月，不许。命详稽典礼。寻议上："一，祭祀，按《礼记王制》'丧三年不祭，唯祭天地社稷，越绋行事'。注谓'不敢以卑废尊'。是知三年内本应亲行。明吕坤谓祖宗不轻于父母，奉祭不缓于居丧，何可久废？诚以天亲一理，宗庙之祭，亦当并举。谨议：凡遇郊庙、社稷、奉先殿大祀，皇帝躬诣行礼，或遣官恭代，皆作乐。先期斋戒，素服，冠缀缨纬，视祝版，御礼服。朝日，夕月，飨帝王、先师、先农，遣官行礼，咸礼服作乐。届日冠服如斋期。宫内祭神，百日后举行。经筵、耕耤，释服后举行。一，朝会，典礼攸关，元旦朝正，万国瞻仰，朝仪最重。谨议：二十七月内，遇元旦朝贺，吉服升太和殿，不宣表，不作乐，常朝亦然。一，御门听政，典制至钜。昔宋仁宗行三年丧，临朝改服。孝宗时，二十七日后，百官请听政，援《书》被冕服出应门语固请，乃许。稽之史册，自古为然。谨议：常事及引见俱在便殿，百日后乃御门。一，冠服，按谅阴之制，先儒谓古无可考。史载魏孝文帝、唐德宗释服后仍素服练巾听政，宋仁宗虽用以日易月制，改服临朝，宫中实行三年之丧。盖缟素不可以临朝。前代行三年丧者，亦唯宫中素服而已。谨议：百日内服缟素，百日外易素服，诣几筵仍服缟素，御门莅官听政或诣皇太后宫俱素服，冠缀缨纬。升殿受朝则易吉。祭祀及一切典礼俱礼服。二十七月服满，如百日礼，致祭释服。一，宫中服制，帝后齐体，服制不容有异。二十七日后后素服，遇典礼易礼服，诣几筵仍缟素。妃嫔亦如之。皇子与诸王同。一，在京王公百官，二十七日除服。遇典礼及朝会、坐班吉服，在署治事、入朝奏事俱素服，冠缀缨纬。诣几筵去冠缨。各署进本章用硃印。"制可。

乾隆元年正旦，以御极初元，御太和殿常朝，次年仍罢，著为例。将移泰陵，帝诣梓宫行礼毕，皇太后亦三祭酒，余如故。向例清明、中元、岁暮、国忌皆朝服行礼毕，素服举哀，唯冬至不更素服。帝以梓宫未葬，且在服内，允礼臣请。承祭执事各官不缀冠缨，仍用素服。

嘉庆四年，居高宗丧，如泰陵故事，唯遗诏到直省，文武官率绅耆摘缨素服出郊跪迎，入公署行礼。听宣毕，举哀，始成服，哭临三日。官吏军民自大事日始，百日不薙发。大葬，帝躬引梓宫御龙輴入地宫。复以朝正大礼元年已行，二十七月内不再举。

仁宗崩热河，越六日，梓宫至自京，始大敛，奉安淡泊敬诚殿。又四日，颁遗诏，礼官奉安龙亭，驿送入都。旧制，自太后以下二十七日后俱素服，孝和睿皇后改服缟素，百日后始易。丧将至，群臣出郊哭迎，帝先返，至安定门、东华门，并祗俟哭迎。步随入大内，奉安乾清宫。允礼臣议，丧服已届二十七日，改大祭后除服。又几筵前奠献，陈法驾卤簿，百官会集暨各署用蓝印，俱大祭后停罢。

宣宗崩，梓宫奉移圆明园，安正大光明殿。会衍圣公至京，遇二周月致祭，命赴园随行礼。

文宗崩热河，依宣宗故事，梓宫移东陵。穆宗年尚幼，群臣援康熙二年例，止帝远送。同治二年释服，奉两宫皇太后懿旨，诸庆典及筵宴，俟山陵事毕再行。穆宗、德宗崩，并循斯例。

自世宗亲营泰陵吉壤，工需动用内帑，并谕毋建石像，惜人力。宣宗葬慕陵，规制简约。至同治时，侍郎宋晋言定陵工程宜法慕陵，虽廷臣囿于成宪，而制度毋稍逾侈，时称其俭。宣统初，为德宗营崇陵，颁帑数百万，亲贵主其事，移以营私第，致逾三年未成。逊国后，当道拨款营治，及葬，工甫半，故较旧制为略云。

皇后丧仪　太祖癸卯年九月，皇后叶赫纳喇氏崩。越三载，葬尼雅满山。天聪三年，与太祖合葬福陵，制甚简也。入关后，凡遇列后大事，特简大臣典丧仪，会礼臣详议。

顺治六年四月，太宗皇后博尔济吉特氏崩，梓宫奉安宫中，正殿设几筵，建丹旐门外右旁。首亲王讫骑都尉，公主、福晋、命妇咸集。世祖率众成服，初祭、大祭、绎祭、月祭、百日等祭，与大丧礼同。七年，上尊谥曰孝端文皇后，葬昭陵。

圣祖母慈和皇太后佟佳氏，康熙二年二月崩。初违豫，帝时年十一，朝夕侍。及大渐，废餐辍寐。至是截发成服，躃踊哀号，水浆不入，近侍感泣。日尚三食，王公大臣二次番哭。停嫁娶，辍音乐，军民摘冠缨，命妇去装饰，二十七日。余凡七日。四日后，入直官摘冠缨，服缟素。五日颁诏，文武官素服泣迎，入公署三跪九拜，听宣举哀，行礼如初。朝夕哭临三日，服白布，军民男女素服如京师。上尊谥曰孝康章皇后。梓宫移坝上，帝祭酒行礼攀号，太皇太后、皇太后念帝冲龄，止亲送。与世祖合葬孝陵，升祔太庙。

十二年五月，皇后赫舍里氏崩，辍朝五日，服缟素，日三奠，内外会集服布素，朝夕哭临三日。移北沙河巩奉城殡宫，帝亲送。自初丧至百日，亦躬亲致祭。时用兵三藩，虑直省举哀制服易惑观听，免治丧，余如故。册谥仁孝。三周后，致祭如陵寝。后葬昌瑞山。世宗登极，谥曰孝诚仁皇后。

十七年二月，皇后钮祜禄氏崩，丧葬视仁孝后，册谥孝昭。世宗加谥曰仁。

二十六年，世祖母博尔济吉特氏崩。先是太皇太后违豫，帝躬侍，步祷南郊，愿减算益慈寿。亲制祝文，词义恳笃。太常宣读，涕泗交颐。既遭大丧，悲号无间。居庐席地，毁瘠过甚，至昏晕呕血。自是日始，内外咸集，日三哭临，四日后日二哭临。官民斋宿凡二十七日。寺、观各声钟三万杵。文移蓝印，题本硃印，诏旨蓝批答。值除夕、元旦，群臣请帝暂还宫，不许。唯令元旦辍哭一日。礼臣议上尊谥曰孝庄文皇后。帝以升遐未久，遽易徽号为尊谥，心实不忍。谕俟奉安寝园，称谥以祭。及梓宫启攒夕，攀慕不胜，左右固请升辇，坚不就驾，断去车靷，恸哭步送。遇舁校番上，辄长跽伏泣，直至殡宫，颜悴足疲，凄感衢陌。又传旨还宫日仍居乾清门外幕次。并定志服三年丧，不忍以日易月。群臣交章数请除服，国子生五百余人咸以节哀顺礼为请，帝骨立长号，勉释衰绖，而有触辄痛，阅三年不改。

初太皇太后病笃时，谕帝曰："太宗梓宫奉安已久，卑不动尊，未便合葬。若别营茔域，不免劳费。我心恋汝父子，不忍远去，必安厝遵化为宜。"帝遂相孝陵南建飨殿，奉安梓宫，称暂安奉殿，设官奉祀如孝陵制。至世宗改建地宫，号昭西陵，始大葬。

圣祖仁皇后佟佳氏，二十八年七月崩，时由妃立后第二日也。帝辍朝亲临，制四诗悼之，谥曰孝懿，丧仪如孝昭。

世祖皇后博尔济吉特氏，五十六年十二月崩。先是疾大渐，礼臣请如孝康后丧礼。帝言："孝康升遐，朕甫十岁，辅臣治丧，礼恐未备。后见仁孝后丧仪，条理颇晰，如遇大事，其悉议以行。"及崩，会帝病足，舁近几筵，就榻成服。哭而晕，有间苏。群臣环跽叩劝，乃勉舁侧殿。将移殡宫，设启奠，礼臣请遣皇子代。帝曰："此初祭，朕必亲奠，宁寿宫中岂能复行此礼耶？至日遣代奠爵，仍舁几筵旁榻上行礼。梓宫启行，舁榻哭送，出宁寿宫西门，仰望不见灵驾，乃止哀，还苦次。大祭，足疾少愈，即亲诣殡宫行礼。谥曰孝惠章皇后，葬孝东陵。

雍正元年，世宗母仁寿皇太后乌雅氏崩，丧礼如孝惠，谥曰孝恭仁皇后，与圣祖合葬景陵。时帝遭圣祖丧，斋居养心殿。服竟，仍终太后丧。辅臣援圣祖丧礼请服阕行祫祭，帝曰："父母之丧，人子之心则一，帝后之礼，国家之制迥殊。今届皇妣释服期，诹日祭告奉先殿，无颁谕中外为也。"

九年九月，世宗皇后那拉氏崩，帝服缟素十三日除，奉移田邨，三周年后，殡宫时奠与沙河殡宫礼同，唯承祭各官改补服。高宗立，上尊谥曰孝敬宪皇后。乾隆二年，与世宗合葬泰陵。

十三年三月，帝奉皇太后东巡，皇后富察氏从，还至德州崩，亲制《悼亡篇》。丧将至，王公大臣诣通州芦殿会集，皇子祭酒，举哀行礼。既至，群臣素服跪迎朝阳门，公主近支王福晋集储秀宫，诸王福晋及命妇集东华门外，咸丧服跪迎梓宫，奉安长寿宫。帝亲临成服，辍朝六日。

中宫之丧，自孝诚仁皇后后，直省治丧仪制久未举行。至是王大臣言："《周礼》为王后服衰，注谓诸臣皆齐衰，是内外臣工无异也。《明会典》载后丧仪，十三布政使司暨直隶、礼部请敕差官讣告。外省官吏军民，服制与京师同。今大行皇后崩逝，正四海同哀之日，应令外省文武官持服如制。"从之。册谥孝贤。

五月，廷臣奏言："后虽俪体，礼统所尊，升殿视朝，事关典制。孝贤皇后丧仪，应遵祖制，百日后皇帝升殿，文武百官及外藩使臣朝服行礼如常仪。帝两月除沐礼，御门听政，群臣朝服不挂珠，礼毕仍素服。百日后如御门，群臣常服挂珠，庶协礼制分义。"帝曰："孝贤皇后丧仪，朕皆斟酌古今，不参私意。考明嘉靖七年孝洁陈皇后之丧，张璁援引古礼，谓'丧服自期以下诸侯绝，特为旁期言。若妻丧本三年报服，杀为期年，固未尝绝。上宜为后服期丧'云云。今据议奏，如升殿作乐，凡大朝祀典，自当如例。唯常日视朝，但鸣钟鼓，乐悬而不作。至明年正月，将届期年，一切典礼如常仪。"

时沂州营都司姜兴汉、锦州知府金文醇国恤期内薙发，所司以闻，下部逮治。并申明祖制，禁百日内薙发，违者处斩。谕载入《会典》。

三十一年，皇后那拉氏薨，时帝幸热河，留京王大臣以闻。诏言："后自册立以来，尚无失德。去年侍太后南巡，性忽改常，未尽孝道，理应废黜。今仍存其名号，丧仪依贵妃例，内务府大臣承办。"

仁宗母魏佳氏，四十年正月在贵妃位崩，诏称令懿皇贵妃，命皇八子、十二子、十五子、皇孙緜德等穿孝，葬胜水峪。嗣立仁宗为皇太子，遂赠谥孝仪皇后，升祔奉先殿，后复上庙谥为纯皇后，乃升祔太庙。

高宗母崇庆皇太后钮祜禄氏，四十二年正月崩，帝衰服百日，如世宗丧，余仍素服。亲拟尊谥曰孝圣宪皇后。礼臣上丧仪，援雍正九年例，二十七日内遇郊庙大事，素服致祭，乐设不作。帝曰："郊庙典重，不应因大丧而稍略。"复下军机大臣议。旋议上："遇郊庙大祀，遣官致祭，仍作乐，朝服行礼，常祀素服致祭，乐设不作。"制可。颁遗诏，自到省会日始，停嫁娶，王公百官百日，军民一月。辍音乐，王公百官一年，军民百日。余如故。

先是历代丧礼，百日后服色礼制，未载《会典》，至是命军机大臣会典丧仪王大臣详议。议上御殿视朝仪注。得旨："元正朝会，二十七月内不必举行。其常日视朝，百日后行之。"

又议定御用服色："一，百日内缟素。百日释服后，二十七月内素服。诣几筵，冠摘缨。一，百日内遇祭郊、社、日坛，遣官将事。斋戒日，素服冠缀缨。百日外，亲诣行礼。又斋期，常服不挂珠。阅祝版，先期宿坛，常服挂珠。祭日朝服作乐，还宫乐设不作。一，百日外祭事御龙袍褂。百日内祭奉先殿冠缀缨、青袍褂，百日外珠顶冠、蓝袍、金龙褂。一，二十七月内祭月坛、帝王、先师、先农，俱遣官行礼。一，宫中祀大神，百日后亲诣行礼，龙袍、蓝褂、挂珠。一，二十七日外，遇元旦，前后七日貂褂挂珠，百日外，御门听政，常服不挂珠。一，二十七日外百日内，召见及引见俱在便殿，服缟素。遇万寿节，七日常服。一，阅视大行皇太后册、宝，素服冠缀缨，先期斋戒带牌。一，阅视玉牒，朝服。一，十二月封宝，正月开宝，御龙褂。一，文武传胪不升殿。一，经筵、耕耤，二十七月后举行。一，山陵礼制，二十七月内谒陵，青袍褂，冠摘缨，其往返在途，冠并缀缨。一，内廷主位，二十七日释缟素后，二十七月内常服。遇元旦万寿，俱七日吉服。百日内遇亲蚕，遣王福晋恭代。朝服，百日外二十七月内，依旧行礼，吉服。其文武百官，二十七日缟素，百日内素服，冠缀缨，夏用雨缨冠，诣几筵仍摘缨。一，百日内祭郊庙、社稷、日坛，遣官恭代。先期省牲、视牲咸素服。祭日，承祭、执事各官咸朝服。作乐。百日外二十七月内，亲诣行礼。斋戒日常服挂珠，阅祝版、省视牲、宿坛并补褂。冬貂褂挂珠。祭日，朝服作乐。一，百日外祭堂子，俱蟒袍、补褂、挂珠。百日内祭奉先殿，青袍褂，冠缀缨。百日外补褂、挂珠。一，百日外祭月坛、帝王、先师、先农，遣官行礼，皆素服斋戒。祭日，朝服，作乐。百日内素服行礼，乐设不作。一，二十七月内遇元旦谒堂子，百官皆蟒袍、补褂、挂珠。其前后三日及万寿前后七日皆常服挂珠。一，二十七日外百日内引见官，青袍褂。百日外青褂。一，百日外二十七月内，遇升殿、常朝、坐班俱朝服。遇朔、望常服挂珠。一，奉移山陵，随从官在途青袍褂、冠摘缨。礼成后，神主还京，并百日后随从谒陵，在途俱青袍褂，冠缀缨。谒陵日如之。还京时，仍短襟袍、马褂。一，百日内雨衣、雨冠均青色。百日外雨冠按品级，雨衣仍青色。皇子以下同。"制可。

四月，葬泰东陵，梓宫迻泰陵，命暂停道旁，帝代向陵寝行礼，著为令。

至陵翼日行飨奠礼。初，帝以《会典》旧称"遣奠"，称名未当，命儒臣稽所自昉。大学士言："遣奠之称，《礼》经并无明文，唯见诸孔颖达《士丧礼疏》，唐以后相沿用之。盖颖达第用《仪礼》葬日将行苞牲体之车名为遣车，遂取遣字为奠名，牵合无当。复考《仪礼》，将行之祭，'彻巾苞牲。'郑康成注：'象既飨而归宾俎也。'又《礼记杂记》：'大飨既飨，卷三牲之俎归于宾馆，所以为哀也。'郑注：'既飨归宾俎，言孝子哀亲之去也。'是将行之祭，本用飨礼，旧称遣奠，似不若作飨奠为长。"敕下部更正从之。

四十四年四月，帝诣陵释服。谕曰："朕昔遭皇考大故，思持服三年，因遵圣母慈谕，断以百日。然缟素虽释，其服仍存。嗣值圣母大丧，百日后即不存，非厚前薄后也。盖彼时年力正壮，可终三年丧制。今春秋望七，设存之而弗克尽礼，於心转不安也。"

仁宗皇后喜塔腊氏，嘉庆二年二月崩，奉太上皇敕旨，丧仪如皇后。改为辍朝五日，素服七日。奠醊时，皇子等成服如制。官民俱素服七日，不摘缨，不蓄发。寻谕辍朝期内，仍进章疏，毋废引见诸事。其奏事官暨引见官，俱常服不挂珠。凡停嫁娶、辍音乐，官二十七日，军民七日，余如仪。册谥孝淑，嗣葬太平峪。

十三年正月，宣宗皇后钮祜禄氏崩，时在福晋位，暂安王佐村园寝，二十五年帝即位，追封孝穆皇后。拟改园寝为陵寝，礼部言："园寝规制未备，忌辰大祭，朔、望小祭，请如孝淑后殡宫例举行。"制可。遂命大学士戴均元等勘定宝华峪，嗣以地宫渗水，道光十一年，改葬龙泉峪。

越二年，宣宗皇后佟佳氏崩，帝辍朝九日，素服十三日，册谥孝慎。又越二年，卜葬，与孝穆后同吉壤。

二十年正月，皇后钮祜禄氏崩，帝服青袍褂十三日除，临奠仍素服。谥孝全。亦葬龙泉峪。

二十九年十二月，仁宗皇后钮祜禄氏崩，谥曰孝和睿皇后。时帝年七十，二十七日释缟素，数日而崩。咸丰三年，葬昌西陵。

方孝和后崩次日，文宗后萨克达氏崩福晋位，内府治丧，殡田村。次年正月帝即位，追封孝德皇后，其丧仪先期豫改，如大丧礼。同治四年，与文宗合葬定陵。

康慈皇贵太妃，宣宗皇贵妃也。咸丰五年七月，尊为皇太后。俄崩，帝持服百日如制。加谥孝静，升祔奉先殿，改慕陵妃园为慕东陵。同治初元，加庙谥曰成，升祔太庙。

光绪元年二月，嘉顺皇后蒙古阿鲁特氏崩，去穆宗丧未百日，帝释缟素后，率群臣服丧二十七日，仪如故事。谥曰孝哲毅皇后。五年，与穆宗合葬惠陵。

慈安皇太后，钮祜禄氏，文宗后也。七年二月崩，谥曰孝贞显皇后，葬定东陵。

三十四年十月，慈禧太皇太后后德宗一日崩，诏礼部从优具仪。寻议百日内上谕用蓝笔，章疏十五日后具奏。王、公、百官、公主、福晋、命妇二十七日内日三哭临。官停嫁娶期年，辍音乐二十七月，京师军民二十七日罢祭祀，余如大丧礼。谥曰孝钦显皇后，葬定东陵。

贵妃等丧仪　顺治初，定制，妃、殡之丧，内务府掌行，临时请旨。

康熙四年，寿康太妃博尔济吉特氏薨，帝辍朝三日，大内及宗室咸素服。王、公、大臣、公主、福晋、命妇毕集。初祭，陈楮币十四万，画缎万，馔筵三十有一，牛一，羊十八，酒九尊，读文致祭。次日绎，陈楮币万，馔筵五，羊三，酒三尊。大祭同初祭。奉移豫祭，陈楮币二万，馔筵十三，羊五，酒五尊。岁时致祭如例。

九年，慧妃博尔济吉特氏薨，辍朝三日，大内、宗室咸素服。三日不祀神。妃宫中女子翦发，内监截发辫，成服，二十七日除。又定金棺至殡宫，初祭陈楮币十四万，画缎千，帛九千，馔筵二十一，羊十九，酒十九尊，设彩仗行礼。奉移则陈楮币三万，馔筵十三，羊、酒各五。不直班官员跪迎十里外，俟过随行。次日行奉安礼，如奉移仪。

十三年，太宗懿静太贵妃博尔济吉特氏薨，帝摘冠缨，躬诣致祭，余同太妃仪。

三十五年，温僖贵妃钮祜禄氏薨，辍朝五日。命所生皇子成服，大祭日除，百日薙发，余如制。

雍正三年，敦肃皇贵妃年氏薨，辍朝五日。特简王公大臣典丧仪，遣近支王公七，内务府总管一，散秩大臣二，侍卫九十，内府三旗佐领，官民男女咸成服。大祭日除，薙发。日三设奠，内外齐集，百日后至未葬前，日中一设奠，朔望仍三奠，命内管领妻祭酒三爵。奉移日，礼部长官祭轝。金棺启行，王公百官从。礼部长官祭所过门、桥。初祭陈楮币十八万，帛九千，画缎千，馔筵三十五，羊、酒各二十一。大祭同。

又定贵妃晋封皇贵妃，未受册封前薨，罢制金册宝，以绢册宝书谥号。遣正、副使读文致祭，先期遣告太庙后殿、奉先殿。届日内外会集，正、副使赴内阁诣册宝案前一跪三叩，奉册宝出，至午门外陈彩舆内，复三叩。校尉舁至殡宫大门外，正、副使行礼如初。奉册宝入中门，陈案上。正使诣香案前三上香，宣讫，读文致祭如仪。乾隆二年，奉移金棺从孝敬后葬泰陵。

八年，寿祺皇贵太妃佟佳氏薨，礼部以辍朝五日请，诏改十日。摘冠缨，亲诣行礼，谥悫惠，余同贵妃仪。

二十九年，忻妃戴佳氏薨，诏加恩如贵妃例治丧。先是，晋封时金册宝已镌字，未授受，至是陈设金棺前，其绢册宝增书贵妃字焚之。又谕："嗣后贵妃以上薨逝，王公大臣俱步送暂安处，妃、嫔豫往，满大臣年老艰步履者如之。"故事，皇贵妃金棺至园寝，始制神牌，甚稽时日，三十三年谕："嗣后遇大祭，即往园寝制造，俟金棺至，刻字填青，大学士等监视。奉安后，陵寝官朝服行礼，奉设飨殿。著为令。"

四十年，奏定皇贵妃以下五等丧。凡请辍朝、素服日期，传行内外齐集，请遣承祭大臣，奉安地宫前期祭告陵寝及金棺前，并所过门、桥奠酒诸事，均礼部掌行。其追封赠谥制牌，会同二部奏办，余归内府掌仪司牒礼、工二部襄治之。

四十九年，裕皇贵太妃耿氏薨，诏罢朝，仍亲诣奠酒行礼，谥纯懿，余如故。

嘉庆四年，庆贵妃陆氏薨，帝念其抚育如生母，特追封庆恭皇贵妃，下所司议赠谥典礼。寻议上，豫期工部制绢册宝，寝陵官制神牌，遣告太庙、奉先殿暨高宗几筵，俟高宗梓宫移山陵次日，遣正、副使诣园寝配殿致祭。九年，议定皇贵妃丧，罢坤宁宫致祭酌减为五日，贵妃二日，妃、嫔不停止。

道光十三年，仁宗諴僖皇贵妃刘氏薨，不辍朝，不素服，命僧格林沁穿孝，谥和裕。

同治五年十一月初七日，琳皇贵太妃乌雅氏薨，会初十日慈禧太后万寿，命大内、宗室王公百官展期十二日素服一日。

卷九十三　　志六十八

礼十二 凶礼二

皇太子皇子等丧仪　亲王以下及公主以下丧仪　醇贤亲王及福晋丧仪　忌辰　赐祭葬　赐谥　外藩赐恤　品官丧礼　士庶人丧礼　服制

皇太子皇子及皇子福晋丧仪　皇太子丧仪，有清家法，不立储贰。至乾隆三年，皇次子永琏薨。高宗谕曰："永琏为朕嫡子，虽未册立，已定建储大计，其典礼应视皇太子行。"礼臣奏言："皇太子丧礼，《会典》未载。旧制，冲龄薨，不成服。今议，皇帝素服，辍朝七日。若亲临奠醊，冠摘缨。典丧大臣、奏遣之王公暨皇太子侍从官咸成服，内务府佐领、内管领下护军、骁骑校等成服，以六百人为率，并初祭日除。直省官奉文日，咸摘冠缨素服三日，停嫁娶，辍音乐，京师四十日，外省半之。幼殇例无引旛，今请依雍正时怀亲王丧仪，引旛仍用。外藩额驸、王、公、台吉、公主、福晋、郡主服内来京，男摘冠缨，女去首饰。朝鲜使臣素服七日。金棺用桐木。"启奠帝亲祭酒，奉移亲视送。礼部长官祭轝。初祭内外会集，帝至殡殿奠酒三爵，每奠众一拜，是日除服薙发。将册谥，先期遣告太庙后殿、奉先殿，谥曰端慧。礼成。礼部颁行各省，并牒朝鲜国王，文到率百官素服，军民罢嫁娶、音乐各三日。八年，葬朱华山园寝。

皇子丧仪，顺治十五年，荣亲王薨，治丧视亲王加厚，葬黄花山园寝。

康熙中，定制，凡皇子殇，备小式朱棺，祔葬黄花山，唯开墓穴平葬，不封不树。

雍正六年，皇八子福惠卒，帝辍朝，大内素服各三日，不祭神，诏用亲王礼葬。十三年，追封亲王，谥曰怀。

乾隆十三年，皇子永琮甫二周薨，帝言："建储之意，朕虽默定，然未若端慧太子旨已封贮，丧仪应视皇子为优。"大祭亲临奠醊，谥悼敏，后追封哲亲王。

越二年，皇长子永璜薨，金棺用杉木，其福晋及皇孙緜德等翦发去首饰，成服百日而除，素服二十七月。成服王公大祭日除。礼部以第三日移殡，请辍朝三日，诏改五日，追封定亲王，谥曰安。初祭、大祭并亲临奠醊。

二十五年，皇三子永璋薨，诏用郡王例治丧，辍朝二日。大内、宗室素服咸五日，不祭神。追封循郡王。

四十一年，皇十二子永璂薨，诏用宗室公例治丧。嘉庆四年，追封贝勒。

道光十一年，皇长子奕纬薨，命依皇子例治丧。罢公主、福晋、命妇会集，园寝不建碑，追封贝勒，谥曰隐志。三十年，晋封郡王。

皇子福晋丧，定制，亲王世子、多罗郡王下及奉恩将军、固伦公主、和硕福晋下及固山格格、奉恩将军妻咸会集。朝供馔筵，午果筵。初祭引旛一，楮币十二万，馔筵二十五，羊十五，酒七尊，读文致祭。绎则陈楮币三千，馔筵十二，羊、酒各七。百日、周年、四时致奠礼同。

嘉庆十三年，宣宗时为皇次子，其福晋钮祜禄氏薨，帝命即日成服，初祭后除。未分府皇子福晋依亲王福晋例，金棺、座罩皆红色，以无仪仗，特赏金黄色座罩，仪仗仍视亲王福晋例用，旗色用镶白，著为令。

道光七年，皇长子奕纬福晋瓜尔佳氏薨，罢内外齐集及豫往暂安处接迎。十一年，追封贝勒夫人，诹吉遣官奉纸册往殡所，读文致祭。

亲王暨福晋等丧仪　顺治九年，定亲王丧闻，辍朝三日。世子、郡王二日。后改贝勒以下罢辍朝。敛具，亲王至贝勒采棺，藉五层。贝子至辅国公棺同，藉三层。镇国将军以下朱棺，藉一层。初薨陈仪卫，鞍马、散马亲王十五，世子、郡王各十四，贝勒各十三，贝子各十二，镇国公各十，辅国公各八；镇国将军鞭马七，辅国将军五，奉国将军四，奉恩将军三。府属内外咸成服，大祭日除。内外去冠饰、素服会集，各如其例。镇国将军以下不会丧。公主、福晋、命妇会丧，临时请旨行。凡亲王至辅国公，御祭二，遣官至坟读文致祭。宗人府请赐谥，撰给碑文。工部树碑建亭，贝勒以下碑自建，给葬费有差。镇国将军至奉国将军赐祭二，文一。立碑、予谥，临时请旨。奉恩将军赐祭无文，不立碑，不予谥。

王至公婚娶之子卒，许陈鞍马，祭品各如其父母例，唯不遣官致祭。未婚娶幼子不造坟。

凡葬期，亲王期年，郡王七月，贝子以下五月。

又定亲王福晋以下丧，内外会集如制，陈仪卫从其封爵，亲王福晋、侧福晋、世子福晋御祭一。

十二年，定下嫁外藩公主丧，御祭一，遣官至茔所读文致祭。

康熙四年，定贝勒至入八分公予谥请旨行。

九年，定亲王至辅国公丧，本府官属具丧服，其礼亲王、肃亲王、承泽亲王、敬谨亲王、饶馀亲王、郑亲王、克勤郡王、恪僖贝勒、靖宁贝勒、顾尔马洪贝子、福勒黑公十二支，凡为本支所分者，本身暨府属官、命妇咸具丧服，非本支会丧者摘冠缨，从官如其主，尊属无服。

五十二年，定贝勒生母薨，治丧如嫡夫人，遣官读文致祭。五十四年，定固伦公主有子孙者，获请建碑予谥。

雍正四年，遵旨议定嗣后皇帝子孙依五等服制，遇期服伯叔兄弟丧，依例具奏临丧。其诸王以下，不论爵次，遇小功以上丧，会丧成服，期六十日、大功一月、小功七日除。乾隆三年，更定期服大祭日、大功初祭日、小功送殡日除。

二十一年，谕诸王侧福晋予谥请旨行，予祭不逾一次，罢给祭文。三十六年，定贝勒、贝子、公兼一品职获请予谥，镇国暨辅国将军兼一品职获请赐恤。四十年，定凡侧福晋为王等生母，获请赐祭，降嫡福晋一等。五十六年，镇国公晋昌夫人卒，诏罢赐祭，后仿此。

嘉庆十七年，贝勒緜懃子奕绶卒，命封为未入八分辅国公，嗣后宗室如追封公，俱作为未入八分，著为令。

公主以下丧仪，顺治九年，定固伦公主丧视亲王福晋，和硕公主视世子福晋，郡主视郡王福晋，县主视贝勒夫人，郡君视贝子夫人，县君视镇国公夫人。十二年，定下嫁外藩公主至县主并给谕祭文，遣官赴坟读奠。郡君以下，致祭无文。道光二十四年，定公主薨，内务府请旨，如命官为治丧，一切典礼，即会礼部具奏。得旨，再牒各署治办，额驸自行治丧，礼部应将会集处奏闻。公主以下丧，会集临时请旨，如获请，牒宗人府、五旗传行。未厘降受封者，内务府治丧，不会集。

醇贤亲王及福晋丧仪　光绪十六年，醇亲王奕譞薨，定称号曰"皇帝本生考"，帝持服期年，缟素十有一日，辍朝如之。期年内御便殿仍素服。元旦谒堂子，诣慈宁宫，太和殿受朝，并礼服。唯升殿不宣表，乐设不作，罢宗亲、廷臣筵宴。祭文、碑文书皇帝名。初祭、大祭暨奉移园寝并御青袍褂，冠摘缨，亲诣行礼。又定庙制及祭葬，庙中殿宇及正门瓦色，中用黄琉璃，殿脊及正门四围用绿琉璃。祀以天子礼。岁时飨，四仲月朔举行，忌辰躬亲致祭。葬以亲王礼，帝亲制碑文，谥曰贤。三十二年，其福晋叶赫那拉氏薨，称"皇帝本生妣"，丧仪如醇贤亲王例。

忌辰　顺治十年，定盛京、兴京三陵忌辰，遣守陵官行礼，献酒果，不读祝，不奠帛。十二年，改定忌辰遣官，礼部具题请旨。康熙三年，复定三陵忌辰在隆恩殿神牌前揭幔致祭。雍正四年，帝以圣祖丧满，哀慕无穷，思依三年内祭礼举行，下礼臣议。寻议上，依周年祭祀例，遣在京或陵寝王公大臣一人承祭，在京王公百官遣三之一陪祭。著为令。十三年，高宗嗣服，议定圣祖忌辰，依陵寝四时大祭，用太牢，献帛爵，读祝文，遣官承祭，陵寝官悉陪祀，罢遣京官往。嗣后列圣、列后忌辰，永如例行。

定制，帝、后忌辰，内外俱素服，停宴会，辍音乐，不理刑名，帝诣奉先殿后殿上香行礼。如祀南郊，帝阅祝版，遇忌辰，御龙袍、龙褂、挂数珠，执事官蟒服、补褂、挂数珠。阅北郊、庙社暨各中祀祝版，则俱御龙褂、挂数珠，执事官咸补服、挂数珠。大祀斋期内，御常服、挂数珠，陪祀执事官亦如之。凡祭日遇忌辰，行礼时祭服作乐，礼毕仍素服。

赐祭葬　世祖初入关，沿崇德间例，超品公，一、二、三等公卒，遣官祭三次；子、副都统二次；参领、佐领一次。阵亡与有勋劳者，遣官治丧，出自上裁。

顺治三年，定制民公、候、伯、子兼任内大臣、都统、大学士、尚书、镇守将军卒，候旨立碑，致祭一次。袭公、侯、伯、子在任不逾三年，止给祭品，无祭文，不立碑。二、三品官卒，给祭品。满任三年给祭文。有战功者，获请立碑。

十三年，定佐领、员外郎、主事任满三年，给祭品、祭文，未满者无祭文。致仕同。

十五年，定部、院长官加秩至一、二品，致祭、立碑。三品满三年者如之。未满，但致祭而已。护军统领、副都统、前锋统领、步军总尉考满视三品。如为男爵，得致祭、立碑。参领、前锋参领满三年，致祭，不立碑。四品卿、少卿考满者同，否则不给祭文。阵亡不论品级，获请恩恤。内大臣、都统、大学士、尚书、护军统领、副都统、前锋统领、侍郎、学士、步军总尉原品休致者，致祭、立碑同。现任轻车都尉、佐领、骑都尉、郎中、员外郎、主事，致祭、无碑文。承袭公、侯、伯有职任者，依职任予恤，否则止给祭品。

十七年，定本身所得民公、侯、伯、子及都统有职任内大臣、镇守将军给全葬。大学士，尚书，左、右都御史加级及宫保者，视一品给全葬，无加衔、加级视二品给全葬。侍郎无兼衔、加级而考满者，视三品给全葬，未满者半之。四品卿、少卿或兼少卿衔，视四品，止给祭品。护军统领、前锋统领、副都统、步军总尉任满给全葬，未满者半之，并致祭一次。武职自参领、文职自郎中以下，俱不给祭品。阵亡者如故。

十八年，定本身所得民公、侯、伯造葬，致祭一次，加祭出特恩。都统、内大臣、大学士、尚书、右都御史、子、镇守将军及加衔、加级至一二品官，俱依品级造葬，致祭一次。三品侍郎、学士、通政使、大理寺卿考满者给全葬，未满者半之，俱致祭一次。参领、协领、郎中、佐领及三等侍卫，护卫官阵亡者，致祭一次。汉文职一、二品或三品考满，俱致祭、造葬，未满者半之，致祭一次。在外布、按以上，依京秩例行。武职加衔副将以上，造葬，致祭一次，无兼衔而考满者同，未满者半之，致祭一次。知县、守备以上阵亡者，各依加赠品级造葬，致祭一次。凡满、汉文武原官致仕者，恤典同现任。

康熙九年，定本身所得及承袭公、侯、伯给全葬，遣官读文，致祭一次。内大臣、都统、子品级散秩大臣、大学士、尚书、左都御史、子、世袭子、镇守将军、提督，各依品级给全葬，遣官读文，致祭一次。男品级散秩大臣、护军统领、前锋统领、副都统、侍郎、本身所得男、学士、副都御史、总督、总兵官、加级至二品巡抚，各依所加品级给全葬，遣官读文，致祭一次。三品侍郎、学士、副都御史、巡抚、通政使、大理寺卿，任满给全葬，未满者半之，俱遣官读文，致祭一次。布政使给全葬，致祭一次。云骑尉、三等侍卫以上，文职知县、武职守备以上阵亡者，各依加赠品级给全葬，致祭一次。

道光二十四年，定赐祭王、公以下仪，祭日，堂中陈仪卫，灵座前置供案，陈赐祭物品，左右分陈自备祭品。案前设遣官奠位，东设祝案，北向，南设燎位，具楮帛。遣官至，丧主率宗亲及属官跪迎大门外，礼部官奉祭文入自中门，陈东案，遣官随入，就位立，丧主以下皆就位跪。读祝官读文讫，遣官跪奠三爵，每奠一叩。镇国将军以下立奠，丧主率众随行礼。毕，兴，举哀，燎祭文。丧主率众望阙谢恩，三跪九叩。遣官出，跪送大门外。

赐谥　亲王例用一字，贝勒以下及文武大臣二字。郡王谥号，尚沿明制用二字，间有用一字者。圣祖时，追谥郡王，满、汉文俱用一字，遂为定制。

顺治九年，定亲王以下丧闻，宗人府请谥，内院撰拟碑文。康熙四年，定诸王赐谥，封号上加一字，贝勒以下、入八分公以上，予否请旨行。乾隆三十六年，遵旨议定贝勒至辅国公兼一品职者予谥，仍请旨。其兼二品以下职暨不兼职者罢予谥。

定制，一品官以上予否请上裁，二品官以下不获请。其得谥者，率出自特旨，或以勤劳，或以节义，或以文学，或以武功。破格崇褒，用示激劝。嘉、道以前，谥典从严，往往有阶至一品例可得而未得者。世宗朝，一等公福善，大学士魏裔介，将军佛尼勒、莽依图，都统冯国相，尚书汤斌、徐潮、玛尔罕辈，望实素高，入祀贤良。逮至高宗初元，始获追谥。易名盛典，殊不易得。

令甲，得谥者礼部取旨，行知内阁典籍撰拟。至穆宗朝，大学士卓秉恬改归汉票签，唯侍读司之。大学士及翰林授职者，始得谥"文"，亦有出自特恩而获谥文者。侍读拟八字，大学士选四字，余则拟十六字，大学士选八字，并请上裁定。武臣有谥文者，如领侍卫内大臣索尼获谥文忠，异数也。唯"文正"则不敢拟，出自特恩。文职内自三品卿、外自布政使以下，例不予谥。唯御史陆陇其谥清献，侍讲学士秦承业谥文悫，太常卿唐鉴谥恪慎，则以崇尚儒臣，笃念师傅，不为恒式。

咸丰三年，礼臣奏定文职二品官殉难，视一品予谥。如按察使优恤，礼部亦得援例以请。军兴而后，道、府、州、县等官死绥不少，疆臣疏请，不拘常格矣。其武职死事，参将以下，视副将议恤；协领以下，视副都统议恤：皆得援新章奏请。唯武功未成者，不得拟用"襄"字。至十二年，谕："嗣后文武各官，其官阶例不予谥者，不得率行奏请。"至是限制稍严。

光绪四年，贵州巡抚黎培敬为已革总督贺长龄请谥。诏以易名之典，不容冒滥，严切申儆，且下培敬吏议。亦有得谥而被夺者，若沈德潜、卞三元，或追论其生平，或败露于身后，削秩仆碑，以示诫也。

至朝鲜国王谥号，鼎亦内阁撰拟，嗣以所拟之字有触其国王先代名讳，则改由其国自拟八字以进，请帝裁定云。

外藩赐恤　顺治十三年，定蒙藩亲王等丧，遣官赍祭文至茔所宣读致祭，丧主率属跪迎。礼毕，望阙谢恩，行三跪九拜礼。自王以下，致祭如前仪，唯牲醴物品，则依其爵为隆杀。著有勋劳者，建碑优恤，特遣大臣、侍卫，出自恩旨。亲王、郡王福晋丧，遣祭如仪。贝勒至公夫人，并遣祭，无祭文。

其朝鲜国王母妃、王妃、世子丧讣至，礼臣请赐恤，遣正、副使赍祭品、香钞谕祭。乾隆五十一年，国王世子李暊丧，礼部奏闻。诏以朝鲜世守藩封，最称恭顺，命倍给祭品，示优恤。嘉庆十年，国王李玜曾祖母庄顺王妃讣至，赐祭一次。

琉球、越南国王卒，告哀，遣使谕祭，并给银绢。母、妃、世子丧，俱不告哀，不赐恤。使臣来京病殁，则题请恤典，赐棺及祭，归葬者听。

品官丧礼　定制，有疾迁正寝，疾革书遗言，三品以上官具遗疏，既终乃哭。立丧主、主妇。护丧诸执事人治棺，民公采板，侯、伯、一品官以下朱棺。讣告。设尸床、帷堂，陈沐具。乃含。三品以上用小珠玉，七品以上用金木屑五。袭衣，常服一称，朝衣冠带各以其等。明日小敛，陈敛床堂东，加敛衣，三品以上五称，复三、禅二；五品以上三称，复二、禅一；六品以下二称，复、禅各一：皆以缯。复衾一。又明日大敛盖棺，设灵床柩东，柩前设灵座，陈奠几，丧主及诸子居苫次，族人各服其服。

朝夕奠肴馔，午饼饵。遇朔望，则朝奠具殷奠，肴核加盛。初祭，陈馔筵羊酒，具楮币。公筵十五席，羊七，楮四万；候筵十二，楮三万六千；伯筵十二，楮三万二千：羊俱六。一品官筵十，羊五，楮二万八千；二品筵八，羊四，楮二万四千；三品筵六，楮二万；四品筵五，楮万六千：羊俱三。五品筵四，楮万二千；六、七品筵三，楮万：羊俱二。

族人齐集，丧主以下再拜，哭奠如礼。卒奠，大功者易素服，大祭同。初祭，期服者易素服，百日致奠薙发，三月而葬。

一品茔地九十步，封丈有六尺，递杀至二十步封二尺止。缭以垣。公、侯、伯周四十丈，守茔四户；二品以上周三十五丈，二户；五品以上周三十丈，一户；六品以下周十二丈，止二人守之。公至二品，用石人、望柱暨虎、羊、马各二，三品无石人，四品无石羊，五品无石虎。其墓门勒碑，公、侯、伯螭首高三尺二寸，碑身高九尺，广三尺六寸，龟趺高三尺八寸。一品螭首，二品麒麟首，三品天禄辟邪首。四至七品圆首方趺，首视公、侯、伯递杀二尺三至尺八寸止，碑身递杀五寸至五尺五寸止，广递杀二寸至二尺二寸止，趺递杀二寸至二尺四寸止。刻圹志用石二片，一为盖，书某官之墓，一为底，书姓名、乡里、三代、生年、卒葬月日及子孙葬地。妇人则随夫与子孙封赠。二石相向，铁束，埋墓中。

制柩舉，上用竹格，结以彩，旁施帷幔，四角垂流苏，缯荒、缯帏并青蓝色。公、侯、伯织五采，一、二品用销金，五品以上画云气，六、七品素缯无饰。承以杭，五品以上髹朱，六、七品饰红垩，障柩画翣，五品以上四，六、七品二。引布二，功布一，灵车一，明器则从俗。

诹日发引，前夕祖奠，翌日遣奠，会葬者毕集。公鞍马八，递杀至二数。仪从前导，引以丹旐、铭旌，满用丹旐，汉用铭旌。至墓所，乃窆。祀后土，题主，奉安，升车，反哭，乃虞。羊、酒、楮帛各视其等。祭毕，柔日再虞，刚日三虞。百日卒哭，次日祔家庙。期年小祥，再期大祥，迁主入庙。祝读告辞，主人俯伏五拜。讫，改题神主，诣庙设东室，奉祧主藏夹室。乃彻灵座。后一月禫。丧至此计二十有七月。丧主诣庙祗荐禫事。

其在外闻丧者，讣至，易服，哭，奔丧。至家凭殡哭，翌日成服。丧期自闻讣日始。余同。期以下闻丧，易服为位而哭，奔丧，则至家成服。官在职，非本生父母丧，虽期，犹从政，不奔丧。闻讣，易服为位而哭，私居持服，入公门治事仍常服。期丧者，期年不与朝、祭。服满，则于私居为位哭，除之。

顺治九年，定百官亲丧祭礼以其子品级，子视父母，命妇视夫同。

康熙二十六年，禁居丧演戏饮博。凡官卒任所，或父母与妻丧，许入城治事。

乾隆间，谕京旗文武官遇亲丧，百日后即入署治事，持服如故。罢与祭祀、朝会。

道光二十四年，定民公以下、军民以上居丧二十七月，不宴会、作乐，不娶妻、纳妾，门户不换旧符。

宣统元年，礼部议画一满、汉丧制，自是满官亲丧去职，与汉官一例矣。

士庶人丧礼　顺治初年，定制，士、庶卒，用朱棺，椁一层，鞍马一。初祭用引旛，金银楮币各一千，祭筵三，羊一。大祭同。百日、期年祭，视初祭半之。一月殡，三月葬。墓祭纸币、酒肴有定数。《通礼》，士敛衣复禅衾一，复衾一，袭常服一称，含用金银屑三，用铭旌。庶人复衾一，含银屑三，立魂帛。士茔地围二十步，封高六尺。墓门石碣，圆首方趺。圹志二，如官仪。柩舉上竹格垂流苏，杭饰红垩，无翣。引布二，功布一。灵车一。明器从俗。庶人茔地九步，封四尺。有志无碣。舉以布衾覆棺，不施帏盖。杭两端饰黑，中饰红垩。余略仿品官，制从杀。

雍正初元，定军、民故者，前后敛衣五袭，鞍马一。初祭，祭筵二，羊一，大祭同，常祭减半。棺罩生、监用青绢，军、民春布。

十三年，诏曰："朕闻外省百姓丧葬侈靡，甚至招集亲邻，开筵剧饮，名曰闹丧，且于丧所殡时杂陈百戏。匪唯背理，抑亦忍情。"敕督抚严禁陋习，违者治罪。又谕："吉凶异道，不得相干。故娶在三年外而聘在三年内者，《春秋》犹以为非。三年之丧，创深痛钜。乃愚民不知礼教，虑服丧后不获嫁娶，遂乘父母疾笃或殡敛未终而贸然为之者，朕甚悯焉。自今伊始，齿朝之士，下逮生监，毋违此制。其皂隶编氓，穷而无告，父母卧疾，赖子妇治饔飧者，任其迎娶盥馈，俟疾瘳或服竟再成婚礼。"古者礼不下庶人，其斯之谓欤？《曾子问》："亲迎在途而婿之父母死，女改服布深衣、缟总以趋丧。"亦此义也。

服制　顺治三年，定丧服制，列图于律，颁行中外。道光四年，增辑《大清通礼》，所载冠、服、绖、屦，多沿前代旧制。制服五：曰斩衰服，生麻布，旁及下际不缉。麻冠、绖，菅屦，竹杖。妇人麻屦，不杖。曰齐衰服，熟麻布，旁及下际缉，麻冠、绖，草屦，桐杖。妇人仍麻屦。曰大功服，粗白布，冠、绖如之，茧布缘屦。曰小功服，稍细白布，冠、屦如前。曰缌麻服，细白布，绖带同，素屦无饰。

叙服八：曰斩衰三年，子为父、母；为继母、慈母、养母、嫡母、生母；为人后者为所后父、母；子之妻同。女在室为父、母及已嫁被出而反者同；嫡孙为祖父、母或高、曾祖父、母承重；妻为夫，妾为家长同。

曰齐衰杖期，嫡子、众子为庶母；子之妻同；子为嫁母、出母；夫为妻；嫡孙祖在为祖母承重。

曰齐衰不杖期，为伯、叔父、母；为亲兄、弟；为亲兄、弟之子及女在室者；为同居继父两无大功以上亲者；祖为嫡孙；父、母为嫡长子及众子；为嫡长子妻；为女在室者，为子之为人后者；继母为长子、众子；孙为祖父、母；孙女在室、出嫁同；女出嫁为父、母；为人后者为其本生父、母；女在室或出嫁而无夫与子者为其兄、弟、姊、妹及侄与侄女在室者；女适人为兄、弟之为父后者；妇为夫兄、弟之子及女在室者；妾为家长之父、母与妻及长子、众子与其所生子。

曰齐衰五月，为曾祖父、母，女虽适人不降。

曰齐衰三月，为高祖父、母，女虽适人不降；为继父昔同居者；为同居继父两有大功以上亲者。

曰大功九月，祖为孙及孙女在室者；祖母为诸孙，父、母为诸子妇及女已嫁者；伯、叔父、母为侄妇及侄女已嫁者；为人后者为其兄、弟及姑、姊、妹在室者；既为人后，于本生亲属皆降一等；为人后者之妻为夫本生父、母；为己之同堂兄、弟及同堂姊、妹在室者；为姑、姊、妹已嫁者；为兄、弟之子为人后者；女出嫁为本宗伯、叔父、母；为本宗兄、弟及其子；为本宗姑、姊、妹及兄、弟之女在室者；妻为夫之祖父、母及伯、叔父、母。

曰小功五月，为伯、叔祖父、母；为同堂伯、叔父、母及同堂姊、妹已嫁者；为再从兄、弟及再从姊、妹在室者；为同堂兄、弟之子及女在室者；为从祖姑及堂姑在室者；祖为嫡孙妇，为兄、弟之孙及孙女在室者；为外祖父、母；为母之兄、弟、姊、妹；及姊、妹之子；为人后者为其姑、姊、妹已嫁者；妇为夫兄、弟之孙及孙女在室者；为夫之姑、姊、妹、兄、弟及夫兄、弟之妻；为夫同堂兄、弟之子及女在室者；女出嫁为本宗堂兄、弟及姊、妹在室者。

曰缌麻三月，祖为众孙妇；祖母为嫡孙、众孙妇；高、曾祖父、母为曾、玄孙，为乳母；为族曾祖父、母，族伯、叔父、母；为族兄、弟及族姊、妹在室者；为族曾祖姑及族祖姑、族姑在室者；为兄、弟之曾孙及曾孙女在室者；为再从兄、弟之子及女在室者；为祖姑、堂姑及再从姊、妹出嫁者；为姑之子、舅之子；为两姨兄、弟；为妻之父、母；为婿；为外孙及外孙女；为兄、弟孙之妻；为同堂兄、弟之妻；为同堂兄、弟子之妻；妇为夫高、曾祖父、母；为夫伯、叔祖父、母及夫祖姑在室者；为夫堂伯、叔父、母及堂姑在室者；为夫同堂兄、弟及同堂兄、弟之妻；为夫同堂姊、妹；为夫再从兄、弟之子及女在室者；为夫同堂兄、弟之女已嫁者；为夫同堂兄、弟子之妻与孙及孙女在室者；为夫兄、弟孙之妻及兄、弟之孙女已嫁者；为夫兄、弟之曾孙及曾孙女在室者；女已嫁为本宗伯、叔祖父、母及祖姑在室者；为本宗从伯、叔父、母及堂姑在室者；为本宗堂兄、弟之子及女在室者。

乾隆四十年，高宗特旨允以独子兼祧，于是始定兼祧例。兼祧者从权以济经，足补古礼之阙。《会典》服制别大宗、小宗，以大宗为重。大宗依服制本条持服，兼祧依降服持服。

道光九年，礼臣增议两祧服制，以独子之子分承两房宗祧者，各为父、母服斩衰三年，为祖父、母服齐衰不杖期。父故，嫡孙承重，俱服斩衰三年。其本身为本生亲属俱从正服降一等，子孙为本生亲属祗论所后宗支亲属服制。

同治十年，允礼臣请，兼祧庶母服制，依定制为兼祧父、母服期，为兼祧庶母服小功。其以大宗子兼祧小宗与以小宗兼祧大宗者，以大宗为重。为大宗庶母服期年，小宗庶母服小功。其以小宗兼祧小宗者，以所生为重，为本生庶母服期年，为兼祧庶母服小功。至出嗣而非兼祧者，以所后为重，为所后庶母服期年，为本生庶母服小功。既降期而服小功，其兼祧庶母为兼祧子持服亦如之。

卷九十四　　志六十九

乐　一

记曰："安上治民，莫善于礼。""移风易俗，莫善于乐。"乐也者，考神纳宾，类物表庸，以其德馨殷荐上帝者也。圣道四达，声与政通，于是有缀兆之容，箾籥之音，被服其光辉，膏润其猷烈，以与民康之，民无憔瘁揫伤之嗟，放僻嫚荡之志，夫然后《雅·颂》作焉。盖三苗格而《韶》舞，十一税而《颂》讴，《玄鸟》歌而商祚兴，《灵台》奏而周道昌。王官失守，神不降祉。逮及春秋，脊脊大乱。仲尼序《诗》，列《黍离》于《国风》，齐王德于邦君，明其不能复《雅》。中更暴秦，《乐经》埃灭，音之郑卫，自此而阶，郊庙登歌，声不逮下。扰民齐教，无闻焉尔。然而历代创兴，莫不铺陈《南·雅》，自制郊辞，绳祖业之维艰，颂帝功之有赫，考较钟悬，裁定缛典。虽浑灏三五，炳焉同风，而寤想闻《韶》，跂之弥邵。是则前诰所讥，邻于夜诵者也。

清起僻远，迎神祭天，初沿边俗。及太祖受命，始习华风。天命、崇德中，征瓦尔喀，臣朝鲜，平定察哈尔，得其宫悬，以备四裔燕乐。世祖入关，修明之旧，有《中和韶乐》，郊庙朝会用之。有《丹陛大乐》，王公百僚庆贺用之。有《中和清乐》、《丹陛清乐》，宫中筵宴用之。有《卤簿导迎乐》，巡跸用之。又制《铙歌法曲》，奋武敌忾，宣邕八风，以俪汉世短箫。而满州旧舞，是曰《莽式》，率以兰锜世裔充选，所陈皆辽沈故事，作麾旄弢矢跃马渹阵之容，屈伸进反轻蹻俯仰之节，歌辞异汉，不颁太常，所谓缵业垂统，前王不忘者欤？

圣祖、高宗，制作自任，臣匪师旷之聪，君逾姬旦之美。考音谐金石，昭德摛天汉，帝秩皇造，于斯为盛。但观其命伶伦使协律，召咸黑以赓歌，非不陶英铸茎，四隅率同，而继体再传，颂声浸废。魏文听之而思卧，季札观之而无讥，是知乐之为懿，觇国隆洿，讴歌在民，匪所自致，而三古承流，曾靡先觉，可为惋欷者也。

稽清之乐，式遵明故，六间七始，实绍古亡，布愳蓟禾，诠气灰琯。斯乃神瞽以之塞㙂，隶首由其踠步。将欲起元音之废，复淳朴之真，弘我夏声，粃秕西奏。澹欲缮性，一綎庶几，有庇经诰，其或在此。必监前宪，我则优矣。国宬所书，声容器数之次第，管律弦度之讨论，焕乎秩秩，可谓有文。今掇其要，以备简籍。

太祖肇启东陲，戡乱用武，声物弇朴，率缘辽旧。天命元年，即尊位沈阳，诸贝勒群臣廷贺上寿，始制卤簿用乐。八年，定凯旋拜天行礼筵宴乐制。太宗天聪八年，又定出师谒堂子拜天行礼乐制、元旦朝贺乐制。九年，停止元旦杂剧。先是梅勒章京张存仁上言："元旦朝贺，大体所关，杂剧戏谑，不宜陈殿陛。故事，八旗设宴，惟用雅乐。"从之。

十年，建国号曰清，改元崇德。其明年，遂有事太庙，追尊列祖，四孟时享、岁暮祫祭并奏乐。皇帝冬至、万寿二节与元旦同。御前仪仗乐器，锣二，鼓二，画角四，箫二，笙二，架鼓四，横笛二，龙头横笛二，檀板二，大鼓二，小铜钹四，小铜锣二，大铜锣四，云锣二，唢呐四。乐人绿衣黄褂红带，六瓣红绒帽，铜顶上缀黄翎，从内院官奏请也。又诏公主册封、诸王家祭、受降献馘皆用乐。

世祖顺治元年，摄政睿亲王多尔衮既定燕都，将于十月告祭天地宗庙社稷，大学士冯铨、洪承畴等言："郊庙及社稷乐章，前代各取嘉名，以昭一代之制，梁用'雅'，北齐及隋用'夏'，唐用'和'，宋用'安'，金用'宁'，元宗庙用'宁'、郊社用'咸'，前明用'和'。我朝削平寇乱，以有天下，宜改用'平'。郊社九奏，宗庙六奏，社稷七奏。"从之。於是定圆丘大祀，皇帝出宫，午门声钟，不作乐。致祭燔柴迎神奏《始平》，奠玉帛奏《景平》，进俎奏《咸平》，初献奏《寿平》，亚献奏《嘉平》，终献奏《雍平》，彻馔奏《熙平》，送神奏《太平》，望燎奏《安平》。礼成，教坊司导迎，乐奏《祐平》。午门钟作，还宫。方泽大祀，皇帝出宫，午门声钟，不作乐。致祭瘗毛血迎神奏《中平》，奠玉帛奏《广平》，进俎奏《咸平》，初献奏《寿平》，亚献奏《安平》，终献奏《时平》，彻馔奏《贞平》，送神望瘗奏《宁平》。礼成，教坊司导迎，乐奏《祐平》。午门钟作，还宫。祈谷，皇帝出宫，午门声钟，不作乐。燔柴迎神奏《中平》，奠玉帛奏《肃平》，进俎奏《咸平》，初献奏《寿平》，亚献奏《景平》，终献奏《永平》，彻馔奏《凝平》，送神奏《清平》，望燎奏《太平》。余与圆丘、方泽同。太庙时享，皇帝出宫，钟止，不作乐。致祭迎神奏《开平》，奠帛初献奏《寿平》，亚献奏《嘉平》，终献奏《雍平》，彻馔奏《熙平》，送神望燎奏《成平》。礼成，教坊司导迎奏《禧平》，声钟还宫。社稷坛，皇帝出宫，声钟，不作乐。致祭瘗毛血迎神奏《广平》，奠玉帛初献奏《寿平》，亚献奏《嘉平》，终献奏《雍平》，彻馔奏《熙平》，送神望瘗奏《成平》。礼成，教坊司导迎奏《祐平》，声钟还宫。

舞皆八佾，初献武舞，亚献、终献文舞，文武舞生各六十四人，执干戚羽籥于乐悬之次，引舞旌节四，舞生四人司之。祭之日，初献乐作，司乐执旌节，引武舞生执干戚进，奏《武功之舞》。亚献、终献乐作，司乐执旌节，引文舞生执羽籥进，奏《文德之舞》。惟先师庙祇文舞六佾。

其三大节、常朝及皇帝升殿、还宫，俱奏《中和韶乐》，群臣行礼，奏《丹陛大乐》。亲祭坛庙，乘舆出入，用《导迎乐》，乐章均用"平"字。《宴享清乐》，则以乐词之首为章名。

是年世祖至京行受宝礼，先期锦衣卫设卤簿仪仗，旗手卫设金鼓旗帜，教坊司设大乐于行殿西前导。时龟鼎初奠，官悬备物，未遑润色，沿明旧制杂用之。教坊司置奉銮一人，左右韶舞各一人，协同官十有五人，俳长二十人，色长十七人，歌工九十八人。宫内宴礼，领乐官妻四人，领教坊女乐二十四人。祠祭诸乐，则太常寺神乐观司之。以协律郎教习乐生，月三、六、九日演于凝禧殿。

二年，从有司言，春秋上丁释奠先师，乐六奏，迎神奏《咸平》，奠帛初献奏《宁平》，亚献奏《安平》，终献奏《景平》，彻馔送神奏《咸平》。

祭历代帝王乐六奏，迎神奏《雍平》，奠帛初献奏《安平》，亚献奏《中平》，终献奏《肃平》，彻馔奏《凝平》，送神望燎奏《寿平》。

八年，制：朝日七奏，乐章用"曦"，迎神奏《寅曦》，奠玉帛奏《朝曦》，初献奏《清曦》，亚献奏《咸曦》，终献奏《纯曦》，彻馔奏《延曦》，送神奏《归曦》。

夕月六奏，乐章用"光"，迎神奏《迎光》，奠玉帛初献奏《升光》，亚献奏《瑶光》，终献奏《瑞光》，彻馔奏《涵光》，送神奏《保光》，皆《中和韶乐》。

皇太后、皇后三大节庆贺，皇帝大婚行礼，皆《丹陛大乐》。

祭真武、东岳、城隍庙，教坊司作乐如群祀。

是年又允礼部请，更定乐舞、乐章、乐器之数，享庙大乐于殿内奏之，文武佾舞备列乐章卒歌乐器俱设，补舞生旧额五百七十人。

其后又定常朝升殿《中和韶乐》奏《隆平》，王公百官行礼《丹陛大乐》奏《庆平》，外藩行礼《丹陛大乐》奏《治平》，还宫《中和韶乐》奏《显平》。耤田飨先农，乐章七奏，用"丰"，迎神奏《永丰》，奠帛初献奏《时丰》，亚献奏《咸丰》，终献奏《大丰》，彻馔奏《屡丰》，送神奏《报丰》，望瘗奏《庆丰》。

礼成，御斋宫，《导迎大乐》奏《天下乐》，升座奏《万岁乐》，群臣行礼《丹陛大乐》奏《朝天子》，筵宴上寿奏《三月韶光》，进馔《清乐》奏《太清歌》。

太庙祫祭迎神奏《贞平》，奠帛初献奏《寿平》，亚献奏《嘉平》，终献奏《雍平》，彻馔奏《熙平》，送神奏《清平》。

大享殿合祀天地百神，乐章九奏，用"和"，迎神奏《元和》，奠玉帛奏《景和》，进俎奏《肃和》，初献奏《寿和》，亚献奏《安和》，终献奏《永和》，彻馔奏《协和》，送神奏《泰和》，望燎瘗奏《清和》。

其上皇太后徽号册宝、尊封太妃、册立中宫、太和殿策士诸庆典，皆特诏用乐。自后幸盛京、谒陵，进实录、玉牒亦如之。

康熙初，圣祖践阼幼冲，率承旧宪，无所改作。八年，惟诏定皇帝、太皇太后、皇太后、皇后三大节朝贺乐，皇帝元旦升座《中和韶乐》奏《元平》，还宫奏《和平》，冬至升座奏《遂平》，还宫奏《允平》，万寿节升座奏《乾平》，还宫奏《太平》，群臣行礼《丹陛大乐》奏《庆平》，外藩奏《治平》，太皇太后升座奏《升平》，还宫奏《恒平》，行礼奏《晋平》，皇太后升座奏《豫平》，还宫奏《履平》，行礼奏《益平》，皇后升座奏《淑平》，还宫奏《顺平》，行礼奏《正平》。而有司肄习日久，乐句律度，凌厉失所，伶伦应官，比于制氏，但纪铿锵鼓舞而已。

自世祖时，已屡饬典乐官演习乐舞声容仪节，尝谕大学士等曰："各处祭祀，太常寺所奏乐俱未和谐。乐乃祭祀之大典，必声容仪节尽合歌章，始臻美善。其召太常寺官严饬之。"至十一年，圣祖亦谕礼臣："慎重禋祀，勤加习练，勿仍前怠，亵越明典。"

二十一年，三藩削平，天下无事，左副都御史余国柱首请厘正效庙、朝贺、宴享乐章，上曰："享祀乐章，一代制作所系，礼部、翰林院其集议以闻。"寻奏："自古庙乐，原以颂述祖宗功德，本朝郊坛庙祀乐章，曲名曰'平'，遵奉已久。太祖、太宗、世祖同于太庙致祭，宜如旧。惟朝会、宴享等乐曲调，风雅未备，宜敕所司酌古准今，求声律之原，定雅奏之节。"从之。因命大学士陈廷敬重撰燕乐诸章，然犹袭明故，虽务典蔚，有似徒歌，五声二变，踵讹夺伦，黄钟为万事根本，臣工无能言之者。帝方谦让，亦未暇革也。

二十三年，东巡谒阙里，躬祭孔林，陈卤簿，奏《导迎大乐》乐章、乐舞，先期命太常寺遣司乐官前往肄习，与太学先师庙同。二十九年，以喀尔喀新附，特行会阅礼，陈卤簿，奏《铙歌大乐》，于是帝感礼乐崩陨，始有志制作之事。

三十一年，御乾清宫，召大学士九卿前，指五声八风图示之曰："古人谓十二律定，而后被之八音，则八音和，奏之天地，则八风和，诸福之物，可致之祥，无不毕至，言乐律所关者大也。而十二律之所从出，其义不可知。《律吕新书》所言算数，专用径一围三之法，此法若合，则所算皆合；若舛，则无所不舛矣。朕观径一围三之法，必不能合，盖径一尺，则围当三尺一寸四分一厘有奇，若积累至于百丈，所差当十四丈有奇，等而上之，舛错可胜言耶？"因取方圆诸图谓群臣曰："所言径一围三，但可算六角之数，若围圆必有奇零。朕观《八线表》中半径句股之法极精微，凡圆者可以方算，开方之术，即从此出。若黄钟之管九寸，空围九分，积八百一十分，是为律本，此旧说也。其分寸若以尺言，则古今尺制不同，当以天地之度数为准。惟隔八相生之说，声音高下，循环相生，复还本音，必须隔八，乃一定之理也。"随命乐人取笛和瑟次第审音，至第八声，仍还本音。上曰："此非隔八相生之义耶？"群臣皆曰："诚如圣训，非臣等闻见所及。"

三十四年，定大阅鸣角击鼓声金之制。

四十九年正月，孝惠章皇后七十万寿，又谕礼部曰："《玛克式舞》，乃满洲筵宴大礼，典至隆重，故事皆王大臣行之。今岁皇太后七旬大庆，朕亦五十有七，欲亲舞称觞。"是日皇太后宫进宴奏乐，上前舞蹈奉爵，极欢乃罢。

帝既妙研钟律，时李光地为文渊阁大学士，以耆硕被顾问，会进所纂《大司乐释义》及《乐律论辨》，因上言曰："礼乐不可斯臾去身，亦不可以一日不行于天下。自汉以来，礼乐崩坏，不合于三代之意者二千余年，而乐尤甚。盖自诸经所载节奏、篇章、器数、律吕之昭然者，而纷纷之说，终不能以相一，又况乎精微之旨，与天地同其和者哉！今四海靡靡，风声颓敝，等威无辨，而奢僭不可止；联属无法，而斗争不可禁。记曰：'无本不立，无文不行。'神而明之者，本也；举而措之者，文也。谓宜搜召名儒，以至淹洽古今之士，上监於夏、商，近稽自汉、唐以降，考定斟酌，成一代大典，以淑天下而范万世。"大学士张玉书亦言："乐律算数之学，失传已久，承讹袭舛，莫摘其非；奥义微机，莫探其蕴。臣等躬聆训诲，犹且一时省寤，而覆算迷蒙；中外臣民，何由共喻？宜特赐裁定，编次成书，颁示四方，共相传习。正历来积算之差讹，垂万世和声之善法，学术政事，均有裨益。"

帝重违臣下请，五十二年，遂诏修律吕诸书，于蒙养斋立馆，求海内畅晓乐律者，光地荐景州魏廷珍、宁国梅瑴成、交河王兰生任编纂。兰生故光地所拔士，乐律有神契，朱子《琹律图说》，字多讹谬，兰生以意是正，了然可晓。及被诏入直，所与编校者皆淹雅士，而兰生学独深，亦时时折中于帝，遇有疑义，亲临决焉。

其法首明黄钟为十二律吕根源，以纵黍横黍定古今尺度，今尺八寸一分，当古尺十寸，横黍百粒，当纵黍八十一粒。《汉志》："黄钟之长，以子谷秬黍中者，一黍之广度之，九十分黄钟之长，一为一分。"广者横也，九十分为黄钟之长，则黄钟为九十横黍所累明矣。即以横黍之度比纵黍，为古尺之比今尺，以古尺为一率，今尺为二率，黄钟古尺九寸为三率，推得四率七寸二分九厘，即黄钟今尺之度。《律吕新书》：黄钟九寸，空围九分，积八百一十分，再置古尺，积八百一十分，以九十分归之，得面羃九方分，用比例相求，面线相等，面积不同。定数圆面积一十万为一率，方面积一十二万七千三百二十四为二率，今面羃九方分为三率，推得四率一十一分四十五厘九十豪，开平方得三分三厘八豪五丝一忽，为黄钟古尺径数。求周，得十分六厘三豪四丝六忽。即以古尺之积比今尺之积，古尺一百分，自乘再乘得一百万分为一率，今尺八十一分，自乘再乘得五十三万一千四十一分为二率，黄钟积八百一十分为三率，推得四率四百三十分四百六十七厘二百十一豪，即黄钟今尺之积。以今尺长七寸二分九厘归之，得面羃五分九十厘四十九豪，求径得二分七厘四豪一丝九忽，而黄钟管之纵长体积面径定矣。

黄钟既定，于是制律吕同径之法，以积实容黍为数，三分损益以核之，黄钟三分损一，下生林钟，林钟三分益一，上生太簇，太簇三分损一，下生南吕，南吕三分益一，上生姑洗，姑洗三分损一，下生应钟，应钟三分益一，上生蕤宾，蕤宾三分益一，上生大吕，大吕三分损一，下生夷则，夷则三分益一，上生夹钟，夹钟三分损一，下生无射，无射三分益一，上生仲吕。又倍之，自蕤宾以下至应钟，半之，自黄钟以下至仲吕，皆六。不用京房变律之说，定宫声在黄钟、大吕之间。

黄钟为宫，次太簇以商应，次姑洗以角应，次蕤宾以变徵应，次夷则以徵应，次无射以羽应，次半黄钟以变宫应，所谓阳律五声二变也。至半太簇为清宫，仍应黄钟焉。大吕为宫，次夹钟以商应，次仲吕以角应，次林钟以变徵应，次南吕以徵应，次应钟以羽应，次半大吕以变宫应，所谓阴吕五声二变也。至半夹钟为清宫，仍应大吕焉。旋相为宫，折中取声，类而不杂。验之箫笛，工为宫，则凡应商，六应角，五应变徵，乙应徵，上应羽，尺应变宫。

黄钟为低工，大吕为高工，而分清浊。太簇为低凡，夹钟为高凡，而分清浊。姑洗为低六，仲吕为高六，而分清浊。蕤宾为低五，林钟为高五，而分清浊。夷则为低乙，南吕为高乙，而分清浊。无射为低上，应钟为高上，而分清浊。倍之，则倍无射、倍应钟为宫声之右变宫尺字，而分清浊。倍夷则、倍南吕为变宫之右下羽上字，而分清浊。倍蕤宾、倍林钟为下羽之右下徵乙字，而分清浊。半之，则半黄钟、半大吕为羽声之左变宫尺字，而分清浊。半太簇、半夹钟为变宫之左少宫工字，而分清浊。半姑洗、半仲吕为少宫之左少商凡字，而分清浊。古乐所以起下徵而终清商也。

黄钟一径，别其长短，为十二律吕，复助以倍半，而得五声二变之全，由是制以乐器，以黄钟之积为本，加分减分，皆用黄钟之长与径相比，大加至八倍，则长与径亦加一倍，小减至八分之一，则长与径亦减其半。正律吕管十二，倍管六，半管六。黄钟同形管五十六，亦倍管六，半管六。同形管又生同径管十一，凡一千三百六十八管。依数立制，以考其度，以审其音。八倍黄钟之管，声应正黄钟之律浊宫低工。七倍黄钟之管，应大吕之吕清宫高工。六倍黄钟之管，应太簇之律浊商低凡。五倍黄钟之管，应夹钟之吕清商高凡。四倍黄钟之管，应姑洗之律浊角低六。三倍半黄钟之管，应仲吕之吕清角高六。三倍黄钟之管，应蕤宾之律浊变徵低五。三倍宜应仲吕，今高半音而应蕤宾，盖管体渐小，声音易别。必于三倍之积，复加正黄钟之半积，始应仲吕之吕清角高六。半积之理，由此生也。二倍半黄钟之管，应林钟之吕清变徵高五。二倍加四分之一黄钟之管，应夷则之律浊徵低乙。二倍黄钟之管，不应夷则，而二倍半二倍之间始应之。必以半积复半之，为四分之一，**加于二倍之内**，其分乃合。四分之一之理，由此生焉。二倍黄钟之管，应南吕之吕清徵高乙。正加四分之三黄钟之管，应无射之律浊羽低上。正加四分之二黄钟之管，应应钟之吕清羽高上。正加四分之一黄钟之管，应半黄钟之律浊变宫低尺。正加八分之一黄钟之管，应半大吕之吕清变宫高尺。此管与正黄钟最近，欲取合清宫之分，则以四分之一复半之，为八分之一，**加于正黄**钟之分，其声始应。八分之一之理，由此生焉。

继此则正黄钟管声应半太簇之律，浊宫低工乃与八倍黄钟之管相和同声矣。递减之，黄钟正积八分之七之管，应大吕之吕。八分之六之管，应太簇之律。八分之五之管，应夹钟之吕。八分之四之管，应姑洗之律。八分之三分有半之管，应仲吕之吕。八分之三之管，应蕤宾之律。八分之二分有半之管，应林钟之吕。八分之二又加一分之四分之一之管，应夷则之律。此一分之四分之一，乃正黄钟三十二分之一，至此三十二分之理生焉。八分之二之管，应南吕之吕。八分之一又加一分之四分之三之管，应无射之律。八分之一又加一分之四分之二之管，应应钟之吕。八分之一又加一分之四分之一之管，应半黄钟之律。八分之一又加一分之八分之一之管，应半大吕之吕。此一分之八分之一，乃正黄钟六十四分之一，至此六十四分之理生焉。而八分之一之管，又应正黄钟，而为正黄钟长与径之半。

自八倍黄钟至黄钟八分之一，皆具同径之十二律吕，皆成一调之五声二变。推而演之，加黄钟之积至六十四倍，则同形管长径皆四倍于正黄钟，减黄钟之积至六十四分之一，则同形管长径皆得正黄钟四分之一。六十四倍积同形管应正黄钟，五十六倍积同形管与六十四分之七同形管应大吕，四十八倍积同形管与六十四分之六同形管应太簇，四十倍积同形管与六十四分之五同形管应夹钟，三十二倍积同形管与六十四分之四同形管应姑洗，二十八倍积同形管与六十四分之三加半同形管应仲吕，二十四倍积同形管与六十四分之三同形管应蕤宾，二十倍积同形管与六十四分之二加半同形管应林钟，十八倍积同形管与六十四分之二加一分四之一同形管应夷则，十六倍积同形管与六十四分之二同形管应南吕，十四倍积同形管与六十四分之一加一分四之三同形管应无射，十二倍积同形管与六十四分之一加一分四之二同形管应应钟，十倍积同形管与六十四分之一加一分四之一同形管应半黄钟，九倍积同形管与六十四分之一加一分八之一同形管应半大吕，六十四分之一同形管仍应正黄钟，于是十二律吕之同径异形者，合长短倍半以成旋宫之用。而黄钟之同形异径者，因加减实积，亦成旋宫之用。制器求声，**齐于此矣。**

虽然，五声二变管律与弦度又各不同，汉、唐以后，皆宗司马、《淮南》之说，以三分损益之术，误为管音五声二变之次，复执《管子》弦音五声度分，而牵合于十二律吕之中。试截竹为管吹之，黄钟半律，不与黄钟合，而合黄钟者为太簇之半律，则倍半相应之说，在弦音而非管音也。又**黄钟为宫，其徵声不应于林钟而应于夷则，**则三分损益宫下生徵之说，在弦度而非管律也。以弦度取声，全弦与半弦之音相应，而半律较全律则下一音。盖弦之体，实藉人力鼓动而生声，全弦长，故得音缓，半弦短，故得音急，长短缓急之间，全半相应之理寓焉。管之体虚，假人气入之以生声，故管之径同者，其全半不相应，求其相应，必径减半始得，所以正黄钟与黄钟八分之一之管相应同声也。

因全半之不同，**于是管律弦度首音至八音，**其间所生五声二变之度分亦异。管律黄钟之全为宫声首音，则太簇之半为少宫八音，其间太簇之全为商声二音，姑洗为角声三音，蕤宾为变徵四音，夷则为徵声五音，无射为羽声六音，黄钟之半为变宫七音。自首音至第八音，得七全分。若弦度假借黄钟全分为宫声首音，则黄钟之半为少宫八音，其间太簇之分为商声二音，姑洗之分为角声三音，蕤宾之分为变徵四音，而林钟之分乃为徵声五音，南吕之分为羽声六音，应钟之分为变宫七音。各弦之分，宫至商，商至角，角至变徵，徵至羽，羽至变宫，皆得全分，而变徵至徵，变宫至少宫，祗得半分。自首音至八音，合为六全分，故弦音不可以十二律吕之度取分。如以倍无射变宫尺字定弦，则得下徵之分。倍无射变宫尺字，即今笛与头管之合字也。凡品乐居首一弦，必得下徵之分，而五音之位始正。故世以头管合字定琴之一弦为黄钟之宫者，盖一弦不得不定以合字，正为取下徵之分也。

黄钟宫声工字定弦，得下羽之分；太簇商声凡字定弦，得变宫之分；姑洗角声六字定弦，得宫弦之分；蕤宾变徵五字定弦，得商弦之分；夷则徵声乙字定弦，得角弦之分；无射羽声上字定弦，得变徵之分；而半黄钟变宫尺字定弦，仍得徵弦之分焉。今借黄钟之分为宫弦全分，其首音仍定以黄钟之律，则二音限于太簇之分，而声亦应太簇之律，三音则变为夹钟之分，而声始应姑洗之律。如仍取姑洗之分，则声必变而应于仲吕之吕，四音复变为仲吕之分，而声应蕤宾之律。如仍取蕤宾之分，则声必变而应于林钟之吕，五音则为林钟之分而应夷则之律，六音则为南吕之分而应无射之律，七音又变为无射之分而声始应半黄钟之律。如仍取应钟之分，则声必变而应于半大吕之吕。此宫弦之分因全弦首音定黄钟之律，而变为羽弦之分者也。或以黄钟之分为宫弦全分，而本弦七音欲各限以宫弦内七音之分，则首音必定以姑洗之律。以次分之，此宫弦之分因全弦首音定姑洗之律，而得宫弦之分者也。又或以笛与头管合字为今所定倍无射之律为宫弦全分，首音依次分之，得下徵弦之分，此宫弦之分因全弦首音定以笛之合字而变为徵弦之分者也。依律吕而定弦音，则弦度之分随之潜移，依弦度之分命为七音之次，则声音宫调不与律吕相协。此由管律、弦度全、半生声取分之不同，于是丝乐弦音之旋宫转调，与竹乐管音亦异。

清浊二均各七调，中与管乐有同者，有可同者，有不可同者。同者惟宫调一调，五声二变皆正应。可同者，商调、徵调五声正、应二变借用；不可同者，角调、变徵调、羽调、变宫调五声之内清浊相淆。如但以弦音奏之，而不和以管音，祇有四调，余三调皆转入弦音宫调。故《周礼》大司乐三宫，《汉志》三统，皆以三调为准。所谓三统，其一天统，黄钟为宫，乃黄钟宫声位羽起调，姑洗角声立宫，主调是为宫调也。其一人统，太簇为宫，乃太簇商声位羽起调，蕤宾变徵立宫，主调是为商调也。其一地统，林钟为宫，乃弦音徵分位羽，实管音夷则徵声位羽起调，半黄钟变宫立宫，主调是为徵调也。《隋志》郑译云：考寻律吕，七声之内，三声乖应。当时考较声律，或以管音考核弦音，或以弦音考核管音，故得四调相和，三调乖应，即二变调与角调也。变徵调与羽调五正声内祇一声乖应，然羽调犹能自立一调，变徵调则转入宫调声字。至角调变宫调，五声之内二三声乖应，与宫调声字雷同，皆不能成一调也。《唐志》载四宫二十八调，率以弦音之分定为十二律吕之度，故有正宫大食、高大食之名。今即弦音、管音之和不和，以辨阳律、阴吕之分用、合用，乃知《唐书》之二十八调独取弦音，不在管律。而古人所用三统，实取管音、弦音之相和者用之也。

是以弦音诸乐，其要有四：一，定弦音应某律吕之声字，即得某弦之度分。一，弦音转调不能依次递迁，故以宫调为准，有几弦不移，而他弦或紧一音，或慢半音，遂成一调，而各弦七声之分因之而变。一，弦音诸调虽无二变，而定弦取音，必审二变之声，必计二变之分，始能得其条贯，不然，宫调无所取准。一，弦音宫调，惟宫与商徵得与律吕相和为用，余四调阴阳乖应，或淆入宫调声字，不得自成一调。即此四者，条分缕析，则弦音旋宫转调之法备矣。

乐之学既微，自古言者又歧说繁滋，莫衷一是。子长、孟坚时已异同，隋、唐登歌，杂苏祇婆《龟兹乐》，以律吕文之，神瞽弗世，等于《诗》亡。宋人李照、和岘、范镇、蔡元定之徒，稍有志于复古，然但资臆验，或且饰以阴阳郛廓之说，明郑世子载堉始以勾股谭律度。

帝本长畴人术，加之以密率，基之以实测，管音弦分千载之袭缪，至是乃定。明年书成，分三编：曰《正律审音》，发明黄钟起数，及纵长、体积、面幂、周径律吕损益之理，管弦律度旋宫之法；曰《和声定乐》，明八音制器之要，详考古今之同异；曰《协均度曲》，取波尔都哈儿国人徐日升及意大里亚国人德里格所讲声律节度，证以经史所载律吕宫调诸法，分配阴阳二均字谱，赐名曰《律吕正义》。兰生、廷珍等皆赐及第，进官有差。

既又谕改订《中和乐章》声调，曰："殿陛所奏《中和乐章》，皆沿明代，句有长短，体制类词，曾因不雅，命大学士陈廷敬等改撰，章法皆以四字为句，而乐人未娴声调，仍以长短句凑拍歌之。今考旧调已得，宫商节奏甚为和平，必使歌章字句亦随韵逗，则章明而宫声谐，其著南书房翰林同大学士详定以闻。"是年十一月冬至，躬祀圜丘，遂用新定乐律。

五十四年，改造圜丘坛，金钟玉磬，各十有六。五十五年，颁《中和韶乐》于直省文庙。初，乐章既改用"平"，而直省仍沿用"和"，至是从礼部请，始颁行焉。

世宗雍正二年，定耕耤《三十六禾词》，耕耤筵宴乐制，进筵，《丹陛乐》奏《雨旸时若之章》，进酒，《管弦乐》奏《五谷丰登之章》，进馔，《清乐》奏《家给人足之章》，其辞皆大学士蒋廷锡撰。后又定祭时应宫、祭风伯庙、教坊司作乐，祭雷师、云师庙，和声署作乐，官民婚嫁，品官鼓乐人不得过十二，生、监、军、民不得过八人，著为令。

高宗即位，锐意制作，庄亲王允禄自圣祖时监修律算三书，至是仍典乐事。乾隆六年，殿陛奏《中和韶乐》，帝觉音律节奏与乐章不协，因命和亲王弘昼同允禄奏试，允禄因言："明代旧制，乐章以五、六、七字为句，而音律之节奏随之，乐章音律俱八句，故长短相协。今殿陛乐若定以四字为句，则与坛庙无殊，惟乐章更定，大典攸关，谓宜会同大学士、礼部将乐章十二成详议，令翰林改拟进览。"寻大学士鄂尔泰等议："乐章十二成内，惟《淑平》、《顺平》二成每章八句，其十成乐章每章各十句，句四字，而按之音律，则每章八句，每句六、七、八字，以十句四字乐章，和以八句六、七、八字之音律，长短抑扬，宜不尽协。应将乐章字句，按音律之节奏以调和之，章酌从八句，句无拘四言。"奏可。

旧《中和乐》编钟内倍夷则四钟在黄钟正律之前，帝疑其舛，兼询编钟倍律及设而不作之故于臣工，时张照以刑部侍郎副允禄管部，名知乐，奏言："编钟之制，以十六钟为一架，阳律八为一悬，在上；阴律八为一悬，在下。阳自阳，阴自阴。律吕之法，必有倍、半，然后高低清浊具备，以成旋宫之用。故阳律有倍蕤宾、倍夷则、倍无射在黄钟之前，有半黄钟、半太簇、半姑洗在无射之后。阴律则有倍林钟、倍南吕、倍应钟在大吕之前，有半大吕、半夹钟、半仲吕在应钟之后。倍蕤宾以还，则声过低而哑，半仲吕以还，则声过高而促，故不用。编钟无倍蕤宾、倍林钟，亦无六半律，以编钟具八，其音中和，已足于用。低不至倍蕤宾、倍林钟，高不至六半律，其序以从低至高，浊至清，排列为次。倍夷则、倍无射当在黄钟之前，倍南吕、倍应钟当在大吕之前，与箫管之长短，琴弦之巨细为一例。排箫倍夷则、倍无射二管在黄钟之前，倍南吕、倍应钟二管在大吕之前。琴之倍徵、倍羽二弦在宫弦之前，若琴弦箫管易位，则音不可谐，是以编钟之次第同于弦管。”又奏：“编钟一架，上八下八，上阳律，下阴吕。考击之节，南郊、庙祀及临朝大典，皆用黄钟为宫，北郊、月坛，则用大吕为宫。用黄钟为宫，则击上钟，用大吕为宫，则击下钟。临朝以下钟易置于上而击之，非下八钟不击也。又八钟原祗七音，姑洗为宫，黄钟起调为工字，倍夷则、无射为变徵，太簇为变宫，三钟不入调，是以不击。工字调外，则惟二钟不击。如以太簇为宫，倍无射起调为尺字，则倍夷则、无射、太簇三钟皆击，而黄钟为变宫，夷则为变徵，二钟又当不击矣。因相沿俱以黄钟调为黄钟宫，儒生不知音律，谓黄钟为声气之元，万物之母，郊庙、朝廷用之吉，否则凶。不知黄钟为宫，其第一声便是下羽，除变宫、变徵不入调，商、角、徵、羽必须迭用。若声声皆是黄钟，晏子所谓琴瑟专一，谁能听之。况《大武》之乐，即是无射为宫，载之《国语》。无射乃阳律之穷，而武王用之，则十二月各以其律为宫，无所不可，亦明矣。”上是之，命如故。

当是时，清兴百余年矣，古学萌芽，儒者毛奇龄、李塨、胡彦昇、江永辈多著书言乐事，考证益邃密。帝亦慕箫韶九成之盛，剮诗缉颂，勇于改为，欲以文致太平。圣祖时虽编定乐书，大抵稽于音律，而乐章句逗无谱，不与音相应。有协律高万霖者，耆年审音，改定宫谱，然祗坛庙之乐。朝会清歌，仍踵前缪。照遂请续纂律吕书，谓“前代坠典，宜见刊正”，许之。开馆纂修，仍命允禄监其事。未几，馆臣上议：“坛庙乐章字谱，天坛、太庙、朝日坛俱黄钟为宫，地坛、夕月坛大吕为宫，近于南齐祗用黄钟之说，而兼清浊二均。及于大吕，虽义有可取，但编钟器内必有设而不作者，同于隋以前哑钟之诮。我皇上制作定世，继述休明，允宜博考详稽，以襄盛典。夫言礼乐必宗成周，顾周代遥邈，文不足徵，所可考者，莫如《周礼》。而《周礼》所载圜钟为宫祭天、函钟为宫祭地、黄钟为宫祭宗庙之说，圜钟、函钟不知何律。郑康成以圜钟为夹钟，函钟为林钟，祭地用林钟，义则善矣。然林钟何以又称函钟，则亦无所据也。惟准六乐次第论之，有函钟而无林钟，则知函钟即林钟，然六乐又有夹钟无圜钟，其以圜钟为夹钟，谓夹钟生于房、心之间，房、心大辰，天帝之明堂，则用甘公、石申战代星家之言，以解七百年前周公之制度，诚非笃诂。李光地谓祭天以黄钟为宫，祭宗庙以圜钟为宫，圜黄互错，诸儒相承而不知改。揆以春禘之文，则夹钟之月也，虽若近理，然亦出于臆见。《周礼》本言祭天以圜钟为宫，其下即云黄钟为角，一章之乐，断无黄钟既为宫，而又为角之理。六乐次第，清浊各一均，黄钟与大吕配祀天神，太簇与应钟配祭地祇，姑洗与南吕配祀四望，蕤宾与函钟配祭山川，夷则与仲吕配享姜嫄，无射与夹钟配享先祖，以律之次第分神之尊卑。顾律吕同用，而清浊之间，有同均者，有不同均者，见诸实用，难于施行。是以历代皆欲仰法周制，而苦无所凭。**惟唐贞观时祖孝孙定为祭圜丘以黄钟为宫，**方泽以林钟为宫，宗庙以太簇为宫，朝贺宴飨则随月用吕为宫，最为通论。盖黄钟子位，天之统也。乾位在亥，亥前为子，十二辰之始。黄钟下生林钟，林钟未位，地之统也。坤位在申，阳顺阴逆，申前为未。自子至午七律，而天之道备，自未至丑七律，而地之道备。故黄钟属天，林钟属地，林钟上生太簇，太簇寅位，人之统也。故以祀宗庙，先儒所谓万物本乎天，人本乎祖之义也。光地亦称祖孝孙特有远识，而历代用乐，此最近古。臣等愚见，谓宜遵圣祖《律吕正义》所定旋宫转调之法，将地坛乐章改林钟为宫，太庙乐章改太簇为宫，社稷坛亦地也，亦宜改用林钟为宫。月生于西，酉，西方正位也。又秋分夕月，建酉之月也。夕月坛宜改用南吕为宫，朝日坛若以日东月西、日卯月酉论，应用夹钟为宫，但夹钟阴而日阳，衷以人心属日之义，宜改用太簇为宫。其朝会宴享，并应依唐祖孝孙之说，各以其月之律为宫。先农坛，农事也，宜以姑洗为宫。历代帝王庙、孔子庙祭以春秋，春夹钟、秋南吕为宫，太岁坛宜以岁始之律太簇为宫。”奏上，而皇太后、皇后升座、还宫乐章律吕未定，因命礼臣集议。允禄议曰：“皇太后、皇后乐章应用律吕，博考前典，并无明文。惟十二律吕皆生于黄钟，故黄钟为声气之元，但既专用于南郊以尊上帝，自不便拟用。且律协于乾，吕协于坤，坤元允宜用吕。大吕为黄钟之吕，拟皇太后乐以大吕为宫。《礼记》：天子日也，日月东西相从而不已，天道也。酉为月之正位，援后月之义，拟皇后乐以南吕为宫。”履亲王允裪议曰：“馆臣拟皇太后乐以大吕为宫，皇后乐以南吕为宫，臣愚以为大吕、南吕并是阴吕，皇上曾有‘凡庆贺大典，皇太后宫应用阳律’之旨，旧制一切大典，俱以黄钟为宫，请仍循旧制。皇上冬至、元旦、万寿三大节，皇太后、皇后三大节，并以黄钟为宫。”帝以“大吕者，黄钟之吕也。既用黄钟尊上帝，林钟尊后土，太簇尊宗庙，而议皇太后乐用大吕，大吕之序，乃在南吕后，皇后乐已用南吕，是先于皇太后也。又方泽坛用蕤宾之吕，林钟为宫，而社稷亦宜有别”。因命重议。于是馆臣请定皇太后乐用南吕为宫，社稷坛祭以春秋二仲月上戊，宜以夹钟南吕为宫。从之。七年，允禄等又奏：“太皇太后升座、还宫用《中和韶乐》，行礼用《丹陛乐》，与皇帝同，而皇太后、皇后俱用《丹陛乐》。考诸掌仪司，自来升座、还宫并用《中和韶乐》，缘陈廷敬撰拟乐章之时，以皇太后、皇后不敢同于太皇太后，便以《丹陛》名之。请仍复旧，各为乐章。”寻定皇太后御慈宁宫升座《中和韶乐》奏《豫平》；皇帝率诸王群臣行礼《丹陛大乐》奏《益平》，还宫《中和韶乐》奏《履平》，皇后率皇贵妃、贵妃、妃、嫔及公主、福晋、命妇至宫行礼并同。皇帝三大节临轩、还宫、御内殿升座《中和韶乐》奏《元平》，皇后率皇贵妃、贵妃、妃、嫔行礼《丹陛大乐》奏《雍平》，降座《中和韶乐》奏《和平》，皇后三大节升座《中和韶乐》奏《淑平》，行礼《丹陛大乐》奏《正平》，降座《中和韶乐》奏《顺平》。皇帝筵宴、进茶、赐茶《丹陛清乐》奏《海宇昇平日》，进酒、赐酒奏《玉殿云开》，进馔、赐食《中和清乐》奏《万象清宁》。皇太后三大节升座、还宫行礼与庆贺同，筵宴进茶、进酒、进馔所奏歌词与皇帝同。

时山东道监察御史徐以升奏言："古有雩祭之典，所以为百谷祈膏雨也。其制，则为坛于南郊之旁。我朝礼制具备，惟雩祭未有坛壝，乞敕下礼臣博求典故，详考制度，仿古龙见而雩之礼，择地立坛。"帝下其章，大学士鄂尔泰等议曰："孟夏之月，苍龙宿见东方，为百谷祈膏雨，故龙见而雩。晋永和中，依郊坛制为雩坛，祈上帝百辟，旱则祈雨。唐时雩祀于南郊，后行雩礼于圜丘。历代京师孟夏后旱雩之礼，皆七日一祈，唐制斟酌最善，臣等酌议宜仿其制。古大雩用舞童二佾，衣玄衣，各执羽翳，歌《云汉》之诗。今皇上仿《云汉》体御制诗歌八章，圣念恳诚，宸章剀切，应用舞童十六人，玄衣，八列，执羽翳，终献乐止，赞者赞：'舞童歌诗。'歌毕，乃望燎。令掌仪司选声音清亮者充之，羽翳依《周礼·皇舞》之式，礼仪与孟夏常雩同。上帝、社稷、宗庙、太岁坛俱旧有乐章，惟神祇坛阙，应敕律吕馆撰进。"乃定雩祀天神从圜丘，以黄钟为宫；地祇从方泽，以林钟为宫。乐用七成，迎神奏《祈丰》，奠帛奏《华丰》，初献奏《安丰》，亚献奏《兴丰》，终献奏《仪丰》，彻馔奏《和丰》，送神奏《锡丰》。是年始专设乐部，凡太常寺、神乐观所司祭祀之乐，和声署、掌仪司所司朝会宴飨之乐，銮仪卫所司卤簿诸乐，均隶焉。以礼部内务府大臣及各部院大臣谙晓音律者总理之，设署正、署丞、侍从、待诏、供奉、供用官、鼓手、乐工，总曰署吏，而以所司乐器别其目。钟曰司钟，磬曰司磬，琴、瑟、笙、箫亦如之。又禁道士充太常寺乐员。初，明乐舞生多选道童，世祖定都，沿而用之，羽流慢亵，识者慨焉，至是其弊始革。

既又从馆臣言，定耕耤之乐。耕耤前期进种，《导迎乐》前导，至日，和声署率属鹄立彩棚南，彩棚之制，后二十三年裁。歌《禾辞》者十四人，司锣、司鼓、司版、司笛、笙、箫者各六人，搴彩旗者五十人。祭毕，行耕耤礼。礼成，《导迎乐》作，驾诣斋宫内门，乐止，《中和韶乐》作。皇帝御后殿，乐止，报终亩，《中和韶乐》作。皇帝御斋宫，升座，乐止，群臣庆贺行礼，《丹陛大乐》作。进茶、赐茶《中和韶乐》作。皇帝乘辇出宫，和声署《卤簿大乐》并作。筵宴、进茶、赐茶改《雨旸时若》为《喜春光》。进酒、赐酒改《五谷丰登》为《云和迭奏》。进馔、赐馔改《家给人足》为《风和日丽》，升座、还宫乐章与三月常朝同。群臣行礼《丹陛乐章》与元旦同。又定祀先蚕乐章器用方响十有六，云锣、瑟、杖鼓、拍版各二，琴四、箫、笛、笙各六，建鼓一。皇后采桑歌器用金鼓、拍版二，箫、笛、笙六。遣官致祭乐章与群祀同。

又定赐衍圣公宴乐章奏《洙泗发源长》。正一真人宴奏《上清碧落》。文进士宴奏《启天门》。武进士奏《和气洽》。乡饮酒礼歌《鹿鸣》、《四牡》、《皇皇者华》三章，笙御制补《南陔》、《白华》、《华黍》三章，闲歌《鱼丽》、《南有嘉鱼》、《南山有台》三章，笙御制补《由庚》、《崇丘》、《由仪》三章，合乐《周南·关雎》、《葛覃》、《卷耳》三章，《召南·鹊巢》、《采蘩》、《采蘋》三章。

八年九月，高宗东巡狩至盛京，仪仗具，马上鼓吹导引，翼日设《丹陛大乐》于两乐亭，礼部设龙亭，置庆贺表，用《导迎乐》。上御崇政殿，升座《中和韶乐》奏《元平》，诸王大臣行礼、宣表《丹陛大乐》奏《庆平》，朝鲜陪臣朝贺《丹陛大乐》奏《治平》，颁诏、赐茶《中和韶乐》奏《和平》。是日崇政殿筵宴所奏《中和丹陛清乐》与太和殿筵宴同。改《玛克式舞》为《庆隆之舞》，又增《世德之舞》。旋定乐舞内《大·小马护》为《扬烈舞》，舞人所骑竹马为禺马，马护为面具。大臣起舞上寿为《喜起舞》。歌章者曰司章，骑竹马曰司舞，搊琵琶曰司琵琶，弹弦子曰司三弦，弹筝曰司筝，划节曰司节，拍版曰司拍，拍掌曰司抃。

九年，亲幸翰林院，诏乐部设乐，升座奏《隆平》，掌院大学士率百官行礼奏《庆平》，进茶、赐茶奏《文物京华盛》，进御筵宴奏《玉署延英》、进酒、赐酒奏《延阁云浓》，百官谢恩奏《庆平》，还宫奏《显平》。

是年裁太常寺司乐人六，增设天神地祇坛乐器，谕礼臣，除夕保和殿筵宴蒙古王等，先进蒙古乐曲，次《庆隆舞》，元旦太和殿筵宴王大臣，互易用之，著为令。

帝自御宇，乐制屡易，因革损益，悉出睿裁，群臣希旨，务为补苴，非有张乾龟、万宝常之识也。帝思隆巍焕，遂特诏厘定朝会宴飨诸乐章，自七年定郊庙祭祀诸乐章，至十一年始成。朝会，皇帝元旦《中和乐》，升座《元平》，还宫《和平》。冬至《中和乐》，升座《遂平》，还宫《允平》。万寿《中和乐》，升座《乾平》，还宫《泰平》。上元《中和乐》，升座《怡平》，还宫《昇平》，常朝《中和乐》，升座《隆平》，还宫《显平》。内廷行礼《丹陛乐·雝平》，诸王百官行礼《丹陛乐·庆平》，外藩《丹陛乐·治平》。皇太后三大节《中和乐》，升座《豫平》，还宫《履平》，《丹陛乐·益平》。皇后三大节《中和乐》，升座《淑平》，还宫《顺平》，《丹陛乐·正平》。郊庙圆丘迎神《始平》，奠玉帛《景平》，进俎《咸平》，初献《寿平》，亚献《嘉平》，终献《永平》，彻馔《熙平》，送神《清平》，望燎《太平》。方泽迎神《中平》，奠玉帛《广平》，进俎《含平》，初献《大平》，亚献《安平》，终献《时平》，彻馔《贞平》，送神、望瘗《宁平》。祈谷迎神《祈平》，奠玉帛《绥平》，进俎《万平》，初献《宝平》，亚献《穰平》，终献《瑞平》，彻馔《渥平》，送神《滋平》，望燎《谷平》。雩祭迎神《霭平》，奠玉帛《云平》，进俎《需平》，初献《霖平》，亚献《露平》，终献《霑平》，彻馔《灵平》，送神《霈平》，望燎《霈平》。太庙时飨，迎神《贻平》，奠帛、初献《敉平》，亚献《敷平》，终献《绍平》，彻馔《光平》，送神、还宫、望燎《乂平》。祫祭迎神《开平》，奠帛、初献《肃平》，亚献《协平》，终献《裕平》，彻馔《诚平》，送神、还宫、望燎《成平》。社稷迎神《登平》，奠帛、初献《茂平》，亚献《育平》，终献《敦平》，彻馔《博平》，送神《乐平》，望瘗《徵平》。社稷坛祈雨报祀迎神《延丰》，奠帛、初献《介丰》，亚献《滋丰》，终献《霈丰》，彻馔《绥丰》，送神《贻丰》，望瘗《博丰》。朝日迎神《寅曦》，奠玉帛《朝曦》，初献《清曦》，亚献《咸曦》，终献《纯曦》，彻馔《延曦》，送神《归曦》。夕月迎神《迎光》，奠帛、初献《升光》，亚献《瑶光》，终献《瑞光》，彻馔《涵光》，送神《保光》。历代帝王迎神《肇平》，奠帛、初献《兴平》，亚献《崇平》，终献《恬平》，彻馔《淳平》，送神、望燎《匡平》。先师迎神《昭平》，奠帛、初献《宣平》，亚献《秩平》，终献《叙平》，彻馔《懿平》，送神《德平》。先农迎神《永丰》，奠帛、初献《时丰》，亚献《咸丰》，终献《大丰》，彻馔《屡丰》，送神《报丰》，望瘗《庆丰》。先蚕迎神《庥平》，奠帛、初献《承平》，亚献《均平》，终献《齐平》，彻馔《柔平》，送神《洽平》，天神地祇迎神《祈丰》，奠帛、初献《华丰》，亚献《兴丰》，终献《仪丰》，彻馔《和丰》，送神《锡丰》。太岁迎神《保平》，奠帛、初献《定平》，亚献《赧平》，终献《富平》，彻馔《盈平》，送神《丰平》。太岁坛祈雨、报祀迎神《需丰》，奠帛、初献《宜丰》，亚献《晋丰》，终献《协丰》，彻馔《应丰》，送神《洽丰》。皇帝祭坛庙还宫《导迎乐·祐平》，庆典《导迎乐·禧平》。其词皆命儒臣重撰，天子亲裁之，分刌而节比，合则仍其故，不合则易其辞、更其调，视旧章增损有加，而《律吕正义后编》亦于是年书成。曰《祭祀乐》，曰《朝会乐》，曰《宴飨乐》，曰《导迎乐》，曰《行幸乐》。更参稽前代因革损益之异，为《乐器考》、《乐制考》、《乐章考》、《度量权衡考》。复推阐圣祖所以审音定乐制器协均者，为《乐问》三十五篇。大抵详于宫谱，而于律吕之原，管音弦度之分合，一遵圣祖，无所创也。帝自制序以冠之。

十三年二月，东巡山左，祭岱岳，大学士等上言："泰山向不用乐，考《周礼》大司乐'奏蕤宾、歌函钟、舞大夏以祭山川'。今特举盛典，秩于岱宗，请遵古用乐，乐章饬部撰拟。"于是诏乐章六奏，用"丰"。十月，张广泗、讷亲讨金川久无功，上特命大学士傅恒为经略，出师，行授钺礼。是日御太和殿，陈法驾卤簿乐器如常仪。升座，《中和韶乐》奏《隆平》，经略跪受敕印行礼，《丹陛大乐》奏《庆平》，经略随奉敕印大臣由东阶下，乐止，上还宫《中和韶乐》奏《显平》。禡日建八旗大纛于堂子内门外之南，军士执螺角列竣，上舆出宫，乐陈而不作。至红桩，声螺角，上入自街门降舆，螺止。行礼，复声螺。纛前行礼毕，出至红桩，螺止，《导迎乐》作。驾至东长安门外，御武帐，升座，赐经略酒，从征官皆櫜鞬，辞，启行。还宫，《导迎乐》作。明年凯旋，赐宴丰泽园，驾御帐殿，进茶、赐茶奏《景运乾坤泰》，掌仪捧台盏卮壶奏《圣德诞敷》，进馔奏《日耀中天》。其后兆惠平定西域，阿桂再克金川，凯旋皆用此礼，改《景运乾坤泰》为《圣武光昭世》，《圣德诞敷》为《禹甸遐通》，《日耀中天》为《圣治遐昌》。改《德隆舞》为《德胜之舞》。《中和》乐章皆增武成庆语，以夸肤绩。上又自作《凯歌》三十章，增《铙歌》十六章，郊劳时奏之。声容裔厖，迈隆古矣。

二十六年，江西抚臣奏得古钟十一，图以进，上示廷臣，定为镈钟，命依钟律尺度，铸造十二律镈钟，备《中和》特悬。既成，帝自制铭，允禄等又请造特磬十二虡，与镈钟配，凿和阗玉为之。三十三年，定关帝庙乐章，迎神、送神三献章各一。四十五年八月，高宗七旬万寿，增《喜起舞》乐九章。自是凡有大庆典，则增制乐章以为常。

五十二年，命皇子永瑢与邹奕孝、庄存与重定《诗经乐谱》，纠郑世子载堉之谬。五十八年，又命乐部肄演安南、廓尔喀、粗缅甸、细缅甸诸乐，故清之乐，终帝之世凡数变。

仁宗嘉庆元年，增制太上皇帝三大节御殿《中和韶乐》二章，《丹陛大乐》一章，宫中行礼《丹陛大乐》一章，筵宴《中和清乐》一章、《丹陛清乐》二章、《庆隆舞》乐九章，又增皇极殿千叟宴太上皇帝御殿《中和韶乐》二章。自后临雍，幸翰林院、文昌庙祀，社稷坛祈晴及万寿节，皆增制乐章。八年，命筵宴停止安南乐。十四年元旦，太和殿筵宴，命演朝鲜、回部、金川、缅甸乐舞等项，遇《庆隆舞》、《喜起舞》，即以承应。又增队舞大臣四人，岁如故事。

宣、文之世，垂衣而治，宫悬徒为具文，虽有增创，无关宏典。德宗光绪末年，仿欧罗巴、美利坚诸邦制军乐，又升先师大祀，增佾舞之数，及更定国歌，制作屡载不定，以讫于逊国，多未施行。

卷九十五 志七十

乐二

十二律吕尺度

黄钟古尺径三分三厘八豪五丝一忽，长九寸，积八百一十分。今尺径二分七厘四豪一丝九忽，长七寸二分九厘，积四百三十分四百六十七厘二百一十豪。容黍一千二百粒。

大吕古尺径三分三厘八豪五丝一忽，长八寸四分二厘七豪二百四十三分豪之二百三十九，积七百五十八分五百一十八厘五百一十八豪奇。今尺径二分七厘四豪一丝九忽，长六寸八分二厘六豪三分豪之二，积四百零三分一百零七厘八百四十豪。容黍一千二十四粒。

太簇古尺径三分三厘八毫五丝一忽，长八寸，积七百二十分。今尺径二分七厘四豪一丝九忽，长六寸四分八厘，积三百八十二分六百三十七厘五百二十豪。容黍一千零六十七粒。

夹钟古尺径三分三厘八豪五丝一忽，长七寸四分九厘一豪二千一百八十七分豪之一千一百八十三，积六百七十四分二百三十八厘六百八十三豪奇。今尺径二分七厘四豪一丝九忽，长六寸〇分六厘八豪二十七分豪之四，积三百五十八分三百一十八厘零八十豪。容黍九百九十九粒。

姑洗古尺径三分三厘八豪五丝一忽，长七寸一分一厘一豪九分豪之一，积六百四十分。今尺径二分七厘四豪一丝九忽，长五寸七分六厘，积三百四十分一百二十二厘二百四十豪。容黍九百四十八粒。

仲吕古尺径三分三厘八豪五丝一忽，长六寸六分五厘九豪一万九千六百八十三分豪之二千九百零三，积五百九十九分三百二十三厘二百七十三豪奇。今尺径二分七厘四豪一丝九忽，长五寸三分九厘三豪二百四十三分豪之二百二十一，积三百一十八分五百零四厘九百六十豪。容黍八百八十八粒。

蕤宾古尺径三分三厘八豪五丝一忽，长六寸三分二厘〇豪八十一分豪之八十，积五百六十八分八百八十八厘八百八十八豪奇。今尺径二分七厘四豪一丝九忽，长五寸一分二厘，积三百零二分三百三十厘八百八十豪。容黍八百四十三粒。

林钟古尺径三分三厘八豪五丝一忽，长六寸，积五百四十分。今尺径二分七厘四豪一丝九忽，长四寸八分六厘，积二百八十六分九百七十八厘一百四十豪。容黍八百粒。

夷则古尺径三分三厘八豪五丝一忽，长五寸六分一厘八豪七百二十九分豪之四百七十八，积五百零五分六百七十九厘零一十二豪奇。今尺径二分七厘四豪一丝九忽，长四寸五分五厘一豪九分豪之一，积二百六十八分七百三十八厘五百六十豪。容黍七百四十九粒。

南吕古尺径三分三厘八豪五丝一忽，长五寸三分三厘三豪三分豪之一，积四百八十分。今尺径二分七厘四豪一丝九忽，长四寸三分二厘，积二百五十五分零九十一厘六百八十豪。容黍七百一十一粒。

无射古尺径三分三厘八豪五丝一忽，长四寸九分九厘四豪六千五百六十一分豪之二千二百六十六，积四百四十九分四百九十二厘四百五十五豪奇。今尺径二分七厘四豪一丝九忽，长四寸〇分四厘五豪八十一分豪之三十五，积二百三十八分八百七十八厘七百二十豪。容黍六百六十六粒。

应钟古尺径三分三厘八豪五丝一忽，长四寸七分四厘〇豪二十七分豪之二十，积四百二十六分六百六十六厘六百六十六豪奇。今尺径二分七厘四豪一丝九忽，长三寸八分四厘，积二百二十六分七百四十八厘一百六十豪。容黍六百三十二粒。

七音清浊

倍蕤宾	下徵乙字	倍林钟	清下徵高乙字
倍夷则	下羽上字	倍南吕	清下羽高上字
倍无射	变宫尺字	倍应钟	清变宫高尺字
黄　钟	宫声工字	大　吕	清宫高工字
太　簇	商声凡字	夹　钟	清商高凡字
姑　洗	角声六字	仲　吕	清角高六字
蕤　宾	变徵五字	林　钟	清变徵高五字
夷　则	徵声乙字	南　吕	清徵高乙字
无　射	羽声上字	应　钟	清羽高上字
半黄钟	变宫尺字	半大吕	清变宫高尺字
半太簇	少宫工字	半夹钟	清少宫高工字
半姑洗	少商凡字	半仲吕	清少商高凡字

黄钟同形管声　同形管周径积分表繁，详《正义》，不列。

八倍黄钟之管　黄　钟宫声工字　正黄钟之管

七倍黄钟之管　大　吕清宫高工　黄钟八分之七之管

六倍黄钟之管　太　簇商声凡字　黄钟八分之六之管

五倍黄钟之管　夹　钟清商高凡　黄钟八分之五之管

四倍黄钟之管　姑　洗角声六字　黄钟八分之四即二分之一之管

三倍半黄钟之管　仲　吕清角高六　黄钟八分之三分半之管

三倍黄钟之管　蕤　宾变徵五字　黄钟八分之三之管

二倍半黄钟之管　林　钟清变徵高五　黄钟八分之二分半之管

二倍加四分之一黄钟之管　夷　则徵声乙字　黄钟八分之二又加此一分之四分之一之管

二倍黄钟之管　南　吕清徵高乙　黄钟八分之二即四分之一之管

正加四分之三黄钟之管　无　射羽声上字　黄钟八分之一又加此一分之四分之三之管

正加半黄钟之管　应　钟清羽高上　黄　钟八分之一又加此一分之四分之二之管

正加四分之一黄钟之管　半黄钟变宫尺字　黄钟八分之一又加此一分之四分之一之管

正加八分之一黄钟之管　半大吕清变宫高尺　黄钟八分之一又加此一分之八分之一之管

正黄钟之管　半太簇宫声工字黄钟八分之一之管

乐之节奏，成于声调，声也者，五声二变之七音；调也者，所以调七音而互相为用者也。声调之原，本自旋宫，因管律弦度七音取分之不同而旋宫异。古旋宫之法，合竹与丝并著之。自隋以来，独以弦音发明五声之分，律吕旋宫，遂失其传。夫旋宫者，十二律吕皆可为宫，立一均之主，各统七声，而十二律吕皆可为五声二变也。声调者，声自为声，调自为调，而调又有主调、起调、转调之异，故以转调合旋宫言之，名为宫调。五声二变旋于清浊二均之一十四声，则成九十八声，此全音也。然调虽以宫为主，而宫又自为宫，调又自为调。如宫立一均之主，而下羽之声，又大于宫，故为调之首，古所谓宫逐羽音是也。羽主调，宫立宫，一均七声之位定，则当二变者不起调，而与调首音不合者亦不起调。盖以羽起调，徵在其前，变宫居其后。二音与羽相近，得声淆杂，而变徵为第六音，亦与羽首音不合。此所以当二变之位，与五正声当徵位者，俱不得起调也。至于止调，亦取本调相合，可以起调之声终之。当二变与徵位者，亦不用焉。其立羽位调首之音，自本声起者，即为本调。首音与五音为羽，与角次相合。首音与三音为羽，与宫又次相合，且均调相应。首音与四音为羽，与商转相合可出入。故本调为一调，自宫位起者为一调，自角位起者为一调，自商位起者复为一调。自羽位、宫位、角位起者为正，自商位起者为假借，故曰可出入，如曲中所谓与某宫某调相出入者是也。转相合者，下羽之调首至角为第五位，商之第三音至正羽第八音亦五位也。一均四调，七均二十八调，合清浊之一十四均，则为五十六调。乐工度曲，七调相转之法，四字起四为正调，乐工转调，皆用四字调为准，以四乙上尺工凡六七列位，视某字当四字位者，名为某调。一如五声二变递转旋宫之法，以四字当羽位为起调处也。乙字起四为乙字调，上字起四为上字调，尺字起四为尺字调，工字起四为工字调，凡字起四为凡字调，合字起四为合字调。此指笛孔言。四字调乙、凡不用，乙字调上、六不用，上字调尺、五不用，尺字调工、乙不用，工字调凡、上不用，凡字调合、尺不用，合字调五、工不用，即如羽声主调，当变宫、变徵声者不用也。又四字调乙、凡不得起调，而六字亦不得起调，即如羽声当羽位主调，二变不得起调，而徵声亦不得起调也。此七调之七字相转，即五声二变之旋相为宫，宫调声字，实为一体。析而言之，则有四科：一曰七声定位，以五声二变立一定之位，自下羽至正羽，共列为八，显明隔八相生之理，视下羽位声字律吕，知其为某宫之某调，视宫位声字律吕，知其为某调之某宫，视二变位，知某声字、某律吕之当避。二曰旋宫主调，以五声二变旋于七声定位之下，亦分八位，如羽声立下羽之下，宫声立宫位之下，则为宫声立宫而羽声主调。又如商声立下羽之下，变徵立宫位之下，则为变徵立宫而商声主调。三曰和声起调，以十二律吕兼倍半以备用，按所生之音，各随其均序于旋宫之下，仍以调主相和之声所起各调注本律、本吕之下，以正各调之名。如黄钟立宫，则夷则立下羽之位以主调，倍无射、正蕤宾当二变不起调，正夷则立微位亦不起调，故用倍夷则起调者为正羽调，起黄钟宫声为正宫，起太簇商声为正商，起姑洗角声为正角，此正宫之四调也。大吕立宫，则倍南吕立下羽之位主调，用以起调者为清羽调，起大吕宫声为清宫，起夹钟商声为清商，起仲吕角声为清角，此清宫之四调也。其余立宫主调，皆依此例。四曰乐音字色，以律吕箫笛所命字色，随声调而序其次，列于律吕之下。如黄钟为工字，而箫应黄钟者为工字，笛应黄钟者为五字，皆注于黄钟本律之下，大吕为高工字，而箫之高工、笛之高五亦皆注于大吕本律之下。其立羽位之字，即为主调，其立宫位之字，即为立宫，其当二变之位，则不用当微位者亦不以起调。以此四科列为表，旋宫、转声、主调、起调之理犁然矣。

黄钟宫声立宫，倍夷则下羽主调为上字调。

七声定位	旋宫主调	律管	箫	笛	起调
下羽	下羽	倍夷则	上	凡	正羽调
变宫	变宫	倍无射	尺	合	不起调
宫	宫	黄钟	工	四	正宫
商	商	太簇	凡	乙	正商
角	角	姑洗	合	上	正角
变微	变微	蕤宾	四	尺	不起调
微	微	夷则	乙	工	不起调
羽	羽	无射	上	凡	同调首

大吕清宫立宫，倍南吕清下羽主调，为高上调。

七声定位	旋宫主调	吕管	箫	笛	起调
下羽	清下羽	倍南吕	上	凡	清羽调
变宫	清变宫	倍应钟	尺	六	不起调
宫	清宫	大吕	工	五	清宫
商	清商	夹钟	凡	乙	清商
角	清角	仲吕	六	上	清角
变微	清变微	林钟	五	尺	不起调
微	清微	南吕	乙	工	不起调
羽	清羽	应钟	上	凡	同调首

太簇商声立宫，倍无射变宫主调，为尺字调。

七声定位	旋宫主调	律管	箫	笛	起调
下羽	变宫	倍无射	尺	合	变宫调
变宫	宫	黄钟	工	四	不起调
宫	商	太簇	凡	乙	商宫
商	角	姑洗	合	上	姑洗商
角	变微	蕤宾	四	尺	商角
变微	微	夷则	乙	工	不起调
微	羽	无射	上	凡	不起调
羽	变宫	倍无射 半黄钟	尺	六	同调首

夹钟清商立宫，倍应钟清变宫主调，为高尺调。

七声定位	旋宫主调	吕管	箫	笛	起调
下羽	清变宫	倍应钟	尺	六	清变宫调
变宫	清宫	大吕	工	五	不起调
宫	清商	夹钟	凡	乙	清商宫
商	清角	仲吕	六	上	仲吕商
角	清变微	林钟	五	尺	清商角
变微	清微	南吕	乙	工	不起调
微	清羽	应钟	上	凡	不起调

羽	清变宫	倍应钟 半大吕	尺	六	同调首

姑洗角声立宫，黄钟宫声主调，为工字调。

七声定位	旋宫主调	律管	箫	笛	起调
下羽	宫	黄钟	工	四	宫调
变宫	商	太簇	凡	乙	不起调
宫	角	姑洗	合	上	角宫
商	变徵	蕤宾	四	尺	角商
角	徵	夷则	乙	工	夷则角
变徵	羽	无射	上	凡	不起调
徵	变宫	倍无射 半黄钟	尺	六	不起调
羽	宫	黄钟	工	五	同调首

仲吕清角立宫，大吕清宫主调，为高工调。

七声定位	旋宫主调	吕管	箫	笛	起调
下羽	清宫	大吕	工	五	清宫调
变宫	清商	夹钟	凡	乙	不起调
宫	清角	仲吕	六	上	清角宫
商	清变徵	林钟	五	尺	清角商
角	清徵	南吕	乙	工	南吕角
变徵	清羽	应钟	上	凡	不起调
徵	清变宫	倍应钟 半大吕	尺	六	不起调
羽	清宫	大吕	工	五	同调首

蕤宾变徵立宫，太簇商声主调，为凡字调。

七声定位	旋宫主调	律管	箫	笛	起调
下羽	商	太簇	凡	乙	商调
变宫	角	姑洗	合	上	不起调
宫	变徵	蕤宾	四	尺	变徵宫
商	徵	夷则	乙	工	变徵商
角	羽	无射	上	凡	变徵角
变徵	变宫	倍无射 半黄钟	尺	六	不起调
徵	宫	黄钟	工	五	不起调
羽	商	太簇	凡	乙	同调首

林钟清变徵立宫，夹钟清商主调，为高凡调。

七声定位	旋宫主调	吕管	箫	笛	起调
下羽	清商	夹钟	凡	乙	清商调
变宫	清角	仲吕	六	上	不起调
宫	清变徵	林钟	五	尺	清变徵宫
商	清徵	南吕	乙	工	清变徵商
角	清羽	应钟	上	凡	清变徵角
变徵	清变宫	倍应钟 半大吕	尺	六	不起调
徵	清宫	大吕	工	五	不起调
羽	清商	夹钟	凡	乙	同调首

夷则徵声立宫，姑洗角声主调，为合字调。

七声定位	旋宫主调	律管	箫	笛	起调
下羽	角	姑洗	合	上	角调
变宫	变徵	蕤宾	四	尺	不起调
宫	徵	夷则	乙	工	徵宫
商	羽	无射	上	凡	徵商
角	变宫	倍无射 半黄钟	尺	六	徵角

变微	宫	黄钟	工	五	不起调
微	商	太簇	凡	乙	不起调
羽	角	姑洗	六	上	同调首

南吕清微立宫,仲吕清角主调,为高六调。

七声定位	旋宫主调	吕管	箫	笛	起调
下羽	清角	仲吕	六	上	清角调
变宫	清变微	林钟	五	尺	不起调
宫	清微	南吕	乙	工	清微宫
商	清羽	应钟	上	凡	清微商
角	清变宫	倍应钟 半大吕	尺	六	清微角
变微	清宫	大吕	工	五	不起调
微	清商	夹钟	凡	乙	不起调
羽	清角	仲吕	六	上	同调首

无射羽声立宫,蕤宾变微主调,为四字调。

七声定位	旋宫主调	律管	箫	笛	起调
下羽	变微	蕤宾	四	尺	变微调
变宫	微	夷则	乙	工	不起调
宫	羽	无射	上	凡	羽宫
商	变宫	倍无射 半黄钟	尺	六	羽商
角	宫	黄钟	工	五	羽角
变微	商	太簇	凡	乙	不起调
微	角	姑洗	六	上	不起调
羽	变微	蕤宾	五	尺	同调首

应钟清羽立宫,林钟清变微主调,为高五调。

七声定位	旋宫主调	吕管	箫	笛	起调
下羽	清变微	林钟	五	尺	清变微调
变宫	清微	南吕	乙	工	不起调
宫	清羽	应钟	上	凡	清羽宫
商	清变宫	倍应钟 半大吕	尺	六	清羽商
角	清宫	大吕	工	五	清羽角
变微	清商	夹钟	凡	乙	不起调
微	清角	仲吕	六	上	不起调
羽	清变微	林钟	五	尺	同调首

倍无射变宫立宫,夷则微声主调,为乙字调。

七声定位	旋宫主调	律管	箫	笛	起调
下羽	微	夷则	乙	工	微调
变宫	羽	无射	上	凡	不起调
宫	变宫	倍无射 半黄钟	尺	六	变宫宫
商	宫	黄钟	工	五	变宫商
角	商	太簇	凡	乙	变宫角
变微	角	姑洗	六	上	不起调
微	变微	蕤宾	五	尺	不起调
羽	微	夷则	乙	工	同调首

倍应钟清变宫立宫,南吕清微主调,为高乙调。

七声定位	旋宫主调	吕管	箫	笛	起调
下羽	清微	南吕	乙	工	清微调
变宫	清羽	应钟	上	凡	不起调
宫	清变宫	倍应钟 半大吕	尺	六	清变宫宫
商	清宫	大吕	工	五	清变宫商
角	清商	夹钟	凡	乙	清变宫角
变微	清角	仲吕	六	上	不起调
微	清变微	林钟	五	尺	不起调
羽	清微	南吕	乙	工	同调首

弦音合律吕立论者,始自《淮南子》,《淮南》本之《管子》,《管子》曰:"凡将起五音凡首,先主一而三之,四开以合九九,以是生黄钟小素之首以成宫。三分而益之以一,为百有八为微,不无有三分而去其乘适足,以是生商;有三分而复于其所,以是成羽;有三分去其乘适足,以是成角。"夫审弦音,无论某弦之全分,定为首音,因而半之,平分为二。其声既与首音相合而为第八音矣,次以首音之全分,因而四之,去其一分而用其三分,其声应于全分首音之第四音。此度乃全分首音与半分八音之间,又平分为二分之度。是即《管子》所谓"凡将起五音凡首,先主一而三之,四开以合九九"者也。先主一而三之者,以全分首音一分度为主,而以三因之,其数大于全分为三倍也。四开以合九九者,以三倍全分之数,四分而取其一,以合九九八十一之度,为宫声之分也。小素云者,素,白练,乃熟丝,即小弦之谓,言此度之声立为宫位,其小余此弦之他弦,皆以是为主,故曰以是生黄钟小素之首以成宫也。以八十一三分益一为百有八为微,乃此弦首音全分之度,此宫弦上生下微之数。于是以百有八,三分去一,为七十二,是为商。商七十二,三分益一,为九十六,是为羽。羽九十六,三分去一,为六十四,是为角。司马氏《律书》:微羽之数小余宫,而《管子》微羽之数大于宫者,用微羽之倍数,所谓下微、下羽也。首弦起于下微,即《白虎通》弦音尚微之义。今由三分损益之法详推其数,黄钟正微上生皆得七十二,为正商;正商上生得九十六,为下羽;下生得四十八,为正羽;下羽、正羽皆得六十四,为正角;正角上生得八十五,小余三三。为下于宫音之变宫;下生得四十二,小余六六。为

高于羽音之变宫；下于宫音之变宫，高于羽音之变宫，皆得五十六，小余八八。为变徵：是为浊均。变徵上生得七十五，小余八五。为清宫；清宫上生得一百有一，小余一三。为清下徵：下生得五十，小余五六。为清徵；清下徵清徵皆得六十七，小余四二。为清商；清商上生得八十九，小余八九。为清下羽；下生得四十四，小余九四。为清羽；清下羽、清羽皆得五十九，小余九三。为清角；清角上生得七十九，小余九一。为下于清宫之清变宫；下生得三十九，小余三三。为高于清羽之清变宫；下于清宫之清变宫、高于清羽之清变宫皆得五十三，小余二七。为清变徵：是为清均。凡宫至商，商至角，角至变徵，徵至羽，羽至变宫，皆得全分，而变徵至徵，变宫至宫，则祗半分。《管子》起音篇，司马氏《律书》皆五声之正，《淮南子》始载二变之数，但不当以十二律吕名之。尤足取者，则二变之度分，与二变之比于正音，一为和、一为谬之说也。所谓应钟，即弦音之变宫度也，所谓蕤宾，即弦音之变徵度也。弦音变宫之在下徵第一弦为第三音，居第三位，即如宫弦之角声第三位，音虽不同，而分则恰值正声之度，故曰姑洗生应钟，比于正音为和也。变徵之在下徵第一弦为第七音，居第七位，即如宫弦之变宫第七位，音亦不同，而分则皆为变声之度，故曰应钟生蕤宾，不比正音为缪也。五声二变之清浊，定弦音各分之等差，今列于表：

首弦首音起于下徵，全度一百八分。二音下羽，得全度一百八分之九十六。三音变宫，得全度一百八分之八十五。小余三三。四音正宫，得全度一百八分之八十一。五音正商，得全度一百八分之七十二。六音正角，得全度一百八分之六十四。七音变徵，得全度一百八分之五十六。小余八八。八音正徵，得全度一百八分之半。为五十四。

首弦首音起清下徵，全度一百一分。小余一三。二音清下羽，得全度一百一分之八十九。小余八九。三音清变宫，得全度一百一分之七十九。小余九一。四音清宫，得全度一百一分之七十五。小余八五。五音清商，得全度一百一分之六十七。小余四二。六音清角，得全度一百一分之五十九。小余九三。七音清变徵，得全度一百一分之五十三。小余二七。八音清徵，得全度一百一分之半。为五十，小余五六。

二弦首音起于下羽，全度九十六分。二音变宫，得全度九十六分之八十五。小余三三。三音正宫，得全度九十六分之八十一。四音正商，得全度九十六分之七十二。五音正角，得全度九十六分之六十四。六音变徵，得全度九十六分之五十六。小余八八。七音正徵，得全度九十六分之五十四。八音正羽，得全度九十六分之半。为四十八。

二弦首音起清下羽，全度八十九分。小余八九。二音清变宫，得全度八十九分之七十九。小余九一。三音清宫，得全度八十九分之七十五。小余八五。四音清商，得全度八十九分之六十七。小余四二。五音清角，得全度八十九分之五十九。小余九三。六音清变徵，得全度八十九分之五十三。小余二七。七音清徵，得全度八十九分之五十，小余五六。八音清羽，得全度八十九分之半。为四十四，小余九四。

三弦首音起于变宫，全度八十五分。小余三三。二音正宫，得全度八十五分之八十一。三音正商，得全度八十五分之七十二。四音正角，得全度八十五分之六十四。五音变徵，得全度八十五分之五十六。小余八八。六音正徵，得全度八十五分之五十四。七音正羽，得全度八十五分之四十八。八音少变宫，得全度八十五分之半。为四十二，小余六六。

三弦首音起清变宫，全度七十九分。小余九一。二音清宫，得全度七十九分之七十五。小余八五。三音清商，得全度七十九分之六十七。小余四二。四音清角，得全度七十九分之五十九。小余九三。五音清变徵，得全度七十九分之五十三。小余二七。六音清徵，得全度七十九分之五十。小余五六。七音清羽，得全度七十九分之四十四。小余九四。八音清少变宫，得全度七十九分之半。为三十九，小余九五。

四弦首音起于正宫，全度八十一分。二音正商，得全度八十一分之七十二。三音正角，得全度八十一分之六十四。四音变徵，得全度八十一分之五十六。小余八八。五音正徵，得全度八十一分之五十四。六音正羽，得全度八十一分之四十八。七音少变宫，得全度八十一分之四十二。小余六六。八音少宫，得全度八十一分之半。为四十，小余五。

四弦首音起于清宫，全度七十五分。小余八五。二音清商，得全度七十五分之六十七。小余四二。三音清角，得全度七十五分之五十九。小余九三。四音清变徵，得全度七十五分之五十三。小余二七。五音清徵，得全度七十五分之五十。小余五六。六音清羽，得全度七十五分之四十四。小余九四。七音清少变宫，得全度七十五分之三十九。小余九五。八音清少宫，得全度七十五分之半。为三十七，小余九二。

五弦首音起于正商，全度七十二分。二音正角，得全度七十二分之六十四。三音变徵，得全度七十二分之五十六。小余八八。四音正徵，得全度七十二分之五十四。五音正羽，得全度七十二分之四十八。六音少变宫，得全度七十二分之四十二。小余六六。七音少宫，得全度七十二分之四十。小余五。八音少商，得全度七十二分之半。为三十六。

五弦首音起于清商，全度六十七分。小余四二。二音清角，得全度六十七分之五十九。小余九三。三音清变徵，得全度六十七分之五十三。小余二七。四音清徵，得全度六十七分之五十。小余五六。五音清羽，得全度六十七分之四十四。小余九四。六音清少变宫，得全度六十七分之三十九。小余九五。七音清少宫，得全度六十七分之三十七。小余九二。八音清少商，得全度六十七分之半。为三十三，小余七一。

六弦首音起于正角，全度六十四分。二音变徵，得全度六十四分之五十六。小余八八。三音正徵，得全度六十四分之五十四。四音正羽，得全度六十四分之四十八。五音少变宫，得全度六十四分之四十二。小余六六。六音少宫，得全度六十四分之四十。小余五。七音少商，得全度六十四分之三十六。八音少角，得全度六十四分之半。为三十二。

六弦首音起于清角，全度五十九分。小余九三。二音清变徵，得全度五十九分之五十三。小余二七。三音清徵，得全度五十九分之五十。小余五六。四音清羽，得全度五十九分之四十四。小余九四。五音清少变宫，得全度五十九分之三十九。小余九五。六音清少宫，得全度五十九分之三十七。小余九二。七音清少商，得全度五十九分之三十三。小余七一。八音清少角，得全度五十九分之半。为二十九，小余九六。

七弦首音起于变徵，全度五十六分。小余八八。二音正徵，得全度五十六分之五十四。三音正羽，得全度五十六分之四十八。四音少变宫，得全度五十六分之四十二。小余六六。五音少宫，得全度五十六分之四十。小余五。六音少商，得全度五十六分之三十六。七音少角，得全度五十六分之三十二。八音少变徵，得全度五十六分之半。为二十八，小余四四。

七弦首音起于清变徵，全度五十三分。小余二七。二音清徵，得全度五十三分之五十。小余五六。三音清羽，得全度五十三分之四十四。小余九四。四音清少变宫，得全度五十三分之三十七。小余九五。五音清少宫，得全度五十三分之三十七。小余九二。六音清少商，得全度五十三分之三十三。小余七一。七音清少角，得全度五十三分之二十九。小余九六。八音清少变徵，得全度五十三分之半。为二十六，小余六三。

弦音旋宫转调，其要有四：一，定弦音应某律吕声字，即得某弦度分。如倍无射之律变宫合字定弦，则得徵弦之分；黄钟之律宫声四字定弦，则得羽弦之分；太簇之律商声乙字定弦，则得变宫弦之分；姑洗之律角声上字定弦，则得宫弦之分；蕤宾之律变徵尺字定弦，则得商弦之分；夷则之律徵声宫字定弦，则得羽弦之分；无射之律羽声凡字定弦，则得变徵弦之分。此阳律一均七声定弦之正分也。阴吕定弦七声之分亦如之。

一，弦音转调不能依次递迁，必以宫调为准，故七声因之而变。如琴之正调为宫调，其商调以七弦递高一音，但六弦、七弦太急易，或变宫调以七弦递下一音，则一弦、二弦又慢不成声，故宫调七弦立准，转调则七弦内有更者，有不更者，有宜紧者，有宜慢者，弦之转移间，宫调旋焉。如一弦、三弦、六弦俱慢下管律一音，在弦度为半分，而余弦不移，即转为商调。盖正宫调一弦、六弦定倍无射之律；变宫合字得徵弦分者，下为倍夷则之律；羽声凡字转角弦之分，三弦定姑洗之律；角声上字得宫弦分者，下为太簇之律，商声乙字转羽弦之分，其二弦、四弦、五弦、七弦不移者，仍应本律。但二弦、七弦原得羽弦分者，转为徵弦之分；四弦原得商弦分者，转为宫弦之分；五弦原得角弦分者，转为商弦之分。其倍无射之律，变宫合字为徵弦分者，转变徵应于倍应钟之吕，清变宫高六，应姑洗之律；角声上字为宫弦分者，转变宫应于仲吕之吕，清角高上，此二分当二变不用。因三弦定太簇之律，商声乙字得羽弦之分以起调，四弦原得商弦之分者，转为宫弦之分以立宫，故曰商调。如二弦、四弦、五弦、七弦俱紧上管律半音，在弦度亦为半分，而余弦不移，即转为角调。盖正宫调二弦、七弦定黄钟之律，宫声四字得羽弦分者，上为大吕之吕，清宫高五转徵弦之分。四弦定蕤宾之律，变徵尺字得商弦分者，上为林钟之吕，清变徵高尺转宫弦之分。五弦定夷则之律，徵声工字得角弦分者，上为南吕之吕，清徵高工转商弦之分。其一弦、三弦、六弦不移，仍应本律，但一弦、六弦转为角分，三弦转为羽分，而转变徵、变宫者不用。因三弦应姑洗之律，角声上字得羽弦之分以起调，四弦原得商弦之分者，上为角弦之分，转宫弦之分以立宫，故曰角调。如独紧五弦管律半音，在弦度亦为半分，即转为变徵调。四弦应蕤宾之律，变徵尺字得羽弦之分以起调。五弦原得角弦之分者，上为变徵之分，转为宫弦之分以立宫，故曰变徵调。如独慢三弦管律一音，在弦度为半分，即转为徵调。因五弦应夷则之律，徵声工字得羽弦之分以起调，一弦、六弦原得徵弦之分者，转为宫弦之分以立宫，故曰徵调。如以一弦、三弦、六弦慢下管律一音，四弦慢下管律半音，在弦度俱为半分，即转为羽调，因一弦、六弦应倍夷则之律，羽声凡字得羽弦之分以起调，二弦、七弦原得羽弦分者，上为变宫之分，转宫弦之分以立宫，故曰变宫调也。

一，弦音诸调虽无二变，而定弦取音，必审二变之声，必计二变之分。如阳律一均，即徵弦七声之分言之，散声为全分首音，其二音与羽弦应者为羽分，三音与变宫弦应者为变宫分，至七音与变徵弦应者为变徵分，八音仍与全弦应，故为旋於首音。其各分与各弦相应者，亦自与各律相应。计其分，则首音徵至二音羽，三音羽至三音变宫，皆得全分。三音变宫至四音宫，衹得半分。四音宫至五音商，五音商至六音角，六音角至七音变徵，皆得全分。七音变徵至八音徵，亦得半分。以宫弦七声之分言之，散声为全半首音，其二音与商弦应者为商分，与角弦应者为角分，三至七音与变宫弦应者为变宫分，八音仍与全弦应。而四音变徵至五音徵，七音变宫至八音宫，皆衹半分。盖太簇商声乙字所应之弦分至姑洗角声上字所应之弦分，与无射羽声凡字所应之弦分至半黄钟变宫合字所应之弦分，其间必为半分，故各弦七声之分不移，而所应声律有间杂之别。各分全半之间，宫调旋焉。以宫调七弦为准，据每调徵弦七声言之，商调之徵，乃宫调之羽转而为徵分者也。宫弦之羽，全弦首音为羽，其变宫变徵在二音、六音，是二音至三音，六音至七音，为半分也。今全弦转为徵，则变宫、变徵在三音、七音，是三音至四音，七音至八音，为半分矣。故全弦定黄钟之律宫声四字者不移，二音即应太簇之律商声乙字，其间得全分三音。若取姑洗之律角声上字，则二音至三音为半分，仍与宫调之羽同，是以必取仲吕之吕清角高上，其间弦度始得全分，其四音仍应蕤宾之律变徵尺字。盖太簇乙字至姑洗上字为半分，加仲吕高上之半分，得一全分，而仲吕高上至蕤宾尺字为半分，此所以二音至三音得全分，为羽至变宫，而三音至四音为半分，乃变宫至宫分也。五音仍应夷则之律徵声工字，六音仍应无射之律羽声凡字，此四音至五音，五音至六音，亦得全分。至七音若取半黄钟之律变宫合字，则六音至七音为半分，亦与宫调之羽同，必取半大吕之吕清变宫高六，其间弦度始得全分，其八音仍与首音同应黄钟之律宫声四字。盖无射凡字至半黄钟合字为半分，加半大吕高六之半分，得一全分，而半大吕高六至黄钟四字为半分，此所以六音至七音得全分，为角至变徵，而七音至八音为半分，乃变徵至徵分也。角调之徵，乃宫调之变宫与清宫调之羽相杂而为徵分者也。宫调之变宫全弦首音即变宫，而变徵在五音，是首音至二音，五音至六音，为半分也。清商调之羽全弦首音为清羽，其清变宫、清变徵在二音、六音，是又二音至三音，六音至七音，为半分也。今全弦转为徵，则三音至四音，七音至八音，为半分矣。首音若仍定太簇之律商声乙字，则首音徵至二音羽所得全分，必当取于仲吕之吕清角高上，其本调羽弦，则亦应仲吕之吕清角高上，是清角调非正角调矣。因取姑洗之律角声上字为正角调，故起调于羽弦者，必取姑洗正角声，而徵弦羽分亦当应姑洗之律。是以角调徵弦散声首音，反比正宫调变宫弦之散声首音下半音，取清宫调之羽弦散声，大吕之吕清宫高五，其分始合，盖因本调羽声得正角之律故也。二音应姑洗之律角声上字为羽分，三音应蕤宾之律变徵尺字为变宫分，四音应林钟之吕清变徵高尺为宫分，五音应南吕之吕清徵高工为商分，六音应半黄钟之律正变宫六字为角分，七音应黄钟之律正宫四字为变徵分，八音仍应大吕之吕清宫高五，是则三音蕤宾至四音林钟为半分，七音黄钟至八音大吕为半分，正为本调徵弦之变宫至宫，变徵至徵之二半分也。变徵调之徵，乃宫调之宫转而为徵分者也。宫调之宫，变徵、变宫在四音、七音，是四音至五音，七音至八音，为半分也。今全弦转为徵，则三音至四音，七音至八音，为半分，移宫调之宫四音至五音半分，为三音至四音半分，则四音取南吕之吕清徵高工，三音夷则至四音南吕为半分，七音太簇至八音姑洗为半分。徵调之徵，乃宫调之商转而为徵者也。宫调之商，变徵、变宫在三音、六音，是三音至四音，六音至七音，为半分也。今全弦转为徵，则三音至四音，七音至八音，为半分，移宫调之商六音至七音半分，为七音至八音半分，则七音取仲吕之吕清角高上，三音无射至四音半黄钟为半分，七音仲吕至八音蕤宾为半分。羽调之徵，乃宫调之角转而为徵分者也。宫调之角，变徵、变宫在六音、五音，是二音至三音，五音至六音，为半分也。今全弦转为徵，则三音至四音，七音至八音，为半分也。移宫调之商二音至三音半分、五音至六音半分，为三音至四音半分、七音至八音半分，则三音取半大吕之吕清变宫高五，六音取仲吕之吕清角高上，七音取林钟之吕清变徵高尺，三音半大吕至四音黄钟为半分，七音林钟至八音夷则为半分。变宫调之徵，乃宫调之变徵与清宫调之角相杂而为徵分者也。宫调之变徵、变宫在首音四音，是首音至二音，四音至五音，为半分。清宫调之角，变徵变宫在二音、五音，是又二音至三音，五音至六音，为半分也。今全弦转为徵，则三音至四音，七音至八音，为半分。爰定南吕之吕清徵高工为散声首音，三音黄钟至四音大吕为半分，七音夷则至八音南吕为半分，此弦音定阳律七调旋相为用之法也。定阴吕七调立调之羽分，亦必以阴吕为主，其各弦各分阴阳间用亦如之。

一，弦音诸调，惟宫与商徵得与律吕相和为用，宫调各弦之七声，皆应阳律一均。二变七声之分亦然。清宫调各弦七声及二变七声之分，皆应阴吕一均，此弦音宫调所以得与律吕相和。商调各弦之五正声，皆应阳律，惟二变声转阴吕，清商调亦惟二变杂入阳律，此商调五正声所以得与律吕相和。徵调各弦之五正声变宫声皆应阳律，惟变徵一声取阴吕，清徵调亦惟变徵一声杂入阳律，此又徵调五正声变宫声得与律吕相和也。至角调五正声内，徵弦、宫弦、商弦皆应阴吕，而二变反得阳律。且商声乙字、羽声凡字，各弦各分皆不得用，遗此二声字与宫调同，清角声五声二变阴阳相杂亦然。是角调不可与律吕相和，变徵调五正声内宫弦应阴吕，二变亦得阳律，羽声凡字各弦各分皆不得用，清变徵调亦宫弦杂入阳律，是变徵调不可与律吕相和，然祗借一音，即与宫调声字为同，较角调则为正也。羽调五正声内角弦应阴吕，二变应阴吕，清羽调角弦二变应阳律，是虽不可与律吕相和，然据弦音犹为七声俱备之一调。变宫调五正声内徵弦宫弦皆应阴吕，而二变反得阳律。且商声乙字、羽声凡字，各弦各分皆不得用，遗此二声字与角调同，清变宫五声二变阴阳相杂亦然，是亦不可与律吕相和也。

宫调

徵　一弦，	定倍无射之律，	变宫合字，	得下徵之分。
羽　二弦，	定黄钟之律，	宫声四字，	得下羽之分。
	应太簇之律，	商声乙字，	为变宫之分。
宫　三弦，	定姑洗之律，	角声上字，	得宫弦之分。
商　四弦，	定蕤宾之律，	变徵尺字，	得商弦之分。
角　五弦，	定夷则之律，	徵声工字，	得角弦之分。
	应无射之律，	羽声凡字，	为变徵之分。
徵　六弦，	定半黄钟之律，	变宫六字，	得徵弦之分。
羽　七弦，	定半太簇之律，	宫声五字，	得羽弦之分。

清宫调

徵　一弦，	定倍应钟之吕，	清变宫高六，	得下徵之分。
羽　二弦，	定大吕之吕，	清宫高五，	得下羽之分。
	应夹钟之吕，	清商高乙，	为变宫之分。
宫　三弦，	定仲吕之吕，	清角高上，	得宫弦之分。
商　四弦，	定林钟之吕，	清变徵高尺，	得商弦之分。
角　五弦，	定南吕之吕，	清徵高工，	

得角弦之分。

应应钟之吕，　清羽高凡，为变徵之分。

徵　六弦，　定半大吕之吕，　清变宫高六，得徵弦之分。

羽　七弦，　定半夹钟之吕，　清宫高五，得羽弦之分。

商调

角慢　一弦，　定倍夷则之律，　下羽凡字，得变徵之分，转角弦之分。

应倍无射之律，得倍应钟之吕，　变宫合字，清变宫高六，　为下徵之分，转变徵之分。

徵　二弦，　定黄钟之律，　宫声四字，得下羽之分，转徵弦之分。

羽慢　三弦，　定太簇之律，　商声乙字，得变宫之分，转羽弦之分。

应姑洗之律，得仲吕之吕，　角声上字，清角高上，　为宫弦之分，转变宫之分。

宫　四弦，　定蕤宾之律，　变徵尺字，得商弦之分，转宫弦之分。

商　五弦，　定夷则之律，　徵声工字，得角弦之分，转商弦之分。

角慢六弦，　定无射之律，　羽声凡字，得变徵之分，转角弦之分。

应半黄钟之律，得半大吕之吕，　变宫六字，清变宫高六，　为徵弦之分，转变弦之分。

徵　七弦，　定半太簇之律，　宫声五字，得羽弦之分，转徵弦之分。

清商调

角慢　一弦，　定倍南吕之吕，　清下羽高凡，　得变徵之分，转角弦之分。

应倍应钟之吕，得黄钟之律，　清变宫高六，宫声四字，　为下徵之分，转变徵之分。

徵　二弦，　定大吕之吕，　清宫高五，得下羽之分，转徵弦之分。

羽慢三弦，　定夹钟之吕，　清商高乙，　得变宫之分，转羽弦之分。

应仲吕之吕，得蕤宾之律，　清角高上，变徵尺字，　为宫弦之分，转变宫之分。

宫　四弦，　定林钟之吕，　清变徵高尺，得商弦之分，转宫弦之分。

商　五弦，　定南吕之吕，　清徵高工，得角弦之分，转商弦之分。

角慢六弦，　定应钟之吕，　清羽高凡，得变徵之分，转角弦之分。

应半大吕之吕，得半太簇之律，　清变宫高六，宫声五字，　为下徵之分，转变徵之分。

徵　七弦，　定半夹钟之吕，　清宫高五，得羽弦之分，转徵弦之分。

角调

角　一弦，　定倍无射之律，　变宫合字，得下徵之分，转角弦之分。

应黄钟之律，　宫声四字，为下羽之分，转变徵之分。

徵紧二弦，　应太簇之律，得大吕之吕，　商声乙字，清宫高五，　得变宫之分，转徵弦之分。

羽　三弦，　定姑洗之律，　角声上字，得宫弦之分，转羽弦之分。

应蕤宾之律，　变徵尺字，为商弦之分，转变宫之分。

宫紧四弦，　应夷则之律，得林钟之吕，　徵声工字，清变徵高尺，　得角弦之分，转宫弦之分。

商紧五弦，　应无射之律，得南吕之吕，　羽声凡字，清徵高工，　得变徵之分，转商弦之分。

角　六弦，　定半黄钟之律，　变宫六字，得徵弦之分，转角弦之分。

应半太簇之律，　宫声五字，为羽弦之分，转变徵之分。

徵紧七弦，　应半姑洗之律，得半夹钟之吕，　商声乙字，清宫高五，　得变宫之分，转徵弦之分。

清角调

角　一弦，　定倍应钟之吕，　清变宫高六，得下徵之分，转角弦之分。

应大吕之吕，　清宫高五，为下羽之分，转变徵之分。

徵紧二弦，　应夹钟之吕，得太簇之律，　清商高乙，商声乙字，　得变宫之分，转徵弦之分。

羽　三弦，　定仲吕之吕，　清角高上，得宫弦之分，转羽弦之分。

应林钟之吕，　清变徵高尺，为商弦之分，转变宫之分。

宫紧四弦，　应南吕之吕，得夷则之律，　清徵高工，徵声工字，　得角弦之分，转宫弦之分。

商紧五弦，　应应钟之吕，得无射之律，　清羽高凡，羽声凡字，　得变徵之分，转商弦之分。

角　六弦，　定半大吕之吕，　清变宫高六，得徵弦之分，转角弦之分。

应半夹钟之吕，　清宫高五，为羽弦之分，转变徵之分。

徵紧七弦，　应半仲吕之吕，得半姑洗之律，　清商高乙，商声乙字，　得变宫之分，转徵弦之分。

变徵调

商　一弦，　定倍无射之律，　变宫合字，得下徵之分，转商弦之分。

角　二弦，　定黄钟之律，　宫声四字，得下羽之分，转角弦之分。

应太簇之律，　商声乙字，为变宫之分，转变徵之分。

徵　三弦，　定姑洗之律，　角声上字，得宫弦之分，转徵弦之分。

羽　四弦，　定蕤宾之律，　变徵尺字，得商弦之分，转羽弦之分。

应夷则之律，　微声工字，
为角弦之分，转变宫之分。
宫紧五弦，　应无射之律，得南吕之吕，　羽声凡字，清徵高工，　得变徵之分，转宫弦之分。
商　六弦，　定半黄钟之律，　变宫六字，
得徵弦之分，转商弦之分。
角　七弦，　定半太簇之律，　宫声五字，
得羽弦之分，转角弦之分。
清变徵调
商　一弦，　定倍应钟之吕，　清变宫高六，
得下徵之分，转商弦之分。
角　二弦，　定大吕之吕，　清宫高五，
得下羽之分，转角弦之分。
应夹钟之吕，　清商高乙，
为变宫之分，转变徵之分。
徵　三弦，　定仲吕之吕，　清角高上，
得宫弦之分，转徵弦之分。
羽　四弦，　定林钟之吕，　清变徵高尺，
得商弦之分，转羽弦之分。
应南吕之吕，　清徵高工，
为角弦之分，转变宫之分。
宫紧五弦，　应应钟之吕，得无射之律，　清羽高凡，羽声凡字，　得变徵之分，转宫弦之分。
商　六弦，　定半大吕之吕，　清变宫高六，
得徵弦之分，转商弦之分。
角　七弦，　定半夹钟之吕，　清宫高五，
得羽弦之分，转角弦之分。
徵调
宫　一弦，　定倍无射之律，　变宫合字，
得下徵之分，转宫弦之分。
商　二弦，　定黄钟之律，　宫声四字，
得下羽之分，转商弦之分。
角慢三弦，　定太簇之律，　商声乙字，
得变宫之分，转角弦之分。
应姑洗之律，得仲吕之吕，　角声上字，清角高上，　为宫弦之分，转变徵之分。
徵　四弦，　定蕤宾之律，　变徵尺字，
得商弦之分，转徵弦之分。
羽　五弦，　定夷则之律，　徵声工字，
得角弦之分，转羽弦之分。
应无射之律，　羽声凡字，
为变徵之分，转变宫之分。
宫　六弦，　定半黄钟之律，　变宫六字，
得徵弦之分，转宫弦之分。
商　七弦，　定半太簇之律，　宫声五字，
得下羽之分，转商弦之分。
清徵调
宫　一弦，　定倍应钟之吕，　清变宫高六，
得下徵之分，转宫弦之分。
商　二弦，　定大吕之吕，　清宫高五，
得下羽之分，转商弦之分。
角慢三弦，　定夹钟之吕，　清商高乙，
得变宫之分，转角弦之分。
应仲吕之吕，得蕤宾之律，　清角高上，变徵尺字，　为宫弦之分，转变徵之分。
徵　四弦，　定林钟之吕，　清变徵高尺，
得商弦之分，转徵弦之分。
羽　五弦，　定南吕之吕，　清徵高工，
得角弦之分，转羽弦之分。
应应钟之吕，　清羽高凡，
为变徵之分，转变宫之分。
宫　六弦，　定半大吕之吕，　清变宫高六，
得徵弦之分，转宫弦之分。
商　七弦，　定半夹钟之吕，　清宫高五，
得下羽之分，转商弦之分。
羽调
羽慢一弦，　定倍夷则之律，　下羽凡字，
得变徵之分，转下羽之分。
应倍无射之律，得倍应钟之吕，　变宫合字，清变宫高六，　为下徵之分，转变宫之分。
宫　二弦，　定黄钟之律，　宫声四字，
得下羽之分，转宫弦之分。
商慢三弦，　定太簇之律，　商声乙字，
得变宫之分，转商弦之分。
角慢四弦，　应姑洗之律，得仲吕之吕，　角声上字，清角高上，　得宫弦之分，转角弦之分。
应蕤宾之律，得林钟之吕，　变徵尺字，清变徵高尺，　为商弦之分，转变徵之分。
徵　五弦，　定夷则之吕，　徵声工字，
得角弦之分，转徵弦之分。
羽慢六弦，　定无射之律，　羽声凡字，
得变徵之分，转羽弦之分。
应半黄钟之律，得半大吕之吕，　变宫六字，清变宫高六，　为徵弦之分，转变宫之分。
宫　七弦，　定半太簇之律，　宫声五字，
得下羽之分，转宫弦之分。
清羽调
羽慢一弦，　定倍南吕之吕，　清下羽高凡，
得变徵之分，转下羽之分。
应倍应钟之吕，得黄钟之律，　清变宫高六，宫声四字，　为下徵之分，转变宫之分。
宫　二弦，　定大吕之吕，　清宫高五，
得下羽之分，转宫弦之分。
商慢三弦，　定夹钟之吕，　清商高乙，
得变弦之分，转商弦之分。
角慢四弦，　应仲吕之吕，得蕤宾之律，　清角高上，变徵尺字，　得宫弦之分，转角弦之分。
应林钟之吕，得夷则之律，　清变徵高尺，徵声工字，　为商弦之分，转变徵之分。
徵　五弦，　定南吕之吕，　清徵高工，
得角弦之分，转徵弦之分。

羽慢六弦，　定应钟之吕，　清羽高凡，
得变徵之分，转羽弦之分。
应半大吕之吕，得半太簇之律，　清变宫高六，宫声四字，　为下徵之分，转变宫之分。

宫　七弦，　定半夹钟之吕，　清宫高五，
得下羽之分，转宫弦之分。

变宫调

羽　一弦，　定倍无射之律，　变宫合字，
得下徵之分，转下羽之分。
应黄钟之律，　宫声四字，
为下羽之分，转变宫之分。

宫紧二弦，　应太簇之律，得大吕之吕，　商声乙字，清宫高五，　得变宫之分，转宫弦之分。

商　三弦，　定姑洗之律，　角声上字，
得宫弦之分，转商弦之分。

角　四弦，　定蕤宾之律，　变徵尺字，
得商弦之分，转角弦之分。
应夷则之律，　徵声工字，
为角弦之分，转变徵之分。

徵紧五弦，　应无射之律，得南吕之吕，　羽声凡字，清徵高工，　得变徵之分，转徵弦之分。

羽　六弦，　定半黄钟之律，　变宫六字，
得徵弦之分，转羽弦之分。
应半太簇之律，　宫声五字，
为羽弦之分，转变宫之分。

宫紧　七弦，　应半姑洗之律，得半夹钟之吕，商声乙字，清宫高五，　得变宫之分，转宫弦之分。

清变宫调

羽　一弦，　定倍应钟之吕，　清变宫高六，
得下徵之分，转下羽之分。
应大吕之吕，　清宫高五，
为下羽之分，转变宫之分。

宫紧二弦，　应夹钟之吕，得太簇之律，　清商高乙，商声乙字，　得变宫之分，转宫弦之分。

商　三弦，　定仲吕之吕，　清商高上，
得宫弦之分，转商弦之分。

角　四弦，　定林钟之吕，　清变徵高尺，
得商弦之分，转角弦之分。
应南吕之吕，　清徵高工，
为角弦之分，转变徵之分。

徵紧五弦，　应应钟之吕，得无射之律，　清羽高凡，羽声凡字，　得变徵之分，转徵弦之分。

羽　六弦，　定半大吕之吕，　清变宫高六，
得徵弦之分，转羽弦之分。
应半夹钟之吕，　清宫高五，
为羽弦之分，转变宫之分。

宫紧七弦，　应半仲吕之吕，得半姑洗之律，　清商高乙，商声乙字，　得变宫之分，转宫弦之分。

右弦音旋宫转调，就琴弦立论，以羽弦起调为主，故旋宫首徵黄钟定二弦羽位为宫调。《律吕后编》以七音立论，立宫为主，黄钟为宫，则弦之宫分声应黄钟，商分应太簇，角分应姑洗，变徵分应蕤宾，徵分应夷则，羽分应无射，变宫分应半黄钟。即倍无射。大吕为宫，七音之分应阴吕亦然。以分言，则宫分应黄钟者即黄钟之分，商分即太簇之分，角分即姑洗之分，变徵分即蕤宾之分。至徵分应夷则者，则非夷则之分，而为林钟之分。羽分应无射者，亦非无射之分，而为南吕之分。变宫分应半黄钟者，非半黄钟之分，而为应钟之分。大吕为宫，变徵分则为变林钟之分，徵分则为夷则之分，羽分则为无射之分，变宫分则为变黄钟之分。其阴阳各七均，均各七弦，有表详《乐问》，不备载。

卷九十六　志七十一

乐三

乐章一郊庙　群祀

圆丘九章郊庙乐，顺治元年定，乾隆十一年用旧辞重改。今以顺治所制分载句中。《中和韶乐》，黄钟宫立宫，倍夷则下羽主调。

迎神《始平》　钦　原敬。承纯祜　原祐。兮，于昭有融。时维永清兮，四海攸同。输忱元祀兮，从律调风。穆将景福兮，乃眷微躬。渊思高厚兮，期亮天工。原恐负鸿则。聿章彝序兮，夙夜宣通。云軿延伫　原鸾辂。兮，鸾辂空濛。原忽降中坛。翠旗纷袅兮，列缺丰隆。肃始和畅兮，恭仰苍穹。原庆洽陶匏。百灵祗卫兮，齐明辟公。神来燕娭兮，惟帝时聪。原恭仰颢穹兮，神来燕喜。协昭慈惠兮，逖鉴臣　原予。衷。

奠玉帛《景平》　灵旗爰止兮，乐在悬。原奉玉筵。执事有恪兮，奉玉筵。原骏奔前。聿昭诚敬兮，骏奔前。原有美圭璧兮，荐缟纤。嘉玉量币兮，相后先。原经纬获理兮，耀瑚琏。来格洋洋兮，思俨然。臣原孔。忱翼翼兮，告中虔。

进俎《咸平》　吉蠲为饎兮，肃豆笾。原升肴珍错兮，列豆笾。升肴列俎兮，敢弗虔。原吉蠲为饎兮，格乾圜。毛炰茧栗　原九州美味。兮，荐膏鲜。致洁陶匏兮，香水泉。原特牲洁敬兮，苾芳筵。愿随　原垂。降鉴兮，驻云軿。锡嘉福兮，亿万斯年。

初献《寿平》　玉斝肃陈兮，明光。桂浆初酤兮，信芳。臣心迪惠兮，捧觞。醴齐载德兮，馨香。灵慈徽眷兮，斋皇。勤仰止兮，斯徜徉。

亚献《嘉平》　考钟拂舞兮，再进瑶觞。翼翼昭事兮，次第肃将。睟颜容与兮，苍几辉煌。穆穆居歆兮，和气洋洋。生民望泽兮，仰睨玉房。荣泉瑞露兮，庆无疆。

终献《永平》　原《雍平》。终献兮，玉斝清。肃秬鬯兮，荐和羹。原微诚。磬管锵锵兮，祀孔明。原协气升。旨酒盈盈　原盈盈旨酒。兮，勿替思成。明命顾諟　原尚其醉止。兮，

群福生。原怀嘉生。八龙蜿蜒兮，苞羽和鸣。

彻馔《熙平》 一阳复兮，协气升。原盥荐毕兮，精白申。盥荐毕兮，精白陈。原虞燕娭兮，劳帝神。旋废彻兮，敢逡巡。原百辟肃雍兮，倾罍尊。礼将成兮，乐欣欣。瞻九阊兮，转洪钧。原无二句。福施下逮兮，佑此原宜佑。人民。

送神《清平》 原《太平》。升中告成 原嘉德夙成。兮，晻霭坛场。穆思回盼兮，灵驾洋洋。原有山河日月兮，朗耀崇深。青龙按节兮，白虎低昂。洪钧涤荡兮，妖孽潜消。三句。臣原我。求时惠兮，感思馨香。原有鸣玉锵金兮，肃若有望。紫坛截嶭兮，赫赫皇皇。臣乘宝历兮，载须我辅。三句。愿蒙博产兮，多士思皇。原作山岳钟良。天施地育兮，百谷蕃昌。原不可殚究。殖我嘉师兮，正直平康。原沐浴休光。

望燎《太平》 原《安平》。隆仪告备兮，诚既将。原雷车电迈兮，飞远扬。有虔秉火兮，焫越芳。雷车电迈兮，九龙骧。原繁会贲镛兮，奋龙旂。紫氛四塞兮，云旗扬。原俾尔昌兮，降萧光。蒸民蒙福兮，顺五常。原富寿康。惟予小子兮，敬戒永臧。原予获畴祉兮，万亿斯皇。

方泽八章 《中和韶乐》，林钟清变徵立宫，夹钟清商主调。

迎神《中平》 吉蠲兮，玉宇开。薰风兮，自南来。凤驭纷兮，后先；岳渎蔼兮，徘徊。肃展礼兮，报功；沛灵泽兮，九垓。

奠玉帛《广平》 式时 原神州。吉土兮，中坛。毖我郊兆 原畤。兮，孔安。原严。辟公趋跄兮，就列；原吉蠲。考钟伐鼓兮，舞般。原肆筵。黄琮纤缟兮，既奠；原陈列。灵光下烛兮，诚丹。原诚悃宣。

进俎《含平》 原《咸平》。礼行乐奏 原玉俎金奏。兮，未央。嘉肴有践兮，大房。牲牷告歆兮，惟恪；民力普存兮，肃将。厚载资生兮，无外；几筵来格原俯鉴。兮，洋洋。

初献《太平》 原《寿平》。醴齐融治兮，信芳。原匏尊泛齐兮，朝践扬。博硕升庖兮，鼎方。清风穆穆兮，休气翔。原灵旗张。神明和乐兮，举初觞。洽百礼兮，禋祀；罄九土兮，丰穰。

亚献《安平》 一茅三脊兮，缩浆。原江茅兮，缩浆。山罍云幂兮，馨香。介黍稷兮，芳旨；再涤牺尊兮，敬将。原再展微诚兮，趋跄。乐成八变兮，缀兆；原乐只。**俨皇祇兮**，悦康。

终献《时平》 紫坛兮，嘉气盈。原方坛兮，丰荐盈。旨酒思柔兮，和且平。原中和平。懔兹陟降兮，心屏营。原陟降从容兮，驻云軿。礼成三献兮，荐玉觥。含宏光大兮，德厚；灵佑丕基兮，永清。

彻馔《贞平》 玉俎列兮，庶品该。原尊俎毕兮，诚未亏。黄琮告彻兮，云翔徊。原仪景晖。晏阴定兮，曦景回。原邀灵锡。南讹秩兮，日恢台。原奏薰时，肃惟昭明兮，孔迩；覃博厚奠兮，九垓。原载群黎。

送神望瘗《宁平》 灵旗兮，云路遵。原云际屯。飞龙蜿兮，高旻。原飞龙兮，逝骎骎。阴仪粹兮，德纯。眷四海兮，无尘。配皇穹兮，两大；原化宣。绥下土 原绥百禄。兮，蒸民。

祈谷九章 《中和韶乐》，黄钟宫立宫，倍夷则下羽主调。

迎神《祈平》 原《中平》。帝笃祜民 原惟帝勤民。兮，求莫匪舒。小民何依兮，饮食惟需。原黍稷与与。莫嘉于谷兮，万事权舆。原元日有事兮，百辟趋。为民请命兮，岂非在予。原食咸需。日用辛兮，百辟趋。原遥瞻龙驾兮，历紫虚。暾将出兮，东风徐。原日临黄道兮，东风徐。惟予小子兮，敬盥陈孚。原臣昭事兮，遑深宁居。皇皇龙驾兮，穆将愉。原愿垂嘉惠兮，大有书。

奠玉帛《绥平》 原《肃平》。 念兹稼穑兮，惟民天。原民天惟食兮，农事先。农用八政兮，食为先。原粒我烝民兮，有大田。雨旸时若兮，玉烛全。原风霆流形兮，雨泽沾。粒我蒸民兮，迄用康年。原实颖实栗兮，气化全。仰三无私兮，昭事虔。原玉帛祗奉兮，禋祀虔。奏璋承帛兮，栗若临渊。原仰祈寰宇兮，享丰年。

进俎《万平》 原《威平》。 鼎烹兮，苾芬。嘉荐兮，无文。升茧栗兮，惟犉。原奉雕俎兮，大武。馞芗达兮，干云。原气干云。昭民力兮，普存。原昭普存兮，民力。惟明德兮，馨闻。

初献《宝平》 原《寿平》。 初献兮，元 原旨。酒盈。致纯洁兮，储精诚。原著诚致洁兮，牺尊盛。瑟黄流兮，罍承。原俨对越兮，在上。酌其中兮，外清明。原惟昭明兮，有融。俨对越兮，维清。原瑟黄流兮，玉瓒。帝心歆假兮，绥我思成。原赉嘉祯。

亚献《穰平》 原《景平》。 牺 原著。尊启兮，告虔。清酤既馨 原次第。兮，陈 原举。前。礼再献兮，祠筵。原肃拜。光煜爚兮，非烟。原列瑶觞兮，秩斯筵。神悦怿兮，僾然。原如在。惠我嘉生兮，大有年。原福便便。

终献《瑞平》 原《永平》。 终献兮，奉明粢。原泰尊移。苾芬嘉旨兮，清醴既醽。原圭瓒交驰。神其衎 原神其醉止。兮，锡祉；礼成于三兮，陈词。愿洒馀沥兮，沐群黎。臣拜手兮，青墀。原望云霓。

彻馔《渥平》 原《凝平》。 俎豆具陈兮，庶品宜。原齐。肸蚃昭鉴兮，荷帝慈。原举荷昭鉴兮，靡或遗。馔告备 原彻。兮，玉几；登歌洋溢兮，虔彻不迟。原式礼无违。肃微忱兮，告终事；上帝居歆兮，锡纯禧。

送神《滋平》 原《清平》。 祗奉天威兮，弗敢康。小心翼翼兮，昭穹苍。云垂九天兮，露瀼瀼。翠旗羽节兮，上翱翔。原归何乡。臣拜下风兮，肃 原意。徬徨。愿沛汪泽兮，民多盖藏。原时其雨旸。

望燎《谷平》原《太平》。 卬 原翘。首兮，天阊。混茫一气兮，浩无方。原遐彼云海兮，何苍茫。焫萧束帛兮，荐馨香。精诚感格兮，降福穰穰。四时顺序兮，百谷以昌。臣同兆姓兮，咸荷恩光。

社稷坛七章 《中和韶乐》，春夹钟清商立宫，倍应钟清变宫主调；秋南吕清徵立宫，仲吕清角主调。

迎神《登平》 原《广平》。 媪神蕃厘兮，厚德隆。原猗欤土谷兮，功化隆。嘉生繁祉兮，功化同。原蒸民立命兮，九域同。坛壝俨肃兮，风露融。原通。我稷翼翼兮，黍芃芃。原俎豆丰。望云驾兮，骖鸾龙。植璧秉圭兮，冀感通。原秉圭植璧兮，予亲躬。

奠玉帛、初献《茂平》 原《寿平》。 恪恭禋祀兮，肃且雍。原禋祀黝牲兮，北郊同。清醑 原酤。既载兮，临斋宫。朝践初举兮，玉帛共。原鉴予衷。洋洋在上兮，鉴予衷。原锡福洪。

亚献《育平》 原《嘉平》。 乐具入奏兮，声喤喤。郁鬯再升兮，宾八乡。原兕觥其觩兮，恭再扬。厚德配地兮，佑家邦。绥我丰年 原屡丰年。兮，兆庶康。

终献《敦平》 原《雍平》。 方坛北宇兮，神中央。盈庭万 原帔。舞兮，帔 原时。低昂。酌酒 原酳。三爵兮，桂 原绿。醑香。清虽旧邦 原新旧邦。兮，命溥将。

彻馔《博平》 原《熙平》。 大房笾豆 原笾豆大房。兮，俨成行。歆此吉蠲兮，神迪尝。原犹回翔。废彻不迟 原椒浆瑶席。兮，馀芬芳。桐生茂豫兮，百谷昌。原黍稷非馨兮，悦且康。

送神《乐平》 原《成平》。 孔盖翠旌兮，随风扬。龙輈容与兮，指天阊。咫尺神灵兮，隔穹苍。愿流景祚兮，贶皇章，原流景祚兮，卜世昌。

望瘗《微平》 原《成平》。 玉既陈 原牲玉陈。兮，延景光。礼既洽 原百礼既洽。兮，终瘗藏。愿神听兮，时予匡。垂神佑兮，永无疆。原四海攸同兮，惠无疆。

社稷坛祈雨、报祀七章 乾隆十八年定。 《中和韶乐》，仲吕清角立宫，大吕清宫主调。初祈用夹钟清商立宫，报南吕清徵立宫，旋改随月用律宫谱，举四月为例。祈晴、报祀同。

迎神《延丰》 九土博厚兮，阜嘉生。方坛五色兮，祀孔明。眊力穑兮，服耕。仰甘膏兮，百谷用成。熙云路兮，瞻翠旌。殷闾泽兮，展精诚。

奠玉帛、初献《介丰》 神来格兮，宜我黍稷。两主有邸兮，馨明德。罍尊湛湛兮，干羽饬。油云澍雨兮，溥下国。

亚献《滋丰》 奏齍明兮，申载觞。龙出泉兮，灵安翔。周寰宇兮，滂洋。载神庥兮，悦康。

终献《霈丰》 帔容与兮，奋皇舞。声远姚兮，震灵鼓。爵三奏兮，缩桂醑。号屏来御兮，德施普。

彻馔《绥丰》 协笙磬兮，告吉蠲。神迪尝兮，礼莫愆。心斋肃兮，增惕乾。咨田畯兮，其乐有年。

送神《贻丰》 抚怀心兮，神聿归。盖郅偈兮，骖虬骓。洪厘渥兮，雨祁祁。公私沾足兮，孰知所为。

望瘗《溥丰》 宣祝嘏兮，列瘗缯。贶允答兮，时钦承。高原下隰兮，以莫不兴。歌率育兮，庆三登。

社稷坛祈晴、报祀七章 嘉庆十一年重定。《中和韶乐》，仲吕清角立宫，大吕清宫主调。

迎神《延和》 庶汇涵育兮，阳德亨。句萌茁达兮，物向荣。方坛洁兮，展诚。迓休和兮，寰宇镜清。祈昭格兮，瞻翠旌。沐日月兮，百宝生。

奠玉帛、初献《兆和》 瑟圭瓒兮，通微合漠。神歆明德兮，鉴诚恪。昭回云汉兮，嘘橐籥。曜灵司晷兮，时旸若。

亚献《布和》 申献侑兮，奉明齍。荐馨香兮，和气随。神介福兮，孔绥。耀光明兮，九逵。

终献《协和》 帔羽舞兮，一风敞。爵三奏兮，告成享。顺年祝兮，泰阶朗。元冥收阴兮，日掌赏。

彻馔《雍和》 笾俎彻兮，受福多。笙磬同兮，六律和。庶徵协兮，时无颇。熙乐利兮，东作南讹。

送神《丰和》 神聿归兮，华盖扬。羲和整驭兮，虬螭翔。遍临照兮，协农祥。天清地宁兮，黍稷丰穰。

常雩九章 乾隆七年定。 《中和韶乐》，黄钟宫立宫，倍夷则下羽主调。

迎神《霭平》 粒我蒸民兮，神降嘉生。雨旸时若兮，百谷用成。龙见而雩兮，先民有程。臣膺天祚兮，敢不承。念我农兮，心靡宁。肃明禋兮，殚精诚。灵皇皇兮，穆以清。金支五色兮，翟霭蜺旌。

奠玉帛《云平》 玉帛载陈兮，磬管锵锵。为民请命兮，惕弗敢康。令清和兮，遂百昌。麦秀歧兮，禾莠稂。日照九兮，时雨滂。俾万宝兮，千斯仓。

进俎《需平》 越十雨兮，越五风。三光昭明兮，嘉气蒙。天所与兮，眇躬。予小子兮，懔降丰。纷总总兮，赖皇穹。犉牡觺亨兮，达臣衷。

初献《霖平》 酌彼兮罍洗；谧芬兮，椒香。愧明德兮，维馨。假黍稷兮，诚将。愿大父兮，念兹众子；穆将愉兮，绥以丰穰。

亚献《露平》 再酌兮，醑清。仰在上兮，明明。庶来格兮，鉴诚。曷敢必兮，屏营。合万国兮，形神精。承神至尊兮，思成。

终献《霑平》 三酌兮，成纯。备物致志兮，敬陈。多士兮，骏奔。灵承无斁兮，明禋。维蕃厘兮，媪神。雨留甘兮，良苗怀新。

彻馔《灵平》 礼将成兮，舞已终。彻弗迟兮，畏神恫。愿留福兮，惠吾农。神之贶兮，协气融。遂及私兮，越我公。五者来备兮，锡用丰。

送神《霔平》 祥风瑞霭兮，弥灵坛。上帝居歆兮，风肃然。左苍龙兮，右白虎；般裔裔兮，纟曼缦。仰九阊兮，返御；介祉厘兮，康年。

望燎《霈平》 碧翏翏兮，不可度思。九奏终兮，爟火皙而。神光四烛兮，休气彩颐。安匪舒兮，抑抑威仪。帝求民莫兮，日鉴在兹。锡福繁祉兮，庶徵曰时。

大雩《云汉诗》八章 高宗御制。 《中和韶乐》，黄钟宫立宫，倍夷则下羽主调。

瞻彼朱鸟，爰居实沈。协纪辨律，羽虫徵音。万物芸生，有壬有林。有事南郊，陟降维钦。瞻仰昊天，生物为心。一章 维国有本，匪民伊何。维民有天，匪食则那。蝼蝈鸣矣，平秩南讹。我祀敢后，我乐维和。鼍鼓渊渊，童舞娑娑。二章 自古在昔，春郊夏雩。曰维龙见，田烛朝趋。盛礼既陈，神留以愉。雷师阗阗，飞廉衙衙。曰时雨旸，利我新畲。三章 於穆穹宇，在郊之南。对越严恭，上帝是临。茧栗量币，用将悃忱。惴惴我躬，肃肃我心。六事自责，仰彼桑林。四章 权舆粒食，实维后稷。百王承之，永奠邦极。惟予小子，临民无德。敢解祈年，洁衷翼翼。命彼秩宗，古礼是式。

五章　古礼是式，值兹吉辰。玉磬金钟，太羹维醇。玄衣八列，舞羽缤纷。既侑上帝，亦右从神。尚鉴我衷，锡我康年。六章　惟天可感，曰维诚恪。惟农可稔，曰维力作。恃天慢人，弗刈弗获。尚勤农哉，服田孔乐。咨尔保介，庤乃钱镈。七章　我礼既毕，我诚已将。风马电车，旋驾九阊。山川出云，为霖泽滂。雨公及私，兴锄利甿。亿万斯年，农夫之庆。八章

朝日七章　顺治八年定，乾隆七年重改。初制分载句中。夕月同。　《中和韶乐》，太簇商立宫，倍无射变宫主调。

迎神《寅曦》　羲驭兮，寅宾。原於昭兮，旭轮。光煜爚兮，红轮。原浴虞渊兮，初升。春已融兮，交泰；循典礼兮，明禋。原惟馨。严大采兮，祗肃。原熇萧艾兮，祗肃。神之来兮，如云。原神其听兮，和平。

奠玉帛《朝曦》　杲黄道兮，暾出；原神来格兮，太乙东。肃将享　原统万国。兮，玉帛同。美齐翼兮，王君公。原肃将享兮，承篚筐。盥以荐兮，昭格通。原盥以荐兮，孚有容。

初献《清曦》　御景风兮，下帝扃。原御景风兮，神式临。酌黄目　原酌清酤。兮，椒其馨。爵方举兮，歌且舞；漾和盎兮，龙旗青。原凭龙勺兮，吹凤笙。

亚献《咸曦》　再举勺　原奠。兮，郁金香。嘉乐和兮，舞洋洋。德恢大兮，神哉沛；原神饮食兮，意徜徉。澹容与兮，进霞觞。原容貌舒兮，和以康。

终献《纯曦》　式礼莫愆兮，昭清。原式礼未竭兮，还升。终以告虔兮，休成。原酴醾。愿神且留兮，鉴茹；以妥以侑兮，忱诚。原以侑以劝兮，至诚。

彻馔《延曦》　物之备兮，希德馨。原仪既成兮，物已飨。神欲起兮，景杳冥。原神欲起兮，运灵爽。彻不迟兮，咸肃穆。原彻不敢迟兮，慎趋跄。照临下土兮，瞻曜灵。原照下土兮，常朗朗。

送神《归曦》　云车征兮，风马翔。猋万里兮，临万方。原驰驱千仞兮，临万方。报神功兮，以时享，祈神祐兮，永无疆。原再拜手兮，称送；神振辔兮，当阳。中天丽兮，彻隐；普天戴兮，恩光。敷和煦兮，成物；锡万宝兮，永康。报神功兮，时飨；祈神祐兮，悠久无疆。

夕月七章　《中和韶乐》，南宫清徵立宫，仲吕清角主调。

迎神《迎光》　继日代明兮，象丽天。原猗欤太阴兮，御望舒。式遵九道兮，临八埏。原式遵九道兮，游清虚。玉律分秋兮，西颢躔。原驾冰轮兮，行西陆。聿修毖祀兮，乐在悬。原今之夕兮，来飨予。

奠玉帛、初献《升光》　少采兮，将事；玉帛兮，载陈。原有来雍雍，币帛在陈。琮璜以嘉，明德维馨。式举黄流兮，挹牺尊。笾豆静嘉兮，肴核芬。

亚献《瑶光》　齐醍兮，载献；神之来兮，肃然。原二齐载升，维以告虔。歌管锽锽，奉神之欢。仰肸蚃兮，鉴顾；原荷亘古兮，丽天。挹清光兮，几筵。

终献《瑞光》　戛瑟鸣琴兮，铜玉锵。神嘉虞兮，申三觞。金波穆穆兮，珠烦黄。休嘉砰隐兮，溢四方。原一敬毕申，三举愿酹。诚信洁齐，天下有道。鼓钟简兮，声容并茂。象大德兮，厥光皓皓。

彻馔《涵光》　对越在天兮，礼成。彻笾豆兮，湛露零。神悦怿兮，德馨。世曼寿兮，安以宁。原其香既歆。对越告成。彻尔笾豆，敬用骏奔。神悦怿兮，意欣欣。予翼慎兮，安以宁。

送神《保光》　驾卿云兮，景星。御和风兮，霞軿。神留俞兮，坛宇。福率土兮，黄丁。原彩驾霞兮，骖景星。御和风兮，蹑庆云。神欲起兮，不再停。瞻天衢兮，拜云程。影蹁跹兮，光澄清。飨予诚兮，意殷勤。予所祝兮，世太平。偃武修文兮，万世长春。

大享殿合祀天地百神九章顺治十七年定，后未施行，故宫谱失载。乾隆十六年，改大享殿为祈年殿，于此行祈谷之礼焉。祈谷乐章见前。

迎神《元和》　乾元资始兮，仰戴元功。坤厚载物兮，率履攸同。亭毒万汇兮，昭明有融。阴肃阳舒兮，协气流通。昼夜递禅兮，二曜在中。群灵毕萃兮，陟降景从。大德普存兮，化著清宁。臣思报本兮，蠲洁粢盛。延伫云驾兮，屏息臣躬。馨香祗荐兮，爰殚微诚。瞻望歆格兮，瑞色曈昽。至止坛壝兮，式慰钦崇。

奠玉帛《景和》　俯仰覆载兮，殿万邦。展仪备物兮，举旧章。良璧在陈兮，介豆觞。束帛戋戋兮，忱可将。对越冥漠兮，念徬徨。臣虔齐明兮，效趋跄。降鉴无方兮，悦而康。愿锡嘉祉兮，庆未央。

进俎《肃和》　和风畅兮，神格思。洽百灵兮，诚无移。洁豆笾兮，答洪慈。青芬达兮，杂菹施。臣仰祈兮，福履绥。房产芝兮，矞云垂。祝史列兮，敬陈词。形声穆兮，鉴在兹。

初献《寿和》　威光毕煜，肃肃灵旗。壶觞肇启，用介神禧。普洽和乐，罄无不宜。铿訇迭奏，克叶壎篪。骏奔翼翼，进反有仪。臣荐清酤，眷佑弗违。

亚献《安和》　齐心夙夜，祈答碧虚。洋洋在上，载酌清醑。芯芬式享，秩秩于于。干戚在舞，张弛靡逾。弥歆元旨，臣荩方舒。永言迓惠，戬谷锡馀。

终献《永和》　肴核既旅，八音克谐。罇罍未罄，慈惠靡涯。肃将三祝，黄流在台。菁茅既洁，裸献徘徊。愿言醉止，庶展臣怀。於皇锡祉，景福方来。

彻馔《协和》　百福既洽兮，羞明神。蘋藻可将兮，臣悃申。云軿欲驾兮，弥逡巡。几筵敬彻兮，不敢陈。

送神《泰和》　敬酬高厚兮，肃秩灵坛。居歆幸孚兮，进止克娴。群神偕从兮，驭鹤骖鸾。清风穆穆兮，旌旆生寒。遥开阊阖兮，云路漫漫。六龙前驾兮，剑佩珊珊。百辟相事兮，卿士戒班。臣心益虔兮，伫立盘桓。式礼莫愆兮，馀忱未殚。惠及黎庶兮，四宇腾欢。万物咸若兮，遐迩乂安。绵绵衍庆兮，永奠如磐。

望燎、望瘗《清和》　祥光杳霭兮，满云端。霓旌扬兮，言还。虔萧焫兮，祈上达；百执旅进兮，环列紫垣。臣仰止兮，弥切；束躬翘首兮，望元关。天休滋至兮，钦承罔斁；知神永覆兮，涉泽宽。

太庙时飨六章　顺治元年定，乾隆七年以旧词重改。初制载句中。奉先殿同。《中和韶乐》，太簇商立宫，倍无射变宫主调。

迎神《贻平》　原《开平》。　肇兹区夏，世德钦崇。九州

维宅，王业自东。戎甲十三，奋起飞龙。维神格思，皇灵显庸。原皇舆启图，世德钦崇。粤庇眇躬，率土攸同。九州维宅，爰止自东，太室既尊，万国朝宗。翼翼孝孙，对越肃雍。维神格思，皇灵显庸。

奠帛、初献《敉平》 原《寿平》。 于皇祖考，克配上天。越文武功，万邦 原四方。是宣。孝孙受命，不忘不愆。原达志承前。羹墙永慕，时荐斯虔。原永锡纯嘏，亿万斯年。

亚献《敷平》 原《嘉平》。 毖祀精忱，原神。洋洋如生。尊罍再举，于赫昭明。原有融昭明，陟降于庭。僾然有容。忾然有声。我怀靡及，原孝孙虔只。惕 原容。若中情。

终献《绍平》 原《雍平》。 粤若祖德，诞受方国。肆予小子，大猷是式。原越祖宗之德，肇兹天历。敢曰予小子，享有成绩。欲报之德，昊天罔极。殷勤三献，中心翼翼。原我心悦怿。

彻馔《光平》 原《熙平》。 庶物既陈，九奏具举。原仪肃乐成，神燕以娭。告成于祖，亦右皇妣。敬彻不迟，用终殷祀。原用终祀礼。式礼如兹，皇其燕喜。原介福绥禄，永锡祚祉。

还宫《乂平》 原《成平》。 对越无方，陟降无迹。原盈溢肃雝，神运无迹。寝祏静渊，孔安且吉。原恍兮安适。惟灵在天，惟主在室。于万斯年，孝思无斁。

太庙大祫六章 顺治十六年定，乾隆七年以旧辞重改。初制载句中。 《中和韶乐》，太簇商立宫，倍无射变宫主调。

迎神《开平》 原《贞平》。 承眷命兮，抚万邦。嗣丕基兮，祖德昌。溯谟烈兮，唐哉皇。原弗敢忘。虔岁祀兮，式 原举。旧章。肃对越兮，诚悃将。原沥悃诚兮，迓休光。尚来格兮，仰休光。原祈来格兮，意徬徨。

奠帛、初献《肃平》 原《嘉平》。 粤我先兮，肇俄朵。长白山兮，鹊衔果。绵瓜瓞兮，天所佐。明之侵兮，歼其左。混中外兮，逮乎我。奉太室兮，安以妥。原纷威蕤兮，神毕临。俨对越兮，抒素忱。陈纤缟兮，有壬林。酌醇酤兮，荐德馨。恪溥将兮，俶来歆。锡嘉祉兮，祐斯民。

亚献《协平》 原《嘉平》。 纷葳蕤兮、列圣临。俨对越兮，心钦钦。陈纤缟兮，有壬林。击浮磬兮，弹朱琴。恪溥将兮，肃来歆。锡嘉祉兮，天地心。原维肇祥兮，德配天。垂燕翼兮，祚百年。洁豆笾兮，秩斯筵。载陈醴兮，介牲牷。协笙镛兮，逘云軿。肃骏奔兮，中弥虔。

终献《裕平》 原《雍平》。 椒馝芬兮，神留俞。爵三献兮，旨清醑。万羽干兮，乐孔都。礼明备兮，罔敢渝。神原既。醉止兮，咸乐胥。永启佑兮，披皇图。

彻馔《诚平》 原《熙平》。 祝币陈兮，神燕娭。原典仪叙兮，神格思。尊俎将兮，反威仪。原享靡遗。悦且康兮，彻弗迟。不可度兮，矧射思。礼有成兮，厘百宜。原无此二句。鉴精诚 原禋。兮，苪禄绥。

还宫《成平》 原《清平》。 龙之驭兮，旋穆清。原孝思展兮，礼告成。神言归兮，陟在庭。萃龙驭兮，返穆清。三句。神之御兮，式丹楹。原主肃将兮，式丹楹。瞻列圣兮，僾容声。回灵眄兮，佑丕承。维神听兮，和且平。继序皇兮，亶休徵。

祭先农七章 顺治十一年定，乾隆七年以旧词重改。初制载句中。 《中和韶乐》，姑洗角立宫，黄钟宫主调。

迎神《永丰》 先农播谷，克配彼天。粒我蒸民，于万斯年。农祥晨正，协风满旜。曰予小子，宜稼于田。原句芒秉令，土牛是驱。天下一人，苍龙驾车。念彼田畴，民命所需。生成有德，尚式临诸。

奠帛、初献《时丰》 厥初生民，万汇莫辨。神锡之庥，嘉种乃诞。斯德曷酬，何名可赞。我酒惟旨，是用初献。原先农神哉，耒耜教民。田祖灵哉，稼穑是亲。功德深厚，天地同仁。肃将币帛，肇举明禋。厥初生民，万汇莫辨。神锡之庥，嘉种乃诞。执兹醴齐，农功益见。玉瓒椒醑，肃雍举奠。

亚献《成丰》 无物称德，惟诚有孚。载升玉瓒，神肯留虞。惟兹兆庶，岂异古初。神曾子之，今其食诸。原上原下隰，百谷盈止。粒我蒸民，秀良兴起。乐舞具备，吹豳称兕。再跻以献，肴馨酒旨。

终献《大丰》 秬秠穈芑，皆神所贻。以之飨神，式食庶几。神其丕佑，佑我黔黎。万方大有，肇此三推。原穈芑秬秠，维神所贻。以神飨神，曰予将之。秉耒三推，东作允宜。五风十雨，率土何私。

彻馔《屡丰》 青祇司职，土膏脉起。日涓吉亥，举耕耤礼。神安留俞，不我遐弃。执事告彻，予将举趾。原于皇农事，自古为烈。莫敢不承，今兹忻悦。笾豆既丰，簠簋云洁。神视井疆，执事告彻。

送神《报丰》 匪且有且，匪今斯今。灵雨崇朝，田家万金。考钟伐鼓，戛瑟鸣琴。神归何所，大地秧针。原麻麦芃芃，秔稻连阡。纵横万里，皆神所瞻。人歌鼓腹，史载有年。岁有常典，苪禄绵延。

望瘗《庆丰》 肃肃灵坛，昭昭上天。神下神归，其风肃然。玉版苍币，瘗埋告虔。神之听之，锡大有年。原玉版苍币，来鉴来歆。敬之重之，藏于厚深。典礼由古，予行自今。乐乐利利，国以永宁。

祭先蚕六章 乾隆七年定。 仲吕清角立宫，大吕清宫主调。先蚕坛乐，以云锣代钟，方响代磬，与《中和韶乐》微异。《乐章正义后编》列入先农坛之次，从之。

迎神《庥平》 轩辕御箓时，西陵位正妃。柔桑沃，载阳迟。黼黻玄黄供祀事，称茧更缫丝。龙精报贶，椒屋宗师。

初献《承平》 春堤柳绽金，仓庚有好音。衣祎翟，致精忱。后月躬应教织纴。柘馆式斋心。黄流初荐，肸蚃如临。

亚献《均平》 清和日正长，灵坛水一方。纡香陌，执籧筐。桑叶阴浓风澹荡，八育普嘉祥。玉鬯再陈，降福穰穰。

终献《齐平》 神皋接上园，葭芦翠浪翻。莺声滑，蔼花繁。天棘丝丝初引蔓，三荐洁苹蘩。云依宝鼎，露浥旌旛。

彻馔《柔平》 公宫吉礼成，有斋奉豆登。僮僮被，肃肃升。废彻毋迟咸祇敬，法坎不常盈。万方衣被，百福其朋。

送神《洽平》 神风拂广筵，灵香下肃然。仪不忒，礼无愆。禺马流星相烸绚，玉蝀亘平川。彤管司职，瑞茧登编。

祭历代帝王庙六章　顺治二年定，乾隆七年以旧词重改。初制载句中。　《中和韶乐》，春夹钟清商立宫，倍应钟清变徵主调。秋南吕清徵立宫，仲吕清角主调。

迎神《肇平》原《雍平》。　抚　原乘。时兮，极隆。造经纶兮，显庸。总古今兮，一揆；贻大宝兮，微躬。仰徽猷兮，有严闷宫。原有仪群帝兮，后先。一句。予稽首兮，下风。

奠帛、初献《兴平》　原《安平》。　莽若云兮，神之行。原灵之来兮，俨若盈。予仰止兮，在廷。承筐篚兮，既登。偃灵盖兮，翠旌。原结翠旌。鉴予情兮，歆享。荐芳馨兮，肃成。原有景行兮，六龙。嘉气兮，曈昽。奠牺尊兮，以笙以镛。群工肃兮，屏营。惠我懿则兮，允中。五句。

亚献《崇平》　原《中平》。　贰觞兮，酒行。原有诸帝熙和兮，悦成。一句。念昔致治兮，永清。瞻龙衮兮，若英。原自天。愿绍锡兮，嘉平。

终献《恬平》　原《肃平》。　郁鬯　原瑶爵。兮，献终。万舞洋洋兮，沐清风。龙鸾徐整兮，企予。原有嗣徽音兮，何从。盼云车兮，缓移。二句。示周行兮，迪予衷。

彻馔《淳平》　原《凝平》。馐肴蒸兮，毕升。五音会兮，满盈。礼将彻兮，虔告。鉴孔忱兮，载翼载登。

送神《匡平》　原《寿平》。　羽　原旛。幢缭绕兮，动回风。和鸾并驭兮，归天宫。五云拥兮，高驰翔。愿回灵眄兮，锡年丰。

望燎同　驾群龙　原群龙骖驾。兮，一气中。焄蒿芬烈兮，窅冥通。望神光兮，遥烛；惟终古兮，是崇。

先师庙六章　顺治元年定，乾隆七年以旧词重改。初制载句中。　《中和韶乐》，春夹钟清商立宫，倍应钟清变宫主调。

迎神《昭平》　原《咸平》。　大哉至圣，德盛道隆。原峻德宏功。生民未有，原敷文衍化。百王是崇。典则昭垂，原典则有常。式　原昭。兹辟雍。载　原有。虔簠簋，载　原有。严鼓钟。

奠帛、初献《宣平》　原《宁平》。　觉我生民，陶铸贤　原前。圣。巍巍泰山，实予景行。礼备乐和，豆笾嘉　原惟。静。既述《六经》爰斟三正。

亚献《秩平》　原《安平》。　至哉圣师，克明明德。原天授明德。木铎万年，原世。维民之则。原式是群辟。清酒既　原维。醑，言观秉翟。太和常流，英材斯植。

终献《叙平》　原《景平》。　猗欤素王，示予物轨。瞻之在前，师表万祀。原神其宁止。酌彼金罍。我酒惟旨。原惟清且旨。登献虽　原既。终，弗遐有喜。

彻馔《懿平》　原《成平》。　璧水渊渊，芹芳藻洁。原崇牙岌业。既歆宣圣，亦仪十哲。声金振玉，告兹将彻。鬷假有成，日月昭揭。原羹墙靡愒。

送神《德平》　原《咸平》。　煌煌辟雍，原学宫。四方来宗。甄陶乐育，原胄子。多士景从。原暨予微躬。如土斯埴，原思皇多士。如金在镕。原朕奏厥功。佐予敷治，俗美时雍。原佐予永清，三五是隆。

直省先师庙六章　乾隆七年重定。　《中和韶乐》，宫调同。

迎神《昭平》　大哉孔子，先觉先知。与天地参，万世之师。祥徵麟绂，韵答金丝。日月既揭，乾坤清夷。

奠帛、初献《宣平》　予怀明德，玉振金声。生民未有，展也大成。俎豆千古，春秋上丁。清酒既载，其香始升。

亚献《秩平》　式礼莫愆，升堂再献。响协聋镛，诚孚罍甗。肃肃雍雍，誉髦斯彦。礼陶乐淑，相观而善。

终献《叙平》　自古在昔，先民有作。皮弁祭菜，于论思乐。惟天牖民，惟圣时若。彝伦攸叙，至今木铎。

彻馔《懿平》　先师有言，祭则受福。四海黉宫，畴敢不肃。礼成告彻，毋疏毋渎。乐所自生，中原有菽。

送神《德平》　凫绎峨峨，洙泗洋洋。景行行止，流泽无疆。聿昭祀事，祀事孔明。化我蒸民，育我胶庠。

太岁坛六章　顺治元年定，乾隆七年以旧词重改。初制载句中。　《中和韶乐》，太簇商立宫，倍无射变宫主调。

迎神《保平》　协兹五纪，岁日月辰。天维显思，神职攸分。于赫太岁，统驭百神。承天之德，阴骘下民。原吉日良辰，祀典孔殷。於维太岁，月将百神。乘时秉德，辅国祐民。遥遥龙驭，顿辔九阍。坛壝蠲洁，延伫来临。

奠帛、初献《定平》原《安平》。　礼崇明祀，涓选休成。洁斋涤志，量币告成。祈福维何，福我苍生。陈馈奉酎，瞻仰云旌。原维神至止，螭驾云旗。洋洋在上，淑景延禧。束帛承筐，展我诚斯。神示昭鉴，尚其无遗。神兮弭节，荐馨敢后。祀事方初，陈馈奉酎。神光熹微，嘉祥承候。百礼不愆，乐具入奏。

亚献《嘏平》　原《中平》。　百末兰生，有飶其香。升歌清越，磬管锵锵。牲牷肥腯，嘉荐令芳。神其歆止，在上洋洋。原以我齐明，率礼攸行。再拜稽首，旨酒斯盈。牲牷肥腯，交彼神明。尊罍上下，鬷假思成。

终献《富平》　原《肃平》。　执事有严，再拜稽首。三爵既升，以妥以侑。盥荐有孚，肃兹笾豆。神其歆止，人民曼寿。原执事有严，品物斯备。非馨黍稷，用宣诚意。朱弦登歌，丝衣扬觯。于胥乐兮，神锡尔类。

彻馔《盈平》　原《雍平》。　王省维岁，有报有祈。六气无易，平衡正玑。嘉生蕃祉，泽及蜎飞。百礼以洽，承神吉辉。原春祈秋报，岁省惟勤。含醇饮德，莫匪明神。惟神临御，肸蚃逡巡。献酬云毕，诚敬斯伸。

送神《丰平》　原《宁平》。　神兮旋驭，肃瞻景光。灵飚上下，无体无方。嘉承惠和，亿兆溥将。岁岁大有，神其迪尝。原出令明堂，神爽卒度。报功迎气，崇祀斯作。神人以和，既康且乐。瞻望景光，邈彼寥廓。

太岁坛祈雨、报祀六章　乾隆十八年定。　《中和韶乐》，太簇商立宫，倍无射变宫主调。

迎神《需丰》　持元化兮，富媪神。秉岁籥兮，六气均。驰云车兮，风旗；殷阗阗兮，天门。情徬徨兮，孔殷。神之来兮，康我民。

奠帛、初献《宜丰》　荐嘉币兮，芳醴清。练予素兮，升飶馨。纷肸蚃兮，格歆。甘膏沃兮，神所令。

亚献《晋丰》　启山罍兮，摄椒浆。侑神宫兮，灵洋洋。族云兴兮，使我心若；惠嘉生兮，降康。

终献《协丰》　清斝兮，三奭；扬翟籥兮，载愉。灵回翔兮，六幕；泽霶霈兮，遍八区。

彻馔《应丰》 礼仪备兮，孔时。音繁会兮，彻不迟。昭灵贶兮，讶蕃祉；田多稼兮，氾濩之。

送神《洽丰》 顾亿兆兮，诚求。渥甘澍兮，神之休。庆时若兮，百昌遂。惠我无疆兮，岁有秋。

天神、地祇坛祈雨、报祀六章 乾隆七年定。《中和韶乐》，天神黄钟宫立宫，倍夷则下羽主调。地祇林钟清变徵立宫，夹钟清商主调。

迎神《祈丰》 云车驰兮，风旆征。雷阗阗兮，雨冥冥。表六合兮，穹青。横大川兮，扬灵。纷总总兮，来会；穆予心兮，齐明。

奠帛、初献《华丰》 束帛戋戋兮，筐篚将。昭诚素兮，苾馨香。瘼此下民兮，候有望。神垂鸿祜兮，渠未央。

亚献《兴丰》 疏羃兮，再启；芳齐兮，载陈。惠邀兮，神贶；福我兮，人民。

终献《仪丰》 牺尊兮，三涤；旨酒兮，思柔。诚无斁兮，嘉荐；神燕娭兮，降休。

彻馔《和丰》 礼既成兮，孔殷。洁明粢兮，苾芬。废彻兮，不迟；至敬兮，无文。

送神《锡丰》 流形兮，露生。苞符兮，孕灵。介我稷黍兮，曰雨而雨；神之格思兮，祀事孔明。

巡祭泰山岱庙六章 乾隆十三年定。《中和韶乐》，林钟清变徵立宫，夹钟清商主调。

迎神《祈丰》 资元气兮，镇青阳。鼓橐籥兮，孕灵祥。行时令兮，东巡；式展礼兮，诚将。

奠帛、初献《华丰》 金坛肃穆兮，黼帷张。瑟黄流兮，茅缩浆。昭诚素兮，举初觞。神斯陟降兮，格馨香。

亚献《兴丰》 日观兮，鸡鸣。天门兮，凤翔。牺尊兮，再献；维神兮，降康。

终献《仪丰》 醴齐兮，三荐；金牒兮，辉煌。申至敬兮，无祈；鉴予诚兮，斋庄。

彻馔《和丰》 瞻石闾兮，在望。实笾豆兮，大房。黍稷兮，非馨；明德兮，是将。

送神《锡丰》 礼成兮，孔臧。神驾兮，龙骧。肤寸而合兮，触石而起；弥于六合兮，降福穰穰。

巡祭嵩山中岳庙六章 乾隆十五年定。《中和韶乐》，林钟清变徵立宫，夹钟清商主调。

迎神《祈丰》 维灵岳兮，镇中央。展时巡兮，洛之阳。虔望秩兮，怀柔；俨对越兮，神光。

奠帛、初献《华丰》 石阙岧峣兮，鸣凤翔。奏瑶笙兮，肃祼将。初奉斝兮，陈篚筐。至诚昭格兮，福无疆。

亚献《兴丰》 颍水兮，安恬；缑岭兮，青苍。黄琮兮，告荐；椒醑兮，芬芳。

终献《仪丰》 香升兮，华黍；三涤兮，嘉觞。答灵响兮，嵩门；登万宝兮，咸昌。

彻馔《和丰》 三台蔚兮，峻极；二室郁兮，相望。告彻兮，维时；怀德兮，靡忘。

送神《锡丰》 云车兮，龙骧。仰止兮，高阊。玉浆含滋兮，金璧呈瑞；配天作镇兮，长发其祥。

望祀长白山六章 乾隆十九年定。《中和韶乐》，林钟清变徵立宫，夹钟清商主调。

迎神《祈丰》 天作高山兮，作而康。钟王气兮，应期昌。巡丰沛兮，来望。躬禋祀兮，虔将。

奠帛、初献《华丰》 铋黄流兮，进初觞。缅仙源兮，心遨庄。霭佳气兮，郁苍苍。欣来格兮，惠无疆。

亚惠《兴丰》 朱果兮，实蕃；灵渊兮，泽霶。清尊兮，再献；绵祚兮，纯常。

终献《仪丰》 具荐兮，玉馔；三酌兮，琼浆。思王迹兮，弥钦；清缉熙兮，敢忘。

彻馔《和丰》 松花水兮，汤汤。鸭绿波兮，泱泱。神饫兮，锡厘；如川至兮，莫量。

送神《锡丰》 祀事兮，孔臧。昭假兮，永明。迈周岐兮，越殷土；万有千岁兮，长发其祥。

群祀庆神欢乐 乾隆七年定，每岁祭先医于景惠殿，火神庙、显佑宫、关帝庙、都城隍庙、东岳庙、黑龙潭龙神祠、玉泉龙神祠、兴工祭后土、司工之神、迎旸祭窑神、门神皆用之。三献三奏。乾隆三十三年又重定关帝庙迎神、三献、送神各一章。咸丰三年升入中祀，特制乐章，列后。

先医 精气缘乎理，调剂观所颐。曰惟古圣，尝草定医，似铁随磁。沴除吉至，化工出自于指，万姓永荷恩施。

显佑宫 居所躔星轸，象纬环拱辰。贞元运转，藏用显仁。宥密基命，毓和葆顺。洁粢醴，以昭信。日襄哉，赞大钧。

东岳庙 维岳崧高五，泰岱常祀殊。累朝玉检，柴望始虞。木德条风，吹万毕煦，宅东隅以生物。仰天齐，鉴有孚。

都城隍庙 佳丽皇都胜，保障神力宏。万方辐辏，龙夜不惊。正直聪明，瘅彰如影，荷灵贶，笃其庆。固金瓯，护玉京。

火神庙 离正南方位，烛照光九围。粒民火食，功用不违。璀璨明粢，我民祈慰；覆祥霭，戢鹑尾。息融风，降福禧。

龙神祠 兴雨祁祁应，历岁恩屡覃。湫幽神御，农扈具瞻。寸合崇朝，十千有渰。黍膏溥，牟麦湛。赛神庥，以作甘。

门神 和气嘉祥应，圣日华耀明。仰方泰紫，俯奠泰宁。辽廓纮瀛，此惟表正。食神德，蒙神庆。享明禋，亿万龄。

司工之神 仰眺银河上，阁道如驾梁。俨神宅只，愉矣穆将。揆日鸣橐，翳神斯掌。奠椒酒，以禋享。荷神庥，泽未央。

关帝庙 扶植纲常正，浩气昭日星。绝伦独立，英爽若生。俎豆常馨，夏彝胥敬；仰神德莫畴，并助邦家永太平。

乾隆三十三年，重定关帝庙乐五章

迎神 青湛湛，玉霄门。神来下，彩旐纷。宫墙轮奂，笾豆芳芬。光景动人民。丹心照日，浩气扶轮。

奠帛初献　调兰醑，酌桂尊。神来飨，房俎陈。忠贯金石，义炳乾坤。纯臣戴一君。力扶王室，不愿三分。

亚献　汎盎齐，觞再进。箫鼓谐，声歌韵。武节绝伦，不辞利钝。神勇天威震。方知旧史，未符公论。

终献　礼秩秩，乐欣欣。俨威灵，至今存。惟灵惟佑，佑国佑民。典礼极隆文。式扬显号，时荐明禋。

彻馔、送神　司仪告彻，灵风来洎。神聿归，嘉微萃。大济群生，善良胥得意。邪慝无伸喙，皇化所及。咸尊庙食，东西朔南靡弗暨。

咸丰三年，关帝庙乐七章　《中和韶乐》

迎神《格平》　懿铄兮，焜煌。神威灵兮，赫八方。伟烈昭兮，累禩；祀事明兮，永光。达精诚兮，黍稷馨香。俨如在兮，洋洋。

奠帛、初献《翊平》　英风飒兮，神格思。纷绮盖兮，龙旂。斞桂醑兮，盈卮。香始升兮，明粢。惟降鉴兮，在兹。流景祚兮，翊昌时。

亚献《恢平》　觞再酌兮，告虔。舞干戚兮，合宫悬。歆苾芬兮，洁蠲。扇巍显翼兮，神功宣。

终献《靖平》　郁鬯兮，三申。罗笾簋兮，毕陈。仪卒度兮，肃明禋。神降福兮，宜民宜人。

彻馔《彝平》　物惟备兮，咸有。明德惟馨兮，神其受。告彻兮，礼终罔咎。佑我家邦兮，孔厚。

送神《康平》　幢葆葳蕤兮，神聿归。驭风轸兮，骖虬骓。降烟煴兮，馀芬菲。愿回灵盼兮，德洽明威。

望燎同　焫萧烈兮，燎有辉。神光遥瞩兮，祥云霏。祭受福兮，茂典无违。庶扬骏烈兮，永奠疆畿。

文昌帝君庙七章　咸丰六年升入中祀，重定乐章。《中和韶乐》

迎神《丕平》　秉气兮，灵躔。文运兮，赫中天。蜺旌兮，戾止。雕俎兮，告虔。迓神庥兮，于万斯年。

奠帛、初献《俶平》　神之来兮，笾簋式陈。神之格兮，几筵式亲。极昭彰兮，灵贶；致蠲洁兮，明禋。升香兮，伊始；居歆兮，佑我人民。

亚献《焕平》　再酌兮，瑶觞。灿烂兮，庭燎之光。申虔祷兮，神座；俨陟降兮，帝旁。粢醴洁兮，斋遬将。绥景运兮，灵长。

终献《煜平》　礼成三献兮，乐奏三终。覃敷元化兮，繄神功。馨香达兮，肸蚃通。歆明德兮，昭察寅衷。

彻馔《懿平》　备物兮，惟时。告彻兮，终礼仪。神悦怿兮，监在兹。垂鸿佑兮，累洽重熙。

送神《蔚平》　云軿驾兮，风旗招。神之归兮，天路遥。瞻翠葆兮，企丹霄。愿回灵眷兮，福我朝。

望燎同　烟煴降兮，元气和。神光烛兮，梓潼之阿。化成耆定兮，櫜弓戢戈。文治光兮，受福则那。

顺治元年，皇帝祭祀回銮二章　《导迎乐》

天地群祀《祐平》　皇天有命，列圣承之。我后配德，文匡武绥。海隅宁谧，神灵燕娭。于万斯年，流庆降厘。

太庙《禧平》　於皇绍烈，累熙重光。销铄群慝，我武奋扬。肃肃清庙，峨峨奉璋。奠鬯斯馨，祚命无疆。

乾隆十七年，重定祭祀回銮《祐平》十三章　乐章乾隆七年制，十七年始定凡祭祀回銮乐皆曰《祐平》，而以庆典所奏者为《禧平》。　《导迎乐》

圜丘　崇德殷荐，升燎告虔。惟圣能飨，至诚天眷。驾六龙，临紫烟。佑命申，图箓绵。

方泽　隤尔而静，持载广生。长至修祀，聿来光景。富媪愉，元德升。岳渎安，民物亨。

祈谷　民者邦本，食乃民天。爰卜辛日，大君殷荐。龙角明，祈有年。耒耜亲，天下先。

雩祭　炎夏初届，悯我穑夫。为民请命，法驾载涂。明德馨，诚意孚。禾稼登，斯乐胥。

太庙　仪若先典，追孝在天。鸿庆遐鬯，烈光丕显。祝事明，神贶宣。福庶民，千万年。

社稷坛　分职三大，康乂国家。平土蕃谷，降休中夏。荐吉蠲，神不遐。遍九垓，鸫祉嘉。

堂子　禋祀隆永，维统百灵。延福储祉，奠安神鼎。修祀祠，通紫庭。降福祥，昭德馨。

出师、凯旋告祭堂子　维文武略，勋业攸崇。钦承睿算，往征不恭。扇仁风，在师中。月三捷，奏肤功。

日坛　雝肃音送，暾出自东。兼烛垂曜，与天用同。秩典修，皇敬通。表瑞辉，扬至公。

雝月坛　殷仲尝酎，华黍若油。兴谷繁祉，受符天后。涌桂华，凝彩斿。玉烛调，千万秋。

历代帝王庙　时序群品，端在一钦。衣德凝命，荷天之任。景轨仪，诚既歆。肃骏奔，颙若临。

先师庙　先圣垂轨，千载是祇。虔奉师表，景行行止。奠两楹，神降之。启后人，文在兹。

先农坛　翩彼桑扈，仁气布和。千亩亲御，百祥膺荷。保介歆，穜稑多。帝手推，民乐歌。

卷九十七　　志七十二

乐四

乐章二御殿庆贺　《禾辞》《桑歌》

皇帝元旦御殿二章　康熙八年定，乾隆七年重撰乐章。初制附载。《中和韶乐》，黄钟宫立宫，倍夷则下羽主调。

升座《元平》　维天眷我皇，四海升平泰运昌。岁首肇三阳，万国朝正拜帝阊。云物奏嘉祥，乘鸾辂，建太常。时和化日长，重九译，尽梯航。原于穆元后，敬授人时。四始和令，三阳肇基。鸾路苍龙，载青其旂。迎气布德，百工允厘。行庆施惠，及我烝黎。

还宫《和平》　圣人延俊英，钧天乐奏绕彤廷。华夷一统宁，士庶欢忻乐太平。宝鼎御香盈，祥烟袅，瑞霭生。箫韶喜九成，齐庆祝，万千龄。原有奕元会，天子穆穆。锵锵群公，至自九服。正朔所加，海外臣仆。率土怀惠，万民子育。千龄亿祀，永绥茀禄。

皇帝长至御殿二章　康熙八年定，乾隆七年重撰乐章。初制附载。　《中和韶乐》，黄钟宫立宫，倍夷则下羽主调。

升座《遂平》　阳回黍谷春，万国衣冠拜紫宸。旭日耀龙鳞，云物呈祥福禄臻。尧阶蓂荚新，熙庶绩，抚五辰。九服共来宾，调元化，转鸿钧。原乾符在握，道转鸿钧。天心见复，物始资元。景长舜日，纪协尧春。玉琯应瑞，宝历肇新。众正在位，辅翼一人。

还宫《允平》　皇心克配天，玉琯葭灰得气先。彤廷胪唱宣，四海共球奏御筵。珠斗应玑璿，金镜朗，麟凤骞。人间景福全，咨屡省，懋乾乾。原万国在宥，一阳斯溥。渊默临朝，天职修举。君子道长，骈珪联组。瞻日书云，产祥降嘏。宜旸而旸，宜雨而雨。

乾隆二十四年，平定回部，长至御殿，增撰《武成》庆语二章　《中和韶乐》，黄钟宫立宫，倍夷则下羽主调。

升座《遂平》　阳回玉琯春，华阙晴晖映紫宸。声教讫无垠，烽燧长清玉塞尘。绝域尽王臣，安作息，荷陶甄。奉贽献灵珍。超三古，懋经纶。

还宫《允平》　淑气转瑶阊，缇幕葭飞启百昌。恩威亘八荒，雪岭天山道里长。纳欵向明堂，三足乌，暨凤凰。乾珍普降祥，弥顾禔，敉几康。

乾隆二十四年，平定回部御殿，群臣庆贺一章　《丹陛大乐》

《庆平》　紫雾氤氲浮彩仗，丹阶虎队鹓行。敷文德，虞徽接响。靖边徼，来享来王。

皇帝万寿节御殿二章　康熙八年定，乾隆七年重撰乐章。初制附载。　《中和韶乐》，黄钟宫立宫，倍夷则下羽主调。

升座《乾平》　祥云扈紫冥，四海臣民祝圣龄。淑气转阶蓂，尧箓羲图灿御屏。嵩呼遍在廷，天呈瑞，地效灵。南极拱台星，亿万载，颂康宁。原二仪清宁，三辰顺则。维帝凝命，函冒区域。仁恩广覃，至于动植。久道化成，隆功骏德。圣人多寿，年世万亿。

还宫《泰平》　皇躬福禄宜，永绍鸿图丕丕基。彤陛长仙芝，乐奏《箫韶》丹凤仪。南山献寿卮，人心悦，天意随。为德遍群黎，歌乐恺，万年斯。原鉴观惟德，丕命惟皇。肇兹寿域，薄海要荒。物性茂育，民俗乐康。冠带之国，望斗辨方。曰惟万年，同于昊苍。

万寿、元旦、长至三大节朝贺三章　常朝同。顺治九年定，康熙年制乐章，乾隆七年重撰。又增宫中行礼《雝平》一章。初制附载。《丹陛大乐》。

群臣行礼《庆平》　凤凰在薮，麒麟在郊坰。不如国士充陛廷，野无遗贤宗有英。夙夜在公，在公明明。原皇覆万宇，品物咸亨。九宾在列，百译输诚。济济卿士，式造在廷。帝仁如天，帝明如日。亲贤任能，爱民育物。礼备乐成，声教四讫。

外藩行礼《治平》　我清世德，作求若天行。天尽所覆畀我清，万方悦喜来享庭。曰予一人，业业兢兢。原天尽所覆，以畀我清。我德配命，涵濡群生。万国蹈舞，来享来庭。俣俣蹲蹲，视彼干戚。天威式临，其仪不忒。

宫中行礼《雝平》　《关雎》四教，家邦作孚先。黄裳元吉地承天，六宫仁顺化穆宣。麟之趾兮，万福之原。

皇帝上元御殿二章　乾隆七年定。　《中和韶乐》，太簇商立宫，倍无射变宫主调。

升座《怡平》　皇心保泰和，海寓升平乐事多。琼树长新柯，冰泮春风涨玉河。晴云展细罗，擎尧酒，泛天波。花舞鸟能歌，齐拜手，赋《卷阿》。

还宫《昇平》　时雍颂帝尧，玉佩铿锵庆早朝。紫禁瑞烟飘，春意淩寒上柳条。和风禁苑饶，陈仙乐，奏《箫韶》。三五正良宵，宫漏永，月轮高。

皇帝常朝二章　康熙年定。《中和韶乐》

升座《隆平》　赫矣天鉴，眷求惟圣。保佑我清，既集有命。假乐大君，天位以正。莅下有容，监于万方。念兹崇功，骏命孔常。

还宫《显平》　于昭四后，诞降世德。亹亹我皇，克艰衮职。治定功成，中和建极。龙飞在天，凤仪于廷。式奏《王夏》，垂亿万龄。

乾隆七年，重定皇帝常朝正月二章　《中和韶乐》，太簇商立宫，倍无射变宫主调。

升座《隆平》　敷天协气鲜新，又苍龙正晨。万国欢心仰紫宸，皇天锡嘏懿纯。陈充庭，华瑶金根。扇春风，风兆人，泽如春。睿周万品，化洽无垠。

还宫《显平》　渊然至道游神，协天行地文。照寓腾华若旱轮，清明广大和闻。恩滂洋，葭莩沾仁。念民生，生此辰，酌于民。瑞惟大有，宝则贤臣。

二月二章　《中和韶乐》，夹钟清商立宫，倍应钟变宫二调。

升座《隆平》　所无逸，恭己岩廊，万宇协嘉祥。吹律圜钟谐舜琯，负扆当阳。柳风初转芽黄，翠甸轻雷苏百昌。发生心，皇奉若；宽大诏，播天常。

还宫《显平》　肃群后，鸣佩锵锵，拜手仰龙光。初日曈昽奎壁丽，明庶风翔。普天和气休穰，浃化鹰成鸠眼良。躬清明，基宥密；恩溥洽，达要荒。

三月二章　《中和韶乐》，姑洗角立宫，黄钟宫主调。

升座《隆平》　日丽风和遍寰区，新榆改火。龙旂荏苒晃鸾坡，赫如曦，皇升座。群辟奏瑶珂，拂花茵，垂佩多。天门荡荡无偏颇，纯嘏咏《卷阿》。

还宫《显平》　瑞霭祥飚映彤墀，红云缭绕。一人渊默德光昭，百花中，千门晓。铜鹤篆烟飘，奏仙音，驾退朝。促耕布谷飞云沼，盈耳说农劳。

四月二章　《中和韶乐》，仲吕清角立宫，大吕清宫主调。

升座《隆平》　玉宸旦婺中，天王御法宫。乘朱路，曳长虹。六六泠箫谐女凤，万物被薰风。阜财解愠，福禄来同。

还宫《显平》 麦秋满野登，桑秾茧已成。玉衡正，泰阶平。上下交孚寰海靖，妇子乐盈宁。磐天亘地，茂豫桐生。

乾隆四十一年，平定两金川，四月御殿二章 《中和韶乐》，中吕清角立宫，大吕清宫主调。

升座《隆平》 玉衡纪正阳，升平景运昌。丰功著，威棱扬。险辟蚕丛归指掌，决胜庙谟长。凯声竞奏，《喜起》赓飏。

还宫《显平》 功成恺泽滂，兵消喜气扬。櫜弓矢，扫欃枪。紫阁酬庸膺懋赏，虎拜沐恩光。万年受祜，庆衍无疆。

乾隆四十一年，平定两金川，御殿群臣庆贺一章 《丹陛大乐》

《庆平》 远播皇威鲸鲵扫，瘴雨蛮烟尽消。看振旅，欢声载道。瞻天处，乐奏《箫韶》。

五月二章 《中和韶乐》，蕤宾变徵立宫，太簇商主调。

升座《隆平》 禁林清，反舌无声。登进忠良佞不行，《南风》假大而宣平。坐明堂，赏五德，法乘离以持衡。

还宫《显平》 槿初荣，萼与朱明。天稷星边汉影萌，红轮照九神嘉生。念农芸，夏暑雨，穆皇心以靡宁。

乾隆四十一年，平定两金川，五月御殿二章 《中和韶乐》，蕤宾变徵立宫，太簇商主调。

升座《隆平》 扇薰风，六幕祥融。共解征衣拜舞同，云开玉垒昭肤功。颂声灵，赫以濯；喜韬戈，绩铭钟。

还宫《显平》 庆天中，凯奏勋隆。笮徼烟消化雨浓，磨崖纪勒铭重重。壮皇猷，沛帝泽；听欢声，遍尧封。

六月二章 《中和韶乐》，林钟清变徵立宫，夹钟清商主调。

升座《隆平》 鼓含少，黄宫谐凤，伏庚光，赤帝骑龙。嘒彼三星正昏中，茂对乘时穆圣衷。陈金奏，宣景风，明光觐辟公。

还宫《显平》 弥六合，黎元祝颂，奉三无，帝念渊冲。蓊郁元云浛宸枫，大雨时行黍稷芃。虞琴奏，皇在宫，勤思剧月农。

七月二章 《中和韶乐》，夷则徵立宫，姑洗角主调。

升座《隆平》 金井桐飘大火流，夷则声清律应秋。天行转蓐收，黄茂满田畴。晓光阊阖浮，搏拊戛鸣球。玉殿千官咸拜手，仰宸旒。

还宫《显平》 鹰祭蝉鸣届白藏，御廪初登谷始尝。秋回禁陛凉，皇居奠总章。恩膏正溥将，零露浥瀼瀼。六合熙熙齐所卬，洁珠囊。

八月二章 《中和韶乐》，南吕清徵立宫，仲吕清角主调。

升座《隆平》 乾坤爽气澄序，宫殿清光静安。设九宾而法见，叶九和于天端。晻蔼扬云罕，玲珑动玉銮。烈徽猷兮万世，肃缨冕兮千官。

还宫《显平》 云高汉回参见，露白飙清冽寒。汔告成夫万宝，祗祝厘于三坛。瑞谷歧而秀，玉粢好且完。喜盈宁兮百室，国安泰兮民欢。

九月二章 《中和韶乐》，无射羽立宫，蕤宾变徵主调。

升座《隆平》 鸿依银渚，菊有黄华。陇云飞，木叶下，百谷登场罢。芳辰逢令嘉，黄麾列正衙。豹竿移，龙鳞射，日上朱霞，天锡吾皇多稼。

还宫《显平》 鞭鸣钟动，帘卷烟斜。漾金风，香衣驾，天扆言还暇。黄云香满车，邨邨昼响枷。处深宫，心区夏，重恤民家，黼扆《豳风》图画。

十月二章 《中和韶乐》 应钟清羽立宫，林钟清变徵主调。

升座《隆平》 时合黄纯，熙修司职，颛皇执坎持权。听彤廷佩响，玉琯风宣。怀黄绾白趋丹陛，皇仪展，於穆同天。光华圣日，罘罳焕彩，暄到齐编。

还宫《显平》 寰海丰穰，农夫之庆，深宫理化挥弦。念艰难稼穑，不敢游畋。琳琅万卷环天禄，三馀爱，清晏探研。时几敕命，明良喜起，所宝惟贤。

十一月二章 《中和韶乐》，黄钟宫立宫，倍夷则下羽主调。

升座《隆平》 七日阳来天地仁，万象一中分。人从心上起经纶，纲纪三才属大君。答阳临玉宸，无私学化钧，包元履德日劳勤。品类盛，荷陶甄。

还宫《显平》 顺气祥风翱九垠，太史正书云。沈几先物福生人，渊默雷声秉道真。八风依序均，天根月窟循，昭乎若日正三辰。不远复，以修身。

十二月二章 《中和韶乐》，大吕清宫立宫，倍南吕清下羽主调。

升座《隆平》 斗柄将东四序周，佳气满皇州。嘉平吉日诹，翠辂充廷立九斿。吾皇御大裘，法座侍王侯。服旧德，布新猷，穆若天仪福禄遒。

还宫《显平》 太室黄云紫气蒙，时雪报年丰。天关橐籥充，腊鼓催春天地通。皇家宝绪隆，契合动昭融。月西朓，日生东，万载回环不息同。

闰月节前用上月宫调，节后用下月宫调，词同前。除夕升座还宫，与十二月常朝同。耕耤礼成，庆成宫宴，与三月同。

文进士传胪御殿二章 乾隆七年定。 《中和韶乐》，蕤宾变徵立宫，太簇商主调。

升座《隆平》 启文明，五色云呈，珊网宏开罗俊英，梧冈彩凤雝喈鸣。气如珠，河似镜，集贤才于蓬瀛。

还宫《显平》 海榴舒，木槿初荣，宣赐宫衣最有名，薰来殿角微凉生。凤栖梧，麟在囿，致皇风于升平。

文进士传胪群臣庆贺一章 《丹陛大乐》

《庆平》 贤关大启，五纬丽霄光。九苞彩凤鸣高冈，日华五色舜衣裳。济济跄跄，多士思皇。

武进士传胪御殿二章　乾隆七年定。　《中和韶乐》，应钟清羽立宫，林钟清变徵主调。

升座《隆平》　宝殿云开，朱檐日近，甲袍金琐玲珑。看敦诗说礼，国士之风。王朝桢干资英俊，参帷幄，克诘兵戎。云台绘画，勋名伟绩，媲美前踪。

还宫《显平》　玉烛光调，金瓯绥靖，两阶干羽雍容。念求贤渭水，兆协非熊。中林罝兔多贤士，资心腹，云起风从。龙韬豹略，后先疏附，鹏翼抟风。

武进士传胪群臣庆贺一章　《丹陛大乐》

《庆平》　鹰扬鹗荐，厉翮九霄清。兔罝在野维干城，龙韬豹略蜚英声。肃肃赳赳，王国克生。

乾隆四十八年，乾清宫普宴宗亲，御殿二章　《中和韶乐》，太簇商立宫，倍无射变宫主调。

升座《隆平》　中天凤纪开新，列尧阶绣茵。圣德重华九族亲，垂光惇叙家人。敷仙蓂，十叶宜春。扇雍和，和气闻，郁祥芬。琼蕤奉日，宝鄂承云。

还宫《庆平》　璇霄气应《韶》钧，仰重熙令辰。行苇恩华衍燕申，欢承麟趾振振。沾椒觞，芳酎含醇。荷龙光，光被均，瑞璘彬。万年圣寿，一本天伦。

乾隆五十年，乾清宫千叟晏，御殿二章　《中和韶乐》，太簇商立宫，倍无射变宫主调。

升座《隆平》　乾隆五十年春，月王正日辰。帝世重熙盛典陈，高年高会枫宸。有盈廷鹤发臣民，望炉香，开扇轮。共尊亲，年逾书亥，福迓重申。

还宫《庆平》　云开黼座氤氲，望天回紫宸。九拜龙光舞蹈申，仙《韶》声远偏闻。退朝班仙仗缤纷，到蓬莱，携紫云。散仙群，九重曼寿，千叟长春。

乾隆十三年，大学士忠勇公傅恒征金川授敕，御殿二章　《中和韶乐》，黄钟宫立宫，倍夷则下羽主调。

升座《隆平》　临轩策将圣武恢，仙仗挟风雷。龙骧虎贲群英来，专阃正藉勒铭才。神机翊上台，恩隆毂是推。扬威边徼图云台，承庙略，往钦哉。

还宫《显平》　绛霄瑞霭六龙回，宇寓靖氛埃。天戈遥指阊阖开，敦忠秉信阃外裁。风云列阵该，崇墉计日摧。锋车电掣天马徕，军声欢，腾九垓。

乾隆十三年征金川，群臣庆贺一章　《丹陛大乐》

《庆平》　金殿晨开铜龙启，推毂恩隆典仪。九重上，争歌《喜起》；敷声教，尽仰天威。

乾隆十四年，金川凯旋庆贺，御殿二章　《中和韶乐》，姑洗角立宫，黄钟宫主调。

升座《隆平》　庆溢朝端，霭祥云，河山清晏，铃旂迢递送归鞍。赫元戎，縻良翰，靖献寸诚丹。载干戈，和佩鸾。功成万里勒铭还，遐迩共腾欢。

还宫《显平》　雉扇徐回，遍尧封，齐销燧燧，依依杨柳六师归。逮春耕，修农耒，论赏策勋随。九重深，五弦挥。敷天率土衷时对，日月耀明威。

乾隆十四年，金川凯旋，群臣庆贺一章　《丹陛大乐》

《庆平》　决胜从容筹上将，师行肆靖遐方。宣武略，更敷文德；垂衣治，端拱明堂。

乾隆八年，盛京谒陵礼成，御殿二章　《中和韶乐》，黄钟宫立宫，倍夷则下羽主调。

升座《元平》　维天眷我清，一统车书四海宁。法驾莅陪京，祠谒珠丘展孝诚。陟降旧宫庭，思祖德，答天明。佳气绕龙旂，瞰圣日，海东升。

还宫《和平》　文思洽九瀛，神孙继治溶升平。皇初七德成，缔造艰难景命膺。抚序惕中情，凝旒伫，若奉盈。昭兹万亿龄，列祖武，敬其绳。

盛京御殿庆贺二章　《丹陛大乐》

群臣《庆平》　重熙累洽，纮瀛被仁风。穆如神孙临镐丰，桥山礼成御故宫。零露瀼瀼，有来雍雍。

外藩《治平》　万方合敬，同爱所亲尊。思木有本水有源，东西朔南咸骏奔。纯固恪恭，日子云孙。

乾隆五十年临雍二章　《中和韶乐》，夹钟清商立宫，倍应钟清变宫主调。

升座《盛平》　辟雍建，规矩圆方，复古自吾皇。先圣宫墙千仞近，讲学升堂。於论钟鼓铿锵，春水圜桥流浩荡。作君师，时万亿；隆礼乐，焕文章。

还宫《道平》　圣人出，天下文明，玉振叶金声。日月江河照法象，自古经行。讲筵雝肃和平，熙事纯常茂典成。觉群黎，敷五教；彝伦叙，万邦宁。

乾隆五十年临雍，群臣庆贺一章　《丹陛大乐》

《庆平》　礼成典学，璧水监姬章。中天日月瞻容光，宸仪有肃拜舞行。寿考延昌，圣化滂洋。

嘉庆三年临雍二章　《中和韶乐》，夹钟清商立宫，倍应钟清变宫主调。

升座《盛平》　建皇极，端拱垂裳，仰止重宫墙。鸾辂苍龙亲视学，鼓箧升堂，昭回云汉为章。璧水和风交澹荡，播金丝，传孔训，盛羽籥，迈周庠。

还宫《道平》　睿图洽，文教昌明，至德播胶黉。俎豆衣冠多蔼吉，讲艺横经。圣人玉振金声，明德新民万世程。首修齐，崇格致，基诚正，奏治平。

嘉庆三年临雍，群臣庆贺一章　《丹陛大乐》

《庆平》　一人首出，作睹仰当阳。重华协帝焕文章，崇儒右学圣治光。钟鼓锵洋，拜舞轩饔。

乾隆九年幸翰林院二章一嘉庆九年幸翰林院同。　《中和韶乐》，黄钟宫立宫，倍夷则下羽主调。

升座《隆平》　龙文五色皆，羽葆亭童法驾来。秘阁列清才，就日瞻云瀛丈限。象纬正三台，纠缦缦，卿云回。元首实康哉，舟用楫，鼎需梅。

还宫《显平》　恩光浃面槐，瀛洲十八并追陪。南山颂有台，酒醴笙簧霖雨谐。帝扆下蓬莱，金枝霭，秀华堆。文光耀九垓，求千里，始于隗。

太上皇帝元旦御殿二章　嘉庆元年定。　《中和韶乐》，黄钟宫立宫，倍夷则下羽主调。

升座《元平》　寿宇巩金瓯，绳武乘乾甲子周。燕翼笃诒谋，子帝钦承德泽流。岁首建华斿，蓍衍荚，海添筹。五福萃箕畴。胪实政，训鸿猷。

还宫《和平》　天下养尊崇，万禩颐和到治隆。泰运懋延洪，嘉会朝正万国同。康强仰圣躬，八徵念，十全功。励治尚初衷，膺笃祜，竞呼嵩。

太上皇长至御殿二章　嘉庆元年定。　《中和韶乐》，黄钟宫立宫，倍夷则下羽主调。

升座《遂平》　阳回玉琯新，祗承忭蹈率臣民。行健政躬亲，问安视膳秉鸿钧。帝范示遵循，共球集，《韶》《濩》陈。皇祺茀禄臻，纪馨烈，颂恒春。

还宫《允平》　懿铄缵羲图，雨旸时若泰阶符。逢年渥泽敷，三除玉粒五蠲租。元吉惠心孚，恩币宇，德覃区。寅承保圣谟，履端庆，舞康衢。

太上皇帝万万寿节御殿二章　嘉庆元年定。　《中和韶乐》，黄钟宫立宫，倍夷则下羽主调。

升座《乾平》　寿禄位名全，犹日孜孜宝纂镌。保佑命膺天，继序重光福祚延。乾符久仔肩，文巍焕，武昭宣。瑞应角亢躔，庞褫衍，万斯年。

还宫《泰平》　曼寿献瑶樽，万方玉食至尊尊。舞彩上仪敦，尧辰舜丙合乾坤。佚荡启天门。帝奉帝，孙有孙，祥雯灿紫阍。歌景福，饫洪恩。

太上皇帝三大节庆贺二章　嘉庆元年定。　《丹陛大乐》

皇帝率王公百官行礼《庆平》　御宇六旬，九有浃深仁。勋华一家禔福臻，岁万又万颂大椿。文武圣神，帝夏皇春。

宫中行礼《雝平》　雝雝在宫，天符人瑞同。太上立德更立功，京垓亿兆运庞鸿。云礽衍庆，万福来崇。

嘉庆元年千叟宴，太上皇帝御殿二章　《中和韶乐》，太簇商立宫，倍无射变宫主调。

升座《隆平》　乾隆六十一年，授嘉庆始元，叟宴三开钜典传。天家尊养弥虔，建惟皇锡极无偏。率臣邻，逮户编，暨垓埏。轩宫初御，春殿长筵。

还宫《庆平》　仪鸾扇合炉烟，听仙韶绎然。盛礼观成九拜虔，翘瞻斗运辰躔。退朝班，皇极门前。颂尧仁，赞启贤，合羲年。圣能昌后，天不违先。

太皇太后三大节御宫二章　康熙二十二年定。《中和韶乐》

升座《升平》　嘉乐圣母，慈徽穆穆。协德坤元，以涵以育。以天下养，永绥天禄。皇情展庆，礼明乐淑。亿万斯年，受兹介福。

还宫《恒平》　天祐皇家，景命荐申。宫帏重庆，繁祉川臻。如南山寿，集嘏斯纯。我皇乐只，燕及臣民。薄海内外，罔不尊亲。

太皇太后三大节宫中庆贺一章　康熙二十二年定。《丹陛大乐》

《晋平》　彤庭景丽，旭日祥风。缤纷彩仗，奕奕璇宫。鸿慈燕喜，欢洽圣衷。万方一轨，来贺来同。千官拜舞，乐胥有融。维寿维祺，天地并隆。

皇太后三大节御宫二章　康熙二十二年定，乾隆七年重撰乐章。初制附载。　《中和韶乐》，南吕清徵立宫，仲吕清角主调。

升座《豫平》　慈帏福履昌，瑞云承辇献嘉祥。徽流宝册光，玉食欢心萃万方。旭日正当阳，绥眉寿，乐且康。瑶池蓂叶芳，如山阜，永无疆。原有懿慈帏，惟天下母。厚德之符，含宏九有。式嗣徽音，以昌厥后。宠绥受之，遐不单厚。福禄来求，如山如阜。

还宫《履平》　璿宫瑞霭霏，翚翟山河上衮衣。宝箓庆璇帏，万国欢愉颂德徽。长日丽晴晖，青鸾舞，凤在墀。康强福禄宜，亿万载，祝期颐。原百礼既洽，灿然其章。瑞云承辇，丽日舒长。万方玉食，愉怿未央。言旋彤幄，凝祉储祥。一人有庆，万寿无疆。

皇太后三大节庆贺二章　康熙二十二年定，乾隆七年重撰乐章。初制附载。　《丹陛大乐》

皇帝率王公百官行礼《益平》　皇家燕喜，福寿协慈帏。千官拜舞，万国瞻依。霭璇宫，圣日辉。原品物咸亨，景光清泰。展礼孔皆，式瞻嘉会。金石相宣，贯珠编贝。思媚思齐，德音四沛。以介繁禧，万年保艾，曰寿而臧，曰昌而大。

宫中行礼《雝平》　词与皇帝三大节同。

乾隆二十四年，平定回部，长至皇太后御宫二章《中和韶乐》，南吕清徵立宫，仲吕清角主调。

升座《豫平》　慈宁集庆长，坤元叶德焕嘉祥。晴晖转一阳，玉食承欢福履昌。西极尽来王，同稽首，颂寿康。尧阶蓂叶芳，受兹福，永无疆。

还宫《履平》　瑶宫霭紫烟，日丽彤墀百福全。德范播尧天，文笥珠玑晋九边。翚翟耀琼筵。添宫线，玉卮前。绥和兆万年，永乐恺，协玑璿。

皇后三大节御宫二章　康熙二十二年定，乾隆七年重撰乐章。初制附载。《中和韶乐》，南吕清徵立宫，仲吕清角主调。

升座《淑平》　承天地道光，嗣徽音兮俪我皇。椒宫壸教彰，万国为仪燕翼昌。彤管纪芬芳，春云渥，环佩锵。安贞德有常，敷内政，应无疆。原乾资于坤，俪尊宸极。皇化攸宜，母仪万国。履顺含章，茂明内德。福履永绥，乃燕乃翼。

还宫《顺平》 瑶枢焕上台，椒殿风和丽景开。晴旭上蓬莱，佳气氤氲遍九垓。祥云护燕禖，培麟趾，毓兰荄。雉扇影徘徊，看瑞霭，集宫槐。原椒宫奕奕，阴教修明。祎衣有耀，环珮和鸣。礼容孔格，万国来成。关睢之德，流美风声。

皇后三大节宫中庆贺一章 康熙二十二年定，乾隆七年重撰乐章。初制附载。 《丹陛大乐》

《正平》 正坤维兮俪皇极，母仪昭万国。福履永绥，将六宫，承法则。原采章有蔚，礼备乐宣。令仪令德，率履无愆。型家而国，实惟承乾。既淑且和，景福绵绵。

同治十一年，皇帝大婚，行册立礼，御殿二章 《中和韶乐》

升座《宜平》 作合庆从天，高悬日月照垓埏。交泰叶坤乾，鸾锵凤哕乐翩跹。星彩丽弧躔，双璧合，五珠联。瓜瓞喜绵绵，绥神履，万斯年。

正使受节《愉平》 祥晖耀九阊，凤节蜺旌命肃将。雅调奏铿锵，玉管琼璈广乐张。赓诗媲洽阳，铺鸿藻，焕龙章。福禄奉霞觞，富且寿，炽而昌。

大婚前一日阅册宝，庆贺三章 《丹陛大乐》

皇帝升座《澄平》 玉检金泥宝气腾，日月颂升恒。云霞仰蔚蒸，椒壁蓂图瑞彩凝。河洲德化兴，海宇庆波澄。光复旦，福云礽，谟烈昭垂亿载承。

皇太后升座《仪平》 万国共球奉寿卮，端冕肃隆仪。辉煌凤诏披，玉册金符福禄宜。天容静有思，睟穆拜瑶墀。缵前绪，答恩慈，嘉礼宏前百世基。

群臣行礼《普平》 黼黻昭文仰大观，高奉五云端。嵩呼万岁欢，宛鸥鹭成行拥百官。维皇宥密单，缔造念艰难。膺宝篆，御金銮，亿载丕基巩石磐。

大婚前一日阅册毕，皇帝诣慈宁宫行礼，皇太后御宫二章 《中和韵乐》

升座《邕平》 祥云五色飞，旭日曈昽映紫微。曙景丽旌旆，仙仗分行宝篆霏。承欢舞彩衣，歌寿恺，切瞻依。展礼报春晖，隆孝养，慰慈帏。

还宫《怿平》 仙璈响禁城，箫管均调《雅》《颂》声。旭日凤凰鸣，瑞霭缤纷贺礼成。 慈颜喜气迎，拥豹尾，导蜺旌。云奉翠华明，驭大丙，畅《由庚》。

大婚宣制，皇帝御殿二章 《中和韶乐》

升座《叶平》 翠琯银簧下紫霄，仙乐奏《咸》《韶》。趋班肃百僚，伞盖鸣鞭侍早朝。惟皇日月昭，玉烛庆时调。文传武，舜绍尧，一德心源切旰宵。

正使受节《舒平》 云蒸御案香，龙节高擎斋采彰。嘉礼敬延康，继继绳绳百代昌。《睢》《麟》为世祥，歌渭涘，庆洽阳。嘉气溢天阊，祝圣寿，寿无疆。

大婚朝见皇太后御宫二章 《中和韶乐》

升座《斋平》 祥晖丽紫宸，天地同和万国春。协气转鸿钧，燕翼诒谋百福臻。星云烂漫新，嘉礼备，雅乐陈。至德颂慈仁，洪宝篆，衍畴伦。

还宫《忻平》 吉日承欢厚德酬，侍燕礼虔修。芬芳洁膳羞，玉食琼浆旨且柔。笙簧雅韵流，仪卫转华斿。调玉烛，巩金瓯，穆穆隆仪福禄遒。

大婚朝见次日，皇帝诣慈宁宫行庆贺礼，皇太后御宫二章 《中和韶乐》

升座《轩平》 蓬莱旭日红，凤阁龙楼瑞霭中。仪卫拱璇宫，肃肃旌旆拂晓风。维皇茂矩崇，礼既洽，乐交融。孝养万方隆，瞻景福，共呼嵩。

还宫《颐平》 阁道回环辇路花，宫殿灿云霞。蓬壶岁月赊，六合光明万福嘉。鸣銮返翠华，喜气正无涯。德自大，颂非夸，华祝衢歌遍迩遐。

大婚朝见次日，皇后诣慈宁宫行庆贺礼，皇太后御宫二章 《中和韶乐》

升座《翕平》 懿范雍和内治襄，俪日月同光。承天地有常，喜洽璇帏庆未央。虔恭淑德彰，祎鞠颂仪详。兰驭肃，翠旂飏，绍继徽音式万方。

还宫《孚平》 茂典迈嫔京，妊姒相承世德宏。内治禀仪型，睟穆慈颜福履盈。垓埏乐永清，陈葆佾，簇霓旌。璆佩节和声，云辂举，日华明。

大婚朝见次日，皇帝御内殿二章 《中和韶乐》

升座《蕃平》 二曜光昭萃茂厘，乾箓应昌期。中宫肃盛仪，肇正人伦万化基。鸳梁福禄宜，麟趾叶风诗。炳帝极，衍宗支，万叶千春海宇熙。

起座《理平》 虔修肃拜仪，纳福跻仁百禄宜。协气迓蕃厘，辇路尘清六驭驰。祥云护瑞曦，回玉辂，绕彤墀。湛泽九天滋，宣嘉颂，庆昌期。

大婚朝见次日，皇后御内殿二章 《中和韶乐》

升座《惠平》 兰殿椒闱迓帝庥，懿德轶河洲。良辰协吉诹，位正坤维内治修。嘉祥百禄遒，黼黻焕新猷。辉翟彩，导鸾斿，逦迆祥云辇路周。

还宫《祥平》 中禁宏开霭吉祥，律度协珩璜。赓歌茀禄康，彩焕星轩法服彰。丰祺衍炽昌，福履庆齐长。遵玉卮，晋椒房，坤顺承天德有常。

大婚朝见次日，庆贺五章 《丹陛大乐》

皇太后升座，皇帝行礼《康平》 云书烂缦祥，舞彩宫中爱日长。雅乐叶笙簧，一曲《南陔》奏未央。金炉嫋篆香，看凤翥，喜鸾翔。圣寿祝无疆，醲泽被，惠风飏。

皇太后升座，皇后行礼《巽平》 宫扇彩云移，遥瞻凤辇驻彤墀。文裀锦绣披，太祝初宣展拜仪。肃穆答鸿慈，徽音嗣，福履绥。祥开百世基，绵泰祉，正坤维。

皇帝升座，皇后行礼《谐平》 雉尾云开喜气生，嘉礼庆初成。《关雎》句载赓，一片承平雅颂声。鸳鸯福禄盈，鸾凤叶和鸣。光四表，畅八纮，风始《周南》雅化行。

群臣行礼《燮平》 丹凤衔书降九天，香娴鹊炉烟。欢声动八埏，成盖青云朵殿前。光华亿万年，鹓鹭肃班联。辉宝鼎，卺宫悬，雨露无私圣泽宣。

宫中行礼《晏平》 坤仪令德崇，六服光辉典礼隆。瑞霭满中宫，彩仗云斿丽景融。炉烟接陛枫，容肃穆，福庞洪。理内颂成功。宣阃政，赞皇风。

大婚行礼次日筵宴，皇帝御殿二章 《中和韶乐》

升座《会平》 天心眷至人，璧合珠联耀紫宸。雅化洽睢麟，祥霭彤延百福臻。钟鼓韵清新，调律吕，奏韶钧。寰海共尊亲，昌圣绪，叙彝伦。

还宫《忭平》 煦日祥光焕翠斿，冠佩集螭头。宫中拜赐优，欢洽皇心百禄遒。香烟仗外浮，班散玉阶俦。敷骏惠，式鸿猷，庆典覃禧九服周。

皇太后赐后母宴，御宫二章 《中和韶乐》

升座《序平》 宝扇云移法驾临，万国盛仪钦。仙《韶》协舜琴，晓旭凝辉耀玳簪。慈颜悦豫深，锡福遍壬林。延景祚。颂徽音。媲周家，仰太妊。

还宫《恺平》 乐奏钧天吉礼成，燕衎洽群情。璇帏喜气迎，欢承寿母共称觥。金萱万岁荣，闿泽普埏纮。回龙驭，拥霓旌，尧趋舜步协安行。

大婚赐承恩公亲属宴四章 《丹陛大乐》

皇帝升座《调平》 瑞霭娴炉香，丹陛班分鹓鹭行。懿戚喜称觞，衣冠跄济觐龙光。壶中日正长，陈酒醴，肆笙簧。虞陛效赓飏，和以乐，寿而昌。

后父率亲属谢恩，群臣行礼《介平》 祥光丽几筵，凤管鸾笙奏九天。雨露拜恩先，圭爵钦承宠诏宣。嵩呼玉陛前，扬抃舞，肃班联。笃庆祝尧年，歌椒衍，卜瓜绵。

后母率亲属行礼，入座《衎平》 曈昽晓日明，五色祥云霭禁城。瑞应泰阶平，冠裳济济拜丹楹。璇宫喜气盈，陈酒醴，奏《韶》《濩》。燕衎荷恩荣，膏泽渥，颂同声。

后母率亲属谢恩《阜平》 尧厨蓮献祥，六膳和调出上方。珍味列芬芳，春满宫壶雨露香。黼尊酌醴浆，酞化洽，茀禄康。肃拜效赓飏，介景福，炽而昌。

大婚颁诏，皇帝御殿二章 《中和韶乐》

升座《端平》 尧天景运长，民物咸熙庶事康。离照炳当阳，万里山河日月光。升平宝祚昌，福无量，寿无疆。四表焕文章，歌喜起，颂明良。

还宫《融平》 嘉祥帝眷孚，乾始坤元合圣谟。蕃祉炳皇图，藻景昭陈协气敷。宣纶慓步趋，编璧叶，瑑金符。裔采焕云黼，六礼备，众情愉。

光绪十五年大婚，阅册毕，皇帝诣慈宁宫行礼，皇太后御宫二章 《中和韶乐》

升座《卺平》 祥晖霭紫宸，瑞满乾坤淑气新。寰海庆同春，作合从天万福臻。瑶阶雅乐陈，和鸾凤，咏《睢麟》。垂裕荷慈仁，崇典礼，叙彝伦。

还宫《怿平》 彩仗万花迎，雍雍鱼鱼庆礼成。琴瑟听和鸣，凤翥鸾翔引韵清。璇闱喜起赓，开帝运，惬皇情。寰宇际升平，徵瑞应，动欢声。

大婚宣制，皇帝御殿二章 《中和韶乐》

升座《叶平》 乐谱《箫韶》奏九成，仪凤叶和声。炉香篆袅清，万国共球集帝京。宸修德克明，景运启元亨。悬金镜，察玉衡，南面垂裳御八纮。

正使受节《舒平》 丝纶锡自天，龙节庄持映日鲜。璧合并珠联，玉检金泥紫诰宣。钦哉命敬传，椒蕃衍，瓜瓞绵。歌声遍垓埏，祝圣寿，亿万年。

大婚前一日阅册宝庆贺二章 《丹陛大乐》

皇太后升座《仪平》 诗咏《周南》肇始基，圣配正坤维。惟皇肃上仪，展拜雍容侍玉墀。贻谋赖圣慈，献寿晋瑶卮。延景祚，庆昌期，瓜瓞绵绵福履绥。

群臣行礼《普平》 冠佩趋跄仰九重，僚采乐登庸。三多祝华封，夔拜皋飏效靖恭。维皇驾六龙，作睹箴云从。占嘉会，庆躬逢，四海欣沾帝泽酞。

大婚朝见皇太后御宫二章 《中和韶乐》

升座《裔平》 春光满禁闱，和煦风柔拂翟帏，虔拜仰恩晖。宵旰勤劬综万几，显翼翼，扇巍巍。齐政察璿玑，钦德至，嗣音徽。

还宫《忻平》 宴罢欣逢大礼成，凤辇映花明，鸾旗拂柳轻。五色云霞彩仗迎，蔆闱喜气盈，椒殿晓风清。调玉琯，奏瑶笙，一片承平《雅》《颂》声。

大婚朝见次日，皇帝诣慈宁宫行庆贺礼，皇太后御宫二章 《中和韶乐》

升座《轩平》 曙景绚蓬瀛，阊阖天开瑞霭生。紫幰彩霞明，舞蹈欢呼彻凤城。慈闱喜气盈，仪具举，礼初成。孝养竭精诚，调管籥，奏《韶》《濩》。

还宫《顺平》 巍焕龙楼矗绛霄，日彩丽金貂。猊炉篆馥飘，辇路花深漏响遥。云軿乐御调，法曲和笙箫。隆礼备，德音昭，万福来同际圣朝。

大婚朝见次日，皇后诣慈宁宫行庆贺礼，皇太后御宫二章 《中和韶乐》

升座《翕平》 风始宏开万福基，厚德正坤维。思齐启嗣徽，修粟雍宫赞贽时。祥晖驻玉墀，銮辂展文螭。循茂典，答皇慈，日月承天曜二仪。

还宫《孚平》 天地二仪平，芼荇求贤内治成。懿德缵维行，瓜瓞绵延慰圣情。彤墀福喜盈，扬翠蕤，擢朱英。旋辂节《韶》《濩》，云軿转，玉鸾鸣。

大婚朝见次日，皇帝御内殿二章 《中和韶乐》

升座《蕃平》 元气昭融运二仪，风始德宣诗。春初瑞应时，万化渊源万福基。轩裳肃茂规，觚幄驻祥曦。调玉琯，衍金支，钟祉延釐颂圣慈。

起座《理平》 虔作礼初成，壶范柔雍翊圣清。宝辂叶鸾鸣，金卮彤墀喜气盈。云移雉扇明，回地纽，转天纮。雅乐谱《韶》《䪫》，珠露湛，玉芝荣。

大婚朝见次日，皇后御内殿二章 《中和韶乐》

升座《惠平》 正始风开万福原，玉辂庆临轩。含章赞至尊，乾曜坤仪应德元。风生九陛温，旭映六宫暄。迎淑气，沐仁恩，卿裔葳蕤受祉繁。

还宫《祥平》 绕毂花迎上苑春，辇路净无尘。宫莺啭语新，内治修明乐最真。清芬挹藻蘋，雅化溯《雎麟》。歌采采，咏振振，茂祉繁厘庆翕臻。

大婚朝见次日庆贺五章 《丹陛大乐》

皇太后升座，皇帝行礼《康平》 祥云丽九天，丹陛欢承圣母前。寿恺祝洪延，垂裕绵长纪万千。宝鼎袅香烟，双璧合，五珠联。雅乐叶宫悬，恩泽普，福畴全。

皇太后升座，皇后行礼《巽平》 彩仗导丹軿，《韶》《咸》乐奏八风宣。宫花绕御筵，镂槛文墀展细旃。璆佩拜仪虔，慈颜煦，曼福骈。山呼遍九埏，元正月，万斯年。

皇帝升座，皇后行礼《谐平》 袆服葳蕤茂典祥，向日月辉光。承天地久长，容蹈凝华德象彰。和鸣协凤凰，景福集鸳鸯。瞻衮冕，节琚璜，庆洽宫闱万叶昌。

群臣行礼《燮平》 纠缦星云焕紫宸，苞凤采璘彬。萝图万福臻，宝瑟瑶琴雅韵新。恩周雨露匀，薄海庆同春。凝鼎命，阐坤珍，鹓鹭偕登道路遵。

宫中行礼《晏平》 彤庭瑞霭萦，象服增华焕采明。正位翊升平，德协坤贞品物亨。来绥福履成，辉黼黻，式璜珩。芬惠引风清，调凤瑟，叶鸾笙。

大婚行礼次日筵宴，皇帝御殿二章 《中和韶乐》

升座《会平》 祥光曜紫宸，泰宇宏开九陛春。雅化肇《雎》《麟》，《采荇》歌兼咏《采苹》。薄海识尊亲，仰皇极，颂皇仁。仙乐奏《咸》钧，逢嘉会，宴嘉宾。

还宫《忭平》 庆典欣成日正中，颂祷效呼嵩。新承帝眷隆，欢洽皇心喜气融。祥烟霭九重，绥仗拥花红。占人寿，卜年丰，圣泽覃敷六合同。

大婚赐承恩公亲属宴二章 《丹陛大乐》

皇帝升座《调平》 左右肃班联，鹓鹭分行别后先。戚畹萃亲贤，夔虎鸣銮应管弦。铿锵禁漏传，瞻舜日，觐尧天。拜舞锦袍鲜，列玉砌，侍琼筵。

后父率亲属谢恩，群臣行礼《介平》 炉烟篆袅香，朵殿春和旭日长。夔虎效赓飏，搢笏垂绅玉佩锵。隆仪九拜彰，饫酒醴，叶笙簧。宝箓衍休祥，绥福禄，颂鸳鸯。

大婚颁诏，皇帝御殿二章 《中和韶乐》

升座《端平》 皇图圣德宣，金镜调元喜共延。紫极丽中天，华祝嵩呼亿万年。欢声动八埏，阶启泰，位乘乾。瑞霭玉炉烟，辉玉卮，炳珠躔。

还宫《融平》 丝纶被万方，丹凤书衔日月光。天语懔煌煌，庆典欣成锡祚长。休徵应雨旸，颜有喜，颂无疆。盛治赞垂裳，夔虎拜，凤鸾锵。

乾隆十七年，重定庆典所奏《禧平》十五章 《导迎乐》

临雍 崇圣尊道，乾德下交。思乐多士，化流芹藻。鼓箧徵，经术昭。听讲环，宏育陶。

巡狩方岳 辇丽六飞，入跸出警。省方观民，施惠行庆。一人行，万人幸。载道欢，瞻天圣。

元日进表 元正朝享，临御万方。阊阖通启，太平呈象。旅贡陈，轩乐张。遍海隅，瞻帝光。

长至进表 黄钟应律，玉琯回阳。书云荐瑞，迎日履长。共球集，《韶》《濩》张。奉金函，来万方。

万寿节进表 神圣文武，提絜六符。绥以眉寿，磬宜多祜。迈斗维，呈瑞图。万岁声，山应呼。

皇太后万寿节进表 昭受天贶，钟庆发祥。文母禔祉，福隆尊养。锡类蕃，慈训彰。亿万年，临寿康。

皇后千秋节进表 坤德柔静，阴教顺承。螽斯麟角，允维嘉应。宝册镌，天庆膺。求嗣徽，如月恒。

进实录 昭示无斁，谟烈聿皇。垂布方策，日星辉朗。配典坟，扬耿光。永绎思，绥万邦。

进玉牒 瓜瓞滋长，椒实衍昌。公姓千亿，福畴维向。定角仁，朱芾皇。锡类洪，咸乐康。

颁时宪 钦若诚亶，皇正朔颁。分秒无忒，玉衡齐贯。敬授时，宜暑寒。穑事明，民庶欢。

颁诏 申命重巽，纶下九阍。句出萌达，百昌咸振。象魏悬，𬨎铎巡。德意宣，天地春。

殿试送榜 贤网宽整，才俊毕登。疏附先后，一人维圣。教泽长，多士盈。景运开，龙虎蒸。

迎吻 皇作宫殿，因地顺天。如竹苞矣，美哉轮奂。鸟翼飞，松桷梴。芋且宁，居万年。

皇帝亲耕进穜稑 晨作农正，鸾辂劝耕。穜稑嘉种，降康延庆。帝耤开，农政行。我稼同，明赐成。

皇后亲蚕进筐钩 戴胜告时，西陵肇典。爰举懿筐，爰临柘馆。御鞠衣，登瑞茧。金钩陈，嘉义展。

皇帝耕耤《三十六禾词》一章 雍正二年定。

光华日月开青阳，房星晨正呈农祥。帝念民依重耕桑，肇新千耤考典章。告蠲元辰时日良，苍龙鸾辂临天阊。青坛峙立西南方，牺牲簠簋升芬芳。皇心祗敬天容庄，黄幕致礼虔诚将。礼成移跸天田旁，土膏沃洽春洋洋。黛犁行地牛服缰，司农穜稑盛青箱。洪縻在手丝鞭扬，率先稼穑为民倡。三推一拨制有常，五推九推数递详。王公卿尹咸赞襄，甸人千耦列雁行。耰耡既毕恩泽滂，自天集福多丰穰。来原荞蕎森紫芒，华芗赤甲秈稂秫。秬秠三种黎白黄，稷粟坚好硕且香。穈芑大穗盈尺长，五菽五豆充垅场。穇穄𪏆𪏆九色粮，蜀秫玉黍兼东廧。乌禾同收除童粱，双歧合颖遍理疆。千箱万斛收神仓，四时顺序百谷昌。八区九有富盖藏，欢腾亿兆感圣皇。

《皇后采桑歌》一章　乾隆七年定。

躬耕礼成诏井桑，蚕月吉巳迎辰祥。金华紫罽五翟光，瑞云彩映椒涂黄。坛南宿戒惟宫张，西陵展事摇珩璜。斋肃恭敬柔雍彰，金钩绿篷懿筥筐。尚功尚制奉以将，柔条在东涵露香。鞠衣三摘鸣鸠翔，月灵临贲龙精昌。黼黻五色质且良，昭事上帝祠烝尝。仪型宇宙帅妃嫱，衣食滋殖被万方。

卷九十八　志七十三

乐五

乐章三　筵宴　乡饮酒

太和殿阅皇太后徽号册宝，《海上蟠桃》一章　乾隆七年定。　《中和清乐》

海上蟠桃乍熟，日边红杏初芳，慈帏履庆承天贶，景福正绵长。一解　启蓬莱，排仙仗，露沣沣，凝仙掌，袆衣翟服烂明珰。耀金铺，日拥扶桑。喜风和骀荡，炉熏百和香，太平有象，孝德光昌。二解　殿当中，云光漾，驾临轩，金闺敞，孝思不匮重天常。展瑶函，宝册辉煌。喜风和骀荡，炉熏百和香。太平有象，孝德光昌。三解　紫霞杯，葡萄酿，九华镫，芙蓉桁，流霞绀雪酌天浆。颂期颐，地久天长。喜风和骀荡，炉熏百和香。太平有象，孝德光昌。四解　玉衡平，金波朗，湛露融，阶蓂长，云璈法曲奏清商。奉慈徽，长信传芳。喜风和骀荡，炉熏百和香。太平有象，孝德光昌。五解　万方玉食尊亲养，孝治烝烝天下仰，敬歌万寿无疆。趋辞

嘉庆元年，太上皇帝三大节筵宴三章　进馔，《中和清乐》；进茶、进酒，《丹陛清乐》

进馔《荚衍箕畴之章》　荚衍箕畴，春满瀛洲，六甲庆重周。功德谁俦！位禄兼名寿，并包帝道王猷。十全建极八徵念，五福居长百禄遒。驾苍周，轶赤刘，共胪万万添筹。一解　敬维作所酬高厚，圜坛冬至斋宫就。方坛夏至明禋奏，祈年雩祭均循候。加玉表精忱，缩鬯通声臭，珠囊气协神祇祐。二解　遵守宝箓，朝朝诵大猷，万乘谒珠丘，冠服贻谋，弓矢贻谋。《盛京赋》，赋鸿庥，霞绷燃处明如昼。纪恩堂，堂构绸缪。习骑射，御骅骝，岁岁木兰搜狩。三解　宵衣问夜传清漏，瑶殿上，勤政名留。不待鸡人报晓筹，燃绛蜡，答词头。四解　睿虑充周，后乐先忧，茅檐蔀屋盖藏谋。不惜金镠，蠲租赐复登仁寿，茨梁在野罗浆酒。吉亥亲耕勤早稑，雨旸驿递驰封奏，沃壤年年报有秋。五解　包罗星宿，御丹毫，文成万首。味腴餐秀，有数万余篇摛锦绣，丹黄《四库》皆经奏。更临雍宣讲，璧水环桥欣觏。礼成释菜，又看典茂鸿都，《石经》镌就。六解　二十矢，天弧彀，广运南朔东西，威棱处处周。拓疆二万，亥步全收。遐陬襁负投，归降归顺，更兼廓喀鲲番一候。七解　仁寿贞符同辐辏。十一世，金枝秀。联珠合璧，月将日就。二千里黄河清漱，仙蝶呈祥晴雪后。庆昌期，中天候，重逢重遘。八解　玉烛金瓯，天行一日一周。孜孜惟日耄期犹，自强不息符乾九。膺笃祜，瑎荚珠筹，子帝承欢千万寿。趋辞

进茶《玉烛调元之章》　玉烛调元，日彩旭曈昽，正联珠合璧庆重逢。星辉云烂蔼和风，角亢吐耀辰居拱。春意盎，瑞光融，看万年枝更动，万年觞奉，添筹积算乾纲总，一家尧舜贞符共。绕陛云烟拥，寿介衢尊，恩流宝瓮。一解　主敬宸衷，后天而奉，纪元周甲萝图巩。隆授受，养尊崇，积京垓，臣民颂，万禩庆延洪。如日方中，丽桐轩，辉松栋。二解　瓜瓞绵绵，椒衍金枝重，五福名堂万福同。瑶牒书石众瑞徵，麟趾庆恒钟，绳绳继继，叠见祥云拥。祝来帱，奕禩荷苍穹。三解　武于铄，十全同颂，文丕焕，四德俱隆，箕畴锡福福来崇。皇极庆，道泰时雍。四解　恩榜制科，先中庆遭逢，杏花春雨桂秋风。泽庞洪，年逾耆耋观光踊，远超五老首曹松。首曹松，七旬以外成均贡。五解　会耆英，三千众，奏钧天广乐同云梦。甘膏渥，湛露浓，十年方举燕方曈，鸠饰许携筇。六解　藏富三农，八蠲常贡，偏隅薄歉停输供。问旸雨，罢租庸，乐京坻，勤耕种，鼓腹共融融。寰宇绥丰，舞康衢，赓豳颂。七解　就日瞻云九宇同，占风协律集球共，岳修川效朝正众。拓舆图，河玉山葱，里逾二万入尧封。奉车书，玉帛重重。八解　昌辰嘉会隆仪重，听雅乐九成鸣凤。八极尽承风，九瀛齐献颂。趋辞

进酒《日丽琼霄之章》　日丽琼霄，春风先盎蓬莱岛。乐奏《箫韶》，天赐微难老。一解　祗承皇道，欢心万国会三朝。正筹添玉荚，更斗转珠杓。纪缦缦，衮衣依黼座；烂辉辉，瑶斝奉琼膏。庆昌辰，重光重润；仰景运，稽舜稽尧。养隆山海，美轶祁姚。二解　奕叶胪欢衍庆饶，咏振振，瑞牒标。瑶林琪树万寻高。兰芽馥郁彤墀绕，幔亭仙乐元音妙。祥光绚凤条，祥飙暖凤巢，集云礽献寿和风劭。欣舞彩，灿螭坳。三解　列清班，鹓鸾翩高。盐梅一气调，看肃肃衣冠拜绛旓。北阙开，催晓箭，西山爽，静鸣梢。斟沆瀣，酌葡萄。四解　欣迩英，日转槐龙清影摇。更集贤，风缓梅花杂絮飘。喜华缨共影，炉烟暖未消。凤池头，仙翰染；鸾掖外，珮声敲。齐祝颂，圣寿天高。五解　更皤皤黄发飘，玉杖初扶，来听云璈。祝万八昌期镐燕，列三千吉语衢谣。六解　皇州暖，淑气调，千门万户欢声早。九衢初旭和光绕，东华红软云烟袅。《黄图》紫陌总胪欢，万年枝上鸣春鸟。七解　联三殿，达四郊。绵区市宇茅檐表，绮塍绣野农功早，提壶布谷春声好。兕觥共愿献公堂，衢尊衢室歌鸿造。八解　威棱震，德化遥。王会冠裳，海角山椒，长股僬侥。瑶阶上，干羽功昭。趋阊阖，拜舞兼欢蹈。市爻间，赤帝飘飖。纨牛露犬输奇宝，兜离僸昧，尽入《咸》《韶》。九解　玉河缥缈，星海迢遥。占城驯扰，掸国招邀，南掌山高，荷兰飒飘，却值元正齐到。庆中天，仰碧霄，路绕铜标，韵叶鸾镳。占青云，叠来重译；趋黄道，共上轻轺。会嘉庆，舞云翘，南谐北燮祥辉耀。凫趋鱼藻，式燕翔翱。十解　轶黄

农，超羲昊，进长生，水玉膏，金鉴常悬帝范高。群钦帝德峣峣，焕珠弧，上瑞先昭。泰策乾符，上下交颂，兼容并包。积京垓亿兆，霞觞重酌种蟠桃。趋辞

皇帝三大节、上元、除夕筵宴三章　进茶、进酒《丹陛清乐》，进馔《中和清乐》

进茶《海宇昇平日之章》　海宇升平日，景物雍熙，偏乾坤，草木乐清时。河清海晏麦双歧，麟游凤集枝连理。风澹澹，日依依。正蓬壶乍启，天颜有喜。金门巘竹传仙吹，金猊篆袅香烟细，合殿欢声殷地。一统山河，万年天子。一解　佳气佳瑞满皇畿，天门诛荡御筵披，千峰叠嶂排晴翠。动龙蛇，日暖旌旗，青葱玉树万年枝。燕温温，玉卮金墀。二解　天工四序平分岁，皇心惟念小民依。一自农功始、祁寒暑雨遍畴咨。崇墉栉比，丰乐成民瑞；真民瑞，茅檐外，箫鼓乐豳诗。三解　溯当年，深仁厚泽；到于今，累洽重熙。皇心继述踵前徽，勤宵旰，敕惟时惟几。四解　孝飨吉蠲，修祀事，奉明粢。于豆于登祝繁禧，为民祈圣心无逸。天庥至，天心锡福圣无为。圣无为，太平恭己垂裳治。五解　得贤臣，襄上理，贲干旌，连茹汇征至。蝉有绥，鹭在墀。九苞飏彩映朝曦，来集上林枝。六解　民俗恬熙，盈宁妇子，康衢黄发偕儿齿。食旧德，服新畬。想中天，尧舜世，鼓腹共游嬉，亦越于兹。戴尧天，遵舜轨。七解　重译来时，梯航万里，冠裳玉帛图《王会》。于万载，太平基。想中天，尧舜世，鼓腹共游嬉，亦越于兹。戴尧天，遵舜轨。八解　皇心和豫阳春似，自万类，光辉盛美。四海共倾葵，五云齐献瑞。趋辞

进酒《玉殿云开之章》　玉殿云开，金门春在蓬壶界。日月昭回，景福齐天大。一解　乾坤清泰，五云深处是三台。看旬陈北指，更阊道南回。明朗朗，左枢兼上相；烂荧荧，龙角枕河魁。际中天，珠联璧合；仰紫极，麇至凫来。一人有庆，万国春台。二解　府事修和吁俊才，扇仁风，遍九垓，万方乐育仰栽培。一人宵旰符真宰，几康勐毖天工代。民生亦快哉，饗飧麈圣怀。励忧勤，保大持盈泰。歌帝力，望尧阶。三解　香馥馥，葡萄泼醅，天浆泛玉杯，光滟滟，露从仙掌开。北斗倾，万寿觞；南山献，延寿杯。庆玉食，万方来。四解　看蓬瀛春暖，林峦间早梅。喜风和日丽，年华入睿裁。况山巅水限，玲珑万卉开。绿芊芊，藓似茵，红灼灼，花如海。雨过也，隐隐轻雷。五解　到清和，暑风来。茂对乘时，长景恢台。敞水殿，红纷绿骇；曳暄飔，杨柳毵毵。六解　金飙至，商序回，清秋皓月扬光彩。芙蓉初日舒蓓蕾。平畴穲稏黄云蔼，岁登大有万民欢，皇仁优渥敷天戴。七解　寒云沍，四序垓，一阳来复天心泰。兕觥酾酒公堂介，丰年蜡飨吹豳赛。乾资美利本无言，帝恩广运真无外。八解　天呈瑞，惬睿怀。金镜光辉，玉烛和谐。鸣凤雝喈，尧栋上，云影徘徊；舜琴中，愠为吾民解。奏南薰，还阜民财。冠裳玉帛图《王会》，皇风荡荡，圣德巍巍。九解　渊思往代，茅茨土阶，不图不绘。黄屋心斋，不筑崔嵬。不重玫瑰，不贵腥膻菹醢。却猩唇，减豹胎，惟宝贤才。亦有盐梅和舟楫，九棘三槐。念民依，饥渴殷怀，愿时和，田不污莱，神仓御廪藏精粺。五风十雨，无僭无差。十解　日晶荧，云叆叇，蓂叶芳生玉阶。绀露丹霞接上台，帝居深在蓬莱。泛瑶觞，玉斝云罍，宫漏铜壶缓缓催。颂元首明哉，喜君赓臣拜，太平时节万年杯。趋辞

进馔《万象清宁之章》　万象清宁，海宇承平，瑞日丽彤廷。乾主大生，坤职资生，四序不言而成。宸居端拱敷皇极，帝道无为法健行。五纬明，百度贞，万邦额手欢庆。一解　轩图丽日悬金镜，尧阶蓂荚舒长景。阳回黍谷开春令，帝车连转杓携柄。天道本无言，主德惟居敬，万邦咸颂吾皇圣。二解　欢莘，累洽重熙际太平，万国献葵诚。簪绂盈廷，筐篚充庭。图《王会》，奏《咸英》。微飔不动珠帘卷，露汋汋，仙掌高擎。酒初馨，荐瑶觥，共祝一人有庆。三解　彤墀上，花瓴布影。瑶阶上，炉烟细生。凤凰鸩鹊敞云屏，宫漏悄，玉壶清。四解　泰阶久平，大有屡登。上林草木瑞光凝，卿云景星。梯航万国冠裳整，香烟盎盎排莲井。宫殿风微仙乐盈，九成《韶箾》来仪凤，穆肃天容睟以清。五解　庭燎初炳，仰垂裳，一人有庆。明离午正，又千道彩霞笼瑞景。西山峨峨分翠黛，共南山献寿，北斗天浆溟涬。天长地久，永兹九野盈宁，万方绥定。六解　念世德，承天命，况复宝箓鸿图，嘉祥岁岁呈。五风十雨，九穗双歧，紫芝朱草荣。木华连理，更兼之，屈轶阶前指佞。七解　欣庆，际昌期，观圣政。亿万载，培周鼎。宵衣旰食，日迈月征。殚厥心，为民求瘼，菖叶抽时花绽杏。写《豳风》，又思省，春省秋省。八解　玉振金声，皇朝功德庆成。从此年年献兕觥，佳节良辰喜交并。倾尧酒，尧栋云生，寿箓绵绵天共永。趋辞

除夕、上元、上灯《火树星桥》一章乾隆七年定。　《中和清乐》

火树星桥，烂煌煌，镫月连宵夜如昼。春风料峭，钧天奏彻《箾韶》。烟云中，瑞霭交，笼著鲛绡。锦绣丛，万花缭绕。鱼龙矢矫，嵩祝声高。一解　分明是洞天，是绛霄。分明是灵台灵囿灵沼。更春光乍到，景物暄妍雨露饶。又黄上柳条，漏泄春阳在野桥。二解　贺圣朝，世德遥。郁昽曈，日丽霄。圣嗣圣，重明继照。万民欢乐，万方熙皞。升平节，瑞应昭，琼蕊飘萧。宝殿开，法曲云璈。鱼龙夭矫，嵩祝声高。三解　金枝麝气飘，西吠琉璃四照。影娥池，凤烛烧，百子池，涎爇龙膏。九华镫，篆烟消。寒星霏霏缀银霄，蚁穿九曲球光耀。好良宵，是皇家，景福滔滔。四解　满山椒花簇，百枝娇，月轮正高。镫和月，一片冰霄，是皇家，景福滔滔。五解　殿当中，黼座高，春悄铜壶漫敲。笙歌千万里而遥，是皇家，景福滔滔。六解　良宵正好，正好良宵。看皇都，万井多娱乐。良宵正好，正好良宵，蓬壶清窈，银海光摇。百和香，霏瑶岛；紫罗囊，绣彩飘。花匼帀，东风吹饱，同庆清朝。七解　小梅梢，暗香浮动，淡烟笼罩。月上柔枝，露滴轻苞。今宵里，巷舞衢歌，遍寰瀛，同庆清朝。八解愿春光，年年好，三五迢迢。不夜城，灯月交，奉辰欢，暮暮朝朝。成裔成卿，万朵祥云护帝霄。趋辞

雍正二年，耕耤礼成，筵宴三章

进茶《雨旸时若之章》　祥开黼座兮，布琼筵。笙歌迭

奏兮，天乐宣。三推既举兮，赐丰年。五风十雨兮，时不愆。优渥沾足兮，溉大田。皇心悦豫兮，福禄绵。

进酒《五谷丰登之章》 龙犁转兮，春风生。帝勤稼穑兮，供粢盛。戒农用兮，劝服耕。富教化行兮，百谷成。禾九穗兮，麦两茎。黍稷重穋兮，充栋楹。岁登大有兮，怡圣情。尧樽特进兮，玉醴盈。劳酒礼饮兮，迈镐京。

进馔《家给人足之章》 嘉禾炊馔兮，云子芳。仙厨琼粒兮，匕箸香。吾皇重农兮，礼肃将。明昭感格兮，锡嘉祥。千仓万箱兮，百谷穰。崇墉比栉兮，遥相望。丰亨乐利兮，遍八方。家多充积兮，野余粮。含哺鼓腹兮，化日长。朝饔夕飧兮，寿而康。万邦同庆兮，璿图昌。

乾隆七年·重定耕耤筵宴三章 进茶、进酒《丹陛清乐》，进馔《中和清乐》

进茶《喜春光之章》 喜春光，将瑞霭集，斗杓运，农祥正，土脉融。平野水泉滋，景风至，农夫涂胫。长堤柳，茧馆条桑映。蓑共笠，村讴相永。颂元后，眉寿万年；育我民，四方欢庆。一解 看风乌翔玉树外，帝座临瑶阶影。百辟趋，搢笏共朝天，抠衣拜，田夫瞻望，《箫韶》奏，磬管声依永。寝园内，朱樱初迸。玉井藕，十丈移根，安期枣，似瓜晶莹。二解 是瑶池来，阆苑荐，世间物，如何并。嗛雪甜，王母远相将，笑留核，冰桃还胜。吾皇念，菽粟真民命，异物捐，芳甘俱屏。富方谷，在岁有秋，劳则思，若时恒性。三解 辨士宜，颂月令。遍紫陌，野人望杏 玉盘待赐，红垂上苑樱。趋辞

进酒《云和迭奏之章》 云和迭奏，听仓庚载鸣，玉壶清漏。万井欢娱，桑柘阴浓绿树稠。红墙外，柳丝微亸鸦黄瘦，更桃李暄妍晴昼。圣天子劳民劝相，今日青辕黛耜，芳塍如绣。一解 霞觞献寿，愿吾皇万年，与天齐考。玉斝金罍，柏叶芳馨绿蚁浮。彤墀下，绯衣玉带兼青绶，更父老抠趋在后。共庆祝皇图巩固，从此五风十雨，年年大有。二解 皇心在宥，念春风始和，不忘耕耨。妇子盈宁，宵旰仍怀饥溺忧。深宫内，心斋常屏瑶池酒，喜天耤既栽黄茂。坐广厦，与民同乐，但见遐阡迩陌，黄童白叟。三解 芳旨陈，金石奏。进九酝，在廷拜手。万年永锡，称觥乐有秋。趋辞

进馔《风和日丽之章》 风和日丽，时鸟初唤，春晴卓午。清畎外，一犁春雨。玉砌旁，万年芳树。共庆天田成礼后，圣主一游一豫。看零雨桑田，疏疏秧马，阗阗村鼓。一解 云开宝殿，玉案初进，金盘齐举。兰英末，盈盈翠醑。蓬池脍，纷纷细缕。玉粒长腰云子饭，来自神仓天庾。正乐奏《咸》《英》，春旗簇仗，涂歌巷舞。二解 吾皇廑念，四海黔首，吾胞吾与。所《无逸》，九功六府。绘《豳风》，筑场治圃。一粟一丝民力在，信是农家辛苦。更问夜求衣，亮功熙绩，治登三五。三解 劝九歌，修六府。饬太史，顺时觇土。礼成乐备，尧厨扇萐莆。趋辞

乾隆四十八年，乾清宫普宴宗亲三章 进茶、进酒《丹陛清乐》，进馔《中和清乐》

进茶《瑞旭中天丽之章》 瑞旭中天丽，庆溢昌期。敞金门，嘉叙宗支。丛云五色荫仙芝，华林万树连瑶戺。光煜爚，景透迤，正韶风乍吹。奉乾清燕喜，奉乾清燕喜，天家庆笃重光瑞，五云深处龙楼侍。宝胄衍，振振公子。九族天亲，九重乐事。一解 蕃祉嘉燕播仁慈，播仁慈，因缘时节匪迟迟。银潢一派瞻天咫，瞻天咫，并家人礼拜丹墀。并家人礼拜丹墀，寅秩惇叙典行时，更鸿仪同瞻光被。二解 椒繁瓞衍琼华纪，都从若木秀新枝。袭庆从今始，特恩四品列华资。雁行接次，彩服纡金紫。尊其位，富贵以亲之。三解 《棣华》篇，轩宫展爱，《梓材》书，疆畎敷菑。宸躬教养本无私，申夭显，庸庸祗祗。四解 合族敦宗传古礼，肆筵几，行苇方苞叶歌诗。太平时，同荣壹体华连理，同菑异亩穗双歧。穗双歧，周家仁政亲亲始。五解 况皇朝，洪锡类，贲天庥，光赞放勋治。恩载推，礼则宜。凤麟左右并来仪，黄幕受洪厘。六解 影扬苍旗，声腾仙吹，言情俯讲家人礼。仙掌露，似珠霏，仙掌露，似珠霏。帕传柑，盘撒荔，满袖共香携。宠沐无涯，拜恩华，玉案底。拜恩华，玉案底。七解 宝序相辉，温颜有喜，篚筐昭贶便蕃意，陈玉帛以将之。灿精镠，列锦绮，御墨与封题。宠沐无涯，拜恩华，玉案底。拜恩华，玉案底。八解 曦轮垂照光辉美，亿万载，花跗韡韡。礼乐茂前徽，史书钦圣瑞。趋辞

进酒《珠斗杓回之章》 珠斗杓回，铜龙春霭祥云绘。寿宇熙台，庆衍灵长派。一解 天潢嘉会，九华敷影扇萎开。看天榆银映，更日杏红栽。辉烂烂，彩屏翔玉胜，馥霏霏，仙木间宫梅。接花茵，宗英师济。仰紫座，文治昭回。瑞绵姬篆，气盎尧阶。二解 化日舒迟景荡骀，联萼跗，乐耇鲐，瓜绵百世溯豳邰。云礽万叶猗兰茁，蟠根仙李嗤唐代。承华懋哉，玉牒镂琼瑰。导璇源，鸭绿三江大。球琳品，桢干材，球琳品，桢干材。三解 跄济济，宝胄肩排，天家一气培。展懿亲，仁恩敷睿怀。肃肃兮，珪瓒酬，雍雍也，金石谐，接武上天街。四解 喜酬庸五等，一番爵赏开。庆惇宗九族，一般衮绣裁。总擢秀三台，一时蕃翰才。荷龙章，宠载颁，承凤綍，衔新拜。列坐处，紫绶青纲。五解望南山，献颂来。辛韭登盘，刚卯镌牌。光艳艳，麟衫鹤彩，羽翩翩，花翎黄带。六解 晴雪影，映松钗。炉烟金穗飘芳霭。枌榻笺帖垂银薤，唐花绣缬珠千琲。觚棱鸠鹊旭初升，宫壶仙漏春如海。七解 祥麟趾，威凤喈，金华葩瑶承芝盖。苍龙孑蜺扬青旆，昭华瑞琯三阳泰。周家宗室是城垣，高阳才子多元凯。八解 椒花醴，柏叶醅，露湛尊罍。霞映罘罳，风扇金阶。黄幄上，曦御徘徊。泛瑶觞，玉是和阗采。泛瑶觞，玉是和阗采。二千人歌咢萦怀，天颜笑语春生霭。东西序列，昭穆班排。九解 金枝玉蕾，蕙蕊兰荄。棣华孔怀，蓼萧乐恺。不立监催，不藉卿陪，不用纠仪史在。化雍和时丽，佳芽逗宫槐。颂进台莱，斟和气，酎象清淮。听和声，乐奋春雷。听和声，乐奋春雷。愿年年北斗樽回，东厢寿酒赓歌拜。旅酬礼洽，积庆图开。十解 受洪禧，千万载，降福穰穰孔皆。六幕和风扇九垓，融融佳气蓬莱。仰尧文荡荡巍巍，亲睦平章淳化推。更《行苇》篇裁，协《箫韶》天籁，五云长捧紫霞杯。趋辞

进馔《景丽仙瀛之章》 景丽仙瀛，云霭彤庭，煜煜灿芝英。春风送晴，春露含清，宝炉香篆徐萦。羽仪幸接青霄路，绅佩欣联紫闼情。鸳鸯鸣，萐莆生，万年珠树同庆。一

解　金支派衍云礽盛，一规仁寿悬高镜。卿云色向琼枝映，工歌先唱麟之定。阿阁动和风，步履三霄听，趋陪邀得天家幸。二解　堪庆，四海熙和际治平。丹陛彩霞明，枝耀华苹，叶茂祥蓂。宣《韶》《濩》，奏《咸》《英》，中天华日曈昽正。泻珍珠，满溢金茎。延皇属，论宗盟，亘古于斯为盛。三解　看楼角，初阳暹映，听枝上，宫莺早鸣。天厨特敕赐芳馨，春有脚，似恩荣。四解　金盘自明，玉碗自莹，山腴水豢未须称。兰烝蕙烝，由来禁脔夸珍盛。淳熬将出龙头鼎，多是盐梅滋味成。不须更啖如瓜枣，但饱天恩总益龄。五解　龙墀位定，庆振振，宝牒分荣。祥钟鹊果迓多福，自天申景命。今朝公姓骈蕃会，念灵根式固，日千光华交映。洪厘懋锡，好占五色云边，宗人星炳。六解　昼漏水，瑶阶静，遥见雉尾双开，天颜喜气凝。展亲谊笃，温纶款被，广殿乐盈盈。气求声应，颂茂绪彪鸿，一人有庆。七解　深幸镐京诗，同拜命，棣萼会，安能并。分餐玉食，凤髓麟羹。更飘来仙音一片，暖律新调笙吹应。饫春膏，恰今番人胜花胜。八解　恺乐歌成，咸邀四品殊荣。俊髦耆年总玉潢，赉予归来黄帕擎。庆仙源，景福凝，承彩云，长护蓬莱顶。趋辞

乾隆五十年，千叟宴三章　进茶、进酒《丹陛清乐》，进馔《中和清乐》

进茶《寿恺昇平瑞之章》　寿恺升平瑞，庆叶重熙。仰宸躬，行健天仪。乾符象显泰阶期，久于其道唐虞际。超项佶，轶《循蜚》，正宵衣旰食。德之纯不已，德之纯不已。舆图二万鸿勋启，《全书》三万奎文丽。允文武，古稀天子。四海羲图，万年轩纪。一解　燕启拜舞首宗支，首宗支，公卿牧伯共追随。归田人许扶鸠至，扶鸠至，更陪臣海外高丽。更陪臣海外高丽，封翁寿爵上丹墀，并皤皤，皓首庞眉。二解　黄鹂练雀群僚底，兜鍪队帅旅熊罴，济济章缝士。宸躬抚锡遍群黎，老农匠艺，鼓舞轩饕喜。轩饕喜，春筵上，万万萃期颐。三解　溯当年，龙光喜起，到于今，燕翼谋贻。五皇继述茂前徽，重开燕，重光奠丽。四解　尚爵朝廷先尚齿，觥称兕，千复千人介维祺。乐清时，东胶养老三王治，南山献颂九如诗。九如诗，引年今日多加礼。五解　况天家，诸福备，庆曾元五代同堂喜。桐有蕤，兰载猗。春风花发万年枝，瓜瓞衍洪禔。六解　福有由基，人惟德致，君王有道嘉祥备。风皞皞，景熙熙，风皞皞，景熙熙。合诸天，环大地，都是吉云垂。日月无私，普人间，添甲子。普人间，添甲子。七解　宝翰天题，元音虞陛，人分一首赓飏义。联百韵，《柏梁诗》。联百韵，《柏梁诗》。帝庸歌，人七字，金石播英词。日月无私，普人间，添甲子。普人间，添甲子。八解　天人嘉应重华世，问史策，谁能媲美！珥笔庆昌期，称觞千万岁。趋辞

进酒《紫禁春开之章》　紫禁春开，壶天云霭群仙会。愿祝台莱，春满三千界。一解　春风寰海，紫霞同上万年杯，仰乾清辰共，正泰运天开。红瑟瑟，初阳升若木；白辉辉，晴雪在宫槐。换桃符，千门悬彩。喧爆竹，万户轰雷。南弧献瑞，北斗斟醅。二解　大禹崇情恶旨怀，但寻常却酒杯。鲁樽庭下醴成醅，衢樽陌上春浓海。瓦樽田畔盘堆菜，同浮玉罍。不是等闲排，是《豳风》春酒公堂介。称觥众，遍九垓，称觥众，遍九垓。三解　云缦缦，卮琢琼瑰，皑皑映玉阶。光滟滟，和阗白玉材。碧瀣浆，芳满壶，黄封酝，甘满罍，德产自西来。四解　有年华九十，几人寿耇鲐。更头衔一品，几人廊庙材，总优老恩推。几人手赐杯，照天光，席近前，斟天酒，春生霭。三爵也，酡貌春回。五解　更芳筵，布两阶。萐莆尧厨，桃实瑶台。但到处，饱餐沆瀣。问何人，曾闻天籁。六解　三百岁，合三槐，纶扉阿伍兼嵇蔡。朝天免使晨星戴，寒风免使朝珂待。天恩颐养享康宁，传来感激群寮寀。七解　瞻云日，阅峤来，春巡六度江干届。春伦两度殊恩沛。新衔司业诸生拜。持将百五岁春秋，酬恩万倍筹添海。八解　尧尊沛，周赉排。如意瓌材，绣缎云裁。鸠杖天街，三十两，人带银牌。万民衣，字写皇恩大。万民衣，字写皇恩大。带炉烟，捧出瑶阶。儿孙巷陌传佳话，人间谁到，天上初回。九解　山龙绣彩，金石雍谐。德贯三才，堂颜"五代"。胜上春台，胜拜尧阶，胜祝华封人在。帝挥弦，民阜财。寿世羲娲，大有埏垓。问来朝菜甲挑才，乐春盘，有酒如淮。乐春盘，有酒如淮。愿年年，天上春来，香山洛社人千倍。燕毛礼洽，燕喜图开。十解　愿从今，嘉会再，寿宿长明上台，千叟恩荣燕屡开。重将十体诗排，积篇章，无量京垓。敷锡宜民福孔皆，感雨露，恩栽寿佛醍醐海，五云长是绕蓬莱。趋辞

进馔《寿宇同登之章》　寿宇同登，万国咸宁，协气遍寰瀛。三宵露盈，三殿春生，一人端拱乾清。鹊炉鸾扇祥烟袅，珠树银牖绣影萦。鹭序横，虎拜成，布筵设席同庆。一解　先春瑞雪农祥正，上辛一日丰年定。鸡竿诏下新韶令，阶蓂六叶良辰庆。迎气浃旬旂，剪彩来朝胜，骈蕃瑞叶筵前应。二解　昭敬，白发苍颜气屏营，黄帕正高擎。瑶槛趋迎，琼陛阶升。移雕案，近金茎，柘黄伞直龙衔柄。望红云，低傍前楹。调宝鼎，晋仙羹，捧向御筵端正。三解　何须侈，麟腴凤脡，何须诩，驼峰豹羹。君王旰食为民情，菲饮食，禹功成。四解　绥桃露零，碧藕风清，摘梨大谷瑞烟凝。金盘几层，安期巨枣如瓜赠。饿餭粔籹高头饤，不是寻常燕席横。回城三果徕包贡，帝耤天禾种得成。五解　龙墀排定，启黄封，四豆甘凝，天卮味永，看八百琼筵班列整。群臣长饱天家禄，有田间瓦甂鼓腹，儿孙偕庆。今朝筵上，又来饱德尧厨，含滋周鼎。六解　执酱爵，祝噎哽，更有春仲罗鸠，君亲袒割牲。古仪傅会，诸儒掇拾，何如此日诚。一堂和乐，仰君酢臣酬，情亲礼敬。七解　欢庆，玉筵颁，天语命。克食赐，传餐盛。鼎珍禁脔，共得斟羹。更招来孙曾扶掖，六膳携归仙味复。饫尧厨，荷分惠，衢樽非幸。八解　授几仪成，三千黄发盈庭，今古何人见此曾，亿兆京垓燕屡行。愿长此万寿称觥，照世杯明仁寿镜。趋辞

乾隆九年，幸翰林院筵宴三章　进茶、进酒《丹陛清乐》，进馔《中和清乐》

进茶《文物京华盛之章》　文物京华盛，论道崇儒。萃衣冠，礼乐在鸿都。木天藻饰旧规模，翚飞鸟革何轩翥。麟在囿，凤栖梧。牙签分《四库》，更芸香辟蠹，绮窗青琐连朱户。飙轮不隔瀛洲路，铃索丁冬风度。寮采雍容，鹓行鹭

序。一解　欣遇，欣遇小春初，五云深处启銮舆。鸣鸾风细云霞曙，拥桥门，万岁山呼。词林旷典古今无，溯心源上接唐虞。二解　圣皇自昔需元辅，都俞吁咈矢嘉谟。敩学先稽古，旁求爰立梦相符。后先疏附，左右皆心膂。皆心膂，如鱼水，在藻更依蒲。三解　况我朝雨露涵濡，采瓌材并植天衢。承明著作重璠玙，欲方驾子云相如。四解　圣学高深超邃古，得元珠。乙夜丹黄性所娱，不知劬。琳琅宛委图书府，赤文绿字《德充符》。《德充符》，敦庞浑厚登三五。五解　戛球琳，鸣簨虡。际中天，堂上虞琴抚。献尧樽，接舜壶。金齑玉脍出仙厨，湛露共沾濡。六解　巍焕天书，鸾翔凤翥，羲文奎画云霞护。光藻井，丽金铺。矢《卷阿》，零露湑。枚马共严徐，亿万斯年，庆龙光，歌燕誉。七解　勖尔簪裾，勉思建树，风云月露终无取。崇实行，是真儒。矢《卷阿》，零露湑。枚马共严徐，亿万斯年，庆龙光，歌燕誉。八解　翠华临幸恩光溥，重儒术，荣生艺圃。天禄被春风，石渠沾化雨。趋辞　嘉庆九年幸翰林院乐章，改第二解"欣遇欣遇小春初"，为"欣遇欣遇仲春初"。余词同。

进酒《延阁云浓之章》　延阁云浓，兰台日丽。銮舆莅，香泛玻璃，九酝传仙醴。一解　深严丹地，高张黼座面南离。看广庭碧荫，早清露晨晞。锦编辚，彩仗和风度。玉琮琤，香阶昼漏移。光潋滟，云开蓬岛，雾氤氲，香袅金猊。凤来丹穴，鹤在丹墀。二解　云汉为章际盛时，命冬官，斧藻施，雕楹玉碣焕玉楣。采椽不斫无华侈，《五经》贮腹便便笥。临轩集众思，贤才圣所资。慕神仙，虚妄诚无谓，惟得士，致雍熙。三解　启天禄，斯文在兹，宵然太乙藜。入承明，花砖日影移。覆锦袍，蒙眷礼，撤金莲，归院迟。赐玉脍，自蓬池。四解　缅崆峒问道，虚怀谒具茨。更金华侍讲，流清鉴不疲。信鸿逵羽仪，通经浅汉韦。乐横汾，燕镐京，歌《在藻》，思《行苇》。《咸》《英》奏，春酒初酾。五解　集簪裾，燕凤池。柳外轻飔，曲沼涟漪。陋宋主，赏花垂钓，笑唐宗，结彩评诗。六解　班联肃，乐有仪。天厨下逮皆珍味，凝甘天酒还如醴，御炉叆叇香烟细。赓歌飏拜万年欢，年年侍奉天颜喜。七解　天颜喜，福履绥。太和保合中天世，珠联璧合奎坦丽，一心妙衍图书秘。赓歌飏拜万年欢，年年侍奉天颜喜。八解　玉河东抱，清且涟兮。斯干既咏，不日成之。稽古论思，银榜亲题，用作儒林之气。培其根，达其枝，无贰无欺。若作和羹为舟楫，惟尔攸资。思赞襄，日有孜孜。亮天工，庶绩咸熙。须将器识先文艺。有为有守，汝翼汝为。九解　湛露浓，卿云丽。满院芝兰臭味，秋水蒹葭寤寐思。鹤书时贲岩限，伴青松，商雒仙芝，拜手群歌既醉诗。更束帛安车，遍山巅水湄，得贤致理圣无为。趋辞　嘉庆九年，改第九解"稽古论思"为"天禄储材"。余词同。

进馔《玉署延英之章》　玉署延英，环佩葱珩，法驾幸蓬瀛。龙口琮琤，碧沼澄清，壶天一镜空明。广筵日近，祥云覆阿阁，风微宝篆萦。象纬呈，泰阶平，儒林额手欢庆。一解　皇心无逸常居敬，松轩云牖劳咨儆。深宫遐览千秋镜，渊思汲古资修绠。唐虞授受亲，奎壁图书炳，百年礼乐于斯盛。二解　多幸，朝野从容际治平，麟阁集簪缨。凤敞云屏，鹄立轩庭。微法曲，奏《咸》《英》，青袍红绶相辉映。露瀼瀼，芳泻瑶觥。瑟黄流，饫大烹，共祝一人有庆。三解　小山上，参差桂影，梧桐上，雝雝凤鸣。尊罍次第沐芳馨，早斜日映帘旌。四解　《三都两京》，鼓吹纵横，五车《四库》撷菁英。大鸣小鸣，《柏梁》《黄竹》追高咏。仰看五纬骈东井，天献珍符答睿情，何止高阳聚德星。五解天心吁俊，灼知见宅心，三俊自天保定，更保佑自天申景命。思皇多士生王国，更拔茅连茹，多士汇征并进。白驹空谷，尚无金玉尔音，席珍待聘。六解　行漏永，铜乌静，从此书带芊绵，承恩尽向荣。五老游河，尧心光被，垂衣文教成。万方娇首，喜蜉蝣蟋蟀，气求声应。七解　堪庆，佩缥囊，随后乘，秘书省。龙光炳，丹黄点勘，削简汗青。勤著述，手雠目览，玉尺冰裁时共懔。入承明，不须看，花影砖影。八解　玉振金声，儒林遍荷殊荣。五色云从画栋生，石室芸台有余清。颂圣寿，悠久高明，学海年年仍望幸。趋辞　嘉庆九年词同。

乾隆五十年，临雍赐茶《君师兼》一章　《丹陛清乐》

仰君师兼，道统集，讲筵启，圜桥听。御论宣，皇极示纲常；五伦叙，君仁臣敬。家慈孝，与国人交正。诚不息，维天之命。体行健，同德乾元；亹缉熙，同符前圣。一解　向阶前，初听讲罢，穆穆瞻天垣正。左右趋，耆彦服膺诚。抠衣拜，朝班黉序，圣贤裔，弟子青衿整。绍心学，外王内圣。五十载，久道而成。万千岁，生民之盛。二解　况鸿仪彰，盛典备，四门学，岐周并。《王制》云，天子曰辟雍，笑炎汉，三雍非正。训辞著，复古真王政。泥古诬，重言申命。燕千叟，新岁礼行。辨五更，旧文论定。三解　告礼成，晋玉茗。沾渥赐，敷茵共庆。一规璧水，长随教泽生。趋辞

嘉庆三年，临雍赐茶《皇图昌》一章　《丹陛清乐》

正皇图昌，道揆协，典文启，师儒盛。序仲春，诹日吉辰良，广筵肆，圜桥观听。崇经义，屏百家浮竞。敦实学，人知兴行。牖群蒙，惟圣敷言；众说郛，折衷彝训。一解　会章缝，谈经讲席，抑抑威仪攸慎。集大昕，先鼓儆于庭。偕槐市，同瞻云日，大哉言，著论千秋准。本皇极，大中至正。景圣域，鼓舞奋兴。溯文澜，优游涵泳。二解　喜春风暄，化雨浥，菁莪长，薪槱咏。逾汉庭，惇诲集石渠，更天禄，群儒参证。轶唐代，陆孔菑经训，玉烛调，珠囊金镜。沾教泽，庶汇敷荣，肃御扆，两言敬胜。三解　告礼成，晋玉茗。沾渥赐，敷茵共庆。作人寿考，延洪亿万龄。趋辞

乾隆十四年，金川凯旋，丰泽园筵宴三章　进茶、进酒《丹陛清乐》，进馔《中和清乐》

进茶《景运乾坤泰之章》　景运乾坤泰，八表归怀。迅除戎，玉垒阵云开。一封笺表达尧阶，天颜大霁宣寮采。抒壮略，运奇才，建肤功奏凯，永敉宁边界，锦江春色消烟霭。人工健羡天工代，方叔师干应赛。绩著旂常，荣褒圭玠。一解　指授，指授特宣差，何殊吉甫颂平淮，运筹帷幄成功快。贺澄清，燕启蓬莱，祥光徧煜袭罘罳。暖融融，瑞气南来。二解　归而饮至垂方策，平安火报乐无涯。五服施章采，万方宁谧陟春台。车书玉帛，丕冒如天大。同天大，庆酬庸，列爵耀三台。三解　缅严冬，旗麾色展；喜今春，笳鼓声谐。都缘庙略圣亲裁。移时节，埽浮云浮埃。四

解 我武维扬群虎拜，咏良哉，来享来王亘纮垓。贡金台，洗兵何必临鱼海，作舟端藉济川材。济川材，还资燮理调仙鼐。五解 望前途，戈倒载。荷包蒙，赦宥加宽贷。驱兽散，叶凤喈。用遏蛮方福孔皆，琛赆喜盈阶。六解 花雨轻筛，香云结霭，鸿钧气转阳和届。挖杏颊，晕桃腮。睢盈筐，嘉实采，玉案早安排。春并恩长，畅宸襟，符帝赉。七解 三殿欢谐，千官乐恺，尧尊舜乐欣重再。知有喜，永无猜，睢盈筐，嘉实采，玉案早安排。春并恩长，畅宸襟，符帝赉。八解 明良遭际光千载，喜振旅，欢腾中外。骏烈协赓歌，鸿猷标史册。趋辞

进酒《圣德诞敷之章》 圣德诞敷，皇威远布资元辅。授钺前驱，荡定昭神武。一解 鸱张巴蜀，临轩推毂掌兵符。便霜戈西指，更羽骑南趋。威凛凛，先声驰远徼，显巍巍，挞伐审孤虚。仰台垣，权操左相；寄专阃，星耀中枢。濯征咫尺，克捷须臾。二解 奋武揆文秉圣谟，甫临冲，奏捷书，觐光扬烈志何如。申明纪律严军伍，指挥决胜天威助。风云八阵图，机宜式范模。励公忠，德教忙宣谕。恢覆载，宥顽愚。三解 承睿算，天兵勦除，何愁蜀道纡。卜遄征，鹰扬出上都。冻日寒，栈入云，严风劲，雪载涂。乘橇走，殚勤劬。四解 乍营开细柳，温同挟纩馀。懔自天成命，声灵震八区。把宵人翦除，握要似摧枯。息氛祲，淬戈铤，修文德，陈干羽，振士气，忠信交孚。五解 竞输诚，悔负嵎。面缚来降，釜底游鱼。开汤网，遄宣露布；慰尧心，不事征诛。六解 班师庆，报捷初，鸣笳叠鼓催前部。不惊鸡犬咸安堵，威名绰著追强弩。太平一统万年欢，潜消兵气成霖雨。七解 和风扇，淑景摅，承恩既醉趋鹓鹭。端资启沃联心膂，储胥常见风云护。堂廉一德庆升平，春光怎及恩光溥。八解 沾优渥，赐大酺。三爵言言，拜锡宫壶，餍饫天厨。波潋滟，湛露涵濡。竞称觥，介寿绥多祜。好韶华，春盎云衢。垂裳有道开昌宇，光浮玉盏，丽映金铺。九解 庞洪异数，群歌乐胥，威驰六合，位重三孤。进献嘉谟，出靖边隅，允作中朝砥柱。企都俞，佐唐虞。百辟严趋，殿陛山呼。师济济，飏拜欢娱。戛锵锵，依永笙竽。万斯年，玉烛安舒。河清海晏金瓯固，荣生虎竹，喜溢簪裾。十解 日舒长，时和煦，万汇从兹昭苏，宝篆氤氲袅御炉。玉缸香泛酴酥。想当年，在藻依蒲，镐燕何曾今昔殊。庆槐鼎云需，赓君臣相遇，曈昽旭日照宸居。趋辞

进馔《日耀中天之章》 日耀中天，庆祝尧年，淑气正暄妍，嫩柳芊绵，艳李飘翩，遐方永息烽烟。云峰四起迎宸幄，霞绮千重映御筵。韬略宣，羽书传，臣邻雀跃欢忭。一解 和风丽日祥云见，九天阊阖开宫殿。笙簧酒醴升平燕，勋标麟阁王猷显。寅亮载《周官》，动风微《尧典》，干戈载戢民迁善。二解 堪羡，卫霍功劳相后先，楼可上筹边。征罚斯专，步伐宁愆。申军实，督戎旃。布昭圣武彰天罚，既来庭，底用攻坚。福如川，酒如泉，共沐恩波不浅。三解 貔貅统，山苞禹甸，欃枪埽，风调舜弦。来威补入《雅》诗篇，车啴啴，鼓渊渊。四解 王师载旋，扬厉无前，温纶钟鼎姓名镌。安边定边，天涯静处消争战。蚕丛鸟道奇功建，高奉霞觞北斗连。旌旗柳拂春风暖，一点葵心傍日暄。五解 仙人六膳，藉盐梅，分尝禁脔。玉阶舞忭，悬日月，双开明雉扇。共欢天意同人意，赏九重春色，饱听流莺百啭。风光满美，从看香喷金猊，花明上苑。六解 昼漏回，晴霞绚，嗣此作楫为霖，台鼎合韦弦。云韶灿设，彩仗森排，微欢物更妍。一人有庆，定衅藏戈甲，文修武偃。七解 婉娈，醉仙桃，催晓箭。见花外，高旂转。治登上理，海宇晏然。亿万载，兵销刑措，惕厉精勤资拜献。喜今朝，最难忘，皇眷天眷。八解 赞化调元，方踪周召，名贤衷对敷天。景福全临照，恩光应普遍。奚止是甲士三千，鳌极高擎欣永奠。趋辞

乾隆二十五年，西陲凯旋，丰泽园筵宴三章 进茶、进酒《丹陛清乐》，进馔《中和清乐》

进茶《圣武光昭世之章》 圣武光昭世，品汇咸熙。看平戎，玉塞卷云霓，开疆已轶汉关西，显承谟烈追前纪。朝授钺，暮鸣鼙，正三军鼓吹，便《武成》志喜。论功青史应无比，天心眷顾君心慰。吉甫平淮逊美，绩著鹰扬，荣分龙卫。一解 堪羡，堪羡亚夫仪。晴开细柳拂前麾，英风埽尽楼兰垒。扩车书，万里丕基，仙《韶》一派绕彤墀。御炉烟，瑞霭霏霏。二解 投戈解甲风云会，休休士女乐和绥。嘉乐承慈惠，九重咫尺懔天威。鹓班鹭队，群至如星缀。如星缀，尧阶上，干羽舞龙墀。三解 想前兹，伊犁大定，喜今朝，回部全归。铙歌齐唱耀旌旗，回头望，过东渐西被。四解 庙算都缘天锡智，相机宜，乙夜勤勤檄亲披。壮边陲，月弓星箭皆精锐。邪氛绥靖斩鲸鲵，从教斧钺驱民疠。五解 听风声，同鹤唳。倒前途，草木皆兵骑。迎箪食，实缯绨，前歌后舞尽倾葵，回向仰光辉。六解 笳鼓声催，平安火递，春台普遍祥光起。缵伟绩，志丰碑，际升平，扬盛美。仙燕锡蓬池，亿万斯年，集皇图，符帝轨。七解 运应昌期，师师济济，御筵载启瞻云日。威赫赫，德巍巍，际升平，扬盛美。仙燕锡蓬池，亿万斯年，集皇图，符帝轨。八解 赓歌环庆唐虞际，看矫矫师臣拜稽。骏烈兆鸿禧，祥和开寿域。趋辞

进酒《禹甸遐通之章》 禹甸遐通，周疆远控资良栋。挞伐成功，庭引来仪凤。一解 吾皇端拱，军书方略授元戎，把准夷扩定，更朔漠来同。奉玉帛，大宛分左右，贡瑶琛，布鲁尽西东。沛殊恩，豺狼解网，思负义，枭獍逞凶。雉盟既背，螳臂称雄。二解 师律严明主将忠，飏征麾，拂彩虹，冲开朔雪与严风，温如挟纩咸欢哄。先声士气矜余勇，貔貅百万雄，风云指顾通，笑么麽小丑怀恇悚。惊魑魅，窜豜豵。三解 扬我武，王师肃雍，凭将跋扈穷，谅鸟覆危巢岂待风。釜底鱼，迹漫逃，负嵎虎，势莫容。骑甲马，埽狂童。四解 待风清三窟，天山月挂弓。更抚怀百雉，旌旗漫蔽空。任狼奔匿丛，妖氛莫避踪。渡西洱，似催枯，临拔挞，如泉涌，逢义旆，双殄元凶。五解 竞归怀，乐帡幪。愿隶王臣，争效球共。瞻舜陛，玄黄纳贡。达尧庭，戕表连封。六解 班师至，露布工，西维部落咸风动。非关矜武穷荒陇，鸿谟自是承先统。圣朝大命一时新，勋华千禩膺天宠。七解 皇心悦，式燕崇，追陪三殿趋鸾凤。涵濡《湛露》成歌颂，《卷阿》再续周诗咏。明良此日庆都俞，天河洗甲知无用。八解 葭灰起，律应宫。银雪缤纷，苑树雕琼。杕杜歌融，声窈窕，叶羽谐钟。竞承恩，拜爵玻璃捧。喜时晴，光曜曈昽，金瓯永固山河重。春生瑞章，庆溢祥松。九解 需云

乍拥，晴霞昼烘，百僚鹄立，瑶佩丁东。仙仗峥嵘，芝盖玲珑，洵是珠辉玉莹。奏师矇，间笙镛，伟烈丰功，述祖歌宗。光奕奕，安石来红，响箫萧，宛马从东。拜罽毹，簪绂雍容，油油三爵威仪重。鹤闻倡和，凤叶妻摹。十解　醉仙厨，花漏永，放牛归马功成，帝德醍醐拜赐荣。玉阶蓂荚葱茏，想当年燕镐营丰，乐恺兴歌今昔同。喜瑞霭璇宫，更辰居星拱，一庭端拜进瑶觥。趋辞

进馔《圣治遐昌之章》　圣治遐昌，牒纪嘉祥，六幕仰重光，化日舒长。瑞启金阊，照临亶被殊方。星云烂缦膺天庆，风雨和调佐帝觞。廓昄章，静欃枪，皇威远域宣畅。一解　金茎玉露融仙掌，尧天晴日辉金榜。将军阃外寒威敞，櫜戈进爵春云盎。麟阁纪勋名，潋滟恩波广，桓桓在泮王猷壮。二解　遐想大业，神功迈汉唐，殊策靖疆场。兵气恢扬，士马腾骧。申天讨，逷蛮荒，庙谟布算风雷卷，握韬钤，指授戎行。庆绥康，载旗常，奏凯师旋舞唱。三解　榆关外，蜺旌虎帐，边城望，蜂窠蚁房，人皆赤子尽来王。清沙漠，殪天狼。四解　归而解装，人尽轩昂，葱山蒲海百花香。神扬气扬，论勋饮至先名将。金樽次第邀前赏，西域葡萄美且芳。共钦王道无偏党，向日葵心率土将。五解　和光骀荡，酌琼卮，珍馐百酿。蓼萧露瀼，瞻肃穆，天容霄汉朗。大官六膳调金鼎，向御筵供奉，雉扇明开两两。云霞万状，眄兹瑞气辉煌，三山蓬阆。六解　承燕喜，皇风鬯，从兹斥堠无惊，甲胄衅而藏。珍符纷郁，瑞应骈罗，天心降福穰。诞敷文德，更阜财解愠，薰琴接响。七解　瞻望沐皇仁，抒众仰，似花柳春前放，仙桃锡燕，恩普德洋。解战袍，欢腾貔虎，还拟图形麟阁上。靖烽烟，愿长迓天锡神贶。八解　酒醴笙簧，恩膏欣遍岩廊。来享来王曰是常，偃武修文觇治象。何异咏洛水泱泱，食德饮和声教广。趋辞

同治十一年，大婚，皇后朝见，进馔一章《丹陛大乐·敬平》

瑞日丽扶桑，晴开上界金阊。云移雉扇张，袆衣鞠服俪当阳，肃拜答穹苍。垂环佩，叶珩璜。安贞度有常，升桂殿，晋萱堂。一解　慈闱乐且康，侍宴瑶池笃祜长。介寿喜称觞，绛霞绀雪酌琼浆，恩风习习翔。调凤律，奏鸾簧，仙乐听铿锵。德音播，雅化彰。二解　正位佐垂裳，坤顺承天地道昌。酤膏颂普将，八纮和气酿休祥，临照遍殊方。辉宝箓，灿珠囊，降福庆穰穰。延洪绪，永无疆。趋辞

光绪十五年，大婚，皇后朝见，进馔一章《丹陛大乐·敬平》

瑞气盎帘栊，金炉香袅翠烟笼，瑶阶旭日烘。琼卮玉盏映玲珑，奉斝侍深宫。仪有象，福延鸿。一解　欢承凤阁中，入觐慈闱钜典崇。介寿乐融融，问安视膳秉渊衷。躬膺锡赉隆，琼筵盛，玉食丰。《韶》乐奏雍容，歌风动，咏露浓。二解　清响度花丛，满进金樽酌醴醲。瞻依恋九重，诒谋燕翼赖宸聪。祝嘏效呼嵩，容肃肃，度雝雝。福禄庆来同，颜有喜，乐无穷。趋辞

同治十一年，大婚，赐承恩公及王公大臣筵宴三章进茶、进酒《丹陛清乐》，进馔《中和清乐》

进茶《图肇鸿基之章》　图肇鸿基，祥徵燕喜。华筵肆宠荷隆仪，赐茶宣敕使。一解　趋侍嘉燕沐恩施，跄跄济济肃威仪，双开雉扇瞻天咫。运玑衡，穆穆裳垂。泰交景运洽重熙，政平成，理本修齐。二解　华门积善迎繁祉，祥钟兰阃毓坤仪，宠眷从今始。龙章凤诰荷恩晖，荣封五等，圭爵贻孙子。贻孙子，承嘉贶，福禄屡绥之。三解　集冠裳，彤廷展礼。肄笙簧，丹陛歌诗。王公列辟翊纶扉，奏钧《韶》，听《咸》赓乐只。四解　内外修和成郅治，徵嘉礼。位定乾坤，庆良时，迓祥禧。同荣瑞木枝连理，绥丰秀麦穗双歧。穗双歧，周文仁政《雎》《麟》始。五解　播鸿庥，襄上理，衍云礽，虹流电光瑞。配二仪，序四时。瑟琴迭和乐怡怡，豫悦仰慈闱。六解　景焕祥曦，声腾仙吹，龙团佳茗天家赐。金茎露，注瑶卮，帕传柑，盘荐李，携袖异香霏。玉案亲依，近龙光，延燕喜。七解　川媚山辉，礼明乐备，祥符亿载过姬姒。云纪缦，凤来仪，戴尧天，游舜世，懿戚与荣施。玉案亲依，近龙光，延燕喜。八解　罍樽同酌酤膏被，欣燕洽，情文备致。九叙庆成功，三辰瞻献瑞。趋辞

进酒《宝扇祥开之章》　宝扇祥开，金炉香霭欣嘉会。永锡诗谐，春满三千界。一解　运隆交泰，普天人共乐春台。看金樽初泛，更玉谱新裁。烟娴娴，祥辉分禁柳，乐融融，喜气上宫槐。鬯皇风，《周南》化启，歌圣治，阙北恩来。诗赓荇菜，庆洽兰陔。二解　嘉礼初成百福该，共腾欢，遍九垓，《螽斯》麟定颂声谐。隆仪共仰嫔京迈，龙光燕喜欣和会。班联萃众才，轩蘘惬圣怀。迓蕃厘，普庆乾坤泰。歌正始，觐瑶阶。三解　葡萄泛琼浆旧醅，香浓万寿杯。看肃肃筵从玉殿开。调铿锵，夔律叶。韵浏亮，凤管催。喜福禄，自天来。四解　听《雎洲》载咏，云霞烂缦开。更鸾笙迭奏，《箫韶》宛转谐。恰天上春回，宫花锦绣堆。漏迢迢，日似年，光滟滟，杯如海。钧天唱，境拟蓬莱。五解　肆芳筵，布两阶。蓒茂尧厨，桃实瑶台。漫斟处，味同沆瀣。齐拜扬，共酌金罍。六解　翡翠斝，鹦鹉杯，琼瑶璀璨呈光彩。饮和共乐仁风逮，皇仁广被如天大。乾坤合拱献嘉瑞，骈蕃庆典群欣戴。七解　仪文备，德意恢，宸宫化起天心泰。寿觞更喜兕觥介，和声凤翥兼鸾翙。嘉祥普庆遍寰瀛，二《南》风教真无外。八解　凝繁祉，怡圣怀。钟鼓声催，琴瑟音谐，《雅》《颂》诗裁。歌椒衍，余韵低徊。咏瓜绵，喜舞两宫彩。庆升平，更祝台莱。跄跄济济逢良会，皇情穆穆，帝治巍巍。九解　皋飏禹拜，舜陛尧阶。金齑玉脍，宝玳琼罍。燕衎叨陪，凫趋偕来，嘉会嘉宾乐恺。千祥臻，万福来。有酒如淮，泽被埏垓。集群工，位列棘槐，进百尔，人尽盐梅。看盈盈日丽云开，珠联璧合辉光霭。箕畴福衍，华祝声谐。十解　受洪厘，千万载，启金阊，拜玉阶。旭日和风接上台，缤纷彩仗云排。步花砖，如上春台，宫漏铜壶缓缓催。欣和乐无涯，被恩膏汪涉，五云高奉紫霞杯。趋辞

进馔《天地成平之章》　天地成平，品物咸亨，瑞应协玑衡。乾主大生，坤职资生，两仪斡运祥呈。衣冠虞舜光华治，钟鼓周文豫悦情。八音鸣，百度贞，玉牒万年流庆。一解　德齐覆载刚柔应，星云辉烂中天咏。和风甘雨绥丰庆，二《南》宣化敷仁政。巷舞及衢歌，咸颂吾皇圣，万方和乐斯为盛。二解　多幸，烟娴炉香瑞霭萦，懿戚聚簪缨。酒

酌瑶觥，乐奏银笙。欣嘉会，荷殊荣，螭坳彩仗光辉映。露瀼瀼，珠泻金茎。群喜起，效歌赓，上祝一人有庆。三解 宫槐上，流乌驻影。冈梧上，飞凤送声。尊罍次第沐芳馨，侑以乐，奏《咸》《諴》四解 金盘叠呈，玉椀高擎，山腴水豢未须称。兰烝蕙烝，天厨饱饫夸珍盛。威仪秩秩衣冠整，领略盐梅许作羹。从教悟得调和意，合献嘉猷佐治平。五解 坤维位定，赞乾符，礼教修明。恩膏叠沛，锡圭爵，常膺宠命。今朝丹陛龙光觐，拜温纶，赐燕翼翼，维恭维敬。庶几夙夜靖共，尔职勤修，励猷彪炳。六解 昼漏水，瑶阊静，遥仰雉扇云开，天颜喜气增。宝瑟初调，瑶琴叠奏，广殿乐盈盈。珠囊金镜，卜瑞启萝图，螽诜麟定。七解 欣庆，际昌期，凝景命，协禹范，培周鼎。旁流协气，翠蓂祥蓂。更喜见山川乐寿，鸑鷟驺虞昭瑞应。庆时和，燠寒调，春令秋令。八解 乐翕谐声，椒房眷属恩承，播笏鸣珂尽俊英，喜祝金枝玉叶荣。绵瓜瓞，继继绳绳，图箓延长天共永。趋辞

同治十一年，皇太后赐承恩公妻及亲属筵宴三章 进茶、进酒《丹陛清乐》，进馔《中和清乐》

进茶《庆叶重熙之章》 庆叶重熙，祥成嘉礼。隆恩贲燕侍璇墀，欢声殷大地。一解 嫔京迎渭徽音嗣，螽诜麟定衍金枝，锡庆从兹始。特恩赐燕播仁慈，肆筵授几，跄济纡金紫。纡金紫，懿亲展，福履以绥之。二解 际昌期，鸿恩渥被，喜今兹，燕翼谋诒。卿云纠缦霭皇畿。延景运，诞受洪厘。三解 鬯器执尊敦古礼，展隆仪，轩曜承光日依依。景逶迤，华林万树连瑶卮，丛云五色荫仙芝。荫仙芝，壶中日永中天丽。四解 彩映朝曦，祥腾紫气，掖庭亲属承恩礼。甘露降，似珠霏。帕传柑，盘撒荔，满袖共香携。亿万斯年，拜恩光，今日始。拜恩光，今日始。五解 昼漏频移，香阶晴霁，篚筐昭贶骈蕃集。多且旨，乐有仪。际升平，扬盛美，钧乐奏瑶池。亿万斯年，拜恩光，今日始。拜恩光，今日始。六解 神圣作合阴阳理，洪锡类，绳绳继继。四海共倾葵，万邦齐献瑞。趋辞

进酒《运会昌盈之章》 运会昌盈，海宇澄清，喜气霭彤廷。宝箓钦承，嘉礼初成，九霄日月齐明。宏开北阙辉龙陛，共祝南山酌兕觥。百礼洽，万福同，喜沐天家恩宠。一解 璇闱侍燕霞觞奉，殽烝醴荐华筵盛。联班懿戚冠裳炳，龙旗葩瑵祥辉映。鸿祉恰凝庥，燕喜新颁庆，彬彬齐上嘉祥颂。二解 欣幸，拜舞丹墀仰圣明，燕衎荷殊荣。金罍酒澄，宝鼎香凝。云腴馥，露浆馨，流欢饮福承恩命。乐优游，玉润金声福禄成。福禄崇，人在蓬壶蹈咏。三解 恒春树，卿云瑞拥。长乐花，灵曜祥呈，玲珑楼阁敞银屏。铜漏转，玉阶晴。四解 藻缋承平，琴瑟和鸣，好风调出凤鸾声。《箫韶》九成，人间天上同倾听，钧天歌阕朝仪静。雍雍鱼鱼缛彩生。追陪仙掖联簪绂，拜赐天厨饫鼎烹。五解 盛美躬逢，应知万里欢腾，就日瞻云蚁慕情。食德饮和被泽醲。锡祉福，齐颂升恒，亿万斯年宝祚永。趋辞

进馔《钧天叠奏之章》 钧天叠奏，仰思齐太妊，徽音并茂。瑞启萱帏，鸾辂从容莅凤楼。同歌舞，瑶池竞进长春酒。况甘旨，左宜右有。亿万世，谋诒燕翼；欣睹壬林祜笃，申绥福祐。一解 霞觞献寿，庆长生未央，欢承太后。凤髓麟羹，柏叶馨香湛露浮。彤墀下，椒房亲宴芳樽侑，更珍品分颁命妇。愿懿戚同心同德，长饫天厨鼎馔，繁厘普受。二解 恩覃宇宙，喜含和履平，倾心拜手。饱德诗赓，共祝皇家百禄遒。璇宫内，宝炉香馥沾衣袖。听玉琯，声谐银漏。从今始，含饴豫庆，定卜祥徵瓜瓞，慈仁裕后。三解 叶银笙，陈凤卣。排仙仗，辉煌文绣。饮和食德，讴歌九州。趋辞

光绪十五年，大婚，赐承恩公及王公大臣筵宴三章 进茶、进酒《丹陛清乐》，进馔《中和清乐》

进茶《图肇鸿基之章》 图肇鸿基，风追喜起。延景运，荷隆仪，欢声腾远迩。一解 躬桓蒲谷列丹墀，赐茶宣敕沐鸿施，九重纶綍欣同被。仰恩晖，献藿倾葵，龙团凤饼味含滋。注金瓯，露挹瑶池。二解 华门积善徵兰芷，天心眷顾正坤维，至德侔周姒。永《风》诗，荇菜参差，化行俗善，推暨从今始。从今始，膺多福，家室庆咸宜。三解 度翩翩，纡青拖紫，韵悠悠，吹竹弹丝。颁来佳茗溢金卮，漱芬芳，既甘且旨。四解 平治修齐逢盛世，中宫位定采蘩时。饬威仪，著箴规。紫宸作耦称同体，彤庭端范翊昌期。翊昌期，观型妫汭追隆轨。五解 宫商调角徵，颂仁慈，敬缵箕裘绪。念在兹，释在兹，璇闱侍膳奉盘匜，孝治迓蕃厘。六解 雪澡香霏，云腴味美，金茎露湛重霄赐。调琼液，晋瑶卮。华如桃，秾如李，瓯泛碧琉璃。御案亲依，仰天颜，真尺咫。七解 彩耀旌旗，仪修冠履，饮和食德延繁祉。贻燕翼，衍螽斯。为驺牙，为麟趾，戚属与荣施。御案亲依，仰天颜，真尺咫。八解 醲膏饱饫芬流齿，沾闿泽，欣歌乐只。乾极俪坤珍，祥符绵万纪。趋辞

进酒《宝扇祥开之章》 宝扇祥开，猊炉烟霭占交泰。八极宏恢，春盎乾坤大。一解 重霄泽沛，泛醍醐，宠锡新醅。看光浮玉盏，更香溢琼杯。歌济济，趋跄依北阙，禩贞贞，舞蹈咏《南陔》。毓芝兰，荣敷柯叶，绵瓜瓞，肇始根荄。垂裳肃穆，奉斝徘徊。二解 黼黻辉煌集众才，礼初成，百福该，嵩呼华祝御天街。云霞五色迎华盖，星辰万点辉珠旆。从容步帝阶，赓飏惬圣怀，听锵锵鸾凤鸣佳会。春似海，酒如淮。三解 雕梁玳瑁排，瑶觞琥珀揩，正碧宇春旋北斗魁。绿凝烟，含禁柳，红捧日，映宫槐。筵式启，宴叨陪。四解 看盈盈，酒满金樽酿最佳。听声声，漏永铜壶箭屡催。恰日度花砖，高烘紫禁限。奏笙簧，凤律谐。绵统绪，鸿慈戴，徽音欣见嗣思齐。五解 迓休和，遍九陔。铭晋椒盘，庆洽兰陔。二《南》风化真无外，咏河洲，雅句新裁。六解 融风暖，淑气催，甘敷雨露徵滂霈。寰区共乐皇仁逮，酴醾馥郁邀恩赉。金镛振响叶龙吟，瑶琴谱曲谐鸾哕。七解 葡萄酒，翡翠杯，瀵闱祝嘏觥同介。珩璜度肃琼琚佩，旌旗彩耀龙蛇绘。鸿基巩固万斯年，欢声远逮三千界。八解 宫殿启，阊阖开，和煦风回。璀璨云堆，锦绣霞裁。钧天唱，境拟蓬莱。惟坤柔，德合乾刚配。千祥集，万福咸来，宾筵歌舞明良会。材皆麹蘖，人尽盐梅。九解 鸾翔凤翙，鹓鹭徘徊，皋飏赓拜，罴虎追陪。酒酌金罍，乐奏瑶阶，天地祥符交泰。八音调，六律谐。庶事康哉，元首明哉。祝维

祺，有台有莱。赓《雅》化，条肆条枚。挹琼浆，玉盏欣开。金盘捧出蓬池脍，恩周夏甸，欢动春雷。十解　帝基昌，熙景绘，迈姜嫄，启有郃，攸叙彝伦福孔皆。万方赖，兆民怀。卜从今瑞应三阶，风雨和甘化理该。恩泽遍埏垓，德教孚中外，衢歌巷舞乐无涯。趋辞

进馔《天地成平之章》　天地成平，礼乐修明，景运启元亨。乾德资生，坤德资成。和声叶，凤凰鸣。虞廷致治由妫水，周室开基肇镐京。四时行，百度贞，南面垂裳居正。一解　伣天作合徽文定，《雎》《麟》化被周疆盛，式歌且舞钦仁圣，欢承寿母兰陔永。爵进紫瑶觥，妊姒徽同景，荣怀永锡拜家庆。二解　欢幸，椒殿祥雰宝扇萦，酒醴百壶清。绮馔调鲭，雅奏铿鲸。协舆颂，惬皇情，冠裳济济龙光觐，绘麒麟，焜耀簪缨。槐棘列，蓼萧赓，浓露九霄沐润。三解　和曦暖，娲簧转韵，薰风动，虞琴送声。金樽玉盏喜同倾，麟羹进，鹿脯烹。四解　霞杯色莹，云液香清，天厨水陆不知名。称觞酌觥，殷罍夏鼎相辉映。悠扬拊石夔鸣磬，珍重调梅傅作羹。甄陶元气开昌运，黼黻勋华萃散闳。五解　璇宫昼静，赞乾枢，懋启休祯。分茅胙土，拜纶綍，亲承宠命。煌煌天语垂谟训，励丹忱，业业兢兢，无忘恭敬。庶几出壮屏藩，入赞升平，钧衡共秉。六解　玉漏永，金炉烬，欣看华盖高擎，宸旒喜气迎。松栋云辉，蓂阶日丽，淑气满春城。天开景运，卜瑞启珠囊，厘延金镜。七解　欣庆，湛恩覃，酞泽饮，佐禹范，匡周鼎。臣邻翊赞，治定功成。愿更祝，珠联璧合，二曜五星昭瑞应。翼燕谋，诒孙子，麟振麟定。八解　谊美恩明，祥符至，瑞光呈。主圣臣贤喜起赓，谱出承平《雅》《颂》声。膺繁祉，腾茂蜚英；亿万年，绵绵祚永。趋辞

赐衍圣公部宴《洙泗发源长》一章　乾隆七年定。宴正一真人《上清碧落乐章》，光绪中停止，词俚不载。

洙泗发源长，麟凤流芳久，眷兹后裔，克绍箕裘。诗书教泽延、礼乐家声旧。茅社长膺天眷厚，际端冕凝旒。桓圭章甫，彤廷舞蹈，时觐春秋。一解　诏宗伯，使饔人进羞，大酋献酬，形虎形盐，训恭训俭，慈惠兼施宠锡优。励嘉修，素风益懋。庶不负，皇朝渥泽，旨酒思柔。二解

赐文进士部宴《启天门》一章乾隆七年定。五十年，改奏《棫朴诗》五章。赐考官各执事官宴，奏《鹿鸣》三章。具《诗乐谱》，不载。

启天门，日丽黄金榜，趋骅骝，缓步青云上。论圣贤，事业无涯量，况平生温饱何曾望。念鲰生，叨渥泽，天来广。虽持寸草心，莫报君恩荡，涓埃矢竭酬天贶。一解　玳筵内，金壶玉浆。月台上，丝竹铿锵。继自今，木天清敞。增泰岩，不辞土壤。二解

赐武进士部宴《和气洽》一章　乾隆七年定。五十年，改奏《兔罝诗》三章。

和气洽，泰阶平。皇威截，烽烟靖。念兔罝，亦有干城，虎头猿臂交相庆。看雕翮，秋来劲。一解　须知道，羽扇纶巾，还有那，弓强箭劲。更兼之，武库纵横。效折冲，骅骝骋。执戈殳，卫羽林，备公侯腹心。二解

乡饮酒高宗自制《补笙诗》六章

《南陔》　我逝南陔，言陟其岵。昔我行役，瞻望有父。欲养无由，风木何补。我逝南陔，言陟其屺。今我行役，瞻望有母。母也倚闾，归则宁止。南陔有笱，箨实门之。孱孱孩提，敦噢咻之。慎尔温清，节尔旨肴。今尔不养，日月其慆。

《白华》　有白者华，不污纤尘。咨尔士兮，宜修其身。不修其身，乃贻羞于二人。有白者华，婉兹静好。咨尔女兮，宜修妇道。不修妇道，乃贻羞于二老。白华匪玉，涅而不缁。白华匪兰，芬乃胜之。我撷白华，载咏载思。白华菲玉，质玉之令。白华匪兰，臭兰之净。我撷白华，载思载咏。

《华黍》　瞻彼阪田，厥黍始华。胝足胼手，嗟嗟我农夫。瞻彼阪田，黍华以秀。胼手胝足，惟勤斯殖茂。华有不秀矣，秀有不实矣，其雨其雨矣，杲杲日出矣，惄予愁之恤矣。

《由庚》　由庚便便，东西朔南。六符调燮，八风节宣。由庚容容，朔南西东。惟敬与勤，百王道同。由庚廓廓，东西南朔。先忧而忧，后乐而乐。由庚恢恢，南朔东西。皇极孰建，惟德之依。

《崇丘》　涧松童童，蛙黾邻兮。丘草萋萋，荡青云兮。凡百君子，慎乃托身兮。涧松童童，涧则卑兮。丘草萋萋，丘则崎兮。凡百君子，审所依兮。有崇者丘，物无不遂。有卓者道，愚无不智。资生育德，永植毋替。

《由仪》　在上曰天，在下曰地。君君臣臣，父父子子。在下曰地，在上曰天。父父子子，君君臣臣。由其仪矣，物则熙矣。仪其由矣，物则休矣。

卷九十九　　志七十四

乐六

乐章四　筵宴舞曲　大宴笳吹乐　番部合奏

元旦、冬至、万寿三大节，《庆隆舞乐》九章

于铄皇清，受命于天。光延鸿祚，亿万斯年。天开令节，瑞启阶蓂。共球万国，圣寿千龄。粤自我先，肇基俄朵。长白之山，鹊衔朱果。绵绵瓜瓞，长发其祥。笃生列祖，积庆重光。式廓旧疆，东讫海表。圣圣相承，永世克绍。一章　赫赫神功，龙飞崛起。戎甲十三，奋迹伊始。复雠靖难，首克图伦。天戈一指，震慑强邻。九姓潜侵，灭迹如埽。蒙古五部，来奉大号。明师四路，五日而歼。定鼎辽沈，都城岩岩。阵云五色，江冰夜凝。天助有德，应运而兴。二章　天亶聪明，覆帱下国。远服迩归，诞敷文德。四方来附，云集景从。建长命官，庶职是综。爰创国书，颉文羲画。声协元音，万古不易。爰定军制，彩旆央央。或纯或间，永奠八方。缔造鸿谟，创成大业。锡福无疆，庆钟千叶。三章　佑启哲嗣，光阐前猷。昭崇骏德，诞迓天庥。携贰绥怀，朝鲜

归款。世奉东藩，厘尔圭瓒。三十五郡，厥角称臣。西被佛土，重译来宾。濯征有明，耀师齐鲁。电埽郊圻，有而弗取。略地松杏，屡殪敌军。百战百克，用集大勋。四章 帝德广运，昭受鸿名。建国纪元，永定大清。敦睦九族，彝伦式叙。尚德亲贤，股肱心膂。三馆是辟，鉴古崇儒。郊社禘尝，式贲皇图。爵秩以班，六曹承政。百工允厘，万邦表正。威铄函夏，德配苍穹。敬承无斁，骏烈丰功。五章 帝授神器，统一寰瀛。翦灭巨寇，乾坤载清。一著戎衣，若雨甘雨。大告武成，作神人主。躬亲大政，饬纪整纲。制礼作乐，昭示典常。纳谏任贤，慎微虑远。定律省刑，万世垂宪。克勤克俭，忠厚开基。景命维新，兢业自持。六章 圣神建极，道冠百王。六十一年，福祚久长。天纵聪明，冲龄御宇。孝奉两宫，德隆千古。三孽蠢动，一举荡平。海氛永靖，浪息长鲸。亲御六师，三征沙漠。威肃惠怀，锄顽扶弱。禹功底绩，虞典时巡。敷天率土，莫不尊亲。七章 惟天行健，神圣则之。典学勤政，作君作师。《无逸》为箴，宵衣旰食。一人忧劳，绥此万国。文经武纬，地平天成。中和立极，玉振金声。亿万斯年，觐光扬烈。敬天勤民，体元作哲。天鉴孔彰，翼翼后王。仪型皇祖，帝祚遐昌。八章 瑶图炳焕，六合雍熙。星辉云烂，风雨以时。翕受嘉祥，调和玉烛。治霭皇风，道光帝箓。东渐西被，北燮南谐。梯航琛赆，毕致尧阶。日升月恒，万拜蒙福。击壤歌衢，嵩呼华祝。秩秩盛仪，洋洋颂声。绍休列祖，永庆升平。九章

嘉庆元年，太上皇筵宴，《庆隆舞乐》九章

洪惟太上，景福自天。纪元周甲，席瑞循环。丙辰肇岁，宝命躬膺。昊慈默吁，祖武敬绳。初愿克符，弗逾前纪。诞畀元良，丕承宗祀。孟陬朔旦，端启重光。大廷授受，申锡无疆。精一执中，心传钦守。媲美勋华，世跻仁寿。一章 维圣握符，祗严昭事。肃肃泰坛，惇称殷礼。兆南就位，有举必躬。祈辛卜稼，祭雩占龙。陟降灵祗，精禋肸蚃。四序钧调，百神歆享。雨旸寒燠，曰风曰时。八徵敬念，九寓醇熙。寿增上耋，弗懈益虔。茂膺多祜，翕应蕃骈。二章 谟烈显承，福基万亿。对越在天，升馨昭格。羹墙申慕，彝训式钦。晨兴惕若，宝箓披寻。四莅陪都，珠丘展谒。缔构艰难，缅维开国。威宣弧矢，化肃冠裳。祗循前典，曰笃不忘。继继绳绳，昭哉嗣服。于万斯年，锡兹祉福。三章 圣人敕政，综揽万几。至诚悠久，维日孜孜。恭乃寿徵，健为乾体。洞照八埏，励精十晷。丹毫批奏，彤陛延英。劭农履耤，展义巡行。相度塘堤，于河于海。肄武习勤，赉蕃宣恺。纯一不已，用介大年。贞恒保泰，往牒孰肩。四章 民应如草，圣泽如春。大钧默运，宙合同仁。五免丁粮，三蠲庾米。豁欠宽微，恩覃肌髓。爰谘稼穑，普及封圻。偏隅有告，大赉庞施。民隐烛微，吏猷选最。岸狱平反，拊循攸赖。乾坤帱载，日月照临。莫名帝力，允享天心。五章 圣谟广运，文德诞敷。道隆金镜，象丽瑶枢。礼正图编，诗厘乐府。《四库》分排，七阁崇庋。讲筵著论，史鉴宣评。圜桥集鼓，泐石横经。文荟三千，诗哀五万。云汉倬章，日星炳焕。作人敷教，恩榜骈联。楩柟杞梓，良材蔚然。六章 皇猷赫濯，载缵武功。殊方奉朔，逖裔从风。准部回疆，天戈叠指。二万舆图，宅畋斯启。金川再定，邛僰犁庭。楼船震慑，海峤敉宁。缅孟敂关，交南瓯阙。卫藏安禅，徼夷向日。鸿勋十告，驰骤禹汤。苗顽率服，缵继紫光。七章 范九五福，惟帝时承。亿龄瑞启，亦叶祥凝。宝篆"十全"，堂颜"四得"。甲子稽挠，贞元衍《易》。洪开寿宇，叠举耆筵。珍府阐绎，景纬昭宣。惟德之基，惟福之积。芝检文辉，萝图庆溢。九如曼羡，八表蕃厘。重轮继照，光我皇仪。八章 太上立德，咸五登三。崇称却让，湛泽均覃。动植蕃昌，裨瀛照洽。子帝承颜，来昆引牒。祥源益溥，庆祚洪延。瑶图汁纪，珠斗辉躔。纯嘏缉熙，康强逢吉。光启帝期，永绥皇极。会元章蔀，正载经畡。愿齐圣算，长颂台莱。九章

乾隆二十六年，皇太后七旬万寿，《庆隆舞乐》二十章

皇太后万寿弥增，皇帝至孝以承。洪福同山海，欢声率土腾。一章 岁当辛巳建，寿届七旬隆。怡愉太平日，舞蹈遍寰中。二章 太后宏溥慈仁，宫闱式维均。绵延百世泽，长此乐长春。三章 盛际集祯祥，祈年日正长。臣民敬申舆颂，庆覃恩敷八方。四章 圣节开嘉燕，雍容舞叠献。允兹祺寿绥，神人共欢忭。五章 金钥曈昽晓开，成行彩仗先排。臣工大小陪位，会朝称庆无涯。六章 皇帝仁孝兼至，圣母福寿同绵。载考古史所纪，罕得于斯盛焉。七章 皞皞熙熙盛世，氤氤氲氲元气。皇太后圣寿无疆，皇帝孝思不匮。八章 如日之升，如月之恒。慈寿绵绵，如南山是徵。九章 皇帝圣治臻隆，庶汇被泽胥浓。以兹悦怿圣母，允宜福寿攸崇。十章 大孝章矣，苐禄长矣。敷天噍噍，乐时康矣。十一章 圣时文教昌，万汇欣解阜。多福允受兹，清宁并悠久。十二章 异域输诚，称臣奉琛。属国以万数，云集合欢心。十三章 殊方一以平，德威既遐布。长治而久安，慈怀同增豫。十四章 回部偕来贺，德化渐以深，戴恩永无极，送喜承皇心。十五章 乃陟金陛兮，庆筵载陈。乃展舞彩兮，至德洽于无垠。十六章 钟鼓既宿悬，和声娱恺乐。九重进版图，王会式增廓。十七章 曰雨曰旸时若，省岁实维屡丰。泰宇既安既阜，嬉游何幸风同。十八章 浃兮沦兮，沐湛恩兮。九州万国，戴逾殷兮。十九章 圣母延洪康且颐，行庆施惠人无遗。愿集多祜绥维祺，勿替引之亿万斯。二十章

乾隆三十六年，皇太后八旬万寿，《庆隆舞乐》十八章

圣母万万岁，既寿而康。皇帝逾六旬，孝治弥光。絪缊化宇兮，太和翔洽。诸福毕至兮，纯嘏尔常。一章 重光冒卯岁序新，万寿八秩启今辰。景祜自兹以永，庆日引而月升。二章 皇帝舞彩，圣母燕喜。协气充周，福禄萃止。三章 璇宫丹臒新增，卿云纠缦交凝。瑞符翕集，如松柏之茂承。四章 奉安舆以时迈，乃东至于岱宗。陟乔岳而行礼，百神卫祜咸来从。五章 普陀肇灵刹，宗乘宣祝延慈厘。群藩诸部长，咸来膜拜瞻威仪。六章 敷天合欢忭，共球万邦献。玉册扬徽称，辉煌晋萱殿。七章 庆筵乐备，孙曾效舞。成文协节，嘏辞叠举。八章 寿如南山崇，福如瀛海广。运会超郅隆，亘古实无两。九章 振振绳绳乐含饴，搏搏总总福履绥。奉进如意肩相随，同祝圣寿徵攸宜。十章 金门诶荡开，彩仗琴丽陈。群工忭贺，莫不尊亲。十一

章　八方太平日，负戴来纷阗。佥曰盛哉乎斯世，维申庆于万年。十二章　湛恩汪涉，中外禔福。臣庶戴德，久而弥笃。十三章　鸿化迪矣，昭爲奕矣。群黎百姓，洽教泽矣。十四章　慈训式于九圉，维圣母之贻。酴膏浃无外，勿替引令祺。十五章　岁功屡告丰穰，五风十雨兆祥。荷昊穹兮锡佑，协皇心兮降康。十六章　远藩内面诚殷，土尔扈特愿归我幅员。率户口以数万计，呼嵩鞠躔来如云。十七章　慈颜有喜安以愉，德洋恩普周寰区。纯休永永庆那居，亿万斯年乐于胥。十八章

道光二十五年，皇太后七旬万寿，《庆隆舞乐》九章

日升月恒兮，天行不息。惟圣母之寿，与天无极。一章　渊渟岳峙兮，地道有常。惟圣母之寿，应地无疆。二章　辰维良，月维吉。玉觞陈，金奏列。动六琯之春阳，七旬之庆节。三章　皇帝奉爵，龙衮以侑。左抚舜琴，右酌尧酒。合溥海臣庶，为圣母寿。四章　圣母燕喜，悦豫且康。乃稽庆典，载考彝章。覃恩闿泽，用锡祉于万方。五章　万方有庆，四海同春。凡我髦士，以逮蒸民。仰思齐之盛化，咸蹈德而咏仁。六章　和风习习，甘雨祁祁，嘉谷六穗。瑞麦双歧。祥源福绪，惟圣母之贻。七章　万姓香花，千衢歌舞。敬祝圣母，诞膺多祜。乐意遍八埏，欢声腾九土。八章　皇帝圣德，惟圣母是承。龙池春丽，凤液祥凝。永介慈福，延亿万龄。九章

同治十三年，皇太后四旬万寿，《喜起舞乐》二十章

皇太后万寿无疆，孝思共仰当阳。多福符三祝，维天降百祥。一章　岁逢甲戌，恭遇四旬。普天祝嘏，辚辚殷殷。二章　延洪绵宝箓，佳节庆长春。敬献升恒颂，欢声遍九垓。三章　九垓溥被崇厘，大化式于璇帷。万姓瞻依切，千秋统绪垂。四章　垂帘十一年，夹辅任亲贤。长治久安歌永赖，武功懋兮文治宣。五章　皇躬资抚育，训政昭嗣服。燕翼荷贻谋，鸿庥多景福。六章　生民遂，元化濡。遏朘削，宽租逋。普乐利，醉醍醐。熙熙皞皞，怿怿愉愉。七章　殊方如砥平，声教既遐布。建此丕丕基，慈怀信增豫。八章　皇帝仁孝兼隆，圣母万福攸同。盛世人民乐恺，清时景物照融。九章　阊阖千门启，安舆驾凤来。德晖欣普照，欢喜上春台。十章　郁郁葱葱气佳，行行彩仗齐排。鹭序鹓班陪位，会朝称庆无涯。十一章　萱室开嘉燕，万年觞叠献。良辰寿而康，神人共欢忭。十二章　我皇舞彩，圣母情怡。太和翔洽，福禄来为。十三章　奏五英，亲九族。麟定歌，鸿恩沐。本支百世感深仁，天潢一派益敦睦。十四章　藩王部长咸来宾，重译殊方职贡陈。赤子之慕抑何深，凡有血气同尊亲。十五章　奔走偕来趋阙廷，鞠躔忭舞祝遐龄。锡之冠带列藩屏，小怀大畏懔威灵。十六章　皇帝治洽重熙，垂裳恭己无为。以兹怡悦寿母，允宜福履绥之。十七章　大孝章矣，萬禄康矣。勿替引之，纯嘏长矣。十八章　五风十雨兆嘉祥，频书大有告丰穰。盛哉斯世泰而昌，神功炳焯焕珠囊。十九章　同游华宇戴高厚，跻金陛兮介眉寿。慈颜有喜安以愉，与天地兮同悠久。二十章

光绪十年，皇太后五旬万寿，《喜起舞乐》二十章

至哉坤极，悠久无疆。猗欤令德，合撰含章。尧门叠瑞，姒幄披祥。一人有怿，万寿弥臧。一章　星丽南弧，日躔北陆。缇室葭飞，彤阶蓂续。太史占云，伶伦候玉。上下和同，受天百福。二章　天心复旦，圣节长春。磬壤齐庆，亘霄奉珍。月仪外宙，云瑞中宸。运隆礼乐，感极天人。三章　其礼伊何，鎏册璆章。鸾回宝势，凤歆奇香。金支景聚，璇卫云张。肃雍长乐，艾炽耆昌。四章　其乐伊何，《韶》《䪞》亮希。天歌抗律，云舞跄仪。重华缦缦，八风回回。玉节金和，嗣音之徽。五章　福以德昌，庆因善积。齐庄有临，几康无斁。训流茧观，风光椒掖。毕管书仪，倾璜奉式。六章　助隆庶政，启佑我皇。櫜威弓矢，辑瑞梯航。毡乡即叙，岛译宾王。慈和遍服，保畏弥光。七章　于维广运，上媲昊穹。春育夏养，内幈外幪。薰琴解愠，嘉玉祈丰。万年翔洽，百室熙隆。八章　邓林翘秀，崑岫搜奇。旁求俊乂，分职官师。四聪明达，三宅周咨。《卷耳》进贤，如歌《风》诗。九章　圣人在上，席邕绥和。慈云荫远，爱日晖多。仁兽归薮，灵禽在柯。士朝而忭，民野而歌。十章　帝隆孝治，躬奉天经。凝旒冲幄，鸣玉慈庭。文容属属，舜慕蒸蒸。百礼既至，四海其承。十一章　丕显宗亲，臧时嘉会。溯月瞻星，编珠贯琲。璇源益濬，玉叶知茈。训俭示恭，行庆施惠。十二章　济济卿士，将将会朝。人瞻丹扆，天临庆宵。缛文炳藻，睿孝图瑶。呼嵩祝华，颂鲁歌姚。十三章　亦有藩长，缀于朝仪。酎珍溢阼，贡貑骈墀。来宾璋马，往赉金犀。既畬皇祉，咸欢壶彝。十四章　帝命重申，如纶如綍。劭农赐租，劝位诏禄。熙熙春台，渠渠夏屋。庆赏云兴，欢声雷速。十五章　昭礼告秩，慈颜恺康。旋辉玉墄，鸣豫瑶觞。裔皇圣孝，耄耋休昌。钧钤既朗，延嘉亦芳。十六章　黄屋长今，彤箴自古。妫汭嫔虞，涂山赞禹。徽德孔明，重规袭矩。以祉元吉，宜延遐绪。十七章　甲子章蔀，循环无端。《易》图大衍，羲画先天。箕畴演福，轩策调元。维天佑圣，于斯万年。十八章　嶙嶙五岳，而岱之宗。涉涉百川，而海斯容。两仪清穆，八表熙雍。湛恩波沛，峻算山崇。十九章　灵贶便蕃，昌期绥茂。帝晖缉熙，母仪纯佑。遐迩壹体，小大稽首。寿考维祺，克昌厥后。二十章

光绪二十年，皇太后六旬万寿，《喜起舞乐》二十章

皇太后福寿同绵，皇帝仁孝兼全。天佑圣母，锡之大年。一章　困逢岁之阳，其阴在敦牂。其日维吉，其月曰良。二章　王会大同，星纪五复。万国万年，以介景福。三章　猗欤母仪，翼我圣主，曰仁曰智，允文允武。四章　其武维何，谧谋璇幄。龛靖神州，威慑殊俗。五章　其文维何，崇儒礼贤。奎章藻耀，云汉在天。六章　其智维何，明烛万里。中外一家，宫府一体，七章　其仁维何，如汤如尧。蠲租发帑，以恤民劳。八章　民劳休止，庶优游止。虽休勿休，民瘼求止。九章　自普天而率土兮，咸浃髓而沦肌。圣皇之德兮，圣母之慈。十章　茂矣美矣，荐嘉祉兮。唐矣皇矣，纯嘏尔常矣。十一章　橐印若绶，飏拜稽首。壤歌衢讴，逮及童叟。十二章　累译而至，属国以万计。咸含和而吐气，颂曰盛哉乎斯世。十三章　大矣孝熙，圣皇之思。以天下养，永奠此丕丕基。十四章　行庆施惠，湛恩汪涉，而炽而昌。眉寿无有害。十五章　乃镂璆册兮瑑瑶章，

乃展琼筵兮奉玉觞。乃瞻金陛兮穆穆皇皇，乃奏雅乐兮喈喈将将。十六章　琴瑟在御，钟罄在簴。鼛乎而鼓，轩乎而舞。十七章　荡荡八荒，惠问所翔。愿圣母寿，应地无疆。十八章　圜穹戴笠，徽音四塞，愿圣母寿。与天无极。十九章　荷天衢，提地厘，迄于期颐。万有千岁，福履绥之。二十章

乾隆四十五年，高宗七旬万寿，《庆隆舞乐》九章

皇帝万万寿，福如大海源。浩元气兮春和温，泽洋溢兮弥乾坤。一章　岁维庚子，恭遇七旬。太平有象，鸿禧日新。二章　班禅觐后藏，十方皈依举延企。瑞霭集丰年，广法轮，宗风被。三章　丽正门，开诜荡。王公大臣，拜舞瞻天仗。旗罨霭，芬芒芒。五云朗，炉烟上。四章　敬天勤民久，纯德四海敷。皇帝寿，万万年，孔固南山如。五章　蒙古众台吉，青海卫拉特。爱之如赤子，倾心世归德。六章　土尔扈特归顺，武义金川威震。如天大德曰生，蹈舞扬休入觐。七章　曼寿多福，胪欢无疆。如松柏茂，万叶纯常。八章　皇子及孙曾，称觞介眉寿。祝鸿禧兮岁其有，与天地兮同悠久。九章

乾隆五十五年，高宗八旬万寿，《庆隆舞乐》十八章

皇帝万万寿，福如大海源。亭育德恩普，休和畅八埏。一章　岁维庚戌，恭遇八旬。神人祝嘏，景福益臻。二章　洞开九重，辟公呼嵩。祥光罨霭，歌舞攸同。三章　敬天勤民，岁书大有。万寿无疆，山岳悠久。四章　文光炳二曜，武烈宣万方。义正以仁育，遐迩胥来王。五章　燕千叟兮嘉庞眉，赐筇帛兮拜鸿施。胪欢介祉兮叩彤墀，群登寿宇兮祝蕃厘。六章　笃天潢，赐章服。灿五采，亲九族。本支百世感殊恩，欢洽群情益敦睦。七章　临雍释菜，文教振兴。人材乐育，为国之桢。八章　辑《四库》书，誉髦鼓舞。惠兹艺林，上下今古。九章　修藏兮译金经，广善缘兮福群生。慈云布濩兮光晶莹，和风甘雨兮弥八纮。十章　藩王部长咸来宾，遐荒重译职贡陈。依光慕化同尊亲，赤子之慕中外均。十一章　安南国王趋阙廷，鞠曕忭舞祝亿龄。宠以冠带列翰屏，声教远暨海国宁。十二章　缅甸来庭，宠膺纶诏。颁印锡封，永绥炎徼。十三章　生番向化，倾心太平。恩浃肌髓，威畏惟诚。十四章　圣明四照，福绥绵绵。吉祥屡臻，亿万斯年。十五章　永承天庥，祥徵滋至。载颂九如，祚延万世。十六章　子孙曾玄戏彩舞，寿而康兮祝纯嘏。岁岁年年福履增，天地合德同博溥。十七章　《中和》舞乐迈《韶》《頀》，普天率土欢同声。庆万寿兮茀禄膺，受天佑兮莫不承。十八章

嘉庆十四年，仁宗五旬万寿，《庆隆舞乐》九章

皇帝万万寿，寿与天无疆。秉德贞恒笃鸿祜，珍符曼羡恩滂洋。一章　岁维己巳，圣节五旬。六合昌阜，嗔嗔阳春。二章　我皇功德冒八极，埽除群慝登衽席。砨砨即即师象山，永绥生民偃兵革。三章　民生遂，元化濡。遏朘削，宽俘逋。餍餐粥，袭裾襦。乐皞皞，安愉愉。四章　作之君，作之师。孔容保，诞教思。厚莫厚，训宗支。仁莫仁，箴八旗。五章　继统恭勤兮俭德先，有孚惠心兮靡回延。泉府充羡兮轸民艰，冯蟵辑和兮功濬川。六章　重民耕织，雨旸寒燠。图辑授衣，纂志祖考。大孝备矣，养民为宝。七章　辟公卿士，俊髦庞蒙。云施山应，降福屡丰。绵绵瓜瓞，上怡皇衷。八章　承昊佑兮抚八纮，洪景命兮方升恒。率土胪欢兮，重译职贡，于万斯年兮，福禄永膺。九章

嘉庆二十四年，仁宗六旬万寿，《庆隆舞乐》九章

九有嘉吉万汇昌，贞冬妪煦日载阳。帝承昊贶锡兆庶，圣寿曼羡长无疆。一章　十干十二枝，纪岁周复始。皇帝寿齐天，循环万甲子。二章　北暨穷发南雕题，耕桑直过昆仑西。黄河安恬日东注，波澄镜海腾朝曦。三章　景风翔兮卿云升，民游寿宇兮化日恒。世庞鸿兮多耆耋，生逢太平兮由高曾。四章　厚民生，省厥慝。立嘉禾，稂莠茀。崇正教，耻且格。惠元元，遍帝德。五章　继皇统兮承祖泽。王业艰难兮孝思靡极。眷辽沈兮夙法驾，式考训兮永无斁。六章　帝廑烝民，拯之德政。曰雨曰旸，天心协应。熙熙春台，丰年屡庆。七章　日月方升恒，川岳咸效顺。祝嘏万方同，梯航集琛赆。八章　岁已已兮恩普锡，今兹己卯兮六旬圣节。帝泽汪涉兮，海宇乐康，愿逢旬庆兮万有千亿。九章

乾隆四十八年，乾清宫普宴宗亲，《世德舞乐》九章

天开圣清，觉罗肇兴。列祖继绪，统一寰瀛。一章　溯祥长白，垂统发迹。幅员广大，景附悦怿。二章　圣皇立极，与天比崇。纯常茀禄，昌后隆宗。三章　笃亲九族，锡恩单厚。金黄带垂，峨冠品授。四章　枝蕃萼荣，皇情则怡。嘉承天和，方春载熙。五章　璇宫肆筵，宗人爰集。黼绣盈庭，班行辨级。六章　皇睠有喜，便蕃赉予。侍卫赐茶，恩涵露湑。七章　肫仁溥泽，大府颁金。皇慈既渥，以洽壬林。八章　宗人拜舞，胪欢忭祝。亿万斯年，永绥多福。九章

乾隆初，巡幸盛京，筵宴，《庆隆舞乐》一章

皇天明命，笃生太祖。锡之圣智，奄有东土。于圣太祖，开基创业。始制国书，同文六合。曰若太宗，嗣承天命。肇造区夏，仁育义正。太宗如天，丕冒纯德。于铄大清，懋建皇极。兴京聿兴，盛京斯盛。惟其至仁，九有托命。钦惟圣皇，追慕深思。率祖攸行，惠我嘉师。敬观实录，日星为昭。祖业艰难，中心忉忉。乃颁明诏，播告臣氓。恭竭祖陵，旋轸陪京。皇帝笃诚，珠丘展觐。文武从臣，骏奔效荩。我皇圣哉，细大不遗。从臣文武，体恤周知。乃出边关，乃经蒙古。阅七爰曼，蕃部悦舞。御光远临，旃裘毕来。宸衷轸念，锡赉恩恢。受我皇恩，祝我圣皇。合十膜拜，恩膏溥将。莅克尔素，驾言行狩。手格虎殪，马射熊仆。英哉我皇，舍矢如破。获兽孔多，万人腹果。爰莅旧邦，爰谒三陵。既躬既亲，我心则平。岂敢惮远，岂敢畏险。至止礼成，心犹缱绻。皇帝大孝，承祭至敬。肃将明禋，万邦为镜。皇仁懋哉，重齿敬老。清问殷勤，德施浩浩。盛京莅止，临朝阅武。御崇政殿，恩敷率土。

乾隆八年，巡幸盛京，大宴，高宗御制《世德舞乐》十章

粤昔造清，匪人伊天。天女降思，长白阏门。是生我祖，我弗敢名。乃继乃承，逮我玄孙。一章　玄孙累叶，维祖之思。我西云来，我心东依。历兹故土，仰溯始谋。皇涧过涧，缔此丕基。二章　於赫太祖，肇命兴京。哈达辉发，数渝厥盟。如龙田见，有虎风生。戎甲十三，王业以兴。三章　爰度爰迁，拓此沈阳。方城周池，太室明堂。不宁不灵，匪居匪康。事异放桀，何心底商。四章　丕承太宗，允扬前烈。倬彼松山，明戈耀雪。以寡敌众，杵漂流血。惜无故老，为馀详说。五章　余来故邦，瞻仰桥山。慰我追思，梦寐之间。崇政清宁，载启南轩。华而不侈，巩哉孔安。六章　维我祖宗，钦天敬神。执豕酌匏，咸秩无文。帷幔再张，尊俎重陈。弗渝弗替，遵我先民。七章　先民宅兹，载色载笑。今我来思，圣日俯照。爵我周亲，莅臣并召。亦有嘉宾，欢言同乐。八章　懿兹东土，允维天府。土厚水深，周原朊朊。南阳父老，于是道古。有登其歌，有升其舞。九章　我歌既奏，我舞亦陈。故家遗俗，曷敢弗因。浑灏淳休，被于无垠。勿替引之，告我后人。十章

乾隆十四年，金川凯旋，筵宴，《庆隆舞乐》一章

乾隆圣世，瀛宇乂康。元音惟明，股肱惟良。景运鸿昌，休德茂著。统驭八埏，惠液遐布。金川小丑，蠢尔冥顽。惟时弗率，跳梁穷边。用申天讨，声罪执言。长驱驿驾，油云斯屯。圣谟广运，决机万里。聿简贤臣，良弼是倚。曰忠曰勇，经略戎功。心坚金石，诚格苍穹。身先烝徒，跋履岩阻。晨夕尽瘁，均劳共苦。奸宄是殛，逆谍是攘。国宪孔昭，我武孔扬。窟穴梨止，邑巢圮止。坚卡隳止，峻碉毁止。爰褫其魄，爰丧其胆。震慑股栗，潜伏于坎。如鼠窜穴。如鳞游釜，号呼哀吁，再三求抚。元臣执义，愤欲荡除。帝德好生，曰免骈诛。六条攸约，虔慄遵循。恩纶祗奉，解网施仁。丕革厥心，匍匐奔赴。除道筑坛，香云拥路。帝仁覃敷，六合滂洋。苏其枯朽，赐以再生。展也满兵，弥月功成。云何其速，皇猷是凭。神功炳焯，乾坤轩豁。九重胜算，明并日月。勒诸琼玖，昭诸汗青。礼成钜典，乐奏升平。肤功克奏，庆筵是侑。太和氤氲，翔洽宇宙。卿云纠缦，景纬珠联。梯航琛赆，亿万斯年。

乾隆二十五年，西域平定，筵宴，《德胜舞乐》一章

祖志继成，翦灭远叛。筹画从容，疆辟二万。川原式廓，乃经土田。庙算宏深，天心契焉。车楞内讧，丐恩臣服。爵锡王公，周恤其属。鬼蜮陈酋，匍匐帝庭。宠以藩服，秉钺专征。俘达瓦齐，再生曲宥。念彼军劳，崇封晋授。阿酋狡狯，将伏天诛。妄冀非分，叛于中途。反覆二心，弃厥妻子。役属离散。巨恶宜尔。汲水万里，欲息燎原。似彼狂酋，徒然自燔。窜俄罗斯，疫戕其命。遐方尊王，爰献于境。满洲索伦，凌波飞渡。奋勇莫当，峻岭爰度。俘厥逋逃，收彼牲畜。取彼子女，如摧朽木。弓矢所加，贼垒莫御。急思免脱，震骇无措。蠢尔贼众，作乱变更。帝德涵濡，俘独遂生。岂曰穷兵，岂曰黩武。乘时遘会，忍弗远抚。回首在囚，解其禁锢。甫还库车，流言煽布。惟彼凶渠，负君莫比。罔念圣恩，能弗切齿。伊犁既戢，诸部宾服。豫策久长，悉收回族。二贼溃逸，命将追遏。逾其穴巢，直抵巴达。爰遣侍卫，乃得其情。回长搏颡，献馘输诚。邃古莫稽，列史具在。歼寇如斯，未有俊类。欃枪净扫，寰宇升平。师出以正，中外永清。睿谟惟诚，宵旰无逸。宏奏肤功，圣心斯怿。顺我者昌，逆我者亡。旌别恐遗，天语孔彰。酬庸封爵，表勇锡名。昭兹懋赏，章采聿明。诛锄元恶，大功告成。如春育物，德合清宁。

道光八年，重靖回疆，筵宴，《德胜舞乐》二十章

道光圣世，德洽纮埏。献琛奉赆，有翼有虔。一章　蠢兹逆回，逋诛小丑。喙伏荒裔，敢为戎首。二章　麇麇其群，驿驿其氛。涉卡潜煽，不戢自焚。三章　皇赫斯怒，爰命扬威。汝往讨乱，执讯以归。四章　浑巴什河，先声克振。进歼柯坪，靡有遗烬。五章　沙岗岚岚，我兵既攻。三庄埽穴，十日奏功。六章　奏功一月，四城迅复。伯克跪迎，额颂神速。七章　莫赤匪狐，莫黑匪乌。星弧所指，并伏其辜。八章　帝轸八城，蠲厥租赋。耄龄欢庆，九天甘澍。九章　于铄宸谟，十条诞敷。罪人务得，勿俾稽诛。十章　稽诛勿俾，征师勿俟。次第凯还，以息劳勚。十一章　苍莽四山，侦骑周环。妖鸟攸投，庭弓攸弯。十二章　岁既宴矣，烝徒骧骧。制梃挞贼，阿图什庄。十三章　我追彼窜，自昏徂旦。抵铁盖山，去路倏断。十四章　爰丧其马，爰曳其兵。夺彼短刃，絷以长缨。十五章　城柳初荑，驿骑载驰。都人夹道，遥望红旗。十六章　櫜弓锡组，告于天祖。归善慈闱，孔曼受祜。十七章　勒碑志事，御门受俘。聿启喜宴，露湛云需。十八章　旨酒既嘉，队舞入侑。小大稽首，我皇万寿。十九章　圣武维扬，圣恩维长。餍仁饫义，万寿无疆。二十章

大宴《笳吹乐》六十七章　乾隆七年定。

《牧马歌》　人君之乐，恃此纪纲。兆民之乐，恃我君王。室家孔宜，夫君之力。朋友有成，和辑之德。

《古歌》　八种成坏兮，实人世之常。堕迷网中兮，欲锁与情缠。愚人无识兮，乐兹殊未央。执空为有兮，谬语其爰当。

《如意宝》　不澡心于群经，具本性而无明。不服膺于佛乘，说妙行而听荧。

《佳兆》　一人首出，万国尊亲。湛恩汪 涉，普被生民。百花敷荣，一日悦目。灌顶宝光，万众所伏。

《诚感辞》　良胡畏哉，襄以至诚。良胡过哉，竭己所能。良胡伪哉，语无文饰。良胡怠哉，罔敢休息。

《吉庆篇》　有君圣明逾戴天，有臣靖共胜后嗣。健妇持家过丈夫，如意宝珠惟孝子。

《肖者吟》　灭除己罪，仗佛真言。如欲疗病，惟良药存。菩提镫兮，出众生于黑暗；智慧梳兮，栉六欲之纠缠。

《君马黄》　大海之水不可量，天府宝藏奚渠央。良朋和睦益无方，圣有谟训垂无疆。

《懿德吟》 人君能仁，烝黎之父。君子和平，群相肺附。懿厥哲人，实维师傅。匿智怀私，乃民之蠹。

《善哉行》 惟安惟和，心意所欲。无贰无虞，朋友式谷。

《乐士谣》 分人以财，惠莫大焉。施人以慧，宁不逾旃。

《踏摇娘》 日将出兮，明星煌煌。寿斯徵兮，秀眉其庞。三十维壮，五十迟暮。莫亲祖母，莫尊祖父。

《颂祷辞》 我马蹀躞，行如流水。隽英满座，交亲悦喜。族党姻娅，咸富且贵。酌酒为欢，既多且旨。

《慢歌》 十五欢娱八十衰，壮容华茂迟暮悲，祖妣最亲祖尊哉。

《唐公主》 遵王之路兮，愆尤希。素位而行兮，夫奚疑。

《丹诚曲》 罔有败事兮，遵道而行。长无离析兮，顺亲之情。

《明光曲》 瞻彼日月，虚空发光。圣君圣母，焜耀万拜。

《吉祥师》 日月之明兮，容光必照。圣君之明兮，烝黎咸造。

《圣明时》 际圣明时，良我福只。横被恩泽，良我禄只。

《微言》 倏忽变迁，顺其自然。如彼蜃楼，余生渺焉。

《际嘉平》 诸恶莫作，菩提萨多。暝曚妄行，用堕三涂。

《善政歌》 经何本，本于宗。身何本，媪与翁。罪何本，嗔爈爈。福何本，和雍雍。

《长命辞》 靡言不适于道兮，水万派而朝宗。夫惟外道之妄语兮，井自画而不通。

《窈窕娘》 惴惴原兽，思全其身。兢兢庶士，思庇后昆。

《湛露》 维彼愚人，惟知己身。维此哲人，心周万民。

《四贤吟》 六欲相牵，微生是恋。叹彼驹光，如梦如电。

《贺圣朝》 慈悲方便，永继疑情。极乐净土，不灭不生。

《英流行》 知之而作兮，明哲所由。不知而作兮，庸愚之俦。虑而后动兮，卓彼先觉；率而妄动兮，是乃下流。

《坚固子》 马蹀躞兮，身不获康。念此身兮，本自无常。马腾骧兮，生不获宁。念此生兮，本自无生。

《月圆》 良马之德，于田可徵。良朋之行，相交乃明。

《缓歌》 良马云何，乘者所思。良朋云何，久而敬之。

《至纯辞》 惟帝力兮劳来，父母力兮免怀。乘骐骥兮驰骤，仗巨擘兮弓开。

《美封君》 贡高专美，曰惟不仁。拥赀自厚，不久四分。惟不惺惺，乃不戒惧。凶心常萌，谁与共处。

《少年行》 嗟弃捐于岩穴兮，盍远播夫芳声。嗟终老于草莽兮，盍永垂夫令名。

《四天王吟》 悲哉北邙，令闻宣扬。北邙悲矣，青史不渝。

《宛转辞》 瞻彼中林，芃芃万木。旃檀有香，生是使独。万类咸若，攘攘芸芸。民之父母，首出一人。

《铁骊》 载飞载翔，惟翮是凭。为声为律，惟心是经。射之能中，惟指是凭。交之能善，惟和斯恒。

《木槵珠》 瞉之成雏兮，孚化之功。羽用为仪兮，赋命之隆。迪彼愚蒙兮，惟圣之功。明厥本性兮，实在己躬。

《好合曲》 维勤斯哲，安不可怀。溺兹小乐，至乐难期。

《章阜》 乾照无私，圣教无类。谟训洋洋，鉴兹不昧。

《天马吟》 骐骥不群蹇驴，鸿鹄不偕斥鷃。驺虞不迩狐狸，圣哲不昵愚贱。

《大龙马吟》 畴知幻躯，秘此佛性。畴不退转。佛恩来证。上德堕落，畴其知病。下士顿起，畴其知竞。

《始条理》 福慧天亶，诚哉难觏。通人达士，岂奚易逅。

《追风赭马》 葱兮蒨兮，山有芳兰 。憧兮祁兮，首有妙鬘。

《回波辞》 元首明哉首出，股肱良哉罕匹。贤夹辅兮王室，莫执左道兮蟊贼。

《长豫》 景行行止，下民堪怜。宜泛爱众，毋逆忠言。

《平调》 骐骥适我体，櫜鞬卫我身。嘉言资我道，经史沃我心。

《游子吟》 升彼高阜兮，思我故乡。有怀二人兮，莫出户堂。陟彼崔嵬兮，思我故乡。有怀二人兮，莫出垣墙。

《平调曲》 帝王无逸，天地和宁。辟公肤敏，兆民阜成。

《高士吟》 日之升，天为经。民之行，君为程。水之流，随坎盈。牝之游，驹之情。

《哉生明》 非冒于货贿也，感兄弟之敬心。非贪于饮食也，感父老之诚忱。

《高哉行》 云何致太平，孚然望皇衢。人生夫何常，善保千金躯。民之不能忘，令名照神区。子孙振绳绳，百千万亿余。

《三章》 敬尊佛敕，如滋甘雨。莫行邪恶，种兹罪苦。

《圆音》 身无常，花到秋。名无常，雷不留。财无常，蜂酿蜜；水无常，海发沤。

《栏杆》 贤者斯贤贤，不贤不贤贤。蜜蜂见花驻，蜻蜓去翩翩。

《思哉行》 千金宝马，不如先人之畀遗。尝尽诸果，不如母乳之甘兮。

《法座引》 电可畏兮，时届朱明。霜可畏兮，五谷将登。祸可畏兮，欢乐所成。罔不畏兮，忆神魂之初降生。

《接引辞》 火宅无清凉，苦涂无安乐。鸟路谁能携，阎浮难驻脚。

《化导辞》 阎浮提界，如彼高山，越之维艰。尽却今时，大海漫漫，欲渡良难。

《七宝鞍》 瞻彼堤岸，水则不滥。有君牧民，当无畔散。飞鸟虽疲，宁甘堕地。君子固穷，之死不二。

《短歌》 嗟余生之欢乐兮，似黄离之盈昃。感韶光之荏苒兮，似叶上之青色。及芳华之当齿兮，且喜乐以永日。

《夕照》　时乎时乎，时外无时。时其逝矣，奚与乐为。黄离既昃，定少温暾。天光既暮，曀曀其阴。

《归国谣》　皇矣圣世，蔼如仁君。怀哉怀哉，日远日分。亦有良朋，如兄如弟。日远日离，不能遥跂。

《僧宝吟》　投诚皈命，既安且吉。如佛塔庙，云胡远别。和乐且耽，手足提携。如姊如娣，云胡远离。

《婆罗门引》　酪必成醐，父将成祖。沙必成丘，母将成妪。

《三部落》　试观三界，沤起沤灭。如彼秋云，乍兴乍没。

《五部落》　流水何汤汤，吾生如是游。虽有圣贤人，谁能少滞留。

乾隆二十五年，西域平定，筵宴，《笳吹乐》一章

阊阖煌煌，钟镛锵锵。鸣鞭祗肃，帝用燕康。荷天纯嘏，祖德凝庥。从容底定，允升大猷。圣德宏敷，光被遐迩。如拱北辰，诸部归止。慈恩覆帱，沧海无量。争先效顺，奔走来王。宪章斯备，胜算克成。跳梁群丑，鱼贯输诚。天威震叠，小腆惕厉。大君惟仁，莫不臣隶。圣教宏敷，额手格心。月窟同风，越迈古今。远谟是协，绝徼安康。抚绥之德，遍于遐荒。乾元功懋，滂洽垓埏。巍巍盛德，亿万斯年。

道光八年，重靖回疆，筵宴，《笳吹乐》九章

于赫皇威，式于九围。回疆耆定，饮至劳归。一章　有截回疆，纯皇所绥。畏神服教，巩我藩离。二章　蠢兹逆裔，逋诛再世。燎原自焚，法不可贯。三章戎车爰西，如云如霓。一月三捷，四城其徯。四章　四城既治，丑党既夷。彀弨张罿，妖鸟安之。五章　回庄岁迩，有鹗萃止。蹑迹穷追，铁盖孔崷。六章　絷以白组，报以红旗。新春送喜，皇心载怡。七章　昔赋《出车》，今歌《采薇》。受厘天祖，归善慈闱。八章　嘉献允仪，溥哉恩施。奉觞稽首，万寿维祺。九章

大宴，《番部合奏》三十一章　乾隆七年定，惟《大合曲》、《染丝曲》、《公莫》、《雅政辞》、《凤凰鸣》、《乘驿使》六章有辞；无辞者有宫谱：曰《兔罝》，曰《西蝶曲》，曰《政治辞》，曰《千秋辞》，曰《鸿鹄辞》，曰《庆君侯》，曰《庆夫人》，曰《羡江南》，曰《救度辞》，曰《大番曲》，曰《小番辞》，曰《游逸辞》，曰《兴盛辞》，曰《艳冶曲》，曰《庆圣师》，曰《白鹿辞》，曰《合欢曲》，曰《白驼歌》，曰《流莺曲》，曰《君侯辞》，曰《夫人辞》，曰《贤士辞》，曰《舞辞》，曰《鼗鼓曲》，曰《调和曲》。不载。

《大合曲》　元绰是依，明神是祇。一心至诚，昭事勤只。巍巍大君，永底蒸民。中心爱戴，稽首来臣。念人生之无常兮，合勤修夫善行。信百行之咸善兮，终和平而神听。

《染丝曲》　大君至圣，教敷率土。敉宁万邦，拜跪奉主。

《公莫》　丕显元后，惠怀万方。国彦桀恭，协赞邦常。率土之滨，诚意溥将。咸拜稽首，依戴圣皇。

《雅政辞》　皇皇圣明，无远弗烛。林林众庶，无思不服。元化惠心，为善去恶。圣人之邦，长生永乐。

《凤凰鸣》　承乾体元，惟我圣君。光开草昧，惟我圣君。纲纪庶政，惟我圣君。父母万国，惟我圣君。惟我圣君兮，覆帱如天。惟我圣君兮，自新新民。惟我圣君兮，中外乂安。惟我圣君兮，群慝消沦。拜手稽首兮，颂溢兆民。

《乘驿使》　大地茫茫，大海沧沧。岂伊无宝，求之奚方。自古在昔，为君为王。膺图御宇，命不于常。实心实政，惠此万邦。圣御大宝，繄惟我皇。繄惟我皇兮，畴可与之颉颃。

回部乐曲一章　《律吕后编》回部乐曲国书用汉对音而旁注宫谱，今以汉对音载其辞。

思那满塞勒喀思，察罕珠鲁塞勒喀思。

卷一百　　志七十五

乐七

乐章五　铙歌大乐　铙歌清乐　凯歌辞

《巡幸铙歌大乐》二十八章　乾隆七年定。

《大清朝》第一　大清朝，景运隆。肇兴俄朵，奄有大东。鹊衔果，神灵首出；壹戎衣，龙起云从。一解　雷动奏肤功，举松山，拔杏山，如卷秋蓬。天开长白云，地蹙凌河冻。混车书，山河一统。声灵四讫，万国来修贡。二解　皇宅中，垂统瓜瓞嗪嗪。圣继圣，功德兼隆。升平颂，怙冒如天恩泽浓。三解　人寿年丰，时雍风动，荷天之宠。庆宸游，六龙早驾，一朵红云奉。扈宸游，六师从幸，万里欢声共。四解

《四时仗》第二　御句芒，春载阳，震位峙东方。顺时令，驾苍龙，骖吉良。见垂虹，青蓱渐芳。行庆施惠，恩波浩荡。一解　御祝融，晷正长，南极星辉朗。驾朱辂，万骑腾骧。赞俊杰，遂贤良。二解　蓐收节，露华初降，金风乍凉，兑列西方。载白旗，乘戎辂，移天仗。万宝告成，一人有庆天垂贶。三解　颛帝司方，水泉始涸，天际彩虹藏。乘元辂，驾铁骊，云旓滉瀁。万叠明霞奉太阳，四时节物邀欢赏。四解　皇谟圣德钦无两，舜日光天壤。花明彩仗齐，云暖龙旗飏。际昌时，咸翘企仙舆降。际昌时，咸翘企仙舆降。五解

《承天眷》第三　承天眷，际风云，万国车书奉一人。衣冠快睹唐虞盛，九域抒丹悃。殊荒重译尽来庭，和气召嘉祯。一解　稽古训，溯昌辰。元首明哉励股肱，一心敬惕丹书儆。宵旰不遑宁，日新又日宪汤铭，翼翼更钦钦。二解

端不为，繁华丽，锦绣春。端不为，玉树菁葱太液澄。喜今日，调和玉烛烽烟靖。不敢忘，百年有备军容整。那辞得，陈师鞠旅拥旌旌。皇衷切，忧盛更危明。三解　泰阶奕奕巩衡正，功业麟兮炳。千春清晏歌，亿载登丰庆。喜金支，纷旖旎，蓬山境。喜金支，纷旖旎，蓬山境。四解

《贡琛球》第四　琛球输贡，外藩归化隶版图，正朔咸

尊奉。乐浪郡，在海东，安南国，粤峤辟蚕丛。日本国，畏威震悚。琉球国，奉朝请与内臣同。一解 万邦虎拜咸修贡，干羽何须用。东风入律吹，千吕青云涌。海安澜，更上献河清颂。海安澜，更上献河清颂。二解

《锦绣乾坤》第五 锦绣乾坤佳丽，御世立纲陈纪，四朝辑瑞徵师济。盼皇畿，云开雉扇移。黎民引领銮舆至，安堵村村飏酒旗。恬熙，御炉中，叆叇瑞烟霏。恬熙，御炉中叆叇瑞烟霏。一解 鸾声嘒嘒来云际，九奏《韶》钧沸。观光仰赤球，扈从盈朱芾。奉皇欢，昼三接，天颜喜。奉皇欢，昼三接，天颜喜。二解

《中天盛世》第六 中天盛世登安宁，瑞麦嘉禾表岁成。驺虞白象出郊坰，共祝吾皇圣，嵩岳欣传万岁声。葱茏佳气满都城，万里皇图巩帝京。衣冠文物际时亨，海隅宁谧无边警。巷舞衢歌乐太平，喜今日，金瓯一统万年清。遍闾阎，操缦歌风弦诵兴。更郊原，野蚕成茧柘阴轻。一解 时和岁稔调金鼎，凤扆花相映。青畴麦两歧，黄陇禾同颖。属车临，喜万岁，声遥应。属车临，喜万岁，声遥应。二解

《奉宸欢》第七 奉宸欢，天单厚。风光辇路浮，遐阡迩陌，都是黄云覆。羽盖春旗，煸墣似绣。正田家作苦劝耕时，休驰骤，金镫鞭敲，豹尾悬车后。藏富于民，于民藏富。

《晴开五云》第八 晴开五云移翠辇，臣庶咸欢忭。载见兮载见，怀远复怀远。圣人朝，缦云歌复旦。一解际中天，一气鸿钧转，习习和风扇。龙津燕影低，柳陌莺声啭。望龙旌，迢递过晴巘。望龙旌，迢递过晴巘。二解

《瑞云笼》第九 彩仗瑞云笼，度晴峦几重。金炉高拥，香烟浮动，杳蔼大夫松。和鸾到处，和鸾到处百灵从。玉检金泥，编珠毓贶，不数汉家封。

《驾六龙》第十 驾六龙，御翠华，帝德光天下。薄海内，总一家。四徼外，正朔加。者声灵赫濯，被四表，暨荒遐。

《扈翠华》第十一 扈翠华兮载驰，御帝车兮载脂。命风伯兮叱云师，洒道兮如丝，清飚兮应时。

《四时念》第十二 仲春时，司马教振旅，喜韶和，绿蘼芳草滋平楚。执铙执铎兼贲鼓，盘旋处，如组还如舞。一解 念春日，万汇初荣肬。况田家，负耒牵牛方作苦。解置去络仍弛罟，天心祐应节弥甘霔。二解 仲夏时，司马教茇舍。畅恢台，铦芦茂草披平野，名州名邑驱征马。行围罢，落日征袍卸。三解 念夏日，赤轮炎似炙。况我民，体足沾涂泥没踝，栉风沐雨无晨夜。休严驾，冲默居台榭。四解 仲秋时，司马教治兵。喜飒爽，金风初劲角弓鸣，载旗载旐孑旜旌。戢军营，万宝正秋成。五解 念秋日，气爽又风清。况郊原，农事方终稼既成，用遵《周礼》诘戎兵。望龙旌，壶浆父老迎。六解 仲冬时，司马教大阅。正平郊，兽肥草浅寒威冽，建旗树表疏行列。多欢悦，谁道裘如铁。七解 念冬日，一阳初动脉。况南郊，陶匏明水将诚洁，草甲方萌芽未茁。居金阙，万国来朝谒。八解

《壮军容》第十三 壮军容，威四方。砺戈矛，森甲仗。剖文犀，七属烂如银；带鲛函，璀璨难名状。者的是，金城保障。一解 有纯钩巨阙，和盘郢鱼肠。更有湛卢紫电，承影含光。又豪曹似水，素质如霜，赛莫邪干将。二解 官笴最精良。象弭鱼服，竹箭弧桑。更红翎白镞，饮羽危梁。控弦彻札，有猿臂军中飞将。三解 润铦锋，鹂鹣初莹。熔堇锡，龙雀成双。文似灵龟，象侔白虎，是灵宝，亦曰含章。比昆吾切玉，百炼纯钢。四解 垂氏弦木，橛弧斯创。冬干春胶，乌号繁弱，明月当堋朗。九合既成，二弓交韔。五解 振金铙，鸣金镯，画角悠扬。月明时，风静夜，清吹还三唱，踊跃军心壮。似凤鸣，又如鹤唳，更筹响，刁斗传千帐。六解 表和门，旌旆扬。象七星，建九斿，置九章。错翡翠，鸾凤炜煌。曳招摇，韬素锦，黄龙大纛在中央。七解 镂衢鞍，翠羽蹩金梁。珊瑚鞭，玛瑙勒，靡丽非常。启哗嚣，盛朝不尚。但推毂，求良将。云行雷动，正正堂堂。八解

《日初昇》第十四 日初升，云光晓。旌旗暖，龙鳞耀。望云山，紫翠千重；度耕陇，桑麻隐约。黎民欢乐，道余粮栖亩，又长嘉苗。一解 不读书，知忠孝。作与息，耕和凿。玉泉流，膏雨千塍，晴云敛，炊烟万灶。黎民欢乐，道余粮栖亩，又长嘉苗。二解 景融怡，风料峭，太和会，丰年兆。喻其馌，士女媚依；镈斯赵，曾孙迎劳。黎民欢乐，道余粮栖亩，又长嘉苗。三解 食君恩，深难报。愿圣寿，如山岳。稼既同，跂脚高眠；户不闭，官清讼少。黎民欢乐，道余粮栖亩，又长嘉苗。四解 翠华临，霓旌导。遵平陆，登山峤。但只见，蔀屋衡茅。一个个，体温腹饱。不知不识，日上眠方觉。惟祝君王真有道，厘痌瘝，薄赋轻徭。敷教泽，爱亲敬老。黎民欢乐，道余粮栖亩，又长嘉苗。道余粮栖亩，又长嘉苗。五解

《嘉祥曲》第十五 溯嘉祥，华平朱草毓中唐。龙图授，龟书畀，扰泽马，驾腾黄，延喜玉，从天贶。屈轶草，阶前长。一解 睹荣光，白麟赤雁与芝房。游河渚，赤文绿字；舒兰叶，五色成章。仙蓂叶叶滋春图，瑞羽锵锵鸣女床。亦有祥麟一角，和鸣凤，在高冈。二解 日重光，戴冠抱珥出扶桑。月重辉，星重润，玉绳转，南极荧煌。竹苇露，甘如酿，蒲萐风，如秋爽。三解 舞鸾凰，非烟楼阁绣衣裳。宝鼎见，驺虞出，浮沆瀣泛天浆。稽往牒，探珊网。陈瑞物，难名状。四解 惟我皇，不矜异物与殊祥。辟四门，明四目，求俊乂，显贤良。爱稼穑，垂旒纩。措吾民，春台上。五解

《练吉日》第十六 练吉日兮撰佳辰，百僚具兮舆卫陈。屏翳弭节兮，玉宇无尘。煌煌兮斗车，奕奕兮天轮。一解 命太常兮奉牲，用昭告兮百神，洁粢盛兮肃明禋。将展轸兮效驾行，下观兮勤民。二解 甸师清畿兮，缛草如茵。野庐归路兮，香雾承轮。封人设桓兮，左槭右平。掌舍具仪兮，爰象太宸。玉辇兮锵锵，属车兮隐辚。三解 扇微飔兮清唬，扈细霭兮朱轮。备天官兮周卫，盛舆服兮时巡。虎贲兮肃肃，徒旅兮骁骁。四解 前驱兮按部，后队兮如鳞。微万玉兮警途，诏弭策兮入神。五解 轶浮景兮腾青霄，驷苍螭兮骖绝尘。陵高衍兮峪崅，陟峦阜兮轮囷。六解 仰皇舆兮肃震，岳献图兮川贡珍。若湛露之晞朝阳兮，俨列宿之拱北辰。七解 荫华盖兮翊勾陈，绡纨綷缭兮，旂旐逡巡。配帝居之元圃兮，象太乙之威神。八解 旖旎兮霓旌，八方兮列陈。表朱兮离位，植皂兮元冥。飞缟兮

象兑，峙青兮直震。九解　流星旍而电属兮，盼坱圠以无垠。九旗纷而扬旆兮，五辂委蛇以接轸。盛天下之壮观兮，将丰镐之是遵。颂高山之荒作兮，仰一人之飨亲。十解

《谒珠丘》第十七　谒珠丘，杳霭松楸。展几筵，敬仰先猷。国家积累惟忠厚，笃公刘。一解　缅音容，霜露春秋。设缀衣，大贝天球。忾闻僾见如亲觐，溯前庥。二解　奉牺尊，旨酒思柔。觐羹墙，蘋藻初羞，万方玉食尊亲久。无须效，汉代衣冠月出游。三解　寝园展祀尊堂构，文谟武烈光前后。葱茏佳气浮，缥缈祥云绣。亿万载，升恒景福从天祐。四解　高山天作扶舆秀，辽海环其右。钟祥瑞气蟠，翊运灵光茂。万斯年，永奠定，天同寿。万斯年，永奠定，天同寿。五解

《御黼座》第十八　御黼座，肃朝仪，沛宫法驾陈元会。云深处，天门诛荡，太极崔巍。一解　九宾设，彤闱启，扶桑初拥曈昽日。传胪句，群僚济济，百辟师师。尽呼嵩，冠带委蛇。二解　献琛球，图《王会》，呼韩稽颡瞻云日。无中外，雕题凿齿，乌弋黄支。庆躬逢，盛世威仪。三解　中天华阙浮佳气，缔造经营万载基。世德念豳岐，天泽陈冠履。看到处，祥飔晻霭，羽盖葳蕤。看到处，祥飔晻霭，羽盖葳蕤。四解

《长白山》第十九　长白山，远峙开原，冠高峰，峻极于天。巉岩兮插汉，千里兮巑岏。一解　考《山经》，曾传不咸，稽地志，亦号商坚。唐名兮太白，有潭兮在颠。二解　闼门潭，万顷回湍，鼓天风，潋滟文澜。源深兮流广，三江兮出焉。三解　鸭绿江，流自山南。混同江，北海之源。爱滹兮东注，万折兮千盘。四解　医无闾，缥缈云端。桃花洞，下有飞泉。严冬兮不冰，常燠兮无寒。五解　木叶山，石磴盘桓。华表山，鹤影蹁跹。乳峰兮悬溜，井洌兮寒泉。六解　石门豁，屹立岩前。俨双扉，云壑连绵。回合兮诸峰，窈窕兮群峦。七解　松花江，波影澄鲜。北流兮，并海西旋。混同兮合流，自古兮长川。八解　辽河兮，泙湃狂澜。辽泽兮，泥淖蹒跚。布土兮为桥，既成兮孔安。九解　飞瀑岩，瀑布常悬。翠云屏，云影连蜷。圣水兮倾盆，万松兮昼寒。十解　平壤城，箕子名藩。大宁城，汉曰新安。演范兮陈畴，带砺兮河山。十一解　钟扶舆，虎踞龙蟠。植灵基，天作高山。拱卫兮陪京，永奠兮万年。十二解

《布尔湖》第二十　布尔湖，明如镜。库里山，秀列云屏。风来千顷碧，雨过数峰青。萃扶舆淑气，是天地钟灵。一解　有天女兮，降生池畔。吞朱果兮，玉质晶莹，珍符朐合爰生圣。二解　神灵始生即能言，睿知聪明。不待学，徇齐敦敏，至德莫能名。三解　日角珠庭，稽古帝，握褒履己；更龙颜，戴干荷胜，岐嶷总天生。四解　当是时，厥有三姓角雌雄。乱靡有定，蛮触互相争。五解　汲清泉，言至河滨，见真人，如日如云，稽首共来迎。六解　睹尧眉，众姓咸惊。是非常，天不虚生，葵藿早输诚。七解　念吾曹，原非好争。今有主，得荷生成，从此戢戎兵。八解　定三姓，尊为贝勒，似岐州，虞芮质成，荒度始经营。九解　溯从来诞圣，厥多瑞徵。华胥履迹，青云绕身，枢星照野，虹流太清。瑶光贯月，玄鸟承罂，载稽典籍辞难罄。肆皇清，至人首出，乾坤笃生。自羲昊轩农，瑞箓祥经莫与京。十解

《建辽阳》第二十一　建辽阳，爰筑崇墉。矗金城兮万雉，控列辟兮朝宗。远迩兮归怀，庶邦兮是同。一解　慑天威，争执鞭弭；歌孔迩，愿受帡幪。兴朝正朔咸尊奉，遂荒大东。二解　有哈达，首鼠两端，数渝盟，自外陶熔。天兵一举咸惊悚，似草从风。三解　有辉发，反覆不常，外生成，夜郎自雄。六师迅发如雷动，弃甲投弓。四解　有乌拉，包藏祸心，逞螳臂，欲试车冲。戈铤一指雕弧控，似扫蚍蠓。五解　有叶赫，凭陵负嵎，似游鳞，翔洋釜中。狡焉潜结朝鲜众，朝夕羽书通。六解　有朝鲜，僻处海滨，与叶赫，狼狈交通。蛩蛩甘草相承奉，结垒似屯蜂。七解　闵明季，阳九方丁，如悬磬，杼柚其空。朝鲜叶赫相愚弄，势蹙不知穷。八解　四路兵，犄角来侵，无纪律，谁适为雄。一时乌合无拳勇，号令马牛风。九解　五十万，封豕长蛇，肆贪狼，非不恟恟。止缘逐利非心奉，临事各西东。十解　恣侵陵，师出无名，我天朝，用诘兵戎。堂堂八阵天威耸，落叶扫秋风。十一解　壹戎衣，为救黎元，曾不费，蒿矢桃弓。辽阳建后金汤巩，王业首岐丰。十二解

《沈阳城》第二十二　沈阳城，王气所钟。氤氲五彩，缥缈如龙。信佳哉，郁郁葱葱。一解　析木津，箕尾之东。上连天弁，右抱神宫。济津梁，霄汉垂虹。二解　近北极，象逼穹窿。玄菟置郡，都护安东。越金元，频建畿封。三解　我皇朝，气运方隆。此惟与宅，用恢厥功。相阴阳，宅土之中。四解　维广宁，屹屹崇墉。石梯连磴，香水春溶。十八盘，万树青松。五解　若旅顺，临海居冲。番彝麕集，估舶云从。转南漕，天庾斯充。六解　取广宁，唇齿圻封。惟兹旅顺，亦是率从。启鸿图，骏烈丰功。七解　左朝鲜，右际云中。卜维洛食，龟筮斯从。叶天人，是为大同。八解　带浑河，沧海朝宗。白山控峙，石柱云封。是神皋，俗厚民丰。九解　绕西南，辽水濴濴。襟环东北，黑水混同。壮声灵，镐京辟廱。十解　扩舆图，北暨乌龙，牧瓶旧部，使犬遗戎。震天威，罔不祗恭。十一解　念中原，民力困穷。殚输将，比屋皆空，干戈充斥民无控。拯其涂炭，出水火中。会清明，四海来同。十二解

《铁岭山》第二十三　铁岭山，峰似削，燔白石，不消铄，辽阳之东鼓橐籥。一解　绣岭山，万花谷，间松鸬，连云壑。海城之南气磅礴，上有三泉甘可酌。二解　平顶山，云漠漠。车曾驻，盆可浴，上有积水冬不涸。三解　木查岭，如剑锷。峻而坦，宽以博。查水发源岩际落。四解　降龙山，神所托。势蜒蜿，如拏攫，风雨欲来光景铄。五解　水泉山，滋乳酪。清且美，用烹瀹，万斛珍珠泻帘箔。六解　南双山，巨灵拓。左阳峰，右阴壑，青天秀削芙蓉萼。七解　是诸山，互联络，忽低昂而岞崿。羊肠宛转绿蜂阁，鸟道穷兮构略彴。八解　聚葱荚，俨龈腭。嵌峋峒，嵒寥廓。蔽亏日月愁猱玃，可喜可惊兼可愕。九解　地呈符，天开钥。孕灵秀，阜飞攫。巨木如林纤草弱，茂对乘时万物育。茂对乘时万物育。十解

《孕嘉产》第二十四　孕嘉产，厥族滋蕃。悉数之，更仆为烦，《山经尔雅》空排纂。略疏梗概，用告司原。一解　有於菟，苍质玄斑。吼腥风，林叶摧残，雾中玄豹尤虓悍。异名同族，艾叶金钱。二解　熊似豕，穴处空山。善搏人，

春出冬蟠，黑文黄白仍修干。力能拔木，不畏戈铤。三解　有野马，形质轻猿。走深山，不服鞍韉，日行五百如奔电。野骡似马，亦产遐边。四解　扶舆鹿性喜林泉，獐无胆力心常战。惟麃惟狍，类族殷繁。五解　狼白颊，前高后宽。或苍或黑皆膘健。豺尤猛厉，祭兽秋原。六解　一峰驼肉自为鞍，颈修蹄曲眈刍豢。力能任重，用济军饘。七解　狐性疑，狸爱安眠，毛深温厚为裘暖。貉能求食，富则资獾。八解　兔娄娄，亦称比肩，鼦鼯五技徒蒙讪。鼠名艾虎，亦属戋戋。九解　貂似鼠，其质庞然，食松苗，以栗为饘。紫毫丰毳，服之孔安。十解　马牛羊，闾巷喧阗。白头豕，用给盘飧，居民比屋充常膳。不须胪列，以免辞烦。十一解　是熙朝，茂育功宣。致物产，滋盛春田，四灵为畜麟游甸。殊祥上瑞，多载青编。十二解

《毓灵禽》第二十五　毓灵禽，五色名翚，虞人岁捕供时祀。沙鸡无趾，出青林，亦贡丹墀。一解　有舒凫，洵腴且肥，家鹅舒雁仍甘美。青鹈次之，信天缘，鹈鹕之类。二解　鸣九皋，玄裳羽衣，鹳鸣于垤丹其喙。秃鹫长颈，在水之湄。翦霜翎，用饰忘归。三解　鹈在梁，载咏《风》诗，淘河吸尽蹄涔水。斑鸠性拙，缩脖高飞。并翱翔，适性忘机。四解　燕于飞，下上差池。善营巢，秋去春归。曙色才分，最好是，数声乾鹊，檐头报喜。五解　啄木儿，利口如锥。蠹虫穴树藏身固，缘木而求必得之。在众禽中，号为多智。六解　黑龙江，爰有深池。雁来初湛淡羽仪，鸧鸡麋鸹群游戏。泛清波，卵息繁孳。七解　到春来，田鼠为驾，考之《尔雅》黄鹂是。仓庚鸣矣，夏日迟迟。柳阴中，好音流利。八解　辽河鹰，松儿朵儿。海东青，性尤猛鸷。天鹅褫魄，狡兔何施。虎斑雕，差可肩随。九解　萃羽族，深林茂枝。饮与啄，惟性所宜。太和洋溢，民物恬熙。奏《箾韶》，鸾凤来仪。十解

《蕃珍树》第二十六　便蕃珍树，笼溪覆隩。爰有萧艾香蒲，春雨后，丛生幽渚。红杏绯桃，兔丝葶苈，连冈被楚药笼储。马蔺知时节，红蓝茜不如。一解　松钗双股，是《尔雅》篇中所著。惟有神京，秀钟扶舆。岁寒姿，其针独五。八千岁为春，八千岁为秋，大椿龄，绵绵万古。被光华，含云隐雾，瑶光降斗枢。三桠五叶滋灵草，地产奇珍泄秘符，地产奇珍泄秘符。二解

《建皇极》第二十七　建皇极，司徒度广轮；壮皇居，太史陈圭臬。端径遂，三涂达九逵；相阴阳，百堵依绳尺。一解　南德盛，当阳离向明；东抚近，出震青阳辟。西怀远，金行靖甲兵；北福盛，象纬通天阙。二解　前天佑，高明法健行；后地载，博厚符坤德。左内治，讦谟绥庙廷；右外攘，声教敷重译。三解　表双阙，艰难念武功；致太平，垂拱思文德。崇政殿，穹窿宪紫垣；凤凰楼，朴素无雕饰。四解　诶荡荡，天门辟九重；扇巍巍，云际开金阙。盛舆服，衣冠拜冕旒；肃威仪，羽卫陈刀戟。五解　夜漏尽，犹传卫士餐；晓钟鸣，遽进鸡人帻。规久大，朝廷多直言；谋万全，殿陛无遗策。六解　援礼经，郊坛建国南；考彝章，展敬陈苍璧。禋閟宫，春秋匱孝思；重宗盟，宗正司宗祏。七解　得天心，讴歌狱讼归；孚人意，镐洛声灵赫。定中原，鸿图万载基；作陪京，巡幸朝群辟。八解

《铄皇清》第二十八　铄皇清，景命隆，成天平地永宅中。圣继圣，缵丰功。制作定世符，御天乘六龙。一解　乐昭德，礼备容，覃敷声教八方通。道德一，风俗同。皇威驰海徼，仙仗过崆峒。二解　咏芹藻，歌辟廱，崇德绌恶发群矇。峨有术，瞽有宗。寿考而作人，棫朴其芃芃。三解　嗟保介，咨臣工，犁云耕雨劳厥功。绘《无逸》，图《豳风》。率育配彼天，仓箱裕我农。四解　种浴川，桑戾风，祎衣东向明妇功。肃坛壝，比先农。父老欢德化，耕桑帝所崇。五解　整屏翰，屹金墉，得人则治简帝衷。甘棠芾，黍苗芃。废坠罔不修，万里咸提封。六解　辟三宅，达四聪，旁招俊乂秉至公。雾豹蔚，云龙从。曰举尔所知，名字书屏风。七解　省耕敛，宽租庸，神仓百万备荒凶。胥保惠，振贫穷。暑雨与祁寒，咸化为春风。八解　畎浍濬，轨涂通，诞疏地脉淀与洪。水攸利，年自逢。浩浩乎恩波，匪今颂屡丰。九解　什一税，维正供，求民之莫饬司农。免沟壑，乐食饔。损上以益下，皇王俭德共。十解　海汤汤，水朝宗，日东月西出其中。旦复旦，无终穷。涵乾而纳坤，何所不包容。十一解　斡璇玑，走霳霳，嘉生繁植萧艾空。沛然雨，薰兮风。至诚契天心，无为而允恭。十二解　稽典礼，命秩宗，释回增美惇且庸。筠其竹，心其松。本天以殺地，夙夜襄夔龙。十三解　由心生，与政通，作乐崇德应八风。舞蹲蹲，鼓逢逢。劝之以九歌，还相为其宫。十四解　师出律，萃除戎，包戈衅甲百年中。戒不虞，慎厥终。有严讲武事，大阅张军容。十五解　鸮食葚，泮林中，小人革面顺以从。嘉肺闻，囹圄空。讼庭有青草，狱吏服儒风。十六解　兰有秀，桂有丛，白驹空谷岂时雍。无遗贤，胥在公。天工人其代，六合臻郅隆。十七解　屏藩寄，磐石宗，本支百世五等崇。式分玉，匪翦桐。天潢流且长，讵曰陕西东。十八解　绳祖武，绍宗功，於皇继序克履中。震主器，乾飞龙。圣圣亶相承，凝旒仰笃恭。十九解祥绕电，瑞流虹，于万斯年圣绪洪。麟振姒，乙造娀。文子复文孙，千亿纪无穷。二十解　休滋至，昭有融，乐胥受祜庞且鸿。醴泉溢，膏露浓。升阶协贞吉。万物泰而通。二十一解　时巡狩，朝会同，淑旂绥章鞗革冲。琛贽集，鞮译从。声灵振夷夏，四海仰皇躬。二十二解　懔帝谓，敷帝衷，万年遐福聿来同。周隮岳，汉呼嵩。箓图天不老，治化日方中。二十三解　乐九成，歌三终，一游一豫盛德同。臣矢音，瞍奏公。时迈戛《箾磬》，金石间笙镛。二十四解。

乾隆二十五年，平定西域，郊劳，《得胜乐·铙歌》十六章

《帝郊天》第一　帝郊天，天符帝，天心所在帝默契。旸雨若，风霆明，呼吸感应通以诚。龚天罚，诛谲诡，圣人之兵不得已。武功成，王道昌，顺我者存逆者亡。皇威所讫周遐荒，亿千万载德莫量。锡庆长功符，两大垂荣光。

《烁月窟》第二　烁月窟，震日渊。埽准夷，开屯田。式扩自伊犁，地大物奝。若大宛及娑夷，勃律咸慕思弗谖。曰中国有圣人，愿隶塞垣。遂极亥章之步，网罝之乡，莫不奉正朔，备我外藩。皇帝恺乐，锡福垓埏，俾各康尔性寿尔年。

《振王铁》第三　振王铁，天西极。蠢尔回，久拘絷。

虿之蚕，狃之虱，出尔水火登衽席。俾畋尔田，宅尔邑，亭毒煦妪，沐我化泽。鹰胡饱扬猘反噬，构逆煽乱，其曷可弗殛。振王钺，威棱赫。

《攻库车》第四　库车言言，我兵既攻。有狡而伺，其来如风。两歼丑徒，蜂矢蝟镞，搴厥回纛，贼颈朘缩。鄂根之河，鲸鲵横波，贼懵就毙，圈牢自逭。惟彼偾辕，毋戒伏莽。鸟啼于幕，鱼漏于网。

《厥角稽》第五　厥角稽，乃自易将速进师。所向慑伏，弗梧弗枝。剺面膜拜，涕泗涟洏。曰惟我戎首，突豨张鸱，哀我惮人肌疮痍。蚍蜉之撼，宁不自知。斮不缺，镞不遗，遂直抵乎大荒之西。

《黑水战》第六　黑水之战骑危脊，悬军深入为所搤。蜂屯蚁附聚矢石，我马虽惫人无敌。立成壁垒奋戈戟，贼来薄攻相距尺。瞋目一呼尽辟易，铅丸著树助我击。灵泉火米资炊汲，重围三月莫敢迫。古来谁与比奇绩，万贼之中兵四百。

《援兵来》第七　援兵来，来自天。娇蹑景，迅掣烟。援兵来，贼回顾。奋螳当，张蛙怒。援兵来，坚转战。人裹血，马流汗。援兵来，前军回。摧虎穴，蹴蚁堆。援兵来，若神助。数月前，奉诏赴。

《阿克苏》第八　阿克苏何高，旋军暂以休。蓄锐淬戈鋋，选坚制兜鍪。名驹千队来，霜蹏猋云浮。以布易彼粟，簏筐为乾糇。士饱马亦腾，气已无诸酋。

《鹿斯奔》第九　鹿斯奔，威所铄。兵载入，批亢郤。扼吭弗噬，犄角斯抟。䮾骏并穷，虿蛩偕蹶。擸载辎重弃老弱，走险假息神错愕。火燎毛，风转箨。

《回城降》第十　回城降，式歌舞。王师入，各安堵。约法数章，尔摩尔抚。赋视赉布，泉式圜府。噢咻尔民久垫苦，蕃尔畊牧，释尔刀斧。昔穴巢，今瓯宇，煌煌御碣照万古。鸿荒以来，此地榛狉睢呿，岂曾隶中土。

《伊西洱》第十一　伊西洱，两马不得驱，贼歼不尽此负嵎。自言一夫当关，万夫莫逾。偏师薄之忽惊溃，倒戈降，百千辈。贼酋顾之心胆碎，独跳而走惟其喙。伊西洱，功不刊。谁与侔，格登山。

《和门开》第十二　和门开，军容壮。大荒西，嘱内向。传檄索伏隍，诸羌闻之弗敢藏。地犴尽，天网张。惊弦既陨，触蕃复以戕，遣使诣献尸已僵。和门开，旌旆扬，满营笳鼓欢声长。

《天断成》第十三　黄河千年而一清，圣人千年而一生。旷古之事众所惊，惟天有断断乃成。握神符，贯元精，二万余里雷霆行。密勿指授，六合清以宁。天断成，巍巍之功莫能名。

《皇式》第十四　皇式有告，觐于列祖。兢兢业业，诞受天绪。绥此武功，式廓是新。守成创业，兼于一人。鉴彼下国，立尔烝民。凡有血气者，莫不尊亲。大孝承命，锡嘏以纯。慈宫称庆，天地忻忻。

《辟雍》第十五　辟雍水，流汤汤。烂然五色昭文章。丰碑告功峙宫墙。钟镛鼖鼓同铿镗，皎如日月中天光。鸿庸钜制相得彰，包举要义重阐扬。崇论开惑示万方，群蒙洞豁祛疑障。愿寿璿玉揭讲堂，观摩雒诵垂无疆。

《帝图巩》第十六　帝巩图革以大，率土之族，延颈面内，登三咸五昌期会。群臣请上尊号，皇帝让弗许，益持盈而保泰。钦承天命，夙夜匪懈，方论功行赏恤士卒。问民疾苦，无出明年租税。天之所覆恩皆沛，于胥乐兮千万岁。

乾隆四十一年，平定金川，郊劳，《铙歌》十六章

《皇威鬯》第一　圣略宣，皇威鬯，风行电激物震荡。物震荡，声灵驰，靡坚不破高不摧。曩西域，版图廓，二万余里我疆索。两金川，敢抗干，自作不靖适自残。五载厎绩除凶顽，春风吹铙入桃关。奏凯还，虎臣罴士皆腾欢。

《慎行师》第二　索诺木，僧格桑，貙生罴，狈附狼。始蛮触相寻，奚事斧斨。越数岁，益蚕食邻境，遂各罹其殃。矧闻维州之谣，祸心包藏，浸假约束是偕，恩德是忘。势在不得已，整我戎行。师出以慎，动罔弗臧。用乃声厥罪，惩厥狂。

《犄角攻》第三　赫斯怒，两军指。巴朗拉，从风靡。取达围，克资哩，西路角之南路犄。约咱既得卡丫数，革布什咱复其疆里，险如达乌安足恃。钲击柝应，俾狂魄震褫。夹击威，洊雷驶。

《攒拉平》第四　小金之屏，曰僧格宗。猱攀不度，坚硐如丛。我军先登，摧枯振箨。深入其阻，直抵美诺。布朗底木，追围穷林，厥子喙走，厥父就擒。汗牛板昭，传檄帖服，攒拉悉平，军声赫濯。

《讨促浸》第五　促浸酋，为逋逃薮罪恶尤。鞠旅移指，讨厥比周。径阻雪积，我军迟留。彼潜伺儌，剟逞其狡谋，降番应之纷相投。屹然南路，整众还辀。新壁垒，厉铤矛，遂进次乎田陇之陬。

《迅霆复》第六　简我禁旅勇且健，七千其众一敌万，统以将军旗鼓建。定西印授西路进，南路是副声并震，奖率趫材驰敢战。搴旗摩垒士气奋，履险如夷兵不顿，有若熊虎慑鼯鼹。攒拉全境薙株蔓，曾不旬日收复遍，虩虩如霆一何迅。

《八旗勇》第七　八旗兵，来如风。西路入，谷噶通。南之隘，克马尼，拉窠卡，大如砺。酾三路，心力齐一，阻险功在西。喇穆山，日则口，据默格，断其后。八旗兵，勇可贾。绿营众，悉鼓舞。

《穷猿僵》第八　我军驰先声，丑徒志以离。窜渠伏冥诛，械献贰负尸。七图及蒙固，缚之如连鸡。系孥侧累来，槛致于京师。咄哉穷猿僵，祸速焚林贻。

《扼宜喜》第九　北路险，曰宜喜。贼死守，限尺咫。绒布移兵，循涂西指。绰斯请留，愿效驱使。出奇制胜贼披靡，冒雨扬兵兵为洗。扼山梁，筑我垒。

《越重壕》第十　乘胜攻，贼拒遏。坚硐矗，重壕掘。康萨尔山，径险且崒。鹿角如麻，凭阻轇輵。我军薄之若排闼，曷深曷巍，一跃而越。踞厥颠，蹂厥穴，木思工噶取如掇。临高压之，下视巉岩蒙茸，气吞力随拔。

《河之西》第十一　河之西，移棘不可穷。元戎决胜合力攻，俾贼颠不得顾，趾不得容。日旁以右罗寨栅，弃而逃，羸豕蹢。火其崖垠照爓赫，五十里间地为赤。贼潜喘，余烬灰。飞将军，从天来。

《后路清》第十二　夹河阵，军相望。风云通，气益壮。噶尔丹既攻，建瓴注之扼彼冲。清后路，胜算雄。狙伏为患，惟逊克尔宗，梯墙斫穴如抉丛。后路清，贼势穷，世臣继勇勋名崇。

《一窟摧》第十三　昆色尔高骑脊危，拉枯下瞰烈焰飞。畜则大海鞭一麾，奇谋百出克勒围。八月中，夜半时，月光镜胆寒妖魑。狡有三窟，一窟固已摧。磨盾驰木兰，八日来红旗。

《釜底魂》第十四　西里既划，卡角斯折。彼顽不灵，螳斧当辙。索隆科布，屡摧其坚。安布鲁木，迅埽其孱。舍齐暮捣，雍中朝搴。尽撤藩以入，巢幕岌焉。贼境日蹙，百才一存。釜底群聚，游魂曷延。

《穴蚁埽》第十五　贼负固，噶喇依。困兽犹斗四面围，批其腹心外不支。甲杂独松溃河西，马邦拾芥彼自隳。陆置水罟会我师，环以巨炮焦灼期。计穷乞命俘渠魁，罪人斯得逮旄倪。穴蚁迅埽无留遗，定以百战诫若斯。

《武功成》第十六　武功葳，珠丘告。礼成驻跸，露布适报，策勋懋赏下明诏。遂奉慈辇东狩还，举郊劳仪，献累俘于社庙。崇善归美，尊上徽号。亲制纪功碣，勒太学，第功臣次，燕紫光，图其貌。屯师设镇洽声教，亿千万禩安笮徼。

《巡幸铙歌·清乐》二十七章　乾隆七年定。

《九龙旃》第一　九龙旃，旌旗列宿悬。龙角天田见，箕翼常舒展。龙尾更连蜷，牵牛近代房心建，东壁耀星躔。一解　婉娈，奎文丽日天阶见，参旗曳九旒，玉井珠骈。柳七星，曲曲如钩卷。和门启，万幕褰。二解

《邕皇威》第二　邕皇威，好山如障翠屏围。凝树色，烟成缕；锁岚光，云渐低。回峻岭，丝缰徐按，度崇冈，玉勒轻提。龟背铠，渗金盔，月明风曳素绡旗。一解　靖边陲，为思将帅鼓征鼙。娴八阵，齐九伐，用三驱，式九围。撼山岳，风云动色；固封疆，鹳鹤争奇。驱骠褭，跨纤骊，日轮高拥杏黄旗。二解　奠鸿基，百年不用是王师。在园囿，麟和凤，贡琛球，航与梯。因农隙，讲求狝狩；际时和，训练熊罴。狮蛮带，锦襕围，晴云不动绛红旗。三解　太平时，狼烟不设羽书稀。四郊外，无烽垒，四民中，多寿耆。枌榆社，我田我稼；羽林郎，如虎如貔。短后衣，曼胡垂，远山一抹蔚蓝旗。四解　绿阴中，凯奏歌声美，芦管清笳沸。四海乐昌期，万国图《王会》。马如龙，迤逦车如水。马如龙，迤逦车如水。五解

《整貔貅》第三　整貔貅，顺天因地。依山建垒，制胜争奇。郑鹅越雁，鹳鹤兼鱼丽。箕翼张舒，常山形势用神机。太乙阴符秘，先天遁甲奇。牝牡方圆，纵横斜锐，变化从心起。左铦戈，右雄戟，朱缯丹羽去忘归。朝阳舒画旗，柳叶贴青骊，车书万里同文轨。

《河清海晏》第四　河清海晏，花村犬不喧。讲武训戎旃，幕府多雄健。韬钤有秘传，虎旅列戈铤。村吹霭暮烟，钲鼓竞喧阗，郊原自晏然。轰雷掣电，端的是，有征无战，有征无战。

《辇路平》第五　辇路平，锦队开，宝纛悬，日丽风和瑞气鲜。前旌载鸣鸾，春旗曳柳烟。遥听处，唤晴鸠，啼杜鹃。宝剑琱弓，缤纷在后先。气雄边，花飘柳叶鞯，鞭敲锦连钱。钲鼓声，队队悠扬出远天。农夫自力田，村童自笑喧。望前驱，早度夕阳川。望前驱，早度夕阳川。

《景清明》第六　景清明，万汇苏，云物焕皇图。集祯符，羽仪络绎在春田驻。

《圣武光昭》第七　圣武兮光昭，玉烛兮时调，秋狝冬狩建旌旄。曳虹旓，四方永定乐清朝。琱弧久已櫜，龙泉久已韬，句陈翊卫天枢耀。两阶干羽格有苗，埽尽欃枪舞舜《韶》。中天泰交，文教敷，敷文教。

《皇风泰》第八　皇风泰，景物妍，元虬奕奕辰旒建。靡画旃，行炉霭细烟，落花香印马蹄圆，落花香印马蹄圆。

《庆云呈》第九　庆云呈，霞光绚，晴鸟啼芳甸。柳芊绵，风来絮颠柔丝罥。盛世多清晏，颂尧年，祝尧年。

《象天行》第十　象天行，玉辇金根。扈宸游，万骑云屯，角弓笳鼓声相竞。美车攻，之子于征。简车徒，有闻无声。一解　际升平，清畛芳塍。庆三农，百室盈宁，羽旗芝盖参差映。念民依，还廑皇情。乐清时，尽戴皇仁。二解

《虹流华渚》第十一　虹流华渚，星辉电绕枢。庆长庚灿烂，祥云泛濩，巩皇图永固。非烟非雾，非烟非雾，东海扶桑，日里金乌。萧索轮囷，楼台殿宇，天酒凝甘露。烟云杳霭中，广乐钧天，尽向风前度。时清每赐酺，民乐还蠲赋。喜随天仗，跄跄济济，几多鹓鹭。

《皇都无外》第十二　皇都无外，更日月光辉。一统车书，祥麟在薮凤来仪。贡筐篚，玳瑁文犀，闻说青云干吕。岛屿平夷，是中土圣主当阳，喜辇下，还将八景题。一解　卢沟月晓，更西山雪霁，瑞色熹微，金台夕照曳斜晖。太液池，万顷玻璃。还有居庸叠翠，峻岭崔巍。崔巍，玉泉虹，琼岛春云，蓟门外，空濛烟雨飞。二解

《夏谚歌》第十三　夏谚歌声遍九垓，又见山重复，水萦回。相风高指静尘埃，者的是，万国春台。歌元首明哉，歌股肱良哉，懋哉，庶事康哉。喜銮舆到来，喜銮舆到来，靡鱼须，桑麻罨霭。度高原，龙旂沛沛。邕宸襟，周览徘徊。邕宸襟，周览徘徊。识民心爱戴，民俗和谐。华封人，祝三多，红日近尧阶。从今后，祝皇图千秋万载。

《芳塍曲》第十四　看取芳塍锦甸，长楸古道，细柳清泉。风来霹雳拓弓弦，日华组甲飞晴练。吟猿落雁，垂杨已穿。红阳紫燕，蚁封又旋，军容煜耀如雷电。一解　畋猎无非习战，《车攻》四牡，《王制》三田。五豝曾咏《召南》篇，七驺用戒司徒演。兽肥草浅，龙旂有虔。批颐扼颡，虎贲载旋，驾言行狩遵先典。二解

《渥洼曲》第十五　渥洼中，珠雾氤氲。天产龙媒，苑蓄祥麟。命臧圉，办其物色，时其刍秣，万骑骁骁。瞳夹镜，竹批耳峻，权协月，风入蹄轻。绿蛇卫毂，紫燕骈衡。骋长途，人马相得，如圣主之得贤臣。

《美留都》第十六　美留都，崇俭法陶唐，大政当阳，十署雁分行，谘诹政事肃官常。饰榱槛，无烦刻镂；列棼橑，无取焜煌。珊瑚琳碧，何似茅茨土墙。符帝车，太乙运中央，纪元建号承天贶。启皇图，居尊驭极从民望。灵台云物纪嘉祥，五纬丽文昌。覃四国，迄八荒。瞻云就日咸归

向，咏德歌风寿且康。一解　金墉屹立平原旷，佳气皇居壮。天文属尾箕，地脉开蓬阆。郁葱葱，与柱轴，同轮广。郁葱葱，与柱轴，同轮广。二解

《溯兴京》第十七　溯兴京，实帝乡，艰难开创。奠中原，覆万方，太平休养。水源木本，继序不忘。我受命溥将，率由旧章。勤祀典，不愆不忘。无怠无荒，维新旧邦。辑瑞玉，载弁奉璋。来享来王，一轮红日拥扶桑。广乐记铿锵，歌燕镐，莅明堂。云移北斗成天象，酒近南山作寿觞。覃四国，迄八荒。瞻云就日咸归向，咏德歌风寿且康。一解　周岐汉沛宁相让，觐天颜，和日霁，胥瞻仰。觐天颜，和日霁，胥瞻仰。二解

《格皇天》第十八　格皇天，顺民心，声灵赫濯云霓望。明丁百六，余分闰位，秽浊天常。肃天威，一埽欃枪。定两翼，列旌旗，分八行。黄白红蓝如砌锦，东西相次，自北而南，如山岳，各为一行。《握奇经》，天玄地黄。四奇四正，包罗造化洞阴阳，风云离合无恒象。纵横八卦，变化无方。握神机，位在中央。法河鼓，先登上将。左九星，如珠斯贯，右九星，屈曲如匡，中权玉斗安牙帐。砺戈矛，器甲精良。勋臣功绩在旂常，燮伐藉鹰扬。庙算长，军容壮。指挥大定，牛辞皂栈归桃野，马脱金羁卧华阳。一解　师贞协吉天成象，圣武兵须讲。威加四海清，恩逮千夫长。看中林，罝肃肃，干城将。看中林，罝肃肃，干城将。二解

《大凌河》第十九　大凌河，爽垲高明。被春皋，细草敷荣。擢纤柯，苜蓿秋来盛。一解　溜春泉，淙淙玉声。汇广泽，水净沙明。注辽河，一派澄如镜。二解　旷平夷，飒爽风清。际恢台，暑退凉生。谢炎嚣，飞蚊知避境。三解　宜畜牧，牡马在坰。甘水草，虻蚋不惊。岁蕃孳，刍秣无违性。四解　选龙媒，曜采何精。翻紫燕，耸鬣长鸣。或乘流，溯浅过沙汀。五解　志俶傥，产自幽并。控奚官，首络黄金。或轻猥，万里志长征。六解　或踣龁，凭骄怒生。或偃卧，丰草长林。或就浴，潋滟玻璃净。七解　或系树，身闲体轻。或俯龁，沙肥草馨。或惊驰，似畏珊鞭影。八解　或举足，迟回未行。或竞步，浮云共征。或骖驔，踯躅青莎径。九解　或权奇，高颡露睛。或深稳，步远视明。或携驹，汗血天池孕。十解　喜昌时，泽马效灵。十二闲，并毓房精。驾鼓车，远方还纳赆。十一解　万年基，海宇清宁。皂飞黄，鸾辂和鸣。简巡游，不贵駒駼骏。十二解

《狩于原》第二十　狩于原，素节商秋。日华宣，月金波，山川如绣。曳明月，靡鱼须，用三驱，载驰载骤。一解　骙褭骖如舞，逵衢去若流，亭童羽葆遵灵囿。月满乌号劲，沙融露草柔。二解　师执提，工执鼓，夏苗迄春搜。觳觫颓，赞猛愁，太白其左天狼右。夙驾于原，歼禽殪兽。三解　言观其旂，参偃风斿。言观其马，乘翳玉虬。纵戟矛，帣绁韝。兽惊人怒声啾啾，猎围日落风悠悠。四解　雨兽风禽，贯胁搪喉。目电闪，腥云浮，濡缧一映吹剑首。序属三秋，严凝气挚，木叶山寒翠崛稠。五解　孰矢箙之，於维繁弱弓；孰縻啖之，於维屈卢矛。以作六师，繄岂从禽谋。亶帝德，焕神猷，泰阶奕奕综乾纽。六解　红云随过辇，紫气傍行辀。山似黛，水如油，清切鸣笳马上讴。《伊州凉州》，华鲸撞处灵夔吼。七解　习五戎，命七驺，司徒搢扑施车孚。扬清犨，著岑牟，兽臣拜贺同于狩。一岁三田昭典礼，豳歌狐貉为公裘。八解　云峰绕，宸崛稠。壹发五豝，奉时辰牡，儦儦俟俟如山阜。面伤禽不献，蹄揜迹斯求，贵仁贱勇垂王猷。九解　驰深鼓利楫，趋险骛飞辎。塞蠮螉，城篓篌，既长既溥肇公刘，震赫万国巩千秋。十解　苞栫兑矣，析木之陬。於穆原庙，皇矣珠丘。时祭涓孝飨，对扬锡宏休。荐芳还讲武，玉辂统貔貅。十一解　鸭绿之江绿波流，长白之山白云浮。于京斯宅，东序陈天球。法驾莅陪都，龣裔扬道游。汤网开三面，《驺虞》化可侔。十二解　丸丸百尺松，郁郁千章楸。蛟龙奚遁藏，豺兕供貙膢，天闲上驷来庭厩。来庭厩，造父执靶，王良挟辀，睥睨周朝八骏游。十三解　温都鲁，幩沟娄。量衡皇度式，膏泽帝功流。永千禩，光六幽，星分箕尾揭蚩尤。灵威震叠，《兔罝》肃肃皆公侯。十四解　午酉吉日诹，金德常刚大火流。皇之士，尽好仇。皇之佐，升大猷。凤仪廷兮麟在薮。献之天子，万邦其揉。十五解

《日上扶桑》第二十一　日上扶桑皇风邕，日上扶桑皇风邕。湛露涉，金茎仙掌。圣天子，正当阳。丕显丕承，六合中，恩膏广。舟车至，尽来王。睹一统，太平真有象。一解　叶《车攻》，咏时昌，一朵红云六龙降。簇千官鹭序，万队鸳行。争戛击，钲镯丁东；纷龣裔，旌旗摇漾。鸿庞兆姓天颜仰，齐道是春台上，齐道是春台上。二解　翳华芝，排仙仗。拥貔貅，万骑腾骧，辉煌从龙应列象。纷幂䍥，环卫句陈隔御光。纷幂䍥，环卫句陈隔御光。皇威朗，夏谚祝，吾王游豫；《周官》纪，天子巡言。三解　王路砥，骤康庄，除道清尘坦而荡。似观河刻玉，比踪陶唐。敷教化，帝德邮传；奉琛赆，臣心葵向。鸿庞兆姓天颜仰，齐道是春台上，齐道是春台上。四解　调玉烛，乾坤清朗。幸遭逢，时巡狩，恩施浩荡。波翻翠，潋滟皱银塘。压黄云，葳蕤摇绣壤。同欢庆，丰年绥万邦。五解　属车相望，选胜徜徉，灵风荐爽。引鸾旂，引鸾旂，转龙旂飘扬。拥耆民，欢心合掌。天庥和畅，稽首颂，九如章。鞠䐬晋，万年觞。六解　乍治宸襟延睿赏，喜遥临，玉辂翠幌。喜遥临，玉辂翠幌。康衢畔，《击壤》交赓唱，圣寿无疆。亿舜日，矢櫜弓韔，万尧年，凤舞麟翔。道敷天，道裒时，令典煌煌。风行地，筵省方。永怀柔，时迈其邦。省耕敛，万井蒙休养。省耕敛，万井蒙休养。猗欤庆熙朝，奉圣皇。七解　表里山河鸿图广，洵莫敢不来享。鞗革和鸾，旌旂央央，化日高悬正舒长。天可参，地可两。天可参，地可两。八解　合相轻，汉武横汾上。示从禽，惩舍往。旃以为辕，兰以为防。饰司徒，厉饰军实壮。不以火田，不献面伤。驾龙文，腾空旷。九解　列斯青卢，还开玉帐。秩山川，同衡量。沾锡赉，咸孚畅。旌霓旃虹，奉皇欢，休征叠贶。奉皇欢，休征叠贶。十解　萦瑞气，天和酿。到处是上林春满望。花傍辇，若含嚬，含嚬倾珠囊，洗尘鞅。奏《韶》《英》，典太常，霏雾雨，氅䍦炉香。真遍世界，恩流德洋。看雕题漆齿咸稽颡。悬知绍圣绪，迈前王。十一解　升平宇宙年丰穰，勤补助，天工人亮，遥听嵩呼万岁长。十二解

《九五飞龙》第二十二　九五飞龙，庆时乘，九五飞龙。九万里锦江山，归大一统。今皇绍圣绪，克缵丰功。望

如云，望如云，就是日垂裳端拱。寅亮天工，寅亮天工，尽梯航，齐来朝贡。一解　万象辟鸿濛，超轶姬《风》殷《颂》。修文偃武，履帝位，明目达聪，卑唐跨宋。亿万年，大宝金瓯巩。纪缦缦，沆瀣霏微；艳晶晶，旭日昭融。二解　阅五载，礼成巡狩叶《车攻》。《练时日》，卤簿盛威仪。盛威仪，未央月晓度疏钟。徐张雉扇，缓启铜龙。纷杂沓，千官前导鸾旂绛。师师济济，万灵呼拥。奉皇欢，五色云车动。从于迈，恩泽纪庞鸿。从于迈，恩泽纪庞鸿。三解　时雍万福来同，侍臣珥笔从容。畇畇禹甸，几多甘雨和风。天颜有喜，焕宸章，挥洒腾麟凤。若云汉，倬彼昭回，墨宝千秋珍重。四解　或有时甘露珠垂，或有时甘露珠垂，或有时醴泉玉涌。或有时泽出金车，或有时山开，山开得者银瓮。惟至圣，足有临兮足有容，诚不显而笃恭。上云峰，鸾辂轻移，上云峰，鸾辂轻移，凌日观，偹鸽载咏。五解　香炉傍日温，属车瑞云涌。看野陌，黍禾如梁积，祝无疆，跻堂豳人颂。敷德化，民风沕穆，喜到处，时和也更年丰。编氓遍沾膏雨，听欢呼，自南自北自西东。六解　规制度，衡量同，式震叠，琛球贡。率遐迩，北暨恒山；率遐迩，北暨恒山，西至流沙，南被交邕。典礼咸修，裳华胥叶，声灵神悚。信长此献嘉符，振麟仪凤。七解　百职猗欤式序，百禄亶其式总。于绎哉，永绥民，于皇哉，允执中。时巡幸，虎贲扈从。从律奏，声谐八风。从丕冒，率俾提封。编氓，遍沾膏雨乐饔飧，自春自夏自秋冬。八解　重熙累洽如天永，荡荡巍巍郅隆，翠辇行来紫气拥。九解

《圣德巍巍》第二十三　圣德巍巍洽九天，大启文明会，景福绵，熙和民物更鲜妍。丽紫垣，策星夜动，鸾旆发郊原。一解　河清海晏，王道正平平，思文谟武烈，丕承丕显。缔造巍然，监于成宪，其永无愆。二解　万方宾服仁风扇，义问昭宣，雕题凿齿，重译来朝献。东风便，黄支乌弋识时先。更白狼玄菟，金马朱鸢，尽入版舆远。三解　声教无边，亘九垓，控八埏。陟尧封，过禹甸。抚殷土，历周原。渐被暨讫，仰清光，北斗高悬。四解　崆峒山色翠如烟，访道人非远。姑射有神仙，饮风吸露，绰约婵娟。乘云气，御青天。有虞氏，亲巡遍。五解　薰风拂五弦，养恬乐利，到处桑麻鸡犬。含哺鼓腹，风光堪羡。吉蠲，采风问俗排法驾，清跸税桑田。六解　游河五老蹁跹，紫极光连，袖里图书一卷，齐向丹陵献。八骏踏云烟，飞雷掣电，《黄竹》诗篇，瑶池清讌。七解　稽古想前贤，端垂玉冕，属车香里，晓发冲开宿雾天。霓旌卷，兰生殿，佳气满平川。八解　岱岳齐天，七十二君曾驻辇。泰山梁父云亭，肃然崇封禅。金泥印，绿文玉检留丹篆。九解　羽林周卫锦袍鲜，万骑骖驔隐见。黄云马足，白日松颠葱蒨。贝叶三花，石芝五色，摇漾拂寒烟。十解　虹旃彩仗五云连，柳映旌门，在镐承周燕。鸣鸾幸代，旌盖横汾，中流箫鼓振楼船。十一解　乘乾位，在德之元。八卦陈，九畴衍，皇极居中建。圣帝明王，一游一豫，芳躅古今传。十二解　升平无事岁三田，临之《王制》，考之《风》《雅》，冬狩秋狝。先期戒事，虞人掌焉。后道斿，前皮轩，璧贯珠联。十三解　训典昭然，时巡是五年，云沙辇路草芊芊。德音腾赤县，骊龙作马，日月为旂，霜原玉作田。盘营风软，铙歌一阙，霓咏大罗仙。十四解

《蹀躞游龙》第二十四　蹀躞游龙，亭童羽葆，莅止青野翠郊。看荡漾，朱旗金珰，五色瑞云飘。选吉日，正丽景含韶。好青春，是乾廷有道。好青春，是朝廷有道，飚轮电烛映星旄。洽宸襟，诗歌蓼萧，云标宝翰摛天藻，皇衢庆霭笼霄。一解　恩威闿泽敷八表，百昌万类，咸荷钧陶。西被东渐，声灵远耀，用观民而设教。元良颂，凡有血气者，罔不孚，尊亲戴，甘露降，荣光绕。五云中，尽瞻天认赭袍。二解　长路波回兮峰绕，航海梯山匭包茅。乌弋黄支，绝域齐来到。荷天恩，涵大造。婆娑起舞，欢欣醉饱。舌人重译，感天怙冒。一游一豫民欢乐，《招》音作，徵与角，君臣赓歌仰熙朝。三解　骑竹童，扶鸠老。万年清晏帀恩膏，回辇深恩承细草。四解

《庆皇图》第二十五　庆皇图，肇域燕都。重熙累洽，圣化覃敷。玉烛调，金瓯固，巡方兮，继迹有虞。一解　圣人之生，首出庶物。握乾符，膺宝箓。载歌天保，何福不除。升恒兮，日月居诸。二解　宏九有，入三无。惠烝民，膏泽涵濡。迁善不知，衢歌巷舞。嘉祥兮，磅礴扶舆。三解　惟天之瑞，庆云甘露。日有重光，星有连珠。惟地之瑞，泽马山车。醴泉兮，喷若醍醐。四解　惟草与芝，或紫或朱。惟凤与麟，或七或五。金船银瓮，游于王所，嵩高兮，万岁长呼。五解　于皇乐胥，抚兹疆宇。思武之烈，思文之谟。念彼《车攻》，载于《石鼓》。吉日兮，申用三驱。六解　礼官整仪，羽骑星敷。有旂有旐，有旟有旃。为龟为蛇，为熊为虎。振振兮，匪疾匪徐。七解　习习祁祁，和风甘雨。稷翼翼，黍与与。屡惟丰年，食我农夫。农夫兮，瞻望乘舆。八解　翠华斯举，香惹御炉。白云出封，青云干吕。欃枪为圉，明月为堵。尘清兮，环卫周卢。九解　惟春有补，惟秋有助。所其《无逸》，以游以豫。圭璧金锡，思我皇度。皇皇乎，一统军书。十解　相彼东山，启我土宇。奄有四海，缵禹旧服。圣圣相承，以笃清祜。卜年兮，无疆之祚。十一解　凤辇所经，瀼瀼湛露。五行式序，庶草蕃庑。帐殿从容，鼓吹和愉。虎拜兮，箕畴敛福。十二解

《万国瞻天》第二十六　万国瞻天，庆岁稔时昌。灿祥云，舜日丽中央。翕河乔岳纪诗章，附舆执靶标星象。胥菻极，复陈常，正恩威克壮。奉金根陟向，奉金根陟向。帝心昭格皇仁广，和铃戛击和鸾响。德化风行草上，刑措兵销，绩熙工亮。一解　春省秋省轸吾皇，轸吾皇，句陈肃穆出瑶阊，丛花缭绕时和盎。时和盎，闪龙旗，湃湃扬扬。闪龙旗，湃湃扬扬。羽林挟毂骤云骧，式仪容，玉琢金相。二解

村村绘出升平象，丰亨原野裕仓箱。一自龙舆降，九阊诛荡仰龙光。风淳俗美，泉水都廉让。都廉让，成功奏，遐轨迈陶唐。三解　莅春郊，鸟啼花笑，税桑田，晨正农祥。繁华触处艳青阳，省耕助，洵匪几匪康。四解　序入恢台当盛长，雨肥梅还酿，清阴麦风凉。矞云翔，眷言万汇咸敷畅。芰荷香带御炉香，圣情悦豫堪延赏。五解　瞩秋原，秋气爽，导銮舆，黄菊香初放。跻公堂，称兕觥。金风玉露叶滑棠，万寿祝无疆。六解　乾亥风刚，巽辰日朗，礼垂冬狩排仙仗。时纳庆，岁迎祥。时纳庆，岁迎祥。沛殊恩，沾浩荡，王辂听锵锵。酒醴笙簧，饮尧尊，歌舜壤。七解　以豫以休，引恬引养，黄童白叟欣瞻仰，声教讫被遐方。亶馨

香，纷肸蚃，八骏尽调良。云锦铺张，统车书，同衡量。统车书，同衡量。八解　宸游睿藻来天上，覃闾泽，恩波演漾。喜起赓明良，雝喈相协响。九解

《昊天命》第二十七　昊天有成命，受此丕基。武烈文谟，式谷是贻。亹亹我皇，克缵鸿规。敷天哀对，罄无不宜。一解　钦若昊天，敷时绎思。求民之莫，夙夜其咨。迄用康年，维星协毕与箕。既富且谷，迪彼秉彝。圣敬日跻，帝命式于九围。二解　宪宪令德，抑抑令仪。纲纪四方，涵泳圣涯。率由前模，惠泽勤施。民之攸塈，如取如携。如壎如篪，迪教不违。皇帝圣神，天赐英姿。听聪视明，法式生知。并包蓄养，解愠弦挥。仁滂施厚，元气淋漓。千秋万岁，复靓姒与姬。三解　百姓昭明，五典慎徽。澣濯甄陶，沁骨浃肌。如彼田矣，亦既敷菑。如彼室矣，亦涂塈茨。皇心统天，品物咸资。维嘉维时，乐矣鱼丽。四解　翩翩之鸿，言渐于逵。鴥鴥之鹭，言集于湄。蔼蔼王多吉士，赤芾祁祁。束修其躬，慎乃枢机。左右天子，盍簪勿疑。五解　嶐然双阙，晏然三陲。端拱明堂，默运璿玑。礼陶乐淑，俗易风移。金仪测象，玉律定时。四野八荒，洵不遐遗。淀有蔺，隰有葹。对时育物，万邦是绥。省方设教，用致雍熙。无封靡于尔邦，惟日孜孜。六解　咨我三公，及尔庶司。岂敢怠安，无平不陂。建国亲侯，王者无私。卜云袭吉，昆命元龟。农事告成，秋以为期。倬彼云汉，奎毕井觜。揆文奋武，营垒车骑。象纬昭回，圣人法之。以补以助，上继姚妫。亿万斯年，寿考维祺。整法驾，扬华旗。六军雷动，万马星飞。白山嵯嵯，绿水澌澌。驺虞至，凤凰仪。于疆于理，皇心则怡。七解　渺渺川原，坦然逶迤。遗秉滞穗，如京如坻。各峙乃粻，以飨我师。鸟兽充牣，硕大蕃兹。莫不振叠，永藉保厘。七驺既驭，万众咸随。鸧鸧鼓铎，幡然旌麾。逐兽追禽，大戟长铤。为铙为镯，载常载旂。左律右钺，平于有司。瞻彼翠华，朱英蕤蕤。星旗月钑，锦韀珠戟。礼百神，奠四维。王用三驱，勿竞厥威。我求懿德，允王保之。八解　张皇六师，如虎如罴。天休震动，周道驱驰。策勋在庙，莫不寅威。戢干韬矢，说礼敦诗，天子是毗。九解　灼灼芙蓉花，毵毵杨柳枝。旜旐婀娜，画龙与螭。干盾腾拏，逐豹与麋。湛湛甘露，酌以玉卮。陛下千万岁，抚御万国归衔羁。十解　《王会》有图，天葩芬奇，爻闾赤帝，元缭碧基。文蜃大蟹，孔鸟皋鸡。隃冠尊耳，露犬星施。白鹿黄骐，献其貔皮。在彼泽宫，璧水洓洓。树尔侯矣，射熊与狸。槐宸高耸，棘路明熹。鸣葭驻罕，丽日和飔。四牡骙骙，以车伾伾，饮至言归。十一解　骖四鸾，驾六螭。彤云分五老，珠露浥三眦。访姑射，拜希夷。执衡与规，循理因资。昭假迟迟，恭已无为。十二解　诞敷文德，怀柔神祇。天命靡谌，念兹在兹。周原稼穑，小民之依。蠲租赐复，王言如丝。裁成辅相，于铄纯禧。首山之阳，毋采尔薇。商山之颜，毋采尔芝。三老五更，惠和宣慈。有冯有翼，尔性尔弥。袒而割牲，谦谦是㧑。示我周行，瑟鼓笙吹。十三解　矗矗恒山，幽冀之治。绛雪紫霞，岐岐嶷嶷。青书绿笈，神所护持。包王孕帝，驾轩铄羲。元泉神草，瑞勒丰碑。爰命太常，爰诏后夔。式祀上帝，飨以骍牺。献琮璧，奏《咸池》。奎联璧合，星斗陆离。洞箫玉琯，凤羽麟差。十四解　中泽有葵，南山有樢。岂弟君子，佩玉履綦。遭逢明盛，文焕功巍。三坟五典，煌煌丽辞。愿续《雅》《颂》，永镇㔼㕒。十五解

乾隆二十五年，平定西陲，《凯歌》四十章

睿谟独运武功成，天柱西头奏永清。候月占风传自昔，试听今日凯歌声。其一　往岁伊犁振旅回，名王尺组就俘来。天西月窟咸星拱，戎索遥从昧谷开。其二　狼狈相兼弟与昆，虏廷久紫两花门。九天忽遇王师下，破械先施再造恩。其三　赐归旧部宠荣多，俾抚残戎释网罗。但使祁连山作砺，不教蒲类海扬波。其四　何期鹰眼终违化，翻肆鸮音煽逆尘。朔草并沾天上露，黄沙偏负塞垣春。其五　恢恢天网本来宽，稔恶诛锄务欲殚。宵旰从容宏庙略，偏师重进取凶残。其六　梯冲烈烈库车垣，逋寇仓黄竟返奔。那识降人争献款，亡巢徼幸漏游魂。其七　虎符申命下丹霄，壁垒旌旗焕一朝。顿觉三门新气象，元戎更拜霍嫖姚。其八　一军早定沙雅尔，百堵旋收阿克苏。万里风驰还电扫，大兵直压贼城孤。其九　蚁结蜂屯三阅月，熊蹲虎踞一当千。如山军势原难撼，丑类空教倒戟旋。其十　橐囊不待裹粮行，早喜因粮在敌城。奇应何须惊雨粟，地留火米待神兵。其十一　天浆那挹斗杓盈，陆海茫茫疏勒城。忽报灵泉随井渫，满营歌舞拜王明。其十二　鼯鼠从知技已穷，著林飞炮响随风。铅丸拾得还歼寇，翻为天朝助火攻。其十三　天厩飞腾万骑来，追风已过拂云堆。更番士卒符神算，恰作奇兵拔垒回。其十四　六城唇齿扼和阗，一夕降旗因垒传。五里何妨迷涿野，转乘霿雾靖狼烟。其十五　群番秉令尽从风，联部扶携厥角同。重译献来回字表，喜为臣仆象胥通。其十六　绣旗乍卷锐师分，戈壁风沙结暮云。半夜贼营齐破胆，惊从天上下将军。其十七　腹背交攻攻并力，爪牙尽挫挫安逃。天风吹荡蚍蜉阵，伏穴潜藏似犴牢。其十八　叶尔奇木门洞达，哈什哈尔城崔巍。此间风景古未识，祗今惟有天兵来。其十九

缠头夹道拜旌旗，涸泽扬沙久赫曦。最是神奇回造化，雨师今亦迓王师。其二十　久传妇子望云霓，今听欢呼应鼓鼙。跪奉雕盘争献果，葡萄蒟酱比难齐。其二十一　殊方何幸戴尧天，从此坤城列市廛。薄赋但教供苜蓿，同文先为易金钱。其二十二　劲师分道袭刀环，转战经时草木殷。入夜穷追声影绝，山头明月一弓弯。其二十三　万众争先虏气销，呼声天半落盘雕。至今人过伊西洱，犹觉轰霆撼碧霄。其二十四　旧闻天宇原知向，今慑神锋不可撄。一一颡颧尽泥首，夜来刁斗静无声。其二十五　阵合将军飞羽箭，战酣勇士制琱戈。降戎奉檄皆鹰犬，兔走山前得脱麽。其二十六　残生暂保齐那尔，狡窟难寻罕布孩。白鹊旗高函逆首，都丸亲奉凯书来。其二十七　虮肺蛲肱自不支，亲离众叛欲何之。轻刀砍阵蹂轻骑，又报分张贰负尸。其二十八　奏捷星驰绝域书，御园云物小阳初。葭灰未动春先到，应瑞花争四照舒。其二十九　送喜璇闱昼正长，共邀慈福乐时康。武成敬颂无疆寿，锡类同瞻日月光。其三十

山川竞说《方舆记》，风土争传《王会图》。此日西维逾二万，昆崙独自在东隅。其三十一　默伽乐国旧曾夸，岂谓还成井底蛙。自此天方增喜色，真教土宇属天家。其三十二

旭日曈昽元象开，八纮七政在璇台。噜斯纳默知钦若，同

向蓂阶奉朔来。其三十三　万古冰山雪巘间，尽教职贡附朝班。落梅何处春风笛，一路筠冲接玉关。其三十四　献馘肤功纪泮林，天章更勒远山岑。祗看云汉昭中外，字字唐虞二典心。其三十五　功成始仰庙谟神，测海扪盘见未真。崇论昭宣聋昧觉，共钦至理析天人。其三十六　泰坛琮璧陈天贶，清庙圭璋告大猷。盛典辉煌群祝嘏，皇心肃穆自凝庥。其三十七　日丽风暄敞凤楼，九霄丹诏瑞云浮。敷天湛露恩施溥，奏凯声中恺泽流。其三十八　骏烈都从睿断成，登三咸五总难名。祗今尺箠收天外，岁籥才看第五更。其三十九　舞羽櫜弓偃六师，策勋饮至拜丹墀。小臣愿谱《鸣笳》曲，珥笔惭无《朱鹭》词。其四十

乾隆四十一年，平定金川，高宗御制《凯歌》三十章

甘四中秋夜丑时，木兰营里递红旗。本来不寐问军报，孰谓今宵宛见之。其一　七千里外路迢遥，向十余朝兹八朝。可识众心同一志，嘉哉行赏自宜昭。其二　贼巢最是勒乌围，甲杂小连噶喇依。破竹势成应不日，速传捷信愿无违。其三　行营半夜那来喧，却是红旗到叙门。五载勤劳同上下，鸿勋集总沐天恩。其四　红镫一点引红旗，顷刻行营人尽知。旧部新藩同贺喜，古来报捷可如斯。其五　成言原有付儿行，一见红旗即奏将。虽是慈心早知喜，更驰侍卫报山庄。其六　一破贼巢飞骑驰，未遑详细尽陈之。将军宣力应优赐，先示端倪加勉宜。其七　前次受降惟戢斧，今番报捷乃犁庭。敬承天眷能无慰，未至武成心未宁。其八　宵衣惟吾理合然，喜而不寐那能眠。乃知屐齿事诚有，较彼殊犹高下悬。其九　三捷盼来一月间，此时军务正相关。执渠扫穴歌耆定，伫待郊台奏凯还。其十　甲午桃花寺跸停，军书正此俯窗棂。幸哉今日仍凭处，绿柳中飞一点星。其十一勒围报捷夜行营，重值上陵昼返程。一刻万人齐色喜，光明日月永销兵。其十二　三穴犹延一月余，六军奋勇岂饶渠。周遭火器炽攻处，早烂区区釜底鱼。其十三　旬余栈驿八朝至，一片红旗万马飞。夹路群番喜且惧，国之庆也国之威。其十四　险恶山川靖枭獍，邪深机阱绝根株。从今番部都安堵，强食奸欺自此无。其十五　蚕丛绝险隐妖氛，百战功成古未闻。鼟鼓冬冬声凯献，羌儿稽首送将军。其十六　坚碉林立万重山，破险冲锋历尽艰。奏绩都资军将力，红旗一道入桃关。其十七　姜维征处号维州，艳羡戎人谣语留。今日勒围为内地，无忧城果是无忧。其十八　盼捷经冬复入春，垂成偏觉意廑频。今宵料得方安枕，明告慎哉用武人。其十九　流离此日穴巢倾，耆定从兹可罢兵。歌凯莫教容易听，五年功幸一朝成。其二十　郊台仍是此郊台，何幸重修盛事来。漫谓数年经契阔，精神注似日相陪。其二十一　勋臣率拜列灵旗，军士鸣螺赫武仪。乐奏铙歌行抱见，诘戎家法万年垂。其二十二　已巳班师本受降，庚辰郊劳典鸿庞。放牛归马予素志，凯献何期此见双。其二十三　准部回城定五年，金川小寇亦如前。嘉予将士久敌忾，不觉对之增恻焉。其二十四　地险加之众志坚，林碉步步战而前。小于昔事难过倍，慰意恒因意惘然。其二十五　凿穴而居避火器，终于面缚出番城。贪生蝼蚁固如此，聚族将焚语岂诚。其二十六　倏经于役五春秋，栈道崎岖似坦邮。夹路花红复柳绿，阿谁致悔觅封侯。其二十七　脱却戎衣换吉衣，龙章示奖特恩稀。同心戮力还抡最，便解天闲赐六飞。其二十八　兵洗金川永不波，潢池跋扈竟如何。良乡近远多黎庶，欢喜都来听凯歌。其二十九　凯歌亦岂易为闻，五岁辛勤劳众军。我实未曾安午夜，几多忧虑与平分。其三十

乾隆五十五年，高宗八旬，吏部尚书彭元瑞集御诗为《万寿衢歌》三百章，帝自圆明园回宫，奏以前导。而内戡外攘，治定功成，群臣亦屡有奏御之篇。康熙二十年，叶方蔼上《皇雅》，曰《泾丘》十二章，美受降也；曰《关陇》十二章，平陇右也；曰《南纪》十一章，平闽也；曰《巨浸》十一章，平海寇也。徐嘉炎上《铙歌鼓吹曲》，曰《圣皇出》，皇帝受命也；《辽水奠》，平察哈尔之乱也；《安陇右》，平王辅臣也；《豫章翻》，定江西贼也；《扫七闽》，平耿精忠也；《海波平》，驱郑锦也；《平五羊》，讨尚之信也；《桂水深》，定广西也；《歼渠魁》，吴三桂死，逆党解散也；《洞庭湖》，平湖南也；《收成都》，平全蜀也；《克黔阳》，定贵州也；《定昆明》，诛吴世璠，平全滇也；《文德舞》，告成功也。凡一十四章。袁佑亦上《平滇铙歌》，曰《圣同天》，曰《出师初》，曰《皇矣》，曰《於铄》，曰《氏亩》，曰《昔夜郎》，曰《万方平》，曰《於都》，曰《审天心》，曰《山石》，凡十章。康熙二十三年，圣祖巡幸阙里，徐元文上《东巡雅》十三章。李振裕上《亲祠阙里雅》一篇。顾汧上《述圣政雅》，《东山》十章，《南勳》十章。金居敬上《驾幸阙里乐府》十二章。康熙二十八年，圣祖南巡，赵执信上《南巡乐府》凡四章：曰《东南春》，道路无扰也；曰《岁星谣》，蠲租税也；曰《江水清》，吏知法廉也；曰《桃花然》，变民俗也。彭会淇亦上《南巡风谣》十章。康熙三十六年，亲征沙漠，厄鲁特遁，陈廷敬上《圣武雅》三篇，《惟天》十有一章，言初临沙漠，安边破敌，武功盛也；《皇矣》十有一章，言抚降人民也；《武成》十有一章，言擒孽歼凶，武功大成也。王士禛上《平北雅》一篇。杜臻上《平漠北铙歌鼓吹曲》：曰《扬圣武》，《神几捷》，《峙金汤》，《踣猘兽》，《天驷蝗》，《天行健》，《穽孤雏》，《伏天诛》，《衢歌繁》，《武功成》，《光芝检》，《陈王会》，凡十二章。陈论上《圣武功成铙歌鼓吹曲》：曰《圣武诏》，《行天讨》，《虔祭告》，《命将帅》，《嘉祥应》，《三出塞》，《广招徕》，《大无外》，《凯歌还》，《辞尊号》，凡十章。宋骏业上《平北雅》：《成命》九章，言天子自将出塞，靖边尘，安万民也；《皇祐》九章，言天子再出塞，料军实，决机宜也；《天监》九章，言天子三出塞，凶丑穷蹙，服天诛，集大功也。沈涵上《圣驾北巡铙歌》四章：《抚万国》，言天威北指，厄鲁特远遁也；《乘法驾》，言大驾巡边，喀尔喀恳切输诚也；《紫坛高》，言德合天人，甘霖屡沛也；《六龙旋》，言还宫斋祓，亲诣北郊也。姜宸英上《平沙漠还宫凯歌》七章：《皇矣》，颂宸断也；《有山崔嵬》，述贞符也；《从军乐》，恤将士也；《绝大漠》，颂神武也；《二仪乐》，好生也；《雄狐》，美诸将能禀神算，成大功也；《歌凯旋》，乐寇平大驾早旋也。雍正二年，钱陈群上《青海平定铙歌》，曰《麋之穷》，《贼母俘》，《屈群丑》三章。乾隆八年，沈德潜上《谒陵庆成乐府》，曰

《圣大孝》、《发銮辂》、《盛京乐》、《谒三陵》、《怀祖烈》、《礼成宴》、《群蕃朝》、《大狩阅》、《永锡类》、《六龙迴》十章。万承苍亦上《帝鉴》十章。乾隆十四年，梁诗正上《平定金川雅》：《有绎》五章，美出师也；《戎车》四章，翦二竖也；《繁云》五章，番酋降也；《鸾镳》五章，告成功也。梦麟亦上《圣武远扬雅》一篇。乾隆四十二年，程景伊上《平定两金川雅》四篇：曰《苞蘖》十章，缵拉肇恤，按旅徂征，遂平之也；《寅威》七章，索诺木纳我叛人，守险拒命，简师济师，审戎机以摧坚锐也；《周陆》十章，师武臣力，克承睿策，悉俘群丑，武功成也；《凯怿》十章，圣武既昭，行庆秩典，申无疆也。雍容揄扬，第群臣之嘉颂，虽未颁乐官，而掌固有可纪者，附见于末云。

卷一百一　　志七十六

乐八　中和韶乐　丹陛大乐　中和清乐　丹陛清乐　导迎乐　铙歌乐　禾辞桑歌乐　庆神欢乐　宴乐　赐宴乐　乡乐

清代乐制，有《中和韶乐》、《丹陛大乐》、《中和清乐》、《丹陛清乐》、《导迎乐》、《铙歌乐》、《禾辞桑歌乐》、《庆神欢乐》、《宴乐》、《赐宴乐》、《乡乐》，器则随所用而各异，悉依乐部次第，胪列而备举之。所获藩属乐器，列于《宴乐》，古所未详，尤不可略。然第志其名称形制而已，若夫尺度声律，则有司存。

《中和韶乐》，用于坛、庙者，镈钟一，特磬一，编钟十六，编磬十六，建鼓一，篪六，排箫二，埙二，箫十，笛十，琴十，瑟四，笙十，搏拊二，柷一，敔一，麾一。先师庙，琴、箫、笛、笙各六，篪四，余同。巡幸祭方岳，不用镈钟、特磬，琴、箫、笛、笙各四，瑟、篪各二，余同。用于殿陛者，箫四，笛四，篪二，琴四，瑟二，笙八，余同。

镈钟，范金为之，凡十二，应十二律。其制皆上径小，下径大，纵径大，横径小。乳三十六。两角下垂。十二钟各虡，大小异制。黄钟之钟，两栾高一尺八寸二分二厘，甬长一尺零八分，以次递减至应钟之钟，两栾高九寸六分，甬长五寸六分八厘。黄钟之钟，十一月用之；大吕之钟，十二月用之；太簇之钟，正月用之；夹钟之钟，二月用之；姑洗之钟，三月用之；仲吕之钟，四月用之；蕤宾之钟，五月用之；林钟之钟，六月用之；夷则之钟，七月用之；南吕之钟，八月用之；无射之钟，九月用之；应钟之钟，十月用之。钟之簨虡凡四，皆涂金、上簨左右刻龙首，脊树金鸾，咪衔五采流苏，龙口亦如之，下垂至趺。中簨有业，镂云龙。附簨结黄绒紃以悬钟。左右两虡，承以五采伏狮。下为趺，趺上有垣，镂山水形。黄钟、大吕、太簇三虡尺度同，夹钟、姑洗、仲吕三虡尺度同，蕤宾、林钟、夷则三虡尺度同，南吕、无射、应钟三虡尺度同，用时不并陈，如以黄钟为宫，则祇悬黄钟之钟。余月仿此。

特磬，以和阗玉为之，凡十二，应十二律。其制为钝角矩形，长股谓之鼓，短股谓之股，皆两面为云龙形，穿孔系紃而悬之。十二磬各虡，大小异制。黄钟之磬，股长一尺四寸五分八厘，鼓长二尺一寸八分七厘。以次递减，至应钟之磬，股长七寸六分八厘，鼓长一尺一寸五分二厘。愈小者质愈厚，黄钟之磬，厚七分二厘九豪，递增至应钟之磬，厚一寸二分九厘六豪。黄钟之磬，十一月用之；大吕之磬，十二月用之；太簇之磬，正月用之；夹钟之磬，二月用之；姑洗之磬，三月用之；仲吕之磬，四月用之；蕤宾之磬，五月用之；林钟之磬，六月用之；夷则之磬，七月用之；南吕之磬，八月用之；无射之磬，九月用之；应钟之磬，十月用之；磬之簨虡亦四，惟上簨左右刻凤首，趺饰卧凫，白羽朱喙。十二磬不并陈，当月则悬其一，与镈钟同。

编钟，范金为之，十六钟同虡，应十二正律、四倍律，夷则、南吕、无射、应钟各有倍律。阴阳各八。外形椭圆，大小同制，惟内高、内径、容积各不同。实体之薄厚，以次递增。第一倍夷则之钟，体厚一分三厘三豪，至第十六应钟之钟，体厚二分八厘四豪。簨虡涂金，上簨左右刻龙首，中、下二簨俱刻朵云，系金钩悬钟。两虡承以五采伏狮，下为趺，镂山水形。

编磬，以灵璧石或碧玉为之，十六磬同虡，应十二正律、四倍律，与编钟同。阴阳各八。皆为钝角矩形，大小同制。股长七寸二分九厘，鼓长一尺九分三厘五豪，惟实体之薄厚，以次递增。第一倍夷则之磬，厚六分六豪八丝，至第十六应钟之磬，厚一寸二分九厘六豪。簨虡制同编钟，惟上簨左右刻凤首，趺饰卧凫，白羽朱喙。

建鼓，木匡冒革，贯以柱而树之。面径二尺三寸四厘，匡长三尺四寸五分七厘，匡半穿方孔，贯柱上出擎盖，下植至趺。盖上穹下方，顶涂金，上植金鸾为饰。承鼓以曲木，四歧抱匡，趺四足，各饰卧狮。击以双桴，直柄圆首，凡鼓桴皆如之。

篪二，皆截竹为质，间缠以丝，横吹之。一孔上出为吹口，五孔外出，一孔内出，又二孔并间下出为出音孔。管末有底，中开一孔，吹孔上留竹节以闭音。一姑洗篪，径八分七厘，自吹口至管末，九寸九分五厘九豪，阳月用之。一仲吕篪，径八分三厘二豪，自吹口至管末，九寸五分二厘五豪，阴月用之。

排箫，比竹为之，其形参差象凤翼。十六管，阴阳各八，同径殊长。上开山口单吹之，无旁出孔。自左而右，列二倍律、夷则、无射。六正律以协阳均。自右而左，列二倍吕，南吕，应钟。六正吕以协阴均。管面各镌律吕名，纳于一椟，而齐其吹口。椟用木，形如几，虡其中以受管。

埙有二，烧土为之，形皆椭圆如鹅子，上锐下平。前四孔，后二孔，顶上一孔，以手捧而吹之。一黄钟埙，内高二寸二分三厘，腹径一寸七分一厘七豪，底径一寸一分六厘八豪，阳月用之。一大吕埙，内高二寸一分三厘三豪，腹径一寸六分四厘二豪，底径一寸一分一厘七豪，阴月用之。

箫二，截竹为之，皆上开山口，五孔前出，一孔后出，出音孔二，相对旁出。一姑洗箫，径四分三厘五豪，自山口至出音孔，长一尺五寸八分四厘二豪，阳月用之。一仲吕箫，径四分一厘六豪，自山口至出音孔，长一尺五寸一分五厘二豪，阴月用之。

笛二，截竹为之，皆间缠以丝，两端加龙首龙尾。左一孔，另吹孔，次孔加竹膜，右六孔，皆上出。出音孔二，相对旁出。末二孔，亦上出。一姑洗笛，径四分三厘五豪，自吹孔右尽，通长一尺二寸五分一厘七豪，阳月用之。一仲吕笛，径四分一厘六豪，自吹孔右尽，通长一尺一寸九分七厘二豪，阴月用之。

琴，面用桐，底用梓，髹以漆。前广、后狭、上圆、下方、中虚。通长三尺一寸五分九厘。底孔二，上曰龙池，下曰凤池。腹内有天地二柱，天柱圆，当肩下；地柱方，当腰上。凡七弦，皆朱。第一弦一百八纶，第二弦九十六纶，第三弦八十一纶，第四弦七十二纶，第五弦六十四纶，第六弦五十四弦，第七弦四十八纶。轸七，徽十三。其饰岳山焦尾用紫檀，徽用螺蚌，轸结黄绒紃，承以髹漆几。

瑟体用桐，髹以漆，前广、后狭、面圆、底平、中高、两端俯。通长六尺五寸六分一厘。底孔二，是为越。前越四出，后越上圆下平。凡二十五弦，弦皆二百四十三纶。中一弦黄，两旁皆朱。设柱和弦，柱无定位，各随宫调。弦孔饰螺蚌，承以髹金几二。

笙二，截紫竹为管，环植匏中，匏或以木代之。管皆十七，束以竹，本丰末敛，管本近底削半露窍。以薄铜叶为簧，点以蜡珠，其上各按律吕分开出音孔。匏之半施椭圆短嘴，昂其末。中为方孔，别为长嘴如凤颈，置于短嘴方孔中。末为吹口，气从吹口入，鼓簧成音。小笙制如大笙而小，亦十七管，惟第一、第九、第十六、第十七管不设簧，有簧者凡十三管，余均与大笙同。

搏拊，如鼓而小。面径七寸二分九厘，匡长一尺四寸五分八厘。匡上施金盘龙二，衔小金镮，以黄绒紃系之，横置趺上。用时悬于项，击以左右手。每建鼓一击，则搏拊两击以为节。

柷，以木为之，形如方斗，上广下狭，三面正中各隆起为圆形以受击，一面中为圆孔以出音。以趺承之，击具曰止。

敔，以木为之，形如伏虎，背上有二十七龃龉刻，以趺承之。敔之以籈，以竹为之，析其半为二十四茎，于龃龉上横轹之。

麾，黄帛为之，绣九曲云龙。上饰蓝帛，绣红日，日中绣中和字。上绣三台星，左北斗，右南斗。帛上下施横木，上镂双龙，下为山水形，皆髹金。朱杠，上曲为龙首以悬麾，麾举乐作，麾偃乐止。

《丹陛大乐》，凡御殿受贺及宫中行礼皆用之。其器：戏竹二，大鼓二，方响二，云锣二，箫二，管四，笛四，笙四，杖鼓一，拍板一。箫、笛、笙同《中和韶乐》。

戏竹，析竹为之，凡二，各五十茎。髹朱，承以涂金壶卢，下有柄，亦髹朱。人各执其一，立丹陛上，合则乐作，分则乐止。戏音与麾同，其用亦与麾同。

大鼓，木匡冒革，面径三尺六寸四分五厘，匡高三尺二寸四分。腹施铜胆，面髹黄，绘五采云龙。匡髹朱，绘交龙，匡半金镮四。承以髹朱架，架有钩，以钩镮平悬之。架高六尺，鼓者藉蹈以击之。

方响，以钢为之，形长方，十六枚同虡，应十二正律、四倍律，与编钟、磬同。形质皆同。惟以薄厚为次。倍夷则之厚，三分三豪四丝，递增至应钟之厚，六分四厘八豪。后面近上三分之一皆为横脊，窍其上端，系以黄绒紃，悬于虡而斜倚之，击以小钢槌。各部乐皆同，惟马上凯歌乐分用其八，人各一枚，擎而击之。

云锣，范铜为之，十枚同架，应四正律、六半律，姑洗、蕤宾、夷则、无射四正律，半黄钟至半无射六半律。皆四旁穿窍，以黄绒紃系于架，中四，左右各三，合三行为九宫形，其一上出。以薄厚为次，下右应姑洗之律，厚二厘五豪二丝。递增至最上，应半无射之律，厚五厘九豪八丝。

管即头管，以坚木或骨角为之，大小各一，皆前七孔后一孔，管端设芦哨，入管吹之。大管以姑洗律管为体，径二分七厘四豪，哨下口至末，长五寸七分六厘。小管以黄钟半积同形管为体，径二分一厘七豪，哨下口至末，长五寸六分二豪。皆间束以丝，两端以象牙为饰。

杖鼓，上下二面，铁圈冒革，复楦以木匡，细腰。匡高一尺九寸四分四厘、腰径二寸八分八厘，两端径各八寸一分，上下面径各一尺二寸九分六厘。面匡俱髹黄，绘五采云龙，缘以绿皮掩钱。上下边缀金钩各六，以黄绒紃交络之。腰加束焉。腰饰绿皮焦叶文。以髹朱竹片击之。

拍板，以坚木为之，左右各三片。近上横穿二孔，以黄绒紃联之，合击以为节。

《中和清乐》用于册尊典礼，宴飨进馔，除夕、元夕张灯亦用之。其器：云锣二，笛二，管二，笙二，杖鼓一，手鼓一，拍板一。笛、笙同《中和韶乐》，云锣、管、板同《丹陛大乐》。

杖鼓同《丹陛大乐》而小，或半之，或为三之二。

手鼓，木匡冒革，面径九寸一分二豪，腰径一尺二分四厘。以柄贯匡，持而击之。

《丹陛清乐》，用于宴飨进茶、进酒，临雍赐茶亦用之。乐器均与《中和清乐》同。

《导迎乐》、《铙歌乐》，用于乘舆出入。銮驾卤簿则奏《导迎乐》，骑驾卤簿则奏《铙歌》之《行幸乐》，法驾卤簿、大驾卤簿则《导迎乐》间以《铙歌乐》，惟大祀诣坛、庙则《导迎乐》、《铙歌乐》设而不作。凡三大节进表及进实录、圣训、玉牒，又亲耕、亲蚕、授时、颁诏、殿试、送榜、迎吻，凡前导以御仗出入者，皆奏《导迎乐》。《铙歌》之乐有《卤簿乐》，其部一，曰《铙歌鼓吹》。有《前部乐》。其部一，曰《前部大乐》。亦曰《大罕波》。有《行幸乐》，其部三：曰《鸣角》，曰《铙歌大乐》，曰《铙歌清乐》。有《凯旋乐》，其部二：曰《铙歌》，曰《凯歌》。《卤簿乐》与《前部大乐》并列，亦曰《金鼓铙歌大乐》，凡圜丘、祈谷、常雩，用大驾卤簿，则《前部大乐》、《铙歌鼓吹》、《行幸乐》三部并陈。方泽，用法驾卤簿，则陈《前部大乐》、《铙歌鼓吹》。太庙、社稷及各中祀，用法驾卤簿，则陈《铙歌鼓吹》。朝会用法驾卤簿同。御楼受俘，用法驾卤簿，则陈《金鼓铙歌大乐》。巡幸及大阅，用骑驾卤簿，则陈《鸣角铙歌大乐》、《铙歌清乐》。凯旋郊劳，则奏《铙歌》。回銮振旅，则奏《凯歌》。

《导迎乐》用戏竹二，管六，笛四，笙二，云锣二，导迎鼓一，拍板一。笙、笛同《中和韶乐》，戏竹、云锣、管、板同《丹陛大乐》。

导迎鼓，制如大鼓而小，面径二尺四分八厘，匡高一尺六寸二分。绘五采云龙，腹施铜胆。旁施金镮四，系黄绒紃。二人舁行，击以朱槌。

《铙歌鼓吹》用龙鼓四十八，画角二十四，大铜角八，小铜角八，金二，钲四，笛十二，杖鼓四，拍板四。笛同《中和韶乐》，板同《丹陛大乐》。

龙鼓，木匡冒革，面径一尺五寸三分六厘，匡高六寸四分八厘。面匡绘饰金镮俱如导迎鼓。镮系黄绒紃，行则悬于项，陈则置于架。架攒竹三，贯以枢而撘之。

画角，木质，中虚腹广，两端锐。长五尺四寸六分一厘二豪，上下束以铜，中束以籐五就，髹以漆。以木哨入角端吹之，哨长七寸二分九厘。

大铜角，一名大号，范铜为之，上下二截，形如竹筒，本细末大，中为圆球。纳上截于下截，用则引而伸之，通长三尺六寸七分二厘。

小铜角，一名二号，范铜为之，上下二截。上截直，下截哆，各有圆球相衔，引纳如大铜角，通长四尺一寸四厘。大角体巨声下，小角体细声高，不以长短论。

金，范铜为之。面平，径一尺四寸五分八厘，深二寸二分七厘五豪。旁穿二孔，结黄绒紃贯于木柄，提而击之。

钲，范铜为之，形如盘。面平，口径八寸六分四厘，深一寸二分九厘八豪，边阔八分六厘四豪。穿六孔，两两相比，周以木匡，亦穿孔，以黄绒紃联属之。左右铜镮二，系黄绒紃，悬于项而击之。

杖鼓，同《丹陛大乐》，惟面绘流云，中为太极。

《前部大乐》，用大铜角四，小铜角四，金口角四。大铜角、小铜角制同《铙歌鼓吹》。

金口角，旧名琐㖃，木管，两端金口，上弇下哆。管长九寸八分九厘。管上金口长二寸一分六厘，为壶卢形，加小铜盘二。管下金口长四寸八分六厘，刻管如竹节相间，前七孔，后一孔，以芦哨入管端吹之。

《铙歌大乐》，用金口角八，铜鼓二，铜点一，金一，钹一，行鼓一。金口角同《前部大乐》，金同《铙歌鼓吹》。

铜鼓，范铜为之，形如金，面径九寸七分二厘，中隆起八分一厘，径二寸六分七厘三豪。边穿孔二，以黄绒紃悬而击之。

铜点，制如铜鼓而小。

钹，范铜为之，面径六寸四分八厘，中隆起一寸二分九厘六豪，径三寸二分四厘。穿孔贯紃，左右合击以和乐。

行鼓，一名陁罗鼓。木匡冒革，上大下小，面匡绘饰如龙鼓。金镮四，贯以黄绒川。行则跨于马上，陈则置于架。

《铙歌清乐》，用云锣二，笛二，平笛二，管二，笙二，金一，钹一，铜点一，行鼓一。笛、笙同《中和韶乐》，云锣、管同《丹陛大乐》，金同《铙歌鼓吹》，钹、铜点、行鼓同《铙歌大乐》。

平笛，同《中和韶乐》，惟不加龙首尾。

《行幸乐》，合《铙歌大乐》、《铙歌清乐》之数，益以大铜角八，小铜角八，蒙古角二。大铜角、小铜角同《铙歌鼓吹》。

蒙古角，一名蒙古号，木质，中虚末哆，上下二截。角有雌雄二制，雄角上口内径三分四厘五豪，雌角上口内径二分八厘五豪，皆于管端施铜口，以角哨纳入吹之。雄者声浊，雌者声清。

《铙歌》用大铜角四，小铜角四，金口角八，金四，锣二，铜鼓二，铙四，钹四，小和钹二，花匡鼓四，得胜鼓四，海笛四，云锣四，箫六，笛六，管六，篪六，笙六。大铜角、小铜角、金同《铙歌鼓吹》，金口角同《前部大乐》，铜鼓、钹同《铙歌大乐》，箫、笛、篪、笙同《中和韶乐》，云锣、管同《丹陛大乐》。

锣，制同铜鼓而厚，声较铜鼓低小。

铙，范铜为之，面径一尺二寸。中隆起，穿孔贯紃，左右合击。

小和钹，制与钹同，面径七寸九分。中隆起，穿孔贯紃，均与钹同。

花匡鼓，既腰鼓，木匡冒革，面径一尺五寸二分，匡高一尺六寸，绘花文。座以檀，四柱交趺，以铜镮悬鼓而击之。

得胜鼓，木匡冒革，面径一尺六寸一分，匡高五寸八分，绘云龙。座为四柱，悬鼓于上而击之。

海笛，制如金口角而小，通长九寸五分。

《凯歌》用云锣四，方响八，钹二，大和钹二，星二，铜点二，铴二，箫四，笛四，管十二，笙四，杖鼓二，拍板二。箫、笛、笙同《中和韶乐》，云锣、管、杖鼓同《丹陛大乐》，钹、铜点同《铙歌大乐》。

方响，制同《丹陛大乐》，分用其八，人各一枚，擎而击之。

大和钹，制与钹同，面径一尺一寸八分。中隆起，穿孔贯紃，左右合击。

星，范铜为之，口径一寸八分，深一寸。中隆起，各穿圆孔，贯以紃，左右合击。

铴，范铜为之，面径二寸七分，口径三寸一分五厘，深六分。穿孔贯紃，击以木片。

拍板三片，束其二，以一拍之。

《禾辞桑歌乐》，亲耕、亲桑用之。亲耕用金六，鼓六，箫六，笛六，笙六，拍板六。亲桑用金二，鼓二，箫、笛、笙各六，拍板二。箫、笛、笙同《中和韶乐》，板同《丹陛大乐》。

金制同《铙歌鼓吹》而微小。槌用黄韦，瓜形，柄髹朱。

鼓，制如龙鼓而微小，悬于项击之。

《庆神欢乐》，凡群祀用之。其器云锣二，管二，笛二，笙一，鼓一，拍板一，惟祀先蚕及关帝、文昌则加隆焉。笛、笙、鼓同《中和韶乐》，云锣、管、板同《丹陛大乐》。

《宴乐》凡九：一曰《队舞乐》，一曰《瓦尔喀部乐》，一曰《朝鲜乐》，一曰《蒙古乐》，一曰《回部乐》，一曰《番子乐》，一曰《廓尔喀部乐》，一曰《缅甸国乐》，一曰《安南国乐》。

队舞有三：一曰《庆隆舞》，凡殿廷朝会宫中庆贺宴飨皆用之；一曰《世德舞》，宴宗室用之；一曰《德胜舞》，凯旋筵宴用之。三舞同制，皆舞而节以乐。其器用筝一，奚琴一，琵琶三，三弦三，节十六，拍十六。

筝，似瑟而小，刳桐为质，通长四尺七寸三分八厘五豪。十四弦，弦皆五十四纶，各随宫调设柱。底孔二。前方，后上圆下平，通体髹金，四边绘金夔龙。梁及尾边用紫檀，弦孔以象牙为饰。

奚琴，刳桐为质，二弦。龙首，方柄。槽长与柄等。背圆中凹，覆以板。槽端设圆柱，施皮扣以结弦。龙头下唇为山口，凿空纳弦。绾以两轴，左右各一，以木系马尾八十一茎轧之。

琵琶，刳桐为质，四弦，曲首长颈，平面圆背，腹广而椭。槽面施覆手，曲首中间为山口。设檀轴四以绾弦，左右各二，山口上以黄杨木为四象，下以竹为十三品，按分取声。中腰两旁为新月形，腹内以细钢条为胆，弦自山口至覆手，长二尺一寸六分，第一弦以朱饰之。

三弦，斫檀为质，修柄，方槽，圆角，冒以虵皮。柄贯槽中，柄末槽端覆以木。穿孔贯弦，匙头下半凿空纳弦，以三轴绾之，左二右一。

节，编竹如箕，髹朱，背为虎形。用圆竹二，划之以为节。

拍，紫檀板四片，束其三，以一拍之。

太祖平瓦尔喀部，获其乐，列于宴乐，是为《瓦尔喀部乐舞》。用觱篥四，奚琴四。奚琴同《队舞乐》。

觱篥，芦管，三孔，金口，下哆，中有小孔。管端开簧，簧口距管末四寸五分三厘。

太宗时，获朝鲜国乐，列于宴乐，是为《朝鲜国俳》。用笛一，管一，俳鼓一。笛同《中和韶乐》，管同《丹陛大乐》。

俳鼓如龙鼓而小，悬于项击之。

太宗平察哈尔，获其乐，列于宴乐，是为《蒙古乐曲》。有笳吹，有番部合奏，皆为掇尔多密之乐，掌于什帮处。笳吹用胡笳一，筝一，胡琴一，口琴一。筝与《队舞》所用同，惟设六弦。

胡笳，木管，三孔，两端施角，末翘而哆。自吹口至末，二尺三寸九分六厘。

胡琴，刳木为质，二弦，龙首，方柄。槽椭而下锐，冒以革。槽外设木如簪头以扣弦，龙首下为山口，凿空纳弦，绾以二轴，左右各一。以木系马尾八十一茎轧之。

口琴，以铁为之，一柄两股，中设簧，末出股外。横衔于口，鼓簧转舌，嘘吸以成音。

番部合奏，用云锣一，箫一，笛一，管一，笙一，筝一，胡琴一，琵琶一，三弦一，二弦一，月琴一，提琴一，轧筝一，火不思一，拍板一。箫、笛、笙同《中和韶乐》，云锣、管同《丹陛大乐》，筝、琵琶、三弦同《队舞乐》。

胡琴，二弦，竹柄椰槽，面以桐。槽径三寸八分四厘，为圆形，与笳吹之胡琴椭而下锐者不同。山口凿空纳弦，以两轴绾之，俱在右。弦自山口至柱，长二尺三分五厘二豪，以竹弓系马尾八十一茎轧之。

二弦，斫樟为质，槽面以桐，形长方，底有孔，槽面施覆手如琵琶。曲首后凿空纳弦，绾以两轴，左右各一。弦长二尺三寸四厘，设十七品，按分取声。

月琴，斫檀为质，四弦，槽面以桐，八角曲项，柄贯槽中，槽面施覆手。曲项凿空纳弦，绾以四轴，左右各二。弦长二尺三寸四厘，设十七品，与二弦同。

提琴，四弦，圆木为槽，冒以蟒皮而空其下，竹柄贯槽中，末出槽外。覆木扣弦，柄端凿空纳弦，绾以四轴，俱在右。以竹弓系马尾，夹于四弦间轧之。

轧筝，似筝而小，刳桐为质，十弦。前后有梁，梁内弦长一尺六寸一分八厘，各设柱，以木桿轧之。

火不思，似琵琶而瘦，四弦，桐柄，刳其下半为槽，冒以蟒皮。曲首凿空纳弦，四轴绾之，俱在右。弦自山口至柱长一尺七寸七分四厘。

拍板，紫檀三片，束其二，以一拍之。

高宗平定回部，获其乐，列于宴乐之末，是为《回部乐技》，用达卜一，那噶喇一，哈尔札克一，喀尔奈一，塞他尔一，喇巴卜一，巴拉满一，苏尔奈一。

达卜，木匡冒革，形如手鼓而无柄。有大小二制，一面径一尺三寸六分五厘二豪，一面径一尺二寸二分四厘，皆髹黄，面绘彩狮，以手指击之。

那噶喇，铁匡冒革，上大下小，形如行鼓。旁有小镮，系黄绒紃。两鼓相联，左右各以杖击之。

哈尔札克，形如胡琴，椰槽，冒以马革。上木柄，下铁柄。槽底中开一孔，侧开三小孔。以马尾二缕为弦，上自山口穿于后，以两轴绾之，左右各一，下系铁柄。马尾弦下设钢丝弦十，上系木柄，下击铁柄，左右各五轴。另以木桿为弓，系马尾八十余茎，轧马尾弦，应钢弦取声。

喀尔奈，状如世俗洋琴，钢丝弦十八，刳木中虚，左直右曲。左设梁如琴之岳山，以系钢弦之本。钢弦之末施木轴，似琴之轸，入于右端，高下相间作两层，转其轴以定弦之缓急。以手冒拨指，或木拨弹之，通体双弦，惟第一独弦。

塞他尔，形如匕，丝弦二，钢弦七，木柄通槽，下冒以革。面平背圆，柄有线箍二十三道，如琵琶之品。以九轴绾弦，柄端二轴绾丝弦。二面三轴，左侧四轴，绾钢质双弦一，独弦六。以手冒拨指，或木拨弹丝弦，应钢弦取声。

喇巴卜，丝弦五，钢弦二，木柄通槽，槽形如半瓶，下冒以革。曲首凿空纳丝弦，以五轴绾之，左二右三，曲首右侧以两轴绾钢弦。用手冒拨指，或木拨弹丝弦，应钢弦取声。

巴拉满，木管，上敛下哆，饰以铜，形如头管而有底，开小孔以出音。管通长九寸四分，七孔前出，一孔后出，管上设芦哨吹之。

苏尔奈，一名琐嗦，木管，两端饰铜，上敛下哆，形如金口角而小。七孔前出，一孔后出，一孔左出，铜管上设芦哨吹之。

高宗平定金川，获其乐，及后藏班禅额尔德尼来朝，献其乐，均列于宴乐之末，是为《番子乐》。金川之乐：曰《阿尔萨兰》，曰《大郭庄》，曰《四角鲁》。用得梨一，柏且尔一、得勒窝一。

得梨，似苏尔奈而小。

柏且尔，范铜二片，圆径六寸，中隆起，穿孔贯𬙊，左右合击。

得勒窝，形似达卜。

《班禅之乐》：曰《札什伦布》，用得梨二，巴汪一，苍清一，龙思马尔得勒窝四。

得梨同《金川乐》，形制略大。

巴汪，似喇巴卜，七弦。

苍清，制同云锣。

龙思马尔得勒窝，似那噶喇而制以铜，面径一尺三寸，底锐，匡高一尺。

高宗平定廓尔喀，获其乐，列于宴乐之末，是为《廓尔喀乐舞》。用达布拉一，萨朗济三，丹布拉一，达拉一，公古哩二。

达布拉，似那噶喇，一面冒革。有二制：其一面丰底锐，其一底微丰而渐削。四围俱系韦绦，联以彩缕，悬之腰间，以左右手合击之。

萨朗济，刻木为质，韦弦四，铁弦九。项长三寸，刳其中，面以鱼牙刻佛为饰。柄长五寸二分，槽面阔三寸，自上刳之，冒以革。中腰削如缺月，束以黄韦。底椭，凿空于项以纳韦弦，左右各二。轴柄面穿孔九，自右至左，鳞次斜列，各纳铁弦。轴九，俱在右，上五下四。槽面设柱，中为九孔纳铁弦，上承韦弦。以柔木系马尾轧韦弦，应铁弦取声。

丹布拉，刻桐为质，以大匏为槽，直柄，面平背圆，铁弦四，绾以四轴，上二，左右各一。柄上以铁片二为山口，一穿孔纳弦，一承弦。

达拉，范铜二片，圆径二寸一分。中隆起，穿孔，系以彩缕，左右合击。

公古哩，范铜为铃，以彩缕联之，五十枚为一串，凡四串。歌时二人各系于股，双足腾跃以出声。

乾隆五十三年，缅甸国内附，献其乐，列于宴乐之末，是为《缅甸国乐》。有粗细二制：《粗缅甸乐》，用接内搭兜呼一，稽湾斜枯一，聂兜姜一，聂聂兜姜一，结莽聂兜布一。

接内搭兜呼，木匡冒革，匡上有纽，系以帛，横悬于项，以手击之。

稽湾斜枯，制似云锣，其数八，上下各四，同悬于架。架后撦以二木，斜倚而击之。

聂兜姜，木管铜口，近下渐哆，前七孔，后一孔。管端设铜哨，加芦哨于上，管与铜口相接处，以铜签掩之。

聂聂兜姜，形如金口角而小，木管木口，余与聂兜姜同。

结莽聂兜布，范铜二片，圆径三寸五分。中隆起，穿孔，贯以韦，左右合击。

《细缅甸乐》，用巴打拉一，蚌札一，总稿机一，密穹总一，得约总一，不垒一，接足一。

巴打拉，以木为槽，形如船，通长二尺七寸五分。前后两端各为山峰形，两峰之尖，络以丝绳。排穿竹板二十二片，皆阔一寸。第一片长五寸二分，厚三分五厘，以次则长递加而厚递减，至末片则长一尺一寸五分，厚一分。以竹裹绵为槌击之。

蚌札，木匡冒革，上大下小。面径六寸一分，底径四寸，匡高一尺。四围俱系韦绦，以手击之。

总稿机，十三弦，曲柄，通槽，柄上曲如蝎尾。槽面冒革，为四圆孔以出音。顺槽腹设覆手，穿孔十三，系弦，各斜引至柄束之，弹以手。

密穹总，三弦，木质，为鱼形。体长方，腹下通长刳槽，无底，两旁镌鳞甲。面设品五，为小圆孔九以出音，前四，中四，后一。首形锐而上出，镌须角钜齿圆睛，尾形亦锐。项上以铜为山口，系朱弦三，尾有镮纳弦，旁穿孔，设轴，左二右一，以手弹之。得约总，三弦，木质，中虚，如扇形，中腰两旁湾曲向内。颈半穿孔纳弦，绾以三轴，左二右一，槽末施木以系弦。扣用木弓系马尾八十余茎轧之。

不垒，以竹为管，上端以木塞其半为吹口。七孔前出，一孔后出，最上一孔前出，加竹膜。

接足，范铜二片，口径一寸八分。中隆起，穿孔贯𬙊，左右合击。

乾隆五十四年，获安南国乐，列于宴乐之末，是为《安南乐舞》。用丐鼓一，丐拍一，丐哨一，丐弹弦子一，丐弹胡琴一，丐弹双韵一，丐弹琵琶一，丐三音锣一。安南土语，凡乐器之名，俱以丐字建首。

丐鼓，木匡冒革，空其下，径八寸四分，承以架。用竹桴二，或左手承鼓，右手以桴击之。

丐拍，用檀板三：其一上端缀以连钱。其一背刻雁齿，其一右为锯牙。左手执二板相击，连钱激响，右手执锯牙者，引击雁齿，错落成声。

丐哨，即横笛，截竹为箫，漆饰，二十一节。左第一孔为吹口，次加竹膜，右六孔，末二孔，俱上出，旁二孔对出，两端饰以角。

丐弹弦子，三弦，斫檀为质，槽方而椭，两面冒虺皮。匙头凿空纳弦，以三轴绾之，左二右一。

丐弹胡琴，二弦，竹柄，槽形如篇，底微丰，面冒虺皮。曲首凿空，两轴俱自后穿前绾弦，弦自山口至柱，长一尺八寸，余如番部合乐胡琴之制。

丐弹双韵，如月琴，四弦，斫檀为质，槽面以桐，形如满月。径一尺一寸六分，厚一寸八分。曲项凿空纳弦，绾以四轴，左右各二。槽面覆手，山口下七品，俱以檀为之。

丐弹琵琶，四弦，刳桐为质，通长三尺。项上凿空纳弦，绾以四轴，左右各二。上设四象，下布十品。弦自山口至覆手，长二尺一寸四分。

丐三音锣，范铜，三面，绾以铁圈，联如品字。上一径二寸四分五厘，右一径二寸三分八厘，左一径二寸三分。承以檀柄，槌用角。

《赐宴乐》，凡经筵礼毕赐宴，文、武乡、会试赐宴，宴衍圣公，宴正一真人皆用之。其器：云锣二，笛二，管二，笙二，鼓一，拍板一。笛、笙、鼓同《中和韶乐》，云锣、管、板同《丹陛大乐》。

乡乐，凡府、州、县学春、秋释奠皆用之。其器麾一，编钟十六，编磬十六，琴六，瑟二，排箫二，箫四，笛六，篪二，笙六，埙二，建鼓一，搏拊二，柷一，敔一。制皆同《中和韶乐》。

乡饮酒用云锣一，方响一，琴二，瑟一，箫四，笛四，笙四，手鼓一，拍板一。琴、瑟、箫、笛、笙同《中和韶乐》，云锣、方响、板同《丹陛大乐》，手鼓同《清乐》。

节，《中和韶乐》用。结旄九重，盖以金叶，束以绿皮。朱杠，上曲为龙首以衔旄。植架于东西各一，每架二节，司乐者执之以节舞。导文舞曰节，导武舞曰旌，旌亦曰节，制与节同。

干，《中和韶乐》用。木质，圭首，上半绘五采云龙，下绘交龙，缘以五色羽文。中为粉地，朱书"雨旸时若，四海永清。仓箱大有，八方敉宁。奉三永奠，得一为正。百神受职，万国来庭。"凡八语，佾各一语。干背髹朱，有横带二，中施曲木，武舞生左手执之。

戚，《中和韶乐》用。木质，斧形，背黑刃白，柄髹朱，武舞生右手执之。

羽，《中和韶乐》用。木柄，植雉羽，衔以涂金龙首，柄髹朱，文舞生右手执之。

籥，《中和韶乐》用。六孔竹管，髹朱，文舞生左手执之。

舞有二：用于祀神者曰《佾舞》，用于宴飨者曰《队舞》。凡《佾舞》武用干戚，文用羽籥。干戚曰《武功之舞》，羽籥曰《文德之舞》，祭祀初献以武舞，亚献终献以文舞，惟先师庙、文昌庙初献、亚献、终献皆以文舞焉。若大雩，则童子十六人衣皂衣，持羽翳，歌而舞《皇舞》，凡此皆隶于《佾舞》者也。隶于《队舞》者，初名《蟒式舞》，亦曰《玛克式舞》。乾隆八年，更名《庆隆舞》，内分大、小马护为《扬烈舞》，是为武舞，大臣起舞上寿为《喜起舞》，是为文舞。是年巡幸盛京，筵宴宗室，增《世德舞》。十四年，平定金川，凯旋筵宴，又增《德胜舞》，三舞同制，各有乐章。《扬烈舞》，用戴面具三十二人，衣黄画布者半，衣黑羊皮者半。跳跃倒掷，象异兽。骑禺马者八人，介胄弓矢，分两翼上，北面一叩，兴。周旋驰逐，象八旗。一兽受矢，群兽慑伏，象武成。《喜起舞》，大臣二十二人，朝服仪刀入，三叩，兴，退东位西向立。以两而进，舞毕三叩，退。次队继进如前仪。此《队舞》之大较也。外此则有四裔乐舞：东曰瓦尔喀、曰朝鲜，北曰蒙古，西曰回、曰番、曰廓尔喀，南曰缅甸、曰安南，皆同列于宴乐之末。《瓦尔喀部乐舞》，司舞八人，均服红云缎镶粧缎花补袍，狐皮大帽，豫立丹陛之西。将作乐，进前三叩，退。司乐八人，分两翼上，跪一膝，奏瓦尔喀乐曲。司舞进舞，以两为队，每队舞毕，三叩，退。

《朝鲜国俳》，笛技、管技、鼓技各一人，均戴毡帽，镂金顶，服蓝云缎袍，棕色云缎背心，蓝绸带。俳长一人，戴面具，青缎帽，红缨，服红云缎袍，白绸长袖绿云缎虎补背心，十字蓝绸带。倒掷技十四人，服短红衣。立丹陛两旁。俳长从右翼上，北面立，以高丽语致辞，笛、管、鼓技从右翼上，东北面立，倒掷技从左翼上，自东向西，各呈其艺。

《蒙古乐》，笳吹，司乐器四人，司章四人，均蟒服，立丹陛旁。番部合奏，司乐器十五人，亦均蟒服，立丹陛旁，与笳吹一班同入。一叩，跪一膝，奏蒙古乐曲。

《回部乐》，司乐器八人，均锦衣绢里杂色纺丝接袖衣，锦面布里倭缎缘回回帽，青缎靴，绿绸腊膊。司舞二人，舞盘二人，皆衣靠子锦腰襕纺丝接袖衣。倒掷大回子四人，皆衣靠子杂色纺丝接袖衣，戴五色绸回回小帽。小回子二人，杂色绸衣绢里。皆豫立丹陛下，俟《朝鲜国俳》呈技后，上丹陛作乐。司舞起舞，舞盘人随舞。毕，倒掷小回子继进呈技。

《番子乐》，金川之《阿尔萨兰》，司乐器三人，司舞三人，为戏狮，身长七尺，披五色毛，番名僧格乙，引狮者衣杂彩，手执绳，系要球一，五色，番名僧格乙阿拉喀。《大郭庄》，番名《大拉噶地》，司舞十人，每两人相携而舞，一服蟒服，戴翎，挂珠，斜披黄蓝二带，交如十字；一服蓝袍，挂珠，斜披黄紫二带，交如十字。《四角鲁》，番名《得勒布》，司舞六人，戴舞盔，番名达帽。插鸡翎各六，番名达莫乙。背缚藤牌，番名赛斯丹。带系腰刀，番名江格乙。左执弓，番名得木尼也。右执箭壶，番名柏拉。盛箭五枝，番名格必乙。相对而舞。班禅之《札什伦布》，番名《柏拉噶》，司乐器六人，司舞番童十人，各披长带，手执斧一，番名沙勒鳖。舞而歌梵曲。

《廓尔喀乐舞》，司乐器六人，均衣回子衣，著红羊皮靴，内二人缠头以洋锦，余皆以红绿布。司歌五人，均以红绿布缠头，内一人衣绿绸衣，著红彩履，余皆回子衣、红羊皮靴。司舞二人，均衣红绿绸衣，戴猩红毡帽，金银丝巾，著红彩履，束腰皆用杂色布。舞者每足各系铜铃一串，曰公古哩，腾跃出声，歌舞并奏。

《粗缅甸乐》，司乐器五人，司歌六人，均拖发扎红，用缅甸衣冠。

《细缅甸乐》，司乐器七人，均拖发扎红，衣蓝缎短衣。司舞四人，衣闪缎短衣，皆杂色裙，以洋锦束腰，戴扎巾。歌合以粗乐，舞合以细乐。

《安南国乐》，司乐器九人，均戴道巾，衣黄鹂补服道袍，蓝缎带。司舞四人，衣蟒衣，冠带与司器同。执彩扇而舞。

卷一百二　　志七十七

舆服一

皇帝五辂　皇帝辇舆　皇后舆车皇太后舆车附
皇贵妃以下舆车　亲王以下舆车
亲王福晋以下舆车　京外职官舆车庶民附
命妇舆车

自虞廷藻缋，制创垂衣。车服之叻，式昭庸典。夏绝殷辂，文质异观。迄乎有周，监于二代。巾车典路，司服司常。各隶专官，礼明物备。秦、汉以降，代有异同。品数弥繁，囊篇具载。明初木辂，乃用于郊，崇朴去雕，亦有足尚。清之太祖，肇起东陲，远略是勤，戎衣在御。太宗缵服，遂定辽都。天聪六年，已命礼官考定仪卫，并因易服蔑祖之弊，鉴及金、元。国俗衣冠，一沿旧式。勿忘数典，昭示云礽。世祖入关，抚有中夏。武功耆定，文物浸昌。康、雍两朝，续有制作。朝章国采，斯已粲然。亦越高宗，衣闻克绍。治承熙洽，向用儒臣。馆辟《三通》，籀文缉典。五辂之数，改符《周官》。参古准今，图详礼器。遂于乘御，增定已多。一代仪文，于斯为盛。自时厥后，上下相承，率蹈前规，尚无侈改。载稽诸制，爰志斯篇。卤簿一门，迻从附著。光、宣之际，海、陆军兴。旗式服章，旧观顿改。已见《兵志》，兹不复书。玺、宝、印、符，所以昭信。龙、龟、虫、鸟，纽篆各殊。列代相沿，皆资法守。备详定式，悉按等差。又自海通，国交最重。往来酬赠，仿制宝星。名级攸分，以荣佩戴。逮乎末季，新制渐繁，兼有爵章，行之未久。若斯之类，隰略云尔。

清初仍明旧，有玉辂、大辂，大马辇、小马辇之制，与香步辇并称五辇。大朝日设于太和门东。又凉步辇、大仪轿、大轿、明轿、折合明轿，均左所掌之。冬至大祀、夏至祀方泽、并乘凉步辇，升殿日亦设于太和门东。乾隆七年，定大祀亲诣行礼，均乘舆出宫，至太和门乘辇。祀毕还宫，仍备舆。八年，改大辂为金辂，大马辇为象辂，小马辇为革辂，香步辇为木辂，玉辂仍旧，是为五辂，銮仪卫掌之。遇大朝会，则陈于午门外。十三年，谕定乘用五辂，自今岁南郊始。更造玉辇，改凉步辇为金辇，是为二辇。又定大仪轿为礼舆，改折合明轿为轻步舆，定大轿为步舆，是为三舆。南郊乘玉辇，北郊、太庙、社稷坛，乘金辇，朝日、夕月、耕耤以下诸祀，均乘礼舆。遇大朝会，则并陈于太和门外。行幸御轻步舆，驾出入则御步舆。皇子舆车，俟分封后始制。兹撮集《礼器图》所载，其乾隆以前所定者为初制，依类附见，用备参稽。

皇帝玉辂，木质髹朱，圆盖方轸，高一丈二尺一寸。盖高三尺一分，青饰，衔玉圆版四。冠金圆顶一尺二寸九分，承以镂金垂云檐八尺一寸，贴镂金云版三层。青缎垂幨亦三层，绣金云龙羽文相间。系带四，绣金青缎为之，属于轸。四柱高六尺七寸九分，相距各五尺六寸，绘金云龙。门垂朱帘，四面各三。座纵八尺五寸，横八尺四寸，环以朱阑，饰间金彩。阑内周布花毯。云龙宝座在中，高一尺三寸，阔二尺九寸。两轮各十有八辐，镂花饰金。贯以轴辕二，长二丈二尺九寸五分，金龙首尾饰两端。轸长一丈一尺一寸五分，径八尺四寸。后建太常，十二斿，亦青缎为之，缫绣日月五星，斿绣二十八宿，里俱绣金龙，下垂五彩流苏。用攒竹髹朱竿，左加阘戟，右饰龙首，并缀朱旄五，垂青绥。升用纳陛五级，左右阑皆髹朱金彩。驾象一，靷以朱绒纼。陈设时，行马二承辕，亦髹朱直竿，两端俱钻铜。初制，玉辂尺寸与大辂同。辂上平盘、滴珠板、轮辐、轮辋、车心、轴首、及驾辕诸索制并同。惟无平盘下十有二槅及左右八槅之饰。辂亭前二柱，饰沥粉贴金升龙，亭柱槛座尺寸，及门槅明栿装饰与亭内软座下诸制，悉同大辂。惟屏风上雕沈香色描金云龙五，屏后下三槅雕木沈香色描金云龙三，下雕云板如其数，较大辂之制少异焉。辂顶、圆盘、天轮、辂亭前诸制，及太常旗、踏梯、行马之类，皆与大辂同。

金辂，亦驾象一。圆盖方轸，黄饰，衔金圆版四。黄缎垂幨三层。系带四，亦黄缎为之，属于轸。后建大旗，十有二斿，各绣金龙。余如玉辂之制。按金辂之名，改由大辂。初制，大辂高一丈三尺九寸五分，广八尺二寸五分。辂上平盘，前后车棂并雁翅及四垂如意。滴珠板下二辕，各长二丈二尺九寸有奇，俱朱髹镀金铜龙首尾，鳞叶片装钉。平盘下方箱，四周朱髹匡，前后十二槅，内青地绘五彩云鹤，左右八槅，内上青下绿地，绘兽鸟各六。轮二，贯以轴，每轮十八辐辋，皆朱髹，抹金铜钑花叶片装钉。轮内车心各一，抹金铜钑莲花瓣轮盘装钉。轴首左右铁插贯之，抹金铜钑龙顶管心装钉。轴中缠红绒驾辕诸索。辂亭高六尺七寸九分，四柱各长五尺八寸四分。槛座高九寸五分，前后柱戗金云龙文，下山水。门高五尺一寸九分，广二尺四寸九分。左右门各广二尺二寸五分，上四周装雕木沈香色描金香草板十二片。前左右各有槅二扇，明栿全，皆朱髹，抹金铜钑花叶片装钉。槅编黄线绦，后朱髹屏风，屏前上三槅，雕沉香色描金云龙五。上朱髹板，戗金云龙一。中三槅，沉香色描金云龙三。下三槅，描金云板如其数。屏后上三槅，朱髹戗金龙三。其次戗金云板如其数。中三槅，朱髹戗金龙四。其次沉香色描金云板如其数。下三槅，沉香色云板亦如之。俱抹金铜钑花叶片装钉。亭内黄线绦编朱髹匡，软座黄绒坠座大索四，下垂莲花坠石，上施花毯草席，并大红织金绮褥。朱髹坐椅一，上靠背雕沉香色描金云龙一，下雕云板一，朱髹福寿板一，并衣黄织金椅靠、坐褥、四围椅裙全。周围施黄绫帷幔，或用黄线罗。亭外青绮缘边红帘十扇，各用拽帘黄线绦二，黄铜圈全。辂顶并圆盘高三尺一分，镀金铜蹲龙顶，带仰覆莲座，高一尺二寸九分垂攀顶黄绒索四。盘高二寸，上加朱髹。其下外四面沉香色地，描金云青饰。辂盖亭内贴金斗拱，承朱髹匡宝盖，斗以八顶，黄绮冒之，名曰黄屋。中并四周绣五彩云龙九。天轮三层，朱髹，上安雕木贴金龙耀叶板八十一片。三层间绘五彩云，衬板数亦如之。盘下四周黄铜装钉，上施金黄绮沥水三层，每层摺片八十有一，间绣五彩云龙文。四角垂青绮络带，各绣五彩云升龙三。圆盘四角连辂座板用攀顶黄线圆绦，并贴金木鱼。辂亭前有左右转角阑干二扇，后一字带左右转角阑干一扇，皆朱髹。内嵌雕木贴金龙，间以五彩云。三扇凡十二柱，各柱首雕木贴金蹲龙一，及描金五彩装莲花抱柱。阑内四周施花毯草席。其后树太常旗二，黄云缎为之，皆十有二斿。每斿内外各绣升龙一。朱髹攒竹竿二，左竿旗腰绣日月北斗，竿首用镀金铜龙头。右竿旗腰绣黼字，竿首用镀金铜戟。各缀抹金铜铃二，垂红缨十有二，上施抹金铜宝盖，下垂青线吻。踏梯一，木质朱髹，抹金铜钑花叶片装钉。行马架二，木质朱髹，抹金铜叶片装钉，上穿黄绒匾绦。黄布面绢里夹幰衣、油绸雨衣各一，红油合扇梯、红油拓叉各一。贴金铜宝瓶，并木雕贴金仰覆莲座，雕花番草贴金象鞍、鞦辔、毡龙各二副。

象辂，服马四，骖马六，设游环和铃，圆盖方轸。高一丈一尺三寸，盖高二尺六寸五分，红饰衔象牙圆版四。红缎垂幨三层，系带四，亦红缎为之，属于轸。四柱高六尺四寸九分，相距各五尺八寸。座纵一丈五分，横九尺一寸，环以朱阑。辕三，各长二丈二尺三寸，轸长一丈五分，径九尺一寸。后建大赤，十有二斿，各绣金凤。余制与玉辂同。按象辂为大马辇之改定。初制，大马辇高一丈二尺五寸九分，广八尺九寸五分。辕二，各长二丈五寸九分。辇上平盘、滴珠板、轮辐、轮辋、车心、轴首及驾辕诸索制，并如大辂。亦无平盘下前后十二槅及左右八槅之饰。辇亭高六尺四寸九分，朱髹。四柱长五尺五寸四分。槛座高如辇亭，上四周雕木沉香色描金云板十二片，下亦如之。门高五尺九分，广二尺四寸五分。左右门广较减二寸。前及左右各有槅二扇，后槅三扇，明栿全，皆朱髹，抹金铜钑花叶片装钉。槅心编黄线绦。亭内软座，上施素毯。余制与大辂同。辇顶并圆盘高二尺六寸五分，上下皆朱髹。辇盖青饰，铜龙、莲座、宝盖、黄屋诸制悉如大辂。天轮三层亦如之。辇亭前一字阑干一扇，后一字带转角阑干一扇，左右阑干二扇，内嵌绦环板，亦皆朱髹。四扇凡十有二柱，各柱首雕饰同大辂。阑内周布素毯草席，太常旗、踏梯、行马、幰衣、雨衣之类亦如之。惟辂以象驾，辇以马驾，故鞍鞯、鞦辔、铃缨之饰均备焉。

木辂，服马二，骖马四，设游环和铃，圆盖方轸。高一丈一尺六寸五分，盖高三尺六寸一分，黑饰衔花梨圆版四。黑缎垂幨三层，系带四，亦黑缎为之，属于轸。四柱高六尺五分，相距各五尺一寸。座纵九尺，横八尺八寸，环以朱阑。辕三，各长二丈一尺。轸长九尺，径八尺八寸，后建大麾，十有二斿，各绣神武，余俱如玉辂之制。按木辂为香步辇之改制。初制，香步辇高一丈二尺五寸，座高三尺，方广八尺二寸五分。辇座朱髹，四周雕木五彩云浑贴金龙板十二片，间以浑贴金仰覆莲座，下雕木线金五彩云板二十片。座下四辕，中二辕长三丈五尺九寸，左右辕长二丈九尺五寸有奇，皆朱髹，镀金铜龙首尾装钉，攀辕黄线圆绦八。辇亭高六尺五分，四柱各长五尺八寸。槛高二寸五分，亦皆朱髹，上四周雕木沉香色描金香草板十二片，抹金铜铬钑花叶片装钉。门较大马辇高逾二寸，广与之同。左右门广二尺二寸。前左右各朱髹十字槅二扇，雕沉香色描金云龙板八片，下云板如其数，俱抹金铜钑花叶片装钉。亭内布花毯草席，大红织金绮褥，朱髹戗金龙坐椅一。靠背以下诸制与大小马辇并同。辇顶并圆盘高二尺六寸有奇，镀金铜蹲龙顶，余制同大小马辇。天轮制亦如之。辇亭前左右转角阑干二扇，后一字带左右转角阑干一扇，皆朱髹，嵌雕木贴金龙，间以五彩云。三扇凡十有二柱，各柱首雕饰与大辂同。阑内四周布花毯草席。亭内木雕浑贴金剑山一，朱髹脚踏一，黄缎衣全。踏梯一，木质朱髹，雕贴金行龙五彩云绦环板六片，描金五彩水板十有二片，蹲龙四，皆抹金铜钑花叶片装钉。其幰衣、雨衣类悉同大小马辇制。

革辂，服马一，骖马三，亦设游环和铃，圆盖方轸。高一丈一尺三寸，盖高二尺五寸五分，泥银饰衔圆黄革四。白缎垂幨三层，系带四，亦白缎为之，属于轸。四柱高五尺五寸九分，座纵一丈六尺，横八尺三寸五分，环以朱阑。辕二，各长一丈九尺五分，轸长一丈六寸，径八尺三寸五分。后建大白，十有二斿，各绣金虎，余制均与玉辂同。按改小马辇为革辂，始于乾隆八年。初制，小马辇视大马辇高广皆减一尺。下二辕长一丈九尺五分。平盘、滴珠板、轮辐、轮辋诸制悉与大马辇同。辇亭高五尺五寸九分，朱髹。四柱长五尺四寸五分。槛高一寸四分，上四周雕沈香色描金云板十二片，下亦如之。门高五尺，广二尺二寸五分。左右门较广减一寸有奇。前左右各有槅二扇，明栿全，皆朱髹，抹金铜钑花叶片装钉。槅心编黄线绦。后朱髹屏风，雕沈香色描金云龙五，及沈香色描金云龙绦环板三，云板数亦如之。周围亦抹金铜钑花叶片装钉。亭座朱髹板上施素毯草席，红织金绮褥。外红帘四扇，其坐椅靠背以下诸制悉同大马辇。辇顶并圆盘高视大马辇减一寸。上饰镀金铜宝珠顶。莲座、宝盖等饰，及天轮、辇亭前诸制，亦与大马辇同焉。

玉辇，木质髹朱，圆盖方座。高一丈一尺一寸，盖高二尺，青饰、衔玉圆版四。冠金圆顶，承以镂金垂云。曲梁四垂，端为金云叶。青缎垂幨二层，周为襞积。系𬘓四，黄绒为之，属于座隅。四柱高五尺三寸，相距各五尺，绘云龙。门高四尺八寸，冬施青毡门帏，夏易以朱帘，黑缎缘，四面各三。座高二尺四寸，上方七尺六寸，下方七尺七寸，缀版二层，上绘彩云，下绘金云，环以朱阑，高一尺六寸八分，饰间金彩。阑内周布花毯。云龙宝座在中，高一尺三寸。左列铜鼎，右植服剑。辕四，内二辕长三丈八寸五分，外二辕长二丈九尺，金龙首尾衔两端。升用纳陛五级，左右阑皆髹朱，亦饰金彩，舁以三十六人。

金辇，圆盖方轸。高一丈五尺，盖高一尺九寸，饰盖用泥金衔金圆版四。冠金圆顶。檐径七尺一寸。黄缎垂幨二层。柱高五尺，相距各四尺九寸。门高四尺七寸五分。冬垂黄毡门帏，夏易以朱帘，黑缎缘，四面各三。座上方七尺三寸，下方七尺五寸，环以朱阑，高一尺三寸。辕四，内二辕长二丈八尺一寸，外二辕长二丈六尺一寸。舁以二十八人。余如玉辇之制。按乾隆十三年，改凉步辇为金辇。初制，凉步辇高一丈一尺二寸，座高二尺五寸。辇座朱髹，座板并四面朱髹匡，雕木浑贴金云板二十片，上贴金地雕五彩云绦环板十二片，带仰覆莲座。下四辕，中二辕长二丈八尺五寸，左右二辕长较减二尺，皆朱髹。前后俱镀金铜龙首尾装钉，攀辕黄线圆绦八。辇亭高五尺五寸五分，方四尺八寸，朱髹。门高四尺七寸，广二尺二寸。左右门广亦如之。上四周沈香色描金香草板十二片，前左右各有槅二扇，后槅三扇，明栿全，皆朱髹，编以黄线绦。辇板上施花毯草席，并红织金绮褥。朱髹戗金云龙坐椅一，坐下四周雕木沉香描金云，其上靠背雕沈香色描金龙一，并五彩云，下雕贴金云板一片，朱髹福寿板一，并衣。亭内设雕木浑贴金剑山一，脚踏一，黄缎衣全。铜火炉及镀金镶嵌宝石铜炉各一，坐褥、椅裙、帘幔之类，悉与大小马辇同。辇顶高二尺五寸，镀金铜宝珠顶，带仰覆莲座，高一尺三寸二分，垂攀顶黄绒索四。顶朱髹，冒以黄毡，四角如意云并缘绦，亦均黄毡为之。周围施金黄绮沥水二层，每层百二十四摺，绣云龙，间以五彩云文。腰绣行龙十六。或大红罗冒顶，如意云缘绦亦红罗为之。四角镀金铜云四朵。亭内宝盖绣五龙，顶用朱髹木匡，冒以黄绮，谓之黄屋。顶心四周绣云龙各一。辇亭四角至辇座攀顶黄线圆绦四，并贴金木鱼。亭外围红毡面、金黄毡缘绦、绢里毡衣一副。辇亭前左右转角阑干二扇，后一字带转角阑干二扇，皆朱髹，雕木玲珑金地五彩糚云板十六片。四扇凡十二柱，各柱首雕饰同大辂。阑内四周施花毯草席，踏梯一，木质朱髹，贴金五彩云玲珑板六片，描金水板十二片。蹲龙四，皆抹金铜钑花叶片装钉。又镀金铜钩四，金黄线圆绦，数亦如之。红油高凳四，黄毡輓凳二，金黄布夹幰衣、金黄油绸雨衣各一。

礼舆、楠质。高六尺三寸。上为穹盖二层，高一尺三寸。上层八角，饰金行龙。下四角，饰亦如之。冠金圆顶，承以镂金垂云，杂宝衔之。檐纵四尺七寸，横三尺五寸。明黄缎垂幨二层，绣金云龙。四柱高五尺，饰蟠龙，门端及左右阑饰云龙，皆镂金。内设金龙宝座，高一尺七寸，帏用明黄云缎纱毡，各惟其时。左右启棂，夏用蓝纱，冬用玻璃。直辕二，长一丈七尺六寸五分。大横杆二，长九尺。小横杆四，长二尺二寸五分。肩杆八，长五尺八寸。皆髹朱，绘金灵龙。横钻铜，纵加金龙首尾。舁以十六人。按礼舆为大仪轿之改定。初制，大仪轿高四尺八寸五分，顶高一尺三寸，广二尺八寸。顶双层，浑贴金雕九龙，云花番草缘环，销金龙沥水二层，黄绫为之。髹金直竿二，前后横竿如之。短扛四，肩扛倍之。撑竿二。轿顶蹲龙十二，金顶钑龙文，嵌珊瑚青金松子等石。轿扛装镀金铜龙首尾。黄布幰衣、油绸雨衣、黄毡顶各一。

轻步舆，亦舁以十六人，木质髹朱，不施幰。盖高三尺四寸。倚高一尺五寸八分，象牙为之。座高一尺八寸二分，纵一尺八寸三分，横二尺二寸。踏几高三寸，髹以金。直辕二，长一丈五尺四寸五分，加铜龙首尾。大横杆二，长九尺一寸。小横杆四，长二尺八寸四分。肩杆八，长五尺八寸五分，俱钻铜。余制与步舆同。按轻步舆之称，改由折合明轿。初制，折合明轿，金漆雕花草兽面。广二尺二寸，高三尺四寸。地平广如轿身。直竿下数亦如大仪轿。装饰、幰衣诸制并与明轿同。

步舆，亦舁以十六人，木质涂金，不施幰。盖高三尺五寸。倚高一尺六寸五分，镂花文。中为蟠龙座，座高一尺八寸五分，纵一尺八寸，横二尺二寸。坐具冬施紫貂，夏以明黄糚缎。四足为虎爪螭首，圆珠承之，周绘云龙。踏几高三寸一分，笼以黄缎。直辕二，长一丈五尺五寸。大横杆二，长七尺六寸，中为双龙首相对。小横杆四，长二尺八寸。肩杆八，长五尺六寸。余同礼舆之制。按步舆为大轿之改称。初制，大轿单顶朱髹，广三尺，高五尺，贴金。顶广视轿身较赢八寸，高八寸。销金龙沥水一层，黄绫为之。饰金蹲龙四。直竿下数亦如大仪轿。金顶以下诸制并同。

皇后凤舆，木质，髹明黄，高七尺。穹盖二重，高一尺五寸五分。上为八角，下方四隅，俱饰金凤。冠金圆顶，镂以云文，杂宝衔之。檐纵五尺，横三尺七寸六分，明黄缎垂幨，上下皆销金凤。四柱，高四尺七寸，皆绘金凤。棂四启，网以青紃。前为双扉，高二尺六寸，启扉则举棂悬之，内髹浅红。中设朱座，高一尺七寸。倚高一尺八寸，髹明黄，绘金凤。坐具明黄缎绣彩凤。前加抚式，明黄金凤髹绘亦如之。直辕二，长一丈七尺二寸五分。大横杆二，长八尺，中为铁鍐金双凤相向。小横杆四，长三尺。肩杆八，长五尺一寸。皆髹明黄，横钻以铜，纵加铜鍐金凤首尾。舁以十六人。亲蚕御之。按后妃舆车之制，改定于乾隆十四年。初制，凤舆外并有凤辇，柱高三尺六寸，广五尺二寸。座高一尺八寸，周围阑柱、绦环雕花卉，朱髹贴金饰。宝座在中，下有仙桥，座穿以藤。窗槅编石青线，顶衣用黄结罗为之。销金凤沥水二层。黄缎里衣。外垂珠帘。直竿四，内扛倍之。短扛如内扛之数。俱朱髹。亦金顶钑凤文，嵌青金、珊瑚、松子等石。扛端装金凤首尾。红油凳四。拓叉二。黄布幰衣、油绸雨衣各一。凤舆制广三尺一寸五分，柱高三尺三寸二分，门高二尺八寸，顶广视面较赢八寸。顶楼六瓣，每瓣广一尺五寸，共高一尺二寸。辕长一丈七尺五寸，轮高五尺，俱施黄油彩绘金凤。亦金顶，镀金叶片装钉。黄素绫衣，上销金凤沥水二层。

仪舆，木质，髹以明黄，高视凤舆减一尺一寸。上为穹盖，高六寸七分。冠金圆顶，涂金檐，纵四尺七寸。四隅系黄绒紃，属于直辕。明黄缎垂幨。四柱，高四尺七寸。门纬红里，亦明黄缎为之。中设朱座，高一尺五寸，倚髹明黄，高一尺六寸，绘金凤。坐具明黄缎，绣彩凤。直辕二，长一丈五尺五寸。横杆二，长七尺七寸，中为铁鍐金双凤相向。肩杆四，长五尺二寸，两端钻铜鍐金。舁以八人。初制，仪舆广三尺二寸，柱高三尺四寸，顶广视面辕较赢三寸，高九寸，辕长与凤舆同，轮较低二寸，俱施黄油。赤金顶，镀金叶片装钉。衣以黄云缎为之。重檐沥水，红缎里。黄布幰衣、油绸雨衣、黄毡顶各一。

凤车，木质，髹明黄，高九尺五寸。穹盖二层，高一尺七寸，上绘八宝，八角饰以金凤，下绘云文，四隅饰亦如之。冠金圆顶，镂云，杂宝衔之。檐纵四尺九寸，横四尺。明黄缎垂幨，盖明黄络，四隅系紃，明黄绒为之，属于轸。四柱，高三尺三寸，左右及后皆绘金凤。中各启棂，网以青紃。门高三尺，上镂金凤相向。明黄缎帏，黄里。坐具亦明黄缎为之，上绣彩凤。轮径四尺九寸，各十有八辐。辕二，长一丈七尺五寸，两端钻以铁鍐金。轸长六尺二寸。驾马一。

仪车，木质，髹明黄，高九尺五寸。穹盖，上圆下方，高九寸。冠银圆顶，涂金。檐纵五尺五寸，横四尺一寸。四隅系紃，明黄绒为之，属于轸。明黄缎垂幨。四柱，高二尺八寸，不加绘饰，里髹浅红。黄里明黄缎纬。坐具亦明黄缎为之，上绣彩凤。轮径四尺，各十有八辐。辕二，长一丈五尺，钻以铁鍐银，轸长五尺八寸，驾马一。按初制无仪车，有大仪轿，广二尺九寸，高四尺八寸。顶广如仪舆。顶楼八瓣，俱施黄油。贴金云凤绦环，嵌五色宝石。黄绫为衣，上销金凤沥水二层。直横竿各二，短扛四，肩扛倍之，撑竿二，俱朱髹。轿顶饰金凤十二，金顶钑海马文，嵌青、红、蓝三色宝石。轿扛装镀金铜凤首尾。幰衣诸制与仪舆同。

皇太后舆车之制，与皇后同，惟绘绣加龙，故遂异其名曰龙凤舆、曰龙凤车。乾隆十六年，皇太后六旬圣寿，皇上自畅春园躬奉慈驾入宫。皇太后御金辇，明黄缎绣寿字篆文。奉辇以二十八人。二十六年、三十六年，皇太后七旬、八旬圣寿，并御是辇，自畅春园入宫。定名曰万寿辇。

皇贵妃翟舆，木质，髹明黄，绘绣皆金翟。横杆中为铁鍐银双翟相向，翟首鍐金。凡杆纵加铜鍐金翟首尾。肩杆四。舁以八人。余同皇后凤舆之制。按初制，皇贵妃舆车，有翟车、翟轿，无仪舆、仪车之称。翟轿制广二尺九寸，高四尺六寸。顶广二尺五寸。顶楼六瓣。俱施金黄油，彩绘云龙翟鸟，饰五色宝石。金黄绫衣，上销金翟沥水。直竿二，横竿如之。肩扛四，撑竿二，俱朱髹。轿顶饰金翟十。纯素金顶，铜事件全。黄布帏衣、油绸雨衣各一。

仪舆，木质，髹明黄。倚绘金翟。坐具绣彩翟。横杆中为铁镀银双翟相向。翟首镀金。余与皇后仪舆制同。

翟车，木质，髹明黄。盖饰金翟。左右及后均绘金翟。门亦镂金翟相向。坐具绣彩翟。辕钻以铁镀银。余如皇后凤车之制。初制，翟车广三尺一寸，柱高三尺三寸有奇，顶高一尺二寸，辕长一丈六尺六寸，轮高四尺八寸，俱施金黄油。金黄云缎衣。重檐沥水，红绢里。纯素金顶，镀金铜事件全。帏衣、雨衣外，金黄毡顶一。

仪车，坐具绣彩翟。余与皇后仪车制同。

贵妃翟舆、仪舆、仪车，皆木质，髹金黄。盖、幨、坐具皆金黄缎，饰彩绣皆金翟。横杆中为铁镀银双翟相向，翟首镀金。凡杆皆纵加金翟首尾。余俱同皇贵妃舆车之制。

妃嫔翟舆，木质，髹金黄。冠铜圆顶，涂金。直杆加铜髹金翟首尾。肩杆四，髹金。舁以八人。

仪舆，木质，髹金黄。冠铜圆顶，涂金。肩杆二。舁以四人。仪车，木质，髹金黄。冠，铜圆顶，涂金。余如贵妃舆车制。初制，贵妃、妃、嫔车、轿，与皇贵妃同。惟车轿顶及事件俱铜质镀金。

亲王明轿一，木质，洒金，不施帏。盖、辕、杆皆髹朱饰金。暖轿一，银顶，金黄盖幨，红帏，缎、毡各惟其时。初制，亲王明轿广三尺三寸，地平广与轿面同。俱施羊肝漆洒金，上下雕玲珑花卉。直杆，横杆、撑杆各二，肩杆四，俱朱髹贴金饰。红布帏衣、油绸雨衣各一。

亲王世子明轿一，制同前。暖轿一。红盖，金黄幨，红帏。余如亲王。

郡王明轿一，暖轿一。红盖，红幨，红帏。余同亲王世子。初制，郡王以下，贝勒以上，俱坐明轿，八人舁之，如亲王仪。辅国公以上，亦坐明轿，四人舁之。愿乘马者听。郡王长子、贝勒明轿一，暖轿一。自贝勒以上，用舆夫八人。红盖，青幨，红帏。余如郡王。

贝子明轿一，暖轿一。红盖，红幨，青帏。余如贝勒。

镇国公明轿一，暖轿一。皂盖，红幨，皂帏。余如贝子。

辅国公明轿一，暖轿一。青盖，红幨，青帏。余如镇国公。自辅国公以上，用舆夫四。

固伦公主暖轿一，金顶朱轮车一。皆金黄盖，红帏，红缘，盖角金黄幨。初制，固伦公主车轿盖以金黄缎为之，盖角垂幨皆红缘。

和硕公主暖轿及朱轮车，红盖，红帏，盖角金黄缘。余同固伦公主。和硕公主以下、县主以上，舆用银顶。并按初制，固伦公主车、轿皆红缎为之，盖角亦金黄缘。

郡主暖轿及朱轮车，红盖、红帏、红幨，盖角皂缘。余如和硕公主。初制，郡主盖、帏与和硕公主同，惟盖角青缘。

县主暖轿及朱轮车，红盖，青幨，盖角青缘。余如郡主。初制，县主盖、帏俱同和硕公主，惟盖角蓝缘。

郡君车，红盖，红幨，青帏，盖角青缘。初制，郡君车盖红缎为之，蓝纬，盖角蓝缘。

县君车，皂盖，红幨，皂帏，盖角红缘。初制，县君车盖青缎为之，盖角红缘。

镇国公女乡君车，皂盖，皂帏，红幨，盖角青缘。初制，镇国公女乡君车盖、帏亦以青缎为之，盖角蓝缘。

辅国公女乡君车，青帏，盖去缘饰。余如镇国公女。郡君以下车皆朱轮。并按初制，辅国公女乡君车青盖、蓝帏。

亲王福晋暖轿及朱轮车，红盖，四角皂缘。金黄幨，红帏，朱辕，舆用金顶。自亲王以下、贝勒以上各侧室，均降嫡一等。并按初制，亲王妃车、轿红盖，红帏，金黄垂幨，盖角青缘。其侧妃车、轿亦红盖，红帏，盖角青缘，红垂幨。

亲王世子福晋暖轿及朱轮车，红幨。余如亲王福晋。初制，亲王世子妃轿、车盖、帏与亲王侧妃同。其侧妃轿、车，红盖，红帏，盖角青缘，青垂幨。

郡王福晋暖轿及朱轮车，皂幨。余如亲王世子福晋。舆用银顶。初制，郡王妃轿、车盖、帏与亲王世子侧妃同。其侧妃轿、车，红盖，红帏，盖角蓝缘，蓝垂幨。

郡王长子福晋暖轿及朱轮车，四角蓝缘，蓝幨。余如郡王福晋。初制，郡王长子妃轿、车盖、帏与郡王侧妃同。其侧妃轿、车，红盖，四角青缘，蓝帏，红幨。

贝勒夫人暖轿及朱轮车，四角皂缘，皂帏。余如郡王长子福晋。初制，贝勒夫人轿、车与郡王长子侧妃同，其侧夫人轿车，红盖，蓝缘，蓝帏，红幨。

贝子夫人车，红盖，青缘，青帏，红幨。初制，贝子夫人车与贝勒侧夫人同。其侧夫人车，青盖，红缘，青帏，红幨。

镇国公夫人车，朱轮，皂盖，红缘，皂帏。红幨。自公夫人以上，盖、帏均用云缎，镇国将军夫人以下用素缎。并按初制，镇国公夫人车盖、帏与贝子侧夫人同。其侧夫人车，青盖，蓝缘，青帏，红幨。

辅国公夫人车，朱轮，皂盖，青缘，皂帏，红幨。初制，辅国公夫人车盖、帏与镇国公侧夫人同。其侧夫人车，青盖，蓝帏，红幨。

镇国将军夫人车，朱轮，皂盖，青缘，皂帏，红幨。初制，镇国将军夫人车盖、帷与辅国公侧夫人同。

辅国将军夫人车，朱轮，青盖，红幨，青帏。初制，辅国将军夫人车盖、帷皆以蓝缎为之，红垂幨。

奉国将军淑人、奉恩将军恭人车，均朱轮，皂盖，皂帏，皂幨。初制，奉国将军淑人及奉恩将军恭人车，盖、帏、幨皆以青缎为之。

民公夫人车，黑辕轮，绿盖，皂缘，绿幨，皂帏。初制，公夫人车，皂盖，青缘。

侯、伯夫人车，四角青缘。余如民公夫人。初制，侯、伯夫人车，青帏，盖角蓝缘。

子夫人车，皂盖。余如侯、伯夫人。初制，子夫人车，青盖，绿缘，绿幨，青帏。

男夫人车，皂盖，不缘。余如子夫人。初制，男夫人车，青盖，青帏，绿幨。

满洲官惟亲王、郡王、大学士、尚书乘舆。贝勒、贝子、公、都统及二品文臣，非年老者不得乘舆。其余文、武均乘马。

汉官三品以上、京堂舆顶用银，盖帏用皂。在京舆夫四人，出京八人。四品以下文职，舆夫二人，舆顶用锡。直省督、抚，舆夫八人。司、道以下，教职以上，舆夫四人。杂职乘马。

钦差官三品以上，舆夫八人。武职三品仍不得用。武职均乘马。将军、提督、总兵官，年逾七十不能乘马者，奏闻请旨。初制，凡公、侯、伯以下职官，三品以上，坐四人暗轿，镀金装饰，银螭，绣带，青幔。四品以下，坐二人暗轿，或乘车，愿乘马者听。其轿、车之制，四、五品素狮绣带。六品以下，素云头素带，青幔。汉武官有坐轿者，禁如例。

乾隆十五年谕："本朝旧制，文、武满、汉大臣，凡遇朝会皆乘马，并不坐轿。从前满洲大臣内有坐轿者，是以降旨禁止武大臣坐轿，未禁止文大臣。今闻文大臣内务求安逸，于京师至近之地，亦皆坐轿。若谓在部院行走应当坐轿，则国初部院大臣未尝坐轿。此由平时不勤习技业，惟求安逸之所致也。满洲大臣当思本朝旧制，遵照奉行。嗣后文大臣内年及六旬实不能乘马者，著照常坐轿，其余著禁止。"

庶民车，黑油，齐头，平顶，皂幔。轿同车制。其用云头者禁之。

一品命妇车，黑轮、辕，皂盖，青缘，绿幨，皂帏。

二品命妇车，皂盖，不缘。余同一品命妇。

三品命妇车，皂盖，皂帏。余同二品命妇。以上舆用银顶。

四品命妇车，皂盖，青帏，舆用锡顶。余同三品命妇。

五品命妇以下车，青盖，青幨，青帏。二品以上，盖、帏、幨用缯，余均用布。并按初制，内大臣、都统、大学士、尚书、左都御史命妇车，青盖，绿缘、绿幨，青帏。散秩大臣、前锋统领、步军统领、副都统、侍郎、学士、副都御史、通政使司通政使、大理寺卿、詹事府詹事命妇车，青盖，青帏，绿幨。头等侍卫，参领，步军总尉，王府长史，太常、太仆、光禄寺各正、少卿，通政司副使，大理寺少卿，国子监祭酒，内阁侍读学士，翰林院读讲学士，侍读，侍讲，詹事府少詹事，庶子，谕德，洗马，郎中，鸿胪寺卿，给事中，监察御史，轻车都尉命妇车，青盖，青帏，青幨。闲散宗室、二等侍卫、佐领、贝勒长史、钦天监监正、内阁侍读、国子监司业、鸿胪寺少卿、通政使司参议、詹事府中允、员外郎、步军副尉、骑都尉命妇车，青盖，蓝帏，青幨。三等侍卫、云骑尉、五品以下官命妇车，蓝盖，蓝帏，青幨。

卷一百三　志七十八

舆服二

皇帝冠服　皇后冠服太皇太后皇太后附
皇贵妃以下冠服　皇子亲王以下冠服
皇子亲王福晋以下冠服　文武官冠服
命妇冠服　士庶冠服

崇德二年，谕诸王、贝勒曰："昔金熙宗及金主亮废其祖宗时冠服，改服汉人衣冠。迨至世宗，始复旧制。我国家以骑射为业，今若轻循汉人之俗，不亲弓矢，则武备何由而习乎？射猎者，演武之法；服制者，立国之经。嗣后凡出师、田猎，许服便服，其余悉令遵照国初定制，仍服朝衣。并欲使后世子孙勿轻变弃祖制。"乾隆三十七年，三通馆进呈所纂《嘉礼考》，于辽、金、元各代冠服之制，叙载未能明晰。奉谕："辽、金、元衣冠，初未尝不循其国俗，后乃改用汉、唐仪式。其因革次第，原非出于一时。即如金代朝祭之服，其先虽加文饰，未至尽弃其旧。至章宗乃概为更制。是应详考，以徵蔑弃旧典之由。衣冠为一代昭度，夏收殷冔，不相沿袭。凡一朝所用，原各自有法程，所谓礼不忘其本也。自北魏始有易服之说，至辽、金、元诸君浮慕好名，一再世辄改衣冠，尽去其纯朴素风。传之未久，国势浸弱。况揆其议改者，不过云衮冕备章，文物足观耳。殊不知润色章身，即取其文，亦何必仅沿其式？如本朝所定朝祀之服，山龙藻火，粲然具列，皆义本《礼》经，而又何通天绛纱之足云耶？"盖清自崇德初元，已厘定上下冠服诸制。高宗一代，法式加详，而犹于变本忘先，谆谆训诫。亦深维乎根本至计，未可轻革旧俗。祖宗成宪具在，所宜永守勿愆也。兹就乾隆朝增改之制，以类叙次，而仍以初定者附见于篇。

皇帝朝冠，冬用薰貂，十一月朔至上元用黑狐。上缀朱纬。顶三层，贯东珠各一，皆承以金龙四，饰东珠如其数，上衔大珍珠一。夏织玉草或藤竹丝为之，缘石青片金二层，里用红片金或红纱。上缀朱纬，前缀金佛，饰东珠十五。后缀舍林，饰东珠七，顶如冬制。

吉服冠，冬用海龙、薰貂、紫貂惟其时。上缀朱纬。顶满花金座，上衔大珍珠一。夏织玉草或藤竹丝为之，红纱绸里，石青片金缘。上缀朱纬。顶如冬吉服冠。

常服冠，红绒结顶，不加梁，余如吉服冠。

行冠，冬用黑狐或黑羊皮、青绒，余俱如常服冠。夏织藤竹丝为之，红纱里缘。上缀朱氂。顶及梁皆黄色，前缀珍珠一。

端罩，紫貂为之。十一月朔至上元用黑狐。明黄缎里。左、右垂带各二，下广而锐，色与里同。

衮服，色用石青，绣五爪正面金龙四团，两肩前后各一。其章左日、右月，万寿篆文，间以五色云。春、秋棉、袷、冬裘、夏纱惟其时。

朝服，色用明黄，惟祀天用蓝，朝日用红，夕月用月白。披领及袖皆石青，缘用片金，冬加海龙缘。绣文两肩，前、后正龙各一，腰帷行龙五，衽正龙一，襞积前、后团龙各九，裳正龙二、行龙四，披领行龙二，袖端正龙各一。列十二章，日、月、星、辰、山、龙、华、虫、黼黻在衣，宗彝、藻、火、粉米在裳，间以五色云。下幅八宝平水。十一月朔至上元，披领及裳俱表以紫貂，袖端薰貂。绣文两肩，前、后正龙各一，襞积行龙六。列十二章，俱在衣，间以五色云。

龙袍，色用明黄。领、袖俱石青，片金缘。绣文金龙九。列十二章，间以五色云。领前后正龙各一，左、右及交襟处行龙各一，袖端正龙各一。下幅八宝立水，襟左右开，棉、袷、纱、裘，各惟其时。

常服褂,色用石青,花文随所御,裾左右开。

行褂,色用石青,长与坐齐,袖长及肘。

常服袍,色及花文随所御,裾四开。行袍同。

行裳,色随所御。左右各一,前平,后中丰,上下敛。横幅石青布为之,毡、袷惟时。冬用鹿皮或黑狐为里。

雨冠之制二:冬顶崇,前簷深;夏顶平,前檐敞。皆明黄色,月白缎里。毡及油绸、羽缎惟其时。

雨衣之制六,皆明黄色:一,如常服褂,而长与袍称。自衽以下加博。上袭重衣。领下为襞积。无袖。斜幨相比,上敛,下递丰。两重俱加掩襟,领及钮约皆青色。一,以毡及羽缎为之,月白缎里。不袭重衣。余制同。领及钮约如衣色,油绸为之,不加里。钮约青色。一,如常服褂而加领,长与袍称。毡羽缎为之,月白缎里。领及钮约如衣色。一,如常服袍而袖端平,前施掩裆,油绸不加里。领用青羽缎,钮约青色。外加袍袖如衣色。一,如常服褂,长与坐齐。毡、羽缎为之,月白缎里。领及钮约如衣色。一,如常服袍而加领,长与坐齐。油绸为之,不加里。袖端平,前加掩裆,领用青羽缎,钮约青色。

雨裳之制二,皆明黄色:一,左右幅相交,上敛下递博。上前加浅幨为襞积。两旁缀以纽约,青色。腰为横幅,用石青布,两末削为带系之。一,前为完幅,不加浅幨,余制同。

朝珠,用东珠一百有八,佛头、记念、背云、大小坠杂饰,各惟其宜,大典礼御之。惟祀天以青金石为饰,祀地珠用蜜珀,朝日用珊瑚,夕月用绿松石,杂饰惟宜。绦皆明黄色。

朝带之制二,皆明黄色:一,用龙文金圆版四,饰红蓝宝石或绿松石,每具衔东珠五,围珍珠二十。左右佩帉,浅蓝及白各一,下广而锐。中约镂金圆结,饰宝如版,围珠各三十。佩囊文绣、燧觿、刀削、结佩惟宜,绦皆明黄色,大典礼御之。一,用龙文金方版四,其饰祀天用青金石,祀地用黄玉,朝日用珊瑚,夕月用白玉,每具衔东珠五。佩帉及绦,惟祀天用纯青,余如圆版朝带之制。中约圆结如版饰,衔东珠四。佩囊纯石青,左觿、右削,并从版色。

吉服带,用明黄色,镂金版四,方圆惟便,衔珠玉杂宝各从其宜。左右佩帉纯白,下直而齐。中约金结如版饰。余如朝带制,常服带同。

行带,色用明黄,左右佩系以红香牛皮为之,饰金花文鋄银镮各三。佩帉以高丽布,视常服带帉微阔而短,中约以香牛皮束,缀银花文佩囊。明黄绦,饰珊瑚。结、削、燧、杂佩各惟其宜。初制,皇帝冠用东珠宝石镶顶,束金镶玉版嵌东珠带。康熙二十三年,定凡大典礼祭坛庙,冠用大珍珠、东珠镶顶,礼服用黄色、秋香色、蓝色五爪、三爪龙缎。雍正元年,定礼服用石青、明黄、大红、月白四色缎,花样三色,圆金龙九,龙口珠各一颗。腰襕小团金龙九。周身五彩云,下八宝平水,万代江山。

皇后朝冠,冬用薰貂,夏以青绒为之,上缀朱纬。顶三层,贯东珠各一,皆承以金凤,饰东珠各三,珍珠各十七,上衔大东珠一。朱纬上周缀金凤七,饰东珠九,猫睛石一,珍珠二十一。后金翟一,饰猫睛石一,珍珠十六。翟尾垂珠,凡珍珠三百有二,五行二就,每行大珍珠一。中间金衔青金石结一,饰东珠、珍珠各六,末缀珊瑚。冠后护领垂明黄绦二,末缀宝石,青缎为带。

吉服冠,薰貂为之,上缀朱纬。顶用东珠。

金约,镂金云十三,饰东珠各一,间以青金石,红片金里。后系金衔绿松石结,贯珠下垂,凡珍珠三百二十四,五行三就,每行大珍珠一。中间金衔青金石结二,每具饰东珠、珍珠各八,末缀珊瑚。

耳饰,左右各三,每具金龙衔一等东珠各二。

朝褂之制三,皆石青色,片金缘:一,绣文前后立龙各二,下通襞积,四层相间,上为正龙各四,下为万福万寿文。一,绣文前后正龙各一,腰帷行龙四,中有襞积。下幅行龙八。一,绣文前后立龙各二,中无襞积。下幅八宝平水。皆垂明黄绦,其饰珠宝惟宜。

朝袍之制三,皆明黄色:一,披领及袖皆石青,片金缘,冬加貂缘,肩上下袭朝褂处亦加缘。绣文金龙九,间以五色云。中有襞积。下幅八宝平水。披领行龙二,袖端正龙各一,袖相接处行龙各二。一,披领及袖皆石青,夏用片金缘,冬用片云加海龙缘,肩上下袭朝褂处亦加缘。绣文前后正龙各一,两肩行龙各一,腰帷行龙四。中有襞积。下幅行龙八。一,领袖片金加海龙缘,夏片金缘。中无襞积。裾后开。余俱如貂缘朝袍之制。领后垂明黄绦,饰珠宝惟宜。

龙褂之制二,皆石青色:一,绣文五爪金龙八团,两肩前后正龙各一,襟行龙四。下幅八宝立水。袖端行龙各二。一,下幅及袖端不施章采。

龙袍之制三,皆明黄色,领袖皆石青:一,绣文金龙九,间以五色云,福寿文采惟宜。下幅八宝立水,领前后正龙各一,左右及交襟处行龙各一。袖如朝袍,裾左右开。一,绣文五爪金龙八团,两肩前后正龙各一,襟行龙四。下幅八宝立水。一,下幅不施章采。

领约,镂金为之,饰东珠十一,间以珊瑚。两端垂明黄绦二,中贯珊瑚,末缀绿松石各二。

朝服朝珠三盘,东珠一,珊瑚二,佛头、记念、背云、大小坠珠宝杂饰惟宜。吉服朝珠一盘,珍宝随所御。绦皆明黄色。

采帨,绿色,绣文为"五谷丰登"。佩箴管、鞶帙之属。绦皆明黄色。

朝裙,冬用片金加海龙缘,上用红织金寿字缎,下石青行龙妆缎,皆正幅。有襞积。夏以纱为之。

太皇太后、皇太后冠服诸制与皇后同。初制,皇后冠服,凡庆贺大典,冠用东珠镶顶,礼服用黄色、秋香色五爪龙缎、凤皇翟鸟等缎。太皇太后、皇太后冠服,凡遇受贺诸庆典,冠用东珠镶顶,礼服用黄色,秋香色五爪龙缎、绣缎、妆缎。

皇贵妃朝冠,冬用薰貂,夏以青绒为之。上缀朱纬。顶三层,贯东珠各一,皆承以金凤,饰东珠各三,珍珠各十七,上衔大珍珠一。朱纬上周缀金凤七,饰东珠各九,珍珠各二十一。后金翟一,饰猫睛石一,珍珠十六,翟尾垂珠,凡珍珠一百九十二,三行二就。中间金衔青金石结一,东珠、珍珠各四，末缀珊瑚。冠后护领垂明黄绦二，末缀宝石。青缎为带。吉服冠与皇后同。

金约，镂金云十二，饰东珠各一，间以珊瑚，红片金里。后系金衔绿松石结，贯珠下垂，凡珍珠二百有四，三行三就。中间金衔青金石结二，每具饰东珠、珍珠各六，末缀珊瑚。耳饰用二等东珠，余同皇后。朝褂、朝袍、龙褂、龙袍、采帨、朝裙皆与皇后同。

领约，镂金为之，饰东珠七，间以珊瑚。两端垂明黄绦二，中贯珊瑚，末缀珊瑚各二。

朝服朝珠三盘，蜜珀一，珊瑚二。吉服朝珠一盘。绦明黄色。

贵妃冠服袍及垂绦皆金黄色，余与皇贵妃同。

妃朝冠，顶二层，贯东珠各一，皆承以金凤，饰东珠九，珍珠十七，上衔猫睛石。朱纬。上周缀金凤五，饰东珠七，珍珠二十一。后金翟一，饰猫睛石一，珍珠十六，翟尾垂珠，凡珍珠一百八十八，三行二就。中间金衔青金石结一，饰东珠、珍珠各四，末缀珊瑚。冠后护领垂金黄绦二，末缀宝石。青缎为带。吉服冠顶用碧玡玭。余同贵妃。

金约，镂金云十一，饰东珠各一，间以青金石，红片金里。后系金衔绿松石结，贯珠下垂，凡珍珠一百九十七，三行三就。中间金衔青金石结二，每具饰东珠、珍珠各六，末缀珊瑚。耳饰用三等东珠。余同贵妃。朝褂、朝袍、龙褂、龙袍、领约、朝裙、朝珠皆与贵妃同。

采帨，绣文为“云芝端草”。余与贵妃同。

嫔朝冠，顶二层，贯东珠各一，皆承以金翟，饰东珠九，珍珠十七，上衔砗子。朱纬。上周缀金翟五，饰东珠五，珍珠十九。后金翟一，饰珍珠十六，翟尾垂珠，凡珍珠一百七十二，三行二就。中间金衔青金石结一，饰东珠、珍珠各三，末缀珊瑚。冠后护领垂金黄绦二，末缀宝石。青缎为带。吉服冠与妃同。

金约，镂金云八，饰东珠各一，间以青金石，红片金里。后系金衔绿松石结，贯珠下垂，凡珍珠一百七十七，三行二就。中间金衔青金石结二，每具饰东珠、珍珠各四，末缀珊瑚。耳饰用四等东珠。余与妃同。

朝褂，与妃同。龙褂，绣文两肩前后正龙各一，襟夔龙四。余同妃制。朝袍、龙袍俱用香色。余与妃同。

朝服朝珠三盘，珊瑚一、蜜珀二。吉服朝珠一盘。绦用金黄色。领约、朝裙皆与妃同。采帨不绣花文。余同妃制。初制，皇贵妃、贵妃、妃、嫔冠服，凡庆贺大典，皇贵妃、贵妃冠顶用东珠十二颗，妃冠顶用东珠十一颗。礼服用凤凰、翟鸟等缎，五爪龙缎、妆缎、八团龙等缎。至黄色、秋香色，自皇贵妃以下，概不许服。嫔冠顶用东珠十颗，礼服用翟鸟等缎，五爪龙缎、妆缎、四团龙等缎。

皇子朝冠，冬用薰貂、青狐惟其时。上缀朱纬。顶金龙二层，饰东珠十，衔红宝石。夏织玉草或藤竹丝为之。石青片金缘二层，里用红片金或红纱。上缀朱纬。前缀舍林，饰东珠五。后缀金花，饰东珠四。顶如冬朝冠，吉服冠红绒结顶。

端罩，紫貂为之，金黄缎里。左右垂带各二，下广而锐，色与里同。龙褂，色用石青。正面绣五爪金龙四团，两肩前后各一，间以五色云。

朝服之制二，皆金黄色：一，披领及裳俱表以紫貂。袖端薰貂。绣文两肩前后正龙各一，襞积行龙六，间以五色云。一，披领及袖俱石青，片金缘，冬加海龙缘。绣文两肩前后正龙各一，腰帷行龙四，裳行龙八，披领行龙二，袖端正龙各一。下幅八宝平水。蟒袍亦金黄色，片金缘，绣文九蟒，裾左、右开。

朝珠不得用东珠，余随所用，绦皆金黄色。

朝带，色用金黄，金衔玉方版四，每具饰东珠四，中衔猫睛石一，左右佩绦如带色。吉服带亦色用金黄，版饰惟宜，佩绦如带色。

雨冠、雨衣、雨裳，均用红色，毡、羽纱、油绸，各惟其时。初制，皇子冠服，凡庆贺大典，冠用东珠十三颗镶顶，礼服用秋香等色，五爪、三爪龙缎，满翠八团龙等缎，束金镶玉嵌东珠带。

亲王朝冠，与皇子同。吉服冠，冬用海龙、薰貂、紫貂惟其时。夏织玉草或藤竹丝为之。红纱绸里。石青片金缘。上缀朱纬。顶用红宝石，曾赐红绒结顶者，亦得用之。

端罩，青狐为之，月白缎里，若曾赐金黄色者，亦得用之。补服用石青色，绣五爪金龙四团，前后正龙，两肩行龙。朝服、蟒袍蓝及石青随所用，若曾赐金黄色者，亦得用之。余与皇子同。

朝珠、朝带、吉服带、雨冠、雨衣、雨裳，均与皇子同。崇德元年，定亲王冠顶三层，上衔红宝石，中嵌东珠八。前舍林，嵌东珠四。后金花，嵌东珠三。带用金镶玉版四片，嵌东珠四。顺治九年，定冠顶共嵌东珠十，舍林、金花各增嵌东珠一。带四片，每片嵌东珠四。服用五爪四团龙补、五爪龙缎、满翠四补等缎。

亲王世子朝冠，顶金龙二层，饰东珠九，上衔红宝石。夏朝冠前缀舍林，饰东珠五。后缀金花，饰东珠四。吉服冠、端罩、补服、朝服、蟒袍、朝珠皆与亲王同。

朝带，色用金黄，金衔玉方版四，每具饰东珠三。左右佩绦如带色。吉服带与亲王同。顺治九年，定亲王世子冠顶三层，共嵌东珠九。带用金镶玉版四片，每片嵌东珠三。服与亲王同。

郡王朝冠，顶金龙二层，饰东珠八，上衔红宝石。夏朝冠前缀舍林，饰东珠四。后缀金花，饰东珠三。吉服冠、端罩皆与亲王世子同。

补服，用石青色，绣五爪行龙四团，两肩前后各一。朝服、蟒袍、朝珠皆与亲王世子同。

朝带，色用金黄，金衔玉方版四，每具饰东珠二，猫睛石一。佩绦如带色。吉服带与亲王世子同。崇德元年，定郡王冠顶三层，上衔红宝石，中嵌东珠七。前舍林，嵌东珠三。后金花，嵌东珠二。带用金镶玉版四片，嵌绿松石四。顺治九年，定冠顶共嵌东珠八，舍林、金花各增嵌东珠一。带四片，每片嵌东珠二。服与亲王同。

贝勒朝冠，顶金龙二层，饰东珠七，上衔红宝石。夏朝冠前缀舍林，饰东珠三。后缀金花，饰东珠二。吉服冠、端罩皆与郡王同。

补服，色用石青，前后绣四爪正蟒各一团，朝服通绣四爪蟒文，蟒袍亦如之，均不得用金黄色，余随所用。朝珠绦用石青色。余同郡王。朝带色用金黄，金衔玉方版四，每具饰东珠二。佩绦皆石青色，吉服带色用金黄，版饰惟宜。佩绦亦皆石青色。崇德元年，定贝勒冠顶三层，上衔红宝石，中嵌东珠六。前舍林，缀东珠二。后金花，缀东珠一。带用金镶玉版四片，嵌宝石四。顺治九年，定冠顶共嵌东珠七，舍林、金花各增嵌东珠一。带四片，每片嵌东珠二。服用四爪两团龙补及蟒缎、妆缎。

贝子朝冠，顶金龙二层，饰东珠六，上衔红宝石。夏朝冠前缀舍林，饰东珠二。后缀金花，饰东珠一。吉服冠顶用红宝石。皆戴三眼孔雀翎。孔雀花翎有三眼、双眼、单眼之分，遇赏均得戴用。端罩制同贝勒。补服色用石青，前后绣四爪行蟒各一团。朝服、蟒袍、朝珠皆与贝勒同。

朝带，色用金黄，金衔玉方版四，每具饰东珠一。吉服带与贝勒同。崇德元年，定贝子冠顶二层，上衔红宝石，中嵌东珠五。前舍林，后金花，各嵌东珠一。带用金镶玉版四片，每片嵌蓝宝石一。顺治九年，定冠顶共嵌东珠六，舍林增嵌东珠一，余如旧。带四片，每片嵌东珠一。服与贝勒同。

镇国公朝冠，顶金龙二层，饰东珠五，上衔红宝石。夏朝冠前缀舍林，饰东珠一。后缀金花，饰绿松石一。吉服冠，入八分公顶用红宝石，未入八分公用珊瑚，皆戴双眼孔雀翎。端罩紫貂为之，月白缎里。补服前后绣四爪正蟒方补。朝服、蟒袍、朝珠与贝子同。

朝带，金衔玉方版四，每具饰猫睛石一。吉服带与贝子同。崇德元年，定镇国公冠顶二层，上衔红宝石，中嵌东珠四。前舍林，嵌东珠一。后金花，嵌绿松石一。带如贝子。顺治九年，定冠顶共嵌东珠五，余如旧。带四片，每片嵌猫睛石一。服用四爪方蟒补。余与贝勒同。

辅国公朝冠，顶金龙二层，饰东珠四，上衔红宝石。余皆如镇国公。崇德元年，定辅国公冠顶二层，上衔红宝石，中嵌东珠三。前舍林，嵌绿松石一。后金花，嵌宝石一。带如镇国公。顺治九年，定冠顶共嵌东珠四，舍林、金花、带、服色俱与镇国公同。

镇国将军朝冠，顶镂花金座，中饰东珠一，上衔红宝石。吉服冠顶用珊瑚。补服前后绣麒麟。余皆视武一品。崇德元年，定镇国将军冠顶上衔红宝石，带用金镶圆版，嵌红宝石四。顺治九年，定冠顶中节嵌东珠，带用金镶方玉版，各嵌红宝石一。补服绣麒麟，余与镇国公同。

辅国将军朝冠，顶镂花金座，中饰小红宝石，上衔镂花珊瑚。吉服冠顶亦用镂花珊瑚。补服前后绣狮。余皆视武二品。崇德元年，定辅国将军冠顶上衔蓝宝石，带用圆金版。顺治九年，定冠顶改衔红宝石，中节嵌小红宝石一。带如镇国将军。补服绣狮。余与镇国公同。

奉国将军朝冠，顶镂花金座，中饰小红宝石一，上衔蓝宝石。吉服冠顶亦用蓝宝石。补服前后绣豹。余皆视武三品。崇德元年，定奉国将军冠顶上衔水晶石，带用玲珑镂金方铁版。顺治九年，定冠顶上衔红宝石，中节嵌小蓝宝石一。带用起花金圆版。补服绣豹。余与镇国公同。

奉恩将军朝冠，顶镂花金座，中饰小蓝宝石一，上衔青金石。补服前后绣虎，余皆视武四品，惟衣裾四启。带用金黄色，凡宗室皆如之，觉罗用红色。顺治九年，定奉恩将军冠顶上衔蓝宝石，中节嵌小蓝宝石一。带用起花金镶银圆版。补服绣虎，余与镇国公同。

固伦额驸吉服冠，顶用红宝石，戴三眼孔雀翎。吉服带用金黄色。余与贝子同。崇德元年，定固伦额驸冠服与贝子同。顺治八年，定冠顶嵌东珠六。舍林嵌东珠二。金花嵌东珠一。带用金镶玉圆版四片，每片嵌东珠一。

和硕额驸吉服冠，顶用珊瑚，戴双眼孔雀翎。朝带色用石青或蓝，金衔玉圆版四。余与镇国公同。崇德元年，定和硕额驸冠服与超品公同，如封爵在公以上者，仍照本阶服用。顺治八年，定冠顶嵌东珠四，舍林嵌东珠一。金花嵌绿松石一。带用金镶玉圆版四片，每片嵌猫睛石一。

郡主额驸朝带，用镂金圆版四，每具饰绿松石一。余视武一品。崇德元年，定郡主额驸冠顶上衔红宝石，嵌东珠一。带用金圆版四片，嵌绿松石四。顺治八年，定冠、带与侯、伯同。康熙元年，定用四爪蟒补服。

县主额驸冠服，视武二品。崇德元年，定县主额驸冠顶上衔红宝石。带用金圆版四片，每片嵌红宝石四。

郡君额驸冠服，视武三品。崇德元年，定郡君额驸冠顶上嵌蓝宝石。带用金圆版四片。

县君额驸朝带，用镂金方铁版四。余与武四品同。崇德元年，定县君额驸冠顶上衔水晶石。带用镂金方铁版四片。

乡君额驸朝带，用镂金方铁版四。余与武五品同。崇德元年，定乡君额驸冠用金顶。带用镂金圆铁版四片。并按固伦额驸若爵在贝子以上、和硕额驸爵在镇国公以上者，冠服各从其品。郡主额驸以下皆加之。

民公朝冠，冬用薰貂，十一月朔至上元用青狐。顶镂花金座，中饰东珠四，上衔红宝石，夏顶制同。吉服冠顶用珊瑚。

端罩，貂皮为之，蓝缎里。补服，色用石青，前后绣四爪正蟒。

朝服，蓝及石青诸色随所用。披领及袖俱石青，片金缘，冬加海龙缘。两肩前后正蟒各一，腰帷行蟒四，中有襞积。裳行蟒八。十一月朔至上元，披领及裳俱表以紫貂，袖端薰貂。两肩前后正蟒各一，襞积行蟒四，皆四爪。曾赐五爪蟒缎者，亦得用之。蟒袍，蓝及石青诸色随所用，通绣九蟒。

朝珠，珊瑚青金绿松蜜珀随所用，杂饰惟宜。绦用石青色，朝带色用石青或蓝，镂金玉圆版四，每具饰猫睛石一。佩帉下广而锐，吉服带佩帉下直而齐，版饰惟宜。雨冠、雨衣、雨裳俱用红色。崇德元年，定民公冠顶上衔红宝石，中嵌东珠一。带用金圆版四片，嵌绿松石四。顺治二年，定冠用起花金顶，上衔红宝石，中嵌东珠三。带用金镶圆玉版四片，各嵌绿松石一。八年，定冠顶嵌东珠四，带片各嵌猫睛石一。

侯朝冠，顶镂花金座，中饰东珠三，上衔红宝石。朝带镂金衔玉圆版四，每具饰绿松石一。余皆如公。

伯朝冠，顶镂花金座，中饰东珠二，上衔红宝石。朝带镂金衔玉圆版四，每具饰红宝石一。余皆如侯。

子朝冠，顶镂花金座，中饰东珠一，上衔红宝石，补服前后绣麒麟。余皆视武一品。

男朝冠，顶镂花金座，中饰小红宝石，上衔镂花珊瑚。补服前后绣狮。余皆视武二品。顺治二年，定侯、伯冠用起花金顶，上衔红宝石，中嵌东珠一。带用金镶方玉版四片，每片嵌红宝石一。六年，定冠顶嵌东珠二，带改用圆玉版。八年，定侯冠顶东珠三。带片各嵌绿松石一。

皇子福晋朝冠，顶镂金三层，饰东珠十，上衔红宝石。朱纬。上周缀金孔雀五，饰东珠七，小珍珠三十九。后金孔雀一，垂珠三行二就。中间金衔青金石结一，饰东珠各三，末缀珊瑚。冠后护领垂金黄绦二，末亦缀珊瑚。青缎为带。吉服冠顶用红宝石。

金约，镂金云九，饰东珠各一，间以青金石，红片金里。后系金衔青金石结，贯珠下垂，三行三就。中间金衔青金石结二、每具饰东珠珍珠各四，末缀珊瑚。耳饰左右各三，每具金云衔珠各二。

朝褂，色用石青，片金缘。绣文前行龙四，后行龙三。领后垂金黄绦，杂饰惟宜。吉服褂色用石青，绣五爪正龙四团，前后两肩各一。朝袍用香色，披领及袖皆石青，片金缘，冬加海龙缘。肩上下袭朝褂处亦加缘，绣文前后正龙各一，两肩行龙各一，襟行龙四，披领行龙二，袖端正龙各一，袖相接处行龙各二。裾后开。领后垂金黄绦，杂饰惟宜。蟒袍用香色，通绣九龙。

领约，镂金为之，饰东珠七，间以珊瑚。两端垂金黄绦二，中贯珊瑚，末缀珊瑚各二。采帨月白色，不绣花文，结佩惟宜。绦皆金黄色。朝裙片金缘，冬加海龙缘，上用红缎，下石青行龙妆缎，皆正幅，有襞积。夏以纱为之。

朝服朝珠三盘，珊瑚一，蜜珀二。吉服朝珠一盘。珍宝随所御。绦皆金黄色。

亲王福晋吉服褂，绣五爪金龙四团，前后正龙，两肩行龙。余皆与皇子福晋同。侧福晋冠顶等各饰东珠九。服与嫡福晋同。并按崇德元年，定亲王嫡妃冠顶嵌东珠八，侧妃嵌东珠七。顺治九年，定嫡妃冠顶增嵌东珠二。服用翟鸟四团龙补、五爪龙缎，妆缎、满翠四补等缎。侧妃冠顶增嵌东珠二。服与嫡妃同。

世子福晋朝冠，顶镂金二层，饰东珠九，上衔红宝石。朱纬。上周缀金孔雀五，饰东珠各六。后金孔雀一，垂珠三行二就。中间金衔青金石结一，饰东珠各三，末缀珊瑚。冠后护领垂金黄绦二，末亦缀珊瑚。青缎为带。

金约，镂金云八，饰东珠各一，间以青金石。后系金衔青金石结，垂珠三行三就。中间金衔青金石结二，每具饰东珠珍珠各四，末缀珊瑚。余皆与亲王福晋同。顺治九年，定世子嫡妃冠服如亲王侧妃。其侧妃冠顶嵌东珠八。服与嫡妃同。

郡王福晋朝冠，顶镂金二层，饰东珠八，上衔红宝石。朱纬。上周缀金孔雀五，饰东珠各五。后金孔雀一，垂珠三行二就。中间金衔青金石结一，末缀珊瑚。冠后护领垂金黄绦二，末亦缀珊瑚。青缎为带。吉服冠与世子福晋同。

金约，镂金云八，饰东珠各一，间以青金石。后系金衔青石金结，垂珠三行三就。中间金衔青金石结二，末缀珊瑚。

吉服褂，绣五爪行龙四团，前后两肩各一。余皆与世子福晋同。崇德元年，定郡王嫡妃冠顶嵌东珠七，侧妃嵌东珠六。顺治九年，定嫡妃冠服与世子侧妃同。其侧妃冠顶嵌东珠七。服用蟒缎、妆缎，各色花、素缎。

贝勒夫人朝冠，顶镂金二层，饰东珠七，上衔红宝石。朱纬。上周缀金孔雀五，饰东珠各三。后金孔雀一，垂珠三行二就。中间金衔青金石结一，末缀珊瑚。冠后护领垂石青绦二，末亦缀珊瑚。吉服冠与郡王福晋同。

金约，镂金云七。余同郡王福晋。耳饰亦与郡王福晋同。

朝褂，绣四爪蟒，领后垂石青绦。吉服褂前后绣四爪正蟒各一。余与郡王福晋同。

朝袍，蓝及石青诸色随所用，领、袖片金缘，冬用片金加海龙缘。绣四爪蟒，领后垂石青绦。蟒袍通绣九蟒。领约、朝珠、采帨绦用石青色。余皆与郡正福晋同。崇德元年，定贝勒嫡夫人冠顶嵌东珠六。侧夫人嵌东珠五。顺治九年，定嫡夫人冠顶、服饰如郡王侧妃，其侧夫人冠顶嵌东珠六。服与嫡夫人同。

贝子夫人朝冠，顶镂金二层，饰东珠六。金约镂金云六，吉服褂前后绣四爪行蟒各一。余皆与贝勒夫人同，崇德元年，定贝子嫡夫人冠顶嵌东珠五。侧夫人嵌东珠四。顺治九年，定嫡夫人冠顶服饰如郡王侧妃。其侧夫人冠顶嵌东珠五。服与嫡夫人同。

镇国公夫人朝冠，顶镂金二层，饰东珠五。金约镂金云五。吉服褂绣花八团。余皆与贝子夫人同。崇德元年，定镇国公嫡夫人冠顶嵌东珠四。顺治九年，定嵌东珠五。服如贝子夫人。其侧夫人冠顶嵌东珠四。服与嫡夫人同。

辅国公夫人朝冠，顶镂金二层，饰东珠四。金约镂金云四。余皆与镇国公夫人同。崇德元年，定辅国公夫人冠顶嵌东珠三。顺治九年，定冠顶嵌东珠四。服如贝子夫人。其侧夫人冠顶嵌东珠三。服与嫡夫人同。

镇国将军夫人冠、服均视一品命妇。

辅国将军夫人冠、服均视二品命妇。

奉国将军淑人冠、服均视三品命妇。

奉恩将军恭人冠、服均视四品命妇。

固伦公主冠、服制如亲王福晋。崇德元年，定固伦公主冠顶嵌东珠八。顺治九年，定冠顶增嵌东珠二。服用翟鸟五爪四团龙补、五爪龙缎、妆缎、满翠四补等缎。

和硕公主朝冠、金约，制如亲王世子福晋。余与固伦公主同。崇德元年，定和硕公主冠顶嵌东珠六。顺治九年，定冠顶增嵌东珠二。服与固伦公主同。

郡主朝冠、金约，制如郡王福晋。余与和硕公主同。崇德元年，定郡主冠顶嵌东珠六。顺治九年，定冠顶增嵌东珠二。服与和硕公主同。

县主朝冠、金约，制如贝勒夫人。吉服褂制如郡王福晋。余与郡主同。崇德元年，定县主冠顶嵌东珠五。顺治九年，定冠顶增嵌东珠二。服用蟒缎、妆缎，各样花、素缎。

郡君朝冠、金约，制如贝子夫人。朝褂、龙袍、领约、朝珠、彩帨、吉服褂、蟒袍均如贝勒夫人。余同县主。崇德元年，定郡君冠顶嵌东珠四。顺治九年，定冠服与县主同。

县君朝冠、金约，制如镇国公夫人。吉服褂制如贝子夫人。余皆与郡君同。崇德元年，定县君冠顶嵌东珠三。顺治九年，定冠顶增嵌东珠二。服与郡君同。

镇国公女乡君朝冠、金约，制如辅国公夫人。吉服褂制如镇国公夫人。余同县君。

辅国公女乡君朝冠，顶镂金二层，饰东珠三。金约镂金云三。余与镇国公女乡君同。崇德元年，定乡君冠顶嵌东珠二。顺治九年，定镇国公女乡君冠顶嵌东珠三。服与县君同。

王、贝勒侧室女，封授视嫡降二等。冠、服各视所降品级服用。贝子、镇国公、辅国公侧室女，虽降等食五品、六品俸，其冠服仍与乡君同。

民公夫人朝冠，冬用薰貂，夏以青绒为之。顶镂花金座，饰东珠四，上衔红宝石。前缀金簪三，饰以珠宝。护领绦用石青色。吉服冠，薰貂为之，顶用珊瑚。金约青缎为之，红片金里。中缀镂金火焰，饰珍珠一，左右金龙凤各一。后垂青缎带二，亦红片金里。耳饰左右各三，每具金云衔珠各二。

朝褂，色用石青，片金缘。绣文前行蟒二，后行蟒一。领后垂石青绦，杂佩惟宜。朝袍，蓝及石青诸色随所用。披领及袖皆石青，冬用片金加海龙缘。绣文前后正蟒各一，两肩行蟒各一，襟行蟒四，中无襞积。披领行蟒二，袖端正蟒各一，袖相接处行蟒各二。后垂石青绦，杂佩惟宜。吉服褂色用石青，绣花八团。

蟒袍，蓝及石青诸色随所用，通四爪九蟒。领约镂金为之，饰红蓝小宝石五。两端垂石青绦二，中贯珊瑚。末缀珊瑚各二。

朝珠，朝服用三，吉服用一。珊瑚、青金、蜜珀、绿松随所用，杂饰惟宜。绦用石青色。采帨，月白色，不绣花，杂饰惟宜。绦皆石青色。朝裙，夏片金缘，冬加海龙缘，上用红缎，下石青行蟒、妆缎，皆正幅，有襞积。崇德元年，定未入八分公夫人冠顶服饰，惟正室视其夫品级服用。

侯夫人朝冠，顶镂花金座，中饰东珠三，上衔红宝石，余皆如民公夫人。

伯夫人朝冠，顶镂花金座，中饰东珠二，上衔红宝石，余皆如侯夫人。

子夫人朝冠，顶镂花金座，中饰东珠一，上衔红宝石，余皆如伯夫人。

男夫人朝冠，顶镂花金座，中饰红宝石一，上衔镂花红珊瑚。吉服冠顶镂花珊瑚。余皆如子夫人。

文一品朝冠，顶镂花金座，中饰东珠一，上衔红宝石。补服前后绣鹤，惟都御史绣獬豸。朝带镂金衔玉方版四，每具饰红宝石一。余皆如公。

武一品补服，前后绣麒麟。余皆如文一品。

文二品朝冠，冬用薰貂，十一月至上元用貂尾，顶镂花金座，中饰小红宝石一，上衔镂花珊瑚。吉服冠顶亦用镂花珊瑚。补服前后绣锦鸡。朝带镂金圆版四，每具饰红宝石一。余皆如文一品。

武二品补服，前后绣狮。余皆如文二品。

文三品朝冠，顶镂花金座，中饰小红宝石一，上衔蓝宝石。吉服冠顶亦用蓝宝石。补服前后绣孔雀，惟副都御史及按察使前后绣獬豸。朝带镂花金圆版。余皆如文二品。

武三品朝冠，冬用薰貂，补服前后绣豹。余皆如文三品。惟朝服无貂缘及无端罩。一等侍卫戴孔雀翎。端罩猞猁狲，间以貂皮，月白缎里。余如武三品。

文四品朝冠，顶镂花金座，中饰蓝宝石一，上衔青金石。吉服冠顶亦用青金石。补服前后绣雁，惟道绣獬豸。蟒袍通绣四爪八蟒。朝带银衔镂花金圆版四。余皆如文三品。

武四品补服，前后绣虎。余皆如文四品。二等侍卫戴孔雀翎。端罩红豹皮为之，素红缎里。朝服冬、夏均剪绒缘，色用石青，通身云缎，前后方襕行蟒各一，腰帷行蟒四，中有襞积。领、袖俱石青妆缎，余如武四品。

文五品朝冠，顶镂花金座，中饰小蓝宝石一，上衔水晶石。吉服冠顶亦用水晶。补服前后绣白鹇，惟给事中、御史绣獬豸。朝服色用石青，片金缘，通身云缎，前后方襕行蟒各一，中有襞积。领、袖俱用石青妆缎。朝带银衔素金圆版四。余皆如文四品。

武五品补服，前后绣熊。余皆如文五品。惟无朝珠。三等侍卫戴孔雀翎。端罩黄狐皮为之，月白缎里。朝服冬、夏俱翦绒缘。余如武五品，惟得用朝珠。

文六品朝冠，顶镂花金座，中饰小蓝宝石一，上衔砗磲。吉服冠顶亦用砗磲。补服前后绣鹭鸶，朝带银衔玳瑁圆版四。余皆如文五品，惟无朝珠。五品官以下，惟京堂、翰詹、科道得用貂裘、朝珠。六品官以下，惟太常寺、鸿胪寺、光禄寺、国子监所属官，坛庙执事、殿庭侍仪得用朝珠。

武六品补服，前后绣彪。余皆如文六品。蓝翎侍卫朝冠顶饰小蓝宝石一，上衔砗磲，戴蓝翎。端罩、朝服、朝珠均同三等侍卫。余如武六品。

文七品朝冠，顶镂花金座，中饰小水晶一，上衔素金。吉服冠顶亦用素金。补服前后绣鸂鶒，朝带素圆版四。蟒袍通绣四爪五蟒。余皆如文六品。

武七品补服，前后绣犀牛。余皆如文七品。

文八品朝冠，镂花阴文，金顶无饰。吉服冠同。补服前后绣鹌鹑。朝服色用石青云缎，无蟒。领、袖冬、夏皆青倭缎，中有襞积。朝带银衔明羊角圆版四。余皆如文七品。

武八品补服如武七品。余皆如文八品。

文九品朝冠，镂花阳文，金顶。吉服冠同。补服前后绣练雀。朝带银衔乌角圆版四。余皆如文八品。

武九品补服，前后绣海马。余皆如文九品。

未入流冠服制如文九品。

凡雨冠，民公、侯、伯、子、男、一、二、三品文、武官，御前侍卫，乾清门侍卫，上书房、南书房翰林，批本处行走人员，皆用红色。四、五、六品文、武官，雨冠中用红色，青缘。七、八、九、品文、武官，雨冠中用青色，红缘。雨衣、雨裳，民公、侯、伯、子、文、武一品官，御前侍卫，各省督、抚，皆用红色。二品以下文、武官，皆用青色。其明黄色行褂，则领侍卫大臣、御前大臣、侍卫班长、护军统领、健锐营翼领及凡诸臣之蒙赐者，皆得用之。

凡带，亲王以下、宗室以上，皆束金黄带。觉罗红带。其金黄带、红带，非上赐者，不得给予异姓。

凡朝珠，王公以下，文职五品、武职四品以上及翰詹、科道、侍卫，公主、福晋以下，五品官命妇以上均得用。以杂宝及诸香为之。礼部主事，太常寺博士、典簿、读祝官、赞礼郎，鸿胪寺鸣赞，光禄寺署正、署丞、典簿，国子监监丞、博士、助教、学正、学录，除在坛庙执事及殿廷侍仪准用，其平时燕处及在公署，仍不得用。

凡孔雀翎，翎端三眼者，贝子戴之。二眼者，镇国公、辅国公、和硕额驸戴之。一眼者，内大臣，一、二、三、四等侍卫，前锋、护军各统领、参领，前锋侍卫，诸王府长史，散骑郎，二等护卫，均得戴之。翎根并缀蓝翎。贝勒府司仪长，亲王以下二、三等护卫及前锋、亲军、护军校，均戴染蓝翎。

凡坐褥，亲王冬用貂，夏用龙文赤缯。世子、郡王冬用猞猁狲、缘貂，夏蟒文青缯。贝勒冬用猞猁狲，夏青缯施采。贝子冬用白豹，夏彩缯缘青缯。均藉红白毡。镇国公冬用全赤豹皮，夏青花赤缯。辅国公冬用方赤豹皮，夏赤花皂缯。均藉红毡。镇国将军视一品，辅国将军视二品，奉国将军视三品，奉恩将军视四品。民公冬用全虎皮，夏皂缯。侯、伯冬均用方虎皮，夏侯用缘花皂缯。伯用青云缯。均藉红毡。子、男各从其品。固伦公主额驸视贝子。和硕公主额驸视镇国公。郡主额驸冬用貛，夏皂褐缘红褐。均藉红毡。郡君额驸视三品。县君额驸视四品。乡君额驸视五品。文、武官一品冬用狼，夏红褐。二品冬用貛，夏红褐缘皂褐。三品冬用貉，夏皂褐缘红褐。四品冬用青山羊，夏皂布。均藉红毡。五品冬用青羊，夏青布。六品冬用黑羊，夏棕色布。七品冬用鹿，夏灰色布。八品冬用麅，夏土布。九品冬用獭，夏与八品同。均藉白毡。

凡寒燠更用冠服，每岁春季用凉朝冠及夹朝衣，秋季用暖朝冠及缘皮朝衣。于三、九月内，或初五日，或十五日，或二十五日，酌拟一日。均前一月由礼部奏请，得旨，通行各衙门一体遵照。

凡文、武候补、候选官顶带均与现任同。崇德元年，定都统、尚书冠顶上衔红宝石。带用金圆版四片，嵌红宝石四。内大臣、大学士、副都统、护军统领、前锋统领、侍郎冠顶上衔蓝宝石。带用金圆版四片。一等侍卫、护卫参领、学士、满启心郎、郎中冠顶上衔水晶。带用镀金铁版四片。二等、三等侍卫，护卫，佐领，汉启心郎，员外郎冠用金顶。带用镀金圆铁版四片。护军校、主事冠用金顶。带用镀金圆铁版二片。顺治二年，定一品官冠用起花金顶，上衔红宝石，中嵌东珠一。带用金镶方玉版四片，每片嵌红宝石一。二品官冠用起花金顶，上衔红宝石，中嵌小红宝石。带用起花金圆版四片，嵌红宝石一。三品官冠用起花金顶，上衔红宝石，中嵌小蓝宝石。带用起花金圆版四片。四品官冠用起花金顶，上衔蓝宝石，中嵌小蓝宝石。带用起花金圆版四片，银镶边。五品官冠用起花金顶，上衔水晶。中嵌小蓝宝石。带用素金圆版四片，银镶边。六品官冠用起花金顶，上衔水晶。带用玳瑁圆版四片，银镶边。七品官冠用起花金顶，中嵌小蓝宝石。带用素银圆版四片。八品官冠用起花金顶。带用明羊角圆版四片，银镶边。九品官冠用起花银顶。带用乌角圆版四片，银镶边。顺治九年，定武官补服一品、二品用狮，三品用虎，四品用豹。又雍正五年，定奉国将军及三品官冠用起花珊瑚顶。六品官冠用水晶石顶。

一品命妇朝冠，顶镂花金座，中饰东珠一，上衔红宝石。余皆如民公夫人。

二品命妇朝冠，顶镂花金座，中饰红宝石一，上衔镂花珊瑚。吉服冠顶亦用镂花珊瑚。余皆如一品命妇。

三品命妇朝冠，顶镂花金座，中饰红宝石一，上衔蓝宝石。吉服冠顶亦用蓝宝石。余皆如二品命妇。

四品命妇朝冠，顶镂花金座，中饰小蓝宝石一，上衔青金石。吉服冠顶亦用青金石。朝袍片金缘，绣文前后行蟒各二，中无襞积。后垂石青绦，杂饰惟宜。蟒袍通绣四爪八蟒。朝裙片金缘，上用绿缎，下石青行蟒妆缎，均正幅，有襞积。余皆如三品命妇。

五品命妇朝冠，顶镂花金座，中饰小蓝宝石一，上衔水晶，吉服冠顶亦用水晶。余皆如四品命妇。

六品命妇朝冠，顶镂花金座，中饰小蓝宝石一，上衔砗磲。吉服冠顶亦用砗磲。余皆如五品命妇。

七品命妇朝冠，顶镂花金座，中饰小水晶一，上衔素金。吉服冠顶亦用素金。蟒袍通绣五蟒。余皆如六品命妇。崇德元年，定命妇冠、服各视其夫官阶。皇后侍从妇女冠用金顶，上衔红宝石。贵妃侍从妇女冠用金顶，上衔水晶石。亲、郡王妃侍从妇女与妃侍从妇女同。贝勒夫人侍从妇女冠用金顶。贝子夫人侍从妇女冠不用顶。首饰嵌珍珠、宝石、绿松石。

会试中式贡士朝冠，顶镂花金座，上衔金三枝九叶。吉服冠顶用素金。状元金顶，上衔水晶。授职后，各视其品。举人公服冠，顶镂花银座，上衔金雀。公服袍，青绸蓝缘。披领如袍式。公服带，制如文八品朝带。吉服冠，顶银座，上衔素金。贡生吉服冠，镂花金顶。余同举人。监生吉服冠，素银顶。余同贡生。生员冠，顶镂花银座，上衔银雀。公服袍，蓝绸青缘。披领如袍式。公服带，制如文九品朝带。吉服冠，顶与监生同。外郎、耆老，冠顶以锡。从耕农官，袍以青绒为之。顶同八品。祭祀文舞生冬冠，骚鼠为之，顶镂花铜座，中饰方铜，镂葵花，上衔铜三角，如火珠形。袍以绸为之，其色南郊用石青，北郊用黑，各坛庙俱用红，惟夕月坛用月白。前后方襕销金葵花。带用绿绸。武舞生冠顶上衔铜三棱，如古戟形。袍以绸为之，通销金葵花。余俱与文舞生同。乐部乐生，冠顶镂花铜座，上植明黄翎。乐部袍红缎为之，一，前后方襕绣黄鹂，中和韶乐部乐生执戏竹人服之；一，通织小团葵花，丹陛大乐诸部乐生服之。带均用绿云缎。卤簿舆士冬冠，以豹皮及黑毡为之，顶镂花铜座，上植明黄翎，袍如丹陛大乐诸部乐生。带如祭祀文舞生。卤簿护军袍石青缎为之，通织金寿字，片金缘。领、袖俱织金葵花。卤簿校尉冬冠，平檐，顶素铜，上植明黄翎。袍、带俱同卤簿舆士。顺治三年，定庶民不得用缎绣等服。满洲家下仆隶有用蟒缎、妆缎、锦绣服饰者，严禁之。九年，定凉帽、暖帽圆月，惟职官用红片金，庶人则用红缎。僧道服，袈裟、道服外，许用䌷绢纺丝素纱各色，布袍用土黑、缁黑二色。康熙元年，定军民人等有用蟒缎、妆缎、金花缎、片金倭缎、貂皮、狐皮、猞猁狲为服饰者，禁之。三十九年，定八旗举人、官生、贡生、生员、监生、护军、领催许服平常缎纱。天马、银鼠不得服用。汉举人、官生、贡生、监生、生员除狼皮外，例亦如之。军民胥吏不得用狼狐等皮。有以貂皮为帽者，并禁之。又兵民人等鞍辔不得用绣缎、倭缎、搭线、镶缘及镀金为饰。雍正元年，以职官不按定例，悬带数珠，马项下悬红缨，使人前马。又有越分者，坐褥至以绸为之。令八旗大臣、统领衙门及都察院严行稽察，如大臣等徇情疏忽，同罪。至诸王间赏所属人员数珠等物，并行文本旗记档，岁应汇奏。二年，又申明加级官员顶带、补服、坐褥越级僭用之禁。官员军民服色有用黑狐皮、秋香色、米色、香色及鞍辔用米色、秋香色者，于定例外，加罪议处。该管官员不行举发亦如之。

卷一百四　　志七十九

舆服三

皇帝御宝　皇后金宝 太皇太后皇太后金宝玉宝附
皇贵妃以下宝印　皇子亲王以下宝印
文武官印信关防条记

清初设御宝于交泰殿，立尚宝司。其后以内监典守，当用则内阁请而用之。乾隆十一年，考定宝谱，藏之交泰殿者二十有五，藏之盛京者十。交泰殿所藏：曰"大清受命之宝"，以章皇序。白玉，方四寸四分，厚一寸。盘龙纽，高二寸。曰"皇帝奉天之宝"，以章奉若。碧玉，方四寸四分，厚一寸一分。盘龙纽，高三寸五分。曰"大清嗣天子宝"，以章继绳。金，方二寸四分，厚八分。交龙纽，高一寸七分。曰"皇帝之宝"，以布诏赦。青玉，方三寸九分，厚一寸。交龙纽，高二寸一分。曰"皇帝之宝"，以肃法驾。栴檀香木，方四寸八分，厚一寸八分。盘龙纽，高三寸五分。曰"天子之宝"，以祀百神。白玉，方二寸四分，厚八分。交龙纽，高一寸三分。曰"皇帝尊亲之宝"，以荐徽号。白玉，方二寸一分，厚七分。盘龙纽，高一寸三分。曰"皇帝亲亲之宝"，以展宗盟。白玉，方二寸二分，厚一寸二分。交龙纽，高一寸二分。曰"皇帝行宝"，以颁赐赉。碧玉，方四寸八分，厚一寸九分。蹲龙纽，高二寸五分。曰"皇帝信宝"，以微戎伍。白玉、方三寸三分，厚六分。交龙纽，高一寸六分。曰"天子行宝"，以册外蛮。碧玉，方四寸八分，厚一寸九分。蹲龙纽，高二寸三分。曰"天子信宝"，以命殊方。青玉，方三寸八分，厚一寸三分。交龙纽，高一寸七分。曰"敬天勤民之宝"，以饬觐吏。白玉，方三寸一分，厚一寸五分。交龙纽，高一寸七分。曰"制诰之宝"，以谕臣僚。青玉，方四寸，厚二寸。交龙纽，高二寸七分。曰"敕命之宝"，以钤诰敕。碧玉，方三寸五分，厚一寸三分。交龙纽，高一寸八分。曰"垂训之宝"，以扬国宪。碧玉，方四寸，厚一寸五分。交龙纽，高二寸。曰"命德之宝"，以奖忠良。青玉，方四寸，厚一寸四分。交龙纽，高二寸一分。曰"钦文之玺"，以重文教。墨玉，方三寸六分，厚一寸五分。交龙纽，高一寸六分。曰"表章经史之宝"，以崇古训。碧玉，方四寸七分，厚二寸一分。交龙纽，高二寸二分。曰"巡狩天下之宝"，以从省方。青玉，方四寸七分，厚二寸。交龙纽，高二寸五分。曰"讨罪安民之宝"，以张征伐。青玉，方四寸八分，厚二寸。交龙纽，高二寸五分。曰"制驭六师之宝"，以整戎行。墨玉，方五寸三分，厚一寸四分。交龙纽，高二寸二分。曰"敕正万邦之宝"，以诰外国。青玉，方三寸八分，厚一寸五分。盘龙纽，高二寸三分。曰"敕正万民之宝"，以诰四方。青玉，方四寸一分，厚一寸五分。交龙纽，高二寸。曰"广运之宝"，以谨封识。墨玉，方六寸，厚二寸一分。交龙纽，高二寸。

盛京所藏：曰"大清受命之宝"，碧玉，方四寸八分，厚一寸九分。蹲龙纽，高二寸四分。曰"皇帝之宝"，青玉，方四寸八分，厚一寸九分。交龙纽，高二寸七分。曰"皇帝之宝"，碧玉，方五寸，厚一寸八分。盘龙纽，高三寸。曰"皇帝之宝"，栴檀香木，方三寸八分，厚六分，素龙纽，高五分。曰"奉天之宝"，金，方三寸七分，厚九分。交龙纽，高二寸。曰"天子之宝"，金，方三寸七分，厚九分。交龙纽，高二寸。曰"奉天法祖亲贤爱民"，碧玉，方四寸九分，厚一寸五分。交龙纽，高二寸。曰"丹符出验四方"，青玉，方四寸七分，厚二寸。交龙纽，高二寸二分。曰"敕命之宝"，青玉，方三寸七分，厚一寸八分。交龙纽，高二寸五分。曰"广运之宝"，金，方二寸四分，厚八分。交龙纽，高一寸五分。

高宗御制《国朝传宝记》曰："国朝受天命，采古制为玺。掌以宫殿监正，袭以重盝，承以髹几，设交泰殿中，以次左右列，当用则内阁请而用之。其质有玉、有金、有栴檀木。玉之品有白、有青、有碧。纽有交龙、有盘龙、有蹲龙。其文自太宗文皇帝以前，专用国书，既乃兼用古篆。其大小自方六寸至二寸一分不一。尝考《大清会典》，载御宝二十有九，今交泰殿所贮三十有九。《会典》又云：'宫内收贮者六，内库收贮者二十有三。'今则皆贮交泰殿，数与地皆失实。至谓'皇帝奉天之宝'即传国玺，两郊大祀及圣节宫中告天青词用之，此语尤诞谬。大祀遵古礼，用祝版署名而不用宝。圣节宫中未尝有告天事，或道箓祝厘，时一行之，亦不过偶存其教耳，未尝命文人为青词，亦未尝用宝。且此玺孰非世之传守，而专以一宝为传国玺，亦不经。盖缘修《会典》诸臣无宿学卓识，复未尝请旨取裁，仅沿明时内监所书册档，承讹袭谬，遂至于此。甚矣纪载之难也。且《会典》所不载者，复有'受命于天既寿永昌'一玺，不知何时附藏殿内，反置之正中。按其词虽类古所传秦玺，而篆文拙俗，非李斯虫鸟之旧明甚。独玉质莹洁如截肪，方得黍尺四寸四分，厚得方之三。以为良玉不易得则信矣，若论宝，无论非秦玺，既真秦玺，亦何足贵！乾隆三年，高斌督河时奏进属员濬宝应河所得玉玺，古泽可爱，又与《辍耕录》载蔡仲平本颇合。朕谓此好事者仿刻所为，贮之别殿，视为玩好旧器而已。夫秦玺煨烬，古人论之详矣。即使尚存，政、斯之物，何得与本朝传宝同贮？于义未当。又雍正年故大学士高其位进未刻碧玉宝，一文未刻，未成为宝，而与诸宝同贮，亦未当。朕尝论之，君人者在德不在宝。宝虽重，一器耳。明等威、微信守，与车旗章服何异？德之不足，则山河之险，土宇之富，拱手而授之他人，未有徒恃此区区尺璧，足以自固者。诚能勤修令德，系属人心，则言传号涣，万里奔走，珍非和璧，制不龙螭，篆不斯籀，孰敢不敬信承奉，尊为神明。故宝器非宝，宝于有德。古有得前代符宝，君臣动色矜耀，侈为瑞贶者。我太宗文皇帝时，获蒙古所传元帝国宝，容而纳之，初不藉以为受命之符。由今思之，文皇帝之臣服函夏，垂统万世，在德耶？在宝耶？不待智者而知之矣。善夫唐梁肃之言曰：'鼎之轻重，玺之去来，视德之高下，位之安危。'然则人君承祖宗付畀，思以永膺斯宝，引而勿替，其非什袭固守之谓。谓夫日新厥德，居安虑危，凝受皇天大宝命，则德足重宝，而宝以愈重。玺玉自古无定数，今交泰殿所贮，历年既久，纪载失真，且有重复者。爰加考正排次，定为二十有五，以符天数。并著成谱，而序其大恉如此。"又《盛京尊藏宝谱序》曰："乾隆十一年春，阅交泰殿所贮诸宝，既详定位置，为文记之。其应别贮者，分别收贮。至其文或复见，及国初行用者，为数凡十。虽不同现用之宝，而未可与古玩并列。因念盛京为国家发祥地，祖宗神爽，实所式凭。朕既重缮列祖实录，尊藏凤凰楼上，觐扬光烈，传示无疆。想当开天之始，凝受帝命，宝符焕发，六服承式，璠玙孚尹，手泽存焉。记不云乎，'陈其宗器'，弘璧琬琰，陈之西序，崇世守也。爰奉此十宝，赍送盛京，鐍而藏之，而著其缘起如此。"

乾隆十三年九月，改镌御宝，始用清篆文，左为清篆，右为汉篆。高宗御题《交泰殿宝谱序后》曰："《宝谱》成于乾隆十一年丙寅，越三年戊辰，始指授儒臣为清文各篆体书。因思向之国宝，官印，汉文用篆书，而清文则用本字者，以国书篆体未备也。今既定为篆法，当施之宝印，以昭画一。按谱内青玉'皇帝之宝'，本清字篆文，传自太宗文皇帝时，自是而上四宝，均先代相承，传为世守者，不敢轻易。其檀香'皇帝之宝'以下二十有一，则朝仪纶綍所常用，宜从新制。因敕所司一律改镌，与汉篆文相配，并记之《宝谱序》后云。"

乾隆四十五年八月，高宗七旬圣寿，用杜甫句刻"古稀天子之宝"，并御制《古稀说》，兼系以诗。四十六年正月，用乾清宫西暖阁贮"敬天勤民宝"之例，贮"古稀天子之宝"于东暖阁。

皇后金宝，清、汉文玉箸篆，交龙纽，平台，方四寸四分，厚一寸二分。

康熙四年，制太皇太后金宝、玉宝，盘龙纽。余皆与皇后宝同。玉宝台高一寸八分，余同金宝。

皇太后金宝、玉宝，俱盘龙纽。余与皇后宝同。

皇贵妃金宝，清、汉文玉箸篆，蹲龙纽，平台，方四寸，厚一寸二分。

贵妃金宝，与皇贵妃同。

妃金印，清、汉文玉箸篆，龟纽，平台，方三寸六分，厚一寸。

康熙十五年，定皇太子金宝，玉箸篆，蹲龙纽，平台，方四寸，厚一寸二分。

和硕亲王金宝，龟纽，平台，方三寸六分，厚一寸。亲王世子金宝，龟纽，平台，方三寸五分，厚一寸。多罗郡王镀金银印，麒麟纽，平台，方三寸四分，厚一寸。俱清、汉文芝英篆。

外国王镀金银印，清、汉文尚方大篆，驼纽，平台，方三寸五分，厚一寸。顺治十年，以朝鲜国王原领印文有清字无汉字，命礼部改铸清、汉文金印，颁给该王，仍将旧印缴进。

宗人府、衍圣公银印，直纽，三台，方三寸三分，厚一寸。俱清、汉文尚方大篆。

公、侯、伯银印，虎纽，方三寸三分，厚九分。公三台，侯、伯二台。

经略大臣、大将军、将军、领侍卫内大臣银印，虎纽，二台，方三寸三分，厚九分。俱清、汉文柳叶篆。

军机事务处银印，直纽，二台，方三寸二分，厚八分。宣统三年四月，改军机处为内阁，旧内阁遂裁。

各部、都察院银印，直纽，三台，方三寸三分，厚九分。俱清、汉文尚方大篆。

理藩院银印，直纽，三台，方三寸三分，厚九分。兼清、汉、蒙古三体字，清、汉文尚方大篆，蒙古字不用篆。理藩院后改理藩部。

盛京五部银印，直纽，二台，方三寸二分，厚八分。盛京五部后裁。

户部总理三库事务银印，直纽，二台，方三寸二分，厚八分。户部后改名度支部。

翰林院银印，二台，方三寸二分，厚八分。

内务府银印，二台，方三寸二分，厚八分。

景陵、泰陵内务府总管，东陵、泰陵承办事务铜关防，凡关防皆直纽。长三寸，阔一寸九分。銮仪卫银印，直纽，二台，方三寸二分，厚八分。宣统朝因避写故名銮舆卫。俱清、汉文尚方大篆。

通政使司、大理寺、太常寺、顺天府、奉天府银印，直纽，方二寸九分，厚六分五厘。通政司后裁，大理寺后改大理院，太常寺后归并礼部。俱清、汉文尚方小篆。

詹事府铜印，直纽，方二寸七分，厚九分。

光禄寺、太仆寺、武备院、上驷院、奉宸苑铜印，直纽，方二寸六分，厚六分五厘。詹事府后裁，光禄寺后归并礼部，太仆寺后归并陆军部。

内缮书房铜关防，长三寸，阔一寸九分，俱清、汉文尚方小篆。

国子监铜印，直纽，方二寸五分，厚六分。

太医院铜印，直纽，方二寸四分，厚五分。

各道监察御史、稽察内务府御史、稽察宗人府御史、巡盐御史铜印，直纽，有孔，方一寸五分，厚三分。

宗人府左、右司，太仆寺左、右司，銮仪卫左、右司，各部、理藩院各司，铜印，直纽，方二寸四分，厚五分。

内务府各司铜印，直纽，方二寸二分，厚四分五厘。

崇文门税务管理，坐粮厅户部分司，工部木柴监督，工部木厂监督，工部管理街道各仓监督，工部后改并为农工商部。左、右翼管税，户部银库、缎匹库，户部办理八旗俸饷，户部办理八旗现审，顺天、奉天府丞，各关税监督铜关防，长三寸，阔一寸九分。

巡视五城御史、管理古北口驿务，管理独石口驿务铜关防，长二寸八分，阔一寸九分。

钦天监时宪书铜印，直纽，方二寸一分，厚四分四厘。

畅春园、圆明园、清漪园官房税库铜条记，凡条记皆直纽。长二寸六分，阔一寸九分。俱清、汉文钟鼎篆。

大理寺左、右司，光禄寺四署，五城兵马司铜印，直纽，方二寸二分，厚四分五厘。

中书科铜印，直纽，方二寸一分，厚四分五厘。

内阁典籍厅铜关防，长三寸，阔一寸九分。

翰林院典簿，礼部铸印局，宣统三年印铸局改属新内阁，礼部亦改典礼院。理藩院银库，工部制造库，工部料估所，各部、院督催所铜关防，长三寸，阔一寸九分。

顺天府府治中、稽察盛京五部将军衙门、稽察黑龙江等处、稽察宁古塔等处铜关防，长二寸九分，阔一寸九分。

兵马司副指挥铜关防，长二寸六分，阔一寸六分。

宗人府经历司铜印，直纽，方二寸四分，厚五分。

都察院经历司铜印，直纽，方二寸二分，厚四分五厘。

銮仪卫经历司，各部、院、寺司务厅铜印，直纽，方二寸一分，厚四分四厘。

各坛、庙、祠祭署铜印，直纽，方二寸，厚四分二厘。

太医院药库铜印，直纽，方一寸九分，厚四分二厘。

国子监典籍厅铜印，直纽，方一寸九分，厚四分二厘。

礼部铸印局大使铜条记，长二寸六分，阔一寸九分。

兵马司吏目铜条记，长二寸四分，阔一寸四分。俱清、汉文垂露篆。

护军统领、前锋统领、火器营统领银印，虎纽，方三寸三分，厚九分。

提督九门步军统领，圆明园总管八旗、内府三旗官兵银印，虎纽，二台，方三寸三分，厚九分。

总管云梯健锐营八旗传事银关防，直纽，长三寸二分，阔二寸。俱清、汉文柳叶篆。

护军统领、参领、协领、云梯健锐营翼长、各处总管铜关防，长三寸，阔一寸九分。俱清、汉文殳篆。

八旗佐领，宗室、觉罗族长铜图记，凡图记皆直纽。方一寸七分，厚四分五厘。俱清文悬针篆。

咸安宫官学、景山官学、养心殿造办处铜图记，方一寸七分，厚四分。

看守通州三仓首领铜关防，长三寸，阔一寸九分。俱清、汉文悬针篆。

镇守将军银印，虎纽，二台，方三寸三分，厚九分。

副都统银印，虎纽，二台，方三寸二分，厚八分。俱清、汉文柳叶篆。

察哈尔都统银印，虎纽，二台，方三寸三分，厚九分。用满洲、蒙古二种字，满文柳叶篆。

总统伊犁等处将军银印，虎纽，二台，方三寸三分，厚九分。兼满、汉、托忒、回子四种字，满、汉文俱柳叶篆，托忒、回子字不篆。

办理伊犁、乌鲁木齐等处事务大臣银印，虎纽，二台，方三寸三分，厚九分。兼满、汉、托忒三种字，满、汉文俱柳叶篆。

伊犁分驻雅尔城总理参赞大臣银印，虎纽，二台，方三寸三分，厚九分。兼满洲、托忒、回子三种字，满文柳叶篆。

办事叶尔羌、喀什噶尔、阿克苏诸处事务大臣银印，虎纽，方三寸三分，厚九分。兼满、汉、回子三种字，满、汉文俱柳叶篆。

管理巴里坤等处事务大臣银印，虎纽，二台，方三寸三分，厚九分。

办理哈密粮饷事务大臣银印，虎纽，二台，方三寸三分，厚九分。俱柳叶篆。

八旗游牧总管，察哈尔总管、城守尉铜印，方二寸六分，厚六分五厘。殳篆。

兴京等城守尉铜关防，长三寸，阔一寸九分。

锦州等城守尉铜关防，长二寸九分，阔一寸九分。

驻防左、右翼长，协领、参领铜条记，长二寸六分，阔一寸六分五厘。俱殳篆。

防守尉铜关防，长二寸八分，阔一寸九分。

驻防佐领铜条记，长二寸六分，阔一寸六分五厘。俱清、汉文悬针篆。

直省总督、巡抚银关防，直隶总管、陕甘总督、四川总督，镌兼巡抚字样。江西巡抚，河南巡抚，镌兼提督字样。山西巡抚，镌兼提督盐政字样。长三寸二分，阔二寸，俱清、汉文尚方大篆。

钦差大臣铜关防，如督、抚式。三品以上用之。

各省承宣布政使司银印，直纽，二台，方三寸一分，厚八分。

各省提刑按察使司 后改提法使。铜印，直纽，方二寸七分，厚九分。

各省盐运使司铜印，直纽，方二寸六分，厚六分五厘。

各省提督学政 后改提学使，并改关防为印信。铜关防，长二寸九分，阔一寸九分。俱清、汉文尚方小篆。

各处管理织造铜关防，长二寸九分，阔一寸九分。

各省守、巡道 后于省会地方增设巡警道、劝业道。铜关防，长三寸，阔一寸九分，俱清、汉文钟鼎篆。

钦差官员铜关防，如道员式。四品以下用之。

各府铜印，直纽，方二寸五分，厚六分。

各府同知、通判铜关防，长二寸八分，阔一寸九分。

各州铜印，直纽，方二寸三分，厚五分。

京县铜印，直纽，方二寸二分，厚四分五厘。

各县铜印，直纽，方二寸一分，厚四分四厘。

盐课提举司铜印，方二寸四分，厚五分。

淮南仪所监制官铜关防，长二寸八分，阔一寸九分。

布政使司经历司、理问所铜印，方二寸二分，厚四分五厘。

盐运使司经历司铜印，方二寸一分，厚四分四厘。

布政使司照磨所、京府儒学、各府经历司铜印，方二寸，厚四分二厘。

京府照磨所、司狱司、各府照磨所、司狱司、各府儒学、卫儒学、布政司库大使、府库大使、巡检司、税课司、茶马司铜印，方一寸九分，厚四分。

各州、县儒学铜条记，长二寸六分，阔一寸六分五厘。

县丞、主簿、吏目、盐课所、批验所、各驿丞、递运所、各局、各仓、各闸铜条记，长二寸四分，阔一寸三分。俱垂露篆。

提督、总兵官银印，虎纽，三台，方三寸三分，厚九分。

镇守挂印总兵官银印，虎纽，二台，方三寸三分，厚九分。

镇守总兵官铜关防，长三寸二分，阔二寸。俱清、汉文柳叶篆。

副将、参将、游击铜关防，长三寸，阔一寸九分。

宣慰司铜印，方二寸七分，厚九分。俱清、汉文殳篆。

都司佥书铜关防，长三寸，阔一寸九分。营都司，卫、所千总铜关防，长二寸八分，阔一寸九分。

守备铜条记，长二寸六分，阔一寸六分。

卫守备铜印，方二寸六分，厚六分五厘。

宣抚司铜印，方二寸五分，厚六分。

宣抚司副使、安抚司领运千总铜印，方二寸四分，厚五分五厘。

长官司指挥、佥事铜印，方二寸二分，厚四分五厘。俱清、汉文悬针篆。

卫经历、宣慰司经历铜印，方二寸一分，厚四分四厘，垂露篆。

土千户铜印，方二寸三分，厚四分五厘。

土百户铜印，方二寸，厚四分二厘。俱清、汉文悬针篆。

管理京城喇嘛班第、管理盛京喇嘛班第铜印，方二寸二分，厚四分五厘。俱清、汉文转宿篆。

正乙真人铜印，方二寸四分，厚五分。清、汉文垂露篆。

乾隆十四年，礼部奉谕："理藩院印文之蒙古字，不必篆书。外藩扎萨克盟长、喇嘛、并蒙古、西藏，一应满洲、蒙古、唐古特文，均亦不必篆书。其在京扎萨克、大喇嘛印，满文俱篆书，蒙古文不必篆书。"又谕："近因新定清文篆书，铸造各衙门印信，所司检阅库中所藏经略大将军、将军诸印，凡百余颗。皆前此因事颁给，经用缴还，未经销毁者。《会典》复有'命将出师，请旨将库中印信颁给'之文，遂至滥觞。朕思虎符鹊纽，用之军旅，所以昭信，无取繁多。库中所藏，其中振扬威武，建立肤功者，具载历朝实录，班班可考。今择其克捷奏凯，底定迅速者，经略印一、大将军、将军印各七，分匣收贮。稽其事迹始末，刻诸文笥，足以传示奕禩。即仍其清、汉旧文，而配以今制清文篆书，如数重造。遇有应用，具奏请旨颁给。一并藏之皇史宬。其余悉交该部销毁。此后若遇请自皇史宬而用者，蒇事仍归之皇史宬。若因遇事特行颁给印信者，事完交部销毁。将此载入《会典》。"

高宗御定《印谱》，钦命总理一切军务储糈经略大臣关防一，奉命、抚远、宁远、安东、征南、平西、平北大将军印各一，镇海、扬威、靖逆、靖东、征南、定西、定北将军印各一。并御制《印谱序》曰："国家膺图御宇，神圣代兴，赫濯挞伐，光启鸿业。时则有推毂命将之典，及功成奏凯，还上元戎佩印。载在册府，藏之史宬。盖法物留诒，不啻如曩籍所称玉节牙璋，尚方齐斧者比。乾隆十七年，厘考国书篆字成，因详加酌定。交泰殿所遵奉世传御宝，仍依本文，不敢更易。其常行诰敕所钤用，以及部院司寺以下，外而督、抚、提、镇以下，咸改铸篆文，以崇典章、昭法守。而大将军、经略及诸将军之印，或存旧，或兼篆，一依交泰殿诸宝之例，各以时代为次。兹西陲武功将竣，爰谱图系说如左。《书》曰：'其克诘尔戎兵，以陟禹之迹，方行天下，至于海表，罔有不服。'信大兵可百年不用，不可一日不备。披斯谱也，必将曰：是印也，是我朝某年殄某寇、定某地所用也。又将曰：是印也，铸自某年，某官既奉以集事，传至某年，某官复奉以策勋者也。想见一时受成庙算，元老壮猷。丰纽重台，焜耀耳目。继自今觐扬光烈，思所以宏此远谟。緐我亿万世丕丕基，将于是乎在。以视铭绩鼎钟，图形台阁者，不尤深切著明也欤？然则观于《宝谱》，而一人守器之重可知；观于《印谱》，而群才翊运之殷又可知。诗曰：'王之荩臣，无念尔祖。'记者：'君子听鼓鼙，则思将帅之臣。'一再披阅，其何能置大风猛士之怀哉！装潢蒇事，并令守者什袭尊藏。为部凡四：一皇史宬，一大内，一内阁，一盛京也。"

卷一百五　志八十

舆服四 卤簿附

皇帝卤簿 太上皇卤簿 皇太子仪卫 **皇后仪驾** 太皇太后仪驾 皇太后仪驾 **皇贵妃以下仪仗采仗** **亲王以下仪卫** **固伦公主以下仪卫** **额驸仪卫** **职官仪卫**

清自太宗天聪六年定仪仗之制，凡国中往来，御前旗三对，伞二柄，校尉六人，其制甚简。自天聪十年改元崇德，始定御仗数目及品官仪从。迨世祖入关定鼎，参稽往制，量加增饰。原定皇帝仪卫有大驾卤簿、行驾仪仗、行幸仪仗之别，乾隆十三年，复就原定器数增改厘订，遂更大驾卤簿为法驾卤簿，行驾仪仗为銮驾卤簿，行幸仪仗为骑驾卤簿。三者合，则为大驾卤簿。而凡皇后仪驾、妃嫔仪仗采仗以及亲王以下仪卫，均视原定加详。兹依乾隆朝所定者标目，而以原定器数及崇德初年所定者附见于后。又太上皇卤簿、皇太子仪卫，皆一时之制，非同常设，亦并著于篇。庶考因革者，得以沿流溯源，详稽一代之制焉。

皇帝大驾卤簿，圜丘、祈谷、常雩三大祀用之。大阅时诣行宫，礼成还宫，亦用之。其制，前列导象四，次宝象五，次静鞭四。次《前部大乐》，其器大铜角四，小铜角四，金口角四。次革辂驾马四，木辂驾马六，象辂架马八，金辂驾象一，玉辂驾象一。次《铙歌乐》，《铙歌鼓吹》与《行幸乐》并设，名《铙歌乐》。其器金二，铜鼓四，铜钹二，扁鼓二，铜点二，龙篴二，平篴二，云锣二，管二，笙二，金口角八，大铜角十六，小铜角十六，蒙古角二，金钲四，画角二十四，龙鼓二十四，龙篴十二，拍板四，仗鼓四，金四，龙鼓二十四，间以红镫六。次引仗六，御仗十六，吾仗十六，立瓜，卧瓜各十六，星、钺各十六，出警、入跸旗各一，五色金龙小旗四十，次翠华旗二，金鼓旗二，门旗八，日、月旗各一，五云旗五，五雷旗五，八风旗八，甘雨旗四，列宿旗二十八，五星旗五，五岳旗五，四渎旗四，神武、朱雀、青龙、白虎旗各一，天马、天鹿、辟邪、犀牛、赤熊、黄罴、白泽、角端、游麟、彩狮、振鹭、鸣鸢、赤乌、华虫、黄鹄、白雉、云鹤、孔雀、仪凤、翔鸾旗各一。五色龙纛四十，前锋纛八，护军纛八，骁骑纛二十四。次黄麾四，仪锽氅四，金节四，进善纳言、敷文振武、褒功怀远、行庆施惠、明刑弼教、教孝表节旌各二。龙头旛四，豹尾旛四，绛引旛四，信旛四。羽葆幢四，霓幢四，紫幢四，长寿幢四。次鸾凤赤方扇八，雉尾扇八，孔雀扇八，单龙赤团扇八，单龙黄团扇八，双龙赤团扇八，双龙黄团扇八，赤满单龙团扇六，黄满双龙团扇六，寿字黄扇八。次赤素方伞四，紫素方伞四，五色花伞十，五色妆缎伞十，间以五色九龙团伞十。次九龙黄盖二十，紫芝盖二，翠华盖二，九龙曲柄黄盖四。次戟四，殳四，豹尾枪三十，弓矢三十，仪刀三十。次仗马十。次金方几一，金交椅一，金瓶二，金盥盘一，金盂一，金盒二，金炉二，拂二。次九龙曲柄黄盖一。前引佩刀大臣十人，提炉二，玉辇在中，后扈佩刀大臣二人，豹尾班执枪佩仪刀侍卫各十人，佩弓矢侍卫二十人，领侍卫内大臣一人，侍卫班领二人。后管宗人府王、公二人，散秩大臣一人，前锋护军统领一人，给事中、御史二人，各部郎中、员外郎四人，侍卫班领一人，署侍卫班领一人，侍卫什长二人。次黄龙大纛二，领侍卫内大臣一人，司纛侍卫什长二人，建纛亲军四人，鸣佩螺亲军六人。太宗崇德元年，备大驾卤簿，玉玺四颗。黄伞五，团扇二。纛十，旗十。大刀六，戟六。立瓜、卧瓜、骨朵各二，吾仗六。马十。金椅、金杌、香盒、香炉、金水盆、金唾壶、金瓶、乐器全设。嗣复定仪仗数目，用金漆椅一，金漆杌一，蝇拂四，金唾盂一，金壶一，金瓶、金盆各一，香炉、香盒各二。曲柄伞一，直柄伞四，扇二，节四。骨朵二，立瓜、卧瓜各二，吾仗六，红仗四。锣二，鼓二，画角四，箫二，笙二，架鼓四，横笛二，龙头横笛二，檀板二，小铜钹四，小铜锣二，大铜锣四，云锣二，锁呐四。世祖入关，一仍旧制。追顺治三年以后，更定皇帝卤簿，有大驾卤簿、行驾仪仗、行幸仪仗之别。大驾卤簿之制，曲柄九，龙伞四，直柄九龙伞十六，直柄瑞草伞六，直柄花伞六，方伞八。大刀二十，弓矢二十，豹尾枪二十，龙头方天戟四。黄麾二，绛引旛四，信旛、传教旛、告止旛、政平讼理旛各四，仪锽氅八，羽葆幢四，青龙、白虎、朱雀、神武幢各一，豹尾旛、龙头竿旛各四。金节四。销金龙纛、销金龙小旗各二十。金钺六。马十。鸾凤扇八，单龙扇十二，双龙扇二十。拂子二，红镫六，金香炉、金瓶、金香盒各二，金唾壶、金盆、金杌、金交椅、金脚踏各一。御仗六，星六。篦头八。棕荐三十。静鞭三十。品级山七十二。肃静旗、金鼓旗、白泽旗各二，门旗八，日、月、风、云、雷、雨旗各一，五纬旗五，二十八宿旗各一，北斗旗一，五岳旗五，四渎旗四，青龙、白虎、朱雀、神武、天鹿、天马、鸾麟、熊罴旗各一。立瓜、卧瓜、吾仗各六。画角二十四，鼓四十八，大铜号、小铜号各八，金、金钲、仗鼓各四，龙头笛十二，板四串。凡郊祀大典，万寿、元旦、冬至三大朝会及诸典礼皆用之。

法驾卤簿，与大驾卤簿同，惟彼用《铙歌乐》，此则用《铙歌鼓吹》。其器大铜角八，小铜角八，金钲四，画角二十四，龙鼓二十四，龙篴十二，拍板四，仗鼓四，金二，龙鼓二十四，间以红镫六，视《铙歌乐》为减。又御仗、吾仗、立瓜、卧瓜、星、钺皆各六，五色金龙小旗二十，五色龙纛二十，九龙黄盖十，豹尾枪二十，弓矢二十，仪刀二十，佩弓矢侍卫十人，其赤满单龙团扇、黄满双龙团扇及五色妆缎伞皆不设，亦均较大驾为减。又玉辇改设金辇，余均与大驾卤簿同。凡祭方泽、太庙、社稷、日月、先农各坛，历代帝王、先师各庙，则陈之。若遇庆典朝贺，则陈于太和殿庭。其制，九龙曲柄黄华盖设于太和殿门外正中，次拂、炉、盒、盂、盘、瓶、椅、几在殿檐东、西。次仪刀、弓矢、豹尾枪亲军、护军相间为十班，暨殳戟，均在丹陛东、西。次九龙曲柄黄盖、翠华盖、紫芝盖、九龙黄盖、五色九龙伞、五色花伞，自丹陛三成，相间达于两阶。阶下静鞭、仗马列甬道东、西。紫、赤方伞、扇，幢、旛、旌、节、氅、麾、纛、旗、钺、星、瓜、仗，列丹墀东、西。玉辇、金辇在太和门外，五辂在午门外，宝象在五辂之南，《卤簿乐》即《铙歌鼓吹》。在宝象之南，朝象即导象。在天安门外。若于圆明园行庆贺礼，则陈于正大光明殿阶下，至大宫门外，惟辇辂仪象不设。若御楼受俘，则设九龙曲柄黄华盖于楼檐下，设丹陛卤簿于午门外左右两观下，设丹墀卤簿于阙左右门至端门北，设仗马于两角楼前，设辇辂仪象于天安门外，设静鞭于两角楼夹御道左右，设《金鼓铙歌大乐》《铙歌鼓吹》与《前部大乐》并列，曰《金鼓铙歌大乐》。于午门前。设《丹陛大乐》于卤簿之末，其器云锣二，方响二，箫二，篴四，头管四，笙四，大鼓二，仗鼓一，拍板一。

銮驾卤簿，行幸于皇城则陈之。其制，前列《导迎乐》，先以戏竹二，次管六，篴四，笙二，云锣二，导迎鼓一，拍板一。次御仗四，吾仗四，立瓜、卧瓜、星、钺各四，次五色金龙小旗十，五色龙纛十。次双龙黄团扇十，黄九龙伞十。次九龙曲柄黄华盖一。皆在皇帝步辇前。次前引佩刀大臣十人，后扈佩刀大臣二人，步辇在中，次豹尾班侍卫执枪十人，佩仪刀十人，佩弓矢十人，殿以黄龙大纛。原定行驾仪仗，销金九龙伞十，销金龙纛十，销金龙小旗十，双龙扇十。金钺四，星四，御仗四，吾仗四，立瓜、卧瓜各四。凡车驾出入，执事人马上排列。

骑驾卤簿，巡方若大阅则陈之。其制，前列《铙歌大乐》。间以《铙歌清乐》，器用大铜角八，小铜角八，金口角八，云锣二，龙篴二，平篴二，管二，笙二，铜鼓四，金二，铜点二，铜钹二，行鼓二，蒙古角二。次御仗六，吾仗六，立瓜、卧瓜、星、钺各六。次五色金龙小旗十，五色龙纛十。次单龙赤团扇六，双龙黄团扇六，五色花伞十。次豹尾枪十，弓矢十，仪刀十。次九龙曲柄黄华盖一。皆在皇帝轻步舆前，若乘马则在马前。次前引佩刀大臣十人，后扈佩刀大臣二人，轻步舆在中。次豹尾班侍卫执枪十人，佩仪刀十人，佩弓矢十人，殿以黄龙大纛。驻跸御营，朝陈蒙古角，夕陈《铙歌乐》。大阅则陈卤簿于行宫门外。原定行幸仪仗，妆缎伞十，销金龙纛十，销金龙小旗十。双龙扇六，单龙扇四。豹尾枪十，大刀十，弓矢十。金钺六，星六，御仗、吾仗、立瓜、卧瓜各六。金二，笙二，云锣二，管二，篴四，金钲四，铜钹四，鼓二，锁呐八，铜点二，小号、大号各八，蒙古号六。凡车驾行幸，执事人步行排列。

太上皇卤簿，原定无之。嘉庆元年，因授玺礼成，陈太上皇卤簿于宁寿宫。其制，引仗六，御仗十六，吾仗十六，立瓜、卧瓜各十六，星、钺各十六，旗、纛二百二十四，麾、氅、节各四，旌十六，旛十二，幢二十，扇八十六，伞六十六，戟殳各四，豹尾枪、弓矢、仪刀各三十，金交椅、金马杌各一，拂二，金器八，银水、火壶各一，雨伞二，盘线镫二，红镫六。乐器备设，笙、管、云锣、平篴、钹、点鼓各二，金及金钲、铜鼓、扁鼓、仗鼓各四，架鼓、金口角各十二，龙篴十四，大铜角、小铜角、蒙古画角各二十四，龙鼓四十八。

皇太子仪卫，清自康熙五十二年后不复建储，故国初虽有皇太子仪仗，几同虚设。乾隆六十年，以明年将行内禅，九月，议定皇太子出入内朝，用导从侍卫四人，乾清门侍卫二人。如出外朝及城市内外，随从散秩大臣一人，侍卫十人，领侍卫内大臣一人，乾清门侍卫四人。前设虎枪六，后设豹尾枪八。是年复谕礼臣，以册立皇太子典礼既不举行，其一切仪仗制造需时，亦毋庸另行备办。原定皇太子仪仗，曲柄九龙伞三，直柄龙伞四，直柄瑞草伞二，方伞四，双龙扇四，孔雀扇四。白泽旗二。金节二。羽葆幢二，传教旛、告止旛、信旛、绛引旛各二，仪锽氅二。销金龙纛十，销金龙小旗十。豹尾枪十，弓矢十，大刀十，马八，金钺四，立瓜、卧瓜、骨朵、吾仗各四。拂二。画角十二，花匡鼓二十四，大铜号八，小铜号二，金、金钲、仗鼓各二，龙头篴二，板二。金香炉、金瓶、金香盒各二，金唾壶、金盆各一，金杌一，金交椅一，金脚踏一。

皇后仪驾，原名卤簿。吾仗四，立瓜四，卧瓜四，五色龙凤旗十。次赤、黄龙、凤扇各四，雉尾扇八，次赤、素方伞四，黄缎绣四季花伞四，五色九凤伞十。次金节二。次拂二，金香炉二，金香盒二，金盥盘一，金盂一，金瓶二，金椅一，金方几一。次九凤曲柄黄盖一。凤舆一乘，仪舆二乘，凤车一乘，仪车二乘。原定太皇太后卤簿，销金龙凤旗八。金节二。吾仗四，立瓜四，卧瓜四。黄曲柄九凤伞一，黄直柄花伞四，红直柄瑞草伞二，青黑直柄九凤伞各二，红方伞二，黄、红销金龙、凤扇各二，金黄素扇二，红鸾凤扇二。拂二，金香炉二，金瓶二，金香盒二，金唾壶一，金盆一，金杌一，金交椅一，金脚踏一。凡万寿节、元旦、冬至及诸庆典，銮仪卫先时陈设。皇太后、皇后卤簿并同。

太皇太后仪驾暨皇太后仪驾，均与皇后仪驾同。惟车、舆兼绘龙凤文。

皇贵妃仪仗，吾仗四，立瓜四，卧瓜四。赤、黑素旗各二，金黄色凤旗二，赤、黑凤旗各二。金黄、赤、黑三色素扇各二，赤、黑鸾凤扇各二，赤、黑瑞草伞各二，明黄、赤、黑三色花伞各二。金节二。拂二，金香炉、香盒、盥盘、盂各一，金瓶二，金椅一，金方几一。七凤明黄曲柄盖一。翟舆一乘，仪舆一乘，翟车一乘。原定皇贵妃仪仗，红、黑凤旗各二，金节二，吾仗二，立瓜二，卧瓜二。红曲柄七凤伞一，红直柄花伞二，红直柄瑞草伞二，红方伞二，金黄素扇二，红绣扇二。拂二，金香炉一，金瓶二，金香盒一，金唾壶一，金盆一，马杌一，交椅一，脚踏一。贵妃仪仗同。

贵妃仪仗，吾仗二，立瓜二，卧瓜二。赤、黑素旗各二，赤、黑凤旗各二，金黄、赤、黑三色素扇各二，赤、黑鸾凤扇各二，赤、黑瑞草伞各二，金黄、赤、黑三色花伞各二。金节二。拂二，金香炉、香盒、盥盘、盂各一，金瓶二，金椅一，金方几一。七凤金黄曲柄盖一。翟舆一乘，仪舆一乘，仪车一乘。

妃采仗，原名仪仗。吾仗二，立瓜二，卧瓜二。赤、黑凤旗各二。赤、黑素扇各二，赤、黑花伞各二，金黄素伞二。金节二。拂二，银质饰金香炉、香盒、盥盘、盂各一，银瓶二，银椅一，银方几一。七凤金黄曲柄盖一。翟舆一乘，仪舆一乘，仪车一乘。原定妃仪仗，黑凤旗二。金节二。吾仗二，立瓜二，卧瓜二。红直柄花伞二，红直柄瑞草伞二，金黄素扇二。拂二，银质饰金香炉、香盒各一，瓶一，唾壶一，盆一，马杌一，交椅一，脚踏一。

嫔采仗，原名仪仗。视妃采仗少直柄瑞草伞二。余同。

亲王仪卫，原名仪仗。以下并同。吾仗四，立瓜四，卧瓜四，骨朵四。红罗绣五龙曲柄盖一。红罗绣四季花伞二，红罗销金瑞草伞二，红罗绣四季花扇二，青罗绣孔雀扇二。旗枪十，大纛二，条纛二。豹尾枪四，仪刀四。马六。遇大典礼，则陈于府第，出使用以导从。常日在京，用曲柄盖一。红罗伞扇各二。吾仗、立瓜、卧瓜、骨朵全。马四。前引十人，后从六人。因事入景运门，带从官三人。原定有红罗绣花曲柄伞一，豹尾枪二，大刀二。兹改为五龙曲柄盖一，豹尾枪四，仪刀四。余同。　崇德初年，定亲王销金红伞二，纛二，旗十，立瓜、骨朵各二，吾仗四。

世子仪卫，吾仗四，立瓜四，卧瓜二，骨朵二。红罗四龙曲柄盖一。红罗绣四季花伞一，红罗销金瑞草伞二，红罗绣四季花扇二，青罗绣孔雀扇二。旗枪八，大纛一，条纛一。豹尾枪二，仪刀二。马六。常日用红罗伞、扇各二，吾仗、立瓜、卧瓜、骨朵全。马四。前引八人，后从六人。原定吾仗二，立瓜二，有红罗绣花曲柄伞一，无豹尾枪，兹增为吾仗四，立瓜四，改曲柄伞为四龙曲柄盖，添豹尾枪二。余同。崇德年所定，无世子仪仗。

郡王仪卫，吾仗四，立瓜四，卧瓜二，骨朵二。红罗绣四龙曲柄盖一。红罗销金瑞草伞二，红罗绣四季花扇二，青罗绣孔雀扇二。旗枪八，条纛二。豹尾枪二，仪刀二。马六。常日用红罗伞、扇各二，吾仗、立瓜、卧瓜、骨朵全。马二。前引八人，后从六人。原定有红罗绣花曲柄伞一，无豹尾枪、仪刀。兹改曲柄伞为四龙曲柄盖，增豹尾枪二，仪刀二。余同。崇德初年，定郡王销金红伞一，纛一，旗八，卧瓜二，吾仗四。

郡王长子仪卫，原定及崇德年所定均无。吾仗二，立瓜二，卧瓜二，骨朵二。红罗销金瑞草伞一，红罗绣四季花扇二。旗枪六，条纛一。马四。常日用伞一，吾仗、立瓜、卧瓜、骨朵全。前引六人，后从六人。

贝勒仪卫与郡王长子同。原定红罗销金伞二，兹减一。余同。　崇德初年，定贝勒销金红伞一，纛一，旗六，骨朵二，红仗二。自世子以下至贝勒，因事入景运门，带从官二人。

贝子仪卫，吾仗二，立瓜二，骨朵二。红罗销金瑞草伞一，红罗绣四季花扇二。旗枪六，条纛一。常日用吾仗、立瓜、骨朵全。前引四人，后从六人。原定红罗销金伞二，兹减一。余同。崇德初年定贝子彩画云红伞一，豹尾枪二，旗六，红仗二。

镇国公、辅国公仪卫，吾仗二，骨朵二。红罗销金瑞草伞一，青罗绣孔雀扇一。旗枪六。常日用吾仗、骨朵全。前引二人，后从八人。原定同。崇德初年，定镇国公红伞一，豹尾枪二，旗六，红仗二。辅国公减豹尾枪一。余同。自贝子以下、韩国公以上，因事入景运门，带从官一人。

镇国将军仪卫，杏黄伞一，青扇一，旗枪六。常日前引二人，后从六人。原定有金黄伞一，无青扇。兹改为杏黄伞一，增青扇一。余同。　自镇国将军以下，原定均照崇德初年定制。

辅国将军仪卫，与镇国将军同。常日前引一人，后从四人。原定常日前引二人，兹减一。余同。

奉国将军、奉恩将军仪卫，原定无奉恩将军。青扇一，旗枪四。常日后从四人。原定无青扇。

固伦公主仪卫，吾仗二，立瓜二，卧瓜二，骨朵二。金黄罗曲柄绣宝相花伞一，红罗绣宝相花伞二，青罗绣宝相花扇二，红罗绣孔雀扇二。黑纛二。前引十人，朝贺日随侍女五人。原定曲柄伞用红罗，兹改金黄罗。余同。　崇德初年，定固伦公主清道旗二。红仗、吾仗各二。销金红伞一，青扇一。拂子二，金吐盂、金水盆各一。

和硕公主仪卫，吾仗二，立瓜二，卧瓜二，骨朵二。红罗曲柄绣宝相花伞一，红罗绣宝相花伞二，红罗绣孔雀扇二。黑纛二。前引八人，随朝侍女四人。原定同。崇德初年，定和硕公主红仗、吾仗各二。销金红伞一，青扇一。拂子二，金水盆一。

郡主仪卫，吾仗二，立瓜二，骨朵二。红罗绣宝相花伞二，红罗绣孔雀扇二。前引六人，随朝侍女三人。原定同。崇德初年，定郡主吾仗二，销金红伞一，青扇一，拂子二。

县主仪卫，吾仗二，立瓜二。红罗绣宝相花伞一，青罗绣宝相花扇二。前引二人，随朝侍女三人。原定同。崇德初年，定县主红仗二，销金红伞一，拂子二。

郡君随朝侍女二人，县君随朝侍女二人，乡君随朝侍女一人，俱无仪仗。原定郡君以下无仪仗。　崇德初年，定郡君红仗二，销金青伞一，县君红仗二。

亲王福晋视固伦公主，惟曲柄伞用红色，随朝侍女四人。世子福晋视和硕公主，郡王福晋视郡主，郡王长子福晋、贝勒夫人均视县主，随朝侍女二人。贝子夫人、公夫人随朝侍女一人。自贝子夫人以下无仪仗。自将军夫人以下无随朝侍女。原定同。惟福晋皆称妃，又别定侧妃、侧夫人仪仗。其制，亲王侧妃视嫡妃少青罗花扇二。余同。世子侧妃纛二，吾仗、立瓜、骨朵各二，红罗绣花伞、红罗绣孔雀扇各二。郡王侧妃吾仗、立瓜各二，红罗绣花伞一，青罗绣花扇二。贝勒侧夫人及贝子夫人均无仪仗。　崇德初年，定亲王妃清道旗二，红仗、吾仗各二，销金红伞一，青扇一，拂子二，金唾盂、金水盆各一。郡王妃同，惟少红仗、金唾盂。贝勒夫人红仗二，销金红伞一，拂子二。贝子夫人以下无仪仗。

额驸仪卫，固伦公主额驸，红仗二，红伞一，大小青扇二，旗枪十，豹尾枪二。常日前引二人，后从八人。和硕公主额驸，红棍四，杏黄伞二，大、小青扇二，旗枪十。常日前引二人，后从八人。郡主额驸，红棍四，杏黄伞一，大、小青扇二，旗枪十。常日前引二人，后从八人。县主额驸，杏黄伞一，青扇一，旗枪六。常日前引二人，后从六人。郡君额驸，青扇一，旗枪六。常日前引二人，后从六人。县君额驸，青扇一，旗枪四。常日无前引，惟后从二人。乡君额驸，青扇一，旗枪二。常日惟后从一人。

职官仪卫，原名仪从。民公视和硕公主额驸。侯，金黄棍四，余视郡主额驸。其有加级者，棍得用红。伯，大、小青扇二，余视侯。子，金黄棍二，杏黄伞一，大、小青扇二，旗枪八。前引、后从视侯。男，金黄棍二，杏黄伞一，大、小青扇二，旗枪六。常日前引二人，后从六人。

京官，一品视子，二品视男。三品，金黄棍二，杏黄伞一，大、小青扇二，旗枪六。常日前引二人，后从四人。四品，杏黄伞一，大、小青扇二，旗枪四。常日无前引，惟后从二人。余官均用青素扇一。常日惟后从一人。宗室、觉罗之有职者，各从其品，惟扇柄及棍皆髹以朱。以上仪卫，于京外得全设，常日在京，不得用旗、伞、黄棍。文官三品以上，得用甘蔗棍二。武官三品以上，得用棕竹棍二。自一品至九品，均得用扇，扇各用清、汉字书衔。若进皇城，扇棍及前引人均不得入。文武大臣因事入景运门，带从官一人。

直省文官，总督，青旗八，飞虎旗、杏黄伞、青扇、兵拳、雁翎刀、兽剑、金黄棍、桐棍、皮槊各二，旗枪四，回避、肃静牌各二。巡抚，青旗八，杏黄伞、青扇、兽剑、金黄棍、桐棍、皮槊各二，旗枪二，回避、肃静牌各二。凡二品以上大臣陛见到京，入景运门，带从官一人。布政使、按察使，青旗六，杏黄伞、青扇、金黄棍、皮槊各二，回避、肃静牌各二。各道青旗四，杏黄伞、青扇各一，桐棍、皮槊各二，回避、肃静牌各二。知府与道同。府倅、知州、知县，青旗四，蓝伞一，青扇一，桐棍、皮槊各二，肃静牌二。县佐，蓝伞一，桐棍二。学官，蓝伞一。杂职，竹板二。河道、漕运总督视总督，学政、盐政、织造暨各钦差官三品以上视巡抚。四品以下视两司。

武官，提督，青旗八，飞虎旗、杏黄伞、青扇、兵拳、雁翎刀、兽剑、刑仗各二，旗枪四，回避、肃静牌各二。总兵官，青旗八，飞虎旗、杏黄伞、青扇、兽剑、旗枪、大刀各二，回避、肃静牌各二。副将，青旗六，杏黄伞一，青扇二，金黄棍二，回避、肃静牌各二。参将、游击、都司，青旗四，杏黄伞一，青扇一，桐棍二，回避、肃静牌各二。守备，青旗四，杏黄伞一，青扇一，桐棍二。各省驻防将军视内都统。副都统以下均与京职同。顺治三年，定京官仪从，公，掌扇贴方金一。职官掌扇，一品贴圆金四，二品贴圆金三，三品贴圆金二，四品用洒金掌扇，五品至七品俱用素黑掌扇，八品、九品俱用白掌扇。六年，定公以下四品官以上用大、小洒金扇各一，文官用甘蔗棍二，武官用棕竹棍二。八年，定民公、和硕公主额驸，杏黄伞二，旗十，大、小扇二，贴方金四。侯、郡主额驸，杏黄伞一，旗十，大、小扇二，贴方金三。伯，杏黄伞一，旗十，大、小扇二，贴圆金一。一品官，杏黄伞一，旗八，大、小扇二，贴圆金四。二品官，杏黄伞一，旗六，大、小扇二，贴圆金三。三品官，杏黄伞一，旗六，大、小扇二，贴圆金二。四品官，旗四，洒金大、小扇二。五品以下官如三年例。京城内不得排列旗、伞，惟于外用之。宗室、觉罗各官，扇柄及棍皆丹漆。凡入皇城，惟用小扇。九年，定公以下、汉文官三品以上，皇城外坐暗轿，四人舁之，掌扇各书官衔，兼满、汉字。康熙初年，定公、和硕公主额驸，旗十，杏黄伞二，金黄棍四。侯、伯、郡主额驸，旗十，杏黄伞一，金黄棍四。都统，镇国将军，内大臣，县主额驸，子，满、汉大学士，尚书，左都御史，旗八，杏黄伞一，金黄棍二。辅国将军，郡君额驸，护军统领，前锋统领，副都统，男，满、汉侍郎，学士，步军总尉及三品官，旗六，杏黄伞一，金黄棍二。四品官旗四。京城内一品官以上惟用伞、棍，二品官并不用伞。四年，定在京文官三品以上、武官散秩大臣以上，一人引马前导，其余各官禁之。七年，定在京各官停用伞、棍，民公以下俱照顺治八年例，出京用鞍笼问马前导。 康熙七年，定外官仪从。总督，杏黄伞二，金黄棍二，旗八，扇二，兵拳二，雁翎刀二，飞虎旗二，兽剑二，桐棍二，槊棍二，枪四，回避、肃静牌各二。巡抚，杏黄伞二，金黄棍二，旗八，扇二，兽剑二，桐棍二，槊棍二，枪二，回避、肃静牌各二。布政使、按察使，杏黄伞二，金黄棍二，旗六，扇二，槊棍二，回避、肃静牌各二。各道掌印、都司、知府，杏黄伞一，旗四，桐棍二，槊棍二，回避、肃静牌各二。同知、通判、知州、知县，蓝伞一，扇一，桐棍一，槊棍一，回避牌二。州同、州判、县丞，蓝伞一，桐棍二。典史、杂职，竹板二。提督，杏黄伞二，金黄棍二，旗八，扇二，兵拳二，雁翎刀二，飞虎旗二，枪二，兽剑二，刑仗二，回避、肃静牌各二。总兵，杏黄伞二，金黄棍二，旗八，扇二，大刀一，兽剑二，枪二，回避、肃静牌各二。副将，杏黄伞二，金黄棍二，旗六，扇二，回避、肃静牌各二。参将、游击、都司，杏黄伞一，旗四，扇一，桐棍二，回避、肃静牌各二。守备，杏黄伞一，旗四，扇一，棍二。 崇德初年，定固伦额驸，彩画云红伞一，豹尾枪二，红仗二。超品公、和硕额驸，金黄伞一，豹尾枪二，旗六，后从十人。民公、郡主额驸，金黄伞一，豹尾枪一，旗六，后从八人。都统、子、尚书、县主额驸，金黄伞一，旗六，后从六人。内大臣、大学士、副都统、护军统领、前锋统领、侍郎、郡君额驸，旗六，后从四人。一等侍卫、护卫、参领、前锋参领、县君额驸、学士、满启心郎、郎中，旗四，后从四人。二等侍卫、护卫、佐领、汉启心郎、员外郎，旗二，后从二人。三等侍卫、护卫、护军校、主事以下官员，止用后从一人。

卷一百六　　志八十一

选举一

古者取士之法，莫备于成周，而得人之盛，亦以成周为最。自唐以后，废选举之制，改用科目，历代相沿。而明则专取《四子书》及《易》、《书》、《诗》、《春秋》、《礼记》五经命题试士，谓之制义。有清一沿明制，二百余年，虽有以他途进者，终不得与科第出身者相比。康、乾两朝，特开制科。博学鸿词，号称得人。然所试者亦仅诗、赋、策论而已。洎乎末造，世变日亟。论者谓科目人才不足应时务，毅然罢科举，兴学校。采东、西各国教育之新制，变唐、宋以来选举之成规。前后学制，判然两事焉。今综其章制沿革新旧异同之故著于篇。

学校一

有清学校，向沿明制。京师曰国学，并设八旗、宗室等官学。直省曰府、州、县学。

世祖定鼎燕京，修明北监为太学。顺治元年，置祭酒、司业及监丞、博士、助教、学正、学录、典籍、典簿等官。设六堂为讲肄之所，曰率性、修道、诚心、正义、崇志、广业，一仍明旧。少詹事李若琳首为祭酒，请仿明初制，广收生徒，官生除恩荫外，七品以上官子弟勤敏好学者，民生除贡生外，廪、增、附生员文义优长者，并许提学考选送监。又言学以国子名，所谓国之贵游子弟学焉。前朝公、侯、伯、驸马初袭授者，皆入国学读书。满洲勋臣子弟有志向学者，并请送监肄业。诏允增设满洲司业、助教等官，是为八旗子弟入监之始。厥后定为限制，条例屡更，益臻详备。肄业生徒，有贡、有监。贡生凡六：曰岁贡、恩贡、拔贡、优贡、副贡、例贡。监生凡四：曰恩监、荫监、优监、例监。荫监有二：曰恩荫、难荫。通谓之国子监生。

六堂肄业，分内、外班。初，内班百五十名，堂各二十五名；外班百二十名，堂各二十名。户部岁发帑银，给膏火，奖励有差，余备赒恤。乾隆初，改内班堂各三十名，内、外共三百名。既而裁外班百二十名，加内班膏火，拨内班二十四名为外班。嘉庆初，以八旗及大、宛两县肄业生距家近，不住舍，不许补内班。补班之始，赴监应试，曰考到。列一、二等者再试，曰考验。贡生一、二等，监生一等，乃许肄业。假满回监曰复班。内班生愿依亲处馆，满、蒙、汉军恩监生习翻译或骑射，不能竟月在学者，改外班。旷大课一次，无故离学至三次以上，例罚改外。置集愆册，治诸不帅教者。出入必记于簿，监丞掌之。省亲、完姻、丁忧、告病及同居伯、叔、兄长丧而无子者，予假归里，限期回监。迟误惩罚，私归黜革，冒替除名。

课士之法，月朔、望释奠毕，博士厅集诸生，讲解经书。上旬助教讲义。既望，学正、学录讲书各一次。会讲、覆讲、上书、覆背，月三回，周而复始。所习《四书》、《五经》、《性理》、《通鉴》诸书，其兼通《十三经》、《二十一史》，博极群书者，随资学所诣。日摹晋、唐名帖数百字，立日课册，旬日呈助教等批晰，朔、望呈堂查验。祭酒、司业月望轮课《四书》文一、诗一，曰大课。祭酒季考，司业月课，皆用《四书》、《五经》文，并诏、诰、表、策论、判。月朔，博士厅课经文、经解及策论。月三日，助教课，十八日，学正、学录课，各试《四书》文一、诗一、经文或策一。

积分历事之法，国初行之。监生坐监期满，拨历部院练习政体。三月考勤，一年期满送廷试。其免坐监，或免历一月二月者，恩诏有之，非常例也。顺治三年，祭酒薛所蕴奏定汉监生积分法，常课外，月试经义、策论各一，合式者拔置一等。岁考一等十二次为及格，免拨历，送廷试超选。十五年，祭酒固尔嘉浑议："令监生考到日，拔其尤者许积分；不与者，期满咨部历事。积分法一年为限。常课外，月试一等与一分，二等半分，二等以下无分。有《五经》兼通，全史精熟，或善摹钟、王诸帖，虽文不及格，亦与一分。积满八分为及格，岁不逾十余人。恩、拔、岁、副，咨部历满考职，照教习贡生例，上上卷用通判，上卷用知县。例监历满考职，与不积分贡生一体廷试。每百名取正印八名，余用州、县佐贰。积分不满数，愿分部者，咨部不得优选。愿再肄业满分者听。"从之。是年，科臣王命岳以贡途壅塞，请暂停恩、拔、岁贡。于是坐监人少，难较分数。十七年，固尔嘉浑奏停积分法，后遂不复行。康熙初，并停拨历，期满咨部考试，用州同、州判、县丞、主簿、吏目。自是部院诸司无监生，惟考选通文理能楷书者，送修书各馆，较年劳议叙，照应得职衔选用，优者或加等焉。

监生坐监期，恩贡六月，岁贡八月，副贡廪膳六月，增、附八月，拔贡廪膳十四月，增、附十六月，恩荫二十四月，难荫六月，例贡廪膳十四月，增、附十六月，俊秀二十四月。例监计捐监月分三十六月。雍正五年，定除监期计算。各监生肄业，率以连闰扣满三年为期。告假、丁忧、考劣、记过，则扣除月日。告假依限到监，或逾限而本籍有司官具牍者，仍前后通算。

旧制，祭酒、司业总理监务。雍正三年，始设管理监事大臣。乾隆二年，孙嘉淦以刑部尚书管监事。初嘉淦在世宗朝官司业，奏言："学校之教，宜先经术，请敕天下学臣，选拔诸生贡太学，九卿举经明行修之士为助教，一以经术造士。三年考成，举以待用。"议未及行，迁祭酒，申前请，世宗韪之。先是太学生名为坐监肄业，率假馆散处。遇释奠、堂期、季考、月课，暂一齐集。监内旧有号房五百余间，修圮不时，且资斧不给，无以宿诸生。嘉淦言："各省拔贡云集京师，需住监者三百余人。六堂祇可诵读，不能栖止。乞给监南官房，令助教等官及肄业生居住。岁给银六千两为讲课、桌饭、衣服、赈助之费。"允之。是为南学。

至是，请仿宋儒胡瑗经义、治事分斋遗法。明经者，或治一经，或兼他经，务取《御纂折中》、《传说》诸书，探其原本，讲明人伦日用之理。治事者，如历代典礼、赋役、律令、边防、水利、天官、河渠、算法之类。或专治一事，或兼治数事，务穷究其源流利弊。考试时，必以经术湛深、通达事理、验稽古爱民之识。三年期满，分别等第，以示劝惩。从之。令诸生有心得或疑义，逐条劄记，呈助教批判，按期呈堂。季考月课，改《四书》题一，《五经》讲义题各一，治事策问一。时高宗加意太学，嘉淦严立课程，奖诱备至，六堂讲师，极一时之选。举人吴鼎、梁锡玙，皆以荐举经学授司业。进士庄亨阳，举人潘永季、蔡德峻、秦蕙田、吴鼐，贡生官献瑶、王文震，监生夏宗澜，皆以潜心经学，先后被荐为本监属官。分长六堂，各占一经，时有"四贤五君子"之称。师徒济济，皆奋自镞砺，研求实学。而祭酒赵国麟又以经义、治事外，应讲习时艺，请颁六堂《钦定四书文》资诵习。并报可。

清代临雍视学典礼綦重。顺治九年，世祖首视学。先期行取衍圣公、《五经》博士率孔氏暨先贤各氏族裔赴京观礼。帝释奠毕，诣彝伦堂御讲幄。祭酒讲《四书》，司业讲经。宣制勉太学诸生。越日，赐衍圣公冠服，国子监官赏赉有差。各氏后裔送监读书。嗣是历代举行以为常。乾隆四十八年谕曰："稽古国学之制，天子曰辟雍，所以行礼乐、宣德化、昭文明而流教泽，典至巨也。国学为人文荟萃之地，规制宜隆。辟雍之立，元、明以来，典尚阙如，应增建以臻美备。"命尚书德保，尚书兼管国子监事刘墉，侍郎德成，仿《礼经》旧制，于彝伦堂南营建。明年，落成。又明年，高宗驾临辟雍行讲学礼。命大学士、伯伍弥泰，大学士管监事蔡新，进讲《四书》。祭酒觉罗吉善、邹奕孝，进讲《周易》。颁御论二篇，宣示义蕴。王、公、衍圣公、大学士以下官，暨肄业观礼诸生，三千八十八人，圜桥听讲。礼成，赐燕礼部，恩赉有加。是时天子右文，群臣躬遇休明，翊赞文化，彬彬称极盛矣。嘉庆以后，视学典礼，率循不废。咸丰初，犹一举行焉。

道光末，诏整饬南学，住学者百余人，监规颓废已久，迄难振作。咸丰军兴，岁费折发，章程亦屡更。同治初元，以国学专课文艺，无裨实学，令兼课论、策。用经、史、性理诸书命题，奖励留心时务者。明年，增发岁费三千两。九年，乃复旧额。选文行优者四十人住南学，厚给廪饩，文风稍稍兴起。光绪二年，增二十名。十一年，许各省举人入监，曰举监。其后无论举人、贡监生，凡非正印官未投供，举、贡未传到教习，均得入监，以广裁成。

贡监生诸色目多沿明制，岁贡，取府、州、县学食廪年深者，挨次升贡。顺治二年，命直省岁贡士京师。府学岁一人，州学三岁二人，县学二岁一人，一正二陪。学政严加遴选，滥充发回原学。五名以上，学政罚俸。十五年，令到部时详查，年力强壮者，乃许送监。康熙元年，减贡额，府三岁二人，州二岁一人，县三岁一人。八年，复照顺治二年例。二十六年，罢岁贡廷试。其后但由学政挨序考准咨部选授本省训导。得缺后，巡抚一加考验，愿入监者益鲜矣。恩贡，因明制，国家有庆典或登极诏书，以当贡者充之。顺治元年，诏直省府、州、县学，以本年正贡作恩贡，次贡作岁贡。历代恩诏皆如之。九年，五氏子孙观礼生员十五人，送监读书，准作恩贡。乾隆后，恩赐临雍观礼圣贤后裔廪、增、附生入监以为常。至康、乾间，天子东巡，亲诣阙里，拔取五氏、十三氏子孙生员贡成均，则加恩圣裔，非恒制也。拔贡，因明选贡遗制，顺治元年举行。顺天六人，直省府学二人，州、县学各一人。康熙十年，令学臣于考取一、二等生员内，遴选文行兼优者贡太学，从祭酒查禄请也。明年，始选拔八旗生员，满洲、蒙古二人，汉军一人。时各省选贡多冒滥，三十七八年间，祭酒特默德、孙岳颁面试山西选拔张汉翀等六名，陕西吕尔恒等四名，广东陈其玮等三名，均文理不堪，字画舛谬，原卷驳回，学臣参处，遂停选拔。雍正元年，礼部尚书陈元龙疏请严成均肄业之规。部议，太学监生，皆由捐纳，能文之士稀少，应令学臣照旧例选拔送监。从之。五年，世宗以岁贡较食廪浅深，多年力衰惫之人，欲得英才，必须选拔。命嗣后六年选拔一次。明年，又谕学政选拔不拘一、二等生员，酌试时务策论，果有识见才干，再访平日品行，即未列优等，亦许选拔。故雍、乾间充贡国学，以选拔为最盛。

乾隆初定朝考制，列一、二等者，拣选引见录用。三等劄监肄业。寻停拣选例。三年期满，祭酒等分别等第，核实保荐，用知县、教职。七年，帝以拔贡六年一举，人多缺少，妨举人铨选之路。且生员优者，应科举时，自可脱颖而出，不专藉选拔为进身。改十二年一举。遂为永制。

十六年，以天下教官多昏耄，滥竽恋栈。虽定例六年甄别，长官每以闲曹，多方宽假。谕详加澄汰。廷臣议，督、抚三年澄汰教职员缺，以朝考拣选拔贡充补。未入拣选者，劄监肄业如旧。四十一年，定朝考优等兼用七品小京官。五十五年，朝考始用覆试。学政选拔分二场，试《四书》文、经文、策论。乾隆十七年，经文改经解。二十三年，增五言八韵诗。会同督、抚覆试。朝考试书艺一、诗一。副榜入监，顺治二年，令顺天乡试中式副榜增、附，准作贡监。廪生及恩、拔、岁贡，免坐监，与廷试。十五年，他贡停，惟副榜照旧解送。康熙元年，停副贡额。十一年，以查禄奏复，旧制优贡之选，与拔贡并重。

顺治二年，令直省不拘廪、增、附生，选文行兼优者，大学二人、小学一人送监。康熙二十四年，以监生止输纳一途，贫窭之士无由观光，令照顺治二年例选送。雍正间，始析贡监名色，廪、增准作优贡，附生准作优监。乾隆四年，限大省无过五、六名，中省三、四名，小省一、二名，任缺无滥。学政三年会同督、抚保题，分试两场，略同选拔。试《四书》文、经解、经文、策论，后增诗。二十三年，定优生到部，如拔贡朝考例。试书艺一、诗一，文理明通者升太学；荒疏者发回，学政议处。二十九年，学臣有以拔贡年分暂停举优为请者，部议拔贡十二年一举，而学臣三年任满，宜举优黜劣，通省不过数名，应仍旧例。嘉庆十九年，御史黄中杰条奏，请与拔贡一体廷试录用。礼部议驳。请免来京朝考，示体恤。帝以优生经朝考准作贡生，斯合贡于王廷之义。停朝考，名实不符。弗许。然卒以无录用之条，多不赴京报考。同治二年，议定甲子科始廷试优生，仿顺天乡试例，分南、北、中卷。八旗、奉天、直隶、山东、山西、河南、陕西、甘肃为北卷，江苏、江西、浙江、安徽、福建、湖北、湖南为南卷，四川、广东、广西、云南、贵州为中卷。考列一、二等用知县、教职，三等用训导。恩、拔、副、岁、优，时称“五贡”。科目之外，由此者谓之正途。所以别于杂流也。

恩监，由八旗汉文官学生、算学满、汉肄业生考取。又临雍观礼圣贤后裔，由武生、奉祀生、俊秀入监者，皆为恩监。例贡与例监相仿，由廪、增、附生或俊秀监生援例报捐贡生者，曰例贡；由俊秀报捐监生者，曰例监。凡捐纳入官必由之。或在监肄业，或在籍，均为监生。恩荫，凡满、汉子弟奉敕送监读书，恩诏分别内外文武品级，荫子入监。顺治二年，定文官京四品、外三品以上，武官二品以上，俱送一子入监。十一年，觉罗荫生照各官荫生例，一体送监。包衣佐领下官子弟，向例不得为荫监。康熙九年，例除。宗室给荫入监，自康熙五十二年始也。难荫始顺治四年，以殉难陕西固原道副使吕鸣夏子入监读书。九年，定内、外满、汉三品以上官，三年任满，勤事以死者，荫一子入监。后广其例，凡三司首领，州、县佐贰官死难者，亦得荫子矣。

外国肄业生，康熙二十七年，琉球国王始遣陪臣子弟梁成楫等随贡使至，入贡肄业。雍正六年，鄂罗斯遣官生鲁喀等留学中国，以满、汉助教等教之，月给银米器物，学成遣归，先后络绎。至同治间，琉球官生犹有至者。

他如顺治二年，於随征入关奉天十五学，取三十人入监，为天下劝。十一年，定随征廪生准作贡监。生员有军功二等，准作生监。更有军功二等，准作贡生，谓之功贡。未几例停，则开国时权宜之制也。

考送校录，始于乾隆三年，令国子监选正途贡生，年力少壮、字画端楷者十人，送武英殿备誊录。年满议叙。三十四年例停，归吏部誊录贡生内选取。嗣以吏部无合例者，仍由在监拔、副、优贡生考选。嘉庆间增十名，后不复行。

五贡就职，学政会同巡抚验看，咨部依科分名次、年分先后，恩、拔、副贡以教谕选用，岁贡以训导选用。康熙中，捐纳岁贡，并用训导。雍正初，捐纳贡生，教谕改县丞，训导改主簿。既仍许廪生捐岁贡者，用训导；恩、拔、副贡年力富强者，得就职直隶州州判。嘉庆以后，凡朝考未录之拔贡及恩、副、岁、优贡生，遇乡试年，得具呈就职、就教。优贡就教，附岁贡末用训导。道光初，许满、蒙正途贡生就职，与汉员通较年分先后选用。贡监考职，定例必监期已满，乃许送考。惟特恩考职，不论监期满否。凡正途、捐纳各项贡、监生，及候补誊录、教习、校录，一体送考。其已就教、就职及捐职、袭世职者不许。初制，考职岁一举，贡、监一例以州同、州判、县丞、主簿、吏目录用。乾隆元年，定考职以乡试年，恩科不考。恩、拔、副贡考列一等以州同、二等以州判、三等以县丞选用。岁贡一等以主簿、二等以吏目选用。愿就教者听。捐纳贡监考取如岁贡例。五十六年停考职。嘉庆五年，仅一行之。光绪三十一年，直隶总督袁世凯等奏停科举摺宽筹举贡生员出路一条，“请十年三科内优贡加额录取。己酉选拔如旧，朝考用京官知县。督、抚、学政三科内考选学贡通算学、地理、财政、兵事、交涉、铁路、矿务、警察、外国政法之一者，三年一次，保送若干名，略视会试中额两三倍。赴京试取者，用主事、中书、知县”。诏议行。明年，政务处详议，己酉拔贡，照向额倍取，本年丙午考优。以后三年一考，视例额加四倍。廪生出贡许倍额。部院考用誊录，分举人、五贡、生员三等。二年期满奖叙。举人、优、拔，择尤改用七品小京官。又为广就职之例，五贡一体以直隶州州判，按察、盐运经历，散州州判、经历，县丞，分别注选，或分发试用。盖五贡终清之世，未尝废弃也。

算学隶国子监，称国子监算学。乾隆四年，额设学生满、汉各十二，蒙古、汉军各六。续设汉肄业生二十四。遵《御制数理精蕴》，分线、面、体三部。部限一年通晓。七政限二年。有季考、岁考。五年期满考取者，满、蒙、汉军学生咨部，以本旗天文生序补。汉学生举人用博士，贡监生童用天文生。

此外隶国学者，为八旗官学。顺治元年，若琳奏：“臣监僻在城东北隅，满员子弟就学不便，议于满洲八固山地方各立书院，以国学二厅、六堂教官分教之，以时赴监考课。”下部议行。于是八旗各建学舍。每佐领下取官学生一名，以十名习汉书，余习满书。二年，从所蕴言，合两旗为一学。每学教习十人，教习酌取京省生员。其后学额屡有增减，教习于国学肄业生考选，止用恩、拔、副、岁贡生。如无其人，准例监生亦得考取。举人愿就，一例考选。雍正元年，于八旗蒙古护军、领催、骁骑内，选熟练国语、蒙古语者十六人，充蒙古教习。向例官学生分佐领选送。五年，定每旗额设百名。满洲六十，习清、汉书各半。蒙古、汉军各二十，通一旗选择，不拘佐领。年幼者习清书，稍长者习汉文。拨八旗教养兵额满洲三十，蒙古、汉军各十名钱粮分给学生。定汉教习每旗五人。乾隆初，定官学生肄业以十年为率，三年内讲诵经书，监臣考验，择材资聪颖有志力学者，归汉文班；年长愿学缮译者，归满文班。三年，钦派大臣考取汉文明通者，拔为监生，升太学。与汉贡监究心明经治事，期满，择尤保荐，考选录用。八年，定汉教习三年期满，分等引见。一等用知县，二等用知县或教职铨选。一等再教习三年，果实心训课者，知县即用。蒙古教习五年期满实心训课者，用护军校、骁骑校。满助教每旗二人，以八旗文进士、举人，缮译进士、举人，恩、拔、副、岁贡生，文生员，缮译生员，废员，笔帖式考取。三十三年，下五旗包衣每旗增设学生十名。满洲六，蒙古、汉军各二，不给钱粮。五十四年，于每旗百名内裁十名，选取经书熟、文理优者二十人，加给膏火资鼓励。嘉、道以后，官学积渐废弛，八旗子弟仅恃此进身。教习停年期满予录用例，月课虚应故事。虽明谕屡督责，迄难振刷。光绪初，力筹整顿。每学以满、汉科甲官一人为管学官，专司考核学生课程，教习勤惰。简派满、汉进士出身大员二人为管理八旗官学大臣。每学添设翰林编、检一员。月课季考，分司考校。春秋赴监会考如旧。

同、光间，国学及官学造就科举之才，亦颇称盛。然囿于帖括，旧制鲜变通。三十一年，监臣奏于南学添设科学，未几，裁国子监，并设学部。文庙祀典，设国子丞一人掌之。八旗官学改并学堂，算学亦改称钦天监天文算学，隶钦天监。而太学遂与科举并废云。

宗学肇自虞廷，命夔典乐，教胄子。三代无宗学名，而义已备。唐、宋后，有其名而制弗详。清顺治十年，八旗各设宗学，选满洲生员为师。凡未封宗室子弟，十岁以上，俱入学习清书。雍正二年定制，左、右两翼设满、汉学各一，王、公、将军及闲散宗室子弟十八岁以下，入学分习清、汉书，兼骑射。以王、公一人总其事。设总、副管，以宗室分尊齿长者充之。清书教习二人，选罢闲旗员及进士、举人、贡生、生员善缮译者充之。骑射教习二人，选罢闲旗员及护军校善射者充之。每学生十人，设汉书教习一人，礼部考取举、贡充之。三年期满，分别等第录用。十一年，两学各以翰林官二人董率课程，分日讲授经义、文法。乾隆初，以满、汉京堂各一人总稽学课，月试经义、缮译及射艺。九年，定每届五年，简大臣合试两翼学生，钦定名次，以会试中式注册。俟会试年，习缮译者，与八旗缮译贡生同引见，赐进士，用府属额外主事。习汉文者，与天下贡士同殿试，赐进士甲第，用翰林部属等官。十年，考试汉文、缮译无佳作。谕曰："我朝崇尚本务，宗室子弟俱讲究清文，精通骑射。诚恐学习汉文，流于汉人浮靡之习。世祖谕停习汉书，所以敦本实、黜浮华也。嗣后宗室子弟不能习汉文者，其各娴习武艺，储为国家有用之器。"明年，定学额，左翼七十，右翼六十。二十一年，裁汉教习九人，改缮译教习。增骑射教习，翼各一人。嘉庆初，画一两翼学额，增右翼十名。定每学教习满三人，汉四人。十三年，两翼各增学额三十，足百名，为永制。

觉罗学，雍正七年，诏八旗于衙署旁设满、汉学各一，觉罗子弟八岁至十八岁，入学读书习射，规制略同宗学。总管王、公，春秋考验。三年钦派大臣会同宗人府考试，分别奖惩。学成，与旗人同应岁、科试及乡、会试，并考用中书、笔帖式。学额镶黄旗六十一，正黄旗三十六，正白旗、正红旗各四十，镶白旗十五，镶红旗六十四，正蓝旗三十九，镶蓝旗四十五。满、汉教习，旗各二人。惟镶白旗各一。

景山官学，康熙二十四年，令于北上门两旁官房设官学，选内府三旗佐领、管领下幼童三百六十名。清书三房，各设教习三人。汉书三房，各设教习四人。初，满教习用内府官老成者，汉教习礼部考取生员文理优通者。寻改选内阁善书、射之中书充满教习，新进士老成者充汉教习。雍正后，汉教习以举人、贡生考取，三年期满，咨部叙用。学生肄业三年，考列一等用笔帖式，二等用库使、库守。乾隆四十四年，许回子佐领下选补学生四名。嘉庆间，定额镶黄旗、正白旗均百二十四，正黄旗百四十，回童四。

咸安宫官学，雍正六年，诏选内府三旗佐领、管领下幼童及八旗俊秀者九十名，以翰林官居住咸安宫教之。汉书十二房，清书三房，各设教习一人，教射、教国语，各三人，如景山官学考取例。五年钦派大臣考试，一、二等用七、八品笔帖式。汉教习三年、清语骑射教习五年，分别议叙。乾隆初，定汉教习选取新进士，不足，于明通榜举人考充。期满，进士用主事、知县，举人用知县、教职。二十三年以后，不论年分，许学生考缮译中书、笔帖式、库使。定教习汉九人，满六人。

宗学、觉罗学隶宗人府，景山学、咸安宫学隶内务府。诸学总管、教习等，类乏通才，经费徒糜。甚者黉舍空虚，期满时，例报成就学生若干名而已。光绪二十八年，翰林院侍读宝熙奏请援同文馆归并大学堂例，将宗室、觉罗、八旗等官学改并中、小学堂，均归管学大臣办理。从之。

他如世职官学，八旗及礼部义学，健锐营、外火器营、圆明园、护军营等学，皆清代特设，习满、蒙语言文字。

府、州、县、卫儒学，明制具备，清因之。世祖勘定天下，命赈助贫生，优免在学生员，官给廪饩。顺治七年，改南京国子监为江宁府学。寻颁卧碑文，刊石立直省学宫。谕礼部曰："帝王敷治，文教为先。臣子致君，经术为本。自明末扰乱，日寻干戈，学问之道，阙焉未讲。今天下渐定，朕将兴文教，崇经术，以开太平。尔部传谕直省学臣，训督士子，凡理学、道德、经济、典故诸书，务研求淹贯。明体则为真儒，达用则为良吏。果有实学，朕必不次简拔，重加任用。"初，各省设督学道，以各部郎中进士出身者充之。惟顺天、江南、浙江为提督学政，用翰林官。宣大、苏松、江安、淮扬、肇高先皆分设，既乃裁并。上下江、湖南北则裁并后仍分设。雍正中，一体改称学院，省设一人。奉天以府丞、台湾以台湾道兼之。甘肃自分闱后，始设学政。

各学教官，府设教授，州设学正，县设教谕，各一，皆设训导佐之。员额时有裁并。生员色目，曰廪膳生、增广生、附生。初入学曰附学生员。廪、增有定额，以岁、科两试等第高者补充。生员额初视人文多寡，分大、中、小学。大学四十名，中学三十名，小学二十名。嗣改府视大学，大州、县视中学减半，小学四名或五名。康熙九年，大府、州、县仍旧额，更定中学十二名，小学七名或八名。后屡有增广。满州、蒙古、汉军子弟，初归顺天考试取进，满洲、汉军各百二十名，蒙古六十名。康熙中减定满、蒙四十名，汉军二十名。旋复增为满、蒙六十，汉军三十。学政三年任满。岁、科两试。顺治十五年停直省科试，康熙十二年复之。

儒童入学考试，初用《四书》文、《孝经》论各一，《孝经》题少，又以《性理》、《太极图说》、《通书》、《西铭》、《正蒙》命题。嗣定正试《四书》文二，覆试《四书》文、《小学》论各一。雍正初，科试加经文。冬月晷短，书一、经一。寻定科试《四书》、经文外，增策论题，仍用《孝经》。乾隆初，覆试兼用《小学》论。中叶以后，试书艺、经艺各一。增五言六韵诗。圣祖先后颁《圣谕广训》及《训饬士子文》于直省儒学。雍正间，学士张照奏令儒童县、府覆试，背录《圣谕广训》一条，著为令。凡新进生员，如国子监坐监例，令在学肄业，以次期新生入学为满。

教官考校之法，有月课、季考，《四书》文外，兼试策论。翌日讲《大清律》刑名、钱谷要者若干条。月集诸生明伦堂，诵《训饬士子文》及卧碑诸条，诸生环听。除丁忧、患病、游学、有事故外，不应月课三次者戒饬，无故终年不应者黜革。试卷申送学政查覆。讫于嘉庆，月课渐不举行。御史辛从益以为言，诏令整顿。嗣是教官多阘茸不称职，有师生之名，无训诲之实矣。

学政考核教官，按其文行及训士勤惰，随时荐黜。康熙中，令抚臣考试。嗣教职部选后，赴抚院试。四等以上，给凭赴任；五等学习三年再试，六等褫职。雍正初，定四、五等俱解任学习。六年考成俸满，尽心训导，士无过犯者，督、抚、学政保题，擢用知县。

学臣按临，谒先师，升明伦堂，官生以次揖见。生员掣签讲书，各讲《大清律》三条，西向立；讲毕，东向立：俟行赏罚。

考试生员，旧例岁、科试俱《四书》文二、经文一。自有给烛之禁，例不出经题。雍正元年，科试增经文，冬月一书、一经，六年，更定岁试两书、一经，冬月一书、一经。科试书一、经一、策一，冬月减经文。乾隆二十三年，改岁试书一、经一，科试书一、策一、诗一，冬月亦如之。欠考，勒限补行。三次，黜革。后宽其例，五次以上乃黜。

驻防考试，清初定制，各省驻防弁兵子弟能读书者，诣京应试。乾隆时，参领金珩请许岁、科试将军先试骑射，就近送府院取进。严旨切责。嘉庆四年，湖南布政使通恩奏如金珩言，诏议行。应试童生，五六名取进一名，佐领约束之。训习清语、骑射，府学课文艺。明年谕曰："我满洲根本，骑射为先。若八旗子弟专以读书应试为能，轻视弓马，怠荒武备，殊失国家设立驻防之意。嗣后各省驻防官弁子弟，不得因有就近考试之例，遂荒本业。"

汉军设廪、增，自顺治九年始。康熙十年，满、蒙亦设廪、增。初制各二十名，嗣减汉军十名。雍正间定额，满、蒙六十，汉军三十。直省廪、增额，府四十，州三十，县二十，卫十。其新设者，府学视州学，州学视县学。其一学分两学，则均分其额，或差分之。

六等黜陟法，视明为繁密。考列一等，增、附、青、社俱补廪。无廪缺，附、青、社补增。无增缺，青、社复附，各候廪。原廪、增停降者收复。二等，增补廪，附、青、社补增。无增缺，青、社复附。停廪降增者复廪。增降附者复增，不许补廪。三等，停廪者收复候廪。丁忧起复，病痊考复，缘事辨复，增降附者许收复，青衣发社者复附，廪降增者不许复。四等，廪免责停饩，不作缺，限读书六月送考。停降者不许限考。增、附、青、社俱扑责。五等，廪停作缺。原停廪者降增，增降附，附降青衣，青衣发社，原发社者黜为民。六等，廪膳十年以上发社，六年以上与增十年以上者，发本处充吏，馀黜为民。入学未及六年者发社。科试一、二等送乡试，帮补廪、增，如岁试大率祇列三等，八旗生员给钱粮，考列四等以下停给，次届列一、二、三等给还。优等补廪、增，劣等降青、社，如汉生员。八旗故重骑射，往往不苛求文艺，但置后等。

凡优恤诸生，例免差徭。廪生贫生给学租养赡。违犯禁令，小者府、州、县行教官责惩，大者申学政，黜革后治罪，地方官不得擅责。学政校文外，赏黜优劣，以为劝惩。如教官徇庇劣生不揭报，或经揭报，学政不严加惩处，分别罚俸、镌级、褫职。其大较也。

光绪末，科举废，丙午并停岁、科试。天下生员无所托业，乃议广用途，许考各部院誊录。并于考优年，令州县官、教官会保申送督、抚、学政，考取文理畅达、事理明晰者，大省百名，中省七十名，小省五十名，咨部以巡检、典史分别注选，或分发试用。各省学政改司，考校学堂。未几学政裁，教官停选。在职者，凡生员考职、孝廉方正各事属之，俸满用知县，或以直州同、盐库大使用。儒学虽不废，名存实亡，非一日矣。

武生附儒学，通称武生。顺治初，京卫武生童考试隶兵部。康熙三年，改隶学院，直省府、州、县、卫武生，儒学教官兼辖之。骑射外，教以《武经七书》、《百将传》及《孝经》、《四书》。学政三年一考。顺天旧设武学，自八旗设儒学教官，兼辖满洲、蒙古、汉军武生，裁武学官。大、宛两县武生，顺天教官辖之，学额如文生童例，分大、中、小学。自二十名递减至七八名。考试分内、外场，先外场骑射，次内场策论。岁试列一、二等，准作科举。故武生有岁试无科试。

各省书院之设，辅学校所不及，初于省会设之。世祖颁给帑金，风励天下。厥后府、州、县次第建立，延聘经明行修之士为之长，秀异多出其中。高宗明诏奖劝，比于古者侯国之学。儒学寖衰，教官不举其职，所赖以造士者，独在书院。其裨益育才，非浅鲜也。

又有义学，社学。社学，乡置一区，择文行优者充社师，免其差徭，量给廪饩。凡近乡子弟十二岁以上令入学。义学，初由京师五城各立一所，后各省府、州、县多设立，教孤寒生童，或苗、蛮、黎、瑶子弟秀异者。规制简略，可无述也。

卷一百七 志八十二

选举二 学校二

学校新制之沿革，略分二期。同治初迄光绪辛丑以前，为无系统教育时期；辛丑以后迄宣统末，为有系统教育时期。自五口通商，英法联军入京后，朝廷鉴于外交挫衄，非兴学不足不图强。先是交涉重任，率假手无识牟利之通事，往往以小嫌酿大衅，至是始悟通事之不可恃。又震于列强之船坚炮利，急须养成缮译与制造船械及海陆军之人才。故其时首先设置之学校，曰京师同文馆，曰上海广方言馆，曰福建船政学堂及南北洋水师、武备等学堂。

京师同文馆之设，从总理各国事务衙门之请，始于同治元年。初止教授各国语言文字。六年，议于同文馆内添设算学馆。时京僚瞢于时务，谤讟繁兴，原疏排斥众议，言之剀切。谓："西人制器之法，无不由度数而生。中国欲讲求制造轮船、机器诸法，苟不藉西士为先导，师心自用，无裨实际。疆臣如左宗棠、李鸿章等，皆深明其理，坚持其说，详于奏牍。且西人之术，圣祖深韪之矣，当时列在台官，垂为时宪，本朝掌故，不宜数典而忘。若以师法西人为耻，其说尤谬。中国狃于因循，不思振作，耻孰甚焉。今不以不如人为耻，独以学其人为耻，将安于不如而终不学，遂可雪耻乎？学期适用，事贵因时，物议虽多，权衡宜定。原议招取满、汉举人，恩、拔、副、岁、优贡生，并由此出身之正途人员。又拟推广，凡翰林院庶吉士、编修、检讨，与五品以下进士出身之京、外各官，年在三十岁以内者，均可送考。三年考列高等者，按升阶优保班次，以示鼓励。"诏从其议。

上海广方言馆，创设于同治二年。江苏巡抚李鸿章言："京师同文馆之设，实为良法。惟洋人总汇地，以上海、广东两口为最。拟仿照同文馆例，于上海添设外国语言文字学馆，选近郡年十四岁以下资禀颖悟、根器端静之文童，聘西人教习，并聘内地品学兼优之举、贡生员，课以经、史、文艺。学成送本省督、抚考验，作为该县附学生。其候补、佐杂等官，年少聪慧者，许入馆一体学习，学成酌给升途。三五年后，有此一种读书明理之人，精通番语，凡通商、督、抚衙署及海关监督，应设缮译官承办洋务者，即于馆中遴选派充。庶关税、军需可期核实；无赖通事，亦稍敛迹。且能尽阅西人未译专书，探赜索隐，一切轮船、火器等巧技，由渐通晓，于自强之道，不无裨助。"上谕广州将军查照办理。

福建船厂，同治五年，左宗棠督闽时奏设，并设随厂学堂。分前、后二堂。前堂习法文，练习造船之术；后堂习英文，练习驾驶之术。课程除造船、驾驶应习常课外，兼习策论，令读《圣谕广训》、《孝经》以明义理。首总船政者为沈葆桢，规画闳远，尤重视学堂。十二年，奏陈船工善后事宜："请选派前、后堂生分赴英、法，学习制造驾驶之方，及推陈出新、练兵制胜之理。学生有天资杰出，能习矿学、化学及交涉、公法等事，均可随宜肄业。"寻葆桢任南洋大臣。光绪二年，奏派华、洋监督，订定章程。船政学堂成就之人材，实为中国海军人材之嚆矢。学堂设于马尾，故清季海军将领，亦以闽人为最多。

天津水师学堂，光绪八年，北洋大臣李鸿章奏设。次年招取学生，入堂肄业。分驾驶、管轮两科。教授用英文，兼习操法，及读经、国文等科。优者遣派出洋留学，以资深造。厥后海军诸将帅由此毕业者甚伙。

鸿章又于光绪十一年奏设天津武备学堂，规制略仿西国陆军学堂。挑选营中精健聪颖、略通文义之弁目，入堂肄业。文员愿习武事者，一并录取。其课程一面研究西洋行军新法，如后膛各种枪炮，土木营垒及布阵分合攻守各术。一面赴营实习，演试枪炮阵势及造筑台垒。惟学生系挑选弁目，虽聘用德国教员，不能直接听讲，仍用缮译，展转教授，与水师学堂注重外国文者不同。初制，学习一年后，考试及格学生，发回各营，由统领量材授事。其后逐渐延长年限，选募良家年幼子弟肄业。迨庚子之变，学堂适当战区，全校沦为灰烬矣。

此外广东水陆师学堂，则粤督张之洞于光绪十三年奏设。之洞调任鄂督，二十一年又奏设湖北武备学堂，其辨法课程，水师分管轮、驾驶两项，陆师分马、步、枪、炮，营造等项，大略参照北洋成法。洎海军成立，新军改建，此类学堂，南洋及各省增设日盛，不具述。

至湖北自强学堂，亦之洞创设。初分方言、格致、算学、商务四门。惟方言一斋，住堂肄业，余三斋按月考课。其后算学改归两湖书院教授，格致、商务停课，本堂专课方言，以为西学梯阶。方言分英、法、德、俄四门，亦类似同文馆之学堂也。

光绪丙申、丁酉间，各省学堂未能普设，中外臣工多以变通整顿书院为请。诏饬裁改，礼部议准章程，并课天算、格致等学。陕西等省创设格致实学书院，以补学堂之不逮焉。

大抵此期设学之宗旨，专注重实用。盖其动机缘于对外，故外国语及海陆军得此期教育之主要，无学制系统之足言。惟南洋公学虽亦承袭此期教育之宗旨，而学制分为三等，已寓普通学校及豫备教育之意旨。

先是光绪二十一年，津海关道盛宣怀于天津创设头、二等学堂。头等学堂课程四年，第一年习竣，欲专习一门者，得察学生资质酌定。专门凡五：一工程学，二电学，三矿务学，四机器学，五律例学。二等学堂课程四年，按班次递升，习满升入头等。意谓二等拟外国小学，头等拟外国大学。因初设，采通融求速办法。教员既苦乏才，学生亦难精择，无甚成效。

二十三年，宣怀又于上海创设南洋公学，如津学制而损益之，经费取给招商、电报两局捐助。奏明办理，因名公学。分四院：曰师范院，曰外院，曰中院，曰上院。外院即附属小学，为师范生练习之所。中、上院即二等、头等学堂，寓中学堂、高等学堂之意。课程大体分中文、英文两部，而注重法政、经济。上院毕业生，择尤异者咨送出洋，就学于各国大学。意谓内国大学猝难设置，以公学为豫备学校，而以外国大学为最高学府。论者谓中国教育有系统之组织，此其见端焉。后改归邮传部管辖，定名高等实业学堂。其课程性质，非复设立之初旨。此第一期无系统教育之大略也。

自甲午一役，丧师辱国，列强群起，攘夺权利，国势益岌岌。朝野志士，恍然于向者变法之不得其本。侍郎李端棻、主事康有为等，均条议推广学堂。光绪二十四年，德宗谕曰："迩者诏书数下，开特科，改武科制度，立大、小学堂。惟风气尚未大开，论说莫衷一是。国是不定，则号令不行。特明白宣示中外，自王公至士庶，各宜努力发愤，以圣贤义理之学植其根本，博采西学切于时务者，实力讲求，以救空疏迂谬之弊。京师大学为各省倡，应首先举办。凡翰林编、检，部、院司员，各门侍卫，候补、候选道，府、州、县以下各官，大员子弟，八旗世职，各省武职后裔，均准入学肄业，以期人材辈出，共济时艰。"下军机大臣、总理各国事务王、大臣，妥议奏闻。寻议覆筹办京师大学堂。拟定章程，要端凡四：一宽筹经费，二宏建学舍，三慎选管学大臣，四简派总教习。诏如所拟。命孙家鼐管理大学堂事务，经费由户部筹拨。

五月，又谕各直省督、抚，将各省府、厅、州、县大、小书院，一律改为兼习中、西学之学校，其阶级，以省会之大书院为高等学，郡城之书院为中学，州、县之书院为小学。颁给《京师大学章程》，令仿照办理。各书院经费，尽数提作学堂经费。绅民如能捐建学堂，或广为劝募，准奏请给奖。有独立措捐巨款者，予以破格之赏。民间祠庙不在祀典者，一律改为学堂，以节糜费而隆教育。是时管学大臣之权限，不专管理京师大学堂，并节制各省所设之学堂。实以大学校长兼全国教育部长之职权。

又以同文馆及北洋学堂多以西人为总教习，于中学不免偏枯。且外国文不止一国，学科各有专门，非一西人所能胜任。必择学贯中、西，能见其大之中国学者，为总教习，破格录用，有选派分教习之权。盖以管学大臣必大学士或尚书充任，而总教习则不拘资格，可延揽新进之人才也。学生分两班，已治普通学卒业者为头班，现治普通学者为二班，犹是南洋公学之旧法。课程分普通、专门两类。普通学，学生必须通习；专门学，人各占一门或二门。普通学科目为经学，理学，掌故学，诸子学，初级算学，初级格致学，初级政治学，初级地理学，文学，体操学，语言文字学。专门学科目为高等算学，高等格致学，高等政治学、法律属之，高等地理学、测绘属之，农学，矿学，工程学，商学，兵学，卫生学、医学属之。考验学生，用积分法。学生月给膏火银两有差。上海设编译局，各学科除外国文外，均读编译课本。筹办大学章程之概要如此。

未几，八月政变，由旧党把持朝局，卒酿成庚子之祸。逮二十七年，学校渐有复兴之议。其首倡者，则山东巡抚袁世凯也。初，世凯奏陈东省开办大学堂章程，有旨饬下各省仿办，令政务处会同礼部妥议选举鼓励章程。寻议言："东西各国学堂，皆系小学、中学、大学以次递升，毕业后始予出身，拟请按照办理。小学毕业生考试合格，选入中学堂。毕业考试合格，再选入大学堂。毕业考试合格，发给凭照。督、抚、学政，按其功课，严密扃试。优者分别等第，咨送京师大学堂覆试，作为举人、贡生。其贡生留下届应考，愿应乡试者听。举人积有成数，由京师大学堂严加考试，优者分别等第，咨送礼部。简派大臣考试，候旨钦定，作为进士，一体殿试，酌加擢用，优予官阶。查世凯办法，以通省学堂一时未能遍举，先于省城建立学堂，分斋督课，其备斋、正斋，即隐寓小学、中学之规制。既经谕令各省仿办，应酌照将来选举章程，用资鼓励。"报可。所议混合科举、学制为一事，谓之《学堂选举鼓励章程》，各省多未及实行而罢。

辛丑，两宫回銮。以创痛巨深，力求改革。十二月，谕曰："兴学育才，实为当今急务。京师首善之区，尤宜加意作育，以树风声。前建大学，应切实举办。派张百熙为管学大臣，责成经理，务期端正趋向，造就通才。其裁定章程，妥议具奏。"旋谕将同文馆并入大学堂，毋庸隶外务部。二十八年正月，百熙奏筹办大学堂情形豫定办法一条，言："各国学制，幼童于蒙学卒业后入小学，三年卒业升中学，又三年升高等学，又三年升大学。以中国准之，小学即县学堂，中学即府学堂，高等学即省学堂。目前无应入大学肄业之学生，通融办法，惟有暂时不设专门，先设立一高等学为大学豫备科。分政、艺二科，以经史、政治、法律、通商、理财等事隶政科，以声、光、电、化、农、工、医、算等事隶艺科。查京外学堂，办有成效者，以湖北自强学堂、上海南洋公学为最。此外如京师同文馆，上海广方言馆，广东时敏、浙江求是等学堂，开办皆在数年以上，不乏合格之才。更由各省督、抚、学政考取府、州、县高材生，咨送来京，覆试如格，入堂肄业。三年卒业，及格者升大学正科。不及格者，分别留学、撤退。大学豫科与各省省学堂卒业生程度相同，由管学大臣考验合格，请旨赏给举人。正科卒业，考验合格，请旨赏给进士。惟国家需材孔亟，欲收急效而少弃才，则有速成教员一法。于预备科外设速成科，分二门：曰仕学馆，曰师范馆。凡京员五品以下、八品以上，外官道员以下、教职以上，皆许考入仕学馆。举、贡、生、监，皆许考入师范馆。仕学三年卒业，择尤保奖。师范三年卒业，择优异者带领引见。生准作贡生，贡生准作举人，举人准作进士，分别给予准作小学、中学教员文凭。盖豫科生必取年岁最富、学术稍精者，再加练习，储为真正合格之才。速成生则取更事较多、立志猛进者，取其听从速化之效。至增建校舍，附设译局，广购书籍、仪器，尤以宽筹经费为根原。经费分两项：一，华俄道胜银行存款之息金，全数拨归大学堂；一，请饬各省筹助经费，每年大省二万金，中省一万金，小省五千金，常年拨解京师。”从之。

七月，百熙遵拟学堂章程，疏言：“古今中外，学术不同，其所以致用则一。欧、美、日本诸邦现行制度，颇与中国古昔盛时良法相同。《礼记》载家有塾，党有庠，州有序，国有学。比之各国，则国学即大学，家塾、党庠、州序即蒙学、小学、中学。等级盖甚分明。周以前选举、学校合而为一，汉以后专重选举，及隋设进士科以来，士皆殚精神于诗、赋、策、论，所谓学校，名存而已。今日而议振兴教育，必以真能复学校之旧为第一要图。虽中外政教风气原本不同，然其条目秩序之至赜而不可乱，不必尽泥其迹，不能不兼取其长。谨上溯古制，参考列邦，拟定京师大学暨各省高等学、中学、小学、蒙学章程，候钦定颁行各省，核实兴办。凡名是实非之学堂及庸滥充数之教习，一律从严整顿。”诏下各省督抚，按照规条实力奉行。是为《钦定学堂章程》。教育之有系统自此始。

京师大学堂分大学院、大学专门分科、大学豫备科。附设者，仕学、师范两馆。大学院主研究，不讲授，不立课程。专门分科凡七：曰政治科，曰文学科，曰格致科，曰农业科，曰工艺科，曰商务科，曰医术科。政治科分目二：政治，法律。文学科分目七：经学，史学，理学，诸子，掌故，词章，外国语言文字。格致科分目六：天文，地质，高等算学，化学，物理，动植物。农业科分目四：农艺，农业化学，林学，兽医。工艺科分目八：土木，机器，造船，造兵器，电气，建筑，应用化学，采矿冶金。商务科分目六：簿记，产业制造，商业语言，商法，商业史，商业地理。医术科分目二：医学，药学。豫备科分政、艺两科。政科课目：伦理，经学，诸子，词章，算学，中外史，中外舆地，外国文，物理，名学，法学，理财，体操。艺科课目：伦理，中外史，外国文，算学，物理，化学，动植物，地质及矿产，图画，体操。为入专理某科便利计，得增减若干科目。各三年卒业。仕学馆课目：算学，博物，物理，外国文，舆地，史学，掌故，理财，交涉，法律，政治。师范馆课目：化理，经学，教育，习字，作文，算学，中外史，中外舆地，博物，物理，化学，外国文，图画，体操。

各省高等学堂为中学卒业之升途，又为入分科大学之豫备。分政、艺两科。课程与大学豫科同。三年卒业。高等学外，得附设农、工、商、医高等实业学堂，亦中学卒业生升入。教授用专科教员制，各任一门。中学堂，为高等小学卒业之升途，即为入高等学之豫备。课目：修身，读经，算学，词章，中外史，中外舆地，外国文，图画，博物，物理，化学，体操。四年卒业。中学外，得设中等农、工、商实业学堂，高小卒业生不愿治普通学者入之。又附设师范学堂，课目视中学，惟酌减外国文，加教育学、教授法。得合两班或三班，以两三教员各任数科目，分教之。小学堂分高等、寻常二级。儿童自六岁起，受蒙学四年。十岁入寻常小学，修业三年。此七年定为义务教育。十三岁入高等小学，三年卒业。得附设简易农、工、商实业学堂，寻常小学卒业者入之。寻常小学课目：修身、读经、作文、习字、史学、舆地、算术、体操。高等小学课目，增读古文辞、理科、图画，余同寻常小学。教授采用级任制。正教习外，得置副教习。蒙学堂属义务教育，府、厅、州、县、城、镇、乡、集均应设立。凡义塾或家塾，应照蒙学课程，核实改办。课目同寻常小学，惟作文易以字课。蒙学宗旨，在于改良私塾，故章程规定，颇注重教授法之改善，于儿童身心之体察，三致意焉。至学生出身奖励，小学卒业，奖给附生；中学卒业，奖给贡生；高等学卒业，奖给举人；大学分科卒业，奖给进士。各省师范卒业，照大学师范馆例给奖。其大较也。钦定章程虽未臻完备，然已有系统之组织。颁布未及二年，旋又废止。

先是百熙招致海内名流，任大学堂各职。吴汝纶为总教习，赴日本参观学校。适留日学生迭起风潮，诼谣繁兴，党争日甚。二十九年正月，命荣庆会同百熙管理大学堂事宜。二人学术思想，既各不同，用人行政，意见尤多歧异。时鄂督张之洞入觐。之洞负海内重望，于川、晋、粤、鄂，曾创设书院及学堂。著《劝学篇》，传诵一时；尤抱整饬学务之素志。闰五月，荣庆约同百熙奏请添派之洞会商学务，诏饬之洞会同管学大臣厘定一切学堂章程，期推行无弊。

十一月，百熙、荣庆、之洞会奏《重订学堂章程》，言：“各省初办学堂，难得深通教育理法之人。学生率取诸原业科举之士，未经小学陶镕而来，言论行为，不免轶于范围之外。此次奉谕会商厘定，详细推求，倍加审慎。博考外国各项学堂课程门目，参酌变通，择其宜者用之，其于中国不相宜者缺之，科目名称不可解者改之，过涉繁重者减之。无论何等学堂，均以忠孝为本，以中国经史之学为基，俾学生心术壹归于纯正。而后以西学瀹其智识，练其艺能，务期他日成材，各适实用。拟成初等小学、高等小学、中学、高等学各章程，大学附通儒院章程。原章有蒙学名目，所列实即外国初等小学之事。外国蒙养院，一名幼稚园，参酌其意，订为蒙养院章程及家庭教育法。此原章所有，而增补其缺略者也。办理学堂，首重师范。原订师范馆章程，系仅就京城情形试办，尚属简略。另拟初级、优级师范学堂章程，并任用教员章程，京城师范馆改照优级师范办理。此外仕学馆属暂设，不在各学堂统系之内，原章应暂仍旧。译学馆即方言学堂；进士馆系奉特旨，令新进士概入学堂肄业，课程与各学堂不同，并酌定章程课目。又国民生计，莫要于农、工、商实业，兴办实业学堂，有百益而无一弊，另拟初等、中等、高等农、工、商实业学堂章程，附实业补习普通学堂、艺徒学堂、实业教员讲习所各章程。此原章未及，而别加编订者也。又中国礼教政俗与各国不同，少年初学，胸无定识，哤杂浮嚣，在所不免。规范不容不肃，稽察不容不严。特订立规条，申明禁令，为学堂管理通则。并将设学宗旨、立法要义，总括发明，为学务纲要。果能按照现定章程认真举办，民智可开，国力可富，人才可成，不致别生流弊。至学生毕业考试，升级、入学考试及奖励录用之法，亦经详定专章，伏候裁定。”

又奏：“奉旨兴办学堂，两年有余。至今各省未能多设者，经费难筹也。经费所以不能捐集者，科举未停，天下士林谓朝廷之意并未专重学堂也。科举不变通裁减，人情不免观望，绅富孰肯筹捐？经费断不能筹，学堂断不能多。入学堂者，恃有科举一途为退步，不肯专心向学，且不肯恪守学规。况科举文字多剽窃，学堂功课务实修；科举止凭一日之短长，学堂必尽累年之研究；科举但取词章，学堂并重行检。彼此相衡，难易迥别。人情莫不避难就易，当此时势阽危，除兴学外，更无养才济时之术。或虑停罢科举，士人竞谈西学，而中学无人肯讲。现拟章程，于中学尤为注重。凡中国向有之经学、史学、文学、理学，无不包举靡遗。科举所讲习者，学堂无不优为；学堂所兼通者，科举皆所未备。是取材于科举，不如取材于学堂，彰彰明矣。或又虑学堂虽重积分法，分数定自教员，保无以爱憎而意为增损。不知功课优绌，当堂考验。教员即欲违众徇私，而公论可凭，万难掩饰。臣等尚恐偶有此弊，故于中学考试，归学政主持，督同道、府办理。高等学毕业，请简放主考，会同督、抚、学政考试。大学毕业，请简放总裁，会同学务大臣考试。不专凭本学堂所定分数。凡科举抡才之法，已括诸学堂奖励之中，实将科举、学堂合并为一。就事理论，必须科举立时停罢，学堂办法方有起色，经费方可设筹。惟此时各省学堂，未能遍设，已设学堂，办理未尽合法，不欲遽议停罢科举。然使一无举动，天下未见朝廷有递减以至停罢之明文，实不足风示海内士民，收振兴学堂之效。请查照臣之洞会同袁世凯原奏分科递减之法，明降谕旨，从下届丙午科起，每科递减中额三分之一。一面照现定各学堂章程，从师范入手，责成各省实力举行，至第三届壬子科应减尽时，尚有十年。计京、外开办学堂，已逾十年以外，人才应已辈出。天下士心专注学堂，筹措经费必立见踊跃。人人争自濯磨，相率入学堂，求实在有用之学，气象一新，人才自奋。转弱为强，实基于此。”诏悉如所请。是为颁布奏定章程之期，时科举未全废止也。迨三十一年，世凯、之洞会奏：“科举一日不停，士人有侥幸得弟之心，以分其砥砺实修之志。民间相率观望，私立学堂绝少。如再迟十年甫停科举，学堂有迁延之势，人才非急切可求。必须二十余年后，始得多士之用。拟请宸衷独断，立罢科举。饬下各省督、抚、学政，学堂未办者，从速提倡；已办者，极力扩充。学生之良莠，办学人员之功过，认真考察，不得稍辞其责。”遂诏自丙午科始，停止各省乡、会试及岁、科试。寻谕各省学政专司考校学堂事务。于是沿袭千余年之科举制度，根本划除。嗣后学校日渐推广，学术思想因之变迁，此其大关键也。

是时学务之组织，尚有一重要之变更，则专设总理学务大臣也。二十九年，之洞言：“管学大臣既管京城大学堂，又管外省各学堂事务。当此经营创始，条绪万端，专任犹虞不给，兼综更恐难周。请于京师专设总理学务大臣，统辖全国学务。另设总监督一员，专管京师大学堂事务，受总理学务大臣节制考核，俾有专责。”诏允改管学大臣为学务大臣，并加派孙家鼐为学务大臣，命大理寺少卿张亨嘉充大学堂总监督。奏定章程，规定学校系统，足补钦定章程所未备。

其分科及课目，较旧章亦多有变更。大学设通儒院及大学本科。通儒院不讲授，无规定课目。大学本科分科八。曰经学科，分十一门：《周易》、《尚书》、《毛诗》、《春秋左传》、《春秋三传》、《周礼》、《仪礼》、《礼记》、《论语》、《孟子》，附理学。曰政法科，分二门：政治、法律。曰文学科，分九门：中国史、万国史、中外地理、中国文学、英国文学、法国文学、俄国文学、德国文学、日本国文学。曰医科，分二门：医学、药学。曰格致科，分六门：算学、星学、物理、化学、动植物、地质。曰农科，分四门：农学、农艺化学、林学、兽医。曰工科，分九门：土木、机器、造船、造兵器、电气、建筑、应用化学、火药、采矿冶金。曰商科，分三门：银行及保险、贸易及贩运、关税。各专一门。经学愿兼习一两经者听。各学科分主课、补助课。三年毕业。惟政治、医学四年毕业。

高等学与大学豫备科性质相同。学科分三类：第一类为豫备入经学、政法、文学、商科等大学者治之，第二类为豫备入格致、农、工等科大学者治之，第三类为豫备入医科大学者治之。学科除人伦道德、经学大义、中国文学、外国语、体操各类共同外，第一类课历史、地理、辨学、法学、理财，第二类课算学、物理、化学、地质、矿物、图画，第三类课蜡丁语、算学、物理、化学、动物、植物。其有志入某科某门者，得缺科目或加课他科目，分通习、主课。三年毕业。中学科目：修身、读经、讲经、中国文学、外国语、历史、地理、算学、博物、物理及化学、法制及理财、图画、体操。五年毕业。高等小学科目：修身、读经、讲经、中国文学、算术、中国历史、地理、格致、图画、体操。视地方情形，可加授手工、农、商业等科目。四年毕业。初等小学科目：修身、读经、讲经、中国文学、算术、历史、地理、格致、体操，为完全科。视地方情形，可加授图画、手工之一二科目。其乡民贫瘠、师儒缺少地方，得量从简略，修身、读经合为一科，中国文学科，历史、地理、格致合为一科，算术、体操，为简易科。五年毕业。

中、小学科目，不外普通教育之学科。其特殊者，则读经、讲经一科也。《学务纲要》载中、小学宜注意读经以存圣教一节，其言曰：“外国学堂有宗教一门，中国之经书即是中国之宗教。学堂不读经，则是尧、舜、禹、汤、文、武、周公、孔子之道，所谓三纲五常，尽行废绝，中国必不能立国。无论学生将来所执何业，即由小学改业者，必须曾诵经书之要言，略闻圣教之要义，以定其心性，正其本源。惟学堂科学较繁，晷刻有限，概令全读《十三经》，精力日力断断不给。兹择切要各经，分配中、小学堂。若卷帙繁重之《礼记》、《周礼》，止选读通儒节本，《仪礼》止选读最要一篇。自初等小学第一年日读约四十字起，至中学日读约二百字为止，大率小学每日以一点钟读经，一点钟挑背浅解。中学每星期以六点钟读经，三点钟挑背讲解。温经每日半点钟，归自习时督课。学生并不过劳，亦无碍讲习西学之日力。计中学毕业，已读过《孝经》、《四书》、《易》、《书》、《诗》、《左传》及《礼记》、《周礼》、《仪礼》节本十经，并通大义。较之向来书塾、书院所读所解，已为加多。不惟圣经不至废坠，且经学从此更可昌明。”其立论甚正，可考见当时之风气焉。

蒙养院意在合蒙养、家教为一，辅助家庭教育，兼包括女学。

直系学堂外，并详订师范及实业学堂专章。其大异于旧章者，为优级师范学堂。学科分三节：一曰公共科，以补中学之不足，为本科之豫备。科目：人伦道德、群经源流、中国文学、东语、英语、辨学、算学、体操。一年毕业。二曰分类科，凡四类：第一类以中国文学、外国语为主。第二类以地理、历史为主。第三类以算学、物理、化学为主。第四类以动植物、矿物、生理为主。科目除人伦道德、经学大义、中国文学、教育心理、体操各类共同外，第一类课周秦诸子、英语、德语或法语、辨学、生物、生理。第二类课地理、历史、法制、理财、英语、生物。第三类课算学、物理、化学、英语、图画、手工。第四类课植物、动物、生理、矿物、地学、农学、英语、图画。分通习、主课，均三年毕业。三曰加习科，于分类科毕业，择教育重要数门，加习一年，以资深造。科目：人伦道德、教育学、教育制度、教育政令机关、美学、实验心理、学校卫生、专科教育、儿童研究、教育演习，并增入教授实事练习。优级师范附属中学堂、小学堂。初级师范学科程度，与中学略同。完全科学科，于中学科目外，增教育学、习字。视地方情形，可加外国语，手工，农、工业之一科目或数科目。五年毕业。初级师范附属小学堂。

实业学堂之种类，曰实业教员讲习所，曰高等农、工、商实业学堂，曰中等农、工、商实业学堂，曰初等农、工、商实业学堂，及高等、中等、初等商船学堂，曰实业补习普通学堂，曰艺徒学堂。实业教员讲习所，以备教成各项实业学堂之教习。分农、商、工三种，农业、商业教员讲习所，除人伦道德、英语、教育、教授法、体操为共同学科外，农业课算学及测量气象、农业泛论、农业化学、农具、土壤、肥料、耕种、畜产、园艺、昆虫、兽医、水产、森林、农产制造、农业理财实习；商业课应用化学、应用物理、商业作文、商业算术、商业地理、商业历史、簿记、商品、商业理财、商业实践。均二年毕业。工业教员讲习所，置完全科及简易科。完全科凡六：曰金工科、木工科、染织科、窑业科、应用化学科、工业图样科。除人伦道德、算学、物理、化学、图画、工业理财、工业卫生、机器制图实习、英语、教育、教授法、体操为共同学科外，金工科课无机化学、应用力学、工场用具及制造法、电气工业大意、发动机。木工科课无机化学、应用力学、工场用具及制造法、构造用材料、家具及建筑流派、房屋构造、卫生、建筑制图及意匠。染织科课一切器用化学、应用机器、定性分析、工业分析、染色配色、机织及意匠。窑业科课一切应用化学、应用机器、定性分析、工业分析、窑业品制造。应用化学科课一切应用化学、机器、电铸及电矿。工业图样科课图样、材料。均三年毕业。简易科分金工、木工、染色、机织、陶器、漆工六科。课目较略。一年毕业。高等实业学堂程度视高等学堂，分豫科、本科。豫科授以各科普通基本功课。一年毕业。高等农业本科凡三：曰农学科，曰林学科，曰兽医学科。高等工业分科十三：曰应用化学科，曰染色科，曰机织科，曰建筑科，曰窑业科，曰机器科，曰电器科，曰电气化学科，曰土木科，曰矿业科，曰造船科，曰漆工科，曰图稿绘画科，各授以本科原理、原则、应用方法及补助科目，多者至三十余门，得斟酌地方情形，择合宜数科设之。均三年毕业。中等实业学堂程度视中学堂，亦分豫科、本科，课目较高等为略。初等实业学堂程度视高等小学堂，分普通、实习两种科目。均三年毕业。商船学堂亦分三等，以授航海机关之学术及驾运商船之知识技术。五年或三年毕业。实业补习普通学堂，以简易教法授实业必须之知识技能，并补习小学科目。艺徒学堂，授平等程度之工筑技术，俾成良善工匠，均可于中、小学堂便宜附设。

其不在学堂系统内者，曰译学馆，曰进士馆。先是同文馆并入大学堂，设英、法、俄、德、日本五国语文专科，后由大学分出，名译学馆。仍设英、法、俄、德、日本文各一科，无论习何国文，皆须习普通及专门学。普通科目：人伦道德、中国文学、历史、地理、算学、博物、物理及化学、图画、体操。专门科目：交涉、理财、教育。五年毕业。进士馆令新进士用翰林部属、中书者，入馆肄业，讲求实用之学。课目：史学、地理、教育、法学、理财、交涉、兵政、农政、工政、商政、格致。得选习农、工、商、兵之一科或两科。西文、东文、算学、体操为随意科。三年毕业。

各学堂管理通则之规定，与旧章大体相同。月朔，监督、教员集诸生礼堂，宣读《圣谕广训》一条。皇太后、皇上万寿节，至圣先师孔子诞日，春、秋上丁释奠，为庆祝日。堂中各员率学生至万岁牌前或圣人位前行三跪九叩礼。毕，各员西向立，学生向各员行三揖礼，退。开学、散学或毕业，率学生至万岁牌前、圣人位前行礼如仪。学生向监督、教员行一跪三叩礼。监督等施训语，乃散。月朔，率学生至圣人位前行礼如仪。每日讲堂授课，多者不得过六小时。房、虚、星、昴日为休息例假，庆祝日、端午、中秋节各放假一日。每年以正月二十日开学，至小暑节散学，为第一学期。立秋后六日开学，至十二月十五日散学，为第二学期。学生赏罚，由教员、监学摘出，监督核定。赏分三种：曰语言奖励，曰名誉奖励，曰实物奖励。罚分三种：曰记过，曰禁假，曰出堂。学生以端饬品行为第一要义，监督、监学及教员随时稽察，详定分数，与科学分数合算。

学堂考试分五种：曰临时考试，曰学期考试，曰年终考试，曰毕业考试，曰升学考试。临时试无定期，学期、年终、毕业考试分数与平日分数平均计算。年考及格者升一级，不及格者留原级补习，下届再试，仍不及格者退学。

评定分数，以百分为满格，八十分以上为最优等，六十分以上为优等，四十分以上为中等，二十分以上为下等，谓之及格，二十分以下为最下等，应出学。

毕业考试最重，视学堂程度，由所在地方官长会同监督、教员亲莅之，照乡会试例。高等学毕业，简放主考，会同督、抚、学政考试。大学分科毕业，简放总裁，会同学务大臣考试。分内、外二场：外场试，就学堂举行。择各科讲义精要一二条摘问，令诸生答述。内场试，择地扃试。分两场：首场以中学发题，经、史各一，经用论，史用策。二场以西学发题，政、艺各一，西政用考，西艺用说。通儒院毕业，不派员考试，以平日研究所得各种著述，评定等第，进呈，候钦定。其奖励章程，比照奖励出洋游学日本学生例，通儒院毕业，予以翰林升阶，或分用较优京、外官。大学分科毕业，最优等作为进士出身，用翰林院编修、检讨。优等、中等均作为进士出身，分别用翰林院庶吉士、各部主事。大学选科，比照分科大学降等给奖。大学豫备科及各省高等学毕业，最优等作为举人，以内阁中书、知州用。优等、中等均作为举人，以中书科中书、部司务、知县、通判用。中学毕业，分别奖以拔贡、优贡、岁贡。高等小学毕业，分别奖以廪、增、附生。初等小学属义务教育，不给奖。优级师范毕业，最优等、优等、中等均作为举人，分别以国子监博士、助教、学正用。初级师范毕业，分别奖以拔贡、优贡、岁贡，以教授、教谕、训导用。高等实业学堂毕业，最优等、优等、中学均作为举人，分别以知州、知县、州同用。中等实业学堂毕业，奖励视中学。奏定章程规定之概要如此。

三十一年，诏以各省学堂次第兴办，必须有总汇之区，以资董率而专责成。特设学部，命荣庆为尚书，熙瑛、严修为侍郎。裁国子监，归并学部。明年，学部奏请宣示教育宗旨，略言："今中国振兴学务，宜注重普通教育，令全国之民无人不学。尤以明定宗旨，宣示天下，为握要之图。中国政教所固有，亟宜发明以距异说者有二：曰忠君，曰尊孔。中国民质所最缺，亟宜箴砭以图振起者有三：曰尚公，曰尚武，曰尚实。"上谕照所陈各节通饬遵行。寻奏定学部官制，于本部各司、科分掌教育行政事务外，设编译图书局、调查学制局、京师督学局。又拟设高等教育会议所，属学部长官监督。其议员选派部员，及直辖学堂、各省中等以上学堂监督，暨京、外官绅，学识宏通，于教育素有经验者充任。又拟设教育研究所，延聘精通教育之员，定期讲演，以训练本部员司焉。先是直督袁世凯奏陈学务未尽事宜，以裁撤学政为言。云南学政吴鲁奏请裁撤学政。至是学部会同政务处复议，言："各省教育行政及扩张兴学之经费，督饬办学之考成，与地方行政在在皆有关系。学政位分较尊，事权不属，于督、抚为敌体，诸事不便于禀承，于地方为客官，一切不灵于呼应。且地方寥阔，官立、公立、私立学堂日新月盛，势不能如岁、科试分棚调考之例。而循例按临，更日不暇给。劳费供张，无裨实事。拟请裁撤学政，各省改设提学使司提学使一员，统辖全省学务，归督、抚节制。于省会置学务公所，分曹隶事。选派官绅有学行者，别设学务议绅四人，延访本省学望较崇之绅士充选。议长一人，学部慎选奏派。"从之。嗣是各省学务始有确定之执行机关矣。

劝学所之设，创始于直隶学务处。时严修任学务处督办，提倡小学教育，设劝学所，为厅、州、县行政机关。仿警察分区办法，采日本地方教育行政及学校管理法，订定章程，颇著成效。三十二年，学部奏定劝学所章程，通行全国，即修呈订原章也。劝学所由地方官监督，设总董一员，以县视学兼充，综核各学区事务。区设劝学员一人，任一学区内劝学之责，以劝募学生多寡，定劝学员成绩之优劣。其章程内推广学务一条，规定办法凡五：曰劝学，曰兴学，曰筹款，曰开风气，曰去阻力。又奏定各省教育会章程，省会设立者为总会，府、州、县设立者为分会，以补助教育行政，与学务公所、劝学所相辅而行。皆普及教育切要之图也。

学部设立后，于各项学堂章程多所更正。其要者，如改订考试办法，详定师范奖励义务，变通中、小学课程，中学分文科、实科之类，然大致不外修正科目，确定限制，其宏纲细目，不能出奏定章程之范围。所增定者，则女学堂章程也。先是学部官制已将女学列入职掌。三十三年，奏定女子师范、女子小学章程，以裨补家计，有益家庭教育为要旨。师范科目：修身、教育、国文、历史、地理、算学、格致、图画、家事、裁缝、手艺、音乐、体操。四年毕业。音乐得随意学习。小学分两等，高等科目：修身、国文、算术、中国历史、地理、格致、图画、女红、体操，得酌加音乐，为随意科。初等科目：修身、国文、算术、女红、体操，得酌加音乐、图画二随意科。均四年毕业。其授业钟点，较男子小学减少，与男子小学分别设立，不得混合。宣统三年，奏设中央教育会议，以讨论教育应行改进事宜及推行方法。则根据学部原奏，拟设高等教育会议所之规定行之。此为第二期有系统之教育制度也。

至考验游学毕业生，光绪二十九年，鄂督张之洞奏准《鼓励游学章程》。三十一年，学务大臣考验北洋学生金邦平等，援照乡、会试覆试例，奏请在保和殿考试，给予出身，分别录用。迨三十二年，学部奏定，自本年始，每年八月举行一次。并为综核名实起见，妥议考验章程。将学成试验与入官试验分为两事，酌照分科大学及高等学毕业章程，会同钦派大臣，按所习学科分门考试。酌拟等第，候钦定分别奖给进士、举人等出身。仍将某科字样加于进士等名目之上，以为表识。考试分两场：第一场就所习学科择要命题；第二场试中国文，外国文、罢廷试。明年，学部宪政编查馆会奏《游学毕业廷试录用章程》，仍暂照三十一年成案。于钦派大臣会同学部考试请予出身后，廷试一次，分别授职。廷试用经义、科学、论、说各一，其医、工、格致、农等科大学及各项高等实业学堂毕业者，免试经义。时游学日本、欧、美毕业回国者，络绎不绝，岁举行考验以为常，终清世不废。

卷一百八　　志八十三

选举三　文科　武科

有清科目取士，承明制用八股文。取《四子书》及《易》、《书》、《诗》、《春秋》、《礼记》五经命题，谓之制义。三年大比，试诸生于直省，曰乡试，中式者为举人。次年试举人于京师，曰会试，中式者为贡士。天子亲策于廷，曰殿试，名第分一、二、三甲。一甲三人，曰状元、榜眼、探花，赐进士及第。二甲若干人，赐进士出身。三甲若干人，赐同进士出身。乡试第一曰解元，会试第一曰会元，二甲第一曰传胪。悉仍明旧称也。世祖统一区夏，顺治元年，定以子午卯酉年乡试，辰戌丑未年会试。乡试以八月，会试以二月。均初九日首场，十二日二场，十五日三场。殿试以三月。

二年，颁《科场条例》。礼部议覆，给事中龚鼎孳疏言："故明旧制，首场试时文七篇，二场论、表各一篇，判五条，三场策五道。应如各科臣请，减时文二篇，于论、表、判外增诗，去策改奏疏。"帝不允。命仍旧例。首场《四书》三题，《五经》各四题，士子各占一经。《四书》主朱子《集注》，《易》主程《传》、朱子《本义》，《书》主蔡《传》，《诗》主朱子《集传》，《春秋》主胡安国《传》，《礼记》主陈澔《集说》。其后《春秋》不用胡《传》，以《左传》本事为文，参用《公羊》、《穀梁》。二场论一道，判五道，诏、诰、表内科一道，三场经史时务策五道。乡、会试同。乾隆间，改会试三月，殿试四月，遂为永制。

乡试，先期提学考试精通三场生儒录送，禁冒滥。在监肄业贡、监生，本监官考送。倡优、隶、皂之家，与居父母丧者，不得与试。卷首书姓名、籍贯、年貌、出身、三代、所习本经。试卷题字错落，真草不全，越幅、曳白，涂抹、污染太甚，及首场七艺起讫虚字相同，二场表失年号，三场策题讹写，暨行文不避庙讳、御名、至圣讳，以违式论，贴出。士子用墨，曰墨卷。誊录用硃，曰硃卷。主考墨笔，同考蓝笔。乾隆间，同考改用紫笔。未几，仍用蓝。试士之所曰贡院，士子席舍曰号房，拨军守之曰号军。试官入闱封钥，内外门隔以帘。在外提调、监试等曰外帘官，在内主考、同考曰内帘官。亦有内监试，司纠察，不与衡文事。以大员总摄场务，乡试曰监临。顺天以府尹，各省初以巡按御史，巡按裁，巡抚为之。会试曰知贡举，礼部侍郎为之。顺天提调以府丞，监试以御史。初，各省提调以布政使，监试以按察使，各副以道员。雍正间，以藩、臬两司为一省钱谷、刑名之总汇，入闱月余，恐致旷滞，提调监试，专责二道员。会试监试以御史。殿试临轩发策，以朝臣进士出身者为读卷官，拟名第进呈，或如所拟，或有更定。一甲状元授修撰，榜眼、探花授编修，二、三甲进士授庶吉士、主事、中书、行人、评事、博士、推官、知州、知县等官有差。

有清以科举为抡才大典，虽初制多沿明旧，而慎重科名，严防弊窦，立法之周，得人之盛，远轶前代。其间条例之损益，风会之变迁，系乎人才之盛衰，朝政之得失。述其大者，不可阙也。

乡、会试首场试八股文，康熙二年，废制义，以三场策五道移第一场，二场增论一篇，表、判如故。行止两科而罢。四年，礼部侍郎黄机言："制科向系三场，先用经书，使阐发圣贤之微旨，以观其心术。次用策论，使通达古今之事变，以察其才猷。今止用策论，减去一场，似太简易。且不用经书为文，人将置圣贤之学于不讲，请复三场旧制。"报可。七年，复初制，仍用八股文。二十四年，用给事中杨尔淑请，礼闱及顺天试《四书》题俱钦命。时诏、诰题士子例不作，文、论、表、判、策率多雷同剿袭，名为三场并试，实则首场为重。首场又《四书》艺为重。二十六年废诏、诰，既而令《五经》卷兼作。论题旧出《孝经》，康熙二十九年，兼用《性理》、《太极图说》、《通书》、《西铭》、《正蒙》。五十七年，论题专用《性理》。世宗初元，诏《孝经》与《五经》并重，为化民成俗之本。宋儒书虽足羽翼经传，未若圣言之广大，论题仍用《孝经》。

乾隆三年，兵部侍郎舒赫德言："科举之制，凭文而取，按格而官，已非良法。况积弊日深，侥幸日众。古人询事考言，其所言者，即其居官所当为之职事也。时文徒空言，不适于用，墨卷房行，辗转抄袭，肤词诡说，蔓衍支离，苟可以取科第而止。士子各占一经，每经拟题，多者百余，少者数十。古人毕业治之而不足，今则数月为之而有余。表、判可预拟而得，答策随题敷衍，无所发明。实不足以得人。应将考试条款改移更张，别思所以遴拔真才实学之道。"章下礼部，覆奏："取士之法，三代以上出于学，汉以后出于郡县吏，魏、晋以后出于九品中正，隋、唐至今，出于科举。科举之法不同，自明至今，皆出于时艺。科举之弊，诗、赋祇尚浮华，而全无实用。明经徒事记诵，而文义不通。唐赵匡所谓'习非所用，用非所习'是也。时艺之弊，今该侍郎所陈奏是也。圣人不能使立法之无弊，在因时而补救之。苏轼有言：'得人之道，在于知人。知人之道，在于责实。'能责实，虽由今之道，而振作鼓舞，人才自可奋兴。若惟务徇名，虽高言复古，法立弊生，于造士终无所益。今谓时文、经义及表、判、策论皆空言剿袭而无用者，此正不责实之过。凡宣之于口，笔之于书，皆空言也，何独今之时艺为然？时艺所论，皆孔、孟之绪言，精微之奥旨。参之经史子集，以发其光华；范之规矩准绳，以密其法律。虽曰小技，而文武干济、英伟特达之才，未尝不出乎其中。不思力挽末流之失，而转咎作法之凉，不已过乎？即经义、表、判、论、策，苟求其实，亦岂易副？经文虽与《四书》并重，积习相沿，士子不专心学习。若著为令甲，非工不录。表、判、论、策，皆加覆核。必淹洽词章、通晓律令，而后可为表、判。有论古之识，断制之才，通达古今，明习时务，而后可为论、策。何一不可见之施为，切于实用？必变今之法，行古之制，将治宫室、养游士，百里之内，置官立师，讼狱听于是，军旅谋于是。又将简不率教者，屏之远方，终身不齿。毋乃纷扰而不可行？况人心不古，上以实求，下以名应。兴孝则有豁股、庐墓以邀名者矣，兴廉则有恶衣菲食、敝车羸马以饰节者矣。相率为伪，借虚名以干进取。及莅官后，尽反所为，至庸人之不若。此尤近日所举孝廉方正中所可指数，又何益乎？司文衡职课士者，诚能仰体谕旨，循名责实，力除积习，杜绝侥幸，文风日盛，真才自出，无事更张定制为也。”遂寝其议。时大学士鄂尔泰当国，力持议驳，科举制义得以不废。

二十二年，诏剔旧习、求实效，移经文于二场，罢论、表、判，增五言八韵律诗。明年，首场复增《性理》论。御史杨方立疏请乡、会试增《周礼》、《仪礼》二经命题。帝以二《礼》义蕴已具於戴《记》，不从。四十七年，移置律诗于首场试艺后，《性理》论于二场经文后。五十二年，高宗以分经阅卷，易滋弊窦。且士子专治一经，于他经不旁通博涉，非敦崇实学之道。命自明岁戊申乡试始，乡、会五科内，分年轮试一经。毕，再于乡、会二场废论题，以《五经》出题并试。永著为令。

科场拟题最重。康熙五十二年，以主司拟题，多取《四书》、《五经》冠冕吉详语，致多宿构幸获。诏此后不拘忌讳。向例禁考官拟出本身中式题，至是弛其禁。历科试官，多有以出题错误获谴者。先是康熙五十六年，从詹事王奕清言，场中七艺，破、承、开讲，虚字概不誊写，以防关节。乾隆四十七年，令考官预拟破、承、开讲虚字，随题纸发给士子遵用。嘉庆四年，以无关弊窦，废止。制艺篇末用大结，有明中叶，每以此为关节。康熙末年，悬之禁令。乾隆十二年，编修杨述曾有复用大结之请，大学士张廷玉等以为无益而弊窦愈起，奏驳之。初场文原定每篇限五百五十字，康熙二十年增百字。五十四年，会元尚居易以首艺字逾千二百，黜革。乾隆四十三年，始定乡、会试每篇以七百字为率，违者不录。自是遵行不易。三场策题，原定不得逾三百字。乾隆元年，禁士子空举名目，草率塞责。其后考官拟题，每问或多至五六百字，空疏者辄就题移易，点窜成篇。三十六年，左都御史张若溎以为言，诏申明定例。五十一年，定答策不满三百字，照纰缪例罚停科。然考官士子重首场，轻三场，相沿积习难移。制义体裁，以词达理醇为尚。顺治九年壬辰，会试第一程可则以悖戾经旨除名。考官学士胡统虞等并治罪。

世宗屡以清真雅正诰诫试官。乾隆元年，高宗诏曰：“国家以经义取士，将以觇士子学力之浅深，器识之淳薄。风会所趋，有关气运。人心士习之端倪，呈露者甚微，而微应者甚巨。当明示以准的，使士子晓然知所别择。”于是学士方苞奉敕选录明、清诸大家时文四十一卷，曰《钦定四书文》，颁为程式。行之既久，攻制义者，或剿窃浮词，罔知根柢，杨述曾至请废制义以救其弊。四十五年，会试三名邓朝缙首艺语意粗杂，江南解元顾问《四书文》全用排偶，考官并获谴。嘉庆中，士子挦撦僻书字句，为文竞炫新奇，御史辛从益论其失。诏曰：“近日士子猎取诡异之词，以艰深文其浅陋，大乖文体。考官务各别裁伪体。支离怪诞之文，不得录取。”历代辄以厘正文体责考官，而迄无实效。议者谓文风关乎气运。清代名臣多由科目出身，无不工制义者。开国之初，若熊伯龙、刘子壮、张玉书，为文雄浑博大，起衰式靡。康熙后益轨于正，李光地、韩菼为之宗。桐城方苞以古文为时文，允称极则。雍、乾间，作者辈出，律日精而法益备。陵夷至嘉、道而后，国运渐替，士习日漓，而文体亦益衰薄。至末世而勦袭庸滥，制义遂为人诟病矣。

光绪二十四年，湖广总督张之洞有变通科举之奏。二十七年，乡、会试首场改试中国政治史事论五篇，二场各国政治艺学策五道，三场《四书》义二篇、《五经》义一篇，其他考试例此，用之洞议也。行之至废科举止。

乡、会考官，初制，顺天、江南正、副主考，浙江、江西、湖广、福建正主考，差翰林官八员。他省用给事中、光禄寺少卿、六部司官、行人、中书、评事。某官差往某省，皆有一定。康熙三年除其例。顺天初同各省，简正、副二人。乾隆中叶增为三，用协办大学士、尚书以下，副都御史以上官，编、检不复与矣。道光中，简三四人。同治后，额简四人。初，考官不限出身，康熙初，主事蔡驺、曹首望俱以拔贡典试。十年，从御史何元英请，考官专用进士出身人员。然举人出身者间亦与焉。雍正三年，颁考试令，始限翰林及进士出身部、院官，仍参用保举例。乾隆九年，御史李清芳言：“大臣保举应差主考四十九人，满洲四，各直省十六，余均江、浙人。保荐者大都平日往来相知，饶于财而凭于势。至守正不阿者，不肯伺候公卿之门，边隅之士，声气不通，交游不广，无人荐举。请将合例人员通行考试。”帝疑清芳未列保荐，激为是语，不允所请，仍考试、保举并行。三十六年后，考试遂著为令。初御试录取名单皆发出，其后密定名次，不复揭晓。嘉庆以后，更别试侍郎、阁学及三品京堂等官，曰大考差。会试总裁，初用阁、部大员四人或六人，多至七人。嗣简二三人或四五人。咸丰后，简四人，以为常。

同考官，初，顺天试京员，推、知并用。各省用甲科属官及邻省甲科推、知，或乡科教官，房数无定。会试初用二十人，翰林官十二，六科四，吏、礼、兵部官各一，户、刑、工部官每科轮用一。嗣额定十八人，顺天试同。康熙五十四年，令不同省房官二人同阅，互相觉察，用三十六人。未几即罢。康、雍间，顺天房考停用京员，止用直隶科甲知县。各省停用本省现任知县，专调用邻省在籍候选进士、举人。大省十八，中省十四，小省十二至十，均分经校阅。厥后增减不一，小省减至八人。乾隆间，礼闱及顺天同考，始钦简京员，各省复用本省科甲属官。四十二年，停五经分房之例。至顺天房考，南、北省人回避南、北皿卷，边省人回避中皿卷，会房则同省相回避云。

考官综司衡之责，房考膺分校之任，历代极重其选。康熙间，顺天同考官庶吉士郑江以校阅允当，授职检讨。雍正元年，会试总裁朱轼、张廷玉持择公允，帝嘉之，加太傅、太保有差。其衡鉴不公、草率将事者，罚不贷。而交通关节贿赂，厥辜尤重。顺治十四年丁酉，顺天同考官李振邺、张我朴受科臣陆贻吉、博士蔡元禧、进士项绍芳贿，中田耜、邬作霖举人。给事中任克溥奏劾，鞫实。诏骈戮七人于市，家产籍没，戍其父母兄弟妻子于边。考官庶子曹本荣、中允宋之绳失察降官。江南主考侍讲方犹、检讨钱开宗，贿通关节，江宁书肆刊《万金传奇记》诋之。言官交章论劾，刑部审实。世祖大怒，犹、开宗及同考叶楚槐等十七人俱弃市，妻子家产籍没。一时人心大震，科场弊端为之廓清者数十年。康熙五十年辛卯，江南士子吴泌、程光奎赂副考官编修赵晋获中。二人素不能文，舆论哗然。事闻，命尚书张鹏翮会江南督、抚严鞫。苏抚张伯行劾总督噶礼贿卖徇庇，噶礼亦劾伯行他罪，诏俱解任。令鹏翮会总漕赫寿确讯，覆奏请镌噶礼级，罢伯行职。帝怒二人掩饰和解，复遣尚书穆和伦、张廷枢往鞫，奏略如鹏翮等指。部议，互讦乖大臣体，应并褫职。帝卒夺噶礼职。以伯行清名素著，褫职仍留任。处晋及同考王曰俞、方名大辟，以失察夺正考官左必蕃官。是年福建房考吴肇中亦以贿伏法，考官检讨介孝瑹、主事刘俨失察削职。咸丰八年戊午，顺天举人平龄硃、墨卷不符，物议沸腾，御史孟传金揭之。王大臣载垣等讯得正考官大学士柏葰徇家人靳祥请，中同考编修浦安房罗鸿绎卷。比照交通嘱托、贿买关节例，柏葰、浦安弃市，余军、流、降、革至数十人。副考官左副都御史程庭桂子郎中炳采，坐接收关节伏法，庭桂遣戍。盖载垣、端华及会审尚书肃顺素恶科目，与柏葰有隙，因构兴大狱，拟柏葰极刑。论者谓靳祥已死，未为信谳也。然自嘉、道以来，公卿子弟视巍科为故物。斯狱起，北闱积习为之一变。光绪十九年，编修丁维禔典陕试，同年友饶士腾先期为之辗转嘱托。事觉，俱逮问。士腾自杀，寻并削职。有无与关节贿赂而获咎者，康熙三十八年己卯，御史鹿佑劾顺天闱考试不公，正考官修撰李蟠遣戍，副主考编修姜宸英牵连下吏，未置对，死狱中。宸英浙江名士，善属古文，举朝知其无罪，莫不叹惜。四十四年乙酉，顺天主考侍郎汪霦、赞善姚士藟校阅草率，落卷多不加圈点。下第者束草如人，至其门戮之。事闻，夺职。六十年辛丑，会试副总裁左副都御史李绂用唐人通榜法，拔取知名之士。下第者喧哄于其门，被劾落职，发永定河效力。然是闱一时名宿，网罗殆尽，颇为时论所许。其他贿通关节，未经败露，与因微眚获谴者，例尤不一。

乡试解额，顺治初定额从宽，顺天、江南皆百六十余名，浙江、江西、湖广、福建皆逾百名，河南、山东、广东、四川、山西、陕西、广西、云南自九十余名递杀，至贵州四十名为最少。俱分经取中。顺天试直隶生员贝字号约占额十之七，北监生皿字号十之三，宣化旦字、奉天夹字仅二三名。江南试南监生皿字号约十之二，余为江、安并闱生员额。南雍罢，南监中额并入北监。十四年，监生分南、北卷，直隶八府，延庆、保安二州，辽东、宣府、山东、山西、河南、陕西、四川、广西为北皿，江南、浙江、江西、福建、湖广、广东为南皿，视人数多寡定中额。十七年，减各直省中额之半。康熙间，先后广直省中额。五十年，又各增五之一。雍正元年，湖南北分闱，照旧额分中。各省略有增减。乾隆元年，顺天皿字分南、北、中卷，奉天、直隶、山东、河南、山西、陕西为北皿，江南、江西、福建、浙江、湖广、广东为南皿，各中额三十九。四川、广西、云南、贵州另编中皿，十五取一。江南分上下江，取中下江江苏十之六，上江安徽十之四。九年，严定搜检之法。北闱以夹带败露者四十余人，临时散去者三千八百数十人，曳白与不终篇、文不切题者又数百人。帝既治学政、祭酒滥送之罪，诏减各直省中额十之一。于是定顺天南、北皿各三十六，中皿改二十取一，贝字百二，夹、旦各四，江南上江四十五，下江六十九，浙江、江西皆九十四，福建八十五，广东七十二，河南七十一，山东六十九，陕西六十一，山西、四川皆六十，云南五十四，湖北四十八，湖南、广西皆四十五，贵州三十六。自是率行罔越。光绪元年，陕、甘分闱，取中陕西四十一，甘肃三十。咸、同间，各省输饷辄数百万，先后广中额。四川二十，江苏十八，广东十四，福建及台湾十三，浙江、湖南、湖北、江西、山西、安徽、甘肃、云南、贵州各十，陕西九，河南、广西各八，直隶、山东各二。视初定中额尚或过之。

会试无定额，顺治三年、九年俱四百名，分南、北、中卷。浙江、江西、福建、湖广、广东五省，江宁、苏、松、常、镇、淮、扬、徽、宁、池、太十一府，广德一州为南卷，中二百三十三名。山东、山西、河南、陕西四省，顺天、永平、保定、河间、真定、顺德、广平、大名八府，延庆、保安二州，奉天、辽东、大宁、万全诸处为北卷，中百五十三名。四川、广西、云南、贵州四省，安、庐、凤、滁、徐、和等府、州为中卷，中十四名。十二年，中卷并入南、北卷。厥后中卷屡分屡并，或更于南、北、中卷分为左、右。或专取川、广、云、贵四省，各编字号，分别中一、二、三名。五十一年，以各省取中人数多少不均，边省或致遗漏，因废南、北官、民等字号，分省取中。按应试人数多寡，钦定中额。历科大率三百数十名，少或百数十名，而以雍正庚戌四百六名为最多，乾隆己酉九十六名为最少。

《五经》中式，仿自明代。以初场试《书》艺三篇，《经》义四篇，其合作《五经》卷见长者，因有"二十三篇"之目。顺治乙酉，山东乡试，法若真以全作《五经》文赐内阁中书，一体会试。康熙丁卯顺天乡试，浙江监生查士韩、福建贡生林文英，壬午顺天南皿监生庄令舆、俞长策，皆以兼作《四书》、《五经》文二十三篇违式，奏闻，俱授举人。诏嗣后不必禁止，旋著为令。乡、会试《五经》卷，于额外取中三名。二场添诏、诰各一，于是习者益众。直隶、陕西等省，至有以《五经》卷抡元者。五十年，增各省乡试一名，顺天二名，会试三名。五十六年，停《五经》应试。雍正初，复其制。顺天皿字号中四名，各省每额九名加中一名。大省人多文佳，额外量取副榜三四名。四年丙午，诏是科以《五经》中副榜者，准作举人，一体会试，尤为特异。乾隆十六年，始停《五经》中式之例。

至历代临雍，增北闱监生中额，恩诏广乡、会试中额，均属于常额外也。乡、会试正榜外取中副榜，会试副榜免廷试，咨吏部授职。康熙三年罢之。乡试副榜原定顺天二十名，江南十二，江西十一，浙江、福建、湖广各十，山东、河南各九，山西、陕西、四川、广东各八，广西六。取文理优者，不拘经房。康熙元年停取。十一年，取中如旧例。增云南五，贵州四。嗣是各直省率正榜五名中一名，惟恩科广额不与焉。雍正四年，准是科由副榜复中副榜者作举人，非常例也。

雍正五年，命各省督、抚、学政甄别衰老教职休致之缺，以是年会试落卷文理明顺之举人补授。乾隆间，屡行选取如例，大、中、小省各数十名。明通别为一榜。二十六年，廷议于明通榜外选取中书四十名，其余年力老成、宜课士者，另选用学正、学录数名。报可。五十五年悉罢。此后下第者，于正榜外挑取誊录，北闱数百名或百数十名。会试额定四十名，备各馆缮写，积资得邀议叙。此则旁搜博采、俾寒畯多获进身之阶也。

八旗以骑射为本，右武左文。世祖御极，诏开科举，八旗人士不与。顺治八年，吏部疏言："八旗子弟多英才，可备循良之选，宜遵成例开科，于乡、会试拔其优者除官。"报可。八旗乡、会试自是年始。其时八旗子弟，每牛录下读满、汉书者有定额，应试及各衙门任用，悉于此取给，额外者不得习。往往不敷取中。故自十四年至康熙十五年，八旗考试，时举时停。先是乡、会试，殿试，均满洲、蒙古为一榜，汉军、汉人为一榜。康熙二十六年，诏同汉人一体应试。寻定制，乡、会场先试马步箭，骑射合格，乃应制举。庶文事不妨武备，遂为永制。初八旗乡试，仅试清文或蒙古文一篇，会试倍之。汉军试《书》艺二篇、《经》艺一篇，不通经者，增书艺一篇。二、三闱试论、策各一。逐科递加，自与汉人合试，非复前之简易矣。

乡试中额，顺治八年，定满洲、汉军各五十，蒙古二十，嗣减满洲、汉军各五之一，蒙古四之一。康熙八年，编满、蒙为满字号，汉军为合字号，各取十名。二十六年，再减汉军五名。后复递增。乾隆九年，诏各减十之一，定为满、蒙二十七，汉军十二。同治间，以输饷增满、蒙六名，汉军四名。各省驻防，初亦应顺天试，嘉庆十八年，始于驻防省分试之。十人中一，多不逾三名，副榜如例。会试初制，满洲、汉军进士各二十五，蒙古十。康熙九年，编满、合字号，如乡试例，各中四名。嗣亦临时请旨，无定额。

宗室不应乡、会试，圣祖、世宗降有明谕。乾隆八年，宗人府试宗学，拔其尤者玉鼎柱等为进士，一体殿试，是为宗室会试之始。未久即停。嘉庆六年，宗室应乡、会试始著为令。先期宗人府或奉天宗学考试骑射如例，试期于文闱乡、会试场前，或场后，或同日，试制艺、律诗各一，一日而毕。乡试九人中一人。会试，考官酌取数卷候亲裁，别为一榜。殿试、朝考，满、汉一体，除庶吉士等官有差。

顺治十五年，帝以顺天、江南考官俱以贿败，亲覆试两闱举人，是为乡试覆试之始。取顺天米汉雯等百八十二名，准会试。江南汪溥勋等九十八名，准作举人。罚停会试、除名者二十二名。惟吴珂鸣以三次试卷文理独优，特许一体殿试，异数也。康熙三十八年，帝以北闱取士不公，命集内廷覆试。列三等以上者许会试，四等黜之。五十一年壬辰，顺天解元查为仁以传递事觉而逸，帝疑新进士有代倩中式者，亲覆试畅春园，黜五人。会试覆试自是始。乾隆间，或命各省督、抚、学政于乡试榜后覆试，或专覆试江苏、安徽、江西、浙江、广东、山西六省丙午前三科俊秀贡监中式者，或止覆试中式进士，或北闱举人，临期降旨，无定例。五十四年，贡士单可虹覆试诗失调讹舛，不符中卷，除名。诏旨严切，谓"礼闱非严行覆试，不足拔真才、惩幸进"。至嘉庆初，遂著为令。道光二十三年，定制，各省举人，一体至京覆试，非经覆试，不许会试。以事延误，于下三科补行。除丁忧展限外，托故不到，以规避论，永停会试与赴部铨选。覆试期以会试年二月。咸、同间，因军兴道路梗阻，光绪季年，以《辛丑条约》，京师停试，假闱河南，俱得先会试后覆试，非恒制也。覆试诗文疵谬，诗失粘，抬写错误，不避御名、庙讳、至圣讳，罚停会试、殿试一科或一科以上。文理不通，或文理笔迹不符中卷者黜。乾隆五十八年，中式举人邓棻春等八名补覆试，停科者五，斥革者二，监临俱获谴。历科因是黜罚者有之。洎末造益趋宽大，光绪十九年，北闱倩作、顶替中式者至数十人，言官劾举人周学熙、汤宝霖、蔡学渊、陈步銮、黄树声、万航六人，下所司举出录科中卷不符者，学渊、树声、航三人俱斥革，余覆试无一黜者，监临各官均免议，而侥幸者接迹矣。

定例各省乡试揭晓后，依程限解卷至部磨勘，迟延者罪之。盖防考官闱后修改试卷避吏议也。磨勘首严弊幸，次检瑕疵。字句偶疵者贷之。字句可疑，文体不正，举人除名。若干卷以上，考官及同考革职或逮问。不及若干卷，夺俸或降调。其校谬阅草率，雷同滥恶，杂然并登，及试卷不谙禁例，字句疵蒙谬颣，题字错落，真草不全，誊录错误，内、外帘官、举子议罚有差。禁令之密，前所未有也。磨勘官初礼部及礼科主之，康熙间，始钦派大臣专司其事。解额渐广，试卷日多，于是令九卿公同磨勘。六部官牵于职事，以其余暇勘校，往往虚应故事。乾隆初，改任都察院科、道五品以上，科甲京堂、中、赞以上翰、詹官，集朝房磨勘。嗣复增编、检。额定四十人，以专责成。先是磨勘试卷不署名，亦无功过之条。与斯役者，每托名宽厚，不欲穷究。乾隆二十一年，始令磨勘官填注衔名。二十五年，复增大臣覆勘例，分别议叙、议处，功令始严。是年特派秦蕙田、观保、钱汝诚为覆勘大臣。事竟，原勘官御史朱丕烈劾其瞻徇，下军机大臣核覆。蕙田等实有误驳及疏漏之处，丕烈亦以弹劾不实，俱下部议。其时磨勘诸臣慎重将事，不稍假借，一变因循敷衍之习。太仆寺卿宫焕文、御史阎循琦、朱稽、朱丕烈，嘉庆初御史辛从益，俱以抉摘精审闻于时。

历科考官举子因是谴黜者不乏人，而藉端报复，盖亦有之。乾隆六十年乙卯，会元为浙江王以铻，第二名即其弟以衔，帝心异之。正总裁侍郎窦光鼐素与和珅不协，且以诋诃后进忤同列，均欲藉以倾之。因摘两人闱墨中并有"王道本乎人情"语，以为关节。抑置以铻榜末，停其殿试，降光鼐四品休致，镌副总裁侍郎刘跃云、祭酒瑚图礼四级。及廷试传唱，以衔第一，上意释然。谕廷臣曰："此亦岂朕之关节耶?"以铻后亦入词馆。嘉庆五年，磨勘官辛从益，戴璐于北闱策题、试卷指摘不遗余力。从益江西籍，向以严于磨勘称。是科江西仅中一人，璐子下第，人谓因是多所吹求。上闻，命二人退出磨勘班。同治间，鸿胪寺少卿梁僧宝复以磨勘过严为人所惮。盖自磨勘例行，足以纠正文体，抉剔弊窦，裨益科目，非浅鲜也。

庶吉士之选无定额。顺治三年，世祖始策贡士于廷，赐一甲三人传以渐等及第，简梁清宽等四十六人为庶吉士。四年、六年复选用。九年，以给事中高辛允言，按直省大小选庶吉士。直隶、江南、浙江各五人，江西、福建、湖广、山东、河南各四人，山西、陕西各二人，广东一人，汉军四人。另榜授满洲、蒙古修撰、编修、庶吉士九人。自是考选如例。惟满、蒙、汉军选否无常。康熙间，新进士得奏请读书中秘。辄以家世多任馆阁，或边隅素少词臣为言。间邀俞允。故自四十五年至六十七年科中，各省皆有馆选。世宗令大臣举所知参用，廷对后，亲试文艺。雍正元、二年间，汉军、蒙古、山西、河南、陕西、湖南及诸边省每不入选。三年，太常寺少卿李钟峨疏请分省简选，广储材之路。廷议驳之。五年，诏内阁会议简选庶常之法，寻议照雍正癸卯科例，殿试后，集诸进士保和殿考试，仍令九卿确行保举。考试用论、诏、奏议、诗四题。是为朝考之始。乾隆元年，御史程盛修言："翰林地居清要，欲得通材，务端始进。自保举例行，而呈身识面，广开请托之门；额手弹冠，最便空疏之辈。宜亟停止。"报可。高宗谕禁向来新进士请托奔竞、呈送四六颂联之陋习，既慎校文艺，复令大臣察其仪止、年岁，分为三等，钦加简选。三年，罢大臣拣选例，依省分甲第引见，临时甄别录用。后世踵行其制。嘉庆以来，每科庶常率倍旧额，各省无不入选者矣。

凡用庶吉士曰馆选。初制，分习清、汉书，隶内院，以学士或侍读教习之。自康熙九年专设翰林院，历科皆以掌院学士领其事，内阁学士间亦参用。三十三年，命选讲、读以下官资深学优者数人，分司训课，曰小教习。六十年，以礼部尚书陈元龙领教习事。厥后尚书、侍郎、阁学之不兼掌院事者，并得为教习大臣，满、汉各一。雍正十一年，特设教习馆，颁内府经、史、诗、文，户部月给廪饩，工部供张什物，俾庶吉士肄业其中，尤为优异。三年考试散馆，优者留翰林为编修、检讨，次者改给事中、御史、主事、中书、推官、知县、教职。其例先后不一，间有未散馆而授职编、检者。或供奉内廷，或宣谕外省，或校书议叙，或召试词科，皆得免其考试。凡留馆者，迁调异他官。有清一代宰辅多由此选，其余列卿尹膺疆寄者，不可胜数。士子咸以预选为荣，而鼎甲尤所企望。康熙间，庶吉士张逸少散馆改知县，迁秦州知州，其父大学士玉书奏乞内用，复得授编修。三十年辛未，上以鼎甲久无北人，亲擢黄叔琳一甲三名。叔琳，大兴人。雍正间，大学士张廷玉子若霭，廷对列一甲第三，廷玉执不可，上为抑寘二甲第一，诚重之也。

先是，顺治九年，选庶常四十人，择年青貌秀者二十人习清书，嗣每科派习十数人不等，散馆试之。乾隆十三年，修撰钱维城考列清书三等，命再试汉书，始留馆。其专精国书者，汉文或日就荒落。十六年，高宗以清书应用殊少，而边省馆选无多，命云南、贵州、四川、广东、广西等省庶吉士不必派习清书，他省视人数酌派年力少壮者一二员或二三员，但循举旧章，备国朝典制已足。其因告假、丁忧、年齿已长者，例准改习汉书。于是习者日少。道光间例停。穆宗初元，令以治经、治史、治事及濂、洛、关、闽诸儒之书课诸庶常。光绪季年，设进士馆，课鼎甲庶吉士及阁部官以法政诸科学，或赀遣游学异国。业成而试，优者授职奖擢。俱未久即罢。

达官世族子弟，初制一体应试，而中式独多。其以交通关节败者，顺治十四年，少詹事方拱乾子章钺应江南试，以与正主考方犹联族获中，事觉遣戍。康熙二十三年，都御史徐元文子树声、侍讲学士徐乾学子树屏同中顺天试，上以是科南皿悉中江、浙籍，命严勘。斥革五人，树声、树屏俱黜。三十九年，帝以搢绅之家多占中额，有妨寒畯进身之路。殿试时，谕读卷诸臣，是科大臣子弟置三甲，以裁抑之。寻诏定官、民分卷之法，乡试满、合字号二十卷中一，直省视举额十分中一，副榜如之。会试除云南、贵州、四川、广西四省外，编官卷二十人中一。未几罢会试官卷。乾隆十五年，廷臣有以官生过优为言者，部议仍旧，诏责其回护，并及吏、礼二部司官编官卷之不当，令再议。始议中额二十五中官卷一，吏、礼部司员及内阁侍读子弟停编官卷。明年再议，以京官文四品、外官文三品、武二品以上及翰、詹、科、道等官为限。并减中额，顺天十四，浙江六，余省五至一名。二十三年，大学士蒋溥、学士庄存与复以为言。令官生大省二十卷中一，中省十五卷，小省十卷中一，满、蒙、汉军如小省例，南、北皿如中省例，中皿额中一名，不足一名入民卷。永以为例。乡、会试考官、房考、监临、知贡举、监试、提调之子孙及宗族，例应回避。雍、乾间，或另试，或题由钦命，另简大臣校阅。乾隆九年停其例，并受卷、弥封、誊录、对读等官子弟、戚族亦一体回避矣。

有清重科目，不容幸获。惟恩遇大臣，嘉惠儒臣耆年，边方士子，不惜逾格。历代优礼予告或在职大臣，与夫奖叙饰终之典，赐其子孙举人、进士，有成例者无论已。至如雍正七年，廷臣遵旨举出入闱未中式之大学士蒋廷锡子溥、尚书嵇曾筠子璜等十二人，俱赐举人。侍郎刘声芳子俊邦以疾未与试，赐举人，尤为特典。康熙间，浙江举人查慎行，江苏举人钱名世、监生何焯，安徽监生汪灏，以能文受上知。召试南书房，赐焯、灏举人。四十二年，赐焯、灏、蒋廷锡进士。六十年，以内廷行走举人王兰生、留保学问素优，礼闱不第，俱赐进士。雍正八年，赐江南举人顾天成、广东举人卢伯蕃殿试。乾隆十八年，赐内廷行走监生徐扬、杨瑞莲举人。四十三年，助教吴省兰、助教衔张羲年以校《四库》书赐殿试，俱非常例。乾隆以来，凡年七十以上会试落第者，予司业、编、检、学正等衔。乡试年老诸生，赐举人副榜。雍正十一年，诏于云、贵、广东西、四川、福建会试落卷，择文理可观、人材可用者，拔取时馀等十人，一体殿试，赵绳其等四十人，拣选录用。乾隆初，拣选如例，则边省士子犹沐殊恩也。

历科情形略异者，顺治三年，从大学士刚林请，以天下初定，广收人才，再举乡、会试。十六年，以云、贵新附，绥辑需人，再举礼部试，均不循子丑之旧。康熙十六年，乡试顺天专遣官，山东、山西、陕西并河南省，湖广、江西并江南省，福建并浙江省考试。试期九月，十五人中一，不取副榜，亦无会试。江南榜江西无中式者。咸、同间军兴，各直省或数科不试。或数科并试，倍额取中。或一省止试数府、州、县，减额取中。试期或迟至十月、十一月，不拘成例。顺天正主考，初制均差翰林官。康熙初，沿明制，以前一科一甲一名为之。士子希诡遇者，得预通声气。二十年，修撰归允肃主顺天闱，撰文自誓力除积弊，不通关节，榜后下第者哗然，冀兴大狱。刑部尚书魏象枢暴其事，浮议始息。制亦寻废。二年，顺天《春秋》题"郳子"讹"郳人"，罢考官白乃贞等职。士子因书子字贴出者，弘文院官覆试，优者准作举人，无中式者。雍正元年，顺天榜后，命大学士王顼龄等同南书房翰林检阅落卷，中二人。是年会试覆检如前，中落卷七十八人。二年，中七十七人。乾隆元年，中三十八人。后不复行。雍正四年，以浙人查嗣庭、汪景祺著书悖逆，既按治，因停浙江乡、会试。未几，以李卫等请，驰其禁。七年，广东连州知州朱振基私祀吕留良，生员陈锡首告，上嘉之。令是科连州应试完场举子，由学政遴取优通者四人赏举人。乾隆四十六年辛丑会试，江南解元钱棨领是科会、状。嘉庆二十五年庚辰会试，广西解元陈继昌亦领是科会、状，士子艳称"三元"。有清一代，二人而已。八旗与汉人一体考试，康、乾以来，无用鼎甲者。同治四年，蒙古崇绮以一甲一名及第，光绪九年，宗室寿耆以一甲二名及第，汉军鼎甲尤多。至历代捐输军饷、赈款、园庭工程赏举人，拿获叛匪及杀贼立功，有贡监给举人、举人给进士之例，则又一时权宜之制也。

初，太宗于蒙古文字外，制为清书。天聪八年，命礼部试士，取中刚林等二人，习蒙古书者俄博特等三人，俱赐举人。嗣再试之。顺治八年，举行八旗乡试，不能汉文者试清文一篇，再举而罢。康熙初，复行缙译乡试，自满、汉合试制举文，罢缙译科。雍正元年，诏八旗满洲于考试汉字生员、举人、进士外，另试缙译。廷议三场并试，满、汉正、副考官各二，满同考官四。诏乡试止试一场，或章奏一道，或《四书》、《五经》量出一题，省汉考官，增誊录，余如文场例。嗣后缙译谕旨，或于《性理精义》及《小学》，限三百字命题。乾隆三年，令于缙译题外作清文一篇。七年，定会试首场试清字《四书》文，《孝经》、《性理》论各一篇。二场试缙译。凡满洲、汉军满、汉字贡、监生员、笔帖式，皆与乡试。文举人及武职能缙译者，准与会试。先试骑射如例。蒙古缙译科，雍正九年，诏试蒙古主考官一，同考倍之。初令乡、会试题，俱以蒙字译清字《四书》、章奏各一道。乾隆元年，改译清文《性理·小学》，与满洲缙译同场试，别为一榜。时应清文乡试者，率五六百人额中三十三名，应蒙文乡试者，率五六十人额中六名。原定缙译乡、会试三年一次，然会试讫未举行。乾隆四年，以乡试已历六科，八月始行会试。中满洲二十名，蒙古二名。因人数无多，诏免殿试，俱赐进士出身，优者用六部主事。二十二年，以缙译科大率寻章摘句，无关缙译本义，诏停。四十三年，复行乡试，罢誊录对读。明年会试，向例须满六十人，是科仅四十七人，特准会试，免廷试，如四年例。自是每届三年，试否请旨定夺。五十二年，更定乡、会试五年一次，然会闱自五十三年讫嘉庆八年，仅一行之，犹不足定例六十名之数。且枪冒顶替，弊端不可究诘。蒙文尝以不足七八人停试。虽诏旨谆谆勉以国语骑射为旗人根本，而应试者终属寥寥。八年，从侍郎赓音请，复旧制三年一举以为常。二十四年，定乡、会覆试如文闱例。道光八年，罢缙译同考官，末年始有用庶吉士者。各省八旗驻防，初但应汉文乡、会试，道光二十三年，改试缙译，十人中一，三名为额。宗室应缙译试，自乾隆时始。别为一题，中额钦定。

武科，自世祖初元下诏举行，子午卯酉年乡试，辰戌丑未年会试，如文科制。乡试以十月，直隶、奉天于顺天府，各省于布政司，中式者曰武举人。次年九月会试于京师，中式者曰武进士。凡乡、会试俱分试内、外三场。首场马射，二场步射、技勇，为外场。三场策二问、论一篇，为内场。外场考官，顺天及会闱以内大臣、大学士、都统四人为之。内场考官，顺天以翰林官二人，会闱以阁部、都察院、翰、詹堂官二人为之。同考官顺天以科甲出身京员四人，会闱以科甲出身阁、科、部员四人为之。会试知武举，兵部侍郎为之。各直省以总督、巡抚为监临、主考官，科甲出身同知、知县四人为同考官。外场佐以提、镇大员。其余提调、监射、监试、受卷、弥封、监门、巡绰、搜检、供给俱有定员，大率视文闱减杀。殿试简朝臣四人为读卷官，钦阅骑射技勇，乃试策文。临轩传唱状元、榜眼、探花之名，一如文科。

初制，一甲进士或授副将、参将、游击、都司，二、三甲进士授守备、署守备。其后一甲一名授一等侍卫，二、三名授二等侍卫。二、三甲进士授三等及蓝翎侍卫，营、卫守备有差。凡各省武生、绿营兵丁皆得应乡试，武举及现任营千、把总，门、卫、所千总，年满千总，通晓文义者，皆得应会试。惟年逾六十者，不许应试。其后武职会试，以武举出身者为限。康熙间，欲收文武兼备之材，尝许文生员应武乡试，文举人应武会试，颇滋场屋之弊。乾隆七年，以御史陈大玠言，停文武互试例。

考试初制，首场马箭射毡毬，二场步箭射布侯，均发九矢。马射中二，步射中三为合式，再开弓、舞刀、掇石试技勇。顺治十七年，停试技勇，康熙十三年复之。更定马射树的距三十五步，中三矢为合式，不合式不得试二场。步射距八十步，中二矢为合式。再试以八力、十力、十二力之弓，八十斤、百斤、百二十斤之刀，二百斤、二百五十斤、三百斤之石。弓开满，刀舞花，掇石去地尺，三项能一、二者为合式，不合式不得试三场。合式者印记于颊，嗣改印小臂，以杜顶冒。三十二年，步射改树的距五十步中二矢为合式。乾隆间，复改三十步射六矢中二为合式。马射增地毬，而弓、刀、石三项技勇，必有一项系头号、二号者，方准合式，遂为永制。

内场论题，向用《武经七书》。圣祖以其文义驳杂，诏增《论语》、《孟子》。于是改论题二，首题用《论语》、《孟子》，次题用《孙子》、《吴子》、《司马法》。

乡试中额，康熙二十六年制定，略视各省文闱之半。雍正间小有增减，惟陕、甘以人材壮健，弓马娴熟，自康熙讫乾隆，先后各增中额三十名，咸、同间，各省输饷广额如文闱例。综计顺天中额百十，汉军四十，奉、锦三，江南八十一，福建六十三，浙江、四川各六十，陕西五十九，河南五十五，江西、广东、甘肃各五十四，山西五十，山东四十八，云南四十二，广西三十六，湖北三十五，湖南三十四，贵州二十五。会试中额多或三百名，少亦百名。康熙间，内场分南、北卷，各中五十名。五十二年，始分省取中，临期以外场合式人数请旨裁定。

嘉庆六年，仁宗以科目文武并重，文闱条例綦严，防弊周密，武闱考官面定去取，尤易滋弊，命比照文闱磨勘例，《乡试题名录》将中式武生马步射、技勇一一详注进呈。各省交兵部，顺天另简磨勘官核对。滥中及浮报者惩不贷。覆试始乾隆时。初制从严，仅会闱行之。不符者罚停科，考官议处。三次覆试不合式，除名。道光十五年，始覆试顺天武举如会试例。咸丰七年，覆试各省武举如顺天例，然稍从宽典矣。

初制，外场但有合式一格，其中弓马优劣，技勇强弱，无所轩轾。内场但凭文取中，致娴骑射、习场艺者或遭遗弃。康熙五十二年，令会试外场择马步射、技勇人材可观者，编"好"字号，密送内帘。内场试官先于好字卷内，择文理通晓者取中。不足，始于合式卷内选取。雍正二年，从侍郎史贻直言，各省乡试外场一体别编好字号，嗣于好字号再分双好、单好。内场先中双好，次中单好。而合式卷往往千余人，仅中数人，因之内场枪冒顶替诸弊并作。乾隆二十四年，御史戈涛奏革其弊，于是外场严合式之格，内场罢《四书》论，文理但取粗通者，而文字渐轻。嘉庆十二年，乡、会试内场策论改默写《武经》百余字，无错误者为合式。罢同考官，遂专重骑射、技勇，内场为虚设矣。历代踵行，莫之或易。光绪二十四年，内外臣工请变更武科旧制，废弓、矢、刀、石，试枪炮，未许。二十七年，卒以武科所习硬弓、刀、石、马步射无与兵事，废之。

满洲应武科始雍正元年，乡试中二十名，会试中四名。十二年，诏停，数十年无复行者。嘉庆十八年，复旧制。满、蒙乡试中十三名，各省驻防就该省应试，率十人中一，多者十名，少或一名。会试无定额。凡骁骑校，城门吏，蓝翎长，拜唐阿，恩骑尉，亲军前锋，护军，领催，马甲，巡捕营千总、把总及文员中书，七、八品笔帖式，荫生，俱准与武生同应乡试。乡、会试内、外场与汉军、汉人一例考试。

卷一百九　　志八十四

选举四　制科　荐擢

制科者，天子亲诏以待异等之才。唐、宋设科最多，视为优选。清代科目取士，垂为定制。其特诏举行者，曰博学鸿词科、经济特科、孝廉方正科。若经学，若巡幸召试，虽未设科，可附见也。圣祖敦崇实学，康熙甲辰、丁未两科，改试策论。既廷臣以古学不可猝办，请仍旧制。

十七年，诏曰："自古一代之兴，必有博学鸿儒，备顾问著作之选。我朝定鼎以来，崇儒重道，培养人才。四海之广，岂无奇才硕彦、学问渊通、文藻瑰丽、追踪前哲者？凡有学行兼优、文词卓越之人，不论已仕、未仕，在京三品以上及科、道官，在外督、抚、布、按，各举所知，朕亲试录用。其内、外各官，果有真知灼见，在内开送吏部，在外开报督、抚，代为题荐。"嗣膺荐人员至京，诏户部月给廪饩。明年三月，召试体仁阁。凡百四十三人，赐燕，试赋一、诗一，帝亲览试卷，取一等彭孙遹、倪灿、张烈、汪霦、乔莱、王顼龄、李因笃、秦松龄、周清原、陈维崧、徐嘉炎、陆棻、冯勗、钱中谐、汪楫、袁佑、朱彝尊、汤斌、汪琬、邱象随等二十人。二等李来泰、潘耒、沈珩、施闰章、米汉雯、黄与坚、李铠、徐钛、沈筠、周庆曾、尤侗、范必英、崔如岳、张鸿烈、方象瑛、李澄中、吴元龙、庞垲、毛奇龄、钱金甫、吴任臣、陈鸿绩、曹宜溥、毛升芳、曹禾、黎骞、高咏、龙燮、邵吴远、严绳孙等三十人。三、四等俱报罢。命阁臣取前代制科旧事，查议授职。寻议："两汉授无常职。晋上第授尚书郎。唐制策高等特授尊官，次等予出身，因有及第、出身之目。宋分五等：一、二等皆不次擢用；三等为上等，恩数视廷试第一人；四等为中等，视廷试第三人；皆赐制科出身。五等为下等，赐进士出身。"得旨，俱授为翰林官。以光禄少卿邵吴远为侍读。道员、郎中汤斌等四人为侍讲。进士出身之主事，中、行、评、博，内阁典籍，知县及未仕之进士彭孙遹等十八人为编修。举、贡出身之推、知，教职，革职之检讨、知县及未仕之举、贡、荫、监、布衣倪灿等二十七人为检讨。俱入史馆，纂修《明史》。时富平李因笃、长洲冯勗、秀水朱彝尊、吴江潘耒、无锡严绳孙，皆以布衣入选，海内荣之。其年老未与试之杜越、傅山、王方毂等，文学素著，俱授内阁中书，许回籍。

雍正十一年，诏曰："博学鸿词之科，所以待卓越淹通之士。康熙十七年，特诏荐举，召试授职，得人极盛。数十年来，未尝广为搜罗。朕延揽维殷，宜有枕经葄史、殚见洽闻、足称鸿博之选者，当特修旷典，嘉予旁求。在京满、汉三品以上，在外督、抚、学政，悉心体访，保题送部。朕临轩亲试，优加录用。"诏书初下，中外大吏，以事关旷典，相顾迟回。逾年，仅河东督臣举一人，直隶督臣举二人，他省未有应者。诏责诸臣观望。高宗即位，再诏督促。期以一年内齐集阙下，先至者月给廪饩。

乾隆元年，御史吴元安言："荐举博学鸿词，原期得湛深经术、敦崇实学之儒，诗赋虽取兼长，经史尤为根柢。若徒骈缀俪偶，推敲声律，纵有文藻可观，终觉名实未称。"下吏部议，定为两场，赋、诗外增试论、策。九月，召试百七十六人于保和殿，赐燕如例。试题首场赋、诗、论各一，二场制策二。取一等五人，刘纶、潘安礼、诸锦、于振、杭世骏等，授编修。二等十人，陈兆崙、刘藻、夏之蓉、周长发、程恂等，授检讨；杨度汪、沈廷芳、汪士锽、陈士璠、齐召南等，授庶吉士。二年，补试体仁阁，首场制策二，二场赋、诗、论各一。取一等万松龄，授检讨。二等张汉，授检讨；朱荃、洪世泽，授庶吉士。

自康、乾两朝，再举词科，与其选者，山林隐逸之数，多于缙绅，右文之盛，前古罕闻。时承平累叶，海内士夫多致力根柢之学，天子又振拔淹滞，以示风励，爰有保荐经学之制。乾隆十四年，诏曰："崇尚经术，有关世道人心。今海宇升平，学士大夫精研本业，穷年矻矻，宗仰儒先者，当不乏人。大学士、九卿、督、抚，其公举所知，不限进士、举人、诸生及退休、闲废人员，能潜心经学者，慎选毋滥。寻中外疏荐者四十余人。帝为防幸进，下廷臣覆核，得陈祖范、吴鼎、梁锡玙、顾栋高四人。命呈览著述，派翰林、中书官在武英殿各缮一部。寻授鼎、锡玙国子监司业，召对勤政殿。祖范、栋高以年老不能供职，俱授司业衔。后不复举行。

至属车临幸，宏奖士林，康熙四十二年、四十四年，圣祖巡幸江、浙，召试士子，中选者赐白金，赴京录用有差。高宗六幸江、浙，三幸山东，四幸天津，凡士子进献诗赋者，召试行在。优等予出身，授内阁中书；次者赐束帛。仁宗东巡津、淀，西幸五台，召试之典，亦如前例。道光以后，科举偏重时文。沿习既久，庸滥浮伪，寖失精意。三十年，候补京堂张锡庚请复开博学鸿词科，以储人才。礼部议以非当务之急，遂止。

洎光绪中叶，外侮孔棘，海内皇皇，昌言变法。二十四年，贵州学政严修请设经济特科，下总理各国事务衙门会礼部核议。八月，慈禧皇太后临朝训政，以经济特科易滋流弊。罢之。庚子，京师构乱，乘舆播迁。两宫怵于时局阽危，亟思破格求才，以资治理。

二十七年，皇太后诏举经济特科，命各部、院堂官及各省督、抚、学政保荐，有志虑忠纯、规模闳远、学问淹通、洞达中外时务者，悉心延揽。并下政务大臣拟定考试事宜。御史陈秉崧奏请力除夤缘积习，诏饬诸臣务矢至公。既三品以下京卿纷纷保送，帝觉其冗滥，适太仆少卿隆恩荐疏，上竟报寝，并命撤销太常少卿李擢英前保诸人。二十九年，政务处议定考试之制，如廷试例，于保和殿天子亲策之。凡试二日，首场入选者，始许应覆试，均试论一、策一。简大臣考校，取一等袁家谷、张一麐、方履中、陶炯照、徐沅、胡玉缙、秦锡镇、俞陛云、袁励准等九人，二等冯善徵、罗良鉴、秦树声、魏家骅、吴钟善、钱𫓧、萧应椿、梁焕奎、蔡宝善、张孝谦、端绪、麦鸿钧、许岳钟、张通谟、杨道霖、张祖廉、吴烈、陈曾寿等十八人。迨授官命下，京职、外任，仅就原阶略予升叙，举、贡用知县、州佐，以视康、乾时词科恩遇，寖不如矣。

三十四年，御史俾寿请特开制科，政务处大臣议以"孝廉方正、直言极谏两科，皆无实际，惟博学鸿词科，康熙、乾隆间两次举行，得人称盛。际兹文学渐微，保存国粹，实为今日急务。应下学部筹议"。时方诏各省征召耆儒硕彦。湖南举人王闿运被荐，授翰林检讨。两江、安徽相继荐举王耕心、孙葆田、程朝仪、吴传绮、姚永朴、姚永概、冯澂等。部议以诸人覃研经史，合于词科之选，俟章程议定，陈请举行。未几，德宗崩，遂寝。

孝廉方正科，始于康熙六十一年，世宗登极，诏直省府、州、县、卫各举孝廉方正，赐六品章服，备召用。雍正元年，诏曰："国家敦励风俗，首重贤良。前诏举孝廉方正，距今数月，未有疏闻。恐有司怠于采访，虽有端方之品，无由上达。各督、抚速遵前诏，确访举奏。"寻浙江、直隶、福建、广西各荐举二员，用知县；年五十五以上者，用知州。其后历朝御极，皆恩诏荐举以为常。

乾隆元年，刑部侍郎励宗万言："孝廉方正之举，稍有冒滥，即有屈抑。从前选举各官，鲜克公当。非乡井有力之富豪，即宫墙有名之学霸。迨服官后，庸者或以劣黜，黠者或以赃败。请慎选举，以重名器。"吏部议准府、州、县、卫保举孝廉方正，应由地方绅士里党合辞公举，州、县官采访公评，详稽事实。所举或系生员，会学官考核，申送大吏，核实具题，给六品章服荣身。果有德行才识兼优者，督、抚逾格保荐赴部，九卿、翰、詹、科、道公同验看，候旨擢用。滥举者罪之。

五年，定考试例。除朴实拘谨、无他技能、不能应试者，例予顶戴，不送部外，其膺荐赴部者，验看后，试以时务策、笺、奏各一于太和殿门内。道光间，改于保和殿，如考试御史例。

同治初元，明诏选举，又以知县黎庶昌条陈，谕令在京四品以上，在外督、抚、学政，各举所知，不限绅士、布衣，以躬行实践为先，毋得专取文词藻丽者，滥膺盛典。其有年登耄耋，或诚朴无华，足为里閈矜式，不愿来京者，州县官岁时存问，赐以酒米。光绪六年，定自恩诏日起，予限八年，人文到部。每年二月、八月，各会验奏考一次，逾限者止许章服荣身，不得与考。

初制授官用知州、知县，厥后荐举人众，乃推广用途，分别以知县、直隶州州同、州判、佐杂等官及教职用。知县得缺视拔贡，教职视大挑二等举人，余均分省试用序补。历朝以来，有司奉行，第应故事。徇情冒滥之弊，台谏屡以上闻。惟嘉庆朝湖南严如熤以对策第一，召见授知县。咸丰朝湖南罗泽南以书生率湘勇越境剿贼，皆以勋绩见称于时。宣统初，各省所举多至百数十人，少亦数十人，诏饬严行甄核。选举之风，于斯滥矣。

清代科目取士外，或征之遗佚，或擢之廉能，或举之文学，或拔之戎行，或辟之幕职，荐擢一途，得人称盛，有足述焉。

太祖肇兴东土，选拔英豪以辅大业，委辂杖策之士咸与擢用，或招直文馆，或留预帷幄。乙卯十一月，谕群臣曰："国务殷繁，必得贤才众多，量能授职。勇能攻战者，宜治军；才优经济者，宜理国；博通典故者，宜谘得失；娴习仪文者，宜襄典礼。当随地旁求，俾列庶位。"时削平诸国，设八旗制，需才亟。太宗即位，首任儒臣范文程领枢密重事。天聪八年，甲喇章京朱继文子延庆上书，言："我朝攻城破敌、斩将搴旗者不乏人，守境治民、安内攘外者未多见。"因疏举汉人陈极新、刑部启心郎申朝纪，足备任使。帝召延庆等御前，温谕褒奖。命延庆、极新，文馆录用；朝纪仍任部事。九年，谕满、汉、蒙古各官，荐举人才，不限已仕、未仕，牒送吏、礼二部，具名以闻。直文馆宁完我言："古者荐举之条，功罪连坐，所以杜弊端、防冒滥。请自后所举之人，或功或罪，举者同之。若其人砥行于厥初，改节于末路，许举者随时检举，免连坐。"帝嘉纳焉。

世祖定鼎中原，顺治初元，遣官征访遗贤，车轺络绎。吏部详察履历，确核才品，促令来京。并行抚、按，境内隐逸、贤良，逐一启荐，以凭征擢。顺天巡抚宋权陈治平三策，首广罗贤才以佐上理，并荐故明蓟辽总督王永吉等。诏廷臣各举所知。一时明季故臣如谢升、冯铨、党崇雅等，纷纷擢用。中外臣工启荐除授得官者，不可胜数。嗣以廷臣所举，类多明季旧吏废员，未有肥遁隐逸逃名之士。诏自今严责举主，得人者优加进贤之赏，舛谬者严行连坐之罚。荐章止以履历上闻，才品所宜，听朝廷裁夺。傥以赀郎杂流及黜革青衿、投闲武弁，妄充隐逸，咎有所归。若畏避连坐，缄默不举，治以蔽贤罪。二年，陕西、江南平，诏征山林隐逸，并故明文、武进士、举人。山东巡抚李之奇以保荐滥及赀郎，诏旨切责。十三年，江南巡抚张中元荐故明进士陆贻吉、于沚，帝亲试之。是年复诏各省举奏地方人才，给事中梁鋐言："皇上寤寐求才，诏举山林稳逸，应聘之士，自不乏人。然采访未确，有负盛举。如江南举吕阳，授监司，未几以赃败；山东举王运熙，授科员，未有建明，以计典去。吕阳等岂真抱匡济之才，不过为梯荣之藉耳。山林者何？谓远于朝市也。隐逸者何？谓异于趋竞也。必得其人，乃当其位。请饬详加采访。"疏入，报闻。

顺、康间，海内大师宿儒，以名节相高。或廷臣交章论荐，疆吏备礼敦促，坚卧不起。如孙奇逢、李颙、黄宗羲辈，天子知不可致，为叹息不置，仅命督、抚抄录著书送京师。康熙九年，孝康皇后升祔礼成，颁诏天下，命有司举才品优长、山林隐逸之士。自后历朝推恩之典，虽如例行，实应者寡。

初制，督、抚升迁离任时，荐举人才一次。嗣令岁一荐举，部议大省限十人，小省限三四人，后复改二年荐举一次。自顺治十八年停差巡按，乃定各省巡抚应举方面有司、佐贰、教官员额，总漕、总河应荐方面有司、佐贰额，亦著为例。康熙二年，御史张吉午奏："三年考满之法，一、二等称职者，即系荐举，请罢督、抚二年荐举例。"从之。六年，停考满。用给事中李宗孔言复荐举，与卓异并行。先是漕、河荐举例停。十二年，漕督帅颜保请复旧例，每年得举劾属吏示劝惩。部议行。因疏荐粮道范周、迟日巽、知县吴兴祚。诏擢兴祚福建按察使。

圣祖亲政，锐意整饬吏治，屡诏群臣荐举天下廉能官。十八年，左都御史魏象枢疏荐清廉，原任侍郎高珩、达哈塔、雷虎、班迪，大理卿瑚密色，侍读萧维豫，郎中宋文运，布政使毕振姬，知县张沐、陆陇其等十人。得旨分别录用。并谕陆陇其廉能之员，宜任繁剧，如直隶清宛、江苏无锡等县，庶可表见其才。十九年，福建巡抚吴兴祚荐按察使于成龙天下廉能第一，迁布政使，寻擢直隶巡抚。二十年入觐，帝温谕褒美。问属吏中亦有清廉者否？成龙以知县谢锡衮、同知何如玉、罗京对。未几，调成龙两江总督。濒行，疏荐直隶守道董秉忠、通州知州于成龙、南路通判陈大栋、柏乡知县邵嗣尧、阜城知县王燮、高阳知县孙宏业、霸州州判卫济贤，并堪大用。会江宁知府缺，诏即以通州知州于成龙擢补。不数年，擢直隶巡抚。同时两于成龙，先后汲引，并以清操特邀帝眷，时论称之。二十三年，谕部臣保举应补关差，佥以"有才及谨慎者不乏人，而操守实难知"对。帝曰："清操如何可废？如郝浴居官甚好，犹侵蚀钱粮，魏象枢曾荐郝浴，此事安能豫知！朕信部院堂官清操而委任之，堂官亦信司官而委任之。但将有守之人举出，被举者自能效力。"是年九卿、詹事、科、道遵旨疏举清廉：直隶巡抚格尔古德，吏部郎中苏赫、范承勳，江南学道赵崙，扬州知府崔华，兖州知府张鹏翮，灵寿知县陆陇其等。二十六年，帝嘉直隶巡抚于成龙清廉，命九卿各举廉吏如成龙者。大学士等荐云贵总督范承勳、山西巡抚马齐、四川巡抚姚缔虞。帝谓承勳等居官皆优，但尚有勉强之意。成龙则出自诚心，毫无瞻顾。命加成龙太子少保衔，以劝廉能。四十年，敕总督郭琇、张鹏翮、桑额、华显，巡抚彭鹏、李光地、徐潮荐道、府以下，知县以上，清廉爱民者，勿计罣误降罚，勿拘本省邻属，具以名闻。时天子广厉风节，群士慕效，吏治丕变。循吏被荐膺显擢者，先后踵相接。

先是廷臣会推广西按察使缺，吏部侍郎胡简敬，淮安人，以推举淮扬道高成美违例获谴，至是申禁九卿毋得保举同乡及本省官，复限每人岁举毋逾十人。五十三年，尚书赵申乔举潮州知府张应诏能耐清贫，可为两淮运使。帝曰："清官不系贫富，张伯行家道甚饶，任所日用皆取诸其家，以为不清可乎？一心为国即好官，或操守虽清，不能办事，亦何裨于国？"

六十一年，世宗嗣位。谕曰："知人则哲，自古为难。朕临御之初，简用人才，或品行端方，或操守清廉，或才具敏练，诸大臣密奏所知。勿避嫌徇私，沽名市恩，有负谘询。"又以道、府、州、县，亲民要职，敕总督举三员，巡抚举二员，布、按各举一员，将军、提督亦得举一员，密封奏闻。雍正四年，以各省所举未能称旨，诏切责之。令各明举一人，不得雷同。时荐贤诏屡下，帝综核名实，赏罚必行。七年，以督、抚、布、按，为全省表率。命京官学士、侍郎以上，外官藩、臬以上，各密保一人，不拘满、汉，不限资格，即府、县中有信其可任封疆大僚，亦许列荐剡。

高宗重视亲民之官，乾隆二年，谕仿雍正时例，督、抚、布、按，各密举一、二人。次年，复命大学士、九卿举堪任道、府人员，露章启奏。八年，诏大学士举编、检能任知府者。十四年，命侍郎以上举能任三品京堂者，尚书以上举能任侍郎者。其时明扬、密保，并行不废。科、道行取，自康熙七年复旧制。诏督、抚举亲民之官，贤能夙著者，亲加选用。二十九年，诏九卿各举所知。尚书王隲举清苑知县邵嗣尧，李天馥举三河知县彭鹏、灵寿知县陆陇其，徐元文举麻城知县赵苍璧。及廷推时，帝复问左都御史陈廷敬，廉者为谁？廷敬亦以陇其、嗣尧天下清官为言。时同举十二人，俱用科、道。得人为最。乾隆四年，吏部奏请行取，高宗命尚书、都御史、侍郎于各部属，州、县内，秉公保举，如康熙二十九年例。次年，谕"圣祖时如汤斌、陆陇其学问纯正，言行相符，陈瑸、彭鹏操守清廉，治行卓越。天下之大，人材之众，岂无与数人颉颃者？大学士、九卿其公举备采择"。

七年，帝思骨鲠质朴之士，如古马周、阳城起布衣为御史者，诏大学士、九卿及督、抚，勿论资格，列名举奏。嗣诸臣奏到，下吏部定期考试。明年二月，考选御史，试以时务策，帝亲取中书胡宝瑔第一。引见，宝瑔、涂逢震等十人用御史，沈澜发江南补用。既而从御史李清芳奏，选用御史，令吏部将合例人员奏请考试。于是保荐御史例罢。清代未设直言极谏之科，而选择言官至为慎重，裨益政治，非浅鲜也。

自康、乾两朝，敦尚实学，一时名儒硕彦，膺荐擢者，尤难悉数。康熙十七年，圣祖问阁臣，在廷中博学能诗文者孰为最？李霨、冯溥、陈廷敬、张英交口荐户部郎中王士祯，召对懋勤殿，赋诗称旨，授翰林院侍讲。部曹改词臣，自士祯始。三十三年，诏大学士举长于文学者，王熙、张玉书疏荐在籍尚书徐乾学、左都御史王鸿绪、少詹事高士奇。召来京修书。乾学未闻命卒，诏进呈遗书，并召其弟秉义来京。四十五年，大学士李光地荐直隶生员王兰生入直内廷，寻赐举人、进士，授编修，洊跻卿贰。历康、雍、乾三朝，凡天禄秘书，靡不与校勘之役。同时江南何焯，亦以寒儒赐举人、进士，直南书房，授编修。被劾解官，仍直书局。亦光地荐也。雍正中，侍郎兼祭酒孙嘉淦荐举人雷鋐学行，为国子监学正。乾隆初，尚书管监事杨名时荐进士庄亨阳、举人潘永季、蔡德峻、秦蕙田、吴鼐，贡生官献瑶、王文震，监生夏宗澜等，潜心经学，并为国子监属官。三十八年，诏开四库馆。延置儒臣，以翰林官纂辑不敷，大学士刘统勋荐进士邵晋涵、周永年，尚书裘曰修荐进士余集、举人戴震，尚书王际华存举人杨昌霖，同典秘籍。后皆改入翰林，时称"五徵君"。此其著者也。

嘉庆初，和珅败，仁宗下诏求贤。谕满、汉大臣，密举操守端洁、才猷干济、居官事迹可据者，降敕褒擢廉吏刘清，风厉天下。十九年，御史卓秉恬请严禁滥保，帝是之。宣宗即位，尚书刘镮之荐起名儒唐鉴，授广西知府。四川总督蒋攸铦荐川东道陶澍治行第一，擢按察使。澍好臧否人物，开藩皖中，入觐论奏，侃侃多所举劾。宣宗疑之。密谕巡抚孙尔准察其为人，尔准条列善政，密疏保荐。遂获大用，擢两江总督。临殁遗疏荐粤督林则徐继己任。澍以知人称，咸、同中兴诸名臣，多为所识拔。

文宗嗣位，诏求直言。侍郎曾国藩疏陈："本原至计，尤在用人。人材有转移之道，培养之方，考察之法。"帝嘉纳之。诏中外大臣荐举人才。大学士穆彰阿奏保宗室文彩，聂澐。特旨用京堂。大学士潘世恩疏荐前总督林则徐、按察使姚莹、员外郎邵懿辰、中允冯桂芬。尚书杜受田首荐则徐及前漕督周天爵。诏起则徐督师，天爵巡抚广西。侍郎曾国藩荐太常少卿李棠阶、郎中吴廷栋、通政副使王庆云、江苏淮扬道严正基、浙江知县江忠源。尚书周祖培亦荐棠阶、廷栋及郎中易棠等，多蒙擢用。云贵总督吴文镕、贵州巡抚乔用迁荐知府胡林翼，擢道员。

咸丰五年，以各省用兵，诏采访才兼文武、胆识出众之士。御史宗稷辰疏荐湖南左宗棠，浙江姚承舆，江苏周腾虎、管晏，广西唐启华。命各督、抚访察，送京引见。是时海内多故，粤寇纵横。文庆以大学士直枢廷，屡密请破除满、汉畛域，用人不拘资地。谓汉人来自田间，知民疾苦，熟谙情伪，办贼当重用汉人。国藩起乡兵击贼，战失利，谤议纷起。文庆独谓国藩忠诚负时望，终当建非常功，宜专任讨贼。又尝奇林翼才略，林翼以贵州道员留楚带勇剿贼，国藩荐其才堪大用，胜己十倍。一岁间擢湖北巡抚，文庆实中主之。袁甲三督师淮上，骆秉章巡抚湖南，文庆荐其才，请勿他调，以观厥成。时论称之。七年，林翼奏兴国处士万斛泉及其弟子宋鼎、邹金粟，砥砺廉隅，不求仕进，请予奖励。诏赏斛泉等七品冠服有差。时军事方殷，迭饬疆吏及各路统兵大臣奏举将才。林翼举左宗棠，予四品京堂，襄办国藩军务。沈葆桢、刘蓉、张运兰，命国藩、林翼调遣。他如塔齐布、罗泽南、李续宾、李续宜、彭玉麟、杨岳斌等，俱以末弁或诸生，拔自戎行，声绩烂然。曾、胡知人善任，荐贤满天下，卒奏中兴之功。

穆宗践阼，以军兴后吏治废弛，特擢天津知府石赞清为顺天府尹，谕各省访察循良，有伏处山林、德行醇备、学问渊通之士，督、抚、学政据实奏闻。寻国藩疏称常州士民尚节义，城陷与贼相持。其士子多读书稽古。如候选同知刘翰清，监生赵烈文、方骏谟、华蘅芳，从九品徐寿等，若使阅历戎行，廓其闻见，有裨军谋。诏谭廷襄、严树森、左宗棠、薛焕访求，遣送国藩军营录用。

同治元年，谕廷臣曰："上年屡降旨令保举人才，各督、抚已将政绩卓著人员登诸荐牍。在京如大学士周祖培，大学士衔祁寯藻、翁心存，协办大学士倭仁，侍郎宋晋、王茂荫，科道高延祜、薛春藜、郭祥瑞等，各有荐举。人臣以人事君，不必俟有明诏，始可敷陈。其各胪列事实，秉公保奏。"复屡谕国藩保荐督抚大员。国藩言："封疆将帅，惟天子举措之。四方多故，疆臣既有征伐之权，不当更分黜陟之柄，宜防外重内轻之渐，兼杜植私树党之端。"帝优诏褒答。

二年，河南学政景其濬奏副贡生苏源生等学行，授本省训导。命各学臣访举经明行修之士，酌保数人，不为恒制。九年，浙江学政徐树铭，以采访儒修，疏荐已革编修俞樾，请赏还原衔，送部引见；秀水教谕谭廷献、举人赵铭、江西拔贡杨希闵等，比照召试博学鸿词例，予廷试。帝以树铭私心自用，下部严议，镌四级。此因荐举获谴，乃其变也。光绪七年，两广督臣张树声、抚臣裕宽，荐在籍绅士山西襄陵知县南海进士朱次琦，国子监典籍衔番禺举人陈澧笃行。诏予五品卿衔，以励绩学。

十年，以外衅迭启，时事日艰。谕大学士、六部、九卿、直省将军、督、抚："无论文武两途，有体用赅备，谋勇俱优，或谙习吏治兵事，熟悉中外交涉，或善制船械，精通算术，或饶有机智，饶勇善战，或谙谏水师及沿海情形者，广为访求，具实陈奏。"二十一年，访求奇才异能，精天文、地舆、算法、格致、制造学者。二十四年，翰林院侍读学士徐致靖疏荐工部主事康有为、刑部主事张元济、湖南盐法长宝道黄遵宪、江苏知府谭嗣同、广东举人梁启超，特予召见。征遵宪、嗣同至京，赏启超六品衔，任译书局事。时德宗亲政，激于外势，亟图自强。诏求通达时务人才，中外纷纷荐举。而草茅新进之臣，刻励求新，昌言变法矣。未几党祸起，慈禧皇太后训政，有为窜海外，其弟广仁及御史杨深秀、军机章京谭嗣同、林旭、杨锐、刘光第弃市，致靖以党附下狱禁锢，复追论原保诸臣罪。御史宋伯鲁、湖南巡抚陈宝箴，开缺户部尚书、协办大学士翁同龢，俱削官永不叙用。礼部尚书李端棻谪戍边，内阁学士张百熙下部议处。其他言新政者，斥逐殆尽。

迨庚子京师遘乱，越年和议成，两宫西幸回銮，时事日棘。三十三年，诏中外大臣访求人才，不拘官阶大小，有无官职，确知才堪大用，及擅专长者，切实荐举。派王大臣察验询问，出具考语，召见。于时被荐人员，分起赴京，除官录用者，至宣统间犹未已。然自光绪之季，改订官制，增衙署，置官缺，破格录用人员辄以千数，荐擢亦太滥矣。宣统元年，御史谢远涵言："变法至今，长官但举故旧，士夫不讳钻营。请严定章程，以贪劣闻者，反坐荐主，加以惩处。"疏下所司而已。

荐举不拘流品。清代才臣，以佐杂洊跻开府者，如雍正间之李卫、田文镜，乾隆间之杨景素、李世杰，政绩最著。厥后捐纳日广，起家杂流，膺显擢者无算，其人大都饶有干局，以视科目循资迁转，以资格坐致高位，盖不侔也。荐举之尤异者，康熙初，陕西提督王进宝，荐其子用予材武可胜副将，后以功擢总兵，父子同建节钺。雍正间，云南总兵赵坤擢贵州提督，请以其子秉铎为贵州提标参将，帝允所请。孙嘉淦为祭酒，举其弟扬淦为国子监学正，湖南衡永郴桂道汪树，且荐其父原任刑部司官澐学问优裕，政事练达，授四川知府。此则举不避亲，其破除成例又如此。

征辟幕僚，雍正元年诏吏部，嗣后督抚所延幕宾，将姓名具奏，称职者题部议叙，授之职位，以示砥砺。乾隆元年，侍郎吴应棻以鼓励贤才，请立劝惩之法。洎道光间，幕友滥邀甄叙，台谏屡以为言，诏督、抚、盐政，一切议叙，不许保列幕友，并严禁本省属员滥充，违者吏部查参议处。然康熙时，布衣陈潢佐靳辅治河，特赐佥事道衔。雍正时，方观承为定边大将军平郡王记室，以布衣召见，赐中书衔。乾、嘉间，名臣如王杰、严如煜、林则徐辈，皆先佐幕而后通籍。迨咸、同军兴，左宗棠、李鸿章、刘蓉等，多以幕僚佐绩戎旃，成中兴之业。曾国藩总制军务，幕府号多才，宾从极一时人选，尤卓卓可纪者也。

卷一百十　　志八十五

选举五　封荫　推选

封赠之制，文职隶吏部，八旗、绿营武职隶兵部。顺治间，覃恩及三年考满，均给封赠。康熙初，废文、武职考满封赠。

文职封赠之阶，初正一品、特进、光禄大夫，寻改光禄大夫。从一品光禄大夫，后改荣禄大夫。正二品资政大夫。从二品通奉大夫。正三品通议大夫。从三品中议大夫。正四品中宪大夫。从四品朝议大夫。正五品奉政大夫。从五品奉直大夫。正六品承德郎。从六品儒林郎，吏员出身者宣德郎。正七品文林郎，吏员出身者宣议郎。从七品征仕郎。正八品修职郎。从八品修职佐郎。正九品登仕郎。从九品登仕佐郎。

武职封赠之阶，初分三系。一曰满、汉公、侯、伯封光禄大夫，后改建威将军。二曰八旗。一品光禄大夫。二品资政大夫。三品通议大夫。四品中宪大夫。五品奉政大夫。六品承德郎，后改武信郎。七品文林郎，后改奋武郎。八品修职郎。九品登仕郎。乾隆三十二年，改同绿旗。三曰绿旗营。封赠官阶屡变。初制正、从一品荣禄大夫。正二品骠骑将军。从二品骁骑将军。正三品昭勇将军。从三品怀远将军。正四品明威将军。从四品宣武将军。正五品武德将军。从五品武略将军。正六品昭信校尉。从六品忠显校尉。后增正七品奋勇校尉。乾隆二十年，改正二品武显大夫。从二品武功大夫。正三品武义大夫。从三品武翼大夫。正四品昭武大夫。从四品宣武大夫。正五品武德郎。从五品武略郎。正六品武信郎。从六品武信佐郎。正七品奋武郎。三十二年，改正一品建威大夫。从一品振威大夫。增从七品奋武佐郎。正八品修武郎。从八品修武佐郎。八旗与绿营制度始画一。五十一年，改正一品建威将军。从一品振威将军。正二品武显将军。从二品武功将军。正三品武义都尉。从三品武翼都尉。正四品昭武都尉。从四品宣武都尉。正五品武德骑尉。从五品武德佐骑尉。正六品武略骑尉。从六品武略佐骑尉。正七品武信骑尉。从七品武信佐骑尉。正八品奋武校尉。从八品奋武佐校尉。增正九品修武校尉。从九品修武佐校尉。于是文、武官阶等级相侔矣。

文、武正、从一品妻封一品夫人。满、汉公妻为公妻一品夫人。侯妻为侯妻一品夫人。伯妻为伯妻一品夫人。正、从二品夫人。正、从三品淑人。正、从四品恭人。正、从五品宜人。正、从六品安人。正、从七品孺人。正、从八品八品孺人。正、从九品九品孺人。武职八旗八品以下、绿旗营七品以下妻无封。后改绿旗营正七品妻封孺人。

顺治五年，定制，凡遇恩诏，一品封赠三代，诰命四轴。二、三品封赠二代，诰命三轴。四、五品封赠一代，诰命二轴。六、七品封赠一代，敕命二轴。八、九品止封本身，敕命一轴。凡轴端一品用玉，二品用犀，三、四品用裹金，五品以下用角。

凡推封之例，顺治初制，父祖现任者，不得受子孙封。致仕及已故者许给，愿弃职就封者听。两子均仕，其父母受封，从其品大者。妇人因子封赠，而夫与子两有官，亦从其品大者。父官高于子者，嫡母从父官，生母从子官。为人后者，已封赠祖父母、父母，请以本身妻室封典貤封本生祖父母、父母者，许貤封。康熙五年，定父职高于子者，依父原品封赠。官卑于子者，从子官封赠。武职子现任文职，封赠依文官例。雍正三年，定四品至七品官愿将本身妻室封典貤封祖父、母者，八、九品官愿貤封父、母者，皆许貤封。三品以上貤封曾祖父、母者，请旨定夺。乾隆间，折中礼制，颇有更定。二十七年谕曰："子孙官品不及祖、父之崇，则父为大夫子为士，记有明文。旧例依祖、父原阶封赠，殊未允协，其议改之。"吏部让定文、武官子孙职大，祖、父职小，依子孙官阶封赠。祖、父职大，子孙职小，不得依祖、父原品封赠。父官高于子者，生母从子官封赠，嫡母、继母不得依父官请封，愿依子官受封者听，武职子任文职者亦如之。五十年，定一品至三品官不得貤封高祖父、母，四品至七品官不得貤封曾祖父、母，八品官以下不得貤封祖父、母。

道光以后，捐封例开。二十三年，许三品以上官欲捐请本生曾祖父、母封赠者，得依貤封曾祖父、母例报捐。二十八年，许四品至七品官捐请貤封曾祖父、母，八品官以下捐请貤封祖父、母，均依常例加倍报捐。而限制始废矣。旧例八、九品官许封父、母，不封本身妻室。应封妻者，止封正妻一人。正妻未封已殁，继室当封者，正妻亦得追赠。其再继者不得给封。道光二十三年，许八品以下捐封人员欲捐请及妻室者，加倍报捐。咸丰二年，许京、外文职及捐职人员得先封本身及原配、继配妻室，再依本身品级为第三继妻捐封。四年，并从部议，第三继妻以后，谊同敌体，亦许依次递捐矣。旧例仕宦至三品，幼为外祖父、母抚养，其外祖父、母殁无嗣者，许依其官阶貤赠，其余外姻不许貤封。道光二十三年，许捐封人员为其受恩抚养之母舅、舅母、姑夫、姑母、姨夫、姨母、妻父、妻母依貤封外祖父、母例，捐请貤封。咸丰三年，并许貤封曾祖父、母、伯叔祖父、母，伯叔父母，庶母，兄、嫂并嫡堂伯叔祖父、母，嫡堂伯叔父、母，嫡堂兄、嫂，从堂、再从堂尊长及外曾祖父、母，外祖父、母，妻祖父、母。按例定品级，一体捐请。又许为人妇者，为其已故夫之祖若父捐职请封。为人后者，为祖若父貤封其先人，展转推衍，而经制荡然矣。

加级请封之制，其初限制亦严。顺治初，凡恩诏加级者，以新加之级给封。康熙五十二年，定例七品以下加级请封，不得逾五品，五、六品不得逾四品，三、四品不得逾二品，捐级不得计算。乾隆间，外官加级不论新旧，不得依加级请封。五十年，部议京官八品以下，得依加级请五品封，不惟逾分，亦觉太优。嗣后八品以下不得逾七品，在外未入流不得给封，愿捐纳荣亲者，许其捐封。从之。嘉庆后，限制渐宽。京、外官恭遇覃恩，许报捐新级请封。议叙三、四品职衔人员，加级捐请二品封典，许加倍纳银，按现任及候补、候选例给封。咸丰初，推广捐例，京、外各官及捐职人员，由加级及捐加之级捐封者，现任及候补、候选三、四品官，许捐至二品。其五、六品加等捐请三品封者，依常例加倍报捐。加等捐请至二品者，依四品职衔得捐二品封例，加倍半报捐。其七品加等捐请三、四品封，八品以下加等捐请五、六品封，均依常例，分别加倍报捐。十年，定三品人员加级捐封，按一品人员银数加倍，许给从一品封。二、三品虚衔人员捐从一品封，应按二、三品实职银数加成或加倍报捐。其有为外姻捐从一品封者，许各按二、三品实职虚衔银数，再行分别加成报捐。

陵夷至光绪中，御史李慈铭疏曰："治国之要，惟赏与罚。罚固不可稍踰，赏亦岂可或滥！康熙、乾隆两朝，享国久长，庆典武功，偻指难尽。其时内外臣工，屡逢恩诏，论功行赏，班序秩然，未有越等者。今则外官道员多至二品，其封皆至一品矣。知府、同知多加三品，其封皆至二品矣。牧、令大半四品，簿、尉大半五、六品，其封率至三、四品矣。夫爵赏者，人君所以进退贤愚，人臣所以奔走吏士。得之太易，则人不知恩，予之太骤，则士无由劝。尊卑不别，等级不明，长伪士之浮嚣，惑小民之观听，非所以尊朝廷、清流品也。"奏上，亦未杀减。

厥后外患频仍，人才缺乏。二十六年，诏停报捐实官，而虚衔封典报捐如故。宣统元年，吏部议定条例，京官依加级、外官依本任请封，颇欲规复旧制，格不得行。明年，改定京官依加级，外官依加衔，五品人员许请至三品封赠，八品人员许请至六品封赠。欲稍事补救，而积重难返矣。

荫叙之制，曰恩荫，曰难荫，曰特荫。恩荫始顺治十八年，恩诏满、汉文官在京四品、在外三品以上，武官在京、在外二品以上，各送一子入监。护军统领、副都统、阿思哈尼哈番、侍郎、学士以上之子为荫生，余为监生。初制，公、侯、伯予一品荫，子、男分别授荫。雍正二年改世职俱依三品予荫。乾隆三十四年，定公、侯、伯依一品，子依二品，男依三品予荫。雍正初，定例荫生、荫监生通达文义者，交吏部分各部、院试验行走。其十五岁以上送监读书者，年满学成，咨部奏闻，分部、院学习。又令文、武荫、监生通达文理者，遵例考试，以文职录用。其幼习武艺，人材壮健，愿改武职者，呈明吏部，移兵部改荫。

考试之法，雍正三年，令荫生到部年二十以上者，奏请考试引见。乾隆十一年，定考试以古论及时务策，钦派大臣阅卷，评定甲乙，进呈御览。文理优通者，交部引见。荒谬者，发回原籍读书，三年再试。历代遵例行。光绪三十一年，免汉荫生考试如满员例。

录用之法，汉荫生有内用、外用、改武职用三途。内用者，雍正元年定制，尚书一品用员外郎，侍郎二品用主事，总督同尚书，巡抚同侍郎。七年，改定正一品用员外郎、治中，从一品用主事，正二品用主事、都察院经历、京府通判，从二品用光禄寺署正、大理寺寺副，正三品用通政使司经历、太常寺典簿、中、行、评、博，从三品用光禄寺典簿、銮仪卫经历、詹事府主簿、京府经历，四品荫生与捐纳贡监考职者一例，轮班选用。乾隆七年，定左都御史荫同尚书。同治十年，定河道总督荫用员外郎、主事。宣统间，改革官制，裁撤各官，以相当品级改用。外用者，乾隆间定制，正一品用府同知，从一品用知州，二品用通判，三品用知县，汉世职子爵用知县，终清世无变更。改武职用者，雍正间定制，在京一品尚书等官，在外总督、将军，荫生用都司衔管都司。二品侍郎等官，巡抚、提督，用署都司衔管都司。三品副都御史等官，布政使、总兵官，用守备衔管守备。按察使、加一品衔副将，用署守备衔管守备。二品衔副将，用守御所千总。乾隆间定汉子爵三品用千总，男爵四品用把总。

汉军录用，康熙十二年原定一品用员外郎，二品用大理寺寺正、知州。雍正七年，用知州者以主事改补。乾隆五年，定三品用七品笔帖式，四品用八品笔帖式。宣统元年，吏部奏言："汉文、武官荫生，按品级正、从授职，满荫生不分正、从。汉荫生引见，以内用、外用拟旨，满荫生以文职侍卫旗员拟旨。惟光绪三十二年以后，汉员一体简授，旗职若现任都统、副都统，荫生依满例给荫，不无窒碍。拟请原系尚书、侍郎改授升授者，都统依汉尚书例，副都统依汉侍郎例，三品以下京堂、监司升授之副都统，依汉正二品例，仍以内用、外用拟旨。"允之。

初制，非现任官不得荫，内务府佐领以下官不给荫。康熙六年，定各官不论级衔，均依实俸荫子，是年始许内务府佐领以下官子弟给荫。十二年，并许原品解任食俸者给荫。

先是康熙三年定荫、监生已得官及科目中式者，不得补荫。乾隆四十五年改定嫡长子孙有科名尚未选用，及有职衔愿承荫者，许补荫。道光以后，捐例宏开，既得官职，仍许补荫。铨选混淆，幸进滋多。

光绪二十二年，御史熙麟奏言："吏部铨选，以奉特旨人员统压各班，然如荫生暨及岁引见之员，曾捐道府，引见奉谕仍以道府选用者，本系捐班，部章竟归特旨班铨选。比年以来，率皆营私取巧，预捐道府，为他日例邀特旨统压各班之地。致使同一荫生暨及岁人员，而廉吏儿孙，兴嗟力薄，纨袴子弟，逞志夤缘，于世道人心，大有关系。请以此等人员加捐道、府者，与捐纳人员同班铨选。"下部议行。

难荫，顺治三年定制，官员歿于王事者，依应升品级赠衔，并荫一子入监读书，期满候铨。康熙十八年定殉难官依本衔荫子，不依赠衔。雍正十二年，奏定官员因公差委，在大洋、大江、黄河、洞庭、洪泽等湖，遭风漂歿者，依应升品级荫、赠，在内洋、内河漂歿者，减等荫、赠，八品以下，赠衔不给荫。乾隆六十年定官员随营任事，催饷尽力，因病身故者，依内洋、内河漂歿例荫、赠。道光二十三年，许八品以下官因公漂歿及军营病故者，赠衔，荫一子监生，许应试，不得铨选。光绪二年奏定现任官遇贼殉难及军营病故，如系以何种官阶升用、补用、即用并捐保升衔者，依升阶、升衔、赠衔，依实官给荫。候补、候选者，依现任官荫、赠。休致、告病者，依原官荫、赠。降调者，依所降官荫、赠。已拣选之举人，就职、就教之恩、拔、副、岁、优贡生，并考有职衔之捐纳贡监生，各按品级，依现任官荫、赠。未经拣选举人，依七品例。恩、拔、副、岁、优贡生依八品例。廪、增、附文生员依九品例荫、赠。虚衔顶戴人员，止予赠衔，不给荫。

乾隆以前，旗员效力行间，懋著劳绩，及临阵捐躯者，其子孙例得世职。年未及岁，已承袭未任职者，给半俸。绿营员弁阵亡议恤，仅得难荫而已。乾隆四十九年诏曰："旗员及绿营人员，效命疆场，同一抒忠死事，何忍稍存岐视。嗣后绿营员弁军功议叙恤赏，仍依旧例。阵亡人员，无论汉人及旗人，用于绿营者，一体给予世职。袭次完时，依例酌给恩骑尉，俾赏延于世。"自是汉员死难者，亦多得世职矣。

凡殉难赠衔。总督加尚书衔者，赠太子少保衔。巡抚加副都御史衔者，赠左都御史衔。布政使赠内阁学士衔。按察、盐运使赠太常寺卿衔。道员赠光禄寺卿衔。知府赠太仆寺卿衔。同知、知州、通判赠道衔。知县赠知府衔。教谕、训导赠国子监助教、学录衔。其余各官，按品级比例加赠。光绪二年，定内洋、内河漂歿及军营病故者，减等赠衔。惟总督、巡抚、布政使，无庸议减，仍减等给荫。

凡给荫，康熙间定制，三品以上荫知州，四品以下至通判荫知县，布政、按察、都转盐运三司首领官及州、县佐贰六品、七品官荫县丞，八品、九品官荫县主簿，未入流荫州吏目。光绪二年，定遇贼殉难官给荫如康熙旧制。惟知县荫州判，军营病故及因公漂歿者，减等荫子。武职难荫，有都司、守备、千总、把总，与恩荫改用武职同。凡给世职，阵亡提督，依参赞、都统例，给骑都尉兼一云骑尉。总兵官依副都统例，给骑都尉。副将以下，把总、经制、外委以上，依参领以下及有顶戴官以上例，俱给云骑尉。应袭人员年十八岁者，送部引见，发标学习。未及岁者给半俸，及岁补送引见。光绪间，部章恩荫许分发，难荫不得援例。二十二年，熙麟奏言："恩荫既分部并外用，待之已优，又予分发，难荫专外用，待之已绌，又不予分发，殊失其平。今时事多艰，需人孔亟。正赖鼓天下忠义之气，俾临难毋苟。顾于恩荫则为显宦儿孙扩功名之路，于难荫不为忠臣后裔开一线生机，是使国殇饮恨于重泉，忠义灰心于临事。请饬部臣授恩荫外用例，一体分发补用。"下部议行。

特荫，乾隆三年诏曰："皇考酬庸念旧，立贤良祠于京师。凡我朝宣劳辅治完全名节之臣，永享禋祀，垂誉无穷。其子孙登仕籍者固多，或有不能自振、渐就零落者，朕甚悯焉。其旁求贤良子孙无仕宦者，或品级卑微者，各都统、督、抚，择其嫡裔，品行材质可造就者，送部引见加恩。”四十七年，原任广西巡抚、灭寇将军傅弘烈曾孙世海等，降旨录用。嘉庆四年，追赠已故御史曹锡宝副都御史，依赠衔给予其子荫生。历代眷念功臣后嗣，恩旨屡颁。光绪季年，海内多故，因思将帅有功之臣，诏曰：“咸、同以来，发、捻、回匪，次第戡定。文武大员，勋绩卓著。懋赏酬庸，阅时五十余年。各勋臣子孙，名位显达者，固不乏人；而浮沉下位，伏处乡里者，亦复不少。”令各督、抚、都统详察勋臣后裔，有无官职，汇列上闻。军机大臣缮单呈览。前西安将军多隆阿次孙寿庆、曾孙奎弼，湖北提督向荣曾孙楷、鉶全，安徽巡抚江忠源孙慎勋、曾孙勤培，布政使衔、浙江宁绍台道罗泽南孙长耿、曾孙延祚，协办大学士、四川总督骆秉章孙懋勋、曾孙毓枢，江南提督张国樑孙绳祖、继祖，巡抚衔、浙江布政使李续宾孙前晋、曾孙正绳，兵部尚书彭玉麟次孙见绥、曾孙万澂，陕甘总督杨岳斌子正仪、孙道澂，四川提督鲍超次子祖恩、孙世爵，署安徽巡抚、布政使李孟群孙兴仁、兴孝，江西南赣镇总兵程学启嗣子建勋，广东提督刘松山孙国安、曾孙家琨，贵州提督冯子材次子相华、孙承凤等，命各按官级升用。湖南提督塔齐布，令访明立嗣，奏请施恩。其明年，又诏开列勋绩最著之臣，前云贵总督刘长佑，台湾巡抚、一等男刘铭传，赠布政使、道员王鑫，绥远城将军福兴，福建陆路提督、一等男萧孚泗，记名提督、一等子、河南归德镇总兵李臣典，浙江提督邓绍良，都统衔、广东副都统乌兰泰，署广西提督、甘肃肃州镇总兵张玉良，工部左侍郎吕贤基，漕运总督袁甲三，都察院副都御史、江西巡抚张芾，署贵州巡抚韩超，布政使衔、福建督粮道赵景贤，云南鹤丽镇总兵朱洪章，直隶提督郭松林，广东等省巡抚蒋益澧，布政使衔、江南道员温绍原，署安徽卢凤颍道金光筯，护军统领恒龄，新疆巡抚、一等男刘锦棠，记名提督、广西右江镇总兵张树珊，赠布政使衔、升用知府、天津知县谢子澄，令各都统、督、抚访明有无后嗣，有何官职，请旨施恩。若夫乾隆四十八年录用明臣经略熊廷弼五世孙世先，督师袁崇焕五世孙炳，则推恩特荫胜代忠臣后裔，尤旷典也。

任官之法，文选吏部主之，武选兵部主之。吏部四司，选司掌推选，职尤要。凡满、汉入仕，有科甲、贡生、监生、荫生、议叙、杂流、捐纳、官学生、俊秀。定制由科甲及恩、拔、副、岁、优贡生、荫生出身者为正途，余为异途。异途经保举，亦同正途，但不得考选科、道。非科甲正途，不为翰、詹及吏、礼二部官。惟旗员不拘此例。官吏俱限身家清白，八旗户下人，汉人家奴、长随，不得滥入仕籍。其由各途入官者，内则修撰、编、检、庶吉士、主事、中书、行人、评事、博士、外则知州、推官、州县教授，由进士除授。内阁中书、国子监学正、学录、知县、学正，由举人考授及大挑拣选。小京官、知县、教职、州判，由优、拔贡生录用。员外郎、主事、治中、知州、通判，由一、二品荫生考用。此外贡监生考职，用州判、州同、县丞、主簿、吏目、京通仓书、内阁六部等衙门书吏、供事，五年役满，用从九品未入流。礼部儒士食粮三年，用府检校、典史。吏员考职，一等用正八品经历，二等用正九品主簿，三、四等用从九品未入流。官学生考试，用从九品笔帖式、库使、外郎。俊秀识满、汉字者考缮译，优者用八品笔帖式。厥后官制变更，略有出入。其由异途出身者，汉人非经保举、汉军非经考试，不授京官及正印官，所以别流品、严登进也。

凡内、外官分满洲缺、蒙古缺、汉军缺、汉缺。满洲又有宗室、内务府包衣缺。其专属者，奉天府府尹、奉锦、山海、吉林、热河、口北、山西、归绥等道缺。各直省驻防官、理事、同知、通判为满洲缺。唐古特司业、助教、中书、游牧员外郎、主事为蒙古缺。钦天监从六品秋官正为汉军缺。宗人府官为宗室缺。内务府官为内务府包衣缺。此外京师各衙门、陵寝衙门、盛京五部、各直省地方俱设额缺。满洲京堂以上缺，宗室汉军得互补。汉司官以上缺，汉军得互补。外官蒙古得补满缺，满、蒙包衣皆得补汉缺。惟顺天府府尹、府丞，奉天府府丞，京府、京县官，司、坊官不授满洲。刑部司官不授汉军。外官从六品首领，佐贰以下官不授满洲、蒙古。道员以下不授宗室。其大凡也。

官吏论俸序迁曰推升，不俟俸满迁秩曰即升。内而大学士至京堂，外而督、抚、藩、臬，初因明制由廷臣会推。嗣停会推，开列题请。太常、鸿胪、满洲少卿，开列引见。不开列，以应升员拟正、陪引见授官曰拣授，论俸推取二十人引见授官曰推授。京司官、小京官、笔帖式，分留授、调授、拣授、考授，皆引见候旨，余则选。外官布政使、按察使开列，运使请旨。道府缺有请旨、拣授、题授、调授、留授，余则选。厅、州、县缺同道、府，无请旨者。佐杂、教职、盐官，要缺则留，余或咨或选。初京司官缺，题、选无定例，长官以意为进退。久之，员缺率由题补，而应升、应补、应选者多致沈滞。乾隆九年，诏以各司题缺咨部注册，余缺则选，不得混淆。于是定各部各司汉郎中、员外郎、主事各几缺题授，余若干缺则选。道光间，更定题补缺额，嗣各部时有增益。顺治十二年，诏吏部详察旧例，参酌时宜，析州、县缺为三等，选人考其身、言、书、判，亦分三等，授缺以是为差。厥后以冲、繁、疲、难四者定员缺紧要与否。四项兼者为最要，三项次之，二项、一项又次之。于是知府、同、通、州、县等缺，有请旨调补、部选之不同。

凡选缺分即选、正选、插选、并选、抵选、坐选，各辨其积缺不积缺，到班者选之。选班有服满、假满、俸满、开复、应补、降补、散馆庶吉士、进士、举、贡、荫生、议叙、捐纳、推升。大选双月，急选单月。满、蒙、汉军上旬，汉官下旬，笔帖式中旬。初制，选人均到部投供点卯，已而例停，令各回籍，部查年月先后掣选，寄凭赴任。康熙二年，给事中于可托言：“寄凭既虑顶冒，远省选人往返辄经年。遇有事故，缴凭更选，亦复需时。悬缺迟久，劾署员肆贪，催新任速赴者，连章见告。宜仍令人文到部，按次铨选。”八年，御史戈英复以为言。议行。自是应选者悉赴部投供点卯，为永制。圣祖念选人一时不能得官，往往饥寒旅邸，令吏部截留一年选人留京，余听回籍。御史田六善言："半载以来，截留推官八十选一人，知县三百选三十一人，余须守候三、四年。陪掣空签，选期难料。当按名挨掣实签，临选前两月投供。"下部议，罢按月点卯及掣空签，诏减半截留人数。选人投供，初于应选前月十五日，距选期近，出缺美恶易滋弊。后改每月初一日投供，间一选期铨补，著为令。选人得缺，初试以八股时文，寻罢。改书履历三百字，条列治民厚俗、催科抚字、谳狱听讼诸方法，谓之条陈。补任、升任，并须敷陈旧任地方利弊。然条陈多倩作，或但作颂圣语，其制未久亦废。选人例由吏部会九卿验看，后增科、道、詹事。康熙二十七年，从御史荆元实言，令州、县、同、通等官掣缺后，俱随本引见，后世踵行焉。故事，大臣验看月官，查有行止不端、出身不正、祖父有钱粮亏空或人缺不相当者以闻。乾隆时，月官有人缺不称，引见时帝辄为移易，颇足剂铨法之穷。十年，引见月官，帝以知县周仲等四人衰颓，特降教职。十二年，复亲汰衰庸不胜知县四人，而切责验看诸臣之不纠举。厥后分发、候补、试用之州、县、同、通，且一体引见，不限实官。久之，州、县、同、通在外补官，及杂职分发，并得援例捐免引见，验看益视为具文，无足轻重矣。

内、外官互用，本有成例。初行内升、外转制。在内翰、詹、科、道四衙门品望最清，升转特异他官。编、检迁中允、赞善曰开坊，他若翰、詹、坊、局、国子监堂官、京堂，俱得升调，大考上第，擢尤不次。外转例始顺治十年，诏定少詹事以下二十一员用司、道，治行优者，内擢京堂。寻更定正、少詹事用布政，侍读学士用按察，中允用参政，编、检用副使。十八年，复定侍读以下每年春秋外转各一员，读、讲用参政，修撰用副使，编、检用参议。未几例停。康熙二十五年，甄别翰林官平常者，外用同知、运副、提举通判。二十八年，编修李涛外简知府，翰林官授知府自涛始。三十七年，左都御史吴涵言编、检升转迟滞，请破格外用，照编修李涛、检讨汪楫例，补知府一、二人。若破格改授，请照少詹王士祯、徐潮，侍读顾藻，编修王九龄例，用副都御史、通政使。帝纳其言，为授检讨刘涵知府。雍正初，以编、检、庶吉士人多，内用科、道、吏部，外用道、府、州、县，以疏通之。嗣是编、检率内升坊缺，用科、道，外授道、府，以为常。吏部六官之长，初定司官内升、外转岁各一人。已，罢其制。康熙八年，用御史余缙言复之。四十年，例复停，与他部司员一体较俸。给事中升转岁一次，御史倍之，外简道、府，内擢京堂。五十九年，诏定历俸制，由编、检、郎中授者限二年，员外郎或主事授者递增一年。乾隆十六年，定科、道三年升转一次，五十五年停其例。内官外用，京察外有截取保送，皆俟俸满保送。分发截取，则选繁简，由长官定之。府、牧、令、丞、倅皆得以其班次改外。外官内升，初定司、道岁三人，汉人以科目出身，且膺卓异、俸荐俱优者为限。

知县行取，盖仿明制，初有荐推、知皆得考选科、道。康熙间屡诏部臣行取贤能，内用科、道。吴江知县郭琇、清苑知县邵嗣尧、三河知县彭鹏、灵寿知县陆陇其、麻城知县赵苍璧，皆以大臣荐举，行取授御史，得人称最。四十三年，川抚能泰请罢督、抚保题例，帝韪之。诏嗣后知县无钱粮盗案者，省行取三、四员。明年，御史黄秉中言知县考选科、道，殊觉太骤。廷议停止。寻定行取三年一次，直隶、江南、湖广、陕西各五员，余省三员、一员不等，以主事补用。雍正间，刑部尚书徐本请复行取御史旧制，格于部议。行取官用主事者，初选补犹易，后与捐纳间补，遂病壅滞。乾隆元年，令视武官保举注册例，仍留本任。已赴京者，许外补同知。时各省视行取为具文，例以无参罚之次等州、县应选，十六年罢之。洎光绪季年，令州、县以上实官及曾署缺者，一体考试御史。非复行取遗意，亦行之未久而罢。

铨选按格拟注，凭签掣缺，拘于成例，历代间行保荐制，以补铨法之不逮。顺治初，定保举连坐之法。十二年，以直隶保定、河间，江南江宁、淮、扬、苏、松、常、镇，浙江杭、嘉、湖、绍等三十府，地方紧要，诏京、外堂官、督、抚各举一人备简，不次擢用。已，有以贪庸败者，给事中任克溥言："皇上对天下知府中权其繁剧难治者三十，许二品以上官荐举，破格任用。为时未久，以贪劣劾罢者数人。诸臣不能仰承圣意，秉公慎选，乞下吏议。"从之。康熙七年，诏部、院满、汉官才能出众者，许不计资补用。明年，吏部请罢保荐，仍循俸次升转，以杜钻营贿赂。报可。四十年，令总督郭琇、张鹏翮，巡抚彭鹏、李光地等，各举道、府、州、县惠爱清廉者以闻。世宗御极，屡诏京、外大臣荐举道、府、同、通、州、县，所举非人，辄遭严谴。户部尚书史贻直言："迁擢宜循资格，资格虽不足以致奇士，而可以造中材。捐弃阶资，幸进者不以为奖励之公，而阴喜进取之独巧；沈滞者不自咎才智之拙，而徒怨进身之无阶。请照旧例，循阶按级，以次铨除。果才猷出众，治行卓越，仍许破格荐擢。"从之。乾隆间，厉行保荐之法，司、道、郡守，多由此选。宣宗初元，郎中郑裕、知府阿麟、唐仲冕，皆以大臣推举，陟方面、擢疆圻。历代相沿，率以荐贤举能责诸臣工，间亦破格任用。初京职简道、府，疆吏察其才不胜任，疏请调京任用，多邀俞允。乾隆初，廷臣有以衰废之人不宜复玷曹司为言者，诏切止之。嗣是外官才力不及者，但有休致、降补，无内用矣。

官吏升转论俸，惟外官视年劳为差，异于京秩。在外有边俸，有腹俸。腹俸之道、府、州、县佐贰、首领官，五年无过失，例得迁擢。边俸异是。广东崖州、感恩、昌化、陵水等县，广西百色、太平、宁明、明江、镇安、泗城、凌云、西隆、西林等府，厅、州、县及忠州、河池等数十杂职，为烟瘴缺。云南元江、鹤庆、广南、普洱、昭通、镇边等府通判、同知，镇雄、恩乐、恩安、永善、宁洱、宝宁等州、县，贵州古州兵备道，黎平、镇远、都匀、铜仁等府同知，清江、都江、丹江通判，永丰知州，荔波知县，四川马边、越嶲同知，为苗疆缺。俱三年俸满，有政绩、无遣忒者，例即升用。江苏太仓、上海等十县，浙江仁和、海宁等十七县，山东诸城、胶州等七州、县，广东东莞、香山等十三县，福建闽侯等九县，为沿海缺。直隶良乡、通州等十二州、县，河南祥符、郑州等十一州、县，山东德州、东平等十三州、县，江南山阳、邳州等十三州、县，为沿河缺。历俸升擢，与边俸同。边疆水土恶毒，或不俟三年即升。其水土非甚恶劣，苗疆非甚紧要者，升迁或同腹俸。乾隆间，定边缺、夷疆、海疆久任之制，升用有须满八年或六年者，则为地择人，不拘牵常例也。

选班首重科目正途。初制，进士知县惟双月铨五人，选官有迟至十余年者。雍正二年，侍郎沈近思请单月复铨用四人。于是需次二、三年即可得官。举、贡与进士虽并称正途，而轩轾殊甚。顺治间，贡生考取通判，终身无望得官。乾隆间，举人知县铨补，有迟至三十年者。廷臣屡言举班壅滞，然每科中额千二百余人，综十年计之，且五千余人，铨官不过十之一。谋疏通之法，始定大挑制。大挑六年一举行，三科以上举人与焉。钦派王大臣司其事，十取其五。一等二人用知县，二等三人用学正、教谕。用知县者，得借补府经历、直隶州州同、州判、县丞、盐库大使。用学正、教谕者，得借补训导。视前为疏通矣。异途人员，初与正途不相妨。康熙初，生员、例监、吏员出身官，须经堂官、督、抚保举，始升京官及正印官。无保举者，郎中、员外郎、主事以运同、府同知分别补用。汉军捐纳官，朝考后方得授官。十八年，复令捐纳官莅任三年称职者，题请升转，否则参劾，以示限制。自二十六年，以宣大运输，许贡监指捐京官正印官者，捐免保举。寻复许道、府以下纳赀者，三年后免其具题，一例升转。于是正途、异途始无差异。乾、嘉以后，纳赀之例大开，洎咸、同而冗滥始甚。捐纳外复有劳绩一途，捐纳有遇缺尽先花样，劳绩有无论题选咨留遇缺即补花样，而正途转相形见绌。甲榜到部，往往十余年不能补官，知县迟滞尤甚。光绪二年，御史张观准条上疏通部员之法：一，捐纳部员勿庸减成；一，主事俸满即准截取；一，散馆主事尽数先选；一，进士主事准以知县改归原班铨选。报可。顺天府府尹蒋琦龄亦言各省即用知县，不但无补缺之望，几无委署之期，至有以得科名为悔者。廷臣多以进士知县壅滞，纷请变更成例，帝辄下所司核议。十六年，御史刘纶襄言："近日诸臣条奏选补章程，吏部议核，日不暇给。朝廷设官，惟期任用得人，以资治理，非能胥天下仕者使尽偿所愿也。国家缺额有定，士子登进无穷。安得如许美官，以待萦情朊仕之人？徒滋纷扰，无济于事。"帝为下诏切止之。是时异途竞进，疆吏多请停分发。吏部以仕途幸滥，申多用科甲之请。势已积重，不能返也。

满人入官，或以科目，或以任子，或以捐纳、议叙，亦同汉人。其独异者，惟笔帖式。京师各部、院，盛京五部，外省将军、都统、副都统各署，俱设笔帖式额缺。其名目有缮译、缮本、贴写。其阶级自七品至九品。其出身有任子、捐纳、议叙、考试。凡文、武缮译举人、贡监生，文、武缮译生员，官、义学生，骁骑闲散，亲军领催，库使，皆得与试。入选者，举、贡用七品，生、监用八品，官、义学生、骁骑闲散等用九品。六部主事，额设百四十缺，满、蒙缺八十五，补官较易。笔帖式擢补主事，或不数年，辄致通显。其由科甲进者，编、检科仅数人，有甫释褐即迁擢者。翰林坊缺，编、检不敷补用，得以部院科甲司员充之，谓之外班翰林。外官东三省、新疆各城，各省驻防文、武大员，俱用满人。甘肃、新疆等边地道、府、同、通、州、县，各省理事、同知、通判，皆设满洲专缺。满缺外，汉缺亦得补用。其有终养回旗，得授京秩。内、外文职选补，一时不能得官，及降调、咨回各员，许改授武职，尤特例也。

保举为国家酬庸之典，所以励劳勚、待有功也。历朝纂办实录，各馆奉敕修书，及各省军营、河工、征赋、缉盗有功者奖叙。康熙十一年《世祖实录》成，四十九年《平定朔漠方略》成，副总裁以下官但奖加级。六十一年算法成书，始议以三等叙功，奖应升、加等、即用有差。康、雍两朝实录成，从总裁请，无议叙。嘉庆间，修书馆臣请超一、二等优奖，帝不许。寻定非特旨专设之官，不得议叙、升用，历代踵行。其军营、河工等奖案，始不过加级，或不俟俸满即升，名器非可幸邀。迨季世以保举为捷径，京、外奖案，率冒滥不遵成例。光绪元年，御史王荣琯请下越阶保升之禁。帝韪之。三年，以纂修《穆宗实录》过半，与事诸臣俱保升并加衔，备极优异。十年，部议限制保举，五、六品京堂、翰、詹坊缺，及遇缺题奏，俱不得擅保。未几，仍有以候补郎中保京堂，编、检保四、五品坊缺，及应升缺并开列在前者。咸、同军兴，保案踵起。吏部于文选司设专处司稽核，事之繁重，与一司埒。同治十二年，闽抚王凯泰言："军兴以来，保案层迭，开捐以后，花样纷繁。军营保案，藉花样以争先恐后，各项保举，又袭军营名目以纷至沓来。名器之滥，至今已极。盈千累百，徒形冗杂。请敕部察核京、外各班人员，酌留二、三成，余令回籍候咨取。"下所司核议。军功外，号称冗滥者，为河工保。光绪二十年，御史张仲炘言："山东河工保案，近年多至五、六百人。部定决口一处，奖异常、寻常者六人。该省所报决口多寡，辄以所保人数为衡。图保者以山东为捷径，捐一县丞、佐杂，不数月即正印矣。请饬所司严定章程。"帝俞其请。

三十二年，御史刘汝骥复言："吏治之蠹，莫如保举一途。其罔上营私者，一曰河工。国家岁糜数十万帑金以慎重河防，封疆大吏乃以此为调剂属员之举。幸而无事，丞、倅保州、县矣，同、通保府、道矣。一曰军功。工厂之鼓噪，饥民之啸聚，辄浮夸其词曰大张挞伐。耳未闻鼙鼓，足未履沙场，而谬称杀敌致果、身经百战者，比比然也。一曰劝捐。顺天赈捐一案，保至千三百余人，山东工赈，保至五百余人，他省岁计亦不下千人。请严禁徇情滥保，以杜幸进。"下所司核议限制之法。其时吏部投供月多至四、五百人，分发亦三、四百人，选司原设派办处，司其事者十余人，犹虞不给。季年乃毅然废捐纳，停部选，为疏通仕途，慎选州、县之计。然捐例虽停，而旧捐移奖，层出不穷。加以科举罢后，学堂卒业，立奖实官。举、贡生员考职，大逾常额。且勋臣后裔，悉予官阶，新署人员，虚衔奏调。纷然错杂，益难纪极。宣统三年，裁吏部，设铨叙局，虽有刷新政治之机，而一代铨政，终不复能廓清也。

武职隶兵部，八旗及营、卫官之选授，武选司掌之。内而骁骑、前锋、护军、步军、火器、健锐、虎枪各营，外而陵寝、围场、热河、乌里雅苏台、科布多、阿尔泰、乌梁海、西宁、西藏、塔尔巴哈台游牧、察哈尔、绥远城、各省驻防，皆旗缺，属八旗。门千总为门缺，属汉军。河营、陆路、水师皆营缺，满、汉分焉。漕运为卫缺，汉军、汉人得兼补。旗缺副都统以上开列，余则拣选。五品以上题补，六品以下咨补。绿旗总兵以上，初用会推，嗣罢其例，开列具题。副将投供引见，亦有开列者。其次要缺则题，简则推，把总拔补。其大略也。

凡满、汉入仕，有世职、荫生、武科。八旗世职，公、侯、伯、子、男补副都统，轻车都尉、骑都尉补佐领，云骑尉补防御，恩骑尉补骁骑校。汉伯、子、男用副将，轻车都尉用参将、骑都尉用游击或都司，云骑尉用守备。尚书至副都御史等官，总督、将军至二品衔副将荫生改武者，用都司、守备、守御所千总、卫千总。武科进士一甲一名授头等侍卫，二、三名授二等侍卫，二、三甲拣选十名授三等侍卫，十六名授蓝翎佳卫，余以营、卫守备补用。汉军、汉人武举拣选一、二等用门千总及营千总，三等用卫千总。其以资劳进用者，营伍差官，提塘，随帮，随营差操，经制及外委，千、把总、无责任效用官，因功加都督至副将等衔者用游击。加参将、游击衔者用都司。加都司、守备衔者用守备。加千总衔者拔补把总。武进士、武举充提塘差官满三年，由部考验弓马，优者用营、卫守备，次者武举用防御所千总。武举随营差操满三年，以营千总拔补。随帮三运报满，用卫千总。凡部推之缺，岁二月，参将，游击缺，用汉一、二等侍卫一人。四、六、八月游击、都司缺，用汉三等侍卫三人。正、三、五、七、九月都司缺，用蓝翎侍卫五人。正月、七月营守卫缺，以门、卫千总升用。其余单月缺轮补之班七，双月缺轮补之班十二，卫守备单月缺轮补之班十一，双月缺轮补之班六，守御所千总、卫千总缺，俱不论双、单月推选，惟门千总专于双月铨补焉。

满人入官，以门阀进者，多自侍卫、拜唐阿始。故事，内、外满大臣子弟，五年一次挑取侍卫、拜唐阿，以是闲散人员，勋旧世族，一经拣选，入侍宿卫，外膺简擢，不数年辄致显职者，比比也。绿旗武职，占缺尤多。向例山海关至杀虎口、保德州副、参、游、都、守缺，绿旗补十之三，满洲补十之七。马兰、泰宁二镇，直隶、山西沿边副、参、游、都、守缺，满、汉各补其一。雍正六年，副都统宗室满珠锡礼言京营参将以下、千总以上，不宜专用汉人。得旨："满洲人数本少，补用中、外要缺已足，若京营参将以下悉用满洲，则人数不敷，势必有员缺而无补授之人。"乾隆间，拣发各省武职，率以满人应选。帝曰："绿营将领，满、汉参用，必须员缺多寡适均，方合体制。若概将满员拣发，行之日久，缘营尽成满缺，非所以广抡选而励人材。"饬所司议满、汉间用之法。兵部议上，凡行走满二年之汉侍卫，与巡捕营八旗满、蒙人员，由该管大臣保送记名。拣发时，与在部候补、候推者，按满、汉分派引见。如所议行。三十八年，兵部复疏言："直隶、山西、陕西、甘肃、四川五省，自副将至守备，满缺六百四十七，各省自副将至守备，千一百七十九缺，向以绿营人员选补。现满、蒙在绿营者逾原额两倍，实缘各省请员时，多用满员拣选。请嗣后除原用满员省分外，其河南、山东、江南、江西、湖广腹地及闽、浙、两广海滨烟瘴等省，需员请拣，应于绿营候补候选，及保卓荐人员，并行走年满之头、二、三等侍卫、蓝翎侍卫，一并拣选。"从之。自是绿营满、汉员缺始稍剂其平，非复从前漫无限制矣。

武职以行伍出身为正途，科目次之。故事，考验部推人员衰老病废者，勒令休致。惟军功带伤者，虽年老仍行推用。副、参例以俸深参、游题补。若有军功保举，虽俸浅亦得与焉。科目自康熙初即病壅滞。御史朱斐疏请定科目、行伍分缺选用之制，外委、效力等与武进士、武举较人数多寡，仿二八分缺之例，先选科目人员。其外委各弁，须有战功及捕盗实绩，不得止凭咨送选补。下所司议行。雍正初，廷臣有请改并卫、所各州、县者，部议："科甲人员，专选卫、所守备、千总，若尽裁卫、所，必致选法壅滞，事不可行。"帝不许。为定榜下进士增用营守备以调剂之。乾隆十五年，给事中杨二酉言："各省、卫守备归部选者三十九缺，现武进士以卫用者积至数百人，提塘差官、效力报满归班选用者亦数十人，加以新例飞班压铨，缺少班多，选用无期。请照乾隆元年例，将三等武进士再行拣选，一、二等以营用，三等仍以卫用。"报可。向例拣选武进士以营用者，选缺犹易，卫用往往濡滞不能得官。洎道光间，卫用武进士得捐改营用，而裁缺卫守备、卫千总、守御所千总，均准改归绿营。营守备以上官，并得报捐分发。由是部推、外补，同一沈滞，不仅科目为然矣。

凡不属于部推之缺，皆题补豫保注册者最先授。定例边疆、内河、外海水师员缺及陆路紧要者得豫保。康熙九年，兵部疏言："总督、提、镇遇标、营员缺，不论地方缓急，衔缺相当，辄将标员坐名题补，使俸深应补人员致多壅滞。请定副将以下、守备以上缺出、实系近海、沿边、岩疆人地相宜者，酌量题补，余不得率行题请。"从之。雍正五年，诏部推缺由各督、抚、提、镇保题备用。乾隆初，罢陆路近省豫保例。十年，江督尹继善言："武职豫保，咨部注册，遇缺掣补，诚慎重要缺之良法。乃或豫保之初，年力本强，数年后渐已衰老，骑射生疏，营伍废弛。请将豫保满三年未得缺者，各提督再行甄别，果堪升用，出具考语咨部，否则注销。"报可。

其时保荐别以三等，限以五年，于副将堪胜总兵、参将堪胜副将者，尤慎选。一经保荐，辄予升擢。洎咸、同军兴，十余年保题旧例不复行，所恃以鼓励人材者，惟军功保举。奖叙之案，层出不穷。以兵丁积功保至提、镇记名者，殆难数计。同治五年，诏以记名提、镇无标、营可归者，发往各省各营差遣。各省投标候补者，提、镇多至数十，副、参以下数百，本职补官，终身无望，于是定借补之法。提、镇准借补副、参、游缺，副、参、游准借补都、守缺，都、守准借补千、把总缺。虽内停部推，外停尽先，仍不足疏通冗滞。

光绪季年，诏裁绿营，练新军，罢武科，设武备学校。一时新军将、弁，与学成授官者，特为优异。历朝武职尊重行伍之意，荡无复存。虽绿营武职未尽废除，然无铨法可言云。

卷一百十一　　志八十六

选举六　考绩

三载考绩之法，昉自唐、虞。清沿明制，而品式略殊。京官曰京察，外官曰大计，吏部考功司掌之。京察以子卯午酉岁，部院司员由长官考核，校以四格，悬"才、守、政、年"为鹄。分称职、勤职、供职三等。列一等者，加级记名，则加考引见备外用。纠以六法，不谨、罢软者革职，浮躁、才力不及者降调，年老、有疾者休致，注考送部。自翰、詹、科、道外，依次过堂。三品京堂由部开列事实，四、五品由王、大臣分别等第，具奏引见取上裁。大计以寅巳申亥岁，先期藩、臬、道、府递察其属贤否，申之督、抚，督、抚核其事状，注考缮册送部覆核。才守俱优者，举以卓异。劣者，劾以六法。不入举劾者为平等。卓异官自知县而上，皆引见候旨。六法处分如京察，贪酷者特参。

凡京察一等、大计卓异有定额，京官七而一，笔帖式八而一，道、府、厅、州、县十五而一，佐杂、教官百三十而一，以是为率。非历俸满者，未及年限者，革职留任或钱粮未完者，满官不射布靶、不谙清语者，均不得膺上考。其大较也。顺治八年，京察始著为令，以六年为期。十三年，吏部奏定则例，三品以上自陈，四品等官吏部、都察院考察议奏，亲定去留。笔帖式照有职官例一体考察。遇京察时，各官暂停升转。寻复定考满议叙例，三年考满与六年察典并行。十七年，从左都御史魏裔介请，行纠拾之法，以补甄别所未及。康熙元年罢京察，专用三年考满例。三品以上仍自陈。余官分五等：一等称职者纪录，二等称职者赏赉，平常者留任，不及者降调，不称职者革职。三年，御史季振宜请停考满三疏，极言徇情钻营，章奏繁扰，无裨劝惩。因停考满自陈例。六年，复行京察。明年，甄别不及官三十七员。嗣以各部、院甄别司员，类多末职，二十三年，严谕指名题参，复甄汰王三省等三十六人。明年，京察又停。雍正元年复举行，改为三年，自是为定制。

初，京察一等无定额，康熙三年，御史张冲翼疏请以部、院员数之多寡定一、二等名数，以息奔竞，从之。乾隆间，部、院保送一等，或浮滥溢旧额，诏停兼部行走，仍归本衙门另班声叙，暨到任未满半年，仍由原衙门注考等例。又罢未授职庶吉士保列一等之例，以示限制。四十二年，命部、院保送一等人数，毋庸过泥上届成例，递行裁减，以防溢额。应将上两次数目比较，酌中定制。既无虑滥膺保荐，亦不至屈抑人才。五十年，定例保送一等人数，以不溢四十八年原额为准。后世踵行，间有增损，无甚悬殊也。向例部、院司官由吏部、都察院考核，雍正四年，命内阁大学士同阅。乾隆九年，帝虑部、院堂官有瞻徇情面滥列一等者，敕大学士验看，慎重甄别，不称一等者裁去。十一年谕曰："前命大学士分别去留，亦权宜办理之道。察核司员，惟堂官最为亲切。要在平日留心体察，临时举措公平。如上次定一等者，三年中行走平常，当改为二、三等。上次原列二、三等者，三年中知所奋勉，即改为一等。庶察典肃而人知劝惩。"厥后考察权责，悉属吏部，验看特奉行故事而已。

大臣循例自陈求斥罢，候旨照旧供职，国初以来行之。乾隆八年，曾谕大臣自陈罢斥者举贤自代。嗣以所举不得其人，或树党营私，行不久即罢。十七年，帝以"内、外大臣亲自简擢，随时黜陟，奚待三年？自陈繁文，相率为伪，甚无谓也"。诏罢其例。

先是京堂官无甄叙例，乾隆十五年，帝以三品以上堂官，具本自陈，部、院司员，皆令引见，而四、五品京堂不在自陈之列，亦无引见之例，吏部、都察院考语无实，龙钟庸劣者得姑容，才具优长者无由见。特派王、大臣分别等第，奏闻引见。十八年，敕吏部开列三品京堂事实，亲为裁夺。四十八年，以三品京堂不便派大臣验看，令吏部带领引见。嘉庆十二年，以三、四品京堂，向来京察但有降黜无甄叙，既与内、外大臣办理两歧，并不得与部、院司员同邀加级。于是予太常少卿色克精额等议叙，而予陈钟琛等休致。自后三品以下京堂始有甄叙之例矣。

年老休致，例有明文。乾隆二十二年，定部、院属官五十五岁以上，堂官详加甄别。三十三年，改定京察二、三等留任各官，六十五岁以上引见。嘉庆三年，命京察二、三等官引见，以年逾七十为限。寻复旧例。六法处分綦严，长官往往博宽大之名，每届京察，祗黜退数人，虚应故事，余概优容，而被劾者又不免屈抑。雍正中，汪景祺、查嗣庭辈论列时政，以部员壅滞为言，有"十年不调、白首为郎"等语。帝责以怨望诽谤，而事实不得谓诬。盖部员冗滥，康、雍时已然矣。

乾隆三年，鸿胪少卿查斯海疏言："京官被劾，不无以嫌隙入吏议者。京察六法官，应援大计例送部引见。"从之。乾隆末，士夫习为谄谀，堂官拔识司员，率以逢迎巧捷为晓事，察典懈弛。仁宗初，锐意求治，颇思以崇实黜华，奖励气节，风示天下。嘉庆五年，诏部、院堂官慎重选举，猷守兼优者膺首荐，余宁取资格较久、谨愿朴实之员，其少年浮薄、才华发越者，应令深其经练，下届保列。尚书、侍郎各备册密识贤否，公议同览。十一年，大学士、尚书等议奏京察事宜："捐纳人员，限以年资，军机处司员能兼部务者，方列上考，不许滥保充数。"报可。

道光四年，侯际清赎罪舞弊一案，刑部司员恩德等朋谋撞骗堂官，以谬登荐牍，保列一等，下部议处。谕嗣后京察有冒滥徇私者连坐。七年，给事中吴杰奏："大计、军政，皆有举有劾。近年六部办理京察，除保举一等外，不问贤否，概列二等。间有三等数人，仍予留任。六法不施，有劝无惩。应申明旧章，举劾并用。”帝韪其言，降谕饬行。十五年，令于京察外随时纠参，以为补救。咸丰十年，刑部堂官滥保不谙例案之员，朝廷务循宽大，辄以相习成风，不独刑部为然，多为原宥。仅予大学士桂良等镌级留任，出考堂官罚俸而已。穆宗即位，大难未平，厉精澄叙。同治五年，诏部、院堂官谨遵嘉庆五年备册密识贤否、公议同览之谕，并常川进署，与司员讲求公事，藉觇其属贤否。八年，又谕京察不得有举无劾，冀湔涤旧习，一新庶政。然积重之势，不能复返。光绪七年，礼部侍郎宝廷疏陈京察积弊，言之痛切，谓："瞻徇情面之弊，不专在部、院堂官，当责枢臣考察，必公必严。枢臣果精白乃心，破除情面，不特能考察部、院司员之贤否，并能考察内、外大臣之贤否。而考察枢臣功过，在圣明独断。若朝廷先以京察为故事具文，何责乎枢臣，更何责乎部、院堂官！"论虽切中而难实行，徒托空言而已。宣统二年，吏部设立宪政筹备处，改考功司为考绩科，主文职功过应行变通事宜。其时浮议纷纭，新旧杂糅，吏部等于赘疣矣。

大计始顺治二年，御史张漋疏请有司殿最，宜以守己端洁、实心爱民为上考。部覆如议。明年，定朝覲考察，颁五花册，令督、抚以四格注考。故事，计参外，台、省例有拾遗。是岁计群吏，止据抚、按所揭为黜陟。台、省拟循故事，内大臣不喜。大学士陈名夏力主之，给事中魏象枢亦以为请。得旨，纠拾官照大计处分挟私妄纠者论。自后台、省意存瞻顾，纠拾者鲜。已，罢不行，而督、抚权乃日重矣。四年，定大计三年一举，计处官不许还职。谕朝覲官曰："贪酷重惩，阘茸罔贳。尔等姑许留任，当思祓濯前愆，勉图后效。"嗣是每届入覲之年，必严切诫饬以为常。旧例朝覲计典，藩、臬、府、州、县正官皆入覲。顺治九年，止令藩、臬各一员、各府佐一员代覲。十八年，给事中雷一龙疏言："三年大计，勿得遗大吏而摘微员，惩去位而宽现在。请令藩、臬赴部，面同指实，按册详察。"下部议行。康熙元年，停藩、臬入覲，以参政、副使等官代。十二年，复令藩、臬入覲。二十五年，以朝覲藉端苛派，奸弊滋生，藩、臬、府佐入覲例悉罢。官吏贤否去留，凭督、抚文册，布、按二司册籍悉停止。国初大计与考满并行，康熙元年，罢大计，止行考满。司、道历腹俸二年、边俸一年半，有司历边俸二年、腹俸三年，钱粮全完者许考满。分别地方荒残、冲疲、充实、简易四者开注，以政绩多寡酌定等第。四年，考满停，复行大计，为永制。大计举劾注考，例由州、县正官申送本府、道考核；教官由学道，盐政官由该正官考核；转呈布、按覆考，督、抚核定，咨达部、院。河官兼有刑名、钱粮之责者，总河、督、抚各行考核。专管河务者，总河自行考核具题。

康熙二十三年，以藩、臬与督、抚亲近，停其卓异。凡卓异官纪录即升，不次擢用。历朝最重其选，徇私滥保者罪之。康熙初，御史张冲翼请申严卓异定额，以详核事迹，使名实相副为言。下部议。六年，从御史田六善请，卓异官以清廉为本，司、道等官必注明不派节礼、索馈送，州、县等官必注明不派杂差、重火耗、亏损行户、强贷富民。以清吏之有无，定督、抚之贤否。其时廉吏辈出，灵寿令陆陇其等擢录宪府，吏治蒸蒸，称极盛焉。四十四年，诏举卓异，务期无加派，无滥刑，无盗案，无钱粮拖欠、仓库亏空，民生得所，地方日有起色。其他虚文，不必开载。乾隆八年，命督、抚以务农本计察核属员，论者谓以劝农为劝吏之要，深得治本，与汉诏同风。先是雍正六年，定卓异荐举失实处分，自行奏参者免。卓异官有贪酷不法，或钱粮、盗案未清，发觉者，原荐督、抚处分较司、道、府为轻。乾隆四十八年，改定卓异官犯赃，核其年月在原荐上司离任前后，分别议处。臬司、道、府减督、抚一等，藩司照督、抚例，以道、府按例转详督、抚、藩司亲为核定也。五十年，帝以保荐卓异，向分正附，未明定限制，易开徼幸之渐。敕部详核各省大小、缺分多寡，酌中定制，裁去附荐名目。于是各省卓异官有定额，终清世无大变更也。

八法处分，行之既久，长吏或视为具文，每将微员细故，填注塞责。历朝训谕谆谆，力戒瞻徇，犹防冤抑。雍正元年，诏大计降级罚俸官，例不许卓异，果有居官廉干因公诖误者，准与卓异。又以卓异八法举劾不过数十人，其不列举劾之平等官，自知县以上，令督、抚注考，报部察核。四年，谕参劾人员或有冤抑及避重就轻等弊，除贪酷官无庸引见外，其不谨、浮躁、不及等被劾官，督、抚给咨送部引见。乾隆二十四年，帝以八法参本内不谨、浮躁官，未将何事不谨、何事浮躁、一一声叙，或有公事无误而节目阔疏，才具有为而气质粗率，上司以意见不洽，概登白简，不无可惜。其或败检逾闲，仅与避重就轻，均非整饬官方之意。命详注实迹，不得笼统参劾。嘉庆八年，定督、抚随时参劾阘冗平庸等事，未列叙实迹，被劾官情愿赴部引见者，得援大计六法例。此则考核不厌详密，冀搜求遗才，辅计典之不及也。嘉、道以后，计典一循旧例，督、抚奉行故事，鲜克振刷。道光八年，山东大计卓异，护抚贺长龄原注新城令容髣悃愊慈祥等语，诏以宽厚难膺上考，令各省荐举体用兼备、熟明治理者。咸、同军兴，或地方甫收复，有待抚绥，或疆圉逼寇氛，亟筹保卫，敕各督、抚留心存记廉能之员，列上考，备擢用。时督、抚权宜行事，用人不拘资格，随时举措，固不能以大计常例绳其后也。

光绪间，言者每条奏计典积弊，请饬疆臣认真考察。屡诏戒饬。然人才既衰，吏治日坏，徒法终不能行。二十八年，诏各省设立课吏馆，限半年具奏一次。三十一年，定考核州、县事实，分最优等、优等、平等、次等四级。顾课吏只凭一日文字，考核仅据一年事实，责以公当，盖亦难矣。宣统二年，宪政编查馆疏请考核州、县，分别学堂、巡警、工艺、种植、命盗、词讼、监押、钱漕，以为殿最。由主管衙门另订考核章程。名目繁多，表册虚伪，徒饰耳目，于劝惩无当也。至若旧例翰、詹大考，分别优劣，升调降革有差，为特别考绩之法。外省司、道，年终有密考。州、县一年期满，教、佐六年俸满，皆有甄别。则又随时考核之法，不属于察、计二典者。

武之军政，犹文之考察，兵部职方司掌之。内、外卫、所，分属于武选司。在京武职，由管旗及部、院核奏；各省由统兵大员注考。京营千总以上，外省绿营守备以上，各由长官考核，分操守、才能、骑射、年岁四格。举劾与文职同。三品以上自陈，由部疏闻候旨。八旗世爵，则校其艺进退之。绿营举劾，每于军政后一年半举行，题升一二人入荐举班升用，劾者照军政处分。此其大略也。

国初未立限制，顺治九年，定六年一举，是为军政考核之始。十一年，改定五年为期。十三年，从给事中张文光请，军政卓异，照文官赐服旌劝，后改为加一级。康熙元年，停军政，专行考满。既而兵部疏请直省武职应依文官例，按年限由总督、提督会同举劾。御史季振宜疏言："武职考满，营谋优等，克扣军饷，贻误封疆。请按历俸功次升转。"于是六年定举行军政事宜，京、外武职长官，注以四格，并详列履行、军功，分别去留，咨部。必注明行止端方、弓马娴熟、管辖严肃、供职勤慎、不扰害地方等考语，方许荐举。必有八法等款实迹，始行纠参。复令提督、总兵官自陈，提督由总督注考，总兵官由总督、提督注考。无总督省分，巡抚注考。嗣以滇省用兵，海内骚动，羽书倥偬，军政旷不举行者十年。至二十一年，滇逆荡平，从给事中硕穆科请，举行军政大典，各官事实履行，自康熙十一年军政后开起。九门千总等由九门提督注考。候补总兵官亦令自陈。副将以下候缺者，照旧例考察。六十一年，命在京武职领侍卫内大臣，八旗都统，前锋、护军、步军统领，副都统等，毋庸自陈。考选军政时，属员注考，照外省举劾例。各省驻防将军、副都统等，照提、镇例自陈。属员照京城例。德州等处城守尉、协领，派大臣往考，会同察核其属，注考以闻。雍正元年，命平等官守备以上，督、抚、提、镇注考。其冬，诏曰："初次考选军政，有出兵效力、年老俸深、尚能坐理者，留任。不宜留任者，另奏加恩。或虽未效力行间，而供职年久者，亦留心验看。"此则垂念资劳，特颁宽典，非常例也。二年，谕各省所保副、参、游击，轮流引见，察其人材弓马，督、抚、提、镇以其操守训练，分别等第密陈。六年，山西太原总兵官袁立松疏陈平垣营守备梁玉廉洁敏练，以年老入参劾。帝以谙练才不可多得，命酌量以游击题补，尤殊恩也。是年定卓异官原任内有贪酷不法，或升调他省，别犯赃罪，原举长官，分别处分。

乾隆二年，部议出兵效力人员，年老休致，令子弟一人入伍食粮，无子弟亦给守粮养赡。从之。时直省保题员弁，类以明白勤敏、才堪办事列上选。十一年，谕嗣后保题，务重弓马汉仗。十五年，以各省所保总兵官鲜当意，谕曰："年满千总一项，类多猥琐。国家擢用武职，营伍为正途，拔补将弁，必选之若辈。缘次而升，皆自年满千总始。折冲御侮之用，豫筹于升平无事之日，不可视为缓图。"二十四年，以大臣自陈例既罢，敕兵部于军政年，将在京都统、副都统，在外驻防将军、都统、副都统，各省提督、总兵官，分别三本，条举事实候鉴裁，以重考绩。四十二年，定卫、所绿营武职荐举卓异尚未升转，再遇军政列平等者，将上次卓异注销。嘉庆四年，定侍卫军政考试，向例军政年不许告病乞休，以杜规避。八年，申谕查阅营伍年分，事关考核，照军政例，不得告病、乞休。咸、同军兴，百度稍弛，军政大典，相沿不废。咸丰二年，黑龙江将军英隆以俄兵窥伺，派将弁扼守要隘，疏请本年军政展限举行。不允。嗣湖广总督程矞采等以军务未竣，疏请展限，令凯撤后再行补考。并谕年老力衰者，随时参办。沿及德宗，虽加意振饬，势成弩末，展限之举，史不绝书。

光绪十四年，编定北洋海军，由海军衙门司黜陟。甲午以后，力鉴覆辙，裁绿营，练新军，别订考核章程。三十二年，改兵部为陆军部，其考核隶军衡司。宣统二年，设海军部，其考核隶军制司。朝廷锐意革新，军纪宜可少振。无如积习已深，时艰日棘，卒归罔济云。

卷一百十二　志八十七

选举七　捐纳

清制，入官重正途。自捐例开，官吏乃以资进。其始固以搜罗异途人才，补科目所不及，中叶而后，名器不尊，登进乃滥，仕途因之殽杂矣。捐例不外拯荒、河工、军需三者，曰暂行事例，期满或事竣即停，而现行事例则否。捐途文职小京官至郎中，未入流至道员；武职千、把总至参将。而职官并得捐升，改捐，降捐，捐选补各项班次、分发指省、翎衔、封典、加级、纪录。此外降革留任、离任，原衔、原资、原翎得捐复，坐补原缺。试俸、历俸、实授、保举、试用、离任引见、投供、验看、回避得捐免。平民得捐贡监、封典、职衔。大抵贡监、衔封、加级、纪录无关铨政者，属现行事例，余属暂行事例。

历代捐例，时有变更，惟捐纳官不得分吏、礼部，道、府非由曾任实缺正印官，捐纳仅授简缺，则著为令。铨补则新捐班次视旧班为优，此通例也。捐事户部捐纳房主之，收捐或由外省，或由部库，或省、部均得报捐。咸丰后，并由京铜局。

凡报捐者曰官生，部予以据，曰执照。贡监并给国子监照。俊秀纳贡监或职衔，贡监纳职衔，由原籍地方官查具身家清白册，季报或岁报。纳职官者，查明有无违碍，取具族邻甘结，依限造报。逾限或查报不实，罪之。其大略也。

文官捐始康熙十三年，以用兵三藩，军需孔亟，暂开事例。十六年，左都御史宋德宜言："开例三载，知县捐至五百余人。始因缺多易得，踊跃争趋。今见非数年不克选授，徘徊观望。宜限期停止，俾输捐恐后。既有济军需，亦慎重名器。"帝纳其言。滇南收复，捐例停。嗣以西安、大同饥，又永定河工，复开事例。五十一年，增置通州仓厫，科臣有请开捐者，廷议如所请。侍郎王掞抗疏言："乡里童騃，一旦捐资，俨然民上。或分一县之符，或拥一道之节，不惟滥伤名器，抑且为累地方。宜禁止，以塞侥幸之路，杜言利之门。"帝韪之，为饬九卿再议。青海用兵，馈饷不继，内大臣议停各途守选及迁补，专用捐资助饷者。刑部尚书张廷枢言："惟捐纳所分员缺可用捐员，正途及迁补者宜仍旧。"从之。

雍正二年，开阿尔台运米事例。五年，直隶水灾，议兴营田，从大学士朱轼请，开营田事例。云贵总督鄂尔泰以滇、黔垦荒，经费无著，请开捐如营田例。帝曰："垦田事例，于地方有裨益。向因各捐例人多，难于铨选，降旨停止。年来捐纳应用之人，将次用完，越数年，必致无捐纳之人，而专用科目矣。应酌添捐纳事款。除道、府、同知不许捐纳，其通判、知州、知县及州同、县丞等，酌议准捐。"下九卿议行。十二年，开豫筹粮运例。

先是俊秀准贡得输资为教职。已，虑异途人员不胜训迪表率之责，康熙三十三年，令俊秀准贡捐学正、教谕者改县丞，训导改主簿。雍正元年，谕"捐纳教职，多不通文理少年，以之为学问优长、年高齿长者之师可乎？"诏改用如前例。

高宗初元，诏停京、外捐例。乾隆七年，上下江水灾，命刑部侍郎周学健、直督高斌往同督、抚办理。寻合疏言赈务、水利需费浩繁，请仿乐善好施例，出资效力者，量多寡叙职官。诏以京官中、行、评、博以下，外官同知、通判以下，无碍正途，如所请行。嗣是上下江、直隶、山东、河南屡告灾，辄徇臣工请，许开捐例。十三年，进剿大金川，四川巡抚纪山奏行运米事例，部议运米石抵捐银二十五两，纳官以是为差。川陕总督张广泗言："军前口粮领折色，石发银五、六两。事例既开，各员以存米纳捐，计贡监纳即用同知不过千余金，即用小京官不过数百金，请令如数交银，以杜弊端。"报可。三十九年，再征金川，复开川运例。惟四库馆誊录、议叙等职，多靳不令捐纳，余得一体报捐。贡监纳道、府例，自雍正五年后，数十年无行者，至是复行。

五十八年，诏曰："前因军需、河工，支用浩繁，暂开事例，原属一时权宜。迄今二十余年，府库充盈，并不因停捐稍形支绌。可见捐例竟当不必举行。不特慎重名器，亦以嘉惠士林，我子孙当永以为法。倘有以开捐请者，即为言利之臣，当斥而勿用。"

嘉庆三年，从户部侍郎蒋赐棨请，开川楚善后事例，帝虑正途因之壅滞，饬妥议条款。寻议："京官郎中、员外郎，外官道、府，有理有亲民之责，未便滥予登进。进士，举人，恩、拔、副、优、岁贡，始许捐纳。非正途候补、候选正印人员，亦得递捐。现任、应补、候选小京官、佐贰，止准以应升之项捐纳。"从之。嗣以河屡决，续开衡工、豫东、武陟等例。十一年，定捐纳道、府，系曾任知府、同知、直隶州知州并州、县正印等官加捐，及现任京职，堪胜繁缺者，许以繁简各缺选用。其贡监初捐，及现任京职仅堪简缺，并外任佐杂等官递捐者，专以简缺选用。

宣宗、文宗御极之初，首停捐例，一时以为美谈。自道光七年开酌增常例，而筹备经费，豫工遵捐，顺天、两广及三省新捐，次第议行。其时捐例多沿旧制，惟于推广捐例中准贡生捐中书，豫工例中准增、附捐教职而已。咸丰元年，以给事中汪元方言，罢增、附捐教职，其已选补者，不许滥膺保荐。是年特开筹饷事例；明年，续颁宽筹军饷章程。九年，复推广捐例。时军兴饷绌，捐例繁多，无复限制，仕途芜杂日益甚。同治元年，御史裘德俊请令商贾不得纳正印实官，以虚衔杂职为限。下部议行。寻部臣言捐生观望，有碍饷需，诏仍旧制。四年，山东巡抚阎敬铭言："各省捐输减成，按之筹饷定例，不及十成之三。彼辈以官为贸易，略一侵吞钱粮，已逾原捐之数。明效输将，暗亏帑项。请将道、府、州、县照筹饷例减二成，专于京铜局报捐。"从之。时内则京捐局，外则甘捐、皖捐、黔捐，设局遍各行省。侵蚀、勒派、私行减折，诸弊并作。

光绪初，议者谓乾隆间常例，每岁贡监封典、杂职捐收，约三百万。今捐例折减，岁入转不及百五十万。名器重，虽虚衔亦觉其荣，多费而有所不惜。名器轻，则实职不难骤获，减数而未必乐输。所得无几，所伤实多。停捐为便。时复有言捐官宜考试，花翎及在任、候选等捐宜停者。辄下部议。五年，帝以捐例无补饷需，实伤吏道，明诏停止。未几，海疆多故，十年，开海防捐，如筹饷例，减二成核收，常例捐数并核减。是时台湾甫开实官捐。他如四川按粮津帖捐，顺天直隶、河南、浙江、安徽、湖北各赈捐，户部广东军火捐，福建洋药、茶捐，云南米捐，自海防例行，惟川捐如旧，余或并或罢。十三年，河南武陟，郑州沁、黄两河漫决。御史周天霖、李士锟先后请开郑工例，以济要工。部议停海防捐，开郑工捐。十五年，筹办海军，复罢郑工，开海防新捐。新捐屡展限，行之十余年。二十六、七年间，江宁筹饷，秦、晋实官捐，顺直善后赈捐，次第举办。江宁顺直捐视新海防例，秦、晋捐但奖五品以下实官。庚子变后，帝锐意图治，言者多谓捐纳非善政，诏即停止。然报效叙官，旧捐移奖，且继续行之。但有停捐之名而已。

武职捐，雍正初惟纳千、把总。乾隆九年，直赈捐有纳卫守备者。三十九年，川运例，参、游、都、守始得递捐。但武生、监生捐止都司。嘉庆三年，川楚善后例，武营捐纳，略如川运。同治五年，闽浙总督左宗棠言："闽省武营捐班太多，应严加区别，以肃军政。"并请罢武职捐，从之。光绪二十一年，新海防例展限，议增武职捐。於拣发外别立一班，俾捐输踊跃。三十一年，兵部奏："开捐十年，入款仅十余万，无裨国帑，有碍营伍。请奖实官、虚衔捐复翎衔、封典一切停罢。"报可。捐例初开，虑其弊也，尝设为限制，往往不久而其法坏。康熙十八年，定捐纳官到任三年称职者，具题升转，不称职者题参。然疆吏罕有以不职上闻者。已，令道、府以下捐银者免具题，照常升转。左都御史徐元文言："国家大体所关，惟贤不肖之辨。三年具题，所以使贤者劝，不肖者惧。输银免具题，是金多者与称职同科。此曹以现任之官营输入之计，何所不至？急宜停止。"

顺治间，准贡、例监出身官不得升补正印。康熙六年，定为保举之法，各途出身官，经该堂官及督、抚保举称职者，升京官及正印。无保举者，升佐贰、杂职。三十年，大军征噶尔丹，户部奏行输送草豆例，准异途人员捐免保举。御史陆陇其言："捐纳一事，不得已而暂开，许捐免保举，则与正途无异。且督、抚保举之人，必清廉方为合例。保举可捐免，是清廉可纳资得也。"又言："督、抚于捐纳人员，有迟至数年不保举亦不纠劾。乞敕部通稽捐纳官到任三年无保举者，开缺休致。"疏下九卿，议："捐免保举，无碍正途。若三年无保举即休致，则营求保举益甚，应毋庸议。"陇其持之益坚，廷议陇其不计缓急轻重，浮词粉饰，致捐生观望，迟误军机，拟夺职。帝特宥之。自是吏员例监出身者，欲升补或捐纳京、外正印官，必先捐免保举，惟准贡独否。初，纳岁贡者同正途，故捐免保举例开，贡监虽同一捐纳，而轩轾殊甚。乾隆二十六年，部议御史王启绪奏豫工例内，捐贡纳京、外正印官，捐免保举，如例监例。先纳官者，补行捐免。不愿者，以佐贰改补。成例为一变矣。汉军捐纳官，非经考试，不得铨选，如汉官保举例。康熙间，并准捐免。六十一年，帝以捐纳部员补主事未久即升员郎，外官道、府亦然，饬议试俸之法。寻议郎中、道、府以下，小京官、佐杂以上，于现任内试俸三年，题咨实授，方许升转，从之。乾隆间，试俸复得捐免。四十一年，户部奏请保举、考试、试俸、捐免例，列入常捐。限制之法，至是悉弛。

官吏缘事罣议，降革留任，非数年无过，不得开复。康熙间，大同赈饥，部议京察、大计罢黜者，悉予捐复。徐元文力言不可。议遂寝。三十三年，河道总督于成龙以黄、运两河，工费繁巨，请仿陕西赈饥例开捐，革职、年老、患疾、休致人员得捐复。帝面谕捐纳称贷者多，非朘削无以偿逋负，事不可行。尚书萨穆哈等议成龙怀私妄奏，拟褫职，得旨从宽留任。乾隆九年，直赈捐，部议捐复条款，京察、大计及犯私罪者，降调人员，无论是否因公，及比照六法条例，武职军政纠参及贪婪者，不准捐复。因公罣误无余罪，悉得捐复。三十五年，帝念降革留任人员，因公处分，辄停升转，诏许捐复。三十九年，川运例增进士、举人捐复原资例。四十八年，定革职、降调官，分段承修南运河工程捐复例。嘉庆三年，川楚善后，推广其例，凡常捐不准捐复人员，酌核情节，得酌加报捐。奉旨，降革除犯六法外，因公情节尚轻人员，得加倍捐复。大计劾参，有疾休致，调治就痊，及特旨降革留任限年开复人员，加十分之五损复。十年，部臣疏请于常例捐复外，增文、武大员捐复革职留任例。帝曰："大员身罣吏议应罢斥，经改革职留任，开复有一定年限。若甫罹重谴，即可捐复，此例一开，毫无畏忌。有资者脱然为无过之人，无资者日久不能开复。殊失政体。"不允行。咸丰二年，王、大臣等议宽筹军饷。凡降革不准捐复人员，除实犯赃私外，余准加倍半捐复。降革一、二品文、武官，向不在捐复之列者，许捐复原官顶带，允行。但饬一、二品大员捐复原衔须请旨。嗣复推广，文职京察、大计六法，武职军政被劾，无奸赃情罪，亦许捐复原衔。终清世踵行，不复更也。

捐纳官或非捐纳官，于本班上输资若干，俾班次较优，铨补加速，谓之花样。康熙十三年，知县得纳先用、即用班，工部侍郎田六善极言其弊，谓宜停止。三十三年，户部议行输送草豆例，台臣请增应升、先用捐。御史陆机言："前此有纳先用一例，正途为之壅滞。皇上灼见其弊，久经停止。纳先用者，大都奔竞躁进。多一先用之人，即多一害民之人。不待辨而知其不可。"乾隆年事例屡开，惟双月、单月，不论双月选用及双月先用，不论双、单月即用等寻常班次。盖是时正途铨补，未病雍滞，无庸加捐花样，纳资者亦至是而止。七年，部议鼓励江省赈捐，各班选用特优。道光年，增插班间选、抽班间选、遇缺、遇缺前等名目。咸丰元年，省遇缺、遇缺前，而增分缺先、本班尽先。三年，复增分缺间、不积班。九年，先后奏设新班遇缺、新班尽先、分缺先前、分缺间前、本班尽先前、不论班尽遇缺选补等班。推广捐例，又有保举捐入候补班、候补捐本班先用例。花样繁多，至斯已极。

自筹饷例开，既多立班次以广捐输，复减折捐例以期踊跃。时纳捐率以饷票，成数或不及定额之半。同治三年，另订加成新章。于是有银捐新班、尽先、遇缺等项，输银不过六成有奇，而选用之优，他途莫及。八年，吏部以银班遇缺占缺太多，拟改分班轮用，删不积班，于新班遇缺上，别设十成实银一班，曰新班遇缺先，是谓大八成花样。维时分缺先前、分缺间前、本班尽先前、新班遇缺、新班遇缺先，统曰银捐。而新班遇缺先最称优异，新班遇缺次之。序补五缺一周，先用新班遇缺先三人，然后新班遇缺及各项轮补班各得其一。光绪二年，江苏巡抚吴元炳言："新班遇缺先、新班遇缺等班，序补过速，有见缺指捐之弊。请停捐免试用例，以救其失。"格于部议。四年，实官及各项花样一律停捐。七年，御史叶荫昉复言："近年大八成各项银捐班次，无论选、补，得缺最易，统压正途、劳绩各班。今捐例已停，请改订章程，银捐人员，只列捐班之前。"疏下部议。然积重难返，进士即用知县，非加捐花样，则补缺綦难，他无论已。十年，台湾海防相继例开，三班分先、分间、尽先，复得一体报捐，而知县并增海防新班。十三年，郑工新例增遇缺先班捐例等，大八成班次亦相埒，海防新例因之。至二十七年，各项花样随实官捐并停。

初捐纳官但归部选，乾隆间，为疏通选途，许加捐分发。二十六年，豫工例，京职郎中以下，得捐分各部、院。外官道、府以下，得捐分各省。三十九年，川运例，知州、同知、通判捐分发如旧。知县有碍正途补用，靳不与。四十年，兵部侍郎高朴言："捐班知县，不许分发，恐有碍举班。查壬辰科会试后，拣选分发，已阅四年，湖北、福建均因差委乏人，奏请拣选，可见举班渐已补完。请变通事例，川运捐不论双单月即用者，许一体报捐分发。"部议如所奏行。惟大省分发不得逾十二人，中省不得逾十人，小省不得逾八人。云、贵两省需员解送铜铅，云南得分发二十人，贵州如大省额。从之。是年兵部奏请候补、候选卫守备、卫千总如文职例，加捐分发，随漕学习。明年，浙江巡抚三宝奏请教职捐不论双单月即用者，设加捐分发，到省委用。均报可。川运例停分发，归入常例报捐，为永例。四十二年，以山东布政使陆耀言东省分发佐杂渐多，停布政司经历、理问、州同以下佐杂官分发例。四十六年，候补布政司经历郑肇芳等、候选州同张衍龄等具呈户部，以投供日久，部选无期，各省佐杂班已疏通，请准报捐分发，为奏行如旧例。嘉庆四年，给事中广兴请将俊秀附生报捐道、府、州、县者，停铨实缺，准加捐分发。责成督、抚试看三年，酌量题补。帝以停选示人不信，令加捐分发，有碍政体，不允行。道、咸间，增加捐指省例。光绪四年，捐例停，而分发指省以常例得报捐如故。五年，御史孔宪瑴以指省分发，流弊不可胜言，请罢之。格部议，不果行。八年，复申前请，部覆如议。未几，海防例开，仍准报捐。时分发人员拥挤殊甚，疆吏辄奏停分发，期满复请展限，各直省比比然也。

定例，捐纳官分发各部、院学习三年，外省试用一年。期满，各堂官、督、抚实行甄别奏留，乃得补官。嘉庆十六年，谕："捐纳员签分部、院学习行走年满，当详加甄别。近来该堂官于行走报满人员，无不保留。市恩邀誉，不顾登进之滥，可为寒心。"道光八年，谕："酌增常例报捐，分发人员为数更多，著各督、抚、盐政留心察看，不必拘定年限，认真甄核。"然奉行日久，长官循例奏留，徒有甄别之名，不尽遵上指也。咸丰七年，从御史何兆瀛请，诏各部、院考试捐纳司员，察其能否办理案牍。寻兵部试以论题，御史朱文江以为言，诏切责之。命嗣后毋得以考试虚文，徒饰观听。外官分发到省，例由督、抚考试，分别等第，黜陟有差。光绪初，各省遵例考试，顾云南有咨回降调者。五年，诏各省考试捐纳人员，府、厅、州、县试论一，佐杂试告示判语。八年，闽浙总督何璟言："闽省应试府、厅、州、县百五十四员，盐大使五十五员，佐杂五百九十六员，知府、直隶州知州、盐大使取留十之五，同、通、佐杂留十之四。"报闻。三十三年，宪政编查馆议覆御史赵炳麟疏，捐纳道、府、同、通、州、县佐杂未到省者，入吏部学治馆肄业半年。已到省，入法政学堂肄业，长期三年，速成一年有半。寻议上考验外官章程，各省遵章考试，间亦罢黜数人，以应明诏，而于澄清吏治之道无补也。

贡监捐清初已行。监捐沿明纳粟例。顺治十二年，开廪生捐银准贡例，从御史杨义请也。十七年，礼部以亢旱日久，请暂开准贡，令士民纳银赈济。允之。贡监例得考职，康熙六年，御史李棠言："进士、举人迟至十年始得一官，今例监考补中书，三年后即升部属，应停罢。"部覆如议。自是贡监考职，只以州同、州判、县丞、主簿、吏目用。初考职例行，各省监生或惮远道跋涉，或因文理不通，多倩代顶冒者。世宗深知其弊，特遣大臣司考试。雍正五年，令与考者千一百余人悉引见，时以顶冒避匿者九百余人。帝于引见员中拣选七十余人，授内、外官有差。乾隆元年，停考职。三年，令捐纳贡监如岁贡例，分别等第，以主簿、吏目考取。捐监未满三年者不与。道光后，考职例罢。

雍正间，帝以积贮宜裕，允广东、江、浙、湖广以本色纳监。乾隆元年，罢一切捐例。廷议捐监为士子应试之阶，请于户部收捐，备各省赈济，从之。三年，诏复行常平捐监例，各省得一体纳本色。原定各省捐谷三千余万石，数年仅得二百五十余万石，复令户部兼收折色。十年，湖广总督鄂弥达言："捐监事例，谷不如银。银有定数，谷无成价。易捐谷为捐银，倘遇荒歉，亦可动支采买。"允行。大学士等复言："各省纳本色，有名无实，请停止，专由部收折色。"得旨："各省收捐不必停，在部捐折色者听。"三十一年，以陕、甘监捐积弊最甚，诏停罢。寻并罢安徽、直隶、山西、河南、湖南北，惟云南、福建、广东收本色如旧。三十九年，陕西巡抚毕沅、陕甘总督勒尔谨请如例收纳监粮，允之。是年甘省奏报六个月内捐监万九千十七名，监粮八十余万石。帝疑之。布政使王亶望主其事，私收折色，减成包办，更虚报赈灾，侵冒巨款。继任布政使王廷赞知其弊，不能革。事觉，置亶望、勒尔谨、廷赞于法，官吏缘是罢黜者数十人，报捐监生或加捐职官者，分别停科、罚俸、停选。其后监捐无复纳粟遗意矣。贡捐属常例，向于部库报捐。嘉庆间，疆吏屡以为请，辄阻部议。十二年，部臣言库帑充裕，请变通常例，各省一体收捐。报可。

此外尚有捐马百匹予纪录、运丁三年多交米三百石给顶带之例。其乐善好施例内，凡捐资修葺文庙、城垣、书院、义学、考棚、义仓、桥梁、道路，或捐输谷米银两，分别议叙、顶带、职衔、加级、纪录有差。余如各省盐商、士绅，捐输巨款，酌予奖叙。皆出自急公好义，与捐纳相似，而实不同也。

卷一百十三　志八十八

选举八　新选举

新选举制，别於历代取士官人之法。清季豫备宪政，仿各国代议制度，选举议员，博采舆论。议员选举有二：曰资政院议员选举，曰各省谘议局议员选举。自辛丑回銮，朝廷锐意求治，派大臣赴各国考察政治，设考察政治馆。命甄择各国政法，斟酌损益，候旨裁定。光绪三十二年七月，诏曰："考察政治大臣载泽等回国陈奏，国势不振，由于上下相睽，内外隔阂；而各国所以富强，在实行宪法，取决公论。今日惟有仿行宪政，大权统于朝廷，庶政公诸舆论，厘清积弊，明定责成，以豫备立宪基础。俟规模初具，妥议立宪实行期限。各省将军、督、抚晓谕士庶人等，各明忠君爱国之义，合群进化之理，尊崇秩序，保守和平，豫备立宪国民之资格。"九月，庆亲王奕劻等遵旨核议厘定官制，以"立宪国官制，立法、行政、司法三权并峙，各有专属，相辅而行。立法当属议院，今日尚难实行。请暂设资政院，以为豫备"。诏如所议。

三十三年，改考察政治馆为宪政编查馆。八月，谕曰："立宪政体，取决公论，中国上、下议院未能成立，亟宜设资政院，以立议院基础。派溥伦、孙家鼐为资政院总裁，妥拟院章，请旨施行。"寻谕："各省应有采取舆论之所，俾指陈通省利病，筹计地方治安，并为资政院储才之阶。各省督、抚于省会速设谘议局，慎选公正明达官绅，创办其事。由各属合格绅民，公举贤能为议员。断不可使品行悖谬、营私武断之人滥厕其间。凡地方应兴应革事宜，议员公同集议，候本省大吏裁夺施行。将来资政院选举议员，由该局公推递升。”

三十四年六月，资政院奏言：“立宪国之有议院，所以代表民情，议员多由人民公举。凡立法及豫算、决算，必经议院协赞，方足启国人信服之心。《大学》云：‘民之所好好之，民之所恶恶之。’孟子云：‘所欲与聚，所恶勿施。’又云：‘乐以天下，忧以天下。’皆此理也。昔先哲王致万民于外朝，而询国危国迁，实开各国议院之先声。日本豫备立宪，于明治四年设左、右院，七年开地方会议，八年立元老院，二十三年遂颁宪法而开国会。所以筹立议院之基者至详且备。谨旁考各国成规，揆以中国情势，酌拟院章目次，凡十章。先拟就《总纲》、《选举》二章呈览。”报可。

是月宪政编查馆会同资政院拟订《各省谘议局章程》，并《议员选举章程》。奏言：“立宪政体之要义，在予人民以与闻政事之权，而使为行政官吏之监察。东、西立宪各国，虽国体不同，法制各异，无不设立议院，使人民选举议员，代表舆论。是以上下之情通，暌隔之弊少。中国向无议院之说，今议倡设，人多视为创举。不知虞廷之明目达聪，大禹之建鞀设铎，《洪范》之谋及庶人，《周官》之询于外朝，古昔盛时，无不广采舆论，以为行政之准则，特未有议院之制度耳。今将创设议院，若不严定规则，事为之制，曲为之防，流弊不可胜言。中国地大民众，分省而治。各省之政，主于督、抚，与各国地方之治直接国都者不同。而郡县之制，异于封建，督、抚事事受命于朝廷，亦与各国联邦之各为法制者不同。谘议局为地方自治与中央集权之枢纽，必使下足裒集一省之舆论，上仍无妨国家统一之大权。此日各省谘议局办法，必须与异日京师议院办法有相成而无相悖。谨仰体圣训，博考各国立法之意，兼采外省所拟章程，参伍折衷，拟订《各省谘议局章程》，别为《选举章程》一百十五条，候钦定颁行。”诏饬各督、抚迅速举办，实力奉行，限一年内一律办齐。并谕曰：“朝廷轸念民依，使国民与闻政事。先于各省设谘议局，以资历练。凡我士庶，当共体时艰，同摅忠爱。于地方应兴应革之利弊，切实指陈。于国民应尽之义务，应循之秩序，竭诚践守。各督、抚当本集思广益之怀，行好恶同民之政，虚衷审察，惟善是从。至选举议员，尤宜督率有司，认真监督，精择慎选。宪政编查馆、资政院迅将君主立宪大纲，暨议院选举各法，择要编辑。并将议院未开以前应筹备各事，分期拟议具奏。俟亲裁后，即将开设议院年限，钦定宣布。”

八月，宪政编查馆、资政院会奏遵拟宪法议院选举法纲要，暨议院未开以前逐年筹备事宜。自本年起，分九年筹备。其关于选举议员者，第一年各省筹办谘议局，第二年举行谘议局选举，各省一律成立，颁布资政院章程，举行资政院选举。第三年召集资政院议员举行开院。第九年始宣布宪法，颁布议院法，暨上、下议院议员选举法，举行上、下议院议员选举。谕令京、外各衙门依限举办。

先是资政院奏拟院章目次，第二章为《选举》。宣统元年七月，资政院奏续拟院章，改订第二章目次为《议员》，专详议员资格、额数、分类、任期，而另定选举详细章程，以免混淆，从之。院章规定资政院议员资格，由下列各项人员年满三十岁以上者选充。一，宗室王、公世爵；二，满、汉世爵；三，外藩王、公世爵；四，宗室、觉罗；五，各部、院四品以下、七品以上官，惟审判、检察、巡警官不与；六，硕学通儒；七，纳税多额人；八，各省谘议局议员。定额：宗室王、公世爵十六人，满、汉世爵十二人，外藩王、公世爵十四人，宗室、觉罗六人，各部、院官三十二人，硕学通儒十人，纳税多额者十人。各省谘议局议员一百人。类别为钦选、互选。宗室王、公世爵，满、汉世爵，外藩王、公世爵，宗室、觉罗，各部、院官，硕学通儒，纳税多额者，钦选。各省谘议局议员互选。任期三年，任满一律改选。

九月，资政院会奏《资政院议员选举章程》，疏言：“资政院议员选任之法，大别为钦选、互选二者，各有取义。而钦选议员名位有崇卑，人数有多寡，当因宜定制，取便推行。宗室王、公世爵，满、汉世爵及外藩王、公世爵，阶级既高，计数较少，应开列全单，恭候简命。宗室、觉罗，各部、院官及纳税多额者，合格人数，与议员定额比例，多少悬殊。考外国上院制，敕任议员多经互选。拟略师其意，于钦选之前，举行互选。各照定额，增列多名。好恶既卜诸舆情，用舍仍归于宸断。其硕学通儒，资格确定较难，人数调查不易，互选势所难行。拟略仿从前保荐鸿博之例，宽取严用，以搜访之任，寄诸庶官。抉择之权，授诸学部。仍宽定开列名数，冀不失钦选之本旨。以上各项，略采各国上院办法，为建设上议院之基础。而资政院兼有下院性质，不能无民选议员，与钦选相对待。特以谘议局为资政院半数议员之互选机关，谘议局议员本由各省合格绅民复选而来，则谘议局公推递升之资政院议员，即不啻人民间接所选举。公推递升之标准，不能不以得票多寡为衡。但监督权属于督、抚，非经覆定，不令遽膺是选。既与钦选大权示有区别，自与下院要义不相背驰。”诏如所议行。

《资政院议员选举章程》之规定，宗室王、公世爵，列爵凡十二：一，和硕亲王；二，多罗郡王；三，多罗贝勒；四，固山贝子；五，奉恩镇国公；六，奉恩辅国公；七，不入八分镇国公；八，不入八分辅国公；九，镇国将军；十，辅国将军；十一，奉国将军；十二，奉恩将军。按院章定额分配，自和硕亲王至奉恩辅国公十人，自不入八分镇国公至奉恩将军六人。满、汉世爵，以满洲、蒙古、汉军旗员及汉员三等男以上之爵级为限，按定额分配。三等侯以上八人，一等伯至三等男四人。外藩王、公世爵，凡下列蒙古、回部、西藏各爵：一，汗；二，亲王；三，郡王；四，贝勒；五，贝子；六，镇国公；七，辅国公。按定额分配。内蒙古六盟，盟各一人；外蒙古四盟，盟各一人；科布多及新疆所属蒙古各旗一人；青海所属蒙古各旗一人；回部一人；西藏一人。凡各项世爵年满三十岁以上，未奉特旨停止差俸，及因疾病或事故自请开去一切差使者，均得选充资政院议员。每届选举，资政院于前一年九月行知宗人府、各该管衙门、理藩部，分别查明合格者，造具清册，于选举年分二月以前，咨送资政院。由院分别开单，于三月以前，奏请按额钦选。其宗室王、公，满、汉世爵，现任军机大臣，参豫政务大臣，及资政院总裁、副总裁者，无庸选充。有缺额时，资政院随时行知各该衙门，修正清册。按爵级或部落应选充者，奏请钦选补足之。

宗室、觉罗，凡男子年满三十岁以上，无下列情事者，得选充资政院议员：一，曾处圈禁或发遣者；二，失财产上信用被人控实未清结者；三，吸食鸦片者；四，有心疾者；五，不识文义者。其现任三品以上职官，审判、检察、巡警官，及现充海、陆军军人者，无庸选充。按定额分配，宗室四人，觉罗二人，由各该合格人先行互选。于选举年分二月初一日，在京师及奉天府行之。京师以宗人府堂官为监督，奉天以东三省总督为监督。每届互选，资政院于前一年九月行知互选监督，照章举行。设互选管理员，掌调查互选人，管理投票、开票、检票等事宜。由互选管理员查明合格人员，造具互选人名册，先期呈由互选监督宣示公众。如本人认为错误遗漏，得于宣示期内，呈请互选监督更正补入，经批驳者，不得渎请。互选选举人及被选举人，均以列名互选人名册者为限。届期互选监督应亲莅投票所，或派员监察之。互选人应亲赴投票所自行投票，用记名单记法。互选人有因职务或因疾病、事故不能亲赴投票者，得就互选人内委托一人代行投票，应由本人亲书密封署名画押，连同委托凭证，送致受托人。该受托人应将密封及委托凭证临时向互选监督呈验，方许代投。以得票较多数者为当选。互选当选人额数，各以议员定额之十倍为准。互选告竣，互选监督即日将当选人名榜示投票所。不愿应选者，得于三日内呈明互选监督撤销，将得票次多数者补入。互选管理员造具当选人名册，连同票纸，呈由互选监督咨送资政院，由院将当选人名及得票数目，于选举年分三月以前，奏请按额钦选。有缺额时，资政院随时将本届当选人开单奏请钦选补足之。本届当选人数不足议员缺额之三倍时，应举行临时互选，一切照寻常互选办理。

各部、院官，以下列各官为限：一，内阁侍读学士以下，中书以上；二，翰林院侍读学士以下，庶吉士以上；三，各部左、右参议以下，七品小京官以上；四，掌印给事中、给事中及监察御史。各官以年满三十岁以上，具下列资格之一，得选充资政院议员：一，现任实缺者；二，曾任实缺未休致、革职者；三，奉特旨署理或奏署者；四，奉特旨候补、补用、遴用或学习行走者；五，其余候补满三年以上者。由合格人先行互选，于选举年分二月初一日在京师行之，以都察院堂官为监督。互选当选人额数，以议员定额之五倍为率，各部、院官选充资政院议员者，于院内职权，本衙门长官不得干涉。其因升转降调致失原定资格者，即同时失资政院议员之资格。所有举行互选、奏请钦选、补足缺额各办法，与宗室、觉罗选举同。

硕学通儒资格凡四：一，不由考试、特旨赏授清秩者；二，著书有裨政治或学术者；三，有入通儒院之资格者；四，充高等及专门学堂主要科目教习五年以上著有成绩者。凡年满三十岁以上，具前列资格之一，均得选充资政院议员。每届选举，资政院于前一年九月行知学部，由部通行京堂以上官、翰林、给事中、御史、各省督、抚、提学使、出使各国大臣，各搜访一人或二人，开具事实，保送学部审查。择定合格得保多者三十人，作为硕学通儒议员之被选人。于选举年分二月以前，咨送资政院。由院将被选人姓名及原保人姓名官职开单，于三月以前，奏请按额钦选。有缺额时，资政院随时将本届被选人照章奏请钦选补足之。本届被选人数不足议员缺额之三倍时，应另行保送。

纳税多额人，以下列资格为限：一，男子照地方自治章程有选民权者；二，年纳正税或地方公益捐，在所居省分占额较多者。凡具此资格，年满三十岁以上，得选充资政院议员。由合格人先行互选，于选举年分二月初一日在各省城行之，以布政使或民政使为监督。每届互选，资政院于前一年九月行知各省督、抚，照章举行。互选监督会同商务总会总理、协理，遴派互选管理员。互选办法与普通互选同。互选人额数，每省以二十人为限。投票用记名连记法，以得票过互选人数三分之一者为当选。互选当选人额数，以互选人额数十分之一为率。如当选人不足定额，就得票较多者，令互选人再行投票，以足额为止。其得票及格、额满见遗者，作为候补当选人。当选人不愿应选，得呈明互选监督撤销，以候补当选人依次递补。互选管理员造具当选人及候补当选人名册，连同票纸，呈由互选监督申送本省督、抚，各督、抚将当选人姓名及得票数目咨送资政院，由院开单，于三月以前，奏请按额钦选。有缺额时，资政院随时将本届当选人开单奏请钦选补足之。本届当选人不足议员缺额之三倍时，以候补当选人递补。候补当选人数不敷时，举行临时互选。

各省谘议局互选谘政院议员，按定额分配：奉天三人，吉林二人，黑龙江二人，顺直九人，江苏七人，安徽五人，江西六人，浙江七人，福建四人，湖北五人，湖南五人，山东六人，河南五人，山西五人，陕西四人，甘肃三人，新疆二人，四川六人，广东五人，广西三人，云南四人，贵州二人。互选于选举年分前一年十月十一日，在各省谘议局行之。以督、抚为监督。每届互选，资政院于前一年九月行知各互选监督，照章举行。届期互选监督亲莅监察之。投票、开票、检票等事，由谘议局办事处管理。适用普通互选规则，互选选举人及被选举人均以该省谘议局议员为限。投票用记名连记法，以得票过互选人半数者为当选。互选当选人额数，以各该省议员额数之二倍为率。如当选人不足定额，就得票较多者，令互选人再行投票，以足额为止。其投票及格、额满见遗者，作为候补当选人。谘议局办事处造具当选人及候补当选人名册，连同票纸，呈送互选监督，覆加选定，为资政院议员。不愿应选者，得呈明互选监督辞退，依次将本届当选人及候补当选人覆加选定补充。不敷选充者，举行临时互选。选定后，由互选监督造具名册，连同当选人及候补当选人原册，咨送资政院。凡选充资政院议员者，不得兼充本省谘议局议员，有缺额时，由院行知该省督、抚，覆加选定补充，或举行临时互选。此资政院议员钦选、互选办法之概要也。

《各省谘议局议员选举章程》之规定，议员之选任，用复选举法。复选之别于单选者，单选迳由选举人投票选出议员，复选则先由选举人选出若干选举议员人，更令选举议员人投票选出议员是也。谘议局议员定额，因各省户口尚无确实统计，参酌各省取进学额及漕粮多寡以定准则。奉天五十名，吉林三十名，黑龙江三十名，顺直百四十名，江宁五十五名，江苏六十六名，安徽八十三名，江西九十七名，浙江百十四名，福建七十二名，湖北八十名，湖南八十二名，山东百名，河南九十六名，山西八十六名，陕西六十三名，甘肃四十三名，新疆三十名，四川百零五名，广东九十一名，广西五十七名，云南六十八名，贵州三十九名。京旗及各省驻防，以所住地方为本籍。但旗制未改以前，京旗得于顺直议员定额外，暂设专额十名；各省驻防得于该省议员定额外，每省暂设专额一名至三名。选举权之规定，用限制选举法。凡属本省籍贯之男子，年满二十五岁以上，具下列资格之一者，有选举谘议局议员之权：一，在本省地方办理学务及公益事务满三年以上著有成绩者；二，在本国或外国中学堂及与中学同等或中学以上之学堂毕业者；三，有举、贡、生员以上之出身者；四，曾任实缺职官文七品、武五品以上未被参革者；五，在本省地方有五千元以上之营业资本或不动产者。凡非本籍之男子，年满二十五岁，寄居本省满十年以上，有万元以上之营业资本或不动产者，亦得有选举权。被选举权之规定及其限制：凡属本省籍贯或寄居本省满十年以上之男子，年满三十岁以上者，得被选举为谘议局议员。凡有下列情事之一者，不得有选举权及被选举权。一，品行悖谬、营私武断者；二，曾处监禁以上之刑者；三，营业不正者；四，失财产上信用被人控实未清结者；五，吸食鸦片者；六，有心疾者；七，身家不清白者；八，不识文义者。其有所处地位不适于选举议员及被选举为议员者：一，本省官吏或幕友；二，军人；三，巡警官、吏；四，僧、道及宗教师；五，学堂肄业生：均停其选举权及被选举权。其现充小学教员者，停其被选举权。谘议局设议长一，副议长二，用单记投票法，分次互选。设常驻议员，以议员额数十分之二为额，用连记投票法，一次互选。凡议员三年一改选，议长、副议长任期同。常驻议员任期限一年。议长因事出缺，以副议长递补。副议长出缺，由议员互选充补。议员出缺，以复选候补当选人依次递补。议员改选，再被选者得连任，以一次为限。议员非因下列事由，不得辞职：一，确有疾病，不能担任职务者；二，确有职业，不能常驻本省境内者；三，其余事由，经谘议局允许者。

凡选举区域，初选举以厅、州、县为选举区，复选举以府、直隶厅、州为选举区。直隶厅、州及府之本管地方，均作为初选区。直隶厅无属县者，以附近之府为复选区。初选区，厅以同知、通判，州、县以知州、知县为初选监督。复选区，府以知府，直隶厅、州以同知、通判、知州为复选监督。府、直隶厅、州作为初选区者，得遴派教佐员为初选监督。初选、复选均设投票、开票、管理员、监察员若干名。管理员不拘官绅，监察员以本地绅士为限。初选区选举人名册及当选人姓名票数，由初选监督申报复选监督；复选当选人姓名票数，由复选监督申报督、抚，分别咨报资政院、民政部立案。

选举年限，三年一次，以正月十五日为初选日期，三月十五日为复选日期。凡初选举，初选监督按地方广狭、人口多寡、分划本管区域为若干投票区，分设选举调查员，按照选举资格，详细调查，将合格选举人造具名册，于选举期六个月以前，呈由复选监督申报督、抚，并宣示公众。如本人认为错误遗漏，得于宣示期内呈请初选监督更正。初选当选人额数，按照议员定额加多十倍。各初选区应出当选人若干名，由复选监督分配。投票用无名单记法，其有写不依式者，夹写他事者，字迹模糊者，不用颁发票纸者，选出之人不合被选资格者，作为废票。以本区应出当选人额数除选举人总数，所得半数，为当选票额。得票不满当选票额以上者，不得为初选当选人。复选由初选当选人齐集复选监督所在地行之。复选当选人，即为谘议局议员。各复选区应得议员若干名，由督、抚按全省议员定额分配，投票当选，一切与初选同。

关于选举之变更，如选举人名册有舞弊、作伪情事，或办理不遵定章，被控判定确实者，初选、复选均无效。当选议员有辞任、或疾病不能应选，或身故，或被选资格不符，当选票数不实，被控判定确实者，其当选无效，各以候补当选人递补。如选举人确认办理人员不遵定章，有舞弊、作伪证据，或当选人被选资格不符，当选票数不实，及落选人确信得票可当选而不与选，候补当选人名次错误、遗漏者，均得向该管衙门呈控。限自选举日起三十日，凡选举诉讼，初选向府、直隶厅、州衙门，复选向按察使衙门呈控。各省已设审判厅者，分别向地方高等审判厅呈控。不服判定者，初选得向按察使衙门，复选得向大理院上控。限判定日起三个月。已设审判厅者，照审判厅上控章程办理。选举人及办理选举人、选举关系人，有违法行为，分别轻重，处以监禁、罚金有差；二年以上、十年以下，不得为选举人及被选举人。

专额议员选举人及被选举人，以京旗及驻防人员为限，选举及被选举资格，与谘议局普通议员资格同。各省驻防专额议员之数，视该省驻防取进学额全数在十名以内者设议员一名，二十名以内设二名，二十名以外设三名。初选当选人额数，以议员定额十倍之数为准。复选当选人额数，以议员定额为准。调查选举人名册，由督、抚会同将军、都统，于京旗及驻防人员内，各酌派选举调查员。当选、改选、补选及诉讼、罚则各事，均照《谘议局选举章程》办理。此各省谘议局议员初选、复选办法之概略也。

各省谘议局选举，宣统元年各督、抚次第奏报举行。于九月初一日，召集开会，举行互选资政、谘议员。二年四月，资政院奏请钦选各项议员，奉敕选定。以八月二十日为召集期，九月初一日，资政院举行第一次开院礼。监国摄政王代行莅选，颁谕嘉勉议员。三年九月，遵章第二次召集开会。

资政院、谘议局议员选举外，尚有地方自治团体之选举。地方自治为立宪基础，列于筹备事宜清单。光绪三十四年、宣统元年，宪政编查馆先后核议，民政部奏城、镇、乡、府、厅、州、县及京师地方自治暨选举各章程，各省次第筹办。其选举办法，与谘议局议员选举略有出入。以繁琐，不备载。

卷一百十四　　志八十九

职官一

太祖肇基东土，国俗淳壹，事简职专，置八旗总管大臣、佐管大臣董统军旅，置议政五大臣、理事十大臣厘治政刑，任用者止亲贵数臣，官称职立，人称官置，兴也勃焉。太宗厉精为治，设三馆，置八承政，论功料勤，翕斯郅治。世祖入关，因明遗制，内自阁、部以迄庶司，损益有物。藩部创建，名并七卿，外台督抚，杜其纷更，著为令甲。绿营提镇以下，悉易差遣为官，旗营御前领卫，年宿位重，意任隆密。都统旗长，军民合治，职视专圻驻防，分翰外畿，规抚京制。西北边陲，守以重臣，绥靖蒙、番，方轨都护，斯皆因俗而治，得其宜已。世宗综核，罢尚宝、行人、佥都诸目。高宗明哲，损参政、参议、副使、佥事诸衔，沙汰虚冗，奉职肃然。嘉、道以降，整厘如旧。日久颓弛，精意浸失，日革月易，百职相侵。光绪变法，宣统议制，品目张皇，掌寄纷杂，将以靖国，不益嚣乎！夫一国事权，操自枢垣，汇于六曹，分寄于疆吏。自改内三院为内阁，台辅拱袂。迨军机设，题本废，内阁益类闲曹，六部长官数四，各无专事。甚或朝握铨衡，夕兼支计，甫主戎政，复领容台，一职数官，一官数职，曲存禀仰，建树宁论。时军机之权，独峙于其上，国家兴大兵役，特简经略大臣、参赞大臣，亲寄军要。吏部助之用人，户部协以巨饷，用能藉此雄职，奏厥肤功。自是权复移于经略，督抚仪品虽与相埒，然不过承号令、备策应而已。厥后海疆衅起，经略才望稍爽，权力渐微。粤难纠纷，首相督师，屡偾厥事。朝廷间用督抚董戎，多不辱命，犹复不制以文法，故能霈施魄力，自是权又移于督抚。同治中兴，光绪还都，皆其力也。洎乎末造，亲贵用事，权削四旁，厚集中央，疆事遂致不支焉。初制内外群僚，满、汉参用，蒙古、汉军，次第分布。康、雍两朝，西北督抚，权定满缺，领队、办事大臣，专任满员，累朝膺阃外重寄者，满臣为多。逮文宗兼用汉人，勋业遂著。大抵中叶以前，开疆拓宇，功多成于满人。中叶以后，拨剧整乱，功多成于汉人。季世厘定官制，始未尝不欲混齐畛域，以固厥根本也。而弊风相仍，一物自为鸿乙，徒致疑虢，虽危亡之政，无关典要，亦必辑而列之，以著一时故实，治乱之迹，庶皎然若览焉。

宗人府　**师傅保**　**内阁**　稽查钦奉上谕事件处　中书科　**军机处**　内繙书房　方略馆　**吏部**　**户部**　三库　仓场　关税各差　**礼部**　会同四译馆　乐部　**兵部**　**刑部**　**工部**　火药局　河道沟渠　**盛京五部**

宗人府　宗令，左、右宗正，左、右宗人，俱各一人。宗室王、公为之。府丞，汉一人。正三品。其属：堂主事，汉主事，经历司经历，并正六品。左、右二司理事官，正五品。副理事官，从五品。主事，委署主事，俱各二人；笔帖式，效力笔帖式，各二十有四人。俱宗室为之。

宗令掌皇族属籍，显祖宣皇帝本支为宗室，系金黄带。旁支曰觉罗，系红带。革字者，系紫带。以时修辑玉牒，奠昭穆，序爵禄，宗室封爵十有二：曰和硕亲王，曰多罗郡王，曰多罗贝勒，曰固山贝子，曰奉恩镇国公，曰奉恩辅国公，曰不入八分镇国公，曰不入八分辅国公，曰镇国将军，曰辅国将军，曰奉国将军，曰奉恩将军。嫡子受封者二等：曰世子，曰长子。福晋、夫人之号，各视夫爵以为差。公主之等二：曰固伦公主，曰和硕公主。格格之等五：曰郡主，曰县主，曰郡君，曰县君，曰乡君。不入五等曰宗女。额驸品级，各视公主、格格等级以为差。丽派别，申教诫，议赏罚，承陵庙祀事。宗正、宗人佐之。府丞掌校汉文册籍。左、右二司分掌左、右翼宗室、觉罗谱牒，序录子女嫡庶、生卒、婚嫁，官爵、名谥；并核承袭次序，秩俸等差，及养给优恤诸事。堂主事掌清文奏稿。汉主事掌汉文典籍。经历掌出纳文移。笔帖式掌繙译文书。各部同。笔帖式为满员进身之阶。国初，大学士达海、额尔德尼、索尼诸人，并起家武臣，以谙练国书，特恩赐号“巴克什”，即后之笔帖式也。厥后各署候补者纷不可纪矣。其兼领者：左、右翼宗学，总理学务王二人，稽察京堂官三人，并请旨简派。总管四人，食七品俸。副管十有六人，食八品俸。并以宗室中分尊年长者引见补授。清书教习、骑射教习各六人，汉书教习八人。所辖银库，以本府堂官及满洲大臣各一人领之，请旨简派。司官二人，由府引见补授。笔帖式四人。空房，司官、笔帖式亦如之。黄档房，司官、笔帖式无员限。

初制，列署笃恭殿前，置八和硕贝勒共议国政，各置官属。顺治九年，设宗人府，置宗令一人；亲王、郡王为之。左、右宗正，贝勒、贝子兼摄。宗人，镇国公、辅国公及将军兼摄。后择贤，不以爵限。俱各二人。启心郎，觉罗一人，汉军二人，初制，秩视理事官。九年，改视侍郎。始以满臣不谙汉语，议事令坐其中。后多缘以为奸，康熙十二年省。与府丞并为正官。其郎中六人，康熙三十八年省二人。员外郎四人，主事三人，以觉罗为之，嗣改觉罗、满洲参用。堂主事二人，经历三人，宗室、满洲二人，汉一人。康熙三十八年省汉缺。乾隆二十九年改用宗室。笔帖式二十有四人。后增减无恒。初为他赤哈哈番、笔帖式哈番，寻改六、七、八品及无顶戴笔帖式。各部同。康熙十二年，省启心郎，增满洲主事一人，分隶左、右二司。雍正元年，增汉主事二人。用进士出身者。明年，改郎中为理事官，员外郎为副理事官，并定为宗室、满洲参用。乾隆二十九年，允府丞储麟趾奏，始专用宗室人员。五十三年，增置委署主事四人。笔帖式改。

太师、太傅、太保为三公。正一品。少师、少傅、少保为三孤。从一品。太子太师、太子太傅、太子太保，从一品。太子少师、太子少傅、太子少保，正二品。俱东宫大臣，无员限，无专授。

初沿明制，大臣有授公、孤者。嗣定为兼官、加官及赠官。

内阁　大学士，满、汉各二人。初制，满员一品，汉员二品。顺治十五年，改与汉同。雍正八年，并定正一品。协办大学士，满、汉各一人。尚书内特简。正一品。学士，满洲六人，汉四人。初制，满员二品，汉员三品。顺治十五年，并改正五品，兼礼部侍郎者正三品。雍正八年，定从二品。后皆兼礼部侍郎衔。典籍厅典籍，满、汉、汉军各二人。正七品。侍读学士，满洲四人，蒙、汉各二人。初兼太常寺卿衔，寻罢。雍正三年，定从四品。中书，正七品。满洲七十人，蒙古十有六人，汉军八人。贴写中书，满洲四十人，蒙古六人。

大学士掌钧国政，赞诏命，厘宪典，议大礼、大政，裁酌可否入告。协办佐之。修实录、史、志，充监修总裁官。经筵领讲官。会试充考试官。殿试充读卷官。春秋释奠，摄行祭事。学士掌敷奏。侍读学士掌典校。侍读掌勘对。典籍掌出纳文移。内阁为典掌丝纶之地，自大学士以下，皆不置印，惟典籍置之，以钤往来文牒。中书掌撰拟、缮译。分办本章处凡五：曰满本房，汉本房，蒙古本房，满签票处，汉签票处。又诰敕房，稽察房，收发红本副本处，饭银库，俱由大学士委侍读以下官司之。惟批本处额置满洲翰林官一人，请旨简派。中书七人。满中书内补授。

初，天聪二年，建文馆，命儒臣分直。十年，更名内三院。曰国史，曰秘书，曰弘文。始亦沿承政名，后各置大学士一人。顺治元年，置满、汉大学士，不备官，兼各部尚书衔。学士，满州、康熙九年改置二人，十年增四人，通旧为六人。汉军康熙十年改置二人，十二年并入汉缺。各三人，汉学士无员限。康熙十年改置二人，明年增二人，十二年省汉军入汉缺，通旧为四人。典籍，满、汉、汉军各三人。康熙九年改置二人。侍读，满洲十有一人，清文五人，清汉文六人。康熙三十八年省清文一人，清汉文二人。寻复增二人，通旧为十人。蒙古、汉军、康熙九年各置二人。汉康熙九年省。雍正四年置二人。各三人。中书，满洲七十有五人，蒙古十有九人，汉军十有三人，汉三十有六人。康熙三十八年省满洲、汉军各五人，蒙古三人，汉四人。乾隆十三年复省汉三人。二年，定为正二品衙门，以翰林官分隶之。三院上并系“内翰林”字。八年，置侍读学士，满、蒙、汉军各三人。十八年增满洲二人，蒙古三人。康熙九年增满洲四人，余改置二人。乾隆十七年省汉军入汉缺。十年，置三院汉大学士各二人。十五年，更名内阁，别置翰林院官，以大学士分兼。殿阁曰中和殿、保和殿、文华殿、武英殿、文渊阁、东阁，诸大学士仍兼尚书，学士亦如之。十八年，复三院旧制。康熙九年，仍别置翰林院，改三院为内阁，置满、汉大学士四人。雍正九年，礼部尚书陈元龙、左都御史尹泰特授额外大学士。置协办自此始。厥后多至六人，少或一二人。乾隆十三年，始定大学士、协办大学士员限，省中和殿，增体仁阁，以三殿、三阁为定制，唯保和殿不常置。嗣后授保和者止傅恒一人。凡遇岁时庆节朝会，汉员列满员下。自光绪间李鸿章系文华殿衔，而宝鋆时系武英殿，班转居其右。五十八年，停兼尚书衔。宣统三年，改组内阁，别令大学士序次翰林院。

先是世祖亲政，日至票本房，大学士司票拟，意任隆密。康熙时，改内阁，分其职设翰林院。雍正时，青海告警，复分其职设军机处，议者谓与内三院无异。顾南书房翰林虽典内廷书诏，而军国机要综归内阁，犹为重寄。至本章归内阁，大政由枢臣承旨，权任渐轻矣。

稽察钦奉上谕事件处，兼理大臣无员限。满、汉大学士、尚书、左都御史内特简。掌察诸司谕旨特交事件，督以例限。委署主事，满洲一人。行走司官，汉四人。并于吏、兵、刑、工四部选补。笔帖式四十人。额外笔帖式八人。

中书科，稽察科事内阁学士，满、汉各一人，由内阁学士内特简。掌稽颁册轴。掌印中书，满洲一人。掌科中书，汉一人。中书，并从七品。满洲一人，汉三人，掌缮书诰敕。笔帖式十人。

初制，置满洲中书舍人一人，乾隆十四年增一人。汉中书舍人八人。雍正十三年派兼内阁行走。乾隆十三年省四人。顺治九年，置满洲记事官，同掌科事。康熙九年，改记事官为中书舍人。乾隆三十六年，置管中书科事汉内阁学士一人。明年，改管科事为稽察科事；增置满洲内阁学士一人；改中书舍人为中书科，置掌印中书，满、汉各一人。宣统三年省。

军机处　军机大臣，无定员，由大学士、尚书、侍郎内特旨召入。区其名曰大臣，曰大臣上行走。其初入者加“学习”二字。掌军国大政，以赞机务。常日侍直，应对献替，巡幸亦如之。明降谕旨，述交内阁。谕本处行者，封寄所司。并册藏存记人员，届时题奏。其属曰章京，满洲十有六人，汉二十人，名曰行走，分头班、二班。初无定额，嘉庆四年定每班八人。后增减无恒。光绪三十二年定三十有六人，复定领班秩视三品，帮领班秩视四品，余并以原官充补。三十四年，改领班为从三品，帮领班为从四品。分掌清文、汉字。

初设议政处，令巩阿岱等为议政大臣，参画军要。雍正十年，用兵西北，虑傺直者泄机密，始设军机房，后改军机处，而满洲大学士尚有兼议政衔者。乾隆五十六年停。高宗莅政，更名总理处，寻复如初。时入直者皆重臣。故事，亲王不假事权。至嘉庆四年，始命成亲王入直，旋出之。咸丰间，复命恭亲王入直，历三朝领班如故。嗣是醇贤亲王、礼亲王、庆亲王等踵相蹑。光绪二十七年，设政务处，以军机大臣领督办事。参预大臣无定员。提调、帮提调、总办、帮总办，俱各二人，章京八人，并以本处员司兼充。二十八年，附设财政处，寻罢。三十二年更名会议政务处，隶内阁。宣统三年省。三十一年，定署名制。越二年，设宪政编查馆，复命军机大臣领之。先是设考察政治馆，命度支部尚书戴泽等考察各国政治，至是更名。置提调四；总核、参议各二；庶务处总办一；一、二等谘议官，无恒额。设编制、统计、官报三局，局长、副局长各一，科员视事酌置。又考核科总办一，帮办正科员各二，副科员八，调京、外官兼充。宣统三年省。宣统三年，改责任内阁，以军机大臣为总协理大臣。

内缮书房管理大臣，满洲军机大臣兼充，掌缮谕旨、御论、册祝文字。提调、协办提调，各二人。收掌官、掌档官，俱各四人。并于本房行走官内酌派。缮译四十人。宣统初，改隶翰林院。

方略馆总裁，军机大臣兼充。掌修方略。提调、收掌，俱满、汉二人。纂修，满洲三人，汉六人。俱由军机章京内派充。汉纂修缺内由翰林院咨送充补一人。校对，无员限。六部司员、内阁中书兼充。有事权置，毕乃省。

吏部　尚书，初制，满洲一品，汉人二品。顺治十六年改满尚书二品。康熙六年复故，九年仍改正二品。雍正八年俱定从一品。各部同。左、右侍郎，初制，满洲、汉军二品，汉员三品。顺治十六年改满侍郎三品。康熙六年复故，九年仍改正三品。雍正八年俱定从二品。各部同。俱满、汉一人。其属：堂主事，初制四品。顺治十六年改六品。康熙六年升五品，九年定正六品。各部同。清档房满洲一人，汉本房满洲二人，汉军一人。司务厅司务，初制从九品。乾隆三十年定正八品。各部同。满、汉各一人。缮本笔帖式，十有二人。文选、考功、验封、稽勋四清吏司：郎中，初制三品。顺治十六年改五品，寻升四品。康熙六年仍改三品，九年定正五品。各部同。满洲九人，文选四人，考功三人，验封、稽勋司各一人。蒙古一人，文选司置。汉五人。文选二人，余各一人。员外郎，初制四品。顺治十六年改五品。康熙六年复故，九年定从五品。各部同。宗室一人，稽勋司置。满洲八人，文选三人，考功、验封各二人，稽勋一人。蒙古一人，考功司置。汉六人。文选三人，余各一人。主事，宗室一人，稽勋司置。满洲四人，司各一人。蒙古一人，验封司置。汉七人。文选三人，考功二人，余各一人。笔帖式，宗室一人，满洲五十有七人，蒙古四人，汉军十有二人。学习行走者，有额外司员、七品小京官。各部同。

尚书掌铨综衡轴，以布邦职。侍郎贰之。堂主事掌文案章奏。司务掌出纳文移。以上二员各部同。文选掌班秩迁除，平均铨法。官分九品，各系正从，级十有八，不及九品曰未入流。选人并登资薄，依流平进，踵故牒序迁之。考功掌考课，三载考绩。京察、大计各听察于长官，著迹计薄。凡论劾、释免、引年、称疾，并核功过处分。交议者，辨公私轻重，条议以闻。稽勋掌勋级、名籍、丧养，兼稽京朝官廪禄，稽俸厅隶之。汉司官员数，八旗世职继袭。验封掌荫叙、正一品子正五品叙，从一品子从五品叙，其下以是为差。封赠、阶十有八：正一品授光禄大夫，从一品授荣禄大夫，正二品授资政大夫，从二品授奉政大夫，正三品授通议大夫，从三品授中议大夫，正四品授中宪大夫，从四品授朝议大夫，正五品授奉政大夫，从五品授奉直大夫，俱授诰命。正六品授承德郎，从六品授儒林郎，吏员出身者宣德郎，正七品授文林郎，吏员出身者宣义郎，从七品授征仕郎，正八品授修职郎，从八品授修职佐郎，正九品授登仕郎，从九品授登仕佐郎，俱授敕命。命妇之号九：一曰一品夫人，二品亦曰夫人，三品曰淑人，四品曰恭人，五品曰宜人，六品曰安人，七品曰孺人，八品曰八品孺人，九品曰九品孺人，不分正从。因其子孙封者加"太"字，夫在则否。一品封赠三代，二、三品二代，四品至七品一代，以下止封本身。一品四轴用玉，二品三轴用犀，三品三轴、四品二轴用抹金，五品以下二轴用角。凡嫡母在，生母不得并封。又两子当封，从其品大者。酬庸、奖忠。核赠、荫死难官员，有赠、有荫。当否。袭封则辨分合，别宗支等。其世流降除，勘土官世职，移文选司注拟。推恩外戚，加荣圣裔，优恤胜国，并按典奏闻。别设督催所，趣各司交议事，督以例限。当月处，主受事、付事，兼监堂印。遴司员分司之。各部同。

初，天聪五年，诏群僚议定官制，建六部，各以贝勒一人领之。顺治元年罢。八年复以亲王、郡王兼摄，九年罢。置承政四人，满二人，蒙、汉各一人。唯工部满一人，汉二人。参政八人，唯工部置蒙、汉各二人。共十有二人。启心郎一人。工部置汉二人。顺治九年定秩视侍郎。崇德三年，六部定承政一人，左参政二人，右参政三人，户部四人。启心郎三人，满一人，汉二人。理事官四十有三人，吏、礼二部各四人，户、兵二部各十人，刑部六人，工部九人。副理事官六十有五人，吏部六人，户、兵二部各十有六人，礼部七人，刑部八人，工部十有二人。额哲库二人。

顺治元年，改承政为尚书，参政为侍郎，理事官为郎中，副理事官为员外郎，额哲库为主事。初置增减无恒。时满洲尚书，满、汉左、右侍郎，亦无员限。汉右侍郎兼翰林院学士衔。非翰林出身者不兼。寻罢。本部郎中，满洲四人，十二年增四人。光绪十三年增文选一人。汉军二人，雍正五年省。满、蒙员外郎八人，十二年省蒙古缺。十八年复置蒙古八人，康熙元年省，五十七年复置一人。汉军六人。康熙三十八年省四人。雍正五年并省。满洲堂主事、清文、清汉文各二人。司主事光绪十三年增文选一人。各四人，汉军一人，汉司务二人。四年省一人。十五年定满、汉各一人。各部同。文选司，汉郎中、员外郎各一人，雍正五年增员外郎一人。光绪十三年各增一人。主事二人。光绪十三年增一人。考功、稽勋、验封三司，汉郎中、员外郎、主事各一人。雍正五年增考功主事一人。并置笔帖式，分隶堂司。各部同。五年，定满、汉尚书各一人。七年增满洲一人，十年省。十五年，省启心郎，定满、汉左、右侍郎各一人。康熙五十七年，增置蒙古郎中、主事各一人。雍正元年，以大学士领部事。嘉庆四年，更命亲王综之，寻罢。改满洲员外郎、主事各一人为宗室员缺。六年，复以大学士管部，自是为定制。光绪二十三年，澄汰书吏，增文选、考功二司郎中、员外郎、主事各一人。满、汉参用。三十二年，定尚书，左、右侍郎，左、右丞、参各一人。丞、参品秩，详新官制外务部。

初制，满、蒙、汉军司官，六部统为员额，不置专曹，后始分司定秩如汉人。季世诏泯满、汉畛域，各部复参用矣。吏部班次曩居六部上。各司郎官，非科甲出身者，不得注授。礼部、宗人府、起居注主事同。自外务部设，班位稍爽，改组内阁，设铨叙、制诰等局，吏部遂废。

户部　尚书，左、右侍郎，俱满、汉一人。其属：堂主事，南档房满洲二人，北档房满洲、汉军各二人。司务厅司务，满、汉各一人。缮本笔帖式二十人。江南、江西、浙江、湖广、福建、山东、山西、河南、陕西、四川、广东、广西、云南、贵州十四清吏司：郎中，宗室一人，江西司置。满洲十有七人，江南、浙江、河南、山西、陕西、四川、广东、广西、贵州司各一人，福建、湖广、山东、云南司各二人。蒙古一人，山西司置。汉十有四人。司各一人。员外郎，宗室二人，广东、广西司置。满洲三十有六人，山西司一人，浙江、江西、河南、四川、广东、湖广司各二人，江南、陕西、广西、山东、云南、贵州司各三人，福建司五人。汉十有四人。主事，宗室一人，浙江司置。蒙古一人，福建司置。满、汉各十有四人。笔帖式，宗室一人，满洲百人，蒙古四人，汉军十有六人。

尚书掌军国支计，以足邦用。侍郎贰之。右侍郎兼掌宝泉局鼓铸。十四司，各掌其分省民赋，及八旗诸司廪禄，军士饷糈，各仓，盐课，钞关，杂税。江南司兼稽江宁、苏州织造支销，江宁、京口驻防俸饷，各省平余地丁逾限未结者。江西司兼稽各省协饷。浙江司兼稽杭州织造支销，杭州、乍浦驻防俸饷，及各省民数、谷数。福建司兼稽直隶民赋，天津海税，东西陵、热河、密云驻防俸饷，司乳牛牧马政令，文武乡会试支供，五城赈粟。湖广司兼稽奉省厂课，荆州驻防俸饷，各省地丁耗羡之数。河南司兼稽开封驻防俸饷，察哈尔俸饷，及报销未结者。山东司兼稽青州、德州驻防俸饷，东三省兵糈出纳，蕩票畜税，并察给八旗官养廉，长芦等处盐课。山西司兼稽游牧察哈尔地亩，土默特地粮，喀尔喀、回部定边左副将军办事官属，张家口、赛尔乌苏台站俸饷，乌里雅苏台、科布多屯田官兵番换，并各省岁入岁出之数。陕西司兼稽甘肃民赋，行销盐引，西安、宁夏、凉州、庄浪各驻防俸饷，并汇核在京支款，新疆经费。四川司兼稽本省关税，两金川等处、新疆屯务，成都驻防俸饷，并京城草厂出纳，各部院纸硃支费，入官户口，赃罚银两，凡各省郡县丰歉水旱，岁具其数以上。广东司兼稽广州驻防俸饷，八旗继嗣户产更代，凡寿民、孝子、节妇受旌者，给以坊直。广西司兼稽本省矿政厂税，及京省钱法，内仓出纳。云南司兼稽本省厂课，山东、河南、江南、江西、浙江、湖广漕政，京、通仓储，及江宁水次六仓考核。贵州司兼稽各关税课，并核貂贡。所辖内仓监督，满洲二人。司员内派委。宝泉局监督、各部司员内保送补用。主事，本部司员内派委。俱满、汉各一人；局大使，东、西、南、北四厂大使，俱满洲一人。笔帖式充。初置汉一人。雍正四年增四人，七年改满洲员缺。各省钱局监铸官，十有八人。外官兼充，并受法式法部。其别领者三：曰井田科，典八旗土田、内府庄户；曰俸饷处，核八旗俸饷丁册；曰现审处，平八旗户口田房诤讼。又饭银处、减平处、捐纳房、监印处、则例馆，俱派司属分治其事。

初，天聪五年，设户部。顺治元年，置尚书、侍郎。右侍郎管钱法堂事。郎中，满洲十有八人，蒙古四人，康熙三十八年省。五十七年复置一人。汉军二人。康熙三十八年省。员外郎，满洲三十有八人，蒙古五人，康熙三十八年省，五十七年复置一人。汉军六人。康熙三十八年省。满洲堂主事四人，主事十有四人，汉军堂主事二人。十四司，汉郎中、员外郎各一人，主事各三人。六年，司各增一人。十一年省增额。康熙六年省江南、浙江、江西、湖广、福建、河南、陕西、广西、四川、贵州各一人。三十八年省山东、山西、广东、云南各一人。五年，定满、汉尚书各一人。七年增满洲一人，十年省。康熙六年复置，八年又省。康熙五十七年，增置福建司蒙古主事一人。雍正初，始令亲王、大学士领部事。嘉庆四年，以川省用兵，销算务剧，复令亲王永瑆综之。寻罢。并改满洲郎中一人、员外郎二人为宗室员缺。十一年，仍令大学士管部。光绪六年，增浙江司宗室主事一人。三十二年，更名度支部。初制，按省分职，十三司外，增设江南一司，凡铜、关、盐、漕，及续建行省，别以司之事简领之。

管理三库大臣，满、汉各一人，三年请旨更派。掌库藏出纳，月会岁要，核实以闻。其属：档房主事一人，银、缎匹、颜料三库郎中各一人，员外郎各二人，司库五人，正七品。银库一人，余各二人。大使四人，银库二人，余各一人。各部司员内补授。笔帖式四人，库使十有一人。未入流。以上俱为满缺。

顺治初，设后库，在部署。置郎中四人，员外郎二人。康熙二十九年定三库俱各一人。雍正二年增员外郎各一人。十三年，分建三库，改后库为银库。缎匹库在东华门外，即旧里新库。颜料库在西安门内，即旧甲字库。置理事官综其事。雍正元年，改命王公大臣领之。明年，置大使各一人，乾隆三年增银库一人。并增主事一人，稽核档案。光绪二十八年省。

总督仓场侍郎，满、汉各一人，分驻通州新城。掌仓谷委积，北河运务。其属：笔帖式四人。所辖坐粮厅，满、汉各一人，满员由六部、理藩院郎员，汉员由六部郎员内简用。掌转运输仓，及通济库出纳。大通桥监督，满、汉各一人，十一仓监督内补用。掌转大通陆运。十一仓监督，曰禄米、曰南新、曰旧太、曰富新、曰兴平、曰海运、曰北新、曰太平，俱清初建。曰本裕，康熙四十五年建。曰储济，雍正六年建。曰丰益，七年建。旧有万安、裕丰，后省。其恩丰仓，乾隆二十六年建，隶内府。俱满、汉各一人，各部院保送补用。掌分管京仓。中、西二仓监督，沿明制建。旧有南仓，后省。满、汉各一人，十一仓监督内调补。掌分管通仓。

顺治元年，置汉侍郎一人。康熙八年省，十八年复。京、通各仓，户部员司分理之。通州坐粮厅，十二年设京粮厅。十五年并入大通桥。康熙二年置满、汉监督各一人，寻省。四十七年复。以户部官一人承其事。九年，置满洲、汉军侍郎各一人。寻省汉军缺。十五年，定满、汉各一人。康熙五十年，定京、通仓监督满、汉各一人。雍正二年置副监督，寻省。其缺由内阁中书、部院监寺官番选。又初有总理，满洲侍郎一人，与总漕并理漕务。顺治八年省，十二年复，十八年又省。

京师崇文门，正监督、副监督，左翼、右翼各一人。内府大臣及尚书侍郎兼充。其各常关，或部臣题请特简，或由京掣差部司官，或改令外官兼辖。天津关，长芦盐政兼管。通州，坐粮厅兼管。张家口、杀虎口，部院司员兼充。潘桃口，多伦诺尔同知兼理。龙泉、紫荆、喜峰、五虎、固关、白石、倒马、茨沟、插箭岭、马水口，提督兼管，委参将、都司、守备、把总监收。三座塔、八沟、乌兰哈达，理藩院司员兼充。奉天牛马税，部院司员兼充。中江，盛京将军衙门章京及五部司员番选，后归兴凤道兼理。临清，巡抚兼管，委知州监收。归化城，巡抚兼管，委道员监收。潼关，道员兼理。浒墅关，苏州织造监理。淮安关兼庙湾口，内府司员兼充。扬关，巡抚兼管，委淮扬海道兼收。西新关，江宁织造兼理，后改归巡抚。凤阳关，皖北道兼理。赣关，巡抚兼管，委吉南赣宁道监收。闽安关，巡抚兼管，后改归总督，委福州府同知监收。北新关，杭州织造兼管，后改归巡抚。武昌厂、荆关，巡抚兼管，后改归总督委员监收。夔关，总督兼管，委知府监收。打箭炉，同知兼理。太平关，巡抚兼管，委南韶连道盐收。梧厂、浔厂，巡抚兼管，委梧、浔二知府监收。

初制，榷百货者曰户关，榷竹木船钞者曰工关，为户、工二部分司，后改今制。宣统三年，工关多改称常关，唯直隶等省名称如故。并隶度支部。往例以内府官简充。乾隆间，改令内务府大臣为之。后部院大臣并得简充，定为满洲员缺。

礼部　尚书，左、右侍郎，俱满、汉一人。其属：堂主事，清档房满洲二人，汉本房满洲、汉军各一人。司务厅司务，满、汉各一人。笔帖式，宗室一人，满洲三十有四人，蒙古二人，汉军四人。典制、祠祭、主客、精膳四清吏司：郎中，满洲六人，典制、祠祭，各二人，余俱一人。蒙古一人，主客司置。汉四人。司各一人。员外郎，宗室一人，主客司置。满洲八人，典制、祠祭司各三人。余俱一人。蒙古一人，祠祭司置。汉二人。典制、祠祭司各一人。主事，宗室、蒙古各一人，精膳司置。满州三人，典制、祠祭、精膳司各一人。汉四人。司各一人。印铸局，汉员外郎、满洲署主事、汉大使，未入流。各一人。堂子尉，满洲八人。七品二人，八品六人。

尚书掌五礼秩叙，典领学校贡举，以布邦教。侍郎贰之。典制掌嘉礼、军礼。稽彝章，辨名数，颁式诸司。三岁大比，司其名籍。四方忠孝贞义，访懋旌闻。祠祭掌吉礼、凶礼。凡大祀、中祀、群祀，以岁时辨其序事与其用等。日月交食，内外诸司救护；有灾异即奏闻。凡丧葬、祭祀，贵贱有等，皆定程式而颁行之。勋戚、文武大臣请葬祭、赠谥，必移所司核行。并籍领史祝、医巫、音乐、僧道，司其禁令，有妖妄者罪无赦。主客掌宾礼。凡蕃使朝贡，馆饩赐予，辨其贡道远迩、贡使多寡、贡物丰约以定。颁实录、玉牒告成褒赏。稽霍茶岁额。精膳掌五礼燕飨与其牲牷。赐百官礼食，视品秩以为差，光禄供膳羞，会计其数而程其出纳，汇核各司。铸印局题销铸印，掌铸宝玺，凡内外诸司印信，并范冶之。用银质直钮三台者：宗人府、衍圣公，清、汉文尚方大篆，方三寸三分，厚一寸；六部、户部盐茶、都察院、行在部院，清、汉、蒙三体字，清、汉文尚方大篆，蒙文不篆，方三寸三分，厚九分。直钮二台者：盛京五部、户部三库，清、汉文尚方大篆，方三寸三分，厚八分；军机处、内务府、盛京内务府、翰林院、銮舆卫，清、汉文尚方大篆，方三寸二分，厚八分。虎钮三台者：提督、总兵。虎钮二台者：侯、伯、领侍卫内大臣、都统、前锋统领、护军统领、步军统领、总管火器营神机营、圆明园总营八旗包衣三旗官兵、经略大臣、大将军、镇守将军、科布多参赞大臣、镇守挂印总兵，清、汉文柳叶篆；西宁办事大臣、驻藏办事大臣，清、汉、回三体字；伊犁将军，清、汉、回、托忒四体字；定边参赞大臣，清、汉、托忒三体字，清、汉文柳叶篆，塔尔巴哈台参赞大臣，清文、托忒二体字，清文柳叶篆；库伦办事大臣，清、汉、蒙三体字，清、汉文柳叶篆；外藩扎萨克各盟长，清、蒙二体字，不篆，并方三寸三分，厚九分；向导总领、驻防副都统，清、汉文柳叶篆，方三寸二分，厚八分。直钮者：布政使司，清、汉文小篆，方三寸一分，厚八分；通政使司、大理寺、大常寺、顺天府、奉天府，清、汉文小篆，方二寸九分，厚六分五厘。用铜质直钮者：詹事府、按察使司，清、汉文小篆；额鲁特总管，清、汉、蒙三体字，清文殳篆；宣慰使司、指挥使司，清、汉文殳篆，并方一寸七分，厚九分；光禄寺、太仆寺、武备院、上驷院、奉宸苑，清、汉文小篆；盐运使司，清、汉文钟鼎篆；旗手卫、城守尉，清、汉文殳篆；卫守备，清、汉文悬针篆；察哈尔总管，清、蒙二体字，清文殳篆，并方二寸六分，厚六分五厘；府，清、汉文垂露篆，方二寸五分，厚六分；宗人府左右司、左右春坊、司经局、六部理藩院各司、銮舆卫各所、钦天监、太医院、盛京五部各司，清、汉文钟鼎篆；宗人府经历、盐课提举司，清、汉文垂露篆，并方二寸四分，厚五分；宣抚使司副使、安抚使司、领运千总，清、汉文悬针篆；方二寸四分，厚五分五厘；州，清、汉文垂露篆，方二寸三分，厚四分五厘；土千户，清、汉文悬针篆，方厚如州；内务府各司、銮舆卫驯象等所，清、汉文钟鼎篆；吏户二部稽俸厅、都察院经历、大理寺太仆寺左右司、光禄寺四署、乐部和声署、五城兵马司、大兴宛平二县、盛京承德县、布政使司经历、理问，清、汉文垂露篆；旗手卫左右司、九姓长官司、指挥佥事，清、汉文悬针篆，并方二寸二分，厚四分五厘；六科、钦天监时宪书，清、汉文钟鼎篆；中书科太常寺光禄寺典簿、詹事府太仆寺主薄、部寺司务、县銮舆卫通政使司按察使司盐运使司各卫宣慰使司诸经历，并方二寸一分，厚四分四厘；国子监三厅、鸿胪寺钦天监各主薄、京府儒学、坛庙祠祭署、布政使司照磨、府经历，清、汉文垂露篆，方二寸，厚四分二厘；刑部司狱、国子监典簿、神乐观牺牲所、光禄寺银库、太医院药库、宝泉宝源二局，清、汉文垂露篆，方一寸九分，厚四分二厘；京府照磨、司狱、布政使司司库、按察使司照磨、司狱、府照磨、司狱、库大使、府卫儒学、巡检司、都税司、税课司、茶马司，清、汉文垂露篆，并方一寸九分，厚四分。直钮有孔者：监察御史、稽察宗人府内务府御史，清、汉文钟鼎篆，方一寸五分，厚三分。喇嘛、呼图克图，或金质，或银质，扎萨克大喇嘛，铜质，并云钮，用清文、蒙古、唐古忒三体字，不篆，或清、汉文转宿篆、正一真人，铜质直钮，清、汉文钟鼎篆，方二寸六分，厚六分五厘。僧录司、道录司，铜质直钮，清、汉文垂露篆，方二寸二分，厚四分五厘。余用关防或图记、条记也。别设书籍库、板片库、南库、养廉处、地租处，俱遴员司分治其事。

天聪五年，设礼部。顺治元年，置尚书、侍郎各官。十五年省汉军侍郎。郎中，满洲四人，十八年增二人。员外郎六人，十二年增四人。堂主事二人，司主事四人；蒙古章京二人；康熙九年改郎中、员外郎各一人。三十八年省。汉军郎中八人，康熙九年省七人。雍正五年俱省。员外郎五人，康熙三十八年省二人。雍正五年俱省。堂主事一人。仪制、祠祭、主客、精膳四司，汉郎中、员外郎、主事各一人。二年省主客、精膳员外郎各一人。满洲读祝官六人。九年省四人。康熙十年改隶太常寺。皇史宬尉，正七品。满洲三人。司牲官，正七品。蒙古二人。铸印局，满洲员外郎一人，以上三员寻省。汉大使一人。五年，定满、汉尚书各一人。康熙五十七年，增置蒙古郎中、主客司。员外郎、祠祭司。主事精膳司。各一人。雍正元年，以亲王、郡王、大学士领部事，随时简任，不为常目。乾隆三年，增置铸印局汉员外郎、笔帖式、署主事各一人。十三年，省行人司入之。嘉庆四年，改满洲员外郎、主事各一人为宗室员缺。光绪二十四年，省光禄、鸿胪二寺入之，寻复故。三十一年，诏罢科举，各省学政改隶学务大臣，自是厘正士风之责，不属本部矣。三十二年，以光禄、太常、鸿胪三寺同为执礼官，仍省入。更精膳司曰光禄，主客司曰太常，并各置郎中、员外郎、主事各一人。鸿胪事稍简，归入典制司，增员外郎一人，并满、汉参用。是岁定尚书，侍郎，左、右丞、参员额如吏部。设礼器库，置郎中、员外郎各一人，赞礼官、读祝官亦如之。俱六品。太常寺丞改充。薄正、光禄寺署正改充。典薄太常寺博士改充者三人，光禄寺典簿改充者一人。各四人，司库二人，太常、光禄两寺司库改充。以上品秩俱如旧。笔帖式十有四人。三寺内拣选酌留。宣统元年，避帝讳，改仪制司曰典制。

初制，礼部设马馆，置正、副监督各一人。正监督，本部司员充。副监督，理藩院司员充。乾隆二十七年，省入理藩院。又初置满洲宣表官四人，后减二人，寻并入太常寺。

会同四译馆，满洲稽察大臣二人，部院司寺堂官内简派。提督馆事兼鸿胪寺少卿一人，礼部郎中内选补。掌治宾客，谕言语。汉大使一人，正九品。正教、序班汉二人，朝鲜通事官八人。六品、七品各二人，八品四人。

顺治元年，会同四译分设二馆。会同馆隶礼部，以主客司主事满、汉各一人提督之。四译馆隶翰林院，以太常寺汉少卿一人提督之。分设回回、缅甸、百夷、西番、高昌、西天、八百、暹罗八馆，以译远方朝贡文字。置序班二十人，十五年定正教、协教各八人。康熙间省至九人，以一人管典务厅事。乾隆十三年，省典务一人，序班六人，额定二人。朝鲜通事官六人。后增十人。凡六品十人、七品六人。乾隆二十三年省六品四人、七品二人，增八品二人。后俱省。十四年，置员外郎品级通事一人，掌会同馆印。寻省。乾隆十三年，省四译馆入礼部，更名会同四译馆，改八馆为二，曰西域，曰百夷，以礼部郎中兼鸿胪寺少卿衔一人摄之。光绪二十九年省。

乐部，典乐大臣无员限，礼部满洲尚书一人兼之。后改各部侍郎、内务府大臣兼理。又满洲王大臣知乐者，亦曰管理大臣。掌考乐律乐均度数，协之以声歌，播之以器物。辨祭祀、朝会、燕飨之用，以格幽明，和上下。神乐署，署正一人，正六品。左、右署丞各一人，从八品。协律郎五人，正八品。司乐二十有五人。正九品。凡乐生百八十人、舞生三百人属之，俱汉员，兼隶太常寺，掌郊庙、祠祭诸乐。和声署，署正、署丞，俱满、汉各一人。满员，内务府郎中、员外郎兼充。汉员，礼部郎中、员外郎兼充。凡供用官三十人，本署八人。礼部笔帖式兼充二人，内务府赞礼郎兼充六人，笔帖式及各项有品级者兼充十有二人，鸿胪寺鸣赞官兼充二人。署史长十有六人，署史百四十有八人属之，掌殿廷朝会、燕飨诸乐。其宫廷之乐，内务府掌礼司中和乐处典之。卤薄之乐，銮舆卫、旗手卫校尉典之。并隶以部。

什傍处，掇尔契达一人，兼三等侍卫。六品衔达、七品衔达各二人。拜唐阿六十人，兼隶侍卫处。掌奏掇尔多密之乐，燕飨列之。

顺治元年，置教坊司，奉銮一人，左、右《韶》舞，左、右司乐各一人，协同十人。以上并正九品。俳长无定员。未入流。太常寺神乐观，汉提点一人，正六品。左、右知观各一人。正八品。汉协律郎五人。康熙三十八年省。雍正元年复故。乾隆二年增三人，九年省六人。嘉庆四年增二人。道光元年增二人。咸丰二年增二人。雍正七年，改教坊司为和乐署，省奉銮各官。乾隆七年，设乐部，简典乐大臣领之。置和声署官，以内府、太常、鸿胪各官兼摄，侍从、待诏为加衔。并诏禁太常乐员习道教，不愿改业者削籍。先是依明制，凡乐官衵丞概用道流。明年，改神乐观为所，知观为知所。十三年，复改神乐所为署，更提点曰署正，知所曰署丞。

兵部　尚书，左、右侍郎，俱满、汉一人。其属：堂主事，清档房满洲二人，汉本房满洲二人，汉军一人。司务厅司务，满、汉各一人。缮本笔帖式十有五人。武选、车驾、职方、武库四清吏司：郎中，宗室一人，车驾司置。满洲十有一人，武选三人，职方五人，车驾一人，武库二人。蒙古一人，武选司置。汉五人。职方二人，余俱一人。员外郎，宗室一人，车驾司置。满洲九人，武选四人，职方、车驾各二人，武库一人。蒙古三人，职方、车驾、武库各一人。汉四人。武选、职方各二人。主事，满、汉各四人。司各一人。笔帖式，宗室一人，满洲六十有二人，蒙古、汉军各八人。

尚书掌厘治戎政，简核军实，以整邦枢。侍郎贰之。武选掌武职选授、品级、阶十有八：正一品授建威将军，公、侯、伯同；从一品授振威将军；正二品授武显将军；从二品授武功将军；正三品授武义都尉；从三品授武翼都尉；正四品授昭武都尉；从四品授宣武都尉；正五品授武德骑尉；从五品授武德佐骑尉；正六品授武略骑尉；从六品授武略佐骑尉；正七品授武信骑尉；从七品授武信佐骑尉；正八品授奋武校尉；从八品授奋武佐校尉；正九品授修武校尉；从九品授修武佐校尉。高下各如其级。命妇之号视文职。封赠、袭荫，俱同文职。并典营制，暨土司政令。职方掌各省舆图。绿营官年老三载甄别，五年军政，叙功核过，以待赏罚黜陟，并典处分、叙恤、关禁、海禁。车驾掌牧马政令，以裕戎备。凡置邮曰驿、曰站、曰塘、曰台、曰所、曰铺，驰驿者验邮符，泄匿稽留者论如法。武库掌兵籍、戎器，乡会武科，编发、戍军诸事。有征伐，工部给器仗，籍纪其数。制敕下各边征发，或使人出关，必验勘合。其分摄者，会同馆管理馆所侍郎一人，本部侍郎简派。满、汉监督各一人，司员内补授。典京师驿传，以待使命。又捷报处司官无定额。驻京提塘官十有六人。直隶、山东、山西、河南、江西、福建、浙江、湖北、湖南、四川、广东各一人，陕甘、新疆一人，云南、贵州一人，漕河一人，由督抚保送本省武进士、举人及守备咨补。后改隶邮传部。

初，天聪五年，设兵部。顺治元年，置尚书、侍郎各官。郎中，满洲八人，十二年增三人。雍正五年增一人。蒙古四人，康熙三十八年省。五十七年复置一人。汉军二人，雍正五年省。汉四人。雍正五年增一人。员外郎，满洲八人，十二年增五人。康熙三十八年省三人。蒙古四人，康熙三十八年省。五十七年复置三人。汉军六人，康熙三十八年省四人，雍正五年俱省。汉四人。十一年省二人。雍正五年增一人。堂主事、司主事，俱满洲四人；汉军堂主事一人，汉主事五人。会同馆大使一人。康熙三十八年省。五年，定满、汉尚书各一人。八年，以诸王、贝勒兼理部事。寻罢。

十一年，增置督捕。满左侍郎、汉右侍郎各一人。汉协理督捕、太仆寺少卿，二人。寻改。左右理事官，满洲、汉军各一人。后改满、汉各一人。满、汉郎中各一人。员外郎，满洲七人、汉军八人，汉一人。堂主事，满洲三人，司主事一人，十四年增一人。汉主事六人，司狱二人。郎中以下亦有兼督捕衔者。分理八司掌捕政。三营将弁隶之。十二年，增置督捕员外郎八人。旗各一人。时八旗武职选授处分，并隶铨曹，康熙二年始来属。三十八年，省督捕侍郎以次各官，并入刑部。雍正元年，命大学士管部，自后以为常。嘉庆四年，省满洲郎中、员外郎各一人，为宗室员缺。光绪三十二年，更名陆军部。

刑部　尚书，左、右侍郎，俱满、汉一人。其属：堂主事，清档房满洲二人，汉本房满洲三人，汉军一人。司务厅司务，满、汉各一人。缮本笔帖式四十人。直隶、奉天、江苏、安徽、江西、福建、浙江、湖广、河南、山东、山西、陕西、四川、广东、广西、云南、贵州十七清吏司：郎中，宗室一人，湖广司置。满洲十有五人，除奉天、湖广两司外，司各一人。蒙古一人，奉天司置。汉十有九人。湖广、陕西司各二人，余俱一人。员外郎，宗室二人，广东、云南司各一人。满洲二十有三人，江苏、湖广、河南、山东、陕西、广东司各二人，余俱一人。蒙古一人，直隶司置。汉十有九人。直隶、浙江司二人，余俱一人。主事，宗室一人，广西司置。满洲十有五人，除奉天、湖广二司外，司各一人。蒙古一人，山西司置。汉十有七人。司各一人。督捕清吏司：郎中，满、汉各一人。员外郎，满洲一人。主事，满、汉各一人。笔帖式，宗室一人，满洲百有三人，蒙古四人，汉军十有五人。提牢厅主事，满、汉各一人。由额外及试俸主事引见补授。司狱，从九品。满洲四人，汉军、汉各一人。赃罚库，正七品。满洲一人。库使，未入流。满洲二人。

尚书掌折狱审刑，简核法律，各省谳疑，处当具报，以肃邦纪。侍郎贰之。十七司各掌其分省所属刑名。直隶司兼掌八旗游牧、察哈尔左翼所属，并理京畿道御史、顺天府、东西陵、热河都统、围场总管、密云副都统、山海关副都统、古北口、张家口、独石口、喜峰口、芦峰口、塔子沟、三座塔、八沟、乌兰哈达、喀拉河屯、多伦诺尔文移。奉天司兼掌吉林、黑龙江所属，并理宗人府、理藩院文移。江苏司兼掌各省减免之案，凡遇恩赦，审详具奏。并理江南道御史、江宁将军、京口副都统、漕运总督、南河总督文移。安徽司兼理镶红旗、宣武门文移。江西司兼理江西道御史、中城御史、正黄旗、西直门文移。浙江司兼理都察院刑科、浙江道御史、南城御史、杭州将军、乍浦副都统文移。并司条奏汇题，及各司爰书驳正者，会其成，比年一奏。福建司兼理都察院户科、仓场衙门、左右两翼监督、镶蓝旗、阜成门、福州将军文移。湖广司兼掌湖北、湖南所属，并理湖广道御史、荆州将军文移。河南司兼理礼部、都察院礼科、河南道御史、太常寺、光禄寺、国子监、鸿胪寺、钦天监、太医院、东城御史、正红旗、德胜门文移。凡夏令热审，颁行各省钦恤如制。山东司兼理兵部、都察院兵科、山东道御史、太仆寺、青州副都统、东河总督文移。凡步军营捕获盗贼，岁登其数请叙。山西司兼理察哈尔右翼、绥远城将军、归化城副都统、定边左副将军、科布多参赞大臣、库伦办事大臣所属，并理军机处、内阁、翰林院、詹事府、起居注、中书科、内廷各馆、内务府、山西道御史、北城御史、镶白旗、崇文门文移，及各省年例咨报之案。陕西司兼掌甘肃、伊黎、乌鲁木齐、塔尔巴哈台、叶尔羌、喀什噶尔、乌什、阿克苏、库车、吐鲁番、哈喇沙尔、和阗、哈密所属，并理陕西道御史、大理寺、西城御史、西安将军、宁夏将军、凉州副都统、伊犁将军文移。囚粮则以时散给。四川司兼理工部、都察院工科、四川道御史、成都将军文移。凡秋审，会九卿、詹事于朝房以定爰书，并收发刑具。广东司兼理銮舆卫、正白旗、广东道御史、安定门，广州将军文移。广西司兼理通政司、广西道御史文移。凡朝审，具题稿，囚衣则以时散给。云南司兼理镶黄旗、云南道御史，东直门文移。并司堂印封启。贵州司兼理吏部、都察院吏科、正蓝旗、贵州道御史、朝阳门文移。并定各司汉员升补。督捕司掌八旗及各省逃亡。提牢厅掌检狱圄。司狱掌督狱卒。赃罚库掌贮现审赃款，会数送户部。别设律例馆，由尚书或侍郎充总裁。提调一人，纂修四人，司员兼充。校对四人，收掌二人，翻译、誊录各四人。司员及笔帖式充。掌修条例。五年汇辑为小修，十年重编为大修。秋审处，主核秋录大典。初以四川、广西二司分理。雍正十二年，始别遣满、汉司员各二人，曰总办秋审处。寻佐以协办者四人。录各省囚，谓之秋审；录本部囚，谓之朝审。岁八月，会九卿、詹事、科道公阅爰书，核定情实。凡大辟，御史、大理寺官会刑司录问，案法随科，曰会小三法司。录毕，白长官。都御史、大理卿诣部偕尚书、侍郎会鞫，各丽法议狱，曰会大三法司。谳上，复召大臣按覆，然后丽之于辟。初制，刑部会拟朝审，俱本部案件。其外省之案，康熙十六年始命刑部覆核，九卿会议。

初，天聪五年，设刑部。顺治元年，置尚书、侍郎各官。设江南、浙江、福建、四川、湖广、陕西、河南、江西、山东、山西、广东、广西、云南、贵州十四司，置满洲郎中六人，五年增八人。员外郎八人，五年增十人。堂主事五人，司主事十有四人；汉军郎中四人，雍正五年省。员外郎十有二人，康熙三十八年省八人，雍正五年俱省。堂主事一人；汉郎中、雍正五年，增江南、湖广、陕西司各一人。员外郎、十五年省湖广、广西、云南、广东司各一人。雍正三年复故，并增四川司一人。五年增浙江、山东司各一人。主事，十五年省河南、四川、陕西、贵州司各一人。雍正三年复故。各十有四人。满洲司库一人，汉司狱四人。康熙五十一年增满洲四人。乾隆六年定汉军、汉各二人。五年，定满、汉尚书各一人。七年增满洲一人，十年省。十八年，置蒙古员外郎八人。康熙元年省。康熙三十八年，增设督捕前、后司，为十六司。由兵部并入。五十七年，增置蒙古郎中、员外郎、主事各一人。雍正元年，设现审左、右二司，主鞫讯囚系。十二年，析江南司为江苏、安徽二司，定满、汉郎中俱各一人，满洲员外郎三人，江苏司二人，安徽司一人。汉员外郎二人，满、汉主事司各一人，并督捕前、后司为一。自时厥后，亲王、郡王奉命管部，无常员。乾隆六年，更现审左司为奉天司，右司为直隶司，定满洲、直隶司置。蒙古奉天司置。郎中各一人，汉郎中各一人，满洲员外郎二人，蒙古一人，直隶司置。汉三人，奉天司一人，直隶司二人。满、汉主事俱各一人，是为十七司。嘉庆四年，以大学士领部事，改满洲郎中、员外郎、主事各一人为宗室员缺。光绪六年，增置云南司宗室员外郎一人。三十二年，更名法部。

工部　尚书，左、右侍郎，俱满、汉一人。其属：堂主事，清档房满洲三人，汉本房满洲、汉军各一人。司务厅司务，满、汉各一人。缮本笔帖式，宗室一人，满洲十人。营缮、虞衡、都水、屯田四清吏司：郎中，宗室一人，屯田司置。满洲十有六人，营缮、虞衡各四人，都水五人，屯田三人。蒙古一人，营缮司置。汉四人。司各一人。员外郎，宗室一人，虞衡司置。满洲十有六人，营缮、虞衡各四人，都水五人，屯田三人。蒙古一人，营缮司置。汉四人。司各一人。主事，宗室一人，屯田司置。满洲十有一人，营缮、屯田各二人，虞衡三人，都水四人。蒙古一人，营缮司置。汉六人。营缮、都水各二人，虞衡、屯田各一人。笔帖式，宗室一人，满洲八十有五人，蒙古二人，汉军十人。制造库，郎中，满洲二人，汉一人；司库、正七品。司匠，初制七品，康熙九年定从九品。俱满洲二人；库使，未入流。满洲二十有一人。节慎库，满洲郎中、员外郎各一人，司库二人，库使十有二人。硝磺库、铅子库，满洲员外郎、主事俱各一人。

尚书掌工虞器用，辨物庀材，以饬邦事。侍郎贰之。右侍郎兼掌宝源局鼓铸。营缮掌营建工作，凡坛庙、宫府、城郭、仓库、廨宇、营房，鸠工会材，并典领工籍，勾检木税、苇税。虞衡掌山泽采捕，陶冶器用。凡军装军火，各按营额例价，计会核销，京营则给部制。颁权量程式，办东珠等差。都水掌河渠舟航，道路关梁，公私水事。岁十有二月，伐冰纳窖，仲夏颁之；并典坛庙殿廷器用。屯田掌修陵寝大工，办王、公、百官坟茔制度。大祭祀供薪炭，百司岁给亦如之；并检督匠役，审核海、苇、煤课。节慎掌主帑藏，司出纳。制造掌典五工：曰银工、曰镀工、曰皮工、曰绣工、曰甲工；凡车辂仪仗，展采备物，会銮仪卫以供用。所辖宝源局，满、汉监督各一人，满员由宗人府、六部、步军统领衙门司员内保送。汉员由六部司员内保送。大使二人，正九品。本部笔帖式内保送。初置笔帖式一人，雍正七年改置。职视宝泉局。其皇木厂，琉璃窑，木仓，军需局，官车处，惜薪厂，冰窖，缲绸库，满、汉监督俱各一人。炮子库，满洲监督一人。皇差销算处，满、汉司员各二人。料估所，满、汉司员各三人。黄档房无定员。以上各员，并由本部司员内选用。

初，天聪五年，设工部。顺治元年，置尚书、侍郎各官。右侍郎兼管钱法。康熙十八年增满洲一人兼管。郎中，满洲八人，内一人管节慎库。十二年增八人。雍正五年增一人。蒙古一人。康熙三十八年省，五十七年复故。员外郎，满洲九人，十二年增八人。康熙五十七年增一人，雍正五年增一人。道光十六年，改营缮司员外郎一人专司铅子库，都水司员外郎一人专司硝磺库。蒙古三人。康熙三十八年省，五十七年复置一人。满洲堂主事三人，清文二人，清汉文一人。司主事四人；康熙二十三年增八人。汉军郎中二人，雍正五年省。员外郎六人，康熙三十八年省四人，雍正五年俱省。堂主事一人。节慎库，满洲员外郎一人，司库二人，汉大使一人。十五年省。制造库，满洲郎中一人，员外郎二人，寻省。司库、司匠各二人。营缮、虞衡、都水、屯田，汉郎中五人，营缮二人，余各一人。十五年省营缮一人。十六年增虞衡一人。十八年复置营缮一人。康熙元年增额仍省。员外郎七人，屯田一人，余各二人。十五年省营缮、都水、虞衡各一人。康熙十一年，增都水二人。三十年，增额仍省。主事二十人。营缮、虞衡、屯田各三人，都水十有一人。十四年增营缮三人。十五年省都水一人。明年省营缮一人。康熙元年又省营缮一人。六年省营缮、虞衡、屯田各一人，都水四人。十二年又省都水四人。道光十六年，改营缮一人专司铅子库，都水一人专司硝磺库。营缮司所正、所副各一人。文思院，广积库，柴炭司，通州抽分竹木局，各大使俱一人。十五年并省。宝源局监督三人。康熙十七年定二人。五年，定满、汉尚书各一人。十四年，增置营缮司所丞二人。分管清江厂、临清砖厂。十五年省临清厂一人。康熙六年省清江厂一人。九年复置清江一人。雍正四年俱省。康熙五十七年，增置蒙古主事一人。雍正元年，命亲王、郡王、大学士摄部事。寻罢。七年，增置宝源局大使二人。初置笔帖式一人，至是改置。嘉庆四年，改满洲员外郎、主事各一人为宗室员缺。十年，改令大学士管部。光绪六年，增置宗室郎中一人。屯田司置。三十二年，更名农工商部，省节慎库，并土木工程入民政部，木税、船政入度支部，军械、兵舰入陆军部，内外典礼分入内府与礼部。初制，置柴薪正、副监督各一人，本部司员充。煤炭监督二人。一以部员兼摄，一以内府司员兼摄。乾隆四十六年，亦改隶内府。

管理直年火药局大臣二人，钦派一人，本部侍郎一人。掌储火药。监督无恒额。本部司员、笔帖式内派委。

直年河道沟渠大臣四人，本部堂官一人，奉宸院、颐和园、步军统领衙门堂官各一人，每岁并由工部奏请。掌京师五城河道沟渠。督理街道衙门御史，满、汉各一人。本部司员、步军统领衙门司员各一人，掌道路沟渎。

盛京五部　户部，侍郎一人，自侍郎以下，俱满缺。品秩视京师。各部同。掌盛京财赋。宗室郎中、堂主事各一人。经会、粮储、农田三司，郎中三人，农田司一人，乾隆八年增。员外郎六人，司各二人。主事五人。经会、粮储各二人，农田一人。经会典泉货。粮储典谷稭。农田典亩数。管银库，正关防郎中、副关防员外郎，各一人。管庄，六品官二人。管喇嘛丁银委，六品官一人。司库二人，库使八人。笔帖式二十有二人。内汉军二人。外郎九人。汉军六缺，候补笔帖式内挨补。六年期满，除授州同、州判、县丞。

礼部，侍郎一人，掌盛京朝祭。宗室主事一人，堂主事二人。左、右两司，郎中各一人，员外郎各二人。左司典祭物，司关领。右司典祭物，赡僧道。读祝官初制五品。后改九品。八人，赞礼郎初制四品。后改九品。十有六人。管千丁，六、七品官各一人。管学，助教四人。笔帖式十人。库使八人。外郎二人。僧录、道录二司视京师。

兵部，侍郎一人，掌盛京戎政。宗室员外郎一人，堂主事二人。左、右两司，郎中各一人，员外郎各二人，主事各一人。笔帖式十有二人。外郎四人。内汉军二缺。左司典邮政，右司司边禁。

刑部，侍郎一人，掌盛京谳狱。边外蒙古隶之。宗室员外郎一人，堂主事二人。汉军一人。肃纪前、后、左、右四司，郎中各一人，员外郎六人，前司、左司各二人，余俱一人。主事六人。右司蒙古三人，余俱一人。司狱二人。汉军一人。司库一人，库使二人。笔帖式三十有一人。内蒙古二人，汉军五人。外郎二人。汉军缺。前司、左司典十五城狱讼，右司典蒙古狱讼，后司典蓤库禁令。

工部，侍郎一人，掌盛京工政。宗室主事一人，堂主事二人。左、右两司，郎中各一人，员外郎各二人，主事各一人。左司治木税，右司治苇税。管千丁，四品官一人。世袭。大政殿，六品官一人。满洲、汉军参用。黄瓦厂，五品官一人。侯姓世袭。司匠役，六品官一人。司库二人，库使八人。笔帖式十有七人。汉军一人。外郎九人。汉军四人。

初，缔造沈阳，建六部，置承政、参政各官。世祖奠鼎燕京，置官镇守，户、礼、兵、工四曹隶之。十五年，设礼部；明年，设户、工两部；康熙元年，设刑部；三十年，复设兵部；并置侍郎以次各官，五部之制始备。旧制各置理事官正四品。一人，六十年省。雍正三年，定每岁差御史一人稽察五部。嘉庆四年停。五年，允御史傅色纳请，增置汉郎中等官。乾隆八年省。复定凤凰城迎送官三人。正五品。乾隆三十六年省。八年，置尚书领其事。寻省。光绪初，定将军兼理兵、刑二部，佩金银库印钥，稽核户部。余悉如故。四年，增置宗室司员。如前所列。三十一年，复命将军赵尔巽兼管五部。寻以政令纷歧，疏省之。报可。

卷一百十五 志九十

职官二

理藩院　都察院　五城兵马司　六科给事中
通政使司　大理寺　翰林院　文渊阁　国史馆
经筵讲官　起居注　**詹事府　太常寺**
太仆寺　光禄寺　鸿胪寺　国子监
衍圣公五经博士　**钦天监　太医院　坛庙官**
陵寝官　僧道录司

理藩院　管理院务大臣，满洲一人。特简大学士为之。尚书，左、右侍郎，俱各满洲一人。间亦有蒙古人为之。额外侍郎一人。以蒙古贝勒、贝子之贤能者任之。其属：堂主事，满档房满洲二人、蒙古三人，汉档房汉军一人。领办处，员外郎、主事，满、蒙各一人。司务厅司务，满、蒙各一人。笔帖式，满洲三十有六人，蒙古五十有五人，汉军六人。旗籍、王会、柔远、典属、理刑、徕远六清吏司：郎中，宗室一人，柔远司置。满洲三人，旗籍、王会、典属司各一人。蒙古八人。旗籍、王会、理刑司各二人。典属、徕远司各一人。员外郎，宗室一人，旗籍司置。满洲十人，王会、柔远、典属、理刑司各二人。旗籍、徕远司各一人。蒙古二十有四人。旗籍二人，王会三人，柔远五人，典属六人，理刑、徕远司各一人。主事，满洲二人，旗籍、典属司各一人。蒙古七人。柔远、典属、理刑司各一人。王会、徕远司各二人。笔帖式，满洲三十有六人，蒙古五十有五人，汉军六人。银库，司官二人，司官内奏委。司库一人，正七品。库使、笔帖式各二人。以上俱满洲缺。

尚书掌内外藩蒙古、回部及诸番部，制爵禄，定朝会，正刑罚，控驭抚绥，以固邦翰。侍郎贰之。旗籍掌考内扎萨克疆里，大漠以南曰内蒙古，部二十有四：曰科尔沁，曰扎赉特，曰杜尔伯特，曰郭尔罗斯，曰敖汉，曰奈曼，曰巴林，曰扎鲁特，曰阿鲁科尔沁，曰翁牛特，曰克什克腾，曰喀尔喀左翼，曰喀喇沁，曰土默特，曰乌珠穆沁，曰浩齐特，曰苏尼特，曰阿巴噶，曰阿巴哈纳尔，曰四子部落，曰茂明安，曰乌喇特，曰喀尔喀右翼，曰鄂尔多斯，为旗四十有九。畴封爵，凡六等：一亲王，二郡王，三贝勒，四贝子，五镇国公，六辅国公。不入六等者，曰台吉、塔布囊，亦分四等。辨谱系。凡官属、扎萨克之辅曰协理台吉。其属曰管旗章京，曰副章京，曰参领，曰佐领，曰骁骑校。部众会盟、盟地六：曰哲里木，曰卓索图，曰昭乌达，曰锡林郭勒，曰乌尔察布，曰伊克昭。置盟长、副盟长各一人，由扎萨克请简。军旅邮传，并隶治之；兼稽游牧内属者。凡归化城土默特、黑龙江布特哈皆是。王会掌内扎萨克宾礼，典朝觐、贡献仪式。凡飨赉、馆饩，视等级以为差。典属掌外扎萨克部旗封爵，大漠以北曰外蒙古，部四：曰土谢图汗，曰赛音诺颜，曰车臣汗，曰扎萨克图汗，为旗八十有六。又有杜尔伯特部，土尔扈特部，和硕特部，辉特部，绰罗斯部，额鲁特部。别于蒙古者，曰和托辉特，曰哈柳沁，曰托斯，曰奢集努特，曰古罗格沁，并属。以外扎萨克封爵有汗，以列王、贝勒、贝子、公之右。无塔布囊，有台吉。治盟会。喀尔喀四盟：曰汗阿林，曰齐齐尔里克，曰克鲁伦巴尔和屯，曰扎克毕拉色钦毕都尔诺尔。杜尔伯特二盟：曰赛因济雅哈图左翼，曰赛因济雅哈图右翼。土尔扈特五盟：曰南乌讷恩素珠克图，曰北乌讷恩素珠克图，曰东乌讷恩素珠克图，曰西乌讷恩素珠克图，曰青塞特奇勒图。和硕特一盟：曰巴图塞特奇勒。盟置盟长、副盟长各一人，于同盟扎萨克内简用。惟青海之盟无长。置邮驿，颁屯田、互市政令；兼稽游牧内属者。一曰察哈尔，二曰巴呼，三曰额鲁特，四曰扎哈沁，五曰明阿特，六曰乌梁海，七曰达木，八曰哈萨克。柔远掌治外扎萨克众部，凡喇嘛、番僧禄廪、朝贡，并司其仪制。徕远掌回部扎萨克、伯克岁贡年班，番子、土司亦如之；并典外裔职贡。附牧回城卡伦外，曰布鲁特。内附者各给以衔，岁遣使输马。他哈萨克，若浩罕，若博罗尔，若巴达克山，若爱乌罕，并各效其职贡。理刑掌蒙古、番、回刑狱诤讼。领办处掌综领众务。银库掌帑金出纳。

其兼领者：蒙古缮译房，员外郎、主事各一人，司官内奏委。校正汉文官二人，满、蒙内阁侍读学士、侍读、翰林院侍读、侍讲学士、侍读、侍讲内奏派。主章奏文移。内、外馆监督各一人，六部司员内充补。光绪三十三年省。主宾馆缮完涤除。乌兰哈达、三座塔、八沟司官各一人，分驻塔子沟笔帖式一人，嘉庆十五年撤回，并四处司员俱改为理事官，隶热河都统，仍由本院司员内简放。分主蒙古部落民人讼事。察哈尔游牧处理事员外郎十有六人，以在京蒙古各旗与察哈尔各旗官员内番选。由护军、骁骑校选用者授员外郎。由中书、笔帖式选用者，先授主事，三年称职，升员外郎。分主游牧察哈尔民人讼事。张家、喜峰、独石、杀虎、古北诸口管理驿站员外郎、司员内奏委。笔帖式各一人，主蒙古邮驿政令。围场总管一人，康熙四十五年置。乾隆十四年始来隶。嘉庆七年后，改隶热河都统。左、右翼长各一人，章京八人，初制六品。乾隆十八年升五品。骁骑校八人，主守木兰围场，专司巡察。

初，崇德元年，设蒙古衙门，置承政、参政各官。三年，更名理藩院，定承政，左、右参政，各一人，副理事官八人，启心郎一人。顺治元年，改承政为尚书，参政为侍郎，满、蒙参用。副理事官为员外郎，置二十有一人，康熙二十年增满、蒙八人。乾隆四十二年省蒙古一人，四十九年改满洲二人为蒙缺。后满、蒙司官增减不一。启心郎三人，满洲一人，汉军二人。十五年省。堂主事二人，康熙二十八年增汉文一人。司务二人，满、蒙各一人。康熙三十八年省。雍正十年复故。汉副使一人。从八品。五年，增置汉院判、正六品。知事正八品。自副使以下，俱康熙三十八年省。各一人。十四年，置唐古忒学教习一人。给六品俸。后改司业。其助教以他官兼。乾隆五年定为额缺，寻省。十六年，定以礼部尚书衔掌院事，侍郎衔协理院事。越二年，以隶礼部未合旧制，停兼衔，依六部例，令入议政，班居工部后。并设录勋、宾客、柔远、理刑四司，置满、蒙郎中共十有一人，乾隆四十二年增蒙古一人。四十九年改满洲二人为蒙缺。员外郎二十有一人，康熙二十年增满、蒙八人。乾隆四十二年省蒙古一人。四十九年改满洲六人为蒙缺。主事满、汉各四人。康熙二十八年省汉缺。乾隆四十九年改满洲二人为蒙缺。康熙二十年，增蒙古文主事二人。三十八年，析柔远司为二，曰前司，曰后司。四十六年，设银库，初制，蒙古王、台吉等入朝，由户、工二部及光禄寺庀器用，具廪饩。至是始创设。置郎中、员外郎各一人，司员内奏派。司库一人，库使四人。雍正元年，始命王、公、大学士领院事，省库使二人。乾隆二十二年，改录勋司为典属，宾客司为王会，柔远后司为旗籍，前司仍曰柔远。二十六年，合旗籍、柔远为一，增设徕远一司。明年，仍析旗籍、柔远为二。二十九年，改典属司为旗籍，旧旗籍为典属。嘉庆四年，改满洲郎中、员外郎各一人为宗室员缺。咸丰五年，定《伊犁塔尔巴哈台通商章程》，始司外交职务。见第十七款。十年，定《中俄续约》，以军机处及本院典外交文移。见第九款。后归外部。光绪三十二年，更院为部，拟设殖产、边卫二司。嗣先设编纂、调查二局，隶领办处，以汉档房、俸档房、督催所改并。汉档房主事缺未省。寻置员外郎、主事各一人。蒙古房改。俱蒙缺。宣统三年，改尚书为大臣，侍郎为副大臣，额外侍郎如故。

理藩一职，历古未有专官，唯《周官》大行人差近之。秦、汉以降，略存规制。遐荒绝漠，统治王官，为有清创制。自译署设，职权渐替已。

都察院　左都御史，初制，满员一品，汉员二品。顺治十六年并改二品。康熙六年仍升满员为一品，九年并定正二品。雍正八年升从一品。左副都御史，正三品。俱满、汉二人。其属：经历司经历，正六品。都事厅都事，正六品。俱满、汉一人。笔帖式四十有二人。十五道掌印监察御史，初制，满洲、汉军三品，顺治十六年改七品。康熙六年升四品，九年复为七品。雍正七年，改由编、检、郎员授者正五品。由主事、中、行、评、博授者正六品。乾隆十七年并定从五品。满、汉各一人。监察御史，京畿、江西、浙江、福建、湖广、河南、山西、陕西八道，满、汉各一人，江南道满、汉各三人，山东道满、汉各二人。

左都御史掌察核官常，参维纲纪。率科道官矢言职，率京畿道纠失检奸，并豫参朝廷大议。凡重辟，会刑部、大理寺定谳。祭祀、朝会、经筵、临雍，执法纠不如仪者。左副都御史佐之。十五道掌弹举官邪，敷陈治道，各核本省刑名。京畿道分理院事，及直隶、盛京刑名，稽察内阁、顺天府、大兴、宛平两县。　河南道照刷部院诸司卷宗，稽察吏部、詹事府、步军统领、五城。　江南道稽察户部、宝泉局、左右翼监督、京仓、总督漕运，磨勘三库奏销。　浙江道稽察礼部及本院。　山西道稽察兵部、翰林院、六科、中书科、总督仓场、坐粮厅、大通桥监督、通州二仓。　山东道稽察刑部、太医院、总督河道，催比五城命盗案牍缉捕之事。　陕西道稽察工部、宝源局，覆勘在京工程。　湖广道稽察通政使司、国子监。　江西道稽察光禄寺。　福建道稽察太常寺。四川道稽察銮仪卫。　广东道稽察大理寺。　广西道稽察太仆寺。　云南道稽察理藩院、钦天监。　贵州道稽察鸿胪寺。其祭祀、监礼、侍班纠仪，科道同之。经历掌董察吏胥。都事掌缮写章奏。其分摄者：巡视五城御史，满、汉各一人，科道中简用。一年更替。掌绥靖地方，厘剔奸弊。兵马司指挥、正六品。副指挥、正七品。吏目，未入流。自正指挥以下俱汉员。五城各一人，掌巡缉盗贼，平治道路，稽检囚徒，火禁区为十坊领之。

初沿明制，设都察院。天聪十年，谕曰："凡有政事背谬，及贝勒、大臣骄肆慢上者，许直言无隐。"崇德元年，置承政、参政各官。明年定承政一人，左、右参政满、蒙、汉理事官各二人。后省。顺治元年，改左都御史掌院事，满、汉各一人。左副都御史协理院事，各二人。汉左佥都御史一人。先用汉军，后参用汉人。乾隆十三年省。外省督、抚，并以右系衔。右都御史、右副都御史、右佥都御史为督、抚坐衔。乾隆十三年停右都御史衔。司务，后改经历。满、汉各一人。都事，满洲二人，乾隆十七年改满、汉各一人。汉军一人。康熙三十九年省。设十五道。河南道参治院事，置监察御史，满洲六人，河南、江南、浙江、山东、山西、陕西掌印各一人。五年增十有七人。康熙二十八年增一人，后复省四人。乾隆十四年定江南、山东道各三人，京畿、河南、浙江、山西、陕西、湖广、福建道各二人，四川、广东、广西、云南、贵州道各一人。汉军八人；协理河南道一人，余隶江南等五道。康熙三十九年省入汉缺。汉员，江南道五人，内掌印一人。十八年省一人。康熙七年省二人。雍正四年增一人。乾隆十四年增一人。浙江道六人，内掌印一人。九年省一人，十八年省二人。康熙七年省一人。雍正四年增一人。乾隆十四年省一人。江西道六人，十六年省一人，十八年省三人。康熙七年省一人，雍正四年增一人。乾隆十四年省一人。福建道五人，十年省一人，康熙七年省二人。湖广道六人，八年、九年、十五年俱省一人。康熙七年省一人。雍正四年增一人。乾隆十四年复省一人。河南道六人，内掌印一人。十年、十八年俱省一人。康熙七年省二人。乾隆六年增一人，十四年复省一人。山东道五人，内掌印一人。十八年省二人。康熙七年省一人。乾隆十四年增一人。山西道五人，内掌印一人。十年省一人，十八年省二人。乾隆六年增一人，十四年省一人。陕西道四人，内掌印一人。十八年省二人。雍正四年增一人。乾隆十四年省一人。四川道四人，十八年省二人。康熙七年省一人。雍正四年增一人。乾隆十四年省一人。广东道五人，十八年省二人。康熙七年省二人。雍正四年增一人。乾隆十四年省一人。广西道、云南道各四人，十八年省二人。康熙七年各省二人。乾隆十四年各省二人。贵州道四人。十八年省二人。康熙七年省一人。雍正四年增一人。乾隆十四年省一人。京畿道无专员。乾隆十四年定满、汉各一人。启心郎，满洲、汉军各一人，十五年俱省。蒙古章京二人。康熙元年省。笔帖式，满洲五十有一人，康熙三十八年省十有六人。汉军七人。康熙三十八年省二人。雍正十二年置蒙古二人。光绪三十三年，满、蒙、汉军共酌留三十人。中、东、西、南、北五城兵马司指挥各一人，副指挥各二人，康熙十一年省五城各一人。乾隆三十一年改东、西、南、北四城副指挥分驻朝阳、永定、阜成、德胜诸门外，钤辖关厢，中城如故。吏目各一人。是岁定左都御史、左副都御史、监察御史许风闻言事。给事中同。二年，省京畿道。三年，定左副都御史满、汉各一人。九年，复设京畿道，专司照刷各署卷宗。乾隆十四年改归河南道。光绪三十二年停止刷卷。并置五城汉军理事官，是为巡城之始。十年，定满洲、汉军、汉五城御史各一人。十八年各增满员一人。雍正元年定满、汉各一人。乾隆三十九年汉军停开列。康熙二十九年，命左都御史马齐同理藩院尚书阿喇尼列议政大臣。故事，二院长官俱不豫议政，豫议自此始。五十七年，增置蒙古监察御史二人。满缺改。雍正二年，置内务府御史四人。十三年省。乾隆三年复置二人，本院御史内奏派。光绪三十二年停。五年，增置宗室御史二人。满缺改。乾隆十四年复改二人，通旧为四人。七年，置五城铺司巡检各一人。乾隆初省。乾隆十四年，诏按道定额。先是设十五道，唯河南、江南、浙江、山东、山西、陕西六道授印信，掌印者曰掌道，余曰协道，京畿道亦给印信，未设专官。湖广等八道分隶之，曰坐道，不治事。掌河南道兼理福建道，掌江南道兼理江西、四川道，掌浙江道兼理云南道，掌山东道兼理广西道，掌山西道兼理广东、贵州道，掌陕西道兼理湖广道。至是各道并给印信，规制始称。二十年，复命京畿道列河南道前，互易所掌，京畿道遂为要职。光绪三十二年，改定都御史一人、副都御史二人，按省分道。增设辽沈道，仿京畿道例，置掌道、协道各二人；析江南为江苏、安徽二道，湖广为湖北、湖南二道；并增甘肃、新疆二道，置满、汉御史各一人。是为二十道。令访求利病，专司纠察，后设之外务、农工商、民政诸部事件，多不关报。旧制，各部及各衙门分道稽察，至是停止。其制已洒然非旧云。

顺治初，又有巡按御史，省各一人。十七年省。巡盐御史，两淮、两浙、长芦、河东各一人。十年停，十二年复故。康熙十一年停，寻复置。三十年复差福建、两广各一人。五十九年停两广盐差。雍正元年停福建盐差。明年停长芦、河东盐差。四年停两浙盐差。巡漕御史一人。十四年停。雍正七年定差淮安、通州各二人。乾隆二十年改差淮安、济宁、天津、通州各一人。十七年增差通州四人。二十三年停差天津一人。二十六年复差天津一人。嘉庆十三年定科、道并差。道光二年俱停。巡视京、通各仓御史一人。七年停，八年复故。康熙七年又停。二十年定差满、汉各一人，二十六年再停。雍正元年置巡察御史一人，总查仓弊。五年改京、通仓各差一人。乾隆十七年定科、道并差。四十三年增差内仓一人。五十九年改令科、道监放，停差查仓官。嘉庆四年复故。光绪二十八年又停。巡视江南上下两江御史二人。六年省。巡视屯田御史一人。四年省。督理陕甘洮宣等处茶马御史一人。康熙七年省，三十四年复故，四十二年又省。雍正间，置巡察各省御史，江宁、安徽一人，湖北、湖南一人，山东、河南一人。巡视吉林、黑龙江科道，满洲二人。稽察奉天文武衙门御史一人。巡视山东、河南工务御史一人。直隶巡查御史：顺天、永平、宣化二人，保定、正定、河间二人，顺德、广平、大名二人。巡农御史一人。先后俱省。

六科给事中，吏、户、礼、兵、刑、工六科掌印给事中，满、汉各一人。初制，满员四品，汉员七品。康熙二年改满员七品，六年复为四品。九年俱定七品。雍正七年升正五品。光绪三十二年升正四品。给事中，满、汉各一人。初制七品，雍正七年升正五品，笔帖式八十人。吏、户、兵、刑各十有五人，礼、工各十人。光绪三十二年酌留三十人。掌言职，传达纶音，勘鞫官府公事，以注销文卷；吏科分稽铨衡，注销吏部、顺天府文卷。户科分稽财赋，注销户部文卷。 礼科分稽典礼，注销礼部、宗人府、理藩院、太常寺、光禄寺、鸿胪寺、国子监、钦天监文卷。 兵科分稽军政，注销兵部、銮舆卫、太仆寺文卷。 刑科分稽刑名，注销刑部文卷。 工科分稽工程，注销工部文卷。有封驳即闻。

初沿明制，六科自为一署，给事中无员限，并置汉军副理事官。顺治十八年，定满、汉都给事中，左、右给事中，各一人，都给事中由左给事中转，左给事中由右给事中转。汉给事中二人，省副理事官。康熙三年，六科止留满、汉各一人。五年，改都给事中为掌印。雍正初，以六科内升外转，始隶都察院。凡城、仓、漕、盐与御史并差，自是台省合而为一。光绪三十二年，省六科名，别铸给事中印，额定二十人。

通政使司　通政使，初制，满员二品，汉员三品。顺治十六年，并定为三品。康熙六年复故。九年仍改定正三品。副使，初制，满员三品，汉员四品。顺治十六年并定为四品，康熙六年复故，九年仍改定正四品。参议，初制，满员四品，汉员五品。顺治十六年并定正五品。俱满、汉各一人。其属：经历司经历、正七品。知事，初制四品，后改正七品。满、汉各一人。笔帖式，满洲六人，汉军二人。

通政使掌受各省题本，校阅送阁，稽核程限，违式劾之。洪疑大狱，偕部、院豫议。副使、参议佐之。经历、知事，分掌出纳文移。其兼领者：登闻鼓厅，以参议一人分直，知事帅役巡察。笔帖式，满洲、汉军各一人，掌叙雪冤滞，诬控越诉者论如法。

初，顺治元年，诏："自今内外章奏，俱由通政司封进。"置满、汉通政使各一人，左通政使各一人。汉右通政使二人。乾隆十年省一人，十三年俱省。左参议，满、汉各二人。康熙五十三年省汉一人。乾隆十三年各省一人。右参议，汉二人。康熙三十八年省一人。乾隆十三年俱省。满、汉司务各一人。后改经历。知事，满洲二人、汉军一人。乾隆十七年改满、汉各一人。康熙六十一年，以登闻鼓厅笔帖式来属。故事，通状、通政司状。鼓状，登闻院状。纷争无已。自控诉者赴都察院，以给事中或御史一人主受诉讼，至是停科道差，改隶本司。乾隆十三年，改左通政使为副使，去左、右衔；参议亦如之。光绪二十四年，省入内阁，寻复故。二十八年，以改题为奏，职无专司，复省。

大理寺　卿，初制，满员二品，汉员三品。顺治十六年并定为三品。康熙六年复故，九年仍改定正三品。少卿，初制，满员三品，汉员四品。顺治十六年并定为四品。康熙六年复故，九年仍改定正四品。俱满、汉一人。其属：堂评事，初制四品。顺治十六年改七品。康熙六年升五品，九年定正七品。满洲一人。司务厅司务，满、汉各一人。左、右寺丞，初制，满员四品，汉员六品。顺治十六年并定为六品。康熙六年升五品。九年仍改定正六品。满洲、汉军、汉俱各一人。左、右评事，汉各一人。笔帖式，满洲四人，汉军二人。

卿掌平反重辟，以贰邦刑。与刑部、都察院称三法司。凡审录，刑部定疑谳，都察院纠核。狱成，归寺平决。不协，许两议，上奏取裁。并参豫朝廷大政事。少卿佐之。寺丞掌核内外刑名，质成长官，参纠部谳。评事掌缮左、右两寺章奏。

顺治元年，定满、汉卿各一人。少卿满洲一人、汉二人。乾隆十三年省一人。满寺丞一人。正五品。康熙三十八年省。汉司务二人。十五年定满、汉各一人。左、右寺正，正六品。满洲、汉军、汉各一人；左、右寺副，从六品。汉各一人。康熙三十八年省。堂评事，满、汉各一人；康熙三十八年省汉军一人。左、右评事，汉各一人。十一年，差寺正、寺副各一人充各省恤刑官。刑部差郎中、员外郎十三人。寻省。乾隆十七年，改左、右寺正为寺丞。光绪二十四年，省入刑部，寻复故。三十二年，更寺为院。

翰林院　掌院学士，初制正五品。顺治元年升正三品。雍正八年升从二品。大学士、尚书内特简。满、汉各一人。侍读学士、初制从四品。光绪二十九年升正四品。侍讲学士，初制从四品。宣统元年升正四品。满洲各二人，汉各三人。侍读、初制正六品。雍正三年升从五品。光绪二十九年升正五品。宣统元年升从四品。侍讲，初制正六品。雍正三年升从五品。宣统元年升从四品。满洲各三人，汉各四人。修撰、初制从六品。编修、初制正七品。检讨、初制从七品。自修撰以下，宣统元年并改从五品。庶吉士，由新进士改用。试博学鸿词入式，或奉特旨改馆职者，间得除授。光绪未停科举，改由外国留学毕业及本国大学毕业者，廷试后授之，食七品俸。或径授编修、检讨，与旧制殊。俱无定员。其属：主事，满洲二人，汉军一人。典簿厅典簿、从八品。孔目，满员从九品，汉员未入流。俱满、汉各一人。待诏厅待诏，从九品。满、汉各二人。笔帖式，满洲四十人，汉军四人。

掌院掌国史笔翰，备左右顾问。侍读学士以下掌撰著记载。祭告郊庙神祇，撰拟祝文。恭上徽号、册立、册封，撰拟册文、宝文，及赐内外文武官祭文、碑文。南书房侍直，尚书房教习，咸与其选。修实录、史、志，充提调、总纂、纂修、协修等官。庶吉士入馆，分习清、汉书，吏部疏请简用大臣二人领教习事。初以内院学士为之，侍读等官亦间有与者。后令掌院兼其职。康熙六年，始以工部尚书陈元龙领之，自是尚书、侍郎、内阁学士并得充之。是为大教习。其小教习由掌院选派，始于康熙三十三年。雍正间停止，高宗复旧制。侍读、侍讲司训课，派编、检二人提调馆饩。三年考试，分别散留。办事翰林，满、汉各二人，雍正元年，命俸浅编、检主定稿说堂，此清秘堂办事翰林之始。厥后人数稍增，有奏办、协办之目。侍读、侍讲间亦为之。掌帅厅官治事。主事、典簿、孔目，掌章奏文移，董帅吏役。待诏掌缮写校勘。

初，翰林之职隶内三院。顺治元年，设翰林院，定掌院学士为专官，置汉员一人，兼礼部侍郎衔。侍读学士、侍讲学士各二人。十五年各增二人。侍读、侍讲各二人。十五年各增一人。修撰、编修、检讨、庶吉士，无定员。典簿二人，十五年改一人为满缺。孔目一人，十五年增满洲一人。俱汉人为之。明年，省入内三院。十五年，复旧制，增满洲掌院学士一人，兼衔如故。乾隆五十八年停。置待诏六人。满员四人，汉员二人。十八年，复归内三院。康熙九年，定满、汉侍读学士、侍讲学士、侍读、侍讲，各三人；乾隆五十年省满洲各一人。光绪二十九年增侍读、侍讲满、汉各二人。典簿、孔目各一人，待诏各二人。康熙九年定满、汉各一人。十六年，命侍讲学士张英等入直南书房。先是诏册词命多由院拟，至是始为西清专职。后改归军机处。二十八年，以院务隳废，命大学士徐元文兼掌院事，重臣兼领自此始。明年定尚书、侍郎、左都御史俱得兼摄。光绪二十九年，增置堂主事，满洲二人、汉一人。是岁省詹事府，以词臣叙进无阶，增置满、汉学士正三品。各一人，撰文正六品。宣统元年升正五品。各二人。三十三年，增置秘书郎，从六品。宣统元年升正五品。满、汉各二人。并设讲习馆，令翰林官研习学科，备各部丞、参选。宣统元年，复崇侍讲学士以下品秩，停止外班升用。初制、翰、詹出缺，编、检不敷升转，以部、院科甲出身司员升用，是为外班。初制，进士论甲第，修撰、编修、检讨不分升降。顺治间，授编修程芳朝等为修撰，检讨李霨等为编修，姜元衡以编修降检讨，不为定制。又内三院编修等官不必尽由科目，靳辅、刘兆麟等并以官学生授编修，盖亦创举。庶吉士旧隶内弘文院，后设本院，始来属。雍正十三年，建庶常馆。故事，散馆后始授职，然亦有未选庶常而遽授者，均异数也。

文渊阁领阁事三人，掌典综册府。大学士、协办大学士、掌院学士兼充。直阁事六人，掌典守厘缉。内阁学士、少詹事、讲读学士兼充。校理十有六人，掌注册点验。庶子、讲、读、编、检兼充。检阅八人。内阁中书派充。内务府司员、笔帖式各四人。由提举阁事大臣番选奏充。

国史馆总裁，特简，无定员。掌修国史。清文总校一人。满洲侍郎内特简。提调，满洲、内阁侍读学士或侍读派充。蒙古、内阁蒙古堂或理藩院员司派充。汉翰林院侍读学士以下官派充。各二人。总纂，满洲四人，蒙古二人，汉六人。纂修、协修，无定员。蒙古由理藩院司官充。满、汉由编、检充。校对，满、蒙、汉俱各八人。内阁中书充。光绪间，增置笔削员十人。

经筵讲官，满、汉各八人，掌进读讲章，敷陈训典。岁仲春、仲秋两举之。满员由大学士以下、都察院副都御史以上各官兼充。汉员由大学士、尚书、侍郎、副都御史、掌院学士、侍读学士、侍讲学士、詹事府詹事、少詹事、国子监祭酒等官，由翰林出身者兼充。讲官满、汉各二人。翰林院请旨简派。

初制以大学士知经筵事。后定经筵讲官满、汉各六人，阁臣遂不进讲。自徐元文、熊赐履辈相继以尚书擢大学士，仍与兼充，嗣是以为常。宣统初，各部丞、参亦间有与者。

起居注馆，日讲起居注官，满洲十人，汉十有二人。由翰、詹各官简用。唯满、汉掌院学士例各兼一缺。主事，满洲二人，汉一人。以科甲出身者充之。笔帖式，满洲十有四人，汉军二人。日讲官掌侍直起居，记言记动。经筵临雍，御门听政，祭祀耕耤，朝会燕飨，勾决重囚，并以二人侍班。凡谒陵、校猎、巡狩方岳，请旨、扈从、侍直，敬聆纶音，退而谨书之。月要岁会，贮置铁匣，送内阁尊藏。主事掌出纳文移，校勘典籍。

初，天聪二年，命儒臣分两直，巴克什达海等译汉字书，即日讲所繇始，巴克什库尔缠等记注政事，即起居注官所繇始。顺治十二年，始置日讲官。康熙九年，始设起居注馆，在太和门西庑。置满洲记注官四人，汉八人，以日讲官兼摄。十二年增满洲一人，汉二人。十六年复增满洲一人。二十年增汉八人。三十年定汉员十有二人。时日讲与起居注各自为职，并置满洲主事二人，汉军一人。五十七年省。雍正元年置满洲二人。十二年增汉一人。二十五年停日讲，其起居注官仍系衔"日讲"二字。五十七年，省起居注馆，改隶内阁，遇理事日，以翰林官五人侍班。雍正元年，复置日讲起居注，满洲六人，汉十有二人。乾隆元年，增满员二人。嘉庆八年，复增满员二人。於是日讲、起居注合而为一。

詹事府　詹事，正三品。少詹事，正四品。左春坊左庶子，正五品。左中允，正六品。左赞善，从六品。右春坊右庶子，右中允，右赞善，品秩俱同左。司经局洗马，从五品。俱满、汉各一人。其属：主簿厅主簿，从七品。满、汉各一人。笔帖式，满洲六人。

詹事、少詹事掌文学侍从。经筵充日讲官。编纂书籍，典试提学，如翰林。并豫秋录大典。左、右春坊各官掌记注撰文。洗马掌图书经籍。主簿掌文移案牍。

顺治元年，置少詹事一人，掌府事。其冬省入内三院。九年，复置詹事一人，少詹事二人，主簿一人，录事、通事舍人各二人。并从九品。左、右春坊庶子、谕德各一人，中允、赞善各二人，司经局洗马一人，正字二人，从九品。俱汉人为之，令内三院官兼摄。专置满洲詹事一人，掌府印。十五年，省詹事府官。康熙十四年，复置满、汉詹事各一人，汉员兼翰林院侍读学士衔。少詹事各二人，汉员兼翰林院侍讲学士衔。三十七年省满员一人。乾隆十三年省汉员一人。主簿各一人，录事各二人。三十七年省满缺，留汉一人。五十二年俱省。左、右春坊置满、汉左、右庶子各一人，满员以四品冠带食五品俸，左、右同。汉左庶子兼翰林院侍读衔，右庶子兼翰林院侍讲衔。左、右谕德各一人，汉员兼翰林院修撰衔。三十七年省满右谕德一人。五十七年省汉右谕德一人。乾隆十三年俱省。左、右中允各二人，满员以五品冠带食六品俸。汉员兼翰林院编修衔。三十七年省满员各一人。明年，省汉右中允一人。五十二年省汉左中允一人。左、右赞善各二人。汉员兼翰林院检讨衔。三十七年省满员各一人。明年，省汉右赞善一人。五十二年省汉左赞善一人。司经局满、汉洗马各一人，汉员兼翰林院修撰衔。以上各兼衔。俱乾隆五十四年停。正字各二人。三十七年省满员缺。明年，省汉一人。例以应选内阁中书者除授，遂为中书兼衔，乾隆三十六年俱省。二十五年，命詹事汤斌、少詹事耿介等为皇太子讲官，尚沿宫僚旧制。三十一年，命徐元梦入直上书房，皇子在上书房读书，选翰林官分侍讲读，简大臣为总师傅。总师傅之称，自乾隆二十二年以介福、观保等为总师傅始，曩时俱称入直。嗣是本府坊、局止备词臣迁转之阶。嘉庆二年，以府事改隶翰林院。五年，复旧制。光绪二十四年，仍省入翰林院，寻复故。二十八年，再省入。

太常寺　管理寺事大臣一人。满洲礼部尚书兼。卿，正三品。少卿，正四品。俱满、汉各一人。其属：寺丞，正六品。满、汉各二人。赞礼郎，宗室二人，满、汉二十有八人；初制，满员四品。顺治十六年改九品。康熙四年升六品，六年升五品，九年仍改九品。寻定由护军校、骁骑校选授者六品职衔，八品笔帖式，库监生选授者八品职衔，无品笔帖式、库使、前锋护军选授者九品职衔。乾隆元年改定以六品冠带食七品俸。学习，宗室四人，满洲五人，汉十有四人。正九品。读祝官，宗室一人，满洲十有一人；初制五品，康熙九年改正九品。寻定品秩如赞礼郎，视出身为差。乾隆元年改定以六品冠带食七品俸。学习，宗室三人，满洲五人。正九品。博士厅博士，满洲、汉军、汉各一人。典簿厅典簿，满、汉各一人。满洲司库一人，博士以下并正七品。库使二人。正九品。笔帖式，满洲九人，汉军一人。

卿掌典守坛壝庙社，以岁时序祭祀，诏礼节，供品物，辨器类。前期奉祝版，稽百官斋戒，祭日帅属以供事。少卿佐之。寺丞掌祭祀品式，辨职事以诏有司，并遴补吏员，勾稽廪饩。赞礼郎、读祝官分掌相仪序事，备物洁器，并习趋跄读祝，祭祀各充执事。博士考祝文礼节，著籍为式，坛庙陈序毕，引礼部侍郎省鼒，并岁核祀赋。典簿掌察祭品，陈牲牢，治吏役。库使掌守库藏。

顺治元年，设太常寺，隶礼部。置卿，少卿，满、汉各一人。满洲寺丞一人，光绪十二年增一人。汉左、右丞各一人。典簿，博士，满、汉各一人。读祝官，满洲四人。康熙十年，礼部改隶二人，寻增额外二人。雍正十一年改正额。嘉庆四年增一人。道光元年增一人。咸丰二年增一人。赞礼郎，满、雍正十一年增八人。乾隆三十七年改二人隶銮舆卫补鸣赞鞭官。嘉庆四年增二人。道光元年增二人。咸丰二年增二人。汉康熙三十八年省二人。雍正元年复故。乾隆二年增二人，九年省四人。各十有六人。牺牲所正千户、五年更名所牧。副千户，五年更名所副。汉各一人。从七品。乾隆二十四年改满缺。二十六年改隶内府。满洲司库一人。乾隆十一年省。十六年，改归本寺。康熙二年，复隶礼部。十年，仍归本寺。十五年，敕诸官肄习雅乐。雍正元年，特简大臣综理寺事，并增库使二人。乾隆十三年，改寺丞为属官。先是沿明旧制，丞为正官，议者病赘余，至是体制始协。明年，定礼部满洲尚书兼管太常职衔。四十年，增学习赞礼郎、四十六年增三人。嘉庆十六年增三人。读祝官，四十六年增三人。嘉庆十六年增三人。满洲各二人。光绪二十四年，增宗室学习赞礼郎四人、读祝官三人。寻省入礼部，旋复故。三十二年，仍省入。

光禄寺　管理寺事大臣一人。特简。卿，从三品。少卿，初制，满员、汉军四品，汉员五品。顺治十六年并定正五品。俱满、汉各一人。其属：典簿厅典簿，从七品。大官、珍馐、良酝、掌醢四署署正，初制，满员四品，顺治十六年改六品。康熙六年升五品，九年定从六品。汉员同。亦如之。署丞，初制六品。康熙九年定从七品。满洲各二人。银库司库，满洲二人。笔帖式，满洲十有八人。

卿掌燕劳荐飨，辨品式，稽经费。凡祭祀，会太常卿省牲，礼毕，进胙天子，颁胙百执事。蓄使廪饩，具差等以供。少卿佐之。大官掌供豕物，备器用，稽市直，征菜地赋额致诸库。珍馐掌供禽兔鱼物，大祭祀供龙壶、龙爵，辨燕飨等差。良酝掌供酒醴，别水泉，量曲蘖，并大内牛酪。掌醢掌供醢酱，筵燕廪饩皆供其物，征果园赋额致诸库。典簿掌章奏文移。司库掌库帑出纳。别设督催所、当月处，俱派员分治其事。

顺治元年，设光禄寺，置满、汉卿各一人。少卿，满洲一人，汉二人。康熙三十八年省一人。汉寺丞一人。康熙三十八年省。满、汉典簿各一人。大官、珍馐、良酝、掌醢四署，满、汉署正各一人；满洲署丞各一人，康熙三十八年各增一人。汉署丞、十五年省。监事，十二年省。俱各一人。满洲司库二人。司牲司，汉大使一人。十五年省。凡事并由礼部具题，劄寺遵行。十年，定各省额解银米径送礼部，并司府、州、县考成。十五年，仍归本寺。十八年，复隶礼部。钱粮由寺奏销，考成仍归礼部。康熙三年，以礼部清厘无法，复改储户部。十年，仍以礼部精膳司所掌改归本寺。乾隆十三年，始命大臣兼管寺事。光绪二十四年，省入礼部，寻复故。三十二年，仍省入。

鸿胪寺　管理寺事大臣各一人。满洲礼部尚书兼。卿，初制，满员从三品，汉员正四品。顺治十六年并定正四品。少卿，从五品。俱满、汉各一人。其属：鸣赞，从九品。满洲十有四人，汉二人；学习，满洲四人。序班，从九品。汉四人；学习，八人。主簿，从八品。满、汉各一人。笔帖式，满洲四人。

卿掌朝会、宾飨赞相礼仪，有违式，论劾如法。少卿佐之。鸣赞掌傧导赞唱。序班掌百官班次。主簿职掌同太仆寺。

顺治元年，设鸿胪寺，置满、汉卿各一人。满洲少卿一人，汉左、右少卿各一人。十五年省一人。汉左、右寺丞各一人。正六品。十五年省一人。康熙五十二年省一人。满、汉主簿各一人。鸣赞，满洲十有六人，乾隆三十七年改隶銮舆卫二人。汉八人。二年省一人，十二年省一人，十三年省二人。乾隆七年省二人。序班二十有二人，十五年省十人。康熙三十八年省六人。乾隆七年省二人。司宾序班二人，乾隆二年省。学习序班无恒额。雍正六年定以直隶、山东、山西、河南儒学生内考取。乾隆九年定为十二人。十七年定直隶六人，余各二人。十七年省山东等省四人。凡事由礼部具题，十六年改归本寺，十八年仍隶礼部。康熙十年复故，雍正四年复归礼部统辖。乾隆十四年，始以满洲尚书领寺事。五十九年，增置满洲学习鸣赞四人。光绪二十四年，省入礼部，寻复故。三十二年，仍省入。

国子监　管理监事大臣一人。满、汉大学士、尚书、侍郎内特简。祭酒，从四品。初制满员三品。顺治十六年俱定从四品。满、汉各一人。司业，正六品。满、蒙、汉各一人。其属：绳愆厅监丞，初制，满员五品。汉员八品。后并改正七品。博士厅博士，从七品。初制，汉员八品。乾隆元年改同满员。典簿厅典簿，从八品。俱满、汉各一人。典籍厅典籍，从九品。汉一人。率性、修道、诚心、正义、崇志、广业六堂：助教，初制，从八品。乾隆元年升从七品。学正，学录，率性、修道、诚心、正义四堂曰学正，崇志、广业二堂曰学录。初制，学正正九品，学录从九品。乾隆元年并升正八品。各一人。八旗官学助教，俱满洲二人，蒙古一人。教习，俱满洲一人，蒙古二人，汉四人。恩、拔、副、优贡生内选充。笔帖式，满洲四人，蒙古、汉军各二人。

祭酒、司业掌成均之法。凡国子及俊选以时都授，课第优劣。岁仲春、秋上丁，释奠，释菜，综典礼仪。天子临雍，执经进讲，率诸生圜桥观厅。新进士释褐，坐彝伦堂行拜谒簪花礼。监丞掌颁规制，稽勤惰，均廪饩，核支销，并书八旗教习功过。博士掌分经教授，考校程文，偕助教、学正、学录经理南学事宜。典簿掌章奏文移。典籍掌书籍碑版。其兼领者：算法馆，汉助教二人，特简满洲文臣一人管理。俄罗斯馆，满、汉助教各一人。琉球学，汉教习一人。肄业贡生选充。后俱省。又档子房，钱粮处，俱派厅员司其事。

初，顺治元年，定满、汉祭酒各一人，兼太常寺少卿衔。满洲司业二人，乾隆十三年省一人。蒙、汉各一人，兼太常寺寺丞衔。后停兼衔。满、汉监丞、典簿俱各一人，汉博士三人。十年省一人。康熙五十二年省一人。建八旗官学，置满洲助教十有六人，康熙五十七年省四人。雍正三年复故。蒙古八人。十八年省四人。雍正三年复故。分设六堂，置满、汉助教，十五年省六人。康熙五十七年省四人。雍正三年复增四人。学正，康熙三十八年省一人。五十二年省二人。各十有二人；学录六人，十五年省四人。典籍一人。隶礼部。十五年复故。十八年，置满洲博士一人。康熙二年，复隶礼部。十年，仍归本监。雍正元年，诏监丞等官停用捐纳。明年，特简大臣管监事。九年，建南学。在学肄业者为南学，在外肄业赴学考试者为北学。高宗莅治，向用儒术，以大学士赵国麟、尚书杨时、孙嘉淦领太学事，官献瑶、庄亨阳辈综领六堂，世号"四贤五君子"。乾隆四十八年，建辟雍于集贤门，国学规制斯为隆备。道光三年，以成均风励中外，诏监臣无旷厥职。光绪三十三年，省入学部。嗣以文庙、辟雍典礼隆重，特置国子丞以次各官，分治其事。

初制，诏各省选诸生文行兼优者，与乡试副榜贡生，入监肄业。圣祖初政，给事中晏楚澜疏停乡试副榜贡生，遂不复举。康熙五年，徐元文为祭酒，始请学政间岁一举优生，乡试仍取副榜，自是为恒制。光绪间，并推广举人入监，时风稍振。未几科举废，此制替已。

衍圣公　孔氏世袭。正一品。顺治元年，授孔子六十五世孙允植袭封。其属：司乐，典籍，屯田管勾，俱由衍圣公保举题授。管勾之属，屯官八人，分掌巨野、郓城、平阳、东阿、独山五屯。林庙守卫司百户，秩视卫守备。以上为兵、农、礼、乐四司。知印，掌书，书写，奏差，启事，各一人。随朝伴官六人。初制一人。乾隆十五年定为六人。自司乐以下，俱正七品，由衍圣公保举题授或题补。圣庙执事官四十人。三品二人，四品四人，五品六人，七品八人，八品、九品各十人，由衍圣公会同山东学政拣选孔氏族人充补。翰林院世袭五经博士，正八品。孔氏北宗一人，顺治元年，授孔子六十五世孙允钰，奉子思庙祀。南宗一人。自明彦绳授职后，数世未袭。康熙四十一年，始授孔子六十六世孙兴燫主衢州庙祀。东野氏、康熙二十三年，授元圣周公七十三世孙东野沛然。姬氏、乾隆四十三年，授周公七十七世孙肇勋，主咸阳庙祀。颜氏、顺治元年，授复圣颜子渊六十八世孙绍绪。曾氏、顺治元年，授宗圣曾子舆六十四世孙文达。孟氏、顺治元年，授亚圣孟子子舆六十三世孙贞仁。仲氏、顺治二年，授先贤仲子路六十一世孙于升。闵氏、康熙三十八年，授先贤闵子骞六十五世孙衍籀。冉氏、雍正二年，授先贤冉子伯牛六十五世孙士朴。冉氏、雍正二年，授先贤冉子仲弓六十七世孙天琳。端木氏、康熙三十八年，授先贤端木子贡七十世孙谦。卜氏、康熙五十九年，授先贤卜子夏六十四世孙尊贤。言氏、康熙五十一年，授先贤言子游七十三世孙德坚。颛孙氏、雍正二年，授先贤颛孙子张六十六世孙诚道，道光四年，改归嫡长树勳。有氏、乾隆五十三年，授先贤有子若七十二世孙守业。伏氏、嘉庆十年，授先儒伏子胜六十五世孙敬祖。韩氏、乾隆三年，授先儒韩子愈三十世孙法祖。张氏、康熙二十六年，授先儒张子载二十八世孙守先，主凤翔庙祀。邵氏，康熙四十一年，授先儒邵子雍三十世孙延祀。俱各一人。朱氏二人。顺治十二年，授先儒朱子熹徽派十五世孙煌，奉婺源庙祀。康熙二十九年，授闽派十八世孙潆，主建安庙祀。关氏三人。康熙五十八年，授关公羽五十七世孙儞，主洛阳庙祀。雍正四年，授五十二世孙居斌，奉解州庙祀。十三年，授五十二世孙朝泰，主当阳庙祀。其属于孔氏者，又有太常寺世袭博士一人；正七品。顺治九年，以孔允铭暂主圣泽书院祀。康熙二十六年，授六十七世孙毓琮。国子监学正一人；正八品。顺治八年，授六十五世孙允齐，由衍圣公保举。尼山书院学录，正八品。顺治元年，授六十二世孙闻然，由衍圣公咨送弟侄题补。洙泗书院学录，顺治元年，授六十四世孙尚澄。世袭六品官，由衍圣公拣选族人充补。各一人；孔、颜、曾、孟四氏教授，正七品。学录历俸六年升补。学录，由衍圣公咨送孔氏生员题补。后改由移送抚臣验看，送部具题。各一人。

衍圣公掌奉至圣阙里庙祀。圣贤后裔翰博各掌奉其先世祀事。圣裔太常博士掌奉圣泽书院祀。国子监学正掌奉仪封圣庙祀。学录分掌尼山、洙泗两书院祀。世袭六品官掌分献崇圣祠。四氏教授、学录掌训课四氏生徒。执事官掌祭祀分献，并司爵帛香祝。司乐掌乐章、乐器。典籍掌书籍及礼生。管勾掌祀田钱谷出入。百户掌陵庙户籍，典守乐器，祭祀则司涤濯。知印、掌书、书写掌文书印信。奏差掌赍表笺章疏。随朝伴官掌随从朝觐办事。

顺治元年，复衍圣公及四氏翰博等爵封，命孔允植入觐，班列阁臣上。明年，改锡三台银印。十六年改满、汉文三台银印。乾隆十四年，复改清、汉篆文三台银印。九年，世祖视学释奠，召衍圣公孔兴燮及四氏博士赴京陪祀观礼，自后以为常。十三年，依例授光禄大夫。康熙六十一年，定锡荫视正一品，荫一子五品官，著为例。旧制，衍圣公锡荫依正二品。雍正八年，以崇奉祀典，广置圣庙执事官，各按品级给予章服。乾隆二十一年，改世职知县孔传令为世袭六品官。先是曲阜知县为世职，由衍圣公选族人题授。至是改为在外拣选调补。五十年，诏："博士有枉法婪赃革职治罪者，停其承袭。"定例衍圣公归长子袭，北宗博士次子袭，太常博士三子袭，余并以嫡子袭。东野乐及圣门各贤裔，由衍圣公达部上名，余各报部云。

钦天监　管理监事王大臣一人。特简。监正，初制，满员四品。康熙六年升三品。九年，满、汉并定正五品。左、右监副，初制，五品。康熙六年升四品，九年定正六品。俱满、汉各一人。其属：主簿厅主簿，正八品。满、汉各一人。时宪科五官正，从六品。满、蒙各二人，汉军一人。春官正、夏官正、中官正、秋官正、冬官正，并从六品。汉各一人。司书，正九品。汉一人。博士，从九品。满洲四人，蒙古二人，汉军一人，汉十有六人。天文科五官灵台郎，从七品。满洲二人，蒙古、汉军各一人，汉四人。监候，正九品。汉一人。博士，满洲四人，汉二人。漏刻科挈壶正，从八品。满、蒙各一人，汉二人。司晨，从九品。汉军一人，汉七人。笔帖式，满洲十有一人，蒙古四人，汉军二人。天文生，食九品俸。满、蒙各十有六人，汉军八人，汉二十有四人。食粮天文生，汉五十有六人。食粮阴阳生，汉十人。并给九品冠带。助教厅助教一人，教习二人。

监正掌治术数，典历象日月星辰，宿离不贷。岁终奏新历，送礼部颁行。监副佐之。时宪科掌推天行之度，验岁差以均节气，制时宪书，以国书、蒙文译布者，满、蒙五官正司之。推算日月交食、七政相距、冲退留伏、交宫同度，汉五官正司之。颁之四方。天文科掌观天象，书云物禨祥；率天文生登观象台，凡晴雨、风雷、云霓、晕珥、流星、异星，汇录册簿，应奏者送监，密疏上闻。漏刻科掌调壶漏，测中星，审纬度；祭祀、朝会、营建，诹吉日，辨禁忌。主簿掌章奏文移，簿籍员数。天文生分隶三科，掌司观候推算。阴阳生隶漏刻科。掌主谯楼直更，监官以时考其术业而进退之。助教掌分教算学诸生。

初，顺治元年设钦天监，分天文、时宪、漏刻、回回四科，置监正、监副、五官正、保章正、挈壶正、灵台郎、监候、司晨、司书、博士、主簿等官，并汉人为之，行文具题隶礼部。是岁仲秋朔日食，以西人汤若望推算密合，大统、回回两法时刻俱差。令修时宪，领监务。十四年，省回回科，改其职隶秋官正，寻复旧制。十五年，定与礼部分析职掌。康熙二年，仍属礼部。明年，增置天文科满洲官五人，满员入监自此始。又明年，定满、汉监正各一人，左、右监副各二人，主簿各一人，满、蒙五官正各二人。省回回科博士仍隶秋官正。置汉军秋官正一人，春、夏、中、秋、冬五官正汉各一人。满洲灵台郎三人，乾隆四十七年改一人为蒙古员缺。汉军一人，汉四人。满洲挈壶正二人，乾隆四十七年改一人为蒙古员缺。汉二人。汉监候一人，保章正二人，正八品。十四年省。司书二人。十四年省一人。汉军司晨一人，汉一人。十四年省。满洲博士六人，乾隆四十七年改一人为蒙古员缺。汉军二人，汉三十有六人。寻省十四人，五年复置二人，通旧二十有四人。并定监官升转不离本署，积劳止加升衔，著为例。先是新安卫官生杨光先请诛邪教，镌若望职。至是以光先为监副，寻升监正，仍用回回法。南怀仁具疏讼冤。八年，复罢光先，以南怀仁充汉监正，更名监修，用西法如初。雍正三年，实授西人戴进贤监正，去监修名。八年，增置西洋监副一人。乾隆四年，置汉算学助教一人，隶国子监。十年，定监副以满、汉、西洋分用。十八年省满、汉各一人，增西洋二人，分左、右。四十四年，更命亲王领之。道光六年，仍定满、汉监正各一人，左、右监副各二人。时西人高拱宸等或归或没，本监已谙西法，遂止外人入官。光绪三十一年，改国子监助教始来隶。

太医院　管理院事王大臣一人。特简。院使，初制正五品。宣统元年升正四品。左、右院判，初制正六品。宣统元年升正五品。俱汉一人。其属：御医十有三人，内兼首领厅事二人。初制正八品。雍正七年升七品，给六品冠带。宣统元年升正六品。吏目二十有六人，内兼首领厅事一人。初制八、九品各十有三人。宣统元年，改八品为七品，九品为八品。医士二十人，内兼首领厅事一人，给从九品冠带。医生三十人。

院使、院判掌考九科之法，帅属供医事。御医、吏目、医士各专一科，曰大方脉、小方脉、伤寒科、妇人科、疮疡科、针灸科、眼科、咽喉科、正骨科，是为九科。初设十一科。后痘疹科归小方脉，咽喉、口齿并为一科。掌分班侍直，给事宫中曰宫直，给事外廷曰六直。西宛寿乐房以本院官二人直宿。

顺治元年，置院使，左、右院判各一人，吏目三十人，十八年省二十人，康熙九年复故。十四年省十人，雍正元年又复。豫授吏目十人，十八年省。康熙九年复故，三十一年又省。御医十人，康熙五十三年省二人。雍正元年复故，七年增五人。道光二十三年省二人。医士二十人。十八年省二十人。康熙九年复故，十四年省十人。雍正元年增二十人。凡药材出入隶礼部。十六年，改归本院。十八年，生药库复隶礼部。康熙三年，定直省岁解药材，并折色钱粮，由户部收储付库。雍正七年，定八品吏目十人，九品二十人。后定各十三人。乾隆五十八年，命内府大臣领院务。宣统元年，院使张仲元疏请变通旧制，特崇院使以次各官品秩。初制，入院肄业，考补恩粮，历时甚久，军营、刑狱医士悉由院简选。光绪末叶，民政部医官，陆军部军医司长，与院使、院判品秩相等。至是厘定，崇内廷体制也。又定制，院官迁转不离本署。同治间，曾议吏目食俸六年，升用按察司经历、州判。嗣以与素所治相剌，乃寝。

坛庙官　天坛尉，地坛尉，各八人。五品一人，六品七人。太庙尉十人。四品二人，五品八人。社稷坛尉五人。五品一人，六品四人，并隶太常寺。堂子尉八人。七品二人，八品六人，隶礼部。俱满员。掌管钥，守卫直宿，朔望奉芗以行礼。天坛、地坛、朝日坛、夕月坛、先农坛，各祠祭署奉祀、从七品。祀丞，从八品。俱各一人。日、月二坛祀丞后省。帝王庙祠祭署无专员。以汉赞礼郎、司乐内一人委充，并隶乐部。俱汉员。掌典守神库，以时巡视，督役泛埽；凡葺治墙宇、树艺林木，并敬供厥事。四品尉以五品序升，其下以是为差。唯太庙尉以各坛六品尉及各部院休致郎员间次选授。六品等尉吏部牒八旗番送除授，奉祀以祀丞序升，祀丞以祝版生番选除授。

陵寝官　三陵总理事务大臣，盛京将军兼充。光绪三十年改归东三省总督。承办事务衙门大臣，光绪三十一年，改盛京守护大臣置。各一人。主事，委署主事，各一人。读祝官八人。赞礼郎十有六人。四品、五品、七品官各一人，六品官四人，外郎九人。旧置户部六品官二人。礼部六、七品官，工部四、五、六品官，各一人。又户、礼、工三部外郎二十人。光绪三十一年，省外郎十有一人。自读祝以下，并改隶三陵总理事务衙门。永陵：掌关防官，四品。副关防官兼内管领，正五品。副关防官兼尚膳正，五品。尚茶副，尚膳副，副内管领，并八品。各一人。笔帖式二人。福陵、昭陵：掌关防官各一人，副关防官各二人。五品。尚茶正，尚膳正，并五品。尚茶副，尚膳副，内管领，正五品。副内管领，俱各一人。笔帖式各二人。掌守卫三陵。凡班直、飨献、泛埽，以时分司其事。

东陵：总管大臣一人。泰宁镇总兵兼内务府大臣简充。承办事务衙门礼部主事，笔帖式，各二人。石门衙署工部郎中一人。员外郎，笔帖式，各四人。昭西陵：内务府掌关防郎中，嘉庆十五年调往景陵，仍管昭西陵事务。员外郎，主事，尚茶正，尚膳正，并四品。内管领，各一人。笔帖式二人。礼部郎中一人。员外郎，读祝官，各二人。赞礼郎，笔帖式，各四人。工部郎中一人。孝陵：内务府掌关防郎中，员外郎，主事，尚茶正，尚膳正，内管领，副内管领，正六品。各一人。笔帖式二人。礼部郎中一人。员外郎，读祝官，各二人。赞礼郎四人。笔帖式二人。工部员外郎一人。孝东陵：内务府掌关防郎中，员外郎，主事，尚茶正，尚膳正，尚茶副，尚膳副，并正七品。内管领，副内管领，各一人。笔帖式二人。礼部员外郎，读祝官，各二人。赞礼郎，笔帖式，各四人。工部员外郎一人。景陵：内务府总管，从五品。员外郎，主事，尚茶正，内管领，副内管领，各一人。尚膳正，笔帖式，各二人。礼部郎中一人。员外郎，读祝官，各二人。赞礼郎，笔帖式，各四人。工部员外郎一人。景陵皇贵妃园寝：内务府员外郎，尚膳正，各一人。礼部读祝官二人。赞礼郎三人。景陵妃园寝：内务府尚茶副，尚膳副，副内管领，委署副内管领，七品衔。各一人。礼部读祝官二人。赞礼郎三人。笔帖式二人。裕陵：内务府掌关防郎中，员外郎，主事，尚茶正，尚膳正，内管领，副内管领，各一人。笔帖式二人。礼部郎中一人。员外郎，读祝官，各二人。赞礼郎，笔帖式，各四人。工部员外郎一人。裕陵皇贵妃园寝：内务府尚茶副，尚膳副，并七品。副内管领，委署副内管领，各一人。礼部读祝官二人。赞礼郎二人。端慧皇太子园寝：内务府内管领，副内管领，尚茶副，尚膳副，各一人。礼部读祝官二人。赞礼郎三人。定陵：内务府掌关防郎中，员外郎，主事，尚茶正，尚膳正，内管领，副内管领，各一人。笔帖式二人。礼部郎中，员外郎，读祝官，各二人。赞礼郎四人。普祥峪定东陵：内务府掌关防郎中，员外郎，主事，尚茶正，尚膳正，内管领，各一人。笔帖式二人。礼部员外郎，读祝官，各二人。赞礼郎四人。菩陀峪定东陵：内务府掌关防郎中，员外郎，主事，尚茶正，尚膳正，内管领，各一人。笔帖式二人。礼部员外郎，读祝官，各二人。赞礼郎四人。定陵妃园寝：内务府副内管领，委署副内管领，尚茶副，尚膳副，各一人。礼部读祝官二人。赞礼郎三人。惠陵：内务府掌关防郎中，员外郎，主事，尚茶正，尚膳正，内管领，各一人。笔帖式二人。礼部郎中一人。员外郎，读祝官，各二人。赞礼郎四人。惠陵妃园寝：礼部读祝官二人。赞礼郎三人。内务府不设官，暂置领催一人，闲散拜唐阿一人。

西陵：总管大臣，泰宁镇总兵兼内务府大臣简充。承办事务衙门主事，委署主事，各一人。笔帖式四人。易州衙署工部郎中一人，员外郎三人，主事一人，笔帖式二人。泰陵：内务府总管员外郎，主事，尚茶正，尚膳正，尚茶副，九品。尚膳副，九品。内管领，副内管领，各一人。笔帖式二人。礼部郎中，员外郎，各一人。读祝官二人。赞礼郎，笔帖式，各四人。工部郎中，主事，各一人。泰东陵：内务府掌关防郎中，员外郎，主事，尚茶正，尚膳正，尚茶副，尚膳副，内管领，各一人。笔帖式二人。礼部员外郎，读祝官，各二人。赞礼郎，笔帖式，各四人。工部员外郎一人。泰陵皇贵妃园寝：内务府主事，副内管领，各一人。礼部主事一人。读祝官二人。赞礼郎三人。工部主事一人。昌陵：内务府掌关防郎中，员外郎，主事，尚茶正，尚茶副，尚膳副，内管领，副内管领，各一人。尚膳正，笔帖式，各二人。礼部郎中一人。员外郎，读祝官，各二人。赞礼郎，笔帖式，各四人。工部员外郎一人。昌西陵：内务府掌关防郎中，员外郎，主事，尚茶正，尚膳正，尚茶副，尚膳副，内管领，各一人。笔帖式二人。礼部员外郎，读祝官，各二人。赞礼郎四人。工部员外郎一人。昌陵皇贵妃园寝：内务府主事，副内管领，各一人。礼部读祝官二人。赞礼郎三人。慕陵：内务府掌关防郎中，员外郎，主事，尚茶正，尚茶副，尚膳副，内管领，副内管领，各一人。尚膳正，笔帖式，各二人。礼部郎中一人。员外郎，读祝官，各二人。赞礼郎四人。工部员外郎一人。慕东陵：内务府掌关防郎中，员外郎，主事，尚茶正，尚膳正，内管领，各一人。尚茶副，尚膳副，委署副内管领，笔帖式，各二人。礼部员外郎，读祝官，各二人。赞礼郎四人。工部主事一人。后省。慕东陵皇贵妃园寝：内务府尚茶副，尚膳副，委署副内管领，各一人。礼部读祝官二人。赞礼郎三人。东陵宗室主事，昭西陵宗室员外郎，泰陵宗室员外郎、主事，各一人。余并满洲员缺。

总管大臣掌督帅官兵巡防游徼，以翊卫陵寝。内务府官掌奉祭祀奠享之礼，司扫除开阖。礼部官掌判署文案，监视礼仪，岁供品物，以序祀事。工部官掌修葺缮治，凡祭祀供厥楮币。顺治十三年，置福陵、昭陵掌关防等官。康熙二年，复置各陵寝内府、礼部、工部司官。光绪三十一年，改盛京户、礼、工三部陵寝官隶总理三陵事务衙门。宣统三年，陵寝郎、员、主各缺并改归内务府，带礼部、工部衔如故。

僧录司正印，副印，各一人。口品。左、右善世，正六品。阐教，从六品。讲经，正八品。觉义，从八品。俱二人。道录司一人。口品。左、右正一，正六品。演法，从六品。至灵，正八品。至义，从八品。俱二人。分设各城僧、道协理各一人。僧官兼善世等衔，道官兼正一等衔，给予部劄。协理给予司劄。龙虎山正一真人。正三品。提点，提举，法箓局提举，由太清宫法官充补。各一人。副理二人。赞教四人。知事十有八人。自提点以下，并由正一真人保举，报部给劄。

初，天聪六年，定各庙僧、道以僧录司、道录司综之。凡谙经义、守清规者，给予度牒。顺治二年，停度牒纳银例。八年，授张应京正一嗣教大真人，掌道教。康熙十三年，定僧录司、道录司员缺，及以次递补法。十六年，诏令僧录司、道录司稽察设教聚会，严定处分。雍正九年，嘉法官娄近垣忠诚，授四品提点，寻封妙正真人。十年，定提点以次员缺。乾隆元年，酌复度牒，并授正一真人光禄大夫，妙正真人通议大夫。五年，正一真人诣京祝万寿，鸿胪寺卿梅瑴成疏言："道流卑贱，不宜滥厕朝班。"于是停朝觐筵宴例。十七年，改正一真人为正五品，不许援例请封。三十一年，以法官品秩较崇，复升正一真人正三品。三十九年，真人府监纪司张克诚留京，置协理提点二人。四十二年，授克诚提点，兼京畿道录司，省协理。

卷一百十六　　志九十一

职官三外官

顺天府　奉天府　总督巡抚　学政　布政使　按察使　盐运使道　府　州　县　儒学　巡检　驿丞　库仓税课河泊各大使闸官　医学　阴阳学　僧纲司道纪司

顺天府　兼管府尹事大臣，汉大学士、尚书、侍郎内特简。尹，正三品。丞，正四品。俱各一人。其属：治中，正五品。通判，正六品。经历司经历，从七品。照磨所照磨，司狱司司狱，并从九品。俱各一人，并汉员。儒学教授，正七品。训导，从八品。满、汉各一人。所辖四路厅，正五品。二十州、县，正七品。各一人。在京者大兴、宛平二县知县各一人，正六品。县丞正七品。四人，大兴一人，宛平三人。巡检从九品。七人，大兴三人，宛平四人。典史，闸官，崇文门副使，俱未入流。副使后隶监督。各一人。

尹掌清肃邦畿，布治四路，帅京县颁政令条教。岁立春，迎春东郊。天子耕耤，具耒耜丝鞭，奉青箱播种，礼毕，率庶人终亩。田赋出纳，以时勾稽，上其要于户部。治乡饮典礼。乡试充监临官。丞掌学校政令，乡试充提调官。治中掌贰府事，纪纲众务，兼乡会试场务。通判掌主牙税，平禁争伪。经历、照磨掌出纳文书。司狱掌罪囚籍录。儒学掌京畿黉序，文武生月课其艺射，不帅教者戒饬之，三岁报优劣于学政。大兴、宛平二县各掌其县之政令，与五城兵马司分壤而治，品秩服章视外县加一等。

初，世祖奠鼎燕京，建顺天府，置尹一人，丞一人，兼提督学政衔。乾隆五十八年停。别置学政。丞止申送童生。治中三人，通判三人，顺治六年留管粮一人。省马政、军匠各一人。经历、照磨、司狱，各一人，推官、知事、并从六品。检校、从九品。以上三员俱康熙六年省。递运所大使、康熙三十八年省。库大使、康熙三十九年省。张家湾宣课司大使，康熙四十年省。以上三员俱未入流。各一人。儒学汉教授一人，训导六人。顺治二年省四人。康熙四年俱省，五年复置一人。京卫武学汉教授一人，训导二人。顺治二年省。

康熙十五年复置一人。辖大兴、宛平二县，知县各一人，县丞各一人，雍正四年增宛平管河一人。嘉庆十三年复增宛平管河一人。巡检七人，主簿、顺治三年省。典史、闸官，详内务府。各一人。顺治六年，省治中二人。康熙十五年，始以昌平等十九州、县来隶。二十七年，置东、西、南、北四路同知。雍正元年，特简大臣领府事，号兼尹。三年，改京卫武学为府武学。明年，省武学教授、训导官；增府儒学教授、训导，满洲各一人。乾隆八年，定为二十四州、县隶府。嘉庆十八年，定所属官吏归尹考察。光绪元年，省治中。别设驿巡道。宣统二年，罢兼尹。

奉天府　兼管府事大臣一人。盛京五部侍郎内特简，后归将军兼管。尹，满洲一人；丞，汉一人。其属：治中，围场通判，库大使，经历，司狱，巡检兼司狱，府学教授，各一人。所辖海防同知，军粮同知，各一人。承德县知县，典史，各一人。

尹掌留都治化与其禁令，小事决之，大事以闻。丞掌主学校，兼稽宗室、觉罗官学、义学。治中以次各官所掌视顺天府。

初建盛京，顺治十年，设辽阳府。十四年，更名奉天府，置尹一人，经历、教授、训导，康熙三年省。各一人。康熙二年，置丞一人；治中、通判、推官，六年省。各一人。设承德县附郭，置知县、典史，各一人。巨流河巡检一人。乾隆四十二年省。七年，增府司狱一人。二十八年，定府丞主奉天考试事。乾隆二十七年，诏府尹受将军节度。明年，增兴京理事厅通判一人。光绪二年省。三十年，始以侍郎为兼尹，著为令。光绪二年，省治中，别设驿巡道。改命将军兼管；加兼尹总督衔，府尹二品衔，以兵部侍郎、右副都御史行巡抚事。三十一年，改行省，罢尹丞，置知府。宣统元年，省教佐各官。越明年，省承德县。

总督从一品。掌厘治军民，综制文武，察举官吏，修饬封疆。标下有副将、参将等官。巡抚从二品。掌宣布德意，抚安齐民，修明政刑，兴革利弊，考核群吏，会总督以诏废置。标下有参将、游击等官。其三年大比充监临官，武科充主试官，督、抚同。

初沿明制，督、抚系右都御史、右副都御史、右佥都御史衔，无定员。顺治十年，谕会推督、抚，不拘品秩，择贤能者具题。康熙元年，停巡抚提督军务加工部衔。不置总督省分，兼辖副将以下等官。十二年复故，并设抚标左、右二营。三十一年，定总督加衔制。由各部左、右侍郎授者，改兵部左、右侍郎；由巡抚授者，升兵部右侍郎兼都察院右副都御史。乾隆十三年，定大学士兼管总督者仍带原衔。明年，改授右都御史衔，其兵部尚书衔由吏部疏请定夺。嘉庆十四年，定以二品顶戴授者兼兵部侍郎衔，俟升品秩再加尚书衔。光绪三十二年，更名陆军部尚书衔。宣统二年停。七年，定山陕督、抚专用满员。雍正元年，定巡抚加衔制。由侍郎授者，改兵部右侍郎兼右副都御史衔；由学士、副都御史及卿员、布政使等官授者，俱为右副都御史；由左佥都御史或四品京堂、按察使等官授者，俱为右佥都御史。乾隆十四年，定巡抚不由侍郎授者，俱兼右副都御史；其兵部侍郎衔，疏请如总督。光绪三十二年，更名陆军部侍郎衔。宣统二年停。时西安有同署巡抚者，山东、山西并有协办巡抚之目，非制也。是岁，谕山陕督、抚参用蒙古、汉军、汉人，纂为令甲。乾隆十八年，以漕运、河道总督无地方责，授衔视巡抚。嘉庆十二年，定由尚书授者，应否兼兵部尚书衔，疏请如总督。光绪二十四年，加总理各国事务衙门大臣衔，寻罢。三十二年，定辟除掾属、分曹治事制。条为十科：曰交涉、曰吏、曰民、曰度支、曰礼、曰学、曰军政、曰法、曰农工商、曰邮传，各置参事、秘书，是为幕职。宣统二年，充会办盐政大臣兼职，寻亦罢。

初，河南、山东、山西等省专置巡抚，无统辖营伍权，以提督为兼衔。直隶、四川、甘肃等省专置总督，吏治归其考核，以巡抚为兼衔。而巡抚例受总督节度，寖至同城巡抚仅守虚名。即分省者，军政民事亦听总督主裁。文宗莅政，命浙江、安徽、江西、陕西、湖南、广西、贵州各巡抚节制镇、协武职；总督兼辖省分，由巡抚署考会题，校阅防剿，定为专责，职权渐崇。光绪季年，裁同城巡抚，其分省者，权几与总督埒，所谓兼辖，奉行文书已耳。宣统间，军政、盐政厚集中央，督、抚权削矣。

总督东三省等处地方兼管三省将军、奉天巡抚事一人。康熙元年置将军。详武职。光绪二年，兼管兵、刑二部及府尹，以兵部尚书、都察院右都御史衔行总督事。三十二年，建行省，改将军曰总督，授为钦差大臣，随时分驻三省行台。宣统二年，兼奉天巡抚事。初建行省，置巡抚一人，至是省。

总督直隶等处地方提督军务、粮饷、管理河道兼巡抚事一人。顺治五年，置直隶山东河南三省总督，驻大名。十五年，改为直隶巡抚。十七年，徙真定。明年，复置总督于大名。康熙三年，仍为三省总督。八年省，移巡抚还驻保定。五十四年，加巡抚以总督衔，不为例。雍正元年，诏嘉李维钧勤慎，特授总督，自是为永制。四年，以礼部右侍郎协理总督，不为常目。乾隆十四年，令兼河道。二十八年，诏依四川例，兼管巡抚事。咸丰三年，兼管长芦盐政。同治九年，加三口通商事务，授为北洋通商大臣，驻天津。冬令封河，还驻保定。初置有宣大总督，顺天、保定、宣府三巡抚。顺治八年省宣府巡抚，以宣大总督兼其事。十三年省宣大总督，令顺天巡抚兼之。十八年省顺天巡抚，归保定巡抚兼管。后亦省。

总督两江等处地方提督军务、粮饷、操江、统辖南河事务一人。顺治二年，以内阁大学士洪承畴总督军务，招抚江南各省。寻改应天府为江宁，罢南直隶省府尹。四年，置江南江西河南三省总督，驻江宁。九年，徙南昌，时号江西总督；已，复驻江宁。十八年，江南、江西分置总督。康熙元年，加江南总督操江事务。初置凤庐巡抚，驻淮安，以操江管巡抚事领之。六年省归漕督。至是始来隶。四年，复并为一。十三年，复分置。二十一年仍合。寻定名两江总督。雍正元年，以综治江苏、安徽、江西三省，加兵部尚书兼都察院右都御史衔。道光十一年，兼两淮盐政。同治五年，加五口通商事务，授为南洋通商大臣，与北洋遥峙焉。

总督陕甘等处地方提督军务、粮饷、管理茶马兼巡抚事一人。顺治元年，置陕西总督，驻固原，兼辖四川。十四年，徙汉中。康熙三年，更名山陕总督，兼辖山西，还驻西安。十四年，改为陕甘总督。时山西别置总督。十九年，仍改陕甘为山陕，省山西总督入之。辖四川如故。雍正元年，以综治陕西、甘肃、四川三省，加兵部尚书兼都察院右都御史衔。三年，授兵部尚书岳钟琪为总督。先是定为满缺，参用汉人自此始。九年，谕仍专辖陕、甘。十四年，复辖四川，更名川陕甘总督。乾隆十三年，西陲用兵，仍置陕西总督。十九年，省甘肃巡抚，移陕甘总督驻兰州，兼甘肃巡抚事。二十四年，别置甘肃总督，兼辖陕西，驻肃州；移川陕总督驻四川。寻复定名陕甘总督，还驻兰州，仍兼巡抚事。光绪八年，新疆建行省，复兼辖之。

总督闽浙等处地方提督军务、粮饷兼巡抚事一人。顺治二年，置福建总督，驻福州，兼辖浙江。五年，更名浙闽总督，徙衢州，兼辖福建。十五年，两省分置总督，福建总督驻漳州，浙江总督驻温州。康熙十一年，移福建总督驻福州。明年，省浙江总督。二十六年，改福建总督为福建浙江总督。雍正五年，特授李卫总督浙江，整饬军政吏治，并兼巡抚事；郝玉麟以浙闽总督专辖福建。十二年，复省浙江总督，仍合为一。乾隆元年，诏依李卫例，特授嵇曾筠为浙江总督，郝玉麟仍专辖福建。三年，嵇曾筠入阁，郝玉麟仍总督闽、浙如故。闽、浙或分或合，至是始为永制。光绪十一年，省福建巡抚，并兼巡抚事。

总督湖北湖南等处地方提督军务、粮饷兼巡抚事一人。顺治元年，置湖广总管，驻武昌。康熙七年省，九年复置。十九年，改川湖总督复为湖广总督，还驻武昌。二十六年，更名湖北湖南总督。光绪三十年，兼湖北巡抚事。

总督四川等处地方提督军务、粮饷兼巡抚事一人。顺治元年，置四川巡抚，驻成都，不置总督。十年，以川省兵马钱粮皆从陕西调发，诏陕西总督孟乔芳兼督四川。十四年，停陕督兼辖，专置四川总督，驻重庆。康熙七年，更名川湖总督，徙荆州。九年，还驻重庆。十三年，四川省会别置总督一人。十九年，省隶陕甘总督，其川湖总督省归湖广总督兼理。雍正九年复置，驻成都。十三年又省。乾隆十三年，以金川用兵，始定为专缺，兼管巡抚事。二十四年，兼辖陕西，寻停兼辖。宣统元年，以将军所辖松潘、建昌二镇，阜和协所属各营，建昌、松茂二道府、厅、州、县改隶之。

总督两广等处地方提督军务、粮饷兼巡抚事一人。顺治元年，置广东总督，驻广州，兼辖广西。十二年，徙梧州。康熙二年，别置广西总督，移广东总督驻廉州。三年，复并为一，驻肇庆。雍正元年，复分置。明年仍合。七年，以苗患，令云贵总督兼辖广西。十二年，仍隶广东。光绪三十一年，兼广东巡抚事。

总督云贵等处地方提督军务、粮饷兼巡抚事一人。顺治十六年，置经略，寻改总督，两省互驻。康熙元年，分置云南总督，驻曲靖；贵州总督，驻安顺。三年，复并为一，徙贵阳。十二年，仍分置，寻复故。二十六年，徙云南府。雍正十年，上嘉鄂尔泰才，以云贵总督兼制广西，给三省总督印。十二年，仍辖两省，以经略苗疆，授张广泗为贵州总督兼巡抚事，尹继善为云南总督，专辖云南。十二年复故。光绪三十一年，兼云南巡抚事。

总督漕运一人。掌治漕挽，以时稽核催趱，综其政令。标下官同总督。顺治元年，遣御史巡漕，寻置总督，驻淮安。四年，以满洲侍郎一人襄治漕务。八年省。十三年复置，十八年又省。六年，兼凤庐巡抚事。十六年，停兼职。康熙二十一年，定粮艘过淮，总漕随运述职。咸丰十年，令节制江北镇、道各官。光绪三十年，以淮、徐盗警，改置巡抚。明年省。

河道总督，江南一人，山东河南一人。直隶河道以总督兼理。掌治河渠，以时疏浚堤防，综其政令。营制视漕督。顺治元年，置总河，驻济宁。康熙十六年，移驻清江浦。二十七年，还驻济宁，令协理侍郎开音布等驻其地。三十一年，总河并驻之。三十九年，省协理。四十四年，兼理山东河道。雍正二年，置副总河，驻武陟，专理北河。七年，改总河为总督江南河道，驻清江浦，副总河为总督河南山东河道，驻济宁，分管南北两河。八年，增置直隶正、副总河，为河道水利总督，驻天津。自是北河、南河、东河为三督。九年，置北河副总河，驻固安，并置东河副总河，移南河副总河驻徐州。十二年，移东河总督驻兖州。乾隆二年，省副总河。厥后省置无恒。十四年，省直隶河道总督。咸丰八年，省南河河道总督。光绪二十四年，省东河河道总督，寻复置。二十八年又省，河务无专官矣。

巡抚江苏等处地方提督军务兼理粮饷一人。顺治元年，置江南巡抚，驻苏州，辖江宁、苏州、松江、常州、镇江五府。十八年，江南分省，更名江苏巡抚。

巡抚安徽等处地方提督军务、节制各镇兼理粮饷一人。顺治元年，置操江兼巡抚安徽徽、宁、池、太、广，驻安庆。康熙元年，省操江，所部十二营改隶总督，始置安徽巡抚。嘉庆八年，以距寿春镇窎远，加提督衔。

巡抚山东等处地方提督军务、粮饷兼理营田一人。顺治元年置，驻济宁。时海防巡抚驻登州，九年省。康熙四十四年，管理山东河道。五十三年，兼临清关务。乾隆八年，依山西、河南例，加提督衔。

巡抚山西等处地方提督军务兼理粮饷一人。顺治元年置巡抚，驻太原，提督雁门等关。雍正十二年，管理提督事务，通省武弁受节度。

巡抚河南等处地方提督军务、粮饷兼理河道、屯田一人。顺治元年置，驻开封。康熙十七年，定管理河南岁修工程。雍正四年，加总督衔，不为例。寻省。十三年复置。乾隆五年，以盗警，加提督衔。

巡抚陕西等处地方提督军务、节制各镇兼理粮饷一人。顺治元年置，驻西安，定为满缺。雍正九年，以兵部尚书史贻直署巡抚，参用汉人自此始。

巡抚新疆等处地方提督军务兼理粮饷一人。顺治元年，置甘肃巡抚，驻甘州卫。雍正二年改卫为府。五年，徙兰州。康熙元年，移驻凉州卫。后亦改府。五年，还驻兰州，寻改驻巩昌。十九年，仍回兰州。四十四年，兼管茶马事。乾隆十九年省，移陕甘总督来驻，兼巡抚事。光绪十年，新疆建行省，置甘肃新疆巡抚，驻乌鲁木齐。初置有延绥巡抚、宁夏巡抚各一人，康熙间俱省。

巡抚浙江等处地方提督军务、节制水陆各镇兼理粮饷一人。顺治元年置，驻杭州。雍正五年，改总督。十三年，仍为巡抚，兼总督衔。乾隆元年，复置总督。三年复故。

巡抚江西等处地方提督军务、节制各镇兼理粮饷一人。顺治元年置，驻南昌，辖十一府。康熙三年，兼辖南安、赣州。初置南赣巡抚，至是省入。乾隆十四年，加提督衔。

巡抚湖南等处地方提督军务、节制各镇兼理粮饷一人。顺治元年，置偏沅巡抚，驻偏桥镇。同时置抚治郧阳都御史，驻沅州，以控湘、蜀、豫、晋之交，十八年省。康熙十五年，以盗警复置。十九年又省。康熙三年，湖南分省，移驻长沙。雍正二年，更名湖南巡抚，令节制各镇。

巡抚湖北等处地方提督军务兼理粮饷一人。顺治元年，置湖广巡抚，驻武昌。康熙三年，更名湖北巡抚。光绪二十四年省，寻复置。三十二年又省。

巡抚广东等处地方提督军务兼理粮饷一人。顺治元年置，驻广州。雍正二年，兼太平关务。光绪二十四年省，寻复置。三十一年，以广西军务平，又省。

巡抚广西等处地方提督军务兼理粮饷加节制通省兵马衔一人。顺治元年置，驻桂林。六年，省凤阳巡抚标兵来隶。雍正九年，令节制通省兵马。

巡抚云南等处提督军务兼理粮飨一人。顺治元年置，驻云南府。雍正四年，命江苏布政使鄂尔泰为巡抚，兼总督事。十年，升总督，兼巡抚事。张广泗继之，亦兼巡抚。乾隆十二年，始授图尔炳阿为巡抚。光绪二十四年省，寻复置。三十年又省。

巡抚贵州等处地方提督军务兼理粮饷加节制通省兵马衔一人。顺治十五年置。十八年，停提督军务。乾隆十二年，以苗患复之。明年，加爱必达节制通省兵马衔。十八年，著为例。

巡抚台湾等处地方提督军务兼理粮饷一人。顺治元年，置福建巡抚，驻福州。光绪元年，移驻台北。十一年，台湾建行省，改福建巡抚为台湾巡抚，兼学政事，其福建巡抚事归闽浙总督兼管。二十一年，弃台湾，省巡抚。

提督学政，省各一人。以侍郎、京堂、翰、詹、科、道、部属等官进士出身人员内简用。各带原衔品级。掌学校政令，岁、科两试。巡历所至，察师儒优劣，生员勤惰，升其贤者能者，斥其不帅教者。凡有兴革，会督、抚行之。

初，各省并置督学道，系按察使佥事衔，各部郎中进士出身者补用。惟直隶差督学御史一人，后称顺天学政。顺治十年改用翰林编、检、中、赞、讲、读并差。乾隆以来多用卿贰。江南、江北二人，顺治十年改用翰林官，明年仍用佥事。康熙元年省并为一，二十四年复用翰林官。雍正三年，析置江苏、安徽各一人。称学院。顺治七年，定学道考选部属制。由内阁与吏、礼二部会考选，礼部二人，户、兵、刑、工各一人。十六年停。十五年，省宣大学政归山西学道兼理。康熙元年，并湖北、湖南提学道为一，更名湖广提学道。雍正二年复分置。明年，命奉天府丞主考试事，省陕西临巩学政改归西安学道兼理。二十三年，停督学论俸补授例，并定浙江改用翰林官，依顺天、江南北例称学院，其各省由部属、道、府任者，仍为学道。三十九年，定翰林与部属并差。雍正四年，各省督学并更名学院，凡部属任者，俱加编修、检讨衔，自是提学无道衔矣。明年，命巡察御史兼理台湾学政。乾隆十七年改台湾道兼理。光绪十二年，巡抚兼学政事。七年，改广东学政为广韶学政，增置肇高学政一人。乾隆十六年，复并为一。光绪二年，增置甘肃学政一人。先是甘肃岁、科试由陕西学政兼理，至是始置。三十一年，省奉天府丞，增置东三省学政一人。是岁罢科举，兴学校，改学政为提学使。详新官制。初置，有提督满洲、蒙古繙译学政，以满洲侍读、侍讲充。雍正元年省。

承宣布政使司布政使，省各一人。从二品。其属：经历司经历，正六品。都事，从七品。照磨所照磨，正八品。理问所理问，从六品。库大使，正八品。仓大使，从九品。各一人。布政使掌宣化承流，帅府、州、县官，廉其录职能否，上下其考，报督、抚上达吏部。三年宾兴，提调考试事，升贤能，上达礼部。十年会户版，均税役，登民数、田数，上达户部。凡诸政务，会督、抚议行。经历、都事掌出纳文移。照磨掌照刷案卷。理问掌推勘刑名。库大使掌库藏籍帐。仓大使掌稽检仓庾。

初，直隶不置布政使，置口北道一人司度支，兼山西布政使衔。雍正二年，改从直隶布政使衔。各省置左、右布政使一人，贵州事简，不置右布政使。左、右参政、参议，因事酌置。守道并兼参政、参议衔。所属经历，江宁、苏州、湖南、甘肃不置。都事，福建、河南各一人。照磨，浙江、福建、湖北、山西、四川、甘肃各一人。检校，正九品。雍正二年省。理问，副理问，从七品。康熙三十八年省。库大使，仓大使，宝源局大使，正九品。康熙三十八年省。因时因地，省置无恒。顺治三年，罢南直隶旧设部院遣侍郎，满、汉各一人，驻江宁治事，至是省，定置左、右布政使各一人。十八年，江南分省，右布政使徙苏州，左仍驻江宁。康熙二年，陕西分省，右布政使徙巩昌，分治甘肃。明年，湖广分省，右布政使徙长沙，分治湖南。六年，改江南右布政使为江苏布政使，左为安徽布政使；陕西左布政使为西安布政使，右为巩昌布政使；湖广左布政使为湖北布政使，右为湖南布政使。并定山东、山西、河南、江苏、安徽、江西、福建、浙江、湖北、湖南、四川、广东、广西、云南、贵州各一人，陕西二人，罢左、右系衔，名曰守道。七年，定山西、陕西、甘肃为满洲缺。雍正元年，授胡期恒陕西布政使。明年，授高成龄山西布政使。又明年，授孔毓璞甘肃布政使。参用汉人自此始。八年，置直隶守道一人，综司度支；改西安布政使为陕西布政使；徙巩昌布政使驻兰州，为甘肃布政使。雍正二年，改直隶守道为布政使。乾隆十八年，停各省守道兼布政使、参政、参议衔。二十五年，以江宁钱谷务剧，增置布政使一人，析江、淮、扬、徐、通、海六府、州隶之；苏、松、常、镇、太五府仍隶苏州布政使；其安徽布政使回治安庆。光绪十年，新疆建行省，增置甘肃新疆一人，驻乌鲁木齐。十三年，台湾建行省，增置福建台湾一人，驻台北。二十一年弃台湾，乃省。三十年，命江宁布政使兼理江淮布政使事，寻罢。宣统二年，各省设财政公所，或名度支公所。分曹治事，以布政使要其成，间省经历等官。

提刑按察使司按察使，省各一人。正三品。其属：经历司经历，正七品。知事，正八品。照磨所照磨，正九品。司狱司司狱，从九品。各一人。按察使掌振扬风纪，澄清吏治。所至录囚徒，勘辞状，大者会藩司议，以听于部、院。兼领阖省驿传。三年大比充监试官，大计充考察官，秋审充主稿官。知事掌勘察刑名。司狱掌检察系囚。经历、照磨所司视藩署。

初，直隶不置按察使，置大名巡道兼河南按察使衔，通永天津巡道兼山东按察使衔，霸昌井陉巡道兼山西按察使衔。雍正二年改直隶按察使衔。各省置按察使一人。副使、佥事，因事酌置。巡道并兼副使、佥事衔。所属经历、安徽、湖南、甘肃、贵州不置。知事，江西、福建、山西、广东、广西各一人。照磨，安徽、福建、浙江、湖南、甘肃、贵州各一人。检校、康熙六年定江西、福建、山西、陕西各一人。三十九年省。司狱，因时因地，省置无恒。顺治三年，增置江宁按察使一人。康熙三年，增置江北按察使，驻泗州；湖广按察使，驻长沙；甘肃按察使，驻巩昌。六年，定江苏、安徽、湖北、湖南、陕西、甘肃、浙江、江西、福建、山东、山西、河南、四川、广东、广西、云南、贵州各一人，名曰巡道，徙安徽按察使驻安庆。七年，定山西、陕西、甘肃为满洲缺。雍正元年，授高成龄山西按察使。二年，授费金吾陕西按察使，张适甘肃按察使。参用汉人自此始。八年，增置直隶巡道一人，综刑名。徙甘肃按察使驻兰州。雍正二年，改直隶巡道为按察使。八年，江苏按察使徙苏州。江宁隶此。乾隆十八年，停各省巡道兼按察使副使、佥事衔。咸丰三年，加安徽徽宁池太广道按察使衔。后改皖南道。同治五年，加奉天奉锦山海道按察使衔。后改锦新营口道。光绪十三年，福建台湾道、甘肃新疆道并加按察使衔。三十年，加江苏淮扬海道按察使衔。福建台湾道后省，余并改提法使衔。宣统三年，更名提法使，间省经历等官。

都转盐运使司盐运使，从三品。奉天、直隶、山东、两淮、两浙、广东、四川各一人。盐法道，江南、江西、福建、湖北、湖南、河南、山西、陕西、四川、广西、云南各一人，甘肃二人。兼分守地方者二，分巡地方者六。详道员。运同，从四品。长芦、山东、广东分司各一人。运副，从五品。两浙分司一人。监掣同知，正五品。山西、河东、两淮、淮南、淮北各一人。盐课提举司提举，从五品。云南三人，分司石膏、黑盐、白盐三井。运判，从六品。直隶蓟永分司、两淮海州通州泰州分司、两浙嘉松分司各一人。盐课司大使，正八品。直隶、场凡八：曰越支、曰岩镇、曰芦台、曰丰财、曰石碑、曰归化、曰济民、曰海丰。山东场凡八：曰王家冈、曰永阜、曰永利、曰富国、曰涛雒、曰石河、曰官台、曰西繇。各八人，山西三人，曰东场、曰西场、曰中场。两淮二十有三人，曰板浦、曰临兴、曰中正、曰金沙、曰吕四、曰馀西、曰掘港、曰丰利、曰石港、日角斜、曰拼茶、曰庙湾、曰刘庄、曰新兴、曰伍佑、曰富安、曰安丰、曰梁垛、曰河垛、曰草偃、曰丁溪、曰东台，场各一人。福建十有六人，内西河、浦下验掣大使各一人。其场曰福清、曰诏安、曰莆田、曰下里、曰浯州、曰福兴、曰浔美、曰石马、曰惠安、曰祥丰、曰莲河。又有江阴西场、漳浦南场、前江团场。两浙三十有二人，内崇明巡盐大使一人。其场曰仁和、曰三江、曰钱清、曰曹娥、曰穿山、曰石堰、曰鸣鹤、曰清泉、曰大嵩、曰双穗、曰长林、曰长亭、曰黄岩、曰下沙、曰下沙头、曰杜渎、曰西路、曰许村、曰海沙、曰鲍郎、曰芦沥、曰横浦、曰袁浦、曰永嘉、曰青村、曰浦东、曰龙头、曰玉泉、曰黄湾、曰东江、曰金山。四川五人，曰青堤渡、曰庸家渡、曰牛华溪、曰云阳、曰大宁，场各一人。广东十有二人，曰白石、曰博茂、曰大洲、曰招收、曰淡水、曰小靖、曰石桥、曰茂晖、曰隆井、曰东界、曰墩白、曰电茂，场各一人。云南七人。曰黑盐井、曰白盐井、曰石膏井、曰阿陋井、曰按板井、曰大井、曰丽江井，场各一人。盐引批验所大使，正八品。直隶、分驻小直沽、长芦。山东、分驻雒口、蒲台。两淮分驻仪徵、淮安。各二人，四川三人，重庆、嘉定府经历各兼一人。遂宁县丞兼一人。两浙四人，杭州、绍兴、松江、嘉兴各一人。广东一人。驻西汇关。库大使，从八品。长芦、两淮、两浙、山东、广东、隶盐运使。山西、福建、四川、云南隶盐法道。各一人。经历，从七品。长芦、两淮、两浙、山东、广东、隶盐运使。山西隶盐法道。各一人。知事，从八品。两淮、广东各一人。巡检，从九品。长芦一人，驻张家湾。两淮、分驻白塔河、乌沙河。山西分盐池驻长乐。各二人。

运使掌督察场民生计，商民行息，水陆挽运，计道里，时往来，平贵贱，以听于盐政。长芦、两淮各一人。其福建、四川、广东，总督兼之。两浙、山西、云南，巡抚兼之。沿革详下。盐法道亦如之。运同，运副，运判，掌分司产盐处所，辅运使、盐道以治其事。同知掌掣盐政令。提举治事如分司。场大使掌治盐场、池、井，分辖于运同、运判，统辖于运使或盐法道。

初差御史巡视盐课，长芦、咸丰十年省归直隶总督兼理。河东、雍正二年省归川陕总督兼理，明年复故。乾隆四十三年省归山西巡抚兼理。嘉庆十二年改隶河东道。两淮、道光十一年省归两江总督兼理。两浙雍正三年省归浙江巡抚兼理。乾隆五十八年改织造为盐政。嘉庆二十五年仍归巡抚。各一人。十年停差巡盐御史，十二年复故。康熙六年，定各部郎员并差满、汉各一人。八年仍改御史。十年定差一人。十一年俱归各省巡抚兼理。十二年复差。后兼差内府员司。并称盐政。置都转盐运使，长芦、山东、河东、乾隆五十七年省。两淮、两浙、康熙四十九年改驿盐道。乾隆五十八年复故。福建、雍正四年改驿盐道，十二年更名盐法。两广寻改驿盐道。康熙三十二年复故。各一人，云南盐法道一人。其各省行销事务，并守巡道兼之。运同，长芦、山东、俱康熙十六年省，明年复置。两淮、康熙六十年省。两浙、康熙十六年省。明年复置。四十三年又省。河东、康熙十六年省。雍正二年复置。乾隆五十七年又省。两广康熙十六年省。三十二年复置。各一人，副使各一人。顺治十三年省两淮一人。康熙十六年俱省。明年复置两浙一人。运判，两淮四人，康熙三十八年省一人。长芦、康熙十七年省。乾隆四十六年复置。山东、河东、俱雍正二年省。嘉庆十二年复置。十七年又省。两浙各一人。提举，广东一人，康熙五年省市舶提举七人，归盐提举兼理。三十二年省。云南三人。吏目，从九品。广东、康熙三十二年省。云南雍正十年省。各一人。经历，知事，并所辖各场盐课司，盐引批验所，库仓大使，巡检，省置无恒。顺治三年，置江南驿盐道一人。十三年省。康熙十三年置二人，分驻江宁、安庆。二十一年省安庆一人。七年，置湖北驿盐道一人。改屯田水利、驿传二道置。康熙七年省，十三年复置。五十八年又省。雍正元年复置。乾隆四十四年改分守武昌盐法道。明年，置甘肃庆阳盐课同知一人。寻省。康熙四年，以广西桂平梧郁道兼盐法。明年，置江西驿盐道一人。十七年，置福建运同一人。四十三年省。三十年，差巡盐御史，两广、三十二年停。五十七年差广东一人。五十九年改归两广总督兼理。福建雍正元年改隶闽浙总督。十二年改归盐法道。各一人。雍正四年，置山西盐捕同知一人。嘉庆十二年省。明年，置四川驿盐道一人。先是归粮道兼理。二十五年专司盐茶。十一年，置江苏盐务巡道，乾隆六年省。两广运判，乾隆七年省。各一人。十二年，改陕西驿传道为驿盐，专司盐法。乾隆五十九年改置分巡凤邠道。并置湖南驿盐道一人。兼辖常、宝。十三年，改河南开归道为分守粮驿盐道。先是归大梁道兼理。乾隆元年，置广西梧州运同一人。七年省。二十四年，定淮南、淮北监掣同知二人。拣员兼摄。明年定为额缺。嘉庆十一年，定陕西凤邠道、宣统元年省归巡警道兼理。甘肃宁夏道兼盐法。明年，复设山西盐署，以河东道兼盐法，置监掣同知一人。宣统二年，增置奉天运使一人，复改四川盐茶道为运使。明年，改各省运使为盐务正监督，增福建、云南、山东、河东各一人。省盐法道，改置副监督，定淮南、江岸、皖岸、西岸、鄂岸、湘岸、淮北、四川、滇黔边计、济楚、广西、甘肃，各一人。统辖于盐政大臣。

道员正四品。粮道。江南、苏松、江安、浙江、云南各一人。其山东、湖北、湖南、广东、贵州，俱光绪、宣统间省。江西兼巡南抚建、福建兼巡福宁、陕西兼守乾鄜，并省。河道。直隶永定河道驻固安。山东运河道、江苏河库道，俱光绪季年省。各道兼河务者详后。海关道。津海关道驻天津。兼关务者详后。巡警道。劝业道。省各一人，均驻省。详新官制。分守道：山东济东泰武临道，兼驿传、水利，驻省。山西雁平道，驻代州。宣统元年省。冀宁道，兼水利，驻省。宣统二年省。湖北武昌道，广西桂平梧道；俱盐法道兼，驻省。其带兵备者，黑龙江兴东道，兼营务、垦务、木植、矿产，驻内兴安岭。山西河东道，盐法道兼，驻运城。陕西潼商道，驻省城。福建兴泉永道，兼海政、驿传，驻厦门。湖北安襄郧荆道，兼水利，驻襄阳。湖南衡永郴桂道；兼驿传，驻衡州。整饬兵备道，直隶口北道，驻宣化，定为满缺。后参用汉人。甘肃甘凉道。驻凉州。分巡道：直隶清河道，兼河务，驻省。霸昌道，驻昌平。光绪三十年省。河南河陕汝道，兼水利、驿传，驻陕州。福建延建邵道，驻延平。浙江金衢严道，兼水利，驻衢州。湖南岳常澧道，兼驿传、商埠、关务，驻澧洲。四川川南道，驻泸洲。广东广肇罗道，兼水利，驻肇庆。云南临安开广道；兼关务，驻蒙自。其带兵备者，奉天洮昌道，兼蒙旗事，驻辽源州。临长海道，驻临江。锦新营口道，兼关务，驻营口。兴凤道，驻安东。吉林东南路道，兼关务，驻珲城。东北路道，兼关务，驻三姓。西路道，专司交涉，驻长春。黑龙江呼伦道，驻呼伦。瑷珲道，驻瑷珲。以上五员并加参领衔。直隶通永道，兼河务、海防、屯田，驻通州。天津道，兼河务，见前。大顺广道，兼河道、水利，驻大名。苏州道，粮道兼，并司水利，见前。苏松太仓道，兼水利、渔业、关务，驻上海。常镇通海道，兼河道、关务，驻镇江。淮扬海道，兼盐法、漕务、海防，加提法使衔，驻淮安。徐州道，兼河务，驻宿迁。安徽安庐滁和道，驻省城。光绪三十三年省。皖南道，省宁太池广道改置，兼关务，加提法使衔，驻芜湖。皖北道，省凤颍六泗道改置，驻凤阳。山东兖沂曹济道，兼驿传、河务、水利，驻兖州。山西归绥道，兼关务、驿传及蒙旗事，驻绥远。初定为满缺，后参用汉人。河南开归陈许郑道，兼河务，驻省。河北道，兼河务、水利，驻武陟。南汝光道，兼水利，驻信阳州。陕西陕安道，兼水利，驻汉中。凤邠道，盐法道兼。宣统元年省。甘肃平庆泾固化道，盐法道兼，驻平凉。兰州道，兼屯田、茶马，驻省城。宣统二年省。阿克苏道，兼水利、屯政，抚驭蒙部，稽查卡伦，驻本城。喀什噶尔道，兼水利、屯垦、通商，抚驭布鲁特，稽查卡伦，驻本城。福建汀漳龙道，驻漳州。台湾道，光绪二十一年弃台湾，省。浙江杭嘉湖道，兼海防，驻嘉兴。宁绍台道，兼水利、海防，驻宁波。温处道，兼水利、海防，驻温州。江西瑞南临道，盐法道兼，驻萍乡。抚建广饶九南道，兼关务、水利、窑务，驻九江。吉南赣宁道，兼关务、水利、驿传，驻赣州。湖北汉黄德道，兼水利，驻汉口。上荆南道，兼关务、水利，驻沙市。施鹤道，兼辖文武，驻施南。湖南辰沅永靖道，兼界亭，镇苗疆，驻凤凰营。四川成绵龙茂道，兼水利，驻省城。光绪三十四年省。建昌上南道，兼驿传，抚土司，驻雅州。川东道，兼驿传，驻重庆。川北道，驻保宁。康安道，驻巴安，加提法使衔。边北道，驻登科。以上二员，宣统二年置，隶川滇边务大臣。广东南韶连道，兼水利，驻韶州。惠潮嘉道，驻惠州。廉钦道，驻钦州。高雷阳道，驻高州。琼崖道，驻琼州。广西左江道，驻南宁。右江道，驻柳州。太平思顺道，驻龙州。以上二员，并控制汉、土。云南迤东道，兼驿传，驻曲靖。迤西道，兼驿传、关务，驻大理。迤南道，兼驿传，驻普洱。贵州贵东道，兼驿传，镇苗疆，驻古州。贵西道；驻安顺。宣统二年省。整饬兵备道，直隶热河道，加提法使衔，驻本城。江南江宁道，盐法道兼，并司水利，驻省。山东登莱青道，兼海防、水利，驻登州。陕西延榆绥道，兼盐茶，驻榆林。甘肃宁夏道，兼盐法、水利，驻宁夏。巩秦阶道，兼茶马、屯田，驻秦州。新疆镇迪道，兼驿传，加提法使衔，驻省。伊塔道；兼水利、屯田，稽查卡伦，驻宁远。抚治兵备道，甘肃西宁道，兼治蒙、番，驻西宁。乾隆间定为满、蒙缺，后参用汉人。嘉庆间复旧制，后仍参用。安肃道。兼屯田，驻肃州。各掌分守、分巡，及河、粮、盐、茶，或兼水利、驿传，或兼关务、屯田；并佐藩、臬核官吏，课农桑，兴贤能，励风俗，简军实，固封守，以帅所属而廉察其政治。其杂职有库大使，从九品。仓大使，关大使，俱未入流，详后杂职。皆因地建置，不备设。

布、按二司置正、副官。寻改置布政使左、右参议，是为守道；按察使副使、佥事，是为巡道。时道员止辖一府，或数道同辖一府也。顺治十六年，谕各道兼带布、按二司衔，著为例。康熙六年，省守、巡道百有八人，厥后渐次复置，有统辖阖省者，有分辖三、四府州者，省置无恒，衔额靡定，均视其升补本职为差。如由京堂等官补授者为参政道，掌印给事中、知府补授者为副使道，由科道补授者为参议道，郎中、员外郎、主事、同知补授者为佥事道，守、巡皆同。乾隆十八年，罢参政、参议、副使、佥事诸衔，特峻其品秩。初制，参政道从三品，副使道正四品，参议道从四品，佥事道正五品。至是俱定正四品。嗣是守、巡诸道先后加兵备者，八十余人。四十一年，诏道员署布、按二司者，许上封奏。嘉庆四年，以道员职司巡察，诏复雍正间旧制，许言事。德宗以降，别就省会置巡警、劝业二道，分科治事，议省守、巡道，酌留一二带兵备者，未果。又初制有山东、安徽、浙江、江西、湖北、湖南兴屯道，浙江、江苏海防道，福建巡海道，江苏江防道，马政道，后俱省。

府　知府一人。初制正四品。乾隆十八年改从四品。同知，正五品。通判，正六品。无定员。其属：经历司经历，正八品。知事，正九品。照磨所照磨，从九品。司狱司司狱，从九品。各一人。又江苏检校、贵州长官司吏目，各二人。知府掌总领属县，宣布条教，兴利除害，决讼检奸。三岁察属吏贤否，职事修废，刺举上达，地方要政白督、抚，允乃行。同知、通判，分掌粮盐督捕，江海防务，河工水利，清军理事，抚绥民夷诸要职。其直隶布政使者，全国二十有二，制同直隶州，或隶将军与道员，各因地酌置。经历、知事、照磨、司狱，所掌如两司首领官。自同知以下，事简者不备。

初制，知府秩正四品，区三等，多用汉员，时满洲郎、员外转布、按不占府缺。康熙初始参用。并置推官康熙六年省。及挂衔推官。顺治三年省。督捕左、右理事官康熙三十八年省。各一人。康熙元年，以委署州、县专责知府，行保举连坐法。五十一年，允御史徐树庸请，引见督、抚特举人员。自是知府授官，引见时观敷奏，报最时课治绩，著为令甲。雍正元年，谕督、抚甄别知府，厥后府与同知且许言事。后停。十二年，以府职重要，援引古谊，思复久任制。部议以迁擢为鼓励，止于限年升调。仁宗亲政，以知府为承上接下要职，严谕各督、抚考核。宣宗时犹然。文、穆而下，古辙寖远矣。宣统之季，省各府附郭县，以知府领其事。自江南、陕西、湖广分省，奉天、吉林、黑龙江、新疆建省，四川、云南改土归流，各以府隶之，计全国府二百十有五。

州　知州一人。初制从五品。乾隆三十五年改直隶州知州正五品。州同，从六品。州判，从七品。无定员。其属：吏目一人。从九品。知州掌一州治理。属州视县，直隶州视府。唯无附郭县。州同、州判，分掌粮务、水利、防海、管河诸职。吏目掌司奸盗、察狱囚、典簿录。

初制，州置知州一人。嗣后因地制宜，省析并随时更易，佐贰亦如之。计全国直隶州七十有六，属州四十有八。

县　知县一人。正七品。县丞一人。正八品。主簿无定员。正九品。典史一人。未入流。知县掌一县治理，决讼断辟，劝农赈贫，讨猾除奸，兴养立教。凡贡士、读法、养老、祀神，靡所不综。县丞、主簿，分掌粮马、征税、户籍、缉捕诸职。典史掌稽检狱囚。无丞、簿，兼领其事。

初制，县置知县一人。顺治十二年，谕吏部参酌州、县制，区三等。先是台谏需人，依明往例，行取知县。圣祖亲政，以亲民官须谙利弊，命督、抚举贤能。康熙二十九年，复谕九卿察廉吏。清苑知县邵嗣尧等十二人擢置宪府，铮然有声。高宗犹亟称之。自部议防太骤，俾回翔曹司间，其途稍纡矣。乾隆十六年，停止行取升部员，其贤能者仍得题擢也。嘉庆十五年，刊《钦定训饬州县规条》一书，颁示各省。文宗时，军书旁午，民生凋敝，申谕督、抚随时严察。顾其时杂流竞进，廉能者寡。穆宗厉精图治，谕各省甄别捐纳、军功人员，寻以招流亡、垦地亩课第殿最。同治七年，复命设局刊《牧令》诸书，犹存振厉至意。光绪间，督、抚违例更调州、县官，视同传舍。二十四年，议复久任制。三十一年，定考核州、县章程，详考绩。制亦少密焉。计全国县凡千三百五十有八。

儒学　府教授、正七品。训导，从八品。州学正、正八品。训导，县教谕、正八品。训导，俱各一人。教授、学正、教谕，掌训迪学校生徒，课艺业勤惰，评品行优劣，以听于学政。训导佐之。例用本省人。同府、州者否。江苏、安徽两省通用。初沿明制，府、厅、州、县及各卫武学并置学官。康熙三年，府、州及大县省训导，小县省教谕。十五年复置，自是教职分正复。厥后开俊秀监生捐纳教职例。三十年，允江南学政许汝霖请，凡捐学正、教谕者改为县丞，训导改为主簿，繇是唯生员始得入赀，教授必由科目。三十二年，省各卫武学训导。三十九年，颁学宫圣谕十六条，月朔望命儒学官集诸生宣读。四十一年，颁《御制训饬士子文》，命学宫镌石。四十二年，定教职，学各二人。雍正元年，允云南土人、四川建昌番夷、湖南永绥等处建立义学，嗣是改土归流，塞外荒区渐次俱设儒学。明年，置云南井学训导，井学自此始。又明年，省都司儒学、京卫武学教授，满洲生员并归汉官月课。十三年，定府、州、县儒学官品秩。如前所列。光绪三十年后，科举既罢，各省教职缺出不补。时议改置文庙官，不果。

巡检司巡检，从九品。掌捕盗贼，诘奸宄。凡州县关津险要则置。隶州厅者，专司河防。

驿　驿丞，未入流。掌邮传迎送。凡舟车夫马，廪粮庖馔，视使客品秩为差，支直于府、州、县，籍其出入。雍正六年，定满人不得为驿丞。典史同。

库大使一人。隶布政使者正八品，运使、盐法道、各道从九品，盐茶道及各所俱未入流。掌主库藏。

仓大使一人。隶布政使及各府从九品。州、县未入流。掌主仓庾。

税课司大使一人。隶道、府者从九品。州、县未入流。掌主税事。凡商贾、侩屠、杂市俱有常征，以时榷之，输直于道、府若县。

闸官一人。未入流。掌潴泄启闭。

河泊所大使一人。未入流。掌征鱼税。

医学　府正科，州典科，县训科，各一人。俱未入流。

由所辖有司遴谙医理者，咨部给劄。宣统元年，奉天模范监狱成，置医务所所长，省府正科。

阴阳学　府正术，州典术，县训术，各一人。俱未入流。由所辖有司遴行端者，咨部给劄。雍正七年，令兼辖星学。

府僧纲司都纲、副都纲，州僧正司僧正，县僧会司僧会，各一人。府道纪司都纪、副都纪，州道正司道正，县道会司道会，各一人。俱未入流。遴通晓经义，恪守清规者，给予度牒。

卷一百十七　　志九十二

职官四 武职　藩部土司各官

公侯伯子男　额驸　侍卫处　銮舆卫
骁骑营八旗都统　前锋营护军营统领
景运门直班　**八旗内务府三旗护军营总统**
三旗包衣骁骑营　三旗包衣护军营　**步军统领**
火器健锐神机虎枪诸营 向导处　上虞备用处
善扑营　**王公府属各官**　公主府长史
陵寝驻防各官　各省驻防将军等官
提督等官　各处驻扎大臣　回部各官
藩属各官　土司各官　番部僧官

公、侯、伯、超品。子、正一品。男、正二品。轻车都尉、正三品。以上俱分三等。骑都尉、正四品。云骑尉、正五品。恩骑尉，正七品。凡九等，以封功臣及外戚。

初，天命五年，论功序列五爵，分总兵为三等，副将、参将、游击亦如之，牛录额真称备御。天聪八年，始设一等公，即五备御之总兵。及一、二、三等昂邦章京，即总兵。梅勒章京，即副将。扎兰章京，一、二等即参将，三等游击。牛录章京，即备御。顺治元年，加封功臣公、侯、伯世爵，锡之诰券。时公、侯、伯下无子、男，副、参即其爵也。四年，改昂邦章京为精奇尼哈番，梅勒章京为阿思哈尼哈番，扎兰章京为阿达哈哈番，牛录章京为拜他喇布勒哈番。授爵自拖沙喇哈番始，旧为半个前程，汉称外所千总，正五品。递上为拜他喇布勒哈番，汉称外卫指挥副佥事，从四品。再一拖沙喇哈番，称外卫指挥佥事，正四品。阿达哈哈番，三等称外卫副同知，二等称外卫指挥同知，俱从三品。一等称外卫指挥副使，再一拖沙喇哈番，称外卫指挥使，正三品。阿思哈尼哈番，三等称外卫都指挥副同知，二等称外卫都指挥同知，俱从二品。一等称外卫都指挥副使，再一拖沙喇哈番，称外卫都指挥使，俱正二品。精奇尼哈番。二等称銮仪卫都指挥同知，从一品。一等称銮仪卫都指挥使，正一品。积拖沙喇哈番二十六，为一等公。八年，定世袭罔替制。十八年，定合并承袭制。

康熙元年，以世爵合并至公、侯、伯者，仍与分袭。雍正二年，锡明裔朱之琏一等侯。乾隆十四年，锡名延恩。八年，嘉大学士张廷玉等辅弼勤劳，赐一等阿达哈哈番世袭，汉世职自此始。明年，锡公爵嘉名。如褒绩、忠达类。外戚命为承恩公。往制为一等公。乾隆四十三年改三等。

乾隆元年，定精奇尼哈番汉字为子，阿思哈尼哈番为男，阿达哈哈番为轻车都尉，拜他喇布勒哈番为骑都尉，拖沙喇哈番为云骑尉，满文如故。十三年，定公、侯、伯以次封爵表。一等公袭二十六次，一等侯兼一云骑尉袭二十三次，一等伯兼一云骑尉十九次，一等男兼一云骑尉十一次，自公至男，一、二、三等依次递降。十四年，追锡侯、伯嘉名。如奉义侯、敦惠伯类。自是垂为永制。十六年，定世袭七品官为恩骑尉，是为九等。三十二年，嘉黄芳度功，予袭公爵十二世，并依八旗例，复给恩骑尉，优恤于无穷。时将军张勇等，提督孙思克等，并缘此推恩，繇是汉官亦有世袭罔替例。同治中兴，剖符析圭者，汉官为多，犹古武功爵也。光绪三十三年，制定创兴大业者予子、男，号曰商爵，则颁爵之制少异已。

公主额驸，位在侯、伯上。尚固伦公主中宫所生女。曰固伦额驸，秩视固山贝子；尚和硕公主妃所生女及中宫抚养者。曰和硕额驸，秩视超品公。亲王女曰郡主，额驸秩视武职一品。世子、郡王女曰县主，额驸视二品。贝勒女曰郡君，额驸视三品。贝子女曰县君，额驸视四品。入八分镇国公、辅国公女曰乡君，额驸视五品。近支格格予岁禄，远支止予虚衔。下嫁蒙藩亦如之。所生之子，各予其父品级。

初，太祖时，额驸何和礼授都统，达尔汉继之。太宗时，巴雅思祜朗授都统，拉哈继之。自是御前侍卫大臣、护军前锋统领，皆为专职。亦有仅受岁禄，而护从随征受命一充其任者。至出镇西北，则自定边左副将军策凌始。踵其后者，世宗时，观音保为领队大臣，高宗时，色布腾巴勒珠尔为参赞大臣。其授文职者，止天命间苏鼐、乾隆间福隆安二尚书而已。

侍卫处　领侍卫内大臣，正一品。内大臣，初制正一品，后改从一品。各六人。镶黄、正黄、正白旗各二人。散秩大臣、都统、护军前锋统领、满大学士、尚书内特简。散秩大臣无员限。从二品，食三品俸。主事一人。署主事三人。笔帖式二十有七人。内委署十五人。协理事务侍卫班领，正三品。侍卫班领，正四品。各十有二人。署班领二十有四人。侍卫什长七十有九人，宗室九人。侍卫一等正三品。六十人，旗各二十人。宗室九人。旗各三人。二等正四品。百五十人，旗各五十人。三等正五品。二百七十人，旗各九十人。宗室六十有三人。旗各二十一人。蓝翎侍卫九十人。旗各三十人，三旗通为五百七十人。内隶黏竿处三十四人，上驷院二十四人，上虞备用处三十六人。善扑营、武备院无常额。四等侍卫、汉侍卫，分一、二、三等及蓝翎。俱无员限。亲军校，正六品。署亲军校，初无品级。乾隆五十一年定从八品。各七十有七人。

领侍卫掌董帅侍卫亲军，偕内大臣、散秩大臣翊卫扈从。协理、主事、笔帖式，分掌章奏文移。侍卫掌营卫周庐，更番侍直。分两翼宿卫。乾清门、内右门、神武门、宁寿门为内班，太和门为外班。行幸驻跸如宫禁制。朝会、祭祀出入，则卫官填街，骑士塞路。领侍卫内大臣、侍卫班领，帅豹尾班侍卫。散秩大臣、侍卫什长，执纛亲军以供导从，大阅则按队环卫。亲军校掌分辖营众。其常日侍直者，御前大臣、王大臣兼任。御前侍卫、御前行走、乾清门行走，俱侍卫内特简。无常员。故事，凡宿卫之臣，惟满员授乾清门侍卫，其重以贵戚或异材，乃擢入御前。汉籍辄除大门上侍卫，领侍卫内大臣辖之。其以材勇擢侍乾清门者，班崇极矣。惟嘉庆间杨芳特授国什哈辖，汉国什哈内大臣，叹为未有。其出入扈从者，后扈大臣二人，御前大臣、领侍卫内大臣兼任。前引大臣十人。内大臣、散秩大臣、前锋统领、护军统领、副都统兼任。所辖奏事处，御前大臣兼管。侍卫一人，御前侍卫、乾清门侍卫内特简。章京六人，内府司员四人。各部、院司员二人。笔帖式二人，内府笔帖式兼充。奏蒙古事侍卫六人。乾清门或大门侍卫兼充。

初，太祖以八旗禁旅戡定区夏，镶黄、正黄、正白三旗皆自将，爰遴其子弟，命曰侍卫，亦间及宗室秀彦、外藩侍子，统以勋戚，备环直焉。顺治元年，定侍卫处员数。如前所列。时汉荫生亦与选，寻罢。康熙二十九年，擢武进士娴骑射者为侍卫，附三旗。三十七年，增宗室侍卫，无常员。雍正七年定九十人。雍正三年，选蓝翎侍卫材力魁健者置四等。后复如故。明年，定武进士一甲一名授一等侍卫，二、三名授二等，二甲选三等，三甲选蓝翎，置满洲主事一人。乾隆三十六年，以随印协理事务侍卫班领为一等，侍卫班领为二等。凡十人置一长，三旗什长六十人，宗室九人。四十年，增委署亲军校七十有七人。嘉庆十九年，以散秩大臣无办事责，谕凡擢都统者停兼职。

銮舆卫　掌卫事大臣一人。正一品。无专员，以满、蒙王、公、大臣兼授。銮舆使，初制正二品。康熙二年改正三品。七年复故。满洲二人，凡满缺并以蒙古人兼授。汉军一人。凡汉军缺并以汉人兼授。其属：堂主事，满洲一人。经历厅经历，汉一人，笔帖式，满洲七人，汉军三人。又六所、一卫：曰左所，曰右所，曰中所，曰前所，曰后所，曰驯象所，曰旗手卫。冠军使，初制正三品。康熙二年改正四品，七年复故。宗室一人，满洲、汉军七人。云麾使，初制正四品。康熙二年改正五品，七年复故。宗室二人，满洲、汉军十有八人。治宜正，初制正五品。康熙二年改正六品，七年复故。宗室三人，满洲、汉军二十有九人。整宜尉，初制正六品。康熙二年改从，七年复故。雍正十年升正五品，后复改从六品。宗室三人，满洲、汉军二十有三人。鸣赞鞭官，由太常、鸿胪二寺赞礼郎、鸣赞官咨补。满洲四人，学习二人。

銮舆使掌供奉乘舆秩序卤簿，辨其名物与其班列。凡祭祀、朝会、时巡、大阅，帅所司供厥事。左所掌舆乘辇路；右所掌伞盖、刀戟、弓矢、殳枪；中所掌麾氅、旛幢、纛帜、节钺、仗马；前所掌扇鲈、瓶盂、杌椅、星拂、御仗、棕荐、静鞭、品级山；后所掌旗爪、吾仗；驯象所掌仪象、骑驾、卤簿、《前部大乐》；旗手卫掌金钲、鼓角、《铙歌大乐》，兼午门司钟，神武门钟鼓楼直更。主事掌章奏。经历掌文移。

其别设者：往制，步辇云麾使一人，治宜正三人，驾库管理整宜尉二人，俱汉军为之。后分金、玉、象、革、木五辂，并拜褥、棕毯、篦头、亭座、驾衣诸管理，派冠军使以次各官兼摄，则参用满员。

顺治元年，设锦衣卫，置指挥等官。明年，更名銮仪卫，定各官品秩。时共五所，所止存一司。四年，省指挥使，置銮仪使以次各官。明年，省副官及卫官百十有四人。六年，增摄政王下汉二品銮仪使，三品冠军使，四品云麾使，五品治仪正，各二人；整仪尉三人。后俱省。九年，始以内大臣掌卫事。乾隆九年置兼理卫事一人。十四年省，二十六年复置总理卫事内大臣一人，三十年又省。十一年，定銮仪使满、汉各二人。康熙三十一年省汉一人。乾隆五十年分满使为左、右。五十七年复旧制。陪祀冠军使，汉二人。康熙二十三年，掌步辇事。三十七年，以一人掌库事。四十八年俱停。设左、右、中、前、后五所，銮舆、驯马、擎盖、弓矢、旌节、旛幢、扇手、斧钺、戈戟、班剑十司。设驯象一所，分东、西二司。设旗手一卫，分左、右二司。定冠军使十人，宗室一人，满洲七人，汉军二人。云麾使二十有二人，宗室二人，满洲十二人，汉军八人。闲散六人。满缺。治仪正二十有四人，宗室四人，汉军二十人。闲散十有八人。满缺。整仪尉二十有九人，宗室四人，满洲十有五人，汉军十人。十五年，省满洲经历一人。康熙十六年，改经历为汉缺，增置满洲主事一人。乾隆三十七年，增置鸣赞鞭官四人。嘉庆十三年增学习二人。四十八年，置总办、协办、堂务、冠军使各一人。所、卫冠军使兼充。嘉庆六年更名综理七所事务冠军使，派云麾使二人协理。光绪三十三年，省冠军使二人，云麾使八人，治仪正十人，整仪尉四人。定宗室员限，如前所列。余并满、汉参用。宣统元年，避帝讳，改銮仪使为銮舆使，治仪正、整仪尉并易“仪”为“宜”。

骁骑营　八旗都统，初制正一品，后改从一品。满、蒙、汉军旗各一人。副都统，正二品。旗各二人。参领，正三品。副参领，正四品。俱九十有六人。满洲、汉军各四十人，蒙古十有六人。佐领，正四品。骁骑校，正六品。俱千一百五十有一人。满洲各六百八十有一人，蒙古各二百有四人，汉军各二百六十有六人。协理事务参领四十人。满洲、汉军各十有六人，蒙古八人。本旗参领内选充。章京，笔帖式，俱百四十有四人。满洲各六十有四人，蒙古各三十有二人，汉军各四十有八人。随印房行走散秩官无定员。

都统，副都统掌八旗政令，宣布教养，厘诘戎兵，以赞旗务。参领、副参领掌受事、付事以达佐领。佐领掌稽所治户口田宅兵籍，岁时颁其教戒。协理各官掌章奏文移，计会出纳。各营同。其特派者：直年旗大臣八人；其属有参领，章京，笔帖式。旗员内派委。管理旧营房大臣，满、蒙各一人；其属有营总章京，骁骑校。新营房大臣，官房大臣，满、蒙、汉军各八人；其属与旧营房同。左、右翼铁匠局副都统，其属有参领，散秩官，骁骑校。稽察宝坻等处驻防大臣，各二人；左、右翼世职官学总理大臣十人；其属有参领章京，清语、骁射教习。十五善射处管理大臣，翼各一人；汉军清文义学稽察学务参领八人。其分摄者：俸饷处、马册房、管理马圈、籐牌营参领各官，汉军鸟枪营领催各官，城门偏吉章京骁骑校，俱于旗员内选充。

初，太祖辛丑年，始编三百人为一牛彔，置一额真。先是出兵校猎，人取一矢，一长领之，称牛彔，至是遂以名官。天命元年编制满洲牛彔。八年增编蒙古牛彔。天聪四年，汉军牛彔成。先分四旗，寻增为八旗。乙卯年，定五牛彔置一扎兰额真，五扎兰置一固山额真，左、右梅勒额真佐之。太宗御极，置总管旗务八大臣，主政事；即固山额真兼议政大臣。佐管十六大臣，主理事听讼。即梅勒额真兼理事大臣。天聪八年，改额真为章京，固山额真如故。管梅勒曰梅勒章京，管扎兰曰扎兰章京，管牛彔曰牛彔章京。其随营马兵曰阿礼哈超哈。是为骁骑营之始，然犹统满、蒙、汉军为一也。九年，始分设蒙古八旗。崇德七年，复分设汉军八旗。先是二年设二旗，四年分为四。二十四旗之制始备。顺治八年，定扎兰章京汉字称参领。十七年，定固山额真汉字称都统，雍正元年改满文固山额真为固山昂邦。梅勒章京称副都统，牛彔章京称佐领，分得拨什库称骁骑校，并定都统、副都统员额。如前所列。参领，满洲、汉军旗各五人，蒙古各三人。寻各增一人。佐领随事为员。分四等：部落长率属归诚，爰及苗裔，曰勋旧佐领；功在旗常，锡之户口，曰优异世管佐领；止偕兄弟族众来归，授职相承，曰世管佐领；户口寥落，合编数姓，迭为是官，曰互管佐领。康熙十三年复以各佐领余夫增编公中佐领。骁骑校如参领数。康熙三十四年，增委署参领，视扎兰为员限。雍正元年改副骁骑参领，定满洲、汉军旗各五人，蒙古各三人。雍正七年，增左、右司掌关防参领及司务等官。旗各二人。俱十三年省。明年，定汉军上三旗为四十佐领，乾隆三十九年增镶黄旗一人。四十年又增一人。五十五年又增一人。嘉庆九年省一人。下五旗为三十佐领，乾隆二十一年省正红、镶红旗各二人，镶蓝旗一人。三十九年省正蓝旗一人。及满洲、镶黄、正白、镶红旗各八十六人，镶白旗、正蓝旗各八十四人，正黄旗九十三人，正红旗七十四人，镶红旗八十六人。蒙古正黄、镶白旗各二十四人，正红、镶红旗各二十二人，镶黄旗二十八人，正白旗二十九人，正蓝旗三十人，镶蓝旗二十五人。员数。乾隆元年，增置印务参领、章京。

前锋营　前锋统领，正二品。王、公、大臣兼领。左、右翼各一人。自统领以下，俱满、蒙人为之。护军、火器、健锐各营同。参领，正三品。侍卫，初制正五品。乾隆元年升正四品。各八人。委署侍卫，给五品顶戴、仍食前锋校月饷。各四人。前锋校，正六品。各四十有四人。协理事务参领、侍卫，各一人。本翼参领、侍卫内充补。前锋校各二人。本翼前锋校内酌委。笔帖式四人。

统领掌前锋政令，遴满、蒙锐兵，以时训练其艺。参领、侍卫掌督率前锋，警跸宿卫。

天聪八年，定巴牙喇营前哨兵为噶布什贤超哈。顺治十七年，定噶布什贤噶喇衣昂邦汉字为前锋统领，其章京为参领；置前锋侍卫、前锋校各官，并定员数。如前所列。雍正三年，置随印协理事务参领、侍卫左、右翼各一人，前锋校各二人。乾隆十七年，增委署前锋侍卫，旗各一人。五十四年，置避暑山庄带翎前锋校十人。仍归入前锋校员数内。

护军营　护军统领，正二品。八人。参领，正三品。副参领，初制正五品。雍正十二年升正四品。俱百十有二人。满洲各八十人，蒙古各三十有二人。委署参领，给五品顶戴，护军校内选委。五十有六人。护军校，正六品。八百八十有五人。满洲六百八十一人，蒙古二百有四人。委署护军校给金顶虚衔，食护军月饷。如署参领数。协理事务参领、副参领，各八人。各由本旗参领、副参领内选补。护军校，本旗酌委。笔帖式，各十有六人。

统领掌护军政令，遴满、蒙精兵，以时训练其艺。大阅为首队，夹前锋列阵。凡遇朝会，得举非法。参领、副参领掌董率护军。出则骑从夹乘舆车，居则宿卫直守门户。

初，设巴牙喇营，统以巴牙喇纛章京，甲喇章京分领之。顺治十七年，定巴牙喇纛章京汉字为护军统领，旗各一人；甲喇章京为护军参领，旗各十有四人。护军校编制视佐领，乾隆三十三年增二百十四人。并置署护军参领员额。雍正元年，改署参领为副参领，旗各十有四人。乾隆三十三年增十六人。三年，置随印护军参领、副参领、护军校等官。乾隆十七年，增委署护军参领，旗各七人。三十三年增三十有二人。四十一年，遴护军材力优者七十有七人，为委署护军校。

景运门直班大臣一人。前锋统领、护军统领番直。印务章京，前锋、护军印务参领十人番直。上三旗、下五旗各司钥章京，本旗护军参领番直奏充。俱一人。直班前锋参领、护军参领，二十有九人。前锋二人，护军二十七人。巴克什护军如参领数。前锋校，护军校，九十有三人。前锋二人，护军九十一人。主事一人。上三旗主事、署主事，各一人番直。门笔帖式五人。上三旗十人，以五人番直。

圆明园八旗、内务府三旗护军营掌印总统大臣一人。本营总统大臣内特简。各营同。总统大臣无员限。王、公、大臣兼任。八旗营总护军参领，各八人，俱正三品。副参领倍之，初制五品。雍正十年升正四品。署参领又倍之。初制六品。雍正十年升正五品。护军校，正六品。副护军校，从八品。各百二十有八人。协理事务营总护军参领，各二人，护军校四人。笔帖式三十有二人。三旗营总一人。初制四品。乾隆三十七年定三品衔食四品俸。护军参领，三品衔食五品俸。副参领，四品衔食五品俸。委署参领，五品衔食护军校俸。各三人。护军校九人，副护军校三人。笔帖式四人。

总统掌圆明园翊卫政令。驾出入则警跸。环园门讯，督摄守卫。营总以下掌辖营众警夜巡昼。雍正二年，设圆明园护军营，置八旗营总八人，副护军参领十有六人，署副参领三十有二人，护军校八十人。十年增三十三人。乾隆十二年增十六人。并设内务府三旗护军营，置参领、侍卫、委署参领、后改副参领。护军校、委署参领，旗各一人，护军校各三人，委署护军校各一人，后改副护军校。简总统大臣领之。七年，八旗置护军校七十有二人。十年增四十人。乾隆十二年增十有六人。十年，三旗置营总一人，八旗护军参领各一人。乾隆十六年，置随印协理事务营总各官。

三旗包衣骁骑营参领，内务府郎中兼充。初制五品。乾隆三十六年定三品衔，仍食五品俸。副参领，初制六品。乾隆三十六年定四品衔，食俸如故。满洲佐领，从四品。各十有五人。旗鼓佐领，汉军十有八人，正黄旗世袭朝鲜佐领二人，正白旗回子佐领一人。三旗骁骑校三十有六人。正六品。

内朝鲜二人，回子一人。校尉长骁骑校，二人。内管领，初制正五品。道光二十五年改从。副内管领，正六品。旗各十人。

三旗包衣护军营统领三人。正三品。参领，初制五品。乾隆三十二年改四品衔。三十六年定三品衔，食俸如故。副参领，同骁骑校。委署参领，本旗护军校内委署。各十有五人。护军校，五品衔，雀翎。委署护军校，金顶蓝翎。各三十有三人。食护军饷。护军蓝翎长十有五人。正九品。

三旗包衣前锋营参领，护军校、委署参领内简选。雀翎。仍食护军校俸。委署参领，护军校内简选。五品衔，雀翎。食俸如故。前锋校，副护军校内简选。蓝翎。仍食护军饷。委署前锋校，护军内简选。蓝翎。各六人。蓝翎长十有二人。金顶蓝翎。

骁骑营参领、副参领掌备禁城宿卫，兼司袭职考射挑甲。佐领以下掌辖旗众，稽核户口俸饷，籍达参领。护军营掌守宫掖，典导引扈从。前锋营掌习解马、花马箭。

初设内务府，置内管领四人。顺治三年、六年俱增四人。十一年增八人。康熙二十四年又增四人。三十年增六人。顺治元年，置内府三旗满洲佐领九人，旗鼓佐领十有二人，康熙三十四年，旗各增二人。朝鲜佐领一人，康熙三十四年增一人。雍正十年改世管佐领。隶领侍卫内大臣。十八年，置满洲佐领下护军校各二人，旗鼓佐领内管领护军校各一人。康熙二十三年省十二人。雍正九年增十五人。康熙十三年，改隶内务府。十六年，定三旗各编五参领，置护军参领、骁骑参领，乾隆十六年遴府属司官五人掌关防。旧置参领改为副参领。如其数。骁骑校编制视佐领。康熙三十四年增佐领三十三人，骁骑校亦如之。二十年，置委署护军参领，雍正九年，旗各增五人。十二年各省五人。委署护军校，雍正三年改副护军校。九年，旗各增五人。十三年省。旗各五人。二十三年，增副内管领一人。二十四年增四人。三十年、三十四年俱增三人。三十四年，护军仍隶侍卫处。三十六年，增侍卫、委署参领，旗各三人。雍正九年各增二人。乾隆三十年增一人，管前锋营。四十三年，增骁骑营副参领如参领数。雍正十三年省。雍正元年，增护军统领，旗各一人，复改隶内府。四年，置委署副骁骑校如佐领数。十三年省。乾隆十三年，始立前锋营，置参领、委署参领、前锋校各二人，以护军统领辖之。十五年，增委署前锋校二人。护军内选用。二十五年，置回子佐领、骁骑校各一人。三十二年，增护军蓝翎长五人。四十七年，增校尉长骁骑校二人。嘉庆七年，增前锋营蓝翎长四人。宣统三年，改隶前锋、护军等营事务处。

步军营　提督九门步军巡捕五营统领一人，亲信大臣兼任。初制正二品。嘉庆四年升从一品。左、右翼总兵各一人。正二品。其属：司务厅司务一人；笔帖式十有二人；左、右二司郎中各一人；员外郎、主事，各三人。司务以下俱满缺。所辖：翼尉、正三品。副翼尉、从三品。协尉、正四品。副尉，正五品。满、蒙、汉军俱各八人。捕盗步军校，正五品。满洲二十有四人，蒙古、汉军各八人。步军校，满洲百六十有八人，蒙古、汉军各六十有四人。内职捕盗者四十人。委署步军校，正六品。满洲四十人，蒙古、汉军各十有六人。城门领，初制正四品。乾隆十四年改从。城门吏，正七品。满洲各十有八人，汉军各七人。门千总，正六品。汉军三十有二人。巡捕五营副将一人，中营置。参将四人。南、北、左、右营各一人。游击、都司各五人，守备十有八人，千总四十有六人，把总九十有二人。副将之下，品级详见绿营。信炮总管，正四品。满洲一人；监守信炮官，正五品。满洲、汉军各四人。

统领掌九门管钥，统帅八旗步军五营将弁，以周卫徼循，肃靖京邑。总兵佐之。郎中各官掌勾检簿书，平决诤讼。司务掌典守档册，计会俸饷。翼尉各官掌分辖步军，守卫循警。城门领掌司门禁，稽查出入。巡捕营各官掌分汛防守，巡逻纠察，以执御非违。信炮总管掌有警奉金牌声众。

初置步军统领一人，左、右翼总尉各一人，乾隆十九年改翼尉。步军校，八旗满、蒙参领下各四人，汉军各二人；乾隆十九年改步军尉。三十六年复故。并定巡捕二营，置参将以次各官。以兵部职方司汉主事一人司政令。京城内九门、外七门，置指挥、千百户隶之。顺治四年改门千总。顺治五年，置步军副尉，满、蒙、汉军，旗各一人。乾隆十九年改协尉。十年，允尚书噶洪达请，设白塔山及内九门信炮各五，置汉军信炮官左、右翼各二人。雍正二年更名，并定员限。乾隆八年始来隶。员数如前所列。十四年，置巡捕中营官。康熙十三年，始命步军统领提督九门事务，并定城门尉、城门校，乾隆十九年改城门领、城门吏。内九门俱各二人，外七门俱各一人，千总门各二人，以统辖十六门门军。二十四年，八旗满、蒙各参领下增委署步军校一人。三十四年定八旗满洲各五人，蒙古、汉军各二人。三十年，复命步军统领兼管巡捕三营。三十四年，增捕盗步军校四十人。步军校内遴委。六十一年，置满洲员外郎一人。雍正四年，置步军参尉，乾隆十九年改副尉。满、蒙、汉军，旗各一人。七年，简部臣一人协理刑名。乾隆四十三年省步军统领，由都统、副都统授者仍置。明年，增满洲员外郎一人，置主事二人。十三年，置满洲司务一人。四十六年，以三营辖境辽廓，增设左、右二营，是为五营，并置副将各官。嘉庆四年，增左、右翼总兵各一人，郎中一人。九年，增副翼尉二人。

火器营　掌印总统大臣一人。总统大臣无员限。王、公、侍卫内大臣、都统、前锋护军统领、副都统内特简。内、外营翼长，正三品。署翼长营总，正三品。各一人；营总各三人。鸟枪护军参领各四人，正三品。副参领倍之，正四品。署参领又倍之。从五品。鸟枪护军校，正六品。蓝翎长，俱各百十有二人。协理事务翼长、署翼长、营总各一人，鸟枪护军参领四人，俱以内营人员兼充。委署参领上行走十人。以协理参领不敷督率，增内营三人、外营七人。笔帖式十有六人。

总统掌教演火器政令，遴满、蒙兵习其艺者别为营；分内、外，以时较试。其御河旁一营，兼督水军习楫櫂，巡幸则备扈从。翼长各官掌分辖训练。

康熙二十七年，设汉军火器兼练大刀营，置总管、翼长各一人，副都统兼管。协领、参领，旗各一人，操练尉、骁骑校各五人。三十六年俱省。三十年，始设火器营，置鸟枪护军参领十有六人，以旗员兼任。雍正三年省察哈尔八旗护军参领，改入本营为专缺。乾隆二十七年省八人。鸟枪骁骑参领二十有四人，乾隆二十八年省。鸟枪骁骑校百十有二人，乾隆三十五年省入护军校。简王、公、大臣领之。乾隆二十八年，改置营总、鸟枪护军参领，旗各一人，副护军参领各二人，委署护军参领各四人，护军校蓝翎长各二十有八人。三十五年，以副护军参领八人兼司炮位。先是置管炮散秩官五十六人。乾隆二十八年省，至是来隶。并增正、副翼长各一人。三十八年，遴护军校十人为委署参领上行走。

健锐营　掌印总统大臣一人。总统大臣无员限。王大臣兼任。翼长、委署翼长、前锋参领各一人，副前锋参领八人，正三品。副参领倍之，正四品。署参领又倍之。从五品。前锋校百人，正六品。副前锋校四十人，前锋内选用。蓝翎长五十人。护军内选用。番子佐领、防御各一人，骁骑校二人，前锋军水师教习、委署千总、把总各四人。笔帖式八人。协理事务章京无恒额。本营参领内委派。

总统掌左、右翼健锐营政令，遴前锋、护军习云梯者别为营，以时训练其艺。大阅为翼队。会外火器营交冲，并督水军习战。翼长各官掌董率营卒。番子佐领掌督摄番兵。水师千、把掌教驾船驶风，演习水嬉。

乾隆十四年，设健锐营，驻香山，简王大臣领之。分两翼，置翼领各一人，八旗前锋参领、副参领各一人，二十八年增前锋参领二人，副参领八人。三十五年简前锋参领二人为委翼长。前锋校各五人。十五年增十人，二十八年增二十四人，三十三年增二十六人。十五年，定昆明湖教水战，置教习把总八人。内四人为委署千总，向天津、福建水师营调取。十八年，置委前锋参领十有六人，二十八年、五十年俱增八人。副前锋校四十人。三十九年，增蓝翎长五十人。四十一年，金川番子徙京，置佐领、骁骑校各一人。五十三年，增番子骁骑校、防御各一人。

总理行营大臣六人，宗室、蒙古王大臣兼任。掌行营政令。巡幸前期，考其日月行程，以定翊卫扈从，并稽察各营翊卫官兵。所辖办事章京十有六人。护军参领兼充。

神机营　掌印管理大臣一人。亲王、郡王兼任。管理大臣无员限。王、公、领侍卫内大臣、都统、前锋护军各统领、副都统内特简。掌本营政令，遴前锋、护军、步军、火器、健锐诸营精捷者别为营，以时训练其艺。大阅各备练式，分官兵以守卫。总理全营事务翼长三人，掌董帅队伍。文案、营务、粮饷、核对、稿案五处总理翼长七人，文案、营务各二人，余一人。委翼长二人，文案、营务各一人。帮办翼长二人，隶文案处。学习翼长三人，隶营务处。承办章京一人，隶核对处。差委侍卫章京七十有四人，隶营务处。委员九十有四人。文案三十九人，营务四十五人，粮饷六人，核对七人，稿案五人。印务处委员二人。军火局制造军火器械。管带官、管总各一人，办事章京二人。军器库受付军火器械。管带官、委翼长、管库章京各二人，委员四人。枪炮厂司训练测量算学。总办二人，委员二十有七人。机器局制造枪支、铜冒、火箭、铅丸、火药。总办三人，提调二人，总监工一人，委员十人，办事官二人。马步队兵二十五营，专操管带二十有四人，帮操二十有五人，营总四十有一人，令官十有七人。

道光十九年，御前大臣奕纪请建神机营，铸印信，未成军。咸丰十一年，始练兵设营，置专操大臣十有六人，帮操侍卫章京二十有二人，带队章京百九十有六人。同治初，改订官制，如前所列。简亲王领之。

虎枪营　总统无员限。王、公、大臣兼任。总领六人。上三旗各二人，自一品至五品内特简。虎枪校、委虎枪校，各二十有一人。旗各七人，俱虎枪营内选用。笔帖式六人。总统、总领掌辖本营官兵以备扈从，车驾搜狩列前驱。

康熙二十三年，黑龙江将军送满兵善骑射者四十人，分隶上三旗，始设虎枪营，以总统一人领之，置总领虎枪校，旗各一人。雍正元年，增总领，旗各一人，虎枪校各六人，置委虎枪校各七人。乾隆三年，始铸关防。

向导处　掌印总统大臣一人。总统大臣内特简。总统大臣无员限。前锋统领、护军统领、副都统兼任。章京三十有二人，旗各四人，护军参领内选补。蓝翎长四人，协理事务章京、章京内选充。笔帖式，各二人。本处掌度地建营。凡时巡省方，驾行佩櫜鞬前导。

上虞备用处亦曰黏竿处。管理大臣无员限。王、公、额驸、满蒙大臣内特简。黏竿长头等侍卫一人，二等内拣补。二等三人，三等内拣补。三等二十有一人，蓝翎内拣补。蓝翎十有五人。拜唐阿内拣补。协理事务头等侍卫一人，黏竿长头等侍卫兼充。笔帖式三人。库掌一人。库拜唐阿内拣补。本处掌协卫扈从。

善扑营　总统大臣无员限。都统、前锋统领、护军统领、副都统内特简。左、右翼翼长各三人。本营侍卫教习、各营侍卫章京内拣补。协理事务翼长二人。翼长兼任。笔帖式六人。本营掌选八旗勇士习角觗技，扈从则备宿卫。

王公府属各官　长史，从三品。亲王、世子、郡王、长子府各一人，司礼长，从四品。贝勒府一人，掌董帅府僚，纪纲众务。散骑郎，世职领之。亲王府四人，世子、郡王府三人，长子府二人，掌佐长史理府事。护卫，亲王府二十人，一等六人，从三品；二等六人，从四品；三等八人，从五品。自三等以下，并戴蓝翎。世子府十有七人，一等、二等各六人，二等五人。郡王府十有五人，一等六人，二等四人，三等五人。长子府十有二人，一等二人，二等四人，三等六人。贝勒府十人，二等六人，三等四人。贝子府六人，公府四人，俱三等。掌府卫陪从。典卫，亲王府六人，四、五、六品各二人。世子府五人，四品一人，五、六品各二人。郡王府四人，五、六品各二人。长子府三人，五品二人，六品一人。贝勒、五品一人，六品二人。贝子、六品一人，七品二人。公七品一人。八品二人。府各三人，掌礼节导引。五旗参领各五人，从三品。佐领各七人，从四品。骁骑校如佐领数，从六品。掌王府所属旗籍政令，稽田赋户口。管领，从六品。亲王府四人，郡王府三人，掌文移遣委事。典膳，从六品。亲王、郡王府各一人，掌供食荐羞。司库，从七品。亲王、郡王府各二人，掌监守库藏。司匠，从八品。亲王、郡王府四人，掌营缮修葺。牧长，从八品。亲王府四人，郡王府三人，掌蕃育牛马。

顺治元年，定诸王、贝勒、贝子、公护卫员：摄政王三十人，一、二、三等各十人。辅政王二十有三人，一、二等各七人，三等九人。和硕亲王二十人，一、二等各六人，三等八人。多罗郡王十有五人，一等六人，二等四人，三等八人。多罗贝勒十人，二等六人，三等四人。固山贝子六人，公四人。俱三等。八年，定王府武职官制，置长史、司仪长、散骑郎、护卫、典仪各官，并佐领下各置骁骑校有差。雍正四年，定王府散骑郎员数，贝子以下并省之。乾隆十九年，定王、公护卫、典仪等官，俱为从品。宣统元年，避帝讳，改司仪长为司礼长，典仪为典卫。公主府同。

先是怡贤亲王赞襄世宗，庄恪亲王辅翊高宗，俱封双亲王，护卫倍之。嘉庆初，仪、成二王并增置一、二、三等护卫各二人；定亲王、庆郡王增置一等护卫一人，二、三等各二人。宣统嗣位，议定监国摄政王官员制度，较亲王倍之，俱旷典也。

固伦公主府：长史，一等护卫，各一人，二、三等各二人；典卫二人。和硕公主府：司礼长一人；二等护卫二人，三等一人；六、七品典卫各一人。乾隆五十一年，始定公主府属员数。

陵寝驻防各官　兴京副都统一人。辖永陵翼长各官及护守兵役。守陵总管各一人。正三品。翼长各二人。正三品。唯昭西陵、孝东陵、泰东陵、昌西陵、普祥峪定东陵、菩陀峪定东陵，专置防御、骁骑校，额如下。司工匠各一人。初制五品。康熙八年升四品。永陵、福陵、昭陵置。防御各十有六人，正五品。骁骑校各二人。正六品。园寝守卫防御各八人，骁骑校各一人。

总管掌守卫陵寝，翼长以下悉隶之，受副都统节度。初，天聪八年，置永陵烧造砖瓦散秩五品官。顺治五年增福陵、昭陵各一人。康熙八年改司工匠。顺治二年，置福陵防御一人。明年增一人。十三年，福陵、昭陵置总管、翼领、乾隆五十九年改翼长。防御各官。乾隆二年，置各陵骁骑校二人，自是为定制。光绪元年，始置兴京副都统。

各省驻防将军等官　将军，初制正一品。乾隆三十三年改从。都统，从一品。专城副都统，正二品。同城者分守各地。掌镇守险要，绥和军民，均齐政刑，修举武备。参赞大臣，掌佐画机宜。领队大臣掌分统游牧。品秩俱从原官。总管，正三品。副总管，正五品。掌分理营务。城守尉，正三品。防守尉，正四品。掌本城旗籍。参领、协领俱从三品。以次各官，分掌驻防户籍，以时颁其教戒，仍隶京旗。亦有佐领或防御分驻他所者，东三省、察哈尔所属是也。初铸大将军、将军诸印，库藏经略、大将军、将军印凡百余，乾隆十四年始毁。抚远、宁远、安东、征南、平西、平北大将军印七，镇海、扬威、靖逆、靖东、征南、定西、定北将军印七，收藏皇史宬，命将出师，奏请颁给。康、雍间，有靖寇、安远、奉命、平逆、平寇、建武、讨逆、宁远、靖边、定边、绥远、振武、靖逆、荡寇，乾隆间宁远、靖边、奋威、靖逆，嘉庆间定西，道光间扬威诸目，并颁印信。品秩俱从原官。

先是经略大臣、大将军、将军，简王、贝勒、贝子、公或都统、亲信大臣为之，大征伐则置，毕乃省。逮建八旗，驻防简将军、都统领之。将军始专为满官，西北边陲大臣及城守尉各官，亦概定满缺。自畿辅达各省，东则奉、吉、黑，西回、藏，北包内外蒙古，分列将军、都统及大臣镇抚之。摭其梗概，志之左方。

盛京驻防将军一人。其属有主事、笔帖式各官。吉林、黑龙江同。初以内大臣一人为留守。顺治三年，改昂邦章京。康熙元年徙辽东，号辽东将军。乾隆十二年，移驻盛京。光绪三十三年省，归东三省总督兼摄。副都统四人。旧置梅勒章京二人。康熙元年更名。雍正五年徙一人驻锦州，复增置熊岳一人。道光二十三年徙熊岳一人驻金州。光绪元年增置兴京一人。宣统元年省锦州一人。副都统衔总管一人。城守尉八人。盛京四人，兴京、凤凰、辽阳、开原城各一人。协领十有五人。内水师一人。防守尉二人。分驻牛庄、熊岳。佐领百三十有一人。内宗室二人，水师二人。防御百有二人。内水师四人。骁骑校二百有七人。内水师八人。

吉林驻防将军一人。顺治十年，置宁古塔昂邦章京二人。康熙元年更名。省一人。十五年，徙吉林。光绪三十三年省。副都统七人。顺治间置二人。康熙十年徙一人来驻。十五年还驻宁古塔。三十一年置伯都讷一人。五十三年置三姓一人。雍正三年置吉林一人。乾隆元年置阿勒楚喀一人。宣统元年俱省。协领二十有三人。参领一人。佐领百三十有七人。防御八十有一人。骁骑校百四十有一人。旧置四、五、六品管水手官。咸丰二年置水师营总管一人。光绪十四年增置一人。宣统二年俱省。

黑龙江驻防将军一人。康熙二十二年，嘉宁古塔副都统萨布素征俄有功，授将军，驻瑷珲。二十九年，徙墨尔根。三十八年，徙齐齐哈尔。光绪三十三年省。副都统七人。初置二人。康熙四十九年增置墨尔根一人。光绪五年改呼兰城守尉为副都统。七年改呼伦贝尔总管为副都统。二十一年增置布特哈一人。二十五年增置通肯一人。三十一年省齐齐哈尔、呼兰、布特哈、通肯副都统。三十三年省墨尔根、呼伦贝尔、黑龙江副都统。副都统衔总管一人。总管九人。内水师一人。协领二十人。参领一人。打牲处副总管二十有三人。佐领二百五十人。防御二十有八人。骁骑校二百五十人。护军校二人。水师营管水手四品官四人、五品官三人、六品官五人。

江南驻防将军一人。顺治二年，置昂邦章京。十七年，改总管。康熙二年，更名将军，驻江宁。副都统二人。顺治二年置，驻江宁。十六年增置京口二人。乾隆二十八年省京口一人。三十四年省江宁一人。协领十人。佐领四十有六人。防御、骁骑校各五十有六人。旧置京口将军。乾隆二十二年省。

福建驻防将军一人。顺治十三年，置固山额真。十七年，改都统。康熙二年省。十九年，置将军，驻福州。副都统一人。康熙十九年置。雍正五年增一人。乾隆四十四年省一人。协领九人。内水师一人。佐领、防御各十人。内水师各二人。骁骑校二十有二人。内水师二人。

浙江驻防将军一人。顺治四年，置固山额真。十五年，改昂邦章京。十七年，改总管。康熙二年，更名将军，驻杭州。副都统二人。顺治十年置，分左、右翼，驻杭州。康熙十三年增汉军二人。雍正七年徙杭州右翼一人，驻乍浦。乾隆十六年省汉军一人。二十八年汉军俱省。协领十有四人。内水师五人。佐领三十有四人。内水师十一人。防御二十有八人。内水师八人。骁骑校四十有八人。内水师十六人。

湖北驻防将军一人。康熙二十二年置，驻荆州。副都统二人。同时置，分左、右翼。协领十人。佐领四十有六人。防御、骁骑校各五十有六人。

四川驻防将军一人。乾隆四十一年置，驻成都。副都统一人。康熙六十年置。协领五人。佐领十有九人。防御、骁骑校各二十有四人。

广东驻防将军一人。顺治十八年置，康熙五年省，十九年复故，驻广州。副都统二人。康熙二十年置汉军二人。乾隆二十一年定满洲、汉军各一人。协领九人。佐领十人。防御三十有四人。骁骑校三十有八人。康熙五年置广西将军、都统各一人。十三年省。

绥远城驻防将军一人。乾隆三年，置建威将军，二十六年更名。二十八年，兼司土默特蒙古事务。初置都统一人，管土默特二旗。至是省入。副都统一人。康熙三十三年置归化二人。乾隆二年置绥远二人。十三年省二人。二十八年分驻二城。寻省绥远一人。协领五人。佐领六十有四人。防御二十人。骁骑校六十有九人。又归化城初置都统二人，分左、右翼。康熙三十三年省右翼，四十四年复故。乾隆二十六年省左翼。二十八年俱省。

陕西驻防将军一人。顺治二年，置昂邦章京。康熙元年更名，驻西安。副都统二人。顺治十八年置西安右翼二人。康熙二十八年增汉军二人，徙一人驻江宁，以江宁左翼一人来驻。乾隆二十六年省左翼满洲一人，右翼汉军一人。二十八年定左、右翼各一人。三十七年徙一人驻凉州。四十九年复增一人。协领八人。佐领二十有三人。防御、骁骑校各四十人。

甘肃驻防将军一人。雍正三年置，驻宁夏。乾隆二年别置凉州一人。三十八年省。副都统二人。同时置，分左、右翼，驻宁夏。乾隆二年增凉州、庄浪各一人。二十八年省庄浪一人。三十四年省宁夏右翼一人。三十八年省凉州一人，徙西安一人驻凉州，曰凉庄副都统。城守尉一人。驻庄浪。协领七人。佐领三十有二人。防御四十有一人。骁骑校三十有九人。

新疆驻防伊犁将军一人。乾隆二十七年置。参赞大臣一人。副都统二人。光绪十年省参赞大臣，明年置副都统二人。十四年徙一人驻塔尔巴哈台。领队大臣四人。分驻索伦、额鲁特、察哈尔、锡伯。总管六人。副总管七人。兼司驼场、马场。协领十有二人。佐领、骁骑校各百有八人。防御五十有六人。

热河驻防都统一人。雍正二年置总管，嘉庆十五年改置。道光八年，命管承德刑名、度支。围场总管一人。翼长二人。协领五人。佐领十有五人。防御三十人。围场八人。骁骑校二十有八人。围场八人。前锋校十人。

游牧察哈尔驻防都统一人。康熙十四年，置八旗总管各一人。乾隆二十六年，改置都统，驻张家口。副都统一人。初置二人。乾隆三十一年省一人。总管十人。副总管一人。参领、副参领各八人。佐领、骁骑校各百二十人。护军校百十有五人。亲军、捕盗六品官各四人。

直隶驻防副都统二人。康熙二十七年，置山海关总管。乾隆七年，改置副都统。四十五年，增置密云一人。城守尉二人。分驻保定、沧州，隶驻京稽察九处旗务大臣。协领四人。防守尉十有六人。驻东安、固安、采育里、雄县、宝坻、霸州、良乡者，所隶与城守尉同。驻古北、昌平州者，隶密云副都统。驻永平、三河、喜峰口、玉田、顺义、冷口者，隶山海关副都统。驻独石口者，隶察哈尔都统。佐领二十有五人。防御七十有三人。乾隆间，置天津水师营副都统、独石口副都统各一人。后俱省。

山东驻防副都统一人。雍正十年置，驻青州。旧有将军。乾隆二十六年省。城守尉一人。驻德州。协领四人。佐领、防御、骁骑校各二十人。

山西驻防城守尉二人。顺治六年置太原一人。康熙三十三年，右卫置将军一人，护军统领二人，副都统四人。三十七年省护军统领、副都统各二人。乾隆二年省将军、副都统。三十三年置右卫城守尉一人，隶巡抚。防御、骁骑校各八人。

河南驻防城守尉一人。康熙五十七年置，驻开封，隶巡抚。佐领、防御、骁骑校各十人。

提督等官　提督军务总兵官，从一品。掌巩护疆陲，典领甲卒，节制镇、协、营、汛，课第殿最，以听于总督。镇守总兵官，正二品。掌一镇军政，统辖本标官兵，分防将弁，以听于提督。副将，从二品。为提、镇分守险汛曰提标，为总督综理军务曰督标中军，将军标、河标、漕标亦如之。参将，正三品。游击，初制正三品。顺治十年改从。掌防汛军政，充各镇中军官。都司，初制正三品。顺治十年改从。十八年改正四品。康熙九年复故。二十四年定正四品。所掌视参、游，充副将中军官。守备，初制正四品。康熙三十四年定正五品。掌营务粮饷，充参、游中军官。千总，初制正六品。康熙三十四年，营千总改从六品。五十八年复故。把总，正七品。外委把总，正九品。额外外委，从九品。各掌营、哨汛地。

初制，提督、总兵无定品，系左右都督、都督、同知、佥事各衔。乾隆十八年停。始定品秩。提督典兵，自畿辅海甸迄雪山炎徼，星罗棋布。腹地兼以巡抚，承以总兵。副将以下，品目粲然，有事随提、镇为员，如随征、营援、剿营之类。事毕乃省。自三藩之乱，提、镇效用者众。咸、同间，戡定发、捻，湘、淮、楚营士卒，徒步起家，多擢提、镇，参、游以下官，益夥夥然，保举冗滥，往往记名提、镇，降充末弁，候补千、把，骤膺统将，官职悬殊，至斯已极。光绪间，创设海军，亦置提、镇，无绩罢之。厥后更定陆军官制，河、漕标营，以次并废。绿营岁有汰革，历行者浙江，次广东、广西、湖南、湖北，谨就可考者著于篇。

直隶提督一人。顺治十八年置，驻大名。康熙二十七年省。三十年复故，徙古北口。总兵七人。天津、真定二镇俱顺治元年置。其真定，康熙二十七年省，雍正四年再置。宣化镇，康熙七年改镇朔将军置。马兰镇，雍正二年改副将置。泰宁镇，乾隆元年置，兼内务府大臣。大名镇，道光元年改副将置。通永镇，二十三年改陕西西安镇置。副将八人。山永协，顺治六年置。通州协，八年改镇置。河间协，康熙八年移真定协改置。开州协，雍正十年改参将置。督标中军，十一年置。河屯协，乾隆元年改营置。大沽协，二十三年改营置。多伦诺尔协，光绪七年改都司置。参将八人。提标、紫荆关、务关路及保定城守、涿州、八沟、昌平、固关诸营。游击二十有七人。都司五十有九人。河标一人。守备七十有二人。河营二人，河营协办一人。千总百五十有七人。所千总二人。把总三百四十有六人。奉天捕盗营把总十有四人。

四川提督一人。初置剿抚提督。顺治五年省。十七年复置，驻省。总兵四人。建昌镇，顺治四年置。川北镇，十五年改保宁镇置。重庆镇，康熙八年移永宁镇改置。松潘镇，十年改副将置。副将八人。夔州协，康熙十年改镇置。督标中军，十九年置。维州协，乾隆十八年改威茂协置。阜和协，四十三年改都司佥书置。将军标中军，四十六年置。懋功协，四十七年改营置。绥宁协，嘉庆二年改营置。马边协，九年改绥定协置。参将七人。提标及峨边、普安、永宁、漳腊、越嶲、会川诸营。游击二十有三人。都司三十有二人。守备五十有一人。千总百十有四人。把总二百有七人。

广东提督一人。顺治八年置。十八年，徙惠州。康熙三年，置水师一人，驻顺德。七年省。嘉庆十四年，改陆路提督，复置水师一人，驻虎门。光绪三十三年，并为一。寻以海盗警复故。宣统三年，仍省水师提督。总兵七人。潮州镇、琼州水师镇，俱顺治八年置。高州镇，十二年置。碣石水师镇，十一年置。康熙三年省，八年复故。南澳水师镇，二十四年改海防参将置。南韶连镇，嘉庆十五年改左翼镇置。北海镇，光绪十二年改平阳水师镇置。其琼州、南澳、碣石俱宣统三年省。副将十有三人。南雄协，顺治八年置。龙门水师协、督标中军，俱康熙四年置。中军初分左、右翼，后并为一。广州、惠州、黄岗、肇庆诸协，俱八年置。罗定协，十二年置。三江口协，四十一年置。顺德水师协，四十三年改虎门协置。大鹏水师协，道光二十年改澄海协置。崖州水师协，二十二年改参将置。赤溪水师协，同治七年改广海寨游击置。宣统三年止留中军及广州协，余俱省。参将十有二人。督标中军左营、增城营。其督标右营、前营、提标中军、肇庆海口水师、钦州、新会、平海、海门、澄海诸营，俱宣统三年省。游击二十有七人。内、外海水师八人。内河水师三人。宣统三年止留琼州镇中军、南韶连镇中军、靖远营，各一人。都司三十有四人。外海水师二十人。内河水师八人。宣统三年止留广州协左营兼中军右营、佛山、饶平营、黄冈，各一人。守备八十有二人。外海水师二十人。内河水师八人。宣统三年止留增城营、从化、肇庆协、那扶，各一人。千总百六十有八人。宣统三年止留陆路提标中营北城一人。把总三百二十有七人。宣统三年止留广州协右营缆路尾一人。

广西提督一人。顺治八年置，十七年省，寻复故，驻柳州。光绪十一年徙龙州。宣统三年徙南宁。总兵三人。左江镇，康熙元年改右翼总兵置。右江镇，雍正二年改泗城副将置。柳庆镇，嘉庆十二年置。光绪三十年省，移右江镇驻柳州，左江镇驻百色。宣统三年复移百色驻龙州。副将七人。乐平协，顺治十二年置。梧州协、浔州协，康熙二十一年改梧浔协分置。庆远协，雍正七年置。新太协，八年置。镇安协，十三年置。义宁协，乾隆六年置。宣统三年俱省。参将四人。宣统三年省融怀、全州二营，止留提标中军左、增城二营。游击十人。都司十有一人。守备二十有九人。千总六十有五人。把总百二十有一人。光绪二十九年后，止留抚标都、守各一人，提标守、千、把各一人，两镇游、千各一人。宣统三年俱议省。

云南提督一人。顺治十八年置，驻永昌。康熙元年徙大理。总兵六人。临元镇，顺治十年置。开化镇，康熙六年置。鹤丽镇，七年置。昭通镇，雍正九年改东蒙镇置。普洱镇，十年改元普镇置。腾越镇，乾隆四十一年改副将置。副将六人。督标中军，顺治十六年置。维西协，乾隆十二年置。曲寻协、楚雄协，俱三十五年改镇置。永昌协，四十年改永顺镇置。顺云协，道光二十九年改营置。参将十有一人。提标及寻霑、武定、元新、镇雄、东川、永北、威远、广南、龙陵、镇边诸营。游击二十有一人。都司十有六人。守备五十有一人。千总百有三人。把总二百十有四人。

贵州提督一人。顺治十六年置，驻省。康熙六年徙安顺。总兵四人。镇远镇，康熙元年置，七年省。乾隆二年改台拱镇置。咸宁镇，康熙三年置，六年省。乾隆元年复故。古州镇，雍正七年置。安义镇，嘉庆二年置。副将十人。铜仁协，顺治十六年置。乾隆三年省，五年复故。定广协，康熙三年置。平远协，八年改镇置。大定协，雍正三年改镇置。遵义、清江、都匀三协，俱七年置。上江协，十三年置。松桃协，乾隆三年置。永安协，六年置。其都匀、上江，宣统三年俱省。参将七人。抚标、提标及罗斛、丹江、台拱、黎平、朗洞诸营。游击二十有五人。都司二十有三人。守备五十有二人。千总百二十有二人。把总二百有五人。

江南提督兼水师一人。顺治二年，置江南提督，驻江宁。四年，置苏松提督，驻松江，专辖苏、松、常、镇四府。康熙元年，省江宁一人，以苏松一人辖全省。十四年，更名江宁提督，辖下江七府一州。增置安徽提督，分辖上江七府三州。十七年，省安徽一人，仍辖全省。总兵四人。苏松镇兼水师，顺治二年置。狼山镇，十八年改副将置。徐州镇，嘉庆十四年改河标左营协置。崇明镇兼水师，道光二十三年置。副将五人。督标中军，顺治五年置。江宁城守协，康熙七年改镇置。太湖水师协兼辖浙江太湖游击，乾隆十一年改参将置。里河淞北水师协，海门水师协，俱同治七年置。参将七人。抚标、提标、水师右营，又苏州城守、镇江、吴淞、川沙诸营。游击二十有五人。水师十人。都司三十有四人。水师九人。守备五十有五人。水师十有五人。千总百十有六人。把总百八十有九人。卫守备一人。

安徽巡抚兼提督一人。康熙十四年置提督，十七年省。嘉庆八年，巡抚始兼衔。总兵二人。寿春镇，乾隆二年改副将置。皖南镇，咸丰五年置。副将一人。安庆协，顺治四年改镇置。参将五人。抚标及徽州、芜采、宁国、六安诸营。游击六人。都司八人。守备十有七人。千总二十有五人。把总五十有六人。卫守备九人。

江北提督一人。咸丰十年，置淮扬镇总兵。光绪三十一年改置。副将一人。提标中军左营。参将三人。提标右营，淮安城守、海州诸营。游击五人。都司六人。守备十有二人。千总二十有八人。把总六十有一人。

长江水师提督一人。同治元年置。太平、岳州互驻，江南、湖广两总督辖之。总兵四人。江南瓜州镇，江西湖口镇，湖北汉阳镇，湖南岳州镇，俱同治五年置。副将五人。提标中军，安庆营，江阴营，田镇营，荆州营，俱同治五年置。参将六人。裕溪、金陵、吴城、饶州、簰州、沅州诸营。游击十人。都司四十有二人。守备四十有三人。千总百五十有八人。把总百九十有五人。

山东巡抚兼提督一人。康熙元年置提督，驻青州。四年徙济南，二十一年省。乾隆八年，巡抚始兼衔。总兵三人。登州镇，顺治十八年改临清镇置，辖陆路，康熙六年兼水师，道光三十年改辖水师兼陆路。兖州镇，雍正三年改参将置。曹州镇，嘉庆二十二年改参将置。副将三人。胶州协，顺治十年置。沂州协，康熙二十二年改镇置。临清协，道光二十三年改文登协置。参将十人。抚标及莱州、即墨、青州、泰安、台庄、德州、东昌、单县、济南城守诸营。游击九人。水师二人。都司十有二人。守备二十有六人。水师三人。千总五十有六人。把总百十有二人。东河营副将、参将各一人。都司三人。守备十有一人。协办五人。千总十有三人。把总二十人。卫守备三人。领运千总二十有四人。

山西巡抚兼提督一人。顺治十八年置提督。康熙元年徙平阳，四年改徙太原，七年省，十三年复故，二十年又省。雍正十二年，巡抚始兼衔。总兵二人。大同镇，顺治元年置，六年省，十一年复故。太原镇，康熙十一年改副将置。雍正六年升提督，九年复故。副将三人。杀虎口协，康熙三十年改宁武协置。蒲州协，雍正二年改游击置。潞安协，咸丰十一年改潞泽营参将置。参将九人。抚标及太原城守、平阳、汾州、泽州、新平路、助马路、东路诸营。游击八人。都司十有七人。守备二十有九人。千总五十有一人。把总百十有二人。

河南巡抚兼提督一人。顺治十八年置提督，驻河南府。康熙三年徙开封，七年省。乾隆五年，巡抚始兼衔。总兵三人。南阳镇、河北镇，俱顺治元年置。归德镇，咸丰八年置，旧有参将隶之。副将二人。荆子关协，嘉庆六年置。信阳协，咸丰八年改营置。参将五人。抚标中军及河南城守、汝宁、永城、彭德诸营。游击七人。都司十人。守备二十有三人。千总四十有六人。把总八十有二人。领运千总四人。

陕西提督一人。顺治二年置西安提督兼乌金超哈。康熙三年改固原提督。乾隆二十九年复故。嘉庆六年徙汉中，七年还驻固原。总兵三人。延绥镇，顺治元年置。汉中镇，嘉庆三年改汉羌协置。陕安镇，五年改兴汉镇置。副将五人。西安城守协、洮岷协、靖远协，俱顺治二年置。其洮岷，六年改参将，十四年复故。西安协，康熙四十年改参将，道光二十三年复移神木协改置。定边协，顺治六年移延绥镇西协改置。潼关协，咸丰十年移靖宁协改置。参将十人。抚标、提标及西凤、宜君、静宁、神木、延安、宁陕、循化、兰城城守诸营。游击二十有七人。都司三十有八人。守备四十有四人。千总七十有二人。把总百七十有四人。

甘肃提督一人，旧为总镇。康熙二年改置，二十二年省，三十年复故，驻甘州。二十四年徙凉州。二十九年徙张掖。总兵五人。宁夏镇，顺治元年置，康熙十五年升提督，二十年复故。西宁镇，顺治十五年置。凉州镇，康熙二年改副将置，二十六年省，三十年复置，乾隆二十四年又省，越五年又置。肃州镇，康熙三十年置。河州镇，乾隆四十七年置。参将九人。督标左、右营，提标中营，及静宁、甘州城守、灵州、花马池、平罗、灵武诸营。游击三十有六人。都司三十有七人。守备五十有六人。千总百有五人。把总二百四十有六人。

新疆提督一人。雍正十三年置哈密提督。乾隆二十四年省，移安西提督驻巴里坤，更名巴里坤提督。二十三年徙乌鲁木齐。光绪十一年徙喀什噶尔，更名喀什噶尔提督。总兵三人。巴里坤镇，乾隆二十九年移乌鲁木齐镇改置。伊犁镇，四十四年置。阿克苏镇，光绪十年移喀什噶尔换防总兵置。副将七人。哈密协，乾隆二十四年置。玛纳斯协，四十二年置。乌什协，道光二十六年置。伊犁军标塔城协，光绪九年置。乌鲁木齐城守协，十三年置。回城协、莎车协，俱十四年置。参将八人。抚标、提标及济木萨、精河、英吉沙尔、和阗、喀喇沙尔、霍尔果斯诸营。游击二十人。都司十有七人。伊犁军标四人。守备六十有一人。伊犁军标六人。千总七十有五人。伊犁军标八人。把总二百二十有八人。伊犁军标二十人。

福建提督二人。辖陆路者，顺治四年置，驻泉州。辖水师者，康熙元年置，驻海澄，七年省。十六年，以海澄公领之。十七年复故，驻厦门。总兵四人。汀州镇，顺治六年改左路总兵置，七年省，康熙三十六年改兴化镇复置。福宁镇，顺治十四年改参将置。漳州镇，康熙二十七年改漳浦镇置。建宁镇，雍正十一年改副将置。副将八人。福州、兴化、延平三城守协，俱顺治七年置。督标中军，十五年置。闽安水师协，康熙二十七年改镇置。顺昌协，咸丰八年置。金门水师协，同治五年改镇置。海坛水师协，光绪十三年移澎湖协改置。参将九人。水师、陆路提标及督标左、右，泉州、邵武二城守、水师，闽安烽火门水师诸营。游击三十人。都司二十有五人。内、外海水师八人。守备六十人。水师十有七人。千总八十有四人。把总百七十有九人。旧置台湾总兵一人，副将三人，参将、游击各四人，都司九人，守备十人，千总十有七人，把总十有一人。光绪二十一年弃省，革。

浙江提督兼水师一人。顺治三年置，驻宁波。康熙元年置水师提督，七年省，十四年复故，十八年又省。总兵五人。衢州镇，顺治四年置。温州镇兼水师，十二年置。处州镇，康熙四十九年改平阳镇置。定海镇兼水师，雍正八年改左路总兵置。海门镇兼水师，同治十一年置。副将十有一人。杭州城守兼水师，嘉兴、湖州、绍兴、金华、严州六协，俱顺治五年置。乐清协，康熙元年置。象山协兼水师，八年改宁波协置。台州协，九年置。瑞安水师协，雍正二年置。乍浦水师协，道光二十三年改参将置。参将六人。抚标、提标及镇海水师、玉环兼水师，宁海、太平诸营。游击二十人。外海水师十人。内河一人。都司二十有三人。外海水师三人。内河二人。守备五十有二人。外海水师十有七人。内河一人。千总百有九人。把总二百十有三人。自提督以次各官，俱宣统二年省。

江西巡抚兼提督一人。旧为总兵，驻南昌。顺治三年改置提督。十八年徙赣州。康熙元年徙建昌，五年还驻南昌，七年省。十三年复故，徙九江，二十一年复省。乾隆十八年，巡抚始兼衔。总兵二人。九江镇，顺治二年置，康熙七年改南瑞镇，十三年省，二十一年复置，嘉庆九年还驻九江。南赣镇，顺治三年省。副将二人。袁州协，顺治三年置，康熙十三年升总兵，二十一年复故。南昌城守协，嘉庆五年改九江协置。参将、抚标及广信、饶州、宁都、南安、吉安诸营。游击各六人。都司二十有三人。水师二人。守备十有五人。水师一人。千总三十有一人。把总八十人。卫守备三人。领运千总二十有五人。

湖北提督一人。嘉庆六年置，驻襄阳。总兵二人。宜昌镇，雍正十三年改彝陵镇置。郧阳镇，嘉庆六年改襄阳镇置。副将五人。黄州协，顺治三年置，宣统元年省。施南协，乾隆元年置。督标中军、竹山协，俱嘉庆六年置。汉阳协，同治四年置，宣统三年省。参将七人。提标，荆州、武昌二城守，均光、德安诸营。其兴国营、抚标中军，俱宣统三年省。游击十有二人。都司八人。守备二十有九人。千总七十有二人。把总百四十有三人。卫守备十人。

湖南提督一人。旧为湖广提督，驻辰州。嘉庆六年改置，徙常德。道光十八年还驻辰州。宣统三年省。总兵三人。永州镇，康熙九年改副将置。镇筸镇，三十八年移沅州镇改置。绥靖镇，嘉庆二年置。副将九人。沅州协，顺治元年置，八年改镇，后复如故。宝庆协，十一年改都司置。靖州协，十五年置。长沙协、衡州协，俱康熙五年置。永顺协，雍正七年置。永绥协，八年置。乾州协、常德协，俱嘉庆二年置。其宝庆、永顺、常德，宣统元年俱省。参将七人。抚标及澧州、宜章、桂阳三营。其岳州城守、临武二营，俱宣统元年省。提标中军，三年省。游击十有五人。都司十有七人。守备三十有四人。千总七十有七人。把总百五十有四人。屯守备、千总各六人。把总十人。卫守备一人。水师二人。

各处驻劄大臣　乌里雅苏台定边左副将军一人。参赞大臣二人。雍正九年，设阿尔泰营置，辖唐努乌梁海五旗三佐领，兼辖土谢图汗部汗阿林盟一部二十旗，赛音诺颜部齐齐尔里克盟一部二十四旗，并所附额鲁特旗乌梁海十二佐领，车臣汗部喀鲁伦巴尔和屯盟一部二十四旗，扎萨克图汗部毕都里淖尔盟一部十九旗，并所附辉特一旗，乌梁海五佐领。内参赞一人，以蒙古王、公、台吉兼任。科布多参赞大臣，办事大臣，各一人。乾隆二十六年置，辖札哈沁、明阿特、额鲁特各一旗，阿尔泰乌梁海七旗又二旗，兼辖布尔干河新土尔扈特青色启勒盟一部二旗，哈弼察克新和硕特部一旗、杜尔伯特乌兰固木赛音济雅哈图盟左翼十一旗，右翼三旗，及所附辉特二旗。同治七年，增置布伦托海办事大臣、邦办大臣各一人，八年省，仍隶科布多。库伦办事大臣，帮办大臣，各一人。雍正九年设互市处，驻司员经理。后改置办事大臣，监督恰克图俄罗斯通商事宜。乾隆四十九年增一人。寻定为额缺。内一人以蒙古王、公、台吉兼任。所属有印房章京，理刑司员，管理商民事务司员，笔帖式等官。分驻恰克图办事司员一人。塔尔巴哈台副都统，乾隆二十九年置参赞大臣一人。光绪十四年省，移伊犁副都统来驻。领队大臣，乾隆四十一年置，辖额鲁特。所属有印房章京，管理粮饷司员，笔帖式等官。西宁办事大臣，乾隆元年置，辖青海三十六旗会盟。所属有司员，笔帖式。各一人。西藏办事大臣一人。雍正五年置。光绪三十四年增一人。宣统二年省一人。兼辖达木蒙古八旗。所属有办事司员，笔帖式。左、右参赞各一人。初置帮办大臣，宣统二年改置。左参赞驻前藏，右参赞监督三埠通商事宜。所属有缮译、书记等官。川滇边务大臣一人。光绪三十二年置，专司移殖。所属有书记等官。总管十有六人，塔尔巴哈台属一人，科布多属十人，唐努乌梁海五人，并归定边左副将军兼辖。副总管一人，塔尔巴哈台属。参领三人。科布多属。佐领、骁骑校各三十有三人。塔尔巴哈台属各三人，科布多属各十七人，唐努乌梁海、蒙古达木俱各八人。守卡伦侍卫，自京调遣，三岁一更。边镇无额兵者，旗营、绿营官兵番戍，兼治屯焉。

乌鲁木齐都统，副都统，各一人。初设安西提标绿旗五营。乾隆三十六年改满兵驻防，置参赞大臣二人。三十八年复置领队大臣二人，四十八年改置。协领六人。佐领、防御、骁骑校各二十有四人。吐鲁番领队大臣一人。乾隆二十四年，建城辟展，置办事大臣一人，以广安城为回城。四十二年改置。协领二人。佐领、防御、骁骑校各四人。所辖：回子四牛录、佐领、骁骑校各四人。巴里坤、古城领队大臣各一人。乾隆三十七年置参赞大臣、领队大臣各一人。后俱改领队大臣，徙一人驻古城。协领各二人。佐领、防御、骁骑校各八人。库尔喀喇乌苏领队大臣一人。初置侍卫，隶乌鲁木齐。乾隆三十七年改置。所属有管理粮饷官。又台站、屯政文武各员，由陕甘、伊犁、乌鲁木齐调充。哈密办事大臣，邦办大臣，各一人。乾隆二十九年置。所属有印房章京，笔帖式。同治初，遭回乱，各地相继沦陷，唯巴尔库勒旗营仅留孑遗。光绪八年，议改新疆行省，乌鲁木齐暨吐鲁番各官并奏裁之。十年，省库尔喀喇乌苏各官，改直隶厅、州。明年，复省巴尔库勒领队大臣各官，迁旗营入古城，改置城守尉。

喀什噶尔参赞大臣，综理八城事务。帮办大臣，各一人。协理喀什噶尔、英吉沙尔事务。俱乾隆二十四年置。三十年徙参赞大臣驻乌什，改置办事大臣，其帮办大臣如故。五十三年复旧制。所属有印房、回务处、经牧处、粮饷局各司员，及笔帖式。英吉沙尔领队大臣一人。兼管卡伦。乾隆二十四年置总兵，三十一年改置。所属有笔帖式。叶尔羌办事大臣，帮办兼理粮饷事，各一人。乾隆二十四年置。二十六年置领队大臣二人，后省。所属有印房章京，回务章京，笔帖式。和阗办事大臣兼领队事一人。乾隆三十年置副都统一人。四十二年改置。所属有章京，笔帖式。阿克苏办事大臣一人。乾隆二十四年置。三十二年并隶乌什。四十四年复移乌什领队大臣驻。嘉庆二年，分为专城改置。所属有章京，笔帖式。乌什办事大臣一人。初置副都统。乾隆二十四年改置，三十年省，移喀什噶尔参赞、帮办各大臣来驻，并置领队大臣一人。四十四年移领队大臣驻阿克苏。五十二年，参赞、帮办各大臣还驻喀什噶尔，复旧制。所属有印房章京，管理粮饷官，笔帖式。库车办事大臣一人。乾隆二十四年置。所属有印房章京，粮饷章京，笔帖式，喀喇沙尔办事大臣一人。乾隆二十四年置。所属有印房章京，粮饷章京，回务章京，笔帖式。高宗底定回疆，分建八城，置办事、领队各大臣。时英吉沙尔隶喀什噶尔，和阗隶叶尔羌，阿克苏隶乌什。嘉庆二年始分立，以喀什噶尔参赞大臣综之。光绪十年，新疆建行省，俱改直隶厅、州。

回部各官　总理回务扎萨克郡王一人。协理图撒拉克齐二人。驻哈密、辟展，归诚著绩，封爵世袭。阿奇木伯克。掌综回务。伊犁，喀什噶尔，叶尔羌，和阗，伊里齐城，库车及所属沙雅尔，喀喇沙尔，库尔勒及所属布古尔，阿克苏及所属赛里木，各一人，俱三品。喀什噶尔属牌素巴特，英吉沙尔，和阗属哈拉哈什城、玉陇哈什村、策勒村、克里雅城、塔克弩喇村，阿克苏属拜城，各一人，俱四品。喀什噶尔属阿斯图阿尔图什、伯什克勒木、塔什密里克，叶尔羌属英额齐盘、哈尔哈里克、和什喇普、托果斯铅、牌斯铅、桑珠、色勒库尔、乌什，各一人，俱五品。喀什噶尔属玉斯图阿尔图什三人，内兼管回兵蓝翎玉资巴什二人，阿尔瑚、乌帕尔、叶尔羌属巴尔楚克，阿克苏属柯尔坪，各一人，俱六品。伊什罕伯克。掌赞理回务。伊犁，喀什噶尔兼回兵总管，英吉沙尔，叶尔羌，和阗，伊里齐城，阿克苏及所属赛里木，库车及所属沙雅尔，喀喇沙尔，库尔勒，布古尔，各一人，俱四品。阿克苏属拜城一人，五品。叶尔羌属色勒库尔一人，六品。噶杂拉齐伯克。掌地亩粮赋。喀什噶尔兼回兵副总管，叶尔羌，各一人，俱四品。伊犁二人，和阗，阿克苏及所属赛里木，库车及所属沙雅尔，各一人，俱五品。阿克苏属拜城一人，七品。商伯克。掌征输粮赋。喀什噶尔二人，内一人兼回兵副总管，叶尔羌一人，俱四品。和阗，伊里齐城二人。所属哈拉哈什，阿克苏及所属沙雅尔，喀喇沙尔，库尔勒，布古尔，各一人，俱五品。叶尔羌属色勒库尔一人，六品。哈资伯克。掌平决诤讼。喀什噶尔一人，五品。伊犁喀什噶尔一人，五品。伊犁喀什噶尔属阿斯图阿尔图什、伯什克勒木、玉斯图阿尔图什、察拉根、阿尔瑚、罕爱里克，叶尔羌属哈尔哈里克、托果斯铅、坡斯坎木，和阗，伊里齐城及所属哈拉哈什城、玉陇哈什村、策勒村、克里雅城、塔克弩喇村，阿克苏及所属赛里木，乌什，库车及所属沙雅尔，喀喇沙尔，库尔勒，布古尔，各一人，俱六品。叶尔羌属色勒库尔一人，七品。斯帕哈资伯克。掌理头目诤讼。拉雅哈资伯克。掌理细民诤讼。以上二员俱五品，叶尔羌置。密喇布伯克。掌水利。喀什噶尔属塔斯浑，叶尔羌及所属牌斯铅，各一人，俱五品。伊犁喀什噶尔属伯什克勒木、罕爱里克、霍尔罕、和色尔布依、赛尔璊、托古萨克、阿尔巴特，英吉沙尔，叶尔羌属英额齐盘、哈尔哈里克、喇普齐、鄂通、楚鲁克，各一人，俱六品。喀什噶尔属木什素鲁克，英吉沙尔属赛里克，和阗，伊里齐城及所属图萨拉庄、伯尔臧庄、哈拉哈什城、巴拉木斯雅庄、玛库雅庄、杂瓦庄、玉陇哈什村、三普拉庄、洛普庄、策勒村、克里雅城、哈尔鲁克庄，各一人；阿克苏六人，所属赛里木、拜城各一人；乌什，库车各二人；库车属沙雅尔一人；喀喇沙尔，库尔勒，布古尔，各一人，俱七品。讷克布伯克。掌匠役营建。喀什噶尔，叶尔羌，各一人，俱五品。和阗，伊里齐城，阿克苏，库车，喀喇沙尔及所属布古尔，各一人，俱七品。帕提沙布伯克。掌巡缉狱囚。叶尔羌一人，五品。又叶尔羌，喀什噶尔，各一人，六品。和阗，伊里齐城及所属哈拉哈什城，库车，各一人，俱七品。莫提色布依伯克。掌回族教法。喀什噶尔一人，五品。叶尔羌一人，六品。和阗，伊里齐城，阿克苏，库车，各一人，俱七品。密图瓦利伯克。掌田产税务。喀什噶尔，叶尔羌，各一人，俱五品。和阗，伊里齐城，阿克苏，各一人，俱七品。柯勒克牙拉克伯克。掌商贾贸易。叶尔羌一人，五品。巴济吉尔伯克。掌理税务。伊犁，喀什噶尔，阿克苏，各一人，俱六品。乌什一人，七品。色迪尔伯克。掌襄理税务。伊犁，喀什噶尔，叶尔羌，各一人，俱七品。阿尔巴布伯克。掌差役。喀什噶尔，叶尔羌，各一人，俱六品。叶尔羌属色勒库尔，阿克苏，乌什，库车，各一人，俱七品。巴克玛塔尔伯克。掌果园。喀什噶尔，叶尔羌，各一人，俱六品。都管伯克。掌兵马粮饷，官物文移。伊犁，喀什噶尔，叶尔羌，各一人，俱六品。和阗，伊里齐城，二人；所属哈拉哈什城一人，阿克苏，库车，各三人；俱七品。哈喇都管伯克。掌台站兵械。叶尔羌一人，五品。和阗，伊里齐城及所属哈拉哈什城，各一人，俱七品。明伯克。掌千户征输。喀什噶尔及所属伯什克勒木、阿尔瑚、霍尔罕，叶尔羌及所属英额齐盘、哈尔哈里克、鄂普尔，各一人，俱六品。又喀什噶尔三人，及所属牌素巴特一人，阿斯图阿尔图什三人，塔斯浑二人，塔什密里克、玉斯图阿尔图什、乌帕尔、罕爱里克、和色尔布伊、赛尔璊、托古萨克、阿尔巴特、木什素鲁克，英吉沙尔，叶尔羌属巴尔楚克、密特西林，和阗，伊里齐城、图萨拉庄、伯尔臧庄、素巴尔庄、哈拉哈什村、三普拉庄、济普庄、克里雅城、哈尔鲁克庄、策勒村，各一人，阿克苏十六人，所属赛里木、拜城，各一人，乌什一人，库车三人，所属沙雅尔二人，喀喇沙尔属布古尔一人，俱七品。玉资伯克。掌百户征输。伊犁七十人，喀喇沙尔，库尔勒四人，布古尔二人，俱七品。鄂尔沁伯克。掌数十人征输。叶尔羌属鄂普尔一人，六品。杂布提墨克塔布伯克。掌教习经馆。哲伯伯克。掌修造甲械。色依得尔伯克。掌巡察道路、园林果木。以上三员俱六品，叶尔羌置。什和勒伯克。掌驿馆米刍。喀什噶尔，叶尔羌，各一人，俱六品。乌什，和阗，叶尔羌属色勒库尔，各一人，俱七品。六品伯克。掌修坝管台。喀什噶尔二十一人，内兼管回兵蓝翎玉资巴什三人。阿克苏及所属木苏尔、达巴罕多兰，叶尔羌属喀尔楚、玉喇里克、塔尔塔克，各一人。七品伯克。掌司台站。英吉沙尔，叶尔羌属色勒库尔、塔噶喇木，各一人。采铅伯克。和阗属克里雅城一人，五品。挖铜伯克。喀喇沙尔，库尔勒及所属布古尔，各一人。采铜伯克。阿克苏三人。管铜伯克。库车及所属沙雅尔，各一人。自挖铜以下，俱七品。并随事为员。由办事大臣疏请。乾隆十九年，封吐鲁番伯克莽里克扎萨克公，综理回务，后获罪，改封额敏和卓。置图撒拉克齐佐之。三十四年，抚定西陲，因其旧名，置伯克等官。时随征效力者，并封三品阿奇木，以叶尔羌授鄂对，喀什噶尔授色提巴尔第，库车授鄂斯璊，和阗授汉咱尔巴，阿克苏授达墨特，乌什授阿布都拉，是为六大城伯克，自三品至七品，各以授地为差。三品给二百帕籽特玛帕地亩，种地人百名。四品百五十亩，人五十名。五品百亩，人三十名。六品五十亩，人十五名。七品三十亩，人八名。密喇布各员专司灌溉，例分地亩不再给，种地人各五名。徙阿克苏回族驻伊犁，授茂萨额敏和卓次子。阿奇木。二十七年，伊犁建宁远城，复移乌什、叶尔羌、和阗、哈密、吐鲁番回族来驻，置大小各伯克。二十八年，定升补制。三十一年，移喀喇沙尔、库尔勒回族驻库辙玛，省六品哈资一人，增四品阿奇木一人，与五品噶杂拉齐、七品玉资各伯克，并驻其地。三十八年，还驻库尔勒，复旧制。嘉庆九年，依喀什噶尔、叶尔羌例，增伊犁六品巴济吉尔、七品色迪尔各一人。道光八年，定三品至五品伯克由本城大臣填注履行，咨送喀什噶尔参赞大臣覆核上闻，六、七品伯克咨送验放。故事，大伯克回避本城，小伯克回避本庄，至申严禁令，叶尔羌属色勒库尔距卡伦远，不在是例。并徙喀什噶尔五品讷克布、密图瓦利、莫提色布依各三人驻罕爱里克，给五品阿奇木职衔，以六品哈资驻察拉根，主治农田，省阿斯图阿尔图什七品明伯克二人，徙一人佐之，别移一人驻阿尔瑚、抵补哈资。是岁以英吉沙尔事剧，赏六品哈资伊什罕衔，佐阿奇木治事。光绪十年，改建郡县，俱省。以阿奇木、伊什罕职秩较峻，仍留原衔，俾别齐民。

藩属各官　外藩蒙古扎萨克，旗各一人，大漠内科尔沁等二十四部，旗四十有九。大漠外喀尔喀四部，旗八十有六。青海五部，旗二十有九。西套额鲁特、额济讷土尔扈特、杜尔伯特、土尔扈特、和硕特凡十部，旗三十有四。以王、贝勒、贝子、公、台吉、塔布囊为之。不置扎萨克者，隶将军、都统及大臣。掌一旗政令，协理台吉二人或四人，唯土默特左翼旗、喀喇沁三旗称塔布囊，与台吉同。赞襄旗务。管旗章京各一人，副章京各二人，十佐领以下置一人。参领、六佐领置一人。佐领、百五十丁一人，或二百丁、或二百五十丁置一人。骁骑校，如佐领数。并佐扎萨克董理民事。回部哈密一旗扎萨克、协理台吉、管旗章京、副章京各一人，参领二人，佐领十有三人。吐鲁番一旗扎萨克一人，协理台吉二人，管旗章京一人，副章京、参领各二人，佐领十有五人，伯克十人。所掌如蒙古制。

初定扎萨克综理旗务，依内八旗编制，置管旗章京以次各官。顺治十六年，置佐领、骁骑校百五十丁一人。嗣有所增益。十八年，定管旗章京、副章京员限。如前所列。雍正初，平青海，编旗置官如故事。

西藏达赖喇嘛一人，驻拉萨。掌全藏政令；班禅喇嘛一人，驻扎什伦布。掌后藏寺院与其教民：并受成于驻藏大臣。其属：辅国公，一等台吉，各一人。前藏唐古特三品噶布伦四人。掌综理藏务。内一人喇嘛充补，不给顶戴。四品仔琫三人。掌稽商上事务。凡喇嘛库藏出纳之所曰商上。四品商卓特巴三人。掌库务。五品叶尔仓巴、掌粮务。朗仔辖、掌治拉撒番民。协尔帮、掌刑名。硕第巴、掌治布达拉番民。六品达琫、掌马厂。大中译，各二人。六品卓尼尔、七品小中译，各三人。以上三员，并掌噶厦事务。凡噶布伦议事之所曰噶厦。四品戴琫六人。五品如琫十有二人。六品甲琫二十有四人。七品定琫百二十人。第巴十有三人。管草一人，糌粑、柴、帐房各二人，门、牛羊厂各三人。五品边营官二十有三人。江卡、喀喇乌苏、官觉、补人、工布硕卡、绒辖尔营各一人。堆噶尔本、错拉、拍克里、定结、聂拉木、济咙、博窝、达巴喀尔营各二人。喇嘛营一人，无顶戴。下同。大营官十有九人。桑昂曲宗、工布则岗、昔孜、协噶尔、纳仓营各一人。乃东、琼结、贡噶尔、嵛孜、江孜营各二人。喇嘛营四人。六品中营官五十有九人。角木宗、打孜、作岗、江达、古浪、沃卡、曲水、突宗、僧宗、杂仁、锁庄子、夺营，直谷、朗营，墨竹宫、卡尔孜、文扎卡、达尔玛、聂母、拉噶孜、岭营、岭喀尔营各一人。洛隆宗、巴浪、仁本、仁孜、朗岭、宗喀、撒噶、达尔宗、硕般多营各二人。桑叶、冷竹宗、茹拖、结登、拉里、沃隆、辖鲁、策堆得、纳布、错朗、羊八井、麻尔江喇嘛营各一人，喇嘛营七人。七品小营官二十有五人。雅尔堆、拉岁、颇章、扎溪、色营，堆冲、汪垫、甲错、琼科尔结、蔡里、扎称、折布岭、扎什、洛美、嘉尔布营各一人。金东、撒拉、浪荡、拉康、曲隆、朗茹、里乌、降、业党、工布塘喇嘛营各一人。后藏唐古特三品大营官四人。拉孜喇嘛营二人。练金龙喇嘛营各一人。六品中营官十有七人。昂忍喇嘛营二人。仁侵孜、结侵孜寺、帕克仲、翁贡寺、千殿热布结寺、托布甲、里卜、德庆热布结寺、绒错、央、葱堆喇嘛营各一人。胁、千坝营各一人。喇嘛营二人。七品小营官十有六人。彭错岭喇嘛营二人。伦珠子、拉耳塘寺、达尔结、甲冲、哲宗、擦耳、晤欲、碌洞、科朗、扎喜孜、波多、达木牛厂喇嘛营各一人。冻噶尔、扎苦营各一人。僧官有国师、禅师、扎萨克大喇嘛、扎萨克喇嘛、大喇嘛、副喇嘛，并堪布监督之。藏地分卫、藏、喀木、阿里四部，各置噶布伦治其地，职任綦重。仔琫以降，为佐理国事官。戴琫以降，为各城典兵官。边营官以降，为各城治民官。自国师至喇嘛，专司教事。置驻藏大臣辖之。昉自雍正三年，然犹未与达赖、班禅抗衡也。至乾隆五十七年，噶布伦以下始归约束，大臣职权乃与埒。并增戴琫一人，原置五人，至是始定。如琫十有二人，定琫百二十人，升补各按其等差。其噶厦、小中译、卓尼尔，择东科译言世家子弟。优秀者为之。

土司各官　明代土司，淫昏暴戾，播州、水西、兰州、麓川，边患如栉。清鉴前辙，迭议归流。曩昔土司隶外藩二，隶行省七。康、雍之盛，湖北散毛、旧为宣抚司，辖大旺安抚司，东流，腊壁二长官司。雍正十三年改来凤县。施南、旧为施州卫，辖忠建、忠孝二宣抚司，忠路、忠峒、东乡五路、高罗、龙潭、金峒各安抚司，木册、上爱茶峒、下爱茶峒、镇南、摇把峒、镇远蛮彝、隆泰蛮彝、西萍蛮彝、剑南、思南、唐崖各长官司。雍正十三年改置恩施、宣恩、咸丰、利川四县。容美，旧为宣慰司，辖盘顺水、尽源、通塔坪各安抚司，椒山、玛瑙、石梁、下峒、下冈、平茶、五峰、石宝各长官司。雍正十三年改置鹤峰州长乐县。湖南永顺、旧为宣慰司，辖施溶安抚司，下峒、田家峒、驴迟峒、腊惹峒、麦著黄峒、白崖峒各长官司，南渭、上溪二土官。雍正七年改置永顺、龙山二县。保靖、旧为宣慰司，辖五砦、箄子坪二长官司。雍正七年改县。桑植旧为安抚司。辖美坪、朝南、那步、人士、黄河、鱼龙、夹石、苦南、桿坪、蚕寮、金藏、拓山、烂洞、黄家、板山、龙潭、书洛十七峒，安福所上、下二峒。雍正七年改县。及永绥、六里红苗地。雍正八年改流官。乾州、凤凰营，箄边红苗地。康熙四十三年改流官。并以生苗内附，列为郡县。四川建昌、旧为指挥司。顺治初改卫。雍正四年置宁远府。松藩、旧为卫。雍正九年改流。天全、旧为六番招讨司。雍正七年改流。打箭炉，旧为长河西鱼通安远宣抚司。雍正七年改流。广西镇安、旧为土府。康熙二年改流。泗城，旧为州。顺治十五年升府。寻为土府。雍正五年改流。云南开化、旧为教化、王弄、安南三长官司。康熙六年改流。昭通、旧为蒙地。雍正五年自四川来隶。明年改流。丽江、旧为土府。雍正初改流。镇沅、旧为土州。雍正三年改流。四年自四川来隶。蒙化、旧为土府。康熙四年改流。威远，旧为土州。雍正三年改流。明年自四川来隶。贵州威宁、旧为水西宣慰司。康熙元年置黔西府，改比喇塔为平远府，大方城为大定府，四川马撒为威宁。来隶后，改黔西诸府为州，并隶威宁。郎岱、雍正九年改流。归化、康佐及仲苗地。雍正十二年改流。永丰，安笼长官司地。雍正五年改流。因时损益，遍置流官。乾隆以降，大小金川重烦兵力。酉阳、旧为宣尉司。乾隆元年改流。石砫，旧为宣抚司。二十七年改流。犷獠全革，猛缅炎荒，翕然内向。十三年改置缅宁厅。滇南边徼，闻风震詟。三十一年讨平莽匪，诸部内附，分置整卖、景线诸司。详后。嘉、道之世，贵州守备、嘉庆二十五年省归化厅属一人。道光元年省安顺府属一人。四年省普安厅属一人。十二年省普定县属一人。千总、道光元年省安顺府属二人。四年省归化厅属生苗枝、册亨州同属上分亭各一人。十年省普安县属上五苑枝一人。把总，道光元年省普定县属五人，郎岱厅属六枝一人。四年省洛何枝、册亨州同属下分亭各一人。六年省平远县属一人。八年省贞丰州罗浪亭一人。二十年省长塞厅一人。裁损尤多。光、宣之际，云南富州、镇康，四川巴塘、里塘、德尔格忒、高日、春科、瞻对、察木多，置吏一依古事。改巴塘曰巴安直隶厅经历，驻盐井。裹塘曰顺化县巡检，驻中渡河。乡城曰定乡县县丞，驻稻坝。并隶边务大臣。兼辖明正、霍耳、五家、道坞、冷碛诸蛮部。广西忠州、南丹、万承、茗盈、全茗、结安、镇远、江州、下石西、上下冻、下雷、那地各州，罗白一县，古零、定罗、安定、下旺诸巡司，永定长官司，永顺副司，迁隆峒土官，停其袭职。向武、都康、安平、凭祥、思州诸州，上林、忻城、罗阳诸县，东兰、凤山州同，上龙、白山、兴隆诸巡司，代以汉官。核衡厥实，陇沿旧制，湘、楚廓清，滇、蜀改流，十之三四。黔、桂长官州、县，以今况往，弱半仅存，详稽志乘，尚百数十。叙其世系，与其土地，凡武职非世袭，及番部僧官，附辑于后，庶有所考焉。

甘肃指挥使司：指挥使八人。正三品。平番县属三人：连城，顺治元年鲁宏袭；大营湾，九年鲁之鼎袭；古城，十八年授鲁大诰指挥同知，岁余改袭。西宁府属三人：南川，顺治三年授纳元按指挥佥事，雍正八年改袭；寄彦才沟，顺治五年祁廷谏袭；北川，八年陈师文袭。河州属一人：韩家集，旧为外委，乾隆六年韩世改袭。狄道州属一人：临洮卫，顺治十六年赵枢勷袭。指挥同知七人。从三品。碾伯县属四人：赵家湾，顺治元年赵瑜袭；上川口，五年李天俞袭；老鸦堡，六年阿世慈袭；胜番沟，祁国屏袭。平番县属一人：西大通峡口，鲁培袭。俱九年授。西宁县属一人：起塔镇，十年李珍品袭。河州卫沙马族一人：顺治二年何永吉袭。指挥佥事八人。正四品。洮州府属一人：资卜，顺治元年昝承福袭。平番县属一人：红山堡，二年鲁典袭。西宁县属二人：癿迭沟，十五年吉天锡袭；西川旧为外委，康熙四十年汪升龙改袭。碾伯县属三人：米拉沟，康熙十四年冶鼎袭；美都沟，三十七年甘廷建袭；朱家堡旧为外委，四十一年朱廷珍改袭。又洮州卓泥堡一人：旧为外委，四十五年杨朝樑改袭。千户七人。正五品。河州保安撒喇四房、保安撒喇五族，平番，武威，永昌，古浪，碾伯各一人。副千户二人。从五品。平番、洮州各一人。百户九人。正六品。循化癿藏一人。平番、碾伯各二人。岷州四人。西宁千户一人。巴彦南称族。百户二十有三人。蒙果尔津族、邕希叶布族、苏鲁克族、尼牙木错族、库固察族、称多族、下扎武族、下阿拉克沙族、上隆坝族、下隆坝族、苏尔莽族、多伦尼托克安都族各一人。阿里克族、扎武族各二人。格尔吉族三人。玉树族四人。百长二十有六人。在黄河、大江、鸦砻江、澜沧江、怒江各地。西藏百户十有五人。纳克书贡巴族、纳克书色尔查族、纳克书毕鲁族、纳克书奔频族、纳克书拉克什族、纳克书达格鲁克族、邛布纳克鲁族、依式夥尔族、勒纳夥尔族、夥尔逊提麻尔族、上冈噶鲁族各一人。邛布噶鲁族、邛布色尔查族各二人。百长五十有二人。喀喇乌苏河南岸各地。

四川宣慰使司：宣慰使七人。从三品。天全州属一人：穆坪董卜韩胡，顺治元年，坚参喃哈袭。茂州厅属一人：瓦寺，九年授曲翊伸安抚司，康熙五十年论随征西藏功，加桑朗温恺宣慰司衔，嘉庆元年即真。杂谷厅属一人：梭磨，雍正元年授长官司，乾隆十五年升安抚司，三十六年论随征金川功，斯丹巴改袭。打箭炉厅属四人：明正，康熙五年蛇蜡喳吧袭；布拉克底，四十年授绰布木凌安抚司，乾隆三十九年其孙阿多尔改袭；巴旺，乾隆二十九年绰布木凌长子囊索袭；德尔格忒，雍正六年授丹巴七立安抚司，十一年改袭。安抚使司：安抚使五人。从四品。越巂厅属一人：邛部，康熙四十二年岭南柱袭。西昌县属一人：沙麻，四十九年安巩威袭。打箭炉厅属三人：绰斯甲布，康熙四十一年授资立安抚司，乾隆四十年论随征金川功改袭；里塘，康熙五十七年江摆袭；巴塘，五十八年罗布阿旺袭。安抚使司：安抚使十有六人。从五品。茂州厅属一人：长宁，顺治九年苏廷辅袭。懋功厅属一人：鄂克什，旧名沃日，十五年授巴碧太灌顶净慈妙智国师，乾隆二十年色达拉改袭。盐源县属二人：瓜别，康熙四十九年玉珠迫袭；木里，雍正八年六藏涂都袭。打箭炉厅属十二人：单东革什咱，康熙三十九年魏珠布策凌袭；喇嚷，四十九年阿倭塔尔袭；其雍正六年授者，霍尔竹绥，索诺木衮卜袭；霍耳章谷，罗卜策旺袭；瓦述余科，沙克嘉诺尔布袭；霍耳甘孜孔撒，麻苏尔特亲袭；霍耳甘孜麻书，那木卡索诺木袭；霍耳咱，阿克旺错尔耻木袭；春科，桑卜旺扎尔袭；林葱，衮卜林亲袭；上纳夺，索诺木旺扎尔袭；下瞻对，策凌卜袭。副使二人。从六品。喇嚷、春科各一人。长官司长官三十有七人。正六品。叙州府属蛮夷、泥溪、平夷、沐川。龙安府属阳地隘口。宁远府属威龙州、普济州、河东、阿都、昌州、马喇、邛部。雅州府属沈边、冷边。泸州厅属九姓。打箭炉厅属瓦述色地、上瞻对、茹，后隶西藏。瓦述毛丫、瓦述崇善、瓦述曲登、瓦述啯咙、纳林冲、瓦述更平、霍耳白利、霍尔东科、春科高日、蒙葛使结。理番厅属从噶克、卓克采、丹坝各一人。副长官一人。正七品。阿部。千户四十有一人。咱理松坪、双则红凹寨、班俗寨、川柘寨、佘湾寨、祈命寨、寒盼寨、商巴寨、谷尔坝、那浪寨、竹当寨、包子寺寨、甲多寨、墨苍寨、阿强寨、呷竹寺、丢谷寨、云昌寺、沙坝、阿里洞寨、峨眉喜寨、七布寨、毛革阿按寨、麦杂蛇湾寨、酥州、黎溪州、迷易所、盐井卫中所、左所、右所、古柏树、瓦述写达、瞻对峪纳、上纳夺、中郭罗克、押落寨、中阿树、上瞻对、撒墩木期、古土拖车、阿朵阿与各一人。百户百五十有九人。打箭炉厅属八十有三人。松潘厅属四十有一人。冕宁县属十有三人。马边厅属六人。茂州属四人。盐源县属、会理州属各二人。清溪县属、峨边厅属各一人。

广西长官司：长官二人。庆远府属永定、永顺各一人。副长官司：二人。永顺。

云南指挥使司：指挥使二人，普洱府属孟艮，古孟揞，召丙袭；整欠，叭光捧袭。俱乾隆三十一年授。指挥同知一人。广西州属猛龙，乾隆三十一年叭护猛袭。宣慰使司：宣慰使一人。普洱府属车里，古商产里，顺治十八年刀穆祷袭。乾隆三十八年省，四十二年复故。土地十三版纳：宁洱县五，思茅厅八。宣抚使司；宣抚使七人，直隶耿马一人：罕闷括袭。腾越厅属三人：南甸，古南宋，刁呈祥袭；陇川，古平缅，多安靖袭；干崖亦曰平赖睒、渠澜睒、刁建勳袭。俱平滇后授。永昌府属一人：孟连亦曰哈瓦，旧为长官司，康熙四十八年刁派鼎改袭。普洱府属二人：整卖，召纳提袭；景线，呐赛袭。俱乾隆三十一年授。古八百媳妇国地。副使三人。腾越厅属猛卯、盏达，龙陵厅属遮放，各一人。安抚使司：安抚使二人。龙陵厅属潞江，古怒江，甸线有功袭。芇市，《唐书》“芒施蛮”，放爱众袭。俱平滇后授。长官司：长官三人，腾越厅属户撒腊撒，临安府属纳楼、茶甸，各一人。副长官司二人。大理府属十二关，临安府属亏容甸，各一人。土千户一人。亏容甸。

贵州长官司：长官六十有五人。贵阳府属中曹、养龙、白纳、虎坠，定番州属程番、小程番、上马桥、卢番、方番、韦番、卧龙番、小龙番、金石番、大龙番、木瓜、麻向，开州属乖西，龙里县属大谷龙、小谷龙、羊肠，贵定县属平伐、大平伐、小平伐、新添，修文县属底寨，永宁州属顶营、募役、沙营，平越府属杨义，黄平州属岩门，都匀府属都匀、邦水，麻哈州属乐平、平定，独山州属丰宁上、丰宁下、烂土，镇远府属偏桥，镇远县属邛水，思南府属随府办事、蛮夷、沿河、祐溪、朗溪、思州府属施溪，铜仁府属省溪、提溪、乌萝、平头，黎平府属潭溪、八舟、龙里、中林、古州、新化、欧阳、亮寨、湖耳、洪州，各一人。思州府属都平、都素、黄道，各二人。副长官司：十有九人。白纳、木瓜、乖西、底寨、都匀、蛮夷、都素、沿河、祐溪、朗溪、省溪、提溪、乌萝、平头、欧阳、湖耳、洪州、镇宁县属康佐，石阡府属石阡，各一人。偏桥左、偏桥右，各二人。邛水一人，后改七品土官。

四川土通判二人。石砫厅属一人：顺治元年授马祥麟宣慰司，乾隆间，孔昭缘事降。杂谷厅属一人：阳地隘口，顺治六年王启睿袭。土知事一人。龙安府属龙溪堡，顺治六年薛兆选袭。土巡检二人。茂州属牟托水、草坪，各一人。副巡检一人。茂州竹木坎置。

广西土知州二十有五人。归顺直隶州属一人：上映，顺治元年许国泰袭。庆远府属二人：南丹，是岁莫自乾袭；那地，九年罗德寿袭。并古蛮地。南宁府属三人：归德，莫道袭；果化，赵国鼎袭；忠州，黄光圣袭。镇安府属三人：下雷，许文明袭；向武，黄嘉正袭。俱元年授。都康，冯太乙袭，九年授。太平府属十有六人：下石西，闭承恩袭；田州，岑廷铎袭。俱元年授。万承，许嘉镇袭；思陵，韦懋迁袭；凭祥，李维藩袭；太平，唐波州地，李开锦袭；茗盈，李应芳袭，全茗，许家麟袭；结安，张邦兴袭；信伦，冯家猷袭；龙英，赵廷耀袭；都结，农廷封袭；江州，黄廷杰袭；上下冻，赵应锠袭；镇远，赵秉业袭。俱十六年授。其田州，光绪元年改流，置恩隆县。土州同一人。东兰州，顺治九年韦光祚袭知州。雍正七年，朝辅缘事降普安州。康熙四十一年废。土知县四人。百色厅属一人：上林，顺治元年黄国安袭。庆远府属一人：忻城，九年莫猛袭。太平府属二人：罗阳，黄启祚袭；罗白，梁徵翀袭。俱十六年授。土州判一人。旧土田州地。乾隆七年析置阳万，一人。光绪五年改流。置恩阳分州。土巡检九人。太平府属上龙司，思恩府属白山司、兴隆司、定罗司、旧城司、安定司、都阳司、古零司，百色厅属下旺司，各一人。从九品土官一人。思恩府辖。其不管理土峒者，正六品土官二人，从六品、正八品、正九品土官各一人，从九品土官一人，未入流土官二人。

云南土知府二人。永昌府属孟定，古景麻甸，罕宋袭；永宁，阿镇麟袭。俱顺治元年授。后永宁改隶永北。其景东、蒙化二人，俱康熙四年改流。土同知一人。隶广南府，顺治十六年依鹏袭。土知州四人。永北厅属一人：蒗蕖，康熙间改土舍，道光十七年阿为柱改袭。永昌府属一人：湾甸，古细睒，景文智袭。《明史》误"刀"姓。镇康州一人：古石睒，刀闷达袭。《明史》误"刀孟"。俱顺治十六年授。土州同三人。永北厅属顺州，于禄祥袭。镇南州，段光赞袭。姚州，高显爵袭。俱顺治十六年授。州同职衔一人。隶武定州。顺治十六年授那天宠暮连乡土目。雍正八年升那德洪千户。同治元年那康保改袭。土州判二人。镇南州，顺治十六年陈昌虞袭。新兴州，康熙二十二年王凤袭。土知事一人。景东厅，顺治十六年陶启滨袭。土县丞五人。楚雄、平彝、新平、蒙化厅、南涧各一人。土主簿二人。云南、孟远县各一人。土典史一人。浪穹县置。土巡检十有九人。罗次县练象关，禄丰县南平关、汤郎马，赵州定西岭，浪穹县蒲陀崆、凤羽乡、上江嘴、下江嘴，邓川州青索鼻，云龙州箭杆场，临安府纳更山，广通县回磴关、沙矣，旧景东厅保甸、三岔河，顺宁府猛猛、大猛麻，鹤庆州观音山，镇南州阿雄关、镇南关，各一人。土驿丞三人。鹤庆州在城驿、板桥驿、观音山，各一人。其不管理苗裔村寨者，土通判二人，丽江府、鹤庆州，各一人。正八品土官一人。嘉庆三年省经历置。

贵州土同知二人。镇远府属一人：何大昆袭。独山州属一人：蒙一龙袭。俱顺治十五年授。土通判、镇远府，顺治十五年杨世基袭。土推官，镇远府，顺治十五年杨秀玮袭。各一人。土县丞五人。安化、印江、馀庆县，各一人。瓮安县属瓮水司、草塘司，各一人。土主簿二人。安化、馀庆县，各一人。土吏目一人。黄平州重安司。土巡检二人。永宁州盘江、安化，各一人。其不管理土峒者，正六品、正七品土官各一人，正八品土官三人，正九品、从九品土官各二人。右文秩凡七阶。承袭、革除、升迁、降调隶吏部。

四川土游击，驻越嶲厅煖带密。康熙四十九年授岭安泰千户。同治二年改袭。土都司，驻越嶲厅松林地。康熙四十九年授王德洽千户。同治二年改袭。各一人。屯守备十有二人。抚边屯属一人：攒拉别思满阿忠本袭。章谷屯属一人：攒拉宅龚阿安本袭。崇化屯属一人，促浸河西固拉约尔瓦袭。懋功屯属二人：攒拉八角碉木塔尔袭，攒拉汉牛工噶袭。松潘厅属四人，杂谷脑沙加豆日袭，上孟董美诺更噶豆日袭，下孟董沙马班马袭，九子寨杨阿太袭。乾保寨二人：阿忠暨阿忠保袭。俱乾隆间授。土千总七人。西昌县属河西，雷波厅属千万贯，峨边厅属瞻巴家、哈纳家、蜚瓜家、魁西家，各一人。屯千总十有九人。促浸河西三人。杂谷脑、乾保寨、上下孟董、九子寨、促浸河东各二人。攒拉八角碉、攒拉汉牛、攒拉别思满、攒拉宅袭，各一人。土把总七人。河西、千万贯、胆巴、纳哈、魁西，各一人。蜚瓜二人。屯把总三十有四人。促浸河西六人。杂谷脑、乾保寨、上下孟董、九子寨，各四人。攒拉汉牛、攒拉别思满、促浸河东，各二人。攒拉八角碉、攒拉宅袭，各一人。

云南土都司一人。驻镇边府大雅口。光绪十三年录李芝龙随征倮黑功授职。土守备五人。思茅厅属二人：六本猛斋袭，景海猛彪袭。俱乾隆十三年授。腾越厅属一人：茨竹寨，是岁授左正邦把总。道光二十一年，录大雄随征云州乌土各寨功改袭，加明光宣慰司衔。镇边厅属二人：蛮海，咸丰十年授石朝龙把总，光绪十三年，录大余随征倮黑功改袭：大山，咸丰九年授石麟千总，光绪十三年，录朝凤平东王倮匪功改袭。土千总十有八人。云龙州老窝六库，维西厅奔子栏、阿墩子，思茅厅猛遮，宁洱府普籐、猛勇，威远厅猛戛，腾越厅杉木笼隘，保山县登梗、鲁掌，永北厅羊坪，镇边厅猛角、猛董、圈糯、黄草岭，新平县斗门、磨沙补哈，顺宁府猛撒，各一人。土把总三十有六人。云龙州漕涧，临安府稿吾卡，维西厅奔子栏，临城澜沧江、其宗喇普，思茅厅倚邦、猛遮、易武、猛腊、六顺、猛河、猛笼、橄榄坝，宁洱县猛旺、整董，他郎厅儒林等里、定南等里，威远厅猛戛、猛班，腾越厅大塘隘、明光隘、古勇隘，保山县卯照，镇边厅下猛、引贤官寨、兼募乃寨、东河，元江州永丰里、茄革里，新平县喇博、他旦、老是达严、旺瓦遮宗、哈正掌寨，各一人。又宁洱县猛乌、乌得，各一人，光绪二十一年，割隶法兰西。

甘肃土守备一人。洮州厅资卜族，世系无考。土千总十有六人。寄彦才沟、西川、起塔镇、赵家湾、美都沟、米拉沟、西宁县陈家台、纳家庄，各一人，资卜、胜番沟，各二人，上川口四人。土把总二十人。寄彦才沟、陈家台、纳家庄、起塔镇、西川、赵家湾、美都沟、米拉沟，各一人，资卜二人，胜番沟四人，上川口六人。

贵州土千总十人。贵阳府属青岩、吉羊枝，龙里县属大谷龙、羊肠，麻哈州属养鹅，都江厅属顺德、归仁，丹江厅属鸡讲、黄茅、乌叠，各一人。土把总一人。小谷龙。其不管理村寨者，湖北世袭千总衔十人。江夏县属四人。汉阳县属、孝感县属各三人。把总衔五人。汉阳一人。孝感四人。湖南千总衔十有三人。石门县属、慈利县属各六人。永定县属一人。把总衔五十有二人。石门县属二十有二人。慈利县属二十有六人。桑植县属二人。龙山县属、永定县属各一人。贵州六品武土官二人。贵阳府属、思南府属各一人。七品武土官四人。镇远府属三人。石阡府属一人。右武秩凡五阶。承袭、革除、升迁、降调，隶兵部。

武职非世袭者，云南土守备三人。丽江府一人。中甸、迭巴二人。土千总七人。丽江府二人。大中甸神翁、小中甸神翁、中甸江边神翁、中甸格咱神翁、中甸泥西神翁，各一人。土把总十有五人、中甸迭宾五人。小中甸迭宾、中甸江边迭宾，各二人。中甸格咱迭宾、中甸泥西迭宾，各三人。土官二十有六人。中甸厅辖二十三人。丽江府木氏辖三人。初皆世袭。雍正二年改拔补。

番部僧官　甘肃珍珠族国师、禅师，化族国师，灵藏族禅师，各一人。初隶河州。后珍珠、灵藏属循化，余杂处二十四关。禅定寺禅师，嘉庆十九年无人袭。由土司兼辖，隶洮州。番寺禅师，同治间回变后，不修职贡。各一人。垂巴寺、辖番人十族。著洛寺、辖番人二十三族。麻你寺辖番人二十一族。僧纲，圆成寺、辖番人四族。阎家寺后无人袭。僧正，各一人。

卷一百十八　志九十三

职官五　内务府

内务府　行宫园囿　御船处等　官学　武英殿修书处
上驷院　武备院　奉宸苑　盛京内务府
宦官

内务府　总管大臣，无员限。满洲大臣内特简。初制从二品。乾隆十四年定正二品。其属：堂郎中，主事，各一人。笔帖式三十有六人。广储司总管六库郎中四人。内二人由各部员司兼摄。银、皮、磁、缎、衣、茶六库郎中四人。银库二人，兼司皮、磁二库。缎库二人，兼司衣、茶二库。员外郎十有八人。库各二人，兼摄各一人。六品司库六人，库各一人。八品司匠六人，银、磁、衣三库各二人。副司库十有二人，库使八十人。俱无品级。织造，苏州、杭州各一人，司员内奏简。六品司库各一人，库使、笔帖式各二人。会稽、掌礼、都虞、慎刑、营造、庆丰六司，郎中十有二人，司各二人。员外郎三十有二人。会稽、都虞、庆丰各五人，掌礼、营造各六人，慎刑四人。主事各一人。催长二十有三人，广储八人，会稽五人，都虞四人，掌礼、慎刑、营造各二人。自八品至无品级不等。副催长十有三人，广储、都虞各四人，会稽三人，堂礼、慎刑、营造各二人。自九品至无品级不等。委署催长一人，司匠二人。俱无品级。营造司置。钱粮衙门亦曰管理三旗银两处。郎中一人，员外郎四人，催长、副催长各三人。俱九品。司俎官四人，正六品。读祝官四人，学习三人。赞礼郎十有三人，学习四人。俱六品衔食七品俸。八品催长一人，果房掌果、副掌果各二人，果上人十有二人，催长一人。俱九品。自司俎以下隶掌礼司。木、铁、房、器、薪、炭六库库掌，副库掌，各三人。库守五十有五人。木、房二库各十有一人，炭库八人，铁库四人，器、薪二库、圆明园薪炭库各七人。无品级。铁作、漆作司匠，八品衔。委署司匠，俱各一人。爆作库掌、副库掌各一人。俱未入流。隶营造司。牛羊群牧值年委署主事一人。六品衔食笔帖式原俸。隶庆丰司。官房租库库掌一人，库守三人。内管领掌关防一人，郎中充。协理二人。员外郎充。内管领、初制正五品。道光二十五年改从五品。副内管领正六品。各三十人。库掌十有五人，菜库六人，车库五人，酒、醋、房、器库各二人。仓长十有三人。官三仓六人，外饽饽房三人，内饽饽房、器仓、糖仓、米仓各一人。俱无品级。养心殿造办处郎中、员外郎各二人，主事一人，六品库掌六人，副库掌十人，八品催长十有四人。其兼辖者：圆明园活计处副库掌四人，副司匠九人。俱无品级。中正殿员外郎、副内管领三十额内题补。各二人，无品级催长一人。宁寿宫郎中、员外郎各二人，主事、委署主事各一人。武英殿修书处正监造员外郎、副监造副内管领、六品库掌、委署主事各一人，七品衔库掌二人。御书处正监造司库六品衔食七品俸。一人，副监造库掌六品衔食八品俸。二人，七品衔副库掌六人。茶膳房一、二、三等侍卫，一等三品，二等四品，三等五品。尚膳正各三人，四品。尚茶正各二人，四品。尚膳副、尚茶副、俱五品。主事俱各一人。膳上侍卫十有三人，茶上侍卫八人，俱六品。主事、委署主事各一人，承应长十有三人，庖长八人，库掌五人，库守十有六人。承应长以下，给虚衔金顶。御药房初以总管首领太监管理。康熙三十年始来隶。主事一人，七品衔库掌二人，委署主事、催长各一人。火药库库掌二人。各处笔帖式二百有七人。自养心殿以下，并简大臣领之，与内府大臣同为内廷右职。其兼摄者：升平署、官房租库、牺牲所司员各二人。保和、太和、中和三殿司员、内管领各一人。寿康宫、慈宁宫花园司员各二人。御药房内管领一人，副内管领二人。总理工程处司员无恒额。查核房、督催房、汇稿处，并遴司员分莅其事。

总管大臣掌内府政令，供御诸职，靡所不综。堂郎中、主事掌文职铨选，章奏文移。广储掌六库出纳，织造、织染局隶之。会稽掌本府出纳，凡果园地亩、户口徭役，岁终会核以闻。掌礼掌本府祭祀与其礼仪乐舞，兼稽太监品级，果园赋税。都虞掌武职铨选，稽核俸饷恩恤，珠轩岁纳，佃渔岁输，并定其额以供。慎刑掌本府刑名，依律拟罪，重谳移三法司会讯题结；番役处隶之。营造掌本府缮修，庀材饬工，帅六库三作以供令。庆丰掌牛羊群牧，嘉荐牺牲。钱粮衙门掌三旗庄赋，治其赏罚与其优恤。内管领处掌承应中宫差务，并稽官三仓物用、恩丰仓饩米。官房租库掌收房税。养心殿造办处掌制造器用。中正殿各司员掌喇嘛唪经。武英殿修书处掌监刊书籍。雍和、宁寿两宫司员掌陈设泛埽，兼稽宫监勤惰。御书处掌镌摹御书。御茶膳房掌供饮食。御药房掌合丸散。牺牲所掌牧养黝牛。总理工程处掌行营工作。凡遇工程，简勘估大臣、承修大臣，事毕简查验大臣。

初制，设内务府，以旧属司其事。入关后，明三十二卫人附之，设内管领处，置内管领八人。顺治三年增四人，十一年增八人，分隶三旗。康熙二十四年增四人，三十年增三人，三十四年增三人。设茶饭处，置总领各三人，饭上人三十有五人，茶上人十有七人，康熙二十年置饭上人委署总领一人。雍正元年定总领授二等侍卫；饭上人授三等侍卫六人，蓝翎侍卫七人；茶上人三等侍卫三人，蓝翎侍卫四人；复置茶房侍卫内委署总领一人。乾隆八年定三等侍卫内各授一等侍卫一人。十五年改饭房为外膳房。二十四年改总领为尚膳正、尚茶正，副总领为尚膳副、尚茶副。承应长十人，康熙六十一年增一人。雍正元年增一人。庖长三人，康熙五十六年增六人，六十一年增一人。雍正元年增二人。及苏州、江宁、杭州织造官。光绪三十年省江宁一人。顺治十一年，命工部立十三衙门，设司礼、御用、御马、内官、尚衣、尚膳、尚宝、司设八监，尚方、惜薪、钟鼓三司，兵仗、织染二局；并三旗牛羊群牧处，置员外郎六人。管理牛只、羊只各三人。康熙二十三年各增二人。乾隆十四年省入宁寿宫一人。咸丰三年省入慎刑司二人。光绪三十年省一人。明年，改尚方司为院，置郎中三人，康熙三十一年省一人。员外郎六人，康熙三十八年省一人，六十一年省一人。光绪三十年省四人。催总一人。雍正二年增一人。乾隆二十四年更名催长。下同。十三年，改钟鼓司为礼仪监，尚宝监为司。时犹旧臣、寺臣兼用也。十七年，改礼仪监为院，置郎中三人，康熙三十八年省一人。员外郎八人，光绪三十年省一人。赞礼郎十有二人，雍正五年增五人。司胙官四人，康熙三十七年增一人。乾隆二十四年改"胙"为"俎"。光绪三十年省一人。喇嘛唪经处催总一人。乾隆三十三年省。改内官监为宣徽院，置郎中三人，康熙二十八年省一人。雍正元年增一人。乾隆四十年改隶宁寿宫一人。员外郎六人，光绪三十年省一人。催总八人。康熙间屡有增损。嘉庆十一年定留顶戴催长五人。十八年，御用监设银、皮、缎、衣四库，置郎中三人，员外郎八人，库使四十人。康熙九年增二十人，十四年增二十有四人，明年省四人，二十八年增十有二人。乾隆十二年升十二人为副司库。

康熙元年，诛内监吴良辅辈，复以三旗包衣设内务府，改尚膳监为采捕衙门，置郎中三人，三十八年省一人。员外郎六人，六十一年省一人。催总四人。并改惜薪司为内工部，置郎中三人，三十八年省一人。员外郎六人，十六年增二人。光绪三十年省二人。无品级库掌十有二人，三十五年增二人。雍正三年增三人，明年增一人。复增置库守、内副库掌八人。寻又改为库掌、副库掌各十有二人，炮作库掌、副库掌各一人。八品催总一人，雍正四年增。无品级。催总一人，复于领催内增委署三人。乾隆二十四年改委署催总为委署司匠。库守五十有九人。三十五年增八人。并置总管大臣，兼以公卿，无专员。三年，置钱粮衙门员外郎六人。咸丰二年省入慎刑司四人。九年，四库各置六品司库二人。十二年，置御药房库掌二人。明年，总管大臣兼辖内三院。十六年，置堂主事一人。改御用监为广储司，宣徽院为会稽司，礼仪院为掌仪司，省牛羊群牧处入之。置掌果二人，果上人十有二人。尚方院为慎刑司，采捕衙门为都虞司，内工部为营造司。二十三年，又分掌仪司立庆丰司，置郎中二人。乾隆四十年省入宁寿宫一人。五十七年复增一人。是为七司。至是奄宦之权悉归于府矣。是岁置内副管领二十人。二十四年增四人，三十年增三人，三十四年增三人。二十五年，茶饭房设干肉库，置库掌一人。三十年增一人，五十八年增二人。雍正五年增一人，十二年增一人。二十八年，广储司设瓷、茶二库，各置员外郎二人，司库二人，六库通旧十有二人。光绪三十年省六人。匠役催总六人，乾隆二年增买办催总二人，二十四年改买办催总为催长，匠役催总为司匠。无品级催总四人，乾隆二十四年改副催长。是为六库。明年，改文书馆为武英殿修书处，置监造官六人。雍正二年省，四年复故。乾隆四十七年定正监造为员外郎，副监造为副内管领。御书处监造官四人。四十六年增二人。雍正二年省。八年置一人。乾隆四十七年定监造为司库。二十五年，畅春园设柴炭库，置无品级库掌二人，库守八人。四十二年，置堂郎中一人。授永定河分司齐苏勒，升后未补。四十五年，置掌仪司副掌果二人。六十年，设官房租库，置库掌一人。

雍正元年，设钱粮衙门，置郎中一人，堂司委署主事十人。十二年省。乾隆二十二年复故。嘉庆四年增堂上一人。光绪三十年省。留庆丰司一人。明年，设养心殿造办处，置六品库掌四人，乾隆三十年增二人。嘉庆四年增四人。光绪三十年省四人。御书处库掌一人，乾隆四年增二人。四十七年改一人为副监造。稽查御史一人。十一年省。乾隆三年改由都察院派员稽查。三年，置钱粮衙门无品级催总一人。七年增一人。乾隆四年增一人。复于领催内增副催总三人。二十四年改副催长。嘉庆三年留顶戴催长、副催长各三人。四年，置茶饭房主事一人。改都虞司承办鲜鱼归掌仪司，增催总一人。八年增一人。乾隆八年增置承办姜蒜领催、内副催总二人。二十四年更名副催长。十三年，复置坐办堂郎中，省督催所入之。乾隆元年，置钱粮衙门主事一人。四十年改隶宁寿宫。五年，置造办处专管库务官、造办事务官各一人，御药房主事一人。七年，置御书处库掌二人，八年增一人，十五年增一人，四十四年增二人。官房租库委署主事一人。寻省。十二年，六库置委署司库各二人，寻改为副司库。二十三年，改造办处库务事务官为郎中，各置一人，员外郎二人，主事、委署主事各一人，御药房委署主事一人。二十六年，置总理工程处委署主事一人。后改司员兼管。四十年，置宁寿宫郎中、员外郎各二人，主事一人。咸丰六年，增置读祝官四人。故事，内府读祝官咨取太常寺赞礼郎为之，至是始定员缺。宣统元年，避上讳改掌仪司曰掌礼。

初制，司吏、宣徽、礼仪、尚方诸院，置总理，左、右协理各一人。御用、御马、尚衣、尚膳诸监，置都管，左、右副管各一人。尚宝、惜薪二司，置都知，左、右参知各一人。司设、兵仗二局，置总辖，左、右佐辖各一人。文书馆，置承制，左、右佥承各一人。后俱省。

东陵所属盘山总管一人。从五品。乾隆二十九年置。内围千总、六品。委署千总七、八品兼用。各七人。外营千总一人，把总七人。分驻盘山、燕郊、白涧、桃花寺、隆福寺、大兴庄、晕髻山。

西陵所属黄新庄总管一人。乾隆二十九年置。内围千总、委署千总、外营把总各四人。分驻黄新庄、半壁店、秋兰村、梁格庄。

汤泉所属总管一人。康熙五十四年置八品总领。乾隆六年改置。苑丞、六品衔食八品俸。嘉庆十七年置。苑副未入流。各一人。内围千总、委署千总各六人，外营把总九人。分驻石槽、三家店、密云县、要亭、罗家桥、怀柔县。自盘山以下各千总，俱乾隆间置。

热河所属总管、康熙四十二年置。乾隆十六年定为本府额外郎中。二十一年改佐领职衔。三十五年给四品职衔。光绪三十年省归都统管。副总管乾隆二十一年置，定为郎中职衔。三十五年增三人，秩定五品，后改苑副。光绪三十年省。各一人。苑丞、乾隆五十四年改苑副置。苑副乾隆三十五年后置三人，四十五年增一人。五十四年改苑丞。嘉庆十八年后，复以千总十人改置。二十年增一人。二十四年定与千总互为转补。自是员额无恒制。道光十八年省四人，二十八年又省四人。各四人。内围千总十有八人，乾隆九年置。道光十二年省二人，十八年又省二人。委署千总二十有八人。道光九年省七品一人。十八年省七品、八品各十有二人。千总、委署千总分驻两间房、巴克什营、长山峪、王家营、喀喇河屯、钓鱼台、黄土坎、中关、十八里台、汰波洛河屯、张三营、吉尔哈郎园。

总管以下掌翊卫行宫，稽察陈设。千总以下掌典守器物，稽察内围，董帅泛埽。

圆明园总管事务大臣，无员限。特简。其属：郎中、主事各一人，员外郎二人，苑丞六人，六、七品兼用。苑副十有六人，七、八品兼用。委署苑副十有三人。九品銜。银库、器皿库委署库掌一人，库守十有六人，笔帖式十有四人。雍正元年，置总管大臣。有协理事务官，或奏派，或简授，无恒额。明年，置总领六人，乾隆十六年，长春园建成，置六品一人。二十四年改苑丞。三十二年增熙春园六品一人。四十六年增春熙院七品一人。嘉庆七年省春熙院一人入熙春园。十六年改畅春园七品一人为本园苑副。咸丰十年省六品二人。光绪三十年省六品一人。副总领十有二人。乾隆八年增七品、八品各一人。十六年增长春园七品、八品各一人。二十四年改苑副。三十九年增绮春园七品一人。四十五年增春熙院八品一人。嘉庆七年省春熙院一人，改为本园额缺。十六年复省畅春园八品一人，改为本园额缺。道光二年省畅春园四人入绮春园。咸丰十年省七品二人、八品三人。光绪三十年省七品一人、八品二人。七年，定总领为六品戴蓝翎，后六、七品兼用。副总领七、八品半之。乾隆六年，置委署副总领二人。十六年增五人。三十二年改委署苑副，复增九人。嘉庆十六年增二人。咸丰十年省二人。光绪三十年省三人。八年，置主事一人。十四年，置库掌一人，三十八年定为六品，增七品一人。光绪三十年俱省。委署库掌一人，三十二年增一人，三十八年省一人。库守六人。四十六年增十有二人。咸丰十年省二人。二十二年，增置委署主事一人。光绪三十年省。明年，定协理事务郎中、员外郎各一人。道光二年，改畅春园郎中为绮春园郎中，咸丰十年省。并省其员外郎一人，令专司长春园事。

畅春园总管大臣，无员限。特简。其属：苑丞三人，六、七品兼用。苑副五人，八品。委署苑副六人，九品銜。笔帖式三人。康熙间，置郎中一人，道光二年省入绮春园。八品总领三人，四十三年增西花园二人。乾隆五年省一人入静明园。二十四年改苑丞。三十二年改授六品一人，七品三人。嘉庆十六年省七品一人。无品级总领十人。四十三年增西花园一人。乾隆五年省一人入静明园。三十二年改委署苑副，额定十有六人。嘉庆十二年省二人入圆明园。道光二年省四人入绮春园。二十九年，置总管大臣。乾隆三十二年，置八品苑副六人。嘉庆十六年省一人入圆明园。

颐和园、静明园、静宜园总管大臣，无员限。特简。其属：郎中一人，员外郎三人，苑丞十有七人，颐和园十有一人，静明园、静宜园各三人，并六、七品兼用。苑副二十有三人，颐和园十有三人，静明园六人，静宜园四人，并六、七品兼用。委署苑副七人，静明园三人，静宜园四人，俱九品銜。笔帖式十有四人。乾隆十五年，瓮山命名万寿山，建行宫，改金海为昆明湖。明年更名清漪园。光绪十四年更名颐和园。置八品銜委署总催一人。四十八年升六品苑丞。十六年，置总理大臣兼领静明园、静宜园事，并六品总领一人，十九年增六品二人。二十四年改苑丞。嘉庆五年省一人入静明园。十年增六品二人。光绪十四年后，移静明园六品四人、七品六人，赓续置为本园员额。三十年省六品、七品各二人。七品、八品副总领各二人，十八年增七品六人。二十四年改苑副。咸丰十年省八品一人。光绪十四年后，移静明园八品八人，赓续置为本园员额。三十年省八品四人。八品催总一人。二十四年改催长。四十六年升六品銜苑丞。四十八年定六品秩。十八年，置委署副总领十有二人。寻省六人。咸丰十年省二人。光绪三十年省四人。二十二年，置员外郎一人，兼司静明园事。二十六年增一人。嘉庆四年，置郎中一人，协理三园事务。明善堂、观妙堂、西爽村并隶之。其园外鉴远堂、藻鉴堂、畅观堂、景明楼、凤凰墩、治镜阁、耕织图，又功德寺，并由大臣遴本处官承其事。玉泉山静明园初为澄心园，康熙三十一年更名。置无品级总领一人，乾隆五年增一人，八年定秩七品。二十四年改苑丞。三十四年增六品一人。嘉庆四年增六品一人，明年又增六品一人。道光二十三年省七品一人。光绪十三年增六品四人，七品六人。后省入颐和园。副总领二人。康熙三十年增一人。乾隆五年增一人。九年省入静宜园一人。十八年定秩八品。二十四年增八品一人，改为苑副。三十四年增八品二人。嘉庆五年增置七品二人。道光二十三年省八品一人。咸丰十年省八品一人。光绪十三年增八品八人。后省入颐和园。乾隆二十四年，置委署副总领二人。三十四年增二人。嘉庆五年增一人。道光二十三年省二人。静宜园初为香山行宫。乾隆十二年更名。乾隆九年，置员外郎一人，道光二十三年省。副总领二人。二十四年改苑副。十年，置八品总领一人，十二年增一人。十六年定秩七品，复增一人。二十四年改苑丞。三十四年增七品一人。四十六年增宗镜大昭庙六品一人。嘉庆四年增七品二人；寻又增一人。道光二十三年省六品一人，七品二人。无品级副总领一人。十二年增一人。十六年定秩八品，复增一人。二十四年改苑副。三十四年增八品一人。四十六年增宗镜大昭庙七品一人。四十八年增普觉寺七品一人。道光二十三年省八品三人。咸丰十年省八品一人。二十六年，置委署苑副六人。三十四年增二人。四十年增二人。道光二十三年省四人。咸丰十年省二人。

御船处统领大臣，无员限。兼管司员一人，笔帖式二人，八品司匠一人，八品水手催长四人，八品网户催长二人。乾隆十六年，改圆明园清漪园御舟事务设御舟处，置统领大臣以次各官。明年，置八品水手催总三人，三十一年增一人。八品网户催总一人。嘉庆四年增一人。二十四年，改催总为催长。

管理养鹰狗处大臣，无员限。养鹰鹞处统领二人。侍卫内拣补。蓝翎侍卫头领、副头领各五人。六品冠戴。养狗处统领二人。蓝翎侍卫头领五人，副头领十人，六品冠戴九人。七品一人。笔帖式六人。初设养狗处及鹰房、鸦鹘房。乾隆十一年改房为处。三十一年裁养鸦鹘处。其员额并入鹰上。

咸安宫官学管理事务大臣，本府大臣内特简。协理大臣，各部院满尚书内特简。各一人。总裁，满洲二人，汉四人。翰林院读讲学士、詹事府少詹以下兼充。缙译教习六人。八旗满、蒙、汉军举贡生监考充。清语教习，满洲三人。弓箭教习，满洲四人。本府内挑补。汉书教习，汉九人。进士、举人考补。笔帖式一人。雍正七年，置蒙古官学管理事务大臣一人。理藩院尚书简充。总裁三人。理藩院司员充。教习，蒙古二人，额外一人。乾隆十三年，置景山官学总管四人。本府司员兼充。缙译教习，满洲九人。本府内考补。汉书教习，汉十有二人。举贡内考补。康熙二十四年置以上三学，俱光绪三十年后省。又，初制有回、缅官学总管二人，本府司员兼充。教习回子、回子佐领下派充。缅子缅甸人派充。各二人。长房官学教习，满洲二人，本府笔帖式内拣补。蒙古一人。理藩院笔帖式内咨补。先后俱省。

武英殿总裁，满、汉各一人。尚书侍郎内简。提调二人，纂修内奏充。纂修十有二人，协修十人，翰林官充。笔帖式四人。

上驷院　兼管大臣，无员限。卿二人。正三品。其属：堂主事二人，委署主事一人，左、右二司郎中一人，掌左司印。右司，员外郎管。员外郎各二人。主事、委署主事各一人，内张家口值年一人。笔帖式十有一人。阿敦侍卫十有五人。司鞍长三人，正六品。副长二人。六品衔。蒙古医师长三人，正六品。副长二人。八品。牧长二人，初无品级。雍正元年定正七品。副长五人。八品。厩长、署主事各一人。雍正元年各增一人，十二年省，乾隆二十二年复故。光绪三十年省。雍正六年，卿秩定三品。乾隆十一年，置蒙古医生头目二人。四十三年额定三人。十四年，定卿额二人，一用侍卫，一用内府官。二十三年，置八品顶戴司鞍长二人。三十九年定拜唐阿补放者给六品衔，戴蓝翎。四十五年额定三人。嘉庆六年，依左、右司例，堂上令侍卫兼司。

武备院　兼管大臣，无员限。卿二人。正三品。郎中一人，主事三人。南鞍、北鞍、甲、毡四库员外郎，六品库掌，各二人；委署六品库掌各一人。伞房掌盖、正六品。乾隆四十四年赏戴蓝翎。副掌盖，八品。帐房处司幄、三等侍卫衔食六品俸。副司幄，六品职衔食七品俸。各三人。备弓处司弓、六品职衔食七品俸。乾隆四十四年赏戴蓝翎。副司弓，八品职衔。备箭处司矢、副司矢，各二人。职衔同备弓处。箭匠、鞄头、靴皮、熟皮、鞍板、染毡、沙河毡作诸司匠，及穿甲官头目，各一人。镀作司匠二人。俱八品。无品级库掌六人，库守三十有二人。笔帖式二十有四人。

卿掌四库工作，修造器械，陈设兵仗。凡车驾出入，官属服櫜鞬以从。郎中、主事掌库帑出纳，章奏文移。北鞍库掌御用鞍辔、伞盖、幄幕，伞房、帐房、鞍板作隶之。南鞍库掌官用鞍辔、皮张、雨缨、绦带，熟皮作隶之。甲库掌盔甲、刀仗、旗纛、器械，镀作隶之。毡库掌弓箭、靴鞋、毡片，鞄头作、靴皮作、毡作、沙河毡作、帽作、杂活作帽作以下置领催各一人。隶之。

初名鞍楼，置三旗侍卫三人综其事。所属：员外郎四人，康熙十五年、四十五年俱增三人。库掌三人，顺治十一年定六品。康熙十五年增三人，四十五年增二人。库守二十有四人。康熙十五年增十有八人。三十六年增四人。四十五年增十人。毡库、弓匠固山达，委署固山达，各三人。亦曰弓箭协领。康熙十一年增置备箭固山达一人，亦曰备箭协领。二十一年定弓匠固山达七品，三十八年定备箭固山达八品。乾隆二十九年，更名司弓、司矢，委署者曰副司弓、副司矢。四十四年定司弓、司矢六品职衔，副司弓、司矢八品职衔。光绪三十年各省一人。掌伞总领二人。康熙三十三年增一人。乾隆二十四年更名掌盖。帐房头目，委署帐房头目，各三人。康熙二十七年定头目为七品。乾隆三年定委署头目八品职衔。二十四年改头目为司幄，委署者为副司幄。三十六年定司幄六品职衔，副司幄七品职衔。顺治十一年，更名兵仗局。十八年，更名武备院。康熙九年，沙河毡作置催总一人。乾隆二十四年改司匠。下同。十五年，分设鞍、甲、毡三库，置无品级库掌三人。四十三年增二人，四十五年增四人。明年，以职掌事务侍卫一人掌印。二十一年，置郎中一人，并定镀作、亮铁作、原置镀作、亮铁作催总六人。二十七年省镀作三人。光绪三十年省亮铁作一人。毡作催总秩八品。三十七年，分鞍库为南、北，增置鞄头作催总一人。亦曰鸣镝长。三十九年，置靴皮作催总。明年，置熟皮作催总，并定其品秩。复置穿甲官头目一人。由拜唐阿内委放。乾隆八年定八品职衔。六十一年，置委署主事一人。雍正十二年省。乾隆二十二年复故。雍正六年，以职掌事务侍卫为三品卿。乾隆十四年，定卿额二人，仍管以大臣。

奉宸苑　兼管大臣，无员限。卿二人。正三品。郎中一人，员外郎四人，主事一人，苑丞十人，六品。苑副十有九人，九品。委署苑副十人，笔帖式十有五人。天坛斋宫苑丞、六品一人。六品衔一人。苑副各二人。稻田厂库掌，六品。无品级催长，委署催长，各一人。笔帖式三人。南苑郎中一人，员外郎二人，主事一人，苑丞七人，六品衔。苑副十有三人，八品衔。委署苑副六人，九品衔。委署催长三人，笔帖式五人。

卿掌苑囿禁令，以时修葺备临幸。郎中以下各官掌分理苑囿河道。斋宫掌陈设泛埽。稻田厂掌供内庭米粟，兼征田地赋税。南苑各官掌征南苑地赋，并治园庭事务。其兼摄者：斋宫兼理郎中，值年员外郎，稻田厂值年员外郎，各一人。

初紫禁城后山、西华门外台，隶尚膳监管理，置八品催总二人。雍正二年增二人。顺治十二年，更名景山、瀛台。明年，改令内监管理，玉泉山、南苑并隶之。十八年，改南苑隶采捕衙门，置员外郎二人。雍正元年增一人。康熙八年，省南苑员外郎一人，改授郎中。十年，命内务府总管海喇孙、侍卫布喇兼司景山、瀛台事。十六年，改归都虞司管理。二十三年，始设奉宸苑，置郎中一人，乾隆十六年增一人，轮管长河行宫事。员外郎四人，主事一人。三十年，置南苑八品催总二人，乾隆四年增一人，十八年复增一人，分隶三旗。无品级总领一人，三十六年增南红门行宫一人。副总领二人。三十六年增南红门行宫二人。五十二年增南红门新行宫一人。雍正元年，置奉宸苑、南苑委署主事各一人。十二年省。乾隆二十二年复故。光绪三十年又省。别命大臣领稻田厂，旧派司官二人兼理。三年始来隶。乾隆二十年，命会同清漪园大臣管理。置玉泉山六品库掌一人兼司之。三年，增置稻田厂无品级催总一人。明年，兼辖下清河以上闸口。置闸官司之。六年，定卿秩三品。乾隆元年，置南苑主事一人。十一年，增置阐福寺八品催总一人。十四年，依上驷院例，定卿额二人，仍简大臣领苑事。十六年，增置乐善园、永安寺八品催总各一人，十七年增乐善园一人。乐善园无品级副总领二人，明年增一人。南苑委署催总一人。原置一人。明年复增一人。分隶三旗。是岁依各行宫园囿例，改瀛台、永安寺等处催总为总领，副催总为副总领。二十四年，复改总领曰苑丞，副总领曰苑副，催总曰催长。二十六年，兼辖正觉寺，署苑副一人，令万寿寺、倚虹堂苑丞分司之。并令阐福寺苑丞兼管宏仁、仁寿二寺，置委署苑副二人。积水潭置苑副、委署苑副各二人。是岁省各处委署苑副，酌留南苑三处行宫二人。析置瀛台、永安寺、乐善园及河道四人，并给八品职衔。三十五年，极乐世界、万佛楼建成，置委署苑副一人。明年，定奉宸苑苑丞品秩。先是苑丞秩八品，与各园庭体制不一，至是俱给六品虚銜。仍食八品原俸。三十八年，复定南苑苑丞品秩，食俸同上。改三旗八品催长三人为苑丞，副催长为苑副。四十一年，置钓鱼台苑丞、苑副各一人，新挖旱河、闸座、莲花池、河泡、岔河并隶之。四十二年，南苑、团河新行宫告成，省新旧各行宫苑丞一人、苑副二人、委署苑副一人，置为本园额缺。新旧各行宫原置苑丞二人，苑副、委署苑副各四人，南苑行宫苑副三人。四十六年，省乐善园苑丞一人入团河行宫。嘉庆六年，定奉宸苑苑丞食六品俸、苑副食九品俸，各二人，余悉如故。九年，复省乐善园苑丞、苑副额缺，析置中海苑丞、苑副，倚虹堂苑丞，钓鱼台苑副，北海及长河委署苑副各一人。十二年，复析三海等处苑丞、苑副各二人，令司天坛斋宫。故事，斋宫隶太常寺，归奉祀坛户典守。雍正间，置八品催总治其事。至是，额置苑丞各官，定宛丞食六品俸一人。以郎中、员外郎兼领之。

盛京内务府　总管大臣一人。盛京将军兼。后改东三省总督。佐领，骁骑校，各三人。堂主事，委署主事，各一人。广储司司库三人，库使十有六人。会稽、掌礼、都虞、营造四司，及文溯阁九品催长，无品级催长，各一人。织造库催长，内管领处内管领，六品虚銜。仓领长，无品级。各一人。牧掌，隶都虞司。仓长，隶内管领处。各三人。俱无品级。笔帖式十有五人。顺治元年，盛京包衣三旗置佐领三人，简一人掌关防，并置司库三人，乾隆十九年省一人。四十二年增一人。及催总、笔帖式各官。寻置库使十人。乾隆九年增一人。康熙十七年，置领催下骁骑校一人。乾隆十七年，置总管。明年，置堂主事一人。司库内改置。二十四年，改催总为催长。二十九年，定各催长员数。如前所列。增置内管领、委署主事笔帖式内改置。各一人。四十八年，文溯阁建成，置九品催长，无品级催长，各一人。光绪三十年，省主事各官。

宦官　四品总管太监銜曰宫殿监督领侍。五品总管銜曰宫殿监正侍。亦有以七品执守侍充者。六品副总管銜曰宫殿监副侍。亦有系执守侍銜者。首领太监銜二：七品曰执守侍，八品曰侍监。又有副首领，八品侍监充。亦有无品级者。笔帖式。八品侍监充。敬事房置。自四品至八品凡五等。升迁降调，由内府移咨吏部。

敬事房。兼读清字书房，汉字、蒙字书房，总管三人。宫殿监督领侍一人。宫殿监正侍二人。宫殿监副侍总管六人。委署总管无定额，执守侍充。专司遵奉谕旨，承应宫内事务与其礼节，收核外库钱粮，甄别调补内监，并巡察各门启闭、火烛关防。执守侍、首领、侍监、笔帖式各二人，专司掌案办事，承行内府文移，并司巡防坐更。乾清宫。首领四人，执守侍、侍监各二人。专司供奉实录、圣训，江山社稷殿香烛，收贮赏用器物，并司陈设泛埽，御前坐更。后省二人。正首领，执守侍充。副首领，侍监充。乾清门。侍监首领二人。专司御门听政，宝座黼扆，晨昏启闭，稽察臣工出入，登载南书房翰林入直、侍卫番宿。昭仁殿，兼龙光门。弘德殿。兼凤彩门。侍监首领各二人。专司陈设泛埽，御前坐更。故事内廷重坐更，御前更尤重。更头、更二惟首领及执事内监方充是差。以下同。端凝殿。兼自鸣钟执守侍首领一人。专司近御随侍赏用银两，并验钟鸣时刻。懋勤殿。兼本房首领二人，执守侍、侍监各一人。专司承直御笔，收掌文房书籍，并登载内起居注。四执事。执守侍首领一人。专司上用冠袍带履，随侍执伞执炉，承应上用武备，收贮备赏衣服。后增置首领一人，以侍监充之。四执事库。侍监首领一人。专司上用冠袍带履，铺设寝宫帷幔。奏事处。初制隶四执事。后置侍监首领一人，专司传宣纶綍，引带召对人员，承接题奏事件。乾隆三十九年，太监高云从泄漏朱批记载，自后惟军机奏事由此进呈。各部院奏摺及内府奏家事，并由奏事处官转上。日精门。兼上书房侍监首领一人。专司启闭关防，及至圣先师位前香烛。月华门。兼南书房侍监首领一人。专司启闭关防，承应内廷翰林出入。尚乘轿。侍监首领二人。专司承应请轿随侍。御药房。兼太妃、太嫔以次各位下药房，侍监首领二人。专司带领御医各宫请脉，及煎制药饵。交泰殿。侍监首领二人。专司尊藏御宝，收贮勋臣黄册，并验钟鸣时刻。坤宁宫。兼坤宁门侍监首领二人。专司祭神香烛，启闭关防，后改置执守侍首领、侍监副首领各一人。东暖殿。兼永祥门。西暖殿。兼增瑞门。执守侍首领、侍监副首领俱各一人。专司陈设泛埽，关防坐更。后省副首领各一人，首领改侍监为之。景和门，隆福门，基化门，端则门。侍监首领各二人。后基化、端则二门各省一人。内左门，内右门。侍监首领俱各二人。内右门兼稽膳房众太监出入，每晚具单报无事送敬事房。景仁，兼近光左门及御书房收贮书画。御书房初置侍监首领一人，后始改隶。永寿，兼近光右门。承乾，翊坤，钟粹，储秀，延禧，启祥，永和，长春，景阳，兼大宝殿。景阳初置侍监首领一人。后省，始来隶。咸福十二宫。侍监首领俱各二人。专司承应传取，余同各处。养心殿，重华宫，建福宫。首领四人。执守侍、侍监各二人。专司收贮赏用物品。后省执守侍首领一人。养心殿内，兼吉祥门宫殿监副侍副总管一人。执守侍首领、侍监副首领各二人。专司近御随侍，收掌内库钱粮及古玩书画。古董房，侍监首领一人。专司收贮古玩器皿。御茶房，执守侍首领三人。侍监副首领四人。专司上用茗饮果品，及各处供献，节令宴席。后省总管一人。御膳房，执守侍总管三人。侍监首领十人。专司上用膳羞，各宫馔品，及各处供献，节令宴席。后省总管一人、首领二人。鸟枪处，执守侍首领一人。专司随侍上用鸟枪。弓箭处、按摩处隶之。后改为侍监。南果房。侍监首领一人。专司收贮干鲜果品。毓庆宫，侍监首领二人。嘉庆元年，青宫临御始置。苍震门，遵义门。侍监首领、副首领各二人。专司启闭关防。苍震门首领兼稽祭神房众人出入。后省首领，增副首领一人。斋宫。侍监首领一人。御花园。侍监首领、副首领各二人。专司园内斗坛四神祠香烛，培灌花木，饲养仙鹤池鱼。后改置执守侍首领、侍监副首领各一人。祭神房。侍监首领二人。无品级副首领一人。专司祭神省牲。后省首领一人。中正殿，英华殿。无品级首领各一人。专司香烛。钦安殿。兼城隍庙侍监首领三人。专司唪诵经忏，焚修香火。后省二人。寿皇殿。兼永思殿侍监首领一人。专司御容前香烛。后增置无品级副首领一人。雍和宫。执守侍首领、侍监副首领各一人。后俱省，改置无品级首领一人。兆祥所。兼遇喜处无品级首领一人。打扫处。侍监首领一人。专司运水添缸，并承应杂务。后省柴炭、烧坑二处侍监各二人隶之。熟火处。侍监首领三人。专司各处安设熟火，抬运柴炭，并承应杂务。造办处。侍监首领一人。专司带领外匠制造物件。做钟处。侍监首领一人。所司同造办处。北小花园。无品级首领一人。专司培灌花木。皇太后宫。执守侍副总管二人。侍监首领五人。茶房、膳房、药房首领各一人。后省宫首领一人，增置茶、膳、药三房首领一人。太妃，太嫔，侍监首领各一人。膳房执守侍首领一人。侍监首领二人。太妃以次位下膳房。统设执守侍首领一人，侍监首领二人。慈宁宫佛堂。无品级首领十人，内充喇嘛者二人。后改为首领五人，充喇嘛者三人。副首领二人。寿康宫。无品级首领四人。后改置执守侍首领、侍监副首领各二人。皇子，侍监首领一人。公主，皇孙，皇曾孙。无品级首领各一人。瀛台。兼武成殿侍监首领、无品级副首领各一人。后增副首领一人。画舫斋。兼蚕坛侍监首领一人，无品级副首领二人。初未置，后增。永安寺。兼承先殿侍监首领、无品级副首领各一人。后增置副首领一人。景山。执守侍总管一人，侍监首领二人。委署首领无品级，无恒额。南府。执守侍总管一人，侍监首领四人。委署首领与景山同。圆明园。兼长春园静寄山庄宫殿监副侍总管一人，执守侍总管二人，执守侍首领十人，无品级首领四十有二人。后增置执守侍总管一人，首领四人，无品级首领九人，内恩赏侍监首领二人。颐和园，静明园，静宜园，盘山，畅春园，泉宗庙，圣化寺。俱圆明园总管首领等承应差务。内务府所属掌礼司，侍监首领五人，无品级副首领八人。后省首领二人、副首领四人。司乐，无品级副首领二人。初未置，后增。营造司。侍监首领二人，无品级副首领四人。后省首领一人，副首领三人。陵寝及妃园寝。无品级首领二人。后省一人。南花园。无品级首领一人。永安寺、大西天。无品级首领各一人。兼充喇嘛。帘子库。兼门神库无品级首领一人。后增一人。太庙。无品级首领一人。后改置执守侍首领一人，侍监副首领二人。銮舆卫。无品级首领四人。后省二人。又传心殿、万善殿、番经厂、汉经厂、奉宸苑、武备院、尚衣监、酒醋局各首领太监，后俱省。亲王、郡王、固伦公主、和硕公主并有定制。首领俱各一人。亲王七品，郡王、公主俱八品。

顺治元年，按十三衙门给太监品级。十八年省，以内务府大臣总管。康熙十六年，设敬事房，置总管、副总管。定太和、中和、保和、文华四殿三作首领太监员数，给八品职衔。乾隆二十六年，省文华殿员额。四十七年，三大殿直殿太监俱省。六十一年，定五品总管一人，五品太监三人，六品太监二人。太监授职官自此始。雍正元年，定总管秩四品，副总管六品，随侍首领七品，宫殿首领八品。四年，定敬事房正四品总管为宫殿监督领侍衔，从四品副总管为宫殿监正侍衔，寻改五品。六品副总管为宫殿监副侍衔，七品首领为执守侍衔，八品首领为侍监衔。八年，复定四品至八品，不分正、从。乾隆七年，定内监受爵制不使逾越。故事，寺人不过四品，至是纂为令甲。五十一年，定亲王、郡王、公主太监首领员数，并给八品衔。嘉庆间增亲王首领秩七品。嘉庆六年，赏庆郡王七品太监三人，仪亲王、成亲王、定亲王增置八品太监一人，不为恒制。

太祖、太宗鉴往易轨，不置宦官。世祖入关，依明宫寝旧制，裁定员额，数止千余。谕曰："朕稽考官制，唐、虞、夏、商未用寺人。周始具其职。秦、汉以后，典兵干政，流祸无穷。"敕官员毋与内官交结。复于交泰殿铸铁碑，文曰："以后有犯法干政，窃权纳贿，属托内外衙门，交结满、汉官员，越分擅奏外事，上言官吏贤否者，凌迟处死。"未几，吴良辅辈煽立十三衙门，擅窃威福，世祖遗诏发奸。圣祖嗣统，歼厥大憝。时明季内监犹有在宫服役者，纲纪肃然。雍正间，防范内监家属，敕内官约束，直督具题。高宗立法峻厉，太监高云从稍豫外事，张凤盗毁金册，并正刑书。车驾幸滦阳时，巡检张若瀛杖责不法内监，特擢七阶，并颁则例，俾永遵守。又谕："明代内监多至数万人。蟒玉滥加。今制宫中苑囿，综计不越三千。"尔时并隶内府，盖犹有冢宰统摄奄人之义。然其员数视世祖时已倍之。至教字停派汉员，报充弗由礼部，奏事改易王姓，屡加裁抑，以清风轨。故终高宗六十余年，宦官不敢为恶。嘉庆初年，以内外交结，降吴天成七品总管，复以常永贵骄纵无法，革去六品总管，萧得禄坐滥保罪，并革去督领侍。洎刘得财、刘金辈崇信邪教，谋纳叛人，酿成林清巨变，凶悖滋甚。其后曹进喜向吏兵曹长索道府职名册，马长喜冒滥名器，曹得英私放鸟枪，张府且私藏军械。同治元年，御史贾铎疏闻内监演剧，裁贡缎为戏衣，乃未闻纠厥罚。八年，遂有安得海冒名钦差，织办龙衣，船扬旗帜，居民惶骇。他如蓄养优伶，驰马冲仗，累蠹法度，不可殚纪。光绪十二年，御史朱一新疏陈李莲英随醇亲王巡阅海口，易蹈唐代覆辙，诏降主事。二十七年，总督陶模疏陈近日宦官事微患烈，弊政宜除，书上不报。宦官遂与国相终云。

卷一百十九　　志九十四

职官六 新官制

内阁　外务部　出使大臣　税务处　**民政部**　内外巡警总厅　**度支部**　清理财政处　大清银行造币总厂　**学部**　国子监　大学堂　**陆军部**　**海军部　法部**　修订法律馆　大理院　京师各级审检厅　**农工商部　邮传部　军谘府　弼德院　资政院　盐政院　典礼院**礼学馆　**提学使　提法使**　外省各级审检厅　**东三省各司　禁卫军　督练公所　军制　镇制**陆军镇监　**巡防队　海军舰制**

清初厘定官制，职仪粗具。中更六七作，存改洄沿，世不同矣。延及德宗，外患蹑迹，译署始立。继改专部，商、警、学部接踵而设，并省府、寺，乃分十部。嗣议立宪，理藩改部，军谘设处，复更巡警为民政，户为度支，商为农工商，兵为陆军，附立海军处，刑为法，别立大理院，又取工部所司轮路邮电专设邮传部。以今况往，洵称多制。宣统绍述，合枢于阁，增海军部，省吏部，改礼部为典礼院，盐政处为盐政院。犹虑阁权过重，设弼德院以相维系，资政院以为监督。增埤前事，取臬殊方，因事创名，官冗职杂，阶资官品，肇域未区。简奏咨补，故实斯在，辑而存之，具载后简，亦得失之林也。

内阁　总理大臣，协理大臣，各一人。特简。国务大臣十人。各部大臣兼充。丞一人。承宣厅厅长，副厅长，各一人。制诰、叙官、统计、印铸四局，局长各一人。丞以下俱请简。其属有：佥事，印铸艺师，俱奏补。艺士，录事俱咨补。各员。所辖法制院，院长，副院长，各一人。参议四人。俱请简。参事，奏补。佥事，录事，视事繁简酌置。

总理掌参画机要，缔纶时务。法律诏令，会国务大臣尾署名衔。事涉一部或数部，会所司大臣署之。会议时充议长，协理佐之。丞掌主阁务，综领众局，方轨诸长。承宣掌布丝纶，守法典，司文书图籍。制诰掌诏旨制敕，玺书册命，起草进画，稽颁宝星勋章，典领藩封勋级。叙官掌考功定课，汇核覆行。统计掌统一计表，刊行年鉴。印铸掌编辑官报。余依往制。详礼部。法制院掌编纂法规，修明法令，拟上候裁。

光绪三十二年，改组内阁，设会议政务处，以各部尚书为内阁政务大臣。宣统三年，改责任内阁，以军机大臣为总、协理大臣，并定内阁属官制。如前所列。

外务部　外务大臣，副大臣，各一人。特简。承政厅左、右丞，参议厅左、右参议，各一人。俱请简。参事四人。奏补。其属：司务厅司务二人。咨补。和会、考工、榷算、庶务四司，郎中、员外郎、主事各二人。俱奏补。以上各部同。

大臣掌主交涉，昭布德信，保护侨人佣客，以慎邦交。副大臣贰之。丞掌机密文移，综领众务。参议掌审议法令，参事佐之。各部同。和会掌使臣觐见，盟约赏赉，兼司领事更替，司员叙迁。考工掌司铁轨、矿产、电线、船政，凡制造军火，聘用客卿，招工、游学诸事，各擅其职。榷算掌蕃货海舶征榷贸易，综典国债、邮政，勾检本部暨出使度支。庶务掌江海防务，疆域界址，凡传教、游历，赏恤、禁令，裁判狱讼，并按约以待。有丞、参上行走，额外司员，七品小京官。民政、邮传、法部小京官定额缺。所辖：储材馆，提调、帮提调各一人。本部司员内遴派。文案、支应、庶务，俱派员分治其事。

雍正五年，定《恰克图市约》，置办理俄事大臣，见第五款。不为恒职。咸丰元年，改归理藩院。十年，文宗北狩，特置专官办理抚局。其冬，设总理各国事务衙门，命恭亲王奕䜣领之。司员统称章京，置满、汉各八人。时行分署治事制。户部司员核关税，理藩部司员典文移，兵部司员治台站驿递，内阁人员主机密，俱隶总办、帮办。三年，改为英、法、俄、美四股。九年，增设海防股。后改俄、德、英、法、日本五股。宣统元年，合俄、德为一，增设秘书、机要二股。明年，置总办四人，曰总办章京。同治元年，增置额外章京，满、汉各二人。二年各增六人。光绪九年各增四人。十年各减四人。二十三年各增二人。三年，设司务厅，置司务二人。光绪二十七年，《辛丑和约》成，更名外务部，班列各部上。置总理亲王，会办尚书，兼会办左、右侍郎，各一人；改总办为左、右丞，左、右参议各一人。并置郎中以次各官，不分满、汉。三十二年改订官制，意合满、汉，而翰林、都察两院仍依往制。是岁增置缮译官十有五人。七、八、九品各五人，分股治事。宣统三年，新内阁成，省总理、会办兼职，改尚书为大臣，侍郎为副大臣。省侍郎一缺，各部同。管部之制，至是遂废。

头等出使大臣，正一品。特简。参赞，正三品。通译官，正五品。俱奏补。无定员。有事权置，毕乃省。

二等出使大臣，正二品。特简。参赞官，初制四品，后改从四品。奏补。各一人。英、俄、德、日本、奥、义、和、比各一人。法、日、葡各一人。美、墨、秘、古各一人。分馆代使二等参赞官二人。日斯巴尼亚一人。葡萄牙一人。二等参赞兼总领事三人。墨西哥一人。秘鲁一人。古巴一人。三等参赞八人。初制五品，后改正五品。奏补。英、法、德、俄各一人。美、日本各二人。二、三等通译官。二等从五品。三等从六品。奏补。一、二等书记官。一等从五品。二等从六品。奏补。商务委员，正五品。奏补。武随员，各使馆俱一人。唯奥、义、和、比不置三等通译官、武随员。分馆二等通译官、书记官俱一人。总领事从四品。奏补。十有三人。新嘉坡、澳洲、南斐洲、坎拿大各一人，隶英使。海参崴一人，隶俄使。墨西哥、古巴、金山、小吕宋、美利滨、巴拿马各一人，隶美使。横滨、朝鲜各一人，隶日本使。爪哇一人，隶和使。领事正五品。奏补。十有四人。槟榔屿、纽丝纶、仰光、温哥埠各一人。隶英使。檀香山、嘉里约各一人，隶美使。萨摩岛一人，隶德使。神户、长崎、仁川、釜山、新义州各一人，隶日本使。泗水、巴东各一人，隶和使。副领事从五品。奏补。二人。元山、甑南浦各一人，隶日本使。又有外国人兼代领事者。法，马赛；义，米朗、纳婆尔士；美，波土顿、费城诸处。

使臣掌国际交涉。参赞佐之。领事掌保护华侨。

康熙初，俄国通使，未垂为制。同治六年，始遣使办理交涉，以道员志刚等及美使蒲安臣膺其选。光绪元年，定出使制，命侍郎郭嵩焘使英，翰林院侍讲何如璋使日本，京卿陈兰彬使美日秘国，俱置副使。别设秘、日分馆，置金山、嘉里约、古巴各总领事。后为自主国，改遣公使。二年，定使馆参赞二人，缮译四人。十四年，复定缮译、随员二人或三人。分馆参赞兼领事一人，缮译、随员各一人，参赞如故。三十二年，定参赞以次各员额，如前所列。厥后联翩四出，英使兼领义、比，俄使兼驻德，以奥、和隶之。四年，置新嘉坡领事，后改总领事。日本各口岸理事官。后改领事。明年，省副使，置檀香山领事。八年，置纽约领事。十三年，置小吕宋总领事，仰光领事，槟榔屿副领事。后改领事。十七年，置南洋各岛领事。二十一年，简法国专使。二十三年，简德国专使，和改隶之。并增置韩使。三十三年撤回，改总领事。二十六年，置韩国各口岸领事，及海参崴商务委员。后改总领事。二十八年，改驻法使臣兼使日国，驻美使臣兼使古巴，别设分馆，并简奥、义、比三国专使。明年，设墨分馆。三十年，置南斐洲总领事。三十一年，简和国专使兼理保和会事，并以法日使臣兼领葡使，寻设葡分馆。三十四年，定使臣为二品专官，并参赞等官品秩。宣统元年，置美利滨、坎拿大、巴拿马总领事。嗣是澳洲、温哥埠、萨摩岛、纽丝纶诸领事踵相蹑。三年，置爪哇总领事，泗水、巴东领事。其秋置朝鲜新义州领事。

三等出使大臣，正三品。特简。参赞官，通译官，无定员，不恒置。

保和会专使大臣一人。正二品。特简。陆军议员一人。武官谙西文者充之。光绪三十三年，罢和使兼职改置。

督办税务大臣，帮办大臣，各一人。以大学士、尚书、侍郎充。后改大臣、副大臣充。掌主关税，督率关吏。提调，帮提调，分股总办，帮办，俱各一人。外务部、度支部丞、参兼充。所辖：总税务司，副总税务司，各一人。税务司四人，副税务司六人，各关税务司五十有九人，潮海五人。粤海、岳州、北海各三人。胶海、镇江、东海、闽海、津海、金陵、苏州、吉林各二人。江海、梧州、拱北、哈尔滨、山海、浙海、厦门、九龙、芜湖、九江、亚东、长沙、大连、瓯海、福海、三水、龙州、杭州、安东、沙市、重庆、江门、南宁、琼海、宜昌、奉天、腾越、思茅、蒙自各一人。副税务司三十有七人。江汉、粤海、江海、三水、津海、珲春各三人。大连、潮海、琼海、九龙各二人。苏州、南宁、龙州、重庆、奉天、杭州、厦门、闽海、哈尔滨、芜湖、大通厘局各一人。以上俱外国人为之。初，海关置监督。各部俸深司员充之。旋改归督、抚监督，名焉耳。自道光以来，海疆日辟，于是始置北洋、南洋通商大臣，关道及监督隶之。亦有将军兼理者。津海归直隶津海道管理，山海归奉天奉锦山海道管理，东海归山东登莱青道管理，俱隶北洋。镇江归江苏常镇通海道管理，江海归江苏苏松太道管理，芜湖归安徽皖南道管理，浙海归浙江宁绍台道管理，瓯海归浙江温处道管理，江汉归湖北汉黄德道管理，宜昌归湖北荆宜施道管理，重庆归四川川东道管理，俱隶南洋。闽海归福州将军管理。粤海、潮海、北海、琼海、九龙、拱北，监督各一人。嘉峪归甘肃安肃道管理，龙州归广西太平思顺道管理，蒙自归云南临安开广道管理，隶本省督、抚。咸丰以后，聘用英人威妥玛、美人斯密斯氏襄办税务，李泰国继之，派为总税务司；凡海关俱置税务司、副税务司，后沿江各埠，及内地陆路增开口岸，并属海关。是为海关募用客卿之始。时管辖之权属总理衙门。光绪二十三年，始设税务处，总税务司以次各官并受其节度。先是户关、工关分隶户、工两部，至是始以常关标名。嗣外部与本处定常关分设税局，五十里外者归监督，五十里内者归税务司，此内、外常关名称所由昉也。

民政部　民政大臣，副大臣，左、右丞，左、右参议，各一人。承政厅员外郎，主事，小京官，各四人。参议厅参事二人。民治、警政、疆里、营缮、卫生五司，郎中八人，民治、警政、疆里各二人，余各一人。员外郎十有六人，民治、警政、营缮各四人，余各二人。主事十有八人，民治、警政各五人，营缮四人，余各二人。小京官各一人。习艺所员外郎一人，兼充消防队总理。主事二人，五品警官五人，消防队三人。习艺所二人。六、七品警官各九人，消防队各六人。习艺所各三人。八、九品警官各十有二人。消防队各八人。习艺所各四人。以上俱隶警政司。六、七品艺师各一人。隶营缮司。六、七品医官各一人。隶卫生司。自警官以下俱奏补。八品录事二十人，九品录事三十有二人。俱咨补。

大臣掌主版籍，整饬风教，绥靖黎物，以奠邦治。副大臣贰之。民治掌编审户口，兼司保息乡政。警政掌巡察禁令，分稽行政司法。疆里掌经界图志，审验官民土地。营缮掌陵寝工程，修治道路，并保守古迹祠庙。卫生掌检医防疫，建置病院。所辖：豫审所，后隶大理院。路工局，教养局，俱遴员分治之。

光绪三十年，设巡警部，置尚书，左、右侍郎，左、右丞，参议，各一人。警政、警法、警保、警学、警务五司，郎中五人，三十二年增二人。员外郎、主事各十有六人，三十二年增员外郎二人，主事四人。三十四年增营缮司一人。小京官四人，三十二年增五人。一、二、三等书记官各十人。仿七、八、九品笔帖式旧制。三十二年改为八、九品录事。习艺所员外郎一人，主事二人。三十二年，更名民政部。设承政、参议两厅，置参事二人。改设民治、疆里、营缮、卫生诸司，警政如故。宣统元年，定习艺所及消防队员额。如前所列。三年，改尚书为大臣，侍郎为副大臣。

内、外城巡警总厅，厅丞各一人。初制正四品。光绪三十三年升从三品。请简。掌徼循坊境，并典跸路警卫。总务处总佥事各一人。从四品。奏补。行政、司法、卫生三处各佥事三人。正五品。俱奏补。五品警官各四人。六品警官十有九人。内城十人。外城九人。七品警官二十人。内城十有一人。外城九人。八品警官二十有七人。内城十有四人。外城十有三人。九品警官二十有八人。内城十有五人。外城十有三人。七品以上奏补。八品以下咨补。八、九品录事各四人。委用。

光绪三十年，设京师内、外城巡警总厅，置厅丞各一人。设总务、警务、卫生三处，置参事各一人。正五品。三十二年改佥事。内城五分厅，外城四分厅，知事九人。正五品。三十二年，增司法处。改警务曰行政。升总务处佥事品秩为属官首领。置五品以下各警官，无定员。八、九品录事各四人。并内五分厅为中、左、右三厅，外四分厅为左、右二厅，省知事四人。设内城二十六区，外城二十区，置区官、六、七品警官充。寻改区长。区副八、九品警官充。寻改区员。各一人。三十四年，省内、外城区半之。宣统元年，裁分厅，省知事。

度支部　度支大臣，副大臣，各一人。左、右丞，左、右参议，各一人。承政、参议两厅，俱郎中三人，员外郎四人，主事三人。田赋、漕仓、税课、管榷、通阜、库藏、廉俸、军饷、制用、会计十司，郎中三十有一人，制用四人。余各三人。员外郎四十有四人，制用六人。田赋、库藏各五人。余各四人。主事三十有五人。田赋、管榷、通阜、廉俸、会计各四人，余各三人。金银库，郎中一人，员外郎四人，主事二人。收发稽察处，督催所改。员外郎一人，主事二人。

大臣掌主计算，勾会银行币厂，土药统税，以经国用。副大臣贰之。田赋掌土田财赋，稽核八旗内府庄田地亩。漕仓掌漕运核销，仓谷委积，各省兵米谷数，合其籍帐以闻。税课掌商货统税，校比海关、常关赢绌。管榷掌盐法杂课，凡盘查道运，各库赈敛，土药统税，并校其实。通阜掌矿政币制，稽检银行币厂文移。库藏掌国库储藏，典守颜料、缎匹两库。廉俸掌核给官禄，审计百司职钱餐钱。军饷掌核给军糈，勾稽各省报解协饷。制用掌核工银，经画京协各饷，兼司杂支例支。会计掌国用出纳，审计公债外款，编列出入表式。金银库掌金帛期会。收发稽察处掌各司受事付事。所辖：币制局，提调一人，帮提调二人。本部丞、参兼充。庶务处，调查、筹办、稽核、编译各股，俱派员分治其事。

光绪三十二年，改户部设，省财政处入之，置尚书，左、右侍郎，左、右丞，参议，各一人。并十四司为十司，改置郎中以次各官。如前所列。宣统三年，改尚书为大臣，侍郎为副大臣。

清理财政处，提调，帮提调，各二人。本部丞、参兼充。总办，帮总办，各一人。总核坐办科员无恒额。各省清理财政正监理官二十人，给三、四品卿衔，奉天、直隶、江苏、安徽、山东、山西、河南、陕西、甘肃、新疆、福建、浙江、江西、湖北、湖南、四川、广东、广西、云南、贵州各一人。副监理官二十有四人。奏派吉林、黑龙江、江宁、两淮各一人，余同正监理官。宣统元年置。

大清银行，正监督，正三品。请简。副监督，各一人。储蓄银行总办一人。分行总办二十人。津、沪、汉、济、奉、营、库、重、广、赣、晋、汴、浙、闽、吉、秦、皖、湘、滇、宁各一人。以上由大臣奏派。光绪三十三年，设户部银行，置总监督，秩视左、右丞。寻更名正监督。明年改为大清银行。

造币总厂，正监督一人，正三品。请简。副监督二人。分厂，总办、奉天、江宁、广州、四川、云南，由清理财政正监理官兼充。帮办江宁、武昌、广州、四川、云南，由副监理官兼充。各五人。光绪三十三年置。

学部　学务大臣，副大臣，各一人。左、右丞，左、右参议，各一人。参事厅参事四人。司务厅司务二人。总务、专门、普通、实业、会计五司，郎中各二人，员外郎十有五人。总务五人，普通四人，余各二人。主事十有八人。总务、普通各六人，余各二人。一等书记官正七品。奏补。十有一人，二等正八品。十有七人，三等正九品。十有五人。二、三等俱咨补。

大臣掌劝学育材，稽颁各学校政令，以迪民智。副大臣贰之。总务掌机要文移，审核图书典籍。专门掌大学及高等学校，政艺专业，咸综领之。普通掌师范、中、小学校，各以其法定规程稽督课业。实业掌农工商学校，并审核各省实业，为民兴利。会计掌支计出入，典领器物，及教育恩给。其兼辖者：八旗学务处总理，协理，督学，调查图书各局长，局员，编订名词馆总纂，图书馆正副监督以次各员，俱择人任使，不设专官。

光绪二十二年，置管理官书局大臣。先是京师设强学书局，详练时务。至是改归官办。二十七年，更命尚书张百熙充管学大臣，管理大学堂事。二十九年，改学务大臣。三十二年，始设学部，置尚书，侍郎，左、右丞，参议，各一人；五司郎中各一人，员外郎十有二人，主事十有五人，视学官无恒额。定正五品。派司员暂充。明年，命大学士张之洞领部事，非永制。宣统元年，改视学官为差，增郎中五人、员外郎四人、主事三人。三年，改尚书为大臣，侍郎为副大臣。

国子监，丞一人。正四品。请简。掌文庙辟雍典礼。典簿正七品。奏补。四人，掌祀典庙户。典籍正八品。咨补。四人，掌祭器、乐器。文庙七、八、九品奉祀官各二人。咨补。正通赞官、从六品。奏补。副通赞官从八品。咨补。各二人。二、三等书记官各三人。光绪三十二年置。

大学堂，总监督一人。正三品。请简。经、法、文、工、商五科监督各一人。奏派。教务、庶务、斋务各提调，俱延聘通晓学务者为之。光绪二十五年，创设京师大学堂，命大学士孙家鼐领之。三十二年，定总监督为专官。

陆军部　陆军大臣，正都统。特简。副大臣，副都统。特简。各一人。参事四人。检察官八人。部副官四人。各省调查员无恒额。俱正参领以次军官充之。副参领以上请简，协参领以下奏补，额外军官、军佐咨补。录事二人。额外军官及中、下士充之。下同。承政、军制、军衡、军需、军医、军法六司，各司长一人，副协都统、正参领充。处长同。副官一人。正、副军校及相当文官充。科长十有六人，承政科四：曰秘书，曰典章，曰庶务，曰收支。军制科七：曰搜简，曰步兵，曰马兵，曰炮兵，曰工兵，曰辎重，曰台垒。军衡科四：曰考绩，曰任官，曰赏赉，曰旗务。军需科三：曰统计，曰粮服，曰建筑。军医科二：曰卫生，曰医务。军实科二：曰制造，曰保储。科各一人。正、副参领充。一、二、三等科员百六十有二人。承政二十八人。军制四十有一人。军衡四十有七人。军需三十人。军医十有四人。一等副协参领充。二等协参领、正军校充。三等正、副军校充。译员四人，司电员三人，递事官十有七人。隶承政司。绘图员、艺师、艺士各一人。隶军制司。以上陆军官佐或学生充之。法规总编纂员二人，编纂员三人。隶军需司。以文武相当人员充之。监长、协参领、正军校充。监副正、副军校充。各一人。司法官十有四人，看守官三人。隶军法司。以学律军官充之。审计处处长，副官，各一人。科长二人，综察、核销科各一人。科员二十有八人。各十四人。各司处录事百三十有六人。其暂设者：军实司司长，副官，各一人。科长二人，制造、保储科各一人。科员十人。制造四人。保储六人。军牧司司长，副官，各一人。科长二人，均调、蕃殖科各一人。科员十有二人。科各六人。军学处处长，副官，各一人。科长六人。教育，步、马、炮，工程，辎重队，科各一人。科员三十有四人。教育十二人，步队八人，马队、炮兵、工程队各四人。辎重队二人。普通编辑员三人。兵事编辑员六人。绘图员一人。属辎重队。

大臣掌主陆军，稽颁营制饷章，以巩陆防。副大臣贰之。参事掌法律章制。检察官掌察军队、学校、局厂。部副官掌传宣命令。承政掌出纳文移，旌别员司功过。军制掌编制征调，凡军械制造，交通建筑，并审验法式。军衡掌班秩、阶品、大将军、将军正一品，以正都统有积劳者充之。正都统从一品，副都统正二品，协都统从二品，正参领正三品，副参领从三品，协参领正四品，正军校正五品，副军校正六品，协军校正七品，司务长、技士长正八品，上士从八品，中士正九品，下士从九品。阶十有四。等级、共三等九级：上等一级正都统职，任总统官，秩视提督。二级副都统职，任统制官，秩视总兵。三级协都统职，任统领官，秩视副将。中等一级正参领职，任统制官，正参谋官，工队参领官，总军械官，护军官；同正参领职，任总军需官，总理医官，总执法官，秩视参将。二级副参领职，任教练官，一等参谋官，正军械官，中军官；同副参领职，任正军需官，正军医官，正执法官，总马医官，一等书记官，秩视游击。三级协参领职，任管带官，二级参谋官，副军械官，参军官；同协参领职，任副军需官，副军医官，正马医官，二等书记官，秩视都司。次等一级正军校职，任督队官，队官，三等参谋官，查马长，军械长，执事官；同正军校职，任军需长，军医长，稽查官，军乐队官，副马医官，三等书记官，秩视守备。二等副军校职，任排长，掌旗官；同副军校职，任司事生，医生，司号官，军乐排长，马医长，书记长，秩视千总；同协军校职，任司号长，医生，司书生，秩视把总。封赠、袭荫，凡军官、军佐并领其籍。军需掌粮饷廪饩，兼司军需人员教育。军医掌防疫、治疗，兼司军医升迁教育。军法掌审判、监狱，勾检军事条约。军实所掌，视旧武库司。军牧所掌，视旧太仆寺。军学掌学校教育，队伍操演。审计掌预算、决算，审核支销。所辖：宪政筹备处，银库，捷报处，马馆，俱派员分治其事。

光绪三十二年改兵部设，省并练兵处入之。旧置总理亲王一人，会办、襄办、提调各一人。军政、军令、军学三司正、副使各一人。自亲王以下俱请简。考功搜讨粮饷，医务、法律、器械隶军政，运筹、向导、测绘、储材隶军令，缮译、训练、教育、水师隶军学。十四科监督各一人，俱由总理遴委。置尚书，左、右侍郎，各一人。设承政、参议两厅，置左、右丞，参议，各一人。一、二、三等谘议官、检察官，简文武官贤能者充之。正、副从事官，副协参领充。无定员。设军衡、军乘、军计、军实、军制、军需、军学、军医、军法、军牧十司，职置司长各一人，科长三十有三人，一、二、三等科员二百有五人，承发官十有二人，承政二人。余各一人。军法未置。译员五人，绘图员、艺师、艺士各二人，录事百十有六人。官置郎中十有六人，员外郎十有八人，主事二十有二人，笔帖式百有十人。以上统为部额，不系以司。正参领八人，同正参领四人。副参领十有二人，同副参领六人。协参领十有八人，同协参领八人。额视郎中、员外郎、主事。正军校十有八人，同正军校八人。副军校二十有四人，同副军校十有二人。协军校三十有二人，同协军校十有六人。额视七、八、九品笔帖式。以官分任各职。三十三年，命庆亲王奕劻领部事，非恒制。宣统元年，修正陆军官制，军官自正参领以下，军佐自副都统以下，并就所习科目，冠以各队如马、步、炮、工、辎、警察各队，正、副协参额，正、副协军校，司务长，及上士、中士、下士之类。专门如军需、军医、制械副协都统，正、副协参领，正、副协军校，马医、测绘正、副协参领，正、副协军校，军乐协军校，测绘、军乐司务长，上、中、下各士，会计、调护上、中、下各士。名称削同字。二年，改尚书为大臣，侍郎为副大臣。省左、右丞，参议，谘议，承发各官。并两厅十司为八司。增承政一司，省军乘、军计、军学三司。设军学、审计二处。明年，定陆军官佐补充制，置部副官调查员，以军实司省入军制，改军牧司、军学处为暂设，冀树军马总监、军学院基础也。三年，复定陆军官佐充任制，如前所列。仍与旧司员参错互用。

海军部　海军大臣，正都统。副大臣，副都统。各一人。一等参谋官二人，二等四人。海军学生充。参事官二人。秘书官六人。资格相当军官，文官充。司电员，艺师，艺士，酌用海军官佐或文官学生。录事，酌用文官学生及额外军官、军佐。无恒额。军制、军政、军学、军枢、军储、军法、军医七司，各司长一人。协都统、正参领充。科长二十有一人，军制科五：曰制度，曰考核，曰铨衡，曰驾驶，曰轮机。军政科三：曰制造，曰建筑，曰器械。军学科五：曰教育，曰训练，曰谋略，曰侦测，曰编译。军枢科三：曰奏咨，曰典章，曰承发。军储科三：曰收支，曰储备，曰庶务。军医科二：曰医务，曰卫生。科各一人。正、副参领充。下同。一、二、三等科员六十人。军制、军学各十有四人。军枢、军储各十人。军政八人。军医四人。充任视陆军部。一等司法官二人，二、三等司法官，学习司法官八人。学律军官充。主计处计长一人。正参领充。科长二人。会计、统计科各一人。各司处录事四十有八人。

大臣掌主海军，稽核水师及司令部，以固海疆。副大臣贰之。参谋掌参订改革。参事掌法律章制。秘书掌机密文移。军制掌规制铨法，旌别水师人员，功过、封荫、赏恤并典领之。军政掌营造船舰，检校器械，兼司军港工程。军学掌学校教育，舰队训练。军枢掌文牍典章，汇纪员司集课文簿。军储掌经营费用，稽核粮廪服装与其物用。军法、军医、主计职掌视陆军部。

光绪十一年，诏设海军衙门，依军机总署例，命醇亲王奕譞综之，大学士李鸿章专司筹办。十三年，北洋海军成，置提督、总兵等官。甲午师熸。至三十三年，始议恢复，设海军处，暂隶陆军部。置正使，视协都统。副使，视正参领。各一人。承发官二人，录事四人。设机要、船政、运筹三司，置司长、副官各一人。科长七人，机要科四：曰制度，曰筹械，曰驾驭，曰轮机。运筹科三：曰谋略，曰教务，曰测海。科各一人。船政不分科。承发官三人，司各一人。一、二、三等科员十有八人。机要十二人，运筹六人。考工官五人，船政司置。艺师三人，船政一人，运筹二人。艺士四人。船政运筹各二人。股长、股员，视事闲剧酌置。录事十有八人。明年，改设海政、船政、筹备、储蓄、医务、法务六司。寻设主计处，置计长、副长各一人。宣统元年，命肃亲王善耆等筹备海军，设参赞厅，分秘书、庶务两司，置一、二、三等参谋官，并设第一、第二、第三、第四四司，置司长以下各职。其夏，更命贝勒载涛等充筹办海军大臣，增设医务司。二年，订海军暂行官制，改第一司曰军制，第二司曰军政，第三司曰军学，第四司曰军防，医务司曰军医，秘书司曰军枢，庶务司曰军储；别设军法一司，是为八司。省参赞厅各职。寻改处为部，省军防司，置大臣、副大臣各一人。

法部　司法大臣，副大臣，各一人。左、右丞，参议，各一人。参事四人。审录、制勘、编置、宥恤、举叙、典狱、会计、都事八司，郎中二十有五人，审录四人，内宗室一缺。余各三人。员外郎三十有四人，制勘、编置各五人，内宗室各一缺。余俱四人。主事三十有三人。宥恤五人，内宗室一缺。余俱四人。收发所员外郎、主事各二人。七品小京官二十有六人。内宗室二缺。八品录事五十有三人，九品三十人。内宗室各二缺。

大臣掌主法职，监督大理院及京、外审判、检察，以维法治。副大臣贰之。审录掌朝审录囚，覆核大理院、审判厅刑名。兼稽云南、贵州、广东、广西、察哈尔左翼案状。制勘掌秋录实缓，定科刑禁。兼稽四川、河南、陕西、甘肃、新疆、乌里雅苏台、科布多案状。编置掌盗犯减等，定地编发。兼稽奉天、吉林、黑龙江、山东、山西、察哈尔右翼、绥远城、归化城案状。宥恤掌恩诏赦典，清理庶狱。兼稽江苏、安徽、江西、福建、浙江、湖北、湖南案状。举叙掌升迁调补，籍纪功罪，征考法官、律师、书记。典狱掌修葺囹圄，严固扃钥，习艺所俘隶簿录并典司之。会计掌财用出入，勾稽罚锾钧金。都事掌缮译章奏，收发罪囚文移。所辖：司狱总管守长、正管守长各二人，副管守长六人，监医正、正八品。监医副正九品。各一人。

光绪三十二年改刑部设，置尚书，侍郎，左、右丞、参以次各官。并十七司为八司。设收发所。置员外郎、主事各官。明年，增置宗室郎中、主事各一人；员外郎，小京官，八、九品录事，各二人。裁司务入都事司，司库入会计司。司狱一职，改令典狱司小京官兼充，曰正管守长；八、九品录事兼充，曰副管守长。旧设提牢厅，以典狱司员外郎、主事兼充，曰总管守长。三十四年，依提牢厅司狱往制，仍定为兼职。寻置监医正、医副各一人。宣统三年，改尚书为大臣，侍郎为副大臣。

修订法律馆大臣，无定员。特简兼任。提调二人。总纂四人，纂修、协修各六人。庶务处总办一人。译员、委员无恒额。并以谙法律人员充之。光绪三十三年设。

大理院，正卿，正二品。少卿，正三品。俱特简。各一人。刑科、民科推丞各一人。正四品。请简。推事二十有八人。正五品。刑科、民科第一庭俱各四人，第二、三庭俱各五人。典簿厅都典簿一人，从五品。典簿四人。从六品。主簿六人，正七品。以上俱奏补。八、九品录事三十人。咨补。

正卿掌申枉理谳，解释法律，监督各级审判，以一法权。少卿佐之。推丞分掌民、刑案款，参议疑狱。刑科掌被旨推鞫宗室官犯，披详刑事京控上诉法状。民科掌宗室诤讼，披详民事京控上诉法状。都典簿掌簿籍罪囚。典簿掌出纳文移。大理于重罪为终审。凡法庭审判，推事五人会鞫之，是为合议制。附设总检察厅，掌综司大理民、刑案内检察事务，监督各级检察厅，调度司法警察官吏。厅丞一人，从三品。请简。检察官六人，正五品。奏补。主簿二人，八、九品录事四人。看守所所长一人，从五品。奏补。所官四人，正八品。奏补。九品录事二人。

光绪三十二年，改大理寺设，置正卿、少卿各一人，推丞二人。刑事四庭，推事十有九人。民事二庭，推事九人。并置典簿厅以次各官。又总检察厅厅丞一人，检察官六人，主薄一人，录事四人。设看守所，置所长各官。宣统元年，改刑科四庭为民科三庭，置推事各十有四人。三年，增置总检察厅典簿一人，改录事为八、九品各二人。

京师高等审判厅，厅丞一人，正四品。请简。掌治厅务，监督下级审判厅。下同。刑科、民科推事十有二人。从五品。刑科、民科一二庭俱各三人。典簿厅典簿二人，正七品。主簿四人，从七品。以上俱奏补。九品录事六人。于重罪为二审，轻罪为终审。审判会鞫视大理。检察厅检察长一人，正四品。请简。掌纠正同级审判，监督下级检察厅。下同。检察官四人。从五品。奏补。典簿、主簿各一人，九品录事二人。看守所所长、正六品。奏补。所官从八品。咨补。各一人，录事六人。

光绪三十三年设。宣统三年，增置检察厅典簿、主簿各一人，并置所长各官。

京师地方审判厅，厅丞一人。从四品。请简。刑科、民科推事三十人。从五品。民、刑一二庭俱各六人，三庭俱各三人。典簿二人，正七品。主簿二人，正八品。以上俱奏补。录事十有四人。于重罪为初审，轻罪为二审。推事三人会鞫之，亦合议制。检察厅检察长一人，正五品。奏补。检察官五人，正六品。奏补。典簿、从七品。主簿、从八品。录事各二人。看守所所长一人，从六品。奏补。所官二人。

光绪三十三年设。先是京城内外设豫审厅，掌主诤讼，隶民政部。至是省入，置厅丞一人。设民、刑各二庭，置推事二十有四人。典簿、主簿各二人，录事十人。检察厅检察长一人，检察官四人，典簿、主簿各一人。宣统元年，以狱讼烦兴，增设民、刑各一庭，置推事各三人，录事四人。检察厅检察官一人。三年，增检察厅典簿、主簿各一人。

京师初级审判厅，区为五处。刑科、民科推事各一人。从六品。奏补。录事二人。于轻罪为初审，推事一人讯断之，是为单独制。检察厅检察官二人，从六品。奏补。录事一人。初级俱不置长官，由部拣资深者一人为监督。

农工商部　农工商大臣，副大臣，各一人。左、右丞，左、右参议，各一人。农务、工务、商务、庶务四司，郎中十有二人，司各三人。员外郎十有六人，司各四人。主事十有八人。庶务六人，余各四人。一、二等艺师，一等正六品，二等正七品。奏补。艺士，一等正八品，二等正九品。咨补。各二人。

大臣掌主农工商政令，专司推演实业，以厚民生。副大臣贰之。农务掌农桑、屯垦，树艺、畜牧并隶，通各省水利，汇核支销。工务掌综事训工，制器尚象，并物占各省矿产，设法利导。商务掌埠市治教，励民同货，修订专利保险约章，稽颁保护诉讼禁令。庶务掌章奏文移，计会本部收支，籍纪员司迁补。艺师、艺士掌治专门职业。所辖：农事试验场，工艺局，劝工陈列所，化分矿质所，度量权衡局，商标局，商律馆，俱遴颛业者分治其事。

光绪二十四年，设矿务铁路总局，寻复设农工商总局，令大臣综之。寻省。二十九年，设商部，省铁路矿务总局入之。置尚书，左、右侍郎，左、右丞，参议，各一人。司务所司务二人。设保惠、平均、通艺、会计四司，置郎中、员外郎、主事各二人。其冬，复省工部入之。三十二年，更名农工商部，改平均司为农务，以户部农桑等事隶之。通艺司为工务，以铁道等事划归邮传部。保惠司为商务。增置郎中各一人，员外郎、主事各二人。并司务厅会计司为庶务，省司务二人，增郎中一人，员外郎二人，主事四人。宣统三年，改尚书为大臣，侍郎为副大臣。

邮传部　邮传大臣，副大臣，各一人。左、右丞，左、右参议，各一人。承政、参议两厅佥事，正五品。奏补。员外郎，主事，小京官，各二人。船政、路政、电政、邮政四司，郎中各二人，员外郎十人，船政、邮政各二人。路政、电政各三人。主事二十人，船政、邮政各四人。路政、电政各六人。小京官各二人。八、九品录事无定员。

大臣掌主交通政令，汽行舟车，电达文语，靡所不综，以利民用。副大臣贰之。船政掌议船律，兼司营辟厂坞，测量沙线。路政掌议路律，兼司厘定轨制，规画路线。电政掌议电律，兼司官商局则例，海陆线规程。邮政掌议邮律，兼司邮局汇兑，邮盟条约。所辖：邮政总局局长，副大臣兼充。总办，法国人充。各一人。铁路总局提调二人。京汉路局总办、提调各一人，南局、京局会办各一人。京奉路局总办二人，提调一人。京张铁路总办、会办，各一人。沪宁路局总办一人。吉长路局、广九路局，总办、提调各一人。张绥铁路总办、会办各一人。萍株铁路、正太路局、汴洛路局、道清路局，总办各一人。电政总局局长一人，提调二人。分局总办、帮办、提调各一人。各省分局总办各一人。电话局总办、会办各一人。天津、广州、太原、烟台总办各一人。交通银行总理、帮理各一人。北京总银行，上海、汉口、广州分银行，总办各一人。天津、营口管理各一人。差官三十有四人。提塘官十有三人。旧隶兵部。俱遴员分治其事。

光绪三十三年设。先是船政招商局隶北洋大臣，内地商船隶工部，邮政隶总税务司，路政、电政别简大臣领其事，至是俱并入。置尚书，左、右侍郎，左、右丞，参议，各一人，及承政、参议两厅佥事各官。设船政、路政、电政、邮政、庶务五司，置郎中十人，员外郎十有二人，主事二十有四人，小京官十有四人。宣统元年，省庶务司郎中、员外郎、小京官各二人，主事四人。增承政、参议两厅员外郎、主事各二人。三年，改尚书为大臣，侍郎为副大臣。

军谘府　军谘大臣二人，特简。掌秉承诏命，翼赞军谟。总务厅军谘使二人，副协都统、正参领充。掌综领众务。副官二人。协参领、正、副军校充。下同。递事长一人，递事员五人。陆军官佐充。第一、第二、第三、第四各厅长，协都统、正参领充。副官，俱一人。条为四科，科长各一人。正、副参领充。一等科员，副协参领、同副协参领充。二、三等科员，协参领，正、副军校及同协参领，同正、副军校充。视事闲剧酌置。所辖：测地局，局长一人，第四厅长兼充。司务三人。三角、地形、制图三股，各股长一人。第四厅各科长兼充。班长，班员，印刷所科员，艺士，司务，无恒额。军事官报局，正、副局长各一人。庶务，文牍，收支，编纂，译述，校对，无恒额。俱隶第四厅。唯第五厅别置编纂官三人，译述一人。录事六十有三人。额外军官及中士、下士充。军事参议官十有五人。直隶、江宁、江苏、江北、安徽、江西、河南、湖北、湖南、山东、山西、福建、广东、浙江、陕西各一人。协都统，正、副协参领充。

光绪三十三年，设军谘处，置协都统一人充正使，正参领一人充副使，副参领六人，同副参领一人，协参领十人，同协参领二人，正军校十人，同正军校二人，副军校十有二人，同副军校三人，协军校十有六人，同协军校五人，分充各司长、科长，一、二、三等科员。第一、第二两司，协、副参领充。测地司，同正、副参领充。十八科科长各一人，一、二司副参领充。测地司，同副、协参领充。第一司科员十有六人，第二司四人，正、副协军校充。测地司六人，同正、副协军校充。其承发官司各一人，译员五人，属第一司。艺师四人，艺士六人，属测地司。并以陆军官佐或学生充之。隶陆军部。宣统元年，以立宪大纲皇帝统率海陆军，别建军谘处，命贝勒载涛等领之。设总务厅，置军谘使二人。分设四厅，各置厅长一人，科长十有六人，科员无恒额。并定文官补充制。如前所列。寻削同字。详上陆军部。明年，设军事会议处。三年，改称府，令陆军大臣领其事。

弼德院　院长，副院长，各一人。特简兼任。顾问大臣三十有二人。特简兼任。掌参预密勿，朝夕论思，并审议洪疑大政。参议十人，请简。掌纂拟章制。秘书厅秘书长一人，请简。秘书官一、二等各三人，三等六人，俱奏补。分掌庶务。宣统三年设。

资政院　总裁，王、公、大臣内特简。副总裁，三品以上大臣内简充。各一人。掌取决公论。凡岁入岁出，法典朝章，公债税率，及被旨谘议者，经议员议决，会国务大臣上奏取裁。秘书厅秘书长一人，请简。一、二、三等秘书官各四人，奏补。掌计会文牍。议员，宗室王、公世爵十有六人，满、汉世爵十有二人，外藩王、公世爵十有四人，宗室、觉罗六人，各部院官三十有二人，硕学通儒纳税多额者各十人，俱钦选。各省谘议局六人。民选。

光绪三十三年设，置总裁二人。寻增协理四人。明年，复置帮办、参议各三人。宣统元年，定秘书厅官制。二年，定总裁、副总裁各一人。

盐政院　盐政大臣国务大臣内特简兼任。一人。丞一人。总务厅厅长，参议，南盐厅厅长，北盐厅厅长，各一人。以上俱请简。参事二人，一、二、三、四等佥事，俱奏补。一、二、三等录事，咨补。视事闲剧酌置。

大臣掌主盐政。丞掌佐理鹾纲。总务掌综理庶务，典守机密。参议掌拟法制，佥事佐之。南盐厅掌淮、浙、闽、粤盐务，北盐厅掌奉、直、潞、东盐务。初沿明制，差御史巡视盐课。后改盐政。特旨兼充。都察院奏差者，亦以盐政名之。由内务司官充者，仍带御史衔。各省以督、抚综理者，并因地制宜，定为永式。宣统元年，设督办盐政处，命镇国公载泽充督办大臣，产盐行盐各省督、抚俱充会办。三年，以整理国税，改处为院，特置盐政专官。

典礼院　掌院学士，副掌院学士，各一人。特简。学士，直学士，各八人。请简。总务厅厅长一人。簿正、典簿、司库，俱奏补。无定员。礼制、祠祭、奉常、精膳四署署长各一人。一、二、三等佥事，鸣赞，俱奏补。序班，录事，咨补。视事闲剧酌置。读祝官、赞礼郎、陵寝各官如故。

掌院学士掌修明礼乐，典领朝会，虔肃明禋。副掌院学士佐之。学士、直学士掌讨论参订。总务掌综理众务。簿正掌库储收发，与其陈设，并司监牢事。典簿掌典守库储册籍，兼稽核出入。司库掌典守各库，并督率库使，点验库兵。礼制掌朝会庆典。祠祭掌坛庙陵寝。奉常掌赞引傧导。精膳掌筵燕祭品。宣统三年改礼部设。凡涉行政，俱划归各部。

外省官制，变更略少，唯省会、司道别易新名，巡警、劝业两道详前。员额愈益。改学政为提学使。按察使为提法使，各级审检厅隶之。故事，凡遇地方要政，藩、臬两司得与督若抚议，议定禀仰施行，遇吏员升迁调补，亦会详焉。至是，改称为三司云。

提学使司　提学使一人，正三品。掌教育行政，稽核学校规程，征考艺文师范。署设六科：曰总务，曰专门，曰普通，曰实业，曰图书，曰会计。科长、科员分治之。遴谙学务者充之。别设学务公所，有议长、议绅以讨论其事。奏充。光绪三十一年改置。增吉林、黑龙江、江宁、江苏、旧置江南学政。新疆各一人，余仍学政额。

提法使司　提法使一人，正三品。掌司法行政，督监各级审判厅，调度检察事务。署设三科：曰总务，曰民刑，曰典狱。科长各一人，正五品。一等科员各一人，正六品。二等科员正七品。无恒额。惟奉天置佥事科员。别有正司书，正八品；副司书，正九品。光绪三十三年，东三省各置提法使一人。宣统二年，改各省按察使为提法使，停辖驿传。

高等审判厅，厅丞一人。从四品。商埠分厅，推事长代之。刑科、民科推事六人。正六品。典簿一人。正七品。主簿二人，正八品。录事无定员。从九品。检察厅检察长一人，从四品。检察官一人，正六品。录事二人。

地方审判厅，推事长一人。从五品。刑科、民科推事六人。从六品。典簿、从七品。主簿从八品。事繁或二人，事简不置。各一人，录事无定员。检察厅检察长一人，从五品。检察官一人，从六品。录事二人。看守所所官一人，正九品。录事无定员。

初级审判厅，推事二人。正七品。事繁或三、四人。录事无定员。检察厅检察官一人，正七品。录事二人。看守所所官一人。

管狱官一人，从五品。副管狱官一人。从六品。课长三人。正八品。文牍、守卫、庶务各一人。所长二人。正九品。教诲、医务各一人。府管狱官一人。从七品。州、县副管狱官一人。从八品。光绪三十四年，奉天设模范监狱，置正管狱官，省府司狱、县典史。宣统二年，增置副管狱官。厥后各府、厅、州、县有仿而行之者。时天津、保定、湖北监狱成，未置专官。

东三省地处边要，自改建行省，变通例章，增置司道。提学、提法，各省通置，无庸赘述。今综新设诸司详左。初建行省，督署设承宣、谘议二厅，置左、右参赞各一人，从二品。佥事一人，一、二、三等科员佐之。旋省。

民政使司　民政使一人，从二品。掌主民籍。佥事，从四品。科员，一等从五品，二等正六品，三等正七品。各司同。各有恒任。一、二等医官无定员。一等正六品，二等正七品。光绪三十三年置，秩正三品。宣统元年，依布政使例，升从二品，主属吏升迁调补。

交涉使司　交涉使一人，正三品。掌主邦交。有佥事，科员，一、二等译官佐之。一等正六品，二等正七品。光绪三十三年，奉天、吉林各置一人。宣统二年，直隶、江苏、浙江、福建、湖北、广东、云南，并援奉天例续置。

度支使司　度支使一人，正三品。掌主财赋。有佥事，科员，一、二等库官佐之。一等正六品。二等正七品。光绪三十三年，三省各置一人。宣统元年，省黑龙江一人，隶民政司兼理。又光绪三十三年，奉天置旗务使司一人，佥事、科员如各司。宣统元年省。

甲午不竞，当事者鉴于军政未善，取则强邦，内自禁卫军，外自督练公所，并遵新定章制，以渐从事。乃三军、两协方告成，而巨变作焉。爰就可考者著于篇。

禁卫军　训练大臣三人，王大臣兼充。掌全军政令。军谘官六人，执事员十人，掌章奏文移，兼稽四科。协、标、营、队执事佐之。书记员五人，一等一人，二、三等各二人。绘图员二人，印刷、收支、庶务、递事各一人。军械、军法、军需、军医四科监督各一人，科员十有五人，军械四人。军需五人。余各二人。俱遴员分治其事。协司令处统领官一人，协都统充。掌统帅全协。参军官协参领充。掌赞画机宜，副官正军校充。掌综理众务，各一人。司号长一人。协军校充。司书生二人。同上。标本署统带官一人，正参领充。掌统辖全标。教练官，副参领充。副官，掌旗官，俱副军校充。副军械官，副军需官，副军医官，俱协参领充。副马医官，正军校充。司号长，各一人。司书生二人。步、马、工程、辎重、交通、陆路炮、机关炮、警察各队管带官，协参领充。副官，军需长，军医长，俱正军校充。俱各一人。队官正军校充。俱各四人。排长俱各三人。副军校一人，协军校二人。原置步队、机关炮队各十有二人，马队八人，陆路炮队九人，工程、辎重、交通、警察队各六人。宣统三年改定如今制。司务长七十有九人。马、步、机关炮队各四人，陆路炮队三人，工程、辎重、交通队各二人。初以协军校充。宣统元年改札补。军械长四人。正军校充。工程、交通、陆路炮、机关炮队各一人。查马长，正军校充。马医长，副军校充。各三人。司书生三十有五人。马、步、机关炮队各六人，陆路炮队五人，工程、辎重、交通队各四人。艺师三人。隶交通队。军乐队官，排长，各一人

光绪三十四年，设禁卫军，监国摄政王自领之，以贝勒载涛等司训练。宣统元年，定训练大臣三人，及军谘官以次员额。先是各协、标、营置执事督队诸官，至是俱改为副官，省协、标二等书记官及全协书记长。

督练公所　督办一人，督、抚、将军、都统领之。掌整饬全省新旧营伍。军事参议官一人，协都统、正参领充。掌综领科、局。一等副官一人，协参领充。二等副官二人，正军校充。分掌文移众务。一、二、三等书记官五人，五、六、七品文官充。司书生十有六人。八、九品文官充。筹备、粮饷二科，科长各一人，分掌编练新军，裁汰旧营，会计出纳，服装物品。军械局局长一人，掌新旧军枪炮弹药。以上俱副军校充。一等科员五人，筹备、粮饷科各二人。军械一人。协参领充。二等十有一人，筹备四人。粮饷五人。军械二人。正军校充。三等十有二人。筹备五人。粮饷四人。军械三人。协军校充。测地分局，员阙。

光绪三十年，各省设督练公所，分兵备、参谋、教练三处，置总办、帮办、提调诸目。宣统三年，改设科、局，仿陆军新制，任官授职。如前所列。

军制　总统一人，正都统充。掌全军政令。总参谋官，协都统充。一等参谋官，协正领充。二等参谋官，协参领充。掌协赞号令，参画机宜。一、二等各员佐之。工程队参领官，掌佐本队事务。护军官掌理庶务，辖弁兵。炮队协领官职掌如工程队。总军械官，总执法官，总军需官，总军医官，详禁卫军。自工程队以下。俱正参领充。总马医官，副参领充。俱各一人。司书生十有五人。副协军校充。初，军、镇、协、标并置司事，后省。

镇制　统制官一人，副都统充。掌统帅全镇。正参谋官，正参领充。二、三等参谋官，所司同军制。执事官，俱正军校充。中军官，副协参领充。掌理庶务。正军械官，正执法官，正军需官，正军医官，俱副协参领充。正马医官，协参领充。司号长，副军校充。俱各一人。司书生十有五人。其协、标、营制如禁卫军。

光绪三十年，改练新军，区为三十六镇，定镇、协、标、营官制。宣统元年，各省先后编混成等协，暂置执法官、司事生各一人，寻省。三年，报成镇者二十有六，置总统一人。总参谋以下员阙。余或成二协，或一协一标，镇数未全。

陆军镇监，监长，协参领、正军校充。监副，正、副军校充。各一人。司书生二人。光绪三十四年，定监狱人员编制。

巡防队分路统领官，事简缓置。帮统官，书记官，会计官，执事官，各一人。马、步队管带官一人。哨官、哨长各三人。书记长一人。以上各员，俱绿营将弁兼充。光绪三十三年，以防练旧营杂项队伍章制不一，仿新军成法，置统领以次各职。

海军舰制　巡洋长江舰队统制一人。副都统加正都统衔。统领二人。协都统。海圻巡洋舰管带，总管轮，正参领。一等参谋官，海筹、海琛、海容巡洋舰，南琛、镜清、通济练船，江元、江利、楚同、楚泰、楚有、江员炮船，保民运船诸管带，副参领。飞鹰鱼雷猎船，建威、建安鱼雷炮船，江亨、楚谦、楚豫、联鲸、楚观、舞凤炮船诸管带，协参领。驻英威克斯阿摩士庄各船厂监造员，正参领。俱各一人。余皆未补官。

同治十三年，朝议防海，购置兵轮都二十艘。光绪十年，法兵构衅，尽歼焉。越三年，编海军经制，分为四军，置提督一人为左翼，总兵二人为右翼，并置副将五人，参将四人，游击九人，都司二十有七人，守备六十人，千总六十有五人，把总九十有九人，至是又复成军。甲午一役又歼焉。宣统元年，设筹备处，复置海军提督，仿陆军等级，订海军官制。三年部成，先后除授如上制。

卷一百二十　　志九十五

食货一

明末，苛政纷起，筹捐增饷，民穷财困。有清入主中国，概予蠲除，与民更始。逮康、乾之世，国富民殷。凡滋生人丁，永不加赋，又普免天下租税，至再至三。呜呼，古未有也。道、咸以降，海禁大开，国家多故。耗财之途广，而生财之道滞。当轴者昧于中外大势，召祸兴戎，天府太仓之蓄，一旦荡然，赔偿兵费至四百余兆。以中国所有财产抵借外债，积数十年不能清偿。摊派加捐，上下交困。乃改海运以节漕费，变圜法以行国币，讲盐政以增岁入，开矿产以扩财源。以及创铁路，改邮传，设电局，通海舶。新政繁兴，孳孳谋利，而于古先圣王生众食寡、为疾用舒之道，昧焉不讲。夫以唐、虞治平之世，而其告舜、禹也，谆谆以"四海困穷，天禄永终"为戒。有国者其可忽哉！兹取清代理财始末，条著于篇。

户口　田制

户口　清之民数，惟外藩扎萨克所属编审丁档掌于理藩院。其各省诸色人户，由其地长官以十月造册，限次年八月咨送户部，浙江清吏司司之。而满洲、蒙古、汉军丁档则司于户部八旗俸饷处。年终，将民数汇缮黄册以闻。

其户之别，曰军，曰民，曰匠，曰灶。此外若回、番、羌、苗、瑶、黎、夷等户，皆隶于所在府、厅、州、县。凡民，男曰丁，女曰口。男年十六为成丁，未成丁亦曰口。丁口系于户。凡腹民计以丁口，边民计以户。盖番、回、黎、苗、瑶、夷人等，久经向化，皆按丁口编入民数。其以户计者，如三姓所属赫哲、费雅喀、奇勒尔、库叶、鄂伦春、哈克拉五十六姓，甘肃各土司，及庄浪厅所属番子，西藏各土司所属三十九族，乌里雅苏台所属唐努乌梁海贡貂户，科布多所属阿尔泰乌梁海贡貂户、贡狐皮户，阿尔泰诺尔乌梁海贡貂户、贡灰鼠皮户，皆是。至土司所属番、夷人等，但报明寨数、族数，不计户者不与其数。

凡民之著籍，其别有四：曰民籍；曰军籍，亦称卫籍；曰商籍；曰灶籍。其经理之也，必察其祖籍。如人户于寄居之地置有坟庐逾二十年者，准入籍出仕，令声明祖籍回避。倘本身已故，子孙于他省有田土丁粮，愿附入籍者，听。军流人等子孙随配入籍者，准其考试之类是也。又必辨其宗系。如民人无子，许立同宗昭穆相当者为后。其有女婿、义男及收养三岁以下小儿，酌给财产，不得遂以为嗣之类是也。且必区其良贱。如四民为良，奴仆及倡优为贱。凡衙署应役皂隶、马快、步快、小马、禁卒、门子、弓兵、仵作、粮差及巡捕营番役，皆为贱役，长随与奴仆等。其有冒籍、跨籍、跨边、侨籍皆禁之。

世祖入关，有编置户口牌甲之令。其法，州县城乡十户立一牌长，十牌立一甲长，十甲立一保长。户给印牌，书其姓名丁口。出则注所往，入则稽所来。其寺观亦一律颁给，以稽僧道之出入。其客店令各立一簿，书寓客姓名行李，以便稽察。及乾隆二十二年，更定十五条：一，直省所属每户岁给门牌，牌长、甲长三年更代，保长一年更代。凡甲内有盗窃、邪教、赌博、赌具、窝逃、奸拐、私铸、私销、私盐、跴曲、贩卖硝磺，并私立名色敛财聚会等事，及面生可疑之徒，责令专司查报。户口迁移登耗，随时报明，门牌内改换填给。一，绅衿之家，与齐民一体编列。一，旗民杂处村庄，一体编列。旗人、民人有犯，地方官会同理事同知办理，至各省驻防营内商民贸易居住，及官兵雇用人役，均另编牌册，报明理事厅查核。一，边外蒙古地方种地民人，设立牌头总甲及十家长等。如有偷窃为匪，及隐匿逃人者，责令查报。一，凡客民在内地贸易，或置有产业者，与土著一律顺编。一，盐场井灶，另编排甲，所雇工人，随灶户填注。一，矿厂丁户，厂员督率厂商、课长及峒长、炉头等编查。各处煤窑雇主，将佣工人等册报地方查核。一，各省山居棚民，按户编册，地主并保甲结报。广东寮民，每寮给牌，互相保结。一，沿海等省商渔船只，取具澳甲族邻保结，报官给照。商船将船主、舵工、水手年貌籍贯并填照内，出洋时，取具各船互结，至汛口照验放行。渔船止填船主年貌籍贯。其内洋采捕小艇，责令澳甲稽查。至内河船只，于船尾设立粉牌，责令埠头查察。其渔船网户、水次搭棚趁食之民，均归就近保甲管束。一，苗人寄籍内地，久经编入民甲者，照民人一例编查。其余各处苗、瑶，千百户及头人、峒长等稽查约束。一，云南有夷、民错处者，一体编入保甲。其依山傍水自成村落者，令管事头目造册稽查。一，川省客民，同土著一例编查。一，甘肃番子土民，责成土司查察。系地方官管辖者，令所管头目编查，地方官给牌册报。其四川改土归流各番寨，令乡约甲长等稽查，均听抚夷掌堡管束。一，寺观僧道，令僧纲、道纪按季册报。其各省回民，令礼拜寺掌教稽查。一，外来流丐，保正督率丐头稽查，少壮者递回原籍安插，其余归入栖流等所管束。自是立法益密。

时各省番、苗与内地民人言语不通，常有肇衅之事。二十四年，定番界、苗疆禁例。凡台湾民、番不许结亲，违者离异。各省民人无故擅入苗地，及苗人无故擅入民地，均照例治罪。若往来贸易，必取具行户邻右保结，报官给照，令塘汛验放始往。

棚民之称，起于江西、浙江、福建三省。各山县内，向有民人搭棚居住，艺麻种箐，开炉煽铁，造纸制菇为业。而广东穷民入山搭寮，取香木舂粉、析薪烧炭为业者，谓之寮民。雍正四年，定例照保甲法一体编查。乾隆二十八年，定各省棚民单身赁垦者，令于原籍州县领给印票，并有亲族保领，方准租种安插。倘有来历不明，责重保人纠察报究。五十五年，谕：“广东总督奏称，撤毁雷、廉交界海面之涠洲及迤东之斜阳地方寮房，递回原籍，免与洋盗串通滋事，并毁校椅湾等三十二处寮房共百六十二户，另行抚恤安插。沿海各省所属岛屿，多有内地民人安居乐业。若遽饬令迁移，使数十万生民流离失所，于心何忍。且恐办理不善，转使良民变而为匪。所有各省海岛，除例应封禁者外，余均仍旧居住。至零星散处，皆系贫民，尤不可独令向隅。而渔户出洋探捕，暂在海岛搭寮栖止，亦不可概行禁绝。且人民既少，稽察无难，惟在各督抚严饬文武员弁编立保甲。如有盗匪混入，及窝藏为匪者，一经查出，将所居寮房概行烧毁，俾知儆惧。其渔船出入口岸，务期取结给照，登记姓名。倘进口时藏有货物，形迹可疑，严行盘诘，自不难立时拿获也。”五十七年，谕：“据福宁所奏，山东一省海岛居民二万余名口，各省海岛想亦不少。当遵照前言，不准添建房屋，以至日聚日众。仍应留心访察，勿任勾结匪徒，滋生事端。”咸丰元年，浙江巡抚常大淳奏言：“浙江棚民开山过多，以致沙淤土壅，有碍水道田庐。请设法编查安插，分别去留。”如所议行。

四川经张献忠之乱，孑遗者百无一二，耕种皆三江、湖广流寓之人。雍正五年，因逃荒而至者益众。谕令四川州县将人户逐一稽查姓名籍贯，果系无力穷民，即量人力多寡，给荒地五六十亩或三四十亩，令其开垦。

其吉林宁古塔、伯都讷、阿勒楚喀、拉林等地方，乾隆二十七年定例不准无籍流民居住。及三十四年，吉林将军傅良奏：“阿勒楚喀、拉林地方流民二百四十二户，请限一年尽行驱逐。”上曰：“流寓既在定例之前，应准入籍垦种，一例安插，俾无失所。”嘉庆中，郭尔罗斯复有内地新来流民二千三百三十户，吉林厅有千四百五十九户，长春厅有六千九百五十三户，均经将军奏令入册安置。其山东民人徙居口外者，在康熙五十一年已有十万余人。圣祖谕：“嗣后山东民人有到口外及由口外回山东者，应查明年貌籍贯，造册稽查，互相对核。”其后直隶、山西民人亦多有出口者。

雍正初，因陆续设古北口、张家口、归化城三同知管理，旋移万全县县丞于张家口，其古北口增设巡检一，归化城增设通判四、巡检一，各按所属民人，照保甲法，将姓名籍贯注册，逐年咨部查核。凡民人出入关口，由原籍州县给印票验明放行。所有放过票张，造册报部。

其福建、广东民人徙居台湾者尤众。嘉庆十五年，浙闽总督方维甸奏：“噶玛兰田土膏腴，内地民人流寓者多。现检查户口，漳州人四万二千五百余丁，泉州人二百五十余丁，粤东人百四十余丁，与生熟各番杂处，必须有所钤制。”于是议增噶玛兰通判一。此外如江苏铜、沛两县，自黄河退涸，变为荒田，山东曹、济等属民人陆续前往，创立湖团，相率垦种。铜、沛土民因客民占垦，日相控斗。同治五年，户部奏：“查明容留捻匪之刁、王两团，驱回原籍。安分良团，即令各安生业。”凡此夷、汉之杂处，土、客之相猜，虑其滋事，则严为之防，悯其无归，则宽为之所，要皆以保甲为要图。

顾保甲行于平时，而编审则丁赋之所由出也。编审之制，州县官造册上之府，府别造一总册上之布政司。凡军、民、匠、灶四籍，各分上中下三等。丁有民丁、站丁、土军丁、卫丁、屯丁。总其丁之数而登黄册。督抚据布政司册报达之户部，汇疏以闻。顺治十四年，命州县官编审户口，增丁至二千名以上，各予纪录。康熙五十一年，有“新增人丁永不加赋”之谕，自是圣祖仁政，遂与一代相终始。顾丁有开除，即不能不有抵补。故康熙五十五年，户部请以编审新增人丁补足旧缺额数，如有余丁，归入滋生册内造报，从之。高宗谕内阁曰："朕查上年各省奏报民数，较之康熙年间，计增十余倍。承平日久，生齿日繁，盖藏自不能如前充裕。且庐舍所占田土，亦不啻倍蓰。生之者寡，食之者众，朕甚忧之。犹幸朕临御以来，辟土开疆，幅员日廓，小民皆得开垦边外地土，藉以暂谋衣食。然为之计及久远，非野无旷土，家有赢粮，未易享升平之福。各省督抚及有牧民之责者，务当随时劝谕，俾皆俭朴成风，惜物力而尽地利，慎勿以奢靡相竞，习于怠惰也。是时编审之制已停，直省所报民数，大率以岁造之烟户册为据。行之日久，有司视为具文，所报多不详核，其何以体朕欲周知天下民数之心乎？"又谕："据郑辉祖称，从前所办民数册，岁岁滋生之数，一律雷同。似此简率相沿，成何事体！所有各省本年应进民册，均展至明年年底。倘再疏舛，定当予以处分。"当时民册恐不免任意填造之弊，然自圣祖以来，休养生息百有余年，民生其间，自少至老，不知有兵革之患，而又年丰人乐，无有夭札疵疠，转徙颠踣以至于凋耗者，其户口繁庶，究不可谓尽出子虚也。

至编审之停，始于雍正四年。直隶总督李绂改编审行保甲一疏略云："编审五年一举，虽意在清户口，不如保甲更为详密，既可稽察游民，且不必另查户口。请自后严饬编排人丁，自十六岁以上，无许一名遗漏。岁底造册，布政司汇齐，另造总册进呈。册内止开里户人丁实数，免列花户，则簿籍不烦而丁数大备矣。"乾隆五年，户部又请令各督抚于每年十一月，将户口数与谷数一并造报；番疆、苗界不入编审者，不在此例。从之。三十七年，从李瀚请，永停编审。自是惟有运漕军丁四年一编审而已。

盖清承明季丧乱，户口凋残。经累朝休养生息，故户口之数，岁有加增。约而举之：顺治十八年，会计天下民数，千有九百二十万三千二百三十三口。康熙五十年，二千四百六十二万一千三百二十四口。六十年，二千九百一十四万八千三百五十九口，又滋生丁四十六万七千八百五十口。雍正十二年，二千六百四十一万七千九百三十二口，又滋生丁九十三万七千五百三十口。乾隆二十九年，二万五百五十九万一千一十七口。六十年，二万九千六百九十六万五百四十五口。嘉庆二十四年，三万一百二十六万五百四十五口。道光二十九年，四万一千二百九十八万六千六百四十九口。咸、同之际，兵革四起，册报每缺数省，其可稽者，只二万数千万口不等。光绪元年，三万二千二百六十五万五千七百八十一口。

三十二年，厘定官制，以户部为度支部，而改前所设之巡警部为民政部，调查户口，归其职掌，各省则以巡警道专司其事。明年，谕直省造报民数，务须确查实数，以为庶政根本。民政部奏称："伏查三十二年黑龙江、安徽、江苏、福建、甘肃、广西、云南丁册，并三十一年丁册，均未补造。在各督抚明知逾限，例当查参，而积习挽回不易。臣部于接收伊始，筹一切实办法，拟请敕下各督抚，责成府、厅、州、县，分乡分区，自行调查丁口确数，统以每年十二月底截算，以清界限。仍限次年十月送部汇奏。"制可。

宣统元年，复颁行填造户口格式，令先查户口数，限明年十月报齐，续查口数，限宣统四年十月报齐。至三年十月，据京师内外城、顺天府、各直省、各旗营、各驻防、各蒙旗所报，除新疆、湖北、广东、广西各省，江宁、青州、西安、凉州、伊犁、贵州、西宁各驻防，泰宁镇、热河各蒙旗，川、滇边务，均未册报到部外，凡正户五千四百六十六万八千有四，附户千四百五十七万八千三百七十，共六千九百二十四万六千三百七十四户；凡口数男一万三千九百六十六万二千四百一十，女九千九百九十三万二千二百有八，共二万三千九百五十九万四千六百六十八口。

自雍正十三年户部题准，福建台湾府生番百九十九名，汇入彰化籍，广西庆远府归流土民百七十九名，汇入宜山籍，嗣后台湾生番、四川生番、岭夷归化者甚众，定例令专管官编立保甲，查缉匪类，逢望日宣讲上谕，以兴教化，自是番民衣冠言语悉与其地民人无异，亦有读书应考者。

及同治、光绪间，交通日广，我国之民耕种贸迁，遍于重瀛，亦有改入他国版籍之事。宣统元年，外务部会同修订法律大臣拟定《国籍条例》。因各国国籍法有地脉系、血脉系，即属地、属人两义，两义相持，必生牴触，于是采折衷制，分为《固有籍》、《入籍》、《出籍》、《复籍》四章，注重血脉系办法。宪政编查馆就所定四章厘为二十四条。

其《固有籍章》，第一，凡不论是否生于中国，均属中国国籍者，其疑有三：一，生而父为中国人者；二，生于父死以后而父死时为中国人者；三，母为中国人而父无可考，或无国籍者。第二，若父母均无所考，或均无国籍，而生于中国地方者，亦属中国国籍。其生地并无可考而在中国地方发见之弃儿，同。

其《入籍章》，第三，凡外国人愿入中国国籍者，准其呈请入籍。其必具备之款五：一，寄居中国接续至十年以上者；二，年满二十岁以上，照其国法律为有能力者；三，品行端正者；四，有相当之赀财或艺能，足以自立者；五，照其国法律，于入籍后即应消除本国国籍者。其本无国籍人愿入中国国籍者，以年满二十岁以上，并具备前项第一、第三、第四款者为合格。第四，凡外国人或无国籍人有殊勋于中国者，虽不备一至四各款，得由外务部、民政部会奏请旨，特准入籍。第五，凡外国人或无国籍人妇人嫁与中国人者；以中国人为继父而同居者；私生子，父为中国人，经其父认领者；私生子，母为中国人，父不愿认领，经其母认领者。如有此等情事之一，均作为入籍。惟妇女嫁与中国人，须以正式结婚呈报有案者为限。余款以照其国法律尚未成年及未为人妻者为限。第六，凡男子入籍者，其妻及未成年之子应随同入籍。其照其国法律并不随同销除本国国籍者，不在此限。若其妻自愿入籍，或入籍人自愿使未成年之子入籍者，虽不备第三条一至四各款，准其呈请入籍。第七，入籍人成年之子现住中国者，虽不备第三条一至四各款，亦准呈请入籍。第八，凡入籍人不得就之官职：一，军机处、内务府各官及京、外四品以上文官；二，各项武官及军人；三，上下议院及各省谘议局议员。此等限制，特准入籍人十年以后、余入籍人二十年以后，得由民政部请旨豁免。第九，凡呈请入籍者，应声明入籍后遵守中国法律，及弃其本国权利，出具甘结，并由寄居地方公正绅士二人各出具保结。第十，凡呈请入籍者，应具呈所在地方官，详请所管长官咨请民政部批准牌示，给予执照为凭。其在外国者，应具呈领事，申由出使大臣，或径呈出使大臣咨部存案。

其《出籍章》，第十一，凡中国人愿入外国国籍者，应先呈请出籍。第十二，凡中国人准出籍，其款有四：一，无未结之刑、民诉讼案件；二，无兵役之义务；三，无应纳未缴之租税；四，无官阶及出身。第十三，凡中国人妇女嫁与外国人者；以外国人为继父而同居者；私生子，父为外国人，其父认领者；私生子，母为外国人，其父不愿认领，经其母认领者。如有此等事情之一，均作为出籍。惟妇女嫁与外国人，以正式结婚呈报有案者为限。余款以照中国法律尚未成年及未为人妻者为限。第十四，凡男子出籍者，其妻及未成年之子一并作为出籍。若妻自愿留籍，或出籍人愿使其未成年之子留籍，准其呈明，仍属中国国籍。第十五，凡妇女有夫者，不得独自呈请出籍。其照中国法律尚未成年及无能力者，亦不准自行呈请出籍。第十六，凡中国人出籍者，所有在内地特有之利益，一律不得享受。第十七，凡呈请出籍者，应自行出具甘结，声明并无第十二条所列各款及犯罪未经发觉情事。第十八，凡呈请出籍者，应具呈本籍地方官，详请该管长官咨请民政部批准牌示。其在外国者，应具呈领事，申由出使大臣，或径呈出使大臣咨部。其未经呈请批准，不问情形如何，仍属中国国籍。

其《复籍章》，第十九，凡因嫁外国人而出籍者，若离婚或夫死后，准其呈请复籍。第二十，凡出籍人之妻，于离婚或夫死后，及未成丁之子已达成年后，均准呈请复籍。第二十一，凡呈准出籍后，如仍寄居中国接续至三年以上，合第三条三、四款者，准其呈请复籍。其外国人入籍后又出籍者，不在此限。第二十二，凡呈请复籍，应由原籍同省公正绅商二人出具保结，并具呈所在地方官，详请所管长官咨请民政部批准牌示。第二十三，凡复籍者，非经过五年后，不得就第八条所列各款之官职。第二十四，本条例自奏准奉旨后，即时施行。

此外改籍为良，亦有清善政。山西等省有乐户，先世因明建文末不附燕兵，编为乐籍。雍正元年，令各属禁革，改业为良。并谕浙江之惰民，苏州之丐户，操业与乐籍无异，亦削除其籍。五年，以江南徽州有伴当，宁国有世仆，本地呼为“细民”；甚有两姓丁口村庄相等，而此姓为彼姓执役，有如奴隶，亦谕开除。七年，以广东蜑户以船捕鱼，粤民不容登岸，特谕禁止。准于近水村庄居住，与齐民一体编入保甲。乾隆三十六年，陕西学政刘墫奏请山、陕乐户、丐户应定禁例。部议凡报官改业后，必及四世，本族亲支皆清白自守，方准报捐应试。广东之蜑户，浙江之九姓渔船，诸似此者，均照此办理。嘉庆十四年，又以徽州、宁国、池州三府世仆捐监应考，常为地方所讦控，上谕：“此等名分，总以现在是否服役为断。如年远文契无考，著即开豁。”

八旗人丁，定例三年编审一次，令各佐领稽查已成丁者，增入丁册。有隐匿壮丁入官，伊主及佐领、领催各罚责有差。凡壮丁三百名为一佐领，后改定为二百名。康熙四年，令满洲、蒙古佐领内余丁多至百名以上，愿分两佐领者，听。雍正四年，谕八旗都统及直省驻防都统、将军等，交与佐领、骁骑校、领催，将新旧壮丁逐户开明，并编审各官姓名，保结送部。其未成丁，及非正身良家子弟，并应除人丁，验实开除。五年，令凡编审丁册，每户书另户某人某官，无官则曰闲散某，上书父兄官职名氏，傍书子弟及兄弟之子，及户下若干人。或在籍，或他往，皆备书之。其各省驻防旗员兵丁，及外任文武各官子弟家属，令各将军、督抚造册咨送该旗。乾隆六年，令八旗编审各佐领下已成丁及未成丁已食饷之人，皆造入丁册，分别正身开户，户下于各名下开写三代履历。其户下人祖父或系契买，或系盛京带来，或系带地投充，分别注明。正户之子弟，均作正身分造。

七年，谕：“八旗汉军，其初本系汉人。有从龙入关者，有定鼎后投诚者，有缘罪入旗与夫三藩户下归入者，有内务府、王公包衣拨出者，以及招募之炮手，过继之异姓，并随母因亲等类，先后归旗，情节不一。中惟从龙人员子孙，皆系旧有功勋，无庸另议更张。其余各项人民等，朕欲广其谋生之路。倘愿改归原籍，准其一例编入保甲。有愿外省居住者，亦准前往。此内如有世职，仍许承袭。不愿出旗者，听。”八年，又谕：“前降谕旨，原指未经出仕及微末之员而言。至于服官既久，世受国恩之人，其本身及子弟，均不得呈请出旗。”十二年，又谕：“八旗别载册籍之人，原系开户家奴冒入正户，后经自行首明，及旗人抱养民人为子，有愿出旗为民者，其入籍何处，均听其便。本身田产，并许带往。”二十六年，定汉军凡现任外省自同知、守备以上，京员自主事以上，旗员自五品以上，俱不许改归民籍。其余在京报明该旗咨部转行各省，在外呈明督抚咨报部旗，编入民籍，并准一体考试。

大抵清于八旗皆以国力豢养之。及后孳生蕃衍，虽岁糜数百万金，犹苦不给，而逃人之禁复严，旗民坐是日形困敝。及乾隆初，御史舒赫德、范咸、赫泰，户部侍郎梁诗正等，先后奏请清查东三省旷地，俾移住开垦，以图自养。虽叠奉谕旨议行，然终未能切实举办。至八旗户下人开户，必有军功劳绩，或艺能出众，亦有本主念其服勤数世，准其另户，或放出为民者，亦有不准放出为民，但准开户者，其例又各不同云。

田制　曰官田。初设官庄，以近畿民来归者为庄头，给绳地，一绳四十二亩。其后编第各庄头田土分四等，十年一编定。设粮庄，庄给地三百晌，晌约地六亩。庄地坐落顺、保、永、宣各属，奉天、山海关、古北口、喜峰口亦立之，皆领于内务府。此外有部、寺官庄，分隶礼部、光禄寺。又设园地，植瓜果蔬菜，选壮丁为园头。世宗初，设总理专官，司口外报粮编审。南苑本肄武地，例禁开田。

宣宗尝谕前已开者并须荒弃。而咸、同间，嵩龄、德奎、刘有铭、铁祺先后疏陈开放，均严旨诘斥。然至光绪季年，仍赋予民。自后承地者乃接踵矣。

考各旗王、公、宗室庄田，都万三千三百余顷。分拨各旗官兵，都十四万九百余顷。凡王公近属，分别畀地，大庄给地亩四百二十至七百二十，半庄二百四十至三百六十，园给地亩六十至百二十或百八十，王府管领及官属壮丁人三十六亩，不支粮。凡拨地以现在为程，嗣虽丁增不加，丁减不退。

顺治元年，定近京荒地及前明庄田无主者，拨给东来官兵。圈地议自此始。于是巡按御史柳寅东上满、汉分居五便。部议施行。二年，令民地被指圈者，速筹补给，美恶维均。四年，圈顺直各州县地百万九千余晌，给满洲为庄屯。八年，帝以圈地妨民，谕令前圈占者悉数退还。十年，又令停圈拨。然旗退荒地，与游牧投来人丁，仍复圈补。又有因圈补而并圈接壤民地者。康熙初，鳌拜专柄，欲以正白旗屯庄予镶黄旗，而别圈民地圈补。户部尚书苏纳海、总督朱昌祚、巡抚王登联咸以不如指，罪至死。圣祖亲政，谕停止圈地。本年所圈房地俱退还。又以张家口、山海关等处旷土换拨各地，并令新满洲以官庄余地拨给，其指圈之地归民。是为旗退地亩。

凡官地，例禁与民交易。然旗人不习耕种，生齿日繁，不免私有质鬻。雍正初，清理旗地，令颁帑赎回。凡不自首与私授受者，胥入官为公产。旗地，令宗人府、内务府八旗具各种地亩坐落四至，编制清册，是为红册，以备审勘旗民田土之争。乾隆初，定回赎旗地仍归原佃承种，庄头势豪争夺者罪之。凡赎入官地并抵帑、籍没等田，皆征租，曰旗租。旧查交入官地定租，由旗员主之。三十四年，以直督杨廷璋言，停其例。民租旗地，本限三年。或私行长租，业户、租户科以违禁律。八旗地主，久禁夺佃增租。自和珅管大农，奏改前章，于是旗人及府庄头率多撤地别佃，贫民始多失业。嘉庆五年，部臣请复申前禁。诏纂入定例通行。咸丰初元，又申令如额征租，主佃皆不得以意赢缩。若典鬻旗地，从盗卖官地律，授受同惩。顾日久法疏，或指地称贷，或支用长租，阳奉阴违，胥役讹索句结，弊遂丛生。虽屡申明诫，往往因他故，禁弛靡常。洎光绪中，乃定此业无论旧圈自置，概不准售与民人。惟从前民购升科者，仍予执业。

盛京官庄，于顺治初即定八旗屯界。旋令沙河以外、锦州以内，旗员家丁给地，人三十六亩。康熙中，定以奉天所属地界新满洲迁来者，凡丈出地为顷三十二万九千余，以二十七万六千三百余顷为旗地，按旗分界。又设各旗官员庄屯，各城兵丁，均酌给随缺地亩。旋令索伦、达呼尔官兵耕种墨尔根地，奉天官兵耕种黑龙江地。乾隆初，设黑龙江屯庄，呼兰立庄四十所，选盛京旗丁携家往，官为资装筑屋庀具，丁给地亩六十，十丁一庄，每六亩给籽种二斗，庄给牛六头，口粮并给。温德亨、都尔图亦如之。凡随缺官地归旗入册，禁职官侵占。嘉庆间，令盛京入官地亩，应招无地贫民领租，职官子弟不得承种。管界各官，并不得于所管区以子弟之名置房地。道光中，宁古塔、伯都讷、三姓、阿勒楚喀、拉林各官庄，共原额地万二百晌，吉林八旗与各处旗地暨乌拉旗地，共三十六万五千九十二晌。而光绪初，拨三姓荒为官兵随缺地，计晌二万九千余。宣统时，以奉省各旗地多盗典隐占之弊，令通稽确核，毋与清赋溷淆，先城旗，后外城，依次厘定。此官庄之属东三省者。

直省各置驻防旗兵，立庄田于所驻地，给田人各三亩。其全眷挈赴者，前在京所得圈地撤还。旗员分界园地，多则二百四十亩，少则六十亩，各省不尽同。惟浙江驻防无田，仍支俸饷。乾隆时，弛防兵置产之禁，惟八旗官仍禁如故。光绪之季，谕："所在检旗丁名数，尽旧有马厂庄田，画地口分，责以农作。其本无厂田，或有而弗备者，所司于邻近分购民地配发，以为世业。由渐推广，俾旗丁归农，受治州县，与齐民不异。"未及实施。蒙古初分五等。一、二等备与庄屯、园地。三等以下，只与庄屯。各守土疆，毋得越境。后渐有民人贱收蒙地者。乾隆中定"有质鬻者峻罚之，著为永令"。分拨外藩官地，其略如此。故明内监庄田，总领于户部。其宗室禄田散在各省者，胥视民田起科。先是以新城、固安官地二百四十顷制井田，选旗民百户，户授百亩，公百亩，共力养公田。嗣更于霸州、永清仿行，然成效卒鲜。乾隆初，改屯庄。择勤敏者充屯户，按亩科粮。是为井田改屯地。

凡京师坛壝官地，暨天下社稷、山川、厉坛、文庙、祠墓、寺观、祭田公地，一切免征。建国初，赐圣贤裔祭田。其孔林地、四氏学学田、墓田地、坟地，咸除租赋。学田，专资建学及赡恤贫士，佃耕租而租率不齐，旧无常额。乾隆中，都天下学田万一千五百八十余顷。光绪变法，直省遍兴学堂，需费无艺，则又拨所在荒地，划留学田以补剂之。耤田行于首都先农坛。坛地凡千七百亩。雍正间，令疆吏饬所属置耤田。东西陵地，红桩以内例绝耕樵。东陵白桩界外初听民耕。道光朝乃严其禁，青桩以外，遵、蓟、密、承诸界内兵民私垦，至地万余区，久益增廓。光绪末，定为计区勘丈，将熟地分则升科，储学堂之用焉。牧马草场在畿辅者，顺治二年，以近畿垦荒余地斥为牧场，于顺天、津、保各属分旗置之。自御马厂以下，各按其旗地牧养。亲王方二里，郡王一里，亦圈地也。

曰屯垦。康熙中，招垦天津两翼牧地，计亩二万一千五百余。乾隆时，丈直隶马厂地振业贫民，命曰恩赏官地。在盛京者，奉天屯卫各地，八旗分作牧厂，自东迤西，本禁民垦，于定界所筑封堆制限之。然大凌河东厂、西厂荒地三十一万八百余亩，养息牧余地万四千六百晌，乾、嘉中陆续放垦。后又综各城旗马厂可垦地三十八万九千余亩，悉归城旗承种，并令八旗王公及闲散宗室，于所分牧地愿垦者，得自呈报。惟松筠请于养息闲壤移驻旗人，以费绌而罢。咸丰中，以大凌西岸垦妨马政，申禁如前。而同治二年，变通锦州、广宁、义州厂荒，西厂留牧，东厂招佃；其东北隅之高山子地数万亩，义州教场闲地万余亩，并行租佃，以为城兵伍田。然是时西厂有旗领旧地，久而越垦妨牧。八年，命划弃之。于是大凌河垦议遂沮。而吉、黑山荒多牧猎场，益严杜奸民揽售矣。养息牧地，初放时判东西界，置专官掌其租入。彰武本官牧，旋亦劝垦议科。于是养息牧生熟地共放六十一万八千八百余亩，其余荒八万九千六百余亩，余地三万五千三百余亩，即以为蒙、汉杂居牧佃，兼拊畜穷黎。吉林之乌拉，康熙时，于五屯分庄丁地，遂为五官牧场，颇富零荒。宣统时，拨充学田，放垦实地二千三百余晌。

凡驻防营皆置马厂，其牧庄旁余，靡不放垦。至荆防马厂垦熟之地，久畀诸民，而石首、监利，光绪末厘出厂地二万余亩，俱令招垦，以租息济警政小学。宣统初，宁夏满营牧地余界，开渠垦地，亩可二十一万，旗、民各半之。民领则纳价为旗兵垦本。三年，安徽万顷湖牧场，改垦放田八万二千七百余亩，其流民占耕及民间认荒者，皆名曰佃民，其留旗丁田二万亩，亦招民佃，岁输谷麦，是为官佃。至是以抗租胶葛，定议民租田，令公司补价承业，资八旗生计焉。

口外牧场，隶独石者为御马厂。此外礼部、太仆寺、左右翼及八旗，均有牧场在张家口外。而杀虎口之议亩租，察哈尔属之戢私垦，大青山之宽免民占，奕兴地之招商领耕，列朝因时制宜，不拘成例。其后密云、热河同时放荒。热河宽旷，于留牧外得地千四五百顷，更以三一留牧，余咸招垦。地利辟而耕牧不相妨，甚善政也。

明之设卫也，以屯养军，以军隶卫。洎军政废而募民兵，屯军始专职漕运，无漕者受役不息，屯户大困。清因明之旧，卫屯给军分佃，罢其杂徭。顺治元年，遣御史巡视屯田。三年，定屯田官制。卫设守备一，兼管屯田。又千总、百总，分理卫事。改卫军为屯丁。六年，定直隶屯地输租例。其时裁屯田御史，继裁巡按，由巡抚主之。十三年，定屯军贴运例。浙江各卫有屯无运与无屯有运者，均征拨帖，屯户困始少苏。康熙十五年，以各卫荒田在州县辖境，军地民田多影射，令檄所司清厘。雍正二年，从廷臣请，并内地屯卫于州县，裁都司以下官。惟带运之屯，与边卫无州县可归者，如故。九年，令屯卫田亩可典与军户，不得私典与民。

乾隆元年，豁免广东屯田羡余，因除各省军田额外加征例。先是屯丁鬻产，官利其税入，给契允行。至此又令运田归船者，并禁军民复典。实则各省典屯于民，所在而有。六年，定屯田限一年。无论在军在民，并清出归丁赡运。十二年，漕督顾琮请田已典与民者，令旗丁购赎。然民执业久，丁贫无以赎，从阿思哈言，厘江西丁田，在军归军，在民增租给丁，永为定制。三十七年，又以漕督嘉谟奏，命清理湖广、江、浙、山东等省屯田。明年，裴宗锡因陈两江向不归运之裁卫屯田，加征津费。帝以累民，不允。四十年，鄂抚陈辉祖奏："武昌诸卫清出典鬻屯田，请加津赡运。"部议："如此则私相授受者知诫，而仍不病失业，庶典鬻之弊渐除。"五十年，以长沙、澧州原有弁田，转售纷纭，令除弁田名，准民产授受。五十四年，毕沅等奏，各省屯丁四年一编审，止稽户口之数，其田产或有漏匿，以时核之。百余年来，屯田利病与漕运终始。及南漕改海运，屯卫隐蔽难稽，至是而一大变。

光绪二十四年，太常卿袁昶奏理屯田，因有改卫为屯之谕，令天下核卫田亩数，详定租章。而江西以租悉充饷，与他省赡运者不同，吁仍旧贯。二十七年，刘坤一、张之洞条议屯卫宜裁。略称："运军久虚，卫官复无事，一卫所属屯田，或隔府，或跨省，一切操诸胥吏之手，田饷弊窦，不可胜穷。"明年，谕各省勘实屯地，檄屯户税契执业，改屯饷为丁粮，归州县征解。除屯丁、运军名目，裁卫官。是时综计各省屯田约二十五万余顷，顾多与民田觳杂。又各丁私相质售，久失其旧。重以兵后册籍荡然，粮产无从钩稽。漕督陈夔龙陈大要三端：一，分丁业民业；一，现征毋追原额；一，补缴田价宜轻。而江、皖、两浙俱折衷定规，分别交价输税。如淮、扬、徐四卫，定有上则三两、中二两、下一两，屯税每两纳三分，余互有同异。惟山东以艰歉请免征纳。鄂督张之洞则谓湖北卫田，军户仰赡，即民人冒替，率非素封，均难责其呈价，仅有征契税而已。其税价视民田率。洎三十一年，宜城屯口构衅，以卫田例不便也。之洞更筹简易八法，大旨删除原则，分年减税豁派，累免杂课。但学堂捐与民田同，以备改屯为民。如式者官予文证。嗣湘省亦仿此行焉。宣统元年，浙抚增韫更请令承田者但刻期报明，统不纳价。部议即允占业，屯价不妨量收。盖屯卫嬗变，时势然也。

清自开创初，拨壮丁于旷土屯田。又近边屯处，筑城设兵以卫农人。世祖始入关，定垦荒兴屯之令。凡州、县、卫无主荒地，分给流民及官兵屯种。如力不能垦，官给牛具、籽种，或量假屯资。次年纳半，三年全纳。大学士范文程上屯田四事：一，选举得人；一，收获适宜；一，转运有方；一，赏罚必信。上是之。令凡自首投诚者，授荒田为永业。魏裔介亦请饥民转徙，得入籍占田。罪徒当遣者，限年屯垦，已事释还。其愿留占业者，听。定直省屯田，官助牛种者，所收籽粒三分取一；民自备者，当年十分取一，二年、三年三分取一。初定劝惩例，限年之法甚严。康熙初，虑官吏虚报摊派，停限年令。寻御史徐旭林论垦荒三弊，言甚切至，然限年卒不可行。旋令士民垦地二十顷，试其文理优者，以县丞用；百顷以知县用。凡新垦地，初定三年起科。嗣又宽至六年后。寻令通计十年。既仍用六年例，亦有循三年旧制者。

雍正初元，谕升科之限。水田六年，旱田十年，著为例。当顺、康间，直省大吏以开拓为功，其报垦田总额，多者如河南，至万九千三百六十一顷，少者如山东，百二十顷有奇。世宗末年，以数多不实，严诫审核。其有浮饰，论如律。定议叙法。凡官吏召佃资垦者，按户数多寡，军民自措工本者，按亩数多寡行之。乾隆时，令官山、官地，无论土著、流人，以呈报之先后予垦。民地由业主先报。或实力绌，他人始得承之。凡屯户加垦者，俱令改屯升科。又令已垦之地，宜慎防护。凡官民地，于水道蓄泄相关，毋擅行垦。傥帖已业，私垦塘堰陂泽为田，立予惩艾。

今考历朝屯垦之政，首直省屯田，次新疆屯田，次东三省开垦，次蒙古开垦，及青海、热河等处垦务，悉具于篇。

当顺治初元，令山西新垦田免租税一岁；而河南北荒地九万四千五百余顷，允巡抚罗绣锦言，俾兵课垦。二年，顺天行计兵授田法，每守兵予可耕田十亩，牛具、籽种官资之。又直隶、山东、江北、山西，凡驻满兵，给无主地令种。四年，给事中梁维本请开秦、豫及庐、凤荒田。六年，令各省兼募流民，编甲给照，垦荒为业，毋豫征私派，六年后按熟地征粮。十年，定四川荒地听民开垦。陕荒则酌调步兵，官给牛、粮。

康熙六年，定江、浙等省分驻投诚官兵屯田，人给荒田五十亩，得支饷本。其眷属众者，亩数量口递加。福建无荒，则分驻有屯诸省。七年，御史萧震疏言："国家岁费，兵饷居其八，而绿旗兵饷又居其八。诚屯田黔、蜀，以驻郡县之兵，耕郡县之地，则费省而荒渐辟。"下部议行。时直隶、陕西、粤、闽先后定垦荒例，而四川更立特例，官吏准立功论。于是湘、鄂、闽、鲁、晋、豫等省空荒任民播种，限年垦齐。

雍正四年，甘肃、宁夏之插汉、托辉地平衍，可垦田六十万余亩，招户认领，户授百亩。五年，粤督阿克敦陈近年粤东垦弊四：一，豪强占夺；一，胥吏婪索；一，资本不充；一，土瘠惧为课累。劝导法五：定疆界，杜苛取，贷籽种，轻科额，广招徕。其后惠、潮贫民垦肇庆属地，高、廉、雷属山荒垅墒，皆给资招垦，并免升科。嗣琼州亦如之。又扩滇、黔垦计，乌蒙兵民并承，户勿逾二顷。其各省入蜀民人，户给水田亩三十，旱田亩五十。甘肃安西久行兵垦，移眷驻防，以与凉、肃二镇。屯兵多贫，垦赀悉出官贷，并令边省、内地零星可垦者，听民、夷垦种；及山西新垦瘠地，自十亩以下，陕西畸零在五亩以下，俱免升科。凡隙地及水冲沙杂，与田不及亩者，及边省山麓河壖旷土，均永远免科。浙江新涨沙涂，民、灶皆承领，百亩为号，十号为甲，十甲老农导耕。后值涨地，人咸利之。嗣有侵垦西湖之禁。乾隆五十九年，巡抚吉庆言，沿海沙地滩涨靡常，约十三万三千余亩，悉令入官，交原佃耕作纳租，永著为例。凡各省州县每岁新垦荒田荒地，以及荡地湖淤，督抚随时疏报升科。盖雍、乾以来，各省军屯民垦，称极盛焉。

福建各番鹿场旷土，例许租与民耕。然台湾自历任镇臣创庄招佃，往往侵据民、番地。乾隆时，谕禁武弁垦荒。旋禁土民私购番田。五十三年，福康安请拨余地畀番、民自种，遴壮健作屯丁。内山未垦及入官荒废埔地八千八百余甲，每甲准民田十一亩零，共屯丁四千，分地任耕，免赋而不给饷，从之。嘉庆中，噶玛兰开辟田园七千五十甲有奇。道光初，定番社未垦荒埔分给民人征租。粤西设土兵、俍兵，均给军田。粤东有俍田、瑶田，仍按田充兵，其田均禁民典。台湾番地亦然。顾云南永北、大姚等处，汉典夷地，积隙数十年。道光建元，措理稍定。十三年，四川复有汉耕夷地之衅，乃析界址，令汉、夷不得互占。又用滇督阮元议，禁流民私佃苗田，并近苗客户典售苗产。十六年，以开化、广南、普洱地多旷闲，流民覆棚启种，因议论入户甲。御史陶士霖论其病农藏奸，禁之。

先是江苏涨滩，冒垦日甚，迨道光八年，始定归公。而官产民业，纠互缴绕。于是江督陶澍建言听民承售。部议江河不以垦殖为利，则沙洲不得以占霸徇民。仍一律入官处置。寻耆英谓"民间价购兴筑，一旦夺还，迹类争利。请宽其既往而阏其将来"。从之。二十三年，祁𡎴言修复虎门等炮台，须屯田防护。明年，程矞采募丁二千试行。上曰："以本地之民种本地之田，守要隘即捍身家，允为长算。"

同治初元，以军储亟，檄凤、颍等属戍兵垦邻近废田，以渐推行诸郡。山东遭教匪之乱，邹、滕诸县田里为墟。三年，决用移民策，而东昌、临清、衮、曹各属逆产及绝户地，尽没入官。五年，乃有办理湖团之谕。湖团者，曹、济客民种苏、齐界铜、沛湖地，聚族立团。既而土著归乡，控阋无已。然客垦由官招集，不乏官荒，所占土田不甚广，且讼者非实田户也。于是曾国藩研烛其情，为之驱逐莠户，留其良团，各安所业。陕西叛绝荒产，前一岁谕令筹设屯田。巡抚刘蓉言军事方殷，不如招垦便。部从其议。乃定募垦新章四：曰正经界，立制限，缓钱粮，定租谷。广东沿海沙地，定例水涸报勘，承垦者人勿过一顷，三年成熟，照水田起科。至后播绅垄断侵渔，因命查文禁止。

当是时，值东南兵火之余，农久失业。光禄少卿郑锡瀛言国家岁入金约四千数百万，饷糈支耗半之，宜广屯田养兵以节费。寻御史汪朝棨称各省新复土疆，宜急垦辟。徐景轼亦以修农利、安流徙为言。由是曾国藩于皖，杨昌濬于浙，皆分别土、客，部署开荒。而马新贻于苏，刘典于陕，亦汲汲督劝。曾璧光、黎培敬前后于黔兴屯田之政。八月，用苏廷魁言，筹垦兰仪以下乾河滩地。十一年，谕陕西延、榆各属，地瘠民贫，宜亟垦辟，严州县考成。时回众初就抚也。

先是御史黄锡彤请设苏、皖屯营，选湘、淮散勇垦沿江地。光绪二年，朱以增亦言："或谓屯政宜边陲不宜腹地，不知有荒可垦，何兵不可农，何地不可屯？但抽调数营，陆续兴举，将来化兵为农，裨国非细。"时津海防兵营垦有效，故云然。曾国藩尝言："必得千亩无主之田，不与民田杂，方可资兵立屯。"李鸿章亦谓兵民杂处，不宜于内地。议遂寝。

初贵州屯军于古州、八寨、台拱、丹江、清江五厅，分设百二十堡，为屯八千九百三十九户。户给上田六亩，中八亩，下十亩，附近山地不限。逮乾隆中，禁止承佃屯军私鬻。嘉庆初，铜仁、石岘苗地建碉卡，置屯军，每军百名，设百户一，总旗二。每军一名予水田四亩，百户六亩，总旗五亩，皆免租。洎同治初，更定黎平屯章。及是，罗应旒言："黔苗建屯已久，虚名鲜实，不如去兵之名，收农之实。"时屯军凡十卫，寻奏定分为两番，与守兵同，操防征调各额，屯设之百户、总旗等。有不力者，立时革替。先是沈桂芬有疏陈安置旗人听往各省之议。御史黄元善亦称山西暨江苏等省开荒，当仿双城堡旧章，令旗民移垦。顾以事体艰钜，未尽举也。十二年，台湾巡抚刘铭传筹垦内山番荒，伐木变价，以资抚恤。十六年，湖南洞庭新涨淤洲，建南洲厅治，入官佃租，共勘实民田十三万余亩，官田八万九千二百余亩。二十二年，桂抚史念祖言，粤西各属官民荒田可垦，令官力为倡，酌简屯兵，督令开熟，任民领耕，量地厚薄定科，计各属总垦荒田万四千三百余亩。

时陕西清荒甚力，巡抚张汝梅言："陕地兵祲交乘，百姓流散，北山气候，夏寒霜早，穑事无凭，又人工少而谷价廉，得不偿失。匪惟客民去留无定，即土民亦作辍靡常。欲求地不复荒，惟纾首垦期限，宽牧令责成，则民少逃亡，官不顾虑，而公私两益矣。"二十五年，定新阳荒芜额田约十万亩，无主者作官田招领，分田、地、场三等缴价，名曰系脚钱，有主限期报垦，逾限入官。从江督刘坤一请也。二十八年，陕抚升允言："西安马厂各荒地，试开水旱田，行屯垦。营哨官赋地亩自六十以下，屯勇人十亩。每百亩贷官牛两头，籽种三石，官备农器，一年还牛，二年全交。并拟令分年节饷。开屯之初，岁发全饷，二岁裁半，三岁尽裁。"嗣后地为水冲雹坏，穑入弗丰，因复上言："驱无饷之兵，使自食其力，势且壮志销于畎亩，精锐蚀于农作，有屯而实无兵，有兵而实无用，转非创屯本意，不如不裁其饷，而悉以屯利归公，再颁岁获之二三行赏，此所谓两利者也。"

江西义宁、新昌之交，有黄冈山，自明以还，恒为盗薮。二十九年，从巡抚柯逢时请，开地以益民。直隶安州白洋淀淤地肥沃，是岁弛禁，招民佃作，分四等收预租。三十一年，海洲、赣榆间有鸡心、燕尾二滩，利垦牧。又徐州微山湖淤滩地，均召民垦升科。三十二年，议定广西垦荒丁壮既稀，资本又绌，乃仿外洋法，招商领垦。南宁则招商本立公司，募裁兵充垦丁。至宣统初，共放山荒十六万六千五百余亩。三十三年，江督端方上言苏属兵后荒田不下二百余万亩，请令历年报荒者定为板荒，余新荒，许各户指报豁粮，俱由局招垦，则虚荒易查。又定垦章，区别官荒民荒，分三等输价，受荒无问土客，皆得领种。三十四年，清丈安徽沿江洲地，计怀宁等州县官荒应缴价者共三十万余亩。广东琼崖从未开殖，至是集商本创公司，官行清丈，分官荒民荒，先正其经界。宣统三年，云南清出荒地五十六万亩，安徽官民荒地四万一千余顷，河南沙荒地三万三千余顷。可垦者分三等，曰轻沙，曰平沙，曰重沙，各州县试行招垦，多则四百数十顷，少亦二三十顷。浙江仁和等属，垦熟甲地山陇百八十余顷，各府绅商领垦荒地万五千余亩。甘肃自光绪季年设局垦荒，达二十余万亩。

新疆屯田，始康熙之季，察罕诺尔地驻兵，因于苏勒厄图、喀喇乌苏诸处创屯种，令土默特兵千，每旗一台吉，遣监视大臣一人。而哈密、巴里坤、都尔博勒及西吉木、布隆吉尔等，咸议立屯。命傅尔丹、苏尔德、梁世勋分职其事。吐鲁番亦驻屯兵。雍正三年，命喀尔喀驻兵垦鄂尔昆田。

乾隆初，定一兵垦二十五亩，凡兵二千五百，种地三之，驻守二之。时回部如辟展各要冲，多设屯，厚兵力。逮准噶尔平，版图益廓，边防与屯政相维。七年，川陕总督尹继善请以蔡把什湖地租与回民，假贷耕种，事得允行。二十年，以伊犁西境喀尔喀东陲多闲壤，悉遣满、汉、蒙兵数千开屯，视蒙古授田例。又设额尔齐斯屯田，巴里坤亦置屯，遣甘、凉、肃屯地兵五百往种，秋收后入城，三年更迭，塔勒纳沁开田三千余亩。

二十三年，用雅尔哈善、永贵等言，于辟展、鲁克察克、吐鲁番、乌鲁木齐，托克逊、哈喇沙尔规度官垦。是时馈饷犹亟，诚巴里坤至伊犁循序增屯，其愿挟家者，俾安业如内地村庄。初人种十五亩，令益五亩。置新旧屯兵万七千，出帑三百万备籽种诸用。而特纳格、昌吉、罗克伦均益兵广屯。大率乌鲁木齐增垦以来，岁获悉供伊犁饷需。伊犁垦成，又资接续，更移喀什噶尔等回众二千五百户屯阿克苏。其事则黄廷桂、杨应琚、兆惠等主之。定章百兵一屯，地亩人二十，分小麦十一、谷七、青稞豌豆各一。然吐鲁番、辟展、鲁克察克兵屯外皆兼回屯，而库车东、哈喇沙尔西，或分布多伦回人溉种。

二十五年，伊犁屯议起，于河南之海努克立回屯，察罕乌苏立兵屯。翌年，又于叶尔羌、喀什噶尔、阿克苏、乌什等城增回屯，减兵额。时戎事方息，惟阨塞留兵，余齐赴伊犁屯殖，获粟赢裕，即益屯兵。兵不供屯，则招集流人，分土任业。巴里坤饶剩壤，穆垒土沃泉滋，俱募人大开阡陌。盖舒赫德、阿桂、明瑞等所建为多。三十七年，陕督文绶以新疆余地宜推广募垦，条列五事以闻。

四十一年，令叶尔羌成丁余回，特畀耕地编户，凡千五百户为一所，三千户为一卫。初，乌鲁木齐屯地，共绿旗兵三千，二千操练，一千屯耕，番休，三岁后令移眷，官予资装。及地日廓而兵不赡，率迁甘肃贫民，不靳烦费，赤贫全给，小康半之，岁穰自愿挈家则不给。四十五年，定眷兵分编户籍，其牛籽、农具、屋价、口粮，皆官措贷，约升科时，分三年缴纳。凡承种新疆熟地，本年升科，新垦三年后升科，而商民承垦新地，户三十亩，六年升科。盖自此楚呼楚、穆垒、玛纳斯、库尔哈喇乌孙，屯务骎骎日近矣。

新疆军屯分数，人获细粮十五石至十八石，官议叙，兵丁赏一月盐菜银，二十五石倍之，十二石以上，功过半，不及，官议处。兵重责留屯，次年收足予复。乌鲁木齐但获粮十一石以上即叙赏。塔勒纳沁尤硗瘠，赏罚递降杀之。无盐菜则给口粮，其阿奇木伯克等则赏缎匹。顾伊犁额多苦累，福康安尝以为言。最后将军长庚请仿乌鲁木齐例行，然部议仍未及减也。向例遣犯得留种新地，哈密各属截留伊、乌遣犯垦耕，年满乃各致其所，罪重勿留。又以不敷农作，仅限断洋盗而已。后令情轻者改防为眷，用羁縻之。遣犯获额兵丁，其叙赏诸事从原例。

嘉庆十三年，拨塔尔巴哈台兵赴伊犁殖田，以农隙简练，置武员领之，三年一更迭。而伊犁原定屯兵三千，每岁耕种，于中抽调如干，藉习戎备，其数岁有增减，各视其时，已耕之十八屯，番休轮种，以息地力。寻定自二十年始，每年加种两屯云。初，伊犁多可耕田，令惠远、惠宁两满城派闲散旗人分地试种，借给牛具，成效昭然。九年，松筠因言照锡伯营屯种例，分畀旗兵地亩，各使自耕，永为世产。以有妨操务，只令转交闲散代耕。二十五年，令满营兼种杂粮，先后分田四万四千余亩，授八旗闲散自耕，但不得违禁佃租，私相典卖。

道光初，既勘定张格尔，令回兵试垦大河拐，增额则募贫回。于是乌什、阿克苏、和阗每散布回户行垦，乌鲁木齐属阜康、奇台暨吐鲁番，均募民户，伊犁惠远城迤东，亦选土著，阿卜勒斯荒，俱拨回户，设五庄，庄百户，户得地亩二百，喀喇沙尔则裁屯安户，库车荒地，亦予无业回人，叶尔羌属巴尔楚喀多旷土，则广招眷民。其霍尔罕新田，散与回户，喀什噶尔初开地，分处河东西，东畀回人，西招民户，或专属，或兼募，冀相安而已。凡民人赴回疆领地，皆官给印券，自赍以行，其征粮多至亩二斗四升，次小麦八升，次六升五合，最少三升，大率视壤肥瘠为断。阿卜勒斯入三色粮十六石，满营马兵练饷于兹取赡。自嘉、道以来，数十年中，伊犁屯垦，后先其事者，将军松筠、那彦成、布彦泰等，而林则徐遣戍日，履勘诸地，又兴水利于伊拉里克，厥绩尤伟焉。

同治二年，都统平瑞上言，乌鲁木齐闲旷孳生马厂，招商户移垦，并请于伊犁各城，一律经画分屯地界屯兵。命次第兴举。三年，饬哈密推广原屯。

光绪三年，侍读张佩纶请抽旗丁屯新疆。陕甘总督左宗棠谓有所窒碍疑阻凡六事，议遂寝。是时南路缠、民富庶，荒旷尚稀，北路镇、迪各属，垦熟地不过十二三，赋纳既亏，闾里瘝敝。已而建置新疆省治。十三年，巡抚刘锦棠更酌定新章，户给地六十亩，官借籽粮二石，农具银六两，葺屋银八两，牛两头，二人即当一户，月给盐菜口粮，立限初年还半，次年全缴，缴讫，按亩起征，第三年半征，次年足全额。仍仿营田制，十户一屯长，五十户一屯正，每屯正五，设一管领专员，正、长领地贷本，悉如户民，总计安纳土、客千九十户，以次推行。而南路各属新垦地万九千余亩，分年起征，均不领垦费。丈清南北两路各则荒熟地千一百四十八万亩有奇。各城伯克向有养廉地，自改郡县，裁伯克廉地一律入官佃租。十七年，魏光焘分划伊犁各地归旗屯、民屯各六万余亩，使各自力耕。其后土、客生息蕃庶，岁屡有秋，关内汉回挟眷承垦，络绎相属。

宣统三年，巡抚袁大化言："新疆夙号农牧国，今日贫瘠，由地旷人疏。自迪化以西，精河以东，遍地官荒，草湖苇滩，无虑千万顷，而南疆东路萧旷亦同。拟集华侨立公司，速效非易。今令在新各员，有独力或合赀开荒灼著明效者，分别奏奖，以示鼓励。"事得允行。

金川在乾隆四十年以武功底定，初从定西将军阿桂言，于西川之攒拉就近屯田，其美诺、底木达等处，令驻兵受地习耕，别斯璊以次改土为屯，各置屯弁处理。又帛噶尔、角尧诸降番，悉视屯兵例，概畀以牛具籽粮。其番户多者三四十，少者一二十，初垦免赋，三年后输粮，旋令驻兵挈眷前赴，而丁口日增，又拨地户三十亩，俾加垦自给，地利浸辟矣。于是四川之懋功五屯，安置降番，亦户给地亩三十，选精壮千人，半为屯练给饷，半为余丁无饷。厥后厘出荒壤，亦分等加赉，巴塘、里塘沃区亦不乏。至光绪三十三年，川督赵尔丰疏筹垦计，招内地农户而官资遣之焉。

关外土旷人稀，蒙古地尤广袤，利于屯垦。清初分旗有定界，继因边内壤瘠粮亏，拓边移垦。天聪中，令各牛录就各屯近地，择种所宜。以沈佩瑞言，于广宁东西、闾阳驿，选壮农充步卒屯田，分八固山，厘牛录为二等，备牛种农具，令材敏者率屯兵往耕。崇德五年，官兵于义州筑城开屯。康熙二十五年，以锦州、凤凰城等八处荒地分给旗民营垦，又遣徒人屯种盛京闲壤。二十八年，定奉天等处旗、民各守田界，不得互相侵越。乾隆五年，侍郎梁诗正请置八旗闲散屯边，以广生计，命阿里衮往奉天相度地宜。于时吉林宁古塔、伯都讷、阿勒楚喀、三姓、珲春及长春，俱事垦殖，贫无力者，发官帑相贷。四十年，流人偷垦岫岩牧场地亩，遂定例使入官纳租。四十二年，以大凌河西北杏山、松山地丰美，徙闲散宗室，资地三顷，半官垦，半自垦，筑屋编屯，助其籽具。五十五年，令奉天自英额至叆阳边止，丈荒分畀城旗之无田者，除留围场参山，余均量肥瘠配给，禁流民出口私垦，而积久仍予编户。嘉庆十六年，令各关隘诘禁之。

初以八旗口众，拨拉林地俾开田垦种。十七年，赛冲阿言"拉林近地闲荒可垦者二万五千余晌，而三道卡、萨里诸处地多未垦，请移驻旗人"。寻富俊请拣屯丁千人，拨荒三十晌，给银二十五两，籽粮二石，垦二十晌，留十晌，试种三年后，第四年起交粮。俟移驻京旗分给以熟十五晌、荒五晌，余荒熟各五晌，即与原种屯丁为业而免兵粮。已，富俊建议更于拉林之西北双城堡开屯，移驻京旗闲散，为地九万数千晌，移户三千，年移二百户，依户划地，一切费悉领于官。区中、左、右三屯，屯凿井二，选丁给地，例同拉林，京旗领地五年后，征粮二十石，每大屯容四十屯，每旗五屯，置总、副屯达各八人，每屯屯丁京旗各三十户，二三人以上即准户论，三屯各建义塾课幼丁。

道光五年，移驻户七十七，垦熟地三万三千一百余晌，盖富俊、松筠始终其事，故其效甚著。自后当事寖懈，又其地早霜气寒，愿徙者少，于是博启图改移驻户为千，因以所余地，户益十五晌，闲散不任耕，得买仆或赁佣以助。英和尝上言宜推广成功，而绪卒弗竟。伯都讷空旷围场二十余万晌，荒久壤腴，视双城堡事半功倍。富俊请令分屯划界，略仿前规，命其地曰新成，缀列户号，前后凡百二十屯。章凡六七上，廷议旋以双城堡事未遑他及，且用弗充，事竟已。二十八年，令凤凰城边私垦地，已熟及中垦者，招佃征租。无几，旗、民报垦至二十四万亩。

咸丰四年，开吉林五常堡荒田。先是齐齐哈尔设官屯，令罪徒及旗奴承种。寻以游惰遣退，选壮丁补之。嗣御史吴焯谓呼兰蒙古尔山荒宜垦，寻以参珠禁域，兼妨边务，竟不行。

同治时，广宁南之盘蛇驿，拟放地百万亩，民领及半。厥后水患频仍，迄光绪末，开放始竣。是时金场流民失业，用富明阿言，以藏沙诸河暨桦皮甸子诸处官荒畀垦，免交押价，而法库门、叆江往往有游民偷垦。迨都兴阿履查，叆江西岸密迩朝鲜，安置匪易，惟严禁越渡，以谨其防。有沿江阴垦骚扰沿边者，立予拘罚。九年，乃就叆阳门至凤凰门边荒九十一所，分勘展界，绥奠穷黎，而私垦充塞边境如故。

光绪七年，吴大澂上言："宁古塔之三岔口壤沃宜耕，可募齐、鲁愿农，编屯一营，以实边塞。”十四年，将军希元始设局立制，以边瘠收薄，限十年后升科。寻设五社，垦地万三千四百晌有奇。二十二年，延茂覆陈吉林开垦，始误于旗、民之不和，继误于委员之自利，开局十六年，得不偿失。部议因定分别裁留。于是方正泡、蘊梨场、二道漂河、头二道江、蚂蜒河、大沙吉洞等河，亟亟以拓地殖民为务。初，吉林放有揽头包领，虽荒疃绵袤，辄刻期集事，而弊溢于利，至是始惩革焉。又腹地加荒附著各屯，多寡不等，皆甚饶沃，领者麕至，则探筹决之。先是十二年，黑龙江将军恭镗请开呼兰属通肯荒地，疏陈十利。已而决议实行。至二十四年，营通肯克音荒务，画屯安井，招民代佃，民纳课粮，旗供正赋，官为之契，不夺佃益租。二十五年，垦布特哈之纳谟尔河闲荒约四十万晌，旗民领佃，入费免租，从恩泽请也。越八年，讷河以南放垦三十七万五千一百余晌。

二十八年，吉林设局清赋，兼放零荒，各属旗户原无粮额，各地查报科征。顾其时经界既淆，包套诡寄，棼如乱丝。旋日、俄变生，事益棘手。将军达桂、巡抚陈昭常先后清核，至宣统初元，都吉林大租原地为晌百一十八万三千一百有奇，浮多二十八万四千八百余晌。其明年，通吉省民田、旗地及夹段零荒勘放讫事，又清出七十九万三千三百余晌。浮多地者，如地形方及东西长，均以西为浮多，南北长则以北，西北有庐墓则以东南。或一地兼二则，次则即浮多也。

奉天大围场分东西流二围，自国初拨留是荒，有鲜围十五以捕鲜，大围九十以讲武。日久防弛，流人私垦历年。光绪初，将军岐元奏以二十围增海龙治，就地升科。至三十年，海龙两翼升科者，已达百二十九万八百余亩。余八十五围。西四十五围，于二十二年议垦，至三十年放讫，共正零山荒树川草甸三百二万二千余亩。其荒价亩纳银一两二钱，山场熟地六钱，生三钱，城镇基地亩二十两。其久年私垦土地则倍纳二两四钱，中下差减，原户领回，不愿则撤放。东四十围，以安置金州迁户，开禁拨荒，迄三十一年，共放百十二万七千二百余亩。城地上者亩二十五两，中二十两，下十五两。荒地亩收正课二分，耗十分。其始两流围荒地听民择，所馀夹荒，往往侵垦，吏缘为奸。自廷杰重勘，一清积弊。东流围即东平全境，隐并殆过西流，讼阋滋繁。三十二年，覆丈两流山荒，俱十亩作七亩。至浮多地已先纳价，未及折合，则限八年升科，以平剂之。大率熟地当年起科，荒地四年为限。时日、俄构兵，奉省税滞帑虚，复查东边海龙各属私垦余荒，收价集资，藉维新政。又丈放锦州属海退河淤及各滋生地亩共三十二处云。

黑龙江地，当光绪十八年，于绥化之北团林子设屯田旗户千二百，巴兰苏苏之山林设户六百有余，计户授田，户四十五晌，中以十五晌归屯丁永业，三十晌起科。拳匪乱作，流徙频年，续于铁山包招户，又招抚瑷珲各屯，久乃稍还其旧。然是时江省以东，民户日蕃，污莱攘剔，十才二三，富豪包揽居奇，零户无力分领，放荒速而收价迟，领地多而开地少。三十三年，乃议变通，令闲退兵愿农者，分年给垦，寓殖于屯。宣统元年，又令广招徕，定奖章，杜包承，赏经费。户仍领地十五晌，晌收公费四钱，大都荒价量地为等差。木兰、绥化晌收银七钱，通肯二两一钱，呼兰、墨尔根押租则一两四钱，赢朒不齐，均加征一五经费，其大较也。时又酌留嫩江迤西未放各荒为无地官兵生业。拨兵助屯之策，始自哈拉火烧试行，而地鲜上腴，兵惰不耐耕，亩仅获斗粮，甚且无颗粒收入，口食仍仰给于官，因复议缓。二年，仍改招民佃。

初，奉省厉行清赋，凡浮多地限令民户首实，纳价起科，历三岁余，仅得荒熟地八十余万亩。已而议局建，用分年免价法。东督锡良上言：“清赋重升科不重收价，其利久暂悬殊。又东省为八旗根本，旗、民杂居皆土著，异于各省驻防，内外城旗随缺伍田，向有定额，即计口授田遗意。数百年来，户口增而地不给，口分体大难举，垦种事便易行。今长白新设治，移殖最宜，如以实边之策，资厚生之利，所谓两益者也。夫必先去其待食于人之习，然后渐为人自为养之谋，给田则奋于力农，徙地则除其依赖，为八旗计，无要于此。”三年，奉天各属大放民荒，共得十二万亩。

自顺治时，令各边口内旷地听兵治田，不得往垦口外牧地。顾其地丰博宜农，雍正初，遣京兵八百赴热河之哈喇河屯三处创垦，设总管各官。旋置张家口同知，十分其地，岁人耕逾分予叙，不及五分处罚。洎乾隆初，热河东西共画旗地约二万顷。古北口至围场旧无民地，历年民垦滋纷，乃令分拨旗户。未几，高斌请还其旧，从之。热河自改州县后，山场平原，讲求开殖，悉向蒙古输租，沿袭已久。其围场周千余里，为围七十二，置总管一，驻防旗兵千。

同治中，用都统瑞麟言，展垦闲荒，以济兵食，令招富户承领，禁占毗连民地，于红桩外定界立卡伦。寻翼长贵山等以阻挠得罪。时全围已放其半，领荒者渐侵正围，于是谕河东西佃垦及偷垦地一律封禁，斥遣私垦诸户。其侵入山坡沟岔，及报领匿多为少者，重按之。其后库克吉泰部署兹事，将旗佃围外隐地，拨补围内民佃，俾得移徙安业，以清围界。然委员措置失宜，奸佃抗聚生衅，经崇实再举勘量，更定照册永禁已腾之正围，瑞麟继之，仍无要领。

光绪初，御史邓庆麟胪列积弊，已而定议举办京旗徙户开屯，其后确勘热河五川荒地顷数，都二千三百有奇，平川地仅及其半，旋即招垦，以押荒抵饷。季年，都统锡良论开放围荒十事，大要留围座，编号目，增荒价，杜揽售，事皆允行。

蒙古当康熙时，喀喇沁等旗地，以民种而利其息入，辄廉募之，致妨游牧。乾隆初，亦令察哈尔蒙、民易居，但杂处积年，户众垦蕃，难归徙而轻生衅，议者数称驱斥之便。至嘉庆初，土谢图汗各旗地，常有游民栖息。蒙人负民债不能偿，而贫民复苦无归，则为之明界设限，不咎前失，傥将来私开一垄，增迁一人，坐所管盟长等罪，其租课官不之问，各扎萨克自征之。时郭尔罗斯熟地亩二十六万五千余，粮亩四升为定率。至十一年，垦者踵相属，因伸关禁，并谕禁私与民授受，违者台吉连坐之。然流人私种成习，莫能格也。初令归化种地人按编甲例，岁上其籍，而口外绥远等地，仅容孑身商贩往来，挈室者有禁。其后科尔沁属达尔汗、宾图二王旗，卓哩克图、冰图二旗所招垦户，亦均编甲社，置乡长焉。

道光十二年，盛京将军裕泰上科尔沁垦章八事：凡写地必以自名，毋过五顷；一地复写者，后户与前户相均；村屯或典于民，追契折偿；地主无力回赎，任民再种，限年抵还；年满第允自种，或租与原佃，不得复典及招人；民户交地后，得自踏闲荒，白局承种；其蒙种熟地，毋许租人；界外民开者亦毋许影射。咸如拟行。土默特牧场，旧惟任意垦治，嗣分余地畀蒙人，口率一顷，而佃与民种者多。至十七年，令入蒙押租，以其四佐官用，其租息无业蒙人四之，公家及本旗贝勒各三之。同治七年，徙喀喇沁越垦诸户分归各旗。

光绪七年，创乌里雅苏台垦田十顷六十亩为一屯，凡为屯七，浚渠、建居、牛、籽诸费，亦官为补助。八年，选库伦土著于图什、车臣西部落学试屯垦，从喜昌请也。当蒙古生息寖盛时，于地之不妨牧者垦之，曰牧地，又有租地、养赡地、香火地，皆自种自租。九年，山西巡抚张之洞言"丰、宁二厅、归绥五厅，自招垦蒙荒而户日蕃，所在余荒，时亦畀无业佃民租种，其租所入，除例与蒙旗外，凡开地基本薪公岁耗弥补一切，皆取给其间，为益匪细"。

二十一年，奉天将军增祺请丈放各蒙荒，副都统寿山亦以为言，而国子司业黄思永请垦内蒙伊克昭、乌兰察布二盟牧地，盟长有谓妨其生业者，未克实施。是时晋边之丰镇、宁远垦民积数万户，而扎赉特、杜尔伯特、郭尔罗斯陆续报垦，人争趣之。察哈尔旗牧及草地虽禁私开，然自咸丰中马厂弛禁，至近岁越占纷纭，客户旗丁，讼不胜诘。二十四年，都统祥麟因言"欲蒙地无私垦，必严科罪，欲蒙员无私放，必惩奸商"。

二十八年，命侍郎贻穀督垦务，筹察哈尔事，陈扩充变通数端，大旨主"清旧垦，招新垦。蒙旗生计在耕不在牧。蒙古于地租，或抵偿，或私肥，或一地数主，抑且数租，黠商乘间包揽。宜由各旗总管详晰呈明，交地开放，悉汰从前地户商总等名，设垦务公司于两翼，各旗先后试办，各盟旗顺令即奖，抗延即罚"。于是伊克昭盟郡王等旗，及准噶尔，以次报地。杭锦、乌审颇反覆，乌兰察布亦怀疑，已皆赴议。绥远已垦未垦地亩，在乾隆初即无确数，迄今八旗牧厂，地杂沙石，中垦者希，民情观望。乃建议自将军以下俱指认地亩，为商民导。旋以财用不足，创牛捐，并推广屯捐继之。凡丈蒙地，五尺为弓，二百四十弓为亩，百亩为顷，顷编为号。察哈尔两翼，则亩以三百六十弓，编号以五顷。札萨克图亩则二百八十八弓，十亩为晌，四十五晌为方。凡蒙旗荒价，半归国家，半归蒙旗。其归蒙者，自王、公、台吉至于壮丁、喇嘛，厘其等差，各有当得之数。凡地额设者为排地，向免押租。生地亩收押租三钱三分，滋生地倍之。贻穀以恤蒙艰，故亩收押荒二钱外，仅加一钱，局用取其六，本旗取其四。杭锦在后套近渠水地，押荒上地亩八钱，中七钱，下六钱。又言租数多则累民，少则累蒙，此旗与彼旗难强同，外蒙与内蒙不一例，因定乌审、札萨克、郡王三旗荒价，上则三钱，中二钱，下一钱。鄂托克、淮噶尔两旗地区四等，别立中下一则，鄂旗上则四钱，淮旗上则六钱，中四钱，以下均差减。乌兰盟四子王、达尔罕、茂明安及乌拉特后旗皆旱地，悉如向章。

三十四年，文哲珲讦贻穀败坏边局，查办大臣鹿传霖论其办垦有二误四罪，因策善后四事，谓"荒价及绳丈从宽，则丈放易，欲多收地价，则应先尽原佃承耕，减岁租而加渠租，以其租充渠费，渠增即地增，地增即租增，久之斥卤皆腴壤矣"。贻穀既逮系，信勤继之。减杭锦荒价，上地顷九十两，其次递减以五，最下七十两。分乌拉特地为东、西、中三公。旱地押荒分六等，上地顷百四十两，次百，中七十，中次四十，下二十，下下十两。先提公费三成，其余半蒙半公，胥如例。其归蒙地租亦四等，渠地亩岁征渠租四分五厘。

科布多及乌兰古木试行屯垦，肇自康熙末年。时参赞连魁陈办科属新政，谓"乌兰古木、巴雅特均科属杜尔伯特牧地，宜广营垦。科布多属虽积沙漠，而札哈沁旗、明阿特左右翼各旗及厄鲁特旗，各临其所属河泊，沿河田陌可耕者多，兴垦实边，于是乎在"。廷议允行。若乌梁海属布伦托海蒙地，自同治时开屯，颁帑金十万。嗣李云霖以操切激兵变，垦事中停。至是修渠告成，以上渠屯兵并合下渠，从其便也。阿尔泰旗高寒稀雨泽，仅成官屯四、民屯一云。札萨克图王公旗荒，每晌上等四两四钱，中二两四，下一两四，均收一五经费。凡依次领地，熟地百晌，须兼生荒二百晌。王旗至十一年放竣，都六十二万五千余晌。其明年，续放旗界山余各荒，设洮南属县二。公旗自招之户曰红户，台吉壮丁等私招者曰黑户。洮南沿荒段放齐后，河北荒段，至宣统元年，共丈十九万四千余晌。图什业图蒙荒，亦仿札萨克图成案。

热河蒙荒，喀喇沁东旗已成良沃，敖汉半硗确，巴林较富。都统廷杰建言八事，以渐兴举。其蒙旗荒之隶奉属者，约放八万九千余晌，而昭乌达盟阿鲁科尔沁、东西扎鲁特三旗可耕地，共八千顷，上则顷收价七十两，中五十，下三十。扎赉特蒙旗新旧放荒综六七万晌，置大赉厅，捆出本旗蒙屯四十七所，外旗五十九所，近地余荒，晌收押租一两四钱。时复丈科尔沁公旗地二十四万一千四百余晌，郭尔罗斯后旗沿江地荒而实腴，晌加收公费三十两，蒙地及学务各半之。及是开放无余。翌年，城甸余荒亦毕放。长春本前旗蒙地，凡四十一万九千余晌。宣统二年，复放新荒，以公费资办府属审判，拓荒务以裨新政。更定巴林荒价，上则顷七十两，中五十，下三十。达尔汗王旗采哈新甸荒地分三则，上则晌六雨，中四两，下二两。二共放实荒六万二百余晌。三年，复放达尔罕洮、辽站荒，备置驿通道焉。

青海向为蒙、番牧薮，久禁汉、回垦田，而壤沃宜耕者不少。曩年龚尧定议开屯，发北五省徒人能种地往布隆吉尔兴垦。最后庆恕主其事，以番族杂居，与纯全蒙地殊异，极陈可虑者五端。嗣又劝导蒙、番各族交地，以资拓殖，无论远近汉民皆得领，惟杜绝回族，以遏乱萌。于是开局放荒，黄河以南出荒万余亩，迤北至五万余亩。又虑其反覆也，募实兵额，分留以镇詟之。番地僻，山峻且寒，仅燕麦菜籽，虽岁穰，亩收不过升四五，课务取轻，以次推行。近地始自光、宣之际，议垦荒尤亟，以物力之不易，而大举之无时，冀其地无弃利，人靡余力，盖犹有待焉。

清丈芦洲田亩，前允行之九江滨江芦地，原定下则起科，是后芦洲征粮，普令以一分以下为率。奉天广宁一带荡田垦殖旧矣，嗣以将军弘晌言，开鹞、鹰二河荡田三十八万二千余顷，令三年后升科，五年后丈量。而牛庄等处苇塘，近年河徙荒出，苇商大半匿垦，往往召争，先后订变通章程，迥别于故荒旧例。寻又丈放凤凰、岫岩、安东苇塘约十余万亩，按地编号，具鱼鳞图册，事在光绪末年。江南苇营草地，向由大河卫子领垦纳租，而江北则置樵兵备河务，左右两营，当海州、阜宁间，共地八千五百余顷，而续涸新涨不与焉。自河道改而樵兵虚设。宣统时部议裁汰，改为放荒，任人入赀承业云。

自光绪中叶，御史曾忠彦疏请振兴农学，特立农工商部，专其职司。数诏天下长吏，讲求厘剔荒产，以为振兴之资。宣统初，部上农林推广二十二事，始于筹款办荒，而坦区宜辟田，山陇畸零边地宜林木，责所司各于其境测验气候土性，表之图之，荒价之免否，升科之缓急，分等厘别，而以考核官吏编报成绩，以行其惩劝。复订种树行水奖掖专例。洎乎革命势成，事之未毕举者，正复不少也。

曰营田水利。圣祖时，垦天津荒地万亩为水田。世宗于滦、蓟创营田，设营田水利府，命怡亲王董其事。王与大学士朱轼汇上事例四端。寻于天津等属分立营田四局，领以专官。因地势浚流筑圩，建闸开渠，民人愿耕者，官给工本，募江、浙老农，予月饩，教耕获，翌年，得熟田百五十余顷。至雍正七年，营成水田六千顷余，虽縻帑不赀，而行之有验，惜功未竟，后渐废弛。独磁州沟洫如故，岁常丰稔。

高宗饬直督李卫修治水田，复遣大理卿汪漋总江南水利工务，南北并营。已而高斌言桑乾河两岸可开大渠，引水治稻田，从之。嘉庆之季，命方受畴经画直省水利，兼戒鲁、晋、豫亦于其境各筹所施。顾犹有言直隶难举水田者。百年以来，李光地、陆陇其、朱轼等皆详言直隶水田利益，林则徐拟开近畿水田疏尤切至。财绌议沮，迄未畅行。自后僧格林沁在大沽口属捐兴水利，得稻田四千二百余亩，崇厚继之，频年劝垦盐水沽亦颇效。其后周盛传镇天津，修水利，成稻田六万余顷，土润获饶，至今利之。

同治时，陕西西安、同州等属设局厘荒产，兴营田。洎光绪中，次第招垦至三万四千余亩，改局为所，州县领理之。时直属营田半荒弃，三晋洊灾，台臣夏献馨、唐树楠、彭世昌、刘瑞祺等先后疏言水利，华烨亦陈八事。直督王文韶谓"轻租价以恤民艰，疏沟渠以利水道，则乐垦者多"，因是天津营田征租至四万九百余亩。山东巡抚张汝梅亦请疏河道，浚沟渠，以兴水利为农政本源；陕甘总督升允则请于陕西募水利新军左右两旗，将来拨归屯所，授地使耕，藉广屯政。其后奉天以东西辽河、大凌河诸川无涓滴水利，亦奏定采内地引渠灌地诸法，先就小河枝水凿渠试办焉。

卷一百二十一　　志九十六

食货二

赋役　仓库

赋役　一曰赋则。清初入关，首除明季加派三饷。时赋税图籍多为流寇所毁。顺治三年，谕户部稽核钱粮原额，汇为《赋役全书》，悉复明万历间之旧。计天下财赋，惟江南、浙江、江西为重，三省中尤以苏、松、嘉、湖诸府为最。六年，户科右给事中董笃行请颁行易知由单。八年，世祖亲政，分命御史巡行各省，察民间利病。苏松巡按秦世桢条奏八事：曰，田地令业主自丈，明注印册；曰，额定钱粮，俱填易知由单，设有增减，另给小单，以免奸胥藉口；曰，由单详开总散数目，花户姓名，以便磨对；曰，设立滚单，以次追比；曰，收粮听里户自纳簿柜，加钤司府印信；曰，解放先急后缓，勒限掣销；曰，民差查田均派，与排门册对验；曰，备用银两，不得额外透支，征解银册，布政司按季提取，年终报部。自后钱粮积弊，厘剔渐清。

十一年，命右侍郎王宏祚订正《赋役全书》，先列地丁原额，次荒亡，次实征，次起运存留。起运分别部寺仓口，存留详列款项细数。其新垦地亩，招徕人丁，续入册尾。每州县发二本，一存有司，一存学宫。赋税册籍，有丈量册，又称鱼鳞册，详载上中下田则。有黄册，岁记户口登耗，与《赋役全书》相表里。有赤历，令百姓自登纳数，上之布政司，岁终磨对。有会计册，备载州县正项本折钱粮，注明解部年月。复采用明万历一条鞭法。一条鞭者，以府、州、县一岁中夏税秋粮存留起运之额，均徭里甲土贡雇募加银之额，通为一条，总征而均支之。至运输给募，皆官为支拨，而民不与焉。颁易知由单于各花户。由单之式，每州县开列上中下则，正杂本折钱粮，未缀总数，于开征一月前颁之。又佐以截票、印簿、循环簿及粮册、奏销册。截票者，列地丁钱粮实数，分为十限，月完一分，完则截之，钤印于票面，就印字中分，官民各执其半，即所谓串票也。印簿者，由布政司颁发，令州县纳户亲填入簿，季冬缴司报部。循环簿者，照《赋役全书》款项，以缓急判其先后，按月循环征收。粮册者，造各区纳户花名细数，与一甲总额相符。奏销册者，合通省钱粮完欠支解存留之款，汇造清册，岁终报部核销。定制可谓周且悉矣。

十五年，江西御史许之渐言："财赋大害，莫如蠹役，官以参罚去，而此蠹役盘踞如故。请饬抚按清查，甚者处以极刑，庶积弊可冀廓清。”工科给事中史彪古请严禁正供外加派，并将申饬私派之旨刊入易知由单，俾民共晓。帝以所奏皆切中时弊，下所司详议以闻。

圣祖即位，严申州县官隐匿地亩、不纳钱粮、捏报新垦之禁，更定州县催征议叙经征督催各官处分。其州县官挪用正款、捏称民欠，及加派私征者，罪之。帝以由单款项繁多，民不易晓，命将上中下等则地每亩应征银米实数列单内；由单报部，违限八月者，罪州县卫所及转报官。给事中姚文然上言：“灾荒蠲免，有收完在前奉令在后者，以本年应蠲钱粮抵次年应纳正赋，名曰流抵，自应载入由单，俾人沾实惠。但部题定额由单，于上年十一月颁发州县，磨算编造，必在九十月间，而各省题报灾伤，夏灾以六月，秋灾以九月，部中行查覆奏，咨行抚臣，饬知地方官吏，辗转需时，计已在颁发由单之后，其势无由填入。应请于流抵之下年填入由单，以杜其弊。”下部议行。

直省征收钱粮，夏税于五六月，秋粮于九十月，其报部之数，责成各司于奏销时详加磨勘，按年送京畿道刷卷。自世祖定赋税之制，正杂款繁多，咨题违错，驳令查覆，印官即借部驳之名，擅行私派；其正赋钱粮本有定额，地方官吏遇有别项需用，辄令设法，实与加派无二。至是下令严禁，罢州县欠粮、留任候代、完全开复之制。七年，以夏税秋粮定限稍迟，恐误协饷，仍复旧制，州县开征后，随收随解。凡各省地丁钱粮，巡抚于岁终奏销，详列通省钱粮起运存留、拨充兵饷、办买颜料及余剩之数，造册具报。其黄册、会计册繁费无益，悉罢之。十五年，严定官民隐田罪例。官吏查出隐田，分别议叙。人民举首隐地逾十顷者，即以其地与之。

十八年，令州县每岁将日收钱粮流水簿解司磨对，罢赤历。自顺治间订正《赋役全书》，至是二十余年，户口土田，视昔有加，按户增徭，因地加赋，条目纷繁，易于淆混。二十四年，下令重修，止载起运存留漕项河工等切要款目，删去丝秒以下尾数，名曰《简明赋役全书》。二十六年书成。廷议以旧书遵行已久，历年增减地丁银米，俱有奏销册籍可稽，新书遂罢颁行。是岁谕各省悉免刊刻由单，以杜派费扰民之弊。

二十八年，令各省巡抚于每年奏销时，盘查司库钱粮。先是各州县催征用二联串票，官民分执，不肖有司句结奸胥，以已完作未完，多征作少征，弊窦日滋。至是议行三联串票，一存有司，一付役应比，一付民执照。其后更刊四联串票，一送府，一存根，一给花户，一于完粮时令花户别投一柜以销欠。未几，仍复三联串票之制。各省绅衿本有优免丁银之例，而豪强土著，往往诡寄滥免，更有绅衿包揽钱粮耗羡，尽入私橐，官民交累。有诏，诡寄地亩，悉退还业户。三十年，以由单既停，令直省州县卫所照《赋役全书》科则输纳数目，勒石署门外。复谕民间隐匿地亩，限两年内自首，寻又展限两年。谕福建清丈沿海地亩，厘定疆界，湖南幅员辽阔，先饬民人自行丈量，官府再事抽丈，隐漏者罪之。

时征收钱粮，官吏往往私行科派，其名不一。阖邑通里共摊同出者，名曰软抬，各里各甲轮流独当者，名曰硬驼，于是设滚单以杜其弊。其法于每里之中，或五户或十户一单，于某名下注明田地若干、银米若干、春秋应各完若干，分为十限，发与甲首，依次滚催，自封投柜。一限既定，二限又依次滚催，其有停搁不完不缴者严惩，民以为便。浙江、湖北、山东诸省匠班银，均归入地丁征收。四十五年，九江府丈出滨江芦洲地亩三千余顷，均按下则起科。

五十一年，四川巡抚年羹尧上言：“四川钱粮原额百六十一万两有奇，现仅征及十分之一，宜立劝惩法，五年内增及原额之四五者准升，不及二分停升，不及一分降调，无增者褫其职。”御史段曦上疏驳之，略言：“川省自经明季兵燹，地广人稀。我朝勘定之后，虽叠次清查，增报仅及原额十分之一。近日抚臣加意催查，增至二万六千余两。今欲五年内增及原额十之二或十之四五，是增现粮三四倍也。贤能之吏，必罹不及分数之参处，不肖者抑勒首报，滋扰无穷。请川省隐漏钱粮，彻底清查，不必另立劝惩之法。”从之。五十九年，谕：“嗣后各州县钱粮，随征随解。若州县批解后，而布政司抵充杂派，扣批不发，许州县迳申督抚。”次年，又令各督抚将仓粮亏空，限三年补完。

圣祖在位六十年，政事务为宽大。不肖官吏，恒恃包荒，任意亏欠，上官亦曲相容隐，勒限追补，视为故事。世宗在储宫时，即深悉其弊。即位后，谕户部、工部，嗣后奏销钱粮米石物价工料，必详查核实，造册具奏。以少作多、以贱作贵、数目不符、核估不实者，治罪。并令各督抚严行稽查所属亏空钱粮，限三年补足，毋得藉端掩饰，苛派民间。限满不完，从重治罪。濒江沿海地，定例十年一清丈。雍正元年，谕令随时清查，坍者豁免，涨者升科。

二年，以山西巡抚诺敏、布政使高成龄请提解火耗归公，分给官吏养廉及其他公用。火耗者，加于钱粮正额之外。盖因本色折银，熔销不无折耗，而解送往返，在在需费，州县征收，不得不稍取盈以补折耗之数，重者数钱，轻者钱余。行之既久，州县重敛于民，上司苛索州县，一遇公事，加派私征，名色繁多，又不止于重耗而已。康熙季年，陕甘总督年羹尧请酌留秦省火耗充各官用度，余者捐出弥补亏空，圣祖不许。至是诺敏等复以为言。诏从其请。诺敏又请限定分数。帝以“酌定分数，则将来竟成定例，必致有增无减。今耗羡与正项同解，州县皆知重耗无利于己，孰肯加征？若将应得之数扣存，势必额外取盈，浮于应得之数”。于是定为官给养廉之制。河南巡抚石文焯请将捐谷耗羡充公，帝曰：“耗羡存库，所以备地方公用也。国家经费，自有常额，岂可以耗羡牵入正项，致滋另取挪移诸弊乎！”又谕户部曰：“州县亏空钱粮，有阖属百姓代偿者，名曰乐捐，实无异强派，应饬禁止。”

苏、松浮粮多于他省，诏蠲免苏州额征银三十万，松江十五万，永著为例。江苏巡抚张楷疏言：“江苏每年额赋，除蠲免浮粮外，应实征银三百五十万有奇。历年积欠八百八十一万有奇，计已达千二百余万。竭小民一岁所获，势难全完。现筹征收之法，本年新粮，责令全完，旧欠匀作十分，自明年始，年征其一，十年而毕，每岁奏销时，另册造报。嘉定一县积欠至百四十余万，请匀作十五分分征，上海、崑山、常熟、华亭、宜兴、吴江、武进、娄、长洲九县皆积至四十万，应匀作十二分分征，以纾民力。”帝深纳之。

各省中赋税繁重，苏、松而外，以浙江嘉、湖二府为最。五年，诏减十之一，共银八万余两。又命浙省南、秋等米，每年额征作十分核算，别为一本题销，如完解不全，罪承督各官。各省钱粮完欠细数，官吏多不宣示，胥吏因缘为奸，亏空拖欠，视为故常。诏各督、抚、布政饬州县官每年将各乡里完欠之数，呈送覆核，张贴本里，俾民周知。如有中饱，许人民执串票具控。其分年带征之项，亦应将花户每年应完之数，详列榜示，俾不得额外溢征。七年，蠲浙江额赋十之三，共十万两。其江苏通赋，自壬子年始，侵蚀包揽之项，分十年带征。实在民欠之项，分二十年带征。本年完纳之项若干，次年即依其数蠲免额征之粮。如额外多完，次年亦按多完之数蠲免。

十一年，安徽巡抚徐本条陈征粮事宜：一，州县征收粮柜，请迳用州县封条；二，花户完粮，宜仍用三联串票；三，小民零星钱粮，一钱以下者，许其变通完纳制钱。许之。十二年，修《赋役全书》。凡额征地丁钱粮商牙课税内，应支官役俸工驿站料价，以及应解本折绢布颜料银硃铜锡茶蜡等项，分晰原额新征总散之数，务为精核。自后十年修辑一次。

江南、湖广等省，芦洲坍涨靡定，定制五年一清丈，不肖官吏，恒藉以纳贿舞弊。乾隆元年，下诏清查。又禁各省虚报开垦。大学士朱轼请禁民间田地丈量首报。御史蒋炳奏州县征粮三弊：一，田亩科则不同，请每年照部颁定额，核明刊示；一，州县拆封如有短平，即于袋面注明数目，令花户自行补交；一，州县设立官匠，倾销银两，勒索包完，侵渔重利，嗣后准花户随处倾销，官匠永行禁革。皆从之。谕改减江南、浙江白粮十二万石，免苏、松浮粮额银二十万石。

自山西提解火耗后，各直省次第举行。其后又酌定分数，各省文职养廉二百八十余万两，及各项公费，悉取诸此。及帝即位，廷臣多言其不便。帝亦虑多取累民，临轩试士，即以此发问，复令廷臣及督抚各抒所见。大学士鄂尔泰、刑部侍郎钱陈群、湖广总督孙家淦皆言：“耗羡之制，行之已久，征收有定，官吏不敢多取，计已定之数，与未定以前相较，尚不逮其半，是迹近加赋而实减征也。且火耗归公，一切陋习悉皆革除，上官无勒索之弊，州县无科派之端，小民无重耗之累，法良意美，可以垂诸久远。”御史赵青藜亦言：“耗羡归公，裒多益寡，宽一分则受一分之赐。且既存耗羡之名，自不得求多于正额之外，请无庸轻议变更。”惟御史柴潮生以为耗羡乃今日大弊。诏从鄂尔泰诸臣议。先是各省解京饷银，有随平陋规。雍正初，曾有诏禁止。嗣因清查部库亏空二百五十余万，怡亲王议以京饷平余弥补，每饷银千两，收平余二十五两，俱于耗羡内动支起解，较从前陋规减省已多。寻以弥补足额，减收其半。至是停止解部，存储司库，以充本省赈济荒灾及裨益民生之举。自明以来，江南岁额钱粮地丁漕项芦课杂税之外，复有所谓杂办者，款目甚多，汇入地丁分数奏销。逮编《赋役全书》，止载应解之款，未列杂办原委。至是乃妥定章程，以杜浮收，其实在缺额有累官民者豁免之，禁州县征粮浮收零尾。

十二年，大学士讷亲等议江苏钱粮拖欠至二百余万，不免吏役侵蚀，酌定自首减免之条。复谕黄廷桂等厘剔江苏催征诸弊。各省积欠钱粮，岁终奏报，然必待次岁五月奏销，方能定完欠实数。谕：“嗣后各省每年完欠钱粮，随奏销时核实具奏，毋庸循岁终奏闻之例。”二十二年，免江南乾隆十年以前积欠漕项银米地价耗羡。江苏巡抚陈宏谋奏：“江苏钱粮积年未能归款，由于州县案卷，任书承携贮私室，以致残缺无由查考，应严饬各州县将卷宗黏连盖印，妥存署中。至江省用款繁多，州县不免借垫，嗣后仍令随时详请抵兑。逾四月不详报，数达五百两以上者，参处；迟至一年，并府州题参。”均如所议行。

三十年，谕：“奏销册前列山地田荡版荒新垦，次列三门九则额征本折地丁起解存留，至为明晰。令嗣后刊刻《赋役全书》，以奏销条款为式，止将十年内新坍新垦者添注，其琐碎不经名目，概删除之。”户部议定各省征收钱粮，及一切奏销支放等事。凡银悉以厘为断，不及厘者，折衷归减。米粮以勺为断，奇零在五秒以上者作为一勺，不及五秒者删除。搭放俸饷制钱以一文为止，而册内有丝毫忽微虚数，一并删除。至各州县卫所应征银两，统令于由总单数下将奇零归减，其单内前列细数，仍存其旧，期与《赋役全书》、鱼鳞册数相符。三十三年，谕直省勋田，令民户首报，一体输纳。

三十六年，以比岁蠲免天下钱粮，民力饶裕，令各督抚值轮免之年，将缓带款项，务催征完纳，毋致次年有新旧同征之累。四十七年，御史郑澂请令督抚清查仓库，如有亏缺，本员治罪偿补，督抚从重议处，并加倍分赔。仍令各州县将仓库实贮之数，三月汇报，督抚随时督核。山东州县恒多亏挪仓库之弊，并有本无亏短，于离任时假捏亏数，私立欠约，移交后任，以为肥橐之计者。请饬下各督抚，查有前任亏缺、后任有欠约可凭者，除责成后任弥补外，仍令前任照数追缴入官，以杜短交滥接之弊。帝嘉纳之。嘉庆初，复令各督抚于地方官交代，如限内未能交清，应将该员截留，俟款项交清，方准赴任回籍，并禁止私立议单。自是以后，禁网益密矣。御史彭希洛奏各省钱粮多有浮收之弊。谕嗣后各督抚务于开征前，按时价核实换银上库之数，榜示通衢，纳银折钱，听民自便。

时各省地方官吏，于应征钱粮，往往挪移新旧，以征作欠，自三四年以来，积欠至两千余万。有诏将各省历年积欠，在民在官，一体清查，或留贮，或拨解，违者罪之。户部奏：“近五年各省耗羡盈馀内借款，请责成督抚查明补归原款，并将动支耗羡之款酌量删减，其各项存贮闲款，并详列以闻。”直隶清查各属历年亏短数达巨万。安徽仓库亏缺各项银百八十余万。帝谕新亏各员，自本年始，限四年完缴旧亏。未完者，每年酌扣司道府州县养廉九五成存库归款。部奏直隶等十五省，除缓征带征，其未完地丁余尚有八百七十余万，而十二年分又续增未完地丁银二百九十余万。帝以上官于经征之员，参限将满，即设法调署，俾接署者另行起限，州县藉是规避。令嗣后州县调署，须先查任内果无应征未完钱粮，咨部核明，毋得于参限届满时，违例调署。给事中赵佩湘奏："各省亏空，辗转清查，多致悬宕，请严行饬禁。"先是直隶因州县亏欠仓库，密令大吏清查，分别追赔。其后各省援例，请立局清查，挪新掩旧，弊窦潜滋，甚有借名弥补，暗肆朘削者，故佩湘以为言。帝谕直隶三次清查案内未完各款，分期勒令归补，逾限不完者，即责成所管上司摊赔，自后永罢清查，有渎请者罪之。

十七年，户部综计各省积欠钱粮及耗羡杂税之数，安徽、山东各四百余万，江宁、江苏各二百余万，福建、直隶、广东、浙江、江西、甘肃、河南、陕西、湖南、湖北积欠百余万、数十万、数万不等。帝以大吏督征不力，切责之，并令户部于岁终将各省原欠已完未完各数，详列以闻。各省逋赋，以江苏为最多。巡抚朱理奏酌定追补之制，分年补完，杜绝新亏。然属员掩视拖延如故。直隶自二年至十八年，积欠银三百四十余万，米粮等项十四万余石。总督那彦成疏请酌予蠲免，诏严行申饬。山东州县亏欠新旧六百余万两，一县有亏至六万余两。乃严定科条，亏缺万两者斩监候，二万以上者斩决。所亏之数，勒限监追，限内全完贷死，仍永不叙用，逾限不完斩无赦。

御史叶中万请清厘藩库借款，胡承珙请整顿直隶亏空诸弊。时各省藩库，因州县有急需，往往滥行借款，日久未归，展转挪抵，弊混丛生。而摊捐津贴，名目日增，州县派累繁多，办事竭蹶，亏欠正项势所必然，虽严刑峻法不能禁也。当乾隆之季，天下承平，庶务充阜，部库帑项，积至七千余万。嘉庆中，川楚用兵，黄河泛滥，大役频兴，费用不赀，而逋赋日增月积，仓库所储，亦渐耗矣。

道光二年，御史罗宸条陈直省解征钱粮，请仿盐引茶引法，防官吏侵蚀。帝以纷扰，不许。革州县粮总、库总，从御史余文铨请也。乾隆初，州县征收钱粮，尚少浮收之弊。其后诸弊丛生，初犹不过就斛面浮收，未几，遂有折扣之法，每石折耗数升，渐增至五折六折，余米竟收至二斗五升，小民病之。廷议八折征收，以为限制浮收之计。大学士汤金钊疏驳之。御史王家相亦言"八折之议，行之常、镇、江、淮、扬、徐等府，或可尝试，苏、松粮重之地，窒碍孔多"。议遂寝。时东南财赋之区，半遭蹂躏。未被兵州县，又苦贪吏浮收勒折，民怨沸腾，聚众戕官之事屡起。州县率以抗粮为词，藉掩其浮勒之咎。江苏苏、松等属，每遇蠲缓，书吏等辄向业户索钱，名曰卖荒。纳钱者，虽丰收仍得缓征；不纳者，纵荒歉不获查办。诏并禁之。湖北漕务积弊已久，巡抚胡林翼疏请折漕革除规费，民间减钱百四十余万千文，国帑增银四十余万两，节省提存银三十余万两。诏褒美之。

军兴以后，四川等省，办理借征，以充兵饷。裕瑞奏请劝谕绅民，按粮津贴，罢借征。英桂奏："交纳钱粮半银半钱之制，而官取民仍以银，每钱二千作银一两，耗银无出。请于应入拨之地丁，准搭官票，不入拨之耗羡，仍征实银。"部臣以办法两歧，请依原章，正杂钱粮，一体搭交官票。然地方官吏仍收实银，而以贱值之票交纳藩库，帝令严禁。

同治元年，清查直省钱粮。二年，两江总督曾国藩、江苏巡抚李鸿章疏言："苏、松、太浮赋，上溯之，则比元多三倍，比宋多七倍；旁证之，则比毗连之常州多三倍，比同省之镇江等府多四五倍，比他省多一二十倍不等。其弊由于沿袭前代官田租额，而赋额遂不平也。国初以来，承平日久，海内殷富，为旷古所罕有，故乾隆中年以后，办全漕者数十年，无他，民富故也。至道光癸未大水，元气顿耗，然犹勉强枝梧者十年。逮癸巳大水而后，无岁不荒，无县不缓，以国家蠲减旷典，遂为年例。部臣职在守法，自宜坚持不减之名，疆臣职在安民，不得不为暗减之术。始行之者，前督臣陶澍、前抚臣林则徐也。又官垫民欠一款，不过移杂垫正，移缓垫急，移新垫旧，移银垫米，以官中之钱完官中之粮，将来或豁免，或摊赔，同归无着。故历年粮册，必除去垫欠虚数，方得征收实数。苏属全漕百六十万，厥后遂积渐减损。道光辛卯以后十年，连除官垫民欠，得正额之七八；辛丑以后十年，除垫欠，得正额之五六；咸丰辛亥十年，除垫欠，仅得正额之四成而已。自粤逆窜陷苏、常，焚烧杀掠，惨不可言。臣亲历新复州县，市镇丘墟，人烟寥落。已复如此，未复可知。而欲责以数倍他处之重赋，向来暴征之吏，亦无骨可敲、无髓可吸矣。细核历年粮数，咸丰十年中，百万以上者仅一年，八十万以上者六年，皆以官垫民欠十余万在其中，是最多之年，民完实数不过九十万也。成案如是，民力如是。惟吁请准减苏、松、太三属粮额，以咸丰中较多之七年为准，折衷定数，总期与旧额本经之常、镇二属通融核计，著为定额。即以此后开征之年为始，永远遵行，不准再有垫完民欠名目。嗣后非水旱亦不准捏灾，俾去无益之空籍，求有着之实征。至苏、松漕粮核减后，必以革除大小户名为清厘浮收之原，以裁减陋规为禁止浮收之委。"制可。先是太常卿潘祖荫、御史丁寿昌交章言减赋事，皆下部议。覆奏准苏、松减三之一，常、镇减十之一。大抵苏、松、太一亩之税，最重者几至二斗，轻者犹及一斗。列朝屡议核减，率为部议所格。雍正间，从怡亲王请，免苏、松两府额征银。乾隆间，又减江苏省浮粮，皆减银而不及米。至是诏下，百姓莫不称庆。

三年，从闽浙总督左宗棠请，谕绍兴属八县六场，正杂钱粮，统照银数征解，革除一切摊捐及陋规，计减浮收钱二十二万有奇，米三百六十余石。宁波属一厅五县六场，减浮收钱十万四千有奇，米八百余石。四年，浙江巡抚马新贻请豁减金华浮收钱十五万余串，米五百余石，衢州钱十万余串，米六十余石，严州钱六万余串，米六千余石，洋银八十余元，米百余石，从之。是年宗棠克湖州，疏言南漕浮收过多，请痛加裁汰。事下部议。覆奏杭、嘉、湖漕粮，请仿江苏例，减原额三十分之八，并确查赋则，按轻重量为核减，所有浮收陋规，悉予裁汰。其南匠米石，无庸议减。计三府原额漕白、行月等米百万余石，按三十分之八，共减米二十六万六千余石。国藩请将苏、松等属地丁漕项一体酌减，不许。

自乾、嘉以来，州县征收钱粮，多私行折价，一石有折钱至二十千者。咸丰中，胡林翼始定核收漕粮，每石不得过六千钱。其后山东亦定每石收钱六千。江苏定每石年内完者收四千五百，年外收五千。江西收钱三千四百。河南每石折银三两。安徽二两二钱。漕粮浮收，其来已久。河运、海运，皆有津贴。嘉兴一郡，征漕一石，有津贴至七钱以上者。又征收漕粮，例有漕余，其数多寡不一，大抵视缺分肥瘠为准。历来本折并收，而折色浮收，较本色更重。自正额减折价定，逐渐少浮收之弊。

直隶、奉天多无粮之地，名曰黑地，或旗产日久迷失，或山隅海涘新垦之田。咸丰季年，寶鋆等查出昌平黑地四百四十余顷，试办升科。诏直隶总督、盛京将军、顺天、奉天各府尹一体办理。同治初，令黑地业户各赴所管官署呈报升科，许永远为业。御史陈儁奏："直隶、奉天除昌平外，呈报升科者寥寥，盖由地方官吏征收入己，延不具报，甚有将报地人抑勒刑逼诸弊。"帝遣大臣分查。大学士倭仁疏陈黑地升科，州县畏难苟安，请申明赏罚。寻定州县查出隐地逾二十顷优叙，升科地多者奖之；有徇稳匿垦、吏胥诈赇，以溺职论；其无赖假称委员，恐吓得赃，照例严惩。

德宗即位之初，复新疆，筹海防，国用日增。户部条陈整顿钱粮之策，略云："溯自发逆之平，垂二十年，正杂钱粮，期可渐复原额。乃考核正杂赋税额征总数，岁计三千四百余万两，实征仅百四十五万两，赋税亏额如此。财既不在国，又不在民，大率为贪官墨吏所侵蚀。约而言之，其弊有五：一曰报荒不实，二曰报灾不确，三曰捏作完欠，四曰征存不解，五曰交代宕延。核计近年赋税短征，以安徽及江苏之江宁为最，苏州、江西次之，河南又次之。多者所收不及五分，少者亦亏一二分不等。请饬各督抚藩司认真厘剔，以裕度支。"诏从其请。然终清之世，诸弊卒未能尽革也。

二十年，中、日之战，赔兵费二万万。二十六年，拳匪肇祸，复赔各国兵费四万五千万。其后练新军，兴教育，创巡警，需款尤多，大都就地自筹。四川因解赔款，而按粮津贴捐输之外，又有赔款新捐。两江、闽、浙、湖北、河南、陕西、新疆于丁漕例征外，曰赔款捐，曰规复钱价，曰规复差徭，曰加收耗羡，名称虽殊，实与加赋无大异也。

总计全国赋额，其可稽者：顺治季年，岁征银二千一百五十余万两，粮六百四十余万石；康熙中，岁征银二千四百四十余万两，粮四百三十余万石；雍正初，岁征银二千六百三十余万两，粮四百七十余万石；高宗末年，岁征银二千九百九十余万两，粮八百三十余万石，为极盛云。

一曰役法。初沿明旧制，计丁授役，三年一编审，嗣改为五年。凡里百有十户，推丁多者十人为长，余百户为十甲，甲十人。岁除里长一，管摄一里事。城中曰坊，近城曰厢，乡里曰里。里长十人，轮流应征，催办钱粮，勾摄公事，十年一周，以丁数多寡为次，令催纳各户钱粮，不以差徭累之。编审之法，核实天下丁口，具载版籍。年六十以上开除，十六以上添注，丁增而赋随之。有市民、乡民、富民、佃民、客民之分。民丁外复有军、匠、灶、屯、站、土丁名。

直省丁徭，有分三等九则者，有一条鞭征者，有丁随地派者，有丁随丁派者。其后改随地派，十居其七。都直省徭里银三百余万两，间征米豆。其科则最轻者每丁科一分五厘，重至一两有余。山西有至四两余，巩昌有至八九两者。因地制宜，不必尽同也。三等九则之法，沿自前明，一条鞭亦同。其法将均徭均费等银，不分银力二差，俱以一条鞭从事。凡十甲丁粮，总于一里，各里丁粮，总于一州县，而府，而布政司。通计一省丁粮，均派一省徭役，里甲与两税为一。凡一州县丁银悉输于官，官为佥募，以充一岁之役，民不扰而事易集。定内外各衙署额设吏役，以良民充之。吏典由各处佥拨，后改为考取，或由召募投充。役以五年为满，不退者斥革。其府州县额设祗候、禁子、弓兵，免杂派差役。又有快手、皂隶、门卒、库子诸役，皆按额召募。额外滥充者谓之白役，白役有禁。然州县事剧役繁，必藉其力，不能尽革也。又定州县铺司及弓兵之制，禁止私役。禁人民私充牙行、埠头。

濒河之地，例有夫役守护。顺治四年，以御史佟凤彩言，设直隶沿河堤夫。九年，河决封丘，起大名、东昌、兖州及河南丁夫数万塞之。十二年，增给河夫工食。河工用民之例有二：曰佥派，曰召募。佥派皆按田起夫，召募则量给雇值。其后额设之夫，悉给工食，由佥派而召募，役民给值，较古制为善矣。十七年，禁州县私派里甲之弊。

康熙元年，令江南苏、松两府行均田均役法。户科给事中柯耸言："任土作赋，因田起差，此古今不易常法。但人户消长不同，田亩盈缩亦异，所以定十年编审之法，役随田转，册因时更，富者无免脱之弊，贫者无虻负之累。臣每见官役之侵渔，差徭之繁重，其源皆由于佥点不公，积弊未剔。查一县田额若干，应审里长若干，每里十甲，每甲田若干，田多者独充一名，田少者串充一名，其最零星者附于甲尾，名曰花户，此定例也。各项差役，俱由里长挨甲充当，故力不劳而事易集。独苏、松两府，名为佥报殷实，竟不稽查田亩，有田已卖尽而报里役者，有田连阡陌全不应差者。年年小审，挪移脱换，丛弊多端。田归不役之家，役累无田之户，以致贫民竭骨难支，逃徙隔属。今当大造之年，请饬抚臣通行两府，按田起役，毋得凭空佥报，以滋卖富差贫之弊。其他花分子户、诡寄优免、隔属立户、买充册书诸弊，宜严加禁革。"下部议行。六年，严禁江西提甲累民。提甲之说，在明曰提编，现年追比已完，复提次甲，责成备办。广信诸府，有连提数甲者，实与加派无二。以御史戈英言，罢之。

七年，定驿递给夫例。凡有驿处，设夫役以供奔走，其额视路之冲僻为衡，日给工食，皆入正赋编征。此项人夫，大率募民充之，差役稍繁，莫不临时添雇。水驿亦然。十二年，停河南佥派河夫，按亩征银，以抵雇值。十六年，河道总督靳辅上言："河工兴举，向俱勒州县派雇里民，用一费十。今两河并举，日需夫十余万，乃改佥派为雇募，多方鼓舞，数月而工成。"大工用雇募自辅始。是年禁有司派罚百姓修筑城垛。二十九年，以山东巡抚佛伦言，令直省绅衿田地与人民一律差徭。

五十一年，谕曰："海宇承平日久，户口日增，地未加广，应以现在丁册定为常额，自后所生人丁，不征收钱粮，编审时，止将实数查明造报。"廷议："五十年以后，谓之盛世滋生人丁，永不加赋。仍五岁一编审。"户部议："缺额人丁，以本户新添者抵补；不足，以亲戚丁多者补之；又不足，以同甲粮多之丁补之。"

雍正初，令各省将丁口之赋，摊入地亩输纳征解，统谓之"地丁"。先是康熙季年，四川、广东诸省已有行之者。至是准直隶巡抚李维钧请，将丁银随地起征，每地赋一两，摊入丁银二钱二厘，嗣后直省一体仿行。于是地赋一两，福建摊丁银五分二厘七毫至三钱一分二厘不等；山东摊一钱一分五厘；河南摊一分一厘七毫至二钱七厘不等；甘肃，河东摊一钱五分九厘三毫，河西摊一分六毫；江西摊一钱五厘六毫；广西摊一钱三分六厘；湖北摊一钱二分九厘六毫；江苏、安徽亩摊一厘一毫至二分二厘九毫不等；湖南地粮一石，征一毫至八钱六分一厘不等。自后丁徭与地赋合而为一，民纳地丁之外，别无徭役矣。惟奉天、贵州以户籍未定，仍丁地分征。又山西阳曲等四十二州县，亦另编丁银。

二年，江西巡抚裴徫度奏裁里长。时廷臣有言大小衙署，遇有公事需用物件，恣行科派，总甲串通奸胥，从中渔利；凡工作匠役，皆设立总甲，派定当官，以次轮转；又设贴差名目，不愿赴官者，勒令出银，大为民害。诏并禁止。然日久玩生，滋扰益甚。乾隆元年，复有诏申禁。又谕各处岁修工程，如直隶、山东运河，江南海塘，四川堤堰，河南沁河、孟县小金堤等工，向皆于民田按亩派捐，经管里甲，不无苛索，嗣后永行停止。凡有工作，悉动用帑金。十年，川陕总督庆复奏兴修各属城垣，请令州县捐廉，共襄其事。帝曰："各官养廉，未必有余，名为帮修，实派之百姓，其弊更大。"不许。乃定各省城工千两以下者，分年修补，土方小工，酌用民力，余于公项下支修。二十二年，更定江西修堤力役之法。凡修筑土堤，阖邑共摊，夫从粮征，听官按堤摊分，募夫修筑。从巡抚胡宝瑔请也。二十五年，御史丁田树言："自丁粮归于地亩，凡有差徭及军需，必按程给价，无所谓力役之征。近者州县于上官迎送，同僚往来，辄封拿车船，奸役藉票勒派，所发官价，不及时价之半，而守候回空，概置不问，以致商旅裹足，物价腾踊。嗣后非承辨大差，及委运官物，毋得减发官价，出票封拿，违者从重参处。"得旨允行。三十二年，以用兵缅甸，经过各地，夫马运送，颇资民力，特颁帑银，每省十万，分给人民。

田赋职役，本有经制，大率东南诸省，赋重而役轻，西北赋轻而役重。直隶力役之征，有按牛驴派者，有按村庄派者，有按牌甲户口科者，间亦有按地亩者。然富者地多可以隐匿，贫者分厘必科，杂乱无章，偏枯不公。其尤甚者，莫如绅民两歧。有绅办三而民办七者，有绅不办而民独办者，小民困苦流离，无可告诉。时有议仿摊丁于地之例，减差均徭，每亩一分，无论绅民，按地均摊。直隶总督颜检力言其不可，并谓："如议者所言，每地一亩，摊征差银一分，其意在藉赋以收减差之实效，不知适藉差而添加赋之虚名，累官病民，弊仍不免。"疏入，议遂寝。

咸丰时，粤西役起，征调不时，不得不藉民力。粮银一两，派差银数倍不等。事定，差徭繁重如故，且钱粮或有蠲缓，差银则歉岁仍征。

光绪四年，山西巡抚曾国荃疏陈晋省疮痍难复，请均减差徭以舒民困，其略曰："晋省右辅畿疆，西通秦、蜀，军差、饷差、藏差，络绎于道，州县供亿之烦，几于日不暇给。车马既资之民间，役夫亦责之里甲。而各属办理不同。有阖邑里甲通年摊认者，资众力以应役，法尚公允。有分里分甲限年轮认者，初年摊之一甲一里，次年摊之二甲二里，各年差徭多寡不等，即里甲认派苦乐不均。豪猾者恃有甲倒累甲、户倒累户之弊，将其地重价出售，而以空言自认其粮。三五年后，乘间潜逃，于是本甲既代赔无主之粮，又代认无主之差，贻害无穷。计惟减差均徭，尚堪略为补救。除大差持传单勘合，循例支应，其他概不得藉端苛派。如有擅索车马者，治以应得之罪。"从之。五年，阎敬铭复条陈八事：一，裁减例差借差；二，由臬司发给车马印票；三，喇嘛来往，须有定班；四，奉使办事大臣，宜禁滥索；五，严除衙蠹地痞；六，令民间折交流差钱，由衙门自办；七，严查驿马足额备用；八，本省征防各兵，给予长车，由营自办。下所司议行。八年，张之洞任山西巡抚，复言："晋省虐民之政，不在赋敛而在差徭。向例每县所派差钱，大县制钱五六万缗，小县亦万缗不等，按粮摊派，官吏朋分，衢途州县，设立车柜，追集四乡牲畜，拘留过客车马，或长年抽收，或临时勒价，居者行者均受其患。现拟筹款生息，官设差局，严定应差章程，禁止差员滥支。"车柜陋习遂革。

先是先代陵墓，皆设陵户司巡查洒扫，例免差徭。又各先贤祠宇，凡有祭田，皆免其丁粮。军民年七十以上者，许一子侍养，免其杂泛差役。

顺治二年，免直省京班匠价，并除其匠籍。定绅衿优免例，内官一品免粮三十石、丁三十，二品免粮二十四石、丁二十四，其下以次递减；外任官减其半。十四年，部议优免丁徭，本身为止。雍正四年，四川巡抚罗殷泰言，川省各属，以粮载丁，请将绅衿贡监优免之例禁革。部议驳之。复下九卿议，定绅衿止免本身；其子孙族户冒滥，及私立儒户官户者，罪之。乾隆元年，申举贡生监免派杂差之令。三十七年，停编审造册。时丁银既摊入地粮，而续生人丁又不加赋，五年编审，不过沿袭虚文，无裨实政，至是因李瀚言，遂罢之。翌年，陈辉祖请将民屯新垦丁银随年摊征。帝以所奏与小民较及锱铢，非惠下恤民之道，谕嗣后各省办理丁粮，悉仍旧制，毋得轻议更张。

一曰蠲免赋税。蠲免之制有二：曰恩蠲，曰灾蠲。恩蠲者，遇国家庆典，或巡幸，或用兵，辄蠲其田赋。

世祖入关，首免都城居民被兵者赋役三年。顺治二年，以山西初复，免本年田租之半。三年，收江南，免漕粮三之一。八年，世祖亲政，给还九省加派额外钱粮，免山西荒地额粮一万五千顷，及直隶、山东、河南、陕西荒残额赋。恩蠲灾蠲之诏，岁数四下。康熙十年东巡，免跸路所经今年租。十三年，蠲免各省八九两年本折钱粮积欠在民者。时海内大定，诏用兵以来积欠钱粮悉免之。二十七年南巡，免江南积欠地丁钱粮，及屯粮芦课米麦豆杂税。三十三年，蠲免广西、四川、贵州、云南四省应征地丁银米。四十五年，免直隶、山东本年积欠钱粮，其山西、陕西、甘肃、江苏、浙江、安徽、江西、湖北、湖南、福建、广东、广西各省，自康熙四十三年以前，未完地丁银二百十二万有奇，粮十万五千石有奇，悉行蠲免。

承平日久，户口渐繁，地不加增，民生有不给之虞，诏直省自五十年始，分三年轮免钱粮一周。三年中计免天下地丁粮赋三千八百余万。五十六年，免直隶、安徽、江苏、浙江、江西、湖广、西安、甘肃带征地丁屯卫银二百三十九万余两，其安徽、江苏所属带征漕项银四二九万余两，米麦豆十四万余石，免征各半。五十七年，以征策妄阿拉布坦，免陕、甘明年地丁百八十余万。圣祖尝读汉文帝蠲民田租诏，叹曰："蠲租乃古今第一仁政，穷谷荒陬，皆沾实惠。然非宫廷力崇节俭，不能行此。"故在位六十年中，屡颁恩诏，有一年蠲及数省者，一省连蠲数年者，前后蠲除之数，殆逾万万。

世宗即位，蠲免江苏各属历年未完民屯地丁芦课等银千二百十余万。西藏、苗疆平，免甘肃、四川、广西、云、贵五省田租。又谕国家经费已敷，宜散富于民，乃次第免直省额赋各四十万。乾隆元年，诏免天下田租，先后免雍正十三年以前各省逋赋、及江南钱粮之官侵吏蚀者。四年，免直隶本年钱粮九十万，江苏百万，安徽六十万，正耗一体蠲除。十年，普免天下钱粮二千八百二十四万有奇，援康熙五十一年之例，将各省分为三年，以次豁免。三十一年，诏次第蠲各省漕米，五年而遍，其例征折色者亦免之。三十五年，值帝六旬，明岁又际太后八旬，照十年之例，按各省额赋，分三年轮免一周。

四十二年，普免天下钱粮，自明年始，分三年轮免，计二千七百五十九万有奇。各省漕粮，自四十五年普免一次。四十九年，豁免甘肃压欠起运粮银百六十余万，其存留项下民欠银粮，起运项下民欠草束，悉免之。五十五年，高宗八旬，诏按各省额征银数，将所属各府州县次第搭配三次，按年轮免，三年而竣，一省之中，仍先尽上年灾缓之区，首先蠲免。五十九年，普免各省应征漕粮。六十年，普免各省积欠，及因灾缓带银千五百五十余万两、粮三百八十余万石，其奉天、山西、四川、湖南、广西、贵州六省向无积欠，免下年正赋十之二。又以明年将归政，免嘉庆元年各省应征地丁钱粮，其省方时巡跸路所经，辄减额赋十之三。

仁宗即位，以湖北、湖南教匪苗民蠢动，免次年两省钱粮，并及川、陕被兵之区。四年，以郊祀升配礼成，普免各省积欠缓征地丁耗羡，及民欠籽种口粮漕粮银，并积欠缓征民借米谷草束。十年，谒祖陵，免跸路所经州县钱粮之半。二十四年，以六旬万寿，免天下正耗民欠，及缓带银谷，计银二千一百二十九万两有奇、米谷四百余万石。四川、贵州两省无民欠，免明年正赋十之二。

灾蠲有免赋，有缓征，有赈，有贷，有免一切逋欠。清初定制，凡遇灾蠲，起运存留均减。存留不足，即减起运。顺治初，定被灾八分至十分，免十之三；五分至七分，免二；四分免一。康熙十七年，改为六分免十之一，七分以上免二，九分以上免三。雍正六年，又改十分者免其七，九分免六，八分免四，七分免二，六分免一。然灾情重者，率全行蠲免。凡报灾，夏灾以六月，秋灾以七月。既报，督抚亲莅灾所，率属发仓先赈，然后闻。康熙三年，户部奏遇灾之地，先将额赋停征十之三，以待题免。四年，御史郝维讷请凡灾地田赋免若干，丁亦如之。其后丁随地起，凡有灾荒，皆丁地并蠲。旨下之日，州县不即出示，或蠲不及数、纳不留抵者，科以侵欺之罪。乾隆元年，安徽布政使晏斯盛请"嗣后各省水旱应免钱粮之数，于具题请赈日始，限两月造报，并请将丁银统入地粮银内核算蠲免"。从之。圣祖、高宗两朝，叠次普免天下钱粮，其因偏灾而颁蠲免之诏，不能悉举。仁宗之世，无普免而多灾蠲，有一灾而免数省者，有一灾而免数年者。文宗以后，国用浩繁，度支不给，然遇疆臣奏报灾荒，莫不立予蠲免。若灾出非常，或连年饥馑，辄蠲赈兼施云。

仓库　京师及各直省皆有仓库。仓，京师十有五。在户部及内务府者，曰内仓，曰恩丰；此外曰禄米，曰南新，曰旧太，曰富新，曰兴平，曰海运，曰北新，曰太平，曰本裕，曰万安，曰储积，曰裕丰，曰丰益。在通州者，曰西仓，曰中仓。各省漕运，分贮于此。直省则有水次仓七：曰德州，曰临清，曰淮安，曰徐州，曰江宁，各一；惟凤阳设二。为给发运军月粮并驻防过往官兵粮饷之需。其由省会至府、州、县，俱建常平仓，或兼设裕备仓。乡村设社仓，市镇设义仓，东三省设旗仓，近边设营仓，濒海设盐义仓，或以便民，或以给军。大抵京、通两仓所放米，曰官俸，曰官粮，亦名甲米，二者去全漕十之六。其一，养工匠，名匠米。其一，定鼎时，宗臣封亲王者六，封郡王者二，世宗之弟封亲王者一，此九王子孙，自适裔外，并有封爵，以世降而随之，统名恩米，二者去京仓百之一。是以雍正以前，太仓之粟常有余。

乾隆二十八年，户部侍郎英廉疏言："迩年因赈恤屡截留漕运，间遇京师粮贵，复发内仓米石平粜，储积渐减。请于湖广、江西、江南、浙江产米之区，开捐贡监，均收本色，收足别贮。遇截漕之年，即于次年照数补运京仓。"下九卿议准，旋复停止。及嘉庆中，川楚盗起，水旱间作，工匠既倍于昔，而九王之后亦愈衍愈众。咸丰后，复有粤寇之乱，运道不通，仓储益匮，乱平稍复旧例。

向京师平粜，有五城米局，八旗米局。五城米局始于康熙。雍正四年，于内城添厂，并添五城、通州厂各一。乾隆二年，增五城为十厂，寻又添设八厂于四乡。九年，于四路同知设四厂。八旗米局凡二十四，又通州左右翼两局，皆设于雍正六年。乾隆元年，并为八局，旋仍旧。十五年，命二十四局分左右翼办理，不拘旗分。十七年，以米价未平，且有勒买之弊，谕并通州两局停止。

其直省常平、裕备等仓，顺治十一年，命各道员专管，每年造册报部。十七年，户部议定常平仓谷，春夏出粜，秋冬籴还，平价生息，凶岁则按数给散贫户。康熙六年，甘肃巡抚刘斗疏言："积米年久恐浥烂，请变价籴新谷。"从之。七年，陕西巡抚贾汉复请将积谷变价生息。帝谕出陈入新，原以为民，若将利息报部，反为民累，著停止生息。十九年，谕常平仓留本州县备赈，义仓、社仓留本村镇备赈。三十年，户部议令直隶所捐米石，大县存五千石，中县四千，小县三千；嗣又令再加贮一倍。三十一年，议定州县积谷，照正项钱粮交代，短少以亏空论。三十四年，议定江南积谷，每年以七分存仓，三分发粜，并著为通例。四十三年，议定州县仓谷霉烂者，革职留任，限一年赔完复职；逾年不完，解任；三年外不完，定罪，著落家产追赔。

时各省州县贮谷之数，山东、山西大州县二万石，中州县万六千石，小州县万二千石；江西大州县一万二千石；江苏、四川率不过五六千石；而福建现在捐谷二十七万石，常平又存五十六万石；台湾捐谷及常平为最多，共八十余万石。令酌留三年兵需，余变价充饷。四十七年，议定州县官于额贮外加买贮仓，准其议叙，若捐谷以少报多，或将现贮米捏作捐输，后遇事发，除本管知府分赔外，原报督抚一并议处。至官将仓谷私借于民，计赃以监守自盗论，谷石照数追赔。五十四年，议定绅民捐谷，按数之多寡，由督抚道府州县分别给扁，永免差役。

雍正三年，以南方潮湿，令改贮一米易二谷。四年，浙闽总督高其倬疏言："闽省平籴有二大病：一，交盘之弊不清，各官授受，皆有价无谷，而价又不敷买补；一，平粜之价太贱，每石减价至一两，且有不及一两者，各属虽欲买补，缘价短束手，而奸民乘此谋利，往往借价贵，煽惑穷民，竟欲平粜之期，一岁早于一岁，平粜之价，一年贱于一年。请嗣后视米之程高下，每石以一两二钱或一两三钱，谷则定以六钱五分或六钱，总以秋成后既平之价为准。"帝韪其言。寻定州县仓廒不修，致米谷霉烂者，照侵蚀科断，并将亏空各州县解任。其谷令自行催还，限以一年，逾限者治罪。五年，定各省常平仓，每年底令本府州盘查。如春借逾十月不完，或捏造，俱行参处，照数追赔。又因福建常平仓各属有银谷两空者，有无谷而仅存价者，查实，将亏空之州县官更换。

十三年，内阁学士方苞上平粜仓谷三事："一，仓谷每年存七粜三，设遇价昂，必待申详定价，穷民一时不得邀惠。请令各州县酌定官价，一面开粜，一面详报。一，江淮以南地气卑湿，若通行存七粜三，恐积至数年，必有数百万霉烂之谷，有司惧罪，往往以既坏之谷抑派乡户。请饬南省各督抚，验察存仓各谷色，因地分年，酌定存粜分数；河北五省倘遇岁歉，亦不拘三七之例。一，谷之存仓有鼠耗，盘粮有折减，移动有脚价，粜籴守局有工人食用，春粜之价即稍有赢馀，亦仅足充诸费。请饬监司郡守岁终稽查，但数不亏，不得借端要挟，倘逢秋籴价贱，除诸费外，果有赢余，详明上司别贮，以备歉岁之用。"下部议行。

乾隆三年，两江总督那苏图疏言平粜之事，止须比市价酌减一二分。两广总督鄂弥达亦言："平粜之价，不宜顿减。盖小民较量锱铢，若平粜时官价与市价悬殊，则市侩必有藏以待价，而小民藉以举火者，必皆仰资官谷。仓储有限，商贩反得居奇，是欲平粜而粜仍未平也。从来货积价落，民间既有官谷可籴，不全赖铺户之米，铺户见官谷所减有限，亦必稍低其价以冀流通。请照市价止减十一，以次递减，期年而止，则铺户无所操其权，而官谷不至虞其匮。"均报可。七年，谕："从前张渠奏请减价粜谷，成熟之年，每石照市价减五分，米贵之年减一钱。但思歉岁止减一钱，穷民得米仍艰。嗣后著督抚临时酌量应减若干，奏明请旨。如有奸民贱籴贵粜，严拿究治。"

十三年，高宗谕大学士、户部曰："迩来常平仓额日增，有碍民食，嗣后应以雍正年间旧额为准。"寻议云南不近水次，陕、甘兼备军务，向无定额，请以现额为准。云南七十万石，西安二百七十万石，甘肃三百七十万石，各有奇。又福建环山带海，商运不通，广东岭海交错，产谷无几，贵州不通舟楫，积贮均宜充裕，以现额为准，福建二百五十余万石，广东二百九十余万石，贵州五十万石。其余照雍正年间旧额：直隶二百一十万石，奉天百二十万石，山东二百九十万石，山西百三十万石，河南二百三十万石，江苏百五十万石，安徽百八十万石，江西百三十万石，浙江二百八十万石，湖北五十万石，湖南七十万石，四川百万石，广西二十万石，各有奇，通计十九省贮谷三千三百七十余万石，较旧额四千四百余万石，应减贮千四百余万石。自是各省或额缺不补。二十三年，特谕采买还仓。三十一年，各省奏销，报实存谷数，惟江西、河南、广东与十三年定额相同。其视旧额增多者：湖南百四十三万石，山西二百三十万石，四川百八十五万石，广西百八十三万石，云南、贵州皆八十余万石。而浙江视旧额减少二百二十万石，奉天减少百万，甘肃减少百四十万；其直隶、江苏、安徽、福建、湖北、山东、陕西或减二十万、或减五六十万。盖聚之难而耗之易如此。

嘉庆初，仁宗屡下买补之令。四年，谕曰："国家设立常平仓，若不照额存储，仅将谷价贮库，猝遇需米之时，岂银所能济用？"命各省采买还仓。十七年，户部浙江司所存常平仓谷数凡三千三百五十万八千五百七十五石有奇，去乾隆中定额犹不远。至道光十一年，副都御史刘重麟、御史卞士云先后疏言，各直省州县于常平仓大率有价无谷，其价又不免侵用。帝命各督抚严核究治。然据十五年户部奏，查各省常平仓谷实数，仍止二千四百余万石，又非嘉庆时可比，况咸丰间天下崩乱之日乎。同治三年谕："近来军务繁兴，寇盗蜂起，所至地方辄以粮尽被陷，其故由各州县恣意侵挪，遇变无所依赖。嗣后各省常平仓，责成督抚认真整顿。"迨光绪初，直隶、河南、陕西、山西迭遭旱灾，饥民死者日近万人。四年，给事中崔穆之，八年，御史邬纯嘏，复先后请筹办仓谷，于是各督抚始稍加意焉。

其社义各仓，起于康熙十八年。户部题准乡村立社仓，市镇立义仓，公举本乡之人，出陈易新。春日借贷，秋收偿还，每石取息一斗，岁底州县将数目呈详上司报部。六十年，奉差山西左都御史朱轼奏请山西建立社仓，谕曰："从前李光地以社仓具奏，朕谕言易行难。行之数年，果无成效。张伯行亦奏称社仓之益，朕令伊暂行永平地方，其有效与否，至今未奏。凡建设社仓，务须选择地方敦实之人董率其事。此人并非官吏，借出之米，还补时遣何人催纳？即丰收之年，尚难还补，何况歉岁？其初将众人米谷扣出收贮，无人看守，及米石缺空，势必令司其事者赔偿，是空将众人之米弃于无用，而司事者无故为人破产赔偿也。社仓之法，仅可小邑乡村，若由官吏施行，于民无益。今朱轼复以此为请，即令伊久住山西，鼓励试行。"雍正二年，谕湖广总督杨宗仁、湖北巡抚纳齐喀、湖南巡抚魏廷珍等："前命建社仓，本为民计。劝捐须俟年丰，如值歉岁，即予展限。一切条约，有司勿预，庶不使社仓顿成官仓。今乃令各州县应输正赋一两者，加纳社仓谷一石。闻楚省谷石现价四五钱不等，是何异于一两正赋外加收四五钱火耗耶？"寻议定：凡州县官止任稽查，其劝奖捐输之法，自花红递加扁额以至八品冠带。如正副社长管理十年无过，亦以八品冠带给之。其收息之法，凡借本谷一石，冬间收息二斗。小歉减半，大歉全免，只收本谷。至十年后，息倍于本，只以加一行息。

三年，从江苏巡抚何天培请，止颁行社仓五事：一，赈贷均预造排门册存案；一，正副社长外，再举一般实者总司其事；一，州县官不许干预出纳；一，所需纸笔，必劝募乐输，或官拨罚项充用；一，积谷既多，应于夏秋之交，减价平粜，秋收后照时价买补。

五年，因湖广社仓亏空，谕："迩年督抚办社仓最力者，惟湖广总督杨宗仁。今据福敏盘查，始知原报甚多，而现贮无几。朕思举行此法实难。我圣祖仁皇帝深知之，是以李光地奏请而未允，张伯行暂行而即罢。盖在富民无藉乎仓，则输纳不前，而贫者又无余粟可纳。至于州县官，实心者岂可多得？湖广亏缺之数，倘系州县私用，必严追赔补，或民间原未交仓，或交仓之数与原报多寡不符，若令照数完纳，恐力未敷，须斟酌办理。"六年，世宗谕曰："前岳钟琪请于通省加二火耗内应行裁减每两五分之数，且暂征收，发民买谷，分贮社仓，俟数足即行裁减，是以暂收耗羡之中，隐寓劝输之法，实则应行斟酌之耗羡，即小民切己之赀财，而代民买贮之仓储，即小民自捐之积贮。乃陕省官员以为收贮在官，即是官物，而胥吏司其出纳者，遂有勒买勒借之弊。今特晓示，镌石颁布，傥地方官有如前者，以挠扰国政、贻误民生治罪。"

乾隆四年，户部议准陕西巡抚张楷奏定社仓事例：一，社长三年更换；一，春借时酌留一半，以防秋歉；一，限每年清还；一，将借户谷数姓名晓示；一，令地方官稽查交代分赔。五年，议定陕、甘社谷凡系民间者，听自择仓正、副管理。其系加二耗粮内留五分为社粮者，责成地方官经理，入于交代。自是之后，州县官视同官物，凡遇出借，层递具详，虽属青黄不接，而上司批行未到，小民无由借领。此后应请令州县于每年封印后，酌定借期，一面通详，一面出借，其期按耕种迟早以为先后。得旨允行。

十八年，直隶总督方观承疏言："义仓始于隋长孙平，至宋朱子而规画详备。虽以社为名，实与义同例。其要在地近其人，人习其事，官之为民计，不若民之自为计，故守以民而不守以官，城之专为备，不若乡之多为备，故贮于乡而不贮于城。今使诸有司于四乡酌设，粟黍从便，并选择仓正、副管理，不使胥吏干预。现据报捐谷数共二十八万五千三百余石，合百四十四州县卫所，共村庄三万五千二百一十，为仓千有五。"帝嘉之。三十七年，户部议准，社仓仍令官经理出纳。

嘉庆四年，又议准社义各仓出纳，由正、副长经理，止呈官立案。道光五年，安徽巡抚陶澍疏言："义仓苟欲鲜弊，惟有秋收后听民间量力输捐，自择老成者管理，不减粜，不出易，不借贷，专意存贮，以待放赈。"如所议行。其后军兴，各省皆废。同治六年，特谕兴复，光绪中，惟陕西巡抚冯誉骥所筹建者千六百余所为最多云。

其旗仓在东三省者，初皆贮米二千万石。营仓自康熙二十二年始。时山海关各口建仓，达于黑龙江墨尔根。三十年，令江宁、京口等处各截留漕米十万石存贮。三十六年，谕沿边卫堡如榆林等处均贮谷。四十九年，以湖南镇筸改协为镇，拨借帑银三千两，买谷贮仓。五十四年，命贮米密云、古北口。雍正三年，贮谷归化城土拉库。四十七年，先后命广东提标各营暨诸镇协均贮谷，其后复推行贵州、四川、浙江、福建、河南。十一年，命喜峰口贮谷。

乾隆元年，设河标营仓。十一年，又命山东河标设立。盐义仓，自雍正四年始。时两淮众商捐银二十四万，为江南买谷建仓之用，巡盐御史噶尔泰以闻，并缴公务银八万，共三十二万。谕以三万赏给噶尔泰，余照所请，赐名"盐义"。既而浙江众商亦捐银十万，谕巡抚李卫于杭州建仓。乾隆九年，又准山东票商仿行。

库之在京师属内务府者，设御用监掌之。顺治十六年改为广储司。十八年，分设缎库、银库、皮库、衣库。康熙十八年，增设茶库、磁库，合之为六。其属於户部者，曰银库、曰缎库、曰颜料库，合之为三。此外盛京户部银库，贮金银、币帛、颜料等物，以供二陵祭祀，及东三省官兵俸饷赏赉之用。各省将军、副都统、城守尉库，各贮官兵俸饷，及杂税官庄粜买粮价。布政使司库，贮各州县岁征田赋、杂赋银。按察司库，贮赃罚银钱。粮道库，贮漕赋银、驿站马夫工料。河道库，贮河饷。兵备道库，贮兵饷。盐运使司盐课各税务由部差者，有监督库。如道、府、厅、州、县官兼理者，有兼理官库，均贮关钞。地居冲要之分巡道库、府库、直隶州库及分驻苗疆之同知、通判库，均量地方大小，距省远近，酌量拨司库银分贮。州、县、卫所库，贮本色正杂赋银，存留者照数坐支，输运者输布政使司库。

凡诸库每岁出纳之数，皆造册送户部察核，惟赃罚例输之刑部。河工兵饷又兼达兵、工两部。户部于直省库储，其别有五。曰封储。如酌留各布政司银两，督抚公同封储，有急需，题奏动支，擅用论斩是也。此制定于雍正五年。以直隶近京，独无留贮。各省自三十万至十万，析为三等。其后直隶亦有之。惟盛京户部银库，自乾隆四十二年由京拨给一千万，永远存贮。四十三年，复命将军兼管。曰分储。如各省道库、府库，封贮银两，遇州县急需，请领即行发给，一面详报藩司督抚，仍令各州县将支销银两，随案具详听核是也。其后各繁剧州县，亦照京县例拨贮，而未有定额。及雍正八年，乃定各省道、府、州、县分贮之额，自三十万至十万，析为四等。曰留储。如存留属库坐支银两，拨款给发，例免解司是也。曰解储。如布政使司库，储府、州、县、卫解送正杂赋银；按察司库，收赃罚银；及将军、副都统、城守尉库，粮道库，收各处移解官兵俸饷漕项等银是也。曰拨储。如各省兵备道库，岁储由布政司或邻省拨解官兵银，河道库，岁储本省及邻省拨解官兵俸饷，并岁修抢修银，及伊犁岁需俸饷银，塔尔巴哈台岁需新饷银，西藏岁需台费银，云南岁需铜本银，贵州岁需铅本银，皆由各省拨解是也。户部总稽之，俾慎其收发，令各省解部地丁，将足色纹银倾熔元宝，合部颁法马，每枚五十两，勿加滴珠。

凡起解饷银，布政使亲同解官兑封押字，令库官钤印，当堂装鞘，给发兵牌。又州县官钱粮交代，由接任官造具接收册结，同监盘官印结，上司加结送司，详请咨部，不得逾限。布政使升转离任，将库储钱粮并无亏挪之处附奏，其新任接收，亦具摺奏闻，仍照例限详题。按察使交代，由巡抚会同藩司查核详题，且时其盘查，令各督抚于布政使司库钱粮奏销交代时，亲赴盘查，具结报题。督抚新任亦然。府、州、县库储钱粮奏销时，所管道、府亲赴盘查结报，不得委查取结，及预示日期，纵令掩饰。

至户部银库，康熙四十五年，以贮银多，谕将每年新收银别行收贮，至用银时，将旧银依次取用。乾隆四十一年，户部奏准各直省解京银两，无论元宝、小锭，必錾凿州县年月及银匠姓名。嘉庆十九年，命各省银解部，随到随交。道光十二年，又命官解官交。盖向来京饷及捐项，皆由银号交库也，然其弊不易革。同治三年，户部奏准凡由银号交库者，均收足色银两，锭面錾明某号字样，倘有弊端，即照原数加十倍罚赔。光绪四年，又奏准嗣后各省督抚并各路统兵大臣赴部领饷，须遵章递印领，盖所以重库储而杜流弊也。

卷一百二十二　　志九十七

食货三

漕运

清初，漕政仍明制，用屯丁长运。长运者，令瓜、淮兑运军船往各州县水次领兑民，加过江脚耗，视远近为差；而淮、徐、临、德四仓仍系民运交仓者，并兑运军船，所谓改兑者也。逮至中叶，会通河塞，而胶莱故道又难猝复，借黄转般诸法行之又不能无弊，于是宣宗采英和、陶澍、贺长龄诸臣议复海运，遴员集粟，由上海雇商转船漕京师，民咸称便。河运自此遂废。夫河运剥浅有费，过闸过淮有费，催趱通仓又有费。上既出百余万漕项，下复出百余万帮费，民生日蹙，国计益贫。海运则不由内地，不归众饱，无造船之烦，无募丁之扰，利国便民，计无逾此。洎乎海禁大开，轮舶通行，东南之粟源源而至，不待官运，于是漕运悉废，而改征折漕，遂为不易之经。今叙次漕运，首漕粮，次白粮，次督运，次漕船，次钱粮，次考成，次赏恤，而以海运终焉。

漕运初悉仍明旧，有正兑、改兑、改征、折征。此四者，漕运本折之大纲也。顺治二年，户部奏定每岁额征漕粮四百万石。其运京仓者为正兑米，原额三百三十万石：江南百五十万，浙江六十万，江西四十万，湖广二十五万，山东二十万，河南二十七万。其运通漕者为改兑米，原额七十万石：江南二十九万四千四百，浙江三万，江西十七万，山东九万五千六百，河南十一万。其后颇有折改。至乾隆十八年，实征正兑米二百七十五万余石，改兑米五十万石有奇，其随时截留蠲缓者不在其例。山东、河南漕粮外有小麦、黑豆，两省通征正兑。改耗麦六万九千五百六十一石八斗四升有奇，豆二十万八千一百九十九石三斗一升有奇，皆运京仓。黑豆系粟米改征，无定额。凡改征出特旨，无常例。

折征之目有四：曰永折，曰灰石米折，曰减征，曰民折官办。永折漕粮，山东、河南各七万石，石折银六钱、八钱不等；江苏十万六千四百九十二石有奇，石折银六钱不等；安徽七万五千九百六十一石有奇，石折银五钱至七钱不等；湖北三万二千五百二十石，湖南五千二百十有二石各有奇，石均折银七钱。其价银统归地丁报部。灰石改折，江苏二万九千四百二十四石，浙江万八千六百五十三石，遇闰加折四千十有五石，石折银一两六钱，以供工部备置灰石之用，自顺治十七年始也。

次年，饬江南、浙江、江西三省大吏，凡改折止许照价征收，如藉兑漕为名，滥行科索者，即行参劾。又以苏、松、常、镇四府差繁赋重，漕米每石折银一两，其随漕轻赍席木赠截等银，仍征之耗米，及给军行月赠耗等米，亦按时价折征。康熙八年，定河南漕粮石折银八钱。九年，浙江嘉、湖二府被灾，每石折征一两。五十八年，覆准河南附近水次之州县，额征漕粮每石八钱内，节省银一钱五分，仍令民间上纳，余六钱五分，令征本色起运。至距水次较远及不近水次之州县，额征米石，仍依旧例征银八钱，以一钱五分解部，余交粮道采办米石。雍正元年，以嘉、湖二属州县灾，谕令收征漕米本折各半，其折价依康熙九年例。六年，议定河南去水次稍远州县，均征本色，惟南阳、汝宁二府属，河南府之卢氏、嵩、永宁三县及光、汝二州并属县，又离水次最远之灵宝、阌乡，路远运艰，共酌减米万五千六十二石有奇，免其办解，分拨内黄、浚、滑、仪封、考城等五县协办，于五县地丁银内扣除完漕，照部价每石八钱，以六钱五分办运，节省之一钱五分，征解粮道补项。其南、汝等府属，每石折银八钱解司，以抵浚、滑等五县地丁银数，所谓减征是也。

乾隆二年，以大浚运河，江苏淮安之山阳、盐城、阜宁，扬州之江都、甘泉、高邮、宝应各县漕粮，每石征折银一两。其后海州、赣榆两邑亦然。山东、河南向所改征黑豆，不敷支给，河南再改征二万石，山东四万石。三年，湖广总督德霈言湖南平江距水次五百余里，请改折色，分拨衡阳、湘潭代买兑运，从之。七年，江西泸溪以折价八钱不敷采买，定嗣后每年八月借司库银拨县采买，照买价征银归还。其后江苏之嘉定、宝山、海州、赣榆，安徽之宁国、旌德、太平、英山，湖北之通山、当阳诸州县，悉遵此例。十一年，定河南祥符等四十州县额征粟米内，每年改小麦万石，与漕米黑豆并征运通。

十六年，以京师官兵向养马驼，需用黑豆，豫、东二省自雍正十年以来，于漕粮粟米内节次改征，每年额解黑豆二十万九千余石，每省酌量再改征黑豆一二万石。寻定山东三万石，河南二万石，额征粟米，照数除抵，其节省银一钱五分为运脚之用者并征之。十八年，仓场侍郎鹤年言："现在京仓黑豆六十万余石，足供三年支放，请自明年始，豫、东二省应运黑豆，酌半改征粟米，分贮京、通各仓，则豆无潮黦之虞，粟价亦平。"从之。

二十六年，以江苏之清河、桃源、宿迁、沭阳不产米粟，命嗣后先动司库银两，按照时价采办，令民输银还款，是谓民折官办。其后阜宁、旌德、泰兴、宁国、太平、英山诸县皆仿行之。

二十一年谕曰："漕粮岁输天庾，例征本色。勒收折色，向干严禁。现值年丰谷贱，若令小民以贱价粜谷，交纳折色，是闾阎终岁勤劬，所得升斗，大半粜以输官，以有限之盖藏，供无穷之朘削，病民实甚。著通谕有漕省分大吏，饬所属征收粮米，概以本色交纳，无许勒折滋弊。如有专利虐民者，据实严参。"然州县往往仍藉改折浮收，虽有明令，莫能禁也。

正兑、改兑、改折之外，复有截漕及拨运。各省截留漕船，介于起运停运之间，行月二粮，应给应追，向无定例。自乾隆元年，议定江苏、安徽、浙江截留漕船应支本折月粮三修银，照数全给。至行粮盘耗赠银负重等项，按站发给。若帮船截留本次，或旋兑旋卸，或数月后清，赠米亦按月计算。江西船大载重，每年三修银不敷，则取办于行月二粮。遇有截留，将原领折耗行月赠银赠米斛面米均免扣追。嗣以运军挂欠之项，谕将雍正十二年以前各省截留漕船应追等项悉免之。七年，以各省截留漕船已兑开行，例须扣追，酌定加给，视程途远近、船粮多寡为衡。山东、河南每船给银五十两。江南、浙江六十两，湖广七十两，江西九十两，以充各军在次修船置备器具，及雇募舵工水手安家养赡之用。其应给之银，即于行月折色银内扣给。十八年，谕曰："前命截留南漕二十万分贮天津水次各仓备用，但恐旗丁等于米色斛面任意搀和短少，而州县胥役又往往藉端勒索，令方观承饬天津道亲往监看。嗣后截漕之省，俱派就近道员稽查，不得委州县。著为令。"

拨运者，截留山东、河南所运蓟州粮，拨充陵糈及驻防兵米者也。康熙三十四年，议定年需粟米三万六百余石，将山东漕粮粟米照数截留，以原船自天津运至新河口，拨天津红剥船百五十艘，运至蓟州五里桥，船载百石，每百里给脚价一两三钱二分，所需之银，于过闸入仓脚价内拨给。四十五年，定密云驻防兵米，在豫、东二省每年征存蓟粮项下拨运，令该县于春夏之交，赴通领运收仓。平时由水运，有故则陆运。脚价由地粮银内给发。次年，令豫、东各添拨米百石，备支销折耗。又拨运保定、雄县两处驻防兵米，截至西沽就船受兑，以节耗费。嘉庆初，因东省轮免漕粮，先令豫省兑运，不敷之数，许动支节年仓存蓟米，并动碾公谷。其后河南被灾，亦准在蓟仓存米存谷内碾动。其各州县派拨之数，蓟州五万八千六百石、易州三万八千六百石各有奇，密云一万一千五百余石，保定、雄县共三千一百余石，良乡暨大兴之采育三百余石，顺义、昌平二百余石，霸州、东安、固安、宝坻三百余石，玉田及迁安之冷口各五百余石，沧州二千七百余石。又青州驻防兵米二千一百余石，亦于蓟粮内截留运供，德州驻防兵米不敷，亦得动支。此拨运之大略也。

各省之征收漕粮也，向系军民交兑，运军往往勒索扰民。顺治九年，始改为官收官兑，酌定赠贴银米，随漕征收，官为支给。雍正六年，以江、浙应纳漕粮为额甚巨，若必拘定粳米，恐价昂难于输将，以后但择乾圆洁净，准红白兼收，籼粳并纳，著为令。乾隆初，奏定民纳漕米，随到随收，严禁蠹书留难。四年，谕曰："朕闻湖北粮米，以十五万一千余石运赴通仓，名曰北漕，十二万六千余石为荆州官米，名曰南漕，二项原可合收分解。乃有不肖州县，分设仓口，令粮户依两处完纳，以图多得赢余，重累吾民。著行文该省，将二项漕粮合收，永远遵行。"七年，定直省有漕各属，于隔岁年终，刊易知由单，条悉开载，按户分给，以杜滥科。十年，工部侍郎范灿奏："江南下江征收漕米，向借漕费之名，或九折，或八折，自巡抚尹继善定每石收费六分，诸弊尽革。久之，吏胥复乘紧兑之际，多方刁难，小民势难久待，不得不议扣折。"谕饬有漕省分大小官吏，严行厘剔积弊。嘉庆八年，禁止各州县漕粮私收折色，及刁生劣监收揽包交。

凡漕粮皆随以耗费，耗皆以米，正兑一石耗二斗五升至四斗，改兑一石耗一斗七升至四斗，皆随正入仓，以供京、通各仓并漕运折耗之用。其南粮又有随船作耗米，自五升至二升三升不等，以途之远近为差。嘉庆间，定江苏漕粮耗米原备筛扬，耗米四升有奇。嗣后以二升余划付旗丁，二升随粮交仓。浙江、江西、两湖悉依此例。逮漕务改章，凡改征折色各省，耗米亦折价与正米并征，自是漕耗之名遂废。

初，各省漕粮改为官收官兑，赠贴名称，山东、河南谓之润耗，江苏、安徽谓之漕贴，浙江谓之漕截，江西、两湖谓之贴运，其数多寡不一，随粮征给，均刊列易知由单，私派挪移者罪之。其后江南每粮百石，竟私截至百余两，浙江至三十余两。粮道刘朝俊以贪婪漕贴万二千余两被劾，给事中徐旭龄亦疏陈赠耗之弊。然贪官污吏，积习相沿，莫能禁也。康熙十年，议定江宁等府起运耗米及正粮一体贴赠，苏、松、常三府改折灰石，帮贴漕折等银悉免之。二十四年，令各省随漕截银免解道库，径令州县给发。乾隆七年，定江南漕米赠耗永免停支例。各省收漕州县，除随正耗米及运军行月粮本折漕赠等项外，别收漕耗银米，其数亦多寡不一，此项耗外之米，皆供官军兑漕杂费及州县办公之用者也。

轻赍银者，始于有明中叶。以诸仓兑运，须给路费，征耗米，兑运米一平一锐，其锐米量取随船作耗，余皆折银，名曰轻赍。清因之。每年正兑米一石，江西、两湖诸省加耗四斗六升或六斗六升，锐米皆一斗。加耗四斗六升者，则以三斗随船作耗，而以连锐二斗六升折银一钱三分；加耗六斗六升者，则以四斗随船作耗，而以连锐三斗六升折银一钱八分，谓之三六轻赍。江苏、安徽每石加耗五斗六升，锐米一斗，除四斗随船作耗，而以余米二斗六升折银一钱三分，谓之二六轻赍。山东、河南每石加耗三升，锐米一斗，除二斗五升随船作耗，余米一斗六升折银八分，谓之一六轻赍。其改兑止有耗米，或三斗二升至一斗七升不等，止给本色随船作耗，而以存米二升易银一分，谓之折易轻赍。均每升折征银五厘，解仓场通济库。康熙四十七年，令每年江南等省额解轻赍银三十八万四千两，内除山东、河南、湖广、江西、浙江、江南等省额解银二十四万六千九百余两，仍留通济库应用，其苏松粮道所属额解银十三万七千余两，径解户部。如仓场不敷，得咨行户部支发。寻分拨苏松粮道所属额解轻赍银五万分解通济库备用。用此项轻赍银，例应兑漕通以济运务，外此有席木竹板等存，皆随漕交纳，其尺寸长短广狭，均有定制。

道光二十九年，两江总督李星沅奏南漕改折，户部定价太轻，开不肖州县浮勒之端。江苏巡抚陆建瀛亦言其不便。遂罢改征折色。同治四年，曾国藩、李鸿章请将江苏镇洋、太仓二州县漕粮改征折色，不许。光绪十年，翰林院侍读王邦玺疏陈丁漕有五弊、三难、五宜、三不可。是时直省丁漕积欠频仍，故邦玺以为言。二十三年，侍讲学士瑞洵言南漕改折，有益无损。先是江、浙漕米，除河运十二三万石外，岁约海运百二十余万。二十年，办理海防，江、浙各省各折十之五六。翌年，两江总督张之洞拟令苏省州县收折收本仍其旧，而由官全行折解。部令仍运本色。张之洞复奏，苏漕全折，岁可省运费八十万，浙江全折，两湖采买全停，剥船挑河各费、漕职卫官各项，均可酌减，岁可省百五十万。嗣户部以库储支绌，请将江苏海运漕粮暂减运三十万石，得银九十八万余两。奕劻等奏言："南漕岁有定额，兵民生计攸关，京师根本重地，尤须宽为储备。言者动称折漕岁五六百万，实则不过百余万有奇，似不宜轻议更张。"从之。

漕粮之外，江苏苏、松、常三府，太仓一州，浙江嘉、湖两府，岁输糯米于内务府，以供上用及百官廪禄之需，谓之白粮。原额正米二十一万七千四百七十二石有奇。耗米，苏、松、常三府，太仓一州每石加耗三斗，以五升或三升随正米起交，余随船作耗，共二万七百七石有奇；嘉、湖二府每石加耗四斗，以五升或三升随正米起交，余随船作耗，共万三千四百八十八石有奇。康熙初，定白粮概征本色，惟光禄寺改折三万石，石征银一两五钱。十四年，议定江南白粮仿浙省例，抽选漕船装运，每船给行月粮米六十九石三斗，银五十六两七钱六分。经费银，浙江旧例四百五十七两一钱一厘，议减去银百二十六两二钱四分、米二十八石。嗣以运漕、运白事同一体，裁江、浙白粮经费，仿漕粮之例，支给行赠银两。至白粮悉系包米运送，并无折耗，俟抵通照例交收。

先是江、浙输将白粮二十二万余石，太常寺、光禄寺各宾馆需用二千余石，王公官员俸约需十五六万石，内务府、紫禁城兵卒及内监食用需一万石，尚余五万石。乾隆二年，高宗谓："光禄寺等处收支，原以供祭祀及宾馆之用，在所必需。其王公百官俸米，应用白粮酌减其半，以粳米抵充。至赉赏禁城兵卒及内监米石，应将白粮易以粳米，以纾民力。"自是实征白糯不过十万石有奇矣。又准松江、太仓额征白糯，改征漕粮，即在派运白米十万石内通融盈缩，以均应减应运之数。浙江向不产糯，白粮中糯米一项，随漕统征糙粳，官为易糯兑运。两省白粮经费前已议裁，至是复照旧例征收。江苏征银十八万六千九百八十五两有奇，米万八千八百八十九石有奇，春办米二万一千三百九十九石有奇，浙江征银四万五千七十五两有奇，米三千九百六十九石，春办米万三千二百九十石有奇，共实征银二十三万二千六十一两，米五万五千七百四十八石有奇。除给运弁运军、并解通济库为运送京、通各仓脚价之用，余银及米折，均造册送部酌拨。逮嘉庆中，白粮经费，江苏征银六万余两，米及春办米各万余石，浙江征银五万余两，米三千余石，春办米万余石，共实征银十一万四千五百十八两有奇，米五万三千七百二十九石有奇，较之乾隆时经费银所减又逾半矣。

江、浙之运白粮也，初沿明代民运之制。嗣以临期雇募民船，时日稽迟，改行官运；仍不便民，乃令漕船分带，以省官民之累。康熙三年，定浙江行漕带法，需船百二十六艘，于漕帮内抽出六十二艘装运，增造六十四艘并入佥运，后江苏亦踵行之。每船装运五百石，择军船殷实坚固者装运，五年一易。制定每年未兑之前，责令粮道赴次查验，如运军力疲、船不坚固者，别选殷军补运。十六年，漕运总督瑚宝奏："江苏运白粮船向例五年更调，但为时过久，请依漕船三年抽调例，定运白三年即行另选。"从之。江、浙两省运白粮船，原定苏州、太仓为一帮，松江、常州各为一帮，嘉兴、湖州各一帮，领运千总每帮二，随帮武举一。改行官运后，以府通判为总部，县丞、典史为协部，吏典为押运。旋裁押运。后白粮改令漕船带运，复裁总、协二部。苏、松、常每府增设千总二，更番领运，每帮设随帮百总一，押趱回空。浙江增设千总四、随帮二，苏州、太仓仓运白粮船，原定百十八艘，船多军众，分为前后两帮，增设千总二、随帮一。白粮减征后，并两帮为一，其千总随帮悉予裁减。

清初，都运漕粮官吏，参酌明制。总理漕事者为漕运总督。分辖则有粮储道。监兑押运则有同知、通判。趱运则有沿河镇道将领等官。漕运总督驻淮南，掌佥选运弁、修造漕船、派拨全单、兑运开帮、过淮盘掣、催趱重运、查验回空、核勘漂流、督催漕欠诸务，其直隶、山东、河南、江西、江南、浙江、湖广七省文武官吏经理漕务者皆属焉。粮道，山东、江安、苏松、江西、浙江、湖北、湖南各一。河南以开归盐驿道兼理。粮道掌通省粮储，统辖有司军卫，遴委领运随帮各官，责令各府清军官会同运弁、佥选运军。兑竣，亲督到淮，不得委丞倅代押。如有军需紧要事件，须详明督抚、漕臣，方许委员代行其职务。

监兑，旧以推官任之。推官裁，改委同知、通判。山东以武定同知，东昌清军同知，济南、兖州、泰安、曹州四通判，济宁、临清两直隶州同；河南以归德、卫辉、怀庆三通判；江南以江宁、苏州督粮同知，松江董漕同知，凤阳同知，苏州、扬州、庐州、太平、池州、宁国、安庆、常州八管粮通判，太仓州临时添委丞倅一；浙江以湖州同知，杭州局粮通判，嘉兴通判；江西以南昌、吉安、临江三通判；淮北、湘南每年于通省同知、通判内详委三员，监兑。江西、湖广、安徽监兑押淮之员寻裁。

凡开兑，监兑官须坐守水次，将正耗行月搭运等米，逐船兑足，验明米色纯洁，面交押运官。粮船开行，仍亲督到淮，听总漕盘验。粮数不足、米色不纯者，罪之。道、府、厅不揭报，照失察例议处。意存袒护，照徇庇例议处。

押运本粮道之职，但粮道在南董理运务，无暇兼顾。江、浙各粮道，止令督押到淮盘验，即回任所。总漕会同巡抚遴委管粮通判一，专司督押，约束运军，防范侵盗搀和等弊。山东、河南通判各一，江南七，浙江三，江西二，湖北、湖南各一。后因通判官卑职微，复令粮道押运。其漕船回空，仍令通判管押。过淮必依定限，如有迟误，照重运违限例议处。江南、浙江、江西寻复通判押运之制。

押运同知、通判抵通后，出具粮米无亏印结，由仓场侍郎送部引见。粮道押运三次，亦准督抚咨仓场侍郎送部引见。其员弁绅董随同押运到通，并准择尤保奖，以昭激劝。其后各省大吏往往藉漕运保举私人，朝廷亦无由究诘也。

淮北、淮南沿河镇道将领，遇漕船入境，各按汛地驱行，如催趱不力，听所在督抚纠弹。江南京口、瓜洲渡江相对处，令镇江道督率文武官吏催促，并令总兵官巡视河干，协催过江。总兵裁，改由副将管理。雍正三年，巡漕御史张坦麟条上北漕事宜：一，自通抵津，沿河旧汛穹远，请照旱汛五里之例，漕船到汛，催漕官弁坐视阻抵不行申报者，依催趱不力例参处；一，沿途疏浅约十三四处，坐粮厅难以兼顾，请交各汛弁率役疏通，应销钱粮，仍令坐粮厅管理。从之。巡漕御史伊喇齐疏劾河南粮道提催之弊，巡抚尹继善亦疏请革除各州县呈送监兑押运官役陋规。凡漕船回空到省，未开兑之前，责成本省巡抚及粮道，既开兑出境，则责成漕督及沿途文武官吏，抵津后，责成仓场侍郎、坐粮厅及天津总兵、通州副将，严行稽查。有违犯者，捕获惩治。

四十八年，漕督毓奇言："各省督押，惟山东粮道抵通，余只押抵淮安。嗣后各省重运，俱令粮道督押本帮至临清，出具粮米无亏印结，即行回任。其自临清抵通，概令山东粮道往来催趱。山东运河，每年十一月朔煞坝挑浅。开坝之日，以南省漕船行抵台庄为准。微山等湖收蓄众泉，为东省济运水柜，不许民间私截水源。闸河遇春夏水微，务遵漕规启闭。漕船到闸，须上下会牌俱到，始行启板。如河水充足，相机启闭，以速漕运，不得两闸齐启，过泄水势。其在江中偶遇大风，原可停泊守候，而催漕官吏惟知促迫，军船冒险进行，恒有漂没之虞。回空之船，管运员及运丁等恒意存怠玩，或吝惜雇价，将熟习舟子遣散，留不谙驾驭之人，而押运员弁每先行回署，并不在船督率，往往有运船失风之事。"上谕饬"沿途各员催趱，应察风色水势，毋得过于急迫，至涉险失事，亦不得因此旨遂任意逗留，致逾定限"。初，运河中铜铅船及木排，往往肆意横行，民船多畏而让之。粮船北上，亦为所阻。至是令巡漕御史转饬沿途文武员弁，将运漕船催趱先行，余船尾随，循次前进，恃强争先、不遵约束者，罪之。

领运员弁，各省粮船分帮，每帮以卫所千总一人或二人领运，武举一人随帮效力。顺治六年，奏定就漕运各卫中择其才干优长者授职千总，责其押运，量功升转，挂欠者治罪追偿。其后裁卫所外委百总，改为随帮官。康熙五十一年，拣候选千总三十员，发南漕标效力，如有领运千总员缺，听总漕委署押运，果能抵通全完，仓场总督咨送兵部，准其即用。拣选武举，候推守卫所千总有愿补随帮者，可在总署处呈明，遇缺准其顶补，三年无误，以卫千总推用。雍正二年，漕运总督张大有奏称山东、河南轮运蓟州、遵化、丰润官兵米石，沿途管押及回空催趱，例责成押运通判，请添设蓟粮千总二，更番领运，从之。各卫既有千总领运，而漕臣每岁另委押运帮官，分为押重押空，一重运费二三千金，一空运费浮于千金，帮丁之脂膏竭，而浮收之弊日滋矣。嘉庆十二年，谕漕督不得多派委员，并禁止运弁等收受馈赠。十四年，巡漕御史又请大加减省。自咸丰三年河运停歇，船只无存，领运之名亦废。

巡漕御史本明官，顺治初省。雍正七年，以粮船过淮陋规甚多，并夹带禁物，遣御史二，赴淮安专司稽察。粮船抵通，亦御史二稽察之。乾隆二年，设巡漕御史四：一驻淮安，巡察江南江口至山东交境；一驻济宁，巡察山东台庄至北直交境；一驻天津，巡察至山东交境；一驻通州，巡察至天津。凡征收漕粮，定限十月开仓，十二月兑毕。惟山东临清闸内之船，改于次年二月兑开，依限抵通，闸外之船，仍冬兑冬开。乾隆间，令闸内闸外一律春兑春开，从漕督杨锡绂请也。嘉庆四年，谕曰："冬兑冬开，时期促迫。嗣后东省漕粮，仍照旧例起征，运赴水次，立春后兑竣开帮，翌年改为冬兑春开。"十五年，令闸河内外帮船，照春兑春开例办理。江北冬漕，定于十二月朔开兑，限次年二月兑竣开行。

凡漕兑，首重米色。如有仓蠹作奸，搀和滋弊，及潮湿霉变，未受兑前，责成州县，既受兑后，责在弁军，核验之责，监兑官任之。如县卫因米色争持，即将现兑米面同封固，送总漕巡抚查验，果系潮湿搀杂，都令赔换筛扬，乃将米样封送总漕，俟过淮后，盘查比较，分别纠劾。然运军勒索州县，即借米色为由。州县开仓旬日，米多廒少，势须先兑。运军逐船挑剔，不肯受兑，致粮户无廒输纳，因之滋事。运军乘机恣索，或所索未遂，船竟开行，累州县以随帮交兑之苦。及漕米兑竣，运弁应给通关。通关出自尖丁。尖丁者，积年办事运丁也，他运丁及运弁皆听其指挥。尖丁索费州县，不遂其欲，则靳通关不与，使州县枉罹迟延处分。运军运弁沆瀣一气，州县惟恐误兑，势不得不浮收勒折以供其求。上官虽明知其弊，而惮于改作。且虑运军裁革，遗误漕运，于是含容隐忍，莫之禁诘。州县既多浮收，则米色难于精择。运军既有贴费，受兑亦不复深求。及至通州，贿卖仓书经纪，通挪交卸，米色潮湿不纯之弊，率由于此。积重难返，而漕政日坏矣。乾隆间，漕运总督顾琮条上筹办漕运七事：一，州县亲收漕粮，以免役胥藉端累民；一，杜匿富佥贫包丁代运之弊；一，受未开之帮船催令速行；一，粮船过淮后，分员催趱，以速运漕；一，河道旧有横浅，豫为疏浚，以免阻滞；一，各闸俱照漕规，随时启闭，江、广漕船携带竹木，限地解卸；一，回空三升五合余米，速给副丁，以济回时食用。诏从其议。

各省漕粮过淮，顺治初，定限江北各府州县十二月以内，江南江宁、苏、松等处限正月以内，江西、浙江限二月以内，山东、河南限正月尽数开行。如过淮违误，以违限时日之多寡，定督抚粮道监兑推官降罚处分。领运等官，捆打革职，带罪督押。其到通例限，山东、河南限三月朔，江北四月朔，江南五月朔，江西、浙江、湖广六月朔。各省粮船抵通，均限三月内完粮，十日内回空。仓场定立限单，责成押帮官依限到淮，逾限不能到次，照章纠劾。

承平日久，漕弊日滋。东南办漕之民，苦于运弁旗丁，肌髓已尽，控告无门，而运弁旗丁亦有所迫而然。如漕船到通，仓院、粮厅、户部云南司等处投文，每船需费十金，由保家包送，保家另索三金。又有走部，代之聚敛。至于过坝，则有委员旧规，伍长常例，上斛下盪等费，每船又须十余金。交仓，则有仓官常例，并收粮衙署官办书吏种种需索，又费数十金。此抵通之苦也。逮漕船过淮，又有积歇摊派吏书陋规，投文过堂种种费用。总计每帮漕须费五六百金或千金不等。此过淮之苦也。从前运道深通，督漕诸臣只求重运如期抵通，一切不加苛察。各丁于开运时多带南物，至通售卖，藉博微利。乾隆五十年后，黄河屡经开灌，运道日淤，漕臣虑船重难行，严禁运丁多带货物，于是各丁谋生之计绌矣。运道既浅，反增添夫拨浅之费，每过紧要闸坝，牵挽动须数百人，道路既长，限期复迫，丁力之敝，实由于此。虽经督抚大吏悉心调剂，无如积弊已深，迄未能收实效也。

各省漕船，原数万四百五十五号。嘉庆十四年，除改折分带、坍荒裁减，实存六千二百四十二艘。每届修造十一，谓之岁造，其升科积缺漂没者，谓之补修改造，限以十年。至给价之多寡，视时之久暂、地之远近为等差。造船之费，初于民地征十之七，军地征十之三，备给料价。不足，则征军卫丁田以贴造漕船。十年限满，由总漕亲验，实系不堪出运，方得改造，有可加修再运者，量给加修银，仍令再运。按年计算，旧船可用，不验明驾运，督抚查实纠劾。司修造漕船各官，或诈朽坏，或修造未竣诈称已完，或将朽坏船册报掩饰，或承造推诿不依限竣工，或该管官督催不力，及朽坏船不估价申报，均降罚有差。

直隶、山东、凤阳地不产木，于清江关设厂，由船政同知督造。江宁各帮共船千二百余，亦于清江成造。自仪征逆流抵淮，四百余里，沿途需用人夫挽曳，船成后复渡大江，道经千里，到次迟延，县官急于考成，旗丁利于诈索，船未到即行交兑，名曰转廒，于是赠耗、使费、赔补、苛索诸弊日滋，运军苦之。嗣裁船政同知，统归粮道管理，令运军支领料价赴厂成造，不敷，即于道库减存漕项银内动支。徐州卫、河南后帮漕船，向亦在清江船厂成造，驾赴河南水次兑粮，程途辽远，易误兑限。寻改在山东临清设厂成造。遇满号之年，令各军于江、安道库银内领价成造。其济南前帮，则在江南夏成镇成造，嗣又改于临清胡家湾设厂。

船成查验之法九：一验木，二验板，三验底，四验梁，五验栈，六验钉，七验缝，八验舱，九舱头梢。山东各帮于额运漕船外，向设量存船三十。江苏扬州亦有量存船二十四。先后议裁，并将扬州卫应裁之船，抵补江、兴二卫贫疲军船。乾隆八年，漕运总督顾琮上漕船变通事宜：一，漕船当大造之年，遇有减歇，即停造一年，与先运之船年限参差，将来无须同时配造；一，赔造之船已出运多次，恒欠坚固，嗣后将赔造接算原船，已满十年尚能出运者，准其将船在通售卖；一，满号之船，向俱分年抽造，其中坚固者，交总漕择令加修，出运一次，许其流通变卖。从之。二十九年，漕督杨锡绂言："各省漕船当十运届满应行成造之年，如运粮抵通，准在通变价。再买补之船未经满运，或中途猝遇风火，请准就地折变。"诏从其议。大河、淮安等帮漕船，恒有遭风沈溺之事。阿桂奏称，因船过高大，掉挽维艰所致，请较原定尺寸酌量减小。嘉庆十五年，复酌减江、广两省漕船尺寸。运丁利于揽载客货，船身务为广大，不知载重则行迟，行迟则壅塞，民船被阻，甚有相去数丈守候经旬者；兼之强拿剥运，捶挞交加，怨声载道，不仅失风之虞也。十七年，以浙省成造漕船赔累日甚，每船除例给二百八两外，复给银五百九十余两，以纾丁力。漕船建造修葺，其费有经常，有额外，年糜国帑数十百万。及其出运，勒索于州县者又数十百万。催趱迎提，终岁劳攘，夹带愈多，虽苏、松内河，亦无岁不剥运。剥运仍责舟于沿途，甚至拦江索费，夺船毁器，患苦商民，抗违官长，以天庾为口实，援漕督为护符，文武吏士，畏其势焰，莫或究诘。

凡漕船载米，毋得过五百石。正耗米外，例带土宜六十石，雍正七年，加增四十，共为百石，永著为例。旋准各船头工舵工人带土宜三石，水手每船带土宜二十石。嘉庆四年，定每船多带土宜二十四石。屯军领运漕粮，冬出冬归，备极劳苦，日用亦倍蓰家居，于是有夹带私货之弊。漕船到水次，即有牙侩关说，引载客货，又于城市货物辐辏之处，逗留迟延，冀多揽载，以博微利。运官利其馈献，奸商窜入粮船，藉免国课。其始运道通顺，督漕诸臣不事苛察。逮黄屡倒灌，运道淤浅，漕臣严申夹带之禁，丁力益困。

当商力充裕时，军船回空过淮，往往私带盐斤。漕运总督张大有条上六事：一，长芦、两淮产盐之处，奸民勾串灶丁，私卖私贩，伺回空粮船经过，即运载船中，请严行禁止，违者俱依私盐例治罪；一，粮船回空时，请于瓜洲、江口派瓜洲营协同厅员搜查；一，运司等官拿获私盐，请依专管兼辖官例议叙；一，随帮官专司回空，有能拿获私盐三次及帮船三次回空无私盐事者，以千总推用；一，每船量带食盐四十斤，多带者以私盐例治罪；一，例带土宜之外，包揽商船木筏者，照漏税例治罪，货物入官。自是禁网益密矣。帮丁困苦，爰有津贴之议。江苏漕船，以松江帮丁力为最疲。定例松、太等属每船津贴银三百两，旋加为五百两。帮丁视为额给之项，仍欲另议津贴，开船迟延，州县恐贻误获谴，恒私馈之，以致津贴日增，流弊无已。

漕运抵通及遇浅，皆须用剥船。清初设红剥船六百艘，每船给田四十顷，收租赡船，免其征科。近畿州县距河甚远，恒雇觅民船，河干游民藉之邀利，及接运漕粮，往往有盗卖搀和之弊，甚有盗卖将尽，故倾覆其船，逮运官查明，仍责地户赔偿，倾家荡业。又领船船户例受天津钞关部差管辖，每岁河冰未泮之日，部差催促过堂守候，莫不有费，苦累实甚。三十九年，裁红剥船，依原收租数分派各省，于漕粮项下编征，解粮道库支发。乾隆二年，定每船给红剥银二两，由随帮千总领发，漕船遇浅，由运军自雇民船，坐粮厅酌定雇价。十三年，增设垡船六十艘，造船及用具夫役工食，均于红剥银内支用，余仍分给运军。南粮入北河后，官为雇船剥运，粮艘未到，剥船先期预备，守候累日，且有妨商盐挽运。五十年，谕令另造剥船，南粮抵北河，即剥运赴通，嗣后毋得封固民船，致滋扰累，违者罪之。寻议定官备剥船千二百艘，发交附近沿河天津等十八州县收管，如有商货盐斤，许其揽载，四月以后，调赴水次，毋得远离。翌年复添造三百只，交江西、湖广成造，运送天津，与原设剥船在杨村更番备剥。豫、东二省，因水浅阻滞，定造剥船三百艘，交德州、恩、武城、夏津、临清五州县分管。

清初沿明卫所之制，以屯田给军分佃，罢其杂徭。寻改卫军为屯丁，毋得窜入民籍，五年一编审，粮道掌之。康熙初，定各省卫所额设运丁十名。三十五年，定漕船出运，每船佥丁一名，余九名以谙练驾驭之水手充之。凡佥选运丁，佥责在粮道，举报责卫守备，用舍责运弁，保结责通帮各丁。寻佥本军子弟一人为副军。雍正初，免文学生员佥运。先是江苏按察使胡文伯以江、安十卫去苏、松水次遥远，遇有应更换之丁，运官赴卫查佥，往返须时，请预佥备丁，造册送粮道，转送总漕备案。经户部议准。漕督杨锡绂上疏争之，略言："预佥闲丁，其不必者有二，不便者有二。各省卫帮，贫富不等。殷富之帮，本无俟闲丁预备；贫乏之帮，遇有应换之丁，百计搜查，求一二殷丁且不可得，安有数十闲丁可以预备？其不必一也。又殷实军丁，生计粗裕，猝遇收成歉薄，一二年或即转为贫乏，今既佥选注册矣，设需用之时，已经贫乏，是仍以疲丁应选，其不必二也。至送粮道点验，仆仆道途，废时失业，不便一也。卫所州县书吏，喜于有事，富者贿脱，贫者受佥，不便二也。请停止预选闲丁注册。"从之。

旧制漕船旗丁十名，丁地五顷。其后丁地半归民户，运丁生计贫乏，经户部行文清查，不许民间侵占。乾隆初，巡漕御史王兴吾奏："屯田籍册年久散失，无可稽考。亦有册籍仅存而界址难于征实，或军丁典佃于民，而展转相售、屡易其主者。清田归运，徒滋扰累。盖津贴之举已成通例，民出费以赡丁，丁得项以承运，相沿既久，无碍于漕。况丁得田不能自耕，势必召佃收租，是与未赎时之津贴同一得项承运，未见有益也。"二十五年，锡绂奏："漕运之有疲帮，实缘运丁债负为累。浙江之金、衢、严、温、处、绍、台、嘉等帮，江南之江、淮、兴、武、凤阳、大河等帮，债欠尤多，帮疲益甚。欲除私负之累，莫若出借官帑。请于浙江江、安道库各提银六万两，专备疲帮领借。每岁督运道员，查按沿途及抵通需用银数，提交押运，至期散给，于次年新运应领项下扣还，俟疲帮渐起，奏明停止。

各省州县卫帮承佥运丁，均以奉文派佥日起，限两月佥解，并查明田地房产，造册送总漕存案。设有亏短挂欠，令其赔补。若佥派后实系卖富差贫，或弃船脱逃，或重佥已革之丁，以及徇情出结、将军丁改入民籍者，承佥之员降二级调用，不准抵销。其上司照失察例议处。从漕督毓奇请也。道光十三年，给事中金应麟奏："江、浙内河一带漕船，讹诈商民，有买渡、排帮等名目。州县以兑米畏其挑剔，置若罔闻，滞运扰民，为害甚大。"诏林则徐、富呢扬阿严行查禁。

运军往来淮、通，终岁勤苦，屯田所入有限，于是别给行月钱粮资用，其数各省不一。江南运军每名支行粮二石四斗至二石八斗，月粮八石至十二石。浙江、江西、湖广行粮三石，月粮九石六斗。山东行粮二石四斗，月粮九石六斗。其通、津等卫协运河南漕船运丁行月之数，与山东同。各省领运千总等官，于廪俸外多有兼支行粮者。行月二粮，旧时本少折多，且折价每石不过三四五钱，各处官丁常有偏枯之控。诏令漕督议定查照岁支行月旧额本折各半，折色照漕欠每石银一两四钱，永著为令。康熙二十九年，行月钱粮设立易知由单，列明应给各项钱粮，丁各一纸，照款支给。如官役克扣婪索，许本丁将事由载单内，于过淮时陈控。

雍正元年，覆准运船到次，先将本色行月钱粮于三日内给发折色银，由卫守备出具印领受，领运千总钤章，解道验明，以半给军，半封固，粮道赍淮，由总漕监发，愆期迟延者罪之。乾隆五年，议定运丁于解淮验给一半钱粮内，酌留回空费用，数多者扣留三之一，少者酌扣八两，令粮道另行封兑，于过淮时交随运官弁收领，俟抵通交粮后，给发各丁。缘各省漕船回空，每因资斧缺乏，不能及时抵次也。十年，漕督顾琮上言："粮道所押帮船，多少不同，兑开复有迟早，必俟最后之帮开竣，方得赴帮督察，而首进之帮，又不免守候领银之累。请仍令粮道兑准封给领运千总，解淮呈验散给。"从之。

凡漕船停歇，月粮减半给发，民船停运，给月粮原额四之一。三十年，车驾南巡，截留江、浙二省冬兑漕粮各十万石，减歇之船，于应给月粮外，加恩再给十之二，以示体恤。运军月粮，遇闰按月本折均平支给，寻罢。嗣以闰月钱粮乃计日授食，各军春出冬归，停支一月，不免枵腹。山东、河南、浙江、江宁、凤阳等卫闰月有粮，仍照原额支给。山东、浙江及苏、太等卫，遇闰各有额编加征银，江、兴等卫无之，遇闰于道库减存银内支用。江西、湖北、湖南系按出运船米之数支给。河南遇闰亦无加征银，向准山东等省一例支给，经部驳追，寻准其照文。

各省运军名数参差不齐。江、浙每船十一二名不等。嗣议定每船概以十军配运，按名支给行月。安庆卫旧系按漕用军按名派行月二粮。自画一裁减后，每船只用十军，而所载漕粮则倍于他船，应仍按粮支给行月。山东德州等卫有自雇民船装运漕粮者，一体支给行月钱粮。江宁省卫无赡运屯田，遇有减存，同出运之船支给安家月粮。江淮、兴武二卫，原减驾军二名，准其复设，派给行月二粮，例由布政司行文各府州县支领，每船馈遗书吏六七金不等，否则派拨远年难支钱粮及极远州县，而州县粮书又有需索，每船约二三金不等。十金之粮，运丁所得实不及半也。

漕粮为天庾正供，司运官吏考成綦严。顺治十二年，定漕、粮二道考成则例。经征州县卫所各官，漕粮逾期未完，分别罚俸、住俸、降级、革职，责令戴罪督催，完日开复。康熙二年，议定随漕行月、轻赍各项钱粮，总作十分计算，原参各官限一年接征，而接征之员止限半年，殊未平允。嗣后接征官限一年，粮道、知府、直隶州一年半，巡抚二年。如仍不完，照原参分数议处。其经征督催白粮各官考成条例，悉与漕粮同。白粮项下减存经费银不得擅用，违者题参，并勒令赔缴。粮道完储钱粮，春秋造册达部，候拨解京饷。年终及离任日，藩司盘查出如有侵亏，揭报巡抚题参。

凡漕欠，无论多寡，均发各粮道严追，承追官吏严查本弁本军产业，估计变售偿补。如运军侵粮逃逸，报明户部，行文总督提究。挂欠米石，追完补运，与本帮原欠米不符者，将过淮不驳换之总漕及督漕、承运各官并采买搭运之员，一并纠劾。其运到之米，按数收用，以免累及运军。承平日久，法令日弛，粮道及监兑、押运官既不亲临水次，粮船抵淮，漕总复不严行稽查，于是弁军任意折银，沿途盗卖，抵关时遂多挂欠矣。

四十五年，令嗣后耗赠漕截等银米，暂存粮道仓库，俟回空时，仓场查明，按其挂欠数扣抵。不足，以行粮抵补。旋议定挂欠漕粮不及一分至六分之弁军治罪，总漕、粮道按所欠分数议处，并将所欠漕粮，由总漕、粮道及监兑、押运、佥丁、卫所各官至运丁，分别担任，均限定期内偿还。不完，总漕、粮道交部议，运官、运军分别治罪，仍责成总漕、粮道赔偿。全完者，优叙。

粮船抵通起卸漕米，例买别帮余米抵补。雍正三年，奏准嗣后漕米如有不足，即分别参处偿还，不得以别帮余米买补。其运军日用余米，许其售卖，余并禁阻。

漕船经涉江湖，偶遇风涛漂没，沿途催趱各官，及汛地文武官，亲临勘验出结，总漕及巡抚覆勘奏免。若军弁诈报漂没，及漂没而损失不多，乘机侵盗至六百石者，拟斩；不及六百石，充发极边，漕米按数赔缴。文武官遇漕船沈溺，不将情由申报，押运官弁巡查不谨，致失火焚毁者，俱降一级调用。地方官不协救，延烧他船者，罚俸一年。雍正初，奏准漕船在内河失风漂沈者，不许豁免，押运官弁照失于防范例，罚俸一年。如有假捏，严加治罪，出结官弁，从重议处。凡海洋江河遭风漂没，领运弁军幸获生全者，照军功保守在事有功例，晋级赐金。其漂没身故者，官弁照军功阵亡例，分别准廕加赠，运军给予祭葬银。

乾隆七年，议定漕船失风火灾，船未沉没，无论已未过淮，即令修固复载抵通。如已被沈难戽者，雇民船载运，随帮过淮盘验抵通。如失事在过淮以后，黄河中流，民船难募，令先分通帮带运开行，沿途仍雇觅民船装载。通帮各丁，出具互结，稍有亏欠，责令偿补。江、广漕船失风沈溺，如果不堪戽修，无论已未满号，地方官验明，申报总漕，就近变价，令运弁赍交粮道发给。回空漕船失事亦如之。嗣议准江苏、浙江、山东、河南等省买补船艘，如已满号，遇失风事故，就近折变，价银封交员弁携回，由粮道验给各军，以补新漕。漕船遇冰凌迅下，致被损坏，及雷火焚毁，沈失米粮，免其偿补。

各省漕粮，岁有定额，凡荒地无征者，督抚勘实报免，随漕银米，一例蠲免。灾伤之区，应征漕粮，及折改漕价，酌量各被灾轻重，分别缓征、带征。遇带征之年，复又被灾伤，分年压征带补。沿江沿海田地坍没水中者，保题豁免。水旱偏灾民地，例得蠲免，惟应船役，即被灾甚重，仍须供修船雇募等事，不得同邀宽典。康熙三十七年，议定京畿通州、武清、宝坻、香河、东安、永清六州县红剥船户所领地，水旱一体蠲免。水淹田亩，例于岁终确勘，涸前起征，淹则停免。雍正十年，定淹田漕米照压征例，俟冬勘后，涸则带征，淹则豁免。

苏、松、太三属为东南财赋之区，赋额最重。世宗以来，屡议蠲缓，然较之同省诸府县，尚多四五倍或十数倍。道光时，两遭大水，各州县每岁歉蠲减，遂成年例。嗣是征收之数，除官垫民欠，每年仅得正额之七八或五六而已。军兴以后，两府一州，受害尤酷。同治二年，谕江督、苏抚查明，折衷议减，期与旧额本轻之常、镇二府，通融核计，著为定额。其绅户把持、州县浮收诸弊，永远禁革。四年，户部遵议："江苏常、镇、太五属编征米，系会同漕赠行月南恤局粮等款征收。应如李鸿章等所奏，无分起运留支，一体并减，酌科则之重轻，视减成之多寡，计原额编征米豆二百二万余石，减五十四万余石。"民困稍舒。曾国藩又请将苏、松地漕钱粮一体酌减。部覆漕项为办运要需，若议核减，费必不敷，势须另加津贴，于民生仍无裨益。诏令国藩、鸿章仿浙省成例，核实删减浮收，并严禁大户包揽短交等弊。是年减浙江杭、嘉、湖三属米二十六万余石。

海运始于元代，至明永乐间，会通河成，乃罢之。清沿明代长运之制。嘉庆中，洪泽湖泄水过多，运河浅涸，令江、浙大吏兼筹海运。两江总督勒保等会奏不可行者十二事，略谓，"海运既兴，河运仍不能废，徒增海运之费。

且大洋中沙礁丛杂，险阻难行，天庾正供，非可尝试于不测之地。旗丁不谙海道，船户又皆散漫无稽，设有延误，关系匪细”。上谓“海运既多窒碍，惟有谨守前人成法，将河道尽心修治，万一赢绌不齐，惟有起剥盘坝，或酌量截留，为暂时权宜之计，断不可轻议更张，所谓利不百不变法也”。自是终仁宗之世，无敢言海运者。

道光四年，南河黄水骤涨，高堰漫口，自高邮、宝应至清江浦，河道浅阻，输挽维艰。吏部尚书文孚等请引黄河入运，添筑闸坝，钳束盛涨，可无泛溢。然黄水挟沙，日久淤垫，为患滋深。上亦知借黄济运非计，于是海运之议复兴。诏魏元煜、颜检、张师诚、黄鸿杰各就辖境情形筹议。诸臣惮于更张，以窒碍难行入奏。会孙玉庭因渡黄艰滞，军船四十帮，须盘坝接运，请帑至百二十万金。未几，因水势短绌，难于挽运，复请截留米一百万石。上令琦善往查，覆称玉庭所奏渡黄之船，有一月后尚未开行者，有淤阻御黄各坝之间者，其应行剥运军船，皆胶柱不能移动。上震怒，元煜、玉庭、检均得罪。

协办大学士、户部尚书英和建言：“治道久则穷，穷则必变。河道既阻，重运中停，河漕不能兼顾，惟有暂停河运以治河，雇募海船以利运，虽一时之权宜，实目前之急务。盖滞漕全行盘坝剥运，则民力劳而帑费不省，暂雇海船分运，则民力逸而生气益舒。国家承平日久，航东吴至辽海者，往来无异内地。今以商运决海运，则风飓不足疑，盗贼不足虑，霉湿侵耗不足患。以商运代官运，则舟不待造，丁不待募，价不待筹。至于屯军之安置，仓胥之稽察，河务之张弛，胥存乎人。矧借黄既病，盘坝亦病，不变通将何策之从？臣以为无如海运便。”诏仍下有漕各省大吏议。时琦善督两江，陶澍抚安徽，咸请以苏、松、常、镇、太仓四府一州之粟全由海运。乃使布政使贺长龄亲赴海口，督同地方官吏，招徕商船，并筹议剥运兑装等事。嗣澍言：“现雇沙船千艘，三不像船数十，分两次装载，计可运米百五六十万石。其安徽、江西、湖广离海口较远，浙江乍浦、宁波海口或不能停泊，或盘剥费钜，仍由河运。”上乃命设海运总局于上海，并设局天津。复命理藩院尚书穆彰阿，会同仓场侍郎，驻津验收监兑，以杜经纪人需索留难诸弊。

六年正月，各州县剥运之米，以次抵上海受兑，分批开行。计海运水程四千余里，逾旬而至。米石抵通后，转运京仓，派步军统领衙门文武员弁沿途稽查。沙船耗米，于例给旗丁十八万余石内动放，所节省耗米六万石，仍随同起运。承运漕粮每石给耗米八升，白粮耗米一斗，以补正米之不足。仍将漕运商耗核出二成，白粮核出三成，由津局给价收买，随正交运。漕粮无故短少霉变，于备带耗米内补足；不敷，勒令买补。如有斫桅松舱伤人等事则免之。船户脚价饭米折色并津贴等银，先于受兑后发七成，余三成交押运员弁，到坝后查无弊端，始行全发。沙船余米不下十万石，初照南粮例，听天津人照市价收买。嗣以商人希图贱价售买，改由官为收买，其价银由江南委员转发船户，后仍令商船自行售卖。

每届海运期，沿海水师提镇，各按汛地，派拨哨船兵丁，巡防护送，并派武职大员二，随船赴津。上海交兑时，先期咨照浙江提镇水师营出哨招宝、陈钱一带地方，江南提镇水师营出哨大小洋山，会于马迹山，山东总镇出哨成山、石岛，会于鹰游门，以资弹压。山东洋面，责成游击、守备，搜查岛屿，防护迎送。后以邵灿言，停派护送武职大员，责成沿海水师逐程递护。嗣宁、沪商人各置火轮船一，遇新漕兑开行时，分别扼要巡防。

剥船，直隶旧设二千五百艘，二百艘分拨故城等处，八百艘留杨村，余千五百艘集天津备用。后雇觅堪装漕粮二百五十石民船五百艘，以备装载。商船首次抵津，先仅府县仓廒庙宇拨卸三十万石，余令剥船径运通仓。随将天津仓廒庙宇所储漕米运通，无庸转卸北仓，致多周折。至商船二次抵津，如剥船不敷装载，即将米先储府县仓廒庙宇；不敷，再剥储北仓。随令原剥将所储米石尽数运通。剥船足敷装载，即按首次商船办法，不必分储北仓，以归简便。剥船百六十只为一起，由经纪自派人分起押运交仓，押运员役禀报仓场，复驰回续押后起米船。经纪等止须带领斛手到船起卸，如有藉端刁难需索，交地方官从严治罪。

各州县经管剥船，每年例给修舱银五两，三年小修一次，给费二十两，岁终漕竣，逐一挑验，船身坚固者，酌量修舱，如损坏较甚，即核赏估价，所需经费，于道库油舱银项下动拨。封河守冻期内，每船工食银十五两，运米百石，给脚价八两四钱，食米一石一斗五升。嗣每百石加脚费五两。李鸿章因官剥船户贫困滋弊，例定工食银十五两，仅领一半，不敷赡家，请每船由苏、浙漕项内酌贴五两，部格不行。鸿章上疏争之，诏从其议。商船领运漕粮，迅速无误，万石以下给匾额，五万石奖职衔，每次奏保以百二三十人为限。

七年，蒋攸铦请新漕仍行海运。上以近年河湖渐臻顺轨，军船可以畅行，不许。其后各省岁运额漕，逐渐短少，太仓积粟，动放无存。二十六年，诏复行海运。二十七年，议准苏、松、太二府一州漕白粮米，自明岁始，改由海运。三十年，复令苏、松、太二府一州白粮正耗米，援照成案，由海运津。咸丰元年，户部尚书孙瑞珍请河海并运。御史张祥晋请将江苏新漕，援案推广常、镇各属及浙江，一体海运。下江督陆建瀛、苏抚杨文定、浙抚常大淳妥议。覆称明年苏、松、常、镇、太四府一州漕白粮米，请一律改由海运。浙漕碍难海运，请仍循旧章，从之。二年，建瀛上筹办海运十事，下部议行。是年以浙江漕船开兑过迟，回空不能依期归次，诏来岁新漕改为海运，从巡抚黄宗汉请也。五年，河决铜瓦厢，由张秋入大清河，挟汶东趋，运道益梗。六年，截留江苏应运漕粮二十万石供支兵饷，实运漕白正耗及支剩给丁余耗米七十五万五千余石，其歉缓南漕，令各州县依限催征运通。

同治七年，议试用夹板船装运采买米石，水脚银数悉仍沙船例，给银五钱五分，挽至天津紫竹林，由商董就近寄栈，听验米大臣会同通商大臣验收过剥，所需小船剥价、栈租、挑力，每石给银七分，由商董承领经理。又每石给保险银三分，设有遭风抛失，责令贴补。至每米千石，随耗八十石，备带余米二十石，剥船食耗米十一石五斗。又每百石给津、通剥价银八两一钱四厘，通仓箇儿钱折银二两，均照海运正漕采买各案办理。是年以津沽河面狭隘，常有沈船失米之虞，于大沽增设海运外局。

九年，浙江巡抚杨昌濬奏："浙省来岁新漕，酌拟海运章程十四条：一，委员分办，以专责成；一，新漕仍由上海受兑放洋，白粮仍循案装盛麻袋，首先运沪；一，宽备海运商船，并由苏省多拨沙船，移浙济用；一，经耗等米，仍照数支给，商耗饬带本色并余耗申糙等米搭交仓；一，增给天津剥船耗米，以弥亏欠；一，津、通经费，照案备带，簟羡等款，仍按数抵解；一，商船准带炮械，并由商捐轮船护送，仍责成沿海水师实力巡防；一，天津交米后，循旧责成经纪，续到之船，仍由天津道验收；一，循案加增海运经费；一，米船到津，应多添排数，宽备剥船；一，商船水脚等项，照案核给，并二成免税，酌定赏罚；一，商船二成免私之货，仍以米石计斤，所带竹木，照案免税；一，商船回空载货，照向章免税；一，米船抵津交卸，严禁经纪斗斛剥船需索浮费。"下部议行。十年，鸿章言："剥船守候苦累，每载米百石，请加给脚价银五两，并另筹运白粮民船守候口粮银万二千两，由苏、浙粮道库漕项内拨解；不敷，则由司库通融借拨。"

十一年，昌濬请以轮船运漕，从之。轮船招商，由商人借领二十万串为设局资本，盈亏悉由商任之。购坚捷轮船三艘，每年拨海运漕米二十万石，由招商轮船运津，其水脚耗米等项，仍照向章办理。轮船到津，命直督筹备剥船转运，并会同仓场侍郎临栈查验，仍仿照白粮例，由江、浙抚道运通交纳，以杜折耗偷漏。轮船协运江、浙漕粮，籤明某省漕白粮米字样于米袋之上。粮米上栈时，由沪局派员监兑；兑竣，即由轮船商局给收米回文，以后装船起运，俱由商局核办，沪局不再与闻。其栈费夫力，亦由商局任之。凡漕粮派装轮船，轮船商局酌委执事，会同沪局详验，米色乾洁，方行收兑，交轮局押赴浦江东栈斛收。抵津，饬津局各员董提前验收，以免壅滞。轮船每艘载米三千石，填发连单，由津局稽核，一切领银领米等结悉罢之。轮船运米，由上海道填给免税执照，并援例得酌带二成货物。其洋药及二成之外另带货物，仍须纳税。

乔松年奏山东境内黄水日益泛滥，运河淤塞，拟因势利导，俾黄水先驱张秋。其张秋南北，普行挑浚，修建闸坝以利漕。丁宝桢、文彬奏请挽复淮、徐故道。事下廷臣会议。复称铜瓦厢决后，旧河身淤垫过高，势不能挽复淮、徐故道。至借黄济运，筑堤束水，与导卫济运之法同一难行。鸿章奏请仍由海道转运，令各省酌提本色若干运沪，由海船解津，余照章折解，以节运费。并随时指拨漕折银两采买接济，并请停止河运采买粮石，推广海运。仍下部议。先是江北漕粮，由河运通，至是亦试办海运。十三年，奏准江西在沪采买漕粮八万石，交招商局由海运津，每石脚价银二两七钱。光绪元年，湖南漕粮采办正耗米二万三百四十五石，湖北采办三万石，均交招商局由海运津。江西、湖南寻停。

宝桢奏运河废坏，莫非黄水之害，治运必先治黄。应先将微山湖之湖口双闸及各减闸，迅速修砌，及时收蓄，以保湖潴；运河正身亦须量为疏浚。嗣桂清、毕道远、广寿、贺寿慈等亦以筹款修复运河为请。黄元善复称："自黄河北徙，运河阻滞，改由海运，原属权宜之计。当时奏定江苏漕额，以河运经费作为海运支销，每石不得过七钱。嗣以经费不敷，迭次请增。江苏所加，距一两不远，浙江已加至一两，较道光二十八年、咸丰二年海运经费尚有节省归公者，大相迳庭。且海运历涉重洋，风波靡定，万有不测，所关匪细。河运虽迂滞，而沿途安定，经费维均。自各省以达京仓，民之食其力者，不可数计。裕国利民，计无善于此者。现停运未久，及时修复，尚属未晚。再迟数年，河道日淤，需费更钜。臣以为河运迂而安，海运便而险，计出万全，非复河运不可。"上命河督、漕督及沿河各督抚筹画具奏。沈葆桢疏驳桂清、毕道远等请将有漕省分酌提漕项及将海运粮石分出十数万石改办河运之议，并力言"河运决不能复。运河旋浚旋淤，运方定章，河忽改道，河流不时迁徙，漕路亦随为转移。而借黄济运，为害尤烈。前淤未尽，下届之运已连樯接尾而至，高下悬殊，势难飞渡。于是百计逆水之性，强令就我范围，致前修之款皆空，本届之淤复积。设令因济运而夺溜，北趋则畿辅受其害，南趋则淮、徐受其害，亿万生灵，将有其鱼之叹，又不仅徒糜巨帑无裨漕运已也"。七年，令直督饬招商局有协运漕粮时，酌分道员驻津验兑，并责成粮道严督治漕事人员，兑米时加意查察。因招商局协运江、浙漕粮，有搀杂破碎诸弊故也。

十年，法人构衅，海运梗阻。太常卿徐树铭言："漕粮宜全归河运，请于运道经行处疏浚河流，修治闸坝，并选雇民船以济运。"明年，曾国荃言："来年河运酌添江苏漕粮五万石，并将邳、宿河道淤浅处，酌估挑浚。"从之。卢士杰言："郑州黄河漫口夺溜，山东运河十里堡门外积淤日宽，回空漕船，不能挽抵口门。现宁、苏新漕待船装载，邳、宿挑淤筑坝，必待空船过竣，方可兴工。"上命迅饬疏浚积淤，俾漕船早日南下。十五年，从山东巡抚张曜请，改拨海运漕米二十万石仍归河运。曾国荃、黄彭年奏："江、安河运米石，业经截留充赈。苏属河运漕米十万，前已改归海运，各州县起运，均已抵沪，骤改河运，窒碍难行。且雇船将近千艘，亦非旦夕可致。请俟本年冬漕，再行遵旨提前河运，以期规复旧章。"制可。

十九年，北运河上游潮、白等河狂涨，水势高于堤颠数尺，原筑上堰，俱没水中，运河水旱大小决口七十余处，由津运京米麦杂粮千数百艘，在杨村阻浅，命鸿章将各口门堵合，并疏浚河身，停蓄水势，以利舟行。二十二年，王文韶奏："南漕改行海运，惟江北漕粮仍由河运，复于苏、松项下提拨米十万石并入河运。船多道远，自黄入运，自运入卫，节节阻滞，船户穷无复之，窃米搀水，诸弊丛生。本年漕船到津，较昔已迟二三月，诚恐有误回空。已饬并程催趱，克日兑收。但此次截留江北漕米五万石，米色尚佳。江苏五万石，米色参差，甚或蒸变，剔除晾晒，几费周章，盖运受黄病，已非人力所能挽救。拟请自本年始，改拨苏漕之十万石统归海运。其江苏冬漕仍办河运，以保运道。"下部议行。御史秦夔扬以江北河运劳费太甚，疏请停办，改折解部。部议漕粮关系京仓储积，未便遽更旧制。

二十六年，以战端既开，从陈璧请，于清江浦设漕运总局。车驾西幸，转运局移汉口，清江改设分局。是年南漕改用火车由津运京。二十七年，以财用匮乏，谕："自本年始，直省河运海运，一律改征折色，责成各省大吏清厘整顿，节省局费运费，并查明各州县征收浮费，勒令缴出归公，以期汇成巨款。"奕劻请于应办白粮外，每年采办漕粮百万石，纯用粳米，并不得率请截留，从之。二十八年，部议本年江、浙漕粮，纯归招商局轮船承运，费应力从减省。盛宣怀奏："近年沪局轮船，因事起运太迟，栈耗既钜，及运至塘沽，又值联军未退，费用倍于常时。二十六、二十七两年，招商局所领水脚，实不敷所出。本年太古洋行愿减价揽载，英、日议定商约，均欲漕运列入约章，臣等力拒之。盖招商局为中国公司，前李鸿章奏准漕米、军米悉归招商局承运，实寓有深意也。此次详察中外情形，拟请自二十八年冬漕始，于向章每石轮船水脚保险等项漕米银三钱八分八厘一毫内减去五分，永为定制。"从之。

江、浙漕粮由海运津，向用剥船运至通仓，每石支耗米一升一合五勺，名曰"津剥食耗"。自南漕改用火车运京，此项耗米，改令随正交仓。嗣因运米事竣，每有亏耗，许仍旧支给，以抵车运亏耗云。

卷一百二十三　　志九十八

食货四

盐法

清之盐法，大率因明制而损益之。蒙古、新疆多产盐地，而内地十一区，尤有裨国计。十一区者：曰长芦，曰奉天，曰山东，曰两淮，曰浙江，曰福建，曰广东，曰四川，曰云南，曰河东，曰陕甘。

长芦旧有二十场，后裁为八，行销直隶、河南两省。奉天旧有二十场，后分为九，及日本据金川滩地，乃存八场，行销奉天、吉林、黑龙江三省。山东旧有十九场，后裁为八，行销山东、河南、江苏、安徽四省。两淮旧有三十场，后裁为二十三，行销江苏、安徽、江西、湖北、湖南、河南六省。浙江三十二场，其地分隶浙江、江苏，行销浙江、江苏、安徽、江西四省。福建十六场，行销福建、浙江两省。其在台湾者，尚有五场，行销本府，后入于日本。广东二十七场，行销广东、广西、福建、江西、湖南、云南、贵州七省。四川盐井产旺者，凡州县二十四，行销西藏及四川、湖南、湖北、贵州、云南、甘肃六省。云南盐井最著者二十六，行销本省。河东盐池分东、中、西三场，行销山西、河南、陕西三省。陕甘盐池最著者，曰花马大池，在甘肃灵州，行销陕西、甘肃两省。

长芦、奉天、山东、两淮、浙江、福建、广东之盐出于海，四川、云南出于井，河东、陕甘出于池。其制法，海盐有煎、有晒，池盐皆晒，井盐皆煎。论质味，则海盐为佳，池盐、井盐次之。海盐之中，滩晒为佳，板晒次之，煎又次之。论成本，则晒为轻，煎之用荡草者次之，煤火又次之，木则工本愈重。此其大较也。

初，盐政属户部山东司。宣统二年，乃命户部尚书兼任督办盐政大臣，外遣御史巡视。后裁归总督、巡抚管理。其专司曰都转运使司。无运司各省，或以盐法道、盐粮道、驿盐道、茶盐道兼理。

其行盐法有七：曰官督商销，曰官运商销，曰商运商销，曰商运民销，曰民运民销，曰官督民销，惟官督商销行之为广且久。凡商有二：曰场商，主收盐；曰运商，主行盐。其总揽之者曰总商，主散商纳课。后多剥削侵蚀之弊，康熙、乾隆间，革之而未能去。惟两淮以道光时陶澍变法，奏除引目，由户部宝泉局铸铜板印刷。顺治三年，以淮、浙领引距京远，设都理引务官驻扬州，至七年裁。十五年，发引于运司，寻命运司仍委员赴部关领，票亦领于部。

商人之购盐也，必请运司支单，亦曰照单，曰限单，曰皮票，持此购于场。得盐则贮之官地，奉天谓之仓，长芦谓之坨。未检查者曰生盐，已检查者为熟盐，熟盐乃可发售。两淮总栈始由商主，后改官栈。四川以行销黔、滇者为边岸，本省及湖北为计岸，潼川州为潼岸。河东总岸立于咸丰初。其行陕西者，以三河口为之汇。行河南者，以会兴镇为之汇。山西则蒲、解，于安邑运城立岸，而泽、潞等处亦分立焉。

大抵畅岸外有滞地，或展限，或减引，或停运，或用并引附销、统销、融销诸法。并引附销者，将积盐附入，三引销一引。又纳引半之课行一引之盐，纳三引之课行二引之盐是也。统销者，将积引统毁，其正杂钱粮令商人分年完缴。融销者，以畅岸济滞地是也。

凡引有大引，沿于明，多者二千数百斤。小引者，就明所行引剖一为二，或至十。有正引、改引、馀引、纲引、食引、陆引、水引。浙江于纲引外，又有肩引、住引。其引与票之分，引商有专卖域，谓之引地。当始认时费不赀，故承为世业，谓之引窝。后或售与承运者。买单谓之窝单，价谓之窝价。道光十年，陶澍在两淮，以其抬价，奏请每引限给一钱二分，旋禁止。票无定域而亦有价。当道光、咸丰间，两淮每张仅银五百两。后官商竞买，逮光绪间，至万金以上。又引因引地广狭大小而定售额，票则同一行盐地，售额亦同。嘉庆以前，引多票少，后乃引少票多，盖法以时变如此。

若夫岁入，道光以前，惟有盐课。及咸丰军兴，复创盐厘。盐课分二类：曰场课，曰引课。场课有滩课、灶课、锅课、井课之分。长芦有边布，福建有坵折。边布者，明时灶户按丁征盐，商人纳粟于边，给银报支，是谓边盐。其有场远盐无商支，令八百斤折交布三丈二尺。后改征银三钱，是谓布盐。灶课向分地、丁为二。但丁不尽有地。雍正间，用长芦巡折盐御史郑禅宝言，将丁银摊入于地征收，由是各省如所奏行，然长芦边布之名犹仍旧。坵者，盐田所纳钱粮，谓之折价。程墉所纳钱粮，谓之盐坵。其供应内府及京师、盛京各衙门之盐，康熙中悉裁，只供内府、光禄寺二十万斤，折银解部充纳。引课有正课、包课、杂课。盐厘分出境税、入境税、落地税。逮乎末造，加价之法兴，于是盐税所入与田赋国税相埒。是以顺治初行盐百七十万引，征课银五十六万两有奇。其后统一区夏，引日加而课亦日盛。乾隆十八年，计七百一万四千九百四十一两有奇。嘉庆五年，六百八万一千五百一十七两有奇。道光二十七年，七百五十万二千五百七十九两有奇。光绪末，合课厘计共二千四百万有奇。宣统三年，度支部豫算，盐课岁入约四千五百万有奇。盖税以时增又如此。

顺治二年，谕各运司，盐自六月一日起，俱照前朝《会计录》原额征收。旋蠲免明末新饷、练饷及杂项加派等银。十六年，户部议准各商盐船用火烙记船头，不许滥行封捉，其过关只纳船料，如借端苛求，以枉法论。十七年，用两淮巡盐御史李赞元言，回空粮艘禁缉夹带私盐。康熙九年，两淮巡盐御史席特纳、徐旭龄言："两淮积弊六大苦：一，输纳之苦；一，过桥之苦；一，过所之苦；一，开江之苦；一，关津之苦；一，口岸之苦。总计六者，岁费各数万斤，应请革除。又掣挚三大弊：一，加铊之弊；一，坐斤之弊；一，做斤改斤之弊。此三弊者，惟有严禁斤重一法，乞交部酌议。"定例，凡桥所掣挚，溢斤割没，少者三四斤，多者七八斤，不得逾额。如夹带过多，掣官虚填太重者，商则计引科罪，官则计斤坐赃，庶掣挚公而国法信。上命勒石严禁，立于桥所及经过关津口岸。席特纳又陈："自康熙七年，盐臣差遣稍迟，前任盐差于征完本年课银外，又重征新盐。盐尚未卖一引，而课已征至二十余万。此种金钱，追呼无措，非重利借债，即典鬻赴比，应请停止。"如所请行。十六年，用户科给事中余国柱言，命将商盐掣验每引加二十五斤，加课二钱五分，永远革除，著为例。二十年，命革除三藩横征盐课。

自滇、黔告变，所在揭竿蜂起，盐无行销地，商皆裹足不前，至亦榛墟弥望，无所得售。计臣以军需所恃，督饷之檄，急如星火，商于是大困。时天下盐课两淮最多，困亦最甚，赖巡盐御史刘锡、魏双凤多方抚恤，输纳忘疲。至是海内殷富，淮南宁国、太平、池州等府，及两浙、山东、广东、福建，先后增引，利获三倍。不特额外照旧行销，且愿先呈课银，请将以前停引补还。四川经明季之乱，江、楚人民迁移其地，食盐日多，请引数倍于昔；所开之井，为滇、黔资，水陆无滞。而福建、广东、两浙招徕灶丁，垦复盐地、盐坵，报部升课者不绝。又两浙各场涨垦荡地二万二千七百余亩，广东各埠每斤加七十斤，江西南、赣二府盐引，至三十六年，加斤配课亦如之。上以寰宇升平，免浙江加斤银之半，共三万一千三百八十余万。三十八年南巡，复谕各盐差："向因军需，于正额外更纳所私得赢余，著将此项停罢。其两淮盐课，前曾加四十万，著减其半。"四十三年，用江南总督阿山言，革除两淮浮费数十万，勒石永禁。五十六年，长芦巡盐御史田文镜请将山东所裁盐引补足办课，经部议准。上以加引增课无益，不许。

先是顺治二年，世祖定巡视长芦、两淮、两浙、河东盐政，差盐察御史各一，岁一更代。其山东盐务归长芦兼管，陕西归河东兼管。十年停，盐务专责成运司。寻因运司权轻，仍命御史巡察。康熙十一年，复停巡盐。明年，巡抚金世德以直隶事繁，请仍差御史。于是两淮、两浙、河东皆复旧制。既而两广、福建并设巡盐御史。五十九年，仍交督抚管理。

时盐课惟广东、云南常缺额，因康熙初粤商由里下报充，三年一换，名为排商，故弊端百出。嗣将排商费万余两入正课，举报殷户以充场埠各长商，而场商赀薄，不能尽数收买，致场多卖私。五十七年裁场商，由运库筹帑本三十六万，分交场员收买。且置艚船给水脚，运向东关潮桥，存仓候配。埠商配盐，按包纳价，获有盈余，名为场羡。其卤耗余剩盐斤，及配引外多收余盐，发商行运。又有子盐、京羡、余盐、羡银等名。后余盐改引，将余羡归入正额，而粤盐遂有办羡之事。后粤商倒歇至五十余埠，滇盐由商认票办运，而地无舟车，全恃人力，煎无煤草，全恃木柴，故运费工本皆重，而盐课率以一分，又重于他省。富商弃之弗顾，强签乡人承充。及倒罢未由追缴，乃责里中按户摊纳。迨乾隆时，一蹶不振，遂令历年督抚分偿。

世宗初年，裁福建、浙江巡盐御史。时上于盐政颇加意。河东盐池形低，屡为山水灌入，向例修墙筑堰，皆派蒲、解十三州县之民应役。从巡盐御名硕色言，岁拨银六千两，以三千作岁修，三千贮运库备大修，民累始纾。又以盐法莫急于缉私，但有场私、有商私、有枭私，而邻私、官私为害尤钜。欲缉场私，必恤灶而严其禁。故于雍正二年两淮范堤决，沿海二十九场为潮淹，特发帑金以赈。五年，以淮商捐银建盐义仓积谷，谕更立数仓于近灶地，以备灶户缓急之需。此政之在于恤灶者。

六年，江南总督范时绎言："两淮灶户烧盐，应令商人举干练者数人，并设灶长巡役，查核盐数，输入商垣，以杜私卖。"两淮巡盐御史戴音保言："场灶烧盐之具，深者盘，浅者锹，设有定数，而煎盐以一昼夜为火伏，并巡查息火后私烧。近有灶户私置盐锹，火伏又不稽查，故多溢出之数。请饬盐官申严旧法。至淮南晒扫，惟有商人收买配运，酌加引课。"均命著为例。此所以严其禁也。

欲缉商私，必恤商而严其禁。故二年两淮各场，因灾灶盐不继，商本倍增，从巡盐御史噶尔泰言，令将本年成本之轻重，合远近脚价，酌量时值买卖。至食盐难销处，值有纲地行销不敷，亦准改拨。兵部尚书卢询请加引免课，以期减价敌私，命长芦、两淮每引加五十斤，免纳课银。此政之在于恤商者。十一年，从江南总督尹继善言，改设淮南巡道，督理扬州、通州等处盐务，并于仪征之青山头立专营缉私。

其稽官私也，自明以来，膺盐差者，回京例有呈献，及上严禁，始各将所得报缴。独福建八万余两为总督满保查出，于是裁撤盐官，盐商命各场由州县监管。嗣广东总督杨琳言："地方官办课，必委之家丁衙役，非设铺分卖中饱，即发地里勒派。且恐赀本不足，挪动地丁钱粮。应将场商停设，发帑委官监收，埠商仍留运销纳课。"从之。

是时上于盐官量重李卫。卫在浙江可称者，莫如办帑盐。帑盐者，由松江、台州、温州三府场盐产旺，灶多漏私，卫请发帑银八万，交场员收买。复奏设玉环同知，使经理收盐事，而舟山内港内洋、岱山附近之秀山长涂、平阳县界之肥艚，均委官管理收发。崇明场盐，令知县主之。所收帑盐，尽销本处鱼户、蜑户，渔盐亦准引商、帑商运往他处销售，各照科则纳课外，输经费银一二三钱不等，除归帑本经费，余银作为盈余。由是私净官畅，每年引不敷运，加领余引十五万。凡商运余引，引输租银四方，所完课银，与帑盐盈余，并案题报，年约银十万余。

自上清厘盐政，积弊如洗。然自裁革陋规，归入正项，上又有"耗羡入正额，恐正额外复有耗羡，商何以堪"之谕，盖已知其弊矣。十三年，署副都御史陈世倌言："盐课引有定额，斤有定数。按引办课，未必果有奇赢，即获微利，何妨留与商人，裕其赀本。乃近年多有以随利归公者，考其实乃阴勒商重出。故在官多一分之归公，在商添一分之诛求，此商受其弊者也。又有以捐助题请者为急公，亦阴勒商总公派。及项无所出，非拖欠引纲，即暗增引斤，或高抬盐价，此国与民并受其弊者也。请嗣后只按引办课，一切归公捐助等名，应永远停止。"上命庄亲王议。寻覆如所请行。

时江西驿盐道沈起元与江南总督赵宏恩书，亦言"昔年陋规，非皆收纳，今以墨吏私赃作报部正款，在大员自无再收之理，而僚佐岂能别无交际？其为商累实甚"。后有闻于高宗者，乃将两淮盐政公费、运使薪水，及云南黑、白、琅井规体银蠲除。

初，世宗从宏恩言，命给贫民循环号筹，听于四十斤内负贩度日。至乾隆初元，户部题准六十岁以上、十五岁以下及少壮有残疾、妇女老而无依者，许于本县报明，给印烙腰牌木筹，日赴场买盐一次。既两淮巡盐御史尹会一、两广总督鄂弥达先后奏言："奸民藉口贫苦，结党贩私，两查兵役，未便概撤。"后以贫民过多，停牌盐，每名日给钱十文至二十四文。

寻改浙江巡抚为总督，兼管盐政，谕酌定增斤改引法，将杭、嘉、绍三所引盐，照两淮旧额，每引加五十斤，松所照温、台例，改票引九万余道，引给四百斤，均不加课，以期复旧。又谕裁云南赢余，其价减至三两以下，广西仍减二厘，免征两广盐课每十斤余平银二十五两。三年，改浙督仍为巡抚，兼管盐政。六年，以淮南灶盐暑月多耗，命五六月每引加耗十五斤，七八月递减五斤。至十三年，淮北亦仿行。又命两淮于定额外，每引加给十斤。

十六年，以省方所至，谕两淮纲盐食盐于定额外每引加十斤。先是雍正初，因长芦积欠甚多，每引加五十斤。嗣经部覆按所加斤折中核算，年应增课银八万六千余两。高宗念商力艰难，命减半纳课。二十八年，裁运商支应。以云南巡抚刘藻言，加给黑、白两井薪本银。四十二年，以河东盐斤陆运亏折，命每斤加耗五斤。时价平销速，两淮请豫提下纲之引，岁入至五六百万。惟乘舆屡次游巡，天津为首驻跸地，芦商供亿浩繁，两淮无论矣。

或遇军需，各商报效之例，肇于雍正年，芦商捐银十万两。嗣乾隆中金川两次用兵，西域荡平，伊犁屯田，平定台匪，后藏用兵，及嘉庆初川、楚之乱，淮、浙、芦、东各商所捐，自数十万、百万以至八百万，通计不下三千万。其因他事捐输，迄于光绪、宣统间，不可胜举。盐商时邀眷顾，或召对，或赐宴，赏赉渥厚，拟于大僚；而奢侈之习，亦由此而深。或有缓急，内府亦尝贷出数百万以资周转。帑本外更取息银，谓之帑利，年或百数十万、数十万、十数万不等。商力因之疲乏，两淮、河东尤甚。

五十一年，以两淮历四年未豫提，命江督查奏。寻请嗣后每间一纲豫提一次。上谕以正引畅销为主，无庸拘定年限。厥后惟五十七年及嘉庆五年各行一次。且自三十三年因商人未缴提引余息银数逾十万，命江苏巡抚彰宝查办，盐政高恒、普福，运使卢见曾皆置重典，其款勒商追赔。至四十七、四十九两年，乃先后豁免三百六十三万二千七百两有奇。后遇大经费，商人但藉输将之数，分限完纳，一二限后，率皆拖欠。

五十六年，江西巡抚姚棻奏："建昌府界连闽省，路径较多，必添设缉私卡巡，始收实效。"上曰："行盐分界，必使民食不至舍近求远、去贱就贵乃善。建昌既距福建为近，其价必轻，何以不就近行销？若酌改盐征、盐课移彼地输纳，非惟便民，即私贩亦将不禁自止。"旋两江总督觉罗长麟、湖广总督毕沅等奏称："小民惟利是图，往往得寸思尺。如建昌划归闽省，则私贩即可越至抚州，于全局所关不细。"乃命仍旧。既长麟奏请建昌设总店，属县设子店，分销课引，依闽省时价斤减二文以敌私，更于各要隘分巡严缉。得旨速行。

河东自十年众神保就现行贱价，定为长额，而商始困。后池盐收歉，借配芦、蒙、花马池各盐，又开运城西六十里之小池。时民食缺少，商倒无人承充，乃令退商举报短商，五年更换，富户因受累多规避。四十七年，巡抚农起奏准，仍定为长商，引地分三等配匀，复请加价二厘，试行三年再核定。嗣经部议驳，得旨允行。久之，力仍竭蹶。五十六年，命冯光熊巡抚山西，调甘肃布政使蒋兆奎为山西布政使。初，兆奎以河东运使入觐，帝问办潞盐之策，以课归地丁对。及光熊入京，命与军机大臣议之。未定，而山西署巡抚布政使郑源璹疏至，力言不便。上曰："课归地丁，朕早虑及地方官曾受盐规，必持异议。今郑源璹果然。伊调任河南，河南亦有行销河东引地。倘从中阻挠，从重治罪。"八月，光熊言："河东盐务积疲，惟有课归地丁，听民自运。既无官课杂费，又无兵役盘诘及关津阻留，未有不前者。请自乾隆五十七年始，凡山西、陕西、河南课额，在于三省引地百七十二属地丁项下摊征。"于是山西摊二十八万一千一百二两、陕西摊十四万六千三十七两、河南摊八万六千六百三十三两各有奇，并议章程十：一，课银各解本省藩库，虽遇蠲免地丁之年，不得蠲免；一，部引停领，免纳纸硃银；一，无许地方官私收税钱；一，盐政运使以下各官俱裁汰；一，移河东道驻运城，总管三场；一，盐池照旧岁修；一，三场仍立官秤牙行；一，课项内有并余积余等银，应分别摊免；一，运阜运储二仓谷石，应分别归并存借；一，盐政应支各款，各就近省藩库动支。从之。五十七年，上幸五台，光熊、兆奎奏言，自弛盐禁，民无摊课之苦，有食贱之利。而陕西巡抚秦宗恩、河南巡抚穆和蔺亦以盐充价减闻。上甚悦。甘肃盐课，雍正元年尝摊入地丁，九年复招商，至是仍行前法。而陕西汉中、延安二府及鄜州各属之食花马池盐者，亦一并摊入地丁焉。

嘉庆四年，命停各省盐政中秋节贡物。五年，以云南课额常亏，从巡抚初彭龄言，改为灶煎灶卖，民运民销。其法无论商民，皆许领票。运盐不拘何井，销盐不拘何地，完课后听其所之。就诸井现煎实数，将定额匀算摊征，有余作为溢课，尽征尽解。所有放票收课事宜，即归井员经理。至八年，著为定章。十年，谕两淮盐每引加十斤，不入成本，以补亏折。先是蒙古阿拉善王有吉兰泰盐池，向听民贩于托克托城办盐，分销山西食土盐各地，不准运赴下游。其后稽察渐懈，竟顺流而下，不独池盐为所占，且侵及长芦、两淮。十四年，陕甘总督那彦成奏办奸民出贩，请饬阿拉善王将所留汉、回奸民献出。王惧，献盐池，命将其岁入银八千两如数赏给。寻户部侍郎英和同山西、陕甘督抚会奏："潞商赔累，缘以贱价定为常额。请照乾隆十年以前例，按本科价。其吉兰泰池，潞商力难兼顾，请另招他商。"十五年，以新商亏课，改官运。工部侍郎阮元言："官运不难，难于官销。若亏课额，势必委之州县，非亏挪仓库，即勒派闾阎，是能销之弊更甚于不销。"于是部议吉兰泰引，请饬还阿拉善王，赏项停给。原定额引，改为潞盐，余引名吉兰泰活引。

两广自康熙时发帑收盐，运销后乃收课。乾隆五十三年，总督孙士毅以商欠积至六十九万八千余两，请停发帑本，令各出已赀，在省河设局经理。五十四年，新任总督福康安会同士毅筹定章程，并两粤百五十埠为一局，举十人为局商，外分子柜六，责成局商按定额参以销地难易，运配各柜，所有原设埠地，悉募运商，听各就近赴局及各柜领销，交课后发盐二十九埠如旧。所谓改埠归纲也。行之二十余年，局商以无应销之埠，歧视埠商。其始准局商捆运余盐，弥补帑息。嗣乃不问正引完否，贪销余盐，反碍正引。疲埠欠饷，辄用盐本垫解，久之亏益钜，虽局商认完后，埠商仍按引捐输，而此十人者已物故，家产荡然矣。嘉庆十一年，总督蒋攸铦以闻，乃裁局商，改公局为公所。择埠商六人经理六柜事，各有埠地，自顾已赀，不至滥用。且定三年更换，以免把持，谓之改纲归所。二十五年，命停两淮玉贡折价银。

道光元年，两江总督孙玉庭言，淮盐至楚岸，本无封轮之例，盐政全德始行之，请散卖为便。湖广总督陈若霖奏称积盐尚多，若全开售，恐疏销不及，盐行水贩压价赊欠。谕俟积盐售毕，再随到随卖。二年，两淮巡盐御史曾燠奏称轮规散后，争先跌价抢售，有亏商本。玉庭奏无其事。若霖言本年较前实溢销二十六万余引。于是定议开轮。既，湖广总督李鸿宝又言抢售难免，八年复封轮。

时两淮私枭日众，盐务亦日坏。其在两淮，岁应行纲盐百六十余万引。及十年，淮南仅销五十万引，亏历年课银五千七百万。淮北销二万引，亏银六百万。上召攸铦还京，以江苏巡抚陶澍代之。寻遣户部尚书王鼎、侍郎宝兴往查。澍奏言："其弊一由成本积渐成多，一由藉官行私过甚。惟有大减浮费，节止流摊，听商散售，庶销畅价平，私盐自靖。"命裁巡盐御史，归总督管理。自九年后，御史王赠芳、侍讲学士顾莼、光禄卿梁中靖皆请就场定税，太仆少卿卓秉恬又请仿王守仁赣关立厂抽税法。下澍议。澍商于运使俞德渊，以为难行。遂覆称："课归场灶有三难。一由灶丁起课。淮南煎盐以鏾，淮北晒盐以池，约征银百余两。灶皆贫民，若先课后盐，则力未逮；先盐后课，设遇产歉，必课宕丁逃。此灶丁起课之难行也。一由垣商纳课。寓散于整，较为扼要。惟灶以己业而听命商人，情必不愿。况商惟利是视，秤收则勒以重斤，借贷则要以重息。灶不乐以盐归垣，商亦必无资完课。此垣商纳课之亦难行也。一由场官收买。就各场产盐引额摊定课额照纳，似亦核实。无如淮课为数甚钜，岂微员所能任？若听其尽收尽解，难保不匿报侵欺。此场官收税之亦难行也。"又言："盐在场灶，每斤仅值钱一二文，若就而收税，则价随课长，争其利者必多。海滨民灶杂处，扫煎至易，将比户皆私，课且更绌。至设场抽税，或可试行一隅。若各省岂皆有隘可守？漏私必比场灶为甚。总之无官无私，必须无课无税。业经有课有税，即属有官有私。如谓归场灶或设盐厂，即可化枭为良，恐未能也。"上韪之。

明年，澍周历各场，拟行票盐法于淮北，奏定章程十条。一，由运司刷印三联票，一留为票根，一存分司，一给民贩行运。立限到岸，不准票盐相离及侵越到岸。二，每盐四百斤为一引，合银六钱四分，加以诸杂费，为一两八钱八分。三，各州县民贩，由州县给照赴场买盐。其附近海州者，即在海州请领。四，于各场适中地立局厂，以便灶户交盐，民贩纳税。五，民贩买盐出场，由卡员查验，然后分赴指销口岸。六，委员驻扎青口。七，严饬文武查拿匪棍。八，防河。九，定运商认销法，以保畅岸。十，裁陋规。时窟穴盐利之官胥吏举嚣然议其不便，澍不为动，委员领运倡导。既而人知其利，远近辐辏，盐船衔尾抵岸，为数十年中所未有。未及四月，请运之盐，已逾三十万引。是岁海州大灾，饥民赖此转移佣值，全活无算。是法成本既轻，盐质纯净，而售价又贱，私贩无利，皆改领票盐。但所试行者，仅在湖运滞岸，皖之凤阳、怀远、凤台、灵壁、阜阳、颍上、亳州、太和、蒙城、英山、泗洲、盱眙、五河，豫之汝阳、正阳、上蔡、新蔡、西平、遂平、息县、确山，与食岸在江苏境之山阳、清河、桃源、邳州、睢宁、宿迁、赣榆、沭阳、安东、海州三十一州县，而皖之寿州、定远、霍山、霍丘、六安，豫之信阳、罗山、光州、光山、固始、商城十一州县，皆昔所定为畅岸，尚仍旧法也。十三年，乃一律改票，惟前议科则较原额为减，复依原额引征一两五分一厘，益以各费，定银二两五分一厘，永不议加。于是所未改者，惟例由江运之桐城、舒城、无为、合肥、庐江、巢县、滁州、来安，及由高邮湖运之天长九州县，以地与淮南相错，未宜招贩，启浸灌之端故也。

其立法在改道不改捆。盖淮北旧额未尝不轻，而由畅运至口岸，每引成本已达十余两，价不偿本，故官不敌私。今票盐不由楨坝淮所旧道，而改从王营减坝渡河入湖，且每包百斤，出场更不改捆，直抵口岸，除盐价钱粮外，止加运费一两，河湖船价一两，每引五两有奇，减于纲盐大半。其江运数万引亦仿此。自改章后，非特完课有赢无绌，兼疏场河、捐义厂、修考院，百废俱兴，盖惟以轻课敌私，以畅销溢额，故以一纲行两纲之盐，即以一纲收两纲之课。时颇欲推行于淮南，不果。

及二十九年，湖北武昌塘角大火，烧盐船四百余号，捐钱粮银本五百余万，群商请退。于是总督陆建瀛从护理运使童濂言，请淮南改票法，较淮北为详。如运司书吏积弊，则改为领引纳课。设扬州总局办理。汉口匣费虽裁，而应酬仍多，则改为票盐运至九江，验票发贩，盐船经过桥关，有掣验规费，则改为坝掣后不过所掣，在龙江一关验票截角，余皆停免。盐包出场至江口，其驳运船价及楨盐各人工勒索，则改为商自雇觅。凡省陋规岁数百万，又减去滞引三十万，年只行百零九万引，每引正课一两七钱五分，杂课一两九钱二分，经费六钱五分八厘，食岸正课同，杂费减半。其要尤在以带连之乙盐为新引之加斤。乙盐者，乙巳纲盐船遭火，而商已纳课，例得补运，故定为每运新盐一引，带乙盐二百斤，每引六百斤，出场至仪徵，改为六十斤子包，一引十包。既裁浮费，又多运盐二百斤，成本轻减过半。故开办数月，即全运一纲之引，楚西各岸盐价骤贱，农民欢声雷动。是年两淮实收银五百万两，虽两纲后复引带课亏，则以起票自十引至千引不等，大贩为小贩跌价抢运所误。始澍行于淮北，亦自十引起。然淮北地隘，淮南则广，故利弊殊。又值粤乱起，鹾务全废，非无补救之方也。

其在长芦，乾隆以来，正杂课共征七十余万。自嘉庆十四年南河大工，每斤加价二文，谓之河工加价。五年，又因高堰大工加价，三年后，半归商，半归公。八年，复将充公一文归商，然历年欠项已积至千数百万矣。时银价翔贵，商亏弥钜，于是又加价以调剂之，或一文或二文。旋议行减引并包法，盖芦盐三百斤成引，连加耗包索重三百四十斤，搬运筑包等费，历年加增，亦足病商。今以十引改筑九包，减引一成。二十一年，再减引二成，照前改筑。二十四年，又奏停额引十五万，减去课银六万余两，而困仍莫苏。盖本因浮费重而欠课，因欠课多而增价，官盐价贵，私盐乘之，蓟、遵六属，枭贩与官为敌，而永平七属尤甚，不得已改为官办。二十八年，商倒引悬，河南二十州县、直隶二十四州县，未运积引至百余万，未完积欠至二千余万。命定郡王载铨、仓场总督季芝昌，会同直隶总督讷尔经额查究。每引因费重需成本五两有奇，乃就正课、帑利、杂款、积欠，厘为四类，其盐价每斤减制钱二文以敌私，斤重则每引加百五十斤以恤商，州县陋规则严行裁汰。引地悬岸，则直隶招商，河南改票，皆先课后盐。至停引原限五年再酌展，约每引摊算仅二两有奇。

其在山东，乾隆以来，引票正课征银十八万九千八百八十余两，杂款共十万一千八百余两。自嘉庆初帑息递增至二十一万余两，较正课增倍。十四年，南河大工加价二文，每年应欠二十九万两，较正杂课又增一倍。十七年，复议加价一文，以半归商，半弥补商欠。而当年课项不能完，乃归次年带征。带征又未完，乃按年分限，或十二限，或二十限，递年推展。至道光元年，将河工加价停征，而积欠已五百三十余万，然尚完课额。五年，因高堰大工，又议加价二文，奏明三年后半归商、半归公，然所完仅及半，正课反因之拖欠。至七年，全纲倾败，于是设法调剂，以积欠并为一案，俟堰工加价归商后，弥补帑本，酌留百二十九万生息，余银二十七万。至十二年起限，分二十限拔缴，南运每引加二十五斤，北运加二十斤，其归补旧欠之半文加价，并归商以轻成本，免征南运十三州县与票地临朐等六县堰工加价以敌私。而旧欠暨现年应交帑息犹不能完，于是将报拨之一文堰工加价悉数归商，并将一分帑息减三厘，此道光十五年也。

时银价日昂，亏折弥甚，迨临朐等九州县票商倒乏，因改官运。十七年，命盐务归巡抚管理，寻又议加二文。二十三年，停引票二成，以八成作总额，并停余引。二十七年，又议引地加价二文，票地加一文。逾年，各岸竟倒悬二十余处。时新旧积欠计八百余万，而十五年后所欠正杂课又九十余万，十九年后积欠八十余万，二十七八年皆未奏销。于是定郡王等会同山东巡抚徐泽醇奏准将两年奏销免其造报，积引停运，积欠停征。自二十九年始，改为先课后盐，除有商运州县外，皆改官运，无论官商，每引加七十斤，帑息每引减一钱，十八年二文加价亦减一文，以便民食。

其在浙江，自道光元年裁巡盐御史，以巡抚帅承瀛兼管盐政。承瀛疏言："嘉庆十五年前，抚臣蒋攸铦清查浙江运库垫缺银数仅五十五万余两，甫十载乃至百七十三万三百两。缘迩来引壅，旧纲未毕，新纲即开，套搭行销，不能以一纲之课归一纲之用。而每年奏销有定限，但完正课，即报全完，其带输之款及外用银，并未征足，历次河饷又须拨解，是以不得不于征存银内挪垫。而商捐用款，每遇交办公事，奸商复借名浮支。臣今饬运司遇支解银两，如本款无银即停给。或不得已，亦止以外款垫发内款，不准以内款垫给外款。"嗣后至六年，销数皆及额运，库存银百二十八万。自七年至十年复短销，仅存十一万。盖因巡抚程含章请加增余价，盐贵引壅所致。迨十一年停止，销数遂至九成。二十九年，命芝昌往查，时又短销，仅至五六成。乃请将停歇各地招商承办，并酌加盐斤。

其在广东，所办羡银颇多。盖粤盐至西省，每包申出盐十余斤，嗣又添买余盐万包，发埠运销，按九折较羡，是为秤头盐羡，约二万七千余两。庆远等五府苗疆食盐无引额，皆捆运余盐，交近埠带销，为土司盐羡，约五千余两。海船运盐，灶户补船户耗，官为收买，发商运销，是为花红盐羡，约四千余两。粤省鼓铸，岁资滇铜十余万斤，滇省广南府属岁资粤盐九万余包，每年两省委员办运，至百色交换，谓之铜盐互易。又广州驻防食盐、育英堂盐，各数十包，皆取之余盐，按包计羡，藉此充外支经费，故无杂课。正饷有部饭、平头、纸硃等银，又东省盐船所过抽税约四千余，西省约四万余，其帑息则八万余。各项历年拖欠，初省河因损款多，致奏销迟缓。道光二十四年后，潮桥疲滞，甚于省河。然军兴糜烂，广西淮盐全弃于地，而粤课犹十得八九焉。

其在四川，始以潼川府之射洪、蓬溪产盐为旺，嘉定府之犍为、乐山、荣县，叙川府富顺次之。不数年，射洪、蓬溪厂反不如犍、乐、富、荣。方乾隆四十九年，各处盐井衰歇。有林俊者，官盐茶道，听民穿井不加课，蜀盐始盛。惟潼川难如初。且产盐花多巴少，又煎盐用草工费，致欠课七万，始议与犍商合行，以十二年为限，期满归清积欠，因请续合十二年，及期满自办。甫一载即欠二万余，于是复请续合。至道光八年，三次期满，而其厂产盐愈少，每年仅完正课，不完羡截。羡即羡余。截者，于缴课截角时交纳也。时汉州、茂州、巴州、剑州、蓬州、什邡、射洪、盐亭、平武、江油、彰明、石泉、营山、仪陇、新宁、阆中、通江、安岳、罗江、安县、绵竹、德阳、梓潼、南江、西充、井研、铜梁、大足、定远、荣昌、隆昌三十一州县，因卤衰销滞，商倒岸悬，民在近厂买盐以食，正杂课银归入地丁摊征。盖盐商奢侈，家产日衰，乃觅殷户出租于引商，名曰“号商”。所完课羡，须交引商封纳，引商往往挪用，且官复有与为弊者。至三十年，全纲颓废。会徐泽醇为总督，查积欠羡截银共二十三万七千余两，未缴残引二十二万八千五百八十一张。于是酌拨代销，将号商姓名入册，责其自行封匦。时惟犍、富边商及成都、华阳计商稍殷实，销岸亦畅，余皆疲滞，而潼商尤甚。乃撤出黔边所行水引，交犍、富两商承办。

其在云南，自改章后，私盐尤多，而诸井或常缺额，又在迤西、迤南。其东北隅食川盐，东南隅食粤盐，至难如期。道光六年，总督赵慎畛疏请就井稽盐多寡，定地行销。御史廖敦行又言分地行盐，不若广觅子井。上命新任总督阮元试行。其后诸大井淹废，犹赖子井挹注，乃复振云。

长芦于咸丰八年，经蒙古亲王僧格林沁防津，奏准将道光二十八年减价二文起征，名盐斤复价，得银十八万余。时粤匪北犯，运道多阻，盐集浚县之道口镇，自道口南皆以贩运。运商省岸费，有余利，而坐地引商，借官行私，所获尤厚。故同治五年，河南巡抚因河防，又议行销河南引盐，每斤再加二文，得八万两撤防。以七年荥阳大工耗帑百数十万，改为荥工加价。于是较道光末增款二十六万。山东因捻匪，不能南运。同治三年，积引百三十余万，分八年带销，虽部议提拨道光十八年一文加价解充京饷，每年约加银七万，而正课未能全完。

河东自嘉庆十四年南河大工，每斤加价一文，较乾隆课额已增至十六万余。十七年加入吉兰泰活引，又六万余两。河东盐向侵淮岸，至道光十一年，淮北改票，反灌河东，而商力益困。乃将活引减半，河工加价减二成，既由招商变为举报，又变为签商，破产者众。咸丰二年，命户部侍郎王庆云往查。寻奏定留商行票，分立总岸，商运盐至，发贩行销，裁革州县陋规银二十七万余两，运城商厅所摊公费七万余两，并知池价踊贵，由坐商销乏，将畦地出租，坐食销价，夥租者按年轮晒，先晒者盗挖盐根，囤私肥己，故每名价至百二三十两。于是严禁，定白盐不得过六十两，青盐不得过四十两，泽、潞节省等银摊入通省引内，每引九分，另筹经费办公，每引七分，并酌加盐斤，计成本引仅一两六钱，商情悦服，原将活引之半及加价二成完纳。未几，殷商九十余家，以急军需，共捐银三百万，给永免充商执照，改为民运民销。山西、陕西、河南为官运官销，删除河工活引节费名目，定每斤徵课银三厘五毫，每名合银百五两，较前增七万余，此咸丰四年也。时长江梗阻，河东以侵淮纲大畅，先后加河南灵宝口岸引三百名。

山西岢岚等食土盐十三州县，引二千四百九十四道，惟陕甘盐池旧辖于河东。康熙二十八年，改令花马小池归甘肃疆臣管理，而大池如故。自咸丰五年，陕西巡抚王庆云议改课归地丁。庆云旋调山西。吴振棫之奏言：“陕民贫乏，若征盐课，力实不遑，小民纳无盐之课，驵侩卖无课之盐，事殊欠允。请饬豫省改招为便。”谕与庆云会商。寻改为官民并运。时库款支绌，部议令河东抽厘济饷。巡抚以难行，第于额引加引，每名各取羡余，约加银五万。直隶总督因海防亦请加斤加价，庚申纲遂加引六百名，辛酉纲加五百名，共加银四十八万，然惟辛酉纲全完。旋值陕回乱，捻匪窜河南、陕西，销路骤塞，乃酌停加引。

两淮于咸丰三年，以江路不通，南盐无商收卖，私贩肆行，部议令就场征税。四年，复令拨盐引运赴琦善、向荣大营抵饷。怡良旋奏易引为斤，每百斤抽税钱三百，以二百四十文报拨，以六十文作外销经费。时湖广总督、江西巡抚皆以淮引不至，请借运川、粤盐分售于太湖南北，江西则食闽、浙、粤之盐。部议由官借运，不若化私为官，奏准川、粤盐入楚，商民均许贩鬻，惟择堵私隘口抽税，一税后给照放行。

北盐自军营提盐抵饷，遂为武人垄断。提督李世忠部下赴坝领盐，栈盐不足，辄下场自捆，夹私之弊，不可究诘。同治三年，御史刘毓楠疏请整顿。事下江督曾国藩。国藩疏论：“淮南盐务，运道难通，筹办有二难。一在邻盐侵灌太久。西岸食浙私、粤私而兼闽私，楚岸食川私而兼潞私，引地被占十年，民藉以济食，官亦藉以抽厘，势不能骤绝。一在厘卡设立太多。淮盐出江，自仪徵以达楚西，层层设卡报税，诸军仰食，性命相依，不能概撤。臣思办法不外疏销、轻本、保价、杜私四者。自邻盐侵占淮界，本轻利厚，淮盐难与之敌。查之既烦，堵且生变。计惟重税邻私，俾邻本重而淮本轻，庶邻盐化私为官，淮盐亦得进步。现已咨湖广、江西各督抚，将邻私厘金加抽，待至淮运日多，销路日畅，然后逐之而申其禁，此疏销之略也。近年楚西之盐，每引完厘在十五两以上。今改逢卡抽收为到岸销售后汇总完厘。前收十五两有奇，今楚岸只十一两九钱八分，西岸九两四钱四分，皖省四两四钱。既减厘以便商，人先售而后纳，此轻本之略也。商贩求利，皆原价昂，然往往跌价抢售。其始一二奸商零贩，但求卸物先销，不肯守日赔利。其后彼此争先，愈跌愈贱，虽欲挽回以保成本，不可得也。现于楚西各岸设督销局，盐运到岸，令商贩投局挂号，悬牌定价，挨次轮销，时而盐少，民无食贵之虞，时而销滞，商无亏本之虑，此保价之略也。盐法首重缉私。大夥私枭，不难捕拏，最易偷漏者，包内之重斤，船户之夹带。现改复道光三十年旧章，每引六百斤分八包，每包给卤耗七斤半，包索二斤半，共重八十六斤，刊发大票，随时添给，并于大盛关、大通、安庆等处验票截角，如有重斤夹带，即提盐充公。其各岸之兼行邻盐者，亦另给税单，苟无单贩私，即按律治罪，此杜私之略也。”

又论：“淮北盐务，有必须停止者三，急宜整理者四。漕臣以清淮设防，令场商每包捐盐五斤，每引共二十斤，旋因逐包捐缴不便，改每运盐百包，带缴五包，其应完盐课及售出盐价，虽经吴棠奏明作为清淮军需，但锱铢而取之，琐屑而派之，殊非政体所宜。此须停止者一也。徐州本山东引地，前因捻氛，引未到岸，经督办徐宿军务田在田奏准散运北盐，画收东课，日久弊多，采买则私自赴场，售销则旁侵皖界。今东引业已通行，不能再托借运虚名，贻侵销实患。此须停止者二也。北盐已改捆为净盐，未改为毛盐，皆须纳课方准出湖。近来私枭句串营弁，朋贩毛盐，堵之严，则营员出而包庇，缉之疏，则官引尽被占销。此须停止者三也。夫榷盐之法，革其弊而利自兴。臣所谓整理之方，盖亦就诸弊既去，因势利导耳。淮北纲引，前奏至戊午为止。今于五月接开己未新纲，惟兵燹后户口大减，断不能销四十六万引。请先办正额二十九万六千九百八十二引，引收正课一两五分一厘，杂课二钱，又外办经费四钱，仓谷河费盐捕营各一分，他款一概删除。此现筹整理者一也。近来军饷赖盐厘接济，而处处设卡，商贩视为畏途。从前每包约完厘钱二千余。今拟自西坝出湖，先在五河设卡，每包收五百文，运赴上海，再于正阳关收五百文。他卡只准验票，不准重收。盖非减厘不足以轻本，非裁卡不足以恤商。此现筹整理者二也。淮北解饷，向以十成分摊。临淮军营四成，滁州四成，安徽抚营二成。今临、滁两营已裁，而漕臣应量予拨济，嗣后仍应以十成分派，臣营五成，抚营四成，漕营一成。论兵数则小有裒益，论旧制则无甚更张。此现筹整理者三也。北盐每引例定四百斤，捆四包，每包连卤耗重百十斤。近来栈盐出湖，皆在西坝改捆，大包重百三十斤，盐票不符。臣已严禁，并于例给大票外，将每船装盐包数亦填明舱口清单，庶可杜避重就轻，不致以多报少。此现筹整理者四也。”均如所请行。

国藩更张盐法，与陶澍不同者，澍意在散轮，与玉庭、若霖同。国藩意在整轮，与全德、曾燠同。然玉庭、若霖筹办散轮，必前两月之轮卖毕，再开后两月续到之轮，未尝不以散寓整，澍实师其意。故国藩鉴于抢售之弊而主整轮，爰有总栈督销之设，一以保场价，一以保岸价。总栈初以仪徵未易修复，设于瓜洲，后岸为水齧而圮，复移仪徵。督销局鄂岸于汉口，湘岸于长沙，西岸于南昌，皖岸于大通。未几，国藩移督直隶，李鸿章继之。其所增损，莫要于循环给运。其法以认引之事并归督销，俾商贩售出前档之盐，即接请后档之引。初行之淮南，后及于淮北。盖参纲法于票法之中，以旧商为主而不易新商。商有世业，则官有责成，视以前验赀掣签流弊为少，自是历任循之。

至光绪五年而增引之说起。增引者，部咨淮北增额八万。时总督沈葆桢疏言：“近年盐商以票价昂，觊觎增引。历任盐臣精盐政者无过曾国藩，每审定一法，必举数十年之利病，如身入其中，而通盘计之。然淮北引额，仅定为二十九万有奇，岂置国计商情于不顾哉？盐政之坏，首由额浮于销，其始尚勉符奏销之限，久乃不可收拾。于是新陈套搭，未几而统销融销矣，又未几而带征停运矣。惟额少则商少，商少则剔弊易，疏销亦易也。”八年，左宗棠督两江，乃请增引，淮北十六万，淮南鄂岸十一万、湘岸四万、皖岸四万二千余。部议淮北照行，其鄂岸仅增三万、湘岸一万、皖岸一万七千余。

及曾国荃莅任，复将淮北加引奏免。盖两淮正课，初合织造、河工、铜斤等款，只百八十余万，每引征银一两余。织造、河工、铜斤者，因盐政运司养廉厚，陋规亦多，每年解送织造银二十二万，捐助河工五万。三藩之变，滇铜阻隔，派各盐差采买捐办，水脚又五万。及雍正中，裁减养廉规费以为正款，嗣复及他项。于是正杂内外支款遂钜，每引增至六七两，自改票后始轻。同治中，引地未复，而以厘补课实过之，正无庸增引也。

至南盐销数，向以鄂岸为多。及为川盐所据，同治七年，国藩请规复引地，部议令川盐停止行楚。湖广总督李瀚章疏言未可停，惟于沙市设局，以川八成、淮二成配销。后以包计，淮盐较川盐每包斤少，名二成实不及一成。十年，国藩复言：“川侵淮地，当使淮八成而川二成，或淮七、川三。今楚督以鄂饷数钜，恐川盐不畅，入款骤减。臣所求者，淮盐得销行楚岸，则商气苏，愿将应得厘银，多拨数成或全数归鄂。”命川、楚督抚会议。国藩等疏言以“武昌、汉阳、黄州、德安四府还淮南，安陆、襄阳、郧阳、荆州、宜昌五府，荆门州仍准川盐借销，湖南只岳、常、澧三属行销川盐，岳州、常德亦应归淮，澧州暂销川盐”。经部议准。光绪二年，贵州肃清，御史周声澍疏陈川盐引地已复，请将湖南北各府州全归淮南。部议如所请。于是葆桢奏称湖北川厘，每年报部百五十余万串，计合银不足九十万，请令淮商包完。然湖广督抚以川厘有定，虑包饷难凭，合辞袒川拒淮。至八年，宗棠复移文商榷，迄不果行。

长芦自顺治初只征课二十万二千有奇。十二年，按明制查出宁饷酬商滴珠缺额等款，照旧征解。康熙中，复增课增引，遂至四十二万六千有奇。乾隆季年，以逐年误课，参革者众，于是众商公议，完课外每引捐银二钱，以备弥补，名为参课。迨道光末，课额愈重，岸悬愈多，于是又添悬岸课，每引交银四分，而仍不足。至是国藩督直，疏言：“认商既交寄库银千余两，宜与保商以三年定限，凡欠在限内，于本商追缴二成，其一成纲总与出结之散商分赔，过限即无涉，以免畏避。”从之。

是时盐臣自国藩、鸿章、葆桢外，惟宗棠及丁宝桢以能名。同治初，宗棠抚浙，疏言："自金陵陷，淮盐侵灌杭、嘉、松三所，惟绍所勉力撑柱。后行盐地多不守，浙省亦陷。及浙东克复，始饬绍兴暂办票盐，省城及嘉、湖继定，而旧商力难运销，请将四所通改票盐，并设局稽查销数。"经部议准。十年，御史奇臣奏言："浙东府局，于商贩盐至，辄低其价，以便盐行收买，旋复高其价，以便转售，利归中饱。应请裁撤。"部议敕下巡抚杨昌濬查覆。寻覆称："两浙本先课后盐。自改票运，因商力薄，仅完半课，其半课俟销后补完。拟撤盐行，仍留府局，督催后半课银。"报可。

福建当乾隆时，西路延平、建宁、邵武三府属十五州县，东路福宁府属五州县，南路闽侯二县，归商办，号"商帮"。南路福州、兴化、漳州、泉州四府属二十一厅州县，由官办，号"官帮"，亦谓之"县澳官帮"，包与商办，名"朴户"。嗣后匀配西路各商代销，于是有"代额"之名。商帮以课轻，乐于承运，而本课转拖欠。嘉庆初，乃行带征与减引法。旋革除代额，久之倒罢相继。道光元年，乃改签商。时旧欠皆价新商，加以场务废弛，官居省城，听海船装盐，私相买卖，谓之"便海"，流弊滋多。至二十九年复倒罢，乃改官运，而承办者以运本半入囊橐。盖闽省行盐，乾隆时用团秤，每百斤折申砝秤百六十斤，以三十斤抵偿折耗。嘉庆中，改用部砝秤，又不给耗盐，其担引折篷引每百斤仅给四十二斤，令作百斤售卖，而完代额百斤之课，是以亏折日甚。其后法愈变愈坏。同治四年，宗棠为闽督，乃请改票运，饬各场官住场。西路以引商为票商，县澳以朴户为贩户，用盐道票代引，名曰"贩单"。西路以三十引起票，东南两路及县澳以百引起票，盖西路每引六百七十五斤，东南路并县澳每引百斤故也。裁杂课，令正课一两加耗一钱，于领票时交纳。外抽厘五钱，于行盐各地设局抽收。计西路每引征银四两五钱零，东南路及县澳四钱四分零。后以西路课重，奏减每课一两随征厘四钱。凡旧欠各款豁免。帑息既免，帑本则责令陆续归还。是年征课耗厘银四十万余，带收旧欠课十九万余，即以四十万定为正额。行之数年，商情大欢，私贩敛迹。

陕西花马池盐课，向由布政使收纳。及同治十二年，宗棠为陕甘总督，因西陲用兵，改课为厘，在定边设局抽收，名曰花定盐厘。于是陕西盐利归于甘省。

初川盐以滇、黔为边岸。而黔岸又分四路，由永宁往曰永岸，由合江往抵黔之仁怀曰仁岸，由涪州往曰涪岸，由綦江往曰綦岸。至是运商困敝，所恃以畅销者，惟济楚一策。及淮南规复引地，滞引积至八万有奇，积欠羡截百数十万金。光绪初，宝桢督川，定官运商销，先从事黔岸，筹章程十五条：曰裁减浮费，曰清厘积引，曰酌核代销，曰局运商销，曰兼办计岸，曰引归局配，曰展限奏销，曰严定交盘，曰慎重出纳，曰认真黔厘，曰实给船价，曰删减引底（引底者，运商向于坐商租引配盐，引给银二十余两，由商总租收，作为课税羡截，领缴引费，及官吏委员提课规费，商局公费，余数二两，分交各坐商。至是历年羡截，运商已缴，本应全革。惟因年久，姑准存一两），曰添置办票，曰酌留津贴，曰酌给奖叙。设总局于泸州，四岸各设分局，檄道员唐炯为督办。其后接办滇岸，川盐行滇，只昭通、东川两府有张窝、南广两局，谓之大滇边、小滇边。其办理较黔岸为难者，滇自有盐，侵越最易。宝桢筹堵遏法，至五年乃开运。

自官运商销，计本年边计各额引全数销清外，复带销积引万余，所收税羡截厘及各杂款又百余万，而奸民不便。会上遣恩承、童华查办他岸，至川，富顺富绅王余照假灶户具词呈控，请改官督商销。有旨垂询。宝桢奏言："官督商销，利归官与商，官运官销，权全归官，流弊皆大。惟官运商销，官商可相箝制。"既而控案讯明，奏请拿办。迨光绪末，各计岸亦多改官运焉。

此外如奉天由纳税改行引，自康熙中停止，无课者百七十余年。同治六年，将军都兴阿奏准行榷厘法，每盐一榷东钱千，为本地军需。光绪三年，将军崇厚请加作二千四百文。八年，将军崇绮再请加二千四百文，名四八盐厘，是为练兵之款。十七年，户部筹饷加二千四百文，名二四盐厘，是为解部之款。二十四年，将军依克唐阿加千二百文，名一二盐厘，是为兴学之款。此三项总称八四盐厘。二十八年，将军增祺又奏设督销局，每斤加榷制钱四，谓之加价，以为官本。然原议由官设局收买，置仓运售，名为督销，实则官运也。值日、俄战起，亦未实行。三十二年，将军赵尔巽请裁督销之名，在奉天立官盐总局，吉林、黑龙江立分局，听商就滩纳税运销。三十三年，东三省设行省，总督徐世昌又改官盐总局为东三省盐务总局，于是吉林、黑龙江始实行官运。初岁征课银二十四万或四十万，及尔巽至，满百万，其后至百四十万。

蒙古盐向归藩部经理。其行销陕、甘者，以阿拉善旗吉兰泰池盐为大宗，俗谓之红盐。道光以前，听民运销。咸丰八年，始招商承运，每百斤收银八两。同治间，遭回乱，商困课逋，经宗棠改课为厘，斤加制钱五。其在山西者，亦红盐最多。嘉庆初，阿拉善王献吉兰泰池，由官招商办运，将口外各厅，大同、朔平二府，及太原、汾州等属，向食土盐州县，划为吉岸引地。至十七年废除。凡入口者，由杀虎口征税，每斤一分五厘。其外尚有三种：曰鄂尔多斯旗盐，曰苏尼特旗盐，俗谓之白盐，曰乌珠穆沁旗盐，谓之青盐。初照老少盐例，于口内行销。嘉庆末纳税。至光绪时，皆改用抽厘法。

其在直隶者，则青盐、白盐，光绪二十八年察哈尔都统奏请抽厘，每斤制钱四，约年得银十二万有奇。明年，热河都统亦照抽，每斤五文。是年直督又请在张家口设督销局，在口外设厂收盐，招商承办，每千斤包纳课银二两，约年得三万有奇。三十三年，热河亦设局，每百斤征银四钱。宣统元年，减为二钱五分，约年得六万有奇。

新疆向听民挈销。光绪三十四年后，始于精河盐池征税万四千四百两，迪化征五千一百两，鄯善征二千四百两，余仍无税。

初，盐厘创于两淮南北，数皆重。自国藩整顿，乃稍减。继以规复淮纲，又议重抽川厘。咸丰五年，定花盐每引万斤抽厘八两，嗣因商贩私加至万七千斤，川督骆秉章请就所加斤按引加抽十七两，共正厘二十五两。后各省皆加。及光绪时行铜圆，盐价已暗增，而厘金外更议加价。

其事起雍正时。盖长芦盐价，自康熙二十七年定每斤银一分四毫至一分二厘六毫不等。雍正六年，巡盐御史郑禅宝疏称“商课用银，民间买盐用钱。康熙时，银一两换制钱千四五百，每盐一斤，钱十六文。今每两合钱二千，而盐价如故，亦有减至十三四文者，以钱易银，不敷原数。应请部臣会同督臣详议”。至十年，题准每斤加银一厘。乾隆后推行他省，然其意在恤商而已。嘉庆五年，长芦巡盐御史观豫因川、楚未靖，奏请加价济用。仁宗谕曰：“以饷需扰及闾阎，朕不为也。今计食盐者每日止一二文，若增价则人人受累。且私贩必因盐价过昂而起。”已而以河工需费，道光后犹多。至光绪二年，办西征粮台，户部侍郎袁保恒奏请各省一体加二文，以两江总督沈葆桢力争乃寝。

嗣是新政举行，罔不取诸盐利。如二十年因日本构衅设防，部咨各省每斤加收二文。二十七年因筹还赔款，加四文。三十四年，因抵补药税，又加四文，半抵补练兵经费，半归产盐省分拨用，其最著者也。时疆吏集商会议，佥以滞销为忧，而势不能已，自是所入较道光前又增数倍。然长芦经拳匪之扰，商本损失，至借洋款。山东引票各地，自同治六年酌归官办，弊窦殊多。河东仍归官民并运，而不能畅销。福建之票运、四川之官运皆然。广东潮桥，旧由官运，至时与六柜统归商办，成效亦寡。云南子井，存者寥寥。而淮、浙衰敝尤甚。

宣统元年，度支部尚书载泽疏言：“淮南因海势东迁，卤气渐淡，石港、刘庄等场产盐既少，金沙场且不出盐。若淮北三场，离海近，卤气尚厚，惟晒盐出于砖池，例须按池定引。近则砖池以外，广开池基，甚至新基已增，旧滩未划，致产额益无限制。而南商同德昌在淮北铺池，北商尤以为不便。两浙产盐之旺，首推馀姚、岱山，次则松江之袁浦、青村、横浦等场，皆板晒之盐也。而杭、嘉、宁、绍所属煎盐各场，卤料亦购自馀姚。近年卤贵薪昂，成本加重，商家既舍煎而取晒，灶户亦废灶而停煎。煎数日微，故龙头、长亭、长林等场久缺，而注重转在馀、岱。馀姚海滩距场远，岱山孤悬海外，向不设场，虽经立局建廒，而官收有限，私晒无穷。此产盐各处之情形也。淮、浙行盐，各有引地，而豫之西平、遂平，久成废岸，湘之衡、永、宝三府及靖州，本淮界而销粤盐，鄂之安、襄、郧、荆、宜五府及荆门州，本淮界而销川盐，浙之温、台、宁、处等处，只抽厘尚未行引。就目前情形论之，淮北以三贩转运，于岸情每多隔膜，故票贩不问关销，豫贩又多归怨湖贩，此其病在商情之不相联，而各省抽税，势亦足以病商。淮南有四岸督销，权等运司，故运司不能制督销，分销亦不尽受辖于督销，此其病在官权之不相统，而商情涣散，势亦足以自病。浙场距场近者，有肩引、住引之分。距场远者，有纲地、引地之别。加以官办商包，其法不一，纷纭破碎，节节补苴。至捆盐出场，沿途局卡之留难，船户之夹带，则皆不免。此销盐各处之情形也。淮盐行于苏、皖，与浙盐、东盐引界邻；行于豫岸，与东盐、芦盐引界邻；行于西岸，与浙、闽、粤盐引界邻；行于湘、鄂两岸，与川盐、鄂盐引界邻。而鄂之襄、樊，又为芦私、潞私所灌，湘之衡、永、宝，又为粤私所占，两浙引地，苏、皖、西三岸皆与淮邻，即本省之温、台等处，亦为闽私所侵，此皆犬牙相错，时起争端。近年京汉铁路通车，贯豫省而下，淮、芦之争更烈。将来津浦、粤汉等路告成，淮界且四面皆敌，然此犹言邻私也。尤甚者，皖、豫同为淮界，而皖之颍州与汝、光界壤，则以加价轻而及豫岸，台、处同为浙境，而处之缙云为台商承办，则又以包厘微而侵及处郡。江西建昌久为废岸，近设官运局以图规复，而贬价敌私。抚州已虞倒灌，上海租界向为私薮，近设事务所以筹官销，而越界行运，苏属时有责言，是以淮侵淮、以浙侵浙也。大抵利之所在，人争趋之，固未易遏，所恃惟缉私严耳。然弁勇窳败，不能制枭贩，而转扰平民。地方官亦以纲法久废，不负责成，意存膜视。此又引界毗连各处之情形也。近来筹款，以盐为大宗，而淮、浙居天下中心，关于全局尤重。为整顿计，非事权统一不可。拟请将盐务归臣部总理，其产盐省分，督抚作为会办盐政大臣，行盐省分，均兼会办盐政大臣衔。”制曰可。其言南商铺池者，盖光绪三十三年，淮南因盐不敷销，于淮北埒子口苇荡左营增铺新池，谓之济南盐池。三十四年，北商称有碍旧池销路，经江督张人骏令按淮南缺额，以十万引为率。三贩转运者，淮北票盐，旧由票贩自垣运至西坝，售于湖贩，再由湖贩运至正阳关，按轮售于岸贩也。

载泽既受督办盐政大臣之命，乃设盐政处，按各区分为八厅，先筹淮北。章程四：曰规复西遂废岸，曰撤退淮边芦店，曰体恤路捐商累，曰包缴豫省鳌价。咨商河南巡抚吴重熹，惟末条坚持仍旧。载泽又奏定于西坝设盐厘总局，临淮关设掣验局，余局卡悉裁，三贩统改岸贩，准自赴总局完纳厘金加价，定每引为银币二元二角，折收库平银一两六钱零，均一次收清。至土销引地，酌减银币四角，折收一两二钱，较原额少三成。此二年七月事也。

直隶张家口外收蒙盐各场，向由商包办，宣统元年，改为公司。至是复改设官栈，以各厅州县为引岸，由商包引，每年二万，征银十五万七千。四川归丁各地票运，咸丰后增至六十八厅州县，官运常为所碍。至是奏查井灶就现有者为额，严禁偷卖，以杜票私。三年，以大清银行款七百万、直隶银行款六十万为芦商偿外债，收引地三十六归官办，设局天津。其永平七属，道光间由州县办课。光绪二十九年，改设官运局。至是与新河、平乡二县无商认办者，统归津局经理。

初与各国通商，违禁货物，不许出入口，盐其一也。乃奉天之大连、旅顺，吉林之长春，有日本盐；吉林之珲春、延吉有朝鲜盐；黑龙江之满洲里、黑河，吉林之东宁，有俄罗斯盐；广西之镇南关，云南之蒙自，有法兰西盐；香港、澳门所在侵灌。至山东胶州湾租借于德，而侵即墨盐场；奉天辽东半岛租借于俄，又转于日，而占金州盐滩；与复州之交流、凤鸣两岛，有包购余盐、派员缉私两议。后缉私策行，购盐不果。广东广州湾租借于法，吴川之茂晖场为所占，每运盐至香港及越南销售，以入内地，实皆败乱盐法。治鹾政者当有以善其后云。

卷一百二十四　　志九十九

食货五

钱法　茶法　矿政

钱法　太祖初铸“天命通宝”钱，别以满、汉文为二品，满文一品钱质较汉文一品为大。天聪因之。世祖定鼎燕京，大开铸局，始定一品。于户部置宝泉局，工部置宝源局。“顺治通宝”钱，定制以红铜七成、白铜三成搭配鼓铸。钱千为万，二千串为一卯，年铸三十卯。每钱重一钱。二年，增重二分，定钱七枚准银一分，旧钱倍之。民间颇病钱贵，已更定十枚准一分。各省、镇遵式开铸，先后开山西、陕西、密云、蓟、宣、大同、延绥、临清、盛京、江西、河南、浙江、福建、山东、湖广及荆州、常德、江宁三府铸局。五年，停盛京、延绥二局。六年，移大同局于阳和。七年，开襄阳、勋阳二府铸局。八年，停各府、镇铸。十年，复开密云、蓟、宣、阳和、临清铸局。初户部以新铸钱足用，前代惟崇祯钱仍暂行，余准废铜输官，偿以直，并禁私铸及小钱、伪钱，更申旧钱禁。嗣以输官久不尽，通令天下，限三月期毕输，逾限行使，罪之。

是年廷议疏通钱法，以八年增重一钱二分五厘为定式，幕左汉文“一厘”二字，右宝泉铸一字曰“户”，宝源曰“工”，各省、镇并铸开局地名一字，如太原增“原”字、宣府增“宣”字之类，钱千准银一两，定为画一通行之制。禁私局，犯者以枉法赃论。时官钱壅滞，通以敛散法，酌定京、外局钱，配搭俸饷。钱粮旧制征银七钱三，皆著为令。而直省局钱不精，私铸乘之，卒壅不行，悉罢铸，专任宝泉、宝源，精造一钱四分重钱，幕用满文，俾私铸艰于作伪。现行钱限三月销毁。更定私铸律，为首及匠人罪斩决，财产没官，为从及知情买使，总甲十家长知情不首，地方官知情，分别坐斩绞，告奸赏银五十两。

十七年，复直省铸，令准重钱式，幕兼用满、汉文。康熙元年，铸纪元钱，后凡嗣位改元，皆铸如例。高宗内禅，铸乾隆钱十二，嘉庆钱十八，非常例也。自改铸一钱四分钱，奸民辄私销，乃定律罪之比私铸。遂禁造铜器，为私销也。十八年，申严其禁，军器、乐器之属，许造用五斤以下者。时重钱销益少，直苦昂。二十三年，允钱法侍郎陈廷敬纠复一钱旧制。久之，钱贵如故，乃申定钱直禁，银一两易钱毋得不足一千，然钱直终不能平。季年银一两易钱八百八十至七百七十。乃发五城平粜钱易银以平其价。

自旧钱申禁，而闽地僻远，犹杂制钱行之。二十四年，巡抚金鋐以为言，学士徐乾学疏称：“自古皆古今钱相兼行使，听从民便。”因历数历代旧事，谓“自汉五铢以来，未尝废古而专用今。隋销古钱，明天启后尽括古钱充铸，钱之变也。且钱法敝，可资古钱以澄汰，故易代仍听流通。矧闽处岭外，宜听民行使”。上韪其言，尽宽旧钱废钱之禁。是年定旗籍私铸私销罪如律。四十一年，以循旧制改轻钱，私铸复起，廷臣请罢小制钱，仍铸一钱四分重钱，新旧钱暂兼行，新钱千准银一两，旧钱准七钱。诏从之。然私铸竟不能止。

四十五年，山东请铸大钱。会获得常山私铸，上以私铸不尽大钱，必多私销，宜先收后禁，乃令钱粮银一两折收二千文，钱尽，折收铜器。户部以新钱不敷，请展至五年后毁旧铸。越二年，襄阳私铸钱潜贮漕艘入京，大理卿塔进泰奉命会查，疏请严禁收毁，再犯私铸私贩罪如律，船户运弁罪同私铸，地方官知情，斩决，没其家；失察，夺职。法益加严。

官局用铜，自四十四年兼采滇产。雍正元年，巡抚杨名时请岁运滇铜入京。廷议即山铸钱为便，因开云南大理、沾益四局，铸运京钱，幕文曰“云泉”。上以钱为国宝，更名“宝云”，并令直省局钱，幕首“宝”字，次省名，纯满文。其后运京钱时铸时罢。

乾隆二年，以钱价久不平，饬大兴、宛平置钱行官牙以平钱价。上念私销害尤甚，益厉行铜器禁。官非三品以上不听用，旧有铜器限三年内输官，逾限以私藏禁物论，已禁仍造，罪比盗铸为从。遂通令禁造铜器。寻益严限制，惟一品始听用，余悉禁之，藏匿私用，皆以违禁论。十二年，上以钱重则私销，轻则私铸，令复一钱二分旧制。十三年，定翦钱边律罪为绞监候。先是尚书海望以铜禁病民，疏陈四弊，高宗然之，遂罢禁铜收铜令。

复以京师钱价昂，银一两仅易八百文，诏发工部节慎库钱平价。御史陶正靖疏陈钱价不平，弊由经纪蠹害钱法，遽命革除之。浙江布政使张若震言钱贵弊在私毁。如使配合铜铅，参入点锡，铸成青钱，则销者无利。试之验，因采其议，铸与黄钱兼行。定私铸铅钱禁，为首及匠人绞监候，为从及知情买使，减一等。申严贩运及囤积制钱之禁，凡积钱至百千以上，以违例论。上谕廷臣曰：“今之言禁者，亦第补偏救弊，非能正本清源也。物之定直以银不以钱，而官民乃皆便钱不便银，趋利之徒，以使低昂为得计，何轻重之倒置也？嗣是宜重用银，凡直省官修工程，民间总置货物，皆以银。”

二十二年，两广总督李侍尧请禁旧钱、伪钱。上以民间杂用吴三桂“利用”、“洪化”、“昭武”诸伪钱，第听自检出，官为易之以充铸，旧钱仍听行使。二十四年，回部平，颁式于叶尔羌，铸“乾隆通宝”，枚重二钱，幕铸叶尔羌名，左满文，右回文，用红铜，并毁旧普尔钱充铸。越二年，阿克苏请铸，如叶尔羌例。复允西藏开铸银钱，重一钱与五分二种，文曰“乾隆宝藏”，幕用唐古忒字，边郭识年分。以上二类钱，第行之回、藏，内地不用。二十九年，令回部铸钱，永用乾隆年号。

时至中叶，钱直昂，直省皆增炉广铸，价暂趋于平。会铜运迟滞，市侩居奇增直，害钱法，通饬督抚毋得轻请停炉减卯。季年私铸益多，四川、云、贵为渊薮，流布及江、浙。云、贵官钱亦以不善罢铸。又自律严私铸，常宽之以收毁，莠民恃以行诈，私钱日出不穷。五十七年，湖广总督毕沅请收买毋立限。上谓湖北乃私铸总汇，不图禁绝而预思所以卸过，命严稽私贩，仍予宽限二年。五十九年，以官私钱错出，钱贱，乃暂罢直省铸，私钱通限一年收缴，而吏胥缘为奸。嘉庆元年，复直省铸。至十年，直省未尽复卯，钱复贵，通饬各督抚按卯鼓铸。然嗣是局私私铸相踵起，京局钱至轮郭肉好糢糊脆薄，“宝苏”铸中杂沙子，掷地即碎，而贵州、湖广私铸盛行，江苏官局私局秘匿。至道光间，闽、广杂行“光中”、“景中”、“景兴”、“嘉隆”诸夷钱，奸民利之，辄从仿造。贵阳大定官局亦别铸底大钱，钱法自是益坏。

时华洋互市，以货易银，番船冒禁，岁漏出以千万计，御史黄中模、章沅咸以为言。而大髻、小髻、蓬头、蝙蝠、双柱、马剑各种番银，亦潜输内地以规利，自闽、广通行至黄河以南。而洋商复挟至各省海口，阳置货而阴市银，至洋银日多，纹银日少而贵。上患之，命粤督申严禁约，然所禁不及洋银，仿铸之广板、福板、杭板、吴庄、行庄，耗华银如故。御史黄爵滋请并禁使出洋，更立专条，议从重科。十七年，诏沿江沿海督抚、海关监督，饬属严稽偷漏，定功过，行赏罚，而海内银卒耗竭，每两易钱常至二千。廷臣谋所以重钱以杀银之势，而议格不行。

先是道光中叶，银外泄而贵，朝野皆欲行大钱以救之。广西巡抚梁章钜疏言其利。文宗即位，四川学政何绍基力请行大钱以复古救时。上意初不谓然，卒与官票、宝钞行焉。钞尝行于顺治八年，岁造十二万八千有奇。十年而罢。嘉庆间，侍讲学士蔡之定请行钞。咸丰二年，福建巡抚王懿德亦以为请。廷议以窒碍难行，却之。是时银亏钱匮重，而军需河饷糜帑二千数百万，筹国计者，率以行官票请。次年，命户部集议。惠亲等请饬部制造钱钞与银票相辅并行。票钞制以皮纸，额题“户部官票”，左满、右汉，皆双行，中标二两平足色银若干两，下曰“户部奏行官票”。凡愿将官票兑换银钱者，与银一律，并准按部定章程，搭交官项。伪造者依律治罪。边文龙。钞额题“大清宝钞”，汉字平列，中标准足制钱若干文，旁八字为“天下通宝，平准出入”，下曰“此钞即代制钱行用，并准按成交纳地丁钱粮一切税课捐项，京、外各库一概收解”。边文如票。大钱当千至当十，凡五等，重自二两递减至四钱四分。当千、当五百，净铜铸造，色紫；当百、当五十、当十，铜铅配铸，色黄。百以上文曰“咸丰元宝”，以下曰“重宝”，幕满文局名。四年，以乏铜，兼铸当五铁钱及制钱。已而更铸铅制钱。乾隆间，京局用铜，滇、洋兼资，后专行滇运。时以道梗铜滞，故权宜出此。定议票银一两抵制钱二千，钞二千抵银一两，票钞亦准是互相抵，民间完纳丁粮税课及一切官款，亦准五成，京、外应放库款如之。大钱上下通行如票钞，抵银如制钱之数，输官以三成，铁钱通用如大钱。阻挠罪以违制，伪造钞票斩监候，私铸加严。通饬京、外设置官钱局。寻以直省延不奉行，嗣后议于各府置钞局，发大钱于行店，俾钱钞通融互易以便民，丁粮搭收票钞，零星小户银钞尾零，搭交铜铁大钱，皆先从直隶、山东实行。官吏折勒觖法，商民交易不平价，从严处治。七年，令顺天直隶各属钱粮，自本年上忙始，以实银四成、宝钞三成、当十铜铁大钱三成搭交，一切用项，亦按成搭放。寻从户部议，自本年下忙始，直隶照银七票三征收，大钱三成即纳在钞票三成内，交票交钱听便。

然钞法初行，始而军饷，继而河工，搭放皆称不便，民情疑阻。直省搭收五成，以款多抵拨既艰，搭放遂不复肯搭收。民间得钞，积为无用，京师持钞入市，非故增直，即匿货，持向官号商铺，所得皆四项大钱，不便用，故钞行而中外兵民病之。其后京师以官号七折钱发钞，直益低落，至减发亦穷应付，钞遂不能行矣。大钱当千、当五百，以折当过重最先废，当百、当五十继废，铁钱以私票梗之而亦废，乃专行当十钱。盗铸丛起，死罪日报而不为止。局钱亦渐恶，杂私铸中不复辨，奸商因之折减挑剔，任意低昂。商贩患得大钱，皆裹足，三成搭收，徒张文告，屡禁罔效。法弊而挠法者多，固未有济也。当十钱行独久，然一钱当制钱二，出国门即不通行。咸丰之季，铜苦乏，申禁铜、收铜令。同治初，铸钱所资，惟商铜、废铜，当十钱减从三钱二分。光绪九年，复减为二钱六分。

时孝钦显皇后锐意欲复制，下廷臣议，以滇铜运不如额，姑市洋铜，交机器局试铸。户部奏称机器局铸钱并京局开炉之不便，懿旨罪其委卸，卒命直隶总督李鸿章于天津行之，重准一钱，遂赏唐炯巡抚衔，专督云南铜政。十四年，广东试铸机器钱，以重库平七分识于幕。二十四年，命直省铸八分钱。而京师以制钱少，行当十钱如故。三十二年，铸铜币当十钱，民不乐用，于是创铸银、铜圆，设置银行，思划一币制，与东西洋各国相抗衡。

初，洋商麇集粤东，西班牙、英吉利银钱大输入，总督林则徐谋自铸图抵制，以不适用而罢。嗣是墨西哥、日本以国币相灌输。光绪十四年，张之洞督粤，始用机器如式试铸，李鸿章继任续成之，文曰“光绪元宝，库平七钱二分，广东省造”，幕绞龙。并铸三钱六分、一钱四分四厘、七分二厘、三分六厘四种小银圆。中国自行银钱自此始。湖北、江西、直隶、浙江、安徽、奉天、吉林以次开铸。寻以广东、湖北、江西所铸最称便用，许以应解京饷拨充铸本。直省未开铸者，饬从附铸。京、外收放库款，准搭三成。因命刘坤一、张之洞、陶模筹议三局造铸事宜。已复由户部核定，七省所铸规模成色苦参差，不利通行。会造币总厂成，拟撤其三，而留江南、直隶、广东为分厂。初铸准重墨圆，议者颇非之。之洞始于湖北试行一两银币。户部亦以中国立算，夙准两钱分厘，因定主币为库平一两，而以五钱、一钱小银币暨铜圆、制钱辅助之，令总分厂如式造行。

铜元铸始闽、广，江苏继之。时京局停铸，命各运数十万入京，由户部发行备用。沿江、沿海省分，并饬筹款附铸。而直省陆续开铸，造币总厂反后成。总厂拟铸之币凡三品：曰金，曰银，曰铜。最先铸铜币。自当制钱二十降至当二，自重四钱降而四分，凡四种，文视直省小异大同。直省曰“光绪元宝”，总厂初同直省，嗣定曰“大清铜币”，皆识某所造，幕皆龙文，紫铜铸，直省间亦用黄铜。凡私造铜币、伪造纸币，罪视制钱加等。初铸铜元，为补制钱之不足，旋艳其余利，新政饷需皆取给焉，竞铸争售，乃至不能敷铸本。两江总督周馥首疏其弊，户部为立法限制之。继与政务处上补救八事。旋以开铸者多至十七省，省至二三局，恐终难言画一，乃令山东归并直隶，湖北归并湖南，江南、安徽归并江宁，浙江归并福建，广西归并广东，合奉天、河南、四川、云贵为九厂，由部派员会办，遣大臣周历察核，与户部筹定会办事宜。顾铜元以积贱，当十钱仅能及半数，民私局私颇丛奸弊。应准银者，铜元折合，类致亏损，物价翔贵，民生日益凋敝。省与省复相轧，至不相流通。山东巡抚袁树勋继陈十害。时总厂初铸铜币，尚留宝泉铸六分制钱。广东请改铸一文钱，由总厂颁式通行。三十四年，命各铜元厂加铸一文新钱，如铜圆式，盖存一文旧制，藉为铜圆补救也。

自大理少卿盛宣怀奏设通商银行，议者以东西洋各国皆有国立银行，能持国内外财政，二十九年，允户部请，设置官银行，以部专其名，纠合官商资本四百万，通用国币、发行纸币、官款公债皆主之。寻为发行纸币，并开纸、印刷二厂。会户部改度支，更银行名曰“大清”，设正副监督各一，造币总厂亦如之。银行内并附设储蓄银行。画一币制，载入各国新定商约。部议宜先审定银币，试行效，则积金铸币三品之制，可使同条共贯。第计元计两，尚持两端。德宗下其事于督抚。适有以实行商约速定币制请者，下政务处核议，各督抚亦先后议上。主两者至十一省，主圆者仅八省。度支部前亦颁布用两，遂定一两为主币。复由部设币制调查局，而审慎于铸造推行、画一成色分量之间。至宣统二年，仍前定名曰“圆”，银币一圆为主币，五角、二角五、一角三种，镍币五分一种，铜币二分、一分、五厘、一厘四种，为辅币。银币重七钱二分，余递降。并撤直隶银铜造币厂，而留汉口、广东、成都、云南四厂。前所铸大小银元，暂照市价行使，将来由总厂银行收换改铸。

三品之制，首金，次银。光绪中叶，英金磅岁腾长，每磅自华银四两一钱六分五厘增至八两有奇。御史王鹏运、通政司参议杨宜治尝建议积金仿铸。三十年，户部疏请备造币之用，纳官者皆准金。出使大臣汪大燮极言用金之利。孙宝琦则请对内用银，对外必预计用金。廷臣之论国币者，亦以不臻至用金，币制不为完善，皆请速定用本位金，卒未能实行云。

茶法　我国产茶之地，惟江苏、安徽、江西、浙江、福建、四川、两湖、云、贵为最。明时茶法有三：曰官茶，储边易马；曰商茶，给引征课；曰贡茶，则上用也。清因之。于陕、甘易番马。他省则召商发引纳课，间有商人赴部领销者，亦有小贩领于本籍州县者。又有州县承引，无商可给，发种茶园户经纪者。户部宝泉局铸刷引由，备书例款，直省预期请领，年办年销。茶百斤为一引，不及百斤谓之畸零，另给护帖。行过残引皆缴部。凡伪造茶引，或作假茶兴贩，及私与外国人买卖者，皆按律科罪。

司茶之官，初沿明制。陕西设巡视茶马御史五：西宁司驻西宁，洮州司驻岷州，河州司驻河州，庄浪司驻平番，甘州司驻兰州。寻改差部员，又令甘肃巡抚兼辖，后归陕甘总督管理。四川设盐茶道。江西设茶引批验大使，隶江宁府。

岁征之课，江苏发引江宁批发所及荆溪县属张渚、湖汉两巡检司。安徽发引潜山、太湖、歙、休宁、黟、宣城、宁国、太平、贵池、青阳、铜陵、建德、芜湖、六安、霍山、广德、建平十七州县。江西发引徽商及各州县小贩。此三省税课，均于经过各关按则征收。浙江由布政使委员给商，每引征银一钱，北新关征税银二分九厘二毫八丝，汇入关税报解。又每岁办上用及陵寝内廷黄茶共百一十余篓，由办引委员于所收茶引买价内办解。湖北由咸宁、嘉鱼、蒲圻、崇阳、通城、兴国、通山七州县领引，发种茶园户经纪坐销。建始县给商行销。坐销者每引征银一两，行销者征税二钱五分，课一钱二分五厘，共额征税课银二百三十两有奇。行茶到关，仍行报税。湖南发善化、湘阴、浏阳、湘潭、益阳、攸、安化、邵阳、新化、武冈、巴陵、平江、临湘、武陵、桃源、龙阳、沅江十七州县行户，共征税银二百四十两。陕、甘发西宁、甘州、庄浪三茶司，而西安、凤翔、汉中、同州、榆林、延安、宁夏七府及神木厅亦分销焉。每引纳官茶五十斤，余五十斤由商运售作本。每百斤为十篦，每篦二封，共征本色茶十三万六千四百八十篦。改折之年，每封征折银三钱。其原不交茶者，则征价银共五千七百三十两有奇。亦有不设引，止于本地行销者，由各园户纳课，共征银五百三十两有奇。四川有腹引、边引、土引之分。腹引行内地，边引行边地，土引行土司。而边引又分三道，其行销打箭炉者，曰南路边引；行销松潘厅者，曰西路边引；行销邛州者，曰邛州边引。皆纳课税，共课银万四千三百四十两，税银四万九千一百七十两，各有奇。云南征税银九百六十两。贵州课税银六十余两。凡请引于部，例收纸价，每道以三厘三毫为率。盛京、直隶、河南、山东、山西、福建、广东、广西均不颁引，故无课。惟茶商到境，由经过关口输税，或略收落地税，附关税造销，或汇入杂税报部。此嘉庆前行茶事例也。

厥后泰西诸国通商，茶务因之一变。其市场大者有三：曰汉口，曰上海，曰福州。汉口之茶，来自湖南、江西、安徽，合本省所产，溯汉水以运于河南、陕西、青海、新疆。其输至俄罗斯者，皆砖茶也。上海之茶尤盛，自本省所产外，多有湖广、江西、安徽、浙江、福建诸茶。江西、安徽红绿茶多售于欧、美各国。浙江绍兴茶输至美利坚，宁波茶输至日本。福州红茶多输至美洲及南洋群岛。此三市场外，又有广州、天津、芝罘三所，洋商亦麕集焉。盖茶之性喜燠恶寒，喜湿恶燥，又必避慓烈之风，最适于中国。泰西商务虽盛，然非其土所宜，不能不仰给于我国，用此骎骎遍及全球矣。

其业此者，有总商，有散商。领引后，行销各有定域。亦有兼行票法者，如四川自乾隆五十二年开办堰工茶票后，名目甚繁，然第行于产多或销畅之区，非遍及各州县也。惟甘商旧分东、西二柜，东柜多籍隶山西、陕西，西柜则回民充之。自咸丰中回匪滋事，继以盗贼充斥，两柜均无人承课。总督左宗棠勘定全省，乃奏定章程，以票代引。遴选新商采运湖茶，是曰南柜。时领票止八百余张。嗣定为三年一案，领票准加不准减。计自光绪十三年至二十七年，逐案加增。三十年，又于湖票外更行销伊、塔之晋票。迄于宣统二年，茶务日盛。

茶之与盐，办法略相似。惟盐为岁入大宗，故掌国计者第附于盐而总核之。其始但有课税，除江、浙额引由各关征收无定额外，他省每岁多者千余两，少只数百两或数十两。即陕、甘、四川号为边引，亦不满十万金。咸丰以来，各省次第行厘，光绪十二年，福建册报至十九万余两，他省款亦渐多，未几收数复绌。宣统三年豫算表所载，茶税特百三十余万而已。

顺治初元，定茶马事例。上马给茶篦十二，中马给九，下马给七。二年，差御史辖五茶司马。时商人多越境私贩，番族利其值钱，趋之若鹜。兼番僧驰驿往来，夹带私茶出关，吏不能诘。户部奏言："陕西以茶易马，明有照给金牌勘合之例。今可勿用，但定价值。至番僧所至，如官吏纵容收买私茶，听巡按御史参究。"茶马御史廖攀龙又言："茶马旧额万一千八十八匹，崇祯三年增解二千匹，请永行蠲免。"并从之。四年，命巡视茶马满、汉御史各一，直隶河宝营地当张家口之西，明时鄂尔多斯部落曾於此交易茶马，旋封闭。至是，户部差理事官履勘，以状闻。谕仍准互市。七年，以甘肃旧例，大引篦茶，官商均分，小引纳税三分入官，七分给商。谕嗣后各引均由部发，照大引例，以为中马之用。又旧例大引附六十篦，小引附六十七斤。定为每茶千斤，概准附百四十斤，听商自卖。

十三年，以甘肃所中之马既足，命陈茶变价充饷。十四年，复以广宁、开成、黑水、安定、清安、万安、武安七监马蕃，命私马私茶没入变价。原留中马支用者，悉改折充饷。十八年，从达赖喇嘛及根都台吉请，于云南北胜州以马易茶。康熙四年，遂裁陕西苑马各监，开茶马市于北胜州。七年，裁茶马御史，归甘肃巡抚管理。十九年，以军需急，加福建茶课银三百五十九两，至二十六年豁免，并除湖广新增茶税银。时四川产茶多，其用渐广，户部议增引，迄康熙末，天全土司、雅州、邛、荥经、名山、新繁、大邑、灌县并有所增。

二十四年，刑科给事中裘元佩言洮、岷诸处额茶三十余万篦，可中马万匹。陈茶每年带销，又可中数万匹。请遣员专管。三十六年，遂差部员督理茶马事务。四十年，以陕西私茶充斥，令严查往来民人，凡携带私茶十斤以下勿问，其驮载十斤以上无官引者论罪。四十四年，以奸商恃有前例，皆分带零运，私贩转多，饬照旧缉捕，停差部员，仍归甘肃巡抚兼理。自康熙三十二年，因西宁五司所存茶篦年久浥烂，经部议准变卖。后又以兰州无马可中，将甘州旧积之茶，在五镇俸饷内，银七茶三，按成搭放。寻又定西宁等处停止易马，每新茶一篦折银四钱，陈茶折六钱，充饷。至六十一年，复增西宁、庄浪、岷州、河州茶引，各处所存旧茶，悉令变卖。

雍正三年，遂议自康熙六十一年始，五年内全征本色，五年后即将旧茶变卖。嗣是出陈易新，总以五年为率。四年，定陕西行茶，改令产茶地方官给发船票，照商人引目茶数开明，如于部引外搭行印票，及附茶不遵定额者，照私盐律论，查验失察故纵，均加处分。八年，命陕西商运官茶，于旧例每百斤准附带十四斤外，再加耗茶十四斤。又谕："四川茶税皆论园论树，夫树有大小，园有宽狭，岂能一致？若据以为额，未得其平。应照斤两收纳，著该抚详议。"寻议："旧例每斤征课二厘五毫，今但征四丝九忽有奇，前后悬绝，应酌减其半，无论边、土、腹引，俱纳银一厘二毫五丝。"时川茶行销，引尚不敷，于是复增，各府、州、县再行给发。九年，命西宁五司复行中马法。十年，又命中马应见发茶。时安徽亦增引，照四川例，以余引暂存司库，遇不敷时，配给行运。十三年，复停甘肃中马。始定云南茶法，以七斤为一筒，三十二筒为一引，照例收税。

乾隆元年，令甘肃官茶改征折色，每篦输银五钱。时西宁五司陈茶充牣，令每封减价二钱，刻期变卖。二年，以江西南昌等三十二州县地不产茶，四川成都、彭、灌等县滞销，其引或停或减，并豁除课银。七年，免甘肃地震处之课，乃命西宁五司征本色。八年，免四川天全所欠乾隆七年前之羡余截角，成都、彭、灌等县之未完银两。十一年，甘肃巡抚黄廷桂奏言："西宁、河州、庄浪三司，番、民错处，惟茶是赖。迩年以粮易茶，计用茶六万五千五百余封，易杂粮三万八千一百余石，请著为例。"报可。十三年，定甘肃应征茶封，每年收二成本色、八成折色，并申明水陆各路运商验引截角法，推行安徽、浙江、四川、云南、贵州。二十四年，从甘肃巡抚吴达善言，命西宁五司茶封，照康熙三十七年例，搭放各营俸饷。二十五年，吴达善又言："甘省茶课向为中马设。今其制已停，在甘、庄二司地处冲衢，西河二司附近青海，犹有销路，惟洮司偏僻，商销茶斤，历年俱改别司售卖，而交官茶封，仍归洮库，往往积至数十万封，始请疏销。应将洮司额颁茶引，改归甘、庄二司给商征课，俟洮司库贮搭饷完日，即行裁汰。"

二十七年，陕甘总督杨应琚复条上疏销事宜四："一，官茶应改征折价也。查甘肃库贮官茶，向例如存积过多，改征折色。今五司库内，自乾隆七年至二十四年，已存百五十余万封。经前抚臣吴达善奏准每封作价三钱，搭放兵饷，已搭放四十余万封。在市肆官茶日多，非十年之久，不能全数疏销。且每年商人又增配二十四万封，商茶既多，官茶闪滞。莫若将商交二成官茶五万四千余封，照例每封征折价三钱，俟陈茶销售将完，再征本色。一，商茶应准减配也。查甘肃茶法，商人每引交茶五十斤，无论本折，即系额课。外有充公银三万九千余两，亦系按年交纳，无殊正供。至商人自卖茶封，每引止应配正茶五十斤，连附茶共配售三十余万封，商人即以配售之茶纳课。经吴达善奏准增配以纾商力，并无课项。第茶封既增，又有搭放兵饷之官茶，势致愈积愈多，难免停本亏折。今商人原每引止五封，内应减无课茶十五万八千三百十六封，共止配茶四十万九千四百四十封，二成本色茶封既议改征折价，无庸配运。一，陈积茶封应召商减售也。查各司俱有陈茶，而洮司为多。现每封四钱发售，商民裹足。请仍照原议，每封定价三钱，召商变卖。一，内地、新疆应一体搭放也。查乾隆二十四年吴达善奏准满、汉各营以茶封搭饷。至新疆茶斤，向资内地。今官茶以沿途站车挽运，无庸脚费，其自肃州运至各处，将脚价摊入茶本之内，较之买自商贾，尚多减省。"疏入，议行。

二十九年，裁甘肃巡抚，茶务归陕甘总督兼理。三十四年，以甘省库贮官茶渐少，复征本色一成。三十六年，又以伊犁等处安插投诚土尔扈特等众，赏给茶封，仍议照旧征收二成。三十八年，四川总督刘秉恬奏准三杂谷等处土司买茶，以千斤为率，使仅敷自食，不能私行转售。四川设边引，商人纳税领运于松潘等处销售，无论土司蛮商，俱准赴边起票贩运。嘉庆七年，以陕西神木官销茶引久经拨归甘省商销，令豁除旧存羡余名目。四川教匪滋扰，蠲除大宁、广元、太平、通江、南江五州县茶税。十年，复免大宁、太平、通江、巫山四县厅税课。十七年，以甘肃库茶充羡，定商纳官茶，全征折色。二十二年，谕："闽、皖、浙商人贩运武夷、松罗茶赴粤销售，向由内河行走，近多由海道贩运，夹带违禁货物私卖。饬令茶商仍由内河行走，永禁出洋贩运，违者治罪、茶入官。"

道光三年，谕："那彦成奏定新疆行茶章程，经户部议覆，乌里雅苏台、科布多砖茶不得侵越新疆各城售卖。兹将军果勒丰阿等奏，此项砖茶，由归化城、张家口请领部票纳税而来，已六十余年，未便遽行禁止。惟新疆既为官茶引地，商茶究有碍官引，令嗣后商民每年驮载砖茶一千余箱，前赴古城，仍照例给票，无许往他处售卖。"六年，谕："前因新疆各城运茶，前将军等请给引招商纳课。兹据庆祥等奏称，各城无殷实之户，若遽令承充官商，必致运课两误。著北路商民专运售杂茶，并在古城设局抽税，即以所收银抵兰州茶商课。俟试行三年，再行定额。至附茶仍由甘商运销。"八年，钦差大臣那彦成言："甘肃官茶，年例应出关二十余万封。近来行销至四五十万封，皆以无引私茶影射，价复递加，每附茶一封，售银七八两至十余两不等。请嗣后每封定价，阿克苏不得过四两，喀什噶尔不得过五两，并于嘉峪关外及阿克苏等处设局稽查。"诏如所请。九年，命甘肃茶务责成镇迪道总司稽查，奇台县就近经管。

咸丰三年，闽浙总督王懿德奏请闽省商茶设关征税。五年，福建巡抚吕佺孙复言："闽茶向不颁给执照，征收课税。自道光二十九年，直隶督臣讷尔经额以闽商贩运，官私莫辨，议由产茶之崇安县给照，经过关隘，验税放行。嗣因产茶不止一处，商人散赴各县购买，绕道出贩，复经抚臣王懿德奏请，自咸丰三年为始，凡出茶之沙、邵武、建安、瓯宁、建阳、浦城、崇安等县，一概就地征收茶税，由各县给照贩运，先后下部议准。前岁因粤匪窜扰，江、楚茶贩不前，暂弛海禁，各路茶贩，遂运茶至省，不从各关经过，不特本省减税，即浙、粤、江西亦形短绌。臣履任后，遍询茶商获利，较前不啻倍蓰。商利益厚，正赋转亏。现粤匪未平，军需孔急，众商身拥厚赀，什一取盈，初无所损。且征诸贩客，不致扰累贫民，完自华商，无虑纠缠洋税，以天地自然之利，为国家维正之供，迥非加增田赋者比。但闽茶不止数县，必在附省扼要处所设关增卡，给印照以凭查核。连界各省，亦应一体设立，俾免趋避。请自咸丰五年始，凡贩运茶斤，概行征税，所收专款，留支本省兵饷。惟创行伊始，多寡未能预定，俟行一二年后，再行比较定额。"自此闽税始密。然至十年，犹未报部，经部饬催，乃按期奏报。六年，允伊犁将军扎拉芬泰请，伊犁产茶，设局征税，充伊犁兵饷之用。十一年，广东巡抚觉罗耆龄奏请抽收落地茶税。

同治元年，饬下湖南、湖北、江苏、安徽、江西、浙江、福建各督抚，详查本省产茶及设茶庄处所，妥议章程具奏。二年，两江总督曾国藩疏，略言："江西自咸丰九年，定章分别茶厘、茶捐。每百斤除境内抽厘银二钱，出境又抽一钱五分有零外，向于产茶及设立茶庄处所劝办茶捐，每百斤捐银一两四钱或一两二钱不等，填给收单，准照筹饷事例汇齐请奖。臣仍照旧章办理。本年据九江关署监督蔡锦青详，请遵照户部奏准，饬将盐、茶、竹、木四项统征关税，已于三月起征。江西茶叶运至九江，有华商、洋商之分。洋商既完子口半税，固不抽厘，华商既纳浔关正税，亦未便再令完厘。臣即照部章，于义宁州开办落地税。惟原奏内大箱净茶科则稍重，分别核减。参酌茶捐向章，每百斤，义宁州等处征一两四钱，河口镇征一两二钱五分，概充臣营军饷，由臣刊发税单护票，委员经收。或业户自行完纳，或茶庄代为完税领单，至发贩时，统由茶庄缴销税单。华商换给护票，洋商即凭运照，贩至各处销售。除华商完纳九江关税、洋商完纳子口半税外，经过江西、安徽各厘卡，验明放行。如此办理，与户部原奏、总理衙门条约，一一符合。税单虽系茶庄经手，税银实为业户所出。洋商不得藉口于子口半税，而禁中国之业户不完中国之地税。华商既免逢卡抽厘，亦不至纷纷私买运照，冒充洋商。"得旨允行。

五年，户部奏准甘省引滞课悬，暂于陕西省城设官茶总店，潼关、商州、汉中设分店。商贩无引之茶，到陕吴报。上色茶百斤收课银一两，中色六钱，下色四钱。所收解甘弥补欠课。七年，议准归化城商人贩茶至恰克图，假道俄边，前赴西洋各国通商，请领部照，比照张家口减半，令交银二十五两，每票不得过万二千斤。十一年，议准甘省积欠旧课，仍追旧商。召募之新商试新课。其杂课、养廉、充公、官礼四项缓征。十三年，议准甘省仿淮盐之例，以票代引，不分各省商贩，均令先纳正课，始准给票。其杂课归并厘税项下征收。各项名色概予删除。行销内地者，照纳正课三两外，于行销地各完厘税，每引以一两数钱为度，多不过二两。出口之茶，则另于边境局卡加完厘一次，以示区别。

光绪十年，户部统筹财政，于茶法略言："据总理衙门单开，光绪八、九等年出口茶数多至万九千馀万斤。查道光年间英国所收茶税，约每百斤收银五十两，而我之出口税仅纳二两五钱，不及十一。拟照甘肃茶封之例，每五十斤就园户征银三钱。增课既多，洋人无所藉口。或照宁夏、延、榆、绥等处茶引每道征银三两九钱之例，于产茶处所设局验茶，发给部颁茶照，每照百斤，征银三两九钱，经过内地关卡，另纳厘税，验照盖戳放行，不准重复影射。所有茶照，按年豫行赴督请领，原照一年后作废。或于产茶处所验茶发给部照，既完课三两，再倍收银三两九钱，前后共征七两八钱，一切杂费均予豁除。惟于各海关及边卡，凡应纳洋税，仍照向章完纳。若在内地行销贩运，无论经过何省何处厘卡关榷，均免再征。则改厘为课，改散为总，既便稽查，复免侵渔。惟园户及贩商若何防其走漏，应令各省参酌定章，覆奏办理。”

十二年，以山西商人在理藩院领票，诡称运销蒙古地方，实私贩湖茶，侵销新疆南北两路。一票数年，循环转运，往往逃厘漏税。经部奏准，嗣后领票，注明“不准贩运私茶”字样。如欲办官茶，即赴甘肃领票缴课完厘。倘复运销私茶，查出没官。

是时泰西诸国嗜茶者众，日本、印度、意大利艳其利厚，虽天时地质逊于我国，然精心讲求种植之法，所产遂多。盖印度种茶，在道光十四年，至光绪三年乃大盛。锡兰、意大利其继起者也。法兰西既得越南，亦令种茶，有东山、建吉、富华诸园。美利坚于咸丰八年购吾国茶秧万株，发给农民，其后愈购愈多，岁发茶秧至十二万株，足供其国之用。故我国光绪十年以前输出之数甚钜，未几渐为所夺。印度茶往英国者，岁约七十三万二千石，价约二千四万两。吾国茶往者八十九万八千石，价约千八百六十八万两。印度茶少于华，而价反多。迨二十二年我国运往，乃止二十一万九千四百余石而已。日本之茶，多售于美国，亦有运至我国者。光绪十三年，我茶往日本者万二千余石，而彼茶进口万六千余石。其专尚华茶取用宏多者惟俄。盖自哈萨克、浩罕诸部新属于彼，地加广，人加众，需物加多，而茶尤为所赖。光绪七年定约，允以嘉峪关为通商口岸，而往来益盛。十年后我国运往之茶，居全数三之一。十三年，并杂货计，出口价九百二万两有奇，而进口价仅十一万八千余两，凡输自我者八百九十万两。然十二年茶少价多，十三年茶多价少，华商已有受困之势，厥后亦兼购于他国，用此华茶之利骤减。盖我国自昔视茶为农家余事，惟以隙地营之，又采摘不时，焙制无术，其为他人所倾，势所必至。

三十三年，茶叶公会以状陈于度支部，税务司亦以茶税减少为言，于是命筹整理之策。宣统初，农工商部遂有酌免税厘之议。汉口、福州皆自外国购入制茶机器，且由印度聘熟练教师。江西巡抚又筹款贷与茶户。自是销入欧洲及北阿非利加洲者乃稍畅旺。

夫吾国茶质本胜诸国，往往涩味中含有香气，能使舌本回甘，泰西人名曰“胆念”，他国所产鲜能及此。故日本虽有茶，必购于我，荷兰使臣克罗伯亦言爪哇、印度、锡兰茶皆不如华茶远甚。然则奖励保护，无使天然物产为彼族人力所夺，是不能不有望于今之言商务者。

矿政　清初鉴于明代竞言矿利，中使四出，暴敛病民，于是听民采取，输税于官，皆有常率。若有碍禁山风水，民田庐墓，及聚众扰民，或岁歉谷踊，辄用封禁。

世祖初开山东临朐、招远银矿，顺治八年罢之。十四年，开古北、喜峰等口铁矿。康熙间，遣官监采山西应州、陕西临潼、山东莱阳银矿。二十二年，悉行停止。并谕开矿无益地方，嗣后有请开采者，均不准行。世宗即位，群臣多言矿利。粤督孔毓珣、粤抚杨文乾、湘抚布兰泰、广西提督田畯、广东布政使王士俊、四川提督黄廷桂相继疏请开矿，均不准行，或严旨切责。十三年，粤督鄂弥达请开惠、潮、韶、肇等府矿，下九卿议行。上以妨本务停止。盖粤东山多田少，而矿产最繁，士民习于攻采。矿峒所在，千百为群，往往聚众私掘，啸聚剽掠。故其时粤东开矿，较他省尤为厉禁。

乾隆二年，谕凡产铜山场，实有裨鼓铸，准报开采。其金银矿悉行封闭。先是，五年允鲁抚朱定元请，开章丘、淄川、泰安、新泰、莱芜、肥城、宁阳、滕、峄、泗水、兰山、郯城、费、莒、蒙阴、益都、临朐、博山、莱阳、海阳各州县煤矿，而藁城知县高崶请自备赀开峄、滕、费、淄、沂、平阴、泰安银铜铅矿则禁之。然贵州思安之天庆寺、镇远之中峰岭，陕西之哈布塔海哈拉山，甘肃之扎马图、敦煌、沙洲南北山，伊犁之皮里沁山、古内、双树子，乌鲁木齐之迪化、奎腾河、呼图壁、玛纳斯、库尔喀喇乌苏、条金沟各金矿，贵州法都、平远、达摩山，云南三嘉、丽江之回龙、昭通之乐马各银矿，相继开采。嘉庆四年，给事中明绳奏言民人潘世恩、苏廷禄请开直隶邢台银矿。上谓：“国家经费自有正供，潘世恩、苏廷禄觊觎矿利，敢藉纳课为词，实属不安本分。”命押递回籍，明绳下部议。六年，保宁以请开塔尔巴哈台金矿，明安以请开平泉州铜矿，均奉旨申饬。

道光初年，封禁甘肃金厂、直隶银厂。盖其时岁入有常，不轻言利。惟云南之南安、石羊、临安、箇旧银厂，岁课银五万八千余两；其余金矿岁至数十两，银矿岁至数千两而止。又旋开旋停，兴废不常，赋入亦鲜。铜铅利关鼓铸，开采者多邀允准，间有蠲除课税者。广东自康熙五十四年封禁矿山，至乾隆初年，英德、阳春、归善、永安、曲江、大埔、博罗等县，广州、肇庆两府，铜铅矿均行开采。百余年来，云、贵、两湖、两粤、四川、陕西、江西、直隶报开铜铅矿以百数十计，而云南铜矿尤甲各行省。盖鼓铸铅铜并重，而铜尤重。秦、鄂、蜀、桂、黔、赣皆产铜，而滇最饶。

滇铜自康熙四十四年官为经理，嗣由官给工本。雍正初，岁出铜八九十万，不数年，且二三百万，岁供本路鼓铸。及运湖广、江西，仅百万有奇。乾隆初，岁发铜本银百万两，四五年间，岁出六七百万或八九百万，最多乃至千二三百万。户、工两局，暨江南、江西、浙江、福建、陕西、湖北、广东、广西、贵州九路，岁需九百余万，悉取给焉。矿厂以汤丹、碌碌、大水、茂麓、狮子山、大功为最，宁台、金钗、义都、发古山、九度、万象次之。大厂矿丁六七万，次亦万余。近则土民远及黔、粤，仰食矿利者，奔走相属。正厂峒老砂竭，辄开子厂以补其额。故滇省铜政，累叶程功，非他项矿产可比。

道光二十四年，诏云南、贵州、四川、广东等省，除现在开采外，如尚有他矿愿开采者，准照现开各厂一律办理。二十八年，复诏"四川、云、贵、两广、江西各督抚，于所属境内确切查勘，广为晓谕。其余各省督抚，亦著留心访查，酌量开采，不准托词观望。至官办、民办、商办，应如何统辖弹压稽查之处，朝廷不为遥制"。一时矿禁大弛。咸丰二年，以宽筹军饷，招商开采热河、新疆及各省金银诸矿。三年，诏曰："开采矿产，以天地自然之利还之天地，较之一切权宜弊政，无伤体制，有裨民生。当此军饷浩繁，左藏支绌，各督抚务当权衡缓急，于矿苗丰旺之区，奏明试办。"时军兴饷乏，当时开采者，仅新疆噶尔，蒙古达拉图、噶顺、红花沟之金矿，直隶珠窝山、遍山线、室沟、土槽子、锡蜡片、牛圈子沟，蒙古哈勒津、罗圈沟、库察山、长杭沟之银矿，新疆迪化、罗布淖尔、三个山之铜锡矿数处。同治七年，吉林请开火石岭子等处煤矿，以伏莽未靖，格部议不果行。十三年，以滇矿经兵燹久废，谕饬开办，从滇督岑毓英请也。

是年海防议起，直隶总督李鸿章、船政大臣沈葆桢请开采煤铁以济军需，上允其请，命于直隶磁州、福建台湾试办。光绪八年，两江总督左宗棠亦言北洋筹办防务，制造船炮，及各省机器轮船所需煤铁，最为大宗，请开办江苏利国驿煤铁。报闻。嗣是以次修筑铁路，煤铁益为当务之急。于是煤矿则吉林大石头顶子、乱泥沟、半拉窝、鸡沟、二道河、陶家屯、石牌岭，黑龙江太平山、察汉敖拉卡伦，直隶开平、唐山，内丘县之上坪、永固、磁窑沟、南阳寨，临城县之冈头、石固、胶泥沟、杨家沟、新庄、竹壁、牟村、焦村，宣化府之鸡鸣、玉带、八宝寺山，阜平县炭灰铺村，曲阳县白石沟、野北村，张家口厅海拉坎山、马连圪达，宛平县青龙涧、碑碣子，承德府榆树沟，奉天海龙府远来、义和、进宝、玉盛、永顺、永益、万利、人和、同德、顺发，锦州府大窑沟，锦西厅砀石沟，本溪县王干沟，兴京厅蜜蜂沟，辽阳州窑子峪，江西萍乡、永新、馀干，山东峄县，安徽贵池、广德、繁昌、东流、泾县，湖北荆门，河南禹州，山西平定、凤台，浙江桐庐、馀杭，江苏上元、句容，湖南湘乡、祁阳，广西富川、贺县、奉议、恩阳、南宁、那坡，陕西白水、澄城、同官、宜君、邠州、陇州、淳化。铁矿则直隶迁安县、滦州，湖北大冶，广西永宁州，江西永新县，云南开、广两府，贵州青溪，皆先后开采，而秦、晋商民零星开采，尤难悉数。

二十二年，诏开办各省金银矿厂。自光绪初年，开直隶窯沟银矿，甘肃西宁、甘、凉，黑龙江漠河观音山、奇乾河各金矿外无闻焉。自明令颁行而后，金矿则直隶之平泉州属转山子，建昌县属金厂沟，抚宁县属双山子，滦平县属宽沟，丰宁县大营子、西碾子沟，翁牛特旗之红花沟、水泉沟、拐棒沟，而迁安县所产尤旺。奉天之凤凰、安东、辽阳、通化、宽甸、怀仁、铁岭、开原、通化、海城、锦县，蒙古之贺连沟、大小槽、碾沟、除虎沟、朱家沟、板桥子、珠尔琥珠、克勒司、布恭、特勒基、哈拉格囊图、奎腾河、图什业图汗，四川之冕沟，湖南之平江，浙江之诸暨，黑龙江之黑河，新疆之和阗、焉耆。银矿则四川之天全、卢山、大穴山头，皆报明开采。

而铜、锡、铅、锑、石油、硫磺、雄黄等矿，亦接踵而起。铜则云南迤东汤丹、茂麓正厂六，子厂十一。迤西回龙、得宝正厂八，子厂九。楚雄永北及云武所属万宝、双龙，又永安顺宁、临安、开化、曲靖各厂，均招商承采。而江西赣州，陕西镇安，湖南绥宁，新疆拜城、库车亦有铜厂。锡则广东儋州，广西南丹土州、富川、贺县。铅则湖南常宁、湘乡、临武，四川会理，浙江镇海、奉化、象山、宁海、太平。锑则湖南益阳、邵阳、新化、沅陵、慈利、湘乡、祁阳、新安、溆浦，贵州铜仁，四川秀山，广东曲江、防城、乳源，广西南太、泗镇、陵阳都。石油则陕西延长，甘肃玉门，新疆库尔喀喇乌苏。硫磺则山西阳曲，奉天辽阳、锦州。雄黄则湖南慈利。或官办，或商办，或官商合办。或用土法，或用西法。

九年，诏各省煤矿招商集股举办。自是云南、四川均设招商及矿务局，贵州设矿务公商局，山西设矿务公司。粤东琼州之铜矿，浙江宁波之铅矿，皆率招商集股开办。开办历数十年，惟开平、萍乡之煤，大冶之铁，规模宏远。次则平江之金，益阳之锑，常宁之铅，犹为民利。漠河金矿所产虽富，岁解部银仅二十万两。滇铜自十三年命唐炯督办，岁运京铜不过百余万，各省鼓铸，犹以重直购洋铜。铁产为汉阳厂炼钢造轨，略供轮路之需。粤、桂、晋出铁虽饶，以提炼不精，国内制造，仍多购自英厂。

二十四年，诏设矿务铁路总局于京师，以王文韶、张荫桓主之。奏定章程二十二，准华商办矿，假贷洋款，及华洋合股，设立公司。自是江西萍乡煤矿则借德款，湖北大冶铁矿则借日本款，浙江宝昌公司则借义款，直隶临城煤矿则借比款。当其议定合同，于抵押息金外，辄须延聘矿师，甚者涉及用人管理。至直隶井陉、安徽宣城煤矿，山西盂平、泽、潞、平阳，四川江北煤铁矿，新疆塔城，直隶霍家地、厂子沟金矿，广西上思，贵州正安铅铁，福建邵武、建宁、汀州，直隶八道河，奉天尾明山，及吉林新旧矿，均华洋合办，一经订约，时生轇轕。若福公司之于晋矿，其尤甚者也。二十四年，河南豫丰公司以其专办怀庆左右黄河以北各矿之权，山西商务局以其专办盂平、泽、潞、平阳煤铁各矿之权，同时让与办理。一公司垄断两省矿务，更议修铁道自晋讫汴，因矿及路，利权损失，争持三年，始允合办。汴既侵攘华官主权，晋复干涉人民开采。全晋绅民，坚持废约。迟之又久，始以银二百七十余万赎回。他如陕西延长，四川富顺、巴、万石油矿，湖南常宁龙王山，湖北兴国龙角山矿，均因商民私相授受，酿成交涉。

自议订胶济、东清路约，附路十三里内华人无开矿权。而开平煤矿，漠河观音山金矿，复因内乱为外人所侵占。开平煤矿，自光绪元年直隶总督李鸿章集官商之力，经营二十年，效力大著。二十六年，拳匪乱后，洋员德璀琳因督办张翼委其保护，与矿师胡华私立卖约，而张翼亦即签押移交，转以加招洋股中外合办奏闻。由是而唐山西山、半壁店、马家沟、无水庄、赵各庄、林西各矿，秦皇岛口岸地亩附属之承平、建平、永平金银矿，悉操于英公司。严诏责令收回，赴英控诉，卒未就绪。三十四年，筹办滦州煤矿，英公司阻挠之。乃劫为营业联合之法，合设开滦总局。观音山金矿，亦因拳乱为俄人占据。三十二年，始以俄银万二千卢布赎回。

二十八年，外务部改定矿章，凡华洋商人得一体承办矿务，惟必禀部批准，乃为允行之据。是年皖抚聂缉椝许英人凯约翰承办歙、铜陵、大通、宁国、广德、潜山矿产，嗣以专办铜陵之铜官山，订约定期百年，占地三十八万四千余亩。皖中绅民合力争之，始以银四十万两赎回自办。法人弥乐石亦于是年以勘办全滇矿务请于滇督及外务部，皆拒之，仍获澂江、临安、开化、云南、楚雄、元江、永北等府、厅、州矿权以去。继是英商立乐德以合办东、昭两府金银矿不获，遂援弥乐石例，索广南、曲靖、丽江、大理、顺宁、普洱、永昌七府矿，亦坚拒未允。一时举国上下，咸以保全矿产为言。由是蜀设保富公司，华洋承办川省矿务，购地转租事宜属之。闽设商政局，旋奏设矿务总公司，凡请办各矿场，查核准驳之权属之。山西保晋公司，安徽矿务总局，类能集合殷富，鸠赀开办。湘、鄂则于所属矿地勘明圈购，以杜私售。

二十五年，江南筹办农工矿路各学堂，两湖复筹设高等矿业学堂。三十一年，商部以洋商私占矿地矿山，疏请申明约章，以维权限。寻奏设各省矿政调查局，以勘明全国矿产、严禁私卖为先务。鄂督张之洞条上矿务正章七十四，附章七十三。盖自二十四年以来，矿章屡易，每因矿务龃龉，洋商辄引为口实。二十九年，商约大臣吕海寰与各国议订商约，许以开采矿产之利，但必须遵守中国矿章。而中国矿章，则比较各国通行者为之准则，特诏张之洞拟定。乃取英、美、德、法、比利时、西班牙矿章参互考证，区别地面地腹，厘定矿界矿税，分晰地股银股，暨华洋商，限制至周；尤注重于中国主权，华民生计，地方治理。阅数年乃成，下部议行，中国矿章始具云。

卷一百二十五　　志一百

食货六

征榷　会计

征榷　清兴，首除烦苛，设关处所，多仍明制。自海禁开，常关外始建洋关，而厘局之设，洋药之征，亦相继而起。三者皆前代所无，兹列著于篇。至印花税、烟酒加征，均试行旋罢，不具载。

常关。顺治初，定各省关税，专差户部司员督征。左、右两翼，张家口税，差满官督征。时京师初定，免各关征税一年，并豁免明季税课亏欠。嗣浙、闽以次荡平，复禁革明末加增税额，及各州县零星落地税。三年，革明末加增太平府姑溪桥米税、金柱山商税。四年，定户、工各关，兼差满洲、汉军、汉官。八年，减定关差员数，并停止关差议叙。九年，并西新关、江宁仓为一差，停独石口差。严关差留用、保家委官之禁。凡额设巡拦，各制号衣、腰牌。

十年，令各关刊示定则，设柜收税，不得勒扣火耗、需索陋规，并禁关役包揽报单。十一年，用给事中杜笃祜言，清厘关弊四事：一，裁吏役；一，查税累；一，关差回避本籍；一，批文核对限期。十六年，移潘桃口于永平，移古北口于密云，并设关征木植税，十分取二。十七年，裁永平、密云新关，归并古北口兼督管理。十八年，定各口木植什一而税。停临清砖差。其板闸税交北河分司征收。

康熙元年，移设河西务于天津，更名天津关。更定各关兼差满、汉官笔帖式各一，由六部咨送轮掣，停蒙古、汉军差。其张家、杀虎二口，专差满、蒙官。二年，定盘诘漕船，止于仪真、瓜州、淮安、济宁、天津五关。免外国货物入崇文门税。四年，严禁各关违例征收，永免溢额议叙之例。五年，命各关税均交地方官管理。于是崇文门归治中，天津归天津道，龙泉等归井陉道，紫荆归直隶守道，临清归东昌道，穵运厅归通蓟道，居庸归昌密道，西新归镇江道，芜湖归池太道，扬州归驿传道，浒墅归苏昌道，淮安归淮海道，北新归浙江布政使，荆归荆州同知，九江归九江道，赣归吉南赣道，太平桥归南雄知府，遇仙桥、涂光厂归韶州知府，各稽征税课。又裁古北口差归密云县管理，惟两翼、张家口、杀虎口如故。只差户部司员，申令直省关刊示税则。罢崇文门出京货物税。

八年，临清仓归并临清关。以给事中苏拜言"地方官兼关税，事务繁多，且恐畏惧上司，希图足额，派累商民"，复定税额较多之浒墅、芜湖、北新、九江、淮安、太平桥、扬州、赣、西新、临清、天津、凤阳仓，仍差部员督征，余如故。是年定关差缺出，以六部俸深司员轮掣，其差过之员，不准重差。又定关差考核法：欠税不足半分者罚俸；半分至四分，分别降调；五分以上革职。旋又定不及半分者降留，全完者纪录。凡部差官员，不令督抚管辖。

九年，定淮安关兼辖淮安仓及工部清江厂，两翼专差满官笔帖式。十年，裁西新户关归并龙江工关，裁芜湖工关归并芜湖户关，各兼理。既而改凤阳仓归凤阳知府，正阳归通判，临淮交大使征收，停差部员。十七年，裁北河分司，临清闸税归济宁道兼管。十九年，开山东海禁，令查船户匿税。差满部员督收潼关、山海关税课，潼关兼辖大庆关、龙驹寨税务。二十一年，移九江关驻湖口，停潼关、山海关部员差，仍归地方官管理。凤阳仍差六部满员。二十三年，更定各关轮差各部院司员例。

是时始开江、浙、闽、广海禁，于云山、宁波、漳州、澳门设四海关，关设监督，满、汉各一笔帖式，期年而代。定海税则例，免海口内桥津地方抽税，分设西新、龙江二关课税专官。二十四年，西新仍归户部。免外国贡船税，减洋船丈抽例十之三。二十五年，定州县海船隐匿处分。

时海禁初开，沿海渔船，州县既征渔课，海关复税梁头，民甚苦之。上用福建巡抚张仲举言，定渔船五尺以上，梁头税统归地方官征收。先是康熙四年罢抽税溢额议叙例。至十四年，又定溢额多寡，分别加级升用。及是，上以苛取累商，复停止溢额议叙。二十六年，浒墅监督桑额征收溢额二万一千有奇，上以扰累闾阎，罪之。永减闽海税额六千四百两有奇。二十八年，蠲沿海鱼虾船及民间日用物糊口贸易之税，著为令。先是沙沟于二十六年归并淮关，其朦胧、轧东、岔河等处悉免稽查。至是以沙沟系朦胧、轧东总汇，不宜再增一税，将朦胧归海关，轧东归淮关，沙沟免税。复归并西新户关于龙江工关。

三十三年，仍差部员督收山海关税，张家口税归宣化府兼收。三十四年，分设浙海关署于宁波、定海，令监督往来巡视。三十五年，定洋海商船往天津运米至奉天者，但收货物正税。三十六年，严关差官自京私带年满旧役谋占总科库头之禁。三十七年，永减粤海关额税三万二百两有奇。三十八年，上恐各关差苛取瘠商，停罢额外盈余银。设河宝营，差满官督收大青山木税。四十年，裁陕西三原县商税，归潼关、龙驹寨、大庆关兼收。裁通会河分司，通州木厂归通永道管理。四十一年，大青木税归并杀虎口兼辖。

四十六年，以金州、牛庄交山海关监督巡察越关漏税。设渝关于重庆，归川东道征收木税。四十七年，仍差工部司员督收荆关税。五十三年，以临清关税缺额，改归巡抚监收。未几，凤阳、天津、杭州、荆州、江海、浙海、淮安、板闸及淮关，先后改交各巡抚监收。停瓜州税，裁税课大使。定台湾收泊江、浙等省商船，经过厦门就验者不重征。福建糖船至厦门者，赴关纳税，其往江、浙贸易者免征。设横城税口，归山海关监督监收，增税千两，作为定额。六十一年，禁各番部落夹带硝磺军器出边，其进口税许从轻减。

雍正元年，移湖口关于九江，并设大孤塘分口。裁淮安、北新、凤阳、天津、临清、江海、浙海、荆州各关加增赢余银。严禁各省关及崇文门胥役分外苛求。是年定各关税务俱交地方官管理，惟崇文门仍差内务府官；山海关、两翼，古北、潘桃、杀虎三口，暨打箭炉，仍差部员。盛京呼尔哈河木税，亦交将军、府尹委沿河官征收。明年，淮安仍差部员，浒墅改归苏州织造，凤凰城中江税，派盛京部员各督收。河西务运粮船料，改于通州征收。三年，以暹罗进献稻种果树等物，免回空压载货物税。禁边关城门索取蒙古贡物税，其假名匿税者罪之。五年，宿迁关归并淮关征收，由闸税交地方官管理。河宝营木税，由杀虎口监督征收。奉天牛马税，改差部院司员。

六年，更定临清关米麦杂粮船税。定各关税则。龙江、西新二关，交江宁织造兼管。永免暹罗米税。七年，夔州关改委专员督收。南北二新关交杭州织造兼收。移荆州之徐关于田家洲，更名田关。江苏庙湾税归淮关兼管。定闽海关减折船税丈尺例。裁古北口监督，交密云县征收。以潼关商税浮于部例，相安已久，照现征之数，著为令。移潘桃口正关于潘家、桃林二分口征收。八年，减各关余平银之半，革除天津戥耗例外征收。定落地税搜求溢额议处例。严黄金出洋之禁。十年，设交城县水泉滩木厂，武元城设立税口征收。十一年，改天津关归长芦盐政管理。十三年，设居庸关税课大使，定潘桃、古北、杀虎三口给商印票，兼满、汉、蒙三体文字。山东海口各州、县、卫设两联印票，填注客商年貌籍贯、船只字号、梁头丈尺、豆石数目、出口年月，分给商船，回日查销。

乾隆元年，革除龙江、西新二关衙规票银。初，外洋夹板船到粤，起其炮位，候交易事毕给还。其税法每船按梁头征银二千两左右，货税照则征收。革除额税外另征置货银加一缴送税。定闽省渔船税，分上、中、下三则起科，除额外重征。定各省税课则例颁行。定九江、赣州二关三联税单例，一给商人，一交抚署，一存税署。准张家口、居庸关收取车驮货物过税饭钱，以资养赡。禁偷运米谷接济外洋，分别拟罪有差。免沿海采捕鱼虾单桅船税。二年，定米谷税，凡遇地方旱涝，米谷船到即放行，俟成熟后照旧征收。永停征广东开建、恩平二县米船税。三年，裁浒墅关之转水、柏渎二口，改瓜州由闸税归两淮盐政。九江差内务府司员，芜湖、凤阳派部员，各管理监督。四年，定归化城木税额，归杀虎口征收。五年，复差部员监督荆关。用御史陆尹耀言，严揑名讨关之禁。

六年，复定考核关税赢余例，清查外省私增口岸。免领帑采铜锡铅及米谷税，仍征船料，惟黄豆非麦秫比，虽歉岁照常征收。改宿迁之丰、沛、萧、砀四县陆税，仍交各县分征。永禁龙江关木税飞量法。定各关赢余，比较上年数目考核，著为令。七年，永免直省关豆米额税。复设通州分司之黄村，临清关之德州、魏家湾、尖冢、樊口等口岸。免征临清关船料。以扬州关归两江总督遴员征收。停止闽海关之南山边口征税，专司稽查。八年，定官运米谷免征船料。九年，严蒙古来京漏税，及为奸商私运货物之禁。

十年，交阯乱平，复开征云南马白税。禁止宿迁关通船一载收税例，改按担数征收。定一官兼管两关，其征额有此赢彼绌者，准其抵补；再有短歉，仍著追赔。移福建诏安之雅溪税馆于悬钟，以闽省旧有舿子头船包揽走私，永禁制造。十三年，复征米豆税。十四年，定各关赢余，以雍正十三年为准，短少者按分数分别议处，罚俸降调有差。十五年，移福建宁德县税口于酒屿。十七年，改渝关木税归并夔关征收。十八年，移厦门查税之玉洲馆驻石美，凤阳关查税之濉阳口驻虹县，改虹县征税之青阳镇驻濉河口。二十年，移淮南关之流均口驻泾河。

二十二年，增定浙、闽二海关税则，照粤海关例。寻又申禁洋船不准收泊浙海，有驶至者，仍令回粤贸易纳税。二十四年，定叶尔羌、喀什噶尔牲畜税二十取一，缎布皮张税十之一，自外番贩入者倍征，严丝斤出洋之禁。二十五年，始派员征收多伦诺尔皮张等税，并设盛京拉林、阿勒楚喀税局，派员征收，如宁古塔、伯都讷例。革除粤海关陋规银，归公造报。二十六年，设淮安关石础税口，又设归化城总税局，并绥远、归化、和林格尔、托克托、萨拉齐、西包头、昆都崙、八十家子等口，差蒙古笔帖式二员，分督征收牲畜税。

二十七年，以龙江、淮安二关归两江总督，浒墅归江苏巡抚，各稽查严禁榷关漏税积弊，并定漏税罚数。江苏巡抚陈宏谋条上浒墅关四弊：一，铺户代客完税，包揽居奇，仍令商人自行完纳，按簿亲填；一，货船抵关，签验纳税，给票后始准过关，以杜偷越；一，官员遴委佐杂官，半年而代；一，督抚与监督原相助为理，所征数目，应令监督按月知会督抚，再于年满奏报时统咨知会。从之。是年弛丝斤出洋之禁，仍示限制。定崇文门、两翼税差期满，由部开列满、蒙大学士、尚书、都统、侍郎、副都统等职名，请简更代，遂为永制。二十八年，画一天津各口税则。定商贩山东豆石由海运浙，照运赴江南例输税。张家口出口铁器，照杀虎口例纳税。革除芜湖关之户、工帮贴饭费，江海关之驳票给单挂号、油烛饭费、看验舱钱文、扬关由闸之给串钱。

二十九年，更定临清关船只补税例。定外番商货至回部贸易者，三十抽一，皮货二十抽一；回商往外番贸易，二十抽一，皮货十之一；其牲畜货物不及抽分之数，视所值折算。三十年，更定吉林等处税额，裁潘桃口监督税归张家口征收，所属六小口，改归通永道管理。明年，复改潘桃口税归多伦诺尔同知征收。设局大河口，差理藩院司员督收归化城税。既而改归山西巡抚遴员征收。岫岩城属之鲍家马头等七口岸海船商税，归山海关监督设局征收。三十三年，定山海关、张家口、八沟、塔子沟、三座塔、乌兰哈达、多伦诺尔交直隶总督，杀虎口、归化城交山西巡抚，盛京牛马税、中江税交盛京户部侍郎，坐粮厅交仓场侍郎，打箭炉交四川总督，荆关交湖广总督，均兼管稽差。各监督有侵蚀、情弊、参处后不能完项者，即令兼管之员代赔。三十四年，准九江关正税一两加平余一分，以供饭食费需之用。停洋船入口夹带硫磺之禁，著为令。三十五年，裁浔、梧二厂公费归入正税。

三十八年，裁多伦诺尔监督，归多伦诺尔同知管理。移由闸、南坝税口于中闸。四十年，封闭广西由村隘口，禁内地商民越关交易。四十一年，改通州分司及河西务计价科税为计数科税，并革除张家湾油面等出店进店税。改定打箭炉商货按数征税例。明年，定打箭炉税差，照山海关例，于宗人府及部院司员内选派。四十五年，停荆关、打箭炉司员差，交各督抚遴员管理。四十六年，裁荆关监督养廉银，于荆宜施道、荆州知府遴派一员监收。四十九年，定粤海关珍珠宝石概不征税，著为令。五十一年，裁荆州之郝关及郝支关，另设口于越市，更名越关。移杨关于调贤口，更名调关。定除暹罗贡使船外，其带货私船，照例征收。

五十二年，定各关预期请领收税册档，及请领迟延，擅用本关簿册参处例。以安南奉贡请封，弛水口等关之禁。越四年，缅甸效顺，亦准开关通市，于永昌、腾越、顺宁收征出口税，杉木笼、暮福、南河口征收入口税。以福建五虎门与台湾淡水八里岔设口开渡，由闽安镇征收进口税，南台口征收出口税。货物进口，复运往他处，限一月内免重征；若逾限出口，或限内移货别船，均征出口税。

五十七年，定粤海关到关船货，责成督抚查明，按月册咨。一年期满，与监督清册核对不符，参办。五十八年，定西洋除贡船外，别项商船不得免征。以杭州织造改归盐政，南北二新关交巡抚管理。开山西得胜口归杀虎口监督稽征。时英吉利货船求往江、浙宁波、珠山及天津、广东等处收泊交易，上不许，仍令照例于澳门互市，向粤海关纳税，并征船料。

嘉庆二年，并左、右翼为一差。越二年，复简派二员。定辰关、渝关、潘家口、通永道、古北口五处各关例。是年命核减各关赢余额数，於是定户关之坐粮厅六千两，天津二万，临清一万一千，江海四万二千，浒墅二十三万五千，淮安十一万一千，海关庙湾口二千二百，扬州六万八千，西新二万九千，九江三十四万七千八百，赣关三万八千，闽海十一万三千，浙海三万九千，北新六万五千，武昌一万二千，夔关十一万，粤海八十五万五千五百，太平七万五千五百，梧州七千五百，浔州五千二百，归化城一千六百，山海关四万九千四百八十七，杀虎口一万五千四百十四，张家口四万五百六十一，打箭炉尽收尽解；工关之辰关三千八百两，宿迁七千八百，芜湖四万七千，龙江五万五千，荆关一万三千，通永道三千九百；闸、南新、渝三关，潘桃、古北、杀虎三口，竹木税向无赢余，无庸更议。

五年，议准回空漕船于六十石例额外夹带二十石，均免输税。严禁崇文门、卢沟桥及各省关役讹索行旅。以辰州知府李大霳接管税额外赢余万两有奇，下部议叙。六年，定盛京牛马税差，于盛京五部侍郎内简派。定打箭炉正税额二万两。革除闽海征收二八添平银。七年，改密云县征收古北口木税为尽收尽解，并缴销原额监督关防。九年，复增定各关赢余额数，浙海四万四千，西新三万三千，九江三十六万七千，浒墅二十五万，淮安十三万一千。十一年，定辰关岁征加一耗银二千七百七十余两。十五年，定崇文门参税则例。令营汛官分查崇文门私放私收冒充白役之弊。二十二年，饬各海关查禁例不出洋之货。

道光元年，裁浙江盐政，改设杭州织造，兼管南北新关税务。三年，饬各省关整顿奸蠹包揽、书吏徇纵等积弊，严各关员例外横征及粮船夹带偷漏之禁。定多伦诺尔木税。更定浙海关税则。九年，申定回疆税课三十抽一。时英吉利大班等以洋行闭歇，拖欠货银，商船停泊外洋，延不进口。每言在粤海关年纳税银六七十万，以为居奇。上曰："洋商私带鸦片入口，偷买纹银出洋，得不偿失。倘故刁难，即不准开舱。少此一国货税，所捐几何！至请分别商船大小纳饷，尚可变通。"

十年，定各关盈余银以六成为额内，四成为额外，核其溢额绌额分别功过例。先是御史许乃济言崇文门税局需索，曾令巡视五城御史随时稽查。至是，御史晋昌复言巡役勒索，胥吏卖放，特派满、汉御史各一，专司稽查，一年而代。十一年，减浒墅盈余二万两，淮安二万一千两。定赔缴短征关税，按数多寡分别限期久暂例。命广东严缉快蟹船为洋商运私偷税。十二年，停止白铅出洋。十三年，革除各关标礼并查船谢仪，及地棍报单等名目。以霍罕悔罪输诚，复准入卡贸易，并免税课。十四年，严禁各关家丁需索卖放，及书役盘踞、地棍包揽之弊。又查禁粤商增收洋商私税。定贡物到京，崇文门免税验放。

十七年，严禁纹银出洋。查办粤省匪艇及窑口走私漏税。十九年，设韶州、东江二关，归南韶连道管理。二十一年，移设荆州正关于柳家集，更名柳关，并改支关为柳支关。二十四年，免暹罗接正贡使船货税。二十五年，裁龙江关查验木植税局。

咸丰二年，查禁沿海各关走私积弊。三年，以捻匪扰江南，浒墅、淮安、芜湖、凤阳等关，纷请尽征尽收，漫无限制，令仍遵定额照常征收。六年，定打箭炉税额二万两。八年，定盛京盈余税以钱抵银，及渔船、大小牛船交纳船规例。九年，设山东烟台税局。十年，以士子会试入京，照例验放，严禁崇文门巡役讹诈。更定奉天海口税则，增收黄豆、豆饼、包头、油篓四税，加赢余八万两。又定各关监督未及一年离任者，交后任接征，扣足一年分晰汇报例。革除北新关南北二口货税过关五日十日之限。是年，俄罗斯于黑龙江互市免税课。

同治二年，免巴尔楚克过税，加征叶尔羌正税。三年，设福建台南之打狗口海关，归巡抚管理。暂停北新关征税。四年，暂停龙江、西新关、浒墅三关征税。湖北新关竹木税，遴本省道府一员督征。先是粤海关额征，常洋不分。至是，定货由华船装运者为常税，额征五万六千五百余两，赢余十万两；再有赢余，尽征尽解。是年裁革太平关文武各署规费，并饬粤海关严查各口偷漏隐匿。裁山海关监督，改设奉锦山海关道稽征。七年，定太平关归南韶连道专管，其四分厂委员，仍由巡抚遴派。八年，申定贡物解京，崇文门放行，毋许留难勒索。十一年，停江苏淮关传办活计。

光绪二年，复开芜湖、凤阳两关。三年，严定考核各关章程。四年，定辉发、穆钦等处及宁古塔、三姓税务，均由吉林将军委员征收。山西交城县木税，由知县设口于武元城故交村征收。八年，定芜湖关税额十三万六千余两。九年，中江税务改归东边道征收。十三年，改广东黄江厂税委员专管，裁厂书、签子、官房、总散房名目，并革除额外加平、办用官钱、厘头、船钱、墟艇钱、黑钱、包揽钱七项陋规，榜示通衢。定梧、浔二厂赢余六万两。改沪尾、打狗两关归台湾巡抚监督。二十五年，敕各将军、督抚综核各关卡陋规中饱之数，酌量归公，勒限禀报。三十四年，减崇文门华商税为值百抽三，如洋商税例；免日食蔬菜等物税。宣统元年，设立吉林省税务处，分设稽征、庶务、支应、核销四所，所有捐税各局、所、公司概行裁撤归并。更定四川常关征收章程及办事规则。

洋关之设，自五口通商始。前此虽有洋商来粤贸易，惟遵章向常关纳税而已。道光十九年，有趸船缴烟之役。是秋各商船来粤者，皆为英兵船所阻，不得入口。粤海税课，以洋货为大宗，至是征收短绌。二十二年秋，英人要求通商口岸，允于沿海广州、福州、厦门、宁波、上海五口开埠通商。明年，定洋货税则值百征五，先于广州、上海开市。洋货进口，按则输纳。后由华商运入内地，所过税关，只照估价若干，每两加税不过某分。

二十四年，定《法商条约》：一，允法人赴五口通商船只，不得进别口及沿海岸私行交易，违者货没官；一，法商出入五口，照则输货税船钞外，不再收别项规费；一，商船进口，二日不缴船牌货单，由领事照会海关者，每逾一日罚洋五十元，但不得过二百元，倘未领海关牌照，擅自开舱卸货，罚银五百元，货并没官；一，船进口未卸货，在二日内可往别口，即在彼口纳税；一，船进口二日外全完船钞，百五十吨以上吨纳银五钱，以下吨纳一钱；一，估价之货有损坏者，得核减税银；一，船进口按卸货之多寡输纳，余货如带往别口卸卖，即在彼口输税。二十五年，定《比利时商约》，照章纳税输钞。二十七年，定《瑞典那威商约》，税钞亦如之。

咸丰四年，设江海关于上海。八年，复定《英约》：一，牛庄、台湾、登州、潮州、琼州等口，均准开埠通商；一，值百抽五之货，多有价值渐减者，应将旧则重修，此次新定税则，如欲重修，以十年为限，须先六月知照，否则照前章完纳，复俟十年；一，子口税按值百抽二五，如愿一次输纳，洋货在进口、土货在经过第一关纳税给票后，他口不再征；一，英船纳钞给照后，四月内不重征；一，货船进口二日，即全纳钞；一，英商自用艇，如带例应纳税之货，每四月纳钞一次；一，商货纳税后，改运他口，系原包，免重征。是年，允法商于潮州、琼州、台湾之淡水、登州、江宁通市，纳税输钞均同有约国。

九年，设粤海关于广州。允俄人于上海、宁波、福州、厦门、广州、台湾、琼州七口通商，税则视各国例。定《美约》亦如之，并允于潮州、台湾两口开市，照新章完纳税钞。十年，设潮海关于汕头。允英人于汉口、九江通商。以英人李泰国为总税务司，帮司各口税务。设天津、牛庄、登州三口通商大臣。十一年，设浙海关，归宁绍台道监督，津海关归通商大臣统辖。并设闽海、镇江、九江三关。定各国洋税自上年八月始，每三月结报一次，四结奏销一次。英、美二国于九江、汉口开埠，俄亦于汉口通商，于是定《长江及各口通商章程》。洋货入江，于上海纳正税及子口税；土货出口，纳出口税；复进口时，完一正税，准扣二成；若完半税，不扣二成，再入内地，仍照纳税厘。又定《德商约》，其税约与英同。

同治元年，设厦门关。以五口商务归通商大臣兼理。二年，设东海、台南、淡水三关。免英租界洋货厘金，并准添开宜昌、芜湖、温州、北海四口岸，其沿江之大通、安庆、湖口、武穴、陆溪口、沙市，均准英轮船暂时停泊，用民船上下货物。除洋货半税单照章查验外，土货只准上船，不准卸卖。又英商自置土货，非运出海口，不得援子口半税例。是年定《丹麦》及《荷兰商约》，输纳税钞如英例。三年，设山海关于牛庄。定《日斯巴尼亚税则》，视咸丰八年各国例。明年，定《比约》，税钞亦如之。又改定《法船钞章程》：凡商船进口已纳税，往他口，并往来安南之法国各埠，与附近之日本码头，由海关给照，逾四月再纳钞。初粤海关税常、洋不分，至是始定由洋船装运者为洋税。五年，定《义商约税钞》，商船入口漏捏者，罚船主五百两，余如《法约》。

八年，定《奥商税钞》，均视《义约》。又定《俄商约》：一，边界百里内及往蒙古各盟贸易者，不纳税；一，俄商运货至天津，纳进口税减三之一，其酌留张家口之货纳正税，如再运赴通州、天津，不再征，并将张家口多纳之一分补还；一，由天津运俄货至各口，须补足减一之税，他口不再征，如由他口复入内地，另纳子口半税；一，运土货及洋货由水路进口，纳税视各国例；一，在天津、通州运土货由陆路返国，照例纳正税，不再征，沿途不得销卖；一，在津运复进口土货由陆返国，纳税后，限一年起运，不再征，并给还复进口税，沿途不得销卖；一，在津或他口运别国货由陆返国，已交正税子税，不再征，如只交正税，应补交子税；一，议定税章，试行五年，限满欲修改，先六月照会。九年，设江汉关。裁三口通商大臣，东海、山海二关均归直隶总督统辖，另设津海关道，监督新、钞两关。

光绪三年，设芜湖、宜昌二关，归徽宁池太广道、荆宜施道各监督；琼海、北海二关，归粤海关兼理。又设瓯海关于温州。六年，续定《德商约》：一，中国允除宜昌、芜湖、温州、北海前已添开岸并沿江之大通、安庆、湖口、武穴、陆溪口、沙市前已作为上下客货之处外，又允德船于吴淞口停泊，上下货物；一，夹板进口，停泊十四日，应纳减半之钞；一，船货报关有漏捏，应罚船主，不得过五百两；一，德商运土煤出口，吨纳正税三钱；一，无照冒充引水者，罚银不得过百两；一，船只损坏，准在各口修理，饰词偷漏，罚倍图免吨钞之数；一，中船挂德旗而德人知情，与德船挂中旗而货主知情，货均没官。是年定《美商约》，税钞视各国例。

七年，设嘉峪关，归安肃道监督。改定《俄陆路商约》：一，俄货至嘉峪关，照天津关例，纳三分减一之税，再运内地，纳税亦视天津例；一，货至天津与原照不符者，没官，查仅绕越避查验者，罚令完一正税；一，在通州运土货回国，完出口正税，在张家口运回，暨在内地运土货至通州、张家口回国者，均纳子口税，沿途不得售卖。余同前约。

十二年，复定《法商约》：一，中国准于北圻界择开两处通商，设关征税；一，洋货入云南、广西两边关，纳减半正税三之一；一，洋货入此关纳税，转往彼关者，三十六月内不再征，如转入各口，另纳正税，土货在此关纳税复转彼关，只征复进口税，如转入各口，另征正税，入内地仍纳子口税；一，进出口货到关逾十八时不报验，日罚五十两，惟不得过二百两，报有漏捏，货并没官。余同前约。十三年，允法人于广西之龙州、云南之蒙自及蛮耗，开埠通商，并减洋货进口税十之三，出口税十之四。寻改蛮耗为河内，并添云南之思茅口岸。由通商各口运土货前往四口时，征出口十成正税，到四口照十分减四征复进口半税。又定《葡约》，其税钞及罚例均视上年《法约》。是年设拱北关于澳门，九龙关于香港，由粤海关监督。改台南、淡水两税归台湾巡抚监督。十五年，设镇南、蒙自二关。十六年，设重庆关。

二十年，开西藏之亚东关，允英通商。除禁运货物外，自开关日始，免进口税五年。限满再定税章照纳。又允由蛮允、盏西两路贩运各货，限六年内减进口税十之四。二十一年，设思茅关及猛烈、易武二分关，归思茅同知兼理。

二十二年，定《日本商约》：一，进出口货视各国例，只输进口或出口税；一，已进口货再运各口，不论货主及运货系何国人及何国船，所有钞税厘金杂派各项一概豁免；一，运货入内地，再纳子口税，系免税者，按值百抽二五；一，出口土货，完正税子税后，限十二月运往外国，如系禁运出外洋之物，出口时只完正税；一，洋货已完进口税，三年内复运出口，不再征；一，船钞视各国例。是年设杭州、苏州及沙市三关。明年，设梧州、三水二关，并甘竹、江门二分关。改定英人《长江通商章程》：一，在长江贸易轮船，由上海税务司给专照，年换一次，或在汉口及宜昌换领亦可，船钞在给照之关交纳，违者照罚，再犯缴销专照；一，撤销出口正税复进口半税同时完纳之例，有专照江轮，出口及复进口税照各口例，在装货起货之口分次完纳，至装货拨货卸货，亦如各口例。

二十四年，设岳州关及江海之吴淞分关。明年，设胶州关。与德会定《征税办法》：一，青海设关，应拣派德人充税务司；一，海运进口之货不征税，若胶州界口运赴内地，征进口税，惟无海关准单不准出胶州界；一，土货陆运入租界，再水运他口，征出口税，惟租界内产土货并土产，及海运入口之物料制成各货，出口时不征；一，土货进口复运内地，照约纳税；一，土货纳出口税，复运他口纳半税。又定韩暨墨国税钞及各费，悉视海关例。是年设金陵关。又设福海关于三澳。二十六年，设腾越关及蛮允、弄璋二分关。二十七年，定常关距口岸在五十里内，税由洋关兼征。二十八年，设秦皇岛分关。

先是商约大臣盛宣怀、聂缉椝等言，税务司赫德筹拟洋货进口税，援照洋药税厘并征之法，核估时值，按正税子口税七二五，统加厘金一倍，为值百抽十五，由海关并征，以免各处厘局留难纷杂，货可畅销，洋商或可允从。并拟出口土货向完半税者，改完厘金，以抵洋货厘捐改归海关并征之数，于各省厘金亦无所损。上以此事利害出入关系甚大，下南北洋大臣、各督抚参酌各省情形，妥议具陈。至是，始与英定裁厘加税之约：一，约款照行时，中国允除现有各常关外，向设各厘卡及抽类似厘捐之关，概行裁撤；一，英国允于进口洋货增至切实值百抽五加一额外倍半之税，以抵撤厘金子口税及各项税捐，至土货出口税总数，不得逾值百抽七五之数；一，现有常关仍旧存留，其有海关而无常关，及沿海沿边非通商口岸处，均可添设常关，如新开口岸应设海关者，可并设常关；一，民帆各船运货所纳出入口税，不得少于轮船进口正税及添加税之总数，土货运出至第一常关，照海关例征出口加税，给照单，限一年内无论经何关出口，不再征，如运出各租界外销售，应纳销场税；一，土货运出，除正税外，加征半税，以为裁撤厘捐之抵补，至丝斤出口正税，不得逾值百抽五之数；一，向不出洋之货，于销售处征销场税，凡民船运至口岸之土货将销售本地者，无论货主何国，均征销场税，惟不在租界内征收；一，华洋各商在内地用机器纺织之纱布，只纳出场税，余概豁免，凡机器织成类似之洋货视此，惟汉阳大冶铁厂，及国有免税各厂，与后设之制造局、船澳等厂所出物件，不在此例。寻与美、日、大西洋各国均定此约，卒以事费调查，迄未能实行也。

二十九年，与俄协定《北满税关试办章程》：一，铁路运货减三之一纳税，指定界限，按车站大小，四面各距十里或五里三里不等，如运出指定界限外，应补足正税，并照运货入内地章程办理；一，铁路运货减价，此中俄特约，除俄货外，各国货经东省铁路运入者准此；一，章程税项有应更改者，俟一年再商定。又定《通商进口善后章程》：一，进口洋货税则不载者，照值百抽五例，按市价估货，以市平合足关平，并扣除使费，方为货物实价；一，货未报关已售于华商，即视合同价值之总数为市价；一，由海关估定之价与该商不合，即由海关与该商本国领事，并领袖领事，各派一人公同断定，若查出该商所报每百少至二十四两，按估定价值征正税，并按所报应完之正税罚缴四倍；一，洋船专载免税之米粮等仍税钞。是年设澳门分关。

三十年，与德会定《青岛设关征税办法》，附件一。无论华洋轮船，行驶内港，应领关牌，一年而易。初次纳牌费十两，换领只纳二两，每四年纳钞一次。明年，与德修改《青岛征税办法》：一，改青岛口岸，概行免税，惟择定税界内一区为无税地，余均起征；一，无税区外制成各货，出口纳税，不得逾运原料应完之税数。改三水之江门为正关。三十三年，设南宁、大连二关，又设安东关及大东沟分关。三十四年，设滨江关及满洲里、绥芬河二分关。宣统元年，设瑷珲、三姓二分关。二年，设珲春关及延吉分关。三年，更定东海关各口税则为值百抽二五，再收一二五内地捐，所有规费概行裁免。

自光绪二十二年裁撤台南、淡水、汉城各关外，为关二十七。宣统三年，续增南宁、梧州、三水、岳州、福海、吴淞、金陵、胶海、腾越、江门、安东、大东沟、大连、滨江、满洲里、绥芬河、瑷珲、三姓、珲春、延吉等，为关四十七。

先是土药各税列入进口。同治十二年始列专款，合计洋关岁征各税。咸丰末年，只四百九十余万。同治末年，增至千一百四十余万。光绪十三年，兼征洋药厘金，增为二千五十余万。三十四年，增至三千二百九十余万。宣统末年，都三千六百十七万有奇，为岁入大宗云。

厘金抽捐，创始扬州一隅，后遂推行全国。咸丰三年，刑部右侍郎雷以諴治军扬州，始于仙女庙等镇创办厘捐。是年苏、常叠陷，丁、漕无收，乃设厘局于上海，藉资接济；又设江北厘捐，归大营粮台经理。五年，江西设六十五局卡，湖北设四百八十余局卡，湖南亦设城内外总分各局，江苏扬、常、镇各府属添设小河口、普安、新港、三江营、荷花池五局。御史宗稷辰言："大江南北设卡过多，收捐太杂。"刑部左侍郎罗惇衍亦言："泰州仙女庙厘局官绅弁兵，刁难勒索。"上令酌量裁并，严禁查办。

六年，盛京抽收商货及粮石捐，值百取一，吉林亦如之。乌鲁木齐之吐鲁番亦抽收棉花厘金。七年，设湖北厘金总局。八年，定豫省厘捐除水烟、药材、茶叶外，余概不抽收，并裁撤陕州、荆子关及沿河各局卡。是年福建、广西均设局卡，抽收货厘。九年，登、莱、青三府属海口设局抽厘。山西设筹饷局，收行商药税及百货厘捐，于各隘口设七总卡及各分卡。十年，以张家口办理厘金不善，激成事变，文武各员俱获严谴。两江总督曾国藩以湘军援鄂，请于长沙设东征局，克复一处，即酌添局卡，以济军储。凡货物皆于本省厘金外加抽半厘。允之。是时江北八里铺及广东韶关、肇庆府俱设局卡抽厘。十一年，改山西行商药厘为税。安徽抽收厘金，设立正卡，省局所属四，皖南及淮北局属各三，并设分卡分巡五十九。贵州亦设货厘局于川、楚邻近之区。时各省厘局过多，上恐有累商民，命除各省通衢要口外，其余局卡概行裁撤。

同治元年，以广东官绅办理厘捐，营私病民，特命三品京堂晏端书驻扎韶关，督办广东厘金。四川总督骆秉章亦以粤省厘捐积弊为言。上诫端书以"厘捐原出于不得已，总期有益军饷，无戾民情"。御史丁绍周言："厘捐各委员徒事中饱，民怨沸腾。"命裁革各委员，统归地方官管理。其通都大邑厘捐事繁，著派道府等官办理，并照部章分晰开载，榜示通衢。是年设江宁大胜关厘卡。河南禹州、陕州暨河内县、清化镇均设药材厘金分局，禹州并抽收百货。移设衢州府牙厘总局于浙江省城。除杭州、金华、严州三府外，余八府均设分局分卡。设周口、三河尖两厘税局。

二年，帮办扬州军务汉军统领富明阿言："里下河一带，南北粮台设立捐卡百余处。有一处而设数卡，一卡而分数局。每月局用少者二百金，多者至千余金。委员既繁，局费尤滥。"上以江北如此，他省可知，严饬各督抚归并裁革，遴委贤能地方官经理。寻湖北巡抚严树森言："胡林翼创办湖北厘金，仿刘晏用士类不用吏胥之法，历久著有成效。若改归地方官，诸多窒碍。"并胪陈八弊，请仍旧章。又言："湖北厘金年收百三十四万，全赖分设小局，稽查偷漏，大局之征收始旺，零卡势难议裁。且以一省之财力，协济数省军饷，多藉资厘金，轻议更张，恐入款顿减。"均允之。是年江北设厘捐总局，裁并各卡，留存大胜关等二十六卡。江苏亦设牙厘捐总局，裁并各卡，留存苏城等十四卡。浙江定百货厘捐值百抽九，浙东两起两验，间卡抽收，货值千文，起卡抽三十，验卡减半，捐足两起两验不重征。浙西则一起一验，由第一卡并征，余皆验放。

三年，直隶设天津双庙卡。淮南亦设卡抽收邻私厘金。浙江定丝斤捐。河南以捻匪肆扰，停止禹州厘捐，寻复之。时湖广总督官文言："直隶、山东、山西、河南、陕、甘、云、贵、广西等省厘金不多，军务告竣，即可议撤。其余东南各省厘金，不可骤裁，留作善后之费。"曾国藩则以江宁克复，请停广东厘金。上恐饷项不继，未之许也。四年，撤湖南东征局，改江北总局为金陵厘捐总局。福建设税厘总局，征收百货及茶厘。六年，湖北裁存厘局分卡八十六。湖南合并分局，统名厘金盐茶总局。七年，定厘金报部，照两淮盐厘排式，年分两次。时军务渐平，督抚、台谏屡以裁撤厘金为言。上饬各省酌留大宗，裁去零星分局。于是湖北又裁去五十四局卡，浙江裁并十六卡。

八年，甘肃开百货及盐茶厘捐。定广东省城及佛山、江门、陈村各繁盛处所，补抽百货坐厘，由商承办。九年，广西减厘，改征西税。十年，用御史黄槐森言，禁革广东厘局帮费名目，并裁汰吏胥。直隶改天津府捐输义馆为百货厘捐局，设东河、西河、南河、海河四分卡，并于东关设洋药厘捐局。十三年，停止山海关之临榆县厘局。云南省城设牙厘总局，各府属设分局二十三，及各井盐厘局。

光绪元年，浙江复裁并十四卡，存留六十五卡。免湖北米谷厘金。二年，安徽规复，芜湖、凤阳两关分别裁撤厘卡，永免湖南境内运售米谷厘金，贩运出境者，仍于首卡完厘一次。三年，山西大祲，商货滞销，裁并各路添设之分卡。吉林于双城堡、农安城抽收七厘货捐。四年，贵州货厘减收二成五。七年，给事中刘瑞祺言厘捐无裨国计，饬各督抚酌量截留。山西以厘金减收，复设各分卡。八年，江、扬裁撤分卡一、巡卡二，沪厘局裁并布货捐局，闽、广三帮杂货捐局暨东沟四厘卡，并撤古山、水桥巡卡。明年，沪局又裁东沟、大泾两巡卡。十年，陕西裁留二十八卡。十三年，贵州增设二十五分局。先是各省局卡林立，扰民病商，屡经奉饬裁并，而江西一省尚多至七十余局。御史郑思贺又以为言，核实删减。

二十三年，户部疏言："各省厘局中饱，弊在承办之员不肯和盘托出。各省例不应支而非得已者，辄于厘税收款提留济用，所谓外销者也。院司类有存案，原非自谋肥己。然既有外销之事，即有匿报之款，否则从何罗掘？无惑乎人言藉藉，佥谓各省实收之数，竟数倍报部之数。现在中饱之弊，已谕饬各将军、督抚认真整顿，自不至仍前泄沓。惟外销之数若不和盘托出，臣部总握度支，岁入岁出，终于无可句稽。即外销款目不能骤议全裁，亦宜咨报臣部，权衡缓急，内外一气，共济时艰。拟准将外销最要之款，切实声明，量予留支，使无窘公用。此后再有隐匿，甚或巧立名目，谬称入不敷出，则典守之官，不能辞咎。"上下大学士及廷臣议。越二年，上从诸臣议，饬各将军、督抚详细稽核，究竟裁去陋规中饱之数若干，酌量提归公用之数若干，勒限奏明。其外销款项，应准胪列报部，以昭核实。所有水陆总分各局卡，应如何因地制宜，官绅并委，著体察情形办理。

二十九年，江西巡抚柯逢时言："江西厘局积弊过深，改办统捐，凡纳捐货物，黏贴印花，概不重征。"报闻。宣统元年，四川以实行禁烟，筹抵土药各税厘，加倍征收肉厘，允之。二年，贵州三江厘局改办木植统捐局。陕西百货厘捐亦改照统税办法，减为二十七局。

洋药。道光初，英吉利大舶终岁停泊零丁洋、大屿山等处，名曰趸船，凡贩鸦片烟至粤者，先剥赴趸船，然后入口。省城包买户谓之窑口。议定价值，同至夷船兑价给单，即雇快艇至趸船，凭单取土。其快艇名快蟹，械炮毕具，行驶如飞，兵船追捕不及。灌输内地，愈禁愈多。各项货物，亦多从趸船私售。纹银之出洋，关税之偷漏，率由于此。叠经谕饬驱逐严拿，而趸船停泊、快蟹递私如故。

十八年，鸿胪卿黄爵滋言："自烟土入中国，粤奸商句通巡海弁兵，运银出洋，运土入口。查道光初年，岁漏银数百万；十四年以前，岁漏二千余万；近年岁漏三千余万。此外各海口合之亦数千万。年复一年，伊于胡底。耗银之多，由于贩烟之盛。贩烟之盛，由于食烟之众。实力查禁，宜加重罪名。"上韪其言，特命林则徐为钦差大臣，赴粤查办。明年，截获趸船烟土二万八百八十余箱，焚之。时定《禁烟章程》，凡开设窑口及烟馆，与兴贩吸食，无论华洋，均拟极刑。

咸丰七年，闽浙总督王懿德等，始有军需紧要，暂时从权，量予抽捐之请。朝旨允行。八年，与法定约。向来洋药不准通商，现稍宽其禁，听商贸易。每百斤纳税银三十两，只在口销售，离口即属中国货物，准华商运往内地，法商不得护送。嗣与各国定约皆如之。九年，上以洋药未定税前，地方官多有私收情弊，现既议定税章，自应一律遵办。上海为各商荟萃之区，尤宜及早奉行，不得以多报少，藉肥私囊。两江总督何桂清请减轻洋药税，下廷议。寻议："洋药税则，各省关均照办，江苏何得独异？所征税银，每三月报解，不准留支。至洋药厘捐，与关税有别，原定银二十两，毋庸再加十两，惟不得以洋税抵作厘捐。"允之。云贵总督张亮基言滇省向无洋药，上命先将所产土药分别征收税厘，不得以洋药混土药。

十一年，上海新行洋药税章程，而普鲁斯领事密迪乐以洋商既定进口税，重征华商，有碍洋商贸易。上曰："洋商进口，华商出口，两税各不相碍。"不允其请。时税务司赫德言："洋药抽税，今昔情形不同，收税愈重，则走漏愈甚。"上以其言可采，下所司酌议施行。

光绪初元，广东招商包收洋药捐，年认交四十二万元，五年限满，每年递增二万元。二年，与英定约，洋药入口，由官稽查，封存栈房或趸船，俟售卖时，照则纳税；并令购者输纳例税，以防偷漏：其数由各省酌定。六年，广东新商接办洋药捐，年认交九十万元，仍五年为限。

七年，大学士左宗棠言："禁食鸦片，宜先增税。洋药百觔，拟征税厘百五十两。土药价低，准依洋药推算。"上命将军、督抚及海关监督各就情形妥议以闻。寻直隶总督李鸿章言："洋药既难骤禁，只可先加税厘。烟价增，则吸者渐减，未始非徐禁示罚之意。惟厘税太重，恐偷漏愈多，亦须通盘筹计。查洋药由印度先到香港，然后分运各口，奸商即于该港私相授受。检阅贸易总册，同治十三年至光绪四年，到港洋药，每年八万四千至九万六千余箱，运销各口有税者，只六万五千至七万一千余箱。五年到港十万七千余箱，运销各口有税者，只八万六千余箱，年计私销二万数千箱。加捐易办，偷漏难防。拟于洋药每百觔正税三十两外，加征八十两，统计厘税百一十两。土药不论价之高下，每百觔征四十两。"帝用其议。又以洋药来自英商，命出使大臣曾纪泽与英确商。至九年，始如前议定约，并在进口时输纳。

十年，定不分洋土药，给华商行坐部票例。其行票每限十斤，斤捐银二钱，经过关卡，另纳税厘。无票，货没官。其行店坐票，无论资本大小，年捐二十两，换票一次。无票不得售卖。十一年，定洋药入口，由官验明封存，俟每箱百斤，完纳正税三十两、厘金八十两，方允出运。十三年，与葡定议，在澳门协助中国征收运往各口之洋药税厘，一如英香港办法。

二十八年，定洋药税厘并征，仍照现行约章，嗣后应以厘金作为加税。又定英商莫啡鸦之禁。其为医药用者，进口仍照则纳税，俟领海关专单，方准起岸，违者没官。是年裁浙江洋药厘金局，归海关厘税并征。三十二年，德宗锐意图强，命限十年将洋药一律革除净尽。又以鸦片为生民之害，禁吸尤必禁种，为清源办法，务令递年减种，统限十年将洋土药尽绝根株。是年开广西巡抚柯逢时缺，赏侍郎衔，督办各省土药统税，设总局于湖北，各省并设分局。逾年，以洋土两药税厘为岁入钜款，既严行禁断，应预筹的款以资抵补。初定莫啡鸦进口每两征税三两，至是以既准医药需用，减轻照百货例，值百征五。

宣统二年，度支部奏言："各省土药减收，业将浙江、福建、江苏、安徽、山东、山西土药统税分局先后裁撤。其两湖、陕、甘、两粤，略有收数，自应及时收束。惟税局之应否裁撤，以有无税项为断，而统税之应否停征，以有无产土为衡。"于是分遣司员，派赴各省调查。明年，又奏言："现在拟裁土药统税分局，尚未据各省议定办法，派员接收。而洋药进口，已与英定约，税厘并征，每百两增收二百五十两，土药亦须同时比例加税。查土药价值不及洋药三分之二。以征为禁，税则无妨略重，即照洋药税推算，定土药百觔加征二百三十两。凡未禁运及本产本销地方，即按新章征收。"从之。时与英议定，禁烟递减，已满三年，如于未满之七年期内，土药禁绝，则洋药亦禁进口。以洋药加税实行，停止各项捐收。

会计　顺治初，既除明季三饷，南服诸省尚未底定，岁入本少，而频年用兵，经营四方，供亿不赀，岁出尤钜。至九年，海宇粗定，岁入则地丁等款征银二千一百二十六万两有奇，盐课征银二百一十二万两有奇，关税等银一百余万两，米、麦、豆之征本色者五百六十二万石有奇。岁出则诸路兵饷需千三百余万两，王公官俸各费需二百余万两，各省留支驿站等款三百余万两。其后兵饷增至二千四百万两，地丁亦至二千五百余万两。

康熙之初，三藩叛逆，岁入地丁等款，自二千六百余万减至二千一百余万。二十一年，三藩削平，岁入地丁等银复至二千六百三十四万两有奇，盐课银亦至二百七十六万两有奇，关税等银二百余万两，米、麦、豆之征本色者为六百三十四万石有奇。雍正初年，整理度支，收入颇增。

至乾隆三十一年，岁入地丁为二千九百九十一万两有奇，耗羡为三百万两有奇，盐课为五百七十四万两有奇，关税为五百四十余万两有奇，芦课、鱼课为十四万两有奇，茶课为七万两有奇，落地、杂税为八十五万两有奇，契税为十九万两有奇，牙、当等税为十六万两有奇，矿课有定额者八万两有奇，常例捐输三百余万，是为岁入四千数百余万之大数，而外销之生息、摊捐诸款不与焉。

岁出为满、汉兵饷一千七百余万两，王公百官俸九十余万两，外藩王公俸十二万两有奇，文职养廉三百四十七万两有奇，武职养廉八十万两有奇，京官各衙门公费饭食十四万两有奇，内务府、工部、太常寺、光禄寺、理藩院祭祀、宾客备用银五十六万两，采办颜料、木、铜、布银十二万两有奇，织造银十四万两有奇，宝泉、宝源局工料银十万两有奇，京师各衙门胥役工食银八万两有奇，京师官牧马牛羊象刍秣银八万两有奇，东河、南河岁修银三百八十余万两，各省留支驿站、祭祀、仪宪、官俸役食、科场廪膳等银六百余万两，岁不全支，更定漕船岁约需银一百二十万两，是为岁出三千数百余万之大数，而宗室年俸津贴、漕运旗丁诸费之无定额者，各省之外销者不与焉。

自是至道光之季，军需、河工、赈务、赔款之用，及历次事例之开，盐商等报效修河工料之摊征，凡为不时之入与供不时之出者，为数均钜。然例定之岁入岁出，仍守乾隆之旧。是以乾隆五十六年，岁入银四千三百五十九万两，岁出银三千一百七十七万两。嘉庆十七年，岁入银四千十三万两，岁出银三千五百十万两。道光二十二年，岁入银三千七百十四万两，岁出银三千一百五十万两，均有奇。咸丰初年，粤匪骤起，捻、回继之，国用大绌。迄于同治，岁入之项，转以厘金洋税为大宗，岁出之项，又以善后筹防为钜款。

光绪五年八月，翰林院侍读王先谦奏："旧入之款，如地丁杂税、盐务杂款等，共四千万，今止入二千七八百万。新入之款，如洋税一千二百万，盐厘三百万。旧出款，如兵饷、河工、京饷、各省留支四千万，今止支二千四五百万。新有出款，如西征、津防两军约一千万，各省防军约一千万。"

十七年，户部奏更定岁出岁入，以光绪七年一年岁出入详细册底为据。言："臣部为钱粮总汇之区，从前出入均有定额。入款不过地丁、关税、盐课、耗羡数端，出款不过京饷、兵饷、存留、协拨数事，最为简括。乃自军兴以来，出入难依定制。入款如扣成、减平、提解、退回等项，皆系入自出款之中。出款如拨补、筹还、移解、留备等项，又皆出归入款之内。汇核良非易易。此次所办册籍，以地丁、杂赋、地租、粮折、漕折、漕项、耗羡、盐课、常税、生息等十项为常例征收，以厘金、洋税、新关税、按粮津贴等四项为新增征收，以续完、捐输、完缴、节扣等四项为本年收款。除去蠲缓未完各数，通计实入共收银八千二百三十四万九千一百九十八两，是为银收。以陵寝供应、交进银、祭祀、仪宪、俸食、科场、饷乾、驿站、廪膳、赏恤、修缮、河工、采办、办漕、织造、公廉、杂支等十七项为常例开支，以营勇饷需、关局、洋款、还借息款等四项为新增开支，以补发旧欠，豫行支给两项为补支豫支，以批解在京各衙门银两一项为批解支款。除去欠发未报各数，通计实出共支银七千八百十七万一千四百五十一两，是为银支。原奏并及钱收、粮收、钱支、粮支，实为明核。今按十七年岁入岁出之籍，入项为地丁二千三百六十六万六千九百一十一两，杂赋二百八十一万有一百四十四两，租息十四万一千六百七十二两，粮折四百二十六万二千九百二十八两，耗羡三百万四千八百八十七两，盐课七百四十二万七千六百有五两，常税二百五十五万八千四百一十两，厘金一千六百三十一万六千八百二十一两，洋税一千八百二十万六千七百七十七两，节扣二百九十六万四千九百四十四两，续完七百十二万八千七百四十四两，捐缴一百八十七万五千五百七十六两，均有奇。统为岁入八千九百六十八万四千八百两有奇。出项为陵寝供应等款十三万五百五十九两，交进十八万两，祭祀三十三万六千七百三十三两，仪宪七万四千八百七十九两，俸食三百八十四万一千四百二十四两，科场十万五千二百七十两，饷乾二千三十五万六千一百五十九两，驿站一百七十三万四千七百有九两，廪膳十一万二千有二十九两，赏恤五十二万五千二百十六两，修缮二百二十万九千七百四十八两，采办四百有三万三千九百有三两，织造一百有三万四千九百十五两，公廉四百五十七万五千七百八十三两，杂支三十万三千二百七十八两，勇饷一千八百二十六万八千三百十三两，关局经费三百十四万四千六百十六两，洋款三百八十六万一千五十一两，补支一千二百七十七万五千五百二十五两，豫支一百七十四万二千七十三两，解京各衙门饭食经费各项支款三百四十七万二千五百三十三两。统为岁出七千九百三十五万五千二百四十一两。”

再三年为甲午，朝鲜役起，军用浩繁，息借洋款、商款。及和议既定，又借俄、法、英、德之款付日本赔款，增摊各省关银一千二百万两，益以汇丰、克萨、华商各款本息，及新增宋庆等军饷，共八百万。盖岁出之增于前者二千万。迨于庚子，复酿兵祸。《辛丑约》成，遂有四万五千万之钜，派之各省者一千八百万两有奇。二十九年，以练新军，复摊各省练兵经费，而各省以创练新军，办巡警教育，又有就地自筹之款。奉天一省警费至三百余万两。湖北一省拨提地丁钱价充学费者六十万两。捐例停于二十七年，以练兵复开，至三十二年复停。

庚子以后新增之征收者，大端为粮捐，如按粮加捐、规复征收丁漕钱价、规复差徭、加收耗羡之类；盐捐如盐斤加价、盐引加课、土盐加税、行盐口捐之类；官捐如官员报效、酌提丁漕盈余、酌提优缺盈余之类；加厘加税如烟酒土药之加厘税、百货税之改统捐、税契加征之类；杂捐如彩票捐、房铺捐、渔户捐、乐户捐之类；节省如裁节绿营俸饷、节省河工经费、核扣驿站经费、节省各署局经费之类；实业如铁路、电局、邮政收入，及银行、银铜元局、官办工厂商局余利之类。出款自赔款、练兵费、学、警、司法诸费外，各官署新增费亦为大端。

宣统二年，度支部奏试办宣统三年预算，岁入为类八：曰田赋，经常四千六百十六万四千七百有九两，临时一百九十三万六千六百三十六两，皆有奇。曰盐茶课税，经常四千六百三十一万二千三百五十五两。曰洋关税，经常三千五百十三万九千九百十七两。曰常关税，经常六百九十九万一千一百四十五两，临时八千五百二十四两。曰正杂各税，经常二千六百十六万三千八百四十二两。曰厘捐，经常四千三百十八万七千九百七两。曰官业收入，经常四千六百六十万八百九十九两。曰杂收入，经常一千九百十九万四千一百有一两，临时一千六百有五万六百四十八两。附列煮为类二：曰捐输，五百六十五万二千三百三十三两。曰公债，三百五十六万两。皆临时岁入。岁出为类十八：曰行政，经常二千六百六万九千六百六十六两，临时一百二十五万八千一百八十四两。曰交涉，经常三百三十七万五千一百有三十两，临时六十二万六千一百七十七两。曰民政，经常四百四十一万六千三百三十八两，临时一百三十二万四千五百三十一两。曰财政，经常一千七百九十万三千五百四十五两，临时二百八十七万七千九百有四两。曰洋关经费，经常五百七十四万八千二百三十七两，临时九千一百六十三两。曰常关经费，经常一百四十六万三千三百三十二两。曰典礼，经常七十四万五千七百五十九两，临时五万四千有三十七两。曰教育，经常二百五十五万三千四百十六两，临时一百四万一千八百九十二两。曰司法，经常六百六十一万六千五百七十九两，临时二十一万八千七百四十六两。曰军政，经常八千三百四十九万八千一百十一两，临时一千四百万有五百四十六两。曰实业，经常一百六十万三千八百三十五两。曰交通，经常四千七百二十二万一千八百四十一两，临时七百有八十万四千九百有八两。曰工程，经常二百四十九万三千二四百两，临时二百有二万二千有六十四两。曰官业支出，经常五百六十万四百三十五两。曰各省应解赔款、洋款，三千九百有十二万九百二十二两。曰洋关应解赔款、洋款，一千一百二十六万三千五百四十七两。曰常关应解赔款、洋款，一百二十五万六千四百九十两。曰边防经费，一百二十三万九千九百有八两。附列者为类一：曰归还公债，四百七十七万二千六百十三两。统为岁入二万九千六百九十六万二千七百两有奇。岁出三万三千八百六十五万两有奇。十二月，资政院核覆，于岁入有增加，于岁出有减削。次年即值变更国体，故有预算而无决算。盖自光绪三十三年，度支部即奏准令京师各衙署及各省实报岁入岁出，又于各省设财政监理官以督之。凡昔日外销之款项，与夫杂捐陋规之类，及新定之教育、司法、实业、军政、外债诸费，皆列于簿书期会，故较顺治、康熙之出入多至十倍。兹录之以见一代财政之盈亏焉。

其军需、河工、赈务、赔款之钜者，乾隆初次金川之役，二千余万两。准回之役，三千三百余万两。缅甸之役，九百余万两。二次金川之役，七千余万两。廓尔喀之役，一千有五十二万两。台湾之役，八百余万两。嘉庆川、湖、陕教匪之役，二万万两。红苗之役，湖南一省请销一千有九十万。洋匪之役，广东一省请销三百万两。道光初次回疆之役，一千一百余万两。二次回疆之役，七百三十万两。英人之役，一千数百万两。咸丰初年粤匪之役，二千七百万，其后江南大营月需五十万两，徽宁防营月需三十万两，则一年亦千万。湖北供东征之需者，岁四百余万，湖南亦不赀。而北路及西南各省用兵之费不与焉。同治中，曾国藩奏湘军四案、五案，合之剿捻军需，共请销三千余万两。李鸿章奏苏沪一案、二案，合之淮军西征两案，共请销一千七百余万两。左宗棠奏西征两案，共请销四千八百二十余万两。此外若福建援浙军需，合之本省及台湾军需，截至三年六月，已逾六百万两。四川、湖南援黔军需，岁约四百万两，积五年二千万两。云南自同治二年至同治十二年，请销军需一千四百六十余万两。而甘肃官绅商民集捐银粮供军需者，五千余万两，再加各省广中额学额计之，当不下数万万。光绪中，惟中法之役用三千余万两。若西征之饷，海防之饷，则已入年例岁出，不复列。

河工，自康熙中即趋重南河。十六年大修之工，用银二百五十万两。原估六百万两，追萧家渡之工，用银一百二十万两。自乾隆十八年，以南河高邮、邵伯、车逻坝之决，拨银二百万两。四十四年，仪封决河之塞，拨银五百六十万两。四十七年，兰阳决河之塞，自例需工料外，加价至九百四十五万三千两。浙江海塘之修，则拨银六百余万两。荆州江堤之修，则拨银二百万两。大率兴一次大工，多者千余万，少亦数百万。嘉庆中，如衡工加价至七百三十万两。十年至十五年，南河年例岁修抢修及另案专案各工，共用银四千有九十九万两，而马家港大工不与。二十年睢工之成，加价至三百余万两。道光中，东河、南河于年例岁修外，另案工程，东河率拨一百五十余万两，南河率拨二百七十余万两。逾十年则四千余万。六年，拨南河王营开坝及堰、盱大堤银，合为五百一十七万两。二十一年，东河祥工拨银五百五十万两。二十二年，南河扬工拨六百万两。二十三年，东河牟工拨五百十八万两，后又有加。咸丰初，丰工亦拨四百万两以上。同治中，山东有侯工、贾庄各工，用款二百余万两。光绪十三年，河南郑州大工，请拨一千二百万两。其后山东时有河溢，然用款不及道光之什一。

赈务，康熙中，赈陕西之灾，用银至五百余万两。乾隆七年，江苏、安徽夏秋大水，抚恤、正赈、加赈，江苏给被灾军民等米共一百五十六万石有奇，银五百五万两有奇。安徽给被灾军民等米八十三万石有奇，银二百三十三万两有奇。十八年，以高邮运河之决，拨米谷一百十万石，银四百万两，赈江苏灾，此其最钜者。其后直隶、山东、江苏、河南、湖北、甘肃诸省之灾，发帑截漕及资于捐输者，不可胜举。嘉庆初，山东曹、单等县灾，赈银米合计三四百万两。六年，以直隶水灾，拨赈银一百万两，截漕米六十万石。江苏、安徽、山东、河南诸省之因灾赈恤者，节次糜帑，均不下数十百万。资于捐输者，如十九年江苏、安徽之灾，至二三百万两。道光十一年，拨江苏赈需银一百余万两。二十七年，赈河南灾银一百余万两。二十八年，赈河北灾银一百三十八万两。二十九年，拨江苏等四省赈灾银一百万两。而安徽、浙江之截留办赈者，皆近百万，江苏一省则一百四十余万，此外尚多，而官绅商民捐输者尚不与。光绪初，山西、河南、陕西之灾，拨帑截漕为数均钜，合官赈、义赈及捐输等银，不下千数百万两。郑州河决，赈需河南用银二百五十余万两。时各省有水旱之灾，辄请开赈捐。直隶自十六年之水至二十一年海啸之灾，用银七百余万两。山东自十一年后，频年河溢，至二十五年，用银七百余万两。江苏自十五年之水至二十四年淮、徐、海之灾，用银五百余万两。二十七年秦、晋之灾，则开实官捐以济之，为数至七百六十万两有奇。

赔款，始于道光壬寅江宁之约，二千一百万两。咸丰庚申之约，一千六百万两。光绪辛巳伊犁之约，六百余万两。乙未中日之约，并辽南归地，二万三千万两。至《辛丑公约》，赔款四万五千万两而极。以息金计之，实九万万余两。

清代田赋微粮之数，乾隆三十一年，为八百三十一万七千七百石有奇。江苏、安徽、山东、河南、浙江、江西、湖北、湖南八省，自岁漕京师外，留充本省经费。直隶、奉天、山西、陕西、甘肃、福建、四川、广东、广西、云南、贵州则全充本省经费。光绪十年，新疆改行省，岁征粮二十七万一千石有奇，亦全充本省经费。吉林、黑龙江之征米者亦如之。各省驻防旗营官兵、绿营兵丁皆支月米。凡留充本省经费者，大率供旗绿营月支米豆之需，有余则报粜易银候拨云。

卷一百二十六　　志一百一

河渠一

黄 河

中国河患，历代详矣。有清首重治河，探河源以穷水患。圣祖初，命侍卫拉锡往穷河源，至鄂敦塔拉，即星宿海。高宗复遣侍卫阿弥达往，西逾星宿更三百里，乃得之阿勒坦噶达苏老山。自古穷河源，无如是之详且确者。然此犹重源也。若其初源，则出葱岭，与《汉书》合。东行为喀什噶尔河，又东会叶尔羌、和阗诸水，为塔里木河，而汇于罗布淖尔。东南潜行沙碛千五百里，再出为阿勒坦河。伏流初见，辄作黄金色，蒙人谓金“阿勒坦”，因以名之。是为河之重源。东北会星宿海水，行二千七百里，至河州积石关入中国。经行山间，不能为大患。一出龙门，至荥阳以东，地皆平衍，惟赖堤防为之限。而治之者往往违水之性，逆水之势，以与水争地，甚且因缘为利，致溃决时闻，劳费无等，患有不可胜言者。

自明崇祯末李自成决河灌汴梁，其后屡塞屡决。顺治元年夏，黄河自复故道，由开封经兰、仪、商、虞，迄曹、单、砀山、丰、沛、萧、徐州、灵璧、睢宁、邳、宿迁、桃源，东迳清河与淮合，历云梯关入海。秋，决温县，命内秘书院学士杨方兴总督河道，驻济宁。二年夏，决考城，又决王家园。方兴言：“自遭闯乱，官窜夫逃，无人防守。伏秋汛涨，北岸小宋、曹家口悉冲决，济宁以南田庐多淹没。宜乘水势稍涸，鸠工急筑。”上命工部遴员勘议协修。七月，决流通集，一趋曹、单及南阳入运，一趋塔儿湾、魏家湾，侵淤运道，下流徐、邳、淮阳亦多冲决。是年孟县海子村至渡口村河清二日，诏封河神为显佑通济金龙四大王，命河臣致祭。明年，流通集塞，全河下注，势湍激，由汶上决入蜀山湖。五年，决兰阳。

七年八月，决荆隆朱源寨，直往沙湾，溃运堤，挟汶由大清河入海。方兴用河道方大猷言，先筑上游长缕堤，遏其来势，再筑小长堤。八年，塞之。九年，决封丘大王庙，冲圮县城，水由长垣趋东昌，坏平安堤，北入海，大为漕渠梗。发丁夫数万治之，旋筑旋决。给事中许作梅，御史杨世学、陈斐交章请勘九河故道，使河北流入海。方兴言："黄河古今同患，而治河古今异宜。宋以前治河，但令入海有路，可南亦可北。元、明以迄我朝，东南漕运，由清口至董口二百余里，必藉黄为转输，是治河即所以治漕，可以南不可以北。若顺水北行，无论漕运不通，转恐决出之水东西奔荡，不可收拾。今乃欲寻禹旧迹，重加疏导，势必别筑长堤，较之增卑培薄，难易晓然。且河流挟沙，束之一，则水急沙流，播之九，则水缓沙积，数年之后，河仍他徙，何以济运?"上然其言，乃于丁家寨凿渠引流，以杀水势。

是年，复决邳州，又决祥符朱源寨。户部左侍郎王永吉、御史杨世学均言："治河必先治淮，导淮必先导海口，盖淮为河之下流，而滨海诸州县又为淮之下流。乞下河、漕重臣，凡海口有为奸民堵塞者，尽行疏浚。其漕堤闸口，因时启闭，然后循流而上。至于河身，剔浅去淤，使河身愈深，足以容水。"议皆不果行。十一年，复决大王庙。给事中林起龙劾方兴侵冒，上解方兴任，遣大理卿吴库礼、工科左给事中许作梅往按。起龙坐诬，复方兴任。十三年，塞大王庙，费银八十万。

十四年，方兴乞休，以吏部左侍郎朱之锡代之。是年决祥符槐疙疸，随塞。十五年，决山阳柴沟姚家湾，旋塞。复决阳武慕家楼。十六年，决归仁堤。先是御史孙可化疏陈淮、黄堤工，事下总河。之锡言："桃源费家嘴及安东五口淤淀久，工繁费钜。且黄河谚称'神河'，难保不旋浚旋淤，惟有加意修防，补偏救弊而已。"之锡陈两河利害，条上工程、器具、夫役、物料八弊。又言："因材器使，用人所亟。独治河之事，非澹泊无以耐风雨之劳，非精细无以察防护之理，非慈断兼行无以尽群夫之力，非勇往直前无以应仓猝之机，故非预选河员不可。"因陈预选之法二：曰荐用，曰储才；谙习之法二：曰久任，曰交代。又条上河政十事：曰议增河南夫役，曰均派淮工夫役，曰察议通惠河工，曰建设柳园，曰严剔弊端，曰厘核旷尽银两，曰慎重职守，曰明定河工专职，曰申明激劝大典，曰酌议拨补夫役。均允行。

十七年，决陈州郭家埠、虞城罗家口，随塞。康熙元年五月，决曹县石香炉、武陟大村、睢宁孟家湾。六月，决开封黄练集，灌祥符、中牟、阳武、杞、通许、尉氏、扶沟七县。七月，再决归仁堤。河势既逆入清口，又挟睢、湖诸水自决口入，与洪泽湖连，直趋高堰，冲决翟家坝，流成大涧九，淮阳自是岁以灾告。二年，决睢宁武官营及朱家营。三年，决杞县及祥符阎家寨，再决朱家营，旋塞。四年四月，河决上游，灌虞城、永城、夏邑，又决安东茆良口。

五年，之锡卒，以贵州总督杨茂勋为河道总督。六年，决桃源烟墩、萧县石将军庙，逾年塞之。又决桃源黄家嘴，已塞复决，沿河州县悉受水患，清河冲没尤甚，三汊河以下水不没骭。黄河下流既阻，水势尽注洪泽湖，高邮水高几二丈，城门堵塞，乡民溺毙数万，遣官蠲赈。冬，命明珠等相视海口，开天妃、石闼、白驹等闸，毁白驹奸民闭闸碑。

八年，决清河三汊口，又决清水潭。副都御史马绍曾、巡盐御史李棠交章劾茂勋不职，罢之，以罗多为河道总督。九年，决曹县牛市屯，又决单县谯楼寺，灌清河县治。是岁五月暴风雨，淮、黄并溢，撞卸高堰石工六十余段，冲决五丈余，高、宝等湖受淮、黄合力之涨，高堰几塌，淮阳岌岌可虞。工科给事中李宗孔疏言："水之合从诸决口以注于湖也，江都、高、宝无岁不防堤增堤，与水俱高。以数千里奔悍之水，攻一线孤高之堤，值西风鼓浪，一泻万顷，而江、高、宝、泰以东无田地，兴化以北无城郭室庐。他如渌阳、平望诸湖，浅狭不能受水。各河港疏浚不时，范公堤下诸闸久废，入海港口尽塞。虽经大臣会阅，严饬开闸出水，而年深工大，所费不赀，兼为傍海奸灶所格，竟不果行。水迂回至东北庙湾口入海，七邑田舍沈没，动经岁时。比宿水方消，而新岁横流又已踵至矣。"御史徐越亦言高堰宜乘冬水落时大加修筑。于是起桃源东至龙王庙，因旧址加筑大堤三千三百三十丈有奇。腊后冰解水溢，沿河村舍林木铲刷殆尽。

十年春，河溢萧县。六月，决清河五堡、桃源陈家楼。八月，又决七里沟。又王光裕总督河道。光裕请复明潘季驯所建崔坝镇等三坝，而移季太坝于黄家嘴旧河地，以分杀水势。是岁，茆良口塞。十一年秋，决萧县两河口、邳州塘池旧城，又溢虞城，遣学士郭廷祚等履勘。十二年，桃源七里沟塞。十三年，决桃源新庄口及王家营，又自新河郑家口北决。十四年，决徐州潘家塘、宿迁蔡家楼，又决睢宁花山坝，复灌清河治，民多流亡。十五年夏，久雨，河倒灌洪泽湖，高堰不能支，决口三十四。漕堤崩溃，高邮之清水潭，陆漫沟之大泽湾，共决三百余丈，扬属皆被水，漂溺无算。上遣工部尚书冀如锡、户部侍郎伊桑阿访究利病。是岁又决宿迁白洋河、于家冈，清河张家庄、王家营，安东邢家口、二铺口，山阳罗家口。塞桃源新庄。

十六年，如锡等覆陈河工坏溃情形，光裕解任勘问。以安徽巡抚靳辅为河督。辅言："治河当审全局，必合河道、运道为一体，而后治可无弊。河道之变迁，总由议治河者多尽力于漕艘经行之处，其他决口，则以为无关运道而缓视之，以致河道日坏，运道因之日梗。河水裹沙而行，全赖各处清水并力助刷，始能奔趋归海。今河身所以日浅，皆由从前归仁堤等决口不即堵塞之所致。查自清江浦至海口，约长三百里，向日河面在清江浦石工之下，今则石工与地平矣。向日河身深二三四丈不等，今则深者不过八九尺，浅者仅二三尺矣。河淤运亦淤，今淮安城堞卑于河底矣。运淤，清江与烂泥浅尽淤，今洪泽湖底渐成平陆矣。河身既垫高若此，而黄流裹沙之水自西北来，昼夜不息，一至徐、邳、宿、桃，即缓弱散漫。臣目见河沙无日不积，河身无日不加高，若不大修治，不特洪泽湖渐成陆地，将南而运河，东而清江浦以下，淤沙日甚，行见三面壅遏，而河无去路，势必冲突内溃，河南、山东俱有沦胥沈溺之忧，彼时虽费千万金钱，亦难克期补救。"因分列大修事宜八：曰取土筑堤，使河宽深；曰开清口及烂泥浅引河，使得引淮刷黄；曰加筑高家堰堤岸；曰周桥闸至翟家坝决口三十四，须次第堵塞；曰深挑清口至清水潭运道，增培东西两堤；曰淮扬田及商船货物，酌纳修河银；曰裁并河员以专责成；曰按里设兵，画堤分守。廷议以军务未竣，大修募夫多，宜暂停。疏再上，惟改运土用夫为车运，余悉如所请。

于是各工并举。大挑清口、烂泥浅引河四，及清口至云梯关河道，创筑关外束水堤万八千余丈，塞于家冈、武家墩大决口十六，又筑兰阳、中牟、仪封、商丘月堤及虞城周家堤。明年，创建王家营、张家庄减水坝二，筑周桥翟坝堤二十五里，加培高家堰长堤，山、清、安三县黄河两岸及湖堰，大小决口尽塞。优诏褒美。十八年，建南岸砀山毛城铺、北岸大谷山减水石坝各一，以杀上流水势。二十年，塞杨家庄，盖决五年矣。是岁增建高邮南北滚水坝八，徐州长樊大坝外月堤千六百八十九丈。

大修至是已三年，河未尽复故道，辅自劾。部议褫职，上命留任。二十一年，决宿迁徐家湾，随塞。又决萧家渡。先是河身仅一线，辅尽堵杨家庄，欲束水刷之，而引河浅窄，淤刷鼎沸，遇徐家湾堤卑则决，萧家渡土松则又决。会候补布政使崔维雅上《河防刍议》，条列二十四事，请尽变辅前法。上遣尚书伊桑阿、侍郎宋文运履勘，命维雅随往。维雅欲尽毁减水坝，别图挑筑。伊桑阿等言辅所建工程固多不坚，改筑亦未必成功。辅亦申辨"工将次第告竣，不宜有所更张"。并下廷议。因召辅至京，辅言"萧家口明正可塞，维雅议不可行"，上是之，命还工。二十二年春，萧家渡塞，河归故道。明年，上南巡阅河，赐诗褒美。

二十四年秋，辅以河南地在上游，河南有失，则江南河道淤淀不旋踵。乃筑考城、仪封堤七千九百八十九丈，封丘荆隆口大月堤三百三十丈，荥阳埽工三百十丈，又凿睢宁南岸龙虎山减水闸四。上念高邮诸州湖溢淹民田，命安徽按察使于成龙修治海口及下河，听辅节制。旋召辅、成龙至京集议。成龙力主开浚海口；辅言下河海口高内地五尺，应筑长堤高丈六尺，束水趋海。所见不合，下廷臣议，亦各持一说。上以讲官乔莱江北人，召问，莱言辅议非是。因遣尚书萨穆哈等勘议，还言开海口无益。会江宁巡抚汤斌入为尚书，询之，斌言海口开则积水可泄，惟高邮、兴化民虑毁庐墓为不便耳。乃黜萨穆哈，颁内帑二十万，命侍郎孙在丰董其役。时又有督修下河宜先塞减水坝之议，上不许。召辅入对，辅言南坝永塞，恐淮弱不敌黄强，宜于高家堰外增筑重堤，截水出清口不入下河，停丁溪等处工程。成龙时任直抚，示以辅疏，仍言下河宜浚，修重堤劳费无益。议不决。复遣尚书佛伦等勘议，佛伦主辅议。二十七年，御史郭琇劾辅治河无绩，内外臣工亦交章论之，乃停筑重堤，免辅官，以闽浙总督王新命代之，仍督修下河，镌在丰级，以学士凯音布代之。

明年，上南巡，阅高家堰，谓诸臣曰："此堤颇坚固，然亦不可无减水坝以防水大冲决。但靳辅欲于旧堤外更筑重堤，实属无益。"并以辅于险工修挑水坝，令水势回缓，甚善。车驾还京，复其官。三十一年，新命罢，仍令辅为河督。辅以衰疾辞，命顺天府丞徐廷玺副之。辅请于黄河两岸值柳种草，多设涵洞，俱报可。是冬，辅卒，上闻，叹悼，予骑都尉世职。以于成龙为河督。

越二年，召询成龙曰："减水坝果可塞否？"对曰："不宜塞，仍照辅所修而行。"上曰："如此，何不早陈？尔排陷他人则易，身任总河则难，非明验耶？"三十四年，成龙遭父忧，以漕督董安国代之。明年，大水，决张家庄，河会丹、沁偪荥泽，徙治高埠。又决安东童家营，水入射阳湖。是岁筑拦黄大坝，于云梯关挑引河千二百余丈，于关外马家港导黄由南潮河东注入海。去路不畅，上游易溃，而河患日亟。三十六年，决时家马头。明年，仍以成龙为河督。三十八年春，上南巡，临视高家堰等堤，谓诸臣曰："治河上策，惟以深浚河身为要。河底浚深，则洪泽湖水直达黄河，兴化、盐城等七州县无泛滥之患，田产自然涸出。若不治源，治流终无裨益。今黄、淮交会之口过于径直，应将河、淮之堤各迤东湾曲拓筑，使之斜行会流，则黄不致倒灌矣。"

明年，成龙卒，以两江总督张鹏翮为河督。是岁塞时家马头，从鹏翮先疏海口之请，尽拆云梯关外拦黄坝，赐名大清口；建宿迁北岸临黄外口石闸，徐州南岸杨家楼至段家庄月堤。四十一年，上谓永定河石堤甚有益，欲推行黄河两岸，自徐州至清口皆修石堤。鹏翮言"建筑石工，必地基坚实。惟河性靡常，沙土松浮，石堤工繁费钜，告成难以预料"。遂作罢。四十二年，上南巡，阅视河工，制《河臣箴》以赐鹏翮。秋，移建中河出水口于杨家楼，逼溜南趋，清水畅流敌黄，海口大通，河底日深，黄水不虞倒灌。上嘉鹏翮绩，加太子太保。四十六年八月，决丰县吴家庄，随塞。明年，鹏翮入为刑部尚书，以赵世显代之。四十八年六月，决兰阳雷家集、仪封洪邵湾及水驿张家庄各堤。

六十年八月，决武陟詹家店、马营口、魏家口，大溜北趋，注滑县、长垣、东明，夺运河，至张秋，由五空桥入盐河归海。自河工告成，黄流顺轨，安澜十余年矣，至是遣鹏翮等往勘。九月，塞詹家店、魏家口；十一月，塞马营口。世显罢，以陈鹏年署河道总督。六十一年正月，马营口复决，灌张秋，奔注大清河。六月，沁水暴涨，冲塌秦家厂南北坝台及钉船帮大坝。时王家沟引河成，引溜由东南会荥泽入正河，马营堤因无恙。鹏年复于广武山官庄峪挑引河百四十余丈以分水势。九月，秦家厂南坝甫塞，北坝又决，马营亦漫开；十二月，塞之。

雍正元年六月，决中牟十里店、娄家庄，由刘家寨南入贾鲁河。会鹏年卒，齐苏勒为总河，虑贾鲁河下注之水，山盱、高堰临湖堤工不能容纳，亟宜相机堵闭，上命兵部侍郎嵇曾筠驰往协议。七月，决梁家营、詹家店，复遣大学士张鹏翮往协修，是月塞。九月，决郑州来童寨民堤，郑民挖阳武故堤泄水，并冲决中牟杨桥官堤，寻塞。是岁建清口东西束水坝以御黄蓄清。二年，以嵇曾筠为副总河，驻武陟，辖河南河务，东河分治自此始。六月，决仪封大寨、兰阳板桥，逾月塞之。

三年六月，决睢宁朱家海，东注洪泽湖。明年四月，塞未竣，河水陡涨，冲塌东岸坝台，睢宁、虹、泗、桃源、宿迁悉被淹，命两广总督孔毓珣驰勘协防，十二月塞。是月河清，起陕西府谷讫江南桃源。五年，齐苏勒以朱家海素称险要，增筑夹坝月堤、防风埽，并于大溜顶冲处削陡岸为斜坡，悬密叶大柳于坡上，以抵溜之汕刷。久之，大溜归中泓，柳枝沾挂泥滓，悉成沙滩，易险为平，工不劳而费甚省。因请凡河崖陡峻处，俱仿此行。六年，曾筠内迁礼部尚书，副总河如故，命署广东按察使尹继善协理江南河务。

七年，改河道总督为江南河道总督，驻清江，以孔毓珣任，省副总河。以曾筠为山东河道总督，驻济宁。上以明臣潘季驯有每岁派夫加高堤身五寸之议，前靳辅亦以为言，计岁费不过三四万，下两河总督议。毓珣等请酌缓急，分年轮流加倍，约岁需二万余金，下部议行。八年，毓珣卒，曾筠调督南河，田文镜兼署东河总督。五月，敕建河州口外河源神庙成，加封号。是月，河清，起积石关讫撒喇城查汉斯。是岁决宿迁及桃源沈家庄，旋塞。以封丘荆隆口大溜顶冲开黑岗口至柳园口引河三千三百五十丈。十年，增修高堰石堤成。十一年，拣派部院司员赴南河学习，期以三年。授曾筠文华殿大学士兼吏部尚书，督南河如故，命两淮盐政高斌就习河务。曾筠旋遭母忧，斌署南河总督。

乾隆元年四月，河水大涨，由砀山毛城铺闸口汹涌南下，堤多冲塌，潘家道口平地水深三五尺。上以下流多在萧、宿、灵、虹、睢宁、五河等州县，今止议浚上源而无疏通下游之策，则水无归宿，下江南、河南各督抚暨两总河委勘会议，并移南副总河驻徐州以专督率。旋高斌请浚毛城铺迤下河道，经徐、萧、睢、宿、灵、虹至泗州安河陡门，纡直六百余里，以达洪泽，出清口会黄，而淮扬京员夏之芳等言其不便。明年，召斌询问，斌绘图呈览，乃知之芳等所言失实，令同总督庆复确估定议，并将开浚有利无害，晓喻淮扬士民。初，斌疏浚毛城铺水道，别开新口塞旧口，以免黄河倒灌。至三年秋，河涨灌运，论者多归咎新开运口。斌言："十月后黄水平退，湖水畅流，新淤随溜刷去，可无虞浅涩。"四年，斌又言"上年清水微弱，时值黄水异涨，并非开新口所致"，而南人言者不已。上遣大学士鄂尔泰驰勘，亦言新口宜开。明年，黄溜仍南逼清口，仿宋陈尧佐法，制设木龙二，挑溜北行。

六年，斌以宿迁至桃源、清河二百余里，河流湍激，北岸只缕堤六，并无遥堤，又内逼运河，将运河南岸缕堤通筑高厚，作黄河北岸遥堤，更于缕堤内择要增筑格堤九。未成，斌调督直隶，完颜伟继之。先是上以河溜逼清口，倒漾为患，诏循康熙间旧迹，开陶庄引河，导黄使北，遣鄂尔泰会勘。议甫定，以汛水骤涨停工，斌亦去任。至是，完颜伟虑引河不就，于清口迤西、黄河南岸设木龙挑溜北走，引河之议遂寝。厥后四十一年，上决意开之，逾年工竣，新河直抵周家庄，会清东下，倒漾之患永绝。

七年，决丰县石林、黄村，夺溜东趋，又决沛县缕堤，旋塞。完颜伟调督东河，改白钟山南河总督。初丰、沛决时，大学士陈世倌往勘，添建滚水石坝二于天然南北二坝处，以分泄水势。十年，决阜宁陈家浦。时淮、黄交涨，沿河州县被淹。漕督顾琮言："陈家浦逼近海口，以下十余里向无堤工，每遇水涨，任其散溢。若仍于此堵塞，是与水争地，费多益少，应于上流筑遥堤以束水势。"事下讷亲、高斌，仍议塞旧决口。十一年，钟山罢，顾琮署南总河，建木龙三于安东西门，逼溜南趋，自木龙以上皆淤滩，化险为平。十三年，琮调督东河，诏大学士高斌管南河事。斌以云梯关下二套涨出沙滩，大溜南趋，直逼天妃宫辛家荡堤工，开分水引河，并修补徐州东门外蛰裂石堤。琮亦以祥符十九堡南岸日淤，大溜北趋逼堤根，建南北坝台，并于坝外卷埽签桩。十六年六月，决阳武，命斌赴工，会琮堵筑，十一月塞。十七年，上以豫省河岸大堤外有大行堤一，连接直、东，年久残缺，在直隶者，令方观承勘修，其山东界内，有无汕刷残缺，令鄂容安查修。鄂容安言曹、单二县大行堤大小残缺三千四百三十丈，并加帮卑薄，补筑缺口三百三十余丈，疏浚堤南泄水河以宣坡水。

十八年秋，决阳武十三堡。九月，决铜山张家马路，冲塌内堤、缕越堤二百余丈，南注灵、虹诸邑，入洪泽湖，夺淮而下。以尹继善督南河，遣尚书舒赫德偕白钟山驰赴协理。同知李焞、守备张宾侵帑误工，为学习河务布政使富勒赫所劾，勘实，置之法。高斌及协理张师载坐失察，缚视行刑。是冬，河塞。

方铜山之始决也，下廷议，吏部尚书孙嘉淦独主开减河引水入大清河，略言："自顺、康以来，河决北岸十之九。北岸决，溃运者半，不溃者半。凡其溃道，皆由大清河入海者也。盖大清河东南皆泰山基脚，其道亘古不坏，亦不迁移。前南北分流时，已受河之半。及张秋溃决，且受河之全，未闻有冲城郭淹人民之事，则此河之有利无害，已足征矣。今铜山决口不能收功，上下两江二三十州县之积水不能消涸，故臣言开减河也。上游减则下游微，决口易塞，积水早消。但河流湍急，设开减河而夺溜以出，不可不防，故臣言减入大清河也。现开减河数处，皆距大清河不远。计大清河所经，只东阿、济阳、滨州、利津四五州县，即有漫溢，不过偏灾，忍四五州县之偏灾，可减两江二三十州县之积水，并解淮、扬两府之急难，此其利害轻重，不待智者而后知也。减河开后，经两三州县境，或有漫溢，筑土埂以御之，一入大清河，则河身深广，两岸堵筑处甚少，计费不过一二十万，而所省下游决口之工费，赈济之钱米，至少一二百万，此其得失多寡，亦不待智者而后知也。计无便于此者。"上虑形势隔碍，不能用。

自铜山塞后，月堤内积水尚深七八尺至丈八九尺。上命于引河兜水坝南再开引河分溜，使新工不受冲激。二十一年，决孙家集，随塞。明年二月，上南巡至天妃闸阅木龙。时钟山调总南河，偕东河总督张师载言："徐州南北岸相距甚迫，一遇盛涨，时有溃决。请挑浚淤浅，增筑堤工，并堵筑北岸支河，为南北分筹之计。”制可。二十三年，命安徽巡抚高晋协理南河。秋七月，决窦家寨新筑土坝，直注毛城铺，漫开金门土坝。晋言：“土坝过高，阻遏水势，以致壅决，不须再筑。”上不许，并令开蒋家营、傅家洼引河仍导入黄。二十六年七月，沁、黄并涨，武陟、荥泽、阳武、祥符、兰阳同时决十五口，中牟之杨桥决数百丈，大溜直趋贾鲁河。遣大学士刘统勋、公兆惠驰勘，巡抚常钧请先筑南岸。上谓河流夺溜，宜亟堵杨桥，钧言大谬，调抚江西，以胡宝瑔为河南巡抚，并令高晋赴豫协理。十一月塞，上闻大喜，命于工所立河神庙。

三十年，上南巡，祭河神，阅清口东坝木龙惠济闸。三十一年，决铜沛厅之韩家堂，旋塞。三十三年，豫抚阿思哈请以豫工节省银加筑堤岸，总河吴嗣爵言：“豫省河面宽，溜势去来无定，旋险旋平，若将土埽划为成数，恐各工员视为年例额支，转启兴工冒销之弊。”议遂寝。明年，嗣爵言：“铜瓦厢溜势上堤，杨桥大工自四五埽至二十一埽俱顶冲迎溜。请于桃汛未届拆修，加镶层土层柴，镶压坚实。两岸大堤外多支河积水，汛发时，引溜注堤，宜多筑土坝拦截。”上俱可其奏。三十七年，东河总督姚立德言：“前筑土坝，保固堤根，频岁安澜，已著成效。请俟冬春闲旷，培筑土坝，密栽柳株，俾数年后沟槽淤平，可永固堤根。”上嘉奖之。

三十八年五月，河溢朝邑，涨至二丈五尺，民居多漂没。三十九年八月，决南河老坝口，大溜由山子湖下注马家荡、射阳湖入海，板闸、淮安俱被淹没，寻塞。四十一年，嗣爵言黄水倒灌洪湖、运河，清口挑挖引河恐于事无济。会内迁，萨载署南总河，上命偕江南总督高晋勘议。晋等言：“臣晋在工二十余年，历经倒灌。惟有将清口通湖引河挑挖，使得畅流，汇黄东注，并力刷沙，则黄河不浚自深，海口不疏自治，补偏救弊，惟此一法。”又言：“清口西所建木龙，原冀排溜北趋，刷陶庄积土，使黄不逼清。但骤难尽刷，宜于陶庄积土之北开一引河，使黄离清口较远，至周家庄会清东注，不惟可免倒灌，淤沙渐可攻刷，即圩堰亦资稳固，所谓治淮即以治黄也。”明年二月，引河成。上喜成此钜工，一劳永逸，可废数百年藉清敌黄之说，饬建河神庙于新口石坝，自制文记之。

四十三年，决祥符，旬日塞之。闰六月，决仪封十六堡，宽七十余丈，地在诸口上，掣溜湍急，由睢州、宁陵、永城直达亳州之涡河入淮。命高晋率熟谙河务员弁赴豫协堵，拨两淮盐课银五十万、江西漕粮三十万赈恤灾民，并遣尚书袁守侗勘办。八月，上游迭涨，续塌二百二十余丈，十六堡已塞复决。十二月再塞之。越日，时和驿东西坝相继蛰陷。遣大学士公阿桂驰勘。明年四月，北坝复陷二十余丈。上念仪工綦切，以古有沈璧礼河事，特颁白璧祭文，命阿桂等诣工所致祭。四十五年二月塞。是役也，历时二载，费帑五百余万，堵筑五次始合，命于陶庄河神庙建碑记之。六月，决睢宁郭家渡，又决考城、曹县，未几俱塞。十一月，张家油房塞而复开。

四十六年五月，决睢宁魏家庄，大溜注洪泽湖。七月，决仪封，漫口二十余，北岸水势全注青龙冈。十二月，将塞复蛰塌，大溜全掣由漫口下注。四十七年，两次堵塞，皆复蛰塌。阿桂等请自兰阳三堡大坝外增筑南堤，开引河百七十余里，导水下注，由商丘七堡出堤归入正河，掣溜使全归故道，曲家楼漫口自可堵闭。上从其言。明年二月，引河成，三月塞。四十九年八月，决睢州二堡，仍遣阿桂赴工督率，十一月塞。

先是上念豫工连岁漫溢，堤防外无宣泄之路，欲就势建减水坝，俾大汛时有所分泄，下阿桂及河、抚诸臣勘议。至是，阿桂等言：“豫省堤工，荥泽、郑州土性高坚，距广武山近，毋庸设减坝。中牟以下，沙土夹杂，或系纯沙，建坝不能保固。至堤南泄水各河，惟贾鲁河系泄水要路，经郑州、中牟、祥符、尉氏、扶沟、西华至周家口入沙河。又惠济系贾鲁支河，二河窄狭淤垫，如须减黄，应大加挑浚，需费浩繁，非一时所能集事。惟兰、仪、高家寨河势坐湾，若挑浚取直，引溜北注，河道可以畅行。”上然之。五十一年秋，决桃源司家庄、烟墩，十月塞。明年夏，复决睢州，十月塞。十二月，山西河清二旬，自永宁以下长千三百里。五十四年夏，决睢宁周家楼，十月塞。五十九年，决丰北曲家庄，寻塞。

嘉庆元年六月，决丰汛六堡，刷开运河余家庄堤，水由丰、沛北注山东金乡、鱼台，漾入昭阳、微山各湖，穿入运河，漫溢两岸，江苏山阳、清河多被淹。南河总督兰锡第导水入蔺家山坝，引河由荆山桥分达宿迁诸湖，又启放宿迁十家河竹络坝、桃源顾家庄堤，泄水仍入河下注，并于漫口西南挑穵旧河，引溜东趋入正河，绘图以闻。上令取直向南而东，展宽开穵，俾溜势直注正河，较为得力。命两江总督苏凌阿、山东布政使康基田会勘筹办。十一月，复因浚汛蛰塌坝身二十余丈，时苏凌阿按事江西，改命东河总督李奉翰赴工会办。明年二月塞，加奉翰太子太保，调督两江，兼管南河事。是年七月，河溢曹汛二十五堡。

三年春，坝工再蛰，奉翰自劾，遣大学士刘墉、尚书庆桂履勘，并责问奉翰等因循。墉等言漫口已跌成塘，晌届凌汛，请展至秋后兴工。八月，溢睢州，水入洪泽湖。上游水势既分，曹工遂以十月塞。明年正月，睢工亦塞。三月，以河南布政使吴璥署东河总督。璥言：“豫东两岸堤工丈尺加增，而淤垫如故，病在丰、曹、睢叠经漫溢，虽塞后顺轨安澜，然引河不能宽畅，且徐城河狭，旁泄过多，遂成中梗。去淤之法，惟在束水攻沙，以堤束水。闻江南河臣康基田培筑堤工，极为认真，应令酌看堤埽情形，守护闸坝，宣泄有度，自可日见深通。”上命与基田商办。八月，决砀汛邵家坝。十二月，已塞复渗漏，又料船不戒，延烧殆尽，基田夺职留工，调璥督南河，以河南布政使王秉韬为东河总督，移东河料物迅济南河。

五年冬，邵家坝塞。六年九月，溢萧南唐家湾，十一月塞。八年九月，决封丘衡家楼，大溜奔注，东北由范县达张秋，穿运河东趋盐河，经利津入海。直隶长垣、东平、开州均被水成灾。上饬布政使瞻住抚恤，复遣鸿胪卿通恩等治赈，兵部侍郎那彦宝赴工，会同东河总督嵇承志堵筑。明年二月塞。

十年闰六月，两江总督铁保言："河防之病，有谓海口不利者，有谓洪湖淤垫者，有谓河身高仰者。此三说皆可勿论。惟宜专力于清口，大修各闸坝，借湖水刷沙而河治。湖水有路入黄，不虞壅滞，而湖亦治。"上嘉其言明晰扼要。"至谓清水敌黄，所争在高下不在深浅，所论固是，但湖不深，焉能多蓄？是必蓄深然后力能敌黄。俟大汛后，会商南河总督徐端，迅将高堰五坝，及各闸坝支河，酌量施工。"时有议由王营减坝改河经六塘河入海者，铁保偕南河总督戴均元上言："新河堤长四百里，中段漫水甚广，急难施工，必须二三年之久，约费三四百万。堵筑减坝，不过二三月，费只二百余万。且旧河有故道可寻，施工较易。"上从之。十一年四月，兵部侍郎吴璥再督东河。六月，复置南副总河，降徐端为之。七月，决宿迁周家楼。八月，决郭家房。先后塞之。

十二年六月，漫山、安马港口、张家庄，分流由灌口入海，旋塞。七月，决云梯关外陈家浦，分流强半由五辛港入射阳湖注海。十三年二月，陈家浦塞。铁保等请复毛城铺石坝、王营减坝，培两岸大堤，接筑云梯关外长堤，及培高堰、山盱堤后土坡。遣大学士长麟等驰勘。太仆寺卿莫瞻菉言："河入江南，惟资淮以为抵御。淮萃七十二河之水汇于洪泽，以堰、盱石堤五坝束之，令出清口汇黄入海，此即束水攻沙之道。今治南河，宜先治清口，保守五坝。五坝不轻启泄，则湖水可并力刷黄。黄不倒灌，运河自可疏通。今河臣请接筑云梯关外长堤二百余里，则于坐湾取直处，必须添筑埽段以为防护。既设修防，必添建厅营，多设官兵。是徒多糜费之烦，未必收束刷之效。至谓修复毛城滚坝，挑窋洪、濉，为减黄流异涨，以保徐城则可，若恃此助清济运则不可。自黄水入湖淤停，水势奔注，堰、盱五坝且难防守，又何能使之畅出清口？故加培五坝，使湖水畅出，悉力敌黄，顺流直下，即可淘刷河身以入海。"御史徐亮言："铁保等条陈修防各事，惟于原议高堰石坦坡，未曾筹及蓄清刷黄，专在固守高堰，实得全河关键，以柔制刚，其法最善。风浪冲击，至坡则平。然全堰俱得坦坡外护，则五坝可永闭不开，清水可全力刷黄，淮阳可长登衽席，此万世永图而目前急务也。海口，尾闾也。清口，咽喉也。高堰则心腹也。要害之地，宜先著力。"璥亦以为言。长麟等覆称："毛城坝易致冲决，应无庸议。王营减坝积水太深，难以施工。请改建滚坝于其西，并添筑石坝。至碎石坦坡，工段绵长，时难猝办，先筑土坡。"余如铁保言。均元病免，端复督南河。

初，陈家浦漫溢，由射阳湖旁趋入海。铁保等以挑河费钜，径由射阳湖入海，较正河为近，因有改河道之议。至是，命璥等履勘。璥等言："前明及康熙间所有灌河入海之路，覆辙俱在。现北潮河汇流马港口、张家庄漫水尚在，壅积可见。去路不畅，又不能刷出河槽，此外更无可另辟海口之路。仍请修复故道，接筑云梯关外大堤，束水东注。"上如其言。是年六月，决堂子对岸千根棋杆及荷花塘，掣通临湖砖百余丈，堂子对岸及千根棋杆随塞，荷花塘既堵复蛰。端再降副总河，以璥总南河。明年正月塞。是年冬，筑高堰碎石坦坡。十五年八月，端复督南河，省副总河。十一月，大风激浪，决山盱属仁、义、智三坝砖石堤三千余丈，及高堰属砖石堤千七百余丈。端启高邮车逻大坝及下游归江各闸坝，并先堵仁、智坝以泄水势。时璥养病家居，上垂询办法。璥言义坝应一律堵筑，高堰石工尤须于明年大汛前修竣。上嘉所论切要。未几，仁、义、智三坝及马港俱塞，河归正道入海。

明年四月，马港复决。五月，王营减坝蛰陷。七月，决邳北绵拐山及萧南李家楼。十二月，王营减坝塞。十七年二月，李家楼亦塞。十八年九月，决睢州及睢南薛家楼、桃北丁家庄，褫东河总督李亨特职，以均元代之。明年正月，均元内召，起璥再督东河，董理睢工。二十年二月塞。二十三年六月，溢虞城。二十四年七月，溢仪封及兰阳，再溢祥符、陈留、中牟，夺叶观潮职，以李鸿宾督东河。璥时为刑部尚书，偕往会筹。未几，陈留、祥符、中牟俱塞，而武陟缕堤决，观潮连堵沟槽五。又决马营坝，夺溜东趋，穿运注大清河，分二道入海。仪封缺口寻涸。上命枷示观潮河干。均元以大学士偕侍郎那彦宝履勘。那彦宝留督马营坝工。久之，坝基不定，鸿宾被斥责，遂以不谙河务辞。上怒，夺其职，观潮复督东河。二十五年三月，马营口塞，加河神金龙四大王、黄大王、朱大王封号。是月仪封又漫塌，削观潮及豫抚琦善职。宣宗立，仍命璥及那彦宝赴工会办，十二月塞。

道光元年，礼部右侍郎吴烜言："据御史王云锦函称，去冬回籍过河，审视原武、阳武一带，堤高如岭，堤内甚卑。向来堤高于滩约丈八尺，自马营坝漫决，滩淤，堤高于滩不过八九尺。若不急于增堤，恐至夏盛涨，不免有出堤之患。"上命河督张文浩偕豫抚姚祖同履勘。三年，江督孙玉庭、河督黎世序加培南河两岸大堤，令高出盛涨水痕四五尺，除有工及险要处堤顶另估加宽，余悉以丈五尺及二丈为度。五月工竣。四年十一月，大风，决高堰十三堡，山盱周桥之息浪菴坏石堤万一千余丈，夺文浩职，以严烺督南河，遣尚书文孚、汪廷珍驰勘。侍讲学士潘锡恩言："蓄清敌黄，相传成法。大汛将至，则急堵御黄坝，使黄水全力东趋。今文浩迟堵此坝，致黄河倒灌，酿成如此巨患。且欲筹减泄，当在下游。乃辄开祥符闸，减黄入湖。坝口既灌于下，闸口复灌于上，黄无出路，湖垫极高，为患不可胜言。"寻文孚等亦以为言。文浩遣戍，玉庭褫职留任。十二月，十三堡、息浪菴均塞。

五年十月，东河总督张井言："自来当伏秋大汛，河员皆仓皇奔走，救护不遑。及至水落，则以现在可保无虞，不复求疏刷河身之策，渐至清水不能畅出，河底日高，堤身递增，城郭居民，尽在水底之下，惟仗岁积金钱，抬河于最高之处。"上嘉所言切中时弊。初，琦善等有改移海口以减黄，抛护石坡以蓄清之议。至是，井言灌河海口屡改屡决，自不可轻易更张，即碎石坦坡，亦有议及流弊者，尤不可不从长计议。是月增培河南十三厅、山东漕河、粮河二厅堤堰坝戗各工，皆从井请也。

六年春，河复涨，命井偕琦善、烺会勘海口。琦善、烺知海口不能改，乃条上五事，皆一时补苴之计。井言：

"履勘下游，河病中满，淤滩梗塞难疏，海口无可移改，请由安东东门工下北岸别筑新堤，改北堤为南堤，相距八里十里，中挑引河，导河由北傍旧河行至丝网滨入海。河水高堤内滩丈五六尺，引河挑深一丈，则水势高下几三丈，形势顺利。自东门工至御黄坝六十里，去路既畅，上游可落水四五尺。黄落则御坝可启，束清坝，挑清水，外出刷黄，底淤攻尽，黄可落至丈余。湖水蓄七八尺，已为建瓴，石工易保。"上善其策。于是烺坐堰、盱新工掣卸，降三品调署东河，而以井督南河，淮扬道潘锡恩副之，使经画其事。而琦善以改河非策，请启王家营减坝，将正河挑宽深通，放清水刷涤，再堵坝挽黄归正河。已允行矣，给事中杨煊言："嘉庆中王家营减坝开，上下游州县俱灾。如止减黄不夺溜，何必奏筹抚恤？今奏启减坝，至预及抚恤堵口事宜，即与从前情形无异。下壅上溃，不可不防。"事下江督、河督会议。井初议安东改河，时挠之者谓东门工埽外有旧抛碎石，正当咽喉，恐有阻遏。井谓有石处可启除其吴工碎石千余方，但上下掣通，亦断不致碍全河。然议者终以为疑。及井见煊奏，复言："嘉庆间减坝遇水后，次年黄仍倒灌，今河底淤高丈四五尺，岂如当时深通。兼以洪湖石工隐患甚多，本年二月，存水丈二尺八寸，遇风已多掣卸。秋后湖水止能蓄至三丈，冬令有耗无增，来年重运经行，必黄水止存二丈八九尺，清方高于黄一尺。若黄加高，即成倒灌。御黄坝外河底垫高，淤运淤湖，为害不小。且海州积水未消，盐河遥堤地高，去路不畅，启坝后河必抬高，徒深四邑之灾，无补全河之病。请于减坝迤下安东门工上山安厅李工遥堤外筑北堤，斜向趋东，仍与前议改河堤工相连，增长七千余丈，挑河至八套即入正河。李工至八套旧堤长四万一千丈，取直筑堤，仅长三万二千余丈，可避东门碎石之阻。河减清高，漕行自利。督臣意以开放减坝已经奏定，不得以旁观一言辄思变计，并胪列七难驳臣所议。臣已逐条致覆。"疏入，上终以改河为创举，从琦善议。

十一年七月，决杨河厅十四堡及马棚湾，十二月塞。十二年八月，决祥符。九月，桃源奸民陈瑞因河水盛涨，纠众盗挖于家湾大堤，放淤肥田，致决口宽大，掣全溜入湖。桃南通判田锐等褫职遣戍。是月祥符塞。明年正月，于家湾塞。十五年，以栗毓美为东河总督。时原武汛串沟受水宽三百余丈，行四十余里，至阳武汛沟尾复入大河，又合沁河及武陟、荥泽诸滩水毕注堤下。两汛素无工，故无稭料，堤南北皆水，不能取土筑堤。毓美试用抛砖法，于受冲处抛砖成坝。六十余坝甫成，风雨大至，支河首尾决，而坝如故。屡试皆效。遂请减稭石银兼备砖价，令沿河民设窑烧砖，每方石可购二方砖。行之数年，省帑百三十余万，而工益坚。会有不便其事者，持异议。于是御史李莼请停烧砖。上遣莼随尚书敬徵履勘，卒以溜深急则砖不可恃，停之。十九年，毓美复以砖工得力省费为言，乃允于北岸之马营、荥原两堤，南岸之祥符下汛、陈留汛，各购砖五千方备用。

二十一年六月，决祥符，大溜全掣，水围省城。河督文冲请照睢工漫口，暂缓堵筑。遣大学士王鼎、通政使慧成勘议。文冲又请迁省治，上命同豫抚牛鉴勘议。时河溜由归德、陈州折入涡会淮注洪泽湖，拆展御黄、束清各坝，尚不足资宣泄，并展放礼、智、仁坝，义河亦启放。八月，鉴言节逾白露，水势渐落，城垣可无虞，自未便轻议迁移。鼎等言："河流随时变迁，自古迄无上策，然断无决而不塞、塞而不速之理。如文冲言，俟一二年再塞，且引睢工为证。查黄水经安徽汇洪泽，宣泄不及，则高堰危，淮扬尽成巨浸。况新河所经，须更筑新堤，工费均难数计。即幸而集事，而此一二年之久，数十州县亿万生灵流离，岂堪设想。且睢工漫口与此不同。河臣所奏，断不可行。"疏入，解文冲任，枷示河干，以朱襄继之。

二十二年，祥符塞，用帑六百余万，加鼎太子太师。七月，决桃源十五堡、萧家庄，溜穿运由六塘河下注。未几，十五堡挂淤，萧家庄口刷宽百九十余丈，掣动大溜，正河断流。河督麟庆意欲改道，遣尚书敬徵、廖鸿荃履勘。敬徵等言，改河有碍运道，惟有迅堵漫口，挽归故道，俟明年军船回空后，筑坝合龙，从之。十一月，以吏部侍郎潘锡恩总督南河。二十三年，御史雷以諴言，决口无庸堵塞，请改旧为支，以通运道。下锡恩勘议。锡恩言灌口非可行河之地，北岸无可改河之理，不敢轻议更张，漕船仍由中河灌塘。上然之，更命侍郎成刚、顺天府尹李德会勘。六月，决中牟，水趋朱仙镇，历通许、扶沟、太康入涡会淮。复遣敬徵等赴勘，以钟祥为东河总督，鸿荃督工。旋以尚书麟魁代敬徵。二十四年正月，大风，坝工蛰动，旋东坝连失五占，麟魁等降黜有差，仍留工督办。七月，上以频年军饷河工一时并集，经费支绌，意欲缓至明秋兴筑。钟祥等力陈不可。十二月塞，用帑千一百九十余万。二十九年六月，决吴城。十月，命侍郎福济履勘，会同堵合。

咸丰元年闰八月，决丰北下汛三堡，大溜全掣，正河断流。时侍郎瑞常典试江南，命试竣便道往勘，又命福建按察使查文经驰赴会办。三年正月，丰北三堡塞，敕建河神庙，从河督杨以增请也。五月大雨，水长溜急，丰北大坝复蛰塌三十余丈。上责以增及承修各员加倍罚赔。

五年六月，决兰阳铜瓦厢，夺溜由长垣、东明至张秋，穿运注大清河入海，正河断流。上念军务未平，饷糈不继，若能因势利导，使黄流通畅入海，则兰阳决口即可暂缓堵筑。事下河督李钧察奏。钧旋陈三事："曰顺河筑埝。东西千余里筑堤，所费不赀，何敢轻议。除河近城垣不能不筑堤坝以资抵御，余拟就漫水所及，酌定埝基，劝民接筑，高不过三尺，水小藉以拦阻，水大听其漫过。散水无力，随漫随淤，地面渐高，且变沙碛为沃壤矣。曰遇湾切滩。河性喜坐湾，每至涨水，遇湾则怒而横决。惟于坐湾之对面，劝令切除滩嘴，以宽河势，水涨即可刷直，就下愈畅，并可免兜滩冲决之虞。曰堵截支流。现在黄流漫溢，既不能筑坚堤以束其流，又不能挑引河以杀其势，宜乘冬令水弱溜平，劝民筑坝断流，再于以下沟槽跨筑土格，高出数尺。漫水再入，上无来源，下无去路，冀渐淤成平陆。"东抚崇恩亦以为言。上令直隶、山东、河南各督抚妥为劝办。

十一年，御史薛书堂言："南河自黄水改道，下游已无工可修，请省南河总督及厅员。"下廷臣议。侍郎沈兆霖言："导河始自神禹，九河故道皆在山东，入海处在今沧州，是《禹贡》之河，固由东北入海。自汉王莽时河徙千乘入海，而禹之故道失。历东汉迄隋、唐，从无变异。宋神宗时，河分南北两派并行，北派由北清河入海，即今大清河。至元至元间，会通河成，惧河北行碍运，而北流塞。历今五六百年，河屡北决，无不挽之使南。说者谓河一入运，必挟泥沙以入海，而运道亦淤，故顺河之性，北行为宜。乾隆朝，孙嘉淦请开减河入大清河一疏，言之甚详，足破北行碍运之疑。夫河入大清，由利津入海，正今黄河所改之道。现在张秋以东，自鱼山至利津海口，皆筑民堰，惟兰仪之北、张秋之南，河自决口而出，夺赵王河及旧引河，泛滥平原，田庐久被淹浸。张秋高家林旧堰残缺过多，工程最钜。如东明、长垣、菏泽、郓城，其培筑较张秋为易。宜乘此时顺水之性，听其由大清河入海，谕令绅民力筹措办，或应开减河，或应筑堤堰，统于水落兴工。河庆顺轨，民乐力田，缺额之地丁可复，历年之赈济可停，就此裁去南河总督及厅员，可省岁帑数十万，而归德、徐、淮一带地几千里，均可变为沃壤，逐渐播种升科，似亦一举而兼数善者矣。"下直督恒福、东抚文煜、豫抚庆廉、东河总督黄赞汤勘议。六月，省南河总督，及淮扬、淮海、丰北、萧南、宿南、宿北、桃南、桃北各道厅，改置淮扬徐海兵备道，兼辖河务。

同治二年，复省兰仪、仪睢、睢宁、商虞、曹考五厅。六月，漫上南各厅属，水由兰阳下注，直、东境内涸出村庄，复被淹没。菏泽、东明、濮、范、齐河、利津等州县，水皆逼城下。署河督谭廷襄上言："河已北行，拦水惟恃民埝，从未议疏导，恐渐次淤垫，海口稍有扞格阻滞，事更为难。查濮、范一带旧有金堤，前臣任东抚时，设法修筑，未久复被冲缺，上游毗连直隶开州处亦有冲缺。开州不修，濮、范筑亦无益。东、长之埝，开、濮之堤，须设法集赀督民修筑，庶可以卫城池而保庐墓。此外既未专设河员，要在沿河地方官督率修理，并劝助裒集，以助民力之不逮。请饬下直督、东抚迅将兰阳下游漫溢地方，拣员会同该州县妥办。"从之。十二月又言："今年夏秋阴雨，来源之盛，迴异寻常。一股直下开州，一股旁趋定陶、曹、单。豫省以有堤坝，幸获保全。直、东则无，不能不听其泛滥。迄今半载，直隶未闻如何经画。开州缺口，亦未兴工。至山东被害尤深。或欲培筑堤埝，或欲疏浚支河，议无一定。濮州金堤，亦因开未动工，不能兴办。瞬届春汛，何以御之？臣遣运河道宗稷辰履勘，直至利津之铁门关，测量水势，深至六七丈，去路不为不畅，而上游仍到处旁溢，则大清河身太狭不能容纳之故。如蒲台、齐东、济阳、长清、平阴、肥城民埝缺口，宽数丈或数十丈，不下三四十处，不加修筑，则来岁依然漫淹。是欲求下游永奠，必先开支渠以减涨水，而后功有可施。必将附近徒骇、马颊二河设法疏浚，庶水有分泄，再堵各缺口，并筑坝以护近水各城垣，此大清河下游之当先料理者也。至开、濮金堤及毗连菏泽之史家堤，当先堵筑，并加培旧堰，择要接修，此大清河上游之当先经画者也。"复下直督刘长佑、东抚阎敬铭会筹。明年三月，以濮州当河冲，允敬铭请，移治旧城，并筑堤捍御。

五年七月，决上南厅胡家屯。长佑言："溜势趋重西北，新修金堤，概被冲刷。开州冲开支河数道，自开、滑之杜家寨至开、濮界之陈家庄，险工五段，长九千六百余丈，均须加厚培高，方资捍御。惟上游在豫，下游在东，非直隶一省所能办理，应会同三省统筹全修，再行设汛，拨款备料，庶可一劳永逸。自河流改道，直隶堤工应并归河督管辖，作为豫、直、东三省河督，以专责成。"疏入，命河督苏廷魁履勘，会同三省督抚筹议。

七年六月，决荥泽十堡，又漫武陟赵樊村，水势下注颍、寿入洪泽湖。侍郎胡家玉言："不宜专塞荥泽新口、疏兰阳旧口，宜仿古人发卒治河成法，饬各将领督率分段挑浚旧河，一律深通，然后决上游之水，掣溜东行，庶河南之患不移于河北，治河即所以治漕。"下直督曾国藩、鄂督李瀚章、江督马新贻、漕督张之万，及河督，江苏、河南、山东、安徽各巡抚妥议。国藩等言："以今日时势计之，河有不能骤行规复者三。兰阳漫决已十四年，自铜瓦厢至云梯关以下，两岸堤长千余里，岁久停修，堤塌河淤，今欲照旧时挑深培高，恐非数千万金不能蒇事。且厅营久裁，兵夫星散，一一复设，仍应分储料物，厢办埽坝，并预筹防险之费，又岁须数百万金。当此军务初平，库藏空虚，安从筹此钜款？一也。荥泽地处上游，论形势自应先堵荥泽，兰工势难并举。使荥口掣动全黄，则兰工可以乾涸。今荥口分溜无多，大溜仍由兰口直注利津入海，其水面之宽，跌塘之深，施工之难，较之荥工自增数倍。荥工堵合无期，兰工更无把握。原奏决放旧河，掣溜东行，似言之太易。且瞬交春令，兴工已难。二也。汉决酸枣，再决瓠子，为发卒治河之始。元、明发丁夫供役，亦以十数万计。现在直、东、江、豫捻氛甫靖，而土匪游勇在在须防。所留勇营，断难尽赴河干，亦断不敷分挑之用。若再添募数十万丁夫，聚集沿黄数千里间，驾驭失宜，滋生事端，尤为可虑。三也。应俟国库充盈，再议大举。因时制宜，惟有赶堵荥工，为保全豫、皖、淮扬下游之计。"上然之。八年正月，荥泽塞。

十年八月，决郓城侯家林，东注南旺湖，又由汶上、嘉祥、济宁之赵王、牛朗等河，直趋东南，入南阳湖。时廷魁内召，命新河督乔松年会同东抚丁宝桢勘办。宝桢方以病在告，乃偕护抚文彬至工相度。文彬言："河臣远在豫省，若往返咨商，恐误要工。一面飞咨河臣遴派掌坝，并管理正杂料厂员弁，及谙习工程之弁兵工匠，带同器具，于年内来东，一面由臣筹购应需料物，以期应手。"上责松年克期兴工，松年言已饬原估委员并熟习工程人员赴东听遣，并饬购备竹缆，及觅雇捆镶船只备提用。惟已交立春，春水瞬生，办工殊无把握。并移书文彬主持其事。文彬不能决。宝桢力疾视事，上言："河臣职司河道，疆臣身任地方，均责无旁贷。乃松年一概诿之地方，不知用意所在。现在已过立春，若再候其的信以定行止，恐误要工。且此口不堵，必漫淹曹、兖、济十余州县。若再向南奔注，则清、淮、里下河更形吃重。松年既立意诿卸，臣若避越俎之嫌，展转迁延，实有万赶不及之势。惟有力疾销假，亲赴工次，择日开工，俟松年所遣员弁到工，即责成该工员等一手经理，克期完工，保全大局。应请破格保奖，以昭激劝。倘敢阳奉阴违，有心贻误，一经验实，应请便宜行事，即将该员弁正法工次，以为罔上殃民者戒。”上嘉其勇于任事，并谕松年当和衷共济，不遽加责也。

十一年二月，侯家林塞，予宝桢优叙。先是同知蒋作锦条上河、运事宜，朝廷颇韪其议，下河、漕、抚臣议奏。未几，侯家林决，松年、宝桢意见龃龉。及宝桢塞侯家林，松年上言：“作锦所陈，卓然有见，可以采取。并称东境黄水日愈泛滥，运道日愈淤塞，宜筑堤束黄，先堵霍家桥诸口，并修南北岸长堤，俾黄趋张秋以济运。挑浚张秋迤南北淤塞，修建闸坝，以利漕行。”上以松年意在因势利导，不为无见，令宝桢、文彬详议，毋固执己见。旋覆称：“目前治黄之法，不外堵铜瓦厢以复淮、徐故道，与东省筑堤即由利津入海两策。顾谓二者之中，以筑堤束黄为优，而上下游均归缓办，臣实未见其可。自铜瓦厢至牡蛎嘴，计千三百余里，创建南北两堤，相距牵计，约须十里。除现在淹没不计外，尚须弃地数千万顷，其中居民不知几亿万，作何安插？是有损于财赋者一也。东省沿河州县，自二三里至七八里者不下十余。若齐河、齐东、蒲台、利津，皆近在临水，筑堤必须迁避，是有难于建置者二也。大清河近接泰山麓，山阴水悉北注，除小清、溜㴒诸河均可自行入海，余悉以大清河为尾闾。置堤束黄以后，水势抬高，向所泄水之处，留闸则虞倒灌，堵遏则水无所归，是有妨于水利者三也。东纲盐场，坐落利津、霑化、寿光、乐安等县，滨临大清河两岸。自黄由大清入海，盐船重载，溯行于湍流，甚形阻滞，而滩地间被漫溢，产盐日绌，海滩被黄淤远，纳潮甚难，东纲必至隳废，私枭亦因而蜂起。是有碍于鹾纲者四也。臣宝桢身任地方，于通省大局所关，固宜直陈无隐。然使于治运漕果有把握，则京仓为根本至计，犹当权利害之轻重，而量为变通。臣等熟思审计，实未见其可恃，而深觉其可虑。似仍以堵合铜瓦厢使复淮、徐故道为正办。”并陈四便。御史游百川亦言河、运并治，宜详筹妥办。疏入，廷议不能决。

下直督李鸿章。鸿章因遣员周历齐、豫、徐、海，访察测量，期得要领。十二年六月，上言：“治河之策，原不外恭亲王等‘审地势，识水性，酌工程，权利害’四语，而尤以水势顺逆为要。现在铜瓦厢决口宽约十里，跌塘过深，水涸时犹逾一二丈。旧河身高，决口以下，水面二三丈不等。如欲挽河复故，必挑深引河三丈余，方能吸溜东趋。查乾隆间兰阳青龙冈之役，费帑至二千余万。阿桂言引河深至丈六尺，人力无可再施，今岂能挑深至三丈余乎？十里口门进占合龙，亦属创见。国初以来，黄河决口宽不过三四百丈，且屡堵屡溃，常阅数年而不成。今岂能合龙而保固乎？且由兰阳下抵淮、徐之旧河，身高于平地三四丈。年来避水之民，移住其中，村落渐多，禾苗无际。若挽地中三丈之水，跨行于地上三丈之河，其停淤待溃、危险莫保情形，有目者无不知之。岁久堤乾，即加修治，必有受病不易见之处。万一上游放溜，下游旋决，收拾更难。议者或以河北行则穿运，为运道计，终不能不强之使南以会清口。臣查嘉庆以后清口淤垫，夏令黄高于清，已不能启坝送运。道光以后，御黄坝竟至终岁不启，遂改用灌塘之法，自黄浦泄黄入湖。湖身顿高，运河水少，灌塘又不便，遂改行海运。今即能复故道，亦不能骤复河运，非河一南行，即可侥幸无事。此淮、徐故道势难挽复，且于漕运无益之实在情形也。至河臣所请就东境束黄济运一节，查清口淤垫，即借黄济运之病。今张秋运河宽仅数丈，两岸废土如山，若引重浊之黄，以闸坝节宣用之，水势抬高，其淤倍速。人力几何，安能挑此日进之沙？且所挑之沙，仍堆积于积年废土之上，雨淋风荡，河底日高，闸亦壅塞，久之黄必难引。明弘治中，荆龙口，铜瓦厢屡次大决，皆因引黄济张秋之运，遂致导隙滥觞。临清地势低于张秋数丈，而必以后无掣溜夺河之害，臣亦不敢信也。至霍家桥堵口筑堤，工尤不易。该处本非决口、乃大溜经行之地，两头无岸，一望浮沙，并无真土可取。勉强堆筑，节节逼溜下注，恐浮沙易塌，实足撄河之怒，而所耗实多。一遭溃决，水仍别穿运道，而不专会张秋，岂非全功尽弃？至作锦拟导卫济运，原因张秋以北无清水灌运，故为此议。查元村集迤南有黄河故道，地多积沙，施工不易。且以全淮之水不能敌黄，尚致倒灌停淤，岂一清浅之卫，遂能御黄济运耶？其意盖袭取山东诸水济运之法。不知泰山之阳，水皆西流，因势利导，十六州县百八十泉之水，源旺派多，自足济运。卫水来源，甚弱最顺，今必屈曲使之南行，势多不便。此借黄济运及筑堤束水均无把握，与导卫济运之实在情形也。惟河既不能挽复故道，则东境财赋有伤，水利有碍，城池难以移置，盐场间被漫淹，如宝桢所陈，诚属可虑。臣查大清河原宽不过十余丈，今已刷宽半里余，冬春水涸，尚深二三丈，岸高水面又二三丈，是不汛时河槽能容五六丈，奔腾迅疾，水行地中，此人力莫可挽回之事，亦祀祷以求而不可得之事。目下北岸自齐河至利津，南岸齐东、蒲台，皆接筑民埝，虽高仅丈许，询之土人，遇盛涨出槽不过数尺，尚可抵御。岱阴、绣江诸河，亦经择要筑堤，汛至则涨，汛过则消，受灾不重。至齐河、济阳、齐东、蒲台、利津各城，近临河岸十九，年来幸防守无患，以后相势设施。若骤议迁徙，经费无筹，民情难喻，无此办法。东省盐场在海口者，虽受黄淤产盐不旺，经抚臣南运胶济之盐时为接济，引地无虞淡食，惟价值稍昂耳。河在东省固不能无害，但得设法维持，尚不至为大患。昔乾隆中，铜山决口不能成功，孙嘉淦曾有分河入大清之疏。其后兰阳大工屡败垂成，嵇璜又有改河大清之请。此外裘曰修、钱大昕、胡宗绪、孙星衍、魏源诸臣议者更多。其时河未北流，尚欲挽之使北。今河自北流，乃欲挽使南流，岂非拂逆水性？大抵南河堵筑一次，通牵约七八百万，岁修约七百余万，实为无底之壑。今河北徙，近二十年未有大变，亦未多费巨款，比之往代，已属幸事。且环拱神京，尤得形胜。自铜瓦厢东决，粤、捻诸逆窜扰曹、济，几无虚日，未能过河一步，而北岸防守有所凭依，更为畿辅百世之利。此两相比较，河在东虽不亟治而后患稍轻，河回南即能大治而后患甚重之实在情形也。近世治河兼言治运，遂致两难，卒无长策。臣愚以为天庾正赋，以苏、浙为大宗，国家治安之道，尤以海防为重。今沿海洋船骈集，为千古创局，已不能闭关自治。正不妨借海运转输之便，逐渐推广，以扩商路而实军储。苏、浙漕粮，现既统由海运，臣前招致华商购造轮船搭运，渐有成效，由海船解津，较为便速。至海道虽不畅通，河务未可全废，此时治河之法，不外古人'因水所在，增立堤防'一语。查北岸张秋以上，有古大金堤可恃以为固，张秋以下，岸高水深，应由东抚随时饬将民埝保护加培。至侯家林上下民埝应仿照官堤办法，一律加高培厚，更为久远之计。又铜瓦厢决口，水势日向东坍刷，久必泛滥南趋。请饬松年察看形势，量筑堤埝，与曹州之堤相接，俾资周防而期顺轨。至南河故道千余里，居民占种丰收，并请查明升科，以免私垦争夺之患。"疏入，议乃定。

是年夏秋，决开州焦丘、濮州兰庄，又决东明之岳新庄、石庄户民埝，分溜趋金乡、嘉祥、宿迁、沭阳入六塘河。宝桢勘由郓城张家支门筑堤堵塞。旋乞假展墓。十三年春，溜益南趋，溃漫不可收拾，江督累章告灾。九月，宝桢回任，改由菏泽贾庄建坝。十二月兴工。

光绪元年三月，东明决塞，并筑李连庄以下南堤二百五十里。时河督曾国荃请设南岸七厅。部议俟直、东、豫筹有防汛的款再定。二年春，署东抚李元华言："黄河南堤，自贾庄至东平二百余里均完固，惟上游毗连直、豫，自东明谢寨至考城七十余里，并无堤岸，此工刻不可缓。昔年侯家林塞，后怵于费多，未暇顾问，遂至贾庄决口。此次贾庄以下堤虽完固，上游若不修筑，设有漫决，岂惟前功尽弃，河南、安徽、江苏仍然受害，山东首当其冲无论已。臣拟调营勇，兼雇民夫，筑此七十余里长堤。深恐呼应不灵，已商直督、豫抚协力襄办。至濮、范之民，自黄河改道，昏垫十有余年。贾庄决后，稍有生机，及贾庄塞，受灾如故。查南堤距北面金堤六七十里，以屏蔽京师则可，于濮、范村庄田亩则不能保卫。该处绅民顾修北堤，惟力有未支，请酌加津贴，既成以后，派弁勇一律修防，濮、范、阳穀、寿张、东阿五县地亩可涸出千余顷。又查濮、范以上，有黄水二道。拟于寿张、东阿境内新河尾闾，抽挑引河二，冀归并一渠。于南堤之北、黄河之南，再立小堤以束水，又可涸出地亩千余顷。至北堤上游内有八里系开州辖，若不一律修筑，不惟北堤徒劳无功，即畿辅亦难保不受其患。已商直督遣员协助，妥速蒇功。惟所压直、豫地亩，该处居民无甚大益，而山东百姓受益无穷，自应由山东折偿地价。上游收束既窄，下游水溜势急，不可不防。自东平至利津海口九百余里，已饬沿河州县就民堤加培，酌给津贴，以工代赈。各项通计需费二千余万。此黄河大段拟办情形也。"事下所司。

五年，决历城溞沟。明年，复决。八年，决历城桃园，十一月塞。九年，东抚陈士杰创建张秋以下两岸大堤。时山东数遭河患，朝士屡以为言。上遣侍郎游百川驰往会勘。百川言："自来论河者，分持南行北行二说。臣详察形势，将来遇伏秋盛涨，复折而东，自寻故道，亦未可知。若挽以人力，则势有万难。一则北堤决后，已冲刷净尽，筑堤进占，工已甚钜。且全河正流北行，中流堵御以图合龙，必震骇非常，办理殊无把握。一则故道旁沙岭势难挑动，且徐、海一带河身涸出淤地千余里，民尽垦种，一旦驱而之他，民岂甘心失业？此南行之说应无庸议也。至大清河本汶、济交会，自黄流灌入，初犹水行地中，今则河身淤垫，既患水不能泄，自济河上下，北则济阳、惠民、滨州、利津，南则青城、章丘、历城至邹、长、高、博，漫决十一处。窃惟河入济渎已二十八年，其始误于山东无办河成案，诱民自为堤埝，纵屡开决，未肯形诸奏牍，贻患至斯。今则泛滥数百里，漂没数百村，遍历灾区，伤心惨目。谨拟办法三。一，疏通河道。黄初入济，尚能容纳，淤垫日高，至海口尤日形淤塞。沙淤水底，人力难施，计惟多用船只，各带铁篦混江龙，上下拖刷，使不能停蓄，日渐刮深。疏导之方，似无逾此。一，分减黄流。济一受黄，其势岌岌不可终日。查大清河北，徒骇最近，马颊较远，鬲津尤在其北。大清河与徒骇最近处在惠民白龙湾，相距十许里。若由此开筑减坝，分入徒骇河，其势较便。再设法疏通其间之沙河、宽河、屯民等河，引入马颊、鬲津，分疏入海，当不复虞其满溢。一，亟筑缕堤。民间自筑缕堤，近临河干，多不合法，且大率单薄，又断续相间，屡经塌陷，一筑再筑，民力困竭。今拟自长清抵利津，南北岸先筑缕堤，其顶冲处再筑重堤，约长六百余里，仍借民力，加以津贴，可计日成功，为民捍患，民自乐从。至谓治水不与水争地，其法无过普筑遥堤。然济、武两郡，地狭民稠，多占田亩，小民失业，正非所愿。且其间村镇庐墓不可数计，兼之齐河、济阳、齐东、蒲台、利津皆城临河干，使之实逼处此，民情未免震骇。价买民田，需款不下四五百万，工艰费钜，可作缓图。臣所以请筑缕堤以济急，而不敢轻持遥堤之议者此也。"士杰持异议。会海丰人御史吴峋言徒骇、马颊二引河不可轻开，命直督李鸿章偕士杰会勘，亦如峋言。乃定议筑两岸长堤。

是年决利津十四户，十年三月塞。闰五月，决历城河套圈、霍家溜，齐河李家岸、陈家林、萧家庄，利津张家庄、十四户，先后塞之。是年两岸大堤成，各距河流数百丈，即缕堤也，而东民仍守临河埝，有司亦谕令先守民埝，如埝决再守大堤，而堤内村庐未议迁徙，大涨出槽，田庐悉淹，居民遂决堤泄水，官亦不能禁，嗣是只守埝不守大堤矣。十一年，萧家庄、溞沟再决，又决齐河赵庄。十二月，溞沟、赵庄塞。明年二月，萧家庄塞。六月，再决河套圈，又决济阳王家圈、惠民姚家口、章丘河王庄、寿张徐家沙窝，惟王家圈工缓办，余皆年内塞。东境河虽屡决，然皆分溜少夺溜，每堵筑一次，费数万或数十万，多亦不过一二百万，较南河时所省正多，被淹地亩亦较少，地平水缓故也。

十三年六月，决开州大辛庄，水灌东境，濮、范、寿张、阳穀、东阿、平阴、禹城均以灾告。八月，决郑州，夺溜由贾鲁河入淮，直注洪泽湖。正河断流，王家圈旱口乃塞。郑州既决，议者多言不必塞，宜乘此复故道。户部尚书翁同龢、工部尚书潘祖荫同上言："河自大禹以后，行北地者三千六百余年，南行不过五百余年，是河由云梯关入海，本不得谓故道。即指为故道，而现在溜注洪泽湖，形北高南下，不能导之使出清口，去故道尚百余里，其势断不能复。或谓山东数被水害，遂以河南行为幸。不知河性利北行。自金章宗后，河虽分流。有明一代，北决者十四，南决者五；我朝顺、康以来，北决者十九，南决者十一。况淮无经行之渠，黄入淮安有归宿之地？下流不得宣泄，上游必将复决，决则仍入东境，山东之患仍未能弭。至黄水南注，有二大患、五可虑。黄注洪泽，而淮口淤垫，久不通水，仅张福口引河，阔不过数丈，大溜东注，以运河为尾闾，仅恃东堤为护，已岌岌可危。今忽加一黄河，必不能保。大患一。洪泽淤垫，高家堰久不可恃，黄河势悍，入湖后难保不立时塌卸。不东冲里下河，即南灌扬州，江、淮、河、汉并而为一，东南大局，何堪设想！大患二。里下河为产米之区，万一被淹，漕米何从措办？可虑一。即令漕米如故，或因黄挟沙垫运，不能浮送。或因积水漫溢，纤道无存，漕艘停滞。且山东本借黄济运，黄既远去，沂、汶微弱，水从何出？河运必废。可虑二。两淮盐场，胥在范公堤东。范堤不保，盐场淹没，国课何从征纳？可虑三。颍、寿、徐、海，好勇斗狠，小民荡析，难保不生事端。可虑四。黄汛合淮，势不能局于湖潴，必别寻入海之道，横流猝至，江乡居民莫保旦夕。可虑五。至入湖之水，亦须早筹宣泄。里下河地势，西北俯、东南仰，宜顺其就下之势，由兴化以北，历朦胧、傅家坞入旧河，避云梯关淤沙，北浚大通口，入潮河以达淮河，海口则取径直，形势便，经费亦不过钜。"

上命江督曾国荃、漕督卢士杰筹议。适国荃、士杰亦言："捍河汇淮东下，其危险百倍寻常。查治水不外宣防二策，而宣之用尤多。洪湖出路二，皆由运入江。今大患特至，不能不于湖之上游多筹出路，分支宣泄，博采群议。桃源有成子河，南接洪湖，北至旧河，又北为中运河。若加挑成子河，使通旧河，直达中运河，两岸筑堤，即可引漫水由杨庄旧河至云梯关入海，此洪湖上面新辟一去路也。清河有碎石河，西接张福口，引河东达旧河，大加挑挖，亦可引漫水由杨庄旧河至云梯关入海，此洪湖下面新辟一去路也。询之耆旧，佥谓舍此别无良法。是以臣等议定即勘估兴工，不敢拘泥成规，往返迁延，致误事机。"上韪之，并遣前山西布政使绍诚、降调浙江按察使陈宝箴、前山东按察使潘骏文迅赴郑工，随同河督成孚、豫抚倪文蔚襄理河务。时工赈需款钜且急，户部条上筹款六事：一，裁防营长夫；一，停购军械船只机器；一，停止京员兵丁米折银；一，酌调附近防军协同工作；一，令盐商捐输给奖；一，预征当商汇号税银。议上，诏裁长夫、捐盐商及预征税银，余不允。九月，命礼部尚书李鸿藻偕刑部侍郎薛允升驰勘，鸿藻留督工。时黄流漫溢，河南州县如中牟、尉氏、扶沟、鄢陵、通许、太康、西华、淮宁、祥符、沈丘、鹿邑多被淹浸，水深四五尺至一二丈，特颁内帑十万，并截留京饷三十万赈抚。而河工需款急，允御史周天霖、李世琨请，特开郑工新捐例，夺成孚职，以李鹤年署河督。

十月，东抚张曜言：山东河淤潮高，黄流实难容纳，请乘势规复南河故道。下鸿藻、鹤年议。鸿藻等遂请饬迅筹合办。上以"黄河筹复故道，迭经臣工条奏，但费钜工繁，断难于决口未堵之先，同时并举。此奏于故道宜复，止空论其理，语简意疏。一切利害之轻重，地势之高下，工用之浩大，时日之迫促，并未全局通筹，缕晰奏覆。如此大事，朝廷安能据此寥寥数语，定计决疑？故道一议，可暂从缓。至所称一切工作，先自下游开办，南河旧道现在情形如何，工程能否速办，经费能否立筹，有无滞碍，著国荃、士杰、崧骏迅速估奏"。国荃言："黄流东注，淮南北地处下游，宜筹分泄之策。请就杨庄以下旧河二百余里挑浚，以分沂、泗之水，腾出中运河，预备洪河盛涨，挟黄北行，堪以容纳，是上游筹有去路。而淮由三河坝直趋而东，则运堤极为吃重，势不能不开坝宣泄，里下河如临釜底，而枝河颇多，若预先疏导，使水能顺轨，则田庐民命亦可保全。同龢、祖荫所言，洵得水性就下之势，业经遣员履勘，并请调熟悉河工之江苏臬司张富年督理。"制可。先是侍郎徐郙有通筹黄河全局之疏。文蔚言："郙所陈口门北岸上游酌开引河，上南厅以下河内挑川字河，及筑排水坝，三者皆河南必办之事，即前人著效之法。臣前请于河身阔处切滩疏淤，即郙酌开引河及川字河之意。河员以近日河势略变，须更筹办法，且有引河不可挑之说。而此项土夫，皆系应赈之人，无论何工，皆系应办之事。将来或帮挑运河，或帮筑河身，应就商河臣随时调度。"报闻。

十二月，国荃、士杰言："同龢等所陈二患五虑，不啻身历其境，将世等所欲言者，代达宸聪。当经派员分投履勘。自傅家坞入旧黄河，过云梯关至大通口，测量地势，北高丈五七尺，揆诸就下之性，殊未相宜。不敢不恪遵圣训，于兴化境内别筹疏淤。查下河入海河道，以新阳、射阳两河为最，斗龙港次之，只以支河阻塞，未能通畅。查兴化属之大围闸、丁溪场属之古河口小海，均极淤浅。疏浚以后，如果高邮开坝，可冀水皆顺轨，由新阳等河宣畅归海。其闸门窄狭过水不畅者，另于左右开挖越河，俾得滔滔直注。此外干支各河，再接续择要兴挑，以期逐节通畅，核与同龢、祖荫之奏事异功同。"

十四年正月，国荃等又言："徐郙通筹河局疏，称淮扬实无处位置黄河，宜先筹宣泄之方，再求堵合之法，洵属确中肯綮。至请挑天然及张福口引河，本系由淮入黄咽喉，昔人建导淮之议，皆从引河入手。只以张福淤垫太高，挑不得法，且恐沂、泗倒灌。又顺清河为清江三闸来源，曩时堵筑以资自卫。自河北徙，此坝久废。今既引淮入黄，仍须堵筑顺清坝，庶三闸可保无虞。经臣等派员审度河底，虽北高南低，加工挑深，尚可配平。顺清河虽水深溜急，多备料土，亦可设法堵筑。又经臣士杰履勘，陈家窑可开引河，上接张福口，下达吴城七堡，与碎石河功用相同。已于十月分段兴挑，自张福口、内窑河起，至顺清河止，开深丈四尺至二丈，冀上游多泄一分之水，下河即少受一分之灾。其工段亦间调哨勇帮同挑浚，以补民夫之不足。以上办法，与该侍郎所陈江南数条，不谋而合。"

先是上以将来河仍北趋，有"趁湍流骤减，挑浚东明长堤，开州河身，加培堤埝"之谕。至是，鸿章言："直境黄河长八九十里，一律挑浚，工钜费烦。即酌挑北面数处，亦需二三十万。两岸河滩高于中洪一二丈，河身尚可容水。惟东明南堤历年冲刷，亟应择要修筑，已调派大名练军春融赴工，并募民夫同时力作。开州全堤残缺已甚，亦经派员估修。至长垣南岸小堤，离河较远，尚可缓办。北岸民埝，饬劝民间修培，不得逼束河流，致碍大局。"

六月，小杨庄塞。是月，鸿藻言郑工两坝，共进占六百一十四丈，尚余口门三十余丈，因伏秋暴涨，人力难施，请缓俟秋汛稍平，接续举办。上严旨切责，褫鹤年职，与成孚并戍军台。鸿藻、文蔚均降三级留任。以广东巡抚吴大澂署河道总督。大澂言："医者治病，必考其致病之由，病者服药，必求其对症之方。臣日在河干，与乡村父老谘询旧事，证以前人纪载，知豫省河患非不能治，病在不治。筑堤无善策，镶埽非久计，要在建坝以挑溜，逼溜以攻沙。溜入中洪，河不著堤，则堤身自固，河患自轻。厅员中年久者，佥言咸丰初荥泽尚有砖石坝二十余道，堤外皆滩，河溜离堤甚远，就坝筑埽以防险，而堤根之埽工甚少。自旧坝失修，不数年废弃殆尽，河势愈逼愈近，埽数愈添愈多，厅员救过不遑，顾此失彼，每遇险工，辄成大患。河员以镶埽为能事，至大溜圈注不移，旋镶旋蛰，几至束手。臣亲督道厅赶抛石垛，三四丈深之大溜，投石不过一二尺，溜即外移，始知水深溜激，惟抛石足以救急，其效十倍埽工，以石护溜，溜缓而埽稳。历朝河臣如潘季驯、靳辅、栗毓美，皆主建坝挑溜，良不诬也。现以数十年久废之要工，数十道应修之大坝，非一旦所能补筑竣工。惟有于郑工款内核实撙节，省得一万，即多购一万之石垛，省得十万，即多做十万之坝工，虽系善后事宜，趁此乾河修筑，人力易施，否则郑工合龙后，明年春夏出险，必至措手不及。虽不敢谓一治而病即愈，特愈于不治而病日增。果能对症发药，一年而小效，三五年后必有大效。"上嘉勉之。

大澂又言："向来修筑坝垛，皆用条砖碎石，每遇大汛急溜，坝根淘刷日深，不但砖易冲散，重大石块亦即随流坍塌。闻西洋有塞门德土，拌沙黏合，不患水侵。趁此引河未放，各处须筑挑坝，正在河身乾涸之时，拟于砖面石缝，试用塞门德土涂灌，敛散为整，可使坝基做成一片，足以抵当河溜，用石少而工必坚，似亦一劳永逸之法。"报闻。十二月，郑工塞，用帑千二百万，实授大澂河督，诏于工次立河神庙，并建黄大王祠，赐扁额，与党将军俱加封号。是年七月，决长垣范庄。未几塞。十五年六月，决章丘大寨庄、金王庄，分溜由小清河入海。又决长清张村、齐河西纸坊，山东滨河州县多被淹浸。是冬塞。

十六年二月，东抚张曜言："前南总河辖河工九百余里，东总河辖五百余里。自决铜瓦厢，河入山东，遂裁南总河，而东河所辖河工仅二百余里。今东河县长九百里，日淤日高，全恃堤防为保卫。本年臣驻工二百余日，督率修防，日不暇给。请将自菏泽至运河口河道二百余里，归河督辖，与原辖之河道里数相等。"部议以此段工程，向由巡抚督率地方官兼管，河督恐呼应不灵。曜又言："向来沿河州县，本归河臣兼辖，员缺仍会河臣题补，遇有功过，河臣亦应举劾，尚无呼应不灵之患。请并下河督筹议。"先是大澂遣员测绘直、东、豫全河，至是图成上之。五月，决齐河高家套，旋塞。

十八年六月，决惠民白茅坟，夺溜北行，直趋徒骇入海。又决利津张家屋、济阳桑家渡及南关、灰坝，俱汇白茅坟漫水归徒骇河。七月，决章丘胡家岸，夹河以内，一片汪洋，迁出历城、章丘、济阳、齐东、青城、滨州、蒲台、利津八县灾民三万三千二百余户。初，河督许振祎请于岁额六十万内，提十二万归河防局，筹添料石，先事预防，由河督主之，至是部令分案题销。振祎言："河工大险，恃法不如用人。如以恃法论，则从来报销例案，工部知之，河工亦知之，故自每年添款及郑工报销之千数百万，未闻其不合例也。如以用人论，则臣近此改章从事，比年大险横生，亦均次第抢补，幸奏安澜，至添料添石，固有不尽合例者矣。原臣立河防局，意有二端。一则恐厅员遇险推诿，藉口无钱无料，故提此钜款先事预防之资。一则恐厅员不实不尽，故添委官绅临时匡救之用，而限十二万纤悉到工，不准丝毫入局，并不准开支薪水。河南官绅吏民罔不知之。即如今岁之得保钜险，就买石一款，已用过十一万数千两，余则补郑工金门沈裂之堤，此不能分案题销者也。又多方买石，随处抢堵，险未平必加抛，险已过即停止，此不能绘图贴说者也。"上如所请行。是年白茅坟各口塞。

二十一年六月，决寿张高家大庙、齐东赵家大堤。未几，决济阳高家纸坊、利津吕家洼、赵家园、十六户。是冬次第塞。明年六月，决利津西韩家、陈家。御史宋伯鲁条上东河积弊：一，冒领矇销，宜严定处分；一，收发各料，宜设法稽查；一，申明赔修旧例，以防随意改名；一，武弁宜认真巡察。诏东抚严除积弊，并令有河务各督抚查察，遇有劣员，严参惩办。二十三年正月，决历城小沙滩、章丘胡家岸，随塞。十一月凌汛，决利津姜家庄、扈家滩，水由霑化降河入海。二十四年六月，决山东黑虎庙，穿运东泄，仍入正河。又决历城杨史道口、寿张杨家井、济阳桑家渡、东阿王家庙，分注徒骇、小清二河入海。遣鸿章偕河督任道熔、东抚张汝梅会勘。未几，省东河总督，寻复置。

二十五年二月，鸿章等言："山东黄河自铜瓦厢改道大清河以来，时当军兴，未遑修治。同治季年，渐有溃溢，始筑上游南堤。光绪八年后溃溢屡见，遂普筑两岸大堤。乃民间先就河涯筑有小埝，紧逼黄流。大堤成后，复劝民守埝，且有改为官守者。于是堤久失修，每遇泛涨埝决，水遂建瓴而下，堤亦随决，此历来失事病根也。上游曹、兖属南北堤凑长四百余里，两堤相距二十里至四十里，民埝偶决，水由堤内归入正河，大决则堤亦不保。计南北埝工二十四，同治以来，决仅四五见，此上游情形也。中游济、泰属两岸堤埝各半，凑长五百里，南岸上段傍山无堤，下段守埝，北岸上守堤，下守埝，参差不一，无非为堤内村庄难迁，权为保守计。下游武、定属南岸全守堤，北岸全守埝，凑长五百余里，地势愈平，水势愈大，险工七十余处，二十五年来，已决二十三次，此中下游情形也。东省修防事本草创，间有兴作，皆因费绌，未按治河成法。前抚臣李秉衡历陈山东受河之害，治河之难，谓近几无岁不决，无岁不数决。朝廷屡糜钜金，闾阎终无安岁。若不按成规大加修治，何以仰答爱养元元之意？臣等详考古来治河之法，惟汉贾让徙当水冲之民，让地于水，实为上策。前抚臣陈士杰建筑中下游两岸大堤，凑长千里，两堤相距五六里至八九里，就此加培修守，似不失为中策。惟先有弃堤守埝处，如南岸泺口上下，守埝者百一十里，上段近省六十里，商贾辐辏，近险工稍平，暂缓推展；下段要险极多，十余年来，已决九次，拟迁出埝外二十余村，弃埝守堤，离水稍远，防守易固。此南岸酌拟迁民废埝办法也。至北岸堤工，自长清至利津四百六十里，埝外堤内数百村庄。长埝逼近湍流，河面太狭，无处不湾，无湾不险。河唇淤高，埝外地如釜底，各村断不能久安室家。且埝破堤必破，欲保埝外数百村，并堤外数千村同一被灾，尤觉非计。但小民安土重迁，屡被沈灾，不肯远去，非可旦夕议定。今拟北岸自长清官庄至齐河六十余里，河面尚宽，利津至盐窝七十余里，地皆斥卤，不便徙民，均以埝作堤，埝外之民，无庸迁徙。其齐河至利津尚有三百二十里，民埝紧逼河干，竟有不及一里者，势不得不废埝守堤。但北堤残缺多半，无可退守，且需款过钜，迁民更难，应暂守旧埝，此北岸分别守埝作堤，及将来再议废埝守堤办法也。至南北大堤，为河工第一重大关系。既处处卑薄，拟并改埝之堤，及暂定之民埝，照河工旧式，一律修培，总期足御汛涨。至下口入海尾闾，尤关全河大局。查铁门关故道尚有八十余里，愈下愈宽深，直通海口，形势较丝网口、韩家垣为顺，工费亦较省。然建拦河大坝、挑引河、筑两岸大堤，需费颇钜，下口不治，全河皆病，不得不核实勘估，此又加培两岸堤工、改正下口办法也。约估工费需九百三十万有奇，分五六年可告竣。”朝议如所请，先发帑百万，交东抚毓贤督修。

毓贤言：“黄河治法，诚如部臣所云，展宽河面、盘筑堤身、疏通尾闾三事为扼要。查尾闾之害，以铁板河为最。全河挟沙带泥，到此无所归束，散漫无力，经以风潮，胶结如铁，流不畅则出路塞而横流多，故无十年不病之河。拟建长堤直至淤滩，防护风潮，纵不能径达入海，而多进一步即多一步之益。至堤埝卑薄，拟修培时，土方必足，夯硪必坚，尤加意保守。其坐湾处，一湾一险，如上游贾庄、孙家楼，中流垌家岸、霍家溜、桑家渡，下游白龙潭、北镇家集盐窝，均著名巨险，余险尤多，固非裁湾取直不可，然亦须相度形势，必引河上口能迎溜势、下口直入河心方得。蒲台迤西魏家口至迤东宋庄，约长四十里，河水分流，纳正河之溜三分之。若就势修堤建坝挑溜，使归北河，正河如淤，蒲台城垣永免水患。此裁湾取直之最有益者，拟即勘估兴办。”报闻。

二十六年，拳匪乱作，未续请款。嗣时局日艰，无暇议及河防矣。是年凌汛，决滨州张肖堂家。明年三月塞。六月，决章丘陈家窑、惠民杨家大堤，随塞。黄河之初北徙也，忠亲王僧格林沁有裁总河之请。嗣东河改归巡抚兼辖，河督乔松年复以为请。至是，河督锡良言：“直、东河工久归督抚管辖，豫抚本有兼理河道之责。请仿山东成案，改归兼理，而省东河总督。”制可。二十八年夏，决利津冯家庄。秋，决惠民刘旺庄。逾年二月，刘旺庄塞。六月，决利津宁海庄，十二月塞。三十年正月，凌汛，决利津王庄、扈家滩、姜庄、马庄，随塞。六月，河溢甘肃皋兰，淹没沿滩村庄二十余。又决山东利津薄庄，淹村庄、盐窝各二十余。

先是山东屡遭河患，当事者皆就水立堤，随湾就曲，水不畅行。张秋以下，堤卑河窄，又无石工帮护。利津以下，尾闾改向南，形势益不顺。巡抚周馥请帑三百万，略事修培，部臣靳不予。不得已，自筹二十万添购石料，又给赀迁利津下民之当水冲者，而民徙未尽。又于堤南增建大堤，以备旧堤坏、民有新居可归。至薄庄决，水东北由徒骇河入海。馥言：“旧河淤成平陆，若依旧堵合，估须九十万有奇，钜款难筹。且堵合之后，防守毫无把握，漫口以下，水深丈余至二三丈，奔腾浩瀚，就下行疾，入徒骇后，势益宽深，较铁门关、韩家垣、丝网口尤畅达。与其逆水之性，耗无益之财，救民而终莫能救，不如迁民避水，不与水争地，而使水与民各得其所。依此而行，其益有三：尾闾通顺，流畅消速，益一；舟楫便利，商货流通，益二；河流顺直，险轻费省，益三。所省堵筑费犹不计也。然补救之策，费财亦有三：一，迁民之费；二，筑埝之费；三，移设盐垣之费。约需五十万金，较堵筑费省四之三，而受益过之。”制可，遂不堵。嗣是东河安澜，数年未尝一决。

宣统元年，决开州孟民庄。明年塞。三年，东抚孙宝琦言：“自黄入东省，河道深通，初无修防。积久淤溢，始筑民埝，紧逼黄流。嗣经普筑大堤，而复令民守埝。埝有漫决，官无处分，直、东两省，定例皆然。元年开州决，水循东省上游埝外堤内下注，至中游始归正河，濮、范、寿张受灾甚重。臣会商直督，遣员协款堵筑，上年始告成功。如能通筹，分别勘治，改归官守，明定责成，自无推诿。河工向以秸料为大宗，不如砖石经久，砖又不如石质坚重。东省南岸临河多山，前周馥请拨款购石，改修石坝，颇著成效。现轮轨交通，如直、豫设法运石，渐逐改作，则一劳永逸。治河良法，无逾于此。下游至海口，尚有数十里无堤，南高则北徙，北淤则南迁，数十年来，入海之区，已经数易。长此不治，尾闾淤垫日高，必致上游横决，为患何堪设想！臣昔随李鸿章来东勘河，时比工程司建议筑堤伸入海深处为最要办法，卒以费钜不果。如由主治者统筹经费，分年筑堤，藉束水为攻沙之计，再酌购外洋挖泥轮机，往来疏浚，尾闾可望深通，全局皆受其益。河工为专门之学，非久于阅历，不能得其奥窍。亟宜仿照豫省定章，改定文武额缺为终身官，三省互相迁调。臣上年设立河工研究所，招集学员讲求河务，原为养成治河人材；如设厅汛，此项人员毕业，即可分别试用，于工程大有裨益。以上四端，必应兴办。臣愚以为宜设总河大员，历勘会商，将三省常年经费百数十万，统归应用，俟议定大治办法，随时请拨，俾免掣肘而竟事功。”疏入，诏会商直督、豫抚通筹。未及议覆，而武昌变作，遂置不行。

卷一百二十七　志一百二

河渠二

运河

运河自京师历直沽、山东，下达扬子江口，南北二千余里，又自京口抵杭州，首尾八百余里，通谓之运河。

明代有白漕、卫漕、闸漕、河漕、湖漕、江漕、浙漕之别。清自康熙中靳辅开中河，避黄流之险，粮艘经行黄河不过数里，即入中河，于是百八十里之河漕遂废。若白漕之藉资白河，卫漕之导引卫水，闸漕、湖漕之分受山东、江南诸湖水，与明代无异。嘉庆之季，河流屡决，运道被淤，因而借黄济运。道光初，试行海运。二十八年，复因节省帮费，续运一次。迨咸丰朝，黄河北徙，中原多故，运道中梗。终清之世，海运遂以为常。

夫黄河南行，淮先受病，淮病而运亦病。由是治河、导淮、济运三策，群萃于淮安、清口一隅，施工之勤，糜帑之钜，人民田庐之频岁受灾，未有甚于此者。盖清口一隅，意在蓄清敌黄。然淮强固可刷黄，而过盛则运堤莫保，淮弱末由济运，黄流又有倒灌之虞，非若白漕、卫漕仅从事疏淤塞决，闸漕、湖漕但期蓄泄得宜而已。至江漕、浙漕，号称易治。江漕自湖广、江西沿汉、沔、鄱阳而下，同入仪河，溯流上驶。京口以南，运河惟徒、阳、阳武等邑时劳疏浚，无锡而下，直抵苏州，与嘉、杭之运河，固皆清流顺轨，不烦人力。今撮其受患最甚、工程最钜者著于篇。

顺治四年夏久雨，决江都运堤，随塞。六年夏，高邮运堤决数百丈。七年，运堤溃，挟汶水由盐河入海。八年，募民夫大挑运河。十四年，河督朱之锡言：“南旺南距台庄高百二十尺，北距临清高九十尺，应遵定例，非积六七尺不准启闸，以免泻涸。闭下闸，启上闸，水凝亦深；闭上闸，启下闸，水旺亦浅。重运板不轻启，回空板不轻闭。”从之。十五年，董口淤。之锡于石牌口迤南开新河二百五十丈，接连大河，以通飞挽。先是漳水于九年从丘县北流，迳青县入海。至十七年春夏之交，卫水微弱，粮运涩滞，乃堰漳河分溉民田之水，入卫济运。时河北累年亢旱，部司姜天枢言：“昔佥事江良材欲导河注卫，增一运道，今独不可借其议而反用之导卫以注河乎？”之锡从其言，并置卫河主簿，著为令。

康熙元年，定运河修筑工限：三年内冲决，参处修筑官；过三年，参处防守官；不行防护，致有冲决，一并参处。四年秋，高邮大水，决运堤。五年，运河自仪徵至淮淤浅，知县何崇伦募民夫浚之。漕督林起龙言：“粮艘北行，处处阻闸阻浅，请饬河臣履勘安山、马踏诸湖，暨各柜闸子堤斗门堤岸，及东平、汶上诸泉，有无堵塞，务期浚泉清湖，以通运道。”六年，决江都露筋庙。明年，塞之。十年，决高邮清水潭。明年，再决，十三年始塞。十四年，决江都邵伯镇。十五年夏，久雨，漕堤崩溃，高邮清水潭、陆漫沟，江都大潭湾，共决三百余丈。

十六年，以靳辅为河督。时东南水患益深，漕道益浅。辅言：“河、运宜为一体。运道之阻塞，率由河道之变迁。向来议治河者，多尽力于漕艘经行之地，其他决口，以为无关运道而缓视之，以致河道日坏，运道因之日梗。是以原委相关之处，断不容歧视也。又运河自清口至清水潭，长约二百三十里，因黄内灌，河底淤高，居民日患沈溺，运艘每苦阻梗。请敕下各抚臣，将本年应运糟粮，务于明年三月内尽数过淮。俟粮艘过完，即封闭通济闸坝，督集人夫，将运河大为挑浚，面宽十一丈，底宽三丈，深丈二尺，日役夫三万四千七百有奇，三百日竣工。并堵塞清水潭、大潭湾决口六，及翟家坝至武家墩一带决口，需帑九十八万有奇。”又言：“向因河身淤垫，阻滞盘剥，艰苦万端。若清口一律浚深，则船可畅行，省费甚多。因令量输所省之费，作治河之用，请俟运河浚深，船艘通行，凡过往货物船，分别征纳剥浅银数分，一年停止。”均允行。

十七年，筑江都漕堤，塞清水潭决口。清水潭逼近高邮湖，频年溃决，随筑随圮，决口宽至三百余丈，大为漕艘患。前年尚书冀如锡勘估工费五十七万，夫柳仍派及民间，犹虑功不成。辅周视决口，就湖中离决口五六十丈为偃月形，抱两端筑之，成西堤一，长六百五丈，更挑绕西越河一，长八百四十丈，仅费帑九万。至次年工竣。上嘉之，名河曰永安，新河堤曰永安堤。是岁挑山、清、高、宝、江五州县运河，塞决口三十二。辅又请按里设兵，分驻运堤，自清口至邵伯镇南，每兵管两岸各九十丈，责以栽柳蓄草，密种茭荷蒲苇，为永远护岸之策。又言：“运河既议挑深，若不束淮入河济运，仍容黄流内灌，不久复淤。请于高堰堤工单薄处，帮修坦坡，为久远卫堤计。”均如所议行。

十八年，决山阳戚家桥，随塞。明初江南各漕，自瓜、仪至清江浦，由天妃闸入黄。后黄水内灌，潘季驯始移运口于新庄闸，纳清避黄，仍以天妃名。然口距黄、淮交会处仅二百丈，黄仍内灌，运河垫高，年年挑浚无已。兼以黄、淮会合，潆洄激荡，重运出口，危险殊甚。至是，辅议移南运口于烂泥浅之上，自新庄闸西南挑河一，至太平坝，又自文华寺永济河头起挑河一，南经七里闸，转而西南，亦接太平坝，俱达烂泥浅。引河内两渠并行，互为月河，以舒急溜，而烂泥浅一河，分十之二佐运，仍挟十之八射黄，黄不内灌，并难抵运口。由是重运过淮，扬帆直上，如履坦途。是岁开滚水坝于江都鳅鱼骨，创建宿迁、桃源、清河、安东减坝六。

十九年，创建凤阳厂减坝一，砀山毛城铺、大谷山，宿迁拦马河、归仁堤，邳州东岸马家集减坝十一。康熙初，粮艘抵宿迁，由董口北达。后董口淤塞，遂取道骆马湖。湖浅水面阔，纤缆无所施，舟泥泞不得前，挑掘舁送，宿邑骚然。辅因创开皂河四十里，上接泇河，下达黄河，漕运便之。是岁霪雨，淮、黄并涨，决兴化漕堤，水入高邮治，坏泗州城郭，特筑滚坝于高邮南八里，及宝应之子婴沟。

二十年七月，黄水大涨，皂河淤淀，不能通舟。众议欲仍由骆马湖，辅力持不可，亲督挑掘丈余，黄落清出，仍刷成河。随闭皂河口拦黄坝，于迤东龙冈岔路口至张家庄挑新河三千余丈，使出皂河，石磡之清水尽由新河行，至张家庄入黄河，是为张庄运口。是岁增筑高邮南北滚水坝八，对坝均开越河，以防舟行之险，凡旧堤险处，皆更以石。二十二年九月，黄河由龙冈漫入，新河又淤。随于石磡筑拦黄坝，复设法疏导，旬余，新河仍畅行。二十三年，上南巡阅河，至清口，以运口水紧，令添建石闸于清河运口。

二十五年，辅以运道经黄河，风涛险恶，自骆马湖凿渠，历宿迁、桃源至清河仲家庄出口，名曰中河。粮船北上，出清口后，行黄河数里，即入中河，直达张庄运口，以避黄河百八十里之险。议者多谓辅此功不在明陈瑄凿清口下。而按察使于成龙、漕督慕天颜先后劾辅开中河累民，上斥其阻挠。二十七年，复遣尚书张玉书、图纳，左都御史马齐等往视，亦称中河安流，舟楫甚便。但逼近黄流，不便展宽，而里运河及骆马湖之水俱入此河，窄恐难容，应于萧家渡、杨家庄、新庄各建减坝，俾水大可宣泄；仲家闸口大直恐倒灌，应向东南斜挑以避黄流。诏俟临阅时定夺。是岁大雨，中河决，淹清河民田数千顷。

明年春，上南巡，阅视河工，至宿迁支河口，谓诸臣曰："河道关系漕运民生，地形水势，随时权变。今观此河狭隘，逼近黄岸，万一黄堤溃决，失于防御，中河、黄河将溷为一。此河开后，商民无不称便，安识日后若何？"图纳、马齐言："臣等勘河时，正值大水，惧河隘不能容诸水，故议于迤北遥堤修减坝三，令由旧河形入海。"辅言："臣意开此河，可束水入海，及浚毕观之，漕艘亦可行。今若加增遥堤，以保固黄河堤岸，当可无虑。"河督王新命言："支河口止一镇口闸，微山湖诸水甚大，遇淫潦不能支，必致溃决。若于骆马湖作减坝，令涨水入黄，再修筑郯城禹王台，以御流入骆马湖之水，令注沭河，则中河无虑。"上谓可仍开支河，其黄河运道，并存不废。先是玉书等请闭拦马河，事下总河，至是新命言："拦马河原以宣黄水异涨，似应仍留，水涨则开放，水平则闭，以免中河淤垫。至骆马湖三减坝，玉书等议留二座于堤内，减水入中河，又恐中河不能容，拟于迤东萧家渡、杨家庄、新河口量建减坝宣泄。臣谓既以中河不能容，何必留此二坝之水减入中河，复从萧家渡等处建坝，多此曲折？不若将三坝俱留遥堤外，令由旧河形入海，于萧家渡三处量留缺口二，酌水势以宣塞之为愈。郯城沭水口旧有禹王台，障遏水势，会白马河、沂河之水入骆马湖，愈觉泛溢不可遏，应于台旧基迎水处堵塞断流，令仍由故道入海。"下扈从诸臣确议。惟骆马湖减坝用玉书等原议，余如新命言。

三十二年，直隶运河决通州李家口等五口，天津耍儿渡等八口。卫河微弱，惟恃漳为灌输，由馆陶分流济运。明隆、万间，漳北徙入滏阳河，馆陶之流遂绝。至是三十六年，忽分流，仍由馆陶入卫济运。三十八年，廷议改高邮减坝及茆家园等六坝均为滚水坝，增加高堰石工五尺。三十九年，上以清口日淤，恐误粮艘，海道运津又极艰险，拟以沙船载粮，自江下海，至黄河入海之口，运入中河，则海运不远。下河督张鹏翮筹议。鹏翮言运河决口已塞，清水又已引出，粮船当可畅达。若改载沙船，雇募水手，徒滋糜费。且由江入海，从黄河海口入中河，风涛不测，实属难行。从之。初，河督于成龙以中河南逼黄河，难以筑堤，乃自桃源盛家道口至清河，弃中河下段，改凿六十里，名曰新中河。至是，鹏翮见新中河浅狭，且盛家道口河头湾曲，挽运不顺，因于三义坝筑拦河堤，截用旧中河上段、新中河下段合为一河，重加修浚，运道称便。

四十年，以湖口清水已出，宜筹节宣之法，允鹏翮请，于张福口、裴家场二引河间，再开引河一，合力敌黄。若黄涨在粮艘已过，堵拦黄坝，使不得倒灌；涨在行船时，闭裴家场引河口，引清水入三汊河至文华寺济运。是岁建中河口南岸石闸。四十二年，以仲庄闸清水出口，逼溜南趋，致碍运道，诏移中河运口于杨家庄，即大清水故道，由是漕盐两利。逾年，又命建直隶运河杨村减坝以分水势。

四十四年，上言高堰及运河减坝不开放，则危及堤堰，开泄又潦伤陇亩，宜于高堰三滚坝下挑河筑堤，束水入高邮、邵伯诸湖，其减坝下亦挑河筑堤，束水由串场溪注白驹、丁溪、草堰诸河入海。令江、漕、河各督勘估，遣官督修。自是淮、扬各郡悉免漫溢之患。四十五年，鹏翮于中河横堤建草坝二，鲍家营引河处建草坝一，相机启闭，免中河淤垫。又以运河水涨，堤岸难容，于文华寺建石闸，闸下开引河，自杨家庙、单杨口迄白马湖，长万四千八百丈有奇，水涨开放入湖，水涸堵闭。是年，济宁道张伯行请引漳自成安柏寺营通漳之新河，按馆陶之沙河，古所谓马颊河者，疏其淤塞，使畅流入卫。议未及行。越二年，全漳入馆陶，漳、卫合而势悍急，恩、德当冲受害，乃于德州哨马营、恩县四女寺建坝，开支河以杀其势。

六十年，东抚李树德请开彭口新河。先是济宁道某言，彭口一带有昭阳、微山、西湖，喷沙积于三洞桥内，屡开屡塞，阻滞粮艘，应挑新河、避喷沙，以疏运道。至是，树德以为言。上曰："山东运河，自西湖之水流入。前此百姓以为宜开即开，以为宜闭亦闭。开者何意？堵者何意？务悉其故，方可定其开否。不然，虚耗矣。"又曰："山东运河，全赖湖、泉济运。今多开稻田，截上流以资灌溉，湖水自然无所蓄潴，安能济运？往年东民欲开新河，朕恐下流泛滥，禁而弗许。今又请开新河。此地一面为微山湖，一面为峄县诸山，更从何处开凿耶？张鹏翮到东，将此旨详谕巡抚，申饬地方，相度泉源，蓄积湖水，俾漕运无误，自易易耳。"

雍正元年，河督齐苏勒偕漕督张大有言："山东蓄水济运，有南旺、马踏、蜀山、安山、马场、昭阳、独山、微山、郗山等湖，水涨则引河水入湖，涸则引湖水入槽，随时收蓄，接应运河，古人名曰‘水柜’。历年既久，昭阳、安山、南旺多为居民占种私垦。现除已成田不追外，余俟水落丈量，树立封界，永禁侵占，设法收蓄。至马踏、蜀山、马场、南阳诸湖，原有斗门闸座，加以土坝，可收蓄深广，备来年济运之资。惟独山一湖，滨临运河，一线小堰，且多缺口。相度水势，河水盛涨，听其灌入湖中；湖、河平，即筑堰堵截；河水稍落，不使湖水走泄涓滴。或遇运河浅塞，则引湖水下注，庶几接济便捷。至诸湖闸座，仍照旧例，灌塘积水，启闭以时，则湖水深广，运道疏通矣。”下所司议行。

二年，齐苏勒以骆马湖东岸低洼易泄，旧坝不足抵御，于湖东陆塘河通宁桥西高地筑拦河滚坝，再筑拦水堤六百丈，口门宽三十丈，以便宣泄。又帮筑运河西岸地洞口堤身五百十丈，高、宝、江东西岸堤工五千二十四丈，宝应西堤七里闸迤南至柳园头埽工五百七十丈。

四年，齐苏勒改种家渡南之旧彭口于十字河，而彭口沙壅积如故。先是侍郎蒋陈锡疏陈漕运事宜，上命内阁学士何国宗等勘视豫东运道，至是覆称：“山东运河必赖湖水接济，请将安山湖开浚筑堤；南旺、马踏诸堤及关家坝俱加高培厚，建石闸以时启闭；其分水口两岸沙山下，各筑束水坝一；汶水南戴村坝应加修筑；建坎河石坝于汶水北；恩县四女寺应建挑坝一；塼平运河西岸修复进水关二，东岸建滚坝一；濮州沙河会赵王河处，旧有土坝引河，应修筑开浚，其河西州县，听民开通水道，汇入沙河，于运道民生，均有裨益；武城及恩县北岸，各挑引河一。河南运河自北泉而下，历仁、义、礼、智、信五闸，遏水旁注，愚民不无截流盗水之弊。请拆去五闸，于泉池南口建石堰一，开口门三，分为三渠，筑小堤使无旁泄；东西各开一渠，渠各建五闸，分溉民田。小丹河自清化镇下应开浚筑小堤，河东一里开水塘一，石闸三，分为三渠，以小丹河为官渠，东西各一为民渠。其洹河石坝皆已湮废，宜增修为挑坝。诸泉源应各开深广，入卫济运。”下所司议行。五年，东抚塞楞额以柳长河日见淤浅，虽一带相连，而中有金钱岭分隔，特开引河二，一从岭北注安山入湖，一从岭南出闸口济运。

八年，河督嵇曾筠言：“宿迁骆马湖旧有十字河口门，引湖济运，兼以刷黄。嗣湖水微弱，恐黄倒灌，堵闭河口，又于西宁桥迤西建拦湖坝，因是湖水不通，专资黄济运，致中河之水挟沙淤垫。今秋山水暴涨，去路遏塞，漫溢横出。请复十字河旧口门，俾湖水入中河，刷深运道，拦湖坝酌量开宽，俾上游之水，由六塘河入海。”从之。是年始设黄、运两岸守堤堡夫，二里一堡，堡设夫二，住堤巡守，远近互为声援。

九年，兼总河田文镜言：“汶南流济运，向有玲珑及乱石、滚水三坝。伏秋盛涨，水由滚坝入盐河，沙由玲珑、乱石洞隙随水滚泻。自何国宗于三坝内增建石坝，涓滴不通，既无尾闾泄水，又无罅隙通淤，致汶挟沙入运，淤积日高。请改坝为闸，建矶心五十六，中留水门五十五，安闸板以资宣泄。又以不能启闭，别筑土堤，名春秋坝。”如所请行。十一年，东抚岳浚言：“东省水柜，旧有东平之安山湖废闸四。自国宗议复安山湖水柜，重筑临河及圈湖堤，修通湖、蛇沟二闸，并于八里湾、十里铺两废闸间建石闸一，曰安济闸，俱经修竣，仍不能蓄水济运。缘湖底土疏，非圈堤所能收蓄，均宜修防。其圈湖堤缺，概停补筑，以免糜费。”从之。十二年，直督李卫以故城与山东德州、武城毗连，系河流东注转湾处，向无堤埝，水涨漫溢，劝谕民间攒修土埝，量给食米，以工代赈。东抚岳浚以德州河溜顶冲，于东岸挑新河、建滚坝，两岸各筑遥堤，酌开涵洞，以资宣泄。

乾隆二年，御史马起元言：“直、东运河，近多淤塞。”尚书来保言：“卫水济运灌田，请饬详查地势，使漕运不阻，民田亦资灌溉。”上命侍郎赵殿最、侍卫安宁，会同直、漕、河三督，豫、东两抚勘奏。经部议：“东省泉源四百三十九，无不疏通，闸坝亦完固，惟戴庙、七级、柳林、新店、师庄、枣林、万年、顿庄各闸，或雁翅潮蛰，或面石裂缝，两岸斗门涵洞，有满家三空桥雁翅低陷，石闸面太低，应交河督兴修。又马踏、蜀山、马场、独山、微山诸湖，严禁占种芦苇，南旺、南阳、昭阳诸湖水柜，仅堪泄水，小清河久淤塞，均宜次第修治。至卫水济运灌田，宜于馆陶、临清各立水则一，测验浅深，以时启闭。”起元又言，通州至天津河路多淤浅，粮艘不便。命殿最偕顾琮勘议。寻议天津溯流而上，设有兵弁，无官管辖。应增置漕运通判一，驻张家湾，专司疏浚；把总二，外委四，听通判调遣。又普济寺等四闸属通州，增置吏目一，庆丰等七闸属大兴，增置主簿一，遇应开挑处，报坐粮厅核实修浚。用鄂尔泰言，建独流东岸滚坝，并开引河，注之中塘洼，以免静海有羡溢之虞，并减天津三汊口争流之势。是岁，大挑淮、扬运河，自运口至瓜洲三百余里。

三年，河督白钟山言：“卫河水势，惟在相机启闭。殿最前奏设馆陶、临清二水闸，可不必立。嗣雨水调匀，百泉各渠闸照旧官民分用。傥值水浅涩，即暂闭民渠民闸以利漕运。或河水充畅，漕艘早过，官渠官闸亦酌量下板以灌民田。”是年，修复三教堂减坝，挑浚淤填支河，使泄水入马颊河。又于三空桥旧址修减坝，仍挑通支河，使泄水入徒骇河。增建裴家口东南涵洞二，修筑房家口上下堤岸、马家闸土堤，及自峄县台庄迄临清板闸运堤八百里纤道，亦资障护濒河田庐。

先是疏浚毛城铺河道时，高斌以黄流倒灌，移运口于上游七十余丈，与三汊河接。次年，黄仍灌运，论者多谓新开运口所致，特命大学士鄂尔泰相度。旋言：“运口直对清口，湖水由裴家场引河东北直趋清口，入运之水仍系回流平缓；惟新口外挑水坝稍短，清水盛旺，或恐溜宽，宜再筑长坝，不必仍旧开口。惟旧河直捷，新河纡曲，今新建闸坝未开，漕船应行旧河，以利挽运。新河于天妃闸下重建通济、福兴二闸，随时启闭。每岁漕船过后，河水充溢，则开放新河以分水势，湖水涨溢，则闭旧河及新河闸以待水消，庶新旧两河可以交用。”

鄂尔泰又言：“详勘漳河故道，一自直隶魏县北，经山东丘县城西，至效口村会滏阳河，入大陆泽，下会子牙河，由天津入海。一由魏县北老沙河，自潘尔庄经丘县城东，历清和、武城、景州、阜城各地，过千顷洼，入运归海。丘县城西故道去卫河较远，旧迹既淹，开通匪易。且滏阳河下会子牙河，全漳之水亦难容纳。惟老沙河即古马颊河，河形宽阔，于此挑复故道，自和尔寨村东承漳河北折之势，开至漳洞村，归入旧河，势顺工省。即于新挑河头下东流入卫处建闸，如卫水微弱，则启以济运，卫水足用，则闭闸使归故道；再于青县下酌建闸坝，临清以北运道可免淤垫，青县以下田庐永无浸淹。应饬直、东两省会勘估修。”五年，改山东管河道为运河道，专司蓄泄疏浚闸坝事，仍管河库，从白钟山请也。

二十二年，添建高邮东堤石坝，酌定水则，视水势大小以为启闭。巡漕给事中海明言：“江南运河，惟桃源之古城砂礓，溜滩湾沙积，黄河以南，惟扬州之湾头闸至范公祠三千三百余丈间段阻浅，均应挑浚。镇江至丹徒、常州，水本无源，恃江潮灌注，冬春潮小则浅。加以每日潮汐易淤，两岸土松易卸，应六年大挑一次，否则三年亦须择段捞浅。丹徒两闸以下，常州之武进等县，亦间段浅滞，均应一律挑浚。”诏：“挑河易滋浮冒，宜往来查察，毋得属之委员。”

二十四年，命海明及河督张师载、东抚阿尔泰会勘直、东运河。初，运河水涨，漫溢德州等处，景州一带道路淤阻。至是，海明等言：“漳、卫二河，伏秋盛涨，宜旁加疏泄。自临清至恩县四女寺二百五十余里，河身盘曲，临清塔湾东岸原有沙河一，即黄河遗迹，由清平、德州、高唐入马颊河归海。请开挑作滚水石坝，使汶、卫合流，分泄水势。四女寺、哨马营两支河，原系旁泄汶、卫归海之路，请将狭处展宽，以免下游德州等处冲溢。”二十五年，巡漕给事中耀海偕师载言：“南旺以北仅马踏一湖，水患不足。独山湖有金线闸，水只南流，利济闸水可北注。请移金线闸于柳林闸北，使独山诸湖全注北运河。”制可。二十七年，以鱼台辛庄桥北旧有泄水口二，口门刷深，难以节制，允师载等请改建滚坝一。是岁，挑德州西方庵对岸引河，自魏家庄至新河头，长四十丈，建筑齐家庄挑溜埽坝，接筑清口东西坝，修李家务石闸。二十八年，用阿尔泰言，于临清运河逼近村庄处开引河五，以分水势。

三十三年，黄水入运，命大学士刘统勋等往开临黄坝，以泄盛涨，并疏浚运河淤浅。三十七年，河督姚立德言：“泗河下流董家口向建石坝分泄，今泗水南趋，转为石坝所累。请拆去，并展宽孟家桥旧石桥。”如所请行。五十年，命大学士阿桂履勘河工。阿桂言：“臣初到此间，询商萨载、李奉翰及河上员弁，多主引黄灌湖之说。本年湖水极小，不但黄绝清弱，至六月以后，竟至清水涓滴无出，又值黄水盛涨，倒灌入运，直达淮、扬。计惟有借已灌之黄水以送回空，蓄积弱之清水以济重运。查本年二进粮艘行入淮河，全藉黄水浮送，方能过淮渡黄，则回空时虽值黄水消落，而空船吃水无多，设法调剂，似可衔尾遄行。”借黄济运，自此始也。五十一年，运河盛涨，致淮安迤下东岸泾河泄水石闸墙蛰底翻，难资启闭。越五年，山阳、宝应士民修复之。

嘉庆元年，河决丰汛，刷开南运河佘家庄堤，由丰、沛北注金乡、鱼台，漾入微山、昭阳各湖，穿入运河，漫溢两岸。是冬，漫口塞，凌汛复蛰陷。次年，东西两坝并蛰，二月工始竣。自丰工决后，若曹工、睢工、衡工，几于无岁不决。九年，因山东运河浅塞，大加浚治；又预蓄微山诸湖水为利运资。然自是以后，黄高于清，漕艘转资黄水浮送，淤沙日积，利一而害百矣。十二年，仓场侍郎德文等请挑修张家湾正河，堵筑康家沟以复运道，御史贾允升请挑浚减河，均下直督温承惠勘办。承惠请浚温榆河上游。上命侍郎托津、英和偕德文等覆勘。寻奏言：“频年漕运皆藉温榆下游倒漾之水，以致泥沙淤积。若从上游深挑，直抵石坝，实为因势利导。惟地势高下，须逐细测量，俾全河毫无滞碍方善。”制可。

十三年，通州大水，康家沟坝冲决成河，张家湾河道遂淤。仓场侍郎达庆请来年粮艘由康家沟试行一年，暂缓挑复张家湾河身。上命尚书吴璥往勘，与达庆议合，遂允之。明年，御史史祐言，康家沟河道难行，请复张家湾正河。下直督温承惠。承惠言：“康家沟溜势奔腾，漕船逆流而上，大费纤挽。该处地势正高，恐旱乾之岁，河水一泻无馀，漕行更为棘手。惟张家湾两岸沙滩，坝基难立，而正河积淤日久，挑浚亦甚不易。”上复遣工部尚书戴均元往勘，亦言坝基难立，且时日已迫，恐河道未复，漕运已来，请仍由康家沟行，再察看一年酌定。如所请行。时淮、扬运河三百余里浅阻，两淮盐政阿克当阿请俟九月内漕船过竣，堵闭清江三坝，筑坝断流，自清江至瓜洲分段挑浚。下部议。覆称：“近年运河浅阻，固由叠次漫口，而漫口之故，则由黄水倒灌，倒灌之故，则由河底垫高，清水顶阻，不能不借黄济运，以致积淤溃决，百病丛生。是运河为受病之地，而非致病之原。果使清得畅出敌黄，并分流济运，则运口内新淤不得停留，旧淤并可刷涤。若不除倒灌之根，而亟亟以挑浚运河为事，恐旋挑旋淤，运河之挑浚愈深，倒灌之势愈猛，决堤吸溜，为患滋多。”命尚书托津等偕河督勘办。十八年，漕督阮元以邳、宿运河闸少，水浅沙停，请于汇泽闸上下添建二闸。下江督百龄核奏。

道光元年，山东河湖山水并发，戴村坝迤北堤埝漫决六十余丈，草工刷三十余丈，四女寺支河南岸汶水旁泄处三。用巡抚姚祖同言，于正河旁旧河形内抽沟导水济运，兼顾湖潴。三年，漫直隶王家庄，由各厅汛赔修。是岁添筑戴村坝北官堤碎石坝四。四年，侍讲学士潘锡恩陈借黄济运之弊，略言：“蓄清敌黄，为相传成法。今年张文浩迟堵御黄坝，致倒灌停淤，酿成巨患。若更引黄入运，河道淤满，处处壅溢，恐有决口之患。”下尚书文孚等妥议。

自嘉庆之季，黄河屡决，致运河淤垫日甚，而历年借黄济运，议者亦知非计，于是有筹及海运者。五年，上因漕督魏元煜等筹议海运，群以窒碍难行，独大学士英和有通筹漕、河全局，暂雇海船以分滞运，酌折漕额以资治河之议，下所司及督抚悉心筹画。卒以黄、运两河受病已深，非旦夕所能疏治，诏于明年暂行海运一次。

新授两江总督琦善言：“臣抵清江，即赴运河及济运、束清各坝逐加履勘。自借黄济运以来，运河底高一丈数尺，两滩积淤宽厚，中泓如线。向来河面宽三四十丈者，今只宽十丈至五六丈不等，河底深丈五六尺者，今只存水三四尺，并有深不及五寸者。舟只在在胶浅，进退俱难。济运坝所蓄湖水虽渐滋长，水头下注不过三寸，未能畅注。淮安三十余里皆然，高、宝以上之运河全赖湖水，其情大可想见。请饬河、漕二臣将河面淤垫处展挑宽深，再放湖水，藉资挽送，以期不误北上期限。”上以“借黄济运，原系权宜办理，孙玉庭察看漕艘挽运艰难，不早陈奏变计，魏元煜旧任漕督，及与颜检坐观事机败坏，隐忍不言，糜帑病民，是诚何心？令将运河淤垫一律挑深，费由玉庭、元煜、检分赔。”琦善又言，自御黄坝堵闭，运河淤垫不复增高，而洪湖清水蓄至丈余，各船可资浮送，不敢冒昧挑浚。工费至省在百万外，玉庭等罄其所有，断无如许家资。更可虑者，欲浚运河，必先堵束清坝，阻绝来源，而后可以涸底挑办。现湖水下注湍急，束清坝外跌塘甚深，又系清水，不能挂淤闭气。设正事兴挑，而束清坝溃开，则工废半途，费归虚掷。请停止里、扬运河挑工，以免草率而节糜费。”允之。是年，筑温榆河上游果渠村坝埽。七年，东河总督张井、副总河潘锡恩请修复北运河刘老涧石滚坝、中河厅南纤堤、扬粮二厅东西纤堤及堤外石工，移建昭关坝。上遣英和等驰勘，乃定移昭关坝于其北三元宫之南，余如所请行。

十一年，高邮湖河漫马棚湾及十四堡，湖河连为一。江督陶澍请依嘉庆间故事，运河决口，重空粮艘均绕湖行。八月，十四堡塞。冬，马棚湾塞。先是澍抚苏时，以镇江运河并无水源，只恃江潮浮送，下练湖湮塞已久，移建黄泥闸于张官渡以当湖之下流，俾得擎托湖流，使之回漾，稍济江潮之不逮，曾著成效。至十四年迁江督，复偕巡抚林则徐相度，于湖顶冲之黄金坝及东冈筑两重蓄水坝，培圩埂二千八百八十丈，使水得入湖。又建减水石坝二于湖之东堤，俾可宣泄暴涨。于入运处修复念七家古涵，以作水门，并建石闸以放水济运。是冬工竣，由涵引水出，竟能倒漾上行数十里，军船得衔尾而南。越二年，溜势变迁，河形湾曲，复移建黄泥闸于迤上二百丈，改为正越二闸，中建矶心，并改张官渡迤下六十里吕城闸为正越二闸，以利漕行。十五年，移筑囊沙引渠沙坝于西河湄外，以资收蓄，从东河总督吴邦庆请也。

十八年，运河浅阻，用河督栗毓美言，暂闭临清闸，于闸外添筑草坝九，节节擎蓄，于韩庄闸上朱姬庄迤南筑拦河大坝一，俾上游各泉及运河南注之水，并拦入微山湖。定《收潴济运章程》六。十九年，毓美以戴村坝卑矮，致汶水多旁泄，照旧制增高之。初，给事中成观言淮、扬芒稻闸、人字河不宜堵坝，阻水去路，下陶澍等议。至是覆称：“此坝蓄水由来已久，并不拦阻众水归江，不得轻议更张。”从之。时卫河浅涩，难以济运。东抚经额布请变更三日济运、一日灌田例。诏将百门泉、小丹河各官渠官闸一律畅开，暂避民渠民闸，如有卖水阻运盗窍情弊，即行严惩。明年，漕督朱澍复言：“卫河不能下注，有妨运道。”命河督文冲、豫抚牛鉴察勘。文冲等言：“卫河需水之际，正民田待溉之时。民以食为天，断不能视田禾之枯槁置之不问。嗣后如雨泽愆期，卫河微弱，船行稍迟，毋庸变通旧章。倘天时亢旱，粮船阻滞日久，是漕运尤重于民田，应暂闭民渠民闸，以利漕运。”从之。

咸丰元年，甘泉闸河撑堤溃塌三十余丈，河决丰县，山东被淹，运河漫水，漕艘改由湖陂行。先是户部尚书孙瑞珍言十字河为全漕之害，若于河西改宽新河，以旧河为囊沙，于彭口作滚坝，纳浊水而漾清流，漕船无阻，可省起剥费二十万。下东河总督颜以燠议。至是以燠言：“改穵新河事无把握，无庸轻议更张。”报闻。二年，决北运河北寺庄堤，命尚书贾桢、侍郎李钧勘堵，并改次年漕粮由海道运津。自是遂以海运为常。同治而后，更以轮船由海转运，费省而程速，虽分江北漕粮试行河运，然分者什一，藉保运道而已。五年，铜瓦厢河决，穿运而东，堤埝冲溃。时军事正棘，仅堵筑张秋以北两岸缺口。民埝残缺处，先作裹头护埽，黄流倒漾处筑坝收束，未遑他顾也。十年，决淮扬马棚湾。

同治五年，决清水潭。八年，河决兰阳，漫水下注，运河堤埝残缺更甚。自张秋以北，别无来源，历年惟借黄济运而已。九年，漕督张之万请于黄流穿运处坚筑南北两堤，酌留运口为漕船出入门户，并筑草坝，平时堵闭以免倒灌。已下所司议，之万旋改抚江苏，继任张兆栋以“既筑堤束水留口门，又筑坝堵闭，恐过水稍滞，而上游一气奔注，新筑堤闸难当冲激。设夺运北趋，则东昌、临清暨天津、河间，淹没在所必至，北路卫河亦将废坏。惟有于郓城沮河一带遏黄东流，即以保南路之运道，于张秋、八里庙等处疏运河之淤垫，即以通北上之漕行，较之筑堤束水，稍有实际”。制可。

十年，侯家林河决，直注南阳、昭阳等湖，郓城几为泽国。漕督苏凤文言：“安山以北，运河全赖汶水分流，至临清以上，始得卫水之助。今黄河横亘于中，挟汶东下，安山以北毫无来源，应于卫河入运及张秋清黄相接处，各建一闸，蓄高卫水，使之南行，俟漕船过齐，即启临清新闸，仍放卫北流，以资浮送。并于张秋淤高处挑深丈余，安山以南亦一律挑浚，庶黄水未涨以前，运河既深，舟行自易。”江督曾国藩言：“河运处处艰阻，如峄县大泛口沙淤停积，水深不及二尺，必须挑深四五尺，并将近滩石堆划除，与河底配平，方利行驶。北则滕县郗山口入湖要道，浅而且窄，微山湖之王家楼、满家口、安家口，独山湖之利建闸，南阳湖北之新店闸、华家浅、石佛闸，南旺闸分水龙王庙北之刘老口、袁口闸，处处淤浅，或数十丈至百余丈，须一律挑深。此未渡黄以前，阻滞之宜预为筹办者。至黄水穿运处，渐徙而南，自安山至八里庙五十五里运堤，尽被黄水冲坏，而十里铺、姜家庄、道人桥均极淤浅，宜一面疏浚，一面于缺口排钉木桩，贯以巨索，俾船过有所依傍牵挽。此渡黄时运道艰滞，宜预为筹办者。渡黄以后，自张秋至临河二百余里，河身有高下，须开挖相等，于黄涨未落时，闭闸蓄水，以免消耗，或就平水南闸迤东筑挑坝，引黄入运。此渡黄后运道易涸，宜预为筹办者。东平运河之西有盐河，为东省盐船经行要道。若漕船由安山左近入盐河，至八里庙仍归运道，计程百余里，较之径渡黄流，上有缺口大溜，下有乱石树桩者，难易悬殊。如行抵安山，遇黄流过猛，宜变通改道，须先勘明立标为志。此又渡黄改道，宜预为筹办者。"下河、漕督及东抚商筹。

十一年，河督乔松年请在张秋立闸，借黄济运。同知蒋作锦则议导卫济运。上询之直督李鸿章，鸿章言："当年清口淤垫，即借黄济运之病。今张秋河宽仅数丈，若引重浊之黄以闸坝节宣用之，水势抬高，其淤倍速。至作锦导卫，原因张秋北无清水灌运，故为此议。以全淮之强，不能敌黄，尚致倒灌停淤，岂一清浅之卫，遂能御黄济运耶？其意盖袭取山东诸水济运之法。不知泰山之阳，水皆西流，因势利导，百八十泉之水，源旺派多，自足济运。卫水微弱，北流最顺，今必屈曲使之南行，一水两分，势多不便。若分沁入卫以助其源，沁水猛浊，一发难收，昔人已有明戒。近世治河兼言利运，遂致两难，卒无长策。事穷则变，变则通。今沿海数千里，洋船骈集，为千古以来创局，正不妨借海道转输，由沪解津，较为便速。"疏入，诏江、安粮道漕米年约十万石仍由河运，余仍由海运。光绪三年，东抚李元华条上运河上中下三等办法，并言量东省财力，拟用中等，将北运河一律疏通，复还旧址，并建筑北闸。时值年荒，寓赈于工，省而又省，需费三十万有奇。下所司议。

五年，有请复河运者。江督沈葆桢言："以大势言之，前人之于河运，皆万不得已而后出此者也。汉、唐都长安，宋都汴梁，舍河运无他策。然屡经险阻，官民交困，卒以中道建仓，伺便转馈，而后疏失差少。元则专行海运，故终元世无河患。有明而后，汲汲于河运。遂不得不致力于河防。运甫定章，河忽改道。河流不时迁徙，漕政与为转移，我朝因之。前督臣创为海运之说，漕政于穷无复之之时，藉以维持不敝。议者谓运河贯通南北，漕艘藉资转达，兼以保卫民田，意谓运道存则水利亦存，运道废则水利亦废。臣以为舍运道而言水利易，兼运道而筹水利难。民田于运道势不两立。兼旬不雨，民欲启涵洞以溉田，官必闭涵洞以养船。迨运河水溢，官又开闸坝以保堤，堤下民田立成巨浸，农事益不可问。议者又太息经费之无措，舳舻之不备，以致河运无成。臣以为即使道光间岁修之银与官造之船，至今一一俱存，以行漕于借黄济运之河，未见其可也。近年江北所雇船只，不及从前粮艘之半，然必俟黄流汛涨，竭千百勇夫之力以挽之，过数十船而淤复积。今日所淤，必甚于去日，而今朝所费，无益于明朝。即使船大且多，何所施其技乎？近因西北连年亢旱，黄河来源不旺，遂乃狎而玩之。物极必返，设因济运而夺溜，北趋则畿辅受其害，南趋则淮、徐受其害，如民生何？如国计何？"

八年，伏秋大汛，张家湾运河自苏庄至姚辛庄冲开新河一段，长七百余丈，上下口均与旧河接，形势顺直，大溜循之而下。旧河上口至下口，长六千四百余丈，业已断流，惟新河身系自行冲开，不能一律深通。明年，直督李鸿章饬制新式铁口刮泥大板，在两岸拖拉，使一律通畅。十二年，通州潮白河之平家疃漫口，东趋入箭杆河。未几，堵复运河故道。十三年六月，复漫刷平家疃新工下之北市庄东小堤，并老堤续塌百数十丈，连成一口，夺溜东趋十之八。寻堵塞之。是年，河决郑州，山东黄水断流，漕船不能南下，向之借黄济运者，至是束手无策。旋将临口积淤疏挑，空船始得由黄入运。十五年，东抚张曜言："河运未能久停，请改海运漕米二十万仍归河运。"从之。

十六年，用江督曾国荃言，修扬属南运河堤闸涵洞，及附城附镇塼工。又用漕督松椿言，浚邳、宿运河。十九年，潮白河涨溢，运堤两岸决口七十余，上游务关厅决口七。是冬均塞。二十年，浚济宁、汶上、滕、峄、茌平、阳穀、东平各属运河。明年，浚陶城埠至临清运河二百余里。二十四年，侍读学士瑞洵言南漕改折，有益无损，请每年提折价在津购米以实仓庾。御史秦夔扬亦言河漕劳费太甚，请停江北河运。皆不许，仍饬认真疏浚，照常起运。二十六年，联军入京师，各仓被占踞，仓储粒米无存，江北河运行至德州，改由陆路运送山、陕。二十七年，庆亲王奕劻、大学士李鸿章言："漕粮储积，关于运务者半，因时制宜，请诏各省漕粮全改折色，其采买运解收放储备各事，分饬漕臣仓臣筹办。"自是河运遂废，而运河水利亦由各省分筹矣。

卷一百二十八　志一百三

河渠三

淮河　永定河　海塘

淮水源出桐柏山，东南经随州，复北折过桐柏东，历信阳、确山、罗山、正阳、息、光山、固始、阜阳、霍丘、颍上，所挟支水合而东注，达正阳关。其下有沙河、东西淝河、洛河、洱河、茨河、天河，俱入于淮。过凤阳，又有涡河、澥河、东西濠及潈、浍、沱、潼诸水，俱汇淮而注洪泽湖。又东北，迳清河、山阳、安东，由云梯关入海。迳行湖北、河南、安徽、江苏四省，千有七百余里，淮固不为害也。自北宋黄河南徙，夺淮渎下游而入海，于是淮受其病。淮病而入淮诸水泛溢四出，江、安两省无不病。夫下壅则上溃，水性实然，故治河即所以治淮，而治淮莫先于治河。有清一代，经营于淮、黄交汇之区，致力綦勤，縻帑尤钜。迨咸丰中，铜瓦厢决，黄流北徙，宋、元来河道为之一变。然河徙淤留，导淮之举又乌容已。今于淮流之源委分合，及清口之蓄泄，洪泽湖之堰坝工筑，皆备列焉。

顺治六年夏，淮溢息县，坏民田舍。康熙元年，盱、泗民由古沟镇南及谷家桥北盗决小渠八，淮水强半分泄高、宝诸湖，而清口淮弱，无力敌黄。六七年间，淮大涨，冲溃古沟、翟家墩，由高、宝诸湖直射运河，决清水潭，又溢武家墩、高良涧，清口湮而黄流上溃。十五年，淮又大涨，合睢湖诸水并力东激，高良涧板工决口二十六，高堰石工决口七，涓滴不出清口。黄又乘高四溃，一入洪泽湖，由高堰决口会淮，并归清水潭，下流益淤垫。

总河靳辅言："洪泽下流，自高堰西至清口约二十里，原系汪洋巨浸，为全淮会黄之所。自淮东决、黄内灌，一带湖身渐成平陆，止存宽十余丈、深五六尺至一二尺之小河，淤沙万顷，挑浚甚难。惟有于两旁离水二十丈许，各挑引河一，俾分头冲刷，庶淮河下注，可以冲辟淤泥，径奔清口，会黄刷沙，而无阻滞散漫之虞。"辅又言："下流既治，淮可直行会黄刷沙，但临湖一带堤岸，除决口外，无不残缺单薄，危险堪虞。板工固易坏，即石工之倾圮亦不可胜数。惟堤下系土坦坡，虽遇大水不易冲，今求费省工坚，惟有于堤外近湖处挑土帮筑坦坡。每堤一丈，筑坦坡宽五尺，密布草根草子其上，俟其长茂，则土益坚。至高堰石工，亦宜帮筑坦坡，埋石工于内，更为坚稳，较之用板用石用埽，可省二十一万有奇，且免冲激颓卸之患。"又言："自周家闸历古沟、唐埂至翟家坝南，估计筑三十二里之堤，并堵此原冲成之九河，及高良涧、高家堰、武家墩大小决口三十四，需费七十万五千有奇，皆系用埽，不过三年，悉皆朽坏。臣斟酌变通，除镶边裹头必须用埽，馀俱宜密下排桩，多加板缆，用蒲包裹土，绳扎而填之，费可省半，而坚久过之。今拟改下埽为包土，仍筑坦坡。"制可。十八年，大浚清口、烂泥浅、裴家场、帅家庄引河，使淮水全出清口，会黄东下。

三十五年，总河董安国因泗州知州莫之翰议，请开盱眙圣人山禹王河，导淮注江，略言："禹王古河，自盱眙圣人山历黑林桥、桐城镇、杨村、天长县迄六合之八里桥，各有河形溪涧岗不等。若开引入江，则天长、杨村、桐城各汊涧，大水时可不入高邮湖，湖水不致泛溢，而下河之水可减。至古河之口，现与淮不通流，必立闸座，水小闭闸以济漕，涨则开闸以泄水，庶淮水汹涌之势可减。"格廷议不行。明年，上有宜堵塞高堰坝之谕。逾二年，总河于成龙申塞六坝之请。会病卒，未底厥绩。其年水复大至，已堵三坝，旋委洪流。三十九年，张鹏翮为总河，尽塞之，使淮无所漏，悉归清口；又开张福、裴家场、张家庄、烂泥浅、三岔及天然、天赐引河七，导淮以刷清口；又以清口引河宽仅三十余丈，不足畅泄全湖之水，加开宽阔。于是十余年断绝之清流，一旦奋涌而出，淮高于黄者尺余。四十年，筑高堰大堤。

四十四年，圣祖南巡，阅高堰堤工，诏于三坝下浚河筑堤，束水入高邮、邵伯诸湖。又洪湖水涨，泗、盱均被水灾，应于受水处酌量筑堤束水。四十五年，两江总督阿山等请于泗州溜淮套别开河道，直达张福口，以分淮势，计费三百十余万。部议靳之。廷臣亦以河工重大，请上亲临指示。逾年，上南巡阅河，谕曰："详勘溜淮套地势甚高，虽开凿成河，亦不能直达清口。且所立标杆多在坟上，若依此开河，不独坏田庐，甚至毁坟冢，何必多此一事。今欲开溜淮套，必凿山穿岭，不独断难成功，且恐汛水泛溢，不浸入洪湖，必冲决运河。"命撤去标杆，并谴阿山、鹏翮等有差。上又谓："明代淮、黄与今迥异。明代淮弱，故有倒灌之虞。今则淮强黄弱。与其开溜淮套无益之河，不若于洪湖出水处再行挑浚宽深，使清水愈加畅流，为利不浅。"四十九年，加长御黄西坝工程，从河督赵世显请也。

雍正元年，重建清口东西束水坝于风神庙前以蓄清，各长二十余丈。三年，总河齐苏勒因朱家海冲决，湖底沙淤，恐高堰难保，改低三坝门槛一尺五寸以泄湖水，而救一时之急。不知水愈落，淮愈不得出，致力微不能敌黄，连年倒灌，分溜直趋。李卫颇非之。先是高堰石工未能一律坚厚。至七年冬，发帑百万，命总河孔继珣、总督尹继善将堤身卑薄倾圮处拆砌，务令一律坚实。十年秋，高堰石工成。

乾隆二年，用总河高斌言，饬疏浚毛城铺迤下河道，经徐、萧、睢、宿、灵、虹各州县，至泗州之安门陡河，纡曲六百余里，以达洪湖，出清口，而淮扬京员夏之芳等言其不便。下各督抚及河、漕督会议，并召询斌。斌至，进图陈说，乃知芳等所言非现在情形，卒从斌议。明年，毛城铺河道工竣。四年，高宗以高堰三坝既改低，过岸之水足泄，用大学士鄂尔泰言，永禁开放天然二坝。五年秋，西风大暴，湖浪汹涌，高堰汛第八堡旧堤撞击，倒卸十四段，旋修补之。六年，斌言："江都三汊河乃瓜、仪二河口门，瓜河地势低，淮水入瓜河分数少，故溜缓不能刷深，河道致日渐淤垫。应筑坝堵闭瓜河旧口门，于洋子桥营房迤下别挑越河，减淮水入瓜河之分数，则仪河可分流刷淤，并堵闭瓜洲广惠闸之旧越河，于闸下别开越河，使闸越二河水势均平，既缓淮水直下入江之势，于运道更为便利。"七年，河湖并涨，议者又谓淮河上游诸水俱汇入洪湖，邵伯以下宜多开入江之路。斌亦以为言。于是开浚石羊沟旧河直达于江，筑滚坝四十丈，并开通芒稻闸下之董家油房、白塔河之孔家涵三处河流，增建滚坝，使淮水畅流无阻。八年，淮暴涨丈余，逼临淮城，改治于周梁桥。

十六年，上以天然坝乃高堰尾闾，盛涨辄开，下游州县悉被其患，命立石永禁开放。并用斌言，于三坝外增建智、信二坝，以资宣泄。十八年七月，淮溢高邮，坏车逻坝、邵伯二闸，下河田庐多没。二十二年，以湖水出清口，赖东西二坝堵束，并力刷黄，湖水过大，奔溢五坝，亦恐为下河患。因定制五坝过水一寸，东坝开宽二丈，以此递增，泐石东坝。嗣是遇湖水增长，即展宽东坝以泄盛涨，有展宽至六七十丈者。二十七年，上言："江南滨湖之区，每遇大汛，霖潦堪虞，洪泽一湖，尤为橐籥关键。为泽国计安全，莫如广疏清口，为及今第一要义。现在高堰五坝高于水面七尺有奇，清口口门见宽三十丈，当即依此酌定成算。将来两坝水增长至一尺，拆宽清口十丈，水递长，口递宽，以此为率。"是年六月，五坝水志逾一尺。河督高晋遵旨拆宽清口十丈，宣泄甚畅。三十二年，南河总督李宏言："正阳关三官庙旧立水志，考验水痕，本年所报消长，与下游不符。请于荆山、涂山间及临淮镇，各增设水志一，以验诸水消长。"允之。三十四年，上恐高堰五坝顶封土障水，不足当风浪，命酌加石工。高晋等言其不便，乃增用柴柳。四十年，大修堰、盱各坝及临河砖石工。

先是上以清口倒灌，诏循康熙中张鹏翮所开陶庄引河旧迹挑挖，导黄使北，遣鄂尔泰偕斌往勘，以汛水骤至而止。旋完颜伟继斌为河督，虑引河不易就，乃用斌议，自清口迤西，设木龙挑溜北趋，而陶庄终不敢议。次年，南河督吴嗣爵内召，极言倒灌为害。萨载继任，亦主改口议。上乃决意开之。于是清口东西坝基移下百六十丈之平成台，筑拦黄坝百三十丈，并于陶庄迤北开引河，使黄离清口较远，清水畅流，有力攻刷淤沙。明年二月，引河成，黄流直注周家庄，会清东下，清口免倒灌之患者近十年。

五十年，洪湖旱涸，黄流淤及清口，命河南巡抚毕沅祭淮渎，疏贾鲁、惠济诸河流以助清，湖水仍不出，黄复内灌。上欲开毛城铺、王家营减坝，下大学士阿桂等议。阿桂言："欲治清口之病，必去老坝工以下之淤，尤当掣低黄水，使清水畅出攻沙，不劳自治。"于是闭张福口四引河，浚通湖支河，蓄清水至七尺以上，始开王营坝减泄黄水，尽启诸河，出清口涤沙，修清口兜水坝，易名束清坝。复移下惠济祠前之东西束水坝三百丈于福神巷前，加长东坝以御黄，缩短西坝以出清，易名御黄坝。

嘉庆元年，湖水弱，清低于黄者丈余，淮遏不出。淮涨则开山盱五坝、吴城七堡，黄涨或减水入湖，以救清口之倒灌。五年，用江督费淳、河督吴璥言，开吴城七堡引渠，使泄湖水入黄，以减盛涨。八年，黄流入海不畅，直注洪泽湖。璥赴海口相度，请力收运口各坝，止留口门，清虽力弱难出，黄亦不能再入。七月，淮涨，高堰危甚，开信、义两坝泄水。西风大作，坏仁、智两坝，淮南奔清口。上责璥，遂罢免。九年春，湖水稍发，伏汛黄仍倒灌。河督徐端以束清坝在运口北，分溜入运，致不敌黄，请移建湖口迤南。从之。十一年，江督铁保言："潘季驯、靳辅治河，专力清口，诚以清口畅出，则河腹刷深，海口亦顺，洪泽亦不致泛滥。为今之计，大修闸坝，借清刷沙，不能不多蓄湖水。即不能不保护石堤，尤不能不急筹去路。"又偕徐端陈河工数事：一，外河厅之方家马头及三老坝为淮、扬保障，宜填护碎石；一，义坝宜堵筑；一，仁、智、礼、信四坝残损宜拆修。廷议如所请。上恐四坝同修，清水过泄，命次第举行。

十五年十月，大风激浪，义坝决，堰、盱两工掣坍千余丈。议者谓宜筑碎石坦坡，以费钜不果。璥与端请加培大堤外靳辅所筑二堤，以为重门保障，亦为廷议所驳。及陈凤翔督南河，复申二堤之请。下江督百龄议。百龄言不若培修大堤。十七年，遣协办大学士松筠履勘，亦主百龄议。于是筑大堤子堰，自束清坝尾至信坝迤南止。凤翔以不知蓄清于湖未涨之先，即启智、礼两坝，致礼坝溃，下游淹，清水消耗，贻误全河，为百龄所劾，夺职遣戍。十八年，百龄及南河督黎世序以仁、义、礼三坝屡经开放，坏基跌塘，请移建三坝于蒋家坝南近山冈处，各挑引河，先建仁、义坝，因礼坝基改筑草坝，备本年宣泄。上命先建义坝，如节宣得宜，再分年递修。二十三年，增建束清二坝于束清坝北，收蓄湖水。

道光二年，增修高堰石工。四年冬，河涨，洪泽湖蓄水至丈七尺，尚低于黄尺许，高堰十三堡堤顶被大水掣动，山盱周桥之息浪菴亦过水八九尺，各坝均有坍损。上遣尚书文孚、汪廷珍履勘，而褫河督张文浩职。十三堡缺口旋塞。侍郎朱士彦言："高堰石工在事诸臣，惟务节省，办理草率。又因抢筑大堤，就近二堤取土，事后亦不培补。至山盱五坝，宣泄洪湖盛涨，未能谨守旧章，相机开放，致石工掣卸。"并下文孚等勘核。明年春，从文孚等议，改湖堤土坦坡为碎石，于仁、义、礼旧坝处所各增建石滚坝，以防异涨。

八年，上以御黄坝上下积淤丈余，清水不能多蓄，御黄坝终不可开，下南总河张井等筹议。井等言："乾隆间湖高于河七八尺或丈余，入夏拆展御黄坝，泄清刷淤，至冬始闭。嘉庆间，因河淤，改夏闭秋启。而黄水偶涨，即行倒灌。今积淤日久，纵清水能出，止高于黄数寸及尺余，暂开即闭，仅免倒灌，未能收刷淤之效。"上不怿，曰："以昔证今，已成不可救药之势。为河督者，只知泄清水以保堰，闭御坝以免倒灌，增工请帑，但顾目前，不思经久，如国计何？如民生何？如后日何？"

十年，井言："淮水归海之路不畅，请于扬粮厅之八塔铺、商家沟各斜挑一河，汇流入江，分减涨水，并拆除芒稻河东西闸，挑宂淤滩，可抵新辟一河之用。"从之。十二年，移建信坝于夏家桥。十四年，以义字引河跌深三四丈，堵闭不易，允河督麟庆请，改挑义字河头。二十一年，河决祥符，夺溜注洪泽湖，而江潮盛涨，又复顶托，因拆展御黄、束清及礼、智、仁各坝，并启放车逻等坝，以泄湖水。二十三年，河决中牟，全溜下注洪泽湖，高堰石工掣卸四千余丈，先后拆展束清、御黄、智、信各坝，并启放顺清、礼、义等河，金湾旧坝及东西湾坝同时并启，减水入江。

咸丰五年，河复决铜瓦厢，东注大清河入海。黄河自北宋时一决滑州，再决澶州，分趋东南，合泗入淮。盖淮下游为河所夺者七百七十余年，河病而淮亦病。至是北徙，江南之患息。士民请复淮水故道者，岁有所闻。

同治八年，江督马新贻浚张福口引河，淮遂由清口达运。嗣又挑杨庄以下之淤黄河，以泄中运河盛涨。九年，新贻等言："测量云梯关以下河身，及成子河、张福口、高良涧一带湖心，始知黄河底高于洪湖底一丈至丈五六尺不等，必先大浚淤黄，使淮得畅流入海，继辟清口，导之入旧黄河，再堵三河，以杜旁泄而资拾蓄。然非修复堰、盱石工，坚筑运河两堤，不敢遽堵三河、辟清口。统筹各工，非数百万金不能集事。拟分别缓急，次第筹办，不求利多，但求患减，为得寸得尺之计，收循序渐进之功。"

光绪七年，江督刘坤一言："臣此次周历河湖，知淮扬水利有关国计民生。前议导淮，未可中辍。自杨庄以下，旧黄河淤平，则山东昭阳、微山等湖之水，由中运河直趋南运河，夏秋之间，三闸甚形吃重。自洪泽湖淤浅，淮水不能合溜，北高于南，水之分入张福引河者无多，大溜由礼河径趋高、宝等湖。上年挑浚旧黄河后，山东蛟水屡次暴发，由此分泻入海。筑礼坝后，湖水潴深，且由张福河入运口者颇旺。此挑旧河、筑礼坝之不无微效也。惟是张福河浅，湖水仍趋重礼河越坝，终为可虑。倘遇湖水泛滥，礼河即无越坝，亦难分消，必开信、智两坝，由高宝湖入南运河，亦必开车逻、南关等坝，由里下河入海，沿途淹没田庐，所损匪细。今拟就张福河开挖宽深，以引洪泽湖之水，复穵碎石河，以分张福河之水，由吴城七堡汇顺清河。水小则由顺清入运，途纡而势稍舒，水大则由旧黄河入海，途直而势自顺。约三四年间，便可告竣，所费尚不过钜。议者或谓导淮入海，当尽泻洪湖之水，有妨官运民田。臣以为别开引河，或不免有此患。今循张福河、碎石河故道以归顺清河，自非淮涨一二丈，则顺清河之水何能高过中运河，溢出旧黄河？如使淮水暴涨，方有溃决之虞，惟恐水无去路，此正导淮之本意也。议者或谓多引湖水入运，恐三闸不能支持。不思洪湖未淤以前，湖水四平，蓄水深广，张福以外，有四引河以济漕运。维时黄未北徙，每遇漕船过闸，方且蓄清敌黄，以五引河全注运口，而三闸屹然，今特张福一河，决无致损三闸之理。且上年挑通旧黄河，已分减中运河水，其入南运河者不过三四成。湖水虽增，与前略等，即遇大水，有旧黄河可以分减，亦不至专出三闸也。议者又谓如此，导淮无弊，亦属无利，何必虚费帑藏。其说亦不尽然。夫治水之道，必须通盘规画，并须预防变迁。洪湖南有礼河，北有张福河，均为分泄淮水。而水势就下，礼河常苦水大，筑礼河坝所以蓄张福之水，浚张福口所以顾礼河之堤，彼此互相维系。如使礼河受全湖之冲，新坝恐不能保，续修则所费弥钜，不修则为害滋深，下者益下，高者益高，张福河渐形壅塞矣。且导淮之举，原防盛涨肆虐。如引湖由张福出顺清，以旧黄河为出海之路，偶有泛溢，该处土旷人稀，趋避尚易。若张福不畅，全湖之水折而南趋，则淮扬繁盛之区，亿万生灵将有其鱼之叹。导淮之利，见于目前者犹小，见于日后者乃大也。”疏入，下部知之。

八年，江督左宗棠言：“浚沂、泗为导淮先路，洵为确论。惟云梯关以下二百余里，河身高仰，且有远年沙滩。昔以全黄之力所不能通者，今欲以沂、泗分流通之，其势良难。大通在云梯关下十余里，旧黄河北岸，系嘉庆中漫口，东北流四十余里，至响水口，接连潮河，至灌河口入海。就此加挑宽深，出海较便。沂、泗来源，当大为分减，淮未复而运道亦可稍安，淮既复而归海无虞阻滞。此疏浚下游，宣泄沂、泗，实导淮先路，不可不亟筹者也。淮挟众流，汇为洪泽，本江、皖巨浸。自道光间为黄所淤，北高南下，由礼河趋高宝湖以入运者垂三十年。今欲导之复故，不啻挽之逆流。自张福口过大通、响水口入海，三百五十余里，节节窒碍，非下游畅其去路，上游塞其漏卮，其不能舍下就高入黄归海也明甚。查张福口及天然引河，皆北趋陈家集之大冲，至碎石河以达吴城七堡，又北至顺清河口，接杨庄旧黄河。张福河面六十余丈，宜加宽深，天然河更须疏瀹，吴城七堡一带高于张福河底丈六七尺，尤必大加挑浚，使湖水果能入黄，然后可堵礼河，以截旁趋之出路，堵顺清河，以杜运河之夺河。此引淮入海工程，当以次接办者也。湖水不高，不能入黄。太高，不特堰、盱石工可虑，运口闸坝难支，且于盱眙、五河近湖民田有碍。拟修复智、信等坝以泄湖涨，更建闸大冲，俾湖水操纵由人，多入淮而少入运。此又预筹以善其后者也。”

三十四年，江督端方会勘淮河故道，力陈导淮四难，因于清江浦设局，遴绅筹议。久之无端绪，乃撤局。宣统元年，江苏谘议局开，总督张人骏以导淮事列案交议，决定设江淮水利公司，先行测量，务使导淮复故，专趋入海。二年，侍读学士恽毓鼎以滨淮水患日深，上言：“自魏、晋以降，濒淮田亩，类皆引水开渠，灌溉悉成膏腴。近则沿淮州县，年报水灾，浸灌城邑，漂没田庐，自正阳至高、宝，尽为泽国，实缘近百年间，河身淤塞，下游不通，水无所归，浸成泛滥。是则高堰坝之为害也。异时黄、淮合流，有南下之势，治河者欲束淮以敌黄，故特坚筑高堰坝头，逼淮由天妃闸以济运。今黄久北徙，堰坝无所用之，当别筹入海之途。其道有二，以由清口西坝、盐河至北潮河为便。尾闾既畅，水有所归，不独颍、寿、凤、泗永澹沈灾，即高、宝、兴、泰亦百年高枕矣。”事下江督张人骏、苏抚程德全、皖抚朱家宝勘议。人骏等言：“正事测量，俟测勘竣，即遴员开办。”报闻。三年，御史石长信言：“导淮一举，询谋佥同。美国红十字会亦拟遣工程师来华查勘。则我之思患预防，尤不可缓。江苏水利公司既允部拨费用，安徽亦应设局测量，以为消弭巨灾之图。”下部议允之。

导淮之举，经始于同治六年。时曾国藩督两江，尝谓“复渎之大利，不敢谓其遽兴，淮扬之大害，不可不思稍减”。迨黄流北徙，言者益多，大要不出两策。一谓宜堵三河，辟清口，浚旧河，排云梯关，使由故道入海。一谓导淮当自上流始，洪泽湖乃淮之委，非淮之源，宜于上游辟新道，循睢、汴北行，使淮未注湖，中途已泄其半，再由桃源之成子河穿旧黄河，经中河双金闸入盐河，至安东入海，使全淮分南北二道，纳少泻多，淮患从此可减。二说所持各异。然同、光以来，浚成子、碎石、沂、泗等河，疏杨庄以下至云梯关故道，固已小试其端。卒之淮为黄淤，积数百年，已无经行之渠，由运入江，势难尽挽，迄于国变，终鲜成功。

永定河亦名无定河，即桑乾下游。源出山西太原之天池，伏流至朔州、马邑复出，汇众流，经直隶宣化之西宁、怀来，东南入顺天宛平界，迳卢师台下，始名卢沟河，下汇凤河入海。以其经大同合浑水东北流，故又名浑河，《元史》名曰小黄河。从古未曾设官营治。其曰永定，则康熙间所锡名也。永定河汇边外诸水，挟泥沙建瓴而下，重峦夹峙，故鲜溃决。至京西四十里石景山而南，迳卢沟桥，地势陡而土性疏，纵横荡漾，迁徙弗常，为害颇钜。于是建堤坝，疏引河，宣防之工亟焉。

顺治八年，河由永清徙固安，与白沟合。明年，决口始塞。十一年，由固安西宫村与清水合，经霸州东，出清河；又决九花台、南里诸口，霸州西南遂成巨浸。康熙七年，决卢沟桥堤，命侍郎罗多等筑之。三十一年，以河道渐次北移，永清、霸州、固安、文安时被水灾，用直隶巡抚郭世隆议，疏永清东北故道，使顺流归淀。

三十七年，以保定以南诸水与浑水汇流，势不能容，时有泛滥，圣祖临视。巡抚于成龙疏筑兼施，自良乡老君堂旧河口起，迳固安北十里铺、永清东南朱家庄，会东安狼城河，出霸州柳岔口三角淀，达西沽入海，浚河百四十五里，筑南北堤百八十余里，赐名永定。自是浑流改注东北，无迁徙者垂四十年。三十九年，郎城淀河淤且平，上游壅塞，命河督王新命开新河，改南岸为北岸，南岸接筑西堤，自郭家务起，北岸接筑东堤，自何麻子营起，均至柳岔口止。四十年，加筑南岸排桩遥堤，修金门闸。四十八年，决永清王虎庄，旋塞。五十六年，修两岸沙堤大堤，决贺尧营。六十一年，复决贺尧营，随塞。

雍正二年，修郭家务大堤，筑清凉寺月堤，修金门闸，筑霸州堂二铺南堤决口。三年，因郭家务以下两岸顿狭，永清受害特重，命怡亲王允祥、大学士朱轼，引浑水别由一道入海，毋使入淀，遂于柳岔口少北改为下口，开新河自郭家务至长淘河，凡七十里，经三角淀达津归海，筑三角淀围堤，以防北轶。又筑南堤自武家庄至王庆坨，北堤自何麻子营至范甕口，其冰窖至柳岔口堤工遂废。十二年，决梁各庄、四圣口等处三百余丈，黄家湾河溜全夺，水穿永清县郭下注霸州之津水洼归淀。总河顾琮督兵夫塞之。十三年，决南岸朱家庄、北岸赵家楼，水由六道口小堤仍归三角淀。

乾隆二年，总河刘勷勘修南北堤，开黄家湾、求贤庄、曹家新庄各引河，浚双口、下口、黄花套。六月，涨漫南岸铁狗、北岸张客等村四十余处，夺溜由张客决口下归凤河。命吏部尚书顾琮察勘，请仿黄河筑遥堤之法。大学士鄂尔泰持不可，议"于北截河堤北改挑新河，以北堤为南堤，沿之东下，下游作泄潮埝数段，复于南北岸分建滚水石坝四，各开引河：一于北岸张家水口建坝，即以所冲水道为引河，东汇凤河；一于南岸寺台建坝，以民间泄水旧渠入小清河者为引河；一于南岸金门闸建坝，以浑河故道接牤牛河者为引河；一于南岸郭家务建坝，即以旧河身为引河。合清隔浊，条理自明"。诏从其请。

四年，直督孙嘉淦请移寺台坝于曹家务，张客坝于求贤庄。又于金门闸、长安城添筑草坝，定以四分过水。顾琮言，金门闸、长安城两坝水势仅一河宣泄，恐汛发难容，拟分引河为两股，一由南洼入中亭河，一由杨青口入津水洼。又言郭家务、小梁村等处旧有遥河千七百丈，年久淤塞，请发帑兴修。均从之。五年，孙嘉淦请开金门闸重堤，浚西引河，开南堤，放水复行故道。六年，凌汛漫溢，固、良、新、涿、雄、霸各境多淹。从鄂尔泰议，堵闭新引河，展宽双口等河，挑葛渔城河槽，筑张客、曹家务月堤，改筑郭家务等坝。八年，浚新河下口，及董家河、三道河口，修新河南岸及凤河以东堤埝。又疏穆家口以下至东萧庄、凤河边二十里有奇。九年，以范甕口下统以沙、叶两淀为归宿，而汛水多归叶淀，遂疏注沙淀路，并将南北旧减河浚归凤河。

十五年五月，河水骤涨，由南岸第四沟夺溜出，迳固安城下至牛坨，循黄家河入津水洼，一由牤牛河入中亭河。命侍郎三和同直督堵御，于口门下另挑引河，截溜筑坝，遏水南溢，使归故道。十六年，凌汛水发，全河奔注冰窖堤口，即于王庆坨南开引河，导经流入叶淀，以顺水性。十九年，南埝水漫堤顶，决下口东西老堤，夺溜南行，漫胜芳旧淀，迳永清之武家厂、三圣口，霸州之信安入口。明年，高宗临视，改下游由调河头入海，挑引河二十余里，加培埝身二千二百余丈。二十一年，直督方观承请于北埝外更作遥堤，预为行水地，凤河东堤亦接筑至遥埝尾。从之。二十四年，大雨，直隶各河并涨，下游悉归淀内，大清河不能宣泄，转由凤河倒漾，阻遏浑流，南岸四工堤决。命御前侍卫赫尔景额协同直督克日堵筑。

三十五年、三十六年，两岸屡决。三十七年，命尚书高晋、裘曰修偕直督周元理履勘，疏言："永定河自康熙间筑堤以来，凡六改道。救弊之法，惟有疏中洪、挑下口，以畅奔流，筑岸堤以防冲突，浚减河以分盛涨。"遂兴大工，用帑十四万有奇。自是水由调河头迳毛家洼、沙家淀达津入海。三十八年，调河头受淤，其澄清之水散漫而下，别由东安响水村直趋沙家淀。四十年，堵北三工、南头工漫口。四十四年，展筑新北堤，加培旧越堤，废去濒河旧堤，使河身宽展。四十五年，卢沟桥西岸漫溢，北头工冲决，由良乡之前官营散溢求贤村减河归黄花店，爰开引沟八百丈，引溜归河。五十九年，决北二工堤，溜注求贤村引河，至永定河下游入海。旋即断流，又漫南头工堤，水由老君堂、庄马头入大清河，凡筑南堤百余丈。又于玉皇庙前筑挑水坝。

嘉庆六年，决卢沟桥东西岸石堤四、土堤十八，命侍郎那彦宝、高杞分驻堵筑，并疏浚下游，集民夫五万余治之。御制《河决叹》，颁示群臣。两月余工竣。十五年，永定河两岸同时漫口，直督温承惠驻工堵合之。十七年，河势北趋，葛渔城淤塞，水由黄花店下注。乃于旧淤河内挑宂引河，并于上游筑草坝，挑溜东行，另建圈堤以防泛衍。二十年，拆凤河东堤民埝以去下壅。六月大雨，北岸七工漫塌，开引河，由旧河身稍南，直至黄花店，东抵西洲，长五千六百九丈。九月，水复故道。二十四年，北岸二工漫溢，头工继溢，侧注口门三百余丈，大兴、宛平所属各村被淹。九月塞决口，并重浚北上引河。

道光三年，河由南八工堤尽处决而南，直趋汪儿淀。四年，侍郎程含章勘议浚复，未果。十年，直督那彦成请于大范甕口挑引河，并将新堤南遥埝加高培厚。报可。十一年春，河溜改向东北，迳窦淀，历六道口，注大清河，汪儿淀口始塞，水由范甕口新槽复归王庆坨故道。十四年，宛平界北中、北下汛决口，水由庞各庄循旧减河至武清之黄花店，仍归正河尾闾入海。良乡界南二工决口，水由金门闸减河入清河，经白沟河归大清河。爰挑引河，自漫口迤下至单家沟，间段修筑二万七千四百余丈。二十四年，南七工漫口，就迤北三里许之河西营为河头，挑引河七十余里，直达凤河。三十年五月，上游山水下注，河骤涨，北七工漫三十余丈，由旧减河迳母猪泊注凤河。勘于冯家场北河湾开引河，十月竣工。

咸丰间，南北堤溃决四次。时军务方棘，工费减发，补苴罅漏而已。

同治三年，因河日北徙，去路淤浅，于柳坨筑坝，堵截北流，引归旧河，展宽挑深张坨、胡家房河身，经东安、武清、天津入海。六年以后，时有溃决。八年，直督曾国藩请于南七工筑截水大坝，两旁修筑圈埝，并挑浚中洪，疏通下口，以免壅溃。从之。十年，南岸石堤漫口，夺溜迳良乡、涿州注大清河入海。明年，允直督李鸿章请，修金门闸坝，疏浚引河，由童村入小清河。石堤决口塞。十二年，南四工漫口，由霸州牤牛河东流。爰将引河增长，复筑挑水坝一。

光绪元年，南二汛漫口，随塞。四年，北六汛决口，筑合后，复于坦坡埝尾接筑民埝至青光以下。十年，以凤河当永定河之冲，年久淤垫，以工代赈，起南苑五空闸，讫武清缑上村，间段挑浚，并培筑堤坝决口。十六年，大水，畿辅各河并涨，永定北上汛、南三汛同时漫决。命直督迅筹堵筑，添修挑坝岸堤，又疏引河六十余里。十八年夏，大雨，河水陡涨，南上汛灰坝漫口四十余丈。给事中洪良品言北岸头工关系最重，请接连石景山以下添砌石堤，以资捍卫。下所司筹议。因工艰费钜，择要接筑石堤八里，并添修石格。十九年冬，因频年溃决为患，命河督许振祎偕直督会勘筹办。振祎陈疏下游、保近险、浚中洪、建减坝、治上游五事。直隶按察使周馥并建议于卢沟南岸筑减水大石坝，以水抵涵洞上楣为准，逾则泻去。诏如所请。二十二年，北六工、北中汛先后漫溢，由韩家树汇大清河，遂挑浚大清河积淤二十余里。

二十五年，诏直督裕禄详勘全河形势，以纾水患。裕禄言："畿辅纬川百道，总汇于南北运、大清、永定、子牙五经河，由海河达海，惟永定水浑善淤，变迁无定。从前下口遥堤宽四十余里，分南、北、中三洪。嗣因南、中两洪淤垫，全由北洪穿凤入运。"因陈统筹疏筑之策七：一，先治海河，俾畅尾闾，然后施工上游；一，宜以凤河东堤外大洼为永定下口；一，修筑北运河西堤；一，规复大清河下口故道于西沽；一，修筑格淀；一，修筑韩家树横直各堤；一，疏浚中亭河，以期一劳永逸。需费七十七万有奇。帝命分年筹办。适有拳匪之乱，不果行。

三十年后，南北岸屡见溃决，均随时堵合。论者以为若将险工全作石堤，湾狭处改从宽直，并于南七工放水东行，傍淀达津，再加以石坝分泄盛涨，庶几永保安澜云。

海塘惟江、浙有之。于海滨卫以塘，所以捍御咸潮，奠民居而便耕稼也。在江南者，自松江之金山至宝山，长三万六千四百余丈。在浙江者，自仁和之乌龙庙至江南金山界，长三万七千二百余丈。江南地方平洋暗潮，水势尚缓。浙则江水顺流而下，海潮逆江而上，其冲突激涌，势尤猛险。唐、宋以来，屡有修建，其制未备。清代易土塘为石塘，更民修为官修，钜工累作，力求巩固，滨海生灵，始获乐利矣。

顺治十六年，礼科给事中张惟赤言："江、浙二省，杭、嘉、湖、宁、绍、苏、松七郡皆滨海，赖有塘以捍其外，至海盐两山夹峙，潮势尤猛。故明代特编海塘夫银，以事岁修。近此款不知销归何地，塘基尽圮。傥风涛大作，径从坍口深入，恐为害七郡匪浅。请严饬抚、按勒限报竣，仍定限岁修，以防患未然。"下部议行。康熙三年，浙江海宁海溢，溃塘二千三百余丈。总督赵廷臣、巡抚朱昌祚请发帑修筑，并修尖山石堤五千余丈。二十七年，修海盐石塘千丈。三十七年，飓风大作，海潮越堤入，冲决海宁塘千六百余丈，海盐塘三百余丈，筑之。五十七年，巡抚朱轼请修海宁石塘，下用木柜，外筑坦水，再开浚备塘河以防泛溢。五十九年，总督满保及轼疏言："上虞夏盖山迤西沿海土塘冲坍无存，其南大亹沙淤成陆，江水海潮直冲北大亹而东，并海宁老盐仓皆坍没。"因陈办法五：一，筑老盐仓北岸石塘千三百余丈，保护杭、嘉、湖三府民田水利；一，筑新式石塘，使之稳固；一，开中小亹淤沙，使江海尽归赭山、河庄山中间故道，可免潮势北冲；一，筑夏盖山石塘千七百余丈，以御南岸潮患；一，专员岁修，以保永固。下部议，如所请行。

雍正二年，帝以塘工紧要，命吏部尚书朱轼会同浙抚法海、苏抚何天培勘估杭、嘉、湖等府塘工，需银十万五千两有奇，松江府华、娄、上海等县塘工，需银十九万两有奇，部议允之。六年，巡抚李卫请将骤决不可缓待之工，先行抢修，随后奏闻。"抢修"之名自此始。十一年，命内大臣海望、直督李卫赴浙查勘海塘，谕曰："如果工程永固，可保民生，即费帑千万不必惜。"寻请于尖、塔两山间建石坝堵水，并改建草塘及条石块石各塘为大石塘，更于旧塘内添筑上备塘。十二年，因堵尖山水口、开中小亹引河久未施工，责浙督程元章等督办不力，命杭州副都统隆昇总理，御史偏武佐之。五月工竣。十三年，命南河督嵇曾筠总理塘工。曾筠言："海宁南门外俯临江海，请先筑鱼鳞石塘五百余丈，保卫城池。"下廷臣议行。

乾隆元年，署苏抚顾琮请设海防道，专司海塘岁修事。曾筠请于仁、宁等处酌建鱼鳞大石塘六千余丈，均从之。明年，建海宁浦儿兜至尖山头鱼鳞大石塘五千九百余丈。四年，允浙抚卢焯请，筑尖山大坝，次年秋工竣，御制文记之。六年，左都御史刘统勋言："前据闽浙总督德沛请改老盐仓至章家菴柴塘为石塘，廷议准行。臣意以为草塘改建不必过急，南北岸塘工实不宜缓。盖通塘形势，海宁之潮犹属往来涤荡，而海盐之潮，则封面直冲，其大石塘岁久罅漏，尤宜及早补苴。臣以大概计之，动发七十万金，而通塘可有苞桑之固。"疏入，命统勋会同浙督德沛、浙抚常安察勘。寻覆称："改建石工，诚经久之图，但须宽以时日，年以三百丈为率。"七年，总督那苏图请先于最险处间段排筑石篓，俟根脚坚实，再建石塘。越二年，遣尚书讷亲勘视。疏言："仁、宁二邑柴塘稳固，若虑护沙坍涨无常，第将中小亹故道开浚，俾潮水循规出入，上下塘俱可安堵。"于是改建石工之议遂寝。七月，苏抚陈大受言："宝山地滨大海，月浦土塘被潮冲刷，请建单石坝，外加桩石坦坡各百七十丈，并接筑沙塘，使与土塘联属，中设涵洞宣泄。"下部议行。

十一年，常安言："蜀山迤北有积沙四五百丈，横亘中间。先就沙嘴开沟四，以引潮水攻刷。今伏汛已过，南沙坍卸殆尽，蜀山已在水中，潮汐渐向南趋。倘秋汛不复涌沙，则大溜竟行中小亹矣。"报闻。十二年，常安委员疏浚蜀山一带，用切沙法疏刷。十一月朔，中小亹引河一夕冲开，大溜经由故道，南北岸水远沙长，皆成坦途。十三年，大学士高斌、讷亲先后奉命查勘塘工。斌请于东西柴石各塘后身加筑土堰，挠护潮头。四月，讷亲疏陈善后事宜，命巡抚方观承酌议。观承请于北塘北大亹故道，及三里桥、掇转庙等处，设竹篓滚坝，堵御潮沟，大小山圩改建块石塘，南塘各工，预筹防护，并将右营员弁兵丁调派，分汛防驻。下廷议允行。十六年，允巡抚永贵请，改建山阴宋家溇土塘为石塘，加筑坦水。

十七年，巡抚雅尔哈善言："中亹山势仅宽六里，浮沙易淤，且南岸文堂山脚有沙嘴百三十余丈，挑溜北趋，北岸河庄山外亦有沙嘴五十余丈，颇碍中亹大溜。现将两处涨沙挑切疏通，俾免阻滞。"得旨嘉勉。十九年，因浙省塘工无险，省海防道。二十一年，喀尔吉善言："水势南趋，北塘稳固，而险工在绍兴一带。拟于宋家溇、杨柳港，照海宁鱼鳞大条石塘式，建四百丈。"从之。二十三年，增筑镇海县海塘。二十六年，苏抚陈宏谋言，常熟、昭文滨海地方，从太仓州境接筑土塘。嗣开白茆河、徐六泾二口，建闸启闭。本年潮涨，石墙倾圮，请改为滚坝。得旨允行。

二十七年，帝南巡，阅海宁海塘工。谕曰："朕念海塘为越中第一保障。比岁潮势渐趋北大亹，实关海宁、钱塘诸邑利害。计改老盐仓一带柴塘为石，而议者纷歧。及昨临勘，则柴塘沙性涩汕，石工断难措手，惟有力缮柴塘，得补偏救弊之一策。其悉心经理，定岁修以固塘根，增坦水石篓以资拥护。"又谕曰："尖山、塔山之间，旧有石塘。朕今见其横截海中，直逼大溜，实海塘扼要关键。就目下形势论，或多用竹篓加镶，或改用木柜排砌。如将来沙涨渐远，宜即改筑条石坝工，俾屹然如砥柱，庶北岸海塘永资保障。该督抚等其善体朕意，动帑攒办，并勒石塔山，以志永久。"二十八年，苏抚庄有恭言："江南松、太海壖土性善坍，华亭、宝山向筑坦坡，皆不足恃。应仿浙江老盐仓改建块石篓塘。"诏如所请。三十年春，帝南巡，阅视海宁海塘。谕曰："绕城石塘，实为全城保障。塘下坦水，只建两层，潮势似觉顶冲。若补筑三层，尤资裨益。著将应建之四百六十余丈一律添建。"三月工竣。

三十五年，巡抚熊学鹏请于萧山、山阴、会稽改建鱼鳞大石塘。帝以潮势正趋北亹，与南岸渺不相涉，斥之。三十七年，巡抚富勒浑疏报中亹引河情形，略言："潮头大溜，一由蜀山直趋引河，一由岩峰山西斜入引河，至河庄山中段会合，互相撞击，仍分两路西行，随令员弁于引河中段挑堰沟二十余道，导引潮溜，俾复中亹故道。"谕曰："潮汛迁移，乃嘘吸自然之势，若开空引河，恐徒劳无益。止宜实力保卫堤塘，以待其自循旧轨，不必执意开沟引溜，欲以人力胜海潮也。"

四十三年，浙抚王亶望疏陈海塘情形，命江督高晋会同相度。寻疏言："章家菴一带柴工五百丈，潮神庙前柴塘三百丈，应添建竹篓，并排列两层桩木以防动摇。"从之。四十五年，帝南巡，幸海宁尖山阅海塘。十二月，命大学士阿桂、南河督陈辉祖赴浙履勘。疏言："海塘工程，应建石塘二千二百丈，若改为条石，施工易而成事速，约计三年可以蒇工。"又言："办理鱼鳞石塘，仿东塘之例，量地势高下，用十六层至十八层，约需三十万。"帝命工部侍郎杨魁驻工协办，次年八月竣工。四十九年，帝幸杭州，阅视海塘，谕曰："老盐仓旧有柴塘，一律添建石塘四千二百余丈，于上年告竣，自应砌筑坦水保护。乃该督抚并未虑及，设遇异涨，岂能抵御？著将柴塘后之土顺坡斜做，并于其上种柳，俾根株盘结，则石柴连为一势，即以柴塘为石塘之坦水。至范公塘一带，亦必接建石工，方于省城足资巩护。著拨帑五百万，交该督抚核算，分限分年修筑。"五十二年工竣。

嘉庆四年，浙抚玉德请改山阴土塘为柴塘。十三年，浙抚阮元请改萧山土岸为柴塘。十六年，浙抚蒋攸铦请将山阴各土塘堤一律建筑柴塘；苏抚章煦请将华亭土塘加筑单坝二层。均从之。

道光十三年五月，巡抚富呢扬阿疏言"东西两防塘工，先择尤险者修筑，需银五十一万二千余两"。十一月，又言"限内限外各工俱掣坍，需银十九万四千余两"。十二月，又言"东塘界内，应于前后两塘中间，另建鳞塘二千六百余丈，需银九十二万二千两"。均下部议行。十四年，命刑部侍郎赵盛奎、前东河督严烺，会同富呢扬阿查勘应修各工。寻疏言："外护塘根，无如坦水，拟自念里亭汛至镇海汛，添建盘头三座，改建柴塘三千三百余丈；其西塘乌龙庙以东，应接筑鱼鳞石块；海宁绕城石塘，应加高条石两层。俟明年大汛时续办。"遣左都御史吴椿往勘，留浙会办。十六年三月工竣，计修筑各工万七千余丈，用银一百五十七万有奇。三十年，巡抚吴文镕叠陈海塘石工冲缺，令速抢办。十月工竣。

咸丰七年八月，海塘埽各工猝被风潮冲坍。十二月，次第堵合。同治三年，御史洪燕昌言浙江海塘溃决，请速筹款修理。部议将浙海关等税拨用。五年，内阁侍读学士钟佩贤疏陈海塘关系东南大局，有四害三可虑。命巡抚马新贻详勘，修海宁鱼鳞石工二百六十余丈。六年，以浙江海塘工钜费多，议分最要次要修筑，期以十年告竣。七年，两江总督曾国藩等请修华亭石塘护坝，嗣是塘工岁有修筑。

光绪三年，修宝山北石塘护土，建护塘拦水各坝，及仁和、海宁鱼鳞石塘千三百余丈。十年，修昭文、华亭、宝山等处塘坝及石坦坡。十二年，浙江巡抚刘秉璋言，海盐原建石塘四千六百余丈，积年坍损过半，拟择要兴办，埋砌者五百丈，建复者四百六十丈，需银二十万。允之。十八年，浙抚刘树棠疏言，海宁绕城石塘坍塌日甚，请添筑坦水，以塘工加抽丝捐积存余款先行开办，随筹款次第兴修。从之。十九年，修太仓茜泾口桩石坦坡百五十一丈，镇洋杨林口桩石二百丈，昭文施家桥至老人滨双桩夹石护坝二百丈，华亭外塘纯石斜坝四十六丈。

综计两省塘工，自道光中叶大修后，叠经兵燹，半就颓圮，迄同治初，兴办大工，库款支绌，遂开办海塘捐输，并劝令两省丝商，于正捐外，加抽塘工丝捐，给票请奖。旋即停止。光绪三十年，浙江巡抚聂缉椝请复捐输旧章，以济要工。因二十七年以后，潮汐猛烈，次险者变为极险，拟将柴埽各工清底拆筑，非筹集钜款，不能历久巩固云。

卷一百二十九　　志一百四

河渠四

直省水利

清代轸恤民艰，亟修水政，黄、淮、运、永定诸河、海塘而外，举凡直省水利，亦皆经营不遗余力，其事可备列焉。

顺治四年，给事中梁维请开荒田、兴水利，章下所司。十一年，诏曰："东南财赋之地，素称沃壤。近年水旱为灾，民生重困，皆因水利失修，致误农工。该督抚责成地方官悉心讲求，疏通水道，修筑堤防，以时蓄泄，俾水旱无虞，民安乐利。"

康熙元年，重修夹江龙兴堰，又凿大渠以广灌溉。二年，修和州铜成堰，龙首、通济二渠。交城磁瓦河涨，水侵城，筑堤障之。三年，修嘉定楠木堰。九年，修郿县金渠、宁曲水利。十二年，重修城固五门堰。十九年，浚常熟白茆港、武进孟渎河。二十三年，修五河南湖堤坝。二十七年，修徽州鱼梁坝。三十七年，命河督王新命修畿辅水利。

三十八年，圣祖南巡，至东光，命直隶巡抚李光地察勘漳河、滹沱河故道。覆疏言："大名、广平、真定、河间所属，凡两河经行之处，宜开浚疏通，由馆陶入运。老漳河与单家桥支流合，至鲍家嘴归运，可分子牙河之势。"三十九年，帝巡视子牙河堤，命于阎、留二庄间建石闸，随时启闭。御史刘珩言，永平、真定近河地，应令引水入田耕种。谕曰："水田之利，不可太骤。若克期齐举，必致难行。惟于兴作之后，百姓知其有益，自然鼓励效法，事必有成。"四十年，李光地言："漳河分四支，三支归运皆弱，一支归淀独强。遇水大时，当用挑水坝等法，使水分流，北不至挟滹沱以浸田，南不至合卫河以害运。"如所请行。

四十三年，挑杨村旧引河。先是子牙河广福楼开引河时，文安、大城民谓有益，青县民谓不便，各集河干互控。至是河成，三县民皆称便。天津总兵官蓝理请于丰润、宝坻、天津开垦水田，下部议。旋谕曰："昔李光地有此请，朕以为不可轻举者，盖北方水土之性迥异南方。当时水大，以为可种水田，不知骤涨之水，其涸甚易。观琉璃河、莽牛河、易河之水，入夏皆涸可知。"次年部臣仍以开垦为请，谕以此事暂宜存置，可令蓝理于天津试开水田，俟冬后踏勘。

四十八年，浚郑州贾鲁河故道，自东赵讫黄河涯口新庄。于东赵建闸一，黄河涯口筑草坝石闸各一。甘肃巡抚舒图言："唐渠口高于身，水势不畅，应引黄河之水汇入宋澄堡。如水不足用，更于上游近黄处开河引水，酌建闸坝，以资蓄泄。"从之。江苏巡抚于准言："丹阳练湖，冬春泄水济运，夏秋分灌民田。自奸民图利，将下湖之地佃种升科，民田悉成荒瘠。请复令蓄水为湖，得资灌溉。"从之。五十七年，以沛县连年被水，命河督赵世显察勘。世显言："金乡、鱼台之水，由沛之昭阳湖历微山湖，从荆山口出猫儿窝入运。近因荆山口十字河淤垫，致低田被淹。应将沙淤浚通，再于十字河上筑草坝。若遇运河水浅，即令堵塞，俾水全归微山湖，出湖口闸以济运，则民田漕运两有裨益。"从之。

世宗时，于畿辅水利尤多区画。雍正三年，直隶大水，命怡亲王允祥、大学士朱轼相度修治。因疏请浚治卫河、淀池、子牙、永定诸河，更于京东之滦、蓟，京南之文、霸，设营田专官，经画疆理。召募老农，谋导耕种。四年，定营田四局，设水利营田府，命怡亲王总理其事，置观察使一。自五年分局至七年，营成水田六千顷有奇。后因水力赢缩靡常，半就湮废。是年命侍郎通智、单畴书，会同川督岳钟琪，开惠农渠于查汉托护，以益屯守，复建昌润渠于惠农渠东北。六年，浚文水近汾河渠，引灌民田，开嵩明州杨林海以泄水成田。八年，帝以宁夏水利在大清、汉、唐三渠，日久颓坏，命通智同光禄卿史在甲勘修。是年修广西兴安灵渠，以利农田，通行舟。浚陈、许二州沟洫。

十年，云贵总督鄂尔泰言："滇省水利全在昆明海口，现经修浚，膏腴田地渐次涸出。惟盘龙江、金棱、银棱、宝象等河俱与海口近，亟宜建筑坝台。"又言："杨林海水势畅流，周围草塘均可招民开垦。宜良江头村旧河地形稍高，宜另开河道以资灌溉。寻甸河整石难凿，宜另浚沙河，俾得畅流。东川城北漫海，水消田出，亦可招垦。"均从之。十二年，营田观察使陈时夏言："文安、大城界内修横堤千五百余丈，营田四十八顷俱获丰收。但恐水涸即成旱田，请于大堤东南开建石闸，北岸多设涵洞，以资宣泄。"从之。

乾隆元年，大学士嵇曾筠请疏浚杭、湖水利。两广总督鄂弥达言："广、肇二属沿江一带基围，关系民田庐舍，常致冲坍，请于险要处改土为石，陆续兴建。"下部议行。江南大雨水，淮阳被淹，命浚宿迁、桃源、清河、安东及高邮、宝应各水道。二年，命总督尹继善筹画云南水利，无论通粤通川及本省河海，凡有关民食者，及时兴修。陕西巡抚崔纪陈凿井灌田以佐水利之议。谕令详筹，勿扰闾阎。

三年，大学士管川陕总督事查郎阿言："瓜州地多水少，民田资以灌溉者，惟疏勒河之水，河流微细。查靖逆卫北有川北、巩昌两湖，西流合一，名蘑菇沟。其西有三道柳条沟，北流归摆带湖。请从中腰建闸，下浚一渠，截两沟之水尽入渠中，为回民灌田之利。"贵州总督张广泗请开凿黔省河道，自都匀经旧施秉通清水江至湖南黔阳，直达常德，又由独山三脚坉达古州，抵广西怀远，直达广东，兴天地自然之利。均下部议行。四年，安徽布政使晏斯盛言，江北凤、颍以睢水为经，庐州以巢湖为纬，他如六安旧有堤堰，滁、泗亦多溪壑，概应动帑及时修浚，从之。川陕总督鄂弥达等言："宁夏新渠、宝丰，前因地震水涌，二县治俱沉没。请裁其可耕之田，将汉渠尾展长以资灌溉。惟查汉渠百九十余里，渠尾余水无多，若将惠农废渠口修整引水，使汉渠尾接长，可灌新、宝良田数千顷。"上嘉勉之。

五年，河督顾琮言："前经总河白钟山奏称'漳河复归故道，则卫河不致泛溢，为一劳永逸之计'。臣等确勘，自和儿寨东起，至青县鲍家嘴入运之处止，计程六百余里，河身淤浅，两岸居民稠密。若益以全漳之水，势难容纳，则改由故道，于直隶不能无患，然不由故道，又于山东不能无患。惟有分泄防御，使两省均无所害，庶为经久之图。"总办江南水利大理卿汪漋言："盐城东塘河及阜宁、山阳各河道，高邮、宝应下游，及串场河、溱潼河，俱淤浅，应挑浚。其串场河之范堤，及拼茶角二场堤工，俱逼海滨，应加宽厚。扬州各闸坝应疏筑，限三年告成。"均如所请行。安徽巡抚陈大受言："江北水利关系田功。原任藩司晏斯盛奏定兴修，估银四十余万。窃思水利固为旱涝有备，而缓急轻重，必须熟筹。各州县所报，如河圩湖泽，及大沟长渠，工程浩繁，民力不能独举，自应官为经理。其余零星塘㙇，现有管业之人，原皆自行疏浚，朝廷岂能以有限钱粮，为小民代谋畚锸？"上韪之。河南巡抚雅尔图言："豫省水利工程，惟上蔡估建堤坝，系防蔡河异涨之水。其余汝河、溠河堤堰，应令地主自行修补。至开浚汝河、颍河等工，请停罢以节糜费。"报闻。

六年春，雅尔图言："永城地洼积潦，城南旧有渠身长三万一千余丈，通浍河，年久淤浅。现乘农隙，劝谕绅民挑浚，俾水有归。"又言："前奉谕旨，开浚省城乾涯河，复于中牟创开新河一，分贾鲁河水势，由沙河会乾涯河，以达江南之涡河而汇于淮，长六万五千余丈，今已竣工。"赐名惠济。

九年，御史柴潮生言："北方地势平衍，原有河渠淀泊水道可寻。如听其自盈自涸，则有水无利而独受其害。请遣大臣赍帑兴修。"命吏部尚书刘于义往保定，会同总督高斌，督率办理。寻请将宛平、良乡、涿州、新城、雄县、大城旧有淀渠，与拟开河道，并堤埝涵洞桥闸，次第兴工。下廷议，如所请行。先是御史张汉疏陈湖广水利，命总督鄂弥达查勘。至是疏言："治水之法，有不可与水争地者，有不能弃地就水者。三楚之水，百派千条，其江边湖岸未开之隙地，须严禁私筑小垸，俾水有所汇，以缓其流，所谓不可争者也。其倚江傍湖已辟之沃壤，须加谨防护堤塍，俾民有所依以资其生，所谓不能弃者也。其各属迎溜顶冲处，长堤连接，责令每岁增高培厚，寓疏浚于壅筑之中。"报闻。

十一年，大学士署河督刘于义等疏陈庆云、盐山续勘疏浚事宜，下部议行。青州瀰河水涨，冲开百余丈决口，旋堵。博兴、乐安积水，挑引河导入溜河。十二年夏，宿迁、桃源、清河、安东之六塘河，及沭阳、海州之沭河，山水涨发，地方被淹，命大学士高斌、总督尹继善，会同河臣周学健往勘。议于险处加宽挑直，建石桥，开引河，官民协力防护，从之。十三年，湖北巡抚彭树葵言："荆襄一带，江湖袤延千余里，一遇异涨，必借余地容纳。宋孟珙于知江陵时，曾修三海八柜以潴水。无如水浊易淤，小民趋利者，因于岸脚湖心，多方截流以成淤，随借水粮鱼课，四围筑堤以成垸，人与水争地为利，以致水与人争地为殃。惟有杜其将来，将现垸若干，著为定数，此外不许私自增加。"报闻。十四年，云南巡抚图尔炳阿以疏凿金沙江底绩，纂进《金沙江志》。

十七年，江苏巡抚庄有恭言："苏州之福山塘河，太仓之刘河，乃常熟等八州县水利攸关，岁久不修，旱涝无备。请于附河两岸需及水利各区，按亩酌捐，兴工修建。"得旨嘉奖。十八年，陕甘总督黄廷桂言："巴里坤之尖山子至奎素，百余里内地亩皆取用南山之水，自山口以外，多渗入沙碛，必用木槽接引，方可畅流。请于甘、凉、肃三处拨种地官兵千名，前往疏浚。"如所请行。以江南、山东、河南积年被水，而山东之水汇于淮、徐，河南之水达于凤、颍，须会三省全局以治之，命侍郎裘曰修、梦麟往来察阅，会江苏、安徽、河南各巡抚计议。寻曰修言："包、浍二河在宿、永连界处，为泄水通商之要道。入安徽境内有石桥六，应加宽展。洪河、睢河与虹县之柏家河、下江之林子河、罗家河，应补修子堰。凤台之裔沟、黑濠、泾泥三河应挑深，使畅达入淮。"梦麟言："砀山、萧县、宿迁、桃源、山阳、阜宁、沭阳共有支河二十余，应分晰疏浚。"均从之。

二十三年，豫省开浚河道工竣，允绅民请，于永城建万岁亭，并御制文志之。山东巡抚阿尔泰言："济宁、汶上、嘉祥毗连蜀山湖，地亩湮没约千余顷，拟将金线、利运二闸启闭，使湖水济运，坡水归湖，可以尽数涸出。"得旨嘉奖。二十四年，浚京师护城河及圆明园一带河。御史李宜青请疏浚畿辅水源，命直隶总督方观承条议以闻。观承言："东西二淀千里长堤，即宋臣何承矩兴堰遗迹。今昔情形有异。倘泥往迹，害将莫救。如就淀言利，则三百余里中水村物产，视昔加饶，惟遇旱而求通雨泽于水土之气，则人事有当尽者耳。"四川总督开泰言："灌县都江大堰引灌成都各属及眉、邛二州田亩，宁远南有大渡河，自冕宁抵会理三口，与金沙江合，支河杂出，堰坝最多，俱应相机修浚。"部议从之。

初，御史吴鹏南请责成兴修水土之政，命各督抚经画。浙江巡抚庄有恭言水之大利五，江、湖、海、渠、泉。他省得其二三，而浙实兼数利。金、衢、严三郡，各有山泉溪涧，灌注成渠，堰坝塘荡，无不具备。惟仁和、钱塘之上中市、三河垸、区塘、苕溪塘，海盐之白洋河、汤家铺庙、泾河，长兴之东西南溇港，永嘉之七都新洲陡门、九都水湫、三十四都黄田浦陡门，实应修举，以收已然之利。至杭州临平湖、绍兴夏盖湖，有关田畴大利，应设法疏挑，或召佃垦种，再体勘办理。"允之。

二十五年，阿尔泰疏言："东省水利，以济运为关键，以入海为归宿。济、东、泰、武之老黄河、马颊、徒骇等河，兖、沂、曹之洸、涑等河，共六十余道，皆挑浚通畅。运河民埝计长七百余里，亦修整完固。青、莱所属乐安、平度、昌邑、潍县、高密等州县，应挑支河三十余，俱节次挑竣。莱州之胶莱河，纳上游诸水，高密有胶河，亦趋胶莱，易致漫溢，应导入百脉湖，以分水势。沂州属兰、郯境内应开之武城等沟河二十五道，又续挑之响水等沟河二十五道，引洼地之水由江南邳州入运，并已工竣。”帝嘉之。

二十六年，河东盐政萨哈岱言：“盐池地洼，全恃姚暹渠为宣泄。近因渠身日高，涨漫南北堤堰禁墙内。黑河实产盐之本，年久浅溢。涑水河西地势北高南下，倘汛涨南趋，则盐池益难保护。五姓湖为众水所汇，恐下游阻滞，逆行为患。均应及时疏通。”从之。明年，帝南巡，谕曰：“江南滨河阻洳之区，霖潦堪虞，而下游蓄泄机宜，尤以洪泽湖为关键。自邵伯以下，金湾及东西湾滚坝，节节措置，特为三湖旁疏曲引起见。若溯源絜要，莫如广疏清口，乃及今第一义。至六塘河尾闾横经盐河以达于海，所有修防事宜，该督、抚、河臣会同盐政，悉心核议以闻。”

二十八年，帝以天津、文安、大城屡被霪潦，积水未消，命大学士兆惠督率经理。又以曰修前办豫省水利有效，命驰往会勘，复命阿桂会同总督方观承酌办。阿桂等以“子牙河自大城张家庄以下，分为正、支二河，支河之尾归入正河，形势不顺。请于子牙河村南斜向东北挑河二十余里；安州依城河为入淀尾闾，应挑长二千二百余丈；安、肃之漕河，应挑长三千七百余丈。其上游之姜女庙，应建滚水石坝，使水由正河归淀。新安韩家埝一带为西北诸水汇归之所，应挑引河十三里有奇”。如所议行。

二十九年，改建惠济河石闸。修湖北溪镇十里长堤，及广济、黄梅江堤。浚江都堰，开支河一，使涨水径达外江。三十二年，修筑淀河堤岸，自文安三滩里至大城庄儿头，长二千七百余丈。山东巡抚崔应阶言：“武定近海地洼，每遇汛涨，全恃徒骇、马颊二河分流入海。徒骇下游至霑化入海处，地形转高，难议兴挑。勘有坝上庄旧漫口河形地势顺利，应开支河，俾两道分泄。”江苏巡抚明德言：“苏州南受浙江诸山经由太湖之水，北受扬子江由镇江入运之水，伏秋汛发，多致漫溢。请修吴江、震泽等十县塘路。”均从之。

三十三年，滹沱水涨，逼临正定城根，添筑城西南新堤五百七十余丈，回水堤迤东筑挑水坝五。河神祠前筑鱼鳞坝八十丈。藁城东北两面，滹水绕流，顺岸筑埽三百六十丈，埽后加筑土埝。三十五年，挑浚苏郡入海河道，白茆河自支塘镇至滚水坝，长六千五百三十余丈；徐六泾河自陈荡桥至田家坝，长五千九百九十余丈。三十六年，浚海州之蔷薇、王家口、下坊口、王家沟四河。以直隶被水，命侍郎袁守侗、德成分往各处督率疏消。尚书裘曰修往来调度，总司其事。山东巡抚徐绩查勘小清河情形，请自万丈口挑至还河口，计四十里，使正、引两河分流，由河入泊，由泊达沟归海。诏如所议行。广西巡抚陈辉祖言：“兴安陡河源出海阳山，至分水潭，旧筑铧嘴以分水势，七分入湘江为北陡，三分入漓江为南陡，于进水陡口内南北建大小天坪，以资蓄泄，复建梅阳坪，以遏旁行故道，并以引灌粮田。近因连雨冲陷，请修复土石各工。”下部知之。

三十八年，挑浚禹城漯河、高密百脉湖引河。四十年，修筑武昌省城金河洲、太乙宫滨江石岸。江南旱，高、宝皆歉收。总督高晋，河督吴嗣爵、萨载合疏言：“嗣后洪湖水势，应以高堰志桩为准，各闸坝涵洞相机启放，总使运河存水五尺以济漕，余水尽归下河以资灌溉。”从之。四十一年，修西安四十七州县渠堰共千一百余处。总督高晋言：“瓜洲城外查子港工接连回澜坝，江岸忽于六月裂缝，坍塌入江约百余丈，西南城墙塌四十余丈。现在水势已平，拟将瓜洲量为收进，让地于江，并沿岸筑土坝以通纤路。”谕令妥善经理。

四十二年，山西巡抚觉罗巴延三言：“太原西有风峪口，旁俱大山，大雨后山水下注县城，猝难捍御。请自峪口起，开河沟一，直达汾水，所占民田止四十余亩，而太原一城可期永无水患。”四十三年，疏浚湖州溇港七十二。修昌邑海堤，居民认垦堤内碱废地千二百余顷。浚镇洋刘河，自西陈门泾上头起，至王家港止。四十四年，改建宣化城外柳川河石坝，并添筑石坦坡。漳河下游沙庄坝漫口，淹及成安、广平，水无归宿。于成安柏寺营至杜木营，绕筑土埝千一百余丈。

四十七年，云南巡抚刘秉恬言：“邓川之㳽苴河，上通浪穹，下注洱海，中分东西两湖。东湖由河入海，河高湖低，每遇夏秋涨发，回流入湖，淹没附近粮田。绅民倡捐，将湖尾入海处堵塞，另开子河，引东湖水直趋洱海，又自青石涧至天洞山，筑长堤、建石闸，使河归堤内，水由闸出，历年所淹田万一千二百余亩，全行涸出。”得旨嘉奖。又言：“楚雄龙川江自镇南发源，入金沙江。近年河溜逼城，请于相近镇水塔挑浚深通，导引河溜复旧。又澂江之抚仙湖下游，有清水、浑水河各一，浑水之牛舌石坝被冲，汇流入清，以致为害。请于牛舌坝东另开子河，以泄浑水，并将河身改直，使清水畅达。”上奖勉之。

五十年，河南巡抚何裕城言：“卫河历汲、淇、滑、浚四县，滨河田亩，农民筑堤以防淹浸，不能导河灌田。辉县百泉地势卑下，而获嘉等县较高，难以纡回导引。其余汲县、新乡并无泉源，只有凿井一法，既可灌田，亦藉以通地气，已派员试开。”浚贾鲁、惠济两河。修宁夏汉延、唐来、大清、惠农四渠。五十一年，山东商人捐资挑浚盐河，并于东阿、长清、齐河、历城建闸八。

五十三年，荆州万城堤溃，水从西北两门入，命大学士阿桂往勘。寻疏言：“此次被水较重，士人多以下游之窖金洲沙涨逼溜所致，恐开挑引河，江水平漾无势，仍至淤闭。请于对岸杨林洲靠堤先筑土坝，再接筑鸡嘴石坝，逐步前进，激溜向南，俟洲坳刷成兜湾，再趁势酌挑引河，较为得力。”报闻。五十四年，浚通惠河、朝阳门外护城河及温榆河。五十五年，培修千里长堤，潴龙河、大清河、卢僧河等堤，凤河东堤，及西沽、南仓、海河等叠道，改建丰城东西堤石工。筑潜江仙人旧堤千二百八十余丈。挑浚永成洪河。

五十七年，两江总督书麟等言：“瓜洲均系柴坝，江流溜急，接筑石矶，不能巩固。请于回澜旧坝外，抛砌碎石，护住埽根，自裹头坍卸旧城处所靠岸，亦用碎石抛砌，上面镶埽。嗣后每年挑溜，可期溜势渐远。”得旨允行。又言：“无为州河形兜湾，应将永城圩坝加筑宽厚。拟于马头埂开穵河口三十丈，曾家脑至东圩坝旧河亦展宽三十丈，俾河流顺畅。”上韪之。改萧山荷花池堤为石工，堵河内民堰漫口五十余丈，修复丰城江岸石堤。五十九年，荆州沙市大坝，因江流激射，势露顶冲，添建草坝。

嘉庆五年，挑浚牤牛河、黄家河，及新安、安、雄、任丘、霸、高阳、正定、新乐八州县河道。六年，京师连日大雨，拨内帑挑浚紫禁城内外大城以内各河道，及圆明园一带引河。文安被水，命直督陈大文详议。疏言：“文地极洼，受水浅，地与河平，自建治以来，别无疏浚章程。惟查大城河之广安横堤，为文邑保障，迤南有河间千里长堤，可资外卫。两堤之中，有新建闸座，以泄河间漫水。再于地势稍下之龙潭湾，开沟疏浚，或不致久淹。”从之。

八年，伊犁将军松筠言：“伊犁土田肥润，可耕之地甚多，向因乏水，今拟设法疏渠引泉，以资汲灌。应请广益耕屯，以裕满兵生计，并借官款备办耕种器物。”如所请行。十一年，疏筑直隶千里长堤，及新旧格淀堤。十二年，湖广总督汪志伊言：“堤垸保卫田庐，关系紧要。汉阳等州县均有未涸田亩，未筑堤塍。应亟筹勘办，以兴水利而卫民田。”从之。十六年，以畿辅灾歉，命修筑任丘等州县长堤，并雄县叠道，以工代赈。十七年，浚武进孟渎河。挑阜宁救生河，太仓刘河。修天津、静海两县河道。浚东平小清河，及安流、龙拱二河，民便河。十八年。江南河道总督初彭龄疏陈江省下河水利，宜加修理。得旨允行。十九年，大名、清丰、南乐三县七十余庄地亩，久为卫水淹没，村民自愿出夫挑穵，请官为弹压。御史王嘉栋疏言：“杭、嘉、湖被旱歉收，请开浚西湖，以工代赈。”皆允之。二十一年，疏浚吴淞江。二十二年，章丘民言，长白、东岭二山之水，向归小清河入海。自灰坝被冲，水归引河，章丘等县屡被水灾。命礼部侍郎李鸿宾往勘。次年，巡抚陈预疏言：“小清河以章丘、邹平、长山、新城为上游，高苑、博兴、乐安为下游，正河及支派沟多有淤垫。请先疏浚上游，并将浒山等二泊一湖挑穵宽深，则水势不至建瓴直注，下游亦不骤虞漫溢。”得旨允行。建沔阳石闸，挑引渠，以时启闭。

二十五年，修都江堰。御史陈鸿条陈兴修水利营田事宜，命直隶、山东、山西、河南各督抚一体筹画兴举。修襄阳老龙石堤。库车办事大臣嵩安疏报别什托固喇克等处挑渠引水，垦田五万三千余亩。有诏褒勉。

道光元年，修湖州黑窑厂江堤，浚泾阳龙洞渠、凤阳新桥河。二年，加筑襄阳老龙石堤。浚正定柏棠、护城、泄水、东大道等河，并修斜角、回水等堤。兴修杭州北新关外官河纤道。直隶总督颜检请筑沧州捷地减河闸坝，浚青县、兴济两减河，修通州果渠村坝埝。皆如议行。疏浚铜山荆山桥河道，及南乡奎河。挑江都三汊河子、盐河五闸淤浅，及沙漫州江口沙埂。修丰城及新建惠民桥堤。三年，修汾河堤堰，并移筑李绰堰，改穵河身。修天门、京山、钟祥堤垸，及监利樱桃堰、荆门沙洋堤。挑穵热河旱河，并添修荆条单坝。堵文安崔家窑、崔家房漫口。修河东盐池马道护堤，并浚姚暹渠、李绰堰、涑水河。刑部尚书蒋攸铦言：“上年漳河漫水下流，由大名、元城直达红花堤，溃决堤埝，由馆陶入卫，应亟筹议。”命大学士戴均元驰勘。寻奏言：“元城引河穿堤入卫，河身窄狭，应挑直展宽，以畅其流。红花堤以下新刷水沟五百余丈，应挑成河道，以期分泄。”又：“漳自南徙合洹以来，卫水为其顶阻，每遇异涨，民埝不能捍御，以致安阳、内黄频年冲决。今漳北趋，业已分杀水势。拟于樊马坊、陈家村河干北岸筑坝堵截，使分流归并一处。自柴村桥起，接连洹河北岸，建筑土坝，樊马坊以下王家口添筑土格土坝，以免串流南趋，使漳、洹不致再合。”诏皆从之。

四年，筑德化、建昌、南昌、新建四县圩堤。修培荆州万城大堤横塘以下各工，及监利任家口、吴谢垸漫决堤塍。给事中朱为弼请疏浚刘河、吴淞，及附近太湖各河。御史郎葆辰请修太湖七十二溇港，引苕、霅诸水入湖以达于海。御史程邦宪请择太湖泄水最要处所，如吴江堤之垂虹桥、遗爱亭、庞山湖，疏剔沙淤，铲除荡田，令东注之水源流无滞。先后疏入，命两江总督孙玉庭、江苏巡抚韩文绮、浙江巡抚帅承瀛会勘。玉庭等言：“江南之苏、松、常、太，浙江之杭、嘉、湖等属，河道淤垫，遇涨辄溢。现勘水道形势，疆域虽分两省，源委实共一流。请专任大员统治全局。”命江苏按察使林则徐综办江、浙水利。

御史陈澐疏陈畿辅水利，请分别缓急修理。给事中张元模请于赵北口连桥以南开桥一座，以古赵河为引河，并挑北卢僧河，以分减白沟之独流。帝命江西巡抚程含章署工部侍郎，办理直隶水利，会同蒋攸铦履勘。含章请先理大纲，兴办大工九。如疏天津海口，浚东西淀、大清河，及相度永定河下口，疏子牙河积水，复南运河旧制，估修北运河，培筑千里长堤，先行择办。此外如三支、黑龙港、宣惠、滹沱各旧河，沙、洋、洺、滋、洨、唐、龙凤、龙泉、潴龙、牤牛等河，及文安、大城、安州、新安等堤工，分年次第办理。又言勘定应浚各河道，塌河淀承六减河，下达七里海，应挑宽罾口河以泄北运、大清、永定、子牙四河之水入淀。再挑西堤引河，添建草坝，泄淀水入七里海，挑邢家坨，泄七里海水入蓟运河，达北塘入海。至东淀、西淀为全省潴水要区，十二连桥为南北通途，亦应择要修治。均如所请行。浚虞城惠民沟，夏邑巴清河、永城减水沟。玉庭言：“三江水利，如青浦、娄县、吴江、震泽、华亭承太湖水，下注黄浦，各支河浅滞淤阻，亟应修砌。吴淞江为太湖下注干河，由上海出闸，与黄浦合流入海。因去路阻塞，流行不畅，应于受淤最厚处大加挑浚。”得旨允行。

五年，陕西巡抚卢坤疏报咸宁之龙首渠，长安之苍龙河，泾阳之清、治二河，盩厔之涝、峪等河，郿县之井田等渠，岐山之石头河，宝鸡之利民等渠，华州之方山等河，榆林之榆溪河、芹河，均挑浚工竣，开复水田百余顷至数百顷不等。修监利江堤，襄阳老龙石堤。已革御史蒋时进《畿辅水利志》百卷。直隶总督蒋攸铦疏陈防守千里长堤善后事宜，报闻。安阳、汤阴广润陂，屡因漳河决口淤垫，命巡抚程祖洛委员确勘挑渠，将积水引入卫河，使及早涸复。筑荆州得胜台民堤。

七年，闽浙总督孙尔准言："莆田木兰陂上受诸渠之水，下截海潮，灌溉南北洋平田二十余万亩。近因屡经暴涨，泥沙淤积，陡门石堤损坏，以致频岁歉收。现经率同士民捐资修培南北两岸石工告竣。"得旨嘉奖。浚汉川草桥口、消涡湖口水道。御史程德润言荆山王家营屡决，下游各州县连年被灾。请饬相度修筑。命湖广总督嵩孚筹议，因请仿黄河工程切滩法，平其直射之溜势，再将下游沙洲开挑引河，破其环抱，以顺正流。帝恐与水争地，虚糜无益，命刑部尚书陈若霖等往勘。覆言："京山决口三百二十余丈，钟祥溃口百七十余丈，正河经行二百余年，不应舍此别寻故道。惟有挑除胡李湾沙块，先畅下游去路，将京山口门挽筑月堤，展宽水道，钟祥口门于堵闭后，添筑石坝二，护堤攻沙。"帝韪之，命嵩孚驻工督办。

八年，河南巡抚杨国桢言："汤河、伏道河并广润陂上游之羑河、新惠等河，向皆朝宗于卫，因故道久湮，频年漫溢。现为一劳永逸之计，因势利导，悉令畅流。又南阳白河、淅川、丹江水势浩瀚，俱切近城根，亟应筑碎石、磨盘等坝二十余道，分别挑溜抵御。"均如所请行。挑浚冀州东海子淤塞沟身，以工代赈。

九年，修宿迁各河堤岸，丹阳下练湖闸坝。浚宿州奎河。筑喀什噶尔新城沿河堤岸。两江总督蒋攸铦言："徐州河道，如萧县龙山河，邳州睢宁界之白塘河，邳州旧城民便河，砀山利民、永定二河，又沛县堤工，邳州沂河民埝，丰县太行堤，皆最要之工，请次第估办兴挑。"从之。十年，修湖北省会江岸，并添建石坝。挑浚漳河故道。修保定南关外河道，及徐河石桥、河间陈家门堤。浚东平小清河，及安流、龙拱二河。修公安、监利堤。

十一年，修南昌、新建、进贤圩堤，及河间、献县河堤，天门汉水南岸堤工。桐梓被水，开浚戴家沟河道。命工部尚书朱士彦察勘江南水患，疏请修筑无为及铜陵江坝。给事中邵正笏言江湖涨滩占垦日甚，谕两江总督陶澍、湖广总督卢坤等饬属详勘，其沙洲地亩无碍水道者，听民认垦，否则设法严禁。十二年，挑除星子蓼花池淤沙，疏通沟道，并筑避沙堑坝。修筑南昌、新建圩堤，又改丰城土堤为石。

十三年，湖广总督讷尔经额请修襄阳老龙及汉阳护城石堤，武昌、荆州沿江堤岸。两江总督陶澍请修六合双城、果盒二圩堤埂，浚孟渎、得胜、湾港三河，并建闸座。均如议行。户部请兴修直隶水利城工，命总督琦善确察附近民田之沟渠陂塘，择要兴修，以工代赈。御史朱逵吉言，湖北连年被水，请疏江水支河，使南汇洞庭湖，疏汉水支河，使北汇三台等湖，并疏江、汉支河，使分汇云梦，七泽间堤防可固，水患可息。御史陈谊言，安陵滨江堤塍冲决为害，请建五闸坝，挑浚河道，以泄水势。疏入，先后命讷尔经额、尹济源、吴荣光等遴员详勘。

十四年，修良乡河道桥座。浚沔阳天门、牛蹄支河，汉阳通顺支河，并修筑滨临江、汉各堤。浚石首、潜江、汉川支河，修荆州万城大堤，华容等县水冲官民各垸。浚砀山利民、永定二河。筑南昌、新建、进贤、建昌、鄱阳、德安、星子、德化八县水淹圩堤。修潜江、钟祥、京山、天门、沔阳、汉阳六州县临江溃堤，以工代赈。修邳、宿二州县沂河堤埝、及王翻湖等工。浚太仓、七浦及太湖以下泖淀，并修元和南塘宝带桥。

十六年，浚河东姚暹渠。修库车沿河堤坝。浚海盐河道。又贷江苏司库银浚盐城皮大河、丰县顺堤河，并修筑堤工，从两江总督林则徐等请也。命大学士穆彰阿、步军统领耆英、工部尚书戴铨，勘估京城内外应修河道沟渠。十七年，修武昌沿江石岸，钟祥刘公菴、何家潭老堤，潜江城外土堤，及丰城土石堤工，并建小港口石闸石埽。十八年，修黄梅堤。浚丰润、玉田黑龙河。

十九年，修武昌保安门外江堤，蕲州卫军堤，汉阳临江石堤。叶尔羌参赞大臣恩特亨额覆陈巴尔楚克开垦屯田情形。先是，帝允伊犁将军特依顺保之请，命于巴尔楚克开垦屯田。嗣署参赞大臣金和疏陈不便，复命恩特亨额详筹。至是，疏言："该处渠身仅三百二十八里有奇，沿堤两岸培修，水势甚旺，足资灌溉。并派屯丁分段看守，遇水涨时，有渠旁草湖可泄，不致淹漫要路。"谕："照旧妥办，务于屯务边防实有裨益。"伊犁将军关福疏报，额鲁特爱曼所属界内塔什毕图，开正渠二万五千七百余丈，计百四十余里，得地十六万四千余亩，实属肥腴，引水足资灌溉。诏褒勉之。

是岁汉水盛涨，汉川、沔阳、天门、京山堤垸溃决。二十年，总督周天爵疏报江、汉情形，拟疏堵章程六：一，沙滩上游作一引坝，拦入湖口，再作沙堤障其外面，以堵旁泄；一，江之南岸改虎渡口东支堤为西堤，别添新东堤，留宽水路四里余，下达黄金口，归于洞庭，再于石首调弦口留三四十里沮洳之地，泻入洞庭；一，江之北岸旧有闸门，应改为滚坝，冬启夏闭；一，襄阳上游多作挑坝，撑水外出，再于险要处所，加筑护堤护滩；一，襄阳河四面堤畔，应用砖石多砌陡门，夏令相机启闭；一，襄河水势浩大，应添造滚坝，冬启夏闭，于两岸低洼处所，引渠纳水。下所司议行。是年修华容、武陵、龙阳、沅江四县官民堤垸，又修荆州大堤，及公安、监利、江陵、潜江四县堤工。

二十二年，堵鹿邑涡河决口。先是，黄水决口，大溜直趋涡河，将南岸观武集、郑桥、刘洼庄、古家桥及淮宁之阎家口、吴家桥、徐家滩、娄家林、季家楼堤顶漫塌，太和民田悉成巨浸，阜阳以次州县亦被漫淹。至是，安徽巡抚程楙采言："豫工将次合龙，涡河决口若不及时兴修，下游受害益深。请敕河南抚臣迅筹堵筑。"从之。湖广总督裕泰等疏报江水盛涨，冲陷万城堤以上之吴家桥水闸，并决下游上渔埠头大堤，直灌荆州郡城，仓库监狱均被淹浸。水消退后，而埠头漫口较宽，势难对口接筑。拟修挽月堤一，并先于上下游各筑横堤一。如所请行。修筑库伦堤坝，及邹县横河口、李家河口民堰。

二十三年，直隶总督讷尔经额疏陈直隶难以兴举屯政水利，略云："天津至山海关，户口殷繁，地无遗利。其无人开垦之处，乃沿海碱滩，潮水咸濇，不足以资灌溉。至全省水利，历经试垦水田，屡兴屡废，总由南北水土异宜，民多未便。而开源、疏泊、建闸、修塘，皆需重帑，未敢轻议试行。但宜于各境沟洫及时疏通，以期旱涝有备，或开凿井泉，以车戽水，亦足裨益田功。”如所议行。修海阳寮哥宫、涸溪、竹崎头堤工。

二十四年，修江夏江堤。浚海州沭河。七月，荆州江势泛涨，李家埠内堤决口，水灌城内。江陵虎渡口汛江支各堤亦多漫溢。谕总督裕泰筹款修筑。九月，万城大堤合龙。伊犁将军布彦泰等言：“惠远城东阿齐乌苏废地可垦复良田十余万亩，拟引哈什河水以资灌注，将塔什鄂斯坦田庄旧有渠道展宽，接开新渠，引入阿齐乌苏东界，并间段酌挑支河。”又言：“伊拉里克地亩与喀喇沙尔属蒙古游牧地以山为界，该处河水一道，由山之东面流出，距游牧地尚隔一山，于蒙古生计无碍，堪以开垦。请浚大渠支渠并泄水渠，引用伊拉里克河水。”又言：“奎屯地方宽广，有河一道，系由库尔喀喇乌苏南山积雪融化汇流成河，近水地亩早有营屯户民承种。又苏沁荒地有万余亩，土脉肥润，只须挑渠引水，可以俱成沃壤。”均如所请行。

二十五年，浚贾鲁河，修汶上马踏湖民堰。命喀喇沙尔办事大臣全庆查勘和尔罕水利，疏言：“和尔罕地本膏腴，宜将西北哈拉木扎什水渠并东南和色热瓦特大渠接引，可资耕种。中隔大小沙梁，业已挑通，宜于冲要处砌石钉桩，使沙土不致坍卸，渠道日深，足以灌溉良田。”又言：“伊拉里克地居吐鲁番所辖托克逊军台之西，土脉腴润，谓之板土戈壁，其西为沙石戈壁。二百余里，至山口出泉处，有大阿拉浑、小阿拉浑两水，汇成一河。从前渠道未开，水无收束，一至沙石戈壁，散漫沙中，而板土戈壁水流不到，转成荒滩。今将极西之水导引而东，在沙石戈壁凿成大渠三段，复於板土戈壁多开支渠，即遇大汛，水有所归。又吐鲁番地亩多系掘井取泉，名曰卡井，连环导引，其利甚溥。惟高埠难引水逆流而上，应听户民自行穵井，冬春水微时，可补不足。”下廷臣议行。

二十六年，乌鲁木齐都统惟勤请修理喀喇沙尔渠道坝堤，并陈章程四，命伊犁将军萨迎阿覆核，尚无流弊，诏如所请行。六塘河堤冲溃，各州县连年被水，命两江总督璧昌等核办。覆言，海州境内六塘河及蔷薇河淤垫冲决，田庐受淹，于运道宣防，大有关系，应从速借款挑筑，允之。修温榆河果渠村坝埽。二十七年，扎萨克郡王伯锡尔呈献私垦地亩，内有生地四千八百三十余亩，接浚新渠二，添开支渠二，以资分灌。

二十八年，两江总督李星沅请修沛县民埝埽坝，裕泰请修江夏堤工、钟祥廖家店外滩岸，直隶总督讷尔经额请修筑万全护城石坝，均如所请。御史杨彤如劾河南抚臣三次挑穵贾鲁河决口，费几百万，迄无成功，请敕查办。诏褫鄂顺安以下职。新任巡抚潘铎疏言：“贾鲁河工程应以复朱仙镇为修河关键。惟朱仙镇内及街南北河道淤垫最甚，今议添办柴稭埽工，以防两岸淤沙。其淤沙最深处，挑浚较难，另择乾土十数里，改道以通旧河，责成各员赔修，限四十五日工竣。”从之。

二十九年，江苏巡抚傅绳勋言：“阴雨连绵，积水无从宣泄，以致江、淮、扬等属堤圩多被冲破。请仿《农政全书》柜田之法，以土护田，坚筑高峻，内水易于车涸，劝民举行，以工代赈，并查勘海口，开穵闸洞泄水。”帝嘉勉之。三十年，修襄阳老龙石堤，及汉阳堤坝，武昌沿江石岸，潜江土堤、钟祥高家堤。御史汪元方以浙江水灾，多由棚民开山，水道淤阻所致，疏请禁止。谕巡抚吴文镕严查，并命江苏、安徽、江西、湖广各督抚一体稽查妥办。

咸丰元年，浙江巡抚常大淳疏陈清理种山棚民情形，略言：“浙西水利，余杭、南湖骤难浚复，应先开支河、修石闸，以资蓄泄。上游治而下游之患亦可稍平。浙东则绍兴之三闸口外，鄞县、象山等河溪，现经筹挑。”报闻。三年，太常卿唐鉴进《畿辅水利备览》，命给直隶总督桂良阅看，并著于军务告竣时，酌度情形妥办。

同治元年，御史朱潮请开畿辅水利，并以田地之治否，定府县考绩之殿最。命直隶总督文煜等将所辖境内山泉河梁淀湖及可开渠引水地方详查，并妥议章程。寻覆疏言：“有可举行之处，或碍于地界，或限于力量，或当掘井制车，或须抽沟筑圩，均设法催劝，推行尽利。”三年，江苏士民殷自芳等以“山阳、盐城境内市河、十字河、小市河蜿蜒百里，东注马家荡，沿河民田数千顷，旱则资其灌溉，潦则资其宣泄。自乾隆六年大挑以后，迄今百余年，河淤田废，水旱均易成灾。垦请挑浚筑墟，引运河水入市河，以苏民困”。命两江总督、江苏巡抚核办。

五年，御史王书瑞言，浙江水利，海塘而外，又有溇港。乌程有三十九溇，长兴有三十四溇。自逆匪窜扰后，泥沙堆积，溇口淤阻，请设法开浚。又言苏、松诸郡与杭、嘉、湖异派同归，湖州处上游之最要，苏、松等郡处下游之最要。上游阻塞，则害在湖州，下游阻塞，则害在苏、松，并害及杭、嘉、湖。请饬江苏一并勘治。从之。六年，浚清河张福口引河。八年，安徽巡抚吴坤修言，永城与宿州接壤之南股河，久经淤塞，下接灵壁，低洼如釜，旱成巨浸，水无出路，拟查勘筹办。从之。

九年，浚白茆河道，改建近海石闸。江苏绅民请浚复淮水故道，命两江总督、江苏巡抚、漕运总督会筹。覆疏言：“挽淮归故，必先大浚淤黄河，以畅其入海之路，继开清口，以导其入黄，继堵成子河、张福口、高良涧三河，以杜旁泄。应分别缓急兴工，期以数年有效。”下部议，从之。是年内阁侍读学士钟佩贤亦以疏浚海港为请。于是浙抚杨昌浚言：“溇港年久淤塞，查明最要次要各工，分别估修，拟趁冬隙时，先将寺桥等九港及诸、沈二溇赶办，其余各工及碧浪湖工程，次第筹画，应与吴江长桥及太湖出水各口同时修浚。”得旨允行。

十年，修龙洞旧渠，并开新渠以引泾水。江苏巡抚张之万请设水利局，兴修三吴水利。于是重修元和、吴县、呈江、震泽桥窦各工。最大者为吴淞江下游至新闸百四十丈，别以机器船疏之。凡太仓七浦河，昭文徐六泾河，常熟福山港河、常州河，武进孟渎、超瓢港，江阴黄田港、河道塘闸、徒阳河、丹徒口支河，丹阳小城河，镇江京口河，均以次分年疏导，几及十年，始克竣事。先是侯家林决口，河督乔松年以为时较晚，请来年冬举办。至是，巡抚丁宝桢言，此处决口不堵，必致浸淹曹、兖、济十余州县，若再向东南奔注，则清津、里下河一带更形吃重，请亲往督工堵筑。诏奖勉之。

十二年，以直隶河患频仍，命总督李鸿章仿雍正间成法，筹修畿辅水利。旋议定直隶诸河，皆以淀池为宣蓄。西淀数百里河道，为民生一大关键，先堵赵村决口，筑磁河、猪龙河南堤，以御外水，挑浚卢僧、中亭两河，分减大清河水势，以免倒灌。并疏通赵王河道，将苟各庄以上巨堤及下口鹰嘴坝各建闸座。是年秋，直隶运河堤决，内阁学士宋晋请择修各河渠，以工代赈，从之。十三年，挑浚天津陈家沟至塌河淀边减河三千七百余丈，又自塌河淀循金钟河故道斜趋入蓟运河，开新河万四千一百余丈，俾通省河流分溜由北塘归海。石庄户决口，夺溜南趋，命宝桢速筹堵筑。旋以决口骤难施工，请在迤下之贾庄建坝堵合，即于南北岸普筑长堤。而北岸濮州之上游为开州，并饬直督合力筹办。

光绪元年，浚文安胜芳河，修菏泽贾庄南岸长堤及北岸金堤。二年，浚张家桥新旧泗河。三年，浚济宁夏镇迤南十字河。给事中夏献馨请修水利以裕民食，谕各督抚酌夺情形，悉心区画。四年，修补滨江黄柏山至樊口四十里老堤，并于樊口内建石闸。五年，修都江堰堤，灌县、温江、崇庆旧淹田地涸复八万二千余亩。

七年，挑浚大清河下游，使水畅入东淀，并于献县朱家口古羊河东岸另辟滹沱减河，使水归子牙河故道，达津入海。浚宝坻、武清境内北运减河。大学士左宗棠请兴办顺直水利，以陕甘应饷之军助直隶治河之役。总督李鸿章言："近畿水利，受病过深，凡永定、大清、滹沱、北运、南运五大河，及附丽之六十余支河，原有闸坝堤埝，无一不坏，减河引河，无一不塞，而节宣诸水之南泊、北泊、东淀、西淀，早被浊流填淤，仅恃天津三岔口一线海河，迤逦出口。平时既不能畅消，秋冬海潮顶托倒灌，节节皆病。修治之法，须先从此入手。五大河中，以永定之害为最深。其大清、北运、南运，须分别挑浚筑堤，修复减河。滹沱趋向无定，自来未设堤防。同治七年，由藁城北徙，以文安大洼为壑，其故道之难复，上游之难分，下游之难泄，曾国藩与臣详陈有案。东西淀宽广数百里，淤泥厚积，人力难施。频年以来，修复永定河金门闸坝，裁湾切滩，加筑堤段。大清河则于新、雄境内开卢僧减河，霸州、文安境内接开中亭、胜芳等河，分泄上游盛涨；于任丘开赵王减河，分泄西淀盛涨；又于文安左各庄至台头挑河身二十余里，以畅下游去路。滹沱河则于河间及文安穵开引河二，又于献县朱家口另辟减河三十余里，均归子牙河达津。北运河则于通州筑坝，挽潮白河归槽，于香河王家务、武清筐儿港修复石坝，以泄涨水，于天津霍家嘴疏浚引河，以通下口。又于武清、宝坻挑挖王家务、筐儿港两减河，以资畅泄。南运河则于青、沧、静海修堤二百余里，于静海新官屯另辟减河六十余里，使别途出海。又于天津城东永定、大清、滹沱、北运交会之陈家湾，开河百余里，分泄四大河之水，迳达北塘入海。其无极、蠡、博、高阳一带，则坚筑珠龙河堤，以防滹沱北越。任丘至天津一带，则加筑千里堤、格淀堤，使河自河而淀自淀。又于广平开洺河，顺德挑澧河，赵州浚洨、槐、午诸河。此外河道受害较深者，均酌量疏筑。今宗棠请以随带各营移治上游，正可辅直隶之不逮。此后应修何处，当随时会商，实力襄助。"疏入，命恭亲王奕䜣、醇亲王奕譞会同办理。是年加修子牙河堤万七千四百余丈，文安西堤二千九百余丈，展宽静海东堤二千四百余丈。

九年，安徽学政徐郙言："江、皖两省水患频仍，亟须挑泗、沂为导淮先路，仿抽沟法，循序疏治，由大通口引河入海，泄水较易。"命宗棠、昌濬会商筹办。寻疏覆言："天下无有利无害之水，疏旧黄河，分减泗、沂，近年已著成效，自当加挑宽深，兼疏大通口以畅出海之途，设复淮局于清江，派员提调。估计分年分段兴办，去其太甚之害，留其本然之利。江北于皖省为下游，下游利，上游自无不利矣。"报闻。

十年，河南巡抚鹿传霖言："豫省地势平衍，卫、淇、沁、漳襟带西北，淮、汝、涡、颍交汇东南，如果一律疏通，加以沟渠引灌，农田大可受益。今河道半皆壅滞，沟渠亦多荒废，拟借人力以补天灾，派员分赴各州县履勘筹画，或疏或浚，志在必成，使民间晓然于有利农田，自能踊跃用命。"诏如所请行。宗棠言："兴修江南水利各工，最大者为朱家山、赤山湖。朱家山自浦口至张家堡，接通滁河，绵亘百二十余里。赤山湖自道士坝、蟹子坝至三汊河下游，亦绵亘百二十里。两年工竣，不惟沿江圩田均受其利，而粮艘货船亦可由内河行，尤属农商两便。"下部知之。十一年七月，以张曜所部十营、冯南斌二营、蒋东才四营，浚京师内外护城河，十一月竣工。十三年，河决郑州，全溜注淮，因浚张福口引河，及兴化之大周闸河、丁溪场之古河口、小海三河，俾由新阳、射阳等河入海。十四年，凿广西江面险滩，由苍梧迄阳朔七百余里，共开险滩三十五。

十六年，江苏巡抚刚毅以宝山蕴藻河道失修，迤西大坝壅遏水脉，请兴工挑筑。给事中金寿松言利少害多，命总督曾国荃妥筹。覆疏言，拟拆去同治间所筑土坝，以通嘉定、宝山之水道，仍规复咸丰间所建旧闸，以还嘉定之水利。另开引河以通河流，俾得随时宣泄。下部知之。挑浚馀杭南湖，并疏浚苕溪。华州罗纹河下游各村连年遭水，沿河数百顷良田尽成泽国。巡抚鹿传霖请由吴家桥北大荔之胡村，开渠引水注渭，则其流舒畅，被淹民田，即可涸复耕作，从之。

给事中洪良品以直隶频年水灾，请筹疏浚以兴水利。事下总督筹议。鸿章言："原奏大致以开沟渠、营稻田为急，大都沿袭旧闻，信为确论，而于古今地势之异致，南北天时之异宜，尚未深考。夫以太行左转，西北万峰矗天，伏秋大雨，口外数千里千溪万派之水，奔腾而下，畿南一带地平土疏，顷刻辄涨数尺或一二丈，冲荡泛溢，势所必然。圣祖虑清浊河流之不可制也，乃筑千里堤、格淀堤，使淀与子牙河各行一路。世宗虑永定河南行之淤淀也，令引浑河别由一道，改移下口。其余官堤民堤，今昔增筑，综计不下三四千里，沙土杂半，险工林立，每当伏秋盛涨，兵民日夜防守，甚于防寇，岂有放水灌入平地之理？今若语沿河居民开渠引水，鲜不错愕骇怪者。且水田之利，不独地势难行，即天时亦南北回异。春夏之交，布秧宜雨，而直隶彼时则苦雨少泉涸。今釜阳各河出山处，土人颇知凿渠艺稻。节届芒种，上游水入渠，则下游舟行苦浅，屡起讼端。东西淀左近洼地，乡民亦散布稻种，私冀旱年一获，每当伏秋涨发，辄遭漂没。此实限于天时，断非人力所能补救者也。以近代事考之，明徐贞明仅营田三百九十余顷，汪应蛟仅营田五十顷，董应举营田最多，亦仅千八百余顷，然皆黍粟兼收，非皆水稻。且其志在垦荒殖谷，并非藉减水患。今访其遗迹，所营之田，非导山泉，即傍海潮，绝不引大河无节制之水以资灌溉，安能藉减河之水患，又安能广营多获以抵南漕之入？雍正间，怡贤亲王等兴修直隶水利，四年之间，营治稻田六千余顷，然不旋踵而其利顿减。九年，大学士朱轼、河道总督刘于义，即将距水较远、地势稍高之田，听民随便种植。可见直隶水田之不能尽营，而踵行扩充之不易也。恭读乾隆二十七年上谕'物土宜者，南北燥湿，不能不从其性。傥将洼地尽改作秧田，雨水多时，自可藉以储用，雨泽一歉，又将何以救旱？从前近京议修水利营田，始终未收实济，可见地利不能强同'。谟训昭垂，永宜遵守。即如天津地方，康熙间总兵蓝理在城南垦水田二百余顷，未久淤废。咸丰九年，亲王僧格林沁督师海口，垦水田四十余顷，嗣以旱潦不时，迄未能一律种稻，而所费已属不赀。光绪初，臣以海防紧要，不可不讲求屯政，曾饬提督周盛传在天津东南开挖引河，垦水田千三百余顷，用淮勇民夫数万人，经营六七年之久，始获成熟。此在潮汐可恃之地，役南方习农之人，尚且劳费若此。若于五大河经流多分支派，穿穴堤防浚沟，遂于平原易黍粟以秔稻，水不应时，土非泽埴，窃恐欲富民而适以扰民，欲减水患而适以增水患也。"

十七年，刚毅言："吴淞江为农田水利所资，自道光六年浚治后，又经六十余年，淤垫日甚。前年秋雨连旬，河湖泛滥，积涝竟无消路。去年十月，派员开办，并调营勇协同民夫，分段合作，约三月内可告竣。"报闻。鸿章又言："宝坻青龙湾减河，自香河之王家务经宝坻至宁河入海。去岁霪雨兼旬，河流狂涨，横堤决岸，宝坻受害独深。广安桥以下，河身浅窄，大宝庄以上，并无河槽，应与昔年所开之普济河、黄庄新河一律挑深，添建石闸。"沈秉成、松椿言："淮南堰圩厅所管之洪泽湖，关系水道利病盐 漕诸务。今全湖之水下趋，毫无节制。现勘得应行先办之工，曰修复三坝，曰修整束水堤，曰展挑三福口，计三项工程，不过数万两可以集事。或有议于礼河迤西蔡家庄建滚水石坝，使水可蓄泄，较有把握。惟巨款难筹，应暂缓办。"均诏如所请。堵筑吴桥宣惠河缺口二。河陕汝道铁珊，以阌乡北滨黄河，城垣屡被冲坍，因于城外筑大石坝，挑溜护城。

十八年，疏凿福山港、徐六泾二河，及高浦、耿泾、海洋塘、西洋港四河。山东巡抚福润言："小清河为民田水利所关，年久淤塞。前抚臣张曜筹议疏通，因工涨款绌，仅修下游博兴之金家桥至寿光海道，长百余里。其上游工程，应接续兴挑，庶使历城等县所受各水，悉可入海。今拟规复小清河正轨，而不拘牵故道，由金家桥而西取直，择洼区接开正河，历博兴、高苑、新城、长山、邹平至齐东曹家坡，长九十七里，又于金家桥迤下开支河二十四里，至柳桥，以承济麻大湖上游各河之水，引入新河，计长四千二百余丈。"诏从之。

二十年，崇明海岸被潮冲啮，逼近城墙。于青龙港东西两面设立敌水坝四，加建木桥，叠砌石块，以御风潮。二十一年，署两江总督张之洞言："黄河支流之减水河洪河，自虞城、夏邑、永城经砀山、萧县，达宿州、灵壁、泗州之睢河，而注于洪湖。其间湖港纷歧，皆下注睢河。乾隆年间，以睢河不能容，导水为三，曰北股、中股、南股。中股为睢河正流。咸丰初，黄河日益淤垫，渐及改徙，豫、江、皖各河亦逐段淤阻，水潦泛溢为害，尤以永、萧、砀为甚。同治间建议疏河，恒以工程过大，屡议屡辍。今拟改道办法，导北股河之水以达灵壁岳河，导中股、南股河之水合流入宿州运粮沟，以达浍河，而运粮一沟恐不能容纳，应治沱河梁沟以复其旧，使各河之水皆顺轨下注洪湖，不致横溢，则各属水患永息矣。"诏如所请行。

二十二年，御史华辉疏陈兴修水利八事：曰引泉，曰筑塘，曰开渠，曰通湖，曰开井，曰蓄水，曰用车，曰填石。下所司议。二十四年，浚太仓刘河，自殷港门至浦家港口四千一百余丈。二十八年，江西巡抚李兴锐言："近年水患频仍，皆由鄱阳湖日见淤浅，而长江昔宽今狭，骤遭大雨，疏泄不及，遂至四溢为灾。请于冬晴水浅时，购制挖泥机器轮船数艘，将全湖分别挑挖。其上游河道亦一律择要疏治。既为防水患起见，亦为兴商务张本。"从之。修湖北省城北路堤红关至春山八段，南路堤白沙洲至金口十段，以御外江之泛涨。建石闸数座，以备内湖之宣泄。又于附郭沿江十余里，一律增修石剥岸。浚小清河，开徒阳河百二十余里。

宣统元年，署直隶总督那桐言："通州鲇鱼沟堤岸，自光绪九年决口，流入港沟而归凤河。嗣后屡堵屡溃。至二十四年大汛复决，迄今未能堵闭，以致武清百数十村频年潰没。今拟于鲇鱼沟暂建滚水坝，俾全溜不致旁趋。倘遇盛涨，即将土埝挑除，俾资分泄。一面将上游堤坝挑补整齐，疏浚青龙湾等处引河，以减盛涨，筑拦水埝以御浑流，修估龙凤河以疏积潦。滚水坝工程应即兴办。其修堤及疏引河，应于本年秋后部署，来年二月兴工。拦水埝及龙凤河，应于来年秋后部署，次年二月兴工。均限伏汛前报竣。"下部议行。湖广总督陈夔龙请修复江、襄溃口，略谓："江、襄各堤，以潜江之袁家月堤为最要。此次溃口，堤身冲刷，顿落四百余丈，回流湍急，附近悉成泽国，应及时筑合。此外郭家嘴、禹王庙溃堤，及天门黑牛渡、沔阳吕蒙营、公安高李公、松滋杨家脑、监利河龙庙各堤工，均拟派员督办筹修，以期巩固。"从之。

宁夏满营开垦马厂荒地，先治唐渠，以裕潴停之地。挑浚百二十余里，曰正渠；自靖益堡开支口，引水西北行四十余里而入之沟，曰新渠；沿渠列小口四十，挟水以归诸田，曰支渠。唐渠以西，沦为泽国，非沟以宣之不为功。自杏子湖起，穿沟二百八十余里，建大小石闸、木闸四十二，石桥、木桥三十三，经始上年九月，至本年八月告成，名曰湛恩渠，约成腴田二十万亩。是年，东三省总督、奉天巡抚合词请修辽河，先从双台子河堤入手，次年续修鸭岛、冷家口工程，并挑挖海口拦江沙，与辽河工程同时举办。下部知之。

卷一百三十　　志一百五

兵一

有清以武功定天下。太祖高皇帝崛起东方，初定旗兵制，八旗子弟人尽为兵，不啻举国皆兵焉。太宗征藩部，世祖定中原，八旗兵力最强。圣祖平南服，世宗征青海，高宗定西疆，以旗兵为主，而辅之以绿营。仁宗剿教匪，宣宗御外寇，兼用防军，而以乡兵助之。文宗、穆宗先后平粤、捻，湘军初起，淮军继之，而练勇之功始著，至是兵制盖数变矣。道、咸以后，海禁大开，德宗复立海军，内江外海，与水师并行。而练军、陆军又相继以起，扰攘数年，卒酿新军之变。以兵兴者，终以兵败。呜呼，岂非天哉！今作《兵志》：一曰八旗，二曰绿营，三曰防军，附陆军，四曰乡兵，五曰土兵，六曰水师，七曰海军，八曰边防，九曰海防，十曰训练，十一曰制造，十二曰马政，并分著于篇。

八旗

清初，太祖以遗甲十三副起，归附日众，设四旗，曰正黄、正白、正红、正蓝，复增四旗，曰镶黄、镶白、镶红、镶蓝，统满洲、蒙古、汉军之众，八旗之制自此始。每旗三百人为一牛录，以牛录额真领之。五牛录，领以札兰额真。五札兰，领以固山额真。每固山设左右梅勒额真。天命五年，改牛录额真俱为备御官。天聪八年，定八旗官名，总兵为昂邦章京，副将为梅勒章京，参将为甲喇章京，各分三等。备御为牛录章京。什长为专达。又定固山额真行营马兵为阿礼哈超哈，其后曰骁骑营。巴雅喇营前哨兵为噶布什贤超哈，其后曰护军及前锋营。驻防盛京兵为守兵，预备兵为援兵。各城寨兵为守边兵。旧蒙古左右营为左右翼兵。旧汉兵为乌真超哈。孔有德之天祐兵，尚可喜之天助兵，并入汉军。九年，以所获察哈尔部众及喀喇沁壮丁份为蒙古八旗，制与满洲八旗同。崇德二年，分汉军为二旗，置左右翼。四年，分为四旗，曰纯皂、曰皂镶黄、曰皂镶白、曰皂镶红。七年，设汉军八旗，制与满洲同。世祖定鼎燕京，分置满、蒙、汉八旗于京城。以次厘定兵制。

禁卫兵大类有二：曰郎卫，曰兵卫。郎卫之制，领侍卫内大臣六人，镶黄、正黄、正白旗各二人。内大臣六人。散秩大臣无定员。侍卫分四等。更有蓝翎侍卫。凡御前侍卫、乾清门侍卫由三旗简用，汉侍卫由武进士简用，皆无定员。初，镶黄、正黄、正白三旗，天子自将，选其子弟曰侍卫，凡值殿廷，以领侍卫内大臣统之。宿卫乾清门、内右门、神武门、宁寿门为内班，宿卫太和门为外班。行幸驻跸咸从。其扈从，后扈二人，前引十人，豹尾班侍卫六十人。凡佐领亲军，镶黄旗满洲八十五佐领，蒙古二十八人佐领，每佐领亲军二人；正黄旗满洲九十三佐领，蒙古二十四佐领；正白旗满洲八十六佐领，蒙古二十九佐领。三旗亲军选六十人随侍卫行走，余皆值宿。巡幸则御前大臣侍卫、乾清门侍卫咸从。行营则列两厢，余于幔城之隅，环拱宿卫。康熙二十九年，以武进士技优者拔置侍卫，偕三旗值宿。雍正十一年，以亲军未满十年者，挑选前锋。满、汉八旗左右翼各设前锋统领一人，备警跸宿卫。侍卫班内有上驷院侍卫，司辔、司鞍。其兼尚虞、鹰鹞房、鹘房、十五善射、射鹄、善扑等侍卫，统在三旗额内，俱无定员。銮仪卫亦侍从武职。设掌卫司内大臣一人，銮仪使三人，冠军使十人，云麾使、治仪正、整仪尉各有差，专司乘舆卤簿。校尉由内府选者为旗尉，由五城选者为民尉。此八旗郎卫制也。

兵卫之制，定鼎初，即以上三旗守卫紫禁宫阙，以护军统领、参领、前锋统领率之。噶布什贤超哈满洲、蒙古八旗分左右翼备宿卫。内务府三旗，各设佐领三人，旗鼓佐领四人，正黄旗设朝鲜佐领一人，每二丁设马甲一，每佐领各设领催六、护军十五，以领侍卫内大臣率之。内务府官兵守护行宫者，分东西北三路，设千总等官、兵额不等。热河行宫亦如之。其守护陵寝者，顺治初，永陵、福陵、昭陵各设云骑尉、骑都尉。嗣后盛京三陵，增设总管、防御、骁骑校。京师东西陵制亦如之。所属各旗骁骑有差。八年，制定亲王至辅国公等，以次设长史、护卫等官。十七年，定八旗汉字官名，固山额真曰都统，梅勒章京曰副都统，甲喇章京曰参领，牛录章京曰佐领，昂邦章京曰总管，乌真超哈曰汉军。凡满、蒙、汉各旗共选四千八百人为养育兵，训练技艺。嗣后兵额屡增。乾隆中，满、蒙养育兵至二万三百余人。盛京打牲乌拉，设总管、协领、佐领等员，辖打牲兵丁。吉林之参户，蜜户，渔户，猎户，鹰、狐、獭、鹳诸户，咸隶内府三旗。其巡捕营汛守外七城门，上设步兵汛二十五所，城外分中南北三营，马步兵汛额各有差，统以参将、游击等。畅春、圆明、静明等园守兵，统以守备。康熙初，定驻跸之地，八旗护军分左右翼巡宿，启跸则三旗营总、护军参领随行。十三年，定八旗步兵二万一千余名，乌枪步兵凡千七百三十七名。又定内九门外七门设城门校，辖十六门门军。其步军营汛守皇城内各汛专用满洲，城外各汛兼用蒙古、汉军。寻定上驻园，则八旗两翼，翼分七汛，更番宿卫。每日当值之前锋、乌枪护军共七百二十人。二十一年，定田猎每年三举，八旗各简前锋军校以从。二十二年，定车驾巡幸期。八旗骁骑营于内外城并增汛所。二十三年，以黑龙江所进精骑射、善杀虎者编虎枪营。三十年，设火器营。雍正元年，设巡捕营，马兵汛十五，步兵汛五十二。凡朝会期，协尉、副尉率步军巡警。二年，谕各旗共选四千八百教养兵，习长枪挑刀各艺。四年，令八旗前锋习射，月六次。其专司防火者曰防范兵。九年，令五旗门汛护军、马甲均归本营操演。令三旗增训练兵二千，编为二营。十三年，额定马甲五千二百五十，春秋二季合操。乾隆十四年，设云梯兵一营。又于昆明湖设赶缯船，以前锋军习水战。二十五年，令来京回人编一佐领，以和卓为佐领统辖之，后皆准此。三十九年，定大阅头队前锋八旗，分为八队，每队小旗八，海螺四，为殿后兵。四十一年，以来京之番子视回人例，编一佐领，统于内务府正白旗。四十六年，增京师步军左右二营，合南北中为五营，分二十三汛，领兵一万，于八旗汉军鄂尔布、步甲、闲散内择壮丁充补。嘉庆四年，令巡捕五营以中营作提标，管圆明园五汛，参将四人，分管南北左右四营，共十八汛，两翼总兵分辖之。十七年，以增设之健锐营归左翼，外火器营归右翼，合八旗前锋、内火器营、骁骑营凡三十六营。咸丰三年，谕京师各旗营兵十四万九千有奇，统兵大臣分班亲阅，马步火器，务令精整，不得以临时召募滥充。十年，从胜保请，令八旗兵加练枪炮抬枪。同治四年，谕醇亲王训练神机营，旗、绿各营，亦随时校阅。光绪二十四年，选练神机营马步队，以万人为先锋队，习枪炮及行阵战法。此八旗兵卫制也。

八旗驻防之兵，大类有四：曰畿辅驻防兵，其藩部内附之众，及在京内务府、理藩院所辖悉附焉；曰东三省驻防兵；曰各直省驻防兵，新疆驻防兵附焉；曰藩部兵。

畿辅驻防兵制，顺治初，独石口、张家口、山海关、喜峰石、古北口并设防御一人或二人，采育里、固安县设防守尉、防御有差。康熙十四年，察哈尔八旗，每旗设总管一人，副总管一人，参领三人，佐领、骁骑校、护军校各有差。捕盗官每旗二人，亲军、前锋各二，护军十七，领催四，骁骑二十五。在京蒙古都统兼辖之。山海关总管一人，防御八人，满、蒙、汉兵七百有奇。寻设张家口总管一，防御七，兵百三十有奇。独石口、古北口增防御各二，喜峰口防御二，冷口、罗文峪防御各一，兵多则六十八，少则十二人。雍正三年，设天津水师营都统一，协领六，佐领、防御、骁骑校各三十二，旗兵千六百人，蒙古兵四百人，分左右两翼。乾隆三年，增热河驻防兵二千人，委前锋校、前锋、领催、乌枪领催、马甲、乌枪马甲、炮甲、弓矢匠各有差，以千四百人驻热河，四百驻喀喇河屯、二百驻桦榆沟。八年，改山海关总管为副都统，增协领、佐领诸属，满、蒙、汉兵共八百人，分左右翼。二十六年，设察哈尔都统一人，驻张家口，理八旗游牧，兼辖防兵，副都统二人，驻左右翼游牧边界。四十五年，设驻防蜜云满、蒙兵二千。嘉庆三年，增热河围场副都统。九年，改总管。十五年，改设都统一人。以厄鲁特达什达瓦降众徙居科布多，旋分其属为三旗，设总管、副总管、佐领、骁骑校等。寻移至热河，作为官兵。先是康熙中，建避暑山庄于热河，设总管、守备、千总分守各行宫。乾隆间，增建行宫，设千总、委署千总一二人，兵自六人至九十八人不等。木兰围场总管一人。康熙季年，设有防御八及满、蒙兵百余。迨乾隆中年，增左右翼长二，骁骑校八，驻兵共八百人。每一兵给地一顷二十亩，或地不宜耕种，则改给牛羊。木兰之地，周遭树栅为界，设营房八，卡伦四十，八旗各分五卡伦，各以旗兵守之。道光四年，谕驻京旗兵，遇闰月赏给甲米，他省不得援例。此畿辅驻防制也。

东三省驻防兵制，共驻四十四所，兵三万五千三百余人。凡前锋、领催、马甲、守门库等兵，步甲、夜捕手、匠役、养育兵、鸟枪马甲、领催、水手之属，或设或否，名额多寡，各视驻地所宜，损益区置之，初无定限。

其在盛京，天聪间始设驻防于牛庄、盖州，兵九十六人。顺治元年，世祖将迁燕京，设盛京八旗驻防兵，以正黄旗内大臣和洛会总统之，以镶黄旗梅勒章京统左翼，正红旗梅勒章京统右翼。每旗设满洲协领一，佐领四，蒙古、汉军佐领各一。设熊岳城守官，其下满洲佐领三，汉军佐领一，锦州、凤凰城、宁远城守官，其下各设满洲佐领各二，汉军佐领一，兴京、辽阳、牛庄、岫岩、义州城守官，满洲佐领各一人，盖州、海州满、汉佐领各一，统驻防兵。康熙元年，改盛京昂邦章京为镇守辽东等处将军，梅勒章京二人为副都统，统辖协领、佐领、骁骑校。四年，改辽东将军为奉天将军。十四年，设锦州、义州城守尉各一，佐领、骁骑校各有差。各边门皆置防御一。寻设开原防御三，金州防御一，兵弁各有差。五十五年，设金州驻防水师营，船十号，兵五百，水手一百。雍正五年，设熊岳副都统一人，广宁、义州、锦州、宁远至山海关设副都统一，复州、南金州、凤凰城、岫岩、旅顺等处设副都统一，分辖旗兵。乾隆十二年，改奉天将军为镇守盛京将军。盛京各额兵都一万五千有奇。

其在吉林，顺治十年，设宁古塔昂邦章京一，梅勒章京二，佐领、骁骑校各八。十八年，设吉林水师营。康熙元年，改宁古塔昂邦章京为将军，梅勒章京为副都统。三年，设水师营总管各员。七年，增宁古塔协领二。十年，以宁古塔副都统一，佐领、骁骑校各十一，兵七百，移驻吉林。又增吉林协领八，佐领、防御、骁骑校各十二，兵六百人。寻增防御十五人。十五年，移宁古塔将军驻吉林，留副都统于宁古塔，增吉林副都统一人。三十一年，设伯都讷协领二人，佐领、骁骑校各三十，防御八。五十三年，设三姓、珲春协领一，佐领、骁骑校、防御有差。雍正三年，设阿勒楚喀协领一人，佐领、骁骑校、防御各五。十年，设三姓副都统一人。寻设吉林鸟枪营参领一人，佐领、骁骑校各八，鸟枪兵千。乾隆十三年，令打牲乌拉兵归吉林将军兼辖。先是顺治时，设打牲乌拉协领二，又设总管一人，统辖珠轩头目，及参、蜜、渔、猎诸户，专司采捕诸役。后递增佐领、防御八，骁骑校十或八，额兵千。至是以在吉林境，命兼统于吉林将军。二十一年，设阿勒楚喀副都统一人。道光六年，以双城堡移驻京旗分左右翼，各设总、副屯达二人。嗣又分一旗五屯，增总、副屯达各六人。其在黑龙江，当康熙初年，自吉林移水师营来驻齐齐哈尔等处，水手一千有奇。盛京壮丁散处者，随时编入八旗。巴尔呼人、锡伯人居近吉林，卦勒察人居近伯都讷，库尔喀人居近珲春，并设佐领、骁骑校等分驻。其东北最远者，索伦、达呼尔二部，天命、天聪间，相率内附，其后分充各城额兵。至鄂伦春所居益远，使马、使鹿部分处山林，业捕貂，皆审户比丁，列于军伍。二十二年，初置黑龙江将军，原水师营总管等并属之，设副都统二，协领四，佐领、骁骑校各二十四，防御八，满洲兵千，索伦、达呼尔兵五百，驻爱珲城。二十三年，设打牲处总管一，副总管二，以索伦、达呼尔壮丁编设佐领、骁骑校。寻于墨尔根城设驻防兵。二十九年，移将军驻墨尔根，又增协领四，佐领、骁骑校各七，索伦、达呼尔兵四百余，以副都统一人统兵驻爱珲。寻设兵千余驻防齐齐哈尔。三十八年，将军复自墨尔根移驻齐齐哈尔。四十九年，设墨尔根副都统一人。雍正六年，增设打牲处总管三，满洲、索伦、达呼尔副总管十六，索伦、达呼尔佐领、骁骑校各六十二。十年，设呼伦贝尔统领一，索伦、巴尔呼总管、副总管各二，佐领、骁骑校各五十，兵三千，寻增兵二吉有奇。厄鲁特总管、副总管各一。乾隆八年，改呼伦贝尔统领为副都统。嘉庆九年，以齐齐哈尔等处承种官田马甲归各本旗，所垦新田，改增养育兵耕种。咸丰八年，增黑龙江马甲千。光绪八年，将军文绪请由黑省至茂兴设七站，由茂兴至呼兰设五台，共台站六十人，置掌路记防御一，骁骑校二，领催六，分隶钤束。黑龙江八旗兵约分五类：曰前锋，共百四十六人，佩橐鞬，负旗帜，为先导；曰领催，供会计书写，马甲之长也，共七百四十八人；曰马甲，又称披甲，共九千二百十三人；曰匠役，为鸟枪、弓、铁、鞍诸匠，共一百五十二人；曰养育兵，康熙季年，始以旗兵屯田，至嘉庆中，改屯田马甲为养育兵，共八百人。别有未入伍者曰西丹，译言控马奴，不得预征伐之事。此东三省驻防制也。

各直省驻防制，顺治二年，始设江南江宁左翼四旗，陕西西安右翼四旗，皆置满、蒙兵二千，弓匠二十八，铁匠五十六。六年，于山西太原设正蓝、镶蓝二旗满、蒙驻防兵，暨游牧察哈尔兵。初，太宗亲征察哈尔，降土默特之众，后编为二旗，设左右翼，都统部众得同办事。旋裁都统，以旗务掌之将军、副都统，与内八旗等。至是，游牧察哈尔遂列于山西驻防。十一年，设山东德州镶黄、正黄二旗满、蒙领催、马甲暨弓、铁匠。十五年，增设西安佐领、骁骑校二十八，骁骑一千。设浙江杭州满、蒙八旗马甲、步甲、弓匠，汉军马甲、步甲、铁匠，满、汉棉甲兵，共四千有奇。其后每旗并增佐领、骁骑校、骁骑。十六年，改设京口驻防镇海将军一，副都统二，协领、参领、防御、佐领、骁骑校有差。寻增江宁、西安步甲各一千。

康熙十三年，增西安右翼四旗满、蒙马甲千，弓、铁匠十四，汉军马甲等，江宁马甲千。后又各增兵二千及弓、铁匠等。是年增京口步甲千人。十五年，设陕西宁夏八旗满、蒙领催，马甲，步甲，弓、铁匠。十九年，设福建福州左翼四旗汉军领催、马甲、步甲、铁匠，及满、蒙步甲。二十年，设广东广州镶黄、正黄、正白上三旗汉军领催、马甲、炮甲、弓匠。二十二年，设湖广荆州八旗满、蒙领催，马甲，步甲，弓、铁匠，共二千八百有奇，寻增至四千人。是年又增西安将军，增满洲左右翼副都统各一，汉军左右翼亦如之，八旗满、蒙协领各八，汉协领、佐领、防御、骁骑校不等，满、蒙、汉兵共七千，满、蒙步军七百，暨弓、铁匠等。二十三年，续设广州镶白、正红、镶红、正蓝、镶蓝五旗汉军兵，设将军一人，副都统二，协领、参领各八，防御、骁骑校各四十，八旗鸟枪领催、鸟枪骁骑、领催、骁骑、炮骁骑、弓、铁匠共三千有奇，兼置绿旗左右前后四营，将领八，兵三千四百有奇。寻于福州、荆州、宁夏、江宁、京口、杭州并分设鸟枪领催、鸟枪骁骑、领催、骁骑各有差。京口步军内兼设鸟枪、弓、箭、长枪、藤牌等兵额。是年增设杭州驻防八旗满、蒙、汉兵共三千二百人。三十二年，设山西右卫八旗满、蒙、汉护军、领催、马甲、铁匠共五千六百有奇，以将军统之，设随甲四十八，笔帖式六。三十六年，裁京口绿旗水师总兵，改设京口副将，分左右二营，设游击以下将领八人，兵一千九百人。五十九年，设河南开封满、蒙领催，鸟枪领催，马甲，鸟枪马甲，弓、铁匠。六十年，设四川成都副都统一，协领四，佐领、防御、骁骑校、鸟枪领催、鸟枪骁骑、骁骑暨步军，弓、箭、铁匠。

雍正元年，福州驻防汉军步兵悉改马兵。二年，增太原、德州驻防兵各五百人。六年，设福州驻防水师营协领一人，佐领、防御各二，骁骑校六，水师五百。七年，设驻防浙江乍浦水师营。设青州驻防将军、副都统各一人，协领四，佐领、防御、骁骑校十六，暨八旗满、蒙兵弓、铁匠。设广州驻防水师营协领一人，佐领、防御各二，骁骑校、八旗汉军水师领催有差。八年，以各省驻防汉军营伍废弛，令所在将军训练之。设驻防青州八旗、满州兵二千人。增右卫驻防兵五百人，自将军及两翼副都统以下，设协领，佐领，防御，骁骑校，满、蒙前锋，满、蒙、汉领催等，及骁骑三千有奇。十三年，设甘肃凉州八旗满、蒙、汉兵凡二千人。设驻防庄浪八旗满、蒙汉兵凡千人。

乾隆二年，设驻防绥远城，以征准噶尔之满、蒙、汉开户家丁二千四百，热河驻防兵千，及右卫蒙古兵五百，凡三千九百人。设凉州将军、副都统各一人，满、蒙、汉佐领、防御、骁骑校、步军尉及八旗骁骑二千人，步军六百人。又设庄浪驻防副都统一人，满、蒙、汉协领、佐领、防御、步军尉及八旗骁骑一千人，步军四百人。四年，改宁夏驻防步甲六百为养育兵。增荆州养育兵四百人。十年，设江宁驻防养育兵。二十一年，定开封城守尉归巡抚统辖。二十二年，裁京口将军，以绿旗左右营改隶江宁将军。二十五年，改绥远城将军驻防兵额，步军、养育兵各四百，共领催、前锋、骁骑实二千四百人。二十八年，以土默特二旗归绥远城将军统辖。设归化城副都统一人。三十九年，改杭州驻防步军一百二十八人为养育兵。四十一年，设成都驻防将军一人。四十九年，增西安副都统一人。嘉庆十二年，饬各将军不得以老弱充兵额。此各直省驻防制也。

新疆驻防兵制，乾隆二十五年，始议于新疆设兵驻守。命阿桂率满洲、索伦骁骑五百，绿营兵百，回人二百，至伊犁搜捕马哈沁，招抚厄鲁特，并筑城屯垦。其后陆续由内地增调屯田兵至二千五百人，五年更替，以五百人差操，二千人屯种，分二十五屯，设屯镇总兵。其明年，阿桂奏定卡伦侍卫十五人，增伊犁驻防马兵千五百，合原额兵凡二千五百人。二十七年，以凉州、庄浪驻防兵五千，并户口移驻伊犁。旋以新疆底定，设驻防兵制。凡卡伦兵以侍卫领之，屯田兵以督屯武职领之，驻防马兵以佐领领之，绿旗兵以营员领之，而特设将军为之总辖。侍卫、章京等皆按年番替。二十九年，调绿营兵千，在伊犁河岸筑惠远城。其管理筑城兵，设副将一，守备二，千总二，把总八。以察哈尔移驻兵一千八百户编两昂吉，领队大臣统之，设十二佐领，分左右二翼，每佐领设兵二百。以黑龙江移驻户千编一昂吉，设六佐领，领队大臣统之。又拨锡伯兵、热河满、蒙兵各一千，及达什达瓦厄鲁特兵五百，俱携眷驻伊犁。定马兵永远驻守，绿旗兵五年番换。三十年，以投出之厄鲁特人编一昂吉，与达什达瓦部众俱为厄鲁特昂吉，以领队大臣统之。原厄鲁特兵作厄鲁特右翼。自领队大臣以下，二三等侍卫、蓝翎侍卫无定员。三十一年，定乌鲁木齐驻办事大臣及协办大臣，统驻防兵及工作官兵，置经理新疆贸易、稽察卡伦台站各官。三十二年，定左翼厄鲁特六佐领为上三旗，右翼厄鲁特共十佐领编为下五旗。三十四年，增惠宁城满兵领队大臣一人。三十七年，以投诚之沙毕纳尔人等归入下五旗厄鲁特，增设四佐领统之。嘉庆二十年，于沙毕纳尔四佐领内增副总管一人。道光十年，以惠远城满兵四千六百有奇，巴燕岱满兵二千一百有奇，谕将军等不得议增兵额。同治六年，以哈萨克人东犯，饬李云麟训练厄鲁特、蒙古兵以防之。增布伦托海办事大臣，督率喇嘛，建署治事，并设帮办一人。此属新疆北路者也。

其在南路防兵，乌什驻总理回务参赞大臣、协办大臣各一人，统辖满洲、绿旗及屯田各官兵，兼辖阿克苏、赛里木、拜城各驻防兵。所属有侍卫、章京等官。满洲营领队侍卫二，驻辖翼长、参领各一，副参领、委署参领各二，前锋校六，绿旗营游击以下、屯田副将以下各十八人。阿克苏驻章京一，绿旗营游击一。赛里木驻翼长一，兼统拜城驻防。叶尔羌驻办事参赞大臣及领队大臣，统辖满洲营领队副都统、侍卫、参领、副参领等，如乌什例。和阗、喀什噶尔并驻办事大臣及领队大臣，统辖满洲营侍卫、章京、领队侍卫、参领、副参领等，暨绿营总兵、参将等官。库车驻办事官，统辖绿营都司以下官，兼辖沙雅尔事。哈喇沙尔驻办事官，统辖绿旗营城守，及屯田驻防兵。辟展驻领队大臣一，统协领、佐领以下暨步兵、绿旗兵。

乾隆二十四年以后，于乌什驻办事大臣，阿克苏驻办事大臣、协办大臣各一人，叶尔羌设办事大臣二人，及章京、卡伦侍卫等。满洲营设副都统一人，统健锐营前锋参领、副参领等，安西满洲营佐领五品官，索伦五品官、察哈尔佐领等，绿营总兵、游击以下各官。又于和阗驻领队总兵官及游击以下。又喀什噶尔驻总兵、理回疆事务大臣、协办大臣各一。满洲营设副都统一，领队侍卫二。领队侍卫兼统索伦兵。索伦设委署副总管及佐领各二，察哈尔总管一，副总管二，及护军校以下。绿营设提督及都司以下官。英阿萨尔驻领队总兵官一，兼统索伦、察哈尔、绿旗兵。又于库车、哈喇沙尔、辟展并驻办事大臣。初台站之改，属辟展者凡六。每台置外委千、把总一人，叶尔羌西路南北路卡伦六，各置坐卡侍卫一人，东西南三路凡二十一台，各置笔帖式一人。沙雅尔南路卡伦一。库车东路至哈喇沙尔西凡十台。台置笔帖式一人。每台、卡俱置防守兵，多至十人，少或一人，俱有供役回人十户。寻各官兵归并乌什、阿克苏，止驻一章京及游击以下，旋改驻协办大臣及领队侍卫等。喀什噶尔之总理大臣移驻乌什之永宁，寻改设办事大臣二人。三十一年，撤回索伦兵，改遣健锐营兵九百人换防，并令健锐营翼领一人，正副委署参领十八人，护军校二十四人，统兵分驻各回城。四十四年，裁辟展办事大臣，改设领队大臣。旋设吐鲁番屯田都司以下官。

道光八年，以阿克苏为南路适中之地，增兵一千，移柯尔坪防兵五百归阿克苏，裁拜城参将以下弁兵，共新旧防兵二千二百人，守卡借差兵外，得练兵一千三百人，控制各路。九年，于喀什噶尔边增八卡伦弁兵。寻以八卡伦内喀浪圭、图舒克塔、乌拍拉特三处通霍罕要路，于明约洛建堡，设都司一人，绿营兵二百人驻守。阿尔瑚马厂三处建堡，置兵二百或六十人。叶尔羌属卡伦七，以亮葛尔、库库雅尔为通夷要隘，英吉沙尔属卡伦五，惟乌鲁克为要路，皆建土堡兵房，设千总官，其次设把总、外委，驻守兵多者六十人，少者十五或十人。

咸丰三年，以新疆南北两路驻兵四万余人，岁饷一百四十五万，军兴后馈饷艰难，谕陕、甘赴口外驻防官自是年始，即行停止。其喀什噶尔、英吉沙尔、叶尔羌、和阗八城防兵，由乌鲁木齐驻防满洲兵、绿旗兵酌拨。四年，改定新疆南路换防兵制。增伊犁满洲兵二百人，乌鲁木齐绿营兵千二百人，满洲兵三百人。裁叶尔羌、喀什噶尔、乌什、阿克苏四城防兵一千人。七年，以喀城肃清，撤回土尔扈特蒙兵，留伊犁官兵防守。八年，令南路换防官兵自是年始，分六年抽换，以节繁费。天山以南，为回部所居，自设台站、卡伦，无俟重兵防守。乌什、叶尔羌、喀什噶尔、英阿萨尔咸以满、汉兵协力守边。他如和阗、阿克苏、库车、哈喇沙尔、辟展则守以绿旗兵。凡满洲营驻防兵，以三年更换，绿旗营驻防兵，以五年更换。此南路之制也。

同治以来，回疆不靖，钦差大臣左宗棠次第殄平之，新疆渐归版籍。光绪初年，改省议起。左宗棠拟令将军率旗营驻伊犁，塔尔巴哈台改设都统，并统绿、旗各营。迨八年收复伊犁，从谭钟麟、刘锦棠言，于南北两路增设额兵，其旧有参赞、办事、领队各大臣悉予裁汰。即自哈密至伊犁都统暨诸大臣名额亦酌撤之。巴里坤、古城、乌鲁木齐、库尔喀拉乌苏等处所余旗丁，归并伊犁满营，均改从各省驻防将军营制。十一年，行省制成。伊犁旗营实存勇七千，留其精壮，改马队九旗，步队十三旗，以提督、总兵分领之。伊犁开屯由此始，而旗屯居其一焉。盖新疆自藩部迄于设行省，综其驻防旗兵制度，约略如此。

其藩部兵制，曰内外蒙古，曰青海，曰西藏。内外蒙古之兵，设旗编次，略同内八旗。每旗设札萨克一人，汗、王、贝勒、贝子、公、台吉为之。协理旗务二或四人，亦台吉以上充任。按丁数编为佐领。设佐领一，骁骑校六。每六佐领设参领一人。佐领较多者，设章京、副章京。各率所属以听于札萨克。内札萨克蒙古凡二十四部、四十九旗。科尔沁六旗，分左右二翼，二翼又各分前后旗。崇德元年，设左翼旗、左翼前旗、右翼旗、右翼前后旗。顺治六年，充左翼后旗。郭尔罗斯前后二旗，杜尔伯特一旗，扎赉特一旗，皆顺治五年设。扎鲁特二旗，左翼崇德元年设，右翼顺治五年设。喀尔喀左翼一旗，康熙三年设。奈曼一旗，敖汉一旗，皆崇德元年设。土默特二旗，左翼崇德元年设，右翼顺治二年设。喀喇沁三旗，右翼崇德元年设，左翼顺治五年设，康熙中增设一旗。翁牛特左右二旗，阿鲁科尔沁一旗，皆崇德元年设。巴林左右二旗，顺治五年设。克什克腾一旗，顺治三年设。乌珠穆沁二旗，右翼崇德六年设，左翼顺治三年设。浩齐特二旗，顺治三年设左翼，十年设右翼。阿巴哈纳尔二旗，康熙四年设左翼，六年设右翼。阿巴噶二旗，崇德六年设右翼，顺治八年设左翼。苏尼特二旗，崇德六年设左翼，七年设右翼。四子部落一旗，顺治八年设。乌喇特右翼一旗，顺治十年设。茂明安一旗，顺治元年设。乌喇特前中后三旗，顺治五年设。鄂尔多斯七旗，两翼、中旗、前旗、后旗皆顺治六年设，雍正九年，增设一旗。归化城土默特左右二旗，崇德元年设，后置副都统，隶绥远城将军辖之。是为内蒙古兵制。

外札萨克蒙古，喀尔喀四部，凡八十六旗。喀尔喀土谢图汗部二十旗为中路。康熙三十年，设十七旗。逮雍正间，递增至三十八旗。寻分二十旗属三音诺颜部，存十八旗。乾隆初，复增二旗，于本旗外分十九札萨克掌之，仍统于土谢图汗部。车臣汗部二十三旗为东路。康熙三十年，设十二旗。其后增至二十一旗。乾隆间，递增二旗，于本旗外分二十二札萨克掌之，仍统于车臣汗。札萨克图汗部十七旗为西路。康熙三十年，设八旗。逮雍正间，递增至十五旗。乾隆时，递增二旗，于本旗外分十六札萨克掌之，仍统于札萨克图汗。三音诺颜亲王部二十二旗，雍正十年设，即于土谢图汗部内分辖二十旗。乾隆初，增二旗，于本旗外分二十一札萨克掌之，仍统于三音诺颜札萨克亲王。乌兰乌苏厄鲁特部二旗，康熙二十五年分设。乾隆间，隶移乌兰乌苏并隶三音诺颜部。贺兰山厄鲁特一旗，康熙三十六年设。青海厄鲁特部二十一旗，雍正三年设二十旗，乾隆十一年增设一旗。青海游牧绰罗斯部二旗，辉特部一旗，土尔扈特部一旗，喀尔喀部一旗，皆雍正三年设。哈密一旗，康熙三十六年设。吐鲁番一旗，雍正十年设。都尔伯特十四旗，乾隆十八年编设。土尔扈特部，乾隆三十六年编设。康熙十三年，定每年春季，王、贝勒以各旗下台吉兵丁合操。乾隆元年，谕内札萨克六会，防秋兵丁各备牧马器械，分二班，锡林郭勒、乌兰察布、伊克昭三会为一班，哲里木、照乌达、卓索图三会为一班，以大札萨克为盟长，每年遣大臣会同盟长，按旗察阅兵丁。其喀尔喀四部游牧防守兵万人，遣参赞大臣同喀尔喀将军、贝勒、公等分年简稽军实。三年，命赏六会防秋牧马之兵，视康熙间成例，分给弓矢、衣服、银两有差。五十一年，谕蒙古兵丁应习围场者，车臣汗、土谢图汗二部，由库伦办事王、大臣，三音诺颜、札萨克图汗二部，由乌里雅苏台将军、大臣等分领练习，并令各部落汗、王、公选大台吉各四人，小台吉十人，赴木兰围场。道光三年，从陕甘总督那彦成言，以青海二十四旗分左右二翼，每翼设盟长、副盟长，每六旗设霍硕扎尔噶齐，每三旗设一梅勒，每旗设一甲喇，各旗兵按人数之多寡，随官兵番值巡防。十一年，允杨遇春请，以蒙古兵五百人析为二班，分防八卡。十五年，谕令察哈尔兵丁选补缺额，与札萨克游牧共卫北边。同治十年，谕边外各路台站，都统或盟长分任管辖。每台额定骆驼百头，马五十匹，戈壁地备骆驼百五十头。此内外蒙古及青海兵制也。

蒙古各盟，当雍、乾时，征讨准、回，资其兵力以集事。自俄人阑入，乌兰海南北并受羁牵，喀鲁伦东西侵为田牧，杂居无限，卡伦鄂博，盖同虚设矣。

西藏旗兵，自乾隆五十七年始。前后藏各设番兵千。定日、江孜各设五百。前藏领兵者曰戴琫，其下如琫，又下甲琫、定琫。原置戴琫三人，二驻后藏，一驻定日，复增戴琫一人驻江孜。前藏番兵，游击统之。后藏及江孜、定日，都司统之。原有唐古特兵，归戴琫督练。初制，每番兵千，弓箭三之，鸟枪七之。嗣选唐古特兵三千，鸟枪、刀矛各半。至是新设额兵三千，每千人五成鸟枪，三成弓矢，二成刀矛。其唐古特兵，由驻防将领督同番目教练。前藏驻游击、守备各一，千总二，把总三，外委五。后藏驻游击、都司各一，守备三，千总二，把总七，外委九。是年，以福康安疏请江孜增守备一，外委一，兵三十人，定日增守备一，把总一，外委一，兵四十人。寻用和琳疏言，定日要隘曰辖尔多，曰察木达杏岭，曰古喇噶木洞，曰宗喀，每处各设定琫一人，番兵二十五人。此西藏兵制大略也。

当乾隆十五年，始除西藏王爵，设驻藏大臣，以达赖喇嘛统前藏，班禅统后藏。前后藏凡设四汛，游击、都司、守备、千把总、外委十六人，兵丁六百六十人，戴琫、如琫、甲琫、定琫百六十六人，番兵三千人，骑兵五百人，驻藏大臣与达赖、班禅参制之。咸、同以后，廓尔喀崛强于西，英吉利侵轶于南，中朝威力羁縻而已。

八旗官兵额数，代有增减，举其最近者以见例。光、宣之季，实存名数，职官约六千六百有奇，兵丁十二万三百有奇。八旗各营印务参领虽设专职，大率参领、副参领兼之。印务章京、印务笔帖式亦兼职。亲军校、亲军、拜唐阿等在各旗支饷，实于他所供差。其醇王园寝守护兵，光绪间始增设前锋、护军统领诸职，虽已汰去，而设官已久，职亦较崇，仍序列之。其他不具录云。

镶黄旗满洲，都统一，副都统二，印务参领二，参领、副参领各五，印务章京八，佐领八十六，骁骑校八十六，印务笔帖式八，凡二百有三人。领催四百二十八，马甲千五百六十二，随甲八十六，养育兵二千二百二十七，亲军校十一，亲军百五十八，弓匠长七，弓匠七十八，仓甲二十五，通州十九，清河六。余如通州领催，备宴马甲，盔、镟、鞍、鲍头、箭、铁诸匠，拜唐阿分网户、粘杆、备箭，一人至九人，陆军部承差三人，凡四千六百三十人。

正黄旗满洲，自都统至印务章京及笔帖式并同镶黄旗，惟佐领九十三、骁骑校九十二为小异，凡二百十六人。领催四百六十二，马甲千六百二十八，随甲九十三，养育兵二千三百九十三，亲军校十一，觉罗亲军四，亲军百七十一，南苑骁骑校一，弓匠长八，弓匠八十四，余如南苑马甲，备宴马甲，仓甲，盔、镟、鞍匠，库使、守吏、酒吏、鹰手、鞭子手、亭兵，网户、粘杆拜唐阿等一至六人，陆军部承差一人，凡四千九百十二人。

正白旗满洲，都统以下并同上，佐领、骁骑校亦同镶黄旗，凡二百有三人。领催四百三十，马甲千四百十四，随甲八十六，养育兵二千二百四，亲军校十一，觉罗亲军五，亲军百五十六，弓匠长十，弓匠七十六，仓甲三十，通州二十，清河十。余如南苑马甲，备宴马甲，鲍头、鞍、箭、盔诸匠，鞭子手，网户、备箭拜唐阿，传事兵等一至十二人，陆军部承差三人，凡四千四百八十八人。

正红旗满洲，都统以下并同上，惟佐领、骁骑校各七十四，凡一百七十九人。领催三百七十，马甲千二百八十七，随甲七十四，养育兵一千八百八十八，亲军校十六，亲军百三十二，弓匠长二，弓匠七十二，仓甲二十七，通州十九，清河八。余如南苑马甲，守吏，库使，传事兵，粘杆、宰牲拜唐阿等一至九人，凡三千八百九十五人。

镶白旗满洲，都统以下并同上，惟佐领、骁骑校各八十四，凡一百九十九人。领催四百二十，马甲千四百十四，随甲八十四，养育兵二千一百八十，亲军校十三，亲军百五十四，觉罗亲军二，弓匠长二，弓匠七十二，帐房头目二，仓甲二十七，通州二十，本裕仓七。余如镟、盔诸匠，鞭子手，传事，渡吏，亭兵，备箭、宰牲拜唐阿等一至四人，陆军部承差三人，凡四千三百九十七人。

镶红旗满洲，都统以下并同上，佐领、骁骑校亦同镶黄旗，凡二百有三人。领催四百三十，马甲千五百四十八，随甲八十六，养育兵二千二百四，亲军校十九，觉罗亲军三，亲军百五十，弓匠长六，弓匠八十，仓甲二十七，通州二十，本裕仓七。余如盔匠、镟匠、鞭子手、南苑马甲、承差、传事兵、亭兵、宰牲拜唐阿等一至四人，凡四千五百七十七人。

正蓝旗满洲，都统以下并同上，惟佐领、骁骑校各八十三，凡一百九十七人。领催四百十七，马甲千四百九十一，随甲八十三，养育兵二千一百三十九，亲军校十七，觉罗亲军十一，亲军百四十，弓匠长二，弓匠八十三，仓甲十九，通州十七，清河二。余如镟匠、盔匠、鞭子手、承差兵、传事兵、亭兵、南苑马甲、守吏、拜唐阿、宰牲拜唐阿等一至五人，凡四千四百三十三人。

镶蓝旗满洲，都统以下并同上，佐领、骁骑校俱同镶白旗，凡一百九十九人。领催四百三十九，马甲千五百九十，随甲八十六，公缺马甲二十四，恩缺马甲一，养育兵二千二百四十九，亲军校十五，觉罗亲军六，亲军百五十五，弓匠长六，弓匠八十八，余如南苑马甲、南苑领催、帐房头目、镟匠、鞭子手、酒醋局吏、库使、传事兵、亭兵、宰牲兵等一至八人，陆军部承差一人，凡四千六百九十人。

镶黄旗蒙古，都统一，副都统二，印务参领一，参领二，副参领二，印务章京四，佐领、骁骑校各二十八，印务笔帖式四，凡七十二人。领催一百四十，马甲四百九十七，随甲二十八，养育兵五百九十二，亲军校四，亲军五十二，弓匠长一，弓匠二十七，余如长号达、长号、盔匠、鞍匠、网户、苑甲、承差、传事兵、亭兵等一至六人，凡千三百六十三人。

正黄旗蒙古，自都统以下至印务章京及笔帖式，并同镶黄旗，惟佐领、骁骑校各二十四，凡六十四人。领催百二十，马甲四百五十二，养育兵五百八，亲军校四，亲军四十四，弓匠二十四，余如长号、拜唐阿、茶拜唐阿、鞍匠，一至七人，凡千一百七十一人。

正白旗蒙古，都统以下并同上，惟佐领、骁骑校各二十九，凡七十四人。领催百四十五，马甲四百八十七，随甲二十九，养育兵六百九，亲军校四，亲军五十四，弓匠长二，弓匠二十七，余如长号、拜唐阿达、拜唐阿、网户拜唐阿、南苑马甲、盔匠、鞍匠、亭兵等一至七人，凡千三百七十八人。

正红旗蒙古，都统以下并同上，惟佐领、骁骑校各二十二，凡六十人。领催一百十，马甲三百八十一，随甲二十二，养育兵四百六十，亲军校六，亲军三十八，弓匠长三，弓匠十八，余如南苑马甲、哈那器马甲、盔匠、粘杆拜唐阿、亭兵等一至五人，凡一千五十人。

镶白旗蒙古，都统以下并同上，佐领、骁骑校俱同正黄旗，凡六十四人。领催一百二十，马甲四百四十，养育兵五百八，亲军校二，亲军四十八，凡千一百十八人。

镶红旗蒙古，都统以下并同上，佐领、骁骑校如正红旗，凡六十人。领催一百十，马甲三百八十八，随甲二十二，养育兵四百五十九，亲军校三，亲军四十一，弓匠长一，弓匠十八，承差、盔匠各一，凡一千四十五人。

正蓝旗蒙古，都统以下并同上，惟佐领、骁骑校各三十，凡七十六人。领催一百五十，马甲五百四十四，随甲三十，养育兵六百三十，亲军校九，亲军五十一，弓匠长二，弓匠二十八，承差、盔匠、马甲、亭兵、蒙古通事兵各一，凡一千四百四十八人。

镶蓝旗蒙古，都统以下并同上，惟佐领、骁骑校各二十五，凡六十六人。领催百二十五，马甲四百四十二，随甲二十五，养育兵五百二十七，亲军校五，亲军四十四，包衣护军校二，弓匠长一，弓匠二十二，鞍匠、盔匠、恩缺马甲、听差马甲、亭兵各一，凡千一百九十八人。

镶黄旗汉军，都统一，副都统二，印务参领二，参领、副参领各五，印务章京六，佐领、骁骑校各四十一，印务笔帖式六，凡一百有九人。领催二百五，马甲千六百八十一，随甲四十一，敖尔布三百二十八，养育兵九百三十七，蓝甲三十九，弓匠长六，弓匠三十一，炮手四十，余如更夫、承差兵、拜唐阿、铜匠、盔匠、鞍匠、亭兵等一至五人，凡三千三百三十二人。

正黄旗汉军，自都统以下至印务章京及笔帖式，并同镶黄旗，惟佐领、骁骑校各四十，凡一百有七人。领催二百，马甲、随甲千六百八十，敖尔布三百二十，养育兵九百十四，蓝匠、盔匠、鞍匠、听差兵、亭兵一至十二人，随印外郎一人，凡三千二百六十人。

正白旗汉军，都统以下并同上，佐领、骁骑校亦同镶黄旗，凡一百有七人。领催二百，马甲千六百四十，随甲四十，敖尔布三百二十，养育兵九百十四，蓝甲五十二，弓匠长二，弓匠三十八，炮手四十，余如更夫、承差兵、拜唐阿、铜匠、盔匠、鞍匠等一至六人，随印外郎三人，凡三千二百六十八人。

正红旗汉军，都统以下并同上，惟佐领、骁骑校各二十八，凡八十三人。领催百三十八，马甲千一百五十三，随甲一，敖尔布二百二十，蓝甲五，养育兵六百四十一，弓匠长八，弓匠十四，炮手三十九，余如更夫、拜唐阿、盔匠、鞍匠、亭兵、承差兵等一至五人，凡二千二百三十二人。

镶白旗汉军，都统以下并同上，惟佐领、骁骑校各三十，凡八十七人。领催百五十，马甲千二百三十，随甲三十，敖尔布二百四十，养育兵六百九十九，弓匠长四，弓匠十五，炮手四十，余如更夫、备箭拜唐阿、承差兵、盔匠等一至五人，随印外郎一人，凡二千四百二十四人。

镶红旗汉军，都统以下并同上，惟佐领、骁骑校各二十九，凡八十五人。领催百四十五，马甲千一百八十七，随甲二十九，敖尔布二百三十三，养育兵六百七十四，弓匠长二，弓匠二十，炮手四十，余如拜唐阿、更夫、承差兵、盔匠、亭兵，一至四人，随印外郎二人，凡二千三百四十二人。

正蓝旗汉军，都统以下并同上，佐领、骁骑校俱同镶红旗，凡八十五人。领催百四十五，马甲千一百九十四，随甲二十二，敖尔布二百三十二，养育兵六百七十六，弓匠长四，弓匠二十二，炮甲、炮手各二十，余如盔匠、马甲盔匠、公主门甲、更夫、拜唐阿、承差兵、亭兵等一至七人，凡二千三百六十二人。

镶蓝旗汉军，都统以下并同上，佐领、骁骑校亦同镶红旗，凡八十五人。领催百四十五，马甲千二百十八，敖尔布二百三十二，养育兵六百七十五，蓝甲十八，弓匠长五，弓匠二十四，炮手四十，余如更夫、拜唐阿、盔匠、匠役、亭兵等一至五人，随印外郎二人，凡二千三百七十六人。

圆明园随同办事营总二，营总六，护军参领八，副护军参领十六，委护军参领三十二，护军校、副护军校各百二十八，包衣营总一，包衣护军参领、副护军参领各三，包衣护军校九，凡三百三十六人。护军三千六百七十二，马甲三百，枪甲四百，养育兵千八百二十六，包衣护军一百二十，包衣马甲三十，包衣养育兵六十，凡六千四百八人。

健锐营翼长四，正参领八，副参领十六，委参领三十二，番子防御一，前锋校、副前锋校各七十，凡百有二人。前锋千九百六十，委前锋一千，领催四，马甲八十一，养育兵八百三十三，凡三千八百七十八人。

内火器营管营长官二，正翼长、委翼长各一，营总四，正参领四，副参领八，委参领十六，护军校一百十二，凡一百四十八人。鸟枪护军二千五百十二，炮甲五百二十八，养育兵八百八十，凡三千九百二十人。

外火器营全营翼长一，委翼长一，营总三，正参领四，副参领八，委参领十六，护军校一百十二，凡一百四十五人。鸟枪护军二千五百三十，枪甲三百五十二，养育兵八百十八，凡三千七百人。

左右翼前锋营，左右翼前锋统领二，前锋参领、前锋侍卫各十六，委前锋侍卫八，空衔花翎十六，前锋校九十六，空衔前锋校八，蓝翎长四十八，委蓝翎长十六，印务笔帖式四，凡二百三十人。前锋兵千六百六十八人。

八旗护军营，护军统领八，护军参领、副护军参领各一百十二，委护军参领五十六，空衔花翎一百十二，护军校八百八十二，空衔护军校五十六，蓝翎长一百十二，门笔帖式三十六，印务笔帖式十六，凡一千五百有二人。护军万四千八十一人。

八旗包衣属镶黄旗者，参领、副参领各五，佐领十一，管领十，章京一，护军参领、副护军参领、委护军参领各五，护军校三十五，骁骑校十一，凡八十八人。领催七十九，护军四百，披甲千六百八十九，随甲十一，养育兵八十八，拜唐阿四百二十一，凡二千六百八十八人。属正黄旗者，参领、副参领各五，佐领十三，管领十，护军参领、副护军参领、委护军参领各五，护军校三十三，前锋校二，骁骑校十三，凡九十六人。领催九十五，护军四百七十八，披甲千八百九，随甲十三，养育兵八十九，拜唐阿等三百四十七，凡二千八百三十一人。属正白旗者，参领、副参领各五，佐领十二，管领十，护军参领、副护军参领、委护军参领各五，护军校三十三，前锋校二，晓骑校十二，凡九十四人。领催八十八，护军三百六十，前锋四十，披甲等千七百三十八，随甲十二，养育兵八十五，拜唐阿等六百三十五，凡二千九百五十八人。属正红旗者，参领五，佐领十一，管领十九，包衣达等十六，护军校六十，骁骑校十二，凡一百二十三人。领催三十四，护军八十五，马甲八百四十六，蓝甲三百三十二，蒙古护军七十，凡千三百六十七人。属镶白旗者，参领五，佐领十四，管领十一，包衣达等三十二，亲军校一，护军校八十，骁骑校十三，凡一百五十六人。领催七十四，护军百四十二，蓝甲五百六十六，白甲千一百三十一，拜唐阿三，凡一千九百十六人。属镶红旗者，参领五，佐领十七，管领六，包衣达等六十三，护军校五十八，骁骑校十二，凡一百六十一人。领催四十七，护军一百八，红甲千一百十八，蓝甲五百四十五，凡千八百十八人。属正蓝旗者，参领五，佐领六，管领七，包衣达等五十九，护军校一百三，骁骑校十六，凡一百九十六人。领催七十八，护军二百二十六，马甲千六百二十四，蓝甲七百六十一，拜唐阿十五，凡二千七百四人。属镶蓝旗者，参领五，佐领二十一，管领三十八，司库等九十二，护军校一百三十七，骁骑校十六，凡三百有九人。领催七十八，护军百八十九，马甲千三百八十六，蓝甲千二百八十二，凡二千九百三十五人。

醇贤亲王园寝翼领一，防御一，骁骑校一，凡三人。领催二，披甲四十六，凡四十八人。

以上凡职官六千六百八十人，兵丁十二万三百有九人。

卷一百三十一　志一百六

兵二

绿营

绿营规制，始自前明。清顺治初，天下已定，始建各省营制。绿营之制，有马兵、守兵、战兵。战守皆步兵。额外外委皆马兵。综天下制兵都六十六万人，安徽最少，闽、广以有水师故最多，甘肃次之。绿营隶禁旅者，惟京师五城巡捕营步兵。将军兼统绿营者惟四川。有屯兵者惟湖南、贵州。其新疆之绿营屯防，始乾隆二十五年，由陕、甘陆续移往驻防。各省标兵规制，督抚得随时疏定。绿营战功，自康熙征三藩时，用旗、绿兵至四十万，云、贵多山地，绿营步兵居前，旗兵继之，所向辄捷。其后平定准部、回疆、金川，咸有勋绩。乾隆四十六年增兵，而川、楚教匪之役，英、法通商之役，兵力反逊于前。迨粤寇起，广西绿营额兵二万三千，土兵一万四千，遇敌辄靡。承平日久，暮气乘之，自同治迄光绪，叠经裁汰，绿营之制，仅存而已。

京师巡捕五营，设步军统领一人，统左右翼总兵官以及十六门门千总，海淀、畅春园、树村汛、静宜园、乐善园设副将或守备各官不等，置兵共三千人。京城内九门、外七门，每门设千总二，门甲十或二十，门军四十人。左翼总兵统步军营巡捕南、左二营各汛官，凡兵三千六百有奇。右翼总兵统步军营巡捕北、右二营各汛官，凡兵二千五百有奇。

各直省营制，顺治元年，定直隶官兵经制，设直隶巡抚，标兵分左、右二营，游击以下八人。设宣府、真定、蓟州、通州、天津、山海关六镇总兵官及镇标守备、游击等，设紫荆关等七协副将及协标官兵，设拱极城等十七处参将，山永等营游击，巩华城等处守备、都司，分领各营兵。

定山东官兵经制，设河道总督，标兵分中、左、右三营，设副将或游击以下将领八，兵凡三千，备河防护运。山东巡抚标兵分左右二营，设游击以下将领八，兵凡二千。设临清、沂州二镇总兵官及将领八，兵共二千四百有奇。设德州、青州、武定三营参将或守备将领八或六，兵共二千二百有奇。设登州水师营守备，登州、莱州、临清、济南各营游击或守备四，兵共一千二百有奇。初，山东与直隶、河南共一总督，康熙元年，设山东提督，寻并裁去，以巡抚兼任。

山西、江南、陕西官兵经制，并于顺治二年定之。山西设宣大总督及巡抚，督标分中、左、右三营，抚标分左右营，各设将领八，兵凡二千。设太原、平阳二协副将及协标官兵。设汾州等营参将、游击、守备，分领营兵。十三年，裁宣大总督，康熙元年，设山西提督，迭裁迭复，雍正九年仍裁之，以巡抚兼任。

江南设漕运总督，江苏、凤卢二巡抚，标兵及左右营如制，将领九或八人，兵共四千有奇，并设奇兵营、游兵营。设江南汉兵提督，分中、左、右、前、后五营，分设将领八，兵凡四千。设苏州、镇江、浦口、安庆、池太、东山、广德八镇总兵官，镇标兵及将领。设狼山等七协副将，金山、常州各营参将、游击、守备，分领营兵。国初设江南江西河南总督。其后分合不常。康熙间，定为两江总督。又裁凤卢巡抚归并江苏。设苏松提督。寻定为江宁提督，增安徽提督，分辖营务。又裁安徽提督，改江南水陆提督，统全省官兵。先是设操江巡抚，辖安庆等五府，滁、和等三州兵。后改安徽巡抚，以凤卢兵并属之。

陕西初设川陕总督，并辖四川兵，标兵分五营。别设西安、延绥、甘肃、宁夏四巡抚，标兵各分左右营，将领略如诸省。设延绥、固原、临巩、凤翔、汉羌、甘肃六镇总兵官，镇标兵亦分五营，将领如之，延绥又分设东西二协。设西安、庆阳等八处副将，宜君、阶州等各营参将、游击、都司及守备，分领营兵。康熙时，迭改川陕总督，并辖山、陕、甘。寻改川陕甘总督。乾隆间，甘肃分设总督，以四川总督兼辖陕西兵，为川陕总督，复改陕甘总督。国初设甘肃巡抚，其宁夏、延绥巡抚先后裁撤，宁夏归甘肃，延绥归陕西。后又裁甘肃巡抚，陕甘总督兼统抚标兵。甘州置甘肃总兵官，寻改设甘肃提督。初设陕西汉兵提督及宁夏提督，分五营，皆设将令八，兵凡四千人。后改西安提督，又移驻固原，改固原提督云。

顺治三年，定河南、江西、湖广官兵经制。河南设巡抚，标兵分左右营，将领八，兵二千，制同上。设河南提督，标兵分中、左、右三营，设将领分统。设河北、南阳、开归三镇总兵官，标兵各分左右营，将领兵数如抚标制。设开封副将、守备以下将领七，兵一千人，河南卫辉、汝宁、归德各营各参将等，兵各一千。设磁州营都司，兵五百人，从属直隶嵩县等二营守备，兵三百或二百。先是河南与直隶、山东共一总督，兼辖河南官兵。其后或专设河南总督，或裁改之。至雍正十三年，仍为河南巡抚。

江西初设巡抚及南赣巡抚，标兵分左右营，设将领五人，兵凡千五百人。设江西提督，标兵分五营，营设将领八，兵凡五千人。设南赣、九江二镇总兵官，标兵分五营，各设游击以下将领官，兵如提标之数。设袁州等四协副将，分左右营，将领各八，兵凡二千人。设广德各营参将，抚州各水师营守备，兵六百人，南康等营守备兵三百人。康熙初年，裁南赣巡抚，以标兵属江西巡抚。七年，裁提督。十三年，复设。嗣增设抚建提督，旋裁之，并裁江西提督，以巡抚兼任。

湖广设总督，标兵分中、左、右营，将领各八，兵凡三千人。设湖北巡抚、郧阳巡抚、偏沅巡抚，抚标兵分左右营，将领官兵如江西抚标例。设湖广提督，标兵分五营，将领官兵如江西提标例。设荆州、郧阳、长沙三镇总兵官，辰州协副将，标兵各分中、左、右营，各设将领八，兵凡三千人。设黄州、承天、常德三协副将，协标兵各设将领七，兵凡千二百人。承天协后改安陆营。设汉阳等营参将将领各四，兵六百人。夷陵等营游击各设将领三，兵四百人。设三江口等营守备、把总，兵各二百人。康熙初，并湖广总督为川湖总督。其后四川总督不辖湖广，复设湖广总督。裁郧阳巡抚，以湖北巡抚统辖标兵。顺治四年，定四川官兵经制。设四川巡抚，标兵分左右营，各设将领八，兵凡千三百人，设建昌、保宁、永宁、夔州四镇总兵官，镇标分三营，设将领八，兵凡二千人。设松潘、成都、重庆三协副将，协标兵分二营，设游击以下将领官兵。设威茂等各营参将、游击、守备，分领营兵。四川初仅设巡抚，驻成都府。川陕总督驻陕西，兼辖四川十四年。嗣设四川总督，驻重庆府。其间或并为川湖总督，驻荆州九年，移驻重庆十九年。或云川陕甘，或云川陕，迁改靡常。至乾隆间，定为四川总督。

顺治五年，定浙江官兵经制。设总督，标兵分三营，设副将或游击将领各八，兵共三千。设浙江巡抚，标兵二营，将领各八，兵共二千。浙江提督标兵三营，营设将领八，兵共三千。设定海、衢州二镇总兵官，标兵皆三营，营设将领八，共兵各三千。钱塘水师二营，台州水师三营，营设将领八，共兵各三千。衢州设水师左右路总兵官，标兵三营，游击以下将领分统营兵。设衢州、湖州、嘉兴等七协副将，标兵皆三营，营皆设将领八，每协共兵二千五、六百。设金华、严州、处州三协副将，标兵二营，将领各八，共兵皆千六百。设吉安等各营守备、参将，分统营兵。先是设浙江总督，其后改称闽浙，兼辖福建，裁改不常。雍正间，定为闽浙总督。

顺治七年，定福建官兵经制。设福建巡抚，标兵二营，将领八，兵凡二千。设福建水陆提督，标兵三营，营设将领八，兵凡三千。设汀州、泉州、铜山三镇总兵官，及援剿总兵官、中路总兵官，标兵各二营，各设将领八，兵二千。设福州、漳州、建宁三协副将，标兵三营，各设将领八，兵凡三千。设福州水师，及汀州、兴化、邵武、延平、闽安、同安七协副将标兵，各设将领八，兵凡二千。设福宁协副将二营，将领七，兵凡千八百人。设泉州等营参将、长乐等营游击，将领各八，共兵各一千。

顺治八年，定两广官兵经制。广东设巡抚，标兵二营，将领八，兵凡二千。设广东提督，标兵五营，将领八，兵凡五千。设广东水师总兵官，标兵六千，分左右二协，中、左、右三营。二协设副将，复分二营，设将领八，兵一千五百。三营水师，各设将领八，兵各一千。设肇庆、潮州、琼州三镇总兵官，标兵二营，将领八，兵凡二千。设韶州、惠州、高州、南雄四协副将，协标兵皆二营，将领各八，共兵各二千。惟南雄为一千六百。设肇庆、高州水师及吴川等营参将，柘林镇各营游击，将领各七，共兵各一千。设东莞、始兴等州县守备以下将领，兵二百至五百有差。广西设巡抚，标兵二营，将领八，兵凡千五百。广西提督标兵分五营，将领八，兵凡四千有奇。设左右翼总兵官，并桂林暨南宁城守营。九年，增设浔梧、柳庆、思南三协副将以下将领，兵各千二百；郁林、新太、河池三营参将以下将领，兵各六百；永宁、昭平二营参将以下将领，兵各四百；上思、三里二营守备以下将领，兵各二百；贺县营守备，兵百人。十年，定两广总督标兵分五营，中营设将领八，左、右、前、后营共将领八，兵凡五千。国初置两广总督，康熙二年，专辖广东，四年，兼辖两广，雍正元年，复专辖广东，十三年，仍兼辖两广。

顺治十六年，定云、贵官兵经制。设云贵总督，标兵分中、左、右、前四营，中营设将领八，余三营将领八，兵凡四千。设云南巡抚，标兵二营，将领八，兵一千五百。先一年，贵州设巡抚，营制亦同。及是设贵州提督，标兵分左、右、前、后四营，左营设将领八，余三营将领八，兵凡三千。设大定、黔西、镇远、威宁四镇总兵官，标兵三营，将领八，兵各二千有奇。设贵阳城守协及平远、定广、铜仁、平越、安南五协副将，标兵二营，游击以下将领。设思南营等处参将、游击、守备，分统官兵。国初云贵总督，两省互驻。康熙元年，分置两省总督，自后或改或并。迨乾隆中，仍定为云贵总督。此直省绿营初制也。

雍正四年，靖逆将军富宁安于哈密置大小卡路八，西安总兵潘之善于沙州西南诸隘设哨探、置台站防夷。五年，以浙江绿营积弱，选山、陕、甘兵壮健者移驻之。十年，以苗疆辽阔，贵州改设总兵、游击，统辖丹江、台拱等营，及铜仁、镇远、石阡各协，并新设上江、下江诸营协，隶古州，以镇摄之。十一年，谕各总兵官巡察营伍。乾隆五年，用湖广总督那苏图言，裁虚设战船，除私立提塘，及字识占冒口粮之弊。十六年，定哈密驻防兵制，于安、甘、凉、肃四提、镇营分遣将弁廿余，兵二千往驻。二年一受代，四月、八月迭更半数，新旧相间，以资教练。回营时，镇臣核其勤惰，分别擢用之。十八年，陕甘总督尹继善疏陈西陲防务，易慎选安西将材，多备枪弹，预蓄资粮，筑城垣，择畜牧，允行。二十四年，改安西提督为巴里坤提督，设哈密副将以下将领八，兵八百，余裁改有差。寻改设乌鲁木齐总兵官，分中、左、右营及城守营，隶巴里坤提督。凡巴里坤、乌鲁木齐将领官兵，归陕甘总督统属。乾隆四十一年，大小金川平，新入版图，屯兵驻守，制同内地，设懋功、绥靖、崇化、抚边、庆宁等营，置游击、守备等官，兵共二千六百有奇。四十九年，以陕甘总督福康安言，甘肃原设额兵五万六千六百人，陕西额兵三万四千五百九十人，迭经移驻裁并，存兵五万五千九百余，减原额过半。嗣增兵万二千七百余，合旧存兵额凡七万人。而州县墩戍兵力犹单，请于平凉等府州县各增兵额，墩堡四十四座，于各标兵内酌选移驻，从之。旋议再增兵三千。又议陕甘各营兵习弓矢、鸟枪、马上枪箭，每日在本营习技，五日小合操，十日大合操，演九进十连环阵法，练劲旅三万人。五十三年，谕提、镇不得私立旗牌、伴当等名，致侵兵额。嘉庆四年，以剿办教匪，各省额兵徵调四出，令各省召募补充。五年，陕西设宁陕镇总兵、副将以下官，咸如昔制。十年，谕各督、抚、提、镇，以练习乡勇法练习绿旗兵。道光五年，谕直隶备战兵万五千三百有奇，演习车炮阵式。旋即议裁。十六年，谕直隶营兵以四成习弓矢，二成习步枪兼马枪，其刀矛二技，令藤牌军尽习之。二十二年，直隶芦台增设通永镇总兵官，以北塘、海口等十五营均归统属，分三营，设游击、守备等将领，新镇标兵凡五千四百余，专操水陆技艺。咸丰八年，河南归德营升为镇，设总兵官、左右营都司、游击等，马兵五百八十，步兵千一百有奇。同治元年，谕专设总督之直隶、江南、四川、甘肃及督、抚同城之福建、广东、湖北由总督会同提督节制。其江苏、浙江、安徽、江西、陕西、湖南、广西、贵州各镇兵，就近由巡抚节制。四年，增安徽皖南镇总兵官，设将领弁兵如制。六年，谕宁夏镇绿营兵原额七千，陕西 定边协原额千人，回匪乱后，存者寥寥，咸令补足。九年，改广东赤溪营为水师，隶阳江镇统辖，变通巡洋旧章。又移湖北武昌城守营分防金口、牌洲二汛。二十年，于山西南北二镇选兵一千，分二营，设将领训练。光绪十一年，以广西南边二千余里，原设隘一百九，分卡六十六，兵力犹单，分要处为三路，镇南关口关前隘凭祥土州为中路，自关以东诸隘为东路，以西诸隘为西路，就原有防军二十二营并为二十四营，以十二营专防中路，余十二营分防东、西路。广西提督自柳州移驻龙州。其城守营设游击及守备等。增设柳庆镇总兵官，驻柳州。绿营历年增损规制，大略如是。其移驻编改，节目不能覼缕以详也。

若其裁汰之数，自顺治中，所裁山西标兵四千余，陕、甘将领四十八，兵一万六百余，河南五百，湖广五千，江西三千，将领八，江南万九千余，将领百十七，其最多者也。余者海州一协，裁将领七，兵六百余，临清一镇，裁将领五，兵一千，三营兵五百，沂州镇裁将领九，临清城守营将领五，兵三百，寿张营兵二百。又裁江西及南赣抚标二营官兵，四川抚标、湖北及郧阳抚标各二营官兵，多少不等。康熙八年，裁辰常镇总兵，设辰州协标官兵。二十三年，裁崇明提督，设崇明水师总兵，定三营及奇兵营制。三十四年后，计所裁标兵，南赣镇千余，九江协九百余，铜鼓营兵八百余为最多，余者自四、五百以下，少至六、七人。乾隆中，裁抚标新设二营，余所裁最多三百余，最少十人、九人。嘉庆十九年，谕各标额兵六十二万四千余，较雍、乾以来所增实多，令督、抚、提、镇量加裁汰。于是次第减万四千有奇。二十五年，又谕各省勿縻饷以养额兵。道光中，裁陕、甘绿营马兵三千六百余。又裁山东、山西抚标，及兖州等三镇，太原、大同二镇，东河河标，云、贵督、抚、镇、协各标兵额，暨福建水陆各营，浙江马、步兵，两广、江苏、安徽马、步、守兵各有差。

咸丰元年，曾国藩疏言："八旗劲旅，以强半翊卫京师，以少半驻防天下，而山海要隘，往往布满，其额数常不过三十五万。绿营兵名为六十余万，其实缺额常六、七万人。乾隆中叶，增兵议起。向之空名坐粮，悉令补足，一举而增兵逾六万。经费骤加，大学士阿桂争之不得。至嘉庆、道光间，睹帑藏之渐绌，思阿桂之远虑，特诏裁兵，而两次所裁仅一万六千。请饬各省留强汰弱，复乾隆初制。"谕如所请，命各督、抚分三年裁复旧额，所裁之数，年终汇陈，不得再有空粮之弊。四年，裁山西马、步、守兵五千八百余，云南步、守兵三千九百余。同治八年，裁九江、洞庭、岳州、荆州等水师营，改城守营，并酌设陆汛。

光绪五年，左宗棠、杨昌浚疏言："军兴未收制兵之效，由饷薄而额多，不能应时精练，兵不练与无兵同，练不精与不练同。甘肃赋少兵多，军实向资他省，饷源稍绌，动滋事端。亟宜量减可裁之兵，以节饷糈，即以所裁军饷加所留之兵，庶可责其勤练。雍正中，甘兵定额较内地为多，后虽陆续裁减，计尚存马、步、守兵五万七千余。即须分成核减。"六年，丁宝桢言："四川自军兴后，招募营勇，裁者少而增者多。同治间，楚、黔、川勇多至六万余。次第裁撤，至今存营勇二千九百余，尚可裁其什一。"是岁，湖南各营弁兵及水陆防勇次第裁者四千三百余，湖北裁者三千二百余，安徽陆续裁者约九千余。八年，张曜疏言："裁汰勇丁，即可规复兵额，变通营制，方能永固边防。"九年，张之洞奏整顿山西绿营练军，裁湘军正勇千人，设筹资遣，寻复裁汰，综合前后裁兵约及六千人。时贵州制兵裁汰二成，守兵裁者三千二百余，战兵二千九百余。江西额兵万一千九百余，近始以制兵作练军，然长年调练，冒替弊生，遂有"兵止一人，人已三变"之诮。因定抚标选锋仍旧操练，裁外属各营抽练之军，悉回原汛。

十一年，谕直省裁汰绿营。卞宝第言："广西额兵二万三千，土兵一万四千。粤逆初起，不过二千人。合此巨数之兵，不能击少数之贼。广西如此，他可类推。自后发、捻、回、苗恣乱，绿营战绩无闻。今宜以渐变通营制，裁额并粮，以两饷挑一兵。如额兵一万，分二十营，一半驻守，一半巡防。无事则计日操防，有警则随时援应。绿营积习，无许复存。"

二十二年，谕："近者户部奏请裁兵，宜汰绿营七成，勇营三成。通谕以来，惟山东陈明分限五年裁减五成，此外酌裁无几。综各省兵勇尚八十万有余，岁饷约共三千余万。绿营积惰，久成虚设。当兹借款期迫，弃有用之饷，养无用之兵，因之国穷民蹙。各将军、督、抚亟应定限切实裁减以闻。"

二十四年，从胡燏芬等言，裁并绿营、练勇，选练新操。时山东兵额已陆续裁十之三。至是以不敷分配，未裁之二成，仍止不裁。于是山西以汰存兵额不敷防卡之用，请增练新军数营。恭寿亦言绿营弊深，屡裁而益弱，须藉民力以辅之，宜急行团练。

二十七年，刘坤一、张之洞奏汰绿营，言："绿营官皆选补，兵皆土著。兵非弁之所自招，弁非将之所亲信，既无恩义，自难钤束。以传舍之官，驭世业之兵，亦如州县之于吏役，欲其整饬变化，服教从风，此必无之事。况绿营将弁，薰染官习，官弁且不易教，况于兵乎！层层积弊，已入膏肓，既甚骄顽，又极疲弱，本难练成可用之兵，自非裁汰不可。惟有分年渐裁一策，不分马、步、战、守，每年裁二十分之一，计百人裁五，限二十年而竣。计成扣饷，按次销除，即以节省之饷，作缉捕营察之用。惟湖南镇筸镇，系改土归流，无土著农户，除苗产外，地皆屯田，民皆兵籍，绥靖镇亦然，请于此两镇兵额不再裁汰，但将绿营改为勇营。所裁将领，可用者改隶勇营，不能带勇者，开缺或改官。使武职无把持之弊，合天下兵出于勇营之一途。更定营名，以符名实。”

二十九年，从徐世昌等言，以绿营挑改巡警。

宣统元年，步军统领衙门疏言：“巡捕五营，原设马、战制兵万人。嗣因屡次裁并，中营现兵千五百人，内分马兵五百四十，战兵八百六十，简差战兵百人。南营兵千二百五十人，内分马兵三百二十，战兵三百三十，简差战兵百人。左营兵八百人，内分马兵三百二十，战兵三百八十，简差战兵百人。右营兵七百人，内分马、战兵各三百，简差战兵百人。惟南营汛地设巡警后，差务较简，请拨南营兵三百七十五人隶北、左、右三营，每营马兵各三百六十五人，战兵四百十人。”是年，免裁之镇筸、绥靖二镇，定议改为续备军。此外乾州、永绥、常德诸协，河溪、保靖等营，留兵各三、四百人，去绿营之名，改勇营规制，作为续备军。岳州、澧州等营，各裁将弁，存兵六十四人或至九十三人。其余抚、提、镇、协诸营，各裁统将，一以同城将领兼统余兵。湖北通省将领，副将五人裁去一人，参将七人裁二人，游击十七人裁五人，都司十一人裁三人，守备三十三人裁十人。其抚标各营尚未尽裁，俟分军裁汰。是年，裁江北旧役卫兵左右二哨兵。贵州绿营已裁二成，寻裁副将以下各官，归并四营，酌改六营，惟边防要地佐防军所不及者缓裁。

二年，浙江绿营裁汰后，尚余将领三百九十九，兵七千余，一律裁尽，收取马匹军械，改编巡防队八营。四川绿营次第裁尽，挑选精壮改练防军。湖广营已裁十成之七，一、二年后，即可裁尽。湖北自咸丰八年裁马兵改步兵，同治八、九年，先后裁撤水陆军二千一百有奇，马二百余匹，光绪十一年以来，又裁二千九百有奇，马、步、战、守兵七千六百有奇，马八百八十余匹，实存马、步、守兵共七千余，马千六百六十匹，以后分年裁尽。寻湖北之汉阳协兴国等营，湖南之衡州协保靖等营，副将以下各官，一律停补。裁福建绿营，计至宣统六年裁尽，现存将领三百八十人，步、战、守、舵、炊、兵夫五千九百有奇。直隶绿营，于同治年间改为练军。光绪以来，通永等镇分年裁减，至二十九年，实存马、步、战、守兵二万六千余人。其天津城守及葛沽、通永、通州、北塘等凡十一营，当庚子之变，溃散无余，遂悉裁撤。此外各营均十裁其三，复裁将弁三百十四人。其大沽六营，庚子年伤亡过甚，亦全裁之，改设巡警。

三年，直隶绿营尚存官弁七百余，兵六千六百余，实行裁汰，惟淮、练、巡防各营，暂仍其旧。四川关外原设台兵，向由绿营拨派，共三十九台，将弁兵丁，一律裁撤。福建绿营，豫定裁尽年限，所节之饷，编练巡防队。江西亦拟裁尽绿营。甘肃边要，陆军尚未成镇，仅存马、步、守兵万七千余，资其防制之力，暂从缓裁。山西绿营所存无几，分三年尽裁之。江南绿营亦然，惟徐州镇标缓撤。山东以全裁绿营情事窒碍，因请缓裁。广东团绿营，三江、崖州二协，儋州营，督标中营均免裁。其余十减其四，将领五百余，除边要及兼防营之缺缓裁，余悉停补，改练陆军。广西绿营，自光绪二十九年裁后，仅存抚、提标将领五或四人，兵四五十人，左江、右江两镇将领各二人，兵各二十人。此历朝裁兵大较也。

绿营积重，沿数百年。同治中兴以后，疆臣列帅，惩前毖后，渐改练勇巡防之制。光、宣间屡加裁汰。宣统三年，武昌事起，陆军部疏言时局艰危，各省绿营、巡防队一律从缓裁撤。绿营之制，遂与有清相终始云。

直隶总督统辖督标四营，节制一提督、七总兵，兼辖保定城守，热河喀喇沁，吉林、奉天捕盗，永定河、运河等营。

督标四营。左营，右营，前营，后营。保定城守等营。新雄营，涿州营，拱极营，良乡营，中路，东路，南路，西路，北路，张家口，独石口。热河喀喇沁等营。乌兰哈达，塔子沟，承德府，平泉州，三座塔，多伦诺尔厅。吉林捕盗营。宾州厅，五常厅，敦化县，双城厅，伊通州。奉天捕盗营。昌图府，新民厅，海城厅，承德县，开原县，铁岭，辽阳州，锦县，宁远州，义州，广宁县，盖平县，复州，金州厅，怀德县，奉化县，唐平县，海龙厅，凤凰厅，安东县，宽甸县，怀仁县，通化县，兴京，岫岩州。永定河、运河等营。北运河务关厅，杨村厅，通惠河漕运厅，南运河。

直隶古北口提督统辖提标四营，节制七镇，兼辖河屯一协、三屯等营。提标中营、左营、右营、前营，密云城守营，顺义营，承德府河屯协左营、右营，唐三营，三屯营，喜峰路，燕河路，建昌路，八沟营，建昌营，赤峰营，朝阳营，昌平营，居庸路，巩华营，怀柔路，汤泉营，古北口。

马兰镇总兵统辖镇标二营，兼辖遵化等营。镇标左营、右营，遵化营，蓟州营，曹家路，墙子路，黄花山，馀丁营。

泰宁镇总兵统辖镇标二营，兼辖紫荆关等营。镇标左营、右营，水东村营，紫荆关，白石口营，广昌营，插箭岭，矾山营，易州营，房山营，涞水营，马水口，沿河口。

宣化镇总兵统辖镇标三营，兼辖独石口、多伦诺尔二协，蔚州等营。镇标中营、左营、右营，独石口协左营、右营，镇安营，龙门所营，云州堡，马云堡，镇宁堡，松树堡，滴水堡，赤城堡，君子堡，靖安堡，多伦诺尔协中营、左营、右营，蔚州营、东城营，宣化城守营，怀来营，怀来城守营，岔道营，龙门路营，怀安营，左卫营，柴沟营，西阳河堡营，张家口营，万全营，膳房堡营，新河口堡营，洗马林堡营。

天津镇总兵统辖镇标二营，兼辖河间、大沽二协，务关等营。镇标左营、右营，四党口营，河间协左营、右营，郑家口营，景州营，大沽协前左及中左、后左、前右、中右、后右六营，葛沽营，祁口营，务关营，霸州营，武清营，静海营，旧州营，天津城守营。

正定镇总兵统辖镇标二营，兼辖固关等营。镇标左营、右营，固关营，龙泉关营，倒马关营，忠顺关营，龙固城守营。

大名镇总兵统辖镇标三营，兼辖开州协、大名城守等营。镇标中营、左营、右营，开州协，杜胜营，东明营，长垣营，大名城守营，广平营，顺德营，磁州营。

通永镇总兵统辖镇标二营，兼辖通州、山永二协，北塘等四营。镇标左营、右营，通州协左营、右营，张家湾营，采育管，三河营，山永协左管、右营，山海路营，石门路营，蒲河营，乐亭营，北塘营，丰顺营，玉田营，宝坻营。

山东巡抚兼提督，驻济南府，节制三镇，统辖抚标二营，兼辖登荣水师一协。

抚标　左营、右营，登荣水师练军营。

兖州镇总兵统辖镇标二营，兼辖沂州一协、泰安等六营。镇标左营、右营，沂州协，泰安营，台庄营，济南城守营，武定营，安东营，沙沟营。

登州镇总兵统辖镇标二营，兼辖文登等七营。镇标左营、右营，文登营，胶州协，莱州营，即墨营，青州营，宁福营，寿乐营。

曹州镇总兵统辖镇标二营，兼辖临清协、德州等营。镇标中营、右营，临清协，德州营，东昌营，单县营，寿张营，濮州营，高唐营，梁山营，钜野营，桃源营。

河东河道总督统辖河标三营，兼辖济宁城守及运河、怀河、豫河等营。

河标　中营、左营、右营，济宁城守营，运河营，怀河营黄河北岸祥河、下北河、黄沁河、阳封，豫河营上南河、中河、下南河。

山西巡抚兼提督，节制二镇，统辖抚标二营，兼辖精兵两哨、口外七厅捕盗营。

抚标　左营、右营，精兵两哨，归化厅标，萨拉齐厅标，丰镇厅标，宁远厅标，和林格尔厅标，托克托城厅标，清水河厅标。

太原镇总兵统辖镇标二营，兼辖蒲州、潞安二协，太原等营。镇标左营、右营，蒲州协，运城营，吉州营，潞安协，泽州营，东阳营，翼城营，太原营，平阳营，隰州营，汾州营，平垣营，盂寿营，东滩营，平定营。

大同镇总兵统辖镇标三营、杀虎口一协、新平路等营。镇标中营、左营、右营，杀虎协左营、右营，宁武营，偏关营，镇西城，河保营，保德营，水泉营，平鲁营，靖远营，归化城，新平路，天城营，阳和营，浑源营，得胜路，丰川营，助马路，怀仁城，北楼营，东路，忻州营，灵丘路，山阴路。

河南巡抚兼提督，节制三镇，统辖抚标二营，兼辖开封营。

抚标　左营、右营，开封城守营。

河北镇总兵统辖镇标二营，兼辖河南城守等营。镇标左营、右营，河南城守营左营、右营，卫辉营，彰德营，陕州营，内黄营，嵩阳营，王禄店营，滑县营。

南阳镇总兵统辖镇标二营，兼辖荆子关、信阳二协，汝宁等营。镇标左营、右营，荆子关协，卢氏营，信阳协左营、右营，汝宁营，邓新营，襄城城守营，新野营，光州营，固始县营。

归德镇总兵统辖镇标二营，兼辖永城等营。镇标左营、右营，永城营，考城营，陈州营。

两江总督统辖督标二营，节制三巡抚、一提督、九总兵，兼辖江宁城守一协、扬州、盐捕二营。

督标　中营、左营，江宁城守协左、右两营，奇兵营、青山营，浦口营，溧阳营，瓜州营，扬州营，盐捕营。

漕运总督统辖各卫所外，复统辖旗、绿、漕标三营，兼辖淮安城守等营。

漕标　中营、左营、右营，淮安城守营，海州营，盐城水师营，东海水师营。

江苏巡抚节制三镇，统辖抚标二营，兼辖苏州城守营。

抚标　左营、右营，苏州城守营。

江南水陆提督节制五镇，统辖提标五营，兼辖太湖、松北二协，松江城守等营。提标中营、左营、右营、前营、后营，太湖协左营、右营，松北协，松江城守营，金山营，柘林营，青村营，平望营，江阴营，靖江营，孟河营，常州营，镇江营，松南水师营，南汇水师营。

狼山镇总兵统辖镇标二营，兼辖通州等营。镇标中营、右营，通州水师营，掘港水师营，泰州营，泰兴营，三江水师营。

苏松镇水师总兵统辖镇标三营，兼辖海门一协。镇标中营、左营、右营，海门协。

徐州镇总兵统辖镇标中营，兼辖徐州城守等营。镇标中营，徐州城守营，萧营，宿州营。

淮扬镇总兵统辖镇标三营，兼辖清江城守等营。镇标中营、左营、右营，清江城守营，宿迁营，庙湾水师营，佃湖营，洪湖水师营，苇荡左营，苇荡右营。

福山镇总兵统辖镇标二营，吴淞、川沙二营。镇标左营、右营，吴淞水师营，川沙水师营。

安徽巡抚兼提督，节制二镇，统辖抚标二营，兼辖安庆一协，游兵、潜山二营。

抚标　左营、右营，安庆协左营、右营，游兵营，潜山营。

寿春镇总兵统辖镇标二营，兼辖六安等营。镇标中营、右营，六安营，颍州营，泗州营，卢州营，亳州营，龙山营。

皖南镇总兵统辖镇标二营，兼辖徽州等营。镇标中营、右营，徽州营，池州营，芜采营，广德营。

江西巡抚兼提督，节制二镇，统辖抚标二营，兼辖南昌城守一协。

抚标　左营、右营，南昌城守协。

九江镇总兵统辖镇标二营，兼辖九江城守等营。镇标前营、后营，九江城守营，广信营，铅山营，饶州营，浮梁营，建昌营，广昌营，武宁营，瑞州营，抚州营，铜鼓营，南康营。

南赣镇总兵统辖镇标三营，兼辖袁州一协、赣州城守等营。镇标中营、左营、后营，袁州协，临江营，赣州城守营，宁都营，南安营，吉安营，龙泉营，万安营，永丰营，莲花营，兴国营，文英营，永镇营，横冈营，羊角营。

长江水师提督节制四镇，统辖提标五营，兼受两江总督、湖广总督节制。提标中营，金陵营，裕溪营，大通营，芜湖营。

长江水师岳州镇总兵统辖镇标四营。镇标中营，荆州营，沅江营，陆溪营。

长江水师汉阳镇总兵统辖镇标四营。镇标中营，田镇营，蕲州营，巴河营。

长江水师湖口镇总兵统辖镇标五营。镇标中营，安庆营，吴城营，饶州营，华阳营。

长江水师瓜洲镇总兵统辖镇标四营。镇标中营，江阴营，三江营，孟河营。

闽浙总督节制二巡抚、三提督、十二镇，统辖督标三营，兼辖抚标二营、南台水师营。

督标三营。中营、左营、右营，抚标左营、右营，南台水师营。

福州将军除统辖八旗驻防官兵外，兼辖福州城守营，节制福宁镇标、福州城守及同安等营。

福建陆路提督节制四镇，统辖提标五营，兼辖福州城守、兴化城守二协、泉州城守等营。提标中营、左营、右营、前营、后营，福州城守协左营、右营，兴化城守协左营、右营，泉州城守营，长福营。

福宁镇总兵统辖镇标三营，其左营系水师提督节制，兼辖海坛、闽安二协，烽火门四营。镇标中营、左营、右营，海坛协左营、右营，闽安水师协左、右两营，烽火门水师营，桐山营，连江营，罗源营。

汀州镇总兵统辖镇标三营，兼辖邵武城守营。镇标中营、左营、右营，邵武城守营左营、右营。

建宁镇总兵统辖镇标三营，兼辖延平城守协、枫岭营。镇标中营、左营、右营，延平城守协左营、右营，枫岭营。

漳州镇总兵统辖镇标三营，兼辖顺昌协、同安等营。镇标中营，顺昌协，同安营，诏安营，平和营，云霄营，龙岩营，漳州城守营。

福建水师提督节制三镇，及福宁镇左营、广东南澳镇左营，统辖提标五营，兼辖金门协，铜山、湄州等营。镇标中营，左、右、前、后四营，金门协，铜山水师营，湄州水师营。

闽粤南澳镇外海水师总兵。左营。

福建台湾巡抚节制二镇。

台湾镇总兵统辖镇标中营，兼辖台湾北路、台湾水师二协、台湾城守及台湾南路等营。镇标中营，台湾北路协中营、右营，台湾水师协中营、左营、右营，台湾城守营左营、右营，台湾南路营，台湾嘉义营，台湾艋舺水师营，沪尾水师营，噶吗兰营，台湾恒春营，台湾道标，台湾南路下淡水营。

澎湖镇外海水师总兵统辖镇标二营。镇标左营，右营。

浙江巡抚统辖抚标二营，兼辖海防营。

抚标　　左营、右营。巡盐营，海防营。

浙江水陆提督节制五镇，统辖提标五营，兼辖杭州等协、太湖等营。提标中营、左营、右营、前营、后营，杭州城守协，钱塘水师营，嘉兴协左、右两营，湖州协左、右两营，安吉营，绍兴协左营、右营，乍浦水师协左营、右营，太湖水师营，宁波城守营，澉浦水师营，海宁水师营。

定海镇总兵统辖镇标三营，兼辖象山协，镇海、定海城守营。镇标中营、左营、右营，象山协左营、右营，石浦水师营，镇海水师营，定海城守营。

海门镇总兵统辖镇标三营，兼辖台州协、海门城守等营。镇标中营、左营、右营，台州协中营、左营、右营，海门城守水师营，宁海营，太平营。

温州镇总兵辖镇标三营，兼辖乐清、瑞安、平阳三协，玉环、温州城守等营。镇标中营、左营、右营，乐清协，大荆营，磐石营，瑞安协左营、右营，平阳协左营、右营，玉环营左营、右营，温州城守营。

处州镇总兵统辖镇标三营，兼辖金华协、丽水营。镇标中营、左营、右营，金华协左营、右营，丽水营。

衢州镇总兵统辖镇标三营，兼辖严州协，枫岭、衢州城守等营。镇标中营、左营、右营，严州协左、右两营，枫岭营，衢州城守营。

湖广总督节制二巡抚、二提督、五镇，统辖督标三营。

督标　　中营、左营、右营。

湖北巡抚统辖抚标二营。

抚标　　左营、右营。

湖北提督节制二镇，统辖提标五营，兼辖黄州、汉阳二协，荆州城守等营。提标中营、左营、右营、前营、后营，黄州协，蕲州营，汉阳协，荆州城守营，武昌城守营，德安营，兴国营，均光营，襄阳城守营，荆门营，安陆营。

郧阳镇总兵统辖镇标四营，兼辖竹山协、郧阳城守营。镇标中营、左营、右营、前营，竹山协，郧阳城守营。

宜昌镇总兵统辖镇标四营，兼辖施南协、远安等营。镇标中营、左营、前营、后营，施南协左营、右营，远安营，卫昌营，宜都营，荆州堤防营。

湖南巡抚节制三镇，统辖抚标二营，兼辖凤凰等屯军营。

抚标　　左营、右营，凤凰厅屯，永绥厅屯，乾州厅屯，古丈坪厅屯，保靖厅屯。

湖南提督节制三镇，统辖提标五营，兼辖长沙等协、澧州等营。提标中营、左营、右营、前营、后营，长沙协左营、右营，乾州协左营、右营，镇溪营，河溪营，永顺协，常德协，龙阳城守营，澧州营，岳州营，九溪营，永定营，辰州城守营，古丈坪营。

镇筸镇总兵统辖镇标四营，兼辖沅州、靖州二协，绥宁、长安等营。镇标中营、左营、右营、前营，沅州协，晃州营，靖州协，绥宁营，长安营。

永州镇总兵统辖镇标三营，兼辖宝庆、衡州二协，临武等营。镇标中营、左营、右营，宝庆协，衡州协，临武营，宜章营，桂阳营，武冈营，岭东营。

绥靖镇总兵统辖镇标二营，兼辖永绥协、保靖营。镇标左营、右营，永绥协中营、左营，茁茅坪营，保靖营左营、右营。

陕甘总督节制二巡抚、三提督、十一镇，统辖督标五营。

督标　　中营、左营、右营、前营、后营。

陕西巡抚统辖抚标三营。

抚标　　中营、左右两营。

陕西固原提督节制四镇，统辖提标五营，兼辖靖远等协、静宁等营。提标中营、左、右、前、后四营，靖远协，芦塘营，盐茶营，下马关营，八营，潼关协，金锁关，三要司，商州协中营、左营、右营，西安城守协左营、右营，盩厔营，静宁营，马营监营，安定营，隆德营，西凤营，邠州营，长武营，庆阳营，泾州营，红德城守营，固原城守营，硝河城汛，平凉城守营，秦州营，利桥营，宜君营，化平营。

延绥镇总兵统辖镇标三营，兼辖定边协、神木等营。镇标中营、左营、右营，定边协，靖边营，镇靖营，安边营，神木营，黄甫营，麻池潢营，高家营，镇羌营，波罗营，绥德城守营，延安营，鄜州营，延绥城守营。

陕安镇总兵统辖镇标三营，兼辖镇安城守等营。镇标中营、左营、右营，镇安城守营，砖坪营，兴安城守营，镇坪营，孝义城守营，紫阳营，白河营，洵阳营。

河州镇总兵统辖镇标二营，兼辖洮岷协、循化等营。镇标左营、右营，洮岷协，阶州营，文县营，西固营，岷州营，旧洮营，循化营，保安营，起台营，兰州城守营，巩昌营，临洮营，河州城守营。

汉中镇总兵统辖镇标三营，兼辖宁陕等营。镇标中营、左营、右营，宁陕营，阳平关营，宁羌营，略阳营，留坝营，定远营，西乡营，华阳营，东江口营，汉中城守营，汉凤营，铁炉川营，佛坪营。

甘肃提督统辖提标五营，兼辖永固城守协，节制西宁等四镇。提标中营、左营、右营、前营、后营，永固城守协，甘州城守营，梨园营，洪水营，南古城营，山丹营，硖口营，大马营，察汉俄博营。

西宁镇总兵统辖镇标五营，兼辖镇海协、西宁城守等营。镇标中营、左营、右营、前营、后营，镇海协，哈拉库图尔营，西宁城守营，巴燕戎格营，巴暖三川营，贵德营，南川营，大通营，永安营，白塔营，碾伯营，威远营。

宁夏镇总兵统辖镇标五营，兼辖中卫协、花马池等营。镇标左营、右营、前营、后营兼管城守营、城守营，中卫协，石空寺堡，古水井堡，花马池营，安定堡，灵武营，灵州营，同心营，平罗营，洪广营，玉泉营，广武营，兴武营，横城营。

凉州镇总兵统辖镇标五营，兼辖永昌、庄浪二协。镇标中营、左营、右营、前营、后营，西把截堡，永昌协，宁远营，水泉营，新城营，张义营，镇番营，安城营，大靖营，土门营，庄浪协，俄博岭营，松山营，镇羌营，岔口营，红城堡，红水营，三眼井营。

肃州镇总兵统辖镇标三营，兼辖金塔、安西二协，肃州城守等营。镇标中营、左营、右营，金塔协，镇彝营，清水营，高台营，抚彝营，红崖堡，安西协，布隆吉尔营，桥湾营，肃州城守营，嘉峪关营，沙州营，靖逆营，赤金营。

甘肃新疆巡抚节制三镇，统辖抚标四营、玛纳斯协、济木萨等营。

抚标　　中营、左营、右营，城守协中营，喀喇巴尔噶逊营，玛纳斯协，济木萨营，库尔喀喇乌苏营，精河营，吐鲁番营。

新疆喀什噶尔提督节制三镇，统辖提标五营，兼辖回城、莎车二协，英吉沙尔等营。提标中营、左右两营、前营、城守营，回城协中营、左右两旗，莎车协中营、中左右三旗，英吉沙尔营，和阗营，玛喇巴什营。

新疆阿克苏镇总兵统辖镇标四营，兼辖乌什协、哈喇沙尔等营。镇标中左右三营、城守营，乌什协，哈喇沙尔营，库车营。

新疆巴里坤镇总兵统辖镇标四营，兼辖哈蜜协、古城等营。镇标中营、左右两营、城守营，哈密协，古城营，塔尔纳沁营，木垒营。

伊犁将军节制一镇，统辖军标二营。军标中营、左营。

伊犁镇总兵统辖镇标四营，兼辖塔尔巴哈台协、霍尔果斯等营。镇标中营、左营、右营、绥定城守营，塔尔巴哈台协，霍尔果斯营，宁远城营。

四川总督节制一提督、四镇，统辖督标三营。

督标　　中营、左营、右营。

成都将军除统辖八旗驻防官兵外，统辖军标绿营二营，节制建昌、松潘二镇。军标左营、右营。

四川提督节制四镇，统辖提标三营，兼辖阜和、懋功、马边三协，成都城守等营。提标中营、左营、右营，阜和协左营、右营，黎雅营，泰宁营，懋功协，崇化营，绥靖营，庆宁营，抚边营，马边协左营、右营，存城营，万全营，平安营，成都城守营、右营，永宁营，泸州营，叙马营，建武营，普安营、右营，安阜营，峨边营、右营，镇远营，绵州营。

川北镇总兵统辖镇标三营，兼辖绥定等营。镇标中营、左营、右营，绥定营，顺庆营，太平营，巴州营，广元营，潼川营，城口营，通江营。

重庆镇总兵统辖镇标三营，兼辖夔州、绥宁二协，忠州营。镇标中营、左营、右营，夔州协左营、右营，巫山营，梁万营，盐厂营，绥宁协左营、右营，酉阳营，黔彭营，邑梅营，忠州营。

建昌镇总兵统辖镇标二营，兼辖会川等营。镇标中营、左营，会川营，永定营，越巂营，宁越营，保安营，靖远营，泸宁营，会盐营，怀远营，冕山营。

松潘镇总兵统辖镇标三营，兼辖维州协、漳腊等营。镇标中营、左营、右营，维州协左营、右营，茂州营，漳腊营，垒溪营，龙安营，平番营。

两广总督节制二巡抚、三提督、九镇，统辖督标五营，兼辖本标水师、绥瑶等营。

督标　　中营、左营、右营、前营、后营，督标水师营，绥瑶营。

广州将军除统辖八旗驻防官兵外，节制南韶连镇标、潮州镇标、高州镇标、琼州镇标、惠州协标、肇庆协标、广州城守协、三江口协、黄冈协、罗定协、增城各二营，南雄协、钦州各一营，雷州左营、前山、永靖、连阳、惠来、骁平、潮阳、廉州、儋州、万州、和平、四会、那扶、永安、兴宁、平镇、潮州城守、石城、阳春、三水、徐闻、绥瑶等营。

广东巡抚统辖抚标二营。

抚标　　左营、右营。

广东陆路提督节制五镇，统辖提标五营，广州城守等协、增城等营。提标中营、左营、右营、前营、后营，广州城守协左营、右营，三水营，惠州协左营、右营，和平营，肇庆城守协左营、右营，四会营，那扶营，增城营左营、右营，永靖营，永安营。

南韶连镇总兵统辖镇标三营，兼辖三江口、南雄二协，清远、佛冈等营。镇标中营、左营、右营，三江口协左营、右营，连阳营，南雄协，清远营左军、右军，佛冈营。

潮州镇总兵统辖镇标三营，兼辖黄冈协、惠来等营。镇标中营、左营、右营，黄冈协左营、右营，惠来营，饶平营，潮阳营，兴宁营，平镇营，潮州城守营。

高州镇水师兼陆路总兵统辖镇标二营，兼辖罗定协、阳江等营。镇标左营、右营，罗定协左营、右营，阳江营，硇营，吴川营，电白营，东山营，阳春营。

广东水师提督节制五镇，统辖提标五营，香山等四协，新会、前山等营。提标中营、左营、右营、前营、后营，香山协左营、右营，顺德协左营、右营，大鹏协左营、右营，赤溪协左营、右营，新会营左营、右营，前山营。

碣石镇总兵统辖镇标三营，兼辖平海营。镇标中营、左营、右营，平海营。

琼州镇水师兼陆路总兵统辖镇标二营，兼辖崖州协、海口等营。镇标左营、右营，崖州协，海口营，万州营，儋州营，海安营。

南澳镇总兵分管闽、粤二省，统辖镇标二营，兼辖澄海等营。镇标左营隶福建水师提督节制，右营，澄海营左营、右营，海门营，达濠营。

北海镇水陆总兵统辖镇标二营，兼辖龙门协、雷州等营。镇标左营、右营，龙门协左营、右营，雷州营，钦州营，白龙营，徐闻营，石城营，灵山营。

广西巡抚统辖抚标二营。

抚标　　左营、右营。

广西提督节制三镇，统辖提标中军一营，兼辖平乐、新太二协，全州等营。提标中军，平乐协左营、右营，富贺营，麦岭营，新太协，馗纛营，全州营，宾州营，三里营，上思营，东兰营，桂林城守营，龙州城守营。

左江镇总兵统辖镇标三营，兼辖梧州、浔州二协，南宁城守等营。镇标中营、左营、右营，梧州协左营、右营，怀集营，浔州协左营、右营，南宁城守营，郁林营。

右江镇总兵统辖镇标三营，兼辖镇安协、思恩等营。镇标中营、左营、右营，镇安协左营、右营，思恩营，隆林营，上林营，恩隆营。

柳庆镇总兵统辖镇标二营，庆远、义宁二协，融怀等营。镇标左营、右营，庆远协左营、右营，义宁协左营、右营，融怀营，永宁营，柳州城守营。

云贵总督节制二巡抚、二提督、十镇，统辖本标三营，兼辖曲寻协、云南城守、寻霑等营。

督标　　中营、左营、右营，曲寻协左营、右营，云南城守营，寻霑营。

云南巡抚统辖抚标二营。

抚标　　左营、右营。

云南提督节制六镇，统辖提标三营，兼辖楚雄协，武定、大理城守等营。提标中营、左营、右营，楚雄协，武定营，大理城守营。

临元镇总兵统辖镇标四营，兼辖元新、澂江等营。镇标中营、左营、右营、前营，元新营，澂江营。

开化镇总兵统辖镇标四营，兼辖广南、广西等营。镇标中营、左营、右营、后营，广南营，广西营。

腾越镇总兵统辖镇标三营，兼辖永昌等二协、龙陵营。镇标中营、左营、右营，永昌协左营、右营，顺云协中营、左营、右营，龙陵营。

鹤丽镇总兵统辖镇标三营，兼辖维西协、永北、剑川等营。镇标中营、左营、右营，维西协左营、右营，永北营，剑川营。

昭通镇总兵统辖镇标四营，兼辖东川、镇雄等营。镇标中营、左营、右营，东川营，镇雄营。

普洱镇总兵统辖镇标三营，兼辖威远、景蒙等营。镇标中营、左营、右营，威远营，景蒙营。

贵州巡抚统辖抚标二营，兼辖古州等十卫、都江、下江等营。

抚标　　左营、右营，古州左卫、右卫，八寨卫，台拱卫，黄施卫，丹江卫，凯里卫，清江左卫、右卫，石岘卫，都江厅厅标，下江厅厅标。

贵州提督节制四镇，统辖提标三营，兼辖大定等协、罗斛等营。提标左营、右营、前营，大定协左营、右营，平远协左营、右营，遵义协左营、右营，定广协左营、右营，罗斛营左营，右营，贵阳营，平越营，归化营，黔西营，安顺城守营，仁怀营，新添营。

安义镇总兵统辖镇标三营，兼辖永安协、长坝等营。镇标中营、左营、右营，永安协左营、右营，长坝营，普安营，安南营，册亨营。

古州镇总兵统辖镇标三营，兼辖上江、都匀二协，朗洞等营。镇标中营、左营、右营，上江协左营、右营，都匀协左营、右营，朗洞营左营、右营，黎平营左营、右营，荔波营，下江营。

镇远镇总兵统辖镇标三营，兼辖清江等三协、台拱等营。镇标中营、左营、右营，清江协左营、右营，松桃协左营、右营，铜仁协左营、右营，台拱营左营、右营，丹江营左营、右营，思南营，凯里营，黄平营，天柱营，石阡营。

威宁镇总兵统辖镇标二营，兼辖毕赤、水城等营。镇标左营、右营，毕赤营，水城营。

绿营兵额，清初未定。考明代京军二十万余，外军九十九万余。顺治间不可考，大约视旧额约裁减十三四。康熙兵制，京巡捕三营经制马步兵三千三百，直隶各标兵三万七百，山西二万五千，川陕总督，陕、甘两巡抚及提镇各标兵八万五千九百七十八，四川四万，云南四万二千，贵州二万，广西二万，湖广四万，广东七万三千一百十人，江南总督，总漕，江宁、安徽两巡抚，京口将军四万九千八百五十，浙江四万三千四百五十，江西万五千，福建六万九千七百二十六，山东总河及抚、镇标兵二万，河南一万，都各省经制马步兵五十九万四千四百十四。逮乾隆二十九年，次第增加，各省多者一千至六千余，惟贵州加至万八千二百余，减者江西七百余，广东四百余，浙江二千余，福建三千余，都六十三万七千三百二十三。

至五十年，各省绿营兵额，京巡捕五营一万，直隶三万九千四百二，山东万七千五百四，山西二万五千七百五十二，河南万一千八百七十四，江南四万八千七百四十七，江西万三千九百二十九，福建六万三千一百十九，浙江四万三十七，湖北万七千七百九十四，湖南二万三千六百四，四川三万千一百十二，陕、甘八万四千四百九十六，广东六万八千九十四，广西二万三千五百八十八，云南四万千三百五十三，贵州三万七千七百六十九，都五十九万九千八百十四，综计数减于旧者凡四万余。各省减者，自数百至数千不等，惟陕、甘减至万二千，则以四十六年新增者不在此数，而山东、河南、江南视旧额转多，盖河、漕标兵本定分额，此实并入各省中也。

嘉庆十七年，绿营都数为六十六万千六百七十一，视乾隆中叶增额六万余，各省均所有益，惟浙江减额千余。其江南总额，此分江宁七千三十九，南河万五千六百六十六，漕运三千六百八十一，江苏二万三千七百四十八，安徽八千七百三十八，总为五万六千八百七十二，增旧额八千余。又旧额但举山东，此分山东万五千九百三十三，东河四千二百四十一，增额三千余，略可考见。十九年，山西等省共裁兵万五千四百余，内改马战兵为步守兵共千二百余。

道光初元，谕行裁汰，减额万余，复议裁改。二十九年兵额，直隶四万千三百三十五，山东二万五十七，河南万五千三百八十一，东河并入河南、山东。山西二万二千八百五，江苏三万八千一百八，安徽九千四百四十二，南河、漕运并入江南。江西万二千四百七十二，福建六万千六百七十五，浙江三万七千五百六十五，陕西二万四千七百二十，甘肃六万八千八百六十二，湖北二万五百五，湖南二万七千百十五，四川三万三千八百十一，广东六万八千三百二十二，广西二万二千四百七十二，云南三万九千七百六十二，贵州三万六千四百七十七，都五十八万五千四百十二，京营万名在外。减于乾隆旧额且逾万矣。

咸丰军兴以来，绿营议裁。迄同治、光绪间，兵制一变，直省屡行简汰，顾不能悉废，存额尚不为少。再综近时绿营兵额，京巡捕营一万外，十六门门甲三百十，门军六百四十，凡万九百五十，直隶四万二千八百十，山东万七千八百七十五，山西万六千四十五，河南万四百六十八，江苏二万五千七百七十，安徽九千三百六十四，江西万一千七百四十，长江水师万一千六十四，福建二万三千六百七十八，台湾八千二百六十八，浙江二万三千四百九，湖北万五千三百四十三，湖南三万零二十四，陕西万八千六百八十七，甘肃万二千七百二十五，新疆二万六千五百十五，四川三万千二百八十一，广东四万六千七百七十四，广西万四千一百十五，云南万二千五百七十二，贵州四万二千九百五，都四十六万二千三百八十二。取道光末年额较之，减于旧者几十二万，但旧额不及长江水师与台湾云。

卷一百三十二　　志一百七

兵三

防军　陆军

防军初皆召募，于八旗、绿营以外，别自成营，兵数多寡不定，分布郡县，遇寇警则隶于专征将帅，二百年间，调发征戍，咸出于此。若乾隆年台湾之役，乾、嘉间黔、楚征苗之役，嘉庆间川、陕教匪之役，道光年洋艘征抚之役，皆暂募勇营，事平旋撤。故嘉庆七年，楚北初设提督，即以勇丁充补标兵，道光十七年，以练勇隶于镇筸镇标，二十三年，以防守海疆之水陆义勇三万六千人仍遣回本籍，无防、练军之名也。道、咸间，粤匪事起，各省多募勇自卫，张国樑募潮州勇丁最多。咸丰二年，命曾国藩治湖南练勇，定湘军营哨之制，为防军营所昉。迨国藩奉命东征，湘勇外益以淮勇，多至二百营。左宗棠平西陲，所部楚军示百数十营。军事甫定，各省险要，悉以勇营留防，旧日绿营，遂同虚设。绿营兵月饷不及防勇四分之一，升擢拥滞，咸辞兵就勇。粤、捻既平，左宗棠诸臣建议，防营诚为劲旅，有事则兵不如勇，无事则分汛巡守，宜以制兵为练兵，而于直隶、江、淮南北扼要之处，留勇营屯驻，遂有防军之称。

练军始自咸丰间，以勇营日多，屡令统兵大臣以勇补兵额，而以余勇备缓急，尚无别练之师。至同治元年，始令各疆吏以练勇人数口粮，悉数报部稽核。是年于天津创练洋枪队。二年，以直隶额兵酌改练军。四年，兵部、户部诸臣会议选练直隶六军，始定练军之名。各省练军乃踵行之。练军虽在额设制兵内选择，而营哨饷章，悉准湘、淮军制，与防军同。其绿营制兵，分布列郡汛地，练军则屯聚于通都重镇，简器械，勤训练，以散为整，重在屯防要地，其用亦与防军同，故练军亦防军也。

同治、光绪间，各省所增编防、练军，兵部、户部于光绪二十四年核其总数，直隶练军一万一千人，留防淮军三万一千人，新军一万一千四百人，毅军一万人，奉天练军一万一千四百人，吉林防军八千五百九十八人，练军四千四百三十八人，黑龙江练军七千九百七十一人，山西练军四千九百人，河南防军九千一百九十人，陕西防、练军一万四千四百五十人，甘肃防军一万二千五百人，新疆防军二万七千八百四十五人，塔尔巴哈台勇营二千四百三十二人，四川勇营一万五千六百九十八人，云南防军一万五千三十三人，贵州练军九千四百八十六人，广东勇营一万一千八百人，广西勇营一万六千九百四十人，湖南练军一万二千九百七十人，湖北勇营一万二千六百九十人，新军一千九十三人，江西防军九千三百六十三人，安徽防、练军一万一千二百九十人，江苏防军二万三千七百九十人，自强军三千一百七十人，得胜军三千人，浙江防军二万一千三百人，山东防军一万三千九百五十人，福建防军一万五百四十人，各省防军、练勇凡三十六万余人，岁需饷银二千余万两。其后绿营兵屡加裁汰，各省卫戍之责，遂专属于防、练军。光绪中叶后，防、练军改为巡防队。光、宣之间，又改为陆军。至宣统三年，各省巡防队犹未裁尽也。兹列同、光、宣三朝改设防、练军规画于篇，而以陆军新制附焉。

防军，同治元年，直隶省于大沽协标六营内选练五百人，复增至二千五百人，分为五营，营分十队，设总统一人，翼长二人，各营管带一人，副管带二人，正副令官二人，带队官十人，分队官二十人。沈葆桢于江西省额兵一万二千人内，严汰老弱，增补精锐，分为二班，一班调至省城操练，一班留防汛地，半年换班。其赴操者，酌加练费，较募勇之费不及其半，练成即调赴前敌助战。

二年，刘长佑以直隶省营务积年废驰，各营兵数多寡悬殊，号令不一，乃改仿湘军成规，以五百人为一营，设营官、哨队官及亲兵，分别队伍旂帜，申明号令，改设六军，凡筑营结阵诸法，一律讲求。其步队营制，设营官一人，哨官四人，哨长五人，什长四十人，正兵三百六十人，营官亲兵五十人，哨官护兵四十人，营官自率中哨，凡五百人。其马队营制，设营官一人，帮办二人，督队官五人，每哨五棚，每棚什长一人，正兵九人，营官自率中哨，合伙兵、马夫凡三百十六人。保定练军，马、步、守兵一千九百五十人为一军，宣化练军，一千四百八十人为一军，古北口练军，二千四百十人为一军，大名练军，一千二百三十四人为一军，正定练军，一千四百八十人为一军，通永练军，一千七百五十四人为一军，共编为六军。

五年，令遵化等处各驻防军，每军定为步队二千人，马队五百人，在督标、提标内选取，凡一万五千人，分为六军，颁练兵章程十七条，隶总督节制，以防畿辅。又于六军外续练防勇二军。以奉天留防队伍调补直隶练军缺额。其训练京营，由神机营量增兵额。是年，左宗棠以福建省绿营额冗饷薄，乃裁兵十成之四，即以裁饷加留营之兵，并营操练。

六年，丁宝桢于山东省增练马队三千人。

七年，以各省绿营日益孱弱，令各省以壮健练勇易之。令曾国藩经理直隶省练兵事宜，就全省绿营内抽练六千人，仿勇营规制，分地巡防。海防议起，调驻天津，分中、左、右、前、后五营，与勇营相犄角。

八年，曾国藩以军事既竣，宜练兵不宜练勇，而勇营良法为练军所当参用者，一、文法宜简，一、事权宜专，一、情意宜洽。减兵增饷，汰弱留强，严杜顶替之弊。于原有练军四千人外，古北口、正定、保定各练千人，统以东南战将。练成之后，分为四军。以二军驻京北，二军驻京南，俟功效既著，增练五千人。全省防营于未撤之九营外，以刘铭传全部淮军驻防张秋，以督标亲军炮队营及前营副营驻天津，以亲军炮队营驻大沽炮台，以盛字中军六营、左军三营，仁军二营，马队五营驻马厂、青县，于运河西岸筑炮台五座，驻盛字前军三营、右军三营、老左军一营，于沧洲驻乐字中、左各一营，其盛字营兼办屯田，以卫畿辅。是年，丁日昌以江苏省自淮军全部撤防以后，江苏抚标兵仅有一千六百余人，乃裁汰老弱，补以勇丁，分左右二营，练习洋枪及开花炮诸技。马新贻以江南全省额兵一万二千七百余人，分防各处，徒有其名，必须化散为整，始能转弱为强，乃于督标内选千人为左右营，浦口、瓜洲营内选五百人为中营，扬州、泰州营内选五百人为前营，驻省城训练，于徐州镇标内选千人为徐防新兵左右营，以地方之轻重，定练兵之多寡。刘锦棠以新疆全境自回民乱后，旗营零落殆尽，乃于乌鲁木齐创设标兵，于天山南北路各置额兵，新疆所有驻防旗兵，归并伊犁整顿，别以精骑重兵居中屯驻，为南北各路策应之师。崇实以四川省军事渐定，酌裁防军，选练旗、绿各营。

九年，曾国藩于直隶省增募马勇千人，分为四营，原有额兵，增足万人，分练马队、步队，奏定各营哨之制，及底饷、练饷、出征加饷之制，为北方重镇。

十年，鲍源深以山西省抚标兵仿曾国藩直隶练兵之法，选练马队一营，步队二营，以次推行各镇。吴棠以四川全省额兵类多疲弱，乃归并训练，得精壮万人。王文韶以苗疆戡定，所有湖南省留防军三十营，分布于湖南、贵州接壤之区，又于抚标、提标内各选练精壮一营。

十二年，令陕甘督臣左宗棠、云贵督臣岑毓英各选所部勇丁，以补营兵之额。是时中外臣工皆注意练兵。李宗羲谓勇与兵有主客聚散勤惰之异，未可易勇为兵。王凯泰谓各省练兵，宜令更番换防，云、贵荡平以后，两省制兵亦宜换防调操，以杜久驻疲惰之渐。兵部诸臣会议，以同治初年创议练兵，京师神机营及直隶省六军，别筹练饷，特立营制。福建、浙江、广东、江苏等省，皆就所减之饷加于练军。河南、山西、山东、湖南等省，则按直隶之法，于额兵内抽练，于正饷外略加练费。甘肃省则因军事初定，先练千五百人。但各省所抽拨之兵，不过原额十之二三。若其余之兵，置之不问，终成疲弱。应令各省统兵大臣，已练之兵，以时休息，其未练者，次第调操，期通省额兵咸成劲旅。

十三年，都兴阿于奉天各城额兵内选练马队二千人，于各城八旗内选苏拉千人为余兵，俟客兵裁撤，再行增练。

光绪二年，崇实因奉天换防旗兵日久弊生，乃于岫岩、熊岳、大孤山、青堆子等处改设练军。

三年，允李庆翱之议，于河南省增设练军步队。

六年，令各疆臣酌量裁兵。各省防军自裁撤后，为数尚多。直隶、陕、甘须办边防，云南、贵州则防军较少，此外各省，均应大加裁汰。水师自设兵轮船后，旧式战船水师，亦分别去留。旋广西抚臣庆裕以广西省兵单饷薄，乃酌裁防军，以所节之饷，仿直隶练兵章程，在省标、提标内各选练二营，左右江两镇各选练一营。岐元以奉天省自同治间马贼四出肆扰，先后商调客军，增练旗、绿各营，而营制饷章未能画一。光绪五年，乃以直隶客军归并奉天省，合枪炮马步各队，厘定营制，编为奉字中、左、右、前、后马步队五营，中军增步队一营。丁宝桢因四川省自军兴以后，川勇而外，益以湖南、贵州各军，多至六万余人，事定次第裁并，至光绪三年，实存防军一万余人，须分守要隘，未可再裁。贵州防军，较他省为少，李明墀于光绪五年后，陆续裁汰四千余人。李瀚章以湖北省防军，若升字三营、忠义八营、武毅七营、水师七营，皆扼要驻守，不宜裁汰，就湖北通省额兵酌量裁去三千余人。裕禄以安徽省自捻寇平后，驻防皖南、皖北各军，凡一万八千余人，次第归并训练，实存水陆防军万人。

七年，岑毓英因苗乱已平，贵州之屯军、防勇，量为裁并，屯军裁去九千人，以裁军补额兵，酌改练军。旋移抚福建，乃率贵州练军二千人赴闽，教练闽省制兵。谭钟麟以浙江省防军于光绪六年募足三十营，旋裁去四营，以练军十营驻温州，海门、省垣各一营，余皆归守汛地。是年，以各省防军岁饷甚钜，令统兵大臣一律严核，不得有吞蚀空额诸弊。

八年，崇绮裁并奉天各军，于八旗捷胜营及东边道标兵、蒙古练勇外，所有马步营中之南方防勇，迁地勿良，乃裁并为一营，余悉遣归原省。任道镕于山东省抚标及兖、曹镇标内抽调步兵千二百人，分为三营，加饷训练。张曜、刘锦棠以伊犁收复，就关外营勇选练制兵，改行饷为坐粮，略更旧制，增马队重火器，设游击之师，复参用屯田法，以足军食。

九年，张之洞练山西省军队，由省标先练，扫除积习，为全省军营模范。李鸿章裁撤直隶省防军，除裁撤外，实存直字、荣字、义胜各营数千人，与淮军之亲兵及仁军、盛军、铭军、楚军等马、步、水师三十九营，分防各地。岑毓英以贵州苗疆多事，原设重兵数逾三万，积久废弛，专恃防军定乱，事定后，以防军归入制兵。云南省制兵，凡战兵九千余人，守兵七千余人，塘汛堆卡，零星散布，而巡防缉捕，专任练军，乃以战兵屯聚于统将驻所，随时整饬。潘霨裁并江西省防军，实存七千八百余人，每哨续裁十余人，量为省并。曾国荃综核广东省募兵之数，于光绪六年，张之洞曾募沙民千人守虎门，杨玉科增募千人及惠清营五百人，郑绍忠募安勇二千人，八年，募劲勇千人驻钦州，邓安邦续募千人，散布广州各属，其广东额兵实存九千余人。

十年，奎斌裁汰山西省两镇兵三千余人，挑练大同镇马步队各一营，太原镇步队一营。

十一年，卞宝第裁湖南省绿营，选精壮为练军，给以双饷，其未足之额，以营勇补之。希元等抽拨吉林防军左右路马步营千五百人，又于未练之兵及八旗台站西丹内选三千人，编为吉字营，分左右二翼，修筑壁垒，归营训练。岑毓英以云南省沿边之防军一万六千人分编三十营，于每年瘴消之际，亲历边疆，巡视防务。卞宝第分湖南全额兵之半，加以训练，编为巡防营。

十二年，刘秉璋以四川省防营渐染习气，所有寿字、武字等十营，巡盐五营，一律选练整饬。

十三年，穆图善整理东三省练兵事宜，每省挑练马队二起，步队八营，奉天、吉林、黑龙江各足成四千五百人，以克鲁伯炮六十尊，分配三省防营。刚毅裁并山西省额兵六千人，就饷练兵，抚标马队一旗，步队三营，太原镇马队二旗，步队四营，大同镇马队七旗，步队二营，编列成军，其北路则以树字各营分地巡防。

十四年，岑毓英就云南省内地防军及边关勇营内共选练九千六百余人，以符通省战兵五成之数。而边境辽阔，分防尚属不敷，乃增练三十营，凡一万五千四百余人，分防腾越、蒙自各边及大理、普洱各府。

十五年，谭钧培更定云南省营制。云南防军，于光绪二年，刘长佑挑练战兵，以三百七十人编为一营。十年，岑毓英以督师出关，改编二百二十人为一小营，营分五哨，哨各四队，队各十人。十一年，合练军各营，以半防内地，半防边境，仍以二百人上下为一小营。凡调防八成战兵七十七营，留防粤勇十二营，倮黑防勇六营，西南土防二十五营。乃裁汰三成，归并整齐，以三营为一营，每营分编五哨，中哨六队，余各三队，以散合整。凡战兵二十六营，粤勇五营，倮黑勇二营，土勇十三营。

十六年，张曜练山东省步队一营。

十七年，福润增练步队左营。鹿传霖以陕西省自经乱后，兵制未复，乃酌留马步防军并练军各营，居中策应，各路马队，利于巡缉，乃改步队为马队以节饷糈，凡防、练军马队千五百人，在平原及北山扼要驻守。张煦以湖南省自湘勇回籍后，专恃防军弹压各路，凡防军万人，水勇二千四百余人，乃归并损益，互为声援。

二十一年，依克唐阿编定奉天省炮兵三哨，合原有之防军为五营，又以效力猎户二千人编为四营。是年张之洞创练自强军十三营于江南，器械训练，悉仿欧洲。

二十二年，张之洞练洋操队二营于湖北。聂士成于直隶驻防淮军内选练马步队三十营，仿德国营制操法，编为武毅军。

二十三年，张之洞以练军重在操演，令分防各营，以十之一更番来省，教以新操，俟练成后，转授各营。

二十四年，王毓藻练贵州军队，先就省防三营改习洋操，次第推及各营。王文韶挑留直隶全省淮、练各军二万余人，编为二十营，分左右翼，驻守大沽口及山海关，以练军三十三营分防内地及热河等处。色楞额以热河兼辖蒙古两盟十七旗，而马步防兵仅有千人，乃增练壮丁五百人为一营，马队五百人为二营，佐以炮队百人。增祺以福建省多山，新练防军，宜重步队，参以炮队，增制过山快炮十二尊。胡聘之以东、直、秦、豫各省皆有防军，支饷自数十万至百万不等，而山西省屏蔽畿疆，仅有练军五千人，乃增练新军，固西路之防。荣禄因北洋四大军训练已成，分路驻防，以武毅军驻芦台为前军，甘军驻蓟州为后军，毅军驻山海关为左军，新建军驻小站为右军，别练万人驻南苑为中军，军械不足，令江南机器局拨解新式快枪三千枝，快炮七尊，原有之淮军一万二千人，防、练军一万九千人，归并训练。刘坤一以江南省之江宁、镇江、吴淞、江阴、徐州五路防军悉改习洋操，所用军械，统归一律。是年，令王大臣选京师神机营马步万人为选锋营。令北方各省营伍，由新建军遣员教习，南方各省营伍，由自强军遣员教习。东三省防练各营伍，由北洋武备学堂遣人教习。

二十五年，李秉衡上言奉天仁、育二军，训练已成，应择地修筑营垒，俾成重镇。裕禄以直隶防、练各军为数太多，乃挑留马步精兵一万八百余人，编为练军步队十二营，马队二十营，更定营制，步队以三百人为一营，马队以二百余人为一营，凡三十二营，分为直隶练军左右翼，以通永镇总兵统左翼，天津镇总兵统右翼，其新建等军，仍与宋庆之二十五营各守原防。刘树堂以浙江防军云字、吉字、胜字、旅字各营凡十一营二十三旗，并为五军，名为两浙新军，用北洋武毅军操法训练。松寿以江西省防军有忠新等营二千余人，内江及赣防水师二千四百余人，武威等营旗三千余人，分布各路，乃在省城设全省营务处，为训练各军之总汇。刘坤一以江南各军归并为三十七营，加以新法教练，渐有成效。文兴以盛京八旗制兵，汰弱留强，仿北洋练军新法教练。裕祥就四川驻防旗兵内选精锐为一营，阵法营制，与防军一式。松寿以江西省新练防军三千人，拨解南北洋新式枪炮，以资操练。黄槐森选广西省各军，先就省标、提标及左右江各营挑练一千四百人，为各军模范。廖寿丰以浙江省宁波、镇海各营次第改习洋操，省防各军先练步队三哨，炮队一哨，凡标营及防、练军，俟四哨教成，更番改练，推及全省。

二十六年，端方以陕西新练洋操之马步十三旗，分防南北山隘。是年，令各省疆臣严定将弁贪墨之刑，并整理浙江省防营积弊。

二十七年，李兴锐以江西防军人数不一，乃分为五路，厘定人数，以中军为常备军，前、后、左、右军为续备军，军各五营，营各五哨。刘坤一以江南武卫先锋军、江胜军各二千人为常备左右军，其余防军四十余营悉编为续备军。岑春煊以山西省兵制纷歧，有练军、防军、晋威军之判，乃仿北洋武卫军制，以省标三千人分左右翼为常备军，以太原、大同二镇兵共练三千人为续备军。魏光焘以云南省防军二十四营，营各二百五十人，改编为常备军十二营，营各三百人，旧有练军改为续备军，均练习洋操。丁振铎于广西省防军三营内选千人为常备军，各属防军，就人数多寡，练一、二队不等。邓华熙以贵州防军及威远营并练五营，凡千五百人，为常备军，东西路练军及缉捕营共二十九营，选练五千七百人，为续备军，分防各隘。是年，设军政司于天津，总司直隶省淮、练各防军操防事宜。

二十八年，升允以陕西省新旧各军均已改习洋操，乃选精锐六旗为常备新军，其忠靖八旗两翼步队，武威两翼马队，改为步队十二旗，以六旗为续备防军，六旗为续备长军，防军有地方之责，长军为开荒之需，以马队炮队佐之。

二十九年，夏时以江西省新军仅有千二百人，江防重要，殊苦不足，九江为全省门户，乃别募一军，亦为常备军，合中、前常备两军共十营，专防省城及九江二处，以左、右、后续备三军分防各地。

三十年，曹鸿勋以贵州各军于光绪二十六年改编为常备军、续备军，共二十四营，嗣因沿边戒严，增募防勇十九营，而筹饷艰难，遂每营酌减人数，凡防、练军及亲兵减存一万五百余人，次第改习洋操。潘效苏于新疆标、防、巡、练各军三万二千余人内，选存正勇一万三千余人，于南北各路匀配分防。

三十一年，练兵处王大臣以山东省武卫先锋队二十营分防散漫，令择地屯驻，增募成镇。是年，命铁良校阅江苏、安徽、江西、湖北各省防军、练军、陆军、旗兵、巡警兵。铁良遍阅各军，大都军械不一，操法亦未尽娴，旧营改练，进步甚迟。惟安徽练军二队，九江常备五营，湖北二镇，较为生色。

三十三年，张之洞以沿江督捕营、下游缉匪营改编为水陆巡缉队。王士珍以江北巡防队改为步队六营，马队二营，其余淮海水师、练军卫队，悉仍其旧。锡良以云南防军二十七营，铁路巡防十一营，土勇一营，凡三十九营，次第改编新军，以全省防军每营二百五十人为定额，分南防、西防、普防、江防、铁路巡防为五路，凡四十七营。

宣统元年，以热河巡防强胜营改编常备军，以察哈尔原有之精壮、精健等营改编为巡防马队一营，步队二营。徐世昌以奉天巡防队分驻五路剿匪，旋合编为步队一标，其河防营亦一律改编。王士珍因江南防军步队六营、炮队二营改隶江北，乃合原有之巡防队及留防各营编为巡防第七营，共巡防步队八营，以备练成一镇，原有卫队，增募一哨，编为一营，尚有练军三百人，水师十棚，均改为巡防队。沈秉坤以云南防军内有各属之保卫队，系旧日团营，名为营队，实即乡团，未能遽改为巡防队。广福以伊犁军标汉队，系金顺西征营勇之旧，其营制饷章，均仿湘军，乃遵新章，以步队一营、马队二旗为左路巡防队，马队二旗为右路巡防队，分驻惠远、惠宁各城。袁树勋以山东省原驻淮军，于光绪二十四年移防长江，新增防兵二营驻兖、沂二府及德州，均当南北要道，未能遽裁。联魁以新疆筹饷维艰，就原有防营改编为步队三营、马队二营，又增编工程兵一队，马队一营，勉成一协。宝棻以山西省军队，向分太原、大同、口外三大支巡防队，乃归并分编为中、前、后三路，各以统领节制之，凡马步二十二队。吴重熹以河南省巡防营不合部章，就通省巡防步队二十八营、马队十二营分为五路，豫正左军为中路，南阳镇为前路，归德镇为左路，河州镇为右路，豫正右军为后路。赵尔巽以四川省防军二十九营，编为六军，每军六营，分中、前、后、左、右、副中为六路，分驻防境。其防守宁远之靖字二营、游击步队二营，增募宁远之靖字后营，改为巡防副左路、副右路两军，每三营为一军。成都驻防满营亦改编巡防队三营，俾臻一律。瑞澂以江苏省各营练成一协外，尚有太湖水师巡防队、陆师左右巡防队，系陆路三旗及苏捕营卫队等先后改编者，乃次第换防调操，以免弛懈。

二年，岑春蓂改编湖南省巡防队，酌定饷章，即日成军，其余缉私三旗，改为南路巡防队。孙宝琦改编山东省巡防队，所有中、前、后、左、右五路，各就坐营之中哨改编，其炮队以快炮六尊为一队，各府州县巡勇悉改为巡防队，兖、沂、曹三府原有之巡防营，亦遵新章编练。恩寿以陕西省巡警军悉改为巡防队。杨文鼎以湖南省巡防队分为中、东、西、南四路，驻防各府。崑源以察哈尔八旗壮丁编练巡防马队。松寿以裁撤福建全省之绿营兵改为巡防队十六营，分五路驻防各府。张人骏以两江巡缉队及师船十艘改为探访队，其沿江巡防队深资得力，以协解北洋之淮军饷为巡防军饷，并以江防军分驻江宁省城。锡良以奉天原有之协巡队、备补队、炮队、卫队各防营，遵章改编为陆军步队一标、炮队一营。是年，山东、山西抚臣咸拟缓裁巡防军，以靖地方。

三年，张人骏以两江巡防军关系重要，其属于江宁者，马步三十二营，属于江苏者，步队六营，属于江北者，步队八营一哨、马队一营，江南北地势扼要，未可议裁，并拟以新兵中副二营留防三队改为第一、二、三巡防队，以一哨为提督卫队。丁宝铨以山西太原满营，于光绪二十八年已改练新操，乃遵章改编为巡防队。恩寿以陕西省巡警军已改编巡防队，并设马步巡防营务处。庆恕以青海垦荒，已开垦六万余亩，原有巡防队不敷分布，增练防军一旗。诚勋以热河虽有直隶练军八营，仅防朝、建一带，其先后所练巡防队十三营，分防各属，未能遽改陆军。张勋以长江巡防马、步、炮队十三营，分驻浦口、六合、江宁、苏州、怀远各府县，并在沿江一带广布侦探，以靖盗源。瑞澂以湖南六营已裁，所有抚标之兵，选精壮编巡防一营。此改设防练军之大略也。

自咸丰军兴，由绿营改为勇营，为留防营，为练军，为巡防队，为陆军，兵制变而益新。至宣统年，非特绿营尽汰，即湘、淮营勇驻防南北洋者，所存亦无几矣。

陆军新制，始于甲午战后，步军统领荣禄疏保温处道袁世凯练新军，是曰新建陆军。复练兵小站，名曰定武军。两江总督张之洞聘德人教练新军，名曰江南自强军。其后荣禄以兵部尚书协办大学士节制北洋海陆各军，益练新军，是为武卫军。

庚子乱后，各省皆起练新军，或就防军改编，或用新式招练。至光绪三十年，画定军制，京师设练兵处，各省设督练公所，改定新军区为三十六镇，新军制始画一。

三十三年，京、外新练陆军，除禁卫军外，统计近畿第一镇驻京北仰山洼，官七百四十八员，兵一万一千七百六十四名。第六镇驻南苑，官七百四十七员，兵一万一千八百四十六名。直隶第二镇驻保定、永平等府，官七百三十七员，兵一万一千七百三十一名。第四镇驻马厂，官七百四十八员，兵一万一千七百五十六名。山东第五镇驻省城、潍县、昌邑等处，官七百四十八员，兵一万一千七百六十四名。江苏第二十三混成协驻苏州等处，官二百七十四员，兵四千三百四十五名。江北第十三混成协驻清江浦，官三百七十六员，兵二千四百八十一名。安徽步队二标、马队一营、炮队一队驻省城，官二百五十三员，兵四千一百五十五名。江南第九镇步队一营、马队二队驻省城，官七百八十九员，兵八千二百五十五名。江西步队一协、马队二队驻省城，官二百三十一员，兵四千二百八十七名。河南第二十九混成协驻省城，官三百三十八员，兵五千六百十八名，步队一协、马炮队各一营调驻京城，官一百六十二员，兵三千八十五名。湖南步队一协、炮队一营驻省城，官二百四十八员，兵四千五十六名。湖北第八镇驻省城，官七百二员，兵一万五百二名，第二十一混成协驻武昌、汉阳及京汉铁路，官二百八十八员，兵四千六百十二名。浙江步队一协驻省城，官一百五十九员，兵二千三百八十四名。福建第十镇驻省城及福宁、延平等处，官四百五十五员，兵六千七百八十八名。云南步队一协、炮队一营驻省城及临安，官二百三十八员，兵四千二百四十八名。贵州步队一标、炮队一队驻省城，官一百七员，兵一千八百四十六名。四川步队驻省城，官十二员，兵六十一名。山西步队二标、马炮队各一营驻省城，官二百六十二员，兵四千五百五十七名。陕西步队一协、炮队一队驻省城，官二百二十员，兵三千九百三十六名。甘肃步队二标、炮队一营驻省城、河州、固原、西宁，官二百二十一员，兵四千一百二十八名。新疆步队一协、马队一标、炮队一营驻省城，官一百六十七员，兵二千三百二十二名。东三省第三镇驻吉林省城、长春、宁安、延吉及奉天锦州等处，官七百五十三员，兵一万一千八百八十三名，第一混成协驻奉天省城，官三百三员，兵三千五十九名，第二混成协驻奉天新民等处，官三百四员，兵五千五十三名，步队一协一标、炮队一营驻吉林，官三百六十一员，兵七千八百七十名。宣统三年统计，除前列外，浙江成第二十一镇，云南成第十九镇，四川成第十七镇，奉天成第二十镇，吉林成第二十三镇，广东成第二十六镇驻省城，广西成第二十五镇驻省城及桂林等处，先后共成二十六镇。未几，武昌陆军先变，各省应之，而三十六镇卒未全立云。

卷一百三十三　　志一百八

兵四

乡兵

乡兵始自雍、乾，旋募旋散，初非经制之师。嘉庆间，平川、楚教匪，乡兵之功始著。道光之季，粤西寇起，各省举办团练，有驻守地方者，有随营征剿者。侍郎曾国藩以衡、湘团练讨寇，练乡兵为勇营，以兵制部勒之，卒平巨憝，其始皆乡兵也。而边徼之地，剿有乡兵。其在东三省者，则宁古塔以东之赫哲部、克雅克部，混同江东北之鄂伦春部，不设佐领，惟设乡兵姓长。其在黑龙江者，有打牲人，在江以南之锡伯、卦勒察，江以北之索伦、达瑚尔，则附属于满营。在蒙古者，蒙兵而外，有奇古民勇。在山、陕边外者，有番兵，有僧俗兵。在四川、云南、贵州边境者，有夷兵，有土司兵，有黑倮勇丁。在西藏者，有藏番兵。皆与内地乡兵不同，故不详。其各直省之乡兵，曰屯练，曰民壮，曰乡团，曰猎户，曰渔团，曰沙民。额数之多寡不齐，器械之良窳不一，饷章之增减不定，良以聚散无恒，故与额兵迥异，无编制之可纪。兹特志其始末于后焉。

雍正八年，鄂尔泰平西南夷乌蒙之乱，调官兵万余人，乡兵半之，遂定东川，是为乡兵之始。

乾隆三十八年，用兵小金川，定边将军温福、定西将军阿桂疏言，调满洲兵道远费重，不如多用乡兵，人地相宜。四川乡兵，以金川屯练为强，自平定金川以后，设屯练乡兵，其粮饷倍于额兵，分屯大小金川两路，春夏训练，秋冬搜猎，有战事则搜剿山路，退兵则为殿后之用。

嘉庆初，苗疆事起，傅鼐以乡兵平苗，功冠诸将。诏以鼐总理边务，令各省督抚以鼐练乡兵之法练官兵。川、楚教匪之役，官兵征讨，而乡兵之功为多。其勋绩最著者，文臣则四川按察使刘清，武臣则四川提督桂涵，湖北提督罗思举，各统乡兵，分路剿寇，大小数百战，遂奏肤功。嘉庆十七年，以云南边外野夷倮匪肆扰，而缅宁、腾越各隘皆瘴疠之地，难驻官兵，乃练乡兵一千六百人，以八百人驻守缅宁之丙野山梁等处，以八百人驻守腾越蛮章山等处，省官兵征调之劳。其时苗疆底定，亦增设乡兵，凡屯丁七千人，训练之暇，开垦屯防田数十万顷。

道光二年，令直隶疆臣招集团练，修筑土堡，互为策应。十五年，令各州县额设民壮，一律充补训练，复令各省民壮每月随营操演，范以纪律。是年，调大小金川乡兵千名，给以宁海、掖县、胶州、即墨所属之十三枭，编练乡兵，互相防卫。又令沿海疆臣仿浙江定海县土堡之法，凡近海村落，招募乡兵，兴筑土堡，以联声势。二十三年，令广东省以团练助防海口。旋疆吏疏言广东民风宜于乡团，招集已得十万人，以升平学社为团练总汇之区，推及韶州、廉州等处，一律举行。二十六年，令各州县民壮随营考察技艺。是年，甘肃沿边番贼肆扰，令疆臣召募猎户千人，编为一军，供远探近防之用。及道光季年，张国樑募广东潮州乡兵追逐粤寇，转战东下，卒以犷悍不驯，遂至溃散。

咸丰二年，令在籍侍郎曾国藩办理湖南乡团。旋国藩疏言先行练勇一千人，所办者乃官勇非团丁，是为乡团改勇营之始。三年，令山东登、莱、青三府举办联庄团练，给以兵械。四年，令甘肃沿边增募猎户三千人以防番骑。八年，安徽巡抚翁同书疏言皖省定远、寿州、合肥等县举办团练，旬日之间，远近响应，和州踞贼屡出焚掠，多被乡团击回，以其深明大义，涌跃同仇，凡董事团总人等，传谕嘉勉。九年，河南巡抚恒福疏言，皖寇进逼豫境，令道府大员于接近皖寇之地，举办乡团，睢州等州县兴筑堡寨已数十处。旋谕河南官绅训练乡勇，联村筑寨，迅速举行。

十年，谕胜保等督办乡团，以资统率，酌定章程，凡办团州县一律遵行，惟乡团更番调营，所领粮饷，易滋流弊，毋得冒滥。又谕："江苏等省在籍绅士，除已经办理团练外，其明晓大义律身公正者，自不乏人，所有在京直隶、江苏、安徽、浙江、河南等省之大小官员，将如何举行乡团，随同官兵剿贼，及防守等一切事宜，各陈所见，各举所知，迅即上闻。"

寻侍郎沈兆霖疏陈："自咸丰三年以后，迭奉朝旨举行乡团，已至再至三，各省官绅士民，未尝不遵旨办理，而贼势披猖，卒无成效。良由苟且涂饰，未经实力讲求，或募勇以充数，徒取外观，或藉端以营私，转成欲壑，无事则恃为威胁，扰害乡间，有警则首先遁逃，流为盗贼。议者几谓乡团之无益而有损矣。不知名为民团，即当以民为团，而不可以募勇塞责也。民统于绅，则绅之邪正宜慎择也。绅倚于官，则官之贤否宜严辨也。不归并于一路，则督察无人，必不能一律坚固。不专力于四乡，则城守虽严，已难免四面受敌。官与绅宜两相孚，不宜两相阸。兵与民宜两相顾，不宜两相仇。任封疆者，当知民本吾民，用兵数少，何如用民数多。任将帅者，当知兵本卫民，我能救民，自然民能救我。现在贼氛猖獗，非实办民团，更无安全之法。"乃拟上事宜十二条："一、民团须招本地有业之民，不可招市井无赖也。一、宜分别地段，以近贼一、二百里为最要，距贼稍远，中隔一、二县者为次要，其远在三、四百里外者，则从缓办团也。一、各州县要地，宜一律办团，无使一处疏漏，俾寇得乘隙而入也。一、办团宜四乡加密，有警则互相应援，无事则严诘奸宄，庶城守完固也。一、牧令宜择贤能，与办团之绅，不得各存意见，亦不得任用劣绅也。一、宜简道府大员分路办团，俾各县联为一气也。一、民团有急，官兵速往救援，不得观望也。一、宜择要设卡盘查也。一、民团只可就地助战，不宜调遣，变为练勇，失其恒业也。一、立功宜即奖励，视官兵稍优也。一、团费宜自捐自办，不得藉端渔利也。一、民团办成，则分防之兵可省，集合成军，攻剿更为得力也。"

同时应诏陈言者，有载垣等所议团练章程十条，贾桢等所拟办理章程八条。旋命顺天府府丞毛昶熙为督办河南团练大臣，南汝光道郑元善帮办团练事宜，按照怡亲王载垣等所拟章程办理。命户部右侍郎杜翻为督办山东团练大臣，登莱青道贡璜、登州府知府卢朝安帮办团练事宜，按照大学士贾桢等所拟条款，并参酌河南章程，体察情形办理。又以皖南地方紧要，应一律办团，令两江总督曾国藩察看情形，择其谙练军务素有人望者，酌保一人，即令督办皖南团练事宜。

旋曾国藩覆陈："乡团本是良法，然奉行不善，县官徒借以敛费，局绅亦从而分肥，贼至则先行溃逃，贼退则重加苛派，转为地方之弊。所经过各省，从未见有乡团能专打一股、专克一城者，不过随官兵之后，胜则贪财，败则先奔，常藉口于工食之太少。而办理歧异者，每多给钱文，团丁所领之饷，与官勇例价相同，且有过之。其取之民间，无非劝捐抽厘之类。是于团练已失其本义，于军饷又大有妨碍。今奉谕举行皖南团练，皖南岭隘纷歧，若筑碉设卡，有险可凭，徽、宁各要隘，宜择地筑碉，以资防守。有在籍翰林院编修宋梦兰当贼由太平县窜扰徽州，宋梦兰督带练丁协力严守，众论翕然。请即以该员办理皖南团练事宜，会同委员，董劝各属绅民，兴筑碉塞。其未经克复者，官兵攻剿，概不令团丁随往。其已经克复者，绅耆修碉，团丁守之。庶几军民两利，名实相符矣。"

又以四川地属岩疆，毗连云、贵，滇匪滋扰，未能肃清。嘉庆间，四川举办乡团，行坚壁清野之法，著有成效，自应仿办。所有应行事宜，谕四川在京各员，就地方情形，各抒所见。官绅中有练达时务者，各举所知，以俟后命。同时尚书陈孚恩等以江西毗连安徽、浙江、广东等省，疏请办理团练，酌保办事人员，并拟团练事宜八条。疏入，允行。命在籍翰林院修撰刘绎为江西督办团练大臣，吉南赣宁道沈葆桢、甘肃安肃道刘于浔帮办团练事宜，按照陈孚恩等所拟章程，妥为办理。

同时督办河南团练大臣、顺天府府丞毛昶熙疏陈团练办法，并酌拟规条：一、添筑堡寨以扼要隘，一、讲求险要以便堵御，一、慎择首事以资统率，一、分选团丁以备训练，一、摊派练费以备公用，一、互为声援以资联络，一、申明号令以壹众志，一、严定约束以禁顽暴，一、秉公赏罚以示劝惩，一、严察奸宄以防内应，一、旌表忠义以作民气，一、事贵实力以冀成功。疏入，允行。

毛昶熙又疏陈河南团练，以归、陈二府为先。前统兵大臣胜保，因调团不齐，勒派百姓出资雇丁，统计勇粮运费，较正供多至倍蓰，百姓苦累，纷纷禀请，以抽丁一项，民力已竭，乡团势难再办。其开封等府百姓闻归、陈雇勇之苦，亦复观望，不肯实办。团练之事，仍恐有名无实。寻奉谕："用民之法，总宜深得民心。胜保等所办章程既与民心不洽，自应改弦更张，以期得力。庆廉即体察情形，将此项雇勇酌量裁撤。毛昶熙按照载垣等会议章程，速即集团练勇，以辅兵力。"又以甘肃控制西陲，地方辽阔，且与陕西、四川毗连，匪患未靖，自应一律举办团练，以靖边陲。所有甘肃省团练事宜，即命陕甘总督乐斌督办，并命甘凉道萧浚兰、刑部员外郎吴可读、江西候补道杨昇帮办团练。

十一年，以归化之番众僧俗兵四千余人，马四千余匹，防御抱罕羌人。是年，奉谕："乡团之设，原以济兵力所不逮。必须官绅一体，兵勇同心协力，内靖土匪，外御贼氛，于地方庶有裨益。若如清盛疏劾山东章丘县之水赛街、新城之南娄里等庄，以及博山、莱芜等县乡团，遇有经过客商，往来差役，辄敢擅行杀戮，害及无辜。抚署之差弁马匹，亦被劫夺。是团练御贼尚无成效，而抗官滋事竟有滋蔓之势。巡抚谭廷襄速将清盛所奏各情，严密查访。如有藉团为名，肆行不法，及私立黑团，聚众抗官，立即严惩。"又谕浙江巡抚："前以浙省军务未平，筹办团练，劝谕捐输，原以保卫民生。若如王履谦疏劾办团情形，杂乱无章，劝捐委员，令捐户加捐至数十倍之多，并于捐户加以威逼。今贼氛逼近浙东，若因劝捐办理不善，致失人心，必致激成内讧。巡抚王有龄速即会同王履谦妥为劝办，议定章程，不得徇私委派贪劣之员。"

是年，左副都御史潘祖荫疏言："各省设立团练大臣，办理年余，曾无一效，请奖请叙，纷纷效尤，并未克复一城，其为无益，已可概见。应将团练大臣分别裁撤，以一事机而节糜费。"翰林院侍讲学士颜宗仪疏言："乡团之设，原以百姓之财力，卫百姓之身家，果能众志成城，同仇敌忾，即一举、贡、生、监，足以统领之，无俟大员为之督率。若必以大僚综任之，帮办司员分理之，是督抚之外又设督抚，僚属之外又增僚属，徒滋纷扰。上年豫省办团，各省团练大臣亦纷纷四出。旋因浙江、四川、陕西、甘肃等省情形不同，旋即裁撤。而直隶、山东、江南、江北等处，则仍归由团练大臣办理。于是帮办人员假公济私，百端纷扰。或逼勒州县供应，或苛派民间银钱，或于官设捐局之外，团练再设捐局，或于官抽厘金之外，团练再抽厘金，或查阅各处团防，支应纷烦，地方告乏，或任令家人奴仆勒索规费，约束不严。帮办人员或十余人，或数十人，薪水所出，皆刻剥民间。刁生劣监，因以把持地方；狡吏贪夫，藉以希图名利，流弊实多。各省团练大臣，直隶桑春荣操守尚严，山东杜翻已啧有烦言，至于江北、江南所办乡团，自上年至今，未闻有团练大臣收复一州一县者，徒以骚动天下，无益有损。今山东杜翻已经撤回，河南毛昶熙较有成效，其直隶、江南、江北等处团练大臣，宜一并撤回。其各省州县距贼较远者，停止办团，以安民业。其距贼较近之处，仍责地方官切实办团，而以本省督抚总其成，庶事权不至纷歧，商民可免滋扰。"

旋奉谕："直隶团练大臣桑春荣回京供职，直隶团练事宜，责成文煜办理。江西团练大臣刘绎来京任用，江西团练事宜，责成毓科督同官绅办理。其二省京官如有回籍办团者，各部院查取职名，饬令来京供职。江北团练大臣晏端书，江西团练大臣庞钟璐，其办理团练，是否仍须该员经理，抑或即可裁撤，令曾国藩、薛焕速议以闻。王履谦帮办浙江团练，兼办浙东捐务，今浙江军务方殷，自难遽撤。令王有龄会同王履谦切实筹办，以固疆圉。毛昶熙在河南归德著有成效，应否仍令毛昶熙督办团练，及有无把握之处，令严树森速议以闻。"

旋两江总督曾国藩覆陈："团练之设，只能防小支千余之游匪，不能剿大股数万之悍贼。其练丁口粮，若太多，则与募勇之价相等，不必仅以团名；若太少，则与官勇之饷迥殊，不能得其死力。其团防经费，若取诸丁、漕、厘、捐四者之中，则有碍督抚筹款之途；若设法四者之外，则更无措手之处。事权既无专属，刚柔实觉两难。晏端书在江北不设饷局，但劝各邑筑圩自保，庞钟璐在江南激劝乡民，俾知同仇敌忾之义，办理极有斟酌。今之贼势，决非乡团所能奏功。应俟贼氛稍衰，大功将成，然后办团练以善其后。晏端书、庞钟璐二员，清操雅望，内任最宜。应请裁去团练差使，回京供职。"疏入，允之。

同治元年，谕："乡团之设，原以使民自卫身家，藉可保全地方，以辅官兵。前因各路办理团练大臣随带多员，任意骚扰，有害无利，是以陆续裁撤，仍责令地方官切实经理。乃迩来统兵大员，守土牧令，或恐其分饷而轻为裁撤，或疑其无益而视为具文，于是民心不固，盗贼横行，所过州县村庄，动遭劫掠，是又地方官不能因地制宜举行团练之所致，因噎废食，贻误殊多。嗣后各省团练，仍由督抚臣通饬各州县，选公正绅士，实力兴办。务使官不掣肘，民悉同心，城市乡村，声势联络。其有认真办理保全地方者，将其实在劳绩，声明保奖。"

二年，以都察院代递山东贡生朱德秀条陈团练事宜，语多可采，命朱德秀回籍，随同英桂、赵德辙办理团练，并命英桂督饬官绅，就地方情形，认真办团，毋得有名无实。

是年，统兵大臣僧格林沁疏言："各省练团筑寨，本以助守望而御寇盗，为权宜补救之法。乃各团每以有寨可据，辄藐视官长，擅理词讼，或聚众抗粮，或挟仇械斗，甚至谋为不轨，踞城戕官，如山东之刘德培，河南之李瞻，先后倡乱，而安徽之苗沛霖，尤为枭桀反复，劳师糜饷，始得次第翦除。办团之举，始则合一乡为一团，继则联众团为一练，地广人多，良莠不齐，不肖团长有跋扈情形，承办团练绅士又不能杜渐防微，随时举发，至有尾大不掉之势。况捻匪屡经窜扰之区，亦未见各团堵御得力。其河南团练，均由侍郎毛昶熙管理。毛昶熙于通省地方，势难周历兼顾，而各练既有专管大员，地方官转至呼应不灵。今贼氛渐平，请命毛昶熙回京供职，所有团练，视直隶、山东之例，归地方官经理，以一事权。并请饬河南巡抚严查各团，如有增置军械等事，均责令禀请地方官允准置备。如不肖团长借修围制械，种种敛钱，以致苦累乡民，即从严惩办，庶几权归于上，免滋流弊。"御史裘德俊疏言："团练之举，本属有治人无治法。今直隶善后章程，有抽拨乡团训练之议。但抽拨乡兵，必得贤明牧令，驾驭有方，乃能权不下移，民无扰累。若遇不肖州县，借端苛敛，抽丁派费，吏胥因缘为奸，上下咸思中饱，小民已不聊生；加以每县聚众数百人，游手无著，以强凌弱，甚或恃众把持，一有乱萌，尤易响应，不可不远虑及之。"

旋奉谕："山东乡团已由官为经理，所有河南省团练事宜，亦统归官办，以一事权。其直隶抽练团丁，督臣刘长佑权其利害，是否可行，如有窒碍之处，即据实以闻。"

六年，李云麟招募奇古民勇驻八里冈，与科布多、塔尔巴哈台蒙兵为犄角。

七年，谕各疆臣："捻寇荡平，勇丁亦各还乡里，诚恐江南、安徽、河南、山东从前被兵处所，不免伏莽潜匿，乘隙为害。江、皖等省督抚，于徐、海、颍、亳、归、汝、曹、沂等处，饬各地方官劝谕民间照旧修理圩寨，整顿乡团，互相保卫。此外各处民团，亦应一律整饬，慎选牧令，安良除暴，以靖地方。"

十二年，因四川峨边厅蛮族投诚，择充千百户等职，编制夷兵，建修碉堡。

光绪六年，两广总督张之洞募沙民千人助守虎门，杨玉科增募千人及惠清营五百人，郑绍忠募安勇二千人，所募乡兵，以防勇规制编之。是年，命黑龙江将军于增练马队外，秋冬之季，招集打牲人等，加以训练。

八年，两江总督左宗棠以江苏沿江海州县捕鱼为业者甚多，于内江外海风涛沙线无不熟谙，而崇明尤为各海口渔户争趋之所。其中有技勇而悉洋务者，所在不乏。外洋船驶入内江者，每用渔户为导。江苏自川沙迄赣榆二十二州县，滨临江海，渔户约数万人。乃令苏松太道员为沿海渔团督办，于渔户每百人中，选壮健三十人，练渔团五千名，设总局于吴淞口，设分局于滨海各县，每月操练二次，习水勇技艺，用以捕盗缉私，兼备水师之选。

十一年，云贵总督岑毓英厘定云南通省营制，倮黑勇丁，编为六营，西南土防，编为二十五营。又因云南沿边，由西而东南，皆野人山寨，布列于九隘之外，乃调兵二千人，与原有防军及乡团土司，协力警备。督办广东军务大臣彭玉麟以钦州、廉州地广兵单，招募乡团协守。是年，吉林将军增练防军，佐以乌拉牲丁，凡万五千人。

二十四年，都察院代陈湖南举人何镇圭条陈团练事宜，命兵部议奏。又谕："侍郎张荫桓疏请实行团练，同时臣工屡有仿西法练民兵之请。若各省实行团练，即以乡团为民兵，用更番替换之法，较诸遽练民兵为有把握。广西会匪滋事，尤宜速办，以收捍御之功。各省督抚一律切实筹办。各省于三月内，广东、广西于一月内，将办理情形，具疏以闻。"

三十年，广西巡抚柯逢时令广西各州县增募乡勇八千人，给以毛瑟后膛枪，并令民间多筑碉堡，共御外侮。

三十一年，两广总督李经羲增练防营，并募土著乡兵，备广西边境。新疆巡抚潘效苏以新疆兵费太重，改募土著，仿勇营训练，次第遣散客军。

三十四年，云南防军裁并，于腾越、临安两路创设团练，藉资捍卫。

宣统元年，各省改防营为巡防队。云贵总督沈秉堃以云南防军内有各属之保卫团，系昔日之乡团，名为营队，实即乡兵，未能遽改为巡防队，乃仍其旧。此乡兵举废之概略也。

卷一百三十四　　志一百九

兵五

土　兵

土兵惟川、甘、湖广、云、贵有之，调征西南，常得其用。康熙间，莽依图战马宝于韶岭，瑶兵为后援。傅弘烈平广西，亦藉土兵义勇之力。乾隆征廓尔喀，调金川土兵五千，讨安南，以土兵随征。傅恒征金川，疏言："奋勇摧敌，固仗八旗。向导必用土兵，小金川土兵尤骁勇善战。"岳钟琪平西藏，咸、同间讨黔、蜀发匪，其明效也。

古西南夷多槃瓠遗种，曰僚、曰伶、曰僙、曰僮、曰瑶、曰苗。其后蕃衍，有西番、僰人、摆夷、麼些、傜傀、啪哩、倮罗、俍瑶等目。苗蛮种类尤多，如花苗、红苗、花仡佬、红仡佬、白倮罗、黑倮罗皆是。土兵多出其中，故骁强可用。土兵之制，甘肃、四川、两广、湖南、云、贵或隶土司，或属土弁，或归营汛。甘肃土兵附番部。四川土兵附屯弁、屯番。湖南土兵附练兵、屯兵。别有番民七十九族，分隶西宁、西藏。兹并述于篇。

甘肃土兵：

狄道州临洮卫指挥佥事辖十五族。　河州指挥佥事辖四十八户。　韩家集指挥使辖二族。

岷州宕昌城指挥使辖十六族。　攒都沟外委百户辖四十一庄。　麻竜里外委土官辖二族。　闾井外委百户辖十一庄。　归安里副千户辖土民四十八族，番民四十三族。

洮州厅卓泥堡指挥使兼护国禅师辖五百二十族，马兵五百，步兵千五百，土守备一，千总、把总四，外委七。

资卜指挥使辖七十六族，土守备一，千总、把总、外委各二，马兵五十，步兵百。　著逊百户辖七族，兵十人。　西宁县寄彦才沟指挥使辖八族，土千总一，把总二，马兵五十，步兵百。　陈家台指挥使辖一百十二户，土千总、把总各一，马兵五，步兵二十。　乞塔城指挥使辖四十八族，土千总、把总各一，马步兵各五十。　纳家庄指挥佥事辖百二十户，土千总、把总各一，兵二十五人。　西川海子沟指挥佥事辖番民十八户，土民三十户，土千总、把总，兵额同上。　癿迭沟指挥佥事辖九十户，土千总、把总，兵额同上。　循化厅土千户辖西乡上四工韩姓撒拉。　保安堡土千户辖东乡下四工马姓撒拉。撒拉不同番回，似羌而奉回教，旧十三工，今隶循化八工，余隶巴燕戎格。　乩藏土百户辖五族。

大通县大通川土千户辖五族。

碾伯县胜番沟指挥同知辖七百户，土千总二，把总四，马步兵百。　上川口指挥同知辖四千户，土千户一，百户二，土千总四，把总六，马步兵三百。　赵家湾指挥同知辖百二十户，土千总、把总各一，马兵五，步兵二。

白崖子指挥同知辖百五十户，兵二十五。　美都川指挥佥事辖三百户，土千总、把总各一，兵二十五。

朱家堡指挥佥事辖六十二户，兵二十五。　米拉沟指挥佥事辖七十户，土千总、把总各一，马步兵二十五。

九家巷百户辖百余户，兵二十五。　王家堡百户辖百余户，兵二十。　喇守庄指挥佥事辖七十二户。

庄浪掌印土司指挥使辖指挥佥事、指挥使、指挥同知、正副千户各一，百户二，土民十旗，番民八旗，文职隶甘凉道，武职隶西宁镇。　红山堡掌土司印指挥佥事兵五十。　古城及大营湾指挥使、大通峡口指挥同知、古城正千户、马军堡副千户、西坪正千户、西六渠百户均率亲丁效力，不辖土民。

永昌县流水沟寺千户辖番民五旗。

甘肃番部：

狄道州三族，河州十八族，皆康熙时旧族，杂处二十四关内。

洮州厅八族，大小九十余处，亦曰南番。　土司杨积庆属番民五百二十族。

昝天锡属番民七十六族。　杨永隆属番民七族。

著洛寺僧纲杨溯洛旺秀辖番民二十三族。麻你寺僧纲马昂旺丹主辖番民二十一族。　圆成寺僧正侯洛扎旦主辖番民四族。

岷州熟番四十三族，旧属土司，后为归安里，惟白水江以南、南山内外，皆黑番所在，亦称若瓦。南山以东马土司辖，以西杨土司辖，凡番寺三十五所，辖番民竜古喇哈等二十四族。

文县番族五百族，番地二十二处。　马百户番地二十八处，雍正八年，改番归流曰新民。

西宁县番民十三族，番寺三十八族。

贵德厅熟番旧五十四族，存五族，生番旧十九族，存五族，野番十九族，俱插帐河滨，番寺大者六所。

循化厅口内熟番十二族，口外西番四十九寨，口外南番二十一寨。

丹噶尔厅南乡熟番一族，河南西番八族。

武威县峡沟番民三族，沙沟一族，上下大水寺五族，南山八族。

镇番县八力曼插汉番民一族。

永昌县番民五族。

古浪县东山围场沟番民四族。　黄羊川五族。　柏林沟二族。

平番县熟番三十六族，旧十余万丁，同治间存千余人，番寺十四所。　洛洛城十三堡番民八族，二千三百余丁。

张掖县唐乌忒黑番三族，康熙间给首领劄衔。　抚彝通判辖西喇古儿黄番五族，唐乌忒黑番三族，八族设正副头目，给守备、千总职衔，番民俱充兵伍。

高台县唐乌忒黑番一族，每壮丁一，纳马一匹入营。

西喇古儿黄番二族，隶红崖。

四川土兵：

松潘厅中营所属土司七寨，土百户二，千户五。　左营所属土司二寨，土千户、百户各一。　右营所属土司一寨，土百户一。　漳腊营所属土司五十二寨，土千户十四，百户二十五，土目十三。　平番营所属土司二寨、一寺，土千户三。　南坪营所属土司二寨，寨首二人。

茂州叠溪营所属土司六寨，土千户、百户各一。

龙安府龙安营所属土司隘口一，堡一，长官司一，土通判、知事各一。

杂谷厅维州协左营所属土司宣慰司一，辖大小二十八寨。　右营所属土司宣慰司一，辖十九寨，长官司三，辖四十五寨。

茂州营所属土司长官司一，副长官司一，安抚司、土巡检各一。

懋功厅懋功协所属土司，安抚司、宣抚司各一，辖大小四十六寨。

建昌镇中营所属土司，河东长官司一，土百户三，土目十一，民户皆倮㑩部落。　阿都正长官司一，辖土目四人，阿都副长官司一，辖土目十一，民户皆苗夷。

沙骂宣抚司所辖土目五十，民户皆蛮夷。　右所属河西土千总一，土目四，民户皆平夷。

越嶲厅越嶲营所属土司，邛部宣抚司一，土目十一。

宁越营所属暖带密土千户一，辖乡总七，土目一。

暖带田坝土千户一。　松林地土千户一，辖土百户五。以上民户皆番夷。

盐源县会盐营所属土司，木里安抚司一。　瓜别安抚司一。　马喇副长官司一。　古伯树土户一，辖土目二。　中所、左所辖土目一，右所土千户各一。　前所、后所土百户各一。以上民户皆番夷。

冕宁县冕山营所属土千户、土百户十三，土目四，村户皆夷也。

会理州会川所属营司土千户三，土百户四，民户皆番也。　永定营所属土千户一，村户皆夷也。

打箭炉泰宁营所属沈边长官司一，冷边长官司一，民户皆番也。

天全州黎雅营所属穆坪宣慰司一。

清溪县黎雅营所属土千户一，土百户二。

打箭炉阜和协所属明正宣慰司一，土千户一，土百户四十八。　革什咱布安抚司一。巴底宣慰司一。　喇究安抚司一。　霍耳竹窝安抚司一，辖土千户、百户各一。　章谷安抚司一，辖土百户四。　纳林冲长官司一。瓦述色他长官司一。　瓦述更平长官司一。　瓦述保科安抚司一。以上户皆土民,多少不等。

德耳格忒宣慰司一,辖土百户六,民户皆番。　霍耳白利长官司一。　霍耳咱安抚司一,辖土百户二。　霍耳东科长官司一。　春科安抚司一,副土司一。　上瞻对茹长官司一。　峪纳土千户一。　蒙葛结长官司一。　林葱安无司一。　上纳夺安抚司一,辖土千户一,百户三。　下瞻对安抚司一,辖土百户二。　上瞻对撒墩土千户一。　中瞻对茹色长官司一。以上户皆土民。

上述土司,其中如春科等,有已纳印者,清季设专官治之。三瞻曾畀西藏,为其辖境。其后边衅屡生,宣统初收复。

里塘粮务所属里塘宣抚司一,副土司一,辖长官司三,土百户二,户皆番民。

巴塘粮务所属巴塘宣抚司一,副土司一,辖土百户七,户皆土民。

石砫厅夔州协所属宣慰司一。乾隆间改土通判。

泸州泸州营所属长官司一。

雷波厅普安营所属土千总一,土舍二。　安阜营所属土舍一。　屏山县所属长官司四。以上民户皆番夷。

马边厅马边营所属土千户一,百户九,土外委一。

峨边厅归化汛、冷碛汛所属岭夷十二地,夷人头目十二。赤夷十三枝。　胆巴家土千总、把总各一,辖头目四。　哈纳家土千总、把总各一,辖头目三。　蜚瓜家千总一,把总二,辖头目二。　魁西家土千总、把总各一。以上民户娃子为多。娃子者,汉人被掠入夷巢之名。

四川屯弁:

杂谷厅维州协所属杂谷脑屯守备一,辖屯千总二,屯把总四,屯外委八。　乾堡寨上孟董、下孟董、九子寨均屯守备一,辖千总、把总、外委十四。以上民户皆番。

懋功厅懋功协所属攒拉八角碉屯守备一,千总、把总、外委六。　抚边屯所属屯把总一。　攒拉汉牛屯守备一,千总、把总、外委六。抚边屯所属攒拉别思满屯守备一,千总、把总、外委七,马尔富屯外委一,曾头沟千总一。　章谷屯属攒拉屯守备一,千总、把总、外委八,分辖宅垄屯把总一,外委四。崇化屯属促浸河东屯守备一,千总、把总、外委十五。　绥靖屯属促浸河西屯守备一,千总、把总、外委二十四。以上户皆屯番。

四川已废土司:

建昌道所属天全六番招讨司、副招讨司各一。　大凉山阿都宣抚司一。　建昌坝南路安抚司一。　河西宣慰司一、土百户四。　审札等处土百户三。　北路甸沙关土千户一。

冕山营所属宁番安抚司一、土百户二。　皮罗木罗等处土百户四,头人三枝。　靖远营土百户四,头人四枝。　凉山等处番夷头人六枝。　如昆等处头人九枝。　冕山营征收土千户及头人二枝。

雅州府属司徒一、大国师一。

打箭炉属中瞻对长官司一。

川东道属宣慰司、长官司各一。

松茂道属杂谷土司一。

两广土兵:

广东高州府茂名县瑶兵六百六十四,俍兵六百六十六,辖瑶山四十四。　电白县僮兵百六十五,辖瑶山二十一。　信宜县瑶兵百七十七,俍兵五百九十五,辖瑶山四十一。　化州瑶兵五百二十四,俍兵百九十四,辖瑶山五十一。　石城县瑶兵四百九十七,辖瑶山二。　廉州府牛藤闸俍总一,兵四十六。　马头闸俍目一,兵十五。　水鸣闸俍目一,兵三十四。　冷水闸俍目一,兵二十三。　九叉闸俍目一,兵十四。　沙尾闸俍目一,兵二十。　藤柯闸俍目一,兵二十。　丹竹闸俍目一,兵十九。　樟木闸俍目一,兵三十。

广西桂林府龙胜厅二堡,堡目各一。　临桂十三堡,堡目十三。　灵川五堡一隘,堡目五,隘长一。　永宁州二镇,俍长二。　永福十一堡,堡目十一。　义宁五堡,堡目五。　全州隘长六。以上各土兵,自二十四至二百九十二。灌阳俍兵最少,临桂最多。

柳州府雒容土舍一,堡目三。　罗城十五堡,堡目十五。　柳城二十一堡,堡目二十一。融县二堡,堡目二。以上土兵自十四至二百六十五。融县最少,雒容最多。

庆远府宜山堡目一。天河堡目一。河池州堡目一。　思恩堡目一。　东阑土州目一。永定土司一。永顺正副土司各一。土兵自三十二人至百十人,惟那地土州兵二百八十,南丹土州兵五百十二。土州又各分兵五十属德胜镇。又忻城土县兵三百,数为最多。

思恩府上林土舍、头目、总练三十八,兵五百七十五为多。土田州兵四百,阳万土州判兵三百次之。土上林县兵三十,武缘堡兵五十为少。

平乐府恭城凤皇堡队长六。　贺县田总一,哨长三,队长十四。　荔浦堡目二。　修仁堡目五。　永安土舍二。以上土兵自六十五至三百十。荔浦最少,永安最多。

梧州府岑溪俍总俍目。　怀集耕总、哨长、耕兵、抚兵。二县兵皆逾三百。

浔州府桂平、平南、贵县皆俍兵,武宣为土勇、土兵,自三、四十至三百十四不等。

南宁府宣化土勇,隆安隘兵。　横州俍兵,永淳俍兵、耕守兵。　迁隆土侗兵。自三十至三百不等。

太平府龙州厅属下龙土司、两关、三卡、十四隘。　明江厅属上石西州兵。　崇善兵,安平土州兵。　万承土州九甲兵,应调运粮,及六坊土兵。茗盈、全茗、龙英、佶伦、镇远、思陵等土州兵。　土江州兵。　土思州兵。　下石西土州兵。　上下冻土州兵。　罗阳土县兵。　上龙土巡检隘兵。以上兵四、五十至五百不等。余如都结土州头目三,兵十六为极少,土思州兵七百余,太平土州兵千余为最多。

镇安府府额土兵。　小镇安厅土勇。　天保兵。　归顺州隘兵。　湖润寨隘目兵。都康、上映两土州兵。　下雷土州土勇。自三十至二百五十不等，惟向武土州土目二百二十，土兵额千二百，其最多者也。

郁林州北流俍兵。　陆川俍目、俍兵。　兴业俍兵。皆不过三、五十。

综广西土兵，盖万三千八百有奇。

湖南土兵：

湖南苗疆，凤凰厅设中营、右营守备各官，苗兵二千，练兵千，屯兵四千。　乾州厅设守备各官，苗兵八百，屯兵六百。　永绥厅设守备各官，苗兵千八百，屯兵二千。　永顺县设守备各官，苗兵、屯兵各百。　保靖县设守备各官，苗兵、屯兵各三百。嘉庆十年，设屯弁统屯丁，原有备战练兵千人，准营制操习，著为例。

云南土兵：

镇远厅，大雅口土都司各一。

丽江府，大山茨竹寨土守备各一。　中甸迭巴土守备二。

镇边厅黄草岭，杉木笼隘，六库，阿敦子，猛遮，普宁县普籐，维西厅奔子栏，元江州，云龙州老窝，威远厅猛戛，永北厅羊坪，保山县登梗，鲁掌，丽江府，新平县斗门磨沙，大中甸神翁，小中甸神翁，中甸江边神翁，中甸格沙神翁，中甸泥西神翁，镇边厅猛角猛董，圈糯千总各一。　临安府稿吾卡，漕涧，奔子栏，阿敦子，澜沧江，临城，其宗喇普，思茅厅倚邦，易武，猛猎，六顺，猫笼，橄榄坝，猛旺，整董，他郎厅儒林里，定南里，威远厅猛戛，猛班，腾越厅大塘隘，明光隘，古勇隘，卯照，下猛引，贤官寨，募乃寨，东河，元江州永丰里，茄革里，喇博，他旦，老是达，岩旺，乌猛，乌得土把总各一。

迭宾土把总五。　中甸江边，小中甸迭宾，中甸格咱，中甸泥西土把总各三。

镇边厅大山分防，猛弄掌寨，猛喇掌寨，水塘掌寨，五亩掌寨，五邦掌寨，者米掌寨，茨桶坝掌寨，马龙掌寨，瓦遮、宗哈正掌寨，瓦庶副掌寨，宗哈副掌寨，斗岩掌寨，阿土掌寨、土外委各一。　宾川州赤谷里，保山县练地，武定州勒品甸土巡捕各一。

止那隘，猛豹隘，坝竹隘，黄草岭隘抚夷各一。　八关抚夷。　铜壁关、万仞关、神护关、巨石关、铁壁关正副抚夷，各有努练土兵，自二十五、六户至百五十余户。　虎踞关、天马关、汉龙关正副抚夷。

贵州土兵：

贵阳府属中曹长官司，养龙长官司，白纳长官司、副长官司，虎坠长官司。

定番州属程番长官司，上马桥长官司，小程番长官司，卢番长官司，方番长官司，韦番长官司，卧龙番长官司，小龙番长官司，金石番长官司，罗番长官司，大龙番长官司，木瓜长官司、副长官司，麻向长官司。

开州属乖西长官司、副长官司。

龙里县属大谷龙长官司，小谷龙长官司，羊场长官司。

贵定县属平伐长官司，大平伐长官司，小平伐长官司，新添长官司。

郎岱厅属西堡副长官司。

归化厅属康庄副长官司。

永宁州属顶营长官司，沙营长官司。

镇远府属偏桥长官司，邛水长官司。

黄平州属岩门宣化长官司。

思南府属蛮夷长官司，朗溪长官司、副长官司，沿河祐溪长官司、副长官司。

平越州属杨义长官司。

思州府属都坪长官司、副长官司，都素长官司、副长官司，黄道溪长官司、副长官司，施溪长官司。

黎平府属潭溪长官司、副长官司，欧阳长官司、副长官司，龙里长官司，亮寨长官司，中林验洞长官司，古州长官司，湖耳长官司、副长官司，八舟长官司，新化长官司，洪洲泊里长官司、副长官司。

都匀府属都匀长官司、副长官司，邦水长官司。

麻哈州属平定长官司，乐平长官司。

独山州属烂土长官司，丰宁上长官司、下长官司。

铜仁府属省溪长官司、副长官司，提溪长官司、副长官司。

松桃厅属乌罗长官司、副长官司，平头著可长官司、副长官司。

西藏土兵：

雍正九年，新抚南称、巴颜等处番民七十九族，地居四川、西藏、西宁间。十年夏，川、藏暨西宁分遣专官会同勘定，近西宁者归西宁管辖，近西藏者暂隶西藏云。

西宁管辖四十族：阿哩克族，蒙古尔津族，雍希叶布族，玉树族，噶尔布族，苏鲁克族，尼雅木错族，固察族，称多族，洞巴族，多伦尼托克安图族，阿萨克族，克列玉族，克阿永族，克叶尔济族，克拉尔济族，克典巴族，隆布族，上隆布族，札武族，上札武族，下札武族，札武班右族，上阿拉克硕族，上隆坝族，下隆坝族，苏尔莽族，白利族，哈尔受族，登坡格尔吉族，下格尔吉族，格尔吉族，巴颜南称族，南称桑巴尔族，南称隆冬族，南称卓达尔族，吹冷多拉族，巴颜南称界住牧喇嘛，拉布库克住牧喇嘛。

西藏管辖三十九族：纳书克贡巴族，毕鲁族，琫盆族，达格鲁族，拉克族，色尔札族，札嘛尔族，阿札克族，上阿札克族，下阿札克族，夥尔川木桑族，夥尔札麻苏他尔族，夥尔扎麻苏他尔，只多族，瓦拉族，夥尔族，麻鲁族，宁塔，尼札尔，参麻布玛，尼牙木札族，利松麻巴族，勒达克族，多麻巴族，羊巴族，依戎夥尔族，夥尔族，彭他麻族，夥尔拉赛族，上刚噶鲁族，下刚噶鲁族，琼布拉克鲁族，噶鲁族，色尔札族，上多尔树族，下多尔树族，三札族，三纳拉巴族，朴族。

以上四十族，共八千四百四十三户。三十九族，共四千八百八十九户。雍正间，定族内人户千户以上设千户一，百户以上设百户一，不及百户者设百长一，每千、百户下设散百长数人。至乾隆末，别定三十九族总百户一，百户十三，百长五十三，后增为百户十六，百长六十一。

卷一百三十五　　志一百十

兵六

水师

水师有内河、外海之分。初，沿海各省水师，仅为防守海口、缉捕海盗之用，辖境虽在海疆，官制同于内地。至光绪间，南北洋铁舰制成，始别设专官以统率之。

其内河水师，天聪十年，自宁古塔征瓦尔喀，以地多岛屿，初造战船。

天命元年，以水师循乌勒简河征东海萨哈连部落。

顺治初，以京口、杭州水师分防海口。八年，始于沿江沿海各省，循明代旧制，设提督、总兵、副将、游击以下各武员，如陆营之制。各省设造船厂，定师船修造年限，三年小修，五年大修，十年拆造。十年，以水师克舟山，增造战舰，扩充兵额。十四年，增设崇明水师总兵官，调拨江宁、江苏、安徽各省标兵万人，分防吴淞江及崇明诸口。十六年，增设京口左右两路绿旗水师总兵官。十八年，设吉林水师营造斛船及划子船。

康熙八年，增设福建水师总兵官。十四年，改崇明总兵官为水师提督。十七年，设福建水师提督及参将以下各官。二十四年，裁京口右路水师，改左路水师为京口总兵官。二十六年，增设南台水师营，置参将以下各官。二十九年，更定修造战船之制，外海战船哨船，自新造之年为始，三年后，以次小修大修，更阅三年，或大修，或改造。内江战船哨船，则小修大修后，更阅三年，仍修治用之。三十四年，令督、抚、提、镇，凡修理战船银 两，不得浮冒核减，致船料薄弱。五十二年，令赶缯等船，于船之首尾，刊捕盗各营镇船名，以次编列。五十三年，增设金州水师营于海岛内，选谙习水性者充之。五十六年，设松江水师营。

雍正二年，令沿海各督、抚出洋巡视。其战船向由地方官修造者，改归营员修造。是年，设乍浦水师营。三年，以满洲兵丁未习水战，增设天津水师营，以满洲、蒙古兵二千人隶之。四年，以福建水师常驻内地，不耐风浪，浙江水师尤甚，乃更改旧制，于本省洋面巡哨外，每年选派船弁，在闽、浙外洋更番巡历会哨，以靖海氛。五年，以杭州驻防旗兵抽练水师。江宁驻防旗兵，即以镇江原有战船，隶江宁将军，督率旗兵习水战。寻令旗兵四千人悉习水营事务。令江南、江西各水师营，于弓矢、鸟枪外，增练籐牌、大刀、钩镰枪、过船枪、钺、斧、标弹等武器。战船分大中小三等。增练排枪。湖广水师，每兵千人，增鸟枪四百杆。六年，令水师船厂附近省城者，凡战船造成，在城之督、抚、提、镇会同验看。是年，因浙江水师技艺生疏，乃于福建水师中，择精练之兵，赴浙江教练。寻定浙江战船用木之丈尺，及船身深广之制。奉天水师亦如之。七年，以旅顺水师不谙战务，拨福建水师营精卒赴奉天教练。是年，增浙江乍浦水师营。八年，拨江宁驻防兵八百人隶乍浦营。旋因各省水师营承修造船之员，逐层需索，追交收后，复盗卖损毁，各营皆然，京口标兵尤甚，令督、抚严惩之。九年，以文武各员承修战船，每多贻误，弊窦丛生，乃严治各员，限期修竣，以除巧脱中饱之弊。

十年，令天津水师大小赶缯船所用梗木舵牙及籐篾等具，收存备用。各省战船设承修官，以董造船之役。由督、抚、提、镇委副将、参将，会同文职道、府，领价督修，委都司会同文职府佐，办料修造。隶将军标者，委参领等官办理。大修小修之年，各营呈报有司，题咨承修官，具册领价。江南、江西、湖广、福建、浙江、广东等省，于届修两月前，领银备料。台湾、琼州于四月前备料。天津、山东于八月前备料。各营驾船赴厂，承修官即于次月兴工，如期修竣，违则惩之。其船名号各殊，大小异式，皆因地制宜。山东登州、胶州南北二汛海口赶缯船、双篷船，福建大号赶缯船及二三号船、双篷舿船，江西南湖营沙唬船，天津大小赶缯船，京口水师船，苏州、狼山、川沙、吴淞水师船，湖北、湖南、广东各水师船之船身大小，木板厚薄，咸遵定制，令道员会同副将等监视督造。广东外海内河战船亦如之。

十一年，定修造战船限期，直隶限四月，福建、台湾限十月，山东限六月，江西大修拆造限三月，小修限两月，江南限四月，湖广大修拆造限六月，小修限四月，浙江限四月，广东琼州限六月，其余各厂均限四月。十二年，裁江苏太湖营参将，改设太湖协副将，兼辖浙江太湖营游击各官，定为内河水师营。十三年，议定天津、福建、浙江、广东各战船所需物料，或按年更新，或越年更新。

乾隆元年，议准江南各厂拆造及修理沙唬船、艍缯船，两淮厂拆造沙唬船、修造赶缯船，于部价外，加津帖银两有差。各厂同之。二年，令山东登、胶南北二汛额设双篷船、赶缯船，届修之年，亦增津贴银。三年，拨湖北武昌水师驻汉口，为汉阳水师营中军。议准广东各标营外海战船拆造，视修工大小，加津贴有差。四年，因沿海各省战船报部，有缺少至十之二三者，或侵蚀修船帑银，或赁与商人谋利。令督抚严惩。又谕浙江艍缯船拆修视江苏省之例，舿艄船视江苏省沙唬船之例，量加津贴。五年，复申禁沿海战船缺少赁用之弊。六年，以台湾远隔重洋，修造战船，仍循旧制。其福建各船厂，兴泉道之泉厂，与兴、泉、永三府协办，汀漳龙道之漳厂，与汀、漳、龙三府协办，盐法道承修之福建厂，与延、邵、建三府协办。七年，裁江苏黄浦营弁兵，改为提标水师右营。八年，加福建三船厂津贴银。十二年，加台湾船厂运费。十四年，令外海、内河水师船、哨船修竣后，承修官以船身丈尺及器具报有司毋损。

十五年，以闽、浙海洋绵亘数千里，远达异域，所有外海商船，内洋贾舶，藉水师为巡护，尤恃两省总巡大员，督饬弁兵，保商靖盗。而旧法未尽周详，自二月出巡，至九月撤巡，为时太久。乃令各镇总兵官每阅两月会哨一次。其会哨之月，上汛则先巡北洋，后巡南洋。下汛则先巡南洋，后巡北洋。定海、崇明、黄岩、温州、海坛、金门、南澳各水师总兵官，南北会巡，指定地方，蝉递相联，后先上下，由督抚派员稽察。至台澎水师，仍循曩例。

十六年，令福建三江口营大小战船，按季整洗。十七年，令各省水师，除江南省沙唬船、巡快船，福建省艍舶船，轻便易使，广东虎门协营沙礁迁曲外，其沿海各省战船，一律制备头巾插花，借助风力。以资巡哨。巡船则仿民船，随时修整。五十四年，以外海、内河战船，旧例酌留一半为捕盗之用，其余各船，次第届期改造，咸令展期三月，福建、浙江、江南、山东各省，咸展期半年。五十五年，以搜捕海盗，战船拙滞，允水师将弁之请，仿民船改制战船，以期迅捷。五十八年，因广东海盗充斥，自南澳至琼、崖，千有余里，水师战船，虽有大小百数十号，仅能分防本营洋面，不敷追捕，致商船报劫频闻。历年捕盗，俱赁用东莞米艇，而船只不多，民间苦累。乃筹款十五万两，制造二千五百石大米艇四十七艘，二千石中米艇二十六艘，一千五百石小米艇二十艘，限三月造竣，按通省水师营，视海道远近，分布上下洋面，配兵巡缉，以佐旧船所不及。五十九年，以浙江定海县之舟山外有五奎山，外洋船只，皆于此寄泊，实为海滨要区，于定海镇标内，酌拨弁兵，更番戍守。六十年，以沿海战船过于累重，不便捕盗，每届修造，需费尤多，通饬各督抚，届修造之年，俱仿商船之式改造，以所节浮费，为外洋缉捕之用。

嘉庆二年，浙江战船俱仿民船改造。山东战船亦仿浙省行之。其余沿海战船，于应行拆造之年，一律改小，仿民船改造，以利操防。五年，谕各省水师，向设统巡、总巡、分巡及专汛各员，出洋巡哨。奉行日久，有以千总等代巡之弊。嗣后令总兵官为统巡，副将、参将、游击为总巡，都司、守备为分巡，遇有事故，以次代巡，不得以微员擅代。山东水师，向未有统巡等职名，亦一律行之。九年，因各省师船向遵部颁定式，仅能就近海巡查，不能放洋远出，多改雇商船，出洋捕盗。廷臣建议，战船改商船制度，以收实用。旋谕江苏省滨海之区，屡有盗劫，所有旧式战船，令疆臣仿广东、福建、浙江之例，即行改制。十一年，谕沿海疆吏，当乾隆五十五年，曾严饬统兵官实力训练舟师，乃日久玩生，弁兵于操驾事宜，全不练习，遇放洋之时，雇用舵工，名为舟师，不谙水务。嗣后通饬所辖各营，勒期训练，一切帆舵各技，务皆娴习。其最优者，不次擢用，惰者惩之。二十一年，规复天津水师营汛，以闽、浙、两广、两江各省所裁水师，遵旧制募足额数，改隶天津水师，分营管辖。二十二年，增设天津水师总兵官，以专责成。

道光四年，谕福建疆臣，前以闽省战船迟重，驾驶不便，曾裁汰十五船，其余俟拆修之年，令承修官仿同安梭船式，一律改造。嗣后闽洋米艇，缉捕仍不得力，其已改造之胜字六号米艇八艘无须裁汰外，所有届修之捷字六号十二艘，存营之胜字一号十号两艘，修竣之胜字三号一艘，悉行裁撤。十年，令直隶、浙江、福建统兵官，增拨哨船，梭巡南北洋面。是年，定水师人员一年试验之制，各统兵官随带出洋，亲加考验。又严定改用外海水师人员之制，其外省世职，及陆路呈改人员，有才具可用，或曾立功绩者，由督抚保题。十三年，整顿浙江省水师，增造阔船、舢板船。十五年，以各省水师废弛，惮于出巡，致盗案叠出，严饬水师提、镇实力训练缉捕。十八年，以各省战船每届修造之年，承办各员，冒领中饱，不能如式制造，或以旧代新，或操驾不勤，驯至朽腐，令统兵大臣核实办理。十九年，令督、抚、提、镇禁将弁扣索之弊，并甄汰劣员，如有呈改召募，不得瞻徇。

二十年，以各省战船修造草率，并有迟延积压各弊。福建船厂所修成字四号大船，甫经拆造，即致破坏。自道光六年至二十年，积压各船至三十艘之多。承修各员，悉予惩处。各厂应修之船，一律严催。其水师各船巡洋之余，各提、镇大员，饬将弁操练熌洗，毋任久泊海壖。又因广东虎门海口为海防中路要区，以西境之香山，东境之大鹏，为左右两翼，嘉庆十五年，设水师提督，节制各路。香山副将所辖水师，兵力稍厚。大鹏参将所辖弁兵，仅九百余人。道光十年，又分为二营，其所辖大屿山及尖沙嘴洋面，为夷船聚泊之所，乃择要建炮台，与水师相依护，以澄海副将改为大鹏协副将，移驻九龙山，增额设水师，兼守炮台，增造大号中号米艇四艘，快船二艘，在水师各协营，抽配弁兵，巡缉洋面。

二十一年，以外夷船坚炮利，旧设外海水师，强弱不敌，等于虚设，拟改水师为陆师，专防内地。寻以海盗滋扰，全恃水师缉捕，广东之虎门，为外海藩篱，尤藉舟师之力，乃定议缓裁。

二十二年，以海上用兵，专恃炮火，令各疆臣训练弁兵，一律以施放炮位有准，为弁兵去取。又以海上用兵二载，闽、粤、江、浙水师，迭致挫败，令四川、湖广等省，采购巨木，速制坚船，驶往闽、浙等省，防守海疆。寻因各省战船，如快蟹、拖风、捞缯、八桨等船，仅能用于江湖港汊，新造之船，亦止备内河巡缉，难于海上冲锋。惟潘仕成捐资新制之船，坚固适用，炮亦得力，并仿美利坚国兵船制造样一艘，又仿英吉利国中等兵船之式，调取各省工匠，改造大船。其例修师船，一律停造，以资挹注。并以船炮图说，饬江苏、福建、浙江三省督抚详勘，何者利用，由广东省制成，分运各省。又因湖北省所辖长江千余里，旧设宜昌镇标，荆州、汉阳各水师营，战船不能载炮。广东匠役何礼贵曾为外洋造船，能造火轮及各式战船，饬赴湖北，择何项战船利于长江驾驶，即就海船之式，量为变通。裕泰拟造之开浪船，于海战未宜，罢之。

二十三年，饬沿海各提、镇，于每岁出洋及巡洋事毕，所经历情形，悉以上闻。三十年，因浙江省水师废弛，饬有司整治船炮，严禁奸民接济海盗，并令沿海将领，按时出洋会哨。又令山东疆臣，以三汛师船，四县水勇，合而为一，统以专员，往来策应，并于扼要岛屿，设置大炮。

咸丰元年，以长江辖境绵长，令张亮基等购置船炮，择要驻守。三年，调广东外海水师拖罟战船，及快蟹、大扒等船百艘，统以大员，由海道驶赴江宁，助剿粤寇。是年，江忠源疏请广制战船，以靖江面。旋令两广督臣，以广东拖罟船式咨行四川、湖广各督抚，或在本省，或在湖北宜昌一带，迅简工匠，造水师船百余艘，每船载兵五十人，于三月内竣事。兼饬湖南、湖北二省，购船募兵，与长江下游艇船，协力防江。旋以所购民船不合用，乃收买江船之巨者，仿广东船式，安置炮位，与广东所募红单船，及赁用拖罟船，驶赴江南剿寇。又以广东内河及滨海各厅县，均有捐造缉捕快蟹船，道光间，江海捕盗，悉藉其力。船头藏巨炮，旁列子母炮，勇丁咸技艺精练，泅水战最长。令各船由海道至长江会师。是年，曾国藩试造师船于湖南，以规模过小，乃就广东之拖罟船、快蟹船二种，参酌其制，先造十艘，续增二、三十艘，以能载千斤之炮为度。至拖罟船，则由两湖督抚如式制造。

四年，令广东赁用之红单船二十三艘，并修治十九艘，凡四十二艘，统一武员，驶入长江。是年，以粤寇窜扰东南，水师不敷剿堵，下游惟广东红单、拖罟等船渐集瓜洲，上游惟曾国藩新造战船，自湖南顺流而下，已达武昌。其九江、安庆等处，尚无战舰，令张亮基、骆秉章购置江船及钓钩等船，裕瑞、夏廷樾在四川采购材料，与骆秉章商办。旋骆秉章以四川造船，江险而途远，水程不便，仍在湖南购料制造。两湖绅士丁善庆，遵曾国藩所定之式，已成大板艇五十号，长龙等船亦次第告成。长江剿寇，在江南取胜者，以红单船、拖罟船二种为最，体势雄壮，置炮最多，而能顺风不能逆风，宜江面宽阔，不宜港汊。在湖南取胜者，以舢板船、长龙船、快蟹船三种为最，往来轻便，搜捕尤宜，而风急水溜，一下难于遽上，势散而力单。令湖南水师沿江攻剿，与江南水师会合，各用其所长，以期制胜。

六年，以曾国藩在江西所造战船，最为得力，令福济选择将弁，率工匠赴庐州仿造，所需洋炮，在上海拨款办解。六年，胡林翼以长江水师，自五年春间回驻武、汉以后，战舰无多，乃与骆秉章协商，督率船炮局各员，尽力筹谋，水师复振。湖南绅局所制船械，交至营中者，大小战船凡三百余艘，火药四十余万斤，炮子一百四十万斤，其余各械咸备，请优诏奖之。水师重在炮位，广东运到洋炮二百尊，续运六百尊，配置各师船，自武、汉至九江，所向克捷。惟长江水战，上下游形势不同，武、汉以上，利用轻便战船，浔、皖以下，江面渐广，利用巨舰，秋冬风劲宜巨舰，春夏宜小艇，船炮之大小，宜因时因地而损益之。请令两广督臣，续购大小洋炮，自四百斤至一千五百斤，凡八百尊，尽易旧式炮位，以利东征。八年，以天津原设水师，道光间，先后裁撤，乃筹复设，以重海防。令福建、广东疆吏，各抽调大号战舰，备齐炮械，由海道驶赴天津，设水师三千人。十年，令清淮筹防局筹款，为防湖水师常年经费，增设淮扬水师营，以保两淮盐场，兼佐陆军。芜湖孤悬水中，令曾国藩筹设宁国水师，以攻芜湖，为克金陵之本。增设太湖水师，为克苏州之本。

同治二年，谕沿海督臣举水师将才。又令曾国落所部内江水师，都兴阿所部扬防水师，有胜外海水师之任者，各举以闻。四年，在山东省仿长江战船之式，造长龙、舢板船，于黄河水性驾驶合宜。以水师泊黄、运二河，防堵逸寇，必须分段扼守，而地势绵长，不敷调遣。复由山东增造长龙船，并增舢板船十艘，以武职大员督领巡防。五年，改造江南海口之红单广艇三十艘，合原有广艇凡四十艘，分防海口。六年，整顿福建台湾海防，增置龙艚等船。

七年，曾国藩议改水师之制，以江南水师，向分外海、内河二支，外海水师六千七百七十六名，武员一百十八人，内河水师八千二十一名，武员一百三十三人。船数则近稽道光二十四年江南旧例，水师船二百七十五艘，朽坏居多，别造舢板船一百三十五艘，大舫船十二艘，约计各船不过载兵二千数百人，而额定之兵数，尚有万余人。徒费饷项，有水师之名，无舟楫之实，宜大为变通，讲求实际。江苏水师，其营制饷章，悉仿长江水师之例，外海之红单广艇，亦略增其饷，与李鸿章、丁日昌诸臣协力筹办，期于外防与内盗并谋，旧制与新章兼顾。俟章程既定，沿海福建、广东各省水师，均可酌改行之。

八年，部臣定议，从曾国藩所陈，改江苏水师为内洋、外海、里河三大支，以资控御。里河水师，以原设提标右营，太湖左营、右营及增设淞北、淞南二营为五营，隶提督统辖。舢板船每营船数不等，一律兴修，不得缺额。所有太湖七营，改为里河五营，其裁员归并提标序补。马新贻等续议，九江水师营改城守营，设陆汛四处。鄱阳营改陆汛二处。洞庭水师营改龙阳城守营。岳州水师营酌留水兵，隶陆路管辖。荆州水师营酌留弁兵有差。九年，谕定安等以宁灵各军，运饷艰难，增造炮船，由黄河运送。所有大小战船三十二艘，编为一营，设统带等官。

十年，沈葆桢以外海兵船制成，应简知兵大员督率操练。寻以福建水师提督李成谋为兵船统领。是年，曾国藩以江南水师章程初议十四条，嗣由马新贻等增为二十五条，乃删减归并定为二十一条。外海六营，以次巡哨。内洋五营，分定汛界。里河五营，分定汛界。淞南营、淞北营、太湖左营、太湖右营酌增战船。水师营所遗陆汛，移并留防。京口三营陆汛炮堤，分别管辖。改定辖营，及留设守备，要汛多留陆兵。定将弁处分则例。规定各营船数。酌定外委员数。酌定裁缺薪粮。营官建衙署地方，各营座船之数，官兵额定数目，书吏名数，雨蓬旗帜等费，官兵粮额，各船酌用枪炮数目，各船酌用火药枪炮弹，综计饷项之数，下所司核议行之。十一年，丁宝桢调拨福建省所制安澜兵轮赴山东洋面巡缉。瑞麟调拨福建省小号兵轮赴奉天海口巡缉。

光绪四年，裁去广东轮拖巡船水勇二千三百余人。五年，以各省举办水师，奉天、直隶、山东、江苏、浙江、福建、广东次第驻泊兵轮，编制水师，而沿海各省形势不同，操法未能一律，吴淞口为南北海疆适中之地，乃命江南提督李朝斌为外海兵轮统领，督率各省大小兵轮，定期在吴淞口会操。六年，以新置蚊炮船便利合用，续向外洋购置数十艘，募福建、广东沿海精壮之民为水师，分屯北洋各海口。七年，以奉天旅顺口原有旗营，艇船朽坏，弁兵疲弱，悉行裁汰，归陆师巡防，别以快炮防海。时丁汝昌由英国率战舰回国，为中国水军航外海之始，乃擢丁汝昌为水师提督。

八年，以江南形势，先海后江，朝议拟以长江水师提督驻吴淞口，狼山、福山、崇明三镇标隶之，以江南提督移驻淮、徐，改福建水师提督为闽浙水师提督。寻左宗棠、彭玉麟议覆，以海防不外战守二端，战宜厚集兵力，守宜因势设险，仍循旧制为宜。福建水师自裁兵加饷后，实存水师六千九百余人，旗营水师三百余人，各营拖罾、龙艚、快艇等大小战船实存四十艘，台湾、澎湖战船六艘，大小兵轮十艘，宜联合浙江省水师会操，官制则仍循其旧。

九年，以广东内河之肇庆河面县长六百余里，仅有小巡船二十余艘，不敷分布，九龙洋面水浅，大船难于行驶，乃于二处各增设浅水兵轮船。十年，试造尖底舢板船，分布海口。旋以船质弱小，罢之。十一年，彭玉麟以海防日亟，议设水师总统于吴淞，分设二镇：一驻直隶大沽，凡盛京、直隶、山东、江南各海口战船隶之；一驻福建厦门，凡浙江、福建、台湾、广东各海口战船隶之。两镇每年周巡海口，会哨于吴淞。是为南北洋水师建议之始。十二年，议裁减浙江沿海水师。旋浙抚刘秉璋以旧额战船二百五十余艘，粤寇乱后，购造不及半数。光绪八年，裁水师船十三艘，停修旧船三艘，已符裁兵三成之数。惟巡洋之红单船十一艘，不在额设裁减之例。十四年，因台湾疆土日辟，改安平水师副将为台东陆路副将，改鹿港游击为安平水师游击，任新设地方镇守之职。十五年，以福建内河水师炮船旧额共九十八艘，频年裁撤，实存三十艘。每船配置水师六人，专任巡缉内洋。十六年，调拨福建海坛水师驻防福清县属，以靖海盗。十七年，于湖南选锋水师中、前、后、左、右营内，拨一千六百余人，分防省城及岳州等处，拨长胜、毅安水师四百余人，分防辰州、沅州、常德等处，拨澄湘水师三百余人，分防衡州等处，以专责成。是年，因奉天辽河下游旧有巡船，上游则仅有陆队兼巡，未有水师。乃增置长龙炮船一艘，舢板船八艘，于练军内选拨弁勇，梭巡辽河上下及省南之洋河。

十九年，令提督黄翼升校阅长江提标五营，上江十三营，下江四营，定训诫之规，禁陆居，戒嗜好，勤练艺，屏虚文，不得蹈绿营之习，日久玩生。闽、浙疆臣会议，以浙江省有元凯、超武二兵轮，福建省有伏波、琛航、靖远三兵轮，与沿海水师协力缉捕。而浙省水师船自裁减后，仅存五十余艘，闽省自马江战后，仅存艇船二十九艘，乃在宁波海口赁用红单等船八艘，酌拨弁兵，以靖海盗。二十四年，令江苏省之外海、内洋、里河、太湖四支水师，一律酌裁水勇。二十五年，以安徽省江防在下游者为东西梁山，建有炮堤炮台，在上游者为阑江矶前江口及省城之江心洲，咸有炮台，而缺乏水师，乃拨澄清营炮船二十五艘，及长江水师之芜湖、裕溪、大通、安庆、华阳各营，联络防守。又令长江五省督抚，各派将领，不分畛域，严密设防。二十六年，以奉天凤凰厅沿海一带，素称盗薮，曾由北洋拨兵轮巡洋，其支港各处，宜屯泊水师，乃于大孤山、太平沟、沙河三口岸，各造兵船三艘，酌配水师巡缉。三十四年，因浙江杭、嘉、湖三府捕匪兵单，于原有水师中，抽练游击一队，驻嘉兴府，增练游击三队，分布嘉兴、湖州各河港，以游击小队驻杭州省城，赁用上海商人之小轮船十艘，曳带兵梭船巡水道，以期迅捷。在南洋船坞造浅水兵轮船四艘，配快炮八尊，江苏亦制浅水兵轮船四艘，协同内河水师，仿欧西各国章程，编为联队，以资防剿。此整治水师之概略也。

其兵额之增减，船械之配置，各省随时编定。外海水师，北自盛京，南讫闽、广，凡拖缯、红单等船隶焉。内河水师，各省巡哨舢板等船隶焉。奉天、直隶、山东、福建水师船均属外海。江西、湖广水师船均属内河。江南、浙江、广东水师船分属外海、内河。其别练之师，有巡湖水师、巡盐水师、亲兵营、练军营。同治以后，增定长江水师、太湖水师之制，视旧制加详矣。

其巡防之规，外海水师巡防盛京，以协领为总巡，佐领、防御、骁骑校为分巡。直隶等沿海各省，以总兵官为总巡，副将以下为分巡。各于所治界内，率水师沿海上下，更番往来，诘奸禁暴，两界相交之处，戒期会哨，以巡缉情形，申报所属将军、总督、提督，委员稽察。若因风阻滞，各厂到界之日具报。其每岁定期，以二月、四月、五月为始，至九月事竣回营。有引避不巡，或巡而不周遍者，论如军律。其内河水师巡防之制，长江自四川巫山而东，出三江口，至湖广界，经岳州、武昌、兴国至江西界，经九江、江宁、京口等处，东至于海，各省将军、总督、提、镇分委旗标弁兵，沿江游巡，及界而还。

自康熙以后，以外海利用巨舰，内河利用轻舟，故船制屡改，而辖境辽阔，水师兵额，时有增加，遇有战事，增舰尤多。征吴三桂之役，命尚善率舟师入洞庭湖取岳州。及鄂鼐统水师，增造鸟船百艘，沙船四百三十八艘，置水师三万人。征台湾之役，命万正色督率湖南、浙江战船二百艘，由海道赴福建。姚启圣亦修战船三百艘，水师二万人。施琅之克澎湖，用战船三百艘，水师二万人。施世骠之平朱一贵，用大小战船六百余艘。乾隆间，征缅甸之役，命湖广船匠造船于蛮暮，取道金沙江以攻缅甸，兼调福建、广东水师助之。李长庚之剿海寇，在福建造大船三十艘，名曰霆船，配置大炮四百尊，合闽、浙水师全力，转战重洋，遂平蔡牵。

道光以后，海警狎至，木质旧船不敌外洋铁舰之坚利。同治五年，始仿欧洲兵轮船式，于福建省开厂制造轮船。江苏初设轮船四艘。十一年，广东、山东各设轮船一艘，奉天设小轮船一艘，咸配置水师。

其后沿海各省购置兵轮，岁有增益，旧式水师战船分别裁汰。至光绪中叶，综各省外海、内河实存师船之数，奉天外海缯船十艘。直隶外海长龙船二艘，先锋舢板船四十八艘。山东外海拖罾船十四艘，内河哨船六艘。江苏外海轮船二艘，艇船八艘，内洋轮船二艘，舢板船六十艘，内河舢板船、艇船三百八十五艘，长江舢板船七十六艘，督阵舢板船七艘，长龙船十艘，巡哨舢板船一百二十八艘。安徽舢板船二百八十二艘，长龙船十五艘，八团船一艘，枪划十艘，护卡巡船十五艘，督阵舢板船七艘，轮船二艘。江西长龙船十五艘，舢板船二百六十三艘，督阵舢板船六艘，轮船一艘。福建外海长龙船一艘，舢板船十九艘，小艇十四艘，哨船十四艘，龙艚船二艘，拖艚船一艘，内河炮船三十艘。浙江外海钓船二十七艘，艇船十二艘，龙艚船十七艘，哨船二艘，快船一艘，内河大舢板船五十八艘，中舢板船八十四艘，飞划船四十九艘，长龙船座船二百十三艘，枪船八艘，炮船五艘。湖北督阵大舢板船八艘，长龙船十二艘，舢板船一百八十艘。湖南督阵大舢板船四艘，长龙船四艘，舢板船六十艘。广东外海大小轮船二十二艘，巡船十四艘，拖船十艘，长龙船一艘，扒船一艘，内河两橹桨船一艘，橹船一艘，桨船四十艘，巡船一百九十六艘，急跳船十五艘，平底桨船二艘，快哨船二艘，快船十四艘，快桨船七艘，舶艚船四艘，橹船二艘。

各省战船，咸分隶标营，择地屯泊，以时会哨。外海师船，以海军规制渐立，仅任沿海捕盗之责。各省内河师船，均仿长江水师舢板船之式。惟巡缉等船，分巡支河汊港，利用轻捷，船制少殊耳。

其漕、河水师营制，始于明代隆庆间。清代略更其制。以卫卒专司挽运漕粮，以营兵专任护漕，别设城守营守护城池。分漕院与巡抚为二，漕运总督标下，统辖左、右、中三营及城守四营，驻山阳境及漕运要地，分别置兵。淮郡旧为黄、淮二河交注之区，特建两大闸，设河兵及堡夫守之。河营遂与漕营并重，各有副将、参将、游击、守备等官。河营升迁之例，与军功等，专司填筑堤防之事，而缉捕之责不与焉。

清代水师武功之盛，守洞庭而平吴逆，战重洋而歼蔡牵，下长江而制粤寇，东南数千里，威行桴鼓，劳臣健将，蹈厉功名，超逾曩代。及海禁宏开，铁船横驶，舟师旧制，弱不敌坚，遂尽失所恃。时会迫迮，非规画之疏也。

凡直省旧额船数分防之制，分列于篇：曰东三省，曰直隶，曰山东，曰江南，附太湖湖标、漕标各水师，曰浙江，曰福建，曰广东，曰广西，曰湖南，曰湖北，曰安徽，曰长江水师。

东三省沿海各口岸，以金州、旅顺口为尤要。清初即有水师之制。松花江、嫩江贯注吉林、黑龙江二省腹地。所设水师营汛，由吉林而北抵墨尔根、黑龙江一带。至光绪间，旅顺筑海军港，屯驻铁舰，迥殊曩制。其东部之图们、混同江上，时有俄罗斯战舰侵轶，非旧制师船，械弱兵单，所能控制矣。列经制水师于后：

奉天旅顺口，于顺治初年设水师营，以山东赶缯船十艘隶之，始编营汛。康熙十五年，设水师协领二人，佐领二人，防御四人，骁骑校八人，水兵五百人。五十三年，由浙江、福建二省船厂造大战船六艘，由海道至奉省，驻防海口。

金州水师营隶城守尉，水兵百人。

吉林水师营，顺治间，设四、五、六品官。光绪十四年，增设总管一人，六品官二人。

齐齐哈尔水师营，康熙二十三年，设总管一人，四品官二人，六品官二人，造船四、五、六品官各一人，领催八人，水兵二百六十八人，后增至五百六十八人，大战船二艘，二号战船十五艘。康熙四十年，拨归黑龙江十艘。雍正间，拨归墨尔根六艘，存大小战船二十五艘，江船五艘，划子船十艘。

墨尔根水师营，康熙二十三年，设四品官一人，领催一人，由本城协领兼辖，凡战船六艘，水兵四十三人，雍正间增战船六艘。

黑龙江水师营，康熙二十三年，设总管一人，五品官二人，六品官二人，领催八人，战船三十艘，水兵四百十九人。四十年，自齐齐哈尔拨船增之，凡大战船十艘，二号战船四十艘，江船十艘，划子船十艘。

直隶省水师，始于雍正四年，设天津水师营，都统一人，驻天津，专防海口，水师凡二千人，省内各河，咸归陆汛，无内河水师。乾隆八年，增设副都统一人，水师千人，大小赶缯船二十四艘，艔仔船八艘。三十二年，以海口无事，徒费饷糈，全行裁汰。嘉庆二十一年，复设水师千人。旋设大名镇，以水师总兵归并大名，实存守备一人，参将一人，千总二人，把总三人，水师四百九十一人。嘉庆十九年，直隶督臣那彦成以官兵虚设，兵船多朽，疏请裁撤，仍并入大名镇。咸丰八年，以海疆多警，增设海口六营，于大沽南北两岸，修筑炮台，凡大炮台五座，平炮台十座，大炮九十九尊，水师三千人，以五百人为一营，分编左右六营。九年，改为一千八百人。同治八年，督臣李鸿章疏请酌定营制，设大沽协副将，驻新城海口，防守炮台。光绪元年，李鸿章于大沽、北塘等处，增建炮台，购置欧洲铁甲快船、碰船、水雷船，以海军将领统之，不隶旧制协标之内。

其内河水师船，始于同治间，仿长江水师之制，设督标水师中营，管带官一人，哨官三十二人，水师四百七十六人，舢板战船三十二艘，驻三岔河口，亲兵总哨官一人，哨官十四人，水师二百二人，舢板战船十四艘，驻西沽河口。

山东，顺治元年，始于登州府设水师营，领以守备、千总等官，凡沙唬船、边江船十三艘，水兵三百八十六人，驻扎水城，分防东西海口。十五年，移沂州镇于胶州，改胶州水师为陆营。十八年，移临清镇于登州，以隶属城守营之水师，改为前营水师。康熙四十三年，增设游击二员及守备以下各官，增水师为千二百人，改沙唬船为赶缯船二十艘，分巡东西海口，东至宁海州，西至莱州府，分为前后二营，各专其职。四十五年，以前营水师移驻胶州，巡哨南海，后营水师驻水城，巡哨北海。五十三年，裁后营经制员弁，裁水师七百人，拨赶缯船十艘赴旅顺口，仅存前营水师游击等官，赶缯船十艘，分南北二汛，以游击、守备分辖兵船之半。雍正七年，每船增兵十人，两汛共增兵百人，增双篷艍船七艘，每艘配兵三十人，南汛艍船三艘，北汛艍船四艘，北汛增将弁一人。九年，又增设艍船三艘，增兵一百九十人，每艍船共配兵四十人，南北汛各五艘。十二年，增将弁六人，又于成山头增设东汛水师，抽拨南北汛赶缯船各一艘，双篷艍船各一艘，分配战守兵，拨南北汛将弁四人，配船巡哨成山、马头嘴一带，与各汛会旗，总归水师前营管辖，以本镇统之。列定制于后：

前营水师，游击、守备各一人，千总二人，把总四人，外委千总二人，外委把总四人，水战兵八百人，守兵二百人，赶缯船十艘，双篷艍船十艘，每船各带脚船一艘。南汛驻胶州之头营子，游击一人，把总二人，外委千总、把总各一人，赶缯船四艘，双篷船四艘，共配战守兵四百人，南境巡哨至江南交界之莺游山，东至荣成县马头嘴，与东汛会旗。东汛驻养鱼池，千总、把总各一人，外委千总、把总各一人，赶缯船四艘，双篷艍船四艘，共配战守兵四百人，南境巡哨至马头嘴，与南汛会旗，北境巡哨至成山头，与北汛会旗。北汛驻登州府水城，中军守备、千总、把总各一人，外委把总二人，赶缯船四艘，双篷艍船四艘，共配战守兵四百人，南境巡哨至成山头，与东汛会旗，北境巡哨至隍城岛，与直隶水师、盛京水师分界。

江南水师，顺治初年，江苏松江等营，各有捕盗小快船四十艘，常州、镇江等营，各有一、二十艘不等。自康熙七年，查毁沿江海各营出海之船，其内河快船，亦从裁汰。嗣巡抚马祜、提督杨捷疏请苏、松、常、镇四府，各塘汛设水师巡船三百二十五艘，以靖水盗。雍正元年，江苏、浙江督抚会商，以太湖连跨二省，夙为盗薮，乃于湖滨各口，增设水师营汛巡船，分界巡防。其湖内各地，系二省交会者，令参将各率水师会同巡缉。五年，令京口八旗营仿天津水师之制，设京口水师营，分拨京口大小战船二十艘至江宁练习。其驻宁水师，凡满洲、蒙古兵千人，设协领四人，佐领、防御、骁骑校各十二人。是为江南水师之始。

镇守京口左右两路水师，设统兵官二人，分统左右营，各置沙船二十八艘，水艍船八艘，犁缯船八艘，舵椗手二百二十人，水手、匠役四百九十二人。康熙二十一年，改隶江南提督标下，分为中、左、右三营，三十六年，裁总兵官，设副将以下各官，每营设沙船二十三艘，唬船七艘，小巴船四艘，水手四百六十八人。自雍正二年后，迭有改拨，每营存唬船二艘，小巴唬船七艘，渡马浅船六艘。

江南提督水师标兵，顺治四年，始设参将以下各官，分为中、左、右、前、后五营及城守六营。中营唬船一艘，巡船十五艘，中号四橹哨船二艘，桨橹快哨船二艘。左营唬船三艘，巡船十五艘，中号四橹哨船二艘，桨橹快哨船二艘。右营浦江游巡哨船四艘，改设哨船一艘，桨船一艘，二橹哨船一艘，巡船七艘。前营中号四橹哨船二艘，桨橹快哨船二艘，巡船二十二艘。后营唬船一艘，中号四橹哨船二艘，桨橹快哨船二艘，巡船八艘。

松江城守营唬船一艘，中号四橹哨船二艘，桨橹快哨船二艘，巡船一艘。

金山营巡船十三艘。

柘林营巡船四艘。

青村营巡船二艘，小哨船一艘。

南汇营大罟船二艘，小哨船四艘。

川沙营捕匪大罟船三艘，放大罟船三艘，大罟船二艘，小哨船二艘，小号二橹哨船二艘。

刘河营巡船八艘。

吴淞营沙船三艘，艍犁船四艘。

福山营沙船四艘，官渡船四艘，巡船十六艘，后改为福山镇标，设总兵以下各官。

太湖营沙船、快船、巴唬船共三十二艘，后改为太湖协标，设副将以下各官。

常州营巡船二十九艘。

江阴营唬船二艘，巡船七艘。

靖江营唬船二艘。

杨舍营巡船二艘。

镇江城守营，顺治十五年，设镇守苏、松水师总兵官，分中、左、右水师三营，各设沙船九艘，赶缯船五艘，寻改为参将等官，设巡船二十三艘。

江南督标游兵营，顺治初年，隶操江巡抚标下，设游击以下各官，大唬船一艘，小唬船二十七艘。康熙元年，裁并入督标。

奇兵营，顺治初年，随操江巡抚赴安徽省驻防，改为太平右营，设游击以下各官。康熙元年，裁并入安庆营。

瓜洲营，顺治二年，设守备以下各官，专防江北水汛，唬船八艘。康熙元年，改为参将，并入江南督标。十一年，改为瓜洲城守备，唬船八艘。其各县分防水师，宝应汛船十五艘，汜水汛船十四艘，永安汛船二十三艘，高邮汛船十六艘，江都汛船十四艘。

淮安庙湾营，顺治初年，设游击以下各官，沙船五艘，唬船四艘。

佃湖营，雍正九年，由庙湾营分防，设都司以下各官，沙船三艘，巡船四艘，唬船一艘，内河巡哨船一艘。

营城营，顺治三年，设守备以下各官，唬船四艘，小巡船四艘。乾隆十一年，改为唬船一艘，巡海哨船二艘，三号四号沙船二艘，小巡船四艘。

小关营，雍正十一年，由盐城营分防，设都司以下各官，沙船二艘，唬船一艘，快船一艘。

海州营，顺治四年，设游击以下各官，小巡船五艘。康熙三年，并入东海营，增设沙唬船十艘。

东海营，顺治初年，设守备以下各官。十八年裁撤。康熙十八年复设。其分防汛地，鹰游内外洋汛舢船二艘，大浦汛商船二艘，海头汛唬船一艘，临洪口汛哨船二艘，高公岛汛沙船一艘。

江苏抚标左右营，顺治四年，设参将以下各官，左营巡船十艘，右营巡船十艘。

苏州城守营，顺治四年，设参将以下各官，巡船五十八艘。

平望营，顺治三年，设游击以下各官，巡船十七艘。初隶提督标，乾隆以后，改隶巡抚标，巡船二十艘。

福山营，自提督标分防，设游击以下各官，其沙船四艘，巡船六艘，官渡船四艘，船数仍如曩制。道光间，以海疆要地，改为镇标，设总兵以下各官，分为中、左、右三营。

淞北营，原隶督标内河水师，同治十一年，改隶江南提标水师，增设副将以下各官，仿长江水师之制，设舢板船十六艘。

淞南营，同治十一年，改隶里河淞北协标，增设游击以下各官，仿长江水师之制，设舢板船、座船凡三十七艘。

江北狼山镇标，顺治十八年，设总兵以下各官，分中、左、右三营。中营赶缯船一艘，沙船一艘，唬船三艘，渡船五艘。左营赶缯船一艘，沙船二艘，唬船三艘，渡船六艘。右营赶缯船六艘，沙船一艘，唬船四艘，渡船三艘。

泰州营，顺治二年，设游击以下各官，赶缯船二艘，沙船二艘。

掘港营，顺治三年，设守备以下各官，唬船三艘。

康熙二十三年，以京口将军标下沙船二十二艘，唬船十八艘，隶狼山镇标，为海口巡防水师。二十八年，以战船四艘，仍拨归京口。四十八年，改为中、左、右三营，中营赶缯船三艘，沙船二艘。左营赶缯船三艘，沙船三艘。右营赶缯船四艘，沙船二艘，唬船四艘。雍正十年，实存大小水师船二十二艘。十三年，右营增小哨沙船一艘。同治五年，增设绥通、绥海二营，隶长江水师提督。

江南福山镇标，道光二十三年，设总兵以下各官，分中、左、右三营，以旧有之福山营水师为福中营，苏松奇兵营水师为福左营，杨厍水师为福右营。中营旧设巡船十五艘，日久朽坏无存，以沙船四艘增换阔头舢板船五艘，左营设大小舢板船八艘，右营设大小舢板船五艘。同治九年，改定营制，以中营并入左右营，以左营原辖之海门厅属西半洋沙等汛，隶通州营，以左营分中左右三哨，分驾巡船十二艘，出巡洋面，以右营驻防陆路各汛。

太湖水师，始于雍正间。太湖连跨苏州、常州、湖州之境，为全吴巨浸。湖中风浪与江海异，故巡湖水师，船制亦殊。其卫所巡司则以巡船，水师则以哨船。雍正二年，设太湖营游击、千总、把总各一人。五年，以大钱汛口为浙江省濒湖要道，增守备、千总各一人，把总三人，战守水兵原额千人，历年裁并，实存水战兵一百八十六人，守兵四百七十二人，分防各处：角头汛兵一百八十五人，沙快船五艘；西山汛兵六十九人，沙快船二艘；浙江乌程汛兵一百九十七人，沙快船九艘；伍浦汛兵六十九人，快巡船九艘；南浦汛兵一百七人，快巡船九艘。七年，以沙船六艘为湖中大汛巡防，其余改小号巡船二十艘，巡缉支河小港。九年，分水师为左右二营，左营守备驻简村，列汛凡六，当震泽县界。千总一人，驻鲇鱼口，列汛十有二，当吴县、吴江、震泽界。把总二人：一驻东山，列汛凡八，当吴县界；一驻吴江，列汛凡八，当吴江、震泽界。右营守备驻周铁桥，列汛凡六，当宜兴、阳湖界。千总一人，驻马山，列汛十有四，当常州、无锡、阳湖界。把总二人：一驻鼋山，列汛凡七，当吴县界；一驻凤川，列汛凡七，当宜兴、荆溪界。乾隆间，设副将以下各官，水师战船，凡巴唬船十六艘，沙船三艘，大快船七艘，小快船三十二艘。至道光间，存巴唬船十六艘，沙船二艘，大快船六艘，小快船二十艘，桨船十艘。迨咸丰年粤匪乱后，营伍船械全失。同治间，重整水师，尽易旧制，仿长江营制，设太湖协标二营，舢板战船三十六艘。此江南水师之制也。

其长江水师之在江南省者，为瓜洲镇标，辖瓜洲营、孟湖营、三江营、江阴营，战船兵额，与各省长江水师同。

河道总督标营凡二十营，雍正七年，以漕标右营改隶河标设，巡船九艘。山清里河上营，康熙十七年设，船六十八艘。里河下营，雍正六年，由里河营分设，船十三艘。外河上营，船一百十四艘。山安海防河营，雍正七年，由外河营分设，船五十四艘。高堰上营，康熙三十八年，由盱眙营分设，船三十四艘。山盱下营，雍正七年，由高堰营分设，船十七艘。桃源安清营，康熙三十八年设，船二十三艘。扬河上营，康熙十七年设，船八十二艘。扬河下营，雍正七年设，船十四艘。徐河南北营，雍正六年设，船三十艘。邳睢河营，顺治初年设，船七十五艘。宿虹南北营，顺治初年设，船百艘。桃源南北营，顺治初年设，船六十八艘。宿迁运河营，雍正六年设，船十九艘。凡河防各营，设守备以下各官，大小各船，分浚船、柳船二类，修防河工，以营制部勒之。

漕运总督水师标营，分中营、左营、右营、城守四营，以中、左、右三营任护漕之责，以城守四营任地方之责，驻山阳境及漕运所经之地。其运挽漕粮，则以卫卒任之。

浙江水师，杭州协钱塘水师营，顺治初年，设守备各官，兵一百十五人，鳖子门汛兵七十九人，新城汛兵三十一人，塘栖汛兵九十三人，钱江汛兵七十七人，富阳汛兵一百五十人，防守河庄山唬船四艘，运河内河快唬船十一艘，钱塘江渡马船六艘。

乍浦水师营，雍正二年，以定海镇右营改归乍浦，设参将各官，水战兵二百四十人，守兵二百七十六人，战船十艘，内洋岑港辖洋面汛三十三，内洋沥港辖洋面汛十五，内洋岱山辖洋面汛十九。

嘉兴协营，设副将各官，驻防府城，兵四百三十二人，快唬船五艘。海盐汛兵一百七十五人，快唬船三艘。乍浦汛兵二百十三人，快唬船二艘。澉浦汛兵百人，快唬船一艘。石门汛兵一百十人，快唬船四艘。桐乡汛兵七十六人，快唬船二艘。濮院汛兵六十一人，快唬船三艘。新城汛兵四十人，快唬船一艘。平湖汛兵九十九人，快唬船三艘。嘉善汛兵七十人，快唬船二艘。嘉兴汛兵六十九人，快唬船二艘。王江泾汛兵五十六人，快唬船二艘。雍正十年，裁撤快唬船二十艘，改造大号巡船二十艘，小号巡船二十艘，分配各汛。

湖州协营，设副将各官，驻防府城，兵四百七十六人，快巡船十三艘。左营分防双林汛兵五十人，快巡船三艘，德清汛兵三十四人，快巡船四艘，新市汛兵四十二人，快巡船四艘，含山汛兵四十二人，快巡船四艘，菱湖汛兵三十九人，快巡船五艘。右营分防泗安汛兵五十人，快巡船三艘。长兴汛兵四十四人，快巡船二艘。武康汛兵二十人，快巡船一艘。马要汛兵二十人，快巡船一艘。乌镇汛兵二十四人，快巡船一艘。南浔汛兵五十八人，快巡船六艘。菁山汛兵十六人，快巡船一艘。梅溪汛兵八十人，快巡船二艘。

绍兴协营，设副将各官，水师一千八百七十二人，用卫所之制，设临海、观海二卫，沥海、三江二所。雍正十年，设周家路水师汛，置绍字一、二号巡船二艘。

宁波府，顺治三年，设水师营参将二人，分左右二营，水战兵四百人，守兵四百人。十四年，设宁台温水师总兵官及以下各官。康熙九年，设水师提督及左右二路总兵官，七年罢之。设总兵官一人，辖中左右水师三营，兵三千人。春秋二汛，率战船出洋巡缉。其战船之数，随时增改。顺治三年，水师左右二营，大小战船五十二艘。九年，定海镇左右二营，战船四十九艘。十四年，水师左右前后四营，战船二百二艘。康熙元年，水师前左右三营，战船一百七十三艘。九年，定海镇中左右三营，战船八十艘，增设哨船二十艘。历年裁汰，定为水艍船十二艘，犁缯船七号水艘中艍船一艘，中号犁缯船五艘，沙船七艘，双篷艍船十三艘，唬船二艘，哨船二十艘。象山城守营，设副将各官，哨船四艘，海口汛兵一百五十人，哨船十艘。雍正四年，裁存四艘。昌石营，设都司等官，汛兵五百六十五人，战船六艘。镇海营，原设定海水师左右二营。雍正二年，改设镇海营参将各官，汛兵二百三十五人，哨船八艘。

台州府，顺治十四年，设宁台总镇。十五年，改水师提督。寻改总兵。设黄岩镇标三营，水师二千七百七十五人，战哨船二十五艘。海门驻游击等官。前所驻都司等官。右营分防海洋七汛：玉环山、干江、鸡齐山、标桃屿、石塘、龙王堂、沙护。中营分防海洋六汛：郎几山、黄礁门、深门、三山、老鼠屿、川礁。左营分防海洋八汛：圣堂门、米筛门、白岱门、牛头门、靖寇门、狗头门山、茶盘山、迷江山。

温州府，顺治三年，设副将各官。十三年，改总兵官，设镇标中左右水师三营，战哨船二十二艘。中营水战兵六十五人，守兵一百五十二人，战船九艘，快哨船二艘，钓船三艘。分巡二处：一专防三盘口，水师百六十二人，战船二艘；一专防长沙海洋，水师一百二十八人，沙战船二艘。分防汛地凡七：曰霓嶴、黄大嶴、三盘、大门、长沙、鹿西、双排。左营水战兵六十八人，守兵一百七十三人，战船九艘，快哨船二艘。分巡二处：一专防凤山汛，一专防南龙海洋。分防汛地凡五：曰凤皇山、铜盘山、南龙山、大瞿山、白脑门。右营辖陆地汛兵。瑞安水师营，设副将各官，水战兵九十八人，守兵一百四十三人，内洋巡哨战船四艘，外洋巡哨战船五艘，快哨船四艘，钓船二艘。分巡二处：一专防北关洋，水师七十人，战船一艘；一专防官山洋，水师五十人，战船一艘。分防汛地凡六：曰北关、官山、金乡嶴、琵琶山、南鹿山、四大屿。玉环水师营，设参将等官，水战兵一百四十五人，守兵二百五十四人，八桨船四艘，战船四艘，快哨船四艘。左营辖陆地汛兵。右营水师一百八十四人，战船四艘。分巡二处：一专防坎门，水师六十五人，战船一艘；一专防长屿，水师三十四人，战船一艘。内洋凡三汛：曰乌洋、梁湾、黄门。外洋一汛，曰沙头。左右营率水师一百八十四人，战船一艘，轮巡洋面。又江口水师一百八十四人，战船四艘。

雍正二年，额定四种战船：曰水艍船，曰赶缯船，曰双篷船，曰快哨船。其六桨船、八桨船，雍正七年后所增设也。

福建水师，顺治十三年，始设福建水师三千人，唬船、哨船、赶缯船、双篷船百余艘。康熙二十四年，裁撤双篷船八十艘，以二十艘分防台湾及澎湖岛。雍正三年，于福州、漳州、台湾三处各设船厂，制造外海内河大小战船。七年，设泉州船厂，修造各提、镇、协标水师战船。福州船厂承修四十六艘。泉州船厂承修四十八艘。漳州船厂承修五十二艘。台湾船厂承修九十六艘。乾隆十六年，令三江口战船按季燂洗。三十三年，裁撤哨船五十艘。嘉庆四年，令战船悉改同安船式。五年，裁撤内地额设战船三十艘，增造米艇船三十艘，编为胜字号。七年，以福宁府陆路镇标左营改为水师左营，驻三沙海口，编新字号战船十二艘。十年，增台湾水师同安梭船三十艘，编为善字号，分设台湾协标中左右三营。十一年，增米艇八艘，编为捷字号，又增大横洋梭船二十艘，分编为集字号十艘，成字号十艘，分防内地。十三年，裁撤中号、小号梭船十七艘。十四年，增集字号、成字号大同安梭船二十艘，捷字号米艇八艘。十五年，裁撤台湾港口善字号船二十一艘，于鹿耳门增守港师船十六艘，编为知字号，增八桨快船十六艘，编为方字号。十六年，裁撤各营中号、小号梭船三十七艘，道光二年，裁撤捷字号米艇、胜字号米艇共十五艘，余改为一、二、三号同安梭船之式。七年，裁撤台湾水师营知字号、方字号船共三十二艘，善字号船九艘，别造白底艍船三十二艘，编为顺字号十六艘，济字号十六艘，分拨台湾协标中左右三营，澎湖协标艋舺营。

其外海战船名号凡十类：曰赶缯船，曰双篷艍船，曰双篷船，曰平底哨船，曰圆底双篷舩船，曰白艕舩船，曰哨船，曰平底船，曰双篷哨船，曰平底頯船。内河战船名号凡九类：曰八桨船，曰六桨平底小巡船，曰花驾座船，曰八桨哨船，曰小八桨船，曰中八桨船，曰大八桨船，曰花官座船，曰哨艍船。各船水师多寡之数，以船之大小为衡。

提督标分中、左、右、前、后五营，中营战船九艘，左营八艘，右营八艘，前营十艘，后营十艘。总督标水师左营战船二艘。金门协标后改镇标，左营战船九艘，右营九艘，改镇标后，增战船二艘。海坛协标后改镇标，左营战船十艘。右营八艘。闽安协标左营战船七艘，右营七艘。福宁镇标左营战船十艘。烽火营战船十一艘。南澳镇标战船十艘。铜山营战船十一艘。台湾协标中营战船十九艘，左营十四艘，右营十六艘。澎湖协标左营战船十七艘，右营十六艘，艋舺营十四艘。

广东水师，自顺治九年设官弁千人，嗣设总督标水师，驻肇庆府，分为中、左、右、前、后五营。中营二橹桨船一艘，急跳船一艘。左营桨船二艘，急跳船一艘，舢板船三艘。右营桨船二艘，急跳船二艘。前营急跳船二艘，舢板船四艘。后营桨船一艘，急跳船一艘，舢板船三艘。

水师营二橹桨船十四艘，四橹桨船六艘，急跳船六艘。四会营四字号桨船三艘。新会营急跳船一艘，急跳桨船一艘，小舢板船二艘。后改肇庆城守协标，辖左右营、四会营、那扶营、永安营。以新会营改隶提标水师之顺德协。

巡抚标辖水师左右营、广州协左右营、三水营、前山营、顺德协左右营、新会左右营、增城左右营、大鹏营、永靖营。光绪二十九年，裁广东巡抚，以各营分隶提督标及广州城守协。

水师提督标，康熙元年设，驻惠州府，辖四营。嘉庆后移驻虎门，分中、左、右、前、后五营，香山协左右营，顺德协左右营，新会左右营，大鹏左右营，赤溪协左右营，清远右营，广海寨营，永靖营。凡六橹船十一艘，八橹船四艘，十橹船二艘，十二橹船二艘，米艇十一艘，捞缯船六艘，快桨船二十七艘，浅水桨船十二艘，巡船十四艘，二橹船六艘，四橹船十二艘，艍船四艘。嗣后裁广海寨营，以清远左右营隶三江口协标，以永靖营改隶抚标，又改隶城守协标，增设赤溪左右营。

南澳水师镇标，左营战船十艘，属福建省，右营赶缯船九艘，艚仔船六艘，八桨船二艘。澄海协，左营艍船二艘，艚仔船二艘，乌艚船一艘，快桨船三艘；右营赶缯船一艘，艍船二艘，艚仔船一艘，乌艚船一艘，快桨船二艘。海门营赶缯船二艘，艍船二艘，艚仔船四艘，快桨船四艘。达濠营艍船二艘，艚仔船一艘，快桨船一艘。

碣石水师镇标，康熙八年展界，分中左右三营，米艇十艘，哨船一艘。平海营，康熙元年，以惠州协右营驻平海所，雍正四年，设平海营，隶镇标，一号赶缯船一艘，二、三、四号艍船三艘，五、六、七、八号拖风船四艘，一号快船一艘。归善城安营，舢板哨船十三艘。惠来营，属陆路。潮州镇标，分中左右三营。城守营快船五艘。饶平营快船四艘。黄冈协左右营，左营哨船二艘，右营哨船二艘。

北海镇标及城守营，康熙初年设。二十三年，改设龙门水师协标，分左右二营，左营水师八百二十三人，右营八百十一人，共大米艇三艘，中米艇四艘，小米艇一艘，捞缯船三艘，艍船一艘。乾隆二十年后，实存赶缯船二艘，艍船四艘，拖风船三艘。快马船三艘。旧辖有硇州营，大小战船二十七艘，后改隶高廉水师镇标。

高廉镇标阳江营，嘉庆十五年，以南韶连镇标左翼兵移驻阳江，设阳江镇标，左营大米艇五艘，捞缯船二艘，右营大米艇三艘，捞缯船一艘，后改隶高廉镇标。电白营双篷艍船七艘。吴川营外海双篷艍船二艘，外海拖风船三艘，桨船二艘。硇州营旧为乾体营，大战船十三艘，龙艇六艘，哨船五艘。康熙四十二年，改为硇州营，存赶缯船三艘，艍船六艘，拖风船十二艘，外海双篷船四艘，快桨船七艘。东山营大米艇一艘，捞缯船二艘。

雷琼镇标，康熙二十七年设，分左右二营，赶缯船二艘，艍船六艘，快哨船六艘。雍正间，增快哨船十艘。嘉庆十五年，改称水师营，左营水师八百七十六人，右营水师八百八十八人。海安营，康熙初年，设副将各官。八年，改设游击，隶镇标，大小哨船凡二十艘。白鸽寨营，顺治初年，设参将各官，大小哨船九艘。康熙间裁撤，存哨船三艘。海口营，嘉庆十五年，设水师协标，左营水师四百九十二人，右营四百八十五人，后改参将，并左右营为一营。崖州水师协标，中营属陆路，右营水师一、二、三号拖风哨船三艘，四、五、六号艍船三艘。

又广东驻防八旗营水师，乾隆十年，设领催等三十人，水师四百七十人，分左右二营，匠役十二人，教习副工兵百人。

广西水师，旧设驻柳州，后移驻龙州。康熙二十一年，以梧州地居两广之中，扼三江之要，分额设弁兵之半，于浔、南一带，设哨船巡防。其后惟梧州、浔州、平乐、南宁、庆远各府有经制水师，为数无多。

至光绪初年，以漓江、左江、在江水程绵亘，盗贼充斥，设水师五营。嗣因饷绌，并为三营。旋增募勇丁，凡巡哨船一百四十艘，兵丁一千三百余人。仍苦不敷分布，乃复设水师五军，以水程之长短，定师船之多少。自桂林府至平乐府，为中军汛地，设将领四人，巡船四十艘，兵五百人。自梧州府至浔州府，为前军汛地，设将领二人，巡船二十艘，兵三百五十二人。自太平府至南宁府，为左军汛地，设将领三人，巡船三十艘，兵三百七十六人。自庆远府至武宣，为右军汛地，设将领四人，拨车扒船四艘，巡船三十六艘，兵五百三十六人。自南宁府至百色等厅河面，为后军汛地，设将领三人，扒船八艘，巡船二十艘，兵四百二十四人。此光绪季年之制也。

其旧设水师弁兵船数列后：梧州府水师三营，设副将各官，水师千人，塘船十三艘，快船六艘，舢板船三十八艘。庆远府协标左营，兼辖水师哨船二艘。平乐府水师哨船四十七艘。广运营八桨哨船七艘，柳兵哨船七艘。大亮营八桨哨船一艘，柳兵哨船一艘。大定营八桨哨船一艘，柳兵哨船二艘。足滩营柳兵哨船十二艘。浔州府左营，兼辖来宾江口水师哨船，勒马汛水师哨船。南宁府隆安县水塘十八处，哨船十五艘，水师一百四十人，横州水塘二十处，哨船三艘，水师三十四人。永淳县水塘九处，哨船一艘，水师十人。

湖北水师，武昌府城守营，旧有水师营，设守备以下各官。乾隆二年，拨入汉阳营，任江、汉巡防之责。武昌省城，存城守营内河巡哨船五艘，下游道士洑营巡江船三艘。汉阳城守营兼辖水师营，战船三艘，虎战船一艘，汉川虎战船二艘。黄州协营，巡江船三艘。蕲州城守营，巡江船二艘。荆州水师营，设守备以下各官，战船二十五艘，巡江船二艘。宜昌府水师，顺治十三年设彝陵镇，辖水师前后二营。康熙十九年，改为彝陵水师协标。乾隆元年，改为宜昌镇标，仍设水师前后二营，战船三十艘，小舣船十一艘。经粤寇之乱，旧制无存。同治间，设长江水师。其属湖北省者，为汉阳水师镇标，辖汉阳营、田镇营、簰洲营、巴河营。其战船、兵额，与各省长江水师同制。

江西水师，清初设九江镇标水师营，南湖水师营、鄱湖水师营，唬船二十艘，分防水巡，各营设塘船一艘。康熙元年，改九江镇标为九江协标，水师七百七十三人，增设沙船三十艘，水汛巡哨船十七艘。乾隆间，实存沙船八艘，唬船二十三艘。后改为城守营。同治八年，裁撤城守营。其南湖水师营、鄱湖水师营，自设长江水师后，亦皆裁撤。长江水师之属于江西省者，为湖口水师镇标，辖湖口营、吴城营、饶州营、华阳营、安庆营，战船、兵额，与各省长江水师同制。

安徽省水师，安庆镇标、寿春镇标及游兵营、泗州营，均有战船。顺治初年，安庆镇标游兵营隶操江巡抚标。康熙元年，改隶江南总督标。泗州营旧隶江南提督标，后改隶安徽巡抚标。安庆镇标，分防怀宁、桐城、望江、东流、贵池、铜陵及江西彭泽县等处，大唬船一艘，小唬船二十二艘。游兵营，分防和州、无为、含山、铜城、繁昌、芜湖、当涂等处及江苏之江宁县，大唬船一艘，小唬船二十七艘。寿春镇标，颍州营哨船二艘，泗州营扒唬船四艘。经粤寇之乱，师船尽毁。同治间，设长江水师，属安徽省者，为长江提督标中营，驻太平府，辖裕溪营、芜湖营、大通营、金陵营，战船、兵额，与各省长江水师同制。

湖南水师，清初设辰州、洞庭二营。康熙二十八年，裁辰州水师，改设岳州水师营，归岳州营参将兼辖，设守备各官，头舵战兵六十八人，水步战兵六十五人，水守兵一百四十八人，分防岳州府城及东西湖、上下江二汛。自雍正至嘉庆，迭有增减，存头舵战兵三十四人，水步战兵三十九人，水守兵一百四十二人，战船十八艘。

洞庭水师营，原设洞庭协标。嘉庆二年，以洞庭副将、都司移驻常德，改常德为协。以常德游击、守备移驻洞庭，改洞庭协为水师营，设游击各官，战兵一百九人，守兵四百三十六人，战船十二艘，分防小船、游巡小船各十艘，分驻龙阳县及东西湖各汛。承平日久，将弁兵丁，咸居陆地，船厂不修，旧制寖废。

咸丰三年，曾国藩治水师于湖南，造船练兵，以长龙船、舢板船尤为便利。粤寇定后，至同治八年，裁撤水勇，设长江水师。在湖南境者，设岳州镇标四营，为岳州营、沅江营、荆州协标营、陆溪营。原设之岳州水师，归并岳州城守营。原设洞庭水师，归并龙阳城守营。

咸丰军兴以后，常于省城驻水师二营，湘潭驻水师一营，衡州驻水师一营，益阳县则由省城拨师船驻防，常德驻水师一营，辰州驻一营，靖州之洪江驻一营，澧州则由常德拨师船驻防，又于岳州、安乡合驻水师一营，不在经制水师之列，而分地驻巡，参错布置，实与经制水师相辅云。

长江水师，道光季年，各省内河水师及沿江水师，船多朽敝，值操练之期，虚衍仪式。粤寇东犯，无以制之。咸丰三年，江忠源始建制舰练兵之议。四年，命侍郎曾国藩治水师于衡州，造拖罟、快蟹、长龙、舢板各船，惟舢板船尤为轻捷制胜，长龙船次之。大率水师一营，设长龙船一、二艘，舢板船或十余艘，或二十余艘，以拖罟船、快蟹船守营，不以出战。其后水师日增，悉废拖罟、快蟹旧式之船，专以舢板船摧敌。任彭玉麟、杨岳斌为水师统帅，循长江转战东下，克名城以百计，踣巨憝于金陵。

同治三年，东南底定，曾国藩、彭玉麟以江防重要，疏请设立长江经制水师。简授长江水师提督一人，得专摺奏事，录两江、湖广总督节制，率提标五营驻安徽太平府。每岁于所辖湖南、湖北、江西、安徽、江南五省江面巡阅。设岳州、汉阳、瓜洲、湖口四总兵官。每镇标各统水师四营，惟湖口镇标五营，以狼山镇标水师二营并隶之，凡二十四营。总兵及参将、游击，于收泊战舰处所立汛建署，为营汛治事之地。以船为家，不得在署常居。都司、守备各官以至兵丁，不得陆居。

总兵座船三艘，督阵舢板二艘，亲兵十二人。副将座船二艘，督阵舢板一艘，长龙二艘，亲兵十二人。游击座船二艘，督阵舢板一艘，长龙一艘，亲兵十二人。都司二人，各座船一艘，长龙一艘。守备二人，各座船一艘，舢板一艘，飞划一艘。四哨千总八人，各座船一艘，舢板一艘，飞划一艘。四哨把总九人，各座船一艘，舢板一艘，飞划一艘。四哨外委十一人，各座船一艘，舢板一艘，飞划一艘。又外委一人，管带督阵舢板，有座船一艘，无舢板。战船之大者，每艘或设兵二十人，为舵兵一人，头兵一人，炮兵二人，桨兵十六人；或设兵二十五人，为舵兵一人，艙兵一人，头兵一人，炮兵四人，桨兵十八人。舢板船每艘设兵十四人。

总兵以下各官，设稿书、书识，自七人至一人不等。以都司一人管驾长龙船为领哨，守备为副领哨。每哨战船十艘。惟岳州、汉阳系游击营制，而统战船三十三艘，视参将例。左哨都司专任钱粮，右哨都司专任船炮军械及巡查诸务。

大小战船咸设炮位。长龙船千斤头炮二位，七百斤边炮四位，艘炮一位。舢板船八百斤头炮一位，六、七百斤哨炮一位，船边五十斤转珠小炮二位。洋枪刀矛之属，随宜分配。旗帜以桅旗为主，悬方式长龙旗，凡长一丈二尺。舢板船旗长九尺，船艄悬尖式龙旗，书某标某营某哨。桅上小旗，或船首立旗，书驾船将弁之姓，以示区别。

凡驻师之处，渔船由水师编号稽查，以清盗源。其疏防之责，以哨官为专汛，营官为本辖，遇有盗劫，视汛地所辖题参。江、鄂各营，半年更调一次。副将与副将之营互调，参将、游击与参将、游击之营互调。每营调居客汛二次，又调回本汛一次，如承缉盗案未获，则不得更调。

凡副将、参将以下，由本境巡抚节制，总兵由总督节制。土匪猝发，须用战船，由督抚檄调境内水师往剿。总兵奉檄即发兵。督抚调水师操练，亦奉檄即行。其事涉重大者，督抚会同长江提督疏陈。其余水营政务，由长江提督主持。

饷糈之制，将弁则视其职以定廉养公费。兵丁月饷，每名银三两有差。全军饷糈，由沿江厘捐局指定支拨。

设火药局于湖北、安徽，购硝斤于江苏、江西、湖南。

设子弹局于湖南之长沙。设造船厂于湖北之汉阳，江西之吴城，江南之草鞋夹。战船均三年一修，十二年更换。

定水师事宜三十条，未尽者续定十条。银米有稽，铨补有章，训练有规。郑重江防，严申禁约，有犯必惩。自荆州以达海门，沿江数千里，称天堑雄师。至光绪季年，特命大臣查阅长江营伍，实存长龙、舢板战船七百六十二艘，飞划船六百四十二艘，水师弁兵一万有七十九人。

其自荆州以上，溯江至宜昌、巴东，汉阳以上，溯江至襄阳、郧阳，湖南之湘江、沅江，江西之吴城，以上诸河，各疆吏自设防营。其淮河一带，自正阳关至洪泽湖，及江苏境各支河水师，隶淮阳镇标，光绪间，改设江北提督。凡清江营、洋河营、庙湾营、佃湖营、洪湖营、苇荡营咸隶之。自镇江以东，内河各汛及太湖水师五营，则统以江南提督。凡各省内河有水师者，悉改旧式，一准长江水师。其海口原有之狼山镇、福山镇，仍如前制，由镇将督率大号战船，巡防内海。惟狼山镇兼隶长江水师提督，每营设大舢板船二十艘，并仿红单、拖罟船式，设大号战船数艘，多置炮位，为巡缉内洋之用。其长江水师营制防汛列后：

岳州设总兵官，置中军中营游击，战船三十三艘，仿参将营之例，分防自城陵矶至鹿角、垒石、泸陵潭、湘阴一带。沅江设参将，属岳州镇左营，分防君山、西湖及常德、龙阳、华容等河通洞庭湖之处。

其沅、湘等水汛，由湖南省别行设防。荆州设副将，属岳州镇后营，分防自荆州以下江面，石首、监利一带，至荆河口止。陆溪口设游击，属岳州镇前营，分防自荆州河以下江面，螺山、新堤及倒口内之黄盖湖。

汉阳设总兵官，置中军中营游击，战船三十三艘，仿参将营之例，分防自沌口以下江面，至团风等处，并防省城两岸，后湖、青林湖。其汉水上通樊城千余里及各河汊，由湖北省别行设防。簰洲设参将，属汉阳镇后营，分防自倒口以下江面至沌口，兼防金口以内之斧头湖。巴河设游击，属汉阳镇右营，分防自团风以下江面，黄州、兰溪至道士洑，兼樊口以内之梁子湖。田家镇设副将，属汉阳镇前营，分防自道士洑以下江面，沣源口、蕲州、武穴至陆家嘴，兼防沣源口及隆平以内之湖。

湖口设总兵官，置中军中营游击，分防自陆家嘴以下江面，至九江老洲头。吴城设参将，属湖口镇左营，分防自湖口以内姑塘、南唐、渚矶一带。饶州设参将，属湖口镇后营，分防都昌、鄱阳、康山一带。其彭蠡湖东境各湖，南达省城赣江，由江西省别行设防。华阳镇设游击，属湖口镇右营，分防自老洲头以下江面，彭泽县、香口至东流等处，兼防吉水沟以内各湖。安庆府设副将，属湖口镇前营，分防自东流以下江面，黄石矶、李阳河至枞阳，兼防北岸盐河及枞阳以下，南岸通殷家汇之河。

太平府设长江水师提督衙署，置中军中营副将，分防金柱关以下江面至乌江。大通设参将，属提标后营，分防自枞阳以下江面，池州土桥至荻港。芜湖设游击，属提标右营，分防自荻港以下江面至裕溪口，并湾沚、青弋江等处。裕溪口设参将，属提标左营，分防东西梁山江面至金柱关，兼防运漕、无为州各内河，及巢湖百余里水汛。金陵草鞋夹设参将，属提标前营，分防乌江以下江面至通江集，兼防江浦、六合内河。

瓜洲设总兵官，置中军中营游击，分防通江集以下江面至焦山，兼防内河至扬州。自扬州以上，高邮等湖，由淮扬镇别行设防。孟河营设游击，属瓜洲镇右营，分防南岸各夹江，自焦山至江阴口。其南岸内河，由松江提标别行设防。三江营设游击，属瓜洲镇左营，分防北岸各夹江，自焦山至靖江口。其北岸内河，由淮扬镇别行设防。江阴设副将，属瓜洲镇前营，分防自江阴以下江面，而至鹿苑港及寿兴等河。其鹿苑港以下，由福山镇标接防。

狼山镇总兵，循旧日之制，增水师二营，兼隶长江提督。原统中左右三营，盐捕、扬州、三江、泰州、泰兴、掘港各营，悉仍其旧。惟通州设绥通营，置游击各官，分防自靖江八团港以下江面至通州，凡长龙战船二艘，督阵舢板一艘，舢板十艘，大舢板十艘，仍酌增红单、拖罟等船。海门厅设绥海营，置副将各官，分防自狼山至海门北岸江口海汊，凡长龙战船二艘，督阵舢板二艘，大舢板二十艘，仍酌增兵轮船，及红单、拖罟等船。其崇明南岸海汊，由江南提督别行设防。

综长江经制水师，副将六营，参将七营，游击十一营，凡二十四营。

卷一百三十六　　志一百十一

兵七

海军

中国初无海军，自道光年筹海防，始有购舰外洋以辅水军之议。同治初，曾国藩、左宗棠诸臣建议设船厂、铁厂。沈葆桢兴船政于闽海，李鸿章筑船坞于旅顺，练北洋海军，是为有海军之始。而甲申马江，甲午东海，师船尽毁。嗣后兵舰岁有购置。自光绪中叶迄宣统初，南北洋海军仅有船五十余艘，旧式居半。其能出海任战者，止海筹、海圻等巡洋舰四艘，楚泰、楚谦、江元、江亨等炮舰十余艘而已。爰纪开创之渐，修缮之规，厂坞之建筑，兵舰之购造，咸列于篇。

道光二十二年，文丰疏言购吕宋国船一艘，驾驶灵便，足以御敌。旋谕隶水师旗营操演，并谕绅商多方购置。是为海军购舰之始。

咸丰六年，怡良疏言，允英国司税李泰国之请，置买火轮船，以剿粤匪。旋隶向荣调遣。

十一年，曾国藩疏请购买外洋船炮。奕䜣等请以关税款购外洋小兵轮十余艘。饬广东、江苏各督抚募内地人学习驾驶。以已租之美利坚轮船二艘，一名土只坡，一名可敷本，为护运之用，配以炮械，驶赴安庆，隶曾国藩调遣。

同治元年，曾国藩于安庆设局，自造小轮船一艘。二年，令容闳出洋购买机器。四年，曾国藩、丁日昌于上海设铁厂造枪炮。

五年，左宗棠疏请于福建省择地设厂，购机器，募洋匠，自造火轮兵船。聘洋员日意格等，买筑铁厂船槽及中外公廨、工匠住屋、筑基砌岸一切工程。开设学堂，招选生徒，习英、法语言文字、算学、图画。采办钢铁木料。期五年内成大小轮船若干，均仿外洋兵船之式，需银三百万两。并陈船政事宜十则，请简重臣督理。旋以沈葆桢为船政大臣。

六年，李鸿章迁虹口制造局于高昌庙，建船坞，名曰江南制造局。沈葆桢疏言："福州马尾山，为省垣奥区天险，设船坞于马尾之中歧。坞周四百五十丈有奇。铁船槽长三十丈，宽十五丈，可修造二千五百顿之船。坞内滨江者为铁厂、轮厂、斵木匠架木栈房。坞东北为船政大臣驻所，绅员公所及外国匠房。其左为法文、英文学堂及生徒住舍。江干为煤厂，山麓为中国匠房，山之左驻楚军一营，山之右为洋员驻所。傍江岸为官街，以便贸易。"旋派洋员日意格回国采办器具，选用工匠。是年，瑞麟向英国订购六兵船。

七年，沈葆桢疏言："于船坞之右，创建船台四座，台长二十余丈，船成入水，顺推而下。其旁增五厂，曰铁厂，曰水缸厂，曰打铁厂，曰铸铁厂，曰合拢铁器厂。规模既具，次第兴工。"寻疏陈："外洋机器到闽，复运煤运木于台湾，运砖于厦门。厂内增设转锯厂、木模厂、铜厂、风洞、绘事厂、广储厂、储材厂、东西考工所，先后告竣。"疏入，谕英桂、马新贻、李福泰、卞宝第等筹给经费，俾蒇要工。是年，曾国藩疏言："上海设厂，自造第一号轮船告成。汽炉船身，皆考究图说，自出机杼。长十八丈，宽二丈余，命名恬吉，请续造二十余丈之大舰。"旋谕两江总督马新贻等，从曾国藩、李鸿章所请，制器设厂，增建译馆诸端，悉心讲求。是年，福州船厂自造安澜等小轮船十艘告成，济安、永保、海镜等轮船亦告成。

八年，沈葆桢疏言："厂中自制第一号大轮船下水，长二十三丈八尺，宽二丈七尺八寸，每小时行八十里，以副将率弁兵水手管驾，安置巨炮，驶出大洋，暂名曰万年青。第二号暂名曰湄云，俟驶赴天津，再请锡名，以光海宇。"是年，购法国澄波兵船。江南制测海、操江兵船成。又购建威、海东云二船。

九年，沈葆桢疏言："第三号福星船，第四号伏波船告成，本属战舰，利于巡洋，以学堂上等学生移处船中，令洋员教其驾驶，由近而远，以收实效。"是年，江南威靖兵船成。

十年，令学生十八人驾建威练船，巡历南北各海口。是年，曾国藩疏请仿英国小铁船式，令沪厂制造，为守海口之用。

十一年，船政制安澜、镇海、扬武、飞云、靖远五兵船成。文煜、宋晋等以造船费重，疏请暂罢，不许。是年，李鸿章疏言："沪厂造成第五号船，长三十丈，锅炉均在水线之下，置大炮二十六尊，系仿外洋三枝桅兵船式，英、法人称为中国最巨之船。请饬沿江海各省，不得自向外洋购船，如有所需，向闽、沪二厂商拨订制，以节度支。"

十二年，江南制海安兵船成。沈葆桢疏言："闽厂七号扬武、八号飞云兵船下水。扬武用英国前膛炮，飞云用布国后膛炮。以后十三、十四、十五号兵船，请兼仿外洋商舶之式，运载货物，以裕经费。九号靖远、十号振威、十一号济安、十二号永保、十三号海镜兵船已告成，以都司、游击等管驾出洋。其建威练船，巡历浙江、上海、天津、牛庄及香港、新加坡、槟榔屿等处。在船学徒，练习风涛，成绩甚优。来年遣散洋匠，以中国学徒自造。然能守已成之法，不能拓未竟之绪。请选择学生，分赴英、法二国，深究造船驾驶之方，练兵制胜之理。"

十三年，船政制济安、琛航、大雅三运船成。福建善后局购美国二炮船，曰福胜、建胜。李鸿章疏言："中国东南北三洋，请各设大兵船六艘，根钵小兵船十艘，合成四十八艘。三洋各需大铁船二艘。北洋驻烟台、旅顺等处，东洋驻长江口外，南洋驻厦门、虎门等处。铁甲船每艘需银百万两外，分年向外洋购置。余船由闽、沪二厂仿造，以足四十八艘之数。请饬沿江沿海各省，裁并新旧红单、拖罟、艇船、舢板等船，以节省之款，专练海军。"是年，沈葆桢疏言："续办船工，尚有三端：一、挖土大机船，一、船土铁胁，一、新式轮机。铁胁须购自法国，以闽船皆法匠所造也。卧机、立机须购自英国，以其制精无弊也。"

光绪元年，制造局制驭远兵船成。船政制元凯兵船成。以扬武练船令学生游历南洋各处，至日本而还。寻谕南北洋大臣筹办海防。令总税务司赫德赴天津，与李鸿章商订购英国二十六顿半、三十八顿半之炮船各二艘，专备海防之用。是年，沈葆桢购法国威远兵船。

二年，沈葆桢会同李鸿章奏派学生，分赴营、法各国，入大学堂、制造局练习。此为第一届出洋学生。是年，船政制登瀛洲、艺新两兵船成。制造局制金瓯小铁甲船成。

三年、四年，泰安、威远、超武兵船亦成。沈葆桢疏请各省协款，每年解南北洋各二百万，专储为筹办海军之用，期十年成南洋、北洋、粤洋海军三大枝，犹恐缓不济急，请以四百万先解北洋，俟成军后，再解南洋。

五年，李鸿章疏言，外洋订购之四炮船来华，以福建船政局员管驾，名飞霆、策电、龙骧、虎威，炮射甚远，轮机亦精，请再购四艘。沈葆桢疏言，续购蚊炮船四艘到华，以留学英国毕业生管驾，名镇东、镇西、镇南、镇北，分防吴淞、江阴二口，为夹护炮台之用。何璟疏言："闽厂制造各兵船，惟扬武、威远、济安较为得力，其余止供巡缉内洋之用。"旋谕沿江海各督抚整顿海军。沈葆桢旋卒，海军属李鸿章。设海军营务处于天津。

六年，江督刘坤一疏言："蚊炮船购自外洋，费钜而炮位过重。请由粤自造木壳船，丈尺与包铁者同，炮位改用三万余斤之后膛炮，先造二艘，以备守口之用。"李鸿章疏请购外洋每半时行十五海里之快船及碰船、蚊子船。又疏言："购办铁甲船之举，倡议已历七年。福建已定购蚊子船四艘，碰船二艘。请移二碰船之价一百三十万两，先购铁甲船一艘，专归台湾防剿。以原有之福胜、建胜二蚊子船及船厂自造兵轮之坚利者，合为一军，则台防可固。南洋拟购之快碰船二艘，亦请抵购铁甲船一艘。当与南洋大臣会商，合原有之各兵轮，编练海军，互为应援。”旋以沪厂因铸造枪炮经费过重，停造轮船。闽厂亦以财绌停造木质兵船，专造快船与铁甲船。是年，吉林将军铭安请于三姓一带造舢板战船。谕李鸿章筹度。鸿章覆陈俄国于库叶岛设厂造兵轮，辄由混同江驶入松花江等处，非舢板所能敌。请于三姓水深之处，设厂造蚊子船，可巡驶及黑龙江，以佐陆军。鸿章寻向英订造新式铁甲船，并饬闽厂仿造。彭玉麟亦请饬闽厂分造十七、八丈之小兵轮十艘，以长江任战之员为管带，巡缉洋面。谕两江、福建、广东各省筹办。是年，在英厂订造之超勇、扬威快碰船来华，令提督丁汝昌管驾，与镇中、镇边蚊炮船二艘，同泊旅顺。又于闽厂订造快船二艘，专为朝鲜口岸之用。李鸿章设水师学堂于天津。旋以在德国船厂定购之定远、镇远二铁舰，济远穹甲舰将成，令管轮学生赴德国练习。令洋教习率镇东等四兵船赴渤海一带梭巡。是年，船政制澄庆兵船成。

七年，李鸿章在大沽口建船坞。九月，超勇、扬威二舰制成来华。鸿章乘赴旅顺，察看形势，筹备建筑船坞、炮垒。大沽设水雷鱼雷营、水雷学堂。旅顺设水雷魚雷营、挖泥船。威海设鱼雷局、机器厂，并设屯煤所。以丁汝昌统领北洋海军。定兵舰国旗质地章色之制。会同福建船政派学生赴欧洲肄业。

八年，北洋、粤督各购德国雷艇数艘。以英人琅威理司海军训练，与各国兵舰相遇，始有迎送交接之礼。李鸿章疏言英、法、美、德国近年所造船，曰穹面钢甲快船，入水十五尺八寸，马力二千八百匹，压水力二千三百顿，每时行十五海里，合中国五十里，机舱等钢面厚三寸半，炮台周围钢面厚至十寸，每艘需银六十二万两，与铁舰相辅，最为海军利器。闽厂自造快船不及其精，已由出使大臣订购一艘，与镇远铁舰同驶来华。

九年，船政制开济快碰船成。南洋向德国购南琛、南瑞二巡洋舰。

十年，船政制镜清快碰船、横海兵船成。李鸿章疏言，自光绪元年至六年，经营北洋海防，有龙骧等蚊炮船八艘，水雷小艇一艘。其龙、虎、霆、电四船，于六年拨赴南洋调遣。七年以后，先后购到超勇、扬威快碰船二艘，镇中、镇边蚊炮船二艘。由闽厂调至北洋，修改练船之肆远、康济兵轮二艘。调赴朝鲜、旅顺等处，海镜一艘。在沪制造之快马小轮船一艘。在津制造之利顺小轮船一艘。守雷、下雷所用之暗轮包钢小轮船二艘。察看船只之大小，顿载之轻重，机器、炮位、桅帆器械之繁简，配定人数、饷章，与水师统领、教习洋员分别损益，务使利器可得实用。是年五月，以长江水师提督李成谋总统南洋兵轮。总督曾国荃疏言：“江南购买兵轮蚊、快等船及自造者，为数无多。所有登瀛洲、靖远、澄庆、开济、龙骧、虎威、飞霆、策电、威靖、测海、驭远、金瓯大小兵轮，及新购之南琛、南瑞，上海机器局所造之钢板保民兵轮，各船大小不齐，兵额不一，以之海战则不足，以之扼守江海门户，与炮台相辅，藉固江防。”八月，法国海军犯福建。驻防福州海口之扬武、振威、飞云、伏波、济安、福星、艺新兵船七艘，蚊炮船二艘，琛航、永保商轮二艘，与法国兵船战于马江，悉数沈毁，存者惟伏波、艺新二船。时李鸿章令德国武员率快船五艘，与曾国荃所部开济、南琛、南瑞、澄庆、驭远五船援闽，未至而闽师已覆，澄庆、驭远二船亦沉于石浦。是年，总理衙门请设海军专部。出使大臣许景澄在德国订购之定远、镇远铁甲舰二艘，济远钢甲舰一艘均告成。粤督向德国订购雷艇八艘。

十一年，曾国荃疏言：“于福建、广东、浙江三省增设铁舰、快舰、雷艇。嗣后各兵船专事操练巡洋，不得载勇拖船。”与北洋大臣会奏，派第三届学生出洋。同时，左宗棠疏请开采铁矿，择吴、楚扼要处，立船政炮厂，专造铁甲兵船、后膛巨炮。制造局制保兵钢板船成。九月，海军衙门成立。以醇亲王总理海军，庆郡王、李鸿章为会办，曾纪泽、善庆为帮办。

十二年，粤省造浅水兵轮，曰广元、广亨、广利、广贞，防护海口。向德国购福龙鱼雷艇一艘。三月，南洋兵船赴北洋会操。命醇亲王、李鸿章校阅海陆军及沿海台垒。丁汝昌率兵船巡历朝鲜。船政大臣裴荫森于福州增设练船，造铁甲船，疏言：“江苏之上海，广东之黄埔，虽有船坞，而港道狭浅。福建罗星塔之下、员山寨之上，两山间有天成巨港，请建大船坞，备定远等铁舰修理之处。”

十三年，闽厂寰泰快碰船、广甲兵船造成，并造双机钢甲轮船及穹式快船、浅水兵轮。是年，北洋向英国购左一出海鱼雷大快艇一艘，向德国购左二、左三、右一、右二、右三鱼雷艇五艘，挖泥船一艘。北京设水师学堂于昆明湖，广东设水师学堂于黄埔。

十四年，海军衙门奏定官制，设提督、总兵、副将、参将、游击、都司、守备、千总、把总、经制外委等官。是年，在英、德厂所造致远、靖远、经远、来远四快船来华。英百济公司所造出海鱼雷快艇亦告成。六月，台湾番民叛，命致远、靖远二舰往剿平之。

十五年，船政制平远钢甲船、广庚兵船成。

十六年，裴荫森疏言，闽厂修整龙威钢甲兵轮，更名平远，广乙鱼雷快船亦告成，并入北洋舰队操演。又言石船坞告成，请简专员董理。八月，北洋设水师学堂于刘公岛，南洋设水师学堂于南京。十月，李鸿章疏言旅顺口船坞工竣，堪为修理铁舰之用，并筑刘公岛、青岛等处沿海炮台。北洋所聘海军总查英人琅威理，以争提督升旗，辞职回国。英政府遂拒我海军学生在英留学。

十七年，船政制广丙鱼雷快船成。二月，命直隶总督李鸿章、山东巡抚张曜出海阅海军操。北洋之定远等十二舰，广东之广甲等三舰，南洋之寰泰等六舰，毕会于旅顺口，操演船阵枪炮鱼雷，并勘炮台、船坞。四月，户部请停购外洋枪炮船只机器二年，以所节价银解部充饷。六月，提督丁汝昌率兵舰六艘赴日本东京。七月，威海增设鱼雷三营。

十九年，船政制福靖鱼雷快船成。粤督改水师讲堂为水师学堂。

二十年，船政制通济练船成。订购英国炮舰一艘，命名福安。二月，镇远、定远二舰置新式克鹿卜快炮十二尊。四月，朝鲜内乱，北洋遣兵舰往剿。五月，与日本兵船战于牙山口外，济远船伤，广乙船沈，操江船失，载兵之高升商船亦沈。九月，丁汝昌率北洋兵舰与日本战于大东沟，失致远、经远、超勇、扬威四舰。

二十一年，日本以师船攻威海，定远、镇远各舰亦失，丁汝昌败死。冬，南洋订购之辰、宿、列、张四雷艇来华。飞霆、飞鹰二驱逐舰在英、德厂造成。以康济、飞霆、飞鹰、建靖各舰驻防北洋。以南洋之开济、镜清、寰泰、南琛，福建之福靖兵舰往来调防。

二十二年，福州罗星塔石坞成。闽浙总督边宝泉请设法扩充船政。总理衙门疏陈："船政始于大学士左宗棠、两江总督沈葆桢。嗣后十余年，泰西制造日精，闽厂虽有出洋毕业学生，而财力短绌，即不能增机拓厂，复不能制料储材。自光绪八、九年后，以购买之机器，就厂合拢，成寰泰、镜清、平远、开济各快舰。而新出之法，以无机无厂，不能急起谋新。同治年间所制之琛航、靖远木质各舰，马力微者，又不适于用。凡一船之成，材居其七，工居其三。各材之中，属煤、铁、土、木等为生料，有产自中国者，有产自外洋者；属钢甲、铁甲、帆、缆等为熟料，有能自制者，有必待增机厂而制者。请简用重臣督办，开采矿产，增购机械，奖励学生，筹度经费，以期日起有功。"四月，在德国订造海容、海筹、海琛三巡洋舰。五月，在英国订造海天、海圻二巡洋舰。是年，以福州将军裕禄兼船政大臣，谕加整顿。

二十三年，德国据山东胶州湾，法租广州湾，英租威海卫，俄租旅顺、大连湾。是年，船政制福安运船成。

二十四年，船政制吉云拖船成。谕各督抚于船政原有经费外，别筹专款，以振海军。

二十五年，在德订购之海龙、海华、海青、海犀来华。谕沿海疆臣，增设海军学堂，讲求驾驶战术。

二十六年，拳匪乱作，北洋各舰悉赴南洋。

二十七年，和议成，海容军舰回防。

二十八年，船政制建威、建安鱼雷快船、建翼鱼雷艇成。又制浅水巡洋兵船二艘，一曰安海，一曰定海。是年，船政会办魏瀚，以监督杜业尔不职，遣回法国。

二十九年，张之洞疏言："南洋各兵舰年久，咸不适用，徒费国帑。各舰惟寰泰、镜清二兵轮，威靖、登瀛二运船，尚可备巡缉之用。其南瑞、南琛、保民三兵轮，龙骧、虎威、飞霆、策电四蚊船，请一律裁停。钧和一船，令商人自养，为护商之用。以所节之款，积之十年，可购长江浅水新式快船六、七艘。"允之。是年，烟台设海军学校。江督向日本订造江元浅水快船。

三十年，端方疏请选择水师学生，由驻沪英国水师总兵，分派在英舰学习，较出洋游历，费少而收效同。报可。南洋大臣周馥等，疏请以提督叶祖珪督办南洋水师学堂、上海船坞。湖广总督张之洞在日本厂购雷艇四艘，曰湖鹏、湖鹗、湖鹰、湖隼；浅水炮舰六艘，曰楚泰、楚同、楚豫、楚有、楚观、楚谦。两广总督岑春煊开办鱼雷局于黄埔。

三十一年，以萨镇冰总理南北洋海军。江督在日本厂购浅水快舰三艘，曰江亨、江利、江贞。

三十二年，政务处王大臣疏言："振兴海军，首重军港。沿海惟象山港形势合宜。请饬南北洋大臣勘度经营，以重戎备；并饬各省选派学生四十人，赴日本留学海军。"

三十三年，设海军处附于陆军部内，设正副二使，机要、船政、运筹、储备、医务、法务六司。北洋大臣令海筹、海容二舰巡历西贡、新加坡等处。商部令海圻、海琛二舰巡历菲律宾岛、爪哇岛、苏门答拉等处。粤督令广亨、广贞、安香、安东四舰巡历九洲洋等处。

三十四年，江南船坞制甘泉、安丰二船成。派学生赴日本习航海各技术。

宣统元年，以贝勒载洵、提督萨镇冰为筹办海军事务处大臣，度支部拨开办费七百万两，各省每年分筹海军费五百万两。六月，事务处成立，设参赞及八司，统一南北洋各舰为巡洋舰队、长江舰队。八月，载洵等赴欧洲各国考察海军。令学生留学英国。

二年，江南船坞制联鲸兵船成。日本订购之二炮舰亦成。七月，载洵等赴日、美二国考察。寻在英造应瑞、肇和，在德造建康、豫章、同安、江鲲、江犀，在日本造永翔、永丰，在江南船坞造永建、永绩，在扬子江造船公司造建中、拱辰、永安，在胶州船坞造舞风各军舰。冬，改海军事务处为海军部，以载洵、谭学衡为海军部正副大臣，萨镇冰为海军统制，定九级官制。

三年，令海琛军舰赴南洋各埠，抚慰华侨。六月，查察沿海炮台。令海圻军舰赴英贺加冕礼，旋赴美国。八月，江南船坞造澄海炮船成。是月，武昌变起，江海各兵舰悉附民军。此建置海军之概略也。

北洋海军规制，北洋海军，设于光绪中叶，直隶总督李鸿章实总之。其时有镇远、定远铁甲船二艘，济远、致远、靖远、经远、来远、超勇、扬威快船七艘，镇中、镇边、镇东、镇西、镇南、镇北蚊炮船六艘，鱼雷艇六艘，威远、康济、敏捷练船三艘，利运运船一艘。镇远、定远弁兵各三百二十九人。致远、济远、靖远、来远、经远弁兵各二百二人。超勇、扬威弁兵各一百三十七人。左队一号鱼雷艇，弁兵二十九人。二号鱼雷艇，三号鱼雷艇，右队一号鱼雷艇，二号鱼雷艇，三号鱼雷艇，弁兵各二十八人。镇中、镇东蚊炮船弁兵各五十五人。镇边、镇西、镇南、镇北弁兵各五十五人。威远、康济练船弁兵各一百二十四人。敏捷夹板练船弁兵六十人。利运运船弁兵五十七人。练勇学堂弁兵十四人。炮目练勇二百七十人。凡弁兵四千余人。

其员弁之目：曰管带，曰帮带大副，曰鱼雷大副，曰驾驶二副，曰枪炮二副，曰船械三副，曰舢板三副，曰正炮弁，曰水手总头目，曰副炮弁，曰巡查，曰总管轮，曰二、三等管轮，曰水手正、副头目，曰一、二、三等水手，曰一、二等管旗，曰鱼雷头目，曰一、二、三等升火，曰二等管舱，曰一、二等管油，曰一等管汽，曰油漆匠，曰木匠，曰电灯、锅炉、洋枪、鱼雷等匠，曰夫役，曰文案，曰支应官，曰医官，曰一、二等舵工，曰一、二等雷兵，曰一、二、三等练勇，曰教习，曰学生。

其官制，设海军提督一员，统领全军，驻威海卫。总兵二员，分左右翼，各统铁舰，为领队翼长。副将以下各官，以所带船舰之大小，职事之轻重，别其品秩。总兵以下各官船居，不建衙署。副将五员，参将四员，游击九员，都司二十七员，守备六十员，千总六十五员，把总九十九员，经制外委四十三员。

其升擢之阶，分为三途：曰战官，由水师学堂出身，兼备天算、地舆、枪炮、鱼雷、水雷、汽机诸学，及战守机宜，充各船管带，暨大、二、三副职事。曰艺官，由管轮学堂出身，充各船管轮，专司汽机者。曰弁目，由练勇水手出身，充炮弁、水手等，专司枪炮、帆绳者。各归各途，论资升转。提镇大员等，请旨简放。弁目等咨选海军衙门送兵部带领引见。统由北洋大臣节制调遣。

其考选海军官学生也，一、英国语言文字，二、地舆图说，三、算学至开平方诸方，四、几何原本前六卷，五、代数至造对数表法，六、平弧三角法，七、驾驶诸法，八、测量天象推算经纬度诸法，九、重学，十、化学格致。肄业期四年，学成录用。

其考选练勇也，招沿海渔户年壮者充之。在练船练习帆绳荡桨泅水及轮炮之操法，洋枪刀剑之操法。由三等递升至一等，以备充补水手。水手以上各级，核其才艺劳绩，以次递擢。

其俸饷规制，曰官弁俸银，兵匠钱粮，船上差缺薪粮，各船俸饷，官弁伤废俸，兵丁加赏，行船公费，医药费，酬应公费，岁需银一百七十六万八千一百余两。

其定仪制也，曰冠服，曰相见礼节，曰国乐，曰军乐，曰王命旗牌，曰印信。

其立军规也，由提督秉公酌拟，呈报北洋大臣核办，轻者记过，重者降级、革职、撤任。其余不法等事，由提督援引《会典》雍正元年军规四十条，参酌行之。

其简阅巡防也，逐日小操，按月大操。立冬以后，各舰赴南洋，与南瑞、南琛、开济、镜清、寰泰、保民等舰合操，巡阅江、浙、闽、广沿海要隘，至新加坡以南各岛，保护华商，兼资历练。每逾三年，钦派王大臣与北洋大臣出海校阅，以定赏罚。

水师后路，储备有资，应时取给。船政由本境驻防提督主之。枪炮药弹，收发考验，则总管军火专员主之。兵弁衣粮，因公用费，总管粮饷专员主之。他若学堂专员，测候译书画图专员，医药专员，皆受命于海军部，以专责任。旅顺口大石船坞，及海口操防，特命文武大员董理。其大沽木船坞，海防支应局，旅顺、天津军械局、制造局，旅顺鱼雷营，威海机器厂、养病院，由北洋大臣简员董理，规模略备。

自光绪二十一年海军挫败，所余南洋各兵舰，新旧大小不齐，仅备巡防之用。后虽复设北洋统领及帮统官，董理海军事宜，名存而已。

福州船厂，同治五年，创于闽浙总督左宗棠、船政大臣沈葆桢。闽县马尾江，距省会四十里，海口六十里。船坞，光绪十三年，创于船政大臣裴荫森，十九年告成。罗星塔距船厂三里，费二千余万，实为中国海军之基。

其船厂所分隶者：一曰工程处办公所，以洋员领办公所，华员入工程处。

一曰绘事院，承绘船身、船机、锅炉以及镶配等总图、分图，图成，乃按图造船，兼精测算之学。院广六千八百方尺，绘生三十九人。

一曰模厂，专任制造船模、汽鼓模各机件，以及细木雕刻各工。其能力须审图理，谙折算，悉模型奥窍，辨五金冷热涨缩之度。厂广一万五千一百二十方尺，设各种锯机、刨机，各种旋机，凡二十具。工程繁时，匠额一百六十人，恒时四十七人。

一曰铸铁厂，专任船上所需之铸铜铁机件。其能力须谙图理，明算术，仿木模制土模，及鼓铸之时，辨明火候，研考铜铁原质。曾铸成重大铁件达三万斤，铜件达一万斤。厂广二万八千八百余尺，设铸铜铁大小炉凡十一座，转运重件之将军柱、碾机、风箱、风柜凡二十三具。工程繁时，匠额一百六十余人，恒时五十余人。

一曰船厂，凡舢板、皮厂、板筑厂咸属之，专任船身工程。设石制船台一座，长二百九十七英尺，木制船台一座，长二百七十六英尺。凡船身长短广狭，桅舵、舱位、顿载、速率、中心点度数，咸均算之。先绘经寸总图，后绘全船，按图造船。曾造木质、铁质、钢质、穹甲、钢甲各式兵船四十余艘。其能力可制四、五千顿之船。所有起盖镶配，亦厂中经理。设有锯木机八架。所辖之皮厂，则制皮带及各式皮件。舢板厂则制桅舵及大小舢板船。板筑所则造船上炉灶，及各烟筒炉灶一切泥水修筑各工。厂广十五万六千四百余尺。工程繁时，匠额一千三百余人，恒时一百五十人。一曰铁胁厂，专任制造钢铁船胁、船壳、龙骨横梁、及船上钢铁件、拗弯镶配各工厂。于光绪元年增设。其能力须审识船身图理制度、钢铁原质各法。曾制成钢甲钢铁船身二十余艘。厂广七万九千八百余尺，配设锯机、翦机、钻机、卷机、碾机、刨机三十五具。工程繁时，匠额七百人，恒时六十八人。

一曰拉铁厂，专任拉制铜铁，为制船所必需。能拉制重大之铜钢铁板、铜铁槽条，及重大之轮机、转轮轴、车轴、转轮臂、汽饼杆、活轨、铁锚各件。厂广九万四千四百余尺，设汽锤七架，汽锤力大者至七顿。此外拉机翦旋床、钻机刨床、并转运重机之将军柱，凡大小五十一具。拉铜铁打铁各炉，凡大小五十七座。工程繁时，匠额三百八十余人，恒时八十七人。

一曰轮机厂，附属有合拢厂，专任全船大小机器，制成，先在厂试验，故合拢厂属之。须较准中线，尤须审明图理，通晓进脱冷暖压助嘘吃机关各窍汽力。厂广三万三千二百余尺，设车光机、削机、刨机、砺石机、螺丝床、钳床等，凡大小二百二十三具。工程繁时，匠额三百六十人，恒时一百二十人，

一曰锅炉厂，专任锅炉、烟筒、烟舱、汽表、向盘各

工。其能力须审辨钢铁原质，究汽机之理由，天气之涨力，以及镶配法度。厂广二万九千六百尺，配设卷铁床、水力泡丁机剪床、钻床、船床，凡四十一具。工程繁时，匠额三百五十人，恒时一百十七人。

一曰帆缆厂，专造船上之风帆，天遮、帆索、桅上镶配绳索，及起重搭架各工。其能力须审帆缆制度，登高工作，及风帆面积、绳索力度。厂广一万八千五百尺，不设机器，以手制为多。工程繁时，匠额七十人，恒时四十人。

一曰储炮厂，专备收储各船炮械、炮弹、鱼雷各件。厂广二千六十尺，恒时守兵二人。

一曰广储所，附设储材所，专任收发铜铁煤炭机件油杂各料件，储材之所，专任收发各种木料。凡船政料件到工，先由两厂验收。其职任须审料质之良窳，慎重存储。凡储料栈房九座，广四万二千一百尺。储煤厂广一万五千一百尺。广储所夫役，工程繁时六十人，恒时四十人。储材所簰夫，工程繁时三十六人，今存二人。

一曰船槽，各国自建船坞后，多不设船槽，此槽乃初兴船政时所设，可修一千顿以上之船。年久多损，仅能修整小船，较入坞为易。槽长三百二十二尺，上设机房，凡广一万七千三百尺。设拖船机四十架，大螺丝四十条，四十四马力一副。工程繁时，匠额六十人，恒时三十七人。

一曰船坞，建筑费五十万，坞身纯用石砌，长四百二十尺，广一百十尺，足容定远等铁舰，闽、粤、江、浙各兵舰，及外国兵舰，咸得入坞修整。并建抽水机厂、机器厂、丁役水手房、木料栈房等。面积凡二十九万三千尺。有船入坞，由各厂饬匠修之。恒时匠额二十七人。

船政经费，同治十三年，首次报销造船购费、盖厂各费达五百十六万两，养船费十九万两。光绪二年后，船政常年费为六十万两。自同治五年至光绪三十三年，造船四十艘，用银八百五十二万两。营造厂屋，用银二百十一万两。装造机器，用银六十四万两。洋员岁俸，及修机器、置书籍，用银五百五万两。学堂费六十七万两。养船费一百四十六万两。经营船政四十余年，凡用银一千九百万两有奇。此福州船厂、船坞之概略也。又制火砖练铁，亦具规模。至光绪三十三年以后，洋监工全数遣散，遂无续制之船云。

旅顺船坞，创议于光绪七年直隶总督李鸿章。时值外洋订购兵舰到华，鸿章疏言，奉天金州旅顺口形势险要，局厂、船坞各工，当陆续筹兴。九年二月，续陈旅顺工程，开山浚海，工大费钜，实难预为估定。旋由法国人德威尼承揽，鸿章派员督同兴办，并增筑拦潮石坝。

十六年秋，全工告成，派员赴旅顺验工。所筑大石船坞，长四十一丈三尺，宽十二丈四尺，深三丈七尺，石阶铁梯滑道俱全。坞口以铁船横拦为门。全坞石工，俱用山东大方石，垩以西洋塞门德土，凝结坚实，堪为油修铁甲战舰之用。其坞外停舰大石澳，东南北三面，共长四百十丈六尺，西面拦潮大石坝，长九十三丈四尺，形如方池。潮落时，尚深二丈四尺。西北留一口门，为兵船出入所由。四周悉砌石岸。由岸面量至澳底，深三丈八尺。周岸泊船，不患风浪鼓荡。凡兵舰入坞油底之后，即可出坞傍岸，镶配修整，至为便利。坞边修船各厂九座，占地四万八千五百方尺，为锅炉厂、机器厂、吸水锅炉厂、吸水机器厂、木作厂、铜匠厂、铸铁厂、打铁厂、电灯厂。又澳南岸建大库四座，坞东建大库一座。每座占地四千八百七十八方尺，备储船械杂料。以上厂库，概用铁梁铁瓦，高宽坚固，足防风雪火患。又于澳坞之四周，联以铁道九百七丈，间段设大小起重铁架五座，专起重大之物，以济人力之穷。又于各厂库马头等处，设大小电灯四十六座，为并作夜工之用。虑近海咸水之不宜食用也，远引山泉，束以铁管，由地中穿溪越陇，曲屈达于澳坞四旁，使水陆将士，机厂工匠，不致饮水生疾。又虑临海远滩之不便起卸也，建丁字式大铁马头一座，使往来兵舰上煤运械，不致停滞。其余如修小轮船之小石坞，藏舢板之铁棚，系船浮标铁臼，以及各厂内一应修船机器，设置完备。于是年九月二十七日工竣。由是日起，限一年，系代德威尼担保之银行照料。限满，再保固十年，均与包工监工洋人订明。此项工程，共用银二百余万两。甲午后，遂迭为日、俄所踞云。

沿海军港，旅顺、威海既失，海军无驻泊之所，于是筹边者起议筑港。宣统初，命亲藩南下，建筑未遑。而沿海七千里，港湾鳞次，就海军部所预筹，分为四区。第一区，营口在奉天辽河左岸锦州湾，为渤海两岸之良港。大沽口为直隶诸水入海所汇。秦皇岛东控山海关，为不冻之港。长山列岛分内外三层，为旅顺外援。大连湾在辽东半岛南。芝罘港在山东福山县，三面负山，北临渤海。第二区，扬子江口为沿江七省之门户，沙滩连亘，多暗礁。舟山在定海县，诸山环列，为杭州海湾之屏蔽。象山港海深可泊巨舰，为宁波后路。三门湾在临海县，有三门列岛，海水甚深。第三区，永嘉湾即瓯江口，三都澳即三沙湾，在福建霞浦县，港口水浅，港内水深，容大军舰。福州湾即闽江口，群岛林立，浅岸交错，为完固之港。海檀岛为闽省海岸中枢。厦门港有厦门、金门二岛，近接台湾。汕头港在广东澄海县，崖岸峻险。番禺湾即广州湾，巨石环列，擅天然形势。第四区，海口岛在广东琼山县北，与雷州岛对峙，为扼隘之所。榆林港在琼州岛南，北负崖壁，前临东京湾。以上各港，惟象山港、三都澳确定为修筑军港之地。他如北塘口、荣成湾、靖海湾、葫芦岛、大鹏湾、庙岛等处，亦由渐扩充云。

外国订购各兵舰，始于咸丰十年，廷议购船舰炮位助剿粤寇。十一年，总理各国事务衙门与总税务司会商购买。自同治、光绪朝迄宣统初年，历五十年，得船不及百艘，爰依次岁月列其船名。凡所购之国，所造之厂，及丈尺、马力、顿数、炮位、兵弁咸详之。其应瑞巡洋舰一艘，永丰、永翔炮舰二艘，建康、豫章、同安驱逐舰三艘，建中、永安、拱辰浅水快船三艘，告成于宣统三年后者不与焉。

金台船、原名北京。一统船、原名中国。广万船、原名厦门。得胜船、原名穆克德恩。百粤船、原名广东。三卫船、原名天津。镇吴船，原名江苏。同治元年，在英国订购。二年到华，价银八十万两。以英国总兵阿思本总统，以长江水师武员分统各船。旋议以武职大员为汉总统，阿思本副之。是年六月，李鸿章以金陵垂克，勿庸外国兵船助剿，疏请所购七船，令阿思本驾驶回英，变价售卖，款归中国。所募水兵，一律遣散。

天平船，同治二年，由总税务司购买。

安澜船、定涛船、澄清船、绥靖船、飞龙船、镇海船，同治五、六年间，两广总督瑞麟自英国购置，价银二十四万两。

恬波船，同治七年，两广总督瑞麟自法国购置，价银四万两。

海东云船，原名五云车。同治九年，闽浙总督英桂自洋商购置，以武员管驾，巡缉台湾洋面。

建威练船，同治九年，闽浙总督英桂购自德国，为驻练学生之用。

福胜炮舰、建胜炮舰，同治十三年，福建善后局购自美国，光绪二年到华，价银二十四万两。

龙骧炮舰、虎威炮舰、飞艇炮舰、策电炮舰，光绪元年，直隶总督李鸿章自英国阿摩士庄厂订购，每艘价银十五万两，拨归南洋调遣。

镇东炮舰、镇西炮舰、镇南炮舰、镇北炮舰，光绪元年，两江总督李宗羲自英国阿摩士庄厂订购，每艘价银十五万两，拨归北洋调遣。

镇中炮舰、镇边炮舰，光绪七年，李鸿章代山东省自英国船厂订购，每艘价银十五万两。

超勇巡洋舰、扬威巡洋舰，光绪五年，李鸿章自英国阿摩士庄厂订购。六年，令提督丁汝昌率员弁二百余人，赴英国驾驶回华。二舰均木身钢板。

定远铁甲舰、镇远铁甲舰，光绪六年，李鸿章自德国伏尔铿厂订购，价银六百二十万马克。十一年来华，附小鱼雷艇三艘，鱼雷筒三具，小轮船一艘。

济远钢甲舰，光绪六年，与定远船同厂订购。

单雷艇二艘，光绪八年，由德国订购，归北洋调遣。

雷龙鱼雷艇、雷虎鱼雷艇、雷中鱼雷艇，光绪八年，两广总督张之洞由德国订购。

雷乾鱼雷艇、雷坤鱼雷艇、雷离鱼雷艇、雷坎鱼雷艇、雷震鱼雷艇、雷艮鱼雷艇、雷巽鱼雷艇、雷兑鱼雷艇，光绪十年，两广总督张之洞由德国订购。

南琛巡洋舰、南瑞巡洋舰，又名运送舰。光绪九年，两江总督左宗棠由德国伏尔铿厂订购。

福龙鱼雷艇，光绪十二年，由德国订购。十六年隶北洋海军。

致远巡洋舰、靖远巡洋舰、光绪十二年，由英国订购，船价及炮位，凡银一百六十九万有奇。经远巡洋舰、来远巡洋舰，光绪十二年，由德国订购，船价及炮位，凡银一百七十三万有奇。光绪十三、四年，与致远、靖远先后到华，均隶北洋海军。

左队一号鱼雷大快艇，光绪十二年，直隶总督李鸿章由英国百济公司订购，价银八万有奇，十三年到华。

左队二号鱼雷大快艇、左队三号鱼雷大快艇、右队一号鱼雷大快艇、右队二号鱼雷大快艇、右队三号鱼雷大快艇，以上鱼雷艇六艘，光绪十二、三年，先后由德国船厂购买材料，到华配合，以德员教授。

辰字鱼雷艇、宿字鱼雷艇，由德国伏尔铿厂订购，光绪二十一年到华。

列字鱼雷艇、张字鱼雷艇，由德石效厂订购，光绪二十一年到华。

福安炮舰，光绪二十年，由英国阿摩士庄厂订购。

飞霆驱逐舰，光绪二十一年，由英国阿摩士庄厂订购。

飞鹰驱逐舰，光绪二十二年，由德国伏尔铿厂订购。

海天巡洋舰、海圻巡洋舰，即穹甲快船。光绪二十二年，由总税务司在英国阿摩士庄厂订购，每艘价值三十二万八千二百四十二镑。

海筹巡洋舰、海容巡洋舰、海琛巡洋舰，光绪二十二年，由总理衙门在德国伏尔铿厂订购，每艘价值十六万三千镑。二十四年，与海天、海圻巡洋舰先后到华。

江元炮舰、江亨炮舰、江利炮舰、江贞炮舰，由两江总督在日本川畸厂订购。江元于光绪三十三年告成。江亨于三十四年告成。江利、江贞于宣统元年告成。先造一艘，价日本金三十一万五千元。续造三艘，每艘价日本金二十九万三百二十五元。

湖鹏鱼雷艇、湖鹗鱼雷艇、湖鹰鱼雷艇、湖隼鱼雷艇，由湖广总督张之洞在日本川畸厂订购。湖鹏、湖鹗二艇，于光绪三十三年到华。湖鹰、湖隼二艇，于三十四年到华。每艘合日本金三十八万元。

楚泰炮舰、楚同炮舰、楚豫炮舰、楚有炮舰、楚观炮舰、楚谦炮舰，均航海炮舰。由湖广总督张之洞在日本川畸厂订购。楚同、楚泰、楚有三炮舰，于光绪三十三年二月到华。楚豫、楚观、楚谦三炮舰，于十月到华。每艘合日本金四十五万五千元。

海龙鱼雷艇、海青鱼雷艇、海华鱼雷艇、海犀鱼雷艇，在德国实硕厂订购，于光绪三十四年到华。

舞凤航海炮舰，宣统三年，在青岛德国船厂订购。

江犀炮舰、江鲲炮舰，均浅水炮舰，原名新璧、新珍。江犀舰在德国克鲁伯厂订购，江鲲舰在德国伏尔铿厂订购，均以材料运华，宣统三年，在江南造船所配合，每艘价值一万八千九百八十镑。

肇和巡洋舰，宣统三年，在英国阿摩士庄厂订购，价值二十一万镑。

福州船厂，自造各兵舰。始建船厂，聘工师于法，延教员于英。建船台，购机器。同治八年秋，第一号万年清轮船成。十二年冬，华匠渐谙制造，厂机亦稍备，乃遣散洋员。凡九年，成大小兵船、商船十五艘，成于洋员者十二，成于华匠者三。光绪三年，始遣学生、艺徒至英、法二国留学。六年归国，制造、驾驶，悉以任之。其制船之质，始皆以木，继易木胁为铁胁，易木板为铁板，更进则纯用钢胁、钢板，且护以钢甲。船机则由立机改卧机。船式则由常式为快船、为穹甲、为钢甲。至光绪三十三年，成船达四十艘。凡商船八艘，木质兵船十四艘，铁胁木质兵船五艘，钢胁木质兵船一艘，铁甲双重木质快碰船三艘，钢甲兵船一艘，钢甲钢胁鱼雷快船六艘，钢胁拖船一艘，钢胁练船一艘。已失者二十六艘。存者十四艘，曰湄云、曰伏波、曰靖远、曰琛航、曰元凯、曰登瀛洲、曰镜清、曰通济、曰福安、曰吉云、曰建威、曰建安、曰建翼、曰浅水江船。备列船制于后：

湄云，木质兵船，船价银十六万三千两，同治八年八月造成。

福星，木质兵船，船价银十万六千两，同治九年九月造成。

伏波，木质兵船，船价银十六万一千两，同治十年二月造成。

安澜，木质兵船，船价银十六万五千两，同治十一年十一月造成。

镇海，木质兵船，船价银十万九千两，同治十一年六月造成。

扬武，木质兵船，船价银二十五万四千两，同治十一年十一月造成。

飞云，木质兵船，船价银十六万三千两，同治十一年九月造成。

靖远，木质兵船，船价银十一万两，同治十一年十一月造成。

振威，木质兵船，船价银十一万两，同治十二年二月造成。

济安，木质兵船，船价银十六万三千两，同治十三年三月造成。

永保，木质武装商船，船价银十六万七千两，同治十二年九月造成。

元凯，木质兵船，船价银十六万二千两，光绪元年八月造成。

艺新，木质兵船，船价银五万一千两，光绪二年闰五月造成。

登瀛洲，木质兵船，船价银十六万二千两，光绪二年七月造成。

泰安，木质兵船，船价银十六万二千两，光绪三年三月造成。

威远，铁胁木壳兵船，船价银十九万五千两，光绪三年八月造成。

超武，铁胁木壳兵船，船价银二十万两，光绪四年八月造成。

澄庆，铁胁木壳兵船，船价银二十万两，光绪六年十一月造成。

开济，铁胁双重快碰船，船价银三十八万六千两，光绪九年八月造成。

横海，铁胁木壳兵船，船价银二十万两，光绪十年二月造成。

镜清，铁胁双重木壳快碰船，船价银三十六万六千两，光绪十年七月造成。

寰泰，铁胁双重木壳快碰船，船价银三十六万六千两，光绪十三年七月造成。

广甲，铁胁木壳兵船，船价银二十二万两，光绪十三年十月造成。

平远，钢甲钢壳兵船，船价银五十二万四千两，光绪十五年四月造成。

广乙，钢胁钢壳鱼雷快船，船价银二十万两，光绪十六年十月造成。

广庚，钢胁木壳兵船，船价银六万两，光绪十五年十月造成。

广丙，钢胁钢壳鱼雷快船，船价银十二万两，光绪十七年十月造成。

福靖，钢胁钢壳鱼雷快船，船价银二十万两，光绪十九年十月造成。

通济，钢胁钢壳练船，船价银二十二万六千两，光绪二十年八月造成。

吉云，钢胁钢壳拖船，船价银五万六千两，光绪二十四年八月造成。

建威，钢胁钢壳鱼雷快船，船价银六十三万七千两，光绪二十八年十一月造成。

建安，钢胁钢壳鱼雷快船，船价银六十三万七千两，光绪二十八年十一月造成。

建翼，钢胁钢壳鱼雷艇，船价银二万四千两，光绪二十八年五月造成。

广东船厂，自造各兵舰，光绪十二年，两广总督张之洞于省河设厂，选募华工，采用香港英国船厂图说，自造浅水兵轮四艘，曰广元、广亨、广利、广贞。

直隶大沽船坞，自造拖船，遇顺暗轮钢拖船，光绪十四年造成，又守雷暗轮包钢小轮船一艘，下雷暗轮包钢小轮船一艘。

江南船厂，自造各兵舰。咸丰十一年，曾国藩始有购买船炮及中国试造轮船之疏。同治二年，于安庆设局，不用洋员，自造一小轮行驶。令容闳出洋购买机器。四年，国藩于上海虹口奏设制造局。李鸿章抚苏，偕丁日昌于上海铁厂专造枪炮，以供征伐。六年四月，国藩疏请拨留洋税一成，为专造轮船之用。汽炉、机器、船壳三者，咸研究图说，自出机杼。先造汽炉厂、机器厂、熟铁厂、洋枪楼、木工厂、铸铜铁厂、火箭厂、库房、栈房、工务房、工匠室，以应要需。复筑船坞以整破舟，建瓦棚以储材料，立学馆以译图说。建筑既坚，规模亦肃。同治六年，李鸿章建江南制造局，从事制船。八年，测海、操江两兵船制成。九年，威靖兵船成。以万金购德国船为练船之用。十二年，海安兵船制成。光绪元年，驭远兵船制成。二年，金瓯小铁甲船制成。五年，两江总督沈葆桢疏言："江南船厂所制兵船，五百匹马力以下者五艘，其兵数饷章，与福州所造各兵船相等。"八年，购外洋商船一艘，改造为防缉之用，名曰钧和。嗣后未有造作。

光绪三十年，南洋大臣周馥等，以南洋近年以来，旧有兵船，日益窳朽，徒糜饷项，无裨实际，亟应分别裁留，认真整理。非定章程，不能革除旧习；非专派大员督办，不能造就将才。因奏派现统北洋海军广东水师提督叶祖珪督办南洋水师学堂、上海船坞，凡饷械支应一切事宜，有与海军相关者，均归考核。嗣复奏称江南制造机器总局内旧有船坞，本为制造官商轮船并修理船械而设，日久弊生，多糜经费，而办理之员，类无造船专门之学，以致承修船只，工价高昂。近年以来，商船裹足不前，兵船反入洋坞，非认真整理，无由振兴。经与北洋大臣会商，定议船坞别简大员经理，仿商坞办法，扫除旧习，妥筹改良船坞，与海军事相表里。广东水师提督叶祖珪，系总理南北洋海军，往来津、沪，则上海船坞事宜，自应归其督察，以一事权。遂将船坞兴制造局划分，名曰江南船坞，制造局归陆军部辖，船坞归海军部辖，以专责任。

此后制造复兴，三十四年，甘泉、安丰二兵船成。宣统二年，联鲸兵船成。三年，澄海炮船成。

海军自甲午战后，所余南洋各舰，不复成军。嗣后逐渐购置，其编制非复北洋旧章。每舰设舰长一员，副长一员，协长一员，航海正一员，航海副一员或二员，枪炮正一员，枪炮副一员或二员，鱼雷正、鱼雷副一员或二员，轮机长一员，轮机正一员或二员，轮机副一员至八员，军需正一员，军需副一员或二员，军医正一员，军医副一员或二员，书记官一员。

其战舰约分新旧二类，新式而有武力者，巡洋舰四，曰海圻、四千三百顿。曰海容、曰海琛、曰海筹。各二千九百五十顿。炮舰十一，曰楚泰、曰楚谦、曰楚观、曰楚豫、曰楚有、曰楚同、各七百八十顿。曰江元、曰江亨、曰江利、曰江贞、曰江镜。各五百顿。水雷炮舰一，曰飞鹰。八百五十顿。其属于旧式者，巡洋舰五，曰通济、一千九百顿。曰南琛、一千九百零五顿。曰镜清、一千一百顿。曰保民、一千四百七十七顿。曰登瀛洲。一千二百五十八顿。水雷炮舰二，曰建威、曰建安。各八百十七顿。炮舰二十，曰泰安、曰甘泉、曰广玉、曰广戌、曰靖海、曰荫洲海、曰并徵、曰海镜清、曰广金、曰广己、曰广庚、曰策电、曰第电、曰海长清、曰清海、曰钧和、曰飞虎、曰靖远、曰绥远、曰镇涛。共一万零八百二十七顿。报知舰四，曰超武、曰琛航、曰元凯、曰伏波。共五千一百七十七顿。雷鱼艇八，曰湖鹏、曰湖隼、曰湖鹗、曰湖鹰、曰辰、曰宿、曰列、曰张。共一千顿。新旧大小各舰凡五十五艘。

卷一百三十七　　志一百十二

兵八

边防

中国边防，东则三省，北则蒙边，西则新、甘、川、藏，南则粤、湘、滇、黔，而沿边台卡，亦内外兼顾，盖边防与国防并重焉。兹分述之：曰东三省，曰甘肃，曰四川，曰云南，曰广东，曰广西，曰蒙古，附直隶、山西，蒙边防务，曰新疆，曰西藏，曰苗疆，曰沿边墩台、卡伦、鄂博、硐堡。

东三省为陪都重地，曰奉天，曰吉林，曰黑龙江，东连日、韩，北连俄罗斯，边防尤要。

奉天当康熙元年，廷臣建议，自兴京至山海关，东西千余里，自开原至金州，南北千余里，有河东西之分：河东自开原至牛庄，河西自山海关历松杏山、大凌河，为明季边防之地，户口寥落，请预筹实边。嗣后休养生聚，城镇日繁。凡大城十四，边门二十余。至同治间，边界渐广。将军都兴阿以凤、叆二边门外之地，自叆阳门外八里甸子东至两江汇口，转西南至海沿而下，直至贡道北老边墙，南路经孤顶子等冈，由西南至旧边小黑山，均展拓为边界。此外若大东沟江海相连之处，一律查勘，以绥藩服。寻以地方辽阔，增调防军。其防军之外，尤以练军为重。光绪二年，崇实以金州、大东沟等处，旗兵不足，增练步队分防。十一年，王大臣等会议，奉天界接朝鲜，旧以辽阳迤东凤凰城等四城为要地。今则水路趋重大连湾、旅顺口，陆路自同治间开垦荒地以后，耕廛比栉，直抵鸭绿江西岸。额设防兵二万二千余人，新设练军及缉捕勇丁一万三千余人，而练习新式枪炮者不及半数，宜加练大支劲旅，扼要屯驻。宣统元年，以延吉厅一带为交涉要地，令奉省疆吏调遣军队，分配宪兵，建筑营房。新设之长白厅，开山通道，驻兵建署。鸭绿江上游之防务，亦次第筹备。盖自日据朝鲜，举奉、吉接壤，东边防务，日益亟矣。

吉林凡大城八，边门四。其防务至重者，一为珲春，与俄罗斯逼壤，兼接朝鲜，旷无障阻。一为三姓，乃松花江之上游，伯都讷腹地之屏蔽。其三岔口，可由蒙古草地达奉天法库边门。光绪初年，就未练之兵及八旗台站西丹内，选精壮者，练马步四营。七年，吴大澂始于吉林创设机器局，制造军械，并于扼要处建筑炮台。以陆路转运维艰，协商直隶督臣李鸿章，派员及熟手工匠至吉林开厂。俟厂局告成，再于宁古塔、珲春等处增筑炮台。十一年，增练马队步队共六营，足四千五百人之数，隶左右翼统率训练。吉林额设防兵及乌拉牲丁，凡一万五千余人，内靖萑苻，外支强敌，时虞不给云。

黑龙江凡大城六，新旧卡伦七十一。中、俄接界，向以尼布楚与恰克图为重地，故斥堠之设，多在北徼。旧制于岁之五、六月间，齐齐哈尔、墨尔根、黑龙江三处疆吏，各遣协领、佐领等官，率兵分三路，至格尔毕齐、额尔古讷、墨里勒克、楚尔海图等处巡视，岁终具疏以闻。康熙二十三年，始设将军以下各官以镇守之。凡前锋、领催、马甲、匠役、养育兵，咸归统率，额设之兵，一万三千余人。光绪元年，以正兵六千人，西丹四千人，合练步队万人。时俄骑东略，沿边自北而东，列戍防秋，遂无宁岁。六年，加练西丹五千人，分布爱珲、呼伦贝尔、布特哈、墨尔根、呼兰、齐齐哈尔等处。原有马队二千人，加练千人，秋冬之际，招集打牲人等，加以训练，以佐兵力。八年，筹备黑龙江边防，在奉天调教习，在天津运炮械，共练马队五千人，分驻各城。裁旧设卡伦二十六处，以新练之队伍巡防。十一年，命奉天、吉林、黑龙江三省疆吏各练劲兵，为东西策应之师，并垦辟荒地，开采矿山，为实边之计。黑龙江复增练马步各营。盖自俄人侵食黑龙江以北，及乌苏里江、兴凯湖以东各地，处处与我连界，边防日重。及俄筑东清铁道，日占南满，于是防不胜防云。

甘肃北达蒙部，南杂番、回，西接新疆、宁夏，以河套为屏藩，西宁与撒喇相错处，为西陲奥区。

康熙三十三年，增戍兵五百于大马营，控扼雪山要路，增马步兵三千人于定羌庙，以守硖口，咸隶于肃州总兵官。雍正二年，青海荡平，于西宁之北，川边之外，自巴尔托海至扁都口一带，创筑边墙城堡，于青海、巴尔虎、盐池等处，设副将以下各官，于大通河南北，设参将以下各官。以西陲重要，全省马步战守兵凡五万七千余人，关外换防兵凡九千余人，兵额独多于他省。三年，以布隆吉尔为安西镇，设总兵等官，额兵五千人。因庄浪西之仙米寺地方，山深林密，设守备等官，移凉州高古城额兵驻守。五年，于大通镇设马步兵二千人，以白塔川、侧尔吐二处逼近边境，各设兵八百人。以插汉地方辽阔，设宝丰、新渠二县，设文武各官，并增戍兵，控制贺兰山一带。八年，岳钟琪于吐鲁番通伊犁之要路，严设卡伦，巴尔库库等处，多驻防兵，阔舍图地方，为南北二山锁合处，屯驻重兵，分防南北山口。十一年，因西路之布隆吉尔，北连哈密，西接沙州，为关外重地，乃建筑城垣，屯兵防守。

乾隆四十九年，福康安、阿桂筹备边防，自兰州迤东至泾州一千余里，北达边城，外则番族环居，内则回民错处，墩戍寥落，乃择要增设营戍，凡将弁二十三人，兵丁二千人。嗣又增兵三千人，北路靖远，南路秦、阶，大河东西各处，互为捍卫。

道光二年，以察罕诺门汗投诚，其所辖二十族，分为左右二翼，视蒙古例，每翼统以专员，严稽关卡，以孤河北野番之势。三年，因青海蒙古向未有受事盟长，乃就青海二十旗内，设正副盟长各一人，随同官兵习武，以防番众渡河。十一年，杨遇春于察罕托洛地方，增设蒙古兵，分作二班，布守各卡，以佐官兵。二十三年，富尼扬阿于将军台、会亭子二处，各建城垣，防御西番。二十六年，布彦泰以番贼扰边，规复防河旧制，增兵千人，分布沿河渡口。又哈喇库图尔营所属之南山根，及南川营所属之青石坡二处，为野番出入总路，各以汛兵驻守。永安营、红崖营、永昌协所属之扁都口、石灰关各要口三十八处，均拨兵巡守，自数十人至百余人不等。沿边小口，各备坑堑，以遏贼骑。时番贼恃其枪马便利，频年窜扰，亦斯门沁地方，为番骑来往要区，募猎户千人编为一军，供远探近防之用。旋以亦斯门沁设兵，仅可防甘、凉二州之扁都口等隘二十七处，兵力尚嫌不足，复于沙金城设兵千人，以防凉州所属之一颗树等三十处隘口，于野牛沟设兵千人，以防甘州所属之大磁窑等十八处隘口。提镇大员，复督率沿边将弁，先事预防。

自粤寇披猖，回匪乘之，玉关、雪岭间，骚然不靖。咸丰元年，以番贼复出，令琦善等拨兵设卡，严密巡防。二年，令舒兴阿等督率边卡文武，修濠垒，增马探，各营定期会哨，分途堵截。四年，因西宁一带，番族窥伺，增募猎户三千人，分防隘口。八年，以青海迤西戈壁，给番民暂居，令西宁总兵、道员，定立界址。九年，令甘肃省疆臣督办团练事宜。

同治十年，豫师等于甘、凉各处边隘，自平番至威远各口，及巴燕戎格山后与西宁番地通连者，一律加意严防。张曜因甘肃之金塔一带，边墙损坏，平番之裴家营，古浪之大靖、土门，甘、凉之南山各口，时有土番窜扰，分遣员弁侦探防堵。十一年，左宗棠于河州迤西之西南北三面，毗连番界，及槐树关、老鸦关、土门关三隘口，与抱罕羌人接境之处，以归化之番众僧俗四千人，马四千余匹，防守各关。是时，平定关、陇，皆客军之力，数万额兵，几同虚设。左宗棠惩前毖后，乃减兵加饷，缮器械，简军实，以重边防。惟新设之灵武、化平、硝海三营兵数无多，逼近蒙、番之永昌、庄浪、松山三营，仍循旧额云。

四川西连卫、藏，北接青海，南尽蛮夷。自雍正、乾隆间，青海、大小金川次第绥定，沿边之防，以打箭炉为尤重。

康熙三十九年，移化林营于打箭炉，以防炉番。

雍正元年，年羹尧于川、陕各处边隘，择要增兵。一为中渡河口，乃通西藏要路，修筑土城，以守备移驻。一为保县，在大河之南，乃土番出没之所，一为越嶲，地多蛮倮，一为松潘外之阿树，及黄胜冈、察木多，均拨兵驻守，设游击、千总等官。二年，青海荡平，于边外单葛耳斯地方，设参将等官。暗门、拉科、恒钤子三处，设守备等官。河州保安堡，设游击等官。打箭炉外之木雅吉达、鸦龙江中渡、里塘、巴塘、鄂洛五处，设总兵、副将等官，率兵驻守。六年，岳钟琪因河东西苗民改土归流以后，建昌遂为沿边重镇，乃于伯香坪、冕山、宁番、宁越、盐井、波沙、托木、热水等处，增设将备营汛，合原有之弁兵，咸隶于建昌镇标。十年，黄廷桂以建昌之竹核，及凉山西南之鱼红地方，当诸蛮出入门户，谷堆、格落二处，大赤口、小河坝、勒必铁、阿都四处，皆系边要，乃于竹核设将备兵丁共三千人，阿都设兵千人。

乾隆十七年，岳钟琪因番众投诚，以威茂副将移驻杂谷脑，设兵千二百人，西南境与梭卓接壤之处，均设汛驻兵。四十一年，金川平定，于雅州建城，命提督移驻，增兵六千五百人，分守沿边。四十四年，设懋功、绥靖、崇化、抚边、庆宁五营，制同内地，隶松潘镇总兵，以控番徼。四十五年，特成额因川边外之察木多，曾设游击等弁兵，控制西藏。今藏事敉平，乃抽拨营兵，移防江卡，增筑碉房，并于三暗巴一带，设守备等官。

道光十三年，以副将率兵二千人，驻大树堡，浚濠建碉，兼防河道。以松潘屯千九百人，归并峨边。十九年，因川边防兵仅四千余人，不敷防守，于马边、雷波、越嶲、峨边、屏山各厅县增兵二千人，增练兵千六百人，改营制，修碉堡，并饬镇道各员，于秋冬分巡边界。寻以马边等厅，夷匪不靖，命大臣齐慎亲往筹防。

同治十二年，因峨边厅蛮族投诚，择充千、百户等职，编制夷兵，建修碉堡。

光绪二十三年，鹿传霖以三瞻地接里塘，为入藏北界，拟设定瞻直隶厅，而移建昌道于打箭炉，仿金川五屯之制，设立屯官及将弁汛兵，并接展电线至前藏。其事议而未行。三十三年，部臣议裁并边防军，赵尔丰以川边原有巡防五营，已属不敷调遣，遂定议缓裁。

宣统初年，赵尔巽以打箭炉外所有改土归流属地，拟悉隶于边务大臣，并增设官吏，宽筹经费，协济兵食，以固边圉。三年，赵尔丰收回三瞻，土司之梗化者，遂自请归流云。

云南沿边，环接外夷，南境之蒙自，当越南国，西南境之腾越，当缅甸国，尤为南维锁钥。腾越界连野番，旧设八关九隘，以土练驻防。缅甸国入贡之道，向由虎踞关入，经孟卯、陇川等处，以达南甸，设南营都司以备之。自外海轮舶南来，直抵新街，商贾咸趋北道，由腾城西南行，经南甸、千崖、盏达三宣抚司，历四程而至蛮允，过此即野人境。共间有三路。下为河边路，中为石梯路，上为炎山路。下路较近，上路则柴草咸便，行四日至蛮暮，入缅甸界。舟行一日，可达新街。又印度东境之野山，系珞瑜番族，英吉利人由印度侵入，辟地种茶桑，其地可通孟养而达腾越，边外强邻野俗，错处可虞。明代旧置铜壁、巨石、万仞诸关，以固边圉。水道则海珀江自千崖以下，水势渐宽，与大金沙江合流，元代征缅甸，以舟师制胜，取建瓴之势也。其永昌、顺宁、大理三府，及蒙化一厅，楚雄府之姚州，皆迤西边界，山深箐密，汉、夷杂处。清初原设永顺镇总兵，迨改镇为协，仅于永昌城驻兵，沿边一带，有鞭长莫及之虞。

雍正二年，青海平定，于鸦龙江各处，设副将等官，宗鄱地方，当云南孔道，设参将等官，以靖边服。三年，因威远大山为苗、倮盘踞之所，乃于普茶山各处，设参将等官，兵丁千二百人，并于九龙江口设立防汛。四年，以四川阿墩子地方当中甸门户，移其防汛归云南省管辖，与里塘、打箭炉相为犄角。五年，以中甸延袤千里，为滇省西南藩篱，维西乃通西藏要隘，增设参将营于中甸，守备营于维西。六年，因乌蒙、镇雄二处地方辽阔，于乌蒙设总兵等官，镇雄设参将等官，分隘驻防。所有旧设之贵州威宁营，云南镇雄营、东川营咸隶乌蒙镇总兵调遣，建筑城垣。旋增兵千五百人，设寻甸州参将等官。七年，设普洱府及普洱镇将，标兵三千二百人，分防各路。

乾隆三十二年，以木邦为通缅甸要路，并九龙江、陇川、黑山门各隘，咸以兵驻守。四十三年，李侍尧因永昌、普洱等府，向以镇、协标千五百人，在三台山、龙江一带驻营防缅，冬去春回，颇形烦累。云南省控制全边，重在腾越。其南甸之东南为杉木笼，距虎踞关百余里，当腾越左臂。南甸之西南为千崖，距铜壁、万仞、神护、巨石诸关，均一二百里，实为各路咽喉。乃于杉木笼、千崖二处各增将弁营汛。龙陵地方，道通木邦，原驻兵千五百人，其南三台山尤为扼要，亦增设弁兵。以顺宁一路旧有之额兵，分驻缅宁，与永顺右营协同防守。总督、提、镇大员，每年酌赴腾越边外巡阅一周，以期严密。

嘉庆十七年，以云南边外野夷倮匪肆扰，而缅宁、腾越各隘，皆瘴疠之地，难驻官兵，复设土练兵一千六百人，以八百人驻守缅宁之丙野山梁等处，八百人驻守腾越之蛮章山等处，省官兵征调之劳。

道光间，林则徐于迤西移改协、营，增设弁兵。其扼要之处，为永平县、永昌府龙街汛、永定汛、漾濞汛、姚关汛等，凡二十一汛，咸增兵驻防，而澜沧江桥尤为扼险。顺宁府毗连夷地，以龙陵协与顺宁参将对调。缅宁厅、锡腊、右甸、阿鲁、史塘等处防军，或分汛多而存城少，或分汛少而存城多，地之夷险与兵之多少不均，咸酌量增调。大理府原驻提督，而上下二关，及太和县城、弥渡、红岩、赵州等处，尚属空虚，均增兵填防。姚州、蒙化二处，亦改汛增兵。

同治间，云南平定，岑毓英因迤西丽江府城地处极边，界连西藏，丽江、剑川交界之喇鸡鸣地方，系江边要隘，江外即野人境，向未设兵。乃以丽鹤镇都司移驻丽江府，剑川管都司移驻喇鸡鸣。此外楚雄府属之八哨地方三、四百里间，倮夷杂居，亦系要地，令楚雄协副将设汛驻兵。十三年，以昭通标兵之半，赴金沙江外驻守。

光绪七年，刘长佑因剑川城地当孔道，为迤西要区，以喇井营移驻剑川。喇井亦澜沧江要地，以吉尾汛移驻，互相会哨。十一年，岑毓英因滇省入越南之路，以白马关为要，法兰西人通商之路，以蒙自县为冲，沿边千里，处处错壤，留防之兵一万六千人，编为三十营，以白马关隶开化镇总兵，蒙自隶临元镇总兵，每年瘴消之际，亲赴边陲，简阅营伍。箇旧锡厂，规制宏大，厂丁数万人，汉、夷杂处，且通三猛、蛮耗各路，乃增设同知一员，移临元之都司营兵驻防箇旧，调原驻开化游击移守白马关，以右营都司分防古林，移右营守备驻长冈岭，以临元游击驻蒙自县，右营都司分防水田，右营守备分防嵩田，为因地制宜之计。自云南入缅甸，共有六途，以蛮允一途为捷径，沿边由西而南而东，皆野人山寨，而列于九隘之外，兵团守望，时虞不足。乃调关外劲旅二千余人，与原有防军及乡团、土司，协力警备。十四年，岑毓英以边境倮黑夷匪，频年滋事，分别剿抚。倮黑所屯踞之地，分上下改心，在澜沧江畔，界接土司，其东西大路，与缅甸逼处，为顺宁、普洱两府屏蔽，其下改心地方，尤为扼要。乃增设镇边抚夷厅，择地建筑城垣，并设参将等官，驻防兵丁一千一百五十八人。二十二年，鹿传霖以维西协所属阿墩子汛地，界接川边之巴塘，左临澜沧江，右挹金沙江，地势至要，英缅铁路所经，相距渐近，仅四、五日程。乃协商四川疆臣，酌设重镇，并于川、滇交界处，两省各设文武员弁，协力防边。云南自英据缅甸，法夺越南，防守两难。光绪之季，西南腾越、临安两路，创设团练，稍资捍卫。而饷绌兵单，边防渐弛矣。

广东边防，海重于陆。同治十三年，越南不靖，督臣瑞麟虑其越界，以防勇二千人扼守钦州。光绪八年，曾国荃因钦州之东兴街，地接越南，拨劲兵二营驻守，续拨老勇三营助之。十年，法兰西侵夺越南，彭玉麟督办粤防，以钦州与廉州并重，增调营勇赴钦、廉，恐地广兵单，以团练协守。至省内防务，则有三江口之排瑶，琼、崖之黎匪，时或出巢滋事。排瑶山境四百余里，康熙四十一年，于瑶境适中之三江口，设立寨城，置副将等官，兵丁千余人。道光十二年，增三江口戍兵二千人，建筑碉台，以控制悍瑶。光绪十三年，张之洞剿平琼州黎匪，山路开通，收抚黎众十万人，定《抚黎章程》十二条。粤省负山带海，西来欧舶，首及粤洋，陆路仅钦、廉一路当敌，防戍较易于海疆也。

广西南边，绵亘千余里，原设隘所百有九处，分卡六十六处，与越南之谅山、高平、宣光等处接壤。丛山密箐中，小径咸通。镇南关至龙州一路，地较宽平，为中越商旅通衢，东出太平、南宁，西出归顺、镇安之总汇。自龙州以东，下水直达梧、浔，有建瓴之势。历朝南藩向化，自清初至道光、咸丰间，惟于龙凭营所辖水陆各隘口，以戍兵及沿边土司协力防守。

同治十一年，令冯子材等就戍所之镇拣选各营，分布各隘，是为防军守边之始。迨法、越战事起，边氛日亟，征调频烦，兵无久驻之地。

光绪十二年，中、法款议既成，两广总督张之洞以镇南一关，钤辖中外，固属极冲之地，即镇南关之中后左右各路，亦须分兵设防。关以内之关南隘及凭祥土州为中路。自关以东，明江厅辖之由隘，宁明州辖之罗隘，思陵土州辖之爱店隘，上思州辖之百嵛隘、剥机隘为东路。自关以西，龙州厅辖之平西关、水口关，下冻土州辖之布局隘、梗花隘，归顺州辖之频峒隘、龙邦隘，镇安厅辖之猛峒隘、剥淰隘、百怀大隘等为西路。以上各隘，咸增兵屯守。以十二营防镇南关中路，以四营防东路，六营防西路。其道路宽者，筑台置炮；路窄者，设卡浚濠；甚僻者，则掘断径路，禁阻往来。豫造地营。无事则操练，有警则征调赴援。广西提督由柳州移驻龙州，以控制边夷。而边境过长，贵能扼要。关前隘为谅山来路，罗隘为间道所通，归顺之龙邦隘，镇安之那坡隘，分扼牧马、保乐夷寇来路，由隘当文渊之冲，即龙州后路，下冻土州通镇边声息，令驻边各将领，宜加严防。旋督臣张之洞以沿边之新太协、上思营、镇安协各营兵，或改勇补兵，或裁兵留勇，各就所宜，即分防之举，为并省之谋。十三年，复移驻镇、道各员，以资分任。

二十三年，谭钟麟因边境迤长凡千七百里，仅恃营汛，终嫌单薄，乃扼要建筑炮台。原有防军二十营，以分防见少，每营止能抽拨二棚驻守炮台。二十六年，苏元春因南、太、泗、镇及上思、归顺四府二厅州，皆为边地，勇丁数仅万人，凡三关百隘，沿边炮台，皆须防守。乃以新募调赴江南之五营，并抽调边军五营，合成十营，为剿办沿边游勇土匪之用。三十年，柯逢时令各州县增募勇丁八千余人，给以毛瑟后膛枪，以佐防军，并令各属劝民间多筑碉堡，藉御外侮。

三十一年，李经羲以广西沿边，全恃防军，近年边防大军，专驻龙州训练，而南、太、镇等郡，以迄滇边，无复边营踪迹，客军又撤回过半，乃酌增防营，募土著亲兵，就地防御。盖广西制兵，旧额六万二千余人，自同治四年以后，屡加裁汰，由制兵而趋重防军。法、越事起，于边地防军，尤为注重。至光绪季年，改练新军，非复防营规制矣。

蒙古以瀚海为界画，其部落之大类有四：曰漠南内蒙古，曰漠北外蒙古，曰漠西厄鲁特蒙古，曰青海蒙古。清初，漠南蒙古臣服最先。至康熙初年，而漠北喀尔喀三部内款。及亲征准噶尔，而青海诸部来庭。惟漠西厄鲁特部，至乾隆间始征定焉。漠北外四盟蒙古，康熙间初定，增为五十五旗。雍正间，增三音诺颜部，共前三部为四部。乾隆中，增至八十二旗。其会盟分四路：土谢图汗为中路，车臣汗为东路，札萨克图汗为西路，三音诺颜为北路。乾隆间，筑城于乌里雅苏台及科布多二处以镇抚之。其统率蒙兵之制，内札萨克之兵，统于盟长。外札萨克之兵，统于定边左副将军。杜尔伯特及新土耳扈特、和硕特之兵，统于科布多办事大臣。土耳扈特之兵统于伊犁将军。青海各部落之兵，统于西宁办事大臣。雍正间，西陲未靖，阿尔泰及河套以北，迤西直达巴里坤，平原沙碛，数千里间，无险可扼。乃于四台至三十五台，每台选精兵驻守，互为声援。于乌里雅苏台城外山颠扼要处，复各建炮台，屯重兵于特斯台锡里。旋增设卡路八处于盐口、戈壁二口，遣兵更番巡探，以期严密。其时防在西徼，而北鄙无惊。自乾隆间荡平准部，而卫拉特来归，内外各盟长，从征回、准，屡奏边勋，新旧土耳扈特，同膺茅土，北境俄罗斯亦方辑睦，阴山、瀚海间，百有余年无事矣。

迨咸丰、同治间，中原多故，蒙边亦多不靖。同治四年，增热河马队三百人。五年，以包头镇为绥远要区，原有防兵，积年疲乏，调吉林马队协同驻守。六年，李云麟以三音诺颜蒙兵专防乌城，而招募奇古民勇驻八里冈，与科布多、塔尔巴哈台二城蒙兵为犄角。八年，以布伦托海各领队大臣所有旗兵，改隶科布多大臣，分防热河等处。令乌梁海总管，自卜果苏克霸至沙宾达巴哈与俄罗斯接界处，新立鄂博界牌八处，严密巡察。徙厄鲁特僧众于阿尔泰山，徙俗众于青格里河。九年，调大同、宣化练军二千人驻防库伦，修复推河以北至乌城十五台站，并牧马三千匹，热河增练洋枪队三百人，以固库伦西路之防。十年，以济斯洪果尔台站为察哈尔及归化、绥远运粮要区，拨兵驻守。令蒙古各台，自张家口至八台，以察哈尔都统管理。自九台至科布多，及库伦、归化二路，以各盟长管理。每台增设驼马百五十匹，凡军械粮食，接护转运，以利军行。十一年，改建乌里雅苏台石城，并整顿沿边台务。库伦西接俄疆，向未设兵，乃于图、车两盟蒙兵内，轮派四百人，分驻库伦四境。十二年，调察哈尔马队协防乌里雅苏台。旋以军台四十四站，地势绵长，分防散漫。乃分为四路，于中二路择要驻营，调绥远城马队移防哈尔尼敦，以原有之兵守塞尔乌苏。

至光绪间，新疆大定，西顾无虞，而北境俄患渐逼。光绪六年，调宣化练军、直隶步队赴库伦防俄。七年，因乌城三面邻俄，边防重要，而原有防军，技艺生疏，乌城共驻蒙古练军及黑龙江、察哈尔马队二千五百人，由京营派教习前往教练，俾成劲旅。十八年，李鸿章以热河东境山谷丛杂，毗连奉天，拨直隶练军马步队各一营择要驻防。二十四年，以热河、察哈尔为蒙边要地，令各都统等选练兵丁，整备军实。三十二年，以热河马步队三营改编为常备军，其兵额均次第补足。时内外蒙古兵日益孱弱，俄人遂骎骎阑入，乌梁海以南受其牢笼，喀鲁伦河以东恣其垦牧，鄂博、卡伦遂同虚设矣。

直隶沿蒙边防务，雍正九年，令直隶疆臣修治边墙，其古北、宣化、大同三处，咸募兵增防。自独石口以西，至杀虎口一带要隘，亦酌增弁兵。十年，于独石口改设副将以下各官，增额兵八百人，边墙冲要处，增设鹿栅木栅，以备堵御。自清初至乾隆、嘉庆朝，蒙边绥辑。咸、同之间，西陲用兵，蒙匪亦渐滋事。同治四年，以直隶北境沿边关口五十余处，兵数甚单，调拨京师火器营、威远队、提标马步队，分驻喜峰口、铁门关、滦阳、洒河桥、遵化、罗文峪迤北迤西等处。光绪七年，李鸿章以北边多伦厅地兼蒙旗，仅有新旧防军七百余人，不敷分布，增调宣化练军马队一营分段梭巡。十八年，以直隶防军五营驻古北口。十九年，李鸿章因古北口防营调回内地，而热河地广兵单，乃别练马队三哨，与原有之朝阳马队一营、围场马队百人，互为援应。直隶边务，重在海疆，东之山海关，为辽、沈门户，南之天津、大沽，为京师屏蔽。其北境惟缉捕蒙匪，无事重兵屯戍也。

山西边界之归化、绥远、包头镇，控扼草地，毗连大青山，南抵杀虎口，西逾缠金，东接得胜口，与蒙古、回部错壤。咸丰军兴以后，官兵四出征讨，边备空虚，寇盗乘机窃发。同治六年，左宗棠督师秦、晋，以山西省弁兵团勇均不可恃，乃分拨营勇，驻守黄河西南两岸，别募三千人，赴禹门、保德间防守，并造炮船四十艘，酌配水师，驻垣曲、三门一带。军事定后，防军旋撤。光绪间，曾国荃调拨湘军，择要屯守，而兵数仅一千二百人。九年，张之洞以雁门关为晋边要口，止有练军千人，令各营以次抽练，以固边防。十年，增练大同、太原二镇马步营。卫荣光增练马队五旗，以三旗驻口外，二旗驻口内，以佐湘军之不逮。由山西省迤西，为陕西之北境，惟榆林、神木一隅，地接蒙疆，而障以长城，环以河套，民情驯朴，防务更简于燕、晋也。

新疆为西域三十六国故壤，历代筹边列戍，近在玉门，远亦仅龙堆而外。自乾隆年准部平，道光朝回疆定，至光绪间，再定天山，开省治于迪化城，设五府三十六县。而俄罗斯边境由北而西，绵延错亘。自夺取霍罕三部后，伊犁及南路喀什噶尔皆与俄属相接。全境中界天山，分南北二路。北路为准噶尔部落，西北以伊犁为重镇，乌鲁木齐当往来孔道，塔尔巴哈台为北境屏藩。南路悉回族所居，乌什当适中之地。叶尔羌、喀什噶尔雄冠诸城。英吉萨尔西达外藩。

乾隆十八年，以准噶尔逼处边境，哈密及西藏北路虽已设防，而选将备，具驼马，简军实，勘水草，储粮饷，修城垣，诸端待理。命疆吏先事筹备，次第施行。哈密已驻重兵，而防所全恃卡伦。天山冰雪严寒，加意抚循士卒。南路各城，以满洲营、绿旗营协同防守。和阗、库车、辟展诸城，则但设绿旗营兵。其卡伦台站，自哈密西至辟展，北至巴里坤，自辟展西至库车，北至乌鲁木齐，自库车西至乌什，又西至叶尔羌，又西至喀什噶尔，其南至和阗，视卡伦之大小，定戍兵之多寡。各台站设驼马车辆毋缺，前行阻水，则造舟以济之。二十四年，戡定准部，北路重地，咸分兵设防，山川隘口，悉置卡伦台站。各卡伦设索伦、锡伯、厄鲁特兵丁自十名至三十余名有差。各台站设满洲、绿旗、察哈尔兵丁各十五名。南路各城设办事大臣。其理事回官阿奇木伯克以下，各有所司，分统回兵，隶驻防大臣调遣。二十六年，设伊犁马步兵二千五百人。二十七年，设伊犁将军及参赞领队大臣。三十一年，设乌鲁木齐办事大臣。

嘉庆二年，于惠远城之北关，增调戍兵。

道光六年，以新疆防军已增至万余人，令疆吏调兵四千人赴回疆，二千人赴阿克苏，协力防堵。又因喀什噶尔防兵较少，于城北要隘增兵三营，城南增兵二营。八年，分遣喀什噶尔防兵四千三百人防守各路，选精壮二千人分十班教练。那彦成因阿克苏为南路要地，增兵千人，合原有防兵凡二千余人，以控制南北二路。其冰岭一路，北通伊犁西南卡伦，外通乌什之捷径，一律封禁。喀什噶尔、叶尔羌、英吉萨尔各卡伦，向仅驻兵十余名，乃于各卡伦适中处，凡通霍罕、巴达克山、克什米尔外夷之路，增筑土堡，以都司等官率兵驻守，兵数自数十人至二百人不等。九年，于喀什噶尔边界增卡伦八处。十一年，回疆大定，命参赞大臣驻叶尔羌，总理八城回务，节制巴里坤、伊犁两路满、汉兵一万四千余人，分防各路。喀什噶尔之八卡伦，道通霍罕，筑土堡三座，增建兵房。叶尔羌所属卡伦，通克什米尔外夷要隘，英吉萨尔通布鲁特要隘，各修土堡驻兵。于乌克苏、乌什二处，各驻八旗兵一千三百人。于喀什噶尔驻绿营兵三千人，为前锋，兼守边卡。英吉萨尔驻马队五百人，绿营兵千人，为前后二城中权接应之师。巴尔楚克绿营兵三千人，筑堡屯守。和阗增足防兵五百人。所余满、汉兵六千余人，悉数驻叶尔羌，隶参赞大臣统辖，遇警援剿。其喀什噶尔、叶尔羌旧额回兵，仍挑补训练，以替防兵。十四年，以索伦、锡伯、察哈尔、额鲁特四处营兵，守卫伊犁沿边大小卡伦七十余座，按期会哨，统兵将领，不得轻出邀功。

咸丰二年，廷臣会议，以新疆南北路驻兵益多，数逾三万，频年由内地换防，殊苦烦费，乃于伊犁等处绿营兵内调拨换班，其不足者，就地募之。

咸、同间，中原用兵，关外南北各城，边氛四起。同治二年，调察哈尔蒙兵，悉数由科布多赴乌鲁木齐屯守。五年，调乌里雅苏台蒙兵六千人赴伊犁。九年，调黑龙江兵二千人，察哈尔兵千人，马队二百余人，驰赴乌城，并令喀尔喀各盟长，随时整顿蒙兵，十年，在乌梁海一带，安设台站，迤西亦一律设台，直抵塔尔巴哈台。十一年，因库尔喀喇乌苏等处，为晶河要地，招募勇丁，协同马队防守。调宣化、古北口营兵，分赴乌城。十二年，调大同、宣化兵千人，赴防塔尔巴哈台。十三年，以塔城为西路防务扼要之区，调伊犁迤北之察哈尔兵二千人，及蒙古兵益之。寻命左宗棠由关、陇西征，天山内外，次第戡平，而俄罗斯亦归我伊犁。

光绪三年，左宗棠于伊犁增筑炮台，多驻劲旅。刘锦棠就关外营勇之精壮者，编为制兵，改行饷为坐粮，参用屯田之法，以足军实。张曜更定新疆营制三事：一、增骑兵，佐步兵之不逮；一、重火器，减养兵之费，为购器之资；一、设游击之师，驻南北路之间，预防俄患。六年，恭镗因乌鲁木齐之贡宁城，接壤精河，旁达乌城间道，而旧城已圮，乃于迪化城外高原，别建新城，以驻防兵，而资控扼。十二年，刘锦棠以巴里坤满营归并古城，伊犁共驻马步防军二十八营，酌裁新募之勇，编留精壮，为马队九旗，步队十三旗，自伊犁至大河沿及精河以东，分路驻防。十四年，额尔庆额因塔尔巴哈台驻防汉队，久役思归，就甘肃额兵，及察哈尔部内，选二千六百人调防。十五年，复于塔城增募防兵，凡步队三营，马队四旗，弁勇二千人。十六年，以伊犁满洲营，经兵乱后，额数久虚，酌量挑补，定为二千人，再挑留锡伯、新满洲千人，以备不足。伊犁汉队改立标营，凡步队一营，马队二营，格林炮队一哨。惠远城北关设炮队一哨，定远城设马队三旗。十七年，杨昌浚因塔城境内，汉、蒙、回、哈杂居，东接乌梁海，西接伊犁，地既险要，路复分歧，共增将弁三十一员，步队三旗，马队四旗，以备巡防弹压。十九年，以总兵官驻防绥定，统汉队三千人，策应四境，若广仁城、果子沟、三台、瞻德城、三道河、霍尔果斯、拱宸城、宁远城，以马步炮队分防。三十一年，潘效苏因新疆兵费过重，改练土著，遣散客军。回缠民性各殊，以二三成搀入汉军训练，汉军则各营旗皆减为哨，节饷防边，始能兼顾。

宣统二年，札拉丰阿因塔尔巴哈台屏蔽西北，以原有马步炮队，及左右旗蒙、满队，悉改新式操法。时中朝方议减饷裁兵，未遑远略。俄罗斯正经营东陲，遂暂安无事云。

西藏初设驻藏大臣，而番众仍统属于喇嘛。当崇德七年，达赖、班禅与厄鲁特同时入贡。顺治、康熙间，朝请不绝。康熙之季，准噶尔侵藏，由西宁进兵平之。

雍正五年，弭噶隆之争，以颇罗鼐有定乱功，进封郡王。十年，留云南兵于察木多，以防番众。

乾隆十五年，除颇罗鼐王爵，始设驻藏大臣，与达赖、班禅参互制之。其西南之廓尔喀，时窥藏境，中朝以兵力佐之，收复巴勒布所侵占藏地，增设塘汛守兵十三处，以寨落之多寡为衡，前藏增唐古特兵八百人，后藏增四百人。五十四年，始于前后藏各设番兵千人。其通内地之定日、江孜二处要隘，各设番兵五百人，就近选补。设戴琫三人，以二人驻后藏，一人驻定日。增江孜戴琫一人。前藏番兵隶驻防游击，后藏番兵隶驻防都司。令四川督臣以头等将备为驻藏之选，统以大臣。其驻藏之兵，令驻藏大臣亲为校阅。嗣因定日、江孜为各部落来藏必经之路，各增防汛，设守备等官。打箭炉之外，择地设游击等官。五十八年，和琳等会勘后藏边界及鄂博情形，江孜番、汉兵已敷防守，惟定日地方辽阔，为聂拉木、宗喀、绒辖三处总汇之区，其捷径如辖尔多、古利噶等处，均为要隘，增设番兵，统以戴琫，修寨落以备栖止，立鄂博以守界画。

道光二年，惩治聂拉木、绒辖各营官私释喇嘛之罪，别遣番兵补营兵之额。二十一年，令番兵习弓矢者，改习鸟枪。二十二年，令后藏大臣督率将弁教练堆葛尔本乞金番民武技。

咸丰五年，以廓尔喀不靖，驻防兵单，令喇嘛等联络防范，调前藏僧俗土兵二千人赴策垫地方防范。

同治四年，驻藏大臣满庆等，调派土兵及统兵番员防备披楞。八年，因披楞侵占哲孟雄，与唐古特相持，令恩麟等整顿后藏番、汉营伍。十一年，命德泰赴藏，校阅江孜、定日后藏三汛防营，以固哲孟雄及聂拉木门户。

光绪二十四年，驻藏大臣文海因后藏定日地方营伍及靖西设防，驻藏大臣久未巡视，乃率兵亲往各处校阅。光绪季年，驻藏大臣联豫仿内地制，设武备学堂，择营弁卫队及达木三十九族中之优秀者，习速成科，俟毕业后，先练一营，以开风气。

宣统二年，联豫因工布平定，以马步炮队工程队分地驻守。旋疏请裁去帮办大臣，设左右参赞，分驻前后藏。三年，波密野番滋事，即以工布之兵剿办，并以步队择地驻防，为各营后援。

至川军入藏之举，始于雍正初年，准噶尔窥边，诏以川、陕兵二千人驻防，设正副大臣，分驻前后藏。其时云南省军队亦分途入藏。事定，仍撤归原省。历朝镇抚藏地，多用汉军、番卒。至光绪三十一年，四川督臣锡良奏调川军出打箭炉，并招募土勇为向导，以剿窜回。是年八月，巴塘喇嘛戕害大臣，全藏震动。四川提督马维祺、建昌道赵尔丰合兵进克巴塘、里塘，勘平边乱。三十二年，里塘逆番桑披复率众倡乱，锡良命赵尔丰等以川军讨平之。其时番僧与北部回民日就衰弱，全藏边境，为英吉利、俄罗斯远势所包，藏事遂不可问云。

苗疆当贵州、湖南之境，叛服靡常，历朝皆剿抚兼施。康熙三十八年，以镇筸居苗疆冲要，改沅州镇为镇筸镇，设总兵以下各官，增额兵千人，合原有之兵凡二千一百人，以防红苗。雍正九年，复增兵二千人。是年，鄂尔泰因都江与清水江形势划分，增设清江镇标，以新设之丹江、台拱等营，及原有之铜仁、镇远等营，咸隶清江镇。而以都匀、黎平，并上江、下江各协、营，隶于古州镇总兵。乾隆元年，杨名时锐意治苗，以贵州省苗众分生熟二苗，生苗在南，熟苗在北，乃屯驻重兵于内地，而择邻苗之要道，增修壁垒，使民有所归，兵有可守，遇苗众出巢滋事，则互相援剿，战胜勿事穷追，兼抚熟苗，俾渐知向化。五年，那苏图因永顺所属，紧接苗疆，且与湖北省之容美土司、四川省之酉阳土司连界，乃以永顺协标兵改隶镇筸镇总兵，联络楚南声势，合力防苗。

嘉庆初年，戡定苗疆以后，于凤凰、乾州、永绥、古丈坪、保靖各厅县，沿边次第建修屯堡碉台，筑边墙以严界画，筑土堡以资守御，筑哨台以凭了望，碉卡则战守咸资，炮台则堵截尤利。设练勇千余人，屯丁七千人，垦辟屯防田十三万一千余亩，悉以屯兵耕种。其地皆附近碉堡，以便驻守，且节饷糈。历嘉、道两朝，沿边宁谧。

咸丰军兴以后，苗众乘机肆扰。至同治年，席宝田等大举平苗，虽间有剽掠之事，以防勇随时剿抚。光绪十二年，谭钧培因苗民驯扰无常，乃仿傅鼐防苗之法，增修石碉土堡，由附郭而渐及山林险阻之处，互为守望，以备苗民出入，于旧日之苗疆营制，无所变更也。

沿边墩台、卡伦、鄂博、碉堡，清初于各省边境扼要处，设立墩台营房，有警则守兵举烟为号。寇至百人者，挂一席，鸣一炮；至三百人者，挂二席，鸣二炮；至五百人者，挂三席，鸣三炮；至千人者，挂五席，鸣五炮；至万人者，挂七席，连炮传递。康熙七年，谕各省将领，凡水陆孔道之旁，均设墩台营房，驻宿兵丁，传报紧急军机，稽察匪类，护卫行人。乾隆三年，兵部议定汛兵缺少处，按地方卫僻情形，酌量拨补器械，务令整备，随时察验。有离汛误防者革责，官吏严惩之。

其军台之制，始于顺治四年，自张家口迤西，黄河迤东，设台三百四十四座，台军七百三十二名。自张家口迄山海关迤西，设台四百十七座，台军一千二百五十一名。

蒙古各旗台、卡、鄂博之制，以大漠一望无垠，凡内外札萨克之游牧，各限以界，或以鄂博，或以卡伦。盛京、吉林则以柳条边为界，依内兴安岭而设。其内蒙古通驿要口凡五道，曰喜峰口、古北口、独石口、张家口、杀虎口，以达于各旗。内蒙路近，商旅通行，水草无艰。其外蒙古之驿，则由阿尔泰军台以达于边境各卡伦。康熙朝征准噶尔时，设定边左副将军，而外蒙古军台之设，由内而外，其制始密。自察哈尔而北，而西北，而又西，迄乌里雅苏台，共置四十八台。康熙三十一年，自古北口至乌珠木秦，置台九。自独石口至浩齐忒，置台六。自张家口至四子部落，置台五。自张家口至归化城，置台六。自杀虎口至吴喇忒，置台九。自归化城至鄂尔多斯，置台八。自喜峰口至扎赖特，置台十六。乾隆三十四年，自喜峰口路扎赖特尽处起，置台十四。自古北口路乌珠木秦尽处起，置台六。自杀虎口路吴喇忒大路外起，置台七。自张家口路四子部落尽处起，置台十六。喀尔喀则自备邮站。其东路首站曰尼尔得尼拖罗海，西路首站曰哈拉尼敦，后路首站曰肯特山。迤逦而北，直抵三音诺颜境，其首站曰博罗布尔哈苏。凡汗、王、贝勒过境，警晨夜，饲牲畜。商旅出其途，亦资捍卫焉。

围场卡伦之制，规取高地为之，或于冈，或于阪，或于山川之隙，随宜设置。其柳条边境之设立卡伦者，东为崖口，西为济尔哈朗图，北为色堪达巴汉色钦等处，又西为库尔图罗海等处，又南为木垒喀喇沁等处，又南而西为珠尔噶岱等处，又南为海拉苏台等处，又南而东为巴伦克得依等处。老柳边在外，卡伦在内。其故地在周阹之中者，为翁牛特，为哈喇沁，为敖汉，为奈曼，为喀尔喀，左翼等故地咸在焉。

其恰克图及沿边鄂博、卡伦之制，因山河以表鄂博，无山河则表以卡伦。鄂博者，华言石堆也。其制有二：以垒为鄂博，以山河为鄂博。蒙古二十五部落，察哈尔牧厂八旗各如其境，以鄂博为防。其与俄罗斯接界，中间隙地，蒙古语曰萨布。凡萨布皆立鄂博以申画之。恰克图之中、俄边界，凡俄国卡伦、房屋，在鄂尔怀图山顶，中国鄂博、卡伦，适中而平分之。如有山河，即横断山河为界。由沙毕纳依岭至额尔古讷河岸，向阳为中国，背阴为俄国。盖沿边之地，自黑龙江、库伦、乌里雅苏台、科布多四属迤逦而西，凡八十二卡伦。科布多所属极西之卡伦，曰和尼迈拉呼。由此渡额尔齐斯河至辉迈拉呼一带卡伦，均与俄罗斯接壤。

其在黑龙江境内之卡伦，以将军辖之，在蒙古喀尔喀等部落之卡伦，按其游牧远近，每卡伦设章京一员，率兵携眷戍守。遇森林丛杂，难立鄂博、卡伦之处，则削大树而刊识之。

自同治七年裁撤科布多境内卡伦以后，各项哈萨克人赴界强据。光绪初年，乃于乌克克等处，由沁达盖图乌尔鲁向西南至马尼嘎图勒干止，与塔尔巴哈台卡伦相接，一千数百里之要隘，与俄罗斯接壤者，均设卡伦。所有协理台吉等员，咸复旧制。

其新疆全境之卡伦，分南北二路。北路之塔尔巴哈台，与科布多毗连，以额尔齐斯河为界，河东卡伦隶科布多，河西卡伦隶塔尔巴哈台。自辉迈拉呼至塔城，夏季设大小卡伦十三处，冬季设卡伦八处。此外皆哈萨克游牧之地。塔城西南一带卡伦八处，界连伊犁。卡伦以外，为哈萨克游牧。伊犁东北七百余里，与塔城接界之处，由哈布塔海达阑一带而南，设大小卡伦二十三处。此外亦哈萨克游牧。又西而南，至伊犁河北岸，设大小卡伦八处，乃索伦领队大臣专辖。自伊犁河南而西，设大小卡伦十六处，乃锡伯领队大臣专辖。卡伦之外，与哈萨克接壤。其锡伯屯牧西南，因有回子屯所，每年夏秋设卡伦于达耳达木图，以资巡察。由锡伯卡伦迤西转南而东，设大小卡伦十七处，乃厄鲁特领队大臣专辖。西南为布鲁特游牧，西北为哈萨克游牧。又厄鲁特游牧东南，界连喀喇沙尔之土尔扈特、和硕特游牧，设大小卡伦八处，亦厄鲁特领队大臣专辖。其伊犁城北塔耳奇一带，及伊黎河渡口，设卡伦七处，专为哈萨克贸易交通，并稽察逃人而设，乃惠宁领队大臣专辖。此伊犁及塔尔巴哈台大小卡伦之方向也。

其南路自伊犁南经木苏耳达巴罕至回疆乌什城西北一带，设卡伦六处，外通布鲁特，乃乌什办事大臣专辖。自乌什而西，经草地及布鲁特游牧地树窝子等处七百余里，直达喀什噶尔城，由城东北而西转南，设卡伦十七处，外通布鲁特，西达霍罕安集延，乃喀什噶尔领队大臣专辖。自喀什噶尔东南行二百余里，至英吉沙尔城，由城西北而南，设卡伦十二处，外通布鲁特，西南行千数百里，至巴达克山，乃英吉沙尔领队大臣专辖。自英吉沙尔东行三百余里，至叶尔羌城，由城西南转而东北，设卡伦七处，西南一带，外通布鲁特，东北一带，专为稽查逃人，乃叶尔羌办事大臣专辖。又东南行七百余里，至和阗城，城外之东西河，共设卡伦十二处，为稽查采玉回民，又札马耳路通阿克苏，专设卡伦一处，均和阗领队大臣专辖。自叶尔羌东北行一千四百里，至阿克苏城，其东北路通著勒士斯，专设卡伦一处，稽查喀喇沙尔所属之土耳扈特游牧，乃阿克苏办事大臣专辖。又东北行七百余里，至库车城，由城西北而南，设卡伦五处，又东北行八百余里，至喀喇沙尔城，城之东北设卡伦二处，又东北行九百余里，至吐鲁番城，由城西南而东，设卡伦六处，又东北行一千七百余里，至哈密城，城东北设卡伦四处，均由驻扎各城大臣专辖。此回疆各城所属大小卡伦之方向也。

自咸、同朝回逆鸱张，俄罗斯复乘机蚕食，边堠尽废。追新疆定后，至光绪五年，收回伊犁，与俄罗斯画定边界，规复旧日卡伦之制。卡伦之例有三：其在内者曰常设卡伦，在外者曰移设卡伦，最在外者曰添设卡伦。三者惟常设卡伦为永远驻守之地。余皆值气候和暖则外展，寒则内迁，进退盈缩，或千里，或数百里不等，沙漠浩荡，漫无定准，皆在常设卡伦之外。自西域乱作，凡移设、添设之卡伦，悉为俄人所攘夺。左宗棠平定新疆，乃与俄罗斯重定界约，凡常设卡伦以外，均作为瓯脱之地，中、俄边境之民，彼此不居，以免逼处。其常设卡伦，严申旧制，边烽少息矣。

其黔、楚苗疆碉堡之制，始于嘉庆朝征苗之役，傅鼐精练乡兵，遍设碉堡，师苗技以制苗，遂平边患。自湖南乾州界之木林坪起，至中营之四路口，筑围墙百数十里，以杜窜扰。其险隘处增设屯堡，联以碉卡。凤凰厅境内，设堡卡碉台八百八十七座。永绥厅境内，设堡卡碉台一百三十二座。乾州厅境内，设汛碉一百二十一处。古丈坪及保县境内，设汛碉六十九处。环苗疆数百里，烽燧相望，声息相闻。关墙则沿山涧建之，炮台则择冲要处筑之，哨台则于关墙之隙修之。卡碉屯堡，则因地制宜，或品字式，或一字式，或梅花式。其修建之制，关墙则土石兼施，炮台则以石砌，而筑土以实中心，哨台亦石砌，环凿枪孔，高峻坚实。碉楼之制亦然。关墙以严边界，炮台以备堵截战守，哨台亦巡逻了望之用，屯堡为边民聚卫之所，卡碉则战守兼资。其防守兵丁，有警则荷戈，无事则秉耒，进攻退守，为持久计，以待敌之可胜，遂以底定蛮荒云。

卷一百三十八　　志一百十三

兵九

海防

国初海防，仅备海盗而已。自道光中海禁大开，形势一变，海防益重。海防向分南北洋。山东烟台归北洋兼辖。闽、浙、粤三口，归南洋兼辖。兹取沿海各省有海防者分述之：曰东三省，曰直隶，曰山东，曰江南，附江防，曰浙江，曰福建，曰广东。

奉天沿海，南自牛庄至金、盖各州，转东至鸭绿江口，西则自山海关至锦州，地皆滨海，口岸凡三十九处。康熙初，廷议锦州一带筹备沿边。旋定金州旅顺口设水师战船，隶金州副都统督率训练，战船皆木质旧式。雍正四年，将军噶尔弼以自旅顺海口至凤凰城，水程千里，仅恃旅顺水师一营，议增二营，联络巡哨。道光二十一年，耆英以奉省海防经营不易，有移民内徙之议，海防渐重。咸丰之季，欧舰北犯津、沽，奉天亦严海防。同治四年，崇厚调天津洋枪队千人赴营口屯驻。五年，以奉天兵船拙重，调天津轻利兵船十余艘赴长岛驻防。复增新练洋枪队五百人于营口。十一年，瑞麟以南洋自制兵舰告成，炮械咸备，乃商拨兵舰一艘，巡防牛庄海口。光绪初年，以俄罗斯有窥北边，沿海亦有俄舰游弋，乃于制兵外加饷练兵，凡选练马步队四千二百余人。又增绿营兵四千人，调拨吉林、黑龙江、蒙古马队各二百余人驻营口，与宋庆豫军协同防守。其东边道之练军马步队一千三百人，则分驻凤凰城、大孤山、北河、长甸河口及安东等处。额设正兵，几同虚设，海上有警，全恃客军。金州与海参威毗连之处，尤为重要。李鸿章遣镇东等四炮舰巡防奉省海口。八年，鸿章以北洋迤东口岸，惟奉天旅顺口为首冲，乃在旅顺之黄金山顶，仿筑德国新式炮台，设巨炮多尊，并建筑兵房、子药库，近山要路，复设行营炮垒，海口内则布置水雷，沿海岸可登陆处，择要埋藏地雷，陆路则有护军营八哨，毅军十一营，水路则有快炮船、蚊炮船各二艘，表里依护。其次为营口，海滩平衍，敌易抄袭，复调劲旅接应后路。十年，将军定安于营口创设水雷营，电线火药，建雷库十间存储。十七年，李鸿章以大连湾为渤海门户，筑老龙头等处炮台六座，仿西洋曲折式，兵房、药库皆备。二十六年，将军增祺以岫岩、安东沿海，虽有北洋兵舰巡防，而海滨港汊纷歧，乃增造大号水师船八艘，布列于沙河、大孤山、太平沟等处。

至吉林、黑龙江之海防，以有松花、黑龙二江，贯省境而趋海，旧制二省各设水师营巡防，水师船止运船三十艘，桨船二十艘，每为运粮及采东珠、取桦皮之用，亦称水手营，非战舰也。

吉林海防，首重珲春。松花江虽可行海舶，而江水浅处为多。同治四年以后，屡有俄罗斯兵船，乘江水涨时，驶入至阿勒楚喀及伯都讷境内。将军岐元拟于三姓设水师营，不果。光绪六年，府丞王家璧有整顿东省水师改造战舰之议。李鸿章以长江水师船不适用于松花、黑龙二江，宜于吉林、三姓左近，择水深溜大之处设船厂，造小号兵轮船，如广东蚊炮船之式，入水不深，上可行驶伯都讷、省城附近，下可巡行黑河口，转入黑龙江，以佐陆军，备俄船侵入。并拨开花炮、新式马枪、快枪等，为吉省练兵之用。时将军铭安、及督办宁古塔等处防务吴大澂、喜昌，以俄患未平，于吉省沿江沿边，增练防军马步队五千人，各旗及西丹又募千五百人，练成即赴珲春驻守，并设护江关，防范水路。又虑俄国海军船坚力猛，水关不能阻其冲突，乃择要依山建筑炮台，以御俄舰。

黑龙江省于光绪三年始筹办海防，通省额兵及西丹共一万人，增鄂伦春兵五百人，兼习新式枪炮。黑省近俄，俄人环黑龙江左岸盘踞，达二千余里，每相间百余里，辄有俄兵屯驻之所，刁斗相闻。故黑省防务，重在陆而不在海。其江流入海之口，在省境东北隅，虽额设师船三十余艘，仅循例操演。

东三省海防，奉天尤重。自日占旅、大，辽东半岛藩篱尽撤。而吉、黑二省，向受俄患，北海屡警，防务益形棘手云。

直隶津、沽口，为南北运河、永定、大清、子牙五河入海处，北连辽东，有旅顺、大连以为左翼，南走登、莱，有威海卫以为右翼，为北洋第一重镇。顺治初，天津巡抚雷兴疏言，大沽海口为神京门户，请置战船以备海防。下所司议行。雍正四年，于海口芦家嘴创设天津水师营，令满洲兵丁驻扎，学习水师，特简都统大员，守御海口。复自天津城南门外起至庆云县止，所有沿海各州县，设立海拨二十五处，分置守兵，扼要防范。

乾隆四年，直隶总督高斌请拓天津水师营、汛，增驻满兵一千，合旧额为三千。及道光六年，那彦成奏请裁撤海口官兵，改归大名镇。十二年，琦善奏天津地处海隅，与山东登州、奉天锦州遥相拱卫，沙线分歧，非熟习海径者，无由曲折而至。且海口二十里外，有拦港沙一道，融结天成，俨若海口外卫。总兵陆路营伍，足资捍卫，所有天津水师，无庸复设。于是水师营遂裁。二十年，又据琦善奏英舰到粤，难保不分投窜扰，天津密迩京畿，尤宜慎重防堵。遂复严旨派员驻扎要隘，协同防御。二十一年，天津海口增驻官兵，建炮台营房，近海村落，招集团练，修筑土堡，互为策应。二十二年，令直隶沿海营兵，善于凫水及谙习风涛驾驶之技者，饬统兵官训练，并增设巡哨兵船，以芦台为北塘后路，设通永镇标十五营驻守。二十三年，令天津水师营每年拨战船六艘，分三路巡防，与奉天、山东师船，定期会哨，以登州、岫岩城、锦州三处为呈票考验之地。有畏避风浪，巡哨贻误者，严惩之。三十年，令讷尔经额察视海防。

咸丰八年，令僧格林沁在大沽口及双港修筑炮台，设水路木筏，及沿岸营垒，调宣化镇兵会大沽协兵，守护海口炮台。又令史荣椿等由天津赴山海关履勘海防要隘。同治元年，令曾国藩、薛焕等购买外洋兵船巨炮，统以镇将，酌分数艘，驻泊天津海口。九年，，山东巡抚丁宝桢以大沽、北塘等处为京师门户，虑直隶兵力不足，调山东旧部十八营，赴直隶边境候调。十年，直隶总督李鸿章增设大沽协海口六营，酌定营制。修筑大沽口南北两岸炮台，与北塘相犄角，调遵化练军千人移驻。十三年，又以北洋海防，仅恃大沽、北塘二海口炮台，后路尚恐单薄，乃就运河北岸，用三合土建筑新城，四围设大小炮台，护以金刚墙，引海河为城濠，屯驻重兵，与大沽防营相应。

光绪元年，李鸿章复于大沽、北塘、新城各处，增筑洋式炮台营垒，购置铁甲快船、碰船、水雷船，以备攻守。二年，令总兵周盛传率淮军马步二十余营，建筑新城炮台。三年，成之。六年，李鸿章以北塘迤东至山海关，延长数百里，调宋庆、郭松林二军，分驻沿海蒲河口、秦皇岛等处，并增建炮台。又以淮、练各军驻天津，防守大沽、北塘各口。以鲍超全军三十营驻昌黎、乐亭，防守大清河、洋河各口。以山海关防军，兼顾金山嘴、秦皇岛、老龙头各处。时曾国荃建议直隶海防，不宜远守营口，宜以重兵守山海关。乃命曾国荃统率安徽、湖北、山西各军赴山海关驻守。八年，李鸿章于大沽、北塘炮台下埋伏水雷，大沽口内设拦河木筏，山海关内外筑三合土大炮台一，土炮台二，濒海营墙，均仿炮台建筑。又宁海城临海受敌，于炮台墙外，悉以沙土掩护。其时大沽南北岸炮台大小共数十座，辅以水雷铁舰，沿岸以陆军驻守。十一年，因京东沿海空虚，调练军各营，移驻滦州、昌黎等处。二十三年，直隶总督王文韶以武毅军训练初成，率前后二军及马队一军，周历山海关沿海一带，以重防务。自欧舰来窥，僧格林沁战败，廷议始专津、沽之防。中日之役，旅顺、威海相继沦陷，而津海未开战事。及拳匪肇衅，联军北犯，沽口炮台，毁于一旦，北洋沿海防务，遂日形懈弛云。

山东海岸绵亘，自直隶界屈曲而南以达江苏，其间大小海口二百余处。东北境之登、莱、青三府，地形突出，三面临海。威海、烟台岛屿环罗，与朝鲜海峡对峙，为幽、蓟屏藩。海禁既开，各国商帆战舰，历重洋而来，至山东成山而折入渤海，以达沽口。故创练海军，以威海、旅顺为根据地。欲守津、沽，先守威、旅。齐、鲁关山，遂与畿疆并重矣。

顺治十一年，令苏利为水军都督，驻军碣石，为山东防海之始。乾隆五十五年，以胶州、文登、即墨等营，兼防海口，以总兵驻登州，统水师三营，战船十二艘，修治各海口炮台。道光二十一年，以芝罘岛扼东海之口，拨兵防守。蓬莱、黄县、荣城、宁海、掖县、胶州、即墨所属之十三岛，编练民团，互为防卫。三十年，以濒海之三汛师船，四县水勇，合并防守海口，并扼要安设大炮。咸丰元年，登州总兵陈世忠以海寇夺掠官船，山东水师无多，会闽、粤大号师船，合力截捕。三年，于登、莱、青三府举办联庄团练，给以兵械。八年，饬天津镇总兵赴山东，详勘海丰一带海口。九年，以海丰县之大沽河有防营故址，饬崇恩等拨兵防守。十年，文煜令青州等沿海各城满、绿营兵，勤加训练，分守城官兵之半以守海口。同治九年，丁宝桢以东境海口纷歧，惟有扼要防守。其文登县属之马头石岛，福山县属之烟台，蓬莱县属之庙岛，掖县属之小石岛，为洋船北来所必经，地居险要，共拨兵六千余人分守。十一年，拨大号兵船一艘，驻泊登州洋面。光绪元年，丁宝桢以山东之东三府，三面环海，外寇随处可登，宜扼要屯守。其要地有三：一、烟台，于通申冈设防营，驻兵三千。烟台山下及八蜡庙、芝罘岛之西，共建浮铁炮台三座。芝罘岛之东，筑沙土曲折炮台一座。一、威海卫，于刘公岛之东口，建浮铁炮台一座，而于岛口内筑沙土曲折炮台，于口外海面密布水雷，其北口内亦建沙土浮铁炮台，可作兵轮船水寨之用。一、登州，于城北建沙土高式炮台，城内建沙土圆式炮台。长山之西，建沙土曲折炮台，与郡城相犄角。炮台用克鲁伯后膛大炮，参用阿姆司脱朗前膛大炮。兵丁用格林炮、克鲁伯四磅炮、亨利马悌尼快枪，讲求行阵改守之法。六年，以新购外洋蚊炮船驻防烟台海面。十二年，许景澄建议山东胶州湾当南北洋之中，东为浮山，西为灵山，口狭而水深，宜规画形势，为新练海军屯港，与旅顺口东西相应。是年，李鸿章于威海卫南北岸筑炮台，布水雷。十七年，于威海黄泥岩增筑新式炮台，又于南岸龙庙嘴炮台外，增筑赵北口炮台。刘公岛新筑地阱炮台，设后膛巨炮于隧道。其西之黄岛，水中之日岛，亦设炮台，与南岸相应。刘公岛又设大铁码头，为海军寄椗上煤之所，防务益周密。

东省形势，以威海、胶州为要口，于海军屯泊尤宜。乃甲午一役，威海水陆之防，既毁于日本，而德因教案，曾以大队铁舰夺踞胶州湾，辟商埠，开铁路，浸窥腹地。东省海防，遂无所藉手云。

江南海防，自海州南历长江、吴淞江二口，稍折而西，至松江奉贤县境之海湾，南接浙江洋面，其间港口罗列。惟江阴、吴淞二处，一为长江之管键，一为苏、松之门户，防务尤重。至江阴以上，以江流深广，外海兵舰商船，溯流而上，西达夔、渝，三千里流域，虽皖、赣、楚、蜀各有江防，实以江南当下游之冲。自狼、福山以迄京口、金陵，炮垒防营，星罗棋布。上游防卫，与下游繁简迥殊。而江苏辖境，长江千里，兵舰炮台，无异海防，水陆营汛，亦与海疆联络。故安徽省以上江防，即隶于苏省海防焉。

自海州南抵江口，乃昔年黄河入海处，泥沙积久，凝结内海，称五条沙，海潮甚急。海船北赴燕、齐者，必东行一昼夜以避其沙，故淮、海州郡，得稍宽海防者，以五条沙为之保障也。自狼、福山口南抵吴淞，沙凝潮急，略同北境。惟长江、吴淞二口，水深溜大，巨舰可直驶内江，故海口防务，视海滨倍重。

清初平定江南，分八旗劲旅驻京口，以镇海大将军统之，设水师营，造沙唬船以习水战。旋以沙唬船难涉大洋，乃改造鸟船。时郑成功据台湾，以师船进窥江表，由京口薄金陵，梁化凤击败之。顺治十四年，命梁化凤为水军都督，率军万人，驻防崇明、吴淞。以松江府三面临海，设提督，驻重兵。康熙六年，因崇明孤悬大海，严出海之禁。十四年，以提督统八营驻崇明。二十三年，减存四营，列汛六十有八。太仓州为元代海运放洋之口，明代置兵屯守，清初设游击，以刘河营移驻茜泾镇。雍正四年，分设宝山县，列汛五十有七。上海县当黄浦江之冲，原有墩台十七座，康熙二年，以墩台距海较远，乃建外塘斥堠。其南为金山县，踞青浦、南汇之上游，设参将驻守，列汛七十有八。常熟之福山，与隔江之狼山对峙，常熟、昭文濒海之口，为许浦、徐陆泾、白第港，康熙间，设墩堡戍守，列汛二十有四。通州为狼山营汛地，如皋为掘港营汛地，皆近海要区也。其北境之海州，为南北襟要，海口之大者凡九，最北为荻水口，其东北云台山，清初曾徙民内地，阻塞入海之道，康熙二十年复开通，设通海营，列汛五十有五。淮安府昔为淮河入海之处，设庙湾、盐城二营，会哨巡防，列汛四十有二。扬州府北之兴化，南之泰州，为滨海之县，清初设守备，康熙十一年，设游击镇之，列汛凡十。雍正八年，以福山营为江海门户，于江苏镇标四营内分兵船二艘隶之，与狼山营会哨。此清初至雍正年江南之海防也。

乾隆至道光，江海清平，防汛率循旧制。及道光中叶，海警骤起，东南戒严。二十一年，以宝山海口为江南要区，屯驻大营，分设游缉之兵。吴淞亦屯兵，增设濠垒。二十二年，令耆英等周历吴淞、狼山、福山、圌山关各处，整顿战船炮械。二十三年，以江阴鹅鼻嘴为由海入江要口，设险守御。又防堵瓜洲及南河、灌河、射阳湖之口。令壁昌等察沿海城邑，联络保障。所用炮位，设局开铸，并造水师舢板船，筑炮台于江岸南北。二十四年，璧昌因狼、福山江面太宽，于刘闻沙、东生洲、顺江洲、沙圩等处，修筑炮堤。水师各营，增大小战船一百三十余艘，分厂制造。二十七年，李星沅筹防泖湖，贮古沈船，增置木牌，并存储炮位，分布重兵。而其时所筑炮台，实止因土为堤，且器械窳旧，布置多疏，非特不足御欧洲巨舰，咸丰间，粤寇东下，沿江防戍，咸望风奔靡。及湘军底定东南，军势始振。

同治元年，谕薛焕等购西洋兵舰，在上海等要口防守。四年，曾国藩于狼山镇标，每营增造大舢板船二十号，仿红单船之式，多设炮位，巡缉内洋。海门设绥海营，置大舢板船二十号，酌设兵轮，分防北岸海汊。七年，更定内洋水师五营，外洋水师六营之制。以兵轮四艘，分隶苏松、狼山、福山三镇总兵，驻防海口。九年，南洋初设兵轮统领，驾驶出洋，周历岛屿。十三年，调陕防武毅军马步二十二营，赴山东、江南沿海适中之地驻防日本。时台湾告警，李宗羲以苏、松之门户，吴淞为要，长江之关键，江阴为先，而镇江府属之焦山、象山，对岸之天都庙，江宁府属之乌龙山，省城外之下关，均为扼要。以大木方石为基，捣三合土，筑炮台炮门，护以铁柱铁板，空其下以藏炮兵。先筑乌龙山炮台十六座，以次江阴、天都庙、象山、焦山、下关各筑明暗炮台，置巨炮。北岸之沙州圩、吴淞口，及江阴北岸之刘闻沙，亦一律增建炮台，以严防务。

光绪元年，刘坤一于江阴鹅鼻嘴炮台外，复于下游增筑炮台。其北岸之十圩港，亦增筑炮台，与南岸相犄角。又修改焦山、圌山关、乌龙山等处炮门，以期合法。五年，以外海兵轮统领驻吴淞口，凡沿海各省兵轮，悉归调遣。七年，令彭玉麟筹办江阴至吴淞口一带海防。重修圌山关、东生洲两岸旧筑炮堤，并筑营垒，置大炮。又改天都庙旧式炮台为明炮台。八年，左宗棠举办沿海渔团，选渔户精壮者五千人隶吴淞镇，给以粮械，随时操练。彭玉麟以狼、福山为长江总口，长江下游虽修治炮台，而江面空虚，铁甲大战舰无多，止有海防，未能海战。议造铁甲小兵舰十艘，专顾内洋，与炮台相掩护。十年，令安徽疆臣筹备上游江防。乃于安庆城外，筑明暗炮台各一座，石营一座。拦江矶北岸，建明炮台二座，石营一座，南岸建明炮台、石营各一座。西梁山建明炮台四座，石营一座，土营二座。东梁山就其形势，筑石城、炮堤各一道，以控制江面。十年，曾国荃以新购西洋十四口径八百磅子大炮及开花子弹，分置江阴、吴淞二口炮台。又购马梯尼快枪二千枝，分给各营。又于吴淞炮台增兵八营，江阴炮台增兵十二营，扼守江海总路。十三年，又增建吴淞、江阴炮台，以铁木石土各料筑成，各设新式后膛大炮，其旁佐以哈乞开司炮。江阴之四门大炮台，分建于小角山、黄山二处。黄山旧炮台所存之八十磅子后膛炮，移设于大石湾明炮台。凡炮台之门，各建炮房，护以三合土墙。又田鸡炮为军中利器，于江干要隘，建炮房，置田鸡炮，以资操练。二十二年，张之洞以江南各炮台分为四路，南路狮子林、南石塘各台为一路，南北岸各台为一路，象山、焦山、圌山关、天都庙各台为一路，江宁之狮子山、幕府山、钟山、下关各台为一路，设总管炮台官四员，以新购外洋四十余磅子快枪炮三十具分置各炮台。二十五年，以长江水师兵力单弱，皖省防军尤少，令沿江督抚，不分畛域，节节设防。

三十一年，以东南各省新军，次第练成，命兵部侍郎铁良至江南考察江海防务。旋铁良覆陈江南之沿江海炮台，分为四路，曰吴淞，曰江阴，曰镇江，曰金陵。第一路吴淞炮台，在宝山县南，分设三台，置前后膛大小炮三十四具，炮勇三百余人，水旱雷营二哨，雷勇一百余人，以盛字五营驻防。第二路江阴炮台，在县城北，于长江南北岸分设炮台，南岸置前后膛大小炮三十七具，北岸置炮二十具，炮勇共四百余人，水旱雷营三哨，雷勇二百余人，以合字、南字等八营分两岸驻守。第三路镇江炮台五处，曰圌山关，曰东生洲，曰象山，曰焦山，曰天都庙。南岸各台置炮十五具，北岸各台置炮六具，炮勇二百余人，以新湘二旗驻防。溯江至镇江府城，南岸象山，北岸天都庙，中流焦山，分设三台，象山置炮十八具，焦山六具，天都庙九具，炮勇三百余人，以武威六营、新湘三旗驻防。金陵城外炮台七处，曰乌龙山，曰幕府山，曰下关，曰狮子山，曰富贵山，曰清凉山，曰雨花台。乌龙山在省城外四十里，于南岸分设五台，置炮十二具，炮勇一百余人。幕府山在北门外，炮台依次置炮七具，迤西老虎山置炮四具，炮勇一百余人。下关炮台在城外东面对岸，东岸置炮二具，西岸置炮十具，炮勇一百余人。狮子山在城内，分设东西二台，置炮八具，炮勇九十人。富贵山在钟山之麓，置炮六具，炮勇四十余人。清凉山在西门内，依城为炮台，置炮二具，炮勇十四人。雨花台在聚宝门外，置炮二具，炮勇十四人。

安徽省炮台分为四路，曰东西梁山，曰拦江矶，曰前江，曰棋盘山。梁山夹江对峙，东台置炮十四具，西台十二具，以精锐营步兵三哨为炮兵。拦江矶炮台在省城外四十 里西岸，置炮十五具，以续备步队中营驻台为炮兵。前江口炮台在上游十余里。踞东岸高阜，分上下二台，置炮十二具，由续备中营拨兵分驻。棋盘山炮台在安庆东门外北岸，置大小炮六十八具，以步兵前营驻防。

江西省炮台分为四路，曰马当，曰湖口，曰金鸡坡，曰岳师门。马当在彭泽县东南岸，分设五台，置炮五具，炮勇六十人。湖口炮台在县城北之东西岸，分设二台，置炮十具，炮勇七十人。金鸡坡炮台在九江府十里外东西岸，分设三台，列东西北三面，置炮十二具，炮勇二百人。岳师门炮台在九江东门外，分上下二台，沿江岸建筑，置炮二十一具，炮勇七十人。

湖北省炮台，仅田家镇一路，分中南北三台，置炮三十一具，炮勇五十人。

自同治间，经营江海防务，历四十余年，始称完密云。

浙江东南境濒海者，为杭、嘉、宁、绍、温、台六郡，凡一千三百余里。南连闽峤，北接苏、松。自平湖、海盐西南至钱塘江口，折而东南至定海、舟山，为内海之堂奥。自镇海而南，历宁波、温、台三府，直接闽境，东俯沧溟，皆外海。论防内海，则嘉兴之乍浦、澉浦，海宁之洋山，杭州之鳖子门，绍兴之沙门为要。论防外海，则定海县与玉环厅皆孤峙大洋。定海为甬郡之屏藩，玉环为温、台之保障，尤属浙防重地。定海之东，其远势罗列者，首为海中之马迹山。山北属江苏境，山南属浙江境，而五奎山亦为扼要。陈钱山则在马迹之东北，山大而隩广，可为舟师屯泊之所。迤南经岱山、普陀山，出落迦门，至东霍山，与陈钱山南北相为犄角。其南有昌国外之韭山，均可驻泊舟师。自宁波而南，内有佛头、桃渚、松门、楚门诸山，外有茶盘、牛头、积谷、石塘、大小鹿山，为温、台所属水师会哨之所。由玉环厅而更南，历渔山、三盘、凤凰、北屺、南屺而至此关，则接闽省防地矣。

清初平定浙江后，沿明制严海防。顺治八年，令宁波、温州、台州三府沿海居民内徙，以绝海盗之踪。康熙二年，于沿海立桩界，增设墩堠台寨，驻兵警备。四年，以钦差大臣巡视浙江海防。七年，命偕总督出巡沿海，直至福建边境，提督则每年必巡历各海口，增造巨舰，备战守。二十九年，命江、浙二省疆臣，会勘辖境海面，分界巡哨，勒石于洋山，垂为定制。雍正五年，以提标之游击、守备二员，统率兵丁，改隶水师。六年，定沿海商船渔船之帆樯符号，以别奸良，并增设汛弁。选福建之精练水兵至浙，教练浙军十二营水战诸务，巡游海口。七年，增建沿海要口炮台，增设巡船，及防汛移驻之区，总兵官出巡之制。乾隆五十九年，以五奎山为浙洋扼要之地，拨定海标兵驻守。道光二十年，奇明保等以杭州之鳖子门，为钱塘通海要口，于潮神庙江狭之处，屯兵防守。二十一年，令沿海疆臣，仿定海土堡之法，凡近海村落，招募团练，筑土堡，互相联络。三十年，以渔山孤悬海外，令黄岩镇总兵以舟师靖盗。光绪六年，谭钟麟以浙省沿海各口，巨舰之可深入者，距省最近为乍浦，次则宁波之镇海、定海、石浦，台州之海门，温州之黄华关，旧有炮台三十余座，惟海门镇炮台建筑合法。其澉浦之长山，乍浦之陈山，定海之舟山，海门镇之小港口各炮台，咸加修改。镇海之金鸡、招宝二山，于原有炮台外，增筑金鸡山嘴炮台一座。十三年，刘秉璋以浙江海防，首重舟山，次以招宝、金鸡二山为要塞。乃酌度形势，分建宏远、平远、绥远、安远炮台四座，置克鲁伯后膛大小铜炮，东御蛟门海口。十四年，卫荣光以浙江原有之营勇炮兵，已陆续汰弱留强，加以整练，镇海新筑炮台，及改造旧式炮台，皆已竣工，增置新购后膛巨炮，以新练之军驻守。十九年，谭钟麟以浙江水师船仅五十余艘，增红单船八艘，助巡洋面。二十五年，刘树棠以浙江武备新军左营操法最精，其陆军水师前敌驻防洋枪队各营，步伐分合进退，亦均娴熟，饬分驻宁、台、三门湾各隘，并澉浦、乍浦沿海口岸。三十三年，张曾敭建言，浙江象山港在定海之南，深入象山境六十六里，口宽而水深，群山环绕，作海军根据地最宜，寻谕南北洋大臣勘度经营。

浙江海岸绵长，省垣据钱塘江上游，外恃龛、赭二山为口门，江狭沙横，俨如天堑，敌舰卒难阑入。道光以后，海疆屡警，虽宁、台戒严，而不至牵动全局。中法之役，法舰曾至宁波洋面，招宝山炮台却之。此后遂无欧舰之踪。惟象山港天然形胜，与胶澳、旅顺鼎峙而三，惜筑港未成云。

福建东南沿海凡二千余里，港澳凡三百六十余处，要口凡二十余处。额设水师二万七千七百余人，分三十一营，大小战船二百六十六艘。自清初以迄乾隆，削平郑氏，三定台湾，及嘉庆间靖海之役，福建用兵海上，较他省为多。岛屿星罗，处处与台、澎相控制，故海防布置，尤为繁密。其州郡滨海者，为福宁、福州、兴化、泉州、漳州五府，而台湾障其东方。五府防务，各有注重之处。福宁重在各港口，自北境之南关山、沙埕港口迤逦而西南，为乌岐港口、盐田港口、白马门口、金垂港口、飞鸾江口、东冲总口，海舶之轻利者，随处可入。其外海岛屿较大者，为东西台、七星礁、浮瀛、大小崳山，足资屏卫。此福宁之防也。福州重在闽江，以江口内为省治所在。其外自北境松崎、江户，经东西洛、南北竿塘、鳌江口，至闽江近口之琅崎岛、金牌、五虎门，皆扼要之所。入口经大小屿、罗星塔，乃同、光间所创建之海军船厂、军械制造局，咸在于是。出口沿海而南，经梅花江口、龙江口，少东即海坛岛，水师重镇所在。其外海之岛，若猴屿受闽江之冲，东永当长乐之臂，较白大、东沙诸岛为要。此福州之防也。兴化重在海滨诸岛，自三江口经鹿耳、大小丘，循平海卫、湄洲屿，至双溪港口，乃沿海之境。其外海岛屿，为平海、南日二岛，列汛置官，视为重地，而湄洲亦兴郡屏藩。此兴化之防也。泉州重在金、厦二岛。自北境惠安峰、崎港口，经雒阳江、晋江、安海港三口。其南为金州镇。又西经大登、小登，即厦门岛。岛北为同安港口。金、厦二门，远控台、澎，近卫泉、漳，为海防重地。其外海之永宁、定安、乌浔诸岛，亦设汛置兵。此泉州之防也。漳州重在南澳，鼓浪屿为南境尽处，尤擅形势。其沿海之境，自九龙江口折而西南，经六鳌港、漳江二口，循铜山而南，为诏安港口。其南隔海为南澳镇，南疆要地，与粤海共之。其外海岛屿，首为乌丘，最当冲要。而鼓浪屿当海门之口，与镇海城炮台同为重地。此漳州之防也。中国沿海各省，自浙洋而北，海滨淤沙多而岛屿少，其海岸径直，故防务重在江海总口，而略于海岸。自浙洋而南，岛屿多而淤沙少，其海岸纡曲，故防务既重海口，而巨岛与海岸亦并重焉。

顺治十七年，王命岳以闽省之海门与厦门相望，左为镇海卫，乃漳州府之门户，同安县之高浦城等处，地近厦门，为泉州府屏卫，乃屯兵于镇海、高浦二城，而分营以防邻近隘口。雍正四年，浙闽总督高其倬奏陈操练沿海水师，并令闽洋水师巡视本省各口，兼赴浙洋巡缉。嘉庆四年，令闽省水师仿商船式改造战船八十艘，编为两列。自泉州之崇武，分南北犄角。由崇武而南，令南澳、铜山、金门及提标后营各镇将率船巡缉。崇武而北，令海坛、闽安及金门右营各镇将率船巡缉。道光二十年，谕邓廷桢招募练勇，严守澎湖，以扼闽省赴台湾之路。二十二年，谕怡良等屯兵福州金牌各要口。其距省二十里外之洪塘河及少岐，均沈船布桩设防。闽省门户在外洋者，为五虎、芭蕉二口。入口为壶江，水势稍狭，无险可扼。进至金牌、长门，有巨石横亘中流，扼守较易。又进乃闽安之南北岸，为水路总汇，两山夹峙，可称天险。光绪六年，于南岸建铁门暗炮台六、明炮台八，北岸建铁门暗炮台七。七年，又于长门建暗炮台四、明炮台六，悉仿洋式。二十四年，增祺因闽省滨海，屯戍空虚，增练旗、绿各营，以厚兵力。二十五年，许应骙以漳州之鼓浪屿设防尚未周备，增建炮台，置新式炮。

综闽省海防，所注重者，随时异宜。当康熙间，以郑氏由台、澎据海坛、金、厦，故海防独重泉、漳。其时水师以沙唬船不适于海战，改造鸟船。施琅之平台湾，即藉鸟船之力。及嘉庆间，海盗蔡牵窜扰浙、闽、粤三省洋面，而闽省当其中，宁、福、兴、泉、漳五郡皆剽掠经由之境，故列郡咸重海防。其时水师利用巨舰，李长庚造霆船三十艘，置大炮四百余具，屡败牵于闽海，卒合闽、浙水师之力，围而歼之。最后为光绪中法之战，法人以大队铁舰专攻福州，故海防独重闽江口，而各郡无惊。同治以后，创船厂，造铁舰，筑炮台，制枪炮，海防渐臻严密。乃马江失律，尽隳前功，良足慨耳。

台湾西与福、兴、泉、漳四府相值，距澎、厦各数百里。其山脉北起鸡笼，南尽沙马碕。东西沃野，一岁三熟。宋称毗舍那国。明季日本、荷兰人迭踞之。顺治间，郑成功占台湾、金、厦，时犯泉、漳。康熙初，姚启圣以闽省水师三百艘讨之，先克金、厦。二十二年，施琅以水师二万克台湾。乃置台湾府，设厅县各官，铸铁币，开学校，筑城垣，逐生番，戍兵万有四千，遂为海外重镇。康熙六十年，朱一贵之叛，施世骠由厦门率水师六百艘进攻，七日而克之。乃以总兵官镇台湾，副将守澎湖。乾隆间，福康安平林爽文之乱，台湾北境乃渐展拓。其山后之地，至嘉庆间始辟之。光绪十三年，开台湾为省治，设巡抚以下各官，为中国海南右臂。及中日之战，割让于日本，而疆事益不可问云。

广东南境皆濒海，自东而西，历潮、惠、广、肇、高、雷、廉七郡，而抵越南。其东境始于南澳，与闽海接界。潮郡支山入海，有广澳、赤澳诸岛，皆水师巡泊所在。迤西为惠州，民性剽悍，与潮郡无异，设碣石镇总兵以镇之。又西为广州境，其海湾深广。自新安折而北，又折而南，至香山，是为内海，郡岛环罗，为广州省治之外护。又西为金州、马鞍诸山，则肇郡阳江之屏障也。又西为高州海，多暗礁暗沙，海防较简。又西为雷州，其南干突出三百余里，三面皆海。渡海而南为琼州。又西为廉、钦，与越南错壤。廉州多沙，钦州多岛，襟山带海，界接华夷。琼州孤悬海表，其州县环绕黎疆，沿海多沈沙，行舟至险，水师可寄泊港口仅有六七处。此全境海防之形势也。

广州海防，自零丁洋过龙穴而北，两山斜峙，东曰沙角，西曰大角，由此入内洋，为第一重隘。进口七里有山曰横当，前有小山曰下横当，左为武山，亦曰南山，为海船所必经，乃第二重隘。再进五里曰大虎山，西曰小虎山，又西曰狮子洋，乃黄埔入省城之路，为第三重隘。历朝于此虽筑垒驻兵，而设备未周。欧舰东来，粤东首当其冲。道光禁烟之役，英舰进薄广州内海，林则徐督粤，屡战却之。其时布防较密，而壁坞皆循旧式。至光绪间，彭玉麟、张之洞守粤，始有曲折掩护之炮台，后膛连珠之枪炮，防务益严矣。

清初规制，设大小兵船一百数十艘，仅能巡防内洋，不能越境追捕，遇有寇盗，则赁用民船。康熙五十六年，始建广州海滨横当、南山二处炮台。乾隆五年，以广东战船年久失修，谕疆吏加意整顿。四十六年，巴延三以各海口时有寇船出没，于石棋村总口设立专营，与虎门营汛联络。五十八年，吴俊以东莞米艇坚固灵捷，便于追捕海寇，造二千五百石大米艇四十七艘，二千石中米艇二十六艘，一千五百石小米艇二十艘，分布上下洋面，配置水兵，常年巡缉。嘉庆五年，于沙角建炮台。九年，倭什布以粤海穷渔伺劫商船，遇水师大队出巡，辄登陆肆扰，遂无宁岁，乃规画水陆缉捕事宜。十五年，设水师提督驻虎门，扼中路要区，以二营驻香山，一营驻大鹏，为左右翼。二十年，就横当炮台加筑月台，又于南山之西北，增建镇远炮台，置炮多具。二十二年，建大虎山炮台，置炮三十二具。

道光十年，于大角山增建炮台一，置炮十六具。十五年，在虎门炮台置六千斤以上大炮四十具。又于南山威远炮台前环筑月台，亦置炮位于横当之阴，及对岸芦湾山，增建永安、巩固二炮台，沙角、大角并增建了望台。十九年，林则徐筹防粤海，以零丁洋入口之要隘数重，历年虽增筑炮台，而武山、横当海面较狭，设大木排八千排，分为二道，大铁练七百丈，临以炮台，辅以水兵，以阻敌船来路。时邓廷桢因虎门当粤海中路，亦于横当山前海狭之处，增设练排。又于武山下威远、镇远二炮台之间，增大炮台一座，置炮六十具，以护排练。二十年，林则徐以大鹏营所辖尖沙嘴一带海门岛屿，为海舶东赴惠、潮，北往闽、浙所必经，乃于尖沙嘴之石脚上官涌偏南之处，皆建炮台，并药库兵房。二十三年，祁𡎴等以广东民风宜于团练，招集已得十万人，以升平社学为团练总汇之所，推及韶州、廉州等处。二十七年，增筑高要县属琴沙炮台，并虎门广济墟兵卡。同治十年，瑞麟以钦州海面与越南接界，调拨兵轮，会同舟师巡洋。时闽、沪二厂兵轮次第告成，粤省亦仿造兵轮，以备巡防。

光绪六年，刘坤一修整大黄窖及中流砥柱、虎门各炮台，威远及下横当共筑炮台六十余座，沙角及浮舟山各炮台亦依次建筑。八年，曾国荃以琼、廉二郡洋面，与越南沿海相通，拨兵轮八艘，拖船二艘，赴北海驻防。九年，国荃以虎门为省城门户，而黄埔、长洲、白兔、轮冈、鱼珠、沙路尤为要区，乃于南岸屯重兵，为炮台犄角，兼顾后路。十年，彭玉麟办理广东军务，就粤省原有各炮台，修整改造，并于炮台后辟山开路，以藏弁兵。筑绵亘墙濠，联络各炮台声势。自虎门、大角、沙角以次各隘，节节设防。其新会、香山、顺德等县，选练精壮渔团，及新编靖海营兵，防堵各口。十一年，玉麟以省城要口虽已严防，而横门、磨刀门、崖口皆可由海口互达，窥伺后路，浅水兵轮尚未造成，先造舢板船百艘，编为水师，以散御整，藉固内口。十二年，张之洞于广州驻防兵内，选千五百人，习洋枪洋炮，以旗营水师并入，编为两翼，分防海疆。十四年，张之洞、吴大澂以琼州一岛，内绥黎族，外通越南，就琼州原有制兵，酌设练军，并加练饷，一洗绿营积弊，旧额四千九百余人，按七底营抽练，共编练一千七百五十人。崖州等处水师，加以整顿，原有拖船，亦配拨练军，以二艘驻崖州，二艘驻儋州，二艘驻海口，二艘驻海安。其守兵二千人，匀拨紧要塘汛。三十三年，以广东民风不靖，已裁之广东水师提督，复其旧制，以资镇慑。此粤海防务之概略也。

历朝海疆有警，若大沽，若吴淞，若马江，迭遭挫败。惟林则徐、彭玉麟先后守粤，忠勇奋励，身当前敌，将士用命，敌舰逡巡而退云。

卷一百三十九　　志一百十四

兵十

训　练

清代训练军士，综京、外水陆各营，咸有成规。而历朝整军经武之谕，则随时训练，因地制宜，兹分述之。

其定期训练者，为领侍卫府三旗亲军训练之制，镶黄旗、正黄旗、正白旗每月分期习骑射二次，习步射四次。八旗骁骑营训练之制，每月分期习射六次，都统以下各官亲督之。春秋二季，擐甲习步射，由本旗定期。擐甲习骑射，由部臣定期。春月分操二次，合操一次，秋月合操二次，预奏操期。仲春孟秋，登城操习，兵部稽察之。岁以为常。八旗汉兵训练之制，于春秋月试炮于卢沟桥，各旗咸出炮十位演放，五日而毕。越三年，鸟枪营兵与炮兵合演枪炮籐牌于卢沟桥。其春秋季常操，四旗合操四次，八旗合操二次，初冬则分遣各旗演习步围。前锋营训练之制，月习步射六次，春秋擐甲习骑射二次，左右翼各分前锋之半，兼习鸟枪，月习十次，均由统领督率。每年秋季，前锋统领会同护军统领奏闻，率所属兵演习步围二、三次。护军营训练之制，月习步射六次，春秋擐甲习骑射二次，与前锋同。圆明园八旗护军营训练之制，月习步射六次，春秋习骑射，兼习鸟枪。步军营及巡捕营训练之制，八旗步军习步射，城门骁骑习鸟枪，均以春秋操演。内九门，外七门，咸设炮位。每届三年，随同八旗兵运炮至卢沟桥演放。巡捕营参将、游击，月考其属之弓矢，守备等各练其汛兵。春秋兼习鸟枪，与城门骁骑同。内府三旗训练之制，月习步射六次，春秋擐甲习射二次，立冬后，内府护军及尚虞处执事等演习步围，别选三旗护军习马射各技。火器营训练之制，月习步射六次，骑射六次，马上技艺六次。统辖鸟枪炮兵护军骁骑各官，按日于本旗考验。至合操之日，八旗分左右翼列阵，环施枪炮。秋季至卢沟桥演炮五日。健锐营训练之制，月习云梯鸟枪各艺六次，骑射步射鞭刀等艺六次，余日于本期习枪箭。值驻跸圆明园，左右翼各以舟演习水战。旗营校阅之时，自七月开操至次年四月，设教场于九门外，将军、都统、副都统掌校阅骑射枪炮之事，第其优劣，以为赏罚。春秋合操，与京营同。

陆路绿旗营训练之制，总督所属为督标兵，巡抚所属为抚标兵，提督所属为提标兵，总兵所属为镇标兵。每岁秋季霜降日，先期各营将弁肃伍赴教场，设军幕。届时军士擐甲列阵，中军建大纛于场中，统兵大臣于将台上传令合操，中军扬旗麾众，台下举炮三，军中鸣角伐鼓，步骑甲士列队行阵，施放火枪，连环无间，如京营之制。若长矛、籐牌、扁刀、短刀之属，各因其地之宜，以教士卒，咸有成法。阅竟，试材官将士骑射技勇，申明赏罚，犒军，释甲归伍。漕运总督标、河道总督标训练之制，咸与京营同，各营将弁率其所属，按日督练。八旗水师营训练之制，每年春秋二季，将军、都统、副都统督率官兵，分驾战舰，奉天、福建、浙江、广东水师，各赴海口，齐齐哈尔、墨尔根、江宁省水师，各赴江面，天津水师赴海口洋面。每年自四月至八月，于潮平风顺时，张帆起碇，列阵出洋，以次鸣炮操演，余日各率所属讲习水务。其绿旗水师营，有内河水师、江海水师，出洋会哨，信候各省不同。每岁春秋之季，乘舰列阵，扬帆驶风，鸣角发炮，操演咸如军律。

其随时训练者，天聪七年，太宗始举大阅之典。八旗护军、汉军马步、满洲步军咸集。分八旗为左右翼，汉军、满洲步兵为二营，四方环立，前设红衣炮三十位。上擐甲乘马，诸贝勒率护军如对严敌，亲军为后盾。传令闻炮而进，闻蒙古角声而退。次汉军马步，次满洲步军，进攻炮军。大阅礼成。严申退后之令。崇德八年，大阅于沈阳北郊，前列汉军炮手，次满洲步兵、蒙古步兵，次骑兵，次守城应援兵，次守城炮兵，绵亘二十里，闻炮合战。上亲临简阅，步伐止齐，军容整肃。

顺治七年，诫各将领勿以太平而忘武备，弓马务造精良。十一年，定每年阅操赏银之制。定骑射各兵分期演习之制。定督、抚、提、镇奖赏优等弁兵之制。

康熙十一年，令各省营伍，须武职大员巡察。嗣后各镇臣以巡察之期上闻，不得扰累各营。十二年，以汉军不能骑射者甚多，每旗宜增练火器。寻议八旗汉军骁骑，每佐领下，增鸟枪兵十八名。十六年，令各营于安营驻宿之道，驰骋奔走之劳，皆须习练，不得仅拘操演成法，直省提、镇，每岁督选标兵行围，以习劳苦。十九年，定每年演放红衣大炮之期。二十八年，定演炮之制。每年九月朔，八旗各运大炮十位至卢沟桥西，设枪营、炮营各一，都统率参领、佐领、散秩官、骁骑炮手咸往。工部修炮车，治火药。日演百出，及进步连环枪炮。越十日开操。太常寺奏简都统承祭，兵部奏简兵部大臣验操。各旗演炮十出，记中的之数。即于炮场合队操演，严鼓而进，鸣金而止，枪炮均演九进十连环，鸣螺收阵还营。三十年，定春操之制。每旗出炮十位，火器营兵千五百名。汉军每旗出炮十位，鸟枪兵千五百名。每佐领下之护军鸟枪兵、护军骁骑，每参领下之散秩官、骁骑校，及前锋参领、护军参领、侍卫等，更番以从。既成列，演放鸟枪，鸣螺进兵，至所指处，分兵殿后而归。五十年，定火器营合操阵式。八旗炮兵、鸟枪兵，护军骁骑，分立十六营。中列镶黄、正黄二旗，次六旗，按左右翼列队，将台在中，两翼各建令纛为表。每旗鸟枪护军在前，次炮兵，次鸟枪兵，次骁骑。台下鸣海螺者三，以次整械结队出营。施号枪三，台下及阵内海螺递鸣，乃开阵演枪炮九次至十次，炮与鸟枪连环无间。

雍正四年，改定卢沟桥演枪炮为三年一次，均演一月。兵校等火药器用，由工部预储。五年，以满洲夙重骑射，不可专习鸟枪而废弓矢，有马上枪箭熟习者，勉以优等。七年，以直隶营汛多演空枪，通饬直省将帅，令各营以铅子演准。八年，刘汝麟建议，汉军应习步围。寻谕各旗兵于初冬行步围，每旗行二、三次，统以各旗大臣，步行较猎，侍卫、打牲人等，一律学习。九年，以八旗官兵未能精整，统兵各官，择不堪骑射者，立为一营，稍优者，别立一营。每营千人，勤加操练，化弱为强。又以兵丁重在步行，凡八旗兵给限一年习步，以日行百四十里为率，优者赏之。十年，以边陲用兵，操演加勤，免各旗轮班值日，专习骑射长枪。十二年，定八旗汉军骁骑演习鸟枪之制。春季二月为始，秋季八月为始，各习枪四十五日，本旗四翼仍合操二次。

乾隆四年，定旗兵合操之制。每年春季，本旗各营官兵，于本旗教场分操二次。八旗各营官兵，于镶黄、正黄二旗教场合操一次。至秋季合各营大操，其队伍号令，旗纛器械，均遵大阅之制。六年，议准八旗骁骑营步射由本旗定期，骑射由兵部定期。八年，令八旗汉军至卢沟桥演放枪炮，于九月朔为始，演放一月，简都统大臣监视，日演十出，兵部阅操之日，每旗各演百出，演毕，合操枪炮。其金鼓号令，悉如大阅之制。十年，以沿海水师，经大臣察阅，其操演多属具文，未谙水务，通饬将军、督、抚、提、镇，实心训练甄别。十四年，以旗兵习练云梯，随征金川有功，凯旋后，别立健锐营，云梯兵千名为一营，统以大臣，专练云梯、鸟枪、马步射及鞭刀等艺，并随侍行围。又于昆明湖设赶缯船，以前锋军习水战驾船驶风之技。是年，莽阿纳上言，整顿边省营伍章程：一、步弓均改五力以上，一、马射与步射一式，一、马兵骑射宜枪箭二技，一、鸟枪专练准头，一、枪兵兼习弓矢，一、定优劣赏罚，一、预储军械，以固边陲。十七年，定八旗汉军籐牌兵之制，春季与旗兵一律操演，遇大阅及诸营合操，则守护炮位，入队演习。三十六年，令鸟枪兵宜遵定例，于演枪时，检回铅子，以励勤能。三十八年，定各营增演马上四箭四枪之制。三十九年，以金川用兵，京城之健锐、火器二营，功绩最多，令各省绿营习鸟枪兵弁，悉仿火器营进步连环之法操练，不得虚演阵式。寻定各营枪兵升补之序，以资鼓励。四二年，令健锐营兵月习枪十二日，定三等为赏罚。四十三年，令各省习枪兵弁，仿京营火器操练之法，各总兵于巡阅时，有进步连环精熟者纪功。四十四年，令各省绿营兵习射，以五矢中三为一等。五十年，以绿营阵法，向习两仪四象方圆等旧式，无裨实用，改仿京营阵式，由提督颁发各标镇，如式教演。各营每月定期合操，并演九进十连环之阵。其堆拨应差兵丁，暇日一律练习。又以各省巡抚标兵，向供给使，训练甚稀，饬各抚臣实力整理。其旧式之籐牌兵，均兼习鸟枪。五十五年，令军机大臣会同兵部，审定演放炮位步数及惩劝之例。

嘉庆二年，罢水师冬令凫水习艺，以恤兵艰。四年，令水营兵丁一律兼习陆战。又令新疆屯田之兵，每营分半屯种，余悉回营操练。令各省督抚，修理营汛墩台。督操将、备，加力振奋。九年，令各统兵官习射以六力弓为度，习枪以迅速命中为度，申明教诫，力挽积习，不得养尊处优。十一年，令德楞泰等兵丁，以十成之一兼习长矛，其制不得逾丈。

道光元年，令各军均习长矛步枪，不得专精马枪。是年，杨芳上言："兵丁于练骑射枪矛之外，加以车骑合步连环三项，融结参合，日操一队，以五队更番演习，六日合操为一阵。直隶额兵，抽练四成，得一万五千三百余人，成二百四十队，按图操演，以齐勇怯而节进退。"允之。二年，以广东营伍废弛，严饬抚臣，实力练习，不得多立章程。四年，罢撤梅花车炮阵式，专习部颁九进连环阵式。五年，允英和之请，以八旗圈马四百匹，改拨巡捕营，令满洲、蒙古马兵演习骑射，春秋二季，步军统领会同左右翼总兵简阅，三年后亲临大阅。八年，令那彦成等回疆增设防兵，筹给饷糈，议定操兵章程，并于喀什噶尔防兵内，抽练二千名，伊犁满兵亦勤习骑射，由参赞大臣及总兵督操。十五年，以山西满、汉营伍废弛，严饬阅兵大臣严明甄别。是年，常大淳上言，新疆、湖南、广东、四川各营伍，日久生玩，满营则奢靡自逸，汉营则粮额多虚。由于拔补之循私，操演之不实，以国家养兵之资为众人雇役之用。请饬将军、督、抚，力除积习。遇剿匪保案，不得冒滥，以励戎行。允之。并令各州县额设民壮，一律充补训练。十七年，令各省民壮，每月随营操演，授以纪律，以辅兵力所不及。十八年，令盛京满洲兵各勤操务，遇行围之时，不得有雇役情弊。十九年，以四川各营，技疏胆怯，致夷匪日张，特简大臣，督率镇、道，亲往校阅。二十二年，令天津增兵六千余人，饬各将、备率新旧兵丁，悉加练习，首火炮，次鸟枪刀矛，辅以马队。遇警则各营联合南北炮台。命精能武员，专司稽察，讲求方略。二十六年，令各州县民壮，随营调考刀矛杂技。三十年，令各督、抚、提、镇，汰老弱冗滥之兵，抽练精壮，俾各营皆有选锋劲旅。不得以工匠仆役，虚占兵粮。

咸丰元年，奕山等以伊犁及乌鲁木齐二处满洲营增练鸟枪，拟定考验章程，并绿营一律办理。三年，综各省绿营额兵共六十余万人，除征调之兵，所余存营者，汰弱留强，定期分练。各省驻防旗兵亦如之。五年，令健锐、火器、圆明园八旗营，及前锋、护军、八旗汉军营，饬阅兵大臣核实校令，分别劝惩。又令僧格林沁等增满洲火器营操演阵式。十一年，以盛京、吉林、黑龙江马队官兵，日就疲弱，饬将军、副都统，无论在城在屯，一体挑练，可造者多方鼓励，贫苦者酌量周恤，遇行围兵数不足，以余丁随同操演。

同治元年，以上海、宁波等海口官兵，延欧洲人训练，令曾国藩、李鸿章、左宗棠等，酌选武员数十人，在上海、宁波习外国兵法，以副、参大员统之，学成之后，自行教练中国兵丁。又以广东、福建营伍久弛，饬耆龄、刘长佑等于旗、绿营营内，择骁勇员弁，习外国兵法。天津练军亦如之。其内地营兵，仍遵旧章，随时训练。是年，令文煜等定京营绿旗兵枪队炮车合阵之制。四年，醇郡王等训练神机营兵及练兵三万余人，操演渐著成效，绿营亦就整肃。令仍隶醇郡王节制，督操阅兵大臣，一并阅看。是年，令崇厚率洋枪队千五百人赴畿南，饬天津镇、芦台镇选择标兵，增练新式洋枪。六年，以丁宝桢所拟训练马队章程十四条，饬特普钦于黑龙江所属、富明阿于吉林所属打牲人内，招募壮丁三千人，遵章速练马队，以剿捻匪。曾经出师回旗之员，分起训练，入关候调。十年，曾国藩建议，用兵十余年，绿营几同虚设。查阅江南营伍，约有四宗：曰经制绿营，曰新设水师，曰挑练新兵，曰留防勇营。凡陆兵四十一营，水师十一营，新兵十一营，防勇十二营，兵数实存二万四千余人。旧习宜改者，约有四端：一、兵丁应差与操演分为二事，应差以分塘分汛为额，操演以分营分哨为额。一、绿营饷薄兵疲，宜仿新军练军之制，裁兵加饷。一、旧用鸟枪土药，不利战阵，各营宜以次悉改洋枪。一、水师不得仍沿马兵、战兵、守兵之名，各省水师，皆应筹造船之费，以船为家，但兼陆操，不得居陆，外海、内洋、里河水师，器械船只，力求精整。凡此皆事关全局，请特旨通行内外臣工，合议遵行。是年，令长江水师，及外海、内洋、里河水师，均应专习枪炮，不得藉口演习弓矢，致开陆居之渐。沿海兵轮水师，亦免习弓矢。十二年，沈葆桢以各兵轮虽分驻各省，而操演征调必应声势联络，请饬兵轮统领，躬历各海口，随时调操。十三年，李鸿章以八旗、绿营兵，用弓矢刀矛抬枪鸟枪旧法训练，固难制胜，即新练各军，用洋枪者已少，用后膛枪及炸炮者更少，可靖内匪，而不可御外侮。曾国藩曾拟以新械练兵，沿海七省，共练陆兵九万人，沿江三省，共练三万人，计年饷八百万两，总理衙门议以制胜之洋枪队练习水战，丁日昌议合各省练精兵十万人，皆以费重未能遽行。陆军与水师规制各殊，训练亦异，水师犹可陆战，陆军不能操舟。请以现有陆营，一律选练洋枪，裁绿营疲弱之额，加新军之饷，沿海防营，悉改后膛枪，于海岸要口，屯大支劲旅，专讲操练及筑垒诸事。各海口修洋式沙土炮台，置十余寸口大炮，择良将劲兵练习，以命中及远为度，以固海疆。

光绪五年，李鸿章以德国陆军步队尤精，得力在每日林操，熟演料敌应变之法，夏秋大操，熟演露宿野战攻守之法。其法备于一哨，扩而充之，可营可军。前于海防营内，选游击等七员，赴德国学习林操及迎敌、设伏、布阵、绘图各法三年余，学成回国。乃于亲军营内，挑选哨队，仿德国一哨之制，依法教练，渐次扩充。九年，李鸿章始创设水师学堂于天津，习驾驶等艺。十一年，张之洞酌定海防各营操练章程，旧式刀叉弓矢已无实用，改用新操，一练卧枪，一练过山炮队，一练掘造地营，一练安放水雷，一练修筑炮台，一练临敌散队，一练洋式火箭，一练安设行军电线，一练疾步逾濠越岭，一练夜战，一练坚守地营及浚濠筑墙一切工程。是年，李鸿章以外洋留学生回华，于操法、阵法、电学、水雷、旱雷，均有心得，饬分赴各营教练弁兵，并设武备学堂。十二年，张之洞以广东省驻防营，于光绪六年，选甲兵千五百人，改练洋枪洋炮及阵法，乃裁汰旗营水师，附入步军，编为两翼，合阵操演。饬制造局移解新式枪炮，增练炮队。十三年，李鸿章以北洋武备学堂学生，于炮台、营垒、马队、步队、炮队诸新法，咸有成就，饬令回营，转相传授。是年，张之洞始于广东设水师、陆师学堂，水师分管轮及驾驶攻战二种，陆师分马步、枪炮、营造三种，兼采各国之长。二十年，张之洞以南洋水师学堂著有成效，加以奖励。又于江宁省设陆军学堂，讲求地理、测量、营垒诸术，马、步、炮队诸法。

二十一年，张之洞建议，旧营积弊太深。人皆乌合，来去无恒，一弊也。兵皆缺额，且充杂差，二弊也。里居不确，良莠不分，三弊也。摊派刻扣，四弊也。新式枪炮，抛弃损坏，五弊也。营垒工程，不知讲求，六弊也。营弁习尚奢华，七弊也。若以洋将统之，期其额必足，人必壮，饷必裕，军火必精，技艺必娴，勇丁不供杂差，将领不得滥充，此七者练兵之必要。所聘德国武将三十五人已来华，即仿德国营制，设步队八营，二百五十人分为五哨，马队二营，一百八十骑分为三哨，炮队二营，二百人分为四哨，工程队一营百人，医官、枪匠等咸备。凡勇丁二千八百六十人，饷四十四万两。俟操练有效，推广加练，增至万人。以此军洋将移练第二军，俾次第以成劲旅。是年，胡燏芬建议，新练各军，宜用一律枪炮。北洋先练五万人为大军，南洋练三万人，广东、湖北练二万人，余省万人，操法军械，务归一律，以便征调。各省应一律设立武备学堂。

二十二年，始以新法训练海陆各军。各省设立学堂，同时举办。是年，张之洞始裁撤湖北武防等三旗，改练洋操二营，工程队一营，仿直隶武毅军新练洋操章程，参用德国军制，聘德国武员为教习，以开风气。是年，盛宣怀建议，全国绿营兵岁饷千余万，练勇岁饷亦千余万，凡八十余万人，徒耗财力，无裨实用，宜悉行裁撤。共练新军三十万人，就各省情形轻重，定兵数多寡，征募训练，悉仿西法。旋总理衙门以各省营伍，骤难尽裁，先就北洋新练两军，及江南自强军、湖北洋操队，切实教练。俟裁兵节饷，次第推广。饬两江、两湖督臣，较准制造局枪炮画一办理。又于武昌城设武备学堂，聘洋员教习。

二十四年，令各省稽察缺额摊派之弊，严行革除。至操练之法，宜不拘成格，尽力变通，饬督办军务王大臣议之。寻以神机营、火器营、健锐营、武胜新队，操演娴熟，赏统兵大臣有差。令满、蒙、汉各军骁骑营、两翼前锋、护军营，五成改习洋操，五成改用洋枪，八旗汉军炮队营、籐牌营，一并改练，神机营汰弱留强，共练马步兵万人。其阵法器械营制饷章，酌仿泰西兵制。是年秋，上亲诣团河及天津大阅新操。又令各省增水师学堂学额，增造练船，习驾驶诸术。二十五年，以北洋各军训练三年，饬统兵大臣取各种操法，绘图贴说以闻。步队以起伏分合为主。炮队以攻坚挫锐为期。马队以出奇驰骤为能。工程队以扩地利、备军资为事。以平时操练之法，备异日战阵之需。二十六年，邓华熙于安徽省城设立武备学堂，习枪炮战阵诸学。

二十七年，以各省制兵防勇，积弊甚深，饬将军、督、抚，就原有各营，严行裁汰，精选若干营，分为常备、续备、巡警等军，更定饷章，一律操习新式枪炮。又令南北洋、湖北之武备学堂，山东之随营学堂，酌量扩充，认真训练。是年，刘坤一、张之洞等，以二十年来，各省练习洋操，屡经整顿，而旧日将领，于新操多未谙习。东西各国教将练兵要旨，约有十二：一曰教士以礼，使知有耻自重，一曰调护士卒起处饮食，一曰讲明枪炮弹药质性源流之法，一曰枪炮线路取准之法，一曰掘濠筑垒避枪炮之法，一曰马步炮各队择地借势之法，一曰测量绘图之法，一曰队伍分合转变之法，一曰守卫侦探之法，一曰行军工程制造之法，一曰筹备行军衣粮辎重之法，一曰行军医药之法。各疆臣均应选择统领、营、哨各官，均切实研究。练兵固亟，练将尤要。数年以后，非武备学堂出身者，不得充将弁。更请仿英、法之总营务处，日本之参谋部，于都城专设衙门，掌全国水陆兵制、饷章、地理绘图、操练法式、储备粮饷、转运舟车、外交侦探等事。平日之预筹，临时之调度，悉以此官掌之。兼采众长，务求实用。令内外臣工合议。二十八年，设北洋行营将弁学堂，实演战击诸法。此历朝训练之规也。

卷一百四十　　志一百十五

兵十一

制造

清代以弧矢定天下，而威远攻坚，亦资火器。故京营有火器营鸟枪兵之制，屡命各省防军参用枪炮。初皆前膛旧制，继购欧洲新器。其后始各省设局制造。制造之事，实始天津。当咸、同间，中原未靖，李鸿章疏请在天津设机器局，自造枪炮，以供北方军队之用。同时，江苏亦创立机器局。

同治四年，江苏巡抚李鸿章疏言，统军在江南剿贼，习见西洋火器之精，乃弃习用之抬枪、鸟枪，而改为洋枪队。留防各军五万余人，约有洋枪四万枝，铜帽月须千余万颗，粗细洋火药十数万斤，均在香港、上海购买。又开花炮四营，每炮一具，重者千余斤，轻亦数百斤，炮具精坚，药弹繁重。惟器械子弹皆系洋式，所用铜铁木煤各项，均来自外洋。必须就近设局自造，以省繁费。江苏先设三局。嗣因丁日昌在上海购得机器铁厂一座，将丁日昌、韩殿甲二局移并上海铁厂。以后能移设金陵附近，滨江僻地，最为久远之谋。五年，闽浙总督左宗棠疏言，外洋开花炮，近日督饬工匠仿造，已成三十余尊。用尺测量，施放与西洋同其功用。十三年，船政大臣沈葆桢疏请饬沿江海各省，仿津、沪二厂，自设枪炮子药厂局。

光绪二年，李鸿章、沈葆桢、丁日昌疏请选派制造学生十四人，制造药徒四人，由出洋监督带赴法国学习制造。此项学生，既宜另延学堂教习课读，以培植根本，又宜赴厂习艺，以明理法，俾兼程并进，以收速效，备他日监工之选。其艺徒学成后，可备分厂监工之选。凡所习之艺，均须新巧，勿循旧式。如有他厂新式机器，及炮台、兵船、营垒、矿厂，应行考订之处，由监督酌带生徒前往学习。山东巡抚丁宝桢疏言："今在山东省城创立机器制造局，不用外洋工匠一人，局基设在泺口，自春及秋，将机器厂、生铁厂、熟铁厂、木样厂、绘图房，及物料库、工料库大小十余座，一律告成。其火药各厂，如提硝房、蒸硫房、煏炭房、碾炭房、碾硫房、碾硝房、合药房、碾药房、碎药房、压药房、成粒房、筛药房、光药房、烘药房、装箱房，亦次第告竣。其各厂烟筒，高自四十尺至九十尺不等，凡大小十余座。所买外洋机器，次第运取。俟机件煤炭各种备全，厂局告成，不逾一年，即可开工。将来如格林炮、克鲁伯炮、林明登枪、马梯尼枪，均可自造，不至受制于人，并可接济各省，由水路转运。即使洋商闭关，不虞坐困也。"直隶总督李鸿章、两江总督沈葆桢、江苏巡抚吴元炳疏言："上海制造局自同治四年开办，阅七年，曾请奖一次。今又阅七年，先后增造机器二百三十三座，大小铜铁炮三百四十八尊，炮架七百八十余座，开花实心炮弹十万一千余颗，各式洋枪一万八千六百余枝，枪弹八十余万颗，火药十七万磅，其他零件关系军事者甚多。在事诸人，寝馈于刀锯汤火之侧，出入于硝磺毒物之间，积数年之辛苦，乃克有此成绩。请优奖以资鼓励。"

三年，湖南巡抚王文韶疏言："近年上海、天津、江宁均有制造局，滨海固宜筹备，而内地亦应讲求。湘省一年以来，先建厂，次制器，仿造洋式，规模粗具。后膛枪及开花炮子，试演均能如法，与购自外洋者并无区别。以后随时添造，自数千斤以至万斤大炮，或钢或铜，均可自造。湘省向产煤铁，攸县、安化各处所产之铁，与洋铁一律受钻。火药一项，督匠精造，与洋火药不相上下。自光绪元年五月开办，至二年十月，共用二万二千余两。以后每月以三千两为度。请援津、沪二局成案，专折奏销。"四川总督丁宝桢疏言："川省已设机器局，今外洋机件运到，即行开局，自造洋枪子弹等项。"

四年，总理衙门王大臣疏言："前陈海防事宜，有简器一条，巨炮应如何购办，各军洋枪应如何一律，以后应如何自行仿造，请饬疆臣切实详议以闻。"嗣据各将军、督、抚覆陈："有言前膛枪稳实者，有言后膛枪灵捷者，有言线枪胜于洋枪者，有言宜勤加操练磨洗者，有言不宜多购防新出更胜者，有言宜派人赴外洋学习者，有言宜内地设局以防后患者。臣等查外洋枪炮，近时皆用后膛，名目甚多，必须择其至精之品，一律切实办理，庶在彼不敢售其欺，在我得以适其用。外洋军械价值，本无成案可考，故承办之员，视为利薮。查上海为各洋商聚集之地，多在该处交易。请以精明廉正之员，总理其事。各省有委办军火者，责成该员核定。如有浮冒等事，严行治罪。至仿造外洋军火，李鸿章先后奏在上海、天津设局制造。丁宝桢、王文韶亦在山东、湖南二省各设局厂，不用洋人，其费最省。丁宝桢复于四川设局。以上三局，均设在内地。沪局制造枪药，岁用银四、五十万两。津局岁用银二十余万两。近据李鸿章、沈葆桢奏报，津局造后膛炮，沪局则前膛、后膛洋枪并造，既非通力合作，未必易地皆宜。请饬两局派得力人员，随时酌核，画一办理。"时廷臣有议以上海机器局款，充固本饷及赈捐者。两江总督沈葆桢疏陈，谓机器局缔造十余年，仅恃二成洋税，入不敷出，而南北洋所用枪炮子药，咸取给于此。海防重要，未可停工。

五年，丁宝桢疏言，四川机器局近以恩承、童华疏请停办，奉谕令酌度办理，仍请设法兴办，毋令废堕，遂复开局制造。

七年，两江总督刘坤一疏言："金陵制造局，于光绪六年，即饬工匠加工制造。各军拨用洋枪，先后已及万枝。今军械所尚存来福前膛枪一万三千余枝，马梯尼后膛枪七千余枝，林明登后膛枪八千余枝，细洋火药六十五万余磅，洋炮火药四十余万磅，棉花火药九万九千余磅，铜火一千万磅，各项铜管火十七余万件，又水雷应用之电线七十五车，所储尚不为少。而上海制造局现造之洋药及林明登枪，可随时接济金陵。复定购机器，增设洋火药局，并定购前后膛枪一万五千枝，尚不在此数内。至各处明暗炮台所用之炮位，有上海制造局现造之一百二十磅子之钢炮，年内可成。金陵局中所造陆营之炮，亦多可用。"

是年，督办宁古塔等处事宜吴大澂疏请吉林创办机器局。

十一年，直隶总督李鸿章疏言："上海、江宁、天津、广东各机器局，大都分造炮械子药，以供各军操练战守之用，尚未能仿造后膛大炮。至若三、四寸口径后膛小炮，后膛连珠炮，为水陆军必需之利器，应就内地已开煤铁矿近水之处，分设造枪、造炮专厂。至克鲁伯钢炮，近来德、奥、义各国，恐纯钢不尽合用，均改造硬铜后膛小炮，融练别有新法。日本已聘洋匠仿造。中国亦宜踵行。各国后膛枪式样不一，新式改用连珠，或六、七响，精利无匹。日本已设厂自造，中国亦宜专造，以应各省之用。约计造枪及小炮机器皆不过数十万金，尚不甚钜。水师所用之鱼雷、伏雷，与炮并重。各种伏雷，中国机器局多能自造。至鱼雷则理法精奥，别有不传之秘，只可向西洋订购。天津机器局已购备试雷修雷之具，仿造则未易言也。"两广总督张之洞疏言："粤省请募款开设枪、雷各局，其大炮仍归沪、闽二厂制造。"又疏言："省城有机器局，城西增步地方有军火局，以器具未备，仅能制小钢炮开花子、寻常洋火药、白药、水雷壳、洋火箭、修理船炮寻常机器，除火药、火箭尚可用，其余能成而不能精。设局十余年，用银数十万，迥非津、沪、闽各局之比。今重加整顿，以机器、军火二局，并入城西增步一局，以就水运之便，名曰制造局，仍制枪炮弹火药等物。其修理鱼雷，归黄埔雷局。就制械而言，以枪弹与行营炮为尤要。盖购枪可用数年，购弹不能支三月，一举而购枪数千则易，一举而购炮数十则难。自宜分条并举，循序图功。期以一年半而铸枪炮厂成，两年而炮台备，庶足以御强敌。"大学士左宗棠疏言："各省制造局厂，宜合并筹办，以专责成。前曾疏请开徐州、穆源各矿，为铁甲钢炮材料。兹奉谕饬议设厂处所，若论常格，自应由两江、闽浙筹款试办，或委公正富绅，集股创办，并招通晓化学之人，研求炼法，俾速出钢铁应用。其实矿政船炮，相为表里。应设海防全政大臣，所有制造船炮矿厂军火事宜，皆宜一手经理，以归画一。"

十二年，两江总督曾国荃疏报金陵洋火药局竣工。四川总督丁宝桢疏言："川省建设制造局，已及五年。仿造洋枪，为数不下一万五千余枝。除接济广西、云南军营外，局中尚存后膛洋枪三千五百枝，前膛洋枪四千枝。恐不敷用，向上海洋商订购克虏伯开花炮、格林炮各十尊，另造得用之劈山炮七十余尊，抬枪五百枝备用。其火器弹丸铜帽等，除拨用外，尚存九万余斤。今加工制造，每月可得火药七千余斤，以资接济。"

十三年，四川总督刘秉璋疏言："川省机器委员曾照吉等，能用巧思，不招洋匠，自教工徒，仿造外洋枪炮，创用水轮机器，以省煤力。又于省城外设局，以水机制造火药。数年以来，成机三部，机器一千五百九十件，洋枪一万四千九百枝，火药二十八万余斤，铜火帽一千三百七十五颗，后膛药弹六十八万五千五百颗，铅子六十万五千颗，洋炮三具，成绩甚优。"两广总督张之洞疏言："前以筹办海防，购运军火，并济云南、广西军营，而后膛枪弹需用尤多，必须购置机器，自行仿制。乃在上海洋行购运制造枪弹机器来粤。正拟设厂开办，适广西抚臣李秉衡，以广西所购枪弹机器一部，运解到粤，而广西撤防，且无力设局，请留在广东备用。当即在省城之北石井墟地方，创立制造枪弹厂一所。所有机器大厂一座，打铁、烘铜壳、锅炉、造木箱、装子药房共五处，储料、发料库各一处，又有装蜡饼纸饼火药及工匠等房，共安设机器二副，能造毛瑟、梯弱尼、士乃得、云者士得四种枪弹。试办之初，每日约造二千颗。熟习之后，每日可造八千颗。目前即可开造。尚有需用熔铜、碾铜等机器，并增建厂屋，俟次第到齐，即可举办。"

十五年，张之洞疏言："广东筹建水师、陆师学堂，并于堂外建机器厂一座，铸铁厂一座，烟筒一座，及储料所、打铁厂、工匠房、操场、演武厅、石堤、马头等，约用银六万两。机器厂内有十二匹马力汽锅机炉全座，大小旋铁床、削铁床、钻铁机、剪铁机共一十七架，手用器具，铜铁钢料，约用英金二千五百镑。其机器在英国厂订购之。"又疏言："前曾由文武官绅及盐埠各商分年捐银八十万，造小兵轮十号。今接续捐募三年，专为购买制造机器并建筑厂屋经费。乃电询德国柏林地方力拂机器厂，订购新式制造连珠毛瑟枪，及造克鲁伯炮、过山炮各项机器全副，其汽机马力加大，以便枪炮兼造，锅炉并为一厂，较为节省。旋由出使德国大臣与该厂订造枪机器一分，每日能造新式连珠十响枪五十枝，汽机马力一百二十匹，又造炮机器一分，每年能成克鲁伯炮口径七生的半至十二生的之过山炮五十具，又购枪尾尖刀机器全分，价共一百八十一万七千两。今择定省城西北石门地方，依山临江，输运便利，于建厂相宜，乃即日开工起筑。其枪管钢料及炼钢罐等，均向德国名厂购备，以期精良。他日铁矿各山开采得法，则钢铁材料取给内地，次第扩充，并可接济各省军营也。"

十六年，湖广总督张之洞于湖北省城初建兵工厂。是年，总理海军事务大臣与户部会议，以广东枪炮厂改移湖北省，开厂后，常年经费，由湖北筹办。旋由湖广总督张之洞覆陈："鄂省开厂后，督饬洋匠，悉心考求。原定造枪机器一副，每年能造新式连珠十响毛瑟枪一万五千枝，造炮机器每年能成克鲁伯七生的半至十二生的行营炮及台炮共一百具。又应添购造枪炮药、造白药、造弹、造炮车、造炮架各机器。每枪一枝，随弹五百颗，每年须成枪弹七百五十万颗。每炮一尊，外洋向例随带炮弹三百颗，兹就最少之数，亦须随弹二百颗，每年须成实心弹、开花弹各种弹共三万颗。统计一切经费，约需银七十五万两。计一年所造枪炮全分，此外洋买价所省甚多。特是钜款难筹，此次开厂试办，所有枪炮药弹，每年各造一半，约需银四十万两。机器今已到鄂，置闲必至锈坏，工匠亦必练习，方能精熟。就鄂省财力自行筹措，查四川机器制造局，系奏明支用土药税厘，今湖北枪炮厂乃奉旨特办，较四川制造局大小悬殊，关系尤重。请将湖北省岁入土药税银二十万两，川盐加价银十万两，共三十万两，拨充枪炮厂常年经费。将来各省需用，拨款由鄂厂代造，则随时收回价本，即可推广多造。此次鄂省新设枪炮厂所造各械，皆系南北洋、广东、山东、四川等省制造局所无者。至鄂厂所造克鲁伯各种车炮，尤为边防海防及陆道战守必不可少之利器。前大学士左宗棠曾言购械外洋，以银易铁，实为非计，一旦有警，敌船封口，受制于人，运购均无从下手。况陆续远购之器，种式既殊，弹码亦异，每至误事。惩前毖后，则建厂自造，乃未雨绸缪之计也。”是年，兵工厂成。

十九年，直隶总督李鸿章、两江总督刘坤一疏言：“上海机器局于光绪十五年，令道员刘麒祥办理局务，专心创造新式枪炮，及自炼钢料。外洋新出利器，不肯以秘法示人。其机括灵巧，猝难臆测。开办之始，几无端绪可寻。乃精选洋匠，博访穷探，考索成式，参以心得，造成试验之，有稍不如法者，拆改重造。于二年之内，尽群才之力，竟造成新式枪炮，并炼就钢料，迭次考验，与西洋所造一律精坚。”湖广总督张之洞疏言：“湖北新建炼铁厂告成，开炼生铁炉一座，已炼成生熟铁具铜碾铁轨铁条，均有成效。其炼西门士钢厂，开炼时极险，北洋、上海各炉，迭有炸裂堵塞之患。鄂省此项钢炉，饬洋匠详考火候，向来至速须六点余钟出钢，今止三点余钟已能炼就钢料，成色无异洋制，足以为造炮之用。炮厂亦即开工，即以炼出之钢，试造六生的半及七八生的克鲁伯陆路车炮。若能钢料精坚，演放有准，即可造十二生的大炮。以军需孔急，饬工匠多炼西门士钢，及贝色麻钢，为制造枪炮之用。外洋陆战，全恃连珠快炮，仅有后膛枪炮，不足以尽之。鄂厂添购制快炮机器，尤为利用也。炼铁厂之铁路运道，及洋匠华工，原为二炉之用。今止一炉，每年只能出铁一万五千余顿，折亏甚钜。马鞍山煤井焦炭炉完工在即，拟以湖南省所出白煤和搀焦炭冶炼，勉供二炉之用，始足以资周转。”

二十年，总理衙门王大臣疏言：“军务紧急，以赶造军火为先务，而经费有限。以之购买外洋军火则不足，且多须时日，以之就各省现有局厂加工制造，则军火可倍而出之。前由户部拨款，在吉林设立机器局，专供吉林、黑龙江二省常年操防之用。请饬吉林机器局加添工料，增造军火，以应急需。”湖广总督张之洞疏言：“湖北新设之汉阳铁厂，先开生铁大炉一座，日夜出铁八次，共五十余顿，以后日见进步，有每日出六七十顿者。其次乃炼熟铁、炼贝色麻钢、碾铁条、制钢轨以及锤炼烘压各法，一时并举。所出之铁，虽系初炼，已与外洋相较，无甚轩轾。现在江夏马鞍山煤井所出之煤，可作焦炭，合于炼铁之用，已开横穴煤巷，现拟进掘三层横穴。外洋之大洗煤机及运煤之铁挂线路，均已次第竣工。洋式焦炭炉十座，年内当可一律告成，足敷生铁一炉及各厂炼钢之用。参以湖南所产白煤油煤，即可二炉齐开。”此制造钢铁已有成效之情形也。

又疏言：“铁厂之设，实兼采铁、炼钢、采煤三大端为一事。而开煤所费，几与炼铁相等，本难并入造厂炼铁计算。开平煤矿，费至二百万，始克成功。今铁厂自经始至观成，用款繁钜，所有奏明拨用之款，早经用罄，虽以枪炮经费匀拨，不敷仍多。非原估续估之多疏漏，实因开炼以后经费，与造厂工程本系二事，必须先行筹垫一年。且事皆创举，机局变更无常，随时补救，增出用款，多在洋匠原拟之外，非预料所及。其增出之款，除零星杂费数十项不计外，举其重大者数端：一、增购机炉工料，如增置十五顿大汽锤一具，增贝色麻大压汽机一副，增造西门士炉底火泥管及造火砖机器，增改生铁大炉架一座，炉内用砖，令与矿煤之性相合，增生铁厂内之铁瓦敞棚，增中西两式洗 煤机，增内地火砖焦炭炉，增铺地铁板，增厂内运物铁路，增运矿煤铁车，增炉上铁盖，炉外水池水沟，及四周之保险门，增铜铁管及水箱，增化验煤铁大小各项器具材料，以及汽表风表水表，皆为精细贵重之件。一、增募开炼洋匠，原拟雇用八人，其余雇用熟手之华匠百余人应用。开炼之事，以生铁大炉为重，中国向未炼过。若欲选用华匠，非用极聪明之人在厂精练多年，难与此选。即炼钢各厂，亦非得专门名家之洋匠领首作工不可。若手法稍不中程度，即致变生意外，危险之至。现募到洋匠二十八人，均万不可少，较原估八人多出二倍余。一、添补不全机器，外洋运到之机件，沿途损缺颇多。其简便者，由汉阳本厂自行修补二千余件外，其重大精细机器，必须由外洋或上海洋行重行购补。或此种不甚灵动，则洋匠必另购一机以救之。或此式之炉，试炼焦炭不净，或旧法所采之矿不多，则洋匠又思一法以损益之。旷日加工，致多糜费。一、外洋金镑值价日昂，比初定机器时，价高过半。而改换机器，访订洋匠等事，日积月累，亦成钜款。一、多用煤斤，凡铁山煤矿，开采转运，以及铁厂起重运料、试钻开井、抽水压气，无在不需机器，即无日不用煤斤，为数甚钜。又生铁大炉，购用外洋焦炭，试炼两月，费亦不赀。各款皆原估所难周悉，加以煤井开至数十丈，已费尽人工机器之力，而煤层忽脱节中断。外洋办法，必仍就原处追寻，另行开井。而 重开一井，非钜款不办。现实无此财力。若非马鞍山煤井有成，则全恃湘煤，所费更钜。此则时局变迁，多费用款，初非意料所及。前曾督饬局员及洋匠矿师，续估用款，以为能销货周转，不致再有增加之款。乃移步换形，层折过多，加工遂致加料，费日因以费工，不特非局员所能限定，并非洋匠所能预知，多方补救，繁费滋多。今拨借各款，所余无几，若行销挹注，必俟两炉齐开，一年以后，始能流通周转。尤须钢铁各料，胥臻精美，合于制造之用，方可期流通无滞。至畅销后，尤防洋铁有减价夺售之患。此开炼之初，必须宽筹经费，庶不致停炉待款。原拟就枪炮厂经费挹注，无如枪炮厂增设炮弹、枪弹、炮架三厂，计机器运费等，已需银三十万两，建厂之费，尚不在内，势不能全行拨用。值此厂工已竣，炼铁已成之际，所欠者仅此筹垫之款。若熔钢炼铁，因此停工，则制造枪炮，何所取资？当海防紧急之秋，而军械缺乏，贻误戎机，关系匪浅。今各省财力，自顾不遑，岂能协助。惟有就湖北本省各款，竭力匀拨周转，机炉勿使停工，军实得资接济，庶不致功亏一篑也。"

又疏言："前因开炼钢铁为造械之本，以枪炮厂经费匀拨济用，而枪炮厂更形支绌。前办海防所购军械，每枪式参差，弹码互异，及旧枪搀杂，药弹潮湿，流弊滋多。故炮架、炮弹、枪弹三厂之设，万不可缓。今竭力筹款，先将炮架、炮弹机器，于十八年夏间，在德国力拂厂购定制造水陆行营各种炮架机器全副，每年能成六七生的至十二生的炮架炮车一百副。购定制造克鲁伯炮弹机器一副，每日能成六七生的至十二生的炮弹一百颗。其他开花弹、实心弹、群子弹、子母弹，均能自造。又购定小口径枪弹机器一副，每日可成枪弹二万五千颗，造铜板、造铅条、装药入弹、修理器具俱全，共用银三十万两有奇。又添厂屋、大小铁梁、铁地板、水泥、火砖各种建筑工程，三厂合计共用银十五万八千两。近日外洋快炮益精，即兵船八十磅至百磅之大炮，亦用机器造成。鄂厂本系制造新式连珠枪，若能兼造快炮，于军事尤多裨益。已电询洋厂，增购新式快炮机器及炮管各件，共价银三万两有奇。其厂仍旧，俟机器到齐，即可改制，较之另起 厂屋，所省经费实多。此种快炮六生的者，每分钟可放三十出，九生的者，每分钟可放二十余出，洵为制胜之具也。"是年，陕西巡抚鹿传霖疏请以甘肃省旧存制造军火机器全具，运至陕西省城，试造枪炮子药。

二十一年，奉天增练新军，将军依克唐阿遣员在山东、吉林、奉天、辽阳等处，制造铜铁等各项炮位，华、洋各式步枪，以及炮车炮架，并购制造子弹、碾火药、造地雷器具，暨刀矛等件，在正饷动支。山东巡抚李秉衡以山东省自设立枪炮机器局后，供给各路军火，逐年增加制造，请增常年经费。两江总督张之洞以前年任湖广总督，创办湖北汉阳炼铁厂，及兴国州、马鞍山二处采煤，以供炼铁之用，著有成效，请优奖在事人员。陕西巡抚张汝梅以陕西省各军所用里明、毛瑟、中针、后膛各式洋枪，皆由他省协拨，不尽合用。咨商甘肃省拨旧存制造军火之机器等件，运至陕西，即在省城设立机器局，试造枪炮子药，随时修理旧械。

两江总督张之洞上言："天津、江南、广东、山东、四川原有制造局，所造军需水陆应用各件颇多，而所成枪炮甚少。或止能造枪炮弹而不能造枪炮，或能造枪，而汽机局厂尚小，均宜量加扩充。福建船政局现有大锅炉机器及打铁各厂，并多谙悉机器员司工匠，若增置造枪炮机器，费省而工亦易集。如奉天为根本重地，而道远难于接济，宜专设一厂。陕西为中原奥区，且可以接济西路，亦宜专设一厂。至各厂制造，大率皆宜以小口径快枪及行营快炮为主，或枪炮并造，或枪炮分造，宜每项择定一式，各厂统归一律，以免参差。腹省各局，只须陆路过山小炮，即足供陆战之用。若沿江沿海数局，并宜造船台大快炮，每厂每年至少须出快枪五六千枝，陆路、过山二种小快炮一百余尊，方能济用。一面雇用洋匠，一面选派工匠赴外洋名厂学习，冀他日能扩充制造厂数处。惟各省局厂，上海、金陵二处虽各有制造局，而金陵局规模颇小，机器未备，所出枪炮无多。其设局之处，限于地势，不能展拓，仅能择行军要需者酌增机器，究不能多。上海制造局虽较宏大，惟所造枪弹、炮弹、水雷、火药及修理轮船等门类颇多，而不专一，并非专造快枪之机器，每月成枪不过百余枝，亦无造陆路、过山二种快炮之机器。至大炮则一年或出一、二尊不等。且该局军械，须运出吴淞江后，再转入长江。若有兵事，敌人以战船封口，一切转运，立即束手。前此开局沪上，只图取材便利，未能尽善。故沿江内地，必须添设局厂。湖北枪炮厂，因上年枪厂被火后，改造铁料厂屋，修补机器，甚费经营。快炮所增新机，以工匠初试，未熟线路，猝难较准。今甫造快枪式样数十枝，快炮式样一尊，车炮二尊，均尚合用。以后所出，自可日多。惟枪机曾经火灼，敏速之力稍减。一年以内，人器相习，每年约计可造成快枪七八千枝，陆路、过山二种快炮百尊。局厂地踞上游，最为稳固。上可接济川、湘、陕、豫，下可接济江、皖，转运甚便。若在江南另行择地建造，所费至钜。不如就湖北厂添购机器，广为扩充，其钢铁即用鄂省铁厂所炼。除鄂厂原造之数外，今每年能加出快枪一万枝，无烟药枪弹一千万颗，陆路、过山二种快炮二百尊，炮弹二十万颗。湖北向无新式药厂，拟并造无烟药、棕色药、黑药，令足敷各种枪炮之用。合计枪炮架药弹各项机器，与外洋名厂考较，诸从节省，凡运费造厂，约需银二百万两。又因湖北省铁厂，开煤井，炼焦炭，炼各种精钢、熟铜、熟铁，正在紧要之际，枪炮厂则赶造五处厂屋，试造枪炮。此二厂皆经费支绌，所造军械，非专供湖北之用，请就江南筹防局拨款协济。"

又以"江南省制造局，自光绪十七八年，沿江各省，教案会匪纷起，深恐海上有警，当将制造局应行增制快枪快炮、新式火药各件，筹议购机试造。迨光绪二十年，日本 军事起，各省征调频繁，处处调拨军火，局中积年所造之枪炮药弹，几至拨发一空。自应及时扩充机器，加紧制造。近年军械，以枪炮药弹为先，而枪炮尤以新出快式为利。是以鄂省设厂自炼钢料，为炮筒枪管之用。又因新式巨炮，皆用栗色火药饼，快炮快枪皆用无烟火药，局中自造者无多，应增置各项机器，择要先办。将炼钢、制药，及造快枪、快炮各机器数十座，向洋商定购。又购买基地，增建炼钢厂、造栗色火药饼厂、无烟火药厂，及添购制造钢料，与造火药物料，合计用银四十余万两。其在外洋订购之器件，与洋商筹议，令其暂行垫办，不致稽延时日，先将各项机器运到，即可开厂制造。自光绪二十年海防戒严，各省防军需用军火甚急，而火药子弹尤为大宗。外洋守局外之例，不肯代购。即使设法运购，而价值骤增数倍，远涉重洋，敌船又不时邀截，至为困难。今江南制造局购机设厂，自能仿造，不待外求，自为当务之急。但局中常年经费，仅有二成洋税数十万两，只能制造各项子药，分济南北两洋操练防守之需。若加造新式枪炮接济各军，则机厂既增，工料自倍加于昔。拟于江海关常年洋税，或洋药税厘，每年加拨银二十万两，为扩充制造后常年工作之需”。

二十二年，成都将军恭寿因四川省军实不充，而防务重要，乃与驻防川省之八旗协领等量力捐廉，制造抬枪九十六枝，鸟枪四百八十枝，均用煅炼纯铁缠丝制造，坚实可恃。其旧存枪枝，一律修整，为操练之需。直隶总督王文韶以北洋机器局所造各种炮子，名目虽不同，而十生的半之子弹居多，皆系旧式，不尽合用。乃向洋商订购洋式翻沙泥，及造弹各机器，自行仿欧西新式制造。两江总督刘坤一考核机器局成绩，于常年制造之外，炼钢厂每年可出快炮快枪筒及枪炮枪件炮架器具等钢料共二千二百余顿，栗色火药厂每年可出栗色火药二十余万磅，无烟火药厂每年可出无烟火药六万余磅。所创立造枪炮新厂，购机已备，加工制造，每年可出快利新式枪一千五百枝，一百磅子之快炮六尊，四十磅子之快炮十二尊，快利新枪子一百三十余万颗，快炮子弹一千五百颗，大小铁弹一万余颗，渐著成绩。四川总督鹿传霖以四川省机器局自光绪十二年至十七年，前督臣刘秉璋曾将在局出力人员奖励。今又届五年，所陆续造成机器药弹等项，皆精良合用，增造后膛毛瑟抬枪亦颇快利。在局各员，仍行奖励之。

直隶总督王文韶因京师练兵处王大臣以京营训练，需用打帽抬枪一千五百枝，令北洋制造局如式制造，以应要需。乃造成边机抬枪、中机抬枪各一枝，试放均属灵捷合用。惟边机抬枪分两太重，不便施放。若用中机抬枪改造边机，其尺寸斤两，仍与中机抬枪一致。即令制造局按照此式，制造边机前门大式抬枪五百枝，随枪物件共五百分，以中机抬枪改造边机前门小式抬枪一千枝，随枪物件共一千分。其制造款项，由北洋作正开支。北洋制造局向有岁造荷炮子弹经费银四万两，本年以此项荷弹岁费，改造后门抬枪。今练兵处需枪孔急，拟即以此款移用。

湖广总督谭继洵以“湖北省制造军火，向年所造旧式抬枪、线枪、抬炮、劈山炮等项，均系前膛，不及后膛新枪炮之敏捷，拟向外洋购置机器，改造各项后膛枪炮，并制造炮弹枪弹铜壳等项。今因部臣允从奉天府丞李培元之议，令各省制造局兼造抬枪，并造内地火药，筹度办理。因抬枪、抬炮本中国向日制胜之具，将弁兵丁素所习练，今若改用后膛，操演易于精熟，用款不多，而日后可收大效。虽汉阳枪炮厂规模宏远，而机器种类各有不同，若抬枪、抬炮等器，他日能制造精纯，亦可为汉厂之助也”。山东巡抚李秉衡考核机器局成绩，于光绪二十一年所造成各种火药十五万六千九百六十斤，大铜帽火七十二万颗，开花炸子一千六百颗，炸子铜螺丝引门一千六百副，克雷力伯铜炮拉火铜管四万四千枝，带活架瓶炮九尊，大炮子一千四百九十颗，洋铅弹丸一百三十九万四百五十粒，添造各厂应用机器及熟铁大锅炉一具，修理各营损坏洋枪洋炮，制成各项军火箱盒，修理枪子厂、轧铜厂房屋及大锅炉，炉台、烘铜炉、大烟筒、生铁厂、保险炉、提硝房、工务厂之屋宇等，又采买硝磺铜铁钢铅及华、洋各种物料，暨员匠工役薪工运脚杂费等，共支用银六万四千七百两有奇。是年，户部从吉林将军长顺之议，增吉林机器局制造军火常年经费，除黑龙江军队领用外，其余分给奉天防军。

二十三年，大学士荣禄上言：“制造军火，以煤铁为根本。外洋购价日昂，中国各省煤铁矿产，以山西、河南、四川、湖南为最，应令山西等疆吏筹款，从速开采，设立制造局厂，渐次扩充，以重军需。”廷议允之。令督抚臣就地方情形认真筹办，总期有备无患，庶足仓卒应变。是年，湖北巡抚谭继洵以湖北省制造军火，增置炮架、枪弹、炮弹三厂，所有机器工料之价，并改换新式快炮机器，尚需银十四万余两，即在筹捐项下拨给。

山东巡抚李秉衡上言：“山东机器局于光绪二十二年间所造军火，共造成各种洋火药十九万六千余斤，坚利远后膛大抬枪二百十六枝，步枪六枝，大铜帽火四百四十二万颗，粗细铜管拉火六万二千枝，铜炮炸子二千一百颗，炸子引门二千一百副，炮子一千一百九十个，各种群子八万四千八百个，各种后膛自来火带药枪子一百十六万八千四百颗，洋铅丸一百七十二万一千五百粒，抬枪、抬炮、来福枪、鸟枪及装配毛瑟枪、哈乞开司枪各种大小铅丸一百五十九万粒，卷筒铅子二万一千二百斤，并修成各营抬枪、抬炮、洋枪、洋炮，添买车床、钻床及各项杂费，均归户部核销。原有机器局，设法扩充制造，添造枪械，采购应用材料，增建厂屋，购买机器，乃于机器厂后建设洋式大枪厂一所。造枪需用铜铁零件甚多，则熟铁厂必须扩充，乃于旧铁厂之后，另建洋式熟铁大厂一所。造枪则用枪子倍多，乃于旧枪子厂之东，另建洋式枪子厂一所。枪子需铜最多，乃另建轧铜大厂一所。外洋制造厂，视锅炉之大小，以定烟筒之高下。今造成九十五尺高之烟筒一座，七十五尺高之烟筒一座，五十五尺高之烟筒一座，铁烟筒一座。厂基深掘五尽，烟筒基深掘八尺，均密钉排桩，上筑三合土，盖以大石板，再砌条石墙脚，则扁砖实砌，纯灌灰浆，梁栋皆用外洋木之方而巨者，屋柱则生铁铸成，即机器常年震动，不致有鼓裂之虞。此外所增建者，军械日富，则有存储之区，工匠日多，则有休息之所，乃建军火库二十间，工匠房四十间。又建水龙房以备不虞，泥工厂以资修葺，皆不可少之工。共增厂四座，群屋八十余间，较原厂扩充三分之二。至制造抬枪机器，外洋本无抬枪名目，故无此专用机器。嗣选通晓制造之员，与洋商参酌，定造抬枪机器，并可兼造毛瑟洋枪机器共六十余种。此外地轴皮带锤钳轴枕螺丝各种轮模刀钻，共一百七十余件，已陆续运针到省。俟机器及铜铁钢料运齐，工匠募足，即可开车制造。共用银十二万两，先由藩库及南运局筹给。”

大学士荣禄建议，通饬各省制造快枪、快炮、无烟火药，并炼钢铁各项机器。海疆多事，武备为先，须通力合作，以备强敌。河南巡抚刘树棠上言，河南机器局规模甚小，若遵荣禄所议，兼造各式军械，财力实有未逮。豫省机器局建设于省城南门外卓屯地方。其造弹机器，已向上海信义洋行定购，在外洋加工造成，陆续运至河南，安置妥贴，开工制造枪弹火药。其造抬枪车床，亦经运到，并订购钢筒五百枝。先造后膛抬枪五百杆，以资应用。本省新练之豫正全军，一律改习洋操。又通令各州县，筹款自练勇队，所需枪械子药，皆省局自造。

湖广总督张之洞上言："大学士荣禄议令产煤铁各省，咸从速开采，已经设立有制造局厂省分，规模未备者，尤宜扩充，自炼钢以迄造无烟药弹各项机器，均须实力讲求，以重军需。所言切中机宜，亟应筹办。湖北制造厂所造快枪、快炮，为新式最精之械。若有械无弹无药，仍属虚器。故既添设铜殼厂，又须添设无烟药厂。因外洋装配快枪、快炮，悉用无烟火药，他项洋药皆不合用。又枪管炮身，必须精炼之罐子钢，方足以受无烟火药之涨力。湖北铁厂所炼之西门马丁钢，以之制他器，则已称精良。以之制枪炮，则尚非极致。外洋罐子钢之价值，数十倍于常钢，非徒购运道远也。故钢药二者，必须购机自造。虽物力困绌，终不敢畏难自沮，致已成之枪炮厂，有不全不备之弊。故于上年即饬局员在汉口礼和洋行议定向德国格鲁森厂添购无烟火药机，每十点钟能出火药三十三磅，每年约出火药五十顿，共价德银十三万六千八百马克。今机器已运至上海。上年又与礼和洋行订购德国名厂炼罐子钢机器全副，每日能炼罐子钢二、三顿，铸钢机能铸块钢，每块重二顿，价值运保各费，共用德银十三万马克，久已起运，即可到沪。至厂中尽制行营快炮，以备陆战之用。因经费太绌，故于炮台之大炮，未经议及。外洋新式十二生的长快炮，安置沿江炮台，能施放有准，足御敌舰。上年由出使德国大臣许景澄在力拂厂订购十二生的快炮并架弹等机，共用德银三十二万五千马克，机器月内可到。以上各机，皆属无款可筹，不得不与洋商婉商垫欠，分期归款，庶可及早举办。加以添购大小新式样炮、碾铜板机、拉钢机、压钢机、大汽锤以及添配最精之钢模样板等件，约须银十数万两。再加增建厂屋，又需银十余万两。其增雇华、洋工匠常年制造工料之费，为数甚钜，又需银二十三万两。各款均无所出。如上海制造局年拨八十万两，嗣因添制快枪，并加拨常年工作之需，每年用款已逾百万两。现在湖北厂所造枪炮子弹，比津局既逾数倍，比沪局亦复加多，近又添造无烟火药，添炼罐子钢，添造炮台所用十二生的大快炮，功用益广，而常年经费仅土药税等三十六七万两，较沪局止及三分之一。惟有请加拨常年专款，符原估七十五六万之数，庶可增料加工，使旧有各厂得尽机器之力，新增各厂早收美备之功。况近年武备最重，鄂厂调拨枪炮供给各处，为数甚多，造成枪炮，并非湖北一省之用。事关全局，沪厂、鄂厂，理无二致，军实要需，必多为筹备也。"

二十四年，山西巡抚胡聘之以山西省向无机器制造局，亟宜筹办。因派员赴天津向洋商定购制造枪炮各种机件，并酌建厂屋，雇集工匠，仿洋式自行制造。在省城北关外择地建厂。因山西僻在内地，非通商口岸，凡办料募匠等事，用费极昂，即以归化城关税盈余之款拨用。各机器运到晋省，开厂兴工。山东巡抚张汝梅以山东省机器局自创造至今，并未延聘西人，而内地风气初开，其精于制造人员，实不多见。且所造全系铜铁硝磺等火器，局员工匠，素鲜经验，非洋匠专门之比，稍一不慎，即有损伤炸裂之虞，至难极险，与寻常差使不同，乃量予奖叙。

直隶总督裕禄以北洋之军械共有二局，一为机器局，一为制造局。机器局所有制造火药、毛瑟枪子铜帽、各式后膛炮弹及硝磺镪水、雷电器具、卷铜炼钢等机，每年能造黑色火药七十余万磅，栗色火药二十五万余磅，棉花火药五万余磅，无烟火药八千余磅，毛瑟后膛枪子四百余万粒，铜帽火二千八百余万粒，钢弹一千二百颗，大小炮子一万四千余颗。制造局每年能造七生的半开花炮子一万二千颗，铜件一万六千副，克鲁伯铁身炮车十具，铜管拉火二万四千枝，哈乞炮子五万余颗，哈乞开司枪子二百十万余粒，云者士得枪子一百四十余万粒。而外洋所出军械，日新月异。今各路军营所用毛瑟快枪、小口毛瑟枪、格鲁森五生的过山快炮、克鲁伯七生的半陆路行营快炮、七生的过山快炮，颇为合用，宜次第仿造。

两江总督刘坤一以江南省制造局之后膛抬枪，上海制造局之快利新枪，及大小炮位，均称合用。金陵局机器无多，凡大宗军火，胥由上海制造局供用。近年增设炼铜厂、栗色火药厂、无烟火药厂三处，其所制炮，有十二磅子六磅子二种快炮，与北洋所用快炮口径相同。惟北洋之七生的快炮，湖北之三生的七快炮，南洋之六生的快炮，若购自外洋，终非久计。乃拟增换机炉，自行制备，专精仿造。所有枪炮子弹，与天津、湖北二厂咸归一律。四川总督文光因前奉朝旨，令四川制造局渐次扩充。前督臣恭寿拟就川省原有机器局扩充制造，不必另设局厂。但机器局虽创设多年，而规制未宏，若欲广制枪炮，殊不敷用。乃拟增置长刨床一部，小车床及压铜机器、引长机器、齐口机器各四部，紧口机器二部，均已一律制全，灵动坚固，与购自外洋者不异。惟机器既已增加，则制造亦宜推广，应加常年经费银二万两，以备制造之需。

二十五年，湖广总督张之洞上言："军实最为急需，利器必须完备，近日炼钢造药，尤为枪炮厂必不可少之需，无罐子钢则枪炮不精，非无烟药则枪炮无用。屡经奉旨，责令湖北与上海各局，赶造军械，供京营之用。而筹款艰难，何从赶办。前所请加拨宜昌关税银五万两，仍请照拨，俾购机建厂制造等事，徐底于成。上海制造局新增钢药三厂，每年加拨经费银二十万两，鄂厂事同一律，旧设各厂，经费本属不敷，新厂所需，更无从出。若从部议，不得动用关税，则制造将无可措手。综计新厂需款共二十余万两，但能加拨宜昌税银五万，当设法周转，不使厂务停滞也。"吉林将军延茂于吉林省机器局增置机器，并代造黑龙江镇边军及靖边新军各营军火。山东巡抚毓贤扩充东省机器局，增建制造新枪大厂、造枪子厂、熟铁厂、轧铜厂、化铜厂、泥工厂、军火库房、水龙厂房、法蓝炉房、储器房。又造大小砖铁烟筒铁栅等件。黑龙江将军恩泽上言："黑龙江镇边军，每年由练饷内提银三万两充军火经费，归吉林机器局兼造。近年物料昂贵，实不敷用。以新编之师，操练宜勤，军火尤为繁巨。应仿照奉天、吉林二省设局自造军火成案，于黑龙江省城择地设立专局，悉心制造。此项购买机器建筑厂房各费，约用银十万余两，在镇边新军岁需军火经费内分年筹拨。"

是年，令各省疆臣，制造枪炮，为边防第一要著。惟各省财力不齐，自应就原有局厂切实扩充，以备邻近各省就近购用。又令各疆臣："天津、上海、江宁、湖北等处，均有制造枪炮局厂，曾令督抚臣切实会商，务将所制枪炮膛口，子弹大小，各局统归一律，以期通用。并将每年所造枪件子药若干，据实上闻，并按季咨报户部、神机营查核。乃为时已久，并未据报有案。枪炮为行军要需，岂容因循延宕。"令裕禄、刘坤一、张之洞："详析查明各厂局所造枪炮，究系何项名目，是否业已会商，造成一律，迅即切实复陈。嗣后仍遵前旨，按年按季分别奏咨，毋得延缓。各督抚督率承办各员，认真经理，精益求精。并将枪炮膛口子弹，彼此比较画一，务令不差累黍，庶各省互相接济，临时不致缺误。倘管理局员草率从事，虚糜经费，或演放时有炸裂等事，治以重罪。"旋经两江总督刘坤一覆陈："当饬沪、宁二处制造局员，将出入款项，核实勾稽，制造军械，详细考究。并令与天津机器局、湖北枪炮厂随时知照，互相讲求。复由上海制造局员驰赴湖北比较数次，两局所制成枪炮子弹，格式分量，口径大小，一律合膛，并无歧异。惟江宁制造局所造后膛抬枪，系出新创，各省枪械，均无此式。其两磅子、一磅子后膛快炮，亦与上海局中所造一律。此外炮架、炮弹、各种枪子拉火等件，分解南北洋各军应用。以经费有限，未能加拨扩充。该局在江宁城外，粗具规模。且居腹地形胜之区，一旦海上有事，在内地制造，接济军需，庶几缓急足恃。至上海制造局，并能造各项快炮，除炮台所用之大炮外，其所造四十磅一种，即北洋之十二生的快炮，其十二磅一种，即北洋之七生的半快炮，其六磅子一种，即北洋之五十七米里快炮，其两磅子一种，即湖北三生的七快炮。洋厂名称虽殊，其尺寸大小，则不差累黍。今由上海制造局派员与天津、湖北二局逐一比试，均无参差。其快利新枪，系以旧机参用人工所造，亦颇便利。究嫌费用多而出枪少，去年饬各军改用小口径毛瑟快枪。本拟订造此种枪枝及造枪弹机器，专一仿制，以归一律。访之上海各洋行，需款数十万，为期且甚久，一时无此财力。遂仍用旧机，更易机簧，添配车座，订购改造七米里之毛瑟枪枝枪弹等件，按照合同，每日可出枪十枝。俟安装全备，即日开工，严定章程，按年按季上闻，以期核实。各局兼造各项快炮，均系新式，尚敷应用。至仿造小口径毛瑟枪，仅有湖北、上海二厂，其机器一系新购专门，一系旧式更改，能力所限，每年造枪不多，各路军营，恐难遍给。曾与直隶、湖广督臣商酌添购造枪新机，无论在津、鄂、宁、沪何厂承造，均以款绌，未能即行扩充。南洋军火经费，但期洋税畅收，并竭力撙节，另款存储，以备添置仿造小口径毛瑟枪机器一部，能数年之内，机器购全，与湖北枪炮厂分途仿造，以期器械日精。又拟请设立工艺学堂，学习船械枪炮汽雷等各种制造，以广人才。"是年，浙江巡抚刘树堂向金陵军械所拨用德国老毛瑟枪三千枝，子弹一百五十万颗，供浙省防军之用。

二十六年，直隶总督裕禄上言："北洋机器局经费，每年用银二十五万余两，所造军火，向供北洋海军及淮、练各营操防之用。近年经费减收，而向例拨解军火之外，又加以新练武卫等五大军，而京师神机、虎枪等营，复时有调拨，每虞缺乏。况增募各军，皆以快枪、快炮为利器，各项枪炮子弹，必须自行制造，始能不误操防。因于光绪二十四年，始陆续购办制造快炮快枪子弹及造无烟枪炮火药等项机器，今始由外洋次第运至天津，安设入厂。并派员赴上海、江宁等处，将各局所造快枪、快炮格式，及枪子、炮弹分量，互相讨论，取到江南、湖北二局所造枪炮各种子弹，详加比较，以求画一。所有北洋增造快枪子厂、无烟火药厂、快炮子厂，并整顿炼钢厂等项经费，每年至少须增用银十五万两，应由部臣在各海关洋税内加拨，以济军用。"

二十八年，两江总督刘坤一以上海制造局自制之新式无烟快枪、车轮快炮协济广西军营。四川总督奎俊以四川省机器局自光绪三年创建厂房，制造枪炮，五年停办。六年奉旨复开局制造，并增修熟铁锅炉碾火药各厂房，各洋火药局，迄今二十余年，所造军械，成绩颇多。而屋宇年久渐多朽坏，一律修造，以济要工。上年因扩充制造，已增设绘图委员，既经培修各厂，乃增绘图房、白火药房各一所。四川人心浮动，调拨威远军一营，常年驻守局旁，以资巡察。并建修表码厂一所，为演试枪炮之地。闽浙总督许应骙以上年防务戒严，福建机器局制造枪子所需用鱼子火药，及海口炮台所用炮位药饼，因外洋禁售军火，乃采购土硝硫磺，以备制造。复饬机器局，按照洋式，自造车轮快炮并快枪，共采买土硝七万斤，硫磺一万斤，自制成鱼子洋式火药五万磅，各大炮药饼六百九十三出，三磅子车轮快炮十二尊，十二磅子快炮二尊，后膛新式抬枪一百枝，修改后膛子轮快炮六尊，在海防经费内开支。

二十九年，两江总督张之洞以沪上之制造局所有机器，七年以前所造，系林明登枪，乃外洋陈旧不用之式。两年以前所造，系快利枪，乃制造局臆造之式，亦不甚合用。故枪械新旧凑配，出数无多，炮机亦未能完备，而岁费巨款，颇为可惜。当整顿武备之时，军营所用枪械，宜归一律。乃定议上海厂仿照湖北厂，改造小口径新式毛瑟快枪。惟上海厂枪机不能全备，必须兼以人工，费工多而出枪少。近年虽增机整顿，每日止能出枪七枝，一年出二千余枝，于武备大局无裨。其炮厂所造车轮炮，亦不甚合用，必须购新式造枪机器，每年能造五万枝快枪者，添配新式造炮机器，每年能造大台炮十尊，七生的半口径快炮二百尊者，庶数年之后，足以应各省之求，而归画一。

江西巡抚夏旹以江西省制造局规模狭小，拟先造快枪，向外洋定购小口径毛瑟枪新式机器全副，每日约能出枪十五枝，弹壳机器全副，每日约能造枪弹三千颗，并向洋商酌配购机件，俾一机能造数器，以期价省而用宏。另备公用机器一副，为添配修理各厂机器之用。

闽浙总督崇善以福建省于光绪二十五年，将前所移附马尾船厂之机器，仍移设省城水部门内，专制各炮台炮子炸钉等项。旋于二十六年，在机器局旁扩充地基，增建枪子厂屋一座。又于二十八年，在省城西关外另设制造局，专造无烟快枪。其机器枪子二厂，自开办至二十八年，止共用经费银一十七万八千余两，制成三磅子快炮二十四尊，与上海局所造炮同式，福字一号二号陆军后膛快炮二尊，洋式十二磅半快炮二尊，而机簧标准，均不甚灵捷。尚有修改船厂旧式陆路快炮四尊，福强军后膛车炮六尊，制造新式后膛抬枪一百枝，改造短柄洋枪一百枝，制造各项后膛枪子三百二十余万颗。其余修理各项洋枪，制造前膛炮子弹等件，为费其多。其机器枪子二厂，建设在水部门内人烟稠密之处，存储军火，大非所宜，不如西关外制造局地面宽大，不近民居。盖制造枪炮，与制造子弹，本系一事，与其分厂而费大，不如合厂而费省。乃饬二厂一律暂行停造，归并制造一局，将制成枪炮子弹及机件材料，妥为存储。其员役工匠，大加裁減，每年只造各式抬枪，及各式子弹，以备操防所用。

山东巡抚周馥以山东省为海防要地，而军队器械不足。请向金陵制造局购新制三十七米里小快炮，湖北枪炮厂购格鲁森五生的七过山快炮，并开花子弹。两江总督张之洞以东西洋各国章程，于枪炮等件，每得新式，一律通行，其旧式军械概行作废。今湖北、上海二局，一律专造小口径毛瑟快枪，乃将上海制造局所存快利枪枝悉行报废，期军火日精。河南巡抚张人骏以河南省机器局制造军械，规模未备，亟应增购枪炮子弹需用铜铁各料，并自造毛瑟快枪、无烟火药。山东巡抚周馥以山东省机器局历年造成各种西式枪支火药枪丸，今复采买外洋铜铁各料，增造各厂机器炉房箱盒。是年，以湖北汉阳厂仿格鲁森新式所造五生的三及五生的七之开花炮弹二种，又曼利亚枪弹、黎意枪弹各枪拉火，拨毅军备用。福建机器局增造无烟火药机器。

三十年，河南巡抚陈夔龙以河南省原有机器局，因陋就简，未能讲求新法，请增购机器十部，及一切应用物件，并购两磅铜炮胚二十尊，四磅铜炮胚十尊，以备自行制造，逐渐开拓。两江总督魏光焘扩充金陵机器局，仿照外洋，制造各式炮位架具、炸弹铜火，及炮台需用各件，分设机器翻沙、铁木、火箭各厂。

三十一年，兵部议江南、天津、山东各处机器局，并金陵洋火药局，所有运送军装军火等运费，一律报部。四川总督锡良因奉部臣议，自光绪三十年以后，所有修整厂房机器，并造成机器火药洋枪等件，遵新章呈报户部。山东巡抚杨士骧以山东省机器局自创设以来，所造西式各种火药大铜帽火，各种后膛枪来福枪，各式洋铅丸，并增各厂机器炉房，尚不敷用。又采买外洋铜铁物料，扩充制造。河南巡抚陈夔龙扩充河南机器局，即开工制造枪炮子弹，以供军实。是年，户部定议，通饬各省所有机器制造局，以后如采购物料，必报部核销。

三十二年，四川总督锡良综核机器局成绩，续造机器枪械、蜀利抬枪、利川手枪等一百有四起，火药二万余斤，马梯尼枪弹、毛瑟枪弹三十余万颗。湖广总督张之洞以湖北省新增钢药各厂，所有经费，由兵工总局兑收。两江总督周馥上言，上海制造局各项军火，悉仿西式造成，分给各省，共经费二百三十八万两有奇，所用材料，多系洋产，工资物价，均无定例，难以常例相绳。陕西巡抚曹鸿勋以陕西省制造局陆续制给各营火药三万余斤，铅丸七千余斤，为满、绿各营操防之用。直隶总督袁世凯、两江总督端方会议，令金陵机器局仿照外洋制造各式炮位车辆架具、炸弹铜火以及修配炮台等处需用物件，分设机器翻沙、铁木、枪子、卷铜、火药各厂，雇募工匠，常川制造。四川总督锡良扩充川省制造枪炮所，造毛瑟枪弹，一切改良，仿造外洋九响毛瑟等枪子弹，亦能如式命中，修造机件，日益加多。是年，命政务处大臣会同部臣，严核各省机器枪炮局厂，五年保奖一次。

三十三年，陆军部议建四大兵工厂，使所出军械，日精日多，以备缓急之用。护理四川总督赵尔丰综核机器局成绩，于光绪三十二年内，共修理机器五十九起，旧式洋枪一千余枝，新造法蓝单响毛瑟枪一千四百余枝，标刀帽火针簧一千四百二十余起，洗把一百四十余个，九响毛瑟枪药弹一百零四万二千余颗，毛瑟枪药壳三十三万余颗，单响毛瑟枪药弹三十三万六千颗，铜击火八百颗，十三响马枪弹一千二百颗，碰火二千颗，红铜小火四十六万颗，黄铜钉五十二万颗，火枪八枝，洋鼓二百十二个，各项机件一万五千十一起，已成洋火药二万八千一百八十五斤，均经试放合用，分别存储。

湖广总督张之洞创建湖北兵工厂，始于光绪十六年，经营筹度，至是年而规模始具。初办时，每日所出七米里九口径毛瑟快枪不过十余枝，复经设法扩充，增置机器，以后每日可造成五十余枝。枪弹一项，仅日造数千颗，逐渐加造至五万余颗。所造三生的七格鲁森快炮，自开机至二十五年止，共造成六十余尊。嗣于二十五年改造五生的七过山快炮，每年可造成六十余尊至九十尊。开花炮弹，由五万余颗递加至每年七万余颗。所造各项枪炮子弹，与来自外洋者无所区别。至钢药二种，逐年次第增设炼钢、拉钢各厂，所炼出钢质，亦颇精良合用。火药厂所造成无烟火药，足能源源接济，使兵工厂无误制造子弹之用。所造军械至三十二年年底止，共造成马步快枪十万一千六百九十枝，枪弹四千三百四十三万七千九百三十一颗，各种快炮七百三十尊，前膛车炮一百三十五尊，各种开花炮弹六十三万一千七百颗，前膛炮弹六万零八百六十颗。办事各员，不辞劳瘁，寒暑无间，乃能有此成绩。光绪二十四年，曾加奖励，今又及十年之久，仍汇案给奖。

安徽巡抚冯煦以安徽省所用枪弹，向年购自他省，乃以原有之造币厂改为制造局，为自造子弹及修理枪械之用，遂购机募匠，开局兴办。四川总督锡良以上年曾派员出洋考察制造军械事宜，即在德国名厂订购制造小口径毛瑟快枪及造子弹、造无烟火药各种机器，分运到川。因旧日制造局无可展拓，乃另择相宜之地，建筑造枪厂、造枪弹厂、造无烟火药厂，仿德国蜀赫厂新式自造。

三十四年，直隶总督杨士骧在保定省城内军械局增建火药库及兵房。东三省总督徐世昌以近年东省新军日增，乃于省城设立军械总局，吉林、黑龙江二省各设分局，以修械司附属之。

宣统元年，陆军部建议，泰西各国军械制造局厂内首领以次各官，多与我国副、协都统、参领、军校诸秩相埒。我国制造军械，设立学堂，将来制造人才造就日多，应仿各国成规，于各制造厂设工官以供驱使。湖广总督陈夔龙以湖北省兵工钢药厂自成立以来，为军械要需，每年经费，增银至八十万两，以维局务。

二年，东三省总督锡良在奉天省垣设立军装制造局，选集木材铁革各工师，分科制造，以供奉、吉、黑三省军队、巡警之用。

三年，吉林巡抚陈昭常以吉林省陆军改编成镇，设立军械专局，附设修械司，备军警之需。

综举各省制造军械之事，同治元年，天津初造枪炮，二三年间，江苏分设机器局于江宁、上海，共设三局。四年，并三局于上海，定名机器制造局。六年，天津扩充制造，设军火机器局。九年，改名天津机器局。十三年，福建设机器局，自造开花炮。上海制造局仿造林明登枪。天津、上海二局，均仿造水雷。广东设机器局、军火局。上海、江宁二局，增枪炮子弹机。光绪二年，派学生艺徒出洋，分赴各国学习制造。湖南、山东二省，均设机器局，自造军械，不用洋匠。三年，四川设局专造马梯尼后膛枪。四年，津局造后膛炮。六年，江宁局造来福枪、马梯尼枪、林明登枪。七年，上海局造炮台钢炮。吉林设机器局。江宁增设洋火药局。十一年，广东设制造局及水雷局。十三年，江宁局造田鸡炮。广东设枪弹厂。十六年，湖北设兵工厂，所造新式枪炮，为南北洋、川、广各制造局所无，并筹备炼铁厂及开煤矿，为制造之基。十八年，贵州设炉炼铁。十九年，天津、上海二局，均设炉炼铁。上海局增造新式枪炮。湖北设炼铁厂。二十年，湖北增设炮架、炮弹、枪弹三厂。陕西运取甘肃旧存机器以备造械。二十一年，天津机器局改名总理北洋机器局。广东造抬枪、线枪。湖北、江南二省，均增设炼钢厂、栗色火药厂、无烟火药厂。陕西设机器局。二十二年，江南新厂造快利新枪。天津局购机造新式炮子。四川局造后膛毛瑟抬枪。天津局造中机、边机前门抬枪。湖北厂以旧日之抬枪、线枪、抬炮、劈山炮，均改造后膛。山东增熟铁厂、轧铜厂、枪子厂、大枪厂。河南局增造枪弹火药及造抬枪机器。二十三年，湖北厂增造罐子钢及造无烟火药机器。二十四年，山西设制造枪炮厂。上海、天津二局，均增造快炮机器。二十五年，山东增建造枪、造弹、化铜、轧铜各厂。黑龙江设机器局。二十六年，福建增建枪子厂。天津增建快炮子厂、快枪子厂、无烟火药厂。二十八年，江西局增造枪炮机器。二十九年，福建并造枪造药二厂为一厂。三十年，河南局增造枪炮机器。三十三年，陆军部议建四大兵工厂。四川设造枪厂、造弹厂、造无烟火药厂。安徽建枪弹厂。宣统二年，奉天建军装制造局。三年，吉林设军械局。各省机器局厂之设，历时垂五十余年，开局遍十七行省，几经增改，渐就精良。此制造军械之大概也。

卷一百四十一　　志一百十六

兵十二

马政

清初沿明制，设御马监，康熙间，改为上驷院，掌御马，以备上乘。畜以备御者，曰内马；供仪仗者，曰仗马。御马选入，以印烙之。设蒙古马医官疗马病。上巡幸及行围，扈从官弁，各给官马。以副都统或侍卫为放马大臣，主其事。上谒祖陵，需马二万三千余匹，东西陵需马四千三百余匹，悉取察哈尔牧厂马应之。迨乾隆时，每扈从用马匹辄二万余。嘉庆中，物力渐耗，停木兰秋狝。十二年，减额马之半。道光九年，如盛京谒陵，额马视乾隆时，约略相等，计取给厂马暨各盟长所进，盖二万六千余匹云。

顺治十五年定军马，亲王出征，马四百匹，郡王三百，贝勒二百，贝子百五十，镇国公百匹，辅国公八十，不入八分镇国公七十，辅国公六十五，将军八十，副将军七十，护军统领、前锋统领、副都统皆六十，其下各有差，最少者护军、领催各六匹。康熙三十五年，敕出征兵一人马四匹，四人为伍，一伍主从骑八匹，驮器粮用具亦八匹。是岁，征噶尔丹，以兵丁马瘦，褫兵部尚书索诺和职。五十一年，核定军中职官马数，大学士、尚书、左都御史十六匹，侍郎以下递减，经略、大将军各二十五匹，副将军以下递减。乾隆十六年，八旗牧官马二万七千七百余匹，以万匹于都城外牧养，热河千匹，各庄头二千匹，余者分界直隶标营。圈马之设，始乾隆二十八年，从都统舒赫德请也。满洲八旗，旗养马二百匹。蒙古八旗，旗百匹。洎五十九年撤圈，分给各兵拴养。嘉庆十二年，谕成亲王永瑆议复圈马，大学士戴衢亨等会议，立章程十条，圈马仍旧。道光末，军兴遂废，后亦不复筹矣。同治元年谕曰："马政废弛，积弊已深，以致军马罢瘠。牧厂大臣等应妥实整顿，差功罪以挽颓风，著为令。"溯自世祖入关，迄于康、乾之际，盛京、吉林、黑龙江、直隶、江南、浙江、广东、福建、湖北、四川、陕、甘、山东、山西诸省设驻防满洲营，马凡十万六千四百余匹，惟福建水师驻防仅数十匹。乾隆季年，定西藏兵制，前藏供差营马六十匹，后藏二十匹，旧塘四十三，共塘马二百二十匹，新设番塘二十四，共番马九十八匹。黑龙江兵向无额马，道光十六年，从哈丰阿请，始设置之。

天聪时，征服察哈尔，其地宜牧，马蕃息。顺治初，大库口外设种马厂，隶兵部。康熙九年，改牧厂属太仆寺，分左翼右翼二厂，均在口外。是时，大凌河设牧厂一，边墙设厂二，曰商都达布逊诺尔，曰达里冈爱，隶上驷院。

寻分设牧厂五，曰大凌河牧群马营，曰养息牧哈达牧群马营，曰养息所边外苏鲁克牧牛羊群，及黑牛群牧营，曰养息牧边外牧群牛营，并在盛京境。凡马牡曰儿，牝曰骒，不及三岁曰驹，及壮择割其牡曰骟。别其骒骟以为群，率骒马五配儿马一，群无过四百匹。骒马及羊三年一平群，牛六年，骒马群三岁以息补耗，三马而取一驹，骟马群岁耗其十一。置牧长、牧副、牧丁任其事，辖以协领、翼长、总管，官兵皆察哈尔、蒙古人充之。饲秣所需木槽镰蹷镩杓，每群各二，五年一给之。总管三年番代。二十四年，定牧群牲畜岁终汇报增减数目，视其赢绌，以第赏罚。二十六年，令八旗豢马，春夏驱赴察哈尔牧放，曰出青，秋冬回圈，曰回青。四十四年，将军杨福请市马给兵丁，上不许，谕曰："朝廷屡以太仆寺厂马并茶马给各兵丁，故无赔马之苦。历观宋、明议马政，皆无善策。牧马惟口外最善，水草肥美，不糜饷而孳生甚多。如驱入内地牧之，即日费万金不足矣。"雍正三年，定在厂马以四万匹为率。至乾隆五年，足额外，溢七千余匹。两翼牧厂，共骒马百六十群，骟马十六群，令分在两翼厂牧放。八年，敕牧界毋许侵越。先是甘、凉、肃三州及西宁各设马厂，分五群，群储牝马二百匹，牡四十。寻改甘州厂属巴里坤。二十五年，伊犁设孳生马驼厂，畀锡伯、察哈尔、索伦、厄鲁特四营牧之。三十二年，定牧厂官属所需马，视内地驿传例，按官品给之，不得逾额。嘉庆中，从都统庆溥言，撤回厄鲁特人牧厂。初，富俊建言，撤大凌河牧厂，分归东三省，仁宗严谕斥之。迨道光七年，上经杏山东阅马厂，见河岸马群壮整。因谕是间牧厂宽阔，水草蕃滋，马恃以生息，若轻议裁，则散之甚易，聚之甚难。再有率为此请者，以违制论。咸丰四年，科尔沁亲王僧格林沁剿捻，檄取察哈尔战马六百匹，不堪乘用，奏闻。上大怒，严谕都统庆昀整顿，盖马政渐衰弛矣。光绪九年，太仆寺言两翼骒马骟马一百十四群，并孳生马五群，驼亦五群，较乾隆时群数大减。嗣是穆图善练兵，至黑龙江求马无良，愀然曰："地气其尽乎！"迨于末叶，厉行新法，旧时牧政益废不讲，岂非时势使然欤？

顺治初，陕西设洮岷、河州、西宁、庄浪、甘州茶马司，及开成、安定、广宁、黑水、清平、万安、武安七监，岁遣御史一人专理之。七年，喀尔喀、额鲁特来市马，谕令自章京监察之贩客及贾人，与不系披甲者，概不许购，违者鞭一百，马入官。蒙古携马来京，不许商贩私买，胥役私购者罪之。康熙七年，裁茶马御史，以马政归甘肃巡抚。三十四年，谕遣师中等往蒙古诸旗购马，归化城、科尔沁各二千匹，余定额有差。乾隆十二年，禁朝鲜买马。二十五年，敕乌鲁木齐市易哈萨克马百三十余匹归巴里坤。旋以五吉等言，选哈萨克所易马拨往巴里坤，遂停购买。阿桂言伊犁易来哈萨克马渐成大群，敕书嘉予。二十八年，定江宁、浙江、福建驻防马匹出口采买例。三十二年，以伊犁易哈萨克马累积至多，择巴里坤善地牧放。寻乌里雅苏台马缺，亦以哈萨克马换易之。陕、甘营马，例调自伊犁转补，道远耗时。咸丰四年，用赓福请，由伊犁、塔尔巴哈台随地变价，令各营自购。七年，并敕山东缺额马，亦就近买补云。

贡马昉于国初，归化城土默特二旗，每岁四时贡马百匹。顺治十三年，吐鲁番贡三百二十四匹，嗣减令贡西马四匹，蒙古马十匹。康熙八年，以边外蒙古贡马，沿途抑买，谕严禁之。三十年，谕土谢图、车臣俱留汗号，贡白驼一、白马八如初，自余毋以九白进。三十五年，喀尔喀蒙古献驼马，多不可计，感圣祖破噶尔丹，得归原牧地也。四川各土司例贡及折征马，各营少者一、二匹，最多十二匹。甘肃唐古特七族西喇古儿例贡马匹，各营最多者八十二匹，少者递减至二、三匹。乾隆元年，谕四川土司折价马每匹纳银十二两，通省营马改从驿马例，纳银八两，永著为令。三十年，哈萨克沁德穆尔等献马。敕其余马赴伊犁，毋于喀什噶尔诸地贸易。寻令沙拉伯尔游牧之哈萨克，与沙拉伯尔一体贡马。嘉庆元年，停叶尔羌进马。十六年，谕乌里雅苏台将军等贡马及备用马选取之。又谕伊犁进马，材具佶闲，足供御用，令正备贡各五匹，有私带者，以违制论。道光二年，从那彦成奏，青海属玉树番族岁纳贡马，据丁口数，依二十壮丁贡马一匹例，按数递裁。凉州属番族岁仍纳马一匹。初内外蒙部多贵戚，每征伐，争先输马、驼，汉、唐以来所未有也。康熙初，察哈尔亲王、郡王、贝勒等，闻三藩叛，各献马匹佐军。道光九年，章佳胡图克图捐马百匹，收其半。二十三年，察哈尔蒙旗捐马千九百七十匹。咸丰初，哲布尊丹巴等捐马千匹，喀尔喀土谢图等二千匹，锡林果勒盟长等三千匹，帝以其多，却之。嗣闻已在途中，令择善地牧以待用。自是三音诺颜部等，以军事输马、驼，旋捐马二千一百，锡林果勒盟等千二百，或留或否。七年，各部落蒙古王等捐马六千四百匹，诏纳之。时粤、捻扰畿东，利于用骑也。同治间，黑龙江将军德英于呼伦贝尔各城劝捐军马。光绪初，丰绅托克湍办海防，时昭乌达盟郡王捐马六百匹，因请踵行推广劝谕，以助军实云。

驿置肇自前汉，历代因之。清沿明制，设驿马，为额四万三千三百有奇。各省驿制，定于康熙二年，凡赍奏官驿马之数，各藩马五匹，公、将军、提督、督、抚三匹，总兵、巡盐御史二匹，从兵部侍郎石麟请也。边外之驿，定于九年，凡明诏特遣，及理藩院饬赴蒙古诸部宣谕公务，得乘边外驿马。三十五年，征噶尔丹，设边外五处驿站，用便车粮运输。又从理藩院言，自张家口外设蒙古驿。其大略也。驿传在僻地者，仅供本州县所需，亦曰递马，额不过数匹。冲繁州县，置驿或二或三，额马至六七十匹。驿差大者，皇华使臣，朝贡蕃客，余如大臣入觐、莅官、视鹾、监税皆是。若赍奏员役，呈奉表册，其小者也。要者，如星驰飞递，刻期立赴之属。若闵劳恤死，允给邮传，其散者也。驿政弊坏，张汧尝极言之。越数诛求，横索滋扰，蠹国病民，势所必至。已定例诸驿额马，每年十踣其三，循例买补。咸丰中，粤氛孔炽，湖、湘境为贼据，劫失驿骑，焚毁号舍，往往有之。各州县或买马填补，或赁马应差，其有失驿未设，即雇夫代马。甘肃旧设马额六千余，亦以军兴废弛。光绪九年，军务既平，驿递渐简，所留马视前减三分二，而驿政亦无所妨。十一年，新疆南路设驿。是时，综通国驿站岁费，约三百万余金。二十九年，刘坤一、张之洞条陈新法，谓驿站耗财，不如仿外人之邮政。邮政递信速，驿政文报迟。弊由有驿州县马缺额，又复疲瘦，驿丁或倚为利薮，因致稽延。请设驿政局，推行邮政，俾驿铺经费专取给邮资，即三百万岁耗可以省出矣。时韪其言。已而驿马渐裁，嗣是驿遂废不用。

顺治初，建常盈库，凡车驾司朋桩站银，武库司马值，太仆寺马价皆储之。康熙初，改常盈库储归户部。乾隆十六年，敕云南营马除十踣其三按例应赔外，其逾额踣毙者免赔桩银。二十七年，定给留圈马乾，每匹视绿营稍优异。三十八年，又令云南买补马价，每匹减银三两。初马乾岁费约四十四万有奇。道光中，从载铨等言，裁八旗官拴马半额，以节出之费补兵饷焉。

清初定现任官得养马，余悉禁之。寻许武进士、武举、兵丁、捕役养马。康熙元年，禁民人养马。有私贩马匹，为人首告者，马给首告之人。其主有官职，予重罚。平民荷校鞭责。十年，令民人仍得养马。二十六年，定出厂马、驼，或践食田禾，或纵逸侵扰，兵鞭责，官罚俸有差。其兵丁强人代牧，及勒索扰累者，兵发刑部，官降调。凡牧马毙，则验其皮，踣毙例须赔抵，有一九、一七之罚。应取驹千匹者，以百匹为一分，百匹者以十匹为一分。雍正十三年，定马、驼出厂时，毛齿皆有册，回日核验，如疲瘠十不及三，免议，否则兵鞭责，官罚俸有差。乾隆初，禁牧丁等盗马私售，及与人乘，峻其科罚。十六年，严牧马减克料草之罪。二十八年，官马出青，每百匹准倒十匹，逾额勒其买补。嘉庆十一年，行围木兰，查获私贩马匹诸犯，重惩之。因谕："我朝讲武时巡，扈从均给官马。大臣禄入较优，给马较少。官员兵丁，视差务之繁简，定马数之多寡，少者一、二匹，多至五匹，事竣原马还官。如踣毙，呈验耳尾，仍按价折交。收放时，命王大臣督察。乃官兵等竟私鬻官单，察哈尔官兵收马利，其折银易于买补。积弊日深，大妨马政。自后设有卖单及折收者，一体科罚。私买之马贩，从严问拟。大臣等其妥议定章以闻。"凡营马或走脱窃失，责令赔补，谓之赔桩，年递减十之一，至十年悉免之。应敌伤损者免赔。骑至三年踣毙者亦免。其余一年或二三年内踣毙，赔额视其省而异，以十金为最多。同治二年，定古北口盘获私马逾三十匹者送京，不及三十匹赏与兵丁，著为令。

卷一百四十二　　志一百十七

刑法一

中国自书契以来，以礼教治天下。劳之来之而政出焉，匡之直之而刑生焉。政也，刑也，凡皆以维持礼教于勿替。故《尚书》曰："明于五刑，以弼五教。"又曰："士制百姓于刑之中，以教祗德。"古先哲王，其制刑之精义如此。周衰礼废，典籍散失。魏李悝著《法经》六篇，流衍至于汉初，萧何加为《九章》，历代颇有增损分合。至唐《永徽律》出，始集其成。虽沿宋迄元、明而面目一变，然科条所布，于扶翼世教之意，未尝不兢兢焉。君子上下数千年间，观其教化之昏明，与夫刑罚之中不中，而盛衰治乱之故，綦可睹矣。

有清起自辽左，不三四十年混一区宇。圣祖冲年践阼，与天下休养，六十余稔，宽恤之诏，岁不绝书。高宗运际昌明，一代法制，多所裁定。仁宗以降，事多因循，未遑改作。综其终始，列朝刑政，虽不尽清明，然如明代之厂卫、廷杖，专意戮辱士大夫，无有也。治狱者虽不尽仁恕，然如汉、唐之张汤、赵禹、周兴、来俊臣辈，深文惨刻，无有也。德宗末叶，庚子拳匪之变，创巨痛深，朝野上下，争言变法，于是新律萌芽。迨宣统逊位，而中国数千年相传之刑典俱废。是故论有清一代之刑法，亦古今绝续之交也。爰备志之，俾后有考焉。

清太祖嗣服之初，始定国政，禁悖乱，戢盗贼，法制以立。太宗继武，于天聪七年，遣国舅阿什达尔汉等往外藩蒙古诸国宣布钦定法令，时所谓"盛京定例"是也。嗣复陆续著有治罪条文，然皆因时立制，不尽垂诸久远。

世祖顺治元年，摄政睿亲王入关定乱，六月，即令问刑衙门准依《明律》治罪。八月，刑科给事中孙襄陈刑法四事，一曰定刑书："刑之有律，犹物之有规矩准绳也。今法司所遵及故明律令，科条繁简，情法轻重，当稽往宪，合时宜，斟酌损益，刊定成书，布告中外，俾知画一遵守，庶奸慝不形，风俗移易。"疏上，摄政王谕令法司会同廷臣详绎《明律》，参酌时宜，集议允当，以便裁定成书，颁行天下。十月，世祖入京，即皇帝位。刑部左侍郎党崇雅奏，在外官吏，乘兹新制未定，不无凭臆舞文之弊。并乞暂用《明律》，候国制画一，永垂令甲。得旨："在外仍照《明律》行，如有恣意轻重等弊，指参重处。"二年，命修律官参稽满、汉条例，分轻重等差，从刑科都给事中李士焜请也。

三年五月，《大清律》成，世祖御制序文曰："朕惟太祖、太宗创业东方，民淳法简，大辟之外，惟有鞭笞。朕仰荷天休，抚临中夏，人民既众，情伪多端。每遇奏谳，轻重出入，颇烦拟议。律例未定，有司无所禀承。爰敕法司官广集廷议，详译《明律》，参以国制，增损剂量，期于平允。书成奏进，朕再三覆阅，仍命内院诸臣校订妥确，乃允刊布，名曰《大清律集解附例》。尔内外有司官吏，敬此成宪，勿得任意低昂，务使百官万民，畏名义而重犯法，冀几刑措之风，以昭我祖宗好生之德。子孙臣民，其世世守之。"十三年，复颁满文《大清律》。

康熙九年，圣祖命大学士管理刑部尚书事对喀纳等将律文复行校正。十八年，特谕刑部定律之外，所有条例，应去应存，著九卿、詹事、科道会同详加酌定，确议具奏。嗣经九卿等遵旨会同更改条例，别自为书，名为《现行则例》。二十八年，台臣盛符升以律例须归一贯，乞重加考定，以垂法守。特交九卿议，准将《现行则例》附入《大清律》条。随命大学士图纳、张玉书等为总裁。诸臣以律文昉自《唐律》，辞简义赅，易致舛讹，于每篇正文后增用总注，疏解律义。次第酌定名例四十六条，三十四年，先行缮呈。三十六年，发回刑部，命将奏闻后更改之处补入。至四十六年六月，辑进四十二本，留览未发。

雍正元年，巡视东城御史汤之旭奏："律例最关紧要，今《六部见行则例》，或有从重改轻，从轻拟重，有先行而今停，事同而法异者，未经画一。乞简谙练律例大臣，专掌律例馆总裁，将康熙六十一年以前之例并《大清会典》，逐条互订，庶免参差。"世宗允之，命大学士朱轼等为总裁，谕令于应增应减之处，再行详加分晰，作速修完。三年书成，五年颁布。盖《明律》以《名例》居首，其次则分隶于六部，合计三十门，都凡四百六十条。顺治初，厘定律书，将《公式》门之信牌移入《职制》，漏泄军情移入《军政》，于《公式》门删漏用钞印，于《仓库》门删钞法，于《诈伪》门删伪造宝钞。后又于《名例》增入边远充军一条。雍正三年之律，其删除者：《名例律》之吏卒犯死罪、杀害军人、在京犯罪军民共三条，《职制》门选用军职、官吏给由二条，《婚姻》门之蒙古、色目人婚姻一条，《宫卫》门之悬带关防牌面一条。其并入者：《名例》之边远充军并于充军地方，《公式》门之毁弃制书印信并二条为一，《课程》门之盐法并十二条为一，《宫卫》门之冲突仪仗并三条为一，《邮驿》门之递送公文并三条为一。其改易者：《名例》之军官军人免发遣更为犯罪免发遣，军官有犯更为军籍有犯；《仪制》门之收藏禁书及私习天文生节为收藏禁书。其增入者：《名例》之天文生有犯充军地方二条。总计《名例律》四十六条。《吏律》：曰《职制》十四条，曰《公式》十四条。《户律》：曰《户役》十五条，曰《田宅》十一条，曰《婚姻》十七条，曰《仓库》二十三条，曰《课程》八条，曰《市廛》五条。《礼律》：曰《祭祀》六条，曰《仪制》二十条。《兵律》：曰《宫卫》十六条，曰《军政》二十一条，曰《关津》七条，曰《厩牧》十一条，曰《邮驿》十六条。《刑律》：曰《贼盗》二十八条，曰《人命》二十条，曰《斗殴》二十二条，曰《骂詈》八条，曰《诉讼》十二条，曰《受赃》十一条，曰《诈伪》十一条，曰《犯奸》十条，曰《杂犯》十一条，曰《捕亡》八条，曰《断狱》二十九条。《工律》：曰《营造》九条，曰《河防》四条。盖仍《明律》三十门，而总为四百三十六条。律首《六赃图》、《五刑图》、《狱具图》、《丧服图》，大都沿明之旧。《纳赎诸例图》、《徒限内老疾收赎图》、《诬轻为重收赎图》，银数皆从现制。其律文及律注，颇有增损改易。律后总注，则康熙年间所创造。律末并附《比引律》三十条。此其大较也。自时厥后，虽屡经纂修，然仅续增附律之条例，而律文未之或改。惟乾隆五年，馆修奏准芟除总注，并补入《过失杀伤收赎》一图而已。

例文自康熙初年仅存三百二十一条，末年增一百一十五条。雍正三年，分别订定，曰《原例》，累朝旧例凡三百二十一条；曰《增例》，康熙间现行例凡二百九十条；曰《钦定例》，上谕及臣工条奏凡二百有四条，总计八百十有五条。其立法之善者，如犯罪存留养亲，推及孀妇独子；若殴兄致死，并得准其承祀，恤孤嫠且教孝也。犯死罪非常赦所不原，察有祖父子孙阵亡，准其优免一次，劝忠也。枉法赃有禄人八十两，无禄人及不枉法赃有禄人一百二十两，俱实绞，严贪墨之诛也。衙蠹索诈，验赃加等治罪，惩胥役所以保良懦也。强盗分别法无可贷、情有可原，歼渠魁、赦胁从之义也。复仇以国法得伸与否为断，杜凶残之路也。凡此诸端，或隐合古义，或矫正前失，皆良法也。而要皆定制于康、雍时。

又国初以来，凡纂修律例，类必钦命二三大臣为总裁，特开专馆。维时各部院则例陆续成书，苟与刑律相涉，馆员俱一一厘正，故鲜乖牾。自乾隆元年，刑部奏准三年修例一次。十一年，内阁等衙门议改五年一修。由是刑部专司其事，不复简派总裁，律例馆亦遂附属于刑曹，与他部往往不相关会。高宗临御六十年，性矜明察，每阅谳牍，必求其情罪曲当，以万变不齐之情，欲御以万变不齐之例。故乾隆一朝纂修八九次，删《原例》、《增例》诸名目，而改变旧例及因案增设者为独多。

嘉庆以降，按期开馆，沿道光、咸丰以迄同治，而条例乃增至一千八百九十有二。盖清代定例，一如宋时之编敕，有例不用律，律既多成虚文，而例遂愈滋繁碎。其间前后牴触，或律外加重，或因例破律，或一事设一例，或一省一地方专一例，甚且因此例而生彼例，不惟与他部则例参差，即一例分载各门者，亦不无歧异。辗转纠纷，易滋高下。雍正十三年，世宗遗诏有曰："国家刑罚禁令之设，所以诘奸除暴，惩贪黜邪，以端风俗，以肃官方者也。然宽严之用，又必因乎其时。从前朕见人情浇薄，官吏营私，相习成风，罔知省改，不得不惩治整理，以戒将来。今人心共知警惕矣，凡各衙门条例，有前严而改宽者，此乃从前部臣定议未协，朕与廷臣悉心酌核而后更定，自可垂诸永久。若前宽而改严者，此乃整饬人心风俗之计，原欲暂行于一时，俟诸弊革除，仍可酌复旧章，此朕本意也。向后遇事斟酌，如有应从旧例者，仍照旧例行。"惜后世议法诸臣，未尽明世轻世重之故，每届修例，第将历奉谕旨及议准臣工条奏节次编入，从未统合全书，逐条厘正。穆宗号称中兴，母后柄政，削平发、捻、回疆之乱，百端待理，尚于同治九年纂修一次。德宗幼冲继统，未遑兴作。兼之时势多故，章程丛积，刑部既惮其繁猥，不敢议修，群臣亦未有言及者，因循久之。

逮光绪二十六年，联军入京，两宫西狩。忧时之士，咸谓非取法欧、美，不足以图强。于是条陈时事者，颇稍稍议及刑律。二十八年，直隶总督袁世凯、两江总督刘坤一、湖广总督张之洞，会保刑部左侍郎沈家本、出使美国大臣伍廷芳修订法律，兼取中西。旨如所请，并谕将一切现行律例，按照通商交涉情形，参酌各国法律，妥为拟议，务期中外通行，有裨治理。自此而议律者，乃群措意于领事裁判权。

是年刑部亦奏请开馆修例。三十一年，先将例内今昔情形不同，及例文无关引用，或两例重复，或旧例停止者，奏准删除三百四十四条。三十三年，更命侍郎俞廉三与沈家本俱充修订法律大臣。沈家本等乃徵集馆员，分科纂辑，并延聘东西各国之博士律师，藉备顾问。其前数年编纂未竣之旧律，亦特设编案处，归并分修。十二月，遵旨议定满、汉通行刑律，又删并旧例四十九条。宣统元年，全书纂成缮进，谕交宪政编查馆核议。二年，覆奏订定，名为《现行刑律》。

时官制改变，立宪诏下，东西洋学说朋兴。律虽仍旧分三十门，而芟削六部之目。其因时事推移及新章递嬗而删者，如《名例》之犯罪免发遣、军籍有犯、流囚家属、流犯在道会赦、天文生有犯、工乐户及妇人犯罪、充军地方，《职制》之大臣专擅选官、文官不许封公侯、官员赴任过限、无故不朝参公座、奸党，《公式》之照刷文卷、磨勘卷宗、封掌印信，《户役》之丁夫差遣不平、隐蔽差役、逃避差役，《田宅》之任所置买田宅，《婚姻》之同姓为婚、良贱为婚姻，《课程》之监临势要中盐、阻坏盐法、私矾、舶商匿货，《礼制》之朝见留难，《宫卫》之内府工作人匠替役，《军政》之边境申索军需、公侯私役官军、夜禁，《关津》之私越冒度关津、诈冒给路引、递送逃军妻女出城、私出外境及违禁下海、私役弓兵，《厩牧》之公使人等索借马匹，《邮驿》之占宿驿舍上房，《贼盗》之起除刺字，《斗殴》之良贱相殴，《诉讼》之军民约会、词讼诬告、充军及迁徙，《受赃》之私受公侯财物，《犯奸》之良贱相奸，《杂犯》之搬做杂剧，《捕亡》之徒流人逃，《断狱》之徒囚不应役，《营造》之有司官吏不住公廨是也。其缘政体及刑制迁变而改者，如《名例》之化外人有犯改为蒙古及入国籍人有犯，徒流迁徙地方改为五徒三流二遣地方，《婚姻》之娶乐人为妻妾改娶娼妓为妻，《人命》之杀子孙及奴婢图赖人节去"及奴婢"字，《斗殴》之奴婢殴家长改为雇工人殴家长，《骂詈》之奴婢骂家长改为雇工人骂家长，《犯奸》之奴婢奸家长妻改为雇工人奸家长妻是也。综计全律仍存三百八十有九条，而《比引律》则删存及半，依类散入各门，不列比附之目。旧例除删并外，合续纂之新例，统一千六十六条。其《督捕则例》一书，顺治朝命臣工纂进，原为旗下逃奴而设。康熙十五年重加酌定，乾隆以后续有增入，计条文一百一十，亦经分别去留，附入《刑律》，而全书悉废。律首仍载《服制全图》，以重礼教。是年冬颁行焉。若蒙古治罪各条，载诸《理藩院则例》，及《西宁番子治罪条例》，别行诸岷、洮等处者，以其习俗既殊，刑制亦异，未敢轻议更张。

新律则光绪三十二年法律馆撰上《刑民诉讼律》，酌取英、美陪审制度。各督抚多议其窒碍，遂寝。三十三年，复先后奏上《新刑律草案》，《总则》十七章：曰法例，曰不论罪，曰未遂罪，曰累犯罪，曰俱发罪，曰共犯罪，曰刑名，曰宥恕减轻，曰自首减免，曰酌量减轻，曰加减例，曰缓刑，曰暂释，曰恩赦，曰时效，曰时期计算，曰文例。《分则》三十六章：曰关于帝室之罪，曰关于内乱之罪，曰关于国交之罪，曰关于外患之罪，曰关于漏泄机务之罪，曰关于渎职之罪，曰关于妨害公务之罪，曰关于选举之罪，曰关于骚扰之罪，曰关于逮捕监禁者脱逃之罪，曰关于藏匿罪人及湮灭证据之罪，曰关于伪证及诬告之罪，曰关于放火决水及水利之罪，曰关于危险物之罪，曰关于往来通信之罪，曰关于秩序之罪，曰关于伪造货币之罪，曰关于伪造文书及印文之罪，曰关于伪造度量衡之罪，曰关于祀典及坟墓之罪，曰关于鸦片烟之罪，曰关于赌博彩票之罪，曰关于奸非及重婚之罪，曰关于饮料水之罪，曰关于卫生之罪，曰关于杀伤之罪，曰关于堕胎之罪，曰关于遗弃之罪，曰关于逮捕监禁之罪，曰关于略诱及和诱之罪，曰关于安全信用名誉及秘密之罪，曰关于窃盗及强盗之罪，曰关于诈欺取财之罪，曰关于侵占之罪，曰关于赃物之罪，曰关于毁弃损坏之罪。两编合共三百八十七条，经宪政编查馆奏交部院及疆臣核议，签驳者夥。

宣统元年，沈家本等汇集各说，复奏进《修正草案》。时江苏提学使劳乃宣上书宪政编查馆论之曰："法律大臣会同法部奏进修改刑律，义关伦常诸条，未依旧律修入。但于《附则》称中国宗教遵孔，以纲常礼教为重。如律中十恶亲属容隐，干名犯义，存留养亲，及亲属相奸、相盗、相殴，发塚犯奸各条，未便蔑弃。中国人有犯以上各罪，应仍依旧律，别辑单行法，以昭惩创。窃维修订新律，本为筹备立宪，统一法权。凡中国人及在中国居住之外国人，皆应服从同一法律。是此法律，本当以治中国人为主。今乃依旧律别辑中国人单行法，是视此新刑律专为外国人设矣。本末倒置，莫此为甚。《草案》案语谓修订刑律，所以收回领事裁判权。刑律内有一二条为外国人所不遵奉，即无收回裁判权之实。故所修刑律，专以摹仿外国为事。此说实不尽然。泰西各国，凡外国人居其国中，无不服从其国法律，不得执本国无此律以相争，亦不得恃本国有此律以相抗。今中国修订刑律，乃谓为收回领事裁判权，必尽舍固有之礼教风俗，一一摹仿外国。则同乎此国者，彼国有违言，同乎彼国者，此国又相反，是必穷之道也。总之一国之律，必与各国之律相同，然后乃能令国内居住之外国人遵奉，万万无此理，亦万万无此事。以此为收回领事裁判权之策，是终古无收回之望也。且夫国之有刑，所以弼教。一国之民有不遵礼教者，以刑齐之。所谓礼防未然，刑禁已然，相辅而行，不可缺一者也。故各省签驳《草案》，每以维持风化立论，而案语乃指为浑道德法律为一。其论无夫奸曰：'国家立法，期于令行禁止。有法而不能行，转使民玩法而肆无忌惮。和奸之事，几于禁之无可禁，诛之不胜诛，即刑章具在，亦只具文。必教育普及，家庭严正，舆论之力盛，廉耻之心生，然后淫靡之风可少衰。'又曰：'防遏此等丑行，不在法律而在教化。即列为专条，亦无实际。'其立论在离法律与道德教化而二之，视法律为全无关于道德教化，故一意摹仿外国，而于旧律义关伦常诸条弃之如遗，焉用此法为乎？"谓宜将旧律有关礼教伦纪各节，逐一修入正文，并拟补干名犯义、犯罪存留养亲、亲属相奸相殴、无夫奸、子孙违犯教令各条。法律馆争之。明年资政院开，宪政编查馆奏交院议，将《总则》通过。时劳乃宣充议员，与同院内阁学士陈宝琛等，于无夫奸及违犯教令二条尤力持不少息，而《分则》遂未议决。余如《民律》、《商律》、《刑事诉讼律》、《民事诉讼律》、《国籍法》俱编纂告竣，未经核议。惟《法院编制法》、《违警律》、《禁烟条例》均经宣统二年颁布，与《现行刑律》仅行之一年，而逊位之诏下矣。

卷一百四十三　志一百十八

刑法二

《明律》渊源唐代，以笞、杖、徒、流、死为五刑。自笞一十至五十，为笞刑五。自杖六十至一百，为杖刑五。徒自杖六十徒一年起，每等加杖十，刑期半年，至杖一百徒三年，为徒五等。流以二千里、二千五百里、三千里为三等，而皆加杖一百。死刑二：曰斩，曰绞。此正刑也。其律例内之杂犯、斩绞、迁徙、充军、枷号、刺字、论赎、凌迟、枭首、戮尸等刑，或取诸前代，或明所自创，要皆非刑之正。

清太祖、太宗之治辽东，刑制尚简，重则斩，轻则鞭扑而已。迨世祖入关，沿袭明制，初颁《刑律》，笞、杖以五折十，注入本刑各条。康熙朝《现行则例》改为四折除零。雍正三年之律，乃依例各于本律注明板数。徒、流加杖，亦至配所照数折责。盖恐扑责过多，致伤生命，法外之仁也。文武官犯笞、杖，则分别公私，代以罚俸、降级、降调，至革职而止。

徒者，奴也，盖奴辱之。明发盐场铁冶煎盐炒铁，清则发本省驿递。其无驿县，分拨各衙门充水火夫各项杂役，限满释放。

流犯，初制由各县解交巡抚衙门，按照里数，酌发各处荒芜及濒海州县。嗣以各省分拨失均，不免趋避拣择。乾隆八年，刑部始纂辑《三流道里表》，将某省某府属流犯，应流二千里者发何省何府属安置，应流二千五百里者发何省何府属安置，应流三千里者发何省何府属安置，按计程途，限定地址，逐省逐府，分别开载。嗣于四十九年及嘉庆六年两次修订。然第于州县之增并，道里之参差，略有修改，而大体不易。《律》称："犯流妻妾从之，父祖子孙欲随者听。"乾隆二十四年，将佥妻之例停止。其军、流、遣犯情愿随带家属者，不得官为资送，律成虚设矣。

斩、绞，同是死刑。然自汉以来，有秋后决囚之制。《唐律》除犯恶逆以上及奴婢、部曲杀主者，从立春至秋分不得奏决死刑。明弘治十年奏定真犯死罪决不待时者，凌迟十二条，斩三十七条，绞十二条；真犯死罪秋后处决者，斩一百条，绞八十六条。顺治初定律，乃于各条内分晰注明，凡律不注监候者，皆立决也；凡例不言立决者，皆监候也。自此京、外死罪多决于秋，朝审遂为一代之大典。杂犯斩、绞准徒五年与杂犯三流总徒四年，大都创自有明。《清律》于官吏受赃，枉法不枉法，满贯俱改为实绞，余多仍之。名实混淆，殊形轇轕。

迁徙原于唐之杀人移乡，而定罪则异。律文沿用数条，然皆改为比流减半、徒二年，并不徙诸千里之外。惟条例于土蛮、瑶、僮、苗人仇杀劫掳及改土为流之土司有犯，将家口实行迁徙。然各有定地，亦不限千里也。

明之充军，义主实边，不尽与流刑相比附。清初裁撤边卫，而仍沿充军之名。后遂以附近、近边、边远、极边、烟瘴为五军，且于满流以上，为节级加等之用。附近二千里，近边二千五百里，边远三千里，极边、烟瘴俱四千里。在京兵部定地，在外巡抚定地。雍正三年之律，第于十五布政司应发省分约略编定。乾隆三十七年，兵部根据《邦政纪略》，辑为《五军道里表》，凡发配者，视表所列。然名为充军，至配并不入营差操，第于每月朔望检点，实与流犯无异。而满流加附近、近边道里，反由远而近，司谳者每苦其纷歧，而又有发遣名目。初第发尚阳堡、宁古塔，或乌喇地方安插，后并发齐齐哈尔、黑龙江、三姓、喀尔喀、科布多，或各省驻防为奴。乾隆年间、新疆开辟，例又有发往伊犁、乌鲁木齐、巴里坤各回城分别为奴种地者。咸、同之际，新疆道梗，又复改发内地充军。其制屡经变易，然军遣止及其身。苟情节稍轻，尚得更赦放还。以视明之永远军戍，数世后犹句及本籍子孙者，大有间也。若文武职官犯徒以上，轻则军台效力，重则新疆当差。成案相沿，遂为定例。此又军遣中之歧出者焉。

枷杻，本以羁狱囚。明代《问刑条例》，于本罪外或加以枷号，示戮辱也。《清律》犯罪免发遣条："凡旗人犯罪，笞、杖各照数鞭责，军、流、徒免发遣，分别枷号。徒一年者，枷号二十日，每等递加五日。流二千里者，枷号五十日，每等亦递加五日。充军附近者，枷号七十日，近边、沿海、边外者八十日，极边、烟瘴者九十日。"原立法之意，亦以旗人生则入档，壮则充兵，巩卫本根，未便离远，有犯徒、流等罪，直以枷号代刑，强干之义则然。然犯系寡廉鲜耻，则销除旗档，一律实发，不姑息也。若窃盗再犯加枷，初犯再犯计次加枷，犯奸加枷，赌博加枷，逃军逃流加枷，暨一切败检逾闲、不顾行止者酌量加枷，则初无旗、民之别。康熙八年，部议囚禁人犯止用细链，不用长枷，而枷号遂专为行刑之用。其数初不过一月、二月、三月，后竟有论年或永远枷号者。始制重者七十斤，轻者六十斤。乾隆五年，改定应枷人犯俱重二十五斤，然例尚有用百斤重枷者。嘉庆以降，重枷断用三十五斤，而于四川、陕西、湖北、河南、山东、安徽、广东等省匪徒，又有系带铁杆石礅之例，亦一时创刑也。

刺字，古肉刑之一，律第严于贼盗。乃其后条例滋多，刺缘坐，刺凶犯，刺逃军、逃流，刺外遣、改遣、改发。有刺事由者，有刺地方者，并有分刺满、汉文字者。初刺右臂，次刺左臂，次刺右面、左面。大抵律多刺臂，例多刺面。若窃盗责充警迹，二三年无过，或缉获强盗二名以上、窃盗三名以上，例又准其起除刺字，复为良民。盖恶恶虽严，而亦未尝不予以自新之路焉。

赎刑有三：一曰纳赎，无力照律决配，有力照例纳赎。二曰收赎，老幼废疾、天文生及妇人折杖，照律收赎。三曰赎罪，官员正妻及例难的决，并妇人有力者，照例赎罪。收赎名曰律赎，原本《唐律》收赎。赎罪名为例赎，则明代所创行。顺治修律，五刑不列赎银数目。雍正三年，始将《明律赎图》内应赎银数斟酌修改，定为《纳赎诸例图》。然自康熙《现行例》定有承问官滥准纳赎交部议处之条，而前明纳赎及赎罪诸旧例又节经删改，故律赎俱照旧援用，而例赎则多成具文。

其捐赎一项，顺治十八年，有官员犯流徒籍没认工赎罪例；康熙二十九年，有死罪现监人犯输米边口赎罪例；三十年，有军流人犯捐赎例；三十四年，有通仓运米捐赎例；三十九年，有永定河工捐赎例；六十年，有河工捐赎例。然皆事竣停止，其历朝沿用者，惟雍正十二年户部会同刑部奏准预筹运粮事例，不论旗、民，罪应斩、绞，非常赦所不原者，三品以上官照西安驼捐例捐运粮银一万二千两，四品官照营田例捐运粮银五千两，五、六品官照营田例捐银四千两，七品以下、进士、举人二千五百两，贡、监生二千两，平人一千二百两，军、流各减十分之四，徒以下各减十分之六，俱准免罪。西安驼捐，行自雍正元年，营田例则五年所定也。乾隆十七年，西安布政使张若震奏请另定捐赎笞、杖银数。经部议，预筹运粮事例，杖、笞与徒罪不分轻重，一例捐赎，究未允协。除犯枷号、杖责者照徒罪捐赎外，酌拟分杖为一等，笞为一等。其数，杖视徒递减，笞视杖递减。二十三年，谕将斩、绞缓决各犯纳赎之例永行停止。遇有恩赦减等时，其惮于远行者，再准收赎。而赎锾则仍视原拟罪名，不得照减等之罪。著为令。嗣后官员赎罪者，俱照运粮事例核夺。刑部别设赎罪处，专司其事。此又律赎、例赎而外，别自为制者矣。

凌迟，用之十恶中不道以上诸重罪，号为极刑。枭首，则强盗居多。戮尸，所以待恶逆及强盗应枭诸犯之监故者。凡此诸刑，类皆承用《明律》，略有通变，行之二百余年。至过误杀之赔人，窃盗之割脚筋，重辟减等之贯耳鼻，强盗、贪官及窝逃之籍家产，或沿自盛京定例，或顺治朝偶行之峻令，不久革除，非所论也。

自光绪变法，二十八年，山西巡抚赵尔巽奏请各省通设罪犯习艺所。经刑部议准，徒犯毋庸发配，按照年限，于本地收所习艺。军、流为常赦所不原者，照定例发配，到配一律收所习艺。流二千里限工作六年，二千五百里八年，三千里者十年。遣军照满流年限计算，限满释放，听其自谋生计，并准在配所入籍为民。若为常赦所得原者，无论军、流，俱无庸发配，即在本省收所习艺。工作年限，亦照前科算。自此五徒并不发配，即军、流之发配者，数亦锐减矣。二十九年，刑部奏准删除充军名目，将附近、近边、边远并入三流，极边及烟瘴改为安置，仍与当差并行。自此五军第留其二，而刑名亦改变矣。三十年，刘坤一、张之洞会奏变法第二摺内，有恤刑狱九条。其省刑责条内，经法律馆议准，笞、杖等罪，仿照外国罚金之法，改为罚银。凡律例内笞刑五，以五钱为一等，至笞五十罚银二两五钱，杖六十者改为罚五两。每一等加二两五钱，以次递加，至杖一百改为罚十五两而止。如无力完纳，折为作工。应罚一两，折作工四日，以次递加，至十五两折作工六十日而止。然窃盗未便罚金，议将犯窃应拟笞罪者，改科工作一月；杖六十者，改科工作两月；杖七十至一百，每等递加两月。又附片请将军、流、徒加杖概予宽免，无庸决责。自此而笞、杖二刑废弃矣。

三十一年，修订法律大臣沈家本等奏请删除重法数端，略称："见行律例款目极繁，而最重之法，亟应先议删除者，约有三事：一曰凌迟、枭首、戮尸。凌迟之刑，唐以前无此名目。《辽史刑法志》始列入正刑之内。宋自熙宁以后，渐亦沿用。元、明至今，相仍未改。枭首在秦、汉时惟用诸夷族之诛，六朝梁、陈、齐、周诸律，始于斩之外别立枭名。自隋迄元，复弃而不用。今之斩枭，仍明制也。戮尸一事，惟秦时成蛴军反，其军吏皆斩戮尸，见于《始皇本纪》。此外历代刑制，俱无此法。明自万历十六年，定有戮尸条例，专指谋杀祖父母、父母而言。国朝因之，后更推及于强盗。凡此酷重之刑，固所以惩戒凶恶。第刑至于斩，身首分离，已为至惨。若命在顷忽，菹醢必令备尝，气久消亡，刀锯犹难幸免，揆诸仁人之心，当必惨然不乐。谓将以惩本犯，而被刑者魂魄何知；谓将以警戒众人，而习见习闻，转感召其残忍之性，实非圣世所宜遵。请将凌迟、枭首、戮尸三项，一概删除，死罪至斩决而止。凡《律例》内凌迟、斩枭各条，俱改斩决。斩决而下，依次递减。一曰缘坐。缘坐之制，起于秦之参夷及收司连坐法。汉高后除三族令，文帝除收孥相坐律，当时以为盛德。惜夷族之诛，犹间用之。晋以下仍有家属从坐之法，《唐律》惟反叛、恶逆、不道，律有缘坐，他无有也。今律则奸党、交结近侍诸项俱缘坐矣，反狱、邪教诸项亦缘坐矣。一案株连，动辄数十人。夫以一人之故而波及全家，以无罪之人而科以重罪，汉文帝以为不正之法反害于民，北魏崔挺尝曰'一人有罪，延及阖门，则司马牛受桓魋之罚，柳下惠膺盗跖之诛，不亦哀哉'，其言皆笃论也。今世各国，皆主持刑罚止及一身之义，与'罪人不孥'之古训实相符合。请将律内缘坐各条，除知情者仍坐罪外，其不知情者悉予宽免。余条有科及家属者准此。一曰刺字。刺字乃古墨刑，汉之黥也。文帝废肉刑而黥亦废，魏、晋、六朝虽有逃奴劫盗之刺，旋行旋废。隋、唐皆无此法。至石晋天福间，始创刺配之制，相沿至今。其初不过窃盗逃人，其后日加烦密。在立法之意，原欲使莠民知耻，庶几悔过而迁善。讵知习于为非者，适予以标识，助其凶横。而偶罹法网者，则黥刺一膺，终身僇辱。夫肉刑久废，而此法独存，汉文所谓刻肌肤痛而不德者，未能收弼教之益，而徒留此不德之名，岂仁政所宜出此。拟请将刺字款目，概行删除。凡窃盗皆令收所习艺，按罪名轻重，定以年限，俾一技能娴，得以糊口，自少再犯、三犯之人。一切递解人犯，严令地方官佥差押解，果能实力奉行，逃亡者自少也。"奏上，谕令凌迟、枭首、戮尸三项永远删除。所有《现行律例》内凌迟、斩枭各条，俱改为斩决；其斩决各条，俱改为绞决；绞决各条，俱改为绞监候，入于秋审情实；斩监候各条，俱改为绞监候，与绞候人犯仍入于秋审，分别实缓。至缘坐各条，除知情者仍治罪外，余悉宽免。其刺字等项，亦概行革除。旨下，中外称颂焉。

三十二年，法律馆奏准将戏杀、误杀、擅杀虚拟死罪各案，分别减为徒、流。自此而死刑亦多轻减矣。又是年法律馆以妇女收赎，银数太微，不足以资警戒，议准妇女犯笞、杖，照新章罚金。徒、流、军、遣，除不孝及奸、盗、诈伪旧例应实发者，改留本地习艺所工作，以十年为限，余俱准其赎罪。徒一年折银二十两，每五两为一等，五徒准此递加。由徒入流，每一等加十两，三流准此递加。遣、军照满流科断。如无力完缴，将应罚之数，照新章按银数折算时日，改习工艺。其犯该枷号，不论日数多寡，俱酌加五两，以示区别。自此而收赎银数亦稍变矣。

故宣统二年颁布之《现行刑律》，第将近数年奏定之章程采获修入，于是刑制遂大有变更。其五刑之目，首罚刑十，以代旧律之笞、杖。一等罚，罚银五钱，至十等罚，为银十五两，据法律馆议覆恤刑狱之奏也。次徒刑五，年限仍旧律。次流刑三，道里仍旧律，然均不加杖，以法律馆业经附片奏删也。次遣刑二：曰极边足四千里及烟瘴地方安置，曰新疆当差。以闰刑加入正刑，承用者广，不得不别自为制也。次死刑二：曰绞，曰斩。时虽有死刑唯一之议，以旧制显分等差，且凌迟、枭首等项甫经议减，不敢径行废斩也。徒、流虽仍旧律，然为制不同。按照习艺章程，五徒依限收入本地习艺所习艺；流、遣毋论发配与否，俱应工作。故于徒五等注明按限工作，流二千里注工作六年，二千五百里注工作八年，三千里注工作十年，遣刑俱注工作十二年。收赎则根据妇女赎罪新章酌减银数，改为通例。罚刑照应罚之数折半收赎，徒一年赎银十两，每等加银二两五钱，至徒三年收赎银二十两。流刑每等加银五两，至三千里赎银三十五两。遣刑与满流同科。绞、斩则收赎银四十两。亦分注于各刑条下。然非例应收赎者，不得滥及也。捐赎，据光绪二十九年刑部奏准照运粮事例，减半银数，另辑为例。其笞、杖虽不入正刑，仍留竹板，以备刑讯之用。外此各刑具，尽行废除，枷号亦一概芟削，刑制较为径省矣。

惟就地正法一项，始自咸丰三年。时各省军兴，地方大吏，遇土匪窃发，往往先行正法，然后奏闻。嗣军务敉平，疆吏乐其便己，相沿不改。光绪七八年间，御史胡隆洵、陈启泰等屡以为言。刑部声请饬下各省，体察情形，仍照旧例解勘，分别题奏。嗣各督抚俱覆称地方不靖，碍难规复旧制。刑部不得已，乃酌量加以限制，如实系土匪、马贼、游勇、会匪，方准先行正法，寻常强盗，不得滥引。自此章程行，沿及国变，而就地正法之制，讫未之能革。

卷一百四十四　　志一百十九

刑法三

太祖始创八旗，每旗设总管大臣一，佐管大臣二。又置理政听讼大臣五人，号为议政五大臣。扎尔固齐十人，号为理事十大臣。凡听断之事，先经扎尔固齐十人审问，然后言于五臣，五臣再加审问，然后言于诸贝勒。众议既定，犹恐冤抑，亲加鞫问。天命元年，谕贝勒大臣曰："国人有事，当诉于公所，毋得诉于诸臣之家。兹播告国中，自贝勒大臣以下有罪，当静听公断，执拗不服者，加等治罪。凡事俱五日一听断于公所，其私诉于家，不执送而私断者，治罪不贷。"十一年，太宗以议政五大臣、理事十大臣不皆分授，或即以总管、佐管兼之，于是集诸贝勒定议裁撤。每旗由佐管大臣审断词讼，不令出兵驻防。其每旗别设调遣大臣二员，遇有驻防调遣所属词讼，仍令审理。天聪七年，设刑部承政、参政、启心郎等官，听讼始有专责。

世祖入主中夏，仍明旧制，凡诉讼在外由州县层递至于督抚，在内归总于三法司。然明制三法司，刑部受天下刑名，都察院纠察，大理寺驳正。清则外省刑案，统由刑部核覆。不会法者，院寺无由过问，应会法者，亦由刑部主稿。在京讼狱，无论奏咨，俱由刑部审理，而部权特重。刑部初设十四司。雍正元年，添置现审左右二司，审理八旗命盗及各衙门钦发事件。后复改并，定为十八清吏司：曰直隶，曰奉天，曰江苏，曰安徽，曰江西，曰福建，曰浙江，曰湖广，曰山东，曰山西，曰陕西，曰四川，曰广东，曰广西，曰云南，曰贵州。凡各省刑名咨揭到部，各司具稿呈堂，以定准驳。吉林、黑龙江附诸奉天，甘肃、新疆附诸陕西，京曹各署关涉文件，亦分隶于十七司。现审则轮流签分。顺治十年，设督捕衙门，置侍郎满、汉各一员，其属有前司、后司。初隶兵部，专理缉捕逃旗事宜。康熙三十八年裁撤，将前后司改隶刑部。嗣复并为督捕一司，不掌外省刑名，亦不分现审。刑部收受讼案，已结未结，每月汇奏。设督催所，而督以例限。审结寻常徒、流、军、遣等罪，按季汇题。案系奏交，情虽轻，专案奏结。死罪既取供，大理寺委寺丞或评事，都察院委御史，赴本司会审，谓之会小法。狱成呈堂，都察院左都御史或左副都御史，大理寺卿或少卿，挈同属员赴刑部会审，谓之会大法。如有翻异，发司覆审，否则会稿分别题奏。罪干立决，旨下，本司派员监刑。监候则入朝审。各省户、婚、田土及笞、杖轻罪，由州县完结，例称自理。词讼每月设立循环簿，申送督、抚、司、道查考。巡道巡历所至，提簿查核，如有未完，勒限催审。徒以上解府、道、臬司审转，徒罪由督抚汇案咨结。有关人命及流以上，专咨由部汇题。死罪系谋反、大逆、恶逆、不道、劫狱、反狱、戕官，并洋盗、会匪、强盗、拒杀官差，罪干凌迟、斩、枭者，专摺具奏，交部速议。杀一家二命之案，交部速题。其余斩、绞，俱专本具题，分送揭帖于法司科道，内阁票拟，交三法司核议。如情罪不符及引律错误者，或驳令覆审，或径行改正，合则如拟核定。议上立决，命下，钉封飞递各州县正印官或佐贰，会同武职行刑。监候则入秋审。

朝审原于明天顺三年，令每岁霜降后，但有该决重囚，三法司会同公、侯、伯从实审录。秋审亦原于明之奏决单，冬至前会审决之。顺治元年，刑部左侍郎党崇雅奏言："旧制凡刑狱重犯，自大逆、大盗决不待时外，余俱监候处决。在京有热审、朝审之例，每至霜降后方请旨处决。在外直省，亦有三司秋审之例，未尝一丽死刑辄弃于市。望照例区别，以昭钦恤。"此有清言秋、朝审之始。嗣后逐渐举行，而法益加密。初制分情实、缓决、矜、疑，然疑狱不经见。雍正以后，加入留养承祀，区为五类。截止日期，云南、贵州、四川、广东、广西以年前封印日，福建以正月三十日，奉天、吉林、黑龙江、陕西、甘肃、湖北、湖南、浙江、江西、安徽、江苏以二月初十日，河南、山东、山西以三月初十日，直隶以三月三十日。然遇情重之案，虽后期有声明赶入秋审者。刑部各司，自岁首将各省截止期前题准之案，分类编册，发交司员看详。初看蓝笔句改，覆看用紫，轮递至秋审处坐办、律例馆提调，墨书粘签，一一详加斟酌，而后呈堂核阅。朝审本刑部问拟之案，刑部自定实缓。秋审则直省各督抚于应勘时，将人犯提解省城，率同在省司道公同会勘，定拟具题。刑部俟定限五月中旬以前，各省后尾到齐，查阅外勘与部拟不符者，别列一册。始则司议，提调、坐办主之。继则堂议，六堂主之，司议各员与焉。议定，刑部将原案及法司督抚各勘语刊刷招册，送九卿、詹事、科道各一分，八月内定期在金水桥西会同详核。先日朝审，三法司、九卿、詹事、科道入座，刑部将监内应死人犯提至当堂，命吏朗诵罪状及定拟实、缓节略，事毕回禁。次日秋审，凭招册审核，如俱无异议，会同将原拟陆续具题；有异，前期签商。若各执不相下，持异之人奏上，类由刑部回奏听裁。苟攻及原审，则径行扣除再讯。二百余年来，刑部历办秋、朝审，句稽讲贯，备极周密，长官每以此校司员之优劣。究之人命至重，死者不可复生，其所矜慎，尤在实、缓。乾隆以前，各司随意定拟，每不画一。三十二年，始酌定《比对条款》四十则，刊分各司，并颁诸各省，以为勘拟之准绳。四十九年，复行增辑。嗣刑部侍郎阮葵生别辑《秋谳志略》，而后规矩略备，中外言秋勘者依之，并比附历年成案，故秋、朝审会议，其持异特奏者，每不胜焉。

秋审本上，入缓决者，得旨后，刑部将戏杀、误杀、擅杀之犯，奏减杖一百，流三千里，窃赃满贯、三犯窃赃至五十两以上之犯，奏减云、贵、两广极边、烟瘴充军，其余仍旧监固，俟秋审三次后查办。间有初次入缓，后复改实者，权操自上，非常例也。入可矜者，或减流，或减徒。留养承祀者，将该犯枷号两月，责四十板释放。案系斗杀，追银二十两给死者家属养赡。情实则大别有三，服制、官犯、常犯是也。本下，内阁随命钦天监分期择日。句到，刑部按期进呈黄册。至日，素服御殿，大学士三法司侍，上秉硃笔，或命大学士按单予句。服制册大都杀伤期功尊长之案，既以情轻而改监候，类不句决；情实二次，大学士会同刑部奏请改缓。官犯则情重者，刑部从严声叙，未容幸免；轻则一律免句，十次改缓。常犯之入情实，固罪无可逭者；其或一线可原，刑部粘签声叙，类多邀恩不句，十次亦改缓。向例句决重囚，刑科三覆奏，自乾隆十四年简去二覆，第于句到前五日，覆奏一次。句到时，将原本进呈覆阅，一俟批发，在京例由刑科给事中、刑部侍郎各一人赴西市监视。官犯无论句否，俱绑赴行刑场候决。在外则刑部各司将句单连同榜示钉封送兵部发驿，文到之日行刑。如恭逢庆典或国家有故，则下旨停句。

顺治十三年，谕刑部："朝审秋决，系刑狱重典。朕必详阅招案始末，情形允协，令死者无冤。今决期伊迩，朝审甫竣，招册繁多，尚未及详细简阅，骤行正法，朕心不忍。今年姑著暂停秋决，昭朕矜恤至意。"自是列朝于秋谳俱勤慎校阅。康熙二十二年，圣祖御懋勤殿，召大学士、学士等入，酌定在京秋审情实重犯。圣祖取罪案逐一亲阅，再三详审，其断无可恕者，始定情实。因谕曰："人命事关重大，故召尔等共相商酌。情有可原，即开生路。"雍正十一年，世宗御洞明堂，阅秋审情实招册，谕刑部曰："诸臣所进招册，俱经细加斟酌，拟定情实。但此内有一线可生之机，尔等亦当陈奏。在前日定拟情实，自是执法，在此刻句到商酌，又当原情，断不可因前奏难更，遂尔隐默也。"高宗尤垂意刑名，秋审册上，每干饬责。乾隆三十一年，湖南官犯饶佺，以其回护已过予句。追阅浙省招册，知府高象震亦以承审回护，原题仅拟军台效力。急谕湖南巡抚将饶佺暂停处决，令刑部查明两案情节不同，始行明谕处分。其慎重谳典如此。仁宗亦娴习法律。嘉庆七年，御史广兴会议秋审，奏请将斗杀拟缓之广东姚得辉改入情实，援引乾隆十八年"一命必有一抵"之旨。仁宗谓："一命一抵，原指械斗等案而言，至寻常斗殴，各毙各命，自当酌情理之平，分别实缓。若拘泥'一命必有一抵'之语，则是秋谳囚徒，凡杀伤毙命之案，将尽行问拟情实，可不必有缓决一项。有是理乎？"命仍照原拟入缓。其剖析法意，致为明允。自后宣宗、文宗遵循前轨，罕可纪述。穆宗、德宗两经垂帘，每逢句到，命大学士一人捧单入内阁恭代，后遂沿为故事。而前行之秋审条款，因光绪季年死刑递有减降，法律馆重加厘定，奏颁内外焉。

热审之制，顺治初赓续举行。康熙十年，定每年小满后十日起，至立秋前一日止，非实犯死罪及军、流，俱量予减等。四十三年，谕刑部停止。雍正初复行。乾隆以后，第准免笞、杖，则递行八折决放，枷号渐释，余不之及。且惟京师行之，外省笞、杖自理，无从考核，具文而已。列朝无寒审，而有军、流、遣犯隆冬停遣之例。未起解者，十月至正月终及六月俱停遣。若已至中途，至十一月初一日准停。倘抵配不远，并发往东南省分，人犯有情愿前进者，一体起解。

又有停审之例，每年正月、六月、十月及元旦令节七日，上元令节三日，端午、中秋、、重阳各一日，万寿圣节七日，各坛庙祭享、斋戒以及忌辰素服等日，并封印日期，四月初八日，每月初一、初二日，皆不理刑名。然中外问刑衙门，于正月、六月、十月及封印日期、每月初一二等日不尽如例行也。其农忙停审，则自四月初一日至七月三十日，一应户、婚、田土细故，不准受理，刑事不在此限。又有停刑之例，每年正月、六月及冬至以前十日，夏至以前五日，一应立决人犯及秋、朝审处决重囚，皆停止行刑。

凡审级，直省以州县正印官为初审。不服，控府、控道、控司、控院，越诉者笞。其有冤抑赴都察院、通政司或步军统领衙门呈诉者，名曰京控。登闻鼓，顺治初立诸都察院。十三年，改设右长安门外。每日科道官一员轮值。后移入通政司，别置鼓厅。其投厅击鼓，或遇乘舆出郊，迎驾申诉者，名曰叩阍。从前有擅入午门、长安门、堂子跪告，及打长安门内、正阳门外石狮鸣冤者，严禁始绝。即迎车驾而冲突仪仗，亦罪至充军。京控及叩阍之案，或发回该省督抚，或奏交刑部提讯。如情罪重大，以及事涉各省大吏，抑经言官、督抚弹劾，往往钦命大臣莅审。发回及驳审之案，责成督抚率同司道亲鞫，不准复发原问官，名为钦部事件。文武官犯罪，题参革职。道府、副将以上，遴委道员审理。同知、游击以下，遴委知府审理。巡按御史，顺治初犹常设。四年，从大理寺卿王永吉奏，差官往直省恤刑，然皆不久停罢。外省刑名，遂总汇于按察使司，而督抚受成焉。京师笞、杖及无关罪名词讼，内城由步军统领，外城由五城巡城御史完结，徒以上送部，重则奏交。如非常大狱，或命王、大臣、大学士、九卿会讯。自顺治迄乾隆间，有御廷亲鞫者。律称八议者犯罪，实封奏闻请旨，不许擅自句问。在京大小官员亦如之。

若宗室有犯，宗人府会刑部审理。觉罗，刑部会宗人府审理。所犯笞、仗、枷号，照例折罚责打；犯徒，宗人府拘禁；军、流、锁禁，俱照旗人折枷日期，满日开释。屡犯军、流，发盛京、吉林、黑龙江等处圈禁；死刑，宗人府进黄册。阉寺犯轻罪，内务府慎刑司讯决，徒以上亦送部。八旗地亩之讼，属诸户部现审处，刑事统归刑部。清初有都统会审之制，有高墙拘禁之条，至乾隆时俱废。旗营驻防省分，额设理事同知。旗人狱讼，同知会同州县审理。热河都统衙门特设理刑司，刑部派员听讼，三年一任。同治三年，以吉林狱讼繁多，诏依热河设立刑司例，令刑部拣派满、汉郎中、员外、主事各一员，分别掌印主稿，统归将军管辖。嗣吉林建省裁撤，而热河如故。

蒙古刑狱，内外扎萨克王公、台吉、塔布囊及协理台吉等承审。康熙三十七年，曾遣内地官员教导蒙古王等听断盗案，后不常设。沿边与民人交涉案件，会同地方官审理，死罪由盟长核报理藩院，会同三法司奏当。在京犯斩、绞，刑部审讫，会理藩院法司亦如之。盛京刑部掌谳盛京旗人及边外蒙古之狱。秋审，会同四部侍郎、奉天府尹酌定实、缓汇题，盖皆特别之制。

凡检验，以宋宋慈所撰之《洗冤录》为准，刑部题定《验尸图格》，颁行各省。人命呈报到官，地方正印官随带刑书、仵作，立即亲往相验。仵作据伤喝报部位之分寸，行凶之器物，伤痕之长短浅深，一一填入尸图。若尸亲控告伤痕互异，许再行覆检，不得违例三检。如自缢、溺水、事主被杀等案，尸属呈请免验者，听。京师内城正身旗人及香山等处各营房命案，由刑部当月司员往验。街道及外城人命，无论旗、民，归五城兵马司指挥相验。检验不以实者有刑。

凡讯囚用杖，每日不得过三十。热审得用掌嘴、跪链等刑，强盗人命酌用夹棍，妇人拶指，通不得过二次。其余一切非刑有禁。断罪必取输服供词，律虽有"众证明白，即同狱成"之文，然非共犯有逃亡，并罪在军、流以下，不轻用也。

凡审限，直省寻常命案限六阅月，盗劫及情重命案、钦部事件并抢夺掘坟一切杂案俱定限四阅月。其限六月者，州县三月解府州，府州一月解司，司一月解督抚，督抚一月咨题。其限四月者，州县两月解府州，府州二十日解司，司二十日解督抚，督抚二十日咨题。如案内正犯及要证未获，或在监患病，准其展限或扣限。若隔属提人及行查者，以人文到日起限。限满不结，督抚咨部，即于限满之日起算，再限二、三、四月，各级分限如前。如仍迟逾，照例参处。按察司自理事件，限一月完结。州县自理事件，限二十日审结。上司批发事件，限一月审报。刑部现审，笞杖限十日，遣、军、流、徒二十日，命盗等案应会三法司者三十日。每月奏报，声明曾否逾限。如有患病及查传等情，亦得依例扣展。速议速题，均限五日覆。死罪会核，自科钞到部之日，立决限七十日，监候限八十日。会同题覆，院寺各分限八日。由咨改题之案，展限十日。系清文加译汉十日或二十日，逾限附参。盗贼逾月不获，捕役汛兵予笞，官罚俸。吏兵两部《处分则例》，尚有疏防及初、二、三、四参之分。命案凶犯在逃，承缉、接缉亦按限开参。然例虽严，而巧于规避者，盖自若也。

凡解犯有三：一、定案时之解审。徒犯解至府州转报，军、流、遣及死罪，自府州递省，逐级讯问无异，督抚然后咨题。一、秋审时之解勘。死罪非立决，发回本州县监禁，逮秋审，径行解司审勘。官犯自定案即拘禁司监待决。常犯缓决者，二次秋审，即不复解。其直省各边地离督抚驻处窎远，有由该管巡道审勘加结转报者，非通例也。一、发遣时之解配。徒囚问发隔县，军、流起解省分，预行咨明应发省分督抚，查照《道里表》，酌量州县大小远近、在配军流多寡，先期定地，饬知入境首站州县，随到随发。遣犯解至例定地方安插。犯籍州县佥差，名曰长解。沿途州县，派拨兵役护送，名为短解。罪囚视罪名轻重，定用铁锁杻镣道数。若中途不觉失囚，讯明有无贿纵，分别治罪。隔属关提及发交各地方官管束者，视此为差。京师现审，徒犯发顺天府充徒。流囚由刑部定地，札行顺天府起送。五军咨由兵部定地提发，外遣亦咨兵部差役起解。综计诉讼所历，自始审迄终结，其程序各有定规，毋或逾越。

迨光绪变法，三十二年，改刑部为法部，统一司法行政。改大理寺为大理院，配置总检察厅，专司审判。于是法部不掌现审，各省刑名，画归大理院覆判，并不会都察院，而三法司之制废。题本改为摺奏，内阁无所事事。秋、朝审专属法部，其例缓者随案声明，不更加勘，而九卿、科道会审之制废。京师暨各省设高等审检厅，都城省会及商埠各设地方及初级审检厅，改按察使为提法司。三十二年，法部奏定《各级厅试办章程》。宣统二年，法律馆奏颁《法院编制法》，由初级起诉之案不服，可控由地方而至高等，由地方起诉之案不服，可控由高等而至大理院，名为四级三审。从前审级、审限、解审、解勘之制，州县行之而不行于法院。审判分民事、刑事。民律艰于成书，所据者第旧律户役、田宅、钱债、婚姻各条，而法未备。司法事务有年度，判断有评议，刑事有检察官莅审，人命由检察官相验，法院行之而不能行于州县。刑诉制度，盖杂糅矣。

然尔时所以急于改革者，亦曰取法东西列强，藉以收回领事裁判权也。考领事裁判，行诸上海会审公堂，其源肇自咸丰朝，与英、法等国缔结通商条约，约载中外商民交涉词讼，各赴被告所属之国官员处控告，各按本国律例审断。嗣遇他国缔约，俱援利益均沾之说，群相仿效。同治八年，定有《洋泾浜设官章程》，遴委同知一员，会同各国领事审理华洋诉讼。其外人应否科刑，谳员例不过问。华人第限于钱债、斗殴、窃盗等罪，在枷杖以下，准其决责。后各领扩张权限，公堂有迳定监禁数年者。外人不受中国之刑章，而华人反就外国之裁判。清季士大夫习知国际法者，每咎彼时议约诸臣不明外情，致使法权坐失。光绪庚子以后，各国重立和约，我国龂龂争令撤销，而各使藉口中国法制未善，靳不之许。迨争之既亟，始声明异日如审判改良，允将领事裁判权废弃。载在约章，存为左券。故二十八年设立法律馆，有“按照交涉情形，参酌各国法律，务期中外通行”之旨。盖亦欲修明法律，俾外国就范也。夫外交视国势之强弱，权利既失，岂口舌所能争。故终日言变法，逮至国本已伤，而收效卒鲜，岂法制之咎与？然其中有变之稍善而未竟其功者，曰监狱。有政体所关而未之变者，曰赦典。

监狱与刑制相消息，从前监羁罪犯，并无已决未决之分。其囚禁在狱，大都未决犯为多。既定罪，则笞、杖折责释放，徒、流、军、遣即日发配，久禁者斩、绞监候而已。州县监狱，以吏目、典史为管狱官，知州、知县为有狱官，司监则设按司狱。各监有内监以禁死囚，有外监以禁徒、流以下，妇人别置一室，曰女监。徒以上锁收，杖以下散禁。囚犯日给仓米一升，寒给絮衣一件。锁杻常洗涤，席荐常铺置，夏备凉浆，冬设暖床，疾病给医药。然外省监狱多湫隘，故例有轻罪人犯及干连证佐，准取保候审之文。无如州县惧其延误，每有班馆差带诸名目，胥役藉端虐诈，弊窦丛滋。虽屡经内外臣工参奏，不能革也。刑部有南北两监，额设司狱八员、提牢二员，掌管狱卒，稽查罪囚，轮流分值。每月派御史查监，有庾毙者亦报御史相验。年终并由部汇奏一次，防闲致为周备。自光绪三十二年审判画归大理院，院设看守所，以羁犯罪之待讯者，各级审检厅亦然，于是法部犴狴空虚。别设已决监于外城，以容徒、流之工作，并令各省设置新监，其制大都采自日本。监房有定式，工厂有定程。法律馆特派员赴东调查，又开监狱学堂，以备京、外新监之用。然斯时新法初行，措置未备，外省又限于财力，未能遍设也。

赦典有恩赦、恩旨之别。历朝登极、升祔、册立皇后、皇上五旬以上万寿、皇太后六旬以上万寿及武功克捷之类，例有恩赦。其诏书内开：一、官吏军民人等有犯，除谋反、大逆、子孙谋杀祖父母父母、内乱、妻妾杀夫、奴婢杀家长、杀一家非死罪三人、采生折割人、谋杀故杀真正人命、蛊毒魇魅毒药杀人、强盗、妖言、十恶等真正死罪不赦外，军务获罪、隐匿逃人及侵贪入己亦不赦外，其余已发觉未发觉、已结未结者，咸赦除之。若寻常万寿及喜庆等事，则传旨行赦。恩赦死罪以下俱免，恩旨则死罪已下递减。诏书既颁，刑部检查成案，分别准免不准免，开单奏定，名为恩赦条款。恩旨则分别准减不准减，名为减等条款。部设减等处，专司核驳。其巡幸所经，赦及一方，及水旱兵灾、清理庶狱者，则视诏旨从事焉。明制，徒、流已至配，不复援赦。清自康熙九年准在配徒犯会赦放免。乾隆二年恩诏，军、流在配三年，安静悔过，情愿回籍，查明准释。迨嘉庆二十五年，始将到配未及三年人犯一体查办，尤为旷典。昔人有言：“赦者小人之幸，君子之不幸。”意第谓赦恩之不可滥耳。若夫非常庆典，特颁汗号，使之荡涤瑕秽，洒然自新，未始非仁政之一端。有清一代，赦典屡颁，然条款颇严，毋虞滥及。且行庆施惠，王者驭世之大权，非苟然也。故光绪三十四年宣统登极，犹循例大赦云。

卷一百四十五　　志一百二十

艺文一

清起东陲，太宗设文馆，命达海等翻译经史。复改国史、秘书、弘文三院，编纂国史，收藏书籍，文教始兴。世祖入定中原，命冯铨等议修《明史》，复诏求遗书。圣祖继统，诏举博学鸿儒，修经史，纂图书，稽古右文，润色鸿业，海内彬彬向风焉。高宗继试鸿词，博采遗籍，特命辑修《四库全书》，以皇子永瑢、大学士于敏中等为总裁，纪昀、陆锡熊等为总纂，与其事者三百余人，皆极一时之选，历二十年始告成。全书三万六千册，缮写七部，分藏大内文渊阁，圆明园文源阁，盛京文溯阁，热河文津阁，扬州文汇阁，镇江文宗阁，杭州文澜阁。命纪昀等撰《全书总目》，著录三千四百五十八种，存目六千七百八十八种，都一万二百四十六种。复命于敏中、王际华撷其精华，别为《四库荟要》，凡一万二千册，分缮二部，藏之大内摛藻堂及御园味腴书屋。又别辑《永乐大典》三百八十五种，交武英殿以聚珍版印行。时《大典》储翰林院者尚存二万四百七十三卷，合九千八百八十一册。其宋、元精椠，多储内府，《天禄琳琅》，备详《宫史》。经籍既盛，学术斯昌，文治之隆，汉、唐以来所未逮也。各省先后进书，约及万种，阮元既补《四库》未收书四百五十四种，复刊《经解》一千四百十二卷，王先谦又刊《续经解》一千三百十五卷，而各省督抚，广修方志，郡邑典章，粲然大备。其后曾国藩倡设金陵、苏州、扬州、杭州、武昌官书局，张之洞设广雅书局，延聘儒雅，校刊群籍，私家亦辑刻日多，丛书之富，曩代莫京。及至晚近，欧风东渐，竞译西书，道艺并重。而敦煌写经，殷墟龟甲，奇书秘宝，考古所资，其有裨于学术者尤多，实集古今未有之盛焉。艺文旧例，胥列古籍，兹仿《明史》为志，凡所著录，断自清代。唯清人辑古佚书甚夥，不可略之，则附载各类之后。

经部十类：一曰《易》类，二曰《书》类，三曰《诗》类，四曰《礼》类，五曰《乐》类，六曰《春秋》类，七曰《孝经》类，八曰《四书》类，九曰经总义类，十曰小学类。

《易》类

《易经通注》九卷。顺治十三年，傅以渐等奉敕撰。《日讲易经解义》十八卷。康熙二十二年，牛钮等奉敕撰。《周易折中》二十二卷。康熙五十四年，李光地等奉敕撰。《周易述义》十卷。乾隆二十年，傅恒等奉敕撰。《易图解》一卷，《周易补注》十一卷。简亲王德沛撰。《易翼》二卷。孙承泽撰。《读易大旨》五卷。孙奇逢撰。《周易稗疏》四卷，《考异》一卷，《周易内传》六卷，《发例》一卷，《周易大象解》一卷，《周易外传》七卷。王夫之撰。《易学象数论》六卷。黄宗羲撰。《周易象辞》二十一卷，《寻门馀论》二卷，《图书辨惑》一卷。黄宗炎撰。《读易笔记》一卷。张履祥撰。《周易说略》四卷。张尔岐撰。《易酌》十四卷。刁包撰。《易闻》十二卷。归起先撰。《田间易学》十二卷。钱澄之撰。《大易则通》十五卷，《闰》一卷，《易史》一卷。胡世安撰。《周易疏略》四卷。张沐撰。《易学阐》十卷。黄与坚撰。《读易绪言》二卷。谢文洊撰。《易经衷论》二卷。张英撰。《读易日钞》六卷。张烈撰。《周易通论》四卷，《周易观象大指》二卷，《周易观象》十二卷。李光地撰。《周易浅述》八卷。陈梦雷撰。《周易定本》一卷。邵嗣尧撰。《易经识解》五卷。徐秉义撰。《易经筮贞》四卷。赵世对撰。《周易明善录》二卷。徐继发撰。《易原就正》十二卷。包仪撰。《周易通》十卷，《周易辨正》二十四卷。浦龙渊撰。《合订删补大易集义粹言》八十卷。纳喇性德撰。《周易筮述》八卷。王弘撰撰。《周易应氏集解》十三卷。应㧑谦撰。《仲氏易》三十卷，《推易始末》四卷，《春秋占筮书》三卷，《易小帖》五卷，《太极图说遗议》一卷，《河图洛书原舛编》一卷。毛奇龄撰。《乔氏易俟》十八卷。乔莱撰。《大易通解》十卷。魏荔彤撰。《周易本义蕴》四卷，《周易蕴义图考》二卷。姜兆锡撰。《周易传注》七卷，《周易筮考》一卷。李塨撰。《学易初津》二卷，《易翼宗》六卷，《易翼说》八卷。晏斯盛撰。《周易劄记》二卷。杨名时撰。《易经详说》不分卷。冉觐祖撰。《易经辨疑》七卷。张问达撰。《周易传义合订》十二卷。朱轼撰。《易宫》三十六卷，《读易管窥》五卷。吴隆元撰。《读易观象惺惺录》十六卷，《读易观象图说》二卷，《太极图说》二卷，《周易原始》一卷，《天水答问》一卷，《羲皇易象》二卷，《羲皇易象新补》二卷。李南晖撰。《孔门易绪》十六卷。张德纯撰。《易图明辨》十卷。胡渭撰。《身易实义》五卷。沈廷劢撰。《先天易贯》五卷。刘元龙撰。《易互》六卷。杨陆荣撰。《周易玩辞集解》十卷，《易说》一卷。查慎行撰。《易说》六卷。惠士奇撰。《周易函书约存》十八卷，《约注》十八卷，《别集》十六卷。胡煦撰。《易笺》八卷。陈法撰。《周易观象补义略》不分卷。诸锦撰。《索易臆说》二卷。吴启昆撰。《周易孔义集说》二十卷。沈起元撰。《陆堂易学》十卷。陆奎勋撰。《易经揆》一十一卷，《易学启蒙补》二卷。梁锡玙撰。《易经诠义》十五卷，《易经如话》十五卷。汪绂撰。《周易本义爻徵》二卷。吴日慎撰。《周易图说正编》六卷。万年茂撰。《易翼述信》十二卷。王又朴撰。《周易原始》六卷。范咸撰。《周易浅释》四卷。潘思榘撰。《易学大象要参》四卷。林赞龙撰。《周易解翼》十卷。上官章撰。《东易问》八卷。魏枢撰。《周易洗心》九卷。任启运撰。《空山易解》四卷。牛运震撰。《周易剩义》二卷。童能灵撰。《周易汇解衷翼》十五卷。许体元撰。《易象援古》不分卷。申尔宣撰。《丰川易说》十卷。王心敬撰。《周易粹义》五卷。薛雪撰。《周易图说》六卷。蔡新撰。《读易别录》三卷。全祖望撰。《周易经言拾遗》十四卷。徐文靖撰。《易象大意存解》一卷。任陈晋撰。《周易集解纂疏》三十六卷。李道平撰。《周易图书质疑》二十四卷。赵继序撰。《易象通义》六卷。秦笃辉撰。《易深》八卷。许伯政撰。《易说存悔》二卷。汪宪撰。《卦气解》一卷，《八卦观象解》二卷，《彖传论》一卷，《彖象论》一卷，《系辞传论》二卷。庄存与撰。《易例举要》五卷，《十家易象集说》九十卷。吴鼎撰。《周易大衍辨》一卷。吴鼒撰。《周易井观》十二卷，周大枢撰。《周易注疏校正》一卷。卢文弨撰。《易守》三十二卷。叶佩荪撰。《周易二闾记》三卷，《周易小义》二卷。茹敦和撰。《周易辑要》五卷。朱瓒撰。《易卦私笺》二卷。蒋衡撰。《易经明洛义》六卷。孙慎行撰。《易卦图说》一卷。崔述撰。《周易章句证异》十一卷。翟均廉撰。《周易考占》一卷。金榜撰。《易经贯一》二十二卷。金诚撰。《周易辨画》四十卷。连斗山撰。《大易择言》三十六卷，《程氏易通》十四卷，《易说辨正》四卷。程廷祚撰。《周易悬象》八卷。黄元御撰。《周易本义注》六卷。胡方撰。《周易略解》八卷。冯经撰。《周易述》二十三卷，《易汉学》八卷，《易例》二卷，《易微言》二卷，《易大谊》一卷，《周易本义辨证》五卷，《增补周易郑注》一卷，《周易郑注爻辰图》一卷，《易说》六卷。惠栋撰。《观象居易传笺》十二卷。汪师韩撰。《周易述翼》五卷。黄应骐撰。《周易述补》五卷。李林松撰。《孙氏周易集解》十卷。孙星衍撰。《卦本图考》一卷。胡秉虔撰。《周易虞氏义》九卷，《虞氏消息》二卷，《虞氏易礼》二卷，《虞氏易事》二卷，《虞氏易言》二卷，《虞氏易候》一卷，《虞氏易变表》二卷，《周易郑氏义》二卷，《周易荀氏九家义》一卷，《易义别录》十四卷，《易图条辨》一卷，《易纬略义》三卷。张惠言撰。《易大义补》一卷。桂文灿撰。《学易讨原》一卷。姚文田撰。《易说》十二卷，《易说便录》二卷。郝懿行撰。《易经衷要》十二卷。李式穀撰。《易章句》十二卷，《易通释》二十卷，《易图略》八卷，《周易补疏》二卷，《易馀籥录》二十卷，《易话》二卷，《易广记》二卷。焦循撰。《易经异文释》六卷，《李氏集解剩义》三卷，《校异》二卷。李富孙撰。《易问》四卷，《观易外编》六卷。纪大奎撰。《周易指》三十八卷，《易例》一卷，《易图》五卷，《易断辞》一卷。端木国瑚撰。《卦气解》一卷，《周易考异》二卷。宋翔凤撰。《古易音训》二卷。宋咸熙撰。《周易倚数录》二卷，《图》一卷。杨履泰撰。《周易虞氏略例》一卷。李锐撰。《周易学》三卷。沈梦兰撰。《周易述补》四卷。江藩撰。《六十四卦经解》八卷，《易郑氏爻辰广义》二卷，《易经传互卦卮言》一卷，《易章句异同》一卷，《易消息升降图》二卷，《学易札记》四卷。朱骏声撰。《易经述传》二卷，《周易讼卦浅说》一卷，《周易解诂》一卷，《易经象类》一卷。丁晏撰。《周易姚氏学》十六卷，《周易通论月令》二卷，《易学阐元》一卷。姚配中撰。《虞氏易消息图说》一卷。胡祥麟撰。《易确》十二卷。许桂林撰。《易汉学考》二卷，《易汉学师承表》一卷，《易象传大义述》一卷，《易爻例》一卷。吴翊寅撰。《周易附说》一卷。罗泽南撰。《周易旧疏考证》一卷。刘毓崧撰。《读易丛记》二卷。叶名沣撰。《周易旧注》十二卷。徐鼒撰。《郑氏爻辰补》六卷。戴棠撰。《周易爻辰申郑义》一卷。何秋涛撰。《诸家易学别录》一卷，《虞氏易学汇编》一卷，《周易卦象集证》一卷，《周易互体详述》一卷，《周易卦变举要》一卷。方申撰。《周易故训订》一卷。黄以周撰。《易例辑略》五卷。庞大堃撰。《易贯》五卷，《玩易篇》一卷，《艮宧易说》一卷，《邵易补原》一卷，《卦气直日解》一卷，《易穷通变化论》一卷，《八卦方位说》一卷，《卦象补考》一卷，《周易互体徵》一卷。俞樾撰。《陈氏易说》四卷，《读易汉学私记》一卷。陈寿熊撰。《易释》四卷。黄式三撰。《读易笔记》二卷。方宗诚撰。《周易释爻例》一卷。成蓉镜撰。《易解说》二卷。吴汝纶撰。《易经通论》一卷。皮锡瑞撰。

唐史徵《周易口诀义》六卷。宋司马光《温公易说》六卷。宋邵伯温《易学辨惑》一卷。宋李光《读易详说》十卷。宋郑刚中《周易窥馀》十五卷。宋都絜《易变体义》十二卷。宋程大昌《易原》八卷。宋赵善誉《易说》四卷。宋徐总幹《易传灯》四卷。宋冯椅《厚斋易学》五十二卷。宋蔡渊《易象意言》一卷。宋李杞《周易详解》十六卷。宋俞琰《读易举要》四卷。宋丁易东《周易象义》十六卷。元吴澄《易纂言外翼》八卷。元解蒙《易精蕴大义》十二卷。元曾贯《易学变通》六卷。以上均乾隆三十八年王际华等奉敕辑。周卜氏《易传》一卷。汉孟喜《周易章句》一卷。汉京房《周易章句》一卷。汉马融《周易传》一卷。汉荀爽《周易注》一卷。汉郑玄《周易注》三卷，《补遗》一卷。汉刘表《周易章句》一卷。汉宋衷《周易注》一卷。魏董遇《周易章句》一卷。魏王肃《周易注》一卷。蜀范长生《周易注》一卷。吴陆绩《周易述》一卷。吴姚信《周易注》一卷。吴虞翻《周易注》十卷。晋王廙《周易注》一卷。晋张璠《周易集解》一卷。晋向秀《周易义》一卷。晋干宝《周易注》一卷。晋翟玄《周易义》一卷。齐刘瓛《周易义疏》一卷。以上均孙堂辑。《连山》一卷。《归藏》一卷。汉蔡景君《易说》一卷。汉丁宽《易传》二卷。汉韩婴《易传》二卷。汉刘安《周易淮南九师道训》一卷。汉施雠《周易章句》一卷。汉梁丘贺《周易章句》一卷。汉费直《易注》一卷。《易林》一卷。《周易分野》一卷。《古五子易传》一卷。不著时代薛虞《周易记》一卷。魏王肃《周易音》一卷。魏何晏《周易解》一卷。晋邹湛《周易统略》一卷。晋杨乂《周易卦序论》一卷。晋张轨《周易义》一卷。晋黄颖《周易注》一卷。晋徐邈《周易音》一卷。晋李轨《周易音》一卷。晋孙盛《易象妙于见形论》一卷。晋桓玄《周易系辞注》一卷。宋荀柔之《周易系辞注》一卷。齐明僧绍《周易系辞注》一卷。齐沈驎士《周易要略》一卷。梁武帝《周易大义》一卷。梁伏曼容《周易集解》一卷。梁褚仲都《周易讲疏》一卷。陈周弘正《周易义疏》一卷，陈张讥《周易讲疏》一卷。后魏卢景裕《周易注》一卷。后魏刘昞《周易注》一卷。隋何妥《周易讲疏》一卷。隋侯果《周易注》三卷。不著时代姚规《周易注》一卷。崔覲《周易注》一卷。王凯冲《周易注》一卷。王嗣宗《周易义》一卷。傅氏《周易注》一卷。庄氏《易义》一卷。唐崔憬《周易探元》三卷。唐李淳风《周易元义》一卷。唐阴弘道《周易新论传疏》一卷。唐徐勋《周易新义》一卷。唐僧一行《易纂》一卷。以上均马国翰辑。齐刘瓛《乾坤义》一卷。黄奭辑。汉京房《易飞候》一卷。晋郭璞《易洞林》一卷。以上均王谟辑。

《书》类

《日讲书经解义》十三卷。康熙十九年，库勒纳等奉敕编。《书经传说汇纂》二十四卷。康熙六十年，王顼龄等奉敕撰。《书经图说》五十卷。光绪二十九年奉敕撰。《尚书近指》六卷。孙奇逢撰。《书经稗疏》四卷，《尚书引义》六卷。王夫之撰。《书经笔授》三卷。黄宗羲撰。《尚书体要》六卷。钱肃润撰。《尚书埤传》十七卷，《禹贡长笺》十二卷。朱鹤龄撰。《尚书集解》二十卷，《九州山川考》三卷，《洪范经传集义》一卷。孙承泽撰。《书经衷论》四卷。张英撰。《尚书解义》一卷，《尚书句读》一卷，《洪范说》一卷。李光地撰。《古文尚书考》一卷。陆陇其撰。《古文尚书疏证》八卷。阎若璩撰。《古文尚书冤词》八卷，《尚书广听录》五卷，《舜典补亡》一卷。毛奇龄撰。《古文尚书辨》一卷。朱彝尊撰。《禹贡锥指》二十卷，《图》一卷，《洪范正论》五卷。胡渭撰。《书经蔡传参议》六卷。姜兆锡撰。《禹贡解》八卷。晏斯盛撰。《尚书地理今释》一卷。蒋廷锡撰。《尚书质疑》八卷。王心敬撰。《禹贡谱》二卷。王澍撰。《尚书质疑》二卷。顾栋高撰。《今文尚书说》三卷。陆奎勋撰。《书经诠义》十二卷。汪绂撰。《尚书约注》四卷。任启运撰。《禹贡会笺》十二卷。徐文靖撰。《尚书注疏考证》一卷。齐召南撰。《尚书既见》三卷，《尚书说》一卷。庄存与撰。《晚书订疑》三卷。程廷祚撰。《尚书注疏校正》三卷。卢文弨撰。《尚书质疑》二卷，《尚书异读考》六卷。赵佑撰。《尚书后案》三十卷，附《后辨》一卷。王鸣盛撰。《尚书小疏》一卷。沈彤撰。《尚书释天》六卷。盛百二撰。《禹贡三江考》三卷。程瑶田撰。《古文尚书考》二卷。惠栋撰。《古文尚书辨伪》二卷。崔述撰。《尚书义考》二卷。戴震撰。《古文尚书撰异》三十二卷。段玉裁撰。《古文尚书正辞》三十三卷。吴光耀撰。《尚书读记》一卷。阎循观撰。《尚书今古文疏证》七卷。庄述祖撰。《禹贡川泽考》二卷。

桂文灿撰。《大云山房十二章图说》一卷。恽敬撰。《尚书今古文注疏》三十卷，《古文尚书马郑注》十卷，《尚书逸文》二卷。孙星衍撰。《禹贡地理古注考》一卷。孙冯翼撰。《尚书训诂》一卷。王引之撰。《尚书叙录》一卷。胡秉虔撰。《尚书集注音疏》十二卷，《尚书经师系表》一卷。江声撰。《尚书周诰考辨》二卷。章谦存撰。《禹贡郑注释》二卷，《尚书补疏》二卷。焦循撰。《书说》二卷。郝懿行撰。《尚书略说》二卷，《尚书谱》二卷。宋翔凤撰。《逸汤誓考》六卷。徐时栋撰。《尚书隶古定释文》八卷，附《经文》二卷。李遇孙撰。《书经异文释》八卷。李富孙撰。《尚书今古文集解》三十一卷，《书序述闻》一卷。刘逢禄撰。《古文尚书私议》二卷。张崇兰撰。《召诰日名考》一卷。李锐撰。《尚书古注便读》四卷。朱骏声撰。《禹贡集释》三卷，《禹贡锥指正误》一卷，《禹贡蔡传正误》一卷，《尚书馀论》一卷。丁晏撰。《太誓答问》一卷。龚自珍撰。《禹贡正字》一卷。王筠撰。《尚书伸孔篇》一卷。焦廷琥撰。《尚书通义》二卷，《尚书传授异同考》一卷。邵懿辰撰。《尚书沿革表》一卷。戴熙撰。《禹贡旧疏考证》一卷。刘毓崧撰。《尚书今文二十八篇解》。杨钟泰撰。《禹贡郑注略例》一卷。何秋涛撰。《尚书后案驳正》二卷。王劼撰。《考正胡氏禹贡图》一卷。陈澧撰。《今文尚书经说考》三十二卷，《尚书欧阳夏侯遗说考》一卷。陈乔枞撰。《虞书命羲和章解》一卷。曾钊撰。《书传补商》十七卷。戴钧衡撰。《书古微》十二卷。魏源撰。《达斋书说》一卷，《生霸死霸考》一卷，《九族考》一卷。俞樾撰。《禹贡说》一卷。倪文蔚撰。《书传补义》一卷。方宗诚撰。《尚书历谱》二卷，《禹贡班义述》三卷。成蓉镜撰。《尚书故》三卷。吴汝纶撰。《尚书古文辨惑》十八卷，《释难》二卷，《析疑》一卷，《商是》一卷。洪良品撰。《书经通论》一卷，《今文尚书考证》三十卷。皮锡瑞撰。《尚书孔传参正》三十六卷。王先谦撰。《尚书大传考异补遗》一卷。卢文弨撰。《别本尚书大传》三卷，《补遗》一卷。孙之騄撰。《尚书大传注》四卷。孙广林撰。《尚书大传注》五卷，《五行传注》三卷。陈寿祺撰。

宋胡瑗《洪范口义》二卷。宋毛晃《禹贡指南》四卷。宋程大昌《禹贡论》五卷，《后论》一卷，《山川地理图》一卷。宋史浩《尚书讲义》二十卷。宋夏僎《尚书详解》二十六卷。宋傅寅《禹贡说断》四卷。宋杨简《五诰解》四卷。宋袁燮《絜斋家塾书钞》十二卷。宋黄伦《尚书精义》五十卷。宋钱时《融堂书解》二十卷。宋赵善湘《洪范统一》一卷。以上均乾隆三十八年王际华等奉敕辑。《今文尚书》一卷。《古文尚书》三卷。汉欧阳生《尚书章句》一卷。汉夏侯建《尚书章句》一卷。汉马融《尚书传》四卷。魏王肃《尚书注》二卷。晋徐邈《古文尚书音》一卷。晋范甯《尚书舜典注》一卷。隋刘焯《尚书义疏》一卷。隋刘炫《尚书述义》一卷。隋顾彪《尚书疏》一卷。以上均马国翰辑。汉伏胜《尚书大传》四卷。汉张霸《百两篇》一卷。汉刘向《五行传》二卷。以上均王谟辑。汉郑玄《尚书注》九卷，《尚书五行传注》一卷，《尚书略说注》一卷。以上均袁钧辑。

《诗》类

《诗经传说汇纂》二十卷，《序》二卷。康熙六十年，王鸿绪等奉敕撰。《诗义折中》二十卷。乾隆二十年，傅恒等奉敕撰。《诗经稗疏》四卷，《诗经考异》一卷，《诗广传》五卷。王夫之撰。《田间诗学》十二卷。钱澄之撰。《诗说简正录》十卷。提桥撰。《诗经通义》十二卷。朱鹤龄撰。《毛诗稽古篇》三十卷。陈启源撰。《诗问》一卷。汪琬撰。《毛诗日笺》六卷。秦松龄撰。《诗所》八卷。李光地撰。《毛朱诗说》一卷。阎若璩撰。《毛诗写官记》四卷，《诗札》二卷，《国风省篇》一卷，《诗传诗说驳义》五卷，《续诗传鸟名》三卷，《白鹭洲主客说诗》一卷。毛奇龄撰。《诗蕴》四卷。姜兆锡撰。《诗识名解》十五卷。姚炳撰。《毛诗国风绎》一卷，《读诗随记》一卷。陈迁鹤撰。《诗传名物集览》十二卷。陈大章撰。《诗说》三卷，《附录》一卷。惠周惕撰。《诗经劄记》一卷，杨名时撰。《陆堂诗学》十二卷。陆奎勋撰。《读诗质疑》三十一卷。《附录》十五卷。严虞惇撰。《朱子诗义补正》八卷。方苞撰。《诗经测义》四卷。李钟侨撰。《毛诗类说》二十一卷，《续编》三卷。顾栋高撰。《诗疑辨证》六卷。黄中松撰。《毛诗说》二卷。诸锦撰。《诗经诠义》十五卷。汪绂撰。《毛诗名物图说》九卷。徐鼎撰。《诗经正解》三十卷。姜文灿撰。《毛诗说》四卷。庄存与撰。《诗细》十二卷，《毛诗草木鸟兽虫鱼疏校正》二卷。赵佑撰。《虞东学诗》十二卷。顾镇撰。《三家诗拾遗》十卷，《诗沈》二十卷。范家相撰。《诗序补义》二十四卷。姜炳章撰。《读风偶识》四卷。崔述撰。《毛诗广义》不分卷。纪昭撰。《毛郑诗考正》四卷，《诗经补注》二卷。戴震撰。《诗经小学》四卷，《毛诗故训传》三卷。段玉裁撰。《童山诗说》四卷。李调元撰。《邶风说》一卷。龚景瀚撰。《诗志》八卷。牛运震撰。《诗考异字笺馀》十四卷。周邵莲撰。《韩诗内传徵》四卷，《叙录》二卷。宋绵初撰。《韩诗外传校注》十卷。周廷寀撰。《毛诗考证》四卷，《周颂口义》三卷。庄述祖撰。《毛诗证读》不分卷，《读诗或问》一卷。戚学标撰。《三家诗补遗》三卷。阮元撰。《毛诗天文考》一卷。洪亮吉撰。《韩诗遗说》二卷，《订讹》一卷。臧庸撰。《诗古训》十卷。钱大昭撰。《诗谱补亡后订》一卷。吴骞撰。《毛诗传笺异义解》十六卷。沈镐撰。《毛诗通说》三十卷，《补遗》一卷。任兆麟撰。《毛诗补疏》五卷，《毛诗地理释》四卷，陆玑《毛诗疏考证》一卷。焦循撰。《三家诗遗说考》一卷。陈寿祺撰。《诗经补遗》一卷。郝懿行撰。《诗说》二卷，《待问》二卷。郝懿行妻王照圆撰。《诗氏族考》六卷。李超孙撰。《诗经异文释》十六卷。李富孙撰。《诗序辨正》八卷。汪大任撰。《毛诗紬义》二十四卷。李黼平撰。《毛诗后笺》三十卷。胡承珙撰。《山中诗学记》五卷。徐时栋撰。《三家诗异文疏证》六卷，《补遗》三卷，《续补遗》二卷。冯登府撰。《重订三家诗拾遗》十卷。叶钧撰。《多识录》九卷。石韫玉撰。《毛郑诗释》四卷，《郑氏诗谱考正》一卷，《诗考补注》二卷，《补遗》一卷，《毛诗陆疏校正》二卷，《诗集传附释》一卷，丁晏撰。《读诗札记》八卷，《诗章句考》一卷。《诗乐存亡谱》一卷，《朱子诗集传校勘记》一卷。夏炘撰。《毛诗通考》二十卷，《毛诗识小》三十卷，《郑氏诗谱考正》一卷。林伯桐撰。《毛诗礼徵》十卷。包世荣撰。《齐诗翼氏学》二卷。迮鹤寿撰。《读诗小牍》二卷。焦廷琥撰。《诗古微》二十卷。魏源撰。《毛诗传笺通释》三十二卷。马瑞辰撰。《三家诗遗说考》四十九卷，《毛诗郑笺改字说》四卷，《四家诗异文考》五卷，《齐诗翼氏学疏证》二卷，《诗纬集证》四卷。陈乔枞撰。《诗经集传拾遗》二卷。吴德旋撰。《诗名物证古》一卷，《达斋诗说》一卷，《读韩诗外传》一卷。俞樾撰。《诗毛氏传疏》三十卷，《郑氏笺考徵》一卷，《释毛诗音》四卷，《毛诗说》一卷，《毛诗传义类》一卷。陈奂撰。《诗小学》三十卷。吴树声撰。《毛诗多识》二卷。多隆阿撰。《诗学详说》三十卷，《正诂》五卷。顾广誉撰。《诗地理徵》七卷。朱右曾撰。《诗本谊》一卷。龚橙撰。《诗经异文》四卷，《韩诗辑》一卷。蒋曰豫撰。《毛诗序传》三十卷，《毛诗读》三十卷。王劼撰。《毛诗异文笺》十卷。陈玉树撰。《毛诗谱》一卷。胡元仪撰。《诗经通论》一卷。皮锡瑞撰。《诗三家义集疏》二十九卷。王先谦撰。

宋杨简《慈湖诗传》二十卷。宋戴溪《续吕氏家塾读诗记》三卷。宋袁燮《絜斋毛诗经筵讲义》四卷。宋林岊《毛诗讲义》十二卷。元刘玉汝《诗缵绪》十八卷。以上均乾隆三十八年王际华等奉敕辑。汉申培《鲁诗故》三卷。汉后苍《齐诗传》三卷。汉韩婴《诗故》二卷，《诗内传》一卷，《诗说》一卷。汉薛汉《韩诗章句》二卷。汉侯苞《韩诗翼要》一卷。汉马融《毛诗注》一卷。魏刘桢《毛诗义问》一卷。魏王肃《毛诗注》一卷，《毛诗义驳》一卷，《毛诗奏事》一卷，《毛诗问难》一卷。魏王基《毛诗驳》一卷。吴韦昭、朱育《毛诗答难问》一卷。吴徐整《毛诗谱畅》一卷。晋孙毓《毛诗异同评》三卷。晋陈统《难孙氏毛诗评》一卷。晋郭璞《毛诗拾遗》一卷。晋徐邈《毛诗音》一卷。齐刘瓛《毛诗序义》一卷。宋周续之《毛诗周氏注》一卷。梁简文帝《毛诗十五国风义》一卷。梁何胤《毛诗隐义》一卷。梁崔灵恩《集注毛诗》一卷。不著时代舒瑗《毛诗义疏》一卷。不著时代、撰人《毛诗草虫经》一卷，《毛诗提纲》一卷。后周沈重《毛诗义疏》二卷。后魏刘芳《毛诗笺音义证》一卷。隋刘炫《毛诗述义》一卷。唐施士丐《诗说》一卷。以上均马国翰辑。汉辕固《齐诗传》一卷。魏王基《毛诗申郑义》一卷。均黄奭辑。汉郑玄《毛诗谱》一卷。王谟辑。

《礼》类

《周官义疏》四十八卷。乾隆十三年，鄂尔泰等奉敕撰。《周官笔记》一卷。李光地撰。《周礼述注》二十四卷。李光坡撰。《高注周礼》二十卷。高愈撰。《周官辨非》一卷。万斯大撰。《周礼问》二卷。毛奇龄撰。《周礼训纂》二十一卷。李钟伦撰。《周礼节训》六卷。黄叔琳撰。《周官集注》十二卷，《周官析疑》三十六卷，《考工记析义》四卷，《周官辨》一卷。方苞撰。《周官翼疏》三十卷。沈淑撰。《周礼辑义》十二卷。姜兆锡撰。《礼说》十四卷。惠士奇撰。《周官记》六卷，《周官说》二卷，《周官说补》三卷。庄存与撰。《周礼疑义举要》七卷。江永撰。《周礼精义》十二卷。连斗山撰。《周官禄田考》三卷。沈彤撰。《周官禄田考补正》三卷。倪景曾撰。《考工记图注》二卷。戴震撰。《周礼军赋说》四卷。王鸣盛撰。《周礼汉读考》六卷。段玉裁撰。《田赋考》一卷。任大椿撰。《考工记论文》一卷。牛运震撰。《周礼故书考》一卷。程际盛撰。《周礼故书疏证》六卷。宋世荦撰。《车制图考》一卷。阮元撰。《车制考》一卷。钱坫撰。《周官肊测》六卷，《叙录》一卷。孔广林撰。《周礼学》二卷。王聘珍撰。《周官故书考》四卷。徐养原撰。《周礼畿内授田考实》一卷。胡匡衷撰。《周官礼郑氏注笺》十卷。庄绶甲撰。《周礼学》一卷。沈梦兰撰。《周礼释注》二卷。丁晏撰。《考工轮舆私笺》二卷。郑珍撰。《图》一卷。珍子知同撰。《周官注疏小笺》五卷。曾钊撰。《考工记考辨》八卷。王宗涑撰。《周礼补注》六卷。吕飞鹏撰。《周官参证》二卷。王宝仁撰。《周礼正义》八十六卷。孙诒让撰。

宋王安石《周官新义》十六卷，附《考工记解》二卷。宋易祓《周官总义》三十卷。元毛应龙《周官集传》十六卷。以上均乾隆三十八年王际华等奉敕辑。汉郑兴《周礼解诂》一卷。汉郑众《周礼解诂》六卷。汉杜子春《周礼注》二卷。汉贾逵《周礼解诂》一卷。汉马融《周官传》一卷。汉郑玄《周礼音》一卷。晋干宝《周礼注》一卷。晋徐邈《周礼音》一卷。晋李轨《周礼音》一卷。晋陈邵《周官礼异同评》一卷。不著时代刘昌宗《周礼音》二卷。聂氏《周礼音》一卷。后周沈重《周官礼义疏》一卷。陈戚兖《周礼音》一卷。以上均马国翰辑。

以上《礼》类《周礼》之属

《仪礼义疏》四十八卷。乾隆十三年，鄂尔泰等奉敕撰。《仪礼郑注句读》十七卷，附《监本正误》一卷。张尔岐撰。《读礼通考》一百二十卷。徐乾学撰。《仪礼述注》十七卷。李光坡撰。《仪礼商》二卷，《附录》一卷。万斯大撰。《丧礼吾说篇》十卷，《三年服制考》一卷。毛奇龄撰。《丧服翼注》一卷。阎若璩撰。《仪礼章句》十七卷。吴廷华撰。《仪礼节要》二十卷。朱轼撰。《仪礼析疑》十七卷，《丧礼或问》一卷。方苞撰。《仪礼经传内编》二十三卷，《外编》五卷。姜兆锡撰。《飨礼补亡》一卷。诸锦撰。《朝庙宫室考》十三卷，《肆献祼馈食礼》三卷。任启运撰。《礼经本义》十七卷。蔡德晋撰。《仪礼释宫增注》一卷，《仪礼释例》一卷。江永撰。《仪礼小疏》一卷。沈彤撰。《仪礼管见》十七卷。褚寅亮撰。《丧服文足徵记》十卷。程瑶田撰。《仪礼注疏详校》十七卷。卢文弨撰。《仪礼汉读考》一卷。段玉裁撰。《仪礼集编》四十卷。盛世佐撰。《仪礼今古文疏证》二卷。宋世荦撰。《礼经释例》十三卷，《目录》一卷。凌廷堪撰。《仪礼图》六卷，《读仪礼记》二卷。张惠言撰。《冕服考》四卷。焦廷琥撰。《仪礼今古文异同疏证》五卷。徐养原撰。《仪礼校正》十七卷。黄丕烈撰。《礼经宫室答问》二卷。洪颐煊撰。《仪礼经注一隅》一卷。朱骏声撰。《仪礼释官》

九卷，《郑氏仪礼目录校正》一卷。胡匡衷撰。《仪礼学》一卷。王聘珍撰。《仪礼今古文疏义》十七卷。胡承珙撰。《丧礼经传约》一卷。吴卓信撰。《仪礼正义》四十卷。胡培翚撰。《仪礼宫室提纲》一卷。胡培系撰。《仪礼经注疏正讹》十七卷。金曰追撰。《仪礼礼服通释》六卷。凌曙撰。《仪礼释注》二卷。丁晏撰。《仪礼私笺》八卷。郑珍撰。《读仪礼录》一卷。曾国藩撰。《丧服会通说》四卷。吴嘉宾撰。《士昏礼对席图》一卷，《丧服私论》一卷。俞樾撰。《昏礼重别论对驳义》二卷。刘寿曾撰。

宋李如圭《仪礼集释》三十卷，《仪礼释宫》一卷。以上均乾隆三十八年王际华等奉敕辑。《蔡氏月令》二卷。蔡云辑。汉戴德《丧服变除》一卷。汉何休《冠礼约制》一卷。汉郑众《昏礼》一卷。汉马融《丧服经传注》一卷。汉郑玄《丧服变除》一卷。汉刘表《新定礼》一卷。魏王肃《丧经传注》一卷，《丧服要记》一卷。吴射慈《丧服变除图》一卷。晋杜预《丧服要集》一卷。晋袁准《丧服经传注》一卷。晋孔伦《集注丧服经传》一卷。晋刘智《丧服释疑》一卷。晋蔡谟《丧服谱》一卷。晋贺循《丧服谱》一卷，《葬礼》一卷，《丧服要记》一卷。晋葛洪《丧服变除》一卷。晋孔衍《凶礼》一卷。不著时代陈铨《丧服经传注》一卷。谢徽《丧服要记注》一卷。宋裴松之《集注丧服经传》一卷。宋雷次宗《略注丧服经传》一卷。宋崔凯《丧服难问》一卷。宋周续之《丧服注》一卷。齐王俭《丧服古今集记》一卷。齐王逡之《丧服世行要记》一卷。以上均马国翰辑。

以上《礼》类《仪礼》之属

《日讲礼记解义》六十四卷。乾隆元年敕编。《礼记义疏》八十二卷。乾隆十三年敕编。《礼记章句》四十九卷。王夫之撰。《深衣考》一卷。黄宗羲撰。《礼记纂编》六卷。李光地撰。《礼记述注》二十八卷。李光坡撰。《礼记偶笺》三卷。万斯大撰。《庙制图考》四卷。万斯同撰。《陈氏礼记集说补正》三十八卷。纳喇性德撰。《曾子问讲录》四卷，《檀弓订误》一卷。毛奇龄撰。《礼记章义》十卷。姜兆锡撰。《礼记疑义》十八卷。吴廷华撰。《礼记析疑》四十六卷。《丧礼或问》一卷。方苞撰。《戴记绪言》四卷。陆奎勋撰。《礼记章句》十卷，《或问》四卷。汪绂撰。《礼记章句》十卷。任启运撰。《檀弓疑问》一卷。邵泰衢撰。《礼记训义择言》八卷，《深衣考误》一卷。江永撰。《学礼阙疑》八卷。刘青莲撰。《续卫氏礼记集说》一百卷。杭世骏撰。《礼记注疏考证》一卷。齐召南撰。《礼记注疏校正》一卷。卢文弨撰。《祭法记疑》二卷。王元启撰。《明堂大道录》八卷，《禘说》二卷。惠栋撰。《深衣释例》三卷，《弁服释例》八卷。任大椿撰。抚州本《礼记郑注考异》二卷。张敦仁撰。《释服》二卷。宋绵初撰。《明堂考》三卷。孙星衍撰。《明堂亿》一卷。孔广林撰。《礼记郑读考》四卷，《礼记天算释》一卷。孔广牧撰。《卢氏礼记解诂》一卷，《蔡氏月令章句》一卷。臧庸撰。《礼记集解》六十一卷。孙希旦撰。《七十二候考》一卷。曹仁虎撰。《礼记补疏》三卷。焦循撰。《礼记说》八卷。杨秉杷撰。《礼记异文释》八卷。李富孙撰。《礼记笺》四十九卷。郝懿行撰。《礼记宫室答问》二卷。洪颐煊撰。《燕寝考》三卷。胡培翚撰。《礼记经注正讹》六十三卷。金曰追撰。《礼记训纂》四十九卷。朱彬撰。《礼记释注》四卷，《投壶考原》一卷。丁晏撰。《檀弓辨诬》三卷。夏炘撰。《礼记郑读考》六卷。陈乔枞撰。《礼记质疑》四十九卷。郭嵩焘撰。《礼记异文笺》一卷，《礼记郑读考》一卷，《七十二候考》一卷。俞樾撰。《礼记集解补义》一卷。方宗诚撰。《礼记浅说》二卷。皮锡瑞撰。

宋张虙《月令解》十二卷。宋袁甫《蒙斋中庸讲义》四卷。以上均乾隆三十八年王际华等奉敕辑。汉马融《礼记注》一卷。汉卢植《礼记注》一卷。汉荀爽《礼传》一卷。汉蔡邕《月令章句》一卷，《月令问答》一卷。魏王肃《礼记注》一卷。魏孙炎《礼记注》一卷。不著时代谢氏《礼记音义隐》一卷。晋范宣《礼记音》一卷。晋徐邈《礼记音》一卷。不著时代刘昌宗《礼记音》一卷。宋庾蔚之《礼记略解》一卷。梁何胤《礼记隐义》一卷。梁贺玚《礼记新义疏》一卷。梁皇侃《礼记义疏》四卷。后魏刘芳《礼记义证》一卷。后周沈重《礼记义疏》一卷。后周熊安生《礼记义疏》四卷。唐成伯玙《礼记外传》一卷。以上均马国翰辑。唐明皇《月令注释》一卷。黄奭辑。吴射慈《礼记音义隐》一卷。汉蔡邕《明堂月令论》一卷。汉崔邕《四民月令》一卷。以上均王谟辑。

以上《礼》类《礼记》之属

《夏小正解》一卷。徐世溥撰。《曾子问天员篇》一卷。梅文鼎撰。《夏小正注》一卷。黄叔琳撰。《夏小正诂》一卷。诸锦撰。《夏小正辑注》四卷。范家相撰。《夏小正考注》一卷。毕沅撰。《曾子注释》四卷。阮元撰。《大戴礼记补注》十三卷，《叙录》一卷。孔广森撰。《夏小正经传考释》十卷。庄述祖撰。《夏小正传校正》三卷。孙星衍撰。《大戴礼解诂》十三卷，《叙录》一卷。王聘珍撰。《大戴礼记正误》一卷。汪中撰。《夏小正分笺》四卷，《异义》二卷。黄谟撰。《大戴礼记笺证》五卷。胡培系撰。《大戴礼记补注》十三卷，《目录》一卷，《附录》一卷。汪照撰。《大戴礼记考》一卷。吴文起撰。《夏小正传笺》四卷，《公符篇考》一卷。王谟撰。《夏小正补注》四卷。任兆麟撰。《夏小正补传》三卷。朱骏声撰。《夏小正经传通释》四卷。梁章钜撰。《夏时考》五卷。安吉撰。《夏时考》一卷。刘逢禄撰。《夏小正经传考》二卷，《本义》四卷。雷学淇撰。《夏小正集解》四卷，《校录》一卷。顾凤藻撰。《孔子三朝记》七卷，《目录》一卷。洪颐煊撰。《夏小正疏义》四卷，附《释音异字记》一卷。洪震煊撰。《夏小正正义》四卷。王筠撰。《夏小正笺疏》四卷。马徵麐撰。《夏小正集说》四卷。程鸿诏撰。《夏时考》一卷。郑晓如撰。《夏小正戴氏传训解》四卷，《考异》一卷，《通论》一卷。王宝仁撰。《夏小正私笺》一卷。吴汝纶撰。

以上《礼》类《大戴礼》之属

《学礼质疑》二卷，《宗法论》一卷。万斯大撰。《读礼志疑》十三卷，《礼经会元疏解》四卷。陆陇其撰。《郊社禘祫问》一卷，《北郊配位尊西向义》一卷，《昏礼辨正》一卷，《大小宗通绎》一卷，《明堂问》一卷，《庙制折衷》一卷，《学校问》一卷。毛奇龄撰。《参读礼志疑》二卷。汪绂撰。《钓台遗书》四卷。任启运撰。《礼经质疑》二卷。杭世骏撰。《稽礼辨论》一卷。刘凝撰。《三礼郑注考》一卷。程际盛撰。《礼笺》三卷。金榜撰。《礼学卮言》六卷。孔广森撰。《五服异同汇考》二卷。崔述撰。《禘祫觿解篇》一卷。孔广林撰。《三礼义证》十卷。武亿撰。《白虎通阙文》一卷。庄述祖撰。《三礼图》三卷。孙星衍、严可均同撰。《礼说》四卷。凌曙撰。《郑氏三礼目录》一卷。臧庸撰。《禘祫答问》一卷。胡培翚撰。《礼堂经说》二卷。陈乔枞撰。《三礼陈数求义》三十卷。陈乔荫撰。《四禘通释》三卷。崔适撰。《白虎通疏证》十二卷。陈立撰。《三礼通释》二百八十卷。林昌彝撰。《求古录礼说》十六卷，《补遗》一卷。金鹗撰。《求古录礼说校勘记》三卷。王士骏撰。《学礼管释》十八卷，《三纲制服述义》三卷。夏炘撰。《佚礼扶微》五卷。丁晏撰。《礼经通论》一卷。邵懿辰撰。《积石礼说》三卷。张履撰。《礼说》二卷。吴嘉宾撰。《郑康成驳正三礼考》一卷，《玉佩考》一卷。俞樾撰。《礼书通故》一百卷，《礼说略》三卷。黄以周撰。《经述》三卷。林颐山撰。

汉戴圣《石渠礼论》一卷，汉郑玄《鲁礼禘祫志》一卷，《三礼图》一卷，魏董勋《问礼俗》一卷，晋卢谌《杂祭法》一卷，晋范汪《祭典》一卷，晋干宝《后养义》一卷，晋范甯《礼杂问》一卷，晋范宣《礼论难》一卷，晋吴商《礼杂议》一卷，宋颜延之《逆降义》一卷，宋徐广《礼论答问》一卷，宋何承天《礼论》一卷，宋任豫《礼论条牒》一卷，齐王俭《礼义答问》一卷，齐荀万秋《礼论钞略》一卷，梁贺述《礼统》一卷，梁周捨《礼疑义》一卷，梁崔灵恩《三礼义宗》四卷，后魏李谧《明堂制度论》一卷，不著时代梁正《三礼图》一卷，唐张镒《三礼图》一卷，唐元行冲《释疑论》一卷。以上均马国翰辑。汉叔孙通《礼器制度》一卷，汉郑玄《三礼目录》一卷，晋孙毓《五礼驳》一卷。以上均王谟辑。汉郑玄《答临硕难礼》一卷。袁钧辑。

以上《礼》类总义之属

《朱子礼纂》五卷。李光地撰。《辨定祭礼通俗谱》五卷，《家礼辨说》十六卷。毛奇龄撰。《读礼偶见》二卷。许三礼撰。《吕氏四礼翼》一卷。朱轼撰。《礼学汇编》七十卷。应抝谦撰。《礼乐通考》三十卷。胡抡撰。《礼书纲目》八十五卷。江永撰。《六礼或问》十二卷。汪绂撰。《四礼宁俭编》一卷。王心敬撰。《五礼通考》二百六十二卷。秦蕙田撰。《五礼经传目》五卷。沈廷芳撰。《冠昏丧祭仪考》十二卷。林伯桐撰。《三礼从今》三卷。黄本骥撰。《四礼榷疑》八卷。顾广誉撰。

以上《礼》类通礼之属。

《乐》类

《律吕正义》五卷。康熙五十二年御撰。《律吕正义后编》一百二十卷。乾隆十一年敕撰。《诗经乐谱》三十卷，《乐律正俗》一卷。乾隆五十三年敕撰。《乐律》二卷。薛凤祚撰。《大成乐律》一卷。孔贞瑄撰。《古乐经传》五卷。李光地撰。《圣谕乐本解说》二卷，《皇言定声录》八卷，《竟山乐录》四卷。毛奇龄撰。《古乐书》二卷。应抝谦撰。《李氏学乐录》二卷。李塨撰。《昭代乐章恭纪》一卷。张廷玉撰。《易律通解》八卷。沈光邦撰。《乐律古义》二卷。童能灵撰。《乐经律吕通解》五卷，《乐经或问》三卷。汪绂撰。《乐律表微》八卷。胡彦昇撰。《琴旨》三卷。王坦撰。《律吕新论》二卷，《律吕阐微》十卷。江永撰。《律吕考略》一卷。孔毓焞撰。《大乐元音》七卷。潘士权撰。《律吕古义》六卷，钱塘撰。《燕乐考原》六卷，《晋泰始笛律匡谬》一卷。凌廷堪撰。《乐悬考》二卷。江藩撰。《乐谱》一卷。任兆麟撰。《律吕臆说》一卷，荀勗《笛律图注》一卷，《管色考》一卷。徐养原撰。《古律经传附考》六卷。纪大奎撰。《乐志辑略》三卷。倪元坦撰。《音分古义》二卷，《附》一卷。戴煦撰。《声律通考》十卷。陈澧撰。《律吕通今图说》一卷，《律易》一卷，《音调定程》一卷。缪阗撰。

元熊朋来《瑟谱》六卷，元余载《韶舞九成乐补》一卷，元刘瑾《律吕成书》二卷。以上均乾隆三十八年王际华等奉敕辑。汉阳城子长《乐经》一卷，汉刘向《乐记》一卷，汉刘德《乐元语》一卷，汉扬雄《琴清英》一卷，梁武帝《乐社大义》一卷、《钟律纬》一卷，陈僧智匠《古今乐录》一卷，后魏信都芳《乐书》一卷，后周沈重《乐律义》一卷，不著时代、撰人《乐部》一卷，《琴历》一卷，隋萧吉《乐谱集解》一卷，唐赵惟暕《琴书》一卷。以上均马国翰辑。汉刘歆《钟律书》一卷，汉蔡邕《琴操》一卷。以上均黄奭辑。

《春秋》类

《左传读本》三十卷。道光三年，英和等奉敕编。《左传杜解补正》三卷。顾炎武撰。《续春秋左氏传博议》四卷。王夫之撰。《读左日钞》十二卷，《补录》二卷。朱鹤龄撰。《左传事纬》十二卷，《附录》八卷。马骕撰。《春秋地名考略》十四卷。高士奇撰。《春秋国都爵姓考》一卷，《补》一卷。陈鹏撰。《春秋分年系传表》一卷。翁方纲撰。《春秋左传事类年表》一卷。顾宗玮撰。《春秋长历》十卷，《春秋世族谱》一卷。陈厚耀撰。《春秋识小录》九卷。程廷祚撰。《春秋左传补注》六卷。惠栋撰。《春秋地理考实》四卷。江永撰。《读左补义》五十卷。姜炳璋撰。《春秋左传小疏》一卷。沈彤撰。《春秋左传古经》十二卷，附《五十凡》一卷。段玉裁撰。《春秋左传会要》四卷，《左传官名考》二卷。李调元撰。《春秋左传诂》五十卷，《春秋十论》一卷。洪亮吉撰。《春秋列国官名异同考》一卷。汪中撰。《左通补释》三十二卷。梁履绳撰。《春秋左传分国土地名》二卷，《春秋列国职官》一卷，《春秋器物宫室》一卷。沈淑撰。《左传刘杜持平》六卷。邵英撰。《春秋名字解诂》二卷。王引之撰。《春秋左氏补疏》五卷。焦循撰。《读左卮言》一卷。石韫玉撰。《左氏春秋考证》二卷。刘逢禄撰。《春秋左传补注》三卷。马宗梿撰。《左传识小录》一卷。朱骏声撰。《春秋左传补注》十二卷，《考异》十卷，《左传地名补注》十二卷。沈钦韩撰。《春秋左氏古义》六卷，臧寿恭撰。《左传贾服注辑述》二十卷。李贻德撰。《左传杜注辨正》六卷。张总咸撰。《春秋国都爵姓续考》一卷。曾钊撰。《左传旧疏考正》八卷。刘文淇撰。《春秋名字解诂补义》一卷。俞樾撰。《春秋世族谱拾遗》一卷。成蓉镜撰。《春秋名字解诂驳》一卷。胡元玉撰。《补春秋僖公事阙书》一卷。桑宣撰。

晋杜预《春秋释例》十五卷，宋吕祖谦《春秋左氏传续说》十二卷。以上均乾隆三十八年王际华等奉敕辑。汉刘歆《春秋左氏传章句》一卷，汉贾逵《春秋左氏传解诂》二卷、《春秋左氏传长经章句》一卷，汉服虔《春秋左传解谊》四卷，汉彭汪《左氏奇说》一卷，汉许淑《春秋左传注》一卷，魏董遇《春秋左氏经传章句》一卷，魏王肃《春秋左传注》一卷，魏嵇康《春秋左传音》一卷，晋孙毓《春秋左氏传义注》一卷，晋干宝《左氏传函义》一卷，陈沈文阿《春秋左氏经传义略》一卷，陈王元规《续春秋左氏经传义略》一卷，不著时代苏宽《春秋左氏传义疏》一卷。以上均马国翰辑。隋刘炫《左氏传述义》一卷。黄奭辑。汉郑玄《春秋传服氏注》十二卷。袁钧辑。

以上《春秋》类《左传》之属

《春秋正辞》十一卷，《春秋举例》一卷，《春秋要指》一卷。庄存与撰。《公羊墨史》二卷。周拱辰撰。《春秋公羊通义》十一卷，《叙》一卷。孔广森撰。《公羊何氏释例》十卷，《公羊何氏解诂笺》一卷，《发墨守评》一卷，《箴膏肓评》一卷，《谷梁废疾申何》二卷。刘逢禄撰。《公羊补注》一卷。马宗梿撰。《公羊礼疏》十一卷，《公羊礼说》一卷，《公羊答问》二卷，《春秋繁露注》十七卷。凌曙撰。《春秋决事比》一卷。龚自珍撰。《公羊义疏》七十六卷。陈立撰。《公羊注疏质疑》二卷。何若瑶撰。《公羊历谱》十一卷。包慎言撰。《公羊逸礼考徵》一卷。陈奂撰。

汉董仲舒《春秋决事》一卷，汉严彭祖《公羊春秋》一卷，汉颜安乐《春秋公羊记》一卷，汉何休《春秋公羊文谥例》一卷。以上均马国翰辑。

以上《春秋》类《公羊》之属

《谷梁释例》四卷。许桂林撰。《谷梁大义述》三十卷。柳兴恩撰。《谷梁礼证》二卷。侯康撰。《谷梁经传补注》二十四卷。钟文烝撰。

汉尹更始《春秋谷梁传章句》一卷，汉刘向《春秋谷梁传说》一卷，魏糜信《春秋谷梁注》一卷，晋徐邈《春秋谷梁传注义》一卷、《音》一卷，晋范甯《薄叔元问谷梁义》一卷，晋郑嗣《春秋谷梁传说》一卷。以上均马国翰辑。晋范甯《谷梁传例》一卷。黄奭辑。

以上《春秋》类《谷梁》之属

《春秋传说汇纂》二十八卷。康熙三十八年，王掞等奉敕撰。《日讲春秋解义》六十四卷。雍正七年敕撰。《春秋直解》十六卷。乾隆二十三年，傅恒等奉敕撰。《春秋稗疏》二卷，《春秋家说》三卷，《春秋世论》五卷。王夫之撰。《春秋平义》十二卷，《春秋四传纠正》一卷。俞汝言撰。《春秋传议》四卷。张尔岐撰。《学春秋随笔》十卷。万斯大撰。《春秋大义》、《春秋随笔》共一卷，《春秋毁馀》四卷。李光地撰。《春秋毛氏传》三十六卷，《春秋简书刊误》二卷，《春秋属辞比事记》四卷，《春秋占筮书》三卷，《春秋条贯篇》十一卷。毛奇龄撰。《春秋集解》十二卷，《校补春秋集解绪馀》一卷，《春秋提要补遗》一卷。应㧑谦撰。《春秋参义》十二卷，《春秋事义慎考》十四卷，《公谷汇义》十二卷。姜兆锡撰。《春秋管窥》十二卷。徐庭垣撰。《春秋三传异同考》一卷。吴陈琰撰。《春秋遵经集说》二十八卷。邵钟仁撰。《三传折诸》四十四卷。张尚瑗撰。《春秋阙如编》八卷，《小国春秋》一卷。焦袁熹撰。《春秋宗朱辨义》十二卷。张自超撰。《春秋通论》四卷，《春秋义法举要》一卷，《春秋比事目录》四卷，《春秋直解》十二卷。方苞撰。《半农春秋说》十五卷。惠士奇撰。《春秋义》十五卷。孙嘉淦撰。《春秋大事表》五十卷，《舆图》一卷，《附录》一卷。顾栋高撰。《春秋七国统表》六卷。魏翼龙撰。《春秋义存录》十二卷。陆奎勋撰。《春秋日食质疑》一卷。吴守一撰。《春秋集传》十六卷，首、末各一卷。汪绂撰。《空山堂春秋传》十二卷。牛运震撰。《春秋原经》二卷。王心敬撰。《春秋深》十九卷。许伯政撰。《春秋一得》一卷。阎循观撰。《三正考》二卷。吴鼐撰。《春秋三传定说》十二卷。张甄陶撰。《春秋夏正》二卷。胡天游撰。《春秋究遗》十六卷。叶酉撰。《春秋随笔》二卷。顾奎光撰。《春秋三传杂案》十卷，《读春秋存稿》四卷。赵佑撰。《三传补注》三卷。姚鼐撰。《春秋三传比》二卷。李调元撰。《春秋疑义》二卷。华学泉撰。《公谷异同合评》四卷。沈赤然撰。《春秋经传朔闰表》二卷。姚文田撰。《春秋说略》十二卷，《春秋比》二卷。郝懿行撰。《春秋目论》二卷。邓显鹤撰。《三传异同考》一卷。陈莱孝撰。《春秋经传比事》二十二卷。林春溥撰。《春秋三家异文核》一卷，《春秋乱贼考》一卷。朱骏声撰。《春秋三传异文释》十三卷。李富孙撰。《春秋属辞辨例编》六十卷。张应昌撰。《春秋上律表》四卷。范景福撰。《春秋至朔通考》四卷。张冕撰。《驳正朔考》一卷。陈钟英撰。《春秋三传异文笺》四卷。赵坦撰。《春秋新义》十二卷，《春秋岁星表》一卷，《日食星度表》一卷，《日表》一卷。朱兆熊撰。《春秋释地韵编》五卷。徐寿基撰。《春秋述义拾遗》九卷，《春秋规过考信》九卷。陈熙晋撰。《春秋古经说》二卷。侯康撰。《达斋春秋论》一卷，《春秋岁星考》一卷，《春秋古本分年考》一卷。俞樾撰。《春秋朔闰异同考》三卷。罗士琳撰。《春秋鑽燧》四卷。曹金籀撰。《春秋经传朔闰表发覆》四卷，《推春秋日食法》一卷。施彦士撰。《春秋日月考》四卷。谭沄撰。《春秋朔闰日食考》二卷。宋庆云撰。《春秋释》一卷。黄式三撰。《春秋测义》三十五卷。强汝询撰。《春秋说》一卷。陶正靖撰。《春秋传正谊》四卷。方宗诚撰。《春秋日南至谱》一卷。成蓉镜撰。《春秋说》二卷。郑杲撰。

宋刘敞《春秋传说例》一卷，宋萧楚《春秋辨疑》四卷，宋崔子方《春秋经解》十二卷、《春秋例要》一卷，宋张大亨《春秋通训》六卷，宋叶梦得《春秋考》十六卷、

《春秋谳》二十二卷，宋高闶《春秋集注》四十卷，宋戴溪《春秋讲义》四卷，宋洪咨夔《春秋说》三十卷，元程端学《春秋三传辨疑》二十卷。以上均乾隆三十八年王际华等奉敕辑。《春秋大传》一卷，汉郑众《春秋牒例章句》一卷，汉马融《春秋三传异同说》一卷，汉戴宏《解疑论》一卷，汉颍容《春秋释例》一卷，晋刘兆《春秋公羊谷梁传解诂》一卷，晋江熙《春秋公羊谷梁二传评》一卷，晋京相璠《春秋土地名》一卷，后魏贾思同《春秋传驳》一卷，隋刘炫《春秋述义》一卷、《春秋规过》一卷、《春秋攻昧》一卷，不著时代、撰人《春秋井田记》一卷，唐啖助《春秋集传》一卷，唐赵匡《春秋阐微纂类义统》一卷，唐陆希声《春秋通例》一卷，唐陈岳《春秋折衷论》一卷。以上均马国翰辑。汉严彭祖《春秋盟会图》一卷，晋乐资《春秋后传》一卷。以上均黄奭辑。汉郑玄《箴膏肓》一卷、《起废疾》一卷、《发墨守》一卷。以上均王复、武亿同辑。

以上《春秋》类通义之属

《孝经》类

《孝经注》一卷。顺治十三年御撰。《孝经集注》一卷。雍正五年敕撰。《钦定繙译孝经》一卷。雍正五年敕撰。《孝经全注》一卷。李光地撰。《孝经问》一卷。毛奇龄撰。《孝经类解》十八卷。吴之騄撰。《孝经正文》一卷，《内传》一卷，《外传》一卷，李之素撰。《孝经集注》二卷。陆遇霖撰。《孝经详说》二卷。冉觐祖撰。《孝经注》三卷。朱轼撰。《孝经三本管窥》三卷。吴隆元撰。《孝经章句》一卷，《或问》一卷。汪绂撰。《孝经章句》一卷。任启运撰。《孝经通义》一卷。华玉淳撰。《孝经约义》一卷。汪师韩撰。《孝经外传》一卷。《孝经中文》一卷。周春撰。《孝经音义考证》一卷。卢文弨撰。《孝经通释》十卷。曹庭栋撰。《孝经郑注补证》一卷。洪颐煊撰。《孝经义疏补》九卷。阮福撰。《孝经述注》一卷，《孝经徵文》一卷。丁晏撰。《孝经曾子大孝》一卷。邵懿辰撰。《孝经指解补正》一卷，《辨异》一卷。伊乐尧撰。《孝经今古文传注辑论》一卷。吴大廷撰。《孝经十八章辑传》一卷。汪宗沂撰。《孝经郑注疏》二卷。皮锡瑞撰。

明项霦《孝经述注》一卷。乾隆三十八年，王际华等奉敕辑。周魏文侯《孝经传》一卷，汉后苍《孝经说》一卷，汉张禹《孝经安昌侯说》一卷，汉长孙氏《孝经说》一卷，魏王肃《孝经解》一卷，吴韦昭《孝经解赞》一卷，晋殷仲文《孝经注》一卷，晋谢万《集解孝经》一卷，齐永明诸王《孝经讲义》一卷，齐刘瓛《孝经说》一卷，梁武帝《孝经义疏》一卷，梁严植之《孝经注》一卷，梁皇侃《孝经义疏》一卷，隋刘炫《古文孝经述义》一卷，隋魏真己《孝经训注》一卷，唐元行冲《御注孝经疏》一卷。以上均马国翰辑。汉郑玄《孝经注》一卷。袁钧辑。

《四书》类

《日讲四书解义》二十六卷。康熙十六年，库勒纳奉敕撰。《繙译四书集注》二十九卷。乾隆二十九年敕译。《四书近指》二十卷。孙奇逢撰。《大学讲义》一卷，《中庸讲义》二卷。朱用纯撰。《孟子师说》二卷。黄宗羲撰。《四书训义》三十八卷，《读四书大全说》十七卷，《四书稗疏》一卷，《四书考异》一卷。王夫之撰。《四书反身录》十四卷，《续录》二卷。李颙撰。《四书翊注》四十二卷。刁包撰。《四书讲义困勉录》三十七卷，《续困勉录》六卷，《松阳讲义》十二卷，《三鱼堂四书大全》四十卷。陆陇其撰。《大学古本说》一卷。《中庸章段》一卷，《中庸馀论》一卷，《读论语劄记》二卷，《读孟子劄记》二卷。李光地撰。《四书述》十九卷。陈诜撰。《四书贯一解》十二卷。闵嗣同撰。《论语稽求篇》七卷，《四书剩言》四卷，《补》二卷，《大学证文》四卷，《四书改错》二十二卷，《四书索解》四卷，《大学知本图说》一卷，《大学问》一卷，《中庸说》五卷，《逸讲笺》三卷。毛奇龄撰。《四书释地》一卷，《续》一卷，《又续》二卷，《三续》二卷，《孟子生卒年月考》一卷。阎若璩撰。《四书朱子异同条辨》四十卷。李沛霖、李祯撰。《四书诸儒辑要》四十卷。李沛霖撰。《大学传注》四卷，《中庸传注》一卷，《论语传注》二卷，《传注问》一卷。李塨撰。《四书劄记》四卷，《辟雍讲义》一卷，《大学讲义》二卷，《中庸讲义》二卷。杨名时撰。《四书讲义》四十三卷。吕留良撰。《大学困学录》一卷，《中庸困学录》一卷。王澍撰。《成均讲义》不分卷。孙嘉淦撰。《大学翼真》七卷。胡渭撰。《此木轩四书说》九卷。焦袁熹撰。《大学说》一卷。惠士奇撰。《四书诠义》十五卷。汪绂撰。《中庸解》一卷。任大任撰。《四书录疑》三十九卷。陈绰撰。《四书本义汇参》四十五卷。王步青撰。《论语说》二卷。桑调元撰。《四书约旨》十九卷。任启运撰。《论语随笔》二十卷。牛运震撰。《论语附记》二卷，《孟子附记》二卷。翁方纲撰。《四书温故录》十一卷。赵佑撰。《四书逸笺》六卷。程大中撰。《四书注说参证》七卷。胡清熙撰。《乡党图考》十卷。江永撰。《鲁论说》三卷。程廷祚撰。《四书考异总考》三十六卷，《条考》三十六卷。翟灏撰。《论语补注》三卷。刘开撰。《论语骈枝》一卷。刘台拱撰。《孟子字义疏证》三卷。戴震撰。《论语后录》五卷。钱坫撰。《论语馀说》一卷。崔述撰。《中庸注》一卷。惠栋撰。《四书摭馀说》七卷。曹之升撰。《四书偶谈》二卷。戚学标撰。《四书考异句读》一卷。武亿撰。《四书拾义》五卷。明绍勋撰。《孟子四考》四卷。周广业撰。《孟子七国诸侯年表》一卷。张宗泰撰。《论语偶记》一卷。方观旭撰。《论语俟质》三卷。江声撰。《孟子时事略》一卷。任兆麟撰。《论语古训》十卷。陈鳣撰。《论语异文考证》十卷，冯登府撰。《论语补疏》三卷，《论语通释》一卷，《孟子正义》三十卷。焦循撰。《读论质疑》一卷。石韫玉撰。《四书琐语》一卷。姚文田撰。《论语说义》十卷。《孟子赵注补正》六卷，《四书释地辨证》二卷，《大学古义说》二卷。宋翔凤撰。《论语鲁读考》一卷。徐养原撰。《大学旧文考证》一卷，《中庸旧文考证》一卷。朱曰佩撰。《论语旁证》二十卷。梁章钜撰。《论语类考》二十卷，《孟子杂记》四卷。陈士元撰。《四书拾遗》五卷，《孟子外书补证》四卷。林春溥撰。

《论语孔注辨伪》二卷。沈涛撰。《乡党正义》一卷。金鹗撰。《六书假借经徵》四卷。朱骏声撰。《孟子音义考证》二卷。蒋仁荣撰。《论语述何》二卷，《四书是训》十五卷。刘逢禄撰。《论语古解》十卷。梁廷枏撰。《孟子学》一卷。沈梦兰撰。《四书地理考》十一卷。王鎏撰。《四书释地补》一卷，《续补》一卷，《又续补》一卷，《三续补》一卷。樊廷枚撰。《四书典故核》三卷。凌曙撰。《大学臆古》一卷，附《古今文附证》一卷，《中庸臆测》二卷。王定柱撰。《四书说略》四卷。王筠撰。《论语集注附考》一卷。丁晏撰。《读孟子劄记》二卷。罗泽南撰。《孟子班爵禄疏证》十六卷，《正经界疏证》六卷。迮鹤寿撰。《论语正义》二十卷。刘宝楠撰。《大学质疑》一卷，《中庸质疑》二卷。郭嵩焘撰。《论语古注集笺》十卷，《考》一卷。潘维城撰。《论语古注择从》一卷，《论语郑义》一卷，《何邵公论语义》一卷，《续论语骈枝》一卷，《论语小言》一卷，《孟子古注择从》一卷，《孟子高氏义》一卷，《孟子缵义》一卷，《四书辨疑辨》一卷。俞樾撰。《论语注》二十卷。戴望撰。《何休注训论语述》一卷。刘恭冕撰。《论语后案》二十卷。黄式三撰。《读孟子质疑》二卷，《孟子外书集证》五卷。施彦士撰。《论语集解校补》一卷。蒋曰豫撰。《读大学中庸笔记》二卷，《读论孟笔记》二卷，《补记》一卷，方宗诚撰。《朱子论语集注训诂考》二卷。潘衍桐撰。

宋余允文《尊孟辨》三卷，《续辨》二卷，《别录》一卷。以上乾隆三十八年王际华等奉敕辑。《古论语》十卷，《齐论语》一卷，汉孔安国《论语训解》十一卷，汉包咸《论语章句》二卷，汉周氏《论语章句》一卷，汉马融《论语训说》一卷，汉郑玄《论语注》十卷、《论语孔子弟子目录》一卷。魏陈群《论语义说》一卷，魏王朗《论语说》一卷，魏王肃《论语义说》一卷，魏周生烈《论语义说》一卷，魏王弼《论语释疑》一卷，晋谯周《论语注》一卷，晋卫瓘《论语集注》一卷，晋缪播《论语旨序》一卷，晋缪协《论语说》一卷，晋郭象《论语体略》一卷，晋栾肇《论语释疑》一卷，晋虞喜《论语赞注》一卷，晋庾翼《论语释》一卷，晋李充《论语集注》二卷，晋范甯《论语注》一卷，晋孙绰《论语集解》一卷，晋梁凯《论语注释》一卷，晋袁乔《论语注》一卷，晋江熙《论语集解》二卷，晋殷仲堪《论语解释》一卷，晋张凭《论语注》一卷，晋蔡谟《论语注解》一卷，宋颜延之《论语说》一卷，宋僧慧琳《论语说》一卷，齐沈驎士《论语训注》一卷，齐顾欢《论语注》一卷，梁武帝《论语注》一卷，梁太史叔明《论语注》一卷，梁褚仲都《论语义疏》一卷，不著时代沈峭《论语说》一卷，熊埋《论语说》一卷，不著时代、撰人《论语隐义注》一卷，汉赵岐《孟子章指》二卷、《篇叙》一卷，汉程曾《孟子章句》一卷，汉高诱《孟子章句》一卷，汉刘熙《孟子注》一卷，汉郑玄《孟子注》一卷，晋綦毋邃《孟子注》一卷，唐陆善经《孟子注》一卷，唐张镒《孟子音义》一卷，唐丁公著《孟子音》一卷。以上马国翰辑。《逸论语》一卷。赵在翰辑。《逸语》十卷。曹庭栋辑。《逸孟子》一卷。李调元辑。

经总义

《繙译五经》五十八卷。乾隆二十年敕译。《五经翼》二十卷。孙承泽撰。《墨庵经学》不分卷。沈起撰。《经问》十八卷，《经问补》三卷。毛奇龄撰。《松源经说》四卷。孙之騄撰。《七经同异考》三十四卷，《韦庵经说》一卷。周象明撰。《此木轩经说汇编》六卷。焦袁熹撰。《十三经义疑》十二卷。吴浩撰。《经义杂记》三十卷。臧琳撰。《经稗》六卷。郑方坤撰。《经玩》二十卷。沈淑撰。《朱子五经语类》八十卷。程川撰。《经咫》一卷。陈祖范撰。《经言拾遗》十四卷。徐文靖撰。《考信录》三十六卷，《读经馀论》二卷。崔述撰。《古经解钩沈》三十卷。余萧客撰。《易堂问目》四卷。吴鼎撰。《九经说》十七卷。姚鼐撰。《群经补义》五卷。江永撰。《群经互解》一卷。冯经撰。《十三经札记》二十二卷。朱亦栋撰。《经学卮言》六卷。孔广森撰。《经传小记》三卷，《汉学拾遗》一卷。刘台拱撰。《九经古义》十六卷。惠栋撰。《经考》五卷。戴震撰。《通蓺录》四十八卷。程瑶田撰。《群经释地》六卷。吕吴撰。《五经小学述》二卷。庄述祖撰。《群经识小》八卷。李惇撰。《经义知新记》一卷。汪中撰。《诗书古训》八卷。阮元撰。《浙士解经录》五卷。阮元编。《周人经说》四卷，《王氏经说》六卷。王绍兰撰。《九经学》三卷。王聘珍撰。《五经异义疏证》三卷，《左海经辨》二卷。陈寿祺撰。《邃雅堂学古录》七卷。姚文田撰。《经义述闻》三十二卷，《经传释词》十卷。王引之撰。《五经要义》一卷，《五经通义》一卷。宋翔凤撰。《群经宫室图》二卷。焦循撰。《顽石庐经说》十卷。徐养原撰。《经义未详说》五十四卷。徐卓撰。《十七史经说》十二卷。张养吾撰。《经义丛钞》三十卷。严杰编。《凤氏经说》三卷。凤韶编。《介庵经说》十卷。雷学淇撰。《十三经诂答问》六卷。冯登府撰。《说纬》六卷。王崧撰。《安甫遗学》三卷。江承之撰。《实事求是斋经说》二卷。朱大韶撰。《读经说》一卷。丁晏撰。《玉函山房目耕帖》三十一卷。马国翰撰。《汉儒通义》七卷。陈澧撰。《娱亲雅言》六卷。严元照撰。《经传考证》八卷。朱彬撰。《十三经客难》五十五卷。龚元玠撰。《一镫精舍甲部稿》五卷。何秋涛撰。《群经平议》三十五卷，《茶香室经说》十五卷，《诂经精舍自课文》二卷，《经课续编》八卷，《群经剩义》一卷，《达斋丛说》一卷。俞樾撰。《开有益斋经说》五卷。朱绪曾撰。《读书偶志》十一卷。邹汉勋撰。《贵阳经说》一卷，《经说残稿》一卷。刘书年撰。《巢经巢经说》一卷，《郑学录》三卷。郑珍撰。《儆居经说》四卷。黄式三撰。《愚一录》十二卷。郑献甫撰。《敤经笔记》一卷。陈倬撰。《隶经剩义》一卷。林兆丰撰。《郑志考证》一卷。成蓉镜撰。《汉碑徵经》一卷。朱百度撰。《汉孳室经说》一卷。陶方琦撰。《经说略》二卷。黄以周撰。《操敤斋遗书》四卷。管礼耕撰。《经窥》四卷。蔡以盛撰。《九经误字》一卷，《五经同异》三卷。顾炎武撰。《助字辨略》五卷。刘淇撰。《十三经注疏正字》八十一卷。沈廷芳撰。《注疏考证》六卷。齐召南撰。《九经辨字渎蒙》

十二卷。沈炳震撰。《经典释文考证》三十卷。卢文弨撰。《经典文字考异》一卷。钱大昕撰。《群经义证》八卷，《经读考异》八卷，《补》一卷，《句读叙述》二卷，《补》一卷。武亿撰。《经典文字辨正》五卷。毕沅撰。《十三经注疏校勘记》二百十七卷，《孟子音义校勘记》一卷，《释文校勘记》二十五卷。阮元撰。《群经字考》四卷。曾廷枚撰。《十经文字通正书》十四卷。钱坫撰。《经苑》不分卷。钱仪吉撰。《七经异文释》五十卷。李富孙撰。《群经字考》十卷。吴东发撰。《经典释文补条例》一卷。汪远孙撰。《经典异同》四十八卷。张维屏撰。《十三经注疏校勘记识语》四卷。汪文台撰。《汉书引经异文录证》六卷。缪祐孙撰。《授经图》四卷。明朱睦㮮原本，黄虞稷、龚翔麟重编。《十三经注疏姓氏》一卷。翁方纲撰。《建立伏博士始末》二卷。孙星衍撰。《传经表》一卷，《通经表》一卷。洪亮吉撰。《西汉儒林传经表》二卷。周廷寀撰。《汉西京博士考》二卷。胡秉虔撰。《两汉五经博士考》三卷。张金吾撰。《两汉传经表》二卷。蒋曰豫撰。《国朝汉学师承记》七卷，附《经义目录》一卷，《隶经文》四卷。江藩撰。《古文天象考》十二卷，附《图说》一卷。雷学淇撰。《经书算学天文考》一卷。陈懋龄撰。《学计一得》二卷。邹伯奇撰。《石经考》一卷。顾炎武撰。《石经正误》一卷。张尔岐撰。《汉魏石经考》一卷，《唐宋石经考》一卷。万斯同撰。《石经考异》二卷。杭世骏撰。《汉石经残字考》一卷。翁方纲撰。《魏石经毛诗残字》一卷。王昶撰。《蜀石经毛诗考异》二卷。陈鳣撰。《石经考文提要》十三卷。彭元瑞撰。《魏三体石经残字考》二卷。孙星衍撰。《石经仪礼校勘记》四卷。阮元撰。《汉石经残字证异》二卷。孔广牧撰。《唐石经校文》十卷。严可均撰。《石经补考》十二卷。冯登府撰。《北宋汴学篆隶二体石经记》一卷。丁晏撰。《唐开成石经图考》一卷。魏锡曾撰。

汉刘向《五经通义》一卷，汉郑玄《六艺论》一卷，《郑记》一卷，不著时代雷氏《五经要义》一卷，魏王肃《圣证论》一卷，晋谯周《五经然否论》一卷，晋束皙《五经通论》一卷，晋杨芳《五经钩沈》一卷，晋戴逵《五经大义》一卷，后魏常爽《六经略注》一卷，后魏邯郸绰《五经析疑》一卷，后周樊文深《七经义纲》一卷，汉《石经尚书》一卷，《鲁诗》一卷，《仪礼》一卷，《公羊传》一卷，《论语》一卷，魏《三字石经尚书》一卷，《春秋》一卷。以上均马国翰辑。汉郑玄《驳五经异义》一卷，《补遗》一卷，魏郑小同《郑志》三卷，《补遗》三卷。以上均王复、武亿同辑。

小学类

《尔雅补注》六卷。姜兆锡撰。《尔雅补郭》二卷。翟灏撰。《尔雅正义》二十卷，《音义》三卷。邵晋涵撰。《尔雅补注》四卷。周春撰。《尔雅汉注》三卷。臧庸撰。《尔雅释文补》三卷。钱大昭撰。《尔雅义疏》二十卷。郝懿行撰。《尔雅释地以下四篇注》四卷，《尔雅古义》二卷。钱坫撰。《尔雅古义》二卷。胡承珙撰。《尔雅小笺》三卷。江藩撰。《尔雅古义》十二卷。黄奭撰。《尔雅注疏本证误》五卷。张宗泰撰。《尔雅匡名》二十卷。严元照撰。《尔雅补注残本》一卷。刘玉麐撰。《尔雅诂》二卷。徐孚吉撰。《尔雅郭注补正》三卷。戴蓥撰。《尔雅经注集证》三卷。龙启瑞撰。《尔雅正郭》三卷。潘衍桐撰。《尔雅古注斠》三卷。闺秀叶蕙心撰。《续方言》二卷。杭世骏撰。《方言校正》十三卷。卢文弨撰。《方言补校》一卷。刘台拱撰。《方言疏证》十三卷。戴震撰。《续方言补证》一卷。程际盛撰。《方言笺疏》十三卷。钱绎撰。《续方言疏证》二卷。沈龄撰。《释名疏证》八卷，《补遗》一卷，《续释名》一卷。江声撰。《广释名》二卷。张金吾撰。《释名补证》一卷。成蓉镜撰。《广雅疏义》二十卷。钱大昭撰。《广雅疏证》十卷。王念孙撰。《小尔雅约注》一卷。朱骏声撰。《小尔雅训纂》六卷。宋翔凤撰。《小尔雅义证》十三卷。胡承珙撰。《小尔雅疏》八卷。王煦撰。《小尔雅疏证》五卷。葛其仁撰。《补小尔雅释度量衡》一卷。邹伯奇撰。《字诂》一卷。黄生撰。《越语肯綮录》一卷。毛奇龄撰。《连文释义》一卷。王言撰。《别雅》五卷。吴玉搢撰。《经籍纂诂》一百六卷，附《补遗》一百六卷。阮元撰。《比雅》十九卷。洪亮吉撰。《释缯》一卷。任大椿撰。《通诂》二卷。李调元撰。《越言释》二卷。茹敦和撰。《释庙》一卷，《释车》一卷，《释帛》一卷，《释色》一卷，《释词》一卷，《释农具》一卷。朱骏声撰。《释服》一卷。宋翔凤撰。《释谷》一卷。刘宝楠撰。《释人注》一卷。孙冯翼撰。《释祀》一卷。董蠡舟撰。《拾雅》二十卷。夏味堂撰，夏纪堂注。《骈字分笺》二卷。程际盛撰。《骈雅训纂》十六卷。魏茂林撰。《周秦名字解诂补》一卷。王萱龄撰。《叠雅》十三卷。史梦兰撰。《别雅订》五卷。许瀚撰。

汉郭舍人《尔雅注》三卷，汉刘歆《尔雅注》一卷，汉樊光《尔雅注》一卷，汉李巡《尔雅注》三卷，魏孙炎《尔雅注》三卷、《音》一卷，晋郭璞《尔雅音义》一卷、《图赞》一卷，梁沈旋《集注尔雅》一卷，陈施乾《尔雅音》一卷，陈谢峤《尔雅音》一卷，陈顾野王《尔雅音》一卷，唐裴瑜《尔雅注》一卷。以上马国翰辑。吴韦昭《辨释名》一卷。黄奭辑。

以上小学类训诂之属

《康熙字典》四十二卷。康熙五十五年，张玉书等奉敕撰。《字典考证》三十六卷。道光十一年，王引之奉敕撰。《急就章考异》一卷。孙星衍撰。《急就章姓氏补注》一卷。吴省兰撰。《急就章音略》一卷，《音略考证》一卷。王绍兰撰。《急就章考证》一卷。钮树玉撰。《急就篇统笺》一卷，《急就姓氏考》一卷。陈本礼撰。《急就篇考异》一卷。庄世骥撰。《说文广义》三卷。王夫之撰。《说文引经考》二卷。吴玉搢撰。《说文系传考异》四卷，《附录》一卷。汪宪撰。《说文答问》一卷。钱大昕撰。《六书通》十卷。闵齐汲撰。《说文偏旁考》二卷。吴照撰。《说文旧音》一卷，《音同字异辨》一卷。毕沅撰。《六书转注古义考》一卷。曹仁虎撰。《说文解字段氏注》三十卷，《六书音韵表》五卷，《汲古阁说文订》一卷，段玉裁撰。《惠氏读说文记》十五卷。惠栋撰。《说文解字通正》

十四卷。潘奕隽撰。《王氏读说文记》一卷，《说文解字校勘记》一卷。王念孙撰。《说文补考》一卷，《汉学谐声》二十四卷，《古音论》一卷，《附录》一卷。戚学标撰。《说文古籀疏证》六卷。庄述祖撰。《说文古语考》二卷。程际盛撰。《六书转注录》十卷。洪亮吉撰。《说文解字义证》五十卷，《说文段注钞案》一卷，《补》一卷。桂馥撰。《说文段注订补》十四卷。王绍兰撰。《说文徐氏新附考证》一卷，《说文统释序注》一卷。钱大昭撰。《说文解字斠诠》十四卷。钱坫撰。《说文述谊》二卷。毛际盛撰。《说文字原集注》十六卷，《表》一卷，《说》一卷。蒋和撰。《席氏读说文记》十五卷。席世昌撰。《说文管见》三卷。胡秉虔撰。《六书说》一卷。江声撰。《说文校义》三十卷。姚文田、严可均同撰。《说文声系》十四卷，《说文解字考异》十四卷，《偏旁举略》一卷。姚文田撰。《说文翼》十六卷，《说文声类》二卷，《说文订订》一卷。严可均撰。《说文五翼》八卷。王煦撰。《说文辨字正俗》八卷。李富孙撰。《说文解字群经正字》二十八卷。邵英撰。《说文通训定声》十八卷，《补遗》一卷，《柬韵》一卷，《说雅》一卷，《小学识馀》四卷。朱骏声撰。《说文经字考》一卷。陈寿祺撰。《说文检字》二卷，《补遗》一卷。毛谟撰。《说文双声叠韵谱》一卷，邓廷桢撰。《形声类编》五卷。丁履恒撰。《说文段注札记》一卷。徐松撰。《读说文证疑》一卷。陈诗庭撰。《小学说》一卷。吴夌云撰。《说文古字考》十四卷。沈涛撰。《说文说》一卷。孙济世撰。《说文系传校录》三十卷，《说文释例》二十卷，《说文补正》二十卷，《说文解字句读》三十卷，《句读补正》三十卷，《说文韵谱校》五卷，《新附考校正》一卷，《正字略》一卷，《文字蒙求》四卷。王筠撰。《说文谐声谱》九卷，张成孙撰。《说文段注订》八卷，《说文新附考》六卷，《续考》一卷，《说文解字校录》三十卷，《说文玉篇校录》一卷。钮树玉撰。《说文释例》二卷，《说文音韵表》十八卷。江沅撰。《说文段注匡谬》八卷。徐承庆撰。《说文辨疑》一卷。顾广圻撰。《说文段注札记》一卷。龚自珍撰。《许氏说音》四卷。许桂林撰。《说文引经考异》十六卷。柳荣宗撰。《说文疑疑》二卷。《附录》一卷。孔广居撰。《说文拈字》七卷，《补遗》二卷。王玉树撰。《说文校定本》二卷。朱士端撰。《说文答问疏证》六卷。薛传均撰。《说文新附考》六卷，《说文逸字》二卷，《附录》一卷。郑珍撰。《说文声读考》七卷，《说文声订》二卷，《说文建首字读》一卷。苗夔撰。《六书转注说》二卷。夏炘撰。《说文谐声孳生述》一卷。陈立撰。《说文引经考证》八卷，《说文举例》一卷。陈瑑撰。《读说文记》一卷。许棫撰。《唐写本说文木部笺异》一卷。莫友芝撰。《谐声补逸》十四卷，附《札记》一卷。宋保撰。《六书系韵》二十四卷，《检字》二卷。李贞撰。《说文双声》二卷，《说文叠韵》二卷。刘熙载撰。《儿笘录》四卷。俞樾撰。《印林遗著》一卷。许瀚撰。《说文段注撰要》九卷。马寿龄撰。《说文外编》十六卷，《说文引经例辨》三卷。雷浚撰。《说文揭原》二卷，《说文发疑》六卷，《汲古阁说文解字校记》一卷。张行孚撰。《说文解字索隐》一卷，《补例》一卷。张度撰。《说文系传校勘记》三卷。承培元、夏灏、吴永康撰。《说文引经证例》二十四卷。承培元撰。《说文古籀补》十四卷，《补遗》一卷，《附录》一卷，《字说》一卷。吴大澂撰。《说文本经答问》二卷，《说文浅说》一卷。郑知同撰。《说文重文本部考》一卷。曾纪泽撰。《古籀拾遗》三卷，附《宋政和礼器文字考》一卷，《名原》二卷。孙诒让撰。《说文引群说故》二十七卷。郑文焯撰。《说文解字引汉律令考》二卷，《附录》一卷。王仁俊撰。《洨民遗文》一卷。孙传凤撰。《小学考》五十卷。谢启昆撰。《九经字样疑》一卷，《五经文字疑》一卷。孔继涵撰。《汗简笺正》七卷。郑珍撰。《隶释刊误》一卷。黄丕烈撰。《复古编校正》一卷，《附录》一卷。葛鸣阳撰。《古音骈字续编》五卷。庄履丰、庄鼎铉同撰。《缪篆分韵》五卷，《补》一卷。桂馥撰。《篆隶考异》二卷。周靖撰。《隶辨》八卷。顾蔼吉撰。《隶法汇纂》十卷。项怀述撰。《汉隶拾遗》一卷。王念孙撰。《汉隶异同》六卷。甘扬声撰。《隶通》二卷。钱庆曾撰。《隶篇》十五卷，《续》十五卷，《补》十五卷。翟云升撰。《金石文字辨异》十二卷。邢澍撰。《钟鼎字源》五卷。汪立名撰。《积古斋钟鼎彝器款识》十卷。阮元撰。《筠清馆金文》五卷。吴荣光撰。《从古堂款识学》十六卷。徐同柏撰。《攈古录金文》九卷。吴式芬撰。《两罍轩彝器图释》十二卷。吴云撰。《攀古楼彝器款识》二卷。潘祖荫撰。《石鼓然疑》一卷。庄述祖撰。《石鼓文考释》一卷。任兆麟撰。《石鼓文读七种》一卷。吴东发撰。《石鼓文定本》十卷。沈梧撰。《续字汇补》十二卷。吴志伊撰。《字贯提要》四十卷。王锡侯撰。《字学辨正集成》四卷。姚心舜撰。

《仓颉篇》三卷，《续》一卷，《补》二卷。孙星衍原辑，任大椿续辑，陶方琦补辑。《小学钩沈》十八卷。任大椿辑。《字林考逸》八卷，《补》一卷。任大椿原辑，陶方琦补辑。周《太史籀篇》一卷，秦李斯等《仓颉篇》一卷，汉司马相如《凡将篇》一卷，汉扬雄《训纂篇》一卷，汉杜林《仓颉训诂》一卷，汉服虔《通俗文》一卷，汉卫宏《古文官书》一卷，汉蔡邕《劝学篇》一卷，汉郭显卿《杂字指》一卷，魏张揖《埤苍》一卷、《古今字诂》一卷、《杂字》一卷，魏周成《杂字解诂》一卷，吴朱育《异字》一卷，吴项峻《始学篇》一卷，晋索靖《草书状》一卷，晋卫恒《四体书势》一卷，晋葛洪《要用字苑》一卷，晋束皙《发蒙记》一卷，晋顾恺之《启蒙记》一卷，晋李彤《字指》一卷，附《单行字》一卷，宋何承天《纂文》一卷，宋颜延之《庭诰》一卷、《纂要》一卷、《诂幼》一卷，梁元帝《纂要》一卷，梁阮孝绪《文字集略》一卷，梁庾俨默《演说文》一卷，梁樊恭《广苍》一卷，后魏杨承庆《字统》一卷，后魏江式《古今文字表》一卷，隋曹宪《文字指归》一卷，隋诸葛颖《桂苑珠丛》一卷，不著时代、撰人《分毫字样》一卷。以上均马国翰辑。后魏宋世良《字略》一卷，不著时代陆善经《新字林》一卷，《字书》一卷，唐开元《文字音义》一卷、《小学》一卷。以上均黄奭辑。

以上小学类字书之属

《易音》三卷，《诗本音》十卷。顾炎武撰。《诗叶韵辨》一卷。王夫之撰。《易韵》四卷。毛奇龄撰。《诗经叶音辨讹》八卷。刘维谦撰。《九经韵证》一卷。吴廷华撰。《十三经音略》十三卷。周春撰。《诗音表》一卷。钱坫撰。《诗音辨》二卷。李调元撰。《诗声类》十二卷，《诗声分例》一卷。孔广森撰。《诗经韵读》四卷，《群经韵读》一卷，《先秦韵读》一卷。江有诰撰。《诗声衍》一卷。刘逢禄撰。《毛诗双声叠韵说》一卷。王筠撰。《毛诗韵订》十卷。苗夔撰。《三百篇原声》七卷。夏味堂撰。《尔雅直音》二卷。王祖源撰。《唐韵正》二十卷，《补正》一卷。顾炎武撰。《广韵正》四卷。李因笃撰。《唐韵考》五卷。纪容舒撰。《唐韵四声正》一卷。江有诰撰。《九经补韵考正》一卷。钱绎撰。《集韵考正》十卷。方成珪撰。《广韵说》一卷。吴夌云撰。《集韵校误》四卷，《群经音辨校误》一卷。陆心源撰。《音论》三卷，《古音表》二卷。顾炎武撰。《古今通韵》十二卷。毛奇龄撰。《古今韵考》四卷。李因笃撰。《声韵丛说》一卷，《韵问》一卷。毛先舒撰。《古音通》八卷。柴绍炳撰。《古今韵略》五卷。邵长蘅撰。《古音正义》一卷。熊士伯撰。《声韵图谱》一卷。钱人麟撰。《古韵标准》四卷。江永撰。《声韵考》四卷，《声类表》十卷，《转语》二十章。戴震撰。《声类》四卷，《音韵问答》一卷。钱大昕撰。《汉魏音》四卷。洪亮吉撰。《古音谐》八卷。姚文田撰。《古韵论》三卷。胡秉虔撰。《廿一部谐声表》一卷，《入声表》一卷。江有诰撰。《古今韵准》一卷。朱骏声撰。《歌麻古韵考》四卷。苗夔撰。《五音论》二卷。邹汉勋撰。《述韵》十卷。夏燮撰。《古韵通说》四卷。龙翰臣撰。《刘氏遗著》一卷。刘禧延撰。《韵府钩沈》四卷。雷浚撰。《钦定叶韵汇辑》五十八卷。乾隆十五年，梁诗正等奉敕撰。《榕村韵书》五卷。李光地撰。《韵歧》四卷。江昱撰。《诗韵析》五卷，《附录》二卷。汪绂撰。《官韵考异》一卷。吴省钦撰。《韵辨附文》五卷。沈兆霖撰。《诗韵辨字略》五卷。黄倬撰。《韵诂》五卷，《补遗》一卷。方濬颐撰。《钦定音韵阐微》十八卷，《韵谱》一卷。康熙五十四年，李光地等奉敕撰。《钦定同文韵统》六卷。乾隆十五年，庄亲王允禄等奉敕撰。《钦定音韵述微》三十卷。乾隆三十八年敕撰。《类音》八卷。潘耒撰。《等切元声》十卷。熊士伯撰。《四声切韵表》四卷，《音学辨微》一卷。江永撰。《沈氏四声考》二卷。纪昀撰。《四声韵和表》五卷。洪榜撰。《四声易知录》四卷。姚文田撰。《等韵丛说》一卷。江有诰撰。《字母辨》一卷。黄廷鉴撰。《四声切韵表补正》三卷。汪曰桢撰。《刘氏碎金》一卷，《中州切音论赘论》一卷。刘禧延撰。《四声定切》四卷。刘熙载撰。《切韵考》六卷，《外篇》三卷。陈澧撰。《翻切简可篇》二卷。张燮承撰。

宋司马光《切韵指掌图》二卷，附《检例》一卷。以上乾隆三十八年王际华等奉敕辑。魏李登《声类》一卷，晋吕静《韵集》一卷，北齐阳休之《韵略》一卷，唐僧神珙《四声五音九弄反钮图》一卷。以上均马国翰辑。宋李概《音谱》一卷，《声谱》一卷，唐孙愐《唐韵》二卷，唐颜真卿《韵海镜源》一卷，唐李舟《切韵》一卷。以上均黄奭辑。

以上小学类韵书之属

《西域同文志》二十四卷。乾隆二十八年，傅恒等奉敕撰。《增订清文鉴》三十二卷、《补编》四卷、《总纲》八卷、《补总纲》二卷。乾隆三十六年，傅恒等奉敕撰。《清汉对音字式》一卷。乾隆三十七年敕撰。《满州蒙古汉字三合切音清文鉴》三十三卷。乾隆四十四年，阿桂等奉敕撰。《清文汇书》十二卷。李延基撰。《清文补汇》八卷。宗室宜兴撰。《清文备考》六卷。戴縠撰。《清文启蒙》四卷。舞格撰。《三合便览》十二卷。不著撰人名氏。《清文总汇》二卷。不著撰人名氏。

以上小学类清文之属

卷一百四十六　志一百二十一

艺文二

史部十六类：一曰正史类，二曰编年类，三曰纪事本末类，四曰别史类，五曰杂史类，六曰诏令奏议类，七曰传记类，八曰史钞类，九曰载记类，十曰时令类，十一曰地理类，十二曰职官类，十三曰政书类，十四曰目录类，十五曰金石类，十六曰史评类。

正史类

《明史》三百三十六卷。康熙十八年敕撰，乾隆四年书成表进。《辽金元三史国语解》四十六卷。乾隆四十六年敕撰。《史记补注》一卷。方苞撰。《史记疑问》一卷。邵泰衢撰。《史记考证》七卷。杭世骏撰。《史记志疑》三十六卷。梁玉绳撰。《读史记十表》十卷。汪越撰，徐克范补。《史记天官书补目》一卷，《考证》十卷。孙星衍撰。《史记律历天官书正讹》三卷。王元启撰。《史记三书释疑》三卷。钱塘撰。《史记功比说》一卷。张锡瑜撰。《史记毛本正误》一卷。丁晏撰。《校刊史记札记》五卷。张文虎撰。《史汉笺论》十卷。杨于果撰。《史汉骈枝》一卷。成蓉镜撰。《汉书辨疑》二十二卷。钱大昭撰。《汉书拾遗》一卷。刘台拱撰。《汉书疏证》三十六卷。沈钦韩撰。《汉书注校补》五十六卷。周寿昌撰。《汉书管见》四卷。朱一新撰。《汉书补注》一百卷。王先谦撰。《汉初年月日表》一卷。姚文田撰。《汉书律历志正讹》二卷。王元启撰。《汉书地理志稽疑》六卷。全祖望撰。《汉书地理志补注》一百三卷。吴卓信撰。《新斠注汉书地理志》十六卷。钱坫撰。《汉志地理志校注》二卷。王绍兰撰。《汉书地理志校本》二卷。汪远孙撰。《汉书水道疏证》四卷。洪颐煊撰。《汉书地理志水道图说》七卷。陈沣撰。《汉志释地略汉志志疑》一卷。汪士铎撰。《汉书地理志集释》十四卷，《西域传补注》二卷。徐松撰。《汉西域图考》七卷。李光廷撰。《汉书古今人表考》九卷。梁玉绳撰。《人表考校补》一卷，《续补》一卷。蔡云撰。《汉书正误》四卷。王峻撰。《汉书刊误》一卷。石韫玉撰。《汉书注考证》一卷。何若瑶撰。《两汉朔闰表》二卷，附《汉太初以前朔闰表》一卷。张其翻撰。《两汉举正》五卷。陈景云撰。《后汉书补注》二十四卷。惠栋撰。《后汉书辨疑》十一卷，《续后汉书辨疑》九卷，《后汉书补表》八卷，《补续汉书艺文志》一卷，《后汉郡国令长考》一卷。钱大昭撰。《后汉书疏证》三十卷。沈钦韩撰。《后汉书补注续》一卷，《补后汉书艺文志》四卷。侯康撰。《后汉书注补正》八卷。周寿昌撰。《后汉书注又补》一卷。沈铭彝撰。《后汉书儒林传补》二卷。李聿修撰。《后汉书补逸》二十一卷。姚之骃撰。《后汉书注刊误》一卷，《后汉公卿表》一卷。练恕撰。《后汉三公年表》一卷。华湛恩撰。《后汉书注考证》一卷。何若瑶撰。《三国志举正》四卷。陈景云撰。《三国志考证》八卷。潘眉撰。《三国志补注》六卷。杭世骏撰。《三国志续考证》一卷。卢文弨撰。《三国志辨疑》三卷。钱大昭撰。《三国志注补》六十五卷。赵一清撰。《三国志补注》十六卷。沈钦韩撰。《三国志旁证》三十卷。梁章钜撰。《三国志证闻》二卷。钱仪吉撰。《三国纪年表》一卷。周嘉猷撰。《补三国疆域志》三卷。洪亮吉撰。《三国职官表》三卷。洪饴孙撰。《三国志注续》一卷，《补三国艺文志》四卷。侯康撰。《三国志注证遗》四卷。周寿昌撰。《晋书地理志新补正》五卷。毕沅撰。《东晋疆域志》四卷。洪亮吉撰。《晋书补传赞》一卷。杭世骏撰。《补晋书兵志》一卷。钱仪吉撰。《晋书校勘记》四卷。周云撰。《晋书校勘记》三卷。劳格撰。《补晋书艺文志》四卷，《晋书校文》五卷。丁国钧撰。《晋宋书故》一卷，《补宋书刑法志》一卷，《食货志》一卷。郝懿行撰。《宋书州郡志校勘记》一卷。成蓉镜撰。《补梁疆域志》四卷。洪饴孙撰。《魏书校勘记》一卷。王先谦撰。《北周公卿表》一卷。练恕撰。《南北史识疑》四卷。王懋竑撰。《补南北史表》七卷。周嘉猷撰。《补南北史志》十四卷。汪士铎撰。《隋书经籍志考证》十三卷。章宗源撰。《隋书地理志考证》九卷。杨守敬撰。《新旧唐书互证》二十卷。赵绍祖撰。《旧唐书疑义》四卷。张道撰。《旧唐书校勘记》六十六卷。罗士琳、陈立、刘文淇、刘毓崧同撰。《唐学士年表》一卷。钱大昕撰。《五代史志疑》四卷。杨陆荣撰。《五代史纂误补》四卷。吴兰庭撰。《五代史纂误续补》六卷。吴光耀撰。《五代史纂误补续》一卷。周寿昌撰。《旧五代史考异》二卷。邵晋涵撰。《新五代史注》七十四卷。彭元瑞、刘凤诰同撰。《五代纪年表》一卷。周嘉猷撰。《五代史地理考》一卷。练恕撰。《补五代史艺文志》一卷。顾櫰三撰。《五代学士年表》一卷。钱大昕撰。《宋史地理志校勘记》一卷。成蓉镜撰。《宋史艺文志补》一卷。倪灿撰。《宋中兴学士年表》一卷，《宋修唐书史臣表》一卷。钱大昕撰。《辽史拾遗》二十四卷，《补》五卷。厉鹗撰。《辽史拾遗续》三卷。杨复吉撰。《金史详校》十卷，《金源劄记》二卷。施国祁撰。《元史本证》五十卷，《元史证误》二十三卷。汪辉祖撰。《元史氏族表》三卷，《补元史艺文志》四卷。钱大昕撰。《元史译文证补》三十卷。洪钧撰。《宋辽金元四史朔闰考》二卷，《辽金元三史拾遗》五卷。钱大昕撰。《补辽金元三史艺文志》一卷。倪灿撰。《补辽金元三史艺文志》一卷。金门诏撰。《明史考证攟逸》四十二卷。王颂蔚撰。《二十二史考异》一百卷，《诸史拾遗》五卷。钱大昕撰。《十七史商榷》一百卷。王鸣盛撰。《二十二史劄记》三十六卷，《补遗》一卷。赵翼撰。《四史发伏》十二卷。洪亮吉撰。《读史举正》八卷。张熷撰。《诸史然疑》一卷。杭世骏撰。《诸史考异》十八卷。洪颐煊撰。《历代史目表》一卷。洪饴孙撰。

宋薛居正等《旧五代史》一百五十卷、《目录》二卷，宋吴缜《五代史记纂误》三卷。以上乾隆时奉敕辑。《汉书音义》三卷、《补遗》一卷。臧镛堂辑。

编年类

《太祖实录》十三卷。崇德元年敕纂，康熙二十一年圣祖重修，雍正十二年敕加校订。《太宗实录》六十八卷。顺治九年敕纂，康熙十二年圣祖重修，雍正十二年敕加校订。《世祖实录》一百四十七卷。康熙六年敕纂，雍正十二年敕加校订。《圣祖实录》三百三卷。康熙六十一年敕纂。《世宗实录》一百五十九卷。雍正十三年敕纂。《高宗实录》一千五百卷。嘉庆四年敕纂。《仁宗实录》三百七十四卷。道光四年敕纂。《宣宗实录》四百七十六卷。咸丰二年敕纂。《文宗实录》三百五十六卷。同治元年敕纂。《穆宗实录》三百七十四卷。光绪五年敕纂。《德宗实录》五百六十一卷。宣统时敕纂。《御批通鉴辑览》一百十六卷，附《明唐桂二王本末》三卷。乾隆三十二年傅恒等奉敕撰。《御定通鉴纲目三编》四十卷。乾隆四十年敕撰。《开国方略》三十二卷。乾隆三十八年敕撰。《竹书统笺》十二卷。徐文靖撰。《竹书纪年集证》五十卷。陈逢衡撰。《考定竹书》十三卷。孙之騄撰。《竹书纪年校正》十四卷。郝懿行撰。《校正竹书纪年》二卷。洪颐煊撰。《竹书纪年集注》二卷。陈诗撰。《竹书纪年校补》二卷。张宗泰撰。《考订竹书纪年》十四卷，《竹书纪年义证》四十卷。雷学淇撰。《竹书纪年补证》四卷。林春溥撰。《资治通鉴后编》一百八十四卷。徐乾学撰。《续资治通鉴后编校勘记》十五卷。夏震武撰。《续资治通鉴》三百二十卷。毕沅撰。《续资治通鉴长编拾补》六十卷。秦缃业撰。《续资治通鉴长编拾遗》六十卷。黄以周撰。《通鉴胡注举正》一卷。陈景云撰。《通鉴注辨正》二卷。钱大昕撰。《通鉴注商》十八卷。赵绍祖撰。《通鉴刊本识误》三卷，《通鉴补略》一卷。张敦仁撰。《通鉴校勘记》七卷。张瑛撰。《通鉴地理今释》十六卷。吴熙载撰。《纲目订误》四卷。陈景云撰。《纲目分注补遗》四卷。芮长恤撰。《通鉴纲目释地纠缪》六卷，《释地补注》六卷。张庚撰。《纲目志疑》一卷。华湛恩撰。《读通鉴纲目条记》二十卷。李述来撰。《明鉴前纪》二卷。齐召南撰。《明通鉴》一百卷。夏燮撰。《明纪》六十卷。陈鹤撰。《周季编略》九卷。黄式三撰。《古史纪年》十四卷，《古史考年异同表》二卷，《战国纪年》六卷，附《年表》一卷。林春溥撰。《国策编年》一卷。顾观光撰。《小腆纪年附考》二十卷。徐鼒撰。《东华录》三十二卷。蒋良骥撰。《十朝东华录》四百二十五卷。王先谦撰。《咸丰朝东华续录》六十九卷。潘颐福撰。《光绪东华录》二百二十卷。朱寿朋撰。《滇云历年传》十二卷。倪蜕撰。

宋李焘《续资治通鉴长编》五百二十卷，宋不著撰人《两朝纲目备要》十六卷，宋王益之《西汉纪年》三十卷，宋熊克《中兴小纪》四十卷。以上乾隆时敕辑。陆机《晋纪》一卷，干宝《晋纪》一卷，习凿齿《汉晋春秋》一卷，邓粲《晋纪》一卷，孙盛《晋阳秋》一卷，刘谦之《晋纪》一卷，徐广《晋纪》一卷，檀道鸾《续晋阳秋》一卷，刘道荟《晋起居注》一卷。以上黄奭辑。《晋纪》五卷，《晋阳秋》五卷，《汉晋春秋》四卷，《三十国春秋》十八卷。以上汤球辑。

纪事本末类

《平定三逆方略》六十卷。康熙二十一年，勒德洪等奉敕撰。《亲征平定朔漠方略》四十八卷。康熙四十七年，温达等奉敕撰。《平定金川方略》三十二卷。乾隆十三年，来保等奉敕撰。《平定准噶尔方略前编》五十四卷，《正编》八十五卷，《续编》三十三卷。乾隆三十七年，傅恒等奉敕撰。《临清纪略》十六卷。乾隆四十二年，于敏中等奉敕撰。《平定两金川方略》一百五十二卷。乾隆四十六年，阿桂等奉敕撰。《兰州纪略》二十卷。乾隆四十六年敕撰。《石峰堡纪略》二十卷。乾隆四十九年敕撰。《台湾纪略》七十卷。乾隆五十三年敕撰。《安南纪略》三十二卷。乾隆五十六年敕撰。《廓尔喀纪略》五十四卷。乾隆六十年敕撰。《巴布勒纪略》二十六卷。乾隆时敕撰。《平苗匪纪略》五十二卷。嘉庆二年，鄂辉等奉敕撰。《剿平三省邪匪方略前编》三百六十一卷，《续编》三十六卷，《附编》十二卷。嘉庆十五年，庆桂等奉敕撰。《平定教匪纪略》四十二卷。嘉庆二十一年，托津等奉敕撰。《平定回疆剿捡逆裔方略》八十卷。道光九年，曹振镛等奉敕撰。《剿平粤匪方略》四百二十卷。同治十一年敕撰。《剿平捻匪方略》三百二十卷。同治十一年敕撰。《平定陕甘新疆回匪方略》三百二十卷。光绪二十二年敕撰。《平定云南回匪方略》五十卷。光绪二十二年敕撰。《平定贵州苗匪纪略》四十卷。光绪二十二年敕撰。《绎史》一百六十卷。马骕撰。《左传纪事本末》五十三卷。高士奇撰。《通鉴本末纪要》八十一卷。蔡毓荣撰。《辽史纪事本末》四十卷，《金史纪事本末》五十二卷。李有棠撰。《明史纪事本末》八十卷。谷应泰撰。《续明纪事本末》十八卷。倪在田撰。《明朝纪事本末补编》五卷。彭孙贻撰。《三藩纪事本末》四卷。杨陆荣撰。《四藩始末》四卷。钱名世撰。《绥寇纪略》十二卷。吴伟业撰。《滇考》二卷。冯甦撰。《皇朝武功纪盛》四卷。赵翼撰。《圣武记》十四卷。魏源撰。《平定罗刹方略》四卷。不著撰人氏名。《平台纪略》一卷，附《东征集》六卷。蓝鼎元撰。《平定粤匪纪略》十卷，《附记》四卷。杜文澜撰。《湘军志》十六卷。王闿运撰。《湘军记》二十卷。王定安撰。《平浙纪略》十六卷。秦缃业、陈钟英同撰。《吴中平寇记》八卷。钱勖撰。《淮军平捻记》十二卷。周世澄撰。《豫军纪略》十二卷。尹耕云撰。《山东军兴纪略》二十二卷。不著撰人氏名。《霆军纪略》十六卷。陈昌撰。《平定关陇纪略》十三卷。易孔昭、胡孚骏同撰。《粤东剿匪纪略》五卷。陈坤撰。《平回志》八卷。杨毓秀撰。《剿定新疆记》八卷。魏光焘撰。《浙东筹防录》四卷。薛福成撰。《国朝柔远记》十八卷。王之春撰。《中西纪事》二十四卷。夏燮撰。《普法战纪》二十卷。王韬撰。《中东战纪本末》八卷。蔡尔康撰。

别史类

《历代纪事年表》一百卷。康熙五十一年，王之枢等奉敕撰。《续通志》五百二十七卷。乾隆三十二年敕撰。《逸周书补注》二十二卷，《补遗》一卷。陈逢衡撰。《汲冢周书辑要》一卷。郝懿行撰。《逸周书集训校释》十卷，《逸文》一卷。朱右曾撰。《逸周书集训校释增校》一卷。朱骏声撰。《逸周书管笺》十六卷。丁宗洛撰。《逸周书王会篇笺释》三卷。何秋涛撰。《校辑世本》二卷。雷学淇撰。《世本辑补》十卷。秦嘉谟撰。《帝王世纪考异》一卷。宋翔凤撰。《帝王世纪地名衍》四卷。迮鹤寿撰。《春秋战国异词》五十六卷，《通表》二卷，《摭遗》一卷。陈厚耀撰。《春秋纪传》五十一卷。李凤雏撰。《尚史》一百七卷。李锴撰。《后汉书补逸》二十一卷。姚之骃撰。《季汉书》九十卷。章陶撰。《季汉书》九十卷。汤成烈撰。《季汉五志》十二卷。王复礼撰。《后汉书》十四卷。王廷璨撰。《晋记》六十八卷。郭伦撰。《晋略》六十卷。周济撰。《西魏书》二十四卷。谢启昆撰。《续唐书》七十卷。陈鳣撰。《宋史翼》四十卷。陆心源撰。《元史新编》九十五卷。魏源撰。《元秘史注》十五卷。李文田撰。《元史备志》五卷。王光鲁撰。《续宏简录》四十二卷。邵远平撰。《明书》一百七十一卷。傅维鳞撰。《明史稿》三百十卷。王鸿绪撰。《明史稿》二十卷，《续》二卷。汤斌撰。《拟明史列传》二十四卷。汪琬撰。《拟明史传》不分卷。姜宸英撰。《明史分稿残编》二卷。方象英撰。《明史拟传》六卷，《艺文志》五卷，《外国志》五卷。尤侗撰。《国史考异》六卷。潘柽章撰。《开辟传疑》二卷。林春溥撰。《历代甲子考》一卷。黄宗羲撰。《二十一史年表》十卷。顾炎武撰。《历代史表》五十九卷。万斯同撰。《二十一史四谱》五十四卷，《历代世系纪年编》一卷。沈炳震撰。《历代帝王年表》三卷。齐召南撰。《历代帝王庙谥年讳谱》一卷。陆费墀撰。《纪元要略》二卷。陈景云撰。《历代建元考》十卷。钟渊映撰。《元号略》四卷，《补遗》一卷。梁玉绳撰。《纪元通考》十二卷。叶维庚撰。《列代建元表》十卷，《建元类聚考》二卷。钱东垣撰。《纪元编》三卷。李兆洛撰。《历代统纪表》十三卷。段承基撰。

汉刘珍《东观汉记》二十四卷，元郝经《续后汉书》九十卷。乾隆时敕辑。《世本》一卷。孙冯翼辑。汉宋衷《世本注》五卷。张澍辑。《七家后汉书》二十一卷。汪文台撰。《重订谢承后汉书补逸》五卷。孙志祖辑。薛莹《后汉书》一卷，华峤《后汉书注》一卷，谢沈《后汉书》一卷，袁山松《后汉书》一卷，张璠《后汉记》一卷，虞预《晋书》一卷，朱凤《晋书》一卷，何法盛《晋中兴书》一卷，谢灵运《晋书》一卷，臧荣绪《晋书》一卷，《众家晋书》一卷。以上黄奭辑。《九家旧晋书》三十七卷。汤球辑。

杂史类

《蒙古源流》八卷。蒙古小彻辰萨囊台吉撰。乾隆四十二年敕译。《国语韦昭注疏》十六卷。洪亮吉撰。《国语校文》一卷。汪中撰。《国语补注》一卷。姚鼐撰。《国语补校》一卷。刘台拱撰。《国语补韦》四卷。黄模撰。《国语三君注辑存》四卷，《国语考异》四卷，《国语发正》二十一卷。汪远孙撰。《国语翼解》六卷。陈瑑撰。《国语释地》三卷。谭沄撰。《国语正义》二十一卷。董增龄撰。《战国策去毒》二卷。陆陇其撰。《战国策释地》二卷。张琦撰。《国策地名考》二十卷。程恩泽撰，狄子奇笺。《读战国策随笔》一卷。张尚瑗撰。《战国策札记》三卷。顾广圻撰。《武王克殷日记》一卷，《灭国五十考》一卷。林春溥撰。《考信录提要》二卷，《补上古考信录》二卷，《唐虞考信录》四卷，《夏考信录》二卷，《商考信录》二卷，《丰镐考信录》八卷，《丰稿别录》三卷，《考古续说》二卷，《考信附录》二卷。崔述撰。《熹庙谅阴记》一卷，《圣安本纪》六卷，《明季实录》六卷。顾炎武撰。《南宋六陵遗事》一卷，《庚申君遗事》一卷。万斯同撰。《见闻随笔》二卷。冯甦撰。《安南使事记》一卷。李仙根撰。《建文帝后纪》一卷。邵远平撰。《武宗外纪》一卷，《后鉴录》七卷。毛奇龄撰。《烈皇勤政记》一卷，《思陵典礼记》四卷。孙承泽撰。《三朝野纪》七卷。李逊之撰。《弘光日录》四卷，《永历实录》二十五卷，《行朝录》十二卷，《汰存录》一卷，《赣州失事记》一卷，《绍武争立记》一卷，《舟山兴废记》一卷，《四明山寨记》一卷，《沙州定乱记》一卷，《赐姓始末》一卷，《郑成功传》一卷，《滇考》一卷，《日本乞师记》一卷。黄宗羲撰。《永历实录》二十六卷。王夫之撰。《鲁春秋》一卷。查继佐撰。《伪东宫伪后及党祸记略》一卷，《榆林城守记略》一卷，《保定城守记略》一卷，《扬州城守记略》一卷。戴名世撰。《二申野录》八卷。孙之騄撰。《逊代阳秋》二十八卷。余美英撰。《复社记事》一卷。吴伟业撰。《社事始末》一卷。杜登春撰。《启祯野乘》十六卷，《二集》八卷。邹漪撰。《蜀难叙略》一卷。沈荀蔚撰。《金陵野钞》十四卷。顾苓撰。《甲申传信录》十卷。钱士馨撰。《史外》八卷。汪有典撰。《明季北略》二十四卷，《南略》十八卷。计六奇撰。《东南纪事》十二卷，《西南纪事》十二卷。邵廷寀撰。《南疆逸史》三十卷，《恤谥录》八卷，《摭遗》十八卷。温睿临撰。《南疆绎史》五十八卷。李瑶撰。《海东逸史》十八卷。不著撰人氏名。《爝火录》三十卷。李本撰。《小腆纪传》六十五卷。徐鼒撰。《补遗》五卷，《考异》一卷。徐承礼撰。《闽事纪略》二卷。华廷献撰。《平定耿逆记》一卷。李之芳撰。《平闽记》十三卷。杨捷撰。《啸亭杂录》十卷，《续录》三卷。礼亲王昭梿撰。《养吉斋丛录》二十二卷。吴振棫撰。《郎潜记闻初笔》十四卷，《二笔》十六卷，《三 笔》十二卷。陈康祺撰。《圣德纪略》一卷，《儤直纪略》一卷，《恩遇纪略》一卷，《旧闻纪略》一卷。瞿鸿禨撰。

宋不著撰人《咸淳遗事》二卷，《大金吊伐录》四卷，元王鹗《汝南遗事》四卷。乾隆时敕辑。《国语贾注》一卷。蒋曰豫辑。郑众《国语解诂》一卷，贾逵《国语注》一卷，唐固《国语注》一卷，王肃《国语章句》一卷，孔晁《国语注》一卷，孔衍《春秋后语》一卷，陆贾《楚汉春秋》一卷，伏侯《古今注》一卷，王粲《英雄记》一卷、司马彪《战略》一卷、《九州春秋》一卷，傅畅《晋诸公赞》一卷，荀绰《晋后略》一卷，卢綝《晋八王故事》一卷，《晋四王遗事》一卷。以上黄奭辑。

诏令奏议类

《太祖高皇帝圣训》四卷。康熙二十五年敕编。《太宗文皇帝圣训》六卷。顺治时敕编，康熙二十六年告成。《世祖章皇帝圣训》六卷。康熙二十六年敕编。《亲政纶音》不分卷。顺治时敕编。《圣祖仁皇帝圣训》六十卷。雍正九年敕编。《庭训格言》不分卷。世宗御编。《圣谕广训》不分卷。雍正二年敕刊。《上谕内阁》一百五十九卷。雍正七年敕刊，乾隆时续刊。《硃批谕旨》三百六十卷。雍正十年敕编，乾隆三年告成。《上谕八旗》十三卷，《上谕旗务议覆》十二卷，《谕行旗务奏议》十三卷。雍正九年敕编。《训饬州县条规》二十卷。雍正八年敕刊。《世宗宪皇帝圣训》三十六卷。乾隆五年敕编。《高宗纯皇帝圣训》三百卷。嘉庆十二年敕编。《仁宗睿皇帝圣训》一百十卷。道光四年敕编。《宣宗成皇帝圣训》一百三十卷。咸丰六年敕编。《文宗显皇帝圣训》一百十卷。同治五年敕编。《穆宗毅皇帝圣训》一百六十卷。光绪五年敕编。《明名臣奏议》二十卷。乾隆四十六年奉敕编。《息斋疏草》五卷。金之俊撰。《龚端毅奏议》八卷，《附录》一卷。龚鼎孳撰。《孟忠毅公奏议》二卷。孟乔芳撰。《赵忠襄奏疏存稿》六卷。赵良栋撰。《张襄壮奏疏》六卷。张勇撰。《兼济堂奏议》四卷。魏裔介撰。《寒松堂奏议》四卷。魏象枢撰。《文襄公奏疏》十五卷。李之芳撰。《抚虔奏议》一卷。佟国器撰。《平岳疏议》一卷，《平海疏议》一卷。万正色撰。《郝恭定集》五卷。郝惟讷撰。《中山奏议》四卷。郝浴撰。《靳文襄奏疏》八卷。靳辅撰。《乾清门奏对记》一卷。汤斌撰。《抚浙奏议》一卷，《督闽奏议》一卷。范承谟撰。《抚浙疏草》五卷。朱昌祚撰。《抚吴封事》八卷，《抚楚封事》一卷，《抚黔封事》一卷，《抚漕封事》一卷，《辑瑞陈言》一卷。慕天颜撰。《于山奏牍》七卷。于成龙撰。《清忠堂奏疏》不分卷。朱宏祚撰。《西台奏议》一卷，《京兆奏议》一卷，附《曲徙录》一卷。杨素蕴撰。《杨黄门奏疏》不分卷，《抚黔奏疏》八卷。杨雍建撰。《华野疏稿》五卷。郭琇撰。《河防疏略》二十卷。朱之锡撰。《西陂奏疏》六卷。宋荦撰。《督漕疏草》二十二卷。董讷撰。《奏疏稿》不分卷。江蘩撰。《抚豫宣化录》四卷。田文镜撰。《防河奏议》十二卷。嵇曾筠撰。《平蛮奏疏》一卷。鄂尔泰撰。《张公奏议》二十四卷。张鹏翮撰。《条奏疏稿》二卷。蒋廷锡撰。《奏疏》十卷。高其倬撰。《望溪奏疏》一卷。方苞撰。《尹元孚奏议》十卷。尹会一撰。《裘文达奏议》一卷。裘曰修撰。《那文毅奏议》八十卷。那彦成撰。《两河奏疏》不分卷。严烺撰。《思补斋奏稿偶存》一卷。潘世恩撰。《恭寿堂奏议》十二卷。韩文绮撰。《楚蒙山房奏疏》五卷。晏斯盛撰。《东溟奏稿》四卷。姚莹撰。《林文忠政书》三卷。林则徐撰。《陶云汀先生奏议》三十二卷。陶澍撰。《耐庵奏议存稿》十二卷。贺长龄撰。《吴文节遗集》八十卷。吴文熔撰。《张大司马奏稿》四卷。张亮基撰。《骆文忠奏议》十六卷。骆秉章撰。《李文恭奏议》二十二卷。李星沅撰。《李尚书政书》八卷。李宗羲撰。《王侍郎奏议》十卷。王茂荫撰。《台垣疏稿》一卷。丁寿昌撰。《张文毅奏稿》八卷。张芾撰。《曾文正奏稿》三十二卷。曾国藩撰。《胡文忠奏稿》五十二卷。胡林翼撰。《左文襄奏疏初编》三十八卷，《续编》七十六卷，《三编》六卷。左宗棠撰。《曾忠襄奏疏》六十一卷。曾国荃撰。《沈文肃政书》十二卷。沈葆桢撰。《李忠武奏议》一卷。李续宾撰。《刘中丞奏稿》八卷。刘崐撰。《刘中丞奏议》二十卷。刘蓉撰。《刘武慎奏稿》十六卷，刘长佑撰。《彭刚直奏议》八卷。彭玉麟撰。《郭侍郎奏疏》十二卷。郭嵩焘撰。《岑襄勤奏稿》三十卷。岑毓英撰。《丁文诚奏议》二十六卷。丁宝桢撰。《毛尚书奏稿》十六卷。毛鸿宾撰。《曾惠敏奏议》六卷。曾纪泽撰。《出使奏疏》二卷。薛福成撰。《养云山庄奏稿》四卷。刘瑞芬撰。《钱敏肃奏疏》七卷。钱鼎铭撰。《黎文肃奏议》十六卷。黎培敬撰。《许太常奏稿》一卷。许乃济撰。《豸华堂奏议》十二卷。金应麟撰。《水流云在馆奏议》二卷。宋晋撰。《吴柳堂奏疏》一卷。吴可读撰。《王文敏奏疏稿》一卷。王懿荣撰。《袁太常戊戌条陈》一卷。袁昶撰。《谏垣存稿》四卷。安维峻撰。《李文忠政书》一百六十五卷。李鸿章撰。《张宫保政书》十二卷。张之洞撰。《端忠敏奏议》十六卷。端方撰。《三贤政书》十八卷。汤斌、宋荦、张伯行撰。《嘉定长白二先生奏议》四卷。徐致祥、宝廷撰。

宋陈次升《谠论集》五卷。乾隆时敕辑。

传记类

《宗室王公功绩表传》十二卷。乾隆四十六年敕撰。《蒙古王公功绩表传》十二卷。乾隆四十四年敕撰。《八旗满洲氏族通谱》八十卷。乾隆九年敕撰。《胜朝殉节诸臣录》十二卷。乾隆四十一年敕撰。《满汉名臣传》八十卷，《贰臣传》八卷，《逆臣传》二卷。乾隆时敕撰。《史传三编》五十六卷。朱轼撰。《历代忠臣义士卓行录》八卷。戴作铭撰。《历代名臣言行录》二十四卷。朱桓撰。《广群辅录》六卷。徐汾撰。《臣鉴录》二十卷。蒋伊撰。《历代党鉴》五卷。徐宾撰。《续高士传》五卷。高兆撰。《续补高士传》三卷。魏裔介撰。《孝史类编》十卷。黄齐贤撰。《元祐党人传》十卷。陆心源撰。《明名臣言行录》四十五卷。徐开仕撰。《崇祯五十宰相传》一卷，《年表》一卷。曹溶撰。《明儒言行录》十卷，《续录》十卷。沈佳撰。《东林列传》二十四卷，《留溪外传》十八卷。陈鼎撰。《复社姓氏传略》十卷。吴山嘉撰。《国朝耆献类徵初编》七百二十卷，《编目》十九卷。李桓撰。《碑传集》一百六十卷。钱仪吉撰。《续碑传集》八十六卷。缪荃孙撰。《国朝先正事略》六十卷。李元度撰。《中兴将帅别传》三十卷，一作《咸同以来功臣别传》，一作《中兴名臣事略》，一作《续先正事略》。《续编》六卷。朱孔彰撰。《大清名臣言行录》一卷。留保撰。《文献徵存录》十卷。钱林撰。《从政观法录》三十卷。朱方曾撰。《初月楼闻见录》十卷，《续录》十卷。吴德旋撰。《学统》五十六卷。熊赐履撰。《雒闽渊源录》十九卷。张夏撰。《圣学知统录》二卷，《圣学知统翼编》二卷。魏裔介撰。《道统录》二卷，《附录》一卷，《道南源委》六卷，《伊洛渊源续录》二十卷。张伯行撰。《儒林宗派》十六卷。万斯同撰。《理学宗传》二十六卷。孙奇逢撰。《理学宗传辨正》十六卷。刘廷诏撰。《宋元学案》一百卷。黄宗羲原本，全祖望补编。《明儒学案》六十二卷。黄宗羲撰。《明儒林录》十九卷。张恒撰。《国朝学案小识》十五卷。唐鉴撰。《国朝经学名儒记》一卷。张星鉴撰。《国朝宋学渊源记》二卷，《附记》一卷。江藩撰。《国朝儒林文苑传》四卷。阮元撰。《康熙己未词科录》十二卷。秦瀛撰。《鹤徵录》八卷。李集、李富孙、李遇孙同撰。《词科掌录》十七卷，《馀话》二卷。杭世骏撰。《鹤徵后录》十二卷。李富孙撰。《畴人传》四十六卷。阮元撰。《续畴人传》六卷。罗士琳撰。《畴人传三编》七卷。诸可宝撰。《国朝名家诗钞小传》二卷。郑方坤撰。《畿辅人物志》二十卷。孙承泽撰。《洛学编》四卷。汤斌撰。《中州人物考》八卷。孙奇逢撰。《中州道学编》二卷，《补编》一卷。耿介撰。《关学编》十卷。廉伟然撰。《东越儒林后传》一卷，《文苑后传》一卷。陈寿祺撰。《闽中理学渊源考》九十二卷，《闽学志略》十七卷。李清馥撰。《粤东名儒言行录》二十四卷。邓淳撰。《豫章十代文献略》五十卷。王模撰。《金华徵献略》二十卷。王崇炳撰。《嘉禾献徵录》四十六卷。盛枫撰。《松陵文献录》十五卷。潘柽章撰。《海州文献录》十六卷。许乔林撰。《吴门耆旧记》一卷。顾承撰。《列女传补注》八卷，附《叙录》一卷，《校正》一卷。闺秀王照圆撰。《列女传校注》八卷。闺秀梁端撰。《列女传集注》八卷。闺秀萧道管撰。《广列女传》二十卷。刘开撰。《胜朝彤史拾记》六卷。毛奇龄撰。《贤媛类徵初编》十二卷。李桓撰。《越女表徵录》五卷。汪辉祖撰。

宋不著撰人《庆元党禁》一卷，《京口耆旧传》九卷，元辛文房《唐才子传》八卷。以上乾隆时奉敕辑。魏嵇康《圣贤高士传》一卷，后魏常景《鉴戒象赞》一卷。以上马国翰辑。赵岐《三辅决录》一卷，《刘向孝子传》一卷，萧广济《孝子传》一卷，师觉授《孝子传》一卷。以上黄奭辑。

以上传记类总录之属

《晏子春秋音义》一卷。孙星衍撰。《晏子春秋校正》一卷。卢文弨撰。《晏子春秋校勘》一卷。黄以周撰。《周公年表》一卷。牟廷相撰。《孔子年谱》五卷。杨方晃撰。《孔子年谱辑注》一卷。江永撰，黄定宜辑注。《孔子编年注》五卷。胡培翚撰。《至圣编年世纪》二十四卷。李灼、黄晟同撰。《先圣生卒年月考》二卷。孔广牧撰。《孔子世家考》二卷，《仲尼弟子列传考》一卷。郑环撰。《宗圣志》十二卷。孔允植撰。《阙里文献考》一百卷。孔继汾撰。《孔子世家补订》一卷，《孔门师弟年表》一卷，《孔孟年表》一卷，《孟子列传纂》一卷，《孟子时事年表》一卷。林春溥撰。《孔子编年》四卷，《孟子编年》四卷。狄子奇撰。《洙泗考信录》四卷，《馀录》一卷，《孟子事实录》二卷。崔述撰。《孔子弟子门人考》一卷，《孟子弟子门人考》一卷。朱彝尊撰。《孟子年谱》一卷。黄玉蟾撰。《孟子生卒年月考》一卷。阎若璩撰。《孟子游历考》一卷。潘眉撰。《三迁志》十二卷。孟衍泰、王特选、仲蕴锦同撰。《从祀名贤传》六卷。常安撰。《刘更生年表》一卷。梅毓撰。《许君年表》一卷。陶方琦撰。《郑司农年谱》一卷。孙星衍撰。《汉郑君晋陶靖节魏陈思王唐陆宣公年谱》四卷。丁晏撰。《郑康成纪年》一卷。袁钧撰。《郑学录》四卷。郑珍撰。《诸葛忠武故事》五卷。张澍撰。《忠武志》八卷。张鹏翮撰。《王右军年谱》一卷。鲁一同撰。《安定言行录》一卷。丁宝书撰。《濂溪周夫子志》十五卷。吴大镕撰。《增订欧阳文忠年谱》一卷。朱文藻撰。《胡少师年谱》一卷。胡培翚撰。《王荆公年谱》二十五卷，《杂录》二卷，《附录》一卷。蔡上翔撰。《米海岳年谱》一卷。翁方纲撰。《考订朱子世家》一卷。江永撰。《朱子年谱》四卷，《考异》四卷，《附录》二卷。王懋竑撰。《重订朱子年谱》一卷。褚寅亮撰。《别本朱子年谱》二卷，《附录》一卷。黄中撰。《陆象山年谱》二卷。李绂撰。《杨文靖年谱》二卷。张夏撰。《洪文惠年谱》一卷，《洪文敏年谱》一卷，《陆放翁年谱》一卷，《王伯厚年谱》一卷。钱大昕撰。《王深宁年谱》一卷。张大昌撰。《谢皋羽年谱》一卷。徐沁撰。《元遗山年谱》三卷。翁方纲撰。《元遗山年谱》二卷。凌廷堪撰。《元遗山年谱》一卷。施国祁撰。《周文襄公年谱》二卷。周仁俊撰。《李文正公年谱》一卷。法式善撰。《王文成集传本》二卷。毛奇龄撰。《王弇州年谱》一卷。钱大昕撰。《归震川年谱》一卷。孙岱撰。《杨升庵年谱》一卷。李调元撰。《周忠介公遗事》一卷。彭定求撰。《缪文贞公年谱》一卷。缪之熔撰。《袁督师事迹》一卷。不著撰人氏名。《倪文正公年谱》一卷。倪会鼎撰。《黄忠端公年谱》二卷。黄炳垕撰。《左忠毅年谱》二卷。左宰撰。《张忠烈公年谱》一卷。赵之谦撰。《刘子行状》二卷。黄宗羲撰。《蕺山年谱》二卷。刘均撰。《顾亭林年谱》一卷。吴映奎撰。《顾亭林年谱》四卷。张穆撰。《黄黎洲年谱》二卷。黄炳垕撰。《孙夏峰年谱》二卷。汤斌撰。《李二曲历年纪略》二卷。惠霪嗣撰。《杨园先生年谱》四卷。陈梓撰。《杨园先生年谱》一卷。苏惇元撰。《颜习斋先生年谱》二卷。李塨撰。《李恕谷先生年谱》五卷。冯辰撰。《申凫盟先生年谱》一卷。申涵煜、申涵盼同撰。《宁海将军固山贝子功绩录》一卷。不著撰人氏名。渔洋山人自订年谱注》一卷。惠栋撰。《施愚山年谱》四卷。施念曾撰。《陆清献年谱》一卷。罗以智撰。《陆稼书年谱》二卷。吴光酉撰。《阎潜丘年谱》四卷。张穆撰。《朱文端公行述》一卷。朱必阶撰。《阿文成年谱》二十四卷。那彦成撰。《钱文端公年谱》三卷。钱仪吉撰。《王述庵年谱》二卷。严荣撰。《孙文靖年谱》一卷。孙惠惇撰。《黄崑圃年谱》一卷。黄叔琳撰。《黄荛圃年谱》一卷。江标撰。《戴东原年谱》一卷。段玉裁撰。《洪北江年谱》一卷。吕培撰。《焦理堂事略》一卷。焦廷琥撰。《寄圃老人自记年谱》一卷。孙玉庭撰。《思补老人自订年谱》一卷。潘世恩撰。《石隐山人自订年谱》一卷。朱骏声撰。《彭文敬自订年谱》一卷。彭蕴章撰。《翁文端年谱》一卷。翁同龢撰。《骆文忠年谱》一卷。骆天保撰。《曾文正年谱》十二卷。黎庶昌撰。《曾文正公大事记》四卷。王定安撰。《吴柳堂孤忠录》三卷。傅岩霖撰。《豫章先贤九家年谱》九卷，《四朝先贤六家年谱》七卷。杨希闵撰。《四史疑年录》七卷。阮元撰。《历代名人年谱》十七卷。吴荣光撰。《疑年录》四卷。钱大昕撰。《续疑年录》四卷。吴修撰。《补疑年录》四卷。钱椒撰。《疑年赓录》二卷。张鸣珂撰。《三续疑年录》十卷。陆心源撰。

以上传记类名人之属

史钞类

《史纬》三百三十卷。陈允锡撰。《读史蒙拾》一卷。王士禄撰。《廿一史约编》十卷。郑元庆撰。《汉书蒙拾》三卷，《后汉书蒙拾》二卷。杭世骏撰。《汉书古字类》一卷。郭梦星撰。《国志蒙拾》二卷。郭麐撰。《宋书琐语》一卷。郝懿行撰。《两晋南北集珍》六卷。陈维崧撰。《南史识小录》八卷，《北史识小录》八卷。沈名孙、朱昆田同撰。《南北史识小录补正》二十八卷。张应昌撰。《南北史捃华》八卷。周嘉猷撰。《新旧唐书合钞》二百六十卷。沈炳震撰。

载记类

《吴越春秋校文》一卷。蒋光煦撰。《吴越春秋校勘记》一卷，《逸文》一卷。顾观光撰。《读吴越春秋》一卷，《读越绝书》一卷。俞樾撰。《赵绝书札记》一卷，《逸文》一卷。钱培名撰。《增订吴越备史》五卷，《补遗》一卷。钱时钰撰。《补华阳国志三州郡县目录》一卷。廖寅撰。《华阳国志校勘记》一卷。顾观光撰。《十六国疆域志》十六卷。洪亮吉撰。《十六国春秋辑补》一百卷，《十六国春秋纂录校本》十卷。汤球撰。《十六国年表》一卷。张愉曾撰。《十六国年表》三十二卷。孔尚质撰。《西秦百官表》一卷。练恕撰。《十国春秋》一百十四卷。吴任臣撰。《拾遗》一卷，《备考》一卷。周昂撰。《南汉书》十八卷，《考异》十八卷，《丛录》二卷，《文字略》二卷。梁廷相撰。《南汉纪》五卷，《地理志》一卷，《金石志》一卷。吴兰修撰。《南唐拾遗记》一卷。毛先舒撰。《西夏国志》十六卷。洪亮吉撰。《西夏书事》四十二卷。吴广成撰。《西夏纪事本末》三十六卷。张鉴撰。《西夏书》十卷。周春撰。《西夏事略》十六卷。陈昆撰。

晋陆翙《邺中记》一卷，唐樊绰《蛮书》十卷，宋不著撰人《江南馀载》二卷。乾隆时奉敕辑。

时令类

《月令辑要》二十四卷，《图说》一卷。康熙五十四年，李光地等奉敕撰。《古今类传岁时部》四卷。董穀士、董炳文同编。《时令汇纪》十六卷，《馀日事文》四卷。朱濂撰。《月日纪古》十二卷。萧智汉撰。《节序同风录》十二卷。孔尚任撰。《七十二候考》一卷。曹仁虎撰。《月令粹编》二十四卷。秦嘉谟撰。《二十四史日月考》二百三十六卷。汪曰桢撰。《古今冬至表》四卷。谭沄撰。

唐韩鄂《四时纂要》一卷。马国翰辑。

地理类

《皇舆表》十六卷。康熙四十三年，喇沙里等奉敕撰。《方舆路程考略》不分卷。康熙时，汪士鋐等奉敕撰。《大清一统志》三百四十卷。乾隆八年敕撰。《大清一统志》五百卷。乾隆二十九年敕撰。《皇朝职贡图》九卷。乾隆十六年，傅恒等奉敕撰。《历代疆域表》三卷，《沿革表》三卷。段长基撰。《历代地理沿革表》四十七卷。陈芳绩撰。《东晋南北朝舆地表》二十一卷。徐文范撰。《舆地沿革表》四十卷。杨丕复撰。《周末列国所有郡县考》一卷，《古国都今郡县合考》一卷。闵麟嗣撰。《战国地舆》一卷。林春溥撰。《楚汉诸侯疆域志》三卷。刘文淇撰。《历代郡国考略》三卷。叶沄撰。《今古地理述》二十卷。王子音撰。《历代地理沿革图》一卷，《舆地图》一卷，《历代地理志韵编今释》二十卷，《皇朝舆地韵编》二卷。李兆洛撰。《王会新编》一百四十五卷。茹铉撰。《乾隆府厅州县志》五十卷。洪亮吉撰。《皇朝舆地全图》不分卷。董祐诚撰。《大清一统舆图》三十卷。胡林翼撰。《皇朝舆地韵编》一卷，《舆地略》一卷。严德撰。《郡县分韵考》十卷。黄本骥撰。《肇域志》一百卷，《天下郡国利病书》一百二十卷。顾炎武撰。《读史方舆纪要》一百三十卷，《形势纪要》九卷。顾祖禹撰。《太平寰宇记补缺》二卷。陈兰森撰。《山河两戒考》十四卷。徐文靖撰。

晋《太康三年地记》一卷，王隐《晋书地道记》一卷，唐濮王泰等《括地志》一卷。以上黄奭辑。

以上地理类总志之属

《满洲源流考》二十卷。乾隆四十二年，阿桂等奉敕撰。《热河志》八十卷。乾隆四十六年，和珅等奉敕撰。《日下旧闻考》一百二十卷。乾隆三十九年敕撰。《日下旧闻》四十二卷。朱彝尊撰。《盛京通志》一百二十卷。乾隆四十四年，阿桂等奉敕撰。《新疆识略》十三卷。道光元年，汪廷珍等奉敕撰。《盛京通志》四十八卷。雷以諴等修。《畿辅通志》一百二十卷。李卫等修。《畿辅通志》三百卷。李鸿章等修。《江南通志》二百卷。赵宏恩等修。《安徽通志》二百六十卷。陶澍修。《安徽通志》三百五十卷。刘坤一等修。《江西通志》二百六卷。白潢等修。《江西通志》一百六十二卷。谢旻等修。《江西通志》一百八十卷。刘坤一等修。《浙江通志》二百八十卷。嵇曾筠等修。《福建通志》七十八卷。郝玉麟修。《福建通志》二百七十八卷。吴棠等修。《湖广通志》八十卷。徐国相等修。《湖广通志》一百二十卷。迈柱等修。《湖北通志》一百卷。吴熊光等修。《湖南通志》一百七十卷。陈宏谋等修。《湖南通志》二百二十八卷。巴哈布等修。《湖南通志》三百十五卷。裕禄等修。《河南通志》八十卷。王士俊等修。《续河南通志》八十卷。阿思喀等修。《山东通志》三十六卷。岳濬等修。《山东通志》六十四卷。钱江等修。《山西通志》二百三十卷。觉罗石麟等修。《山西通志》一百八十四卷。张煦等修。《山西志辑要》十卷。雅德修。《陕西通志》一百卷。刘於义等修。《甘肃通志》五十卷。许容等修。《甘肃通志》一百卷。长庚等修。《四川通志》四十七卷。黄廷桂等修。《四川通志》二百二十六卷。杨芳灿等修。《广东通志》六十四卷。郝玉麟等修。《广东通志》三百三十四卷。阮元等修。《广西通志》一百二十八卷。金鉷等修。《广西通志》二百八十卷。吉庆等修。《云南通志》三十卷。鄂尔泰等修。《续云南通志稿》一百九十四卷。王文韶等修。《贵州通志》四十六卷。鄂尔泰等修。《吉林通志》一百二十二卷。长顺等修。《顺天府志》一百三十卷。李鸿章修。《保定府志》八十卷。李振祐修。《承德府志》六十卷。海忠修。《永平府志》七十二卷。游智开修。《河间府志》二十卷。周嘉露修。《天津府志》四十卷。李梅宾修。《天津府志》五十四卷。李鸿章修。《正定府志》五十卷。郑大进修。《顺德府志》十六卷。徐景曾修。《广平府志》二十四卷。吴穀修。《大名府志》二十二卷。李煐修。《大名府志》六卷。武蔚文修。《宣化府志》四十二卷。王畹修。《江宁府志》五十六卷。吕燕昭修。《江宁府志》十五卷。苏启勋修。《苏州府志》八十卷。习嶲撰。《苏州府志》一百六十卷。石韫玉撰。《苏州府志》一百五十卷。冯桂芬撰。《松江府志》八十四卷。宋如林修。《松江府志》四十卷。博润修。《常州府志》三十八卷。于琨修。《淮安府志》三十二卷。顾栋高撰。《扬州府志》四十卷。张万寿修。《扬州府志》七十二卷。张世浣修。《扬州府志》三十卷。晏端书撰。《徐州府志》三十卷。王峻修。《安庆府志》三十二卷。张楷修。《徽州府志》八卷。郑交泰修。《宁国府志》三十八卷。鲁铨修。《池州府志》五十八卷。张士范修。《太平府志》四十四卷。朱肇基修。《庐州府志》五十四卷。张祥云修。《凤阳府志》二十一卷。冯煦修。《颍州府志》十卷。王敛福修。《南昌府志》七十六卷。黄良栋修。《饶州府志》三十六卷。黄家遴修。《广信府志》二十六卷。康基渊修。《南康府志》十二卷。廖文英修。《九江府志》二十二卷。胡宗虞修。《建昌府志》三十四卷。姚文光修。《抚州府志》四十五卷。张四教修。《临江府志》十六卷。施润章撰。《瑞州府志》二十四卷。黄廷金修。《袁州府志》十五卷。陈乔枞撰。《吉安府志》七十六卷。卢松修。《赣州府志》七十八卷。李本仁修。《南安府志》二十卷。陈奕禧撰。《南安府志》三十二卷。黄鸣珂修。《杭州府志》四十卷。马铎修。《杭州府志》一百十卷。郑枟修。《嘉兴府志》十六卷。吴永芳修。《嘉兴府志》八十卷。伊汤安修。《嘉兴府志》九十卷。许瑶光修。《湖录》一百五卷。郑元庆撰。《湖州府志》十二卷。程量修。《湖州府志》四十八卷。李堂修。《湖州府志》九十六卷。宗源瀚撰。《宁波府志》三十六卷。曹秉仁修。《绍兴府志》六十卷。邹尚周修。《绍兴府志》八十卷。李亨特修。《台州府志》十八卷。冯甦修。《金华府志》三十卷。张荩修。《衢州府志》三十五卷。杨廷望修。《严州府志》三十五卷。吴士进修。《温州府志》三十卷。汪炌修。《处州府志》二十卷。曹抡彬修。《处州府志》三十二卷。潘绍贻修。《福州府志》七十六卷。高景崧修。《泉州府志》七十六卷。章倬标修。《建宁府志》四十八卷。张琦修。《延平府志》四十六卷。徐震耀修。《江门府志》四十五卷。曾曰煐修。《邵武府志》三十卷。王琛修。《邵武府志》二十四卷。张凤孙修。《漳州府志》五十卷。沈定均修。《福宁府志》三十卷。李绂修。《台湾府志》二十六卷。六十七修。《武昌府志》十二卷。裴天锡修。《汉阳府志》五十卷。陶士偰修。《安陆府志》三十六卷。张尊德修。《襄阳府志》四十卷。陈谔修。《郧阳府志》十卷。王正常修。《郧阳府志》三十八卷。杨廷耀修。《德安府志》二十四卷。傅鹤祥修。《黄州府志》二十卷。王勍修。《荆州府志》五十八卷。施廷枢修。《宜昌府志》十六卷。聂光銮修。《施南府志》三十卷。松林修。《长沙府志》五十卷。吕肃高修。《岳州府志》三十卷。黄凝道修。《宝庆府志》一百五十七卷。黄宅中修。《衡州府志》三十二卷。饶佺修。《常德府志》四十八卷。应光烈撰。《辰州府志》十一卷。毕本烈修。《沅州府志》四十卷。张官五修。《永州府志》十八卷。宗绩辰撰。《永顺府志》十二卷。张天如修。《开封府志》四十卷。管竭忠修。《陈州府志》三十卷。崔应楷修。《归德府志》三十六卷。陈锡辂修。《彰州府志》三十二卷。汤康业修。《卫辉府志》五十五卷。德昌修。《怀庆府志》三十二卷。杜悰修。《河南府志》一百十六卷。施诚修。《南阳府志》六卷。孔传金修。《汝宁府志》三十卷。德昌修。《济南府志》七十二卷。王赠芳修。《泰安府志》三十二卷。成城修。《武定府志》三十八卷。李熙龄修。《兖州府志》三十二卷。陈顾溓修。《沂州府志》二十三卷。李希贤修。《曹州府志》二十二卷。周尚质修。《东昌府志》五十卷。白嵩修。《青州府志》六十四卷。毛永相修。《登州府志》六十九卷。贾瑚修。《莱州府志》十六卷。严有禧修。《太原府志》六十卷。沈树声修。《平阳府志》三十六卷。章廷珪修。《蒲州府志》二十四卷。周景柱修。《潞安府志》四十卷。张淑渠修。《汾州府志》三十六卷。孙和相修，戴震撰。《泽州府志》五十二卷。朱樟修。《大同府志》三十二卷。吴辅宏修。《宁武府志》十二卷。周景柱修。《朔平府志》十二卷。刘士铭修。《西安府志》八十卷。严长明撰。《同州府志》三十四卷。李思继修。《凤翔府志》十二卷。达灵阿修。《汉中府志》三十二卷。严如煜撰。《兴安府志》三十卷。叶世倬修。《延安府志》八十卷。张蕙修。《榆林府志》五十卷。李熙龄修。《兰州府志》四卷。陈如稷修。《西宁志》七卷。苏铣修。《甘州府志》十六卷。钟赓起修。《保宁府志》六十二卷。史观修。《重庆府志》九卷。王梦庚修。《夔州府志》三十六卷。恩成修。《雅州府志》二十卷。陈钧修。《广州府志》六十卷。沈廷芳修。《肇庆府志》二十一卷。何梦瑶撰。《韶州府志》十六卷。唐宗尧修。《惠州府志》二十卷。吕应奎修。《惠州府志》四十五卷。刘溎年修。《潮州府志》四十二卷，《廉州府志》二十卷。周硕勋修。《高州府志》十六卷。黄安涛撰。《雷州府志》二十卷。雷学海修。《琼州府志》四十四卷。张岳崧撰。《平乐府志》四十卷。清桂修。《浔州府志》三十九卷。魏笃修。《镇安府志》八卷。傅聚修。《云南府志》三十卷。张毓修。《大理府志》三十卷。黄元治修。《临安府志》二十卷。江濬源修。《楚雄府志》十卷。张嘉颖修。《澂江府志》十六卷。柳正芳修。《广南府志》四卷。何愚修。《顺宁府志》十卷。刘靖修。《曲靖府志》八卷。程封修。《丽江府志》二卷。万咸燕修。《永昌府志》二十六卷。宣世涛修。《永北府志》二十八卷。陈奇典修。《东川府志》二十卷。方桂修。《思州府志》八卷。蒋深修。《镇远府志》二十卷。蔡宗建修。《铜仁府志》十一卷。徐闻修。《黎平府志》四十一卷。刘宇昌修。《遵义府志》四十八卷。郑珍、莫友芝同撰。《遵化直隶州志》十二卷。刘靖修。《易州直隶州志》十八卷。张登高修。《冀州直隶州志》二十卷。范清旷修。《赵州直隶州志》十卷。祝万祉修。《深州直隶州风土记》二十二卷。吴汝纶撰。《定州直隶州志》四卷。王榕吉修。《口北三厅志》十八卷。黄可润修。《川沙厅志》十四卷。俞樾撰。《海州直隶州志》三十二卷。唐仲冕撰。《通州直隶州志》十五卷。王宜亨修。《广德直隶州志》五十卷。周广业修。《滁州直隶州志》三十卷。敦泰修。《和州直隶州志》二十四卷。夏炜修。《六安直隶州志》五十卷。周广业修。《泗州直隶州志》十八卷。莫之翰修。《莲花厅志》十卷。李其昌修。《宁州直隶州志》三十二卷。刘丙修。《定南厅志》八卷。赖勋修。《定海直隶厅志》三十卷。陈重威、黄以周同撰。《玉环厅志》四卷。张坦龙修。《玉环厅志》十五卷。吕鸿焘修。《厦门厅志》十六卷。周凯修。《永春直隶州志》十六卷，《龙岩直隶州志》十六卷。郑一崧修。《噶吗兰厅志》八卷。董正官修。《淡水厅志》十五卷。陈培桂修。《荆门直隶州志》十二卷。黄昌辅修。《鹤峰直隶厅志》十四卷。吉钟颖修。《澧州直隶州志》二十八卷。魏式曾修。《桂阳直隶州志》二十七卷。陈延棨修。《凤皇直隶厅志》二十卷。黄应培修。《永绥直隶厅志》十八卷。周玉衡修。《乾州直隶厅志》十六卷。赵文在修。《晃州直隶厅志》四十四卷。俞光振修。《靖州直隶州志》十二卷。汪尚文修。《郴州直隶州志》四十三卷。朱偓修。《郑州直隶州志》十二卷。张钺修。《许州直隶州志》十六卷。段汝舟修。《陕州直隶州志》二十卷。龚崧林修。《淅川直隶厅志》九卷。徐光第修。《汝州直隶州志》十卷。钱福昌修。《济宁直隶州志》三十四卷。周永年、盛百二同撰。《临清直隶州志》十一卷。朱度修。《胶州直隶州志》八卷。於智修。《平定直隶州志》十卷。金明源修。《忻州直隶州志》四十二卷。方戊昌修。《代州直隶州志》六卷。吴重光修。《保德直隶州志》十二卷。王秉韬修。《霍州直隶州志》二十五卷。崔允临修。《解州直隶州志》十八卷。言如泗修。《绛州直隶州志》二十卷。张成德修。《沁州直隶州志》十卷。雷畅修。《商州直隶州志》十四卷。王如玖修。《潼关厅志》九卷。杨端本修。《定远厅志》二十六卷。余修凤修。《留坝厅志》十卷。贺仲瑊修。《汉阴厅志》十卷。钱鹤年修。《鄜州直隶州志》十卷。吴鸣捷修。《泾州直隶州志》二卷。张延福修。《阶州直隶州志》二卷。林忠修。《秦州直隶州志》十二卷。任其昌修。《肃州直隶州志》不分卷。黄文炜修。《循化厅志》八卷。龚景瀚撰。《资州直隶州志》三十卷。刘炯修。《绵州直隶州志》五十四卷。范绍泗修。《茂州直隶州志》四卷。杨迦怿修。《马边厅志》六卷。周斯才修。《叙永直隶厅志》四十六卷。周伟业修。《江北厅志》八卷。宋煊修。《酉阳直隶州志》二十四卷。冯世瀛修。《忠州直隶州志》八卷。吕锐麟撰。《石砫直隶厅志》十二卷。王槐龄修。《眉州直隶州志》十九卷。徐长发修。《邛州直隶州志》四十六卷。吴巩修。《连州直隶州志》十二卷。单兴诗修。《连山直隶厅志》一卷。姚柬之修。《南雄直隶州志》三十四卷。黄其勤修。《嘉应直隶州志》十二卷。王之正修。《钦州直隶州志》十二卷。朱椿年修。《阳江直隶州志》八卷。胡琫修。《崖州直隶州志》十卷。宋锦修。《景东直隶厅志》二十八卷。罗含章修。《广西府志》二十六卷。周埰修。《元江直隶州志》四卷。广裕修。《蒙化直隶厅志》六卷。徐时行修。《永北府志》二十八卷。陈奇典修。《镇边抚彝直隶厅志》八卷。谢体仁修。《永清县志》二十四卷。章学诚撰。《迁安府志》二十卷，《抚宁县志》十二卷。史梦兰撰。《灵寿县志》十卷。陆陇其撰。《上元江宁县志》三十卷。莫友芝、甘绍盘同撰。《高淳县志》二十八卷。张裕钊撰。《吴江县志》四十六卷。郭琇撰。《黎里志》十六卷。徐达源撰。《崇明县志》十八卷。李联琇撰。《华亭县志》二十四卷。姚光发、张文虎撰。《娄县志》三十卷。陆锡熊撰。《上海县志》二十卷。李林松撰。《南汇县志》二十二卷。张文虎撰。《青浦县志》四十卷。王昶撰。《武进阳湖县志》三十卷。汤成烈撰。《无锡金匮县志》四十卷。秦缃业撰。《宜兴荆溪县志》十卷。吴德旋撰。《荆溪县志》四卷。唐仲冕撰。《丹徒县志》六十卷。吕耀斗撰。《宝应图经》六卷。刘宝楠撰。《邳州志》二十卷，《清河县志》二十四卷。鲁一同撰。《山阳县志》二十一卷。何绍基、丁晏同撰。《合肥县志》三十六卷。左辅撰。《凤台县志》十二卷。李兆洛撰。《弋阳县志》十四卷，《宜春县志》十五卷，《分宜县志》十五卷，《万载县志》十八卷。陈乔枞撰。《海昌备志》十六卷。钱泰吉撰。《海盐县续图经》七卷。王为珪撰。《南浔镇志》四十一卷。汪曰桢撰。《黄岩县志》四十卷。王咏霓撰。《罗源县志》三十卷。林春溥撰。《台湾县志》十七卷。王礼撰。《黄冈县志》二十四卷。刘恭冕撰。《麻城县志》五十六卷。潘颐福撰。《东湖县志》三十卷。王柏心撰。《湘阴县志》三十六卷。郭嵩焘撰。《武陵县志》三十一卷。杨丕复、杨彝珍同撰。《龙阳县志》三十一卷。黄教熔撰。《杞纪》二十二卷。张桢撰。《孟县志》十卷。冯敏昌撰。《偃师县志》三十卷。孙星衍撰。《登封县志》二十八卷。洪亮吉撰。《新城县志》十四卷。王士祯撰。《曲阜县志》二十六卷。孔毓琚撰。《聊城县志》四卷。傅以渐撰。《灵石县志》十二卷。王志瀜撰。《澄城县志》二十一卷。洪亮吉、孙星衍同撰。《武威县志》一卷，《镇番县志》一卷，《永昌县志》一卷，《古浪县志》一卷，《平番县志》一卷。张澍美撰。《什邡县志》五十四卷。纪大奎撰。《罗江县志》十卷。李调元撰。《遂宁县志》六卷。张鹏翮撰。《新会县志》十四卷。黄培芳、曾钊同撰。《师宗州志》二卷。夏治元撰。《弥勒州志》二十七卷。王纬撰。《禄劝州志》二卷。李廷宰撰。《永宁州志》十二卷。沈毓兰撰。

以上地理类都会郡县之属

《盘山志》二十一卷。乾隆十九年，蒋溥等奉敕撰。《清凉山新志》十卷。康熙间敕撰。《万山纲目》二十一卷。李诚撰。《长白山录》一卷，《补遗》一卷。王士祯撰。《万岁山考证》一卷，《昌平山水记》二卷，《岱岳记》一卷。顾炎武撰。《泰山志》二十卷。金棨撰。《泰山道里记》一卷。聂钦撰。《岱览》三十二卷，唐仲冕撰。《泰山述记》十卷。宋思仁撰。《说嵩》三十二卷。《嵩岳庙史》十卷。景日昣撰。《南岳志》八卷。高自位撰。《岳麓志》八卷。赵宁撰。《华岳志》八卷。李榕撰。《恒岳志》三卷。张崇德撰。《恒山志》五卷。桂敬顺撰。《摄山志》八卷。陈毅撰。《宝华山志》十五卷。刘名芳撰。《盋山志》八卷。顾云撰。《茅山志》十四卷。笪重光撰。《北固山志》二卷。释了璞撰。《金山志略》四卷。释行海撰。《焦山志》二十六卷。吴云撰。《虎丘山志》二十四卷。顾诒禄撰。《慧山记续编》四卷。邵涵初撰。《黄山志》七卷。闵麟嗣撰。《九华纪胜》二十三卷，《齐山岩洞志》二十六卷。陈蔚撰。《庐山小志》二十四卷。蔡瀛撰。《青源山志略》十三卷。施润章撰。《四明山志》九卷。黄宗羲撰。《普陀山志》十五卷。朱谨、陈璿同撰。《西天目祖山志》八卷。释广宾撰。《天台山全志》十六卷。张联元撰。《广雁荡山志》三十卷。曾唯撰。《天竺山志》十二卷。管廷芳撰。《武夷山新志》二十四卷。董天工撰。《麻姑山丹霞洞天志》十七卷。罗森撰。《鼓山志》十二卷。僧元贤撰。《大别山志》十卷，《黄鹄山志》十二卷。胡凤丹撰。《莲峰志》五卷。王夫之撰。《洛阳龙门志》一卷。路朝霖撰。《太岳太和山纪略》八卷。王概撰。《峨眉山志》十八卷。蒋超撰。《罗浮山志会编》二十二卷。宋广业撰。《西樵志》六卷。马符箓撰。《桂郁岩洞志》一卷。贾敦临撰。《鸡足山志》十卷。范承勋撰。《水经注集释订讹》四十卷。沈炳异撰。《水经注释》四十卷，《刊误》十二卷，《附录》一卷。赵一清撰。《水经注校》三十卷，《水地记》一卷。戴震撰。《水经注校正》四十卷，《补遗》一卷，《附录》一卷。全祖望撰。《水经注释地》四十卷，《水道直指》一卷，《补遗》一卷。张匡学撰。《水经释地》八卷。孔继涵撰。《水经注疏证》四十卷。沈钦韩撰。《水经注图说残稿》四卷。董祐诚撰。《水经注西南诸水考》三卷。陈沣撰。《水经注洛泾二水补》一卷。谢锺英撰。《水经注图》二卷。汪士铎撰。《合校水经注》四十卷，《附录》二卷。王先谦撰。

《河源纪略》三十六卷。乾隆四十七年，纪昀、陆锡熊等奉敕撰。《今水经》一卷。黄宗羲撰。《水道提纲》二十八卷。齐召南撰。《江源记》一卷。查拉吴麟撰。《导江三议》一卷。王柏心撰。《长江图说》十二卷。黄翼升撰。《淮流一勺》二卷。范以煦撰。《昆仑河源考》一卷。万斯同撰。《黄河全图》五卷。吴大澂、倪文蔚同撰。《中国黄河经纬度图》一卷。梅启照撰。《历代黄河变迁图考》四卷。刘鹗撰。《东西二汉水辨》一卷。王士禛撰。《汉水发源考》一卷。王筠撰。《直隶河渠志》一卷。陈仪撰。《二渠九河图考》一卷。孙彤撰。《永定河志》三十二卷。李逢亨撰。《西域水道记》五卷。徐松撰。《关中水道记》一卷。孙彤撰。《蜀水考》四卷。陈登龙撰。《汴水说》一卷。朱际虞撰。《漳水图经》一卷。姚柬之撰。《山东全河备考》四卷。叶方恒撰。《山东运河备览》十二卷。陆燿撰。《扬州水道记》四卷。刘文淇撰。《太湖备考》十六卷。金友理撰。《新刘河志》一卷，《娄江志》一卷。顾士琏撰。《章水经流考》一卷。朱际虞撰。《浙江图考》三卷。阮元撰。《洞庭湖志》十四卷。万年淳撰。《两河清汇》八卷。薛凤祚撰。《河纪》二卷。孙承泽撰。《居济一得》八卷。张伯行撰。《治河奏绩书》四卷。靳辅撰。《畿辅水利辑览》一卷，《水利营田图说》一卷，《畿辅河道管见》一卷，《水利私议》一卷。吴邦庆撰。《河防刍议》六卷。崔维雅撰。《畿辅水利四案》四卷，《附录》一卷。潘锡恩撰。《畿辅安澜志》十卷。王履泰撰。《畿辅水利议》一卷。林则徐撰。《北河续记》八卷。阎廷谟撰。《行水金鉴》一百七十五卷。傅泽洪撰。《续行水金鉴》一百五十六卷。黎世序撰。《五省沟洫图说》一卷。沈梦兰撰。《西北水利议》一卷。许承宣撰。《东南水利》八卷。沈恺曾撰。《明江南治水记》一卷。陈士鑛撰。《三吴水利条议》一卷。钱中谐撰。《江苏水利图说》二十一卷。陶澍撰。《江苏水利全案正编》四十卷，《附编》十二卷。李庆云撰。《浙西水利备考》八卷。王凤生撰。《西湖水利考》一卷。吴农祥撰。《萧山水利书》七卷。来鸿雯、张文瑞、张学懋同撰。《湘湖水利志》三卷。毛奇龄撰。《海塘新志》六卷，《两浙海塘通志》二十卷。方观承撰。《海塘擥要》十二卷。杨鑅撰。《捍海塘志》一卷。钱文瀚撰。《海塘录》二十六卷。翟均廉撰。《海道图说》十五卷。金约撰。

元沙克什《河防通议》二卷，王喜《治河图略》一卷。以上乾隆时奉敕辑。

以上地理类山川河渠之属

《西域图志》五十二卷。乾隆二十一年，刘统勋等奉敕撰。《藩部要略》十八卷，《西陲要略》四卷，《西域释地》一卷，《西域行程记》一卷，《万里行程记》四卷。祁韵士撰。《蒙古游牧记》十六卷。张穆撰。《汉西域图考》七卷。李光廷撰。《西陲总统事略》十二卷。松筠撰。《西域闻见录》八卷。七十一撰。《卫藏图志》五十卷。盛绳祖撰。《西藏通考》八卷。黄沛翘撰。《康輶纪行》十六卷。姚莹撰。《金川琐记》六卷。李心衡撰。《西游记金山以东释》一卷。沈垚撰。《朔方备乘》八十五卷。何秋涛撰。《三州辑略》九卷。和宁撰。《蛮司合志》十五卷。毛奇龄撰。《楚南苗志》六卷。段汝霖撰。《苗防备览》二十二卷，《三省边防备览》十六卷。严如煜撰。《苗蛮合志》二卷。曹树翘撰。《楚峒志略》一卷。吴省兰撰。《云缅山川志》一卷。李荣陛撰。《台湾纪略》一卷。林谦光撰。《澎湖纪略》十二卷。胡建伟撰。《澳门记略》二卷。印光任、张汝霖同撰。《海防述略》一卷。杜臻撰。《海防备览》十卷。薛传源撰。《防海辑要》十八卷，《图》一卷。俞昌会撰。《洋防辑要》二十四卷。严如煜撰。

以上地理类边防之属

《西湖志纂》十二卷。乾隆十六年，梁诗正奉敕撰。《历代帝王宅京记》二十卷。顾炎武撰。《历代陵寝备考》五十卷，《宗庙附考》八卷。朱孔阳撰。《帝陵图说》四卷。梁份撰。《唐两京城坊考》五卷。徐松撰。《宋东京考》二十卷。周城撰。《圆明园记》一卷。黄凯钧撰。《南宋古迹考》二卷。周春撰。《北平古今记》十卷，《建康古今记》十卷，《营平二州地名记》一卷，《山东考古录》一卷，《谲觚》一卷。顾炎武撰。《关中胜迹图志》三十二卷。毕沅撰。《江城名迹》二卷。陈宏绪撰。《潞城考古录》二卷。刘锡信撰。《两浙防护录》不分卷。阮元撰。《西湖志》四十六卷。傅玉露撰。《先圣庙林记》一卷。屈大均撰。《阙里广志》二十卷。宋际、李庆长同撰。《阙里述闻》十四卷。郑晓如撰。《仓圣庙志》一卷。祝炳森撰。《梅里志》四卷。吴存礼撰。《伍公庙志》六卷。金志章撰。《卧龙冈志》二卷。罗景星撰。《鹦鹉洲志》四卷。胡凤丹撰。《兰亭志》一卷。王复礼撰。《南岳二贤祠志》八卷。尹继隆撰。《濂溪志》七卷。周诰撰。《岳庙志略》十卷。冯培撰。《于忠肃公祠墓录》十二卷。丁丙撰。《平山堂小志》十二卷。程梦星撰。《沧浪小志》二卷。宋荦撰。《竹垞小志》五卷。阮元撰。《白鹿书院志》十九卷。毛德琦撰。《鹅湖讲舍汇编》十二卷。郑之侨撰。《明道书院纪绩》四卷。章秉法撰。《东林书院志》二十二卷。高崔、高隆、高廷珍、高陛、许献同撰。《毓文书院志》八卷。洪亮吉撰。《学海堂志》一卷。林伯桐撰。《文澜阁志》二卷。孙树礼等撰。

以上地理类古迹之属

《宸垣识略》十六卷。吴长元撰。《天府广记》四十四卷。孙承泽撰。《金鳌退食笔记》二卷，《松亭行纪》二卷，《塞北小钞》一卷，《东巡扈从日录》一卷，《西巡扈从日录》二卷。高士奇撰。《都门纪略》四卷。杨静亭撰。《盛京疆域考》六卷。杨同桂、孙宗瀚同撰。《辽载前集》二卷。林本裕撰。《吉林外纪》十卷。萨英额撰。《黑龙江外纪》四卷。西清撰。《龙江述略》六卷。徐宗亮撰。《龙沙纪略》一卷。方式济撰。《宁古塔纪略》一卷。吴桭臣撰。《柳边纪略》五卷。杨宾撰。《封长白山记》一卷。方象瑛撰。《畿辅地名考》三卷。王灏撰。《颜山杂记》四卷。孙廷铨撰。《津门杂记》三卷。张焘撰。《江南星野辨》一卷。叶燮撰。《三吴采风类记》十卷。张大纯撰。《百城烟水》九卷。徐崧、张大纯同撰。《白下琐言》十卷。甘熙撰。《清嘉录》十二卷。顾禄撰。《具区志》十六卷。翁澍撰。《林屋民风》十二卷。王维德撰。《广陵通典》三十卷。汪中撰。《广陵事略》七卷。姚文田撰。《扬州画舫录》十八卷。李斗撰。《邗记》六卷，《北湖小志》五卷。焦循撰。《淮壖小记》六卷。范以煦撰。《桃溪客语》五卷。吴骞撰。《太仓风俗记》一卷。程穆衡撰。《云间第宅志》一卷。王沄撰。《皖省志略》四卷。朱云锦撰。《皖游纪略》二卷。陈克劬撰。《姑孰备考》八卷。夏之符撰。《杏花村志》十二卷。郎遂撰。《二楼小志》四卷。程元愈撰，汪越、沈廷璐补。《浔阳蹠醢》六卷。文行远撰。《东乡风土记》一卷，《鹅湖书田志》四卷。吴嵩梁撰。《浙江通志图说》一卷。沈德潜撰。《杭志三诘三误辨》一卷。毛奇龄撰。《武林志馀》三十二卷。张旸撰。《西湖梦寻》五卷。张岱撰。《西湖览胜志》十四卷。夏基撰。《增修云林寺志》八卷。厉鹗撰。《武林第宅考》一卷。柯汝霖撰。《东城杂记》四卷。厉鹗撰。《北隅掌录》二卷。黄士珣撰。《清波小志》二卷。徐逢吉撰。《南湖纪略藁》六卷。邱峻撰。《龙井见闻录》六卷。汪志铜撰。《定乡小志》十六卷。张道撰。《湖壖杂记》一卷，《北墅琐言》一卷。陆次云撰。《唐栖景物略》二卷。张半庵撰。《乍浦九山补志》十二卷。李确撰。《峡石山水志》一卷。蒋宏任撰。《濮川所闻录》六卷。金淮、濮璜同撰。《海昌外志》不分卷。谈迁撰。《石柱记笺释》五卷。郑元庆撰。《四明谈助》十六卷。徐兆昺撰。《越中观感录》一卷。陈锦撰。《萧山县志刊误》三卷。毛奇龄撰。《偁阳杂录》一卷。章大来撰。《瓯江逸志》一卷。劳大与撰。《江心志》十二卷。释元奇撰。《闽越巡视纪略》六卷。杜臻撰。《闽小纪》四卷。周亮工撰。《续闽小纪》一卷。黎定国撰。《台海使槎录》八卷。黄叔璥撰。《东槎纪略》五卷。姚莹撰。《中州杂俎》三十五卷。汪价撰。《鄖署杂钞》十二卷。汪为熹撰。《光绪湖北舆地记》二十四卷。不著撰人氏名。《汉口丛谈》六卷。范锴撰。《监利风土记》一卷。王柏心撰。《湖南方物志》八卷。黄本骥撰。《浯溪考》二卷。王士禛撰。《澧志举要》三卷，《补》一卷。潘相撰。《海岱史略》一百三十卷。王驭超撰。《济宁图记》二卷。王元启撰。《海岱日记》一卷。张榕端撰。《云中纪程》二卷。高懋功撰。《高平物产记》二卷。邹汉勋撰。《河套志》六卷。陈履中撰。《延绥镇志》六卷。谭吉璁撰。《陕西南山谷口考》一卷。毛凤梧撰。《三省山内风土杂记》一卷。严如熤撰。《新疆大记》六卷。阚凤楼撰。《伊犁日记》二卷，《天山客话》二卷。洪亮吉撰。《荷戈纪程》一卷。林则徐撰。《轮台杂记》二卷。史善长撰。《蜀徼纪闻》四卷，《陇蜀馀闻》一卷。王士禛撰。《蜀典》十二卷。张澍撰。《蜀都碎事》六卷。陈祥裔撰。《锦江脞记》十二卷。戴璐撰。《广东新语》二十六卷。屈大均撰。《羊城古钞》八卷。仇巨川撰。《广州游览志》一卷。王士禛撰。《岭南杂记》二卷。吴方震撰。《韩江闻见录》十卷。郑昌时撰。《南粤笔记》十六卷。李调元撰。《岭海见闻》四卷。钱以垲撰。《粤行纪事》三卷。瞿昌文撰。《岭南风物记》一卷。吴绮撰。《连阳八排风土记》八卷。李来章撰。《惠阳山水纪胜》四卷。吴骞撰。《星馀笔记》一卷。王钺撰。《粤西偶记》一卷。陆祚蕃撰。《桂游日记》三卷。张维屏撰。《滇系》四十卷。师范撰。《云南备徵志》二十一卷。王崧撰。《滇南杂志》二十四卷。曹树翘撰。《滇海虞衡志》十三卷。檀萃撰。《洱海丛谈》一卷。释同揆撰。《滇黔土司婚礼记》一卷。陈鼎撰。《黔书》二卷。田雯撰。《续黔书》八卷。张澍撰。《黔记》四卷。李宗昉撰。《黔话》二卷。吴振棫撰。《黔轺纪程》一卷。黎培敬撰。《淮西见闻记》一卷。俞庆远撰。

唐刘恂《岭表录异》三卷，元讷新《河朔访古记》二卷。以下乾隆时奉敕辑。

以上地理类杂志之属

《海国闻见录》二卷。陈伦炯撰。《坤舆图志》二卷。西洋南怀仁撰。《异域录》一卷。图理琛撰。《八纮译史》四卷，《纪馀》四卷，《八纮荒史》一卷。陆次云撰。《海录》二卷。杨炳南撰。《瀛寰志略》十卷。徐继畬撰。《海国图志》一百卷。魏源撰。《朝鲜史略》六卷。不著撰人氏名。《朝鲜载记备编》二卷，《朝鲜史表》一卷。周家禄撰。《奉使朝鲜日记》一卷。柏葰撰。《朝鲜箕田考》一卷。韩百谦撰。《越史略》三卷。不著撰人氏名。《海外纪事》六卷。释大汕撰。《安南史事记》一卷。李仙根撰。《安南纪游》一卷。潘鼎珪撰。《越南世系沿革略》一卷，《越南山川略》一卷，《中外交界各隘卡略》一卷。徐延旭撰。《中山沿革志》二卷。汪楫撰。《中山传信录》六卷。徐葆光撰。《琉球志略》十五卷。周煌撰。《续琉球志略》五卷。费锡章撰。《中山见闻辨异》二卷。黄景福撰。《记琉球入学始末》一卷。王士禛撰。《琉球入学见闻录》四卷。潘相撰。《琉球朝贡考》一卷。王韬撰。《缅述》一卷。彭崧毓撰。《缅事述闻》一卷。师范撰。《缅甸琐记》一卷。傅显撰。《征缅纪闻》一卷。王昶撰。《从征缅甸日记》一卷。朱裕撰。《滇缅边界纪略》一卷。不著撰人氏名。《暹逻考略》一卷。龚柴撰。《暹逻别记》一卷。李麟光撰。《游历日本图经》三十卷。傅云龙撰。《日本国志》四十卷。黄遵宪撰。《日本新政考》二卷。顾厚焜撰。《东槎闻见录》四卷。陈家麟撰。《使东杂记》一卷。何如璋撰。《东游丛录》四卷。吴汝纶撰。《使俄罗斯行程录》一卷。张鹏翮撰。《绥服纪略》一卷。松筠撰。《俄罗斯国纪要》一卷。林则徐撰。《俄游汇编》十二卷。缪祐孙撰。《俄罗斯疆界碑记》一卷。徐元文撰。《吉林勘界记》一卷。吴大澂撰。《中俄交界图》不分卷。洪钧撰。《西北边界俄文译汉图例言》一卷，《帕米尔图说》一卷。许景澄撰。《东三省韩俄交界表》一卷。聂士成撰。《使俄草》八卷。王之春撰。《英吉利考略》一卷。汪文台撰。《英政概》一卷，《英藩政概》四卷，《法政概》一卷。刘锡彤撰。《法国志略》二十四卷。王韬撰。《英法德俄四国志略》四卷。沈敦和撰。《美利加图经》三十二卷。傅云龙撰。《初使泰西记》一卷。宜厚撰。《乘槎笔记》一卷。斌春撰。《使西纪程》一卷。郭嵩焘撰。《奉使英伦记》一卷。黎庶昌撰。《英轺私记》一卷。刘锡鸿撰。《西轺纪略》四卷。刘瑞芬撰。《出使英法日记》二卷。曾纪泽撰。《出使英法义比日记》六卷，《续》十卷。薛福成撰。《出使美日秘日记》十六卷。崔国因撰。《使德日记》一卷。李凤苞撰。《李傅相历聘欧美记》二卷。蔡尔康编。《三洲日记》八卷。张荫桓撰。《游历巴西图经》十卷，《游历图经馀记》十五卷。傅云龙撰。

《使美纪略》一卷。陈兰彬撰。《四述奇》十六卷。张德彝撰。《环游地球新录》四卷。李圭撰。《西史纲目》二十卷。周维翰撰。《边事汇钞》十二卷，《续钞》七卷。朱克敬撰。

宋赵汝适《诸蕃志》二卷。乾隆时奉敕辑。

以上地理类外志之属

职官类

《词林典故》八卷。乾隆九年，鄂尔泰等奉敕撰。《皇朝词林典故》六十四卷。嘉庆十年，朱珪等奉敕撰。《国子监志》六十二卷。乾隆四十三年，梁国治等奉敕撰。《历代职官表》六十三卷。乾隆四十五年敕撰。《刑部则例》二卷。康熙十八年敕撰。《工部则例》五十卷。乾隆十四年，史贻直等奉敕撰。《工部续增则例》九十五卷。乾隆二十四年，史贻直奉敕撰。《吏部则例》六十六卷。乾隆三十七年，傅恒等奉敕撰。《户部则例》一百二十卷。乾隆四十一年，于敏中等奉敕撰。《户部则例》一百卷。同治十二年，潘祖荫等奉敕撰。《礼部则例》一百九十四卷。乾隆四十九年，德保等奉敕撰。《兵部处分则例》三十九卷。道光五年，明亮等奉敕撰。《金吾事例》十卷。咸丰三年，步军统领衙门奉敕撰。《内务府则例》四卷。光绪十年，福锟等奉敕撰。《宗人府则例》二十卷。光绪十四年，世铎等奉敕撰。《理藩院则例》六十四卷。光绪十七年，松森等奉敕撰。《光禄寺则例》九十卷。官本。《古官制考》一卷。王宝仁撰。《历代官制考略》二卷。叶枟撰。《汉官答问》五卷。陈树镛撰。《汉州郡县吏制考》一卷。强汝询撰。《唐折冲府考》四卷。劳经撰。《枢垣纪略》十六卷。梁章钜撰。《重修枢垣纪略》二十六卷。朱智等撰。《中书典故考》八卷。王正功撰。《槐厅载笔》二十卷，《清秘述闻》十六卷。法式善撰。《清秘述闻续》十六卷。王家相撰。《国朝翰詹源流编年》二卷，《馆选爵里谥法考》二卷。吴鼎雯撰。《南台旧闻》十六卷。黄叔璥撰。《春曹仪注》一卷。王士禛撰。《南省公馀录》八卷。梁章钜撰。

宋程俱《麟台故事》五卷，陈骙《南宋馆阁录》十卷，不知撰人《续录》十卷。以上乾隆时敕辑。

以上职官类官制之属

《人臣儆心录》一卷。顺治十二年，世祖御撰。《朋党论》一卷。雍正三年，世宗御撰。《训饬州县条规》二十卷。雍正八年敕撰。《政学录》五卷。郑端撰。《为政第一编》八卷。孙鋐撰。《百僚金鉴》十二卷。牛天宿撰。《臣鉴录》二十卷。蒋伊撰。《大臣法则》八卷。谢文洊撰。《学仕遗规》八卷，《在官法戒录》四卷。陈宏谋撰。《居官日省录》六卷。乌尔通阿撰。《居官寡过录》六卷。李元春撰。《临民金镜录》一卷。赵殿成撰。《从政馀谈》一卷。王定柱撰。《学治臆说》二卷，《续说》一卷，《说赘》一卷。汪辉祖撰。《庸吏庸言》二卷，《庸吏馀谈》二卷，《蜀僚问答》一卷。刘衡撰。《牧令书》二十三卷。徐栋撰。《劝谕牧令文》一卷。黄辅辰撰。《劝戒浅语》一卷。曾国藩撰。《吏治辑要》一卷。倭仁撰。《福惠全书》三十二卷。黄六鸿撰。《道齐正轨》二十卷。邹鸣鹤撰。《图民录》四卷。袁守定撰。《富教初桄录》二卷。宗源瀚撰。《宦海慈航》一卷。周埴撰。

不著撰人《州县提纲》四卷。乾隆时敕辑。

以上职官类官箴之属

政书类

《大清会典》二百五十卷。起崇德元年迄康熙二十五年，圣祖敕撰。自康熙二十六年至雍正五年，世宗敕撰，雍正十年刊。《大清会典》一百卷，《会典则例》一百八十卷，乾隆二十六年，履亲王允祹奉敕撰。《大清会典》八十卷，《图》一百三十二卷，《事例》九百二十卷。嘉庆二十三年敕撰。《大清会典》一百卷，《图》二百七十卷，《事例》一千二百二十卷。光绪二十五年敕撰。《续通典》一百四十四卷。乾隆三十二年敕撰。《续文献通考》二百五十二卷。乾隆十二年敕撰。《皇朝通典》一百卷。乾隆三十二年敕撰。《皇朝通志》二百卷。乾隆三十二年敕撰。《皇朝文献通考》二百六十六卷。乾隆十二年敕撰。《元朝典故编年考》十卷。孙承泽撰。《明会要》八十卷。纪文彬撰。

宋李攸《宋朝事实》二十卷。乾隆时敕辑。

以上政书类通制之属

《幸鲁盛典》四十卷。康熙二十三年，孔毓圻编。《万寿盛典》一百二十卷。康熙五十二年，王原祁等编。《南巡盛典》一百二十卷。乾隆三十一年，高晋等编。《八旬万寿盛典》一百二十卷。乾隆五十四年，阿桂等编。《西巡盛典》二十四卷。嘉庆十六年，董诰等编。《大清通典》四十卷。乾隆元年敕撰。《皇朝礼器图式》二十八卷。乾隆二十四年敕撰。《满洲祭神祭天典礼》六卷。乾隆四十二年敕撰。《国朝宫史》三十六卷。乾隆七年敕撰。《宫史续编》一百卷。嘉庆六年敕撰。《大清通礼》五十四卷。道光四年敕撰。《庙制图考》一卷。万斯同撰。《坛庙祀典》三卷。方观承撰。《坛庙乐章》一卷。张乐盛撰。《万寿衢歌乐章》六卷。彭元瑞撰。《北郊配位议》一卷，《辨定嘉靖大礼议》二卷。毛奇龄撰。《北岳恒山历祀上曲阳考》一卷。刘师峻撰。《盛京典制备考》八卷。崇厚撰。《满洲四礼考》四卷。索宁安撰。《太常纪要》十五卷，《四译馆考》十五卷。江蘩撰。《学典》三十卷。孙承泽撰。《国学礼乐录》二十四卷。李周望、谢履忠同撰。《頖宫礼乐全书》十六卷。张安茂撰。《圣门礼乐统》二十四卷。张行言撰。《文庙祀典考》五十卷。庞钟璐撰。《直省释奠礼乐记》六卷。应宝时撰。《醴陵县文庙丁祭谱》四卷。蓝锡瑞撰。《文庙从祀先贤先儒考》一卷。郎廷极撰。《孔庙从祀末议》一卷。阎若璩撰。《家塾祀典》一卷。应㧑谦撰。《大清通礼品官士庶仪纂》六卷。刘师陆撰。《吾学录初编》二十四卷。吴荣光撰。《国朝谥法考》一卷。王士禛撰。《皇朝大臣谥法录》四卷。邵晋涵撰。《皇朝谥法考》五卷。鲍康撰。

汉卫宏《汉官旧仪》一卷，《补遗》一卷，不著撰人《庙学典礼》四卷。以上乾隆时敕辑。

以上政书类典礼之属

《学政全书》八十卷。乾隆三十九年，素尔纳等奉敕撰。《磨勘简明条例》二卷，《续》二卷。乾隆时奉敕撰。《科场条例》六十卷。光绪十四年奉敕撰。《奏定学堂章程》不分卷。光绪二十九年，管学大臣奉敕撰。《吏部铨选则例》十七卷。嘉庆十年敕撰。《吏部处分则例》五十二卷，《验封司则例》六卷，《稽勋司则例》八卷。道光十年敕撰，光绪十三年重修。《历代铨选志》一卷。袁定远撰。《铨政论略》一卷。蔡方炳撰。《登科记考》三十卷。徐松撰。《国朝贡举年表》三卷。陈国霖、顾锡中同撰。《国朝贡举考略》三卷。黄崇简撰。《历科典试题名录》一卷，《考官试题录》四卷。黄崇简、饶玉成同撰。《国朝鼎甲考》一卷，《状元事考》一卷。饶玉成撰。《制义科琐记》四卷，《续记》一卷，《淡墨录》十六卷。李调元撰。《国朝右文掌录》一卷。宗源瀚撰。《制科杂录》一卷。毛奇龄撰。《汇征录》一卷。不著撰人氏名。《历代武举考》一卷。谭吉璁撰。

以上政书类铨选科举之属

《赋役全书》一百卷。顺治间敕撰。《孚惠全书》六十四卷。乾隆六十年，彭元瑞奉敕撰。《辛酉工赈纪事》三十八卷。嘉庆六年敕撰。《户部漕运全书》九十六卷。光绪二年敕撰。《官田始末考》一卷。顾炎武撰。《苏松历代财赋考》一卷。不著撰人氏名。《杭州府赋役全书》一卷。不著撰人氏名。《浙江减赋全案》十卷。杨昌濬编。《大元海运记》二卷。胡敬撰。《明漕运志》一卷。曹溶撰。《丁漕指掌》十卷。王大经撰。《海运刍言》一卷。施彦士撰。《江苏海运全案》十二卷。贺长龄撰。《浙江海运全案》十卷。黄宗汉编。《江北运程》四十卷。董恂编。《钱币刍言》一卷。王鎏撰。《泉刀汇纂》不分卷。邱峻撰。《钱录》十二卷。张端本撰。《大钱图录》一卷。鲍康撰。《长芦盐法志》二十卷，《附编》十卷。珠隆阿修。《河东盐法志》十卷。石麟等修。《山东盐法志》二十四卷，《附编》十卷。崇福等修。《山东盐法续增备考》六卷。王定柱编。《两淮盐法志》四十卷。吉庆修。《两淮盐法志》五十六卷。佶山修。《两淮盐法志》一百二十卷。刘坤一修。《淮南盐法纪略》十卷。庞际云撰。《淮盐备要》十卷。李澄撰。《淮盐问答》一卷。周济撰。《淮南调剂志略》四卷。不著撰人氏名。《淮北票盐续略》十二卷。许宝书撰。《两浙盐法续纂备考》十二卷。杨昌濬编。《两广盐法志》三十五卷。阮元等修。《粤盐蠡测编》一卷。陈铨撰。《盐法议略》一卷。王守基撰。《历代征税纪》一卷。彭宁和撰。《续纂淮关统志》十四卷。元成编。《北新关志》十六卷。许梦闳撰。《粤海关志》三十卷。豫堃编。《荒政丛书》十卷，《附录》二卷。俞森撰。《救荒备览》四卷。劳潼撰。《荒政辑要》十卷。汪志伊撰。《康济录》六卷。倪国琏撰。《筹济编》三十二卷。杨景仁撰。《捕蝗考》一卷。陈芳生撰。《捕蝗汇编》一卷。陈仅撰。《伐蛟说》一卷。魏廷珍撰。《畿辅义仓图》六卷。方观承撰。《左司笔记》二十卷。吴璟撰。《己庚编》六卷。祁韵士撰。《石渠馀纪》六卷。王庆云撰。《光绪会计录》三卷。李希圣撰。

以上政书类邦计之属

《八旗通志初集》二百五十卷。雍正五年，鄂尔泰奉敕撰。《八旗通志》三百五十四卷。乾隆三十七年，福隆安等奉敕撰。《八旗则例》十二卷。乾隆三十七年，福隆安等撰。《军器则例》二十四卷。嘉庆十九年敕撰。《绿营则例》十六卷。官本。《中枢政考》三十二卷。嘉庆二十年，明亮等奉敕撰。《中枢政考续纂》七十二卷。道光九年，长龄等奉敕撰。《杭州驻防八旗志略》二十五卷。张大昌撰。《荆州驻防八旗志》十六卷。希元撰。《驻粤八旗志》二十四卷。长善撰。《马政志》一卷。蔡方炳撰。《保甲书》四卷。徐栋撰。《乡守外编辑要》十卷。许乃钊撰。

以上政书类军政之属

《督捕则例》二卷。乾隆二年，徐本等奉敕撰。《大清律例》四十七卷。乾隆五年，三泰等奉敕撰。《大清律续纂条例总类》二卷。乾隆二十五年敕撰。《五军道里表》四卷。乾隆四十四年，福隆安等奉敕撰。《三流道里表》四卷。乾隆四十九年，阿桂等奉敕撰。《删除律例》附《商律》不分卷。光绪三十一年，沈家本奉敕撰；《商律》，三十二年，商部奉敕撰。《清现行刑律》三十六卷，《秋审条款》一卷。光绪时，沈家本等奉敕撰。《禁烟条例》一卷。光绪时，善耆等奉敕撰。《蒙古律例》十二卷。官本。《刑部奏定新章》四卷。官本。《刑部比照加减成案》三十二卷。许梿、熊义同撰。《刑案汇览》六十卷，《卷首》一卷，《卷末》一卷，《拾遗备考》一卷，《续编》十卷。祝庆祺撰。《驳案新编》三十九卷。全士潮等编。《秋审比较汇案续编》八卷。不著撰人氏名。《清律例歌括》一卷。不著撰人氏名，丁承禧注。《重修名法指掌图》四卷。徐灏撰。《法曹事宜》四卷。不著撰人氏名。

以上政书类法令之属

《乘舆仪仗做法》二卷。乾隆十三年奏刊。《工程做法》七十四卷。雍正十二年，果亲王允礼等撰。《物料价值则例》二百二十卷。乾隆三十三年，陈宏谋等奉敕撰。《武英殿聚珍板程式》一卷。乾隆三十八年，金简等奉敕撰。《内廷工程做法》八卷，《简明做法》无卷数。工部会同内务府撰。《圆明园工部则例》不分卷。不著撰人氏名。《城垣做法册式》一卷。官本。《工部军器则例》六十卷。嘉庆十六年，刘权之等奉敕撰。《战船则例内河》五十八卷，《外海》四十卷。官本。《重订铁路简明章程》一卷。光绪二十九年，商部撰。《河工器具图式》四卷。麟庆撰。《浮梁陶政志》一卷。吴允嘉撰。《筑圩图式》一卷。孙峻撰。

以上政书类考工之属

目录类

《天禄琳琅书目》十卷。乾隆四十年敕撰。《天禄琳琅书目后编》二十卷。嘉庆二年敕撰。《四库全书总目提要》二百卷。乾隆三十七年，纪昀等奉敕撰。《简明目录》二十卷。乾隆三十九年，纪昀等奉敕撰。《抽毁书目》一卷。官本。《禁书目录》一卷。官本。《违碍书目》一卷。乾隆五十三年，官刻颁行。《四库全书考证》一百卷。王太岳、曹锡宝等撰。《四库简明目录标注》二十卷。

邵懿辰撰。《四库全书提要纂稿》一卷。邵晋涵撰。《四库未收书目提要》五卷。阮元撰。《四库阙书目》一卷。徐松撰。《国子监书目》一卷。不著撰人氏名。《微刻唐宋人秘本书目》三卷。黄虞稷、周在浚同编。《传是楼宋元板书目》一卷。徐乾学撰。《静惕堂宋元人集书目》一卷。曹溶撰。《汲古阁珍藏秘本书目》一卷。毛扆编。《艺芸书舍宋元本书目》一卷。汪士钟撰。《古泉山馆宋元板书序录》一卷。瞿中溶撰。《滂喜斋宋元本书目》一卷。潘祖荫撰。《宋元旧本书经眼录》三卷，《附录》一卷。莫友芝撰。《宋元本行格表》二卷。江标撰。《崇文总目辑释》五卷，《补佚》一卷。钱东垣撰。《通志堂经解目录》一卷。翁方纲撰。《全上古三代秦汉三国六朝文编目》百三卷。严可均撰。《天一阁书目》四卷。汪本撰。《天一阁见在书目》六卷。薛福成撰。《绛云楼书目》一卷。钱谦益撰。《述古堂藏书目》四卷。钱曾撰。《千顷堂书目》三十二卷。黄虞稷撰。《传是楼书目》八卷。徐乾学撰。《培林堂书目》二卷。徐秉义撰。《含经堂书目》四卷。徐元文撰。《潜采堂书目》四卷，《曝书亭宋元人集目》一卷。朱彝尊撰。《青纶馆藏书目录》三卷。宋筠撰。《季沧苇藏书目》一卷。季振宜撰。《楝亭书目》三卷。曹寅撰。《孝慈堂书目》不分卷。王闻远撰。《佳趣堂书目》二卷。陆漻撰。《百岁堂书目》三卷。惠栋撰。《小山堂藏书目》一卷。赵一清撰。《好古堂藏书目》四卷。姚际恒撰。《文瑞楼书目》十二卷。金檀撰。《塾南书库目录》六卷。王昶撰。《稽瑞楼书目》一卷。陈揆撰。《振绮堂书目》六卷。汪诚撰。《抱经楼书目》一卷。卢址撰。《清吟阁书目》四卷。瞿瑛撰。《环碧山房书目》一卷。汪辉祖撰。《瞑琴山馆藏书目》四卷。范楷撰。《别下斋书目》一卷。蒋光堉撰。《乐意轩书目》四卷。吴成佐撰。《石研斋书目》四卷。秦恩复撰。《竹崦盦传钞书目》一卷。赵魏撰。《孙氏祠堂书目内编》四卷，《外编》三卷。孙星衍撰。《绩溪金紫胡氏所箸书目》二卷。胡培系撰。《鉴止水斋书目》一卷。许宗彦撰。《津逮楼书目》十八卷。甘福撰。《结一庐书目》四卷。朱学勤撰。《带经堂书目》五卷。陈徵芝撰。《海源阁书目》一卷。杨以增撰。《持静斋书目》五卷。丁日昌撰。《郘亭知见传本书目》十六卷。莫友芝撰。《行素草堂目睹书目》十卷。朱记荣撰。《读书敏求记》四卷。钱曾撰。《熏习录》二十卷。吴焯撰。《廉石居藏书记》二卷，《平津馆鉴赏记》三卷，《补遗》一卷，《续编》一卷。孙星衍撰。《士礼居藏书题跋记》四卷，《续录》一卷，《百宋一廛录》一卷。黄丕烈撰。《拜经楼藏书题跋记》六卷。吴寿旸撰。《爱日精庐藏书志》三十六卷。张金吾撰。《铁琴铜剑楼藏书目》二十四卷。瞿镛撰。《皕宋楼藏书志》一百二十卷，《续志》四卷。陆心源撰。《滂喜斋藏书记》三卷。潘祖荫撰。《善本书室藏书志》四十卷，《附录》一卷。丁丙撰。《楹书偶录》五卷，《续编》四卷。杨绍和撰。《经义考》三百卷。朱彝尊撰。《经义考补正》十二卷。翁方纲撰。《古今伪书考》一卷。姚际恒撰。《历代载籍足徵录》一卷。庄述祖撰。《知圣道斋读书跋尾》二卷。彭元瑞撰。《校订存疑》十七卷。朱文藻撰。《竹汀先生日记钞》三卷。何元锡编。《经籍跋文》一卷。陈鳣撰。《经籍举要》一卷。龙翰臣撰。《曝书杂记》三卷，《可读书斋校书谱》一卷。钱泰吉撰。《群书答问》二卷，《补遗》一卷。凌曙撰。《书目答问》七卷。张之洞撰。《群书提要》一卷，《皇清经解提要》一卷，《皇清经解渊源录》一卷。沈豫撰。《半毡斋题跋》二卷。江藩撰。《东湖丛记》六卷。蒋光煦撰。《开有益斋读书志》六卷，《续》一卷。朱绪曾撰。《木居士书跋》二卷。瞿中溶撰。《郑堂读书日记》不分卷。周中孚撰。《仪顾堂题跋》十六卷，《续跋》十六卷。陆心源撰。《浙江采辑遗书总录》十一卷。三宝等撰。《关右经籍考》十一卷。邢澍撰。《长河经籍考》十卷。田雯撰。《毘陵经籍志》四卷。卢文弨撰。《武林藏书录》三卷。丁申撰。《日本访书志》十七卷。杨守敬撰。《汲古阁题跋初集》二卷，《续》一卷。毛凤苞编。《汲古阁校刻书目》一卷，《补遗》一卷，《刻板存亡考》一卷。郑德懋编。《金山钱氏家刻书目》十卷。钱培荪编。《勿庵历算书目》一卷。梅文鼎撰。《嘉定钱氏艺文略》三卷。钱师璟撰。《庐江钱氏艺文略》一卷。钱仪吉撰。《流通古书约》一卷。曹溶撰。《藏书纪要》一卷。孙庆增撰。《百宋一廛赋》一卷。顾广圻撰。《藏书纪事诗》六卷。叶昌炽撰。《灵隐书藏纪事》一卷。潘衍桐撰。《焦山藏书约》一卷，《书目》一卷，《续》一卷。梁鼎芬撰。《艺文待访录》一卷。罗以智撰。《国朝箸述未刊书目》一卷。郑文焯撰。《国朝未刻遗书志略》一卷。朱记荣编。

汉刘向《七略别录》一卷。马国翰辑。

金石类

《西清古鉴》四十卷。乾隆十四年，梁诗正等奉敕编。《西清续鉴甲编》二十卷，《附录》一卷。乾隆五十八年敕编。《校正淳化阁帖释文》十卷。乾隆三十四年，金简奉敕编。《积古斋藏器目》一卷。阮元撰。《清仪阁藏器目》一卷。张廷济撰。《竹崦盦藏器目》一卷。赵魏撰。《嘉荫簃藏器目》一卷。刘喜海撰。《平安馆藏器目》一卷。叶志诜撰。《双虞壶馆藏器目》一卷。吴氏芬撰。《怀米山房藏器目》一卷。曹载奎撰。《簠斋藏器目》一卷。陈介祺撰。《木庵藏器目》一卷。程振甲撰。《梅花草盦藏器目》一卷。丁彦忠撰。《选青阁藏器目》一卷。王锡棨撰。《爱吾鼎斋藏器目》一卷。李璋煜撰。《石泉书屋藏器目》一卷。李佐贤撰。《两罍轩藏器目》一卷。吴云撰。《窓斋藏器目》一卷。吴大澂撰。《天壤阁藏器目》一卷。王懿荣撰。《窓斋集古录》二十六卷，《恒轩吉金录》不分卷，《度量权衡实验说》不分卷。吴大澂撰。《匋斋吉金录》八卷，《续》二卷。端方撰。《焦山鼎铭考》一卷。翁方纲撰。《周无专鼎铭考》一卷。罗士琳撰。《齐侯罍铭通释》二卷。陈庆镛撰。《盘亭小录》一卷。刘铭传撰。《京畿金石考》二卷。孙星衍撰。《畿辅金石记残稿》不分卷。沈涛撰。《畿辅碑目》二卷。樊彬撰。《常山贞石志》二十四卷。沈涛撰。《赵州石刻录》一卷。陈钟祥撰。《江宁金石记》八卷，《待访录》二卷。严观撰。《江左石刻文编》四卷。韩崇撰。《江宁金石待访录》四卷。孙彤撰。《吴郡金石目》

一卷。程祖庆撰。《吴中金石记》一卷。顾沅撰。《徐州金石记》一卷。方骏谟撰。《崇川金石志》一卷。冯云鹏撰。《安徽金石略》十卷，《泾川金石记》一卷。赵绍祖撰。《山左金石志》二十四卷。毕沅、阮元同撰。《山左访碑录》十三卷。法伟堂撰。《山左碑目》四卷。段赤苓撰。《山左南北朝石刻存目》一卷。尹彭寿撰。《至圣林庙碑目》六卷。孔昭薰撰。《孔林汉碑考》一卷。顾仲清撰。《济州金石志》八卷。徐宗幹撰。《济州学碑释文》一卷。张弨撰。《济南金石记》四卷。冯云鹓撰。《历城金石考》二卷。周永年撰。《诸城金石略》二卷。李文藻撰。《益都金石记》四卷。段赤苓撰。《山右金石志》一卷。夏宝晋撰。《山右金石记》八卷。杨笃撰。《山右石刻丛编》四十卷。胡聘之撰。《中州金石记》五卷。毕沅撰。《中州金石考》八卷。黄叔璥撰。《中州金石目》四卷，《补遗》一卷。姚晏撰。《中州金石目录》八卷。杨铎撰。《安阳金石录》十三卷。武亿、赵希璜同撰。《河阳金石记》三卷。冯敏昌撰。《河内金石记》二卷，《补遗》一卷。方履籛撰。《嵩洛访碑日记》一卷。黄易撰。《嵩阳石刻集记》二卷。叶封撰。《登封县金石志》一卷。洪亮吉撰。《偃师金石记》四卷，《偃师金石遗文补录》二卷，《郏县金石志》一卷，《宝丰金石志》五卷，《鲁山金石志》三卷。武亿撰。《孟县金石志》三卷。冯敏昌撰。《浚县金石录》二卷。熊象阶撰。《关中金石记》八卷。毕沅撰。《雍州金石记》十卷。朱枫撰。《关中金石附记》一卷。蔡汝霖撰。《陕西得碑目》二卷，《长安获古编》二卷，《补遗》一卷。刘喜海撰。《关中金石文字存佚考》十二卷。毛凤枝撰。《唐昭陵石迹考》五卷。林侗撰。《昭陵六骏赞辨》一卷。张弨撰。《昭陵碑考》十三卷。孙三锡撰。《扶风金石录》二卷，《鄠县金石遗文录》二卷，《兴平金石志》一卷。张埙撰。《宝鸡县金石志》一卷。邓梦琴撰。《武林金石刻记》十卷。倪涛撰。《武林金石记残稿》不分卷。丁敬撰。《两浙金石志》十八卷，《补遗》一卷。阮元撰。《吴兴金石志》十六卷。陆心源撰。《墨妙亭碑目考》二卷。张鉴撰。《越中金石记》十二卷。杜春生撰。《东瓯金石录》十二卷。戴咸弼撰。《台州金石录》十三卷，《阙访》二卷。黄瑞撰。《括苍金石志》十二卷，《续》四卷。李遇孙撰。《括苍金石志补遗》四卷。邹柏森撰。《湖北金石存佚考》二十二卷。陈诗撰。《湖北金石诗》二卷。严观撰。《永州金石略》一卷。宗稷辰撰。《三巴舂古志》不分卷。刘喜海撰。《蜀碑补记》十卷。李调元撰。《粤东金石略》十八卷。阮元撰。《高要金石略》四卷。彭泰来撰。《粤西金石略》十五卷。谢启昆撰。《粤西得碑记》一卷。杨翰撰。《滇南古金石录》一卷。阮福撰。《和林金石录》一卷。李文田撰。《高丽碑全文》八卷。叶志诜撰。《海东金石苑》四卷，《海东金石考存》一卷。刘喜海撰。《日本金石志》二卷。傅云龙撰。《两汉金石记》二十二卷。翁方纲撰。《隋唐石刻拾遗》二卷。黄本骥撰。《南汉金石志》二卷。吴兰修撰。《元刻偶存》一卷。陆增祥撰。《元碑存目》一卷。黄本骥撰。《寰宇访碑录》十二卷。孙星衍、邢澍同撰。《访碑续录》一卷。严可均撰。《访碑后录》三卷。黄本骥撰。《补寰宇访碑录》五卷。赵之谦撰。《攈古录》二十卷。吴式芬撰。《天一阁碑目》一卷，《潜研堂金石文字目录》八卷。钱大昕撰。《小蓬莱阁金石目》一卷。黄易撰。《平安馆碑目》八卷。叶志诜撰。《玉雨堂碑目》四册。韩泰华撰。《式训堂碑目》三卷。章寿康撰。《求古录》一卷，《金石文字记》六卷。顾炎武撰。《来斋金石考》三卷。林侗撰。《观妙斋金石文考略》十六卷。李光暎撰。《金石续录》四卷。刘青藜撰。《金石经眼录》一卷。褚峻摹图，牛运震补说。《金石录补》二十七卷，《续》七卷，《金石小笺》一卷。叶奕苞撰。《金薤琳琅补遗》一卷。宋振誉撰。《平津馆读碑记》八卷，《续记》一卷，《再续》一卷，《三续》二卷。洪颐煊撰。《潜研堂金石文字跋尾》二十五卷。钱大昕撰。《金石三跋》十卷，《金石文字续跋》十四卷。武亿撰。《古泉山馆金石文跋》不分卷。瞿中溶撰。《铁桥金石跋》四卷。严可均撰。《古墨斋金石文跋》六卷。赵绍祖撰。《宝铁斋金石跋尾》三卷。韩崇撰。《石经阁金石跋文》一卷。冯登府撰。《攀古小庐古器物铭释文》不分卷，《碑跋》不分卷。许瀚撰。《清仪阁题跋》一卷。张廷济撰。《枕经堂金石题跋》三卷。方朔撰。《求是斋金石跋尾》四卷。丁绍基撰。《宜禄堂金石记》六卷。朱士端撰。《簠斋金石文字考释》一卷，《笔记》一卷。陈介祺撰。《开有益斋金石文字记》一卷。朱绪曾撰。《十二砚斋金石过眼录》十八卷。汪鋆撰。《金石萃编》一百六十卷。王昶撰。《金石萃编补目》三卷。黄本骥撰。《金石续编》二十一卷，《目》一卷。陆耀遹撰。《金石萃编补略》二卷。王言撰。《金石萃编补正》四卷。方履籛撰。《八琼室金石补正》一百三十卷。陆增祥撰。《匋斋藏石记》四十四卷。端方撰。《金石表》一卷。曹溶撰。《金石存》十六卷。吴玉搢撰。《金石索》十二卷。冯云鹏、冯云鹓撰。《金石品》二卷，《金石存》十五卷。李调元撰。《金石契》四卷。张燕昌撰。《金石屑》四卷。鲍昌熙撰。《金石摘》十卷。陈善墀撰。《香南精舍金石契》二卷。觉罗崇恩撰。《金石遗文录》十卷。陈奕禧撰。《金石文释》六卷。吴颖芳撰。《古誌石华》三十卷。黄本骥撰。《金石文钞》八卷。赵绍祖撰。《碑录》二卷。朱文藻撰。《绩语堂碑录》不分卷。魏锡曾撰。《金石图》二卷。褚峻摹图，牛运震补说。《求古精舍金石图》四卷。陈经撰。《小蓬莱阁金石文字》不分卷。黄易撰。《古均阁宝刻录》一卷。许梿撰。《平安馆金石文字》不分卷。叶名沣撰。《随轩金石文字八种》无卷数。徐渭仁撰。《二铭草堂金石聚》十六卷。张得容撰。《淇泉摹古录》一卷。赵希璜撰。《汉碑篆额》不分卷。何澂撰。《红崖碑释文》一卷。邹汉勋撰。《汉武梁祠画象考证》二卷。沈梧撰。《汉射阳石门画象汇考》一卷。张宝德撰。《华山碑考》四卷。阮元撰。《石门碑醳》一卷，《郙阁铭考》一卷。王森文撰。《天发神谶碑释文》一卷。周在浚撰。《国山碑考》一卷。吴骞撰。《汉魏碑刻记存》一卷。谢道承撰。《北魏郑文公碑考》一卷。诸可宝撰。《龙门造象释文》一卷。陆继煇撰。《瘗鹤铭辨》一卷。张弨撰。《瘗鹤铭考》一卷。汪士鋐撰。《瘗鹤铭考》一卷。吴东发撰。《瘗鹤铭考补》一卷。翁方纲撰。《山樵书外纪》一卷。张开福撰。《唐尚书省郎官石柱题名考》二十六卷,《唐御史台精舍题名考》三卷,《附录》一卷。赵钺、劳格同撰。《楚州石柱考》一卷。范以煦撰。《邠州石室录》三卷。叶昌炽撰。《石鱼文字所见录》一卷。姚觐元撰。《九曜石刻录》一卷。周中孚撰。《苍玉洞题名石刻》一卷。刘喜海撰。《翠微亭题名考》一卷。释达受撰。《龙兴寺经幢题跋》一卷。罗椝撰。《金天德钟款识》一卷。丁晏撰。《铁券铜塔考》三卷。钱泳撰。《岳庙彝器铭》一卷。不著撰人氏名。《分隶偶存》二卷。万经撰。《碑文摘奇》一卷。梁廷枏撰。《碑别字》五卷。罗振鋆撰。《金石要例》一卷。黄宗羲撰。《碑版广例》十卷。王芑孙撰。《诔铭广例》二卷。梁玉绳撰。《金石例补》二卷。郭麐撰。《金石综例》四卷。冯登府撰。《金石订例》四卷。鲍振方撰。《金石称例》五卷,《续》一卷。梁廷枏撰。《汉石例》六卷。刘宝楠撰。《汉魏六朝墓铭纂例》四卷。吴镐撰。《唐人志墓例》一卷。徐朝弼撰。《金石学录》四卷。李富孙撰。《金石学录补》四卷。陆心源撰。《金石札记》四卷,《祛伪》一卷。陆增祥撰。《语石》六卷。叶昌炽撰。《闲者轩帖考》一卷。孙承泽撰。《淳化秘阁法帖考正》十二卷。王澍撰。《淳化阁帖考证》十卷。吴有兰撰。《淳化阁跋》一卷。沈兰先撰。《淳化阁帖源流考》一卷。周行仁撰。《法帖释文》十卷。徐朝弼撰。《南村帖考》四卷。程文荣撰。《鸣野山房帖目》四卷。沈复粲撰。《禊帖综闻》一卷。胡世安撰。《苏米斋兰亭考》八卷。翁方纲撰。《定武兰亭考》一卷。王灏撰。《凤墅残帖释文》二卷。钱大昕撰。《惜抱轩法帖题跋》三卷。姚鼐撰。《苏米斋题跋》二卷。翁方纲撰。《竹云题跋》四卷。王澍撰。《铁函斋书跋》六卷。杨宾撰。《芳坚馆题跋》四卷。郭尚先撰。《钱录》十六卷。乾隆十六年敕撰。《泉神志》七卷。李世熊撰。《泉志校误》四卷。金嘉采撰。《钱志新编》二十卷。张崇懿撰。《琴趣轩泉谱》一卷。黄灼撰。《广钱谱》一卷。张延世撰。《历代古钱目》一卷。朱炜撰。《泉布统志》九卷。孟麟撰。《选青小笺》十卷。许原恺撰。《虞夏赎金释文》一卷。刘师陆撰。《古今待问录》六卷。朱枫撰。《吉金所见录》十六卷。初尚龄撰。《古今钱略》三十四卷。倪模撰。《货布文字考》四卷。马昂撰。《泉宝所见录》十六卷。沈巍皆撰。《历代钟官图经》八卷。陈莱孝撰。《吉金志存》四卷。李光廷撰。《癖谈》六卷。《附录》四卷。蔡云撰。《运甓轩钱谱》四十卷。吕佺孙撰。《癖泉臆说》六卷。高焕撰。《古泉丛话》三卷,《藏泉记》一卷。戴熙撰。《观古阅泉说》一卷,《丛稿》二卷,《续稿》一卷,《三编》二卷。鲍康撰。《论泉绝句》二卷。刘喜海撰。《古泉汇》六十卷,《续》十四卷,《补遗》二卷。李佐贤撰。《齐鲁古印攈》四卷,《续》一卷。高庆龄撰。《集古官印考证》七卷。瞿中溶撰。《两罍轩印考漫存》九卷。吴云撰。《秦汉瓦当文字》二卷,《续》一卷。程敦撰。《浙江砖录》不分卷。冯登府撰。《百砖考》一卷。吕佺孙撰。《千甓亭砖录》六卷,《续》四卷,《古塼图释》二十卷。陆心源撰。《匋斋藏塼记》二卷。端方撰。《秋景庵主印谱》四卷。黄易撰。《龙泓山人印谱》八卷。丁敬撰。《讱葊集古印存》三十二卷。汪启淑撰。《求是斋印谱》四卷。陈豫钟撰。《吴让之印存》二卷。吴廷飏撰。《杨聋石印存》二卷。杨澥撰。《选集汉印分韵》二卷,《续》二卷。袁日省撰。《杨啸邨印集》二卷。杨大受撰。《胡鼻山人印集》二卷。胡震撰。《观自得斋印集》十六卷。徐子静撰。《秦汉印选》六卷。石潜撰。《二金蜨堂印谱》四卷。赵之谦撰。《封泥考略》十卷。吴式芬、陈介祺同撰。

宋不著撰人《宝刻类编》八卷。乾隆时敕辑。宋欧阳棐《集古录目》五卷。黄本骥辑。

史评类

《御批通鉴纲目》五十九卷,《通鉴纲目前编》一卷,《外纪》一卷,《举要》三卷,《通鉴纲目续编》二十七卷。康熙四十六年御撰。《评鉴阐要》十二卷。乾隆三十六年,刘统勋等奉敕编。《古今储贰金鉴》六卷。乾隆四十六年敕撰。《承华事略补图》六卷。元王恽撰,光绪时徐郙等奉敕补图。《史记评注》十二卷。牛运震撰。《史汉发明》五卷。傅泽鸿撰。《读通鉴论》三十卷。王夫之撰。《宋论》十五卷。王夫之撰。《史论五答》一卷。施国祁撰。《明史评》二卷。纳兰常安撰。《明史十二论》一卷。段玉裁撰。《读通鉴札记》二十卷。章邦元撰。《通鉴评语》五卷。申涵煜撰。《看鉴偶评》四卷。尤侗撰。《鉴语经世编》二十七卷。魏裔介撰。《唐鉴偶评》四卷。周池撰。《纲目通论》一卷,《历代通论》一卷。任兆麟撰。《读史杂记》一卷,《读宋鉴论》三卷。方宗诚撰。《鉴评别录》六十卷。黄恩彤撰。《阅史郄视》四卷,《续》一卷。李塨撰。《读史管见》一卷。汤斌撰。《午亭史评》二卷。陈廷敬撰。《茗香堂史论》四卷。彭孙贻撰。《史见》二卷。陈遇夫撰。《史评》一卷。谢济世撰。《四鉴》十六卷。尹会一撰。《中山史论》二卷。郝浴撰。《十七朝史论一得》一卷。郭伦撰。《石溪史话》八卷。刘凤起撰。《史学提要笺释》五卷。杨锡祐撰。《读书任子自镜录》二十二卷。胡季堂撰。《史林测义》三十八卷。计大受撰。《读史大略》六十卷,《附录》一卷。沙张白撰。《味隽斋史义》二卷。周济撰。《读史笔记》十二卷。吴烜撰。《读史提要录》十二卷。夏之蓉撰。《史论五种》十一卷。李祖陶撰。《史说》一卷。黄式三撰。《史说略》四卷。黄以周撰。《读史臆说》五卷。杨琪光撰。《史通》二十卷。周悦让撰。《救文格论》一卷。顾炎武撰。《炳烛偶钞》一卷。陆锡熊撰。《南江书录》一卷。邵晋涵撰。《读史札记》一卷。卢文弨撰。《文史通义》八卷,《校仇通义》三卷,《文史通义补编》一卷。章学诚撰。《史通通释》二十卷。浦起龙撰。《史通训故补》二十卷。黄叔琳撰。《史通校正》一卷。卢文弨撰。《史通削繁》四卷。纪昀撰。

宋曹彦约《经幄管见》四卷,李心传《旧闻证误》四卷。以上乾隆时奉敕辑。

卷一百四十七　志一百二十二

艺文三

子部十四类：一曰儒家，二曰兵家，三曰法家，四曰农家，五曰医家，六曰天文算法，七曰术数，八曰艺术，九曰谱录，十曰杂家，十一曰类书，十二曰小说，十三曰释家，十四曰道家。

儒家类

《劝善要言》一卷。世祖御撰。《资政要览》三卷，《后序》一卷。顺治十二年，世祖御撰。《内则衍义》十六卷。顺治十三年，世祖御定。《圣谕广训》一卷。《圣谕》，圣祖御撰；《广训》，世宗推绎。《庭训格言》一卷。雍正八年，世宗御纂。《日知荟说》四卷。乾隆元年，高宗御撰。《孝经衍义》一百卷。顺治十三年奉敕撰，康熙二十一年告成。《朱子全书》六十六卷，康熙五十二年，李光地等奉敕撰。《性理精义》十二卷。康熙五十六年，李光地等奉敕撰。《执中成宪》八卷。雍正六年敕撰。《御览经史讲义》三十一卷。乾隆十四年，蒋溥等奉敕撰。《孔子家语疏证》十卷。陈士珂撰。《孔子家语疏证》六卷。孙志祖撰。《孔子家语证讹》十一卷。范家相撰。《孔子集语》十七卷。孙星衍撰。《孔丛子正义》五卷。姜兆锡撰。《曾子注释》四卷。阮福撰。《子思内篇》五卷，《外篇》二卷。黄以周撰。《删定荀子》一卷。方苞撰。《荀子杨倞注校》二十卷，附《校勘补遗》一卷。谢墉撰。《荀子补注》一卷。刘台拱撰。《荀子补注》二卷。郝懿行撰。《荀子集解》二十卷。王先谦撰。《贾子次诂》十六卷。王耕心撰。《盐铁论考证》三卷。张敦仁撰。《新序校补》一卷，《说苑校补》一卷。卢文弨撰。《读说苑》一卷。俞樾撰。《潜夫论笺》十卷。汪继培撰。《周子疏解》四卷。王明弼撰。《读周子札记》不分卷。崔纪撰。《通书注》一卷。李光地撰。《通书集解》二卷。王植撰。《通书解拾遗》一卷，《后录》一卷。李文炤撰。《太极图说论》十四卷。王嗣槐撰。《太极图说集注》一卷。孙子昶撰。《太极图说集释》一卷。王植撰。《太极图说注解》不分卷。陈兆咸撰。《太极图解拾遗》一卷。李文炤撰。《太极图说遗议》一卷。毛奇龄撰。《张子渊源录》十卷。张镠撰。《张子正蒙注》九卷。王夫之撰。《注解正蒙》二卷。李光地撰。《正蒙初义》十七卷。王植撰。《正蒙集解》九卷。李文炤撰。《西铭集释》一卷。王植撰。《西铭解拾遗》一卷，《后录》一卷。李文炤撰。《西铭讲义》一卷。罗泽南撰。《二程学案》二卷。黄宗羲撰。《二程子遗书纂》二卷。李光地撰。《二程语录》十八卷。张伯行撰。《程门主敬录》一卷。谢文洊撰。《集程朱格物法》一卷。王澍撰。《邵子观物篇注》二卷。李光地撰。《皇极经世考》三卷。徐文靖撰。《尊朱要旨》一卷。李光地撰。《读朱随笔》四卷。陆陇其撰。《朱子语类辑略》八卷。张伯行撰。《朱子圣学考略》十卷。朱泽沄撰。《紫阳大旨》八卷。秦云爽撰。《朱子学归》二十三卷。郑端撰。《朱子为学考》三卷。童能灵撰。《朱子语类纂》十三卷。王钺撰。《集朱子读书法》一卷。王澍撰。《朱子讲习辑要编》十卷。龙启垣撰。《朱子言行录》八卷。舒敬亭撰。《朱子语类日钞》五卷。陈澧撰。《考正朱子晚年定论》二卷。孙承泽撰。《朱子晚年全论》八卷。李绂撰。《朱子论定文钞》二十卷。吴震方撰。《述朱质疑》十六卷。夏炘撰。《近思录集注》十四卷。茅星来撰。《近思录集解》十四卷。江永撰。《近思录集解》九卷。李文炤撰。《近思录集解》十四卷，《续近思录》十四卷，《广近思录》十四卷。张伯行撰。《近思续录》四卷。刘源渌撰。《读近思录》一卷。汪绂撰。《续近思录》二十八卷。郑光羲撰。《小学集解》六卷，《小学衍义》八十六卷。张伯行撰。《小学集解》六卷。黄澄撰。《小学集解》六卷。蒋承修撰。《小学纂注》六卷。高愈撰。《小学纂注》二卷。彭定求撰。《小学浅说》一卷。郭长清撰。《小学分节》二卷。高熊徵撰。《小学句读记》六卷。王建常撰。《小学大全解名》六卷。陆有容、谢庭芝、沈眉同撰。《续小学》六卷。叶铃撰。《朱子白鹿洞规条目》二十卷。王澍撰。《读白鹿洞规大义》五卷。任德成撰。《陆子学谱》二十卷。李绂撰。《大学衍义辑要》六卷，《补辑要》十二卷。陈宏谋撰。《大学衍义续》七十卷。强汝询撰。《薛子条贯篇》十三卷，《续篇》十三卷。戴楫撰。《薛文清读书录》八卷。张伯行节录。《薛文清读书录钞》四卷。陆纬撰。《读书录钞》二卷。纪大奎撰。《读读书录》一卷。汪绂撰。《薛氏粹语》四卷。刘世誊撰。《王阳明遗书疏证》四卷。胡泉撰。《王学质疑》五卷，《附录》一卷。张烈撰。《姚江学辨》二卷。罗泽南撰。《吕子节录》四卷，《补遗》一卷。陈宏谋撰。《吕语解释》四卷。尹会一撰。《新吾粹语》四卷。汪霦原撰。《呻吟语质疑》一卷。陆陇其撰。《周程张朱正脉》不分卷。魏裔介撰。《濂洛关闽书》十九卷。张伯行撰。《三子定论》五卷。王复礼撰。《王刘异同》五卷。黄百家撰。《下学指南》一卷。《当务书》一卷。顾炎武撰。《思问录内外篇》二卷，《语录》二卷。王夫之撰。《理学心传纂要》八卷，《岁寒居答问》二卷，《附录》一卷，《语录》二卷。孙奇逢撰。《观感录》一卷，《悔过自新录》一卷。李颙撰。《二曲粹言》四卷。吴凤藻撰。《二曲集录要》四卷。倪元坦撰。《毋欺录》一卷。朱用纯撰。《洙泗问津》一卷。巢鸣盛撰。《匏瓜录》六卷。芮长恤撰。《潜室劄记》二卷。刁包撰。《思辨录辑要》三十五卷，《论学酬答》四卷。陆世仪撰，张伯行删削。《思辨录疑义》一卷。刘蓉撰。《圣学入门书》一卷，《淮云问答》一卷。陈瑚撰。《言行见闻录》四卷，《备忘录》四卷，《近古录》四卷，《初学备忘录》三卷，《经正录》一卷，《愿记》一卷，《答问》一卷。张履祥撰。《事心录》一卷。万斯大撰。《正学隅见述》一卷。王弘撰撰。《存学编》四卷，《存性编》二卷，《存治编》一卷，《存人编》四卷。颜元撰。《颜习斋言行录》二卷。锺錂撰。

《颜氏学记》十卷。戴望撰。《颜学辨》八卷。程朝仪撰。《大学辨业》四卷，《圣经学规纂》二卷，《论学》二卷，《小学稽业》五卷，《瘳忘篇》二卷，《平书订》十四卷。李塨撰。《簾阴劄记》不分卷，《明辨录》二卷。孙承泽撰。《学言》三卷。白允谦撰。《紫阳通志录》四卷。高世泰撰。《此菴语录》十卷。胡统虞撰。《张界轩集》八卷。张时为撰。《性图》一卷。黄采撰。《学案》一卷。王甡撰。《致知格物解》二卷，《论性书》二卷，《约言录》二卷，《希贤录》十卷。魏裔介撰。《知言录》一卷，《儒宗录》一卷，《庸言》一卷。魏象枢撰。《郝雪海笔记》三卷。郝浴撰。《读书质疑》二卷，《欲从录》十卷。王锬撰。《臆言》四卷。朱显祖撰。《儒宗理要》二十九卷。张能鳞撰。《理学辨》一卷。王庭撰。《常语笔存》一卷。汤斌撰。《理学要旨》不分卷。耿介撰。《双桥随笔》十二卷。周召撰。《闲道录》三卷，《下学劄记》三卷。熊赐履撰。《榕村语录》三十卷，《榕村讲授》三卷，《经书笔记》、《读书笔录》共一卷，《道南讲授》三卷，《观澜录》一卷，《初夏录》一卷。李光地撰。《三鱼堂剩言》十二卷，《松阳钞存》二卷，《学术辨》一卷，《问学录》四卷，《日记》十卷。陆陇其撰。《性理谱》五卷。萧企昭撰。《困学录集粹》八卷，《性理正宗》四十卷。张伯行撰。《儒门法语》一卷。彭定求撰。《读书偶记》三卷，《励志杂录》一卷。雷鋐撰。《理学逢源》十二卷，《读困知记》一卷，《读问学录》一卷。汪绂撰。《儒林谱》一卷。焦袁熹撰。《大儒粹语》二十八卷。顾栋高撰。《愤助编》四卷。蔡方炳撰。《溯流史学钞》二十卷。张沐撰。《程功录》五卷。杨名时撰。《切近编》一卷。桑调元、沈廷芳编。《沈端悫遗书》四卷。沈近思撰。《健馀劄记》四卷，《读书笔记》四卷。尹会一撰。《圣贤儒史》一卷。王复礼撰。《理学正宗》十五卷，《事亲庸言》二十卷。窦克勤撰。《性理纂要》八卷，《天理主敬图》一卷。冉觐祖撰。《嵩阳学凡》六卷。景日昣撰。《会语支言》四卷。陆鸣鳌撰。《性理大中》二十八卷。应抝谦撰。《体独私钞》四卷。黄百家撰。《信阳子卓录》八卷。张鹏翮撰。《正修录》三卷。于准撰。《心印正说》三十四卷。吴台硕撰。《尊道集》四卷。朱搴撰。《儒门语要》六卷。《儒学入门》一卷。《慎独图说》一卷。倪元坦撰。《读书日记》六卷。刘源渌撰。《性理辨义》二十卷。王建衡撰。《原善》三卷。戴震撰。《静用堂偶编》十卷。涂天相撰。《广字义》三卷。黄叔璥撰。《虚谷遗书》三卷。何国材撰。《慎思录》二卷。李南晖撰。《载道集》六十卷。许焞撰。《耻亭遗书》十卷。周宗濂撰。《棉阳学准》五卷。蓝鼎元撰。《絅斋随笔》一卷。孔毓焞撰。《躬行实践录》十五卷。桑调元撰。《理学疑问》四卷。童能灵撰。《性理浅说》一卷。郭长清撰。《淑艾录》十四卷，《下学编》十四卷。祝淦撰。《逸语》十卷。曹廷栋撰。《困勉斋私记》四卷。阎循观撰。《明儒讲学考》一卷。程嗣章撰。《读书小记》三十一卷。范尔梅撰。《东莞学案》不分卷。吴鼎撰。《坊表录》六卷。苏宗经撰。《宗辉录》六卷。陆元纶撰。《省身录》一卷。王灏撰。《省身录》十卷。苏源生撰。《忏摩录》一卷。彭兆荪撰。《省疚录》一卷。孔广牧撰。《非石子》二卷。钮树玉撰。《养一斋劄记》九卷。潘德舆撰。《焚香录》一卷，《求复录》一卷，《晚闻录》一卷。孟超然撰。《倭文端遗书》十四卷。倭仁撰。《忱行录》二卷。邵懿辰撰。《梅窗碎录》六卷。陈会芳撰。《弟子箴言》十四卷。胡达源撰。《畜德录》二十卷。席启图撰。《大意尊闻》三卷，《进修录》一卷，《未能录》二卷，《志学录》八卷，《俟命录》十卷。方宗诚撰。《来复堂学内篇》四卷，《学外篇》六卷，《讲义》四卷。丁大椿撰。《生斋读易日识》六卷，《自知录》三卷，《自识》一卷，《自识续》一卷。方坰撰。《经说拾馀》一卷，《经说弟子记》一卷。胡泉撰。《敦艮斋遗书》十七卷。徐润第撰。《辨心性》二卷，《心述》三卷，《性述》三卷。方潜撰。《持志塾言》二卷。刘熙载撰。《理学辨似》一卷。潘欲仁撰。《孝友堂家规》一卷，《家训》一卷。孙奇逢撰。《奉常家训》一卷。王时敏撰。《丧祭杂记》一卷，《训子语》一卷。张履祥撰。《养正类编》十三卷。张伯行撰。《蒋氏家训》一卷。蒋伊撰。《家规》一卷。窦克勤撰。《家规》三卷。倪元坦撰。《范身集略》四卷。秦坊撰。《里堂家训》一卷。焦循撰。《双节堂庸训》六卷。汪辉祖撰。《敬义堂家训》一卷。纪大奎撰。《丧礼辑略》二卷，《家诫录》一卷。孟超然撰。《养蒙大训》一卷。熊大年撰。《养正篇》一卷，《初学先言》一卷。谢文洊撰。《闲家编》八卷。王士俊撰。《先正遗规》四卷。汪正撰。《人范》六卷。蒋元撰。《身范》十三卷。孙希朱撰。《五种遗规》十五卷。陈宏谋撰。《学规类编》二十七卷。张伯行撰。《学规》一卷，《训门人语》一卷。张履祥撰。《学约续编》十四卷。孙承泽撰。《教习堂条约》一卷。徐乾学撰。《鳌峰学约》一卷。蔡世远撰。《泌阳学规》一卷，《寻乐堂学规》一卷。窦克勤撰。《志学会规》一卷。倪元坦撰。《国朝先正学规汇钞》一卷。黄舒昺撰。《箴友言》一卷。赵青藜撰。《士林彝训》八卷。关槐撰。《古格言》十二卷。梁章钜撰。《箴铭录要》一卷。倪元坦撰。《座右铭类钞》一卷，《续钞》一卷。汪汲、顾景濂同编。《子史粹言》二卷。丁晏撰。《小学韵语》一卷。罗泽南撰。《女教经传通纂》二卷。任启运撰。《女学》六卷。蓝鼎元撰。《秦氏闺训新编》十二卷。秦云爽撰。《妇学》一卷。章学诚撰。《经世篇》十二卷。顾炎武撰。《明夷待访录》二卷。黄宗羲撰。《教民恒言》一卷。魏裔介撰。《绎志》十九卷。胡承诺撰。《拟太平策》六卷。李塨撰。《潜书》四卷。唐甄撰。《居济一得》八卷。张伯行撰。《法书》十卷。檀萃撰。《治嘉格言》一卷，《莅政摘要》二卷。陆陇其撰。《齐治录》三卷。于准编。《万世玉衡录》四卷。蒋伊撰。《强学录》四卷。夏锡畴撰。《仕学备馀》二卷。纪大奎撰。《枢言》一卷，《续枢言》一卷，《经论疏》一卷。王柏心撰。《校邠庐抗议》二卷。冯桂芬撰。

唐太宗《帝范》四卷，宋袁采《袁氏世范》三卷，宋刘清之《戒子通录》八卷，宋胡宏《知言》六卷、《附录》一卷，宋刘荀《明本释》三卷，宋吕祖谦《少仪外传》二卷，宋项安世《项氏家说》十卷、《附录》二卷，宋张洪、齐熙《朱子读书法》四卷，旧题朱子撰《家山图书》一卷。以上乾隆时敕辑。周管夷吾《内业》一卷，周《漆雕子》一卷，周宓不齐《宓子》一卷，周《景子》一卷，周世硕《世子》一卷，周魏斯《魏文侯书》一卷，周《李克书》一卷，周《公孙尼子》一卷，周孔穿《谰言》一卷，周甯越《甯子》一卷，周《王孙子》一卷，周《李氏春秋》一卷，周董无心《董子》一卷，周《徐子》一卷，周鲁仲连《鲁连子》一卷，周虞卿《虞氏春秋》一卷，汉朱建《平原君书》一卷，汉《刘敬书》一卷，汉贾山《至言》一卷，汉刘德《河间献王书》一卷，汉《儿宽书》一卷，汉《公孙弘书》一卷，汉《终军书》一卷，汉《吾丘寿王书》一卷，汉王逸《正部》一卷，汉仲长子《昌言》一卷，汉魏朗《魏子》一卷，魏周生烈《要论》一卷，魏王肃《正论》一卷，魏杜恕《体论》一卷，魏王基《新书》一卷，吴周昭《周子》一卷，吴顾谭《新言》一卷，吴陆景《典语》一卷，晋袁宏《去伐论》一卷，晋殷基《通语》一卷，晋谯周《法训》一卷，晋袁准《正论》二卷、《正书》一卷，晋孙毓《孙氏成败志》一卷，晋王婴《古今通论》一卷，晋蔡洪《化清经》一卷，晋夏侯湛《新论》一卷，晋华谭《新论》一卷，晋陆机《要览》一卷，晋梅氏《新论》一卷，晋虞喜《志林新书》一卷、《广林》一卷、《释滞》一卷、《通疑》一卷，晋干宝《干子》一卷，晋顾夷《义训》一卷，隋王邵《读书记》一卷。以上马国翰辑。魏文帝《典论》一卷，晋杨泉《物理论》一卷。以上黄奭辑。

兵家类

《握奇经注》一卷。李光地撰。《握奇经解》一卷。王瞰撰。《握奇经定本》一卷，《正义》一卷，《图》一卷。张惠言撰。《孙子汇徵》四卷。郑端撰。《孙子集注》一卷。邓廷罗撰。《司马法古注》三卷，附《音义》一卷。曹元忠撰。《军礼司马法考徵》一卷。黄以周撰。《卫公兵法辑本》二卷，《考证》一卷。汪宗沂撰。《惧谋录》四卷。顾炎武撰。《兵谋》一卷，《兵法》一卷。魏禧撰。《兵镜》十一卷，《兵镜或问》二卷。邓廷罗撰。《戊笈谈兵》十卷。汪绂撰。《洴澼百金方》十四卷。吴宫桂撰。《治平胜算全书》十六卷，《年将军兵法》二卷。年羹尧撰。《兵法类案》十三卷。谢文洊撰。《兵法集鉴》六卷。史策先撰。《兵鉴》五卷，《测海录》五卷。徐宗幹撰。《行军法戒录》二卷。秦光第撰。《奇门行军要略》四卷。刘文淇撰。《兵法入门》一卷。左宗棠撰。《武备志略》五卷。傅禹撰。《慎守要录》九卷。韩霖撰。《防御纂要》一卷。游闳撰。《坚壁清野议》一卷。龚景瀚撰。《练勇刍言》五卷。王鑫撰。《临陈心法》一卷。刘连捷撰。《简练集》一卷。程荣春撰。《教练纪要》十卷。谢瑛撰。《武备辑要》六卷，《续编》十卷。许乃钊撰。《武备地利》四卷。施永图撰。《读史兵略》四十六卷。胡林翼撰。《百将传》二卷。丁日昌撰。《学射录》二卷。李塨撰。《贯虱心传》一卷。纪鉴撰。《征南射法》一卷，《内家拳法》一卷。黄百家撰。《手臂录》四卷。吴殳撰。《历代车战叙略》一卷。张泰交撰。《练阅火器阵纪》一卷。薛熙撰。《火器真诀解证》一卷。沈善蒸撰。《火器略说》一卷。王达权、王韬同撰。《中西火法》一卷。薛凤祚撰。《炮规图说》一卷。陈旸撰。《炮法撮要》一卷。董祖修撰。

《六韬逸文》一卷。孙星衍辑。《六韬逸文》一卷。孙同元辑。《六韬》一卷。孙夷辑。《太公兵法逸文》一卷，《武侯八阵心法辑略》一卷。汪宗沂辑。《别本司马法》一卷。张澍辑。

法家类

《钦颁州县事宜》一卷。田文镜撰。《删定管子》一卷。方苞撰。《管子校正》二十四卷。戴望撰。《管子义证》八卷。洪颐煊撰。《弟子职集解》一卷。庄述祖撰。《弟子职笺释》一卷。洪亮吉撰。《弟子职集注》一卷。任文田撰。《弟子职注》一卷。孙同元撰。《弟子职正音》一卷。许瀚撰。《弟子职音谊》一卷。钟广撰。《弟子职正音》一卷。王筠撰。《管子地员篇注》四卷。王绍兰撰。《商君书新校正》五卷。严万里撰。《韩非子识误》三卷。顾广圻撰。《韩非子校正》一卷。卢文弨撰。《韩非子集解》二十卷。王先慎撰。《疑狱集笺》四卷。陈芳生撰。《洗冤录详义》四卷，《摭遗》二卷。许梿、葛元煦撰。《洗冤录集证》四卷。王又槐撰。《洗冤录辨正》一卷。瞿中溶撰。《洗冤录集解》一卷。姚德豫撰。《洗冤录证》四卷。刚毅撰。《巡城条约》一卷，《风宪禁约》一卷。魏裔介撰。《提牢备考》四卷。赵舒翘撰。《审看拟式》六卷。刚毅撰。《爽鸠要录》二卷。蒋超伯撰。《牧令书辑要》十卷。徐致初撰。《筮仕金鉴》二卷。邵嗣宗撰。《学治臆说》二卷，《续说》一卷，《说赘》一卷，《佐治药言》一卷，《续》一卷。汪辉祖撰。《学治一得录》一卷。何耿绳撰。《学治偶存》八卷。陆维祺撰。《吏治悬镜》一卷。徐文弼撰。《续刑法叙略》一卷。谭瑄撰。《读律佩觿》一卷。王明德撰。《读律琯朗》一卷。梁他山撰。《读律提纲》一卷。杨荣绪撰。《读律心得》三卷。刘衡撰。《明刑管见录》一卷。穆翰撰。《明刑弼教录》六卷。王祖源撰。《折狱卮言》一卷。陈士鑛撰。《办案要略》一卷。王又槐撰。《检验合参》一卷。郎锦麒撰。《幕学举要》一卷。万维翰撰。《未信编》六卷。潘杓灿撰。《萧曹随笔》四卷。不著撰人氏名。《治山经律劄记》一卷。朱廷劢撰。《守禾日记》六卷。卢崇兴撰。《天台治略》八卷。戴兆佳撰。《问心一隅》二卷。何秋涛撰。《寄簃文存》八卷，《二编》二卷。沈家本撰。

宋郑克《折狱龟鉴》八卷。乾隆时敕辑。周申不害《申子》一卷，汉晁错《新书》一卷，汉崔寔《政论》一卷，魏刘廙《部论》一卷，魏阮武《政论》一卷，魏桓范《世要论》一卷，吴陈融《要言》一卷。以上马国翰辑。李悝《法经》一卷。黄奭辑。

农家类

《授时通考》七十八卷。乾隆二年，鄂尔泰等奉敕撰。《授衣广训》二卷。嘉庆十三年，董诰等奉敕撰。《补农书》二卷。张履祥撰。《梭山农谱》三卷。刘应棠撰。《恒产琐言》一卷。张英撰。《宝训》八卷。郝懿行撰。《农业易知录》三卷。郑之任撰。《泽农要录》六卷。吴邦庆撰。《增订教稼书》四卷。盛百二撰。《农雅》六卷。倪倬撰。《农候杂占》四卷。梁章钜撰。《农圃备览》一卷。丁宜曾撰。《区田书》一卷。王心敬撰。《区种五种》五卷，《附录》一卷。赵梦龄撰。《江南催耕课稻篇》不分卷。李彦章撰。《豳风广义》三卷。杨屾撰。《蚕桑萃编》十五卷。卫杰撰。《种桑说》三卷，附《饲蚕诗》一卷。周凯撰。《蚕桑说》一卷。沈练撰。《蚕桑简编》一卷。杨名飏撰。《广蚕桑说辑要》二卷。仲学辂撰。《广蚕桑说辑补》一卷。宗源瀚撰。《桑志》十卷。李聿修撰。《湖蚕述》四卷。汪曰桢撰。《橡茧图说》二卷。刘祖震撰。《樗茧谱》一卷。郑珍撰。《木棉谱》一卷。褚华撰。《种苎麻法》一卷。李厚裕撰。《广种柏树兴利除害条陈》一卷。徐绍基撰。《野菜赞》一卷。顾景崇撰。《抚郡农产考略》二卷。何刚德撰。

元官撰《农桑辑要》七卷，元鲁明善《农桑衣食撮要》二卷，元王祯《农书》二十二卷。以上乾隆时敕辑。《神农书》一卷，《野老书》一卷，周范蠡《范子计然》三卷，《养鱼经》一卷，汉《尹都尉书》一卷，汉《氾胜之书》一卷，汉《蔡癸书》一卷，汉卜式《养羊法》一卷，唐郭橐驼《种树书》一卷。以上马国翰辑。《范子计然》一卷。黄奭辑。

医家类

《御定医宗金鉴》九十卷。乾隆十四年，鄂尔泰等奉敕撰。《素问直解》九卷。高世栻撰。《素问集注》九卷。张志聪撰。《素问悬解》十三卷。黄元御撰。《素问释义》十卷。张琦撰。《素问校义》一卷。胡澍撰。《内经知要》二卷。李念莪撰。《内经运气病释》九卷，《内经运气表》一卷，《内经难字》一卷。陆懋修撰。《灵枢经集注》九卷。张志聪撰。《灵枢悬解》九卷。黄元御撰。《素问灵枢类纂》九卷。汪昂撰。《灵枢素问浅注》十二卷。陈念祖撰。《难经悬解》二卷。黄元御撰。《难经经释》二卷。徐大椿撰。《金匮玉函经注》二十二卷。张扬俊撰。《金匮要略方论本义》二十二卷。魏荔彤撰。《金匮要略论注》二十四卷。徐彬撰。《金匮悬解》二十二卷。黄元御撰。《金匮要略浅注》十卷，《金匮方歌括》六卷。陈念祖撰。《金匮心典》三卷。尤怡撰。《伤寒论注》六卷。张志聪撰。《伤寒悬解》十五卷，《伤寒说意》十一卷。黄元御撰。《伤寒论注》四卷，一名《伤寒来苏集》。《伤寒论翼附翼》四卷。柯琴撰。《伤寒论注》六卷，《伤寒论附录》二卷，《伤寒例新注》一卷，《读伤寒论心法》一卷。王丙撰。《伤寒论纲目》十六卷。沈金鳌撰。《伤寒分经》十卷。吴仪洛撰。《伤寒论条辨续注》十二卷。郑重光撰。《伤寒论浅注》六卷，《长沙方歌括》六卷，《伤寒医诀串解》六卷，《伤寒真方歌括》六卷。陈念祖撰。《伤寒论阳明病释》四卷。陆懋修撰。《伤寒卒病论读》不分卷。沈又彭撰。《伤寒集注》十卷，《附录》五卷，《伤寒六经定法》一卷。舒诏撰。《伤寒论后条辨》十五卷。程应旄撰。《伤寒缵论》二卷，《伤寒绪论》二卷。张璐撰。《伤寒类方》一卷。徐大椿撰。《伤寒论补注》一卷。顾观光撰。《伤寒辨证广注》十四卷，《中寒论辨证广注》三卷。汪琥撰。《伤寒舌鉴》一卷。张登撰。《伤寒兼证析义》一卷。张倬撰。《伤寒贯珠集》八卷。尤怡撰。《伤寒审证表》一卷。包诚撰。《伤寒大白论》四卷。秦之桢撰。《长沙药解》四卷。黄元御撰。《圣济总录纂要》二十六卷。程林撰。《四圣心源》十卷，《四圣悬枢》四卷，《素灵微蕴》四卷。黄元御撰。《尚论篇》四卷，《后篇》四卷，《伤寒答问》一卷，《医门法律》六卷，《寓意草》一卷，《生民切要》二卷。喻昌撰。《医学真传》一卷。高世栻撰。《诊家正眼》二卷，《病机沙篆》二卷。李中梓撰。《诊宗三昧》一卷。张璐撰。《四诊抉微》八卷。林之翰撰。《证治大还》四十卷。陈治撰。《马师津梁》八卷。马元仪撰。《医笈宝鉴》十卷。董西园撰。《兰台轨范》八卷，《医学源流论》二卷，《医贯砭》二卷。徐大椿撰。《医林纂要》十卷。汪绂撰。《医学从众录》八卷，《医学实在易》八卷。陈念祖撰。《医学举要》六卷。徐镛撰。《医门棒喝》四卷，《二集》九卷。章楠撰。《救偏琐言》十卷。费启泰撰。《侣山堂类辨》一卷。张志聪撰。《名医汇粹》八卷。罗美撰。《辨证录》十四卷。陈士铎撰。《病机汇论》十八卷。沈朗山撰。《医学读书记》三卷，《续》一卷。尤怡撰。《续名医类案》六十卷。魏之琇撰。《医林集腋》十六卷。赵学敏撰。《医学汇纂指南》八卷。端木缙撰。《医理信述》六卷。夏子俊撰。《医经原旨》六卷。薛雪撰。《医津筏》一卷。江之兰撰。《医醇剩义》四卷。费伯雄撰。《张氏医通》十六卷。张璐撰。《李氏医鉴》十卷，《续补》二卷。李文来撰。《洄溪医案》一卷。徐大椿撰。《王氏医案》五卷。王士雄撰。《康斋医案偶存》一卷。陈其晋撰。《钱氏医略》四卷。钱一桂撰。《燮臣医学》十卷。屠通和撰。《世补斋医书》十六卷。陆懋修撰。《李翁医记》三卷。焦循撰。《柳州医话》一卷。魏之琇撰。《冷庐医话》五卷。陆以湉撰。《潜斋医话》一卷。王士雄撰。《神农本草百种录》一卷。徐大椿撰。《神农本草经读》四卷。陈念祖撰。《本草述》三十二卷。刘若金撰。《得宜本草》一卷。王子接撰。《本草备要》四卷。汪昂撰。《本草崇原》三卷。高世栻、张志聪撰。《本草通原》二卷。李中梓撰。《本草纲目药品药目》一卷。蔡烈先编。《图》三卷。许燮年绘。《本草万方缄线》八卷。蔡烈先撰。《本草话》二十二卷，《本草纲目拾遗》十卷，《药性元解》四卷，《花药小名录》四卷，《奇药备考》六卷。赵学敏撰。《本草纲目求真》十一卷。黄宫绣撰。《本草汇纂》十卷。屠通和撰。《本经逢原》四卷。张璐撰。《本经疏证》十二卷，《续疏》六卷，《本经序疏要》八卷。邹澍撰。《药性歌括》一卷，《日用菜物》一卷。汪昂撰。《玉楸药解》四卷。黄元御撰。《要药分剂》十卷。沈金鳌撰。《药性赋音释》一卷。金苹华撰。《古方考》四卷。龙柏撰。《名医方论》三卷。罗美撰。《程氏易简方论》六卷。程履新撰。《绛雪园古方选注》三卷。王子接撰。《医方集解》二十三卷，《汤头歌括》一卷。汪昂撰。《临证指南医案》十卷。叶桂撰。《养素园传信方》六卷。赵学敏撰。《洄溪秘方》一卷。徐大椿撰。《成方切用》十四卷。吴仪洛撰。《得心录》一卷。李文渊撰。《时方妙用》四卷，《时方歌括》二卷，《景岳新方砭》四卷，《十药神书注解》一卷。陈念祖撰。《四科简效方》十卷。王士雄撰。《集验良方》六卷。年希尧撰。《便易经验集》三卷。毛世洪撰。《良方集腋》二卷，《良方合璧》二卷。谢元庆编。《医方易简》十卷。龚月川撰。《行军方便方》三卷。罗世瑶撰。《平易方》三卷。叶香侣撰。《万选方》一卷。金桺撰。《急救良方》一卷。余成甫撰。《世补斋不谢方》一卷。陆懋修撰。《运气精微》二卷。薛凤祚撰。《时节气候决病法》一卷。王丙撰。《升降秘要》二卷。赵学敏撰。《经络歌括》一卷。汪昂撰。《脉诀汇辨》十卷。李延是撰。《脉理求真》一卷。黄宫绣撰。《释骨》一卷。沈彤撰。《杂病源流》三十卷。沈金鳌撰。《温证语录》一卷。喻昌撰。《广温热论》五卷。戴天章撰。《温热论》一卷。薛雪撰。《瘟疫传症汇编》二十卷。熊立品撰。《温疫条辨摘要》一卷。吕田撰。《松峰说疫》六卷。刘奎撰。《温热经纬》五卷。王士雄撰。《温症痱痧辨证》一卷。许汝楫撰。《痧胀玉衡书》三卷，《后书》三卷。郭志邃撰。《治疟痢方》一卷。倪涵初撰。《痢疾论》四卷。孔毓礼撰。《痧法备旨》一卷。欧阳调律撰。《霍乱论》二卷。陈念祖撰。《霍乱论》二卷。王士雄撰。《吊脚痧方论》一卷。徐子默撰。《喉科秘钥》二卷。许佐廷撰。《烂喉痹痧辑要》一卷。金德鉴撰。《时疫白喉捷要》一卷。张绍修撰。《血症经验良方》一卷。潘为缙撰。《傅青主男科》二卷，《女科》二卷，《产后编》二卷。傅山撰。《济阴纲目》十四卷。武之望撰，汪淇笺。《女科要旨》四卷。陈念祖撰。《宁坤宝笈》二卷，《附》一卷。释月田撰。《女科辑要》八卷。周纪常撰。《妇科玉尺》六卷。沈金鳌撰。《女科经论》八卷。萧埙撰。《产科心法》二卷。江喆撰。《产孕集》二卷。张曜孙撰。《胎产护生编》一卷。李长科撰。《达生编》一卷。亟斋居士撰。《保生碎事》一卷。汪淇撰。《幼科铁镜》六卷。夏鼎撰。《雅爱堂痘疹验方》一卷。邵嗣尧撰。《冯氏锦囊秘录杂症大小合参》二十卷，《痘疹全集》十五卷，《杂症痘疹药性合参》十二卷。冯兆张撰。《痘疹不求人方论》一卷。朱隆撰。《疹痘集解》六卷。俞茂鲲撰。《保童济世论》一卷。陈含章撰。《痘证宝筏》六卷。强健撰。《庄氏慈幼二书》二卷。庄一夔撰。《幼科释谜》六卷。沈金鳌撰。《幼幼集成》六卷。陈复成撰。《天花精言》六卷。袁旬撰。《牛痘要法》一卷。蒋致远撰。《外科正宗评》十二卷。徐大椿撰。《外科证治全生》一卷。王维德撰。《治疔汇要》三卷。过铸撰。《一草亭目科全书》一卷。邓苑撰。《眼科方》一卷。叶桂撰。《治蛊新方》一卷。路顺德撰。《理瀹骈文》二卷。吴尚先撰。《串雅》八卷，《祝由录验》四卷。赵学敏撰。《药症宜忌》一卷。陈澈撰。《医学三字经》四卷。陈念祖撰。《慎疾刍言》一卷。徐大椿撰。《勿药须知》一卷。尤垂撰。《摄生间览》四卷。赵学敏撰。《医故》二卷。郑文焯撰。

不知时代撰人《颅顖经》二卷，宋王衮《博济方》五卷，宋沈括《苏沈良方》八卷，宋董汲《脚气治法总要》二卷、《旅舍备要方》一卷，宋韩祗《伤寒微旨》二卷，宋王贶《全生指迷方》四卷，宋夏德《卫生十全方》三卷、《奇疾方》一卷，东轩居士《卫济宝书》二卷，不知撰人《太医局程文》九卷，《产育宝庆方》二卷，宋李迅《集验背疽方》一卷，宋严用和《济生方》八卷，不知撰人《产宝诸方》一卷，《救急仙方》六卷，元沙图穆苏《瑞竹堂经验方》五卷。以上乾隆时敕辑。《神农本草经》三卷。孙星衍、孙冯翼同辑。《神农本草经》三卷。顾观光辑。

天文算法类

《历象考成》四十二卷。康熙五十二年，圣祖御撰。《历象考成后编》十卷。乾隆二年敕撰。《仪象考成》三十二卷。乾隆九年，戴进贤等奉敕撰。《仪象考成续编》三十二卷。道光二十四年，敬徵等奉敕撰。《律历渊源》一百卷。雍正元年，世宗御定。《万年书》不分卷。道光时奉敕撰。《历代三元甲子编年》三卷。道光时奉敕撰。《天经或问前集》一卷，《后集》一卷。游艺撰。《天步真原》一卷，《天学会通》一卷。薛凤祚撰。《天元历理大全》十二卷。徐发撰。《天文考异》一卷。徐文靖撰。《续天文略》一卷。戴震撰。《天学入门》一卷。徐朝俊撰。《圜天图说》三卷，《续编》二卷。李明徹撰。《天学问答》二卷。梅启照撰。《天算或问》一卷。李善兰撰。《测天约术》一卷。陈昌齐撰。《晓庵新法》六卷，《晓庵杂著》一卷，《历法表》三卷。王锡阐撰。《历学会通正集》十二卷，《考验部》二十八卷，《致用部》十六卷。薛凤祚撰。《历学疑问》三卷，《疑问补》二卷，《历学骈枝》四卷，《历学答问》一卷，《交会管见》一卷，《交食蒙求》三卷，《七政细草补注》一卷，《平立定三差解》一卷。梅文鼎撰。《平立定三差详说》一卷。梅瑴成撰。《历象本要》一卷。李光地撰。《历法记疑》一卷。王元启撰。《推步法解》五卷，《历学补论》一卷，《岁实消长辨》一卷，《恒气注历辨》一卷，《中西合法拟草》一卷，《七政衍》一卷。江永撰。《八线测表图说》一卷。余熙撰。《古今岁实考校补》一卷，《古今朔实考校补》一卷。黄汝成撰。《交食图说举隅》一卷，《推算日食增广新术》二卷。罗士琳撰。《表算日食三差》一卷，《朔食九服里差》三卷，《强弱率通考》一卷，《古今积年解源》二卷。徐有壬撰。《日法朔馀强弱考》一卷。李锐撰。《凌犯新术》三卷。司徒栋、杜熙龄同撰。《交食细草》三卷。张作楠撰。《尺算日晷新义》二卷。刘衡撰。《推步简法》三卷。顾观光撰。《推步迪蒙记》一卷。成孺撰。《推步惟是》四卷。安清翘撰。《古今推步诸术考》二卷，《太岁超辰表》一卷，《疑年表》一卷。汪曰桢撰。《矑离引蒙》一卷，《交食引蒙》一卷。贾步纬撰。《交食捷算》四卷，《五纬捷术》四卷。黄炳垕撰。《五星行度解》一卷。王锡阐撰。《中星谱》一卷。胡亶撰。《五星纪要》一卷，《火星本法》一卷。梅文鼎撰。《中西经星异同考》一卷，《南极诸星考》一卷。梅文鼐撰。《金水发微》一卷。江永撰。《中星表》一卷。徐朝俊撰。《恒星说》一卷。江声撰。《岁星表》一卷。朱骏声撰。《恒星馀论》一卷。张星江撰。《中星全表》三卷。刘文澜撰。《星土释》三卷。李林松撰。《恒星图表》一卷。贾步纬撰。

《新测恒星图表》一卷，《中星图表》一卷，《更漏中星表》三卷，《金华晷漏中星表》二卷。张作楠撰。《句陈晷度》一卷，《廿星距度》一卷，《日星测时表》二卷。余煌撰。《赤道南北恒星图》一卷。邹伯奇撰。《赤道经纬恒星图》一卷。六严撰。《黄道经纬恒星图》一卷。戴进贤撰。《北极经纬度分表》一卷。齐彦槐撰。《北极高度表》一卷。刘茂吉撰。《冬至考》一卷。梅文鼎撰。《冬至权度》一卷。江永撰。《全史日至源流》三十三卷。许伯政撰。《璿玑遗述》七卷。揭暄撰。《三政考》一卷。吴鼐撰。《颛顼历考》二卷。邹汉勋撰。《颛顼新术》一卷，《夏殷历章蔀合表》一卷，《周初年月日岁星表》一卷。姚文田撰。《汉太初历考》一卷。成孺撰。《三统术衍》三卷，《术钤》三卷。钱大昕撰。《三统术衍补》一卷。董佑诚撰。《三统术详说》三卷。陈澧撰。《汉三统术注》三卷，《汉四分术注》三卷，《汉乾象术注》二卷，《补修宋奉元术并注》一卷，《补修宋占天术并注》一卷。李锐撰。《麟德术解》三卷。李善兰撰。《大统历法启蒙》一卷。王锡阐撰。《大统书志》十七卷。梅文鼎撰。《六历通考》一卷，《回回历解》一卷。顾观光撰。《历代长术辑要》十卷。汪曰桢撰。《古术今测》八卷，《附考》二卷。梁僧宝撰。《万青楼图编》十六卷。邵昂霄撰。《揆日候星纪要》一卷，《岁周地度合考》一卷，《诸方日轨高度表》一卷。梅文鼎撰。《揆日正方图表》一卷。徐朝俊撰。《地球图说补》一卷。焦循撰。《地圆说》一卷。焦廷琥撰。《二仪铭补注》一卷。梅文鼎撰。《授时术解》六卷。黄钺撰。《测地志要》四卷。黄炳垕撰。《舆地经纬度里表》一卷。丁取忠撰。

元赵友钦《原本革象新书》五卷。乾隆时敕辑。黄帝《泰阶六符经》一卷，不知撰人《五残杂变星书》一卷，汉张衡《灵宪》一卷、《军仪》一卷，吴姚信《昕天论》一卷，晋虞喜《安天论》一卷。以上马国翰辑。

以上天文算法类推步之属

《数理精蕴》五十三卷。康熙十三年，圣祖御撰。《周髀算经图注》一卷。吴烺撰。《周髀算经校勘记》一卷。顾观光撰。《周髀算经述》一卷，《算略》一卷。冯经撰。《方田通法》一卷，《方程论》六卷，《句股举隅》一卷，《句股阐微》四卷。梅文鼎撰。《句股引蒙》五卷，《句股述》二卷。陈讦撰。《句股矩测解原》二卷。黄百家撰。《句股正义》一卷。杨作枚撰。《句股割圜记》三卷。戴震撰。《句股容三事拾遗》三卷，《附例》一卷。罗士琳撰。《句股浅术》一卷。梅冲撰。《句股尺测量新法》一卷。刘衡撰。《句股六术》一卷。项名达撰。《句股截积算术》二卷。罗士琳撰。《句股图解》四卷。焦腾凤撰。《少广拾遗》一卷。梅文鼎撰。《少广补遗》一卷。陈世仁撰。《少广正负术内外篇》六卷。孔广森撰。《少广縋凿》一卷。夏鸾翔撰。《开方补记》六卷，《求一算术》一卷，附《通论》一卷。张敦仁撰。《开方释例》四卷，《游艺录》二卷。骆腾凤撰。《开方之分还原术》一卷。宋景昌撰。《开诸乘方捷术》一卷。项名达撰。《方程新术细草》一卷。李锐撰。《方程术》一卷，《句股术》一卷，《句股目录》一卷，《句股细草》一卷，《散根方释例》一卷。吴嘉善撰。《方田通法补例》六卷。张作楠撰。《海岛算经细草图说》一卷。李潢撰。《海岛算经纬笔》一卷。李镠撰。《五经算术考证》一卷。戴震撰。《缉古算经考注》二卷。李潢撰。《校缉古算经》一卷，《图解》一卷，《细草》一卷，《音义》一卷。陈杰撰。《缉古算经细草》三卷。张敦仁撰。《缉古算经图草》四卷。揭庭锵撰。《缉古算经补注》一卷。刘衡撰。《九章录要》十二卷。屠文漪撰。《九章算术细草图说》九卷。李潢撰。《天元一术图说》一卷。叶裳撰。《天元一术》一卷，《天元名式释例》一卷，《天元一草》一卷，《天元问答》一卷。吴嘉善撰。《天元一释》二卷。焦循撰。《天元句股细草》一卷，《测圆海镜细草》十二卷。李锐撰。《测圆海镜法笔》一卷。李镠撰。《校正算学启蒙》三卷。罗士琳撰。《算学启蒙通释》三卷。徐凤诰撰。《四元玉鉴细草》二十四卷，《附》一卷，《增》一卷，《四元释例》二卷。罗士琳撰。《四元玉鉴省笔》一卷。李镠撰。《四元算式》一卷。徐有壬撰。《四元解》二卷。李善兰撰。《四元名式释例》一卷，《四元草》一卷。吴嘉善撰。《四元术赘》一卷。方克猷撰。《弧矢启秘》二卷。李善兰撰。《弧矢算术补》一卷。罗士琳撰。《弧矢算术细草图解》一卷。李锐草，冯桂芬图解。《几何补编》五卷，《几何通解》一卷。梅文鼎撰。《几何论约》七卷。杜知耕撰。《几何易简集》三卷。李子金撰。《几何举隅》六卷。郑毓英译。《新译几何原本》十三卷，《续补》二卷，《代微积拾级》十八卷，《曲线说》一卷。李善兰译。《增删算法统宗》十一卷。梅瑴成撰。《割圜密率捷法》四卷。明安图撰。《校正割圜密率捷法》四卷。罗士琳撰。《庄氏算学》八卷。庄亨阳撰。《数学钥》六卷。杜知耕撰。《笔法便览》五卷。纪大奎撰。《算剩》一卷。江永撰。《九数通考》十三卷。屈曾发撰。《衡斋算学》七卷。汪莱撰。《算牖》四卷，《宣西通》三卷。许桂林撰。《算迪》八卷。何梦瑶撰。《学强恕斋笔算》十卷。梅启照撰。《算学发蒙》五卷。潘逢禧撰。《九艺算解》一卷，《九数外录》一卷，《算剩初编》一卷，《续编》一卷，《馀稿》二卷。顾观光撰。《古算演略》一卷，《古算器考》一卷，《笔算》五卷，《筹算》七卷。梅文鼎撰。《百鸡术演》二卷。时曰醇撰。《珠算入门》一卷。张豸冠撰。《算术问答》一卷。钱大昕撰。《学计一得》二卷。邹伯奇撰。《西算新法直解》八卷。冯桂芬、陈旸同撰。《平三角举要》五卷，《弧三角举要》五卷，《环中黍尺》六卷，《堑堵测量》二卷，《方圆幂积》一卷，《割圜八线表》一卷，《度算释例》二卷。梅文鼎撰。《数度衍》二十四卷。方中通撰。《测算刀圭》三卷，《视学》二卷，《面体比例便览》一卷，《对数表》一卷。年希尧撰。《同度记》一卷。孔继涵撰。《正弧三角疏义》一卷。江永撰。《弧角简法》四卷。余煌撰。《象数一原》六卷。《椭圆术》一卷。项名达撰。《加减乘除释》八卷，《释弧》三卷，《释轮》二卷，《释椭》一卷，《开方通释》一卷。焦循撰。《矩线原本》四卷，《一线表用》六卷。安清翘撰。《三角和较算例》一卷，《演元九式》一卷，《台锥积演》一卷，《比例会通》四卷，《缀术辑补》一卷，《增广新术》二卷。罗士琳撰。《洞方术圆解》二卷，《致曲术》一卷，《致曲术图解》一卷，《万象一原》九卷。夏鸾翔撰。《平三角平视法》一卷。陈澧撰。《格术补》一卷，《对数尺记》一卷，《乘方捷术》三卷。邹伯奇撰。《外切密率》四卷，《假数测圆》二卷，《对数简法》二卷，《续对数简法》一卷。戴煦撰。《弧田问率》一卷，《演元要义》一卷，《直积回求》一卷。谢家禾撰。《量仓通法校笔》一卷，《算学奇题削笔》一卷。李镠撰。《量仓通法》五卷，《仓田通法续编》三卷，《八线类编》三卷，《八线对数类编》二卷，《八线对数表》一卷，《弧角设如》三卷，《高弧细草》一卷。张作楠撰。《弧三角举隅》一卷。江临泰撰。《筹表开诸乘方捷法》二卷，《借根方浅说》一卷，《四率浅说》一卷。刘衡撰。《割圜连比例术图解》三卷，《椭圆求周术》一卷，《堆垛求积术》一卷，《斜弧三边求角补术》一卷。董祐诚撰。《测圆密率》三卷，《堆垛测圜》一卷，《垛积招差》一卷，《椭圆正术》一卷，《截球解义》一卷，《弧三角拾遗》一卷，《圆率通考》一卷，《椭圆求周术》一卷，《割圜八线缀术》四卷，《造各表简法》一卷。徐有壬撰。《方圆阐幽》一卷，《对数探源》二卷，《垛积比类》四卷，《椭圆正术解》二卷，《椭圆新术》一卷，《椭圆拾遗》三卷，《尖锥变法释》一卷，《级数回求》一卷。李善兰撰。《缀术释明》二卷，《缀术释戴》一卷。左潜撰。《圜率考真图解》一卷。曾纪鸿、左潜、黄宗宪同撰。《求一术通解》二卷。左潜、黄宗宪同撰。《客圆七术》三卷，《曲面容方》一卷。黄宗宪撰。《开方用表简术》一卷。程之骥撰。《弧角拾遗》一卷，《开方表》一卷。贾步纬撰。《对数详解》五卷。曾纪鸿、丁取忠同撰。《对数四问》一卷。刘彝程撰。《八线对数表》一卷，《对数详解》一卷，《数学拾遗》一卷。丁取忠撰。《借根方句股细草》一卷。李锡蕃撰。《粟米演草》二卷，《补》一卷。第一卷，丁取忠、左潜、曾纪鸿、吴嘉善、李善兰同撰；第二卷，邹伯奇、丁取忠、左潜同撰；补卷，丁取忠撰。《笔算》一卷，《今有术》一卷，《分法》一卷，《开方释》一卷，《立方立圆术》一卷，《平方术》一卷，《平圆术》一卷，《平三角术》一卷，《弧三角术》一卷，《测量术》一卷，《差分术》一卷，《盈朒术》一卷，《割圆八线缀术》一卷，《方程天元合释》一卷。吴嘉善撰。《西算初堦》一卷，《算法须知》一卷，《开方别术》一卷，《数根术解》一卷，《开方古义》一卷，《积较术》三卷，《算草丛存》四卷，《学算笔谈》六卷。华蘅芳撰。《尖锥曲线学》一卷，《八线法术》一卷，《诸乘差对数说》一卷。方克猷撰。

不知时代、撰人《九章算术》九卷，孙子《算经》三卷，晋刘徽《海岛算经》一卷，不知撰人《五曹算经》五卷，夏侯阳《算经》三卷，北周甄鸾《五经算术》五卷，宋秦九韶《数学九章》十八卷，元李冶《益古演段》二卷。以上乾隆时敕辑。

以上天文算法类算书之属

术数类

《易林释文》一卷。丁晏撰。《易林校略》十六卷。翟云升撰。《太玄解》一卷。焦袁熹撰。《太玄别训》五卷。刘斯组撰。《太玄经补注》四卷。孙澍撰。《太玄阐秘》十卷。陈本礼撰。《太玄后知》六卷。许桂林撰。《潜虚解》一卷。焦袁熹撰。《潜虚述义》三卷。苏木天撰。《皇极经世书解》十四卷。王植撰。《皇极数钞》二卷。陶成撰。《皇极经世绪言》九卷。黄泉泰、包耀同撰。《皇极经世易知》八卷。何梦瑶撰。《洪范补注》五卷。潘士权撰。《洪范图说》四卷。舒俊鲲撰。《衍范》二卷。顾昌祚撰。《数书探赜》不分卷，《数书索隐》五卷，《数书致远》二卷。不著撰人氏名。《浚元》十六卷。张必刚撰。《河洛理数便览》一卷。纪大奎撰。

宋张行成《皇极经世索隐》二卷，宋丁易《大衍索隐》三卷。乾隆时敕辑。

以上术数类数学之属

《天文大成管窥辑要》八十卷。黄鼎撰。《推测易知》四卷。陈松撰。《请雨经》一卷。纪大奎撰。《校正开元占经九艺术》一卷。徐有壬撰。

以上术数类占候之属

《葬经笺注》一卷。吴元音撰。《撼龙经校补》十二卷，《疑龙经校补》三卷。杨锡勋撰。《撼龙经注》二卷。李文田撰。《天玉经注》七卷，《天玉经说》七卷。黄越撰。《青囊天玉通义》五卷。张惠言撰。《杨氏地理元文注》四卷，附《周易葬说》一卷。端木国瑚撰。《地理大成》三十六卷。叶九升撰。《山法全书》十九卷，《平阳全书》十五卷。叶泰撰。《地理辨直正解》五卷，《地理存真》一卷，《地理古镜歌》一卷，《归厚录》一卷。蒋大鸿撰。《地理末学》六卷，《水法要诀》五卷。纪大奎撰。《罗经解定》七卷。胡国桢撰。《青囊解惑》四卷。汪沆撰。《地理述》八卷。陈诜撰。《地理旨宗》二卷。程永芳撰。《地理或问》二卷。陆应穀撰。《堪舆泄秘》六卷。熊起磻撰。《阳宅大成》十五卷。魏青江撰。《阳宅撮要》二卷。吴鼒撰。《阳宅辟谬》一卷。原题梅漪老人撰。《风水祛惑》一卷。丁芮朴撰。《五种秘窍》十七卷。甘时望撰。《定穴立向开门放水坟宅便览要诀》四卷。梅自实撰。《灵城秘旨》一卷。余楙撰。

以上术数类相宅相墓之属

《卜法详考》四卷。胡煦撰。《易冒》十卷。程良玉撰。《风角书》八卷。张尔岐撰。《三才世纬》一百卷。不著撰人氏名。《景祐六壬神定经》一卷。杨维德撰。《六壬指南》五卷。程起鸾撰。《六壬经纬》六卷。毛志道撰。《六壬课经集》四卷。郭载騋撰。《六壬类叙》四卷。纪大奎撰。《大六壬寻源》四卷。张纯照撰。《奇门一得》二卷。甘时望撰。《奇门阐秘》六卷。罗世瑶撰。《奇门金章》一卷。不著撰人氏名。

以上术数类占卜之属

《太乙照神经》三卷，《经验》二卷。刘学曾撰。《子罕言》四卷。沈志言撰。《命盘图说》三卷。陶胥来撰。《中西星命丛说》一卷。温葆深撰。《五星聚腋》十卷，《续编》一卷。廖冀亨撰。

旧题周老子《月波洞中记》二卷，周鬼谷子《命书》

唐李虚中注三卷，晋郭璞《玉照定真经》张颙注一卷，南唐宋齐丘《玉管照神局》三卷，后周王朴《太清神鉴》六卷，宋徐子平《徐氏珞琭子赋注》二卷，宋岳珂注《三命指迷赋》一卷，辽耶律纯《星命总括》三卷，金张行简《人伦大统赋》一卷。以上乾隆时敕辑。

以上术数类相书命书之属

《星历考原》六卷。康照五十二年，李光地等奉敕辑。《协纪辨方书》三十六卷。乾隆四年，庄亲王允禄等奉敕撰。《选择历书》十卷。康照二十三年，钦天监奉敕撰。《禽遁七元成局书》十四卷。汪汉谋撰。《永宁通书》十二卷。王维德撰。《选择天镜》三卷。任端书、熊镇远同撰。《诹吉便览》二卷。俞荣宽撰。《诹吉汇纂》六卷。梅菁门撰。《择吉禽要》四卷。姚承恩撰。《陈子性藏书》十二卷。陈应选撰。《出行宝镜》一卷。不著撰人氏名。

以上术数类阴阳五行之属

《字触》六卷。周亮工撰。《梠玫经》一卷。吴屿撰。《梦书》一卷。闺秀王照圆撰。《纪梦编年》一卷。释成鹫撰。

以上术数类杂技之属

艺术类

《佩文斋书画谱》一百卷。康熙四十七年，孙岳颁奉敕撰。《石渠宝笈》四十四卷，《秘殿珠林》二十四卷。乾隆九年，张照等奉敕撰。《六艺之一录》四百六卷。《续编》十二卷。倪涛撰。《隶八分辨》一卷，方辅撰。《楷法溯源》十二卷。潘存撰。《十七帖述》一卷。王弘撰撰。《草韵汇编》二十六卷。陶南望撰。《颜书编年录》四卷。黄本骥撰。《飞白录》二卷。陆绍曾撰。《书法正传》十卷。冯武撰。《重校书法正传》不分卷。蒋和撰。《钝吟书要》一卷。冯班撰。《书法雅言》一卷。项穆撰。《书学汇编》十卷。万斯同撰。《书学捷要》二卷。朱履贞撰。《汉溪书法通解》八卷。戈守智撰。《临池心解》一卷。朱和羹撰。《临池琐语》一卷。陈昌齐撰。《龚安节书诀》一卷。龚贤撰。《书筏》一卷。笪重光撰。《评书帖》一卷。梁巘撰。《频罗庵论书》一卷。梁同书撰。《艺舟双楫》九卷。包世臣撰。《初月楼论书随笔》一卷。吴德旋撰。《墨海人名录》十卷。童翼驹撰。《国朝书人辑略》十一卷。震钧撰。《玉台书史》一卷。厉鹗撰。《读画录》四卷。周亮工撰。《绩事备考》八卷。王毓贤撰。《重编图绘宝鉴》八卷。冯仙湜撰。《月湖读画录》一卷。王概撰。《画学钩深》一卷。汪曰桢撰。《苦瓜和尚画语录》一卷。释道济撰。《画诀》一卷。龚贤撰。《画筌》一卷。笪重光撰。《题画诗》一卷，《画跋》一卷。恽格撰。《雨窗漫笔》一卷。王原祁撰。《东庄论画》一卷。王昱撰。《指头画说》一卷。高秉撰。《石村画诀》一卷。孔衍栻撰。《画尘》一卷。沈灏撰。《绩事发微》一卷。唐岱撰。《小山画谱》二卷。邹一桂撰。《传神秘要》一卷。蒋骥撰。《山静居画论》二卷。方薰撰。《松壶画赘》二卷，《画忆》二卷。钱杜撰。《国朝画微录》三卷，《续录》二卷，《图画精意识》一卷，《浦山论画》一卷。张庚撰。《郑板桥题画》一卷。郑燮撰。《二十四画品》一卷。黄钺撰。《山南论画》一卷。王学浩撰。《画学心印》八卷，《桐阴论画》三卷，《续》一卷，《画诀》一卷。秦祖永撰。《画絮》十卷。戴熙撰。《溪山卧游录》四卷。盛大士撰。《绂园烟墨著录》一卷。徐坚撰。《画筌析览》一卷。汤贻汾撰。《南宋院画录》八卷。厉鹗撰。《明画录》八卷。徐沁撰。《南薰殿图象考》二卷，《国朝院画录》二卷。胡敬撰。《无声诗史》七卷。姜绍书撰。《历代画家姓氏韵编》七卷。顾仲清撰。《宋元以来画人姓氏录》三十六卷。鲁峻撰。《明画姓氏汇编》八卷。陈豫鍾撰。《画史汇传》七十二卷。彭蕴灿撰。《历代画史汇传附录》二卷。邱步洲撰。《墨林今话》十八卷，《续编》一卷。蒋宝龄撰。《海虞画苑略》一卷，《补遗》一卷。鱼翼撰。《越画见闻》一卷。陶元藻撰。《玉台画史》五卷。闺秀汤漱玉撰。《芥子园画传》五卷。王安节撰。《西清劄记》四卷。胡敬撰。《石渠随笔》八卷。阮元撰。《庚子消夏记》八卷。孙承泽撰。《庚子消夏记校正》一卷。何焯撰。《江村消夏录》三卷。高士奇撰。《书画记》六卷。吴其贞撰。《式古堂书画汇考》六十卷。卞永誉撰。《吴越所见书画录》六卷。陆时化撰。《大观录》二十卷。吴升撰。《鸣野山房书画记》三卷。沈启濬撰。《好古堂书画记》二卷。姚际恒撰。《卧庵藏书画目》一卷。朱之赤撰。《湘管斋寓赏编》六卷。陈焯撰。《烟云过眼录》二十卷。周在浚撰。《梁溪书画徵》一卷。嵇曾筠撰。《墨缘汇观》四卷。原题松泉老人撰。《寓意录》四卷。缪曰藻撰。《辛丑消夏记》八卷。吴荣光撰。《岳雪楼书画录》五卷。孔广镛、孔广陶同撰。《听飒楼书画记》五卷。潘正炜撰。《梦园书画录》二十五卷。方濬颐撰。《红豆树馆书画记》八卷。陶樑撰。《须静斋云烟过眼录》一卷。潘世璜撰。《玉雨堂书画记》四卷。韩泰华撰。《过云楼书画记》十卷。顾文彬撰。《书画鉴影》二十四卷。李佐贤撰。《穰梨馆过眼录》四十卷，《续录》十六卷。陆心源撰。《瞶瞶斋书画记》四卷。谢诚钧撰。《瓯钵罗室书画过目考》四卷。李玉棻撰。《诸家藏书画簿》十卷。李调元撰。《砥斋题跋》一卷。王弘撰撰。《义门题跋》一卷。何焯撰。《湛园题跋》一卷。姜宸英撰。《麓台题画稿》一卷。王原祁撰。《隐绿轩题识》一卷。陈奕禧撰。《天瓶斋书画题跋》二卷。张照撰。《半毡斋题跋》二卷。江藩撰。《汪文端题跋》一卷。汪由敦撰。《清仪阁题跋》四卷。张廷济撰。《仪顾堂题跋》十六卷，《续》十六卷。陆心源撰。《退庵金石书画题跋》二十卷。梁章钜撰。《大涤子题画诗跋》一卷。释道济撰。《南田画跋》一卷。恽格撰。《墨井题跋》一卷。吴历撰。《画梅题跋》一卷。查礼撰。《画竹题记》一卷，《画梅题记》一卷，《画马题记》一卷，《画佛题记》一卷，《自写真题记》一卷。金农撰。《画梅题记》一卷。朱方蔼撰。《装潢志》一卷。周嘉胄撰。《赏延素心录》一卷。周二学撰。

宋岳珂《宝真斋法书赞》二十八卷，元李衎《竹谱》十卷，元郑杓《衍极》十卷。以上乾隆时敕辑。

以上艺术类书画之属

《印典》八卷。朱象贤撰。《续三十五举》一卷，《再续三十五举》一卷，《重定续三十五举》一卷。桂馥撰。《再续三十五举》一卷。黄子高撰。《续三十五举》一卷。余楙撰。《再续三十五举》一卷。姚晏撰。《篆刻铖度》八卷。陈克恕撰。《说篆》一卷。许容撰。《六书缘起》一卷。《篆印发微》一卷。孙光祖撰。《古印考略》一卷。夏一驹撰。《印文考略》一卷。鞠履厚撰。《印章要论》一卷，朱简撰。《敦好堂论印》一卷。吴先声撰。《秋水园印说》一卷。陈炼撰。《折肱录》一卷。周济撰。《摹印述》一卷。陈澧撰。《印人传》三卷。周亮工撰。《飞鸿堂印人传》八卷。汪启淑撰。《紫泥法》一卷。汪镐京撰。

以上艺术类篆刻之属

《松风阁琴谱》二卷，《抒怀操》一卷。程雄撰。《操缦录》十卷。胡世安撰。《溪山琴况》一卷。徐谼撰。《琴学心声》一卷。庄臻凤撰。《琴谈》二卷。程允基撰。《琴学内篇》一卷，《外篇》一卷。曹庭栋撰。《立雪斋琴谱》二卷。汪绂撰。《与古斋琴谱》四卷。祝凤喈撰。《以六正五之斋琴学秘谱》六卷。孙宝撰。《自远堂琴谱》十二卷。吴灴撰。《琴学正声》六卷。沈琯撰。《琴旨补正》一卷。孙长源撰。《琴谱合璧》十八卷。何素缁译。《弦歌古乐谱》一卷，《箫谱》一卷。任兆麟撰。《操缦卮言》一卷。梅縠成撰。

以上艺术类音乐之属

《奕妙》一卷。梁魏今、程兰如、施襄夏、范世勋撰。《奕理指归》三卷。施襄夏撰。《桃花泉棋谱》二卷。范世勋撰。《投壶考原》一卷。丁晏撰。

以上艺术类杂技之属

谱录类

《西清古鉴》四十卷。乾隆十四年，梁诗正等奉敕撰。《西清续鉴》二十卷，《附录》一卷。乾隆五十八年，王杰等奉敕撰。《西清砚谱》二十四卷。乾隆四十三年，于敏中等奉敕撰。《焦山古鼎考》一卷。王士禄撰。《汉甘泉宫瓦记》一卷。林佶撰。《保母砖跋尾》一卷。高士奇撰。《宣炉歌注》一卷。冒襄撰。《纪听松庵竹炉始末》一卷。邹炳泰撰。《玉纪》一卷。陈性撰。《古玉图录》一卷。瞿中溶撰。《古玉图考》一卷。吴大澂撰。《琼琚谱》三卷。姜绍书撰。《怪石赞》一卷。宋荦撰。《观石录》一卷。高兆撰。《观石后录》一卷。毛奇龄撰。《石谱》一卷。诸九鼎撰。《怪石录》一卷。沈心撰。《石画记》一卷。阮元撰。《黄山松石谱》一卷。闵麟嗣撰。《水坑石记》一卷。钱朝鼎撰。《端溪砚史》三卷。吴兰修撰。《说砚》一卷。朱彝尊撰。《砚录》一卷。曹溶撰。《砚林》一卷。余怀撰。《砚小史》四卷。朱栋撰。《宝研堂砚辨》一卷。何传瑶撰。《端溪砚谱记》一卷。袁树撰。《淄砚录》一卷。盛百二撰。《漫堂墨品》一卷。宋荦撰。《雪堂墨品》一卷。张二熙撰。《曹氏墨林》二卷。曹素功撰。《笔史》一卷。梁同书撰。《金粟笺说》一卷。张燕昌撰。《文房四谱》四卷。倪涛撰。《文房肆考图说》八卷。唐秉钧撰。《笔墨纸砚谱》一卷。不著撰人氏名。《浮梁陶政志》一卷。吴允嘉撰。《景德镇陶录》四卷。蓝浦撰。《陶说》六卷。朱琰撰。《窑器说》一卷。程哲撰。《琉璃志》一卷。孙廷铨撰。《阳羡茗壶系》二卷。吴骞撰。《绣谱》一卷。陈丁佩撰。《杖扇新录》一卷。王廷鼎撰。《川扇记》一卷。谢鸣篁撰。《羽扇谱》一卷。张燕昌撰。《湖船录》一卷。厉鹗撰。《续湖船录》二卷。丁午撰。《骨董说》十二卷。李调元撰。

以上谱录类器物之属

《续茶经》三卷，《附录》一卷。陆廷灿撰。《茶史》二卷。刘源长撰。《茶史补》一卷。余怀撰。《芥茶汇钞》一卷。冒襄撰。《洞山芥茶系》一卷。周高起撰。《饭有十二合说》一卷。张英撰。《酒部汇考》十八卷。不著撰人氏名。《酒社刍言》一卷。黄周星撰。《南村觞政》一卷。张惣撰。《醯略》四卷。赵信撰。《居常饮馔录》一卷。曹寅撰。《豆区八友传》一卷。王蓍撰。《养小录》一卷。顾仲撰。《随息居饮食谱》七卷。王士雄撰。《随园食单》一卷。袁枚撰。《香乘》二十八卷。周嘉胄撰。《非烟香法》一卷。董说撰。《烟谱》一卷。张燿撰。《勇卢闲话》一卷。赵之谦撰。

以上谱录类食用之属

《广群芳谱》一百卷。康熙四十七年，汪灏等奉敕撰。《植物名实图考》三十八卷。吴其濬撰。《寻花日记》一卷。归庄撰。《倦圃莳植记》三卷。曹溶撰。《北野抱瓮录》一卷。高士奇撰。《花部农谈》一卷。焦循撰。《种乌柏树图说》一卷。吴涛康撰。《竹谱》一卷。陈鼎撰。《兰言》一卷。冒襄撰。《艺兰四说》一卷。杜文澜撰。《兰蕙原说》一卷。徐苹湖撰。《青在堂菊谱》一卷。不著撰人氏名。《菊说》一卷。计楠撰。《艺菊须知》一卷。顾禄撰。《艺菊志》八卷。陆廷灿撰。《东篱中正》一卷。许兆熊撰。《洋菊谱》一卷。邹一桂撰。《亳州牡丹述》一卷。钮琇撰。《曹州牡丹谱》一卷。余鹏年撰。《茶花谱》三卷。不著撰人氏名。《凤仙谱》一卷。赵学敏撰。《徐园秋花谱》一卷。吴仪一撰。《笺卉》一卷。吴崧撰。《苔谱》六卷。汪宪撰。《岭南荔支谱》六卷。吴应达撰。《荔支谱》一卷。陈鼎撰。《荔谱》一卷。陈宝国撰。《赖园橘记》一卷。谭莹撰。《携李谱》一卷。王逢辰撰。《水密桃谱》一卷。褚华撰。《吴蕈谱》一卷。吴崧撰。《甘藷谱》一卷。陆燿撰。《参谱》一卷。黄叔灿撰。《人葠谱》一卷。陆烜撰。《龙经》一卷。王晫撰。《谈虎》一卷。赵彪诏撰。《猫乘》一卷。王初桐撰。《猫苑》一卷。黄汉撰。《燕子春秋》一卷。郝懿行撰。《乌衣香牒》四卷。陈邦彦撰。《画眉笔谈》一卷。陈均撰。《鹌鹑谱》一卷。陈石麟撰。《异鱼图赞笺》四卷，《异鱼图赞补》三卷，《闰集》一卷。胡世安撰。《记海错》一卷。郝懿行撰。《晴川蟹录》四卷，《后蟹录》四卷。孙之騄撰。《蛇说》一卷。赵彪贻撰。《春驹小谱》二卷。陈邦彦撰。《四虫备览》二十三卷。倪廷 揆撰。《蠕范》八卷。李元撰。

以上谱录类植物动物之属

杂家类

《墨子经说解》二卷。张惠言撰。《墨子注》十五卷，

《目录》一卷。毕沅撰。《墨子闲诂》十五卷，《目录》一卷，《附录、《后语》二卷。孙诒让撰。《吕子校补》二卷。梁玉绳撰。《吕子校补献疑》一卷。蔡云撰。《吕氏春秋正误》一卷。陈昌齐撰。《吕氏春秋杂记》十卷。徐时栋撰。《淮南天文训补注》二卷。钱塘撰。《淮南校勘记》一卷。顾广圻撰。《淮南子补校》一卷。刘台拱撰。《淮南子正误》十二卷。陈昌齐撰。《淮南子校勘记》一卷。汪文台撰。《淮南许注异同诂》六卷，《补遗》一卷。陶方琦撰。《淮南天文训存疑》一卷。罗士琳撰。《颜氏家训补注》七卷，《补遗》一卷，《附录》一卷。赵曦明撰。《息斋藏书》十二卷。裴希度撰。《激书》二卷。贺贻孙撰。《衡书》三卷。唐大陶撰。《格物问答》三卷，《螺峰说录》一卷，《圣学真语》二卷。毛先舒撰。《潜斋处语》一卷，《蒙训》一卷。杨庆撰。《理学就正言》十卷。祝文彦撰。《圣学大成》不分卷。孙鍾瑞撰。《拳拳录》二卷，《颜巷录》一卷，《晚闻篇》一卷。李衷灿撰。《万世太平书》十卷。劳大舆撰。《龙岩子集》十二卷。李丕则撰。《唾居随录》四卷。张贞生撰。《图书秘典一隅解》一卷。张沐撰。《五伦懿范》八卷。不著撰人氏名。天方典礼择要解》二十卷。刘智撰。《进善集》不分卷。张天柱撰。《方斋补庄》不分卷。方正瑗撰。《公馀笔记》二卷。张文炳撰。《苕西问答》一卷。吴学孔撰。《续笺山房集略》十八卷。郑道明撰。《圣学逢源录》十八卷。金维嘉撰。《圣门择非录》五卷。毛奇龄撰。《圣门辨诬》一卷。皇甫焞撰。《书林扬觯》二卷，《汉学商兑》六卷。方东树撰。

梁孝元帝《金楼子》六卷。乾隆时敕辑。许叔重《淮南子注》一卷。孙冯翼、蒋曰豫辑。《维南万毕术》一卷。丁晏辑。周《由余书》一卷，汉唐蒙《博物记》一卷，汉伏无忌《伏侯古今注》一卷，魏蒋济《蒋子万机论》一卷，魏杜恕《笃论》一卷，晋邹氏《邹子》一卷，吴诸葛恪《诸葛子》一卷，吴张俨《默记》一卷，吴裴玄《裴氏新言》一卷，吴刘廞《新义》一卷，吴秦菁《秦子》一卷，晋张显《析言论》一卷、《古今训》一卷，晋杨伟《时务论》一卷，晋郭义恭《广志》二卷，晋陆机《陆氏要览》一卷，宋范泰《古今善言》一卷，宋江邃《文释》一卷，梁刘杳《要雅》一卷，沈约《俗说》一卷。以上马国翰辑。

以上杂家类杂学之属

宋王应麟《困学纪闻注》二十卷。翁元圻辑。《困学蒙证》六卷。宋薇卿撰。《日知录》三十二卷，《日知录之馀》四卷。顾炎武撰。《日知录集释》三十二卷，《刊误》二卷，《续刊误》二卷。黄汝成撰。《识小录》一卷。王夫之撰。《义府》二卷。黄生撰。《群书疑辨》十二卷。万斯同撰。《艺林汇考》二十四卷。沈自南撰。《潜丘劄记》六卷。阎若璩撰。《湛园札记》四卷。姜宸英撰。《白田杂著》八卷，《读书记疑》十六卷。王懋竑撰。《义门读书记》五十八卷。何焯撰。《樵香小记》二卷。何琇撰。《管城硕记》三十卷。徐文靖撰。《订讹杂录》十卷。胡鸣玉撰。《识小编》二卷。董丰垣撰。《修洁斋闲笔》四卷。刘坚撰。《天香楼偶得》十卷。虞兆漋撰。《陔馀丛考》四十三卷。赵翼撰。《言鲭》二卷。吕种玉撰。《事物考辨》六十二卷。周象明撰。《天禄识馀》二卷。高士奇撰。《畏垒笔记》四卷。徐昂发撰。《古今释疑》十八卷。方中履撰。《螺江日记》八卷，《续记》四卷。张文荩撰。《知新录》三十二卷。王棠撰。《西圃蒙辨》三十二卷。田同之编。《经史问》五卷。郭植撰。《掌录》三卷。陈祖范撰。《读书记闻》十卷。陈景云撰。《读书笔记》六卷，《劄记》四卷。尹会一撰。《矩斋杂记》一卷。施闰章撰。《经传绎义》五十卷。陈炜撰。《群书札记》十六卷。朱亦栋撰。《松崖笔记》三卷，《九曜斋笔记》三卷。惠栋撰。《韩门缀学》五卷，《续编》一卷，《谈书录》一卷。汪师韩撰。《经史问答》十卷。全祖望撰。《南江劄记》四卷。邵晋涵撰。《群书拾补》三十七卷，《钟山札记》四卷，《龙城札记》四卷。卢文弨撰。《十驾斋养新录》二十卷，《馀录》三卷，《竹汀日记钞》三卷，《恒言录》一卷，《潜研堂答问》十卷。钱大昕撰。《蛾术编》一百卷。王鸣盛撰。《晓读书斋杂录初录》二卷，《二录》二卷，《三录》二卷，《四录》二卷。洪亮吉撰。《读书杂志》八十卷。王念孙撰。《考古录》四卷。钟褱撰。《清白士集》二十八卷，《瞥记》七卷。梁玉绳撰。《清白士集校补》四卷。蔡云撰。《庭立纪闻》四卷。梁学昌撰。《援鹑堂随笔》五十卷。姚范撰。《溉亭述古录》二卷，迩言六卷。钱塘撰。《目耕帖》三十卷。马国翰撰。《晒书堂笔记》二卷。郝懿行撰。《读书脞录》七卷，《续编》四卷。孙志祖撰。《惜抱轩笔记》八卷。姚鼐撰。《札朴》十卷。桂馥撰。《拜经日记》十二卷。臧庸撰。《大云山房杂记》一卷。恽敬撰。《寄傲轩读书随笔》十卷，《续笔》六卷，《三笔》六卷。沈赤然撰。《柚堂笔谈》四卷，《续笔谈》八卷。盛百二撰。《南野堂笔记》十二卷，《续笔记》五卷。吴文溥撰。《筠轩读书丛录》二十四卷，《台州札记》十二卷。洪颐煊撰。《四寸学》六卷。张云璈撰。《经史管窥》六卷。萧昙撰。《邃雅堂学古录》七卷。姚文田撰。《小学盦遗书》四卷。钱馥撰。《随园随笔》二十八卷。袁枚撰。《蠡勺编》四十卷。凌扬藻撰。《愈愚录》六卷。刘宝楠撰。《合肥学舍札记》十二卷。陆继辂撰。《通俗编》三十八卷。翟灏撰。《丙辰劄记》一卷。章学诚撰。《郑堂札记》五卷。周中孚撰。《借闲随笔》一卷。汪远孙撰。《擢对》八卷。许桂林撰。《菉友蚁术编》二卷，《菉友丛说》一卷。王筠撰。《刘氏遗书》八卷。刘台拱撰。《读书小记》二卷。焦廷琥撰。《古书拾遗》四卷，《开卷偶得》十卷。林春溥撰。《宝甓斋札记》不分卷。赵坦撰。《过庭录》十六卷。宋翔凤撰。《炳烛编》四卷。李赓芸撰。《读书杂记》一卷，《随笔》一卷。周镐撰。《质疑删存》三卷。张宗泰撰。《经史质疑录》二卷。张聪咸撰。《潘澜笔记》一卷。彭兆荪撰。《寒秀草堂笔记》四卷。姚衡撰。《痴学》八卷。黄本骥撰。《经史答问》四卷。朱骏声撰。《卐斋琐录》十卷，《仇林冗笔》四卷，《剿说》四卷。李调元撰。《读书杂识》十二卷。劳格撰。《多识录》四卷。练恕撰。《说纬》二卷。王崧撰。《癸巳类稿》十五卷，《癸巳存稿》十五卷。俞正燮撰。《斠补隅录》不分卷。蒋光煦撰。《读书随笔》一卷。吴德旋撰。《落颿楼初稿》四卷。沈垚撰。《窥豹集》二卷，

《南漘楛语》八卷，《麓澞荟录》十四卷，《榕堂续录》四卷。蒋超伯撰。《吴项儒遗书》一卷。吴卓信撰。《逊志斋杂钞》十卷。吴翌凤撰。《研六室杂著》不分卷。胡培翚撰。《蕙榜杂记》一卷。严元照撰。《玉井山馆笔记》一卷。许宗衡撰。《武陵山人杂著》一卷。顾观光撰。《读书偶识》八卷。邹汉勋撰。《礼耕堂丛说》一卷。施国祁撰。《求阙斋读书录》四卷，《日记类钞》二卷。曾国藩撰。《有不为斋随笔》十卷。光律元撰。《铜熨斗斋随笔》八卷，《瑟榭丛谈》二卷，《交翠轩笔记》四卷。沈涛撰。《钮匪石日记》一卷。钮树玉撰。《读书偶得》一卷。吴养原撰。《诸子平议》三十五卷，《俞楼杂纂》五十卷，《曲园杂纂》五十卷，《古书疑义举例》七卷，《读书馀录》二卷，《湖楼笔谈》七卷，《春在堂随笔》十卷，《九九消夏录》十四卷。俞樾撰。《读书杂释》十四卷。徐鼒撰。《群书校补》一百卷。陆心源撰。《绚思堂答问》一卷。成蓉镜撰。《无邪堂答问》五卷。朱一新撰。《学古堂日记》不分卷。雷浚撰。《思益堂日札》二十卷。周寿昌撰。《临山答问》一卷。刘寿曾撰。《札迻》十二卷。孙诒让撰。《舒艺室随笔》六卷，《续笔》一卷，《馀笔》三卷。张文虎撰。《复堂日记》八卷。谭献撰。《悔翁笔记》六卷。汪士铎撰。《东父笔记》一卷，《杂记》一卷。郑杲撰。《子通》二十卷，周悦让撰。《东塾读书记》二十一卷。陈澧撰。《云山读书记》六卷，《藻川堂谈艺》四卷。邓绎撰。《横阳札记》十卷。吴承志撰。

唐苏鹗《苏氏演义》二卷，宋张淏《云谷杂记》四卷，宋袁文《瓮牖闲评》八卷，宋邢凯《坦斋通编》一卷，宋叶大庆《考古质疑》六卷，宋陈昉《颍川语小》二卷，不著撰人《爱日斋丛钞》五卷。以上乾隆时敕辑。

以上杂家类杂考之属

《亭林杂录》一卷。顾炎武撰。《俟解》一卷，《噩梦》一卷，《黄书》一卷。王夫之撰。《枣林杂俎》不分卷。谈迁撰。《春明梦馀录》七十卷。孙承泽撰。《书影》十卷。周亮工撰。《读书偶然录》十二卷。程正揆撰。《见闻记忆录》五卷。余国桢撰。《冬夜笺记》一卷。王崇简撰。《樗林三笔》五卷。魏裔介撰。《雕丘杂录》十八卷。梁清远撰。《居易录》三十四卷，《池北偶谈》二十六卷，《香祖笔记》十二卷，《古夫于亭杂录》六卷，《分甘馀话》四卷。王士禛撰。《蒿庵闲话》二卷。张尔岐撰。《听潮居存业》十卷。原良撰。《匡林》二卷。毛先舒撰。《庸言录》不分卷。姚际恒撰。《筠廊偶笔》二卷，《二笔》二卷。宋荦撰。《广阳杂记》五卷。刘献廷撰。《山志》六卷。王弘撰撰。《尚论持平》二卷，《析疑待正》二卷，《事文标异》一卷。陆次云撰。《在园杂志》四卷。刘廷玑撰。《东山草堂迩言》六卷。邱嘉穗撰。《经史慧解》六卷。蔡含生撰。《此木轩杂著》八卷。焦袁熹撰。《熙朝新语》十六卷。余奎撰。《岭西杂录》二卷，《后海堂杂录》二卷。王孝咏撰。《南村随笔》六卷。陆廷灿撰。《枝语》二卷。孙之騄撰。《谔崖脞说》五卷。章楹撰。《然疑录》六卷。顾奎光撰。《潇湘听雨录》八卷。江昱撰。《人海记》二卷。查慎行撰。《艮斋杂说》十卷。尤侗撰。《仁恕堂笔记》一卷。黎士宏撰。《客舍新闻》一卷。彭孙贻撰。《聪训斋语》四卷。张英撰。《澄怀园语》四卷。张廷玉撰。《古欢堂杂著》八卷。田雯撰。《据鞍录》一卷。杨应琚撰。《日贯斋涂说》一卷。梁同书撰。《玉几山房听雨录》一卷。陈撰撰。《寒灯絮语》一卷。汪宪撰。《春草园小记》一卷。赵昱撰。《桃溪客语》五卷。《尖阳丛笔》十卷。吴骞撰。《檐曝杂记》六卷，《续》一卷。赵翼撰。《定香亭笔谈》四卷，《小沧浪笔谈》四卷。阮元撰。《瀛舟笔谈》十二卷。阮亨撰。《小琅嬛丛记》四卷。阮福撰。《西征随笔》二卷。汪景祺撰。《楚南随笔》一卷。吴省兰撰。《匏园掌录》一卷。杨夔生撰。《天山客话》一卷，《外家纪闻》一卷。洪亮吉撰。《柳南随笔》六卷，《续笔》四卷。王应奎撰。《鸡窗丛话》一卷。蔡澄撰。《退馀丛话》二卷。鲍倚云撰。《瓜棚避暑录》一卷，《诚是录》一卷，《广爱录》一卷。孟超然撰。《茶馀客话》十二卷。阮葵生撰。《蕉窗日记》二卷。王豫撰。《莜田杂录》二卷，《琐记》二卷，《缀语》二卷，《桑梓外志》二卷，《涉世杂谈》一卷，《大怪录》一卷，《闻见杂记》四卷，《知味录》二卷。崔述撰。《天慵庵笔记》二卷。方士庶撰。《水曹清暇录》十六卷，《焠掌录》二卷。汪启淑撰。《桥西杂记》一卷。叶名沣撰。《思补斋笔记》八卷。潘世恩撰。《淮南杂识》四卷。闻益撰。《退庵随笔》二十二卷，《南省公馀录》二卷。梁章钜撰。《无事为福斋随笔》二卷。韩泰华撰。《忆书》六卷。焦循撰。《竹叶亭杂记》八卷。姚元之撰。《爨馀丛话》四卷，《樗园消夏录》三卷。郭麐撰。《向果微言》三卷。方东树撰。《石亭纪事》二卷。丁晏撰。《吹网录》六卷，《鸥波渔话》六卷。叶廷琯撰。《履园丛话》二十四卷。钱泳撰。《萝摩亭笔记》八卷。乔松年撰。《蕉轩随录》十二卷，《梦园丛说内篇》八卷。方濬师撰。《转徙馀生记》一卷。方濬颐撰。《维摩室遗训》四卷。庄受祺撰。《古南馀话》五卷，《湘舟漫录》五卷。舒梦兰撰。《艺概》六卷。刘熙载撰。《浮丘子》十二卷。汤鹏撰。《冷庐杂识》八卷，《苏庐偶笔》四卷。陆以湉撰。《桐阴清话》八卷。倪鸿撰。《庸闲斋笔记》十二卷。陈其元撰。《丹泉海岛录》四卷。徐景福撰。《寄龛甲志》四卷，《乙志》四卷，《丙志》四卷，《丁志》四卷。孙德祖撰。《多暇录》二卷。程庭鹭撰。《鸡泽脞录》一卷，《迎霭笔记》二卷。程鸣诏撰。《天壤阁杂记》一卷。王懿荣撰。《养和轩随笔》一卷。陈作霖撰。

宋吕希哲《吕氏杂记》二卷，宋宇文绍奕《石林燕语考异》十卷，宋吴箕《常谈》一卷，宋谢采伯《密斋笔记》五卷，《续笔记》一卷，宋郑至道《琴堂谕俗编》二卷，元李冶《敬斋古今注》八卷，元李翀《日闻录》一卷。以上乾隆时敕辑。

以上杂家类杂说之属

《韵石斋笔谈》二卷。姜绍书撰。《七颂堂识小录》一卷。刘体仁撰。《研山斋杂记》四卷。不著撰人氏名。《老老恒言》五卷。曹庭栋撰。《初学艺引》二十三卷。李士学撰。《博物要览》十二卷。谷应泰撰。《秋园杂佩》一卷。陈贞慧撰。《物类相感续志》一卷，《补遗》一卷。王晫撰。《心斋杂俎》二卷。张潮撰。《清闲供》一卷。程羽文撰。《怡情小录》一卷。马大年撰。《陆地仙经》一卷。马谨撰。《游戏录》一卷。程景沂撰。《西湖器具录》一卷。庄仲方撰。《幽梦影》一卷。张潮撰。《幽梦续影》一卷。朱锡绶授。《前尘梦影录》二卷。徐康撰。

以上杂家类杂品之属

《悦心集》五卷。世宗御编。《唐马总意林注》五卷，《逸文》一卷。周广业撰。《元明事类钞》四十卷。姚之骃撰。《钝吟杂录》十卷。冯班撰。《懿行编》八卷。李滢撰。《伦史》五十卷。成克巩撰。《雅说集》十九卷。魏裔介撰。《嗜退庵语存》十卷。严有穀撰。《胜饮编》一卷。郎廷枢撰。《经世名言》十二卷。苏宏祖撰。《寄园寄所寄》十二卷。赵吉士撰。《四本堂右编》二十四卷。朱潮远编。《敦行录》二卷。张鹏翮撰。《仕学要咸》五卷。张圻编。《人道谱》不分卷。闵忠撰。《砚北杂录》不分卷。黄叔琳编。《查浦辑闻》二卷。査嗣瑮撰。《会心录》四卷。孔尚任撰。《权衡一书》四十一卷。王植撰。《多识类编》二卷。曹昌言撰。《养知录》八卷。纪昭撰。《闲家类纂》二卷。彭绍谦撰。《物诠》八卷。汪绂撰。《宋稗类钞》八卷。潘永因编。《古愚老人消夏录》六十二卷。汪汲撰。《茶香室丛钞》二十三卷，《续钞》二十五卷，《三钞》二十九卷，《四钞》二十九卷。俞樾撰。

元张光祖《言行龟鉴》八卷。乾隆时敕辑。《意林补阙》二卷。李富孙辑。

以上杂家类杂纂之属

类书类

《渊鉴类函》四百五十卷。康熙四十九年，张英等奉敕撰。《骈字类编》二百四十卷。康熙五十八年，吴士玉等奉敕撰。《分类字锦》六十四卷。康熙六十年，何焯等奉敕撰。《子史精华》一百六卷。康熙六十年，吴士玉等奉敕撰。《古今图书集成》一万卷。雍正三年，蒋廷锡等奉敕撰。《佩文韵府》四百四十三卷。康熙四十三年，张玉书等奉敕撰。《佩文韵府拾遗》一百十二卷。康熙五十九年，张廷玉等奉敕撰。《编珠补遗》二卷，《续编珠》二卷。高士奇撰。《鉴古录》十六卷。沈廷芳撰。《考古类编》十二卷。柴绍炳撰。《教养全书》四十一卷。应㧑谦撰。《政典汇编》八卷。王芝藻撰。《政谱》十二卷。朱粟夷撰。《文献通考节贯》十卷。周宗渡撰。《考古略》八卷，《考古原始》六卷。王文清撰。《说略》三十卷。顾启元撰。《同书》四卷。周亮工撰。《古事苑》十二卷。邓志谟撰。《同人传》四卷。陈祥裔撰。《古事比》五十三卷。方中德撰。《李史》四十八卷。王希廉撰。《五经类编》二十八卷。周世樟撰。《三才汇编》四卷。龚在升撰。《三才藻异》三十三卷。屠粹忠撰。《读书记数略》五十四卷。宫梦仁撰。《格致镜原》一百卷。陈元龙撰。《花木鸟兽集类》三卷。吴宝芝撰。《历朝人物氏族会编》十卷。尹敏撰。《氏族笺释》八卷。熊峻运撰。《姓氏谱》六卷，《类纂》五十卷。李绳远撰。《姓氏寻源》十卷，《姓氏辨误》一卷，《辽金元三史姓录》一卷。张澍撰。《姓氏解纷》十卷，《避讳录》五卷。黄本骥撰。《百家姓韵语三编》一卷。丁晏编。《千家姓文》一卷。崔冕撰。《代北姓谱》一卷，《辽金元姓谱》一卷。周春撰。《希姓补》五卷。单隆周撰。《齐名纪数》十二卷。王承烈撰。《奇字名》十二卷。李调元撰。《别号录》九卷。葛万里撰。《廿四史讳略》一卷。周榘撰。《国志蒙拾》二卷。郭麐撰。《史姓韵编》六十四卷，《九史同姓名略》七十二卷，《补遗》一卷，《三史同名录》四十卷。汪辉祖撰。《同姓名录》八卷。王廷灿撰。《历代同姓名录》二十三卷。刘长华撰。《亲属记》二卷。郑珍撰。《称谓录》三十二卷。梁章钜撰。《异号类编》二十卷，《双名录》一卷。史梦兰撰。《人寿金鉴》二十二卷。程得龄撰。《古今记林》二十九卷。汪士汉撰。《类林新咏》三十六卷。姚之骃撰。《喻林一叶》二十四卷。王苏撰。《广事类赋》四十卷。华希闵撰。《十三经注疏锦字》四卷，《方言藻》二卷。李调元撰。《连文释义》一卷。王言撰。《清河偶钞》四卷，《骈字分义》二卷。程际盛撰。《汉书蒙拾》一卷，《后汉书蒙拾》一卷，《文选课虚》四卷。杭世骏撰。《唐句分韵初集》四卷，《二集》四卷，《续集》二卷，《四集》五卷。马瀚撰。《杜韩集韵》三卷。汪文柏撰。《韵粹》一百七卷。朱彝撰。《三体摭韵》十二卷。朱昆田撰。《唐诗金粉》十卷。沈炳震撰。《月满楼甄藻录》一卷。顾宗泰撰。

梁孝元帝《古今同姓名录》二卷，唐林宝《元和姓纂》十八卷，宋马永易《实宾录》十四卷，宋邓名世《古今姓氏书辨证》四十卷，宋唐仲友《帝王经世图谱》十六卷。以上乾隆时敕辑。

小说类

《山海经广注》十八卷。吴任臣撰。《山海经存》九卷。汪绂撰。《山海经笺疏》十八卷，《图赞》一卷，《订讹》一卷。郝懿行撰。《读山海经》一卷。俞樾撰。《穆天子传补正》六卷。陈逢衡撰。《穆天子传注疏》六卷。檀萃撰。《谲觚》一卷。顾炎武撰。《汉世说》十四卷。章抚功撰。《世说补》二十卷。黄汝琳撰。《今世说》八卷。王晫撰。《明语林》十四卷。吴肃公撰。《陇蜀馀闻》一卷，《皇华纪闻》四卷。王士禛撰。《矩斋杂记》二卷。施闰章撰。《玉堂荟记》一卷。杨士聪撰。《客途偶记》一卷。郑与侨撰。《玉剑尊闻》十卷。梁维枢撰。《潜园集录》十六卷。屠倬撰。《关陇舆中偶忆编》一卷。张祥河撰。《客话》三卷，《剧话》二卷，《弄话》二卷。李调元撰。《两般秋雨盦随笔》八卷。梁绍壬撰。《藤阴杂记》十二卷。戴璐撰。《归田琐记》八卷，《浪迹丛谈》十一卷，《续》八卷。梁章钜撰。《说铃》一卷。汪琬撰。《觚剩》八卷，《续编》四卷。钮琇撰。《坚瓠集》六十六卷。褚人获撰。《虞初新志》二十卷。张潮撰。《虞初续志》十二卷。郑澍若撰。《史异纂》十六卷，《有明异丛》十卷。傅燮词撰。《续广博物志》十六卷。徐寿基撰。《阅微草堂笔记》二十四卷。纪昀撰。《池上草堂笔记》八卷。梁恭辰撰。《笔谈》二卷。史梦兰撰。《右台仙馆笔记》十六卷。俞樾撰。《夜史》一百卷。王初桐撰。《影梅庵忆语》一卷。冒襄撰。《西清散记》四卷。史震林撰。《板桥杂记》三卷。余怀撰。《古笑史》三十四卷。李渔撰。

宋吴淑《江淮异人录》二卷，宋张洎《贾氏谈录》一卷，宋范镇《东斋记事》六卷，宋高晦叟《珍席放谈》二卷，宋王谠《唐语林》八卷，宋朱彧《萍洲可谈》三卷，宋曾慥《高斋漫录》一卷，宋张知甫《张氏可书》一卷，宋陈长方《步里客谈》二卷，不著撰人《东南纪闻》三卷。以上乾隆时敕辑。《青史子》一卷，周宋钘《宋子》一卷，魏邯郸淳《笑林》一卷，晋裴启《裴子语林》二卷，晋郭澄之《郭子》一卷，郭氏《玄中记》一卷，宋东阳无疑《齐谐记》一卷，隋杜宝《水饰》一卷。以上马国翰辑。

释家类

《拣魔辨异录》八卷。世宗御撰。《语录》十九卷。世宗御撰。《南宋元明僧宝传》十五卷。释自融撰。《五叶弘传》二十三卷。释智安撰。《重定教乘法数》十二卷。释起海、通理、广治同撰。《宗统编年》三十二卷。释记荫撰。《摩尼烛坤集要》七十二卷。尼得一撰。《宗门颂古摘珠》二十八卷。释净符撰。《洞宗会选》二十六卷。释智考撰。《现果随录》一卷。释戒显撰。《正宏集》一卷。释本果撰。《万法归心录》三卷。释超溟撰。《万善光资》四卷，《欲海探源》三卷。周思仁撰。《续指月录》二十卷，《尊宿集》一卷。聂光撰。《治心编》一卷。李棻撰。《如幻集》四卷。释心源撰。《归元镜》二卷。释智达撰。《掐黑豆集》八卷。平圣台撰。《种莲集》一卷。陈本仁撰。《净土圣贤录》九卷，《续录》四卷，《善女人传》二卷。彭际清撰。《佛尔雅》八卷。周春撰。《释雅》一卷，《梵言》一卷。李调元撰。《楞严经蒙钞》十卷，《心经略疏小钞》二卷，《金刚经疏记悬判》一卷，《疏记会钞》一卷，《金刚经论释悬判》一卷，《偈记会钞》一卷。钱谦益撰。《金刚经注》一卷，《多心经注》一卷。石成金撰。《圆觉经析义疏》四卷。释通理撰。《金刚般若波罗蜜经解注》一卷，附《金刚经诸衷心经浅说》。王定柱撰。《阅藏随笔》二卷，《续笔》一卷。释元度撰。《心经集注》一卷。徐泽醇撰。《金刚经注》二卷。俞樾撰。《浮石禅师语录》十卷。释行浚等编。《林野奇禅师语录》八卷。释行谧等编。《龙池万如禅师后录》一卷。释行果、超英同编。《憨予暹禅师语录》六卷。释法云、广学同编。《径山费隐禅师语录》一卷。释行和编。《具德禅师语录》二卷。释济义编。《普济玉林禅师语录》十二卷，附《年谱》二卷。释音讳编。《山峰宪禅师语录》五卷。释智质编。《芥子弥禅师语录》二卷。释明成等编。《信中符禅师偶言》二卷。释净符撰。《南山天愚宝禅师语录》四卷。释智普编。《雄圣惟极禅师语录》三卷。释超越编。《东悟本禅师语录》四卷。释通界编。《丈云语录》一卷。释澈澗编。《彻悟禅师遗稿》二卷。释了亮编。《梦东禅师遗集》二卷。释际醒撰。《昌启顺禅师语录》二卷。释明成等编。《普照禅师文录》一卷，附《净业记》一卷。释显振等编。

道家类

《御注道德经》二卷。顺治十三年，世祖御撰。《阴符经注》一卷。李光地撰。《阴符经注》一卷。徐大椿撰。《阴符经本义》一卷。董德宁撰。《读阴符经》一卷。汪绂撰。《阴符经注》一卷。宋葆淳撰。《阴符经发隐》一卷。杨文会撰。《老子衍》一卷。王夫之撰。《老子说略》二卷。张尔岐撰。《老子道德经考异》二卷。毕沅撰。《老子参注》四卷。倪元坦撰。《老子解》一卷，《老子别录》一卷，《非老》一卷。吴鼐撰。《老子章义》二卷。姚鼐撰。《老子约说》四卷。纪大奎撰。《道德经编注》二卷。胡与高撰。《读道德经私记》二卷。汪缙撰。《道德经悬解》二卷。黄元御撰。《道德经注》二卷。徐大椿撰。《道德经臆注》二卷。王定柱撰。《道德宝章翼》二卷。金道果撰。《道德经发隐》一卷。杨文会撰。《列子释文》二卷，《考异》一卷。任大椿撰。《列子辨》二卷。不著撰人氏名。《冲虚经发隐》一卷。杨文会撰。《庄子解》三十三卷，《庄子通》一卷。王夫之撰。《庄诂》不分卷。钱澄之撰。《庄子解》三卷。吴世尚撰。《庄子因》六卷，《读庄子法》一卷。林云铭撰。《庄子独见》三十三卷。胡文英撰。《庄子本义》二卷。梅冲撰。《庄子解》一卷。吴俊撰。《说庄》三卷。韩泰青撰。《庄子集解》八卷。王先谦撰。《庄子约解》四卷。刘鸣典撰。《南华通》七卷。孙家淦撰。《南华释名》一卷。金人瑞撰。《南华本义》二卷。林仲懿撰。《南华经传释》一卷。周金然撰。《南华简钞》四卷。徐廷槐撰。《南华摸象记》八卷。张世荦撰。《南华真经影史》九卷。周拱辰撰。《南华通》七卷。屈复撰。《南华经正义》不分卷。陈寿昌撰。《南华经发隐》一卷。杨文会撰。《列仙传校正》二卷，附《列仙赞》一卷。闺秀王照圆撰。《参同契章句》一卷，《鼎符》一卷。李光地撰。《读参同契》三卷。汪绂撰。《参同契注》二卷。陈兆成撰。《参同契集注》六卷。刘英龙撰。《古文周易参同契注》八卷。袁仁林撰。《周易参同契集韵》六卷。纪大奎撰。《参同契金隄大义》三卷。许桂林撰。《参同契集注》二卷。仇沧柱撰。《悟真篇集注》五卷。仇知几撰。《列仙通纪》六十卷。薛大训撰。《仙史》八卷。王建章撰。《金仙证论》一卷。柳华阳撰。《万寿仙书》四卷。曹无极撰。《果山修道居志》二卷。叶铃撰。《金盖心灯》八卷。鲍廷博撰。《真诠》二卷。不著撰人氏名。《得一参五》七卷。姜中贞撰。《瓣香录》一卷。邵璞撰。《质神录》一卷。彭兆升撰。《太上老君说常清静经注》一卷。徐廷槐撰。《黄庭经发微》二卷。董德宣撰。《太上感应篇注》二卷。惠栋撰。《感应篇赞义》一卷。俞樾撰。

宋杜道坚《文子缵义》十二卷。乾隆时敕辑。《抱朴子内篇佚文》一卷，《外篇佚文》一卷。顾广圻、严可均同辑。商《伊尹书》一卷，周《辛甲书》一卷，魏《公子牟子》一卷、《田骈子》一卷，楚《老莱子》一卷、《黔娄子》一卷，郑《长者书》一卷，魏任嘏《任子道论》一卷、关朗《洞极真经》一卷，吴唐滂《唐子》一卷，晋苏彦《苏子》一卷、陆云《陆子》一卷、杜夷《杜子幽求新书》一卷、孙绰《孙子》一卷、苻朗《苻子》一卷，齐张融《少子》一卷、顾欢《夷夏论》一卷。以上马国翰辑。

卷一百四十八　志一百二十三

艺文四

集部五类：一曰《楚辞》类，二曰别集类，三曰总集类，四曰诗文评类，五曰词曲类。

《楚辞》类

《补绘离骚全图》二卷。萧云从原图，乾隆四十七年奉敕补绘。《楚辞通释》十四卷。王夫之撰。《山带阁注楚辞》六卷，《楚辞馀论》二卷，《楚辞说韵》一卷。蒋骥撰。《楚辞灯》四卷。林云铭撰。《楚辞新注》六卷。屈復撰。《楚辞疏》八卷。吴世尚撰。《楚辞会真》一卷。卿彬撰。《楚辞贯》一卷。董国英撰。《楚辞章句》七卷。刘飞鹏撰。《离骚图》一卷。萧云从图并注。《离骚经注》一卷。李光地撰。《离骚正义》一卷。方苞撰。《离骚经解》一卷。方楘如撰。《离骚解》一卷。顾成天撰。《离骚笺》二卷。龚景瀚撰。《离骚解》一卷。谢济世撰。《离骚辨》一卷。朱冀撰。《离骚节解》一卷。张德纯撰。《离骚中正》二卷。林仲懿撰。《离骚补注》一卷。朱骏声撰。《天问补注》一卷。毛奇龄撰。《天问校正》一卷。屈復撰。《九歌注》一卷。李光地撰。《九歌解》一卷。顾成天撰。《屈原赋注》六卷，《通释》二卷，《音义》三卷。戴震撰。《屈子生卒年月考》一卷。陈旸撰。《楚辞人名考》一卷。俞樾撰。《离骚草木疏辨证》四卷。祝德麟撰。《楚词辨韵》一卷。陈昌齐撰。《楚辞韵读》一卷，《宋赋韵读》一卷。江有诰撰。《离骚释韵》一卷。蒋曰豫撰。《屈子正音》三卷。方绩撰。

别集类

清圣祖《文初集》四十卷、《二集》五十卷、《三集》五十卷、《四集》三十六卷、《避暑山庄诗》二卷，世宗《文集》三十卷、《悦心集》二卷，高宗《文初集》三十卷、《二集》四十四卷、《三集》十六卷、《诗初集》四十八卷、《二集》一百卷、《三集》一百十二卷、《四集》一百十二卷、《五集》一百卷、《馀集》二十卷、《乐善堂定本》三十卷、《全史诗》二册、《全韵诗》二册、《拟白居易乐府》四册、《圆明园诗》不分卷，仁宗《文初集》十卷、《二集》十四卷、《馀集》二卷、《诗初集》四十八卷、《二集》六十四卷、《三集》六十四卷、《馀集》六卷、《味馀书屋全集定本》四十卷、附《随笔》二卷、《全史诗》六十四卷，宣宗《文集》十卷、《馀集》六卷、《诗集》二十四卷、《馀集》十二卷、《养正书屋全集定本》四十卷，文宗《文集》二卷、《诗集》八卷，穆宗《文集》十卷、《诗集》六卷。诸王宗室诗文集已见本传，不载。

魏曹植《子建集铨评》十卷。丁晏撰。晋阮籍《咏怀诗注》四卷。蒋师瀹撰。晋孙楚《冯翌集发微》四卷。于宗林撰。晋《陶诗汇注》四卷。吴瞻泰撰。《陶诗笺》五卷。邱嘉穗撰。《陶诗集注》四卷。詹夔锡撰。《陶靖节集注》十卷。陶澍撰。《陶诗附考》一卷。方东树撰。周庾信《开府集笺注》十卷。吴兆宜撰。《庾子山集注》十六卷。倪璠撰。陈徐陵《孝穆集笺注》六卷。吴兆宜撰。唐王勃《子安集注》二十五卷。蒋清翊撰。骆宾王《临海集注》十卷。陈熙晋撰。《李太白诗集注》三十六卷。王琦撰。杜甫《工部集注》二十卷。钱谦益撰。《杜诗辑注》二十三卷。朱鹤龄撰。《杜诗详注》二十五卷，《附编》二卷。仇兆鳌撰。《杜诗镜铨》二十卷。杨伦撰。《杜诗注解》二十卷。张溍撰。《杜诗注释》二十四卷。许宝善撰。《杜工部诗疏解》二卷。顾施祯撰。《知本堂读杜》二十四卷。汪灏撰。《杜诗提要》十四卷。吴瞻泰撰。《杜诗说》十二卷。黄生撰。《杜诗疏》八卷。纪容舒撰。《杜诗会粹》二十四卷。张远撰。《杜诗阐》三十三卷。卢元昌撰。《杜诗论》五十六卷。吴见思撰。《杜诗注解》十二卷。顾宏撰。《杜诗集说》二十卷。江浩然撰。《杜诗谱释》二卷。毛张健撰。《岁寒堂读杜》二十卷。范辇云撰。《读杜心解》六卷。浦起龙撰。《杜诗通解》四卷。李文炜撰。《杜工部诗注》五卷。陈之壎撰。《杜诗直解》五卷。范廷谋撰。王维《右丞集注》二十八卷，《附录》二卷。赵殿成撰。《白香山诗集》四十卷，附《年谱》一卷。顾嗣立编及笺释。韩愈《昌黎诗笺注》十一卷。顾嗣立撰。《昌黎诗增注证讹》十一卷。黄钺撰。《编年昌黎诗注》十二卷。方世举撰。《韩集点勘》四卷。陈景云撰。《昌黎集补注》一卷。沈钦韩撰。《读韩记疑》十卷。王元启撰。《柳集点勘》三卷。陈景云撰。李贺《长吉歌诗汇解》四卷，《外集》一卷。王琦撰。《协律钩元注》四卷。陈本礼撰。樊宗师《绍述集注》二卷，卢仝《玉川子诗集注》五卷。孙之騄撰。杜牧《樊川文集注》二十卷。冯集梧撰。李商隐《义山诗注》三卷，《补注》一卷。朱鹤龄撰。《重订李义山诗集笺注》三卷，《外集笺注》一卷。程梦星撰。《李义山诗集注》十六卷。姚培谦撰。《李义山文集笺注》十卷。笺，徐树谷撰；注，徐炯撰。《玉溪生诗详注》三卷，《樊南文集详注》八卷。冯浩撰。《樊南文集笺注补编》十二卷，《附录》一卷。笺，钱振伦撰；注，钱振常撰。温庭筠《飞卿集笺注》九卷。顾予咸撰，子嗣立增补。《孙（樵）文志疑》一卷。汪师韩撰。罗邺《比红儿诗注》一卷。沈可培撰。《宋王安石荆公文集注》四十四卷。沈钦韩撰。《苏（轼）诗施注补注》四十二卷，《王注正讹》一卷。邵长蘅、李必恒同撰。《苏诗补注》一卷。冯景撰。《补注东坡编年诗》五十卷。查慎行撰。《苏诗查注补正》四卷。沈钦韩撰。《苏诗合注》五十卷，《附录》五卷。冯应榴撰。《苏诗编注集成》一百三卷，《杂缀》一卷。王文浩撰。《苏诗补注》八卷。翁方纲撰。范成大《石湖诗集注》三卷。沈钦韩撰。谢翱《西台恸哭记注》一卷。黄宗羲撰。金元好问《遗山诗集注》十四卷。施国祁撰。元吴莱《渊颖先生集注》十二卷。王朝宷、王绳曾同撰。杨维桢《铁崖乐府注》十卷,《逸编注》八卷,《咏史注》八卷。楼卜瀍撰。明高启《青丘诗集注》十八卷,附《凫藻集》五卷。金檀撰。陈子龙《忠裕集注》三十卷。王昶等撰。

以上笺注自魏至明诗文集

《亭林文集》六卷,《诗集》五卷,《馀集》一卷,《佚诗》一卷。顾炎武撰。《南雷文定前集》十一卷,《后集》四卷,《三集》三卷,《诗历》四卷。黄宗羲撰。《薑斋文集》十卷,《诗集》十八卷。王夫之撰。《夏峰先生集》十四卷。孙奇逢撰。《用六集》十二卷。刁包撰。《桴亭诗钞》八卷,《文钞》六卷。陆世仪撰。《居易堂集》二十卷。徐枋撰。《隰西草堂诗集》五卷,《文集》三卷。万寿祺撰。《蜃园文集》四卷,《诗集》四卷,《梅花百咏》一卷,《九山游草》一卷。李确撰。《愧讷集》十二卷。朱用纯撰。《杨园先生文集》五十四卷。张履祥撰。《霜红龛文集》四卷,《诗集》不分卷。傅山撰。《白耷山人诗集》十卷,《文集》二卷。阎尔梅撰。《悬弓集》三十卷,《玄恭文续钞》七卷。归庄撰。《田间诗集》二十八卷,《文集》三十卷。钱澄之撰。《二曲集》二十六卷。李颙撰。《五公山人集》十四卷。王馀祐撰。《巢民诗集》八卷,《文集》六卷。冒襄撰。《魏伯子文集》十卷。魏际瑞撰。《魏叔子文集》二十二卷,《诗集》八卷。魏禧撰。《魏季子文集》十六卷。魏礼撰。《邱邦士文集》十七卷。邱维屏撰。《寒支初集》十卷,《二集》四卷。李世熊撰。《变雅堂文集》五卷,《诗集》四卷。杜濬撰。《聪山集》十四卷。申涵光撰。《柿叶庵诗选》一卷。张盖撰。《为可堂诗集》十六卷。朱一是撰。《蒿庵集》三卷。张尔岐撰。《冯氏小集》七卷。冯班撰。《屈翁山诗集》八卷,《外集》十八卷。屈大均撰。《独漉堂稿》六卷。陈恭尹撰。《犀崖文集》二十五卷,《云湖堂集》六卷。易学实撰。《陈士业全集》十六卷。陈宏绪撰。《枣林诗集》一卷。谈迁撰。《水田居士文集》五卷。贺贻孙撰。《宇台集》四十卷。孙治撰。《潜斋先生集》十卷。应㧑谦撰。《五经堂文集》五卷。范鄗鼎撰。《敬修堂钓业》一卷。查继佐撰。《濑园文集》二十卷,《诗后集》三卷。严首昇撰。《内省斋文集》三十二卷。汤来贺撰。《虎溪渔叟集》十卷。刘命清撰。《落木庵诗集》二卷。徐波撰。《困亨斋集》二卷。王锡阐撰。《紫峰集》十四卷。杜越撰。《白茅堂集》四十六卷。顾景星撰。《愚庵小集》十五卷。朱鹤龄撰。《杲堂文钞》六卷,《诗钞》七卷。李邺嗣撰。《初学集》一百十卷,《有学集》五十卷。钱谦益撰。《梅村集》四十卷。吴伟业撰。《吴诗集览》二十卷,《谈薮》一卷。靳荣藩编注。《吴梅村诗笺注》二十卷。吴翌凤撰。《燕香斋文集》四卷,《诗集》六卷。刘馀祐撰。《金文通集》二十卷。金之俊撰。《灌研斋集》四卷。李元鼎撰。《秀岩集》三十一卷。胡世安撰。《澹友轩集》十六卷。《桴庵集》四卷。薛所蕴撰。《青溪遗稿》二十八卷。程正揆撰。《已亥存稿》一卷。孙承泽撰。《浮云集》十一卷。陈之遴撰。《静惕堂诗集》四十四卷。曹溶撰。《了荞文集》九卷,《且园近集》、《且园近诗》四卷。王岱撰。《读史亭诗集》十六卷,《文集》二十二卷。彭而述撰。《山围堂集》二十三卷。郑宗圭撰。《石云居士集》十五卷,《诗》七卷。陈名夏撰。《栖云阁诗》十六卷。高珩撰。《青箱堂文集》三十三卷,《诗集》三十三卷。王崇简撰。《东村集》十卷。李呈祥撰。《东谷集》三十四卷,《归庸集》四卷,《桑榆集》三卷。白允谦撰。《定山堂诗集》四十三卷。龚鼎孳撰。《雪堂先生集选》十一卷。熊文举撰。《赖古堂集》二十四卷。周亮工撰。《沚亭删定文集》二卷,《自删诗》一卷。孙廷铨撰。《兼济堂文集》二十卷。魏裔介撰。《寒松堂文集》十卷,《诗集》三卷。魏象枢撰。《西北文集》四卷。毕振姬撰。《兰雪堂诗集》三卷。谢宾王撰。《祓园集》九卷。梁清远撰。《心远堂诗集》十二卷。李爵撰。《且亭诗集》不分卷。杨思圣撰。《四思堂文集》八卷。傅维鳞撰。《王文靖集》二十四卷。王熙撰。《傅忠毅集》八卷。傅弘烈撰。《佳山堂集》十卷。冯溥撰。《林屋文稿》十六卷,《诗稿》十四卷。宋徵舆撰。《慎斋遇集》五卷。蒋永修撰。《安雅堂诗》不分卷,《文集》四卷,《未刻稿》十卷。宋琬撰。《学馀堂文集》二十八卷,《诗集》五十卷,《外集》二卷。施闰章撰。《叱思堂文集》八卷,《诗集》一卷。刘子壮撰。《熊学士诗文集》三卷。熊伯龙撰。《志壑堂文集》十三卷,《诗集》十五卷。唐梦赉撰。《中山文钞》四卷,《诗钞》四卷。郝浴撰。《汤文正遗稿》五卷。汤斌撰。《莲龛集》十六卷。李来泰撰。《嵩游集》一卷。叶封撰。《万青阁全集》八卷,《林卧遥集》三卷。赵吉士撰。《堪斋诗存》八卷。顾大申撰。《学源堂文集》十八卷。郭棻撰。《尧峰文钞》五十卷,《钝翁类稿》一百十八卷。汪琬撰。《司勋五种集》二十卷。王士禄撰。《抡山集选》一卷。王士禧撰。《古钵集选》一卷。王士祜撰。《带经堂全集》九十二卷。王士禛撰。《渔洋山人精华录训纂》十卷。惠栋撰。《精华录笺注》十二卷,《补遗》一卷。金荣撰。《乐圃集》七卷。颜光敏撰。《鹤岭山人诗集》十六卷。王泽弘撰。《耻躬堂文集》二十卷。王命岳撰。《七颂堂集》十四卷。刘体仁撰。《午亭文编》五十卷。陈廷敬撰。《经义斋集》十八卷。熊赐履撰。《庸书》二十卷。张贞生撰。《苍岘山人文集》六卷,《诗集》五卷。秦松龄撰。《读书斋偶存稿》四卷。叶方霭撰。《松桂堂全集》三十七卷。彭孙遹撰。《张文贞集》十二卷。张玉书撰。《忠贞集》十卷。范承谟撰。《抱犊山房集》六卷。嵇永仁撰。《莲洋诗钞》十卷。吴雯撰。《西陂类稿》三十九卷。宋荦撰。《正谊堂诗集》二十卷,《文集》不分卷。董以宁撰。《铁庐集》三卷,《外集》二卷,《附录》一卷。潘天成撰。《溉堂前集》九卷。《续集》六卷,《后集》六卷。孙枝蔚撰。《阇修斋稿》一卷。萧企昭撰。《藕湾全集》二十九卷。张仁熙撰。《织斋集钞》八卷。李焕章撰。《谢程山集》十八卷。谢文洊撰。《燕峰文钞》一卷。费密撰。《省庐文集》七卷,《诗集》七卷。彭师度撰。《省轩文钞》十卷。柴绍炳撰。《张秦亭诗集》十二卷。张丹撰。《潠书》八卷,《思古堂集》四卷,《东苑文钞》二卷,《诗钞》一卷,《小匡文钞》四卷,《蕊云集》一卷,《晚唱》一卷。毛先舒撰。《会侯文钞》二十卷。毛际可撰。《学园集》一卷,《续编》一卷。沈起撰。《黄山诗留》十六卷。法若真撰。《春树草堂集》六卷。杜恒灿撰。《天延阁诗前集》十六卷，《后集》十三卷。梅清撰。《托素斋集》十卷。黎士宏撰。《雪鸿堂文集》十八卷。李蕃撰。《秋笳集》十卷。吴兆骞撰。《改亭文集》十六卷，《诗》六卷。计东撰。《抱奎楼文集》十二卷，《吴山鷇音》八卷。林云铭撰。《嵩庵集》五卷。冯甦撰。《世德堂集》四卷。王钺撰。《古愚心言》八卷。彭鹏撰。《聊园全集》十五卷。孔贞瑄撰。《叶忠节遗稿》十三卷。叶映榴撰。《谷口山房诗集》十卷。李念慈撰。《中岩集》六卷。宋振麟撰。《稽留山人集》二十卷。陈祚明撰。《陋轩诗》四卷。吴嘉纪撰。《定峰乐府》十卷。沙张白撰。《突星阁诗钞》十五卷。王戬撰。《冠豸山堂文集》三卷。童能灵撰。《丁野鹤诗钞》十卷。丁耀亢撰。《吾好遗稿》一卷。章静宜撰。《莱山堂集》八卷，《遗稿》五卷。章金牧撰。《怀葛堂文集》十五卷。梁份撰。《江泠阁诗集》十四卷，《文集》四卷，《续集》二卷。冷士嵋撰。《海日堂诗集》五卷，《文集》二卷。程可则撰。《问山诗集》十卷，《文集》八卷。丁炜撰。《己畦诗集》十卷，《文集》十四卷。叶燮撰。《习斋记馀》十卷。颜元撰。《恕谷后集》十三卷。李塨撰。《居业堂集》二十卷。王源撰。《林蕙堂集》二十六卷。吴绮撰。《思绮堂文集》十卷。章藻功撰。《善卷堂集》四卷。陆繁弨撰。《尺五堂诗删》六卷。严我斯撰。《读书堂集》四十六卷。赵士麟撰。《笃素堂诗集》七卷，《文集》十六卷，《存诚堂诗集》二十五卷，《应制诗》五卷。张英撰。《戒庵诗存》一卷。邵远平撰。《古欢堂集》三十六卷。田雯撰。《鬲津草堂诗集》不分卷。田霡撰。《学文堂集》四十三卷。陈玉璂撰。《石屋诗钞》八卷，《补钞》一卷。魏麐徵撰。《榕村集》四十卷。李光地撰。《皋轩文编》一卷。李光坡撰。《三鱼堂文集》十二卷，《外集》六卷，《附录》二卷。陆陇其撰。《憺园集》三十八卷。徐乾学撰。《健松斋集》二十四卷，《续集》十卷。方象瑛撰。《百尺梧桐阁集》二十六卷。汪懋麟撰。《赵恭毅剩稿》八卷。赵申乔撰。《玉岩诗集》七卷。林麟焻撰。《安静子集》十三卷。安致远撰。《临野堂文集》十卷。钮琇撰。《有怀堂诗文稿》二十八卷。韩菼撰。《蓛村类稿》三十卷。徐倬撰。《凤池园集》十六卷。顾汧撰。《宝啬堂诗藁》四卷，《河上草》二卷，《兰樵归田稿》一卷。张榕端撰。《张文端集》七卷。张鹏翮撰。《因园集》十三卷。赵执信撰。《宝菌堂遗诗》二卷。赵执端撰。《通志堂集》十八卷。纳喇性德撰。《青门簏稿》十六卷，《青门旅稿》六卷，《青门剩稿》六卷。邵长蘅撰。《清芬堂存稿》八卷。胡会恩撰。《横云山人集》十六卷。王鸿绪撰。《于清端政书》八卷。于成龙撰。《世恩堂集》三十五卷。王顼龄撰。《受祺堂诗集》三十四卷。李因笃撰。《遂初堂诗集》十五卷，《文集》二十卷，《别集》四卷。潘耒撰。《抱经斋集》二十卷。徐嘉炎撰。《丛碧山房集》五十七卷。庞垲撰。《曝书亭集》八十卷，《附录》一卷。朱彝尊撰。《曝书亭集外稿》八卷。冯登府辑。《曝书亭诗注》二十二卷。杨谦撰。《曝书亭赋诗注》二十三卷。孙银槎撰。《曝书亭诗钞笺注》十二卷。汪浩然撰。《湖海楼诗集》十二卷，《文集》十八卷。陈维崧撰。《陈检讨四六注》十二卷。程师恭撰。《西河集》一百八十九卷。毛奇龄撰。《西堂全集》六十六卷。尤侗撰。《白云村集》八卷。李澄中撰。《秋锦山房集》二十二卷。李良年撰。《南州草堂集》三十卷。徐釚撰。《深秀亭近草》五卷。潘钟麟撰。《超然诗集》八卷。张远撰。《香草居集》七卷。李符撰。《秋水阁文钞》一卷。陈维岳撰。《野香亭集》十三卷。李孚青撰。《冯舍人遗诗》六卷。冯廷櫆撰。《居业斋文集》二十卷，《别集》十卷。金德嘉撰。《葛庄分类诗钞》十四卷。刘廷玑撰。《益戒堂诗集》十六卷。揆叙撰。《南堂集》十二卷。施世纶撰。《与梅堂集》十三卷。佟世思撰。《栋亭诗钞》八卷，《文钞》一卷。曹寅撰。《墨井诗钞》二卷。吴历撰。《瓯香馆集》十二卷。恽格撰。《离垢集》五卷。华嵒撰。《蓄斋集》十六卷。黄中坚撰。《笠翁一家言》十六卷。李渔撰。《柯庭馀习》十二卷。汪文柏撰。《后甲集》二卷。章大来撰。《正谊堂集》十二卷，《续集》八卷。张伯行撰。《爱日堂诗》二十七卷。陈元龙撰。《鹤侣斋集》三卷。孙勷撰。《岕老编年诗钞》十三卷。金张撰。《昆仑山房集》三卷。张笃庆撰。《怀清堂集》二十卷。汤右曾撰。《药亭诗集》二卷。梁佩兰撰。《湛园未定稿》六卷，《苇间诗集》五卷。姜宸英撰。《经进文稿》六卷，《清吟堂集》九卷，《归田集》十四卷。高士奇撰。《绀寒亭诗集》十卷，《文集》四卷。赵俞撰。《杕左堂诗集》六卷，孙致弥撰。《过江集》四卷。史申义撰。《寒村集》三十六卷。郑梁撰。《峣山文集》四卷，《诗集》一卷。田从典撰。《潘中丞集》四卷。潘宗洛撰。《东山草堂文集》二十卷。邱嘉穗撰。《陆堂文集》二十卷。陆奎勋撰。《时用集》不分卷。陈讦撰。《小谷口著述缘起》不分卷。郑元庆撰。《思复堂集》十卷。邵廷采撰。《高阳山人文集》十二卷。刘青藜撰。《南山文集》十六卷。戴名世撰。《吕用晦文集》六卷，《续集》四卷。吕留良撰。《幸跌草》三卷。黄百家撰。《眺秋楼诗》八卷。高岑撰。《赤嵌集》四卷。孙元衡撰。《四香楼集》四卷。范缵撰。《酿川集》十三卷。许尚质撰。《南园诗钞》十卷。尤世求撰。《在陆草堂集》六卷。储欣撰。《道荣堂文集》六卷，《近诗》十卷。陈鹏年撰。《固哉叟诗钞》八卷。高孝本撰。《咸斋文钞》七卷。查旭撰。《味和堂诗集》六卷。高其倬撰。《德荫堂集》十六卷。阿克敦撰。《清端集》八卷。陈瑸撰。《梦月岩诗集》二十卷，《冶古堂文集》五卷。吕履恒撰。《青要集》十二卷。吕谦恒撰。《严太仆诗文集》十卷。严虞惇撰。《天鉴堂集》八卷。沈近思撰。《朴学斋诗集》十卷。林佶撰。《畏垒山人诗集》四卷。徐昂发撰。《杨文定文集》十二卷。杨名时撰。《澄怀园全集》三十七卷。张廷玉撰。《咏花轩诗集》六卷。张廷璐撰。《秋江诗集》六卷。黄任撰。《黑蝶斋诗钞》四卷。沈岸登撰。《楼村集》二十五卷。王式丹撰。《古剑书屋文钞》十卷。吴廷桢撰。《纬萧草堂诗》六卷。宋至撰。《彭南畇文稿》十二卷，《诗稿》十卷，《编年诗》十七卷。彭定求撰。《补瓢存稿》六卷。韩骐撰。《砚溪先生诗稿》七卷。惠周惕撰。《鼍湖草堂文集》六卷，《近集》四卷。吴世杰撰。《二希堂文集》十二卷。蔡世远撰。《查浦诗钞》十二卷。查嗣瑮撰。《敬业堂集》五十卷。

查慎行撰。《望溪集》十八卷，《外集》十二卷。方苞撰。《四知堂集》三十六卷。杨锡绂撰。《存砚楼文集》十六卷。储大文撰。《绩学堂文钞》六卷，《诗钞》四卷。梅文鼎撰。《滋兰堂诗集》十卷。沈元沧撰。《澹初诗稿》八卷。沈翼机撰。《十峰集》五卷。徐基撰。《圭美堂集》二十六卷。徐用锡撰。《性影集》八卷。王时宪撰。《橘巢小稿》四卷。王世琛撰。《改堂文钞》二卷。唐绍祖撰。《师经堂集》十八卷。徐文驹撰。《间丘诗集》六十卷。顾嗣立撰。《今有堂诗集》六卷。程梦星撰。《墨香阁诗文集》十三卷。彭维新撰。《何端简集》十二卷。何世璂撰。《赵裘萼剩稿》四卷。赵熊诏撰。《白田草堂存稿》二十四卷。王懋竑撰。《近道斋诗集》四卷，《文集》六卷。陈万策撰。《孟邻堂文钞》十六卷。杨椿撰。《健馀文集》十卷。尹会一撰。《义门先生集》十二卷。何焯撰。《解舂文钞》十二卷，《补遗》二卷，《诗钞》二卷。冯景撰。《穆堂类稿》五十卷，《续稿》五十卷，《别稿》五十卷。李绂撰。《近青堂诗集》一卷。卓尔堪撰。《积山先生遗集》十卷。汪维宪撰。《可仪堂文集》二卷。俞长城撰。《虞东先生文录》八卷。顾镇撰。《黄叶村庄诗集》十卷。吴之振撰。《大谷集》六卷。方殿元撰。《大樗堂初集》十二卷。王隼撰。《云华阁诗略》六卷。易宏撰。《鹿洲初集》二十卷。蓝鼎元撰。《龙溪草堂集》十卷。王世睿撰。《云溪文集》五卷。储掌文撰。《寒香阁诗集》四卷。邓鍾岳撰。《垒麟诗集》十二卷。马维翰撰。《秋塍文钞》十二卷，《三州诗钞》四卷。鲁曾煜撰。《文蔚堂诗集》八卷，《西林遗稿》六卷。鄂尔泰撰。《楚蒙山房诗文集》二十卷。晏斯盛撰。《香树斋文集》二十八卷，《续集》五卷，《诗集》十八卷，《续集》三十六卷。钱陈群撰。《澂潭山房古文存稿》四卷，《诗集》十七卷。程襄龙撰。《师善堂诗集》十卷。嵇曾筠撰。《小兰陔集》十二卷。谢道承撰。《桐村诗》九卷。冯咏撰。《崇德堂集》八卷。王植撰。《墙东杂著》一卷。王汝骧撰。《王已山文集》十卷，《别集》四卷。王步青撰。《甘庄恪集》十六卷。甘汝来撰。《课忠堂诗钞》不分卷。魏廷珍撰。《云川阁诗集》九卷。杜诏撰。《学古堂诗集》六卷。沈季友撰。《渠亭山人半部稿》一卷，《潜州集》一卷，《或语集》一卷，《娱老集》一卷。张贞撰。《湖海集》十二卷。孔尚任撰。《陈司业文集》四卷，《诗集》四卷。陈祖范撰。《芙蓉集》十七卷。宋元鼎撰。《怀舫集》三十六卷。魏荔彤撰。《笛渔小稿》十卷。朱昆田撰。《秋水集》十卷。严绳孙撰。《清芬楼遗稿》四卷。任启运撰。《松泉文集》二十卷，《诗集》二十六卷。汪由敦撰。《蔗尾诗集》十五卷，《文集》二卷。郑方坤撰。《树人堂诗》七卷。帅念祖撰。《涵有堂诗文集》四卷。游绍安撰。《江声草堂诗集》八卷。金志章撰。《王艮斋集》十四卷。王峻撰。《四焉斋文集》八卷，《诗集》六卷。曹一士撰。《金管集》一卷，《花语山房诗文小钞》一卷。顾成大撰。《柳渔诗钞》十二卷。张湄撰。《秋水斋诗集》十五卷。张映斗撰。《松桂读书堂集》八卷。姚培谦撰。《寒斋诗集》四卷。岳鍾琪撰。《道腴堂诗编》三十卷，《诗续》十二卷。鲍鉁撰。《孱守斋遗稿》四卷。姚世钰撰。《在亭丛稿》二十卷。李果撰。《后海书堂遗文》二卷。王孝咏撰。《丰川全集》二十八卷，《后集》三十四卷。王心敬撰。《纻塘诗集》一卷，《楚颂亭诗》二卷，《扈从清平遗调》一卷。顾贞观撰。《质园诗集》三十四卷。商盘撰。《绿荫亭集》二卷。陈奕禧撰。《江湖间吟》八卷。王道撰。《翰村诗稿》六卷。仲昰保撰。《芝庭文稿》八卷、《诗稿》十六卷。彭启丰撰。《尹文端公诗集》十卷。尹继善撰。《柳南诗钞》十卷，《文钞》六卷。王应奎撰。《上湖纪岁诗编》四卷，《续编》一卷，《分类文编》一卷，《补钞》二卷。汪师韩撰。《矢音集》十卷。梁诗正撰。《筠谷诗钞》六卷，《别集》一卷。郑江撰。《露香书屋遗集》十卷。张映辰撰。《蔗堂未定稿》八卷，《外集》四卷。查为仁撰。《吞松阁集》二十卷。郑虎文撰。《朱文端公集》四卷。朱轼撰。《铜鼓书堂遗集》三十二卷。查礼撰。《珂雪集》二卷，《实庵诗略》二卷。曹贞吉撰。《培远堂偶存稿》四十八卷。陈宏谋撰。《双池文集》十卷。汪绂撰。《陶晚闻先生集》十卷。陶正靖撰。《经笥堂文钞》二卷。雷鋐撰。《晴岚诗存》八卷。张若霭撰。《寿藤斋集》三十五卷。鲍倚云撰。《南华山人诗钞》十六卷，《赐诗赓和集》六卷。张鹏翀撰。《问青堂诗集》十卷。朱伦瀚撰。《蒋济航先生文集》二卷。蒋汾功撰。《奉石堂集》二卷。达礼撰。《受宜堂集》四十三卷。常安撰。

以上顺治、康熙、雍正朝

《绳庵内外集》二十四卷。刘纶撰。《东山草堂集》六卷。潘安礼撰。《绛跗阁诗稿》十一卷。诸锦撰。《道古堂文集》四十八卷，《诗集》二十六卷。杭世骏撰。《紫竹山房文集》十一卷，《诗集》十二卷。陈兆仑撰。《隐拙斋集》五十卷。沈廷芳撰。《宝纶堂文钞》八卷，《诗钞》六卷。齐召南撰。《石笥山房诗集》十一卷，《补遗》四卷，《文集》六卷，《补遗》一卷。胡天游撰。《归愚诗文钞》五十八卷。沈德潜撰。《小仓山房文集》三十卷，《诗集》三十一卷，《外集》七卷。袁枚撰。《随园诗录》十卷。边连宝撰。《白云诗集》七卷。卢存心撰。《白云山房文集》六卷，《诗集》二卷。张象津撰。《云逗楼集》二卷。杨度汪撰。《黄静山集》十二卷。黄永年撰。《桧门诗存》四卷。金德瑛撰。《强恕斋文钞》五卷。张庚撰。《睫巢集》六卷，《后集》一卷。李锴撰。《大谷山堂集》六卷。梦麟撰。《雷溪草堂诗》一卷。那兰长海撰。《陈玉几诗集》三卷。陈撰撰。《无悔斋集》十五卷。周京撰。《樊榭山房集》二十卷。厉鹗撰。《果堂集》十二卷。沈彤撰。《赐书堂诗选》八卷。周长发撰。《明史杂咏》四卷。严遂成撰。《位山诗赋全集》二卷。徐文靖撰。《云在诗钞》九卷。查祥撰。《六峰阁诗稿》一卷。朱稻孙撰。《黍谷山房集》十卷。吴麟撰。《桑弢甫集》八十四卷。桑调元撰。《唐堂集》六十一卷，《香屑集》十六卷。黄之隽撰。《集虚斋学古文》十二卷。方楘如撰。《绿萝山房文集》二十四卷，《诗集》三十三卷。胡浚撰。《海峰文集》十卷，《诗集》四卷。刘大櫆撰。《鲒埼亭文集》三十八卷，《外集》五十卷，《诗集》八卷，《句馀土音》四卷。全祖望撰。《爱日堂吟稿》十五卷。赵昱撰。《沙河逸老小稿》一卷。马曰琯撰。《南斋集》二卷。马曰璐撰。《澄悦堂集》十四卷。国梁撰。《薇香集》一卷，《燕香集》二卷，《二集》二卷。方观承撰。《裘文达诗集》十二卷，《文集》六卷。裘曰修撰。《春凫小稿》十二卷。符曾撰。《蕃石斋诗集》四十九卷。钱载撰。《空山堂文集》十二卷，《诗集》六卷。牛运震撰。《阮斋集》十卷。劳孝舆撰。《槐堂诗文稿》二十卷。汪沆撰。《秀砚斋吟稿》二卷。赵信撰。《兰藻堂集》十二卷。舒瞻撰。《西斋诗辑遗》三卷。博明撰。《固哉草亭集》六卷。高斌撰。《陶人心语》六卷。唐英撰。《缉斋文集》八卷，《诗稿》八卷。蔡新撰。《板桥全集》四卷。郑燮撰。《海门诗钞初集》十卷，《外集》四卷。鲍皋撰。《赐书堂文集》六卷，《诗集》四卷。翁照撰。《介石堂诗集》十卷，《古文》十卷。郭起元撰。《素馀堂集》三十四卷。于敏中撰。《敬思堂诗集》六卷，《文集》六卷。梁国治撰。《知足斋文集》六卷，《诗集》二十卷。朱珪撰。《笥河文集》十六卷。朱筠撰。《切问斋集》十六卷。陆燿撰。《潜研堂文集》五十卷，《诗集》十卷，《续集》十卷。钱大昕撰。《可庐十种著述叙例》一卷。钱大昭撰。《春融堂集》六十八卷。王昶撰。《西庄始存稿》三十九卷，《西沚居士集》二十四卷。王鸣盛撰。《樗亭诗稿》十八卷。萨哈岱撰。《兰玉堂文集》二十卷，《诗集》十卷。张云锦撰。《燕川集》十四卷。范泰恒撰。《援鹑堂文集》六卷。姚范撰。《苏园仲文集》二卷，《补遗》一卷，《诗集》六卷。苏去疾撰。《梅崖居士文集》三十卷，《外集》八卷。朱仕琇撰。《研经堂文集》三卷，《诗集》十三卷。吉梦熊撰。《松崖文钞》二卷。惠栋撰。《复初斋文集》三十五卷，《诗集》六十六卷。翁方纲撰。《听莺居文钞》三十卷。翁广平撰。《纪文达遗集》十六卷。纪昀撰。《一瓢斋诗存》六卷。薛雪撰。《柘坡居士集》十二卷。万光泰撰。《澄碧斋诗钞》十二卷。钱琦撰。《静廉斋诗集》二十四卷。金甡撰。《刘文清遗集》十七卷。刘墉撰。《冬心集》四卷。金农撰。《产鹤亭诗集》七卷。曹廷栋撰。《省吾斋集》二十卷。窦光鼐撰。《筠心书屋诗钞》十二卷。褚廷璋撰。《月满楼诗集》四十一卷，《别集》六卷。顾宗泰撰。《葆淳阁集》二十六卷。王杰撰。《泊鸥山房存稿》三十八卷。陶元藻撰。《墨香阁文集》十五卷。彭惟新撰。《小山诗钞》十一卷。邹一桂撰。《东原集》十卷。戴震撰。《南江集钞》四卷。邵晋涵撰。《抱经堂文集》三十四卷。卢文弨撰。《玉芝堂文集》六卷，《诗集》三卷。邵齐焘撰。《隐几山房文集》十六卷。邵齐熊撰。《学福斋文集》二十卷，《诗集》三十卷。沈大成撰。《还读斋诗稿》二十卷。韩對撰。《西涧草堂集》四卷。阎循观撰。《南阜山人诗集》七卷。高凤翰撰。《红桐书屋文稿》七卷，《诗稿》四卷。孔继涵撰。《玉虹楼遗稿》一卷。孔继涑撰。《灵岩山人文集》四十卷，《诗集》二十卷。毕沅撰。《青溪文集》十二卷。程廷祚撰。《存悔斋集》二十八卷。刘凤诰撰。《恩馀堂经进初稿》十二卷，《续稿》二十二卷，《三稿》十一卷。彭元瑞撰。《秋士先生遗集》六卷。彭绩撰。《二林居士集》二十四卷。彭绍升撰。《尊闻居士集》八卷。罗有高撰。《惜抱轩诗文集》三十八卷。姚鼐撰。《山木集》十四卷。鲁仕骥撰。《忠雅堂文集》十二卷，《诗集》二十九卷。蒋士铨撰。《白华前稿》六十卷，《后稿》四十卷。吴省钦撰。《听彝堂偶存稿》二十一卷。吴省兰撰。《悦亲楼诗集》三十卷。祝德麟撰。《三松堂诗集》二十卷，《文集》四卷，《续集》六卷。潘奕隽撰。《勉行堂文集》六卷，《诗集》二十四卷。程晋芳撰。《小岘山人文集》六卷，《诗集》二十八卷。秦瀛撰。《钱南园遗集》五卷。钱沣撰。《经韵楼集》十二卷。段玉裁撰。《百一山房诗集》十二卷。孙士毅撰。《宝奎堂集》十二卷。陆锡熊撰。《瓯北集》五十卷，《续》三卷，《瓯北诗钞》二十卷。赵翼撰。《海愚诗钞》十二卷。朱孝纯撰。《梦楼诗集》二十四卷。王文治撰。《红豆诗人集》十九卷。董潮撰。《清献堂集》十卷。赵佑撰。《频罗庵集》十六卷。梁同书撰。《无不宜斋稿》四卷。翟灏撰。《陈乾初文集》十八卷，《诗集》十二卷，《别集》十九卷。陈确撰。《临江乡人诗》四卷。吴颖芳撰。《青虚山房集》十一卷。王太岳撰。《程侍郎遗集》十卷。程恩泽撰。《讱庵诗存》六卷。汪启淑撰。《响泉集》三十卷。顾光旭撰。《梅庵文钞》六卷，《诗钞》五卷。铁保撰。《石闾诗稿》三十卷。陈景元撰。《竹叶庵集》三十三卷。张埙撰。《柚堂文存》四卷。盛百二撰。《兰韵堂诗集》八卷，《御览集》四卷，沈初撰。《孟亭居士文稿》五卷，《诗稿》四卷。冯浩撰。《述学内外篇》六卷，《诗集》六卷。汪中撰。《校礼堂集》三十六卷。凌廷堪撰。《无闻集》四卷。崔述撰。《授堂文钞》八卷。武亿撰。《顨轩所著书》六十卷。孔广森撰。《拜经堂文集》四卷。臧庸撰。《问字堂集》五卷，《岱南阁集》五卷，《五松园文集》一卷，《芳茂山人诗录》九卷。孙星衍撰。《卷施阁文甲集》十卷，《补遗》一卷，《乙集》十卷，《续编》一卷，《诗集》二十卷，《更生斋文甲集》四卷，《乙集》二卷，《诗集》八卷，《续集》十卷。洪亮吉撰。《纯则斋骈文》二卷，《诗》二卷。洪齮孙撰。《嘉树山房诗文集》二十卷，《外集》二卷。张士元撰。《大云山房文稿》四卷，《二集》四卷，《言事》二卷。恽敬撰。《渊雅堂编年诗稿》二十卷，《惕夫未定稿》二十六卷，《诗外集》四卷，《文外集》四卷。王芑孙撰。《吉堂文稿》十二卷，《诗稿》八卷。钦善撰。《壹斋集》四十卷。黄钺撰。《瓶庵居士文钞》四卷，《诗钞》四卷。孟超然撰。《双佩斋文集》四卷，《骈体文》一卷，《诗集》八卷。王友亮撰。《船山诗草》二十卷。张问陶撰。《衍庆堂诗稿》十一卷。颜检撰。《晚学集》八卷。桂馥撰。《简松草堂诗集》二十卷，《文集》十卷。张云璈撰。《韫山堂文集》八卷，《诗集》十六卷。管世铭撰。《陶山诗录》十二卷。唐仲冕撰。《两当轩集》二十二卷。黄景仁撰。《刘端临遗书》四卷。刘台拱撰。《稼门诗文草》十卷。汪志伊撰。《第六弦溪文钞》四卷。黄廷鉴撰。《双桂堂稿》十卷，《续编》八卷。纪大奎撰。《亦有生斋诗集》三十二卷，《文集》二十卷。《续集》六卷。赵怀玉撰。《珍艺宧文钞》七卷，《诗钞》二卷。庄述祖撰。《真率斋初稿》十卷，《芙蓉山馆诗稿》十六卷。杨芳灿撰。《童山文集》二十卷，《补遗》一卷。李调元撰。《烟霞万古楼文集》六卷，《仲瞿诗录》一卷。王昙撰。

《荣性堂集》二十卷。吴俊撰。《易简斋诗钞》四卷。和宁撰。《香湖文存》一卷，《诗钞》二卷。李尧文撰。《存素堂诗初集》二十四卷，《二集》二卷。法式善撰。《素修堂诗集》二十四卷，《后集》六卷。吴蔚光撰。《双藤书屋诗集》十二卷。何道生撰。《瓶水斋诗集》十七卷。舒位撰。《清爱堂集》二十三卷。魏成宪撰。《留春草堂诗钞》七卷。伊秉绶撰。《五砚斋文钞》十卷，《诗钞》二十卷。沈赤然撰。《澹静斋文钞》六卷，《诗钞》六卷。龚景瀚撰。《陶园文集》八卷，《诗集》二十四卷。张九钺撰。《笙雅堂文集》四卷，《诗集》十四卷。张九镡撰。《有正味斋文集》十六卷，《骈体文》二十四卷。《诗集》十六卷。吴锡麟撰。《树经堂文集》四卷。谢启昆撰。《思不辱斋文集》四卷，《诗集》四卷。万承风撰。《吴学士文集》四卷。吴鼒撰。《东潜文稿》二卷。赵一清撰。《玉山逸稿》四卷。鲍廷博撰。《炳烛斋遗文》一卷。江藩撰。《椋亭古文钞》十卷，《骈体文钞》八卷，《诗钞》十八卷。金兆燕撰。《迈堂文略》四卷。李祖陶撰。《南涧文集》二卷。李文藻撰。《南野堂诗集》七卷。吴文溥撰。《论山诗选》十五卷。鲍之鍾撰。《悔生文集》八卷。王灼撰。《祇平居士集》三十卷。王元启撰。《揅经室一集》十四卷，《二集》八卷，《三集》五卷，《四集》十一卷，《诗集》十二卷，《续集》九卷，《再续集》六卷。阮元撰。《茗柯文集》五卷。张惠言撰。《崇百药斋文集》二十卷，《续集》四卷，《三集》十二卷。陆继辂撰。《太乙舟文集》八卷。陈用光撰。《东溟文集》六卷，《外集》四卷。姚莹撰。《南村草堂文钞》二十卷。邓显鹤撰。《壮学斋文集》十二卷。周树槐撰。《月沧文集》八卷。吕璜撰。《孟涂文集》十卷。刘开撰。《通艺阁文集》十二卷，《诗录》八卷，《和陶诗》二卷。姚椿撰。《休复居文集》六卷。毛嶽生撰。《初月楼集》十八卷，《诗钞》四卷。吴德旋撰。《雕菰楼集》二十四卷。焦循撰。《思适斋集》十八卷。顾广圻撰。《蜕稿》四卷。梁玉绳撰。《左海文集》二十卷，《绛趺阁诗集》六卷。陈寿祺撰。《鉴止水斋集》二十卷。许宗彦撰。《铁桥漫稿》八卷。严可均撰。《尚絅堂文集》二卷，《诗》五十二卷。刘嗣绾撰。《小谟觞馆文集》四卷，《续》二卷，《诗集》八卷，《续》二卷。彭兆荪撰。《章氏遗书》十一卷。章学诚撰。《泰云堂文集》二十五卷。孙尔准撰。《赏雨茆屋诗集》二十二卷，《骈体文》二卷。曾燠撰。《求是堂诗集》二十二卷，《文集》六卷，《骈体文》二卷。胡承珙撰。《养素堂文集》三十五卷。张澍撰。《柯家山馆遗诗》六卷，《悔庵学文》八卷。严元照撰。《简庄文钞》六卷，《续编》二卷，《诗钞》一卷。陈鳣撰。《心斋诗稿》一卷。任兆麟撰。《养一斋文集》二十六卷。李兆洛撰。《丹棱文钞》四卷。蒋彤撰。《幼学堂诗集》十七卷，《文集》八卷。沈钦韩撰。《香苏山馆诗集》二十一卷，《文集》二卷。吴嵩梁撰。《落颿楼文稿》六卷，《剩稿》二卷。沈垚撰。《校经庼文稿》十八卷。李富孙撰。《借闲生诗》三卷。汪远孙撰。《花宜馆诗钞》十六卷，《续钞》一卷，《文略》一卷。吴振棫撰。《是程堂集》二十二卷。屠倬撰。《颐道堂文钞》十三卷，《诗选》三十卷，《外集》十三卷，《戒后诗存》十六卷，《补遗》六卷。陈文述撰。《崇雅堂骈体文钞》四卷，《文钞》二卷，《诗钞》十卷，《删馀诗》一卷。胡敬撰。《潘少白古文》八卷，《诗》五卷。潘谘撰。《太鹤山人集》十三卷。端木国瑚撰。《秋室集》十卷。杨凤苞撰。《沈四山人诗录》六卷。沈谨学撰。《晚闻居士遗集》九卷。王宗炎撰。《三长物斋诗略》五卷，《文略》六卷。黄本骥撰。《筠轩文钞》八卷，《诗钞》四卷。洪颐煊撰。《鹤泉文钞》二卷。戚学标撰。《研六室文钞》十卷，《补遗》一卷。胡培翚撰。《石经阁文集》八卷，《拜竹诗龛诗存》四卷。冯登府撰。《悔过斋文集》七卷，《续集》七卷，《补遗》一卷。顾广誉撰。《白鹄山房诗选》四卷，《骈体文钞》二卷。徐熊飞撰。《灵芬馆诗集》三十五卷。郭麐撰。《游道堂集》四卷。朱彬撰。《真有益斋文编》十卷，《诗娱室诗》二十四卷，《息耕草堂诗》十八卷。黄安涛撰。《桂馨堂诗集》八卷。张廷济撰。《倚晴楼诗集》十二卷，《续集》四卷。黄燮清撰。《后甲集》二卷。章大来撰。《陶文毅公全集》六十四卷。陶澍撰。《养一斋诗文集》二十五卷。潘德舆撰。《适斋居士集》四卷。舒敏撰。《馀暇集》二卷。特衣顺撰。《寸心知堂存稿》六卷。汤金钊撰。《秋水堂文集》六卷，《诗集》六卷。庄亨阳撰。《群峰集》五卷。沈清端撰。《岑华居士诗》八卷，《凤巢山樵诗》十一卷，《文集》四卷。吴慈鹤撰。《晒书堂文集》十二卷，《外集》二卷，《别集》一卷。郝懿行撰。《汪子文录》十卷，《诗录》十卷。汪缙撰。《功甫小集》十一卷，《东津馆文集》三卷。潘曾沂撰。《知止堂文集》八卷，《诗稿》十二卷。朱绶撰。《邃雅堂文集》十卷。姚文田撰。《蕴素阁文集》八卷，《诗集》十二卷。盛大士撰。《小万卷斋文稿》二十四卷，《诗稿》三十二卷。朱珔撰。《野云诗钞》十二卷。鲍文逵撰。《独学庐初集》九卷，《二集》九卷。石韫玉撰。《与稽斋丛稿》十八卷。吴翌凤撰。《天真阁集》五十四卷，《外集》六卷。孙原湘撰。《刘礼部集》十二卷。刘逢禄撰。《陶山诗录》二十八卷。唐仲冕撰。《贞定先生遗集》四卷。莫与俦撰。《印雪轩文钞》三卷，《诗钞》十六卷。俞鸿渐撰。《傲居集》十卷。黄式三撰。《问奇室诗集》二卷，《续集》一卷，《文集》一卷。蒋曰豫撰。《见星庐集》九卷。林家桂撰。《钓鱼篷山馆集》六卷。刘佳撰。

以上乾隆、嘉庆朝

《旧香居文稿》十卷。王宝仁撰。《仙樵诗钞》十二卷。刘文麟撰。《抱冲斋诗集》三十六卷。斌良撰。《求是山房遗集》四卷。鄂恒撰。《柏枧山房文集》十六卷，《续集》一卷，《诗集》十卷，《骈文》二卷。梅曾亮撰。《小安乐窝文集》四卷，《诗存》二卷。张海珊撰。《怡志堂集》八卷。朱琦撰。《求自得之室文钞》十二卷，《尚絅庐诗存》二卷。吴嘉宾撰。《龙壁山房文集》十卷，《诗钞》十二卷。王拯撰。《通甫类稿》四卷，《续编》二卷，《诗存》四卷，《诗存之馀》二卷。鲁一同撰。《玉笥山房诗集》四卷，《文》一卷。顾廷纶撰。《苍筤文集》六卷。孙鼎臣撰。《因寄轩文初集》十卷，《二集》六卷，《补遗》一卷。管同撰。《仪卫轩文集》十二卷，《遗诗》五卷。方东树撰。

《肎斋居士文集》八卷。张穆撰。《传经室文集》十卷，《赋》一卷，《临啸阁诗钞》五卷。朱骏声撰。《味经山馆文集》四卷，《续集》二卷。戴钧衡撰。《万善花室文集》六卷，《续集》一卷，《诗集》五卷。方履篯撰。《孙仰晦先生文集》七卷。孙希朱撰。《味无味斋诗钞》七卷，《文》一卷，《骈文》二卷。董兆熊撰。《柊华馆骈体文》四卷。董基诚撰。《董方立文甲集》二卷，《乙集》二卷。董祐诚撰。《柴辟亭诗集》四卷，《十经斋文集》四卷。沈涛撰。《衎石斋纪事稿》十卷，《续稿》十卷，《刻楮集》四卷，《旅逸小稿》二卷。钱仪吉撰。《甘泉乡人文稿》二十四卷。钱泰吉撰。《安吴四种》三十六卷。包世臣撰。《古微堂内集》三卷，《外集》七卷，《诗集》六卷。魏源撰。《介存斋诗》六卷，《文稿》二卷。周济撰。《弇榆山房诗略》十卷。许乔林撰。《红豆树馆诗集》十四卷。陶樑撰。《定盦文集》三卷，《续集》四卷，《文诗集补》二卷，《杂诗》一卷，《文集补编》四卷。龚自珍撰。《复庄诗问》三十四卷，《骈体文榷》八卷。姚燮撰。《青溪旧屋文集》十卷。刘文淇撰。《齐物论斋文集》六卷。董士锡撰。《悔庐文钞》六卷。张崇兰撰。《密梅花馆诗录》二卷。焦廷琥撰。《李文恭公文集》十六卷，《诗集》八卷。李星沅撰。《胡文忠公集》八十八卷。胡林翼撰。《倭文端公遗书》十二卷。倭仁撰。《吴文节公遗集》八十卷。吴文熔撰。《曾文正公文集》四卷，《诗集》三卷。曾国藩撰。《曾忠襄公集》三十二卷。曾国荃撰。《唐确慎公集》十卷。唐鉴撰。《拙修集》十卷。吴廷栋撰。《习苦斋诗文集》十二卷。戴熙撰。《沈文忠公集》十卷。沈兆霖撰。《盾鼻馀沛》一卷。左宗棠撰。《罗忠节公诗文集》八卷。罗泽南撰。《彭刚直公诗集》八卷。彭玉麟撰。《江忠烈公遗集》十卷。江忠源撰。《王壮武公遗集》二十五卷。王鑫撰。《张文节公遗诗》一卷。张洵撰。《彭文敬集》四十四卷。彭蕴章撰。《躬耻斋文钞》十四卷，《后编》六卷，《诗钞》十四卷，《后编》十一卷。宗稷辰撰。《受恒受渐斋集》十二卷。沈曰富撰。《半岩庐文集》二卷，《诗集》二卷。邵懿辰撰。《逊学斋文钞》十卷，《诗钞》十卷。孙衣言撰。《一灯精舍甲部稿》五卷。何秋涛撰。《显志堂文集》十二卷。冯桂芬撰。《思益堂古诗》二卷，《骈文》二卷，《诗集》六卷。周寿昌撰。《昨非集》四卷。刘熙载撰。《敩艺斋文存》三卷，《诗存》一卷，《外集》一卷。邹汉勋撰。《蓬莱阁诗录》四卷。陈克家撰。《养晦堂文集》十卷，《诗集》二卷。刘蓉撰。《水流云在馆诗钞》六卷。宋晋撰。《玉井山馆文略》五卷，《文续》二卷，《诗》十五卷。许宗衡撰。《经德堂文集》七卷，《浣月山房诗集》五卷。龙启瑞撰。《柈湖文录》八卷。吴敏树撰。《听松庐诗略》二卷。张维屏撰。《海陀华馆文集》一卷，《诗集》三卷。何若瑶撰。《面城楼集》十卷。曾钊撰。《乐志堂文集》十八卷，《诗集》十二卷，《续集》三卷。谭莹撰。《修本堂稿》一卷，《月亭诗钞》一卷。林伯桐撰。《东塾集》六卷。陈澧撰。《守柔斋诗集》八卷。苏廷魁撰。《斯未信斋文编》十二卷。徐宗幹撰。《虹桥老人遗稿》九卷。秦缃业撰。《未灰斋文集》八卷。徐鼒撰。《翠岩室文稿》二卷，《诗钞》五卷。韩弼元撰。《枫南山馆遗集》八卷。庄受祺撰。《漱六山房全集》十三卷。吴昆田撰。《无近名斋文钞》四卷。彭翊撰。《阅苣草堂遗草》四卷。王拓撰。《意苕山馆诗稿》十六卷。陆嵩撰。《榞花盦诗》二卷。叶廷琯撰。《袖海楼文录》六卷。黄汝成撰。《郘亭诗钞》六卷，《遗诗》八卷，《遗文》八卷。莫友芝撰。《宾萌集》六卷，《外集》四卷，《春在堂杂文》二卷，《续编》五卷，《三编》四卷，《四编》八卷，《五编》八卷，《六编》十卷，《诗编》二十三卷，《诂经精舍自课文》二卷。俞樾撰。《武陵山人杂著》一卷。顾观光撰。《微尚斋遗文》一卷。冯志沂撰。《东洲草堂诗钞》二十七卷。何绍基撰。《大小雅堂诗钞》十卷。邵堂撰。《西沤全集》十卷。李惺撰。《简学斋诗文钞》十二卷。陈沆撰。《小重山房初稿》二十四卷。张祥河撰。《好云楼集》二十八卷。李联琇撰。《易画轩诗录》二卷。王学浩撰。《依旧草堂遗稿》一卷。费丹旭撰。《海秋诗集》二十六卷，《后集》二卷。汤鹏撰。《如舟吟馆诗钞》一卷。瑞常撰。《大小雅堂集》一卷。承龄撰。《佩蘅诗钞》十二卷。宝鋆撰。《䅵䶊亭集》三十二卷。祁寯藻撰。《澄怀书屋诗草》四卷。穆彰阿撰。《香南居士集》六卷。崇恩撰。《通艺阁全集》四十三卷。姚椿撰。《梅麓诗钞》十八卷，《文钞》八卷。齐彦槐撰。《巢经巢诗钞》九卷。郑珍撰。《积石诗存》十八卷。张履撰。《木鸡书屋文钞》三十卷。黄金台撰。《静远堂集》三卷。陈寿熊撰。《健修堂诗集》二十二卷。边浴礼撰。《澄怀堂诗集》十四卷。陈裴之撰。《勿二三斋诗》一卷。孔广牧撰。《琴隐园诗集》三十六卷。汤贻汾撰。《竹石居文草》四卷，《诗草》四卷。童华撰。《李文忠公全集》一百六十三卷。李鸿章撰。《求补拙斋文略》二卷，《诗略》二卷。黎培敬撰。《大潜山房诗钞》一卷。刘铭传撰。《周武壮公遗书》九卷。周盛传撰。《曾惠敏公诗文集》九卷。曾纪泽撰。《结一庐遗文》二卷。朱学勤撰。《心白日斋集》四卷。尹耕云撰。《养云山庄文集》四卷，《诗集》四卷。刘瑞芬撰。《湖塘林馆骈体文钞》二卷，《白华绛跗阁诗集》十卷。李慈铭撰。《拙尊园文稿》六卷。黎庶昌撰。《有恒心斋集》四十四卷。程鸿诏撰。《谪麐堂文集》四卷。戴望撰。《复堂文》四卷，《文续》五卷，《诗》十一卷。谭献撰。《舒艺室杂著甲编》二卷，《乙编》二卷，《剩稿》一卷，《诗存》七卷。张文虎撰。《仰萧楼文集》一卷。张星鉴撰。《通斋诗集》五卷，《外集》一卷，《文集》二卷，《垂金荫绿轩诗钞》二卷，《圃珖岩诗钞》四卷。蒋超伯撰。《晓瀛遗稿》二卷。蒋继伯撰。《赌棋山庄集》七卷。谢章铤撰。《陶堂遗文》一卷，《志微录》五卷。高心夔撰。《毋自欺室文集》十卷。王炳燮撰。《剑虹居文集》二卷，《诗集》二卷。秦焕撰。《天岳山馆文钞》四十卷。李元度撰。《归盦文稿》八卷。叶裕仁撰。《悔馀庵诗稿》十三卷，《文稿》九卷。何栻撰。《携雪堂全集》四卷。吴可读撰。《存素堂诗文》十三卷。钱宝琛撰。《集义斋咏史诗钞》六十卷。罗惇衍撰。《犄晴楼诗集》十二卷，《续集》四卷。黄燮清撰。《小匏庵诗存》六卷。吴仰贤撰。《汀鹭文钞》三卷，《诗钞》二卷，《诗馀》一卷。杨传第撰。《蒿庵遗集》十二卷。庄棫撰。《小西腴山房全集》二十卷。吴大廷撰。《百柱堂诗稿》八卷。王柏心撰。《亨甫诗选》八卷。张际亮撰。《悔庵诗钞》十五卷。汪士铎撰。《烟屿楼文集》四十卷，《诗集》十六卷。徐时栋撰。《柏堂集》七十一卷。方宗诚撰。《琴鹤山房遗稿》八卷。赵铭撰。《仙心阁诗钞》八卷。彭慰高撰。《古红梅阁遗集》八卷。刘履芬撰。《浙西村人诗初集》十三卷，《安般簃诗续钞》十卷，《水明楼诗》一卷，《于湖文录》六卷。袁昶撰。《泽雅堂诗集》六卷，《文集》八卷。施补华撰。《寒松阁诗集》四卷。张鸣珂撰。《汉孳室文钞》四卷。陶方琦撰。《缦雅堂骈体文》八卷。王诒寿撰。《扁善堂文存》二卷，《诗存》一卷。邓嘉缉撰。《郑东父遗书》六卷。郑杲撰。《濂亭文集》八卷。张裕钊撰。《仪顾堂集》二十卷。陆心源撰。《枕经堂文钞》二卷，《骈文》二卷。方朔撰。《虚受堂文集》十六卷。王先谦撰。《庸盦全集》十五卷。薛福成撰。《吴挚甫文集》四卷，《诗集》一卷。吴汝纶撰。《函雅堂集》二十四卷。王咏霓撰。《诵芬诗略》三卷。黄炳垕撰。《意园文略》一卷，《郁华阁遗诗》三卷。盛昱撰。《灵石山房诗草》二卷。贵成撰。《藤香馆诗词删存》六卷。薛时雨撰。《退补斋诗存》十六卷，《二编》七卷，《文存》十二卷，《二编》五卷。胡凤丹撰。《宝韦斋类稿》一百卷。李桓撰。《香禅纪游草》四卷。潘鍾瑞撰。《汲庵文存》六卷，《诗存》八卷。杨象济撰。《小芋香馆遗集》十二卷。李杭撰。《萝摩亭遗诗》四卷。乔松年撰。《养知书屋文集》二十八卷，《诗集》十五卷。郭嵩焘撰。《句溪杂著》二卷。陈立撰。《广经室文钞》一卷。刘恭冕撰。《学诂斋文集》二卷。薛寿撰。《心巢文录》一卷。成蓉镜撰。《颐情馆闻过集》十二卷。宗源瀚撰。《元同文钞》六卷。黄以周撰。《爱经居杂著》四卷。黄以恭撰。《崇兰堂诗存》十卷。张预撰。《玉鉴堂诗存》一卷，《栎寄诗存》一卷。汪曰桢撰。《味静斋诗存》八卷。徐嘉宾撰。《范伯子诗集》十九卷。范当世撰。《通雅堂诗钞》十卷。施山撰。《伏敔堂诗录》十五卷，《续录》四卷。江湜撰。《随安庐文集》六卷，《诗集》九卷。亢树滋撰。《西圃集》十卷。潘遵祁撰。《佩弦斋文存》三卷，《诗存》一卷。朱一新撰。《姚震甫文略》十卷。姚舆撰。《榴石山房遗稿》十卷。吴存义撰。《啸古堂文集》八卷。蒋敦復撰。《读有用书斋杂著》二卷。韩应陛撰。《秋蟪吟馆诗钞》六卷，《文钞》一卷。金和撰。《冬暄草堂诗钞》二卷。陈豪撰。《训真书屋诗存》二卷。黄国瑾撰。《鲜庵遗稿》一卷。黄绍箕撰。《缦庵遗稿》一卷。黄绍第撰。《籀膏述林》十卷。孙诒让撰。《人境庐诗》十一卷。黄遵宪撰。《雁影楼诗存》一卷。李希圣撰。《贺先生文集》四卷。贺涛撰。《张文襄公全集》二百四十卷。张之洞撰。《雄白文集》一卷。张宗瑛撰。《望云山房文集》三卷，《诗集》一卷。安维峻撰。《瞿文慎公诗选遗墨》四卷。瞿鸿禨撰。《题曾文正公祠百咏》一卷。朱孔彰撰。《蒿盦类稿》三十二卷。冯煦撰。

以上道光、咸丰、同治、光绪、宣统朝

《六宜楼稿》一卷，《绿华草》一卷。吴宗爱撰。《拙政园诗集》二卷。陈之遴室徐灿撰。《徐都讲诗》一卷。徐昭华撰。《芸香巢剩稿》一卷。查为仁室金玉元撰。《挹青轩诗稿》一卷。华浣芳撰。《玉窗遗稿》一卷。葛宜撰。《厲书楼稿》一卷。陈縠撰。《蕴真轩诗草》二卷。高其倬室蔡琬撰。《培远堂诗》四卷。毕沅母张藻撰。《蠹窗诗集》十四卷。张英女令仪撰。《柴车倦游集》二卷。蒋士铨母鍾令嘉撰。《晚晴楼诗草》二卷。陆锡熊母曹锡淑撰。《长离阁集》一卷。孙星衍室王采薇撰。《写韵轩小稿》二卷。王芑孙室曹贞秀撰。《五真阁吟稿》一卷。陆继辂室钱惠尊撰。《长真阁集》七卷。孙原湘室席佩兰撰。《古春轩诗文钞》二卷。许宗彦室梁德绳撰。《闺中文存》一卷。郝懿行室王照圆撰。《梯仙阁馀课》一卷。曹一士室陆凤池撰。《如亭诗草》一卷。铁保室莹川撰。《芳荪书屋存稿》四卷。吴瑛撰。《澹仙诗钞》四卷，《文钞》一卷。熊琏撰。《兰居吟草》一卷。陈玉瑛撰。《绣闲集》一卷。浦淡英撰。《问花楼遗稿》三卷。许权撰。《传书楼诗稿》一卷。金顺撰。《南楼吟稿》二卷。徐映玉撰。《盈书阁遗稿》一卷。袁棠撰。《素文女子遗稿》一卷。袁机撰。《楼居小草》一卷。袁杼撰。《浣青诗草》一卷。钱维城女孟钿撰。《纕芷阁遗稿》一卷。左如芬撰。《蕴玉楼集》四卷。屈秉筠撰。《红香馆诗草》二卷。麟庆母恽珠撰。《绣馀小草》一卷。归懋仪撰。《起云阁诗钞》四卷。鲍之兰撰。《清娱阁吟稿》六卷。鲍之蕙撰。《三秀斋诗钞》二卷。鲍之芬撰。《听秋轩诗集》四卷。骆绮兰撰。《不栉吟》三卷。潘素心撰。《鼓瑟楼偶存》一卷。叶鱼鱼撰。《贻砚斋诗稿》四卷。孙薏意撰。《珠楼遗稿》一卷。徐贞撰。《兰如诗钞》一卷。叶蕙心撰。《兰韫诗草》四卷。徐裕馨撰。《梅花绣佛斋草》一卷。毕汾撰。《秋红丈室遗诗》一卷。王昙室金礼嬴撰。《澹鞠轩诗稿》四卷。张缙英撰。《纬青遗稿》一卷。张𦈡英撰。《邻云友月之居诗集》四卷，《餐枫馆文集》三卷。张纨英撰。《绿槐书屋诗稿》五卷。张纶英撰。《自然好学斋诗钞》十卷。陈裴之室汪端撰。《芸香阁诗稿》一卷。黄婉璚撰。《滤月轩集》七卷。赵棻撰。《小维摩集》一卷。江珠撰。《绣篋小集》四卷。朱绶室高篃撰。《天游阁集》五卷。贝勒奕绘侧室顾太清撰。《芸香馆遗诗》二卷。宗室盛昱母那逊兰保撰。《清足居集》一卷。邓瑜撰。

以上闺阁

《宝云堂集》四卷。南潜撰。《完玉堂诗集》十卷。元璟撰。《冬关诗钞》六卷。通復撰。《懒斋别集》十四卷。通门撰。《双树轩诗钞》一卷。湛汎撰。《香域内外集》十二卷。敏膺撰。《敲空遗响》十二卷。如乾撰。《遍行堂续集》十六卷。今释撰。《石堂集》七卷。元玉撰。《芝厓诗集》二卷。超凡撰。《流香一览》一卷。明开撰。《话堕集》六卷。篆玉撰。《洞庭诗稿》六卷。大镫撰。《笠堂诗草》一卷。福红撰。《倚杖吟》五卷。古风撰。《南硐吟草》一卷。实月撰。《芡虚大师遗集》三卷。明中撰。《法喜集》三卷，《唾馀集》三卷。禅一撰。《水明山楼集》四卷。宝懿撰。《借庵诗草》十二卷。清恒撰。《竹窗剩稿》一卷。伴霞撰。《口头吟》一卷。龙池撰。《镢头吟》一卷。起信撰。《茶梦山房吟草》二卷。达宣撰。《古树轩录》一卷。啸颠撰。《小绿天庵吟草》一卷。达受撰。

以上方外

宋潘阆《逍遥集》一卷，赵湘《南阳集》六卷，夏竦《文庄集》三十六卷，宋庠《宋元宪集》四十卷，宋祁《宋景文集》六十二卷、《补遗》二卷、《附录》一卷，胡宿《文恭集》五十卷、《补遗》一卷，宋强至《祠部集》三十六卷，王珪《华阳集》六十卷、《附录》十卷，金君卿《金氏文集》二卷，刘敞《公是集》五十四卷，刘攽《彭城集》四十卷，陈舜俞《都官集》十四卷，郑獬《郧溪集》三十卷，吕陶《净德集》三十卷，刘挚《忠肃集》二十卷，王安礼《王魏公集》八卷，李廌《济南集》八卷，张舜民《画墁集》八卷，陆佃《陶山集》十四卷，华镇《云溪居士集》三十卷，李復《潏水集》十六卷，刘跂《学易集》八卷，毕仲游《西台集》二十卷，吴则礼《北湘集》五卷，谢逸《溪堂集》十卷，李彭《日涉园集》十卷，吕南公《灌园集》二十卷，慕容彦远《摛文堂集》十五卷、《附录》一卷，许翰《襄陵集》十二卷，毛滂《东堂集》十卷，周行己《浮沚集》八卷，赵鼎臣《竹隐畸士集》二十卷，洪朋《洪龟父集》二卷，李新《跨鳌集》三十卷，李若水《忠愍集》三卷，王安中《初寮集》八卷，许景衡《横塘集》二十卷，洪刍《老圃集》二卷，葛胜仲《丹阳集》二十四卷，张守《毘陵集》十五卷，汪藻《浮溪集》三十六卷，李光《庄简集》十八卷，赵鼎忠《正德文集》十卷，张扩《东窗集》十六卷，翟汝文《忠惠集》十卷、《附录》一卷，刘才邵《檆溪居士集》十二卷，吕颐浩《忠穆集》八卷，张嵲《紫微集》三十六卷，王洋《东牟集》十四卷，王之道《相山集》三十卷，黄彦平《三馀集》四卷，李正民《大隐集》十卷，洪皓《鄱阳集》四卷，李流谦《澹斋集》十八卷，朱翌《灊山集》三卷，郭印《云溪集》十二卷，綦崇礼《北海集》四十六卷、《附录》三卷，李处权《崧庵集》六卷，吴可《藏海居士集》二卷，曾几《茶山集》八卷，张元干《芦川归来集》十卷、《附录》一卷，邓深《邓绅伯集》二卷，仲并《浮山集》十卷，吴芾《湖山集》十卷，汪应辰《文定集》二十四卷，陈长方《唯室集》四卷、《附录》一卷，王之望《汉滨集》十六卷，曹协《云庄集》五卷，林季仲《竹轩杂箸》六卷，王质《雪山集》十六卷，李石《方舟集》二十四卷，喻良能《香山集》十六卷，崔敦礼《宫教集》十二卷，陈棣《蒙隐集》二卷，卫博《定庵类稿》四卷，李吕《澹轩集》八卷，虞俦《尊白堂集》六卷，袁说友《东堂集》二十卷，许及之《涉斋集》十八卷，赵蕃《乾道稿》一卷、《淳熙稿》二十卷、《章泉稿》五卷，彭龟年《止堂集》二十卷，曾丰《缘督集》二十卷，袁燮《絜斋集》二十四卷，蔡戡《定斋集》二十卷，员兴宗《九华集》二十五卷、《附录》一卷，赵善括《应斋杂箸》六卷，李洪《芸庵类稿》六卷，张镃《南湖集》十卷，韩元吉《南涧甲乙稿》二十二卷，章甫《自鸣集》六卷，杨冠聊《客亭类稿》十五卷，史尧弼《莲峰集》十卷，孙应时《烛湖集》二十卷、《附编》二卷，曹彦约《昌谷集》二十二卷，廖行之《省斋集》十卷，周南《山房集》九卷，卫泾《后乐集》二十卷，度正《性善堂稿》十五卷，葛绍体《东山诗选》二卷，袁甫《蒙斋集》十八卷，吴泳《鹤林集》四十卷，许应龙《东涧集》十四卷，戴栩《浣川集》十卷，陈元晋《渔墅类稿》八卷，程公许《沧洲尘缶编》十四卷，苏泂《冷然斋集》八卷，韩淲《涧泉集》二十卷，陈耆卿《筼窗集》十卷，王迈《臞轩集》十六卷，包恢《敝帚稿略》八卷，赵汝腾《庸斋集》六卷，赵孟坚《彝斋文编》四卷，张侃《张氏拙轩集》六卷、唐士耻《灵岩集》十卷，徐元杰《楳野集》十二卷，高斯得《耻堂存稿》八卷，阳枋《字溪集》十一卷、《附录》一卷，释文珦《潜山集》十二卷，刘辰翁《须溪集》十卷，胡仲弓《苇航漫游稿》四卷，马廷鸾《碧梧玩芳集》二十四卷，舒岳祥《阆风集》十二卷，卫宗武《秋声集》六卷，董嗣杲《庐山集》五卷、《英溪集》一卷，家铉翁《则堂集》六卷，连文凤《百正集》三卷，陈杰《自堂存稿》四卷，蒲寿晟《心泉学诗稿》六卷。金王寂《拙轩集》六卷。元张养浩《归田类稿》二十四卷，艾性夫《剩语》二卷，陆文圭《墙东类稿》二十卷，赵文《青山集》八卷，胡祇遹《紫山大全集》二十六卷，杨宏道《小亨集》六卷，魏初《青崖集》五卷，刘将孙《养吾斋集》三十二卷，耶律铸《双溪醉隐集》八卷，滕安上《东庵集》四卷，程端礼《畏斋集》六卷，姚燧《牧庵文集》三十六卷，陈宜甫《陈秋岩诗集》二卷，王旭《兰轩集》十六卷，张之翰《西岩集》二十卷，刘敏中《中庵集》二十卷，王结《王文忠集》六卷，萧𣂏《勤斋集》八卷，同恕《榘庵集》十五卷，王沂《伊滨集》二十四卷，程端学《积斋集》五卷，朱晞颜《瓢泉吟稿》五卷，张仲深《子渊诗集》六卷，刘仁本《羽庭集》六卷，吴皋《吾吾类稿》三卷，周巽《性情集》六卷，胡行简《樗隐集》六卷。明谢肃《密庵集》八卷，钱宰《临安集》六卷，蓝仁《蓝山集》六卷，蓝智《蓝涧集》六卷，郑潜《樗庵类稿》二卷，龚斅《鹅湖集》九卷。以上乾隆时敕辑。宋晏殊《元献遗文》一卷。胡亦堂辑。宋尤袤《梁溪遗稿》一卷。尤侗辑。

以上辑佚

总集类

《古文渊鉴》六十四卷。康熙二十四年，徐乾学等奉敕编。《唐宋文醇》五十八卷。高宗御定。《全唐文》一千卷。嘉庆十九年敕编。《清文颖》一百二十四卷。乾隆十二年，张廷玉等奉敕编。《清续文颖》一百八卷。嘉庆十五年敕编。《全唐诗》九百卷。康熙四十六年，彭定求等奉敕编。《唐诗》三十二卷，《附录》一卷。康熙五十二年，圣祖御选。《四朝诗》三百十二卷。康熙四十八年，张豫章等奉敕编。《全金诗》七十四卷。郭元釪原本，康熙五十年奉敕刊。《佩文斋咏物诗选》四百八十六卷。康熙四十五年，张玉书等奉敕编。《历代题画诗》一百二十卷。康熙四十六年，陈邦彦等奉敕编。《唐宋诗醇》四十七卷。高宗御定。《熙朝雅颂集首集》二十六卷，《正集》一百八卷。嘉庆九年，铁保等奉敕编。《千叟宴诗》四卷。康熙六十一年敕编。《千叟宴诗》三十四卷。乾隆四十九年敕编。

《重举千叟宴诗》三十四卷。乾隆五十五年敕编。《南巡召试录》三卷。乾隆时，谢墉等奉敕编。《上书房消寒诗》一卷。嘉庆时，董观国等奉敕编。《三元诗》一卷，附《三元喜宴诗》一卷。嘉庆二十五年，陆锡熊奉敕编。《历代赋汇》一百四十卷，《外集》二十卷，《逸句》二卷，《补遗》二十二卷。康熙四十五年，陈元龙等奉敕编。《四书文》四十一卷。乾隆元年，方苞奉敕编。

《文选举正》二卷。陈景云编。《文选理学权舆》八卷。汪师韩撰。《文选理学权舆补》一卷，《文选李注补正》四卷，《文选考异》四卷。孙志祖撰。《文选考异》十卷。胡克家撰。《文选音义》八卷。余萧客撰，陈彬华补辑。《文选集释》二十四卷。朱珔撰。《选学胶言》二十卷。张云璈撰。《文选旁证》四十六卷。梁章钜撰。《文选笺正》三十二卷。胡绍煐撰。《读选意签》一卷。陈仅撰。《选学规李》一卷，《选学规何》一卷。徐攀凤撰。《文选疏解》十九卷。顾施桢撰。《选诗定论》十八卷。吴湛撰。《古诗十九首说》一卷。徐昆撰。《古诗十九首注》一卷。卿彬撰。《古诗十九首解》一卷。张庚撰。《古诗十九首详解》二卷。饶学斌撰。《文选古字通疏证》六卷。薛传均撰。《文选考音》一卷。赵晋撰。《文选编珠》一卷。石蕴玉撰。《文选通假字会》四卷。杜宗玉撰。《文选课虚》四卷。杭世骏撰。《玉台新咏考异》十卷。纪容舒撰。《玉台新咏笺注》十卷。吴兆宜撰。《才调集补注》十卷。殷元勋、宋邦绥同撰。《三体唐诗补注》六卷。高士奇撰。《唐诗鼓吹笺注》十卷。注，钱朝鼒、王俊臣撰；笺，王清臣、陆贻典撰。《诗纪匡谬》一卷。冯舒撰。

《全上古三代秦汉三国六朝文》七百四十六卷。严可均辑。《唐文粹补遗》二十六卷。郭麐辑。《唐文拾遗》八十卷，《续》十六卷。陆心源辑。《宋文选》三十卷。顾宸编。《宋四大文选》八卷。陶珽编。《南宋文范》七十卷。庄仲方编。《南宋文录》二十四卷。董兆熊编。《辽文萃》七卷。王仁俊辑。《金文雅》十卷。庄仲方编。《金文最》一百二十卷。张金吾辑。《南汉文字》四卷。梁廷枏编。《西夏文缀》二卷。王仁俊辑。《明文海》四百八十二卷，《明文授读》六十二卷。黄宗羲编。《明文在》一百卷。薛熙编。《国朝古文汇钞初集》一百七十六卷，《二集》一百卷。朱珔编。《国朝文录》八十二卷，《续录》六十六卷。李祖陶编。《国朝文录》一百卷。姚椿编。《国朝文徵》四十卷。吴翌凤编。《国朝古文正的》七卷。杨彝珍编。《国朝六家文钞》八卷。刘执玉编。《三家文钞》三十二卷。宋荦编。《湖海文传》七十五卷。王昶编。《切问斋文钞》三十卷。陆耀编。《皇朝经世文编》一百二十卷。贺长龄编。《皇朝经世文续编》一百二十卷。盛康编。《唐宋八大家文钞》十九卷。张伯行编。《唐宋八大家全集录》五十一卷。储欣编。《唐宋八大家文读本》三十卷。沈德潜编。《唐宋八家文分体初集》八卷，《二集》八卷，《三集》八卷。汪份编。《金元明八大家文选》五十三卷。李祖陶编。《斯文正统》十二卷。刁包编。《古文雅正》十四卷。蔡世远编。《古文精藻》二卷。李光地编。《续古文雅正》十四卷。林有席编。《文章正宗读本》十六卷。王翰熙编。《文章练要》十卷。王源编。《古文近道集》二卷。王赞元编。《古文约编》十卷。倪承茂编。《乾坤正气集》五百七十四卷。潘锡恩编。《古文词类纂》四十八卷。姚鼐编。《古文词略》二十四卷。梅曾亮编。《续古文词类纂》三十四卷。王先谦编。《续古文词类纂》二十八卷。黎庶昌编。《经史百家杂钞》二十卷。《经史百家简编》二卷。《鸣原堂论文》二卷。曾国藩编。《续古文苑》二十卷。孙星衍辑。《金石文钞》八卷。赵绍祖编。《八旗文经》五十六卷，《作者考》一卷。盛昱编。《燕台文选》八卷，《补遗》一卷。田茂遇编。《容城三贤集》十卷。张斐然编。《金陵文钞》十六卷。陈作霖编。《七十二峰足徵集》一百一卷。吴定璋编。《松陵文录》二十四卷。凌淦编。《南昌文考》二十卷。徐午编。《临川文献》八卷。胡亦堂编。《丰阳人文纪略》十卷。聂芳声编。《金华文略》二十卷。王崇炳编。《当湖文系初编》二十八卷。朱壬林编。《缙云文徵》二十卷，《补编》一卷。汤成烈编。《湖南文徵》一百九十卷。罗汝怀编。《中州文徵》五十四卷。苏源生编。《续垂棘编三集》十卷，《四集》九卷。范鄗鼎编。《滇南文略》四十七卷。袁文揆、张登瀛编。《杨氏五家文钞》十二卷。杨长世及从子以叡、以俨从孙兆凤、兆年编。《义门郑氏奕叶集》十卷。郑尔垣编。《申氏拾遗集》二卷。申居郧编。《汪氏传家集》一百三十卷。汪琬编。《三陶集》二十二卷。杨沂孙编。《沈氏三代家言》十五卷。沈中祐编。《彭氏三先生集》七卷。彭祖贤编。《安吉施氏遗著》七卷。戴翊清、朱廷燮同编。《钱氏四先生集》十五卷。不著编人。《骈体文钞》三十一卷。李兆洛编。《唐骈体文钞》十七卷。陈均编。《宋四六选》二十四卷。彭元瑞、曹振镛同编。《骈体正宗》十二卷。曾燠编。《骈文类苑》十四卷。姚燮编。《八家四六》八卷。孙星衍编。《十家四六》十卷。王先谦编。《历朝赋格》十五卷。陆棻编。《历朝赋楷》九卷。王修玉编。《赋汇录要笺略》十卷。吴光昭编。《七十家赋钞》五卷。张惠言编。《藏庋集》十六卷。周在浚编。《尺牍嘤鸣集》十二卷。王相编。《颜氏家藏尺牍》四卷，《姓氏考》一卷。潘仕成编。《明尺牍墨华》三卷。黄本骥编。《宫闱文选》三十五卷。周寿昌编。

《汉诗音注》五卷，《汉诗评》五卷。李因笃编。《汉诗统笺》三卷。陈本礼编。《唐诗选》十七卷，《唐人万首绝句选》七卷，《唐贤三昧集》三卷。王士禛编。《唐贤三昧集笺注》三卷。吴煊、胡棠编。《全唐诗录》一百卷。徐倬编。《唐四家诗选》八卷。汪立名编。《说唐诗》二十三卷。戴明说撰。《续三体唐诗》八卷，《唐诗掞藻》八卷。高士奇撰。《唐诗叩弹集》十二卷，《续集》三卷。杜诏、杜庭珠同编。《唐诗贯珠笺释》六十卷。胡以梅编。《唐诗别裁集》三十卷。沈德潜编。《读雪山房唐诗选》四十卷，《序例》一卷。管世铭编。《全五代诗》一百卷。李调元编。《宋诗钞》一百六卷。吴之振编。《宋诗删》二十五卷。顾贞观编。《宋百家诗存》二十八卷。曹廷栋编。《宋诗选》四十九卷。曹学佺编。《元诗选》三集一百十一卷，《元诗选癸集》十卷。顾嗣立编。《列朝诗集》六集八十一卷。钱谦益编。《明诗综》一百卷。朱彝尊编。《明诗别裁集》十二卷。沈德潜编。《明三十家诗选》二集十六卷。闺秀汪端编。《古诗选》三十二卷。王士禛编。《诗原》二十五卷。顾大申编。《历朝诗约选》九十二卷。刘大櫆编。《古诗录》十二卷。张琦编。《十八家诗钞》二十卷。曾国藩编。《宋元诗会》一百卷。陈焯编。《宋金元诗永》二十卷，《补遗》二卷。吴绮编。《宋金元诗选》八卷。吴翌凤编。《宋元四家诗选》四卷。戴熙编。《清诗选》三十卷。孙鋐编。《清诗初集》十二卷。蒋铣等编。《盛朝诗选初集》十二卷。顾施桢编。《本朝应制琳琅集》十卷。邹一桂编。《本朝馆阁诗》二十卷。阮学洪编。《国朝赓飏集注》十六卷。张日珣、邱允德同编。《国朝应制诗粹》四卷。许大纶编。《清诗鼓吹》四卷。周佑予编。《国雅集》二卷。傅王露编。《国朝诗别裁集》三十六卷。沈德潜编。《国朝正雅集》一百卷。符葆森编。《国朝诗》十卷，《外编》一卷，《补》六卷。吴翌凤编。《国朝诗的》六十三卷。陶煊等编。《国朝诗乘》十卷。刘然编。《国朝诗铎》二十六卷。张应昌编。《国朝诗隐》一卷。不著编人氏名。《国朝诗萃初集》十卷，《二集》四卷。潘瑛等编。《国朝六家诗钞》八卷。刘执玉编。《国初十家诗钞》七十五卷。王相编。《四家诗钞》二十八卷。王企靖编。《诗持》十卷，《广集》八十九卷。魏宪编。《陆陈二先生诗钞》十六卷。蒯德模编。《二家诗钞》二十卷。邵长蘅编。《七子诗选》十四卷。沈德潜编。《八家诗选》八卷。吴之振编。《二冯诗集》九卷。胡思敬编。《国朝四家诗集》四卷。叶燮编。《诗观》十二卷。邓汉仪编。《明遗民诗》十六卷。卓尔堪编。《感旧集》十六卷。王士禛编。《同人集》十二卷。冒襄编。《旧怀集》二卷。冯舒编。《箧衍集》十二卷。陈维崧编。《溯洄集》十卷。魏裔介编。《近光集》二十四卷。汪士鋐编。《群雅集》十二卷。李振裕编。《高言集》四卷。田茂遇、董俞同编。《于野集》七卷。王原编。《友声集》七卷。赖鲲升编。《续同人集》十三卷。袁枚编。《金兰续集》一卷。徐坚编。《八表停云集》三十卷。严长明编。《群雅集》四十卷，《二集》九卷。王豫编。《清尊集》十六卷。汪远孙编。《刻烛集》一卷。曹仁虎编。《盍簪集》十卷。刘国榍编。《过日集》十六卷。曾灿编。《幽光集》一卷。方登贤编。《沈珠集》一卷。陈辰生编。《金铃集》十二卷。张纶编。《天籁集》一卷。郑旭旦编。《慰托集》十六卷。黄安涛编。《印须集》八卷，《续集》六卷，《又续集》六卷，《怀旧集》十二卷，《续集》六卷，《又续集》二卷。吴翌凤编。《同调集》一卷。龙铎、舒位同编。《拜飏集》八卷。马俊臣编。《兰言集》二十卷。谢堃编。《兰言集》十二卷。赵绍祖编。《笃旧集》十八卷。刘存仁编。《师友集》十卷。梁章钜编。《撷芳集》二卷。谢桐冈编。《共赏集》一卷，《二编》一卷。钱辰编。《湖海诗传》四十六卷。王昶编。《扶轮新集》十四卷。黄传祖编。《同岑诗选》十二卷。黄孙灿编。《同人题赠集》四卷。何承燕编。《蜕翁所见录》十卷。叶廷琯编。《白山诗介》十卷。铁保编。《国朝畿辅诗传》六十卷。陶樑编。《沧州诗钞》十二卷。王国均编。《津门诗钞》三十卷。梅成栋编。《燕齐四家诗集》十二卷。不著编人。《磁人诗》十卷。杨方晃编。《易台风雅》四卷。苏宏祖编。《易台风雅续集》四卷。苏元善编。《江苏诗徵》一百八十卷。王豫编。《国朝金陵诗徵》四十八卷。朱绪曾编。《石城七子诗钞》十四卷。翁长森编。《金陵名胜诗钞》四卷，《秦淮诗钞》二卷。李鳌编。《南邦黎献集》十六卷。鄂尔泰编。《吴风》二卷，《江左十五子诗选》十五卷。宋荦编。《江左三大家诗钞》九卷。顾有孝编。《江左十子诗钞》十卷。王鸣盛编。《吴会英才集》二十四卷。毕沅编。《吴门三家诗》三卷。朱琳编。《姑苏杨柳枝词》一卷。汪琬编。《木渎诗存》十四卷。汪正编。《国朝松陵诗徵》二十卷。费周仁编。《禊湖诗》十八卷。徐达源编。《松风馀韵》五十一卷。姚宏绪编。《国朝练音集》十二卷。王辅铭编。《青浦诗传》三十二卷。王昶编。《海曲诗钞》十六卷。冯金伯编。《太仓十子诗选》十卷。吴伟业编。《昆陵六逸诗钞》二十三卷。庄仕芬、徐梅同编。《梁溪诗钞》五十八卷。顾光旭编。《京江耆旧集》十三卷。张学仁编。《焦山诗集》一卷。卢见曾编。《淮海英灵集》二十二卷。阮元编。《邗上题襟集》一卷，《续集》一卷。曾燠编。《甓湖联吟集》七卷。李光国撰。《高邮耆旧诗存》二卷。王敬之编。《东皋诗存》四十八卷。王之珩编。《崇川诗钞汇存》五十一卷。王藻编。《崇川诗集》十二卷。孙翔编。《续宛雅》八卷。蔡蓁编。《合肥三家诗录》二卷。谭献编。《江西诗徵》九十四卷。曾燠编。《岳阳诗传》四卷。李嶠、李嵘同编。《江浙诗存》六卷。阮元、秦瀛同编。《两浙輶轩录》四十卷，《补遗》十卷。阮元编。《续两浙輶轩录》五十四卷，《补遗》六卷。潘衍桐编。《浙人诗存》八卷。柴杰编。《国朝杭郡诗辑》三十二卷。吴颢编，孙振棫重编。《国朝杭郡诗辑续编》四十六卷。吴振棫编。《国朝杭郡诗三辑》一百卷。丁丙编。《西泠三太守诗钞》三卷，《西泠六君子诗钞》六卷。聂先编。《西泠五布衣遗著》二十五卷。丁丙编。《钱唐怀古诗》一卷。王德麟编。《湖墅诗钞》八卷。孙以荣编。《西泠十子诗选》十卷。不著编人。《西湖柳枝词》五卷。王昶编。《海昌丽则》八卷。吴骞编。《槜李诗系》四十二卷。沈季友编。《续槜李诗系》四十卷。胡昌基编。《嘉禾百咏偶钞》一卷。不著编人。《梅里诗辑》二十八卷。许灿编。《梅里续诗辑》十二卷，《补遗》一卷。沈爱莲编。《梅会诗集》十三卷。李维钧编。《梅会诗选》十二卷。李稻塍编。《魏唐诗陈》八卷。钱佳编。《峡川诗钞》二十卷。曹宗载编。《峡川诗续钞》十六卷。许仁沐、蒋学坚同编。《鸳鸯湖櫂歌》四卷。不著编人。《柳洲诗集》十卷。陈曾新编。《国朝湖州诗续录》十六卷。郑佶编。《吴兴诗存四集》四十八卷。陆心源编。《浙西六家诗钞》六卷。吴应和编。《甬上耆旧诗》三十卷。胡文学编。《四明四友诗》六卷。郑性编。《越姥诗蒐》十二卷。倪励编。《越风》三十卷。商盘编。《姚江逸诗》十五卷。黄宗羲编。《续姚江逸诗》十二卷。倪继宗编。《越七十二家诗集》八卷。不著编人。《越三子集》七卷。潘祖荫编。《诸暨诗存》十六卷。郦滋德编。《诸暨诗存续编》四卷。郭肇编。《嵊诗钞》四卷。吕岳孙编。《上虞诗选》四卷。徐幹编。《上虞四家诗钞》

十八卷。不著编人。《金华诗录》六十卷。朱琰编。《永康十孝廉诗钞》二十二卷。胡凤丹编。《东阳历代诗》九卷。董肇勋编。《国朝严州诗录》八卷。宗源瀚编。《黄岩集》三十二卷。王咏霓编。《三台诗录》三十二卷。戚学标编。《仙居集》二十四卷。王寿颐编。《两浙教官诗录》十八卷。许正绶编。《国朝全闽诗录初集》三十二卷,《续集》十一卷。郑杰编。《莆风清籁集》六十卷。郑王臣编。《黄冈二家诗钞》三十四卷。陈师晋编。《资江耆旧集》六十四卷,《沅湘耆旧集》二百卷。邓显鹤编。《国朝山左诗钞》六十卷。卢见曾编。《山左诗续钞》三十二卷,《补钞》四卷。张鹏展编。《曲阜诗钞》八卷。孔宪彝编。《渠风集略》七卷。马长淑编。《山右诗存》二十四卷,《附录》八卷。李锡麟编。《晋四人诗》六卷。戴廷栻编。《蒲溪吟社三家诗钞》四卷。顾贻禄编。《潞安诗钞前编》四卷。程之玿编。《潞安诗钞后编》十二卷。常煜编。《陇西二家诗钞》三卷。李俊编。《蜀雅》二十卷。李调元编。《蜀诗》十五卷。费经虞编。《粤东诗海》一百卷,《补遗》六卷。温汝能编。《粤风集》四卷。李调元编。《广东诗粹》十二卷。梁善长编。《岭南群雅集》六卷。刘彬华编。《岭海诗钞》二十四卷。凌扬藻编。《楚庭耆旧诗前集》二十一卷,《后集》三十二卷。伍崇曜编。《端人集》四卷。彭泰来编。《粤诗蒐逸》四卷。黄子高编。《粤十三家诗钞》一百八十三卷。伍元薇编。《倪城风雅》二卷。劳岍编。《黔诗纪略》二十三卷。黎兆勋编。《滇诗嗣音集》二十卷,《补遗》一卷。黄琮编。《滇诗重光集》十八卷。许印芳编。《滇诗拾遗》六卷。陈荣昌编。《午梦堂诗钞》四卷。叶燮编。《曲阜孔氏诗钞》十四卷。孔宪彝编。《长林四世弓冶集》五卷。林其茂编。《述本堂诗集》二十一卷。桐城方氏编。《二方诗钞》六卷。方观承编。《笃叙堂诗集》五卷。侯官许氏编。《棣华书屋近刻》四卷。朱湘、朱绛、朱纲撰。《沈氏诗录》十二卷。沈祖禹编。《桐鹤诗钞》二十九卷。单铭编。《湖陵江氏集》五卷。江八斗编。《春星堂诗集》十卷,《续集》一卷。汪簠编。《汪氏传家集》一卷。汪宗豫编。《邵氏联珠集》四卷。邵齐烈、邵齐焘、邵齐熊、邵齐然编。《陈氏联珠集》十五卷。王肇奎编。《翟氏诗钞》一卷,《附录》一卷。翟瀚编。《诸氏家集》十卷。诸家乐编。《后村周氏渊源录》十三卷。周源编。《萧山任氏遗芳集》三卷。任渠编。《虞山黄氏五家集》五卷。黄泰编。《秀水王氏家藏集》五十卷。王熊之编。《锡山秦氏诗钞》十五卷。秦彬编。《钱氏传芳集》一卷。钱泳编。《继生堂集》四卷。张宾、张淇、张灏、张椿年编。《鄂韡联吟集》二卷。马国伟、马用俊撰。《桐城马氏诗钞》七十卷。马树华编。《尹氏历代诗钞》七十卷。尹抡编。《许氏巾箱集》四卷。许兆熊编。《琴川黄氏三集》三卷。黄鹤、黄淑灿、黄廷鉴撰。《瑞竹亭合稿》四卷。王愈扩、王愈融撰。《屠氏昆季诗钞》二卷。屠秉钧等撰。《戴氏三俊集》三卷。戴芬、戴福谦、戴莼撰。《胡氏群从集》三卷。胡理、胡琨、胡琮撰。《方氏乔梓集》一卷。方鹭及子宗诚撰。《昆陵杨氏诗存》六卷,《附编》三卷。杨葆彝编。《新安先集》二十卷。朱之榛编。《海丰吴氏诗存》四卷。吴重熹编。《石氏乔梓集》二卷。潘钟瑞编。《二熊君诗剩》二卷。熊其英、熊其光撰。《二许集》二卷。许乃济等撰。《同怀忠孝集》二卷。严辰编。《高氏一家稿》一卷。高云麟编。《汪氏全集》十二卷。汪曾唯编。《湖墅钱氏家集》十八卷。钱锡宾等撰。《济阳家集》一卷。丁丙编。《城北唱随集》一卷。徐叶钧及妻吴婉宜撰。《唱和初集》一卷,《随草》二卷,《随草续编》一卷。李元鼎及妻朱中楣撰。《鸣和集》一卷,《抵掌八十一吟集》一卷。马履泰及增锁成、子庆孙、怡孙撰。《亭林同志赠言》一卷。沈岱瞻编。《双节堂赠言》三十卷。汪辉祖编。《汤将军怀忠录》八卷。汤成烈编。《查氏一门烈女编》一卷。查礼编。《紫阳书院课馀选》二卷。屠倬编。《敬修堂诗赋课钞》十五卷。胡敬编。《八砖吟馆刻烛集》二卷。阮元编。《问梅诗社诗钞》一卷。尤兴诗编。《林屋吟榭诗钞》十二卷,《附录》三卷。任兆麟编。《谢琴诗钞》八卷。吴景潮编。《载书图题咏》一卷。王士禛编。《填词图题咏》一卷。陈维崧编。《枫江渔父图咏》一卷。徐釚编。《松吹堂读书图题咏》一卷。杭世骏编。《梦境图唱和诗》一卷。黄丕烈编。《张忆娘簪花图题咏》一卷。不著编人。《乐府英华》十卷。顾有孝编。《乐府广序》三十卷。朱嘉徵编。《古谣谚》一百卷。杜文澜编。《古今谣谚补注》二卷,《古今风谣拾遗》四卷,《古今谚拾遗》六卷。史梦兰编。《古谚笺》十卷。林伯桐撰。《唐宫闱诗》三卷。费密编。《妇人集》一卷。陈维崧编。《国朝闺秀正始集》二十卷,《附录》一卷,《补遗》一卷。闺秀恽珠编。《红树楼名媛诗选》十二卷。陆景编。《国朝闺阁诗钞》九十九卷。蔡殿齐编。《女士诗钞》不分卷。吴翌凤编。《袁家三妹合稿》三卷。袁枚编。《鲍氏三女子诗钞》三卷。闺秀鲍之兰等撰。《随园女弟子诗选》六卷。袁枚编。《碧城仙馆女弟子诗》一卷。陈文述编。《京江三上人诗选》三卷。洪亮吉编。

宋陈起《江湖小集》九十五卷、《江湖后集》二十四卷,元方回《文选颜鲍谢诗评》四卷,江泽民、张师愚《宛陵群英集》十二卷。以上乾隆时敕辑。

诗文评类

《救文格论》二卷。顾炎武撰。《夕堂永日绪论》一卷。王夫之撰。《论学三说》一卷。黄与坚撰。《伯子论文》一卷。魏际瑞撰。《日录论文》一卷。魏禧撰。《枣林艺篑》一卷。谈迁撰。《铁立文起》二十二卷。王之绩撰。《惺斋论文》一卷。王元启撰。《古文绪论》一卷。吴德旋撰。《述庵论文别录》一卷。王昶撰。《鸣原堂论文》二卷。曾国藩撰。《艺概》六卷。刘熙载撰。《论文章本原》三卷。方宗诚撰。《四六金针》一卷。陈维崧撰。《四六丛话》三十三卷。孙梅撰。《宋四六话》十二卷。彭元瑞撰。《读赋卮言》一卷。王芑孙撰。《见星庐赋话》十卷。林联桂撰。《赋话》十卷。李调元撰。《春秋诗话》五卷。劳孝舆撰。《选诗丛话》一卷。孙梅撰。《读雪山房唐诗凡例》一卷。管世铭撰。《李杜诗话》三卷。潘德舆撰。《五代诗话》十二卷。王士禛撰。《五代诗话》十卷。郑方坤撰。《西昆发微》三卷。吴乔撰。《江西诗社宗派图录》一卷。张泰来撰。《辽诗话》二卷。周春撰。《明人诗品》二卷。杜荫棠撰。《历代诗话》八十卷。吴景旭撰。《历代诗话考索》一卷。何文焕撰。《全闽诗话》十二卷。郑方坤撰。《榕城诗话》三卷。杭世骏撰。《南浦诗话》八卷，《雁宕诗话》二卷。梁章钜撰。《全浙诗话》五十四卷。陶元藻撰。《全浙诗话刊误》一卷。张道撰。《广陵诗事》十卷。阮元撰。《杜律诗话》二卷。陈廷敬撰。《杜诗双声叠韵谱括略》八卷。周春撰。《玉溪生诗说》二卷。纪昀撰。《苏海识馀》四卷。王文诰撰。《苏亭诗话》六卷。张道撰。《诗律蒙告》一卷。顾炎武撰。《诗铎》一卷。王夫之撰。《梅村诗话》一卷。吴伟业撰。《带经堂诗话》三十卷。王士禛撰，张宗柟辑。《师友诗传录》一卷。郎廷极撰。《续录》一卷。刘大勤撰。《然灯记闻》一卷。何世璂撰。《蠖斋诗话》二卷。施闰章撰。《谈龙录》一卷。赵执信撰。《漫堂说诗》一卷。宋荦撰。《静志居诗话》二十四卷。朱彝尊撰。《西河诗话》八卷。毛奇龄撰。《诗辨坻》四卷。毛先舒撰。《初白庵诗评》三卷。查慎行撰。《寒厅诗话》一卷。顾嗣立撰。《谈诗录》一卷，《诗学纂闻》一卷。汪师韩撰。《野鸿诗的》一卷。黄子云撰。《诗义固说》二卷。庞垲撰。《围炉诗话》八卷。吴乔撰。《原诗》一卷。叶燮撰。《说诗晬语》四卷。沈德潜撰。《莲坡诗话》三卷。查为仁撰。《随园诗话》十六卷，《补遗》十卷。袁枚撰。《石洲诗话》八卷。翁方纲撰。《北江诗话》六卷。洪亮吉撰。《茗香诗论》一卷。宋大樽撰。《瓯北诗话》二卷。赵翼撰。《雨村诗话》二卷。李调元撰。《拜经楼诗话》四卷。吴骞撰。《月山诗话》一卷。宗室恒仁撰。《柳亭诗话》三十卷。宋俊撰。《槐塘诗话》一卷。汪沆撰。《凫亭诗话》二卷。陶元藻撰。《灵芬馆诗话》十八卷。郭麐撰。《雅歌堂诗话》二卷。陈经撰。《瓶水斋诗话》一卷。舒位撰。《山静居诗话》一卷。方薰撰。《匏庐诗话》三卷。姚椿撰。《养一斋诗话》十卷。潘德舆撰。《筠石山房诗话》六卷。杨霈撰。《小匏庵诗话》十卷。吴仰贤撰。《射鹰楼诗话》二十四卷。林昌彝撰。《寿松堂诗话》四卷。陈来泰撰。《灯窗琐话》四卷。于源撰。《春雪亭诗话》一卷。徐熊飞撰。《春草堂诗话》八卷。谢堃撰。《缘庵诗话》三卷。李堂撰。《耐冷谭》十六卷。宋咸熙撰。《小沧浪诗话》四卷。张燮承撰。《养自然斋诗话》十卷。钟骏声撰。《缉雅堂诗话》二卷。潘衍桐撰。《然脂集例》一卷。王士禄撰。《诗法萃编》十五卷。许印芳撰。《闺秀诗话》四卷。梁章钜撰。《闺秀诗话续编》四卷。丁芸撰。《全唐文纪事》一百二十二卷。陈鸿墀撰。《宋诗纪事》一百卷。厉鹗撰。《宋诗纪事补遗》一卷。罗以智撰。《宋诗纪事补遗》一百卷，附《小传补正》四卷。陆心源撰。《本事诗》十二卷。徐釚撰。《词坛纪事》三卷。李良年撰。《国朝诗人小传》四卷。郑方坤撰。《国朝诗人徵略》六十卷，《二编》六十四卷。张维屏撰。《制艺丛话》二十四卷。梁章钜撰。《试律新话》四卷。倪鸿撰。《声调谱》一卷，《续谱》一卷。赵执信撰。《声调谱拾遗》一卷。翟灏撰。《声调八病说》一卷。吴镇撰。《声调谱说》一卷。吴绍灿撰。《声调三谱》四卷。王祖源撰。《声调四谱》十二卷。董文焕撰。

宋吴可《藏海诗话》一卷，不著撰人名氏《环溪诗话》一卷，王正德《馀师录》四卷，李耆卿《文章精义》二卷，周密《浩然斋雅谈》三卷，元陈绎《文说》一卷。以上乾隆时敕辑。

词曲类

《鼓棹初集》一卷，《二集》一卷，《潇湘怨词》一卷。王夫之撰。《隰西草堂词》一卷。万寿祺撰。《梅村词》二卷。吴伟业撰。《定山堂诗馀》四卷。龚鼎孳撰。《棠村词》三卷。梁清标撰。《玉琴斋词》四卷。余怀撰。《炊闻词》二卷。王士禄撰。《衍波词》二卷。王士禛撰。《艺香词钞》四卷。吴绮撰。《苍梧词》十二卷。董元恺撰。《二乡亭词》二卷。宋琬撰。《曝书亭词》七卷，《江湖载酒集》三卷，《蕃锦集》二卷。朱彝尊撰。《曝书亭词注》七卷。李富孙撰。《迦陵词》三十卷。陈维崧撰。《珂雪词》二卷。曹贞吉撰。《纳兰词》五卷。纳喇成德撰。《弹指词》三卷。顾贞观撰。《紫云词》一卷。丁炜撰。《微云词》一卷。秦松龄撰。《秋笳词》一卷。吴兆骞撰。《溉堂诗馀》二卷。孙枝蔚撰。《茗斋诗馀》二卷。彭孙贻撰。《延露词》三卷。彭孙遹撰。《秋锦山房词》一卷。李良年撰。《枫香词》一卷。宋荦撰。《西河填词》六卷。毛奇龄撰。《百末词》六卷。尤侗撰。《蓉渡词》一卷。董以宁撰。《玉山词》一卷。陆次云撰。《馀波词》二卷。查慎行撰。《蔬香词》一卷，《竹窗词》一卷，《独旦词》一卷。高士奇撰。《楝亭词钞》一卷。曹寅撰。《茗柯词》一卷。程梦星撰。《归愚诗馀》一卷。沈德潜撰。《红藕庄词》三卷。龚翔麟撰。《石笥山房诗馀》一卷。胡天游撰。《樊榭山房词》二卷。《续集》一卷。厉鹗撰。《押帘词》一卷。查为仁撰。《冬心先生自度曲》一卷。金农撰。《青衫词》一卷。郑方坤撰。《板桥词钞》一卷。郑燮撰。《铜弦词》二卷。蒋士铨撰。《冰天雪窖词》一卷，《机声灯影词》一卷。洪亮吉撰。《竹眠词》二卷。黄景仁撰。《茗柯词》一卷。张惠言撰。《念宛斋词钞》一卷。左辅撰。《蒹塘词》一卷。恽敬撰。《晒书堂诗馀》一卷。郝懿行撰。《蠢翁词》二卷。李调元撰。《嶰谷词》一卷。马曰琯撰。《南斋词》二卷。马曰璐撰。《月满楼词》二卷。顾宗泰撰。《有正味斋词》八卷。吴锡麒撰。《红薇翠竹词》一卷。焦循撰。《求是堂词》一卷。胡承珙撰。《扁舟载酒词》二卷。江藩撰。《棕亭词钞》七卷。金兆燕撰。《亦有生斋词》五卷。赵怀玉撰。《芙蓉山馆词钞》二卷，《真率斋词》二卷。杨芳灿撰。《梅边吹笛词》二卷。凌廷堪撰。《金牛湖渔唱》一卷。张云璈撰。《齐物论斋词》一卷。董士锡撰。《香草词》二卷，《洞箫词》一卷，《碧云盦词》二卷。宋翔凤撰。《立山词》一卷。张琦撰。《享帚词》四卷。秦恩复撰。《瑶想词》一卷。王芑孙撰。《借闲生词》一卷。汪远孙撰。《梅边吹笛谱》二卷，《篷窗翦烛集》二卷。李堂撰。《百缘语业》一卷。朱昂撰。《筝船词》一卷。刘嗣绾撰。《银藤花馆词》四卷。戴延介撰。《琴筑山房乐府》二卷。盛大士撰。《小谟觞馆诗馀》一卷。彭兆荪撰。《蘅梦词》二卷，

《浮眉楼词》二卷，《爨馀绮语》二卷，《爨馀词》一卷。郭麐撰。《百萼红词》二卷。吴蔚撰。《香苏山馆词》一卷。吴嵩梁撰。《露蝉吟词钞》一卷。唐仲冕撰。《蜩翼词》一卷。李兆洛撰。《思贤阁词》一卷。丁履恒撰。《万善花室词》一卷。方履籛撰。《兰石词》一卷。董祐诚撰。《存审斋词》三卷。周济撰。《杕雅》一卷。蒋曰豫撰。《耶溪渔隐词》二卷。屠倬撰。《红豆树馆词》八卷。陶樑撰。《临啸阁诗馀》四卷。朱骏声撰。《知止堂词录》三卷。朱绶撰。《桐月修箫谱》一卷。王嘉禄撰。《翠微雅词》一卷。戈载撰。《因柳阁词》二卷。焦廷琥撰。《拙宜园词》二卷。黄宪清撰。《柯家山馆词》三卷。严元照撰。《玉壶词选》二卷。改琦撰。《种芸仙馆词》四卷，《钓船笛谱》一卷。冯登府撰。《六花词》一卷。徐熊飞撰。《倚晴楼诗馀》四卷。黄燮清撰。《桐花阁词钞》一卷。吴兰修撰。《鸳鸯宜福馆吹月词》二卷。陈元鼎撰。《清梦盦二白词》五卷。沈传桂撰。《金梁梦月词》二卷，《怀梦词》一卷。周之琦撰。《冰蚕词》一卷。承龄撰。《空青词》三卷。边浴礼撰。《清邻词》一卷。陆继辂撰。《竹邻词》一卷。金式玉撰。《养一斋词》三卷。潘德舆撰。《无著词》一卷，《怀人馆词》一卷，《影事词》一卷，《小奢摩词》一卷，《庚子雅词》一卷。龚自珍撰。《双砚斋词》二卷。邓廷桢撰。《玉井山馆诗馀》一卷。许宗衡撰。《苍筤馆词》一卷。孙鼎臣撰。《心庵词》一卷。何兆瀛撰。《诗舲词续》一卷。张祥河撰。《茂陵秋雨词》四卷。王拯撰。《春在堂词录》三卷。俞樾撰。《玉洤词》一卷。潘曾玮撰。《眉绿楼词》八卷。顾文彬撰。《芬陀利室词》一卷。潘祖荫撰。《思益堂词》一卷。周寿昌撰。《东洲草堂诗馀》一卷。何绍基撰。《拜石山房词》四卷。顾翰撰。《敦艺斋诗馀》一卷。邹汉勋撰。《琴隐园词》四卷。汤贻汾撰。《汀芦诗馀》一卷。杨传第撰。《藤香馆词》一卷。薛时雨撰。《悔翁诗馀》五卷。汪士铎撰。《忆云词》五卷。项鸿祚撰。《水云楼词》二卷。蒋春霖撰。《沤梦词》一卷。刘履芬撰。《复堂词》三卷。谭献撰。《新蘅词》六卷。张景祁撰。《笙月词》五卷，《花影词》一卷。王诒寿撰。《疏影楼词》五卷。姚燮撰。《陈比部词钞》一卷，《诗馀别集》一卷。陈寿祺撰。《缅秋词》一卷。程庭鹭撰。《索笑词》二卷。张文虎撰。《太素斋词钞》二卷。勒方锜撰。《采香词》四卷。杜文澜撰。《黄雁山人词》四卷。庄缙度撰。《空一切盦词》一卷。邓嘉纯撰。《晴花暖玉词》二卷。邓嘉缜撰。《荔墙词》一卷。汪曰桢撰。《寒松阁词》二卷。张鸣珂撰。《香禅精舍词》四卷。潘锺瑞撰。《袖墨集》一卷，《虫秋词》一卷，《味梨集》一卷，《鹜翁集》一卷，《蜩知集》一卷，《校梦龛集》一卷，《庚子秋词》一卷，《春蛰吟》一卷。王鹏运撰。《兰当词》二卷。陶方琦撰。《郁华阁词》一卷。宗室盛昱撰。《赌棋山庄词》八卷。谢章铤撰。《璞斋词》一卷。诸可宝撰。《漱泉词》一卷。成肇麐撰。《霞川花隐词》二卷。李慈铭撰。《云起轩词钞》一卷。文廷式撰。《麟楥词》一卷。刘恩黻撰。《山中和白云》一卷，《拈花词》一卷。蒋敦復撰。《搴红词》一卷。陈如升撰。《樵风乐府》九卷。郑文焯撰。《红蕉词》一卷。江标撰。

宋葛胜仲《丹阳词》一卷。乾隆时敕辑。

以上词曲类词集之属

《历代诗馀》一百二十卷。康熙四十六年，沈辰垣等奉敕撰。《绝妙好词笺》七卷。查为仁、厉鹗同辑。《词综》三十四卷。朱彝尊撰。《词综补》八卷，《明词综》十二卷。王昶撰。《词综补遗》二十卷。陶樑撰。《选声集》三卷。吴绮撰。《东日堂词选初集》十五卷。佟世南编。《历朝名人词选》十三卷。夏秉衡撰。《词选》二卷。张惠言撰。《五代词选》三卷。成肇麐撰。《宋七家词选》七卷。戈载撰。《词辨》二卷，《宋四家词选》一卷。周济撰。《续词选》二卷。董毅撰。《林下词选》十四卷。周铭撰。《十六家词》三十九卷。孙默撰。《今词苑》三卷。陈维崧等编。《今词选》二卷。纳喇成德、顾贞观编。《昭代词选》三十八卷。蒋重光撰。《国朝词综》四十八卷。王昶撰。《国朝词综补》五十八卷。丁绍仪撰。《国朝词综续编》二十四卷。黄燮清撰。《国朝词雅》二十四卷。姚阶编。《绝妙近词》六卷。孙麟趾编。《绝妙近词续钞》二卷。余集、徐楙同编。《诗馀偶钞》六卷。王先谦编。《燕市联吟集》四卷，《讨春合唱》一卷。袁通编。《金陵词钞》八卷。秦际唐编。《江东词社选》一卷。秦耀曾编。《广陵唱和词》一卷。孙金砺编。《高邮耆旧诗馀》一卷。王敬之编。《粤风续九》四卷。吴淇编。《闽词钞》四卷，《本事词》二卷，《天籁轩词选》六卷。叶申芗编。《明湖四家词》四卷。赵国华编。《四明近体乐府》十五卷。袁钧编。《硖川词钞》一卷。曹宗载编。《同声集》九卷。王鹄编。《侯鲭词》五卷。边保枢编。《箧中词》六卷，《续》四卷。谭献编。《词学全书》十四卷。查继起编。《词学丛书》二十三卷。秦恩復编。

以上词曲类词选之属

《花草蒙拾》一卷。王士禛撰。《词话》二卷。毛奇龄撰。《词苑丛谈》十二卷。徐釚撰。《古今词话》六卷。沈雄撰。《词藻》四卷，《词统源流》一卷，《金粟词话》一卷。彭孙遹撰。《词家辨证》一卷。李良年撰。《七颂堂词绎》一卷。刘体仁撰。《词综偶评》一卷。许昂霄撰。《填词名解》四卷。毛先舒撰。《远志斋词衷》一卷。邹祗谟撰。《词林纪事》二十二卷。张宗橚编。《雨村词话》一卷。李调元撰。《香研居词尘》五卷。方成培撰。《莲子居词话》四卷。吴衡照撰。《听秋声馆词话》二十卷。丁绍仪撰。《赌棋山庄词话》十二卷。谢章铤撰。《芬陀利室词话》三卷。蒋敦復撰。《词谱》四十卷。康熙五十四年御定。《词律》二十卷。万树撰。《词律拾遗》六卷。徐本立撰。《词律校勘记》二十卷。杜文澜撰。《填词图谱》六卷，《续集》二卷。赖以邠撰。《白香词谱》一卷。舒梦兰撰。《白香词谱笺》四卷。谢朝徵撰。《天籁轩词谱》六卷。叶申芗撰。《词韵选集》一卷。应㧑谦撰。《榕园词韵》一卷。吴宁撰。《学宋斋词韵》一卷。吴烺撰。《词韵》二卷。仲恒撰。《词林正韵》三卷。戈载撰。《词韵考略》一卷。许昂霄撰。《碎金词韵》四卷。谢元维撰。《新声谱》一卷。朱和羲撰。

以上词曲类词话、词谱、词韵之属

《曲谱》十四卷。康熙五十四年奉敕撰。《九宫大成曲谱》八十一卷，《闰集》一卷。庄亲王撰。《昭代箫韶》二十卷。王廷章等辑。《制曲枝言》一卷。黄周星撰。《南曲入声答问》一卷。毛先舒撰。《乐府传声》二卷。徐大椿撰。《一笠庵北词广正谱》不分卷。李元玉撰。《南词定律》十三卷。杨绪等撰。《太古传宗》二卷。邹金声等撰。《曲目表》一卷。支丰宜撰。《曲海总目》一卷。黄文旸撰。《雨村曲话》二卷。李调元撰。《曲话》五卷。梁廷枬撰。

以上词曲类南北曲之属

卷一百四十九　　志一百二十四

交通一

有清之世，欧洲诸国以制器相竞致强富，路船邮电，因利乘权。道光朝五口通商，各国踵迹至。中外棣通，外舟侵入我江海置邮通商地。大北、大东两公司海底电线贯太平洋、大西洋而来，亦骈集我海上，骎骎有反客为主之势焉。李鸿章、郭嵩焘诸臣以国权、商务、戎机所关甚巨，抗疏论列。其始也阻于众咻，其继也卒排群议而次第建设之，开我国数千年未有之奇局。于时鸿章总督直隶，领北洋通商大臣，忍诟负重，卒观厥成。长江招商轮船局始于同治十三年。逮光绪三年，有唐山胥各庄铁路之筑。四年，设邮政局。五年，设电线于大沽、北塘海口炮台，西达天津。自时厥后，岁展月拓，分途并进。轮船则有官轮、商轮之别，铁路则有官办、商办之别，电线则有部办、省办之别，邮政则有总局、分局之别。宣统初，邮传部计路之通车者逾万里，线之通电者九万余里，局之通邮者四千余处。岁之所入，路约银二千万，电约一千万，邮六百余万，而岁支外所盈无几，无乃分其利者众欤？昔者车行日不过百里，舟则视风势水流为迟疾，廷寄军书，驿人介马儫，尽日夕行不过六七百里已耳。今则京汉之车，津沪之舟，计程各二三千里而遥，不出三日，邮之附舟车以达者如之。若以电线达者，数万里外瞬息立至。民情虑始难，观成易，故船、电、路皆有商办名。顾言利之臣胥欲笼为国有，以加诸电商者加之川汉自办之路，操之过激，商股抗议者辄罪之。淫刑而逞，以犯众怒，党人乘之，国本遂摇。孔子论治，以书同文、车同轨、行同伦为极盛。清之天下，可谓同文同轨矣，惟行殊焉，而理乱顿异。则知伏羲氏所谓通天下之志者，有形下之器，尤贵有形上之道以维系之，未可重器而遗道也。撰《交通志》。

铁　路

铁路创始于英吉利，各国踵而行之。同治季年，海防议起，直督李鸿章数为执政者陈铁路之利，不果行。

光绪初，英人擅筑上海铁路达吴淞，命鸿章禁止，因偕江督沈葆桢，檄盛宣怀等与英人议，卒以银二十八万两购回，废置不用，识者惜之。

三年，有商人筑唐山至胥各庄铁路八十里，是为中国自筑铁路之始。

六年，刘铭传入觐，疏言："自古敌国外患，未有如今日之多且强也。一国有事，各国环窥，而俄地横亘东、西、北，与我壤界交错，尤为心腹之忧。俄自欧洲起造铁路，渐近浩罕，又将由海参崴开路以达珲春，此时之持满不发者，以铁路未成故也。不出十年，祸且不测。日本一弹丸国耳，师西人之长技，恃有铁路，亦遇事与我为难。舍此不图，自强恐无及矣。自强之道，练兵造器，固宜次第举行。然其机括，则在于急造铁路。铁路之利，于漕务、赈务、商务、矿务、厘捐、行旅者，不可殚述，而于用兵尤不可缓。中国幅员辽阔，北边绵亘万里，毗连俄界；通商各海口，又与各国共之。画疆而守，则防不胜防，驰逐往来，则鞭长莫及。惟铁路一开，则东西南北呼吸相通，视敌所趋，相机策应，虽万里之遥，数日可至，百万之众，一呼而集。且兵合则强，分则弱。以中国十八省计之，兵非不多，饷非不足，然此疆彼界，各具一心，遇有兵端，自顾不暇，征饷调兵，无力承应。若铁路告成，则声势联络，血脉贯通，裁兵节饷，并成劲旅，防边防海，转运枪炮，朝发夕至，驻防之兵即可为游击之旅，十八省合为一气，一兵可抵十数兵之用。将来兵权饷权，俱在朝廷，内重外轻，不为疆臣所牵制矣。方今国计绌于边防，民生困于厘卡。各国通商，争夺利权，财赋日竭，后患方殷。如有铁路，收费足以养兵，则厘卡可以酌裁，裕国便民，无逾于此。今欲乘时立办，莫如筹借洋债。中国要路有二：南路一由清江经山东，一由汉口经河南，俱达京师；北路由京师东通盛京，西达甘肃。若未能同时并举，可先修清江至京一路，与本年拟修之电线相为表里。"

事下直督李鸿章、江督刘坤一议覆。鸿章言："铁路之设，关于国计、军政、京畿、民生、转运、邮政、矿物、招商、轮船、行旅者，其利甚溥。而借用洋债，外人于铁路把持侵占，与妨害国用诸端，亦不可不防。"坤一以妨碍民生、厘税为言。学士张家骧言兴修铁路有三大弊。复下其疏于鸿章，鸿章力主铭传言。会台官合疏力争，侍讲张楷言九不利，御史洪良品言五害，语尤激切。以廷臣谏止者多，诏罢其议。嗣是无复有言之者矣。

十一年，既与法国议和，朝廷念海防不可弛，诏各臣工切筹善后。李鸿章言："法事起后，借洋债累二千万，十年分起筹还，更无力筹水师之岁需。开源之道，当效西法采煤铁、造铁路、兴商政。矿藏固为美富，铁路实有远利。但招商集股，难遽踊跃，官又无可资助。若轻息假洋款为之，虽各国所恒有，乃群情所骇诧，非圣明主持于上，谁敢破众议以冒不韪？"大学士左宗棠条上七事，一言宜仿造铁路："外国以经商为本，因商造路，因路治兵，转运灵通，无往不利。其未建以前，阻挠固甚，一经告成，民因而富，国因而强，人物因而倍盛，有利无害，固有明征。电报、轮船，中国所无，一旦有之，则为不可少之物。倘铁路造成，其利尤溥。清江至通州宜先设立铁路，以通南北之枢，一便于转漕，而商务必有起色；一便于征调，而额兵即可多裁。且为费仅数百万，由官招商股试办，即可举行，且与地方民生并无妨碍。迨办有成效，再添设分支。至推广西北一路，尤为日后必然之势。”疏下王大臣议，虽善其言而不能用也。是年冬，鸿章复言：“陶城、临清间二百余里，运道淤垫，请试办铁道，为南北大道枢纽。”上用漕督崧骏等言，格不行。

初，法、越事起，以运输不便，军事几败。事平，执政者始知铁路关系军事至要。十三年春，海军衙门王大臣奕譞等言：“铁路之议，历有年所，毁誉纷纭，莫衷一是。自经前岁战事，始悉局外空谈与局中实际，判然两途。臣奕譞总理事务，见闻较切。臣曾纪泽出使八年，亲见西洋各国轮车铁路之益。现公同酌核，调兵运械，贵在便捷，自当择要而图。据天津司道营员等禀，直隶海岸绵长，防守不易，转运尤艰。请将开平至阎庄商办铁路，南接大沽北岸八十余里，先行接造，再由大沽至天津百余里，逐渐兴修。津沽铁路告成，续办开平迤北至山海关，则提督周盛波所部万人，驰骋援应，不啻数万人之用。此项海防要工，集资不易，应以官款兴办，调兵勇协同工作，以期速成。如蒙俞允，即派员督率开平公司经理。”从之。明年，路成。总理衙门奏言：“新造津沽铁路，自天津府城经塘沽、芦台以至阎庄，长一百七十五里，其自阎庄至滦州之唐山，长八十里，为各商旧造铁路。新旧铁路首尾衔接，轮车通行快利，为轮船所不及。通塞之权，操之自我，断无利器假人之虑。由此经营推广，一遇征兵运械，挽粟飞刍，咄嗟可致；商民贸迁，无远弗届，榛莽之地，可变通衢，洵为今日自强之急务。”

会粤商陈承德请接造天津至通州铁路，略言：“现造铁路，其所入不敷养路之用。如接造此路，既可抽还造路借本，并可报效海军经费。”直督李鸿章以闻，已如所请矣；于时举朝骇然，尚书翁同龢、奎润，阁学文治，学士徐会沣，御史余联沅、洪良品、屠仁守交章谏阻。其大端不外资敌、扰民、失业三者，亦有言宜于边地及设于德州、济宁以通河运者。命俱下海军衙门。寻议上，略言：“原奏所虑各节，一在资敌。不知敌至而车已收回，岂有资敌之虑；一在扰民。建设铁路，首在绕避民间庐舍丘墓，其万难绕避者，亦给重价，谕令迁徙，可无扰民之事。一在失业。铁路兴而商业盛，谋生之途益广，更鲜失业之虞。津通之路，非为富国，亦非利商，外助海军相辅之需，内备征兵入卫之用。乃议者不察底蕴，不相匡助，或竟道听途说，或竟凭空结撰，连章论列，上渎天听。方今环球诸国，各治甲兵，其往也，非干羽所能格，其来也，非牛饩所能退，全视中华之强弱，为相安相扰之枢机。臣等创修铁路本意，不在效外洋之到处皆设，而专主利于用兵。不仅修津通之路，而志期应援全局。诚能于江南、赵北、关东、陇西各设重兵，各安铁路，则军行万里无胼胝之劳，粮运千仓有瞬息之效，零星队伍可撤可并，浮滥饷干或裁或节。此外如海防河运，裨益实多，而通货物、销矿产、利行旅、便工役、速邮递，利之所兴，难以枚举。而事属创办，不厌求详。请下沿江沿海各将军督抚，各抒所见。”遂如所请，命各详议以闻。

台湾巡抚刘铭传议由津沽造路至京师，护苏抚黄彭年议先办边防、漕路，缓办腹地及沿江沿海各省，而试行于津通。粤督张之洞请缓办津通，改建腹省干路，疏言：“今日铁路之用，以开通土货为急。进口外货，岁逾出口土货二千万两。若听其耗漏，以后万不可支，惟有设法多出土货、多销土货以济之。有铁路，则机器可入，笨货可出，山乡边郡之产，悉可致诸江岸海壖，流行于九洲四瀛之外矣。而沿江沿海、辽东三省、秦陇沿边，强邻窥伺，防不胜防。若无铁路应援赴敌，以静待动，安得无数良将精兵利炮巨饷而守之？宜先择四达之衢，首建干路，为经营全局之计。至津通铁路，则关系甚巨，不便尤多。设此路创造之时，稍有纷扰，则习常蹈故者，益将执为口实，视为畏途。以后他处续造，集股之官商必裹足，疑沮之愚民必有辞，则铁路之功终无由成，而铁路之效终无由见矣。翁同龢请试行于边地以便运兵，徐会沣等请改设于德州、济宁以便运漕，均拟缓办津通，为另辟一路之计。但边地偏远，无裨全局，效亦难见；且非商贾辐辏之所，铁路费无所出，不足以自存。德济一路，黄河岸阔沙松，工费太巨。臣以为宜自京城外之卢沟桥起，经河南达于湖北汉口镇。豫、鄂居天下之腹，中原绾毂，胥出其涂。铁路取道，宜自保定、正定、磁州，历彰、卫、怀等府，北岸在清化镇以南，南岸在荥泽口以上，择黄河上游滩窄岸坚经流不改之处，作桥以渡河，则三晋之辙下于井陉，关陇之骖交于洛口，西北声息刻期可通。自河以南，则由郑、许、信阳驿路以抵汉口，东引淮、吴，南通湘、蜀。语其便利，约有数事。内处腹地，不近海口，无引敌之虑，利一。南北三千余里，原野广漠，编户散处，不似近郊之稠密，一屋一坟易于勘避，利二。干路袤远，厂盛站多，经路生理既繁，纬路枝流必旺。执鞭之徒，列肆之贾，生计甚宽，舍旧谋新，决无失所，利三。以一路控八九省之冲，人货辐辏，贸易必旺。将来汴洛、荆襄、济东、淮泗，经纬纵横，各省旁通，四达不悖。岂惟有养路之资费，实可裕无穷之饷源，利四。近畿有事，三楚旧部，两淮精兵，电檄一传，不崇朝而云集都下。或内地偶有土寇窃发，发兵征讨，旬日立可荡平。征兵之道，莫此为便，利五。中国矿利，惟煤铁最有把握。太行以北，煤铁最旺而最精，而质最重、路最艰。既有铁路，则辇机器以开采，用西法以煎熔，矿产日多。大开三晋之利源，永塞中华之漏卮，利六。海上用兵，首虑梗漕。东南漕米百余万石，由镇江轮船溯江而上，三日而抵汉口，又二日而达京城。由卢沟桥运赴京仓，道里与通县相等，足以备河海之不虞，辟飞挽之坦道，而又省挑河剥运之浮糜。较之东道王家营一路碍于黄河下流者，办理转有把握，利七。若虑费巨难成，则分北京至正定为首段，次至黄河北岸，又次至信阳州为二三段，次至汉口为末段。每里不过五六千金，每段不过四百万内外，合计四段之工，须八年造成，款亦八年分筹。中国之大，每年筹二百万之款，似尚不至无策。筹款之法，除由铁路公司照常招股外，应酌择各省口岸较盛、盐课较旺之地，由藩运两司、关道转发印票股单，设法劝集。铁料运自晋省，置炉炼冶，以供取用，庶施工有序，而藏富在民。"

奏上，仍下海军衙门。寻复议上："各国兴办铁路，以干路为经，以枝路为纬，有事则以路征兵，无事则以商养路。就五大洲言之，宜于西洋，宜于东洋，岂其独不宜于中国？就中国言之，或云宜于边防，或云宜于腹地，岂其独不宜于臣衙门所奏准之津通？津通，畿东南一正干也。水路受沿海七省之委输，陆路通关东三省之命脉。豫鄂则畿西南一正干也，控荆襄，达关陇，以一道扼七八省之冲。初意徐议中原，而先以津沽便海防，继以津通扩商利，区区二百里，其关系与豫鄂之千里略同。今张之洞亦设为津通五宜审之说，其中所虑各节，前奏固已剖析无遗。惟事关创始，择善而从。津通铁路应即暂从缓办，而卢汉必以汉口至信阳为首段，层递而北，并改为卢沟、汉口两路分投试办，综计需银三千万两，以商股、官帑、洋债三者为集款之法。"议上，诏旨允之。

初，鸿章倡津通铁路之议，举朝以为不可，鸿章持之甚力。之洞特创卢汉干路之说，调停其间，而醇亲王奕譞复赞之于内，其事始定。然其时廷臣尚多不以卢汉造路为然，但无敢昌言者。故通政黄体芳谓铁路不可借洋债以自累，而台臣亦有言黄河桥工难成者，以执政者坚持举办，久之浮议始息。鸿章与之洞书，谓局外议论纷歧，宜速开办，免生枝节，之洞深然之。未几，之洞总督湖广。之洞既移鄂，益锐意兴办卢汉铁路，其所经画，曰储材宜急，勘路宜缓，兴工宜迟，竣工宜速。以商股难恃，请岁拨帑金二百万两以备路用。上如所请。

十六年，以东三省边事亟，从海军衙门王大臣及直督李鸿章言，命移卢汉路款先办关东铁路。拟由林西造干路，出山海关至沈阳达吉林，另由沈阳造枝路以至牛庄、营口，计二千三百二十三里，年拨银二百万两为关东造路专款，命李鸿章为督办大臣，裕禄为会办大臣，而卢汉路工因之延缓。盖自光绪初年，内外臣工往往条陈铁路，当国者亦欲试行以开风气，而疆吏畏难因循，顾虑清议，莫敢为天下先。卢汉铁路已定议矣，寻复中辍。至是年，国内铁路，仅有唐山至阎庄八十五里，阎庄至林西镇二百三十五里，又基隆至淡水六十里而已。

二十一年，命张之洞遴保人才，及筹议清江至京路事。之洞言铁路以卢汉为要，江宁、苏、杭次之，清江筑路非宜。上韪其言。时之洞方督两江，特命移鄂综其事。以卢汉路长款巨，谕有招股千万者，许设公司自办。粤人许应锵、方培垚等咸言集资如额，遵旨承办。直督王文韶与之洞言承办各商举不足恃，请以津海关道盛宣怀为督办，允之，命以四品京堂督路事。宣怀条上四事，一请特设铁路总公司，拨官款，募商股，借洋债。先办卢汉，次第及于苏沪、粤汉。上如所请。是年设总公司于上海，而卢汉之始基以立。

自中日战后，外人窥伺中国益亟，侵略之策，以揽办铁路为先。俄索接造西伯利亚干路，横贯黑、吉两省，修枝路以达旅顺、大连湾。英则请修五路：一苏杭甬，自苏州经杭州以达宁波；一广九，自广州以达九龙；一津镇，自天津以达镇江；一浦信，自浦口以达信阳；一自山西、河南以达长江。法自越南筑路以达云南省，自龙州筑路以达镇南关。德踞胶州湾，筑路以达济南。葡据澳门，筑路以达广州。日本擅于新民厅筑路达奉天，更获有奉天至安东铁道之权。此各国以铁路侵略中国之大略也。

先是俄人阴结朝鲜窥奉天，建言者请急建关内外路以相钤制，乃命顺天府尹胡燏棻督办津榆路事；后以续造吉林一路款绌中辍。二十四年，俄事急，燏棻请息借英款为之。疏言："关外一路，初拟迳达吉林，以无款又落后著。迨归并津卢，俄即起而争执。近允其由俄边直接大连湾，奉、吉两省东北之利尽为所占。计惟有由大凌河赶造至新民厅铁路，以备联络沈阳之路，并可兼护蒙古、热河矿务。一面由营口至广宁，庶中国海关不致为俄侵占，尚可保全奉省西北之利。现东三省全局已在俄人掌握，幸留此一线之路，堪以设法抵御。若坐失机宜，后悔何及。"从之。

初，英人图粤路甚亟。王文韶、张之洞、盛宣怀合疏言："粤汉南干路，原拟稍缓续筹，无如时局日亟，刻不及待。群雄环伺，辄以交涉细故，兵轮互相驰骋，海洋通塞，靡有定期。今海军既无力能兴，设有外变，隔若异域，必内地造有铁路，方可联络贯通。广东财赋之区，南戒山河，未可遐弃，此粤汉南路当与北路并举者也。"又疏言："德国无理肇衅，占踞胶、墨要害，并获承办山东铁路。俄已造路于黑龙江、吉林，为通奉天、旅顺之谋。法已造路于广西，以为割滇之计。独英人窥伺最久，尚无所得。今年春，英商屡来揽办粤路，坚持未允。其所拟急行者，在赶营中国中部，或广东建筑轨道。盖英所欲者，一借款，一修路，一拟索香港对岸之深水埠，其为觊觎铁路无疑。现在德已踞胶，俄已留旅，法已窥琼，英有图扼长江、吴淞之谋。是中国各海口几尽为外国所占，仅有内地尚可南北往来。若粤汉一线再假手英人，将来俄路南引，英轨北趋，惟有卢汉一路跼蹐其中，何能展布？甚或为英、俄之路所并。惟有赶将粤汉一路占定自办，尚足补救万一。"嘉纳之。

初，粤汉路议由鄂入赣达粤。嗣病其迂远，改道湘之郴、永、衡、长。至是，定议三省绅商自办，总公司综其纲领。盖各省干路，以关东肇其端，卢汉、粤汉次之。此外则建天津至卢沟桥之津卢路，正定至太原之正太路，郑州东至开封、西历荥阳、汜水达洛阳之汴洛路，广州至九龙之广九路，上海至江宁之沪宁路，萍乡至昭山之萍昭路，道口至清化镇之道清路，京师至张家口之京张路，天津至浦口之津浦路，吉林、长春之吉长路，齐齐哈尔卜魁城至昂昂溪之齐昂路，此属于官办者也。若潮汕、新宁、川汉、同蒲、洛潼、西潼、广厦、归包、归新、桂全、滇桂、滇蜀、腾越以及浙、苏、皖、赣、滇、蜀诸省，咸请自修干枝等路，悉如所请。至是建造铁路之说，风行全国，自朝廷以逮士庶，咸以铁路为当务之急。

趋向既定，筹款与办法最关紧要。筹款有官帑，有洋债，有民股。修路有官办，有商办，有官督商办。自刘铭传倡借债筑路之议，为众论所尼，借款修路，遂为当时所讳言。故卢汉建议之初，犹以部帑为请，未敢昌言借洋债也。借洋债自津卢、关内外铁路始。迨盛宣怀督办路事，首以三路分三国借款之策进。曰卢汉借比款，沪宁借英款，粤汉借美款。上俞其请。由是正太则借俄款，汴洛则借比款，广九、苏杭甬则借英款，津浦则借英、德款。贷之者，大率资金什予其九，息金二什而取其一；以路为质，或并及附路之产物。付息、还本、赎路，咸有定程，而还本、赎路未及其时，且勿许。购料、勘路、兴工，多假外人为之。故外人多以款为饵，冀获承办之利。

卢汉路近三千里，费逾四千万，黄河桥工糜款尤巨，官帑仅资开办而已。借款始拟美，以所望奢，改与比议。英、德、法诸国接踵而至。卒借比款一百十二兆五十万佛郎。比小国，饶钢铁，娴工事，于中国无大志。三十一年，续借一百二十五万佛郎。逾年，路成。北端直抵京师，因易名京汉。京汉之枝路曰正太，曰汴洛。正太借款，始二十三年。俄璞科第与晋官绅议定而中止。二十八年，盛宣怀与议借款四千万佛郎。约成，而俄人挨士巴尼忽索太原至榆次，至成都，至太谷，至西安，石庄至东光、微水、横涧四岔道，及同蒲诸路。均格部议，而岔道卒如所请。三十三年秋，工竣。

自容闳倡办津镇，盛宣怀恐夺卢汉之利，因议办汴洛、开济以相钤制。汴洛借款始于二十五年，至二十八年而约成，借比款二千五百万佛郎。比人卢法尔主工事。嗣续借千六百万佛郎。三十四年，路成。津沽用款百三十万，官帑、商股兼备，以洋债补其不足。津卢假英金四十万镑。关内外路借英金二百三十万镑。本由商办，迨胡燏棻为督办，始官为之。拳匪乱起，关外路为俄踞，关内路为英踞。命袁世凯等与英使立约收回，英人遂攫有百里内不准他人承修之权。三十一年，全路告竣，是为京奉路。道清路为英商福公司所造，长九十里，利微费巨。初，英商索泽襄、怀浦，俱不获。遂以借款收回道清为言，内外臣工咸持不可，终借英金六十一万四千六百镑赎回。津浦路，因津镇之议不果行，改议北起天津，南讫浦口，借英、德款五百万镑。尚书吕海寰主其事。宣统三年，工竣。

其促成各省铁路自办与拒绝外债之机者，则沪宁、苏杭甬、粤汉借款所致也。沪宁筑路，倡于盛宣怀，南北洋大臣据以入告，得请。方从事淞沪工作，而英声请承办，宣怀与订草约。二十九年，正约成，借英金三百二十五万镑，五十年为期。商部以借款几倍于原估之数诘之。而工未及半，款已告罄，复议续借百万镑。苏人群起责难，并疏闻于上。命唐绍仪督办沪宁、京汉，罢铁路总公司。绍仪既任事，徇英工程司之请，复议售小票六十五万镑。疏言："盛宣怀移交合同文卷及购地工程帐册，支款浮滥，当经驳回。沪宁合同吃亏，比京汉干路为甚。其最棘手者，在设立总管理处。华员二人，洋员三人，每会议时，彼众我寡，已占低著。议者有添举监督之说。岂知权在总管理处，合同早已订明，虽有监督，实不济事。其尤棘手者，财政之权操于洋人掌握，用款虽由华员签字，而司帐者为洋员也。分段司帐，其支发权仍在工程司也。购料事宜，向由怡和洋行经手。行车总管、材料总管，皆洋员专司也。本彼众我寡之因，以成事事掣肘之果。挽回补救之术，惟有改订总管理处章程，加派华员司帐，并分任各总管，现已分别办理。至路款不敷，尚拟续售小票六十五万镑以资接济。"下所司议行。方绍仪拟续借英款也，侍郎吴郁生上疏力争，略言："沪宁铁路由英国银公司要求承造，盛宣怀与之订立合同。以长不逾六百里之路工，借款至三百五十万镑之巨，估价多，必至浮滥。自合同宣布后，远近骇然。上年奉严旨改派唐绍仪妥筹办理。近闻沪宁工程司来京，又以工款不敷，有议续售小票七十万镑之说。此项路工，即就业经借定之三百五十万镑尽数开支，每里合银三万两以上，视他路浮逾两倍，公家受亏已多。今若再借巨债，是唐绍仪接办以来，于盛宣怀失算之处并无补救之方。请饬按照合同，严核用款，一面自行筹款接济。不可再令银公司出售小票，致以九折虚数，受人盘剥。"疏上，下所司知之。而沪宁铁路终以本息过巨，收赎无期也。

苏杭甬铁路，自二十四年许英商承办。是年，盛宣怀与订草约，大要悉本沪宁。约成而英人置之。三十一年，浙路自办之局定，御史朱锡恩请废前约，上命宣怀偕浙抚主其事。英人恃有前约，坚欲承办，往复辨难要挟，久之不决。侍郎汪大燮与议，分修路、借款为二事。浙人以路股集有成数，一意拒款，闻之大哗，诋大燮甚力。大燮旋使英，以梁敦彦继之。浙推孙廷翰、苏推王同愈等议于京，终以成约难废，由部借英款，贷之两省而事息。

粤汉借用美款，倡于盛宣怀。驻美使伍廷芳与合兴公司议借美金四千万，期以五年工竣。美以毕来斯司路事。起粤之三水，筑路十五里，糜款逾二百万。毕来斯殁，工事亦辍，而美股多售之比人。鄂督张之洞以比已承修卢汉，粤汉再假之比，两路相合，非国之利，力倡废美约之议，湘人助之。上用御史黄昌年言，命之洞妥筹办理。之洞主废约益力。宣怀不愿，阴挠其事，诏宣怀不得干预。之洞复属驻美使梁诚与合兴公司议，年余始定，借英金百十万镑赎回焉。

方之洞议借英款也，英人乘间请改订广九路约。广九为英人请办五路之一，二十五年签订草约，悬而未定者也。三十年，沪宁约成，英人索议未果。迨苏杭甬事起，相持方急，部许英人先议广九，以缓其事，而正约以成。至是议粤汉借款，英人复索合办广九全路，粤督持不可。旋索以粤盐及路质借款，粤人亦不之许。终假英金百五十万镑而约成。之洞既借英款赎美约，一时议者以为以英易美，其害相埒，相与诟病。昌年复言路权至重，赎款难担，亟宜兴修，严杜干涉。诏以借款修路，流弊滋多，应由三省集股兴修，以保利权。自明诏严禁借债修路，而商部复有限制借款之条。各省人士亦以外人谋我之亟，咸谋铁路自办，以杜外患，鉴外债受亏之巨，争欲招集股款，自保路权。此由官办改为商办之所由来也。

商办铁路，始于唐山至阎庄，更自天津、大沽以达林西镇，皆开平公司为之。嗣是武举李福明请修京至西沽路，粤人许应锵等请办卢汉路，俱不获，自此无复有言商办者。二十九年，粤人张煜南请设公司承办潮汕铁路。既得请，而川汉继之。川督锡良以英、美商人竞涎川路，而美商班士复索灌县富顺枝路，奏准由川人筹款自办。明年，赣人以李有棻总理江西铁路，以南浔为干路第一段。三十一年，编修陈荣昌等以法人已修滇越路，滇省内地应自行推广，以杜口实，请办滇蜀铁路，滇督丁振铎据以入告，报可。黔抚林绍年言黔路不通，滇亦少利，因并及黔。荣昌嗣请展修腾越，以编修吴琨总理其事。皖以李经方为总理，经始于芜湖，以期北接卢汉、南通赣浙。闽以陈宝琛为总理，筑路厦门。浙以汤寿潜为总理，干路一自杭达苏，一历富阳达江西；枝路则南道江山以通闽，西道湖、长以通皖。新宁、广厦铁路，粤人陈宜禧、张振勋经办。西潼路，近联汴洛，远达甘新，为西北纬干之枢纽，陕抚曹鸿勋奏准。三十二年，苏人以王清穆为总理，规画江苏全路，江南自上海经松江以达浙江，北自海州入徐以达豫。桂以于式枚为总理，拟自桂林筑路至全州以达湘，经梧州以达粤。粤汉自美约废后，三省公设路局于鄂，筹款筑路，各自为之，不相搀越，先干后枝，以为要约。湘以袁树勋为总理，粤人内阁侍读梁庆桂、道员黎国廉与粤督岑春煊争粤路商办，被劾夺官。上命往查，旋起二人原官，路由官督商办，旬日集股数达四千万元，以郑官应为总理。

当其时，以铁路为救时要图，凡有奏请，立予俞允。请办干、枝各路，经纬相属，几遍全国。其筹款，于招集民股外，大率不外开办米谷、盐、茶、房屋、彩券、土药等捐，及铜元余利、随粮认股数者。而程功之速，事权之一，首推新宁。陈宜禧者，籍新宁，娴铁路学，众相推戴，始终其事，故二年而路竣。次则潮汕，虽勘路招股，事变屡起，而卒底于成。总理张煜南，奖擢三品京堂。此外，以粤汉路粤人集股为最多，倾轧亦最剧。总理屡易，路工停滞。川省以租股为大宗，数达千余万元。浙、闽、皖、赣亦均次第兴工。其余各省，大都集股无多，有名鲜实。西潼一路，以商股难成，奏归官办，其见端也。

三十四年，上用苏抚陈启泰言，以大学士张之洞督办粤汉，冀以统一事权，亦无所济。是年，诏以铁路为交通大政，绅商集股，各设公司，奏办有年，多无起色，命所司遴员分往查勘。寻奏上勘路查款办法。时川汉已派员往查。其余以洛潼、西潼、同蒲、江苏、浙江最要，为一起；粤汉、潮汕、新宁、惠潮、广西、福建次要，为一起；滇蜀、安徽、江西再次，为一起。拟先查洛潼、西潼、同蒲三路，报闻。宣统二年，川路司出纳者，亏倒路股百九十余万，川人宦京者甘大璋等闻于上，查明饬追，徒托空言而已。

三年，给事中石长信言："我国兴造各省铁路，事前并未谋定后动。今宜明定干路、枝路办法，使天下咸知国家铁路政策之所在，此后有所遵循，不再如从前之群议庞杂，茫无主宰。当此时事日亟，边防最要。国家若不赶将东西南北诸大干路迅速次第兴筑，则强邻四逼，无所措手。人民不足责，其如大局何。此中利害，间不容发。惟有仰恳乾纲独断，不再游移。在德、粤、法、日本、墨西哥诸国，其铁路均归国有，而我分枝路与民，已为优异。况干枝相辅，上下相维，于理尚顺，于事稍易。此路政之大纲，亟宜明定办法者一也。又东南干路，以粤汉议办为最早。光绪二十六年，督办大臣会同湖广总督等奏准借美款兴造。当时订定合同后，业已筑成粤省之佛山三水铁路一百余里，广州至英德干路亦已购地开工。乃三十年春间，张之洞忽信王先谦等之言，不惜巨资，经向美公司废约，坚持固执，卒至停罢。废约后，原欲集鄂、湘、粤三省之力以成此路。讵悠忽数年，粤则有款而绅士争权，办路甚少，湘、鄂则集款无著，徒糜局费。张之洞翻然悔悟，不护前非，仍拟借款筑造，乃向英、德、法三国银行订定借款草合同，签押后正欲入告，因美国援案插入，暂缓陈奏。张之洞旋即病故，此事遂一搁至今。计自废约以来，已阅七载。倘若无此翻覆，粤汉早已告成，亦如京汉，已届十年还本之期矣。至川汉集款，皆属取诸田间，其款确有一千余万。绅士树党，各怀意见，上年始由宜昌开工至归州以东，此五百里工程，尚不及十分之二三，不知何年方能告竣。而施典章擅将川路租股之所入，倒帐竟至数百万之多。此又川、粤、汉干路之溃败延误，亟宜查办者又一也。近来云贵督臣李经羲议造滇桂边路，于国防尤有关系。然不有粤汉干路自湖南之永兴与广西之全州相接，则滇桂路何能自守？今我粤汉直贯桂滇，川汉远控西藏，实为国家应有两大干路，万一有事，缓急可恃。故无论袤延数千里之干路，断非民间零星凑集之款所能图成，即使迟以十年或二十年，造成之后，而各分畛域，倘于有事之际，命令不行，仍必如东西洋之议归国家收买。此干路之必归国有者又一也。国家成法，待民宽厚，虽当财赋极困难之时，不肯加赋。四川、湖南现因兴造铁路，创为租股名目，每亩带征，以充路款。闻两省农民，正深訾怨，偶遇荒年，追呼尤觉难堪。但路局以路亡地亡之说惊吓愚民，遂不得不从。川省民力较纾，尚能勉强担负。湘民本非饶足，若数年之间，强逼百姓出此数千巨万之重资，而路工一日不完，路利一日无著，深恐民穷财尽，欲图富强而转滋贫弱。是以干路收归国有，命下之日，薄海百姓，必无阻挠之虑。况留此民力以造枝路，其工易成，其资易集，其利易收。使其土货得以畅行，民间渐资饶富，此枝路之可归民有者又一也。"

疏上，下所司议行。诏曰："中国幅员辽阔，边疆袤延数万里，程途动需数阅月之久，朝廷每念边防，辄劳宵旰。欲资控御，惟有速造铁路之一策。况宪政之谘谋，军务之征调，土产之运输，胥赖交通便利，大局始有转机。熟筹再四，国家必有纵横四境诸大干路，方足以资行政而握中央之枢纽。从前规画未善，并无一定办法，以致全国铁路，错乱纷歧，不分枝干，不量民力，一纸呈请，辄行批准商办。乃数年以来，粤则收股及半，造路无多；川则倒帐甚巨，参追无著；湘、鄂则开局多年，徒资坐耗。竭万民之脂膏，或以虚糜，或以侵蚀，恐旷时愈久，民累愈深，上下交受其害，贻误何堪设想。用特明白晓谕，昭示天下，干路均归国有，定为政策。所有宣统三年以前，各省分设公司、集股商办之干路，延误已久，应即由国家收回，赶紧兴筑。除枝路仍准商民量力酌行外，其从前批准干路各案，一律取消。至应如何收回之详细办法，著度支部、邮传部悉心筹画，迅速请旨办理。"

度支部奏："粤、川、湘、鄂四省所抽所招之公司股票，尽数收回，由度支、邮传两部特出国家铁路股票，常年六厘给息。嗣后如有余利，按股分给。倘愿抽本，五年后亦可分十五年抽本。其不愿换国家铁路股票者，均准分别办理，以昭平允。粤路全系商股，因路工停顿，糜费太甚，票价不及五成。现每股从优发给六成，其亏耗之四成，发给国家无利股票。路成获利之日，准在本路余利项下，分十年摊给。湘路商本，照本发还。其米捐、租股等款，准发给国家保利股本。鄂路商股，并准一律照本发还。其因路动用赈粜捐款，准照湖南米捐办理。川路宜昌实用工料之款四百数十万两，准给国家保利股票。其现存七百余万两，愿否入股，或归本省兴办实业，仍听其便。"从之。诏停川、湘两省租股。起端方以侍郎督办粤汉、川汉铁路。其粤汉、川汉，英、德、法三国借款，亦即签订。

方干路收归国有之诏既颁，湘、粤人士群起哗噪，力谋抗拒，顾未久即定。护川督王人文代陈川谘议局请缓接收川路，诏旨斥之。川人罗纶等言："部臣对待川民，均以威力从事，毫不持平。"人文复据以上闻，仍严斥之。未几，以赵尔丰署四川总督。川人因路事持久不决，始以罢市、罢课，抗粮、抗捐，发布自保商榷书；继则集众围攻督署，再攻省垣。遂命端方率军入川。又以川事日棘，命前粤督岑春煊赴川办理剿抚。春煊既受命，请以现金偿川省路股，桂抚沈秉堃亦以为言，部议借英金三百万镑，不能决也。春煊至鄂，会成都围解，称疾不往。

御史陈善同上章，请罢斥邮传大臣盛宣怀，以弭巨变。疏言："窃维国以民为本，自古未有得民心而国不兴者，即未有失民心而不危者。《传》曰：'众怒难犯。'《书》曰：'民可近，不可下。'此中消息至微。此次以铁路干线归国有，政策本极相宜。比者屡诏蠲除各项杂捐，所以恤民者，固已仁至义尽。而湘、粤等省人心惶骇，扰扰不靖，川患且日以加剧者，则以邮传大臣盛宣怀于此事之办理实有未善也。各路商办之局，其始皆历奉先皇帝谕旨，根据《大清商律》。如欲改归官办，自应统筹全局，划定年限，分期分段，量力递收，于国于民，方为两利。今盛宣怀事前毫无预备，徒仰仗借款，突然将批准各案奏请一律取消。各路以十余年之经营，千数百万之筹集，一旦尽取诸其怀而夺之。而所订借款合同，利率之高，虚折之多，抵押之巨，债权之重，又著著失败，予人口实。各省人民，痛念前劳，怵心后祸，宜其奔走骇告，岌岌若不终日也。查给事中石长信之请定干路、枝路办法，在四月初七日；邮传部之覆奏，宣布国有政策，在十一日；而借款合同之签押，在二十二日。似政策之改定，实缘借款而发生也者。举办此等大事，乃平时漫无布置，出以猝遽如此，反使朝廷减轻民累之恉晦没不彰。而复不能审慎临机，强令宜归工程每月工项仍由川款开支，实与五月二十一日上谕'川路仍存七百余万，愿否入股，或办实业，并听其便'等语大相违背。必欲使我皇上体恤商民之恩，壅遏之不使下逮，陷朝廷以不信，示天下以可疑，群起抵抗，何怪其然。幸以国家三百年来深仁厚泽，沦浃人心，故虽众怨交集于盛宣怀，终无敢有归怨朝廷者。比闻川省风潮日烈，皆以盛宣怀丧权误国，欲得而甘心。月余以来，屡开全省股东大会，每次到者近万人，誓与路为存亡，在场之人无不为之泣下。合十余州县地方，并相约不纳钱粮，不上捐输，学堂停课，商民罢市。各户恭设先皇帝灵位，朝夕痛哭，人无乐生之心，士怀必死之志，愁惨萧条，如经大劫，至可怜念。夫今日皇皇失所之穷民，皆国家瞏瞏在疚之赤子，情形狼狈至此，我皇上闻之，必有恻然动念者。若不亟为拯救，万一相持不解，稍延时日，或有不轨之徒，从中鼓煽，强者并命于寻仇，弱者绝望于逃死，众志一睽，全体瓦解，终非国家福也。现在湘、鄂争路，余波尚未大熄，而雨水为灾，几近十省，盗匪成群，流亡遍野。若川省小有风鹤之警，恐由滇、藏以至沿江、沿海，必有起而应之者，其为患又岂止于路不能收而已。顷者我皇上谕派鄂、粤、川、湘等省督抚，令于所辖境内铁路事宜各得会同办理。盛宣怀刚愎自用，不洽舆情，已可概见，应如何惩处，以儆将来。至川民争议，久悬不断，终虑酿成巨变。应责成督办、会办各大臣，酌度情形，妥速维持，以息众喙。"时宣怀入为邮传大臣，干路收归国有、及息借外债筑路、处分四省路股，实主其事，故善同及之，语至切直。

疏入不省。而川省温江等十余州县民团，每起数千或万人，所至焚掠，势极猖獗。大军击退之，旋据崇庆、新津、彭山，而嘉定、灌县相继失陷。邛州军队哗变，汶川县署被毁，命湘、鄂、陕诸军赴援。会鄂事起，川乱愈亟，以岑春煊为川督，而川省旋为民军所据，端方、赵尔丰均及于难。乃罢盛宣怀以谢川人，而国事已不可为矣。

盖论办路之优劣，官办则筹款易、竣工速，自非商办可及。而外债之亏耗，大权之旁落，弊害孔多，亦远过于商路。惟京张铁路，以京奉余利举办，詹天佑躬亲其役，丝毫不假外人，允为中国自办之路。而鄂之铁厂，制钢轨以应全国造路之需，挽回大利，尤为不鲜。统计官办之路：京汉长二千六百三十里，资本金一万万零五百六十二万八千余元。京奉长二千二百四十六里，资本金五千零八十八万四千余元。津浦长一千八百六十三里，资本金八千零四十九万余元。京张长五百四十六里，资本金一千零三十二万余元。沪宁长七百二十五里，资本金三千六百五十三万余元。正太长六百二十三里，资本金二千三百十二万六千余元。汴洛长四百零二里，资本金二千零五十万元。道清长三百三十里，资本金九百五十四万九千余元。广九长三百零三里，资本金一千一百六十六万二千余元。吉长长一百四十里，资本金一百二十万三千七百零四元。萍株长二百零五里，资本金四百六十一万六千余元。齐昂长五十六里，资本金四十八万八千余元。商办之路：浙江长三百四十二里，资本金一千二百七十八万八千余元。新宁长二百六十里，资本金四百零八万九千余元。南浔长七十七里，资本金三百五十万六千余元。福建长二十八里，资本金二百四十二万八千余元。潮汕长八十三里，资本金三百五十四万六千余元。其借外债所筑各路，惟京汉届期赎归我有，其他则尚未及云。

卷一百五十　　志一百二十五

交通二

轮　船

自西人轮船之制兴，有兵轮，有商轮。其始仅往来东西洋各国口岸而已。中国自开埠通商而后，与英吉利订《江宁条约》，而外轮得行驶海上矣。续与订《天津条约》，而外轮得行驶长江矣。商旅乐其利便，趋之若鹜。于时内江外海之利尽为所占。

同治十一年，直隶总督李鸿章建议设轮船招商局，论者谓妨河船生计。鸿章谓当咸丰间河船三千余艘，今仅存四百艘。及今不图，将利权尽失。请破群议力行之。十三年，鸿章又疏言："同治间曾国藩、丁日昌在江苏督、抚任，迭据道员许道身、同知容闳创议华商造船章程，分运漕米，兼揽客货。曾经寄请总理衙门核准，饬由江海关道晓谕各口商人试办。日久因循，未有成局。同治七年，仅借用夹板船运米一次，旋又中止。本年夏间，臣于验收海运之暇，遵照总理衙门函示，商令浙局总办海运委员知府朱其昂酌拟轮船章程。嗣以现在官造轮船内并无商船可领，各省在沪殷商，或自置轮船行驶各埠，或挟资本依附西商之籍。若中国自立招商局，则各商所有轮船股本必渐归官局，似足顺商情而强国体。拟请先行试办招商，为官商浃洽地步。俟商船造成，即可随时添补，推广通行。又海运米石，本届江浙沙宁船不敷，应请以商船分运，以补沙宁之不足。将来米数愈增，可无缺船之患。请照户部核准练饷制钱借给苏、浙典章，准商等借领二十万缗，以作设局商本，仍预缴息钱助赈。所有盈亏，全归商认，与官无涉。当令朱其昂回沪设局招商。商人争先入股，现已购集坚捷轮船三艘。经臣咨商浙江督抚臣饬拨明年漕米二十万石，由招商轮船运津，其水脚耗米等项，悉照沙宁船定章。至揽载货物，报关纳税，仍照新关章程，以免藉口。若从此轮船畅行，庶使我内江外海之利不致为洋人占尽，其关于国计民生者实非浅鲜。"疏入，报可。

先是闽厂专为制造兵轮而设。学士宋晋言縻款过巨，议请罢之。事下，鸿章力持不可。略言："欧洲诸国闯入中国边界腹地，无不款关而求互市。海外之险，有兵船巡防，而我与彼可共分之。长江及各海口之利，有轮船转运，而我与彼亦共分之。或不至让洋人独擅其利与险，而浸至反客为主也。"又言："沿江沿海各省，不准另行购雇西洋轮船。若有所需，令其自向闽、沪两厂商拨订制。至载货轮船，与兵船规制迥异。闽厂现造之船，商船皆不合用。曾国藩前饬沪厂造兵船外，另造商船四五艘。闽厂似亦可间造商船，以资华商雇领。现与曾国藩筹议，中国殷商每不愿与官交涉，且各口岸生意已被洋商占尽。华商领官船，另树一帜，洋人势必挟重资以倾夺，则须华商自立公司，自建行栈，自筹保险，本巨用繁，初办恐亦无利可图。若行之既久，添造与租领稍多，乃有利益。闻华商愿领者，必准其兼运糟粮，方有专门生意，不至为洋商排挤。将来各厂商船造有成数，再请敕下总理衙门，商饬各省筹办。"疏上，下所司议行。

是年冬，招商局成立，以知府朱其昂主其事，道员盛宣怀佐之。其昂以道员胡光墉、李振玉等招徕商股，入资者极为踊跃，宣怀亦援粤人唐廷枢、徐润董局事。购船、设械、立埠，次第经营，悉属商本，规模粗具。光绪元年，鸿章奏奖其昂等有差。三年，增购旗昌船舰，始假用直隶、江苏、江西、湖北、东海关官款百九十万两有奇。初拟购旗昌轮船，宣怀持之最力，需银二百数十万两。商本无几，不足以应。宣怀以国防大计、江海利源之说，力陈于江督沈葆桢。葆桢为所动，拨银百万以济，论者咸谓是举为失计，至以"旗昌弃垂敝之裘，得值另制新衣，期于适体"为喻。事后募集商股，应者寥寥，仅得银四万者以此也。御史董儁翰言："招商局每月亏至五六万两。致亏之由，因置船过多，轮车行驶，经费过巨，必须一船得一船之用，方可无虞折耗。闻商局各船揽载之资，不敷经费，船多货少。刻下既未能遽赴外洋各国，以广收贸易之利，只宜量为变置，使所出之数不至浮于所入也。"六年，祭酒王先谦请整顿招商局务，语涉宣怀。疏下江督刘坤一，言宣怀于购旗昌轮船时，声言有商款百余万，实无所有，有意欺谩，冀获酬金，请夺宣怀职。复请以官款概作官股，以其赢余作海防经费。疏入，均不报。

招商局所假官帑，至光绪六年，应分期拔还。乃偿已逾半，复假洋债。鸿章言兼筹并顾，招商局力有未逮，请先偿洋债，后及官帑，格于部议。嗣以递年清还，而商股尚达四百万两焉。当招商开办之初，仅轮船三艘。嗣承领闽、沪两厂，购之英国，增至十二艘。迨购入旗昌轮船十八艘，遂与英商太古、怡和并称三公司。资本过巨，收入转微。

是年，以言官劾奏招商局办理毫无实济，请饬认真整顿，谕李鸿章及江督吴元炳澈查。鸿章等奏言："轮船招商局之设，乃各商集股，自行经理，已于创办之初奏明，盈亏全归商认，与官无涉。轮船商务牵涉洋务，更不便由官任之，与他项设立官局开支公款者，迥不相同。惟此举为收回中国利权，事体重大，故须官为扶持，并酌借官帑，以助商力之不足。光绪三年冬曾将商局事宜筹画整顿复奏，并饬江海、津海两关道，于每年结帐，就近分赴沪洋各局清查帐目，如有隐冒，据实奏请参赔。数年以来，虽有英商太古、怡和洋行极力倾挤，而局事尚足相持，官帑渐可拔还。复先承运京仓漕米、各省赈粮，不下数百万石，征兵调饷、解送官物军械者，源源不绝，岂得谓于国事毫无实济？其揽载客货，以及出入款目，责成素习商业之道员唐廷枢、徐润总理其事，每年结帐后，分晰开列清册，悉听入本各商阅看稽查。若局中稍有弊端，则众商不待官查，必已相率追控。而自开办至今，并无入股商人控告者。现值漕运揽载吃紧之时，若纷纷调簿清查，不特市面徒滋摇惑，生意难以招徕；且洋商嫉忌方深，更必乘机倾挤，冀遂其把持专利之谋，殊于中国商务大局有碍。总之，商局关系国课最重，而各关各纳税课，丝毫无亏，所借官款由商局运漕水脚分年扣还，公款已归有着，其各商股本盈亏，应如前奏，全归商认，与官无涉。应俟每年结帐时，照案由沪、津两关道就近清查，以符定章。”疏入，报闻。

十一月，学士梅启照言：“招商局自归并旗昌轮船，各国轮船之利渐减，然只在香港、福州、宁波、上海、天津、牛庄、长江等处码头，不如推广，竟令其赴东西洋各国。请饬南北洋大臣，督令局员，酌派丰顺、保大等船，先赴东洋试行。行之有效，渐及于西洋，则贸迁有无之利，中外分之。”明年，祭酒王先谦亦以为言 。均下所司核议。先是招商局船驶往新嘉坡、小吕宋、日本等处，不足与外轮竞利，寻即停罢。嗣遣和众船往夏威仁国之檀香山、美之旧金山两埠，华人麕集，航业颇振。因复遣美富船往。而各国商业，英为巨擘。七年，粤人梁云汉等设肇兴公司于伦敦，船政大臣黎兆棠实倡斯议。鸿章疏言：“西洋富强之策，商务与船政互相表里。以兵船之力卫商船，必先以商船之税养兵船，则整顿尤为急务。迩者各国商船争赴中国，计每年进出口货价约银二万万两以外。洋商所逐什一之利，已不下数千万两，以十年计之，则数万万两。此皆中国之利，有往无来者也。故当商务未兴之前，各国原可闭关自治。逮风气大开，既不能拒之使不来，惟有自扩利源，劝令华商出洋贸易，庶土货可畅销，洋商可少至，而中国利权亦可逐渐收回。前此招商局轮船尝驶往新嘉坡、小吕宋、越南等埠揽载。近年和众、美富等船分驶夏威仁国之檀香山、美国之旧金山，载运客货，究止小试其端，尚未厚集其力。英国伦敦为通商第一都会，并无华商前往。黎兆棠志在匡时，久有创立公司之议，尽心提倡，力为其难。现既粗定规模，自当因势利导，期于必成。”报闻。

十年，法人来扰，海疆不靖，股商汹惧，局船虑为劫夺，以银五百二十五万两暂售之旗昌行主。事平收回，复增置江新、新昌、新康、新铭各舰。而沈没朽敝者，不一而足，其后共达二十九艘云。十二年，鄂督张之洞遣总兵王荣和至南洋，筹办捐船护商事项。宣统三年，设商船学校于吴淞。凡此皆为扩充航业之张本，而局船行驶外洋之利，终不能与各国争衡也。

招商局之设，本为挽回江海已失航利。开办之始，即知为洋商所嫉，而弥补之策，首在分运苏、浙漕米，嗣更推之鄂、赣、江、安。而滇之铜筋，蜀之灯木，江、浙之采办官物，直、晋之赈粮，胥由局船经营其事。光绪十一年，道员叶廷眷复条上扶持商局运鄂茶、鄂盐，增加运漕水脚诸策。事下直督李鸿章。先是局船运漕，石银五钱有奇。嗣英、美人揽运，故廉其值，商局运费因之减少，势益不支。鸿章请稍增益之，格部议，不果行。盖招商局自开办以来，局中之侵蚀与局外之倾挤，所有资力颇虞亏耗。商股不足，贷及官款，继以洋债。当事者日言维持补救之策，裨益实鲜，而以用款浮滥，复屡为言官所劾。至是部臣疏言：“三代之治法，贵本而抑末，重农而贱商，从古商务未尝议于朝廷。海上互市以来，论者乃竞言商政。窃谓商者逐什一之利，以厚居积、权子母为事者也。厚居积，必月计之有余；权子母，必求倍入之息。若计存本则日亏，问子母则无著，甚且称贷乞假以补不足，犹号于众曰‘此吾致富之术也’，有是理乎？尝见富商大贾，必择忠信之人以主会计。其入有经，其出有节。守余一余三之法，核实厚积，乃能久远。若主计不得其人，生之者寡，食之者众，取之无度，用之无节，不旋踵而终窭。用人理财之道，与政通矣。前者李鸿章、沈葆桢创立此局，谋深虑远，实为经国宏谋，固为收江海之利，与洋商争衡，转贫为富、转弱为强之机，尽在此举。乃招商局十余年来，不特本息不增，而官款、洋债，欠负累累，岂谋之不臧哉？稽之案牍，证之人言，知所谓利权，上不在国，下不在商，尽归于中饱之员绅。如唐廷枢、朱其昂之被参于前，徐润、张鸿禄之败露于后，皆其明证。主计之不得其人，出入之经，不能讲求撙节，又安得以局本亏折，诿之于海上用兵耶？商局既拨有官款，又津贴以漕运水脚，减免于货税，其岁入岁出之款，即应官为稽察。请饬下南北洋大臣，将局中现存江海轮若干只，码头几处，委员商董衔名，及运脚支销、分别造报。此后总办如非其人，原保大臣应即议处。”报可。然管理招商局之权，始终属之直隶总督，部臣无从过问。迨三十三年，商局与英商怡和、太古订利益均享之约，始免互相倾挤，而其利渐著。此招商局办理之大略情形也。

招商轮船航行各埠，悉自沪始。驶行长江者曰江轮，驶行海洋者曰海轮。停泊口岸，大小不一，惟商务殷阗之所，设货栈焉。以故上海设总栈，而苏之镇江、南京，皖之芜湖，赣之九江，鄂之汉口，浙之宁波、温州，闽之福州、汕头，粤之广州、香港，鲁之烟台，奉之营口，直之塘沽、天津，皆设行栈，而通州以漕运所关，亦设栈焉。江轮、海轮，时统名之为大轮。其与大轮并行于内江外海，或驶行大轮所不能达之处，则有小轮。光绪初，商置小轮之行驶，仅限于通商口岸。十年，明申禁令，小轮不得擅入内河。官商雇用，须江海关给照乃可。然只限于苏杭之间。其输运客货、驶入江北内河者，皆在所禁。

十六年，詹事志锐疏请各省试行小轮。总署王大臣议以为不可。护湘抚沈晋祥言：“湘民沿河居住，操舟为业者，实繁有徒。自上海通商以后，仅有淮盐一项，尚可往来装运，其余货物，多由轮船载送，湘省民船只能行抵江、汉而止，舵工水手失业者多。今再加以小轮行驶内河，诚如总理衙门原奏所云，必至夺民船之利，有碍小民生计。”江督刘坤一亦言小轮行驶内河，流弊滋多，碍民生，妨国课，病地方，请严禁之。俱如所请。

初，外轮行驶长江，由沪至汉口而止。二十一年，《马关约》成，许日轮一自汉口达宜昌，更溯江上至重庆，一自上海入运河以抵苏、杭，于时朝旨始许华商小轮于苏杭间行驶。而江督张之洞更推广其航行之路于镇江、江宁、清江浦及赣之鄱阳。二十四年，《长江通商约》成，而通州芦泾港、泰兴天星桥、湖北荆河口悉定为洋轮上下搭客处，而桂之西江、直之白河、沈之辽河、松花江，亦先后许外轮行驶。迨《中英马凯约》成，更及于粤之北江、东江。与英、日订内港行轮章程，凡内地水道，外轮悉攫得行驶之权，于是向之华商小轮不得行驶各地，始一律弛禁焉。江、浙、闽、粤轮船公司次第设立，转输客货，人称便捷。特以洋商创始于前，华商瞠乎其后，而跌价倾挤，时有所闻，欲求赢利，盖綦难矣。

三十年，商部参议王清穆言："植商业之基础，莫如内河航政一事。凡铁路之尚未通者，可藉航路控接之，凡轨路所不能达者，可由航路转输之。江、鄂诸省，若汉湘，若九南，若镇扬、镇浦、苏杭、苏沪、常镇各航路，四通八达，往往为外人所经营，其公司多不过数万金，视轨路之动需千百万者，难易迥殊，华商之力尚能兴办，洵为今日切要之举。请饬各省有航路处所，于华商轮船公司亟予保护。未设者，提倡筹办。"报可。自是小轮公司渐推渐广，闽、粤滨海之区，轮樯如织，随处可通。直则有往来安东、天津、大连、营口、牛庄、烟台、龙口、义马岛、威海卫、海参崴之小轮，苏则有往来镇江、清江浦、通州、海门、上海、苏、杭、江宁、扬州、六合之小轮，皖则有往来芜湖、庐州、安庆、宁国、巢县之小轮，赣则有往来南昌、九江、吴城、湖口、丰城、樟树镇、吉安、饶州之小轮，湘、鄂则有往来汉口、黄州、沙市、宜昌、武昌、嘉鱼、长沙、株州、常德、咸宁、岳州、湘潭、益阳、仙桃镇、老河口之小轮，桂则有往来梧州、南宁、贵县、柳州之小轮，浙则有往来宁波、温州、穿山、定海、象山、宁海、台州、海门、沈家门、普陀山、馀姚、西坞、瑞安、平望、震泽、南浔之小轮，川则有往来宜昌、重庆、嘉定、叙府之小轮，各公司盈亏不一，而航路四达，商旅便之，实与江海大轮有相辅而行之利。此外则有各省官用小轮暨专用小轮，是又于商轮之外特设者也。

三十一年，修撰张謇醵银五十万，设大达轮步公司于上海。宣统三年，吉林巡抚陈昭常创办吉林图长航业公司，自沪越日本长崎达图们江，以沪商朱江募资为之。此皆于招商局外别树一帜者也。

卷一百五十一　　志一百二十六

交通三

电　报

电报之法，自英吉利人初设于其国都，推及于印度，再及于上海。同治十三年，日本犯台湾，两江总督沈葆桢疏言电报之利，诏旨饬办，不果行。光绪五年，直隶总督李鸿章始于大沽、北塘海口炮台设线达天津，试行之而利，明年因有安设南北洋电报之请。先是同治间，英使阿礼国请设电线于中国境内，力拒之，乃已。九年，其使臣威妥玛复申前议，易陆线为水线，自广州经闽、浙以达上海，争之数月，卒如所请。嗣是香港海线循广州达天津，陆线达九龙。而丹国陆线亦由吴淞至沪上，骎骎有阑入内地之势。

天津道盛宣怀言于鸿章："宜仿轮船招商之例，醵集商股，速设津沪陆线，以通南北两洋之邮，遏外线潜侵之患；并设电报学堂，育人才，备任使。"鸿章韪之。明年，疏言："用兵之道，神速为贵。泰东西各国于讲求枪炮之外，水路则有快轮船，陆路则有火轮车，而数万里海洋欲通军信，则又有电报之法。近来俄罗斯、日本均效而行之。故由各国以至上海，莫不设立电报，瞬息之间，可以互相问答。独中国文书尚恃驿递，虽日行六百里加紧，亦已迟速悬殊。查俄国海线可达上海，旱线可达恰克图。钦使曾纪泽由俄国电报到上海，只须一日。而由上海至京城，轮船附寄，尚须六七日到京。如遇海道不通，由驿必以十日为期。是上海至京仅二千数百里，较之俄国至上海数万里，消息反迟十倍。倘遇用兵之际，彼等外国军信速于中国，利害已判若径庭。且其铁甲兵船，在海洋日行千余里，势必声东击西，莫可测度，全赖军报神速，相机调援，是电报实为防务所必需。现自北洋以至南洋，调兵馈饷，在在俱关紧要，亟宜设立电报，以通气脉。如由天津陆路循运河以至江北，越长江以达上海，安置旱线，即与外国通中国之电线相接，需费不过十余万两，一半年可以告成。约计正线支线，横亘三千余里，沿路分设局栈，常年用费，先于军饷内垫办。办成后，仿照轮船招商章程，择公正商董，招股集资，俾令分年缴还本银。嗣后即由官督商办，并设电报学堂，雇用洋人教习中国学生，自行经理，庶几权自我操，历久不敝。"疏入，报可。逾年，工竣，以宣怀董其事。

未几，英、法、德、美各使拟设万国电报公司于上海，增沪至香港各口海线。英使格维纳并援案请增上海至宁波、温州、福州、厦门、汕头海线。鸿章言："宜令华商速设沿海陆线，以争先著，使彼无利可图，庶几中止。且从此海疆各省与京、外脉络贯注，实与洋务海防有裨。即商民转输贸易，消息灵通，为利更大。"从之。而苏州至浙、闽、粤陆线因之告成。其时香港英商方欲设水线至广州，粤督曾国荃亟造陆线以遏之。于是港线不得侵入粤境，英线不获造至福州。而上海丹线、九龙英线先后毁去，或资购之。沿海电线，其权悉操于中国之手。此因外线之侵入而次第创设者也。

当沿海陆线未设之先，海疆万里，消息阻绝，缓急无以为备。御史陈启泰上防海六策，其一言："洋面既派兵轮分驻，即不可不设电线以通消息。议者必以不急之务虚糜巨款为疑。不知非常之原，断非省啬所能集事。即以目前而论，越南情形，每藉各国新闻纸以为耳目。今年朝鲜之变，非由日本发来电信，中国尚不得知。军情紧急，日夕万状，邮传迂缓，既恐有误机宜，藉助外人，事体更多窒碍，自不如招雇洋匠自行安设之为愈。中国电报，似宜推广各省海口，凡兵船寄碇之处，一律开办。广东琼州之线迳达越南，奉天旅顺之线迳达朝鲜，总期脉络联贯，呼应灵通，遇有警报，瞬息可至。"下所司议行。十年，法、越事起，海防急，设线北塘以讫山海关，递及于营口、旅顺。江督左宗棠则设长江线以通武汉，粤督张树声则设广西线以达龙州。二十一年，中日战事亟，虑直东一线有阻，接设老河口至西安线。是役江苏增上海至狮子林、金山卫、乍浦，清江至青口、板浦，扬州至通州、泰州，镇江至圌山关、天都庙，崇明至吴淞等线，而奉天至仁川电线先成于十一年。台湾以濒海要区，十四年亦水陆线并设焉。此因海防紧要而次第安设者也。

滇、桂密迩越南、缅甸，边备为急。滇省电线，其始仅通鄂通蜀，与南宁接线之议，光绪十一年得请而未果行。十三年，滇督岑毓英复言："由缅入滇，以腾越为入境门户，犹蒙自之于越南也。今英国有开办通商之请，自当先事筹维。拟就粤西工匠到滇之便，即将省城至腾越一路安设电线，以通英缅声息。"时粤督张之洞亦言："广西南界接壤滇边，桂、滇皆西邻越南，滇则西接缅甸。若仅恃由鄂入滇一线传达电音，设有雷雨折断电杆，阻滞堪虞。且遇有军务之时，由滇、川、沪、鄂展转至粤，恐有交会壅滞之患。已商之滇督，自剥隘至蒙自，由粤接造，并增腾越之线。"疏入，报闻。盖剥蒙设线，所以备越南；腾越设线，所以备缅甸也。

吉林、黑龙江逼处俄疆，边防尤要。十五年，自吉林省城设线至松花江南岸，历茂兴站、齐齐哈尔、布特哈、墨尔根、兴安岭、黑龙江以达黑河镇，从练兵大臣穆图善之言也。十八年，陕甘总督杨昌濬言："新疆西北邻俄，西南与英属部接壤，文报濡滞，贻误必多。宜由肃州设线至新疆省城，及于伊犁、喀什噶尔。"宣统元年，桂抚张鸣岐疏陈设柳邕电线二千三百余里。俱得请。此因边备而增设者也。

初，奏设南北洋陆线，北端仅至天津。法事将起，出使大臣曾纪泽请接营近畿电线，谓可壮声威以保和局，灵呼应以利战事。事下所司，与鸿章议展拓之法。鸿章言："神京为中外所归向，发号施令，需用倍切。前于创办电报之初，颇虑士大夫见闻未熟，或滋口舌，是以暂从天津设起，渐开风气。其于军国要务，裨益实多。今总理衙门与曾纪泽皆以近畿展线为善策，拟暂设至通州，逐渐接展至京。"允行。逾年，津线遂逾通州达京师。自时厥后，各省咸知电报之利。或本无而创设，或已有而引伸。其尤要之区，则陆线、水线兼营，正线、支线并设，纵横全国，经纬相维。直、苏、粤、桂、滇、鲁、鄂诸省，设局多至二十余所，余省亦十余局或数局有差。其互相衔接者，京师之线所达，曰库伦、济南、太原。天津之线所达，曰奉天。奉天之线所达，曰天津、旅顺、吉林。吉林之线所达，曰海参崴、齐齐哈尔、奉天。黑龙江之线所达，曰吉林、海兰泡。江苏之线所达，曰京师、芜湖。安徽之线所达，曰江宁、九江。山西之线所达，曰京师、西安。山东之线所达，曰京师、开封、清江浦。河南之线所达，曰京师、济南、西安。陕西之线所达，曰开封、太原、兰州、汉口。甘肃之线所达，曰迪化、西安。新疆之线所达，曰兰州。浙江之线所达，曰上海、福州。江西之线所达，曰广州、芜湖、河口。湖北之线所达，曰九江、成都、长沙、郑州。湖南之线所达，曰汉口、桂林。四川之线所达，曰汉口。福建之线所达，曰杭州、广州。广东之线所达，曰福州、梧州、九江。广西之线所达，曰长沙、广州。云南之线所达，曰汉口、重庆、八莫、南宁。贵州之线所达，曰重庆。外蒙则达京师、张家口焉。濒海之区则设海线。直隶自大沽以通之罘。江苏自上海东通长崎，北通之罘、大沽，南通厦门、香港。广东自香港通海防、新嘉坡、厦门、上海、马尼喇。山东自之罘通大沽、旅顺、威海卫、青岛、上海。福建自川石山通台湾淡水，自厦门通上海、香港。盖总计陆线之设，不下四万里有奇，而水线不与焉。

电报设局，亦如轮船招商之例，商力举办而官董其成，谓官督商办也。津沪一线，其始倡以官帑，未几即归商局，醵资至二百余万。而各省电线不尽由商办者，良以商人重利，入资则权子母、计盈亏，其于海防边备情势缓急，国内交通利便与否，不以措意。往往一线，官办商办，参互错综，大率以官办补商办之不足。两粤电线，广州至龙州则属之官，至梧州则属之商。钦、廉、雷、琼及镇南关、虎门，则官商协力。而滇线一自鄂入，一自蜀入，一自桂入。西安迄嘉峪关、甘、新、奉、吉、黑等省，通州至承德，陆线俱官为之。此类是也。然由沪达粤之线，本为防止外线而设，需费四十余万两，咸由商力措备。其时香港英人并欲引线达广州，亦赖华合公司预设线至九龙，其谋始戢。方华合公司设线九龙也，华民抗拒，英商挠阻，其势汹汹。公司商人何献墀等排众难而为之，不为所屈，卒底于成。中日战事棘，引襄阳线千余里直达西安，俾京、沪军报不至梗阻。而张家口至恰克图一线，以俄使援约相促，亦由商局集金六十余万两，接线二千七百余里，经营至二三年之久，工巨费繁，为全国最。此外造成之线，不能里数，其所裨殆非浅鲜矣。

二十五年，大学士徐桐言电报局获利不赀，并无裨益公家之实。廷臣亦有以招商、电报各局假公济私为言者。俱下协办大学士刚毅查复。刚毅时以事衔命赴苏，寻疏陈："电局自恰线成后，所亏至巨，俟有赢余，岁输南北洋学款十二万四千两。"报可。明年，廷臣复言电局利权太重，宜遴员接办。诏饬宣怀按年册报收支款目，官电应免收费。宣怀上疏，略言："电局本系集华商合众之力，以与洋商争衡，旁观每惊为大利所丛，其实析分千百股商，仍皆寸寸铢铢之微利。近年电线开拓日广，则局用及修线养线之费亦日增。上年因中俄条约，接造恰克图之线用费六十余万两，未请官款，悉系电商集资办成。沙漠荒僻之区，绝少报费，而常年用数尤巨。至本年应办之工，因办理铁路，卢沟桥至保定线已造成，又须造保定至汉口干线。因办理海防，乃须造宁波至温州之线。总理衙门因洋人之请，则须造山东泰安、沂州之线。此外各路加线要工，络绎不绝，官款并无可筹，皆借股商之力，以赴公家之急。总局收支各赈，均系按年刊布。各局详细坐簿，亦任股商随时查阅。一出一入，众见众闻，非如官中所办报销，出于一二人之手者可比。原奏所疑各节，似属不知此中原委。至官报之费，前定章程，拟一半报效，一半给资，期于官商兼顾，持久不废，仍宜照旧办理，以维大局。"报闻。

宣怀时综司轮、电两局，叠被指摘。二十八年，言于直督袁世凯："电报宜归官有。轮船纯系商业，可易督办，不可归官。"世凯谋诸执政者，以为然，闻于上。寻命世凯督办电局，候补侍郎吴和喜副之。明诏发还商股，不遽予行。众商汹惧，争欲持券售之外人。宣怀力遏之，乃已。寻诏原有商股一仍其旧，盖其时仅易一商股官办之局而已。

三十四年，邮传设部已二年，将以全国电局为实行部辖之计。邮传部尚书陈璧疏言："电报为交通全国机关。各国电报之权皆操诸国家。中国电报，创始原归商办。而光绪初年，商股微薄，仍赖官力以为补助，非完全商办也。历年获利，约计五六百万。果使全国交通推行无阻，则富商即可富国，亦何必别议更张？乃观商线所至之处，皆属市镇都会，而边远省分，如云、贵、广西、甘肃、新疆，商人以无利可图，均推归官办。虽商力实有未逮，而顾私利、忘远略，实悖朝廷立部之初心。衡以中国近状，自非改为官办，无以定区画之方，即未由收扩充之效。东西各国，电线如织，策应灵通，故伏莽方生，旋就扑灭。中国电报，无论要荒，即腹地稍僻者，亦多缺而未举。一旦有事，道途修阻，声息不通，实于军务有碍。况当百度维新，外交内政关系非轻，稍滞交通，辄形扞格。近来科布多、川、藏、蒙古、闽、浙、江西、苏、松纷纷请设电线。本年四月，奉旨迅设贵阳至义兴电线。又陆军部以秋间江、鄂各军在安徽会操，请设安庆至太湖电线。外务部请设川、藏通印度电线，以为收赎英人江孜线路张本。湖北官电局以赔累不堪，请改归部办。纷来沓至，均为不可稍缓之图。核计各省请设各线，不下万有余里，工程当在一百余万以上。且此万余里，半皆荒村僻壤，报务不多，增一线即赔一线之本，修一里即亏一里之费。前此添设云、贵一二边省电线，各股商尚虑亏损。今统筹荒瘠之区，更难着手。至利则归己，损则归公，恐亦无此情理。此展线之宜归官办者也。各省线路，待修者众，朽败难支，而陕、豫、闽三省尤甚。设遇军兴仓猝，何堪设想。现在遴员调查，通盘筹画，尚有应移近铁路者，有关系交涉亟须先占者，有文报日多应行添线者。次第修举，工费浩繁，需银约五六十万两。此项巨费，即尽括商股余利息项，亦难支抵。此大修之宜归官办者也。中国报费昂贵，甲于全球。远省一二字之费，几与各国二十字相等。近据宁夏副都统志锐，请核减报费以利交通。又据赴葡部员周万鹏称，葡国公会亦以中国报费太昂为词。自当酌减，使价目与各国略同，为入万国电政会之预备。惟核减电费，以岁入三百余万元计算，若减一二成，即在五六十万以上。若递减至四五成，或减至与东西洋相等，为数尤多。此事一行，则商股年息恐不可保，余利更不待言。此减费之宜归官办者也。凡此三事，实为电政今日最要之图，即为商股今日最损之策。与其苟且因循，日积月累，致官商之两病，曷若平价收赎，期上下之交益。实见夫今日电报有必须扩充之势，即有不免折阅之时。在商人只课赢余，在国家必求利便。事实不同，断难强合。臣等拟恪遵光绪二十八年谕旨，改为官办，筹还商股。即由部备价收赎，于每股股本外特予加价，以示国家恤商之意。"奏入，允行。

八月，电股收赎完竣。陈璧疏言："臣部收赎商电，酌核市值赎之，每百圆电股，给予一百七十圆。旋复从众商之请，加价十圆，作为优待费。计共二十二万圆。自颁发收赎章程后，旬月之间，共收回商股二万一千四百余股。其未到之五百余股，委系外埠及内地僻处，递寄维艰，拟请宽予限期，照章给价，提存现款，以便续领，仍给优待费，以示体恤。此后即全归国有，与商无涉。收赎之款三百九十六万，臣部暂由路款借拨，仍须另行设法归还，以清款目。"又言："电政为交通枢机，图扩充方期发达。今既改归国有，应将减费、展线、修线诸事次第整顿。而减价为中外众目所睹，非实行筹办，尤不足以餍人望而广招徕。拟自光绪三十五年正月始，酌减电费二成，以所收商报约三百万圆之额计之，即少收约六十万圆，不敷在二十万圆以上。减费之后，报费必增，可供挹注。而一时添线、修线，并扩充电话，在在需款。所增之数，必须抵拨，逐渐推广工程之用。预算短额，拟暂由臣部各路余利项下，每年分拨二十万圆，以三年为限，自第四年起至六年止，每年匀还二十万圆，一律还清。一转移间，路款均归有著，电政亦可渐兴，不烦续借他款，实收财政统筹之益。"报可。自时厥后，事权统一，呼应灵通，每岁展拓电线三四千里以为常。而取值之廉，迥异畴昔，此则非商办之所及也。

中国幅员辽阔，文报稽延，至于变起仓猝，往往因消息迟滞，坐误机宜，酿成巨患。历朝变乱之起，大率以此。自有电报，举向来音信隔绝之弊，一扫而空。若朝阳教匪之倡乱，云南猛喇游匪魏名高之滋事，均因电报之告警，与军事布置之迅速，得以立即剿平。而外则朝鲜之二次内讧，越南事变之先事防御，亦惟电报是赖。此其明效大验也。然当创办之初，乡僻囿于见闻，外人多所挠阻，艰难曲折，乃克成功。设线之处，若系边疆瘴疠、塞外荒凉之地，措手之艰，什伯内地。以故在事人员，得邀奖叙，而近省不得援例以请者此也。

至于意外之损坏，其事尤夥。贵州毕节乡民之拆线；山西霍山乡民之毁杆；湘省澧州民误以电线为外人所设，集众毁弃；陕之长武、乾州、醴泉、邠州、永寿，甘之泾州、平凉等处，人民谓旱疫为电线所致，拆毁殆尽。俱由地方官出资修复，首犯有论重辟者。二十六年拳匪之变，京师至保定电线先为所毁，京津、京德继之，山西、河南又继之。驯至晋、豫、直隶、山东四省境内，荡然无一线之遗。南北隔阂，中外阻塞，消息不通者数月。而外兵盘踞京、津，初设行军电线，嗣拟设大沽至上海水线，以大东、大北两公司主其事。宣怀密行作价，购其机器料物，属于中国商局，其谋竟不得逞。宣怀寻请修复已毁各线。其经战事损坏者，商局任之。晋、豫未有战事，地方官保护不力，甚且指使拆坏者，援毕节、霍山之例，分别赔修。报可。三十年，东三省线再毁于日俄之战。迨三十四年，总督徐世昌修复之。此已毁复修各线之大略情形也。

电报之利于交通，与铁路相辅而行，缺一不可。然铁路需费过巨，每有兴筑，拟假外资集事，非如电报工省费轻，商力已足举办，其借外债而成者，仅沪、烟、沽正副水线而已。光绪二十六年，外兵方据京、津，谋设大沽至沪水线。宣怀以其侵我主权，密向承办之大东、大北公司购归商局办理。方是时，两公司因利乘便，故昂其值。中国官商交困，复绌于力，于是以购价作为息借，分三十年偿还。殆迫于势之不得已也。前外人在中国设线，由商股购回者，如丹国所设之淞沪旱线、德国所设之京沽干线、铁路至天津支线是也。电报非仅达于国内已也，必行驰域外，而其用益宏。于是与外国通线，若法、若英、若俄，既订通线费之约，并分订联合其价摊分之约，以相约束焉。

电局既日渐扩充，尤以培养人才为要。电报学堂创于光绪六年。嗣分设按报、测量、高等诸垫，以宏造就。二十五年，并设电话学科以附益之。

电话初名曰"德律风"。二十五年，宣怀疏言："德律风创自欧、美。入手而能用，著耳而得声，坐一室而可对百朋，隔颜色而可亲謦欬，此亘古未有之便宜。故创行未三十年，遍于各国。其始止达数十里，现已可通数千里。新机既辟，不可禁遏。日本电报、德律风，统归递信省。学生教于一堂，机器出于一厂。中国之有德律风也，自英人设于上海租界始。近年各处通商口岸，洋人纷纷谋设。吴淞、汉口则请借杆挂线矣，厦门则请自行设线矣。电报公司竭力坚拒，但恐各国使臣将赴总理衙门要求，又滋口舌。一经应允，为患甚巨。况西人眈眈逐逐，欲攘我电报之权利而未得其间。沿江沿海通商各埠，若令皆设有德律风，他日由短线而达长路，由传声而兼传字，势必一纵而不可收拾。不特中国电报权利必为所夺，而彼之消息更速于我。防备不早，补救何从？现在官款恐难筹措。臣与电报各商董再四熟筹，惟有劝集华商资本，自办德律风，与电报相辅而行。自通商各口岸次第开办，再以次及于省会各郡县，庶可预杜彼族觊觎之谋，保全电报已成之局。"报可。自是京师、天津、上海、奉天、福州、广州、江宁、汉口、长沙、太原皆设之，此则连类而及者也。

卷一百五十二　志一百二十七

交通四

邮　政

海国大通以来，异域侨民，恒自设信局。咸丰十一年订约，驻京公使邮件，初与总理衙门交驿代寄。同治五年，改由总税务司汇各驻京公使文件，递天津寄上海。光绪五年，增设封河后由天津至牛庄、烟台、镇江三路邮差。迄十一年，邮务愈繁，总税务司乃于天津、镇江、上海各税务司处专员理之。此总税务兼理邮递之权舆也。

初，光绪二年，总税务司英人赫德建议创办邮政。四年，始设送信官局于北京、天津、烟台、牛庄，以赫德主其事，九江、镇江亦继设局。是为中国试办邮政之始。十六年，命通商口岸推广举办。十九年，北洋大臣李鸿章、南洋大臣刘坤一以各国增设各地信局，妨推广之路，请速筹善策。总署付赫德议。

二十一年十二月，署南洋大臣张之洞疏请举办邮政。略言："泰西各国视邮政重同铁路，特设邮政大臣综理。取资甚微，获利甚巨。即以英国而论，一岁所收之费，当中银三四千万两。各国通行，莫不视为巨帑。且权操于上，有所统一，利商利民，而即以利国。近来英、法、美、德、日本先后在上海设立彼国邮局，其余各口岸亦于领事署内兼设邮局，侵我大权，攘我大利，实背万国通例。光绪十一年间，前浙江宁绍台道薛福成据委员李奎条陈，请中国自行设局，以挽利权，并经税务司葛显礼前往香港、日本，向彼国商议，收回上海所设英、日两国邮局，已有端倪。南洋大臣曾国荃曾据咨总理衙门，饬总税务司赫德议复办法。赫德亦谓此举为裕国便民大政，陈有要端七事。并称须有奏准饬办之明文，使各国皆知系中国国家所设，即可商令各国将在中国所设之邮局撤回，并可商入万国信会之举。查各关试办邮递有年，未能推行及远。外国所设信局，并未裁撤。良由税关所办邮递，与国家所设，体制不同，故推广每多窒碍。现复与葛显礼面加筹议，知其情形熟悉，各关税务司熟谙办法者当不乏人。请饬总理衙门，转饬赫德，妥议章程开办。即推行沿江沿海各省，兼及内地水陆各路。务令各国将所设信局全撤，并与各国联会，彼此传递文函，互相联络。如果认真举行，各国在华所设信局必肯裁撤。此各国通行之办法，有利无弊，诚理财之大端，便民之要政也。"

总理衙门疏言："光绪二年间，赫德因议滇案，请设送信官局，为邮政发端之始。四年，拟开设京城、天津、烟台、牛庄、上海五处，略仿泰西邮政办法，交赫德管理。嗣因各国纷纷在上海暨各口设立邮局，虑占华民生计。九年，德国使臣巴兰德来，请派员赴会。十一年，曾国荃咨称州同李圭条陈邮政利益，并据宁海关税务司葛显礼申称，香港英监督有愿将上海英局改归华关自办之议。十六年三月，劄行赫德，以所拟办法无损民局，即就通商各口推广办理。拟俟办有规模，再行请旨定设。此各税关试办邮递之始也。十八年冬，赫德以数年来创办艰难，若再不奏请设立官邮政局，恐将另生枝节。十九年五月，李鸿章、刘坤一称江海关道聂缉椝禀称，上海英、美工部局现议增设各口信局，异日中国再议推广，必更维艰。考泰西邮政，自乾隆初年普国始议代民经理，统以大臣，位齐卿贰。各国以为上下交通，争相仿效。葛显礼呈送万国邮政条例，联约者六十余国。大端以先购图记纸，粘贴信面，送局以抵信资，其费每封口信重五钱者，取银四分，道远酌加。其取资既微，又有定期。百货腾跌，万里起居，随时径达。如有事时，并可查禁敌国私函。诚如张之洞所称'权有统一，为利商利民即以利国'之要政也。溯自十八年以来，美国一国邮局清单一纸，所收银圆至六十四兆二十万九千四百九十圆之多。张之洞所举英国收数当中银三四千万两，尚系约略之辞。利侔铁路，诚为不虚。且西国邮政与电局相辅，以火车轮船为递送。近来法国设立公司轮船十艘，通名信船，遇口停泊，信包未到，不能开碇，其郑重如此。中国工商旅居新旧金山、檀香山、新嘉坡、槟榔屿、古巴、秘鲁者，不下数百万人，往往有一纸家书十年不达者，缘邮会有扣阻无约国文函之例也。中国邮政若行，即以获资置备轮船出洋，藉递信以流通商货。其挽回利权，所关尤巨。臣等博访周谘，知为当务之急。爰于十九年劄饬赫德详加讨论。上年六月至十二月，复与总税务司面商屡次，先后据其递到四项章程，计四十四款。臣等详加披阅，大致厘然，自应及时开办。应请旨敕下臣衙门，转饬总税务司赫德专司其事，仍由臣衙门总其成，即照赫德所拟章程，定期开办。应制单纸，亦由赫德一手经理。遇有应行酌改增添之处，随时呈由臣衙门核定，务期有利无弊。至赫德呈内称万国联约邮政公会，系在瑞士国，应备照会，寄由出使大臣转交其国执政大臣，为入会之据。自可援万国通例，转告各国，将所设信局一律撤回。以上所议，如蒙俞允，即由臣衙门钦遵分别咨照劄饬办理。俟办有头绪，即推行内地水陆各路，克期兴办。并咨行沿江沿海及内地各直省将军督抚知照，届期即将简要办法，饬地方州县晓谕商民，咸知利便。凡有民局，仍旧开设，不夺小民之利。并准赴官局报明领单，照章帮同递送，期与各电局相为表里。其江海轮船及将来铁路所通处所，应如何交寄文信，由总税务司与各局员会商办理。官邮政局岁入暨开支款目，由总税务司按结申报，臣衙门汇核奏报。”奉旨：如所议行。此开办邮政之始末也。自是遍通全国，上下交受其利。

其邮政区域，北部东起朝鲜、渤海，西讫新疆、青海，北起西比利亚、蒙古，南讫江苏、湖北、四川，而盛京、吉林、黑龙江、直隶、山东、山西、河南、陕西、甘肃括焉。中部东起浙江、福建，西讫西藏、云南，北起安徽、陕西、河南、甘肃，南讫广东、广西、云南，而江西、湖北、湖南、四川、贵州括焉。东部即长江下游，东起黄海，西讫湖北、江西，北起山东、河南，南讫福建，而江苏、安徽、浙江括焉。南部东起台湾，西讫缅甸，北起江西、贵州、湖南、四川，南讫越南，而福建、浙江、广东、广西、云南括焉。

其邮局，则总局、副总局、分局、支局、代办处，总计六千二百又一。其邮路里数，则邮差邮路、民船邮路、轮船邮路、火车邮路，总计三十八万一千里。每面积百里，通邮线路七里又四九。其邮件，则通常、特种，总计三万万六千二百二十一万六千二百三十九。其包裹，则通常、特种，总计件数三百零二万二千八百七十二，重量一千零六万零四百三十三启罗。其汇兑，则旱汇局、火汇局，总计七百五十八，汇入银数三百九十三万六千两，兑出银数三百九十八万四千二百两，总计银数七百九十二万零二百两。岁入经常二百五十二万八千五百余两，临时六百八十三万五千八百余两。岁出经常二百八十二万七千八百余两，临时六百四十六万六千五百余两。出入两抵，实盈六万九千九百余两。此据宣统三年统计也。

其各国邮局设于中国各口岸者，英国则上海、天津、汉口、烟台、福州、厦门、广州、汕头、宁波九处。德国则上海、北京、天津、汉口、烟台、福州、厦门、广州、汕头、南京、济南、青岛、宜昌、镇江十四处。法国则上海、北京、天津、汉口、烟台、福州、厦门、广州、宁波、重庆、琼州、北海、龙州、蒙自十四处。日本国则上海、北京、天津、汉口、烟台、福州、厦门、广州、汕头、重庆、南京、牛庄、唐沽、沙市、苏州、杭州十六处。美国则上海一处。俄国则上海、北京、天津、汉口、烟台五处。此其大略也。

卷一百五十三　志一百二十八

邦交一

中国古重邦交。有清盛时，诸国朝聘，皆与以礼。自海道大通而后，局势乃一变。其始葡萄牙、和兰诸国，假一席之地，迁居贸易，来往粤东；英、法、美、德诸大国连袂偕来，鳞萃羽集，其意亦仅求通市而已。洎乎道光己亥，禁烟衅起，仓猝受盟，于是畀英以香港，开五口通商。嗣后法兰西、美利坚、瑞典、那威相继立约，而德意志、和兰、日斯巴尼亚、义大里、奥斯马加、葡萄牙、比利时均援英、法之例，订约通商，海疆自此多事矣。俄罗斯订约在康熙二十八年，较诸国最先，日本订约在同治九年，较诸国最后，中国逼处强邻，受祸尤烈。其他若秘鲁、巴西、刚果、墨西哥诸小邦，不过尾随大国之后，无他志也。咸丰庚申之役，联军入都，乘舆出狩，其时英、法互起要求，当事诸臣不敢易其一字，讲成增约，其患日深。至光绪甲午马关之约，丧师割地，忍辱行成，而列强据利益均沾之例，乘机攘索，险要尽失。其尤甚者，则定有某地不得让与他国之条，直以中国土疆视为已有，辱莫大焉。庚子一役，两宫播迁，八国连师，势益不支，其不亡者幸耳。

夫中国幅员之广，远轶前古，幽陵、交阯之众，流沙、蟠木之属，莫不款关奉贽，同我版图。乃康、乾以来所力征而经营者，任人蚕食，置之不顾，西则浩罕、巴达克山诸部失之于俄，南则越南、缅甸失之英、法，东则琉球、朝鲜失之日本，而朔边分界，丧地几近万里，守夷守境之谓何，此则尤令人痛心而疾首者也。爰志各国邦交始末，以备后人之考镜焉。

俄罗斯

俄罗斯，地跨亚细亚、欧罗巴两洲北境。清初，俄东部有罗刹者，由东洋海岸收毳矿之贡，抵黑龙江北岸，据雅克萨、尼布楚二地，树木城居之，侵扰诸部。嗣又越兴安岭南向，侵掠布拉特乌梁海四佐领。崇德四年，大兵再定黑龙江，毁其城，兵退而罗刹复城之。

顺治中，屡遣兵驱逐，以饷不继而返。十二年及十七年，俄察罕汗两附贸易人至京奏书，然不言边界事。康熙十五年，帝召见其商人尼果赍，贻书察罕汗，令管束罗刹，毋扰边陲。既而罗刹复肆扰，帝命黑龙江将军萨布素围雅克萨城。会荷兰贡使至，乃赐书付荷兰转达其汗。二十五年九月，其新察罕汗复书至，言："中国前屡赐书，本国无能通解者。今已知边人构衅之罪，自当严治，即遣使臣诣边定界，请先释雅克萨之围。"许之，遂诏萨布素退师。

二十八年冬十二月，与俄定黑龙江界，立约七条。先是俄使臣费岳多罗额里克谢等由陆路至喀尔喀土谢图汗境，文移往复。至是始与领侍卫内大臣索额图等会议于黑龙江：一，循乌伦穆河相近格尔必齐河上游之石大兴安岭以至于海，凡山南流入黑龙江之溪河尽属中国，山北溪河尽属俄。一，循流入黑龙江之额尔古讷河为界，南岸尽属中国，北岸尽属俄。乃归中国雅克萨、尼布楚二城。定市于喀尔喀东部之库伦。立石于黑龙江两岸，刊泐会议条款，用满、汉、拉提诺、蒙古、俄罗斯五体文字。是为《尼布楚条约》。自后贸易之使每岁间岁一至，未尝稍违节制。

三十三年，遣使入贡。时有二犯逃入俄，俄遣人送回，理藩院行文奖之，遂复遣使入贡。帝阅其章奏，谕大学士曰："外藩朝贡，虽属盛事，恐传至后世，未必不因此反生事端。总之，中国安宁则外衅不作，故当以培养元气为根本要务。"三十九年，遣使赍表至。

雍正五年秋九月，与俄订《恰克图互市界约》十一条。俄察罕汗卒后，其妃代临朝，为叩肯汗。遣使臣萨瓦暨俄官伊立礼，与理藩院尚书图礼善、喀尔喀亲王策凌在恰克图议定。喀尔喀北界，自楚库河以西，沿布尔固特山至博移沙岭为两国边境，而互市于恰克图。议定，陈兵鸣炮，谢天立誓。是月，定俄人来京就学额数。俄国界近大西洋者崇天主教，其南境近哈萨克者崇回教，其东境近蒙古者崇佛教。康熙间，尝遣人至中国学喇嘛经典，并遣子弟入国子监，习满、汉语言文字，居旧会同馆，以满、汉助教各一人教习之。至是，定俄人来学喇嘛者，额数六人，学生额数四人，十年更代为例。

乾隆二十三年春正月，俄人献叛人阿睦尔撒纳尸。初，厄鲁特辉特部阿睦尔撒纳背准噶尔来附，帝封为亲王，命副定北将军班第征准噶尔，降其部众。已复叛归，逃入俄，索之，以渡河溺死闻。既而患痘死，遂移尸至恰克图来献。未几，厄鲁特台吉舍楞戕中国都统唐喀禄，叛逃入俄，索之又不与，绝其恰克图贸易。三十年秋八月，俄绰尔济喇嘛丹巴达尔扎等请附，又恐俄人追索，中国擒送，遣人来探。瑚图灵阿以闻，帝命纳之。三十三年秋八月，复俄恰克图互市，理藩院设库伦办事大臣掌之。四十四年，再停互市，次年复之。五十四年，又以纳叛人闭市，严禁大黄、茶叶出口，俄人复以为请。五十七年，乃与订《恰克图市约》五条。

嘉庆七年秋七月，喀尔喀亲王蕴端多尔济请巡查恰克图两国边界，帝命逾十年与库伦办事大臣轮次往查。十年冬十二月，俄商船来粤请互市，不许。

道光二十五年，俄进呈书籍三百余种。二十八年，俄商船来上海求互市，不许。初嘉、道间，俄由黑海沿里海南侵游牧各回部。英吉利既据东南两印度，渐拓及温都斯坦而北。于是葱岭西自布哈尔、浩罕诸部皆并于俄，夹恒河城郭回国半属于英，英、俄边界仅隔印度歌士一大山，连年争战。俄思结援中国，遣使约中国以兵二万由缅甸、西藏夹攻印度。事未行。英旋助土耳其与俄战，始讲和而罢。逮江宁抚议定，法、美未与议者，亦照英例，并在五口通商。而俄人自嘉庆十一年商船来粤驳回后，至是有一船亦来上海求市，经疆臣奏驳，后遂有四国联盟合从称兵之事。

咸丰元年，俄人请增伊犁、塔尔巴哈台、喀什噶尔互市，经理藩院议允伊、塔而拒喀什噶尔。文宗即位，命伊犁将军奕山等与之定约，成《通商章程》十七条。三年，俄人请在上海通商，不许。又请立格尔毕齐河界牌，许之。至五年，俄帝尼哥拉斯一世始命木喇福岳福等来画界。

先是木喇福岳福至莫斯科议新任地诸事，以为欲开西伯利亚富源，必利用黑龙江航路；欲得黑龙江航路，则江口及附近海岸必使为俄领，而以海军协力助之。俄帝遂遣海军中将尼伯尔斯克为贝加尔号舰长，使视察堪察加、鄂霍次克海，兼黑龙江探险之任。与木喇福岳福偕乘船入黑龙江，由松花江下驶，即请在松花江会议。八月开议，以三款要求，既指地图语我，谓格尔毕齐河起，至兴安岭阳面各河止，俱属俄界，而请将黑龙江、松花江左岸及海口分给俄；又以防备英、法为辞，且登岸设炮，逼迁屯户。迭由奕山、景淳与之争议，迄不能决。六年四月，俄人复率舰队入黑龙江。七年，木喇福岳福归伊尔库次克。

时英法联军与中国开衅，俄人乘英国请求，遣布恬廷为公使，来议国境及通商事宜。中国拒之。布恬廷遂下黑龙江，由海道进广东，与英、法、美公使合致书大学士裕诚，请中国派全权大臣至上海议事。答以英、法、美三国交涉事由广东总督办理，俄国交涉事由黑龙江办事大臣办理。布恬廷乃与三国公使进上海。木喇福岳福乘机扩地于黑龙江左岸，并广筑营舍。遣使诘责，则答以与俄公使在上海协商。寻遣使告黑龙江将军奕山，在爱珲议界。奕山遂迎木喇福岳福至爱珲会议。木喇福岳福要求以黑龙江为两国国境，提出条件。明年四月，遂定《爱珲条约》，先划分中俄东界，将黑龙江、松花江左岸由额尔古讷河至松花江海口为俄界，右岸顺江流至乌苏里河为中国界；由乌苏里河至海之地，有接连两国界者，两国共管之。于是绘图作记，以满、汉、俄三体字刊立界碑。

时英法联军已陷大沽炮台，俄与美藉口调停，因钦差大臣桂良与英、法缔约，遂援例增通商七海口。初，中、俄交涉，向由理藩院行文，至是往来交接用与国礼，前限制条款悉除焉。是年，议结五年塔尔巴哈台焚俄货圈案，俄屡索偿，至是以茶箱贴补之。九年五月，俄遣伊格那提业福为驻北京公使。十年秋，中国与英、法再开战，联军陷北京，帝狩热河，命恭亲王议和。伊格那提业福出任调停，恭亲王乃与英、法订《北京和约》。伊格那提业福要中国政府将两国共管之乌苏里河以东至海之地域让与俄以为报。十月，与订《北京续约》。其重要者：一，两国沿乌苏里河、松阿察河、兴凯湖、白琳河、瑚布图河、珲春河、图们江为界，以东为俄领，以西为中国领；二，西疆未勘定之界，此后应顺山岭、大河，及中国常驻卡伦等处，立标为界，自雍正五年所立沙宾达巴哈之界碑末处起，往西直至斋桑淖尔湖，自此往西南，顺天山之特穆尔图淖尔，南至浩罕边境为界；三，俄商由恰克图到北京，经过库伦、张家口地方，准零星贸易，库伦设领事官一员；四，中国许喀什噶尔试行贸易。十一年夏五月，仓场侍郎成琦与俄人勘分黑龙江东界。秋七月，俄设领事于汉阳。八月，俄人进枪炮。是年，俄人请进京贸易，不许；后援英、法例，改至天津。

同治元年春二月，与俄订《陆路通商章程》。俄人初意欲纳税从轻，商蒙古不加限制，张家口立行栈，经关隘免稽查。总署以俄人向在恰克图等处以货易华茶出口，今许其进口贸易，宜照洋关重税，免碍华商生计。又库伦为蒙古错居之地，其为库伦大臣所属者，向止车臣汗、图什业图汗等地，此外各游牧处所地旷族繁，不尽为库伦大臣所辖，若许俄随地贸易，稽查难周。又张家口距京伊迩，严拒俄商设立行栈。久之，始定《章程》二十一款于天津，《续增税则》一册。三月，俄人以喀什噶尔不靖，请暂移阿克苏通商，不许。

时俄人在伊犁属玛呢图一带私设卡伦，阻中国赴勒布什之路，复于沙拉托罗海境率兵拦阻查边人，声称哈萨克、布鲁特为其属国，又于各卡伦外垒立鄂博。乌里雅苏台将军明谊等诘责之，不听。八月，明谊等与俄人会议地界。俄使以《续约》第二条载有"西疆尚在未定之界，此后应顺山岭、大河之流，及现在中国常驻卡伦"之语，执为定论，并出设色地图，欲将卡外地尽属俄国。明谊等以为条约内载自沙宾达巴哈界牌末处起至浩罕边为界，袤延万里，其中仅有三处地名，未详逐段立界之处。况条约内载"现在中国常驻卡伦等处"并无"为界"之语，自不当执以为词。屡与辨论，不省。忽遣兵队数百人，执持器械炮车，于伊犁卡伦附近伐木滋扰。是月，俄人请派兵船至沪助剿粤贼，许之。十月，俄人复进枪炮。是年，俄人越界盗耕黑龙江右岸地亩，诘之。

二年四月，俄官布色依由海兰泡遣人到齐齐哈尔省城借用驿马，并求通商，请假道前往吉林自松花江回国。黑龙江将军特普钦以非条约所载，不许。是月，俄人复遣兵队数百人至塔尔巴哈台巴克图卡伦住牧。中国谕令撤回，不听。又遣队往伊犁、科布多，又派兵数千分赴斋桑淖尔等地耕种建屋，遣兵四出潜立石垒，为将来议界地步。明谊等议筹防，并与交涉，不省。五月，俄人以哈萨克兵犯伊犁博罗胡吉尔卡伦，击之始退。六月，复来犯沿边卡伦，复击之。七月，俄使进议单，仍执条约第二款为辞。又以条约所载"西直"字为"西南"字误，必欲照议单所指地名分界，不许更易。乃许照议单换约。于是乌里雅苏台将军明谊上言："照议单换约，实与乌梁海蒙古及内服之哈萨克、布鲁特并伊犁距近边卡居住之索伦四爱曼人等生计有妨，请筹安插各项人众及所有生计。"廷谕令与俄人议，须使俄人让地安插，及中国人照旧游牧。俄人仍不许。

三年秋八月，俄人复遣兵进逼伊犁卡伦。九月，俄使杂哈劳至塔尔巴哈台与明谊会，仍执议单为词。时新疆回氛甚炽，朝廷重开边衅，遂照议单换约。综计界约分数段：一为乌里雅苏台所属地，即《乌城界约》所立为八界牌者，自沙宾达巴哈起，往西南顺萨彦山岭至唐努额拉达巴哈西边末处，转往西南至赛留格木山岭之柏郭苏克山为止，岭右归俄，岭左归中国。二为科布多所属地，即《科城界约》所立牌博二十处者，自柏郭苏克山起，向西南顺赛留格木山岭至奎屯鄂拉，即往西行，沿大阿勒台山，至海留图河中间之山，转往西南，顺此山直至察奇勒莫斯鄂拉，转往东南，沿斋桑淖尔边顺喀喇额尔齐斯河岸，至玛呢图噶图勒干卡伦。三为塔尔巴哈台所属地，即自玛呢图噶图勒干卡伦起，先往东南，后向西南，顺塔尔巴哈台山岭至哈巴尔苏，转往西南，顺塔境西南各卡伦以迄于阿勒坦特布什山岭，西北为俄地，东南为中国地。四为伊犁所属地，即顺阿勒坦特布什等山岭以北偏西偏属俄，再顺伊犁以西诸卡伦至特穆尔图淖尔，由喀什噶尔边境迤逦达天山之顶而至葱岭，倚浩罕处为界，期明年勘界立牌。会回乱亟，中、俄道阻，界牌迁延未立。

四年，伊犁将军明绪因回乱，请暂假俄兵助剿，许之。然俄人延不发兵，仅允饷需假俄边转解，及所需粮食枪炮火药允资借。五年春正月，伊犁大城失守，俄允借兵，仍迟延不至。三月，与俄议改《陆路通商章程》。俄人欲在张家口任意通商，及删去"小本营生"、天津免纳子税二事。中国以张家口近接京畿，非边疆可比，不可无限制。"小本营生"字样若删去，则俄商货色人数无从稽考。惟天津免纳子税，与他国贩土货出口仅纳一正税相合，遂议免天津子税。而张家口任意通商，及删去"小本营生"事，并从缓商。五月，俄人请往黑龙江内地通商，不许。是月，俄人占科布多所属布克图尔满河北境。六年六月，俄使倭良嘎哩以西疆不靖，有妨通商，贻书总署责问。是月，俄人占科布多所属霍呢迈拉扈卡伦及乌里雅苏台所属霍呢音达巴罕之乌克果勒地。诘之，不省。

七年二月，俄人越界如库伦所属乌雅拉噶哈当苏河等处采金，阻之，不听，反以为俄国游牧地，不认雍正五年所定界址及嘉庆二十三年两国所绘地图界址。中国屡与争议，不决。时新疆毗连俄境未立界牌鄂博，乌里雅苏台将军麟兴等请派大员会定界址，许之。然迟久未勘。俄人又私伐树株，标记所侵库伦所属地。又于朝鲜庆兴府隔江遥对之处建筑房屋，朝鲜国王疑惧，咨中国查询。七月，俄人又如呼伦贝尔所属地盗伐木植，阻之，不听。

八年春三月，与俄国续订《陆路通商条约》。五月，荣全等与俄立界大臣巴布阔福等会立界牌鄂博，至乌里雅苏台所属赛留格木，俄官藉口原约第六条谓非水源所在，辩议三日，始遵红线条约，于博果苏克坝、塔斯启勒山各建牌博，其由珠噜淖尔至沙宾达巴哈分界处，原图所载，险阻难行。俄官辄欲绕道由珠噜淖尔迤北数十里唐努山之察布雅齐坝上建立鄂博，由此直向西北，绕至沙宾达巴哈。朝旨不许，乃改由珠噜淖尔东南约十数里哈尔噶小山立第三牌博。又顺珠噜淖尔北唐努山南约二百里察布雅齐坝上立第四牌博，照原图所绘红线以外珠噜淖尔圈出为俄国地，哈尔噶小山以东、察布雅齐坝以北，为中国地。又顺珠噜淖尔北唐努山南直向西行，至珠噜淖尔末处转折而北而东，均系红线以外科属阿勒坦淖尔乌梁海地，已分给俄，至库色尔坝上已接唐努乌梁海向西偏北极边地，于此坝上立第五牌博。由此向西，无路可通，乃下坝向东北入唐努乌梁海，复转折而西而北，至唐努鄂拉达巴哈末处，迤西有水西流，名楚拉察河，亦系红线以外分给俄者，于此立第六牌博。其东南为唐努乌梁海边境，其西北为俄地。又由楚拉察河顺萨勒塔斯台噶山至苏尔坝上，立第七牌博。由此坝前进，直至沙宾达巴哈山脉，一线相连，此处旧有两国牌博。与此坝相接，因不再立。荣全仍欲复增牌博，俄官允出具印结，听中国自立，荣全乃遣人立焉。

八月，科布多参赞大臣奎昌又与俄官议立科属牌博，俄官仍欲以山形水势为凭。奎昌等抗辩，非按原图限道建立不可，遂于科布多东北边末布果素克岭至玛呢图噶图勒干各立牌博，至塔尔巴哈台所属布伦托海分界。中国因塔城未经克复，道途梗塞，未暇办理。俄使遽欲于塔城所属玛呢图噶图勒干至哈巴尔苏从北起先建鄂博，并称无中国大臣会办，亦可自行建立。中国以分界关两国地址，决无独勘之理，允俟明年春融，派员会勘。是年，俄人轮船由松花江上驶抵呼兰河口，要求在黑龙江内地通商。黑龙江将军德英以闻，朝旨以非条约所载，不许。

九年正月，俄人来言哈巴尔苏牌博已于去秋自行建立。中国以不符会办原议诘之，并命科布多大臣奎昌按图查勘。二月，俄人复请派员赴齐齐哈尔、吉林与将军议边事，命禁阻之。秋八月，奎昌至塔城所属玛呢图噶图勒干卡伦，与俄立界大臣穆鲁木策傅会勘俄自立牌博，中国亦于俄国自立牌博内建立牌博。复往塔尔巴哈台山岭等处勘查，直至哈巴尔苏，共立牌博十。至是分界始竣。十月，库伦办事大臣张廷岳等以乌里雅苏台失陷，乌梁海与俄界毗连，请防侵占。

十年夏五月，俄人袭取伊犁，复欲乘胜收乌鲁木齐。帝命将军、参赞大臣等止其进兵，不省。既又出兵二千，欲剿玛纳斯贼，以有妨彼国贸易为词。中国命荣全、奎昌、刘铭传等督兵图复乌鲁木齐，规收伊犁。俄人既得伊犁，即令图尔根所驻索伦人移居萨玛尔屯。又于金顶寺造屋，令汉、回分驻绥定城、清水河等处。复遣人赴喀喇沙尔、晶河，劝土尔扈特降。又说玛纳斯贼投降。事闻，命防阻。十二月，俄人请援各国例通商琼州，许之。是年，俄人带兵入科布多境。谕令退兵，久之始去。

十一年四月，伊犁将军荣全与俄官博呼策勒傅斯奇会于俄国色尔贺鄂普勒，议交还伊犁事。俄官置伊犁不问，仅议新疆各处如何平定，并以助兵为言，要求在科布多、乌里雅苏台、乌鲁木齐、哈密、阿克苏、喀什噶尔等处通商、设领事，及赔补塔城商馆，及匡苏勒官庞龄等被害各节，并请让科布多所属喀喇额尔济斯河及额鲁特游牧额尔米斯河归俄。荣全等拒之。博呼策勒傅斯奇遂置伊犁事不议。已忽如北京总署，请仍与荣全会议。博呼策勒傅斯奇又忽辞归国。至是接收伊犁又迟延矣。

八月，俄人载货入乌鲁木齐所属三塘湖，请赴巴里坤、哈密等处贸易。阻之，不听。既闻回匪有由哈密东山西窜察罕川古之信，乃折回。已复有俄官来文，谓伊犁所属土尔扈特游牧西湖、晶河、大沿子居民均归顺俄国，中国军队不得往西湖各村。中国以当初分界在伊犁迤西，并无西湖之名，西湖系为乌鲁木齐所属军队，原由总署与俄使议有大略，何可阻止？拒之。时荣全将带兵由塔赴伊安设台站，俄人以越俄国兵所占地，不许。又阻荣全接济锡伯银两。十月，俄商赴玛纳斯贸易，中途被杀伤五十余人。十二年夏四月，俄人忽带兵及哈萨克、汉、回等众，入晶河土尔扈特游牧，索哈萨克所失马，并执贝子及固山达保来绰啰木等，又修治伊犁迤东果子沟大路，更换锡伯各官，图东犯，又于塔尔巴哈台所属察罕鄂博山口驻兵，盘诘往来行旅。十三年八月，俄人自库伦贸易入乌里雅苏台建房，诘以非条约所载，不省。旋命陕甘总督左宗棠督办新疆军务。

光绪元年夏五月，俄游历官索思诺等来兰州，言奉国主之命，欲与中国永敦和好，俟中国克复乌鲁木齐、玛纳斯，即便交还。左宗棠以闻。既而左宗棠以新疆与俄境毗连，交涉事繁，请旨定夺。帝命左宗棠主办。

三年，议修《陆路通商章程》。俄使布策欲于伊犁未交之先，通各路贸易。中国不允，仅允西路通商，而仍以交收伊犁与商办各事并行为言。俄人又以荣全张示激伊犁人民不遵俄令，乌里雅苏台官吏擅责俄人，江海关道扣留俄船，英廉擅杀哈萨克车隆，及征收俄税，指为违约，谓非先议各事不可。会新疆南路大捷，各城收复，回匪白彦虎等窜入俄，中国援俄约第八款，请其执送。屡与理论，未决。

四年五月，命吏部左侍郎崇厚使俄，议还伊犁及交白彦虎诸事。十二月抵俄。五年二月，与俄外部尚书格尔斯开议。格尔斯提议三端：一通商，一分界，一偿款。而通商、分界又各区分为三。通商之条：一，由嘉峪关达汉口，称为中国西边省分，听其贸易；一，乌鲁木齐、塔尔巴哈台、伊犁、喀什噶尔等处，称为天山南北各路，妥议贸易章程；一，乌里雅苏台、科布多等处，称为蒙古地方，及上所举西边省分，均设立领事。分界之条：一，展伊犁界，以便控制回部；一，更定塔尔巴哈台界，以便哈萨克冬夏游牧；一，新定天山迤南界，以便俄属浩罕得清界线。崇厚皆允之，惟偿款数目未定。崇厚以闻，命塔尔巴哈台参赞大臣锡纶接收伊犁及分界各事。既议偿款卢布五百万圆，俄亦遣高复满等为交还伊犁专使。

崇厚将赴黑海画押回国，而恭亲王奕䜣等以崇厚所定条款损失甚大，请饬下李鸿章、左宗棠、沈葆桢、金顺、锡纶等，将各条分别酌核密陈。于是李鸿章等及一时言事之臣交章弹劾，而洗马张之洞抗争尤力。略谓："新约十八条，其最谬妄者，如陆路通商由嘉峪关、西安、汉中直达汉口，秦陇要害、荆楚上游，尽为所窥。不可许者一。东三省国家根本，伯都讷吉林精华，若许其乘船至此，即与东三省任其游行无异，是于绥芬河之西无故自蹙地二千里；且内河行舟，乃各国历年所求而不得者，一许俄人，效尤踵至。不可许者二。朝廷不争税课，当恤商民。若准、回两部，蒙古各盟，一任俄人贸易，概免纳税，华商日困；且张家口等处内地开设行栈，以后逐渐推广，设启戎心，万里之内，首尾衔接。不可许者三。中国屏藩，全在内外蒙古，沙漠万里，天所以限夷狄。如蒙古全站供其役使，一旦有事，音信易通，必撤藩屏，为彼先导。不可许者四。条约所载，俄人准建卡三十六，延袤广大，无事而商往，则讥不胜讥；有事而兵来，则御不胜御。不可许者五。各国商贾，从无许带军器之例。今无故声明人带一枪，其意何居？不可许者六。俄人商税，种种取巧，若各国希冀均沾，洋关税课必至岁绌数百万。不可许者七。同治三年新疆已经议定之界，又欲内侵，断我入城之路。新疆形势，北路荒凉，南城富庶，争硗瘠，弃膏腴，务虚名，受实祸。不可许者八。伊犁、塔尔巴哈台、科布多、乌里雅苏台、喀什噶尔、乌鲁木齐、古城、哈密、嘉峪关等处准设领事官，是西域全疆尽由出入。且各国通例，惟沿海口岸准设外邦领事。若乌里雅苏台等，乃我边境，今日俄人作俑，设各国援例，又将何以处之？不可许者九。名还伊犁，而三省山岭内卡伦以外盘踞如故，割霍尔果斯河以西、格尔海岛以北，金顶寺又为俄人市廛，约定俄人产业不更交还，地利尽失。不可许者十。”又言：“改议之道：一在治崇厚以违训越权之罪；一在请谕旨将俄人不公平，臣民公议不愿之故，布告中外，行文各国，使评曲直；一在据理力争，使知使臣画押，未奉御批示覆，不足为据；一在设新疆、吉林、天津之防，以作战备。”疏入，命与修撰王仁堪等及庶吉士盛昱所奏，并交大学士等议，并治崇厚罪。

六年正月，命大理寺少卿曾纪泽为使俄大臣，续议各款。时廷臣多主废约，曾纪泽以为废约须权轻重，因上疏曰：“伊犁一案，大端有三：曰分界，曰通商，曰偿款。三端之中，偿款固其小焉者也。即通商一端，亦较分界为稍轻。查西洋定约之例有二，一则长守不渝，一可随时修改。长守不渝者，分界是也。分界不能两全，此有所益，则彼有所损，是以定约之际，其慎其难。随时修改者，通商是也。通商之损益，不可逆睹，或开办乃见端倪，或久办乃分利弊，是以定约之时，必商定年限修改，所以保其利而去其弊也。俄约经崇厚议定，中国诚为受损，然必欲一时全数更张，而不别予一途以为转圜之路，似亦难降心以相从也。臣以为分界既属永定，自宜持以定力，百折不回。至于通商各条，惟当即其太甚者，酌加更易，余者宜从权应允。”

时俄人以中国治崇厚罪，增兵设防，为有意寻衅，欲拒纪泽不与议事。英、法二使各奉本国命，亦以因定约治使臣罪为不然，代请宽免。中国不得已，允减崇厚罪，诏仍监禁。已又与俄使凯阳德先议结边界各案。

六年七月，纪泽抵俄，侍郎郭嵩焘疏请准万国公法，宽免崇厚罪名，纪泽亦请释崇厚，许之。初纪泽至俄，俄吉尔斯、布策诸人咸以非头等全权大臣，欲不与议，遣布策如北京议约。已成行，而朝旨以在俄定议为要，命纪泽向俄再请，始追回布策。纪泽与议主废约。俄人挟崇约成见，屡与忤。纪泽不得已，乃遵总署电，谓可缓索伊犁，全废旧约。寻接俄牒，允还帖克斯川，余不容议。布策又欲俄商在通州租房存货，及天津运货用小轮船拖带。纪泽以非条约所有，拒之。而改约事仍相持不决。

十一月，俄牒中国，允改各条，其要有七：一，交还伊犁；二，喀什噶尔界务；三，塔尔巴哈台界务；四，嘉峪关通商，允许俄商由西安、汉中行走，直达汉口；五，松花江行船至伯都讷；六，增设领事；七，天山南北路贸易纳税。曾纪泽得牒，以俄既许让，则缓索之说，自可不议。于是按约辩论：于伊犁，得争回南境；喀什噶尔，得照两国现管之地，派员再勘；塔尔巴哈台，得于崇厚、明谊所订两界之间，酌中勘定；嘉峪关通商，得仿照天津办理，西安、汉中两路及汉口字均删去；松花江行船，因《爱珲条约》误指混同江为松花江，又无画押之汉文可据，致俄人历年藉口，久之始允将专条废去，声明《爱珲旧约》如何办法，再行商定；增设领事，俄人请设乌鲁木齐一处，总署命再商改，始将乌鲁木齐改为吐鲁番，余俟商务兴盛时再议增设；天山南北路贸易纳税，将原约“均不纳税”字改为“暂不纳税，俟商务兴盛再订税章”。此外，偿款，崇厚原约偿五百万卢布，俄人以伊犁南境既已让还，欲倍原数，久之始允减定为卢布九百万。纪泽又以此次改约并未用兵，兵费之名绝不能认。于是将历年边疆、腹地与俄人未结之案，有应赔应恤者一百九案，并入其中，作为全结。又于崇厚原订俄章字句有所增减。如条约第三条删去伊犁已入俄籍之民，入华贸易游历许照俄民利益一段；第四条俄民在伊犁置有田地，照旧管业，声明伊犁迁出之民，不得援例，且声明俄民管业既在贸易圈外，应照中国民人一体完纳税饷；并于第七条伊犁西境安置迁民之处，声明系安置因入俄籍而弃田地之民；第六条写明所有前此各案，第十条吐鲁番非通商口岸而设领事，暨第十三条张家口无领事而设行栈，均声明他处不得援以为例；第十五条修约期限，改五年为十年。章程第二条货色包件下添注牲畜字样，其无执照商民，照例惩办，改为从严罚办；第八条车脚运夫，绕越捷径，以避关卡查验，货主不知情，分别罚办之下，声明海口通商及内地不得援以为例。是为《收回伊犁条约》。又同时与俄订《陆路通商章程》。七年正月，与俄外部尚书吉尔斯及前驻京使臣布策，在俄都画押钤印，旋批准换约。七月，贺俄君即位，递国书。索逆犯白彦虎等，俄以白彦虎等犯系属公罪，不在条约所载之列，不允交还，允严禁。

寻命伊犁将军金顺、参赞大臣升泰接收伊犁。八年二月，接收讫。金顺进驻绥定城。升泰会同俄官勘分地界，并以哈密帮办大臣长顺会办西北界务，巴里坤领队大臣沙克都林扎布会办西南界务。四月，俄人带兵潜入科布多所属哈巴河，清安等以闻。因言图内奎峒山、黑伊尔特什河、萨乌尔岭等处形势，与积年新旧图说不符。朝旨命就原图应勘之处，力与指辩，酌定新界。

十一月，分界大臣长顺等与俄官佛哩德勘分伊犁中段边界。先是距那林东北百余里之格登山有高宗《平准噶尔铭勋碑》，同治三年已画归俄，至是争回，立《界约》三条。

九年，督办新疆军务大臣刘锦棠以新疆南界乌什之贡古鲁克地为南北要津，请按约索还。先是，旧约所载伊犁南界，系指贡古鲁克山顶而言。上年沙克都林扎布与俄使勘分南界，由贡古鲁克等处卡伦绕贡古鲁克山麓至别叠里达坂设立界牌，侵占至毕底尔河源，故锦棠以为言。朝旨命长顺等据理辩论。既而沙克都林扎布又与俄官咩登斯格勘伊犁南界，俄人必欲以萨瓦巴齐为界，沙克都林扎布以为萨瓦巴齐在天山之阳，距天山中梁尚远，不许，乃以天山中梁为界。又立牌博于别叠里达坂，是为《喀什噶尔界约》。

七月，分界大臣升泰等与俄官巴布阔福等勘分科、塔界务。巴布阔福等欲照图中直线，以哈巴河为界。升泰等以哈巴河地居上游，为科境之门户，塔城之藩篱，若划分归俄，不惟原住之哈萨克、蒙、民等无地安插，即科属之乌梁海、塔属之土尔扈特等处游牧之所，亦俱受逼，界址既近，衅端必多，拒之。俄使乃允退离哈巴河迤西约八十余里之毕里克河划分。升泰等以毕里克系小河，原图并未绘刊，若以此划界，则哈巴河上游仍为俄所占，复与力争。俄使乃允复退出五十里，议定在于阿拉喀别克河为界，计距哈巴河至直线共一百三十余里，即原图黄线之旁所开之小河也。余均照黄线所指方位划分。至两国所属之哈萨克，愿归俄者归俄，愿归中国者归中国。如有人归中国而产业在俄，或人居俄而产业在中国，均照伊犁办法，以此次议定新界换约日为始，限一年迁移。约定，又与俄官斐里德勘塔城西南未分之界。俄使意欲多分，升泰以此段界务，新约第七条内业经指明，系顺同治三年《塔城界约》所定旧界，即原约第二条内所指依额尔格图巴尔鲁克、莫多巴尔鲁克等处卡伦之路办理，是原有图线条约可循，非若他处尚须勘酌议分可比，不许。俄使乃以巴尔鲁克山界内住牧之哈萨克久已投俄，一经定界，不免迁移，请借让安插，许之。仍援旧约第十条所开塔属原住小水地方居民之例，限十年外迁，随立牌博。

九月，分界大臣额尔庆额等与俄官撇斐索富勘分科布多界。自阿拉克别克河口之喀拉素毕业格库玛小山梁起，至塔木塔克萨斯止，共立牌博四，又立牌博于阿克哈巴河源。先是喀什噶尔西边界务已经长顺与俄人划分，以依尔克池他木为界，而帮办军务广东陆路提督张曜以为有误，请饬覆查。长顺以勘界系依红线，依尔克池他木虽旧图不载，而新图正在红线界限，不容有误。寻总署以约内有现管为界一语，意曾纪泽定约时，必因新图不无缩入，又知左宗棠咨报克复喀城，有占得安集延遗地，边界展宽之说，故约内添此一语。既以现管为界，即可不拘红线，仍命长顺与争。俄人以喀拉多拜、帖列克达湾、屯木伦三处虽现为中国所管，然均在线外百数十里，执不允，仍依红线履勘，自喀克善山起，至乌斯别山止，共立牌博二十二，指山为界者七，遂定议。是为《续勘喀什噶尔界约》。是年，塔尔巴哈台参赞大臣锡纶与俄人会议俄商在塔贸易新圈地址。

十年三月，塔尔巴哈台参赞大臣锡纶与俄人会定哈萨克归附条约，凡在塔城境内混居之哈萨克提尔赛呼克部、拜吉格特部、赛波拉特部、托勒图勒部、满必特部、柯勒依部、图玛台部各大小鄂拓克，约五千余户，除愿迁回俄境外，其自愿归中国者一千八百户，均由中国管辖，并订管辖条款。七月，法因越南与中国开衅，法人请俄国保护在华之旅人教士及一切利益，俄使允保护，牒中国。

十一年三月，总署以吉林东界牌博中多舛错，年久未修，请简大员会勘，据约立界。先是俄人侵占珲春边界，将图们江东岸沿江百余里误为俄国辖地，并于黑顶子安设俄卡，招致朝鲜流民垦地。前督办宁古塔等处事宜吴大澂，请饬查令俄人交还。朝廷乃命吴大澂等为钦差大臣，与俄人订期会勘。大澂等以咸丰十年《北京条约》中俄东界顺黑龙江至乌苏里河及图们江口所立界牌，有俄国“阿”“巴”“瓦”“噶”“达”“耶”“热”“皆”“伊”“亦”“喀”“拉”“玛”“那”“倭”“怕”“啦”“萨”“土”“乌”二十字头，十一年成琦勘界图内尚有“伊”“亦”“喀”“拉”“玛”“那”“倭”“怕”“啦”“萨”“土”“乌”十二字头，何以官界记文内仅止“耶”“亦”“喀”“拉”“那”“倭”“怕”“土”八字头？图约不符。又界牌用木难经久，应请易石，及补立界牌。又以俄人所占黑顶子地，即在“土”字界牌以内，尤为重要。又以自珲春河源至图们江口五百余里，处处与俄接壤，无一界牌。又成琦所立界牌八处，惟“土”字一牌之外，尚有“乌”字一牌。以交界记文而论，图们江左边距海不过二十里，立界牌一，上写俄国“土”字头，是“土”字一牌已在交界尽处，更无补立“乌”字界牌之地，二者必有一误。又补立界牌，无论“乌”字、“土”字，总以图们江左边距海二十里之地为断。十二年夏，吴大澂等赴俄境岩杵河，与俄勘界大员巴啦诺伏等商议界务。大澂等首议补立“土”字界牌，因咸丰十一年所立“土”字界牌之地，未照条约记文“江口相距二十里”之说。大澂等与之辩论，俄员以为海滩二十里，俄人谓之海河，除去海河二十里，方是江口。大澂等以为江口即海口，中国二十里即俄国十里，沙草峰原立“土”字界牌，既与条约记文不符，此时即应更正。巴啦诺伏仍以旧图红线为词。久之，始允于沙草峰南越岭而下至平冈尽处立“土”字牌，又于旧图内“拉”字、“那”字两牌之间，补立“玛”字界牌，条约内“怕”字、“土”字两牌之间，补立“啦”“萨”二字界牌，悉易以石。又于界牌相去甚远之处，多立封堆，或掘濠为记。至俄人所占黑顶子地，亦允交还。大澂等又以宁古塔境内“倭”字、“那”字二界牌，与记文条约不符，请更正，缘“倭”字界牌本在瑚布图河口，因当时河口水涨，木牌易于冲失，权设小孤山顶，离河较远。大澂等以为若以立牌之地即为交界之所，则小孤山以东至瑚布图河口一段又将割为俄地。乃与巴啦诺伏议定，将“倭”字石界牌改置瑚布图河口山坡高处，“那”字界牌原在横山会处，距瑚布图河口百余里，仅存朽烂木牌二尺余，因易以石，仍立横山会处，迤西即系小绥芬河源水向南流处，又于交界处增立铜柱。

是为《中俄珲春东界约》。

是年，俄莫斯克瓦商人欲携货赴科布多、哈密、肃州、甘州、凉州、兰州等处贸易。中国以科布多、哈密、肃州皆系条约订明通商处所，自可前往；甘州、凉州、兰州系属内地，非条约所载，不许。十四年，俄人在乌梁海所属，掘金开地建房，阻之不听。十五年，俄人越界入黑龙江所属，以刈草为名，搭棚占地。总署以询北洋大臣李鸿章，鸿章请但许刈草，不许搭棚，切与要约，以示限制，从之。十六年，俄商请照约由科布多运货回国，许之。初，俄商由陆路运货回国，旧章只有恰克图一路。光绪七年，改订新约，许由尼布楚、科布多两路往来运货。至是，许由科布多行走，其收缴执照诸办法，由科布多参赞大臣派员查验。是年，出使大臣洪钧以俄人在恰克图境穴地取金，请自设厂掘金，不果。俄人又勾结藏番私相馈赠。十七年，俄遣兵至海参崴开办铁路。是年，俄太子来华游历，命李鸿章往烟台款接。初，俄欲中国简亲藩接待，未允，乃遣鸿章往，有加礼。

十八年，与俄人议接珲春、海兰泡陆路电线。先是中国陆路电线创自光绪六年，惟丹国大北公司海线，先于同治十年由香港、厦门迤逦至上海，一通新加坡、槟榔屿以达欧洲，名为南线；一通海参崴，由俄国亚洲旱线以达欧洲，名为北线。俄、丹早有连线之约。嗣丹复与英合办水线。逮各省自设陆线，并拆去英、丹在沪、粤已成之陆线。追中国吉林、黑龙江线成，与俄之东海滨境内近接。大北公司等深虑中俄线接，分夺其利，屡起争议。至是，命鸿章与俄使喀希呢议约，酌拟沪、福、厦、港公司有水线处，不与争减，此外各口电价，亦不允水线公司争减，遂定议。是为《中俄边界陆路电线相接条约》。

是年，俄入帕米尔。帕米尔高原在中国回疆边外，旧为中国所属。自俄、英分争，而迤北、迤西稍稍归属于俄，迤南小部则附于英属之阿富汗，惟东路、中路久服中国，迄今未变。俄欲取帕米尔以通印度，英人防之，以划清阿富汗边界为辞，欲使中国收辖帕境中间之地，勘明界址；俄人亦欲会同中国勘界分疆，不使英与闻。至是，俄兵入帕，英领事璧利南以从前英、俄立约，喀什噶尔、阿富汗之间并无俄地，愿出作证，又据所绘图，力辟俄图。俄人不顾，欲以郎库郎里湖为界，移军而南，将据色勒库尔。色勒库尔乃莎车境，益逼近新疆南境。陕甘总督杨昌濬请设防，许之。既因出使大臣洪钧所绘地图有误，李鸿章据薛福成所寄图，谓："《喀约》既称乌斯别里南向系中国地界，自应认定'南向'二字方合，若无端插入'转东'二字，所谓谬以千里；况乌斯别里为葱岭支脉，如顺山梁为自然界，以变一直往南之说，不特两帕尽弃，喀什噶尔顿失屏蔽，叶尔羌、西藏等全撤藩篱，且恐后此藉口于交界本循山脊而行，语更宽混，尤难分划，此固万难允也。如彼以《喀约》语太宽混为辞，拟仿照北亚墨利加英、美用经纬度分界之法，以乌斯别里山口之经线为界，北自乌斯别里山口一直往南，至阿富汗界之萨雷库里湖为止，方与经线相合。如此，则大帕米尔可得大半，小帕米尔全境俱在线内，其简当精确，更胜于自然界，而与原议之约亦相符合。否则阿里楚尔山环三面，惟东一面与喀境毗连，界亦自然。何彼竟舍外之山梁，而专用内之山梁，以求多占地界耶？"议久不决。是年，俄茶在戈壁被焚，索偿，允由揽运俄茶之人分偿，俄使欲公家代偿，不允。

十九年四月，议收俄国借地。初，俄借塔尔巴哈台所属之巴尔鲁克山，给所属哈萨克游牧，限十年迁回。至是限满，伊犁将军长庚请遣员商办，俄人请再展十年，不许。久之，俄始允还地迁民，遂立《交山文约》，声明限满不迁，即照人随地归之约。又续立《收山未尽事宜文约》，以清厘两属哈萨克欠债及盗牲畜等事。

二十年，与俄复议帕界。俄初欲据郎库里、阿克塔什，出使大臣许景澄以此为中国地，力争不许。既而俄允于色勒库尔山岭之西，请中国指实何地相让，中国仍以自乌仔别里至萨雷库里湖为言，俄人不允。总署欲改循水为界，拟循阿克拜塔尔河，南逾阿克苏河，东南循河至阿克塔什平地，转向西南，循伊西提克河，直至萨雷库里湖，各将分界水名详叙，仍未决。是年俄嗣皇即位，遣布政使王之春为专使往贺。

明年春，与日本讲成，割台湾及辽河以南地，俄联法、德劝阻辽南割地，日本不允。俄忽调战舰赴烟台，日本允还辽，惟欲于二万万外加偿费。俄皇特命户部大臣威特见出使大臣许景澄，云欲为中国代借巨款，俾早日退兵。许景澄以闻。总署命与俄商办，遂订借法银四万万佛郎，以海关作保，年息四厘，分年偿还。是为《中俄四厘借款合同》。

九月，俄人分赴东三省勘路。初俄兴造悉毕尔铁路，欲在满洲地方借地接修。总署议自俄境入华境以后，由中国自造。十月，俄水师轮船请暂借山东胶澳过冬，许之。山东巡抚李秉衡上言："烟台芝罘岛并非不可泊船，胶州向非通商口岸，应请饬俄使进泊后，退出须定期限。"报可。十二月，赏俄使喀希呢及法、德二使头等第三宝星。

二十二年四月，俄皇尼哥拉斯二世加冕，命李鸿章为专使，王之春为副使，赠俄皇头等第一宝星。九月，与俄订新约。时李鸿章尚未回国，俄使喀希呢特密约求总署奏请批准。约成，俄使贵族邬多穆斯契以报谢加冕使来北京，议立华俄银行，遂命许景澄与俄结《华俄道胜银行契约》，中国出股本银五百万两，与俄合办。别立中国东省铁路公司，又立条例九章，其第二章银行业务之第十项，规定对于中国之业务：一，领收中国内之诸税；二，经营地方及国库有关系之事业；三，铸造中国政府允许之货币；四，代还中国政府募集公债之利息；五，布设中国内之铁道电线，并订结《东清铁道会社条约》，以建造铁路与经理事宜悉委银行。

二十三年十一月，俄以德占胶州湾为口实，命西伯利亚舰队入旅顺口，要求租借旅顺、大连二港，且求筑造自哈尔滨至旅顺之铁道权。十二月，俄以兵入金州城征收钱粮，阻之，不省。乡民聚众抗拒，俄人遂于貔口枪毙华民数十。奉天将军依克唐阿以闻，命出使大臣杨儒迅与俄人商办，议久不决。俄皇谓许景澄曰："俄船借泊，一为胶事，二为度冬，三为助华防护他国占据。"景澄再与商，不应。二十四年二月，命许景澄专论旅、大俄船借泊及黄海铁路事，俄以德既占胶州，各国均有所索，俄未便不租旅、大。又铁路请中国许东省公司自鸭绿江至牛庄一带水口择宜通接，限三月初六日订约，过期俄即自行办理，词甚决绝。既而俄提督率兵登岸，张接管旅、大示，限中国官吏交金州城。中国再与交涉，俄始允兵屯城外。遂订约，将旅顺口及大连湾暨附近水面租与俄。已画押遣员分勘，将军伊克唐阿以"附近"二字太宽泛，电总署力争，谓金西、金东各岛，离岸一二十里、三四十里不等，谓之"附近"尚可，至索山以南庙儿七岛，近者三四十里，远者二百余里，在山东登莱海面，非辽东所属，不得谓之"附近"。争之再三，俄请将庙群岛作为隙地，免他国占据。总署告以中国但可允认不让与他国享用并通商等利益，不能允作隙地，致损主权。俄人又请允许立字不设炮台、不驻兵。总署仍与力驳，不省。久之，始允照中国议，删去"作为隙地"及"不设炮台"等语；复于专条庙群岛下增缮"不归租界之内"字，而金州东海海阳、五蟒二岛仍租俄。

七月，出使大臣许景澄、杨儒与东省铁路公司续订合同。初，中、俄会订条约，原许东省铁路公司由某站起至大连湾，或酌量至辽东半岛营口、鸭绿江中间沿海较便地方，筑一枝路，未行。至是与议，许景澄与俄外部商明枝路末处在大连湾海口，不在辽东半岛沿海别处，列入专条订合同。俄人嗣以造路首重运料，拟照原合同所许各陆路转运之事，订定暂筑通海口枝路暨行船办法，并自行开采煤矿木植等事。许景澄等以原合同第一款，载明中国在铁路交界设关，照通商税则减三分之一，此系指陆路而言，今大连湾海口开作商埠，货物来往内地，竟援减征税，恐牛庄、津海两关必致掣碍。至内地与租地交界，视中俄两国交界有别，设关处所亦须变通，拟改定专款。俄人尚欲并开各矿产，拒之，并议限制转运开采各事。又商加全路工竣年限，俾暂筑枝路届期照拆。凡七款：一，枝路名东省铁路南满洲枝路；二，造路需用料件，许公司用轮船及别船树公司旗，驶行辽河并枝河及营口并隙地各海口，运卸料件；三，公司为运载料件粮草便捷起见，许由南路暂筑枝路至营口及隙地海口，惟造路工竣，全路通行贸易后，应将枝路拆去，不得逾八年；四，许公司采伐在官树株，每株由总监工与地方官酌定缴费，惟盛京御用产物，暨关系风水，不得损动，并许公司所过开采煤矿，亦由总监工与地方官酌定，计斤纳税；五，俄可在租地内自酌税则，中国可在交界征收货物从租界运入内地，或由内地运往租地之税，照海关进出口税则无增减，并允俄在大连湾设关，委公司代征，别遣文官驻扎为税关委员；六，许公司自备行海商船，照各国通商例，如有亏折，与中国无涉，应照原合同十二条价买及归还期限办理；七，造路方向所过地方，应俟总监工勘定，由公司或北京代办人与铁路总办公司商定。复定铁路经过奉天，应绕避陵寝，俄允绕距三十里，遂画押。

二十五年，盛京将军文兴等遣知府福培、同知涂景涛与俄员倭高格伊林思齐等，勘分旅大租界。俄员拟先从租地北界西岸亚当湾起勘。福培等以中国舆图无亚当湾地名，应照总署电，亚当即普兰店之文为凭，当从普兰店西海湾之马虎岛起。俄员以《续约》明言西从亚当湾北起，无普兰店字，坚不允改。遂从北界西岸起，次第立碑，至大海滨，凡三十有一碑，北刻汉文，南镌俄国字母。复立小碑八，以数目为号。界线由西至东，长九十八里余九十四弓。界既定，与俄员会议分界专条，又将所绘界图，用华、俄文注明，画押盖印，互换后，分呈俄使及总署批定完结。初由李鸿章、张荫桓与俄使巴布罗福订此约于北京，至是，命王文韶、许景澄加押。

时中国欲自造山海关至营口枝路，英欲投资。俄使牒总署，谓借用外国资本，与《续约》相背。俄人又以东省铁路将兴工，拟在北京设东省铁路俄文学堂，招中国学生学习俄国语言文字，以备铁路调遣之用。许之。是年，俄以辽东租借地为"关东省"。

二十六年，拳匪乱，各国联军入北京，俄乘势以兵占东三省，藉口防马贼、保铁路。初，奉天土匪先攻俄铁道警卫兵，乱兵烧天主教堂，破毁铁岭铁道，掠洋库；旋攻辽阳铁道，俄铁道员咸退去，同时黑龙江亦炮击俄船。俄闻警，遣军分道进攻，由瑷珲、三姓、宁古塔、珲春进据奉天，乃迫将军增祺订《奉天交地约》，拟在东三省驻兵，政赋官兵均归俄管辖。时朝廷以庆亲王、李鸿章为全权与各国议款，并命驻俄钦使杨儒为全权大臣，与俄商办接收东三省事。杨儒与争论久，始允作废。而俄人别出约稿相要，张之洞等连电力争，遂暂停议。

二十七年七月，各国和议成，李鸿章乃手拟四事：一，归地；二，撤兵；三，俄国在东三省，除指定铁路公司地段，不再增兵；四，交还铁路，偿以费用。与俄使开议于北京。讲未成而鸿章卒，王文韶继之。二十八年三月，订约四条。

四月，俄人强占科布多所属阿拉克别克河，参赞大臣瑞洵以闻，命外务部商办，不得要领。七月，铁路公司与华俄道胜银行订立《正太铁路借款及行车合同》，又与俄《续订接线展限合同》。九月，交还关外铁路及撤退锦州辽河西南部之俄军，是为第一期撤兵。至翌年三月第二期，金州、牛庄、辽阳、奉天、铁岭、开原、长春、吉林、宁古塔、珲春、阿拉楚喀、哈尔滨驻扎之俄兵仍不如期撤退，俄代理北京公使布拉穆损向外务部新要求七款，拒之，俄使撤回要求案。会俄使雷萨尔复任，复提新议五款，宣言东省撤兵，断不能无条件，纵因此事与日本开战，亦所不顾。

三十年，日、俄开战，中国守中立。是年，俄造东三省铁路成，又改定《中俄接线续约》，议照伦敦万国公会所订条例各减价。三十一年，日本战胜，旅顺、大连租借权移归日本，俄专力于东清铁道。于是有哈尔滨行政权之交涉。哈尔滨为东清铁道中心地，初只俄人住居。自三十一年开放为通商口岸，各国次第置领事，按中国各商埠办法，中国有行政权。乃俄人谓哈尔滨行政权当归诸东清铁道会社，中国拒之。既而俄领事霍尔哇掩忽布东清铁道市制，凡居住哈尔滨市内中外人民，悉课租税。命东三省总督徐世昌与俄人交涉，不洽。宣统元年，俄领事赴北京与外务部议，外务部尚书梁敦彦与霍尔哇拖议设自治会于东清铁道界内，以保中国主权，亦不违反东清铁道会社诸条约，遂议结。而松花江航权之议又起。

初，《中俄条约》所指之松花江，系指黑龙江下流而言，未许在内地松花江通航也。俄谓咸丰八年、光绪七年所结条约，系指松花江全部而言。至是，命滨江关道施肇基与俄领事开议，俄人仍执旧约为词。中国以日、俄订立《朴资茅斯约》，已将中、俄在松花江独得行船之权利让出，旧约不适用。相与辩论不决。既而俄人又欲干预中国管理船舶之权，及防疫并给发专照等事，复严拒之。俄人仍执全江贸易自由，不认商埠、内地之区别，又以江路与陆路为一类，不与海路并论，久之始就范。明年缔约：一，满洲界内之松花江，许各国自由航行；二，船泊税依所载货物重量收纳；三，两国国境各百里之消费货各免税；四，谷物税比从来减三分之一；五，内地输出货在松花江税关照例纳税。此约成，于是各国得航行于松花江内，而北满之局势一变。时中国与俄订《东省铁路公议会大纲》，俄人以中国开放商埠，与东清铁路地段性质不同，东清铁路地段内有完全行政之权，意在于东清铁路界内施行其行政权。政府以俄侵越主权，严拒之。并通告各国曰："《东清铁路合同》首段即载明中政府与华俄道胜银行合伙开设生意，曰'合伙开设生意'，明系商务之性质，与行政上之权限丝毫不得侵越。乃俄引此合同第六条为据，谓有'由公司一手经理'字样为完全行政之权，不知其一手经理，即合同所指铁路工程实在必需之地段，而公司经理之权限，不得越出铁路应办之事，绝无可推移到行政地位。又宣统元年中、俄两国所订《东省铁路界内公议会大纲》条款，自第一条以至第五条，均系声明铁路界内中国主权不得稍有损失。又光绪三十一年俄、日在美国议定《条约》，第三条载明俄、日两国政府统行归还中国全满洲完全专主治理之权。又俄政府声明俄国在满洲并无地方上利益或优先及独得让与之件，致侵害中国主权，或违背机会均等主义。岂能强解商务合同，并以未经中国明认宣布之言为依据，而转将两国之约废弃不论耶？"俄人屈于词，乃定议。

宣统二年，届《中俄通商条约》期满，应改订，因与驻京俄使交涉，俄使坚执旧约。正争议间，俄使奉本国政府电旨，转向中国提出要求案：一，两国国境各百里内，俄制定之国境税率，不受限制，两国领土内之产物及工商品，皆无税贸易；二，旅中国俄人讼案，全归俄官审理，两国人民讼案，归两国会审；三，蒙古及天山南北两路，俄人得自由居住，为无税贸易；四，俄国于伊犁、塔尔巴哈台、库伦、乌里雅苏台、喀什噶尔、乌鲁木齐、科布多、哈密、古城、张家口等处，得设置领事官，并有购置土地建筑房屋之权。久之，始复俄使云：一，国境百里内，中国确遵自由贸易之约，并不限制俄国之国境税率；二，两国人民讼案，应照旧约办理；三，蒙古、新疆地方贸易，原定俟商务兴盛，即设定税率；四，科布多、哈密、古城三处，既认为贸易隆盛，中国依俄国设领事之要求，俄国亦应依原约，允中国制定关税。俄使以告本国政府，俄以制定关税不应与增设领事并提，更向中国质问，并命土耳其斯坦驻军进伊犁边境，遂允之。俄人又遣兵驻库伦，向外务部邀求开矿优先权，拒之。会革命军兴，库伦独立，事益不可问矣。

卷一百五十四　志一百二十九

邦交二

英吉利

英吉利在欧罗巴西北。清康熙三十七年置定海关，英人始来互市，然不能每岁至。雍正三年来粤东，所载皆黑铅、番钱、羽缎、哆啰、哔叽诸物，未几去。七年，始通市不绝。乾隆七年冬十一月，英巡船遭风，飘至广东澳门，总督策楞令地方官给资粮、修船舶遣之。二十年，来宁波互市。时英商船收定海港，运货宁波，逾年遂增数舶。旋禁不许入浙，并禁丝筋出洋。二十四年，英商喀喇生、通事洪任辉欲赴宁波开港。既不得请，自海道入天津，仍乞通市宁波，并讦粤海关陋弊。七月，命福州将军来粤按验，得其与徽商汪圣仪交结状，治圣仪罪，而下洪任辉于狱。旋释之。二十七年夏五月，英商咱嗹等以禁止丝筋，其货艰于成造，仍求通市。粤督苏昌以闻，许之，然仍限每船只许配买土丝五千斤，二蚕湖丝三千斤，至头蚕湖丝及绸缎绫匹仍禁。

五十八年，英国王雅治遣使臣马戛尔尼等来朝贡，表请派人驻京，及通市浙江宁波、珠山、天津、广东等地，并求减关税，不许。六十年，复入贡，表陈"天朝大将军前年督兵至的密，英国曾发兵应援"。的密即廓尔喀也。奏入，敕书赐赉如例。

嘉庆七年春三月，英人窥澳门，以兵船六泊鸡颈洋，粤督吉庆宣谕回国，至六月始去。十年春三月，英王雅治复遣其臣多林文附商船来粤献方物。十三年秋九月，复谋袭澳门，以兵船护货为词，总督吴熊光屡谕使去，不听，遂据澳，复以兵船闯入虎门，进泊黄埔。命剿办绝市，褫熊光职，英人始于十月退师。明年春二月，增筑澳门炮台。夏五月，定广东《互市章程》。十九年冬十一月，禁英人传教。二十年春三月，申鸦片烟禁。

二十一年夏六月，英国遣其臣加拉威礼来粤东投书，言英太子摄政已历四年，感念纯皇帝圣恩，遣使来献方物，循乾隆五十八年贡道，由海洋舟山至天津赴都，恳总督先奏。时总督蒋攸铦方入朝，巡抚董教增权督篆，许其晋见，援督抚大吏见暹逻诸国贡使礼，加拉威礼不受，再三议相见仪，教增不得已许之。其日总督及将军、两副都统、海关监督毕坐节堂，陈仪卫，加拉威礼上谒，免冠致敬，通事为达意，教增离坐起立相问答，允为入告，加拉威礼径出。比教增奏入，而贡使罗尔美都、副贡使马礼逊乘贡舟五，已达天津。帝命户部尚书和世泰、工部尚书苏楞额往天津，率长芦盐政广惠伴贡使来京，一日夜驰至圆明园，车路颠簸，又衣装皆落后。诘朝，帝升殿受朝会，时正使已病，副使言衣车未至，无朝服不能成礼，和世泰惧获谴，诡奏二贡使皆病，遂却其贡不纳，遣广惠伴押使臣回粤。初英贡使赍表，帝览表文，抗若敌体，又理藩院迓接不如仪，帝故疑其慢，绝不与通。罗尔美都等既出都，有以实入告者，帝始知非贡使罪，复降谕锡赉，追及良乡，酌收贡物，仍赐国王珍玩数事，并敕谕国王归咎使臣不遵礼节谢宴，英使怏怏去。七月，降革苏楞额、和世泰、广惠等有差。

道光元年，复申鸦片烟禁。七年，广东巡抚朱桂桢毁英商公局，以其侵占民地也。十三年，英罢商公司。西洋市广东者十余国皆散商，惟英有公司。公司与散商交恶，是年遂散公司，听商自运，而第征其税。明年，粤督卢坤误听洋商言，以英公司虽散，而粤中不可无理洋务之人，遂奏请饬英仍派遣公司大班来粤管理贸易。英王乃遣领事律劳卑来粤。寻代以义律。义律议在粤设审判署，理各洋交涉讼事，其贸易仍听散商自理。

十六年，定食鸦片烟罪。初，英自道光元年以后，私设贮烟大船十余只，谓之“趸船”，又省城包买户，谓之“窑口”。由窑口兑价银于英馆，由英馆给票单至趸船取货。有来往护艇，名曰“快蟹”，炮械毕具。太常寺卿许乃济见银输出岁千余万，奏请弛烟禁，令英商仍照药材纳税，入关交行后，只许以货易货，不得用银购买，以示限制。已报可，旋因疆臣奏请严贩卖吸食罪名，加重至死，而私贩私吸如故。十八年，鸿胪寺卿黄爵滋请严吸食罪，行保甲连坐之法，且谓其祸烈于洪水猛兽。疏上，下各督抚议，于是请禁者纷起。

湖广总督林则徐奏尤剀切，言：“鸦片不禁绝，则国日贫，民日弱，十余年后，岂惟无可筹之饷，抑且无可用之兵。”帝深然其言，诏至京面授方略，以兵部尚书颁钦差大臣关防，赴粤东查办。明年春正月，至粤东，与总督邓廷桢会申烟禁，颁新律：以一年又六月为限，吸烟罪绞，贩烟罪斩。时严捕烟犯，洋人泊零丁洋诸趸船将徙避，则徐咨水师提督各营分路扼守，令在洋趸船先缴烟方许开舱。又传集十三行商人等，令谕各商估烟土存储实数，并索历年贩烟之查顿、颠地二人，查顿遁走。义律托故回澳门。及事亟，断水陆饷道，义律乃使各商缴所存烟土，凡二万二百八十三箱，则徐命悉焚之，而每箱偿以茶叶五斤，复令各商具“永不售卖烟土”结。于是烟商失利，遂生觖望。

义律耻见挫辱，乃鼓动国人，冀国王出干预。国王谋于上下议院，佥以此类贸易本干中国例禁，其曲在我。遂有律士丹者，上书求禁，并请禁印度栽种。又有地尔洼，作《鸦片罪过论》，以为既坏中国风俗，又使中国猜忌英人，反碍商务。然自烧烟之信传入外洋，茶丝日见翔踊，银利日长，义律遂以为雅片兴衰，实关民生国计。

时林则徐令各洋船先停洋面候查，必无携带鸦片者，始许入口开舱。各国商俱如命。独义律抗不遵命，谓必俟其国王命定章程，方许货船入口，而递书请许其国货船泊近澳门，不入黄埔。则徐严驳不许，又禁绝薪蔬食物入澳。义律率妻子去澳，寄居尖沙嘴货船，乃潜招其国兵船二，又取货船配以炮械，假索食，突攻九龙山。参将赖恩爵炮沉其双桅船一，余船留汉仔者亦为水师攻毁。义律求澳人转圜，愿遵新例，惟不肯即交殴毙村民之犯；又上书请毋逐尖沙嘴货船，且俟其国王之命。水师提督关天培以不交犯，掷还其书。冬十月，天培击败英人，义律遁。十一月，罢英人互市，英货船三十余艘皆不得入。又搜捕侦探船，日数起。英商人人怨义律，义律不得已，复遣人投书乞恩，请仍回居澳门。林则徐以新奉旨难骤更，复严斥与之绝。而英货船皆泊老万山外洋不肯去，惟以厚利啖岛滨亡命渔舟蜑艇致薪蔬，且以鸦片与之市。是月，广东增严海防。

二十年春正月，广东游击马辰焚运烟济英匪船二十余。夏五月，林则徐复遣兵逐英人于磨刀洋。时义律先回国请益兵，其国遂命伯麦率兵船十余及印度兵船二十余来粤，泊金星门。则徐以火艘乘风潮往攻，英船避去。英人见粤防严，谋扰闽，败于厦门。六月，攻定海，杀知县姚怀祥等。事闻，特旨命两江总督伊里布为钦差大臣，赴浙督师。七月，则徐遣副将陈连升、游击马辰，率船五艘攻英帅士密于磨刀洋。马辰一艘先至，乘风攻之，炮破其船。

八月，义律来天津要抚。时大学士琦善任直隶总督，义律以其国巴里满衙门照会中国宰相书，遣人诣大沽口上之，多所要索：一，索货价；二，索广州、厦门、福州、定海各港口为市埠；三，欲敌体平行；四，索犒军费；五，不得以外洋贩烟之船贻累岸商；六，欲尽裁洋商浮费。琦善力持抚议，旋宴其酋目二十余人，许陈奏。遂入都面陈抚事。乃颁钦差大臣关防，命琦善赴粤东查办。是月，免浙江巡抚乌尔恭额，以失守海疆，又英人投书不受故也。义律即起碇，过山东，巡抚託浑布具犒迎送，代义律奏事，谓义律恭顺，且感皇上派钦差赴粤查办恩。罢两广总督林则徐，上谕切责，以怡良暂署总督事。会义律南行过苏，复潜赴镇海。时伊里布驻浙，接琦善议抚咨，遣家丁张喜赴英船犒师。英水师统领伯麦踞定海数月，闻抚事定，听洋艘四出游弈。至馀姚，有土人诱其五桅船入拦浅滩，获黑白洋人数十。伊里布闻之，飞檄馀姚县设供张，委员护入粤。

冬十月，琦善抵广州，寻授两广总督。义律请撤沿海诸防。虎门为广州水道咽喉，水师提督驻焉。其外大角、沙角二炮台，烧烟后，益增戍守。师船、火船及蜑艇、扒龙、快蟹，悉列口门内外，密布横档暗桩，至是裁撤殆尽。义律遂日夜增船橹，造攻具；首索烟价，继求香港，且行文趣琦善速覆。十二月五日，突攻沙角炮台，副将陈连升等兵不能支，遂陷，皆死之。英人又以火轮、三板赴三门口，焚我战船十数艘，水师亦溃。英人乘胜攻大角炮台，千总黎志安受伤，推炮落水，溃围出，炮台陷。英人悉取水中炮，分兵戍守，于是虎门危急。水师提督关天培、总兵李廷钰、游击马辰等守靖远、威远炮台，仅兵数百，遣弁告急，不应。廷钰至省泣求增兵，以固省城门户。琦善恐妨抚议，不许。文武僚属皆力请，始允遣兵五百。义律仍挟兵力索烟价及香港。二十一年春正月，琦善以香港许英，而未敢入奏，乃归浙江英俘易定海。义律先遣人赴浙缴还定海，续请献沙角、大角炮台以易之。琦善与订期会于莲花城。义律出所定贸易章程，并给予香港全岛，如澳门故事，皆私许之。

既而琦善以义律来文入奏，帝怒不许。罢琦善并伊里布，命宗室奕山为靖逆将军，尚书隆文、湖南提督杨芳为参赞大臣，赴粤剿办。时义律以香港已经琦善允给，遍谕居民，以香港为英属埠。又牒大鹏营副将令撤营汛。粤抚怡良闻之，大骇，奏闻。帝大怒，命籍琦善家。遂下诏暴英人罪，促奕山等兼程进，会各路官兵进剿。寻以两江总督裕谦为钦差大臣，赴浙视师。时定海、镇海等处英船四出游弈，裕谦遣兵节次焚剿，并诛其酋目一人。二月，英人犯虎门，水师提督关天培死之；乘胜薄乌涌，省城大震。十三日，参赞杨芳抵粤，各路官兵未集，而虎门内外舟师悉被毁。杨芳议以堵为剿，使总兵段永福率千兵扼守东胜寺，陆路总兵长春率千兵扼凤凰冈水路。英人率师近逼，虽经凤凰冈官兵击退，仍乘潮深入，飞炮火箭并力注攻。会美领事以战事碍各国商船进口，赴营请进埔开舱，兼为英人说和，谓英人缴还定海，惟求通商如旧，并出义律书，有“惟求照常贸易，如带违禁物，即将货船入官”之文。时定海师船亦至粤，杨芳欲藉此缓兵退敌，遂与怡良联衔奏请。帝以其复踵请抚故辙，严旨切责不许。三月，诏林则徐会办浙江军务，寻复遣戍新疆。

四月，奕山以杨芳、隆文等军分路夜袭英人，不克。英人遂犯广州城。不得已，仍议款。义律索烟价千二百万。美商居间，许其半。议既定，奕山奏称义律乞抚，求许照旧通商，永不售卖鸦片，将所偿费六百万改为追交商欠。抚议既定，英人以撤四方炮台兵将扰佛山镇，取道泥城，经萧关、三元里，里民愤起，号召各乡壮勇，四面邀截，英兵死者二百余，殪其渠帅伯麦等。义律驰援，复被围。亟遣人突出告急于广州知府余葆纯，葆纯驰往解散，翼义律出围登舟免。时三山村民亦击杀英兵百余。佛山义勇围攻英民于龟冈炮台，歼英兵数十，又击破应援之杉板船。新安亦以火攻毁其大兵船一，余船遁。义律牒总督示谕，众始解散。

义律受挫，久之，始变计入闽，攻厦门，再陷。复统兵攻定海，总兵葛云飞等战没。裕谦以所部兵赴镇海，方至，而英人自蛟门岛来攻。时镇海防兵仅四千，提督余步云与总兵谢朝恩各领其半。步云违裕谦节制，不战先走。英遂据招宝山，俯攻镇海，陷之。裕谦赴水死，谢朝恩亦战殁。英人乘胜据宁波。八月，英人攻鸡笼，为台湾道姚莹所败。九月，命大学士宗室奕经为扬威将军，侍郎文蔚、副都统特依顺为参赞大臣，赴浙，以怡良为钦差大臣，赴闽，会办军务。二十二年春正月，大兵进次绍兴，将军、参赞定议同日分袭宁波、镇海。豫泄师期，及战，官军多损失。是月，姚莹复败英人于大安。二月，英人攻慈谿营，金华协副将朱贵及其子武生昭南、督粮官即用知县颜履敬死之。是月，起用伊里布。先是伊里布解任，并逮其家人张喜入都遣戍。至是，浙抚刘韵琦请起用，报可。旋以耆英为杭州将军，命台湾设防。

夏四月，英人犯乍浦，副都统长喜、同知韦逢甲等战死。时伊里布已来浙，即命家人张喜见英酋，告以抚事有成，令先退至大洋，即还所俘英人。英人如约，遂以收复乍浦奏闻。英人连陷宝山、上海，江南提督陈化成等死之，遂犯松江，陷镇江，杀副都统海龄。淮扬盐商惧甚，赂英师乞免。

秋七月，犯江宁。英火轮兵船八十余艘溯江上，自观音门至下关。时耆英方自浙启行，伊里布亦奉诏自浙驰至，遣张喜诣英船道意。英人要求各款：一，索烟价、商欠、兵费银二千一百万；一，索香港为市埠，并通商广州、福州、厦门、宁波、上海五口；一，英官与中国官用敌体礼；余则划抵关税、释放汉奸等款，末请钤用国宝。会耆英至，按款稍驳诘。英突张红旗，扬言今日如不定议，诘朝攻城，遂即夜覆书，一如所言。翼日，遣侍卫咸龄、布政司黄恩彤、宁绍台道鹿泽长往告各款已代请，俟批回即定约。奏上，许之。时耆英、伊里布、牛鉴以将修好，遣张喜等约期相见。马利逊请以本国平行礼见。耆英等遂诣英舟，与璞鼎查等用举手加额礼订约，复亲具牛酒犒师，画诺于静海寺，是为《白门条约》。自此烟禁遂大开矣。而英犹以台湾杀英俘，为总兵达洪阿、兵备道姚莹罪来诘，不得已，罢之。

十二月，以伊里布为钦差大臣，赴广东督办通商事。二十三年夏，伊里布卒，诏耆英往代。先许英广州通市。初，英粤东《互市章程》，各国皆就彼挂号始输税。法人、美人皆言“我非英属”，不肯从，遂许法、美二国互市皆如英例。

二十四年，英人筑福州乌石山，英领事官见浙闽总督刘韵珂，请立商埠，欲于会城内外自南台至乌石山造洋楼，阻之。值交还欠款，照《江宁约》，已付甲辰年银二百五十万，应将舟山、鼓浪屿退还中国。英公使藉不许福州城内建楼事，不与交还。屡经辩论，始允退还鼓浪屿，然执在彼建屋如故。

福州既得请，遂冀入居广州城。广州民愤阻，揭帖议劫十三洋行，英酋逸去，入城之议遂不行。二十六年秋七月，英人还舟山。十二月，请与西藏定界通商，以非条约所载，不许。二十八年，英酋文翰复请入广州城互市，总督徐广缙拒之。越日，英舟闯入省河，广缙单舸往谕，省河两岸义勇呼声震天。文翰请仍修旧好，不复言入城事。

咸丰元年，文宗嗣位，英人以火轮船驶赴天津，称来吊大行皇帝丧。直隶总督以闻，命却之。三年，洪秀全陷江宁，英以轮船驶至江宁，迎入城，与通款，英人言：“不助官，亦不助洪。”四年，刘丽川据上海作乱。初，英人阻官军进兵，江督怡良等诘之。既而英人欲变通《贸易章程》，联法、美二国请于粤督叶名琛，不许，遂赴上海见苏抚吉尔杭阿。九月，赴天津。帝命长芦盐政崇纶等与相见，拒其遣使驻京诸条，久之始去。

六年秋九月，英人巴夏里致书叶名琛，请循《江宁旧约》入城，不省。英人攻粤城，不克逞，复请释甲入见，亦不许。冬十月，攻虎门横档各炮台，又为广州义勇所却，乃驰告其国。于是简其伯爵额尔金来华，拟由粤入都，先将火轮兵船分泊澳门、香港以俟。额尔金至粤，初谋入城，不可。与水师提督、领事等议款，牒粤中官吏，俟其复书定进止，名琛置不答。七年冬十二月，英人遂合法、美、俄攻城，城陷，执名琛去。因归罪粤中官吏，上书大学士裕诚求达。裕诚覆书，令赴粤与新命粤督黄宗汉商办，不省。

八年夏四月，联兵犯大沽，连陷前路炮台。帝命科尔沁亲王僧格林沁率师赴天津防剿，京师戒严。帝命大学士桂良、吏部尚书花沙纳赴天津查办，复起用耆英偕往。耆英至，往谒英使，不得见，擅自回京，赐自尽。英有里国太者，嘉应州人也，世仰食外洋，随英公使额尔金为行营参赞。闻桂良至，即持所定新议五十六条，要桂良允许，桂良辞之。津民愤，与英人斗，擒里国太将杀之。桂良、谭廷襄恐误抚局，亟遣人释里国太，送回舟。时廷臣交章请罢抚议，以疆事棘，不得已，始命桂良等与定《和约》五十六款。六月，遣桂良、花沙纳巡视江苏，筹议诸国通商税则。冬十月，定《通商税则》。时英人以《条约》许增设长江海口商埠，欲先察看沿江形势。定约后，即遣水师、领事以轮船入江，溯流至汉口，逾月而返。

是年，议通商善后事。时各国来天津换约，均因桂良原议，改由北塘海口入。独英船先抵天津海口，俄人继之，突背前约，闯入大沽口。直隶总督恒福遣人持约往，令改道，不听。九年夏五月，英船十余艘驶至滩心。越日，竖红旗挑战，拽倒港口铁锁、铁桩，遂逼炮台，开炮轰击。时僧格林沁防海口，开炮应之，沉毁其数船。英人复以步队接战，又败之。十年夏六月，复犯天津海口，直隶提督乐善守北岸炮台，拒战，中炮死。时僧格林沁尚守南岸炮台。诏罢兵议抚，乃自天津退军张家湾，英遂乘势陷天津。寻复遣僧格林沁进军通州。帝仍命大学士桂良往天津议抚。桂良抵津，牒洋人商和局。英公使额尔金、参赞巴夏里请增军费及在天津通商，并请各国公使带兵入京换约。桂良以闻，严旨拒绝，仍命僧格林沁等守通州。

八月，英人犯通州，帝命怡亲王载垣赴通议款。时桂良及军机大臣穆荫皆在，英使额尔金遣其参赞巴夏里入城议和，请循天津原议，并约法使会商。翼日，宴于东狱庙。巴夏里起曰："今日之约，须面见大皇帝，以昭诚信。"又曰："远方慕义，欲观光上国久矣，请以军容入。"王愤其语不逊，密商僧格林沁，擒送京师，兵端复作。时帝适秋狝，自行在诏以恭亲王奕䜣为全权大臣，守京师，并诏南军入援。时团防大臣、大学士周祖培，尚书陈孚恩等议筹办团练城守事。恭亲王、桂良驻城外，而英师已薄城下，焚圆明园。英人请开安定门入与恭亲王面议和，乃约以次日定和议，而释巴夏里于狱，遣恒祺送归。九月，和议成，增偿兵费八百万，并开天津商埠，复以广东九龙司地与英人。是年，用里国太帮办税务。

十一年春二月，英人始立汉口、九江市埠，均设洋关。九月，总署因与英使卜鲁士议暂订《长江通商章程》十二款，《纳税章程》五款。是月，交还广东省城。卜鲁士始驻京。同治元年，粤贼陷苏、松、常、太各城，各国惧扰上海商务，谋自卫。英水师提督何伯随法、美攻剿，复青浦、宁波诸处。捷闻，嘉奖。九月，与英人续订《长江通商章程》。二年春，以英将戈登统常胜军，权授江苏总兵。四年秋七月，英交还大沽炮台。

五年春正月，与英人议立《招工章程》。七年十二月，台湾英领事吉必勋因运樟脑被阻，牵及教堂，洋将茄当踞营署，杀伤兵勇，焚烧军火局库，索取兵费。事闻，诘英使，久之，始将吉必勳撤任。未几，英兵船在潮州，又有毁烧民房、杀死民人事，几酿变。八年九月，与英换新约，英使阿礼国请朝觐，不许。九年，请办电线、铁路，不许。既而请设水底电线于中国通商各口，许之。十年，请开琼州商埠。先是同治七年修新约，英使阿礼国允将琼州停止通商，以易温州。至是，英使威妥玛与法、俄、美、布各国咸以为请，允仍开琼州。十二年，穆宗亲政，始覲见。初因覲见礼节中外不同，各国议数月不决，英持尤力，至是始以鞠躬代拜跪，惟易三鞠躬为五，号为加礼。

光绪元年正月乙卯，英翻译官马嘉理被戕于云南。先是马嘉理奉其使臣威妥玛命，以总署护照赴缅甸迎探路员副将柏郎等，偕行至云南腾越厅属蛮允土司地被戕。时岑毓英以巡抚兼署总督。威妥玛疑之，声言将派兵自办。帝派湖广总督李瀚章赴滇查办。威妥玛遂出京赴上海，于是有命李鸿章、丁日昌会同商议之举。威妥玛至津见李鸿章，以六事相要，鸿章拒之。政府派前兵部侍郎郭嵩焘使英，威妥玛亦欲拒议。又驻沪英商租上海、吴淞间地敷设铁轨，行驶火车，总督沈葆桢以英人筑路租界外，违约，饬停工。至是，威妥玛遣其汉文正使梅辉立赴沪商办，鸿章乃与约，令英商停工，而中国以原价购回自办。初上海既通商，租界内仍有厘捐局，专收华商未完半税之货。至是，威妥玛欲尽去厘捐局，界内中国不得设局征收厘税，鸿章请政府勿许。

二年五月，谕："马嘉理案，叠经王大臣与英使威妥玛辩论未洽，命李鸿章商办早结。"六月，命鸿章为全权大臣，赴烟台，与威妥玛会商，相持者逾月，议始定。七月，鸿章奏称："臣抵烟台，威妥玛坚求将全案人证解京覆讯，其注意尤在岑毓英主使。臣与反复驳辨，适俄、德、美、法、日、奥六国使臣及英、德水师提督均集烟台，往来谈宴，因于万寿圣节，邀请列国公使、提督至公所燕饮庆贺，情谊联洽。翌日，威使始允另议办法，将条款送臣查核。其《昭雪滇案》六条，皆总理衙门已经应允，惟偿款银数未定。其《优待使臣》三条：一，京外两国官员会晤，礼节仪制互异，欲订以免争端；一，通商各口会审案件；一，中外办案观审，两条可合并参看。观审一节，亦经总署于八条内允行。至《通商事务》原议七条：一，通商各口，请定不应抽收洋货厘金之界，并欲在沿海、沿江、沿湖地面，添设口岸；一，请添口岸，分作三项，以重庆、宜昌、温州、芜湖、北海五处为领事官驻扎，湖口、沙市、水东三处为税务司分驻，安庆、大通、武穴、陆溪口、岳州、玛斯六处为轮船上下客商货物；一，洋药准在新关并纳税厘；一，洋货半税单，请定划一款式，华、洋商人均准领单，洋商运土货出口，商定防弊章程；一，洋货运回外国，订明存票年限；一，香港会定巡船收税章程；一，各口未定租界，请再议订。以上如洋药厘税由新关并征，既免偷漏，亦可随时加增；土货报单严定章程，冀免影射冒骗诸弊；香港妥议收税办法，均尚于中国课饷有益。其余亦与条约不背。英使又拟明年派员赴西藏探路，请给护照，因不便附入《滇案》、《优待》、《通商》三端之内，故列为专条。免定口界、添设口岸两事，反覆争论，乃允免定口界，仅于租界免抽洋货厘金，且指明洋货、土货仍可抽收。将来洋药加征，稍资拨补，似于大局无甚妨碍。至添口岸一节，总署已允宜昌、温州、北海三处，赫德续请添芜湖口，亦经奏准。今仍坚持前议，准添四口，作为领事官驻扎处所。其重庆派英员驻寓，总署已于八条内议准，未便即作口岸，声明俟轮船能上驶时，再行议办。至沿江不通商口岸上下客商货物一节，自长江开码头后，轮船随处停泊，载人运物，因未明定章程，碍难禁阻。英使既必欲议准，似不在停泊处所之多寡，要在口岸内地之分明。臣今与订'上下货物，皆用民船起卸，仍照内地定章，除洋货税单查验免厘外，有报单之土货，只准上船，不准卸卖，其余应完税厘，由地方官一律妥办'等语，是与民船载货查收厘金者一律，只须各地方关卡员役查察严密耳。英使先请湖口等九处，臣与厘定广东之水东系沿海地方，不准骤开此禁，岳州距江稍远，不准绕越行走，姑允沿江之大通、安庆、湖口、武穴、陆溪口、沙市六处，轮船可暂停泊，悉照内地抽征章程。臣复与德国使臣巴兰德议及德国修约添口，即照英国议定办理。威妥玛请半年后，开办口岸租界，免洋货厘，洋药并纳厘税，须与各国会商，再行开办，因准另为一条。至派员赴西藏探路一节，条约既准游历，亦无阻止之理。臣于原议内由总理衙门、驻藏大臣查度情形字样，届时应由总理衙门妥慎筹酌。迨至诸议就绪，商及滇案偿款。英使谓去冬专为此事，调来飞游帮大兵船四只，保护商民，计船费已近百万。臣谓两国并未失和，无认偿兵费之例，嘱其定数。英使谓吴淞铁路正滋口舌，如臣能调停主持，彼即担代，仍照原议作二十万，遂定议。因于二十六日，将所缮会议条款华、洋文四分，彼此画押盖印互换。至滇边通商，威使面称拟暂缓开办，求于结案谕旨之末，豫为声明。"疏入，报闻。鸿章仍回直督本任。约成互换，是为《烟台条约》。约分三端：一曰《昭雪滇案》，二曰《优待往来》，三曰《通商事务》。又另议专案一条。是年，遣候补五品京堂刘锡鸿持玺书往英，为践约惋惜滇案也。

三年，英窥喀什噶尔，以护持安集延为词。陕甘总督左宗棠拒之。英人欲中国与喀什噶尔划地界，又请入西藏探路，皆不行。是年始于英属地星嘉坡设领事。四年秋八月，福建民毁英乌石山教堂，英人要求偿所失乃已。五年，英欲与中国定厘税并征确数。总署拟仍照烟台原议条款，税照旧则，厘照旧章。

七年十月，李鸿章复与威妥玛议洋药加征税厘。初，洋药税厘并征之议，始发于左宗棠，原议每箱征银一百五十两。其后各督抚往来商议，讫无成说。滇案起，鸿章乃与威妥玛议商洋药加征税厘。威妥玛谓须将进出口税同商，定议进口税值百抽十，而出口税以英商不愿加税为辞，并主张在各口新关厘税并加，通免内地厘金。鸿章以欲通免厘金，当于海关抽税百二十两，须加正税三倍。如不免厘金，则须增加一倍至六十两。既，威妥玛接到本国拟定鸦片加税章程数条："一，厘税并征增至九十两；二，增正税至五十两，各口厘金仍照旧收；三，拟由中国通收印度鸦片，而印度政府或约于每年减种鸦片，或由两国商定当减年限，至限满日停种，至每石定价，或按年交还，或另立付价，时候亦由两国订明，其价或在香港拨还，或在印度交兑，其事则官办商办均可；四，拟立专办洋药英商公司，每箱应偿印度政府一定价值，应纳中国国家一定厘税，至缴清此项厘税后，其洋药在中国即不重征，印度政府约明年限，将鸦片逐渐裁止。"初，威妥玛于进口已允值百抽十，至是因洋药税厘未定，又翻。又欲于各口租界外，酌定二三十里之界，免收洋货厘。鸿章以租界免厘，载在条约，业经开办有年，何得复议推广？拒之。威妥玛又请由香港设电线达粤省，其上岸只准在黄埔轮船停泊附近之处，由粤省大吏酌定。

九年三月，上谕："洋药税厘并征，载在《烟台条约》，总理衙门历次与英使威妥玛商议，终以咨报本国为词，藉作延宕。威妥玛现已回国，著派出使大臣曾纪泽妥为商办，如李鸿章前议一百一十两之数，并在进口时输纳，即可就此定议。洋药流毒多年，自应设法禁止。英国现有戒烟会，颇以洋药害人为耻。如能乘机利导，与英外部酌议洋药进口、分年递减专条，逐渐禁止，尤属正本清源之计。并著酌量筹办。"纪泽奉旨与英外部议，三年始定。十一年六月，奏曰："臣遵旨与英外部尚书伯爵葛兰斐尔，侍郎庞斯茀德、克雷等商论，力争数目，最后乃得照一百一十两之数。今年二月，准彼外部允照臣议，开具节略，咨送臣署，且欲另定专条，声明中国如不能令有约诸国一体遵照，英国即有立废专约之权。臣复力争，不允载入专条，彼乃改用照会。详勘所送节略，即系商定约稿。其首段限制约束等语，缘逐年递减之说，印度部尚书坚执不允。其侍郎配德尔密告臣署参赞官马格里云，照专条办法，印度每年已减收英金七十万余镑，中国欲陆续禁减洋药入口，惟有将来陆续议加税金，以减吸食之人，而不能与英廷豫定递减之法。遂未坚执固争，而请外部于专案首段，加入于行销洋药之事须有限制约束一语，以声明此次议约加税之意，而暗伏将来修约议加之根。至如何酌定防弊章程，设立稽征总口，《烟台条约》第三端第五节固已明定要约。臣此次所定专条第九款又复声明前说，将来派员商定，自不难妥立章程，严防偷漏。其余各条，核与叠准总理衙门函电吻合。旋承总署覆电照议画押。时适英外部尚书葛兰斐尔退位，前尚书侯爵沙力斯伯里推为首相，仍兼外部。六月三日，始据来文定期七日画押。臣届期带同参随等员前往外部，与沙力斯伯里将《续增条约》专条汉文、英文各二分，互相盖印画押。按此次所订条约，除第二条税厘并征数目，恪遵谕旨，议得百一十两外，又于

第五条议得洋药于内地拆包零售，仍可抽厘，是内地并未全免税捐。将来若于土烟加重税厘，以期禁减，则洋药亦可相较均算，另加税厘。臣于专条中并未提及土烟加税之说，以期保我主权。”疏入，得旨允行。旋两国派员互换，是为《烟台续约》。

秋八月，英人议通商西藏。是岁英窥缅甸，踞其都。滇督岑毓英奏请设防，旋遣总兵丁槐率师往腾越备之。中国以缅甸久为我属，电曾纪泽向英外部力争，令存缅祀立孟氏。英外部不认缅为我藩属，而允立孟氏支属为缅甸教王，不得与闻政令。纪泽未允，外部尚书更易教王之说亦置诸不议矣。既，英署使欧格讷以《烟台约》有派员入藏之文，坚求立见施行。总署王大臣方以藏众不许西人入境，力拒所请。会欧格讷以缅约事自诣总署，言缅甸前与法私立盟约，是以兴师问罪。今若重立缅王，则法约不能作废，故难从命。今欲依缅甸旧例，每届十年，由缅甸长官派员赴京，而勘定滇、缅边界，设关通商，以践前约。王大臣等以但言派员赴京，并未明言贡献，辨争再四，始改为呈进方物，循例举行，而勘界、通商，则皆如所请。欧格讷始允停止派员入藏，藏、印通商，仍请中国体察情形，再行商议。议既定，总署因与欧格讷商订草约四条，得旨允行。十二年九月，请英退朝鲜巨文岛，不听。十月，议琼州口岸。英领事以条约有牛庄、登州、台湾、潮州、琼州府城口字样，谓城与口皆口岸，中国以英约十一款虽有琼州等城府口字样，而《烟台续约》第三端，声明新旧各口岸，除已定有各国租界，应无庸议云云。《英约》天津郡城海口作通商埠，紫竹林已定有各国租界，城内亦不作为口岸，以此例之，则琼州海口系口岸，琼州府城非口岸也。十三年秋七月，与英换《缅约》于伦敦。

十四年春，英人麻葛藟督兵入藏，藏人筑卡御之，为英属印兵所逐。藏人旋又攻哲孟雄境之日纳宗，又败。先是，藏地国初归附，自英侵入印度后，藏遂与英邻。乾隆年，英印度总督曾通使班禅求互市，班禅谓当请诸中国，议未协而罢。哲孟雄者，藏、印间之部落也。道光间，英收为印属。及烟台订约有派员入藏之说，而藏人未知，遂筑炮台于边外之隆吐山，冀阻英兵使不得前。英人以为言，帝谕四川总督刘秉璋，飞咨驻藏大臣文硕、帮办大臣升泰，传各番官严切宣示，迅撤卡兵。于时升泰尚未抵任，文硕未谙交涉，辄以拒英护藏覆奏。于是严旨切责，以长庚代之。仍有旨催令升泰赴藏，传齐番官，谕以：“上年与英人订议，缓办通商，正朝廷护持黄教、覆庇藏番，代筹一永保安全之至计。但令迅速撤卡，印督已言明彼决不越藏、中定界热勒巴拉山岭一步。彼此未经开战，无论此地属藏属哲，将来尚可从容辨论。”时十四年正月也。

寄谕未至，英兵已进攻隆吐，毁其垒，藏番悉溃。乃欲藉通商以缓师，文硕复左右之，竟以藏人与英自行立约入奏。四月丁亥，谕曰：“印、藏通商一事，英人约定并不催办。此次开衅，与通商绝无干涉。文硕始终不明机要，乃欲藉通商为转圜，不思藏为中国属地，岂有听其自行与人立约之理！升泰、文硕接奉此旨，即传集番官，谕以事须禀明驻藏大臣具奏，由总理衙门核定，候旨遵办。”五月庚申，又谕曰：“使英大臣刘瑞芬电称，‘印督近又函达藏官，但令藏众退回原界，便可仍旧和好，绝不欲侵入藏地，致碍两国睦谊。’向来藏务专归商上，第穆呼图克图人尚和平晓事，现在掌办商上，责有专归。升泰接奉此旨，即传谕第穆，令其妥为了结。”

未几，升泰抵任受事。九月，奏言：“藏番自作不靖，肇起兵戈。所有隆吐山南北本皆哲孟雄地，英人虽视为保护境内，实则哲孟雄、布鲁克巴皆西藏属藩，每届年终，两部长必与驻藏大臣呈递贺禀，驻藏大臣循例优加赏犒。唐古特自达赖喇嘛以下，均有额定礼物，商上亦回赏缎匹银茶，与两部复书草稿，必呈送驻藏大臣批准，始行缮覆。哲、布两部遇有争讼，亦禀由藏官酌派汉、番官办理，此哲、布本为藏地属藩之实在情形也。两部长于光绪二年曾各递番字禀，以英人有窥伺藏地之心，请早为设法办理。虽经前西藏粮员四望关通判周溱带同戴琫札喜达结往办，只取哲孟雄空结一纸，敷衍了事，并不妥筹善后，贻误边疆，其祸实自此始。嗣后哲夷知藏番并无远虑，始一意与英人交接，又复贪利取租，听英人修路直至捻纳，迄今仍称租界，又藏中自失藩篱之始末也。藏人不知优待属藩，哲部偶受欺凌，不为申理，此时渐觉英人有逼己之心，忽又攘夺哲地以为己有，更扬言哲夷私结英人，屡议起兵攻伐，哲夷内不自安，则益句结英人以图自保，此又藏、印交兵之所由来也。藏 人自四月十三日战败之后，不思设法弭患，又复添调各路土兵，分由小道至帕克里，沿途骚扰，良民大受荼毒。番官管饷，又多减刻，人有怨言，军无斗志。除向隶戴琫之兵三千，及工布兵数百人，差可用命，余则悉系乌合。现劄帕隘以外者一万余人，分布各口又数千人，一旦败北哗溃，则数千里台站伏莽增多，此内患之堪虞者也。近时开导之难，实因曩时初与外人交涉，商上办事诸员邀三大寺僧众，以护教为名，共立誓词，云‘藏地男女不愿与洋人共生于天地，此后藏中男女老弱有违此誓，即有背黄教，人人得而诛之’。此本不肖之徒，为聚众抗官之谋，三大寺僧众亦藉此干预政事。今事机危迫，特旨到藏，第穆亦知凛畏。无如遽违初议，即祸在目前，虽掌办商务之尊，恐亦不免自危，其噶布伦以次更不待言。窥其情形，似非背城一战，难望转机。此臣探其隐衷而言，非藏番等自有此语也。此时兵尚未撤，委员不便前往。且委员至彼办理界务，应与英国何人会议，应请饬询英使，由总署知照藏中，庶免隔阂。近年藏番异常刁悍，今自开兵衅，尚不自知悔悟，实难姑容。第藏卫距川过远，饷绌兵单，无事不形掣肘。臣万不敢不出之审慎，筹虑万全，相机驾驭，冀纾朝廷西顾之忧。”

是月丁卯，又奏：“臣于五月二十六日抵藏，第穆与大小番官僧俗公同递禀，译其情词，总以隆吐之南日纳宗为藏界，藏人设卡系在境内，英人无端恃强动兵侵地为言。臣以经界为地方要政，从前岂无案牍。乃派员将新旧各案卷概行检阅，始寻出乾隆五十九年前大臣尚书和琳、内阁学士和瑛任内奏设鄂博原案一卷，注明藏内界址，系在距帕克里三站之雅拉、支木两山，设有鄂博。又有春丕、日纳宗两处，上年虽系藏界，乾隆五十三年廓番用兵，哲孟雄被廓夷追过藏曲大河，哲部穷蹙，达赖喇嘛始将日纳宗地赏给哲部管理，原派委员西藏游击张志林原禀，即声叙日纳宗不应作为藏界，只在雅拉、支木两山设立鄂博，禀词甚为明晰。此图惜已佚，又觅得旧图一张，并注明纳荡一地乃哲孟雄边境，藏图南面极边界线之上亦绘有雅拉山，是雅拉山确属藏地南界。至藏人设卡之隆吐山，考之旧图，实无此名，以英人所云日纳宗在隆吐北数十里，而藏番新图则日纳宗又在隆吐之南，显系藏人多绘此一段，饰称藏界。臣既考察明确，即以原卷旧图发交开导委员，转给藏番阅看。番人虽有愧色，然终以日纳宗本属藏地，从前虽赏给哲夷，今哲夷已归英属，应即收回自管。旋奉电传寄谕，臣即面授第穆。臣深虑第穆使将屯兵先行撤入帕克里，并札饬哲、布两部长亲赴英军，告以藏人畏逼，故兵难先撤，印兵亦宜克践前言，彼此约期同日撤退，仍由臣致信英官，促其速撤。忽又得报，英人于六月二十八日添兵九百余名，又益以大炮六门。第穆旋亦禀英人屡次攻扑我营。且廓尔喀前王子果尔杂捻曾出奔印度，今亦由印带兵五百名前来助战，闻已过大吉岭，是以未敢撤兵。伏乞饬下总署详告英使，转电印督，约期撤兵，并饬印兵毋得再动。”

疏入，奉上谕：“升泰所陈，颇中肯綮。刘瑞芬八月二十八日电称：‘印兵在热勒巴拉山近处与藏兵攻战，藏兵伤亡数百，印兵追入征毕山岔。’九月十五日电称：‘英外部照覆，云来攻纳荡之英军统领拉哈玛，已遵印度政府之谕，不可占据藏地，故追入征毕后，立即退回。印督又报告其政府，谓驻藏大臣将以西历十月三日由拉萨前赴边界，已派政事官保尔前往会晤。’目前升泰想已接晤保尔。藏、哲界址当已查明，印督又有‘甚望速了’之语。著即熟商妥办。”

升泰先使江孜守备萧占先驰往开导，又以知县秀荫继之。藏兵之败也，英兵追至仁进冈，将尽焚山上下民舍。会占先至，见英将力争，乃退屯对邦，而促升泰前往会议。数日，复进据姑布。升泰十一月至，与英员保尔相见于对邦，议经月未就。乃奏言：“英人战胜而骄，必欲诸事议妥始允撤兵。现议哲孟雄事不下十次，保尔必欲将哲为英属，注明条约，而画咱利拉山为界，即历次奏牍所谓热勒巴拉山也。臣议以印督前言‘藏众退回原界，仍守二年以前情形，不在隆吐山驻兵，便可照旧办理，绝不侵入藏界’等语折之，保尔则谓此语当在未开战前，战衅既开，自当另议。通商一事，英人开来条款，直欲到藏贸易。臣百端辨说，始允退至江孜。又答以万不能行，则又意在帕克哩。帕隘乃藏南门户，其险要在山腰之格林卡，若至帕克哩，则已在高原，为廓尔喀、哲孟雄、布鲁克巴三部通衢。目前开导藏番，通商必在界外，始可期其遵从。是以臣坚未允许，保尔意甚怫然。臣惟有平心静气，婉与商榷，冀纾目前之急。”是年英定华工往澳大利亚例限。英君主维多利亚登位五十年，中国遣使致贺。

十五年，升泰复与英人接议通商、分界，久不决。十六年二月，朝旨派总税务司赫德之弟赫政赴藏协商藏、印约事。升泰奏言：“撤兵藏番已愿遵旨，所难者分界、通商两大端耳。臣自到边，哲部长之母率其亲族头目来营具禀，云：‘英人昔年立约，曾经议明，无论如何不得逾日喜曲河一步。哲部租地与英，每年应收租费洋银十二千圆，英人分毫未给。此次印、藏构兵，以致殃及，实不愿再归英属。’臣维哲孟雄本属小邦，僻在极边。本年印、藏用兵，被英人掠取全土，复迁其部长，安置印度噶伦绷之地，而以重兵驻守扛多，即部长平时治所也。流离转徙，情实可矜。是以此次会议，但许其保护，而必争‘照旧’两字，使藏人不至咎臣办理边事失去属藩，并可藉此羁縻布鲁克巴。至布鲁克巴，地大物博，民俗强悍，其地数倍哲孟雄，实为前藏屏蔽，西人呼为布丹国。上年曾经入贡，其部长向无印信，亦无封号。臣此次到边，其部长派兵千七百人来营效力。臣方饬藏兵遣撤，岂可留此多人，致贻口实？是以优给赏赉，勉以大义，饬令速回，许事后为之代恳天恩。该部人欢忻鼓舞而去。”

赫政既抵藏，升泰与英官开议。保尔虽奉命印督为议约专员，然不得自主，事事仍请命印督。藏番不愿与英接壤，必间哲孟雄于中，乃可定界。英既幽哲酋于噶伦绷，直欲收入印度幅员之内，藏人闻之益愤。升泰严饬番官僧俗毋率行干预哲事，而亟使赫政劝阻英官，勿遽更易哲酋，使藏人有所藉口。藏、哲旧界本在雅纳、支木两山间，其后商贩往来另辟捷径，于是有所谓咱利孔道者，即热勒巴拉岭之支麓也。升泰议即咱利山立石画分藏、哲之界，其印、哲旧界在日喜河者，亦拟仍旧，而于条约注明。藏番不愿通商，初指对邦附近地为商埠，后始议定后藏之亚东，于其地修建关卡，设汉官治之。藏番甫首肯，而英官又迁延不遽决。升泰亟奏请饬总署促英使迅速议约。总署王大臣旋拟四条，与英使华尔身筹商久之，始议定八款。总署乃上奏，谓：“第一款，藏、哲以咱利山一带山颠为界；第二款，哲地归英保护；第三款，两边各无犯越；其余缓议。各条善后应办事宜，尽可徐与商榷，彼此派员定议。请简派升泰为全权大臣，与英员先行画押。”奉旨俞允。是岁秋七月，出使大臣薛福成与英外部互换于伦敦，是为《中英会义藏印条约》。

是年德宗大婚，英派使臣华尔身赍英主维多利亚国书致贺，并自鸣钟一座，上刻祝辞云：“日月同明，报十二时，吉祥如意，天地合德，庆亿万年，富贵寿康。”旋命驻使薛福成赴英外部传旨致谢，并递国书。是年英开重庆商埠。

十七年春正月，换约限满，前驻藏大臣升泰遣员黄绍勋、张昉及总务司赫政与英印督兰士丹所派之保尔在大吉岭会议，各拟办法。保尔欲在仁进冈入藏一百五十余里之法利城（即帕克里）设关通商，并俟十年后再定入口货税。升泰执定十二年条款“藏、印边界通商，由中国体察情形”之语，辩驳久不决。十八年夏六月，复与保尔商议办法九款，续款二条，定于交界之咱利山下亚东境内为英商贸易所。商上等复怀疑虑，坚请于二款内注明“不得擅入关内”字样，又请禁印茶运藏，一再与英使华尔身辩论，仍不决。至十九年五月，总理衙门奏：“现据赫德称：‘印度已将办法九款更改商订，最紧要之第二款内，注明英商在亚东贸易，自交界至亚东而止；第四款内注明进出口税，俟五年期满酌定税则；至印茶一项，现议开办时不即运藏，俟五年限满，方可入藏销售，应纳之税不得过华茶入英纳税之数；此外各款，均照升泰所拟办理。'臣等查《中英通商税则》，茶叶每百斤征银二两五钱，而洋商运华茶至英，每百斤征银十两。现在先与议定，如印茶入藏，应照华茶入英每百斤税银十两，磋议经年，始克就范。窃思《藏约》未结三端，自十七年开议至今，已届三年之久，始得印、藏两情翕然允协，即可就此收束，以绥边圉。"是为《续议中英会议藏印条款》。是年十月，在大吉岭互换。

既又与英议滇、缅界务。初，曾纪泽与英议约，英许中国稍展边界，拟予以潞江以东南掌、掸人之地。既，纪泽又向英外部要求八募之地，不允。英外部侍郎克蕾谓英廷已饬驻缅之英官勘验一地，允中国立埠设关收税，有另指旧八募之说，在八募东二三十里。纪泽因与外部互书节略存卷，暂停不议。旋受代回华。

至是，出使大臣薛福成见英人与暹罗勘界，并有创筑铁路通接滇边之讯，恐分界、通商事宜不早筹议，临时必受亏损。于是上书请与英人提议。及福成往促践前议，英以公法为解，谓："西洋公法，议在立约之后，不可不遵；议在立约以前，不能共守。"盖不认让中国展边界及以大金沙江为公共江、八募近处勘地、中国立埠设关三端。

薛福成以英既翻前议，因思野人山地绵亘数千里，不在缅甸辖境之内，复照外务部，请以大金沙江为界，江东之境归滇。而印度总督不允，出师盏达边外之昔马攻击野人，以示不愿分地之意。又欲借端停商全约。福成仍促速议。久之，英始允将久沦于缅之汉龙、天马两关还中国。又久之，始允让所据之铁壁关。惟虎踞关，英人以深入彼境七八十里，与八募相近，不允让。至于设关，拒尤力。福成以英既不允我地，则英所得于我之权利亦应作废。相持甚久，始就滇境东南商定于孟定橄榄坝西南边外让一地曰科干，又自猛卯土司边外包括汉龙关在内，作一直线，东抵潞江麻栗坝之对岸止，划归中国，约计八百英方里。又车里、孟连土司所属镇边厅，系为两属，亦允全让，并野人山毗连之昔马亦允让。至此界务告一结束。而商务，大金沙江行船、八募立埠设关，英仍不允。福成久与争论，始于行船一事，于约中另立一条，不许他国援例，而设关仍不肯通融。惟约中于英人所得权利，如缅盐不准运入滇境，英关暂不征收货税，领事仅设一员、限一定驻所，商货仅由二路，不准开埠，英亦无词。遂于二十年正月二十四日在伦敦定约，共二十条：一、二、三、四，划定各段界线；五，中国不再索问永昌、腾越边界外隙地，英国于北丹泥及科干照所划边界让与中国，孟连、江洪之地亦归中国，惟未定议前不得让与他国；八，各货物分别应税不应税；十、十一，分别各货物准贩运不准贩运；十三，中国派领事驻仰光，英国派领事驻蛮允；十五，定交逃犯例；十七，定中、英民在两国界内相待最优例；又专条内各条款，仅用于两国所指属地，不能用于别处。是为《中英续议滇缅界务商务条款》。

是年又与英议接滇、缅边界陆路电线条约。寻又议藏、印条款。二十一年夏，中、日和议既成，法索云南普洱徼外猛乌、乌得两地。英使欧格讷以两地属缅江洪，指为违约，欲中国将八募北野人山地，由萨伯坪起，东南到盏达，西南顺南碗河折向瑞丽江，循江至猛卯，向南至工隆、八关、科干皆在内，让归英。不许。英忽请允西江通商，再议野人山地，许之。复要求在肇庆、梧州、桂林、浔州、南宁五府设立领事，佛山、高要、封川、南新墟等处停泊轮船，由广州澳门出入。中国以野人山地减索无几，而通商口岸太多，且桂林在北江之北，浔州、南宁在藤江、龚江上游，并非西江，岂能强索？阻止之。英外部又以北丹尼、科干两地原属缅，为前薛福成定界时误画入华，求索回；又请于腾越、顺宁、思茅三处设领事；及缅甸现有及将来续开之铁路接入中国；又请援照俄、法条约利益，于新疆设领事。再三驳论，始允将新疆设埠及援照俄、法利益一节删去；滇、缅接路一节，改为俟中国铁路展至缅界时彼此相接；滇界领事一节，改为将已设之蛮允领事，改驻或顺宁或腾越一处，其思茅领事，系援利益均沾之例，非英独创；其野人山界线，改为南坎一处作为永租，余俟两国派员勘定。惟西江通商一节，允至梧州而止，梧州之东，只开三水县城、江根墟两地，商船由磨刀门进口，其由香港至广州省城，本系旧约所许，仍限江门、甘竹、肇庆、德庆四处，遂定议立《中缅条约附款》。时二十三年正月也。是年英主维多利亚在位六十年，命张荫桓前往致贺。

二十四年四月，议展香港界址至九龙城，租期九十九年。五月，英租威海卫。初，威海为日本军占领，英人致书日相伊藤博文，愿代缴偿款，要求早撤兵。会我偿款缴清，北洋大臣派员收回，英使窦纳乐遂请租借。政府派庆亲王奕劻、尚书廖寿恒与立约，文云："以刘公岛并在威海湾之群岛及威海全湾沿岸以内十英里之地租与英国，威海卫城墙以内仍由中国自行管理。又所租于英国之水面，中国兵船无论在局内局外仍可享用。"并另备照会，谓"中国重整海军，船舶可泊港内，请英人代为训练"。

是月，英领事因沙市教案，照请开办湖南通商口岸。张之洞以岳州系奉准开埠，尚须体察详商办理，致总署请商缓。总署拟推展两年，英使不允。总署以湖南系我自开口岸，与他口不同，不许，亦不许牵入沙案。久不决。二十五年五月，驻汉英领事牒鄂督张之洞云："本国巴管带欲乘威拉小兵轮往洞庭湖上下游，先至岳州，再往湘阴、长沙，后往沅江、龙阳、常德、安乡等处。"张之洞以条约并无兵轮准往内地之说，阻之。十二月，英参赞璧阁衔欲由湖南长沙取道常德、永顺入川，过酉阳州抵重庆。张之洞复阻之。寻允改由宜昌入川。

二十六年，拳匪起。五月，汉口英领事法磊斯见张之洞，面述沙侯电云："如长江一带布置弹压，英愿以水师相助。"张之洞答以当与江督刘坤一力任保护，不须外助，力阻之。时英以保全东南商务为辞，已派水师提督西摩入长江。七月二十日，联军入京，英军从广渠门入，各据地段。八月，英与德结保护中国商务土地条款，又欲代中国理财、练兵，却之。西摩欲派小轮入襄河探水道，张之洞阻之。既复议浙衢教案。时湘案未结，英又欲派兵轮往，屡阻之。是年英君主逝，国书致唁，皇太后复专电吊唁之。

二十七年，既与各国议定《和约大纲》十二条，四月，英人请直隶、山西停考。张之洞以所请与《大纲条约》第十条不符，辨驳久之，七月，始定议。八月，英商立德欲在川河行驶轮船，沿江购地七处，请地方官注册。英领事照会到鄂，以条约非通商口岸，无准洋商置买地基产业之条，拒之。

十一月，英使马凯赴江、鄂，与刘坤一、张之洞商议免厘，答以去年在京与赫德筹议洋货税厘并征，必须税至值百抽二五方能免厘。马凯允加进口税而不欲多加。于是朝命尚书吕海寰为办理商约大臣，侍郎盛宣怀副之，并命刘坤一、张之洞皆与议。研商数月，海寰等乃会奏："臣等奉命会办商约，英使马凯开送约稿二十四款，聚议六十余次。加税免厘一款，业经奏明，允如所请。此外各款，均经臣等随时会奏。惟第十款内港行轮，续经妥定章程，第十一款通商口岸权利，共议列三条，马凯自请删除。统核所索二十四款，驳拒未允者七：曰洋盐进口，曰内地侨居贸易，曰邮政电报，曰设海上律例，曰整顿上海会审衙门，曰口岸免厘界限，曰货物同在一河免复进口税。议定后而又删除者一：曰通商口岸利权归入加税免厘款内并议。藉为抵制者五：曰新开口岸，曰减出口税，曰三联单，曰子口单，曰常关归新关管理。商允改妥者十一：曰存票，曰国币，曰广东民船轮船税则一律，曰华洋合股，曰整顿珠江、川江，曰推广关栈，曰保护牌号，曰加税免厘，曰矿务章程，曰内港行轮，曰米谷禁令。此就马凯原议款目分别删改归并者也。臣之洞等复向马凯索议，彼允入约者三款：曰治外法权，曰筹议教案，曰禁止吗啡。皆我补救国计民生要图，幸就范围，实有裨益。马凯于定议后补请入约者二款：曰修改税则年限，曰约文以英文为凭。查系照旧约办理，为约中应有之义。共计十六款。臣等按马凯所请加税之款，意在不得抵原拨厘金五百万以外之洋债赔款及挪作别用，恐各省再将货物收捐，业已先后奏明。本定八月初二日画押，马凯又接英廷来电，必欲增叙详明，以慰加税洋商之意。驻英使臣张德彝亦称英外部谓拟加之税务须降旨归督抚提用，否则不能画押，似英廷用意总虑税加而厘不能撤。臣等详细审度，彼虽请全数拨还各省，而内叙各省向解北京及应还洋债仍如数照拨。我复照会，声明应拨各项即留存海关，听候户部与各省商定抵解。将来户部如何商定派拨划抵，由我自主，彼亦无从过问。且现议偿款易金还银，正以我财力竭蹶为言，则加税声明只抵裁厘，不涉赔款，可见毫无盈余，藉可杜列国之口实。画押已延多日，即于八月初四日亥刻，会同英使马凯在上海画押盖印。"疏入，报闻。

同时又续改《内港行轮章程》十款。自沪苏、沪杭、苏杭三线外，江苏则有海门线（自上海东北至海门）、苏镇线（自苏州至镇江）、镇宁线（自镇江至江宁）、镇清线（自镇江至清江）；浙江则有馀姚线（自宁波至馀姚）、舟山线（自宁波至舟山）、海门线（自宁波至台州之海门）；安徽则有庐州线（自芜湖至庐州）；江西则有南昌线（自九江至南昌）；湖北则有武穴线（自汉口至武穴）、襄河线（自汉口至仙桃镇）、岳州线（自汉口至湖南岳州）；湖南则有湘潭线（自岳州至湘潭）、常德线（自岳州至常德）；而福建亦有水口、梅花两线（皆发自福州）。又议湖南辰州府毙英教士案。是月，英交还关内外铁路。是年，英皇爱惠将加冕，特命贝子载振为专使往贺。先期递国书，向例须候各国专使齐集同见，英皇特定单班先见。届期行鞠躬礼，英主答礼，各述颂词、答词。

二十九年春二月，与英订《沪宁铁路借款合同》。初，英于光绪二十四年欲揽自沪至宁铁路，令英商怡和承办。已议草约，旋以拳匪乱延缓。久之，始定议以年息五厘，借英金三百二十五万镑。张之洞乃上奏，言："借英金三百二十五万镑，虚数九扣，年息五厘，五十年为期，准其分次印售金镑小票。如中国国家有款拨给，或中国绅富集资愿购，借款总数便应照减，拨还淞沪铁路工价后，即将已成车路暨备造沪宁全路作为借款抵押，所获余利，银公司得五分之一，即照售票应分之数，另给余利凭票，十二年半后，每百镑加给二镑半，随时可将小票赎还，二十五年后，便照一百镑原价取赎，毋庸加给。至余利凭票年期届满，分给余利即时作废，毋庸取赎。造路期内，就本付息，路成以后，赎票拨本，悉在铁路进款支给。全路订定五年全竣。设无事故，逾此期限，银公司五年内应得余利全行扣罚。上海设立总管理处一所，本省督抚与督办大臣会派总办两员，会同英员专理工程，另由南洋大臣加派一员，职衔相当，随时查阅帐目，禀报督抚稽核。洋工司只管工程，不能干预地方公事。凡所建筑，悉应顺洽华人意见，尊敬中国官员。借款期内，不收专税。如日后中国推设各项税捐，如印花税之类，别项商税一律征收，则沪宁铁路亦应照准。全路双轨。地亩总公司自备，仍由银公司垫款，另须购地于标界之外，预备日后推展商务所必需，一并加售小票，综计不得逾英金二十五万镑，年息六厘，在中国应得余利项下支给，不能仍由铁路进款支付。此项加售购地小票，并无年限，随时可以取赎。造路购用中外材料，按照西例，每百给五，此外别无丝毫加用。汉阳铁厂自造料件，订明尽先购用。凡遇调兵、运械、赈饥各事，照核定车价减半给发，尽先载运。侵碍中国主权，概不得经由此路。正约签定，草约作废。十二个月不兴工，即将正约注销。中国只认英国银公司，不准转与他国及他国之人民。"报可。十月，又与英订《沪宁路电交接办法合同》。

三十年四月，英新任水师提督率大小兵船十艘抵沪，欲进长江。张之洞闻之，电阻，英提督仅以四艘入江，至江宁而止。是年与英订《保工条约》。时英于南斐洲新属欲招华工开矿，政府援咸丰十年约，与订专章。至是，约成，遣领事于华工驻在地善视之。三十一年四月，与英续订《滇缅电线约款》。英派委印度电务司贝林登为议约专员，电政大臣袁世凯委道员朱宝奎与议。贝林登又请添造江通至思茅副线一条，不许。遂定议签押。

又与英订《道清铁路借款行车合同》。初，英使向总署索英商承造铁路五条，不许。英复援矿务合同许有修筑铁路由矿山运送矿产至河口以达长江，欲修泽襄铁路。嗣以襄阳至汉口水道不能通畅，请改道泽铁路，欲在河南怀庆府与卢汉衔接；渡河后，折入安徽正阳关以达江苏江浦县之浦口，改名怀浦铁路。总署以怀浦远跨豫、皖，名为纬路，实已斜亘南北，隐然增一干路，以为有妨卢汉，仍不许。英使乃请修由泽州至道口铁路，许之。铁路大臣盛宣怀等与议借款，为目二十一，行车款十，英金七十万镑，五厘行息，九扣交付，折实六十三万镑。又同时订拟设山西熔化厂及合办矿务合同，并请修广州九龙铁路。英使复请借款合同须由外务部将上谕照会立案，方允画押，许之。

三十二年四月，与英订《藏印条约》。初，中国于光绪十六、十九两年与英订《藏印条约》，然藏、哲界牌既未建立，英人入藏细则又久未定。二十九年，印督遣兵入藏。次年春，度大吉岭，据江孜；其夏，遂入拉萨。及达赖私与英订约，驻藏大臣有泰始入告，而英、藏约已成。政府命有泰与英议废约，无效。复命外务部左侍郎唐绍仪为议约全权大臣，赴印度，与英外部专使费利夏会议。费利夏欲我认《印藏新约》，方允改订，绍仪不可，英遂欲停议。绍仪不得已，与商订约稿六条。外务部王大臣以约内第一款有“英国国家允认中国为西藏之上国”一语最有关系，电绍仪使改“上国”为“主国”，费利夏持不可。约久未定。九月，召绍仪回京，而以参赞张荫棠为大臣，接办约事。外务部商诸英使萨道义，删约稿第一条，英政府允诺，而其他条款则不容再改。然费利夏仍坚持初议，数促荫棠画诺，即第一条亦不能增减一字，荫棠力拒之。会英廷新易政府，继任者乃饬萨道义在京续商。久之始议订正约五条。

未几，片马交涉又起。片马处滇、缅交界之间，属于腾越。英并缅甸，至是两国会勘境界。至片马附近，各执为本国土地，久不决。时英又欲遣工程师勘腾越至大理中间道路，请中国保护。滇督丁振铎照会英领事，以滇现奏设公司自行修造，与前会勘时情形不同，请勿派往。英使朱尔典旋照会外务部，云：“据光绪二十八年二月初七日照会，英得有承造新街至腾越铁路之权，而承办此段较短之铁路，英政府不能视为足抵光绪二十四年三月准法政府或法政府所指之法商修造劳开至云南府铁路之利益。”外务部覆，引《中缅附约》，谓：“第十二条载明中国答允将来审量在云南修建铁路与贸易有无裨益，如果修建，即允与缅甸铁路相接。是该处中国境内铁路应由中国自行审量。迨光绪二十七年九月十九、十月十六等日，本部先后复萨前大臣照会，均一再守此旨，并声明法国铁路由云南边界修至云南，本为条约所准，与《滇缅约》意不同。缘两国交涉各有约章可据，固不能相提并论也。逮二十八年二月初三日准萨前大臣照称本国署理腾越烈领事不日将往云南府，与滇督面商铁路边界各事宜，滇缅铁路相接为振兴商务之举，凡在滇省，允给法商之利益，应一体允给英商。本部当以原照所称面商铁路边界各事宜，又称滇缅铁路相接，曰边界，曰相接，均系按照原约立论，故于是月初七日以据咨滇督也。嗣于本年正月准滇督文，称准英务领事照会，接烈领事来电，奉缅政府电，拟由新街达腾越修造一铁路，以便商人运货，先派公司勘明可否能修，再议商办。当复以派员会勘，各修各路、各出各费等语，是滇与英领事所迭次议商者，亦均扼定约章铁路相接之一语，毫无剌谬。本年五月，滇督奏请修理腾越小铁路，筹款自办，奉旨允准，原期中国云南境内次第修建，以符与缅路相接之权。乃贵大臣来照，以为英政府得有承造新街至腾越铁路之权，并引二十八年二月初七日之文为据，而以允给法商之利益相比例，实与《中缅附约》暨本部迭次照会之意不符。”盖不认英有造腾越铁路之权也。

三十三年正月，与英订《九广铁路借款正合同》。初，英既得九龙，即请承修由广州至九龙铁路。总署令督办铁路大臣盛宣怀与英商怡和洋行议办，已签草合同五条，旋因事未行。至是，又以为请。外务部电知粤督岑春煊，以此项草约虽云仿照沪宁办法，而沪宁路长费巨，九广路短费少，情形不同，应查酌第二款，熟权利弊，派员与中英公司研商，以符原议。四月，与英公司代理人罗士、濮兰德议，岑春煊欲照津榆铁路办法。濮兰德以成议在先，不允，由粤到京，与唐绍仪等接议。久之约成，议借英金一百五十万镑，照虚九四折纳，年息五厘，以本路作抵押，三十年为期满，十二年半后按照列表分期还本。二十五年以前，如欲于表额外多还股本，每英金一百镑加还两镑半。中英公司代售此项股票。其股票填明价值若干镑，由中国驻英大臣与英公司商定，所有建路及一切工需，均由粤督督办。其重要职司，应用中国人，允当开工时，即于广州设立总局一所，总理造路行车各事，由总督派中国总办一人管理，佐以英国总工程司及总管帐各一人，均由总督核准。英公司办事出力，给予酬金三万五千镑，两期交付，其一切用钱暨酬劳费均在内。并声明此路确系中国产业。倘自本合同签定之日起，八个月并未兴工，即作废纸。所载权利，均不得让给他国，中国亦不得另建一路以夺本路利益。旋签押。

六月，政府命湖南巡抚岑春蓂查办云南与英画界失地案。先是云贵总督丁振铎委候补知府石鸿韶与英领事烈敦会勘腾越北段尖高山以北界，从尖高山起向北勘，越高黎共雪山直抵丽江府所管地。烈敦执定以大哑口为界，石鸿韶执定以小江边为界。贵州提学使陈荣昌奏参石鸿韶定界有失地事，政府命岑春蓂查办。春蓂派候补道沈祖燕往勘，旋覆禀云：“卷查烈领事此次所勘之界，系从尖高山起，东至胆札山，过狼牙山、磨石河头、搬瓦丫口、姊妹山、大哑口、茨竹丫口、片马丫口直上高黎共雪山北往西藏。所云大哑口，即为恩买卡河与潞江中间之分水岭。其照会石道有云，由明光河头直上高黎共雪山顶，由山顶北往西藏，凡水入金沙江者，概归缅甸管理等语。若不幸照此定界，则是由滇而蜀而藏，边界之地所被其割去者，当以数千里计。外务部所谓‘直是分割华境，是断不能允从，可无庸置议’者也。若石道所拟以小江边为界，系从尖高山起，由磨石河头直上歪头山，过之非河，经张家坡，登高良共山，又抵九角塘河，顺小江边，复另行横出，上至小江源，又至板厂山为止。查其所勘之界，于腾越、保山、云龙、龙陵各属土司素所管辖之地，数百年来向化中国者，一旦弃去不少。又言北段界务，自以外务部所言之界线，由尖高山起至石我、独木二河之间，循恩买卡河至小江西恩买卡河之东之分水岭为界。按此岭当是他戛甲大山，最为持平。且英使本有以小江即恩买卡河以东之分水岭作为定界，又云天然界线系自东流入恩买卡河即小江诸江之分水岭等语，与此正合。则此次勘界，即于恩买卡河循流而行，至小江止，已足满意。且所勘滇、缅北段，本只为腾越与野人山之界，则必执定腾越诸土司之属地及野人山之分界处以画界，自是一定不易之理。而与小江即恩买卡河以东之分水岭，又自东流入恩买卡河，即小江诸江之分水岭，并与译出薛星使福成二十年签押英文图内之恩买卡分水岭，其部位亦均相符合。石道并不先自详审界限，而惟处处曲徇，以致失误，此真为人意料所不及者也。查此次勘界，英使既言以小江即恩买卡河以东之分水岭为界，又言自东流入恩买卡河即小江诸河之分水岭，即明曰以东，又明曰自东流入，何以任烈领事之混为西流，竟勘至狼牙山迤北至大哑口而止？此其误者一。又外务部覆称明有'各守边界'之文，此为甘稗地、茨竹、派赖烧杀之役而起，各守之地，自即在此。何以不实守此小江边界之说，至小江顺流而下，而反另向东行，指鹿为马，再直上别寻一小江源至板厂山为界？此其误者二。又英使所言天然界线，乃自东流入恩买卡河即小江诸水之分水岭，而烈领事所勘，乃指恩买卡河与龙江之分水岭，谓岭之东所有溪河均入明光龙江，岭之西所有溪河均入恩买卡、金沙江，以此岭之东西为中、缅之分界。石道不能明据小江东流，力为驳斥，而乃以山形水势则然一语，含混答覆，而竟任烈领事之随意所指，东西自便。此其误者三。且即如英使照会恩买卡河与潞江之分水岭之说，此岭即为大哑口，亦只西勘至片马丫口为止，何以任烈领事直上高黎共雪山，竟借测绘王生，勘至丽江府属兰州边界始回也？此其误者四。又小江外如噬戛等寨，系腾越属之茨竹、大塘土司所辖，笼榜系保山属之登埂土司所辖，确凿可据。乃烈领事照会言'贵道来示，谓已摒诸化外'，而石道覆称又言'业经声明久在化外'。石道责在勘界，并不援据力争，而反先自认'久在化外'，实所不解。此其误者五。又茅贡等寨原系滇滩属土司所辖，本中国旧有之地，不过英兵曾经至此，并强收门户税而已，并非英人实已占为属地，而中国有允认之明文也。乃石道照会谓'早经贵国办过案件，不复管理'，竟绝不置辨。此其误者六。至于大哑口外，如甘稗地等各处，烈领事欲仿三角地成案，作为永租。既欲议租，则已明认为中国之地，正可趁此力驳，使之无辞可遁。计大哑口外共有一十八寨，其地甚广，岂可轻弃？且既认租，则茨竹、派赖烧杀一百十四命之案，明是入我中国之界，正可提议，使之不能诿卸，何以绝不辨论？此其误者七。又狼速之地，甚为辽阔，一名狼宋。《大理府志》：'莪昌散处于狼宋、曹涧、赶马撒之间，道光十八年准兵部议，以赶马撒、曹涧等寨归云龙州管辖'，则狼速乃大理府属境。若如石道所勘，另寻一小江源至板厂山为界，则不特噬戛等一十八寨摒诸化外，且并将狼速地一带地方亦概弃之不问矣。此其误者八。然此八者，其害尚只在滇省也。更有大误足以为将来之后患者：一则小江外之狼速地一旦弃去，再北而为怒夷，其地踞龙、潞两江之上流，东接维西、中甸，直通丽江，北与四川之巴塘、里塘诸土司相接，西北即可以通至西藏；一则高黎共雪山之地任其节外生枝，自往履勘，将来若果曲从，则即可从此高黎共雪山之顶，沿潞江、金沙江之上流由北直进，不特球夷、怒夷之地去其大半，即维西属之铺拉笼、西藏属之擦瓦龙一带皆将被其所侵占，所失之土地岂尚可以数计？"岑春蓂得覆，即据以入奏。上谕革石鸿韶等职，仍不允。

时因津镇铁路借款，直隶、山东、江苏三省商民欲废约，英不允，允改章。德与英同。英又因鄂境修造粤汉、川汉两路需款，欲借款于中国，却之。是年，山西商务局与英福公司议定赎回开矿制铁转运合同。初，晋省矿由晋商与福公司商人罗沙第订立合同。旋于光绪二十四年复由商务局绅商与福公司改订借款章程二十条。三十一年，又经盛宣怀续立合同四条。案久未结。至是商务局员绅并全省代表各员在京开议，订定赎回自办合同十二条，赎款行平化宝银二百七十五万两，由山西商务局担任，按期交清。

三十四年二月，与英订《沪杭甬铁路借款合同》。先是沪杭甬铁路已立有草合同四条：一，订草约章程，与《沪宁铁路章程》一样；二，将来订正约，仍与嗣后商定核准之《沪定正约》一样；三，从速测勘；四，如有地方窒碍之处，即行更正，俟订正约，即会同入奏。至是浙江绅士筹办全省铁路，欲废前约，收回自办。英使不允，因命侍郎汪大燮等与英公司改商借款办法，久未决。于是政府再命侍郎梁敦彦接议，分办路、借款为两事，路由中国自造，除华商原有股本尽数备用外，约仍需英金一百五十万镑，即向英公司筹借，按九三折扣交纳，年五厘息，以三十年为期；并声明如所收此路进项不足，由关内外铁路余利拨付；凡提用款项，均由邮传部或其所派之人经理；此铁路建造工程，以及管理一切之权，全归中国国家；英公司代购外洋材料机器，以三万五千镑作为酬劳，一切用银均在内；选用英总工程司一人，仍须听命于总办等语。遂定议。九月，与英订《藏印通商章程》。是年，借英汇丰及法汇理银行款，收回京汉铁路。

宣统元年四月，督办铁道大臣张之洞与英及德、法、美四国银行订《粤汉川汉铁道借款草约》，豫定六百万镑。会之洞卒，复与盛宣怀立约续成之。又与英及德两公司续订《津浦铁路借款合同》，共二十四款，借英金五百万镑，年息五厘，路工四年造竣。二年，英人以兵力据片马，设炮台于高黎贡山，侵踞小江以北茶山土司地。滇人大愤，各省人亦起应之，遂电政府请力争。滇督李经羲亦请外务部与英使交涉，英卒不退兵。三年，复派员与英划境，不省。是年度支部尚书载泽与英及德、法、美缔结一千万镑借款契约，以改革币制及东三省兴业为词，是为《四国借款契约》。又与英订禁烟条件。原议十年递减，至是中国以为国内栽种吸食渐已减少，欲缩短年限禁绝，与英特订专条，期印药不入中国。而第三条又言广州、上海二口为最后之结束，不能骤禁，于是烟卒不能禁矣。

卷一百五十五　志一百三十

邦交三

法兰西

法兰西一名佛郎机，在欧罗巴之西。清顺治四年来广东互市，广东总督佟养甲疏言："佛郎机国人寓居濠境澳门，与粤商互市，仍禁深入省会。"法人素崇天主教，康熙以来，屡禁汉人入教。

道光二十五年，法商赴粤，诣总督署，请弛汉人习教之禁。总督耆英据以入告，许之开堂传教，仍限于海口，禁入内地。咸丰三年十二月，有法轮船一驶入长江，未几解缆去。而法与英、美又欲变通成约，广东总督叶名琛以换约未届期，拒之。遂偕英、美迳赴天津，要求如英、美，并请释陕西传教人，长芦盐政崇纶等以闻。上以定例五口通商外，不许外人擅入内地，何以陕西盩厔县有法人传教？饬令详查，并严词拒之，乃去。时粤贼踞上海，筑炮堤防御，吉尔杭阿因向法提督辣厄尔告以"贼筑炮堤，尔国领事署首当其冲，应速迁以免受伤。"辣厄尔立毁其堤，并炮击贼。事闻，奖之。六年六月，英、美各国求换约，法公使顾思照会两广总督叶名琛，援约与英、美一体，力阻不从。七年十二月二十一日，英人结法公使噶历为援，袭入广东省城，掳名琛以去。先是法人谓有人杀其说书老人，向名琛索犯，限三日交出，并要求五事：一，入城；二，索河南地；三，求改章程；四，索补兵费；五，求通商。限日答覆。名琛回牒许通商，余皆不许，而又不设备，遂至被掳。英、法连樯赴天津，美、俄亦相继至，各有所求。法人又欲推广商埠，任意传教，遣公使驻京，入内地买丝茶，并请查办广西西林县杀马神父案，皆不许。八年三月，法与英人攻踞海口炮台，进逼天津。于是命大学士桂良、吏部尚书花沙纳往议，徇所请。遂于五月定约，法得通商、传教及兵费，几与英等。

九年五月，法公使布尔布隆以进京换约为名，随英公使普鲁斯赴天津，拒不纳，致伤败数百人，折回上海，声言调兵复仇。未几，法人复北驶，分扰登、青等处。十年六月，随英来攻，连陷新河、唐儿沽北岸炮台，遂入天津。先是遣西宁办事大臣文俊、武备院卿恒祺往议，不报。至是，又遣桂良、恒福为钦差大臣，往津会议，冀缓师，而法与英益恣要求。初，《津约》原许补法军费二百万，英四百万。至是，英索倍加，法欲照英数，复要求天津通商、京师长驻。朝旨不许。乃随英督兵北上，进逼通州，京师戒严。怡亲王载垣等再议和，不就。进薄京师。八月，恭亲王奕䜣留守，再议和。九月，和议成，所得通商、军费、权利与英等，而传教、建堂初无限制。十月，始定传教之人须剃须服中国衣冠，其入内地，预领中、法合同护照，向所过地方官钤印，以为信据。法人以江南为新许商埠，欲早通商，请助剿粤贼，不许。十一年二月，法公使布尔布隆偕英使普鲁斯由津如京，此为各国公使驻京之始。先是条约有还清军费始行退出广东省城之议。至是，法人哥士耆来言，愿先撤兵退出粤城，并求广东藩署赁作领事署，又索还京城及各省天主堂旧基，均许之。九月，交还广东省城。

同治元年正月，粤贼陷苏、松、常、太等郡，朝议募洋将助剿，法人与焉。是年，贵州提督田兴恕杀教民，毁天主堂，法使哥士耆以为言，朝廷命崇实、骆秉章、劳崇光及张亮基入黔查办，久不决。会哥士耆回国，新公使柏尔德密至，始允照中律拟结。同治四年，法请开江宁商埠。五年，议《招工章程》。七年冬，四川酉阳州有杀伤教士案，又有贵州遵义民教仇杀事。法使罗淑亚上书称远臣，归咎于中国官吏，且言当离京往津，候本国水师提督到后偕行，以为要挟。命湖广总督李鸿章查办，久之始结。十二月，始遣钦使总理各国事务衙门章京志刚、孙家穀偕美前使蒲安臣至法递国书，见其国主那波仑第三，复见其后，各致颂词，成礼而退。

九年夏五月，天津民击杀法领事丰大业。初，天津喧传天主教堂迷拐幼孩，抉眼割心为药料，人情汹汹。三口通商大臣崇厚等诣法领事丰大业赴堂同讯，观者麕集。偶与教堂人违言，砖石相抛击，丰大业怒，径至崇厚署忿詈，至拟以洋枪。出遇刘杰，复以枪击伤某仆，遂群起殴毙丰大业，鸣锣集众，焚毁教堂、洋房数处，教民及洋人死者数十人。事闻，命大学士直隶总督曾国藩赴津查办。国藩至津，示谕士民，宣布怀柔外国、息事安民之意。法公使罗淑亚来见，以四事相要：曰赔修教堂；曰埋葬丰大业；曰查办地方官；曰惩究凶手。寻牒请将府、县官及提督陈国瑞抵罪，国藩拒之。与崇厚会奏，称："仁慈堂查出男女，讯无被拐情事，恳降谕各省，俾士民咸知谣传多系虚诬，请将道、府、县三员均撤任查办。"奏入，报可。遂于八月拟结，办为首十数人，天津府、县减戍黑龙江。

十一年，法遣全权大臣热福里如京换约，并进书籍。十二年，穆宗亲政，各国请觐见，法与焉。是年法人侵越南，入河内省城。光绪四年，始遣兵部左侍郎郭嵩焘以英使兼法使。明年，代以太常寺少卿曾纪泽。

越南向隶藩属，自法据西贡，胁越人订约，许于红江通舟。曾纪泽与法外部言："法、越私立之约，中国不能认。"不省。八年二月，法兵船由西贡驶至海防进口。三月，陷河内省。朝议始遣提督黄桂兰等军出关。既而法公使宝海向北洋大臣李鸿章要求中国退兵，及通商保胜，驱逐盗贼，画红江南北为界。朝廷下各督抚议。法人见不允所求，遂欲增军撤使以相恫喝。

九年三月，战事起。法据南定，旋为刘永福所败。会越王薨，法以兵胁嗣王立新约二十七条，尽攘其兵权、利权、政权，并申明越境全归保护，中国不得干预。中国闻之，乃命唐炯、徐延旭出关，彭玉麟办粤防，张佩纶会办军务。会山西、北宁连陷，官军退守太原，法乘势扰浙、闽，陷基隆、澎湖，至是始宣战。十年二月，谅山大捷，法忽请和，帝命吴大澂、陈宝琛、张佩纶会办海防，以议和全权任李鸿章。先是福禄诺所拟五条，仅允不索兵费，不入滇境，而要挟中国不再与闻越事。议久不决。五月，法兵以巡防为名，忽攻谅山，败走。藉口中国不能如约退师，责赔费，不允。法使巴德诺出京。六月，攻台北基隆，为刘铭传所败。秋七月，法水师提督孤拔等率兵船入闽，泊马尾等处，迫交船厂，欲据为质。时张佩纶以会办海防兼船政大臣，漫不设备，法遂开炮毁船厂。复分兵扰东京、台湾，陷基隆，窥谅山。十一年春正月，犯镇南关，杨玉科战没。旋收复，大创之，并炮毙孤拔于南洋。法人乃请和，愿照天津原约，不索偿款。李鸿章与议新约十条：一，法自行弭乱，华不派兵赴北圻；二，法与越自立约，或已定或续立，中、越往来，不碍中国威望体面，亦不违此次约；三，六个月会勘界，北圻界处或稍改正，以期两益；四，法保护人民欲过界入中国，边员给照，华人入越，请法给照；五，保胜以西、谅山以北通商，华设关，法设领事，北圻亦可驻华领事；六，三个月内会定商款，法运越货税照他处较减；七，法在北圻造铁路，中国若造铁路，雇法工；八，此约十年再修；九，法即退基隆，二月内台湾、澎湖全退，中、法前约照旧等语。旋法派戈可当代为驻华公使，欲改前约，出所拟二十四条。鸿章以与原约不符，不许。戈使又欲办滇、粤矿务，及制造土货，运越南食盐，复拒之。又欲于云南省城及广西内地设领事。时正遣邓承修、周德润与法勘界，鸿章谓宜俟边界勘明，方能指定通商码头。戈使又要求税则减半，鸿章只允五分减一。又另拟通商章程十八款，并将互交逃犯、洋药进出口各条亦拟在内。法使复援咸丰八年约内第七款有“工作”二字，仍要求增入在口制造，许之。

时云南界务，周德润会商岑毓英后，出关与法使狄隆晤商，拟先勘保胜上游一二段，并同拟全局办法八条：一，中、法两国勘界大臣等说明所应勘之界，俱是现在之界；一，勘现界后，或有改正之处，两国勘界大臣公同商酌，如彼此意见不合，各请旨商办；一，续开勘云、越交界，中国大臣等意欲一律勘完，所以照会法国请旨；一，各大臣等商议先由老街勘到龙膊河，及龙膊河邻近地方，复回老街，再勘老街邻近地方；一，勘老街至龙膊河之界，中、法绘图各官从红江南岸归，一路同走，中国绘图官归法国保护，自老街起至龙膊河止，两国勘界大臣等各走云、越边界；一，红河自北河岸之老鳌至南岸之龙膊，以河中为界；一，云、越之界，遇有以河为界，均以河中为界，如有全河现在归中国界者，仍归中国，现在归越南界者，仍归越南；一，勘界时随处开节略图说，均由两国大臣等画押。以上节略，彼此画押遵守。德润与狄隆各按地图校改，互有争执，而于大小赌咒河、猛援、猛赖两段，争执尤力。会法勘路弁兵在者兰被越游勇所戕，法指为云南提督散勇，中国不承，狄隆欲缓勘，但就图定界。粤东、粤西界务，邓承修与张之洞、李秉衡等会商，其与法使浦理燮在关门文渊会议。承修执约内“北圻边界必要更正，以期两国有益”之语，欲以谅山迤西自艽葑、高平省至保乐州，东自禄平、那阳、先妥州至海宁府划归中界。浦使以据约不过于两边界址略为更改，不能及谅山及东西地。旋允请示本国，卒不行。十二年复议界，会浦理燮病，仅由镇南起勘至平关而止，东西不过三百余里，余未履勘。浦理燮旋回国，法改派狄隆由滇赴粤，与邓承修等议界。

先是鸿章欲先议界，后议商约，法使不从，乃复议商约。至是议成十九款：一，保胜以上某处、谅山以北某处，中国设关通商，许法设立领事；二，中国可在河内、海防二处设立领事，并可商酌在北圻他处设领事，惟须后日；三，两国领事驻扎及商民通商，均须优待；四，中国人在越置地建屋，及官商往来公文、书信、电报，法允保护递送；五，两国游历人过界，各发给护照；六、七，出口货照税则三分减一，进口货照税则五分减一，估价之货为税则所未载者，进出口仍照值百抽五征收，至洋土各货赴内地买卖，应完子口税，不在减征之列；八、九，载明洋、土各货在边关已完税，复转运通商各海关者，均照海关税则另收正税，不以边关单作抵，其在边关所领存票，亦只准在边关抵税，概不发还现银；十至十二，严防诈伪偷漏之法；十三，定洋人自用杂物免税之法；十四，定洋、土各药不准贩运买卖；十五，米谷等粮不准贩运出中国边关，进关准免税，违禁物各禁；十六，中国商民侨居越南，所有命案、赋税、词讼等件，法国应优待；十七，中国人犯罪，照中律，法领事宜拘送，不得庇匿；十八、十九，定条约续修期限及互换遵守各事。是为《滇粤边界通商约》。

商约既定，邓承修即赴钦州之东兴与狄隆议勘东界。狄隆以中国所属江平、黄竹、白龙尾为越境。邓承修以数地皆内地，有图可据，不许。辩论不洽。狄隆又约履勘，承修欲照云南分途履勘办法，并请先撤江平法兵。越日，复议请旨立约三条：一，大段相合；二，较图不合，作为未定，各请示本国；三，勒其去江平之兵及办事官员。又令以后未定界内，不得再派兵及官员前往。狄隆不允，转要承修不得于未定界内驻兵。时张之洞所派道员王之春、李兴锐亦与会议。议界将及一年，中国屡请撤兵，法兵分屯江平、黄竹、石角、句冬、白龙尾等处如故。会总署允承修所定三条，承修命王之春往议，狄隆执不允，而法人突以兵踞白龙尾，驱害汛兵。华民筑营垒，承修诘令撤退，狄隆诿之。时桂界已竣，钦界南自嘉隆河、北抵北崙十万山分茅岭、西至峒中墟北，亦允归中国，而白龙、江平，狄隆谓须以商务抵换。又以九头山未议，及之春与议，亦无效。狄隆又欲议海界，以《津约》所无，未奉旨议海界，却之。法又欲以白龙、江平抵换龙州通商。初恭思当来华也，即有求改商约之请，总署以界务方殷，且商约既经画押，何能议改？拒之。至是复以为请，并以商务苟可通融，界务亦可稍让。称已奉本国训，准令在京商办。总署以狄隆与邓承修议界久不决，允与商办。恭思当始允中国广东边界除现在勘界大臣划定外，所有白龙尾及江平、黄竹一带地方，并云南边界前归另议之南丹山以北、西至狗头寨、东至清水河一带地方，均归中国管辖。又议减税，总署以《俄国通商章程》办有成案，滇、桂边界皆为陆路，不得不酌议减税，以归平允。于是议进口税减十分之三，出口税减十分之四，滇土药每百斤定税厘各二十两，必完厘者，方准法商完税接买，并不准法、越商人往入内地贩运，高平、谅山往来之船只免征税，仍纳船钱，惟运贩食盐、接办铁路及越南与滇、粤通商进出口税则，均请减半，运中国土货往中国各海口，税则减三分之一各节，均拒绝删节。计订《商务续约》十条，《界务续约》四条。又照会缓设领事，及法在龙、蒙等处之领事等官，不得设立租界二端。是为与法《勘界通商续约》。

十四年，法领事藉口华船常到海防，向廉州请示谕船户须向领事领照，无照即将船扣留。张之洞以条约向章所无，海防各国船只均可往，何独华船不许？嗣闻法领事张贴告白，收取船规，每船输银自数元至数十元不等，云系法使所定。之洞致总署请其停止收规。是年，法人请接中国两粤电线，许之。又芒街法兵越界焚劫那沙，之洞致总署，请向法使责赔偿。十五年，法船驶进琼州所属崖州东百里之榆林港测探水道，上岸钉桩插标，阻之。法领事又在北海征收渔船照费，政府以有侵中国主权，不许。十月，定界委员李受彤与法官勘东兴一带河界，定议此后河中淤有沙洲，近华者归华，近越者归越，河道即有更改，无论河在何境，两国均许行船。是年，法使以华兵驻越南之板邦为言。又称那沙墟不在中国界内，实在北圻横模社对面先安河北岸，与板邦相近。又称去冬官兵迎收被剿败匪，系指离芒街八里之宁阳大庙对面大河北岸而言。并命查复。嗣李受彤复电，谓："州西分界，自八庄历板兴、板山、冷峒止，前有沟离越南峒中三里，即以此沟为界，冷峒系丑艮寅向，峒中系未坤申向，那沙在西北，戌乾亥向，峒中墟居中，两旁有沟，水向西合流入先安河。以方向论，沟西南概为越地，沟西北概为华地。以社论，那沙与板峒为建延社地，与峒中为横模社地无涉。以交界论，那沙北历那怀，约二十五里既北岩，系广西上思州地。以钦差所定界图论，那怀属我，那沙即附连那怀，相离仅三里，前并无墟。去年正月，峒中墟华民始由峒中迁此。去年十一月以前，法未逾沟到此，十二月始有焚杀那沙墟事，掳去妇女，随即给银放回。其法官自向妇女言系逾界误拿。再查界图，西北有板邦隘，系广西地。又土人言横模西南离六十里有板邦，属越地。峒中之东并无板邦，只有板奔，离峒中约九里，系内地。去年秋，萃军防营驻此，因疫退驻板兴，今板奔并无防勇。又查宁阳离芒街十余里，在东兴西南，中隔河，必船乃渡，即有勇亦难迎庇，且并无勇。"等语。又冯子材电亦云然。张之洞以两说歧异，由于华民以沟水为界，法以先安河北岸为界。沟即河也，原图均未指明。那沙系去年正月新立之墟，距界甚近，故致彼此争执。既悉板邦隘另是一地，实属广西。

十六年九月，归逃人魏名高等十八人。十七年八月，法使林椿改拟《新咖雷多尼招工合同》第十四条。缘第十四条中国原拟派员作"理事官"，林使不允，改作为"华工统领"，所得权利仅止赴诉公堂及请状师理论。李鸿章以所改仍与工头无异，焉得有权保护？不许。时湖南民攻诋洋教，法领事欲赴长沙开马头、设教堂，阻之。十九年四月，请东兴、芒街接修电线。粤督以前办界案，尚有数十里至今未定，遽与接线，界未划定之处归何人保护？必致多生轇轕。仍促先速定界。二十年，法使日海递国书。又议寓越华人减身税事，并论暹罗边界。李鸿章据英与法议暹罗交界有瓯脱地，应归中国，日海不允。三月，与法会勘钦、越界。初，法派巴拉第、法兰亭均以约内载明属我之板兴、岭怀等处争为己有，政府不允。至是法改派柯麻暨其总办绱鼇哝接办。粤督李瀚章派李受彤与会勘，始知巴拉第、法兰亭所争险要，与越南皆隔深沟峻岭，而沟尤多。因与约定，按界线有水处以水为界，有山处以山为界，计长四百里。陆界仅五十里，皆峻岭，余悉沟界，惟披劳纵横约三里，各分一半。余如原勘图约所载，分茅岭、板兴、板典、岭怀等处，及峒中十里，均归中国。时滇、越亦议界。滇督王文韶不允争已定界，只就黄树皮、箐门及猛冈各处向驻有华兵处，缓撤兵以待法防之至。界约遂定。二十一年，中、日约成，法求换《商约》、《界约》，遂许开龙州、蒙自等埠，并与越界线内猛乌、乌得二地。初，中国认此二地为宁洱县属车里土司之地，法使谓旧属越，遂归法有。

二十三年，法要求琼州不割让租借于他国，许之。二十四年，法乘广东雷州人杀其士民二人，以兵舰据广州湾，来商租借，言为停船屯煤之所，无损中国主权，而所租借跨高、雷二府之间，由海岸以入内地，所得东海、硇洲各岛，及赤坎、志满、新墟等处，均归入租界。又得吴川之半岛及通明港。是年，又以兵强占上海、宁波四明公所义地，宁人罢市，几激变。久之始定。时广西永安有杀毙法教民之事，方议办犯、劾官、赔偿、建堂四条，适值北海铁路造至南宁，援龙州铁路案，中、法合办，法使遂要求将铁路归并教案。议久始允就案议结，不及他事。又施南、宜昌、长沙均因教堂、教民启衅未结。二十六年春，拳匪乱，法人调兵与德、英、俄、美、日本联军入京，复督兵西进至广昌，屡阻之。二十七年，展汉口租界。是年法遣鲍渥为驻华公使。二十八年，外务部与法隆兴公司总办弥乐石订《云南矿务章程》。先是弥乐石到滇，与矿务大臣唐炯议欲设中西矿务公司，唐炯入告，奉旨交云贵总督魏光焘等与弥乐石议，历七阅月始竣。乃入奏，略谓：一，初议限制中国公司延聘矿师，贷用洋款，后亦不入别国洋股，专用英、法矿师，定议；一，运矿自修铁路，接通滇越干路，订明俟干路成时再议，并禁售票搭载客货，预存限制；一，公司收买山地，按民间租价，公平租赁，地由滇官指交，价由公司照给，逾限三年不办，原地归还业主；一，完纳矿税，议定按出井出炉矿质，每百抽五，抵纳税课，并派员分矿监收。适弥乐石由滇入京，向外务部催订合同，外务部告以矿地未定，未便先议章程，并不准揽办全省。弥乐石允指澂江、临安、开化、云南、楚雄等府及元江州、永北厅凡七处，载入章程第一款内，将原议"嗣后别国公司概不准来滇办矿"，改为"嗣后别国公司概不准在公司所指之地勘采"，以清界限。弥乐石以原议包办全省矿利，故愿岁给京铜一百五十万斤，并津贴员弁兵勇护厂银二万两。今既改为七处，应请减议定缴京铜一百万斤。护厂费由公司给发，不拘定数。招募土勇，改为禀请地方官招募，遴选武官一员管带。遂定议。惟第一款内载有"公司寻出之金、银、煤、铁、五金、白铜、锡及火油、宝石、硃沙矿，允给公司承办"等语，滇督魏光焘以矿类白金、白铜、锡三项为原章所无，因咨外务部，请照滇中前定原章，照会英、法公使，转令弥乐石仍将三项删除。

二十九年，总理外务部庆亲王奕劻与法使吕班订《滇越铁路条约》三十四条：一，铁路自河口抵蒙自，或由蒙自附近至云南省城，日后拟改，须彼此商准；二至四，勘路绘图及交地购地各事；五，各项厂栈同时开工；六，铁轨宽一迈当；七，铁路经过地方，不得损坏城垣公署；八、九，购料及挖取沙石、采伐林木各事；十，运路及暂时兴工各地，用竣后即交还；十一，干路造成，商接支路；十二，各执事凡须专门学者，可用外国人；十三、四，工匠之招募管理及赏恤伤亡、惩办犯罪各办法；十五，巡丁可募土民，不得请派西兵；十六，洋员请给护照事；十八，租赁房屋事；十九，不得损及民人产业，有则赔偿；二十，火药炸药之运制及防险；二十一、二，运货纳税、免税各例；二十三，收费、减费、免费各例；二十四，铁路不准载运交盐及西国兵械，如中国有战事，悉听调度；二十八，设专门学堂；二十九，设电线、电话；三十一，滇省派员襄助公司；三十二，定公司补偿中国查看费，各员来往照料费；三十四，此路十八年期满，中国可与法国商议收回。是年，法人因吉林教案索赔偿。三十年秋七月，法使馆交还钦天监观象台仪器二十八件。三十一年春，法商欲自上海至绍兴行轮，阻之。是年与各国定值百抽五税则，法有违言，久之始允。三十二年春正月二十九日，南昌县知县江召棠被杀于天主堂。先是召棠办教案颇持正。法教士王安之因上年荏港教案，有二教民邓贵和、葛洪泰在南昌县监禁，强请释放，召棠向索纵囚，其一匿法教堂中，王安之不交，函约召棠会饮，被杀。民情大愤，集众毁法教堂，伤毙王安之及教习等数名，并波及英教堂，久之始定。法人欲坐召棠自刎，及派兵船来赣责偿。命鄂督张之洞查办，屡执仵伤单及医凭单与争，终徇其请，赔以法银二十余万。三十三年，法遣领事入滇商办事。六月，蒙自法邮局设代收递人役，诘之。九月，索还法人所占塘沽码头。宣统三年，与四国银行定《粤汉川汉铁路借款合同》。原借五百五十万金镑，五厘行息，专为筑造粤汉、川汉两路，法与英、德、美均与焉。

卷一百五十六　　志一百三十一

邦交四

美利坚

美利坚在亚美利加洲。初来华，货船常至粤东。道光二十一年，英因鸦片之役，诏停贸易，美为英人请准货船入口，不许。二十二年，与英和，许宁波互市。美商船由定海驶至宁波，请报税通商，浙抚刘韵珂以闻。朝旨以美通商向在粤东，不许。已，复请增商埠，将军伊里布以闻，许之，命与英并议税则。明年三月，美商船驶至上海求通商，拒以税则未定。既闻英《通商章程》已议定，复请援英例开市；又称进口洋参、铅斤二项税则繁重，请减轻，以百斤取五为率。江督耆英等以洋参、铅斤岁来无多，允酌改。美人福士又请入觐，不许。冬十月，福士忽称有使臣顾盛来粤，仍求觐见，并递国书，欲与中国商议定约，并称没兰的弯兵船欲赴天津。谕令折回，不省。二十四年四月，美兵船进黄浦，阻之，答以进口专为约束商民，防范海盗，无他意。又责中国款待，要求甚坚者十款。耆英等屡与驳诘。于是酌定条款：如商船纳钞已毕，因货未全销，改往别口转售，免重征；又商船进口，并未开舱即欲他往，限二日出口，不征税钞；又商船进口，纳清税饷，欲将已卸之货运往别口售卖，免重纳税钞；此外又许其于贸易港口租地建礼拜堂及殡葬处所；又许延请中国士人教习方言、佐理笔墨，及采买中国各项书籍。又增入商人擅赴五口外私行交易、及走私漏税、携带鸦片及违禁货物，听中国官自行办理治罪一款。遂定议。寻进国书，耆英请赐诏书褒美，许之。

二十六年，谕通商、传教只许在五口，不得羁留别地。缘美人在定海传教非条约所许故也。十一月，美使义华业来粤呈递国书，初欲入觐面呈，耆英等以条约折之，乃已。咸丰三年七月，美酋马沙利来粤接办本国公使事务，赍有国书，仍欲进京投递。中国持定约不许。时贼氛未靖，美兵船忽至沪，扬言往镇江等处察看贼情，并整顿海口商务，如督抚不与会晤，当缮奏赍往天津投递。苏抚许乃钊以闻。命赴粤听钦差大臣察办。同时美兵船又入琉球，琉球王世子咨闽浙总督王懿德，懿德以闻。命粤督叶名琛晓谕，使撤回兵船。四年六月，美人麦莲至上海，要求赴扬子江一带贸易，请代奏。江督怡良谕令回粤，候叶名琛察办。麦莲返粤，名琛不予接见，乃复回上海，与英、法人往见苏抚吉尔杭阿，要求赴天津变通成约。吉尔杭阿拒之，不听。既而船至天津，命长芦盐政文谦等复阻之。仍以进京求觐为词，递清摺要求十一款，驳之。惟华洋诉讼、豁免积欠及广东茶税每担加抽二钱，允与商办。麦莲等遂去。

六年，美人伯驾来粤请换约。时英人包令、法人顾思同至，亦请换约，与伯驾同赴天津。朝命叶名琛阻之。旋驶至福建递国书，要求公使驻京、中国遣大臣驻美京华盛顿。朝命闽浙总督王懿德约回广东，严词驳之，伯驾不省。八月，偕本国水师提督奄师大郎乘火轮至上海，云奉国主命，必须入京觐见，屡谕不从。是年减免美在沪未缴关税，因粤贼滋扰，美商受损失故也。七年十月，美遣新公使列卫廉来粤代伯驾，会英人虏叶名琛，省城被据，美人来沪投递牒大学士裕诚文，愿劝和。裕诚覆以已命黄宗汉赴广办理外国事务，可速赴广东会晤。八年二月，美随英、法调兵船来津，命直隶总督谭廷襄等接晤。美使与俄使普提雅廷同见廷襄，欲变通旧约，未允。五月，命大学士桂良、吏部尚书花沙纳为钦差大臣，与美使列卫廉定约。初，美条款要求添商埠、保教民、立塔表、铸银元、赔损失、防凌害、船只驶扬子江及粤东珠江并各支流、文移达内阁、使臣驻北京、丈量船身计吨纳钞法、以各用法律治本国人民、特援最惠国利益均沾之例载入约中，迄未行。至是，复请。

冬十月，定《通商税则》，桂良致书美与英、法使臣议通商善后事，极陈领事之弊。美列卫廉覆书，略谓："美国商民进内地，按《天津条约》，利益均沾，是则美进内地所有请执照等情，应同英、法一例。俟国主及国会议允批准和约后，必明立律例交领事，禁止不请执照或强请执照等事，致免国民违犯中国宪典。又整理有约、无约各国之法，本大臣向知此事应变通，今请将中国所能行者略为陈列。按泰西各国公使，凡此国领事奉遣至别国者，若不得所往之国准信延接，即不得赴任。今凡有称领事，而中华国家或省宪地方官不肯明作准信延接者，彼即无权办事，是则中国于此等兼摄领事即可推辞不接，已延接者亦可声明不与交往。设有美国人兼摄无约领事，藉作护身符以图已益者，地方官可却不与延款，遇有事故，令彼投明美国领事，自应随时办理。间或美国人兼摄领事，而代无约商民讨求地方官协助申理，地方碍情代为办理者，亦可对彼说明，并非职守当然，只由于情面而已。又若此等自称领事，有与海关办理船只饷项事宜者，地方官可却以必须按照条约遵行。倘彼固执已见干犯则例者，中国地方官应用强禁阻。前在天津时，本大臣照会桂中堂、花冢宰，以中国必须购造外国战舰火轮船者，特为此故，足征所言非谬也。又领事不得干预贸易，现美国定制，凡干涉卖买者，不得派作领事官。又领事与地方官争论，前此动多牴牾，本大臣深为恨愤，业经设法将一切事宜妥为辨正。嗣后果有仍前事款，请照知本大臣，定当修正。若领事官不合之处，地方官按理据实，直斥其非，不与共事，此最善之法也。总领事之设，美国奉使驻扎中华者，从无此制，领事官亦无发给旗号之事。本大臣复严谕领事，嗣后不得有此。以上据问直达。犹有管见须照知者，中国宜立国家旗号，俾中国公私船尽行升用。盖美国制度，凡本国人必用本国旗号，泰西各国莫不皆然。今中华贸易之盛，而无旗号以保护，何不亦仿他国之法，使商船与盗贼有所区别，而免商民之借用与假冒外国旗号哉？"桂良据奏。厥后中国造轮船、购战舰、用龙旗，多采其议。

九年夏五月，美使华若翰遵沪约，改道北塘呈递国书，谕旨嘉奖。七月换约，还所掳前附和英人之蒋什坡。美使回沪，请照新章完纳船钞，及在潮州、台湾先行开市。钦差大臣两江总督何桂清以前大学士桂良等给与照会，言明各口通商，俟英、法条约议定，再照新章办理，不服。乃允先开潮州、台湾两口市，及照新章纳船钞，余仍从缓。十年，美船随英法联军北驶。是年美国书及原本《条约》、《税则》遗失，特命苏抚薛焕先与说明，照俄国一律，以通行刊本为凭，美人许诺。

十一年四月，始至汉口通商。旋立九江市埠。先是三月，美水师总领施碟烈伦以火轮船至九江，寻去。至是，美商择地，勘定九江城西琵琶亭空地三十亩，以地势低洼，兴工建筑，居民以未给价，阻之。领事别列子始赴道署，许照英国价例给发。九江关监督以此地在大街繁盛之区，与龙开河偏僻有水者不同，驳诘之，别列子去。监督因牒驻汉口总领事，始许依民间卖买，又增索至五十亩。是为美立九江市埠之始。秋七月，美设领事于汉阳，并代理俄国汉口通商事务。又为美人在汉设领事之始。

同治元年，粤贼陷苏、太各城，上海为各国通商之地，苏松太道吴煦招募壮勇，雇洋人领队。有美人华尔者，煦令管带印度兵。既印度兵遣撤，煦令华尔管带常胜军，协守松江，屡出讨贼有功，奏给翎顶。又白齐文者，亦美人，因华尔进，命并在松江教习兵勇，协同官军剿贼，屡立功。华尔旋攻慈谿阵亡。秋七月，美伯理玺天德林肯亚伯剌罕遣使蒲玲堪安臣致皇帝书。二年，白齐文不遵调遣，殴伤道员杨坊，并劫饷四万余元。事闻，褫白齐文职，命苏抚李鸿章拿办。白齐文匿英兵舰，美使蒲安臣以白齐文为美国人，覆牒为代辨无罪。总署以白齐文受中国官职，应照中国法律惩办。辨驳久之，美使始代白齐文认罪。白齐文寻投贼被获，牒美使卫廉士述其罪状，请照前议亟予正法。美使覆以请示本国，白齐文寻溺死。

六年十月，以美卸任使臣蒲安臣权充办理中外交涉事务使臣。时外洋诸国公使、领事等先后来华，于是特派蒲安臣，以英人柏卓安、法人德善为左右，协理志刚、孙家穀二员同往会办。缘蒲安臣充美公使最久，中外交涉，总署深相倚任，故特派往。特与议定条款，凡事须咨总署核定，准驳试办，以一年为期。又以中外仪节不同，呈递国书，须存国体。又虑各国因蒲安臣系西人，以西例优待，当告以中国体制，使各国了解，不致疑中国将来无报施之礼。迭咨蒲安臣，蒲安臣遂西。

是年，美罗妹商船至台湾之琅琊洋面，遭风船破，被生番戕害。又前有美商船罗发遭风飘至台湾极南海岛，亦被害。至是，美住厦门领事李让礼欲坐兵船赴台住泊。八月到琅琊，会台湾镇总兵刘明灯究诘此案，而龟仔角生番纠集十七番社谋抗拒，刘明灯招番目卓杞笃往谕，始知五十年前，龟仔角一社之番，悉被洋人杀害，仅存樵者二人，以致世世挟仇图报。因谕番人解散，劝李让礼无深究，免再结仇。李让礼许诺，遂议结。既而李让礼请在象鼻山设立炮台，未允。

七年春二月，美使来言，前年九月有本国商船两只在高丽搁浅被害，尚余四人，请转知高丽，设法救护。政府请高丽自行查明酌核。六月，美人派兵船入高丽，国王李熙奏闻。中国查明并无羁留美人情事，函致美使代为解释。美使乃无言，其兵船亦启碇去。

是月，蒲安臣等至美递国书，并增定条约，其要目有八：一，美国与他国失和，不得在中国洋面夺货劫人；二，除原定贸易章程外，与美商另开贸易之路，皆由中国作主；三，中国派领事驻美通商各口；四，中、美奉教各异，两国不得稍有屈抑；五，两国人民互相往来游历，不得用法勉强招致；六，两国人民互相居住，照相待最优之国利益均沾；七，两国人民往来游学，照最优之国优待，并指定外国所居之地，互设学堂；八，美国声明并无干预中国内治之权。其时曾国藩等鉴于道、咸间条约失利，特建议遣使往订此约，于领海申明公法，于租界争管理权，于出洋华工谋保护，且预防干涉内治云。九月，美使劳文罗斯来华递国书，并呈书籍及五谷各种，请换中国书籍、谷种，许之。

九年三月，美遣镂斐迪充出使中国大臣，递国书，前使劳文罗斯回国。四月，中国出使大臣蒲安臣在俄病卒，特予一品衔，给恤银万两。

十年正月，美致朝鲜函，请中国代达，谓将以兵船前往商办事务。中政府以权宜许为转达。旋接朝鲜咨，谓美使所投封函，专为曩年美商船来韩，一遭风遇救，一人没货无，以为一救一害，相悬太甚，欲请究治。朝鲜以已国无残害美船之事，不允所请，并请中国降旨开谕美使。美使以降旨开谕，是以属国相待，不受。乃以兵船抵朝鲜胁之。朝鲜人不服，与力争，并报中国牒美使解之。十二月，美请援例开琼州商埠。

十一年春二月，许美国领事官代办瑞士国商务。瑞士国一名苏益萨，又称绥沙兰，其商船至中国，向以无约小国不设领事官，至是请美领事官代办商务。美使牒称遂次兰国，总署覆美使，以瑞士事务只可照料，不能兼摄，至通商纳税等事，仍照向来无约各国只许在海口通商，其内地口岸及内地游历设局招工等事，均不得一律均沾。美使照覆更正遂次兰为瑞士。美领事虽得照料瑞士国商务，不得称瑞士国领事官。十二年春，穆宗亲政，美随英、法、俄、德请觐见。十三年，美使镂斐迪回国，以艾忭敏为驻华全权大臣，觐见面递国书。

光绪二年十一月，美旗昌公司归并中国招商局，南洋大臣沈葆桢奏请给价银二百二十万两，报可。四年，出使大臣陈兰彬等莅美呈递国书，旋请设领事，言华人侨美各邦约二十余万，不设领事，无以保护华民。奏入，许之。五年，美前统领格兰忒来华。值日本灭琉球，政府因格兰忒将游日本，托其转圜。格兰忒至日本，函劝中国与日本各设领事，保护琉球中部，其南部近台湾，为中国属地，割隶中国，北部近萨摩岛，为日本属地，割隶日本。两国均不允。又请派员会议，卒不得要领。

六年七月，美遣使臣安吉立及修约使臣帅腓德、笛锐克来华，请与中国大臣议事，总署以闻。并言："同治七年中国与美《续增条约》，其第五款内有'两国人民任便往来得以自由'等语。近来金山土人深嫉华人夺其工作，不能相容，上年美议院曾有限制华人之议，经其总统据约批驳。去年彼国开议，又欲苛待华人，经副使臣容闳牒外部，言与约不符，始将此例停止。是华人在彼得有保护者，惟恃《续增条约》之力居多。今遣使来华，恐有删改《续增条约》之意，请派员商议。"奏入，命总署大臣宝鋆、李鸿藻为全权大臣，与美使议约。初，美《续约》第五款只言两国人民往来及游历贸易久居等人，无"华工"字样。至是，美使安吉立等递修约节略，内称华工分住各口不下十万人，于本国平安有损，请整理限制禁止。总署以禁止一层与旧约不符，惟限制一层尚可酌拟章程。安吉立等以章程须由本国议院酌定，此次来华，只求中国一言，许其自行定限。总署遂入奏，与安吉立等议定四款：凡传教、学习、贸易、游历人等仍往来自由，其已在美华工亦仍旧保护，惟续往承工之人，定人数年数限制，不得凌虐。遂画押盖印，期一年两国御笔批准互换。既而美金山于中国招商局和众轮船进口有额外加征船钞货税之事。出使美国大臣陈兰彬等请乘美派人来华议约之际与交涉。时美使安吉立亦牒总署，询中国征收美国各船税钞与征收中国及别国船税钞是否相同，又中国在常关纳税钞之船是否均与新关纳税钞之船相同各等语。又欲将两国商民贸易有益之事，及两国商民争讼申明观审办法，加入约款。总署以商民贸易一款，原可随时商办，观审一款，本《烟台条约》所载，此次申明与原议亦无出入。因与定议，仍候两国御笔批准互换。明年六月钤印。

八年三月，美欲与朝鲜结约通商，遣总兵萧孚尔为全权大臣，乘兵船往议约。朝鲜遣佘允植赴保定谒见李鸿章，请代为主持，与美使商议。美使旋出所拟约稿，其约稿未提明朝鲜为中国属邦。鸿章请删改，萧孚尔执不允。会美署使何天爵在京，与总署议，允增"属邦"字样，而内治外交仍许朝鲜自主。

九年，出使美国大臣郑藻如请于美纽约设领事官，略言："美国西通太平洋，以金山埠为首站，东通大西洋，以纽约埠为首站，两埠为往来必经之路。金山业设领事。近纽约华民往者日见增多，土人不无嫉忌。兼以古巴一岛与纽约水路相通，华民由古巴回籍者必假道纽约，实为通行要路。请仿金山例设领事以资保护。"报可。是年美与朝鲜换约，遣使驻朝鲜汉城，朝鲜遣使报之，仍咨中国，礼部仅报闻而已。十年，中、法因越南启衅，招商局轮船商人筹照西国通例，暂售与美国旗昌洋商保管，旋事定，仍收回。

十二年春，美旧金山华民被美西人虐害，中国索赔，总统却之。粤人闻之，大愤，争欲起抗。粤督张之洞恐其滋事，一面晓谕粤民，一面致总署及驻美使臣与美交涉，请其赔偿惩办，因疏言："出洋粤民所诉焚劫杀逐，种种遭害，胪列各案内，如光绪十年十二月，夭李架埠一案，焚铺逐商，劫财七万余元；十年七月二十五日，洛市丙冷埠一案，惨杀廖臣颂等二十八命，伤十五人，焚毁铺屋财物值十四万余元；七月二十八日，舍路埠一案，惨杀莫月英等三命，焚烧煤厂，约值数万，旋将华人尽逐；八月十一日，倒路粉坑一案，枉杀李驹南等五命；九月二十八日，喊罢埠一案，焚逐失财数万；十二月初四日，尾矢近地一案，惨杀伍厚德等二命：皆为无辜被害。其余密谋杀害，不可胜纪。以致卓忌埠、礼静埠则有被逐之事，兴当埠、拓市埠、喜路卜埠、铃近埠、匿架市埠、洒市埠、钵伦埠、云乃埠、坎下埠、古鲁姐埠、粒卜绿埠亦皆有定期议逐之事。其金山大埠，华民住房则有十苦之诉，洗衣裳馆则有六不近情之诉，统大小各埠工商人等则有七难之诉。所谓十苦者：金山大埠住房，每人限地八尺，不足八尺者查拿监禁，谓之挐房。挐房之苦，计地少绌，同居概捉。一也。监后寓财，尽窃无追。二也。回华有期，暂寓被禁。三也。到埠资乏，借寓亦拿。四也。畏捉夜行，卧街被打。五也。工艺出监，无处佣食。六也。监房地狭，疾疠益增。七也，入监勒银，始任赎出。八也。监郁鬓乱，被翦违制。九也。昏夜巡查，破窗越屋。十也。所谓六不近情者：洗衣馆八九百间，木楼木屋，历数十年，乃借防火私擅，勒令改建砖楼铁门，既非美廷所命，别处又不一律。一也。拆改不独劳费，工众无处容身。二也。砖铁本重租贵，主客两受其害。三也。晒棚谬谓惹火，别处楼棚更多。四也。任意拿人罚银，被扰至数百间。五也。洋馆木楼晒棚，何以不用此律？六也。所谓七难者：一为欲守业之难，二为欲拒匪之难，三为求保护之难，四为居散埠之难，五为居大埠之难，六为业工者之难，七为业商者之难，等语。又言金山各埠，始则利华民之工勤价省，多方招徕开矿修路诸工，美商藉华工以获利者，不知其几千亿万。乃因埃利士党人嫉妒把持，合谋驱逐，残毒焚掠，以夺其资财，勒逼行主辞用华工，以断其生路。华工既无生计，华商亦遂赔折穷蹙，留不能留，归不能归，保护亦无从保护，情形实为危惨。假如将此十余万华民尽行驱归中国，沿海各省何处容之？既属可悯，亦多隐忧。此外南洋诸埠，设皆踵事效尤，何堪设想？美与中国虽无嫌隙，但此事系由美境土人夺利而起，其视华工究不免稍分畛域。且美国官员，近亦多有埃利士党人在内，多设苛政，实有此情。应请敕催美国严惩速办。”初，沙面烧洋房十四间，偿款至巨。至是，出使美国大臣郑藻如电张之洞，请查案援例。之洞以金山杀掠重情，过之十倍，应照本案华民所失之数赔足，并须财命两究，电覆令与交涉。先是美使田贝允电本国速办。时新任张荫桓为美使，仍留郑藻如会同经理。既而美调兵缉匪，毙匪一名，伤数名，美总统及议院亦渐议护禁，久之始允赔。

寻议寓美华工约，定约六款：首言中国以华工在美受虐，申明续约禁止华工赴美；次言华工在美有眷属财产者，仍准往来；三言华工以外，诸华人不在限禁之例，并准假道美境；四言华人在美，除不入美籍外，美国仍照约尽力保护；五言华工人被害各案，美国一律清偿；六言此约定期二十年互换。议定画押，复命张荫桓再与筹议。荫桓以三端要美：一，请酌减年限；二，请订约以前回华之工，如有眷产，亦可禀报中国领事，补给凭批回美；三，回华工人在美财产不及千元者，作何办法，亦应商及。议久不决。

十四年四月，广西桂平县美教士富利淳医馆被毁，领事索赔五千余元，拒之。时粤民愤华工见拒，群起抵制，且归咎张荫桓。会命翰林院侍讲崔国因代为美日祕国出使大臣。十六年，国因到美，美户部忽订新例，于假道华民入境，索质银二百元，出境发还。下议院又议立限清查寓美华民户口给照。国因力与辩，例旋废。初，金山新例，拘执华人令徙迁者限地界，以华工居处不洁酿疾为言，至是始废例销案。时换约期将届，适杨儒出使，总署又以商改新例事委之。儒莅美，值美迫行华工注册新例，当援条约驳诘。美外部始商允议院展限半年，被拘工人释放，而于注册之例坚不改移。华工以例专分别新旧工人，旧工固有安居乐业之便，而新工因限禁，不能到美，屡倩律师控诉察院，欲除此例。美外部以例经议院议定，不能废，仍限华人注册。而总署电儒，以先修约、后注册为关键。儒当牒外部，并就十四年约稿删去赔偿一款，易为互交罪犯；原约二十年之期改为十年。旋又接总署电，言美必欲先行注册，拟令寓华美民亦注册以相抵制，屡议不决。既美外部谓交犯一款，与限禁华工保护华民不相涉，应另订专约，不列款内；十年之期，可以允从，寓华美工，亦听中国注册。杨儒力争寓华之美国教士亦须注册。遂拟除工人外，寓华别项美民，自换约日起，美政府允每年造册一次，报知中国政府。乃定议，并于第五款中寓华别项美民下，注包括教士在内。二十年二月，画押盖印，是为《重订限禁华工保护华民约款》。又立《互交罪犯约》。

约既成，杨儒复筹寓美华民善后事宜，因上言：“华工在美，始自咸丰年间。光绪六年，始有限制工人之约。华人寓美，洋人指为风俗之害者，约有三端：一曰鸦片，一曰赌博，一曰械斗。今惟有将此诸弊力图革除。一在申明律例，治以各项应得之罪，中国不为袒庇；一在详示教条，使知目前限制之故，皆与烟赌械斗各弊有涉。俾各愧奋改图，庶不至为人厌薄，此治本之法也。至于治标之法，一在严禁冒商，俾真商不至受累；一在疏通工路，使新来之工得以谋生海外。如此，不独华民生计可纾，即中外邦交，从此愈固矣。”是年，中、日启衅，美代中国保护在日本华商。明年，四川、福建教案相继起，而古田案尤剧。美与英、法均请中国偿款办犯，议久不决。既而美使田贝函总署，称有各国耶稣教人公举在华办理教务教士李提摩太惠志，缮册摺拟呈查阅，请谒见，允之。

二十三年，美人在上海侵占租界外地。初，美所租同治初年止九百余亩，后美领事西华自画界，圈入未租民地万余亩。光绪十九年十月，两江总督刘坤一饬将界线内东北未租地收回二千六百亩，而于西北界外所占之地未及清厘。至是，美领事在苏州河边自立界石，而河内地起建楼房。署两江总督张之洞请与英、法界外侵占同严禁，疏入，交议。

二十四年，出使大臣伍廷芳见德与中国因胶州失和，请联美，略谓：“美合众为国，其保邦制治，国律以兼并他洲土地为戒。溯自海上用兵以来，美兵船皆由英军牵率而至。道光二十一年，粤东议款，美实居间排解，遂得定盟。咸丰九年，英、法阑入大沽，毁我防具，美守前约，船由北塘驶入，呈递国书，情词谦逊，先换约而归。是通商以来，美视诸国最为恭顺。此次守约惟谨，不肯附和。虽因古巴议自主，檀岛议兼隶，近在同洲，大局未定，不遑远略，亦因与我交谊素笃，故不从合从之谋。若能联络邦交，深相结纳，似与大局不无裨益。"又因檀香山归并于美，请设领事，保护华民，略谓："檀香山居太平洋之冲，前本君主，后改民主。近因弱小，求庇美邦，设为行省，美议院业经议行。此岛华民不下三万人，向由商董立中华会馆，排难解纷。光绪七年，曾令商董陈国万为领事。后美禁华工抵埠，华民出洋，皆趋檀岛，请设领事。"报可。

是年中国议修卢汉、粤汉、宁沪、宁汉四路，借款各国，美国愿贷四百万镑于粤汉路，旋聘美工师勘路。二十六年，拳匪作乱，各国联军入京，既各国会议条款，美惟增教案、被议人员不准复用之条，余未与附和。会俄与中国订退还东三省约，中国复请美政府排解。明年，和议成，议偿款四百五十兆，美所分得偿金三十二兆九十三万有奇，合美金二十四兆四十四万余元。除给商人损失及海陆军费外，尚有溢出数十二兆七十余万元。美总统罗斯福向议院提议，溢出金仍还中国，助中国教育，即以此款为格致学生留美之用。议行牒中国，中国特遣专使唐绍仪赴美申谢。既而各国赔款欲改银为金，以金价算。美为商劝各国，并谓众议合索四百五十兆两，由各国自行均派，中国不管其易作何项金钱，是此项赔款，照约载金价核算，即四百五十兆海关银数，照约银数付还，亦即与用金付给无异。美旋允照约还银。

二十八年春三月，议各国商约，美使不愿加税至十五，免厘与否，听中国自便。是年，命吕海寰、盛宣怀议美约，与美使迭次磋商，张之洞、刘坤一通电参酌，始定议。因上言厘定约款十七条，大致与英约相同，而其中得失损益，稍有区别。第一款曰驻使体制。美使原送约文，声明驻使可以行文各省将军、督抚、驻扎大臣；驳以美国向由外部转行，中国亦系由外务部咨转，不能两歧，驳令删去，改为中国驻使为美国优待，是以美使驻京，中国亦一律优待，以昭平允。第二款曰领事权限。报施一如驻使，而声明美国领事按例妥派，外务部按照公例认许，如所派不妥，或与公例不合，我即可不认，冀以挽回主权。第三款曰口岸利益。此系查照日本旧约，不能不许，因即比照日约核改妥协。第四款曰加税免厘。此为全约主脑，美使初只允加至值百抽十，并请我裁内地常关，又不提明销场出厂等税，以为中国主权所系，不欲有所干碍，屡费磋商，动至决裂。臣等往复电酌，彼始允加至十二五，其所裁内地常关之税，任我改抽出产税以为抵补。窃思内地常关不过十余处，各省土货未必悉所经由。按照英约载明进出口货加税后，均得全免重征，则内地常关亦只能征土货运出第一道之二五半税。若非第一常关，则并无税可收。至土货未经第一常关征过二五半税者，出口时仍须征足七五之数，是常关虽裁，亦无大碍。今既任我改抽出产税，则从源头处抽收，较无遗漏，似更合算。当时尚以与英约两歧为虑，美使自认将来劝英照办，只得允裁。至于销场税、出厂税及议增之出产税，美使虽不愿详载名目，而于专条中声叙本款所载各节，毫无干碍中国主权征抽他等税项之意，以浑括销场等税，保我主权。第五款曰税则附表。彼请美国人在中国输纳税项，较最优待之国，不得加重另征。臣等索其增入中国人民在美国纳税亦如之一节。第六款曰准设关栈。系照英约酌办。第七款曰振兴矿务。前半悉照英约，彼请准美国人遵章开办矿务。此本路矿衙门定章所许，因订明美国人民办理矿务居住之事，应彼此会定章程，以资钤束。第八款曰存票抵税。第九款曰保护商标。均与英约意义相等，而于存票款中声明除去船钞一项，以补英约所未及。第十款曰创制专照。此款深虑有碍中国工艺仿造，驳论再三，改为俟中国设立专管衙门，定有创制专律后，再予保护，其权仍自我操。第十一款曰保护版权。即中国书籍翻刻必究之意。与之订明，若系美文由中国自缮华文，可听刊印售卖；并中、美人民所著书籍报纸等件，有碍中国治安者，应各按律例惩办，为杜渐防微之计。第十二款曰内港行轮。前两节照英约大意，声明嗣后无论何时修改，应由我查看酌办；末节如奉天府安东县开埠事，扼定自开，而办法略有变通。第十三款曰改定国币。将英约所附照会纳税仍照关平一节，增入款末。第十四款曰辑睦民教。教民犯法，不得因入教免究，并应遵纳例定捐税；教士不得干预中国官员治理华民之权，详晰列明，冀资补救。第十五款曰治外法权。第十六款曰禁止吗啡鸦片。皆我索其增添，与英约一律。第十七款曰修约换约期限。系照立约通例。复于约款之外，另行订附件三端：一为内地征抽鸦片、盐斤税捐之事，及保全税捐防范走漏之法，均任由中国政府自行办理；二为所留通商口岸之常关，设立分关，保持税饷；三为申明第五款所载税则附表，即前定切实值百抽五之税则，至内地常关虽裁，并不藉此以裁北京崇文门并各城门及左右翼等处之税，由美使备一照会存案。又第四款不碍征抽他等税项一语，尚涉笼统，由我备一照会，声明他等税项，即系包括销场、出厂及改抽之出产各税，应仍听中国自行办理。彼亦复一照会，言明彼此意见相同，分别签押盖印。是为《中美商约》，一名《通商行船条约》。

三十年春，美公司背约私售粤汉股票于比利时，允比在湘造湘阴过常德至辰州一路。张之洞致湖南巡抚赵尔巽请力阻，并援合同第十七条专认美公司，不得转与他国人为主旨。湘人议自承办，禀请废约，赵尔巽力主之。时张之洞已奉廷寄废约，遂以三省绅民力持废约电致盛宣怀。宣怀旋电出使大臣梁诚牒美外部，略谓："美公司显背合同，必应作废。续约十七款不得转售他国。现查底股，比、法居多，事权他属。正约四十款禁别人侵坏合同，现派非美公司之锡度来华干预。全路工程逾限，广州一节，逾估甚巨，请牒外务部注销正续合同。"美政府覆牒允注销合同，仍不允废约。既而美公司举前兵部路提等代议路事，中国亦延美前外部大臣福士达、铁路律师良信等与之辩，始允再集股东议售股本购价，及合同特权等费，必须付现，又索赔给工程司执事人等合同未满撤退，及注销订购物料合同之用二十五万。久不决。至三十一年夏，始签字。久之，始以美金六百七十五万元还美，再加利息，定议签押。时粤民因美禁华工，并苛待留美商民，私议抵拒美货，不果。三十二年，遣学生赴美留学。三十三年，美教士在河南信阳州所属鸡公山购地造房，豫抚张人骏执条约公法教规与争，始允撤房退地停工，卒延未撤销。

三十四年八月，与美订立公断专约。初，美使康格曾奉其总统命，向中国提议，与英、法一律订立公断专约。嗣以美总统与议院意见不合，英、法约作废，因罢议。至是第二次和会和解纷争之约，又已画押，各国多互订公断专约，美亦与英、法、日本订约，中国即电致出使美国大臣伍廷芳，向美廷提议，遂订条约四款，凡关于法律意义或条约解释，为外交法不能议结者，皆属之。换约以五年为限。是年美约请各国在沪会议禁鸦片事宜，中国命南洋大臣端方等莅会。

宣统元年春正月，美使牒外务部，请免收东三省新开各埠一切杂税。旋由外务部咨东三省，覆称不能免收。因覆美使，谓："现所收各税，于各埠试办章程并无妨碍。若必欲使洋货于抽厘一事毫无轇轕，自非实行加税免厘不可，中国固甚愿各国赞成斯举也。"五月，定留学生赴美名额，因美退还庚子赔款，为中国学生赴美游学费，议自退还之年起，初四年每年遣一百名，以后每年至少须遣五十名，遂订办法大纲。是年美工商部新颁华人入美保护例凡十条，大旨仍重在禁止限制华工影射赴美，而于商贾、教习、学生等游历则从宽。牒外部立案，并同时通咨南北洋施行。二年九月，度支部大臣载泽与美使喀尔霍商定借款一千万镑，利息五厘，美招英、法、德、日结为借款团体，是为四国借款。

卷一百五十七　志一百三十二

邦交五

德意志

德意志者，日耳曼列国总部名也，旧名邪马尼，居欧洲中原，同盟三十六国，而中惟布路斯最强。

咸丰十一年，布路斯及德意志诸国请照英、法等国换约，江苏巡抚薛焕不可。其使臣艾林波赴天津，呈三口通商大臣，请立条约。王大臣以闻，命总理各国事务、仓场总督崇纶充全权大臣，赴天津会崇厚酌办。布使呈《条约》四十二款，《附款》一条，《通商章程》十款，《另款》一条，《税则》一册，其代呈德意志公会各国部名，均照《布国条约》办理。既又称，日耳曼通商诸国欲在台湾之鸡笼、浙江之温州通商，并照各国驻京办事。崇纶覆以日耳曼各国通商，均归布路斯统辖约束，只办通商，不得涉别事；并谕以京师非贸易之区，不能派员常驻；至鸡笼、温州二处，为英、法两国条约所无，不能增益。时当四国换约，法使哥士耆言："日耳曼各国，其最大者为布路斯，此外尚有邦晏等二十余国，一切章程归布国议定。"崇纶等以所言告总署，总署令哥士耆代阻之。忽有布国人入京，直入辅国将军奕权宅强住。总理各国事务、户部左侍郎文祥赴英馆晤英使普鲁斯，言："布国既不以礼来，我国即不能以礼往。"并告以："艾林波如或来京，亦当拒之，不得谓中国无礼也。"普鲁斯请牒知艾林波，令迅速调回。未几，布人相率回津，而艾林波牒总署，犹要求如故。遂定议以五年后许派秉权大臣一员驻京，兼办各国事，余与《法国条约》略同。是为德意志与中国立约之始。约既定，总署又恐五年后布国派员来京，依照英、法国住居府第，复函属崇纶等令其将不住府第一层载明约内。艾林波允递牒声明将来不住府第，由中国给一空闲地基，听其自行修盖，许之。艾林波随来京诣总署谒见，未几回津。

同治元年冬，布使列斐士牒办理通商事务大臣薛焕、江苏巡抚李鸿章，谓换约一事，德意志公会内，除本国外，尚有二十二国，曰拜晏，曰撒逊，曰汉诺威，曰威而颠白而额，曰巴敦，曰黑辛加习利，曰黑星达而未司大，曰布伦帅额，曰阿尔敦布尔额，曰鲁生布而额，曰撒逊外抹艾生纳，曰撒逊麦宁恩，曰撒逊阿里廷部而额，曰撒逊各部而额大，曰拿扫，曰宜得克比而孟地，曰安阿而得叠扫郭定，曰安阿而得比尔你布而额，曰立贝，曰实瓦字部而鲁德司答，曰实瓦字部而孙德而士好逊，曰大支派之各洛以斯，曰小支派之各洛以斯，曰郎格缶而德，曰昂布而士，曰模令布而额水林，曰模令布而额锡特利子，曰律百克，曰伯磊门昂布尔。请将《和约》照录二十二册，钤印分送各国，薛焕等不许。久之，始议会同互换《和约》，列举德意志拜晏以下各国，不再分送。明年，列斐士复遣随员韦根思敦来京，要求分送各国《条约》，钤用江苏藩司印，并请收各国国书，许之。

三年春三月，布国遣使臣李福斯来京，欲见总署王大臣呈递国书。三口通商大臣崇厚以闻，并称布国坐来兵船，在大沽拦江沙外扣留丹国商船三艘。总署以布使不应在中国洋面扣留敌船，诘之。李福斯接牒，即将丹船放回二艘，并遣译官谢罪，总署始允会晤。

七年夏四月，布路斯君主维利恩复以李福斯为秉权大臣，来华呈递国书。八年，咸伯国商人美利士私在台湾大南澳境伐木垦荒，闽浙总督以闻。总署以美利士违约妄为，牒布使诘问，请其查办。十年春，李福斯递国书，言德意志各国共推戴布国君主为德意志国大皇帝，中国覆书致贺。是年李福斯回国，以领事安讷克为署使。十一年，安讷克以条约十年期满，牒中国请换约，未果。李福斯复来，十二月，复递国书。明年正月，穆宗亲政，请觐见，许之。届时李福斯因病回国，署使和立本特备文庆贺，因声明将来本国使臣朝觐，应按此次所定节略办理，许之。光绪元年九月，德国安讷船在福建洋面遭水贼杀毙船主、大伙，并毁其船，闽抚丁日昌当将犯拿获斩枭，并追赃一万三千余元。德使责中国赔偿，总署以《德约》三十三款明言不能赔偿赃物，不许。

二年，德以巴兰德为驻华公使。春三月，直隶总督李鸿章始遣游击卞长胜等五弁，赴德武学院学习陆军枪炮操法。巴兰德牒总署，催请换约。十月，巴兰德复牒总署索三事：一，洋商在租界内售卖洋货，不再抽厘金；二，发给存票，不立期限，并准其以存票支取现银；三，德商入内地采买土货，准携现银。又请于年内开办上海一口；又求在大孤山添开口岸；鄱阳湖拖带轮船，吴淞口上下货物三端。总署拒之，屡辩驳，不省。明年五月，遂偕缮译官阿恩德出京。既抵天津，往晤李鸿章，鸿章晓以两国意见即有不合，应往返商办，力劝之，巴使乃回京。总署促与开议，忽言俟十月间再议。是年德使馆定居东交民巷，仍纳租价。四年，以光禄寺少卿刘锡鸿为出使德国大臣，并递国书。刘锡鸿寻奏，闻德外务大臣促巴兰德速立新约，而巴兰德于吴淞起卸货物、鄱阳拖带轮船、内地租住店房三条仍力争，至是竟回国。明年闰三月，巴使复来华议约，仍著重前三条。时德丕里约夹板船至山东荣成县所属海面触礁，巴使要求赔偿，拒之。巴使又以天津紫竹林无德国租界，要求在法界以上另添租界，不许。是年闰五月，以候选道李凤苞为出使德国大臣。

六年春二月，朝廷因德约议久未成，特派总理各国事务、协办大学士、兵部尚书沈桂芬，户部尚书景廉为全权大臣，复与巴使开议。久之，巴使始允将"大孤山、鄱阳湖及洋商入内地"删去，并照《英国新约》办法，彼此条款略相抵；惟江苏吴淞口一处，允德船只暂停泊，上下客商货物，章程仍由中国江海关道自订。遂于二月二十一日画押，并声明二事：一，德国夹板在中国口岸停泊十四日以外者，则自第十五日起，即于应交正数船钞减半，先行试办；一，第六款内"德国允，德国人等"条内有"游历"二字，德译与华文不符，应将德文字意更正。遂约自画押之日起，限一年内互换。已，巴使于六月三十日又来牒，称德国国法，凡议立条约，必须先问国会，国会允许，方能批准；本国国会约在明年，所议光绪七年三月初二日互换约章一款，请将期限改为光绪七年十月初十日。七年秋七月，巴使请定期互换条约，政府命景廉与巴使在北京总署画押互换，是为《中德续约》十款，并《善后章程》九条。

八年夏六月，德始与朝鲜议约，中国派员莅盟，声明为中国属邦。九年冬十月，议结德鲁麟洋行地亩案。初，广东汕头新开附地有海坪官地，中国欲填筑作为商埠，忽有德鲁麟洋行买办华民郭继宗谓系伊地，阴结德驻汕领事沙博哈，及德水师兵船，竖旗强占。中国闻之，牒向德使诘问，并命出使大臣李凤苞与德外部辩论。时德相为毕士马克，电致巴使，命速令师船退出，并撤领事任。已，德使归咎中国地方官，屡请派员查办，议久不决。至是，总署从李鸿章议，令赫德派洋员会同粤员议办，遂办结。

十年，赠德皇景泰窑器，答历次派员监造铁舰、拨借鱼雷及兵船教习等事，修好也。十二年春二月，出使英国大臣曾纪泽将回华，德驻英公使伯爵哈子斐尔德遣参赞官伯爵美塔尼克来言，德皇暨德相毕斯马克欲与晤谈，邀临其国，遂游各制造局厂。十四年秋七月，德皇薨，命出使大臣洪钧吊唁，德命驻华公使巴兰德致谢。

二十年夏四月，德人阿尔和欲在汉口建火油池。初，德商在上海创设火油池栈，许之。既又欲于汉口购地踵建，不许。德使争辩，旋议将火油照市价收买，及偿造油制器各费，德使仍不从。明年，又请增开天津、汉口租界，许之。二十二年春正月，德外部马沙尔求在中国借地泊船，出使大臣许景澄以告。时李鸿章使德将还，留税务司德璀琳与德外部商办加税事，德廷谓须中国让给兵船埠地始允加税，德璀琳阻之，不省。

二十三年十月，山东曹州府钜野县有暴徒杀德教士二人，德以兵舰入胶州湾，逼守将章高元退出炮台，占领之。德使海靖向总署要求六款：一，革巡抚李秉衡职，永不叙用；二，给天主堂建筑费六万六千两，赔偿盗窃物品银三千两；三，钜野、菏泽、郓城、单县、曹县、鱼台、武涉七处，各建教师住房，共给工费二万四千两；四，保以后永无此等事件；五，以两国人资本设立德华公司，筑造山东全省铁道，并许开采铁道附近之矿山；六，德国办理此案费用，均由中国赔偿。总署屡与折冲，始将第一款"永不叙用"四字删去；二、三两款全允；四、六两款全削除；五款许以胶州湾至济南府一段铁道由德筑造。议渐就绪，忽曹州有驱逐教师、杀害洋人之说，德使复要求租借胶州湾。二十四年二月，总署与德使海靖另订专条三章。一章，胶州湾租界：一，湾内各岛屿及湾口与口外海面之群岛，又湾东北岸自阴岛东北角起划一线东南行至劳山湾止，湾西南岸自齐伯山岛对岸划一线西南行至笛罗山岛止，又湾内全水面以最高潮为标之地，皆为租借区域；二，租借区域，德国得行使主权、建筑炮台等事，但不得转租与他国；中国军舰商船来往，均照德国所定各国往来船舶章程一例待遇；三，租借期限以九十九年为期，如限内还中国，则德国在胶州湾所用款项由中国偿还，另以相当地域让与德国；四，自胶州湾水面潮平点起，周围中里一百里之陆地为中立地，主权虽归中国，然中国若备屯军队，须先得德国许可，但德国军队有自由通过之权。二章，铁道矿务办法：一，中国准德国在山东筑造自胶州湾经潍县、青州等处至济南及山东界，又自胶州湾至沂州经莱芜至济南之二铁道；二，铁道附近左右各三十里（中国里）内之矿产，德商有开采之权。三章，山东全省开办各项事务：一，以后山东省内开办何项事务，或须外资，或须外料，或聘外人，德国有尽先承办之权。是为《中德胶澳租界条约》。

二十四年，山东日照教案起，德人进兵据城，案结仍不退。又中国拟修天津至镇江铁路，德人阻之，并欲自修济南至沂州一段，总署不许。又要求中国借德款，用德工程师。二十五年，山东高密民人阻德人修铁路，山东巡抚袁世凯谕解之，因立《铁路章程》，设华商德商胶济铁路公司，立交涉局，招股购地丈量建筑。又立《胶澳交涉章程》十一款：一，两国交涉案件，须两国会办；二，德人游历，须发护照；三，两国交涉事，统由交涉官商办；四，青岛租界内华洋案件，归交涉官提讯审断；五，租界内华人牵涉德人案件，须德官会同山东交涉官审问；六，德雇用华民之案，须由德官审讯；七，华人案件，仍由华审断；八，租界外罪犯逃入青岛华民及德人住处者，分别由华官、德官提拿解交；九，华、德人在租界内外行凶，华、德兵均可拿禁解交；十，华、德官商办案件，须和衷；十一，重大案件，本省不能结者，由总署及驻京德使商办。

又与德议立《矿务章程》，未定，二十六年五月，驻京德使克林德为拳匪所戕。七月，德与英、法、俄、美、日本、荷兰、意、比、奥、瑞十一国联军入北京，推德将瓦德西为总司令。瓦德西入居禁城仪銮殿。时命李鸿章为全权大臣，入京议和。各国提出条款：一，中国政府为被戕德公使克林德置立石碑；一，中国政府应派亲王前往德国谢罪；一，将总理衙门撤去；一，严办祸首；一，废去大沽口及直隶各处炮台；一，禁止军装炮火入口；一、各省有曾经杀戮西人，停止乡试小考五年；一，有事直达中国皇上；一，驻华各使馆永远设兵保护；一，由京至海电报邮政设兵保护；一，国家公司以及私产均照赔。久之始定议，共十二款，而为克林德立碑京城，及遣醇王载沣入德谢罪，均如所请行。十月，获戕德使克林德犯恩海，交德驻京提督诛之。明年，醇亲王载沣至德，见德皇递书，时带荫昌一人，俱行鞠躬礼。

二十八年秋七月，德商在汉口华界逼近襄河口请设立趸船，驳之。时政府要求德及英、法、日本撤兵，德使闻他国有在扬子江独享中国特予权利者，请定明长江上下游进兵要隘不得让与他国，以定撤兵日期，拒之。三十年，与德会订《小清河岔路合同》。初，《胶济铁路章程》原不许擅行另造枝路，今为商务便利计，特委胶济铁路公司代办。是年，德水舰队拟入长江及各内河游巡演炮，阻之。

三十一年，德撤退胶州、高密两处兵队。初，德人在山东修造胶济铁路，因高密民聚众阻工，先后由青岛派兵赴胶、高保护铁路。山东巡抚袁世凯派员查办议结，驻胶德兵旋即撤回青岛。既，拳匪滋事，德人又派兵分驻胶州，并于城北车站旁价购民地十四亩，修造兵房。二十九年秋，又于附近沈家河续租民地七亩，安设水管，以便取汲。高密兵队先驻城内，后又在城外古城地方议租民地九十余亩，修造兵房，议定以六个月为限。寻又修筑由古城至小王庄火车站马路一道。时六个月限期已满，东抚商令退兵，屡延展，至是始订《撤兵善后事宜》五款，遂议结。

又议商约，朝廷派吕海寰、盛宣怀为商约大臣。德人提出十四款，袁世凯、张之洞往返电商，海寰等与德使穆默、总领事克纳俱迭次会议，彼此坚持。至三十三年，始议定条约十三款，在北京互换。第一款，厘金：中国政府与诸国立约裁撤现有之厘金，加增进出口之关税以抵裁厘。此约须立约各国派员议决，德国政府亦允派员议结此事，惟中国须当担保厘金定必全行裁撤方可。第二款，住居：德国人民及德国保护之人民，准在中国已开及日后所开为外国人民通商各口岸或通商地方，往来居住，办理商工各业制造等事，以及他项合例事业；且准租买房屋、地基、经商之地及他项实产，并可在租买之地内建造房屋。第三款，关栈：中国政府允准在通商口岸设法屯积洋货及拆包改装等事。中国政府一经由德领事请将某德商或德国保护人民之栈得享关栈之利益，则中国政府须准如所请，惟须遵照海关所订之专章办理，以保饷源。海关官员又须与各国领事议定关栈专章，以及规费若干，须按照该栈离关远近，屯何货物，并工作早晚，酌量核定。凡在通商地方所设之关栈，德国人民及德国保护人民均准用之。第四款，矿务：中国政府振兴矿务，并招徕外洋资本兴办矿业，故允自签押此约之日起，于一年内，仿照德国及他国现行矿务章程，颁发矿务新章，以期一面振兴中国人民之利益，于中国主权毫无妨碍，一面于招致外洋资财无碍，且比较诸国通行章程，于矿商亦不致有亏。是以中国政府须准德国人民及德国保护人民在中国地方开办矿务及矿务内所应办之事。凡所办矿业，不得因税项之故致其财源有所亏损，除征抽净利之税及矿产之地税外，不得另抽他项之税。第五款，货税：还税之存票，须自商人禀请之日起，如查系应领者，限于二十一日内由海关发给。此等存票，可用在各处海关，按所载银数，除子口税一项外，以抵各项出入口货税。至洋货入口后三年之内，转运外洋，凡执持此等存票者，即准任便在发给之港向海关银号按全数领取现银。倘请发存票之人意图走漏关税，一经查出，则须罚银，照其所图骗之数不得逾五倍，或将其货入官。第六款，保护商标：凡中国商标，一经呈出在中国各领事所给之据，证明此项商标已在中国认可，且实属于禀请之人者，均可在德国享保护之利益，与德国之商标相同。华商之姓名牌号，必须在德国保护，以免仿冒。德国商标亦须在中国保护，以防假冒，惟须呈出德国官员并领事所给之据，证明该商标实已在德国注册，德商之姓名商标以及中国行名均须保护。凡德商包裹货物之特法，在中国之同业曾已认为某行用以区别某项货物者，亦须一律保护。德国保护之人民亦能享以上所言之利益。商标注册局一经成立，保护商标章程亦已刊布，则中、德两国必须开议特约，以便彼此保护商标。至此约未议之前，以上之款必须施行。第七款，营业：中国人民购买他国营业及公司之股票，是否合例，尚未明定。又因华民如此购买，为数颇巨，故中国现将华民或已购买或将来购买他国公司股票，均认为合例。凡同一合资公司，愿入股购票者，彼此一律，不得稍有歧异。遇有华民购买德公司股份者，应将该人民购买股份之举，即作为已允遵守该公司订定法律章程，并愿按德国公堂解释该法律章程办法之据。倘不遵办，致被公司控告，中国公堂应即饬令买股份之华民遵守该章程，当与德国公堂饬令买股份之德国人民相等无异，不得另有苛求。德国人民如购中国公司股票，其当守本分，与华民之有股份者相同。凡寻常合资股东，及一人或数人有无限之责任，与一人或数人有有限之责任，为合资股东，在德属经商之有限合资公司注册，合办会社有限公司，及各项商业公司等，均须按照以上二节办理。兹并订明，本约告成之时，凡曾经呈控公堂而由公堂判定，及不予准理之案，均与是款无涉。第八款，开埠：凡各国代其本国人民船舶索开之口岸地方，德国商人与德国保护之人民，及德国船舶，均可共享此益。第九款，行船：中国本知宜昌至重庆一带水道宜加整顿，以便轮船行驶，所以彼此订定，未能整顿以前，应准轮船业主听候海关核准，自行出资安设拖拉过滩利便之件。其所安设利便之件，无论民船、轮船，均须遵照海关与创办利便之人商议后所定章程办理。其标示记号之台塔及指示水槽之标记，由海关酌度何地相宜备设。将来整顿水道，及利于行船而无害于地方百姓，且不费中国国家之款，中国不宜拒阻。第十款，内港行船章程：前已特准在通商口岸行驶贸易，因是年七月二十八号及九月先后所订此项章程间有未便，是以彼此订明，从新修改。第十一款，圜法：中国允愿设法定为合例之国币，将来德国商人及德国保护人民并中国人民，应遵照以完纳各项税课及付一切用款。第十二款，禁令：一千八百八十一年九月二号《中德条约》附载之《通商章程》第五款第三节内开，"凡米谷等粮，德商欲运往中国通商别口，照铜钱一律办理"等因，兹彼此应允，若在某处，无论因何事故，如有饥荒之虞，中国政府先于二十一日前出示禁止米谷等粮由该处出口，各商自当遵办。倘船只为专租载运谷米，若在奉禁期前，或甫届禁期到埠尚未装完已买定之米谷者，仍可准于禁期七日内一律装完出口。惟米谷禁期之内，应于示内声明漕米、军米有无出口。如运出口者，应于海关册簿详细登记进出若干，其余他项米谷，中国政府必须设法一概不准转运出口。其禁止米谷以及禁期内应运之漕米、军米数目，各告示均须由中国政府颁发，以期共见。二十一日之期限，必须自《京报》登刊之日起计。限满弛禁之告示，亦须载于《京报》，使众得闻。至米谷等粮，仍不准运出外国。第十三款，中、德两国于本约以前所立各条约，除因立本约有所更改外，均仍旧施行。嗣后如有文词辩论之处，应以德文作为正义。

是年与德订《互寄邮件暂行章程》。订后，德使穆默牒总税务司声明三事：一，高密所设之德国邮局，应俟德军撤屯方能裁撤；二，山东一带涉及德人之处，所有华局酌用德文人员；三，山东铁路允中国邮政得有任藉此路运送邮袋之权。总税务司得牒，均照允，惟酌用德文人员，谓须视有无人才，方能照办。会德人收中国商报，电政大臣袁世凯请外务部严禁。既而德允停收商报，并允中国电报局设在山东铁路车站。已，复又请由烟台至上海线及北京至大沽行军陆线求借用，拒之。又拒德商礼和洋行私购湖南矿产。

又德定济南、汉口、江宁等处领事兼管各处交涉事宜，照会外务部，略谓"山东省除登州府仍归烟台本国领事办理本国交涉事宜，并胶澳租地归驻青岛德国总督外，其余所有东省本国交涉事，统归驻济南商办事件委员经理。其烟台本国领事官，仅有登州府本国交涉事归其经理。又定明汉口本国领事应办本国交涉事宜，系湖南、陕西、甘肃三省。湖北除归宜昌领事办理各府外，并江西省之袁州府等处，悉归汉口本国领事经理。至驻江宁府领事应办本国交涉事宜，系安徽、江西二省。除归汉口领事之袁州府外，又江苏省之江宁府等处"云云。

是年德福亲王来京觐见。德皇子婚礼，命出使德国大臣廕昌往贺，并派学生往柏林留学。三十二年二月，德人始在津关请领联单，赴新疆采买土货。三月，德使穆默牒中国，请派员往柏林商议无线电会约章，政府约二次开会再行核办。闰四月，德交还天津马队营盘等处房地，并炮队、机器枪队、屠牲场、养病院各房屋。是月，德在营口改设正领事。德使穆默回国，署使葛尔士牒中国，复以通商口岸限制洋人置地办法与条约不符，请除限制，并谓德人地产收回公用，可会商。六月，德人李卜克在北京设立学堂，德使请中国摊出经费，不许。三十三年四月，以孙宝琦为出使德国大臣，递国书。是月，外务部咨《改订青岛租界制成货物征税新章》。初，青岛设关征税一事，已于光绪二十五年与德使海靖议定办法，嗣于三十一年又与德使穆默修改，其大意即系德国允在海边划一地界，作为停泊船只、起下货物之定所，凡出口货在未下船以前，即完出口税，进口货除军用各物暨租地内所用机器并建修物料免税外，其余百货，于起岸后未出新定之界以前，即完进口税，关员在彼办理，德国相助无阻。又由中国允每于结底，将本结所收进口税提出二成，拨交青岛德国官宪应用。既因续订章程，德租界内制成货物征税一条，语义未尽，因与德使葛尔士再订《征税新章》。

初，中国欲修天津至镇江铁路，与德、英借款，已立合同。至是，直隶、江苏、山东三省京官请揽归自修，命张之洞、袁世凯商办，议改合同，德、英执不允。乃又增派外务部右侍郎梁敦彦会同张之洞等筹议。初，津镇铁路借款之开议也，德使增索接造支路二道，一由德州至正定，一由兖州至开封，为原议所无，不允。德使乃始变计：一，允由胶澳至沂州府一段，仍作为津镇支路，归入官路；二，允由济南府往山东界之一道，包入津镇官路。中国亦允由德州至正定府及由兖州府或干路中之他处过济宁州至开封府两支路，于十五年内由中国自行筹办，并声明倘用洋款，须向德华公司商借。至是遂由梁敦彦与德、英银行等改订借款合同二十四款，名为《中国国家天津浦口铁路五釐利息借款》。既定议，即由外务部牒德使，声明胶沂、济东路线应作为津镇支路，其由德州至正定、兖州至开封支路，均由中国自造。已，复与德议订《电政合同》，即青、烟、沪水线交接办法，并购回京沽军线条款，及《山东铁路附设电线办法章程》共十四款。是年，德柏林赛卫生民学会及万国玩要排列馆请中国派员入会，许之。

宣统元年，山东巡抚孙宝琦与德立《山东收回五矿合同》。先是光绪三十三年，山东巡抚杨士骧与德商采矿公司议定合同八条，所指之沂州、沂水、诸城、潍县四处，已次第查勘，惟第五处矿界内宁海州属之茅山金矿，查勘未竟。会山东士民倡立保矿会，德公司遂欲将茅山转售，向中国索价二百二十五万马克，并声言此外四处一并归还。中国官绅亦以收回为然。筹议久之，始以库平银三十四万两，分四年清还作结。

三年，山东巡抚孙宝琦与德订《收回各路矿权合同》。初，德商矿务公司照约在坊子、马庄开矿，屡禁华人在附近开矿，争执有年。迨津浦借款合同签定，又要索胶沂、津浦路内矿权，并请封禁大汶口华矿，政府不许。于是德使照会始有划清矿权之语。孙宝琦即派道员萧应椿等与德公司总办毕象贤、领事贝斯商议收回，而毕象贤等则以中国欲收回三路矿权，须以相当之利益互换，否则不允。初议淄、博矿界，公司第一次绘送矿界图，系淄川全境，并毗连博山，萧应椿等以淄、博穷黎向以采煤为衣食，若两境全为公司所有，势必至华民无以为生，因议博境全留，淄境各半，以天台、昆仑两山为界，山北归公司，山南归华人，公司未允。萧应椿因亲赴淄川会毕象贤查勘，并邀集绅董矿商，旋议定淄川东南境由大奎山起斜经龙口镇西北至淄川东境为界，界南矿产归华商办理，博山亦全让还，次议淄川华矿，次议潍县矿界，次议金岭镇铁矿，次议偿给勘矿购地费。自是公司已成之胶济铁路，未成之津浦铁路，甫勘之胶沂路，及曹州教案条约许与公司之三十里矿权，均允取消。

卷一百五十八　　志一百三十三

邦交六

日本

日本久通中国。明季以寇边禁互市，清兴始复故。康熙十二年，平南王尚可喜致书于长崎奉行，请通商舶。闽、粤商人往者益众，杂居长崎市。初有船百八十艘，后由七十艘迭减至二十余艘。货运中国岁限八千贯，置奉行三人讥察之，榷其税。然日本方严通海之禁，其国人或潜来台湾及各口贸易，事发辄罪之。三十二年，广东广西总督石琳奏，日本船避风至阳江县。诏资以衣食，送浙江，具舟遣归。

雍正六年，浙江总督李卫以日本招集内地人，教习弓矢技艺，制造战船，虑为边患，奏明："密饬沿海文武营县，及各口税关员役，严行稽查，水师兵船不时哨巡，以为有备无患之计。"上览奏，谕曰："昔圣祖遣织造乌林达麦尔森阳为商人，往觇其国。比复命，盛言国小民巽，开洋之举继此而起。朕数谕闽、广督抚留意考察。闻日本近与朝鲜交亲，往来无间。夫安内攘外之策，以固本防患为先。其体朕前谕无怠。"并颁谕沿海诸省防海。两广总督孔毓珣疏请沿海练舟师、置火器、增炮台，并自赴厦门、虎门诸口巡察。上不欲启外人疑惧，但令饬备而已。李卫复奏称："日本贸易不能遽绝，请于洋商中择殷富老成者，立八人为商总，责其分处稽察，互相绳举，庶免日久弊生之虑。"报可。乾隆四十六年，户部奏请颁江海关则例，定东洋商船出口货税律。嘉庆元年，上谕："日本商人每遇风暴，漂至沿海，情殊可悯。其令有司送乍浦，附商船归国。"著为令。

初，日本专主锁港，通华商而禁西洋诸国。及明治维新，始与各国开港通商。后以各国咸在中华互市，同治元年，长崎奉行乃遣人至上海，请设领事，理其国商税事。通商大臣薛焕不许。三年，日本商船介英领事巴夏礼以求通。七年，长崎奉行河津又致书江海关道应宝时，言其国人往来欧洲，时附西舶经行海上，或赴内地传习学术，经营商业，皆有本国符信，乞念邻谊保护。许之。

九年，日本遣外务权大丞柳原前光赍外务卿书致总理各国事务署，略曰："方今文化大开，交际日盛。我近与泰西十四国订盟。邻如贵国，宜先通情好、结和亲；而内国多故，迁延至今，信谊未修，深以为憾。兹令前光等诣台下，豫商通信，以为他日遣使修约之地，幸取裁焉。"前光至天津，三口通商大臣成林、直隶总督李鸿章达其书总署，议允通商而拒其立约。前光谒鸿章曰："西人胁我立约，彼此相距十万里，尚遣公使、领事远来保其侨民。中、日唇齿相依，商贾往还，以无约故，反托外人代理，听其约束，丧失国权，莫此为甚。今特使人远输诚意，而其来也，西人或交尼之；若不得请，是重吾耻也，前光虽死，不敢奉命。"鸿章复为请于朝，下廷议。两江总督曾国藩等疏言："日本二百年来，与我无嫌。今援西国之例，诣阙陈辞，其理甚顺。自宜一视同仁，请与明定规约，分条详列，不载比照泰西总例一语，致启利益均沾之心。"上韪其议，允前光请，命总督答书，诏鸿章豫筹通商事。

十年，日本以大藏卿藤原宗臣为专使来聘，命授李鸿章钦差大臣，应宝时、陈钦副之，与议条款。日使初请照西约办理。久之，始订《条约》十八款，《通商章程》三十三款，互遣使臣，设领事，以上海等十五口与日本横滨等八口通商，而禁其私入内地，微异西国。诸约既成，宗臣来献仪物，期来年换约。十一年，日本罢宗臣官，遣柳原前光诣北洋大臣李鸿章交日本外务卿副岛照会，谓来岁与欧西诸国改修条约，欲酌改所议事件，与欧西一律，豫拟条款请商。鸿章答以去秋甫经立约，尚未互换，此时遽行改议，殊非信守。特令津海关道陈钦等与商，均俟换约后照约商办。

十二年四月，日本使臣副岛种臣来京换约，遣其随员柳原前光、翻译官郑永宁诣总署询三事：一询澳门是否中国管辖，抑由大西洋主张？一询朝鲜诸凡政令，是否由朝鲜自主，中国向不过问？一询台湾生番戕害琉球人民，拟遣人赴生番处诘问等语。王大臣等当与辩正。寻命李鸿章为换约大臣，与之互换。副岛种臣并致国书，庆贺大婚及亲政大典。时各国因请觐，报可，副岛种臣亦请面递国书，许之。寻进贺仪方物，答以礼，并给玺书。副岛种臣照会，使事毕回国。李鸿章以日本换约时，其上谕内仅盖用太政官印，未用国玺，驳令换用。缮译官郑永宁谓："本国向与西洋各邦换约，均钤用太政官印。"鸿章谓："见尔国副本，声明钤用国玺，又上海道抄送总领事井田让等敕书，亦用国玺。"郑永宁允回国换寄。时日本未设驻京公使，交涉事托俄使倭良嘎哩代办。

十三年三月，日本兵船至厦门，声称赴台湾查办生番。李鸿章致书总署，谓："各国兴兵，必先有文函知会，因何起衅。台湾生番一节，并未先行商办，岂得遽尔称兵？"既闻美人李让礼带领陆军，又雇美国水师官领兵船，欲图台湾。李鸿章复致总署，谓："此事如果属实，不独日本悖义失好，即美人帮助带兵，雇商船装载弁兵军械，均属违背万国公法，且与美约相助调处之意不符。应请美使遵照公法，撤回李让礼等，严禁商船应雇装载弁兵。日本既无文函知会，仅将电信抄送上海道。云派员往台湾查问，难保不乘我不备，闯然直入闽省，应先派兵轮水师，往台湾各港口盘查瞭望，另调得力陆军数千，即用轮船载往凤山、琅㺹附近一带，择要屯扎，为先发计。”乃日本兵船忽犯台湾番社，以兵船三路进攻，路各五六百人。生番惊窜，牡丹、高士佛、加芝来、竹仔各社咸被焚。其时尚有兵轮船泊厦门。于是台湾戒严，命船政大臣沈葆桢渡台设防。葆桢密疏联外交、储利器、储人才、通消息四事。闽浙总督李鹤年亦陈台湾地利，并遣水路各营分往凤山、澎湖等处屯扎。

是月日本攻生番网索、加芝来等社，移兵胁龟仔角社，社番暂不降。帝命福建布政使潘霨赴台湾会商设防。五月，沈葆桢、潘霨率洋将日意格、斯恭塞格至台湾，奏陈理谕、设防、开禁等事，皆报可。初八日，潘霨偕台湾兵备道夏献纶及洋将日意格、斯恭塞格等，乘轮船由安平出海抵琅㺹。诣日营，晤中将西乡从道，示以葆桢照会，略云：“生番土地隶中国者二百余年，杀人者死，律有明条，虽生番岂能轻纵。然此中国分内应办之事，不当转烦他国劳师縻饷。乃闻贵中将忽然以船载兵，由不通商之琅㺹登岸。台民惶恐，谓不知开罪何端，使贵国置和约于不顾？及观贵中将照会闽浙总督公文，方知为牡丹社生番戕害琉球难民而起。无论琉球虽弱，尽可自鸣不平。即贵国专意恤邻，亦何妨照会总理衙门商办。乃积累年之旧案，而不能候数日之回文，此中曲直是非，想亦难逃洞鉴。今牡丹社已残毁矣，而又波及于无辜之高士佛等社。来文所称殛其凶首者，谓何也？所称往攻其心者，谓何也？帮办潘布政使自上海面晤贵国柳原公使，已商允退兵，以为必非虚语。乃闻贵中将仍扎营牡丹社，且有将攻卑南社之谣。夫牡丹社戕琉球难民者也。卑南社救贵国难民者也。以德为怨，想贵中将必不其然。第贵中将知会闽浙总督公文，有佐藤利八至卑南番地亦被劫掠之语，诚恐谣传未必无因。夫凫水逃生者，有余资可劫，天下有劫人之财，肯养其人数月不受值者耶？即谓地方官所报难民口供不足据，贵国谢函俱在，并未涉及劫掠一言。贵国所赏之陈安生，即卑南社生番头目也。所赏之人即所诛之人，贵国未必有此政体。两国和谊，载在盟府，永矢弗谖。本大臣敢不开诚布公，以效愚者之一得，惟高明裁察见覆。”霨复造其营，从道辞以病。霨及献纶遂遣人传各社番目，至者凡十五社，译传大意，皆求保护。因谕令具状，愿遵约束，不敢劫杀。霨等宣示国家德意，加以犒赏。番目等咸求设官经理，永隶编氓。霨等因从道不出，将还。从道复来谒，坚以生番非中国版图为词。及示以《台湾府志》所载生番岁输番饷之数，与各社所具结状，日将始婉谢。请遣人附我轮船，一至上海，致书柳原前光，一请厦门电报本国，暂止添兵。霨等遂返。

初，日本逐牡丹社番踞其地。旋有轮船二先后至，一迳往后山射寮港，一载兵二百、妇人十余泊射寮港，携食物什具农器，及花果草木各种，分植龟潭、后湾，为久居计。窥我兵力不厚，仍肆要求。沈葆桢请派水师提督彭楚汉率师来台湾。日旋增兵驻风港。沈葆桢急饬营将王开俊由东港进驻枋寮，以戴德一营由凤山驻东港为后应。日人水野遵入猪朥索、高士佛诸社，又自后湾开道达龟山巅，其风港之营将分驻平埔为援应。因遣其通事彭城中平至琅㺹，谒委员周有基，讯中国四处布兵何意。有基以巡察应之。葆桢照会日将，劝令回兵。时李鸿章亦深虑台地兵单。及沈葆桢请借拨洋枪队，即奏以提督唐定奎统军赴台湾助防。葆桢亦奏称：“彭湖为台、厦命脉所关，守备单弱，非大枝劲旅，仍无以壮民气而戢戎心。请催迅速前来，庶台、澎气脉藉以灵通，金、厦诸防亦资巩固。”奉旨俞允。潘霨又偕前署镇曾元福等赴凤山旧城募土勇，并励乡团。因亲履海口之打鼓山等处，踏勘要隘，建立兵栅，以待淮军分驻。

是月柳原前光入京先谒李鸿章，鸿章遣道员孙士达往答拜，属以到京后勿言兵费及请觐两事。日本又遣大久保利通入京。美领事毕德格复出任调停，说鸿章仍允照柳原原议三条，并加抚恤赔命。

初，日人刘穆斋在花莲港遭风，破船失银，称社番盗劫。沈葆桢命夏献纶集讯其地居人及船户，查无劫掠失银之事。惟日人欲从生番租地，给有洋银，番目来益不受而止，并缴出日本前给旗物。葆桢因奏言：“日本和约第三条，禁商民不准诱惑土人；第十四条，约沿海未经指定口岸，不准驶入；第二十七条，船只如到不准通商口岸私作买卖，准地方官查拿。今台后歧莱地方，中国所辖，并非通商口岸。此次前赴歧莱之成富清风等，携游历执照，勾引土番，均违和约。现已确查歧莱各社并无窃盗银物。其缴出旗、扇各件，当即发交苏松太道，转给驻沪日本领事收回，将游历执照追销。其违约妄为之处，应由彼国自行查办。并录民、番供结，咨呈总署，牒其外务省，转饬日本领事照章办理，以弭衅端。”从之。命速修安平炮台，及筹办铁甲船。续谕：“日本虽未启兵端，然日久相持，终非了局。现淮军续抵凤山，罗大春业抵苏澳、沪尾、鸡笼等口，调兵扼扎。”葆桢于是设防益严，日人乃谋撤兵。而西乡从道仍迁延不即退，欲牡丹社赔给兵费。

柳原前光既至京，先递照会有“台湾生番为无主野蛮，本不必问之中国”之语。先请觐见。总署责以：“台湾生番系中国地，不应称为‘无主野蛮’。迭次来京，并未与中国商明，何以捏称中国允许日本自行办理？”柳原前光答辩。久之，始议定三条，给抚恤银十万，再给修道建房费四十万两，定期撤兵付银，互换条约。于是大久保往琅㺹，命领事福岛九成谒沈葆桢陈五事：一，请派人受代；一，请撤销两国大臣来往公文；一，请被害遗骸于收埋处建碑表墓，并许日人以后登岸扫祭；一，请以后台湾交涉事件，由中国官交厦门领事。葆桢以抚局已成，允之。惟于登岸扫祭一节，覆以须有领事官钤印执照，祭毕即归。遂各遣员交代。事讫，西乡从道率兵去。

光绪元年八月，日本署公使郑永宁牒中国，请补正前约。李鸿章令津、沪两道详议，复将各条逐加查核，因致总署云：“《通商章程》第二十八款，进出口税未便一例，及日本进口税则第八十三条毤布类，又日入至日出不准开封锁舱，应行更正补载等事，可以照准。但换定之约，不便改写，只可由总署另给照覆，附刊章程之后。至鸦片严定罚款一条，彼国既有各国贸易通例，或可权宜照办，无须补列。查曾国藩预筹日本议约奏内亦云，彼国严禁传教与鸦片，中国犯者即由中国驻员惩办，或解回本省审办，而郑署使照会末段，华民归彼地方官照料，是中国遣理事官一端，实有难再从缓之势。查横滨、长崎、神户三处华民最多，总理事官驻最要之口，各口即选各帮公正司事，俾为副理事官，遇事妥商办理，实与中外大局有裨，应主持早办。”总署亦以为然。会日使议改章，欲于鸦片进口照西例加倍严罚，李鸿章亦援西例与争。议久不决。

是秋，日本派使臣带兵船往朝鲜攻毁炮台，以朝鲜炮击日船，特遣森有礼为驻华公使，要求总署发给护照，派人前往，又欲代递文信。总署坚拒。李鸿章谓宜由总署致书朝鲜政府，劝其以礼接待，或更遣使赴日本报聘，辨明开炮轰船原委，以释疑怨，为息事宁人之计。总署即派办理大臣往问朝鲜政府。朝鲜政府颇不愿与日本通商往来，而日使森有礼往谒李鸿章，则以高丽非中国属邦为词。因提出条件三：一，高丽以后接待日本使臣；一，日本或有被风船只，代为照料；一，商船测量海礁，不要计较。鸿章答以高丽系中国属国。事既显违条约，中国岂能不问，森使急求与高丽通好，鸿章请徐之。

二年八月，始命直隶候补道许钤身出使日本，拟设理事、副理事各员。日使森有礼诣李鸿章，谓中国商民向由日本地方官管理。中国若派领事官前往，恐日本不肯承认。鸿章答以同治十年修好条规第八条云，两国指定各口，彼此均可设理事官。兹照约选派理事，日本何能不认？日本自订约后，在上海、厦门、天津设立领事，中国无不照约招待。彼此一例，何能稍有区别？森使乃不复言。

是年，日本屯兵琉球。福建巡抚丁日昌以琉球距台北鸡笼，水程不过千里，请统筹全局以防窥伺，报可。三年三月，日本因内乱，来借士乃得枪子百万，政府以十万应之。五月，琉球国王密遣陪臣赍咨赴闽，诉日本阻贡物。闽浙总督何璟等以闻，并出使日本大臣何如璋。如璋乃往日本外务寺岛宗则商议，并照会其外务卿，延不答覆。五年正月，日人驱遣琉球官员之在日本者，令回琉球，并派内务大丞松田往琉球，废琉球为郡县，并令改用纪元。如璋函报总署，复亲往见其内务卿伊藤博文及外务卿，皆不得要领。时有美前总统格兰忒者，游历来华，又将有日本之行。鸿章因以琉球事相托，格兰忒慨然以调处自任。及至日本，以琉球各岛本分三部，商拟将中部归球立君复国，中、东两国各设领事保护，其南部近台湾，为中国属地，割隶中国，北部近萨摩岛，为日本属地，割隶日本，冀可息事。而日本总称琉球为已属国，改球为县，系其内政。格兰忒请另派大员会商。李鸿章因达总署，请照会日本外务省，请其另派大员来华会商。而日本则欲中国另派大员前往东京，或如光绪二年在烟台会议。李鸿章执不许。

会俄因废约事，与中国肇衅。詹事府左庶子张之洞奏：“俄人恃日本为后路，宜速联络日本。所议商务，可允者早允，但得彼国两不相助，俄事自沮。”政府得奏，因徇日使宍户玑之请，以南部宫古、八重山二岛归中国，而加入内地通商照各国利益均沾之条。宍户玑又以本国现与西洋各国商议增加关税、管辖商民两事，美国已允，请一并加入条约。总署以日本既与各国商议，俟日本与各国订定后，再彼此酌议，暂不并加入约。已定议矣，而右庶子陈宝琛以俄事垂定，球案不宜遽结，日约不可轻许上言。两江总督刘坤一、出使日本大臣黎庶昌、内阁学士黄体芳各有建议，皆不果行。八年十二月，李鸿章复与总署议球案，欲就前议中国封贡议结，仍不决。

十年九月，日本公使榎本武扬请于登州、牛庄二口运豆饼。政府以非条约所有。李鸿章谓：“同治元年总署徇英使之请，暂弛豆禁，而已开竟难禁止。同治八年，沪上洋商雇用轮船径从牛庄装豆运往长崎，当经总署饬总税司查禁议罚，不果。以后豆石渐多流入东洋，旋值中、日订约，其时豆禁开已十年。日使援例为请，但允以通商别口买运，至登、牛两处，仍坚持不许。榎使所请，仅豆饼一项。《中日通商章程》载明年限届满，两国方可会商酌改。今尚未订改期，若婉辞以缓，至重修商办，似无不可。如仍哓渎，应予通融，声明原约其余各款照旧信守，庶于羁縻之中，仍寓限制之义。”

会朝鲜乱，日本进兵，以保护使馆为名，又以中国兵枪伤日本兵为口实，十一年正月，派参议伊藤博文为全权大臣，来华议事，并递国书，进谒李鸿章。初日本敕书内有“议办前日案件，妥商善后方法”之语，李鸿章以为隐括朝案宗旨。伊藤开议要求三事：一，撤回华军；二，议处统将；三，偿恤难民。鸿章以撤兵一节尚可商议，议处统将、偿恤难民，力争不许。函致总署，谓议处、偿恤两层，纵不能悉如所请，须求酌允其一。但我军入宫保护，名正言顺，交战亦非得已，断无再加惩处之理。伊藤强请三事皆允，鸿章只允撤兵，并要同撤，伊藤亦允。吴大澂拟四条，送交伊藤：一，一同撤兵；二，练兵各营，须有中国教习武弁若干人，定立年限，年满再行撤回；三，以后朝鲜与日本商民争端，日本派员查办，不得带兵，中国亦然；四，朝鲜如有内乱，朝王若请中国派兵，自与日本无涉，事定亦即撤兵，不再留防。伊藤不以为然，自出所拟条款：一，议定将来中、日两国永不派兵驻朝；二，前约款仍与中、日两国战时之权无干，若他国与朝鲜或有战争，或朝鲜有叛乱，亦不在前条之例；三，将来在朝鲜如有中、日两国交涉，或一国与朝鲜交涉，两国各派员商办；四，朝鲜教练兵士，宜由朝鲜选他国武弁一员或数员教练；五，两国驻朝兵，于画押盖印后四个月限尽撤。鸿章以伊藤所拟五条，意在将来彼此永不派兵驻朝，辨驳不允。旋奉旨：“撤兵可允，永不派兵不可允；至教练兵士一节，亦须言定两国均不派员为要。”鸿章奉旨后，与伊藤会议，因议将前五条改为三条：一，议定两国撤兵日期；二，中、日均勿派员在朝教练；三，朝鲜若有变乱重大事件，两国或一国要派兵，应先互行文知照。遂定议，而于议处、偿恤仍不许。惟因当时日兵实被我军击败伤亡，鸿章因牒日本致惋惜，并自行文戒饬官兵，以明出自己意，与国家不相干涉。三月初四日，立约画押，是为《中日天津会议专条》。

十二年五月，日本公使盐田议修约，李鸿章以为宜缓，因致总署，谓："日廷现与欧、美各国改约，应俟彼商定后，我再与议，庶可将西国所订各款参酌办理。又球案亦当并商妥结，免至彼此久存芥蒂。请总署酌夺。"旋因长崎兵捕互斗案出，暂置未议，而琉球遂属于日，不复议及矣。

十三年正月，盐田因崎案已结，请催修约，总署仍令李鸿章核覆。鸿章谓："原约分《修好条规》、《通商章程》为二。《条规》首段声明彼此信守，历久弗渝。《通商章程》第三十二款则声明现定章程十年重修。是《章程》可会商酌改，《条规》并无可改之说。至《通商章程》，大致本与西约无甚悬殊。惟第十四、五款，不准日人运洋货入内地、赴内地买土货，为最要关键。当时伊藤与柳原前光为此两款力争，鸿章坚持不改。今日稿第一款内，一曰遵守彼国《通商章程》，再曰遵守清国与各与国所缔《通商章程》，固寓一体均沾之意，实欲将十四、五款删除，关系甚大，请缓议。"时日本伊藤博文新秉政，仍欲中国派全权商议，卒不果。

二十年三月，朝鲜东学党乱作，乞援于中国，中国派兵前往，日本旋亦以兵往。李鸿章电驻日公使汪凤藻，与日本政府抗议，日仍陆续出兵。及事平，驻韩道员袁世凯牒日本驻韩公使大鸟圭介，援约同时撤兵。日本外务省提出三项：一，中、日两国兵协同平定韩国内乱；二，乱定后，两国各设委员于京城，监督财政及吏治；三，募集公债，以为朝鲜改革经费。总署电令汪凤藻答覆，略谓朝鲜内政，应由朝鲜自由改革，不应干预。日本政府覆凤藻，谓朝鲜缺独立资格，日本为邻邦交谊，不能不代谋救济。既又提出二条件，谓无论中国政府赞成提案与否，日本军队决不撤回。中国主撤兵再议，日本则要求议定再撤兵，持久不下。

七月，日本遂宣战，误击沈高升英船。时日本寓华商民，属美领事保护，中国寓日商民，亦托美保护，美使调停无效。及战事起，提督叶志超、卫汝贵守平壤牙山，先溃，左宝贵阵亡，海军继败。于是日军渡鸭绿江，九连城、凤凰城、金州、海城、大连、旅顺、盖平、营口、登州次第失守，又破威海卫，袭刘公岛，降提督丁汝昌，海军舰尽熸。

初，日人志在朝鲜，至是并欲中国割地赔费，指索台湾，又提出四条件：一，派大员往东洋议约；二，赔兵费五万万；三，割旅顺及凤凰城以东地；四，韩为自主之邦。二十一年正月，命张荫桓、邵友濂赴日本议和，拒不纳，乃再以李鸿章为全权。鸿章至日本，日本派伊藤博文、陆奥宗光为全权大臣，与鸿章会议于马关，月余不决。鸿章旋为日本刺客所伤，又命其子李经芳为全权帮办，卒订约十一款：认朝鲜独立，割辽南及台湾，赔款二万万，且许以内地通商、内河行轮、制造土货等事，暂行停战。

张之洞、刘坤一等闻之，亟电力争。俄国亦约法、德劝日让还辽南。日索交台湾益亟，朝旨命台湾巡抚唐景崧交台，台民汹汹欲变，并引公法力争。政府不得已，又因王文韶、刘坤一电阻，乃谕之曰："新定和约，让地两处，赔款二万万，日人坚执非此不能罢兵。连日廷臣来奏，皆以和约为必不可准。目前事机至迫，和战两事，利害攸关，即应主断。"命直陈。又命李鸿章覆电伊藤展期。鸿章以原议批准电知，若改约另议，适速其决裂，请暂行批换。乃派道员伍廷芳、联元等往烟台换约。初限期四月十四日。及伍廷芳等至烟台，日使伊东美久治请速换约，限十四日申刻。廷芳驳以停战至十四夜子刻为止，乃听稍缓。亥刻换讫，伊东美久治即行。会台湾民变，将劫唐景崧、刘永福守台，别求各国查照公法，从公剖断。于是日派水师提督桦山资纪赴台，限日交割。政府乃派李经芳为交付台湾大臣。经芳之澎湖，与桦山指交于舟次。自是台湾属日矣。

寻议还辽，日派林董为全权，与李鸿章议商，辩论久不决。嗣定议分为六款：一，还辽南地；二，偿兵费三千万；三，交款三个月以内撤兵；四，宽贷日本军队占踞之间所有关涉日本之中国臣民；五，汉文、日本文遇有解释不同之处，以英文为凭；六，两国批准自署名盖印之日起，遂在北京互换。复订专条，于定议五日内互相达知，以期迅速。是为《中日辽南条约》。

先是《中日新约》第六款所列各条，如苏州、杭州、重庆、沙市等处添设口岸，听其任便往来；第二条，日本轮船得驶入各口搭客运货；第三条，日本臣民得在中国内地购买经工货件若自生之物；第四条，日本臣民得在中国制造各项工艺，又得将各项机器装运进口，止交进口税，日本在中国制造一切货物，即照日本运入中国货物一体办理等节：朝廷因损失利权，欲挽救之。又值《通商行船章程》将开议，乃命中外臣工筹议。廖寿丰、谭继洵、鹿传霖均有论奏，而张之洞言尤切直，并拟办法十九条，电总署代奏："一，宁波口岸并无租界名目，洋商所居地在江北岸，即名曰洋人寄居之地，其巡捕一切，由浙海关道出费雇募洋人充当。今日本新开苏、杭、沙市三处口岸，系在内地，与海口不同，应照宁波章程，不设租界名目，但指定地段纵横四至，名为通商场。其地方人民管辖之权，仍归中国，其巡捕、缉匪、修路一切，俱由地方官出资募人办理，不准日人自设巡捕，以免侵我辖地之权。二，制造货物，自系单指通商口岸而言，华文有含混内地之意，须更正。'任便'两字太宽，宜议定限制。三，出示晓谕产货地方，须先完坐贾厘捐，方准售卖。无论洋商、华商，一律办理。日本人在内地购买土货，只可暂行租栈存放，不准自行开行，及自向散户收买，以免夺我产货地方坐贾厘税，且杜华商影射洋票漏厘。四，内地收买土货，准其租栈暂存，不准购买房地、悬挂招牌。所买土货，务须运载出口，不得在内地转售。洋货运入内地，须大宗贩卖，不准零售。租栈应给地方公举费用，须照华民房屋一律摊派。五，日本人在内地制造土货，出厂后即完正税一道，运出通商地界，无论行销内地及运出外洋，均须再完半税一道。六，《通商章程善后条约》第二款所载各项器用食物进口，通商各口皆准免税，原为洋商在各口岸自用。若作货物转售，应照值百抽五纳税，不得藉口家用杂物蒙混免税。七，日本轮船不准贩运食盐。八，米谷、铜钱不准贩运出洋。九，军火禁贩，非有官买执照，不准进口。十，日本轮船不准拖带民船，免致影射漏厘。十一，日本行内河轮船，尽寸大小、时刻早晚，须有限制，以免伤碍民船。十二，日本轮船只准到指定口岸装卸入货，不准沿途起卸搭载。十三，内河轮船应收船钞，须较长江加多，以备修理河道之费。十四，日本人入内地办货卖货，不准剃发改为华装，违者查出即作华人照奸细治罪。十五，雇用华民工作，须按日给值，听其自愿，不得立约限期，抑勒作工，鞭挞虐待。十六，装运机器，制造各物，须无伤民命，方能照准，不得以'任便'两字藉口。十七，船只非日本商人购置，行户藉日本商资本不得悬挂日本旗，若有冒名包庇，查出即行充公。十八，制造各厂，如有藏匿犯法华人，一面由地方官知照领事，一面即派人到厂缉拿，厂主不得袒庇。如厂主确知为好人，须照洋例存银作保，到审讯日交出候审。十九，厂内如有华工滋闹，毁伤机器厂屋，地方官只能办犯，不能赔偿。若仅罢工细故，应由厂主自行调停，官不与闻。"于是派张荫桓为全权大臣，与日本使臣林董议商约。林董交约稿四十款，之洞致总署请驳辩，即由全权另拟约本与林董议，屡延不决。是年开苏州商埠，日人欲即行船，总署以租界未定，税关未设，行船不便。日本又欲于租界设巡捕、立工程等局，总署援宁波章程，复不允。

二十二年正月，商约开议，张荫桓将日使原稿驳删九款，驳改七款。惟第三十四款，日本官商财产，遇有办理案件，均照相待最优之国一律；第三十五款，日本商民所有事件，均照中国臣民、中国船、中国货并相待最优之国臣民、船货一律相待；第三十六款，他国国家官员、船货、人民得有利益，日本一律同获其美：此三款日本旧约皆不得与各国均沾，不能过拒，乃照英约第二十四款，改作一条，删此三款。遂定议。初，《马关约》准开四口，本有均照向开海口及内地镇市章程办理之言。中国欲以宁波办法为程，日本欲取法上海章程专管租界之条，乃不得不允矣。

是年开四口租界。初开沙市租界，因地洼下，要中国筑堤，中国以与各国通例不符，却之。又索汉口城外德国租界起沿江之地长三百丈作租界，中国以所索地在中国兴办铁路应用限内，不许，惟许在德界千丈以外，逼近铁路，让给租界三百丈。因声明两条入条款："一，逼近铁路江岸，日本一年须自筑堤岸，以资保障；二，所给界内轨道穿过之处，已为铁路购用，若干方数内，应仍归铁路总公司管业，两不相碍"等语。二十四年三月，日使至总署，请沙市租界未定以前，日商运货暂免厘金，许之。

是月侨寓沙市湘人，因与招商局起衅，延烧日本领事馆，驻沙日领事永泷诉于日本公使矢野，要求五事；已，复提四条：一，索赔一万八千两；二，以八万六千余两作沿江堤费，两国各半；三，专界内道路免价豁租；四，界内租地价酌行核减。张之洞即电总署，谓："一条索赔一万八千两一节，拟允给一万两。第二条以八万六千余两作沿江堤费两国各半一节，彼此两益，事属可行，当照允。第三条专界内道路免价豁租一节，其租可免，地价未便不给。第四条界内租地价酌行核减一节，可行，当照允。"案旋结。五月，准中国商民居住日本专界，援德界例也。六月，驻沙日领事请地价减一半，道路沟渠地价认十分之一，许之。七月，命派学生游学日本。十月，日使矢野又请中国南北洋、湖北三处各派武备学生前往肄业。

二十六年春，拳匪起，连戕日本使馆书记生杉山彬、德使克林德，各国皆出兵。日本福岛正安统兵赴津。六月，与各国联军攻天津城。七月二十日，入京师。时政府已特召李鸿章，未至而京师陷，两宫出狩。日本外部电告李鸿章等维持中国善后。福岛正安请速奕劻返京，奕劻遂有全权大臣之命，与李鸿章同议和。适盛京将军增祺与俄擅定暂约，日本外部谓公约未定，不应立私约，俄约应归公议，与英、德同。然劝俄讫不应。时祸首已惩办，公约亦定，朝廷因日本使馆书记生杉山彬被害，特简户部侍郎那桐为专使，赴日本道歉，所得偿款四百五十兆，日本应得三千七百九十三万一千两，惟以俄不退东三省、俄约不归公议为言。

二十八年三月，日本领事小田切奉其政府命诣张之洞：一，告阻止俄约情形；二，劝中国收买洋药；三，劝江、鄂会奏改东三省官制章程；四，欲与中国商人合开银行；五，欲与招商局合办推广江海轮船。既又谈商约三条：一曰美使不愿加税，日本意与美同；二曰长沙、常德开口岸；三曰米谷出洋。张之洞分别答辨，并将所言致书商约大臣吕海寰等核议。未几，日本商税使日置益、小田切又送新约十款，大抵皆抽税、免厘、行轮、开埠、居住、合股等特殊利益。时方议英约，中国只欲于英约已允者照办，未允者不允。屡议不行。九月，改派伍廷芳充商约大臣，并派袁世凯会议。日本于加税免厘，仍不允如英约加至十二五，仅允值百抽十，并欲将由日本运进中国之煤炭、棉纱及一切棉货概不加税，尤与英约相背。中国不允。惟第三款川江设施拖揽，第四款内港行轮及修补章程，第七款中、日商民合股经营，第八款保护商牌，第九款改定国币，均为英约所有，允之。又于商牌款内议增保护版权一事，内港行轮款后议增照会声明，往来东三省轮船亦系照内港章程办理，不能驳拒。此外第五款索开各处口岸，第六款口岸城镇任便居住，第九款第二节厘饬度量权衡，第十款请运米谷出口，均驳拒不允。日使内田康哉赴部晤商，又提出北京开埠、加税免厘、米谷出口三条，欲在京与张之洞议，余仍归沪定。时之洞在京，外务部答以不能两处分议，遂暂停。

十月，汉口因议给比利时界增日本租界。初，日本索租界三百方丈，止允给一百方丈，留二百方丈备中国公司之用。当时日使言明，日界外地如别有余地让给他国，日本仍须照原议添索二百方丈。兹议给比界中仅余地约三百丈，拟添给日本租界一百五十丈，仍画留约一百五十丈立作华业公司地界，以备中国官商自用。日本犹争不许。日本议设两湖轮船公司，欲华洋合股，不果。是月，撤驻沪日兵。

寻复议约。日使内田康哉与张之洞在京会议，研商数月，始渐就绪。即致总署，谓我所索允者三事：一，照各国一律加税；一，查禁违碍书报；一，中国人民在日本者，极力优待。驳辩删去者三事：一，请运米谷出口；一，口岸城镇任便居住；一，常德府等九处口岸。以要索为抵制者一事：各国护路护馆兵队全撤后，北京方能开埠。因有益于中国商民，可除积弊，而许其入约者，度量权衡一款；照沪议原文增改字句者，改定国币一款，内港行轮一款，川江设施拖揽一款；因英已有而许其入约定议者，长沙通商一款。余皆仍照沪议原文。又致外务部及吕海寰等，谓日约东三省开埠，言明悉照美约文法，惟安东县改大东沟，缘大东沟系日本原议所索。嗣增索安东县，再三商驳，内田始允仍将安东县删去。遂定议，于二十九年八月十八日在沪画押，是为《日本商约》。是年与日使议索还前借汉口大阪马头，仍未还。又盛宣怀与日本立《汉冶矿石借款合同》，数三百万元，息六厘，预定三十年还清，不还现银，以矿价扣还。

三十年，日商三井在汉厂购生铁一万六千吨，值日俄战起，中国虑于局外中立有碍，拟阻止。会日本领事永泷来函，谓订运生铁，不在战时禁货之列，日使亦来函声明，作为商工制造之用，不得以禁货论，遂许运。三十一年，日战胜俄，两国议和，政府令外务部照会日、俄，谓关涉中国之事，若中国不与闻者，中国将来断不承认。是年十一月二十六日，外务部庆亲王奕劻与日本大使小村寿太郎、公使内田康哉订新约。正约三款：一，凡俄国允让之利益，中政府悉承诺之；二，凡中、俄所订借地造路等项，日本悉照约履行；三，此约签字即便施行。附约十二款：一，中国将东三省自行开辟商埠；二、三，撤兵事宜；四，日本允将所占公私产业，在撤兵前后交还；六、七、八，安奉、南满铁道建筑事宜；九，另订奉天日本租界办法；十，鸭绿江右岸设中日木植公司；十一、十二，中、日彼此以最优国相待遇。

三十二年，日人设立南满洲铁道株式会社，并于关东州置都督府，另设领事五人，总领事驻奉天。安奉铁道外有间岛领土权，抚顺炭坑、新法铁道、营口支线、新奉、吉长两铁道借款诸事，经东三省总督赵尔巽、徐世昌及外务部尚书袁世凯先后与日使争议，久不决。

三十三年三月，外务部大臣那桐与日本驻京公使林权助订《中日新奉吉长铁路协约》七条：一、二，中国以日金一百六十六万元收买日本所已造之新奉铁路，其续造辽河以东一段及自造吉长铁路需款，均向南满洲公司筹借半款。三，除还清期限外，均照山海关内外铁路借款合同办理。其主要事务，又开列六条：甲，借款还清期限，辽河以东十六年，吉长二十五年，限前不得还清；乙，借款以铁路产业及进款作保，未还清以前，不得以此作他项借款之抵保物，中国自行筹款建筑他路，与南满洲公司无涉；丙，借款本息，由中国政府作保，到期爽约，应由政府代还，或将产业交公司暂管；丁，在借款期内，总工程师应用日本人，并添派铁路日帐房一员；戊，如遇军务、赈务，政府在各路运送兵食，均不给价；己，各路进款，应存日本国银行。四，与南满洲铁路公司订立关于辽河以东之借款合同，及吉长铁路借款合同。五，中国奉新、吉长铁路，均应与南满洲铁路联络，派员会订章程。六，借款实收价值，照中国最近与他国借款酌定。此约结后，日人又要求吉长铁路延长至延吉厅南境，以与韩国会宁铁道相联，且照吉长铁道例，于南满铁道会社借资本之半数筑之。政府不允，遂成悬案。

三十四年，日使忽提出安奉铁道案，要求解决。先是满洲善后协约之附约，允安奉铁道仍归日本经营，改为工商业铁道，规定自此路竣工日起，以十五年为限。至是复提议。邮传部乃派委员与日本委员会勘改良之新路线。日政府又要求勘定路线即行收买地基。东三省总督锡良只许按旧线改筑，要求日本撤退铁道守备兵与警察等事，日本不允，令铁道会社自由起工，海陆皆作警备。乃命锡良会同奉天巡抚程德全与日本奉天总领事缔结《安奉铁道协约》，此宣统元年七月事也。《协约》要目如左：一，中国确认前次两国委员勘定之路线，陈相屯至奉天一段，由两国再协议决定；二，轨道与京奉铁道同样；三，此约调印之当日，即协议购买土地及一切细目；四，此约调印之翌日，即行急进工事；五，沿铁道之中国地方官，关于施行工事，应妥为照料。

未几，间岛之争议又起。先是，康熙年间，政府与朝鲜划定国境，于鸭绿江、图们江水源之长白山上树立界碑，规定西以鸭绿江、东以图们江为两国国境。因图们江中有江通滩，地面不及二千亩，因地居江间，四面环水，故以"间岛"呼之。此岛向属吉林，惟皇室以长白山一带为发祥之地，不许人民移居，因之吉林东部所在人烟稀少，间岛愈形荒僻。同治间，朝鲜钟城岁饥，其民多渡图们江移居间岛，按年纳地租于我国光霁峪经历署。光绪初年，朝鲜人忽请免纳地租，政府以主权攸关，令朝鲜人退出间岛，不果，乃置延吉厅以治之，间岛仍准朝鲜人民居住，按纳地租。

日俄战后，日本伊藤统监命斋藤中佐率兵据之。政府与日使交涉，日使谓光霁峪以东为东间岛，和龙峪一带为西间岛，系两国未定之界。且谓长白山上界碑载土门江为界，朝鲜人称海兰河为"土门河"，图们江系豆满江，非"土门江"，中、韩国境实为海兰河。中国以"土门"、"豆满"、"图们"均系一音之转，图们江北岸界碑矻立，凿凿可据。且光绪十三年，朝鲜王致北洋大臣书，声明鸭绿江、豆满江为两国境界，是豆满江即土门江无疑，执不许。至是，日使伊集院彦吉与外务部尚书梁敦彦重提旧案，缔《间岛条约》：一，中、日两国协约以图们江为中、韩两国国境，其江源地方以界碑为起点，依石乙水为界；二，中国准外国人居住龙井村、局子街、头道沟、百草沟等处贸易，日本于此等地方得设置领事馆；三，中国准韩国人民在图们江北之垦地居住；四，图们江垦地之韩人，服从中国法权，归中国地方官管辖及裁判，中国官吏于此等韩人与中国人一律待遇，所有纳税及其他一切行政上处分，亦同于中国人；五，韩人诉讼事件，由中国官吏按中国法律秉公办理，日本领事或委员可任便到堂听审，惟人命重案，则须先行知日领事到堂，如中国有不按法律判断之处，日领事可请覆审；六，图们江杂居区域内韩人之财产，中国地方官视同中国人民财产，一律保护，该江沿岸，彼此人民得任便往来，惟无护照公文，不得持械过境；七，中国将吉长铁道延长至延吉南边界，与朝鲜会宁铁道联络，一切办理与吉长铁道同；八，本协约调印后，日本统监府派出所及文武人员于两月内完全撤退。是约既成，政府以吴禄贞为延吉边务大臣。

嗣议五案协约，即新法铁道，营口支线，抚顺、烟台炭矿，安奉铁道沿线及南满铁道干路沿线之矿务是也。新法铁道者，新民屯至法库门之铁道，政府欲借英款筑造此路，以分南满铁道之势力，日本谓系南满铁道竞争线，极力抗议。营口支线者，光绪二十五年东清铁道会社规定筑造旅顺、哈尔滨间之铁道，得设营口支线，以运送材料，俟铁道落成后拆去。日俄战争后，南满铁道归日本，政府要求日本拆此支线，日本不允。抚顺炭矿，距奉天城东六十里，日公使以此地炭矿为东清铁道附属品，利权应归日本。政府以炭山在东清铁道三十里外，不认为附属财产，日使不允；并烟台炭矿均成悬案。因安奉铁道交涉，定约如下：一，中国如筑新法铁道时，当先与日本商议；二，中国允日本营口支路，俟南满铁道期限满，同时交还，并允将该支线延长至营口新市街；三，中国承认日本有开采抚顺、烟台两处炭矿之权，日本承认该两处开采之煤斤纳税与中国，惟税率应按照中国他处最轻煤税之例，另行协定，其矿界及一切章程，亦另委员定之；四，安奉铁道沿线及南满洲铁道干路沿线之矿务，除抚顺、烟台外，应按照光绪三十三年东三省督抚与奉天日本总领事议定之大纲，归中、日合办；五，京奉铁道沿长至奉天城根一节，日本无异议。自此南满洲大势遂一变矣。

吉长、新奉两路借款细目，旋亦议定。其后锦齐铁道、渤海渔权与领海、鸭绿江架桥、南满铁道附属电线、收买日本辽东方面军用电线及旅顺芝罘间海底电线诸交涉，次第起焉。锦齐铁道者，即自锦州经洮南至齐齐哈尔之铁道也。日本原允中国自修，惟要求昌图洮南间之铁道归日本筑造。及满洲诸协约成，英、美争锦齐铁道借款，迭与中国交涉，事皆中阻。渤海渔业与领海交涉，自光绪三十二年，中国课关东渔业团渔税，迭经日本领事要求住关东之日本人有满洲沿岸渔业权，日本渔团因避税，全出距海岸三海里外海面。东督锡良通告日本领事，谓三海里外之海面系中国领海，应准中国渔业规则课税。日本领事以三海里外为公海，反抗之。鸭绿江驾桥，联络满、韩，议定依安奉铁道契约，十五年后卖还中国。南满铁道附属电线，原中国所设，日本占有之，后取供公用，中国抗争无效。又日俄战争时，日本在南满洲所设军用电线，战局终，应归中国收买，日本初起反抗，后始归中国收买。旅顺芝罘之海底电线，系俄国布设，战时皆断绝。至此，日本要求依该海底电线直通芝罘之日本电线局，为中国所拒。卒以距芝罘海岸七里半以内之一部归中国，余尽属诸日本。其后复有《日俄协约》之议，于是东三省大势又一变矣。

卷一百五十九　志一百三十四

邦交七

瑞典　那威　丹墨　和兰　日斯巴尼亚　比利时　义大利

瑞典即瑞丁，在欧罗巴西北境，与那威同一区。雍正十年始来华互市。道光二十七年春二月，与瑞典及那威国订《通商约》。时法、美诸国通商，俱仿英和约条款。瑞本小国，亦求照英、法、美三国成案议《通商条约》。时瑞钢铁等项价甚贱，并求酌减税则。两广总督兼五口通商善后事宜耆英以各项税钞甫经议定通行，未便因瑞钢铁率议轻减，不许；惟《通商条约》奏请许之。遂与瑞公使李利华订约三十三条。同治六年，政府派出使大臣志刚等游历各国，至瑞递国书。光绪三年八月，瑞典开整理万国刑罚监牢会，使臣爱达华达摆柏照会驻英使臣郭嵩焘，请中国派员入会。嵩焘以闻，许之。

十八年五月，瑞典国教士梅宝善、乐传道二人往麻城县宋埠传教，被殴致毙，上海瑞典总领事柏固闻，赴鄂见张之洞，要求四事：一，办犯；一，抚恤；一，参麻城县知县；一，宋埠设教堂。时犯已缉获，张之洞允办犯、抚恤，而参麻城县则不许，谓麻城县事前力阻，事后即获正犯，未便参劾。至开教堂，宋埠民情正愤，改在汉口武穴觅一地建堂，柏固亦不允。久之，始议定绞犯二名，给两教士各一万五千元，失物诸项一万五千元，期二十月后再往传教。

三十四年六月，与瑞修改《通商条约》。先是瑞使倭伦白来京，请觐见呈递国书，并照称奉本国君主谕，请修改《通商条约》，并录其君主所给议约全权文凭送外务部。外务部以道光二十七年所订《瑞典那威条约》系两国联合所立，近两国已各独立，前订之约距今六十年，通商情形今昔不同，当重订约，以资遵守，许之。于是瑞使拟具约稿三十九款，大致多采各国与中国所订约款。外务部以所拟款目繁多，另拟约稿，并为十七款。研商久之始定议。外务部因上奏，言："臣部另拟约稿，归并为十七款。查向来与各国所订条约，我多允许与各国利益，而各国鲜允许与我利益，按诸彼此优待之例，实非平允。惟光绪七年《巴西条约》暨二十五年《墨西哥条约》，多持平之处。此次拟议约稿，注重此意，不使各项利益偏归一面，更于各约中采用较为优胜之条，取益防损。如第三款领事官应照公例发给认许文凭，第十款订明俟各国允弃其治外法权，瑞典亦必照办，第十三款声明给与他国利益，立有专条者，须一体遵守，方准同沾，俱系参照巴西、墨西哥二约。第十二款入教者犯法不得免究，捐税不得免纳，教士不得干预华官治理华民之权，俱系参照《中美商约》。又瑞使原拟约稿有数款照录英、美、日各商约，今皆删去。如商标、矿务之类，则以第十三款内载所有商业、工艺应享各利益均一体享受等语括之，如加税、免厘之类，则以第十四款内载中国与各国商允通行照办遵守等语括之，以免挂一漏万。于第五款内又载进出口税悉照中国与各国现在及将来所订之各税则办理等语，亦可为将来加税不得异议之根据。此外各款，如派驻使、设领事，及通商、行船一切事宜，始终不离彼此均照最优待国相待之意，以扼要领而示持平。虽瑞典远在欧洲北境，现尚无前往贸易之华商，其所许我利益，未能遽沾实惠，然际此中外交通，风气日开，不可不预为地步。数旬以来，与瑞使往返磋磨，间有字句删改无关出入之处，亦辄允其请，而大旨已臻妥协。谨录全约款文，恭呈御览。如蒙俞允，应请简派全权大臣一员，会同瑞使署名画押，仍候批准互换。"疏入，报可。宣统元年四月，在北京互换。

丹墨即嗹马，在欧罗巴洲西北。其来市粤东也，以雍正时，粤人称为"黄旗国"。同治二年三月，丹马遣其使臣拉斯勒福来华，抵天津，径赴京师。署三口通商大臣董恂以丹使并未知照，无故来京，亟函知总署，饬城门阻之。而英使言："丹国来人乃本馆宾客，请勿阻。"总署遂置不问。英威妥玛复代请立约，恭亲王告以丹使擅越天津来京议约，万难允其立约。威妥玛乃言丹与英为姻娅之国，并援法使为布路斯、葡萄牙代请换约之例固请。王大臣等因语以丹使如欲中国允行，宜循中国定章，仍回天津照会三口通商大臣，方可立约。威妥玛乃请嗣后外国使臣到津，应令天津领事告知中国常例，又为函致三口大臣代为之谢。大臣等以闻，朝旨交总署核议。旋派工部左侍郎恒祺会同三口通商大臣、兵部左侍郎崇厚办理。

五月，约成，大致以英约为本。初，恒祺等议约拟仿照大西洋成案，威妥玛谓丹系英国姻娅，应从英文义。辩论久之，各有增减，定《和约》五十五款，《通商条约》九款，《税则》一册。明年五月，丹遣水师副提督璧勒来沪，派提督衔李恒嵩及江苏布政使刘郇膏与换约。届时李恒嵩等向璧勒索观应换条约，而原定印约未携，只另书英字条约。璧勒谓此约系照英文原定条约缮写工整，以示尊崇中国之意，并无别故；又以本国军务方殷，不能久待。遂将条约核对，与英文相符，允互换。属将原定用印《和约》补订照缮《和约》之内，补钤丹副提督印信，并签押，遂互换收执。九年十月，丹遣使来华呈递国书，报中国简派使臣蒲安臣、志刚、孙家穀使丹之聘也。十年，复呈递国书。

光绪七年十月，督办中国电报事宜盛宣怀与丹总办大北电报公司恒宁生会订《收递电报合同》。先是同治十年，丹国大北公司海线，由香港、厦门迤逦至上海，一通新嘉坡、槟榔屿以达欧洲，名为南线，一通海参崴，由俄国亚洲旱线以达欧洲，名为北线，此皆水线也。至同治十二年，又擅在上海至吴淞设有旱线。至是中国甫设电局，因先与订合同十四条：一，中国电报寄往外国之线路；二，电局与大北互定通电之价；三、四，由中国寄外国、外国寄中国内地之报，其报价应先行收清，后再划还，并在上海立册，每月互对；六，电价概由自定，惟寄外国报须按照万国电报定章，又传报可自编新码；七，电局与大北往来用英文，惟合同以华文为主；八，大北愿竭力帮助中国设电，惟中国自主之事不得干预；十，大北海线、中国旱线如有断绝停滞，互相通知；十一，中国电政归北洋大臣主持，有向大北购料者，应禀明北洋核夺；十二，大北应缴回中国电报之费，每三月一结。时法、英、美、德四国以大北公司仅有单股海线，又沿途只通厦门口岸，其余如汕头、福州、温州、宁波各口皆距较远，请添设海线，就便通至各口。拒之，仍专与大北公司合办。方议立合同，大北公司恒宁生欲载明中国不再租陆线与他人，且须永租大北，议遂中止。

九年，李鸿章致总署及盛宣怀，拟中、英、丹三公司合约，英、丹海线均至吴淞为止，将丹自淞至沪旱线购回，由我代递。议久之始收回。初，大北公司原禀六条内，有"不准他国及他处公司于中国地界另立海线，又中国欲造海线、旱线与大北有碍者，不便设立"二条，为大北公司独得之利益。因之中国亦取得总署、南北洋及出使大臣往来电报，"凡从大北电线寄发者，不取报费"，为中国独得之利益。当时鸿章已批准咨行。英、美、法、德各使闻之，合词照会总署。威妥玛复援同治九年允英人设海线之案，必欲大东公司添设，政府不能阻。因之大北公司恒宁生请将中国官报照常给费。旋复来电，谓"自十月初三日为始，所有中国头等官报由大北电线寄发者，须照章付足电资，方为发报"等语。

十六年，薛福成议与大北及大东公司订立合同。初，大北与大东虑我与俄接陆线夺其水线之利，故愿订明沪、福、厦有水线处，贴中国十分之一，其余各口出洋报费，悉归华局续议，并允报效海线官电之费。嗣因各国并俄使牵制，以致久搁。至是，由福成另议，只让官电费，不要贴价，岁银十万圆。

和兰，《明史》作"荷兰"，欧罗巴滨海之国。清顺治十年，因广东巡抚请于朝，愿备外藩、修职贡。十三年，赍表请朝贡，部议五年一贡，诏改八年一贡，以示柔远。十八年，郑成功攻台湾，逐和兰而取其地，诏徙沿海居民，严海禁。康熙二年夏六月，和人始由广东入贡：刀剑八，皆可屈伸；马四，凤膺鹤胫，能迅走。二十二年，和兰以助剿郑氏功，首请开海禁通市，许之。乾隆元年冬十月，裁减和兰税额。初，和兰通商粤省，纳税甚轻，后另抽加一税。至是，谕曰："朕闻外洋红毛夹板船到广，泊于黄埔，起所带炮位，然后交易，俟交易事竣，再行给还。至输税之法，每船按梁头征银二千两左右，再照则抽货物之税，此向例也。近来炮位听其安置船中，而于额税之外，将伊所带置货现银另抽加一之税，名曰缴送，殊与旧例不符。朕思从前洋船到广，既有起炮之例，仍当遵守。至加添缴送银两，尤非嘉惠远人之意。"命照旧例裁减，并谕各洋人知之。

同治二年秋八月，与和兰立约。和兰与中国通商最早，至是见西洋诸国踵至，亦来天津援请立约。三口通商大臣崇厚以闻，朝议许之，即命崇厚在津与其使臣订《和约》十六款。初和兰使送来约稿，皆照英、法各国及参用续立之布、西、丹国等条约、章程，分别各款请议。三口通商大臣崇厚答以现在各口通商，均有定章，不必多列条款。和使亦允删减，惟前往京师、南京通商，并内地传教、减税，暨在京互换条约各节，以和文为正义。争论久之，始允删去。而于税则一层，许另立一款，议明各国税则届重修之年，和国亦许重修。并与照会，言将来重修税则时，亦应按照价值秉公增减。遂定议：一，通使；二，海船通商；三，游历；四，传教；六、八至十二，关税；六、七，交涉案件；十三，交际议文；十四，行移文书各用本国文字；十五，利益均沾；十六，批准一年内换约。此与和兰立约之始。三年五月，和公使硃大何文以换约期将届，遣员伯飞鲤诣天津三口通商大臣，请在广东省城换约。崇厚以所请符原议，奏请简员往。朝廷命广东巡抚郭嵩焘为换约大臣。届期，和使仅以钞录副本上。嵩焘驳令取原本再定换约期。逾年始换。

十年四月，出使各国大臣志刚、孙家穀诣和兰呈递国书。十二年四月，和兰公使费果荪来华呈递国书，总署允与各国使臣同觐见，礼节亦如之。光绪七年，和使牒中国，称本国将于光绪九年夏在都城亚摩斯德尔登等处设立炫奇公会，请中国与各国同入会，许之。是年，以候补道三品卿衔李凤苞充德义和奥四国出使大臣，此为和兰遣使之始。八年二月，和使费果荪复将炫奇会章程，及增拟华商赴会章程，并开中国物产及工艺奇巧制造等件，请其会集运往。总署饬各海关照办。十一年，出使大臣许景澄如和兰递国书。十三年，许景澄出使期满，以内阁学士洪钧代之。

是年，两广总督张之洞特派副将王荣和、知府余瓗先往和兰所属南洋各岛调查，和兰不允。前出使大臣许景澄与和外部辩论，以游历为名，和始允行。既返，张之洞上疏请设领事，略谓："日里有华工万余众，噶罗巴华民七万余众，其附近之波哥内埠、文丁内埠、以及三宝垅、与疏罗、及麦里芬、及泗里末、及惹加，皆和属地，华人二十余万众，宜设总副领事以资保护。"旋议从缓。

二十年，出使大臣许景澄请禁机器进口，牒和兰外部，略谓："外洋各项机器，除中国自购并托洋商代购外，其洋商自行贩运机器，查系无碍华民生计性命之物，酌照税则不载之货估价值百抽五，准其进口。若洋商贩运机器有碍华民生计性命者，皆不准进口。"二十一年，命许景澄递万寿致谢国书。二十四年，以候补四品京堂吕海寰充出使德国大臣，兼充和、奥两国公使。二十五年，各国在和都海牙设保和公会，和使牒中国请入会，许之。旋派前驻俄使臣杨儒赴会。又《推广红十字会》、《水战条约》，请用御宝，由驻俄使臣胡惟德转送和政府。

二十七年，吕海寰以和属南洋各岛虐待华民，乃上言："和属南洋各岛开埠最早，华民往彼谋生者亦最多。噶罗巴一岛尤为荟萃之区，寄居华民不下六十万人。初尚优待，后因迫令入籍，率多残虐，其故以中国未经设立领事保卫之也。各岛有所谓玛腰、甲必丹、雷珍兰者，管理华人，以生长其岛者充之，擅作威福。华人初到，概入供堂问供注册；赴各乡营生，须经批准，方许前往。嗣下不准华民居乡之例，限二十四点钟立将生意产业贱售而去，逾限罚银逐出，产业消归无有。此其一。又华人到和属地，向须凭照方准登岸。嗣又变立新例，无论有无凭照，登岸后带至官衙，绳圈一处，俟查老客有原日出口凭照放行，新客则驰入绳圈之内，候带入玛腰公馆照像，俟有人担保始放，否则辄上镣杻刑具，遇有轮船，驱逐出境。此其二。又华人来往本岛贸易，必领路票，使费外仍缴印花银若干，到一处又须挂号，再缴银若干。如一日到三五处，则两处缴费亦须三五次。挂漏查出重罚。此其三。又华人词讼，审费照西人最多之例，科罚则照土番最重之例。纵令理直，追回银数，已不敷状师之费，以至沉冤莫诉。此其四。再如华人家资产业，身故后权归和官。虽妻子儿女执遗嘱照章领取，亦必多方挑剔，反复延宕；若无遗嘱，则产业概没入官。此其五。华人在日里承种烟叶者，往往系由奸贩诱惑拐骗出洋，身价五六十元、八九十元、三四十元不等。立据三年为期，入园后不准自由出入，虽父兄子弟不能昭面。加以克扣工资，盘剥重利，华人吞声忍气，呼吁无门。且各国人民皆得购地自业种烟，华人独否。此其六。以上苛虐各节，惨不忍闻。正拟设法向和廷理论，忽英文报纸载有班喀地方，华人在锡矿各厂作工，突遇水患，饥寒潮湿，病死相仍。又经厂主勒购厂物，物劣价昂，支借工资，则一两纳息五钱，以致积愤肇事，为厂主枪击，死伤无算。和官拿获逃散华民，穷诘再三，始知为厂主苛刻所致。按华工素循规矩，若非相待太苛，必不至于启衅等语。窃思华民作工各岛，受此任意凌虐，与古巴之夏湾拿同一残忍。领事之设，断难再缓。迭与和外部大臣朴福尔再三争论，并译录商禀及报纸所载苛待情形，详为申述。复备文照会，请其允设领事，保我侨民生计。彼外部以事属藩部为词，支梧未决。臣复照会彼外部，以新嘉坡、小吕宋等处，中国早设有领事。即以荷属之噶罗巴而论，欧、美各国无不设有领事，何独于中国而靳之？反覆辩论，稍有转机。查和属岛屿林立，应设领事之处有七：即如噶罗巴、三宝垄、泗里歪、望加锡、勿里洞、日里、文岛等处，均关紧要。今一时万难遍设，惟噶罗巴一岛，设立总领事一员，万不可缓。"奏入，交外务部议。二十八年，外部议准在噶罗巴等处设立领事，未实行。

三十年，各国议免红十字会施医船税钞，请中国派员赴和兰会议，许之。是年，热河都统松寿奏称："蒙古喀喇沁王贡桑诺尔布拟与和商白克耳合办本旗右翼地方巴达尔胡川金矿，作为华洋合办，股本各居其半，一切遵章办理。"外务部以"喀喇沁王原将右翼全旗指给逸信公司开办五金各矿业，经饬令画清界限，不得包占全旗。若今又遽允和兰商人，难保不滋轇轕，应请暂缓。"报可。三十一年，和使照称本国南洋属地苏门答腊以北名撒般者，遇有外国兵船进口，施放敬炮，请外务部知照南北洋大臣。三月，外务部奏："《万国保和会和解公断条约》业经批准。各国欲在和兰都城设立万国公所，作为公断衙门，请中国派员入会作为议员。”许之，寻以伍廷芳充选。保和会即弭兵会也。是月和使照称本国属地茫咖、萨巴东二处，遇有外国兵船进口，不再施放敬炮，仍请外部知照南北洋大臣。八月，万国弭兵会举和人男爵米何离斯为判断公堂总办。十月，简知府陆徵祥充出使荷国大臣，并兼办保和公会事宜。三十二年，派驻美使署顾问洋员福士达充和兰保和会公断议员。

宣统二年，和京设万国禁烟会，请中国派员入会。寻遣外务部右丞刘玉麟往。嗣因禁烟会展期，刘玉麟简充英使，别遣出使德国大臣梁诚赴会。三年四月，与和定设立领事约。初，和送交领约全稿十七条，政府命陆徵祥与议。顾约文外另有附则一条，谓施行本约，不得以所称和兰臣民之人视为中国臣民，徵祥议加以“亦不得以中国臣民视为和兰臣民”一句，和外部不允，乃命徵祥回京，由外务部照请和使来署接议。和使初仍持前议，继允将附则改为公文，不入约。又久之，始允将“生长和属之人，遇有国籍纷争，在彼属地可照和律解决”等语，备文互换。又一面将“此项人民回至中国，如归中国籍，亦无不可”等语，由彼备文叙明存案。议遂定。外务部于是上言：“臣部查和属设领，系积年悬案，屡议屡搁，垂二十年。此次重提前议以来，一年有奇，始克开议。旋因附则一条，致生枝节，彼此研商，又更两稔。盖近世各国国籍法，多偏重出生地主义。生长其地之人，大率隶属其籍。而我国新定之国籍法，则采用血脉主义。根本解释，迥然不同。彼之欲加附则者以此，我之坚持删去亦以此。至回国侨民沿用外籍，诚多流弊。兹定明和属人民回至中国可归华籍，藉资补救。其非出生于和属之侨民，仍可认为华籍，与我国国籍法亦不致相背。就此结束，俾可迅派领事，以慰侨民喁喁之望。”又奏和属苛例修改情形，略谓：“华人流寓和属所最难堪者，如种种苛例，臣部迭据华商来禀，电驻和使陆徵祥向和政府交涉。彼初以为治理属地数百年，成例未易更张，强词拒驳。经我大臣极力磋商，据称警察裁判，只允将改良之法从事调查，未能即时遽改。其入境、居留、旅行三项，允先修改。现入境新章虽尚未见颁布，而居留及旅行二者，先已从爪哇、马渡拉两岛改有新章，较之旧例已多宽大。”奏入，派陆徵祥为全权大臣，与和使贝拉斯署名画押。条约用法文。

日斯巴尼亚，一名西班牙，即大吕宋也。明嘉靖初，据南洋之蛮里喇，是为小吕宋，樯帆遂达粤东。及清咸丰八年，见英、法、俄、美立五口通商之约，遂与葡萄牙同请立约，不许。同治三年五月，西班牙使臣玛斯复来请，并呈所奉全权凭据。三口通商大臣崇厚令玛斯在天津候旨。朝廷复命候补京堂薛焕莅津，会同崇厚与玛斯议约。玛斯援丹马、西洋各国进京议约之案。薛焕等以丹马等国虽在京议约，仍赴天津填写定约日期，不得谓之在京立约。玛使始允在津商办。久之，出所拟条款，有为各国条约所无者，而于驻京一节，立意尤坚。久之始议定，共定条约五十二款，专条一款。六年四月，崇厚与玛斯始公立文凭互换。十年，穆宗亲政，各国请觐见呈递国书，日使与焉。自是岁沿为例。

光绪三年，日国因索伯拉那船遭风案，声称欲派兵船来台湾。福建巡抚丁日昌上奏，言：“西班牙属岛小吕宋之北，即连台湾之南，海中山势，断续相接，较之日本尤为迫近。本年五六月间，用兵苏禄，攻破其城，故有狡焉思逞之意。非亟加整备，速办矿务、垦务、水雷、铁甲船、轮路、电线诸举，无以图自强。”已而兵船不果来。

是年日属地古巴因招华工，请订专约。时日使为伊巴理，政府派总理各国事务大臣沈桂芬、毛昶熙、董恂、夏家镐、成林为全权大臣，与议约。先是光绪元年，总署奏派陈兰彬出使美国及日斯巴尼亚、秘鲁三国，办理交涉事件。日与秘鲁均有应议华人出洋承工事宜。秘鲁已经李鸿章议有条款。日则自陈兰彬查复后，复由总署议定保护华工条款，与各国使臣定期晤论。日使丁美霞及各国使臣亦议具条款，复将此条款参酌合而为一。正在会议，适滇省有戕毙英国缁译官马加理事，英使威妥玛来言，事遂中止。自滇案议结，伊巴理时已来京晤议，讫未就绪。至是始议出章程凡十六款：一，维持同治三年《天津条约》，不得收留中国逃人；二，既除去前约承工出洋未能尽善之情，所有赔偿一层作罢论；三，华人出洋须出情愿，不得勉强及施诡谲之计；四，听华民前往，不得禁阻；五，出洋报名领盖印执照；六，派遣领事；七，予华人随便往来准单，须与各国人一律；八，诉讼事件；九，查验华民多寡之数；十，载华民出洋应守之船规；十一、十二，资送华工回国事件；十三，限制华人前往居住事件；十四，执照准单一切事宜，新到之华人与期满之华人享同等利益；十五，此次条约未载之利益，中国若与他国，则日国应一体均沾；十六，换约事件及期限。是为《重订华工条款》，画押盖印，明年换约，复公立文凭。六年，小吕宋华民请设领事，不果。

十三年四月，张荫桓由美赴日都马得利呈递国书，届期君后临朝，张荫桓恭捧国书敬递，君后亲接后，即付外部谟烈，起立与荫桓为英语，缁绎代答。礼成，君后回宫，荫桓立送，君后回顾，三曲膝为礼。时中国议在小吕宋设领事，日外部已允发准照，而商务总办米阿斯以条约未载为言。张荫桓商之律师科士达，谓若必挟条约为言，约内第四十七款“中国商民至小吕宋贸易，应与最优之国一律相待”，此明文也。而日官所收身税、路税，自丁卯换约起，至甲申，共十八年，小吕宋刊发新例止，共征华人银七百七万八千一百六十一元二角四仙。专征华人每人岁纳九元六仙，甲申后乃兼征西人，每人一元五角，华人则四元五角。计至丁亥共四年，又长征银五十二万八百三十六元。又路照一项，西人每征四角五，华人每征则一元二五，又须预纳一年身路税，无理之甚。即与西人比较，将四角五除去，实长征华人八角。自丁卯至丁亥，廿一年，共银七十二万九千一百七十元四角，预纳之身路税犹在外也。又每华人岁征医院费二角五仙，甚微，自丁卯换约至本年，廿一年，共征银二十二万七千八百六十五元七角五仙。此项与甲申以前之身路税，均系独征华商，其违一律优待之约。此中人数，就去年正月至九月数目，共计华人四万三千四百零三人，逐年清计，尚不止此数也。苛待华人如此，应索偿已往，禁遏将来，方合办法。旋得外部文，言日后将议新例，为各领事而设，而于小吕宋设官一事仍不能决。寻见日后，并见两公主及君姊，问答如礼。荫桓旋去日赴美，议久无效。

十五年，张荫桓受代，以崔国因出使美日秘大臣，驻美，别遣杨慕璿为驻日参赞。十六年四月，崔国因自美赴日递国书。届期，日接引大臣以宫车来迎。是日大君主未御殿，后著公服南面坐，国因奉国书，入门行三鞠躬礼，各问君主起居，退。十九年，崔国因受代，以四品京堂杨儒为出使美日秘大臣。

二十六年七月，联军入京。八月二日，日使葛络干函留京办事大臣，称各国统兵各员及公使人等，定于四日辰刻入大内瞻仰，许之。二十七年，各国要求使臣会同觐见必在太和殿，一国使臣单行入觐必在乾清宫，及递国书用御舆入中门，皇帝亲陪宴等。以日使葛络干领衔，政府准驳有差。明年，日君主阿肃丰第十三行加冕礼，驻京日使贾思理照会总署，欲中国遣专使往贺。出使美日秘大臣伍廷芳亦以为请。政府乃以张德彝为贺日加冕专使。

比利时旧名弥尔尼壬。清初，其国商船曾来粤东。道光季年，法人复为请通市，而货舟不至。及五口通商，比遣使臣包礼士赴上海，呈请照各国立约通商。时薛焕抚江苏，答以应与无约诸邦同一通市，无须另立条约。包礼士谓须入都定议，阻之，允暂留上海。先是咸丰九年，比遣使臣怡性要求苏抚何桂清三条：一，比官商眷属、船只、货物，与中国相待最优国同视；二，定约后以十二年为度；三，和约议定，须请用宝。至是复以为请。薛焕亦开三条：一，各口均设领事；二，禁商民赴内地游历、通商；三，使臣不得赴京。比使坚不允更易。辩论久之，始议定。初，比使称本国主为“大皇帝”，焕援英称君主例称“君主”，遂定约四条。时同治元年六月也。

四年七月，比遣使臣金德来华，牒三口通商大臣、兵部左侍郎崇厚，谓前包礼士与薛焕所订约，未将两国通商章程并各等事宜详叙，请再议，不允。迭牒要求，于是派董恂、崇厚为全权大臣，办理比通商事务。金德旋拟约五十款，大致皆采各国条约。董恂并去三款，共存四十七款。旋画押钤印。五年九月，在沪与苏抚郭柏荫换约，并致君主第二礼波勒德国书。郭柏荫以西洋通商各国从无恭进国书之事，金德称系新君嗣立，应当入告，乃许呈进。九年六月，比复进国书，请使臣驻京，许之。

十一年冬，使臣许景澄如比都伯鲁色递国书，君主及其妃并邀宴宫内，参赞随员均预焉。又是年刚果国立为自主之邦，奉比国君主为君，比侍从大臣伯施葛辣照会中国，比主复致国书，自称“大比利时国主留波德第二谨上书大清国仁圣威武大皇帝陛下：窃查刚果地方设有商会，开辟疆土，曾与各国订约，立为自主之邦，又推不佞为该处之主。现经议院核准，自应统驭此邦，理合报明大皇帝陛下。惟此新国，乃专归不佞兼辖，并非比国统属。辟地之始，允宜宣教布化，治政养民，联与国之谊以敦和睦，兴通商之利以固邦基，尽心图维，升平同庆，仰副各国期望之意。尚祈大皇帝眷顾优隆，俾免陨越”云云。十三年正月，比使以本国汇印各国税则，请中国入会，许景澄以闻。政府旋致比外部，谓：“中国现行税则即各国议定通行税则，各国条约均经载明，此外别无通商税则，与西洋诸国各约各订者情形不同，未便入会。”五月，比遣谢惠施为驻京公使，呈递国书，并觐见。

光绪十五年三月，以江苏按察使陈钦明为英法义比大臣。十七年八月，请中国派员入第四次铁路公会，考求铁路新法，许之。十八年正月，湖广总督张之洞遣繙译俞忠沅，带工匠十人，赴比国工厂学炼钢铁。二十三年，议借外债修卢汉铁路，比领事法兰吉诣张之洞言其国家愿借，比他国尤为公道。寻与比商定议，共十七款：二，借四百五十万金镑，九扣，实付银四百零五万镑，分四期交到；三，按周年四厘起息；四，前十年还利不还本，十年后，分二十年还清；五，以路业作保；六，五年工竣；八，由比派工程师，名曰监察，但督办大臣一人节制；九，外国路员由监察遴荐，督办定派，公司所用工路人员，除监察外，均归督办所派之大员节制，中西员如有意见，听督办核定，但准监察在旁听断；十，比员如有不职，由督办勒退；十一，材料尽中国本有者购买，如购外料，将一半投标，其余由比公司照办；十二，所购外料，比公司应扣五厘之用；十四，此合同期内，比公司无论何事，均不得托他国商民管理，并不能将此合同转与他国及他国之人；十五，如中国未到合同之限，愿将此款一概还清，利息即以清还之日停止。已又增订合同，又续订详细合同，于原利四厘之外，加收四毫。又办事银行按所付照酬以二毫半，各股票提前还本者，亦酬以二毫半。

二十五年，比使请增汉口租界，谓沿江日本租界旁地，除设铁路站外，中间尚余一万尺，本国请用一千尺，不允。已而驻汉比国总领事复见张之洞，援同治四年《中比条约》第十二款，仍请在汉口日本界下给比租界百丈。张之洞告以各国专界皆须有专约。同治四年之约，只言比人在通商各口宜居住、宜建造之处，可听其租地建造，并无圈画租界归比国管辖之语。因与约三条：比人在汉口如欲租地居住，上有英、俄、法、德、日本各界，下有自日本界至铁路中国之地，均宜居住，可听各与业主议租。在他国租界，则遵守各界巡捕纳捐各章程。在租界外中国之地，则遵守中国巡捕纳捐章程，不准自修道路、自设巡捕，亦不准抗违拿犯。一也。比商欲买何处，可向业主商议，彼此情愿，公平议价，照条约不得强压迫受租值。二也。有比商一家，即议地一段，不能预圈空地一片归比管辖，以致暗中作成租界。三也。

二十八年四月，比使诣外务部，谓汉口租界早经购妥地亩，即将圈筑围墙。外务部命张之洞查复。之洞致外务部，谓：“比人在汉口铁路总站附近夹铁路两旁，购地一大片，请划为租界。当告以铁路为中国之路，总站处不能为他国所占，万难照办。嘱其沿江一段，后至距铁路三十丈，左至距铁路总站六十丈止，作为租界，其余路线以后沿路之三十丈、六十丈各地段，必须全数让还中国。此系格外通融办法。比使来鄂时，亦已当面切实辩论。迨饬关道备文照会比领事，比领事照复，将给与租界照收，而未提及其余应还中国地段。务望嘱其早日照鄂定界址定界，将余地归还。若再延宕，即已准之界亦不能作为租界。请坚持驳之。”久不决。是年八月，比商赴信阳办货，运至汉口，并未请领联单，又抗不完厘。张之洞饬关道暨税司诘之。

二十九年八月，与比公司订《汴洛铁路借款合同》暨《行车合同》，附《铁路管理材料厂章程》、《土木合同》、《购地章程》。先是光绪二十五年，铁路大臣盛宣怀奏请将开封、河南两府枝路统归总公司筹款接造，奉旨报可。旋因拳匪事起，停议。至是，比公司代理人卢法尔重申前议，于是盛宣怀乃与卢法尔商议借款。因上奏言：“卢汉干路在荥泽左近渡河，东至开封，约一百七十里，西至河南府，约二百五十里，现由卢法尔估计，应借工款一百万镑，约合法金二千五百万佛郎克，议明利息期限悉照卢汉章程，俟合同签定后九个月内开办。所有议订合同各条，饬由总公司法文参赞候选道柯鸿年等与卢法尔数月研商，并经臣盛宣怀与河南巡抚陈夔龙逐条斟审，删汰商榷，并经外部增改，定细目二十九条，又《行车合同》十条。”奉旨：交外务部核议具奏。外务部奏言：“臣等查卢汉分枝开封、河南两府，既经奏蒙俞允，自应准其展造。本年六月，盛宣怀函造合同到部。臣详加复核，其还本、付息、用人、购器一切办法，均与卢汉合同相符，而意义较为周密。惟合同第二十三款内载‘倘日后中国国家准由河南府接长至西安府，督办大臣可以应允先尽比公司按照本合同章程妥商议办’等语。查二十五年十月盛宣怀原奏，虽经申明自洛以通秦陇，应归总公司筹款接造，而此段枝路地势绵长，将来如议用华款自办，亦不可不预留地步。当令添叙‘倘中国国家自行筹款，或招集华商股本，接展此路，比国公司不能争执’。又令于《行车合同》第九款内添叙‘中国邮政局由此铁路寄送各邮件，应特备专车；沿途各站，皆须备给房屋，以设邮局，均照中国各铁路通行章程办理。沿途并不得由承办之国另设邮局’等语，以保权利。”硃批：依议。宣怀遂与卢法尔定议，借金款二千五百万佛郎克，合英金一百万镑，年息五厘；归还之期，由卖票之第十年起，分二十年均还。

三十年二月，张之洞闻比国欲在湘造湘阴过常德至辰州一路，特电致湘抚赵尔巽，以绅商禀请承办拒之。

三十四年，始议收回汉口比国租界。张之洞上奏，言：“比国乘铁路购地之际，在汉口私购民地三万六千余方，以预备铁路比国工人赁住为辞。自光绪二十四年向总署索订比国路界，经臣力拒，自光绪二十四年起议，相持至二十八年。比使复迭向外务部催咨。臣思比国原购地段，紧倚京汉铁路南端江边马头之刘家庙火车站，包过铁路，实扼南北铁路咽喉，于中国管理铁路主权，及京汉、粤汉两路交接之马头，大有妨碍，坚不允许。仅就滨江一边划地一万六千余方，拟作比界，东北两面，皆与铁路相离数十丈。比使复求加宽，驳以查明窒碍，咨复外务部酌复。自是又相持数年。比驻汉领事将所买地契送交关道税印，要挟甚力。臣思此地跨越铁路，横当要冲，虽一再驳令减让，究于附近铁路地权地利有损，不如议价收回，留作扩充华商贸易，以永保权利。惟自铁路告成后，地价数十倍于前。经臣磋议经年，始将全数基地议定价银八十一万八千余两，暂行息借华洋商款垫付。”奏入，报可。

义大利即意大利亚，《后汉书》所称大秦国也，在欧罗巴洲南境。康熙九年夏六月，义国王遣使奉表，贡金刚石、饰金剑、金珀书箱、珊瑚树、琥珀珠、伽南香、哆啰绒、象牙、犀角、乳香、苏合香、丁香、金银花露、花幔、花毡、大玻璃镜等物。使臣留京九年，始遣归国。召见于太和殿，赐宴。圣祖以其远泛重洋，倾诚慕义，锡赉之典，视他国有加。

同治五年秋八月，义国使臣阿尔明雍介驻京法国领事德微亚诣三口通商大臣、兵部左侍郎崇厚请立《通商条约》，许之。旋派户部左侍郎谭廷襄为全权大臣，会同崇厚办理《通商条约》。九月，阿尔明雍偕法国繙译官李梅亲赍所拟条约五十五款请核，并递国书。其约大致本丹国和约而参用法、布等国条约，独禁用“夷”字一条，本之英约。而中国于义向未称“夷”，与英事实不同，政府以无关紧要，亦不予驳。遂定议。其目之要者为二，附《税则》一，与法、布二国同，与英、美、丹、奥、日本各国权度名略异。《通商章程善后》九款，与丹、奥、比等国大致同。约定后，阿使回国。旋由法使伯洛内致送我国订约大臣圆形金牌，上印本国君主容仪，以为纪念，受之。

六年九月，义使骆通恩抵沪请换约，朝命江苏布政使丁日昌与互换。法领事狄隆赴日昌行馆，声称此次义国换约，派伊为繙译官，请日昌先往骆通恩处致候。日昌告以义国公使奉其国差遣出使中华，应先见中国使臣，致其君命，方为尽礼。狄隆又言前在天津照会，声明于九月在沪换约。今已十月。日昌告以上年比利时国订于九月换约，先于五月通知。今义国订于九月换约，迟至九月中旬始行通知。由三口通商大臣咨呈总署王大臣，奏请派使用宝，委员赍送来苏。现于十月换约，已极迅速。其迟延不在中国也。届期，骆通恩偕法总领事白来尼、副领事狄隆等齐集日昌行馆，公服带剑，恭请圣安。日昌偕苏松太道应宝时等按章礼待。骆通恩索观凭据，日昌恭捧谕旨，给与开读，并将条约公同展对。骆通恩出视条约一匣，缀有义国君主用印之银盒蜡饼，装饰整齐，惟系用洋字另书，并无上年在京所定原本。日昌不允互换。骆通恩免冠恳求，自认错误，谓值新旧使臣交换之际，误以为有其国君主用印之条约即可为凭，致将原约漏未携带。此次蒙恩准予换约，各国皆知。今届期不换，实觉无颜对人等语。白来尼等亦为之代求，愿代为繙译，并谓现带用洋字条约，傥与汉文原约文义不符，惟法国领事是问，恳为通融办理。日昌与应宝时商明，先饬洋务委员督同熟谙意大里亚国文义之监生沈鼎钟，并白来尼等，将骆通恩所赍洋字条约与奉颁条约详校无讹，仍不允与换。骆通恩一再情恳，日昌乃与变通，告以贵使只赍有君主用印之洋字条约一分，则中国使臣亦只能先将我皇上用宝之汉文条约一分与之互换，所附洋文条约，暂为拆下，留在上海道署，限骆使于四个月内取上年原定条约来换此约，并声明彼时只能由苏松太道就近与换，不再遣使。骆使允照办，惟四个月限期改为六个月。十年三月，义遣使臣费三多来华，并递国书，兼考求浙江养蚕事。

光绪十一年夏，义国拟开养生会，请中国入会。十五年，命江苏按察使陈钦铭为出使英法义比大臣，旋代以大理寺卿薛福成。十七年春二月，薛福成呈递国书，义王出见，慰劳备至，立谈甚久，大旨谓"义与中国数百年来交谊最先，极为企慕。我观地图，始知中国之大，义国之地不及中国十分之一"云云。旋辞退，礼三鞠躬，复握手。次日谒见王后，亦鞠躬，遵西例也。二十二年，以四品卿衔罗丰禄为出使英法义比国钦差大臣。二十五年，义国索三门湾，不许。先是各国皆于中国索有海军根据地，至是义命驻京公使玛尔七诺向总署要求租借三门湾，向总署发最后通牒，要求四日内答复。未几，义政府命取消最后通牒，调马尔七诺回国。

二十八年，义请派专使驻京，许之。政府亦以许珏为出使义国专使。十一月，呈递国书，义主躬亲接授。向例公使见义主无座，至是赐坐。逾月，又见义后及义太后。义主设宴宫中，请各国公使，义主义后均入座。席散，义后详询中华文字书籍。二十九年三月，义国开农学会，请中国入会，珏派员往。四月，许珏译送《义国财政考》于外务部，谓义国幅员广袤不及中国十分之一，而岁入之款较中国多至五倍，岁出之款较中国亦多四倍有余。十月，又译送《义国关卡税则》于外务部，谓征税章程二十条，应税之物分十七类，共三百六十八种，又《包皮税及去包皮章程》十六条，《注册费章程》十一条，其中综核至悉，分析至精，较之中国通商税则，疏密悬殊，冀中国取则。是月许珏请商部派员赴义考察商务，谓"义国在华商务无多，间有他国商人运华货来义者，除蚕茧、茶叶二宗外，他物绝鲜。至华商从未到义国及其属地贸易，应即派员考察"云云。二十九年，日、俄开战。十二月，义与英、美、德、法公同照会俄、日，云："除满洲外，不得在北洋水陆境内开战。"三十年，许珏又译《义国榷烟志》及《银行章程》。三十一年，许珏译送《义国国债册律章程汇编》及《官售烟价表》。

三十二年夏，驻沪义领事面递约稿十一条于商约大臣吕海寰、盛宣怀，海寰等即将历次与外务部电商之加税、传教、吗啡鸦片、国币、治外法权等五款照交，因致外务部及鄂督张之洞、直督袁世凯，谓："查义约前四条系新款：一，欲丝货出口兴旺，索开绍兴、无锡两处口岸；一，愿襄助中国详细考求养蚕学堂，及设立局所，代为经理；一，于未加税以前，改订苏杭铁路运货厘金，推广义商办茧税单期限。后七条为英、美各约所有，均略变其词：一，内地行轮；一，治外法权；一，华洋合股；一，矿务；一，国币；一，优待利益；一，条约期限及以义文为正义等。"外部得电，即逐款指驳。海寰等因告义领，义领一再争辨。遂议口岸援日约长沙例照办，蚕学用兼聘教员字样。大致已就，已忽翻异，欲废议约。海寰等恐于加税有碍，欲照所拟允准，令税司为转圜焉。

是年，义国密拉诺赛会，牒请中国派员入会，并送到章程各册及会场总图。许珏得牒，当将总章全译，分章九门，只译子目。因致外务部，谓："此会原起，系为庆贺义大利、瑞士两国交界地方所凿新泼龙山洞铁道告成而设。欧洲山洞铁道，向以法、义交界之蒙斯尼山洞工程为最巨，计长一万二千二百三十三迈当。现开之新泼龙山洞，计长一万八千七百四十三迈当，实为欧洲山洞第一深长铁道。从前轮船商货运往北欧者，必由法国马赛起岸陆运。今此路告成，以后可改由义境之折努阿起程陆运。此为义国新得商利之大端，故会中章程以陆运、海运、河运三项居首。中国各省现议开铁道，如派员前来考察，似于讲求路政有裨。"政府得电，许之。义又设农业会，意在联络地球诸国崇本劝农，请中国入会。计此次入会者四十国，会员共一百十人，前后会议者十，分议者五。许珏仅于开会及签押日一到而已。

卷一百六十　　志一百三十五

邦交八

奥斯马加　秘鲁　巴西　葡萄牙　墨西哥　刚果

奥斯马加即奥地利亚，久互市广东，粤人以其旗识之，称双鹰国。同治八年，遣使臣毕慈来华，介英使阿礼国请立约，并呈其君主敕谕，欲在京议约。总署以在京议约与历来各国成案不符，应先照会三口通商大臣，由三口通商大臣请旨。奥使递照会三口通商大臣崇厚以闻。朝议许之，命总理各国事务衙门大臣、兵部尚书董恂会同崇厚办理。奥使呈所递条约四十九款，大致均从各国内采集而成。董恂等于应删应添各节，逐一改定，而奥使于恂所添"商人不准充领事官"一语，不愿列入约，于恂所删传教一条仍列入约。迭议不决。久之，奥使始允删传教一条，而于"商人不准充领事官"一节，仍欲另备照会，于画押日一同呈递，许之。遂订定《和约》四十五款，《通商章程》九款，《税则》一册。是年奥夹板船名伊来撒各利亚，用英国旗号，私运外国盐一百余包，计重二万余斤，进口。天津税务司函致总署。总署以奥船运盐进口，显违条约，应查拿，并知照英领事前往查起。十年九月，奥换约届期，使臣嘉理治照会总署请换约，特旨派江苏布政使恩锡赴上海互换。嗣因约本内汉文所载《善后章程》第五、第八两款，均有引用《条约》"第八条"字样，其奥文内皆误写作"第一条"；又《税则》进口项下呀嘛治木，汉文载明长不过"三十五幅地"，奥文误写作"五十五幅地"；又羽绫、羽纱、羽绸、小呢等类，汉文载明"每丈"，奥文误写作"每匹"，须更改。至十一年六月始竣事。十一年，奥使照会总署，以接奉本国文，称去岁本国出有政令，自同治十年七月十七日起，凡量奥斯马加各样海船吨数之法，皆与英国丈量吨数之法相同，请劄知总税务司转知各口海关遵行。十二年，穆宗亲政，奥随各国公使觐见。

光绪六年，使臣李凤苞函致李鸿章，称："奥君长子明年正月十六日婚期，中国虽未派驻使，宜令邻邦驻使往贺，以尽友谊。"总署即电饬李凤苞届期往贺。十年夏四月，以翰林院侍讲许景澄充出使德美和奥大臣，驻德。十三年，代以内阁学士洪钧。十四年四月，洪钧赴奥呈递国书，见奥主于马加行宫，颂答如礼。冬十月，奥尔而伯纳亲王来京，欲瞻仰天坛，许之。十六年秋七月，复以许景澄充出使俄德奥和大臣。十七年夏四月，景澄赴奥通问，觐见奥主，奥主为述前岁有兵舰抵华，承中国官员以礼相待，属为陈谢。九月，奥使毕格哩本觐见上于承光殿。十八年，奥主以西历六十七年即马加王位，距今满二十五年，西俗以为庆事，先期由奥外部通知各国公使诣马加都城申贺。许景澄备文传贺，旋即亲赴伯达彼斯马加都城。觐见奥主申谢悃，奥亦发电至京答谢。

二十年四月，许景澄照会奥与俄、德、和等外部，申明总署现章，酌定洋机进口税文。十月，皇太后六旬寿，奥使随各使呈递国书致贺，上见之于文华殿。二十一年，奥主叔父病故，许景澄请旨致唁，许之。二十二年十月，以都察院左都御史杨儒充出使俄奥和大臣。十一月，驻德奥使送节略，称奥廷拟派瓦耳布伦为驻京专使，请中国国家允认，中国派使驻奥亦如之。二十三年四月，奥使齐干觐见上于文华殿。二十六年春三月，命内阁学士桂春使俄兼使奥。七月，拳匪之变，奥兵随德、美、法、英、意、日、俄联军入京师。二十八年四月，三品卿吴德章充出使奥国大臣。二十九年，代以山东道员杨晟。三十年十月，奥使齐干觐见上于皇极殿。三十一年八月，以三品京堂李经迈充出使驻奥大臣。三十二年三月，奥使顾新斯基觐见上于乾清宫。三十三年七月，以外务部参议雷补同充出使驻奥大臣。

秘鲁在南亚美利加洲。同治十一年，秘鲁国玛也西船私在澳门拐华民二百余人，行抵日本横滨，经日本截留讯办，知会中国派员前往。时通商大臣何璟派补用同知知县陈福勳偕英、美两领事派员前往，旋各运回，并谢日本。

十二年，秘鲁遣使来华议立约。已而秘使葛尔西耶到津谒李鸿章，鸿章诘以虐待华工等事，不允相商。秘使旋以本国新立雇工章程，实无凌虐情事，牒鸿章。鸿章覆牒，谓："贵国新立雇工章程虽尚公道，但查同治八年、十年间，华民公禀内所称'苛求、打骂、枷锁、饥寒，虽立合同，而章程虚设，虽曰送回，而限满无归'等语，是即保护华工未能照办之证据也。又来文所载一千八百五十五年八月十四日议立搭客船规，不准载大帮之人。查同治十一年，日本国扣留秘鲁玛也西船，载有拐买华民二百三十人之多，据各国领事公同讯问，船主苛酷相待，饮食不继，并有割去辫发、鞭打囚禁等事。又据粤海关税务司报称，'同治九年，秘鲁船一只在澳门贩载华工三百十三人，同治十年，秘鲁船十三只在澳门贩载华工五千九百八十七人，同治十一年，秘鲁船十九只在澳门贩载华工九千三百八十一人'。此皆系大帮，秘国并不查禁。近又据粤海关税务司报称，'本年七月间，广东省城黄埔河面有秘鲁船七只前来招工，因其违背通行章程，谕令驱逐出口'。以上各节，是又帆船禁载大帮华人未能照办之证据也。查上年中国通行各国照会内载，凡系无约各国，一概不准设局招工，其船只不准搭载华工出洋。即有约各国，亦不准在澳门招工。均经各国知照在案。秘国向系无约之国，照章不准装载华人出口。乃昨据贵大臣面称，现载往秘鲁华人已有十万余人，明系违背公法。况华民在秘鲁重受凌虐，曾两次公禀美国钦差转达总理衙门，是以日前叠据英、美、法各大臣述知贵大臣欲来华议约，即经总理衙门王大臣照覆各国，以'秘鲁向来专以拐贩华工为事，华工受尽痛苦，其相待中国情形与别国不同，必须与伊国说明，先将所招华工全数送回中国，并声明不准招工，方能商议立约，否则实难办理'等语。想贵大臣必已与闻，无烦赘述。"

旋据函称遵照总署原议，先将所招华工全数送回中国，自可妥商。鸿章订期会议，届时不至，鸿章责之。复请期，鸿章因再约期，至日，秘使偕爱勒谟尔秘妥士来。适同知容闳由美国回津，鸿章令闳与议。秘使将鸿章原函取出，逐条剖辨，谓无苛待情事；又谓中国既令无约之国不准招工，是以本国亟派使前来议约，以后自必照约互相稽查保护。并称华工送回，可于约内声明，除华人在秘鲁设肆寓居，自不愿归，无庸送回，其余工人等合同限满，即令原主送回，分别办理。容闳因言美国向例，无立合同年限雇工之事。华民在金山等处佣工，去留自便，美官不能勉强勒措。即有先立合同者，若不愿当，随时将合同缴销，作为废纸。秘国亦应照办。秘使允商办。鸿章仍以拐去华民为言。秘使怫然，谓即回国。屡议不决。

十三年三月，复与秘使接议，秘使自交所拟条约，鸿章不受。久之，始定《查办华工专条》，其文曰"现因秘国地方有华民多名，且有称华民有受委屈之处。兹会同商订，先立通商条款，和好往来，庶几彼此同心。由中国派员往秘，将华民情形澈查，并示谕华工，以便周知一切，秘国无不力助，以礼接待。如查得实有受苦华工，合同年限未满，不拘人数多寡，均议由委员知照地方官。雇主倘不承认，即由地方官传案讯断。若华工仍抱不平，立许上告秘国各大员，再为覆查。凡侨寓秘国，无论何国人民，呈禀式样最优者，华工应一体均沾其益。自秘国核定此项章程之日起，凡华工合同已经期满，若合同内有雇主应出回国船脚之议，该工人有愿回国者，即当严令雇主出资送回。又各华工合同若无送回字样，合同已满期，该工人无力自出船资，有愿回国者，秘国应将该工人等附华船送回，船资无须工人自备，秘国自行料理"云云。

复将《通商条约》十九款及已订《查办专条》改定，因致总署，谓："在秘使之意及各国公论，彼既允定《查办资遣华工专条》，是秘鲁已予中国以便宜，我亦当照各国和约，允以一律。现订《通商》十九款，大致亦与西约词意略同。然均经鸿章逐条酌改，如各约篇首所称'互相较阅，俱属妥当’或‘妥善’字样，转觉不妥，兹将‘俱属妥协’四字删去。各约钦差驻京往来，有彼国而无我国，兹先载明中国钦差。各约领事官无商人不准兼充明文，兹添‘不得委商人代理’。各约游历通商执照，秘使不肯删通商货物字样，兹特添入‘货物应照报单章程办理’。各约多以英、法文为凭，兹改‘彼此各用本国文字，亦可兼看英文’。其余凡通商、纳税、兵船、商船、控告、词讼各节，均将中国一面叙入。所最要者，招工流弊无穷。澳门贩运已久，华工既在秘国受苦，以前虽允查办，以后若仍开招，害将何所底止？兹会订第六款，上半节照《美国续约》，云‘别有招致之法，均非所准’，下复添叙‘不准在澳门及各口岸勉强诱骗中国人运载出洋，违者其人严惩，船只罚办’等语。嗣后中国但能照约严禁，不独秘鲁不敢违犯，即各国招工之举，亦得援引辨证。又前订《查办华工专条》，商令派员前往，秘使允即遵照。”

旋派容闳往查办。容闳查办讫，报告华工到彼，被卖开山、种蔗，及糖寮、鸟粪岛等处虐待情形，合同限内打死及自尽、投火炉糖锅死者甚多，实可惨悯。会届换约之期，秘鲁遣使臣爱勒谟尔来华求换约。光绪元年，派巡抚丁日昌为换约大臣。日昌谓：“去年中国所以与秘国立约者，因秘国葛使照会内言秘国设有新章新例，保护华民，尽除弊端。乃立约之后，派员前往秘国确查，始知华工受屈，显与条约内保护优待之例相背。甫经立约，而秘国即种种违约，是不能不加一照会，声明换约后即当遵约办理，再不能仍照从前之凌虐。”秘使闻之，不待辞毕，即怫然去。日昌以秘使无礼，因致总署，请暂缓换约。

四年，秘鲁因澳门停止招工，香港英总督又申严禁，秘鲁乃赴广东省城与美商同孚洋行私立运载华工合同，五年为期，每年得船费洋银十六万圆，设局招诱。粤督闻之，即予查禁。秘使诣天津谒鸿章，拒之。时出使大臣为陈兰彬，虽由美使兼日秘，并未赴秘。七年，以津海关道郑藻如为出使美日秘大臣。十年五月，始由美赴秘，谒总统递国书，开办使署于利马都城，奏派参赞一员代办使事。又于嘉理约海口设领事一员，管理华民事宜，仍禁绝招工，并咨请查拿广州城外私设招工行栈。十二年，郑藻如归，迭以傅云龙、张荫桓、崔国因、杨儒充公使。又增设代理领事十，就秘籍中之廉正者充之，遇事报使署，由参赞区处，公使仍不驻秘。二十一年，秘总统即位，各国均有国书致贺，介由美使请总署代达。二十二年，始颁国书。二十三年六月，驻秘代办李经叙行抵嘉理约，因疫疾盛行恐传染，阻止入口，从秘制也。久之始听入。时公使杨儒赴秘递国书，秘外部先派护卫大臣一员在嘉理约迎伺，随派火车接至利马，又派副外部在车站迎伺。递书日又用宫车迎接。公使递国书，他国均用军装佩剑。中国以秘系民主，沿例用行装，行鞠躬礼，致颂词，秘主答颂如礼。

二十四年，利马华人在香港办货，秘驻港领事照验加戳。向例戳费值百抽一，至是增加，又改用金镑，比前增逾倍。华商以秘违例，请秘外部饬知港领事照向例核收，又吁请于驻秘代办谢希傅。于是照会秘外部，谓：“货单戳费向有定章，值百抽一，又为万国通例。货本用金用银，各国不一，而抽费皆按此为衡。即就利马论，麦面一项由智利贩运者，抽费俱按智洋，洋货各项由英伦贩运者，抽费俱按金钱，载在秘国税则，众所共知。乃同一抽费，于智于英皆就地照抽，独至香港一处忽示歧异，于理不解。或谓香港为英属口岸，应改金镑，则粤商货本亦应升算金钱，方与通商各国一律，应请批示。”秘外部不允批示。旋称港银成色太低，换兑金镑亏损过多。谢希傅告以一律改从金镑，华商亦所甚愿。秘外部始允收费按照货本，一律改从金镑。

宣统元年五月，秘工党仇视驻秘利马华人暴动，秘政府特颁苛例，令进口华人每名须有英金五百镑呈验，始得入口。时出使美日秘大臣伍廷芳赴秘与交涉，先谒总统递国书，即照会秘外部，谓秘所设苛例，违反两国所立条约。旋复见秘总统辨论，请废止饬谕。总统不允。已复由秘外部覆文。秘外部大臣玻立士谓廷芳，请先妥议限制中国工人出口来秘善法，附入条约。廷芳答以章程不应附入条约。玻立士又欲使秘领事有察验华官所给护照是否合例之权，及到秘时，仍由地方官查验，方准登岸。廷芳驳之，执不允。廷芳阅草案，又请加“寓智利、厄瓜多、巴拿马等处华商欲来秘者，可由代理中国领事等官发给护照，以为入境凭据”等语，玻立士允诺。时留秘华人多吸食鸦片，廷芳请秘赞助设法限制，秘总统许之。旋复定议，廷芳与秘外部立废除苛例证明书九条：一，中国允自限工人来秘；二至六，定非作工之华人往秘护照办法；七，定非作工者概不限制；八，定免请护照者之资格；九，发照验照只须缴费五圆。并停止秘国五月十四号颁发饬谕之效力。时宣统元年七月十三日，即西历一千九百零九年八月二十号。署押盖印。

巴西国，南亚美利加洲共和民主新国也。光绪六年，始遣使臣喀拉多来天津，请议立和约。总署请饬南北洋大臣就近商办。旋派李鸿章为全权大臣与议约。六月一日，喀使抵天津，照会鸿章请立约，并拟先送约稿呈阅。遂订期接议，研商至再始定约。鸿章因上奏，言：“此次巴西议约，数易其稿。嗣以秘鲁条约为底本，删去招工各条，并参用别国条约，定为十六款。其关系中国权利者，皆力为辩论，变通酌定。如第一款‘两国人彼此皆可前往侨居’句下，添入‘须由本人自愿’一语，即寓禁阻设法招致之弊。第三款‘设立领事官，必须奉到驻扎之国批准文凭，方得视事，如办事不合，可将批准文凭追回’，本系西国通例。其立法之善有二：一则其人或非平素公正，或与我国向不浃洽，我皆可以不准；一则通商口岸或系新设，人情未安，不欲领事骤至，我亦可以不准。至办事不合，追回文凭，是予夺之权我亦得而操之。第四款游历执照一节，洋人游历各处，多有由领事自填执照，送请关道用印，几若内地往来，全凭领事作主。今改为‘领事照会关道，请领印照’，可稍助地方官之权。第五款遵守专章一节，即是德国新约第一款之义。查‘均沾’二字，利在洋人，害在中土，设法防弊，实为要图。特声明嗣后如有优待他国利益，彼此须将互相酬报之专条或互订之专章，一体遵守，方准同沾优待他国之利益，似较周妥。第六款本拟照德国新约，酌用漏报捏报办法。惟巴约系仿秘鲁约本，并无通商详细章程。若仅添漏报捏报一层，转恐挂一漏万。今定为'两国商人商船，凡在此国通商口岸，即应遵从此国与各国原议续议通行商务章程办理'。第九、第十、第十一、第十二等款，皆指问案之事。查西国案件，俱由地方官讯断，领事不得干预。惟中西法律悬殊，各国不能听地方官审办，于是领事遂有其权。此次定为'被告所属之官员专司讯断，各依本国律例定罪'。盖被告多系华民，前因会审掣肘，受亏不少。兹由被告所属之官讯断，当可持平办理。又第十一款内'将来另议中西交涉公律，巴西亦应照办'一节，虽公律骤难定议，究为洋务紧要关键，特倡其说，以作权舆。以上各节，皆按照各国约章酌议变通，期归妥善。至洋药一项，虽非巴西出产，惟中土受害滋深。今议令巴使知会巴国外部查酌，禁止巴商贩卖，先由巴使另备照会存案，臣亦给予照覆。"约既订，遂于八月初一日会同画押钤印。明年三月，喀拉多忽诣李鸿章，谓接本国电报，复请商改。于是增删巴西原约共十七款，前约正副本作废。八年四月，换约于上海。八月，巴西赠鸿章宝星，旋答之。

宣统元年，巴西使臣贝雷拉请与中国立公断专约。先是巴使诣外务部，援照保和会公约，请与中国商订一《公断条约》，并呈所拟洋文约稿。遂派外务部左侍郎联芳为全权大臣，与贝雷拉议约四条：一，两国外交官不能和平了结之案，可向海牙所设之常川公断衙门投控，并请审断，但须无碍两国利益及国权荣誉，亦不得干涉第三国之利益；二，公断员之权限及细则，须临时由中国皇帝及巴西总统斟酌合宜办法；三，次约以五年为限，限满六阅月未声明作废者，作为续订五年，嗣后期限照此计算；四，本约批准后，在巴西京城换约，用华文、葡文、法文三体，而遇碍难解释之处，则以法文为凭。此约画押后，因事羁延，未及互换。三年十月，驻法代办使事戴陈霖与巴西驻法代办达旒格芬始在巴黎互换。

葡萄牙在欧罗巴极西。明正德年初至中国舟山、宁波、泉州。隆庆初，至广东香山县濠镜请隙地建屋，岁纳租银五百两，实为欧罗巴通市粤东之始。

清雍正五年夏四月，葡国遣使臣麦德乐表贡方物。抵粤，巡抚杨文乾遣员伴送至京，召见赐宴。于赏赉外，特赐人参、缎匹、瓷漆器、纸墨、字画、绢镫、扇、香囊诸珍，加赏使臣，命御史常保住伴送至澳，遣归国。麦德乐在澳天主堂，率洋商诵经行礼，恭祝圣寿。乾隆十八年夏四月，葡国遣使巴哲格、伯里多玛诺入贡奉表，言："臣父昔年仰奉圣主圣祖皇帝、世宗皇帝备极诚敬。臣父即世，臣嗣服以来，缵承父志，敬效虔恭。臣闻寓居中国西洋人等，仰蒙圣主施恩优眷，积有年所，臣不胜感激欢忭，谨遣一介使臣以申诚敬，因遣使巴哲格等代臣恭请圣主万安，并行庆贺。伏乞圣主自天施降诸福，以惠小邦。至寓居中国西洋人等，更乞鸿慈优待。再所遣使臣明白自爱，臣国诸务俱令料理，臣遣其至京，必能慰悦圣怀。凡所陈奏，伏祈采纳。"

道光二十九年，其酋哑吗嘞为澳民所杀，藉端寻衅，钉关逐役，抗不交租，又屯兵建台，编牌勒税。于是澳地关闸以内，悉被侵占，粤省大吏置之不问。

咸丰八年冬十月，葡萄牙遣人来上海请立约。时钦差大臣大学士桂良驻沪，初拒之。旋为奏闻，未许。光绪七年，葡人欲在澳门设立领事，粤督张树森不允，欲令驻香港领事兼办。出使大臣曾纪泽谓："葡人之于澳门，俨然据为己有，唯租住之名尚存。若忽令香港领事兼理，将借香港领事之名，引为澳门领事之据。查澳门本有县丞等官，似宜仿上海租界之例，设立官职较崇委员，并令督同县丞办理交涉事件，庶几可图补救。"

十二年，政府因开办洋药税厘并征新章，总署奏请饬派邵友濂，会同总税务司赫德，前往香港会商办法。查知洋药自印度来华，香港为总汇之区，必须英、葡两国一律会办，始能得力。因与澳门总督商缉私办法。又恐葡为无约之国，遽与商办，或多要求。于是遣赫德与之电商，拟设税务司，澳督亦允。乃订《草约》四条：一，两国在京互换《通商条约》；一，中国准葡国永驻管理澳门；一，葡国允非中国则澳地不让与他国；一，洋药税征香港如何，会同澳门即类推办理。当派税务司金登幹在葡国画押，并允其派使来华，拟议详细条约。

粤督张之洞上疏，言："澳门为香山县管辖，距省城二百余里，陆路可通，实为广东滨海门户，非如琼州之孤悬海外，亦非如香港之矗立海中。葡人今因事要求，曲徇其请，迁就立约，实多可虑。挽回补救之策，约有五条：一曰细订详约。查简约虽经金登幹画押，而详细条约应删应增，仍须俟葡使到华，会同总署核议，请旨办理。其永驻澳门一条，原因协办药征，格外见让租银，非画地归葡者可比。且约有'不得转让他国'之文，可见澳门系中国疆土，让与葡国居住，应声明葡国居住免其租银，不得视为葡国属地。其不让于他国一条，应声明澳门系中国疆土，葡国不得让于他国。如此，则我有让地之名，而无损权之实，仍与原约之义毫不相背。一曰画清界限。有陆界，有水界。何谓陆界？东北枕山，西南滨海，是为澳门。其原立之三巴门、水坑门、新开门旧址，具在志乘可征，所筑炮台、马路、兵房，均属格外侵占。应于立约时坚持围墙为界，不使尺寸有逾。何谓水界？公法载地主有管辖水界之权，以炮子能及之处为止。两国土地毗连，中隔小河，则以中流为界。此系指各国自有之地，及征伐所得者而言。澳门本系中国之地，不过准其永远居住，葡人只能管辖所住之地。宜明立条款，所有水道，准其船只往来，不得援引公法，兼管水界。一曰界由外定。准葡住澳，免其租银，水界仍是中国所有，自无水界之可分，陆界至旧有围墙为止。葡人于同治初年将围墙拆卸，希图灭迹。然墙可拆，而旧址终不可没。将来约有成议，似应由粤省督抚臣就近派员会同葡使亲往勘验，详查旧址，公同立界，俾免影射逾越。一曰核对洋文。查赫德申称所订《草约》四条，与澳门洋报所载者，文义轻重悬殊。第一条派使来华拟议《通商条约》，洋文内加‘须有利益均沾’字样。第二条葡国永驻澳门管理一切，洋文内加‘悉与葡国别处属地无异’字样。《草约》内澳门字样凡三见，洋文皆作‘澳门及澳门附地’。查‘附地’二字，意极含糊，不惟将围墙外至望厦村阴括在内，即附近小岛毗连村落，皆可作附地观。至谓‘与葡国别处属地无异’一语，措词亦谬。虽洋报所载未尽可信，传说必非无因。既与总署奏案不符，亦非奉旨准其永驻之本意。应请饬下总署，先将草约汉、洋文详细核对，以防侵越。一曰暂缓批准。立约虽有成议，批准权在朝廷，此各国之通例。美国《烟台条约》，光绪二年所立，有未经批准三条，直至上年始行议定，成案可据。自应明与之约，定约后，须俟税厘款项大增、拐骗逃亡随捉随解诸事皆有明效可征，两国始行批准互换，庶彼不得终售其欺。”疏入，报可。

葡使罗沙旋来华诣总署呈节略及地图。总署王大臣阅图，与现在葡人所居之地界址不清，多所辩驳。复致北洋大臣李鸿章，派员赴澳确查。张之洞复上疏，请先清界址，缓议条约。略谓：“澳门水陆一带，大抵有葡人原租之界，有久占之界，有新占之界，有图占未得之界。除原租之围墙以内，仍旧听其居住外，已占者明示限制，未占者力为划清。”又谓：“洋药来华，皆径到香港，分运各口，从无径运澳门之船。是稽察之关键，在香港不在澳门”等语。总署因界址一时难清，仍主先议约、后划界，久之始定。

于是总署上言曰：“向者总署两次商办此事，一议通商订约，一议给价收回，迄无成说。今因洋药缉私一事，允其重申前议。并以澳门地方界址一层，从先久经含混，因与葡使罗沙迭商，于约内言明澳门界址俟勘明再定，并声明未经定界以前，不得有增减改变之事。仍将不得让与他国一层专立一条，永昭信守。葡使允即电达本国，照此定议。正筹办间，续接李鸿章函，称粤省督抚臣分别原租、久占、新占、未占四层办法。所谓久占者，不知何年。新占者，亦在咸丰、同治以后。委员程佐衡回津面与讨论，查围墙以内为原租，关闸以内皆所久占，谭仔、过路环则为新占。此皆已占者也。关闸以北直达前山，澳西对岸湾子、银坑各处，远及东南各岛，皆欲占而未占者也。应俟将来派员勘界时随时斟酌办理。”寻报可。

嗣因交犯一条，葡使欲照英约载明华人犯罪逃至澳门者，查明实系罪犯交出。总署不允。磋商久之，始允添改华民犯案逃往澳门，官员仍照向来办法，查获交出。又稽查洋药一事，复于专约内添写“所有澳门出口前往中国各海口之洋药，必须由督理洋药之洋员给发准照，一面由该洋员立将转运出口之准照，转致拱北关税务司办理”。遂定议。共计《条约》五十四款，及《缉私专约》三款，当即划押。是年葡人散钞单于望厦，不纳。明年三月，命李鸿章与葡使在天津换约，复公立换约文凭，华、洋文各一，画押盖印藏事。

是月葡人出关闸外设一路灯，又修复前山营厂卡，张之洞责令撤去。旋据澳酋照称：“关闸外至北山岭中间一带，向为局外之区。建厂须两国会商，非一国所能擅主，已照会钧署”云云。张之洞即致总署，谓：“条约载未定界以前，俱照依现时情形勿动，自系指澳境关闸以内彼所已占者而言。同治元年，葡使来京议约，亦言关闸以外系华官把守，未敢侵及，从无‘局外’之说。此次来文，实堪诧异，请折辩。”五月，葡人又欲争执舵尾山管辖权。张之洞致总署，谓：“舵尾山在十字门小横琴岛上，为香山县属，向无葡人居此。此处疯人得葡人养济，不过寻常善举，何得视为管治证据？如各省常有洋人施医院，岂能即为洋界乎？请严切驳复。”

二十七年，与各国修改税则，各国皆会同签押，葡不派员。特与照会，葡使仍不至。久之，始派参赞阿梅达来，仍不主改税则。既又请求澳门对面各岛开商埠，复拒绝之。二十八年正月，葡使白朗谷来言：“本国商民愿在澳门振兴商务，修浚河道。前定和约，已认澳门附近属地为葡国永居管理，应将此地之界址广阔等项丈量妥订。按对面山一岛居澳门之西，小横琴、大横琴二岛居澳门西南，各岛系澳门生成属地，又经和约认明，请会商妥定。”外务部王大臣等复以：“中国边海岛屿向隶府厅州县，从无此岛属于彼岛之事，只能就澳门现管界址照约勘定，不得于界之外另有属地。”二月初，葡使复来照会，以上年各国公约第六款所载进出口税则改为切实值百抽五，葡未与议，表明本国人民所运各项货物，应仍照光绪十三年两国条约所订税则办理。王大臣等严词驳拒，葡仍请求不已。

初，葡使面称愿将界务暂置不提，但求扩充商务，开具条款，大要照分两端。如应允改定税则，稽征洋药税饷，在澳门设立分关，为有益中国之款。在澳门附近任便工程，由澳至广东省城修造铁路，为有益葡国之款。王大臣等以澳门附近任便修造工程，仍虑暗侵界址，驳令先行删除。设关一款，札饬总税务司赫德核办。铁路一款，电咨前两广总督陶模、督办铁路大臣盛宣怀分别核复。旋据赫德复称，澳门设关，有裨税收，但章程必须妥定。陶模复称由澳至省修造铁路，于地方情形尚无妨碍。盛宣怀复称，造路于税务有益，必须由总公司与之定立合同，不必列入约款。王大臣等得复，复与葡使一再研商，将允造铁路另用照会声明，不入约内。葡使亦允从，遂与定议。乃上言曰：“此次葡使来京，意在展拓澳界。磋商十余次，始将勘界之议，商允停办。现与议订条款：第一款声明旧约照旧遵守。第二款声明上年各国公约加增税则，大西洋国均允遵照，并与订明该国人民所纳税项，不得较别国稍有增减，以预留日后加税地步。第三、第四款，在澳门设分关一道，以稽查出入澳门洋药，并征收各项税项。该关须在澳门界内。但使税司稽征得力，似于饷项不无裨益。第五、第六两款，均申论设关事宜，章程由两国酌定。第七款订约文字。第八、第九款，批准互换各节，皆向来订约应叙之款。应请简派大臣，与葡使定期画押，再将约本进呈，请用御宝，以凭互换。至设立中葡公司，修造由澳门至广东省城铁路，地仅二百余里。现办粤汉、九广两路，已议定通至省城，再添一路，亦藉以扩充商务。既与葡使订明另用照会为凭，拟俟命下，即将照会互换，仍咨行督办铁路大臣盛宣怀与葡详定合同，以期周妥。”报可。庆亲王奕劻旋画押。

三十年二月，葡驻京使臣白朗谷照称奉本国谕，改修税则一事，派使前赴上海画押，并将光绪二十八年九月新订增改条款暨是年十二月《会订分关章程》条款内之意同语异之处，改为一律。其修改税则及新定增改条款，并《会订分关章程》条款，合订一本，以归画一。葡使赴沪，与商约大臣吕海寰等会晤。海寰等面询照会内所称各节，将何者为意同语异，及如何改归一律之处，详为解明，以便会同办理。葡使答以光绪二十八年新定增改条款及《会订分关章程》条款，本国议院未经核准，不克互换。是以此次修改商约，另行拟送条款，即将前此条款章程意同语异之处，包括在内。海寰等以葡使晤对之词与照会外务部文意不符，驳之。并照会诘问葡使，令其明晰照复。葡使旋复，以“本国训谕，业在外务部声明：一，本政府准议院所议，给权于驻华公使，新立商约，即照近日各国与中国所立之商约无异。二，现欲请立新约，包括光绪二十八年九月所立之条款，暨是年十二月会订之专条，但内有更改者，俾中、葡两国主权免有视为关碍之处。三，至于葡国协助中国防缉走私洋药一事，奉本国政府训谕，可将此项缉私之法整顿，以便全免走私。四，因今欲立之新约，应包括光绪二十八年九月所立条款，并十二月所订专条内之宗旨，或系更改，或系推广，悉行包括在内。所以本国之意，毋庸将前约核准。”海寰等电询外务部，复云：“葡使并未向部声明前约作废。当日议约，原以分关、铁路为彼此互换利益。傥不将光绪二十八年之约核准，藉包括为词，以废分关之议，则中国亦必将铁路互换之照会声明作废。”海寰等即照部电直告葡使，拒不与议。葡使迭来商恳，以“澳门设立分关，实有碍于本国主权，故议院未能核准。欲明言前约作废，又有碍于本国体制，故以包括宗旨毋庸核准为词”。海寰等遂与议订新约。

初，葡使送来商约款文二十条，海寰等就中摘其不能允者，往返磋商。葡使又请为寓澳华民每年准运米六百万石，免纳税课，以资食用。海寰等以澳门华民不过十万人，何至岁需六百万石？拒之。旋外务部据粤督调查，每年只准运三十万石。又购米地方，限以广东一省。葡使不允。久之，始将各款议定。海寰乃入奏曰：“综计厘订条约二十款。第一款，声明旧约照旧遵守。第二款，声明和议所定加增税则，葡国允遵照办。第三款，声明入澳门洋药均囤于官栈。每年澳门食用洋药，定数以外，不得再有搬出。凡报运中国各处，亦应设法以防私行运往。所有应定各项章程，应由彼此两国商订。又葡国迅定律例，如有犯此约章，应分别惩处。第四款，澳门水陆地方如何防缉走私，彼此派员会订查缉之地位，并可行之办法。第五款，照英约推广西江各口及广州府属各埠行轮，惟须遵守现行一切章程。如不遵守，仍不准照办。葡国并定律例，分别惩办。第六款，葡萄牙酒无葡国执照，不得照本约所附税则纳税。第七款，通商口岸地方居住贸易。第八款，华人入葡国版籍，须专定律例，杜其在内地所享利益，及藉葡国籍以脱卸在华所立有合同责任。第九款，加税免厘。第十款，发还海关存票。第十一款，厘定国币。第十二款，禁止吗啡鸦片。第十三款，振兴矿务。第十四款，合股经营。第十五款，保护货牌及创蘱执照。第十六款，整顿律例。第十七款，筹安民教。第十八款，条约年限。第十九款，本约以英文为准。第二十款，在北京互换。以上各款，为我所侧重者，在洋药缉私一事。葡使立意，约文以浑括为准，免致议院再有疑阻。商酌至再，将详细办法另立专章。计厘定第三款专章五条，大旨在洋药运至澳门，必须囤入官栈。其由栈报运中国，则由彼此会同稽查，必须完清海关税厘，始准搬出。如不进官栈，私自登岸，按葡律核办。其由原船私运中国，由拱北关缉办。并嗣后有应行商酌加添，由澳官与税务司商订。第五款专章十五条，在澳门专设趸船，以便由拱北关查验由澳门来往各处货物为要义。其一切限制办法，悉照英约内港行轮章程核议。迭经臣世凯、臣之洞往复筹度，公同斟酌妥善，电请外务部核准，然后与之定议。至陆路稽征税项，订明设在总车站，载入铁路合同之内。又第三款，澳门食用洋药定数，恐将来澳督与税司多少争执，意见不同，特用照会声明，可由彼此在北京之代表人细查会定。又筹安民教一款，葡使奉其政府训条，另备照会声明，凡有天主教堂在华之他国已经允许者，葡国始可照办。此会订约款章程及另备照会之情形也。伏念葡萄牙国以和约未经与议，不认各国修改税则，而要索澳门分设铁路与粤汉铁路相接，是以外务部原议在澳门设关，以为互换利益。今葡国以议院未能核准，前约已不废而废，故此次详订中国海关在澳门水陆地方查缉洋药走私办法权限，以为补救。葡使欲以新约包括前约，诚心相助，妥订条款章程，虽无设关之名，可收缉私之实。并由臣宣怀与葡使将粤澳铁路合同，同两国商董妥议，已将车站征税一条列入合同之内，已请外务部核准。忽接来电，谓广东绅商不允葡运粤米，不能不俯顺舆情，令再研商。适葡使急于返国，不能再候，拟将米事留后再议，先将商约暨章程先行画押。”报可。

三十四年正月，日本船辰丸号密运枪炮弹药向中国输入，假泊澳门附近之过路环岛东方二海里地，为中国炮舰所捕获。日本政府以系葡萄牙领海为词，葡国政府亦言辰丸碇泊地系葡国领海。于是复议中、葡画境一事。宣统二年，葡政府派海军提督玛喀多，中政府派云南交涉使高而谦，为画境全权大臣，会议于香港。葡使初要求澳门半岛及拱北、小横琴、大横琴、谭仔、过路环诸岛，与附近海面，均为葡领，谦不允。又要求谭仔、过路环二岛，澳门半岛，及拱北、大小横琴诸岛之一部，及附近海面为葡领，谦仍不允，只允谭仔、过路环二岛承认为葡领，余皆不承认。相持四阅月不决。葡使请付万国和平会议解决，谦又拒之。旋停止会议，移议于北京。甫开议，会葡萄牙革命起，遂辍议，成为悬案。

墨西哥在北亚美利加洲。光绪甲申、乙酉年间，墨以立约招工，来请中国驻美公使杨儒派员赴墨察看情形，拟定约款，电请总署筹办。久未定。二十三年，驻美公使伍廷芳与墨驻美使臣卢美路重提前议。会卢美路卒，继使臣阿斯芘罗斯复议此事。久之，始定为二十款。初，廷芳与卢美路议也，已允将前议永行墨圆一节删除，交犯一款，允照总署来函办法。至是定议。廷芳乃上奏，言："查泰西通例，领事初到，须领驻劄之国认准文凭，方得视事。大小各国，无不皆然。中国除巴西约外，各国约内皆无此款。今于第三款内订明，'领事得有认准文凭，方能视事'；'如办事不合，违背地方条约，可将认准文凭收回'。将来各国修订条约，亦可视此为衡。第五款，不准诱拐华人出洋一节，是查照日斯巴尼亚约办理。墨约之订，实前任使臣郑藻如首倡其议。盖谓'出洋不必禁，诱拐则不可不防，与其受凌虐之后始行设官，不若乘未往之先妥为设法'。现定必须本人情愿，不准诱令出洋，则包揽诱拐之风不禁自绝。第六款，中国人民与列国人民一律同沾利益一节，我国人民往来贸易，与别国一律无异，将来开荒种植之事，均可援照各国章程办理。第八款，原稿'彼此土产税则未载者，暂时免税'。承准总理衙门电示，遵即改为'彼此进出口税均照相待最优之国一律办理'。此是仿照法、墨商约改订。第十款，遇有军务，不准勒令侨民充当兵勇，不得强令捐输一节，此是仿照英、墨约办理。第十五款，中国将来议立交涉公律一节，欧、美通例，凡侨居他国人民，遇有控告案件，均归地方官讯断。惟中国与各国定约，各归本国领事讯断。墨国以利益均沾为词，不得不暂行照办。惟于约内声明，'若中国将来与各国议立交涉公律，以治侨居中国之外国人民，墨民亦应照办'。第十六款，'凡船到口岸，船上诸色人等如有上岸在二十四点钟内滋事者，准由地方官讯断，罚锾监禁'。此是创给中国官讯问外国人之权。如地方官办理得宜，他日各国修约，即可循此而推。第十七款，'中国人民有事，在墨国控告，得享权利与墨国或相待最优之国人民无异'一节，查本年五月间，墨国覃壁古埠华民数百人，被工头凌虐，克扣工资，具词呈诉，经臣备文由墨使转达彼国政府，派员严切查办。惟条约未立，保护莫及。今约内声明控告事件得享权利，则遇有不平，随时赴官剖白，于侨居商民不无裨益。以上各款，均经悉心酌定，并将汉文与英、墨文字句一一校对，皆相符合。查墨西哥国地分二十九部。其南部一岁三获，尤为沃壤。民惰耕作，地利未兴。近年新定招人开荒草程，一经开垦，即为永业。内地人稠，时虞艰食，托足海外，谋生日难，有此邦为消纳之区，既可广开利源，又可隐消患气。历任使臣均以订墨约为要务，职此之由。向例草约定后，议约之员，即须会同签押。臣随将约本缮就，订期十一月十二日，率同参赞随员，将会订条约汉文、墨文、英文各二分，覆校无讹，与墨国全权大臣阿斯芘罗斯互相画押盖印，咨送总理衙门，请旨批行。"报可。

二十八年，伍廷芳据粤商禀，咨外务部，谓："自上年中墨订约后，华人由香港搭船赴墨者日多。惟华人由香港附轮，先须假道美国旧金山埠，方能赴墨，殊非便商之道，因美正禁止华工入境故也。拟商明轮船公司，特派数艘由香港迳赴墨国口岸，俾侨民任便往来。现在中国业已换约，华人附搭轮船来往，庶不致有所窒碍。"外务部照会英公使，转行香港总督，饬知英轮公司照办。二十九年，出使美日秘古国大臣梁诚咨外务部，请援古巴成案，设总领事官一，兼充参赞，驻墨国萨理那古卢司海口，遇有与外部商办事件，即可驰赴墨都，并以美使兼摄日、秘、古三国使事。外务部奏请允行。是年，墨派员充驻广州等处领事官。寻又派领事分驻上海、福州、厦门。是年墨因防疫，禁止华人前往。梁诚与交涉，旋弛禁。墨订立《中国及东方诸国移民入境章程》六条，俾共遵守。三十年，梁诚赴墨都递国书，开办使署分馆。墨亦派使臣郦华来华递国书，并邀觐见，请颁给墨总统暨其国各执政大臣宝星，许之。三十一年，墨前总统由国民公举续任六年，墨致国书，由其国驻京公使乌海慕呈递。寻由外务部拟覆国书。是年，墨开万国地理会，请中国派员入会，许之。

刚果在亚非利加洲刚果河左右。光绪二十四年六月，遣其使臣余式尔来华，请订和好通商之约，许之。先是光绪十一年十一月，刚果国外部大臣伊特倭照会中国，谓："奉命充外部大臣，愿与中国开通往来，遇有交涉事件，必当妥善办理。尚望贵王大臣推诚相待，以敦睦谊。"至是乃订简明条约二条：一，中国与各国所立约内，凡载身家、财产与审案之权，其如何待遇各国者，今亦可施诸刚果自主之国。二，议定中国民人可随意迁往刚果自主之国境内侨寓居住，凡一切动产不动产，皆可购买执业，并可更易业主。至行船、经商、工艺各事，其待华民与待最优国之民人相同。各大臣先为亲笔画押，盖用关防，以昭信守。

卷一百六十一至卷二百十三从略